PONS

Das große Schulwörterbuch

Klausurausgabe SPANISCH

+ App

Spanisch – Deutsch

Deutsch – Spanisch

PONS Langenscheidt GmbH
Stuttgart

PONS

Das große Schulwörterbuch
Klausurausgabe
Spanisch + App

Entwickelt auf der Basis des
PONS Schülerwörterbuchs Klausurausgabe Spanisch
ISBN 978-3-12-516181-8

Bearbeitet von: Anette Dralle, María del Carmen Almendros de la Rosa,
Dr. Christiane Wirth

1. Auflage 2023 (1,04 - 2026)

www.pons.com/kontakt

Projektleitung: Christiane Mackenzie
Innenlayout: Petra Michel, Essen
Sprachdatenverarbeitung: Dr. Wolfgang Schindler
Titelfoto: Getty Images/TravelCouples
Logoentwurf: Erwin Poell, Heidelberg
Logoüberarbeitung: Sabine Redlin, Ludwigsburg
Satz: Olaf Mangold Text & Typo, Stuttgart
Druck: Druckerei C.H. Beck, Nördlingen
Printed in Germany

ISBN 978-3-12-516361-4

Hier gibt’s die App zum Buch!

- Nachschlagen, egal wo du bist: auf Smartphone und Tablet.
- Funktioniert 100 % offline.
- Alle Wörter und Sätze zum Anhören – so trainierst du die Aussprache.
- Verbtabellen zum Nachschlagen der spanischen Verbformen.

So kommst du an deine App:

Gehe auf: **www.pons.com/code-aktivieren** und gib dort deinen Code ein:

Y7795-C4K67-GRN67

Laden im App Store   JETZT BEI Google Play

Mit diesem Code erhältst du 24 Monate Zugang zu deinem Wörterbuch in der **PONS Schule Wörterbuch-App** ab dem Zeitpunkt der Aktivierung. Die Aktivierung ist mindestens für den Zeitraum von 36 Monaten nach Erscheinen der aktuellen Auflage möglich. Einen Anspruch, der über diesen Zeitraum hinausgeht, gibt es nicht. Bei Verwendung der App gelten die Nutzungsbedingungen, die du auch unter **www.pons.com/nutzungsbedingungen** findest.

aprender [apreṇ'der] *vt* lernen; **fácil de ~** leicht erlernbar; **~ a leer** lesen lernen; […]
éxito ['eˠsito] *m* Erfolg *m* […]

navegante [naβe'ɣaṇte] *mf* ❶ (*por mar*) Seefahrer(in) *m(f)* […]

manta[1] ['maṇta] *f* ❶ (*cobertor*) Decke *f* […]
manta[2] ['maṇta] *mf* (*persona torpe*) Tölpel *m*

rostro ['rrostro] *m* ❶ (*cara*) Gesicht *nt*; **echar en ~ algo a alguien** (*fig*) jdm etw vorhalten; **hacer ~ al enemigo** dem Feind die Stirn bieten; **tener mucho ~** sehr dreist sein […]

aligerar [alixe'rar] **I.** *vi* sich beeilen **II.** *vt* ❶ (*cargas*) erleichtern ❷ (*aliviar*) lindern ❸ (*acelerar*) beschleunigen; **~ el paso** schneller gehen

erogación [eroɣa'θjon] *f* ❶ (*Arg, Méx, Par: pago*) Zahlung *f* ❷ (*Ven: donativo*) Spende *f*

pasmarote [pasma'rote] *m* (*fam*) Trottel *m*
estío [es'tio] *m* (*elev*) Sommer *m*
mazazo [ma'θaθo] *m* Schlag *m*; **dar ~s a alguien** (*fig*) jdm schaden; […]

um|erziehen* *irr vt* reeducar

Tsunami ['tsu:nami, tsu'na:mi] *m* <-, -s> (METEO, GEO) tsunami *m*

Laden[1] ['la:dən] *m* <-s, Läden> ❶ (*Kaufladen*) tienda *f*; […]
Laden[2] *nt* <-s, *ohne Pl*> (INFOR) carga *f*

berieseln* *vt* rociar; **sich mit Musik ~ lassen** (*fam fig*) bañarse en música

beschleunigen* [bə'ʃlɔɪnɪgən] **I.** *vi* acelerar **II.** *vt* ❶ (*Tempo*) acelerar; **den Schritt ~** acelerar el paso ❷ (*Entwicklung*) activar **III.** *vr*: **sich ~** (*Tempo*) aumentar

Semmel ['zɛməl] *f* <-n> (*Österr, südd, reg*) panecillo *m*; **weggehen wie warme ~n** (*fam*) venderse como rosquillas

Trittbrettfahrer(in) *m(f)* (*abw*) aprovechado, -a *m, f*
locker|lassen *irr vi* (*fam*): **nicht ~** no ceder

Inhalt und Aufbau Deutsch–Spanisch

Der feine Strich kennzeichnet den ersten Teil bei trennbaren Verben.
Das hochgestellte Sternchen zeigt an, dass das Partizip Perfekt des Verbs ohne *ge-* gebildet wird.

Angabe der Aussprache in internationaler Lautschrift.

Hochgestellte arabische Ziffern unterscheiden gleich geschriebene Wörter mit unterschiedlicher Bedeutung.

Die Tilde (~) ersetzt in Anwendungsbeispielen und in Redewendungen das Stichwort.

Römische Ziffern dienen zur Unterscheidung verschiedener Wortarten.

Arabische Ziffern kennzeichnen die unterschiedlichen Bedeutungen eines Stichworts.

Regionale Angaben werden gemacht, wenn der Gebrauch eines Worts auf eine bestimmte Region beschränkt ist.

Stilangaben und rhetorische Angaben kennzeichnen die Sprachebene und das Register.

Die spanische Phonetik

La fonética española

Vokale

Vocales

Laut	Beispiel
[a]	san, acción
[e]	pez, saber
[i]	sí, mirar
[o]	con, gato
[u]	tú, dibujo

Halbvokale, Halbkonsonanten

Semivocales, Semiconsonantes

Laut	Beispiel
[i̯]	aire, despeinar, hoy
[j]	desperdiciar, pensamiento
[u̯]	auto, deuda
[w]	nuera, cuerda

Konsonanten

Consonantes

Laut	Beispiel
[p]	óptimo, palo
[b]	hambre, vivir
[β]	objeto, pueblo
[m]	convivir, mamá
[ɱ]	enfermo, infusión

Konsonanten

Consonantes

Laut	Beispiel
[n]	no
[n̩]	conciencia, once
[n̩]	antes, conde
[ŋ]	finca, lengua
[ɲ]	niña, viña
[f]	café, febrero
[k]	actor, cosa, kilo, que
[g]	gorra, guitarra
[x]	ajo, gente
[ɣ]	barriga, peligro
[t]	tarta, todo
[d]	conde, donde
[ð]	cada, escudo
[θ]	cero, cruz, zarza
[l]	libro, sal
[l̩]	calcetín, dulce
[l̩]	alto, sueldo
[ʎ]	lluvia, martillo
[s]	así, coser
[r]	caro, ingrato
[rr]	reo, honrado
[tʃ]	chino
[ɟ]	coyote, hierro, yunque
[dʒ]	jazz, Giga

Das spanische Alphabet

El alfabeto español

a, A	b, B	c, C	ch Ch	d, D	e, E	f, F	g, G	h, H	i, I	j, J
[á]	[bé]	[θé]	[tʃé]	[dé]	[é]	[éfe]	[xé]	[átʃe]	[í]	[xóta]

k, K	l, L	ll, Ll	m, M	n, N	ñ, Ñ	o, O	p, P	q, Q	r, R	rr, RR
[ká]	[éle]	[éʎe]	[éme]	[éne]	[éɲe]	[ó]	[pé]	[kú]	[ére]	[érre]

s, S	t, T	u, U	v, V	w, W	x, X	y, Y	z, Z
[ése]	[té]	[ú]	[úβe, bé]	[úβe ðóβle, bé ðóβle]	[ékis]	[í ɣriéɣa, yé]	[θéta]

Inhalt
Índice

Seite
Página

Hinweise zur Benutzung des Wörterbuchs
Indicaciones para el uso del diccionario

1. Die Stichwörter

Alle Stichwörter sind alphabetisch geordnet und farbig hervorgehoben. Die deutschen Umlaute *ä, ö, ü* werden wie die entsprechenden nicht umgelauteten Vokale behandelt, *ß* wie *ss*.

Amokläufer(in) *m(f)* loco, -a *m, f* homicida
a-Moll *nt* <-, *ohne Pl*> (MUS) la *m* menor
amoralisch ['amora:lɪʃ] *adj* amoral

Bindestriche, Punkte, Kommas und Wortzwischenräume werden bei der alphabetischen Einordnung ignoriert. In Klammern stehende, fakultative Buchstaben werden dagegen berücksichtigt.

hipertrofia [iper'trofja] *f* Hypertrophie *f*
hip-hop [xiᵖ-xoᵖ] *m* Hip-Hop *m*, Hiphop *m*
hípica ['ipika] *f sin pl* Pferdesport *m*

Die spanischen *ch* und *ll* werden nach der neuen Sprachregelung in Spanien wie Doppelbuchstaben behandelt. Das *ñ* wird hinter *nz* eingeordnet.

Für alle Substantive, die ein natürliches Geschlecht haben und Personen bezeichnen, wird die feminine neben der maskulinen Form angegeben.

Anwalt, -wältin ['anvalt, *pl:* 'anvɛltə] *m, f* <-(e)s, -wälte; -nen> ① (JUR) abogado, -a *m, f;* […]
Fahrer(in) ['fa:rɐ] *m(f)* <-s, -; -nen> (*Auto-, Busfahrer*) conductor(a) *m(f)* […]

actor[2] [ak'tor, ak'triθ] *m*, **actriz** *f* (TEAT, CINE) Schauspieler(in) *m(f);* […]
doctor(a) [dok'tor(a)] *m(f)* Doktor(in) *m(f)*

Grundwortschatz

Die wichtigsten und gebräuchlichsten spanischen Stichwörter sind blau hinterlegt. Diese Wörter gehören zum Grundwortschatz, der für die alltägliche Kommunikation auf Spanisch unerlässlich ist.

escuela [es'kwela] *f* ① (*institución, edificio*) Schule *f;* […]
ganar [ga'nar] **I.** *vi* ① (*en el juego*) gewinnen […]

Homonyme

Hochgestellte arabische Ziffern machen gleich geschriebene Wörter mit unterschiedlicher Bedeutung (Homonyme) kenntlich.

beschaffen[1] *adj:* **gut/schlecht ~ sein** estar en buenas/malas condiciones; **so ~ sein, dass ...** estar hecho de manera que...
beschaffen*[2] *vt* procurar, proporcionar

trompa[1] ['trompa] *f* ❶ (ZOOL: *elefante*) Rüssel *m;* [...]
trompa[2] ['trompa] *mf* ❶ (*músico*) Hornist(in) *m(f)* ❷ (*CSur: fam: patrón*) Boss *m*

2. Aufbau der Wörterbucheinträge

Römische Ziffern

Römische Ziffern untergliedern ein Stichwort in verschiedene Wortarten und Verben in transitiven, intransitiven und reflexiven Gebrauch.

um|ziehen *irr* **I.** *vi sein* mudarse (*nach* a) **II.** *vr:* **sich ~** cambiarse (de ropa)

rector(a) [rrek'tor(a)] **I.** *adj* leitend **II.** *m(f)* Rektor(in) *m(f)*

Arabische Ziffern

Arabische Ziffern kennzeichnen die unterschiedlichen Bedeutungen eines Stichworts innerhalb einer Wortart.

doppelseitig *adj* ❶ (*auf einer Doppelseite*) en dos páginas, a doble página ❷ (MED: *beidseitig*) doble; **~e Lähmung** hemiplejía bilateral ❸ (*mit zwei Seiten*) de dos caras; **eine ~e Jacke** una chaqueta reversible

gravitar [graβi'tar] *vi* ❶ (FÍS) gravitieren ❷ (*un cuerpo*) ruhen (*sobre* auf +*dat*) ❸ (*recaer*) lasten (*sobre* auf +*dat*)

Beispiele

Anwendungsbeispiele, Redewendungen, Sprichwörter und mehrgliedrige Ausdrücke sind in der Regel unter dem ersten bedeutungstragenden Stichwort eingeordnet. Redewendungen und Sprichwörter, die keiner Grundbedeutung des Stichworts zuzuordnen sind, werden im deutschen Teil mit dem Zusatz *Wend,* im spanischen mit dem Zusatz *loc* unter einer gesonderten arabischen Ziffer aufgeführt.

Tracht [traxt] *f* <-en> ❶ (*von Berufsgruppen*) uniforme *m;* (*bei Volksgruppen*) traje *m* regional ❷ (*Wend*): **eine ~ Prügel** (*fam*) una tunda, una zumba *Am*

pingo ['piŋgo] *m* ❶ (*fam: harapo*) Fetzen *m* ❷ (*fam pey: mujer*) Schlampe *f* ❸ (*CSur: caballo*) Pferd *nt* ❹ (*loc, fam*): **ir de ~** die Zeit vertrödeln; **poner a alguien hecho un ~** jdn ordentlich herunterputzen

Erklärende Zusätze

Sowohl in der Ausgangs- als auch in der Zielsprache können erklärende Zusätze Bedeutung und Anwendung eines Worts näher bestimmen:

- in Klammern stehende Zusätze für Synonyme und Definitionen, für typische Subjekte und Objekte und andere Erklärungen
- Fachgebietsangaben, besonders wenn verschiedene Bedeutungen unterschieden werden
- Angaben zur regionalen Verbreitung zur Markierung aller Wörter, Bedeutungen und Wendungen, die einem regionalen Gebrauch unterliegen
- Stilangaben zur Markierung aller Wörter, Bedeutungen und Wendungen, die keiner neutralen Stilebene angehören: *geh, formal, fam, sl, vulg* im deutschen Teil und *elev, formal, fam, argot, vulg* im spanischen Teil
- rhetorische Angaben, wenn eine besondere Sprechhaltung markiert wird: *fig, iron, abw* im deutschen Teil und *fig, irón, pey* im spanischen Teil

Das Abkürzungsverzeichnis im hinteren Buchdeckel enthält eine vollständige Liste der Markierungen.

3. Grammatische Informationen

Substantive

Bei Substantiven wird grundsätzlich das Geschlecht (Genus) angegeben. Unregelmäßige Pluralformen sind in Spitzklammern angegeben.

Fuchs [fʊks, *pl:* 'fʏksə] *m* <-es, Füchse> […]

récord ['rrekor(ð)] <récords> *m* […]

Bei Substantiven, bei denen sowohl die maskuline als auch die feminine Form angegeben wird, wird zuerst die Genitivform Singular und die Pluralform der Maskulinform, dann, durch ein Semikolon getrennt, die Pluralform der Femininform angegeben.

Lehrer(in) *m(f)* <-s, -; -nen> […]

Die Angabe *sin pl* bzw. *ohne pl* bedeutet, dass das Wort nicht im Plural gebraucht wird.

Après-Ski *nt* <-, *ohne Pl*> […]

gastronomía [gastrono'mia] *f sin pl* […]

Adjektive und Adverbien

Adjektive sind in ihrer unflektierten Form angegeben. Besitzt das deutsche Adjektiv keine unflektierte Form, wird es nach dem Muster *erste(r, s)* dargestellt. Besitzt das spanische Adjektiv eine weibliche Form, so wird die entsprechende Endung angehängt.

größte(r, s) ['grøːstə, -tɐ, -təs] *adj* […]

juguetón, -ona [xuɣe'ton, -ona] *adj* […]

Unveränderliche Adjektive werden mit *inv* gekennzeichnet.

beiderlei ['baɪdɐlaɪ, '--'-] *adj inv* […]

cazavirus [kaθa'βirus] *adj inv* (INFOR) […]

Unregelmäßige Steigerungsformen und solche mit morphologischen Besonderheiten im Deutschen wie z. B. Umlautung des Stammvokals werden in spitzen Klammern angegeben.

Hafen ['ha:fen, *pl:* 'hɛ:fən] *m* <-s, Häfen> […]

grande ['gran̦de] **I.** *adj* <más grande *o* mayor, grandísimo> […]

Im deutschen Teil werden Adverbien, die von der Form her mit dem Adjektiv identisch sind, nicht explizit aufgeführt. Entspricht die Form des Adverbs nicht der des Adjektivs, so wird es als eigener Eintrag aufgeführt. Im spanischen Teil sind regelmäßig gebildete Adverbien auf *-mente* oft nicht als eigenes Stichwort aufgeführt. Ist ein solches Wort nicht als selbstständiger Eintrag zu finden, kann auf die Übersetzung zurückgegriffen werden, die beim jeweiligen Adjektiv angegeben ist.

Verben

Die grammatischen Angaben *vt, vi, vr* und *vunpers* bzw. *vimpers* kennzeichnen ein Stichwort als Verb. Ist die reflexive Form nicht schon als Stichwort aufgenommen, folgt diese auf die Angabe *vr*. Wird ein Verb in mehreren dieser Konstruktionsmöglichkeiten gebraucht, ist der Eintrag in der Regel mit römischen Ziffern untergliedert.

baden ['ba:dən] **I.** *vi* ❶ (*schwimmen*) bañarse ❷ (*ein Bad nehmen*) tomar un baño **II.** *vt* (*waschen*) bañar

relevar [rrele'βar] **I.** *vt* ❶ (*acentuar*) hervorheben ❷ (*liberar*) befreien; […] **II.** *vr:* ~**se** sich abwechseln

Unmittelbar auf das Stichwort folgen in spitzen Klammern die Angaben zu unregelmäßigen Verbformen. Es werden im Deutschen die 3. Person Singular Präsens und Imperfekt sowie das Partizip Perfekt angegeben.

lesen ['le:zən] <liest, las, gelesen> […]

Ein feiner Strich kennzeichnet die abtrennbare Vorsilbe bei unfest zusammengesetzten deutschen Verben.

zusammen|bauen *vt* […]

Ein hochgestelltes Sternchen zeigt an, dass das Partizip Perfekt des deutschen Verbs ohne *ge* gebildet wird.

frustrieren* [frʊs'tri:rən] *vt* […]

Alle deutschen Verben, die die zusammengesetzten Zeiten nicht ausschließlich mit *haben* bilden, haben nach der Wortartangabe den Zusatz *sein* bzw. *haben o sein*.

laufen ['laʊfən] <läuft, lief, gelaufen> **I.** *vi sein* ① (*rennen, fließen*) correr; [...]

Es werden im Spanischen Vokalveränderungen, Betonungsverschiebungen sowie orthografische Abweichungen angegeben.

nevar [ne'βar] <e→ie> *vimpers* [...]
fotografiar [fotoɣrafi'ar/fotoɣra'fjar] <*1. pres:* fotografío> [...]
adelgazar [aðelɣa'θar] <z→c> **I.** *vi, vr:* [...]

Bei den übrigen unregelmäßigen Verben, die in keine der vorherigen Kategorien fallen, wird auf eine im Anhang alphabetisch geordnete Verbtabelle verwiesen. Insofern das entsprechende Verb in dieser Tabelle aufgeführt ist, wird es mit *irr* gekennzeichnet. Andernfalls erfolgt zusätzlich die Nennung eines in der Tabelle erfassten, analog konjugierten Verbs.

traducir [traðu'θir] *irr vt* [...]
mantener [man̪te'ner] *irr como tener* [...]

Die Präpositionen, mit denen Verben verbunden sein können, werden mit ihrer Entsprechung nach der Übersetzung dann angegeben, wenn der Gebrauch beider Sprachen voneinander abweicht. Nach der deutschen Präposition wird der Kasus angegeben. Der regelmäßige Gebrauch der Präposition *a* im Spanischen vor Personen wird als bekannt vorausgesetzt und in der Regel nicht aufgeführt.

Präpositionen

Ist eine Präposition ein Stichwort, wird im Deutschen der von ihr regierte Kasus angegeben.

angesichts *präp +gen* (*geh*) [...]

Bei Präpositionen wie an, auf, hinter, in, neben, über, unter, vor und zwischen, die den Dativ oder den Akkusativ regieren, werden beide Kasus angegeben.

an [an] **I.** *präp +dat* [...]

4. Die Lautschrift

Die Aussprache ist in eckigen Klammern angegeben. Zur Bezeichnung der Aussprache wurden die Lautschriftzeichen des IPA (International Phonetic Alphabet) verwendet. Ganz vorn und ganz hinten im Wörterbuch befinden sich ausklappbare Seiten mit einer Übersicht über die phonetischen Zeichen.

5. Deutsche Rechtschreibung

Dieses Wörterbuch berücksichtigt die Neuregelung der deutschen Rechtschreibung mit den vom Rat für deutsche Rechtschreibung vorgeschlagenen Änderungen, gültig seit 01.08.2006.

Aa

A

A, a [a] *f* A, a *nt;* ~ **de Antonio** A wie Anton

a [a] *prep* ❶ *(dirección)* zu *+dat;* **ir ~ Barcelona/Suiza** nach Barcelona/in die Schweiz fahren; **llegar ~ Madrid** in Madrid ankommen; **ir ~ casa de alguien** zu jdm gehen; **ir ~ la escuela** in die Schule gehen; **voy ~l cine/~l servicio** ich gehe ins Kino/aufs Klo; **aún tengo que ir ~ correos/~l banco** ich muss noch zur Post/zur Bank ❷ *(posición)* an *+dat;* **estar sentado ~ la mesa** am Tisch sitzen; **~ la mesa** *(comiendo)* bei Tisch; **esperar ~ la puerta de la casa** an der Haustür warten; **~ la derecha** rechts; **~l sur** (**de**) südlich (von); **~l sol** in der Sonne ❸ *(distancia)* **~ 10 kilómetros de aquí** 10 Kilometer von hier (entfernt) ❹ *(tiempo)* um *+akk; (hasta)* bis; **~ las tres** um drei (Uhr); **~ mediodía** mittags; **~ los veinte años** mit zwanzig Jahren; **~l poco rato** kurz danach; **¿~ cuántos estamos?** den Wievielten haben wir heute? ❺ *(modo)* **~ pie** zu Fuß; **~ mano** mit der Hand; **~ oscuras** im Dunkeln; **~ la española** nach spanischer Art ❻ *(precio)* **¿~ cómo está?** wie teuer ist das?; **~ 2 euros el kilo** 2 Euro das Kilo ❼ *(complemento (in)directo)* **he visto ~ tu hermano** ich habe deinen Bruder gesehen; **dio su fortuna ~ los pobres** er vermachte sein Vermögen den Armen ❽ *(con infinitivo)* zu; **empezó ~ correr** er/sie fing an zu laufen ❾ *(complemento de verbo)* **oler ~ gas** nach Gas riechen; **jugar ~ los dados** Würfel spielen ❿ *(loc)* **el partido terminó dos ~ dos** das Spiel endete zwei zu zwei; **¡~ que llueve mañana!** wetten, dass es morgen regnet!; **~ Pedro le gusta mucho nadar, ¿~ que sí, Pedro?** Pedro schwimmt sehr gerne; nicht wahr, Pedro?

a/f [a faˈβor] *abr de* **a favor** zugunsten, zu Gunsten

AA. EE. [aˈsun̦tos esteˈrjores] *abr de* **Asuntos Exteriores: Ministerio de ~** Außenministerium *nt*

abacado [aβaˈkaðo] *m (Am: aguacate)* Avokado *f*

abacería [aβaθeˈria] *f* Lebensmittelgeschäft *nt*

ábaco [ˈaβako] *m* Abakus *m*

abacorar [aβakoˈrar] *vt (Am: acosar)* hetzen

abad(esa) [aˈβa^ð, aβaˈðesa] *m(f)* Abt *m,* Äbtissin *f*

abada [aˈβaða] *f* (ZOOL) Nashorn *nt,* Rhinozeros *nt*

abadejo [aβaˈðexo] *m* (ZOOL) ❶ *(pez similar al bacalao) kabeljauähnlicher Fisch* ❷ *(reg: bacalao)* Kabeljau *m*

abadía [aβaˈðia] *f* Abtei *f*

abajo [aˈβaxo] **I.** *adv* ❶ *(movimiento)* hinunter; **calle ~** die Straße hinunter; **cuesta ~** bergab; **de arriba ~** von oben nach unten ❷ *(estado)* unten; **boca ~** auf dem Bauch; **hacia ~** nach unten; **el ~ firmante** der Unterzeichnete; **de veinte para ~** unter zwanzig; **véase más ~** siehe unten **II.** *interj* **¡~ el dictador!** nieder mit dem Diktator!

abalanzarse [aβalan̦ˈθarse] <z → c> *vr* sich stürzen (**sobre/contra** auf *+akk*); **~ a la ventana** zum Fenster stürzen

abalear [aβaleˈar] *vt (Am: disparar)* **~ a alguien** auf jdn schießen

abalizamiento [aβaliθaˈmjen̦to] *m* Markierung *f (mit Baken, Tonnen, Schildern u.Ä.)*

abalizar [aβaliˈθar] <z → c> *vt* markieren *(mit Baken, Tonnen, Schildern u.Ä.)*

abalorio [aβaˈlorjo] *m* Glasperle *f;* **llenarse de ~s** sich mit wertlosem Zeug behängen

abanderado, -a [aβan̦deˈraðo, -a] *m, f* ❶ *(en actos públicos)* Fahnenträger(in) *m(f)* ❷ *(pionero)* Vorkämpfer(in) *m(f)*

abanderar [aβan̦deˈrar] *vt* ❶ *(adornar)* mit Fahnen schmücken ❷ (NÁUT) das Flaggenrecht verleihen *+dat;* **un barco abanderado en Panamá** ein unter panamaischer Flagge fahrendes Schiff ❸ *(guiar)* leiten

abandonado, -a [aβan̦doˈnaðo, -a] *adj* ❶ *estar (solo)* verlassen, einsam; **niño ~** Findelkind *nt* ❷ *ser (descuidado)* nachlässig; *(desaseado)* schlampig

abandonar [aβan̦doˈnar] **I.** *vi* (DEP) aufgeben **II.** *vt* ❶ *(dejar)* verlassen; *(desamparar)* im Stich lassen; *(niño)* aussetzen; **niño abandonado** Findelkind *nt;* **le ~on sus fuerzas** seine Kräfte verließen ihn; **estar abandonado a sí mismo** sich *dat* selbst überlassen sein ❷ *(renunciar)* aufgeben ❸ *(interrumpir)* unterbrechen **III.** *vr:* **~se** ❶ *(entregarse)* sich hingeben (**a** *+dat*) ❷ *(ir desaliñado)* sich gehen lassen

abandono [aβan̦ˈdono] *m* ❶ *(abandonamiento)* Verlassen *nt; (de un niño)* Aussetzung *f;* **~ de servicio** Quittieren des Dienstes; **~ de la víctima** Fahrerflucht *f*

A

❷ *(renuncia)* Verzicht *m; (de una empresa, idea)* Aufgabe *f* ❸ *(descuido)* Vernachlässigung *f;* **en un momento de ~** in einem schwachen Augenblick

abanicar [aβani'kar] <c → qu> **I.** *vt* zufächeln *+dat* **II.** *vr:* **~se** sich *dat* (Luft) zufächeln

abanico [aβa'niko] *m* Fächer *m;* **en** (**forma de**) **~** fächerförmig; **un ~ de posibilidades** eine Fülle von Möglichkeiten

abaratamiento [aβarata'mjeṇto] *m (de bienes)* Verbilligung *f; (de los precios)* Herabsetzung *f;* **~ de la vida** Sinken der Lebenshaltungskosten

abaratar [aβara'tar] **I.** *vt (bienes)* verbilligen; *(precios)* herabsetzen; **~ costes** Kosten senken **II.** *vr:* **~se** billiger werden

abarca [a'βarka] *f* Sandale *f*

abarcar [aβar'kar] <c → qu> *vt* ❶ *(comprender)* umfassen; **~ con la vista** überschauen; **~ muchas cosas a la vez** alle Hände voll zu tun haben; **quien mucho abarca poco aprieta** *(prov)* wer viel beginnt, zu nichts es bringt ❷ *(contener)* enthalten

abarquillarse [aβarki'ʎarse] *vr (papel)* sich wellen; *(madera)* sich werfen

abarrancar [aβarraŋ'kar] <c → qu> **I.** *vt* ❶ (GEO) Schluchten bilden (in *+dat*); *(lluvia)* auswaschen ❷ *(persona)* in eine schwierige Lage bringen **II.** *vi, vr:* **~se** ❶ *(coche)* stecken bleiben; *(barco)* stranden ❷ *(persona)* in Schwierigkeiten kommen

abarrocado, -a [aβarro'kaðo, -a] *adj* (ARTE: *elev)* barock, im Barockstil

abarrotar [aβarro'tar] *vt* überfüllen (**de** mit *+dat*)

abarrote [aβa'rrote] *m* ❶ (NÁUT) Staugut *nt* ❷ *(Cuba, Méx: tienda)* Lebensmittelgeschäft *nt* ❸ *pl (Cuba, Méx: comestibles)* Lebensmittel *ntpl*

abarrotería [aβarrote'ria] *f* ❶ *(Am: ferretería)* Eisenwarenhandlung *f* ❷ *(Guat: abacería)* Lebensmittelgeschäft *nt*

abastecedor(a) [aβasteθe'ðor(a)] *m(f)* Lieferant(in) *m(f)*

abastecer [aβaste'θer] *irr como crecer* **I.** *vt (proveer)* versorgen (**de/con** mit *+dat*); (COM) beliefern (**de/con** mit *+dat*) **II.** *vr:* **~se** sich versorgen (**de/con** mit *+dat*)

abastecimiento [aβasteθi'mjeṇto] *m* ❶ *(provisión)* Versorgung *f* (**de/con** mit *+dat*); **~ de aguas** Trinkwasserversorgung *f* ❷ (COM) Lieferung *f* (**de/con** von *+dat*)

abasto [a'βasto] *m* ❶ *(abastecimiento)* Versorgung *f* ❷ *(provisiones)* Vorrat *m* ❸ *(abundancia)* Fülle *f;* **dar ~** ausreichen

abatí [aβa'ti] *m sin pl (Arg: maíz)* Mais *m*

abatible [aβa'tiβle] *adj* **asiento ~** Liegesitz *m*

abatido, -a [aβa'tiðo, -a] *adj* ❶ *(desanimado)* niedergeschlagen ❷ *(mercancía)* minderwertig

abatimiento [aβati'mjeṇto] *m* ❶ *(derribo)* Niederreißen *nt* ❷ *(desmontaje)* Abbau *m* ❸ *(desánimo)* Niedergeschlagenheit *f* ❹ *(humillación)* Erniedrigung *f*

abatir [aβa'tir] **I.** *vt* ❶ *(muro, casa)* niederreißen; *(árbol)* umstürzen; *(velas)* einholen; *(avión)* abschießen; **~ el respaldo** die Rückenlehne herunterklappen ❷ *(desmontar)* abbauen ❸ *(humillar)* demütigen ❹ *(debilitar)* entkräften **II.** *vr:* **~se** ❶ *(precipitarse)* sich stürzen (**sobre** auf *+akk*) ❷ *(ceder)* nachgeben ❸ *(desanimarse)* den Mut verlieren

abdicación [aβðika'θjon] *f* Abdankung *f;* **~ al trono** Thronverzicht *m*

abdicar [aβði'kar] <c → qu> *vt* ❶ *(monarca)* abdanken; **la reina abdicó la corona en su hija** die Königin dankte zugunsten ihrer Tochter ab; **~ la presidencia** den Vorsitz abgeben ❷ *(ideales)* aufgeben

abdomen [aβ'ðomen] *m* ❶ (ANAT) Unterleib *m* ❷ (ZOOL) Hinterleib *m*

abdominal [aβðomi'nal] **I.** *adj* Bauch- **II.** *m* (DEP) Bauchmuskelübung *f*

abducción [aβðuᵞ'θjon] *f* ❶ (MED) Abduktion *f* ❷ (JUR) Entführung *f* ❸ *(por extraterrestres)* Entführung *f* durch Außerirdische

abductor [aβðuk'tor] *m* (ANAT) Abduktor *m*

abecé [aβe'θe] *m* Abc *nt;* **el ~ de la matemática** die Grundlagen der Mathematik; **no saber el ~** *(fig)* keinen (blassen) Schimmer haben; **ser el ~ de algo** das A und O einer Sache sein

abecedario [aβeθe'ðarjo] *m* Alphabet *nt*

abedul [aβe'ðul] *m* (BOT) Birke *f; (madera)* Birkenholz *nt*

abeja [a'βexa] *f* Biene *f;* **~ maes**(**tr**)**a** [*o* **reina**] Bienenkönigin *f;* **~ neutra** [*o* **obrera**] Arbeitsbiene *f;* **ser como una ~** bienenfleißig sein; **estar como ~ en flor** glücklich und zufrieden sein

abejón [aβe'xon] *m* Drohne *f*

abejorro [aβe'xorro] *m* ❶ *(insecto)* Hummel *f* ❷ *(escarabajo)* Maikäfer *m* ❸ *(fam: persona)* Nervensäge *f*

abellacado, -a [aβeʎa'kaðo, -a] *adj* gemein, niederträchtig

abemolar [aβemo'lar] *vt* ❶ *(hacer más suave)* weicher machen ❷ (MÚS: *poner bemoles*) (um einen Halbton) erniedrigen

aberración [aβerra'θjon] *f* ① *(desviación)* Abweichung *f;* ~ **mental** Sinnesstörung *f* ② *(en la conducta)* Verirrung *f* ③ *(disparate)* Unsinn *m* ④ *(Am: error)* Irrtum *m*

aberrante [aβe'rran̩te] *adj* ① *(anormal)* abwegig ② *(disparatado)* unsinnig

Aberri Eguna [a'βerri e'ɣuna] *m Tag des Baskenlandes*

abertura [aβer'tura] *f* ① *(acción)* Öffnen *nt* ② *(hueco)* Öffnung *f* ③ *(franqueza)* Aufgeschlossenheit *f*

abertzale [aβer'ʧale] **I.** *adj* (POL) **las fuerzas ~s** die baskisch-nationalistischen Separatisten **II.** *mf* (POL) baskisch-nationalistischer Separatist, baskisch-nationalistische Separatistin *m, f*

abetal [aβe'tal] *m* Tannenhain *m*

abeto [a'βeto] *m* Tanne *f;* ~ **rojo** Fichte *f*

abiertamente [aβjerta'men̩te] *adv* ① *(francamente)* offen ② *(patentemente)* deutlich

abierto[1] [a'βjerto] *m* (DEP) ~ **de tenis** Tennis Open *nt pl*

abierto, -a[2] [a'βjerto, -a] **I.** *pp de* **abrir** **II.** *adj* offen; ~ **a nuevas ideas** offen für neue Ideen; **en campo** ~ auf freiem Feld; **un libro** ~ ein aufgeschlagenes Buch

abisinio, -a [aβi'sinjo, -a] **I.** *adj* (HIST) abessinisch **II.** *m, f* (HIST) Abessinier(in) *m(f)*

abismal [aβis'mal] *adj (enorme)* gewaltig; *(odio)* abgrundtief

abismar [aβis'mar] **I.** *vt* ① *(sumir)* in einen Abgrund stürzen; ~ **a alguien en la desesperación** jdn zur Verzweiflung bringen ② *(confundir)* verwirren **II.** *vr:* **~se** ① *(hundirse)* versinken ② *(Am: asombrarse)* staunen

abismo [a'βismo] *m* ① (GEO) Abgrund *m* ② *(infierno)* Hölle *f* ③ *(diferencia)* Kluft *f;* **entre tus opiniones y las mías hay un** ~ unsere Ansichten sind grundverschieden

abjurar [aβxu'rar] *vi, vt* abschwören (**de** +*dat*)

ablandar [aβlan̩'dar] **I.** *vi* nachlassen **II.** *vt* ① *(poner blando)* weich machen; *(suelo)* aufweichen ② *(calmar)* besänftigen ③ *(hacer ceder)* erweichen **III.** *vr:* **~se** ① *(dejarse calmar)* sich besänftigen lassen ② *(convencerse)* sich erweichen lassen

ablativo [aβla'tiβo] *m* (LING) Ablativ *m*

abnegación [aβneɣa'θjon] *f* Selbstlosigkeit *f;* **con** ~ selbstlos

abnegado, -a [aβne'ɣaðo, -a] *adj* selbstlos

abnegarse [aβne'ɣarse] *vr irr como fregar* sich aufopfern (**por/en favor de** für +*akk*)

abobado, -a [aβo'βaðo, -a] *adj* dumm

abobar [aβo'βar] **I.** *vt* ① *(atontar)* verdummen ② *(fascinar)* faszinieren **II.** *vr:* **~se** ① *(atontarse)* verdummen ② *(quedarse fascinado)* fasziniert sein

abocado, -a [aβo'kaðo, -a] *adj (vino)* süffig; ~ **al fracaso** zum Scheitern verurteilt

abocar [aβo'kar] <c → qu> **I.** *vt (líquido)* umfüllen **II.** *vr:* **~se** sich einsetzen (**a** für +*akk*)

abocetar [aβoθe'tar] *vt* skizzieren

abochornar [aβoʧor'nar] **I.** *vt* ① *(calor)* erdrücken; **este calor me abochorna** diese Hitze macht mir zu schaffen; **estoy abochornado** mir ist heiß ② *(avergonzar)* beschämen **II.** *vr:* **~se** ① *(avergonzarse)* sich schämen (**de/por** für +*akk*) ② *(plantas)* verdorren

abofetear [aβofete'ar] *vt* ohrfeigen

abogacía [aβoɣa'θia] *f* Anwaltsberuf *m;* **ejercer la** ~ als Anwalt tätig sein

abogado, -a [aβo'ɣaðo, -a] *m, f* ① *(profesión)* (Rechts)anwalt, -wältin *m, f;* ~ **defensor** (Straf)verteidiger *m;* ~ **divorcista** Scheidungsanwalt *m;* ~ **de oficio** Pflichtverteidiger *m* ② *(defensor)* Fürsprecher(in) *m(f);* **ser un ~ de las causas perdidas** *(fig)* sich für aussichtslose Dinge einsetzen

abogar [aβo'ɣar] <g → gu> *vi (apoyar)* sich einsetzen (**por/en favor de** für +*akk*)

abolengo [aβo'leŋgo] *m* Abstammung *f;* **de rancio** ~ aus altem Adel

abolición [aβoli'θjon] *f* Abschaffung *f*

abolicionismo [aβoliθjo'nismo] *m sin pl* (HIST, POL) Abolitionismus *m*

abolir [aβo'lir] *vt irr* abschaffen

abolladura [aβoʎa'ðura] *f* Beule *f*

abollar [aβo'ʎar] *vt* verbeulen

abolsarse [aβol'sarse] *vr (tela)* sich bauschen; *(deformarse)* sich ausbeulen; *(pared)* sich wölben

abombado, -a [aβom'baðo, -a] *adj* ① *(combado)* (dick)bauchig ② *(AmS: atontado)* benommen, verwirrt

abombar [aβom'bar] **I.** *vt* wölben **II.** *vr:* **~se** ① *(abultarse)* sich wölben ② *(Am: alimentos)* verderben

abominable [aβomi'naβle] *adj* abscheulich

abominación [aβomina'θjon] *f* Abscheu *m o f*

abominar [aβomi'nar] *vt* ① *(aborrecer)* verabscheuen ② *(renegar)* verfluchen

abonable [aβo'naβle] *adj* ① *(cantidad)* zahlbar ② *(letra de cambio)* fällig

abonado, -a [aβo'naðo, -a] *m, f (a revistas/espectáculos)* Abonnent(in) *m(f); (a electricidad/gas)* Abnehmer(in) *m(f); (al teléfono)* Telefonteilnehmer(in) *m(f)*

abonar [aβo'nar] **I.** *vt* ① *(garantizar)* bürgen (für +*akk*) ② *(pagar)* bezahlen; ~ **en**

cuenta gutschreiben; **para ~ en cuenta** nur zur Verrechnung ③ *(terreno)* düngen ④ (PREN) abonnieren; **~ a alguien a una revista** *(convencer)* jdn als Abonnenten für eine Zeitschrift werben; *(como regalo)* für jdn eine Zeitschrift abonnieren **II.** *vr:* **~se** abonnieren (**a** +*akk*); **~se a la temporada de ópera** ein Abonnement für die Oper nehmen

abono [a'βono] *m* ① (TEAT, PREN) Abonnement *nt* ② *(para trasporte público)* Zeitkarte *f;* **~ mensual** Monatskarte *f;* **sacar un ~** eine Dauerkarte kaufen ③ *(pago)* Bezahlung *f;* **~ en cuenta** Gutschrift *f* ④ *(fertilizante)* Dünger *m;* **~ químico** Kunstdünger *m* ⑤ *(de la tierra)* Düngung *f*

abordable [aβor'ðaβle] *adj* ① *(persona)* zugänglich ② *(tema)* offen; **no ~** tabu

abordaje [aβor'ðaxe] *m* Entern *nt;* **tomar al ~** entern

abordar [aβor'ðar] **I.** *vt* ① *(chocar)* rammen ② *(persona)* ansprechen ③ *(tema)* anschneiden; *(problema)* angehen **II.** *vi* (NÁUT) anlegen

aborigen [aβo'rixen] **I.** *adj* eingeboren **II.** *mf* Ureinwohner(in) *m(f)*

aborrascarse [aβorras'karse] <c → qu> *vr* (METEO) stürmisch werden

aborrecer [aβorre'θer] *vt irr como crecer* ① *(sentir aversión)* verabscheuen; **~ a alguien de muerte** jdn auf den Tod nicht ausstehen können ② *(exasperar)* auf die Nerven gehen +*dat* ③ *(aburrir)* langweilen

aborrecible [aβorre'θiβle] *adj* abscheulich; *(persona)* unausstehlich

aborrecimiento [aβorreθi'mjento] *m* ① *(aversión)* Abscheu *m o f* ② *(antipatía)* Abneigung *f*

abort [a'βor^t] *m* (INFOR) Abbruch *m*

abortar [aβor'tar] **I.** *vi* ① *(provocado)* abtreiben ② *(espontáneo)* eine Fehlgeburt haben ③ *(fracasar)* scheitern **II.** *vt (hacer fracasar)* vereiteln

aborto [a'βorto] *m* ① *(provocado)* Abtreibung *f* ② *(espontáneo)* Fehlgeburt *f*

abota(r)gado, -a [aβota(r)'ɣaðo, -a] *adj* aufgedunsen

abota(r)garse [aβota(r)'ɣarse] <g → gu> *vr* anschwellen

abotonar [aβoto'nar] *vt* zuknöpfen

abovedar [aβoβe'ðar] *vt* ① *(formar)* wölben ② *(cubrir)* überwölben

abra ['aβra] *f* ① *(bahía pequeña)* Bucht *f* ② *(Arg, Méx, Par, Urug: desmonte)* Lichtung *f* ③ *(Col: batiente de puerta)* Türflügel *m;* *(de ventana)* Fensterflügel *m*

abracadabra [aβraka'ðaβra] *m sin pl* Abrakadabra *nt*

abrasador(a) [aβrasa'ðor(a)] *adj (calor)* sengend

abrasar [aβra'sar] **I.** *vi (sol)* brennen; *(comida)* heiß sein **II.** *vt* ① *(quemar)* verbrennen; *(ácidos)* verätzen; **¡cuidado!, este café abrasa la lengua** pass auf, sonst verbrennst du dir an dem Kaffee die Zunge ② *(plantas)* ausdörren ③ *(dolor)* brennen (in +*dat*); *(estómago)* reizen; **la sed me abrasa (la garganta)** ich sterbe vor Durst ④ *(odio)* verzehren **III.** *vr:* **~se** ① *(quemarse)* sich verbrennen ② *(morirse, t. fig)* vergehen (**de/en** vor +*dat*)

abrasión [aβra'sjon] *f* ① (GEO) Abtragung *f* ② (MED) Abschürfung *f* ③ (TÉC) Verschleiß *m*

abrasivo[1] [aβra'siβo] *m* Schleifmittel *nt*

abrasivo, -a[2] [aβra'siβo, -a] *adj* Scheuer-; **líquido ~** flüssiges Scheuermittel

abrazadera [aβraθa'ðera] *f* ① (TIPO) eckige Klammer *f* ② (TÉC) Zwinge *f*

abrazar [aβra'θar] <z → c> **I.** *vt* ① *(persona)* umarmen ② *(contener)* enthalten; *(abarcar)* umfassen ③ *(doctrina, partido)* sich anschließen +*dat;* *(religión)* annehmen **II.** *vr:* **~se** sich umarmen

abrazo [a'βraθo] *m* Umarmung *f;* **dar un ~ a alguien** jdn umarmen; **un (fuerte) ~** *(en cartas)* liebe Grüße

abrebotellas [aβreβo'teʎas] *m inv* Flaschenöffner *m*

abrecartas [aβre'kartas] *m inv* Brieföffner *m*

abrecosturas [aβrekos'turas] *m inv* Nahtauftrenner *m*

abrelatas [aβre'latas] *m inv* Dosenöffner *m*

abrevadero [aβreβa'ðero] *m* Tränke *f*

abrevar [aβre'βar] *vt (ganado)* tränken

abreviación [aβreβja'θjon] *f* ① *(abreviatura)* Abkürzung *f* ② (LING) Kurzform *f* ③ *(de un texto)* Kurzfassung *f*

abreviado, -a [aβre'βjaðo, -a] *adj* verkürzt; *(corto)* kurz

abreviar [aβre'βjar] *vt* verkürzen; *(palabras)* abkürzen; *(texto)* kürzen

abreviatura [aβreβja'tura] *f* Abkürzung *f*

abridor [aβri'ðor] *m* Öffner *m*

abrigado, -a [aβri'ɣaðo, -a] *adj (con ropa)* **estar [*o* ir] ~** warm angezogen sein

abrigar [aβri'ɣar] <g → gu> **I.** *vt* ① *(proteger: del viento/frío)* schützen (**contra/de** gegen +*akk,* **contra/de** vor +*dat*) ② *(cubrir)* zudecken ③ *(tener)* haben; **~ esperanzas** Hoffnungen hegen; **~ proyectos** Pläne schmieden **II.** *vr:* **~se** sich warm anziehen

abrigo [a'βriɣo] *m* ① *(prenda)* Mantel *m;* **~ de pieles** Pelzmantel *m* ② *(refugio)* Obdach *nt;* **al ~ de** unter dem Schutz *+gen* ③ *(loc)* **ropa de ~** warme Kleidung; **traje de poco ~** dünner Anzug; **ser de ~** *(fig)* es in sich *dat* haben

abril [a'βril] *m* April *m;* **tener trece ~es** *(fam)* dreizehn Lenze zählen; *v. t.* **marzo**

abrileño, -a [aβri'leɲo, -a] *adj* April-

abrillantador[1] [aβriʎan̪ta'ðor] *m* *(producto)* Poliermittel *nt*

abrillantador(a)[2] [aβriʎan̪ta'ðor(a)] *m(f)* *(persona)* Edelsteinschleifer(in) *m(f)*

abrillantar [aβriʎan̪'tar] *vt* ① *(piedras preciosas)* schleifen ② *(hacer brillar)* polieren

abrir [a'βrir] *irr* **I.** *vt* ① *(algo cerrado)* öffnen; *(paraguas)* aufspannen; *(libro)* aufschlagen; *(piernas)* spreizen; *(grifo)* aufdrehen; *(con la llave)* aufschließen; *(luz)* anmachen; *(silla plegable)* aufklappen; **~ una calle al tráfico** eine Straße für den Verkehr freigeben; **~ de par en par** sperrangelweit öffnen; **a medio ~** *(puerta)* angelehnt; **~ a golpes** aufschlagen; **~ camino a alguien** jdm den Weg bahnen; **~ paso** Platz machen; **~ la cabeza a alguien** jdm den Schädel einschlagen; **~ el apetito** den Appetit anregen; **~ la curiosidad** die Neugier wecken ② *(canal, túnel)* bauen; *(agujero)* graben ③ *(perspectivas)* eröffnen; *(mercado)* erschließen ④ *(comenzar, inaugurar)* eröffnen; *(curso)* anfangen (mit *+dat*) ⑤ *(ir en cabeza)* anführen **II.** *vi* ① *(tiempo)* sich aufklären ② *(loc)* **en un ~ y cerrar de ojos** im Nu **III.** *vr:* **~se** ① *(puerta, herida)* sich öffnen; **la ventana se abre al patio** das Fenster geht zum Hof ② *(confiar)* sich anvertrauen *+dat* ③ *(perspectivas)* sich eröffnen ④ *(argot: irse)* abhauen

abrochador [aβrotʃa'ðor] *m* Haken *m*

abrochar [aβro'tʃar] *vt (con broches)* zuhaken; *(con hebillas)* zuschnallen; *(con botones)* zuknöpfen; **abróchense los cinturones** (**de seguridad**) legen Sie die Sicherheitsgurte an

abroncar [aβroŋ'kar] <c → qu> *vt (fam)* ① *(echar una bronca)* herunterputzen ② *(abuchear)* auspfeifen

abrumador(a) [aβruma'ðor(a)] *adj* ① *(agobiador)* bedrückend ② *(apabullante)* überwältigend

abrumar [aβru'mar] *vt* ① *(agobiar)* bedrücken ② *(de trabajo, elogios)* erdrücken (**de/con** mit *+dat*)

abrupción [aβruβ'θjon] *f* (MED: *fractura*) Bruch *m; (desgarro)* Ruptur *f*

abrupto, -a [a'βrupto, -a] *adj* ① *(camino, abismo)* steil ② *(carácter)* schroff

abrutado, -a [aβru'taðo, -a] *adj* grob, roh

absceso [a^{β}s'θeso] *m* Abszess *m*

absentismo [aβsen̪'tismo] *m* Abwesenheit *f;* **~ laboral** Fehlen *nt* (am Arbeitsplatz)

ábside ['aβsiðe] *m* (ARQUIT) Apsis *f*

absolución [aβsolu'θjon] *f* ① (JUR) Freispruch *m;* **~ por falta de pruebas** Freispruch mangels Beweisen ② (REL) Absolution *f;* **dar la ~ a alguien** jdm die Absolution erteilen

absolutamente [aβsoluta'men̪te] *adv* absolut; *(completamente)* völlig; *(negación, prohibición)* strikt; **está ~ de acuerdo con nosotros** er/sie stimmt uns völlig zu; **es ~ posible** es ist durchaus möglich; **~ nada** überhaupt nichts

absolutismo [aβsolu'tismo] *m sin pl* (POL) Absolutismus *m*

absolutista [aβsolu'tista] **I.** *adj* (POL) absolutistisch **II.** *mf* (POL) Absolutist(in) *m(f)*

absoluto, -a [aβso'luto, -a] *adj* (*t.* FÍS) absolut; *(completo)* völlig; *(prohibición)* strikt; **en ~** keineswegs; **nada en ~** gar nichts

absolver [aβsol'βer] *vt irr como volver* ① (JUR) freisprechen ② (REL) lossprechen

absorbente [aβsor'βen̪te] *adj* ① *(esponja, trapo)* saugfähig ② *(película, libro)* fesselnd; *(trabajo)* zeitraubend; **eres una persona muy ~** du nimmst einen völlig in Anspruch

absorber [aβsor'βer] *vt* ① *(tierra, esponja, aspiradora)* aufsaugen ② (FÍS) absorbieren ③ *(ocupar)* in Anspruch nehmen; *(cautivar)* fesseln; **~ la atención de alguien** jds Aufmerksamkeit beanspruchen ④ *(incorporar)* eingliedern; *(empresa)* aufkaufen

absorción [aβsor'θjon] *f* ① *(de líquidos)* Aufsaugen *nt* ② (FÍS) Absorption *f* ③ (ECON) Übernahme *f*

absorto, -a [aβ'sorto, -a] *adj* ① *(pasmado)* verblüfft ② *(entregado)* versunken (**en** in *+akk*)

abstemio, -a [a^{β}s'temjo, -a] **I.** *adj* abstinent **II.** *m, f* Antialkoholiker(in) *m(f)*

abstención [a^{β}sten̪'θjon] *f* Enthaltung *f;* (POL) Stimmenthaltung *f*

abstencionismo [aβsten̪θjo'nismo] *m* (POL) Stimmenthaltung *f*

abstencionista [aβsten̪θjo'nista] *mf* Nichtwähler(in) *m(f);* **el número de ~s creció en los últimos años** die Anzahl der Nichtwähler ist in den letzten Jahren gestiegen

abstenerse [a^{β}ste'nerse] *vr irr como tener* (*t.* POL) sich enthalten; **~ de algo** auf etw verzichten; **~ de votar** sich der Stimme enthalten; **~ del tabaco** auf das Rauchen verzichten; **rogamos que se abstengan de realizar visitas** wir bitten Sie, von einem Besuch abzusehen

abstinencia [a^{β}sti'nen̪θja] *f* Enthaltsam-

A

keit *f; (de alcohol)* Abstinenz *f;* ~ **de consumo** Konsumverzicht *m*

abstinente [a^{β}sti'neṇte] *adj* enthaltsam; *(de alcohol)* abstinent

abstracción [a^{β}stra^γ'θjon] *f* Abstraktion *f*

abstracto, -a [a^{β}s'trakto, -a] *adj* abstrakt; **en** ~ abstrakt betrachtet

abstraer [a^{β}stra'er] *irr como traer* **I.** *vt* abstrahieren **II.** *vr* **~se en algo** sich in etw vertiefen; **~se de algo** auf etw verzichten; **consigue ~se de los gritos en la calle** er/sie lässt sich von den Schreien auf der Straße nicht ablenken

abstraído, -a [a^{β}stra'iðo, -a] *adj* in Gedanken versunken; **estar ~ en algo** in etw versunken sein

abstruso, -a [a^{β}s'truso, -a] *adj* verworren

absurdidad [aβsurði'ða^ð] *f* Absurdität *f,* Widersinn *m*

absurdo[1] [aβ'surðo] *m* Absurdität *f;* **reducir algo al ~** etw ad absurdum führen

absurdo, -a[2] [aβ'surðo, -a] *adj* absurd

abubilla [aβu'βiʎa] *f* Wiedehopf *m*

abuchear [aβuʧe'ar] *vt* ausbuhen; *(silbando)* auspfeifen

abucheo [aβu'ʧeo] *m* Buhrufe *mpl; (silbidos)* Pfeifkonzert *nt*

abuelo, -a [a'βwelo, -a] *m, f* Großvater, -mutter *m, f;* **los ~s** die Großeltern; **éramos pocos y parió la abuela** *(fam)* der/die hatte uns gerade noch gefehlt

abulense [aβu'lense] **I.** *adj* aus Ávila **II.** *mf* Bewohner(in) *m(f)* von Ávila

abúlico, -a [a'βuliko, -a] *adj* willensschwach

abultado, -a [aβuḷ'taðo, -a] *adj* groß, massig

abultamiento [aβuḷta'mjeṇto] *m* ❶ *(bulto)* Beule *f* ❷ *(hinchazón)* (An)schwellung *f*

abultar [aβuḷ'tar] **I.** *vi* viel Raum einnehmen **II.** *vt* ❶ *(aumentar)* vergrößern ❷ *(exagerar)* aufbauschen

abundancia [aβuṇ'daṇθja] *f (cantidad)* Fülle *f; (de bienes)* Überangebot *nt;* **vivir en la ~** im Überfluss leben; **nadar en la ~** im Geld schwimmen; **en ~** in Hülle und Fülle

abundante [aβuṇ'daṇte] *adj* reichlich; **~ en algo** reich an etw *dat*

abundar [aβuṇ'dar] *vi* reichlich vorhanden sein; **~ en algo** reich an etw *dat* sein

abur [a'βur] *interj (adiós)* tschüs(s)

aburguesado, -a [aβurɣe'saðo, -a] *adj* verbürgerlicht, spießig *abw fam*

aburguesarse [aβurɣe'sarse] *vr* verbürgerlichen

aburrido, -a [aβu'rriðo, -a] *adj* ❶ *ser (pesado)* langweilig ❷ *estar (harto)* überdrüssig (**de** *+gen*); **estar ~ de algo** etw satthaben; **tus chistes me tienen ~** ich kann deine Witze nicht mehr hören

aburrimiento [aβurri'mjeṇto] *m* ❶ *(tedio)* Langeweile *f* ❷ *(fastidio)* Überdruss *m*

aburrir [aβu'rrir] **I.** *vt* ❶ *(hastiar)* langweilen ❷ *(fastidiar)* auf die Nerven gehen *+dat* **II.** *vr:* **~se** sich langweilen (**con** bei *+dat*); **~se de algo** etw sattbekommen; **~se como una ostra** *(fam)* sich zu Tode langweilen

abusar [aβu'sar] *vi* ❶ *(usar indebidamente)* missbrauchen (**de** *+akk*) ❷ *(aprovecharse)* ausnutzen (**de** *+akk*); **~ de una mujer** eine Frau vergewaltigen; **~ de su salud** sich überanstrengen

abusivo, -a [aβu'siβo, -a] *adj* missbräuchlich; *(precios)* überhöht

abuso [a'βuso] *m* Missbrauch *m;* **~ de autoridad** Amtsmissbrauch *m;* **~ deshonesto** Unzucht *f;* **este precio es un ~** dieser Preis ist unverschämt hoch

abusón, -ona [aβu'son, -ona] **I.** *adj (fam)* schmarotzerhaft **II.** *m, f (fam)* Schmarotzer(in) *m(f)*

abyección [aβɟe^γ'θjon] *f* ❶ *(bajeza)* Niederträchtigkeit *f* ❷ *(deshonra)* Schande *f*

abyecto, -a [aβ'ɟekto, -a] *adj* ❶ *(bajo)* niederträchtig ❷ *(deshonroso)* schändlich

a. C. ['aṇtes (de) 'kristo] *abr de* **antes de Cristo** v. Chr.

acá [a'ka] *adv* hier; **para ~** hierher; **¡ven ~!** komm her!; **~ y allá** mal hier, mal dort

acabado[1] [aka'βaðo] *m* (TÉC) Finish *nt*

acabado, -a[2] [aka'βaðo, -a] *adj* ❶ *(completo)* fertig ❷ *(salud)* kraftlos ❸ *(sin posibilidades)* erledigt

acaballar [akaβa'ʎar] *vt (caballo, burro)* decken, beschälen

acabar [aka'βar] **I.** *vi* ❶ *(terminar)* enden (**en** auf *+akk,* **en** mit *+dat*); **~ bien/mal** gut/schlecht ausgehen; **~ en punta** spitz zulaufen ❷ *(una acción)* **ella acaba de llegar** sie ist gerade angekommen; **el libro acaba de publicarse** das Buch ist soeben erschienen ❸ *(destruir, agotar)* **~ con algo** etw zunichtemachen; **~ con alguien** jdn fertigmachen; **este niño ~á conmigo** dieses Kind macht mich noch völlig fertig; **este hombre acaba con la paciencia de un santo** dieser Mensch bringt den stärksten Geduldsfaden zum Reißen ❹ *(finalmente)* **~ás por comprenderlo** du wirst es schließlich einsehen; **~ás por volverme loco** du machst mich noch verrückt **II.** *vt* ❶ *(terminar)* beenden ❷ *(consumir)* aufbrauchen; **~ todas las galletas** alle Kekse aufessen **III.** *vr:* **~se** enden; **la mantequilla se ha acabado** die Butter ist alle; **todo**

se acabó alles ist vorbei; **¡se acabó!** und damit basta!

acabose [aka'βose] *m (fam)* **¡esto es el ~!** das ist (doch) das Letzte!

acacia [a'kaθja] *f* Akazie *f*

academia [aka'ðemja] *f* ① *(corporación)* Akademie *f* ② *(colegio)* (Privat)schule *f;* **~ militar** Militärakademie *f;* **~ de noche** Abendschule *f*

académico, -a [aka'ðemiko, -a] *adj* akademisch

acaecer [akae'θer] *vi irr como crecer* sich ereignen

acaecimiento [akaeθi'mjen̪to] *m* Ereignis *nt*

acahual [aka'wal] *m (Méx: girasol)* Sonnenblume *f*

acallar [aka'ʎar] *vt* ① *(hacer callar)* zum Schweigen bringen ② *(apaciguar)* beschwichtigen; *(conciencia)* beruhigen; *(hambre)* stillen

acalorado, -a [akalo'raðo, -a] *adj* hitzig

acaloramiento [akalora'mjen̪to] *m* ① *(de calor)* Erhitzen *nt* ② *(de pasión)* Eifer *m*

acalorar [akalo'rar] **I.** *vt* ① *(dar calor)* ins Schwitzen bringen ② *(enfadar)* aufregen **II.** *vr:* **~se** ① *(sofocarse)* **se acaloró al correr** ihm/ihr wurde beim Laufen warm ② *(apasionarse)* sich ereifern (**con** über *+akk*) ③ *(enfadarse)* in Wut geraten (**por** wegen *+gen/dat*); **se acalora por nada** er/sie regt sich wegen Nichtigkeiten auf

acampada [akam'paða] *f* Zelten *nt*

acampanado, -a [akampa'naðo, -a] *adj* glockenförmig

acampar [akam'par] *vi* campen; *(tropa)* lagern

acanaladura [akanala'ðura] *f* Rinne *f,* Rille *f;* (TÉC) Auskehlung *f*

acanalar [akana'lar] *vt* ① *(hacer canales)* furchen ② (TÉC) auskehlen

acanallar [akana'ʎar] **I.** *vt* verderben **II.** *vr:* **~se** verwahrlosen

acantilado[1] [akan̪ti'laðo] *m* Steilküste *f*

acantilado, -a[2] [akan̪ti'laðo, -a] *adj* steil

acanto [a'kan̪to] *m* (BOT) Akanthus *m,* Bärenklau *m*

acantonamiento [akan̪tona'mjen̪to] *m* (MIL) Einquartierung *f*

acaparamiento [akapara'mjen̪to] *m* Hamsterkauf *m*

acaparar [akapa'rar] *vt* ① *(objetos)* hamstern ② *(apoderarse)* (für sich) beanspruchen; **~ todas las miradas** alle Blicke auf sich ziehen

acapillar [akapi'ʎar] *vt (Méx: atrapar)* fassen, erwischen *fam*

acaramelado, -a [akarame'laðo, -a] *adj* ① *(pastel)* mit Karamell überzogen ② *(fam: voz, comportamiento)* zuckersüß

acaramelar [akarame'lar] **I.** *vt* mit Karamell überziehen **II.** *vr:* **~se** zuckersüß sein; *(novios)* turteln

acariciar [akari'θjar] *vt* ① *(persona, animal)* streicheln ② *(idea, plan)* hegen

ácaro ['akaro] *m* (ZOOL) Milbe *f*

acarrear [akarre'ar] *vt* ① *(trasportar)* transportieren ② *(ocasionar)* verursachen

acarreo [aka'rreo] *m* ① *(trasporte)* Transport *m* ② *(importe)* Frachtgebühr *f*

acarroñar [akarro'ɲar] **I.** *vt (Col: amilanar)* einschüchtern **II.** *vr:* **~se** *(acobardarse)* den Mut verlieren

acartonado, -a [akarto'naðo, -a] *adj* ① *(ropa)* steif ② *(persona)* hager

acartonarse [akarto'narse] *vr* ① *(tela)* steif werden ② *(persona)* abmagern ③ *(cutis)* austrocknen

acaso [a'kaso] **I.** *m* Zufall *m;* **el ~ hizo que...** *+subj* der Zufall wollte es, dass ... **II.** *adv* vielleicht; **¿está ~ enfermo?** ist er etwa krank?; **por si ~** *(en caso de)* falls; *(en todo caso)* vorsichtshalber

acatamiento [akata'mjen̪to] *m* ① *(respeto)* Ehrfurcht *f* ② *(de las leyes)* Befolgung *f*

acatar [aka'tar] *vt* ① *(respetar)* achten ② *(obedecer)* befolgen ③ *(Col, Guat, PRico: caer en cuenta)* begreifen

acatarrarse [akata'rrarse] *vr* sich erkälten

acaudalado, -a [akau̯ða'laðo, -a] *adj* wohlhabend

acaudalar [akau̯ða'lar] *vt* erwerben

acaudillar [akau̯ði'ʎar] *vt* anführen

acceder [aᵞθe'ðer] *vi* ① *(consentir)* einwilligen (**a** in *+akk*); **~ a una petición** einer Bitte entsprechen ② *(tener acceso)* Zugang haben (**a** zu *+dat*) ③ *(ascender)* aufsteigen; **~ a la presidencia** den Vorsitz übernehmen; **~ a un cargo** ein Amt antreten; **~ al trono** den Thron besteigen

accesible [aᵞθe'siβle] *adj* ① *(persona, lugar)* zugänglich ② *(precios)* erschwinglich ③ *(explicación)* verständlich

accesión [aᵞθe'sjon] *f (consentimiento)* Einwilligung *f*

accésit [aᵞ'θesiᵗ] *m inv* Trostpreis *m*

acceso [aᵞ'θeso] *m* ① *(a pie)* Zugang *m* (**a** zu *+dat*); *(en vehículo)* Zufahrt *f* (**a** zu *+dat*); **de fácil ~** leicht zugänglich; **libre ~** freier Zutritt ② *(ataque)* Anfall *m* ③ (INFOR) Zugriff *m* ④ *(unión sexual)* **~ carnal** Beischlaf *m*

accesorio[1] [aᵞθe'sorjo] *m* ① *(de vestidos)* Accessoire *nt* ② *(utensilio)* Utensil *nt* ③ *pl (de máquinas)* Zubehör *nt*

A

accesorio, -a² [aᵞθe'sorjo, -a] *adj* nebensächlich
accidentado, -a [aᵞθiðeṇ'taðo, -a] **I.** *adj* ❶ *(terreno)* holp(e)rig ❷ *(difícil)* schwierig **II.** *m, f* Verunglückte(r) *mf*
accidental [aᵞθiðeṇ'tal] *adj* ❶ *(no esencial)* nebensächlich ❷ *(casual)* zufällig ❸ *(loc)* **director** ~ amtierender Direktor *m*
accidentarse [aᵞθiðeṇ'tarse] *vr* verunglücken
accidente [aᵞθi'ðeṇte] *m* ❶ *(suceso desgraciado)* Unfall *m;* ~ **en cadena** Massenkarambolage *f;* ~ **de circulación** Verkehrsunfall *m;* **sufrir un** ~ einen Unfall haben; **por** ~ zufällig ❷ (MED) Ohnmachtsanfall *m* ❸ *(desnivel)* Unebenheit *f;* **~s geográficos** Relief *nt*
acción [aᵞ'θjon] *f* ❶ *(acto, t.* LIT) Handlung *f;* (POL) Aktion *f;* **¡~!** (CINE) Aufnahme!; **un hombre de** ~ ein Mann der Tat; **entrar en** ~ eingreifen; **poner en** ~ in Betrieb setzen ❷ *(influencia)* (Ein)wirkung *f;* ~ **recíproca** Wechselwirkung *f;* **de rápida** ~ rasch wirkend; **de** ~ **retardada** *(bomba)* mit Zeitzünder ❸ (MIL) Gefecht *nt* ❹ (FIN) Aktie *f;* ~ **común** Stammaktie *f;* ~ **preferente** Vorzugsaktie *f* ❺ (JUR) Klage *f;* ~ **por daños y perjuicios** Schadenersatzklage *f;* ~ **popular** Nebenklage *f*
accionamiento [aᵞθjona'mjeṇto] *m* (TÉC) Betätigung *f*
accionar [aᵞθjo'nar] **I.** *vi* gestikulieren **II.** *vt* (TÉC) betätigen; ~ **un cohete** einen Feuerwerkskörper zünden
accionariado [aᵞθjona'rjaðo] *m* (FIN) Aktionäre *mpl*
accionario, -a [aᵞθjo'narjo, -a] *adj* Aktien-
accionista [aᵞθjo'nista] *mf* Aktionär(in) *m(f)*
acebo [a'θeβo] *m* Stechpalme *f*
acechadero [aθetʃa'ðero] *m* Hinterhalt *m*
acechanza [aθe'tʃaṇθa] *f* Belauerung *f*
acechar [aθe'tʃar] *vt* belauern
acecho [a'θetʃo] *m* Lauern *nt;* **estar al** ~ auf der Lauer liegen; **ponerse al** ~ sich auf die Lauer legen
acecinado, -a [aθeθi'naðo, -a] *adj (salado)* gepökelt; *(secado)* getrocknet; *(ahumado)* geräuchert
acecinar [aθeθi'nar] **I.** *vt (salar)* pökeln; *(secar)* dörren; *(ahumar)* räuchern **II.** *vr:* **~se** abmagern
acedera [aθe'ðera] *f* (BOT) Sauerampfer *m*
acedo, -a [a'θeðo, -a] *adj* sauer
aceitar [aθei̯'tar] *vt* ❶ *(motor, gozne)* ölen ❷ *(ensalada)* mit Öl anmachen; *(pan)* mit Öl bestreichen
aceite [a'θei̯te] *m* Öl *nt;* ~ **bruto** Rohöl *nt;* ~ **comestible** Speiseöl *nt;* ~ **esencial** ätherisches Öl; ~ **lubrificante** Schmieröl *nt;* ~ **de oliva** Olivenöl *nt;* ~ **usado** Altöl *nt;* **echar** ~ **al fuego** *(t. fig)* Öl ins Feuer gießen
aceitera [aθei̯'tera] *f* ❶ *(recipiente)* Ölkanne *f* ❷ *pl (vinagreras)* Menage *f*
aceitoso, -a [aθei̯'toso, -a] *adj* ölig
aceituna [aθei̯'tuna] *f* Olive *f;* **llegar a las ~s** zu spät zum Essen kommen
aceitunado, -a [aθei̯tu'naðo, -a] *adj* oliv(grün)
aceituno [aθei̯'tuno] *m* Olivenbaum *m*
aceleración [aθelera'θjon] *f* Beschleunigung *f*
acelerado, -a [aθele'raðo, -a] *adj* rasch, schnell
acelerador [aθelera'ðor] *m* ❶ (AUTO) Gaspedal *nt;* **pisar el** ~ Gas geben ❷ (FÍS) ~ **de partículas** Teilchenbeschleuniger *m*
aceleramiento [aθelera'mjeṇto] *m* ❶ *(aceleración)* Beschleunigung *f* ❷ *(prisa)* Eile *f* ❸ (INFOR) ~ **de vídeo** Grafikbeschleuniger *m*
acelerar [aθele'rar] **I.** *vi* beschleunigen; (AUTO) Gas geben; **¡no aceleres tanto!** gib nicht so viel Gas! **II.** *vt* beschleunigen; ~ **el paso** schneller gehen
acelerón [aθele'ron] *m* (AUTO) plötzliches Beschleunigen *nt;* **dar acelerones al motor** den Motor aufheulen lassen
acelga [a'θelɣa] *f* Mangold *m*
acendrado, -a [aθeṇ'draðo, -a] *adj* aufrichtig, lauter *geh*
acento [a'θeṇto] *m* ❶ *(prosódico)* Betonung *f;* **el** ~ **cae en la primera sílaba** die Betonung liegt auf der ersten Silbe ❷ *(pronunciación, signo)* Akzent *m;* **hablar alemán sin** ~ akzentfrei Deutsch sprechen; **esta palabra se escribe sin** ~ dieses Wort schreibt man ohne Akzent ❸ *(entonación)* Tonfall *m* ❹ *(énfasis)* Nachdruck *m;* **poner especial** ~ **en algo** Nachdruck auf etw legen
acentuación [aθeṇtwa'θjon] *f (prosódica)* Betonung *f; (ortográfica)* Akzentsetzung *f*
acentuado, -a [aθeṇtu'aðo, -a] *adj* ❶ *(al pronunciar)* betont; *(al escribir)* mit Akzent; **no** ~ unbetont; *(sin tilde)* ohne Akzent ❷ *(marcado)* ausgeprägt
acentuar [aθeṇtu'ar] <*1. pres* acentúo> **I.** *vt* ❶ *(al pronunciar)* betonen; *(al escribir)* einen Akzent setzen (auf +*akk*) ❷ *(resaltar)* hervorheben ❸ *(aumentar)* verschärfen **II.** *vr:* **~se** *(Am: una enfermedad)* sich verschlimmern
acepción [aθeβ'θjon] *f* Bedeutung *f*
aceptable [aθep'taβle] *adj* annehmbar
aceptación [aθepta'θjon] *f* ❶ *(aproba-*

ción) Zustimmung *f;* **tener ~** Beifall finden ② (COM, JUR) Annahme *f*

aceptado [aθep'taðo] *interj (Am: vale)* einverstanden

aceptar [aθep'tar] *vt* ① *(recibir)* annehmen ② *(aprobar, conformarse)* akzeptieren; **~ un compromiso** eine Einladung annehmen; **no ~ excusas** keine Entschuldigung gelten lassen

acequia [a'θekja] *f* ① *(canal de riego)* Bewässerungsgraben *m* ② *(Méx: albañal)* Abwasserkanal *m*

acera [a'θera] *f* Bürgersteig *m;* **ser de la ~ de enfrente** *(fam)* vom anderen Ufer sein

acerado, -a [aθe'raðo, -a] *adj* ① *(de acero)* stählern ② *(mordaz)* bissig

acerbo, -a [a'θerβo, -a] *adj* ① *(gusto)* herb ② *(despiadado)* bitter; *(crítica, tono)* hart

acerca [a'θerka] *prep* **~ de** *(sobre)* über +*akk; (en relación a)* in Bezug auf +*akk*

acercamiento [aθerka'mjen̪to] *m* Annäherung *f* (**a** an +*akk*)

acercar [aθer'kar] <c → qu> **I.** *vt* ① *(poner más cerca)* näher bringen (**a** +*dat*); **acerca la silla a la mesa** rück den Stuhl an den Tisch ② *(traer)* (her)bringen; *(dar)* geben ③ *(fam: llevar)* bringen (**a** zu +*dat*) **II.** *vr:* **~se** ① *(aproximarse)* sich nähern (**a** +*dat*) ② *(ir)* vorbeischauen (**a** bei +*dat*); **~se a la tienda a por patatas** Kartoffeln kaufen gehen

acería [aθe'ria] *f* Stahlwerk *nt*

acerico [aθe'riko] *m* Nadelkissen *nt*

acero [a'θero] *m* Stahl *m;* **tener nervios de ~** Nerven wie Drahtseile haben

acérrimo, -a [a'θerrimo, -a] **I.** *superl de* **acre II.** *adj (defensor)* hartnäckig; *(enemigo)* erbittert; *(partidario)* begeistert

acertado, -a [aθer'taðo, -a] *adj* ① *(correcto)* richtig ② *(atinado)* treffend ③ *(conveniente)* ratsam

acertante [aθer'tan̪te] *mf* Gewinner(in) *m(f)*

acertar [aθer'tar] <e → ie> **I.** *vi* ① *(dar)* treffen; **~ al blanco** ins Schwarze treffen ② *(hacer con acierto)* das Richtige tun; **acertaste en protestar** es war richtig von dir, zu protestieren ③ *(por casualidad)* **~ a hacer algo** zufällig etw tun ④ *(conseguir)* **no acerté a encontrar la respuesta** es gelang mir nicht, die Lösung zu finden ⑤ *(encontrar)* finden (**con** +*akk*) **II.** *vt* ① *(dar en el blanco)* treffen ② *(encontrar)* finden ③ *(adivinar)* erraten

acertijo [aθer'tixo] *m* Rätsel *nt*

acervo [a'θerβo] *m* Vermögen *nt;* **~ cultural** Kulturgut *nt*

acético, -a [a'θetiko, -a] *adj* Essig-

acetona [aθe'tona] *f* Aceton *nt*

acezar [aθe'θar] <z → c> *vi (jadear)* keuchen, schnaufen

achacar [atʃa'kar] <c → qu> *vt* zuschreiben (**a** +*dat*)

achachay [atʃa'tʃai̯] *interj (Col, Ecua)* toll

achacoso, -a [atʃa'koso, -a] *adj* anfällig; **estar ~** kränkeln

achalay [atʃa'lai̯] *interj (Arg, Perú)* toll

achancharse [atʃan'tʃarse] *vr (Arg, Col, Ecua, Perú)* ① *(emperezarse)* faul werden, träge werden ② *(repantingarse)* sich rekeln, sich räkeln ③ *(vaguear)* faulenzen

achantar [atʃan̪'tar] **I.** *vt (fam)* einschüchtern **II.** *vr:* **~se** *(fam)* sich einschüchtern lassen; *(no atreverse)* kalte Füße bekommen

achaparrado, -a [atʃapa'rraðo, -a] *adj* ① *(persona)* untersetzt ② *(objeto)* niedrig (und breit)

achaparrarse [atʃapa'rrarse] *vr (persona)* in die Breite gehen, pummelig werden *fam*

achaque [a'tʃake] *m* ① *(dolencia)* Beschwerde *f* ② *(excusa)* Vorwand *m*

acharolado, -a [atʃaro'laðo, -a] *adj* Lack-

acharolar [atʃaro'lar] *vt* lackieren

achatado, -a [atʃa'taðo, -a] *adj* platt; **nariz achatada** Stumpfnase *f; (como un boxeador)* Boxernase *f*

achatar [atʃa'tar] **I.** *vt* abflachen; **~ la nariz a alguien** jdm die Nase brechen **II.** *vr:* **~se** flacher werden

achicado, -a [atʃi'kaðo, -a] *adj* ① *(aniñado)* kindisch ② *(intimidado)* eingeschüchtert, kleinlaut

achicar [atʃi'kar] <c → qu> **I.** *vt* ① *(empequeñecer)* verkleinern ② *(intimidar)* einschüchtern ③ *(agua)* auspumpen **II.** *vr:* **~se** ① *(empequeñecerse)* kleiner werden; *(ropa)* einlaufen ② *(acoquinarse)* sich einschüchtern lassen; *(no atreverse)* zurückschrecken; *(ceder)* klein beigeben ③ *(Am: humillarse)* sich erniedrigen (**ante** vor +*dat*)

achicharrar [atʃitʃa'rrar] **I.** *vt* ① *(calor)* verbrennen; *(comida)* anbrennen lassen; **estoy achicharrado** ich komme vor Hitze um ② *(atosigar)* zusetzen +*dat* **II.** *vr:* **~se** ① *(comida)* anbrennen ② *(persona)* vor Hitze umkommen; *(planta)* (vor Hitze) eingehen

achichiguar [atʃitʃi'ɣwar] *vt (Méx)* ① *(servir de niñera)* hüten ② *(malcriar)* verwöhnen

achicoria [atʃi'korja] *f* Zichorie *f*

achinado, -a [atʃi'naðo, -a] *adj* ① *(rasgos)* chinesenhaft; *(usos)* wie in China; **ojos ~s** Schlitzaugen *ntpl* ② *(CSur: aplebeyado)* pöbelhaft

achiquillado, -a [atʃiki'ʎaðo, -a] *adj*

❶ *(Méx: infantil)* kindisch ❷ *(Chil: como un muchacho)* knabenhaft

achís [a'tʃis] *interj* hatschi

achispado, -a [atʃis'paðo, -a] *adj* beschwipst

achispar [atʃis'par] **I.** *vt* leicht betrunken machen **II.** *vr:* **~se** sich *dat* einen Schwips antrinken *fam*

acholado, -a [atʃo'laðo, -a] *adj (CSur)* ❶ *(mestizo)* dunkelhäutig ❷ *(acobardado)* eingeschüchtert

acholar [atʃo'lar] **I.** *vt (Chil, Perú)* ❶ *(avergonzar)* beschämen ❷ *(amilanar)* einschüchtern **II.** *vr:* **~se** *(Arg, Chil, Perú: acobardarse)* verzagen

achuchado, -a [atʃu'tʃaðo, -a] *adj (fam)* ❶ *(duro)* schwierig ❷ *(de dinero)* blank ❸ *(débil)* angeschlagen

achuchar [atʃu'tʃar] *vt* ❶ *(fam: persona)* aufhetzen (**contra** gegen +*akk*); *(perro)* hetzen (**contra** auf +*akk*) ❷ *(fam: estrujar)* zerdrücken ❸ *(atosigar)* drängen ❹ *(fam: acariciar)* liebkosen; *(abrazar)* (zärtlich) an sich drücken; *(manosear)* betatschen

achuchón [atʃu'tʃon] *m (fam)* ❶ *(empujón)* Stoß *m* ❷ *(abrazo)* heftige Umarmung *f* ❸ *(achaque)* (leichtes) Unwohlsein *nt; (súbito)* Anfall *m*

achucutado, -a [atʃuku'taðo, -a] *adj (Am: abatido)* niedergeschlagen; *(Col: triste)* traurig

achucutarse [atʃuku'tarse] *vr (Col, Ecua),* **achucuyarse** [atʃuku'ɟarse] *vr (AmC)* ❶ *(humillarse)* sich erniedrigen ❷ *(acobardarse)* den Mut verlieren

achulado, -a [atʃu'laðo, -a] *adj,* **achulapado, -a** [atʃula'paðo, -a] *adj* angeberisch, prahlerisch

achularse [atʃu'larse] *vr* prahlerisch werden

achumado, -a [atʃu'maðo, -a] *adj (Am)* betrunken

achumarse [atʃu'marse] *vr (Am)* sich betrinken

achunchar [atʃun'tʃar] *vt (Am: avergonzar, amedrentar)* einschüchtern

achurador(a) [atʃura'ðor(a)] *m(f) (Arg, Bol, Urug)* Schlachter(in) *m(f),* Fleischer(in) *m(f)*

achurar [atʃu'rar] *vt (CSur)* ❶ *(res)* ausweiden ❷ *(persona)* kaltblütig erstechen

aciago, -a [a'θjaɣo, -a] *adj* unheilvoll; **un día ~** ein Unglückstag

aciano [a'θjano, -a] *m* (BOT) Korn-Flockenblume *f*

acicalado, -a [aθika'laðo, -a] *adj* herausgeputzt

acicalarse [aθika'larse] *vr* sich herausputzen

acicate [aθi'kate] *m* ❶ *(espuela)* Sporn *m* ❷ *(estímulo)* Ansporn *m*

acícula [a'θikula] *f* (BOT) ❶ *(hoja)* Nadel *f* ❷ *(espina)* weicher Dorn *m*

acidez [aθi'ðeθ] *f* ❶ *(cualidad)* Säure *f* ❷ *(cantidad)* Säuregehalt *m;* **~ de estómago** Sodbrennen *nt*

ácido[1] ['aθiðo] *m* ❶ (QUÍM) Säure *f;* **~ cianhídrico** Blausäure *f;* **~ clorhídrico** Salzsäure *f;* **~s grasos insaturados** ungesättigte Fettsäuren ❷ *(fam: droga)* Acid *nt*

ácido, -a[2] ['aθiðo, -a] *adj* ❶ *(agrio)* sauer ❷ *(mordaz)* bissig

acierto [a'θjerto] *m* ❶ *(en el tiro)* Treffsicherheit *f* ❷ *(éxito)* Treffer *m; (en la lotería)* Richtige(r) *m fam;* **el casarte ha sido un ~** mit deiner Ehe hast du einen guten Griff getan ❸ *(habilidad)* Geschick *nt;* **hacer algo con ~** sich bei etw *dat* geschickt anstellen

aciguatado, -a [aθiɣwa'taðo, -a] *adj* ❶ *(Am: padeciendo ciguatera)* an einer Fischvergiftung leidend ❷ *(Ant, Méx: tonto)* dumm ❸ *(Méx, Par, Ven: enfermizo)* kränklich

aclamación [aklama'θjon] *f* ❶ *(aplauso)* Beifall(s)ruf *m* ❷ (POL) **por ~** per Akklamation

aclamar [akla'mar] *vt* ❶ *(vitorear)* zujubeln +*dat* ❷ (POL) durch Zuruf wählen

aclaración [aklara'θjon] *f* ❶ *(clarificación)* Aufhellung *f* ❷ *(explicación)* Erklärung *f* ❸ *(de un crimen/un secreto)* Aufklärung *f*

aclarado [akla'raðo] *m* (Aus)spülen *nt;* **la lavadora está en la fase de ~** die Waschmaschine ist gerade im Spülgang

aclarar [akla'rar] **I.** *vt* ❶ *(hacer más claro)* aufhellen; **~ el bosque** den Wald lichten; **~ la voz** sich räuspern ❷ *(un líquido)* verdünnen ❸ *(la ropa)* spülen ❹ *(explicar)* erklären ❺ *(crimen, secreto)* aufklären **II.** *vr:* **~se** ❶ *(problema, cuestión)* sich aufklären ❷ *(fam: entender)* klarkommen; **no te aclaras contigo mismo** du weißt auch nicht, was du willst **III.** *vimpers* **está aclarando** es heitert auf

aclaratorio, -a [aklara'torjo, -a] *adj* (er)klärend

aclimatación [aklimata'θjon] *f* Akklimatisierung *f*

aclimatar [aklima'tar] **I.** *vt* gewöhnen (**a** an +*akk*); *(en un lugar)* eingewöhnen (**en** in +*dat*) **II.** *vr:* **~se** sich gewöhnen (**a** an +*akk*); *(en un lugar)* sich eingewöhnen (**en** in +*dat*)

acne ['aɣne] *m o f sin pl* (MED) Akne *f*

acné [aɣ'ne] *m o f sin pl* Akne *f*

acobardado, -a [akoβar'ðaðo, -a] *adj* verzagt

acobardar [akoβar'ðar] **I.** *vt* Angst einjagen +*dat; (con palabras)* einschüchtern; **le acobarda el fuego** er hat Angst vor Feuer **II.** *vr:* **~se** ① *(desanimarse)* den Mut verlieren (**ante/frente a** angesichts +*gen*) ② *(intimidarse)* sich einschüchtern lassen; **se acobarda de sí misma** sie bekommt vor sich *dat* selbst Angst

acocharse [ako'ʧarse] *vr* sich ducken

acodado, -a [ako'ðaðo, -a] *adj* gebogen, winkelförmig

acogedor(a) [akoxe'ðor(a)] *adj* freundlich

acoger [ako'xer] <g → j> **I.** *vt* aufnehmen; *(recibir)* empfangen **II.** *vr:* **~se** ① *(refugiarse)* sich flüchten (**en** in +*akk*) ② *(ampararse)* Schutz suchen (**a** bei +*dat*) ③ *(basarse)* sich berufen (**a** auf +*akk*); *(como pretexto)* vorschieben (**a** +*akk*)

acogida [ako'xiða] *f* Aufnahme *f; (recibimiento)* Empfang *m;* **encontrar una buena ~** Zustimmung finden; **el cantante tuvo una buena ~** der Sänger wurde mit Beifall empfangen; **el proyecto no tuvo una buena ~** das Projekt fand keinen Beifall

acogotar [akoɣo'tar] *vt* ① *(oprimir)* unterwerfen ② *(intimidar)* einschüchtern ③ *(derribar)* am Genick packen und zu Boden werfen

acojonado, -a [akoxo'naðo, -a] *adj (vulg)* ① *(asustado)* verängstigt; *(acobardado)* feige; **ahora está ~** jetzt bekommt er kalte Füße *fam* ② *(impresionado)* beeindruckt; *(asombrado)* (völlig) baff *fam*

acojonante [akoxo'nan̪te] *adj (vulg)* ① *(fantástico)* geil *fam* ② *(impresionante)* tierisch *fam*

acojonar [akoxo'nar] **I.** *vt (vulg)* ① *(asustar)* Angst einjagen +*dat; (intimidar)* einschüchtern ② *(impresionar)* beeindrucken; *(asombrar)* verblüffen **II.** *vr:* **~se** *(vulg)* ① *(asustarse)* Schiss kriegen *fam; (acobardarse)* sich einschüchtern lassen; **no ~se** sich nicht ins Bockshorn jagen lassen *fam* ② *(alucinar)* beeindruckt sein; *(asombrarse)* (völlig) baff sein

acolchado [akol'ʧaðo] *m* Polster *nt*

acolchar [akol'ʧar] *vt* polstern

acólito [a'kolito] *m* ① *(monaguillo)* Ministrant *m* ② *(pey: seguidor)* Getreue(r) *m*

acometer [akome'ter] **I.** *vi* angreifen **II.** *vt* ① *(embestir)* angreifen ② *(emprender)* in Angriff nehmen ③ *(ataque de tos, fiebre)* befallen; *(risa)* überkommen; *(sueño)* überfallen

acometida [akome'tiða] *f* ① *(embestida)* Angriff *m* ② *(acceso)* Anfall *m* ③ (TÉC) Anschluss *m*

acometimiento [akometi'mjen̪to] *m* (TÉC) Rohrmündung *f*

acomodable [akomo'ðaβle] *adj* anpassungsfähig

acomodación [akomoða'θjon] *f* ① *(a costumbres)* Anpassung *f* (**a** an +*akk*) ② *(de un piso)* Einrichtung *f; (de muebles)* Anordnung *f*

acomodado, -a [akomo'ðaðo, -a] *adj* ① *(cómodo)* bequem ② *(rico)* wohlhabend; **tiene una vida acomodada** es fehlt ihm/ihr an nichts ③ *(apropiado)* passend ④ *(precio)* moderat

acomodador(a) [akomoða'ðor(a)] *m(f)* (TEAT, CINE) Platzanweiser(in) *m(f)*

acomodamiento [akomoða'mjen̪to] *m* ① *(adaptación)* Anpassung *f* ② *(convenio)* Abmachung *f*

acomodar [akomo'ðar] **I.** *vt* ① *(adaptar)* anpassen (**a** +*dat,* **a** an +*akk*) ② *(colocar)* (auf)stellen ③ *(albergar)* unterbringen ④ *(proporcionar empleo)* einstellen (**de** als +*akk*) ⑤ *(conciliar)* versöhnen; *(doctrinas)* in Einklang bringen **II.** *vi* **si te acomoda** wenn es dir passt **III.** *vr:* **~se** ① *(adaptarse)* sich anpassen (**a** an +*akk,* **a** +*dat*); **~se con todo** mit allem zurechtkommen ② *(ponerse cómodo)* es sich *dat* bequem machen

acomodaticio, -a [akomoða'tiθjo, -a] *adj* ① *(adaptable)* anpassungsfähig ② *(pey: oportunista)* opportunistisch

acomodo [ako'moðo] *m* ① *(adaptación)* Anpassung *f* (**a** an +*akk*) ② *(alojamiento)* Unterkunft *f* ③ *(ocupación)* Anstellung *f;* **buscar ~** eine Stelle suchen ④ *(Am: soborno)* Bestechung *f*

acompañado, -a [akompa'ɲaðo, -a] *adj* ① *(concurrido)* belebt ② *(personas)* in Begleitung (**por** +*gen*); **bien/mal ~** in guter/schlechter Begleitung; **iba acompañada por su padre** sie war in Begleitung ihres Vaters

acompañamiento [akompaɲa'mjen̪to] *m* ① (*t.* MÚS) Begleitung *f* ② *(cortejo)* Gefolge *nt* ③ (TEAT) Komparserie *f* ④ *(de comidas)* Beilage *f*

acompañante [akompa'ɲan̪te] *mf* Begleiter(in) *m(f); (en el coche)* Beifahrer(in) *m(f)*

acompañar [akompa'ɲar] *vt* ① (*t.* MÚS) begleiten; **~ a alguien a casa/en un viaje** jdn nach Hause/auf einer Reise begleiten; **~ a alguien de compras** mit jdm einkaufen (gehen); **~ a alguien con la guitarra/al piano** jdn auf der Gitarre/auf dem Klavier begleiten; **~ el pollo con arroz y verduras** Reis und Gemüse als Beilage zum Hühnchen reichen; **te acompaño en el**

A

sentimiento herzliches Beileid ❷ *(hacer compañía)* Gesellschaft leisten +*dat* ❸ *(adjuntar)* beilegen ❹ *(ir incluido)* **el informe acompaña a la carta** der Bericht liegt dem Brief bei

acompasado, -a [akompa'saðo, -a] *adj* ❶ (MÚS) rhythmisch ❷ *(pausado)* ruhig

acompasar [akompa'sar] *vt* ❶ (MÚS) rhythmisch gestalten ❷ *(adaptar)* anpassen (**a**/**con** +*dat*)

acomplejado, -a [akomple'xaðo, -a] *adj* voller Komplexe

acomplejamiento [akomplexa'mjen̩to] *m* Komplexbeladenheit *f*

acomplejar [akomple'xar] **I.** *vt* Komplexe verursachen +*dat* **II.** *vr:* **~se** Komplexe bekommen

aconchabarse [akonʧa'βarse] *vr (fam)* paktieren (**con** mit +*dat*), sich verbünden (**con** mit +*dat*)

aconchar [akon'ʧar] **I.** *vt* ❶ *(guarecer)* schützen, in Sicherheit bringen ❷ *(Méx: reprender)* rügen **II.** *vr:* **~se** ❶ *(arrimarse)* sich unterstellen ❷ *(Chil, Perú: sedimentarse)* sich ablagern ❸ *(Chil, Perú: serenarse)* sich legen

acondicionado, -a [akon̩diθjo'naðo, -a] *adj* **bien/mal ~** in gutem/schlechtem Zustand; **la habitación tiene aire ~** das Zimmer hat eine Klimaanlage

acondicionador [akon̩diθjona'ðor] *m* ❶ *(de aire)* Klimaanlage *f* ❷ *(para el pelo)* (Pflege)spülung *f*

acondicionamiento [akon̩diθjona'mjen̩to] *m* ❶ *(preparación)* Herrichtung *f*; *(trasformación)* Umwandlung *f*; **el ~ de un piso en oficina** die Umwandlung einer Wohnung in ein Büro ❷ *(equipo)* Ausstattung *f*

acondicionar [akon̩diθjo'nar] *vt* ❶ *(preparar)* herrichten; *(trasformar)* umwandeln ❷ *(equipar)* ausstatten ❸ *(climatizar)* klimatisieren

aconfesional [akomfesjo'nal] *adj* konfessionslos

acongojante [akoŋgo'xan̩te] *adj* bedrückend; **la situación de los niños sin techo es ~** die Situation der Straßenkinder ist bedrückend

acongojar [akoŋgo'xar] *vt* bekümmern

aconsejable [akonse'xaβle] *adj* ratsam

aconsejar [akonse'xar] *vt* beraten; **~ algo a alguien** jdm etw raten; **esto aconseja prudencia** hier ist Vorsicht geboten

acontecer [akon̩te'θer] *vi irr como crecer* sich ereignen

acontecimiento [akon̩teθi'mjen̩to] *m* Ereignis *nt*

acopiar [ako'pjar] *vt* ansammeln

acopio [ako'pjo] *m* ❶ *(de comida, bienes)* Vorrat *m*; **hacer ~ de algo** einen Vorrat an etw *dat* anlegen; **hacer ~ de paciencia** sich mit Geduld wappnen; **hacer ~ de valor** all seinen Mut zusammennehmen ❷ *(compra)* Aufkauf *m*

acoplado [ako'plaðo] *m (RíoPl)* Anhänger *m*

acoplamiento [akopla'mjen̩to] *m* ❶ *(de máquinas, vagones)* Kupp(e)lung *f* ❷ (ELEC) Schaltung *f*

acoplar [ako'plar] **I.** *vt* ❶ *(ajustar)* anpassen (**a** an +*akk*); *(juntar)* zusammenfügen ❷ *(piezas, remolque)* koppeln ❸ (ELEC) schalten ❹ *(adaptar)* anpassen (**a** an +*akk*, **a** +*dat*) **II.** *vr:* **~se** sich anpassen (**a** an +*akk*, **a** +*dat*)

acoquinar [akoki'nar] **I.** *vt* einschüchtern **II.** *vr:* **~se** sich einschüchtern lassen

acorazado [akora'θaðo] *m* (MIL) Panzerkreuzer *m*

acorazar [akora'θar] <z → c> **I.** *vt* panzern; **cámara acorazada** Panzerschrank *m* **II.** *vr:* **~se** sich wappnen

acordado, -a [akor'ðaðo, -a] *adj* vereinbart, beschlossen

acordar [akor'ðar] <o → ue> **I.** *vt* ❶ *(convenir)* vereinbaren ❷ *(decidir)* beschließen ❸ (MÚS) stimmen **II.** *vr:* **~se** sich erinnern (**de** an +*akk*); **si mal no me acuerdo** wenn ich mich recht erinnere; **¡acuérdate de decírselo!** denk daran, es ihm/ihr zu sagen!

acorde [a'korðe] **I.** *adj* ❶ *(conforme)* übereinstimmend; **~ con alguien** in Übereinstimmung mit jdm; **estar ~ con alguien** mit jdm übereinstimmen; **~ con el medio ambiente** umweltgerecht ❷ (MÚS) harmonisch **II.** *m* (MÚS) Akkord *m*; **~ mayor/menor** Dur-/Mollakkord *m*; **a los ~s de un vals** zu den Klängen eines Walzers

acordeón [akorðe'on] *m* Akkordeon *nt*

acordonamiento [akorðona'mjen̩to] *m* Absperrung *f*

acordonar [akorðo'nar] *vt* ❶ *(botas)* schnüren ❷ *(un sitio)* absperren

acorralamiento [akorrala'mjen̩to] *m* ❶ *(del ganado)* Einpferchen *nt* ❷ *(cerco)* Einkreisung *f*

acorralar [akorra'lar] *vt* ❶ *(ganado)* einpferchen ❷ *(cercar)* einkreisen ❸ *(intimidar)* einschüchtern; *(con preguntas)* in die Enge treiben

acorrer [ako'rrer] *vt (acudir)* zu Hilfe eilen +*dat*; *(socorrer)* helfen +*dat*

acortamiento [akorta'mjen̩to] *m* Abkürzung *f*

acortar [akor'tar] **I.** *vt* kürzen; *(camino)* abkürzen; *(duración)* verkürzen; *(distancia)* verringern; ~ **un pantalón unos centímetros** eine Hose (um) ein paar Zentimeter kürzen **II.** *vr:* **~se** kürzer werden

acosar [ako'sar] *vt* ① *(perseguir)* hetzen ② *(asediar)* bedrängen; ~ **a alguien a preguntas** jdn mit Fragen bombardieren ③ *(perseguir y molestar)* belästigen

acoso [a'koso] *m* Verfolgung *f;* ~ **laboral** Mobbing *nt;* ~ **sexual** sexuelle Belästigung

acostado, -a [akos'taðo, -a] *adj* liegend; **estar** ~ im Bett sein

acostar [akos'tar] <o → ue> **I.** *vt* ins Bett bringen **II.** *vr:* **~se** ① *(descansar)* sich hinlegen; *(ir a la cama)* ins Bett gehen; **estar acostado** im Bett sein; **~se con alguien** mit jdm schlafen ② *(AmC, Méx: dar a luz)* entbinden

acostumbrado, -a [akostum'braðo, -a] *adj* gewohnt; **mal** ~ verwöhnt

acostumbrar [akostum'brar] **I.** *vi* ~ **a hacer algo** gewöhnlich etw tun; **como se acostumbra a decir** wie man zu sagen pflegt **II.** *vt* ~ **a alguien a hacer algo** jdn daran gewöhnen, etw zu tun **III.** *vr:* **~se** ① *(soler)* sich *dat* angewöhnen (**a** +*akk*) ② *(no extrañar)* sich gewöhnen (**a** an +*akk*)

acotación [akota'θjon] *f* ① *(nota)* Randbemerkung *f* ② (TEAT) Bühnenanweisung *f* ③ *(cota)* Höhenangabe *f*

acotado, -a [ako'taðo, -a] *adj* ① *(reservado)* abgegrenzt; **terreno** ~ Privatbesitz *m* ② *(con notas)* gekennzeichnet

acotamiento [akota'mjen̪to] *m* Abgrenzung *f*

acotar [ako'tar] *vt* ① *(delimitar)* abgrenzen; **terreno acotado** Privatbesitz *m* ② *(un plano)* die Höhenangaben eintragen (in +*akk*) ③ *(un texto)* mit Randbemerkungen versehen

acracia [a'kraθja] *f* ① *(anarquía)* Anarchie *f* ② *(anarquismo)* Anarchismus *m*

ácrata ['akrata] **I.** *adj* ① *(anárquico)* anarchisch ② *(anarquista)* anarchistisch **II.** *mf* Anarchist(in) *m(f)*

acre ['akre] *adj* <acérrimo> ① *(áspero)* herb ② *(ácido)* ätzend ③ *(mordaz)* bissig; *(tono)* scharf

acrecentamiento [akreθen̪ta'mjen̪to] *m* Vermehrung *f,* Vergrößerung *f*

acrecentar [akreθen̪'tar] <e → ie> *vt,* **acrecer** [akre'θer] *vt irr como crecer* vermehren

acreditación [akreðita'θjon] *f* Ausweis *m;* ~ **de periodista** Presseausweis *m*

acreditado, -a [akreði'taðo, -a] *adj (reputado)* angesehen

acreditar [akreði'tar] **I.** *vt* ① *(atestiguar)* bestätigen ② *(autorizar)* autorisieren ③ *(diplomático)* akkreditieren (**en/ante** bei +*dat*); ~ **como embajador** zum Botschafter ernennen ④ *(dar reputación)* Ansehen verleihen +*dat* ⑤ (FIN) gutschreiben **II.** *vr:* **~se** ① *(adquirir reputación)* Ansehen erwerben ② *(dar crédito de uno mismo)* sich bewähren

acreditivo [akreði'tiβo, -a] *m* (FIN, ECON) Beleg *m*

acreedor(a) [akre(e)'ðor(a)] **I.** *adj* würdig (**a** +*gen*) **II.** *m(f)* (FIN) Gläubiger(in) *m(f)*

acribillar [akriβi'ʎar] *vt* ① *(abrir agujeros)* durchlöchern; **acribillado a balazos** von Kugeln durchsiebt ② *(importunar)* bedrängen; ~ **a alguien a preguntas** jdn mit Fragen überhäufen

acrílico, -a [a'kriliko, -a] *adj* Akryl-; **fibra acrílica** Acryl *nt*

acrimonia [akri'monja] *f* Schärfe *f*

acristalar [akrista'lar] *vt* verglasen

acristianar [akristja'nar] *vt (fam)* ① *(bautizar)* taufen ② *(cristianizar)* christianisieren

acrobacia [akro'βaθja] *f* Akrobatik *f;* ~ **aérea** Kunstflug *m*

acróbata [a'kroβata] *mf* Akrobat(in) *m(f)*

acrobático, -a [akro'βatiko, -a] *adj* akrobatisch

acrónimo [a'kronimo] *m* Akronym *nt*

acrópolis [a'kropolis] *f inv* Akropolis *f*

acta ['akta] *f* ① *(de una reunión)* Protokoll *nt;* **levantar ~ de algo** etw protokollieren; **hacer constar en ~** zu Protokoll geben ② *(certificado)* Urkunde *f* ③ (JUR) Akte *f;* ~ **de acusación** Anklageschrift *f;* **A~ Única Europea** Einheitliche Europäische Akte

actitud [akti'tu^{ð}] *f* ① *(corporal)* Haltung *f;* ~ **de ataque** Drohgebärde *f;* ~ **de extrema cautela en cuanto a algo** äußerste Zurückhaltung bei etw *dat* ② *(disposición)* Einstellung *f;* **adoptar una ~ reservada** eine reservierte Haltung einnehmen ③ *(comportamiento)* Verhalten *nt;* **adoptar una ~ incomprensible** ein unverständliches Verhalten an den Tag legen

activación [aktiβa'θjon] *f* ① *(intensificación)* Belebung *f* ② (QUÍM, FÍS) Aktivierung *f*

activamente [aktiβa'men̪te] *adv* tatkräftig

activar [akti'βar] *vt* ① *(avivar)* beleben ② *(acelerar)* beschleunigen; ~ **la digestión** die Verdauung fördern ③ (QUÍM, FÍS, INFOR) aktivieren; ~ **una bomba** eine Bombe zünden

actividad [aktiβi'ða^{ð}] *f* ① *(general)* Tätigkeit *f;* *(ocupación)* Beschäftigung *f;* ~ **comercial** Geschäftszweig *m;* ~ **profesional** Beruf *m;* **las ~es artísticas de una ciu-**

A

dad das Kulturprogramm einer Stadt; **en ~** tätig; **volcán en ~** aktiver Vulkan; **entrar en ~** tätig werden ② *(diligencia)* Geschäftigkeit *f* ③ (QUÍM) Aktivität *f*
activista [akti'βista] *mf* Aktivist(in) *m(f)*
activo[1] [ak'tiβo] *m* (FIN) Aktiva *nt pl;* **~ circulante** Umlaufvermögen *nt;* **~ fijo** Anlagevermögen *nt*
activo, -a[2] [ak'tiβo, -a] *adj* aktiv; *(sustancia, medicamento)* wirksam
acto ['akto] *m* ① *(acción)* Handlung *f;* **~ de cortesía** Gefälligkeit *f;* **~ jurídico** *(válido)* Rechtshandlung *f; (negocio)* Rechtsgeschäft *nt;* **~ penal** Straftat *f;* **~ sexual** Geschlechtsakt *m;* **~ de violencia** Gewalttat *f;* **~ de voluntad** Willenserklärung *f;* **cometer ~s de gamberrismo** randalieren; **hacer ~ de presencia** anwesend sein; **~ seguido...** gleich darauf ...; **en el ~** auf der Stelle ② *(ceremonia)* Festakt *m;* **~ conmemorativo** Gedenkfeier *f;* **~ estatal** Staatsakt *m;* **~ necrológico** Trauerfeier *f* ③ (TEAT) Akt *m*
actor(a)[1] [ak'tor(a)] *m(f)* (JUR) Kläger(in) *m(f)*
actor, actriz[2] [ak'tor, ak'triθ] *m, f* (TEAT, CINE) Schauspieler(in) *m(f);* **~ de cine** Filmschauspieler *m;* **primer ~** Hauptdarsteller *m*
actuación [aktwa'θjon] *f* ① *(conducta)* Handeln *nt;* **la ~ de la policía** das Vorgehen der Polizei ② *(actividad)* Tätigkeit *f; (desempeño de un cargo)* Amtstätigkeit *f* ③ (TEAT, MÚS) Auftritt *m;* **~ en directo** Liveauftritt *m* ④ *pl* (JUR) Prozessakten *f pl*
actual [aktu'al] *adj* ① *(de ahora)* aktuell ② (FILOS) wirklich
actualidad [aktwaliða^{ð}] *f* ① *(presente)* Gegenwart *f;* **en la ~** heutzutage ② *(cualidad)* Aktualität *f;* **de ~** aktuell; **estar de ~** modern sein
actualización [aktwaliθa'θjon] *f* Aktualisierung *f;* **~ de archivos** (INFOR) Dateiaktualisierung *f*
actualizar [aktwali'θar] <z → c> *vt* aktualisieren
actualmente [aktwal'mente] *adv* zurzeit, augenblicklich
actuar [aktu'ar] <*1. pres* actúo> *vi* ① *(obrar, hacer)* handeln ② *(tener efecto)* wirken (**sobre** auf *+akk*) ③ (TEAT) auftreten; **~ en directo** live auftreten; **~ de Don Juan** den Don Juan spielen; **ella no actúa en esta función** sie spielt in dieser Aufführung nicht mit ④ (JUR) auftreten (**de/como** als *+nom*); **~ contra alguien** gegen jdn vorgehen
actuario, -a [ak'twarjo, -a] *m, f* Schriftführer(in) *m(f);* **~ de seguros** Versicherungskalkulator(in) *m(f)*
acuache [a'kwatʃe] *m (Méx: compinche)* Kumpel *m*
acuafortista [akwafor'tista] *mf* (ARTE) Radierer(in) *m(f)*
acuarela [akwa'rela] *f* Aquarell *nt*
acuario[1] [a'kwarjo] *m* Aquarium *nt*
acuario[2] [a'kwarjo] **I.** *m* (ASTR: *persona*) Wassermann *m* **II.** *adj* (ASTR: *persona*) im Zeichen Wassermann geboren
Acuario [a'kwarjo] *m* (ASTR: *signo*) Wassermann *m*
acuartelamiento [akwartela'mjento] *m* Einquartierung *f*
acuartelar [akwarte'lar] *vt* ① (MIL) einquartieren ② *(dividir)* vierteln
acuatar [akwa'tar] *vt (Méx: añadir)* hinzufügen
acuático, -a [a'kwatiko, -a] *adj* Wasser-; **parque ~** Freizeitbad *nt,* Wasserpark *m*
acuchillar [akutʃi'ʎar] *vt* ① *(herir)* niederstechen; *(matar)* erstechen ② *(parqué)* abziehen; *(muebles)* glatt schleifen
acuciante [aku'θjante] *adj* dringend
acuciar [aku'θjar] *vt* ① *(dar prisa)* drängen ② *(incitar)* anspornen
acuclillarse [akukli'ʎarse] *vr* in die Hocke gehen
acudir [aku'ðir] *vi* ① *(ir)* sich einfinden (**a** in *+dat,* **a** bei *+dat*); **~ a una cita** zu einem Rendezvous gehen; **~ al trabajo/a la puerta** zur Arbeit/an die Tür gehen; **~ a las urnas** wählen gehen; **~ a la memoria de alguien** jdm einfallen ② *(corriendo)* herbeieilen; **~ en socorro (de alguien)** (jdm) zu Hilfe eilen ③ *(enfermedad)* befallen ④ *(desgracias)* heimsuchen; **las desgracias la acuden** sie wird vom Unglück heimgesucht ⑤ *(recurrir)* sich wenden (**a** an *+akk*)
acueducto [akwe'ðukto] *m* Aquädukt *m o nt*
acuerdo [a'kwerðo] *m* ① *(convenio)* Vereinbarung *f;* **llegar a un ~** sich einigen ② *(político)* Abkommen *nt;* **A~ Económico y Social** Sozialpakt *m;* **A~ General sobre Aranceles y Comercio** Allgemeines Zoll- und Handelsabkommen; **A~ Monetario Europeo** Europäisches Währungsabkommen ③ *(decisión)* Beschluss *m;* **tomar un ~** einen Beschluss fassen ④ *(conformidad)* Übereinstimmung *f;* **de ~** einverstanden; **de común ~** in gegenseitigem Einverständnis; **de ~ con** gemäß *+dat;* **estar de ~ con alguien** mit jdm einer Meinung sein; **ponerse de ~** sich einigen; **sin ponerse de ~** ohne eine Einigung zu erzielen
acuícola [a'kwikola] *adj* Wasser-; **animal ~** Wassertier *nt*

acuífero[1] [a'kwifero] *m* (GEO) Grundwasservorkommen *nt*
acuífero, -a[2] [a'kwifero, -a] *adj* wasserführend
acullá [aku'ʎa] *adv (elev)* 1 *(lugar)* dort 2 *(dirección)* dorthin
acullicar [akuʎi'kar] *vi (Arg, Bol, Chil, Perú: mascar coca)* die Blätter des Kokastrauchs kauen
acumulación [akumula'θjon] *f* 1 *(amontonamiento)* Anhäufung *f* 2 *(de cosas reunidas)* Ansammlung *f*
acumulador [akumula'ðor] *m* (ELEC) Akku(mulator) *m*
acumular [akumu'lar] *vt* 1 *(reunir)* ansammeln; *(amontonar)* anhäufen 2 (ELEC) speichern
acumulativo, -a [akumula'tiβo, -a] *adj* kumulativ; **intereses ~s** (FIN) anfallende Zinsen
acunar [aku'nar] *vt* wiegen
acuñación [akuɲa'θjon] *f* Prägung *f*; **~ de moneda** Münzprägung *f*
acuñar [aku'ɲar] *vt* 1 *(monedas, palabras)* prägen 2 (TÉC) verkeilen
acuoso, -a [aku'oso, -a] *adj* wäss(e)rig; *(fruta)* saftig
acupuntor(a) [akupuṇ'tor(a)] *m(f)* Akupunkteur(in) *m(f)*
acupuntura [akupuṇ'tura] *f* Akupunktur *f*
acure [a'kure] *m* (ZOOL) Meerschweinchen *nt*
acurrucarse [akurru'karse] <c → qu> *vr* sich kauern; *(a causa del frío)* sich zusammenkauern; **~ en un sillón** sich in einen Sessel kuscheln
acusación [akusa'θjon] *f* 1 *(inculpación)* Beschuldigung *f*; **~ de corrupción** Korruptionsvorwurf *m* 2 (JUR: *en juicio*) Anklage *f*; *(escrito)* Anklageschrift *f*; **~ constitucional** Verfassungsbeschwerde *f*; **~ particular** Nebenklage *f*
acusado, -a [aku'saðo, -a] **I.** *adj* 1 *(claro, evidente)* klar 2 *(marcado)* ausgeprägt **II.** *m, f* (JUR) Angeklagte(r) *mf*
acusador(a) [akusa'ðor(a)] *m(f)* (JUR) Ankläger(in) *m(f)*
acusar [aku'sar] *vt* 1 *(culpar)* beschuldigen; **le acusan de asesinato** er wird des Mordes beschuldigt 2 *(en juicio)* anklagen 3 *(en la escuela)* verpetzen 4 *(traslucir)* verraten; *(indicar)* anzeigen; (TÉC) registrieren 5 (ECON) bestätigen; **~ recibo de algo** den Empfang von etw bestätigen; **~ recibo de un pedido** einen Auftrag bestätigen
acusativo [akusa'tiβo] *m* (LING) Akkusativ *m*
acusatorio, -a [akusa'torjo, -a] *adj* Anklage-; *(mirada, tono)* anklägerisch

acuse [a'kuse] *m* **~ de recibo** Empfangsbestätigung *f*
acústica [a'kustika] *f* Akustik *f*
acústico, -a [a'kustiko, -a] *adj* akustisch
adagio [a'ðaxjo] *m* 1 *(proverbio)* Spruch *m* 2 (MÚS) Adagio *nt*
adalid [aða'liᵈ] *m (guía, cabeza)* Anführer(in) *m(f)*
adamantino, -a [aðamaṇ'tino, -a] *adj* hart (wie ein Diamant)
adaptabilidad [aðaptaβili'ðaᵈ] *f* Anpassungsfähigkeit *f* (**a** an +*akk*)
adaptable [aðap'taβle] *adj* anpassungsfähig
adaptación [aðapta'θjon] *f* 1 *(acomodación)* Anpassung *f* (**a** an +*akk*) 2 (LIT, MÚS, TEAT) Bearbeitung *f*; **la ~ de una obra de teatro al cine** die Verfilmung eines Theaterstückes
adaptador [aðapta'ðor] *m* (TÉC) Adapter *m*
adaptar [aðap'tar] **I.** *vt* 1 *(acomodar)* anpassen (**a** an +*akk*, **a** +*dat*); **adaptado bien al grupo** gut in die Gruppe integriert 2 *(edificio)* umbauen; **~ un piso para oficina** eine Wohnung zum Büro umbauen 3 *(ajustar)* einpassen; **~ algo a algo** etw auf etw abstimmen 4 (LIT, MÚS, TEAT, CINE) bearbeiten (**a** für +*akk*); **~ una novela a la pantalla** einen Roman verfilmen **II.** *vr:* **~se** sich anpassen (**a** +*dat*, **a** an +*akk*); *(a un grupo)* sich einfügen (**a** in +*akk*); **se han adaptado muy bien el uno al otro** sie sind sehr gut aufeinander eingespielt
a. de (J.) C. ['aṇtes (ðe) (xesu)'kristo] *abr de* **antes de (Jesu)cristo** v. Chr. (G.)
adecentar [aðeθeṇ'tar] **I.** *vt* herrichten **II.** *vr:* **~se** sich zurechtmachen
adecuación [aðekwa'θjon] *f* 1 *(conveniencia)* Angemessenheit *f* 2 *(adaptación)* Anpassung *f*; **~ al perfil del puesto** Erfüllen des Anforderungsprofils
adecuado, -a [aðe'kwaðo, -a] *adj (conveniente)* angemessen; *(apto)* geeignet; *(palabras)* passend; **la decoración de tu casa es muy adecuada** die Ausstattung deiner Wohnung ist sehr zweckmäßig
adecuar [aðe'kwar] **I.** *vt* anpassen (**a** an +*akk*) **II.** *vr:* **~se** sich anpassen (**a** an +*akk*)
adefesio [aðe'fesjo] *m* 1 *(prenda)* Fummel *m fam* 2 *(persona)* Vogelscheuche *f*; **estar hecho un ~** wie eine Vogelscheuche aussehen
adelantado, -a [aðelaṇ'taðo, -a] *adj* 1 *(precoz)* frühreif 2 *(avanzado)* fortgeschritten; **estar muy ~** weit fortgeschritten sein 3 *(loc)* **por ~** im Voraus
adelantamiento [aðelaṇta'mjeṇto] *m* 1 *(avance)* Vorrücken *nt*; *(progreso)* Fort-

A

A

schritt *m* ② *(del coche)* Überholen *nt;* **realizar un ~** überholen

adelantar [aðelan̩'tar] **I.** *vi* ① *(reloj)* vorgehen ② *(progresar)* vorwärtskommen; **no adelanto nada en sueco** ich mache keine Fortschritte im Schwedischen ③ *(coche)* überholen **II.** *vt* ① *(avanzar)* vorrücken; **~ unos pasos** ein paar Schritte vorgehen ② *(coche, persona)* überholen ③ *(reloj)* vorstellen ④ *(viaje, partida)* vorverlegen ⑤ *(idea)* vorwegnehmen ⑥ *(paga)* vorstrecken ⑦ *(obtener ventaja)* gewinnen; **¿qué adelantas con esto?** was bringt dir das? **III.** *vr:* **~se** ① *(avanzarse)* vorangehen ② *(llegar antes)* früher eintreffen ③ *(aventajar)* zuvorkommen; **te has adelantado a mis deseos** du bist meinen Wünschen zuvorgekommen ④ *(reloj)* vorgehen

adelante [aðe'lan̩te] *adv* vor(wärts); **¡~!** herein!; **de hoy en ~** von heute an; **llevar un plan ~** einen Plan in die Tat umsetzen; **sacar una familia ~** eine Familie durchbringen; **seguir ~** weitergehen; **véase más ~** siehe unten

adelanto [aðe'lan̩to] *m* ① *(progreso)* Fortschritt *m;* **~s técnicos** technische Neuerungen ② *(anticipo)* Vorschuss *m*

adelfa [a'ðelfa] *f* (BOT) ① *(arbusto)* Rosenlorbeer *m* ② *(flor)* Rosenlorbeerblüte *f*

adelgazamiento [aðelɣaθa'mjen̩to] *m* Abnehmen *nt*

adelgazante [aðelɣa'θan̩te] **I.** *adj* Abmagerungs- **II.** *m* Schlankheitsmittel *nt*

adelgazar [aðelɣa'θar] <z → c> **I.** *vi, vr:* **~se** abnehmen **II.** *vt* ① *(cosas)* dünner machen ② *(peso)* abnehmen

ademán [aðe'man] *m* ① *(gesto)* Gebärde *f;* **hacer ~ de salir** sich anschicken zu gehen ② *(actitud)* Haltung *f;* **en ~ de** bereit zu

además [aðe'mas] *adv* außerdem, ferner

adenda [a'ðen̩da] *f* Nachtrag *m*

adensar [aðen'sar] **I.** *vt* ① *(convertir en líquido o sólido)* kondensieren ② *(hacer más denso)* komprimieren, verdichten **II.** *vr:* **~se** ① *(convertirse en líquido o sólido)* kondensieren ② *(hacerse más denso)* sich verdichten

adentrarse [aðen̩'trarse] *vr* ① *(entrar)* hineingehen (**en** in +*akk*); *(penetrar)* eindringen (**en** in +*akk*) ② *(en un tema)* sich vertiefen (**en** in +*akk*)

adentro [a'ðen̩tro] *adv* ① *(lugar)* darin ② *(lugar y movimiento)* hinein; **mar ~** seewärts; **tierra ~** landeinwärts; **el grito le salió de muy ~** sein/ihr Schrei kam aus tiefster Seele

adentros [a'ðen̩tros] *mpl* Innere(s) *nt;* **para sus ~** innerlich; **guardar algo para sus ~** etw für sich behalten

adepto, -a [a'ðepto, -a] *m, f* ① *(afiliado)* Mitglied *nt* ② *(partidario)* Anhänger(in) *m(f)*

aderezar [aðere'θar] <z → c> *vt* ① *(preparar)* herrichten ② *(guisar)* zubereiten ③ *(condimentar)* würzen; *(ensalada)* anmachen

aderezo [aðe'reθo] *m* ① *(de un guiso)* Zubereitung *f* ② *(condimentación)* Würzen *nt; (de una ensalada)* Anmachen *nt* ③ *(condimento)* Gewürz *nt; (para ensalada)* Dressing *nt* ④ *(joyas)* Schmuckgarnitur *f*

adeudado, -a [aðeu̯'ðaðo, -a] *adj* verschuldet

adeudar [aðeu̯'ðar] **I.** *vt* ① *(deber)* schulden ② *(cargar)* belasten; **~ una cantidad en cuenta** ein Konto mit einem Betrag belasten **II.** *vr:* **~se** sich verschulden; **~se mucho** sich hoch verschulden

adeudo [a'ðeu̯ðo] *m* ① *(en aduana)* Zoll *m* ② (FIN) Lastschrift *f*

adherencia [aðe'ren̩θja] *f* ① *(cohesión)* Haftung *f;* (AUTO) Bodenhaftung *f* ② *(conexión)* Verbindung *f*

adherente [aðe'ren̩te] *adj* anhaftend

adherir [aðe'rir] *irr como sentir* **I.** *vt (sello)* (auf)kleben (**a** auf +*akk*); *(cartel, póster)* (an)kleben (**a** an +*akk*) **II.** *vr:* **~se** ① *(pegarse)* haften (**a** an +*dat,* **a** auf +*dat*) ② *(a una opinión)* zustimmen (**a** +*dat*) ③ *(a un partido)* beitreten (**a** +*dat*)

adhesión [aðe'sjon] *f* ① *(adherencia)* Haftung *f* ② *(a una opinión)* Zustimmung *f* (**a** zu +*dat*); *(apoyo)* Unterstützung *f* (**a** +*gen*) ③ *(a una asociación)* Beitritt *m* (**a** zu +*dat*)

adhesivo[1] [aðe'siβo] *m* ① *(sustancia)* Klebstoff *m;* **~ multiuso** Alleskleber *m* ② *(pegatina)* Aufkleber *m*

adhesivo, -a[2] [aðe'siβo, -a] *adj* Klebe-

adicción [aðiʸ'θjon] *f* Sucht *f;* **~ a las drogas** Drogenabhängigkeit *f*

adición [aði'θjon] *f* ① *(añadidura)* Zusatz *m* (**a** zu +*dat*) ② (MAT) Addition *f*

adicional [aðiθjo'nal] *adj* zusätzlich

adicionar [aðiθjo'nar] *vt* hinzufügen (**a** zu +*dat*)

adicto, -a [a'ðikto, -a] **I.** *adj* ① *(leal)* ergeben ② *(que tiene adicción)* süchtig; **~ a las drogas** drogensüchtig; **~ a la televisión** *(fam)* fernsehsüchtig **II.** *m, f* ① *(dependiente)* Süchtige(r) *mf* ② *(CSur: adherente)* Anhänger(in) *m(f)* (**a** +*gen*); *(partidario)* Befürworter(in) *m(f)* (**a** +*gen*)

adiestrador(a) [aðjestra'ðor(a)] *m(f)* ① *(instructor)* Lehrer(in) *m(f),* Ausbilder(in) *m(f)* ② *(domador)* Dompteur(in) *m(f)*

adiestramiento [aðjestra'mjento] *m* ① *(instrucción)* Schulung *f* ② *(de animales)* Dressur *f*

adiestrar [aðjes'trar] *vt* ① *(personas)* schulen (**en** in +*dat,* **para** für +*akk*) ② *(animales)* abrichten (**para** zu +*dat*); *(para el circo)* dressieren

adifés [aði'fes] **I.** *adj (Guat: difícil)* schwierig **II.** *adv (Ven: adrede)* absichtlich

adinerado, -a [aðine'raðo, -a] *adj* vermögend

adiós [a'ðjos] **I.** *interj* ① *(despedida)* auf Wiedersehen ② *(sorpresa)* ach (Gott) **II.** *m* Abschied *m;* **decir ~ a alguien** von jdm Abschied nehmen

adiposidad [aðiposi'ða^{d}] *f* Fettleibigkeit *f*

adiposo, -a [aði'poso, -a] *adj* fetthaltig; **tejido ~** Fettgewebe *nt*

aditamento [aðita'mento] *m* ① *(añadidura)* Zusatz *m* ② *(complemento)* Ergänzung *f*

aditivo[1] [aði'tiβo] *m* Zusatzstoff *m*

aditivo, -a[2] [aði'tiβo, -a] *adj* Zusatz-

adivinación [aðiβina'θjon] *f* ① *(del futuro)* Wahrsagung *f* ② *(de un enigma)* (Er)raten *nt*

adivinanza [aðiβi'nanθa] *f* Rätsel *nt*

adivinar [aðiβi'nar] *vt* ① *(el futuro)* wahrsagen ② *(conjeturar)* raten; *(acertar)* erraten; **¡adivina cuántos años tengo!** rat mal, wie alt ich bin! ③ *(vislumbrar)* erahnen

adivino, -a [aði'βino, -a] *m, f* Wahrsager(in) *m(f)*

adjetivar [aðxeti'βar] *vt* (LING) adjektivieren

adjetivo [aðxe'tiβo] *m* Adjektiv *nt;* **~ numeral** Zahladjektiv *nt*

adjudicación [aðxuðika'θjon] *f* ① *(de un premio)* Verleihung *f; (de un pedido/una beca)* Vergabe *f* ② *(en una subasta)* Zuschlag *m*

adjudicar [aðxuði'kar] <c → qu> **I.** *vt* ① *(premio)* verleihen; *(encargo, beca)* vergeben ② *(en una subasta)* zuschlagen **II.** *vr:* **~se** ① *(apropiarse)* sich *dat* aneignen ② *(victoria, premio)* erringen

adjuntar [aðxun'tar] *vt* beilegen

adjunto, -a [að'xunto, -a] *adj* ① *(junto)* beiliegend ② *(auxiliar)* stellvertretend; **profesora adjunta** (UNIV) ≈ Assistentin *f*

administración [aðministra'θjon] *f* ① *(dirección, organización)* Verwaltung *f;* **~ de una cuenta** Kontoführung *f;* **~ de fincas** Haus- und Grundstücksverwaltung *f;* **~ local** örtliche Verwaltung; **~ municipal** Stadtverwaltung *f* ② *(órgano)* Behörde *f;* **la ~ de correos** die Post; **la ~ española** die spanischen Behörden ③ *(de medicamentos)* Verabreichung *f; (de sacramentos)* Spenden *nt* ④ *(Arg: gobierno)* Regierung *f*

administrado, -a [aðminis'traðo, -a] *m, f* (Staats)bürger(in) *m(f)*

administrador(a) [aðministra'ðor(a)] *m(f)* Verwalter(in) *m(f); (gerente)* Geschäftsführer(in) *m(f);* **~ de la masa** Konkursverwalter *m*

administrar [aðminis'trar] *vt* ① *(dirigir, cuidar)* verwalten; **~ justicia** Recht sprechen ② *(racionar)* einteilen; *(suministrar)* verteilen ③ *(medicamentos)* verabreichen; *(sacramentos)* spenden

administrativo, -a [aðministra'tiβo, -a] **I.** *adj* Verwaltungs- **II.** *m, f* Verwaltungsangestellte(r) *mf*

admirable [aðmi'raβle] *adj* bewundernswert

admiración [aðmira'θjon] *f* ① *(respeto, adoración)* Bewunderung *f* ② *(asombro)* Verwunderung *f* ③ *(signo)* Ausrufezeichen *nt; (frase)* Ausrufesatz *m*

admirado, -a [aðmi'raðo, -a] *adj* erstaunt; **me quedé admirada de tus conocimientos** ich war erstaunt über deine Kenntnisse

admirador(a) [aðmira'ðor(a)] *m(f)* Bewunderer, -in *m, f*

admirar [aðmi'rar] **I.** *vt* ① *(adorar, apreciar)* bewundern ② *(asombrar)* verwundern **II.** *vr:* **~se** sich wundern (**de** über +*akk*)

admirativo, -a [aðmira'tiβo, -a] *adj* bewundernd; **una mirada admirativa** ein bewundernder Blick

admisible [aðmi'siβle] *adj* zulässig

admisión [aðmi'sjon] *f* ① *(en una asociación)* Aufnahme *f* (**en** in +*akk*); (UNIV) Zulassung *f* (**en** zu +*dat*) ② (TÉC) Zufuhr *f*

admitir [aðmi'tir] *vt* ① *(en una asociación)* aufnehmen (**en** in +*akk*); (UNIV) zulassen (**en** zu +*dat*) ② *(aceptar)* annehmen; *(aprobar)* billigen; **~ los métodos de alguien** jds Methoden billigen ③ *(reconocer)* zugeben ④ *(permitir)* zulassen; **~ una queja** (JUR) einer Klage stattgeben; **el asunto no admite dilación** die Sache duldet keinen Aufschub; **es cosa admitida que...** es ist allgemein anerkannt, dass ... ⑤ *(tener capacidad)* fassen

admonición [aðmoni'θjon] *f* Ermahnung *f;* (ADMIN) Verwarnung *f,* Abmahnung *f*

ADN [aðe'ene] *m abr de* **ácido desoxirribonucleico** DNS *f*

adobar [aðo'βar] *vt* ① *(con salsa)* marinie-

A

ren; *(con sal)* pökeln ❷ *(piel)* gerben ❸ *(fam: amañar)* deichseln

adobe [a'ðoβe] *m* Luftziegel *m*

adobo [a'ðoβo] *m* ❶ *(salsa)* Marinade *f* ❷ *(con salsa)* Marinieren *nt; (con sal)* Pökeln *nt* ❸ *(de pieles)* Gerben *nt*

adocenado, -a [aðoθe'naðo, -a] *adj* mittelmäßig

adoctrinamiento [aðoktrina'mjento] *m* Indoktrinierung *f*

adoctrinar [aðoktri'nar] *vt* indoktrinieren; **~ a alguien sobre algo** jdm etw beibringen

adolecer [aðole'θer] *vi irr como crecer* ❶ *(ponerse enfermo)* erkranken (**de** an +*dat*); *(padecer)* leiden (**de** an +*dat*); **este chico adolece de ser aburrido** dieser Junge ist einfach nur langweilig ❷ *(carecer)* nicht haben (**de** +*akk*)

adolescencia [aðoles'θenθja] *f* Jugend *f*

adolescente [aðoles'θente] **I.** *adj* halbwüchsig **II.** *mf* Jugendliche(r) *mf*

adonde [a'ðonde] *adv (relativo)* wohin; **el pueblo ~ iremos es muy bonito** das Dorf, in das wir fahren werden, ist sehr schön

adónde [a'ðonde] *adv (interrogativo)* wohin

adondequiera [aðonde'kjera] *adv* **~ que** +*subj (estado)* wo auch immer; *(dirección)* wohin auch immer

adopción [aðoβ'θjon] *f* ❶ *(de niños)* Adoption *f* ❷ *(de nacionalidad/religión)* Annahme *f* ❸ *(de medidas)* Ergreifen *nt* ❹ *(de actitudes)* Einnehmen *nt*

adoptar [aðop'tar] *vt* ❶ *(niño)* adoptieren ❷ *(nacionalidad, costumbre, religión)* annehmen ❸ *(medida)* ergreifen; *(acuerdo, resolución)* fassen ❹ *(actitud)* einnehmen

adoptivo, -a [aðop'tiβo, -a] *adj* ❶ *(personas)* Adoptiv- ❷ *(cosas)* Wahl-

adoquín [aðo'kin] *m* ❶ *(piedra)* Pflasterstein *m* ❷ *(fam: persona)* Tölpel *m*

adoquinado [aðoki'naðo] *m* ❶ *(suelo)* Pflaster *nt* ❷ *(acción)* Pflastern *nt*

adoquinar [aðoki'nar] *vt* pflastern

adorable [aðo'raβle] *adj* entzückend

adoración [aðora'θjon] *f* (*t.* REL) Verehrung *f*

adorar [aðo'rar] *vt* anbeten; *(idolatrar)* vergöttern

adormecer [aðorme'θer] *irr como crecer* **I.** *vt* ❶ *(personas)* einschläfern ❷ *(dolor)* stillen **II.** *vr:* **~se** einschlafen

adormidera [aðormi'ðera] *f* (BOT) Schlafmohn *m*

adormilarse [aðormi'larse] *vr* einnicken

adornar [aðor'nar] **I.** *vt* schmücken (**con/de** mit +*dat*); *(con ornamentos)* verzieren (**con/de** mit +*dat*) **II.** *vr:* **~se** sich schmücken (**con** mit +*dat*)

adorno [a'ðorno] *m* Schmuck *m; (ornamento)* Verzierung *f;* **árbol de ~** Zierbaum *m;* **la lámpara solo está de ~** die Lampe dient nur zur Zierde; **estar de ~** *(fig)* fehl am Platz(e) sein

adosado, -a [aðo'saðo, -a] *adj* **casa adosada** Reihenhaus *nt*

adosar [aðo'sar] *vt* ❶ *(apoyar)* anlehnen (**a** an +*akk*) ❷ (ARQUIT) anbauen (**a** an +*akk*) ❸ *(Am: adjuntar)* beilegen

adquirir [aðki'rir] *vt irr* ❶ *(conseguir)* erlangen; **~ un hábito** eine Gewohnheit annehmen ❷ *(comprar)* erwerben

adquisición [aðkisi'θjon] *f* Erwerb *m; (de una empresa)* Übernahme *f; (negocios)* **~ de (nuevos) clientes** Kundenakquise *f;* **~ de lenguas** Spracherwerb *m;* **este coche es una buena ~** mit diesem Auto haben wir einen guten Kauf gemacht

adquisidor(a) [aðkisi'ðor(a)] *m(f)* (ECON) Erwerber(in) *m(f)*

adquisitivo, -a [aðkisi'tiβo, -a] *adj* Kauf-; **poder ~** Kaufkraft *f*

adrede [a'ðreðe] *adv* absichtlich

adrenalina [aðrena'lina] *f* Adrenalin *nt*

adriático, -a [a'ðrjatiko, -a] *adj* **costa adriática** Adriaküste *f;* **mar A~** Adria *f*

Adriático [a'ðrjatiko] *m* Adria *f*

adscribir [aðskri'βir] *vt irr como escribir* ❶ *(atribuir)* zuschreiben ❷ *(destinar)* zuteilen

adscripción [aðskriβ'θjon] *f* Zuschreibung *f,* Zuteilung *f,* Zuweisung *f*

aduana [a'ðwana] *f* ❶ *(tasa)* Zoll *m;* **declaración de ~s** Zollerklärung *f;* **despacho de ~** Zollabfertigung *f;* **sin ~** zollfrei ❷ *(oficina)* Zollamt *nt;* **pase por la ~, por favor** gehen Sie bitte durch den Zoll ❸ *(juego)* Würfelspiel *nt*

aduanero, -a [aðwa'nero, -a] **I.** *adj* Zoll-; **exento de derechos ~s** zollfrei; **sujeto a derechos ~s** zollpflichtig **II.** *m, f* Zollbeamte(r) *m,* -beamtin *f*

aducir [aðu'θir] *vt irr como traducir (razón, motivo)* anführen; *(prueba)* beibringen

adueñarse [aðwe'ɲarse] *vr* sich bemächtigen (**de** +*gen*); **~ del poder** die Macht an sich reißen; **el pánico se adueñó de él** Panik ergriff ihn

adulación [aðula'θjon] *f* Schmeichelei *f*

adulador(a) [aðula'ðor(a)] **I.** *adj* schmeichlerisch **II.** *m(f)* Schmeichler(in) *m(f)*

adular [aðu'lar] *vt* schmeicheln +*dat*

adulteración [aðultera'θjon] *f* Verfälschung *f; (de bebidas)* Panschen *nt;* **~ de moneda** (FIN) Münzverschlechterung *f*

adulterar [aðul̯te'rar] *vt* verfälschen; *(bebidas)* panschen
adulterio [aðul̯'terjo] *m* Ehebruch *m*
adúltero, -a [a'ðul̯tero, -a] **I.** *adj* ehebrecherisch **II.** *m, f* Ehebrecher(in) *m(f)*
adulto, -a [a'ðul̯to, -a] **I.** *adj* ❶ *(persona)* erwachsen; *(animal)* ausgewachsen ❷ *(desarrollado)* entwickelt **II.** *m, f* Erwachsene(r) *mf*
adunar [aðu'nar] **I.** *vt* ❶ *(juntar)* zusammenfügen ❷ *(unificar: personas o cosas)* vereinen; **era imposible ~ a tantas personas tan distintas** es war unmöglich, so viele derart unterschiedliche Personen unter einen Hut zu bringen **II.** *vr:* **~se** ❶ *(juntarse)* sich zusammenfügen ❷ *(unificarse)* sich vereinen
adusto, -a [a'ðusto, -a] *adj* ❶ *(persona)* spröde ❷ *(paisaje)* rau ❸ *(región, casa)* finster ❹ *(clima)* heiß
advenedizo, -a [aðβene'ðiθo, -a] **I.** *adj* fremd **II.** *m, f* ❶ *(forastero)* Fremde(r) *mf* ❷ *(pey: arribista)* Emporkömmling *m*
advenidero, -a [aðβeni'ðero, -a] *adj (próximo)* nächste(r, s), kommend
advenimiento [aðβeni'mjen̯to] *m* Ankunft *f; (de un monarca)* Thronbesteigung *f;* **esperar algo como el santo ~** voller Ungeduld auf etw warten
advenir [aðβe'nir] *irr como venir vi (venir, llegar)* ankommen; *(entrar)* eintreten; *(suceder)* sich ereignen; *(guerra)* ausbrechen
adventicio, -a [aðβen̯'tiθjo, -a] *adj* zufällig
adverbial [aðβer'βjal] *adj* adverbial
adverbio [að'βerβjo] *m* Adverb *nt;* **~ de modo/de lugar/de tiempo** Modal-/Lokal-/Temporaladverb *nt*
adversario, -a [aðβer'sarjo, -a] *m, f* Gegner(in) *m(f)*
adversativo, -a [aðβersa'tiβo, -a] *adj* (LING) adversativ
adversidad [aðβersi'ðaᵈ] *f* ❶ *(contrariedad)* Widrigkeit *f* ❷ *(desgracia)* Unglück *nt*
adverso, -a [að'βerso, -a] *adj* widrig; *(enemigo)* feindlich; *(clima)* ungünstig
advertencia [aðβer'ten̯θja] *f* ❶ *(amonestación)* Warnung *f* ❷ *(indicación)* Hinweis *m*
advertido, -a [aðβer'tiðo, -a] *adj (experto)* erfahren; **estar ~ del peligro** sich *dat* der Gefahr bewusst sein
advertir [aðβer'tir] *vt irr como sentir* ❶ *(reparar)* bemerken; **advirtió mis intenciones** er/sie erriet meine Absichten ❷ *(indicar)* hinweisen (auf +*akk*); *(llamar la atención)* aufmerksam machen (auf +*akk*) ❸ *(amenazar)* warnen (**de** vor +*dat*); *(aconsejar)* raten

Adviento [að'βjen̯to] *m* Advent *m*
adyacencia [aðɟa'θen̯θja] *f (RíoPl: proximidad)* Nähe *f;* **en las ~s** in der Umgebung
adyacente [aðɟa'θen̯te] *adj* angrenzend
aéreo, -a [a'ereo, -a] *adj* ❶ *(del aire)* Luft-; **base aérea** (MIL) Luftstützpunkt *m;* **compañía aérea** Fluggesellschaft *f;* **por vía aérea** per Luftpost ❷ *(ligero)* leicht
aeróbic [ae'roβiᵏ] *m* Aerobic *nt*
aerobús [aero'βus] *m* Airbus *m*
aerodinámica [aeroði'namika] *f* Aerodynamik *f*
aerodinámico, -a [aeroði'namiko, -a] *adj* aerodynamisch; *(vehículo)* stromlinienförmig
aeródromo [ae'roðromo] *m* Flugplatz *m*
aeroespacial [aeroespa'θjal] *adj* Luft- und Raumfahrt-
aerogenerador [aeroxenera'ðor] *m* (TÉC) Wind(kraft)generator *m,* Windkraftanlage *f*
aerolínea [aero'linea] *f* Fluggesellschaft *f*
aerolito [aero'lito] *m* Meteorit *m*
aeromodelismo [aeromoðe'lismo] *m sin pl* Modellflugzeugbau *m*
aeromoza [aero'moθa] *f (Méx, AmS: azafata)* Stewardess *f*
aeronauta [aero'nau̯ta] *mf* Pilot(in) *m(f)*
aeronáutica [aero'nau̯tika] *f* Luftfahrt *f*
aeronáutico, -a [aero'nau̯tiko, -a] *adj* Luftfahrt-; **ingeniero ~** Luftfahrtingenieur *m*
aeronave [aero'naβe] *f* Luftfahrzeug *nt;* **~ espacial** Raumschiff *nt*
aeroplano [aero'plano] *m* Flugzeug *nt*
aeroportuario, -a [aeropor'twarjo, -a] *adj* Flughafen-
aeropuerto [aero'pwerto] *m* Flughafen *m*
aerosfera [aeros'fera] *f* (GEO: *atmósfera*) Atmosphäre *f*
aerosol [aero'sol] *m* ❶ *(suspensión)* Aerosol *nt* ❷ *(espray)* Spray *m o nt* ❸ *(recipiente)* Spraydose *f*
aerostática [aeros'tatika] *f* (FÍS) Aerostatik *f*
aerostato [aeros'tato] *m,* **aeróstato** [ae'rostato] *m* Ballon *m*
aerovía [aero'βia] *f (aerolínea)* Fluglinie *f*
afabilidad [afaβili'ðaᵈ] *f* Umgänglichkeit *f*
afable [a'faβle] *adj* umgänglich (**con/para con** gegenüber +*dat*)
afamado, -a [afa'maðo, -a] *adj* berühmt
afamar [afa'mar] *vt* berühmt machen
afán [a'fan] *m* ❶ *(ahínco)* Eifer *m; (ambición)* Streben *nt* (**de** nach +*dat*); **~ de lucro** Gewinnstreben *nt;* **con ~** eifrig; **poner mucho ~ en algo** etw mit viel Eifer machen ❷ *(anhelo)* Sehnsucht *f* (**de** nach

A

A

+*dat*); ~ **de notoriedad** Geltungsbedürfnis *nt*

afanado, **-a** [afa'naðo, -a] *adj* strebsam, eifrig

afanar [afa'nar] **I.** *vi* schwer arbeiten **II.** *vt* *(fam)* klauen **III.** *vr:* **~se** *(esforzarse)* sich abmühen; *(atarearse)* sich abplagen

afanoso, **-a** [afa'noso, -a] *adj* ❶ *(trabajoso)* mühsam ❷ *(persona)* strebsam

afarolarse [afaro'larse] *vr (Chil, Perú)* sich ärgern

afeamiento [afea'mjen̩to] *m* ❶ *(desfiguración)* Verunstaltung *f* ❷ *(censura)* Tadel *m*

afear [afe'ar] *vt* ❶ *(desfigurar)* verunstalten ❷ *(censurar)* tadeln

afeblecerse [afeβle'θerse] *irr como crecer vr (debilitarse)* schwach [*o* matt] werden, an Kraft verlieren

afección [afeᵞ'θjon] *f* ❶ (MED) Leiden *nt* ❷ *(inclinación)* Zuneigung *f*

afeccionarse [afeᵞθjo'narse] *vr (Chil, RíoPl)* mögen (**de** +*akk*)

afectable [afek'taβle] *adj* empfindlich, feinfühlig

afectación [afekta'θjon] *f* Affektiertheit *f;* **comportarse con** ~ sich affektiert benehmen

afectado, **-a** [afek'taðo, -a] *adj (amanerado)* affektiert

afectar [afek'tar] **I.** *vt* ❶ *(aparentar)* vortäuschen ❷ *(atañer)* betreffen ❸ *(dañar)* schädigen; (MED) angreifen ❹ *(impresionar)* nahegehen +*dat* ❺ *(Am: destinar dinero)* bestimmen (**a** für +*akk*); *(girar)* überweisen (**a** an +*akk*) **II.** *vr:* **~se** *(Am)* sich anstecken

afectísimo, **-a** [afek'tisimo, -a] *adj* **suyo** ~ hochachtungsvoll

afectividad [afektiβi'ðaᵈ] *f* ❶ *(emoción)* Gemütsbewegung *f* ❷ *(cariño)* Zärtlichkeit *f* ❸ (PSICO) Affektivität *f*

afectivo, **-a** [afek'tiβo, -a] *adj* ❶ *(de afecto)* Gemüts- ❷ *(sensible)* sensibel ❸ *(cariñoso)* liebevoll

afecto[1] [a'fekto] *m* ❶ *(pasión)* Gemütsbewegung *f* ❷ *(cariño)* Zuneigung *f* (**a** für +*akk*)

afecto, **-a**[2] [a'fekto, -a] *adj* ❶ *(inclinado)* zugetan (**a** +*dat*) ❷ *(agregado)* zugeteilt (**a** +*dat*) ❸ *(sujeto)* **estar ~ al pago de impuestos** der Steuerpflicht unterliegen ❹ *(afectado)* **estar ~ de algo** von etw *dat* betroffen sein

afectuosidad [afektwosi'ðaᵈ] *f* ❶ *(cariño)* Zärtlichkeit *f* ❷ *(cordialidad)* Herzlichkeit *f*

afectuoso, **-a** [afektu'oso, -a] *adj* ❶ *(cariñoso)* liebevoll ❷ *(cordial)* herzlich; **afectuosamente** mit freundlichen Grüßen

afeitado [afei̯'taðo] *m* Rasur *f,* Rasieren *nt*

afeitadora [afei̯ta'ðora] *f* Rasierapparat *m*

afeitar [afei̯'tar] **I.** *vt (persona)* rasieren; **máquina de** ~ Rasierapparat *m* **II.** *vr:* **~se** sich rasieren

afeite [a'fei̯te] *m* ❶ *(cosmético)* Kosmetikum *nt* ❷ *(adorno)* Schmuck *m*

afelpado, **-a** [afel'paðo, -a] *adj* Plüsch-, plüschig

afelpar [afel'par] *vt* mit Plüsch beziehen

afeminación [afemina'θjon] *f* Verweiblichung *f*

afeminado[1] [afemi'naðo] *m (como una mujer)* femininer Mann *m; (blando)* Weichling *m*

afeminado, **-a**[2] [afemi'naðo, -a] *adj* feminin; *(pey)* weibisch

afeminar [afemi'nar] *vt, vr:* **~se** *(hacer(se) afeminado)* verweiblichen; *(blando)* verweichlichen

afer [a'fer] *m* Affäre *f;* ~ **político** politischer Skandal

aferrado, **-a** [afe'rraðo, -a] *adj (fig: empeñado)* beharrlich, hartnäckig

aferrar [afe'rrar] **I.** *vt* fest halten **II.** *vr:* **~se** ❶ *(agarrarse)* sich fest halten (**a** an +*dat*) ❷ *(obstinarse)* hartnäckig bestehen (**a** auf +*dat*)

affaire [a'fer] *m* Affäre *f*

afgani [af'ɣani] *m* (FIN) Afghani *m*

Afganistán [afɣanis'tan] *m* Afghanistan *nt*

afgano, **-a** [af'ɣano, -a] **I.** *adj* afghanisch **II.** *m, f* Afghane, -in *m, f*

afianzamiento [afjan̩θa'mjen̩to] *m* ❶ *(sujeción)* Befestigung *f* ❷ *(aseguramiento)* Sicherung *f* ❸ *(firmeza)* Bestärkung *f* ❹ (JUR) Bürgschaft *f*

afianzar [afjan̩'θar] <z → c> **I.** *vt* ❶ *(sujetar)* befestigen; *(con clavos)* annageln; *(con puntales)* abstützen; *(con tornillos)* anschrauben ❷ *(dar firmeza)* bestärken (**en** in +*dat*); *(asegurar)* absichern **II.** *vr:* **~se** ❶ *(apoyarse)* sich stützen (**en** auf +*akk*) ❷ *(afirmarse)* sich behaupten

afiche [a'fitʃe] *m (CSur)* Plakat *nt*

afición [afi'θjon] *f* ❶ *(inclinación)* Vorliebe *f;* **cobrar** [*o* **tomar**] **una ~ por** [*o* **a**] **algo** eine Vorliebe für etw entwickeln; **tener** [*o* **sentir**] **una ~ hacia** [*o* **a**] **algo** eine Vorliebe für etw haben ❷ *(pasatiempo)* Steckenpferd *nt;* **de** ~ Hobby-; **hacer algo por** ~ etw als Hobby betreiben ❸ *(afecto)* Zuneigung *f* ❹ *(hinchada)* Anhängerschaft *f*

aficionado, **-a** [afiθjo'naðo, -a] **I.** *adj* ❶ *(no profesional)* Hobby- ❷ *(que siente afición)* **ser ~ a la arquitectura** sich für Architektur begeistern; **ser ~ a tocar la flauta** ein begeisterter Flötenspieler sein

II. *m, f* ① *(amante)* Liebhaber(in) *m(f);* (DEP) Fan *m;* ~ **a la ópera** Opernliebhaber *m* ② *(no profesional)* Amateur(in) *m(f)*

aficionar [afiθjo'nar] **I.** *vt* ~ **a alguien a algo** bei jdm besonderes Interesse für etw wecken **II.** *vr* ~**se a algo** *(acostumbrarse)* sich *dat* etw angewöhnen; *(prendarse)* etw gerne tun; ~**se a alguien** jdn lieb gewinnen

afilado, -a [afi'laðo, -a] *adj* ① *(nariz)* spitz; *(dedos)* dünn; *(cara)* schmal; **tener uñas afiladas** *(fam fig)* gerne mal was mitgehen lassen ② *(mordaz)* bissig; **lengua afilada** *(fig)* spitze Zunge

afilador [afila'ðor] *m* *(instrumento)* Schleifmaschine *f;* ~ **de acero** Wetzstahl *m*

afilalápices [afila'lapiθes] *m inv* Bleistiftspitzer *m*

afilar [afi'lar] **I.** *vt* ① *(cuchillo)* schärfen; *(lápiz)* (an)spitzen ② *(sentidos)* schärfen **II.** *vr:* ~**se** ① *(sentido)* sich schärfen ② *(adelgazarse)* schmaler werden

afiliación [afilja'θjon] *f* ① *(acto)* Beitritt *m* (**a** zu +*dat*) ② *(pertenencia)* Mitgliedschaft *f;* ~ **política** Parteimitgliedschaft *f*

afiliado, -a [afi'ljaðo, -a] **I.** *adj* angeschlossen (**a** +*dat*) **II.** *m, f* Mitglied *nt;* ~ **a un sindicato** Gewerkschaftsmitglied *nt*

afiliar [afi'ljar] **I.** *vt (incorporar)* aufnehmen (**a** in +*akk*) **II.** *vr:* ~**se** beitreten (**a** +*dat*)

afín [a'fin] *adj* verwandt

afinado [afi'naðo] *m* ① *(pulimiento)* Verfeinerung *f* ② *(de metales)* Läuterung *f* ③ (MÚS) Stimmen *nt*

afinar [afi'nar] **I.** *vi (cantando)* richtig singen; *(tocando)* richtig spielen **II.** *vt* ① *(hacer más fino)* verfeinern; *(perfeccionar)* den letzten Schliff geben +*dat;* ~ **la puntería** sich einschießen ② *(lápiz)* (an)spitzen ③ *(metales)* läutern ④ (MÚS) stimmen

afincar [afiŋ'kar] <c → qu> **I.** *vi* Grundbesitz erwerben **II.** *vr:* ~**se** sich niederlassen (**en** in +*dat*)

afinidad [afini'ða^{d}] *f* ① *(semejanza)* Ähnlichkeit *f;* ~ **de caracteres** Wesensverwandtschaft *f* ② *(por parentesco)* Verschwägerung *f;* **son parientes por** ~ sie sind verschwägert

afirmación [afirma'θjon] *f* ① *(confirmación)* Bestätigung *f; (de preguntas)* Bejahung *f;* **contestar algo con afirmaciones** etw bejahen ② *(aseveración)* Behauptung *f*

afirmar [afir'mar] **I.** *vt* ① *(decir sí)* bejahen; *(dar por cierto)* bestätigen; ~ **con la cabeza** zustimmend nicken ② *(aseverar)* behaupten ③ *(asentar)* befestigen **II.** *vr:* ~**se** ① *(confirmarse)* sich bestätigen ② *(ratificarse)* bestätigen (**en** +*akk*)

afirmativamente [afirmatiβa'mente] *adv* bejahend; **responder** ~ ja sagen; **responder** ~ **a algo** etw bejahen

afirmativo, -a [afirma'tiβo, -a] *adj* bejahend; **en caso** ~ gegebenenfalls; **respuesta afirmativa** positive Antwort

aflicción [afli$^{\gamma}$'θjon] *f* Kummer *m* (**por** über +*akk*); **dar** ~ **a alguien** jdm Kummer bereiten

aflictivo, -a [aflik'tiβo, -a] *adj,* **afligente** [afli'xente] *adj (Am)* betrüblich

afligido, -a [afli'xiðo, -a] *adj* betrübt (**con/por/de** über +*akk*)

afligir [afli'xir] <g → j> **I.** *vt* ① *(atormentar)* quälen ② *(apenar)* betrüben **II.** *vr:* ~**se** betrübt sein (**con/por/de** über +*akk*)

aflojamiento [afloxa'mjento] *m* ① *(distensión)* Lockern *nt* ② *(debilitación)* Nachlassen *nt*

aflojar [aflo'xar] **I.** *vi* nachlassen **II.** *vt* ① *(cuerda, nudo)* lockern ② *(fam: dinero)* herausrücken ③ *(velocidad)* drosseln; ~ **el paso** langsamer gehen; **un tira y afloja** ein Tauziehen **III.** *vr:* ~**se** sich lockern

afloración [aflora'θjon] *f* ~ **de plusvalías** (FIN) Aktivierung stiller Reserven

aflorar [aflo'rar] *vi* ① *(salir a la superficie)* zutage treten; *(agua subterránea)* austreten ② *(apuntar)* sich abzeichnen

afluencia [a'flwenθja] *f* ① *(gente)* Andrang *m;* ~ **de votantes** Wahlbeteiligung *f* ② *(abundancia)* Fülle *f*

afluente [a'flwente] *m* Nebenfluss *m*

afluir [aflu'ir] *vi irr como huir* ① *(río, calle)* münden (**a** in +*akk*) ② *(gente)* herbeiströmen; ~ **a un concierto/a un congreso/a Madrid** in ein Konzert/zu einem Kongress/nach Madrid strömen

afluxionarse [aflu$^{\gamma}$sjo'narse] *vr* ① *(AmC: hincharse)* anschwellen ② *(Col, Cuba: acatarrarse)* sich erkälten; **levemente afluxionado** leicht erkältet

afma. [afek'tisima], **afmo.** [afek'tisimo] *abr de* **afectísima, -o** hochachtungsvoll

afogarar [afoɣa'rar] **I.** *vt* ① *(agobiar)* beunruhigen ② *(abrasar: plantas, cultivos)* verdorren lassen ③ *(abrasar: alimentos)* anbrennen lassen **II.** *vr:* ~**se** ① *(achicharrarse)* verbrennen ② *(abrasarse: plantas, cultivos)* verdorren

afondar [afon'dar] **I.** *vt (hundir)* versenken **II.** *vi, vr:* ~**se** *(hundirse)* sinken, untergehen

afonía [afo'nia] *f* Heiserkeit *f;* **tener** ~ heiser sein

afónico, -a [a'foniko, -a] *adj* heiser

aforado, -a [afo'raðo, -a] *adj* privilegiert

aforamiento [afora'mjento] *m* (JUR) Verleihung *f* von Sonderrechten

aforar [afo'rar] *vt* ① *(cantidad)* (ab)messen

A

❷ *(mercancía)* taxieren ❸ *(instrumentos de medida)* eichen
aforismo [afo'rismo] *m* Aphorismus *m*
aforo [a'foro] *m* ❶ *(de una cantidad)* Messung *f* ❷ *(en un estadio/teatro)* Kapazität *f*; **la sala tiene un ~ de 300 personas** der Saal fasst 300 Personen ❸ (TÉC) Eichung *f*
afortunado, -a [afortu'naðo, -a] *adj* glücklich; **¡qué afortunada eres!** hast du ein Glück!
afrenta [a'freṇta] *f* ❶ *(vergüenza)* Schande *f* ❷ *(ofensa)* Beleidigung *f*; **hacer ~ a alguien** jdn beleidigen
afrentar [afreṇ'tar] **I.** *vt* beleidigen **II.** *vr:* **~se** sich schämen (**de/por** für +*akk*)
afrentoso, -a [afreṇ'toso, -a] *adj* ❶ *(ofensivo)* beleidigend ❷ *(vergonzoso)* beschämend
África ['afrika] *f* Afrika *nt*
africano, -a [afri'kano, -a] **I.** *adj* afrikanisch **II.** *m, f* Afrikaner(in) *m(f)*
afrikáans ['afrikans] *m* Afrikaans *nt*
afro *adj inv* afrikanisch; **música ~** afrikanische Musik; **peinado ~** Afrolook *m*
afroamericano, -a [afroameri'kano, -a] **I.** *adj* afroamerikanisch **II.** *m, f* Afroamerikaner(in) *m(f)*
afrodescendiente [afrodesθeṇ'djeṇte] **I.** *adj* (SOCIOL: *fam)* mit afrikanischen Wurzeln **II.** *mf* (SOCIOL) Person *f* mit afrikanischen Wurzeln
afrodisiaco [afroði'sjako] *m*, **afrodisíaco** [afroði'siako] *m* Aphrodisiakum *nt*
afrontar [afroṇ'tar] *vt* ❶ *(enfrentar)* einander gegenüberstellen ❷ *(hacer frente)* die Stirn bieten +*dat*; **~ un problema** ein Problem in Angriff nehmen
afrutado, -a [afru'taðo, -a] *adj* fruchtig
aftershave [after'ʃeif, after'seif] *m* Rasierwasser *nt*, Aftershave *nt*
afuera [a'fwera] *adv* ❶ *(estado)* draußen; **la parte de ~** der äußere Teil ❷ *(movimiento)* hinaus; **¡~!** *(fam)* raus!
afueras [a'fweras] *fpl* Umgebung *f*; **~ de la ciudad** Stadtrand *m*
agachar [aɣa'ʧar] **I.** *vt* beugen **II.** *vr:* **~se** ❶ *(encogerse)* sich bücken ❷ *(Am: ceder)* nachgeben
agache [a'ɣaʧe] *m (Col: mentira)* Lüge *f*
agalla [a'ɣaʎa] *f (de un pez)* Kieme *f*; **tener ~s** *(fig)* Mut haben
ágape ['aɣape] *m* ❶ (REL) Agape *f* ❷ *(banquete)* Festmahl *nt*
agarrada [aɣa'rraða] *f (fam)* Krach *m*; **tener una ~** Krach haben
agarradera [aɣarra'ðera] *f (Am)*, **agarradero** [aɣarra'ðero] *m* ❶ *(asidero)* Griff *m* ❷ *(enchufe)* Beziehung *f* ❸ *(excusa)* Vorwand *m*
agarrado, -a [aɣa'rraðo, -a] *adj* geizig
agarrador [aɣarra'ðor] *m* Griff *m*; *(para cosas calientes)* Topflappen *m*
agarrar [aɣa'rrar] **I.** *vi* ❶ *(echar raíces)* Wurzeln schlagen ❷ *(comida)* anbrennen ❸ *(coche)* haften ❹ *(loc)* **agarró y salió** *(fam)* er/sie ging plötzlich hinaus **II.** *vt* ❶ *(asir)* packen (**de/por** an +*dat*); *(tomar)* nehmen ❷ *(delincuente, oportunidad)* ergreifen ❸ *(enfermedad, rabieta)* bekommen; **~ una borrachera** sich *dat* einen Rausch antrinken; **~ una pulmonía** sich *dat* eine Lungenentzündung zuziehen **III.** *vr:* **~se** ❶ *(asirse)* sich fest halten (**a** an +*dat*); **¡agárrate! que te voy a contar qué me pasó ayer** *(fam)* halt dich fest, ich erzähl dir, was mir gestern passiert ist! ❷ *(reñir)* sich zanken ❸ *(comida)* anbrennen (**a** an +*dat*) ❹ *(fam: tomar como pretexto)* zum Vorwand nehmen; **~se al retraso del tren para justificarse** sich mit der Verspätung des Zuges entschuldigen ❺ *(Am: coger)* ergreifen; *(frutas)* pflücken
agarre [a'ɣarre] *m* ❶ *(de neumáticos)* Haftung *f* ❷ *(excusa)* Vorwand *m*
agarrón [aɣa'rron] *m* kräftiger Ruck *m*
agarrotado, -a [aɣarro'taðo, -a] *adj* steif
agarrotar [aɣarro'tar] **I.** *vt* ❶ *(atar)* fest zusammenbinden ❷ *(entumecer)* lähmen ❸ *(oprimir)* unterdrücken **II.** *vr:* **~se** ❶ *(entumecerse)* steif werden ❷ *(por el miedo)* erstarren ❸ (TÉC) sich festfressen
agasajar [aɣasa'xar] *vt* ❶ *(recibir)* liebenswürdig empfangen ❷ *(con comida)* fürstlich bewirten; **el embajador fue agasajado con un banquete** zu Ehren des Botschafters wurde ein Bankett gegeben ❸ *(con regalos)* reichlich beschenken
agasajo [aɣa'saxo] *m* ❶ *(recibimiento)* liebenswürdiger Empfang *m* ❷ *(con comida)* Bewirtung *f* ❸ *(regalo)* Geschenk *nt*
agatas [a'ɣatas] *adv (Par, RíoPl)* ❶ *(con dificultad)* mühsam ❷ *(casi no)* kaum, nicht einmal; **~ sabe leer** er kann kaum [*o* noch nicht einmal] richtig lesen ❸ *(escasamente)* erst, knapp
agavanzo [aɣa'βaṇθo] *m* (BOT: *escaramujo*) Hagebutte *f*
agave [a'ɣaβe] *f* Agave *f*
agavillar [aɣaβi'ʎar] *vt* in Garben binden
agazaparse [aɣaθa'parse] *vr* ❶ *(fam: agacharse)* sich ducken ❷ *(esconderse)* sich verstecken
agcha ['aɣʧa] *m (Col: cabello)* Haar *nt*; *(cabello en desorden)* zerzaustes Haar *nt*
age ['axe] *m (Cuba, Perú)* Süßkartoffel *f*
agencia [a'xeṇθja] *f* ❶ *(empresa)* Agentur *f*; **~ de colocaciones** Stellenvermittlungsbüro *nt*; **~ de prensa** Presseagen-

tur *f;* ~ **inmobiliaria** Immobilienbüro *nt;* ~ **de noticias** Nachrichtenagentur *f;* ~ **de publicidad** Werbeagentur *f;* ~ **de trasportes** Spedition *f;* **A~ Tributaria** Finanzamt *nt;* ~ **de viajes** Reisebüro *nt* ❷ *(sucursal)* Zweigstelle *f*

agenciar [axeṇ'θjar] **I.** *vt* beschaffen **II.** *vr:* **~se** sich *dat* beschaffen; **agenciárselas** sich *dat* zu helfen wissen; **agénciatelas como puedas** sieh zu, wie du zurechtkommst

agenciero, -a [axeṇ'θjero, -a] *m, f* ❶ *(Arg: de negocios)* Vertreter(in) *m(f); (de lotería)* Lotterieeinnehmer(in) *m(f)* ❷ *(Chil: prestamista)* Pfandleiher(in) *m(f)*

agenda [a'xeṇda] *f* ❶ *(calendario)* Terminkalender *m;* ~ **de bolsillo** Taschenkalender *m;* **tener una ~ apretada** einen vollen Terminkalender haben ❷ *(cuaderno)* Notizbuch *nt* ❸ *(orden del día)* Tagesordnung *f*

agente[1] [a'xeṇte] *m* ❶ *(cosa)* wirkende Kraft *f* ❷ (MED) Erreger *m*

agente[2] [a'xeṇte] *mf* ❶ *(representante)* Vertreter(in) *m(f); (de un artista/escritor)* Agent(in) *m(f); (corredor)* Makler(in) *m(f);* ~ **autorizado** Vertragshändler *m;* ~ **de bolsa** Börsenmakler *m;* ~ **exclusivo** Alleinvertreter *m;* ~ **de la propiedad inmobiliaria** Immobilienmakler *m;* ~ **de trasportes** Spediteur *m* ❷ *(funcionario)* ~ **de aduanas** Zollbeamte(r) *m,* -beamtin *f;* ~ **judicial** Gerichtsvollzieher(in) *m(f);* ~ **de policía** Polizist(in) *m(f)* ❸ *(espía)* Agent(in) *m(f)*

agigantado, -a [axiɣaṇ'taðo, -a] *adj* riesig, riesenhaft

ágil ['axil] *adj* ❶ *(de movimiento)* flink ❷ *(mental)* (geistig) agil ❸ *(hábil)* geschickt; *(estilo)* flüssig

agilidad [axili'ða^{d}] *f* ❶ *(física)* Flinkheit *f;* ~ **de dedos** Fingerfertigkeit *f* ❷ *(mental)* (geistige) Agilität *f* ❸ *(habilidad)* Geschick *nt*

agilipollado, -a [axilipo'ʎaðo, -a] *adj* *(vulg)* dämlich, saudumm

agilización [axiliθa'θjon] *f* ❶ *(aceleración)* Beschleunigung *f* ❷ *(simplificación)* Vereinfachung *f*

agilizar [axili'θar] <z → c> *vt* ❶ *(facilitar)* erleichtern ❷ *(dar rapidez)* beschleunigen ❸ *(simplificar)* vereinfachen ❹ *(hacer ágil)* ~ **el cuerpo** sich fit halten

agitación [axita'θjon] *f* ❶ *(movimiento)* heftige Bewegung *f; (de un líquido)* Schütteln *nt* ❷ *(excitación)* Aufregung *f; (intranquilidad, t.* POL) Unruhe *f*

agitado, -a [axi'taðo, -a] *adj* *(vida)* hektisch

agitador[1] [axita'ðor] *m* *(utensilio)* Schüttelbecher *m;* (TÉC) Rührwerk *nt*

agitador(a)[2] [axita'ðor(a)] **I.** *adj* ❶ (TÉC) Rühr- ❷ (POL) agitatorisch **II.** *m(f)* Agitator(in) *m(f),* Unruhestifter(in) *m(f)*

agitar [axi'tar] **I.** *vt* ❶ *(mover)* hin und her bewegen; *(bandera, pañuelo)* schwenken; *(botella)* schütteln; **agítese antes de usarlo** vor Gebrauch schütteln ❷ *(intranquilizar)* in Unruhe versetzen; *(excitar)* aufregen ❸ *(sublevar)* aufhetzen **II.** *vr:* **~se** ❶ *(moverse)* sich hin und her bewegen; *(con el cuerpo)* zappeln; *(bandera)* flattern; *(mar, día)* stürmisch werden ❷ *(excitarse)* sich aufregen; *(preocuparse)* sich beunruhigen

aglomeración [aɣlomera'θjon] *f* Anhäufung *f;* ~ **de gente** Menschenauflauf *m;* ~ **urbana** Ballungsgebiet *nt*

aglomerante [aɣlome'raṇte] *m* (TÉC) Bindemittel *nt*

aglomerar [aɣlome'rar] **I.** *vt* *(reunir)* sammeln; *(amontonar)* anhäufen **II.** *vr:* **~se** sich ansammeln

aglutinación [aɣlutina'θjon] *f* ❶ *(unión)* Verbindung *f* ❷ (MED) Agglutination *f*

aglutinante [aɣluti'naṇte] **I.** *adj* ❶ (TÉC) Binde-; **sustancia ~** Bindemittel *nt* ❷ (LING) agglutinierend; **lengua ~** agglutinierende Sprache **II.** *m* (TÉC) Bindemittel *nt*

aglutinar [aɣluti'nar] *vt* ❶ *(pegar)* binden ❷ *(unir)* verbinden; *(fig)* in Einklang bringen

agnosticismo [aɣnosti'θismo] *m sin pl* (FILOS) Agnostizismus *m*

agobiado, -a [aɣo'βjaðo, -a] *adj* ❶ *(espalda)* gebeugt; **estoy ~ de deudas** ich bin hoch verschuldet ❷ *(cansado)* erschöpft; ~ **por los años** altersschwach

agobiante [aɣo'βjaṇte] *adj* ❶ *(trabajo)* mühsam ❷ *(silencio)* bedrückend ❸ *(persona)* aufdringlich ❹ *(calor)* drückend

agobiar [aɣo'βjar] **I.** *vt* ❶ *(abrumar)* bedrücken; **¡no me agobies!** lass mich in Ruhe!; ~ **a alguien con alabanzas** jdn mit Lobreden in Verlegenheit bringen ❷ *(de trabajo)* überhäufen (**de** mit +*dat*) ❸ *(encorvar)* biegen; *(el cuerpo)* nach vorne beugen **II.** *vr:* **~se** ❶ *(encorvarse)* sich bücken ❷ *(sentirse confundido)* verlegen werden ❸ *(atarearse)* sich überarbeiten ❹ *(angustiarse)* deprimiert sein (**con/por** wegen +*gen/dat*)

agobio [a'ɣoβjo] *m* ❶ *(encorvamiento)* Beugen *nt* ❷ *(carga)* Last *f; (pena)* Mühsal *f* ❸ *(de trabajo)* Überlastung *f; (cansancio)* Erschöpfung *f* ❹ *(angustia)* Niedergeschlagenheit *f*

agolpamiento [aɣolpa'mjeṇto] *m* Andrang *m*

agolparse [aɣol'parse] *vr* ① *(personas)* zusammenlaufen ② *(líquido)* strömen; **se agolparon las lágrimas en sus ojos** die Tränen stiegen ihm/ihr in die Augen ③ *(sucesos, pensamientos)* sich überstürzen

agonía [aɣo'nia] *f* ① *(del moribundo)* Todeskampf *m;* **acompañante en la ~** Sterbebegleiter *m* ② *(angustia)* Kummer *m* ③ *(de una civilización)* Untergang *m*

agónico, -a [a'ɣoniko, -a] *adj* **período ~** Todesstunde *f;* **estar ~** im Sterben liegen

agonizar [aɣoni'θar] <z → c> **I.** *vi* ① *(morir)* im Sterben liegen ② *(terminar)* dem Ende zugehen **II.** *vt* bedrängen; **¡no me agonices con tantas preguntas!** löchere mich nicht mit so vielen Fragen!

agorafobia [aɣora'foβja] *f* (MED, PSICO) Agoraphobie *f,* Platzangst *f*

agorar [aɣo'rar] *vt irr* voraussagen

agorero, -a [aɣo'rero, -a] **I.** *adj* Unheil verkündend **II.** *m, f* Schwarzseher(in) *m(f)*

agosteño, -a [aɣos'teɲo] *adj* August-

agosto [a'ɣosto] *m* ① *(mes)* August *m; v. t.* **marzo** ② *(recolección)* Erntezeit *f;* **hacer su ~** sein Schäfchen ins Trockene bringen

agotado, -a [aɣo'taðo, -a] *adj (libro)* vergriffen

agotador(a) [aɣota'ðor(a)] *adj* anstrengend; **hace un calor ~** die Hitze macht einem zu schaffen

agotamiento [aɣota'mjeṇto] *m* Erschöpfung *f*

agotar [aɣo'tar] **I.** *vt* ① *(existencias)* aufbrauchen ② *(mercancía)* ausverkaufen ③ *(paciencia, tema, posibilidad)* erschöpfen ④ *(cansar)* erschöpfen **II.** *vr:* **~se** ① *(mercancía)* ausgehen; **esta edición se agotó enseguida** diese Ausgabe war sofort vergriffen ② *(pilas)* leer werden ③ *(fuerzas, tema)* sich erschöpfen; *(conversación)* versiegen ④ *(cansarse)* sich verausgaben

agraciado, -a [aɣra'θjaðo, -a] *adj* ① *(gracioso)* anmutig ② *(bien parecido)* gut aussehend ③ *(afortunado)* begünstigt (**por** von +*dat*); **salir ~ en la lotería** in der Lotterie gewinnen

agraciar [aɣra'θjar] *vt* ① *(vestido, adorno)* gut stehen +*dat;* **este traje le agracia la figura** in diesem Anzug hat er/sie eine gute Figur ② *(conceder)* auszeichnen; **fue agraciado con un premio** er gewann einen Preis

agradable [aɣra'ðaβle] *adj* ① *(ameno)* angenehm; *(lugar)* gemütlich; **~ al paladar** wohlschmeckend; **es ~ a la vista** das ist ein schöner Anblick ② *(persona)* freundlich (**con/para con** zu +*dat*)

agradar [aɣra'ðar] *vi* gefallen +*dat;* **me agrada oír música** ich höre gern Musik; **me agrada esta gente** ich finde diese Leute nett; **quieres ~ a todos** du willst es allen recht machen

agradecer [aɣraðe'θer] *vt irr como crecer* danken (für +*akk*); **te agradezco la invitación** ich danke dir für die Einladung; **les agradezco que me lo hayan dicho** ich danke Ihnen, dass Sie es mir gesagt haben; **le ~ía mucho si...** +*subj* ich wäre Ihnen sehr dankbar, wenn ...; **no sabes ~ mi trabajo** du weißt meine Arbeit nicht zu schätzen; **el campo ha agradecido la lluvia** der Regen hat den Feldern gutgetan

agradecido, -a [aɣraðe'θiðo, -a] *adj* ① *(que agradece)* dankbar (**por** für +*akk*); **le estaría muy ~ que me contestara lo antes posible** ich wäre Ihnen sehr dankbar, wenn Sie mir so schnell wie möglich antworten würden; **le estoy sumamente ~** ich bin Ihnen unendlich dankbar; **le quedamos muy ~s** wir sind Ihnen sehr dankbar ② *(que compensa)* lohnend

agradecimiento [aɣraðeθi'mjeṇto] *m* Dank *m* (**por** für +*akk*)

agrado [a'ɣraðo] *m* ① *(afabilidad)* Freundlichkeit *f;* **tratar a alguien con ~** jdn freundlich behandeln ② *(complacencia)* Wohlgefallen *nt;* **decidir según su ~** nach Belieben entscheiden; **he recibido con ~ su carta** ich habe mich über ihren Brief sehr gefreut; **esto no es de mi ~** das gefällt mir nicht

agrandar [aɣraṇ'dar] **I.** *vt* vergrößern; **~ la importancia de algo** etw *dat* zu viel Bedeutung beimessen **II.** *vr:* **~se** sich vergrößern

agranujado, -a [aɣranu'xaðo, -a] *adj (fam)* frech, unverschämt

agrario, -a [a'ɣrarjo, -a] *adj* landwirtschaftlich; **crédito ~** Agrarkredit *m;* **población agraria** Landbevölkerung *f*

agravación [aɣraβa'θjon] *f* Verschlimmerung *f;* **~ del riesgo** Risikoerhöhung *f*

agravamiento [aɣraβa'mjeṇto] *m* ① (MED) Verschlimmerung *f* ② *(recrudecimiento)* Verschärfung *f*

agravante [aɣra'βaṇte] **I.** *adj* erschwerend **II.** *m o f* erschwerender Umstand *m*

agravar [aɣra'βar] *vt, vr:* **~se** ① *(enfermedad)* (sich) verschlimmern ② *(situación)* (sich) verschärfen

agravatorio, -a [aɣraβa'torjo, -a] *adj* ① (JUR) Mahn-; **despacho ~** Mahnschreiben *nt* ② *(que agrava)* erschwerend

agraviar [aɣra'βjar] **I.** *vt* ① *(ofender)* beleidigen ② (JUR) schädigen **II.** *vr:* **~se** beleidigt sein (**por** wegen +*gen/dat*)

agravio [a'ɣraβjo] *m* ① *(ofensa)* Beleidigung *f* ② (JUR) Beeinträchtigung *f;* ~ **material** materieller Schaden; **sufrir ~s** Unrecht erleiden

agredir [aɣre'ðir] *vt* angreifen; ~ **a alguien de palabra** jdn beschimpfen

agregación [aɣreɣa'θjon] *f* Hinzufügung *f* (**a** zu +*dat*); ~ **de un municipio** Eingemeindung *f*

agregado[1] [aɣre'ɣaðo] *m* ① *(conglomerado)* Mischung *f* ② *(aditamento)* Zusatz *m* (**a** zu +*dat*)

agregado, -a[2] [aɣre'ɣaðo, -a] *m, f* ① *(diplomático)* Attaché *m;* ~ **comercial** Handelsattaché *m;* ~ **militar** Militärattaché *m* ② *(adjunto)* Gehilfe, -in *m, f* ③ (UNIV) außerordentlicher Professor, außerordentliche Professorin *m, f*

agregaduría [aɣreɣaðu'ria] *f* ① *(cargo diplomático)* Amt *nt* eines Attachés ② *(profesor)* Stellung *f* eines außerordentlichen Professors

agregar [aɣre'ɣar] <g → gu> **I.** *vt* ① *(añadir)* hinzufügen (**a** +*dat*) ② *(destinar)* zuteilen (**a** +*dat*) **II.** *vr:* **~se** sich anschließen; **~se a alguien** sich jdm anschließen

agremiar [aɣre'mjar] *vt, vr:* **~se** (sich) (in einem Verband) zusammenschließen

agresión [aɣre'sjon] *f* Angriff *m;* ~ **con lesiones** (JUR) Körperverletzung *f*

agresividad [aɣresiβi'ða^ð] *f* Aggressivität *f*

agresivo, -a [aɣre'siβo, -a] *adj* aggressiv

agresor[1] [aɣre'sor] *m* (POL) Aggressor *m*

agresor(a)[2] [aɣre'sor(a)] *adj* Angreifer(in) *m(f)*

agreste [a'ɣreste] *adj* ① *(campestre)* ländlich ② *(terreno)* holp(e)rig ③ *(vegetación)* wild ④ *(persona)* grob

agriar [a'ɣrjar] **I.** *vt* ① *(alimentos)* säuern ② *(persona)* verbittern **II.** *vr:* **~se** ① *(alimentos)* sauer werden ② *(persona)* verbittert werden

agrícola [a'ɣrikola] *adj* landwirtschaftlich; **cooperativa** ~ Agrargenossenschaft *f*

agricultor(a) [aɣrikul̦'tor(a)] *m(f)* ① *(labrador)* Bauer, Bäuerin *m, f* ② *(empresario)* Landwirt(in) *m(f)*

agricultura [aɣrikul̦'tura] *f* Landwirtschaft *f;* ~ **biodinámica** biodynamische Landwirtschaft

agridulce [aɣri'ðul̦θe] *adj* süß-sauer

agrietado, -a [aɣrje'taðo, -a] *adj* rissig; *(tela, pared)* brüchig; *(piel, labios)* aufgesprungen

agrietar [aɣrje'tar] **I.** *vt* rissig machen **II.** *vr:* **~se** rissig werden; *(tela, pared)* brüchig werden; *(piel, labios)* aufspringen

agrimensor(a) [aɣrimen'sor(a)] *m(f)* Vermessungsingenieur(in) *m(f)*

agrimensura [aɣrimen'sura] *f* Landvermessung *f*

agrio, -a ['aɣrjo, -a] *adj* ① *(sabor)* sauer ② *(crítica)* herb ③ *(carácter)* mürrisch

agrisado, -a [aɣri'saðo, -a] *adj* gräulich

agro ['aɣro] *m* Acker *m*

agroindustria [agroiṇ'dustrja] *f* Industrie *f* zur Verarbeitung landwirtschaftlicher Produkte

agronomía [aɣrono'mia] *f* Agronomie *f*

agrónomo, -a [a'ɣronomo, -a] *m, f* Diplomlandwirt(in) *m(f)*

agropecuario, -a [aɣrope'kwarjo, -a] *adj* Agrar-

agroturismo [aɣrotu'rismo] *m* Ferien *pl* auf dem Bauernhof

agrupación [aɣrupa'θjon] *f* ① *(agrupamiento)* Gruppierung *f* ② *(conjunto)* Gruppe *f;* ~ **de municipios** Gemeindeverband *m* ③ *(asociación)* Verein *m;* ~ **de productores** (ECON) Erzeugergemeinschaft *f* ④ (MIL) Verband *m*

agrupamiento [aɣrupa'mjeṇto] *m* Zusammenstellung *f*

agrupar [aɣru'par] **I.** *vt* gruppieren; ~ **algo por temas** etw nach Themen zusammenstellen **II.** *vr:* **~se** sich gruppieren

agua ['aɣwa] *f* ① *(líquido)* Wasser *nt;* ~ **de Colonia** Kölnischwasser *nt;* ~ **dentífrica** Mundwasser *nt;* **~s depuradas** Klärwasser *nt;* ~ **con gas** kohlensäurehaltiges Wasser; ~ **del grifo** Leitungswasser *nt;* ~ **mineral** Tafelwasser *nt,* stilles Mineralwasser; ~ **de nieve** Schmelzwasser *nt;* ~ **potable** Trinkwasser *nt;* **~s residuales** Abwässer *ntpl;* **¡hombre al ~!** Mann über Bord!; **rompió ~s** ihre Fruchtblase ist geplatzt; **hacer ~** *(buque)* lecken; *(negocio)* den Bach runtergehen *fam;* **claro como el ~** sonnenklar; **como ~ de mayo** wie ein Geschenk des Himmels; **es ~ pasada** das ist Schnee von gestern; **estar entre dos ~s** zwischen zwei Stühlen sitzen; **estoy con el ~ hasta el cuello** das Wasser steht mir bis zum Hals; **no hallar ~ en el mar** sich dumm anstellen; **llevar el ~ a su molino** nur an sich selbst denken; **quedar en ~ de borrajas** ins Wasser fallen *fam;* **sacar ~ a las piedras** aus nichts Geld machen; ~ **pasada no mueve molino** *(prov)* was vorbei ist, ist vorbei ② *(lluvia)* Regen *m;* ~ **nieve** Schneeregen *m;* **esta noche ha caído mucha ~** heute Nacht hat es viel geregnet ③ *pl (mar, río)* Gewässer *nt;* **~s interiores** Binnengewässer *nt;* **~s jurisdiccionales** Hoheitsgewässer *nt;* **~s abajo/arriba** stromabwärts/-aufwärts ④ *pl (orina)* Wasser *nt;* **~s menores** Urin *m;* **hacer ~s** Wasser lassen ⑤ *pl (manantial)* Quelle *f;*

A

~s termales Thermalbad *nt;* **tomar las ~s** eine Badekur machen
aguacate [aɣwa'kate] *m* Avocado *f*
aguacero [aɣwa'θero] *m* Platzregen *m;* **cayó un ~** es ging ein Wolkenbruch nieder
aguachento, -a [aɣwa'tʃen̪to, -a] *adj (Am) v.* **aguado**
aguachirle [aɣwa'tʃirle] *f (pey)* Spülwasser *nt*
aguacil [aɣwa'θil] *m (CSur:* ZOOL) Libelle *f*
aguada [a'ɣwaða] *f* ❶ *(lugar)* Wasserstelle *f* ❷ *(provisión)* Wasservorrat *m*
aguadar [aɣwa'ðar] *vt (Guat)* ❶ *(aguar)* mit Wasser verdünnen ❷ *(debilitar)* schwächen
aguado, -a [a'ɣwaðo, -a] *adj* verwässert; *(fruta)* wäss(e)rig
aguaducho [aɣwa'ðutʃo] *m* Kiosk *m*
aguafiestas [aɣwa'fjestas] *mf inv* Spielverderber(in) *m(f)*
aguafuerte [aɣwa'fwerte] *m* Radierung *f;* **grabar al ~** radieren
aguamarina [aɣwama'rina] *f* Aquamarin *m*
aguamiel [aɣwa'mjel] *f* ❶ *(bebida)* Honigwasser *nt* ❷ *(Am: jugo del maguey) süßer Saft der Agave*
aguanieve [aɣwa'njeβe] *f* Schneeregen *m*
aguantable [aɣwan̪'taβle] *adj* erträglich
aguantar [aɣwan̪'tar] **I.** *vt* ❶ *(sostener)* halten; *(sujetar)* fest halten ❷ *(soportar)* ertragen; *(tolerar)* hinnehmen; **no aguanto más** mir reicht's; **no poder ~ a alguien** jdn nicht ausstehen können; **esta película no se aguanta** dieser Film ist unerträglich; **~ la mirada de alguien** jds Blick standhalten ❸ *(durar)* halten; **este abrigo ~á mucho** dieser Mantel wird lange halten ❹ *(contener)* zurückhalten; **~ la risa** sich *dat* das Lachen verkneifen **II.** *vr:* **~se** ❶ *(contenerse)* sich beherrschen ❷ *(soportar)* es aushalten; *(tener paciencia)* Geduld haben ❸ *(conformarse)* sich zufriedengeben ❹ *(sostenerse)* sich halten; **~se de pie** sich aufrecht halten
aguante [a'ɣwan̪te] *m* ❶ *(paciencia)* Geduld *f* ❷ *(tolerancia)* Duldsamkeit *f;* **tener mucho ~** ein dickes Fell haben *fam* ❸ *(resistencia)* Ausdauer *f*
aguar [a'ɣwar] <gu → gü> **I.** *vt* ❶ *(mezclar con agua)* verwässern ❷ *(frustrar)* verderben **II.** *vr:* **~se** ❶ *(llenarse de agua)* sich mit Wasser füllen; **no pude evitar que se me ~an los ojos** ich konnte nicht verhindern, dass mir Tränen in die Augen traten; **nuestras vacaciones se ~on** unsere Ferien waren total verregnet ❷ *(estropearse)* ins Wasser fallen *fam*
aguardar [aɣwar'ðar] **I.** *vt* warten; **~ unos días** einige Tage warten; **~ algo/a alguien** auf etw/jdn warten **II.** *vr:* **~se** (ab)warten
aguardentoso, -a [aɣwarðen̪'toso, -a] *adj* Schnaps-
aguardiente [aɣwar'ðjen̪te] *m* Schnaps *m*
aguarrás [aɣwa'rras] *m* Terpentin *nt*
aguasca [a'ɣwaska] *f (Bol, Col)* Gewebe *nt*
aguatinta [aɣwa'tin̪ta] *f* (ARTE) Aquatinta *f*
aguazal [aɣwa'θal] *m (pequeño)* Pfütze *f,* Wasserlache *f; (más grande) Senke, in der sich Regenwasser gesammelt hat;* **después de tanta lluvia se había formado un ~** nach dem starken Regen stand die Senke voller Wasser
agudeza [aɣu'ðeθa] *f* ❶ *(del cuchillo, de la crítica)* Schärfe *f;* **~ visual** Sehschärfe *f* ❷ *(perspicacia)* Scharfsinn *m* ❸ *(ingenio)* Witz *m*
agudización [aɣuðiθa'θjon] *f* Verschärfung *f*
agudizar [aɣuði'θar] <z → c> **I.** *vt* ❶ *(hacer agudo)* schärfen ❷ *(agravar)* verschärfen **II.** *vr:* **~se** *(situación)* sich verschärfen; *(enfermedad)* sich verschlimmern
agudo, -a [a'ɣuðo, -a] *adj* ❶ *(afilado)* spitz ❷ *(sagaz)* scharfsinnig; **vista aguda** scharfer Blick ❸ *(ingenioso)* geistreich; *(mordaz)* spitz ❹ *(intenso: dolor)* stechend; *(enfermedad)* akut; *(olor)* scharf ❺ *(sonido)* hoch ❻ *(grave)* schwer ❼ (LING) endbetont
agüero [a'ɣwero] *m* Vorbedeutung *f;* **de mal ~** Unheil verkündend; **ser de buen ~** Glück bringen
aguerrido, -a [aɣe'rriðo, -a] *adj (fuerte)* abgehärtet
aguijada [aɣi'xaða] *f* Stachel *m* zum Viehtreiben
aguijar [aɣi'xar] *vt* ❶ *(animales)* antreiben ❷ *(estimular)* anspornen; **~ el paso** den Schritt beschleunigen
aguijón [aɣi'xon] *m* ❶ *(punta)* Stachelspitze *f* ❷ (ZOOL, BOT) Stachel *m* ❸ *(estímulo)* Ansporn *m*
aguijonazo [aɣixo'naθo] *m* (Stachel)stich *m*
aguijonear [aɣixone'ar] *vt* ❶ *(animales)* antreiben ❷ *(estimular)* anspornen ❸ *(inquietar)* beunruhigen
águila ['aɣila] *f* ❶ *(animal)* Adler *m;* **~ real** Steinadler *m* ❷ *(persona)* Ass *nt;* **ser un ~ para los negocios** ein erstklassiger Geschäftsmann/eine erstklassige Geschäftsfrau sein
aguileño, -a [aɣi'leɲo, -a] *adj* Adler-; **rostro ~** kantiges Gesicht
aguilucho [aɣi'lutʃo] *m* (ZOOL) Jungadler *m*
aguinaldo [aɣi'nal̪do] *m* ≈ Weihnachtsgeld *nt*

agüita [a'ɣwita] *f (Perú)* Geld *nt*

agüitado, -a [aɣwi'taðo, -a] *adj (Méx)* traurig

aguja [a'ɣuxa] *f* ① *(general)* Nadel *f;* **~ de ganchillo** Häkelnadel *f;* **~ de punto** Stricknadel *f;* **buscar una ~ en un pajar** eine Stecknadel im Heuhaufen suchen ② *(de una jeringa)* Kanüle *f* ③ *(del reloj)* Zeiger *m; (de otros instrumentos de medición)* Nadel *f* ④ (NÁUT) **~ (de marear)** Kreiselkompass *m* ⑤ (FERRO) Weiche *f* ⑥ *(de una torre)* (Turm)spitze *f;* **~ de la iglesia** Kirchturmspitze *f;* **las torres de esa catedral terminan en ~s** die Türme dieser Kathedrale laufen spitz zu ⑦ (BOT) Nadel *f* ⑧ (GASTR) **carne de ~** Vorderrippenstück *nt*

agujerear [aɣuxere'ar] *vt* lochen; *(con taladro)* durchbohren; *(hacer muchos agujeros)* durchlöchern

agujero [aɣu'xero] *m* Loch *nt;* **~ (en la capa) de ozono** Ozonloch *nt;* **tapar un ~** ein Loch stopfen

agujetas [aɣu'xetas] *fpl* Muskelkater *m*

agusanado, -a [aɣusa'naðo, -a] *adj* wurmig, wurmstichig

agusanarse [aɣusa'narse] *vr* wurmstichig werden

aguzado, -a [aɣu'θaðo, -a] *adj* ① *(puntiagudo)* spitz ② *(sagaz)* scharfsinnig

aguzar [aɣu'θar] <z → c> *vt* ① *(afilar)* wetzen ② *(sacar punta)* spitzen ③ *(avivar)* **~ la atención** die Aufmerksamkeit erhöhen; **~ los sentidos** die Sinne schärfen; **~ la vista** scharf hinsehen

ah [a] *interj* ah; *(asombrado)* ach, oh

ahechar [ae'ʧar] *vt* (AGR: *semilla, grano*) sieben

aherrojar [aerro'xar] *vt* unterdrücken

ahí [a'i] **I.** *adv* ① *(lugar)* dort; **llámame de ~** ruf mich von dort aus an; **me voy por ~** ich gehe kurz spazieren ② *(loc)* **por ~, por ~** ungefähr; **¡~ es nada!** nicht schlecht! **II.** *conj* **de ~ que** *+ind o subj* deshalb

ahijado, -a [ai'xaðo, -a] *m, f* ① *(hijo adoptivo)* Adoptivkind *nt* ② *(del padrino)* Patenkind *nt*

ahijar [ai'xar] *vt, vr irr como airar* **~se** adoptieren

ahínco [a'iŋko] *m* ① *(afán)* Eifer *m* ② *(empeño)* Nachdruck *m* ③ *(insistencia)* Beharrlichkeit *f*

ahíto, -a [a'ito, -a] *adj* (über)satt

ahogado, -a [ao'ɣaðo, -a] *adj* ① *(estrecho)* eng; *(sin ventilación)* stickig ② *(loc)* **estar ~ de trabajo** mit Arbeit überhäuft sein

ahogamiento [aoɣa'mjeṇto] *m* ① *(morir en el agua)* Ertrinken *nt; (para matar)* Ertränken *nt* ② *(por asfixia)* Ersticken *nt*

ahogar [ao'ɣar] <g → gu> **I.** *vt* ① *(en el agua)* ertränken ② *(estrangular)* erwürgen ③ *(asfixiar)* ersticken ④ *(angustiar)* bedrücken **II.** *vr:* **~se** ① *(en el agua)* ertrinken; **~se en un vaso de agua** *(fig)* wegen jeder Kleinigkeit den Mut verlieren ② *(asfixiarse)* ersticken; **~se de calor** vor Hitze umkommen ③ *(motor)* absaufen *fam*

ahogo [a'oɣo] *m* ① *(sofocación)* Atemnot *f* ② *(asfixia)* Erstickung *f* ③ *(angustia)* Beklemmung *f* ④ *(apuro)* Bedrängnis *f;* **~s económicos** finanzielle Schwierigkeiten

ahombrado, -a [aom'braðo, -a] *adj (fam: hombruno)* männlich [*o* maskulin] (wirkend); **era una mujer ahombrada de espaldas muy anchas** sie war eine maskulin wirkende Frau mit sehr breiten Schultern

ahondamiento [aoṇda'mjeṇto] *m* Vertiefung *f*

ahondar [aoṇ'dar] **I.** *vi* ① *(raíces)* treiben (**en** in *+akk*) ② *(tema, cuestión)* sich intensiv beschäftigen (**en** mit *+dat*) **II.** *vt* ① *(profundizar)* vertiefen ② *(introducir)* tief hineinstecken **III.** *vr:* **~se** sich vertiefen (**en** in *+akk*)

ahora [a'ora] *adv* jetzt; *(dentro de un momento)* gleich; **~ bien** allerdings; **de ~ en adelante** von nun an; **hasta ~** bisher; **por ~** einstweilen; **~ ríe, ~ llora** bald lacht er/sie, bald weint er/sie; **¡~ (lo entiendo)!** jetzt begreife ich es!; **¡~ sí que hemos tenido suerte!** da haben wir aber Glück gehabt!; **~ mismo vengo** ich komme gleich; **acaba de salir ~ mismo** er/sie ist gerade weggegangen; **¡ven ~ mismo!** komm sofort!; **¿y ~ qué?** was nun?

ahorcado, -a [aor'kaðo, -a] *m, f* Erhängte(r) *mf; (en la horca)* Gehenkte(r) *mf*

ahorcamiento [aorka'mjeṇto] *m* Erhängen *nt*

ahorcar [aor'kar] <c → qu> **I.** *vt* erhängen; **~ los libros** das Studium an den Nagel hängen **II.** *vr:* **~se** sich erhängen (**en/de** an *+dat*)

ahorita [ao'rita] *adv (Am) v.* **ahora**

ahorrador(a) [aorra'ðor(a)] **I.** *adj* sparsam **II.** *m(f)* Sparer(in) *m(f)*

ahorrar [ao'rrar] **I.** *vt* sparen; *(economizar)* einsparen; **~ fuerzas** seine Kräfte schonen; **~ esfuerzos a alguien** jdm die Mühe ersparen; **ahórrame explicaciones** verschone mich mit Erklärungen **II.** *vr:* **~se** *(evitar)* sich *dat* (er)sparen

ahorrativo, -a [aorra'tiβo, -a] *adj* sparsam

ahorrista [ao'rrista] *mf (Am)* Sparer(in) *m(f)*
ahorro [a'orro] *m* ① *(acción)* Sparen *nt* ② *(cantidad)* Ersparte(s) *nt*
ahuacatl [awa'kaðl] *m (Méx:* BOT) Avocado *f*
ahuecar [awe'kar] <c → qu> **I.** *vt* ① *(vaciar)* aushöhlen ② *(tierra)* (auf)lockern; *(colchón)* aufschütteln **II.** *vr:* **~se** ① *(aves)* sich aufplustern ② *(envanecerse)* sich aufblähen ③ *(papel pintado)* Blasen ziehen
ahumado, -a [au'maðo, -a] *adj* ① *(color)* rauchfarben; *(cristal)* getönt ② *(fam: borracho)* beschwipst
ahumar [au'mar/au̯'mar] **I.** *vi* rauchen **II.** *vt* ① (GASTR) räuchern ② *(llenar de humo)* verrauchen; *(una colmena)* ausräuchern **III.** *vr:* **~se** ① *(ennegrecerse)* vom Rauch schwarz werden ② *(un guiso)* Rauchgeschmack annehmen ③ *(fam: emborracharse)* sich *dat* einen Schwips antrinken
ahuyentar [au̯ɟeṇ'tar] *vt* ① *(espantar)* verscheuchen ② *(asustar)* abschrecken
ai [ai̯] *m (Arg, Par)* Faultier *nt*
aikido [ai̯'kiðo] *m* (DEP) Aikido *nt*
airado, -a [ai̯'raðo, -a] *adj* zornig
airar [ai̯'rar] *irr* **I.** *vt* erzürnen **II.** *vr:* **~se** zornig werden
airbag ['erβaɣ] *m* Airbag *m*
aire ['ai̯re] *m* ① *(atmósfera)* Luft *f;* **~ acondicionado** Klimaanlage *f;* **Ejército del A~** Luftwaffe *f;* **al ~ libre** unter freiem Himmel; **echar una moneda al ~** eine Münze werfen; **tomar el ~** Luft schnappen; **dejar una pregunta en el ~** eine Frage offenlassen; **cambiar de ~s** umziehen; **¡~!** verschwinde! ② *(viento)* Wind *m;* **corriente de ~** Luftzug *m;* **corre ~** es zieht; **hoy hace ~** heute ist es windig ③ *(aspecto)* Aussehen *nt;* **no me gusta el ~ de este hombre** irgendetwas an diesem Mann gefällt mir nicht; **tener ~ de despistado** ziemlich zerstreut aussehen; **darse ~s de grandeza** großtun; **darse ~s de intelectual** den Intellektuellen spielen; **¡tiene unos ~s!** der/die macht immer ein Getue! ④ *(garbo)* Anmut *f* ⑤ (MÚS) Tempo *nt* ⑥ *(Arg, Par: cuello)* steifer Hals *m*
aireado, -a [ai̯re'aðo, -a] *adj (lugar)* belüftet
airear [ai̯re'ar] **I.** *vt* lüften **II.** *vr:* **~se** ① *(ventilarse)* an die (frische) Luft gehen ② *(coger aire)* im Zug sitzen; *(resfriarse)* sich erkälten
airón [ai̯'ron] *m* ① (ZOOL) Fischreiher *m* ② *(penacho, adorno)* Federbusch *m*
airosidad [ai̯rosi'ðaᵈ] *f* Anmut *f,* Grazie *f*
airoso, -a [ai̯'roso, -a] *adj* anmutig; **salir ~ de algo** bei etw *dat* gut abschneiden
aislacionismo [ai̯slaθjo'nismo] *m sin pl* (POL) Isolationismus *m*
aislado, -a [ai̯s'laðo, -a] *adj (individual)* einzeln
aislador¹ [ai̯sla'ðor] *m* Isolator *m*
aislador(a)² [ai̯sla'ðor(a)] *adj* isolierend
aislamiento [ai̯sla'mjeṇto] *m* ① *(apartamiento, t.* TÉC) Isolation *f;* **~ acústico** Schalldämmung *f* ② *(retiro)* Abgeschiedenheit *f*
aislante [ai̯s'laṇte] **I.** *adj* isolierend; **cinta ~** Isolierband *nt* **II.** *m* Isolator *m*
aislar [ai̯s'lar] **I.** *vt* isolieren; **aislado contra el ruido** schalldicht **II.** *vr:* **~se** sich isolieren
ajá [a'xa] *interj* aha
ajado, -a [a'xaðo, -a] *adj (persona)* verbraucht; *(cara)* faltig
ajar [a'xar] *vt* ① *(cosa)* abnutzen ② *(persona)* altern lassen
ajardinado, -a [axarði'naðo, -a] *adj* begrünt
ajardinar [axarði'nar] *vt* ① *(hacer un jardín)* einen Garten anlegen (in +*dat*) ② *(una ciudad)* Grünzonen anlegen (in +*dat*)
ajedrecista [axeðre'θista] *mf* Schachspieler(in) *m(f)*
ajedrez [axe'ðreθ] *m sin pl* ① (DEP) Schach *nt* ② *(tablero y figuras)* Schachspiel *nt*
ajedrezado, -a [axeðre'θaðo, -a] *adj* schachbrettartig
ajenjo [a'xeŋxo] *m* Wermut *m*
ajeno, -a [a'xeno, -a] *adj* ① *(de otro)* fremd; **la felicidad ajena** das Glück anderer ② *ser (impropio)* untypisch; **esto es ~ a su carácter** das ist nicht typisch für ihn/sie ③ *estar (ignorante)* unwissend; **estar ~ a [*o* de] algo** von etw *dat* nichts wissen; **vivía ~ a todo lo que pasaba en el mundo** er führte ein abgeschiedenes Leben ④ *(carente, exento)* **~ a [*o* de]** ohne; **~ de piedad** unbarmherzig; **~ de preocupaciones** sorglos; **él es ~ a todo eso** er hat damit nichts zu tun
ajetrear [axetre'ar] **I.** *vt* schinden **II.** *vr:* **~se** sich abmühen; *(darse prisa)* sich abhetzen
ajetreo [axe'treo] *m (de personas)* Hetzerei *f; (en un sitio)* geschäftiges Treiben *nt*
ají [a'xi] *m (AmS, Ant)* ① *(arbusto)* Pfefferstrauch *m* ② *(pimentón)* Paprika *m; (de las Indias)* Cayennepfeffer *m*
ajilimoje [axili'moxe] *m,* **ajilimójili** [axili'moxili] *m* (GASTR) pikante Knoblauch-

tunke *f;* **con todos sus ~s** mit allem Drum und Dran
ajillo [a'xiʎo] *m* (GASTR) **al ~** mit gehacktem Knoblauch und Petersilie gebraten
ajo ['axo] *m* ❶ (BOT) Knoblauch *m; (diente)* Knoblauchzehe *f* ❷ *(taco)* Fluch *m;* **andar (metido) en el ~, estar en el ~** seine Hände (mit) im Spiel haben; **andar tieso como un ~** die Nase hoch tragen
ajorca [a'xorka] *f* Armreif *m,* Armring *m*
ajotar [axo'tar] *vt* ❶ *(AmC, Ant: azuzar)* hetzen ❷ *(Cuba: desdeñar)* verschmähen
ajuar [a'xwar] *m* ❶ *(de la novia)* Aussteuer *f* ❷ *(de una casa)* Ausstattung *f*
ajumarse [axu'marse] *vr (fam: ligeramente)* sich *dat* einen Schwips antrinken; *(mucho)* sich betrinken
ajuntar [axuṇ'tar] **I.** *vt (fam)* versammeln **II.** *vr:* **~se** *(fam)* in wilder Ehe leben
ajuntarse [axuṇ'tarse] *vr (fam)* in wilder Ehe leben
ajustable [axus'taβle] *adj* verstellbar
ajustado, -a [axus'taðo, -a] *adj* ❶ *(ropa)* eng (anliegend) ❷ *(adecuado)* angemessen
ajustar [axus'tar] **I.** *vi* genau passen **II.** *vt* ❶ *(adaptar)* anpassen (**a** an +*akk*); **~ un vestido** ein Kleid enger machen; **~ una correa** einen Riemen umschnallen ❷ (TÉC) einstellen; *(balanza)* justieren ❸ *(una pieza dentro de otra)* einpassen (**a** in +*akk*) ❹ *(acordar)* vereinbaren; **~ cuentas** abrechnen; **~ las cuentas a alguien** *(fig)* jdm die Rechnung präsentieren **III.** *vr:* **~se** ❶ *(ponerse de acuerdo)* übereinkommen ❷ *(adaptarse)* sich anpassen (**a** an +*akk*); **no ~se al tema** vom Thema abschweifen; **~se a la verdad** sich an die Wahrheit halten
ajuste [a'xuste] *m* ❶ *(adaptación)* Anpassung *f* (**a** an +*akk*); **~ financiero** Finanzausgleich *m* ❷ *(graduación)* Einstellung *f;* **~ de brillo** Helligkeitseinstellung *f* ❸ *(encaje)* Passung *f* ❹ *(acuerdo)* Vereinbarung *f;* **~ de cuentas** Abrechnung *f*
ajusticiamiento [axustiθja'mjeṇto] *m* Hinrichtung *f*
ajusticiar [axusti'θjar] *vt* hinrichten
al [al] = **a + el** *v.* **a**
ala ['ala] *f* Flügel *m;* **~ de la hélice** Propellerblatt *nt;* **~ de la mesa** Tischklappe *f;* **~ del sombrero** Hutkrempe *f;* **~ del tejado** Vordach *nt;* **ahuecar el ~** sich auf die Socken machen; **cortar las ~s a alguien** jdm die Flügel stutzen; **estar tocado del ~** *(fam)* einen Dachschaden haben; **dar ~s a alguien** jdn beflügeln; **le faltan ~s para triunfar** ihm/ihr fehlt der Mut, um Erfolg zu haben; **tener demasiadas ~s** sich *dat* zu viel herausnehmen
Alá [a'la] *m* Allah *m*
alabanza [ala'βaṇθa] *f* Lob *nt;* **deshacerse en ~s para con alguien** jdn in den Himmel heben; **hacer una ~ de alguien** ein Loblied auf jdn singen
alabar [ala'βar] **I.** *vt* loben (**por** für +*akk*); **alabado sea el Señor** gepriesen sei der Herr **II.** *vr:* **~se** prahlen (**de** mit +*dat*)
alabastro [ala'βastro] *m* Alabaster *m*
alabeado, -a [alaβe'aðo, -a] *adj* krumm; *(madera)* verzogen
alabear [alaβe'ar] **I.** *vt* krümmen **II.** *vr:* **~se** sich krümmen; *(madera)* sich verziehen
alacena [ala'θena] *f* Speiseschrank *m*
alacrán [ala'kran] *m* ❶ (ZOOL) Skorpion *m;* **ser un ~** *(fig)* eine spitze Zunge haben ❷ *(gancho)* Öse *f*
ala delta ['ala 'deḷta] *f* (DEP: *disciplina deportiva*) Drachenfliegen *nt; (aparato)* Deltagleiter *m*
alado, -a [a'laðo, -a] *adj* ❶ *(con alas)* beflügelt ❷ *(ligero)* flink
alambicado, -a [alambi'kaðo, -a] *adj* ❶ *(sutil)* ausgeklügelt ❷ *(rebuscado)* gekünstelt
alambicar [alambi'kar] <c → qu> *vt* ❶ *(destilar)* destillieren ❷ *(una expresión)* nuancieren; *(el lenguaje)* ausfeilen; **diálogos alambicados** geschliffene Dialoge
alambique [alam'bike] *m* Destillierkolben *m*
alambrada [alam'braða] *f (valla)* (Draht)zaun *m; (con espinas)* Stacheldrahtzaun *m; (red)* Drahtgitter *nt;* **~ eléctrica** Elektrozaun *m*
alambrado [alam'braðo] *m (red)* Drahtgitter *nt; (valla)* Drahtzaun *m*
alambrar [alam'brar] *vt* mit Draht einzäunen
alambre [a'lambre] *m* Draht *m;* **~ de espinas** Stacheldraht *m*
alambrera [alam'brera] *f* ❶ *(de ventana)* Fliegengitter *nt* ❷ *(de brasero/chimenea)* Ofenschirm *m* ❸ *(de alimentos)* Glocke *f*
alameda [ala'meða] *f* ❶ *(lugar)* Pappelwald *m* ❷ *(paseo)* Allee *f; (de álamos)* Pappelallee *f*
álamo ['alamo] *m* ❶ (BOT) Pappel *f;* **~ temblón** Zitterpappel *f* ❷ *(madera)* Pappelholz *nt*
alarde [a'larðe] *m* Prahlerei *f;* **hacer ~ de algo** *(presumir)* mit etw *dat* angeben; *(ostentar)* etw zur Schau tragen
alardear [alarðe'ar] *vi* **~ de algo** *(presumir)* mit etw *dat* angeben; *(ostentar)* etw zur Schau tragen
alargado, -a [alar'ɣaðo, -a] *adj* länglich
alargador [alarɣa'ðor] *m* Verlänge-

A

rungsstück *nt;* *(cable)* Verlängerungsschnur *f*
alargamiento [alarɣa'mjeṇto] *m* Verlängerung *f;* *(temporal t.)* Ausdehnung *f*
alargar [alar'ɣar] <g → gu> **I.** *vt* ① *(la extensión)* verlängern; ~ **la pierna** das Bein ausstrecken; ~ **el cuello** den Hals recken; ~ **la mano** die Hand hinhalten ② *(la duración)* ausdehnen ③ *(retardar, diferir)* verzögern ④ *(el dinero)* gut einteilen **II.** *vr:* **~se** ① *(en la extensión)* länger werden; **no te alargues** fass dich kurz; **~se en cumplidos** Süßholz raspeln; **alárgate hasta la gasolinera a por tabaco** lauf zur Tankstelle und hol Zigaretten ② *(retardarse)* sich verzögern
alarido [ala'riðo] *m* Geschrei *nt*
alarife [ala'rife] *m* ① *(arquitecto)* Baumeister *m* ② *(albañil)* Maurer *m* ③ *(Arg: persona lista)* kluger Kopf *m,* Pfiffikus *m fam*
alarma [a'larma] *f* ① *(general)* Alarm *m;* ~ **por ozono** Ozonalarm *m;* **falsa** ~ blinder Alarm; **dar la** ~ Alarm geben; **ha saltado la** ~ **del banco** der Alarm der Bank wurde ausgelöst ② *(susto)* Schrecken *m;* *(inquietud)* Unruhe *f;* ~ **social** Unruhe in der Bevölkerung
alarmante [alar'maṇte] *adj* alarmierend; **noticia** ~ Schreckensbotschaft *f*
alarmar [alar'mar] **I.** *vt* ① *(dar la alarma)* alarmieren ② *(inquietar)* beunruhigen; *(asustar)* erschrecken; **noticia alarmante** Schreckensnachricht *f* **II.** *vr:* **~se** *(inquietarse)* unruhig werden; *(asustarse)* sich erschrecken
alarmismo [alar'mismo] *m* Schwarzmalerei *f,* Panikmache *f*
alarmista [alar'mista] *mf* Schwarzseher(in) *m(f)*
alavés, -esa [ala'βes, -esa] **I.** *adj* aus Álava **II.** *m, f* Einwohner(in) *m(f)* von Álava
alazán, -ana [ala'θan, -ana] *adj* zimtfarben; *(caballo)* rotbraun
alba ['alβa] *f* Morgendämmerung *f;* **al rayar** [*o* **romper**] **el** ~ bei Tagesanbruch
albacea [alβa'θea] *mf* Testamentsvollstrecker(in) *m(f)*
albaceazgo [alβaθe'aθɣo] *m* Amt *nt* des Testamentsvollstreckers
albaceteño, -a [alβaθe'teɲo, -a] **I.** *adj* aus Albacete **II.** *m, f* Einwohner(in) *m(f)* von Albacete
albahaca [al'βaka/alβa'aka] *f* Basilikum *nt*
albanés, -esa [alβa'nes, -esa] **I.** *adj* albanisch **II.** *m, f* Albaner(in) *m(f)*
Albania [al'βanja] *f* Albanien *nt*
albañal [alβa'ɲal] *m* ① *(conducto)* Kloake *f* ② *(lugar)* Saustall *m fam*
albañil [alβa'ɲil] *mf* Maurer(in) *m(f)*
albañilería [alβaɲile'ria] *f* Maurerhandwerk *nt;* **obra de** ~ Maurerarbeit *f*
albar [al'βar] *adj* *(elev: blanco)* (schnee)weiß
albarán [alβa'ran] *m* Lieferschein *m*
albarca [al'βarka] *f* Sandale *f*
albarda [al'βarða] *f* Packsattel *m;* ~ **sobre** ~ Redundanz *f;* **esto es un burro con dos ~s** *(fig)* das ist doppelt gemoppelt
albardón [alβar'ðon] *m* ① *(silla)* Packsattel *m* ② *(CSur, Bol: elevación)* Wall *m*
albaricoque [alβari'koke] *m* Aprikose *f*
albaricoquero [alβariko'kero] *m* Aprikosenbaum *m*
albatros [al'βatros] *m inv* Albatros *m*
albazo [al'βaθo] *m* ① *(Ecua, Méx: acción de guerra)* Kriegshandlung im Morgengrauen ② *(Perú: serenata)* Serenade *f*
albear [alβe'ar] *vi* *(Arg)* (sehr) früh [*o* bei Tagesanbruch] aufstehen
albedrío [alβe'ðrio] *m* Willkür *f;* **libre** ~ freier Wille; **a** [*o* **según**] **mi** ~ nach meinem Belieben
alberca [al'βerka] *f* Wasserbecken *nt*
albérchigo [al'βerʧiɣo] *m* *(reg)* ① *(melocotón)* Pfirsich *m* ② *(albaricoque)* Aprikose *f*
albergar [alβer'ɣar] <g → gu> **I.** *vt* beherbergen **II.** *vr:* **~se** absteigen
albergue [al'βerɣe] *m* *(refugio)* Obdach *nt;* *(fonda)* Herberge *f;* ~ **juvenil** Jugendherberge *f;* ~ **de montaña** Berghütte *f*
albero [al'βero] *m* (TAUR) Arena *f;* **saltó al** ~ er/sie sprang in die Arena
albino, -a [al'βino, -a] **I.** *adj* albinotisch **II.** *m, f* Albino *m*
albo, -a ['alβo, -a] *adj* *(elev)* weiß
albóndiga [al'βoṇdiɣa] *f* *(de carne)* Fleischkloß *m;* *(de pescado)* Fischkloß *m*
albor [al'βor] *m* ① *(luz)* Dämmerlicht *nt* ② *(blancor)* Weiße *f* ③ *(comienzo)* Beginn *m*
alborada [alβo'raða] *f* ① *(alba)* Morgendämmerung *f* ② *(canción)* Morgenlied *nt* ③ (MIL) Weckruf *m*
alborear [alβore'ar] *vi* ① *(por la mañana)* dämmern; **al** ~ **el día** bei Tagesanbruch ② *(acontecimiento)* sich ankündigen
albornoz [alβor'noθ] *m* *(de baño)* Bademantel *m*
alborotado, -a [alβoro'taðo, -a] *adj* ① *(excitado)* aufgeregt ② *(irreflexivo)* unüberlegt
alborotador(a) [alβorota'ðor(a)] *m(f)* Unruhestifter(in) *m(f)*
alborotar [alβoro'tar] **I.** *vi* lärmen; *(niños)* toben **II.** *vt* ① *(excitar)* erregen ② *(desordenar)* durcheinanderbringen ③ *(sublevar)*

aufrühren **III.** *vr:* **~se** ① *(excitarse)* sich aufregen ② *(sublevarse)* sich erheben

alboroto [alβo'roto] *m* ① *(vocerío)* Stimmengewirr *nt; (ruido)* Krach *m* ② *(bulla)* Krawall *m; (disturbio)* Tumult *m* ③ *(inquietud, zozobra)* Aufregung *f*

alborozar [alβoro'θar] <z → c> **I.** *vt* sehr erfreuen; **veros me alboroza** es freut mich sehr, euch zu sehen **II.** *vr:* **~se** jubeln

alborozo [alβo'roθo] *m* Freude *f*

albricias [al'βriθjas] *fpl (fam)* **¡~!** super!, das ist ja spitze!

albufera [alβu'fera] *f* Lagune *f*

álbum ['alβun] *m* <álbum(e)s> Album *nt;* **~ infantil** Bilderbuch *nt*

albúmina [al'βumina] *f* (BIOL) Albumin *nt*

alcachofa [alka'ʧofa] *f* ① (BOT) Artischocke *f* ② *(de ducha/regadera)* Brause *f,* Duschkopf *m*

alcachofera [alkaʧo'fera] *f* (BOT) Artischocke *f*

alcahuete, -a [alka'wete, -a] *m, f* ① *(celestina)* Kuppler(in) *m(f)* ② *(encubridor)* Hehler(in) *m(f)* ③ *(chismoso)* Klatschmaul *nt fam*

alcahuetear [alkawete'ar] *vi (servir, hacer de alcahuete)* kuppeln; **¿por qué consientes que él alcahuetee entre ti y ese muchacho?** warum lässt du es zu, dass er dich mit diesem Typen verkuppelt?

alcahuetería [alkawete'ria] *f sin pl* ① *(celestineo)* Kuppelei *f* ② *(fam fig: encubrimiento)* Hehlerei *f*

alcaldable [alkal̪'daβle] *adj rechtlich als Kandidat für die Bürgermeisterwahl infrage kommend*

alcalde(sa) [al'kal̪de, alkal̪'desa] *m(f)* Bürgermeister(in) *m(f); (de una ciudad grande)* Oberbürgermeister(in) *m(f)*

alcaldía [alkal̪'dia] *f* Bürgermeisteramt *nt*

álcali ['alkali] *m* (QUÍM) Alkali *nt*

alcalino, -a [alka'lino, -a] *adj* (QUÍM) alkalisch

alcamonero, -a [alkamo'nero, -a] *adj (Ven: entrometido)* aufdringlich; *(de novedades)* sehr neugierig

alcance [al'kan̪θe] *m* ① *(distancia)* Reichweite *f;* **misil de corto ~** Kurzstreckenrakete *f;* **de ~ limitado** von geringer Reichweite; **al ~ de la mano** in Reichweite; **al ~ de todos los bolsillos** für jedermann erschwinglich; **tener la victoria a su ~** dem Sieg sehr nah sein ② *(importancia)* Tragweite *f;* **de mucho/poco ~** bedeutend/unbedeutend ③ *(déficit)* Fehlbetrag *m* ④ *(loc)* **ser persona de pocos ~s** ein einfältiger Mensch sein; **la noticia de último ~** die neueste Meldung; **dar ~ a alguien** jdn einholen

alcancía [alkan̪'θia] *f* Sparbüchse *f*

alcanfor [alkaŋ'for] *m* Kampfer *m*

alcantarilla [alkan̪ta'riʎa] *f* ① *(canal)* Abwasserkanal *m* ② *(sumidero)* Gully *m o nt*

alcantarillado [alkan̪tari'ʎaðo] *m* Kanalisationssystem *nt*

alcantarillar [alkan̪tari'ʎar] *vt* kanalisieren

alcanzable [alkan̪'θaβle] *adj* möglich

alcanzar [alkan̪'θar] <z → c> **I.** *vi* reichen (**a/hasta** bis (zu) *+dat,* **para** für *+akk*); **este cañón alcanza 10 kilómetros** dieses Geschütz hat eine Reichweite von 10 km; **el dinero no alcanza para pagar la comida** das Geld reicht nicht für das Essen aus; **no alcanzo a todo el trabajo** ich komme mit der Arbeit nicht nach **II.** *vt* ① *(dar alcance)* einholen; **el ladrón fue alcanzado** der Dieb wurde gefasst; **ve tirando, ya te ~é** geh vor, ich komme nach ② *(llegar)* erreichen; **~ un acuerdo** ein Abkommen schließen; **el disparo le alcanzó en la pierna** der Schuss traf ihn ins Bein; **~ fama** berühmt werden; **mis padres ~on la guerra civil** meine Eltern haben den Bürgerkrieg miterlebt ③ *(entender)* verstehen **III.** *vr:* **~se: no se me alcanza qué intentas con ello** ich verstehe nicht, was du damit beabsichtigst

alcaparra [alka'parra] *f (planta)* Kapernstrauch *m; (fruto)* Kaper *f*

alcazaba [alka'θaβa] *f* Festung *f* (innerhalb einer befestigten Stadt)

alcázar [al'kaθar] *m* Festung *f*

alce ['al̪θe] *m* Elch *m*

alcista [al̪'θista] **I.** *adj* **mercado ~ de la bolsa** Haussebörse *f;* **movimiento ~ de los precios** Preisauftrieb *m* **II.** *mf* Haussier *m*

alcoba [al'koβa] *f* Schlafzimmer *nt*

alcohol [al'kol/alko'ol] *m* Alkohol *m;* **~ de quemar** Brennspiritus *m;* **bebida sin ~** alkoholfreies Getränk; **no tomo ~** ich trinke keinen Alkohol; **estar bajo los efectos del ~** unter Alkohol(einfluss) stehen

alcoholemia [alko(o)'lemja] *f* Blutalkohol *m;* **prueba de ~** Alkoholtest *m*

alcoholero, -a [alko(o)'lero, -a] *adj* **industria alcoholera** Alkoholindustrie *f*

alcohólico, -a [al'koliko/alko'oliko, -a] **I.** *adj* ① *(con/del alcohol)* alkoholisch ② *v.* **alcoholizado II.** *m, f* Alkoholiker(in) *m(f)*

alcoholímetro [alko(o)'limetro] *m* Alkoholmesser *m*

alcoholismo [alko(o)'lismo] *m sin pl* Alkoholismus *m*

alcoholizado, -a [alko(o)li'θaðo, -a] *adj* alkoholabhängig

alcoholizar [alko(o)li'θar] <z → c> **I.** *vt* al-

koholisieren **II.** *vr:* **~se** zum Alkoholiker werden
Alcorán [alko'ran] *m* Koran *m*
alcoránico, -a [alko'raniko, -a] *adj* (REL) Koran-; **los preceptos ~s** die Koranvorschriften
alcornoque [alkor'noke] *m* ① (BOT) Korkeiche *f* ② *(persona)* (**pedazo de**) ~ Dummkopf *m*
alcurnia [al'kurnja] *f* Abstammung *f;* **de ~** von Adel
aldaba [al̥'daβa] *f* ① *(picaporte)* Türklopfer *m* ② *(para ventanas)* Fensterriegel *m; (para puertas)* Türriegel *m* ③ *(loc)* **tener buenas ~s** *(fam)* gute Beziehungen haben
aldea [al̥'dea] *f* Dorf *nt*
aldeano, -a [al̥de'ano, -a] **I.** *adj* ① *(de la aldea)* dörflich ② *(ignorante)* ungeschliffen **II.** *m, f* ① *(de la aldea)* Dorfbewohner(in) *m(f)* ② *(inculto)* ungehobelter Mensch *m*
alderredor [al̥derre'ðor] *adv (alrededor)* um ... herum, rings [*o* rund] um
ale ['ale] *interj* auf
aleación [alea'θjon] *f* Legierung *f;* **~ ligera** Aluminiumlegierung *f*
alear [ale'ar] *vt* legieren; **ir aleando** *(fig)* auf dem Weg der Besserung sein
aleatoriedad [aleatorje'ðaᵈ] *f sin pl* Zufall *m,* Zufälligkeit *f*
aleatorio, -a [alea'torjo, -a] *adj* zufällig
alebrestado, -a [aleβes'traðo, -a] *adj* ① *(Hond: enamorado)* verliebt ② *(Méx: de mal humor)* schlecht gelaunt
alebrestar [aleβes'trar] <e → ie> **I.** *vt* warnen (**contra** vor +*dat*) **II.** *vr:* **~se** ① *(Col, Ven: animal)* sich aufbäumen ② *(Col, Ven: persona)* wütend sein ③ *(Hond: enamorarse)* sich verlieben ④ *(Méx: inquietarse)* unruhig werden ⑤ *(Méx, Ven: entusiasmarse)* sich begeistern
aleccionador(a) [aleˠθjona'ðor(a)] *adj* lehrreich
aleccionamiento [aleˠθjona'mjen̥to] *m* Unterweisung *f*
aleccionar [aleˠθjio'nar] *vt* unterweisen; **esto te ~á para no volver a hacer lo mismo** das wird dich lehren, nicht noch einmal das Gleiche zu tun
aledaño, -a [ale'ðaɲo, -a] *adj* angrenzend
aledaños [ale'ðaɲos] *mpl* Umgebung *f*
alegación [aleɣa'θjon] *f* ① (JUR: *declaración*) Behauptung *f;* *(escrito)* Beweisschrift *f;* **~ de culpabilidad** Schuldigsprechung *f* ② *pl (objeciones)* Einwände *mpl*
alegal [ale'ɣal] *adj* illegal
alegar [ale'ɣar] <g → gu> **I.** *vt* vorbringen; *(pruebas)* beibringen; **~ dolor de cabeza** Kopfschmerzen vorschützen **II.** *vi (Am: discutir)* streiten
alegato [ale'ɣato] *m* ① *(escrito)* Schriftsatz *m; (oral)* Plädoyer *nt* ② *(Am: disputa)* Auseinandersetzung *f*
alegoría [aleɣo'ria] *f* Allegorie *f*
alegórico, -a [ale'ɣoriko, -a] *adj* allegorisch
alegraesposas [aleɣraes'posas] *m inv* Hausfreund *m*
alegrar [ale'ɣrar] **I.** *vt* ① *(a personas)* erfreuen ② *(cosas)* beleben **II.** *vr:* **~se** ① *(sentir alegría)* sich freuen (**de/con** über +*akk*); **me alegro de verle de nuevo** ich freue mich (darauf), Sie wiederzusehen; **nos alegramos de que haya aceptado la invitación** wir freuen uns, dass Sie die Einladung angenommen haben; **me alegro** (**por ti**) das freut mich (für dich) ② *(beber)* sich *dat* einen Schwips antrinken *fam*
alegre [a'leɣre] *adj* ① *(contento)* fröhlich; *(divertido)* lustig; *(color)* lebhaft; *(habitación)* freundlich; **un espíritu/una cara ~** ein heiteres Gemüt/Gesicht; **estoy ~ de que...** +*subj* ich freue mich, dass ...; **estar más ~ que unas pascuas** sich freuen wie ein Schneekönig ② *(frívolo)* leichtfertig; **~ de cascos** leichtsinnig; **llevar una vida ~** einen lockeren Lebenswandel führen ③ *(fam: achispado)* angeheitert; **estar ~** einen Schwips haben
alegremente [aleɣre'men̥te] *adv* ① *(satisfecho)* froh, fröhlich ② *(frívolamente)* leichthin, unbesonnen
alegría [ale'ɣria] *f* ① *(gozo)* Freude *f,* Heiterkeit *f; (buen humor)* Fröhlichkeit *f;* **llevarse una gran ~** sich sehr freuen ② (BOT) Sesam *m*
alegrón[1] [ale'ɣron] *m (fam)* Riesenfreude *f;* **con esta noticia me has dado un ~** mit dieser Nachricht hast du mir eine riesige Freude bereitet; **con esta noticia me he llevado un ~** über diese Nachricht habe ich mich sehr gefreut
alegrón, -ona[2] [ale'ɣron, -ona] *adj (Arg)* beschwipst
alejado, -a [ale'xaðo, -a] *adj (lugar)* abgelegen; **vive ~ de la política** er ist nicht mehr politisch aktiv
alejamiento [alexa'mjen̥to] *m* Entfernung *f; (fig)* Distanz *f*
alejar [ale'xar] **I.** *vt* ① *(distanciar)* entfernen (**de** von +*dat*) ② *(ahuyentar)* vertreiben (**de** aus +*dat*); **aleja estos pensamientos de tu cabeza** denk nicht länger darüber nach **II.** *vr:* **~se** sich entfernen (**de** von +*dat*); *(retirarse)* sich zurückziehen

A

(**de** von +*dat*); **todos se alejan de él** alle gehen ihm aus dem Weg

alelado, -a [ale'laðo, -a] *adj* blöd

alelar [ale'lar] *vt, vr:* **~se** verblöden

aleluya [ale'luɟa] **I.** *interj* halleluja **II.** *m o f* (REL) Halleluja *nt;* **estar de ~** jubeln

alemán[1] [ale'man] *m (lengua)* Deutsch(e) *nt;* **alto ~** Hochdeutsch *nt;* **decir algo en ~** etw auf Deutsch sagen

alemán, -ana[2] [ale'man, -ana] **I.** *adj* deutsch **II.** *m, f* Deutsche(r) *mf*

Alemania [ale'manja] *f* Deutschland *nt;* **República Federal de ~** Bundesrepublik *f* Deutschland

alemanita [alema'nita] *f (vulg)* **hacerse una ~** sich *dat* einen abwichsen

alentado, -a [alen̪'taðo, -a] *adj (valiente)* mutig

alentador(a) [alen̪ta'ðor(a)] *adj* ermutigend

alentar [alen̪'tar] <e → ie> **I.** *vi* ① *(respirar)* atmen ② *(estar vivo)* am Leben sein **II.** *vt* ermutigen **III.** *vr:* **~se** ① *(animarse)* Mut fassen ② *(Hond, Méx: restablecerse)* sich erholen

alerce [a'lerθe] *m* Lärche *f*

alergia [a'lerxia] *f* Allergie *f* (**a** gegen +*akk*); **~ alimentaria** Lebensmittelallergie *f;* **~ al polen** Heuschnupfen *m;* **esto me da ~** dagegen bin ich allergisch

alérgico, -a [a'lerxiko, -a] *adj* allergisch (**a** gegen +*akk*); **es ~ a estos temas** *(fam)* auf diese Themen reagiert er allergisch

alergólogo, -a [aler'ɣoloɣo, -a] *m, f* Allergologe, -in *m, f*

alero [a'lero] *m* ① (ARQUIT) Vordach *nt* ② (AUTO) Kotflügel *m* ③ (DEP) Außenstürmer(in) *m(f)*

alerón [ale'ron] *m* ① (AERO) Querruder *nt* ② (AUTO) Spoiler *m;* **~ delantero/trasero** Front-/Heckspoiler *m*

alerta [a'lerta] **I.** *adj* wachsam; **estar ~ de algo** etw aufmerksam verfolgen **II.** *f* Alarm *m;* **dar la ~** Alarm schlagen; **poner en ~ a alguien** jdn in Alarmzustand versetzen **III.** *interj* Vorsicht

alertar [aler'tar] *vt* warnen

aleta [a'leta] *f* ① (ZOOL, NÁUT) Flosse *f; (de un buzo)* Schwimmflosse *f* ② (ANAT) Nasenflügel *m* ③ (AUTO) Kotflügel *m*

aletargado, -a [aletar'ɣaðo, -a] *adj* schläfrig

aletargar [aletar'ɣar] <g → gu> **I.** *vt* einschläfern **II.** *vr:* **~se** schläfrig werden

aletazo [ale'taθo] *m* Flügelschlag *m*

aletear [alet̪e'ar] *vi* ① *(ave)* mit den Flügeln schlagen ② *(pez)* zappeln ③ *(fam: cobrar fuerza)* zu Kräften kommen

aleteo [ale'teo] *m* ① *(de un ave)* Flügelschlag *m* ② *(de un pez)* Zappeln *nt*

alevín [ale'βin] *m* ① *(pez)* Fischbrut *f* ② *(principiante)* Neuling *m*

alevosía [aleβo'sia] *f* Hinterlist *f;* **con ~** hinterlistig

alevoso, -a [ale'βoso, -a] *adj* hinterlistig

alfa ['alfa] *f* Alpha *nt;* **~ y omega** *(fig)* Anfang und Ende

alfabético, -a [alfa'βetiko, -a] *adj* alphabetisch; **estar por orden ~** alphabetisch geordnet sein

alfabetización [alfaβetiθa'θjon] *f* Alphabetisierung *f*

alfabetizar [alfaβeti'θar] <z → c> *vt* alphabetisieren

alfabeto [alfa'βeto] *m* Alphabet *nt*

alfalfa [al'falfa] *f* Luzerne *f*

alfanumérico, -a [alfanu'meriko, -a] *adj* alphanumerisch

alfar [al'far] *m* Töpferei *f*

alfarería [alfare'ria] *f* ① *(obrador)* Töpferei *f* ② *(oficio)* Töpferhandwerk *nt*

alfarero, -a [alfa'rero, -a] *m, f* Töpfer(in) *m(f)*

alféizar [al'fei̯θar] *m* (ARQUIT) ① *(reborde de una puerta)* (Tür)laibung *f; (de una ventana)* (Fenster)laibung *f* ② *(saliente de una ventana)* Fensterbrüstung *f*

alfeñique [alfe'ɲike] *m (persona)* Schwächling *m*

alférez [al'fereθ] *m* (MIL) Leutnant *m*

alfil [al'fil] *m (en ajedrez)* Läufer *m*

alfiler [alfi'ler] *m* ① *(aguja)* Stecknadel *f;* **no caber un ~** *(fig)* vollgestopft sein ② *(broche)* Anstecknadel *f;* **~ de corbata** Krawattennadel *f;* **~ de gancho** *(Arg)* Sicherheitsnadel *f;* **ir de veinticinco ~es** geschniegelt und gebügelt sein ③ *(pinza)* Wäscheklammer *f;* **llevo la lección prendida con ~es** *(fig)* ich habe mich auf die Prüfung schlecht vorbereitet

alfilerazo [alfile'raθo] *m* ① *(pinchazo)* Stich *m* mit der Stecknadel ② *(fig: pulla)* Stichelei *f;* **lanzar a alguien un ~** jdm einen (verbalen) Nadelstich versetzen

alfiletero [alfile'tero] *m* Nadelbüchse *f*

alfombra [al'fombra] *f* Teppich *m;* **~ persa** Perserteppich *m*

alfombrado [alfom'braðo] *m (Am: alfombra)* Teppichboden *m*

alfombrar [alfom'brar] *vt* mit Teppich auslegen

alfombrilla [alfom'briʎa] *f* ① *(estera)* Fußmatte *f;* **~ de baño** Badematte *f* ② (MED) Röteln *pl* ③ (INFOR) Mousepad *nt*

alforja [al'forxa] *f* Tasche *f; (de caballería)* Satteltasche *f;* **sacar los pies de las ~s** *(fig)* aus sich *dat* herausgehen

A

alga ['alɣa] *f* Alge *f*
algarabía [alɣara'βia] *f* ① *(gritería)* Geschrei *nt* ② *(lengua)* Kauderwelsch *nt; (escritura)* unleserliche Schrift *f* ③ (BOT) Besenheide *f*
algarada [alɣa'raðа] *f* Krawall *m*
algarroba [alɣa'rroβa] *f* ① (BOT) Futterwicke *f* ② *(fruto del algarrobo)* Johannisbrot *nt*
algarrobo [alɣa'rroβo] *m* Johannisbrotbaum *m*
algazara [alɣa'θara] *f* Geschrei *nt; (de alegría)* Freudengeschrei *nt*
álgebra ['alxeβra] *f* (MAT) Algebra *f*
álgido, -a ['alxiðo, -a] *adj* ① *(muy frío)* eisig; **fiebre álgida** (MED) Schüttelfrost *m* ② *(culminante)* **el período ~ del Barroco** die Blütezeit des Barocks; **la crisis está en su momento más ~** die Krise hat ihren Höhepunkt erreicht
algo ['alɣo] **I.** *pron indef* etwas; **~ es ~** besser das als nichts; **¿quieres ~?** möchtest du (et)was?; **¿apostamos ~?** wollen wir wetten?; **esta película es ~ aparte** dieser Film ist ein Meisterstück; **me suena de ~** das kommt mir irgendwie bekannt vor; **se cree ~** er/sie macht sich wichtig; **por ~ lo habrá dicho** er/sie wird es aus gutem Grund gesagt haben **II.** *adv* ein bisschen; **aún falta ~ hasta llegar** bis dahin fehlt noch ein Stückchen; **~ así como** ungefähr
algodón [alɣo'ðon] *m* ① *(planta, tejido)* Baumwolle *f*; **una camisa de ~** ein Baumwollhemd ② *(cosmético)* Watte *f*; **~ hidrófilo** Verbandswatte *f*; **criado entre algodones** *(fig)* verhätschelt ③ *(dulce)* Zuckerwatte *f*
algodonal [alɣoðo'nal] *m* Baumwollfeld *nt*
algodonero, -a [alɣoðo'nero, -a] **I.** *adj* Baumwoll- **II.** *m, f* ① *(comerciante)* Baumwollhändler(in) *m(f)* ② *(cultivador)* Baumwollpflanzer(in) *m(f)*
algodonoso, -a [alɣoðo'noso, -a] *adj* wollig, flauschig
algoritmo [alɣo'riðmo] *m* (MAT) Algorithmus *m*
alguacil [alɣwa'θil] *m* ① (JUR) Gerichtsbote *m* ② (ADMIN) Gemeindediener *m* ③ *(garfio)* Brecheisen *nt*
alguien ['alɣjen] *pron indef* jemand; **¿hay ~ aquí?** ist da jemand?; **~ me lo ha contado** irgendjemand hat es mir erzählt; **se cree ~** er/sie spielt sich auf
algún [al'ɣun] *adj v.* **alguno**[1]
alguno, -a[1] [al'ɣuno, -a] *adj* <algún> ① *(antepuesto: indef)* irgendein; **¿alguna pregunta?** irgendwelche Fragen?; **de alguna manera** irgendwie; **en algún sitio** irgendwo; **alguna vez** gelegentlich; **algún día** eines Tages ② *(pospuesto: ninguno)* kein(e); **en sitio ~** nirgendwo; **persona alguna** niemand
alguno, -a[2] [al'ɣuno, -a] *pron indef* jemand; **~s de los presentes** einige der Anwesenden; **~s ya se han ido** manche sind schon gegangen; **¿tienes caramelos? – sí, me quedan ~s** hast du Bonbons? – ja, ich habe noch welche übrig; **los niños han vuelto a hacer alguna de las suyas** die Kinder haben schon wieder etwas angestellt
alhaja [a'laxa] *f* ① *(de piedras preciosas)* Juwel *nt; (de bisutería)* Modeschmuck *m* ② *(objeto de valor)* Prachtstück *nt*; **¡esta chica es una ~!** dieses Mädchen ist ein Juwel!; **¡menuda ~, este niño!** dieser Junge ist ja ein sauberes Früchtchen!
alhajado, -a [ala'xaðo, -a] *adj (Col: rico)* vermögend
alhajera [ala'xera] *f (Arg, Chil)* Schmuckschatulle *f*
alhelí [ale'li] *m* <alhelíes> Levkoje *f*
aliado, -a [ali'aðo, -a] **I.** *adj* verbündet; (POL) alliiert **II.** *m, f* Verbündete(r) *mf*; **los ~s** (POL) die Alliierten
alianza [ali'an̪θa] *f* ① *(pacto)* Bündnis *nt*; **~ Atlántica** Atlantikpakt *m* ② *(anillo)* Ehering *m*
aliar [ali'ar] <*1. pres* alío> **I.** *vt* verbinden **II.** *vr:* **~se** sich verbünden
alias ['aljas] **I.** *adv* alias **II.** *m inv* Spitzname *m*
aliblanca [ali'βlaŋka] *f (Col: gandulería)* Faulheit *f; (de movimientos)* Trägheit *f*, Schwerfälligkeit *f*
alicaído, -a [alika'iðo, -a] *adj* matt; *(deprimido)* deprimiert
alicantino, -a [alikan̪'tino, -a] *adj* aus Alicante
alicatar [alika'tar] *vt* kacheln
alicates [ali'kates] *mpl* Greifzange *f*; **~ universales** Kombizange *f*
aliciente [ali'θjen̪te] *m* Anreiz *m*
alicuz(a) [ali'kuθ(a)] *adj (Hond)* ① *(vivo)* lebhaft, quirlig; *(despierto)* aufgeweckt ② *(ventajista)* skrupellos
alienación [aljena'θjon] *f* ① *(de propiedades)* Veräußerung *f* ② (PSICO *alt*) psychische Erkrankung *f* ③ *(distanciamiento)* Entfremdung *f*
alienado, -a [alje'naðo, -a] *adj* ① (PSICO *alt*) psychisch erkrankt ② *(distanciado)* entfremdet (**de** +*dat*)
alienar [alje'nar] **I.** *vt* veräußern **II.** *vr:* **~se** ① *(distanciarse)* sich entfremden (**de** +*dat*) ② (PSICO *alt*) psychisch erkranken

A

alienígena [alje'nixena] *m* außerirdisches Wesen *nt*
alienismo [alje'nismo] *m* (PSICO, MED) ❶ *(ciencia)* Psychiatrie *f* ❷ *(profesión)* Beruf *m* des Psychiaters
alienista [alje'nista] *mf* Psychiater(in) *m(f)*
aliento [a'ljeṇto] *m* ❶ *(respiración)* Atem *m;* **mal ~** Mundgeruch *m;* **sin ~** außer Atem; **cobrar ~** wieder zu Atem kommen; **esto me quita el ~** das verschlägt mir den Atem; **tomar ~** Atem holen ❷ *(vaho)* Hauch *m* ❸ *(ánimo)* Mut *m;* **dar ~ a alguien** jdm Mut einflößen
alifafe [ali'fafe] *m (fam)* Wehwehchen *nt*
aligátor [ali'ɣator] *m* Alligator *m*
aligeramiento [alixera'mjeṇto] *m* ❶ *(de cargas)* Verminderung *f* ❷ *(alivio)* Erleichterung *f* ❸ *(aceleramiento)* Beschleunigung *f*
aligerar [alixe'rar] **I.** *vi* sich beeilen **II.** *vt* ❶ *(cargas)* erleichtern ❷ *(aliviar)* lindern ❸ *(acelerar)* beschleunigen; **~ el paso** schneller gehen
alijar [ali'xar] **I.** *m* ❶ *(dehesa)* Weide *f; (terreno inculto)* Brachland *nt* ❷ *(cortijo)* Gutshof *m* **II.** *vt* (NÁUT: *un barco*) löschen
alilaya[1] [ali'laɟa] *mf (Méx)* ❶ *(persona lista)* gerissene Person *f* ❷ *(persona chismosa)* Klatschbase *f* ❸ *(persona embustera)* Flunkerer, -in *m, f fam*
alilaya[2] [ali'laɟa] *f (Col, Cuba: excusa)* faule Ausrede *f*
alimaña [ali'maɲa] *f* ❶ *(animal)* Raubzeug *nt* ❷ *(persona)* Schurke, -in *m, f*
alimañero [alima'ɲero] *m (cazador de alimañas)* Jäger *m* von Raubzeug
alimentación [alimeṇta'θjon] *f* ❶ *(nutrición)* Ernährung *f; (aprovisionamiento)* Verpflegung *f;* **industria de la ~** Nahrungsmittelindustrie *f* ❷ *(de animales)* Fütterung *f* ❸ *(de un horno/una caldera)* Beschicken *nt; (de una máquina)* Zufuhr *f* (**con** von +*dat*); **~ de energía** Energiezufuhr *f;* **~ de papel** (INFOR) Papierzuführung *f*
alimentador[1] [alimeṇta'ðor] *m* (TÉC) Zuleitung *f;* (ELEC) Speisekabel *nt;* **~ de hojas sueltas** (INFOR) Einzelblatteinzug *m*
alimentador(a)[2] [alimeṇta'ðor(a)] *adj* (TÉC) Zufuhr-; **tubo ~** Zuleitung *f*
alimentar [alimeṇ'tar] **I.** *vi* nahrhaft sein **II.** *vt* ❶ *(nutrir)* ernähren; *(aprovisionar)* verpflegen; **~ el odio** den Hass schüren ❷ *(animales)* füttern ❸ *(horno, caldera)* beschicken; *(máquina)* speisen; **~ la máquina con energía** der Maschine Energie zuführen ❹ (INFOR) **~ un ordenador con datos** Daten in einen Computer eingeben **III.** *vr:* **~se** sich ernähren (**de** von +*dat*)
alimentario, -a [alimeṇ'tarjo, -a] *adj* Ernährungs-; **industria alimentaria** Nahrungsmittelindustrie *f*
alimenticio, -a [alimeṇ'tiθjo, -a] *adj* ❶ *(nutritivo)* nahrhaft ❷ *(alimentario)* Nahrungs-; **industria alimenticia** Nahrungsmittelindustrie *f;* **pensión alimenticia** Unterhalt *m;* **productos ~s** Nahrungsmittel *nt pl*
alimenticios [alimeṇ'tiθjos] *mpl* Nahrungsmittel *nt pl*
alimentista [alimeṇ'tista] *mf* (JUR) Unterhaltsempfänger(in) *m(f)*
alimento [ali'meṇto] *m* ❶ *(sustancia)* Nahrung *f;* **los ~s** die Nahrungsmittel; **~ básico** Grundnahrungsmittel *nt;* **~s congelados** Tiefkühlkost *f;* **~s genéticamente modificados** gentechnisch veränderte Lebensmittel; **~ orgánico** Biolebensmittel *nt* (aus ökologischer Landwirtschaft) ❷ *(alimentación)* Ernährung *f;* **de mucho/poco ~** sehr/wenig nahrhaft ❸ *pl (manutención)* Alimente *pl*
alimón [ali'mon] *m* **al ~** mit vereinten Kräften, zusammen
alindar [aliṇ'dar] **I.** *vi* angrenzen (**con** an +*akk*); **nuestras fincas alindan** unsere Landgüter grenzen aneinander **II.** *vt* abgrenzen
alineación [alinea'θjon] *f,* **alineamiento** [alinea'mjeṇto] *m* ❶ *(general)* Ausrichtung *f* (**con** auf +*akk*); **no ~** (POL) Blockfreiheit *f* ❷ (DEP) Mannschaftsaufstellung *f*
alinear [aline'ar] **I.** *vt* ❶ *(poner en línea)* (in Reih und Glied) aufstellen ❷ (DEP) in die Mannschaft aufnehmen; *(para un partido)* aufstellen ❸ (POL) **país no alineado** blockfreies Land **II.** *vr:* **~se** ❶ *(ponerse en fila)* sich (in Reih und Glied) aufstellen; *(estar en fila)* in einer Reihe stehen ❷ (POL) sich anschließen (**con** +*dat*); *(orientarse)* sich orientieren (**con** an +*dat*)
aliñar [ali'ɲar] *vt* ❶ *(condimentar)* würzen; *(ensalada)* anmachen ❷ *(preparar)* zubereiten
aliño [a'liɲo] *m* ❶ *(acción)* Zubereitung *f* ❷ *(condimento)* Gewürz *nt; (para ensalada)* Dressing *nt*
alioli [ali'oli] *m* Knoblauchölsoße *f*
alisar [ali'sar] *vt* ❶ *(una superficie)* glätten; *(un terreno)* einebnen ❷ *(el pelo)* auskämmen
alisio [a'lisjo] *adj* **vientos ~s** Passatwinde *mpl*
aliso [a'liso] *m* ❶ (BOT) Erle *f* ❷ *(madera)* Erlenholz *nt*

A

alistado, -a [alis'taðo, -a] *adj* gestreift; **camisa alistada** Streifenhemd *nt*

alistamiento [alista'mjeṇto] *m* ❶ *(inscripción)* Einschreibung *f* ❷ *(lista)* Auflistung *f* ❸ (MIL) Musterung *f; (en la marina)* Anheuerung *f*

alistar [alis'tar] **I.** *vt* ❶ *(inscribir)* einschreiben ❷ *(enumerar)* auflisten ❸ (MIL) mustern; *(enrolar)* anwerben; *(en la marina)* anheuern **II.** *vr:* **~se** ❶ *(inscribirse)* sich einschreiben ❷ (MIL) sich (freiwillig) melden; *(en la marina)* anheuern

aliteración [alitera'θjon] *f* Alliteration *f*

aliviar [ali'βjar] **I.** *vi* den Schritt beschleunigen **II.** *vt* ❶ *(carga)* leichter machen; **tienes que ~ la maleta** du musst das Gewicht des Koffers reduzieren ❷ *(persona)* entlasten; *(de una preocupación)* erleichtern; **estar aliviado** erleichtert sein ❸ *(dolor, pena)* mildern; **~ un bloqueo económico** eine Wirtschaftsblockade lockern **III.** *vr:* **~se** ❶ *(dolor, pena)* nachlassen ❷ *(de una enfermedad)* sich erholen

alivio [a'liβjo] *m* ❶ *(aligeramiento)* Erleichterung *f* ❷ *(de una enfermedad)* Erholung *f; (mejoría)* Besserung *f* ❸ *(loc)* **vestir de ~** Trauer tragen; **he pescado un catarro de ~** *(fam)* ich habe mich schwer erkältet; **sus amigos son de ~** *(fam)* seine/ihre Freunde sind bösartig

aljibe [al'xiβe] *m* ❶ *(cisterna)* Zisterne *f* ❷ *(tanque)* Wassertank *m* ❸ *(barco)* Tanker *m*

allá [a'ʎa] *adv* ❶ *(lugar)* dort; **el más ~** (REL) das Jenseits ❷ *(dirección)* dorthin; **¿cuánto se tarda de aquí ~?** wie lange braucht man bis dorthin?; **ponte más ~** stelle dich weiter weg ❸ *(tiempo)* damals; **~ por el año 64** um das Jahr 64 herum; **~ en tiempos de Maricastaña** anno dazumal ❹ *(loc)* **¡~ tú!** *(fam)* das ist deine Sache!

allanamiento [aʎana'mjeṇto] *m* ❶ *(de un terreno)* (Ein)ebnen *nt* ❷ *(de dificultades)* Behebung *f* ❸ (JUR) **~ de morada** Hausfriedensbruch *m*

allanar [aʎa'nar] **I.** *vt* ❶ *(terreno, camino)* ebnen ❷ *(construcción)* niederreißen ❸ *(dificultades)* beheben ❹ (JUR) **~ una casa** Hausfriedensbruch begehen **II.** *vr:* **~se** sich fügen (**a** +*dat*); **no se allana nunca** er/sie gibt nie nach; **~se a las órdenes** die Anordnungen befolgen

allegado, -a [aʎe'ɣaðo, -a] **I.** *adj* nahestehend **II.** *m, f* Verwandte(r) *mf*

allegar [aʎe'ɣar] <g → gu> *vt (recursos)* aufbringen; *(pruebas, datos)* sammeln

allende [a'ʎeṇde] *adv* jenseits; **~ las montañas** jenseits der Berge; **~ de ser guapa, es agradable** sie ist nicht nur hübsch, sondern auch noch nett

allí [a'ʎi] *adv* ❶ *(lugar)* dort; **~ cerca, por ~** dort in der Nähe; **¡~ viene!** da kommt er/sie! ❷ *(dirección)* dorthin; **hasta ~** bis dahin

alma ['alma] *f* ❶ *(espíritu, persona)* Seele *f;* **~ de cántaro** Einfaltspinsel *m;* **un ~ de Dios** eine Seele von Mensch; **~ en pena** armer Mensch; **¡~ mía!** mein Liebling!; **agradecer con el ~** von Herzen danken; **no tener ~** herzlos sein; **me arranca el ~** das zerreißt mir das Herz; **me llega al ~** das geht mir sehr nahe; **lo siento en el ~** ich bedauere es von ganzem Herzen; **fue el ~ de la fiesta** er/sie brachte die Fete in Schwung; **se le cayó el ~ a los pies** *(fam)* er/sie warf die Flinte ins Korn; **como ~ que lleva el diablo** *(fam)* wie ein geölter Blitz; **estar con el ~ en un hilo** *(fam)* (wie) auf (glühenden) Kohlen sitzen ❷ *(ánimo)* Gemüt *nt* ❸ (TÉC) Kern *m*

almacén [alma'θen] *m* ❶ *(depósito)* Lager *nt;* **~ de diapositivas** Diamagazin *nt;* **~ al por mayor** Großhandlung *f;* **franco en ~** ab Lager; **tener en ~** auf Lager haben ❷ *(tienda)* **grandes almacenes** Kaufhaus *nt*

almacenable [almaθe'naβle] *adj* lagerfähig

almacenaje [almaθe'naxe] *m,* **almacenamiento** [almaθena'mjeṇto] *m* ❶ *(de mercancías)* (Ein)lagerung *f* ❷ (INFOR) Speicherung *f* ❸ *(tasa)* Lagergebühr *f*

almacenar [almaθe'nar] *vt* ❶ *(mercancías)* (ein)lagern ❷ (INFOR) speichern; **~ en disco duro** auf der Festplatte (ab)speichern

almacenero, -a [almaθe'nero, -a] *m, f (CSur: dueño)* Lebensmittelhändler(in) *m(f)*

almacenista [almaθe'nista] *mf* Großhändler(in) *m(f)*

almagre [al'maɣre] *m* Rötel *m*

almanaque [alma'nake] *m* Almanach *m*

almeja [al'mexa] *f* Venusmuschel *f*

almena [al'mena] *f* Zinne *f*

almendra [al'meṇdra] *f* ❶ *(fruta)* Mandel *f;* **~s garapiñadas** gebrannte Mandeln ❷ *(semilla)* Mandelkern *m* ❸ *(fam: guijarro)* Kieselstein *m*

almendrado[1] [almeṇ'draðo] *m (AmC:* GASTR) Mandelsauce *f*

almendrado, -a[2] [almeṇ'draðo, -a] *adj* mandelförmig; **ojos ~s** Mandelaugen *ntpl*

almendral [almeṇ'dral] *m* Mandelbaumpflanzung *f*

almendro [al'meṇdro] *m* Mandelbaum *m*

almeriense [alme'rjense] *adj* aus Almería

almíbar [al'miβar] *m* Sirup *m;* **melocotón en ~** Pfirsichkompott *nt*
almibarar [almiβa'rar] *vt* in Sirup einlegen; **~ a alguien** jdm schmeicheln
almidón [almi'ðon] *m* Stärke *f; (para telas)* Wäschestärke *f; (alimento)* Stärkemehl *nt; (cola)* Leim *m*
almidonado, -a [almiðo'naðo, -a] *adj (acicalado)* geschniegelt
almidonar [almiðo'nar] *vt* stärken
alminar [almi'nar] *m* Minarett *nt*
almirantazgo [almiran̦'taθɣo] *m* ❶ *(grado)* Admiralsrang *m* ❷ *(tribunal)* Admiralität *f*
almirante [almi'ran̦te] *m* Admiral *m*
almirez [almi'reθ] *m* Mörser *m*
almizcle [al'miθkle] *m* Moschus *m*
almizclero [almiθ'klero] *m* Moschustier *nt*
almohada [almo'aða] *f* ❶ *(cojín)* Kissen *nt; (de la cama)* Kopfkissen *nt;* **consultar algo con la ~** *(fam)* etw überschlafen ❷ *(funda)* Kopfkissenbezug *m*
almohadilla [almoa'ðiʎa] *f (cojín)* Kissen *nt; (acerico)* Nadelkissen *nt;* **~ de tinta** Stempelkissen *nt*
almohadillado[1] [almoaði'ʎaðo] *m* ❶ *(con forma de almohadilla)* Kissen *nt* ❷ (ARQUIT: *sillar)* Bossenquader *m; (sillería)* Bossage *f*
almohadillado, -a[2] [almoaði'ʎaðo, -a] *adj* gepolstert
almohadón [almoa'ðon] *m* Kissen *nt; (del sofá)* Sofakissen *nt*
almoneda [almo'neða] *f* ❶ *(subasta)* Versteigerung *f* ❷ *(saldo)* Ausverkauf *m*
almorranas [almo'rranas] *fpl* Hämorrhoiden *fpl*
almorzar [almor'θar] *vi, vt irr como forzar* ❶ *(a mediodía)* zu Mittag essen ❷ *(reg: desayunar)* frühstücken
almuerzo [al'mwerθo] *m* ❶ *(al mediodía)* Mittagessen *nt;* **~-coloquio** Arbeitsessen *nt;* **~ de negocios** Geschäftsessen *nt;* **¿qué hay de ~?** was gibt es zum Mittagessen? ❷ *(reg: desayuno)* Frühstück *nt*
almunia [al'munja] *f (huerto)* (Nutz)garten *m; (granja)* Bauernhof *m*
alnado, -a [al'naðo, -a] *m, f (hijastro)* Stiefkind *nt,* Stiefsohn, -tochter *m, f*
aló [a'lo] *interj (AmC, AmS: conversación telefónica)* hallo; **~, ¿quién es?** hallo, wer spricht (da)?
alocado, -a [alo'kaðo, -a] *adj* ❶ *(loco)* verrückt ❷ *(imprudente)* leichtfertig ❸ *(revoltoso)* ausgelassen
alocarse [alo'karse] <c → qu> *vr (volverse loco)* verrückt werden; *(atolondrarse)* überschnappen
alocución [aloku'θjon] *f* Ansprache *f*
alojamiento [aloxa'mjen̦to] *m* ❶ *(lugar)* Unterkunft *f* ❷ *(acción)* Unterbringung *f;* (MIL) Einquartierung *f* ❸ (INFOR) **~ web** Webhosting *nt*
alojar [alo'xar] **I.** *vt* ❶ *(albergar)* beherbergen ❷ *(procurar alojamiento)* unterbringen; *(tropa)* einquartieren ❸ *(cosa)* hineinstecken (**en** in +*akk*) **II.** *vr:* **~se** ❶ *(hospedarse)* unterkommen; *(en un hotel)* absteigen; (MIL) sich einquartieren ❷ *(meterse)* stecken (**en** in +*dat*)
alondra [a'lon̦dra] *f* Lerche *f*
alongado, -a [aloŋ'gaðo, -a] *adj (alargado)* lang, länglich
alopecia [alo'peθja] *f sin pl* Haarausfall *m*
alpaca [al'paka] *f* ❶ *(tela, t.* ZOOL) Alpaka *nt* ❷ *(aleación)* Neusilber *nt*
alpargata [alpar'ɣata] *f* ≈ Espadrille *f;* **no tener ni para ~s** *(fig)* ein armer Schlucker sein
alpargatería [alparɣate'ria] *f* ❶ *(obrador)* (Leinen)schuhwerkstatt *f* ❷ *(zapatería)* (Leinen)schuhgeschäft *nt*
Alpes ['alpes] *mpl* Alpen *pl*
alpinismo [alpi'nismo] *m sin pl* Bergsteigen *nt*
alpinista [alpi'nista] *mf* Bergsteiger(in) *m(f)*
alpino, -a [al'pino, -a] *adj* Alpen-; **refugio ~** Alpenhütte *f*
alpiste [al'piste] *m* ❶ (BOT) Kanariengras *nt* ❷ *(para pájaros)* Vogelfutter *nt* ❸ *(loc, fam)* **no tener para ~** bettelarm sein; **le gusta mucho el ~** er/sie ist ein Schluckspecht
alquequenje [alke'keŋxe] *m* (BOT) Physalis *f*
alquería [al'keria] *f* Aussiedlerhof *m*
alquilado, -a [alki'laðo, -a] *m, f (PRico: sirviente)* Bedienstete(r) *f(m)*
alquilador(a) [alkila'ðor(a)] *m(f)* ❶ *(persona que toma en alquiler)* Mieter(in) *m(f)* ❷ *(persona que alquila)* Vermieter(in) *m(f)*
alquilar [alki'lar] **I.** *vt* ❶ *(dejar)* vermieten ❷ *(tomar en alquiler)* mieten **II.** *vr:* **~se** *(destinado a ser alquilado)* zu vermieten sein; **se alquila** zu vermieten
alquiler [alki'ler] *m* ❶ *(acción)* Mieten *nt; (de parte del dueño)* Vermieten *nt;* **~ de coches** Autoverleih *m;* **~ con opción de compra** (AUTO) Leasing *nt;* **de ~** Miet- ❷ *(precio)* Miete *f*
alquimia [al'kimja] *f* Alchimie *f*
alquimista [alki'mista] *mf* Alchimist(in) *m(f)*
alquitrán [alki'tran] *m* Teer *m*
alquitranar [alkitra'nar] *vt* teeren
alrededor [alreðe'ðor] *adv* ❶ *(local)* ringsherum; **~ de la plaza** rings um den Platz; **un viaje ~ de la tierra** eine Reise

rund um die Welt ② *(aproximadamente)* **~ de** um
alrededores [alrreðe'ðores] *mpl* Umgebung *f*
Alsacia [al'saθja] *f* Elsass *nt;* **~-Lorena, Alsacia y Lorena** Elsass-Lothringen *nt*
alsaciano, -a [alsa'θjano, -a] **I.** *adj* elsässisch **II.** *m, f* Elsässer(in) *m(f)*
alta ['al̪ta] *f* ① *(documento)* Entlassungsschein *m;* **dar el ~** gesundschreiben; **dar de ~ del hospital** aus dem Krankenhaus entlassen ② *(inscripción)* Anmeldung *f; (ingreso)* Beitritt *m;* **darse de ~ en (el registro de) una ciudad** sich beim Einwohnermeldeamt anmelden; **darse de ~ en una asociación** einem Verein beitreten; **dar de ~ a alguien en un partido** jdn als Mitglied in eine Partei aufnehmen
altamente [al̪ta'men̪te] *adv* äußerst; **~ contaminado** hochgradig verseucht; **~ cualificado** hoch qualifiziert
altanería [al̪tane'ria] *f* Überheblichkeit *f*
altanero, -a [al̪ta'nero, -a] *adj* überheblich
altar [al̪'tar] *m* Altar *m;* **~ mayor** Hochaltar *m;* **poner a alguien en los ~es** *(fig)* jdn über den grünen Klee loben; **quedarse para adornar ~es** *(fig)* als alte Jungfer enden; **tener a alguien en los ~es** *(fig)* jdm größte Hochachtung entgegenbringen
altavoz [al̪ta'βoθ] *m* Lautsprecher *m*
alterabilidad [al̪teraβili'ða^{ð}] *f* ① *(variabilidad)* Veränderlichkeit *f; (de alimentos)* Verderblichkeit *f* ② *(irritabilidad)* Erregbarkeit *f*
alterable [al̪te'raβle] *adj* ① *(plan)* (ver)änderbar ② *(alimento)* verderblich ③ *(irritable)* erregbar
alteración [al̪tera'θjon] *f* ① *(de planes)* (Ver)änderung *f;* (FIN) Schwankung *f;* **~ del horario** Fahrplanänderung *f* ② *(perturbación)* Störung *f* ③ *(turbación)* Unruhe *f* ④ *(irritación)* Erregung *f* ⑤ *(altercado)* Auseinandersetzung *f* ⑥ *(adulteración)* Verfälschung *f*
alterado, -a [al̪te'raðo, -a] *adj (aturdido)* durcheinander; *(demudado)* verstört
alterar [al̪te'rar] **I.** *vt* ① *(cambiar)* ändern ② *(perturbar)* stören ③ *(turbar)* in Unruhe versetzen; *(irritar)* aufregen ④ *(adulterar)* verfälschen ⑤ *(alimentos)* verderben **II.** *vr:* **~se** ① *(cambiar)* sich ändern ② *(aturdirse)* sich beunruhigen (**por** wegen +*gen/dat*); *(irritarse)* sich aufregen (**por** über +*akk*) ③ *(alimentos)* verderben; *(leche)* sauer werden
altercado [al̪ter'kaðo] *m* Auseinandersetzung *f*
altercar [al̪ter'kar] <c → qu> *vi* streiten
alteridad [al̪teri'ða^{ð}] *f sin pl* (FILOS) Andersartigkeit *f*, Anderssein *nt*
alternador [al̪terna'ðor] *m* (ELEC) Wechselstromgenerator *m*
alternancia [al̪ter'nan̪θja] *f* Abwechslung *f,* Wechsel *m*
alternante [al̪ter'nan̪te] *adj* abwechselnd
alternar [al̪ter'nar] **I.** *vi* ① *(turnarse)* sich abwechseln (**en** bei +*dat*); **los veranos cálidos han alternado con los lluviosos** heiße und regnerische Sommer haben sich abgewechselt; **~ en el volante** sich beim Fahren abwechseln ② *(tratar)* **~ con alguien** mit jdm verkehren; **es persona que alterna** er/sie verkehrt mit der Creme der Gesellschaft ③ *(en un club nocturno)* animieren **II.** *vt* abwechseln; **~ el trabajo con la diversión** abwechselnd arbeiten und frei haben **III.** *vr:* **~se** sich abwechseln (**en** bei +*dat*)
alternativa [al̪terna'tiβa] *f* ① *(opción)* Alternative *f;* **poner en la ~** vor die Alternative stellen; **no le queda otra ~ que...** er/sie hat keine andere Wahl als ... ② (TAUR) Zulassung *f* als Matador; **dar la ~ a alguien para algo** *(fig)* jdn für reif genug für etw halten
alternativamente [al̪ternatiβa'men̪te] *adv* abwechselnd
alternativo, -a [al̪terna'tiβo, -a] *adj* ① *(opcional)* alternativ ② *(con alternación)* wechselnd
alterne [al̪'terne] *m* **chica de ~** Animierdame *f;* **bar de ~** Animierlokal *nt*
alterno, -a [al̪'terno, -a] *adj* wechselnd; **cultivo ~** (AGR) Wechselwirtschaft *f;* **en días ~s** jeden zweiten Tag
alteza [al̪'teθa] *f* ① *(tratamiento)* Hoheit *f;* **Su A~ Real** Ihre Königliche Hoheit ② *(calidad)* Erhabenheit *f*
altibajos [al̪ti'βaxos] *mpl* ① *(de un terreno)* Unebenheiten *f pl* ② *(cambios)* Auf und Ab *nt;* **es una persona con muchos ~ en su estado de ánimo** seine/ihre Stimmung ändert sich ständig
altillo [al̪'tiʎo] *m* ① *(piso)* Zwischengeschoss *nt* ② *(desván)* Mansarde *f*
altímetro [al̪'timetro] *m* Höhenmesser *m*
altiplanicie [al̪tipla'niθje] *f,* **altiplano** [al̪ti'plano] *m* Hochebene *f*
Altísimo [al̪'tisimo] *m* **el ~** Gott *m*
altisonante [al̪tiso'nan̪te] *adj* hochtrabend
altitud [al̪ti'tu^{ð}] *f* Höhe *f;* **a una ~ de 1500 metros** in 1500 Meter Höhe; **Madrid está a una ~ de 640 metros sobre el nivel del mar** Madrid liegt 640 Meter über dem Meeresspiegel
altivez [al̪ti'βeθ] *f* Überheblichkeit *f*

altivo, -a [al̩'tiβo, -a] *adj (soberbio)* überheblich

alto[1] ['al̩to] **I.** *interj* halt; **¡~ el fuego!** Feuer einstellen! **II.** *m* ① *(descanso)* Pause *f;* **~ el fuego** Waffenstillstand *m;* **dar el ~** zum Anhalten auffordern ② *(altura)* Höhe *f;* **medir 8 metros de ~** 8 Meter hoch sein ③ *(collado)* Anhöhe *f* ④ *pl (piso alto)* Obergeschoss *nt* **III.** *adv* ① *(en voz alta)* laut ② *(en un lugar elevado)* hoch; **ponlo en lo más ~** stell es ganz nach oben; **de ~ abajo** von oben nach unten ③ *(loc)* **pasar un saludo por ~** eine Begrüßung übersehen; **pasar una pregunta por ~** eine Frage übergehen; **por todo lo ~** prächtig

alto, -a[2] ['al̩to, -a] *adj* ① *(en general)* hoch; **~s cargos** Führungskräfte *fpl;* **un ~ cargo** eine hohe Stellung; **notas altas** (MÚS) hohe Töne; **de alta calidad** von erstklassiger Qualität; **~s funcionarios** hohe Beamte; **tener un ~ concepto de alguien** eine hohe Meinung von jdm haben ② *(ser viviente)* groß ③ *(en la parte superior)* obere(r, s); **clase alta** Oberschicht *f* ④ (GEO: *territorio*) Hoch-; *(río)* Ober-; **la alta montaña** das Hochgebirge; **el ~ Rin** der Oberrhein; **el ~ Tajo** der Oberlauf des Tajos ⑤ *(idioma, época)* Hoch-; **la alta Edad Media** das hohe Mittelalter ⑥ *(tiempo)* spät; **a altas horas de la noche** spätabends ⑦ *(río)* Hochwasser führend; *(mar)* aufgewühlt; **el río está ~** der Fluss ist gestiegen ⑧ *(sonido)* laut; **hablar en voz alta** laut sprechen

altoparlante [al̩topar'lan̩te] *m (Am)* Lautsprecher *m*

altramuz [al̩tra'muθ] *m* Lupine *f*

altruismo [al̩tru'ismo] *m sin pl* Selbstlosigkeit *f*

altruista [al̩tru'ista] **I.** *adj* selbstlos **II.** *mf* Altruist(in) *m(f)*

altura [al̩'tura] *f* ① *(altitud, de un sonido)* Höhe *f;* **de gran ~** hoch; **de poca ~** niedrig; **a gran ~** in großer Höhe; **una montaña de 2000 metros de ~** ein 2000 Meter hoher Berg; **el avión pierde ~** das Flugzeug verliert an Höhe; **estar a la ~ de Valencia** auf der Höhe von Valencia liegen; **estar a la ~ de las circunstancias** der Situation gewachsen sein; **estar a la ~ del betún** *(fam)* ein schlechtes Bild abgeben; **a estas ~s** zu diesem Zeitpunkt ② *(estatura)* Größe *f* ③ *(excelencia)* Erhabenheit *f* ④ *pl (cielo)* Himmel *m*

alubia [a'luβja] *f* Bohne *f*

alucinación [aluθina'θjon] *f* Halluzination *f*

alucinado, -a [aluθi'naðo, -a] *adj (fam: asombrado)* **miraba ~ a la chica** er starrte wie gebannt auf das Mädchen; **me quedé ~ al leerlo en el periódico** ich war ganz platt, als ich es in der Zeitung las

alucinante [aluθi'nan̩te] *adj (fam: fantástico)* klasse; *(increíble)* unglaublich

alucinar [aluθi'nar] **I.** *vi (fam)* ① *(hablando)* halluzinieren; **¡tú alucinas!** *(fig)* red doch kein Unsinn! ② *(quedar fascinado)* verblüfft sein; **aluciné con sus conocimientos de chino** ich war baff über seine/ihre Chinesischkenntnisse **II.** *vt (fam)* ① *(deslumbrar)* blenden; *(cautivar)* fesseln ② *(entusiasmar)* begeistern

alucinógeno[1] [aluθi'noxeno] *m* (MED) Halluzinogen *nt*

alucinógeno, -a[2] [aluθi'noxeno, -a] *adj* halluzinogen

alud [a'lu^{ð}] *m* Lawine *f;* **un ~ de gente** eine große Menschenmenge

aludir [alu'ðir] *vi (referirse)* anspielen (**a** auf +*akk*); *(mencionar)* erwähnen (**a** +*akk*); **darse por aludido** sich betroffen fühlen; **no darse por aludido** sich *dat* nichts anmerken lassen

alumbrado [alum'braðo] *m* Beleuchtung *f;* **~ público** Straßenbeleuchtung *f*

alumbramiento [alumbra'mjen̩to] *m* ① *(iluminación)* Beleuchtung *f* ② *(parto)* Entbindung *f*

alumbrar [alum'brar] **I.** *vi* ① *(iluminar)* leuchten; **la lámpara alumbra poco** die Lampe gibt wenig Licht ② *(parir)* entbinden **II.** *vt* ① *(iluminar)* beleuchten; *(a alguien)* anleuchten ② *(parir)* zur Welt bringen **III.** *vr:* **~se** *(fam)* sich beschwipsen

aluminio [alu'minjo] *m* Aluminium *nt*

alumnado [alum'naðo] *m (de escuela)* Schülerschaft *f;* *(de universidad)* Studentenschaft *f*

alumno, -a [a'lumno, -a] *m, f (de escuela)* Schüler(in) *m(f);* *(de universidad)* Student(in) *m(f)*

alunado, -a [alu'naðo, -a] *adj* ① *(lunático)* verrückt ② *(Am: caballo)* verschlagen ③ *(Arg: malhumorado)* schlecht gelaunt ④ *(CRi: gata, perra)* läufig; *(hembras salvajes)* brünstig

alunizaje [aluni'θaxe] *m* Mondlandung *f*

alunizar [aluni'θar] <z → c> *vi* auf dem Mond landen

alusión [alu'sjon] *f* ① *(insinuación)* Anspielung *f* (**a** auf +*akk*); **hacer una ~ a algo** etw andeuten ② *(mención)* Erwähnung *f* (**a** +*gen*)

alusivo, -a [alu'siβo, -a] *adj* anspielend (**a** auf +*akk*); **dijo una frase alusiva a la situación** er/sie sagte kurz etwas über die Lage

aluvión [alu'βjon] *m* ① *(inundación)* Überschwemmung *f* ② *(sedimento)* Ablagerung *f;* **tierra de ~** Schwemmland *nt* ③ *(cantidad)* Schwall *m*

alveolar [alβeo'lar] *adj* ① *(forma)* wabenförmig ② (LING) alveolar

alveolo [alβe'olo] *m,* **alvéolo** [al'βeolo] *m* ① (ANAT) Alveole *f;* **~ pulmonar** Lungenbläschen *nt* ② *(del panal)* Bienenzelle *f*

alza ['al̩θa] *f* ① *(elevación)* Anstieg *m;* **~ abusiva de los precios** Preiswucher *m;* **ir** [*o* **estar**] **en ~** *(precios)* steigen; *(persona)* an Ansehen gewinnen ② *(de un zapato)* Leistenaufschlag *m* ③ *(de un arma)* Visier *nt*

alzada [al̩'θaða] *f* ① *(de un caballo)* Stockmaß *nt* ② (JUR) Einspruch *m*

alzado[1] [al̩'θaðo] *m* (ARQUIT) Aufriss *m*

alzado, -a[2] [al̩'θaðo, -a] *adj* ① *(fijado)* pauschal ② *(sublevado)* aufständisch ③ *(Am: montaraz)* wild; *(en celo)* brünstig

alzamiento [al̩θa'mjen̩to] *m* Aufstand *m*

alzaprima [al̩θa'prima] *f* ① *(palanca)* Hebel *m;* *(más grande)* Hebebaum *m* ② *(cuña)* Keil *m* ③ (MÚS) Steg *m*

alzar [al̩'θar] <z → c> **I.** *vt* ① *(levantar)* heben; *(precio)* erhöhen; *(puño, voz)* erheben; **~ pelo** *(AmC, Méx)* Angst haben ② *(poner vertical)* aufrichten ③ *(sostener)* hochhalten ④ *(quitar)* abnehmen; *(colcha, mantel)* abziehen; *(mesa)* abräumen; *(sello)* entfernen; *(campamento)* abbrechen ⑤ *(construir)* errichten ⑥ (AGR: *cosecha*) einbringen; *(tierra)* ackern ⑦ *(loc)* **~ el vuelo** *(pájaro)* losfliegen; *(persona)* das Elternhaus verlassen **II.** *vr:* **~se** ① *(levantarse, destacar)* sich erheben; **allí se alza la universidad** dort ragt das Universitätsgebäude empor ② (JUR) Einspruch erheben ③ *(Am: animales)* verwildern ④ *(Am: sublevarse)* sich auflehnen ⑤ *(Am: robar)* stehlen; **~se con la pasta** *(fam)* mit der Kohle durchbrennen

alzheimer [al̩'θei̯mer/al'sai̯mer] *m sin pl* (MED) Alzheimerkrankheit *f*

a.m. [a'eme] *abr de* **ante meridiem** a. m. *(vormittags)*

ama ['ama] *f* *(dueña)* Herrin *f;* *(propietaria)* Besitzerin *f;* **~ de casa** Hausfrau *f;* **~ de cría** Amme *f;* **~ de llaves** Haushälterin *f*

amabilidad [amaβili'ðaᵈ] *f* Freundlichkeit *f;* **tuvo la ~ de avisarme** er/sie war so freundlich, mir Bescheid zu sagen; **le agradezco su ~** das ist sehr freundlich von Ihnen

amable [a'maβle] *adj* freundlich, liebenswürdig; **ser ~** (**para**) **con alguien** freundlich zu jdm sein; **¿sería Ud. tan ~ de explicármelo?** wären Sie so freundlich, es mir zu erklären?

amado, -a [a'maðo, -a] **I.** *adj (elev)* geliebt, teuer; **me despedí de mi hijo ~** ich nahm Abschied von meinem geliebten Sohn **II.** *m, f (elev)* Geliebte(r) *f(m),* Liebste(r) *f(m)*

amador(a) [ama'ðor(a)] *m(f)* Liebhaber(in) *m(f)*

amadrinar [amaðri'nar] *vt* Patin sein (von +*dat*)

amaestramiento [amaestra'mjen̩to] *m* ① *(de animales)* Abrichten *nt* ② *(de personas)* Training *nt;* **~ en el manejo de ordenadores** Unterweisung im Umgang mit Computern

amaestrar [amaes'trar] *vt* ① *(animales)* abrichten; *(caballos)* zureiten; *(para el circo)* dressieren ② *(pey: niños)* dressieren ③ *(instruir)* unterweisen (**en** in +*dat*)

amagar [ama'ɣar] <g → gu> **I.** *vi* ① *(amenazar)* drohen; **estaba amagando la guerra cuando...** der Krieg stand bevor, als ... ② *(enfermedad)* sich andeuten **II.** *vt* ① *(indicar)* Anstalten machen; **amagó un golpe** er/sie machte Anstalten, zuzuschlagen ② *(amenazar)* drohen; **~ a alguien con algo** jdm mit etw *dat* drohen

amago [a'maɣo] *m* ① *(amenaza)* Drohung *f* ② *(indicio)* Anzeichen *nt* (**de** für +*akk*) ③ (DEP) Finte *f*

amainar [amai̯'nar] **I.** *vi* nachlassen **II.** *vt* (NÁUT) einholen

amalaya [ama'laɟa] *interj (Am)* hoffentlich

amalgama [amal'ɣama] *f* ① (QUÍM) Amalgam *nt* ② *(mezcla)* Gemisch *nt*

amalgamar [amalɣa'mar] **I.** *vt* verquicken, vermengen **II.** *vr:* **~se** sich vermengen

amamantar [amaman̩'tar] *vt (bebé)* stillen; *(cachorro)* säugen

amancebarse [aman̩θe'βarse] *vr* in wilder Ehe leben

amanecer [amane'θer] **I.** *vimpers* dämmern; **está amaneciendo** es dämmert **II.** *vi irr como crecer* aufwachen **III.** *m* Tagesanbruch *m;* **al ~** bei Tagesanbruch

amanecida [amane'θiða] *f (Am)* Tagesanbruch *m*

amanerado, -a [amane'raðo, -a] *adj* ① *(persona)* geziert ② *(estilo)* gekünstelt

amaneramiento [amanera'mjen̩to] *m* ① *(afectación)* Geziertheit *f* ② *(de un estilo)* Manieriertheit *f*

amanerarse [amane'rarse] *vr (persona)* sich zieren

amanezquera [amaneθ'kera] *f* *(Méx, PRico: alba)* (Morgen)dämmerung *f,* Tagesanbruch *m;* **en la ~** früh morgens, am frühen Morgen

amansar [aman'sar] **I.** *vt* ① *(animal)* zäh-

men ❷ *(persona)* bändigen; *(sosegar)* besänftigen **II.** *vr:* **~se** zahm werden
amante [a'maṇte] **I.** *adj* **soy poco ~ de hablar en público** ich spreche nicht gerne vor Publikum **II.** *mf* ❶ *(querido)* Liebhaber(in) *m(f)* ❷ *pl (pareja)* Liebespaar *nt* ❸ *(aficionado)* Liebhaber(in) *m(f)*; **un ~ de la naturaleza** ein Naturfreund
amanuense [ama'nwense] *mf* ❶ *(secretario)* Sekretär(in) *m(f)* ❷ *(copista)* Schreiber(in) *m(f)*
amañar [ama'ɲar] **I.** *vt* ❶ *(plan, asunto)* deichseln *fam;* **~ una solución** eine Notlösung finden ❷ *(resultado, documento)* fälschen **II.** *vr* **~se con alguien** mit jdm gut auskommen; **amañárselas (para todo)** sich (bei allem) geschickt anstellen
amaño [a'maɲo] *m* Geschick *nt;* **con ~** geschickt
amapola [ama'pola] *f* Klatschmohn *m;* **ponerse como una ~** knallrot werden
amar [a'mar] *vt* lieben
amaraje [ama'raxe] *m* Wasserung *f;* **efectuar el ~** wassern
amarar [ama'rar] *vi* wassern (**en** auf +*dat*)
amargado, -a [amar'ɣaðo, -a] **I.** *adj* verbittert **II.** *m, f* verbitterter Mensch *m*
amargamente [amarɣa'meṇte] *adv* bitter, bitterlich
amargar [amar'ɣar] <g → gu> **I.** *vt* verbittern; **~ la vida a alguien** jdm das Leben schwer machen **II.** *vi* bitter schmecken; **la verdad amarga** die Wahrheit tut weh **III.** *vr:* **~se** verbittert werden
amargo, -a [a'marɣo, -a] *adj* bitter
amargor [amar'ɣor] *m,* **amargura** [amar'ɣura] *f* ❶ *(sabor)* bitterer Geschmack *m* ❷ *(sentimiento)* Verbitterung *f; (aflicción)* Betrübnis *f;* **llorar con ~** bitterlich weinen
amariconado, -a [amariko'naðo, -a] *adj (vulg pey)* weibisch
amarillear [amariʎe'ar] *vi* vergilben
amarillecer [amariʎe'θer] *vi irr como crecer* vergilben
amarillento, -a [amari'ʎeṇto, -a] *adj* gelblich; *(fotografía, papel)* vergilbt
amarillismo [amari'ʎismo] *m sin pl* Sensationsmache *f*
amarillista [amari'ʎista] *adj* (PREN) **prensa ~** Sensationspresse *f,* Boulevardpresse *f*
amarillo, -a [ama'riʎo, -a] *adj* ❶ *(color)* gelb ❷ *(pálido)* blass
amarra [a'marra] *f* ❶ (NÁUT) Tau *nt* ❷ *pl (apoyo)* Beziehungen *f pl*
amarradero [amarra'ðero] *m* ❶ *(poste)* Pfosten *m* ❷ *(argolla)* Metallring *m* ❸ (NÁUT) Anlegeplatz *m*
amarrado, -a [ama'rraðo, -a] *adj* ❶ *(Arg, Par, PRico, Urug: tacaño)* geizig; *(innoble)* gemein ❷ *(loc)* **estar** [*o* **ir**] **~** *(haber empollado)* gepaukt haben; *(tener enchufe)* gute Beziehungen haben
amarrar [ama'rrar] **I.** *vt* ❶ *(atar)* festbinden (**a** an +*dat*); **tener a alguien muy amarrado** *(fig)* jdm wenig Freiraum lassen ❷ (NÁUT) vertäuen ❸ *(fam: empollar)* büffeln **II.** *vr:* **~se** *(Am)* heiraten
amarre [a'marre] *m* ❶ *(sujeción)* Festbinden *nt* ❷ (NÁUT) Vertäuen *nt*
amartelarse [amarte'larse] *vr* ❶ *(enamorarse)* sich bis über beide Ohren verlieben (**de** in +*akk*) ❷ *(ponerse cariñoso)* turteln
amartillar [amarti'ʎar] *vt* ❶ *(arma)* spannen ❷ *(fam: negocio)* absichern
amartizaje [amarti'θaxe] *m* Marslandung *f*
amasadora [amasa'ðora] *f* Knetmaschine *f*
amasandería [amasaṇde'ria] *f (AmS)* Bäckerei *f*
amasar [ama'sar] *vt* ❶ *(masa)* kneten ❷ *(fortuna)* anhäufen ❸ *(pey: tramar)* anzetteln
amasijo [ama'sixo] *m* ❶ *(para hacer pan)* (Knet)teig *m* ❷ *(acción de amasar)* Kneten *nt* ❸ *(argamasa)* Mörtel *m* ❹ *(fam: mezcla)* Kuddelmuddel *m o nt* ❺ *(fam: intriga)* Machenschaft *f*
amate(u)r [ama'ter] **I.** *adj* Amateur- **II.** *mf* <amaters> Amateur(in) *m(f)*
amateurismo [amate'rismo] *m sin pl* Amateursport *m*
amatista [ama'tista] *f* Amethyst *m*
amatorio, -a [ama'torjo, -a] *adj* Liebes-
amazacotado, -a [amaθako'taðo, -a] *adj* ❶ *(colchón)* hart ❷ *(recargado)* überladen; **un informe ~ de datos** ein mit Daten vollgepackter Bericht; **estuvimos ~s en el tranvía** wir standen dicht gedrängt in der Straßenbahn
amazona [ama'θona] *f* ❶ *(mujer)* Amazone *f* ❷ *(traje)* Reitkostüm *nt*
Amazonas [ama'θonas] *m* Amazonas *m*
amazónico, -a [ama'θoniko, -a] *adj* ❶ *(del Amazonas)* Amazonas- ❷ *(de las amazonas)* Amazonen-
ámbar ['ambar] **I.** *m* Bernstein *m* **II.** *adj inv* bernsteinfarben
Amberes [am'beres] *f* Antwerpen *nt*
ambición [ambi'θjon] *f* Ehrgeiz *m;* **~ de poder** Machthunger *m;* **sin ambiciones** anspruchslos; **mi ~ en la vida es...** mein Lebensziel ist (es) ...
ambicionar [ambiθjo'nar] *vt* streben (nach +*dat*); **solamente ambiciono salud** ich wünsche mir nur Gesundheit

A

ambicioso, -a [ambi'θjoso, -a] *adj* ehrgeizig
ambidiestro, -a [ambi'djestro, -a] **I.** *adj* beidhändig **II.** *m, f* Beidhänder(in) *m(f)*
ambientación [ambjeṇta'θjon] *f* ❶ (LIT) Milieuschilderung *f* ❷ (TEAT) Bühnenbild *nt* ❸ (CINE) Szenenausstattung *f* ❹ *(adaptación)* Anpassung *f* (**a** an *+akk*)
ambientador [ambjeṇta'ðor] *m* Raumspray *m o nt*
ambiental [ambjeṇ'tal] *adj* Umwelt-; **organización** ~ Umweltorganisation *f*
ambientalista [ambjeṇta'lista] **I.** *adj* Umweltschutz-; **movimiento** ~ Naturschutzbewegung *f,* Umweltschutzbewegung *f* **II.** *mf* Naturschützer(in) *m(f),* Umweltschützer(in) *m(f)*
ambientar [ambjeṇ'tar] **I.** *vt* ❶ *(novela)* ansiedeln; ~ **la acción de una novela en el siglo pasado** die Handlung eines Romans ins vergangene Jahrhundert verlegen; **la novela está ambientada en Lima** der Roman spielt in Lima ❷ *(fiesta)* Stimmung machen (bei *+dat*) **II.** *vr:* **~se** ❶ *(aclimatarse)* sich eingewöhnen (**en** in *+dat*) ❷ *(en una fiesta)* in Stimmung kommen
ambiente [am'bjeṇte] *m* ❶ *(aire)* Luft *f* ❷ *(medio)* Milieu *nt;* **medio** ~ Umwelt *f;* **nocivo para el medio** ~ umweltschädlich ❸ *(social)* Kreis *m* ❹ *(atmósfera)* Atmosphäre *f,* Stimmung *f;* **dar** ~ Stimmung machen; **hay** ~ **para este proyecto** dieses Projekt hat gute Aussichten, angenommen zu werden; **el proyecto no encontró buen** ~ das Projekt fand keinen Anklang; **no había** ~ **en la calle** es war nicht viel los auf der Straße; **el** ~ **en la reunión estaba caldeado** bei der Versammlung herrschte dicke Luft ❺ *(CSur: habitación)* Raum *m;* **un departamento de cuatro ~s** eine Vierzimmerwohnung
ambigüedad [ambiɣwe'ðaᵈ] *f* ❶ *(de doble significado)* Zweideutigkeit *f;* **sin ~es** eindeutig ❷ *(de más significados)* Mehrdeutigkeit *f*
ambiguo, -a [am'biɣwo, -a] *adj* ❶ *(de doble significado)* zweideutig ❷ *(de más significados)* mehrdeutig ❸ (LING) doppelgeschlechtig
ámbito ['ambito] *m* ❶ *(contorno)* Umkreis *m* ❷ *(espacio)* Bereich *m;* **en el** ~ **nacional** auf nationaler Ebene
ambivalencia [ambiβa'leṇθja] *f* Zwiespältigkeit *f*
ambivalente [ambiβa'leṇte] *adj* ambivalent
ambos, -as ['ambos, -as] *adj* beide
ambulancia [ambu'laṇθja] *f* ❶ *(vehículo)* Krankenwagen *m* ❷ (MIL) Feldlazarett *nt* ❸ (FERRO) ~ **de correos** Bahnpost *f*
ambulante [ambu'laṇte] **I.** *adj* umherziehend; **circo** ~ Wanderzirkus *m;* **vendedor** ~ Hausierer *m;* **venta** ~ fahrendes Gewerbe **II.** *mf* ~ **de correos** Angestellte(r) *mf* der Bahnpost
ambulatorio[1] [ambula'torjo] *m* Ambulanz *f*
ambulatorio, -a[2] [ambula'torjo, -a] *adj* ambulant
ameba [a'meβa] *f* Amöbe *f*
amechar [ame'ʧar] *vt* (GASTR) spicken
amedrentamiento [ameðreṇta'mjeṇto] *m* Angst *f,* Verängstigung *f*
amedrentar [ameðreṇ'tar] **I.** *vt* ❶ *(asustar)* einschüchtern ❷ *(intimidar)* Angst machen *+dat* **II.** *vr:* **~se** ❶ *(asustarse)* sich erschrecken ❷ *(intimidarse)* sich ängstigen
amelcochar [amelko'ʧar] **I.** *vt (Arg, Méx, Par: almíbar)* eindicken **II.** *vi* ❶ *(Cuba: enamorarse)* sich verlieben ❷ *(Méx: reblandecerse)* sich geziert benehmen
amén [a'men] **I.** *m* Amen *nt;* **decir** ~ **a todo** zu allem ja und amen sagen; **no decir ni** ~ kein Sterbenswörtchen sagen; **en un decir** ~ *(fam)* im Handumdrehen **II.** *prep* ~ **de** außer *+dat*
amenaza [ame'naθa] *f* ❶ *(intimidación)* Drohung *f;* ~ **de bomba** Bombendrohung *f;* **bajo la** ~ **de violencia** unter der Androhung von Gewalt ❷ *(peligro)* Bedrohung *f;* ~ **en línea** Internet-Bedrohung *f*
amenazador(a) [amenaθa'ðor(a)] *adj* ❶ *(tono)* drohend; **gesto** ~ Drohgebärde *f* ❷ *(que anuncia peligro)* bedrohlich
amenazante [amena'θaṇte] *adj* drohend
amenazar [amena'θar] <z → c> **I.** *vt (intimidar)* bedrohen; **el jefe le ha amenazado con despedirle** der Chef hat ihm angedroht, ihn zu entlassen; **¿me está amenazando?** soll das eine Drohung sein? **II.** *vi, vt (presagiar)* drohen; **amenaza tormenta** ein Gewitter droht; **está amenazando lluvia** es sieht nach Regen aus
amenguar [ameŋ'gwar] <gu → gü> **I.** *vi (empequeñecer)* kleiner werden; *(jersey, falda)* einlaufen, eingehen; *(intensidad, claridad)* abnehmen **II.** *vt* ❶ *(valor)* beeinträchtigen ❷ *(honor)* schänden
amenizar [ameni'θar] <z → c> *vt* ❶ *(hacer agradable)* angenehm machen ❷ *(entretener)* (gut) unterhalten ❸ *(conversación)* beleben
ameno, -a [a'meno, -a] *adj* ❶ *(agradable)* angenehm; *(paisaje)* lieblich ❷ *(entretenido)* unterhaltsam
América [a'merika] *f* Amerika *nt;* ~ **Central** Mittelamerika *nt;* ~ **Latina** Latein-

amerika *nt;* ~ **del Norte/del Sur** Nord-/Südamerika *nt;* **hacer las ~s** *(fig)* ein Vermögen machen

americana [ameri'kana] *f* Sakko *m o nt*

americanismo [amerika'nismo] *m* (LING) Lateinamerikanismus *m*

americanista [amerika'nista] *mf* Amerikanist(in) *m(f)*

americanizar [amerikani'θar] <z → c> **I.** *vt* amerikanisieren **II.** *vr:* **~se** den amerikanischen Lebensstil annehmen

americano, -a [ameri'kano, -a] **I.** *adj (de América del Sur)* südamerikanisch; *(estadounidense)* amerikanisch; **el estilo de vida ~** der American way of life **II.** *m, f (de América del Sur)* Südamerikaner(in) *m(f); (estadounidense)* Amerikaner(in) *m(f)*

amerindio, -a [ame'rin̪djo, -a] *(pey)* **I.** *adj* die Ureinwohner Nordamerikas betreffend **II.** *m, f* Ureinwohner(in) *m(f)* Nordamerikas

amerizaje [ameri'θaxe] *m* (AERO) *v.* **amaraje**

amerizar [ameri'θar] <z → c> *vi* wassern

ametrallador(a) [ametraʎa'ðor(a)] *adj* (MIL) Maschinen-; **fusil ~** (leichtes) Maschinengewehr

ametralladora [ametraʎa'ðora] *f* Maschinengewehr *nt*

ametrallar [ametra'ʎar] *vt* (mit dem Maschinengewehr) schießen (auf *+akk*); *(matar)* (mit dem Maschinengewehr) erschießen

amianto [a'mjan̪to] *m* Asbest *m*

amigable [ami'ɣaβle] *adj* ① *(persona, relación)* freundschaftlich ② *(cosa, carácter)* freundlich; **ambiente ~ para los niños** kinderfreundliches Umfeld ③ *(ordenador, máquina)* benutzerfreundlich

amigablemente [amiɣaβle'men̪te] *adv* freundschaftlich; **discutir ~** in aller Freundschaft diskutieren

amígdala [a'miɣðala] *f* Mandel *f*

amigdalitis [amiɣða'litis] *f inv* Mandelentzündung *f*

amigo, -a [a'miɣo, -a] **I.** *adj* ① *(que tiene la amistad)* befreundet; **es muy amiga mía** sie ist eine sehr gute Freundin von mir; **somos (muy) ~s desde la infancia** wir sind seit unserer Kindheit (sehr gut) befreundet; **¡y tan ~s!** und damit hat sich's! ② *(amistoso)* freundschaftlich ③ *(aficionado, partidario)* **ser ~ de algo** etw mögen; **soy más ~ de veranear en el campo que en la costa** ich verbringe den Sommer lieber auf dem Land als an der Küste; **soy ~ de decir las cosas claras** ich bin sehr dafür, die Dinge beim Namen zu nennen; **este tipo es muy ~ de lucir** dieser Kerl glänzt gern nach außen hin **II.** *m, f* ① *(general)* Freund(in) *m(f);* **~ de lo ajeno** Dieb *m;* **~ por correspondencia** Brieffreund *m;* **hacerse ~ de alguien** sich mit jdm anfreunden; **poner a alguien cara de pocos ~s** jdn mit verbissener Miene ansehen ② *(amante)* Geliebte(r) *mf* ③ *(adepto)* Anhänger(in) *m(f)*

amigocracia [amiɣo'kraθja] *f sin pl* Vetternwirtschaft *f*

amigovio, -a [ami'ɣoβjo, -a] *m, f (Arg, Méx, Par, Urug)* Freund (in) *m(f)* mit gewissen Vorzügen *fam*

amiguete [ami'ɣete] *m (fam)* Kumpel *m*

amiguismo [ami'ɣismo] *m sin pl* Vetternwirtschaft *f*

amilanar [amila'nar] **I.** *vt* ① *(intimidar)* einschüchtern ② *(desanimar)* entmutigen **II.** *vr:* **~se** ① *(acobardarse)* verzagen ② *(abatirse)* sich entmutigen lassen

aminoácido [amino'aθiðo] *m* Aminosäure *f*

aminoración [aminora'θjon] *f* Verringerung *f; (viento, fiebre)* Nachlassen *nt; (fiebre, peligro)* Sinken *nt;* **~ de la velocidad** Verringerung der Geschwindigkeit, Abbremsen *nt*

aminorar [amino'rar] **I.** *vi* nachlassen **II.** *vt* verringern; **~ el paso** den Schritt verlangsamen

amistad [amis'taᵈ] *f* ① *(entre amigos)* Freundschaft *f;* **tener ~ con alguien** mit jdm befreundet sein; **trabar ~ con alguien** mit jdm Freundschaft schließen; **hacer las ~es con alguien** sich mit jdm versöhnen ② *pl (amigos)* Freunde *mpl*

amistar [amis'tar] **I.** *vi (Méx)* Freundschaft schließen **II.** *vr:* **~se** *(CSur)* sich anfreunden

amistoso, -a [amis'toso, -a] *adj* ① *(persona)* freundlich ② *(cosa)* freundschaftlich; **partido ~** Freundschaftsspiel *nt* ③ *(discusión)* friedlich; **llegar a un acuerdo ~** sich gütlich einigen

amitosis [ami'tosis] *f inv* (BIOL) Amitose *f*

amnesia [am'nesja] *f sin pl* Gedächtnisverlust *m*

amnésico, -a [am'nesiko, -a] **I.** *adj* (MED) ① *(que padece amnesia)* Amnesie-; **pacientes ~s** Amnesiepatienten *mpl* ② *(de la amnesia)* amnestisch **II.** *m, f* (MED) an Amnesie Leidende(r) *mf*

amnios ['amnjos] *m inv* (ZOOL, MED) Amnion *nt,* Eihaut *f*

amniota [am'njota] *m* (ZOOL) Lebewesen *nt* aus der Gruppe der Amnioten

amnistía [amnis'tia] *f* Amnestie *f;* **A~ Internacional** Amnesty International; **conceder ~ a alguien** jdn amnestieren

amnistiar [amnis'tjar] <*1. pres* amnistío> *vt* amnestieren

A

amo ['amo] *m* ① *(de la casa)* Hausherr *m;* **~ de casa** Hausmann *m* ② *(propietario)* Besitzer *m* ③ *(patrón)* Arbeitgeber *m* ④ *(loc)* **hacerse el ~ (de la asociación)** sich *dat* (im Verein) Autorität verschaffen; **ser el ~ en algo** der Beste in etw *dat* sein; **ser el ~ del cotarro** *(fam)* das Regiment führen

amodorrado, -a [amoðo'rraðo, -a] *adj* schläfrig

amodorramiento [amoðorra'mjento] *m* Schläfrigkeit *f*

amodorrarse [amoðo'rrarse] *vr* schläfrig werden

amohinar [amoi'nar] *irr como airar* **I.** *vt* *(enfadar)* ärgern **II.** *vr:* **~se** *(enfadarse)* sich ärgern

amojonar [amoxo'nar] *vt* vermessen, abstecken

amolar [amo'lar] <o → ue> **I.** *vt* ① *(afilar)* schleifen ② *(fam: molestar)* nerven **II.** *vr:* **~se** *(vulg: críticas, sinsabores)* hinunterschlucken *fam;* **¡que se amuele!** zum Teufel mit ihm/ihr! *fam*

amoldable [amol̩'daβle] *adj* ① *(moldeable)* formbar, modellierbar ② *(acomodaticio)* anpassungsfähig

amoldamiento [amol̩da'mjen̩to] *m* ① *(modelado)* Formgebung *f* ② *(acomodación)* Anpassung *f* (**a** an +*akk*)

amoldar [amol̩'dar] **I.** *vt* ① *(ajustar al molde)* einpassen (**a** in +*akk*) ② *(moldar)* formen ③ *(acomodar)* anpassen (**a** +*dat*) **II.** *vr:* **~se** sich anpassen (**a** +*dat*)

amonestación [amonesta'θjon] *f* ① *(advertencia)* Ermahnung *f;* *(reprensión)* Verwarnung *f;* **tarjeta de ~** (DEP) Gelbe Karte ② *(de los novios)* Aufgebot *nt;* **correr las amonestaciones** das Aufgebot verlesen

amonestar [amones'tar] **I.** *vt* ① *(advertir)* ermahnen; *(reprender)* verwarnen ② *(los novios)* aufbieten **II.** *vr:* **~se** das Aufgebot bestellen

amoniaco [amo'njako] *m,* **amoníaco** [amo'niako] *m* Ammoniak *nt*

amontonamiento [amon̩tona'mjen̩to] *m* ① *(de tierra, heno)* Aufhäufen *nt;* *(de periódicos, cajas)* (Auf)stapeln *nt;* *(montón)* Haufen *m* ② *(de conocimientos, dinero)* Anhäufung *f*

amontonar [amon̩to'nar] **I.** *vt* ① *(tierra, heno)* aufhäufen; *(periódicos, cajas)* stapeln ② *(conocimientos, dinero)* anhäufen; **los refugiados estaban amontonados en el trasbordador** die Flüchtlinge waren auf der Fähre zusammengepfercht **II.** *vr:* **~se** ① *(cosas)* sich häufen ② *(personas)* sich drängen ③ *(sucesos, noticias)* sich überstürzen

amor [a'mor] *m* Liebe *f;* **~ al prójimo** Nächstenliebe *f;* **~ propio** Ehrgefühl *nt;* **~ a primera vista** Liebe auf den ersten Blick; **¡~ mío!** mein Liebling!; **mi gran ~ es el cine** meine große Leidenschaft ist der Film; **hacer el ~ con alguien** *(fam)* mit jdm schlafen; **hacer algo con ~** etw liebevoll machen; **con** [*o* **de**] **mil ~es** mit (dem größten) Vergnügen; **en ~ y compaña** in Frieden und Eintracht; **por ~ al arte** umsonst; **¡por ~ de Dios!** um Gottes willen!; **~ con ~ se paga** *(prov)* wie man in den Wald hineinruft, so schallt es heraus

amoral [amo'ral] *adj* amoralisch

amoratado, -a [amora'taðo, -a] *adj* dunkelviolett; **un ojo ~** ein blaues Auge; **tengo los labios ~s de frío** meine Lippen sind blau vor Kälte; **tengo el brazo ~ de la caída** ich habe von dem Sturz einen blauen Fleck am Arm

amoratarse [amora'tarse] *vr* ① *(una cosa)* dunkelviolett werden ② *(el cuerpo)* blau werden; **se le amorató el muslo** er/sie bekam einen blauen Fleck am Oberschenkel

amordazar [amorða'θar] <z → c> *vt* knebeln; *(fig)* mundtot machen

amorfo, -a [a'morfo, -a] *adj* formlos

amorío(s) [amo'rio(s)] *m(pl)* *(pey)* Affäre *f*

amoroso, -a [amo'roso, -a] *adj* ① *(de amor)* Liebes- ② *(cariñoso)* liebevoll (**con/para con** zu +*dat*) ③ *(tierra, tela)* weich ④ *(tiempo)* mild

amorrar [amo'rrar] **I.** *vi* *(fam)* ① *(bajar la cabeza)* den Kopf hängen lassen ② *(mostrar enfado)* schmollen **II.** *vr:* **~se** ① *(fam: enfadarse)* mürrisch werden ② *(loc)* **~se a la botella** die Flasche an die Lippen setzen

amorriñarse [amorri'ɲarse] *vr* melancholisch [*o* wehmütig] werden

amortajar [amorta'xar] *vt* *(difunto)* ankleiden

amortecer [amorte'θer] *irr como crecer* **I.** *vt* *(ruido, color, luz)* (ab)dämpfen; *(dolor)* mildern; *(pasión, sentimiento)* abtöten **II.** *vr:* **~se** ohnmächtig werden, in Ohnmacht fallen

amortiguador [amortiɣwa'ðor] *m* (AUTO) Stoßdämpfer *m*

amortiguar [amorti'ɣwar] <gu → gü> *vt* dämpfen; *(golpe, caída)* auffangen; *(pena, dolor)* mildern; *(sentimiento)* abtöten; **~ los faros** (AUTO) abblenden

amortización [amortiθa'θjon] *f* ① *(de una deuda)* Tilgung *f* ② *(fiscal)* Abschreibung *f*

amortizar [amorti'θar] <z → c> *vt* ① *(deuda)* tilgen ② *(fiscalmente)* abschreiben ③ *(inversión)* amortisieren ④ *(empleos)* abbauen

amoscarse [amos'karse] <c → qu> *vr,*

amostazarse [amosta'θarse] <z → c> *vr* *(fam)* einschnappen

amotinamiento [amotina'mjen̦to] *m* ① (MIL) Meuterei *f* ② *(sublevación, levantamiento)* Aufstand *m*

amotinar [amoti'nar] **I.** *vt* aufhetzen **II.** *vr:* **~se** sich auflehnen

amovible [amo'βiβle] *adj* *(empleado)* kündbar; *(cambio de lugar)* versetzbar; *(sustituible)* austauschbar

amparar [ampa'rar] **I.** *vt* (be)schützen (**contra/de** vor +*dat*); **~ a alguien** jdm Schutz gewähren; **la constitución ampara la libertad de religión** die Verfassung gewährleistet die Religionsfreiheit **II.** *vr:* **~se** sich schützen (**contra/de** vor +*dat*); **~se bajo algo** unter etw *dat* Zuflucht suchen; **se ampara en una ley antigua** er/sie beruft sich auf ein altes Gesetz; **el espía se amparó en la oscuridad para escapar** der Spion entkam im Schutz der Dunkelheit

amparo [am'paro] *m* ① *(protección)* Schutz *m;* **estar al ~ de alguien** unter jds Schutz stehen; **al ~ de la oscuridad** im Schutz der Dunkelheit ② *(refugio)* Zuflucht *f*

amperímetro [ampe'rimetro] *m* (ELEC) Amperemeter *nt*

amperio [am'perjo] *m* Ampere *nt*

ampimpado, -a [ampim'paðo, -a] *adj* *(Am)* betrunken

ampliable [amplja'βle] *adj* ① *(extensible)* ausdehnbar ② *(aumentable)* vergrößerungsfähig; *(ordenador)* erweiterbar

ampliación [amplja'θjon] *f* Vergrößerung *f;* *(de conocimientos)* Erweiterung *f;* *(de un número, el capital)* Erhöhung *f;* *(de un territorio)* Ausdehnung *f;* *(de un edificio/una carretera)* Ausbau *m;* *(de un sonido)* Verstärkung *f;* **~ de RAM** (INFOR) RAM-Erweiterung *f;* **~ del surtido** Sortimentserweiterung *f*

ampliadora [amplja'ðora] *f* (FOTO) Vergrößerungsapparat *m*

ampliamente [amplja'men̦te] *adv* ① *(cumplidamente)* reichlich ② *(extensamente)* ausführlich; **las condiciones han mejorado ~** die Bedingungen sind jetzt weitaus besser

ampliar [ampli'ar] <*1. pres* amplío> *vt* vergrößern; *(conocimientos)* erweitern; *(capital, número)* erhöhen; *(territorio)* ausdehnen; *(edificio, carretera)* ausbauen; *(sonido)* verstärken; **edición ampliada** erweiterte Ausgabe

amplificación [amplifika'θjon] *f* ① *(de sonidos)* Verstärkung *f* ② *(en retórica)* Amplifikation *f,* Ausschmückung *f*

amplificador [amplifika'ðor] *m* Verstärker *m*

amplificar [amplifi'kar] <c → qu> *vt* verstärken

amplio, -a ['ampljo, -a] *adj* ① *(casa)* geräumig; *(jardín, parque)* weitläufig ② *(vestido)* weit ③ *(informe)* ausführlich; *(experiencia, oferta)* umfangreich; *(poderes, influencias)* weit reichend; *(red de comunicaciones)* weit verzweigt; *(interés)* vielfältig; **una derrota amplia** eine schwere Niederlage; **amplias partes de la población** weite Teile der Bevölkerung; **en un sentido más ~** im weiteren Sinne

amplitud [ampli'tu^ð] *f* ① *(extensión)* Ausdehnung *f;* *(de conocimientos)* Umfang *m;* *(de un informe)* Ausführlichkeit *f;* **~ de miras** (Welt)offenheit *f;* **~ del surtido** (ECON) Sortimentsbreite *f;* **de gran ~** weit reichend ② *(de una casa)* Geräumigkeit *f;* *(de un jardín/parque)* Weitläufigkeit *f* ③ (FÍS) Amplitude *f*

ampolla [am'poʎa] *f* ① *(en la piel, burbuja)* Blase *f;* **tener ~s en los pies** Blasen an den Füßen haben; **algo levanta ~s** *(fig)* etw zieht Blasen ② *(garrafa)* Karaffe *f* ③ *(para inyecciones)* Ampulle *f*

ampolleta [ampo'ʎeta] *f* *(Arg)* Glühbirne *f*

ampuloso, -a [ampu'loso, -a] *adj* schwülstig

amputación [amputa'θjon] *f* Amputation *f*

amputar [ampu'tar] *vt* amputieren

amuchar [amu'ʧar] *vt* *(Arg, Bol, Chil)* multiplizieren, vervielfachen

amueblar [amwe'βlar] *vt* möblieren; **amueblado** möbliert

amuermado, -a [amwer'maðo, -a] *adj* *(fam)* ① *ser* todlangweilig ② *estar* (zu Tode) gelangweilt

amuermar [amwer'mar] **I.** *vt* *(fam)* ① *(aburrir)* anöden ② *(droga)* bedröhnen ③ *(calor)* schlaff machen **II.** *vr:* **~se** *(fam)* sich anöden

amuleto [amu'leto] *m* Amulett *nt*

amurallar [amura'ʎar] *vt* mit einer Mauer umgeben

anabolizante [anaβoli'θan̦te] *m* Anabolikum *nt*

anacarado, -a [anaka'raðo, -a] *adj* perlmutterfarben

anacardo [ana'karðo] *m* ① (BOT) Nierenbaum *m* ② *(fruto)* Cashewnuss *f*

anaconda [ana'kon̦da] *f* Anakonda *f*

anacrónico, -a [anaˈkroniko, -a] *adj* anachronistisch

anacronismo [anakroˈnismo] *m* Anachronismus *m*

ánade [ˈanaðe] *m o f* Ente *f*

anagrama [anaˈɣrama] *m* Anagramm *nt*

anal [aˈnal] *adj* anal

analepsia [anaˈleβsja] *f* (MED: *restablecimiento*) Wiederherstellung *f*, Genesung *f*

anales [aˈnales] *mpl* ❶ (HIST) Annalen *pl* ❷ *(de una universidad/sociedad)* Jahrbuch *nt*

analfa [aˈnalfa] *mf (fam)* Analphabet(in) *m(f)*

analfabetismo [analfaβeˈtismo] *m sin pl* ❶ *(estado)* Analphabetismus *m* ❷ *(analfabetos)* Analphabetentum *nt*

analfabeto, -a [analfaˈβeto, -a] *m, f* Analphabet(in) *m(f)*

analgésico [analˈxesiko] *m* Schmerzmittel *nt*

análisis [aˈnalisis] *m inv* ❶ *(general)* Analyse *f*; **~ de sistemas** (INFOR) Systemanalyse *f*; **~ de la situación económica** Konjunkturanalyse *f*; **¿qué ~ haces de la situación?** wie beurteilst du die Lage? ❷ (MED) Untersuchung *f*; **~ de sangre** Blutuntersuchung *f*; **~ del grupo sanguíneo** Blutgruppenbestimmung *f* ❸ (MAT) Analysis *f*

analista [anaˈlista] *mf* ❶ *(de anales)* Chronist(in) *m(f)* ❷ *(que analiza)* Analytiker(in) *m(f)*; **~ político** politischer Beobachter; **~ de productos alimenticios** Lebensmittelchemiker(in) *m(f)*; **~ de sistemas** (INFOR) Systemanalytiker(in) *m(f)*; **el médico mandó las pruebas al ~** der Arzt schickte die Proben ins Labor

analítica [anaˈlitika] *f* ❶ *(lógica)* Analytik *f* ❷ (MED) klinische Untersuchung *f*

analítico, -a [anaˈlitiko, -a] *adj* analytisch

analizador[1] [analiθaˈðor] *m* (FÍS) Analysator *m*; **~ sintáctico** (INFOR) Parser *m*

analizador(a)[2] [analiθaˈðor(a)] *m(f)* Kritiker(in) *m(f)*

analizar [analiˈθar] <z → c> *vt* ❶ *(examinar)* analysieren ❷ (MED) untersuchen ❸ *(situación)* beurteilen; *(resultado)* auswerten

analogía [analoˈxia] *f* Analogie *f*; **por ~ con algo** in Analogie zu etw *dat*

analógico, -a [anaˈloxiko, -a] *adj* analog; (LING) analogisch; **computador ~** Analogrechner *m*

análogo, -a [aˈnaloɣo, -a] *adj* analog (**a** zu +*dat*)

ananá(s) [anaˈna(s)] *m (Am)* Ananas *f*

anaquel [anaˈkel] *m (en la pared)* Wandbrett *nt*; *(de una estantería)* Regalbrett *nt*; *(de un armario)* Schrankbrett *nt*

anaquelería [anakeleˈria] *f* Regal *nt*

anaranjado, -a [anaraŋˈxaðo, -a] *adj* orange

anarquía [anarˈkia] *f* Anarchie *f*

anárquico, -a [aˈnarkiko, -a] *adj* ❶ *(desorganizado)* anarchisch ❷ *(relativo al anarquismo)* anarchistisch

anarquismo [anarˈkismo] *m sin pl* Anarchismus *m*

anarquista [anarˈkista] **I.** *adj* anarchistisch **II.** *mf* Anarchist(in) *m(f)*

anatematizar [anatematiˈθar] <z → c> *vt* ❶ *(maldecir)* verfluchen ❷ *(condenar)* verdammen

anatomía [anatoˈmia] *f* Anatomie *f*

anatómico, -a [anaˈtomiko, -a] *adj* ❶ (MED) anatomisch ❷ *(adaptado al cuerpo)* körpergerecht

anca [ˈaŋka] *f* ❶ *(de animal)* Hinterbacke *f*; **~s de rana** Froschschenkel *mpl*; **montar a las ~s** hinten aufsitzen ❷ *(cadera)* Hüfte *f* ❸ *pl (fam: nalgas)* Hintern *m*

ancestral [an̥θesˈtral] *adj* ❶ *(relativo a los antepasados)* Ahnen- ❷ *(tradicional)* überliefert; *(antiguo)* uralt

ancestro [an̥ˈθestro] *m* Vorfahr *m*

ancho[1] [ˈantʃo] *m* Breite *f*; **~ de vía** (AUTO, FERRO) Spurweite *f*; **tener** [*o* **medir**] **cinco metros de ~** fünf Meter breit sein

ancho, -a[2] [ˈantʃo, -a] *adj* ❶ *(vasto)* breit; *(vestidos)* weit; **~ de espaldas** breitschult(e)rig; **a lo ~** der Breite nach; **un árbol tumbado a lo ~ de la calle** ein Baum, der quer auf der Straße liegt ❷ *(loc)* **se queda tan ~ cuando dice tonterías** es macht ihm nichts, aus Blödsinn zu reden; **¡me quedé ~ después del examen!** nach der Prüfung war ich sehr erleichtert; **el trabajo le viene muy ~** er/sie ist dieser Arbeit nicht gewachsen; **me despaché a mis anchas con él** ich habe ihm die Wahrheit ins Gesicht gesagt; **estar a sus anchas** ganz in seinem Element sein; **en este pueblo estoy a mis anchas** ich fühle mich in diesem Dorf wie zu Hause

anchoa [anˈtʃoa] *f* Anchovis *f*

anchura [anˈtʃura] *f* Breite *f*; *(de un vestido)* Weite *f*

ancianidad [an̥θjaniˈðað] *f* Alter *nt*

anciano, -a [an̥ˈθjano, -a] **I.** *adj* alt **II.** *m, f* Alte(r) *mf*

ancla [ˈaŋkla] *f* Anker *m*; **echar ~s** vor Anker gehen; **levar ~s** den Anker lichten

ancladero [aŋklaˈðero] *m* Ankerplatz *m*

anclaje [aŋˈklaxe] *m* ❶ *(acción)* Verankern *nt* ❷ *(fondeadero)* Ankerplatz *m*

③ *(pago)* Hafengebühr *f,* Liegegebühr *f* ④ (TÉC, NÁUT) Verankerung *f*

anclar [aŋ'klar] **I.** *vi* ankern; **estar anclado** vor Anker liegen **II.** *vt* verankern

áncora ['aŋkora] *f* (*t.* NÁUT) Anker *m;* **~ de salvación** Rettungsanker *m*

ancuviña [aŋku'βiɲa] *f (Chil)* ① *(sepelio)* Bestattung *f,* Begräbnis *nt* ② *(tumba)* Grab *nt*

anda ['an̪da] *interj (fam: sorpresa)* na, so was; *(admiración)* bravo, super; *(desconfianza)* also, ich weiß nicht; *(incredulidad)* ach, komm; *(estimulación)* los, auf (geht's); **¡~!, ¡ven conmigo!** los, komm mit!

andadas [an̪'daðas] *fpl* **volver a las ~** in alte Gewohnheiten verfallen

andador[1] [an̪da'ðor] *m (para bebés)* Laufstuhl *m*

andador(a)[2] [an̪da'ðor(a)] *adj* wanderlustig; **ser buen/mal ~** gut/schlecht zu Fuß sein

ándale ['an̪dale] *interj (Méx)* na, los, also los

Andalucía [an̪dalu'θia] *f* Andalusien *nt*

andalucista [an̪dalu'θista] *adj* andalusisch *(mit lokalpatriotischer Färbung)*

andaluz(a) [an̪da'luθ(a)] **I.** *adj* andalusisch **II.** *m(f)* Andalusier(in) *m(f)*

andamiaje [an̪da'mjaxe] *m,* **andamio** [an̪'damjo] *m* (Bau)gerüst *nt*

andana [an̪'dana] *f* Reihe *f*

andanada [an̪da'naða] *f* Breitseite *f;* **lanzar una ~ contra alguien** *(fig)* jdm den Marsch blasen; **por ~s** *(Arg)* reichlich

andando [an̪'dan̪do] *interj (fam: afirmándose, recalcando el final)* basta; *(recalcando el comienzo)* auf geht's; **ya es la hora, así que ¡~!** es ist Zeit, also los!

andante [an̪'dan̪te] *adj* umherziehend; **parecer un cadáver ~** wie eine wandelnde Leiche aussehen

andanza [an̪'dan̪θa] *f* ① *(peripecia)* Ereignis *nt; (aventura)* Abenteuer *nt* ② *(suerte)* **buena ~** Glück *nt;* **mala ~** Unglück *nt*

andar [an̪'dar] *irr* **I.** *vi* ① *(caminar)* (zu Fuß) gehen; **~ a caballo** reiten; **~ a gatas** auf allen Vieren gehen; *(bebés)* krabbeln; **~ con paso majestuoso** stolzieren; **~ de prisa** schnell gehen; **~ detrás de algo** hinter etw *dat* her sein; **desde la estación hay 10 minutos andando** vom Bahnhof aus sind es 10 Minuten zu Fuß; **esta niña andaba ya a los ocho meses** dieses Mädchen lief schon mit acht Monaten ② *(reloj)* gehen; *(coche)* fahren; *(máquina)* laufen ③ *(tiempo)* vergehen ④ *(estar)* **¿dónde está el periódico? – ~á por ahí** wo ist die Zeitung? – sie liegt da irgendwo herum; **~ atareado** sehr beschäftigt sein; **~ metido en un asunto** in eine Sache verwickelt sein; **~ haciendo algo** gerade dabei sein, etw zu tun; **anda mucha gente buscando empleo** es gibt viele Leute, die eine Stelle suchen; **te ando llamando desde hace una hora** ich versuche dich seit einer Stunde anzurufen; **~ con gente de bien** mit den oberen Zehntausend verkehren; **los precios andan por las nubes** die Preise sind unerschwinglich; **~ mal de dinero** schlecht bei Kasse sein; **andar mal de inglés** schlecht in Englisch sein ⑤ *(loc)* **~ a golpes** sich prügeln; **~ a tiros** sich beschießen; **~ a una** sich einig sein; **~ a la que salta** die Gelegenheit beim Schopf(e) packen; **~ a la greña con alguien** sich mit jdm balgen; **~ con cuidado** sich vorsehen; **no hay que ~ con bromas con él** mit ihm ist nicht zu spaßen; **~ con miramientos** rücksichtsvoll vorgehen; **~ con rodeos** Umschweife machen; **no andes en mi escritorio** wühl nicht auf meinem Schreibtisch herum; **~ en pleitos** einen Prozess führen; **~emos por los 30 grados** wir haben ungefähr 30 Grad; **~ por los 30** so um die 30 sein; **¡anda!** sag bloß!; **dime con quien andas y te diré quien eres** *(prov)* sage mir, mit wem du umgehst, und ich sage dir, wer du bist **II.** *vt* **he andado toda la casa para encontrarte** ich habe das ganze Haus nach dir abgesucht **III.** *m* Gang *m*

andariego, -a [an̪da'rjeɣo, -a] **I.** *adj* wanderlustig **II.** *m, f* Wanderer, -in *m, f*

andas ['an̪das] *fpl* Traggestell *nt;* **llevar a alguien en ~** *(fig)* jdn in Watte packen

andén [an̪'den] *m* ① (FERRO) Bahnsteig *m* ② *(de muelle)* Kai *m* ③ *(corredor)* Gang *m* ④ *(de un puente)* Gehweg *m*

Andes ['an̪des] *mpl* Anden *pl*

andinismo [an̪di'nismo] *m sin pl (Am)* Bergsteigen *nt*

andinista [an̪di'nista] *mf (Am)* Bergsteiger(in) *m(f)*

andino, -a [an̪'dino, -a] *adj* Anden-, andin

Andorra [an̪'dorra] *f* Andorra *nt*

andorrano, -a [an̪do'rrano, -a] **I.** *adj* andorranisch **II.** *m, f* Andorraner(in) *m(f)*

andrajo [an̪'draxo] *m* Fetzen *m*

andrajoso, -a [an̪dra'xoso, -a] *adj* zerlumpt

andrógino, -a [an̪'droxino, -a] **I.** *adj* androgyn, zwittrig **II.** *m, f* Zwitter *m,* Hermaphrodit *m*

andurrial [an̪du'rrjal] *m* ① *(Arg, Ecua, Perú: paraje pantanoso)* Morast *m* ② *pl (paraje extraviado)* unwegsames Gelände *nt*

A

andurrial(es) [an̦du'rrjal(es)] *m(pl)* unwegsames Gelände *nt*
anécdota [a'neɣðota] *f* Anekdote *f*
anecdótico, -a [aneɣ'ðotiko, -a] *adj* anekdotenhaft
anegar [ane'ɣar] <g → gu> **I.** *vt* ❶ *(inundar)* überschwemmen ❷ *(ahogar)* ertränken; ~ **una sublevación en sangre** einen Aufstand blutig niederschlagen **II.** *vr:* **~se** überschwemmt werden; **~se en lágrimas** in Tränen aufgelöst sein
anejo[1] [a'nexo] *m* ❶ *(edificio)* Anbau *m* ❷ *(carta)* Anlage *f* ❸ *(libro, revista)* Beiheft *nt* ❹ *(en un libro)* Anhang *m* ❺ *(pueblo)* Gemeindebezirk *m* ❻ (INFOR) ~ **de datos** Dateianhang *m*
anejo, -a[2] [a'nexo, -a] *adj (a edificios)* angebaut; *(a cartas)* beiliegend
anemia [a'nemja] *f sin pl* Blutarmut *f*
anémico, -a [a'nemiko, -a] *adj* (MED) blutarm
anémona [a'nemona] *f* Anemone *f*
anestesia [anes'tesja] *f* Betäubung *f;* ~ **local** örtliche Betäubung *f,* Lokalanästhesie *f;* ~ **total** Vollnarkose *f*
anestesiar [aneste'sjar] *vt* betäuben
anestésico [anes'tesiko] *m* Betäubungsmittel *nt*
anestesista [aneste'sista] *mf* Anästhesist(in) *m(f)*
anexión [aneˠ'sjon] *f* Annexion *f*
anexionar [aneˠsjo'nar] *vt* annektieren
anexo[1] [a'neˠso] *m v.* **anejo**[1]
anexo, -a[2] [a'neˠso, -a] *adj v.* **anejo**[2]
anfetamina [aɱfeta'mina] *f* (MED) Amphetamin *nt*
anfibio[1] [aɱ'fiβjo] *m* ❶ (ZOOL) Amphibie *f* ❷ *(vehículo)* Amphibienfahrzeug *nt; (avión)* Amphibienflugzeug *nt*
anfibio, -a[2] [aɱ'fiβjo, -a] *adj* amphibisch; **animal** ~ amphibisches Lebewesen; **vehículo** ~ Amphibienfahrzeug *nt*
anfiteatro [aɱfite'atro] *m* ❶ *(local)* Amphitheater *nt* ❷ *(piso)* Rang *m*
anfitrión, -ona [aɱfi'trjon, -ona] *m, f* Gastgeber(in) *m(f)*
ánfora ['aɱfora] *f* ❶ *(cántaro)* Amphore *f* ❷ *(Méx: electoral)* Wahlurne *f*
angarillas [aŋga'riʎas] *fpl* Trage *f,* Traggestell *nt*
ángel ['aŋxel] *m* Engel *m;* ~ **de la guarda** Schutzengel *m;* **tener mucho** ~ viel Charme haben
angelical [aŋxeli'kal] *adj* engelhaft; **rostro** ~ Engelsgesicht *nt*
angelote [aŋxe'lote] *m* *(fam)* ❶ *(niño obeso)* Dickerchen *nt* ❷ *(buenazo)* gutmütiger Mensch *m*
angina [aŋ'xina] *f* ~ **de pecho** Angina pectoris *f;* **~s** Angina *f*
anglicanismo [aŋglika'nismo] *m sin pl* Anglikanismus *m*
anglicano, -a [aŋgli'kano, -a] **I.** *adj* anglikanisch **II.** *m, f* Anglikaner(in) *m(f)*
anglicismo [aŋgli'θismo] *m* Anglizismus *m*
anglista [aŋ'glista] *mf* Anglist(in) *m(f)*
angloamericano, -a [aŋgloameri'kano, -a] **I.** *adj* angloamerikanisch **II.** *m, f* Angloamerikaner(in) *m(f)*
anglófilo, -a [aŋ'glofilo, -a] *adj* anglophil
anglófono, -a [aŋ'glofono, -a] *adj* anglofon
anglohablante [aŋgloa'βlan̦te] *adj* englischsprachig
anglosajón, -ona [aŋglosa'xon, -ona] **I.** *adj* angelsächsisch **II.** *m, f* Angelsachse, -sächsin *m, f*
ango ['aŋgo] *m (Col)* ❶ (ANAT: *tendón*) Sehne *f* ❷ *(látigo)* Peitsche *f*
Angola [aŋ'gola] *f* Angola *nt*
angoleño, -a [aŋgo'leɲo, -a] **I.** *adj* angolanisch **II.** *m, f* Angolaner(in) *m(f)*
angosto, -a [aŋ'gosto, -a] *adj* eng
angostura [aŋgos'tura] *f* ❶ *(estrechez)* Enge *f;* ~ **intelectual** Engstirnigkeit *f* ❷ *(paso estrecho)* Engpass *m*
anguila [aŋ'gila] *f* ❶ (ZOOL) Aal *m* ❷ (NÁUT) Stapel *m*
anguilero, -a [aŋgi'lero, -a] **I.** *adj* Aal-; **cesto** ~ Aalkorb *m* **II.** *m, f* ❶ *(pescador)* Aalfischer(in) *m(f)* ❷ *(vendedor)* Aalverkäufer(in) *m(f)*
angula [aŋ'gula] *f* Glasaal *m*
angular [aŋgu'lar] **I.** *adj* Winkel- **II.** *m* ❶ (FOTO) **gran** ~ Weitwinkelobjektiv *nt* ❷ *(herramienta)* Winkeleisen *nt*
ángulo ['aŋgulo] *m* ❶ (MAT) Winkel *m;* ~ **recto** rechter Winkel; **en** ~ winkelförmig; ~ **de tiro** (DEP) Schusswinkel *m* ❷ *(rincón)* Ecke *f* ❸ *(arista)* Kante *f* ❹ *(de vista)* Blickwinkel *m*
anguloso, -a [aŋgu'loso, -a] *adj* ❶ *(lugar)* wink(e)lig ❷ *(cara)* kantig
angurria [aŋ'gurrja] *f (Am: fam)* ❶ *(ganas)* Gelüste *ntpl; (hambre)* Heißhunger *m; (pey: glotonería)* Gefräßigkeit *f* ❷ *(codicia)* Habgier *f*
angurriento, -a [aŋgu'rrjen̦to, -a] *adj (Am)* ❶ *(pey: glotón)* essgierig, gefräßig *fam; (hambriento)* heißhungrig ❷ *(codicioso)* habgierig
angustia [aŋ'gustja] *f* ❶ *(aprieto)* Beklemmung *f* ❷ *(temor)* Angst *f;* ~ **vital** Lebensangst *f* ❸ *(aflicción)* Kummer *m;* **dar** ~ bedrücken
angustiar [aŋgus'tjar] **I.** *vt* ❶ *(acongojar)*

beklemmen ② *(causar temor)* verängstigen ③ *(afligir)* bekümmern **II.** *vr:* **~se** ① *(afligirse)* beklommen sein ② *(atemorizarse)* sich ängstigen

angustioso, -a [aŋgus'tjoso, -a] *adj* ① *(lleno de angustia)* angstvoll ② *(inquietante)* beängstigend ③ *(sofocante)* beklemmend

anhelante [ane'lan̩te] *adj (ansioso)* sehnsüchtig; **estar ~ por algo** etw herbeisehnen

anhelar [ane'lar] **I.** *vi* keuchen **II.** *vt* sich sehnen (nach +*dat*)

anhelo [a'nelo] *m* Sehnsucht *f* (**de** nach +*dat*)

anidar [ani'ðar] **I.** *vi* ① *(hacer nido)* nisten ② *(morar)* wohnen **II.** *vt* aufnehmen

aniegue [a'njeɣe] *m (Méx)* Überschwemmung *f*

anilla [a'niʎa] *f* ① *(aro)* Ring *m; (para pájaros)* Fußring *m; (de puro)* Bauchbinde *f* ② *pl* (DEP) Ringe *mpl*

anillo [a'niʎo] *m* Ring *m;* **~ de boda** Ehering *m;* **~ (de crecimiento)** (BOT) Jahresring *m;* **a alguien no se le caen los ~s** *(fig)* jdm fällt kein Zacken aus der Krone; **este vestido te viene como ~ al dedo** dieses Kleid passt dir wie angegossen; **esta solución me viene como ~ al dedo** diese Lösung kommt mir wir gerufen

ánima ['anima] *f (alma)* Seele *f;* **a las ~s** abends

animación [anima'θjon] *f* ① *(acción de animarse)* Belebung *f;* **dar ~** beleben ② *(viveza)* Lebhaftigkeit *f* ③ *(actividad)* Betrieb *m;* **había mucha ~ en la calle** die Straße war sehr belebt ④ (CINE, INFOR) Animation *f*

animado, -a [ani'maðo, -a] *adj* ① *(persona)* fröhlich; **no estar muy ~** nicht besonders bei Laune sein ② *(lugar)* belebt ③ *(actividad)* lebhaft ④ *(concurrido)* stark besucht ⑤ *(tener ganas)* **estar ~ a hacer algo** Lust haben, etw zu tun; **no estar muy ~** keine rechte Lust haben ⑥ (INFOR) **~ por ordenador** computeranimiert

animador(a) [anima'ðor(a)] **I.** *adj* ermutigend **II.** *m(f)* ① *(artista)* Alleinunterhalter(in) *m(f)* ② *(de turistas)* Animateur(in) *m(f)* ③ *(presentador)* Moderator(in) *m(f)*

animadversión [animaðβer'sjon] *f* Abneigung *f;* **sentir ~ por alguien** eine Abneigung gegen jdn haben

animal [ani'mal] **I.** *adj* ① *(relativo a los animales)* tierisch; **comportamiento ~** Tierverhalten *nt* ② *(grosero)* roh; **el aspecto ~ del hombre** das Tier im Menschen **II.** *m* ① (ZOOL) Tier *nt;* **~es de caza** Wild *nt;* **~ de compañía** Haustier *nt;* **~ de presa** Raubtier *nt;* **comer como un ~** *(fam)* wie ein Scheunendrescher essen ② *(pey: persona ignorante)* Primitivling *m; (bruta)* Rohling *m*

animalada [anima'laða] *f (fam)* ① *(disparate)* Unsinn *m* ② *(barbaridad)* Barbarei *f;* **¡qué ~!** Wahnsinn! ③ *(cantidad)* Unmenge *f*

animalucho [anima'lutʃo] *m (pey)* Vieh *nt*

animar [ani'mar] **I.** *vt* ① *(infundir vida)* beleben; *(dar ánimo)* animieren; *(algo aburrido)* in Schwung bringen ② *(alentar)* ermutigen ③ *(persona triste)* aufmuntern ④ *(habitación)* aufheitern; *(economía)* ankurbeln **II.** *vr:* **~se** ① *(cobrar vida)* sich beleben ② *(atreverse)* Mut fassen ③ *(decidirse)* sich entschließen; **¡por fin te has animado a escribir (una carta)!** endlich hast du dich zu einem Brief durchgerungen!; **¿te animas?** machst du mit? ④ *(alegrarse)* in Stimmung kommen

anímico, -a [a'nimiko, -a] *adj* seelisch

ánimo ['animo] *m* ① *(espíritu)* Gemüt *nt;* **no estoy con ~s de...** ich bin nicht in der Verfassung, zu ... ② *(energía)* Kraft *f; (valor)* Mut *m;* **¡~!** Kopf hoch!; **cobrar ~** Mut fassen; **dar ~** Mut einflößen ③ *(intención)* Absicht *f* (**de** zu +*dat*); **con ~ de...** in der Absicht, zu ...; **sin ~ de lucro** gemeinnützig; **sin ~ de ofender a nadie** ohne jemandem zu nahe treten zu wollen

animosidad [animosi'ðaᵈ] *f (animadversión)* Abneigung *f*

animoso, -a [ani'moso, -a] *adj (valeroso)* mutig

aniñado, -a [ani'ɲaðo, -a] *adj* kindlich; *(pey)* kindisch

aniquilamiento [anikila'mjen̩to] *m* Vernichtung *f;* **el ~ de la salud** die Zerstörung der Gesundheit

aniquilar [aniki'lar] **I.** *vt* ① *(destruir)* vernichten; **~ todas las esperanzas** alle Hoffnungen zunichtemachen ② *(salud)* ruinieren ③ *(desanimar)* fertigmachen **II.** *vr:* **~se** ① *(desaparecer)* vernichtet werden ② *(deteriorarse)* zerstört werden

anís [a'nis] <anises> *m* Anis *m;* **~ estrellado** Sternanis *m*

anisado, -a [ani'saðo] *adj* Anis-, mit Anis; **una infusión anisada** ein Anistee

aniversario [aniβer'sarjo] *m* Jahrestag *m;* **~ de boda(s)** Hochzeitstag *m;* **~ de (la) muerte** Todestag *m*

ano ['ano] *m* (ANAT) After *m;* **~ artificial** künstlicher Darmausgang

anoche [a'notʃe] *adv (al atardecer)* gestern Abend; *(entrada la noche)* gestern Nacht; **antes de ~** vorgestern Abend; **~ no pude dormir** letzte Nacht konnte ich nicht schlafen

anochecer [anoʧe'θer] **I.** *vimpers irr como crecer* **anochece** es wird dunkel **II.** *vi irr como crecer* **anochecimos en Burgos** bei Einbruch der Dunkelheit waren wir in Burgos **III.** *m* Abenddämmerung *f;* **al ~** bei Einbruch der Dunkelheit

anochecida [anoʧe'θiða] *f* Einbruch *m* der Nacht, Abenddämmerung *f*

anodino, -a [ano'ðino, -a] *adj* ① *(cosa)* nichts sagend ② *(persona)* fade ③ (MED) schmerzstillend

ánodo ['anoðo] *m* Anode *f*

anomalía [anoma'lia] *f* Anomalie *f;* **¿has observado alguna ~ en mi actitud?** hast du an meinem Verhalten etwas Ungewöhnliches bemerkt?

anómalo, -a [a'nomalo, -a] *adj* abnorm

anonadación [anonaða'θjon] *f,* **anonadamiento** [anonaða'mjeṇto] *m* ① *(aniquilamiento)* Vernichtung *f* ② *(pasmo)* Verblüffung *f* ③ *(descorazonamiento)* Entmutigung *f*

anonadar [anona'ðar] **I.** *vt* ① *(aniquilar)* vernichten ② *(pasmar)* verblüffen; *(maravillar)* überwältigen; **la noticia me dejó anonadado** ich war über die Nachricht verblüfft ③ *(descorazonar)* entmutigen **II.** *vr:* **~se** ① *(aniquilarse)* vernichtet werden ② *(descorazonarse)* entmutigt werden

anonimato [anoni'mato] *m* Anonymität *f;* **mantener el ~** die Anonymität wahren

anonimia [ano'nimja] *f* Anonymität *f*

anónimo[1] [a'nonimo] *m* ① *(autor)* Anonymus *m* ② *(escrito)* anonymer Brief *m* ③ *(anonimato)* Anonymität *f;* **guardar el ~** die Anonymität wahren

anónimo, -a[2] [a'nonimo, -a] *adj* anonym; *(datos)* anonymisiert; **sociedad anónima** (ECON) Aktiengesellschaft *f*

anorak [ano'rak] <anoraks> *m* Anorak *m*

anorexia *f sin pl* (MED) Appetitlosigkeit *f,* Anorexie *f*

anoréxico, -a [ano'reˠsiko, -a] **I.** *adj* an Anorexie leidend **II.** *m, f* (MED) an Anorexie leidender Mensch

anormal [anor'mal] *adj (no normal)* anormal; **~ (físico)** mit einer körperlichen Behinderung; **~ (síquico)** mit einer geistigen Behinderung

anotación [anota'θjon] *f* ① *(acción de anotar)* Aufschreiben *nt; (en un registro)* Eintragung *f* ② *(nota)* Notiz *f* ③ (FIN) Buchung *f;* **~ de intereses** Zinsgutschrift *f*

anotador(a) [anota'ðor(a)] *m(f)* ① (DEP) Schütze, -in *m, f; (en baloncesto)* Korbschütze, -in *m, f; (en balonmano y fútbol)* Torschütze, -in *m, f* ② (CINE) Protokollführer(in) *m(f); (chica)* Skriptgirl *nt*

anotar [ano'tar] *vt (apuntar)* notieren; *(en un registro)* eintragen

anquilosamiento [aŋkilosa'mjeṇto] *m* ① *(de las articulaciones)* Versteifung *f* ② *(paralización)* Stockung *f,* Lähmung *f* ③ *(mental)* Verknöcherung *f*

anquilosar [aŋkilo'sar] **I.** *vt* versteifen **II.** *vr:* **~se** ① *(las articulaciones)* steif werden ② *(paralizarse)* stocken ③ *(mentalmente)* verknöchern

ánsar ['ansar] *m* (ZOOL) Gans *f*

ansia ['ansja] *f* ① *(angustia)* Angst *f* ② *(intranquilidad)* Unruhe *f* ③ *(afán)* Sehnsucht *f* (**de** nach +*dat*); **~ de poder** Machthunger *m* ④ *(náusea)* Übelkeit *f*

ansiar [an'sjar] <*1. pres* ansío> *vt* sich sehnen (nach +*dat*); **el momento ansiado** der ersehnte Augenblick; **lograr la tan ansiada copa** den heiß ersehnten Pokal gewinnen; **~ el regreso de alguien** sehnsüchtig auf jds Rückkehr warten; **~ el fin de la guerra** das Ende des Krieges herbeisehnen

ansiedad [ansje'ðað] *f* Angst *f*

ansioso, -a [an'sjoso, -a] *adj* ① *(intranquilo)* beunruhigt ② *(anheloso)* sehnsuchtsvoll ③ *(impaciente)* ungeduldig; *(deseoso)* begierig ④ *(codicioso)* gierig

anta ['aṇta] *f* (ZOOL) Elch *m*

antagónico, -a [aṇta'ɣoniko, -a] *adj* ① *(opuesto)* gegensätzlich ② *(rival)* gegnerisch

antagonismo [aṇtaɣo'nismo] *m (oposición)* Gegensatz *m; (rivalidad)* Gegnerschaft *f*

antagonista [aṇtaɣo'nista] *mf* Gegner(in) *m(f)*

antaño [aṇ'taɲo] *adv* früher

antártico, -a [aṇ'tartiko, -a] *adj* antarktisch; **Polo A~** Südpol *m;* **océano Glacial A~** Südpolarmeer *nt*

Antártida [aṇ'tartiða] *f* Antarktis *f*

ante ['aṇte] **I.** *m* ① (ZOOL) Elch *m* ② *(piel)* Wildleder *nt* **II.** *prep* ① *(posición)* vor +*dat* ② *(con movimiento)* vor +*akk* ③ *(en vista de)* angesichts +*gen* ④ *(en comparación con)* neben +*dat*

anteanoche [aṇtea'noʧe] *adv* vorgestern Abend

anteayer [aṇtea'ɟer] *adv* vorgestern

antebrazo [aṇte'βraθo] *m* (ANAT) Unterarm *m*

antecámara [aṇte'kamara] *f* Vorzimmer *nt*

antecedente [aṇteθe'ðeṇte] **I.** *adj* vorhergehende(r, s) **II.** *m* ① (LING) Bezugswort *nt* ② *pl (circunstancias)* Vorgeschichte *f; (de una persona)* Vorleben *nt;* **~s penales** Vorstrafe *f;* **estar en ~s (de algo)** (über etw) im Bilde sein; **poner a alguien en ~s (de algo)** jdn (über etw) ins Bild setzen

anteceder [an̪teθe'ðer] *vt v.* **preceder**

antecesor(a) [an̪teθe'sor(a)] *m(f)* ① *(en un cargo)* Vorgänger(in) *m(f)* ② *(antepasado)* Vorfahr(e), -in *m, f*

antecesores [an̪teθe'sores] *mpl* Vorfahren *mpl*, Ahnen *mpl*

antedatar [an̪teða'tar] *vt* (zu)rückdatieren

antedicho, -a [an̪te'ðiʧo, -a] *adj* oben genannt

antediluviano, -a [an̪teðilu'βjano, -a] *adj* vorsintflutlich

anteguerra [an̪te'ɣerra] *f* Vorkriegszeit *f*

antelación [an̪tela'θjon] *f* **con ~** im Voraus; **con la debida ~** rechtzeitig

antemano [an̪te'mano] *adv* **de ~** im Voraus; **calcular de ~** vorausberechnen

antena [an̪'tena] *f* ① *(de telecomunicaciones)* Antenne *f*; **~ colectiva** Gemeinschaftsantenne *f*; **~ interior** Zimmerantenne *f*; **~ de (la) radio** Funkantenne *f*; **~ parabólica** Satellitenschüssel *f*; **estar en ~** senden; **el programa lleva un año en ~** das Programm wird seit einem Jahr ausgestrahlt ② (NÁUT) Rah(e) *f* ③ (ZOOL) Fühler *m*; **estar con las ~s puestas** *(irón)* die Ohren spitzen

anteojeras [an̪teo'xeras] *fpl* Scheuklappen *fpl*

anteojo [an̪te'oxo] *m* ① *(catalejo)* Fernrohr *nt* ② *pl (gemelos)* Opernglas *nt*; *(prismáticos)* Fernglas *nt*; *(lentes)* Brille *f*

antepalco [an̪te'palko] *m* Vorzimmer *nt* der Loge

antepasado, -a [an̪tepa'saðo, -a] *m, f* Vorfahr(e), -in *m, f*

antepecho [an̪te'peʧo] *m* ① *(barandilla)* Geländer *nt* ② *(pretil)* Brüstung *f*

antepenúltimo, -a [an̪tepe'nul̪timo, -a] *adj* vorvorletzte(r, s)

anteponer [an̪tepo'ner] *irr como poner* **I.** *vt* ① *(poner delante)* **~ algo a algo** etw vor etw stellen ② *(dar preferencia)* den Vorrang geben *+dat* (**a** vor *+dat*) **II.** *vr:* **~se** ① *(ponerse delante)* **~se a alguien** sich vor jdn stellen ② *(tener preferencia)* den Vorrang haben (**a** vor *+dat*)

anteproyecto [an̪tepro'ɟekto] *m* Vorentwurf *m*

anterior [an̪te'rjor] **I.** *adj* vorige(r, s); **la noche ~ había llovido** in der Nacht zuvor hatte es geregnet; **en la página ~** auf der vorhergehenden Seite; **el presidente ~** der vorige Präsident **II.** *prep* **~ a** vor *+dat*

anterioridad [an̪terjori'ðaᵈ] **I.** *f* Vorzeitigkeit *f* **II.** *prep* **con ~ a** vor *+dat*

anteriormente [an̪terjor'men̪te] *adv* vorher; *(antiguamente)* früher

antes ['an̪tes] **I.** *adv* ① *(de tiempo)* vorher; *(hace un rato)* vorhin; *(antiguamente)* früher; *(primero)* zuerst; **poco ~** kurz vorher; **piénsate ~ lo que dices** überlege dir vorher, was du sagst; **ahora como ~** nach wie vor; **~ con ~, cuanto ~** so schnell wie möglich; **~ de nada** zuerst; **~ que nada** vor allem; **los cardenales van ~ que los obispos** die Kardinäle kommen vor den Bischöfen ② *(comparativo)* lieber **II.** *prep* **~ de** vor *+dat* **III.** *conj* ① *(temporal)* bevor; **~ (de) que llegues** bevor du kommst ② *(adversativo)* sondern; **no estoy satisfecho con el examen, ~ bien decepcionado** ich bin nicht zufrieden mit der Prüfung, um nicht zu sagen enttäuscht **IV.** *adj* **ya habíamos visto a esta chica el día ~** wir hatten dieses Mädchen schon am Tag zuvor gesehen

antesala [an̪te'sala] *f* Vorzimmer *nt*; **hacer ~** im Vorzimmer warten

antiácido[1] [an̪ti'aθiðo] *m* Mittel *nt* gegen Sodbrennen

antiácido, -a[2] [an̪ti'aθiðo, -a] *adj* säurebeständig

antiaéreo, -a [an̪tja'ereo, -a] *adj* (MIL) Flugabwehr-

antialérgico[1] [an̪tja'lerxiko] *m* (MED) Antiallergikum *nt*

antialérgico, -a[2] [an̪tja'lerxiko, -a] *adj* allergiehemmend

antiatómico, -a [an̪tja'tomiko, -a] *adj* **refugio ~** Atombunker *m*

antibalas [an̪ti'βalas] *adj inv* kugelsicher; **cristales ~** kugelsichere (Glas)scheiben

antibelicismo [an̪tiβeli'θismo] *m sin pl* Pazifismus *m*

antibelicista [an̪tiβeli'θista] *mf* Kriegsgegner(in) *m(f)*

antibiótico [an̪ti'βjotiko] *m* Antibiotikum *nt*

antibloqueo [an̪tiβlo'keo] *m* **sistema ~ de frenos** Antiblockiersystem *nt*

anticalcáreo, -a [an̪tikal'kareo] *adj* entkalkend

anticaspa [an̪ti'kaspa] *adj inv* Antischuppen-; **champú ~** Schuppenshampoo *nt*

anticiclón [an̪tiθi'klon] *m* Hoch(druckgebiet) *nt*

anticipación [an̪tiθipa'θjon] *f* ① *(de una fecha)* Vorverlegung *f* ② *(de un suceso)* Vorwegnahme *f* ③ *(a la acción de otro)* Vorgriff *m* (**de** auf *+akk*) ④ *(llegada adelantada)* Verfrühung *f* ⑤ *(loc)* **con ~** *(pago)* im Voraus

anticipadamente [an̪tiθipaða'men̪te] *adv* im Voraus; **jubilar ~ a alguien** jdn vorzeitig in den Ruhestand versetzen

anticipado, -a [an̪tiθi'paðo, -a] *adj (elec-*

ciones) vorgezogen; **pagar por ~** im Voraus (be)zahlen

anticipar [an̪tiθi'par] **I.** *vt* ① *(fecha)* vorverlegen ② *(suceso)* vorwegnehmen; **no anticipemos los acontecimientos** lassen wir die Ereignisse auf uns zukommen ③ *(dinero)* vorstrecken; **~ una paga sobre el sueldo** einen Vorschuss auf das Gehalt geben **II.** *vr* **~se a alguien** jdm zuvorkommen; **el verano se ha anticipado este año** der Sommer hat früh angefangen; **los invitados se han anticipado** die Gäste haben sich verfrüht

anticipo [an̪ti'θipo] *m* ① *(del sueldo)* Vorschuss *m;* **~ sobre el sueldo** Gehaltsvorschuss *m* ② *(de un pago)* Anzahlung *f*

anticlerical [an̪tikleri'kal] *adj* antiklerikal, kirchenfeindlich

anticlericalismo [an̪tiklerika'lismo] *m sin pl* Antiklerikalismus *m*

anticomunitario, -a [an̪tikomuni'tarjo, -a] *adj* EU-feindlich

anticoncepción [an̪tikon̪θeβ'θjon] *f* Empfängnisverhütung *f*

anticonceptivo[1] [an̪tikon̪θep'tiβo] *m* Verhütungsmittel *nt*

anticonceptivo, -a[2] [an̪tikon̪θep'tiβo, -a] *adj* empfängnisverhütend; **píldora anticonceptiva** Antibabypille *f*

anticongelante [an̪tikoŋxe'lan̪te] *m* Frostschutzmittel *nt*

anticonstitucional [an̪tikoⁿstituθjo'nal] *adj* verfassungswidrig

anticontaminante [an̪tikon̪tami'nan̪te] *adj* umweltfreundlich

anticorrosivo [an̪tikorro'siβo] *m* Rostschutzmittel *nt*

anticuado, -a [an̪ti'kwaðo, -a] *adj* ① *(método, ideas)* veraltet, antiquiert ② *(vestido, estilo, costumbre)* altmodisch

anticuario, -a [an̪ti'kwarjo, -a] *m, f (vendedor)* Antiquitätenhändler(in) *m(f)*

anticuarse [an̪ti'kwarse] *vr* ① *(método, ideas)* veralten ② *(vestido, estilo, costumbre)* aus der Mode kommen

anticucho [an̪ti'kutʃo] *m (Perú)* Fleischspieß *m*

anticuerpo [an̪ti'kwerpo] *m* Antikörper *m*

antidemocrático, -a [an̪tiðemo'kratiko, -a] *adj* antidemokratisch

antideportivo, -a [an̪tiðepor'tiβo, -a] *adj* unsportlich

antidepresivo [an̪tiðepre'siβo] *m* (MED) Antidepressivum *nt*

antiderrapante [an̪tiðerra'pan̪te] *adj* schleudersicher

antideslizante [an̪tiðesli'θan̪te] *adj* rutschfest

antidisturbios [an̪tiðis'turβjos] *adj inv* **fuerzas ~** Antiterroreinheiten *f pl*

antidopaje [an̪tiðo'paxe] *adj inv,* **antidoping** [an̪ti'ðopin] *adj inv* **control ~** Dopingkontrolle *f*

antídoto [an̪'tiðoto] *m* ① (MED) Gegengift *nt* ② *(para evitar errores)* Gegenmittel *nt*

antieconómico, -a [an̪tjeko'nomiko, -a] *adj* unwirtschaftlich

antier [an̪'tjer] *adv (Am: fam)* vorgestern

antiespasmódico[1] [an̪tjespas'moðiko] *m* (MED) krampflösendes Mittel *nt*

antiespasmódico, -a[2] [an̪tjespas'moðiko, -a] *adj* (MED) krampflösend

antiestético, -a [an̪tjes'tetiko, -a] *adj* unästhetisch

antifascismo [an̪tifas'θismo] *m sin pl* Antifaschismus *m*

antifascista [an̪tifas'θista] **I.** *adj* antifaschistisch **II.** *mf* Antifaschist(in) *m(f)*

antifaz [an̪ti'faθ] *m* Augenmaske *f*

antigás [an̪ti'ɣas] *adj inv* **máscara ~** Gasmaske *f*

antigripal [an̪tiɣri'pal] *adj* **remedio ~** Grippemittel *nt*

antigualla [an̪ti'ɣwaʎa] *f (pey)* ① *(objeto)* (alter) Plunder *m* ② *(costumbre, estilo)* alter Zopf *m*

antiguamente [an̪tiɣwa'men̪te] *adv* früher

Antigua República Yugoslava de Macedonia *f* ehemalige jugoslawische Republik Mazedonien *f*

Antigua y Barbuda *f* Antigua und Barbuda *nt*

antigubernamental [an̪tiɣuβernamen̪'tal] *adj* regierungsfeindlich

antigüedad [an̪tiɣwe'ðaᵈ] *f* ① *(edad antigua)* Altertum *nt;* **la ~ clásica** die Antike ② *(objeto)* Antiquität *f* ③ *(edad)* Alter *nt;* **tener una ~ de 100 años** 100 Jahre alt sein ④ *(en una empresa)* Betriebszugehörigkeit *f;* **tengo 5 años de ~** (**en el trabajo**) ich bin seit 5 Jahren in diesem Betrieb

antiguo, -a [an̪'tiɣwo, -a] *adj* <antiquísimo> ① *(de muchos años)* alt; *(relación)* langjährig ② *(anticuado)* überholt; *(muy anticuado)* altertümlich; **a la antigua** nach alter Art; **está chapado a la antigua** er ist altmodisch ③ *(de la antigüedad)* antik ④ *(anterior)* ehemalig ⑤ *(en un cargo)* **es el más ~ en esta empresa** er ist der Dienstälteste in dieser Firma

antihéroe [an̪ti'eroe] *m* Antiheld *m*

antihigiénico, -a [an̪ti(i)'xjeniko, -a] *adj* unhygienisch

antiinflamable [an̪ti(i)ɱfla'maβle] *adj* nicht entflammbar

antiinflamatorio, -a [an̪ti(i)ɱflama'torjo, -a] *adj* entzündungshemmend

antiinsectos [an̪ti(i)n'sektos] *adj inv* **espray** ~ Insektenspray *nt*

antilogía [an̪tilo'xia] *f* Widerspruch *m*

antílope [an̪'tilope] *m* Antilope *f*

antimilitarista [an̪timilita'rista] **I.** *adj* antimilitaristisch **II.** *mf* Antimilitarist(in) *m(f)*

antinatural [an̪tinatu'ral] *adj* unnatürlich

antinomia [an̪ti'nomja] *f* Widerspruch *m*

antinuclear [an̪tinukle'ar] *adj* Anti-Atom(kraft)-; **manifestación** ~ Anti-Atomkraft-Demonstration *f*

antioxidante [an̪tjoˠsi'ðan̪te] **I.** *adj* (QUÍM) die Oxidation verhindernd **II.** *m* (QUÍM) Antioxidationsmittel *nt*

antiparras [an̪ti'parras] *fpl (fam)* Brille *f*

antipatía [an̪tipa'tia] *f* Abneigung *f* (**a/contra/hacia** gegen +*akk*)

antipático, -a [an̪ti'patiko, -a] *adj* unsympathisch

antípodas [an̪'tipoðas] *mpl* (GEO) Antipoden *mpl*

antiprogresista [an̪tiproɣre'sista] **I.** *adj* fortschrittsfeindlich; *(reaccionario)* reaktionär; *(atrasado)* rückständig **II.** *mf* Fortschrittsfeind(in) *m(f); (reaccionario)* Reaktionär(in) *m(f)*

antiquísimo, -a [an̪ti'kisimo, -a] *adj superl de* **antiguo**

antirreglamentario, -a [an̪tirreɣlamen̪'tarjo, -a] *adj* regelwidrig; **entrada antirreglamentaria** (DEP) Foul *nt*

antirrobo [an̪ti'rroβo] *m* Diebstahlschutz *m*

antisemita [an̪tise'mita] **I.** *adj* antisemitisch **II.** *mf* Antisemit(in) *m(f)*

antisemítico, -a [an̪tise'mitiko, -a] *adj* antisemitisch

antisemitismo [an̪tisemi'tismo] *m sin pl* Antisemitismus *m*

antiséptico, -a [an̪ti'septiko, -a] *adj* antiseptisch

antisísmico, -a [an̪ti'sismiko, -a] *adj* erdbebensicher

antisocial [an̪tiso'θjal] *adj* unsozial

antisolar [an̪tiso'lar] *adj* Sonnenschutz-

antitabaco [an̪tita'βako] *adj inv* **campaña** ~ Antiraucherkampagne *f*

antitérmico[1] [an̪ti'termiko] *m* (MED) fiebersenkendes Mittel *nt*, Antipyretikum *nt*

antitérmico, -a[2] [an̪ti'termiko, -a] *adj* (MED) fiebersenkend, antipyretisch

antiterrorista [an̪titerro'rista] *adj* Antiterror-; **lucha** ~ Kampf gegen den Terrorismus

antítesis [an̪'titesis] *f inv* ① (LIT, FILOS) Antithese *f* ② *(contrario)* Gegenteil *nt*

antitético, -a [an̪ti'tetiko, -a] *adj* gegensätzlich

antivacunas [an̪tiβa'kunas] *mf* Impfgegner(in) *m(f)*

antivirus [an̪ti'βirus] *m inv* Antivirus *nt*

antojadizo, -a [an̪toxa'ðiθo, -a] *adj* launenhaft

antojarse [an̪to'xarse] *vimpers* ① *(encapricharse)* **se le antojó comprarse un coche nuevo** er/sie wollte unbedingt ein neues Auto kaufen; **se me antojó un helado** ich bekam Lust auf ein Eis; **hace siempre lo que se le antoja** er/sie macht immer, wozu er/sie Lust hat ② *(tener la sensación)* **se me antoja que no vas a venir** ich habe das Gefühl, dass du nicht kommen wirst; **se me antoja que va a nevar** ich glaube, es wird bald schneien

antojo [an̪'toxo] *m* ① *(capricho)* Laune *f*; **a mi** ~ wie es mir gefällt ② *(de una embarazada)* Gelüst(e) *nt;* **tener ~s** *(ganas)* Gelüste haben; *(CSur: estar embarazada)* schwanger sein ③ *(mancha)* Muttermal *nt* ④ *(Méx: apetito)* Appetit *m*

antología [an̪tolo'xia] *f* Anthologie *f;* **de** ~ *(memorable)* hervorragend

antológico, -a [an̪to'loxiko, -a] *adj* ① *(relativo a la antología)* anthologisch ② *(extraordinario)* hervorragend

antónimo [an̪'tonimo] *m* (LING) Antonym *nt*

antonomasia [an̪tono'masja] *f* **por** ~ schlechthin

antorcha [an̪'tortʃa] *f* Fackel *f*

antracita [an̪tra'θita] *f* Anthrazit *m*

antro ['an̪tro] *m* ① *(caverna)* Höhle *f* ② *(pey: local)* Spelunke *f;* **un ~ de corrupción** eine Lasterhöhle

antropófago, -a [an̪tro'pofaɣo, -a] *m, f* Kannibale, -in *m, f*

antropoide [an̪tro'poi̯ðe] *m* (ZOOL) Anthropoid(e) *m*

antropología [an̪tropolo'xia] *f* Anthropologie *f*

antropólogo, -a [an̪tro'poloɣo, -a] *m, f* Anthropologe, -in *m, f*

anual [anu'al] *adj* ① *(que dura un año)* Jahres- ② *(que sucede cada año)* jährlich; **informe** ~ Jahresbericht *m* ③ *(planta)* einjährig

anualidad [anwali'ðaᵈ] *f* Jahresrate *f;* ~ **de(l) seguro** Versicherungsjahr *nt*

anualmente [anwal'men̪te] *adv* jährlich

anuario [anu'arjo] *m* Jahrbuch *nt*

anubarrado, -a [anuβa'rraðo, -a] *adj* bewölkt

anublar [anu'βlar] **I.** *vt* ① *(ocultar)* verdecken; **las nubes anublan el sol** die Wolken verdecken die Sonne ② *(empañar)* trüben; ~ **la alegría** die Freude trüben **II.** *vr:* **~se** ① *(el cielo)* sich bewölken ② *(planta)* welken

anudar [anu'ðar] **I.** *vt* ① *(hacer un nudo)*

A

(ver)knoten ② *(juntar)* verknüpfen (**a** mit +*dat*) **II.** *vr:* **~se** sich verknoten; *(la voz)* versagen

anuencia [a'nweṇθja] *f* Zustimmung *f,* Einwilligung *f*

anuente [a'nweṇte] *adj* zustimmend, einwilligend

anulación [anula'θjon] *f* ① *(de una ley)* Aufhebung *f* ② *(de una sentencia/un matrimonio)* Annullierung *f* ③ *(de un contrato)* Auflösung *f; (de un pedido)* Stornierung *f; (de una subscripción)* Kündigung *f* ④ *(de una decisión/un permiso)* Widerruf *m*

anular [anu'lar] **I.** *vt* ① *(ley)* aufheben ② *(sentencia, matrimonio)* annullieren ③ *(contrato)* auflösen; *(pedido)* stornieren; *(subscripción)* kündigen ④ *(decisión, permiso)* widerrufen ⑤ *(cita)* absagen ⑥ *(tren, autobús)* streichen ⑦ (DEP: *gol*) nicht anerkennen ⑧ *(persona)* unterjochen **II.** *vr:* **~se** sich erniedrigen **III.** *adj* ① *(relativo al anillo)* Ring- ② *(de forma de anillo)* ringförmig

anulativo, -a [anula'tiβo, -a] *adj* aufhebend

anunciación [anuṇθja'θjon] *f* Verkündigung *f*

anunciante [anuṇ'θjaṇte] *mf* Inserent(in) *m(f)*

anunciar [anuṇ'θjar] **I.** *vt* ① *(dar noticia de algo)* bekannt geben; *(de antemano)* ankündigen; *(por teléfono/radio)* durchsagen; **acaban de ~ la llegada del vuelo** die Ankunft des Fluges ist soeben gemeldet worden ② *(dar publicidad)* werben (für +*akk*) ③ *(concurso, oposiciones)* ausschreiben ④ *(un visitante)* melden ⑤ *(presagiar)* vorhersagen **II.** *vr:* **~se** ① *(hacerse publicidad)* werben ② *(el verano)* sich ankündigen

anuncio [a'nuṇθjo] *m* ① *(de una noticia)* Bekanntgabe *f; (de antemano)* Ankündigung *f* ② *(en el cine/la TV)* (Werbe)spot *m; (en un periódico)* Anzeige *f;* **~ por palabras** Kleinanzeigen *fpl* ③ *(en internet)* **~ en internet** Werbebanner *nt*

anverso [am'berso] *m* Vorderseite *f*

anzuelo [aṇ'θwelo] *m* ① *(para pescar)* Angelhaken *m;* **echar el ~** den Köder auswerfen; **morder el ~** anbeißen ② *(fam: aliciente)* Köder *m;* **picar en** [*o* **tragar**] **el ~** anbeißen; **echar el ~ a alguien** jdn ködern

añadido [aɲa'ðiðo] *m* ① *(cosa añadida)* Zusatz *m* ② *(postizo)* Haarteil *nt*

añadidura [aɲaði'ðura] *f* Zusatz *m* (**a** zu +*dat*); *(en una compra)* Zugabe *f* (**a** zu +*dat*); **por ~** außerdem

añadir [aɲa'ðir] *vt* ① *(agregar)* hinzufügen (**a** +*dat*); **a esto hay que ~ que...** hinzu kommt, dass ... ② *(alargar)* verlängern; **~ dos centímetros a las mangas** die Ärmel um zwei Zentimeter verlängern

añal [a'ɲal] **I.** *adj (anual)* jährlich **II.** *m (cordero, becerro, carnero)* Jährling *m*

añares [a'ɲares] *mpl (Arg)* lange Zeit *f,* viele Jahre *ntpl*

añejo, -a [a'ɲexo, -a] *adj* alt; *(vino)* gealtert

añicos [a'ɲikos] *mpl* Scherben *fpl;* **hacer algo ~** etw zertrümmern; **estoy hecho ~** *(fam)* ich bin fix und fertig

añil [a'ɲil] *m* ① (BOT) Indigopflanze *f* ② *(color)* Indigoblau *nt*

año ['aɲo] *m* Jahr *nt;* **~ bisiesto** Schaltjahr *nt;* **~ civil** Kalenderjahr *nt;* **~ luz** Lichtjahr *nt;* **~ natural** Kalenderjahr *nt;* **~ nuevo** Neujahr *nt;* **la víspera de ~ nuevo** der Silvesterabend; **~ de publicación** Erscheinungsjahr *nt;* **~ de servicio** Dienstjahr *nt;* **los ~s 60** die 60er Jahre; **por los ~s 60** in den 60er-Jahren; **en el ~ 1960** (im Jahre) 1960; **el ~ de la pera** anno dazumal; **cumplir ~s** Geburtstag haben; **cumplir 60 ~s** 60 Jahre alt werden; **¿cuántos ~s tienes?** wie alt bist du?; **Juan le saca cinco ~s a Pepe** Juan ist fünf Jahre älter als Pepe; **un hombre entrado en ~s** ein älterer Mann; **a mis ~s** in meinem Alter; **necesitar ~s** ewig brauchen; **los ~s no pasan en balde** die Zeit geht nicht spurlos vorbei; **los ~s corren que vuelan** die Jahre fliegen nur so dahin; **por él no pasan los ~s** er sieht für sein Alter jung aus; **quitarse ~s** sich jünger machen; **estar de buen ~** *(saludable)* gut aussehen; *(gordo)* dick sein

añoranza [aɲo'raṇθa] *f* Sehnsucht *f; (morriña)* Heimweh *nt*

añorar [aɲo'rar] *vt* sich sehnen (nach +*dat*); *(tener morriña)* Heimweh haben (**de** nach +*dat*); **~ los viejos tiempos** den alten Zeiten nachtrauern

añoso, -a [a'ɲoso, -a] *adj* sehr alt

aorta [a'orta] *f* Hauptschlagader *f*

aovado, -a [ao'βaðo, -a] *adj* oval

aovar [ao'βar] *vi* Eier legen

aovillarse [aoβi'ʎarse] *vr* sich zusammenkauern

AP [a'pe] *f abr de* **Alianza Popular** *rechte Partei Spaniens zur Zeit des Übergangs zur Demokratie nach Franco*

apabullante [apaβu'ʎaṇte] *adj* überwältigend

apabullar [apaβu'ʎar] *vt* ① *(achicar)* einschüchtern; *(confundir)* verwirren; *(abatir)* am Boden zerstören; **me quedé apabullado cuando oí la noticia** ich war

einfach platt, als ich die Nachricht hörte ② *(humillar)* demütigen
apacentar [apaθeṇ'tar] <e → ie> **I.** *vt* ① *(ganado)* auf die Weide treiben ② *(pasiones, deseos)* schüren **II.** *vr:* **~se** weiden
apachar [apa'ʧar] *vt (Perú: robar)* rauben
apacheta [apa'ʧeta] *f (Arg, Bol, Chil, Perú)* ① *(adoratorio incásico)* Kapelle *f* der Inkas ② *(amontonamiento)* Anhäufung *f;* ~ **de gente** Menschenauflauf *m* ③ *(montón de dinero)* Haufen *m* Geld; **hacer la** ~ sich bereichern
apacible [apa'θiβle] *adj* ① *(persona)* sanftmütig ② *(temperamento)* ruhig ③ *(tiempo, viento)* mild
apaciguador(a) [apaθiɣwa'ðor(a)] *adj* beschwichtigend, besänftigend
apaciguamiento [apaθiɣwa'mjeṇto] *m* ① *(aplacamiento)* Beschwichtigung *f; (del dolor)* Milderung *f* ② *(calma)* Beruhigung *f*
apaciguar [apaθi'ɣwar] <gu → gü> **I.** *vt* ① *(aplacar)* besänftigen ② *(calmar)* beruhigen; *(dolor)* mildern **II.** *vr:* **~se** sich beruhigen
apadrinar [apaðri'nar] *vt* ① *(en un bautizo)* Pate stehen (bei +*dat*); *(en una boda)* Trauzeuge sein (bei +*dat*) ② *(proteger)* protegieren ③ *(patrocinar)* die Schirmherrschaft übernehmen (über +*akk*)
apagado, -a [apa'ɣaðo, -a] *adj* ① *(volcán)* erloschen ② *(sonido)* gedämpft ③ *(persona)* niedergeschlagen ④ *(color)* trüb
apagar [apa'ɣar] <g → gu> **I.** *vt* ① *(luz, cigarrillo)* ausmachen ② *(fuego, cal)* löschen; ~ **el fuego con una manta** das Feuer mit einer Decke ersticken ③ *(sed, hambre)* stillen ④ *(protesta, disturbio)* ersticken ⑤ *(televisor, radio)* ausmachen ⑥ *(vela)* ausblasen ⑦ *(color, bríos)* dämpfen ⑧ *(loc)* **¡apaga y vámonos!** jetzt reicht's aber!; **hoy está apagado** heute ist er nicht in Form **II.** *vr:* **~se** ① *(fuego, pipa, luz)* ausgehen ② *(sonido)* abklingen ③ *(color)* verblassen
apagón [apa'ɣon] *m* Stromausfall *m*
apaisado, -a [apai̯'saðo, -a] *adj* im Querformat
apalabrar [apala'βrar] *vt* verabreden
apalancado, -a [apalaŋ'kaðo, -a] *adj* etabliert
apalancamiento [apalaŋka'mjeṇto] *m* Heben *nt* mit einer Brechstange; (ECON: *en una empresa*) Verhältnis *nt* von Eigenkapital zu Fremdkapital
apalancar [apalaŋ'kar] <c → qu> **I.** *vt* mit einer Brechstange hochheben **II.** *vr:* **~se** *(fam)* herumlungern
apaleada [apale'aða] *f (Arg, Méx),*
apaleamiento [apalea'mjeṇto] *m* Prügel *mpl*
apalear [apale'ar] *vt* ① (AGR) worfeln ② *(dinero)* scheffeln ③ *(a alguien)* verprügeln ④ *(una alfombra)* ausklopfen ⑤ *(un árbol)* schlagen (gegen +*akk*); ~ **un manzano** Äpfel vom Baum abschlagen
apalizar [apali'θar] <z → c> *vt* verprügeln; **el equipo fue apalizado** *(fig)* die Mannschaft erlitt eine vernichtende Niederlage
apantallado, -a [apaṇta'ʎaðo, -a] *adj (Méx)* dumm, blöd, töricht
apañado, -a [apa'ɲaðo, -a] *adj* ① *(hábil)* geschickt ② *(adecuado)* geeignet ③ *(fam: equivocado)* **estás ~ si crees que te voy a ayudar** wenn du glaubst, dass ich dir helfe, bist du schiefgewickelt; **aquí está ~** hier hat er nichts zu lachen
apañar [apa'ɲar] **I.** *vt* ① *(remendar)* flicken ② *(loc)* **¡ya te ~é yo!** dir werde ich helfen! **II.** *vr:* **~se** ① *(darse maña)* sich geschickt anstellen ② *(arreglárselas)* zurechtkommen; **no sé cómo te las apañas** ich weiß nicht, wie du das machst; **¡apáñatelas como puedas!** sieh selbst zu, wie du zurechtkommst!
apaño [a'paɲo] *m* ① *(acción de apañar)* Flicken *nt* ② *(remiendo)* Flickarbeit *f* ③ *(chanchullo)* Schiebung *f* ④ *(amorío)* Verhältnis *nt* ⑤ *(loc)* **encontrar un** ~ eine Notlösung finden
aparador [apara'ðor] *m* ① *(mueble)* Anrichte *f* ② *(escaparate)* Schaufenster *nt* ③ *(taller)* Werkstatt *f*
aparato [apa'rato] *m* ① *(utensilio, t.* DEP) Gerät *nt;* ~ **indicador** Zähler *m;* ~ **de precisión** Feinmessinstrument *nt;* ~ **de televisión** Fernsehgerät *nt;* ~ **para la ventilación** Lüftung *f;* **gimnasia de ~s** Geräteturnen *nt* ② (TEL) Apparat *m;* **ponerse al** ~ ans Telefon gehen; **el señor X está al** ~ Herr X ist am Apparat ③ *(avión)* Maschine *f* ④ (MED: *vendaje*) Verband *m; (para la dentadura)* ~ **de ortodoncia** Zahnspange *f* ⑤ (ANAT) ~ **digestivo** Verdauungsapparat *m* ⑥ *(pompa)* Prunk *m* ⑦ (POL: *de un partido*) Apparat *m*
aparatosidad [aparatosi'ða^ð] *f* ① *(ostentación)* Prunk *m* ② *(desmesura)* Maßlosigkeit *f*
aparatoso, -a [apara'toso, -a] *adj* ① *(ostentoso)* prunkvoll ② *(desmedido)* maßlos; **un accidente ~** ein spektakulärer Unfall
aparcabicis [aparka'biθis] *m inv* Fahrradständer *m*
aparcamiento [aparka'mjeṇto] *m* ① *(acción)* Parken *nt* ② *(lugar)* Parkplatz *m;*

~ **para discapacitados** Behindertenparkplatz *m*

aparcar [apar'kar] <c → qu> *vt* ❶ *(coche)* parken ❷ *(decisión)* vertagen

aparcero, -a [apar'θero, -a] *m, f* Teilpächter(in) *m(f)*

apareamiento [aparea'mjeṇto] *m* Paarung *f*

aparear [apare'ar] **I.** *vt* ❶ *(animales)* paaren ❷ *(formar un par)* paarweise anordnen; ~ **personas** Paare bilden **II.** *vr:* **~se** ❶ *(animales)* sich paaren ❷ *(formar un par)* ein Paar bilden

aparecer [apare'θer] *irr como crecer* **I.** *vi* erscheinen; *(algo inesperado)* auftauchen; ~ **ante la opinión pública** in der Öffentlichkeit auftreten; **han aparecido casos de difteria** es gab einige Diphtheriefälle **II.** *vr:* **~se** erscheinen

aparecido [apare'θiðo] *m* Erscheinung *f*

aparejado, -a [apare'xaðo, -a] *adj (adecuado)* geeignet, zweckmäßig; **llevar** [*o* **traer**] ~ mit sich bringen, zur Folge haben

aparejador(a) [aparexa'ðor(a)] *m(f)* Bauführer(in) *m(f)*

aparejar [apare'xar] *vt* ❶ *(una caballería)* anschirren ❷ *(un barco)* auftakeln ❸ *(imprimar)* grundieren

aparejo [apa'rexo] *m* ❶ *(arnés)* Pferdegeschirr *nt* ❷ *(poleas)* Flaschenzug *m* ❸ *(jarcia)* Takelage *f* ❹ *(imprimación)* Grundierung *f* ❺ *(construcción)* Verband *m* ❻ *pl (utensilios)* Ausrüstung *f*

aparentar [apareṇ'tar] *vt* vorgeben; **trata de ~ que es rico** er tut so als sei er reich; ~ **estar enfermo** sich krank stellen; **no aparentas la edad que tienes** du siehst jünger aus als du bist

aparente [apa'reṇte] *adj* ❶ *(que parece y no es)* scheinbar ❷ *(perceptible a la vista)* sichtbar ❸ *(adecuado)* passend ❹ *(de buen aspecto)* reizvoll

aparentemente [apareṇte'meṇte] *adv* anscheinend

aparición [apari'θjon] *f* ❶ *(acción)* Erscheinen *nt; (de algo inesperado)* Auftauchen *nt;* (TEAT) Auftritt *m* ❷ *(visión)* Erscheinung *f*

apariencia [apa'rjeṇθja] *f* ❶ *(aspecto)* Aussehen *nt* ❷ *(signos)* (An)schein *m;* **en ~** dem Anschein nach; **guardar las ~s** den Schein wahren; **las ~s engañan** *(prov)* der Schein trügt

aparrandado, -a [aparraṇ'daðo, -a] *adj (Col)* ❶ *(comida)* verdorben ❷ *(idea, plan)* überholt

apartadero [aparta'ðero] *m* ❶ *(de un camino, canal)* Ausweiche *f* ❷ (FERRO) Ausweichgleis *nt*

apartado[1] [apar'taðo] *m* ❶ *(cuarto)* Hinterzimmer *nt* ❷ *(párrafo)* Absatz *m* ❸ *(loc)* ~ **de correos** [*o* **postal**] Postfach *nt*

apartado, -a[2] [apar'taðo, -a] *adj* ❶ *(lugar)* abgelegen ❷ *(persona)* ungesellig

apartamento [aparta'meṇto] *m* Wohnung *f,* Appartement *nt;* **un ~ compartido** eine Wohngemeinschaft

apartamiento [aparta'mjeṇto] *m* ❶ *(separación)* Trennung *f* ❷ *(apartamento)* Wohnung *f*

apartar [apar'tar] **I.** *vt* ❶ *(separar)* trennen ❷ *(poner a un lado)* beiseitelegen; **~ a alguien para decirle algo** jdn zur Seite nehmen, um ihm etw zu sagen; **~ el plato** den Teller wegschieben; **¡aparta la mano del taladro!** komm mit deiner Hand nicht an den Bohrer! ❸ *(de un cargo)* entfernen (**de** aus +*dat*) ❹ *(de un propósito)* abbringen ❺ *(la vista)* abwenden ❻ *(la atención)* ablenken **II.** *vr:* **~se** ❶ *(separarse)* sich trennen ❷ *(de un camino)* abweichen; **¡apártate!** geh aus dem Weg! ❸ *(del tema)* abschweifen

aparte [a'parte] **I.** *adv (en otro sitio)* beiseite; **por correo ~** mit getrennter Post; **he sumado los euros y, ~, los dólares** ich habe die Euro und die Dollar getrennt addiert; **esta cuestión debe tratarse ~** auf diese Frage muss gesondert eingegangen werden **II.** *prep* ❶ *(separado)* **él estaba ~ del grupo** er war abseits der Gruppe ❷ *(además de)* **~ de** abgesehen von +*dat;* **esta sopa ~ de mala está fría** diese Suppe schmeckt nicht nur schlecht, sie ist auch noch kalt; **~ de esto, perdí las llaves** außerdem verlor ich noch die Schlüssel **III.** *m (de un escrito)* Absatz *m;* **punto y ~** Punkt und neuer Absatz **IV.** *adj inv* ❶ *(singular)* einzigartig ❷ *(separado)* separat; **en un plato ~** auf einem extra Teller

apartheid [apar^{t}'xei̯^{ð}] *m sin pl* Apartheid *f*

apartidismo [aparti'ðismo] *m sin pl* Parteilosigkeit *f*

apartidista [aparti'ðista] *adj* parteilos

apasionado, -a [apasjo'naðo, -a] **I.** *adj* ❶ *(con pasión)* leidenschaftlich ❷ *(entusiasta)* begeistert ❸ *(temperamento)* lebhaft **II.** *m, f* Anhänger(in) *m(f)*

apasionamiento [apasjona'mjeṇto] *m* ❶ *(entusiasmo)* Begeisterung *f* ❷ *(vehemencia)* Leidenschaftlichkeit *f;* **con ~** mit Leib und Seele

apasionante [apasjo'naṇte] *adj (libro, película)* spannend; *(música)* mitreißend; *(sensación)* überwältigend

apasionar [apasjo'nar] **I.** *vt* begeistern

II. *vr:* **~se** ① *(entusiasmarse)* sich begeistern (**por** für +*akk*) ② *(enamorarse)* sich leidenschaftlich verlieben (**en** in +*akk*)

apatía [apa'tia] *f* Teilnahmslosigkeit *f*

apático, -a [a'patiko, -a] *adj* apathisch

apátrida [a'patriða] *adj* staatenlos

apatusco [apa'tusko] *m (Ven)* ① *(intriga)* Intrige *f* ② *(fingimiento)* Schwindel *m*

apeadero [apea'ðero] *m* ① *(poyo)* Trittstein *m* ② (FERRO) Haltepunkt *m* ③ *(en un camino)* Haltebucht *f*

apear [ape'ar] **I.** *vt* ① *(árbol)* fällen ② *(disuadir)* abbringen (**de** von +*dat*) **II.** *vr:* **~se** *(de un vehículo)* aussteigen (**de** aus +*dat*); *(de un caballo)* absitzen (**de** von +*dat*)

apechugar [apetʃu'ɣar] <g → gu> *vi* sich abfinden; **~ con las consecuencias** die Konsequenzen tragen; **~ con una tarea complicada** sich eine schwere Arbeit aufladen

apedazar [apeða'θar] <z → c> *vt* flicken

apedrear [apeðre'ar] **I.** *vimpers* hageln **II.** *vt* mit Steinen bewerfen; *(lapidar)* steinigen **III.** *vr:* **~se** *(cosecha)* verhageln

apegado, -a [ape'ɣaðo, -a] *adj* **estar ~ a alguien** an jdm hängen

apegarse [ape'ɣarse] <g → gu> *vr* lieb gewinnen (**a** +*akk*)

apego [a'peɣo] *m* Zuneigung *f* (**a** zu +*dat*); **tener un gran ~ a algo** etw sehr mögen

apelación [apela'θjon] *f* ① (JUR: *recurso*) Berufung *f* ② *(invocación)* Appell *m* (**a** an +*akk*) ③ *(loc)* **esto no tiene ~** da ist nichts zu machen; **este resultado no tiene ~** an diesem Ergebnis gibt es nichts zu rütteln

apelar [ape'lar] *vi* ① *(invocar)* appellieren (**a** an +*akk*); *(referirse)* sich berufen (**a** auf +*akk*) ② *(recurrir: a alguien)* sich wenden (**a** an +*akk*); *(a algo)* greifen (**a** zu +*dat*); **~ a todos los medios** kein Mittel unversucht lassen ③ (JUR: *recurrir*) Berufung einlegen (**de** gegen +*akk*); **la sentencia ha sido apelada** gegen das Urteil wurde Berufung eingelegt

apelativo [apela'tiβo] *m* ① *(apellido)* Nachname *m* ② *(sobrenombre)* Beiname *m;* **~ cariñoso** Kosename *m* ③ (LING) Gattungsname *m*

apellidar [apeʎi'ðar] **I.** *vt* nennen **II.** *vr:* **~se** (mit Familiennamen) heißen; **se apellida Martínez** sein/ihr Nachname ist Martínez

apellido [ape'ʎiðo] *m* Familienname *m,* Nachname *m;* **~ de soltera** Mädchenname *m;* **primer ~** Familienname des Vaters; **por el ~ no caigo** der Name sagt mir nichts

apelmazado, -a [apelma'θaðo, -a] *adj* ① *(cojín, colchón)* hart ② *(nieve)* pappig ③ *(harina)* klumpig ④ *(escritura)* schwer lesbar

apelmazar [apelma'θar] <z → c> **I.** *vt* zusammenpressen **II.** *vr:* **~se** ① *(colchón, cojín)* hart werden ② *(nieve)* verharschen ③ *(harina)* verklumpen ④ *(lana, pelo)* verfilzen

apelotonar [apeloto'nar] **I.** *vt* ① *(cosas)* zusammenballen ② *(personas)* zusammenpferchen **II.** *vr:* **~se** ① *(formarse grumos)* verklumpen ② *(personas)* sich zusammendrängen; **~se en la entrada** sich am Eingang drängen ③ *(loc)* **en esta calle se apelotonan los coches** auf dieser Straße knäu(e)lt sich der Verkehr

apenar [ape'nar] **I.** *vt* bekümmern **II.** *vr:* **~se** ① *(afligirse)* sich grämen (**por** über +*akk*) ② *(Am: sentir vergüenza)* sich schämen (**por** für +*akk*, wegen +*gen*/*dat*)

apenas [a'penas] **I.** *adv* ① *(casi no)* kaum; **~ había nadie** es war kaum jemand da ② *(tan solo)* erst; *(escasamente)* knapp; **~ hace un mes que estudio alemán** ich lerne erst seit einem Monat Deutsch; **~ hace una hora** vor knapp einer Stunde; **tengo ~ 10 euros en el bolsillo** ich habe gerade mal 10 Euro in der Tasche; **~ llegué a tiempo** ich kam gerade noch rechtzeitig an **II.** *conj (tan pronto como)* kaum; **~ salí a la calle, se puso a llover** ich war kaum auf der Straße, als es anfing zu regnen; **~ llegó, se tomó una ducha** er/sie kam und nahm sofort eine Dusche

apéndice [a'peṇdiθe] *m* ① *(de un libro)* Anhang *m; (tomo separado)* Ergänzungsband *m* ② *(complemento)* Anhängsel *nt* ③ (ANAT) **~ vermiforme** Appendix *m*

apendicitis [apeṇdi'θitis] *f inv* Blinddarmentzündung *f*

apepsia [a'peβsja] *f* (MED) Verdauungsstörung *f*

apercibimiento [aperθiβi'mjeṇto] *m* ① *(advertencia)* Warnung *f* ② *(amonestación)* Verwarnung *f*

apercibir [aperθi'βir] **I.** *vt* ① *(avisar)* aufmerksam machen (**de** auf +*akk*); *(advertir)* warnen (**de** vor +*dat*) ② *(amonestar)* tadeln (**por** wegen +*gen*/*dat*, **por** für +*akk*); (JUR) verwarnen; **le han apercibido con el despido** sie haben ihm mit seiner Entlassung gedroht **II.** *vr:* **~se** ① *(prepararse)* sich vorbereiten (**a**/**para** auf +*akk*) ② *(percatarse)* sich *dat* bewusst werden (**de** +*gen*); **me he apercibido de lo impor-**

tante que es el examen mir ist die Wichtigkeit der Prüfung klar geworden

aperitivo [aperi'tiβo] *m* ① *(bebida)* Aperitif *m;* **¡y esto es tan solo el ~!** *(fig)* und das ist nur der Anfang! ② *(comida)* Appetithappen *m*

aperreado, -a [aperre'aðo, -a] *adj* mühsam, mühselig; **una vida aperreada** ein mühseliges Leben; **un día ~** ein anstrengender Tag

aperrear [aperre'ar] **I.** *vt* überanstrengen **II.** *vr:* **~se** ① *(fatigarse)* sich überanstrengen ② *(emperrarse)* hartnäckig bestehen (**en** auf +*dat*)

apertura [aper'tura] *f* Öffnen *nt; (reunión, teatro, cuenta, testamento, en ajedrez)* Eröffnung *f;* **~ de un crédito** Krediteinräumung *f*

apesadumbrar [apesaðum'brar] **I.** *vt* bekümmern **II.** *vr:* **~se** sich grämen (**por** über +*akk*)

apestar [apes'tar] **I.** *vi* ① *(oler mal)* stinken (**a** nach +*dat*) ② *(estar lleno)* wimmeln (**de** von +*dat*) **II.** *vt* ① *(fam: fastidiar)* nerven ② *(llenar)* überschwemmen; **el mercado está apestado de gente** der Markt wimmelt nur so von Menschen **III.** *vr:* **~se** *(Am: contagiarse)* sich anstecken

apestoso, -a [apes'toso, -a] *adj* ① *(que apesta)* stinkend ② *(fastidioso)* lästig

apetecer [apete'θer] *vi irr como crecer* ① *(tener ganas de)* Lust haben (**de** auf +*akk*); **¿qué te apetece?** was möchtest du?; **¿un viaje? – sí, me apetece la idea** eine Reise? – ja, ich habe Lust dazu; **me apetece un helado** ich habe Lust auf ein Eis ② *(gustar)* **una copa de vino siempre apetece** ein Glas Wein schmeckt immer; **este libro me apetece más** dieses Buch sagt mir mehr zu

apetecible [apete'θiβle] *adj* wünschenswert; *(objetivo)* erstrebenswert

apetencia [ape'ten̪θja] *f* ① *(apetito)* Appetit *m* ② *(deseo)* Verlangen *nt* (**de** nach +*dat*)

apetito [ape'tito] *m* ① *(de comida)* Appetit *m* (**de** auf +*akk*); **abrir el ~** Appetit machen ② *(deseo)* Verlangen *nt* (**de** nach +*dat*); **~ sexual** Fleischeslust *f*

apetitoso, -a [apeti'toso, -a] *adj* ① *(que despierta el apetito)* appetitlich ② *(sabroso)* köstlich ③ *(deseable)* wünschenswert

API ['api] *m abr de* **Agente de la Propiedad Inmobiliaria** Makler(in) *m(f)*

apiadar [apja'ðar] **I.** *vt* Mitleid erregen; **su mala suerte apiada a sus vecinos** sein Unglück erregt das Mitleid der Nachbarn **II.** *vr:* **~se** bemitleiden (**de** +*akk*); **¡Dios, apiádate de nosotros!** Herr, erbarme dich unser!

ápice ['apiθe] *m* ① *(punta)* Spitze *f* ② *(cúspide)* Gipfel *m* ③ *(nada)* **no ceder un ~** keinen Zollbreit nachgeben; **no entender un ~** nicht das Geringste verstehen

apicultor(a) [apikul̪'tor(a)] *m(f)* Imker(in) *m(f)*

apicultura [apikul̪'tura] *f* Bienenzucht *f*

apilamiento [apila'mjen̪to] *m (de tierra, melones)* Aufhäufen *nt; (de periódicos)* (Auf)stapelung *f; (de madera)* Aufschichtung *f*

apilar [api'lar] **I.** *vt* aufhäufen; *(periódicos)* (auf)stapeln; *(madera)* (auf)schichten; *(cajas)* (auf)türmen **II.** *vr:* **~se** sich stapeln

apiñamiento [apiɲa'mjen̪to] *m* Gedränge *nt*

apiñar [api'ɲar] **I.** *vt* ① *(cosas)* aufeinanderstapeln; **apiñó las cosas en el maletero y partieron** er/sie stopfte die Sachen in den Kofferraum und sie fuhren los ② *(personas)* zusammendrängen; *(animales)* zusammenpferchen **II.** *vr:* **~se** sich drängen

apio ['apjo] *m* Sellerie *m o f*

apisonadora [apisona'ðora] *f* Straßenwalze *f*

apisonar [apiso'nar] *vt* walzen

aplacamiento [aplaka'mjen̪to] *m* ① *(de otra persona)* Besänftigung *f* ② *(del dolor)* Milderung *f* ③ *(del hambre, la sed)* Stillen *nt* ④ *(de uno mismo)* Beruhigung *f*

aplacar [apla'kar] <c → qu> **I.** *vt* ① *(persona)* besänftigen ② *(dolor)* lindern ③ *(hambre, sed)* stillen **II.** *vr:* **~se** sich beruhigen

aplanamiento [aplana'mjen̪to] *m* ① *(allanamiento)* Einebnen *nt* ② *(desánimo)* Entmutigung *f*

aplanar [apla'nar] **I.** *vt* ① *(allanar)* ebnen ② *(aplastar)* zerdrücken ③ *(desanimar)* entmutigen **II.** *vr:* **~se** den Mut verlieren

aplastamiento [aplasta'mjen̪to] *m* (*t.* MED: *acción*) Zerquetschen *nt; (resultado)* Quetschung *f*

aplastante [aplas'tan̪te] *adj* überwältigend; *(derrota)* vernichtend; *(lógica, prueba)* zwingend

aplastar [aplas'tar] *vt* ① *(chafar)* zerquetschen; **el desprendimiento de piedras aplastó a dos personas** der Steinschlag erschlug zwei Menschen ② *(con la mano)* zerdrücken; **~ un cigarrillo** eine Zigarette ausdrücken ③ *(con el pie)* zertreten ④ *(derrotar)* (vernichtend) schlagen ⑤ *(abatir)* entmutigen

aplatanado, -a [aplata'naðo, -a] *adj* träge, phlegmatisch

aplatanarse [aplata'narse] *vr (entregarse a la indolencia)* sich gehen lassen

aplaudir [aplau̯'ðir] **I.** *vi* applaudieren; **el publico rompió a ~** das Publikum fing an zu klatschen **II.** *vt* ❶ *(palmear)* applaudieren +*dat* ❷ *(aprobar)* begrüßen; *(alabar)* loben

aplauso [a'plau̯so] *m* Applaus *m;* **salva de ~s** Beifallssturm *m;* **digno de ~** *(fig)* lobenswert

aplazable [apla'θaβle] *adj (fecha prevista)* verschiebbar; *(plazo)* aufschiebbar; *(pago)* stundbar

aplazamiento [aplaθa'mjento] *m* ❶ *(fecha)* Verlegung *f* (**a/hasta** auf +*akk*) ❷ *(viaje, partido)* Verschiebung *f* (**a/hasta** auf +*akk*); *(conferencia, negociación)* Vertagung *f* (**a/hasta** auf +*akk*) ❸ *(decisión)* Aufschub *m* (**a/hasta** bis zu +*dat*)

aplazar [apla'θar] <z → c> *vt* ❶ *(fecha)* verlegen ❷ *(viaje, partido)* verschieben (**a/hasta** auf +*akk*); *(conferencia, negociación)* vertagen (**a/hasta** auf +*akk*); **~ el viaje una semana** die Reise um eine Woche verschieben; **la reunión se aplaza hasta nueva orden** die Sitzung wird bis auf Weiteres vertagt ❸ *(decisión)* aufschieben ❹ *(Am: suspender)* durchfallen lassen

aplicable [apli'kaβle] *adj* anwendbar (**a** auf +*akk*); **ser ~** Anwendung finden

aplicación *f* (INFOR) Applikation *f,* Anwendung *f*

aplicación [aplika'θjon] *f* ❶ *(pintura, crema)* Auftragen *nt* ❷ *(venda)* Anlegen *nt* ❸ *(teoría, método)* Anwendung *f;* **las múltiples aplicaciones del plástico** die vielen Verwendungsmöglichkeiten von Kunststoffen ❹ *(conocimientos, habilidades)* Verwendung *f* ❺ *(en el estudio)* Fleiß *m* ❻ *(adorno)* Applikation *f* ❼ *(Am: petición)* Bitte *f; (formal)* Antrag *m*

aplicado, -a [apli'kaðo, -a] *adj (trabajador)* fleißig

aplicar [apli'kar] <c → qu> **I.** *vt* ❶ *(pintura, crema)* auftragen (**a** auf +*akk*); **~ dando un ligero masaje** leicht einmassieren; **aplicado con regularidad...** bei regelmäßiger Anwendung ... ❷ *(venda)* anlegen ❸ *(teoría, método)* anwenden (**a** auf +*akk*) ❹ *(conocimientos, habilidades)* verwenden (**a** für +*akk*); **~ una máquina para un trabajo** eine Maschine für eine Tätigkeit einsetzen ❺ (JUR) **~ una sanción** eine Geldstrafe auferlegen; **la ley no se puede ~ en este caso** das Gesetz ist auf diesen Fall nicht anwendbar ❻ *(loc)* **~ el freno** die Bremse ziehen; **~ un lazo a un vestido** eine Schleife an ein Kleid annähen; **~ un tipo de interés** einen Zinssatz in Anwendung bringen; **~ el oído a la puerta** an der Tür horchen **II.** *vr:* **~se** ❶ *(esforzarse)* sich bemühen; **~se al estudio** sich dem Studium intensiv widmen ❷ *(emplearse)* Anwendung finden

aplique [a'plike] *m* ❶ *(lámpara)* Wandleuchte *f* ❷ (TEAT) Requisit *nt*

aplomado, -a [aplo'maðo, -a] *adj (persona)* selbstsicher

aplomar [aplo'mar] **I.** *vt* ❶ *(comprobar la verticalidad)* loten ❷ *(construir verticalmente)* nach dem Lot ausrichten **II.** *vr:* **~se** an Selbstsicherheit gewinnen

aplomo [a'plomo] *m (seguridad)* Selbstsicherheit *f;* **perder el ~** die Fassung verlieren

apnea [aβ'nea] *f* (MED) Apnoe *f,* Atemstillstand *m*

apocado, -a [apo'kaðo, -a] *adj* verzagt

apocalipsis [apoka'liβsis] *m sin pl* Apokalypse *f*

apocalíptico, -a [apoka'liptiko, -a] *adj* apokalyptisch

apocamiento [apoka'mjento] *m* Verzagtheit *f*

apocar [apo'kar] <c → qu> **I.** *vt* einschüchtern **II.** *vr:* **~se** verzagen

apócrifo[1] [a'pokrifo] *m* (REL) Apokryph(on) *nt*

apócrifo, -a[2] [a'pokrifo, -a] *adj* ❶ *(supuesto)* vermeintlich ❷ (REL) apokryph

apodar [apo'ðar] **I.** *vt (dar un sobrenombre)* einen Beinamen geben +*dat; (un apodo)* einen Spitznamen geben +*dat* **II.** *vr* **~se...** *(tener el sobrenombre)* den Beinamen ... haben; *(el apodo)* den Spitznamen ... haben

apoderado, -a [apoðe'raðo, -a] *m, f* Bevollmächtige(r) *mf;* (COM) Prokurist(in) *m(f)*

apoderamiento [apoðera'mjento] *m* ❶ (*t.* JUR: *autorización*) Vollmacht *f,* Bevollmächtigung *f* ❷ (COM) Erteilung *f* der Vollmacht

apoderar [apoðe'rar] **I.** *vt* bevollmächtigen **II.** *vr:* **~se** sich bemächtigen (**de** +*gen*); **el espía se apoderó del maletín** der Spion brachte den Aktenkoffer an sich; **~se de los clientes de la competencia** die Kunden der Konkurrenz abwerben; **~se del liderato** die Führung übernehmen

apodíctico, -a [apo'ðiktiko, -a] *adj* unwiderlegbar, apodiktisch

apodo [a'poðo] *m* Spitzname *m*

apogeo [apo'xeo] *m (cumbre)* Gipfel *m;* **estar en el ~ de su carrera** auf dem Höhepunkt seiner Laufbahn stehen; **el ~ del Barroco** die Blütezeit des Barocks

apolillado, -a [apoli'ʎaðo, -a] *adj* ❶ *(de polilla)* mottenzerfressen ❷ *(anticuado)* altmodisch

apolillar [apoli'ʎar] **I.** *vt* zerfressen **II.** *vr:* **~se** von Motten zerfressen werden

apolillo [apo'liʎo] *m (Arg)* Schlaf *m*

apolíneo, -a [apo'lineo, -a] *adj (atractivo)* attraktiv, gut aussehend

apolismado, -a [apolis'maðo, -a] *adj* ① *(Am: magullado)* gequetscht ② *(Col, Méx, PRico: raquítico)* mick(e)rig *fam* ③ *(CRi: holgazán)* faul ④ *(Méx, Ven: deprimido)* bekümmert, bedrückt ⑤ *(PRico: tonto)* dumm; *(simple)* einfältig

apolismar [apolis'mar] **I.** *vt (Am: magullar)* quetschen **II.** *vr:* **~se** ① *(CRi, PRico, Ven: acobardarse)* den Mut verlieren (**ante**/**frente a** vor +*dat*, angesichts +*gen*) ② *(AmC, Col, Cuba, PRico: consumirse)* ausgezehrt werden

apolítico, -a [apo'litiko, -a] *adj* unpolitisch

apología [apolo'xia] *f* Verteidigung *f*

apoltronarse [apoltro'narse] *vr* ① *(emperezarse)* träge werden ② *(repantigarse)* es sich *dat* bequem machen

apoplejía [apople'xia] *f* Schlaganfall *m*

apopléjico, -a [apo'plexiko, -a] *adj* (MED) apoplektisch

apoquinar [apoki'nar] *vt (fam)* blechen; **apoquina lo que me debes** gib mir die Kohle, die du mir (noch) schuldest

aporrear [aporre'ar] **I.** *vt* ① *(dar golpes)* heftig schlagen; **~ el piano/la máquina de escribir** auf dem Klavier/auf der Schreibmaschine hämmern; **~ la puerta** gegen die Tür hämmern ② *(molestar)* belästigen; **esta música me aporrea los oídos** *(por estar muy alta)* bei dieser Musik platzt einem ja das Trommelfell; *(por ser mala)* diese Musik ist nicht zum Aushalten ③ *(moscas)* verscheuchen **II.** *vr:* **~se** sich prügeln

aportación [aporta'θjon] *f* ① *(contribución)* Beitrag *m* (**a**/**para** zu +*dat*); **hacer una ~ a un trabajo** einen Beitrag zu einer Arbeit leisten ② *(donación)* Spende *f* (**a**/**para** für +*akk*) ③ (ECON: *capital*) Einlage *f;* **~ dineraria** Bareinlage *f;* **~ en especie** Sacheinlage *f*

aportar [apor'tar] **I.** *vt* ① *(traer)* (mit)bringen; **~ al matrimonio** in die Ehe einbringen ② *(contribuir)* beitragen (**a** zu +*dat*); **he aportado algo a la fiesta** ich habe einen Beitrag zum Fest geleistet ③ *(argumento, propuesta)* vorbringen ④ *(información)* liefern; *(evidencia, testigos)* beibringen ⑤ *(pruebas)* erbringen ⑥ *(capital)* einbringen ⑦ *(loc)* **no aporta nada ir a esa conferencia** es bringt nichts, diese Konferenz zu besuchen **II.** *vi* ① *(llegar a puerto)* einlaufen ② *(recalar)* auftauchen; **hace tiempo que no aporta por aquí** er/sie hat sich schon lange nicht mehr hier sehen lassen

aporte [a'porte] *m* ① *(contribución)* Beitrag *m* (**a**/**para** zu +*dat*) ② *(donación)* Spende *f* (**a**/**para** für +*akk*) ③ (ECON: *capital*) Einlage *f* ④ (GEO) Ablagerung *f;* **~ de un río** Flussablagerung *f*

aposentar [aposen̪'tar] **I.** *vt (albergar)* beherbergen; *(procurar alojamiento)* unterbringen **II.** *vr:* **~se** unterkommen; (MIL) sich einquartieren

aposento [apo'sen̪to] *m* ① *(hospedaje)* Unterkunft *f;* **nos dieron ~** sie nahmen uns bei sich *dat* auf ② *(cuarto)* Zimmer *nt*

aposición [aposi'θjon] *f* Apposition *f*

apósito [a'posito] *m (vendaje)* Wundverband *m; (adhesivo)* (Heft)pflaster *nt*

aposta [a'posta] *adv* absichtlich

apostador(a) [aposta'ðor(a)] *m(f)* Wetter(in) *m(f)*

apostante [apos'tan̪te] *mf* Wettteilnehmer(in) *m(f); (jugador)* Spieler(in) *m(f);* **~s de las quinielas** Totospieler *mpl*

apostar [apos'tar] <o → ue> **I.** *vi* setzen (**por** auf +*akk*); **~las a** [*o* **con**] **alguien** gegen jdn antreten **II.** *vt, vr:* **~se** ① *(hacer una apuesta)* wetten (um +*akk*); **¿qué/cuánto apostamos?** worum/um wie viel wetten wir?; **¿qué te apuestas a que no lo hace?** wetten, dass er/sie es nicht tut?; **apuesto cualquier cosa a que...** ich gehe jede Wette ein, dass ...; **~ doble contra sencillo que...** zwei zu eins wetten, dass ...; **puedes ~ la cabeza que...** du kannst Gift darauf nehmen, dass ... ② *(poner)* (sich) aufstellen

apostasía [aposta'sia] *f* Abfall *m,* Lossagung *f*

apóstata [a'postata] *mf* Abtrünnige(r) *mf*

apostatar [aposta'tar] *vi* sich lossagen; **~ de la fe cristiana** vom christlichen Glauben abfallen

a posteriori [a poste'rjori] *adv* nachträglich

apostilla [apos'tiʎa] *f* Randbemerkung *f*

apóstol [a'postol] *m* Apostel *m;* **Hechos de los A~es** Apostelgeschichte *f;* **ser un buen ~** *(fig)* mit allen Wassern gewaschen sein

apostólico, -a [apos'toliko, -a] *adj* apostolisch; **la Santa Sede Apostólica** der Apostolische Stuhl

apóstrofe [a'postrofe] *m o f (insulto)* Beleidigung *f*

apóstrofo [a'postrofo] *m* (LING) Apostroph *m*

apoteósico, -a [apote'osiko, -a] *adj* enorm; **éxito ~** Riesenerfolg *m*

apoteosis [apote'osis] *f inv* ① *(de un*

A

héroe) Vergöttlichung *f* ② *(de un espectáculo)* Höhepunkt *m*

apoyabrazos [apoɟa'βraθos] *m inv* Armlehne *f*

apoyacabezas [apoɟaka'βeθas] *m inv* Kopfstütze *f*

apoyar [apo'ɟar] **I.** *vt* ① *(colocar sobre)* stützen (**en** auf +*akk*); *(contra)* lehnen (**en** an +*akk*) ② *(fundar)* stützen (**en** auf +*akk*); ~ (**con pruebas**) belegen ③ *(confirmar)* bestätigen ④ *(patrocinar)* unterstützen; *(ayudar)* beistehen +*dat;* ~ **una moción/un ascenso** einen Antrag/eine Beförderung befürworten; ~ **una reforma** für eine Reform eintreten **II.** *vi* (ARQUIT) ruhen (**sobre** auf +*dat*) **III.** *vr:* **~se** ① *(descansar sobre)* sich stützen (**en** auf +*akk*); *(contra)* sich lehnen (**en/contra** gegen +*akk*); **~se con los brazos** sich mit den Armen aufstützen; **~se con la mano** sich mit der Hand abstützen ② *(fundarse)* beruhen (**en** auf +*dat*)

apoyatura [apoɟa'tura] *f* (MÚS) Vorschlag *m*

apoyo [a'poɟo] *m* ① *(sostén)* Halt *m; (soporte)* Stütze *f* ② *(respaldo)* Unterstützung *f; (ayuda)* Hilfe *f;* **prestar ~ a un plan** einen Plan unterstützen; **tener un ~ en alguien** von jdm unterstützt werden; **cuenta con mi ~** du kannst dich auf mich verlassen; **en ~ de** zur Unterstützung +*gen*

app [ap] *mf* (INFOR) App *f*

apreciable [apre'θjaβle] *adj* ① *(observable)* wahrnehmbar; **~ al oído** hörbar ② *(considerable)* beträchtlich ③ *(digno de estima)* schätzenswert

apreciación [apreθja'θjon] *f* ① *(de una moneda)* Bewertung *f* ② *(de una casa)* Schätzung *f* ③ *(del tamaño)* Abschätzung *f* ④ *(juicio)* Einschätzung *f* ⑤ *(captación)* Wahrnehmung *f*

apreciado, -a [apre'θjaðo, -a] *adj (en cartas)* **~s Sres:** sehr geehrte Herren,

apreciar [apre'θjar] *vt* ① *(estimar)* schätzen; **aprecio los perros** ich mag Hunde gern; **si aprecias tu vida, ¡desaparece de aquí!** wenn dir dein Leben lieb ist, dann verschwinde von hier!; **aprecio la libertad** ich lege auf meine Freiheit großen Wert ② *(una moneda)* bewerten ③ *(una casa)* schätzen ④ *(tamaño, distancia)* abschätzen ⑤ *(captar)* wahrnehmen; **de lejos no se aprecia ningún sonido** von Weitem kann man nichts hören; **este cronómetro aprecia centésimas de un segundo** dieser Chronometer gibt Hundertstelsekunden an; **el médico apreció una contusión en el pecho** der Arzt stellte eine Prellung in der Brust fest ⑥ *(valorar)* einschätzen

apreciativo, -a [apreθja'tiβo, -a] *adj* Schätzungs-, schätzend

aprecio [a'preθjo] *m* ① *(afecto)* Zuneigung *f;* **te tengo un gran ~** ich mag dich sehr ② *(estima)* Wertschätzung *f;* **gran ~** Hochachtung *f;* **tengo un gran ~ por este político** ich schätze diesen Politiker sehr ③ (FIN) Schätzung *f*

aprehender [apre(e)n̩'der] *vt* ① *(coger)* fassen; *(botín, contrabando)* beschlagnahmen ② *(percibir)* wahrnehmen; *(comprender)* begreifen

aprehensible [apre(e)n'siβle] *adj* wahrnehmbar, begreiflich

aprehensión [apre(e)n'sjon] *f* ① *(acción de coger)* Ergreifung *f; (del botín)* Beschlagnahmung *f* ② *(percepción)* Wahrnehmung *f; (comprensión)* Begreifen *nt*

aprehensivo, -a [apre(e)n'siβo, -a] *adj* wahrnehmungsfähig

apremiante [apre'mjan̩te] *adj* dringend

apremiar [apre'mjar] **I.** *vt* ① *(acuciar)* (be)drängen ② *(compeler)* zwingen (**a/para** zu +*dat*) **II.** *vi (urgir)* eilen; **el tiempo apremia** die Zeit drängt

apremio [a'premjo] *m* ① *(situación apremiante)* Dringlichkeit *f;* **por ~ de tiempo** aus Zeitnot ② *(coacción)* Zwang *m* ③ (JUR) Mahnung *f*

aprender [apren̩'der] *vt* lernen; **fácil de ~** leicht erlernbar; **~ a leer** lesen lernen; **~ de la historia** aus der Geschichte lernen; **~ de memoria** auswendig lernen; **estoy aprendiendo a conducir** ich lerne gerade Auto fahren; **¿dónde has aprendido estos malos modales?** wo hast du dir diese schlechten Manieren angewöhnt?; **siempre se aprende algo nuevo** man lernt nie aus

aprendiz(a) [apren̩'diθ(a)] *m(f)* Lehrling *m;* **entrar de ~** in die Lehre gehen; **trabajar de ~** in der Lehre sein; **ser ~ de mucho, maestro de nada** ein Hansdampf in allen Gassen sein

aprendizaje [aprendi'θaxe] *m* ① *(acción de aprender)* (Er)lernen *nt;* **~ en línea** Online-Lernen *nt* ② *(formación profesional)* Lehre *f;* **contrato de ~** Lehr(lings)vertrag *m;* **puesto de ~** Lehrstelle *f;* **tiempo de ~** Lehrzeit *f;* **terminar el ~** auslernen

aprensión [apren'sjon] *f* ① *(recelo)* Bedenken *nt pl;* **me da ~ decírtelo** ich traue mich nicht, es dir zu sagen ② *(asco)* Ekel *m;* **he cogido ~ a la leche** ich finde Milch ek(e)lig; **me da ~ beber de este vaso** es ekelt mich, aus diesem Glas zu trinken ③ *(temor)* Befürchtung *f; (impre-*

sión) Gefühl *nt;* **tener la ~ de que...** *(temer)* befürchten, dass ...; *(creer)* das Gefühl haben, dass ... ④ *(figuración)* Einbildung *f;* **son aprensiones suyas** er/sie bildet sich *dat* das nur ein

aprensivo, -a [apren'siβo, -a] *adj* überängstlich

apresamiento [apresa'mjen̩to] *m* ① *(de un delincuente)* Verhaftung *f* ② *(de una nave)* Kapern *nt*

apresar [apre'sar] *vt* ① *(hacer presa)* packen ② *(delincuente)* verhaften ③ *(nave)* kapern

aprestar [apres'tar] **I.** *vt (preparar)* vorbereiten; *(habitación)* herrichten **II.** *vr:* **~se** sich vorbereiten (**para** auf/für *+akk*), sich bereit machen (**para** für *+akk,* **para** zu *+dat*)

apresto [a'presto] *m* ① *(preparación)* Vorbereitung *f* ② *(de una tela)* Appretur *f*

apresurado, -a [apresu'raðo, -a] *adj* ① *(con prisa)* eilig; **con paso ~** eiligen Schrittes ② *(con excesiva prisa)* übereilt

apresuramiento [apresura'mjen̩to] *m* ① *(rapidez)* Schnelligkeit *f* ② *(acción)* Beschleunigung *f*

apresurar [apresu'rar] **I.** *vt* ① *(dar prisa)* drängen ② *(acelerar)* beschleunigen; **~ el paso** das Tempo beschleunigen; **~ la salida del viaje** übereilt abreisen **II.** *vr:* **~se** sich beeilen; **¡no te apresures!** lass dir nur Zeit!

apretado, -a [apre'taðo, -a] *adj* ① *(oprimido)* dicht ② *(tapón, tornillo)* fest sitzend; *(vestido)* eng; *(cinta, cuerda)* straff ③ *(personas)* dicht gedrängt ④ *(loc)* **un caso ~** ein heikler Fall; **verse** [*o* **estar**] **muy ~** in großer Bedrängnis sein; **estar ~ de dinero** schlecht bei Kasse sein; **estar ~ de tiempo** keine Zeit haben

apretar [apre'tar] <e → ie> **I.** *vi* ① *(calor)* drückender werden; *(dolor)* schlimmer werden; *(lluvia)* heftiger werden ② *(vestido)* eng sitzen; **la americana me aprieta por detrás** die Jacke spannt am Rücken ③ *(deudas, problemas)* schwer lasten (**a** auf *+dat*) ④ *(loc)* **tenemos que ~ si queremos aprobar** wenn wir durchkommen wollen, müssen wir uns mehr Mühe geben; **si aprietas un poco puedes ganar el partido** wenn du noch ein bisschen an Tempo zulegst, kannst du das Spiel gewinnen; **este profesor aprieta mucho en los exámenes** dieser Lehrer stellt sehr schwierige Prüfungen **II.** *vt* ① *(hacer presión)* drücken; **~ un botón/el timbre** auf einen Knopf/die Klingel drücken; **~ algo contra el pecho** etw an die Brust drücken; **~ el tubo de la pasta de dientes** die Zahnpastatube ausdrücken; **~ el acelerador** das Gaspedal durchtreten; **~ la ropa en la maleta** die Kleider in den Koffer stopfen ② *(acosar)* bedrängen ③ *(loc)* **~ las cuerdas de la guitarra** die Gitarrensaiten spannen; **~ los dientes** die Zähne zusammenbeißen; **~ filas** zusammenrücken; **~ la goma del pantalón** das Gummiband der Hose straffen; **~ las letras** enger schreiben; **~ las manos** die Hände zusammenpressen; **~ el paso** den Schritt beschleunigen; **~ el puño** die Faust ballen; **~ un nudo/un tornillo** einen Knoten/eine Schraube fester anziehen **III.** *vr:* **~se** ① *(estrecharse)* enger werden ② *(agolparse)* sich drängen ③ *(ceñirse)* **~se el cinturón** den Gürtel enger schnallen

apretón [apre'ton] *m* ① *(presión)* Druck *m* ② *(esprín)* Spurt *m* ③ *(aprieto)* Bedrängnis *f* ④ *(apretura)* Gedränge *nt*

apretujar [apretu'xar] **I.** *vt (fam)* zerknautschen **II.** *vr:* **~se** drängeln

apretura [apre'tura] *f* ① *(de gente)* Gedränge *nt* ② *(escasez)* Not *f* ③ *(aprieto)* Bedrängnis *f*

aprieto [a'prjeto] *m* Bedrängnis *f;* **~ económico** finanzieller Engpass; **estar en un ~** in der Klemme sein; **poner en un ~ con una pregunta** mit einer Frage in Verlegenheit bringen; **sacar a alguien de un ~** jdm aus der Klemme helfen

a priori [a pri'ori] *adv* von vorn(e)herein

aprisa [a'prisa] *adv* schnell

aprisionar [aprisjo'nar] *vt* ① *(poner en prisión)* einsperren ② *(sujetar con cadenas)* in Ketten legen ③ *(atar)* festbinden ④ *(inmovilizar)* festhalten; *(pillar)* einklemmen; **quedarse aprisionado en el barro** im Lehm festsitzen

aprobación [aproβa'θjon] *f (de una decisión)* Billigung *f; (de un proyecto)* Genehmigung *f; (de una moción)* Annahme *f; (de una ley)* Verabschiedung *f;* **murmullo de ~** beifälliges Gemurmel; **encontrar la ~ de alguien** jds Zustimmung finden

aprobado [apro'βaðo] *m* (ENS) **he sacado un ~ en mates** ich habe die Matheprüfung bestanden

aprobar [apro'βar] <o → ue> **I.** *vt* ① *(decisión, propuesta)* billigen, gutheißen; *(proyecto)* genehmigen; *(moción)* annehmen; *(ley)* verabschieden; **~ las condiciones** mit den Bedingungen einverstanden sein; **la censura no aprobaba muchas películas** die Zensur gab viele Filme nicht frei; **la solicitud fue aprobada** der Antrag wurde genehmigt ② *(examen)* bestehen ③ *(a un alumno)* bestehen lassen **II.** *vi* (ENS) bestehen

aprobatorio, -a [aproβa'torjo, -a] *adj* anerkennend, zustimmend

aproches [a'protʃes] *mpl (Am)* ① *(proximidad)* Nähe *f* ② *(parentesco)* Verwandschaftsgrad *m* ③ *(vía de acceso)* Zugang *m*

apronte [a'pronte] *m (Am)* Vorbereitung *f*

apropiación [apropja'θjon] *f* ① *(adaptación)* Anpassung *f* ② *(aplicación adecuada)* angemessene Verwendung *f* ③ *(apoderamiento)* Aneignung *f*; ~ **indebida** Unterschlagung *f*

apropiado, -a [apro'pjaðo, -a] *adj* ① *(adecuado)* geeignet (**a/para** für +*akk*) ② *(oportuno)* angebracht; *(precio)* angemessen

apropiar [apro'pjar] **I.** *vt* ① *(adaptar)* anpassen (**a** +*dat*) ② *(Am: premio)* verleihen; *(encargo, beca)* vergeben **II.** *vr:* **~se** sich *dat* aneignen (**de** +*akk*)

aprovechable [aproβe'tʃaβle] *adj (material)* brauchbar; *(residuos)* verwertbar

aprovechado, -a [aproβe'tʃaðo, -a] *adj* ① *(alumno)* strebsam ② *(trabajador)* tüchtig ③ *(calculador)* berechnend

aprovechamiento [aproβetʃa'mjento] *m* Nutzung *f*; *(de una idea/residuos)* Verwertung *f*; ~ **del espacio** Platzausnutzung *f*; ~ **del tiempo libre** Freizeitgestaltung *f*

aprovechar [aproβe'tʃar] **I.** *vi* ① *(valer)* von Nutzen sein ② *(sentar bien)* gut bekommen; **¡que aproveche!** guten Appetit! ③ *(progresar)* **mi hijo no aprovecha en los estudios** mein Sohn kommt mit dem Studium nicht voran **II.** *vt* nutzen; *(abusar)* ausnutzen; ~ **una idea** einen Einfall verwerten; ~ **un invento** sich *dat* eine Erfindung zunutze machen; ~ **el máximo de algo** den größtmöglichen Nutzen aus etw *dat* ziehen **III.** *vr:* **~se** ① *(sacar provecho)* profitieren (**de** von +*dat*); **ellos hacen el trabajo sucio y luego los otros se aprovechan** sie machen die schmutzige Arbeit und die anderen profitieren dann davon ② *(abusar)* ausnutzen (**de** +*akk*); *(explotar)* ausbeuten (**de** +*akk*); **~se de una mujer** eine Frau missbrauchen

aprovisionamiento [aproβisjona'mjento] *m* Versorgung *f*

aprovisionar [aproβisjo'nar] *vt* versorgen (**de/con** mit +*dat*)

aproximación [aproˠsima'θjon] *f* ① *(acercamiento)* Annäherung *f* (**a** an +*akk*) ② *(en una lotería)* Trostpreis *m*

aproximadamente [aproˠsimaða'mente] *adv* circa, ungefähr, etwa, rund

aproximado, -a [aproˠsi'maðo, -a] *adj* ungefähr

aproximar [aproˠsi'mar] **I.** *vt* heranrücken; **aproxima la silla a la mesa** rück den Stuhl an den Tisch (heran); ~ **opiniones** Meinungen einander annähern **II.** *vr:* **~se** näher kommen; *(a un punto)* sich nähern (**a** +*dat*); **~se con la silla a la ventana** mit dem Stuhl näher an das Fenster rücken; **~se a los 50** auf die 50 zugehen; **se aproxima a la realidad** das kommt der Wirklichkeit sehr nahe; **se aproxima agosto** der August naht; **las tropas se aproximan** die Truppen rücken näher

aproximativo, -a [aproˠsima'tiβo, -a] *adj* approximativ; **valor** ~ Annäherungswert *m*

aptitud [apti'tuᵈ] *f* Eignung *f* (**para** für +*akk*, **para** zu +*dat*); ~ **para el servicio militar** Wehrdiensttauglichkeit *f*; **tener ~es físicas para la natación** für den Schwimmsport alle körperlichen Voraussetzungen mitbringen

apto, -a ['apto, -a] *adj* geeignet (**para** für +*akk*, **para** zu +*dat*); ~ **para el servicio militar** wehrdiensttauglich; **la película no es apta para menores** der Film ist nicht jugendfrei

apuesta [a'pwesta] *f* ① *(juego)* Wette *f*; **corredor de ~s** Buchmacher *m* ② *(cantidad)* Einsatz *m*

apuesto, -a [a'pwesto, -a] *adj* gut aussehend

apuntado, -a [apun'taðo, -a] *adj (agudo)* spitz

apuntador(a) [apunta'ðor(a)] *m(f)* (TEAT) Souffleur, Souffleuse *m, f*; **en esta película no se salva ni el** ~ in diesem Film bleibt keiner verschont

apuntalamiento [apuntala'mjento] *m* (ARQUIT) (Ab)stützen *nt*

apuntalar [apunta'lar] *vt* abstützen

apuntamiento [apunta'mjento] *m* ① *(acción)* Aufzeichnung *f*, Niederschreiben *nt* ② (JUR) Aktenauszug *m*

apuntar [apun'tar] **I.** *vi* sich zeigen; *(día)* anbrechen; *(barba, trigo)* sprießen; *(estación)* beginnen; **apunta la primavera** es wird Frühling; **la recuperación económica empieza a** ~ es deutet sich eine Wiederbelebung der Wirtschaft an **II.** *vt* ① *(con un arma)* zielen (**a** auf +*akk*); **¡apunten!** legt an! ② *(con el dedo)* zeigen (**a** auf +*akk*) ③ *(anotar)* notieren ④ *(inscribir)* anmelden (**en** in +*dat*); *(en una lista)* eintragen (**en** in +*akk*) ⑤ *(naipes)* setzen (**a** auf +*akk*) ⑥ *(tela)* (an)heften ⑦ *(dictar)* vorsagen; (TEAT) soufflieren ⑧ *(insinuar)* andeuten; ~ **algo y no dar** etw versprechen und nicht halten ⑨ *(indicar)* hinweisen (**a** auf +*akk*); ~ **a que...** darauf hinweisen, dass ...; **todo apunta en esta dirección** alles weist in diese Richtung

III. *vr:* **~se** ❶ *(inscribirse)* sich anmelden (**a** zu *+dat*); *(en una lista)* sich eintragen (**en** in *+akk*); *(a un club)* beitreten (**a** *+dat*) ❷ *(el vino)* einen Stich bekommen ❸ *(éxito, tanto)* verbuchen ❹ *(victoria)* erringen ❺ *(fam: emborracharse)* sich *dat* einen ansäuseln

apunte [a'puṇte] *m* ❶ *(escrito)* Notiz *f;* **tomar ~s** mitschreiben; **¿me dejas los ~s de mates?** kannst du mir die Matheunterlagen leihen? ❷ *(bosquejo)* Skizze *f* ❸ (FIN) Buchung *f*

apuñalar [apuɲa'lar] *vt* erstechen

apuradamente [apuraða'meṇte] *adv* ❶ *(exactamente)* genau ❷ *(con dificultad)* mit Schwierigkeiten

apurado, -a [apu'raðo, -a] *adj* ❶ *(agotado)* erschöpft; **~ de dinero** knapp bei Kasse ❷ *(con esmero)* sorgfältig ❸ *(dificultoso)* schwierig; **verse ~** in der Klemme sitzen ❹ *(Am: apresurado)* eilig; **estar ~** es eilig haben; **hacer un trabajo a las apuradas** eine Arbeit stümperhaft ausführen

apurar [apu'rar] **I.** *vt* ❶ *(investigación)* genau untersuchen ❷ *(vaso)* austrinken; *(plato)* leer essen ❸ *(paciencia, reservas)* erschöpfen; **~ todos los medios** nichts unversucht lassen ❹ *(angustiar)* quälen; *(atosigar)* plagen; **¡no me apures, mi paciencia tiene un límite!** treib es nicht auf die Spitze, meine Geduld hat bald ein Ende!; **ya vendrás cuando te apure el hambre** du wirst schon kommen, wenn du hungrig bist ❺ *(con alabanzas)* verlegen machen; **me apura decirle que no tengo dinero** es ist mir peinlich, ihm/ihr zu sagen, dass ich kein Geld habe ❻ *(Am: dar prisa)* drängen **II.** *vr:* **~se** ❶ *(preocuparse)* sich *dat* Sorgen machen; **¡no te apures por eso!** mach dir deswegen keine Sorgen! ❷ *(Am: darse prisa)* sich beeilen; **¡no te apures!** es eilt nicht!

apuro [a'puro] *m* ❶ *(aprieto)* Bedrängnis *f;* *(dificultad)* Schwierigkeit *f;* **estar en un ~** in der Patsche sitzen; **sacar a alguien de un ~** jdm aus der Patsche helfen; **poner en ~** in Verlegenheit bringen ❷ *(estrechez)* finanzielle Notlage *f;* **sufrir grandes ~s** große Not leiden ❸ *(vergüenza)* Scham *f;* **me da ~ pedirle el dinero** es ist mir peinlich, ihn/sie um das Geld zu bitten ❹ *(Am: prisa)* Eile *f*

aquárium [a'kwariun] <aquáriums> *m* Aquarium *nt*

aquejar [ake'xar] *vt* ❶ *(afligir)* bekümmern ❷ *(enfermedad)* quälen; **le aqueja una enfermedad grave** er/sie leidet an einer schweren Krankheit

aquel, aquella, aquello [a'kel, a'keʎa, a'keʎo] *pron dem* <aquellos, -as> diese(r, s); *(que vemos allí)* der/die/das dort; **~ me gusta, este no** der dort gefällt mir, dieser hier nicht; **¿qué es aquello?** was ist das (dort)?; **como decía ~** wie jener sagte; **solo pueden participar aquellos que sepan inglés** nur diejenigen, die Englisch können, dürfen daran teilnehmen; **esta teoría se diferencia de aquella** diese Theorie unterscheidet sich von jener; **~ que colabore recibirá un premio** jeder, der mitmacht, bekommt eine Belohnung; **oye, ¿qué hay de aquello?** und, wie steht's damit?; *v. t.* **aquel^{2}, aquella**

aquel^{1} [a'kel] *m* **tener un ~** das gewisse Etwas haben

aquel, -ella^{2} [a'kel, -eʎa] **I.** *adj* <aquellos, -as> diese(r, s); *(que vemos allí)* der/die/das dort; **aquella casa es nuestra** das Haus dort gehört uns; **¿qué fue del hombre ~?** was ist aus diesem Mann geworden?; **¿estabais de acuerdo en ~ punto?** wart ihr euch in dem Punkt einig?; **en aquellos tiempos** zu jener Zeit **II.** *pron dem v.* **aquel, aquella, aquello**

aquella(s) [a'keʎa(s)] **I.** *adj v.* **aquel^{2}, aquella II.** *pron dem v.* **aquel, aquella, aquello**

aquello(s) [a'keʎo(s)] **I.** *adj o pron dem v.* **aquel^{2}, aquella II.** *pron dem v.* **aquel, aquella, aquello**

aquí [a'ki] *adv* ❶ *(de lugar)* hier; *(con movimiento)* hierher; (**por**) **~ cerca** hier in der Nähe; **~ dentro** darin; **este de ~** der hier; **¡ah, ~ estás!** da bist du ja!; **andar de ~ para allá** hin und her laufen; **mira ~ dentro** schau hier rein; **de ~ hasta allí hay 10 minutos a pie** bis dahin sind es 10 Minuten zu Fuß; **mejor ir por ~** besser hier entlang ❷ *(de tiempo)* **de ~ en adelante** von nun an; **de ~ a una semana** heute in einer Woche; **hasta ~** bis jetzt

aquietar [akje'tar] **I.** *vt* ❶ *(apaciguar)* beruhigen ❷ *(aliviar)* lindern **II.** *vr:* **~se** sich beruhigen; **~se con una explicación** sich mit einer Erklärung zufriedengeben

Aquisgrán [akis'ɣran] *m* Aachen *nt*

ara^{1} ['ara] *f* ❶ *(altar)* Altar *m* ❷ *(loc)* **acogerse a las ~s de alguien** bei jdm Zuflucht suchen; **en ~s de la paz** um des Friedens willen; **dar la vida en ~s de una idea** das Leben für eine Idee opfern

ara^{2} ['ara] *m (Am)* Papagei *m*

árabe ['araβe] **I.** *adj* arabisch **II.** *mf* Araber(in) *m(f)*

arabesco^{1} [ara'βesko] *m* (ARTE) Arabeske *f*

arabesco, -a^{2} [ara'βesko, -a] *adj* arabisch

Arabia [a'raβja] *f* Arabien *nt;* **~ Saudí** [*o* **Saudita**] Saudiarabien *nt*

arábigo, -a [a'raβiɣo, -a] *adj* arabisch

arado [a'raðo] *m* Pflug *m*

Aragón [ara'ɣon] *m* Aragonien *nt*

aragonés, -esa [araɣo'nes, -esa] **I.** *adj* aragonisch **II.** *m, f* Aragonier(in) *m(f)*

arancel [araṇ'θel] *m* Tarif *m*

arancelario, -a [araṇθe'larjo, -a] *adj* Zoll-

arándano [a'raṇdano] *m* Heidelbeere *f;* ~ **agrio** Preiselbeere *f*

arandela [araṇ'dela] *f* ① (TÉC: *disco*) Metallring *m; (para una junta)* Dichtungsring *m* ② *(Méx, Perú: volante)* Volant *m*

araña [a'raɲa] *f* ① (ZOOL) Spinne *f;* **tela de ~** Spinnennetz *nt* ② *(candelabro)* Kronleuchter *m*

arañar [ara'ɲar] **I.** *vt* ① *(rasguñar)* kratzen; *(dañar)* zerkratzen; **el gato está arañando el sillón** die Katze kratzt am Sessel ② *(fam: reunir)* zusammenkratzen; **con un poco de suerte ~é un aprobado** mit ein bisschen Glück komme ich bei der Prüfung durch ③ *(loc)* ~ **la guitarra** Gitarre spielen **II.** *vi* kratzen **III.** *vr:* **~se** sich *dat* zerkratzen

arañazo [ara'ɲaθo] *m* Kratzer *m;* **dar un ~ a alguien** jdn kratzen; **defenderse a ~ limpio** sich hartnäckig verteidigen

arar [a'rar] *vt* pflügen

arbitraje [arβi'traxe] *m* ① *(juicio)* Schiedsspruch *m* ② *(de una disputa)* Schlichtung *f*

arbitral [arβi'tral] *adj* schiedsrichterlich; **jurisdicción ~** Schiedsgerichtbarkeit *f*

arbitrar [arβi'trar] **I.** *vt* ① *(disputa)* schlichten ② *(medios, recursos)* aufbringen ③ (DEP) pfeifen **II.** *vi* (JUR) einen Schiedsspruch fällen

arbitrariedad [arβitrarje'ða^ð] *f* ① *(cualidad)* Willkür *f* ② *(acción)* Willkürmaßnahme *f*

arbitrario, -a [arβi'trarjo, -a] *adj* ① *(inconsistente)* beliebig ② *(voluble)* willkürlich

arbitrio [ar'βitrjo] *m* ① *(decisión de un juez)* Schiedsspruch *m* ② *(voluntad)* Ermessen *nt;* **estar al ~ de alguien** in jds Ermessen liegen; **dejar al ~ de alguien** in jds Ermessen stellen ③ *(salida)* Ausweg *m* ④ *pl (impuesto)* **~s municipales** Gemeindesteuer *f*

árbitro, -a ['arβitro, -a] *m, f* ① *(mediador)* Schlichter(in) *m(f)* ② (JUR, DEP) Schiedsrichter(in) *m(f); (boxeo)* Ringrichter(in) *m(f); (yudo, wrestling)* Kampfrichter(in) *m(f)*

árbol ['arβol] *m* ① (BOT) Baum *m;* ~ **frutal** Obstbaum *m;* ~ **de Navidad** Weihnachtsbaum *m;* **los ~es no le dejan ver el bosque** er/sie sieht den Wald vor lauter Bäumen nicht; **del ~ caído todos hacen leña** *(prov)* wenn der Baum fällt, bricht jedermann Holz ② (TÉC: *eje*) Welle *f* ③ (NÁUT) Mast *m* ④ *(loc)* ~ **de la ciencia** Baum der Erkenntnis; ~ **genealógico** Stammbaum *m*

arbolado [arβo'laðo] *m*, **arboleda** [arβo'leða] *f* Baumgruppe *f*

arbóreo, -a [ar'βoreo, -a] *adj* ① *(relativo al árbol)* Baum-; **masa arbórea** Baumbestand *m* ② *(parecido)* baumähnlich

arboricultura [arβorikuḷ'tura] *f* Baumzucht *f*

arbusto [ar'busto] *m* Strauch *m*

arca ['arka] *f* Truhe *f; (para dinero)* Tresor *m;* ~ **de la alianza** (REL) Bundeslade *f;* **las ~s del estado** die Staatskasse; ~ **de Noé** Arche Noah; ~ **del pan** *(fam)* Bauch *m;* **ser un ~ cerrada** *(fig)* sehr verschlossen sein

arcada [ar'kaða] *f* ① (ARQUIT) Arkade *f* ② *(basca)* Brechreiz *m*

arcaico, -a [ar'kai̯ko, -a] *adj (anticuado)* veraltet

arcaísmo [arka'ismo] *m* (LING, ARTE) Archaismus *m*

arcángel [ar'kaŋxel] *m* Erzengel *m*

arcano[1] [ar'kano] *m* Geheimnis *nt*

arcano, -a[2] [ar'kano, -a] *adj* geheim

arce ['arθe] *m* Ahorn *m*

arcén [ar'θen] *m* Rand *m; (de carretera)* Randstreifen *m*

archiconocido, -a [arʧikono'θiðo, -a] *adj (fam)* überall bekannt

archiduque(sa) [arʧi'ðuke, arʧiðu'kesa] *m(f)* Erzherzog(in) *m(f)*

archimillonario, -a [arʧimiʎo'narjo, -a] *m, f* Multimillionär(in) *m(f)*

archipiélago [arʧi'pjelaɣo] *m* Archipel *m;* **el ~ canario** die Kanarischen Inseln

archisabido, -a [arʧisa'βiðo, -a] *adj (fam)* äußerst bekannt; **esto está ya ~** wir können es schon nicht mehr hören

archivador [arʧiβa'ðor] *m* ① *(mueble)* Aktenschrank *m* ② *(carpeta)* (Akten)ordner *m;* ~ **de correspondencia** Briefordner *m*

archivar [arʧi'βar] *vt (documentos)* ablegen; *(en una carpeta)* abheften; (INFOR) speichern; *(un asunto)* zu den Akten legen

archivero, -a [arʧi'βero, -a] *m, f* ① *(de archivo histórico)* Archivar(in) *m(f)* ② *(de oficina)* Angestellte(r) *mf* in der Registratur

archivo [ar'ʧiβo] *m* ① *(documentos, lugar)* Archiv *nt;* ~ **colgante** Hängeregister *nt;* ~ **fotográfico** Bildarchiv *nt;* **constar en los ~s** aktenkundig sein ② (INFOR) Datei *f;* ~ **de comando** Befehlsdatei *f;* ~ **digital** digitale Datei; ~ **multimedia** Multimediadatei *f;* **compartir/intercambiar ~s**

Dateien gemeinsam nutzen/austauschen ❸ *(Col: oficina)* Büro *nt*

arcilla [ar'θiʎa] *f* Ton *m*

arcilloso, -a [arθi'ʎoso, -a] *adj* ❶ *(con arcilla)* tonhaltig ❷ *(parecido)* tonartig

arco ['arko] *m* ❶ *(arma, t.* ARQUIT, ELEC) Bogen *m;* ~ **de medio punto** Rundbogen *m;* ~ **parlamentario** Parteienspektrum *nt;* ~ **voltaico** Lichtbogen *m* ❷ (MAT) Kreisbogen *m* ❸ (MÚS) (Geigen)bogen *m* ❹ *(de una cuba)* Fassreif(en) *m* ❺ (METEO) ~ **iris** Regenbogen *m* ❻ (TÉC) ~ **segueta** Laubsäge *f* ❼ (ANAT) ~ **del pie** Fußgewölbe *nt*

arcoíris [arko'iris] *m* Regenbogen *m*

arcón [ar'kon] *m* große Truhe *f*

arder [ar'ðer] *vi* brennen; ~ **con fuerza** lodern; ~ **sin llama** glimmen; ~ **por los cuatro costados** lichterloh brennen; ~ **de fiebre** ganz heiß sein; ~ **de amor/pasión** von Liebe/Leidenschaft entbrannt sein; ~ **de odio** von Hass erfüllt sein; ~ **de rabia** vor Wut rasen; **ardo en deseos de conocerte** ich brenne darauf, dich kennenzulernen; **Valencia arde en fiestas** in Valencia herrscht festlicher Trubel; **el país arde en guerra** der Krieg wütet im Land; **la sesión parlamentaria está que arde** auf dieser Parlamentssitzung geht es heiß her; **estoy que ardo** *(enfadado)* ich bin wütend

ardid [ar'ði^{ð}] *m* List *f*

ardiente [ar'ðjeṇte] *adj* ❶ *(sed)* brennend ❷ *(pasión, deseo, fiebre)* glühend ❸ *(persona)* leidenschaftlich ❹ *(rosa)* feuerrot

ardilla [ar'ðiʎa] *f* Eichhörnchen *nt*

ardite [ar'ðite] *m* (HIST) *frühere Scheidemünze Kastiliens;* **no me importa un ~** *(fam)* das ist mir völlig wurscht

ardor [ar'ðor] *m* Hitze *f;* ~ **de estómago** Sodbrennen; **el ~ de su mirada** die Glut seines/ihres Blickes; **en el ~ del combate** in der Hitze des Gefechts

ardoroso, -a [arðo'roso, -a] *adj* ❶ *(caliente)* heiß; *(calor)* sengend ❷ *(apasionado)* leidenschaftlich; *(agitado)* hitzig

arduo, -a ['arðwo, -a] *adj* mühsam; *(vida)* mühselig

área ['area] *f* ❶ *(superficie, extensión)* Fläche *f* ❷ *(terreno)* Gelände *nt;* ~ **de servicio** (AUTO) Autobahnraststätte *f* ❸ (DEP) ~ **de gol** Torraum *m;* ~ **de castigo** [*o* **penalti**] Strafraum *m* ❹ *(zona)* Gebiet *nt;* ~ **metropolitana** Großstadtgebiet *nt;* ~ **de no fumadores** Nichtraucherzone *f* ❺ *(ámbito)* Bereich *m* ❻ *(100 metros^{2})* Ar *m o nt*

arelar [are'lar] *vt* (AGR) sieben

arena [a'rena] *f* ❶ *(material)* Sand *m;* **~s movedizas** Treibsand *m;* **edificar sobre ~** *(fig)* auf Sand bauen; **sembrar en ~** *(fig)* Holz in den Wald tragen ❷ *(lugar)* Arena *f*

arenal [are'nal] *m* Sandfläche *f*

arenga [a'reŋga] *f* ❶ *(discurso)* Ansprache *f* ❷ *(fam: discurso tedioso)* Tirade *f*

arenisca [are'niska] *f* Sandstein *m*

arenoso, -a [are'noso, -a] *adj* ❶ *(con arena)* sandig ❷ *(parecido)* sandartig

arenque [a'reŋke] *m* Hering *m*

arequipa [are'kipa] *f (Col, Méx)* Milchreis *m*

arete [a'rete] *m* Ohrring *m*

argamasa [arɣa'masa] *f* Mörtel *m*

Argel [ar'xel] *m* Algier *nt*

Argelia [ar'xelja] *f* Algerien *nt*

argelino, -a [arxe'lino, -a] **I.** *adj* algerisch **II.** *m, f* Algerier(in) *m(f)*

argentado, -a [arxeṇ'taðo, -a] *adj* versilbert

Argentina [arxeṇ'tina] *f* Argentinien *nt*

argentino, -a [arxeṇ'tino, -a] **I.** *adj* argentinisch **II.** *m, f* Argentinier(in) *m(f)*

argolla [ar'ɣoʎa] *f* Ring *m*

argot [ar'ɣo^{t}] <argots> *m* Jargon *m*

argucia [ar'ɣuθja] *f* Spitzfindigkeit *f*

argüende [ar'ɣweṇde] *m (Méx)* ❶ *(chisme)* Klatsch *m,* Gerede *nt* ❷ *(haciendo pesquisas)* Ermittlung *f,* Untersuchung *f; (discurriendo)* Erforschung *f*

argüir [arɣu'ir] *irr como huir* **I.** *vt* ❶ *(deducir)* schließen (**de** aus +*dat*) ❷ *(probar)* erkennen lassen ❸ *(echar en cara)* vorwerfen ❹ *(alegar)* anführen (**como** als +*akk*) **II.** *vi* argumentieren

argumentación [arɣumeṇta'θjon] *f* Argumentation *f*

argumental [arɣumeṇ'tal] *adj* Argumentations-; **la trama ~** die Handlung

argumentar [arɣumeṇ'tar] **I.** *vt* ❶ *(deducir)* schließen ❷ *(defender)* begründen **II.** *vi* argumentieren

argumentativo, -a [arɣumeṇta'tiβo, -a] *adj* argumentativ

argumento [arɣu'meṇto] *m* ❶ *(razonamiento)* Argument *nt;* **los ~s en pro y en contra de una teoría** die Argumente für und gegen eine Theorie ❷ (LIT, CINE, TEAT) Handlung *f* ❸ *(Am: discusión)* Diskussion *f* ❹ *(Am: alegato)* Auseinandersetzung *f*

aria ['arja] *f* Arie *f*

aridez [ari'ðeθ] *f* Trockenheit *f*

árido, -a ['ariðo, -a] *adj* trocken; *(terreno)* karg

aries ['arjes] *m* (ASTR: *Person*) Widder *m*

Aries ['arjes] *m* (ASTR: *signo*) Widder *m*

ariete [a'rjete] *m* (DEP) Mittelstürmer(in) *m(f)*

ario, -a ['arjo, -a] **I.** *adj* arisch **II.** *m, f* Arier(in) *m(f)*
arisco, -a [a'risko, -a] *adj* widerspenstig
arista [a'rista] *f* ❶ *(de los cereales)* Granne *f* ❷ *(borde)* Kante *f* ❸ (ARQUIT: *línea*) Grat *m* ❹ (MAT) Schnittlinie *f*
aristocracia [aristo'kraθja] *f* Aristokratie *f*
aristócrata [aris'tokrata] *mf* Aristokrat(in) *m(f)*
aristocrático, -a [aristo'kratiko, -a] *adj* aristokratisch
aritmética [ari^ð'metika] *f* Arithmetik *f*
aritmético, -a [ari^ð'metiko, -a] *adj* arithmetisch
arlequín [arle'kin] *m* ❶ *(de la comedia)* Harlekin *m* ❷ *(ridículo)* Hanswurst *m*
arma ['arma] *f* ❶ *(instrumento)* Waffe *f;* ~ **blanca** Stichwaffe *f;* ~ **de fuego** Schusswaffe *f;* ~ **homicida** Tatwaffe *f;* ~ **de reglamento** Dienstwaffe *f;* **¡apunten ~s!** legt an!; **¡descansen ~s!** Gewehr ab!; **llegar a las ~s** handgreiflich werden; **pasar por las ~s** standrechtlich erschießen; **rendir las ~s** die Waffen niederlegen; **tomar las ~s** zu den Waffen greifen ❷ *(sección del ejército)* Truppengattung *f* ❸ *pl (blasón)* Wappen *nt* ❹ *pl (fuerzas armadas)* Streitkräfte *f pl* ❺ *(loc)* **un hombre de ~s tomar** ein streitbarer Mann; **mi novio es de ~s tomar** mein Freund lässt sich *dat* nichts gefallen
armada [ar'maða] *f* ❶ *(fuerzas navales)* Kriegsmarine *f* ❷ *(escuadra)* Kriegsflotte *f;* (HIST) Armada *f*
armadijo [arma'ðixo] *m* *(caza)* Falle *f;* *(construcción)* (Holz)gestell *nt*
armadillo [arma'ðiʎo] *m* Gürteltier *nt*
armado, -a [ar'maðo, -a] *adj* ❶ *(con armas)* bewaffnet; **conflicto** ~ bewaffneter Konflikt ❷ *(provisto de)* ausgestattet (**de** mit +*dat*) ❸ *(loc)* **hormigón** ~ armierter Beton
armador(a) [arma'ðor(a)] *m(f)* Reeder(in) *m(f)*
armadura [arma'ðura] *f* ❶ *(de caballero)* (Ritter)rüstung *f* ❷ *(de un objeto)* Gestell *nt* ❸ *(de una casa)* (Grund)gerippe *nt;* *(de un tejado)* Dachstuhl *m* ❹ *(de máquinas)* Armatur *f*
armamentismo [armameṇ'tismo] *m* Aufrüstung *f*
armamentista [armameṇ'tista] *adj* Rüstungs-; **carrera** ~ Wettrüsten *nt*
armamento [arma'meṇto] *m* ❶ *(de una persona)* Bewaffnung *f;* *(de un país)* Aufrüstung *f* ❷ *(armas, equipo)* Ausrüstung *f*
armar [ar'mar] **I.** *vt* ❶ *(proveer de armas)* bewaffnen ❷ *(embarcación)* ausrüsten ❸ *(cama)* aufstellen; *(tienda de campaña)* aufschlagen ❹ *(fam: jaleo, pelea)* anzetteln; ~**la** *(fig)* Krach schlagen ❺ *(loc)* ~ **caballero** zum Ritter schlagen **II.** *vr:* ~**se** ❶ *(con armas)* sich bewaffnen ❷ *(de paciencia/valor)* sich wappnen (**de** mit +*dat*) ❸ *(loc)* **se va a ~ la gorda** *(fam)* es wird einen Riesenkrach geben
armario [ar'marjo] *m* Schrank *m;* ~ **empotrado** Einbauschrank *m;* ~ **ropero** Kleiderschrank *m;* ~ **auxiliar** Beistellschrank *m;* ~ **colgante** Hängeschrank *m;* **salir del ~** *(fam)* sich outen
armatoste [arma'toste] *m* Trödel *m*
armazón [arma'θon] *m o f* ❶ *(armadura)* Gestell *nt* ❷ *(esqueleto)* Skelett *nt*
Armenia [ar'menja] *f* Armenien *nt*
armenio, -a [ar'menjo, -a] **I.** *adj* armenisch **II.** *m, f* Armenier(in) *m(f)*
armería [arme'ria] *f* ❶ *(tienda)* Waffenladen *m* ❷ *(museo)* Waffenmuseum *nt* ❸ *(arte)* Waffenschmiedekunst *f*
armero [ar'mero] *m* ❶ *(fabricante)* Waffenhersteller *m* ❷ *(vendedor)* Waffenhändler *m*
armiño [ar'miɲo] *m* ❶ (ZOOL) Hermelin *nt* ❷ *(piel)* Hermelinpelz *m*
armisticio [armis'tiθjo] *m* Waffenstillstand *m*
armonía [armo'nia] *f* ❶ *(consonancia)* Harmonie *f* ❷ *(relación armoniosa)* Eintracht *f;* **falta de** ~ Missstimmung *f;* **su comportamiento no estuvo en ~ con la solemnidad del acto** sein/ihr Benehmen entsprach nicht der Feierlichkeit des Aktes
armónica [ar'monika] *f* Mundharmonika *f*
armónico, -a [ar'moniko, -a] *adj* harmonisch
armonioso, -a [armo'njoso, -a] *adj* harmonisch; *(sonido, lengua)* wohlklingend
armonización [armoniθa'θjon] *f* Harmonisierung *f;* ~ **fiscal** (FIN) Steuerharmonisierung *f*
armonizar [armoni'θar] <z → c> **I.** *vi* harmonieren; **estos dos objetos armonizan** diese zwei Gegenstände passen zusammen **II.** *vt* harmonisieren; ~ **colores** Farben aufeinander abstimmen; ~ **ideas** Ideen miteinander in Einklang bringen
ARN [aerre'ene] *m abr de* **ácido ribonucleico** (BIOL) RNS *f*
árnica ['arnika] *f* Arnika *f;* *(tintura)* Arnikatinktur *f;* **pedir ~** *(fig)* das Handtuch werfen
aro ['aro] *m* ❶ *(argolla)* Ring *m;* **le haré pasar por el ~** *(fig)* ich werde ihn schon dazu bringen; **ahora tienes que pasar por el ~** *(fig)* nun musst du es durchstehen ❷ (BOT) Aron(s)stab *m* ❸ *(CSur, PRico: arete)* Ohrring *m*

aroma [a'roma] *m (olor)* Duft *m; (sabor)* Aroma *nt*
aromaterapia [aromate'rapja] *f* (MED) Aromatherapie *f*
aromático, -a [aro'matiko, -a] *adj (fragante)* duftend
aromatizar [aromati'θar] <z → c> *vt* ① *(dar aroma)* aromatisieren ② (GASTR) würzen
arpa ['arpa] *f* Harfe *f*
arpía [ar'pia] *f* ① *(figura mitológica)* Harpyie *f* ② *(bruja)* Hexe *f* ③ *(mujer fea)* hässliche Frau *f*
arpillera [arpi'ʎera] *f* Sackleinen *nt*
arpón [ar'pon] *m (de pesca)* Harpune *f*
arponear [arpone'ar] *vi, vt* harpunieren
arqueado, -a [arke'aðo, -a] *adj* krumm
arquear [arke'ar] **I.** *vt* ① *(doblar)* biegen; *(espalda)* krümmen; **el gato arqueó su lomo** die Katze machte einen Buckel ② *(cejas)* hochziehen ③ *(techo)* wölben **II.** *vr:* **~se** sich biegen
arqueo [ar'keo] *m (curvatura)* Krümmung *f; (de un techo)* Wölbung *f*
arqueología [arkeolo'xia] *f* Archäologie *f*
arqueológico, -a *adj* archäologisch
arqueólogo, -a [arke'oloɣo, -a] *m, f* Archäologe, -in *m, f*
arquero, -a [ar'kero, -a] *m, f* ① *(con arco)* Bogenschütze, -in *m, f* ② *(portero)* Torwart, -frau *m, f*
arquetípico, -a [arke'tipiko, -a] *adj* archetypisch, urbildlich
arquetipo [arke'tipo] *m* Archetypus *m*
arquitecto, -a [arki'tekto, -a] *m, f* Architekt(in) *m(f);* **~ interiorista** Innenarchitekt(in) *m(f);* **~ de la web** Webmaster(in) *m(f),* Webarchitekt(in) *m(f)*
arquitectónico, -a [arkitek'toniko, -a] *adj* architektonisch
arquitectura [arkitek'tura] *f* Architektur *f*
arrabal [arra'βal] *m* Vorstadt *f*
arrabalero, -a [arraβa'lero, -a] **I.** *adj* ① *(de un arrabal)* vorstädtisch ② *(grosero)* ungehobelt **II.** *m, f* ① *(habitante)* Vorstädter(in) *m(f)* ② *(grosero)* Rohling *m*
arracachada [arraka'ʧaða] *f (Col)* Dummheit *f,* Unsinn *m*
arraigar [arrai̯'ɣar] <g → gu> **I.** *vi, vr:* **~se** *(echar raíces)* Wurzeln schlagen **II.** *vi (costumbre)* zur festen Gewohnheit werden (**en** bei +*dat*)
arraigo [a'rrai̯ɣo] *m* Verwurzelung *f;* **tener ~** *(influencia)* einflussreich sein
arramblar [arram'blar] **I.** *vi (apoderarse)* an sich reißen (**con** +*akk*) **II.** *vt* ① *(río)* Sand anspülen (an +*akk*) ② *(arrastrar)* mit sich *dat* reißen **III.** *vr:* **~se** versanden
arrancar [arraŋ'kar] <c → qu> **I.** *vi* ① *(vehículo)* starten ② *(embestir)* angreifen ③ *(iniciar)* anfangen; **~ a correr** zu laufen anfangen ④ *(provenir)* ausgehen (**de** von +*dat*); *(comenzar)* beginnen (**de** in +*dat*) **II.** *vt* ① *(plantas)* (her)ausreißen; **el viento arrancó el árbol** der Wind entwurzelte den Baum ② *(pegatina, póster)* abreißen ③ *(quitar con violencia)* entreißen; **le ~on el arma** sie entrissen ihm/ihr die Waffe; **el ladrón le arrancó el bolso de la mano** der Dieb riss ihr die Handtasche aus der Hand; **la granada le arrancó un brazo** die Granate zerfetzte ihm/ihr einen Arm; **la corriente arrancó el puente** die Strömung riss die Brücke fort ④ *(muela)* ziehen ⑤ (AUTO) anlassen ⑥ *(loc)* **~ aplausos** Beifall auslösen; **~ una promesa a alguien** jdm ein Versprechen abringen; **~ un secreto** ein Geheimnis entlocken; **~ una victoria** einen Sieg erzwingen
arranque [a'rraŋke] *m* ① *(energía)* Energie *f; (decisión)* Initiative *f;* **tomar ~** Anlauf nehmen ② *(comienzo)* Beginn *m;* **punto de ~** Ausgangspunkt *m* ③ *(arrebato)* Anwandlung *f;* **no tengas esos ~s** reagier nicht so heftig ④ (AUTO) Anlassen *nt;* **dispositivo de ~ (automático)** (elektrischer) Anlasser *m* ⑤ (INFOR) Start *m*
arrasar [arra'sar] **I.** *vt* ① *(allanar)* einebnen ② *(edificios)* dem Erdboden gleichmachen; *(región)* verwüsten ③ *(vaso)* bis zum Rand füllen **II.** *vi (cielo)* aufklaren **III.** *vr:* **~se** ① *(cielo)* aufklaren ② *(loc)* **se le ~on los ojos de lágrimas** er/sie zerfloss in Tränen
arrastrado, -a [arras'traðo, -a] *adj* **una vida arrastrada** ein Hundeleben
arrastrar [arras'trar] **I.** *vt* ① *(tirar)* ziehen (**de** aus +*dat*); *(algo pesado)* schleifen; *(remolcar)* schleppen; **~on la caja montaña arriba** sie zogen die Kiste den Berg hinauf; **el agua arrastra las piedras** das Wasser reißt die Steine mit; **el viento arrastra las hojas** der Wind fegt die Blätter weg; **~ a alguien a hacer algo** jdn dazu verleiten, etw zu tun; **le pude ~ al cine** ich konnte ihn mit ins Kino schleifen ② *(acarrear)* nach sich *dat* ziehen; **eso le arrastró dolores de cabeza** das verursachte ihm/ihr Kopfschmerzen ③ *(arrebatar)* mitreißen ④ (INFOR) **~ y soltar** ziehen und ablegen **II.** *vi (cartas)* einen Trumpf ausspielen **III.** *vr:* **~se** kriechen
arrastre [a'rrastre] *m (de algo pesado)* Schleifen *nt; (remolque)* Fortschleppen *nt;* (GEO) Transport *m;* **estar para el ~** *(fam: cosa)* kaputt sein; *(persona)* völlig erledigt sein
arre ['arre] *interj* hü

arrear [arre'ar] I. *vt* ① *(ganado)* antreiben ② *(golpe)* versetzen; *(bofetada)* verpassen II. *vi* sich beeilen; **¡arrea!** *(rápido)* Tempo!; *(atiza)* Donnerwetter!

arrebañar [arreβa'ɲar] *vt* ① *(un plato)* leer essen ② *(objetos)* zusammenraffen

arrebatadamente [arreβataða'men̪te] *adv* ① *(precipitadamente)* überstürzt ② *(violentamente)* heftig ③ *(loc)* **hablar ~** *(apasionadamente)* voller Leidenschaft sprechen; *(rápidamente)* hastig sprechen

arrebatado, -a [arreβa'taðo, -a] *adj* ① *(alocado)* hastig ② *(irreflexivo)* unüberlegt ③ *(impetuoso)* ungestüm ④ *(irritado)* unbeherrscht; **con un rostro ~** rot vor Zorn

arrebatador(a) [arreβata'ðor(a)] *adj* bezaubernd

arrebatamiento [arreβata'mjen̪to] *m* Wutanfall *m*, Zornausbruch *m*

arrebatar [arreβatar] I. *vt* ① *(arrancar)* entreißen; **el viento le arrebató el sombrero** der Wind riss seinen Hut fort; **fue arrebatado por la corriente** die Strömung trieb ihn ab; **~ la vida a alguien** jdn umbringen; **~ la victoria** den Sieg erringen ② *(extasiar)* bezaubern ③ *(conmover)* mitreißen II. *vr:* **~se** *(enfurecerse)* wütend werden (**por** auf/über +*akk*)

arrebato [arre'βato] *m* ① *(arranque)* Anfall *m*; **~ de cólera** Zornausbruch *m* ② *(éxtasis)* Ekstase *f*

arrebol [arre'βol] *m* ① *(elev: nubes)* Rotfärbung *f*; *(de la mañana)* Morgenröte *f*; *(del atardecer)* Abendröte *f*; **¡mira el ~ de las nubes!** sieh mal das leuchtende Rot der Wolken! ② *(elev: rostro)* Rötung *f*, (Gesichts)röte *f* ③ *(cosmético)* Rouge *nt*

arrechucho [arre'ʧuʧo] *m* *(fam)* ① *(de mal humor)* Rappel *m* ② *(de salud)* Unpässlichkeit *f*

arreciar [arre'θjar] *vi* ① (METEO) stärker werden ② *(críticas)* schärfer werden

arrecife [arre'θife] *m* Riff *nt*; **~ de coral** Korallenriff *nt*

arredrar [arre'ðrar] I. *vt* ① *(retraer)* zurückschrecken lassen ② *(asustar)* erschrecken II. *vr:* **~se** ① *(echarse atrás)* zurückschrecken (**ante** vor +*dat*); **~se ante alguien** vor jdm zurückweichen ② *(asustarse)* den Mut verlieren; **sin ~se** beherzt

arreglado, -a [arre'ɣlaðo, -a] *adj* ① *(ordenado)* ordentlich ② *(cuidado)* gepflegt ③ *(moderado)* mäßig; *(precio)* erschwinglich ④ *(loc)* **¡estamos ~s!** jetzt sitzen wir ganz schön in der Tinte!

arreglar [arre'ɣlar] I. *vt* ① *(ordenar)* in Ordnung bringen; **~ la habitación para los invitados** das Zimmer für die Gäste herrichten; **~ la (desordenada) habitación** das Zimmer aufräumen ② *(acicalar)* **~ una mesa con flores** einen Tisch mit Blumen schmücken; **~ a los niños para salir** die Kinder zum Weggehen fertigmachen; **¡ya te ~é yo!** *(fig)* wenn ich dich erwische! ③ *(acordar)* vereinbaren; **~ las cuentas con alguien** mit jdm abrechnen ④ *(reparar)* reparieren; *(ropa, zapatos)* flicken; **esta sopa te ~á el estómago** diese Suppe wird deinem Magen guttun ⑤ *(aliñar)* anmachen; *(condimentar)* würzen ⑥ (MÚS) arrangieren ⑦ *(loc)* **estás arreglado si crees que te ayudaré** wenn du glaubst, dass ich dir helfe, irrst du dich II. *vr:* **~se** ① *(vestirse, peinarse)* sich zurechtmachen ② *(componérsela)* **no sé cómo te las arreglas** ich weiß nicht, wie du das machst; **¿cómo te has arreglado para convencerle?** wie hast du es geschafft, ihn zu überreden? ③ *(ponerse de acuerdo)* sich einigen ④ *(avenirse)* auskommen ⑤ *(loc)* **el día se está arreglando** der Himmel klärt sich auf

arreglista [arre'ɣlista] *mf* (MÚS) Arrangeur(in) *m(f)*

arreglo [a'rreɣlo] *m* ① *(ajuste)* Regelung *f*; **con ~ a lo convenido** gemäß der Vereinbarung; **obré con ~ a las normas** ich habe mich an die Regeln gehalten ② *(reparación)* Reparatur *f*; *(mejora)* Verbesserung *f*; **no tienes ~** bei dir ist Hopfen und Malz verloren *fam*; **este trabajo ya no tiene ~** diese Arbeit ist völlig verpfuscht ③ *(de una habitación)* Einrichtung *f* ④ *(acuerdo)* Vereinbarung *f* ⑤ *(amoroso)* Liebschaft *f* ⑥ (MÚS) Arrangement *nt*

arrellanarse [arreʎa'narse] *vr* es sich *dat* bequem machen

arremangar [arremaŋ'gar] <g → gu> *vt, vr:* **~se** hochkrempeln; **~se la camisa** (sich *dat*) die Hemdsärmel hochkrempeln

arremetedor(a) [arremete'ðor(a)] *adj* angriffslustig

arremeter [arreme'ter] *vi* ① *(atacar)* anstürmen ② *(despotricar)* wettern

arremetida [arreme'tiða] *f* Ansturm *m*

arremolinarse [arremoli'narse] *vr* ① *(hojas, polvo)* aufgewirbelt werden ② *(agua)* strudeln ③ *(gente)* sich zusammendrängen

arrendador(a) [arren̪da'ðor(a)] *m(f)* Vermieter(in) *m(f)*; *(de un terreno/negocio)* Verpächter(in) *m(f)*

arrendamiento [arren̪da'mjen̪to] *m* ① *(arriendo)* Miete *f*; *(de un terreno/negocio)* Pacht *f*; **~ financiero** Leasingvertrag *m*; **~ rústico** Landpacht *f* ② *(contrato)* Mietvertrag *m*; *(de un terreno/nego-

A

cio) Pachtvertrag *m* ❸ *(precio)* Miete *f; (de un terreno/negocio)* Pachtzins *m*

arrendar [arreṇ'dar] <e → ie> *vt* ❶ *(ceder)* vermieten; *(terreno, negocio)* verpachten ❷ *(tomar)* mieten; *(terreno, negocio)* pachten

arrendatario, **-a** [arreṇda'tarjo, -a] *m, f* Mieter(in) *m(f); (de un terreno/negocio)* Pächter(in) *m(f)*

arreos [a'rreos] *mpl (de las caballerías)* Geschirr *nt*

arrepentido, **-a** [arrepeṇ'tiðo, -a] *adj* reuevoll

arrepentimiento [arrepeṇti'mjeṇto] *m* Reue *f*

arrepentirse [arrepeṇ'tirse] *vr irr como sentir (lamentar)* Reue empfinden; **~ de algo** etw bereuen

arrestado, **-a** [arres'taðo, -a] *adj* kühn

arrestar [arres'tar] **I.** *vt* festnehmen **II.** *vr:* **~se** sich heranwagen (**a** an +*akk*)

arresto [a'rresto] *m* ❶ *(detención)* Festnahme *f* ❷ *(reclusión)* Arrest *m;* **~ domiciliario** Hausarrest *m* ❸ *(arrojo)* Verwegenheit *f;* **tener ~s** Mut haben

arrevesado, **-a** [arreβe'saðo, -a] *adj (CSur, PRico: enrevesado)* verwickelt, verworren

arriar [arri'ar] <*1. pres* arrío> **I.** *vt* ❶ *(bandera)* einholen ❷ *(cabo, cadena)* lockern ❸ *(inundar)* überschwemmen **II.** *vr:* **~se** überschwemmt werden

arriate [arri'ate] *m* ❶ *(bancal)* Blumenbeet *nt* ❷ *(camino)* Weg *m*

arriba [a'rriβa] *adv* ❶ *(posición)* oben; **más ~** weiter oben; **de ~ abajo** von oben nach unten; **caerse por las escaleras de ~ abajo** die Treppe hinunterstürzen; **leer un libro de ~ abajo** ein Buch vom Anfang bis zum Ende lesen; **ensuciarse de ~ abajo** sich von Kopf bis Fuß beschmutzen; **lo ~ mencionado** das Obenerwähnte; **¡manos ~!** Hände hoch!; **los que están ~** (**de la sociedad**) die oberen Zehntausend; **los que están ~** (**de una empresa**) die Führungsspitze; **la habitación de ~** *(de encima)* das Zimmer darüber; **el piso de ~** *(el último)* das oberste Stockwerk ❷ *(más de)* **tener de 60 años para ~** über 60 Jahre alt sein; **precios de 50 euros para ~** Preise ab 50 Euro (aufwärts) ❸ *(con movimiento)* **río ~** flussaufwärts; **¡~!** auf! ❹ *(CSur)* **de ~** *(gratis)* kostenlos; *(sin merecerlo)* grundlos

arribada [arri'βaða] *f* (NÁUT) Einlaufen *nt*

arribar [arri'βar] *vi (barco)* einlaufen

arribismo [arri'βismo] *m* Karrierismus *m*

arribista [arri'βista] *mf* Emporkömmling *m*

arribo [a'rriβo] *m (llegada)* Ankunft *f; (de una persona)* Eintreffen *nt*

arriendo [a'rrjeṇdo] *m v.* **arrendamiento**

arriero [a'rrjero] *m* Maultiertreiber *m*

arriesgado, **-a** [arrjes'ɣaðo, -a] *adj* ❶ *(peligroso)* riskant ❷ *(atrevido)* tollkühn

arriesgar [arrjes'ɣar] <g → gu> **I.** *vt* ❶ *(vida, reputación)* aufs Spiel setzen ❷ *(en el juego)* setzen ❸ *(hipótesis, afirmación)* wagen **II.** *vr:* **~se** sich einer Gefahr aussetzen

arrimar [arri'mar] **I.** *vt* ❶ *(acercar)* heranrücken (**a** an +*akk*) ❷ *(apoyar)* anlehnen (**a** an +*akk*) ❸ *(golpe)* versetzen; *(bofetada)* verpassen ❹ *(loc)* **~ el ascua a su sardina** die Gelegenheit nutzen; **~ el hombro** zupacken; **~ los libros** das Studium abbrechen **II.** *vr:* **~se** ❶ *(acercarse)* näher treten; **~se a algo** näher an etw herangehen; **~se al poder** sich von Regierungskreisen protegieren lassen; **~se al sol que más calienta** sein Fähnchen nach dem Wind drehen ❷ *(apoyarse)* sich anlehnen (**a** an +*akk*); **el niño se arrimó a su madre** das Kind schmiegte sich an seine Mutter ❸ *(Am: amancebarse)* in wilder Ehe leben

arrimo [a'rrimo] *m* ❶ *(acción)* Annäherung *f* ❷ *(sostén)* Stütze *f* ❸ *(ayuda)* Hilfe *f;* **al ~ de alguien** unter jds Schutz; **buscar ~** Schutz suchen

arrinconado, **-a** [arriŋko'naðo, -a] *adj* ❶ *(apartado)* abgelegen ❷ *(desatendido)* vernachlässigt ❸ *(olvidado)* vergessen

arrinconar [arriŋko'nar] **I.** *vt* ❶ *(un objeto)* in die Ecke stellen ❷ *(dinero)* beiseitelegen ❸ *(acosar)* in die Enge treiben ❹ *(de un cargo)* aus dem Verkehr ziehen ❺ *(rehuir a alguien)* links liegen lassen **II.** *vr:* **~se** sich zurückziehen

arriscado, **-a** [arris'kaðo, -a] *adj* ❶ *(arriesgado)* riskant ❷ *(escabroso)* felsig ❸ *(atrevido)* kühn

arritmia [a'rriᵈmja] *f* (*t.* MED) A(r)rhythmie *f*

arroba [a'rroβa] *f* ❶ *(medida de peso) Gewichtseinheit zwischen 11 und 12 Kilo* ❷ *(medida de capacidad) Hohlmaß für Öl, um die 13 Liter;* **tener dinero por ~s** einen Haufen Geld haben, in Geld schwimmen ❸ (INFOR) Klammeraffe *m,* at

arrobamiento [arroβa'mjeṇto] *m* Verzückung *f*

arrobar [arro'βar] **I.** *vt* entzücken **II.** *vr:* **~se** entzückt sein

arrocera [arro'θera] *f* Reiskocher *m;* **~ eléctrica** elektrischer Reiskocher

arrocero, **-a** [arro'θero, -a] **I.** *adj* Reis- **II.** *m, f* Reisbauer, -bäuerin *m, f*

arrodillarse [arroði'ʎarse] *vr* (sich) niederknien

arrogancia [arro'ɣan̦θja] *f* Arroganz *f*

arrogante [arro'ɣan̦te] *adj* ① *(altivo)* arrogant ② *(apuesto)* stattlich

arrogarse [arro'ɣarse] <g → gu> *vr* sich *dat* anmaßen; ~ **la facultad de juzgar a los demás** sich *dat* anmaßen, über andere zu urteilen

arrojadizo, -a [arroxa'ðiθo, -a] *adj* Wurf-; **arma arrojadiza** Wurfwaffe *f*

arrojado, -a [arro'xaðo, -a] *adj* verwegen

arrojar [arro'xar] **I.** *vt* ① *(lanzar)* werfen; **el caballo arrojó al jinete** das Pferd warf den Reiter ab ② *(emitir)* ausstoßen; **la chimenea arroja humo** der Schornstein raucht; ~ **un mal olor** schlecht riechen ③ *(expulsar)* vertreiben ④ *(vomitar)* erbrechen ⑤ *(un resultado)* ergeben; ~ **beneficios** Gewinne abwerfen; ~ **fallos** Fehler aufweisen; **mi cuenta arroja un saldo de 100 euros** mein Konto weist einen Saldo von 100 Euro auf **II.** *vr:* **~se** sich stürzen; **~se al agua** ins Wasser springen

arrojo [a'rroxo] *m* Verwegenheit *f*

arrollador(a) [arroʎa'ðor(a)] *adj* ① *(fuerza)* umwerfend; *(mayoría)* überwältigend ② *(persona)* hinreißend

arrollar [arro'ʎar] *vt* ① *(enrollar)* aufwickeln ② *(atropellar)* überfahren ③ *(derrotar)* (vernichtend) schlagen ④ *(las leyes)* missachten

arropar [arro'par] **I.** *vt* zudecken **II.** *vr:* **~se** ① *(en la cama)* sich zudecken ② *(abrigarse)* sich warm anziehen; **¡arrópate bien!** zieh dich warm an!; **¡arrópate con eso!** *(fam fig)* das kannst du dir an den Hut stecken!

arrorró [arro'rro] *m (AmS)* Schlaflied *nt*

arrostrado, -a [arros'traðo, -a] *adj* **bien/mal** ~ gut aussehend/hässlich

arroyo [a'rroɟo] *m* ① *(río pequeño)* Bach *m;* **~s de sangre/lágrimas** Ströme von Blut/Tränen ② *(cuneta)* Rinnstein *m;* **plantar a alguien en el** ~ *(fig)* jdn vor die Tür setzen; **salir del** ~ *(fig)* aus der Gosse herauskommen

arroz [a'rroθ] *m* Reis *m;* ~ **basmati** Basmatireis *m;* ~ **integral** Naturreis *m;* ~ **silvestre** Wildreis *m;* ~ **con leche** Milchreis *m;* **habrá ~ y gallo muerto** *(fig)* es wird hoch hergehen

arrozal [arro'θal] *m* Reisfeld *nt*

arruga [a'rruɣa] *f* Falte *f;* ~ **en la frente** Stirnfalte *f;* **este vestido hace ~s** dieses Kleid knittert

arrugado, -a [arru'ɣaðo, -a] *adj* ① *(vestido, papel)* zerknittert ② *(piel)* runz(e)lig

arrugar [arru'ɣar] <g → gu> **I.** *vt* ① *(papel, vestido)* zerknittern ② *(loc)* ~ **la frente** die Stirn runzeln; ~ **la nariz** die Nase rümpfen **II.** *vr:* **~se** ① *(papel, vestido)* knittern ② *(piel)* faltig werden ③ *(achicarse)* den Mut verlieren

arruinar [arrwi'nar] **I.** *vt* ① *(causar ruina)* ruinieren ② *(destruir)* zerstören ③ *(fiesta, vacaciones)* verderben; *(plan)* zunichtemachen **II.** *vr:* **~se** ① *(quedarse en la ruina)* sich ruinieren ② *(malograrse)* sich *dat* verderben

arrullar [arru'ʎar] **I.** *vt (a un niño)* in den Schlaf wiegen **II.** *vi* (ZOOL) gurren **III.** *vr:* **~se** turteln

arrullo [a'rruʎo] *m* ① (ZOOL) Gurren *nt* ② *(para niños)* Schlaflied *nt*

arrumar [arru'mar] **I.** *vt* (NÁUT: *carga*) stauen **II.** *vr:* **~se** (NÁUT: *cielo*) sich bewölken

arrumbamiento [arrumba'mjen̦to] *m* (NÁUT) Kurs *m*

arrumbar [arrum'bar] *vt* ① *(una cosa)* ausrangieren ② *(a alguien)* aus dem Weg gehen +*dat*

arsenal [arse'nal] *m* ① *(de municiones)* (Waffen)arsenal *nt* ② (NÁUT) Werft *f*

arsénico [ar'seniko] *m* Arsen *nt*

art. [ar'tikulo] *abr de* **artículo** Art.

art déco [ar^tðe'ko] *m sin pl* (ARTE) Art déco *m o nt*

arte ['arte] *m o f* ① *(pintura, escultura, facultad)* Kunst *f;* **las bellas ~s** die schönen Künste; ~ **culinario** Kochkunst *f;* ~ **narrativo** Erzählkunst *f;* **las ~s plásticas** die bildenden Künste; **el séptimo** ~ die Filmkunst; **escuela de ~s y oficios** Gewerbeschule *f* ② *(habilidad)* Geschick *nt* ③ *(maña)* Trick *m;* **como por ~ de magia** wie durch Hexerei; **conseguir algo por malas ~s** sich *dat* etw erschleichen; **desplegó todas sus ~s para convencerlo** er/sie ließ alle seine/ihre Künste spielen, um ihn zu überzeugen; **no tener ~ ni parte en algo** mit etw *dat* nichts zu tun haben

artefacto [arte'fakto] *m (aparato)* Apparat *m;* *(mecanismo)* Vorrichtung *f;* ~ **explosivo** Sprengkörper *m*

arteria [ar'terja] *f* ① (ANAT) Arterie *f* ② *(de tráfico)* Verkehrsader *f*

arterial [arte'rjal] *adj* arteriell

arterio(e)sclerosis [arterjo(e)skle'rosis] *f inv* Arteriosklerose *f*

artesanado [artesa'naðo] *m* ① *(conjunto de artesanos)* Handwerkerschaft *f* ② *(clase social)* Handwerksstand *m*

artesanal [artesa'nal] *adj* handwerklich

artesanía [artesa'nia] *f* ① *(arte)* Handwerkskunst *f* ② *(obra)* Kunsthandwerk *nt;*

A

jarrón de ~ in Handarbeit hergestellte Vase
artesano, -a [arte'sano, -a] *m, f* Handwerker(in) *m(f)*
artesonado [arteso'naðo] *m* Kassettendecke *f*
ártico, -a ['artiko, -a] *adj* arktisch; **Polo Ártico** Nordpol *m*
articulación [artikula'θjon] *f* ❶ (TÉC, ANAT) Gelenk *nt* ❷ (LING) Artikulation *f*
articulado[1] [artiku'laðo] *m* ❶ *(conjunto de artículos)* Artikel *mpl* ❷ (ZOOL) Gliedertier *nt*
articulado, -a[2] [artiku'laðo, -a] *adj* ❶ *(con articulaciones)* Gelenk-, gelenkig; **vehículo ~** Gelenkfahrzeug *nt* ❷ *(lenguaje)* artikuliert
articular [artiku'lar] **I.** *vt* ❶ *(unir)* miteinander verbinden ❷ (LING) artikulieren **II.** *adj* Gelenk-
articulista [artiku'lista] *mf* Artikelschreiber(in) *m(f)*
artículo [ar'tikulo] *m* ❶ *(mercancía)* (Verkaufs)artikel *m;* **~ invendible** Ladenhüter *m;* **~ en oferta** Sonderangebot *nt;* **~s de primera necesidad** Güter des täglichen Bedarfs ❷ (PREN) (Zeitungs)artikel *m* ❸ (JUR, LING) Artikel *m* ❹ *(en un diccionario)* Eintrag *m*
artífice [ar'tifiθe] *mf* ❶ *(autor)* Urheber(in) *m(f)* ❷ *(artista)* Künstler(in) *m(f)*
artificial [artifi'θjal] *adj* ❶ *(no natural)* künstlich; **seda ~** Kunstseide *f* ❷ *(falso)* gekünstelt
artificiero [artifi'θjero] *m* *(pirotécnico)* Feuerwerker *m;* **los ~s de la policía** das Sprengkommando der Polizei
artificio [arti'fiθjo] *m* ❶ *(mecanismo)* Vorrichtung *f;* *(aparato)* Apparat *m* ❷ *(habilidad)* Geschick *nt;* *(truco)* Kniff *m;* **un ~ técnico** ein technischer Kunstgriff
artificioso, -a [artifi'θjoso, -a] *adj* gekünstelt, unecht
artillería [artiʎe'ria] *f* (MIL) Artillerie *f;* **una ~ de medidas** *(fig)* eine ganze Batterie (von) Maßnahmen
artillero [arti'ʎero] *m* Artillerist *m*
artilugio [arti'luxjo] *m* ❶ *(pey: artificio)* Ding *nt* ❷ *(ardid)* List *f*
artimaña [arti'maɲa] *f* List *f*
artista [ar'tista] *mf* ❶ (ARTE) Künstler(in) *m(f);* **~ callejero** Straßenkünstler *m* ❷ *(de circo)* Artist(in) *m(f)* ❸ (TEAT) Schauspieler(in) *m(f)* ❹ *(loc)* **es un ~ en su especialidad** er ist ein Meister seines Fachs
artístico, -a [ar'tistiko, -a] *adj* ❶ *(del arte)* künstlerisch ❷ *(del circo)* artistisch ❸ *(hecho con arte)* kunstvoll
artritis [ar'tritis] *f inv* Arthritis *f*
artrosis [ar'trosis] *f inv* Arthrose *f*
arveja [ar'βexa] *f* (BOT) Saatwicke *f*
arzobispado [arθoβis'paðo] *m* ❶ *(diócesis)* Erzbistum *nt* ❷ *(edificio)* Sitz *m* des Erzbischofs
arzobispo [arθo'βispo] *m* Erzbischof *m*
as [as] *m* Ass *nt*
asa ['asa] *f* Henkel *m;* *(de maleta)* Griff *m*
asado [a'saðo] *m* Braten *m*
asador [asa'ðor] *m* ❶ *(pincho)* Bratspieß *m* ❷ *(parrilla)* Grill *m*
asadura [asa'ðura] *f* *(de una res)* Eingeweide *ntpl*
asalariado, -a [asala'rjaðo, -a] *m, f* (ECON) Lohnempfänger(in) *m(f)*
asalariar [asala'rjar] *vt* Lohn zahlen (**a** +*dat*); *(servicio público)* besolden; **todavía no le han asalariado** sie haben ihm noch keinen Lohn gezahlt
asaltante [asal̩'tan̩te] **I.** *adj* angreifend **II.** *mf* Angreifer(in) *m(f)*
asaltar [asal̩'tar] *vt* ❶ *(fortaleza, ciudad)* stürmen ❷ *(a una persona: robar)* überfallen; *(atacar)* angreifen; **~ con preguntas** mit Fragen bestürmen ❸ *(pensamiento)* überkommen; **me asaltó el pánico** ich geriet in Panik
asalto [a'sal̩to] *m* ❶ *(a una fortaleza/ciudad)* Sturm(angriff) *m* (**a** auf +*akk*); **tomar por ~** in einem Handstreich einnehmen ❷ *(a un banco/alguien)* Überfall *m* (**a** auf +*akk*); **~ con allanamiento** (JUR) Einbruch *m* ❸ (DEP: *boxeo*) Runde *f;* *(esgrima)* Durchgang *m*
asamblea [asam'blea] *f* Versammlung *f;* **~ general** Hauptversammlung *f;* **~ plenaria** Vollversammlung *f;* **~ de trabajadores** Betriebsversammlung *f*
asar [a'sar] **I.** *vt* ❶ (GASTR) braten; **cochinillo asado** Spanferkel *nt;* **~ a fuego lento** schmoren; **~ a la parrilla** grillen ❷ *(con preguntas)* löchern **II.** *vr:* **~se: en esta casa se asa uno vivo** *(fam)* in diesem Haus kommt man um vor Hitze
asaz [a'saθ] *adv* ❶ *(elev: bastante)* ziemlich ❷ *(elev: muy)* sehr, äußerst
asbesto [as'βesto] *m* Asbest *m*
ascalonia [aska'lonja] *f* (BOT, GASTR) Schalotte *f*
ascendencia [asθen̩'den̩θja] *f* ❶ *(antepasados)* Vorfahren *mpl* ❷ *(procedencia)* Herkunft *f*
ascendente [asθen̩'den̩te] **I.** *adj* aufsteigend; **en orden ~** in aufsteigender Reihenfolge **II.** *m* (ASTR) Aszendent *m*
ascender [asθen̩'der] <e → ie> *vi* ❶ *(subir)* steigen; *(cuesta)* ansteigen; (DEP) aufsteigen; **el equipo ascendió a primera**

die Mannschaft stieg in die erste Liga auf ② *(de empleo)* aufsteigen (**a** zu +*dat*) ③ (COM: *cantidad, cuenta*) sich belaufen (**a** auf +*akk*)

ascendiente[1] [asθeṇ'djeṇte] *m (influencia)* Einfluss *m*

ascendiente[2] [asθeṇ'djeṇte] *mf* Vorfahr(e), -in *m, f*

ascensión [asθen'sjon] *f* ① *(a una montaña)* Aufstieg *m* ② *(de Cristo)* Himmelfahrt *f;* **el día de la A~** der Himmelfahrtstag ③ *(del rey)* Thronbesteigung *f*

ascensional [asθensjo'nal] *adj* Aufwärts-, nach oben; **fuerza ~** Auftrieb *m,* Auftriebskraft *f*

ascensionista [asθensjo'nista] *mf* ① (DEP: *escalador*) Bergsteiger(in) *m(f)* ② *(en globo)* Ballonfahrer(in) *m(f)*

ascenso [as'θenso] *m* ① *(subida)* Anstieg *m;* (DEP) Aufstieg *m;* **el ~ a primera** der Aufstieg in die erste Liga ② *(promoción)* Beförderung *f*

ascensor [asθen'sor] *m* Aufzug *m;* **tomar el ~** mit dem Aufzug fahren

ascensorista [asθenso'rista] *mf* ① *(el que lo maneja)* Aufzugführer(in) *m(f); (chico)* Liftboy *m* ② *(mecánico)* Aufzugmechaniker(in) *m(f)*

asceta [as'θeta] *mf* Asket(in) *m(f)*

ascética [as'θetika] *f sin pl* Aszetik *f,* Asketik *f*

asco ['asko] *m* ① *(de algo)* Ekel *m* (**de** vor +*dat*); **este olor me da ~** bei diesem Geruch wird mir übel; **las espinacas me dan ~** ich kann Spinat nicht ausstehen ② *(de alguien)* Abscheu *m o f* (**de** vor +*dat*); **este hombre me da ~** dieser Mann stößt mich ab ③ *(loc, fam)* **¡qué ~ de gente!** diese Leute sind unerträglich!; **estoy hecho un ~** ich bin dreckig; **estoy muerto de ~** ich langweile mich zu Tode

ascua ['askwa] *f* Glut *f;* **estar limpio como un ~** blitzsauber sein; **estar sobre ~s** (wie) auf glühenden Kohlen sitzen; **pasar algo sobre ~s** etw oberflächlich abhandeln; **tener a alguien en ~s** jdn zappeln lassen

aseado, -a [ase'aðo, -a] *adj* ① *(limpio)* sauber; *(arreglado)* ordentlich ② *(cuidadoso)* sorgfältig

asear [ase'ar] **I.** *vt* sauber machen **II.** *vr:* **~se** sich zurechtmachen

asechanza [ase'tʃaṇθa] *f* ① *(trampa)* Falle *f* ② *pl* Intrigen *fpl,* Ränke *mpl geh*

asediar [ase'djar] *vt* ① *(ciudad)* belagern ② *(con preguntas)* bestürmen; *(con peticiones)* plagen

asedio [a'sedjo] *m* Belagerung *f*

aseguración [aseɣura'θjon] *f* Versicherung *f*

asegurado, -a [aseɣu'raðo, -a] *m, f* Versicherungsnehmer(in) *m(f)*

asegurador(a) [aseɣura'ðor(a)] *m(f)* Versicherungsgeber(in) *m(f)*

aseguramiento [aseɣura'mjeṇto] *m* ① *(de la paz, del puesto de trabajo)* Sicherung *f;* **~ de datos** Datensicherung *f* ② *(afirmación)* Versicherung *f*

asegurar [aseɣu'rar] **I.** *vt* ① *(fijar)* festmachen; **~ un nudo** einen Knoten festziehen; **~ una puerta** eine Tür zumachen; *(con llave)* eine Tür zuschließen; **~ una puerta con una cadena** eine Tür mit einer Kette sichern ② *(afirmar)* versichern; *(prometer)* versprechen; *(garantizar)* zusichern; **tienes la vida asegurada** deine Zukunft ist gesichert ③ *(concertar un seguro)* versichern **II.** *vr:* **~se** ① *(contra un peligro)* sich absichern ② *(comprobar)* nachsehen; *(cerciorarse)* sich vergewissern ③ *(hacerse un seguro)* sich versichern

asemejarse [aseme'xarse] *vr* ähneln (**a** +*dat*)

asenso [a'senso] *m (formal)* Zustimmung *f,* Einwilligung *f;* **dar su ~** zustimmen, einwilligen

asentaderas [aseṇta'ðeras] *fpl (fam)* Hintern *m;* **tener buenas ~** Sitzfleisch haben

asentado, -a [aseṇ'taðo, -a] *adj* ① *(juicioso)* vernünftig ② *(estable)* fest

asentamiento [aseṇta'mjeṇto] *m* Siedlung *f*

asentar [aseṇ'tar] <e → ie> **I.** *vt* ① *(poner)* hinstellen; *(campamento)* aufschlagen; **~ los cimientos** das Fundament legen; **la lluvia ha asentado el polvo** durch den Regen hat sich der Staub gelegt ② *(sentar)* setzen (**en** auf +*akk*); **~ en el trono** auf den Thron erheben ③ *(población)* gründen ④ *(alisar)* glätten ⑤ *(afirmar)* behaupten ⑥ *(pedido)* (ver)buchen **II.** *vi (vestido)* gut stehen **III.** *vr:* **~se** ① *(en un sitio)* sich niederlassen ② *(polvo, líquidos)* sich setzen

asentimiento [aseṇti'mjeṇto] *m* Zustimmung *f* (**a** zu +*dat*)

asentir [aseṇ'tir] *vi irr como sentir* ① *(aprobar)* zustimmen (**a** +*dat*); **~ con la cabeza** nicken ② *(consentir)* einwilligen (**a** in +*akk*)

aseñorado, -a [aseɲo'raðo, -a] *adj (Am)* vornehm

aseo [a'seo] *m* ① *(acción)* Saubermachen *nt* ② *(estado)* Sauberkeit *f;* **~ personal** Körperpflege *f;* (**cuarto de**) **~** Badezimmer *nt*

aséptico, -a [a'septiko, -a] *adj* keimfrei, steril

asequible [ase'kiβle] *adj* ❶ *(alcanzable)* erreichbar ❷ *(precio)* erschwinglich; **no ~** unerschwinglich; **esta casa no es ~ para nosotros** wir können uns dieses Haus nicht leisten ❸ *(persona)* zugänglich

aserción [aser'θjon] *f* Behauptung *f*

aserradero [aserra'ðero] *m* Sägewerk *nt*

aserradora [aserra'ðora] *f* Sägemaschine *f*

aserrar [ase'rrar] <e → ie> *vt* sägen

aserto [a'serto] *m* Behauptung *f*

asesinar [asesi'nar] *vt* ermorden

asesinato [asesi'nato] *m* Mord *m* (**de** an +*dat*); **robo con ~** Raubmord *m*

asesino, -a [ase'sino, -a] **I.** *adj* Mörder-; *(fig)* mörderisch **II.** *m, f* Mörder(in) *m(f)*; **~ (a sueldo)** Killer *m*

asesor(a) [ase'sor(a)] **I.** *adj* beratend **II.** *m(f)* ❶ *(consejero)* Berater(in) *m(f)*; **~ fiscal** (FIN) Steuerberater *m*; **~ legal** [*o* **jurídico**] Rechtsberater *m*; **~ de empresas** Unternehmensberater(in) *m(f)*; **~ financiero** Finanzberater(in) *m(f)* ❷ (JUR) Beisitzer(in) *m(f)*

asesoramiento [asesora'mjen̩to] *m* Beratung *f*; **~ de empresas** (ECON) Unternehmensberatung *f*

asesorar [aseso'rar] **I.** *vt* beraten **II.** *vr*: **~se** sich beraten (**de** über +*akk*)

asesoría [aseso'ria] *f* ❶ *(oficio)* Beratung *f* ❷ *(oficina)* Beratungsstelle *f*

asestar [ases'tar] *vt* ❶ *(apuntar)* richten (**a** auf +*akk*) ❷ *(propinar)* versetzen; **~ un tiro a alguien** einen Schuss auf jdn abgeben

aseveración [aseβera'θjon] *f* Behauptung *f*

aseverar [aseβe'rar] *vt* *(afirmar)* behaupten; *(asegurar)* versichern; *(con energía)* beteuern

asfaltar [asfal̩'tar] *vt* asphaltieren

asfalto [as'fal̩to] *m* Asphalt *m*

asfixia [as'fiˠsja] *f* Ersticken *nt*

asfixiante [asfiˠ'sjan̩te] *adj* erstickend; **una atmósfera ~** stickige Luft; **hace un calor ~** es ist erstickend heiß

asfixiar [asfiˠ'sjar] *vt, vr*: **~se** ersticken; **~ de cuajo** im Keim ersticken

así [a'si] **I.** *adv* ❶ *(de modo)* so; **~ ~** einigermaßen; **~ que ~, ~ o asá** so oder so; **~ y todo** trotz allem; **¿~ qué?** und nun?; **~, ¿lo haces o no?** also, machst du es oder nicht?; **¡~ es!** ja, genau!; **¡ah, ~ es!** ach, so ist das!; **soy ~** so bin ich nun einmal; **no puedes decir esto ~ como ~** du kannst das nicht ohne Weiteres sagen; **no puedes tomar esta decisión ~ como ~** du musst dir diese Entscheidung genau überlegen ❷ *(expresión de deseo)* **¡~ revientes!** hoffentlich krepierst du! ❸ *(de extrañeza)* **¿~ me dejas?** du verlässt mich wirklich? ❹ *(de cantidad)* **~ de grande** so groß ❺ *(elev: temporal)* **~ que se fueron, lavamos los platos** kaum waren sie gegangen, spülten wir das Geschirr **II.** *conj* ❶ *(concesiva)* **~ lo ahorques no dará su brazo a torcer** da kannst du dich auf den Kopf stellen, er wird nicht nachgeben ❷ *(consecutiva)* **empezó a llover y ~ nos quedamos en casa** es fing an zu regnen, und so blieben wir zu Hause; **solo hay una plaza libre, ~ (es) que decídete pronto** es ist nur noch ein Platz frei, entscheide dich also bald; **te esperaré en la calle; ~ pues, no te retrases** ich warte auf der Straße auf dich, komm also nicht zu spät ❸ *(comparativa)* **~ el uno como el otro** sowohl der eine als auch der andere; **~ en la tierra como en el cielo** wie im Himmel, so auf Erden **III.** *adj* solch; **un sueldo ~** solch ein Gehalt; **una cosa ~** etwas Derartiges

Asia ['asja] *f* Asien *nt*; **~ menor** Kleinasien *nt*

asiático, -a [a'sjatiko, -a] **I.** *adj* asiatisch; **lujo ~** orientalische Pracht **II.** *m, f* Asiat(in) *m(f)*

asidero [asi'ðero] *m* ❶ *(agarradero)* Griff *m* ❷ *(pretexto)* Vorwand *m* ❸ *(influencia)* gute Beziehungen *fpl*

asiduidad [asiðwi'ðaᵈ] *f* ❶ *(frecuencia)* Häufigkeit *f* ❷ *(regularidad)* Regelmäßigkeit *f* ❸ *(perseverancia)* Beständigkeit *f*

asiduo, -a [a'siðwo, -a] *adj* ❶ *(frecuente)* häufig ❷ *(regular)* regelmäßig; **un ~ cliente de este local** ein Stammgast dieses Lokals ❸ *(perseverante)* ausdauernd

asiento [a'sjen̩to] *m* ❶ *(sitio)* Sitz *m*; **~ eyectable** (AERO) Schleudersitz *m*; **~ del conductor** (AUTO) Fahrersitz *m*; **~ del copiloto** (AUTO) Beifahrersitz *m*; **un culo de mal ~** ein unruhiger Geist; **calentar el ~** *(ocupar un cargo)* lange denselben Posten bekleiden; *(vaguear)* faulenzen; **tomar ~** Platz nehmen ❷ *(localidad)* Sitzplatz *m* ❸ *(de una vasija/botella)* Boden *m* ❹ *(poso)* (Boden)satz *m* ❺ *(en una cuenta)* (Ver)buchung *f*; **~ de cierre** Jahresabschlussbuchung *f*

asignación [asiɣna'θjon] *f* ❶ *(de un trabajo)* Zuweisung *f* (**a** zu +*dat*); **~ de recursos** Mittelzuweisung *f* ❷ *(de una fecha/un sueldo)* Festsetzung *f* ❸ (INFOR) Zuordnung *f* (**a** zu +*dat*); **~ de una tecla** Tastenbelegung *f*; **~ al teclado** Tastaturbelegung *f*

asignar [asiɣ'nar] *vt* ❶ *(destinar, conceder)* zuweisen ❷ *(fijar)* festsetzen

asignatura [asiɣna'tura] *f* (ENS) Fach *nt;* ~ **pendiente** noch zu bestehendes Fach

asilado, -a [asi'laðo, -a] *m, f* ① (POL) Asylberechtigte(r) *f(m)* ② *(anciano)* Heiminsasse, -in *m, f*

asilar [asi'lar] **I.** *vt* ① (POL) Asyl gewähren +*dat* ② *(albergar en un asilo)* in ein Heim einweisen **II.** *vr:* **~se** Asyl suchen

asilo [a'silo] *m* ① (POL) Asyl *nt* ② *(de ancianos)* Altenheim *nt* ③ *(de huérfanos)* Waisenhaus *nt* ④ *(refugio)* Zuflucht *f*

asimetría [asime'tria] *f* Asymmetrie *f*

asimétrico, -a [asi'metriko, -a] *adj* asymmetrisch

asimilación [asimila'θjon] *f* ① *(nivelación)* Gleichstellung *f* (**a** mit +*dat*) ② (BOT, LING) Assimilation *f*

asimilar [asimi'lar] *vt* ① *(igualar)* gleichstellen (**a** mit +*dat*) ② *(conocimientos)* aufnehmen ③ (BIOL) assimilieren

asimismo [asi'mismo] *adv* auch

asir [a'sir] *irr* **I.** *vt (sujetar)* fassen; *(con fuerza)* packen **II.** *vi (plantas)* Wurzeln schlagen **III.** *vr:* **~se** sich fest halten (**a** an +*dat*)

asistencia [asis'ten̪θja] *f* ① *(ayuda)* Hilfe *f;* ~ **financiera** Beihilfe *f;* ~ **letrada** (JUR) juristischer Beistand; ~ **médica** ärztliche Betreuung; ~ **social** Sozialarbeit *f* ② *(presencia)* Anwesenheit *f;* **sin la ~ del presidente** in Abwesenheit des Präsidenten ③ *(participación)* Teilnahme *f* (**a** an +*dat*) ④ *(concurrencia)* Teilnehmerzahl *f; (participantes)* Teilnehmer *mpl*

asistencial [asisten̪'θjal] *adj (sanitaria)* Pflege-; *(social)* Fürsorge-; **servicios ~es** Pflegedienste *mpl*

asistenta [asis'ten̪ta] *f (para todo)* Haushaltshilfe *f; (para limpiar)* Putzfrau *f*

asistente [asis'ten̪te] *mf* ① *(auxiliar)* Assistent(in) *m(f);* ~ **social** Sozialarbeiter(in) *m(f)* ② *(participante)* Teilnehmer(in) *m(f)*

asistido, -a [asis'tiðo, -a] *adj* ~ **por ordenador** computergestützt; **dirección asistida** Servolenkung *f;* **fecundación/respiración asistida** künstliche Befruchtung/Beatmung

asistir [asis'tir] **I.** *vi* teilnehmen (**a** an +*dat*) **II.** *vt* helfen +*dat;* **fue asistido de un tirón** er wurde wegen einer Muskelzerrung ärztlich behandelt; ~ **a un enfermo** einen Kranken pflegen; **esta señora se dedica a ~** diese Frau arbeitet als Haushaltshilfe; **¡que Dios nos asista!** Gott steh uns bei!

asma ['asma] *m sin pl* Asthma *nt*

asmático, -a [as'matiko, -a] **I.** *adj* asthmatisch **II.** *m, f* Asthmatiker(in) *m(f)*

asnada [as'naða] *f (fam: bobada)* Dummheit *f,* Eselei *f*

asnal [as'nal] *adj* ① *(de asno)* Esel(s)-; **rebuznos ~es** Eselsschreie *mpl* ② *(fam: persona, acción)* brutal, gewalttätig

asno ['asno] *m* Esel *m;* **apearse de su ~** *(fig)* seinen Irrtum einsehen; **no ver siete sobre un ~** *(fig)* die Hand vor den Augen nicht sehen

asociable [aso'θjaβle] *adj* vereinbar; *(combinable)* verknüpfbar

asociación [asoθja'θjon] *f* ① *(acción)* Vereinigung *f* ② *(mental)* Assoziation *f;* ~ **de ideas** Gedankenassoziation *f;* **siempre pienso en él en ~ con...** ich denke immer in Zusammenhang mit ... an ihn ③ *(organización)* Verband *m;* ~ **ecologista** Umweltverband *m;* **A~ Europea de Libre Cambio** Europäische Freihandelszone; **A~ de Padres de Alumnos** Elternausschuss *m;* ~ **de vecinos** ≈ Bürgerinitiative *f*

asociacionismo [asoθjaθjo'nismo] *m sin pl* ① (SOCIOL) Vereinsbewegung *f* ② (FILOS, PSICO) Assoziationspsychologie *f*

asociado, -a [aso'θjaðo, -a] *m, f* ① *(de una asociación)* Mitglied *nt* ② (COM: *de una empresa*) Gesellschafter(in) *m(f)*

asocial [aso'θjal] *adj* asozial

asociar [aso'θjar] **I.** *vt* ① *(juntar)* vereinen (**a** zu +*dat*); (POL) assoziieren (**a/con** mit +*dat*) ② *(mental)* assoziieren; **la asocio con alguien** ich bringe sie mit jdm in Zusammenhang ③ *(a un negocio)* zum Gesellschafter machen **II.** *vr:* **~se** sich zusammenschließen; **~se con alguien** *(hacer compañía)* sich zu jdm gesellen

asolamiento [asola'mjen̪to] *m* Verwüstung *f*

asolar [aso'lar] <o → ue> *vt (destruir)* verwüsten

asolear [asole'ar] **I.** *vt* der Sonne aussetzen **II.** *vr:* **~se** ① *(acalorarse)* sich erhitzen ② *(ponerse moreno)* sich sonnen

asomar [aso'mar] **I.** *vt* ① *(mostrar)* zeigen ② *(parte del cuerpo)* hinausstrecken; ~ **la cabeza por la ventana** den Kopf zum Fenster hinausstrecken **II.** *vi (aparecer)* auftauchen; *(fig)* sich abzeichnen; **asoma el día** der Tag bricht an **III.** *vr:* **~se** ① *(mostrarse)* sich zeigen; **~se al balcón** auf dem Balkon erscheinen ② *(una parte del cuerpo)* hinausgestreckt werden

asombrar [asom'brar] **I.** *vt* ① *(pasmar)* in Erstaunen versetzen; **estar asombrado** erschrocken sein ② *(sombrear)* beschatten **II.** *vr:* **~se** sich wundern (**de** über +*akk*)

asombro [a'sombro] *m* Staunen *nt;* **poner cara de ~** ein erstauntes Gesicht machen;

A

no salir de su ~ aus dem Staunen nicht herauskommen

asombroso, -a [asom'broso, -a] *adj* erstaunlich; *(increíble)* unglaublich

asomo [a'somo] *m* Spur *f;* **hay ~s de recuperación económica** es gibt Anzeichen für eine Wiederbelebung der Wirtschaft; **no pienso en ello ni por ~** ich denke nicht im Entferntesten daran; **¿tienes miedo? – ni por ~** hast du Angst? – keine Spur; **sin el menor ~ de...** ohne die leiseste Spur von ...

asonancia [aso'naṇθja] *f* Assonanz *f*

aspa ['aspa] *f* ❶ *(figura)* Kreuz *nt;* **marcar con un ~** ankreuzen ❷ *(de molino)* Flügel *m*

aspecto *m* ❶ *(apariencia)* Erscheinung *f;* *(de una persona)* Aussehen *nt,* Erscheinungsbild *nt* ❷ *(punto de vista)* Gesichtspunkt *m*

aspereza [aspe'reθa] *f* ❶ *(superficie)* Rauheit *f* ❷ *(terreno)* Unebenheit *f* ❸ *(trato)* Barschheit *f;* **nos trató con mucha ~** er/sie war sehr barsch zu uns

áspero, -a ['aspero, -a] *adj* ❶ *(superficie)* rau ❷ *(terreno)* holp(e)rig ❸ *(sabor)* bitter ❹ *(persona)* barsch ❺ *(lenguaje)* derb

aspersor [asper'sor] *m* (Rasen)sprenger *m*

aspiración [aspira'θjon] *f* ❶ *(inspiración)* Einatmen *nt* ❷ *(pretensión)* Streben *nt* (**a** nach +*dat*); *(deseo)* Wunsch *m* (**a** nach +*dat*); **tener grandes aspiraciones** hoch hinauswollen ❸ (TÉC) Saugen *nt* ❹ (LING) Aspiration *f*

aspirador[1] [aspira'ðor] *m* Staubsauger *m*

aspirador(a)[2] [aspira'ðor(a)] *adj* Saug-, (an)saugend

aspiradora [aspira'ðora] *f* Staubsauger *m*

aspirante [aspi'raṇte] *mf* Anwärter(in) *m(f)* (**a/para** auf +*akk*)

aspirar [aspi'rar] *vt* ❶ *(inspirar)* einatmen; **salir a ~ aire fresco** rausgehen, um frische Luft zu schnappen ❷ *(aspirador)* saugen ❸ (LING) behauchen ❹ *(pretender)* streben (**a** nach +*dat*); **~ a mucho en la vida** im Leben hoch hinauswollen

aspirina® [aspi'rina] *f* Aspirin® *nt*

asqueado, -a [aske'aðo, -a] *adj* überdrüssig (**de** +*gen*); **estoy asqueada de tanto estudiar** ich bin es leid, so viel zu studieren

asquear [aske'ar] **I.** *vt* ❶ *(dar asco)* anwidern ❷ *(fastidiar)* anöden *fam* **II.** *vi* Ekel empfinden

asquerosidad [askerosi'ðaᵈ] *f* Schweinerei *f*

asqueroso, -a [aske'roso, -a] *adj* ❶ *(repugnante)* ekelhaft ❷ *(ordinario)* ordinär

asta ['asta] *f* ❶ *(de lanza)* Schaft *m;* *(de martillo/pincel)* Stiel *m;* *(de bandera)* Fahnenstange *f;* **a media ~** auf halbmast ❷ *(cuerno)* Horn *nt;* **dejar a alguien en las ~s del toro** *(fig)* jdn im Stich lassen; **verse en las ~s del toro** *(fig)* sich in großer Gefahr befinden

asterisco [aste'risko] *m* Sternchen *nt*

asterismo [aste'rismo] *m* (ASTR) Sternbild *nt*

asteroide [aste'roi̯ðe] **I.** *adj* sternförmig **II.** *m* Asteroid *m*

astigmatismo [astiɣma'tismo] *m sin pl* (MED) Astigmatismus *m*

astil [as'til] *m* ❶ *(de azada)* Stiel *m* ❷ *(de pluma)* Federkiel *m* ❸ *(de la balanza)* Waagebalken *m*

astilla [as'tiʎa] *f* ❶ *(esquirla)* Splitter *m;* **clavarse una ~** sich *dat* einen Splitter einreißen; **de tal palo tal ~** *(prov)* der Apfel fällt nicht weit vom Stamm ❷ *(para fuego)* (Holz)span *m;* **sacar ~s de algo** *(fig fam)* aus etw *dat* Nutzen ziehen

astillar [asti'ʎar] **I.** *vt (partir)* spalten **II.** *vr:* **~se** ❶ *(hacerse astillas)* zersplittern ❷ *(rajarse)* sich spalten

astillero [asti'ʎero] *m* (Schiffs)werft *f*

astracanada [astraka'naða] *f* Posse *f*

astringir [astriŋ'xir] <g → j> *vt* zusammenziehen

astro ['astro] *m* Stern *m;* **~ de la pantalla** Filmstar *m*

astrología [astrolo'xia] *f* Astrologie *f*

astrológico, -a [astro'loxiko, -a] *adj* astrologisch

astrólogo, -a [as'troloɣo, -a] *m, f* Astrologe, -in *m, f*

astronauta [astro'nau̯ta] *mf* Astronaut(in) *m(f)*

astronáutica [astro'nau̯tika] *f* Raumfahrt *f*

astronave [astro'naβe] *f* Raumschiff *nt*

astronomía [astrono'mia] *f* Astronomie *f*

astronómico, -a [astro'nomiko, -a] *adj* astronomisch

astrónomo, -a [as'tronomo, -a] *m, f* Astronom(in) *m(f)*

astroso, -a [as'troso, -a] *adj* ❶ *(sucio)* schmutzig ❷ *(vil)* widerlich *abw*

astucia [as'tuθja] *f* ❶ *(sagacidad)* Schläue *f* ❷ *(ardid)* Trick *m*

asturiano, -a [astu'rjano, -a] **I.** *adj* asturisch **II.** *m, f* Asturier(in) *m(f)*

Asturias [as'turjas] *f* Asturien *nt;* **la princesa de ~** die spanische Kronprinzessin

asturleonés[1] [asturleo'nes] *m sin pl (dialecto)* Dialekt *m* von Asturien und Leon

asturleonés, -esa[2] [asturleo'nes, -esa] *adj* von Asturien und Leon

astuto, -a [as'tuto, -a] *adj* schlau

asueto [a'sweto] *m (descanso)* Pause *f;*

(vacaciones) Urlaub *m;* (**día de**) ~ (ENS) schulfreier Tag; **un rato de** ~ eine kurze Pause

asumir [asu'mir] *vt* ① *(hacerse cargo)* übernehmen; *(una carga/deuda)* sich *dat* aufbürden ② *(alcanzar)* erreichen; **la catástrofe está asumiendo proporciones espantosas** die Katastrophe nimmt erschreckende Ausmaße an ③ *(Am: suponer)* annehmen

asunción [asun̪'θjon] *f* Übernahme *f*

Asunción *f* (REL) Mariä Himmelfahrt *f*

asuntillo [asun̪'tiʎo] *m (irón, pey)* ① *(relación amorosa)* Techtelmechtel *nt* ② *(negocio)* krummes Geschäft *nt*

asunto [a'sun̪to] *m* ① *(cuestión)* Angelegenheit *f;* **y** ~ **despachado** und damit ist die Sache erledigt ② *(negocio)* Geschäft *nt;* **tener ~s en el extranjero** im Ausland Geschäfte betreiben; **el ministro está envuelto en un ~ sucio** der Minister ist in eine dunkle Affäre verwickelt ③ (LIT: *tema*) Thema *nt; (argumento)* Handlung *f* ④ (ARTE) Motiv *nt* ⑤ *(lío amoroso)* (Liebes)affäre *f* ⑥ (POL) **Ministerio de A~s Exteriores** Auswärtiges Amt *nt;* **Ministro de A~s Exteriores** Außenminister *m*

asustadizo, -a [asusta'ðiθo, -a] *adj* schreckhaft

asustar [asus'tar] **I.** *vt* ① *(sobresaltar)* erschrecken; *(atemorizar)* Angst machen +*dat;* **la responsabilidad no me asusta** die Verantwortung schreckt mich nicht ② *(de un propósito)* abschrecken ③ *(ahuyentar)* verscheuchen ④ *(escandalizar)* Anstoß erregen (bei +*dat*) **II.** *vr:* **~se** ① *(sobresaltarse)* sich erschrecken (**por/de/con** über +*akk*); *(tener miedo)* Angst bekommen; **no te asustes** (hab) keine Angst ② *(de un propósito)* sich abschrecken lassen ③ *(escandalizarse)* Anstoß nehmen (**de** an +*dat*)

atacado, -a [ata'kaðo, -a] *adj* ① *(cohibido)* gehemmt, unsicher ② *(cobarde)* feige ③ *(tacaño)* geizig, knaus(e)rig

atacante [ata'kan̪te] *mf* Angreifer(in) *m(f);* (DEP) Stürmer(in) *m(f)*

atacar [ata'kar] <c → qu> **I.** *vt* ① *(embestir, criticar, t.* QUÍM) angreifen; ~ **por la espalda** hinterrücks angreifen ② *(sueño)* überkommen ③ *(tema)* in Angriff nehmen ④ *(recalcar)* stopfen **II.** *vi* (DEP) angreifen; ~ **por las bandas** von der Flanke her angreifen

attaché [ata'ʧe] *m (AmC, PRico)* Büroklammer *f*

atadero [ata'ðero] *m* ① *(cuerda)* Seil *nt,* Leine *f; (gancho)* Haken *m; (anillo)* Ring *m* ② *(loc)* **esto no tiene** ~ man wird nicht schlau daraus; **este hombre no tiene** ~ *(fam)* dieser Mann spinnt

atadura [ata'ðura] *f* ① *(acción)* Binden *nt* ② *(cosa para atar)* Fessel *f*

atajar [ata'xar] **I.** *vi* den Weg abkürzen; **por este camino atajamos mucho** dieser Weg kürzt die Strecke erheblich ab **II.** *vt* ① *(agua)* eindämmen; ~ **un mal de raíz** ein Übel an der Wurzel bekämpfen ② *(a un orador)* unterbrechen ③ *(cortar el paso)* den Weg versperren +*dat* ④ *(detener)* aufhalten

atajo [a'taxo] *m (camino)* Abkürzung *f;* **echar por el** ~ *(fam)* den schnellsten Weg nehmen

atalaya [ata'laɟa] *f* ① *(torre)* Wach(t)turm *m* ② *(lugar elevado)* Aussichtspunkt *m*

atañer [ata'ɲer] <*3. pret* atañó> *vimpers* angehen; **eso no te atañe** das geht dich nichts an; **por lo que atañe a tu empleo** was deine Stelle angeht

ataque [a'take] *m* ① *(embestida, crítica)* Angriff *m;* ~ **por sorpresa** Überraschungsangriff *m* ② (DEP: *delantera*) Sturm *m* ③ (MED: *acceso*) Anfall *m;* ~ **al** [*o* **de**] **corazón** Herzinfarkt *m;* ~ **de piedra** Nierenkolik *f*

atar [a'tar] *vt* ① *(sujetar)* festbinden (**a** an +*dat*); *(juntar)* zusammenbinden; *(a un cautivo)* fesseln; ~ **las manos a la espalda** die Hände hinter dem Rücken zusammenbinden; ~ **al perro** den Hund an die Leine legen; ~ **corto a alguien** jdn kurzhalten; **estar atado de pies y manos** an Händen und Füßen gefesselt sein ② *(cerrar)* zubinden; *(un paquete)* verschnüren ③ *(comprometer)* **esta profesión ata mucho** dieser Beruf beansprucht einen sehr ④ *(loc)* **no ata ni desata** *(hablar sin concierto)* er/sie redet dummes Zeug; *(no resolver nada)* ihm/ihr gelingt nichts; **dejar algo atado y bien atado** etw unter Dach und Fach bringen; **está de** ~ er/sie ist total verrückt

atarazana [atara'θana] *f* Werft *f*

atardecer [atarðe'θer] **I.** *vimpers irr como crecer* **atardece** es wird dunkel **II.** *m* (Abend)dämmerung *f;* **al** ~ bei Einbruch der Dunkelheit

atareado, -a [atare'aðo, -a] *adj* beschäftigt; **andar muy** ~ sehr beschäftigt sein

atarear [atare'ar] **I.** *vt* beschäftigen **II.** *vr:* **~se** ① *(trabajar mucho)* hart arbeiten ② *(afanarse)* sich abmühen

atarugar [ataru'ɣar] <g → gu> **I.** *vt* ① *(carpintería)* verzapfen, verbolzen ② *(tapar)* verschließen; *(botella)* zustöpseln; *(agujero)* zustopfen ③ *(fam fig: henchir)* vollstopfen; *(muñeca)* ausstopfen (**de** mit +*dat*) ④ *(fam fig: turbar)* aus der Fassung bringen, irritieren **II.** *vr:* **~se** *(fam fig)* durchdrehen

atascamiento [ataska'mjen̦to] *m v.* **atasco**

atascar [atas'kar] <c → qu> **I.** *vt* ① *(cañería)* verstopfen ② *(rueda, proceso)* blockieren **II.** *vr:* **~se** ① *(cañería)* verstopfen; **el desagüe se ha atascado** der Ausguss ist verstopft ② *(coche)* stecken bleiben ③ *(mecanismo)* blockieren ④ *(en un discurso)* stocken; **se le atascó la palabra** er/sie bekam das Wort nicht heraus ⑤ *(negociaciones)* sich festfahren

atasco [a'tasko] *m* ① *(de una cañería)* Verstopfung *f;* **~ de papel** (INFOR) Papierstau *m* ② *(de un mecanismo)* Blockierung *f* ③ *(traba)* Hindernis *nt* ④ *(de tráfico)* (Verkehrs)stau *m*

ataúd [ata'uᵈ] *m* Sarg *m*

ataviar [ataβi'ar] <*1. pres* (me) atavío> *vt, vr:* **~se** *(arreglar)* (sich) herausputzen; *(adornar)* (sich) schmücken

atávico, -a [a'taβiko, -a] *adj* atavistisch

atavío [ata'βio] *m (adorno)* Schmuck *m; (atuendo)* Aufmachung *f*

ateísmo [ate'ismo] *m inv* Atheismus *m*

atemorizado, -a [atemori'θaðo, -a] *adj* verängstigt

atemorizar [atemori'θar] <z → c> **I.** *vt* ängstigen **II.** *vr:* **~se** sich ängstigen

atemperar [atempe'rar] **I.** *vt* ① *(cólera)* mäßigen ② *(temperatura)* temperieren ③ *(acomodar)* anpassen (**a** an +*akk*) **II.** *vr:* **~se** sich anpassen (**a** an +*akk*)

Atenas [a'tenas] *f* Athen *nt*

atenazar [atena'θar] <z → c> *vt* quälen, peinigen; **estaba atenazada por los remordimientos** sie wurde von Gewissensbissen gequält; **estaba atenazado por los nervios** seine Nerven waren zum Zerreißen gespannt

atención [aten̦'θjon] *f* ① *(atender)* Aufmerksamkeit *f;* **falta de ~** Unaufmerksamkeit *f;* **digno de ~** beachtenswert; **en ~ a este hecho** in Anbetracht dieser Tatsache; **¡~, por favor!** Achtung, Achtung!; **el profesor me llamó la ~** der Lehrer tadelte mich; **los coches no me llaman la ~** ich mache mir nichts aus Autos; **estamos llamando la ~** wir fallen auf; **llamar la ~ de alguien sobre** [*o* **a**] **algo** jdn auf etw aufmerksam machen; **mantener la ~ de alguien** jds Aufmerksamkeit fesseln; **prestar ~** beachten; *(escuchar)* zuhören ② *(cartas)* **a la ~ de...** zu Händen von … ③ *pl (cortesías)* Aufmerksamkeiten *fpl* ④ *pl (obligaciones)* Verpflichtungen *fpl* ⑤ *(servicio)* **~ médica** ärztliche Versorgung; **~ (médica) de seguimiento** (medizinische) Nachversorgung *f;* **~ al cliente** Kundendienst *m*

atender [aten̦'der] <e → ie> **I.** *vt* ① *(prestar atención)* beachten; *(escuchar)* zuhören +*dat* ② *(tener en cuenta)* berücksichtigen ③ *(seguir)* befolgen; *(deseo, petición)* nachkommen +*dat;* **~ una solicitud** einem Antrag stattgeben; **atendiendo a las circunstancias actuales** unter den derzeitigen Umständen ④ *(cuidar)* sich kümmern (**a** um +*akk*) ⑤ *(tratar)* behandeln ⑥ *(despachar)* bedienen; **¿le atienden?** werden Sie schon bedient? ⑦ *(llamada)* entgegennehmen **II.** *vi* ① *(perro)* **~ por...** auf den Namen … hören ② *(tener en cuenta)* beachten (**a** +*akk*); *(concentrarse)* sich konzentrieren (**a** auf +*akk*); *(escuchar)* zuhören (**a** +*dat*)

atendible [aten̦'diβle] *adj* beachtlich

ateneo [ate'neo] *m* Kulturverein *m*

atenerse [ate'nerse] *vr irr como tener* sich halten (**a** an +*akk*); **~ a lo seguro** auf Nummer Sicher gehen; **me atengo a lo que dije antes** ich bleibe bei meiner Meinung; **saber a qué ~** mit sich *dat* selbst im Reinen sein; **si no lo haces, atente a las consecuencias** wenn du es nicht tust, musst du die Folgen tragen; **yo vivo atenido a mi sueldo** ich bin auf mein Gehalt angewiesen

ateniense [ate'njense] **I.** *adj* athenisch **II.** *mf* Athener(in) *m(f)*

atenorado, -a [ateno'raðo, -a] *adj* (MÚS) Tenor-, tenoral

atentado [aten̦'taðo] *m* Attentat *nt* (**contra** auf +*akk*); **~ terrorista** Terroranschlag *m,* Terrorangriff *m;* **el autor de un ~** der Attentäter; **ser víctima de un ~** einem Attentat zum Opfer fallen; **esta ley es un ~ contra la libertad de expresión** dieses Gesetz verstößt gegen die Meinungsfreiheit

atentamente [aten̦ta'men̦te] *adv (final de carta)* (**muy**) **~** mit freundlichen Grüßen

atentar [aten̦'tar] *vi* ① *(cometer atentado)* ein Attentat verüben (**contra** auf +*akk*) ② *(infringir)* verstoßen

atentatorio, -a [aten̦ta'torjo, -a] *adj* verletzend; **~ a la libertad** freiheitsgefährdend, freiheitsfeindlich

atento, -a [a'ten̦to, -a] *adj* aufmerksam; **estar ~ a la conversación** dem Gespräch aufmerksam folgen; **es muy ~ de su parte** das ist sehr aufmerksam von Ihnen; **estuvo muy ~ con nosotros** er hat sich sehr um uns gekümmert; **es muy ~ con las mujeres** er ist Frauen gegenüber sehr galant

atenuación [atenwa'θjon] *f* Abschwächung *f; (del dolor, t.* JUR) Milderung *f*

atenuante [atenu'an̪te] **I.** *adj* (JUR) (straf)mildernd **II.** *m* ① (JUR) mildernder Umstand *m* ② *(Am: perdón)* Entschuldigung *f*

atenuar [atenu'ar] <*1. pres* (me) atenúo> **I.** *vt* abschwächen; *(dolor, t.* JUR) mildern **II.** *vr:* **~se** schwächer werden; *(dolor, t.* JUR) sich mildern

ateo, -a [a'teo, -a] **I.** *adj* atheistisch **II.** *m, f* Atheist(in) *m(f)*

aterciopelado, -a [aterθjope'laðo, -a] *adj* ① *(tela)* samtartig ② *(voz)* samtig

aterirse [ate'rirse] *vr irr como abolir* erstarren; **quedarse aterido** starr vor Kälte sein

aterrador(a) [aterra'ðor(a)] *adj* schreckenerregend; **noticias ~as** Schreckensnachrichten *fpl*

aterrar [ate'rrar] **I.** *vt (atemorizar)* Angst machen *+dat; (sobresaltar)* erschrecken **II.** *vr:* **~se** *(sobresaltarse)* (sich) erschrecken; *(tener miedo)* Angst bekommen

aterrizaje [aterri'θaxe] *f* Landung *f;* **~ con daños** (**para el avión**) Bruchlandung *f;* **~ forzoso** Notlandung *f;* **~ movido/suave** harte/glatte Landung

aterrizar [aterri'θar] <z → c> *vi* landen

aterrorizar [aterrori'θar] <z → c> **I.** *vt* ① (POL, MIL) terrorisieren ② *(causar terror)* Angst einjagen *+dat;* **me aterroriza volar** ich habe schreckliche Angst vor dem Fliegen **II.** *vr:* **~se** *(tener miedo)* Angst bekommen; *(sobresaltarse)* sich erschrecken

atesoramiento [atesora'mjen̪to] *m* (ECON) Horten *nt*

atesorar [ateso'rar] *vt* ① *(tesoros)* ansammeln; **este museo atesora pinturas de gran valor** dieses Museum hat eine Sammlung wertvoller Gemälde ② (ECON) horten ③ *(virtudes)* in sich *dat* vereinigen

atestado [ates'taðo] *m* **~** (**policial**) (Polizei)protokoll *nt*

atestar [ates'tar] *vt* ① (JUR) bezeugen ② *(llenar)* bis oben hin füllen (**de** mit *+dat*); **el maletero está atestado** der Kofferraum ist bis oben hin voll; **el palacio de deportes estaba atestado de gente** die Sporthalle war brechend voll

atestiguar [atesti'ɣwar] <gu → gü> *vt* bezeugen

atezar [ate'θar] <z → c> **I.** *vt* ① *(alisar)* glätten ② *(broncear)* bräunen ③ *(ennegrecer)* schwarz färben, schwärzen **II.** *vr:* **~se** ① *(broncearse)* braun werden ② *(ennegrecerse)* schwarz werden

atiborrar [atiβo'rrar] *vt, vr:* **~se** (sich) vollstopfen (**de** mit *+dat*)

ático ['atiko] *m* Dachwohnung *f; (de lujo)* Penthouse *nt*

atiesar [atje'sar] **I.** *vt (almidonar)* stärken; *(planta)* befestigen (**con** mit *+dat*), anbinden (**con** an *+akk*) **II.** *vr:* **~se** steif werden, fest werden; *(planta)* standfest werden

atildar [atil̪'dar] *vt, vr:* **~se** (sich) zurechtmachen

atinado, -a [ati'naðo, -a] *adj* richtig

atinar [ati'nar] **I.** *vi* ① *(a tiento)* ertasten (**con** *+akk*) ② *(encontrar)* (durch Zufall) finden (**con** *+akk*) ③ *(acertar)* erraten (**con** *+akk*); **no atiné con la respuesta** die Antwort fiel mir nicht ein ④ *(al disparar)* ins Schwarze treffen **II.** *vt* finden

atípico, -a [a'tipiko, -a] *adj* untypisch

atisbar [atis'βar] **I.** *vt* erspähen **II.** *vr:* **~se** sich abzeichnen

atisbo [a'tisβo] *m* Anzeichen *nt;* **un ~ de esperanza** ein Fünkchen Hoffnung; **en Marte hay ~s de vida** es gibt Lebenszeichen auf dem Mars

atizador [atiθa'ðor] *m* Schürhaken *m*

atizar [ati'θar] <z → c> **I.** *vt* ① *(fuego, pasión)* schüren ② *(bofetada)* verpassen ③ *(loc)* **¡atiza!** Donnerwetter! **II.** *vr* **~se un trago** einen Schluck nehmen

atlántico, -a [aᶞ'lan̪tiko, -a] *adj* atlantisch; **el océano A~** der Atlantische Ozean

Atlántico [aᶞ'lan̪tiko] *m* Atlantik *m*

atlantista [aᶞlan̪'tista] *mf* Befürworter(in) *m(f)* der NATO

atlas ['aᶞlas] *m inv* Atlas *m*

atleta [aᶞ'leta] *mf* (Leicht)athlet(in) *m(f)*

atlético, -a [aᶞ'letiko, -a] *adj* athletisch

atletismo [aᶞle'tismo] *m sin pl* Leichtathletik *f*

atmosfera [aᶞmos'fera] *f,* **atmósfera** [aᶞ'mosfera] *f* Atmosphäre *f;* **~ viciada** verbrauchte Luft

atmosférico, -a [aᶞmos'feriko, -a] *adj* atmosphärisch; **presión atmosférica** Luftdruck *m*

atocinado, -a [atoθi'naðo, -a] *adj (pey)* ① *(obeso)* fett ② *(aborregado)* verblödet

atolladero [atoʎa'ðero] *m* ① *(atascadero)* Morast *m* ② *(apuro)* Verlegenheit *f;* **estar en un ~** in der Patsche sitzen; **sacar a alguien de un ~** jdm aus der Patsche helfen

atollar [ato'ʎar] *vi, vr:* **~se** stecken bleiben

atolón [ato'lon] *m* Atoll *nt*

atolondrado, -a [atolon̪'draðo, -a] *adj (insensato)* töricht; *(tonto)* dumm

atolondramiento [atolon̪dra'mjen̪to] *m* ① *(de los sentidos)* Benommenheit *f* ② *(por una desgracia)* Bestürzung *f* ③ *(irreflexión)* Gedankenlosigkeit *f*

atolondrar [atolon̪'drar] **I.** *vt* ① *(un golpe)* betäuben ② *(una desgracia)* bestürzen, verwirren **II.** *vr:* **~se** ① *(los sentidos)* betäubt [*o* benommen] sein ② *(por una desgracia)* bestürzt sein ③ *(pasmarse)* verblüfft sein

atómico, -a [a'tomiko, -a] *adj* atomar; **refugio ~** Atombunker *m*

atomizador [atomiθa'ðor] *m* Zerstäuber *m*

atomizar [atomi'θar] <z → c> *vt* ① *(material)* atomisieren ② *(líquido)* (ver)sprühen, zerstäuben

átomo ['atomo] *m* Atom *nt*

atónito, -a [a'tonito, -a] *adj* verblüfft

átono, -a ['atono, -a] *adj* unbetont

atontado, -a [atoṇ'taðo, -a] *adj* ① *(tonto)* dumm ② *(distraído)* zerstreut; **estaba ~ y no te he entendido** ich war nicht bei der Sache und habe dich nicht verstanden

atontamiento [atoṇta'mjeṇto] *m* ① *(aturdimiento)* Betäubung *f* ② *(pasmo)* Verblüffung *f* ③ *(entontecimiento)* Verdummung *f*

atontar [atoṇ'tar] **I.** *vt* ① *(aturdir)* betäuben ② *(pasmar)* verblüffen ③ *(entontecer)* verdummen **II.** *vr:* **~se** ① *(pasmarse)* verblüfft sein ② *(entontecer)* verdummen

atontolinado, -a [atoṇtoli'naðo, -a] *adj* *(fam)* blöd, bescheuert

atorar [ato'rar] **I.** *vt* verstopfen **II.** *vr:* **~se** ① *(atascarse)* verstopfen ② *(al hablar)* stocken

atormentar [atormeṇ'tar] **I.** *vt* ① *(torturar)* foltern ② *(molestar)* plagen; *(mortificar)* quälen **II.** *vr:* **~se** sich (ab)quälen

atornillador [atorniʎa'ðor] *m* Schraubenzieher *m*

atornillar [atorni'ʎar] *vt* *(sujetar)* festschrauben; *(fijar)* anschrauben; *(juntar)* zusammenschrauben; **~ en la pared** an die Wand schrauben; **~ la tapa del frasco** den Deckel auf das Glas schrauben; **~ fuertemente** die Schraube fest anziehen

atorozarse [atoro'θarse] <z → c> *vr* *(AmC)* ① *(atascarse)* verstopfen ② *(al hablar)* stocken

atorrante [ato'rraṇte] *mf* *(CSur: fam)* Penner(in) *m(f)*

atortolado, -a [atorto'laðo, -a] *adj* verliebt; **están ~s** sie sind die reinsten Turteltauben

atosigamiento [atosiɣa'mjeṇto] *m* Drängen *nt*

atosigar [atosi'ɣar] <g → gu> **I.** *vt* ① *(apremiar)* drängen ② *(importunar)* belästigen ③ *(inquietar)* sehr beschäftigen **II.** *vr:* **~se** ① *(apresurarse)* sich abhetzen; **no te atosigues** immer mit der Ruhe ② *(inquietarse)* beunruhigt sein

atrabiliario, -a [atraβi'ljarjo, -a] *adj* ① (MED) melancholisch, schwermütig ② *(carácter)* mürrisch, griesgrämig

atracadero [atraka'ðero] *m* Pier *m o f*

atracador(a) [atraka'ðor(a)] *m(f)* Straßenräuber(in) *m(f)*

atracar [atra'kar] <c → qu> **I.** *vi* (NÁUT) anlegen **II.** *vt* ① (NÁUT) festmachen ② *(asaltar)* überfallen ③ *(fam: de comida)* vollstopfen (**de** mit +*dat*) **III.** *vr:* **~se** *(fam)* sich vollstopfen (**de** mit +*dat*)

atracción [atraʸ'θjon] *f* ① *(atractivo, t.* FÍS) Anziehungskraft *f;* **~ universal** Schwerkraft *f* ② *(circense)* Attraktion *f* ③ *pl (diversiones)* Vergnügungen *f pl;* **parque de atracciones** Vergnügungspark *m*

atraco [a'trako] *m* (Raub)überfall *m* (**a** auf +*akk*); **~ a un banco** Banküberfall *m;* **~ a mano armada** bewaffneter Überfall

atracón [atra'kon] *m* *(fam)* Schlemmerei *f;* **darse un ~ de dulces** unheimlich viele Süßigkeiten essen; **darse un ~ de televisión** bis zum Überdruss fernsehen

atractivo[1] [atrak'tiβo] *m* Anziehungskraft *f*

atractivo, -a[2] [atrak'tiβo, -a] *adj* attraktiv; *(tarea)* reizvoll

atraer [atra'er] *irr como traer* **I.** *vt* *(cautivar, t.* FÍS) anziehen; *(ganarse)* für sich gewinnen; *(atención)* auf sich ziehen; **~ a los inversores** die Investoren anlocken; **~ a alguien a su bando** jdn auf seine Seite ziehen; **el cebo atrae a los peces** der Köder lockt die Fische an; **sentirse atraído hacia alguien** sich zu jdm hingezogen fühlen **II.** *vr* *(ganarse)* für sich gewinnen; **~se las simpatías de alguien** jds Zuneigung gewinnen; **~se las iras del público** sich *dat* den Zorn des Publikums zuziehen

atragantamiento [atraɣaṇta'mjeṇto] *m* Verschlucken *nt*

atragantar [atraɣaṇ'tar] **I.** *vr:* **~se** ① *(al comer)* sich verschlucken (**con** an +*dat*); **me he atragantado con una espina** mir ist eine Gräte im Hals stecken geblieben ② *(al hablar: atascarse)* stecken bleiben; *(trabucarse)* sich versprechen ③ *(loc)* **este profesor se me ha atragantado** ich mag diesen Lehrer nicht **II.** *vt* mühsam hinunterschlucken

atrancar [atraŋ'kar] <c → qu> **I.** *vt* verriegeln **II.** *vr:* **~se** ① *(tubo)* verstopfen ② *(un coche, al hablar)* stecken bleiben ③ *(encerrarse)* sich einschließen

atranco [a'traŋko] *m* Verstopfung *f*

atrapamoscas [atrapa'moskas] *m inv* (BOT) Venusfliegenfalle *f*

atrapar [atra'par] *vt* fangen; *(ladrón)* fassen; *(animal escapado)* einfangen; **el portero atrapó la pelota** der Torwart hielt den Ball; **~ una novia** *(fam)* sich *dat* eine

Frau angeln; ~ **un empleo** eine Stelle kriegen; ~**on al ladrón en plena faena** der Dieb wurde auf frischer Tat ertappt

atrás [a'tras] *adv* ① *(hacia detrás)* nach hinten; **¡~!** zurück(treten)!; **contar ~** rückwärtszählen; **dar un paso ~** einen Schritt zurücktreten; **ir marcha ~** (**con el coche**) rückwärtsfahren; **quedar ~** zurückfallen; **volver ~** umkehren; **volverse ~** umkehren; *(fig)* einen Rückzieher machen ② *(detrás)* hinten; **rueda de ~** Hinterrad *nt;* **dejar ~ a los perseguidores** die Verfolger hinter sich *dat* lassen; **quedarse ~** zurückbleiben; **sentarse ~** hinten sitzen ③ *(de tiempo)* **años ~** vor Jahren; **la amistad venía de ~** sie waren schon jahrelang befreundet ④ *(loc)* **echarse ~ de un acuerdo** von einer Vereinbarung zurücktreten; **volver la vista ~** in die Vergangenheit zurückblicken

atrasado, -a [atra'saðo, -a] *adj* ① *(en el estudio/desarrollo)* mit Lernschwierigkeiten; *(país)* unterentwickelt; **viven 20 años ~s** sie liegen in ihrer Entwicklung 20 Jahre zurück ② *(pago)* rückständig ③ *(tarde)* spät; **llegué ~ a la reunión** ich kam zu spät zur Sitzung ④ *(loc)* **el reloj va ~** die Uhr geht nach

atrasar [atra'sar] **I.** *vt* ① *(aplazar)* verschieben; **la historia atrasa unos años esta batalla** die Geschichte siedelt diese Schlacht einige Jahre früher an ② *(reloj)* zurückstellen ③ *(progreso)* hemmen **II.** *vr:* **~se** ① *(quedarse atrás)* zurückbleiben ② *(retrasarse)* sich verspäten; **el tren se ha atrasado** der Zug hatte Verspätung; **~se en los plazos** mit den Raten in Rückstand geraten

atraso [a'traso] *m* ① *(en una carrera)* Zeitrückstand *m* ② *(de un tren)* Verspätung *f* ③ *(de un país)* Rückständigkeit *f* ④ (FIN) Rückstand *m*

atravesado, -a [atraβe'saðo, -a] *adj* ① *(cruzado)* schräg; **un coche ~ en la calle** ein quer auf der Straße stehendes Auto ② *(bizco)* schielend ③ *(persona)* böse ④ *(animal)* gekreuzt

atravesar [atraβe'sar] <e → ie> **I.** *vt* ① *(persona)* **~ la calle/la frontera** die Straße/die Grenze überqueren; **~ la sala/la ciudad** den Saal/die Stadt durchqueren; **~ un río nadando** einen Fluss durchschwimmen; **hemos atravesado Alemania** (**con el coche**) wir sind quer durch Deutschland gefahren; **~ un momento difícil** eine schwere Zeit durchmachen ② *(cuerpo)* **~ algo con una aguja** etw mit einer Nadel durchstechen; **~ algo taladrando** etw durchbohren; **la bala le atravesó el corazón** die Kugel hat ihm/ihr das Herz durchbohrt; **el avión atraviesa las nubes** das Flugzeug durchstößt die Wolken; **la lluvia atravesó el abrigo** der Regen drang durch den Mantel; **una cicatriz le atraviesa el pecho** eine Narbe verläuft quer über seine/ihre Brust ③ *(poner de través)* quer legen; **~ un coche en medio de la calle** ein Auto quer über die Straße stellen **II.** *vr:* **~se** ① *(ponerse entremedio)* **no te atravieses en mi camino** komm mir nicht in die Quere; **se me ha atravesado una miga en la garganta** mir ist ein Stückchen Brot im Hals stecken geblieben; **cuando estoy nervioso se me atraviesan las palabras** wenn ich aufgeregt bin, bekomme ich kein Wort mehr heraus ② *(en una conversación)* sich einmischen (**en** in +*akk*) ③ *(no soportar)* **se me atraviesa ese tipo** ich ertrage diesen Typ nicht

atrayente [atra'ɟen̩te] *adj* attraktiv

atreverse [atre'βerse] *vr* ① *(osar)* sich trauen; **~ a hacer algo** sich trauen, etw zu tun; **~ a afrontar un problema** sich an ein Problem heranwagen ② *(insolentarse)* sich *dat* erlauben; **¿cómo te atreves a hablarme así?** wie kannst du dir nur erlauben, in so einem Ton mit mir zu sprechen?; **no me atrevería a decir nada malo de él** ich werde mich hüten, etwas Schlechtes über ihn zu sagen; **¡no te atreverás!** du wirst dich hüten!

atrevido, -a [atre'βiðo, -a] *adj* ① *(audaz)* kühn ② *(insolente)* frech; *(vestido)* gewagt ③ *(arriesgado)* riskant

atrevimiento [atreβi'mjen̩to] *m* ① *(audacia)* Kühnheit *f* ② *(descaro)* Frechheit *f*

atrez(z)o [a'treðso] *m* (TEAT) Requisiten *fpl*

atribución [atriβu'θjon] *f* ① *(de un hecho)* Zuschreibung *f* ② *(competencia)* Befugnis *f;* **atribuciones de un empleado** Amtsbefugnisse *fpl;* **tiene atribuciones mías para llevar las negociaciones** ich habe ihn/sie ermächtigt, die Verhandlungen zu führen

atribuible [atriβu'iβle] *adj* **ser ~ a alguien** jdm zuzuschreiben sein

atribuir [atriβu'ir] *irr como huir* **I.** *vt* ① *(hechos, cualidades)* zuschreiben; **~ la culpa de algo a alguien** jdm die Schuld an etw *dat* zuschreiben; **~ a alguien grandes facultades** jdm große Fähigkeiten nachsagen; **atribuye el accidente a un defecto de los frenos** er/sie führt den Unfall auf einen Defekt der Bremsen zurück ② *(funciones)* übertragen **II.** *vr:* **~se** ① *(hechos, cualidades)* sich *dat* zuschreiben ② *(facul-*

tades) **~se todo el poder** die Macht völlig übernehmen

atribulación [atriβula'θjon] *f* ① *(aflicción)* Bedrückung *f,* Bedrücktheit *f* ② *(preocupación)* Sorge *f,* Besorgnis *f* ③ *(pena)* Kummer *m,* Leid *nt*

atribular [atriβu'lar] I. *vt* ① *(apesadumbrar)* betrüben, bekümmern ② *(atormentar)* quälen, bedrücken II. *vr:* **~se** ① *(apenarse)* sich grämen (**en/con/por** über +*akk,* **en/con/por** wegen +*gen*) ② *(atormentarse)* sich quälen (**en/con/por** mit +*dat*)

atributivo, -a [atriβu'tiβo, -a] *adj* (LING) attributiv; **oración atributiva** Attributsatz *m*

atributo [atri'βuto] *m* ① *(propiedad)* Eigenschaft *f* ② *(emblema, t.* LING) Attribut *nt*

atril [a'tril] *m* ① (MÚS) Notenständer *m* ② *(de mesa)* Lesepult *nt*

atrincheramiento [atrintʃera'mjen̪to] *m* Verschanzung *f*

atrincherar [atrintʃe'rar] *vt, vr:* **~se** (sich) verschanzen

atrio ['atrjo] *m* Atrium *nt*

atrocidad [atroθi'ðað] *f* ① *(cosa atroz)* Scheußlichkeit *f* ② *(crimen)* Gräueltat *f* ③ *(disparate)* Unsinn *m;* **¡no digas ~es!** red doch keinen Unsinn!; **este artículo está lleno de ~es** in diesem Artikel stehen die unglaublichsten Dinge ④ *(gran cantidad)* **tener una ~ de dinero** in Geld schwimmen

atrofia [a'trofja] *f* (MED) Atrophie *f;* **~ muscular** Muskelschwund *m*

atrofiar [atro'fjar] I. *vt* schwinden lassen II. *vr:* **~se** verkümmern; (MED) atrophieren; **no dejes que tu talento se atrofie** du darfst dein Talent nicht verkümmern lassen

atronador(a) [atrona'ðor(a)] *adj* ohrenbetäubend; *(aplauso)* donnernd

atronar [atro'nar] <o → ue> I. *vt (ruido a una persona)* betäuben; **me atruena con sus gritos** seine/ihre Schreie dröhnen mir im Kopf II. *vr:* **~se** völlig benommen sein

atropellado, -a [atrope'ʎaðo, -a] *adj* ① *(precipitado)* überstürzt; **voy muy ~ de tiempo** ich habe keine Zeit ② *(persona)* heruntergekommen

atropellador(a) [atropeʎa'ðor(a)] *adj* rücksichtslos

atropellar [atrope'ʎar] I. *vt* ① *(vehículo)* überfahren; **por poco me atropellan** beinahe wäre ich überfahren worden ② *(empujar)* anrempeln; *(derribar)* umrennen ③ *(agraviar)* beleidigen ④ *(leyes)* missachten; **~ la lengua** die Sprache vergewaltigen ⑤ *(un trabajo)* hastig erledigen II. *vi* **~ por todo** sich über alles hinwegsetzen III. *vr:* **~se** sich überstürzen

atropello [atro'peʎo] *m* ① *(colisión)* Zusammenstoß *m; (accidente)* Verkehrsunfall *m* ② *(empujón)* Schubs *m; (derribo)* Umrennen *nt* ③ *(insulto)* Beleidigung *f* ④ *(injusticia)* Ungerechtigkeit *f;* **¡esto es un ~!** das ist ein Unding! ⑤ *(prisa)* Überstürzung *f;* **tomar una decisión sin prisas ni ~s** eine Entscheidung nicht überstürzen

atroz [a'troθ] *adj* ① *(horroroso)* grässlich ② *(cruel)* grausam ③ *(inhumano)* unmenschlich ④ *(muy grande)* riesig

atte. [aten̪ta'men̪te] *adv abr de* **atentamente** hochachtungsvoll

atuendo [a'twen̪do] *m (atavío)* Aufmachung *f*

atufar [atu'far] I. *vt* ① *(marear)* benebeln ② *(enfadar)* ärgern II. *vr:* **~se** ① *(marearse)* benommen sein ② *(enfadarse)* sich ärgern

atún [a'tun] *m* Thunfisch *m*

atur(r)ullamiento [atur(r)uʎa'mjen̪to] *m* ① *(confusión)* Verwirrung *f* ② *(atolondramiento)* Gedankenlosigkeit *f,* Unbesonnenheit *f*

atur(r)ullar [atur(r)u'ʎar] I. *vt* verwirren II. *vr:* **~se** verwirrt sein

aturdido, -a [atur'ðiðo, -a] *adj* ① *(irreflexivo)* gedankenlos ② *(pasmado)* verblüfft

aturdidor(a) [aturði'ðor(a)] *adj* betäubend

aturdimiento [aturði'mjen̪to] *m* ① *(por un golpe)* Betäubung *f* ② *(por una mala noticia)* Bestürzung *f* ③ *(irreflexión)* Gedankenlosigkeit *f*

aturdir [atur'ðir] I. *vt* ① *(los sentidos)* betäuben ② *(una mala noticia)* bestürzen ③ *(pasmar)* verblüffen II. *vr:* **~se** ① *(los sentidos)* benommen sein ② *(por una desgracia)* bestürzt sein ③ *(pasmarse)* verblüfft sein

aturquesado, -a [aturke'saðo, -a] *adj* türkis(farben)

atusar [atu'sar] I. *vt* ① *(el peinado)* richten ② *(el pelo)* nachschneiden; *(la barba)* stutzen II. *vr:* **~se** sich herausputzen

audacia [au̯'ðaθja] *f* Kühnheit *f*

audaz [au̯'ðaθ] *adj* kühn

audible [au̯'ðiβle] *adj* hörbar

audición [au̯ði'θjon] *f* ① *(acción)* Hören *nt* ② *(facultad)* Gehör *nt* ③ *(concierto)* Konzert *nt; (lectura)* Lesung *f* ④ (TEAT) Vorsprechen *nt; (músico)* Vorspielen *nt; (cantante)* Vorsingen *nt;* **pasar una ~** *(actor)* vorsprechen; *(instrumentista)* vorspielen; *(cantante)* vorsingen

audiencia [au̯'ðjen̪θja] *f* ① (TEL, RADIO) Zuhörerschaft *f;* **nivel de ~** Einschaltquote *f*

② (POL) Audienz *f* ③ (JUR: *sesión*) Anhörung *f; (sala)* Gerichtssaal *m; (tribunal)* Gerichtshof *m*

audífono [au̯'ðifono] *m* ① *(para sordos)* Hörgerät *nt* ② *(Am: auricular)* (Telefon)hörer *m*

audio ['au̯ðjo] *adj inv* Audio-; **materiales ~** Tonmaterial *nt*

audioguía [au̯ðjo'gia] *f* Audioführer *m*

audiolibro [au̯ðjo'liβro] *m* Hörbuch *nt*

audiovisual [au̯ðjoβi'swal] *adj* audiovisuell

auditar [au̯ði'tar] *vt* (ECON, FIN) prüfen

auditivo[1] [au̯ði'tiβo] *m* (TEL) Hörmuschel *f*

auditivo, -a[2] [au̯ði'tiβo, -a] *adj* (ANAT) Gehör-

auditor(a) [au̯ði'tor(a)] *m(f)* (ECON, FIN) Wirtschaftsprüfer(in) *m(f)*

auditoría [au̯ðito'ria] *f* ① *(de la contabilidad)* Wirtschaftsprüfung *f;* **~ de cuentas** Rechnungsprüfung *f;* **~ externa** Außenprüfung *f;* **~ financiera** Kassenprüfung *f;* **~ fiscal** Steuerprüfung *f* ② *(despacho)* Wirtschaftsprüfungsbüro *nt; (sociedad)* Wirtschaftsprüfungsgesellschaft *f*

auditorio [au̯ði'torjo] *m* ① *(público)* Zuhörerschaft *f* ② *(sala)* (Konzert)saal *m*

auditórium [au̯ði'torjun] <auditorios> *m* (Konzert)saal *m*

auge ['au̯xe] *m* ① *(cumbre)* Höhepunkt *m; (de una época)* Blütezeit *f;* **en el ~ de su belleza** in der Blüte seiner/ihrer Schönheit ② *(mejora)* Aufschwung *m*

augurar [au̯ɣu'rar] *vt* voraussagen

augurio [au̯'ɣurjo] *m* Vorzeichen *nt*

aula ['au̯la] *f* ① *(de escuela)* Klassenzimmer *nt* ② *(de universidad)* Hörsaal *m;* **~ magna** Audimax *nt*

aullar [au̯'ʎar] *vi irr (animal)* heulen

aullido [au̯'ʎiðo] *m* Heulen *nt*

aumentable [au̯men̪'taβle] *adj* ① *(de tamaño)* ausbaufähig ② *(de cantidad)* steigerungsfähig

aumentar [au̯men̪'tar] **I.** *vi* ① *(en intensidad)* zunehmen; *(miedo)* größer werden; *(temperatura)* steigen; *(aplausos)* anschwellen; *(resistencia)* wachsen; **~ de volumen** umfangreicher werden; **~ de velocidad** schneller werden ② *(en cantidad)* zunehmen (um *+akk*); *(precios, número)* steigen (um *+akk*); **~ de altura** höher werden; **~ de peso** an Gewicht zunehmen; **los disturbios aumentan** die Unruhen weiten sich aus ③ *(en extensión)* vergrößern; **~ mucho** stark vergrößern **II.** *vt* ① *(intensidad)* steigern; *(esfuerzos)* verstärken ② *(subir)* steigern; *(multiplicar)* vermehren; *(precios)* erhöhen ③ *(de extensión)* vergrößern; **~ el poder/el dominio** die Macht/die Herrschaft ausweiten **III.** *vr:* **~se** ① *(en cantidad)* erhöht werden ② *(en extensión)* größer werden

aumentativo [amen̪ta'tiβo] *m* (LING) Augmentativ *nt*

aumento [au̯'men̪to] *m* ① *(en la intensidad)* Zunahme *f; (de los esfuerzos)* Verstärkung *f; (de las disputas)* Eskalation *f;* **ir en ~** ständig zunehmen ② *(en la cantidad)* Zunahme *f* (**de** um *+akk*); *(de población)* Zuwachs *m* (**de** um *+akk*); *(de precio, suma)* Erhöhung *f* (**de** um *+akk*); *(de valor, ventas)* Steigerung *f* (**de** um *+akk*); *(en los negocios)* Erweiterung *f; (de la temperatura)* Anstieg *m* (**de** um *+akk*) ③ *(en la extensión)* Vergrößerung *f*

aun [au̯n] **I.** *adv* ① *(hasta)* sogar ② *(loc)* **~ así** (aber) trotzdem; **ni ~** nicht einmal **II.** *conj* **~ cuando** selbst wenn; **~ no comprando nada, no me llega el dinero** selbst wenn ich nichts kaufe, reicht das Geld nicht aus

aún [a'un] *adv* ① *(todavía)* (immer) noch; **~ no** noch nicht ② *(con comparativo)* noch

aunar [au̯'nar] *irr como aullar* **I.** *vt* ① *(unir)* vereinen; **~ esfuerzos** gemeinsame Anstrengungen machen ② *(unificar)* vereinigen ③ *(armonizar)* in Übereinstimmung bringen **II.** *vr:* **~se** sich zusammentun

aunque ['au̯ŋke] *conj* ① *(concesiva: a pesar de que, incluso si)* auch wenn; **~ es viejo, aún puede trabajar** obwohl er alt ist, kann er immer noch arbeiten; **la casa, ~ pequeña, está bien** wenn das Haus auch klein ist, ist es doch schön; **tengo que conseguirte ~ me cueste la vida** ich muss dich haben, auch wenn es mich das Leben kostet; **~ parezca extraño** so seltsam es auch scheinen mag; **tengo que regalarle algo ~ sea un boli** ich muss ihm/ihr unbedingt etwas schenken, und wenn es nur ein Kuli ist ② *(adversativa)* aber

aúpa [a'upa] *interj* auf, hoch; **ser de ~** gefährlich sein

au pair [o'per] *mf* Aupairmädchen *nt,* Aupairboy *m;* **puesto de ~** Aupairstelle *f*

aupar [au̯'par] *vt irr como aullar* ① *(a un niño)* hochheben ② *(ayudar a subir)* hinaufhelfen *+dat;* **~ a alguien a la presidencia** jdm zum Amt des Präsidenten verhelfen

aura ['au̯ra] *f (atmósfera)* Aura *f;* **tiene una ~ misteriosa** eine geheimnisvolle Aura umgibt ihn/sie; **exhalar una ~ de tranquilidad** Ruhe ausstrahlen

áureo, -a ['au̯reo, -a] *adj* golden

aureola [au̯re'ola] *f (sagrada)* Heiligenschein *m*

A

auricula [au̯'rikula] *f* ① (ANAT: *del corazón*) Vorhof *m* ② (ANAT: *de la oreja*) Ohrmuschel *f* ③ *(planta)* Aurikel *f*
auricular [au̯riku'lar] I. *adj (de la oreja)* Ohren-; **testigo** ~ Ohrenzeuge *m;* **dedo** ~ kleiner Finger II. *m* ① (TEL) (Telefon)hörer *m;* **coger/colgar el** ~ den Hörer abnehmen/auflegen ② *(de música)* Kopfhörer *m*
aurora [au̯'rora] *f* ① *(alba)* Morgenröte *f* ② *(principios)* Anfänge *mpl*
auscultación [au̯skul̩ta'θjon] *f* (MED) Abhorchen *nt*
auscultar [au̯skul̩'tar] *vt* ① (MED) abhorchen ② *(sondear)* ausloten
ausencia [au̯'sen̩θja] *f* ① *(estado ausente)* Abwesenheit *f;* **brillar por su** ~ durch Abwesenheit glänzen; **hacer a alguien buenas/malas ~s** gut/schlecht über jdn reden; **en ~ del gato bailan los ratones** *(prov)* wenn die Katze aus dem Haus ist, tanzen die Mäuse (auf dem Tisch) ② *(falta)* Mangel *m* (**de** an +*dat*); ~ **de interés** mangelndes Interesse; **en ~ de algo mejor** in Ermangelung eines Besseren ③ (PSICO) (Geistes)abwesenheit *f*
ausentarse [au̯sen̩'tarse] *vr (irse)* weggehen; ~ **de la ciudad** die Stadt verlassen
ausente [au̯'sen̩te] *adj* ① *(no presente)* abwesend; **estar** ~ nicht da sein; **estar** ~ **del trabajo** am Arbeitsplatz fehlen ② *(distraído)* (geistes)abwesend
auspiciar [au̯spi'θjar] *vt* ① *(presagiar)* voraussagen ② *(patrocinar)* die Schirmherrschaft übernehmen (über +*akk*)
auspicio [au̯s'piθjo] *m* ① *(protección)* Schirmherrschaft *f;* **bajo los ~s del presidente** unter der Schirmherrschaft des Präsidenten ② *pl (presagio)* Vorzeichen *nt*
austeridad [au̯steri'ðað] *f* ① *(de las costumbres)* Strenge *f* ② *(del modo de vida)* Enthaltsamkeit *f* ③ *(de un lugar)* Kargheit *f* ④ *(de un estilo)* Einfachheit *f*
austero, -a [au̯s'tero, -a] *adj* ① *(costumbre)* streng ② *(modo de vida)* enthaltsam ③ *(lugar)* karg ④ *(estilo)* einfach
austral [au̯s'tral] *adj* südlich, Süd-
Australia [au̯s'tralja] *f* Australien *nt*
australiano, -a [au̯stra'ljano, -a] I. *adj* australisch II. *m, f* Australier(in) *m(f)*
Austria ['au̯strja] *f* Österreich *nt*
austriaco, -a [au̯s'trjako, -a], **austríaco, -a** [au̯s'triako, -a] I. *adj* österreichisch II. *m, f* Österreicher(in) *m(f)*
autarquía [au̯tar'kia] *f* Autarkie *f*
autárquico, -a [au̯'tarkiko, -a] *adj* (*t.* POL) autark
autenticar [au̯ten̩ti'kar] <c → qu> *vt* ① *(legitimar)* beglaubigen, authentifizieren *geh* ② (JUR) authentisieren
autenticidad [au̯ten̩tiθi'ðað] *f* Echtheit *f;* **sobre la ~ de tus palabras tengo mis dudas** ich bezweifle den Wahrheitsgehalt deiner Worte; **no creo en la ~ de esta información** ich glaube nicht, dass es sich hier um eine zuverlässige Information handelt
auténtico, -a [au̯'ten̩tiko, -a] *adj* ① *(verdadero)* echt; **un ~ fracaso** ein glatter Fehlschlag; **hacía un calor ~** es war wirklich warm; **es un ~ maestro en su especialidad** er ist ein wahrer Meister in seinem Fach ② *(palabra)* glaubwürdig ③ *(información)* zuverlässig; *(datos)* verbürgt
autismo [au̯'tismo] *m sin pl* (MED) Autismus *m*
autista [au̯'tista] I. *adj* autistisch II. *mf* Autist(in) *m(f)*
auto ['au̯to] *m* ① *(resolución)* Beschluss *m* ② *pl (actas)* (Prozess)akten *fpl;* **constar en ~s** aktenkundig sein; **estar en ~s** *(fig)* im Bilde sein; **poner en ~s** *(fig)* ins Bild setzen ③ *(automóvil)* Auto *nt*
autoabastecerse [au̯toaβaste'θerse] *vr irr como crecer* sich selbst versorgen
autoadhesivo, -a [au̯toaðe'siβo, -a] *adj* selbstklebend; **papel** ~ Selbstklebefolie *f*
autoaprendizaje [au̯toapren̩di'θaxe] *m* Selbststudium *nt*
autoayuda [au̯toa'ɟuða] *f sin pl* Selbsthilfe *f;* **libro de** ~ Selbsthilfebuch *nt*
autobiografía [au̯toβjoɣra'fia] *f* Autobiografie *f*
autobiográfico, -a [au̯toβjo'ɣrafiko, -a] *adj* autobiografisch
autobombo [au̯to'βombo] *m* Selbstlob *nt,* Eigenlob *nt;* **se da mucho** ~ er/sie lobt sich gerne selbst
autobús [au̯to'βus] *m* (Auto)bus *m,* Omnibus *m;* ~ **de línea** Linienbus *m*
autocar [au̯to'kar] <autocares> *m* (Reise)bus *m;* ~ **escolar** Schulbus *m*
autocaravana [au̯tokara'βana] *f* Wohnmobil *nt*
autocarril [au̯toka'rril] *m (Bol, Chil, Nic: autovía)* Schnellstraße *f*
autochoque [au̯to'ʧoke] *m* (Auto)skooter *m*
autocine [au̯to'θine] *m* Autokino *nt*
autocompasión [au̯tokompa'sjon] *f* Selbstmitleid *nt*
autoconfianza [au̯tokoɱ'fjan̩θa] *f* Selbstvertrauen *nt*
autoconservación [au̯tokonserβa'θjon] *f* Selbsterhaltung *f*
autocontención [au̯tokon̩ten̩'θjon] *f* Selbstbeherrschung *f*
autocontrol [au̯tokon̩'trol] *m* Selbstbeherrschung *f;* (INFOR) Selbstkontrolle *f*

autocontrolarse [au̯tokon̪troˈlarse] *vr* sich beherrschen
autocracia [au̯toˈkraθja] *f* Autokratie *f*
autócrata [au̯ˈtokrata] *mf* Autokrat(in) *m(f)*
autocrático, **-a** [au̯toˈkratiko, -a] *adj* autokratisch
autocrítica [au̯toˈkritika] *f* Selbstkritik *f*
autocrítico, **-a** [au̯toˈkritiko, -a] *adj* selbstkritisch
autóctono, **-a** [au̯ˈtoktono, -a] *adj* einheimisch
autodecepción [au̯toðeθeβˈθjon] *f* Enttäuschung *f* über sich selbst
autodefensa [au̯toðeˈfensa] *f* Selbstverteidigung *f*
autodespido [au̯toðesˈpiðo] *m* Kündigung *f* durch den Arbeitnehmer
autodestructivo, **-a** [au̯toðestrukˈtiβo, -a] *adj* selbstzerstörerisch
autodeterminación [au̯toðeterminaˈθjon] *f* Selbstbestimmung *f;* **derecho de ~** Selbstbestimmungsrecht *nt*
autodidacto, **-a** [au̯toðiˈðakto, -a] **I.** *adj* autodidaktisch **II.** *m, f* Autodidakt(in) *m(f)*
autodisciplina [au̯toðisθiˈplina] *f* Selbstdisziplin *f*
autodominarse [au̯toðomiˈnarse] *vr* sich selbst beherrschen
autodominio [au̯toðoˈminjo] *m* Selbstbeherrschung *f*
autódromo [au̯ˈtoðromo] *m* Autodrom *nt*
autoengaño [au̯toeŋˈgaɲo] *m* Selbstbetrug *m,* Selbsttäuschung *f*
autoescuela [au̯toesˈkwela] *f* Fahrschule *f*
autoestima [au̯toesˈtima] *f* Selbstwertgefühl *nt*
autoestimación [au̯toestimaˈθjon] *f* Selbsteinschätzung *f*
autoestop [au̯toesˈtop] *m* **viajar en** [*o* **hacer**] **~** per Anhalter fahren [*o* trampen]
autoestopista [au̯toestoˈpista] *mf* Anhalter(in) *m(f)*
autofinanciación [au̯tofinan̪θjaˈθjon] *f* Eigenfinanzierung *f*
autofinanciarse [au̯tofinan̪ˈθjarse] *vr* sich selbst finanzieren
autofoto [au̯toˈfoto] *f* Selfie *nt fam*
autógeno, **-a** [au̯ˈtoxeno, -a] *adj* autogen
autogestión [au̯toxesˈtjon] *f* Selbstverwaltung *f*
autognosis [autoɣˈnosis] *f inv* Selbsterkenntnis *f*
autogobierno [au̯toɣoˈβjerno] *m* Selbstverwaltung *f*
autogol [au̯toˈɣol] *m* (DEP) Eigentor *nt*
autogolpe [au̯toˈɣolpe] *m* Staatsstreich *m* durch den Präsidenten, Putsch *m* von oben, Umsturz *m* von oben
autógrafo [au̯ˈtoɣrafo] *m (firma)* Autogramm *nt*
autoinmune [au̯toiˈmune] *adj* autoimmun; **sistema ~** Autoimmunsystem *nt*
autojustificación [au̯toxustifikaˈθjon] *f* Rechtfertigung *f* vor sich selbst
autolavado [au̯tolaˈβaðo] *m* Selbstreinigung *f;* **túnel de ~** (AUTO) Waschstraße *f*
automación [au̯tomaˈθjon] *f* Automatisierung *f,* Automation *f*
autómata [au̯ˈtomata] *m* ① *(aparato)* Automat *m* ② *(robot)* Roboter *m* ③ *(pey: persona)* Marionette *f*
automática [au̯toˈmatika] *f* Automatik *f*
automático[1] [au̯toˈmatiko] *m* Druckknopf *m*
automático, **-a**[2] [au̯toˈmatiko, -a] *adj* automatisch; **caja de cambios automática** (AUTO) Automatikgetriebe *nt;* **dispositivo ~** Automatik *f;* **fusil ~** Selbstladegewehr *nt;* **la puerta se cierra de modo ~** die Tür schnappt ins Schloss; *(en un metro)* die Tür schließt selbsttätig; **su despido fue ~ después** er/sie wurde fristlos entlassen
automatismo [au̯tomaˈtismo] *m* Automatismus *m*
automatizar [au̯tomatiˈθar] <z → c> *vt* automatisieren
automotor[1] [au̯tomoˈtor] *m* (FERRO) Triebwagen *m*
automotor(a)[2] [au̯tomoˈtor(a)] *adj* selbstangetrieben, mit Selbstantrieb
automóvil [au̯toˈmoβil] *m* Auto *nt;* **~ de carreras** Rennwagen *m;* **~ eléctrico** Elektroauto *nt;* **~ todo terreno** Geländefahrzeug *nt;* **Salón del A~** Automobilmesse *f*
automovilismo [au̯tomoβiˈlismo] *m* (DEP) Rennsport *m*
automovilista [au̯tomoβiˈlista] *mf* Autofahrer(in) *m(f)*
automovilístico, **-a** [au̯tomoβiˈlistiko, -a] *adj* Auto-; **la industria automovilística** die Automobilindustrie; **parque ~** Fuhrpark *m*
autonomía [au̯tonoˈmia] *f* ① (POL) Autonomie *f;* **~ colectiva** Tarifautonomie *f;* **~ municipal** kommunale Selbstverwaltung ② *(de una persona)* Unabhängigkeit *f;* **en esta empresa no tengo ~ para tomar decisiones** in dieser Firma kann ich keine eigenen Entscheidungen treffen ③ *(territorio)* autonome Region *f*
autonómico, **-a** [au̯toˈnomiko, -a] *adj* autonom(isch); **proceso ~** Autonomieprozess *m;* **política autonómica** Regi-

A

onalpolitik *f;* **elecciones autonómicas** Wahlen in den autonomen Regionen
autonomista [au̯tono'mista] *mf* Autonomist(in) *m(f),* Anhänger(in) *m(f)* der Autonomie
autónomo, -a [au̯'tonomo, -a] *adj* ❶ (POL) autonom; **la comunidad autónoma de Galicia** die autonome Region Galicien ❷ *(trabajador)* selb(st)ständig; **trabajar de ~** selb(st)ständig arbeiten; **¿cuánto pagas de ~s?** wie viel zahlst du für deine private Krankenversicherung?
autopiloto [au̯topi'loto] *m* (AERO) Autopilot *m*
autopista [au̯to'pista] *f* Autobahn *f;* **~ de datos** Datenautobahn *f;* **~ de la información** Dateninfobahn *f;* **~ de peaje** gebührenpflichtige Autobahn
autoprogramable [au̯toproɣra'maβle] *adj* selbstprogrammierbar
autopromoción [au̯topromo'θjon] *f* Werbung *f* in eigener Sache, Eigenwerbung *f*
autopropulsión [au̯topropul'sjon] *f* (TÉC) Eigenantrieb *m*
autoprotección [au̯toprote^ɣ'θjon] *f* Selbstschutz *m*
autopsia [au̯'toβsja] *f* (MED) Autopsie *f*
autor(a) [au̯'tor(a)] *m(f)* ❶ (LIT) Autor(in) *m(f);* (MÚS) Komponist(in) *m(f);* **derechos de ~** Urheberrechte *ntpl;* **una novela de ~ desconocido** ein Roman eines unbekannten Verfassers ❷ *(de un acto)* Urheber(in) *m(f); (de una conspiración)* Anstifter(in) *m(f); (de un crimen)* Täter(in) *m(f);* **el ~ del atentado** der Attentäter ❸ *(de un invento)* Erfinder(in) *m(f); (de un descubrimiento)* Entdecker(in) *m(f)*
autoría [au̯to'ria] *f* ❶ *(de un texto, acto)* Urheberschaft *f;* **admite la ~ del artículo** er/sie bekennt [*o* gibt zu], den Artikel geschrieben zu haben ❷ *(de un crimen)* Täterschaft *f*
autoridad [au̯tori'ða^ð] *f* ❶ *(poder)* Macht *f; (de alguien)* Autorität *f;* **~ del estado** Staatsgewalt *f;* **~ judicial** richterliche Gewalt; **~ de los padres** elterliche Autorität; **estar bajo la ~ de alguien** jdm unterstehen; **¡aquí soy yo la ~!** hier bestimme ich! ❷ *(institución estatal)* Behörde *f* ❸ *(pl) (policía)* Polizei *f;* **desacato a la ~** Widerstand gegen die Staatsgewalt ❹ *(experto)* Autorität *f*
autoritario, -a [au̯tori'tarjo, -a] *adj* autoritär
autoritarismo [au̯torita'rismo] *m sin pl* Autoritarismus *m*
autorización [au̯toriθa'θjon] *f* ❶ *(permiso)* Erlaubnis *f* (**para** zu +*dat*); **~ para vender alcohol** Schankkonzession *f* ❷ *(facultad)* Ermächtigung *f* (**para** zu +*dat*) ❸ *(derecho)* Berechtigung *f* (**para** zu +*dat*) ❹ *(de un documento)* Beglaubigung *f; (de una firma)* Bestätigung *f*
autorizado, -a [au̯tori'θaðo, -a] *adj* ❶ *(facultado)* befugt; **persona no autorizada** Unbefugte(r) *m;* **~ para firmar** zeichnungsberechtigt ❷ *(competente)* kompetent; **de fuentes autorizadas** aus sicherer Quelle ❸ *(oficial)* offiziell
autorizar [au̯tori'θar] <z → c> *vt* ❶ *(consentir)* genehmigen; **mi jefe me ha autorizado para ausentarme** mein Chef hat mir freigegeben ❷ *(facultar)* ermächtigen (**a/para** zu +*dat*) ❸ *(dar derecho)* berechtigen (**a/para** zu +*dat*); **que sea mi jefe no le autoriza para insultarme** auch wenn Sie mein Chef sind, haben Sie kein Recht, mich zu beschimpfen; **este hecho nos autoriza a pensar que...** diese Tatsache berechtigt uns zu der Annahme, dass ... ❹ *(documentos)* beglaubigen
autorradio [au̯to'rraðjo] *m* Autoradio *nt*
autorrealización [au̯torrealiθa'θjon] *f* Selbstverwirklichung *f*
autorretrato [au̯torre'trato] *m* Selbstportrait *nt,* Selbstbildnis *nt*
autorzuelo [au̯tor'θwelo] *m (pey)* Schreiberling *m*
autoservicio [au̯toser'βiθjo] *m* Selbstbedienung *f*
autostop [au̯tos'top] *m* **hacer ~** trampen
autostopista [au̯tosto'pista] *mf* Anhalter(in) *m(f)*
autosuficiencia [au̯tosufi'θjen̩θja] *f* ❶ *(condición)* Selbstgenügsamkeit *f;* **~ económica** (ECON) wirtschaftliche Selbstversorgung ❷ *(presunción)* Selbstgefälligkeit *f*
autosuficiente [au̯tosufi'θjen̩te] *adj* ❶ *(condición)* selbstgenügsam ❷ *(presuncioso)* selbstgefällig
autotrén [au̯to'tren] *m* Auto(reise)zug *m*
autovía [au̯to'βia] *f (carretera)* Schnellstraße *f*
auxiliar[1] [au̯^ɣsi'ljar] *m* (LING) Hilfsverb *nt*
auxiliar[2] [au̯^ɣsi'ljar] **I.** *adj* Hilfs-; **profesor ~** (UNIV) Assistent *m; (en la escuela)* Aushilfslehrer *m* **II.** *mf* Assistent(in) *m(f);* **~ administrativo** Beamter im unteren Dienst; **~ de cátedra** *(en Alemania)* wissenschaftliche Hilfskraft; **~ de clínica** Krankenpfleger, Krankenschwester *m, f;* **~ técnico sanitario** medizinisch-technische(r) Assistent(in) *m(f);* **~ de vuelo** Flugbegleiter(in) *m(f)* **III.** *vt* ❶ *(dar auxilio)* helfen +*dat* ❷ (REL) versehen
auxilio [au̯^ɣ'siljo] *m* Hilfe *f;* **~s espirituales** (REL) Sterbesakramente *ntpl;* **prime-**

ros ~s erste Hilfe; **pedir ~** um Hilfe rufen; **pedir ~ a alguien** jdn zu Hilfe rufen

aval [a'βal] *m* (COM, JUR) Wechselbürgschaft *f;* **~ bancario** Bankbürgschaft *f*

avalancha [aβa'lanʧa] *f* Lawine *f*

avalar [aβa'lar] *vt* ❶ (COM) eine (Wechsel)bürgschaft leisten (für *+akk*); **~ una deuda** eine Bürgschaft für eine Schuld leisten ❷ *(a alguien)* bürgen (**a** für *+akk*)

avaluar [aβalu'ar] <*1. pres* avalúo> *vt* bewerten

avalúo [aβa'luo] *m* Bewertung *f,* Wertbestimmung *f*

avance [a'βaṇθe] *m* ❶ *(movimiento)* Vorrücken *nt;* (MIL) Vormarsch *m;* **~ de los precios** Preissteigerung *f* ❷ *(anticipo)* Vorschuss *m* ❸ *(progreso)* Fortschritt *m* ❹ *(avanzo)* Bilanz *f* ❺ *(presupuesto)* (Kosten)voranschlag *m* ❻ (CINE, TV) Vorschau *f* (**de** auf *+akk*); **~ informativo** Nachrichtenüberblick *m*

avanzado, -a [aβaṇ'θaðo, -a] *adj* ❶ *(estado, nivel, edad)* fortgeschritten ❷ *(método)* fortschrittlich ❸ *(modelo)* weiterentwickelt

avanzar [aβaṇ'θar] <z → c> **I.** *vi* ❶ *(seguir adelante)* weitergehen; (MIL) vorrücken; *(lava)* sich vorwärtsbewegen; **~ por una calle** eine Straße entlanggehen; **~ hacia alguien** auf jdn zugehen; **a medida que el tiempo avanzaba** mit der Zeit ❷ *(progresar)* vorankommen; **no ~ nada** keine Fortschritte machen; **esta tendencia está avanzando** dieser Trend ist auf dem Vormarsch **II.** *vt* ❶ *(mover hacia adelante)* vorrücken; **~ un pie** einen Fuß vorsetzen ❷ *(sueldo)* vorschießen ❸ *(propuesta)* vorbringen

avanzo [a'βaṇθo] *m* (ECON) ❶ *(balance)* Bilanz *f* ❷ *(presupuesto)* (Kosten)voranschlag *m*

avaricia [aβa'riθja] *f* ❶ *(codicia)* Habgier *f* ❷ *(tacañería)* Geiz *m*

avaricioso, -a [aβari'θjoso, -a] *adj,* **avariento, -a** [aβa'rjeṇto, -a] *adj* ❶ *(codicioso)* habgierig ❷ *(tacaño)* geizig

avaro, -a [a'βaro, -a] **I.** *adj* geizig; **ser muy ~ de algo** mit etw *dat* geizen **II.** *m, f* Geizhals *m*

avasallador(a) [aβasaʎa'ðor(a)] *adj* überwältigend

avasallamiento [aβasaʎa'mjeṇto] *m* Unterwerfung *f*

avasallar [aβasa'ʎar] **I.** *vt* ❶ *(subyugar)* unterwerfen ❷ *(atropellar)* überrollen **II.** *vr:* **~se** sich unterwerfen

avatares [aβa'tares] *mpl* **los ~es de la vida** die Wechselfälle des Lebens; **los ~es de la suerte** die Launenhaftigkeit des Glücks

Avda. [aβe'niða] *f abr de* **avenida** Allee *f*

ave ['aβe] *f* Vogel *m;* **~s de corral** Geflügel *nt;* **~ de paso** Zugvogel *m*

AVE ['aβe] *m abr de* **Alta Velocidad Española** ≈ ICE *m*

avecinarse [aβeθi'narse] *vr* bevorstehen; *(tormenta)* aufziehen

avecindar [aβeθiṇ'dar] **I.** *vt* ansiedeln **II.** *vr:* **~se** sich niederlassen, sich ansiedeln

avefría [aβe'fria] *f* (ZOOL) Kiebitz *m*

avellana [aβe'ʎana] *f* Haselnuss *f*

avellanado[1] [aβeʎa'naðo] *m* (TÉC) (Ver)senkung *f*

avellanado, -a[2] [aβeʎa'naðo, -a] *adj* haselnussfarben

avellano [aβe'ʎano] *m* Hasel(nuss)strauch *m*

avemaría [aβema'ria] *f* ❶ *(oración)* Ave-Maria *nt* ❷ *(loc)* **al ~** bei Einbruch der Nacht; **en un ~** im Handumdrehen; **saberse algo como el ~** etw wie am Schnürchen können

avena [a'βena] *f* Hafer *m*

avenado, -a [aβe'naðo, -a] *adj* verrückt, wahnsinnig

avenencia [aβe'neṇθja] *f* ❶ *(acuerdo)* Übereinkunft *f* ❷ *(armonía)* Eintracht *f;* **en buena ~** in Eintracht ❸ (JUR) Vergleich *m*

avenida [aβe'niða] *f* ❶ *(de un río)* Hochwasser *nt* ❷ *(calle)* Allee *f* ❸ *(de gente o cosas)* Zustrom *m*

avenido, -a [aβe'niðo, -a] *adj* **dos personas bien avenidas** zwei gut befreundete Menschen; **una pareja mal avenida** ein unglückliches Paar

avenir [aβe'nir] *irr como venir* **I.** *vt* versöhnen **II.** *vr:* **~se** ❶ *(entenderse)* sich verstehen ❷ *(ponerse de acuerdo)* sich einigen (**en** über *+akk*) ❸ *(conformarse)* einverstanden sein; **no ~se a...** nicht damit einverstanden sein, zu ... ❹ *(armonizar)* miteinander in Einklang stehen ❺ *(prestarse a)* sich bereit erklären; **~se a dialogar** sich zu Gesprächen bereit erklären

aventajado, -a [aβeṇta'xaðo, -a] *adj (alumno)* hervorragend; **de estatura aventajada** hochgewachsen

aventajar [aβeṇta'xar] *vt* ❶ *(ser mejor)* übertreffen (**en** an *+dat*) ❷ *(en una carrera)* überholen; **~ a todos** alle hinter sich *dat* lassen ❸ *(anteponer)* bevorzugen

aventar [aβeṇ'tar] <e → ie> **I.** *vt* ❶ *(echar aire a algo)* belüften ❷ *(dispersar el viento)* fortwehen ❸ *(el grano)* worfeln **II.** *vr:* **~se** ❶ *(fam: pirárselas)* abhauen ❷ *(las velas)* sich blähen

A

aventura [aβeṇ'tura] *f* ① *(extraordinaria)* Abenteuer *nt;* **espíritu de ~** Abenteuerlust *f* ② *(arriesgada)* Wagnis *nt* ③ *(amorosa)* (Liebes)affäre *f*

aventurado, -a [aβeṇtu'raðo, -a] *adj* gewagt

aventurar [aβeṇtu'rar] **I.** *vt* ① *(arriesgar)* riskieren ② *(algo atrevido)* wagen **II.** *vr:* **~se** sich wagen; **perdieron dinero al ~se en el mundo editorial** sie verloren Geld bei dem Versuch, ins Verlagswesen einzusteigen

aventurero, -a [aβeṇtu'rero, -a] **I.** *adj* abenteuerlich; *(fig)* gewagt; **espíritu ~** Abenteuerlust *f* **II.** *m, f* Abenteurer(in) *m(f)*

avergonzado, -a [aβerɣoṇ'θaðo, -a] *adj (sonrisa)* verschämt; **sentirse ~** sich schämen

avergonzar [aβerɣoṇ'θar] *irr* **I.** *vt* beschämen **II.** *vr:* **~se** sich schämen (**de/por** wegen *+gen/dat*)

avería [aβe'ria] *f* ① (AUTO) Panne *f* ② *(de una mercadería)* Schaden *m* ③ (TÉC) Störung *f* ④ (NÁUT) Havarie *f;* **~ gruesa/simple** schwere/leichte Havarie

averiar [aβeri'ar] <*1. pres* averío> **I.** *vt* beschädigen **II.** *vr:* **~se** ① (AUTO) eine Panne haben ② (TÉC) gestört sein ③ (NÁUT) havarieren

averiguación [aβeriɣwa'θjon] *f* ① *(haciendo pesquisas)* Ermittlung *f* ② *(discurriendo)* Erforschung *f* ③ *(al dar con)* Ausfindigmachen *nt*

averiguar [aβeri'ɣwar] <gu → gü> *vt* ① *(inquiriendo)* ermitteln ② *(discurriendo)* erforschen ③ *(dar con)* ausfindig machen; **averigua a qué hora sale el tren** sieh nach, um wie viel Uhr der Zug abfährt

averigüetas [aβeri'ɣwetas] *m inv (Méx)* Schnüffler(in) *m(f)*

averno [a'βerno] *m* Hölle *f*

aversión [aβer'sjon] *f* Abneigung *f* (**a** gegen *+akk*)

avestruz [aβes'truθ] *m* Strauß *m*

avezado, -a [aβe'θaðo, -a] *adj* erfahren; **~ en los negocios** geschäftstüchtig; **~ en política** in der Politik versiert

avezar [aβe'θar] <z → c> **I.** *vt* gewöhnen (**a** an *+akk*); **~ a los niños** den Kindern gute Manieren angewöhnen **II.** *vr:* **~se** sich gewöhnen (**a** an *+akk*)

aviación [aβja'θjon] *f* ① (AERO) Luftfahrt *f;* **compañía de ~** Fluggesellschaft *f* ② (MIL) Luftwaffe *f*

aviador(a) [aβja'ðor(a)] *m(f)* (AERO, MIL) Flieger(in) *m(f)*

aviar [aβi'ar] <*1. pres* avío> **I.** *vt* ① *(habitación)* herrichten; *(maleta)* packen; *(comida)* zubereiten; *(mesa)* decken ② *(dar)* versehen (**de** mit *+dat*) ③ *(apresurar)* sich beeilen; **diles que vayan aviando** sag ihnen, sie sollen sich beeilen ④ *(AmS: prestar)* (aus)leihen ⑤ *(loc)* **estar aviado** *(en un apuro)* in der Klemme sitzen **II.** *vr:* **~se** ① *(arreglarse)* sich zurechtmachen ② *(espabilarse)* auskommen

avícola [a'βikola] *adj* Geflügel-

avicultor(a) [aβikuḷ'tor(a)] *m(f)* Geflügelzüchter(in) *m(f)*

avicultura [aβikuḷ'tura] *f* Geflügelzucht *f*

avidez [aβi'ðeθ] *f* ① *(ansia)* Gier *f* (**de** nach *+dat*) ② *(codicia)* Habgier *f*

ávido, -a ['aβiðo, -a] *adj* ① *(ansioso)* gierig (**de** nach *+dat*) ② *(codicioso)* habgierig

avieso, -a [a'βjeso, -a] *adj* ① *(objeto)* krumm, schief ② *(persona)* boshaft, gehässig

avilantarse [aβilaṇ'tarse] *vr* frech [*o* unverschämt] werden

avilantez [aβilaṇ'teθ] *f* Unverschämtheit *f,* Frechheit *f*

avilés, -esa [aβi'les, -esa] **I.** *adj* aus Ávila **II.** *m, f* Einwohner(in) *m(f)* von Ávila

avinagrado, -a [aβina'ɣraðo, -a] *adj* missmutig

avinagrarse [aβina'ɣrarse] *vr* ① *(vino)* sauer werden ② *(persona)* missmutig werden

avío [a'βio] *m* ① *(apresto)* Vorbereitung *f;* *(de una habitación)* Herrichten *nt* ② *(provisión)* Proviant *m* ③ *(AmS: de dinero)* Darlehen *nt;* *(de utensilios)* Ausleihen *nt* ④ *pl (utensilios)* **~s de coser** Nähzeug *nt;* **~s de escribir** Schreibwaren *f pl* ⑤ *(loc)* **¡al ~!** an die Arbeit!

aviofobia [aβjo'foβja] *f* Flugangst *f*

avión [aβi'on] *m* ① (AERO) Flugzeug *nt;* **~ de línea** Verkehrsflugzeug *nt;* **por ~** *(correos)* per Luftpost; **ir en ~ a Mallorca** nach Mallorca fliegen ② (ZOOL) Mauersegler *m*

avioneta [aβjo'neta] *f* Sportflugzeug *nt*

avisado, -a [aβi'saðo, -a] *adj* ① *(prudente)* umsichtig ② *(sagaz)* schlau; **mal ~** unklug

avisador[1] [aβisa'ðor] *m* **~ de movimientos** Bewegungsmelder *m*

avisador(a)[2] [aβisa'ðor(a)] **I.** *adj* avisierend **II.** *m(f)* Bote, -in *m, f;* **trabajar de ~** Botengänge machen

avisar [aβi'sar] *vt* ① *(dar noticia)* benachrichtigen; **avísame cuando estés de vuelta** sag mir Bescheid, wenn du wieder da bist; **avisó que venía a cenar** er/sie kündigte sich zum Abendessen an; **llegar sin ~** unangemeldet kommen ② *(advertir)* aufmerksam machen (**de** auf *+akk*) ③ *(poner sobre aviso)* warnen ④ *(llamar)* rufen

aviso [a'βiso] *m* ① *(notificación)* Benachrichtigung *f;* *(en una cartelera)* Anschlag *m;* *(por el altavoz)* Durchsage *f;* **~ legal** *(en páginas web)* Impressum *nt;* **~ de llegada** (COM) Empfangsbestätigung *f;* **~ de salida** (FERRO) Abfahrtssignal *nt;* **~ de siniestro** Schadensmeldung *f;* **hasta nuevo ~** bis auf Widerruf; **sin previo ~** unangemeldet ② *(advertencia)* Warnung *f;* **~ de bomba** Bombendrohung *f;* **estar sobre ~** auf der Hut sein; **poner sobre ~** warnen; **servir a alguien de ~** jdm eine Lehre sein ③ *(consejo)* Rat *m* ④ *(prudencia)* Umsicht *f* ⑤ *(Am: en el periódico)* Anzeige *f;* *(en otros medios)* Werbung *f*

avispa [a'βispa] *f* Wespe *f*

avispado, -a [aβis'paðo, -a] *adj* aufgeweckt

avispar [aβis'par] **I.** *vt* ① *(caballo)* antreiben ② *(persona)* munter machen, aufrütteln **II.** *vr:* **~se** ① *(hacerse avispado)* munter werden ② *(Méx: asustarse)* sich erschrecken (**de/por** bei/vor +*dat*)

avispero [aβis'pero] *m* ① *(nido)* Wespennest *nt;* **meterse en un ~** *(fig)* in ein Wespennest stechen ② *(avispas)* Wespenschwarm *m*

avispón [aβis'pon] *m* Hornisse *f*

avistar [aβis'tar] *vt* sichten

avituallamiento [aβitwaʎa'mjen̪to] *m* Versorgung *f;* **zona de ~** (DEP) Versorgungsstation *f*

avituallar [aβitwa'ʎar] *vt* versorgen

avivar [aβi'βar] *vt* *(dar viveza)* beleben; *(fuego, pasión)* schüren; *(color)* aufhellen; *(luz)* verstärken; *(sentidos)* schärfen; **~ el paso** den Schritt beschleunigen

avizor [aβi'θor] *adj* **estar ojo ~** auf der Hut sein

avutarda [aβu'tarða] *f* (ZOOL) Trappe *f*

axial [aˠ'sjal] *adj* Achsen-, axial

axila [aˠ'sila] *f* ① (ANAT) Achsel(höhle) *f* ② (BOT) Achsel *f*

axilar [aˠsi'lar] *adj* (ANAT, BOT) axillar

axioma [aˠ'sjoma] *m* Axiom *nt*

ay [ai̯] *interj* ① *(de dolor)* autsch ② *(de pena)* ach ③ *(de miedo)* oh, mein Gott ④ *(de sorpresa)* oh; **¡~, qué divertido!** ach, wie lustig! ⑤ *(de amenaza)* wehe; **¡~, si vienes tarde!** wehe dir, wenn du zu spät kommst!; **¡~ del que...!** +*subj* wehe dem, der ...!

ayatollah [aɟato'la] *m* Ajatollah *m*

ayer [a'ɟer] *adv* gestern; **~ (por la) noche** gestern Abend; **~ hace una semana** gestern vor einer Woche; **de ~ acá** in kurzer Zeit; **¡parece que fue ~!** mir ist, als ob es erst gestern gewesen wäre!; **no he nacido ~** ich bin nicht von gestern

ayo, -a ['aɟo, -a] *m, f* ① *(que cuida de la educación)* Erzieher(in) *m(f);* *(que da clases)* Hauslehrer(in) *m(f)* ② *(niñera)* Kindermädchen *nt*

ayote [a'ɟote] *m* *(AmC, Méx),* **ayotli** [a'ɟoᶞli] *m* *(AmC)* Kürbis *m*

ayto. [aɟun̪ta'mjen̪to] *m abr de* **ayuntamiento** Rathaus *nt*

ayuda[1] [a'ɟuða] *f* ① *(auxilio)* Hilfe *f;* **perro de ~** Wachhund *m;* **con ~ de su amigo** mit (der) Hilfe seines/ihres Freundes; **eso no me sirve de ninguna ~** das nützt mir nichts ② *(lavativa)* Einlauf *m*

ayuda[2] [a'ɟuða] *m* Gehilfe *m*

ayudado, -a [aɟu'ðaðo, -a] *m, f* *(Col: brujo)* Zauberer, -in *m, f,* Hexenmeister(in) *m(f);* *(de tribu)* Medizinmann, Medizinfrau *m, f*

ayudante [aɟu'ðan̪te] *mf* ① *(que ayuda)* Helfer(in) *m(f)* ② *(cargo)* Assistent(in) *m(f);* *(en una escuela)* Hilfslehrer(in) *m(f)*

ayudantía [aɟuðan̪'tia] *f* Assistentenstelle *f*

ayudar [aɟu'ðar] **I.** *vt* ① *(socorrer)* helfen +*dat;* **~ a alguien en el trabajo** jdm bei der Arbeit helfen; **~ a alguien a levantarse** jdm aufhelfen; **~ a alguien a salir del coche** jdm aus dem Auto helfen; **~ a pasar la calle** über die Straße helfen; **~ a misa** ministrieren; **¡Dios me ayude!** so wahr mir Gott helfe!; **¿le puedo ~ en algo?** kann ich Ihnen behilflich sein?; **~ a conseguir un trabajo** zu einer Stellung verhelfen ② *(temporalmente)* aushelfen +*dat* ③ *(contribuir)* beitragen (**a** zu +*dat*) **II.** *vr:* **~se** ① *(mutuamente)* einander helfen ② *(valerse de)* sich bedienen

ayunar [aɟu'nar] *vi* fasten

ayunas [a'ɟunas] *adv* **en ~** nüchtern; **siempre está en ~** *(fig)* er/sie kapiert nie etwas

ayuno[1] [a'ɟuno] *m* Fasten *nt*

ayuno, -a[2] [a'ɟuno, -a] *adj* nüchtern; **estar ~ de experiencia** keine Erfahrung haben; **estoy ~ de lo que aquí se dice** ich habe keine Ahnung, worum es hier geht

ayuntamiento [aɟun̪ta'mjen̪to] *m* ① *(corporación)* Gemeinderat *m;* *(de una ciudad)* Stadtrat *m* ② *(edificio)* Rathaus *nt*

ayurveda [aɟur'βeða] *m* Ayurveda *m*

ayuyunes [aɟu'ɟunes] *mpl* *(Chil)* Liebkosung *f*

azabache [aθa'βaʧe] *m* Jet(t) *m o nt;* **ojos de ~** pechschwarze Augen

azada [a'θaða] *f* Hacke *f*

azadón [aθa'ðon] *m* (große) Hacke *f*

azadonada [aθaðo'naða] *f,* **azadonazo** [aθaðo'naθo] *m* Schlag *m* mit der Hacke

A

azafata [aθa'fata] *f* ① (AERO) Stewardess *f;* ~ **de congresos** (Messe)hostess *f* ② *(Chil: bandeja)* Tablett *nt*
azafato [aθa'fato] *m (fam)* Steward *m*
azafrán [aθa'fran] *m* ① *(condimento)* Safran *m* ② *(color)* Safrangelb *nt*
azahar ['θar/aθa'ar] *m* Orangenblüte *f*
azalea [aθa'lea] *f* Azalee *f*
azar [a'θar] *m* ① *(casualidad)* Zufall *m;* **juegos de** ~ Glücksspiele *ntpl;* **al** ~ aufs Geratewohl; **por** ~ zufällig ② *(imprevisto)* Missgeschick *nt;* **los ~es de la vida** die Wechselfälle des Lebens
azaramiento [aθara'mjeṇto] *m* Scham *f*
azaroso, -a [aθa'roso, -a] *adj (proyecto)* gefährlich; **un viaje** ~ eine strapazenreiche Reise; **una vida azarosa** ein Leben mit vielen Höhen und Tiefen
Azerbaiján [aθerβai̯'xan] *m* Aserbaidschan *nt,* Aserbeidschan *nt*
Azerbaiyán [aθerβa'ɟan] *m* Aserbaidschan *nt*
azófar [a'θofar] *m (latón)* Messing *nt*
azogado, -a [aθo'ɣaðo, -a] *adj* unruhig, zappelig
azogue [a'θoɣe] *m* (QUÍM) Quecksilber *nt;* **tener ~ en el cuerpo** *(fig)* keine Minute ruhig sitzen können; **ser uno como el** ~ ein unruhiger Geist sein; **temblar como** ~ zittern wie Espenlaub
azor [a'θor] *m* Hühnerhabicht *m*
azoramiento [aθora'mjeṇto] *m* ① *(nerviosismo)* Aufregung *f; (ante un acto público)* Lampenfieber *nt* ② *(turbación)* Verwirrung *f*
azorar [aθo'rar] **I.** *vt* ① *(poner nervioso)* in Aufregung versetzen, beunruhigen ② *(turbar)* verwirren **II.** *vr:* **~se** ① *(alterarse)* sich aufregen, unruhig werden; *(ante un acto público)* Lampenfieber bekommen ② *(turbarse)* in Verwirrung geraten
Azores [a'θores] *fpl* Azoren *pl*
azoro [a'θoro] *m* ① *(AmC: fantasma)* Kobold *m* ② *(AmC: aparición)* Gespenst *nt,* Geist *m* ③ *(Méx, Perú, PRico) v.* **azoramiento**
azotaina [aθo'tai̯na] *f* Tracht *f* Prügel; **dar una** ~ übers Knie legen
azotamiento [aθota'mjeṇto] *m* ① *(paliza)* Tracht *f* Prügel ② *(de un prisionero)* Auspeitschen *nt*
azotar [aθo'tar] *vt* ① *(con un látigo)* auspeitschen; *(con nudos)* geißeln; *(con la mano)* verprügeln; **el viento me azota (en) la cara** der Wind peitscht mir ins Gesicht ② *(producir daños)* verwüsten; **una epidemia azota la región** eine Seuche wütet in der Region
azote [a'θote] *m* ① *(látigo)* Peitsche *f; (con nudos)* Geißel *f* ② *(golpe)* Peitschenhieb *m; (golpe en las nalgas)* Klaps *m* auf den Po ③ *(plaga)* Geißel *f*
azotea [aθo'tea] *f* Dachterrasse *f;* **estar mal de la** ~ *(fam)* einen Dachschaden haben
azteca [aθ'teka] **I.** *adj* aztekisch **II.** *mf* Azteke, -in *m, f*
azúcar [a'θukar] *m* Zucker *m;* ~ **de cortadillo** Kandiszucker *m;* ~ **en polvo** Puderzucker *m;* **tener el ~ muy alto** (MED) einen sehr hohen Blutzuckerspiegel haben
azucarar [aθuka'rar] **I.** *vt* zuckern **II.** *vr:* **~se** *(cristalizarse)* kristallisieren
azucarera [aθuka'rera] *f* ① *(recipiente)* Zuckerdose *f* ② *(fábrica)* Zuckerfabrik *f*
azucarero [aθuka'rero] *m (recipiente)* Zuckerdose *f*
azucarillo [aθuka'riʎo] *m* ① *(golosina)* Schaumzuckerstange *f* ② *(terrón)* Würfelzucker *m*
azucena [aθu'θena] *f* Lilie *f*
azufre [a'θufre] *m* Schwefel *m*
azul [a'θul] *adj* blau; ~ **marino** Dunkelblau *nt;* ~ **celeste** himmelblau; ~ **verdoso** blaugrün; ~ **cian** Cyan *nt*
azulado, -a [aθu'laðo, -a] *adj* bläulich
azulejar [aθule'xar] *vt* kacheln
azulejo [aθu'lexo] *m* ① *(para pared)* Kachel *f; (para suelos)* Fliese *f* ② *(carraca)* Blauracke *f* ③ *(aciano)* Kornblume *f*
azulete [aθu'lete] *m* Waschblau *nt*
azulgrana [aθul'ɣrana] *adj* blau-rot; **el equipo** ~ (DEP) der F.C. Barcelona
azuzar [aθu'θar] <z → c> *vt* aufhetzen

Bb

B, b [be] *f* B, b *nt;* ~ **de Barcelona** B wie Berta

baba ['baβa] *f* ① *(de la boca)* Geifer *m* ② *(del caracol)* Schleim *m*

babasfrías [baβas'frias] *m inv (Col: fam)* Trottel *m*

babastibias [baβas'tiβjas] *m inv (Ecua)* einfacher, lieber Mann *m*

babear [baβe'ar] *vi* geifern

babel [ba'βel] *m o f* ① *(desorden)* Durcheinander *nt* ② *(sitio)* Tollhaus *nt*

babélico, -a [ba'βeliko, -a] *adj (fig: confuso)* wirr

babero [ba'βero] *m* Lätzchen *nt*

Babia ['baβja] *f* **estar en ~** geistesabwesend sein

babieca [ba'βjeka] **I.** *adj* schwachsinnig **II.** *mf* Dummkopf *m*

babilla [ba'βiʎa] *f* ① *(babada de vaca)* Kugel *f; (de ternera)* Nussstück *nt* ② *(mucosidad)* Schleim *m*

bable ['baβle] *m asturischer Dialekt*

babor [ba'βor] *m* (NÁUT) Backbord *nt;* **a ~** backbord(s)

babosa [ba'βosa] *f* ① (ZOOL) Nacktschnecke *f* ② *(Am: tontería)* Blödsinn *m*

babosear [baβose'ar] **I.** *vt* begeifern **II.** *vi (fam)* faseln

baboso, -a [ba'βoso, -a] **I.** *adj* ① *(lleno de baba)* voller Sabber ② *(zalamero)* schleimig ③ *(Am: tonto)* dämlich **II.** *m, f* ① *(joven)* Grünschnabel *m* ② *(zalamero)* Schleimer(in) *m(f)*

babucha [ba'βuʧa] *f* Pantoffel *m*

babuino [ba'βwino] *m* (ZOOL) Babuin *m*

baby ['beiβi] *mf* Säugling *m,* Baby *nt*

baby-sitter [beiβi-'siter] *mf* Babysitter(in) *m(f)*

baca ['baka] *f* ① *(portaequipajes)* (Dach)gepäckträger *m* ② *(cubierta)* (Wagen)plane *f* ③ *(fruto)* Beere *f* (des Lorbeerbaums)

bacalao [baka'lao] *m* ① *(pez, pescado)* Kabeljau *m; (salado)* Stockfisch *m;* **cortar el ~** *(fig)* den Ton angeben ② (MÚS: *argot)* Techno *m*

bacán [ba'kan] *m* ① *(Arg, Urug, Col: rico)* reicher Mann *m* ② *(Cuba:* GASTR) Pastete *f* ③ *(Col, Cuba: mantenido) Mann, der sich von der Ehefrau unterhalten lässt* ④ *(Urug: chulo)* Zuhälter *m*

bacanal [baka'nal] *f* (Trink)gelage *nt; (orgía)* Orgie *f*

bachata [ba'ʧata] *f (Am)* Party *f*

bachatear [baʧate'ar] *vi (Am)* eine Zechtour machen

bache ['baʧe] *m* ① *(en la calle)* Schlagloch *nt* ② (AERO) Luftloch *nt* ③ *(en la producción)* Rückgang *m; (para precios)* Senkung *f* ④ *(psíquico)* Tief *nt*

bacheado, -a [baʧe'aðo, -a] *adj* holp(e)rig, voller Schlaglöcher

bachicha [ba'ʧiʧa] *mf (CSur, Perú: pey: italiano)* Italiener(in) *m(f)*

bachiller [baʧi'ʎer] *mf* Abiturient(in) *m(f);* **título de ~** Abiturzeugnis *nt*

bachillerato [baʧiʎe'rato] *m* ≈ Abitur *nt,* Reifeprüfung *f*

bacía [ba'θia] *f* ① *(recipiente)* Behälter *m* ② *(para animales)* (Fress)napf *m*

bacilo [ba'θilo] *m* Bazillus *m*

backgammon [bak'gamoŋ] *m* <-(e)s> *(juego de mesa)* Backgammon *nt*

backstage [bak^e^s'teiʧ] *m* Backstage *f*

bacon ['beikon] *m v.* **beicon**

bacteria [bak'terja] *f* Bakterie *f*

bactericida [bakteri'θiða] **I.** *adj* keimtötend **II.** *m* keimtötendes Mittel *nt*

bacteriología [bakterjolo'xia] *f* (BIOL) Bakteriologie *f*

bacteriológico, -a [bakterjo'loxiko, -a] *adj* bakteriologisch

bacteriólogo, -a [bakte'rjoloɣo, -a] *m, f* Bakteriologe, -in *m, f*

badajo [ba'ðaxo] *m* ① *(de campana)* Klöppel *m* ② *(fam: persona)* Schwätzer(in) *m(f)*

badajocense [baðaxo'θense] **I.** *adj* aus Badajoz **II.** *mf* Einwohner(in) *m(f)* von Badajoz

badana [ba'ðana] *f* gegerbtes Schafleder *nt;* **zurrar la ~ a alguien** *(fam)* jdn verprügeln

Baden-Wurtemberg ['baðem 'burtemberʸ] *m* Baden-Württemberg *nt*

badil [ba'ðil] *m* Feuerschaufel *f*

bádminton ['baðminton] *m* (DEP) Badminton *nt*

bafle ['bafle] *m* Lautsprecher *m*

bag(u)el [ba'ɣel] *m* <-(e)s> Bagel *m*

bagaje [ba'ɣaxe] *m* (MIL) Marschgepäck *nt;* ~ **intelectual** *(fig)* Wissen *nt*

bagamán [baɣa'man] *m (Col, RDom)* Vagabund *m,* Landstreicher *m*

bagatela [baɣa'tela] *f* Kleinigkeit *f*

bagayo [ba'ɣaɟo] *m* ① *(Arg: fam: equipaje)* Gepäck *nt; (carga)* Last *f* ② *(Arg: fam: objetos robados)* heiße Ware *f*

bagre ['baɣre] **I.** *adj* ① *(Bol, Col: cursi)* kitschig ② *(Guat, Hond, ElSal: inteligente)* klug, aufgeweckt **II.** *m* ① *(Am:* ZOOL) Wels *m* ② *(And: antipático)* unbeliebter Mensch *m* ③ *(And: mujer fea)* Vogelscheuche *f* ④ *(CRi: prostituta)* Hure *f abw*

bah [ba] *interj* ① *(incredulidad)* ach was! ② *(desprecio)* bah! ③ *(conformidad)* na gut!

Bahamas [ba'amas] *fpl* **Las (islas) ~** die Bahamas, die Bahamainseln

bahía [ba'ia] *f* (Meeres)bucht *f*

bailador(a) [bai̯la'ðor(a)] **I.** *adj* tanzlustig **II.** *m(f)* Tänzer(in) *m(f)*

bailaor(a) [bai̯la'or(a)] *m(f)* Flamencotänzer(in) *m(f)*

bailar [bai̯'lar] **I.** *vi* ① *(danzar)* tanzen; **le tocó ~ con la más fea** *(fig)* er zog den Kürzeren ② *(caballo)* tänzeln ③ *(objetos)* wackeln; *(peonza)* sich drehen; (TÉC) Spiel haben; **hacer ~ una peonza** einen Kreisel drehen **II.** *vt* tanzen

bailarín, -ina [bai̯la'rin, -ina] **I.** *adj* Tanz- **II.** *m, f* Tänzer(in) *m(f)*; *(de ballet)* Balletttänzer(in) *m(f)*

bailarina [bai̯la'rina] *f (zapato muy plano)* Ballerina *m*

baile ['bai̯le] *m* ① *(acto)* Tanzen *nt* ② *(danza)* Tanz *m* ③ *(fiesta)* Tanzfest *nt*; *(de etiqueta)* Ball *m*; **~ de graduación** (Schul)abschlussball *m* ④ (MED) **tener el ~ de San Vito** zappelig sein

bailongo [bai̯'loŋgo] *m (argot)* Tanzparty *f*

bailotear [bai̯lote'ar] *vi* ① *(argot: bailar)* schwofen ② *(brincar)* herumhüpfen

baja ['baxa] *f* ① *(disminución)* Rückgang *m*; *(de precio)* Senkung *f*; *(de valor, de temperatura)* Sinken *nt* ② *(cese de trabajo: temporal)* Beurlaubung *f*; *(definitivo)* Entlassung *f*; **~ por maternidad** Erziehungsurlaub *m*, Mutterschaftsurlaub *m*; **darse de ~** *(temporalmente)* sich beurlauben lassen; *(por enfermedad)* sich krankmelden; *(definitivamente)* kündigen; **estar de ~ (por enfermedad)** krankgeschrieben sein ③ *(en una asociación)* Abmeldung *f*; **dar de ~** aus einer Liste streichen ④ *(documento)* Kündigungsschreiben *nt*; *(del médico)* Krankschreibung *f* ⑤ (MIL) Verlust *m* ⑥ (FIN) Baisse *f*

bajada [ba'xaða] *f* ① *(descenso)* Abstieg *m*; **~ de tipos** (ECON) Zinssenkung *f*; **~ de bandera** Grundpreis im Taxi ② *(camino)* (hinunterführender) Weg *m* ③ *(pendiente)* Gefälle *nt*

bajamar [baxa'mar] *f* Ebbe *f*

bajar [ba'xar] **I.** *vi* ① *(ir hacia abajo)* hinuntergehen; *(venir hacia abajo)* herunterkommen; **~ en ascensor** im Aufzug hinunterfahren ② *(desmontar)* (ab)steigen (**de** von +*dat*); *(del coche)* (aus)steigen (**de** aus +*dat*) ③ *(las aguas)* abfließen ④ *(disminuir)* abnehmen; *(temperatura)* sinken; *(hinchazón)* abschwellen; **ha bajado la luz** der Strompreis ist gefallen ⑤ *(adelgazar)* abnehmen **II.** *vt* ① *(trasportar)* herunterbringen; *(coger)* herunterholen; **~ las persianas** die Rollläden herunterlassen ② *(escaleras)* heruntergehen ③ *(precios)* senken ④ *(voz)* senken; *(radio)* leise(r) stellen ⑤ *(ojos)* niederschlagen **III.** *vr:* **~se** ① *(desmontarse)* (ab)steigen (**de** von +*dat*); *(del coche)* (aus)steigen (**de** aus +*dat*) ② *(inclinarse)* sich bücken

bajel [ba'xel] *m (elev)* Schiff *nt*

bajeza [ba'xeθa] *f* ① *(humildad)* Niedrigkeit *f* ② *(carácter)* Niedertracht *f* ③ *(acción humillante)* Erniedrigung *f*; *(acción vil)* Gemeinheit *f*

bajinis [ba'xinis] **por lo ~** *(fam: a escondidas)* heimlich, im Geheimen; *(en voz baja)* im Flüsterton; **me lo dijo por lo ~** er/sie hat es mir (heimlich) zugeflüstert

bajista [ba'xista] **I.** *adj* (FIN) Baisse-; **tendencia ~** Abwärtstrend *m* **II.** *mf* ① (MÚS) Bassist(in) *m(f)* ② (FIN) Baissier *m*

bajo[1] ['baxo] **I.** *m* ① *(instrumento)* Bass *m* ② *(persona)* Bassist *m* ③ *pl (piso)* Erdgeschoss *nt* ④ *pl (banco de arena)* Sandbank *f* ⑤ *pl (parte inferior)* unterer Teil *m*; *(de una prenda)* Saum *m* **II.** *adv* ① *(posición)* niedrig ② *(voz)* leise **III.** *prep* ① *(colocar debajo)* unter +*akk* ② *(por debajo de)* unter +*dat*; **~ llave** unter Verschluss; **~ la lluvia** im Regen; **~ fianza** gegen Kaution; **~ la condición de que** +*subj* unter der Bedingung, dass …

bajo, -a[2] ['baxo, -a] <más bajo *o* inferior, bajísimo> *adj* ① *estar (en lugar inferior)* tief (liegend) ② *ser (de temperatura)* niedrig; *(de estatura)* klein(gewachsen); **baja tensión** (ELEC) Niederspannung *f*; **con la cabeza baja/los ojos ~s** mit hängendem Kopf/gesenktem Blick; **tener la moral baja** niedergeschlagen sein ③ *(voz)* leise; (MÚS) tief ④ *(color)* matt ⑤ *(metal)* unedel ⑥ *(comportamiento)* niederträchtig ⑦ *(clase social)* untere ⑧ *(calidad)* gering ⑨ (GEO) **Baja Sajonia** Niedersachsen *nt* ⑩ (GASTR) **~ en grasas** fettarm

bajón [ba'xon] *m* ① *(descenso)* (rapider) Rückgang *m*; *(de precios)* Preissturz *m*; (FIN) Kurssturz *m* ② *(de la salud)* Verschlechterung *f* ③ (MÚS) Fagott *nt*

bajuno, -a [ba'xuno, -a] *adj* gemein, niederträchtig

bakalao [baka'lao] *m* (MÚS: *argot)* Techno *m*

bala ['bala] *f* ❶ *(proyectil)* (Gewehr)kugel *f;* **como una ~** blitzschnell ❷ *(fardo)* Ballen *m*
balacear [balaθe'ar] *vt (Am)* schießen (auf +*akk*)
balada [ba'laða] *f* Ballade *f*
baladrar [bala'ðrar] *vi (chillar)* kreischen; *(gritar)* schreien
baladrero, -a [bala'ðrero, -a] *adj* laut, geräuschvoll
baladro [ba'laðro] *m* Schrei *m*
baladrón, -ona [bala'ðron, -ona] **I.** *adj* angeberisch, großtuerisch; **no conozco a nadie tan ~ como él** ich kenne niemanden, der so großspurig ist wie er **II.** *m, f* Angeber(in) *m(f),* Großsprecher(in) *m(f)*
baladronada [balaðro'naða] *f* Prahlerei *f*
balalaica [bala'laịka] *f* (MÚS) Balalaika *f*
balance [ba'laṇθe] *m* ❶ *(vaivén)* Schwanken *nt; (en la danza)* Wiegen *nt;* (NÁUT) Schlingern *nt* ❷ (COM: *resultado*) Bilanz *f;* **hacer un ~** eine Bilanz aufstellen ❸ *(comparación)* Gegenüberstellung *f;* **hacer (el) ~** Bilanz ziehen ❹ *(vacilación)* Unentschlossenheit *f*
balancear [balaṇθe'ar] **I.** *vt* ❶ *(mecer)* schaukeln; *(acunar)* wiegen ❷ *(equilibrar)* ins Gleichgewicht bringen **II.** *vr:* **~se** ❶ *(columpiarse)* schaukeln ❷ (NÁUT) schlingern
balanceo [balaṇ'θeo] *m* ❶ *(vaivén)* Schwanken *nt;* (NÁUT) Schlingern *nt* ❷ *(vacilación)* Unentschlossenheit *f*
balancín [balaṇ'θin] *m* ❶ *(de los equilibristas)* Balancierstange *f* ❷ *(columpio)* Wippe *f* ❸ *(silla)* Schaukelstuhl *m; (para varias personas)* Hollywoodschaukel *f* ❹ *(yugo)* Joch *nt*
balandra [ba'laṇdra] *f* Kutter *m*
balandrista [balaṇ'drista] *mf* Schiffer(in) *m(f)*
balandro [ba'laṇdro] *m* Jolle *f*
balanza [ba'laṇθa] *f* ❶ *(pesa)* Waage *f;* **inclinar el fiel de la ~** *(fig)* den Ausschlag geben ❷ (COM) Bilanz *f;* **~ comercial** (Außen)handelsbilanz *f;* **~ de pagos** Zahlungsbilanz *f*
Balanza [ba'laṇθa] *f* (ASTR) Waage *f*
balar [ba'lar] *vi (oveja)* blöken; *(cabra)* meckern; *(ciervo)* röhren
balasto [ba'lasto] *m sin pl,* **balastro** [ba'lastro] *m sin pl* Schotter *m*
balaustrada [balau̯s'traða] *f* Brüstung *f*
balazo [ba'laθo] *m* ❶ *(tiro)* Schuss *m* ❷ *(herida)* Einschuss *m*
balboa [bal'βoa] *m (unidad monetaria de Panamá)* Balboa *m*
balbucear [balβuθe'ar] *vi, vt v.* **balbucir**
balbuceo [balβu'θeo] *m* Gestammel *nt; (de niños)* Lallen *nt*
balbuciente [balβu'θjeṇte] *adj* stammelnd; *(niño)* lallend
balbucir [balβu'θir] *vi, vt* stammeln; *(niño)* lallen
Balcanes [bal'kanes] *mpl* Balkan *m*
balcánico, -a [bal'kaniko, -a] *adj* balkanisch; **país ~** Balkanland *nt*
balcón [bal'kon] *m* ❶ *(de casas)* Balkon *m* ❷ *(mirador)* Aussichtspunkt *m*
balconada [balko'naða] *f* Balkonreihe *f; (balcón corrido)* Galerie *f*
balconaje [balko'naxe] *m* Balkonreihe *f*
balda ['baḷda] *f* Regalbrett *nt*
baldado, -a [baḷ'daðo, -a] *adj* ❶ *(extremidades)* gelähmt ❷ *(muy cansado)* erschöpft
baldaquín [baḷda'kin] *m* Baldachin *m*
baldar [baḷ'dar] **I.** *vt* ❶ *(paralizar)* lähmen; *(lisiar)* zum Krüppel machen ❷ *(perjudicar)* schaden +*dat* **II.** *vi (naipes)* trumpfen
balde ['baḷde] *m* ❶ *(cubo)* Kübel *m* ❷ *(loc)* **obtener algo de ~** etw umsonst bekommen
baldear [baḷde'ar] *vt* (NÁUT) reinigen
baldío[1] [baḷ'dio] *m* Brache *f*
baldío, -a[2] [baḷ'dio, -a] *adj* ❶ *(terreno)* brach ❷ *(inútil)* zwecklos; *(en balde)* vergeblich
baldón [baḷ'don] *m (acción)* Beleidigung *f; (situación)* Schande *f*
baldonar [baḷdo'nar] *vt (ofender)* verletzen, kränken; *(insultar)* beleidigen
baldosa [baḷ'dosa] *f* Fliese *f*
baldosado [baḷdo'saðo] *m (Col, Chil: suelo)* Fliesenboden *m,* Fliesenbelag *m*
baldosín [baḷdo'sin] *m* Kachel *f*
balear [bale'ar] **I.** *vt (Am: disparar)* schießen (auf +*akk*); *(herir)* anschießen; *(matar)* erschießen **II.** *vr:* **~se** *(Am)* ❶ *(disparar)* aufeinander schießen ❷ *(disputar)* sich herumstreiten **III.** *adj* balearisch **IV.** *mf* Baleare, -in *m, f*
Baleares [bale'ares] *fpl* **las Islas ~** die Balearen, die Balearischen Inseln
baleo [ba'leo] *m* ❶ *(alfombrilla)* Matte *f* ❷ *(aventador)* Fächer *m (aus Espartogras)*
balero [ba'lero] *m (Am: juego)* Boccia *nt*
balido [ba'liðo] *m (oveja)* Blöken *nt; (la cabra)* Meckern *nt; (ciervo)* Röhren *nt*
balín [ba'lin] *m* ❶ *(bala)* kleinkalibriges Geschoss *nt* ❷ *(bolita de plomo)* Schrotkugel *f*
balística [ba'listika] *f sin pl* Ballistik *f*
baliza [ba'liθa] *f* Bake *f;* (NÁUT) Boje *f;* (AERO) Leuchtfeuer *nt;* (FERRO) Lichtsignal *nt;* (AUTO) Warnsignal *nt*
balizaje [bali'θaxe] *m* Hafengebühr *f*

B

ball [bal] *f (Am)* ① (DEP: *balón*) Ball *m;* ~ **de goma** Gummiball *m* ② *(proyectil)* Kugel *f*
ballena [ba'ʎena] *f* Wal *m*
ballenero [baʎe'nero] *m* ① *(barco)* Walfangschiff *nt* ② *(pescador)* Walfänger *m*
ballesta [ba'ʎesta] *f* ① (TÉC) Blattfeder *f* ② (HIST) Armbrust *f*
ballet [ba'le] <ballets> *m* Ballett *nt*
balneario [balne'arjo] *m* ① *(baños)* Heilbad *nt* ② *(estación)* Kurort *m*
balompié [balom'pje] *m* Fußball *m*
balón [ba'lon] *m* ① (DEP) Ball *m;* ~ **de fútbol** Fußball *m* ② *(recipiente para gases)* Ballon *m* ③ *(botella esférica)* Ballon *m* ④ (NÁUT) Spinnaker *m* ⑤ *(en los tebeos)* Sprechblase *f*
balonazo [balo'naθo] *m* Schuss *m* mit dem Ball
baloncestístico, -a [baloṇθes'tistiko, -a] *adj* Basketball-
baloncesto [baloṇ'θesto] *m* Basketball *m*
balonmano [balo^{n}'mano/balo^{m}'mano] *m* Handball *m*
balonvolea [balombo'lea] *m* Volleyball *m*
balota [ba'lota] *f* Kugel *f (die zu Abstimmungen verwendet wird)*
balotaje [balo'taxe] *m (Méx)* Stimmenauszählung *f*
balsa ['balsa] *f* ① *(charca)* Tümpel *m; (estanque)* Wasserbecken *nt* ② (NÁUT: *barca*) Fähre *f; (plataforma)* Floß *nt;* ~ **neumática** Schlauchboot *nt*
balsámico, -a [bal'samiko, -a] *adj* balsamisch
bálsamo ['balsamo] *m* Balsam *m;* ~ **labial** Lippenpflegestift *m*
balsero, -a [bal'sero, -a] *m, f* Flößer(in) *m(f)*
báltico, -a ['baḷtiko, -a] **I.** *adj* baltisch; **el mar** ~ die Ostsee; **los países ~s** das Baltikum **II.** *m, f* Balte, -in *m, f*
baluarte [ba'lwarte] *m* Schutzwall *m;* **un ~ de la libertad** ein Bollwerk der Freiheit
balumba [ba'lumba] *f* ① *(montón)* Haufen *m* ② *(AmS: barullo)* großer Lärm *m,* Spektakel *m fam*
bamba ['bamba] *f* ① *(acierto casual)* Zufallstreffer *m* ② *(pastel)* ≈ Windbeutel *m* ③ *(reg: columpio)* Schaukel *f* ④ *(baile) lateinamerikanischer Tanzrhythmus*
bambalina [bamba'lina] *f* (TEAT) Soffitte *f;* **entre ~s** hinter den Kulissen
bambolear [bambole'ar] **I.** *vt* schwingen **II.** *vr:* **~se** schaukeln; *(desde arriba)* (herab)baumeln
bamboleo [bambo'leo] *m* Schaukeln *nt; (desde arriba)* (Herab)baumeln *nt*
bambollero, -a [bambo'ʎero, -a] **I.** *adj* protzig **II.** *m, f* Protz *m,* Angeber(in) *m(f)*
bambú [bam'bu] *m* Bambus *m; (caña)* Bambusrohr *nt*
banal [ba'nal] *adj* banal
banalidad [banali'ða^{d}] *f* Banalität *f*
banalizar [banali'θar] <z → c> *vt* banalisieren
banana [ba'nana] *f (Am)* Banane *f*
bananero, -a [bana'nero, -a] *adj* Bananen-
banano [ba'nano] *m* Bananenstaude *f*
banca ['baŋka] *f* ① *(en el mercado)* Verkaufstisch *m* ② *(asiento)* Schemel *m* ③ (FIN) Bankwesen *nt;* ~ **electrónica** Electronic Banking *nt;* ~ **en línea** [*o* **online**] Onlinebanking *nt* ④ *(en juegos de azar)* Bank *f* ⑤ *(AmS: influencia)* Beziehungen *fpl*
bancal [baŋ'kal] *m (en un jardín)* Beet *nt; (en una pendiente)* Terrasse *f*
bancario, -a [baŋ'karjo, -a] *adj* Bank-; **cuenta bancaria** Bankkonto *nt*
bancarrota [baŋka'rrota] *f* Bankrott *m*
banco ['baŋko] *m* ① *(asiento)* (Sitz)bank *f* ② (TÉC) Werkbank *f;* ~ **de pruebas** Prüfstand *m; (fig)* Bewährungsprobe *f* ③ (FIN) Bank *f;* ~ **en casa** Homebanking *nt;* **B~ Central Europeo** Europäische Zentralbank; ~ **emisor** Notenbank *f;* **B~ Europeo de Inversiones** Europäische Investitionsbank; **B~ Mundial** Weltbank *f* ④ (GEO) Schicht *f* ⑤ *(de peces)* Schwarm *m* ⑥ *(loc)* ~ **de datos** (INFOR) Datenbank *f;* ~ **de sangre** Blutbank *f*
banda ['baṇda] *f* ① *(cinta)* Band *nt; (franja)* Streifen *m* ② (GEO: *de montaña*) (Hang)seite *f; (de río)* Ufer *nt* ③ *(pandilla)* Bande *f;* ~ **terrorista** Terrororganisation *f* ④ *(de música)* (Musik)kapelle *f; (de música moderna)* Band *f* ⑤ (FIN) ~ **de fluctuación** Bandbreite *f* ⑥ *(billar)* Bande *f* ⑦ *(como insignia)* Schärpe *f* ⑧ *(loc)* ~ **de frecuencia** (RADIO) Frequenzskala *f;* ~ **sonora** (CINE) Soundtrack *m;* **estar fuera de** ~ (DEP) im Aus sein
bandada [baṇ'daða] *f* ① *(de peces)* Schwarm *m* ② *(de personas)* (große) Menge *f*
bandazo [baṇ'daθo] *m* ① (NÁUT) starke Schlingerbewegung *f;* **dar ~s** *(fam)* taumeln ② *(cambio)* plötzlicher Umschwung *m*
bandeado, -a [baṇde'aðo, -a] *adj* gestreift
bandear [baṇde'ar] **I.** *vt* ① *(AmC: perseguir a alguien)* verfolgen; *(herir de gravedad)* schwer verletzen ② *(Arg, Par, Urug: taladrar)* durchbohren ③ *(Arg, Par, Urug: un río)* überqueren **II.** *vr:* **~se** ① *(mecerse)*

schaukeln ② *(en la vida)* sich durchschlagen

bandeja [baṇ'dexa] *f* ① *(para servir)* Tablett *nt; (para el horno)* Backblech *nt;* **pasar la ~** (Geldspenden) sammeln ② *(en la maleta)* Fach *nt; (en muebles)* Schubfach *nt* ③ (INFOR) **~ de entrada (de correos)** Inbox *f*

bandera [baṇ'dera] *f (de una nación)* Fahne *f; (en un barco)* Flagge *f;* **~ azul** Blaue Fahne *(Kennzeichen für Strandqualität);* **estar hasta la ~** zum Brechen voll sein

banderilla [baṇde'riʎa] *f* (TAUR) Banderilla *f;* **poner** [*o* **clavar**] **~s a alguien** *(fig)* jdn reizen

banderín [baṇde'rin] *m* ① *(bandera)* Banner *nt; (triangular)* Wimpel *m;* (DEP) Fähnchen *nt* ② *(persona)* Bannerträger *m*

banderola [baṇde'rola] *f* ① *(como señal)* Wimpel *m* ② (MIL) Stander *m* ③ *(CSur: ventana)* Oberlicht *nt*

bandido, -a [baṇ'diðo, -a] **I.** *adj* ruchlos **II.** *m, f* ① *(criminal)* Verbrecher(in) *m(f)* ② *(persona pilla)* Gauner(in) *m(f)*

bando ['baṇdo] *m* ① *(edicto)* Erlass *m* ② *(proclama)* Bekanntmachung *f* ③ *(partido)* Partei *f* ④ *(de peces)* Schwarm *m*

bandolera [baṇdo'lera] *f* ① *(correa)* Schulterriemen *m* ② *(mujer)* Gangsterbraut *f*

bandolerismo [baṇdole'rismo] *m sin pl* Gangstertum *nt*

bandolero [baṇdo'lero] *m* (Straßen)räuber *m*

bandolina [baṇdo'lina] *f* (MÚS) Mandoline *f*

bandoneón [baṇdone'on] *m* (MÚS) Bandoneon *nt*

bandurria [baṇ'durrja] *f* (MÚS) *zwölfseitiges Zupfinstrument*

Bangladés [baŋgla'des] *m* Bangladesch *nt*

bangladesí [baŋglaðe'si] **I.** *adj* bangalisch **II.** *mf* Bangale, -in *m, f*

banjo ['baŋxo/'bandʒo] *m* (MÚS) Banjo *nt*

banquero, -a [baŋ'kero, -a] *m, f* ① (FIN) Bankier *m* ② *(en juegos de azar)* Bankhalter(in) *m(f)*

banqueta [baŋ'keta] *f* ① *(taburete)* Hocker *m; (para los pies)* Fußschemel *m* ② *(AmC: acera)* Gehsteig *m*

banquete [baŋ'kete] *m* Festessen *nt*

banquillo [baŋ'kiʎo] *m* ① *(banco pequeño)* Bänkchen *nt; (para los pies)* Fußbank *f; (de los acusados)* Anklagebank *f* ② (DEP) Reservebank *f,* Auswechselbank *f*

bañada [ba'ɲaða] *f* ① *(Am: baño)* Bad(en) *nt,* Schwimmen *nt* ② *(de pintura)* Anstrich *m*

bañadera [baɲa'ðera] *f (Am)* Badewanne *f*

bañador [ba'ɲaðor] *m (de mujer)* Badeanzug *m; (de hombre)* Badehose *f*

bañar [ba'ɲar] **I.** *vt* ① *(lavar)* baden ② *(sumergir)* eintauchen ③ *(río)* fließen (durch +*akk*); *(mar)* angrenzen (an +*akk*) ④ *(recubrir)* überziehen (**con/en** mit +*dat*); **bañado en sudor** schweißgebadet ⑤ *(iluminar)* scheinen (auf +*akk*) **II.** *vr:* **~se** ① *(lavarse)* (sich) baden ② *(en el mar)* baden

bañera [ba'ɲera] *f* Badewanne *f*

bañero, -a [ba'ɲero, -a] *m, f* Bademeister(in) *m(f)*

bañista [ba'ɲista] *mf* ① *(en una playa)* Badende(r) *mf* ② *(en un balneario)* Badegast *m*

baño ['baɲo] *m* ① *(acto)* Bad *nt;* **~ de color** Haartönung *f;* **~ de fijación** (FOTO) Fixierbad *nt;* **~ (de) María** (GASTR) Wasserbad *nt;* **~ de sangre** Blutbad *nt* ② *(cuarto)* Bad(ezimmer) *nt;* **ir al ~** auf die Toilette gehen ③ *(capa de pintura)* Anstrich *m; (de chocolate)* Überzug *m* ④ *pl (wellness)* Heilbad *nt;* **~s termales** Thermalbad *nt;* **~ turco** Dampfbad *nt;* **ir a los ~s** eine (Bade)kur machen

baptista [bap'tista] *mf* (REL) Baptist(in) *m(f)*

baptisterio [baptis'terjo] *m* ① *(pila bautismal)* Taufbecken *nt* ② *(lugar)* Taufkapelle *f*

baqueta [ba'keta] *f* ① *(vara)* Gerte *f; (de los picadores)* Reitgerte *f;* **tratar a alguien a la ~** jdn hart anfassen ② (MIL) Ladestock *m* ③ (ARQUIT) Zierleiste *f* ④ *pl (de tambor)* Trommelstöcke *mpl*

baquetear [bakete'ar] *vt* plagen, belästigen

baquiano, -a [ba'kjano, -a] *adj (experto)* sachkundig, versiert (**en** in +*dat*); *(en baquía)* ortskundig

bar [bar] *m* ① *(café)* (Steh)café *nt; (tasca)* Kneipe *f* ② (FÍS) Bar *nt*

baraja [ba'raxa] *f* Kartenspiel *nt;* **una ~ de posibilidades** verschiedene Möglichkeiten

barajar [bara'xar] *vt* ① *(los naipes)* mischen ② *(mezclar)* durcheinanderbringen ③ *(varias posibilidades)* in Betracht ziehen; **se barajan varios nombres** einige Namen sind im Gespräch ④ *(caballo)* zügeln ⑤ *(Am: detener)* verhindern

baranda [ba'raṇda] *f* ① *(de balcón)* Geländer *nt* ② *(de billar)* Bande *f*

barandilla [baraṇ'diʎa] *f* ① *(de balcón)* Geländer *nt* ② *(pasamanos)* Handlauf *m*

B

barata [ba'rata] *f* (ECON: *trueque*) Tausch *m; (usura)* Wuchergeschäft *nt*
baratija [bara'tixa] *f (de poco valor)* wertlose Sache *f; (de poco precio)* Billigware *f;* **~s** Ramsch *m abw*
baratillo [bara'tiʎo] *m* ① *(tienda)* Trödelladen *m* ② *(puesto)* Sonderangebotstisch *m* ③ *(artículo)* Billigware *f*
barato[1] [ba'rato] **I.** *m* ① *(venta)* Ausverkauf *m* ② *(artículos)* Trödelware *f* **II.** *adv* billig
barato, -a[2] [ba'rato, -a] *adj* billig
barba ['barβa] *f* ① *(mentón)* Kinn *nt* ② *(pelos)* Bart *m;* **dejarse ~** sich *dat* einen Bart wachsen lassen; **por ~** pro Nase ③ *(de espiga)* Granne *f* ④ *pl (de peces)* Barte *f* ⑤ *pl (de papel)* ungleichmäßiger Rand *m* ⑥ *pl* (TÉC) Grat *m*
barbacana [barβa'kana] *f* ① *(saetera)* Schießscharte *f* ② *(fortificación)* (Vor)werk *nt*
barbacoa [barβa'koa] *f* ① *(parrilla)* (Brat)rost *m* ② *(carne)* Grillfleisch *nt* ③ *(fiesta)* Grillparty *f*
barbado [bar'βaðo] *m* ① *(plantón)* Setzling *m* ② *(hijuelo)* Spross *m*
Barbados [bar'βaðos] *fpl* Barbados *nt*
barbar [bar'βar] *vi* ① *(hombres)* einen Bart bekommen ② *(plantas)* Wurzeln treiben
barbaridad [barβari'ðaᵈ] *f* ① *(crueldad)* Grausamkeit *f,* Barbarei *f;* **¡qué ~!** wie schrecklich! ② *(temeridad)* Wahnsinn *m* ③ *(disparate)* Unsinn *m* ④ *(fam: cantidad)* (Riesen)menge *f*
barbarie [bar'βarje] *f* Barbarei *f*
barbarismo [barβa'rismo] *m* (LING) Barbarismus *m*
barbarizar [barβari'θar] <z → c> *vi (fig)* Unsinn [*o* dummes Zeug] reden
bárbaro, -a ['barβaro, -a] **I.** *adj* ① *(cruel)* grausam ② *(fam: estupendo)* großartig, toll ③ (HIST) barbarisch **II.** *m, f* ① *(grosero)* brutaler Mensch *m* ② (HIST) Barbar(in) *m(f)*
barbear [barβe'ar] *vt* ① *(afeitar)* rasieren ② *(alcanzar)* (mit dem Kinn) erreichen ③ *(AmC: adular)* schmeicheln *+dat* ④ *(AmC: acariciar)* streicheln
barbecho [bar'βetʃo] *m* Brachfeld *nt;* **estar en ~** brachliegen
barbería [barβe'ria] *f* Herrensalon *m*
barbero [bar'βero] *m* Herrenfriseur *m*
barbilampiño, -a [barβilam'piɲo, -a] **I.** *adj* bartlos **II.** *m, f* Grünschnabel *m*
barbilla [bar'βiʎa] *f* ① *(mentón)* Kinn *nt* ② *(barba)* Kinnbart *m*
barbitúrico [barβi'turiko] *m* Barbiturat *nt*
barbo ['barβo] *m* (ZOOL) Barbe *f*
barbudo, -a [bar'βuðo, -a] *adj* bärtig
barca ['barka] *f* ① *(embarcación)* Kahn *m,* Boot *nt;* **dar un paseo en ~** eine Bootsfahrt machen ② *pl (columpio)* Schiffschaukel *f*
Barça ['barsa] *m* (DEP) **el ~** der F.C. Barcelona
barcaza [bar'kaθa] *f* Leichter *m*
barcelonés, -esa [barθelo'nes, -esa] **I.** *adj* aus Barcelona **II.** *m, f* Einwohner(in) *m(f)* von Barcelona
barco ['barko] *m* Schiff *nt;* **~ cisterna** Tanker *m;* **~ deportivo** Sportboot *nt*
Baréin [ba'rejn] *m* Bahrain *nt*
baremo [ba'remo] *m* ① *(tabla de cuentas)* Rechentafel *f* ② *(cuaderno)* Rechnungsbuch *nt* ③ *(de tarifas)* Tariftabelle *f* ④ *(escala de valores)* Kriterienkatalog *m*
baria ['barja] *f* (FÍS) Bar *nt*
baricentro [bari'θeṇtro] *m* (FÍS) Schwerpunkt *m,* Baryzentrum *nt*
bario ['barjo] *m* (QUÍM) Barium *nt*
barista [ba'rista] *mf* Barista *m,* Baristin *f*
barítono [ba'ritono] *m* (MÚS) Bariton *m*
barlovento [barlo'βeṇto] *m* (NÁUT) Windseite *f;* **ganar el ~** *(fig)* jdn in den Schatten stellen
barman ['barman] *m* <bármanes> Barkeeper *m*
Barna ['barna] *abr de* **Barcelona** Barcelona *nt*
barniz [bar'niθ] *m* ① *(laca)* Lack *m; (para madera)* Firnis *m* ② *(para loza)* Glasur *f* ③ *(afeite)* Schminke *f*
barnizado [barni'θaðo] *m (efecto)* Lackierung *f; (acción)* Lackieren *nt*
barnizar [barni'θar] <z → c> *vt* ① *(pintar)* lackieren; *(madera)* firnissen ② *(loza)* glasieren
barométrico, -a [baro'metriko, -a] *adj* (METEO) barometrisch; **altura barométrica** Barometerstand *m*
barómetro [ba'rometro] *m* Barometer *nt*
barón, -onesa [ba'ron, baro'nesa] *m, f* ① *(título)* Baron(in) *m(f)* ② *(en una asociación)* Boss *m*
barquero, -a [bar'kero, -a] *m, f (en un bote)* Ruderer, -in *m, f; (en una barca de pasaje)* Fährmann, -frau *m, f*
barquilla [bar'kiʎa] *f* ① *(barca)* kleiner Kahn *m* ② *(de un globo)* Gondel *f* ③ (NÁUT) Log *nt* ④ *(AmC: galleta)* (Eis)waffel *f*
barquillo [bar'kiʎo] *m* (Eis)waffel *f*
barra ['barra] *f* ① *(pieza larga)* Stange *f;* **~s asimétricas** (DEP) Stufenbarren *m;* **~ de ejercicios** (DEP) Schwebebalken *m;* **~ fija** (DEP) Reck *nt;* **~ de labios** Lippenstift *m;* **~s paralelas** (DEP) Barren *m;* **~ de equilibrio** (DEP) Schwebebalken *m;* **~ de pesas** Langhantel *f* ② *(de pan)* Baguette *f o nt;*

(de chocolate) Tafel *f* ❸ *(en un bar)* Theke *f;* ~ **americana** intimes Nachtlokal ❹ *(raya)* Querstreifen *m; (signo gráfico)* Schrägstrich *m;* (MÚS) Taktstrich *m* ❺ *(de metales nobles)* Barren *m* ❻ *(barrera)* Schranke *f* ❼ *(palanca)* Hebebaum *m* ❽ *(bajío estrecho)* Sandbank *f* ❾ (INFOR) ~ **de comandos** Befehlsleiste *f;* ~ **de desplazamiento** Scrollbalken *m,* Bildlaufleiste *f;* ~ **de inversa** Backslash *m;* ~ **progreso** Fortschrittsbalken *m;* ~ **de tareas** Taskleiste *f;* ~ **espaciadora** Leertaste *f* ❿ *(Am: de abogados)* Anwaltskammer *f* ⓫ *(AmS: público)* Auditorium *nt*

barrabasada [barraβa'saða] *f* Streich *m*

barraca [ba'rraka] *f* ❶ *(vivienda provisional)* Baracke *f* ❷ *(chabola)* Hütte *f* ❸ *(reg: vivienda rústica)* (mit Schilfrohr gedecktes) Bauernhaus *nt* ❹ *(Am:* MIL) Kaserne *f* ❺ *(Am: almacén)* Lager *nt* ❻ *(barracón)* Bude *f*

barracón [barra'kon] *m* Baracke *f; (en la feria)* (Jahrmarkts)bude *f*

barracuda [barra'kuða] *f* (ZOOL) Barrakuda *m*

barrado, -a [ba'rraðo, -a] *adj* gestreift

barranco [ba'rraŋko] *m* ❶ *(precipicio)* Abgrund *m; (despeñadero)* Schlucht *f* ❷ *(cauce)* Bachbett *nt* ❸ *(dificultad)* Schwierigkeit *f*

barredera [barre'ðera] *f* (Straßen)kehrmaschine *f*

barredero[1] [barre'ðero] *m* Handfeger *m*

barredero, -a[2] [barre'ðero, -a] *adj* Schlepp-; **red barredera** Schleppnetz *nt*

barredor(a) [barre'ðor(a)] *m(f)* Straßenkehrer(in) *m(f)*

barreminas [barre'minas] *m inv* (MIL) Minensuchboot *nt*

barrena [ba'rrena] *f* ❶ *(taladrador)* Bohrer *m* ❷ (AERO) Trudeln *nt*

barrenado, -a [barre'naðo, -a] *adj (fam)* verrückt, übergeschnappt; **estar** ~ übergeschnappt sein, nicht mehr alle Tassen im Schrank haben

barrenar [barre'nar] *vt* ❶ *(perforar)* (durch)bohren ❷ *(planes)* durchkreuzen; *(leyes)* missachten

barrendero, -a [barren̩'dero, -a] *m, f* Straßenkehrer(in) *m(f)*

barreno [ba'rreno] *m* ❶ *(barrena grande)* Bohrhammer *m* ❷ *(perforación)* Bohrloch *nt; (lleno de pólvora)* Sprengloch *nt* ❸ *(obsesión)* Zwangsvorstellung *f*

barreño [ba'rreɲo] *m* Waschtrog *m*

barrer [ba'rrer] *vt* ❶ *(habitación)* kehren; ~ **para dentro** auf seinen eigenen Vorteil bedacht sein ❷ *(luz de un foco)* (hinweg)gleiten (über +*akk*) ❸ *(un obstáculo)* beseitigen ❹ *(fam: derrotar)* haushoch schlagen

barrera [ba'rrera] *f* ❶ *(barra)* Schranke *f; (en la frontera)* Schlagbaum *m;* ~ **comercial** Handelsschranke *f;* ~ **lingüística** Sprachbarriere *f;* ~ **del sonido** Schallmauer *f* ❷ *(valla)* Absperrung *f* ❸ (DEP) Mauer *f* ❹ (TAUR) erste Sitzreihe *f*

B

barrero [ba'rrero] *m* ❶ *(alfarero)* Töpfer *m* ❷ *(barrizal)* Lehmgrube *f*

barriada [ba'rrjaða] *f* ❶ *(barrio)* (Stadt)viertel *nt* ❷ *(Am: barrio pobre)* Elendsviertel *nt;* ~ **de chabolas** Elendsviertel *nt,* Slum *m*

barrica [ba'rrika] *f* kleines Fass *nt*

barricada [barri'kaða] *f* Barrikade *f*

barriga [ba'rriɣa] *f* ❶ *(vientre)* Bauch *m;* **rascarse la** ~ faulenzen ❷ *(de una vasija)* Wölbung *f* ❸ *(de una pared)* Ausbuchtung *f*

barrigón[1] [barri'ɣon] *m* dicker Bauch *m*

barrigón, -ona[2] [barri'ɣon, -ona] **I.** *adj* dickbäuchig **II.** *m, f* Dicke(r) *mf*

barrigudo, -a [barri'ɣuðo, -a] *adj o m, f v.* **barrigón**[2]

barril [ba'rril] *m* ❶ *(cuba)* Fass *nt;* **cerveza de** ~ Fassbier *nt* ❷ *(unidad de medida)* Barrel *nt* ❸ *(Am: cometa)* Drachen *m*

barrila [ba'rrila] *f (reg)* bauchiger Krug *m*

barrilete [barri'lete] *m* ❶ *(barril pequeño)* Fässchen *nt* ❷ *(que usan los carpinteros)* Zwinge *f* ❸ *(en un revolver)* Trommel *f* ❹ *(Am: cometa)* Drachen *m*

barrillo [ba'rriʎo] *m* Pickel *m*

barrio ['barrjo] *m* ❶ *(zona de una ciudad)* (Stadt)viertel *nt;* ~ **chino** Rotlichtviertel *nt;* ~ **comercial** Einkaufsviertel *nt;* **irse al otro** ~ *(fam fig)* abkratzen ❷ *(arrabal)* Vorstadt *f*

barriobajero, -a [barrjoβa'xero, -a] *adj* ❶ *(de un barrio bajo)* aus einem Arbeiterviertel; *(en un barrio bajo)* in einem Arbeiterviertel ❷ *(común)* gewöhnlich ❸ *(vulgar)* vulgär

barrita *f* ~ **de cereales** [*o* **muesli**] Müsliriegel *m;* ~ **energética** Energieriegel *m,* Power-Riegel *m*

barrita [ba'rrita] *f* Riegel *m;* ~ **de chocolate** Schokoriegel *m;* ~ **de muesli** Müsliriegel *m*

barritar [barri'tar] *vi (elefante)* trompeten

barrizal [barri'θal] *m* Sumpf *m*

barro ['barro] *m* ❶ *(lodo)* Schlamm *m* ❷ *(arcilla)* (Töpfer)ton *m;* **de** ~ irden ❸ *(granito)* Pickel *m*

barroco [ba'rroko] *m sin pl* Barock *m o nt*

barroso, -a [ba'rroso, -a] *adj* ❶ *(lodoso)* schlammig ❷ *(granuloso)* pickelig

barrote [ba'rrote] *m* ❶ *(barra)* (Ei-

B

sen)stange *f;* **entre ~s** *(fam)* hinter Gittern ② *(para reforzar)* Querlatte *f*

barruntar(se) [barruṇ'tar(se)] *vt, vr* ahnen

barrunte [ba'rruṇte] *m* Hinweis *m,* (An)zeichen *nt*

barrunto [ba'rruṇto] *m* ① *(conjetura)* (Vor)ahnung *f; (sospecha)* Verdacht *m* ② *(indicio)* (An)zeichen *nt*

bartola [bar'tola] *f (fam)* **tumbarse a la ~** sich auf die faule Haut legen; **tomarse algo a la ~** etw auf die leichte Schulter nehmen

bártulos ['bartulos] *mpl* (Sieben)sachen *fpl*

barullo [ba'ruʎo] *m (fam)* ① *(ruido)* Krach *m* ② *(desorden)* Durcheinander *nt; (ruidoso)* Tumult *m*

basa ['basa] *f* ① *(de una columna)* Sockel *m* ② *(base)* Basis *f*

basalto [ba'saḷto] *m* Basalt *m*

basamento [basa'meṇto] *m (de una columna)* Sockel *m; (de una casa)* Fundament *nt*

basar [ba'sar] **I.** *vt* ① *(asentar)* aufstellen (**sobre** auf *+dat*) ② *(fundar)* stützen (**sobre/en** auf *+dat*) **II.** *vr:* **~se** *(teoría)* basieren (**en** auf *+dat*); *(persona)* sich stützen (**en** auf *+akk*)

basca ['baska] *f* ① (MED: *espasmo*) Übelkeit *f;* **tener ~s** Brechreiz haben ② *(fam: arrebato)* Wutanfall *m* ③ *(en animales)* Tollwut *f* ④ *(fam: gentío)* Haufen *m*

bascosidad [baskosi'ðaᵈ] *f* ① *(suciedad)* Schmutz *m* ② *(Ecua: insulto)* Schimpfwort *nt*

bascoso, -a [bas'koso, -a] *adj* ① (MED) Übelkeit verspürend ② *(Col, Ecua: nauseabundo)* Ekel erregend ③ *(Col, Ecua: indigno)* gemein ④ *(Col, Ecua: obsceno)* obszön

báscula ['baskula] *f* ① *(para medir pesos)* (Schnell)waage *f* ② *(en una fortificación)* Hebebaum *m*

bascular [basku'lar] *vi* ① *(inclinarse)* kippen ② *(oscilar)* schwingen

base ['base] *f* ① *(lo fundamental)* Grundlage *f;* **~ de datos** (INFOR) Datenbank *f;* **a ~ de bien** *(fam)* sehr gut; **elaborado a ~ de algo** mit etw *dat* hergestellt; **partir de la ~ de que ..** davon ausgehen, dass … ② (ARQUIT) Unterbau *m* ③ (POL) Basis *f* ④ (MAT) Grundzahl *f; (superficie)* Grundfläche *f; (línea)* Grundlinie *f* ⑤ (MIL) Stützpunkt *m* ⑥ (QUÍM) Base *f* ⑦ (DEP: *béisbol*) Mal *nt*

básico, -a ['basiko, -a] *adj* ① *(fundamental)* grundlegend ② (QUÍM) basisch

Basilea [basi'lea] *f* Basel *nt*

basílica [ba'silika] *f* Basilika *f*

basilisco [basi'lisko] *m (Am:* ZOOL) Leguan *m*

basket ['baskeᵗ] *m sin pl* Basketball *m*

básquet(bol) ['basket(βol)] *m sin pl* Basketball *m*

basta ['basta] *f* ① *(hilván)* Heftstich *m; (línea)* Heftnaht *f* ② *(Am: bastilla)* Saum *m*

bastante [bas'taṇte] **I.** *adj* genügend (**para** für *+akk,* um zu *+inf*)*;* **tengo ~ frío** mir ist ziemlich kalt **II.** *adv (suficientemente)* genug; *(considerablemente)* ziemlich; **con esto tengo ~** das genügt mir

bastanteo [bastaṇ'teo] *m* (FIN) **~ de poderes** Überprüfung *f* von Vollmachten

bastar [bas'tar] **I.** *vi* genügen; **¡basta!** genug! **II.** *vr* **~se** (**uno**) **solo** alleine zurechtkommen

bastardilla [bastar'ðiʎa] *f* (TIPO) Kursivschrift *f*

bastardo, -a [bas'tarðo, -a] **I.** *adj* ① *(hijo)* unehelich ② (BOT) hybrid ③ *(vil)* schändlich **II.** *m, f* Bastard *m*

bastear [baste'ar] *vt* heften

bastidor [basti'ðor] *m* ① (TÉC) Gestell *nt; (de coche)* Fahrgestell *nt* ② *(de puerta)* Türrahmen *m; (de ventana)* Fensterrahmen *m* ③ (TEAT) Kulisse *f;* **entre ~es** hinter den Kulissen

bastilla [bas'tiʎa] *f* Saum *m*

bastimento [basti'meṇto] *m* ① *(provisión)* Proviant *m* ② *(embarcación)* Schiff *nt*

bastión [bas'tjon] *m* Bollwerk *nt*

basto, -a ['basto, -a] *adj* ① *(grosero)* grob; *(vulgar)* vulgär ② *(superficie)* rau ③ *(mal hecho)* minderwertig

bastón [bas'ton] *m* ① *(para andar)* Spazierstock *m; (para esquiar)* Skistock *m* ② *(de mando)* Stab *m;* **empuñar el ~** das Kommando übernehmen

bastonazo [basto'naθo] *m* Stockschlag *m*

bastoncillo [bastoṇ'θiʎo] *m dim de* **bastón** Stäbchen *nt;* **~s de algodón** Wattestäbchen *ntpl*

bastonear [bastone'ar] *vt* prügeln

bastonero[1] [basto'nero] *m (Ven: chulo)* Zuhälter *m; (granuja)* Gauner *m*

bastonero, -a[2] [basto'nero, -a] *m, f (maestro de ceremonias)* Zeremonienmeister(in) *m(f)*

bastos ['bastos] *mpl spanische Spielkartenfarbe;* **as de ~** ≈ Kreuzass *nt;* **pintar ~** *(fam fig)* in Schwierigkeiten stecken

basura [ba'sura] *f* ① *(desperdicios)* Abfall *m;* **~ del hogar** Hausmüll *m;* **~ orgánica** Biomüll *m;* **echar algo a la ~** etw wegwerfen ② *(lo despreciable)* Schund *m*

basural [basu'ral] *m (Am)* Mülldeponie *f*

basurero[1] [basu'rero] *m* ❶ *(vertedero)* Mülldeponie *f* ❷ *(recipiente)* Mülleimer *m*

basurero, -a[2] [basu'rero, -a] *m, f* Müllwerker(in) *m(f)*

basurita [basu'rita] *f (Am: partícula)* ≈ Schmutzpartikel oder anderer Fremdkörper im Auge

bata ['bata] *f* ❶ *(albornoz)* Morgenrock *m* ❷ *(guardapolvos)* Kittel *m* ❸ *(vestido)* Kleid *nt* ❹ *(quirúrgica)* OP-Mantel *m*

batacazo [bata'kaθo] *m* ❶ *(golpe)* Bums *m fam* ❷ *(caída)* Sturz *m;* **se pegó un ~** *(fam)* er/sie ist auf die Nase gefallen ❸ *(CSur: golpe de suerte)* Glückstreffer *m*

bataclán [bata'klan] *m (Am)* Stripteasevorführung *f*

batalla [ba'taʎa] *f* ❶ (MIL: *episodio bélico*) Schlacht *f; (combate)* Gefecht *nt;* **~ campal** Feldschlacht *f; (fig)* heftige Auseinandersetzung ❷ *(lucha interior)* Kampf *m* ❸ (AUTO) Achsabstand *m*

batallar [bata'ʎar] *vi* ❶ *(con armas)* kämpfen ❷ *(disputar)* streiten

batallita [bata'ʎita] *f* Anekdote *f*

batallón [bata'ʎon] *m* ❶ (MIL) Bataillon *nt* ❷ *(fam: grupo)* Horde *f*

batán [ba'tan] *m* ❶ *(máquina)* Walke *f* ❷ *(Am: piedra lisa)* Mühlstein *m* ❸ *(Chil: tintorería)* Färberei *f*

batanear [batane'ar] *vt* schlagen

batata [ba'tata] **I.** *adj (CSur: tímido)* kleinmütig **II.** *f* ❶ *(planta)* Batate *f* ❷ *(tubérculo)* Süßkartoffel *f* ❸ *(CSur: susto)* Schreck(en) *m* ❹ *(CSur: vergüenza)* Scham *f* ❺ *(Am)* **~ de la pierna** Wade *f*

batazo [ba'taθo] *m* (DEP: *béisbol*) Schlag *m* (mit dem Baseballschläger)

bate ['bate] *m* (DEP) Schlagholz *nt;* **~ de béisbol** Baseballschläger *m*

batea [ba'tea] *f (bandeja)* Tablett *nt*

bateador(a) [batea'ðor(a)] *m(f)* (DEP) Schläger(in) *m(f)*

batear [bate'ar] *vt* (DEP) (mit dem Schlagholz) schlagen

batería[1] [bate'ria] *f* ❶ (*t.* TÉC) Batterie *f;* **~ de cocina** (Koch)topf-Set *nt;* **~ solar** Solarzelle *f;* **aparcar en ~** quer parken ❷ (TEAT) Rampenlicht *nt* ❸ (MÚS) Schlagzeug *nt*

batería[2] [bate'ria] *mf,* **baterista** [bate'rista] *mf* Schlagzeuger(in) *m(f)*

batiborrillo [batiβo'riʎo] *m* ❶ *(mezcla)* Mischmasch *m* ❷ *(desorden)* Durcheinander *nt*

batida [ba'tiða] *f* ❶ *(de los cazadores)* Treibjagd *f* ❷ *(de la policía)* Razzia *f* ❸ *(Am: paliza)* Prügel *mpl,* Schläge *mpl*

batido [ba'tiðo] *m* ❶ *(bebida)* Mixgetränk *nt;* **~ de fresa** Erdbeershake *m;* **~ de fruta** Fruchtshake *m* ❷ *(masa)* Teig *m* ❸ *(de huevos)* geschlagene Eier *ntpl; (de claras)* Eischnee *m*

batidor [bati'ðor] *m* ❶ *(instrumento)* Schneebesen *m* ❷ *(en la caza)* Treiber *m* ❸ *(explorador)* Späher *m* ❹ *(peine)* großzinkiger Kamm *m* ❺ *(Arg: soplón)* Verräter(in) *m(f)*

batidora [bati'ðora] *f* Mixer *m;* **~ de mano** Handrührgerät *nt;* **~ de pie** Pürierstab *m*

batiente [ba'tjen̩te] **I.** *adj* schlagend **II.** *m* ❶ *(de ventanas)* Leiste *f; (de puertas)* (Tür)pfosten *m* ❷ *(hoja de puerta)* (Tür)flügel *m; (hoja de ventana)* (Fenster)flügel *m* ❸ (MÚS) Dämpfer *m* ❹ *(roca)* Klippe *f; (dique)* Wellenbrecher *m*

batifondo [bati'fon̩do] *m (CSur: fam: alboroto)* Krach *m; (disturbio)* Aufruhr *m; (zozobra)* Aufregung *f*

batik [ba'tik] *m sin pl* Batik *m o f*

batín [ba'tin] *m* Morgenrock *m (für Männer)*

batir [ba'tir] **I.** *vt* ❶ *(golpear)* schlagen; **~ palmas** (Beifall) klatschen ❷ *(viento)* stürmen (gegen +*akk*); *(olas)* branden (an/gegen +*akk*); *(lluvia)* prasseln (auf/an/gegen +*akk*) ❸ *(metal)* schmieden ❹ *(moneda)* prägen ❺ *(casa)* niederreißen ❻ *(toldo)* abbauen ❼ *(privilegio)* abschaffen ❽ *(enemigo)* schlagen; **~ un récord** einen Rekord brechen ❾ (MIL) unter Feuer nehmen ❿ *(un terreno)* erkunden; *(en busca de algo/alguien)* durchkämmen ⓫ *(CSur: denunciar)* denunzieren ⓬ *(Am: aclarar)* ausspülen **II.** *vr:* **~se** ❶ *(combatir)* kämpfen ❷ *(en duelo)* sich schlagen

batiscafo [batis'kafo] *m* Bathyskaph *m*

batista [ba'tista] *f* Batist *m*

bato[1] ['bato] *m* Tölpel *m*

bato, -a[2] ['bato, -a] *m, f (argot)* Alte(r) *f(m)*

batracio [ba'traθjo] *m* Froschlurch *m*

baturrillo [batu'riʎo] *m* Mischmasch *m*

baturro, -a [ba'turro, -a] **I.** *adj* ❶ *(testarudo)* dickköpfig ❷ *(aragonés)* aragonisch **II.** *m, f* ❶ *(aragonés)* aragonischer Bauer, aragonische Bäuerin *m, f* ❷ *(persona tosca)* ungehobelte Person *f*

batuta [ba'tuta] *f* (MÚS) Taktstock *m;* **llevar la ~** *(fam fig)* den Ton angeben

baúl [ba'ul] *m* ❶ *(mueble)* Truhe *f;* **~ de viaje** Schrankkoffer *m* ❷ *(Am: portamaletas)* Kofferraum *m* ❸ *(fam: vientre)* Wanst *m*

bausán, -ana [bau̯'san, -ana] **I.** *adj* ❶ *(tonto)* dumm ❷ *(Am: perezoso)* faul **II.** *m, f* Strohpuppe *f*

B

bautismal [bau̯tis'mal] *adj* Tauf-; **pila ~** Taufbecken *nt*
bautismo [bau̯'tismo] *m* Taufe *f;* **~ de sangre** Märtyrertod *m*
bautista [bau̯'tista] *mf* Baptist(in) *m(f);* **San Juan B~** Johannes der Täufer
bautizar [bau̯ti'θar] <z → c> *vt* ① (REL) taufen ② *(fam: mojar)* bespritzen ③ *(fam: leche)* verwässern; **~ el vino** Wein panschen
bautizo [bau̯'tiθo] *m* Taufe *f; (ceremonia)* Taufakt *m; (fiesta)* Tauffeier *f*
bauxita [bau̯ˠ'sita] *f* Bauxit *m*
bávaro, -a ['baβaro, -a] **I.** *adj* bay(e)risch **II.** *m, f* Bayer(in) *m(f)*
Baviera [ba'βjera] *f* Bayern *nt*
baya ['baɟa] *f* (BOT) Beere *f*
bayeta [ba'ɟeta] *f* ① *(tela de lana)* grober Flanell *m* ② *(para fregar)* Scheuerlappen *m,* Putzlappen *m*
bayoneta [baɟo'neta] *f* Bajonett *nt*
baza ['baθa] *f* ① *(naipes)* Stich *m;* **meter ~** *(fam)* sich einmischen (**en** in +*akk*) ② *(provecho)* Nutzen *m;* **sacar ~ de algo** seinen Vorteil aus etw *dat* ziehen
bazar [ba'θar] *m* ① *(mercado)* Basar *m* ② *(gran almacén)* Warenhaus *nt*
bazo ['baθo] *m* (ANAT) Milz *f*
bazofia [ba'θofja] *f* ① *(restos de comida)* Speisereste *mpl* ② *(comida)* Fraß *m fam abw* ③ *(cosa)* Schund *m*
bazuca [ba'θuka] *f* Bazooka *f*
bazucar [baθu'kar] <c → qu> *vt* schütteln
be [be] **I.** *interj* mäh! **II.** *f* B *nt*
beata [be'ata] *f* ① (REL) Laienschwester *f* ② *(pey: mujer devota)* Betschwester *f* ③ (HIST: *fam: moneda)* Pesete *f*
beatificación [beatifika'θjon] *f* Seligsprechung *f*
beatificar [beatifi'kar] <c → qu> *vt* seligsprechen
beato, -a [be'ato, -a] **I.** *adj* ① *(elev: feliz)* glücklich ② *(beatificado)* selig ③ *(piadoso)* fromm **II.** *m, f* ① *(persona beatificada)* Selige(r) *mf* ② *(exageradamente devota)* Frömmler(in) *m(f)*
bebe, -a ['beβe, -a] *m, f (Am)* Baby *nt*
bebé [be'βe] *m* Baby *nt;* **~ prematuro** Frühchen *nt*
bebedera [beβe'ðera] *f (Méx)* Besäufnis *f o nt*
bebedero [beβe'dero] *m* ① *(para animales)* Tränke *f; (para animales domésticos)* Trinkschale *f* ② *(de jarro)* Schnabel *m*
bebedizo [beβe'ðiθo] *m (medicinal)* Heiltrunk *m; (enamoradizo)* Liebestrank *m*
bebedor(a) [beβe'ðor(a)] **I.** *adj* trinkfreudig **II.** *m(f)* Trinker(in) *m(f)*
bebé probeta [be'βe pro'βeta] *m* <bebés probeta> Retortenbaby *nt*
beber [be'βer] **I.** *vi, vt* ① *(líquido)* trinken; **~ de la botella** aus der Flasche trinken ② *(información)* begierig aufnehmen **II.** *vr:* **~se** trinken; *(completamente)* austrinken; **bebérselo todo** ganz austrinken
bebible [be'βiβle] *adj* trinkbar
bebida [be'βiða] *f* ① *(lo que se bebe)* Getränk *nt;* **~ energética** Energiedrink *m* ② *(el beber alcohol)* Trinken *nt; (como vicio)* Trunksucht *f;* **darse a la ~** dem Alkohol verfallen
bebido, -a [be'βiðo, -a] *adj* angetrunken
bebienda [be'βjen̪da] *f (fam)* Getränk *nt*
beca ['beka] *f* ① *(de estudios)* Stipendium *nt;* **conceder una ~ a alguien** jdm ein Stipendium gewähren ② *(de capa)* Kapuze *f*
becada [be'kaða] *f* (ZOOL) Waldschnepfe *f*
becado, -a [be'kaðo, -a] *m, f v.* **becario**
becar [be'kar] <c → qu> *vt* ein Stipendium gewähren +*dat*
becario, -a [be'karjo, -a] *m, f* Stipendiat(in) *m(f)*
becerro[1] [be'θerro] *m* Kalb(s)leder *nt*
becerro, -a[2] [be'θerro, -a] *m, f* Kalb *nt;* **el ~ de oro** das Goldene Kalb
bechamel [betʃa'mel] *f* Béchamelsoße *f*
bedel(a) [be'ðel(a)] *m(f)* Hausmeister(in) *m(f)*
beduino, -a [be'ðwino, -a] **I.** *adj* beduinisch **II.** *m, f* Beduine, -in *m, f*
befa ['befa] *f* Spott *m,* Hohn *m;* **hacer ~ de alguien/algo** seinen Spott mit jdm/etw treiben, jdn/etw verspotten, sich über jdn/etw lustig machen
befar [be'far] **I.** *vt (elev)* verspotten **II.** *vr:* **~se** *(elev)* sich lustig machen (**de** über +*akk*), spotten (**de** über +*akk*)
befo[1] ['befo] *m* Unterlippe *f (des Pferdes)*
befo, -a[2] ['befo, -a] *adj* ① *(belfo)* dicklippig ② *(zambo)* krummbeinig
begonia [be'ɣonja] *f* (BOT) Begonie *f*
beicon ['bei̯kon] *m* Bacon *m,* Schinkenspeck *m,* (geräucherter) Speck *m*
beis [bei̯s] **I.** *adj* beige **II.** *m* Beige *nt*
béisbol ['beisβol] *m sin pl* (DEP) Baseball *m*
bejuco [be'xuko] *m* Liane *f*
Belcebú [bel̪θe'βu] *m* Beelzebub *m*
beldad [bel'daᵈ] *f (elev)* Schönheit *f*
belén [be'len] *m* ① *(nacimiento)* (Weihnachts)krippe *f* ② *(fam: confusión)* Durcheinander *nt*
Belén [be'len] *m* Bethlehem *nt*
belfo ['belfo] *m* ① *(de animales)* Unterlippe *f; (de perros)* Lefze *f* ② *(de personas)* dicke Unterlippe *f*

belga ['belɣa] **I.** *adj* belgisch **II.** *mf* Belgier(in) *m(f)*
Bélgica ['belxika] *f* Belgien *nt*
Belgrado [bel'ɣraðo] *m* Belgrad *nt*
Belice [be'liθe] *m* Belize *nt*
belicismo [beli'θismo] *m* kriegerische Gesinnung *f*
belicista [beli'θista] **I.** *adj* kriegshetzerisch **II.** *mf* Kriegstreiber(in) *m(f)*
bélico, -a ['beliko, -a] *adj* kriegerisch
belicoso, -a [beli'koso, -a] *adj (población)* kriegerisch; *(persona)* kampflustig
beligerancia [belixe'ran̦θja] *f* Kriegszustand *m*
beligerante [belixe'ran̦te] **I.** *adj* Krieg führend; **actitud ~** aggressive Haltung **II.** *mf* Kriegführende(r) *mf*
bellaco, -a [be'ʎako, -a] **I.** *adj* gemein **II.** *m, f* Schurke, -in *m, f*
belladona [beʎa'ðona] *f* (BOT) Tollkirsche *f*, Belladonna *f*
bellaquear [beʎake'ar] *vi* ❶ *(persona)* betrügen ❷ *(Am: caballo)* sich bäumen
bellaquería [beʎake'ria] *f* ❶ *(acción)* Gaunerei *f* ❷ *(cualidad)* Gemeinheit *f*
belleza [be'ʎeθa] *f* Schönheit *f*
bello, -a ['beʎo, -a] *adj* schön; *(de forma)* wohlgeformt
bellota [be'ʎota] *f* ❶ *(fruto)* Eichel *f* ❷ *(capullo)* Nelkenknospe *f*
bellotero, -a [beʎo'tero, -a] *m, f* Eichelsammler(in) *m(f)*
bemba ['bemba] *f (Am: pey)* dicklippiger Mund *m*
bembo, -a ['bembo, -a] *adj (Am)* dumm
bemol [be'mol] **I.** *adj* (MÚS) vermindert **II.** *m* (MÚS) Erniedrigungszeichen *nt*
benceno [ben̦'θeno] *m* (QUÍM) Benzol *nt*
bencina [ben̦'θina] *f* Benzin *nt*
bendecir [ben̦de'θir] *vt irr como decir* ❶ *(sacerdote)* segnen; **~ la mesa** das Tischgebet sprechen ❷ *(alabar)* loben ❸ *(consagrar)* weihen ❹ *(una cosa)* absegnen
bendición [ben̦di'θjon] *f* ❶ *(acto)* (Ein)segnung *f*; *(palabras)* Segensspruch *m* ❷ *(efecto)* Segen *m* ❸ *(cosa magnífica)* Wohltat *f* ❹ *pl (casamiento)* kirchliche Trauung *f*
bendito, -a [ben̦'dito, -a] **I.** *adj* ❶ (REL) gesegnet; *(agua)* geweiht; *(santo)* heilig; **¡~ sea!** *(fam)* verflixt noch mal! ❷ *(dichoso)* (glück)selig ❸ *(simple)* einfältig **II.** *m, f* (gutmütiger) Trottel *m*
benedicite [beneði'θite] *m*, **benedícite** [bene'ðiθite] *m* (REL) Tischgebet *nt*
benedictino, -a [beneðik'tino, -a] **I.** *adj* (REL) Benediktiner- **II.** *m, f* (REL) Benediktiner(in) *m(f)*
benefactor(a) [benefak'tor(a)] **I.** *adj* wohltätig **II.** *m(f)* Wohltäter(in) *m(f)*
beneficencia [benefi'θen̦θja] *f* ❶ *(organización)* Wohlfahrtspflege *f* ❷ *(virtud)* Wohltätigkeit *f*
beneficiado, -a [benefi'θjaðo, -a] **I.** *adj* begünstigt **II.** *m, f* Begünstigte(r) *mf*
beneficiar [benefi'θjar] **I.** *vt* ❶ *(favorecer)* zustattenkommen +*dat*, nützen +*dat* ❷ *(tierra)* bebauen ❸ *(mina)* abbauen ❹ *(mineral)* aufbereiten ❺ *(Am: animal)* (für den Verkauf) schlachten **II.** *vr:* **~se** ❶ *(sacar provecho)* Nutzen ziehen (**de/con** aus +*dat*) ❷ *(pey: enriquecerse)* sich bereichern (**de/con** an +*dat*)
beneficiario, -a [benefi'θjarjo, -a] *m, f* Nutznießer(in) *m(f)*; *(de una letra de crédito)* Begünstigte(r) *mf*; **~ de la pensión** Rentenbezieher *m*
beneficio [bene'fiθjo] *m* ❶ *(bien)* Wohltat *f* ❷ *(provecho)* Nutzen *m*; **a ~ de** zugunsten +*gen* ❸ (FIN) Gewinn *m* ❹ *(cargo eclesiástico)* Pfründe *f* ❺ *(espectáculo)* Benefizveranstaltung *f* ❻ *(Am: matanza)* Schlachten *nt*
beneficioso, -a [benefi'θjoso, -a] *adj* ❶ *(favorable)* vorteilhaft ❷ *(útil)* nützlich ❸ *(productivo)* einträglich
benéfico, -a [be'nefiko, -a] *adj* ❶ *(que hace bien)* wohltuend ❷ *(caritativo)* wohltätig
beneplácito [bene'plaθito] *m* ❶ *(permiso)* Genehmigung *f* ❷ *(consentimiento)* Zustimmung *f*
benevolencia [beneβo'len̦θja] *f* Wohlwollen *nt*; **con ~** wohlwollend
benévolo, -a [be'neβolo, -a] *adj* ❶ *(favorable)* wohlgesinnt ❷ *(clemente)* nachsichtig
bengala [beŋ'gala] *f* Leuchtrakete *f*; *(pequeña)* Wunderkerze *f*
benignidad [beniɣniða^{ð}] *f* ❶ *(de una persona)* Güte *f* ❷ *(del clima)* Milde *f*
benigno, -a [be'niɣno, -a] *adj* ❶ *(persona)* gütig (**con** zu +*dat*) ❷ *(clima)* mild ❸ (MED) gutartig
Benín [be'nin] *m* Benin *nt*
benjamín[1] [beŋxa'min] *m* Pikkolo *m*
benjamín, -ina[2] [beŋxa'min, -ina] *m, f* ❶ *(hijo menor)* Benjamin *m* ❷ *(de un grupo)* Jüngste(r) *mf*
benzol [ben̦'θol] *m sin pl* (QUÍM) Benzol *nt*
beodo, -a [be'oðo, -a] **I.** *adj* betrunken **II.** *m, f* Trinker(in) *m(f)*
berberecho [berβe'reʧo] *m* Herzmuschel *f*
berberisco, -a [berβe'risko, -a] **I.** *adj* Berber-, berberisch **II.** *m, f* Berber(in) *m(f)*
berbiquí [berβi'ki] *m* Drillbohrer *m*

B

bereber [bere'βer], **beréber** [be'reβer] **I.** *adj* berberisch **II.** *mf* Berber(in) *m(f)*
berebere [bere'βere] *adj* berberisch
berenjena [bereŋ'xena] *f* (BOT) Aubergine *f*
berenjenal [bereŋxe'nal] *m* Auberginenfeld *nt;* **meterse en un ~** *(fig)* sich in die Nesseln setzen
bergamota [berɣa'mota] *f* (BOT) ❶ *(lima)* Bergamotte *f* ❷ *(pera)* Bergamotte(birne) *f*
bergante [ber'ɣan̪te] *m* Gauner *m*
bergantín [ber'ɣan̪te] *m* (NÁUT) Brigg *f*
berilio [be'riljo] *m* (QUÍM) Beryllium *nt*
Berlín [ber'lin] *m* Berlin *nt*
berlina [ber'lina] *f* ❶ *(vehículo)* Limousine *f;* **~ de dos volúmenes** Fließhecklimousine *f* ❷ *(Am: pastel)* Berliner *m*
berlinés, -esa [berli'nes, -esa] **I.** *adj* berlinerisch, Berliner **II.** *m, f* Berliner(in) *m(f)*
bermejo, -a [ber'mexo, -a] *adj* scharlachrot; *(de cabello)* rotblond; *(de animales)* rotbraun
bermellón [berme'ʎon] *m* Zinnober *m*
bermudas [ber'muðas] *mpl* Bermudashorts *pl*
Berna ['berna] *f* Bern *nt*
berrear [berre'ar] *vi* ❶ *(animal)* brüllen; *(oveja)* blöken ❷ *(llorar)* plärren ❸ *(fam: cantar desentonadamente)* grölen ❹ *(chillar)* kreischen
berrido [be'rriðo] *m* ❶ *(de animales)* Brüllen *nt; (de ovejas)* Blöken *nt* ❷ *(lloro)* Plärren *nt* ❸ *(fam: canto desentonado)* Grölen *nt* ❹ *(chillido)* Kreischen *nt*
berrinche [be'rrinʧe] *m (fam)* ❶ *(llorera)* Geplärre *nt* ❷ *(enfado)* Wutanfall *m*
berrinchudo, -a [berrin'ʧuðo, -a] *adj (Am)* jähzornig
berro ['berro] *m* (BOT) (Brunnen)kresse *f*
berza ['berθa] *f* Kohl *m*
berzal [ber'θal] *m* Kohlfeld *nt*
berzas ['berθas] *mf inv (fam)* Flasche *f;* **eres una ~** du bist eine Vollidiotin
berzotas [ber'θotas] *mf inv (fam)* Niete *f*
besamanos [besa'manos] *m inv* ❶ *(recepción)* (königliche) Audienz *f* ❷ *(saludo)* Handkuss *m*
besar [be'sar] **I.** *vt* ❶ *(personas)* küssen ❷ *(fam: objetos)* berühren **II.** *vr:* **~se** ❶ *(personas)* sich küssen ❷ *(tocarse dos objetos)* sich berühren; *(chocar)* aneinanderstoßen
beso ['beso] *m* ❶ *(entre personas)* Kuss *m* ❷ *(entre objetos)* Zusammenstoß *m*
bestia[1] ['bestja] *f* ❶ (ZOOL) Tier *nt* ❷ *(animal salvaje)* Bestie *f*
bestia[2] ['bestja] **I.** *adj* brutal **II.** *mf* ❶ *(persona bruta)* Rohling *m; (grosera)* Rüpel *m* ❷ *(ignorante)* Dummkopf *m*
bestial [bes'tjal] *adj* ❶ *(propio de una bestia)* viehisch ❷ *(muy brutal)* bestialisch ❸ *(fam: muy intensivo)* tierisch; *(muy grande)* riesengroß; *(muy bueno)* (wahnsinnig) toll
bestialidad [bestjali'ðaᵈ] *f* ❶ *(cualidad)* Bestialität *f* ❷ *(crueldad)* Gräueltat *f* ❸ *(fam: gran cantidad)* Unmenge *f*
besucón, -ona [besu'kon, -ona] *adj (fam)* verschmust
besugo [be'suɣo] *m* ❶ (ZOOL) Brasse *f* ❷ *(fam: persona)* Schwachkopf *m*
besuquear [besuke'ar] *vt* (ab)küssen
besuqueo [besu'keo] *m* Knutscherei *f fam*
beta ['beta] *f* Beta *nt;* **la ~ griega** der griechische Buchstabe Beta
betabel [beta'βel] *f (Méx: remolacha)* Rübe *f;* **~ forrajera** Futterrübe *f*
betarraga [beta'rraɣa] *f (Am)* Rote Bete *f*
bético, -a ['betiko, -a] *adj (elev)* andalusisch
betún [be'tun] *m* ❶ (QUÍM) Bitumen *nt* ❷ *(para el calzado)* Schuhcreme *f;* **negro como el ~** pechschwarz
bezo ['beθo] *m* ❶ *(labio abultado)* dicke Lippe *f* ❷ *(de una herida)* wildes Gewebe *nt*
biaba ['bjaβa] *f (Arg, Urug: cachetada)* Ohrfeige *f; (paliza)* Tracht *f* Prügel; **dar la ~** *(pegar)* verprügeln; *(derrotar)* besiegen
bianual [bianu'al] *adj* halbjährlich
biatlón [biaᵈ'lon] *m* (DEP) Biathlon *nt*
biberón [biβe'ron] *m* (Saug)flasche *f*
Biblia ['biβlja] *f* Bibel *f*
bíblico, -a ['biβliko, -a] *adj* biblisch
bibliobús [biβljo'bus] *m* Bücherbus *m*
bibliófilo, -a [bi'βljofilo, -a] *m, f* Bücherliebhaber(in) *m(f)*
bibliografía [biβljoɣra'fia] *f* Bibliografie *f*
bibliográfico, -a [biβljo'ɣrafiko, -a] *adj* bibliografisch
bibliógrafo, -a [bi'βljoɣrafo, -a] *m, f* Bibliograf(in) *m(f)*
biblioteca [biβljo'teka] *f* ❶ *(local)* Bücherei *f;* **~ de consulta** Präsenzbibliothek *f* ❷ *(mueble)* Bücherschrank *m* ❸ *(estantería)* Bücherregal *nt*
bibliotecario, -a [biβljote'karjo, -a] *m, f* Bibliothekar(in) *m(f)*
BIC [bik] *m inv* (FIN) *abr de* **Business Identifier Code** BIC *m*
bicampeón, -ona [bikampe'on, -ona] *m, f* zweifacher Champion *m*
bicarbonatado, -a [bikarβona'taðo, -a] *adj* (QUÍM) Bikarbonat-

bicarbonato [bikarβo'nato] *m* (QUÍM) Bikarbonat *nt;* ~ **sódico** Natron *nt*

bicéfalo, -a [bi'θefalo, -a] *adj* doppelköpfig

bíceps ['biθeβs] *m inv* (ANAT) Bizeps *m*

bicha ['bitʃa] *f* ① *(fam: serpiente)* Schlange *f* ② *(figura)* Fabeltier *nt*

bicharraco [bitʃa'rrako] *m* ① *(pey: bicho)* Vieh(zeug) *nt* ② *(persona)* Scheusal *nt*

bicho ['bitʃo] *m* ① *(animal)* (kleines) Tier *nt* ② (TAUR) (Kampf)stier *m* ③ *(persona)* Kerl *m;* ~ **raro** komischer Kauz; **mal** ~ Aas *nt* ④ *(vulg: pene)* Schwanz *m fam* ⑤ *pl (insectos)* Ungeziefer *nt*

bici ['biθi] *f abr de* **bicicleta** *(fam)* Rad *nt*

bicicleta [biθi'kleta] *f* Fahrrad *nt;* ~ **de carreras** Rennrad *nt;* ~ **estática** Hometrainer *m;* ~ **de montaña** Mountainbike *nt;* ~ **de carretera** Tourenfahrrad *nt;* ~ **eléctrica** Elektrofahrrad *nt;* ~ **de alquiler** Leihfahrrad *nt*

bicicross [biθi'kros] *m sin pl* Mountainbiking *nt*

bicisenda [biθi'sen̪da] *f (Arg)* Fahrradweg *m*

bicoca [bi'koka] *f* ① *(fam: pequeñez)* Lappalie *f* ② *(fam: ganga)* Schnäppchen *nt* ③ *(Am: de eclesiásticos)* (Scheitel)käppchen *nt*

bicolor [biko'lor] *adj* zweifarbig

bidé [bi'ðe] *m* <bidés>, **bidet** [bi'ðe] *m* <bidets> Bidet *nt*

bidimensional [biðimensjo'nal] *adj* zweidimensional

bidireccional [biðireˠθjo'nal] *adj* (INFOR) bidirektional

bidón [bi'ðon] *m* Kanister *m;* ~ **de aceite** Ölkanister *m;* ~ **de basura** Mülltonne *f*

biela [bi'ela] *f* ① (TÉC) Pleuelstange *f* ② *(de la bicicleta)* Tretkurbel *f*

bielda ['bjel̪da] *f* (AGR) ① *(bieldo)* Strohgabel *f* ② *(acción de bieldar)* Worfeln *nt*

bieldo ['bjel̪do] *m (en forma de tenedor)* Heugabel *f; (en forma de rastrillo)* Rechen *m*

Bielorrusia [bjelo'rrusja] *f* Weißrussland *nt*

bielorruso, -a [bjelo'rruso, -a] **I.** *adj* weißrussisch **II.** *m, f* Weißrusse, -in *m, f*

bien ['bjen] **I.** *m* ① *(bienestar)* Wohl *nt* ② *(bondad moral)* Gute(s) *nt* ③ *(provecho)* Nutzen *m* ④ (ECON) Gut *nt* ⑤ *pl (posesiones)* Güter *ntpl; (riqueza)* Vermögen *nt;* ~**es inmuebles** Immobilien *fpl;* ~**es de la tierra** landwirtschaftliche Erzeugnisse **II.** *adv* ① *(de modo conveniente)* gut; *(correctamente)* richtig; **ahora** ~ also; **y** ~ nun; ~ **mirado** eigentlich; **estar** ~ **de salud** gesund sein; **estar (a)** ~ **con alguien** mit jdm auf gutem Fuß stehen; **hacer algo** ~ etw richtig machen; **hacer** ~ **en...** +*inf* gut daran tun, zu ... +*inf;* **¡pórtate** ~**!** benimm dich!; **tener a** ~**...** +*inf* es für richtig halten, zu ... +*inf;* **te está** ~ das geschieht dir recht ② *(con gusto)* wohl; *(agradable)* schön ③ *(seguramente)* sicher ④ *(muy)* sehr; *(bastante)* recht; **es** ~ **fácil** es ist ganz einfach ⑤ *(asentimiento)* einverstanden; **¡está** ~**!** in Ordnung! ⑥ *(loc)* ~ **es verdad que...** es ist wohl wahr, dass ...; ~ **que mal** jedenfalls **III.** *adj* vornehm **IV.** *conj* ① *(aunque)* ~ **que** obschon; **si** ~ obwohl ② *(o... o)* ~**...** ~**...** entweder ... oder ... ③ *(apenas)* **no** ~**... (cuando...)** kaum ... (als ...) **V.** *interj* prima!

bienal [bie'nal] **I.** *adj (durante dos años)* zweijährig; *(cada dos años)* zweijährlich **II.** *f* Biennale *f*

bienandante [bjenan̪'dan̪te] *adj* glücklich

bienandanza [bjenan̪'dan̪θa] *f* Glück *nt*

bienaventurado, -a [bjenaβen̪tu'raðo, -a] **I.** *adj* ① *(afortunado)* (über)glücklich ② (REL) selig ③ *(inocente)* einfältig **II.** *m, f* ① (REL) Selige(r) *mf* ② *(inocente)* Einfaltspinsel *m*

bienaventuranza [bjenaβen̪tu'ran̪θa] *f* ① (REL: *gloria*) Seligkeit *f* ② *(fortuna)* Glück *nt* ③ *pl* (REL: *las ocho*) Seligpreisung *f*

bienestar [bjenes'tar] *m* ① *(estado)* Wohlbefinden *nt* ② *(sentimiento)* Wohlgefühl *nt* ③ *(riqueza)* Wohlstand *m;* **estado del** ~ Wohlfahrtsstaat *m*

bienhablado, -a [bjena'βlaðo, -a] *adj* redegewandt

bienhadado, -a [bjena'ðaðo, -a] *adj* glücklich, vom Glück begünstigt

bienhechor(a) [bjene'tʃor(a)] **I.** *adj* wohltätig **II.** *m(f)* Wohltäter(in) *m(f)*

bienintencionado, -a [bjenin̪ten̪θjo'naðo, -a] *adj* gut gemeint

bienio [bi'enjo] *m* Biennium *nt*

bienmandado, -a [bje^{n}man̪'daðo, -a/ bje^{m}man̪'daðo, -a] *adj (fam)* gehorsam

bienpensante [bjempen'san̪te] **I.** *adj* strenggläubig **II.** *mf* strenggläubiger Mensch *m*

bienquerer [bjeŋke'rer] *irr como querer* **I.** *vt irr* mögen **II.** *m* ① *(afecto)* Zuneigung *f* ② *(buena voluntad)* Wohlwollen *nt*

bienquisto, -a [bjeŋ'kisto, -a] *adj* beliebt **(de/por** bei +*dat*), geschätzt **(de/por** von +*dat*)

bienvenida [bjembe'niða] *f* ① *(llegada)* glückliche Ankunft *f* ② *(saludo)* Willkommen *nt;* **dar la** ~ **a alguien** jdn willkommen heißen

bienvenido, -a [bjembe'niðo, -a] **I.** *interj* willkommen!; **¡**~ **a España/a casa!** will-

B

kommen in Spanien/zu Hause! **II.** *adj* willkommen

bife ['bife] *m (Am)* ❶ *(carne)* Steak *nt* ❷ *(sopapo)* Ohrfeige *f*

bifocal [bifo'kal] *adj* bifokal

bifurcación [bifurka'θjon] *f (de una carretera)* Abzweigung *f; (de un camino)* Gab(e)lung *f*

bifurcado, -a [bifur'kaðo, -a] *adj* gabelförmig

bifurcarse [bifur'karse] <c → qu> *vr* sich gabeln

bigamia [bi'ɣamja] *f* Doppelehe *f*

bígamo, -a ['biɣamo, -a] **I.** *adj* in Doppelehe lebend **II.** *m, f* Bigamist(in) *m(f)*

bigardo, -a [bi'ɣarðo, -a] **I.** *adj* ❶ *(vago)* müßig, untätig ❷ *(licencioso)* liederlich, ausschweifend **II.** *m, f* ❶ *(vago)* Müßiggänger(in) *m(f)* ❷ *(libertino)* ausschweifend lebender Mensch *m,* Wüstling *m abw*

big bang [biɣ βaŋ] *f* Urknall *m*

bigote [bi'ɣote] *m* ❶ *(de hombre)* Schnurrbart *m;* **estar de ~(s)** *(fam)* toll sein ❷ *pl* (ZOOL) Schnurrhaare *nt pl* ❸ *(Am: croqueta)* Krokette *f*

bigotudo, -a [biɣo'tuðo, -a] *adj* schnauzbärtig

bigudí [biɣu'ði] *m* Lockenwickler *m*

bikini [bi'kini] *m* Bikini *m*

bilateral [bilate'ral] *adj* bilateral

biliar [bi'ljar] *adj* Gallen-

bilingüe [bi'liŋgwe] **I.** *adj* zweisprachig **II.** *mf* zweisprachige Person *f*

bilingüismo [biliŋ'gwismo] *m sin pl* Zweisprachigkeit *f*

bilis ['bilis] *f inv* ❶ (ANAT) Galle *f* ❷ *(cólera)* Wut *f*

billar [bi'ʎar] *m* ❶ *(juego)* Billard(spiel) *nt;* **~ americano** Pool(billard) *nt* ❷ *(mesa)* Billardtisch *m*

billete [bi'ʎete] *m* ❶ *(pasaje)* Fahrschein *m;* **~ de ida y vuelta** Rückfahrkarte *f;* **sacar un ~** eine Fahrkarte lösen ❷ *(entrada)* Eintrittskarte *f* ❸ (FIN) (Geld)schein *m* ❹ *(en una rifa)* (Lotterie)los *nt;* **~ premiado** Treffer *m;* **~ no premiado** Niete *f* ❺ *(mensaje breve)* kurze Mitteilung *f*

billetera [biʎe'tera] *f,* **billetero** [biʎe'tero] *m* Brieftasche *f*

billón [bi'ʎon] *m* Billion *f*

billonario, -a [biʎo'narjo, -a] *m, f* Billionär(in) *m(f)*

bimba ['bimba] *f* ❶ *(fam: sombrero)* Zylinder(hut) *m* ❷ *(Am: embriaguez)* Rausch *m*

bimensual [bimen'swal] *adj* zweimal im Monat stattfindend

bimestral [bimes'tral] *adj (duración)* zweimonatig; *(repetición)* zweimonatlich

bimetalismo [bimeta'lismo] *m* (ECON) Doppelwährung *f,* Bimetallismus *m*

binar [bi'nar] *vt* zum zweiten Male tun

binario, -a [bi'narjo, -a] *adj* binär; **no ~** *(t.* SOCIOL) nichtbinär; **compás ~** (MÚS) Zweivierteltakt *m*

bingo ['biŋgo] *m* Bingo *nt*

binocular [binoku'lar] *adj* binokular

binoculares [binoku'lares] *mpl* Fernglas *nt*

binóculo [bi'nokulo] *m* Kneifer *m*

binomio [bi'nomjo] *m* (MAT) Binom *nt*

bioactivo, -a [bioak'tiβo, -a] *adj* bioaktiv

bioagricultura [bioaɣrikul̩'tura] *f* (AGR) biologische Landwirtschaft *f*

bioalgodón [bioalɣo'ðon] *m* Biobaumwolle *f*

biobasura [bioβa'sura] *f* (ECOL) Biomüll *m*

biocarburante [biokarβu'ran̩te] *m* Biobenzin *nt*

biodegradable [bioðeɣra'ðaβle] *adj* biologisch abbaubar

biodegradar [bioðeɣra'ðar] *vt* (BIOL) biologisch abbauen

biodiversidad [bioðiβersi'ða^ð] *f* Artenvielfalt *f;* **Tratado de B~** Artenschutzabkommen *nt*

bioelectricidad [bioelektriθi'ða^ð] *f* (BIOL) Bioelektrizität *f*

bioenergía [bioener'xia] *f* Bioenergie *f*

bioética [bio'etika] *f* Bioethik *f*

biofísica [bio'fisika] *f* Biophysik *f*

biogas [bio'ɣas] *m* Biogas *nt*

biogenética [bioxe'netika] *f* Biogenetik *f*

biografía [bjoɣra'fia] *f* Biografie *f*

biográfico, -a [bjo'ɣrafiko, -a] *adj* biografisch

biógrafo[1] [bi'oɣrafo] *m (Am)* Kino *nt*

biógrafo, -a[2] [bi'oɣrafo, -a] *m, f* Biograf(in) *m(f)*

bioinformática [bioiɱfor'matika] *f* Bioinformatik *f*

bioingeniería [bioiŋxenje'ria] *f* Biotechnik *f*

biología [biolo'xia] *f* Biologie *f*

biológico, -a [bio'loxiko, -a] *adj* biologisch, Bio-; **guerra biológica** biologische Kriegsführung

biólogo, -a [bi'oloɣo, -a] *m, f* Biologe, -in *m, f*

biomasa [bio'masa] *f* (BIOL) Biomasse *f*

biombo [bi'ombo] *m* spanische Wand *f*

biomecánica [biome'kanika] *f* Biomechanik *f*

biomedicina [biomeði'θina] *f* Biomedizin *f*

biometría [biome'tria] *f* Biometrie *f*

biométrico, -a [bio'metriko] *adj* biometrisch

biopsia [bi'oβsja] *f* (MED) Biopsie *f*

bioquímica [bio'kimika] *f* Biochemie *f*
bioquímico, -a [bio'kimiko, -a] *adj* biochemisch
biorritmo [bio'rriðmo] *m* Biorhythmus *m*
biosfera [bios'fera] *f* Biosphäre *f*
biosíntesis [bio'sintesis] *f inv* Biosynthese *f*
biosistema [biosis'tema] *m* Biosystem *nt*
biotecnología [bioteknolo'xia] *f* Biotechnologie *f*
biotopo ['biotopo] *m* Biotop *m o nt*
bióxido [bi'oɣsiðo] *m* (QUÍM) Dioxyd *nt*
bipartidismo [biparti'ðismo] *m* (POL) Zweiparteiensystem *nt*
bípedo, -a ['bipeðo, -a] **I.** *adj* zweibeinig **II.** *m, f* Zweifüßer *m*
biplano [bi'plano] *m* Doppeldecker *m*
biplaza [bi'plaθa] **I.** *adj* zweisitzig **II.** *m* Zweisitzer *m*
bipolar [bipo'lar] *adj* (FÍS, ELEC) bipolar, zweipolig
bipolaridad [bipolari'ðað] *f* (FÍS) Bipolarität *f*
biquini [bi'kini] *m* Bikini *m*
birdie ['berði] *m* (DEP: *golf*) Birdie *nt*
birlar [bir'lar] *vt (fam)* ① *(hurtar)* wegschnappen; **Carlos le birló la novia** Carlos hat ihm die Freundin ausgespannt ② *(derribar)* niederschlagen
birmano, -a [bir'mano, -a] **I.** *adj* birmanisch **II.** *m, f* Birmane, -in *m, f*
birome [bi'rome] *f (Arg)* Kugelschreiber *m*
birote [bi'rote] *m (AmC)* Weißbrot *nt*
birra ['birra] *f (argot)* Bier *nt*
birrete [bi'rrete] *m* ① *(de clérigos)* Birett *nt* ② *(de catedráticos, jueces)* Barett *nt*
birria ['birrja] *f* ① *(persona)* Vogelscheuche *f* ② *(objeto)* Plunder *m* ③ *(obra)* Schund *m*
biruje [bi'ruxe] *m (Am)*, **biruji** [bi'ruxi] *m* eisiger Wind *m*
bis [bis] **I.** *interj* noch einmal! **II.** *m* (MÚS) Wiederholung *f* **III.** *adv* ① (MÚS) da capo ② *(añadido a un número)* a; **7 ~** 7a
bisabuelo, -a [bisa'βwelo, -a] *m, f* Urgroßvater, -mutter *m, f*
bisagra [bi'saɣra] *f* ① *(charnela)* Scharnier *nt* ② *(quicio)* Türangel *f*
bisar [bi'sar] *vt* (MÚS, TEAT) wiederholen
bisbis(e)ar [bisβise'ar/bisβi'sar] *vt (fam)* ① *(musitar)* murmeln ② *(cuchichear)* flüstern
biscote [bis'kote] *m* Zwieback *m*
biscuit [bis'kwit] <biscuits> *m* ① (GASTR: *bizcocho*) Biskuit *nt o m* ② *(porcelana)* Biskuitporzellan *nt*
bisecar [bise'kar] <c → qu> *vt* (MAT) halbieren
bisección [biseɣ'θjon] *f* (MAT) Halbierung *f*
biselar [bise'lar] *vt* abschrägen
bisexual [biseɣ'swal] *adj* ① *(persona)* bisexuell ② (BIOL) doppelgeschlechtig
bisexualidad [biseɣswali'ðað] *f sin pl* ① *(de una persona)* Bisexualität *f* ② (BIOL) Doppelgeschlechtigkeit *f*
bisiesto [bi'sjesto] *adj* **año ~** Schaltjahr *nt*
bisílabo, -a [bi'silaβo, -a] *adj* zweisilbig
bismuto [bis'muto] *m* (QUÍM) Wismut *nt*
bisnieto, -a [bis'njeto, -a] *m, f* Urenkel(in) *m(f)*
bisonte [bi'sonte] *m (americano)* Bison *m; (europeo)* Wisent *m*
bisoñé [biso'ɲe] *m* Toupet *nt*
bisoño, -a [bi'soɲo, -a] **I.** *adj* ① *(inexperto)* unerfahren ② *(nuevo)* neu **II.** *m, f (novato)* Neuling *m*
bisté [bis'te] *m* <bistés>, **bistec** [bis'te] *m* <bistecs> (Beef)steak *nt*
bisturí [bistu'ri] *m* Skalpell *nt*
bisunto, -a [bi'sunto, -a] *adj* ① *(grasiento)* schmierig ② *(sucio)* schmutzig
bisutería [bisute'ria] *f* ① *(joyas)* Modeschmuck *m* ② *(tienda)* Geschäft *nt* für Modeschmuck ③ *(industria)* Modeschmuckindustrie *f*
bit [bit] *m* <bits> (INFOR) Bit *nt;* **~ de parada** Stoppbit *nt*
bita ['bita] *f* (NÁUT) Beting *f*
bitácora [bi'takora] *f* ① (NÁUT) Kompasshaus *nt;* **cuaderno de ~** Logbuch *nt* ② (INFOR) Blog *nt o m*
bitio ['bitjo] *m* (INFOR) Bit *nt*
bitoque [bi'toke] *m* ① *(tapón)* Spund *m* ② *(AmC: cloaca)* Kloake *f* ③ *(Am: cánula de jeringa)* Kanüle *f* ④ *(Méx, RíoPl: grifo)* Hahn *m* ⑤ *(loc)* **ojos de ~** schielende Augen
bizantino, -a [biθan'tino, -a] **I.** *adj* ① *(de Bizancio)* byzantinisch ② *(fig: baldío)* überflüssig; **discusión bizantina** Haarspalterei *f* **II.** *m, f* Byzantiner(in) *m(f)*
bizarría [biθa'rria] *f* ① *(valentía)* Tapferkeit *f; (valor)* Mut *m*, Schneid *m* ② *(gallardía)* Stattlichkeit *f* ③ *(generosidad)* Großzügigkeit *f*
bizarro, -a [bi'θarro, -a] *adj* ① *(valiente)* tapfer; *(valeroso)* mutig ② *(apuesto)* stattlich ③ *(generoso)* großzügig ④ *(extravagante)* bizarr
bizco, -a ['biθko, -a] *adj* schielend
bizcocho [biθ'kotʃo] **I.** *adj (Méx)* feige **II.** *m* ① *(biscote)* Zwieback *m* ② *(biscuit)* Biskuit *m o nt* ③ *(Am: torta)* (Rühr)kuchen *m* ④ *(porcelana)* Biskuitporzellan *nt*
Bizkaia [biθ'kaɟa] *f* Biskaya *f*
biznieto, -a [biθ'njeto, -a] *m, f* Urenkel(in) *m(f)*

B

bizquear [biθke'ar] *vi* schielen

blanca ['blaŋka] *f* ❶ (MÚS) halbe Note *f* ❷ *(pieza de dominó)* Null *f* ❸ *(loc)* **estar sin ~** *(fam)* kein Geld haben

Blancanieves [blaŋka'njeβes] *f* Schneewittchen *nt*

blanco[1] ['blaŋko] *m* ❶ *(color)* Weiß *nt;* **película en ~ y negro** Schwarzweißfilm *m* ❷ *(de animal)* Blesse *f* ❸ *(espacio en un escrito)* leerer Zwischenraum *m;* **cheque en ~** (ECON) Blankoscheck *m;* **tener la mente en ~** ein Blackout haben ❹ *(diana)* Zielscheibe *f;* **dar en el ~** ins Schwarze treffen ❺ *(loc)* **pasar la noche en ~** eine schlaflose Nacht verbringen

blanco, -a[2] ['blaŋko, -a] **I.** *adj* ❶ *(de tal color)* weiß ❷ *(cerveza)* hell ❸ *(tez)* bleich **II.** *m, f (persona)* Weiße(r) *mf*

blancura [blaŋ'kura] *f* Weiße *f*

blandear [blaṇde'ar] **I.** *vt* umstimmen **II.** *vi, vr:* **~se** nachgeben

blandengue [blaṇ'deŋge] *adj* *(pey)* weichlich

blandiporno [blaṇdi'porro] *m* Softporno *m*

blandir [blaṇ'dir] **I.** *vt* schwingen **II.** *vi, vr:* **~se** schwanken

blando, -a ['blaṇdo, -a] *adj* ❶ *(objeto)* weich ❷ *(carácter: suave)* nachsichtig; *(pey: blandengue)* weichlich; *(cobarde)* feige; **~ de corazón** weichherzig ❸ *(constitución)* schwach ❹ *(clima)* mild ❺ *(lluvia, tono)* sanft ❻ *(luz)* weich ❼ (ECON) **créditos ~s** günstige Kredite

blandorro, -a [blaṇ'dorro, -a] *m, f* Schwächling *m*

blandura [blaṇ'dura] *f* ❶ *(de una cosa)* Weichheit *f* ❷ *(del carácter: suavidad)* Sanftheit *f; (blandenguería)* Weichlichkeit *f* ❸ *(lisonja)* Schmeichelei *f* ❹ *(del aire)* Tauwetter *nt* ❺ *(emplasto)* Zugpflaster *nt*

blanquear [blaŋke'ar] **I.** *vi* ❶ *(volverse blanco)* weiß werden ❷ *(perder el color)* verblassen; *(el pelo)* ergrauen ❸ *(presentarse blanco)* weiß(lich) schimmern **II.** *vt* ❶ *(poner blanco)* weißen ❷ *(pared)* tünchen ❸ *(dinero)* waschen ❹ *(tejido)* bleichen ❺ *(metal)* blank putzen

blanquecino, -a [blaŋke'θino, -a] *adj* weißlich

blanquiazul [blaŋkja'θul] **I.** *adj* blauweiß **II.** *m* Blauweiß *nt*

blanquillo[1] [blaŋ'kiʎo] *m* ❶ *(Chil, Perú: melocotón)* Pfirsich *m* *(mit weißlicher Haut)* ❷ *(Am: pez)* Weißfisch *m* ❸ *(Guat, Méx: huevo)* (Hühner)ei *nt*

blanquillo, -a[2] [blaŋ'kiʎo, -a] *adj* ❶ *(blanquecino)* weißlich ❷ *(pan, trigo)* weiß

blasfemar [blasfe'mar] *vi* ❶ (REL) lästern ❷ *(maldecir)* fluchen (**de** auf/über +*akk*)

blasfemia [blas'femja] *f* ❶ (REL) Gotteslästerung *f* ❷ *(injuria)* Lästerung *f* ❸ *(taco)* Fluch *m*

blasfemo, -a [blas'femo, -a] **I.** *adj* gotteslästerlich **II.** *m, f* Gotteslästerer, -in *m, f*

blasón [bla'son] *m* ❶ *(escudo de armas)* Wappen(schild) *nt* ❷ *(figura)* Wappenbild *nt* ❸ *(honor)* Ehre *f; (gloria)* Ruhm *m* ❹ *pl (abolengo)* adlige Herkunft *f*

blasonar [blaso'nar] **I.** *vt* ein Wappen entwerfen **II.** *vi* prahlen (**de** mit +*dat*)

blazer ['bleiser] *m* Blazer *m*

bledo ['bleðo] *m* ❶ (BOT) Amaranth *m* ❷ *(loc)* (**no**) **me importa un ~** das ist mir völlig schnuppe *fam*

blindado[1] [bliṇ'daðo] *m* (MIL) Panzer(wagen) *m*

blindado, -a[2] [bliṇ'daðo, -a] *adj* gepanzert; **cristal ~** Panzerglas *nt*

blindaje [bliṇ'daxe] *m* Panzer *m*

blindar [bliṇ'dar] *vt* panzern

bloc [blo^k] *m* <blocs> ❶ *(cuaderno)* (Schreib)block; *(de notas)* Notizbuch *nt* ❷ *(calendario)* Kalenderblock *m*

blocar [blo'kar] <c → qu> *vt v.* **bloquear**

blofear [blofe'ar] *vi* *(Am)* ❶ *(engañar)* bluffen ❷ *(exagerar)* aufschneiden

blofista [blo'fista] *mf (AmC, PRico)* Aufschneider(in) *m(f)*

blog ['blog] *m* (INFOR) Blog *nt o m*

bloguear [bloge'ar] *vi* (INFOR) bloggen

bloguero, -a [blo'ɣero, -a] *m, f* (INFOR) Blogger(in) *m(f)*

blonda ['bloṇda] *f* Seidenspitze *f*

blondo, -a ['bloṇdo, -a] *adj (elev)* blond

bloque ['bloke] *m* ❶ *(de cosas)* Block *m;* **~ de viviendas** Wohnblock *m* ❷ *(de madera)* (Holz)klotz *m*

bloqueante [bloke'aṇte] **I.** *adj* hemmend **II.** *m* Hemmstoff *m*

bloquear [bloke'ar] **I.** *vt* ❶ *(cortar el paso)* (ver)sperren ❷ *(aislar)* einschließen ❸ (TÉC) blockieren ❹ (MIL: *asediar*) belagern ❺ (FIN) sperren ❻ (DEP) (ab)blocken ❼ *(obstaculizar)* aufhalten ❽ *(interrumpir)* unterbrechen **II.** *vr:* **~se** ❶ *(una cosa)* blockieren ❷ *(una persona)* sich sperren

bloqueo [blo'keo] *m* ❶ *(de un paso)* Sperre *f;* **~ comercial** (COM) Handelsembargo *nt* ❷ *(aislamiento)* Abgeschlossenheit *f* ❸ (TÉC: *de un mecanismo*) Blockierung *f;* **~ de teclado** Tastatursperre *f* ❹ (MIL) Blockade *f* ❺ (DEP) (Ab)blocken *nt* ❻ *(de un proceso: estancamiento)* Stockung *f; (interrupción)* Unterbrechung *f* ❼ *(mental)* Sperrung *f*

blues [blus] *m inv* Blues *m*

bluf(f) [bluf] *m* <bluf(f)s> ① *(finta)* Bluff *m;* **ser puro ~** falsch sein ② *(Am: fanfarronería)* Prahlerei *f;* *(chulería)* Aufschneiderei *f*

blusa ['blusa] *f* ① *(de mujer)* Bluse *f* ② *(bata)* Kittel *m*

blusón [blu'son] *m* Kittel *m*

boa ['boa] *f* Boa *f*

boato [bo'ato] *m* Prunk *m*

bobada [bo'βaða] *f* Dummheit *f;* **decir ~s** albernes Zeug reden

bobalicón, -ona [boβali'kon, -ona] **I.** *adj* ① *(tonto)* dumm ② *(simple)* einfältig **II.** *m, f* ① *(tonto)* Dummkopf *m* ② *(simplón)* Einfaltspinsel *m*

bobear [boβe'ar] *vi* ① *(hacer bobadas)* herumalbern ② *(decir bobadas)* dummes Zeug reden

bóbilis ['boβilis] *adv* **de ~ ~** *(fam)* mir nichts, dir nichts, einfach so

bobina [bo'βina] *f* ① (*t.* ELEC) Rolle *f* ② (FOTO) Filmspule *f* ③ (CINE) Filmrolle *f*

bobinar [boβi'nar] *vt* aufspulen, aufwickeln

bobo, -a ['boβo, -a] **I.** *adj* ① *(tonto)* albern ② *(simple)* einfältig **II.** *m, f* ① *(tonto)* Dummkopf *m* ② *(simplón)* Einfaltspinsel *m*

boca ['boka] *f* ① (ANAT) Mund *m;* *(de animal)* Maul *nt;* **~ abajo** bäuchlings; **~ arriba** rücklings; **andar de ~ en ~** in aller Munde sein; **partirle la ~ a alguien** *(vulg)* jdm die Visage polieren *fam;* **quedarse con la ~ abierta** mit offenem Mund dastehen ② *(abertura)* Öffnung *f;* **~ de metro** Eingang zur Metrostation ③ *(agujero)* Loch *nt* ④ *(de cañón)* Mündung *f* ⑤ *(de río)* (Fluss)mündung *f* ⑥ *(de volcán)* Schlund *m* ⑦ *(de vino)* Blume *f* ⑧ (TÉC: *herramienta*) Maul *nt;* *(hidrante)* **~ de incendio** Hydrant *m* ⑨ (ZOOL: *de crustáceo*) Schere *f* ⑩ (MÚS) Mundstück *nt* ⑪ (INFOR) Schnittstelle *f*

boca a boca [boka(a)'βoka] *m sin pl* Mund-zu-Mund-Beatmung *f;* **le hicieron el ~** er/sie wurde von Mund zu Mund beatmet

bocacalle [boka'kaʎe] *f* ① *(entrada de una calle)* Straßeneinmündung *f* ② *(calle secundaria)* Seitenstraße *f*

bocadillo [boka'ðiʎo] *m* ① *(sandwich)* belegtes Brötchen *nt* ② *(refrigerio)* Imbiss *m*

bocadito [boka'ðito] *m* *(Cuba: cigarrillo)* (mit einem Tabakblatt gedrehte) Zigarette *f*

bocado [bo'kaðo] *m* ① *(mordisco)* Bissen *m;* **~ de Adán** Adamsapfel *m* ② *(freno)* Zaum *m* ③ *(caballos)* Kandare *f*

bocajarro [boka'xarro] *adv* **a ~** *(tiro)* aus nächster Nähe; **decir algo a ~** etw geradeheraus sagen

bocallave [boka'ʎaβe] *f* Schlüsselloch *nt*

bocamanga [boka'maŋga] *f* ① *(abertura)* Ärmelloch *nt* ② *(puño)* Ärmelaufschlag *m*

bocana [bo'kana] *f* ① *(entrada)* schmale Hafeneinfahrt *f* ② *(Am: desembocadura)* Flussmündung *f*

bocanada [boka'naða] *f* ① *(de comida)* Mund *m* voll; *(de bebida)* Schluck *m;* **echar ~s** *(fig)* prahlen ② *(de humo)* Rauchwolke *f*

bocata [bo'kata] *m* *(fam)* *v.* **bocadillo**

bocatero, -a [boka'tero, -a] *m, f* *(Am)*, **bocaza(s)** [bo'kaθa(s)] *m, f inv* Großmaul *nt,* Angeber(in) *m(f)*

bocera [bo'θera] *f* ① *(restos de comida)* Speiserand *m* um den Mund; *(restos de bebida)* Trinkrand *m* um den Mund ② *(pupa)* Griebe *f*

boceras [bo'θeras] *mf inv* Schwätzer(in) *m(f)*

boceto [bo'θeto] *m* Skizze *f*

bochar [bo'ʧar] *vt* *(fam)* ① *(Am: rechazar)* eine Abfuhr erteilen *+dat* ② *(Arg: fracasar)* durchfallen lassen

boche ['boʧe] *m* ① *(hoyo)* Mulde *f* ② *(Arg: alemán)* Deutsche(r) *m* ③ *(CSur: fam: bronca)* Ärger *m* ④ *(Am: fam: repulsa)* Abfuhr *f*

bochinche [bo'ʧinʧe] *m* ① *(tumulto)* Tumult *m;* *(alboroto)* Aufruhr *m* ② *(Am: chisme)* Klatsch *m*

bochinchero, -a [boʧin'ʧero, -a] **I.** *adj* *(fam)* aggressiv, streitsüchtig **II.** *m, f* *(fam)* Unruhestifter(in) *m(f),* Krawallmacher(in) *m(f)*

bochorno [bo'ʧorno] *m* ① (METEO) Schwüle *f* ② *(sofocación)* (Hitze)wallung *f* ③ *(vergüenza)* Scham *f;* **me da ~ que esté mirando** es ist mir peinlich, dass er/sie zuschaut

bochornoso, -a [boʧor'noso, -a] *adj* ① (METEO) schwül ② *(vergonzoso)* beschämend

bocina [bo'θina] *f* ① *(caracola)* Muschel *f* ② (MÚS) Horn *nt* ③ *(megáfono)* Megafon *nt* ④ *(de gramófono)* Schalltrichter *m* ⑤ (AUTO) Hupe *f;* **tocar la ~** hupen

bocinazo [boθi'naθo] *m* ① *(de cuerno)* Hornsignal *nt* ② (AUTO) Hupsignal *nt*

bocio ['boθjo] *m* Kropf *m*

boda ['boða] *f* *(ceremonia)* Hochzeit *f;* *(fiesta)* Hochzeitsfest *nt;* **noche de ~s** Hochzeitsnacht *f*

bodega [bo'ðeɣa] *f* ① *(depósito de vino)* Weinkeller *m;* *(establecimiento)* (Wein)kellerei *f;* *(tienda)* Weinhandlung *f;* *(taberna)* Weinschenke *f* ② *(despensa)*

B

B

Vorratskammer *f* ❸ (NÁUT: *en un puerto*) Lagerschuppen *m; (en un buque)* Frachtraum *m*

bodegón [boðe'ɣon] *m* ❶ *(taberna)* (Wein)schenke *f* ❷ *(casa de comidas)* einfaches Speiselokal *nt* ❸ (ARTE) Stillleben *nt*

bodeguero, -a [boðe'ɣero, -a] *m, f* ❶ *(en una bodega)* Kellermeister(in) *m(f)* ❷ *(Am: en una abacería)* Lebensmittelhändler(in) *m(f)*

bodi ['boði] *m* Body(suit) *m*

bodoque [bo'ðoke] *m* ❶ *(en un bordado)* Noppe *f* ❷ *(Méx: chichón)* Beule *f* ❸ *(Méx: pelota de papel, de lana)* Knäuel *m o nt; (de lodo, de masa)* Klumpen *m* ❹ *(Méx: cosa mal hecha)* Pfuscharbeit *f* ❺ *(fam: persona tonta)* Dummkopf *m*

bodrio ['boðrjo] *m* ❶ *(comida mala)* (Schlangen)fraß *m abw* ❷ *(cosa de mala calidad)* Schund *m* ❸ *(confusión)* Durcheinander *nt*

body ['boði] *m v.* **bodi**

bodyboarding [boði'boarðiŋ] *m* (DEP) Bodyboarden *nt*

bodybuilding [boði'βiḷdiŋ] *m sin pl* (DEP) Bodybuilding *nt*

BOE ['boe] *m abr de* **Boletín Oficial del Estado** ≈ Bundesgesetzblatt *nt*

bofe ['bofe] *m* Lunge *f;* **echar los ~s (por algo)** sich (für etw) abrackern

bofetada [bofe'taða] *f* Ohrfeige *f;* **dar una ~ a alguien** jdn ohrfeigen

bofetón [bofe'ton] *m* kräftige Ohrfeige *f*

bofia ['bofja] *f (vulg)* Polente *f fam,* Bullen *mpl fam*

boga ['boɣa] *f* ❶ (NÁUT) Rudern *nt* ❷ *(moda)* Mode *f;* **esta canción está en ~** dieses Lied ist in

bogador(a) [boɣa'ðor(a)] *m(f)* Ruderer, -in *m, f*

bogar [bo'ɣar] <g → gu> *vi* ❶ *(remar)* rudern ❷ *(navegar)* segeln

bogavante [boɣa'βaṇte] *m* (ZOOL) Hummer *m*

bogotano, -a [boɣo'tano, -a] **I.** *adj* aus Bogotá **II.** *m, f* Einwohner(in) *m(f)* von Bogotá

bohemia [bo'emja] *f* Boheme *f*

Bohemia [bo'emja] *f* Böhmen *nt*

bohemio, -a [bo'emjo, -a] **I.** *adj* ❶ (GEO) böhmisch ❷ *(pey: gitano)* zigeunerhaft *abw; v.t.* **romaní** **II.** *m, f* ❶ (GEO) Böhme, -in *m, f* ❷ *(pey: gitano)* Zigeuner(in) *m(f) abw; v.t.* **romaní** ❸ *(artista)* Bohemien *m*

bohena [bo'ena] *f* ❶ *(pulmón de res)* Lunge *f* ❷ (GASTR) Lungenwurst *f*

boicot [boi̯'ko(t)] <boicots> *m* Boykott *m*

boicotear [boi̯kote'ar] *vt* boykottieren

boicoteo [boi̯ko'teo] *m* Boykott *m*

boina ['boi̯na] *f* Baskenmütze *f*

boj [box] *m* (BOT) Buchs(baum) *m*

bol [bol] *m* ❶ *(tazón)* Schale *f* ❷ *(red de pesca)* Schleppnetz *nt; (lance de red)* Fischzug *m* ❸ *(bolo)* Kegel *m*

bola ['bola] *f* ❶ *(cuerpo esférico)* Kugel *f;* **~ del mundo** Erdkugel *f;* **~ de helado** Eiskugel *f;* **~ de nieve** Schneeball *m* ❷ *(canica)* Murmel *f;* **jugar a las ~s** klickern ❸ *(en los naipes)* Schlemm *m* ❹ *(fam: mentira)* Lüge *f; (rumor)* Gerücht *nt* ❺ *pl (vulg: testículos)* Eier *nt pl fam* ❻ *(loc)* **en ~s** *(fam)* nackt; **no dar pie con ~** überhaupt nicht zurechtkommen

bolada [bo'laða] *f* ❶ *(en los bolos)* (Kugel)wurf *m; (en el billar)* Stoß *m* ❷ *(Am: suerte)* Glücksfall *m*

bolado [bo'laðo] *m (Am: asunto)* Angelegenheit *f*

bolazo [bo'laθo] *m (CSur: fam)* ❶ *(disparate)* Quatsch *m* ❷ *(mentira)* Lüge *f*

bolchevique [bolʧe'βike] **I.** *adj* (POL) bolschewistisch **II.** *mf* (POL) Bolschewist(in) *m(f)*

bolchevismo [bolʧe'βismo] *m sin pl* (POL) Bolschewismus *m*

boleadoras [bolea'ðoras] *fpl (AmS)* Bola *f*

bolear [bole'ar] **I.** *vi* ❶ *(en el billar)* zum Spaß spielen ❷ *(contar mentiras)* flunkern **II.** *vt* ❶ *(la pelota)* (zu)werfen, schleudern ❷ *(CSur: cazar)* (mit einer Bola) jagen; *(atrapar)* (ein)fangen ❸ *(alumno)* durchfallen lassen

bolera [bo'lera] *f* Kegelbahn *f*

bolero [bo'lero] *m* (*t.* MÚS) Bolero *m*

boleta [bo'leta] *f* ❶ *(entrada)* Eintrittskarte *f* ❷ *(pase)* Passierschein *m* ❸ *(libranza)* Bezugsschein *m* ❹ (MIL) Quartierschein *m* ❺ *(Am: documento)* Urkunde *f* ❻ *(Am: para votar)* Stimmzettel *m*

boletería [bolete'ria] *f (Am)* Schalter *m; (de venta anticipada)* Kartenvorverkaufsstelle *f; (al comenzar)* Abendkasse *f*

boletín [bole'tin] *m* ❶ *(publicación)* Bulletin *nt;* **~ informativo** Mitteilungsblatt *nt* ❷ *(informe)* Bericht *m;* **~ de noticias** Nachrichten *fpl* ❸ *(cédula)* Schein *m*

boleto [bo'leto] *m* ❶ *(Am: entrada)* Eintrittskarte *f* ❷ *(Am: billete)* Fahrschein *m* ❸ *(de quiniela)* Totoschein *m* ❹ *(Arg: mentira)* Lüge *f*

boli ['boli] *m abr de* **bolígrafo** *(fam)* Kuli *m*

boliche [bo'liʧe] *m* ❶ *(bola)* kleine Bocciakugel *f* ❷ *(juego de bochas)* Boccia(spiel) *nt; (de bolos)* Kegelspiel *nt*

③ *(bolera)* Kegelbahn *f* ④ *(Am: establecimiento)* Krämerladen *m* mit Ausschank

bólido ['boliðo] *m* ① (ASTR) Bolid *m* ② *(coche de carreras)* Rennwagen *m*

bolígrafo [bo'liɣrafo] *m* Kugelschreiber *m*

bolillo [bo'liʎo] *m* ① *(para hacer encajes)* Klöppel *m;* **trabajar al ~** klöppeln ② *(Am: de tambor)* Trommelstock *m* ③ *(Am: panecillo)* kleines Weißbrot *nt*

bolita [bo'lita] *f* ① *(CSur: canica)* Murmel *f* ② *(Chil: balota)* Kugel *f (die zu Abstimmungen verwendet wird)*

bolívar [bo'liβar] *m* Bolivar *m*

Bolivia [bo'liβja] *f* Bolivien *nt*

boliviano[1] [boli'βjano] *m* Boliviano *m*

boliviano, -a[2] [boli'βjano, -a] **I.** *adj* bolivianisch **II.** *m, f* Bolivianer(in) *m(f)*

bollera [bo'ʎera] *f (fam pey)* Lesbierin *f,* Lesbe *f fam*

bollería [boʎe'ria] *f* Feinbäckerei *f*

bollo ['boʎo] *m* ① *(panecillo)* Brötchen *nt; (pastelillo)* Hefegebäck *nt* ② *(abolladura)* Ausbeulung *f; (chichón)* Beule *f* ③ *(adorno)* Noppe *f* ④ *(confusión)* Durcheinander *nt;* **tener un ~ mental** *(fam)* ein Chaos im Kopf haben ⑤ *(Am: puñetazo)* Faustschlag *m* ⑥ *(loc)* **no está el horno para ~s** das ist nicht der (geeignete) Moment dafür

bolo ['bolo] *m* ① (DEP) Kegel *m* ② *(en los naipes)* Schlemm *m* ③ *(píldora)* große Pille *f* ④ *(tonto)* Dummkopf *m* ⑤ (TEAT: *compañía*) Wandertruppe *f; (papel)* stumme Rolle *f* ⑥ *pl (juego)* Kegeln *nt*

bolsa ['bolsa] *f* ① *(saco, recipiente)* Beutel *m;* **~ de agua (caliente)** Wärmflasche *f;* **~ de basura** Müllbeutel *m,* Abfalltüte *f;* **~ de plástico** Plastiktüte *f;* **~ de la compra** Einkaufstüte *f;* **~ para congelados** Gefrierbeutel *m* ② *(monedero)* Geldbeutel *m* ③ *(bolso)* **~ autocierre** wiederverschließbare Tüte, (Trage)tasche *f;* **~ de viaje** Reisetasche *f;* **~ portatrajes** Kleidersack *m* ④ *(pliegue en la ropa)* Falte *f* ⑤ *(caudal)* Vermögen *nt;* **~ de estudios** Stipendium *nt* ⑥ (FIN) Börse *f;* **~ de trabajo** Stellenvermittlung *f* ⑦ *(Am: bolsillo)* Tasche *f;* **~ negra** Schwarzmarkt *m* ⑧ (ANAT) **~ amniótica** Fruchtblase *f* ⑨ **bolsita de té** Teebeutel *m*

bolsillo [bol'siʎo] *m* ① *(en una prenda de vestir)* Tasche *f;* **edición de ~** Taschenausgabe *f* ② *(monedero)* Geldbeutel *m;* **rascarse el ~** (tief) in die Tasche greifen ③ *(dinero)* Geld *nt*

bolsista [bol'sista] *mf* ① (FIN) Börsenspekulant(in) *m(f)* ② *(AmC: carterista)* Taschendieb(in) *m(f)*

bolso ['bolso] *m* ① *(bolsa pequeña)* Tasche *f* ② *(en una vela)* Ausbauchung *f*

boludo, -a [bo'luðo, -a] **I.** *adj (Arg, Urug: fam: imbécil)* saudumm, idiotisch **II.** *m, f (Arg, Urug: fam: imbécil)* Idiot(in) *m(f),* Schwachkopf *m*

bomba ['bomba] *f* ① (*t.* MIL) Bombe *f;* **~ antipersonas** Antipersonenmine *f;* **~ de mano** Handgranate *f;* **~ de relojería** Zeitbombe *f* ② (TÉC) Pumpe *f;* **~ de gasolina** Benzinpumpe *f;* **~ neumática** Druckluftpumpe *f;* **dar a la ~** pumpen ③ *(de lámpara)* (Glas)ballon *m* ④ (INFOR) **~s lógicas** Computerviren *mpl* ⑤ *(Am: bola)* Kugel *f* ⑥ *(Am: pompa)* Seifenblase *f* ⑦ *(Am: borrachera)* Rausch *m* ⑧ *(súper)* **éxito ~** Bombenerfolg *m;* **a prueba de ~s** *(fig)* bombensicher; **está ~** *(una mujer)* sie sieht bombig aus; *(comida)* das schmeckt super

bombacha [bom'baʧa] *f (CSur: ropa interior)* Unterhose *f*

bombacho [bom'baʧo] *adj* **pantalón ~** Pumphose *f*

bombardear [bombarðe'ar] *vt* ① (MIL) bombardieren ② *(abrumar)* überhäufen ③ (FÍS) beschießen

bombardeo [bombar'ðeo] *m* ① (MIL) Bombardierung *f;* **~ aéreo** Luftangriff *m* ② (FÍS) Beschuss *m*

bombardero [bombar'ðero] *m* ① *(avión)* Bomber *m* ② *(soldado)* Artillerist *m*

bombástico, -a [bom'bastiko, -a] *adj* bombastisch

bombazo [bom'baθo] *m* ① *(explosión)* Bombenexplosion *f* ② *(fam: sensación)* Knüller *m*

bombear [bombe'ar] **I.** *vt* ① (MIL) bombardieren ② *(un líquido)* pumpen ③ *(un balón)* hochschießen ④ *(elogiar)* in den Himmel heben ⑤ *(CSur: explorar)* auskundschaften **II.** *vr:* **~se** ① *(persona)* sich aufspielen ② *(objeto)* sich wölben

bombeo [bom'beo] *m* ① *(de líquidos)* Pumpen *nt* ② *(convexidad)* Wölbung *f*

bombero [bom'bero] *m* ① *(oficio)* Feuerwehrmann *m* ② *pl (cuerpo)* Feuerwehr *f*

bombilla [bom'biʎa] *f* ① (ELEC) Glühbirne *f;* **~ de bajo consumo** Energiesparlampe *f* ② *(AmS: caña)* Trinkhalm *m*

bombillo [bom'biʎo] *m (AmC, Ant, Col, Ven)* Glühbirne *f;* **~ ahorrador** Energiesparlampe *f*

bombín [bom'bin] *m* ① *(sombrero)* Melone *f* ② *(bomba de aire)* Luftpumpe *f*

bombo ['bombo] *m* ① (MÚS: *tambor grande*) große Trommel *f; (timbal)* (Kessel)pauke *f;* **tengo la cabeza hecha un ~** mir dröhnt der Kopf ② *(en un sorteo)* (Los)trommel *f* ③ *(elogio)* überschwängliches Lob *nt;* **dar mucho ~ a algo** viel Aufheben(s) von etw *dat* machen

bombón [bom'bon] *m* Praline *f;* **es un ~** *(fig)* sie ist Zucker

bombona [bom'bona] *f* ① *(vasija)* Korbflasche *f* ② *(de gas)* Gasflasche *f*

bombonera [bombo'nera] *f* ① *(caja de bombones)* Pralinenpackung *f* ② *(vivienda)* kleine hübsche Wohnung *f*

bombonería [bombone'ria] *f* Konfiserie *f*

bómper ['bomper] *m (Am: parachoques)* Stoßstange *f*

bonachón, -ona [bona'ʧon, -ona] *adj* ① *(buenazo)* gutmütig ② *(crédulo)* leichtgläubig ③ *(cándido)* einfältig

bonaerense [bonae'rense] **I.** *adj* aus Buenos Aires **II.** *mf* Einwohner(in) *m(f)* von Buenos Aires

bonancible [bonan̩'θiβle] *adj* (METEO: *elev: mar, tiempo)* ruhig; *(viento)* sanft

bonanza [bo'nan̩θa] *f* ① (NÁUT) Windstille *f* ② (MIN) reiche Erzader *f* ③ *(prosperidad)* Wohlstand *m*

bondad [bon̩'daᶞ] *f* ① *(cualidad de bueno)* Güte *f* ② *(amabilidad)* Freundlichkeit *f;* **tenga la ~ de seguirme** seien Sie so freundlich und folgen Sie mir

bondadoso, -a [bon̩da'ðoso, -a] *adj* gütig

bonete [bo'nete] *m* ① *(gorro)* Birett *nt* ② (ZOOL) Netzmagen *m*

bonetería [bonete'ria] *f (Am: mercería)* Kurzwarenhandlung *f*

bóngalo ['boŋgalo] *m (Am)* Bungalow *m*

bongo ['boŋgo] *m (Am: canoa)* Kanu *nt; (balsa)* (Schlepp)kahn *m*

boniato [bo'njato] *m* Süßkartoffel *f*

bonificación [bonifika'θjon] *f* ① *(abono)* Gutschrift *f* ② *(gratificación)* Vergütung *f* ③ *(rebaja)* Rabatt *m*

bonificar [bonifi'kar] <c → qu> *vt* ① *(abonar)* gutschreiben ② *(gratificar)* vergüten

bonito[1] [bo'nito] **I.** *m* (ZOOL) Bonito *m* **II.** *adv (Am)* gut

bonito, -a[2] [bo'nito, -a] *adj* hübsch, schön

bonitura [boni'tura] *f (Am)* Schönheit *f*

bono ['bono] *m* ① *(vale)* Gutschein *m;* **~ de disfrute** Genussschein *m* ② (COM) Schuldverschreibung *f*

bonobús [bono'βus] *m* Fahrscheinheft *nt* für den Bus

bonoloto [bono'loto] *f* Dauerlos *nt* der Lotterie

bonometro [bono'metro] *m* Mehrfahrtenkarte *f* (für die U-Bahn)

bonsái [bon'sai̯] *m* <bonsais> Bonsai *m*

bonzo ['bon̩θo] *m* (REL) Bonze *m*

boñiga [bo'ɲiɣa] *f* Mist *m*

boñigo [bo'ɲiɣo] *f* Großviehmist *m; (de vaca)* Kuhfladen *m; (de caballo)* Pferdeapfel *m*

boom [bun] *m v.* **bum**

boquear [boke'ar] **I.** *vi* ① *(abrir la boca)* den Mund öffnen ② *(estar muriéndose)* im Sterben liegen ③ *(estar acabándose)* zu Ende gehen **II.** *vt (palabras)* hervorbringen

boquera [bo'kera] *f* ① *(en un canal de riego)* Öffnung *f* für den Wasserablauf ② *(en un pajar)* Luke *f* ③ *(en los labios)* Griebe *f*

boqueras [bo'keras] *mf inv* Schwätzer(in) *m(f)*

boquerón [boke'ron] *m* ① *(abertura grande)* weite Öffnung *f* ② (ZOOL) Sardelle *f*

boquete [bo'kete] *m (abertura estrecha)* enge Öffnung *f; (en una pared)* Durchbruch *m*

boquiabierto, -a [bokja'βjerto, -a] *adj* ① *(con la boca abierta)* mit offenem Mund ② *(admirado)* verblüfft; **dejar a alguien ~** jdn verblüffen

boquifresco, -a [boki'fresko, -a] *adj* direkt, unverblümt; **es un ~** er nimmt kein Blatt vor den Mund

boquilla [bo'kiʎa] *f* ① (MÚS) Mundstück *nt* ② *(de cigarrillos)* Zigarettenspitze *f; (de pipa)* Mundstück *nt;* **~ de filtro** Filter *m* ③ *(de un bolso)* Verschluss *m* ④ *(de una lámpara)* Fassung *f* ⑤ (TÉC) Düse *f* ⑥ *(loc)* **decir algo de ~** etw unverbindlich sagen

borboll(e)ar [borβoʎe'ar/borβo'ʎar] *vi* sprudeln

Borbón [bor'βon] *m* (HIST) Bourbon *m*

borbónico, -a [bor'βoniko, -a] *adj* bourbonisch

borborigmo [borβo'riɣmo] *m* Kollern *nt,* Rumoren *nt* (im Darm)

borbotar [borβo'tar] *vi v.* **borboll(e)ar**

borbotón [borβo'ton] *m* Sprudeln *nt*

borda ['borða] *f* ① (NÁUT: *borde del costado*) Reling *f;* **motor fuera (de) ~** Außenbordmotor *m;* **echar algo por la ~** *(t. fig)* etw über Bord werfen ② (NÁUT: *vela mayor*) Großsegel *nt* ③ *(choza)* (Berg)hütte *f*

bordada [bor'ðaða] *f* (NÁUT) Schlag *m;* **dar ~s** *(un barco)* kreuzen; *(una persona)* auf und ab gehen

bordado[1] [bor'ðaðdo] *m* Stickarbeit *f*

bordado, -a[2] [bor'ðaðo, -a] *adj* ① *(adornado)* bestickt; *(motivo)* gestickt ② *(perfecto)* hervorragend

bordador(a) [borða'ðor(a)] *m(f)* Sticker(in) *m(f)*

bordar [bor'ðar] *vt* ① *(adornar)* besticken; *(un motivo)* sticken ② *(ejecutar con primor)* hervorragend ausführen

borde ['borðe] **I.** *adj* ① *(planta)* wild

❷ *(hijo)* unehelich ❸ *(fam: torpe)* dumm **II.** *m* ❶ *(de camino)* Rand *m; (de mesa)* Kante *f* ❷ *(de río)* Ufer *nt* ❸ *(de vestido)* Saum *m; (como adorno)* Borte *f* ❹ *(de sombrero)* Krempe *f*

bordear [borðe'ar] **I.** *vt* ❶ *(ir por el borde)* entlanggehen; *(en coche)* entlangfahren ❷ *(hallarse en el borde)* sich entlangziehen (an +*dat*) ❸ *(aproximarse a un estado)* sich nähern +*dat;* **su comportamiento bordea la locura** sein/ihr Benehmen grenzt an Wahnsinn **II.** *vi* (NÁUT) kreuzen

bordillo [bor'ðiʎo] *m* Bordstein *m*

bordo ['borðo] *m* ❶ (NÁUT) Bord *m;* **ir a ~** sich einschiffen ❷ *(Am: presa)* (Stau)wehr *nt*

bordón [bor'ðon] *m* ❶ *(bastón)* Pilgerstab *m* ❷ *(estribillo)* Kehrreim *m; (muletilla)* stereotype Redensart *f* ❸ (MÚS: *cuerda*) Basssaite *f; (de tripa)* Darmsaite *f* ❹ (TIPO) Leiche *f*

bordoneo [borðo'neo] *m* (MÚS) Klang *m* der Basssaite

boreal [bore'al] *adj* nördlich; **hemisferio ~** Nordhalbkugel *f*

borgoña [bor'ɣoɲa] *m* Burgunder(wein) *m*

borla ['borla] *f* ❶ *(adorno)* Quaste *f;* **tomar la ~** *(fam fig)* seinen Doktor machen ❷ *(para empolvarse)* Puderquaste *f*

borne ['borne] *m* (ELEC) Klemme *f*

bornear [borne'ar] **I.** *vt* *(dar vuelta)* (um)drehen; *(torcer)* biegen; *(ladear)* zur Seite neigen **II.** *vi* (NÁUT) schwojen **III.** *vr:* **~se** sich verziehen

boro ['boro] *m* (QUÍM) Bor *nt*

borona [bo'rona] *f* *(Am)* Brotkrümel *m*

borra ['borra] *f* ❶ *(relleno)* Polsterfüllung *f* ❷ *(pelusa)* Flusen *fpl* ❸ *(sedimento)* Bodensatz *m* ❹ *(palabras sin sustancia)* leeres Gerede *nt*

borracha [bo'rratʃa] *f* lederne Weinflasche *f*

borrachera [borra'tʃera] *f* ❶ *(ebriedad)* Rausch *m;* **agarrar una ~** sich betrinken ❷ *(banquete)* (Trink)gelage *nt* ❸ *(exaltación)* Rausch *m* ❹ *(disparate)* großer Unsinn *m*

borrachín, -ina [borra'tʃin, -ina] *m, f* Trunkenbold *m*

borracho, -a [bo'rratʃo, -a] **I.** *adj* ❶ *ser (alcohólico)* trunksüchtig; **es un ~** er ist ein Trinker ❷ *estar (ebrio)* betrunken; **está ~ como una cuba** *(fam)* er ist sternhagelvoll ❸ *(exaltado)* trunken (**de** von +*dat,* vor +*dat*) ❹ *(color)* violett ❺ *(pastel)* in Likör getränkt **II.** *m, f* ❶ *(alcohólico)* Trinker(in) *m(f)* ❷ *(ebrio)* Betrunkene(r) *mf*

borrador [borra'ðor] *m* ❶ *(primer escrito)* Konzept *nt* ❷ *(cuaderno)* Schmierheft *nt* ❸ *(para la pizarra: trapo)* Tafellappen *m; (esponja)* Tafelschwamm *m*

borradura [borra'ðura] *f* Streichung *f*

borrar [bo'rrar] **I.** *vt* ❶ *(con goma de borrar)* ausradieren; *(con esponja)* auswischen ❷ *(tachar)* (durch)streichen ❸ (INFOR) löschen ❹ *(huellas)* beseitigen ❺ *(difuminar)* verwischen **II.** *vr:* **~se** ❶ *(volverse no identificable)* sich verwischen ❷ *(retirarse)* austreten (**de** aus +*dat*)

borrasca [bo'rraska] *f* ❶ *(temporal)* Gewitter *nt; (tempestad)* Sturm *m;* (METEO) Sturmtief *nt* ❷ *(peligro)* Gefahr *f; (riesgo)* Risiko *nt; (contratiempo)* Rückschlag *m* ❸ *(orgía)* Orgie *f*

borrascoso, -a [borras'koso, -a] *adj* ❶ (METEO) stürmisch ❷ *(desenfrenado)* liederlich

borratintas [borra'tiṇtas] *m inv (fam)* Tintenkiller *m*

borregada [borre'ɣaða] *f* (ZOOL) Herde *f* von Jährlingsschafen, Lämmerherde *f*

borrego, -a [bo'rreɣo, -a] *m, f* ❶ *(cordero)* (ein- bis zweijähriges) Lamm *nt* ❷ *(persona)* Schafskopf *m abw* ❸ *(Am: pajarota)* Ente *f*

borrico[1] [bo'rriko] *m* Sägebock *m*

borrico, -a[2] [bo'rriko, -a] *m, f* Esel(in) *m(f)*

borrón [bo'rron] *m* ❶ *(mancha)* Klecks *m* ❷ *(defecto)* Schandfleck *m* ❸ *(borrador)* Entwurf *m; (de un cuadro)* Skizze *f* ❹ *(loc)* **~ y cuenta nueva** Schwamm drüber

borronear [borrone'ar] *vt* *(borrajear)* (hin)kritzeln; *(papel)* bekritzeln

borroso, -a [bo'rroso, -a] *adj* ❶ *(escrito, dibujo)* verschwommen; **escritura borrosa** unleserliche Schrift ❷ *(foto)* unscharf ❸ *(líquido)* trübe

boscaje [bos'kaxe] *m* ❶ *(bosque denso)* Dickicht *nt* ❷ *(pintura)* Landschaft *f*

boscoso, -a [bos'koso, -a] *adj* bewaldet

Bósforo ['bosforo] *m* Bosporus *m*

Bosnia ['bosnja] *f* Bosnien *nt*

Bosnia-Herzegovina ['bosnja (x)erθeɣo'βina] *f* Bosnien-Herzegowina *nt*

bosnio, -a ['bosnjo, -a] **I.** *adj* bosnisch **II.** *m, f* Bosnier(in) *m(f)*

bosque ['boske] *m* ❶ *(lugar)* Wald *m;* **~ frondoso/de coníferas** Laub-/Nadelwald *m;* **~ pluvial** Regenwald *m;* **~ primario** Urwald *m* ❷ *(barba)* dichter (Voll)bart *m*

bosquejar [boske'xar] *vt* skizzieren

bosquejo [bos'kexo] *m* Skizze *f*

bosquimano, -a [boski'mano, -a] **I.** *adj* Buschmann-; **una tribu bosquimana** ein

B

Stamm aus dem Volk der Buschmänner **II.** *m, f* Buschmann *m*

bosta ['bosta] *f* ① *(vacuna)* Kuhfladen *m* ② *(CSur: caballar)* Pferdeapfel *m*

bostezar [boste'θar] <z → c> *vi* gähnen

bostezo [bos'teθo] *m* Gähnen *nt*

bota ['bota] **I.** *adj (Méx)* ① *(torpe)* unbeholfen ② *(borracho)* betrunken **II.** *f* ① *(calzado)* Stiefel *m;* ~ **de agua** Gummistiefel *m;* ~ **de fútbol** Fußballschuh *m;* ~ **de montaña** Wanderschuh *m;* ~ **de montar** Reitstiefel *m;* **estar con las ~s puestas** *(fig)* abfahrtbereit sein; **ponerse las ~s** *(fig fam)* das große Geld machen ② *(especie de botella)* lederne Weinflasche ③ *(cuba)* (Wein)fass *nt*

botador(a) [bota'ðor(a)] *adj (Am: derrochador)* verschwenderisch

botadura [bota'ðura] *f* Stapellauf *m*

botalón [bota'lon] *m* (NÁUT) Klüverbaum *m,* Ladebaum *m;* ~ **del foque** Gösch *f*

botánica [bo'tanika] *f sin pl* Botanik *f*

botánico, -a [bo'taniko, -a] **I.** *adj* botanisch **II.** *m, f* Botaniker(in) *m(f)*

botar [bo'tar] **I.** *vi* ① *(pelota)* aufprallen ② *(persona)* hüpfen; **está que bota** er/sie tobt vor Wut ③ *(caballo)* tänzeln **II.** *vt* ① *(lanzar)* werfen; *(la pelota contra el suelo)* prellen ② (NÁUT: *barco*) vom Stapel lassen; *(el timón)* herumwerfen ③ *(Am: tirar)* wegwerfen ④ *(Am: expulsar)* entlassen; **le ~on del colegio** er/sie ist von der Schule geflogen ⑤ *(Am: derrochar)* verschwenden ⑥ *(Am: extraviar)* verlieren **III.** *vr:* **~se** *(caballo)* sich aufbäumen

botarate [bota'rate] *m* ① *(hombre alborotado)* unbesonnener Mensch *m* ② *(Am: derrochador)* Verschwender *m*

botavara [bota'βara] *f* (NÁUT) Giekbaum *m*

bote ['bote] *m* ① *(golpe)* Stoß *m* ② *(salto)* Sprung *m;* **pegar un** ~ mit einem Satz aufspringen ③ *(de pelota)* Aufprall *m;* **la pelota dio cuatro ~s** der Ball ist viermal aufgeprallt ④ *(vasija)* Dose *f;* ~ **de cuestación** Sammelbüchse *f;* **chupar del** ~ *(fam)* absahnen; **tener a alguien en el** ~ *(fam)* jdn in der Tasche haben ⑤ *(en la lotería)* Jackpot *m* ⑥ *(en los bares)* Trinkgeldkasse *f* ⑦ (NÁUT) Boot *nt;* ~ **salvavidas** Rettungsboot *nt* ⑧ *(loc)* **a ~ pronto** *(adj)* plötzlich; *(adverbial)* sofort; **darse el** ~ abhauen; **el cine estaba de ~ en ~** das Kino war brechend voll

botella [bo'teʎa] *f* Flasche *f;* ~ **de cerveza** Flasche Bier; **cerveza de** ~ Flaschenbier *nt*

botellazo [bote'ʎaθo] *m* Schlag *m* mit einer Flasche

botellero [bote'ʎero] *m* ① *(fabricante)* Flaschenfabrikant *m* ② *(estantería)* Flaschengestell *nt*

botellín [bote'ʎin] *m* Fläschchen *nt*

botepronto [bote'pron̪to] *m* (DEP) Volley *m*

botica [bo'tika] *f* ① *(farmacia)* Apotheke *f* ② *(tienda)* Kurzwarengeschäft *nt*

boticario, -a [boti'karjo, -a] *m, f* Apotheker(in) *m(f)*

botija [bo'tixa] *f* ① *(vasija)* (Ton)krug *m* ② *(fam: persona gorda)* Dickwanst *m* ③ *(Am: tesoro)* vergrabener Schatz *m*

botijo [bo'tixo] *m* ① *(vasija)* (Wasser)krug *m* ② *(tren)* Bummelzug *m*

botín [bo'tin] *m* ① *(calzado)* Schnürstiefel *m* ② (MIL) (Kriegs)beute *f*

botina [bo'tina] *f* Halbstiefel *m*

botiquín [boti'kin] *m* ① *(en casa)* Hausapotheke *f;* *(para el viaje)* Reiseapotheke *f* ② *(de emergencia)* Verband(s)kasten *m;* ~ **de primeros auxilios** Erste-Hilfe-Kasten *m*

botón [bo'ton] *m* ① *(en vestidos)* Knopf *m* ② (ELEC) (Druck)knopf *m;* ~ **de muestra** *(fig)* Beispiel *nt;* ~ **de opciones** (INFOR) Optionsschalter *m;* *(de alarma)* Notrufknopf *m;* *(de parada)* Halteknopf *m;* *(de llamada)* Rufknopf *m* ③ *(en instrumentos de viento)* Klappe *f* ④ (BIOL: *brote*) Knopf *m;* *(capullo)* Knospe *f;* ~ **de oro** Butterblume *f* ⑤ *(CSur: pey: policía)* Bulle *m fam*

botonadura [botona'ðura] *f* Knopfreihe *f*

botones [bo'tones] *m inv* ① *(en un hotel)* Page *m* ② *(pey: recadero)* Laufbursche *m*

Botsuana [bot'swana] *f* Botswana *nt*

botulismo [botu'lismo] *m sin pl* Lebensmittelvergiftung *f;* (MED) Botulismus *m*

bouquet [bu'ke] *m* ① *(ramo de flores)* Blumenstrauß *m* ② *(aroma del vino)* Bukett *nt*

boutique [bu'ti^k] *f* Boutique *f*

bóveda ['boβeða] *f* ① (ARQUIT) Gewölbe *nt;* ~ **celeste** Himmelsgewölbe *nt* ② *(cripta)* Krypta *f* ③ *(forma abombada)* Wölbung *f*

bovedilla [boβe'ðiʎa] *f* ① *(bóveda pequeña)* kleines Gewölbe *nt* ② (NÁUT: *parte de la fachada de popa*) Gilling *f*

bóvido, -a ['boβiðo, -a] *adj* (ZOOL) Horntier-

bóvidos ['boβiðos] *mpl* (ZOOL) Horntiere *ntpl,* Hornträger *mpl*

bovino, -a [bo'βino, -a] *adj* Rind(er)-; **locura bovina** Rinderwahnsinn *m*

bovinos [bo'βinos] *mpl* (ZOOL) Rinder *ntpl*

bowling ['bou̯liŋ] *m sin pl* Bowling *nt*

box [bo^ɣs] *m* ① *(para caballos)* Box *f*

② *(Am: boxeo)* Boxkampf *m* ③ *(AmC: postal)* Postfach *nt*
boxeador(a) [boˠsea'ðor(a)] *m(f)* Boxer(in) *m(f)*
boxear [boˠse'ar] *vi* boxen
boxeo [boˠ'seo] *m* Boxkampf *m*
bóxer ['boˠser] <bóxers> *m* (ZOOL: *raza canina*) Boxer *m*
boxístico, -a [boˠ'sistiko, -a] *adj* boxerisch
boya ['boɟa] *f* (NÁUT) Boje *f*; *(en una red)* Schwimmer *m*
boyante [bo'ɟan̪te] *adj* ① *(flotante)* schwimmend; *(barco)* mit geringem Tiefgang ② *(próspero)* erfolgreich; **el negocio va ~** das Geschäft floriert ③ *(toro)* (leicht) lenkbar
boy scout ['boi̯ es'kau̯t] *mf v.* **escultista**
bozal [bo'θal] *m* ① *(de perro)* Maulkorb *m* ② *(Am: cabestro)* Halfter *m o nt*; *(cuerda)* Halfterriemen *m*
bozo ['boθo] *m* ① *(labios)* Lippen *fpl* ② *(vello)* Flaum(bart) *m* ③ *(cabestro)* Halfter *m o nt*; *(cuerda)* Halfterriemen *m*
bps [bepe'ese] *mpl* (INFOR) *abr de* **bits por segundo** Bit/s
bracear [braθe'ar] *vi* ① *(mover los brazos)* mit den Armen um sich schlagen ② *(nadar)* kraulen ③ *(esforzarse)* sich bemühen ④ *(forcejear)* sich wehren ⑤ (NÁUT) brassen
bracero [bra'θero] *m* ① *(jornalero)* Tagelöhner *m* ② *(peón)* Hilfsarbeiter *m*
bracista [bra'θista] *mf* (DEP) Brustschwimmer(in) *m(f)*
braga ['braɣa] *f* ① *(de bebé)* Windel *f* ② *(cuerda)* Hebeseil *nt* ③ *pl (de mujer)* Schlüpfer *m* ④ *pl (de hombre)* Kniehose *f*; **dejar a alguien en ~s** *(fig fam)* jdn ausnehmen; **estar en ~s** *(fig fam)* völlig pleite sein
bragado, -a [bra'ɣaðo, -a] *adj* ① *(malintencionado)* tückisch ② *(decidido)* entschlossen
bragapañal [braɣapa'ɲal] *m* Windelhöschen *nt*
bragazas [bra'ɣaθas] *m inv* Pantoffelheld *m*
braguero [bra'ɣero] *m* (MED) Bruchband *nt*
bragueta [bra'ɣeta] *f* Hosenschlitz *m*
braguetazo [braɣe'taθo] *m* Geldheirat *f*; **dar el ~** eine gute Partie machen
braguita(s) [bra'ɣita(s)] *f(pl)* Slip *m*
brahmán [bra'man] *m* (REL) Brahmane *m*
braille ['brai̯le] *m* Brailleschrift *f*
brainstorming [brei̯ⁿs'tormiŋ] *m sin pl* Brainstorming *nt*
bramante [bra'man̪te] *m* Bindfaden *m*
bramar [bra'mar] *vi* ① *(animal)* brüllen; *(ciervo)* röhren ② *(persona)* rasen; **está que brama** er/sie tobt vor Wut ③ *(viento)* heulen ④ *(oleaje)* tosen
bramido [bra'miðo] *m* ① *(animales)* Gebrüll *nt*, Brüllen *nt*; *(ciervos)* Röhren *nt* ② *(persona)* Wüten *nt*, Toben *nt* ③ *(viento)* Heulen *nt* ④ *(oleaje)* Tosen *nt*
Brandeburgo [bran̪de'βurɣo] *m* Brandenburg *nt*
brandi, brandy ['bran̪di] *m* Weinbrand *m*
branquia ['braŋkja] *f* Kieme *f*
branquial [braŋ'kjal] *adj* Kiemen-
braquial [bra'kjal] *adj* (ANAT) brachial
brasa ['brasa] *f (de leña)* (Holz)glut *f*; *(de carbón)* (Kohlen)glut *f*; **a la ~** gegrillt
brasear [brase'ar] *vt* grillen
brasero [bra'sero] *m* ① *(como calefacción)* Kohlenbecken *nt* ② *(Am: fuego)* Feuerstelle *f*; *(hogar)* (Küchen)herd *m*
Brasil [bra'sil] *m* **(el)** ~ Brasilien *nt*
brasileño, -a [brasi'leɲo, -a] **I.** *adj* brasilianisch **II.** *m, f* Brasilianer(in) *m(f)*
brava ['braβa] *f* *(Cuba: golpe)* Säbelhieb *m*; **dar una ~** einschüchtern; **a la ~, por las ~s** *(Arg, Cuba, Méx, PRico)* mit Gewalt
bravata [bra'βata] *f* ① *(amenaza)* leere Drohung *f* ② *(bravuconada)* Angeberei *f*
braveza [bra'βeθa] *f* ① *(valentía)* Mut *m*, Tapferkeit *f* ② *(fiereza)* Wildheit *f* ③ *(fuerza de los elementos)* Toben *nt*; *(ímpetu)* Heftigkeit *f*, Gewalt *f*
bravío[1] [bra'βio] *m* Wildheit *f*
bravío, -a[2] [bra'βio, -a] *adj* ① *(animal: salvaje)* wild; *(sin domar)* ungezähmt ② *(planta)* wild (wachsend) ③ *(persona: indómita)* ungestüm; *(rústica)* grob
bravo[1] ['braβo] **I.** *interj* bravo! **II.** *m* Bravo *nt*
bravo, -a[2] ['braβo, -a] *adj* ① *(valiente)* tapfer; *(valeroso)* mutig ② *(bueno)* großartig ③ *(salvaje: animal)* wild; *(persona)* wütend; *(mar)* stürmisch; *(terreno)* unwegsam ④ *(áspero)* grob ⑤ *(fanfarrón)* prahlerisch ⑥ *(Am: picante)* scharf
bravosía [braβo'sia] *f*, **bravosidad** [braβosi'ðaᵈ] *f* ① *(valentía)* Mut *m* ② *(arrogancia)* Überheblichkeit *f*
bravucón, -ona [braβu'kon, -ona] **I.** *adj* prahlerisch **II.** *m, f* Prahlhans *m*
bravuconada [braβuko'naða] *f* Prahlerei *f*
bravura [bra'βura] *f* ① *(de los animales)* Wildheit *f* ② *(de las personas)* Tapferkeit *f* ③ *(pey: bravata)* Prahlerei *f*
braza ['braθa] *f* ① (NÁUT: *unidad de longitud*) ≈ Faden *m (1,80 m)*; *(cabo)* Brasse *f* ② (DEP) Brustschwimmen *nt*
brazada [bra'θaða] *f* ① *(movimiento de los brazos)* Armbewegung *f*; *(al nadar)* Zug *m* ② *(cantidad)* Armvoll *m*

brazalete [braθa'lete] *m* ① *(pulsera)* Armband *nt* ② *(banda)* Armbinde *f*
brazo ['braθo] *m* ① (ANAT) Arm *m;* ~ **derecho** *(fig)* rechte Hand; ~ **de gitano** *(fig: pastel)* Biskuitrolle *f;* **cruzarse de ~s** *(fig)* die Hände in den Schoß legen; **dar el ~ a torcer** klein beigeben; **ir cogidos del ~** Arm in Arm laufen ② *(de una silla)* Armlehne *f* ③ (GEO: *del río*) (Fluss)arm *m; (del mar)* (Meeres)arm *m* ④ (ZOOL) Vorderbein *nt* ⑤ (BIOL) Zweig *m* ⑥ *(poder)* Gewalt *f* ⑦ *pl (jornaleros)* Arbeiter *mpl* ⑧ *pl (protectores)* Beschützer *mpl*
brea ['brea] *f* ① *(alquitrán)* Teer *m* ② *(pez)* Pech *nt*
breakdance ['breik'ðans] *m sin pl* Breakdance *m*
brear [bre'ar] *vt* ① *(maltratar)* plagen; **~ a alguien a golpes** jdn verprügeln ② *(burlarse)* sich lustig machen (**a** über +*akk*)
brebaje [bre'βaxe] *m* ① *(bebida)* Gesöff *nt* ② *(medicina)* Mixtur *f*
brecha ['bretʃa] *f* ① (MIL) Bresche *f* ② *(abertura)* Öffnung *f; (en una pared)* Mauerdurchbruch *m* ③ *(impresión)* Eindruck *m* ④ *(herida en la cabeza)* klaffende Wunde *f* ⑤ (GEO) Breccie *f* ⑥ *(loc)* **estar en la ~** (sehr) engagiert sein
brécol(es) ['brekol(es)] *m(pl)* Brokkoli *pl*
brega ['breɣa] *f* ① *(riña)* Streit *m* ② *(lucha)* Kampf *m* ③ *(trabajo duro)* Rackerei *f* ④ *(burla)* Streich *m*
bregar [bre'ɣar] <g → gu> **I.** *vi* ① *(reñir)* sich streiten (**con** mit +*dat*) ② *(luchar)* kämpfen (**con** gegen +*akk*) ③ *(trabajar duro)* sich abrackern **II.** *vt* einrühren
brenca ['breŋka] *f* (BOT: *fibra*) Narbe *f*, Stigma *nt*
breque ['breke] *m* (FERRO) ① *(Am: freno)* Bremse *f;* **apretar el ~** *(fig)* sich bemühen ② *(Am: vagón)* Gepäckwagen *m*
brescar [bres'kar] <c → qu> *vt (panales de miel)* ausnehmen, ausschneiden
Bretaña [bre'taɲa] *f* Bretagne *f;* **Gran ~** Großbritannien *nt*
brete ['brete] *m* Klemme *f;* **estar en un ~** in der Patsche sitzen; **poner a alguien en un ~** jdn in eine schwierige Lage bringen
bretón, -ona [bre'ton, -ona] **I.** *adj* bretonisch **II.** *m, f* Bretone, -in *m, f*
breva ['breβa] *f* ① *(higo)* (frühe) Feige *f* ② *(cigarro)* flache Zigarre *f; (Am: tabaco)* Kautabak *m* ③ *(ganga)* Glücksfall *m;* **no caerá esa ~** daraus wird nichts werden
breve ['breβe] **I.** *adj* ① *(de duración)* kurz; **en ~** in Kürze ② *(de extensión)* knapp; **ser ~** sich kurzfassen **II.** *m* (PREN) Kurzmeldung *f*
brevedad [breβe'ðaᵈ] *f* ① *(corta duración)* Kürze *f;* **a la mayor ~ posible** baldmöglichst ② *(corta extensión)* Knappheit *f*
brevemente [breβe'meṇte] *adv* kurz; **permítame interrumpir ~** lassen Sie mich kurz unterbrechen
breviario [bre'βjarjo] *m* ① *(libro de rezos)* Brevier *nt* ② *(compendio)* Abriss *m*
brexit ['breˠsit] *m* (POL) Brexit *m*
brezal [bre'θal] *m* Heidelandschaft *f*
brezo ['breθo] *m* (BOT) Heidekraut *nt*
briago, -a ['brjaɣo, -a] *adj (Méx: fam)* besoffen
bribón, -ona [bri'βon, -ona] **I.** *adj* ① *(vago)* faul ② *(pícaro)* verschlagen **II.** *m, f* ① *(bellaco)* Schurke, -in *m, f* ② *(pícaro)* Gauner(in) *m(f)* ③ *(niño)* Strolch *m*
bribonada [briβo'naða] *f* Gaunerei *f*
bribonzuelo, -a [briβoṇ'θwelo, -a] *adj o m, f (fam) dim de* **bribón**
bricolaje [briko'laxe] *m* Basteln *nt*
brida [bri'ða] *f* ① *(de la caballería)* Zaum *m* ② *(del sombrero)* Kinnband *nt* ③ (TÉC: *reborde*) Flansch *m; (arandela)* Schelle *f* ④ *pl* (MED) Verwachsung *f*
brie [brje] *m* (GASTR) (**queso**) ~ Brie(käse) *m*
briefing ['brifiŋ] *m (en publicidad)* Briefing *nt*
brigada[1] [bri'ɣaða] *m* (MIL) ≈ Feldwebel *m*
brigada[2] [bri'ɣaða] *f* ① (MIL) Brigade *f* ② *(de obreros)* Kolonne *f* ③ *(de policía)* Einheit *f*
brillante [bri'ʎaṇte] *m* Brillant *m*
brillantez [briʎaṇ'teθ] *f* ① *(de un objeto)* Glanz *m* ② *(de un acto)* Brillanz *f*
brillantina [briʎaṇ'tina] *f* (Haar)pomade *f*
brillar [bri'ʎar] *vi* funkeln, glänzen; **~ por su ausencia** *(irón)* durch Abwesenheit glänzen
brillo ['briʎo] *m* ① *(reflejo de luz)* Glanz *m;* **dar ~ a algo** etw (auf Hochglanz) polieren ② *(gloria)* Ruhm *m* ③ *(excelencia)* Vortrefflichkeit *f* ④ *(para labios)* Lipgloss *m o nt*
brincar [briŋ'kar] <c → qu> *vi* ① *(saltar)* hüpfen; *(hacia arriba)* hochschnellen ② *(pasar de un tema a otro)* übergehen (**a** zu +*dat*) ③ *(alterarse)* außer sich *dat* sein; **~ de alegría/de rabia** außer sich *dat* vor Freude/vor Wut sein
brinco ['briŋko] *m* Sprung *m;* **dar ~s** springen; **de un ~** mit einem Satz
brindar [briṇ'dar] **I.** *vi (levantar la copa)* anstoßen; **~ por alguien** auf jdn anstoßen **II.** *vt* ① *(ofrecer)* (an)bieten, darbieten ② (TAUR) widmen **III.** *vr:* **~se** sich anbieten
brindis ['briṇdis] *m inv* ① *(el levantar los vasos)* Zutrinken *nt* ② *(frase con que se*

brinda) Trinkspruch *m;* **echar un ~** einen Toast ausbringen

brío ['brio] *m* ❶ *(energía)* Energie *f* ❷ *(pujanza)* Schwung *m* ❸ *(garbo)* Anmut *f*

brioso, -a [bri'oso, -a] *adj* ❶ *(con energía)* energisch ❷ *(con pujanza)* schwungvoll ❸ *(con garbo)* anmutig

briqueta [bri'keta] *f* Brikett *nt*

brisa ['brisa] *f* Brise *f*

británico, -a [bri'taniko, -a] **I.** *adj* britisch **II.** *m, f* Brite, -in *m, f*

brit pop ['brit pop] *m* (MÚS) Britpop *m*

brizna ['briθna] *f* ❶ *(hebra)* Fädchen *nt* ❷ (BOT) Faser *f; (de judías)* Faden *m* ❸ *(porción diminuta)* Krume *f;* **no tiene ni una ~ de humor** er/sie hat kein bisschen Humor ❹ *(Am: llovizna)* Sprühregen *m*

broca ['broka] *f* (TÉC) (Drill)bohrer *m*

brocado [bro'kaðo] *m* Brokat *m*

brocal [bro'kal] *m* (Brunnen)rand *m*

brocha ['brotʃa] *f* ❶ *(pincel grueso)* (Maler)pinsel *m;* **pintor de ~ gorda** Maler *m* ❷ *(de afeitar)* Rasierpinsel *m* ❸ *(fam: mal pintor)* Pins(e)ler *m*

brochazo [bro'tʃaθo] *m* (grober) Pinselstrich *m*

broche ['brotʃe] *m* ❶ *(en la ropa)* Druckknopf *m; (de adorno)* AnsVecknadel *f;* **~ de oro** *(fig)* krönender Abschluss ❷ *(Am: sujetapapeles)* Büroklammer *f* ❸ *pl (Am: gemelos)* Manschettenknöpfe *mpl*

brocheta [bro'tʃeta] *f* (Brat)spieß *m*

brócoli ['brokoli] *m* (BOT) Brokkoli *m*

bróker ['broker] *m* (FIN) Broker *m*

brollar [bro'ʎar] *vi* sprudeln

broma ['broma] *f (gracia)* Scherz *m; (tontería)* Unfug *m;* **~s aparte...** Spaß beiseite ...; **no estoy para ~s** ich bin nicht zum Scherzen aufgelegt

bromatología [bromatolo'xia] *f* (MED) Bromatologie *f*

bromear [brome'ar] *vi, vr:* **~se** spaßen

bromista [bro'mista] **I.** *adj* witzig **II.** *mf* Spaßvogel *m*

bromo ['bromo] *m* (QUÍM) Brom *nt*

bromuro [bro'muro] *m* (QUÍM) Bromid *nt*

bronca ['broŋka] *f* ❶ *(riña)* Streit *m;* **se armó una ~ tremenda** es gab einen Riesenkrach ❷ *(reprimenda)* Zurechtweisung *f* ❸ *(tumulto)* Krawall *m* ❹ *(Am: enfado)* Ärger *m;* **me da ~** das macht mich ärgerlich

bronce ['bron̪θe] *m* Bronze *f*

bronceado[1] [bron̪θe'aðo] *m* ❶ *(de un objeto)* Bronzieren *nt* ❷ *(de la piel: efecto)* (Sonnen)bräune *f; (acción)* Bräunen *nt*

bronceado, -a[2] [bron̪θe'aðo, -a] *adj* ❶ *(objeto)* bronzefarbig ❷ *(piel)* (sonnen)gebräunt

bronceador [bron̪θea'ðor] *m* Sonnenschutzmittel *nt*

broncear [bron̪θe'ar] **I.** *vt* ❶ *(un objeto)* bronzieren ❷ *(la piel)* bräunen **II.** *vr:* **~se** sich bräunen

bronco, -a ['broŋko, -a] *adj* ❶ *(voz)* heiser ❷ *(metal: tosco)* roh; *(quebradizo)* spröde, brüchig ❸ *(genio)* schroff ❹ *(Am: caballo)* wild

bronconeumonía [broŋkoneu̯mo'nia] *f* (MED) Bronchopneumonie *f*

bronquial [broŋ'kjal] *adj* (ANAT, MED) bronchial

bronquio ['broŋkjo] *m* (ANAT) Bronchie *f*

bronquítico, -a [broŋ'kitiko, -a] *m, f* (MED) Bronchitiker(in) *m(f)*

bronquitis [broŋ'kitis] *f inv* (MED) Bronchitis *f*

brontosaurio [bron̪to'sau̯rjo] *m* (ZOOL) Brontosaurus *m*

broquel [bro'kel] *m* ❶ *(escudo)* Schild *nt* ❷ *(amparo)* Schutz *m*

broqueta [bro'keta] *f* (Brat)spieß *m*

brota ['brota] *f* (BOT) Knospe *f*

brotar [bro'tar] **I.** *vi* ❶ (BOT) knospen; *(árbol)* ausschlagen; *(semilla)* aufkeimen ❷ *(agua)* (hervor)quellen (**de** aus +*dat*) ❸ *(enfermedad)* sich zeigen **II.** *vt* hervorbringen

brote ['brote] *m* ❶ (BOT) Knospe *f* ❷ *(comienzo)* Aufkeimen *nt* ❸ *(erupción)* Ausbruch *m* ❹ (GASTR) **~ de soja** Sojaspross *m*

broza ['broθa] *f* ❶ *(hojas)* dürres Laub *nt; (ramas)* Reisig *nt* ❷ *(arbustos)* Dickicht *nt* ❸ *(palabras inútiles)* leeres Gerede *nt* ❹ *(bruza)* Bürste *f*

bruces ['bruθes] *adv* **caer de ~** auf die Nase fallen; **darse de ~ con alguien** *(chocar)* mit jdm zusammenstoßen; *(hallar casualmente)* auf jdn stoßen

bruja ['bruxa] *f* ❶ *(hechizera)* Hexe *f* ❷ *(lechuza)* Eule *f*

Brujas ['bruxas] *f* Brügge *nt*

brujería [bruxe'ria] *f* Hexerei *f*

brujo ['bruxo] *m* ❶ *(hechizero)* Hexenmeister *m* ❷ *(Am: médico)* Medizinmann *m*

brújula ['bruxula] *f* ❶ *(compás)* Kompass *m; (aguja)* Magnetnadel *f;* **perder la ~** *(t. fig)* die Orientierung verlieren ❷ *(mira)* Visier *nt*

brulote [bru'lote] *m (AmS: taco)* Schimpfwort *nt*

bruma ['bruma] *f* leichter Nebel *m*

brumoso, -a [bru'moso, -a] *adj* neblig

Brunéi [bru'nej] *m* Brunei *nt*

bruno, -a ['bruno, -a] *adj* dunkel(braun)

bruñido [bru'ɲiðo] *m* ❶ *(acto)* Polieren *nt* ❷ *(brillo)* Politur *f*
bruñir [bru'ɲir] <*3. pret* bruñó> *vt* ❶ *(sacar brillo)* polieren ❷ *(fig fam: maquillar)* schminken ❸ *(Am: molestar)* belästigen
brusco, -a ['brusko, -a] *adj* ❶ *(repentino)* plötzlich; **un ~ aumento** ein sprunghafter Anstieg ❷ *(áspero)* schroff
Bruselas [bru'selas] *f pl* Brüssel *nt*
brusquedad [bruske'ðað] *f* ❶ *(de un suceso)* Unvermitteltheit *f* ❷ *(de un comportamiento)* Schroffheit *f*; **con ~** schroff
brutal [bru'tal] *adj* ❶ *(violento)* brutal ❷ *(desconsiderado)* schonungslos ❸ *(fam: enorme)* ungeheuerlich ❹ *(fam: estupendo)* toll
brutalidad [brutali'ðað] *f* ❶ *(calidad)* Brutalität *f* ❷ *(acción violenta)* Gewalttat *f*; *(cruel)* Ungeheuerlichkeit *f* ❸ *(cantidad excesiva)* Übermaß *nt* ❹ *(estupidez)* Dummheit *f*
bruto[1] ['bruto] *adj* ❶ *(tosco)* roh; **diamante en ~** Rohdiamant *m* ❷ *(peso)* brutto
bruto, -a[2] ['bruto, -a] **I.** *adj* ❶ *(brutal)* brutal ❷ *(rudo)* grob ❸ *(estúpido)* dumm **II.** *m, f* ❶ *(persona brutal)* Rohling *m* ❷ *(idiota)* Dummkopf *m*
bucal [bu'kal] *adj* Mund-; **por vía ~** oral
bucanero [buka'nero] *m* Seeräuber *m*
búcaro ['bukaro] *m (jarra)* Wasserkrug *m*; *(florero)* (Blumen)vase *f*
buceador(a) [buθea'ðor(a)] *m(f)* (Sport)taucher(in) *m(f)*
bucear [buθe'ar] *vi* ❶ *(nadar)* tauchen ❷ *(investigar)* forschen (**en** in +*dat*)
buceo [bu'θeo] *m* (Sport)tauchen *nt*
buchada [bu'ʧaða] *f (de comida)* Mund *m* voll; *(de bebida)* Schluck *m*
buche ['buʧe] *m* ❶ *(en las aves)* Kropf *m* ❷ *(fam: estómago)* Magen *m* ❸ *(bocanada)* Schluck *m* ❹ *(pliegue en la ropa)* Falte *f* ❺ *(lo más íntimo)* Herz *nt*; **guardar algo en el ~** mit etw *dat* hinter dem Berg halten
bucle ['bukle] *m* ❶ *(rizo de cabello)* (Ringel)locke *f* ❷ *(onda, t.* INFOR) Schleife *f*
bucólico, -a [bu'koliko, -a] *adj* Hirten-; (LIT) bukolisch
buda ['buða] *m* Buddha *m*
budin ['buðin] *m* (GASTR) Pudding *m*
budín [bu'ðin] *m* (GASTR) Pudding *m*
budismo [bu'ðismo] *m sin pl* Buddhismus *m*
budista [bu'ðista] **I.** *adj* buddhistisch **II.** *mf* Buddhist(in) *m(f)*
buen [bwen] *adj v.* **bueno**[2]
buenamente [bwena'meṇte] *adv* ❶ *(fácilmente)* mühelos ❷ *(voluntariamente)* freiwillig
buenaventura [bwenaβeṇ'tura] *f* ❶ *(suerte)* Glück *nt* ❷ *(adivinación)* Wahrsagung *f*; **echar la ~ a alguien** jdm die Zukunft voraussagen
buenazo, -a [bwe'naθo, -a] **I.** *adj* herzensgut **II.** *m, f* herzensguter Mensch *m*
bueno[1] ['bweno] *interj* na gut!
bueno, -a[2] ['bweno, -a] *adj* <mejor *o* más bueno, el mejor *o* bonísimo *o* buenísimo> *(delante de un sustantivo masculino: buen)* ❶ *(calidad)* gut; *(tiempo)* schön; *(constitución)* kräftig; *(decisión)* richtig; **~s días** guten Morgen; **buenas (tardes/noches)** guten Tag/Abend; **buen viaje** gute Reise; **hace ~** es ist schönes Wetter; **dar algo por ~** etw gutheißen; **estar de buenas** gut aufgelegt sein; **lo que tiene de ~ es que...** das Gute daran ist, dass ...; **por las buenas o por las malas** wohl oder übel ❷ *(apropiado)* geeignet ❸ *(fácil)* leicht; **el libro es ~ de leer** das Buch liest sich gut ❹ *(honesto)* anständig; *(bondadoso)* gütig; *(niño)* lieb; **es buena gente** das sind anständige Leute ❺ *(sano)* gesund ❻ *(fam: atractivo)* attraktiv; **está buenísima** sie sieht klasse aus ❼ *(bastante)* beträchtlich ❽ *(bonito)* schön; **¡buena la has hecho!** *(fig)* da hast du etwas Schönes angerichtet!; **¡estaría ~!** *(fig)* das wäre noch schöner!
buey [bwei̯] *m* ❶ (ZOOL) Ochse *m* ❷ *(AmC: cornudo)* betrogener Ehemann *m*
bufa ['bufa] *f* ❶ *(burla)* Spott *m* ❷ *(bufonada)* dummer Streich *m*, Unfug *m*; **estoy harta de tus ~s** ich habe deine Faxen satt
búfalo ['bufalo] *m* Büffel *m*
bufanda [bu'faṇda] *f* Schal *m*
bufar [bu'far] *vi* ❶ *(resoplar)* schnauben; *(gato)* fauchen; **está que bufa** er/sie ist außer sich *dat* ❷ *(Am: oler mal)* stinken
bufé [bu'fe] *m* ❶ *(comida)* (kaltes) Büfett *nt* ❷ *(mesa)* Büfett *nt* ❸ *(local)* Bahnhofsrestaurant *nt*
bufeo [bu'feo] *m (Ant, Hond, Méx: delfín)* Delfin *m*; *(tonina)* Tümmler *m*
bufet [bu'fe] *m (Am)* ❶ *(aparador)* Büfett *nt* ❷ *(cena fría)* kaltes Büfett *nt* ❸ *(restaurante)* Hotelrestaurant *nt*
bufete [bu'fete] *m* ❶ *(escritorio)* Schreibtisch *m* ❷ *(de abogado)* (Rechts)anwaltskanzlei *f*; **abrir ~** sich als Anwalt niederlassen ❸ *(clientela)* Klientel *f* ❹ *(aparador)* Büfett *nt*
buffer ['bafer] *m* (INFOR) Puffer *m*; **~ de impresión** Druckausgabepuffer *m*
bufido [bu'fiðo] *m* ❶ *(resoplido, t. fig)* (Wut)schnauben *nt* ❷ *(exabrupto)* Rüffel *m*

bufón, -ona [buˈfon, -ona] **I.** *adj* närrisch **II.** *m, f* ❶ *(bromista)* Spaßmacher(in) *m(f)* ❷ (TEAT) Narr *m*
bufonada [bufoˈnaða] *f* ❶ *(burla)* Narrheit *f* ❷ (TEAT) Posse *f*
buganvilla [buɣamˈbiʎa] *f* (BOT) Bougainvillea *f*
buggy [ˈbuɣi] *m* Buggy *m*
buhardilla [bwarˈðiʎa] *f* ❶ *(ventana)* Dachluke *f* ❷ *(desván)* Dachboden *m* ❸ *(vivienda)* Mansarde *f*
búho [ˈbuo] *m* ❶ (ZOOL) Uhu *m* ❷ *(persona)* mürrischer Mensch *m* ❸ *(línea de autobús)* Nachtbus *m*
buhonero [buoˈnero] *m* Hausierer *m*
buitre [ˈbwitre] *m* *(t. fam: persona)* (Aas)geier *m*
buitrear [bwitreˈar] *vi* ❶ *(Am: cazar)* (Geier) jagen ❷ *(CSur: vomitar)* erbrechen
bujarrón [buxaˈrron] **I.** *adj* *(pey)* warm, schwul **II.** *m* *(pey)* Homo *m*, warmer Bruder *m*
bujía [buˈxia] *f* ❶ *(vela)* (Wachs)kerze *f* ❷ *(candelero)* Leuchter *m* ❸ (AUTO) Zündkerze *f* ❹ (FÍS) Candela *f*
bula [ˈbula] *f* (päpstliche) Bulle *f*
bulbo [ˈbulβo] *m* (BOT) (Blumen)zwiebel *f*, Knolle *f*
bulboso, -a [bulˈβoso, -a] *adj* (BOT) Zwiebel-; **los tulipanes son plantas bulbosas** Tulpen sind Zwiebelpflanzen
bulevar [buleˈβar] *m* Boulevard *m*
Bulgaria [bulˈɣarja] *f* Bulgarien *nt*
búlgaro, -a [ˈbulɣaro, -a] **I.** *adj* bulgarisch **II.** *m, f* Bulgare, -in *m, f*
bulimia [buˈlimja] *f sin pl* (MED) Bulimie *f*
bulla [ˈbuʎa] *f* ❶ *(ruido)* Krach *m* ❷ *(aglomeración)* Gedränge *nt;* *(confusión)* Tumult *m* ❸ *(Am: pelea)* Schlägerei *f*
bullabesa [buʎaˈβesa] *f* (GASTR) Bouillabaisse *f*
bullaje [buˈʎaxe] *m* Gedränge *nt*, (Menschen)gewühl *nt*
bullanguero, -a [buʎaŋˈgero, -a] **I.** *adj* aufrührerisch **II.** *m, f* Unruhestifter(in) *m(f)*
bulldozer [bul̩ˈðoθer] *m*, **bulldózer** [bul̩ˈðoθer] *m* Bulldozer *m*
bullicio [buˈʎiθjo] *m* ❶ *(ruido)* Lärm *m* ❷ *(sedición)* Aufstand *m* ❸ *(tumulto)* Tumult *m*
bullicioso, -a [buʎiˈθjoso, -a] *adj* laut
bullidor(a) [buʎiˈðor(a)] *adj* zapp(e)lig, unruhig
bullir [buˈʎir] <*3. pret* bulló> **I.** *vi* ❶ *(hervir)* kochen; *(borbotar)* sprudeln; **~le a alguien la sangre (en las venas)** *(fig)* voller Tatendrang sein ❷ *(agitarse)* sich tummeln; *(moverse)* sich regen ❸ *(pulular)* wimmeln **II.** *vt* bewegen **III.** *vr:* **~se** sich bewegen
bulo [ˈbulo] *m* Gerücht *nt*
bulto [ˈbul̩to] *m* ❶ *(tamaño)* Umfang *m;* **de ~** sperrig ❷ *(importancia)* Bedeutung *f;* *(esencia)* Kern *m;* **un error de ~** ein bedeutender Fehler ❸ *(cuerpo indistinguible)* undeutliche Gestalt *f* ❹ *(fardo)* Bündel *nt* ❺ *(paquete)* Gepäckstück *nt* ❻ (MED) Geschwulst *f* ❼ *(loc)* **a ~** ungefähr; **escurrir el ~** *(fam)* sich verdrücken
bum [bun] *m* Boom *m*, Aufschwung *m*
bumerán [bumeˈran] *m*, **bumerang** [bumeˈran] *m* Bumerang *m;* **efecto ~** Bumerangeffekt *m*
bungaló [buŋgaˈlo] *m*, **bungalow** [buŋgaˈlo] *m* Bungalow *m*
búnker [ˈbunker] *m* (MIL) Bunker *m*
buñuelo [buˈɲwelo] *m* ❶ *(pastel)* ≈ Krapfen *m;* **~ de viento** Windbeutel *m* ❷ *(chapuza)* Pfuscharbeit *f*
BUP [bup] *m abr de* **Bachillerato Unificado Polivalente** (HIST) ≈ (gymnasiale) Oberstufe *f*
buque [ˈbuke] *m* ❶ *(barco)* Schiff *nt;* **~ de pasajeros** Passagierdampfer *m;* **~ portacontenedores** Containerschiff *nt* ❷ *(casco)* Schiffsrumpf *m* ❸ *(cabida)* Fassungsvermögen *nt*
buqué [buˈke] *m* Bukett *nt*
buque cisterna [ˈbuke θisˈterna] *m* <buques cisterna> Tanker *m*
buraco [buˈrako] *m* *(Arg, Par, Urug)* Loch *nt*
burata [buˈrata] *f* *(Ven)* Geld *nt*
burbuja [burˈβuxa] *f* (Luft)blase *f;* **~ financiera** Finanzblase *f;* **~ inmobiliaria** Immobilienblase *f*
burbujeante [burβuxeˈan̩te] *adj* sprudelnd
burbujear [burβuxeˈar] *vi* sprudeln
burbujeo [burβuˈxeo] *m* Sprudeln *nt*
burdel [burˈðel] *m* Bordell *nt*
burdeos [busˈðeos] **I.** *adj* bordeaux(rot); **unos guantes (de color) ~** bordeauxrote Handschuhe **II.** *m inv* Bordeaux(wein) *m*
Burdeos [burˈðeos] *m* Bordeaux *nt*
burdo, -a [ˈburðo, -a] *adj* *(tosco)* grob; *(excusa)* plump
bureo [buˈreo] *m* Vergnügen *nt;* **ir de ~** einen draufmachen *fam*
burgalés, -esa [burɣaˈles, -esa] **I.** *adj* aus Burgos **II.** *m, f* Einwohner(in) *m(f)* von Burgos
burgo [ˈburɣo] *m* ❶ *(aldea)* Weiler *m* ❷ (HIST: *castillo*) Burg *f*
burgomaestre [burɣomaˈestre] *m* Bürgermeister(in) *m(f)*
burgués, -esa [burˈɣes, -esa] **I.** *adj* ❶ *(de*

la clase media) bürgerlich ② *(pey: mediocre)* spießerhaft **II.** *m, f* ① *(ciudadano)* Bürger(in) *m(f)* ② *(persona mediocre)* Spießer(in) *m(f)*

burguesía [burɣe'sia] *f* Bürgertum *nt*

burguesismo [burɣe'sismo] *m* (SOCIOL) Bürgerlichkeit *f*, bürgerliche Lebensweise *f*

Burkina Faso [bur'kina 'faso] *f* Burkina Faso *nt*

burla ['burla] *f* ① *(mofa)* Spott *m;* **hacer ~ de alguien** sich über jdn lustig machen ② *(broma)* Scherz *m;* **~s aparte** Spaß beiseite ③ *(engaño)* (übler) Streich *m*

burlador(a) [burla'ðor(a)] **I.** *adj* spöttisch **II.** *m(f)* ① *(mofador)* Spötter(in) *m(f)* ② *(bromista)* Spaßmacher(in) *m(f)* ③ *(seductor)* Verführer(in) *m(f)*

burlar [bur'lar] **I.** *vt* ① *(mofarse)* verspotten ② *(engañar)* täuschen ③ *(frustrar)* zunichtemachen ④ *(eludir)* umgehen; *(orden)* missachten; *(bloqueo)* brechen ⑤ *(seducir)* verführen **II.** *vr:* **~se** Spaß machen

burlesco, -a [bur'lesko, -a] *adj* ① *(jocoso)* spaßig ② (LIT) possenhaft

burlón, -ona [bur'lon, -ona] **I.** *adj* spöttisch **II.** *m, f* ① *(mofador)* Spötter(in) *m(f)* ② *(guasón)* Witzbold *m*

buró [bu'ro] *m* ① *(escritorio)* Schreibtisch *m* ② *(Am: mesa de noche)* Nachttisch *m*

burocracia [buro'kraθja] *f* Bürokratie *f*

burócrata [bu'rokrata] *mf* Bürokrat(in) *m(f)*

burocrático, -a [buro'kratiko, -a] *adj* bürokratisch

burocratismo [burokra'tismo] *m sin pl* Bürokratismus *m*

burocratizar [burokrati'θar] <z → c> *vt* bürokratisieren

burra ['burra] *f (argot: motocicleta)* (alte) Mühle *f*

burrada [bu'rraða] *f* ① *(manada)* Eselherde *f* ② *(fam: disparate)* Unsinn *m;* **decir ~s** dummes Zeug reden ③ *(fam: cantidad grande)* Unmenge *f*

burro[1] ['burro] *m* ① *(armazón)* (Säge)bock *m* ② *(AmC: escalera)* Zimmerleiter *f* ③ *(AmC: columpio)* Schaukel *f*

burro, -a[2] ['burro, -a] **I.** *adj* ① *(tonto)* dumm ② *(obstinado)* stur **II.** *m, f* ① (ZOOL) Esel(in) *m(f);* **~ de carga** *(t. fig)* Packesel *m* ② *(persona tonta)* Trottel *m;* **~ cargado de letras** Fachidiot *m* ③ *(persona obstinada)* Starrkopf *m* ④ *(persona trabajadora)* Arbeitstier *nt* ⑤ *(loc)* **apearse del ~** nachgeben; **no ver tres en un ~** stockblind sein

bursátil [bur'satil] *adj* Börsen-; **información ~** Börsenbericht *m*

Burundi [burun̩'di] *m* Burundi *nt*

bus [bus] *m* (*t.* INFOR) Bus *m*

busaca [bu'saka] *f* ① *(Col, Ven: bolsa)* Tasche *f* ② *(Ven: cartera)* Schulmappe *f*

busca ['buska] *f* Suche *f;* **en ~ de alguien** auf der Suche nach jdm

buscabullas [buska'βuʎas] **I.** *adj* Unruhe stiftend **II.** *mf inv* Unruhestifer(in) *m(f)*

buscador[1] [buska'ðor] *m* (INFOR) Suchmaschine *f*

buscador(a)[2] [buska'ðor(a)] **I.** *adj* Such-, suchend **II.** *m(f)* Sucher(in) *m(f);* **los ~es de oro** die Goldsucher

buscapié [buska'pje] *m* Bemerkung *f*

buscapleitos [buska'pleḭtos] *mf inv (Am)* Unruhestifter(in) *m(f)*

buscar [bus'kar] <c → qu> *vi, vt* suchen; **enviar a alguien a ~ algo** jdn nach etw *dat* schicken; **ir a ~** (ab)holen; **él se la ha buscado** er hat es nicht anders gewollt

buscavidas [buska'βiðas] *mf inv* ① *(curioso)* Schnüffler(in) *m(f)* ② *(diligente)* Lebenskünstler(in) *m(f)*

buscona [bus'kona] *f* Hure *f abw*

búsqueda ['buskeða] *f* (*t.* INFOR) Suche *f*

bustier [bus'tjer] *m* Bustier *nt*

busto ['busto] *m* ① *(escultura)* Büste *f* ② *(cuadro)* Porträt *nt* ③ (ANAT) Oberkörper *m*

butaca [bu'taka] *f* ① *(silla)* Lehnstuhl *m* ② *(de cine, de teatro)* Parkettsitz *m*

Bután [bu'tan] *m* Bhutan *nt*

butano [bu'tano] **I.** *adj* orange(n) **II.** *m* ① (QUÍM) Butan(gas) *nt* ② *(color)* Orange *nt*

buten ['buten] *m* **de ~** *(fam)* toll, großartig

butifarra [buti'farra] *f* ① *(embutido) katalanische Presswurst* ② *(salchicha)* Bratwurst *f* ③ *(Am: media)* zu weiter Strumpf *m*

butrón [bu'tron] *m (fam)* Einbruch *m*

buzo ['buθo] *m* ① *(buceador)* Taucher *m* ② *(mono)* Overall *m*

buzón [bu'θon] *m* ① *(de correos)* Briefkasten *m; (de casa)* (Haus)briefkasten *m;* **~ (electrónico)** (INFOR) Mailbox *f;* **~ de voz** Voicemail *f* ② *(canal)* Abzugskanal *m* ③ *(tapón)* Stöpsel *m*

buzoneo [buθo'neo] *m* Briefkastenwerbung *f*

buzonfia [bu'θoɱfja] *f* (INFOR: *fam)* Spam *nt*

byte [baḭt] *m* (INFOR) Byte *nt;* **~ de control** Prüfbyte *nt*

Cc

C, c [θe] *f* C, c *nt;* **~ de Carmen** C wie Cäsar

C/ ['kaʎe] *abr de* **calle** Str.

cabal [ka'βal] **I.** *adj* ① *(completo)* vollständig ② *(persona)* redlich **II.** *m* **no estar en sus ~es** nicht alle Tassen im Schrank haben *fam*

cabalgada [kaβal'ɣaða] *f* ① *(jornada a caballo)* (Tages)ausritt *m;* **después de la ~ me dolían los huesos** nach dem Tag im Sattel taten mir alle Knochen weh ② (HIST, MIL) Reitertrupp *m*

cabalgadura [kaβalɣa'ðura] *f (de montura)* Reittier *nt; (de carga)* Lasttier *nt*

cabalgar [kaβal'ɣar] <g → gu> **I.** *vi* reiten **II.** *vt* ① *(a caballo)* reiten ② *(el macho a la hembra)* bespringen

cabalgata [kaβal'ɣata] *f* Umzug *m*

cabalístico, -a [kaβa'listiko, -a] *adj* ① *(incomprensible)* unverständlich ② *(misterioso)* geheimnisvoll

caballa [ka'βaʎa] *f* Makrele *f*

caballar [kaβa'ʎar] *adj* Pferde-; **cría ~** Pferdezucht *f*

caballeresco, -a [kaβaʎe'resko, -a] *adj* ① (HIST) Ritter- ② *(galante)* ritterlich

caballería [kaβaʎe'ria] *f* ① *(montura)* Reittier *nt* ② (MIL) Kavallerie *f*

caballeriza [kaβaʎe'riθa] *f* Reitstall *m*

caballero [kaβa'ʎero] *m* ① *(señor)* Herr *m* ② *(galán)* Gentleman *m* ③ (HIST) Ritter *m*

caballerosidad [kaβaʎerosi'ðaᵈ] *f* ① *(galantería)* Höflichkeit *f* ② *(generosidad)* Großmut *f*

caballeroso, -a [kaβaʎe'roso, -a] *adj* ① *(galante)* höflich ② *(generoso)* großmütig

caballeta [kaβa'ʎeta] *f* (ZOOL) Heuschrecke *f*

caballete [kaβa'ʎete] *m* ① *(de mesa)* Bock *m* ② *(de cuadro)* Staffelei *f* ③ *(bicicletas, motos)* Ständer *m;* **~ lateral** Seitenständer *m*

caballito [kaβa'ʎito] *m* ① (ZOOL) **~ del diablo** Libelle *f;* **~ de mar** Seepferdchen *nt* ② *(juguete: mecedor)* Schaukelpferd *nt; (de palo)* Steckenpferd *nt* ③ *pl (en una feria)* Karussell *nt*

caballo [ka'βaʎo] *m* ① *(animal)* Pferd *nt;* **a ~** zu Pferde; **ir a ~** reiten; **~ de batalla** *(fig)* Kernpunkt *m* ② *(ajedrez)* Springer *m* ③ (DEP) **~ de carreras** Rennpferd *nt;* **~ de saltos** Sprungpferd *nt* ④ *(naipes)* ≈ Dame *f* ⑤ *(argot: heroína)* Heroin *nt* ⑥ **caballito de mar** Seepferdchen *nt*

cabaña [ka'βaɲa] *f* ① *(choza)* Hütte *f* ② (AGR) Viehbestand *m*

cabaré [kaβa're] *m,* **cabaret** [kaβa're] *m* <cabarets> Kabarett *nt*

cabecear [kaβeθe'ar] **I.** *vi* ① *(mover la cabeza)* den Kopf schütteln ② *(dormitar)* einnicken **II.** *vt* (DEP) köpfen

cabeceo [kaβe'θeo] *m* Hin- und Herbewegung *f;* (NÁUT) Stampfen *nt; (con la cabeza)* Nicken *nt*

cabecera [kaβe'θera] *f* ① *(de una cama)* Kopfende *nt* ② *(de la mesa)* Stirnseite *f; (plaza de honor)* Ehrenplatz *m;* **médico de ~** Hausarzt *m* ③ *(del periódico)* Zeitungskopf *m*

cabecilla [kaβe'θiʎa] *mf* Anführer(in) *m(f)*

cabellera [kaβe'ʎera] *f* ① *(de la cabeza)* Haare *nt pl; (abundante)* Mähne *f* ② (ASTR) Schweif *m*

cabello [ka'βeʎo] *m* Haar(e) *nt(pl);* **se le pusieron los ~s de punta** ihm/ihr standen die Haare zu Berge; **traído por los ~s** an den Haaren herbeigezogen

caber [ka'βer] *vi irr* ① *(tener espacio)* (hinein)passen (**en** in +*akk*); **no ~ en sí de...** außer sich *dat* sein vor ...; **no me cabe en la cabeza** ich kann es nicht fassen; **esta falda no me cabe** dieser Rock passt mir nicht ② *(pasar)* durchgehen (**por** durch +*akk*) ③ *(loc)* **cabe la posibilidad de que...** +*subj* es besteht die Möglichkeit, dass ...; **no cabe duda** (**de que...**) es steht außer Zweifel(, dass ...)

cabestrillo [kaβes'triʎo] *m* Schlinge *f*

cabestro [ka'βestro] *m* ① *(ronzal)* Halfter *m o nt* ② *(cuerda)* Strick *m* ③ *(animal)* Leitochse *m (einer Stierherde)*

cabeza[1] [ka'βeθa] *f* ① (*t.* ANAT, TÉC) Kopf *m;* **~ de ajo** Knoblauchknolle *f;* **~ atómica** Atomsprengkopf *m;* **~ de lectura** [*o* **lectora**] (INFOR) Lesekopf *m;* **~ de partido** Bezirkshauptstadt *f;* **~ abajo** auf dem Kopf (stehend); **~ arriba** aufrecht; **de ~** kopfüber; **por ~** pro Kopf; **abrirse la ~** sich *dat* den Kopf einschlagen; **asentir con la ~** nicken; **negar con la ~** den Kopf schütteln; **se me va la ~** mir wird schwindelig; **de la ~ a los pies** von Kopf bis Fuß; **estar mal de la ~** *(fam)* einen Vogel haben; **jugarse la ~** Kopf und Kragen riskieren; **mételo en la ~** schreib's dir hinter die Ohren; **algo se le pasa a alguien por la ~** jdm geht etw durch den Kopf; **quitarse algo de la ~** sich *dat* etw aus dem Kopf schlagen;

C

sentar (la) ~ sich in geordnete Bahnen begeben; **tener buena/mala ~** ein gutes/schlechtes Gedächtnis haben; **tener la ~ dura** dickköpfig sein; **traer de ~** Kummer machen; **levantar ~** sein Tief überwinden; **este chico tiene ~** dieser Junge ist ein kluger Kopf; **tener ~ para los negocios** geschäftstüchtig sein ② *(extremo)* Spitze *f;* **ir en ~** (DEP) führen ③ (AGR: *res*) Stück *nt*

cabeza[2] [ka'βeθa] *m* (An)führer *m;* **~ de familia** Familienoberhaupt *nt;* **~ rapada** Skinhead *m*

cabezada [kaβe'θaða] *f* Schlag *m* (auf den Kopf); **dar** [*o* **echar**] **una ~** *(fam)* ein Nickerchen machen

cabezal [kaβe'θal] *m* ① *(almohada)* Kopfkissen *nt* ② (TÉC) Kopf *m;* **~ de escritura** (INFOR) Schreibkopf *m;* **~ de grabación** (INFOR) Druckkopf *m*

cabezazo [kaβe'θaθo] *m* ① *(golpe)* Schlag *m* (auf den Kopf); **darse un ~** sich *dat* den Kopf anstoßen ② (DEP) Kopfball *m*

cabezón, -ona [kaβe'θon, -ona] **I.** *adj* ① *(de cabeza grande)* großköpfig ② *(fam: obstinado)* dickköpfig **II.** *m, f* Dickkopf *m*

cabezonería [kaβeθone'ria] *f (fam)* Dickköpfigkeit *f*

cabezudo[1] [kaβe'θuðo] *m Figur bei Festumzügen mit einem riesigem Pappkopf*

cabezudo, -a[2] [kaβe'θuðo, -a] *adj v.* **cabezón**

cabida [ka'βiða] *f* Fassungsvermögen *nt*

cabildo [ka'βil̪do] *m* ① *(ayuntamiento)* Gemeinderat *m; (en las islas Canarias)* Inselrat *m;* **~ abierto** Gemeinderatssitzung *f* ② *(en la Iglesia católica)* Domkapitel *nt* ③ *(cofradía)* Zunft *f*

cabillo [ka'βiʎo] *m* (BOT) Stängel *m,* Stiel *m*

cabina [ka'βina] *f* Kabine *f; (en la playa)* Umkleidekabine *f;* **~ de control** (TÉC) Regieraum *m;* **~ del piloto** Cockpit *nt;* **~ del maquinista** Führerstand *m;* **~ de proyección** Filmvorführraum *m;* **~ de teléfonos** Telefonzelle *f*

cabinera [kaβi'nera] *f (Col)* Flugbegleiterin *f,* Stewardess *f*

cabizbajo, -a [kaβiθ'βaxo, -a] *adj* mit gesenktem Kopf; *(triste)* niedergeschlagen

cable ['kaβle] *m* ① (ELEC) Kabel *nt;* **~ de alimentación** Stromkabel *nt;* **~ USB** (INFOR) USB-Kabel *nt;* **televisión por ~** Kabelfernsehen *nt;* **se le cruzaron los ~s** *(fam)* er/sie ist durchgedreht; **echar un ~ a alguien** *(fam)* jdm aus der Klemme helfen ② *(telegrama)* Telegramm *nt*

cableado [kaβle'aðo] *m* Verkabelung *f*

cabo ['kaβo] *m* ① *(extremo)* Ende *nt;* **al fin y al ~** letzten Endes; **de ~ a rabo** von A bis Z; **llevar a ~** vollbringen; **no dejar ningún ~ suelto** keinen Punkt außer Acht lassen ② (GEO) Kap *nt;* **cabo de Buena Esperanza** Kap der Guten Hoffnung; **cabo de Hornos** Kap Hoorn; **C~ Verde** Kap Verde *nt;* **Ciudad del C~** Kapstadt *nt* ③ (MIL) Gefreite(r) *m* ④ (NÁUT) Seil *nt* ⑤ *(loc)* **al ~ de** nach *+dat*

cabotaje [kaβo'taxe] *m* ① (NÁUT) Küstenschifffahrt *f* ② (JUR) Kabotage *f*

cabra ['kaβra] *f* Ziege *f;* **~ montés** Steinbock *m;* **estar como una ~** *(fam)* spinnen

cabrajo [ka'βraxo] *m* (ZOOL) Hummer *m*

cabreante [kaβre'an̪te] *adj (fam)* (sehr) ärgerlich; **¡ésto sí que es ~!** das ist wirklich ärgerlich!

cabrear [kaβre'ar] **I.** *vt (fam)* wütend machen; **estar cabreado** stinksauer sein **II.** *vr:* **~se** *(fam)* wütend sein

cabreo [ka'βreo] *m (fam)* Wut *f;* **¡qué ~!** so ein Ärger!

cabrero, -a [ka'βrero, -a] *m, f* Ziegenhirt(in) *m(f)*

cabrestante [kaβres'tan̪te] *m* ① (TÉC) Winde *f* ② (NÁUT) Spill *nt*

cabria ['kaβrja] *f* Hebekran *m,* Winde *f*

cabriola [ka'βrjola] *f* Kapriole *f;* **hacer ~s** herumspringen

cabriolé [kaβrjo'le] *m* Cabrio(let) *nt*

cabritilla [kaβri'tiʎa] *f* Glacéleder *nt*

cabritillo, -a [kaβri'tiʎo, -a] *m, f* Zicklein *nt*

cabrito, -a [ka'βrito, -a] *m, f* ① *(animal)* Zicklein *nt* ② *(vulg pey: persona)* Arschloch *nt*

cabro ['kaβro] *m (AmS)* Junge *m*

cabrón[1] [ka'βron] *m* ① *(animal)* Ziegenbock *m* ② *(vulg pey: cornudo)* Hahnrei *m*

cabrón, -ona[2] [ka'βron, -ona] *m, f (vulg pey)* Arschloch *nt*

cabronada [kaβro'naða] *f (vulg pey)* Sauerei *f fam*

caca ['kaka] *f (fam)* ① *(excremento)* Kot *m; (lenguaje infantil)* Aa *nt* ② *(chapuza)* Mist *m,* Kacke *f*

cacahuatl [kaka'waᵈl] *m sin pl (Méx)* Kakao *m*

cacahuete [kaka'wete] *m* Erdnuss *f*

cacalote [kaka'lote] *m (AmC)* ① (GASTR) Popcorn *nt,* Puffmais *m* ② *(fam: disparate)* Quatsch *m*

cacao [ka'kao] *m* ① *(planta)* Kakao *m* ② *(fam: jaleo)* Radau *m;* **pedir ~** *(Am)* sich ergeben

cacarear [kakare'ar] **I.** *vi* ① *(gallinas)* gackern ② *(fam: presumir)* aufschneiden **II.** *vt (fam)* ① *(presumir)* angeben (mit *+dat*) ② *(pregonar)* ausposaunen

cacareo [kaka'reo] *m (gallina)* Gackern *nt;*

(gallo) Krähen *nt;* **el ~ del gallo me despertó** vom Krähen des Hahns wurde ich wach

cacastle [ka'kasᵈle] *m (AmC, Méx)* Skelett *nt*

cacatúa [kaka'tua] *f* ❶ (ZOOL) Kakadu *m* ❷ *(fam: mujer)* Vogelscheuche *f*

cacería [kaθe'ria] *f* ❶ *(partida)* Jagd *f* ❷ *(piezas)* Jagdbeute *f*

cacerola [kaθe'rola] *f* (flacher) Kochtopf *m*

cacha ['katʃa] *f* Ummantelung *f (eines Schaftes)*

cachafaz [katʃa'faθ] *adj (AmS)* frech

cachalote [katʃa'lote] *m* (ZOOL) Pottwal *m*

cachano [ka'tʃano] *m (fam: demonio)* Teufel *m*

cachar [ka'tʃar] *vt* ❶ *(AmC, Col, Chil: cornear)* auf die Hörner nehmen ❷ *(Arg, Nic, Urug: asir)* (an)fassen ❸ *(AmC: hurtar)* stehlen ❹ *(Arg, Chil: agarrar)* erwischen ❺ *(Am: al vuelo)* auffangen

cacharrazo [katʃa'rraθo] *m* ❶ *(golpe)* Aufprall *m* ❷ *(sonido)* Geklirr *nt*

cacharrería [katʃarre'ria] *f* ❶ *(tienda)* Töpferladen *m;* **como un elefante en una ~** wie ein Elefant im Porzellanladen ❷ *(trastos)* Krempel *m fam;* **vete con tu ~ a otra parte** scher dich mit deinem Krempel woandershin *fam*

cacharro [ka'tʃarro] *m* ❶ *(recipiente)* Topf *m* ❷ *(fam pey: aparato)* Schrott *m* ❸ *(fam pey: trasto)* Kram *m;* **¡quita ese ~ de ahí!** nimm das Zeug da weg!

cachas[1] ['katʃas] **I.** *adj inv* ❶ *(fam: fuerte)* kräftig ❷ *(vulg: sexi)* scharf *fam* **II.** *fpl (fam)* Hintern *m*

cachas[2] ['katʃas] *mf inv (fam: hombre)* Muskelpaket *nt; (fam: mujer)* muskulöse Frau *f*

cachaza [ka'tʃaθa] *f* ❶ *(sosiego)* Gelassenheit *f* ❷ *(flema)* Phlegma *nt*

cachazudo, -a [katʃa'θuðo, -a] *adj* gelassen

cachear [katʃe'ar] *vt* durchsuchen

cachemir [katʃe'mir] *m* ❶ *(tejido)* Kaschmir *m* ❷ *(estampado)* Paisley(muster) *nt*

cacheo [ka'tʃeo] *m* Leibesvisitation *f*

cachetada [katʃe'taða] *f* Ohrfeige *f*

cachete [ka'tʃete] *m* ❶ *(golpe)* Klaps *m* ❷ *(carrillo)* Pausbacke *f*

cachidiablo [katʃi'ðjaβlo] *m (fam)* Verkleidung *f* als Teufel

cachigordo, -a [katʃi'ɣorðo, -a] *adj (fam)* pummelig

cachimba [ka'tʃimba] *f (Am)* ❶ *(pipa)* Pfeife *f* ❷ *(cartucho)* Patronenhülse *f*

cachiporra [katʃi'porra] *f* Knüppel *m*

cachivache [katʃi'βatʃe] *m (fam)* ❶ *(pey: persona)* Trottel *m* ❷ *pl (trasto)* Krempel *m*

cacho ['katʃo] *m* ❶ *(fam: pedazo)* Brocken *m; (de cristal)* Scherbe *f* ❷ *(Arg, Col, Méx, Perú: cuerno)* Horn *nt*

cachondear [katʃoṇde'ar] **I.** *vi (vulg)* knutschen *fam* **II.** *vt (vulg)* aufgeilen *fam* **III.** *vr:* **~se** *(vulg)* verarschen (**de** +*akk*)

C

cachondeo [katʃoṇ'deo] *m* ❶ *(fam: broma)* Ulk *m; (juerga)* Heidenspaß *m;* **tomar algo a ~** etw auf die leichte Schulter nehmen; **esto es un ~** hier geht es zu wie im Affenkäfig ❷ *(vulg: burla)* Spott *m*

cachondo, -a [ka'tʃoṇdo, -a] **I.** *adj* ❶ *(vulg: sexual)* geil *fam;* **poner a alguien ~** jdn aufgeilen *fam* ❷ *(fam: gracioso)* witzig ❸ *(perra)* läufig **II.** *m, f* ❶ *(vulg: juerguista)* Lebemann *m,* Lebedame *f* ❷ *(fam: gracioso)* Witzbold *m;* **es un ~** er ist immer zu Späßen aufgelegt

cachorro, -a [ka'tʃorro, -a] **I.** *adj (Am)* verächtlich **II.** *m, f* Junge(s) *nt; (de perro, lobo)* Welpe *m*

cachureco, -a [katʃu'reko, -a] *adj* ❶ *(AmC: político)* konservativ ❷ *(Méx: torcido)* heuchlerisch

cacica [ka'θika] *f* ❶ *(mujer de indígeno)* Frau *f* des Kaziken ❷ *(jefa)* Kazikin *f*

cacicazgo [kaθi'kaθɣo] *m* ❶ *(cargo)* Amt *nt* eines Kaziken; *(rango)* Kazikenwürde *f* ❷ *(territorio)* Machtbereich *m* (eines Kaziken)

cacique [ka'θike] *m* ❶ *(jefe indígeno)* Kazike *m* ❷ *(tirano)* Dorftyrann *m*

caciquismo [kaθi'kismo] *m (pey)* Bonzokratie *f*

caco ['kako] *m (argot)* Langfinger *m*

cacofonía [kakofo'nia] *f* ❶ *(disonancia)* Missklang *m* ❷ (LING) Kakofonie *f*

cactáceo, -a [kak'taθeo, -a] *adj* (BOT) Kaktus-, Kakteen-; **planta cactácea** Kaktusgewächs *nt*

cacto ['kakto] *m,* **cactus** ['kaktus] *m inv* Kaktus *m*

cada ['kaða] *adj* jede(r, s); **~ uno/una** jeder/jede; **libros a 10 euros ~ uno** Bücher à 10 Euro (das Stück); **~ hora** stündlich; **~ día** täglich; *(fig)* immer wieder; **~ vez más/peor** immer mehr/schlimmer; **~ vez que...** immer wenn ...; **¿~ cuánto?** wie oft?

cadalso [ka'ðalso] *m* ❶ *(tarima)* Podest *nt* ❷ *(patíbulo)* Schafott *nt*

cadañero, -a [kaða'ɲero, -a] *adj* ❶ *(una vez al año)* (all)jährlich, Jahres- ❷ *(hembra)* jährlich gebärend

cadáver [ka'ðaβer] *m (de personas)* Leiche *f; (de animales)* Kadaver *m*

cadavérico, -a [kaða'βeriko, -a] *adj* ❶ *(muerto)* Leichen- ❷ *(pálido)* leichenblass

caddie ['kaði] *m* (DEP) Caddie *m*

cadena [ka'ðena] *f* ❶ *(objeto, t. fig)* Kette *f;* ~ **alimentaria** (BIOL) Nahrungskette *f;* ~ (**antideslizante**) (AUTO) Schneekette *f;* ~ **hotelera** Hotelkette *f;* ~ **humana** Menschenkette *f;* ~ **perpetua** (JUR) lebenslängliche Gefängnisstrafe; **atar un perro con ~** einen Hund an die Kette legen ❷ *(sucesión)* Serie *f;* **choque en ~** Massenkarambolage *f;* **reacción en ~** Kettenreaktion *f* ❸ (GEO) Bergkette *f* ❹ (RADIO, TV) (gemeinsames) Programm *nt;* ~ **de sonido** Stereoanlage *f* ❺ *(impedimento)* Fesseln *fpl* ❻ (TÉC) ~ **de montaje** Fließband *nt;* **trabajo en ~** Fließbandarbeit *f*

cadencia [ka'ðeṇθja] *f* ❶ *(ritmo)* Rhythmus *m* ❷ (LING, MÚS) Kadenz *f*

cadencioso, -a [kaðeṇ'θjoso, -a] *adj* ❶ *(acompasado)* rhythmisch ❷ *(movimiento, voz)* harmonisch

cadera [ka'ðera] *f* Hüfte *f*

cadete [ka'ðete] *m* (MIL) Kadett *m*

cadillo [ka'ðiʎo] *m* ❶ *(verruga)* Warze *f* ❷ (BOT: *planta umbelífera*) Haftdolde *f* ❸ (BOT: *planta compuesta*) Spitzklette *f*

cadmio ['kaðmjo] *m* (QUÍM) Kadmium *nt*

caducar [kaðu'kar] <c → qu> *vi* ❶ *(documento)* ungültig werden; **este pasaporte está caducado** dieser Pass ist abgelaufen ❷ *(producto)* verfallen; **la leche está caducada** das Haltbarkeitsdatum der Milch ist abgelaufen

caducidad [kaðuθi'ða^{ð}] *f* ❶ *(de un documento)* Gültigkeit *f;* **fecha de ~** Gültigkeitsdauer *f* ❷ *(de productos)* Haltbarkeit *f;* **fecha de ~** Haltbarkeitsdatum *nt*

caduco, -a [ka'ðuko, -a] *adj* ❶ *(personas)* altersschwach ❷ *(perecedero)* vergänglich ❸ *(árbol)* Laub abwerfend

caer [ka'er] *irr* **I.** *vi* ❶ *(objeto, persona)* (herunter)fallen, (hin)fallen; *(fecha, precio)* fallen (**en** auf +*akk*); ~ **al suelo** auf den Boden fallen; ~ (**en**) **redondo** *(fam)* umkippen; ~ **en cama** [*o* **enfermo**] krank werden; ~ **en la bebida** dem Alkohol verfallen; ~ **en la cuenta** begreifen; ~ **en manos de alguien** in jds Hände geraten; ~ **en saco roto** auf taube Ohren stoßen; **dejarse ~** *(fam: abandonarse)* sich fallen lassen; *(presentarse)* sich sehen lassen; **tu amigo me cae bien/mal** ich kann deinen Freund gut leiden/nicht leiden ❷ *(presidente)* stürzen ❸ *(comida)* bekommen ❹ *(vestidos)* stehen ❺ *(fam: encontrarse)* liegen; **¿por dónde cae Jerez?** wo liegt Jerez? ❻ *(atacar)* überfallen (**sobre** +*akk*) ❼ *(empezar)* beginnen; **estar al ~** *(fam)* kurz bevorstehen **II.** *vr:* **~se** ❶ *(desplomarse)* stürzen; *(un avión)* abstürzen; *(pelo, dientes)* ausfallen; *(casa)* verfallen; **~se de culo** auf den Hintern fallen; **se me ha caído el pañuelo** mir ist mein Taschentuch heruntergefallen; **~se de sueño** todmüde sein ❷ *(loc)* **se le cae la cara de vergüenza** er/sie schämt sich zu Tode; **no tener dónde ~se muerto** *(fam)* arm wie eine Kirchenmaus sein

café [ka'fe] *m* ❶ *(bebida)* Kaffee *m;* ~ **con leche** Milchkaffee *m;* ~ **solo** Espresso *m;* ~ **con hielo** Kaffee *m* mit Eiswürfeln; ~ **helado** Eiskaffee *m;* **tomar un ~** einen Kaffee trinken ❷ *(local)* Café *nt* ❸ *(planta)* Kaffeestrauch *m;* *(semilla)* Kaffeebohne *f*

cafeína [kafe'ina] *f* Koffein *nt*

cafetal [kafe'tal] *m* Kaffeeplantage *f*

café teatro [ka'fe te'atro] *m* <cafés teatro> Kulturcafé *nt*

cafetera [kafe'tera] *f* Kaffeekanne *f;* ~ **eléctrica** Kaffeemaschine *f*

cafetería [kafete'ria] *f* ❶ *(local)* Café *nt;* *(autoservicio)* Cafeteria *f* ❷ *(tienda)* Kaffeegeschäft *nt*

cafetero, -a [kafe'tero, -a] *adj* Kaffee-; **es muy cafetera** *(fam)* sie ist eine richtige Kaffeetante

cafre ['kafre] *mf* Barbar(in) *m(f)*

cafúa [ka'fua] *m* *(Arg, Urug: argot: cárcel)* Knast *m*

cagada [ka'ɣaða] *f* *(vulg)* ❶ *(excremento)* Scheiße *f;* ~ **de perro** Hundescheiße *f* ❷ *(acción)* Reinfall *m fam;* **mandarse una ~** *(AmS)* Scheiße bauen

cagado, -a [ka'ɣaðo, -a] **I.** *adj (vulg)* feige; **estar ~** (**de miedo**) *(fam)* die Hose(n) voll haben, sich *dat* (vor Angst) in die Hose(n) machen **II.** *m, f (vulg)* Schisser *m fam;* **es un ~** er ist ein Schisser

cagalera [kaɣa'lera] *f* *(vulg)* ❶ *(diarrea)* Dünnschiss *m* ❷ *(miedo)* Schiss *m fam;* **le entró la ~** da kriegte er/sie Schiss

cagar [ka'ɣar] <g → gu> **I.** *vi (vulg)* scheißen **II.** *vt (vulg)* versauen *fam;* **¡ya la hemos cagado!** jetzt ist alles im Arsch **III.** *vr:* **~se** *(vulg: de miedo)* Schiss haben *fam;* **¡me cago en diez!** verdammt noch mal! *fam*

cagón, -ona [ka'ɣon, -ona] *m, f (fam)* Schisser(in) *m(f)*

cagueta [ka'ɣeta] *mf (fam)* Angsthase *m*

caída [ka'iða] *f* ❶ *(bajada brusca)* Fall *m,* Sturz *m;* *(de aviones)* Absturz *m;* ~ **del cabello** Haarausfall *m;* ~ **de gobierno** Regierungssturz *m;* ~ **del sistema** (INFOR) Systemabsturz *m;* **la ~ del Muro de Berlín** der Fall der Berliner Mauer; **esta calle tiene mucha ~** diese Straße ist sehr steil; **las cortinas tienen una bonita ~** die Vorhänge fallen schön ❷ *(de agua)* Wasserfall *m* ③ (FIN) Kursverfall *m* ④ *(ocurrencia)* Einfall *m* ⑤ *(de un imperio, del sol)* Untergang *m*

caído, -a [ka'iðo, -a] **I.** *adj (flojo)* schlaff; *(abatido)* niedergeschlagen **II.** *m, f* Gestürzte(r) *mf; (en la guerra)* Gefallene(r) *mf*

caigo ['kai̯ɣo] *1. pres de* **caer**

caimán [kai̯'man] *m* (ZOOL) Kaiman *m*

Cairo ['kai̯ro] *m* **El ~** Kairo *nt*

caja ['kaxa] *f* ① *(recipiente)* Kasten *m; (de madera)* (Holz)kiste *f; (de cartón: pequeña)* (Papp)schachtel *f; (grande)* Karton *m; (de lata)* Dose *f;* **~ fuerte** Tresor *m;* **~ de herramientas** Werkzeugkasten *m;* **~ de fusibles** Sicherungskasten *m;* (INFOR) Toolbox *f;* **~ de música** Spieldose *f;* **~ negra** (AERO) Flugschreiber *m;* **~ tonta** *(fam)* Glotze *f* ② *(carcasa)* Gehäuse *nt;* **~ de cambios** (AUTO) Getriebe *nt;* **~ torácica** (ANAT) Brustkorb *m* ③ *(en comercios, bancos, t.* FIN*)* Kasse *f;* **C~** (**Postal**) **de Ahorros** (Post)sparkasse *f;* **~ de autocobro** Selbstbedienungskasse *f*

cajero, -a [ka'xero, -a] *m, f* Kassierer(in) *m(f);* **~ automático** Geldautomat *m*

cajetilla [kaxe'tiʎa] *f (caja pequeña)* Schachtel *f; (de cigarrillos)* (Zigaretten)schachtel *f*

cajista [ka'xista] *mf* (TIPO) (Schrift)setzer(in) *m(f)*

cajón [ka'xon] *m (caja grande)* (großer) Kasten *m,* (große) Kiste *f; (deslizante)* Schublade *f;* **~ de salida** (DEP) Startbox *f; (en la lavadora)* **~** (**dosificador**) Waschmittelkammer *f;* **eso es de ~** *(fam)* das versteht sich von selbst

cajonera [kaxo'nera] *f* Rollcontainer *m*

cajuela [ka'xwela] *f (Méx)* Kofferraum *m*

cake [kei̯ᵏ] *m (Am)* Kuchen *m*

cal [kal] *f* Kalk *m;* **cerrar a ~ y canto** fest verschließen

cala ['kala] *f* ① *(bahía)* Bucht *f* ② (NÁUT) Kielboden *m* ③ *(en el terreno)* Probebohrung *f*

calabacín [kalaβa'θin] *m* Zucchini *f*

calabaza [kala'βaθa] *f* ① (BOT) Kürbis *m* ② *(pey: persona)* Trottel *m* ③ *(loc, fam)* **dar ~s a alguien** *(un suspenso)* jdm einen Sechser geben; *(una negativa)* jdm einen Korb geben

calabobos [kala'βoβos] *m inv (fam)* Nieselregen *m*

calabozo [kala'βoθo] *m* ① *(mazmorra)* Kerker *m* ② *(celda)* Gefängniszelle *f*

calada [ka'laða] *f (fam)* Zug *m;* **¿me das una ~?** lässt du mich mal ziehen?

calado [ka'laðo] *m* ① *(bordado)* Hohlsaum *m* ② (NÁUT) Tiefgang *m*

calamar [kala'mar] *m* Tintenfisch *m*

calambrazo [kalam'braθo] *m* Stromschlag *m*

calambre [ka'lambre] *m* ① *(muscular)* (Muskel)krampf *m;* **~ de estómago** Magenkrampf *m* ② *(eléctrico)* Stromschlag *m*

C

calamidad [kalami'ðað] *f* ① *(catástrofe)* Katastrophe *f; (desastre)* Unglück *nt* ② *(miseria)* Not *f* ③ *(fam: persona)* Niete *f*

calamitoso, -a [kalami'toso, -a] *adj (persona)* jämmerlich; *(situación)* schrecklich

calandra [ka'lan̪dra] *f* (AUTO: *parte del radiador*) Kühlergrill *m*

calandrar [kalan̪'drar] *vi* (TÉC) kalandern

calandria [ka'lan̪drja] *f* ① (ZOOL) Heidelerche *f* ② *(máquina)* Kalander *m; (para ropa)* Mangel *f*

calaña [ka'laɲa] *f* **ser de mala ~** bösartig sein

calar [ka'lar] **I.** *vi* ① *(líquido)* durchdringen ② *(material)* durchlässig sein ③ (NÁUT) Tiefgang haben **II.** *vt* ① *(líquido)* durchnässen; **el chaparrón me ha calado la chaqueta** der Regen ist durch meine Jacke gedrungen ② *(con un objeto)* durchbohren ③ *(afectar)* nahegehen (**a** *+dat*) ④ *(una prenda)* mit Hohlsaum besticken ⑤ *(cortar)* anschneiden ⑥ *(fam: desenmascarar)* durchschauen ⑦ *(motor)* abwürgen *fam* **III.** *vr:* **~se** ① *(mojarse)* nass werden ② *(motor)* absaufen *fam* ③ *(gorra)* aufsetzen

calato, -a ['ka'lato, -a] *adj (Perú)* nackt

calavera [kala'βera] *f* Totenkopf *m*

calazón [kala'θon] *f* (NÁUT) Tiefgang *m*

calcado [kal'kaðo] *m* (Durch)pausen *nt*

calcáneo [kal'kaneo] *m* (ANAT) Fersenbein *nt*

calcañar [kalka'ɲar] *m* (ANAT) Ferse *f*

calcar [kal'kar] <c → qu> *vt* ① *(dibujar)* abpausen ② *(imitar)* nachahmen; **es calcado a su padre** er ist seinem Vater wie aus dem Gesicht geschnitten

calcáreo, -a [kal'kareo, -a] *adj* kalkig

calceta [kal̞'θeta] *f* Strickarbeit *f*

calcetar [kal̞θe'tar] *vi* stricken

calcetín [kal̞θe'tin] *m* Socke *f*

cálcico, -a ['kal̞θiko, -a] *adj* (QUÍM) Kalzium-; **el aporte ~ de la leche** der Kalziumanteil der Milch

calcificación [kal̞θifika'θjon] *f* Verkalkung *f*

calcificar [kal̞θifi'kar] <c → qu> **I.** *vt* verkalken lassen **II.** *vr:* **~se** verkalken

calcinación [kal̞θina'θjon] *f* ① *(carbonización)* Verbrennung *f;* **quedar deshecho por ~** verbrennen ② (QUÍM) Kalzination *f*

calcinar [kal̞θi'nar] **I.** *vt* ① *(carbonizar)*

C

verbrennen ❷ (QUÍM) kalzinieren **II.** *vr:* **~se** verbrennen

calcio ['kal̩θjo] *m* Kalzium *nt*

calco ['kalko] *m* ❶ *(de dibujos)* Durchschlag *m* ❷ *(imitación)* Abklatsch *m abw* ❸ (LING) Lehnwort *nt*

calcografiar [kalkoɣrafi'ar] <*1. pres* calcografío> *vt* (TIPO) in Kupfer stechen

calcomanía [kalkoma'nia] *f* Abziehbild *nt*

calculable [kalku'laβle] *adj* (*t.* MAT) berechenbar; **ser ~** zu berechnen sein

calculador(a) [kalkula'ðor(a)] *adj* berechnend

calculadora [kalkula'ðora] *f* Rechenmaschine *f;* **~ de bolsillo** Taschenrechner *m*

calcular [kalku'lar] **I.** *vi* rechnen **II.** *vt* ❶ *(computar)* berechnen; *(de antemano)* kalkulieren ❷ *(aproximadamente)* (ab)schätzen; **calculo que llegaré sobre las diez** ich schätze, dass ich gegen zehn Uhr ankommen werde

cálculo ['kalkulo] *m* ❶ *(matemático)* Rechnen *nt;* **~ diferencial** Differenzialrechnung *f;* **~ mental** Kopfrechnen *nt;* **~ de probabilidades** Wahrscheinlichkeitsrechnung *f* ❷ *(cómputo)* Berechnung *f;* **hacer un ~ de algo** etw berechnen ❸ (*t.* ECON) Kalkulation *f* ❹ *(suposición)* (Ein)schätzung *f* ❺ (MED) Stein *m*

calda ['kal̩da] *f* ❶ *(caldear: acción)* Heizen *nt,* Wärmen *nt; (resultado)* Wärme *f* ❷ *(horno de fundición)* Befeuerung *f,* Beheizen *nt*

caldear [kal̩de'ar] **I.** *vt* ❶ *(calentar)* erwärmen; *(con estufa)* beheizen ❷ *(acalorar)* anheizen **II.** *vr:* **~se** ❶ *(calentarse)* sich aufwärmen ❷ *(acalorarse)* sich erhitzen

caldera [kal̩'dera] *f* (*t.* TÉC) Kessel *m*

calderilla [kal̩de'riʎa] *f* Kleingeld *nt*

caldero [kal̩'dero] *m* (kleiner) Kessel *m*

caldo ['kal̩do] *m* ❶ (GASTR) Brühe *f* ❷ *(vino)* Wein *m* ❸ (BIOL) **~ de cultivo** Nährflüssigkeit *f; (fig)* Nährboden *m* (**de/para** für +*akk*)

calducho [kal̩'duʧo] *m (fam pey)* fade [*o* wässrige] Brühe *f*

calé [ka'le] *(pey)* **I.** *adj v.* **gitano II.** *mf v.* **gitano**

calefacción [kalefaᵞ'θjon] *f* Heizung *f;* **~ central** Zentralheizung *f;* **~ de suelo radiante** Fußbodenheizung *f*

calefactor [kalefak'tor] *m* ❶ *(aparato)* Heizlüfter *m* ❷ *(persona)* Heizungsmonteur *m*

calefón [kale'fon] *m (Arg)* Boiler *m*

caleidoscopio [kalei̯ðos'kopjo] *m* Kaleidoskop *nt*

calendario [kalen̩'darjo] *m* Kalender *m;* **~ gregoriano** Gregorianischer Kalender; **~ de taco** Abreißkalender *m;* **~ de trabajo** Terminkalender *m*

caléndula [ka'len̩dula] *f* Ringelblume *f*

calentador [kalen̩ta'ðor] *m* Heizgerät *nt; (para la cama)* Wärmflasche *f*

calentamiento [kalen̩ta'mjen̩to] *m* ❶ *(caldeamiento)* Erwärmen *nt,* Erhitzen *nt;* **~ global** globale Erwärmung; **~ del planeta** Erderwärmung *f* ❷ (DEP) Aufwärmen *nt*

calentar [kalen̩'tar] <e → ie> **I.** *vi (dar calor)* wärmen **II.** *vt* ❶ *(caldear)* (er)wärmen, erhitzen; *(con calefacción)* heizen; **~ agua** Wasser heiß machen; **~ al rojo vivo** bis zur Glut erhitzen ❷ *(enfadar)* aufregen; *(excitar)* erregen ❸ *(vulg: sexualmente)* aufgeilen *fam* ❹ *(fam: pegar)* versohlen **III.** *vr:* **~se** ❶ *(caldearse)* sich (er)wärmen ❷ *(enfadarse)* sich aufregen ❸ (DEP) sich warm machen

calentito, -a [kalen̩'tito, -a] *adj* ❶ *(pan)* ofenfrisch, frisch gebacken ❷ *(noticia)* brandheiß ❸ *(agradable)* mollig warm

calentorro, -a [kalen̩'torro, -a] *adj (vulg)* sexhungrig, geil

calentura [kalen̩'tura] *f* ❶ *(fiebre)* Fieber *nt* ❷ *(en los labios)* Fieberbläschen *nt*

calenturiento, -a [kalen̩tu'rjen̩to, -a] *adj* ❶ *(febril)* fiebrig ❷ *(exaltado)* lebhaft

calesita [kale'sita] *f (Arg, Par)* Karussell *nt*

caleta [ka'leta] *f* ❶ *(cala)* kleine Bucht *f* ❷ *(Am: barco)* Küstenschiff *nt*

calibrado [kali'βraðo] *m* Kalibrierung *f*

calibrar [kali'βrar] *vt* ❶ *(medir)* messen; (TÉC) kalibrieren ❷ *(calcular)* abschätzen

calibre [ka'liβre] *m* ❶ *(diámetro)* Kaliber *nt;* **eso es una mentira de ~** *(fam)* das ist eine ungeheure Lüge ❷ *(instrumento)* Kalibermaß *nt*

calidad [kali'ðaᵈ] *f* ❶ *(clase)* Qualität *f;* **de alta ~** hochwertig; **de primera ~** erstklassig ❷ *(característica)* Eigenschaft *f; (naturaleza)* Beschaffenheit *f;* **en ~ de** als ❸ *(prestigio)* Bedeutung *f*

calidez [kali'ðeθ] *f* ❶ *(cálido)* Wärme *f; (fig: de espíritu)* Warmherzigkeit *f* ❷ (MED) erhöhte Temperatur *f*

cálido, -a ['kaliðo, -a] *adj* warm

calientaplatos [kaljen̩ta'platos] *m inv* Warmhalteplatte *f*

caliente [ka'ljen̩te] *adj* ❶ *(cálido)* warm; *(ardiente)* heiß ❷ *(acalorado)* hitzig; **poner(se) ~** *(vulg)* (sich) aufgeilen *fam*

califa [ka'lifa] *m* Kalif *m*

califato [kali'fato] *m* Kalifat *nt*

calificable [kalifi'kaβle] *adj* bestimmbar; **un acto ~ como traición** eine Tat, die als Verrat bezeichnet werden muss

calificación [kalifika'θjon] *f* ❶ *(denomina-*

ción) Bezeichnung *f; (evaluación)* Beurteilung *f* ❷ *(cualificación)* Qualifizierung *f;* ~ **profesional** berufliche Qualifikation ❸ *(nota)* Note *f*

calificado, -a [kalifi'kaðo, -a] *adj* ❶ *(cualificado, t.* JUR) qualifiziert ❷ *(reconocido)* angesehen

calificar [kalifi'kar] <c → qu> *vt* ❶ *(definir)* bezeichnen (**de** als +*akk*); *(evaluar)* beurteilen ❷ *(atribuir una cualidad)* kennzeichnen (**de** als +*akk*) ❸ (ENS) benoten

calificativo [kalifika'tiβo] *m* Bezeichnung *f*

California [kali'fornja] *f* Kalifornien *nt*

caligrafía [kaliɣra'fia] *f* Kalligrafie *f*

caligrafiar [kaliɣrafi'ar] <*1. pres* caligrafío> *vt* (TIPO) in Schönschrift abfassen

calima [ka'lima] *f v.* **calina**

calimocho [kali'moʧo] *m (fam)* Korea *nt (Mischgetränk aus Wein und Cola)*

calina [ka'lina] *f* ❶ *(neblina)* Dunst *m* ❷ *(polución)* Smog *m*

cáliz ['kaliθ] *m* ❶ (REL) Kelch *m* ❷ (BOT) Blumenkelch *m*

caliza [ka'liθa] *f* Kalkstein *m*

calla ['kaʎa] *f (Am:* AGR) Pflanzholz *nt*

callada [ka'ʎaða] *f* Stillschweigen *nt;* **dar la ~ por respuesta** keine Antwort geben

callado, -a [ka'ʎaðo, -a] *adj* ❶ *estar (sin hablar)* schweigend; *(silencioso)* still ❷ *ser (reservado)* schweigsam

callampa [ka'ʎampa] *f* ❶ *(Col, Chil, Perú: seta)* Speisepilz *m* ❷ *(Chil: sombrero)* Filzhut *m*

callar [ka'ʎar] **I.** *vi, vr:* **~se** schweigen (**de/por** vor/aus +*dat*); *(enmudecer)* verstummen (**de/por** vor/aus +*dat*); **¡cállate de una vez!** halt endlich den Mund! **II.** *vt* ❶ *(un asunto)* verschweigen; *(un secreto)* bewahren ❷ *(hacer callar)* zum Schweigen bringen

calle ['kaʎe] *f* Straße *f; (arbolada)* Allee *f; (en la autopista)* Fahrbahn *f;* (DEP) Bahn *f;* **~ comercial** Einkaufsstraße *f;* **~ de dirección única** Einbahnstraße *f;* **~ peatonal** Fußgängerzone *f;* **traje de ~** Straßenanzug *m;* **~ arriba/abajo** straßauf/straßab; **quedarse en la ~** *(fig fam)* auf der Straße sitzen; **hacer la ~** *(fam)* auf den Strich gehen

callejear [kaʎexe'ar] *vi* herumbummeln

callejero [kaʎe'xero] *m* Straßenverzeichnis *nt*

callejón [kaʎe'xon] *m* Gasse *f;* **~ sin salida** Sackgasse *f*

callejuela [kaʎe'xwela] *f* Gässchen *nt*

callista [ka'ʎista] *mf* Fußpfleger(in) *m(f)*

callo ['kaʎo] *m* ❶ *(callosidad)* Hornhaut *f,* Schwiele *f; (ojo de gallo)* Hühnerauge *nt;* **dar el ~** *(fam)* schuften ❷ *pl* (GASTR) Kaldaunen *f pl*

callosidad [kaʎosi'ða^ð] *f* Hornhaut *f*

calloso, -a [ka'ʎoso, -a] *adj* schwielig; **manos callosas** schwielige Hände

calma ['kalma] *f* ❶ *(tranquilidad)* Ruhe *f; (silencio)* Stille *f;* **~ chicha** (NÁUT) Flaute *f* ❷ *(serenidad)* Gelassenheit *f;* **¡(con) ~!** immer mit der Ruhe! ❸ *(fam: indolencia)* Trägheit *f*

calmante [kal'man̪te] **I.** *adj (que tranquiliza)* beruhigend; *(para dolores)* schmerzstillend **II.** *m (tranquilizante)* Beruhigungsmittel *nt; (analgésico)* Schmerzmittel *nt*

calmar [kal'mar] **I.** *vi (viento)* abflauen **II.** *vt* ❶ *(tranquilizar)* beruhigen ❷ *(dolor, hambre)* stillen **III.** *vr:* **~se** ❶ *(tranquilizarse)* sich beruhigen ❷ *(dolor)* nachlassen

calmo, -a ['kalmo, -a] *adj* ruhig, still

calmoso, -a [kal'moso, -a] *adj* ❶ *(tranquilo)* ruhig ❷ *(fam: indolente)* träge

caló [ka'lo] *m Sprache der Roma im Süden Spaniens*

calología [kalolo'xia] *f* (FILOS) Ästhetik *f,* Kallologie *f*

calor [ka'lor] *m* ❶ *(de un cuerpo)* Wärme *f* ❷ *(clima)* Hitze *f;* **~ sofocante** Schwüle *f;* **hace mucho ~** es ist sehr heiß ❸ *(entusiasmo)* Eifer *m* ❹ *(afecto)* Wärme *f*

caloría [kalo'ria] *f* (*t.* FÍS) Kalorie *f;* **bajo en ~s** kalorienarm

calórico, -a [ka'loriko, -a] *adj* (FÍS) kalorisch

calorífico, -a [kalo'rifiko, -a] *adj (que distribuye calor)* Wärme abgebend; *(que produce calor)* Wärme erzeugend; **poder ~** Heizkraft *f*

calote [ka'lote] *m (RíoPl)* Schwindel *m,* Betrug *m*

calumnia [ka'lumnja] *f* Verleumdung *f*

calumniar [kalum'njar] *vt* verleumden

caluroso, -a [kalu'roso, -a] *adj (caliente)* heiß; *(cálido)* warm; **un recibimiento ~** ein herzlicher Empfang

calva ['kalβa] *f* ❶ *(en la cabeza)* Glatze *f* ❷ *(en un tejido)* kahle Stelle *f*

calvar [kal'βar] *vt (fam: burlar)* reinlegen, hinters Licht führen

calvario [kal'βarjo] *m* (REL) Kreuzweg *m;* **pasar un ~** großes Leid erfahren

calvicie [kal'βiθje] *f* Kahlköpfigkeit *f*

calvo, -a ['kalβo, -a] **I.** *adj* ❶ *(en la cabeza)* kahlköpfig; **estar ~** eine Glatze haben ❷ *(tejido)* abgewetzt ❸ *(sin vegetación)* kahl **II.** *m, f* Kahlkopf *m fam*

calza ['kal̪θa] *f* ❶ *(media)* Strumpf *m* ❷ *(cuña)* (Stütz)keil *m*

calzada [kal̪'θaða] *f* ❶ *(carretera)* (gepflasterte) Straße *f* ❷ *(carril)* Fahrbahn *f*

C

calzado [kal̩'θaðo] *m* Schuhwerk *nt,* Schuhe *mpl*

calzador [kal̩θa'ðor] *m* Schuhlöffel *m*

calzar [kal̩'θar] <z → c> **I.** *vt* 1 *(poner zapatos)* anziehen; *(esquís)* anschnallen 2 *(llevar puesto)* tragen 3 *(poner una cuña)* verkeilen **II.** *vr:* **~se** *(zapatos)* (sich *dat*) anziehen; *(esquís)* sich *dat* anschnallen

calzón [kal̩'θon] *m (Am: pantalón)* Hose *f*

calzonarias [kal̩θo'narjas] *fpl (Col: tirantes)* Träger *mpl; (de pantalones)* Hosenträger *mpl*

calzonazos [kal̩θo'naθos] *m inv (pey)* 1 *(débil)* Schwächling *m* 2 *(marido)* Pantoffelheld *m*

calzoncillo(s) [kal̩θon̩'θiʎo(s)] *m(pl)* Herrenunterhose *f*

calzones [kal̩'θones] *mpl (Am)* Hose *f;* ~ **de baño** Badehose *f*

cama ['kama] *f* 1 *(mueble)* Bett *nt;* ~ **de matrimonio** [*o* **doble**] Doppelbett *nt;* ~ **individual** Einzelbett *nt;* ~ **supletoria** Zustellbett *nt;* ~ **elástica** Trampolin *nt;* **caer en** ~ krank werden 2 *(de animales)* Lager *nt*

camada [ka'maða] *f* 1 *(de animales)* Wurf *m* 2 *(pey: cuadrilla)* Haufen *m,* Bande *f*

camafeo [kama'feo] *m* Kamee *f*

camaleón [kamale'on] *m (t. fig)* Chamäleon *nt*

cámara[1] ['kamara] *f* 1 (FOTO) Kamera *f;* ~ **fotográfica** [*o* **de fotos**] Fotoapparat *m;* ~ **Polaroid**® Sofortbildkamera *f;* ~ **réflex** Spiegelreflexkamera *f;* ~ **digital** Digitalkamera *f;* ~ **de vídeo** Videokamera *f;* ~ **web** Webcam *f;* ~ **de usar y tirar** Einwegkamera *f;* ~ **de vigilancia** Überwachungskamera *f;* **a** ~ **lenta** in Zeitlupe 2 *(consejo)* Kammer *f;* **C~ Alta** (POL) Oberhaus *nt;* **C~ Baja** (POL) Abgeordnetenhaus *nt* 3 *(receptáculo)* Kammer *f;* ~ **frigorífica** Kühlhaus *nt* 4 *(en un arma)* Patronenkammer *f*

cámara[2] ['kamara] *mf* (CINE) Kameramann, -frau *m, f*

camarada [kama'raða] *mf* 1 *(compañero)* Freund(in) *m(f);* **me voy al cine con mis ~s** ich gehe mit meinen Kumpels ins Kino 2 (POL) Parteifreund(in) *m(f); (de socialistas)* Genosse, -in *m, f*

camaradería [kamaraðe'ria] *f* Kameradschaft *f*

camarera [kama'rera] *f (de la reina)* Hofdame *f*

camarero, -a [kama'rero, -a] *m, f* 1 *(en restaurantes)* Kellner(in) *m(f),* Bedienung *f;* **¡~!** Herr Ober! 2 *(en la barra)* Barman, -dame *m, f* 3 *(de habitación)* Zimmerkellner(in) *m(f),* Zimmermädchen *nt* 4 *(en un barco)* Steward, Stewardess *m, f*

camarilla [kama'riʎa] *f* (*t.* POL: *pey)* Clique *f*

camarín [kama'rin] *m* 1 *(vestuario)* Ankleideraum *m* 2 *(camerino)* (Künstler)garderobe *f*

camarista [kama'rista] *mf (Arg)* Richter(in) *m(f)* am Berufungsgericht

camarógrafo, -a [kama'roɣrafo, -a] *m, f* Kameramann, -frau *m, f*

camarón [kama'ron] *m* Garnele *f*

camarote [kama'rote] *m* Kabine *f*

camastro [ka'mastro] *m* Pritsche *f*

camastrón, -ona [kamas'tron, -ona] *adj (fam)* hinterlistig, intrigant

cambalache [kamba'latʃe] *m* Schacher *m abw*

cámbaro ['kambaro] *m* (ZOOL) Krebs *m*

cambiable [kam'bjaβle] *adj* 1 (COM) umtauschbar 2 *(intercambiable)* austauschbar

cambiador [kambja'ðor] *m* 1 *(para bebés)* Wickeltisch *f* 2 *(Chil, Méx: guardagujas)* Weichensteller(in) *m(f)*

cambiante [kam'bjan̩te] *adj* 1 *(irisado)* schillernd 2 *(inestable)* wechselhaft 3 *(pey: veleidoso)* launisch

cambiar [kam'bjar] **I.** *vi* 1 *(trasformarse)* sich (ver)ändern 2 *(con 'de': alterar)* ändern; ~ **de casa** umziehen; ~ **de coche** sich *dat* ein neues Auto kaufen; ~ **de marcha** (AUTO) schalten **II.** *vt* 1 *(trocar)* auswechseln, austauschen; *(algo comprado)* umtauschen; ~ **dinero** Geld wechseln; ~ **unas palabras con alguien** mit jdm ein paar Worte wechseln; **quisiera ~ este jersey por una camiseta** ich möchte diesen Pullover gegen ein T-Shirt umtauschen 2 *(variar)* (ver)ändern; ~ **algo de lugar** etw umstellen **III.** *vr* 1 *(trasformarse)* sich verwandeln (**en** in +*akk*) 2 *(de ropa)* sich umziehen; *(de casa)* umziehen; **~se a otra ciudad** in eine andere Stadt ziehen

cambiazo [kam'βjaθo] *m (fam)* **dar el ~ a alguien** jdn übers Ohr hauen

cambio ['kambjo] *m* 1 *(alteración)* (Ver)änderung *f;* ~ **climático** Witterungsänderung *f; (globalmente)* Klimaveränderung *f;* ~ **de domicilio** Wohnungswechsel *m;* **hay un ~ en el horario** der Zeitplan ändert sich; **en ~** dagegen, stattdessen; **a las primeras de ~** bei der ersten Gelegenheit 2 *(sustitución)* Auswechs(e)lung *f,* Austausch *m;* ~ **de aceite** (AUTO) Ölwechsel *m* 3 *(trasformación, intercambio)* Wandel *m;* ~ **político** politischer Wandel; ~ **de tendencia** Trendwende *f;* ~ **de impresiones** Meinungsaustausch *m;* **Libre** ~ (COM) Freihandel *m;* **a ~ de algo** für etw ④ *(en un comercio)* Umtausch *m* ⑤ (FIN) (Wechsel)kurs *m;* ~ **de divisa** [*o* **de moneda**] Geldwechsel *m;* **al ~ del día** zum Tageskurs ⑥ *(suelto)* Kleingeld *nt;* **¿tiene ~ de 50 euros?** können Sie 50 Euro wechseln? ⑦ (TÉC) Schaltung *f;* ~ **de marchas** Gangschaltung *f;* ~ **de marchas automático** Automatikschaltung *f* ⑧ (DEP) Auswechs(e)lung *f*

cambista [kam'bista] *mf* ① *(que cambia dinero)* Geldwechsler(in) *m(f)* ② *(en la banca)* Devisenhändler(in) *m(f)*

Camboya [kam'boɟa] *f* Kambodscha *nt*

cambucho [kam'buʧo] *m (Chil)* ① *(cesta: para papeles)* Papierkorb *m; (para ropa)* Wäschekorb *m* ② *(habitación)* ärmliche Behausung *f*

cambujo, -a [kam'buxo, -a] *adj (Am: persona morena)* dunkelhäutig

cambullón [kambu'ʎon] *m* ① *(AmS: engaño)* Intrige *f* ② *(Col: cambalache)* Tausch *m*

cambur [kam'bur] *m (Col, Ecua, Ven)* Banane *f; (para cocinar)* Kochbanane *f*

cambuto, -a [kam'buto] *adj (Perú: menudo y rechoncho)* pummelig

camelar [kame'lar] *vt (fam)* ① *(engañar)* beschwatzen ② *(seducir)* verführen

camelia [ka'melja] *f* Kamelie *f*

camélido[1] [ka'meliðo] *m* (ZOOL) Kamel *nt*

camélido, -a[2] [ka'meliðo, -a] *adj* (ZOOL) zur Familie der Kamele gehörend

camella [ka'meʎa] *f* ① *v.* **camello** ② (AGR) Kamm *m,* Furchenrücken *m* ③ *(pesebre)* (Futter)trog *m*

camellero [kame'ʎero] *m* Kameltreiber *m*

camello, -a [ka'meʎo, -a] *m, f* ① (ZOOL) Kamel *nt; (hembra)* Kamelstute *f* ② *(argot: persona)* Pusher(in) *m(f)*

camelo [ka'melo] *m (fam)* ① *(adulación)* Schmeichelei *f* ② *(timo)* Gaunerei *f*

camembert ['kamember] *m sin pl* (GASTR) Camembert *m*

camerino [kame'rino] *m* (TEAT) Künstlergarderobe *f*

camero, -a [ka'mero] *adj* **sábana camera** Bettlaken *nt* mit Überbreite

Camerún [kame'run] *m* Kamerun *nt*

camilla [ka'miʎa] *f (angarilla)* Krankenbahre *f; (consulta médica)* Untersuchungsliege *f*

camillero, -a [kami'ʎero, -a] *m, f* Sanitäter(in) *m(f)*

caminante [kami'naṇte] *mf* Wanderer, -in *m, f*

caminar [kami'nar] **I.** *vi* ① *(ir)* gehen; *(a pie)* zu Fuß gehen ② *(río)* strömen ③ *(astro)* seine Bahn ziehen ④ *(Am: funcionar)* gehen **II.** *vt* zurücklegen

caminata [kami'nata] *f* (beschwerlicher) langer Fußmarsch *m*

camino [ka'mino] *m* ① *(senda)* Weg *m; (más estrecho)* Pfad *m; (calle)* Straße *f;* **C~ de Santiago** Jakobsweg *m;* **a medio ~** halbwegs; **de ~ a Magdeburgo** auf dem Weg nach Magdeburg; **abrirse ~** sich *dat* Raum schaffen; **ponerse en ~** sich auf den Weg machen; **ir por buen/mal ~** *(fig)* auf dem rechten/falschen Weg sein ② *(distancia)* Strecke *f;* **está a dos horas de ~** es sind zwei Wegstunden von hier ③ *(manera)* Art und Weise *f* ④ (INFOR) Pfad *m;* ~ **de instalación** Installationspfad *m*

camión [ka'mjon] *m* ① (AUTO) Laster *m,* Lkw *m;* ~ **articulado** Sattelzug *m;* ~ **de la basura** Müllwagen *m;* ~ **cisterna** Tankwagen *m;* ~ **volquete** Kipplaster *m* ② *(Méx: autobús)* Bus *m*

camionaje [kamjo'naxe] *m* ① *(trasporte)* Transport *m* mit LKW ② *(precio)* Roll(fuhr)geld *nt*

camionero, -a [kamjo'nero, -a] *m, f* Lastwagenfahrer(in) *m(f),* Lkw-Fahrer(in) *m(f)*

camioneta [kamjo'neta] *f* ① *(furgoneta)* Kleinlaster *m;* ~ **de reparto** Lieferwagen *m* ② *(Am: autobús)* Bus *m*

camisa [ka'misa] *f* ① *(prenda)* (Ober)hemd *nt;* ~ **de fuerza** Zwangsjacke *f;* **cambiar de ~** *(fig)* den Mantel nach dem Wind hängen; **no me llegaba la ~ al cuerpo** *(fam)* ich machte mir vor Angst fast in die Hosen ② *(funda)* Hülle *f* ③ *(de reptil)* abgestreifte Haut *f*

camisería [kamise'ria] *f* ① *(tienda)* Hemdengeschäft *nt* ② *(taller)* Hemdenfabrik *f*

camisero, -a [kami'sero, -a] **I.** *adj* Hemd-; **vestido ~** Hemdblusenkleid *nt* **II.** *m, f* Hemdenschneider(in) *m(f)*

camiseta [kami'seta] *f* ① *(exterior)* T-Shirt *nt* ② *(interior)* Unterhemd *nt* ③ (DEP) Trikot *nt*

camisón [kami'son] *m* Nachthemd *nt*

camomila [kamo'mila] *f* Kamille *f*

camorrear [kamorre'ar] *vi (RíoPl)* sich streiten

camorrista [kamo'rrista] **I.** *adj* rauflustig **II.** *mf (pendenciero)* Raufbold *m*

camote [ka'mote] *m (Am)* ① *(batata)* Süßkartoffel *f* ② *(molestia)* Nervtöter *m* ③ *(amante)* Geliebte(r) *mf*

campamento [kampa'meṇto] *m* Lager *nt;* ~ **de veraneo** Ferienlager *nt*

campana [kam'pana] *f* Glocke *f;* ~ **extractora de humos** Dunstabzugshaube *f;* **el coche dio tres vueltas de ~** das Auto überschlug sich dreimal; **echar las ~s a**

vuelo *(fam)* etw feierlich (und frühzeitig) verkünden

campanada [kampa'naða] *f* Glockenschlag *m;* **dar la ~** *(fig)* den Vogel abschießen *fam*

campanario [kampa'narjo] *m* Glockenturm *m*

campanilla [kampa'niʎa] *f* ① *(campana pequeña)* Glöckchen *nt; (de la puerta)* Klingel *f* ② (ANAT) Zäpfchen *nt* ③ (BOT) Glockenblume *f*

campante [kam'pan̪te] *adj (fam)* ① *(satisfecho)* zufrieden ② *(tranquilo)* ungerührt; **quedarse tan ~** sich nicht erschüttern lassen

campaña [kam'paɲa] *f* ① *(campo)* Land *nt;* **tienda de ~** Zelt *nt* ② (MIL) Feldzug *m;* (POL, AGR) Kampagne *f;* **~ de acoso y derribo** Schmutzkampagne *f;* **~ antitabaco** Antiraucherkampagne *f;* **~ electoral** Wahlkampf *m* ③ (COM, FIN) Wirtschaftsjahr *nt*

campañista [kampa'ɲista] *mf (Chil: pastor)* Hirte, -in *m, f*

campañol [kampa'ɲol] *m* (ZOOL: *roedor*) Feldmaus *f*

campar [kam'par] *vi* lagern

campear [kampe'ar] *vi* ① *(Am: ir de acampada)* zelten ② *(fam: arreglárselas)* **ir campeando** sich (gerade so) durchschlagen ③ *(sobresalir)* vorherrschen

campechano, -a [kampe'ʧano, -a] *adj* ① *(llano)* leutselig ② *(cordial)* freundlich

campeón, -ona [kampe'on, -ona] *m, f* ① *(vencedor)* Sieger(in) *m(f);* (DEP) Meister(in) *m(f);* **~ del mundo** [*o* **mundial**] Weltmeister *m* ② *(defensor)* Vorkämpfer(in) *m(f)*

campeonato [kampeo'nato] *m* Meisterschaft *f;* **de ~** *(fam)* mordsmäßig

campesina [kampe'sina] *adj o f v.* **campesino**

campesinado [kampesi'naðo] *m* ① *(conjunto)* Bauern *mpl* ② *(estamento)* Bauernstand *m*

campesino, -a [kampe'sino, -a] **I.** *adj* ① *(del campo)* ländlich ② *(de la gente del campo)* bäuerlich **II.** *m, f* ① *(que trabaja)* Bauer, Bäuerin *m, f* ② *(que vive)* Landbewohner(in) *m(f);* **los ~s** die Landbevölkerung

campestre [kam'pestre] *adj* Land-; **vida ~** Landleben *nt*

campin(g) ['kampi(ŋ)] *m* ① *(campamento)* Campingplatz *m* ② *(acampada)* Zelten *nt;* **hacer ~** zelten

campiña [kam'piɲa] *f (campo)* Feld *nt; (de cultivo)* Ackerland *nt*

campirano, -a [kampi'rano, -a] *adj* ① *(Am: patán, rural)* ländlich ② *(Méx: campesino)* bäuerisch ③ *(Méx: entendido en el campo)* auf landwirtschaftlichem Gebiet erfahren ④ *(Méx: que maneja bien caballos)* geschickt im Umgang mit Pferden

campo ['kampo] *m* ① *(opuesto a ciudad)* Land *nt; (de cultivo)* Acker *m,* Feld *nt;* **gente del ~** Landbevölkerung *f;* **ir al ~** ins Grüne fahren; **tener ~ libre** *(fig)* freie Bahn haben ② *(terreno)* Feld *nt,* Platz *m;* (DEP) (Sport)platz *m;* **medio ~** Halbfeld *nt* ③ (*t.* POL, MIL: *campamento*) Lager *nt,* Camp *nt;* **~ de concentración** (HIST) Konzentrationslager *nt;* **~ de refugiados** Flüchtlingslager *nt;* **~ de trabajo** (Jugend)workcamp *nt* ④ (MIL: *terreno*) Feld *nt;* **~ de tiro** Schießplatz *m* ⑤ (FÍS, INFOR) Feld *nt;* **~ visual** Sichtfeld *nt;* **~ para entradas** (INFOR) Eingabefeld *nt;* **~ de opción** (INFOR) Optionsfeld *nt* ⑥ *(área del saber)* Gebiet *nt;* **~ de actuación** Tätigkeitsfeld *nt*

camposanto [kampo'san̪to] *m* Friedhof *m*

campus ['kampus] *m inv* Campus *m*

camuflaje [kamu'flaxe] *m* Tarnung *f*

camuflar [kamu'flar] *vt* tarnen; *(fig)* verbergen

can [kan] *m* ① *(perro)* Hund *m* ② *(gatillo)* Hahn *m*

cana ['kana] *f* graues Haar *nt;* **echar una ~ al aire** *(fig)* sich *dat* eine Eskapade leisten

canaco, -a [ka'nako, -a] *m, f* Kanake *mf*

Canadá [kana'ða] *m* **(el) ~** Kanada *nt*

canadiense **I.** *adj* kanadisch **II.** *mf* Kanadier(in) *m(f)*

canal [ka'nal] *m o f* ① *(cauce artificial)* Kanal *m* ② (GEO: *paso natural*) Meerenge *f;* **el ~ de la Mancha** der Ärmelkanal; **el ~ de Panamá** der Panamakanal ③ *(canalón)* Dachrinne *f* ④ (TV) Sender *m;* **~ de televisión** Fernsehsender *m* ⑤ (TEL, ANAT) Kanal *m*

canalización [kanaliθa'θjon] *f* ① *(de un río)* Kanalisierung *f* ② *(alcantarillado)* Kanalisation *f; (infraestructura)* Kanalsystem *nt*

canalizar [kanali'θar] <z → c> *vt* ① *(un río)* kanalisieren ② *(encauzar)* gezielt lenken

canalla [ka'naʎa] *mf (pey)* Schurke, -in *m, f*

canallada [kana'ʎaða] *f* Gemeinheit *f*

canallesco, -a [kana'ʎesko, -a] *adj* schurkisch

canalón [kana'lon] *m* Dachrinne *f*

canana [ka'nana] *f* ① *(cinturón)* Patronengurt *m* ② *(Am: fam: canallada)* Schweinerei *f*

canapé [kana'pe] *m* Canapé *nt*

canaria [ka'narja] *adj o f v.* **canario²**
Canarias [ka'narjas] *fpl* **las islas ~** die Kanaren, die Kanarischen Inseln
canario¹ [ka'narjo] *m* Kanarienvogel *m*
canario, -a² [ka'narjo, -a] **I.** *adj* kanarisch **II.** *m, f (de Canarias)* Kanarier(in) *m(f)*
canasta [ka'nasta] *f* ❶ *(cesto)* Henkelkorb *m* ❷ (DEP) Korb *m*
canastilla [kanas'tiʎa] *f* ❶ *(cestita)* Körbchen *nt;* **~ para cubiertos** Besteckkorb *m* ❷ *(del bebé)* Babyausstattung *f* ❸ *(en una freidora)* Frittierkorb *m*
cancán [kaŋ'kan] *m* ❶ (MÚS) Cancan *m* ❷ *(enagua)* Cancanunterrock *m*
cancelación [kan̪θela'θjon] *f* ❶ *(anulación)* Streichung *f; (de una cita)* Absage *f* ❷ (FIN: *de una cuenta*) Löschung *f; (de una deuda)* Tilgung *f; (de un cheque)* Sperrung *f;* **~ de un pedido** Stornierung eines Auftrags
cancelar [kan̪θe'lar] *vt* ❶ *(anular)* streichen; **~ una cita** eine Verabredung absagen ❷ *(rescindir)* aufheben ❸ (FIN: *una cuenta*) löschen; *(una deuda)* tilgen; *(un cheque)* sperren
cancelario [kan̪θe'larjo] *m (Bol)* Rektor *m (einer Universität)*
cáncer ['kan̪θer] *m* ❶ (MED, ASTR: *persona*) Krebs *m* ❷ *(vicio)* Hauptübel *nt*
Cáncer ['kan̪θer] *m* (ASTR: *signo*) Krebs *m*
cancerígeno, -a [kan̪θe'rixeno, -a] *adj* Krebs erzeugend; (MED) kanzerogen
cancerología [kan̪θerolo'xia] *f* (MED) Onkologie *f*
canceroso, -a [kan̪θe'roso, -a] *adj* krebs(art)ig; (MED) kanzerös; **tumor ~** Krebsgeschwulst *f*
cancha ['kanʧa] *f* ❶ *(de deporte)* Sportplatz *m;* **~ de bádminton** Badmintonplatz *m* ❷ *(Am: hipódromo)* Pferderennbahn *f* ❸ *(Am: de un río)* breites Flussbett *nt* ❹ *(Am: espacio)* Platz *m,* Raum *m*
canchero, -a [kan'ʧero, -a] *m, f (Arg)* Angeber(in) *m(f)*
canciller [kan̪θi'ʎer] *mf* ❶ *(Jefe de Gobierno (Federal))* (Bundes)kanzler(in) *m(f)* ❷ (HIST: *en el Imperio Alemán*) Reichskanzler *m* ❸ *(en el Cuerpo Diplomático)* Kanzler(in) *m(f)* ❹ *(Am: de Asuntos Exteriores)* Außenminister(in) *m(f)*
cancillería [kan̪θiʎe'ria] *f* ❶ *(Jefatura del Gobierno (Federal))* (Bundes)kanzleramt *nt* ❷ *(oficina)* Kanzlei *f* ❸ *(Am: Asuntos Exteriores)* Außenministerium *nt*
canción [kan̪'θjon] *f* ❶ *(canto)* Lied *nt;* **~ de moda** Schlager *m;* **~ popular** Volkslied *nt;* **(es) siempre la misma ~** es ist immer das alte Lied ❷ (LIT, MÚS) Kanzone *f*
cancionero [kan̪θjo'nero] *m* ❶ (MÚS) Liederbuch *nt* ❷ (LIT) Liederhandschrift *f*
candado [kan̪'daðo] *m* Vorhängeschloss *nt*
candar [kan̪'dar] *vt (cerrar con llave)* zuschließen, abschließen
candeal [kan̪de'al] *adj* **pan ~** Dinkelbrot *nt;* **trigo ~** Dinkel *m*
candela [kan̪'dela] *f* Kerze *f*
candelabro [kan̪de'laβro] *m* Kerzenleuchter *m*
candelejón, -ona [kan̪dele'xon, -ona] *adj (Chil, Col, Perú: inocente)* naiv, einfältig
candelero [kan̪de'lero] *m* Kerzenständer *m;* **estar en el ~** *(fig)* hoch im Kurs stehen
candente [kan̪'den̪te] *adj* ❶ *(al rojo)* glühend ❷ *(palpitante)* brennend
candidato, -a [kan̪di'ðato, -a] *m, f* ❶ *(aspirante)* Bewerber(in) *m(f)* ❷ (POL) Kandidat(in) *m(f);* **~ al título** (DEP) Titelanwärter *m*
candidatura [kan̪diða'tura] *f* ❶ *(presentación)* Bewerbung *f;* (POL) Kandidatur *f* ❷ *(lista)* Kandidatenliste *f* ❸ *(papeleta)* Stimmzettel *m*
candidez [kan̪di'ðeθ] *f v.* **candor**
cándido, -a ['kan̪diðo, -a] *adj v.* **candoroso**
candil [kan̪'dil] *m* ❶ *(lámpara)* Öllampe *f* ❷ *(Am: candelabro)* Kerzenleuchter *m*
candileja [kan̪di'lexa] *f* Rampenlicht *nt;* **se crio entre ~s** er/sie ist im Rampenlicht aufgewachsen
candinga [kan̪'diŋga] *f* ❶ *(Chil: necedad)* Dummheit *f* ❷ *(Hond: maraña)* Wirrwarr *m,* Durcheinander *nt*
candor [kan̪'dor] *m* ❶ *(inocencia)* Unschuld *f* ❷ *(ingenuidad)* Naivität *f; (simplicidad)* Einfalt *f*
candoroso, -a [kan̪do'roso, -a] *adj* ❶ *(inocente)* unschuldig ❷ *(ingenuo)* naiv; *(simple)* einfältig
caneca [ka'neka] *f* ❶ *(licorera)* Likörflasche *f (aus glasierter Keramik)* ❷ *(Col: basurero)* Mülleimer *m* ❸ *(Cuba: agua caliente)* Wärmflasche *f* ❹ *(Am: barril)* Fass *nt; (balde)* Eimer *m*
caneco, -a [ka'neko, -a] *adj (Bol: embriagado)* betrunken
canela [ka'nela] *f* ❶ *(especia)* Zimt *m;* **~ en rama** Zimtrinde *f;* **¡esto es ~ fina!** *(fig)* das ist das Feinste vom Feinen! ❷ *(color)* Zimtfarbe *f*
canelón [kane'lon] *m* ❶ *(desagüe)* Dachrinne *f* ❷ *pl* (GASTR) Cannelloni *pl* ❸ *(carámbano)* Eiszapfen *m* ❹ *(charretera)* Raupe *f*
canfín [kam̪'fin] *m (AmC: petróleo)* (Erd)öl *nt*

cangrejo [kaŋ'grexo] *m (crustáceo)* Krebs *m;* ~ **de mar** Krabbe *f;* ~ **de río** Flusskrebs *m*
cangrina [kaŋ'grina] *f (Col)* Beschwerde *f*
cangro ['kaŋgro] *m (Col, Guat:* MED: *cáncer)* Krebs *m*
canguelo [kaŋ'gelo] *m (fam)* Heidenangst *f*
canguis ['kaŋgis] *m inv v.* **canguelo**
canguro [kaŋ'guro] **I.** *m* (ZOOL) Känguru *nt* **II.** *mf (fam: persona)* Babysitter(in) *m(f);* **hacer de ~** babysitten
caníbal [ka'niβal] **I.** *adj* kannibalisch **II.** *mf* Kannibale, -in *m, f*
canibalismo [kaniβa'lismo] *m* ❶ *(antropofagia)* Kannibalismus *m* ❷ *(salvajismo)* Grausamkeit *f*
canica [ka'nika] *f* Murmel *f*
caniche [ka'nitʃe] *m* Pudel *m*
canícula [ka'nikula] *f* ❶ *(período)* Hundstage *mpl* ❷ (ASTR) Sirius *m*
canijo, -a [ka'nixo, -a] *adj* ❶ *(pey: endeble)* kümmerlich; *(pequeñajo)* mick(e)rig ❷ *(Am: malvado)* bösartig
canilla [ka'niʎa] *f* ❶ (ANAT: *hueso alargado*) Röhrenknochen *m; (tibia)* Schienbein *nt* ❷ (TÉC: *carrete*) Spule *f*
canino [ka'nino] *m* ❶ *(humano)* Eckzahn *m* ❷ *(de animales)* Fang(zahn) *m*
canje ['kaŋxe] *m* ❶ *(intercambio)* Austausch *m* ❷ *(de un vale)* Einlösen *nt*
canjeable [kaŋxe'aβle] *adj* umtauschbar (**por** gegen *+akk*)
canjear [kaŋxe'ar] *vt* ❶ *(intercambiar)* austauschen ❷ *(cambiar)* einlösen
cannabidiol [kanaβi'ðjol] *m sin pl* (QUÍM) Cannabidiol *nt*
cannabis ['kanaβis] *m sin pl* Cannabis *m*
cano, -a ['kano, -a] *adj v.* **canoso**
canoa [ka'noa] *f* ❶ *(bote a remo)* Kanu *nt; (tronco)* Einbaum *m;* (DEP: *piragua*) Kajak *m o nt; (canadiense)* Kanadier *m* ❷ *(a motor)* Motorboot *nt* ❸ *(Am: artesa)* Trog *m*
canódromo [ka'noðromo] *m* Hunderennbahn *f*
canon ['kanon] *m* ❶ *(precepto)* Gesetz *nt;* (REL) Kanon *m* ❷ (ARTE, LIT: *modelo*) Kanon *m* ❸ *pl (reglas)* Vorschriften *fpl*
canónico, -a [ka'noniko, -a] *adj* kanonisch
canónigo [ka'noniɣo] *m* ❶ (REL) Kanoniker *m* ❷ (BOT, GASTR) Feldsalat *m*
canonizar [kanoni'θar] <z → c> *vt* (REL) heiligsprechen
canoso, -a [ka'noso, -a] *adj* grauhaarig
cansado, -a [kan'saðo, -a] *adj* ❶ *estar (fatigado)* müde; **vista cansada** müde Augen ❷ *estar (harto)* überdrüssig (**de** *+gen*) ❸ *ser (fatigoso)* ermüdend; **un viaje ~** eine anstrengende Reise ❹ *ser (aburrido)* langweilig ❺ *ser (molesto)* lästig ❻ *(Am)* **a las cansadas** sehr spät, nach langem Warten
cansador(a) [kansa'ðor(a)] *adj (Arg)* ❶ *ser (fatigoso)* anstrengend ❷ *ser (aburrido)* langweilig ❸ *ser (molesto)* lästig
cansancio [kan'saṇθjo] *m* ❶ *(fatiga)* Müdigkeit *f; (agotamiento)* Ermüdung *f;* **estoy muerto de ~** ich bin todmüde ❷ *(hastío)* Überdruss *m*
cansar [kan'sar] **I.** *vi* ❶ *(fatigar)* anstrengend sein ❷ *(hastiar)* langweilig werden **II.** *vt* ❶ *(fatigar)* müde machen ❷ *(hastiar)* langweilen **III.** *vr:* **~se** ❶ *(fatigarse)* müde werden ❷ *(hartarse)* **~se de algo** etw *gen* überdrüssig werden
cansino, -a [kan'sino, -a] *adj* ❶ *(cansado)* kraftlos ❷ *(lento)* langsam ❸ *(desganado)* lustlos
cántabra ['kaṇtaβra] *adj o f v.* **cántabro**
Cantabria [kaṇ'taβrja] *f* Kantabrien *nt*
cantábrico, -a [kaṇ'taβriko, -a] *adj* kantabrisch; **el mar C~** das Kantabrische Meer
cántabro, -a ['kaṇtaβro, -a] **I.** *adj* kantabrisch **II.** *m, f* Kantabrer(in) *m(f)*
cantada [kaṇ'taða] *f* (MÚS) Kantate *f*
cantamañanas [kaṇtama'ɲanas] *mf inv (fam)* Luftikus *m*
cantante [kaṇ'taṇte] **I.** *adj* singend; **llevar la voz ~** *(fig)* die erste Geige spielen **II.** *mf* Sänger(in) *m(f);* **~ de ópera** Opernsängerin *f;* **~ callejero, -a** Straßenmusiker(in) *m(f)*
cantaor(a) [kaṇta'or(a)] *m(f)* Flamencosänger(in) *m(f)*
cantar [kaṇ'tar] **I.** *vi, vt* ❶ *(personas, pájaros)* singen; *(gallo)* krähen; *(grillo)* zirpen; *(ranas)* quaken; **en menos que canta un gallo** *(fam)* im Nu ❷ *(alabar)* (an)preisen ❸ *(argot: confesar)* singen ❹ *(en el juego)* ansagen ❺ *(fam: oler mal)* stinken **II.** *m* Lied *nt; (copla popular)* Volkslied *nt*
cántaro ['kaṇtaro] *m* (Henkel)krug *m;* **está lloviendo a ~s** es gießt in Strömen
cantautor(a) [kaṇtau̯'tor(a)] *m(f)* Liedermacher(in) *m(f)*
cante ['kaṇte] *m* ❶ *(general)* Volkslied *nt;* **dar el ~** *(denunciar)* singen *fam; (llamar la atención)* hervorstechen; **dio el ~ con el color de su vestido** die Farbe ihres Kleides sprang ins Auge ❷ *(andaluz)* Flamenco *m*
cantera [kaṇ'tera] *f* ❶ *(pedrera)* Steinbruch *m* ❷ (*t.* DEP: *cuna*) Kaderschmiede *f*
cantero [kaṇ'tero] *m* ❶ *(picapedrero)* Steinmetz *m* ❷ *(Am: sembradío)* Beet *nt*
cántico ['kaṇtiko] *m* (REL) Lobgesang *m*
cantidad [kaṇti'ðaᵈ] **I.** *f* ❶ *(porción)* Menge *f; (número)* Anzahl *f;* **una gran ~ de**

eine Vielzahl von; **¿qué ~ necesitas?** wie viel brauchst du? ② *(suma de dinero)* Betrag *m* **II.** *adv (fam)* sehr viel

cantimplora [kan̪tim'plora] *f* ① *(botella de campaña)* Feldflasche *f* ② *(sifón)* Weinheber *m*

cantina [kan̪'tina] *f* ① *(en estaciones, cuarteles)* Kantine *f* ② *(bodega)* Weinkeller *m*

cantinela [kan̪ti'nela] *f (pey)* Leier *f;* **siempre la misma ~** immer die alte Leier

canto ['kan̪to] *m* ① *(cantar)* Singen *nt; (canción)* Gesang *m;* **~ gregoriano** Gregorianischer Gesang; **~ de los pájaros** Vogelgesang *m;* **estudia ~** er/sie studiert Gesang ② *(alabanza)* Lobgesang *m* ③ (LIT) Gesang *m* ④ *(arista)* Kante *f; (esquina)* Ecke *f* ⑤ *(borde)* Rand *m; (de un vestido)* Saum *m* ⑥ *(en un cuchillo)* Rücken *m; (en un libro)* Schnitt *m;* **poner de ~** hochkant stellen ⑦ *(grosor)* Dicke *f* ⑧ *(guijarro)* Kiesel(stein) *m*

cantón [kan̪'ton] *m* ① *(esquina)* Ecke *f* ② (ADMIN, POL) Kanton *m* ③ (MIL) Quartier *nt*

cantonal [kan̪to'nal] *adj* (ADMIN, POL) kantonal

cantonalismo [kan̪tona'lismo] *m* (POL) ① *(sistema)* Kantonalsystem *nt* ② *(debilitamiento)* radikaler Föderalismus, der zur Zersetzung eines Staates führt

cantonear [kan̪tone'ar] *vi (vagar)* herumschlendern, umherschweifen

cantonera [kan̪to'nera] *f* Kantenschutz *m; (de metal)* Eckbeschlag *m; (en una culata)* Kolbenbeschlag *m*

cantor(a) [kan̪'tor(a)] **I.** *adj* ① *(canoro)* Sing- ② *(cantarín)* sangesfroh; **los canarios son muy ~es** Kanarienvögel singen viel **II.** *m(f) (elev)* Sänger(in) *m(f)*

cantoral [kan̪to'ral] *m* (REL) Chorbuch *nt*

canturrear [kan̪turre'ar] *vi, vt* trällern

cánula ['kanula] *f* ① *(caña)* Röhrchen *nt* ② (MED) Drainageröhre *f* ③ *(jeringa)* Injektionsnadel *f,* Kanüle *f*

canutas [ka'nutas] *adj (fam)* **pasarlas ~** allerhand durchmachen

canuto [ka'nuto] *m* ① *(tubo)* Röhre *f* ② *(argot: porro)* Joint *m*

caña ['kaɲa] *f* ① (AGR, BOT) Rohr *nt; (tallo de cereal)* Halm *m; (junco)* Schilf *nt;* **~ de azúcar** Zuckerrohr *nt;* **~ de bambú** Bambusrohr *nt* ② (ANAT: *de la pierna*) Schienbein *nt; (tuétano)* Mark *nt* ③ *(de pescar)* Angel(rute) *f* ④ *(de un arma, una columna)* Schaft *m* ⑤ *(en el calzado)* Beinling *m* ⑥ *(de cerveza)* Glas *nt* gezapftes Bier

cañada [ka'ɲaða] *f* ① *(barranco)* Hohlweg *m* ② (AGR: *camino de ganado*) Weideweg *m*

cañamazo [kaɲa'maθo] *m* ① *(arpillera)* Sackleinen *nt* ② *(para bordar)* Stramin *m*

cáñamo ['kaɲamo] *m* ① *(planta)* Hanf *m* ② *(tejido)* Hanfgarn *nt;* **de ~** hanfen, hänfen

cañaveral [kaɲaβe'ral] *m* ① *(cañizar)* Ried *nt,* Röhricht *nt* ② *(plantío)* Zuckerrohrfeld *nt*

cañería [kaɲe'ria] *f* Rohrleitung *f;* **~ del agua** Wasserleitung *f*

cañí [ka'ɲi] *adj (pey)* Zigeuner-, zigeunerisch *(abw);* **la España ~** *die folkloristische, klischeehafte Seite Spaniens*

cañizal [kaɲi'θal] *m,* **cañizar** [kaɲi'θar] *m* Röhricht *nt*

caño ['kaɲo] *m* ① *(tubo)* Röhre *f; (de la fuente)* Ausflussrohr *nt; (chorro)* Wasserstrahl *m* ② *(desagüe)* Abflussrohr *nt*

cañón [ka'ɲon] *m* ① *(tubo)* Rohr *nt;* **~ de escopeta** Gewehrlauf *m;* **de dos cañones** doppelläufig ② (MIL) Kanone *f; (artillería)* Geschütz *nt;* **~ de nieve** Schneekanone *f;* **carne de ~** Kanonenfutter *nt* ③ *(de la barba)* Stoppel *f* ④ *(de una pluma)* Federkiel *m* ⑤ (GEO) Cañon *m;* **el C~ del Colorado** der Grand Canyon

caoba [ka'oβa] **I.** *adj* **(color) ~** mahagonibraun **II.** *f* ① *(madera)* Mahagoni(holz) *nt* ② *(árbol)* Mahagonibaum *m*

caos ['kaos] *m inv* Chaos *nt*

caótico, -a [ka'otiko, -a] *adj* chaotisch

capa ['kapa] *f* ① *(prenda)* Cape *nt,* Umhang *m;* **defender a ~ y espada** aufs Äußerste verteidigen; **andar** [*o* **estar de**] **~ caída** heruntergekommen sein ② (TAUR) Capa *f* ③ *(cobertura)* Auflage *f; (recubrimiento)* Belag *m; (baño)* Überzug *m;* **~ aislante** Isolierschicht *f;* **~ de nieve** Schneedecke *f* ④ *(estrato)* Schicht *f;* **~ de ozono** Ozonschicht *f* ⑤ (GEO, MIN) Flöz *nt*

capacha [ka'patʃa] *f* Tragekorb *m*

capacho [ka'patʃo] *m* Tragekorb *m*

capacidad [kapaθi'ða^{ð}] *f* ① *(cabida)* Fassungsvermögen *nt* ② (FÍS: *potencia*) Leistung(sfähigkeit) *f* ③ *(aptitud)* Fähigkeit *f* (**para** zu +*dat*); **~ adquisitiva** Kaufkraft *f;* **~ negociadora** Verhandlungsgeschick *nt;* **~ de persuasión** Überredungskunst *f* ④ (JUR) Berechtigung *f* ⑤ *(Am: persona dotada)* Kapazität *f*

capacitación [kapaθita'θjon] *f (capacidad)* Befähigung *f; (formación)* Qualifikation *f;* (JUR: *habilitación*) Berechtigung *f*

capacitado, -a [kapaθi'taðo, -a] *adj* befähigt (**para** zu +*dat*), qualifiziert (**para** für +*akk*)

capacitar [kapaθi'tar] **I.** *vt* ① *(formar)* schulen; *(preparar)* befähigen (**para** zu +*dat*) ② *(Am:* JUR: *habilitar*) bevollmächtigen **II.** *vr:* **~se** den Befähigungsnachweis erbringen (**para** für *+akk*)

capanga [ka'paŋga] *m (CSur)* Leibwächter *m*

capar [ka'par] *vt* ❶ *(fam: un pollo)* kappen; *(animal o persona)* kastrieren ❷ *(limitar)* einschränken

caparazón [kapara'θon] *m* ❶ *(de una tortuga)* Panzer *m; (de insectos)* Deckflügel *mpl* ❷ *(protección)* Schutz *m; (capa)* (Schutz)schicht *f* ❸ *(de un ave)* Gerippe *nt*

caparrón [kapa'rron] *m* (BOT) Knospe *f,* Auge *nt*

capataz [kapa'taθ] *m* Vorarbeiter *m*

capaz [ka'paθ] *adj* ❶ *(con cabida)* geräumig ❷ *(apto)* befähigt ❸ *(en condiciones)* fähig; **no fui ~ de hacerlo** ich war nicht dazu fähig ❹ *(Am: tal vez)* vielleicht; (**es**) **~ que llueva** vielleicht regnet es bald

capazo [ka'paθo] *m* ❶ *(espuerta)* (geflochtener) Tragekorb *m* ❷ *(de bebé)* Babytragetasche *f*

capción [kaβ'θjon] *f* (JUR: *arresto*) Festnahme *f,* Verhaftung *f*

capcioso, -a [kaβ'θjoso, -a] *adj (engañoso)* tückisch; *(insidioso)* verfänglich

capea *f Amateurstierkampf mit jungen Rindern, die am Leben gelassen werden*

capear [kape'ar] *vt* ❶ (TAUR) mit der Capa reizen ❷ *(entretener)* hinhalten ❸ *(esquivar)* meiden

capellán [kape'ʎan] *m* ❶ *(con capellanía)* Kaplan *m* ❷ *(clérigo)* Geistliche(r) *m*

Caperucita (Roja) [kaperu'θita ('rroxa)] *f* Rotkäppchen *nt;* **no me cuentes el cuento de ~** *(fig)* erzähl mir keine Märchen

caperuza [kape'ruθa] *f* Kappe *f; (protección)* Haube *f*

capi ['kapi] *m* ❶ *(AmS: maíz)* Mais *m* ❷ *(Bol: harina)* weißes Maismehl *nt*

capicúa [kapi'kua] *m* ❶ *(número)* symmetrische Zahl *f* ❷ *(palabra)* Palindrom *nt*

capilar [kapi'lar] **I.** *adj* ❶ *(del cabello)* Haar-; **tratamiento ~** Haarpflegesystem *nt* ❷ *(fino)* haarfein; **vasos ~es** Kapillargefäße *ntpl* **II.** *m* Kapillare *f*

capilla [ka'piʎa] *f* (REL) Kapelle *f;* **~ ardiente** Aufbahrung *f*

capirotazo [kapiro'taθo] *m* Kopfnuss *f*

capital[1] [kapi'tal] **I.** *adj* wesentlich, Haupt-; **letra ~** *(Am)* Großbuchstabe *m;* **pena ~** Todesstrafe *f;* **de ~ importancia** von höchster Wichtigkeit **II.** *m* (ECON, FIN) Kapital *nt;* **~ fijo** festliegendes Kapital; **~ a plazo** Termingeld *nt;* **bienes de ~** Kapitalvermögen *nt*

capital[2] [kapi'tal] *f (ciudad)* Hauptstadt *f; (gran ciudad)* Großstadt *f;* **~ de partido/de distrito/de provincia** Kreis-/Bezirks-/Provinzhauptstadt *f*

capitalismo [kapita'lismo] *m* Kapitalismus *m*

capitalista [kapita'lista] **I.** *adj* kapitalistisch **II.** *mf* Kapitalist(in) *m(f);* (ECON, FIN: *financiero*) Geldgeber(in) *m(f),* Finanzier *m*

capitalización [kapitaliθa'θjon] *f* (ECON, FIN) Kapitalisierung *f;* **~ bursátil** Börsenkapitalisierung *f*

capitalizar [kapitali'θar] <z → c> *vt* ❶ (ECON, FIN) kapitalisieren ❷ *(copar)* an sich reißen

capitán [kapi'tan] *m* ❶ (MIL) Hauptmann *m;* **~ general** Oberbefehlshaber *m* ❷ (NÁUT) Kapitän *m,* Kommandant *m;* (AERO) Flugkapitän *m* ❸ (DEP) Mannschaftskapitän *m* ❹ *(de una banda)* Anführer *m*

capitanear [kapitane'ar] *vt* ❶ (MIL) befehligen ❷ *(dirigir)* anführen

capitanía [kapita'nia] *f* ❶ (MIL) Kapitänsgrad *m;* **~ general** Generalkapitanat *nt* ❷ *(liderazgo)* Führerschaft *f*

capitel [kapi'tel] *m* (ARQUIT) ❶ *(en una columna)* Kapitell *nt* ❷ *(chapitel)* Turmspitze *f*

capitolio [kapi'toljo] *m* ❶ (HIST) Kapitol *nt* ❷ *(edificio)* Parlamentsgebäude *nt; (consistorio)* Rathaus *nt*

capitulación [kapitula'θjon] *f* ❶ (MIL) Kapitulation *f* ❷ *(acuerdo)* Vereinbarung *f*

capitular [kapitu'lar] **I.** *adj* (REL) Kapitel- **II.** *vi* ❶ *(acordar)* eine Vereinbarung treffen ❷ *(rendirse)* kapitulieren **III.** *m* ❶ (REL) Kapitular *m* ❷ (ADMIN, POL) Stadtrat *m*

capítulo [ka'pitulo] *m* (*t.* REL) Kapitel *nt*

capo[1] ['kapo] *m (jefe mafioso)* Pate *m*

capo, -a[2] ['kapo] *m, f (Arg, Urug: jefe)* Führer(in) *m(f); (autoridad en la materia)* Experte, -in *m, f*

capó [ka'po] *m* Motorhaube *f*

capoeira [kapo'ei̯ra] *f (danza)* Capoeira *f*

capón [ka'pon] **I.** *adj* kastriert **II.** *m* ❶ *(pollo)* Kapaun *m* ❷ *(coscorrón)* Kopfnuss *f*

caporal [kapo'ral] *m* ❶ (MIL) Korporal *m,* Gefreite(r) *m* ❷ *(jefe)* Anführer *m* ❸ (AGR) Viehaufseher *m*

capot [ka'po] *m v.* **capó**

capota [ka'pota] *f* (AUTO) Verdeck *nt*

capotar [kapo'tar] *vi (coche)* sich überschlagen; *(avión)* abstürzen

capote [ka'pote] *m* ❶ *(abrigo sin mangas)* Cape *nt;* **~ de monte** *(Am)* Poncho *m* ❷ (TAUR) große Capa *f;* **echar un ~ a alguien** *(fig)* jdm einen Rettungsanker zuwerfen

capricho [ka'pritʃo] *m* ❶ *(antojo)* Laune *f;* **a ~** nach Belieben; **darse un ~** sich *dat* etwas gönnen ② *(adorno)* Zierrat *m; (pey)* Schnickschnack *m* ③ (MÚS) Capriccio *nt*

caprichoso, -a [kapri'tʃoso, -a] *adj* ① *(antojadizo)* eigensinnig ② *(pey: inconstante)* launenhaft ③ *(pey: arbitrario)* willkürlich

capricornio [kapri'kornjo] *m* (ASTR: *persona*) Steinbock *m*

Capricornio [kapri'kornjo] *m* (ASTR: *signo*) Steinbock *m*

cápsula ['kaβsula] *f* ① *(receptáculo, t.* ANAT) Kapsel *f;* ~ **espacial** (AERO) Raumkapsel *f* ② (BOT: *membrana*) Hülse *f* ③ *(tapón)* Kronenkorken *m*

captación [kapta'θjon] *f* ① *(obtención)* Gewinnung *f* ② *(registro)* Erfassung *f;* ~ **de datos** (INFOR) Datenerfassung *f* ③ *(atracción)* Erschleichung *f*

captar [kap'tar] **I.** *vt* ① *(recoger)* sammeln; *(aprovechar)* nutzbar machen; *(capital)* aufbringen ② *(percibir)* wahrnehmen ③ (TEL) empfangen ④ (CINE, FOTO) einfangen ⑤ (INFOR) erfassen ⑥ *(comprender)* begreifen **II.** *vr:* **~se** gewinnen; *(pey)* erschmeicheln

captura [kap'tura] *f* ① *(apresamiento)* Ergreifung *f* ② *(detención)* Festnahme *f* ③ (NÁUT) Aufbringen *nt* ④ *(piezas cobradas)* Fang *m* ⑤ ~ **de pantalla** (INFOR) Screenshot *m*

capturar [kaptu'rar] *vt* ① *(apresar)* ergreifen ② *(detener)* festnehmen ③ (NÁUT) aufbringen ④ *(cazar, pescar)* fangen

capucha [ka'putʃa] *f* ① *v.* **capuchón** ② (TIPO) Zirkumflex *m*

capuchino[1] [kapu'tʃino] *m (café)* Cappuccino *m*

capuchino, -a[2] [kapu'tʃino, -a] **I.** *adj* Kapuziner- **II.** *m, f* Kapuziner(mönch), Kapuzinerin *m, f*

capuchón [kapu'tʃon] *m* ① *(para la cabeza)* Kapuze *f* ② *(tapa)* (Verschluss)kappe *f*

capullo [ka'puʎo] *m* ① (BOT: *de flor*) Knospe *f* ② (ZOOL) Kokon *m;* **hacer el** ~ sich einspinnen; **salir del** ~ ausschlüpfen ③ *(fam: prepucio)* Vorhaut *f* ④ *(vulg: canalla)* Arschloch *nt*

caqui ['kaki] **I.** *adj* kakifarben **II.** *m* ① *(color)* Kaki *nt* ② *(tela)* Kaki *m* ③ (BOT) Kakifrucht *f*

cara ['kara] **I.** *f* ① *(rostro)* Gesicht *nt;* ~ **a** ~ von Angesicht zu Angesicht; **a** ~ **descubierta** unverhüllt; (**no**) **dar la** ~ (nicht) zu etwas stehen; **echar en** ~ vorwerfen; **hacer** [*o* **plantar**] ~ die Stirn bieten; **partir** [*o* **romper**] **la** ~ **a alguien** *(fam)* jdm die Fresse polieren ② *(expresión)* Miene *f;* ~ **de póquer** Pokerface *nt;* **una** ~ **larga** ein langes Gesicht; **una** ~ **de pocos amigos** *(fam)* ein unfreundliches Gesicht; **salvar la** ~ den Schein wahren ③ *(aspécto)* Aussehen *nt;* **tener buena/mala** ~ *(fam)* gut/schlecht aussehen ④ *(lado)* Seite *f; (de una moneda)* Kopf *m* ⑤ *(fam: osadía)* Stirn *f;* **¡qué ~!** was für eine Frechheit!; **tener mucha** ~ unverschämt sein **II.** *prep (en dirección a)* (**de**) ~ **a** gegenüber; **de** ~ **al futuro** in Hinblick auf die Zukunft **III.** *conj* **de** ~ **a** +*inf* um ... zu +*inf*

carabela [kara'βela] *f* (NÁUT) Karavelle *f*

carabina [kara'βina] *f* ① *(fusil)* Karabiner *m* ② *(fam: acompañanta)* Anstandsdame *f*

carabinero [karaβi'nero] *m* Karabiniere *m*

caracol [kara'kol] *m* ① (ZOOL) Schnecke *f* ② *(concha)* Schneckenhaus *nt* ③ (ANAT) Schnecke *f* ④ *(de pelo)* Löckchen *nt*

caracola [kara'kola] *f* Meeresschnecke *f*

carácter [ka'rakter] <caracteres> *m* ① *(personalidad)* Charakter *m,* Wesen *nt* ② *(temperamento fuerte)* Charakterstärke *f;* (**no**) **tiene** ~ er/sie zeigt (keinen) Charakter; **sin** ~ charakterlos ③ *(índole)* Art *f;* **con** ~ **de** als ④ (BIOL) Merkmal *nt* ⑤ (TIPO) Buchstabe *m* ⑥ (INFOR) Zeichen *nt;* ~ **de separación** Trennzeichen *nt* ⑦ *(Am: personaje)* Rolle *f*

característica [karakte'ristika] *f* ① *(atributo)* Merkmal *nt* ② *(peculiaridad)* Eigenart *f* ③ *(cualidad)* Eigenschaft *f*

característico, -a [karakte'ristiko, -a] **I.** *adj* charakteristisch; **rasgo** ~ Merkmal *nt* **II.** *m, f* (CINE, TEAT) Charakterdarsteller(in) *m(f)*

caracterización [karakteriθa'θjon] *f* ① *(acción)* Charakterisierung *f* ② *(descripción)* Charakterbild *nt* ③ (TEAT) Darstellung *f*

caracterizado, -a [karakteri'θaðo, -a] *adj* ① *(prestigioso)* anerkannt ② *(distinguido)* ausgezeichnet ③ *(marcado)* gekennzeichnet (**por** durch +*akk*)

caracterizar [karakteri'θar] <z → c> **I.** *vt* ① *(marcar)* charakterisieren ② *(describir)* schildern (**como** als +*akk*) ③ (TEAT) darstellen **II.** *vr:* **~se** ① *(destacar)* sich auszeichnen (**por** durch +*akk*) ② (CINE, TEAT) eine Rolle überzeugend spielen

caradura [kara'ðura] *mf (fam)* unverschämter Mensch *m*

carajo [ka'raxo] *m (vulg: pene)* Schwanz *m fam;* **¡~!** Scheiße!; **¡vete al ~!** *(fam)* scher dich zum Teufel!; **me importa un** ~ *(fam)* es ist mir scheißegal; **no vale un** ~ *(fam)* es ist keinen Heller wert; **¿y tú qué ~ quieres?** *(fam)* und was zum Teufel willst du?; **del** ~ *(fam)* Mords-

caramba [ka'ramba] *interj (fam)* **¡**(**qué**) **~!**

C

C

(enfado) verdammt noch mal!; *(extrañeza)* herrje!; *(admiración)* Donnerwetter!

carámbano [ka'rambano] *m* Eiszapfen *m*

carambola [karam'bola] *f* ❶ *(fam: trampa)* Schwindel *m* ❷ *(en el billar)* Karambole *f;* **de** [*o* **por**] ~ *(fam)* mit etwas Glück ❸ (BOT) Sternfrucht *f*

caramelizar [karameli'θar] <z → c> **I.** *vi* (GASTR: *el azúcar*) karamellieren **II.** *vt* (GASTR: *recubrir*) karamellisieren; ~ **el fondo de un molde** eine Form mit Karamellzucker ausgießen

caramelo [kara'melo] *m* ❶ *(azúcar quemado)* Karamell(zucker) *m;* (**de**) **color** ~ karamellfarben ❷ *(golosina)* Bonbon *m o nt;* ~ **de menta** Pfefferminzbonbon *m o nt*

caramillo [kara'miʎo] *m* ❶ *(flauta)* Pfeife *f* ❷ *(fam: chisme)* Klatsch *m* ❸ *(fam: riña)* Zank *m*

carantoña [karaṇ'toɲa] *f* *(zalamería)* Schmuserei *f;* **hacer ~s** schmusen

caraota [kara'ota] *f* *(Ven: haba)* Bohne *f*

caraqueño, -a [kara'keɲo, -a] **I.** *adj* aus Caracas **II.** *m, f* Einwohner(in) *m(f)* von Caracas

carátula [ka'ratula] *f* ❶ *(careta)* Maske *f* ❷ *(pey: farándula)* Schauspielervolk *nt* ❸ *(portada)* Titelblatt *nt;* *(de un disco)* Plattencover *nt*

caravana [kara'βana] *f* ❶ *(recua)* Karawane *f* ❷ *(embotellamiento)* Stau *m* ❸ *(vehículo)* Wohnmobil *nt;* *(remolque)* Wohnwagen *m*

carbohidrato [karβoi'ðrato] *m* Kohle(n)-hydrat *nt*

carbón [kar'βon] *m* Kohle *f;* ~ **de leña** [*o* **vegetal**] Holzkohle *f;* **dibujo al** ~ (ARTE) Kohlezeichnung *f;* **papel** ~ Kohlepapier *nt*

carbonado[1] [karβo'naðo] *m* (GEO: *diamante*) Karbonado *m*

carbonado, -a[2] [karβo'naðo, -a] *adj* Kohlenstoff-, kohlenstoffhaltig

carbonatado, -a [karβona'taðo, -a] *adj* kohlensäurehaltig; **agua carbonatada** Mineralwasser mit Kohlensäure

carbonato [karβo'nato] *m* (QUÍM) Karbonat *nt*

carboncillo [karβoṇ'θiʎo] *m* Kohlestift *m;* **dibujo al** ~ Kohlezeichnung *f*

carbonera [karβo'nera] *f* ❶ *(horno)* Kohlenmeiler *m* ❷ *(almacén)* Kohlenkeller *m*

carbonero, -a [karβo'nero, -a] **I.** *adj* Kohlen- **II.** *m, f* ❶ *(productor)* Köhler(in) *m(f)* ❷ *(vendedor)* Kohlenhändler(in) *m(f)*

carbonilla [karβo'niʎa] *f* ❶ *(polvo de carbón)* Kohlenstaub *m* ❷ *(Am: carboncillo)* Kohlestift *m*

carbonizar [karβoni'θar] <z → c> **I.** *vt* ❶ *(abrasar)* verkohlen ❷ (QUÍM) karbonisieren **II.** *vr:* **~se** verbrennen

carbono [kar'βono] *m* (QUÍM) Kohlenstoff *m;* **dióxido de** ~ Kohlendioxyd *nt*

carbonoso, -a [karβo'noso, -a] *adj* (QUÍM: *que contiene carbón*) kohlehaltig; *(similar al carbón)* kohleartig

carburación [karβura'θjon] *f* ❶ (AUTO) Zerstäubung *f* ❷ (QUÍM) Aufkohlung *f*

carburador [karβura'ðor] *m* (TÉC) Vergaser *m*

carburante [karβu'raṇte] *m* (QUÍM, TÉC) Kraftstoff *m,* Treibstoff *m*

carburar [karβu'rar] **I.** *vt* (QUÍM, TÉC) karburieren **II.** *vi* *(fam: funcionar)* gehen

carburo [kar'βuro] *m* (QUÍM) Karbid *nt*

carcajada [karka'xaða] *f* Gelächter *nt;* **reírse a ~s** lauthals lachen; **soltar una** ~ laut auflachen

carcajear [karkaxe'ar] *vi, vr:* **~se** ❶ *(reírse a carcajadas)* lauthals lachen ❷ *(fam: no respetar)* pfeifen (**de** auf +*akk*)

carcamal [karka'mal] *m* *(fam pey)* alter Knacker *m;* **está hecho un** ~ er ist ein Wrack

cárcamo ['karkamo] *m* *(foso)* Grube *f;* *(zanja)* Graben *m*

carcañal [karka'ɲal] *f* (ANAT) Ferse *f*

carcasa [kar'kasa] *f* (TÉC) Gehäuse *nt;* *(del ordenador)* Computergehäuse *nt*

cárcel ['karθel] *f* Gefängnis *nt;* ~ **de régimen abierto** offene Haft; **tres años de** ~ drei Jahre Gefängnis; **estar en la** ~ im Gefängnis sitzen; **ir a parar a la** ~ ins Gefängnis kommen

carcelero, -a [karθe'lero, -a] *m, f* Gefängniswärter(in) *m(f)*

carcinoma [karθi'noma] *m* (MED) Karzinom *nt*

carcoma [kar'koma] *f* ❶ (ZOOL) Holzwurm *m* ❷ *(polvillo)* Holzmehl *nt* ❸ *(destrucción lenta)* Zermürbung *f*

carcomer [karko'mer] **I.** *vt* ❶ *(corroer)* zerfressen ❷ *(minar)* untergraben **II.** *vr:* **~se** zerfallen

cardador[1] [karða'ðor] *m* (ZOOL) Schnurfüßer *m*

cardador(a)[2] [karða'ðor(a)] *m(f)* *(oficio)* Wollkämmer(in) *m(f)*

cardamomo [karða'momo] *m* Kardamom *m o nt*

cardar [kar'ðar] *vt* ❶ *(proceso textil)* karden ❷ *(el pelo)* toupieren

cardenal [karðe'nal] *m* ❶ (REL, ZOOL) Kardinal *m* ❷ *(hematoma)* blauer Fleck *m*

cardiaco, -a [kar'ðjako, -a] *adj,* **cardíaco, -a** [kar'ðiako, -a] *adj* Herz-; (MED) Kardio-; **ataque** ~ Herzanfall *m;* **paro** ~ Herzstillstand *m*

cardinal [karði'nal] *adj* Haupt-; **los cuatro puntos ~es** die vier Himmelsrichtungen; **número ~** (LING) Kardinalzahl *f*

cardiocirujano, -a [karðjoθiru'xano, -a] *m, f* (MED) Herzchirurg(in) *m(f)*

cardiograma [karðjo'ɣrama] *m* (MED) Kardiogramm *nt*

cardiología [karðjolo'xia] *f* (MED) Kardiologie *f*

cardiólogo, -a [kar'ðjoloɣo, -a] *m, f* (MED) Herzspezialist(in) *m(f)*, Kardiologe, -in *m, f*

cardiovascular [karðjoβasku'lar] *adj* (MED) kardiovaskulär

cardo ['karðo] *m* ❶ *(silvestre)* Distel *f* ❷ *(verdura)* Kardone *f* ❸ *(fam pey: desabrido)* kratzbürstige Person *f*

cardume(n) [kar'ðume(n)] *m* ❶ *(banco de peces)* Fischschwarm *m* ❷ *(CSur: abundancia)* Fülle *f*

carear [kare'ar] **I.** *vt* ❶ (JUR: *confrontar*) gegenüberstellen ❷ *(cotejar)* gegeneinanderhalten **II.** *vr:* **~se** *(enfrentarse)* sich auseinandersetzen; (JUR) konfrontiert werden

carecer [kare'θer] *vi irr como crecer* nicht haben (**de** +*akk*); **carece de importancia/de sentido** es ist belanglos/sinnlos; **tu afirmación carece de lógica** deine Behauptung entbehrt jeder Logik

carencia [ka'ren̪θja] *f* ❶ *(falta)* Fehlen *nt* (**de** von +*dat*) ❷ (*t.* ECON, MED: *escasez*) Mangel *m* (**de** an +*dat*)

carencial [karen̪'θjal] *adj* (MED) Mangel-; **estado ~** Mangelzustand *m*

carente [ka'ren̪te] *adj* frei (**de** von +*dat*), ohne (**de** +*akk*); **~ de escrúpulos** skrupellos; **~ de interés** uninteressant

careo [ka'reo] *m* (*t.* JUR) Konfrontation *f*

carestía [kares'tia] *f sin pl* ❶ *(escasez)* Mangel *m* (**de** an +*dat*); *(necesidad)* Not *f* ❷ (ECON: *encarecimiento*) (Über)teuerung *f*, Preisanstieg *m;* **tasa de ~** Teuerungsrate *f;* **la ~ de la vida** der Anstieg der Lebenshaltungskosten

careta [ka'reta] *f* Maske *f;* **quitar la ~ a alguien** jdm die Maske vom Gesicht reißen; *(fig)* jdn entlarven

carga ['karɣa] *f* ❶ *(llenado)* Beladung *f;* **permitida ~ y descarga** Be- und Entladen gestattet ❷ *(cargamento)* (Trag)last *f; (flete)* Fracht *f;* **animal de ~** Lasttier *nt;* **buque de ~** Frachter *m* ❸ *(obligación)* Verpflichtung *f;* **ser una ~ para alguien** jdm zur Last fallen ❹ (FOTO, MIL: *cargador*) Magazin *nt; (munición)* Ladung *f;* **~ explosiva** Sprengladung *f* ❺ (DEP, MIL: *ataque*) **~ policial** Eingreifen der Polizei; **¡a la ~!** (MIL) Attacke! ❻ (FIN) Belastung *f;* **~ fiscal** [*o* **impositiva**] Steuerlast *f*

cargada [kar'ɣaða] *f* ❶ *(Arg: broma)* Streich *m* ❷ *(Méx: loc)* **ir a la ~** auf den Favoriten setzen

cargado, -a [kar'ɣaðo, -a] *adj* ❶ *(con cargamento)* beladen; *(lleno)* voll (**con/de** mit +*dat*); **~ de problemas** problembeladen ❷ (FÍS, TÉC) geladen; **la batería está cargada** die Batterie ist geladen ❸ *(pesado)* drückend; **aire ~** schlechte Luft; **un ambiente ~** *(fig)* eine geladene Stimmung ❹ *(fuerte)* kräftig; **un café muy ~** ein sehr starker Kaffee ❺ *(fam: borracho)* blau, besoffen

cargador [karɣa'ðor] *m* ❶ *(oficio)* (Ver)lader *m* ❷ *(en un arma)* Magazin *nt*

cargamento [karɣa'men̪to] *m* Ladung *f*, Fracht *f*

cargante [kar'ɣan̪te] *adj (importuno)* aufdringlich; *(pesado)* lästig

cargar [kar'ɣar] <g → gu> **I.** *vi* ❶ *(llevar)* tragen (**con** +*akk*) ❷ (MIL: *atacar*) angreifen (**contra/sobre** +*akk*) ❸ *(reposar)* lasten (**en/sobre** auf +*dat*); (ARQUIT) ruhen (**en/sobre** auf +*dat*); **~ en cuenta** (FIN) das Konto belasten **II.** *vt* ❶ *(para el transporte)* (be)laden; (MIL: *arma*) laden; **~ las tintas** *(fig)* zu dick auftragen ❷ *(achacar)* belasten; **~ a alguien con las culpas** jdm die Schuld in die Schuhe schieben ❸ (FIN: *en una cuenta*) mit einem Betrag belasten ❹ *(fam: irritar)* reizen; **este tipo me carga** dieser Typ geht mir auf die Nerven ❺ *(argot: suspender)* **a Paco le han cargado las mates** Paco ist in Mathe durchgefallen ❻ (INFOR) hochladen, uploaden; **~ datos en internet** Daten ins Internet hochladen ❼ *(Am: llevar)* tragen; **¿cargas dinero?** hast du Geld dabei? **III.** *vr:* **~se** ❶ *(llenarse)* sich füllen (**con/de** mit +*dat*) ❷ *(fam: romper)* kaputt machen; **¡te la vas a ~!** *(fig)* das wird dir noch leidtun! ❸ *(fam: matar)* umbringen

cargo ['karɣo] *m* ❶ (FIN: *cantidad debida*) Soll *nt;* **~ a cuenta** Lastschrift *f;* **con ~ a nosotros** auf unsere Kosten ❷ *(reproche)* Vorwurf *m;* **~ de conciencia** Gewissensbisse *mpl* ❸ *(puesto)* Amt *nt*, Posten *m;* **desempeñar un ~** ein Amt innehaben ❹ *(responsabilidad)* Verantwortung *f; (deber)* Verpflichtung *f;* **estoy a ~ de las correcciones** ich bin für die Korrektur zuständig

cargoso, -a [kar'ɣoso, -a] *adj* ❶ *(fastidioso)* lästig ❷ *(costoso)* kostspielig ❸ *(AmS: cargante)* aufdringlich, penetrant; **el tipo es realmente ~** dieser Kerl geht mir total auf den Wecker *fam*

carguero [kar'ɣero] *m* (NÁUT) Frachter *m; (de contenedores)* Containerschiff *nt*

cariado, -a [ka'rjaðo, -a] *adj (diente,*

hueso) kariös; **tiene los dientes ~s** er/sie hat kariöse Zähne

cariar [kari'ar/ka'rjar] <*1. pres* carío> **I.** *vt* (MED) Karies verursachen (an +*dat*) **II.** *vr:* **~se** (MED) von Karies befallen werden

C

caribe [ka'riβe] **I.** *adj* ❶ *(Am: caribeño)* karibisch ❷ *(Am: antropófago)* kannibalisch ❸ *(Am: cruel)* grausam ❹ *(Ant: furioso)* zornig **II.** *m* ❶ *(indígena)* Karibe *m* ❷ *(Am: cruel)* grausamer Mensch *m*

Caribe [ka'riβe] *m* **el (mar) ~** die Karibik, das Karibische Meer

caribeño, -a [kari'βeɲo, -a] **I.** *adj* karibisch **II.** *m, f* Einwohner(in) *m(f)* der Karibik

caricatura [karika'tura] *f (dibujo)* Karikatur *f*

caricaturista [karikatu'rista] *mf* Karikaturist(in) *m(f)*

caricaturizar [karikaturi'θar] <z → c> *vt* karikieren

caricia [ka'riθja] *f* Liebkosung *f;* **hacer ~s a alguien** jdn streicheln

caridad [kari'ðaᵈ] *f (amor al prójimo)* Nächstenliebe *f; (generosidad)* Wohltätigkeit *f; (limosna)* Almosen *nt;* **hacer obras de ~** Wohltätigkeit üben; **¡una limosna, por ~!** eine milde Gabe!

caries ['karjes] *f inv* (MED) Karies *f*

carilla [ka'riʎa] *f* ❶ *(careta)* Maske *f* ❷ (TIPO: *página*) Seite *f*

carillón [kari'ʎon] *m* (*t.* MÚS) Glockenspiel *nt*

Carintia [ka'rintja] *f* Kärnten *nt*

cariño [ka'riɲo] *m* ❶ *(afecto)* Zuneigung *f; (amor)* Liebe *f;* **hacer algo con ~** etw liebevoll machen; **sentir ~ por alguien** jdn lieb haben ❷ *(persona querida)* **¡~ (mío)!** (mein) Liebling! ❸ *(mimo)* Liebkosung *f;* **hacer ~s** *(fam)* liebkosen

cariñoso, -a [kari'ɲoso, -a] *adj* liebevoll (**con** zu +*dat*), zärtlich (**con** zu +*dat*)

carioca [ka'rjoka] **I.** *adj* aus Rio de Janeiro; *(brasileño)* brasilianisch **II.** *mf* Einwohner(in) *m(f)* von Rio de Janeiro

carisma [ka'risma] *m* (*t.* REL) Charisma *nt*

carismático, -a [karis'matiko, -a] *adj* charismatisch; **un político ~** ein charismatischer Politiker

caritativo, -a [karita'tiβo, -a] *adj* karitativ, wohltätig

cariz [ka'riθ] *m* ❶ *(aspecto)* Eindruck *m; (situación)* Lage *f;* **esto toma buen ~** das sieht rosig aus ❷ (METEO) Wetterlage *f*

carlinga [kar'liŋga] *f* (AERO: *cabina*) Pilotenkabine *f,* Cockpit *nt*

carlismo [kar'lismo] *m* (HIST) Karlismus *m,* Karlistentum *nt*

carlista [kar'lista] **I.** *adj* (HIST) karlistisch, Karlisten-; **las Guerras Carlistas** die Karlistenkriege **II.** *mf* (HIST) Karlist(in) *m(f)*

Carlomagno [karlo'maɣno] *m* (HIST) Karl der Große

carmelito, -a [karme'lito, -a] *adj (Am: marrón claro)* hellbraun

carmesí [karme'si] *adj* karmesinrot, karminrot

carmín [kar'min] **I.** *adj* karminrot **II.** *m* ❶ *(color)* Karmin(rot) *nt* ❷ *(tinte)* Karmin *nt* ❸ *(pintalabios)* (**barra de**) **~** Lippenstift *m*

carnada [kar'naða] *f* Köder *m (aus Fisch oder Fleisch)*

carnal [kar'nal] *adj* ❶ (REL) fleischlich; **trato ~** Beischlaf *m* ❷ *(consanguíneo)* leiblich; **somos primos ~es** wir sind Cousins ersten Grades

carnaval [karna'βal] *m* Karneval *m,* Fasching *m*

carnavalesco, -a [karnaβa'lesko, -a] *adj* Karnevals-; **ambiente ~** Karnevalsstimmung *f*

carnaza [kar'naθa] *f* Köder *m*

carne ['karne] *f* ❶ *(del cuerpo)* Fleisch *nt;* **~ de gallina** Gänsehaut *f;* **de ~ y hueso** *(auténtico)* leibhaftig; *(humano)* menschlich; **echar ~s** Fett ansetzen; **ser uña y ~** ein Herz und eine Seele sein; **los placeres de la ~** die fleischlichen Wonnen ❷ *(alimento)* Fleisch *nt; (plato)* Fleischgericht *nt;* **~ asada** Braten *m;* **~ de cerdo/de ternera/vacuna** Schweine-/Kalb-/Rindfleisch *nt;* **~ picada** Hackfleisch *nt* ❸ *(pulpa)* Fruchtfleisch *nt*

carné [kar'ne] *m* <carnés> Ausweis *m;* **~ de estudiante/de identidad** Studenten-/Personalausweis *m;* **~ de conducir, ~ de manejo** *(Am)* Führerschein *m*

carnear [karne'ar] *vt* ❶ *(CSur: matar: un animal)* schlachten; *(a alguien)* hinrichten ❷ *(Chil: engañar)* hereinlegen ❸ *(Méx: apuñalar)* erstechen

carnero [kar'nero] *m* ❶ (ZOOL) Widder *m* ❷ *(CSur: débil)* Schwächling *m; (desertor de huelga)* Streikbrecher *m*

carnet [kar'ne] *m* <carnets> *v.* **carné**

carnicera [karni'θera] *adj o f v.* **carnicero**

carnicería [karniθe'ria] *f* ❶ *(tienda)* Metzgerei *f,* Fleischerei *f* ❷ *(masacre)* Blutbad *nt,* Gemetzel *nt*

carnicero, -a [karni'θero, -a] **I.** *adj* ❶ *(carnívoro)* Fleisch fressend ❷ *(sanguinario)* blutrünstig **II.** *m, f* ❶ *(oficio)* Fleischer(in) *m(f),* Metzger(in) *m(f)* ❷ *(pey: cirujano)* Metzger(in) *m(f)* ❸ *(pey: persona brutal)* Schinder(in) *m(f)*

cárnico, -a ['karniko, -a] *adj* Fleisch-;

industria cárnica Fleischindustrie *f;* **productos ~s** Fleischwaren *fpl*

carnívoro, -a [kar'niβoro, -a] *adj* Fleisch fressend; **animal ~** Fleischfresser *m*

carnosidad [karnosi'ða^{ð}] *f* ① *(gordura)* Fettpolster *nt* ② (MED) überschießendes Granulationsgewebe *nt*

carnoso, -a [kar'noso, -a] *adj* fleischig

caro¹ ['karo] *adv* teuer; **esto nos costará ~** *(fig)* das wird uns teuer zu stehen kommen

caro, -a² ['karo, -a] *adj* ① *(costoso)* teuer ② *(elev: querido)* lieb, teuer

carótida [ka'rotiða] *f* (ANAT) Halsschlagader *f*

carozo [ka'roθo] *m (Am)* Stein *m,* Kern *m*

carpa ['karpa] *f* ① (ZOOL) Karpfen *m* ② *(entoldado gigante)* Zelt *nt;* **~ del circo** Zirkuszelt *nt* ③ *(Am: tienda de campaña)* Zelt *nt* ④ *(Am: puesto de mercado)* Marktstand *m*

Cárpatos ['karpatos] *mpl* **los (Montes) ~** die Karpaten

carpeta [kar'peta] *f* ① *(portafolios)* (Schreib)mappe *f;* **~ de anillas** Ringbuch *nt* ② *(de un disco)* Plattencover *nt* ③ *(cubierta)* Decke *f*

carpintear [karpin̪te'ar] *vi* zimmern, tischlern; **en los momentos de ocio se dedica a ~** in seinen Mußestunden zimmert er gerne

carpintería [karpin̪te'ria] *f* Tischlerei *f,* Schreinerei *f*

carpintero, -a [karpin̪'tero, -a] *m, f* Tischler(in) *m(f),* Schreiner(in) *m(f);* **~ de obra** Zimmermann *m;* **pájaro ~** Specht *m*

carpir [kar'pir] *vt (Am)* jäten

carpo ['karpo] *m* (ANAT) Handwurzel *f*

carraca [ka'rraka] *f* ① *(pey: objeto)* Schrott *m; (vehículo)* Klappermühle *f fam* ② *(carcamal)* Wrack *nt* ③ *(matraca)* Knarre *f* ④ (ZOOL) Blauracke *f*

carramplón [karram'plon] *m (Col, Ven: arma)* Gewehr *nt,* Flinte *f*

carrancudo, -a [karraŋ'kuðo, -a] *adj (carácter)* stolz; *(pey)* hochmütig

carraspear [karraspe'ar] *vi* hüsteln, sich räuspern

carraspeño, -a [karras'peɲo, -a] *adj* rau, heiser

carrasposo, -a [karras'poso, -a] *adj* ① *(ronco)* heiser ② *(Col, Ecua, Ven: áspero)* rau

carrera [ka'rrera] *f* ① *(movimiento)* Laufen *nt* ② *(recorrido)* Lauf *m; (de un astro)* Bahn *f* ③ (DEP: *competición*) (Wett)rennen *nt;* **~ de armamento (nuclear)** (atomares) Wettrüsten *nt;* **~ de relevos** Staffellauf *m;* **coche de ~s** Rennwagen *m* ④ *(profesión)* Karriere *f,* Laufbahn *f;* **~ profesional** beruflicher Werdegang ⑤ *(estudios superiores)* Studium *nt;* **persona de ~** Akademiker(in) *m(f);* **hacer una ~** studieren ⑥ *(calle)* Straße *f; (Am: avenida)* Allee *f;* **hacer la ~** *(fam)* auf den Strich gehen ⑦ *(en un tejido)* Laufmasche *f*

carrerilla [karre'riʎa] *f* **de ~** *(fam)* (in- und) auswendig

carrerista [karre'rista] *mf* ① (DEP: *aficionado*) Liebhaber(in) *m(f)* von Pferderennen; *(corredor)* Rennreiter(in) *m(f)* ② *(apostador)* Wetter(in) *m(f)*

carreta [ka'rreta] *f* Karre *f,* Karren *m*

carretada [karre'taða] *f* ① *(carga)* Fuhre *f* ② *(cantidad)* Fuder *nt;* **a ~s** massenweise

carrete [ka'rrete] *m* (*t.* FOTO, TÉC: *bobina*) Rolle *f,* Spule *f;* **~ de película** Filmrolle *f*

carretera [karre'tera] *f* (Land)straße *f,* (Schnell)straße *f;* **~ de circunvalación/de salida** Ring-/Ausfallstraße *f*

carretilla [karre'tiʎa] *f* Schubkarre *f; (mecanizada)* **~ elevadora (de horquilla)** Gabelstapler *m*

carril [ka'rril] *m* ① *(en el tráfico)* Spur *f;* **~ de adelantamiento/lento** Überhol-/Kriechspur *f;* **~ bici** Fahrradweg *m* ② *(raíl)* Schiene *f;* (*t.* TÉC: *riel*) Führungsschiene *f*

carril bici(cleta) [ka'rril βiθi('kleta)] *m* <carriles bici(cleta)> (Fahr)radweg *m*

carril bus [ka'rril βus] *m* <carriles bus> Busspur *f*

carrillo [ka'rriʎo] *m (fam)* Backe *f*

carrito [ka'rrito] *m* Wägelchen *nt;* **~ de la compra/del servicio** Einkaufs-/Servierwagen *m;* **~ de equipajes** [*o* **portaequipajes**] Gepäckwagen *m,* Kofferkuli *m*

carro ['karro] *m* ① *(vehículo)* Fuhrwerk *nt; (armazón)* Fahrgestell *nt; (carreta)* Karren *m;* **~ acorazado** [*o* **blindado**] Panzer *m;* **el C~ Mayor/Menor** (ASTR) der Große/Kleine Wagen; **¡para el ~!** *(fam)* mach mal halblang! ② *(Am: coche)* Wagen *m* ③ (FOTO) Magazin *nt*

carrocería [karroθe'ria] *f* (TÉC) Karosserie *f*

carromato [karro'mato] *m* Karren *m; (entoldado)* Planwagen *m; (roulotte)* Wohnwagen *m; (pey: coche)* (alte) Karre *f*

carroña [ka'rroɲa] *f* Aas *nt*

carroza¹ [ka'rroθa] *f* ① *(carro)* Karosse *f,* Staatskutsche *f* ② *(de Carnaval, de los Reyes Magos)* Prunkwagen *m* ③ *(coche fúnebre)* Leichenwagen *m*

carroza² [ka'rroθa] *mf (pey argot)* **ser un/una ~** in der Steinzeit leben, von gestern sein

carruaje [ka'rrwaxe] *m* Fuhrwerk *nt; (de caballos)* Kutsche *f*

carrusel [karru'sel] *m* ① *(tiovivo)* Karussell *nt* ② *(ecuestre)* Kavalkade *f*

C

cart [kar^{t}] *m* <carts> ❶ (DEP) (Go)kart *m* ❷ *pl (competición)* Karting *nt*

carta ['karta] *f* ❶ *(misiva)* Brief *m; (escrito)* Schreiben *nt;* **~ certificada** Einschreibebrief *m;* **~s al director** Leserbriefe *mpl;* **~ de porte** (**aéreo**) (Luft)frachtbrief *m;* **~ de presentación** [*o* **de recomendación**] Empfehlungsschreiben *nt;* **~ registrada** *(Am)* Einschreiben *nt;* **echar una ~** einen Brief einwerfen ❷ (*t.* JUR: *documento*) Urkunde *f;* **~ credencial** Akkreditiv *nt;* **C~ Magna** Grundgesetz *nt;* **tomar ~s en un asunto** sich in eine Angelegenheit einschalten ❸ *(naipes)* Spielkarte *f;* **jugar a las ~s** Karten spielen; **echar las ~s a alguien** jdm wahrsagen ❹ (GEO: *mapa*) Karte *f;* **~ astral** (ASTR) Horoskop *nt* ❺ *(menú)* Speisekarte *f* ❻ (TV) **~ de ajuste** Testbild *nt*

carta bomba ['karta 'βomba] *f* <cartas bomba> Briefbombe *f*

cartabón [karta'βon] *m* Winkelmaß *nt*

cartaginés[1] [kartaxi'nes] *m sin pl* Punisch(e) *nt*

cartaginés, -esa[2] [kartaxi'nes, -esa] **I.** *adj* ❶ (HIST) karthagisch ❷ *(cartagenero)* aus Cartagena; **mi prima es cartaginesa** meine Kusine ist aus Cartagena **II.** *m, f* ❶ (HIST) Karthager(in) *m(f)* ❷ *(cartagenero)* Einwohner(in) *m(f)* von Cartagena

cartapacio [karta'paθjo] *m* ❶ *(cuaderno)* Notizbuch *nt* ❷ *(carpeta)* Schulmappe *f* ❸ *(en una mesa)* Schreibtischunterlage *f*

cartear [karte'ar] **I.** *vi (juego)* niedrige Karten ausspielen **II.** *vr:* **~se** sich *dat* (Briefe) schreiben; **nos carteamos con frecuencia** wir schreiben uns oft

cartearse [karte'arse] *vr* sich *dat* schreiben

cartel [kar'tel] *m* Plakat *nt; (aviso)* Anschlag *m; (rótulo)* Schild *nt;* **prohibido fijar ~es** Plakate anbringen verboten; **tener buen ~** einen guten Ruf haben

cártel ['kartel] *m* (ECON) Kartell *nt*

cartela [kar'tela] *f* ❶ *(tarjeta)* Kärtchen *nt* ❷ (ARQUIT: *ménsula*) Kragstein *m,* Konsole *f* ❸ *(balcón)* (Balkon)träger *m*

cartelera [karte'lera] *f* ❶ *(armazón)* Kinoplakatwand *f; (columna)* Litfaßsäule *f* ❷ *(en el periódico)* Veranstaltungsprogramm *nt;* **estar en ~** aufgeführt werden

cartelero, -a [karte'lero, -a] *adj (exitoso)* populär, publikumswirksam; **un artista ~** ein beliebter Künstler

carteo [kar'teo] *m* ❶ *(correspondencia)* Briefwechsel *m* ❷ *(en el juego)* Ausspielen *nt* niedriger Karten

cárter ['karter] *m* (TÉC) Gehäuse *nt*

cartera [kar'tera] *f (de bolsillo)* Brieftasche *f; (de mano)* (Damen)handtasche *f; (de herramientas)* Satteltasche *f; (portafolios)* Aktentasche *f; (escolar)* Schultasche *f; (mochila)* Schulranzen *m;* **ministro sin ~** (POL) Minister ohne Ressort; **~ de valores** (FIN) Anlagepapiere *ntpl,* Portfolio *nt;* **~ de pedidos** (ECON) Auftragsbestand *m*

cartería [karte'ria] *f* ❶ *(oficio)* Arbeit *f* als Briefträger ❷ *(oficina)* Post(hilfs)stelle *f;* **pregunta en ~** frag in der Poststelle nach

carterista [karte'rista] *mf* Taschendieb(in) *m(f)*

cartero, -a [kar'tero, -a] *m, f* Briefträger(in) *m(f),* Postbote, -in *m, f; (repartidor)* Zusteller(in) *m(f)*

cartilaginoso, -a [kartilaxi'noso, -a] *adj* knorpel(art)ig; **tejido ~** Knorpelgewebe *nt*

cartílago [kar'tilaɣo] *m* Knorpel *m*

cartilla [kar'tiʎa] *f* ❶ *(catón)* (ABC-)Fibel *f* ❷ *(cuaderno)* Notizbuch *nt;* **~ de ahorros** Sparbuch *nt;* **~ sanitaria** Krankenversicherungskarte *f* ❸ *(tratado)* Handbuch *nt* ❹ *(Am: carné)* Ausweis *m*

cartografía [kartoɣra'fia] *f* Kartografie *f*

cartografiar [kartoɣrafi'ar] <*1. pres* cartografío> *vt* (GEO) kartieren

cartógrafo, -a [kar'toɣrafo, -a] *m, f* Kartograf(in) *m(f)*

cartomancia [karto'man̩θja] *f,* **cartomancía** [kartoman̩'θia] *f* Kartenlegen *nt*

cartón [kar'ton] *m* ❶ *(material)* Pappe *f;* **caja de ~** Karton *m;* **~ piedra** Pappmaché *nt* ❷ *(envase)* Packung *f;* **~ de leche** Milchtüte *f;* **un ~ de tabaco** eine Stange Zigaretten ❸ (ARTE) Karton *m* ❹ *(Am: en periódicos)* Cartoon *m o nt*

cartonaje [karto'naxe] *m* Kartonage *f*

cartuchera [kartu'ʧera] *f (canana)* Patronengurt *m; (bolsa)* Patronentasche *f*

cartucho [kar'tuʧo] *m* ❶ *(carga)* Patrone *f;* (MIL: *de artillería*) Kartusche *f;* **~ de tinta** Tintenpatrone *f;* **~ de tóner** Tonerkartusche *f;* **~ de fogueo** Platzpatrone *f* ❷ *(envoltura: en forma de cucurucho)* Tüte *f; (en forma de tubo)* Rolle *f*

cartuja [kar'tuxa] *f* Kartause *f*

cartulina [kartu'lina] *f* (feine) Pappe *f;* **~ amarilla** (DEP) Gelbe Karte

carvajo [kar'βaxo] *m* Eiche *f*

casa ['kasa] *f* ❶ *(edificio)* Haus *nt;* **~ adosada** Reihenhaus *nt;* **~ individual** Einzelhaus *nt;* **~ plurifamiliar** Mehrfamilienhaus *nt;* **~s contiguas** Doppelhaus *nt;* **~ de campo** Landhaus *nt;* **~ de citas** Bordell *nt;* **~ rodante** Wohnwagen *m;* **~ de socorro** Unfallstation *f;* **~ de cambio** Wechselstube *f;* **venta de ~ en ~** Haus-zu-Haus-Verkauf *m;* **echar** [*o* **tirar**] **la ~ por la ventana** *(fam)* das Geld zum Fenster hinauswerfen; *(festejar)* auf den

Putz hauen ② *(vivienda)* Wohnung *f;* ~ **de nueva construcción** Neubau *m* ③ *(hogar)* Zuhause *nt;* **a** ~ nach Haus(e); **¿vienes a mi ~?** kommst du zu mir?; **vengo de** ~ ich komme von zu Haus(e); **en** ~ zu Haus(e); **estoy en** ~ **de Paco** ich bin bei Paco; **¿cuándo sales de ~?** wann musst du aus dem Haus?; **llevar la** ~ den Haushalt führen; **no parar en** ~ immer unterwegs sein; **todo queda en** ~ es bleibt alles in der Familie ④ (ECON: *empresa*) Firma *f;* ~ **discográfica** Schallplattenfirma *f;* ~ **editorial** Verlagshaus *nt* ⑤ *(estirpe)* ~ **real** Dynastie *f,* Haus *nt* ⑥ *(en un juego)* Haus *nt*

casaca [ka'saka] *f (de hombre)* Gehrock *m; (de mujer)* Kasack *m*

casal [ka'sal] *m* ① (AGR) Landhaus *nt; (de labranza)* Bauernhaus *nt* ② *(casa solariega)* Stammsitz *m* ③ *(AmS: pareja)* Pärchen *nt;* **un** ~ **de águilas** ein Adlerpärchen

casalicio [kasa'liθjo] *m (edificio)* Gebäude *nt; (conjunto en el campo)* Gehöft *nt*

casamiento [kasa'mjeṇto] *m* ① *(matrimonio)* Ehe *f* ② *(boda)* Trauung *f*

casar [ka'sar] **I.** *vi* ① *(elev: casarse)* sich verehelichen ② *(combinar)* zusammenpassen **II.** *vt* ① *(unir en matrimonio)* verheiraten; **estar** [*o* **ser**] **casado** verheiratet sein; **los recién casados** das frisch vermählte Paar ② *(combinar)* kombinieren; *(piezas)* zusammenfügen ③ (JUR: *anular*) aufheben **III.** *vr:* **~se** heiraten (**con** *+akk*); **estar** [*o* **ser**] **casado** verheiratet sein; **~se en** [*o* **por**] **la Iglesia** kirchlich heiraten; **~se por lo civil** standesamtlich heiraten

cascabel [kaska'βel] *m* Schelle *f;* **serpiente de** ~ Klapperschlange *f*

cascabelero[1] [kaskaβe'lero] *m* Rassel *f*

cascabelero, -a[2] [kaskaβe'lero, -a] *adj (fam fig: frívolo)* gedankenlos, leichtfertig

cascada [kas'kaða] *f* Wasserfall *m; (artificial)* Kaskade *f*

cascado, -a [kas'kaðo, -a] *adj* ① *(roto)* zerbrochen; *(fam: estropeado)* kaputt ② *(decrépito)* hinfällig ③ *(voz)* brüchig

cascajo [kas'kaxo] *m* ① *(pedazo)* Scherbe *f* ② *(persona)* Wrack *nt; (cosa)* Plunder *m;* **~s** Schrott *m* ③ *(gravilla)* Schotter *m*

cascanueces [kaska'nweθes] *m inv* Nussknacker *m*

cascar [kas'kar] <c → qu> **I.** *vi* ① *(fam: charlar)* schwatzen ② *(vulg: morir)* verrecken *fam* **II.** *vt* ① *(romper)* zerschlagen; ~ **un huevo** ein Ei aufschlagen; ~ **una nuez** eine Nuss knacken ② *(fam: pegar)* (ver)hauen **III.** *vr:* **~se** ① *(romperse)* zerbrechen; *(estropearse)* kaputtgehen ② *(fam: envejecer)* alt und grau werden

cáscara ['kaskara] *f* Schale *f;* ~ **de huevo/de limón** Eier-/Zitronenschale *f;* **¡~s!** *(fig fam)* Manometer!

cascarón [kaska'ron] *m* ① *(de huevo)* leere Eierschale *f* ② (NÁUT) Nussschale *f*

cascarrabias [kaska'rraβjas] *mf inv (fam)* Meckerfritze *m,* Meckertante *f*

cascarrón[1] [kaska'rron] *m* (NÁUT: *viento*) Sturm *m*

cascarrón, -ona[2] [kaska'rron, -ona] *adj* ① *(desabrido, desagradable)* barsch, mürrisch ② *(viento)* stark

casco ['kasko] *m* ① *(para la cabeza)* Helm *m;* ~ **de bombero** Feuerwehrhelm *m;* ~ **de motorista** Motorradhelm *m;* **los ~s azules** die Blauhelme ② *(fam: cabeza)* Rübe *f;* **ligero de ~s** leichtsinnig; **calentarse los ~s** sich *dat* das Hirn zermartern ③ *(pezuña)* Huf *m* ④ *(de un avión/barco)* Rumpf *m* ⑤ *(cascote)* Bauschutt *m* ⑥ *(botella)* Leergut *nt* ⑦ *(centro ciudad)* Stadtmitte *f;* ~ **antiguo** Altstadt *f* ⑧ (TÉC: *cuerpo*) Körper *m;* ~ **de presión** Druckkörper *m* ⑨ *pl (auriculares)* Kopfhörer *m*

cascote [kas'kote] *m* Schuttbrocken *m;* **~s** Schutt *m*

caseico, -a [ka'sei̯ko, -a] *adj (elev)* ① *(del queso)* Käse- ② (QUÍM) käsig

caseína [kase'ina] *f* (QUÍM) Kasein *nt*

caserío [kase'rio] *m* ① *(granja)* Aussiedlerhof *m* ② *(aldea)* Weiler *m*

casero, -a [ka'sero, -a] **I.** *adj* ① *(hecho en casa)* hausgemacht; **cocina casera** Hausmannsküche *f;* **remedio** ~ Hausmittel *nt* ② *(hogareño)* häuslich **II.** *m, f* ① *(propietario)* Hausbesitzer(in) *m(f)* ② *(administrador)* (Haus)verwalter(in) *m(f)*

caserón [kase'ron] *m* großes (verwahrlostes) Haus *nt*

caseta [ka'seta] *f* ① *(barraca)* Häuschen *nt; (de feria)* Jahrmarktsbude *f; (de muestras)* Messestand *m;* ~ **de playa** Strandhäuschen *nt;* ~ **del perro** Hundehütte *f;* ~ **de tiro** Schießbude *f* ② *(cabina)* Kabine *f*

casete[1] [ka'sete] *m (aparato)* Kassettenrecorder *m; (pletina)* Kassettendeck *nt*

casete[2] [ka'sete] *m o f (cinta)* Kassette *f;* ~ **de vídeo** Videokassette *f*

casi ['kasi] *adv* fast, beinahe; ~ ~ so gut wie

casilla [ka'siʎa] *f* ① *(caseta)* Häuschen *nt;* **sacar a alguien de sus ~s** *(fig)* jdn aus dem Häuschen bringen ② *(en la cuadrícula)* Kästchen *nt* ③ *(en un tablero)* Feld *nt* ④ *(en un casillero)* Fach *nt*

casillero [kasi'ʎero] *m* Fächerregal *nt*

casino [ka'sino] *m* ① *(casa de juego)* (Spiel)casino *nt* ② *(club)* Klub *m*

C

casis [ka'sis] *f inv* schwarze Johannisbeere *f*

casita [ka'sita] *f* Häuschen *nt;* **jugar a las ~s** Vater-Mutter-Kind spielen; *(irón)* das Hausmütterchen spielen

caso ['kaso] *m* ① *(hecho)* (Vor)fall *m; (circunstancia)* Umstand *m;* (JUR) Rechtsfall *m;* ~ **aislado** Einzelfall *m;* ~ **de dependencia** Pflegefall *m;* ~ **de fuerza mayor** höhere Gewalt; **¡eres un ~!** *(fam)* du bist mir einer/eine!; **yo, en tu ~...** ich an deiner Stelle ...; **en ~ de...** *+inf* falls ...; **dado** [*o* **llegado**] **el ~** gegebenenfalls; **dado el ~ de que...** *+subj* vorausgesetzt, dass ...; **en ~ contrario** ansonsten; **en cualquier ~** auf jeden Fall; **en ningún ~** auf keinen Fall; **en último ~** notfalls; **en tal ~** in diesem Fall; **en todo ~** allenfalls ② *(atención)* Aufmerksamkeit *f;* **hacer ~ a alguien** *(considerar)* jdn beachten; *(obedecer)* auf jdn hören; *(creer)* jdm glauben ③ (LING: *flexión*) Kasus *m,* Fall *m*

caspa ['kaspa] *f* (Kopf)schuppen *fpl*

Caspio ['kaspjo] *m* (**el**) **mar ~** das Kaspische Meer

cáspita ['kaspita] *interj (admiración)* Donnerwetter; *(extrañeza)* herrje

casposo, -a [kas'poso, -a] *adj* schuppig

casquete [kas'kete] *m* ① *(casco)* Helm *m* ② *(gorrilla)* Kappe *f;* ~ **polar** Polarzone *f*

casquillo [kas'kiʎo] *m* (TÉC) Zwinge *f;* ~ **de bala** Patronenhülse *f;* ~ **de bombilla** Sockel *m*

casquivano, -a [kaski'βano, -a] *adj (fam)* leichtfertig

casta ['kasta] *f* ① *(raza)* Rasse *f;* **de ~ le viene al galgo** *(fig)* das liegt in der Familie ② *(linaje)* Geschlecht *nt* ③ *(clase social)* Kaste *f*

castaña [kas'taɲa] *f* ① *(fruto)* Kastanie *f,* Marone *f;* **~s asadas** heiße Maronen ② *(fam: golpe)* Bums *m;* **darse una ~ contra algo** gegen etw knallen ③ *(fam: bofetada)* Ohrfeige *f; (puñetazo)* (Faust)hieb *m* ④ *(fam: borrachera)* Rausch *m* ⑤ *(fam: rápido)* **a toda ~** volle Pulle

castañal [kasta'ɲal] *m,* **castañar** [kasta'ɲar] *m* Kastanienwald *m*

castañazo [kasta'ɲaθo] *m (fam)* Bums *m;* **darse** [*o* **pegarse**] **un ~ con algo** gegen etw knallen

castañetear [kastaɲete'ar] *vi* ① *(chasquear)* (mit den Fingern) schnalzen; **me castañeteaban los dientes de frío** mir klapperten vor Kälte die Zähne ② *(tocar las castañuelas)* mit den Kastagnetten klappern

castaño[1] [kas'taɲo] *m* Kastanienbaum *m*

castaño, -a[2] [kas'taɲo, -a] *adj* kastanienbraun; *(pelo)* brünett

castañuela [kasta'ɲwela] *f* Kastagnette *f*

castellana [kaste'ʎana] *f* ① *v.* **castellano**[2] ② (LIT) *Vierzeiler mit achtsilbigen Versen*

castellanismo [kasteʎa'nismo] *m* ① (LING: *modo de hablar*) kastilische Spracheigentümlichkeit *f* ② (LING: *vocablo, expresión*) *aus dem Kastilischen übernommener Ausdruck* ③ *(apego a lo castellano)* kastilischer Nationalstolz *m*

castellanización [kasteʎaniθa'θjon] *f (conversión en castellano)* Hispanisierung *f;* **la ~ de los términos ingleses es muy frecuente** englische Begriffe werden sehr häufig hispanisiert

castellano[1] [kaste'ʎano] *m* (LING: *español*) Spanisch(e) *nt; (variedad)* kastilische Mundart *f*

castellano, -a[2] [kaste'ʎano, -a] **I.** *adj* kastilisch; **la lengua castellana** die spanische Sprache **II.** *m, f* Kastilier(in) *m(f)*

castellanohablante [kasteʎanoa'βlan̩te] *adj* Spanisch sprechend, spanischsprachig

casticismo [kasti'θismo] *m* ① *(tipismo)* Urwüchsigkeit *f; (autenticidad)* Authentizität *f* ② *(purismo)* Purismus *m*

castidad [kasti'ða^{d}] *f* Keuschheit *f;* **cinturón de ~** Keuschheitsgürtel *m*

castigador(a) [kastiɣa'ðor(a)] *adj* verführerisch

castigar [kasti'ɣar] <g → gu> **I.** *vt* ① *(punir)* (be)strafen (**por** für *+akk*); **¡castigado sin postre!** zur Strafe bekommst du keinen Nachtisch! ② *(físicamente)* züchtigen; *(dañar)* zurichten ③ *(seducir)* verführen **II.** *vr:* **~se** sich kasteien

castigo [kas'tiɣo] *m* ① *(punición)* Bestrafung *f,* Strafe *f* ② *(aflicción)* Heimsuchung *f*

Castilla [kas'tiʎa] *f* Kastilien *nt*

Castilla-La Mancha [kas'tiʎa la 'mantʃa] *f* Kastilien-La Mancha *nt*

Castilla y León [kas'tiʎa le'on] *f* Kastilien und Leon *nt*

castillo [kas'tiʎo] *m* ① *(fortaleza)* Burg *f; (palacio)* Schloss *nt;* ~ **de arena** Sandburg *f;* ~ **de naipes** Kartenhaus *nt;* **hacer ~s en el aire** Luftschlösser bauen ② (NÁUT) Kastell *nt*

castizo, -a [kas'tiθo, -a] *adj* ① *(típico)* volkstümlich ② *(auténtico)* authentisch

casto, -a ['kasto, -a] *adj* keusch

castor [kas'tor] *m* Biber *m*

castración [kastra'θjon] *f* (AGR, MED) Kastration *f; (hombre)* Entmannung *f*

castrado, -a [kas'traðo, -a] *adj* kastriert; **gato ~** kastrierter Kater

castrar [kas'trar] *vt* (*t.* AGR, MED) kastrieren; *(hombre)* entmannen

castrense [kas'trense] *adj* soldatisch; **médico** ~ Militärarzt *m*

casual [ka'swal] *adj* zufällig; **por un** ~ *(fam)* zufällig(erweise)

casualidad [kaswali'ðaᵈ] *f* Zufall *m;* **de** [*o* **por**] ~ zufällig(erweise); **¡qué ~!** so ein Zufall!; **da la ~ que conozco a tu mujer** zufällig kenne ich deine Frau

casualmente [kaswal'meṇte] *adv* ❶ *(por casualidad)* durch Zufall ❷ *(precisamente)* genau; ~ **por eso** eben deshalb

casulla [ka'suʎa] *f* ❶ (REL) Kasel *f* ❷ *(prenda femenina)* Chasuble *nt*

cata ['kata] *f* Kosten *nt,* Probieren *nt;* ~ **de vinos** Weinprobe *f*

catabolismo [kataβo'lismo] *m* (BIOL, MED) Katabolismus *m*

cataclismo [kata'klismo] *m* ❶ (GEO) Kataklysmus *m* ❷ *(desastre)* Katastrophe *f* ❸ *(alteración)* Umsturz *m*

catacumbas [kata'kumbas] *fpl* Katakomben *fpl*

catador(a) [kata'ðor(a)] *m(f)* ❶ *(que cata)* Weinprüfer(in) *m(f)* ❷ *(conocedor)* (Wein)kenner(in) *m(f)*

catadura [kata'ðura] *f* ❶ *(cata)* Kosten *nt,* Probieren *nt* ❷ *(expresión)* Gesichtsausdruck *m; (aspecto)* Aussehen *nt;* **sujeto de mala** ~ finsterer Typ

catafalco [kata'falko] *m* Katafalk *m*

catalán[1] [kata'lan] *m* *(lengua)* Katalanisch(e) *nt*

catalán, -ana[2] [kata'lan, -ana] **I.** *adj* katalanisch **II.** *m, f* Katalane, -in *m, f*

catalanismo [katala'nismo] *m* ❶ (POL) *katalanischer Nationalismus* ❷ (LING) Katalanismus *m*

catalejo [kata'lexo] *m* Fernrohr *nt*

catalizador [kataliθa'ðor] *m* (*t.* QUÍM, TÉC) Katalysator *m*

catalizar [katali'θar] <z → c> *vt* (QUÍM) katalysieren

catalogable [katalo'ɣaβle] *adj* ❶ *(registrable)* katalogisierbar ❷ *(clasificable)* einstufbar

catalogación [kataloɣa'θjon] *f* ❶ *(registración)* Katalogisierung *f* ❷ *(clasificación)* Einstufung *f*

catalogar [katalo'ɣar] <g → gu> *vt* ❶ *(registrar)* katalogisieren ❷ *(clasificar)* einordnen; ~ **a alguien de algo** jdn als etw einstufen

catálogo [ka'taloɣo] *m* Katalog *m;* ~ **de materias/por autores** Schlagwort-/Verfasserverzeichnis *nt;* **casa de ventas por** ~ Versandhaus *nt;* **en** ~ lieferbar

Cataluña [kata'luɲa] *f* Katalonien *nt*

catamarán [katama'ran] *m* (DEP) Katamaran *m*

cataplasma [kata'plasma] *f* ❶ (MED) Kataplasma *nt,* Wickel *m* ❷ *(fam: pesado)* Nervensäge *f*

cataplún [kata'plun] *interj* plumps

catapulta [kata'puḷta] *f* (*t.* AERO, TÉC) Katapult *m o nt*

catapultar [katapuḷ'tar] *vt* katapultieren

catar [ka'tar] *vt* ❶ *(probar)* kosten, probieren ❷ *(experimentar)* erleben

Catar [ka'tar] *m* Katar *nt*

catarata [kata'rata] *f* ❶ *(salto de agua)* Wasserfall *m;* **las ~s del Iguazú/del Niágara** die Iguazu-/Niagarafälle ❷ (MED) grauer Star *m*

catarro [ka'tarro] *m* *(enfriamiento)* Erkältung *f;* (MED) Katarrh *m;* ~ **de nariz** Schnupfen *m*

catarsis [ka'tarsis] *f inv* ❶ (LIT, PSICO) Katharsis *f* ❷ (MED) Entschlackung *f*

catastro [ka'tastro] *m* Kataster *m o nt;* **oficina del** ~ Katasteramt *nt*

catástrofe [ka'tastrofe] *f* Katastrophe *f;* *(accidente)* Unglück *nt;* ~ **ambiental** Umweltkatastrophe; ~ **natural** Naturkatastrophe

catastrófico, -a [katas'trofiko, -a] *adj* katastrophal; **zona catastrófica** Katastrophengebiet *nt*

catastrofista [katastro'fista] *adj* schwarzmalerisch

catatónico, -a [kata'toniko, -a] **I.** *adj* (MED) katatonisch **II.** *m, f* (MED) Katatoniker(in) *m(f);* **un hospital especializado en ~s** ein Spezialkrankenhaus für Katatoniker

cátchup ['katʃup] *m* <catchups> Ketchup *m o nt*

cate ['kate] *m* *(fam)* ❶ *(bofetada)* Backpfeife *f* ❷ *(suspenso)* **me han dado dos ~s** sie haben mich zweimal durchfallen lassen

catear [kate'ar] *vt* *(fam: suspender)* durchfallen lassen

catecismo [kate'θismo] *m* (REL) Katechismus *m*

cátedra ['kateðra] *f* ❶ (ENS: *púlpito*) Katheder *m o nt* ❷ (ENS: *docencia*) Lehrstuhl *m,* Professur *f;* **sentar** ~ neue Richtlinien setzen; *(irón)* schulmeisterlich reden

catedral [kate'ðral] *f* Kathedrale *f;* **como una** ~ *(fig)* riesig; *(alto)* haushoch

catedrático, -a [kate'ðratiko, -a] *m, f* (ENS) Professor(in) *m(f);* ~ **de instituto** Studienrat *m*

categoría [kateɣo'ria] *f* ❶ *(clase, t.* FILOS*)* Kategorie *f,* Gruppe *f;* ~ **fiscal** Steuerklasse *f* ❷ *(calidad)* Qualität *f;* **de primera** ~ erstklassig ❸ *(rango)* (Dienst)rang *m;*

dar ~ Prestige geben; **tener poca/mucha ~** unbedeutend/bedeutend sein

categórico, -a [kate'ɣoriko, -a] *adj* (*t.* FILOS) kategorisch; **un sí/no ~** ein kategorisches Ja/Nein

categorizar [kateɣori'θar] <z → c> *vt* kategorisieren

catenaria [kate'narja] **I.** *adj* (MAT) **curva ~** Kettenlinie *f* **II.** *f* (ELEC, FERRO) Fahrdraht *m; (sistema)* Oberleitung *f*

catequesis [kate'kesis] *f inv* ① (REL) Katechese *f* ② *(clase)* Religionsunterricht *m*

caterva [ka'terβa] *f (pey)* Masse *f; (de personas)* Bande *f*

catete [ka'tete] *m (Chil)* ① (GASTR) *Mehlbrei mit Schweinsbrühe* ② *(diablo)* Teufel *m*

catéter [ka'teter] *m* (MED) Katheter *m*

cateto [ka'teto] *m* (MAT) Kathete *f*

catino [ka'tino] *m (escudilla)* Schüssel *f*

catire, -a [ka'tire, -a] **I.** *adj (Col, Cuba, Ven: rubio)* blond (und grünäugig) **II.** *m, f (Col, Cuba, Ven: rubio)* Blonde(r) *f(m)* mit grünen Augen

catódico, -a [ka'toðiko, -a] *adj* (ELEC, FÍS) kathodisch; **rayos ~s** Kathodenstrahlen *mpl*

cátodo ['katoðo] *m* (ELEC, FÍS) Kathode *f*

católica [ka'tolika] *adj o f v.* **católico**

catolicismo [katoli'θismo] *m* (REL) Katholizismus *m*

católico, -a [ka'toliko, -a] **I.** *adj* (römisch-)katholisch **II.** *m, f* Katholik(in) *m(f)*

catolizar [katoli'θar] <z → c> *vt* (REL) katholisieren

catorce [ka'torθe] **I.** *adj inv* vierzehn **II.** *m* Vierzehn *f;* **el ~ de marzo** der vierzehnte März; *v. t.* **ocho**

catorceavo [katorθe'aβo], **catorzavo** [kator'θaβo] *m* Vierzehntel *nt*

catorceavo, -a [katorθe'aβo, -a], **catorzavo, -a** [kator'θaβo, -a] *adj* vierzehntel; *v. t.* **octavo**

catorcena [kator'θena] *f* Einheit *f* aus 14 Stück

catre ['katre] *m (t. pey)* Pritsche *f; (de campaña)* Feldbett *nt; (fam: cama)* Falle *f*

Cáucaso ['kau̯kaso] *m* **el ~** der Kaukasus

cauce ['kau̯θe] *m* ① (GEO: *lecho*) Flussbett *nt* ② *(acequia)* Wassergraben *m* ③ *(camino)* Bahn *f;* **~ jurídico** [*o* **legal**] (JUR) Rechtsweg *m;* **~ reglamentario** Dienstweg *m*

caucho ['kau̯tʃo] *m* (BOT) Kautschuk *m;* **árbol del ~** Kautschukbaum *m*

caución [kau̯'θjon] *f* ① *(cautela)* Vorsicht *f* ② (JUR) Bürgschaft *f*

caudal [kau̯'ðal] **I.** *adj* Schwanz- **II.** *m* ① *(de agua)* Wassermenge *f; (de una fuente)* Ergiebigkeit *f* ② *(dinero)* Vermögen *nt;* **caja de ~es** Tresor *m* ③ *(abundancia)* Fülle *f;* **un ~ de conocimientos** ein umfangreiches Wissen

caudaloso, -a [kau̯ða'loso, -a] *adj* ① *(río)* wasserreich ② *(rico)* reich ③ *(cantidad)* reichlich

caudillo [kau̯'ðiʎo] *m* (MIL, POL) (An)führer *m*

caula ['kau̯la] *f (Am: amaño, estratagema)* List *f,* Trick *m*

causa ['kau̯sa] *f* ① *(origen)* Ursache *f; (motivo)* Grund *m;* **~ del despido** Entlassungsgrund *m* ② *(ideal, t.* POL) Ideal *nt;* **morir por la ~** für seine Überzeugung sterben ③ (JUR) Rechtssache *f; (asunto)* Angelegenheit *f;* **entender en una ~** einen Fall bearbeiten; **instruir una ~** ein Verfahren leiten ④ *(loc)* **a** [*o* **por**] **~ de** wegen *+gen/dat*

causal [kau̯'sal] *adj* (LING) kausal; **oración ~** Bedingungssatz *m*

causalidad [kau̯sali'ða^{ð}] *f sin pl* (*t.* FILOS) Kausalität *f*

causante [kau̯'sante] **I.** *adj* verursachend **II.** *mf* Urheber(in) *m(f); (culpable)* Verursacher(in) *m(f)*

causar [kau̯'sar] *vt* verursachen; **~ alegría** Freude machen; **~ daño** Schaden anrichten; **~ efecto** wirken; **~ problemas** Probleme bereiten; **~ risa** zum Lachen bringen; **~ trabajo** Arbeit machen

causídico, -a [kau̯'siðiko, -a] *adj* (JUR) Prozess-

cáustica ['kau̯stika] *f* (FÍS) Brennfläche *f*

causticidad [kau̯stiθi'ða^{ð}] *f* ① (QUÍM) ätzende Wirkung *f* ② *(mordacidad)* Bissigkeit *f*

cáustico, -a ['kau̯stiko, -a] *adj* ① (QUÍM) kaustisch, ätzend ② *(mordaz)* bissig

cautela [kau̯'tela] *f* ① *(precaución)* Vorsicht *f; (cuidado)* Behutsamkeit *f; (reserva)* Vorbehalt *m* ② *(malicia)* Arglist *f*

cautelar [kau̯te'lar] *adj* (JUR) **medida ~** Vorsichtsmaßnahme *f*

cauteloso, -a [kau̯te'loso, -a] *adj* ① *(prudente)* vorsichtig; *(cuidadoso)* behutsam; *(desconfiado)* misstrauisch ② *(malicioso)* arglistig

cauterizar [kau̯teri'θar] <z → c> *vt* (MED) kauterisieren

cautivador(a) [kau̯tiβa'ðor(a)] *adj* ① *(fascinante)* fesselnd ② *(seductor)* verführerisch

cautivar [kau̯ti'βar] *vt* ① *(apresar)* gefangen nehmen ② *(fascinar)* bannen ③ *(seducir)* verführen

cautiverio [kau̯ti'βerjo] *m,* **cautividad** [kau̯tiβi'ða^{ð}] *f* Gefangenschaft *f*

cautivo, **-a** [kau̯'tiβo, -a] **I.** *adj* gefangen **II.** *m, f* Gefangene(r) *mf*

cauto, **-a** ['kau̯to, -a] *adj* ① *(prudente)* vorsichtig; *(cuidadoso)* behutsam ② *(malicioso)* arglistig

cava ['kaβa] *m* (spanischer) Sekt *m*

cavadura [kaβa'ðura] *f (zanja)* Grube *f; (excavación)* Vertiefung *f*

cavar [ka'βar] *vi, vt* graben

caverna [ka'βerna] *f* ① *(cueva)* Höhle *f; (gruta)* Grotte *f;* **los hombres de las ~s** die Höhlenmenschen ② (MED) Kaverne *f*

cavernícola [kaβer'nikola] *mf* ① *(troglodita)* Höhlenbewohner(in) *m(f)* ② *(fam: retrógrado)* Reaktionär(in) *m(f)*

cavernidad [kaβerni'ða^{d}] *f* Hohlraum *m*

cavernoso, **-a** [kaβer'noso, -a] *adj* ① (GEO) höhlenreich ② (MED) kavernös; **tos cavernosa** röchelnder Husten

caviar [ka'βjar] *m sin pl* Kaviar *m*

cavidad [ka'βiða^{d}] *f* ① *(oquedad)* Hohlraum *m,* Aushöhlung *f* ② (MED) Höhle *f*

cavilación [kaβila'θjon] *f* Grübelei *f*

cavilar [kaβi'lar] *vt* (nach)grübeln (über +*akk*)

cavilosidad [kaβilosi'ða^{d}] *f* ① *(calidad)* Argwohn *m,* Misstrauen *nt* ② *(sospecha)* unbegründeter Verdacht *m*

cayado [ka'ɟaðo] *m* ① *(del pastor)* Hirtenstab *m* ② *(del prelado)* Stab *m*

cayuco [ka'ɟuko] *m* (NÁUT) Kajak *m*

caza[1] ['kaθa] *f* ① *(montería)* Jagd *f;* **ir de** [*o* **a la**] ~ auf die Jagd gehen ② *(animales)* Wild *nt;* ~ **mayor** Hochwild *nt;* **carne de** ~ Wildbret *nt*

caza[2] ['kaθa] *m* (MIL) Jagdflugzeug *nt*

cazabombardero [kaθaβombar'ðero] *m* (MIL) Jagdbomber *m*

cazacerebros [kaθaθe'reβros] *mf inv* (ECON) Headhunter *m*

cazador(a) [kaθa'ðor(a)] **I.** *adj* Jagd- **II.** *m(f) (persona)* Jäger(in) *m(f);* ~ **furtivo** Wilderer *m*

cazadora [kaθa'ðora] *f* (Wind)jacke *f; (de piloto)* Bomberjacke *f;* ~ **de piel** Lederjacke *f*

cazar [ka'θar] <z → c> *vt* ① *(atrapar)* jagen; *(perseguir)* verfolgen; *(con una trampa)* fangen; *(matar)* erlegen ② *(conseguir)* einen guten Fang machen (mit +*dat*) ③ *(probar la culpabilidad)* schnappen *fam; (sorprender)* ertappen; *(capturar)* fassen ④ *(fam: engañar)* hereinlegen ⑤ *(apercibirse rápidamente)* mitbekommen

cazarrecompensas [kaθarrekom'pensas] *mf inv* Kopfgeldjäger(in) *m(f)*

cazatalentos [kaθata'lentos] *mf inv* (ECON) Headhunter *m*

cazavirus [kaθa'βirus] *adj inv* (INFOR) Antiviren-; **programa** ~ Antivirenprogramm *nt*

cazo ['kaθo] *m* ① *(puchero)* Topf *m* (mit Stiel) ② *(cucharón)* Schöpflöffel *m* ③ *(argot: chulo)* Zuhälter *m*

cazoleta [kaθo'leta] *f* ① *(cacerola pequeña)* kleiner Topf *m* ② *(de pipa)* Pfeifenkopf *m* ③ *(en la pistola de pintar)* Farbbehälter *m* ④ *(del pedernal)* Pfanne *f* ⑤ *(de un cañón de avancarga)* Zündloch *nt*

cazuela [ka'θwela] *f* Kasserolle *f*

cazurro, **-a** [ka'θurro, -a] **I.** *adj* ① *(hosco)* mürrisch ② *(taciturno)* schweigsam; *(cerrado)* (nach außen hin) verschlossen ③ *(torpe)* schwerfällig **II.** *m, f* ① *(hosco)* Griesgram *m* ② *(taciturno)* wortkarger Mensch *m* ③ *(astuto)* verschlossener Mensch *m*

CBD [θeβe'ðe] *m inv* (QUÍM) *abr de* **cannabidiol** CBD *nt;* **aceite de** ~ CBD-Öl *nt*

c.c. ['kwenta korrjente], **C.C.** ['kwenta korrjente], **c/c** ['kwenta korrjente] *f abr de* **cuenta corriente** (COM) Kontokorrent *nt*

CD [kompak^{t} ðisk] *m inv abr de* **compact disc** CD *f*

C. D. [θe'ðe] *m* ① (POL) *abr de* **Cuerpo Diplomático** CD *nt* ② (POL: *partido*) *abr de* **Centro Democrático** Demokratische Zentrumspartei *f* ③ (DEP) *abr de* **club deportivo** SC *m,* SV *m*

CD-ROM [θeðe'rrom] <CD-ROMs> *m inv abr de* **compact disc read-only memory** (INFOR) CD-ROM *f*

CDS [θeðe'ese] *m abr de* **Centro Democrático y Social** (HIST) *demokratische und soziale Zentrumspartei*

ce [θe] *f* C *nt;* ~ **de Carmen** C wie Caesar

CE[1] [θe'e] *f abr de* **Comunidad Europea** (HIST) EG *f*

CE[2] [θe'e] *m abr de* **Consejo de Europa** Europarat *m*

cebada [θe'βaða] *f* (BOT) Gerste *f*

cebar [θe'βar] **I.** *vt* ① *(engordar)* mästen ② *(horno)* heizen; *(encender)* anzünden ③ *(un arma)* mit Zündmasse versehen ④ *(el anzuelo, una trampa)* mit einem Köder versehen ⑤ *(máquina)* starten; *(cohete)* zünden ⑥ *(esperanza)* nähren; *(cólera)* schüren **II.** *vr:* **~se** ① *(entregarse)* völlig aufgehen (**en** in +*dat*) ② *(ira)* auslassen (**en** an +*dat*); **se cebó en él** er/sie ließ seine/ihre ganze Wut an ihm aus ③ *(ensangrentarse)* sich weiden (**con** an +*dat*)

cebiche [θe'biʧe] *m (AmS:* GASTR) *Gericht aus roh in Zitronensaft und Gewürzen eingelegten Stücken Fisch und Meeresfrüchte*

cebo ['θeβo] *m* ① *(alimento)* Mastfutter *nt* ② *(de un anzuelo)* Köder *m* ③ *(en un arma)* Zündstoff *m* ④ *(en un horno)*

Brennstoff *m* ❺ *(algo atractivo)* Lockmittel *nt; (fig)* Lockvogel *m* ❻ *(pábulo)* Nährboden *m; (comienzo)* Anlass *m; (alimento)* Anreiz *m*
cebolla [θe'βoʎa] *f* ❶ (BOT: *comestible*) (Gemüse)zwiebel *f* ❷ (BOT: *bulbo*) Blumenzwiebel *f* ❸ *(argot: cabeza)* Birne *f*, Rübe *f*
cebolleta [θeβo'ʎeta] *f* ❶ (BOT: *cebolla tierna*) Frühlingszwiebel *f; (cebollino)* Lauchzwiebel *f* ❷ (BOT: *tallo fino, muy aromático*) Schnittlauch *m* ❸ *(vulg: pene)* Schwanz *m fam*
cebollino [θeβo'ʎino] *m* (BOT) ❶ *(tallo)* Schnittlauch *m;* **¡anda, vete a escardar ~s!** ach, geh doch hin, wo der Pfeffer wächst! ❷ *(simiente)* Samenzwiebel *f*
cebollón[1] [θeβo'ʎon] *m (fam: borrachera)* Alkoholrausch *m*
cebollón, -ona[2] [θeβo'ʎon, -ona] *m, f (CSur: solterón)* alter Junggeselle *m*, alte Jungfer *f*
cebra ['θebra] *f* (ZOOL) Zebra *nt;* **paso de ~** (AUTO) Zebrastreifen *m*
ceca ['θeka] *f* ❶ *(casa de moneda)* Münze *f*, Münzstätte *f* ❷ *(fecha)* Münz(prägungs)datum *nt*
cecear [θeθe'ar] *vi* ❶ *(en algunas regiones)* ‚S' als ‚C' aussprechen ❷ *(defecto)* lispeln, mit der Zunge anstoßen
ceceo [θe'θeo] *m* Lispeln *nt*
cedazo [θe'ðaθo] *m* ❶ *(para cribar)* Sieb *nt* ❷ *(para pescar)* großes Fischfangnetz *nt*
cedé [θe'ðe] *m* CD *f*
ceder [θe'ðer] **I.** *vi* ❶ *(renunciar)* verzichten (**de** auf +*akk*); *(de una pretensión)* abrücken (**de** von +*dat*) ❷ *(disminuir)* abnehmen; **cedió la fiebre** das Fieber ging zurück; **cedió la lluvia** der Regen ließ nach ❸ *(capitular)* nachgeben (**a/ante/en** +*dat*) ❹ *(aceptar)* nachkommen (**a/ante/en** +*dat*) ❺ *(cuerda, rama)* nachgeben; *(edificio, puente)* einstürzen **II.** *vt* ❶ *(dar)* abgeben (**a** an +*akk*) ❷ *(trasferir)* abtreten, überlassen ❸ (DEP: *balón*) passen ❹ (AUTO) **"ceda el paso"** „Vorfahrt gewähren"
cederrón [θeðe'rron] *m* CD-ROM *f*
cedilla [θe'ðiʎa] *f* Cedille *f*
cedro ['θeðro] *m* (BOT) Zeder *f*
cédula ['θeðula] *f* Urkunde *f*, Dokument *nt;* **~ de ahorro** Sparbrief *m;* **~ de cambio** Wechsel *m;* **~ de citación** Vorladung *f;* **~ personal** Personalausweis *m;* **~ real** königliche Verfügung
CEE [θee'e] *f abr de* **Comunidad Económica Europea** (HIST) EWG *f*
cefalea [θefa'lea] *f* (MED) einseitige Kephalgie *f*
cefálico, -a [θe'faliko, -a] *adj* (MED) Kopf-
cefalópodo [θefa'lopoðo] *m* (ZOOL) Zephalopode *m*
cegador(a) [θeɣa'ðor(a)] *adj* blendend
cegar [θe'ɣar] *irr como fregar* **I.** *vi* erblinden **II.** *vt* ❶ *(quitar la vista)* blenden; **le ciega la ira** er/sie ist blind vor Wut ❷ *(alucinar)* verblüffen ❸ *(ventana)* zumauern; *(con clavos)* zunageln; *(pozo)* zuschütten **III.** *vr:* **~se** ❶ *(ofuscarse)* blind sein (**de/por** vor +*dat*), geblendet sein (**de/por** von +*dat*); **~se de ira** blind vor Wut sein ❷ *(tubo)* (sich) verstopfen
cegato, -a [θe'ɣato, -a] *adj (fam)* blind wie ein Maulwurf
cegatón, -ona [θeɣa'ton, -ona/] **I.** *adj* ❶ *(fam pey: corto de vista)* kurzsichtig ❷ *(Am: irón)* blind wie ein Maulwurf **II.** *m, f (fam pey)* Kurzsichtige(r) *f(m)*
ceguedad [θeɣe'ðaᵈ] *f sin pl* ❶ (MED: *pérdida de vista*) Erblindung *f; (ceguera)* Blindheit *f* ❷ *(fam fig: de la razón)* Verblendung *f*
ceguera [θe'ɣera] *f* ❶ *(invidencia)* Blindheit *f* ❷ *(de la razón)* Verblendung *f*
CEI ['θei̯] *f abr de* **Comunidad de Estados Independientes** (POL) GUS *f*
Ceilán [θei̯'lan] *m* Ceylon *nt*
ceja ['θexa] *f* ❶ *(entrecejo)* (Augen)braue *f;* **fruncir las ~s** die Augenbrauen zusammenziehen; **tener a alguien entre ~ y ~** *(fam)* jdn nicht leiden können ❷ *(borde)* vorstehender Rand *m* ❸ (MÚS: *instrumento de cuerda*) Sattel *m; (instrumento de teclado)* Drucksteg *m* ❹ (MÚS: *para elevar el tono*) Kapodaster *m*
cejar [θe'xar] *vi* ❶ *(en discusiones)* nachgeben ❷ *(cesar)* aufgeben (**en** +*akk*); **sin ~** unaufhörlich
cejijunto, -a [θexi'xun̪to, -a] *adj* ❶ *(fisonomía)* mit eng beieinanderliegenden Augenbrauen ❷ *(adusto)* mürrisch
cejudo, -a [θe'xuðo, -a] *adj* mit buschigen Augenbrauen
celada [θe'laða] *f* ❶ *(yelmo)* Helm *m* ❷ *(emboscada)* Hinterhalt *m* ❸ *(encerrona)* Hinterlist *f*
celador(a) [θela'ðor(a)] *m(f)* Aufseher(in) *m(f); (de aparcamientos)* Parkwächter(in) *m(f); (de cárcel)* Gefängniswärter(in) *m(f); (de escuela)* Aufsichtführende(r) *mf*
celaje [θe'laxe] *m* ❶ (METEO) ≈ Schleierwolken *f pl* ❷ *(Am: fantasma)* Geist *m*
celar [θe'lar] *vt* ❶ *(encubrir)* verbergen, verstecken, überspielen; *(con malicia)* verheimlichen ❷ *(vigilar)* überwachen, wachen (über +*akk*), ein wachsames Auge haben (auf +*akk*) ❸ *(en metal)* eingravieren;

(en madera) einschnitzen ④ *(de piedra)* meißeln; *(de madera)* schnitzen
celda ['θeḷda] *f* ① *(pequeño espacio)* Zelle *f; (en convento, colegio)* Klosterzelle *f; (en prisión)* Gefängniszelle *f;* ~ **de castigo** Einzelhaftzelle *f* ② *(de colmena)* Bienenzelle *f*
celdilla [θeḷ'diʎa] *f* ① *(de colmena)* Bienenzelle *f* ② (ARQUIT) Nische *f* ③ (BOT) Samenkapsel *f*
celebración [θeleβra'θjon] *f* ① *(acto)* Feiern *nt;* **la ~ de una misa** die Abhaltung eines Gottesdienstes ② *(festividad)* Feier *f* ③ *(aplausos)* Beifall *m* ④ *(organización)* Durchführung *f*
celebrar [θele'βrar] **I.** *vt* ① *(mérito, acontecimiento)* feiern; **todos ~on su triunfo** alle feierten seinen/ihren Sieg; ~ **la misa** den Gottesdienst (feierlich) abhalten ② *(aplaudir)* applaudieren *+dat* ③ *(llegada)* willkommen heißen ④ *(ventajas)* preisen ⑤ *(un chiste)* sehr witzig finden ⑥ *(reuniones, audiencia)* abhalten; ~ **una subasta** eine Versteigerung durchführen ⑦ *(alegrarse)* sich freuen (über *+akk*) ⑧ *(tratado)* abschließen **II.** *vi* (REL) Gottesdienst abhalten **III.** *vr:* **~se** ① *(fiesta)* gefeiert werden ② *(reunión, partido)* stattfinden
célebre ['θeleβre] <celebérrimo> *adj* ① *(famoso)* berühmt (**por** für *+akk*); *(popular)* gefeiert ② *(fam: gracioso)* lustig
celebridad [θeleβri'ðað] *f* ① *(alguien ilustre)* Berühmtheit *f* ② *(renombre)* Ruhm *m* ③ *(festejo)* Feierlichkeit *f*
celeque [θe'leke] *adj (AmC: fruta tierna)* unreif
celeridad [θeleri'ðað] *f* Schnelligkeit *f*
celeste [θe'leste] *adj* ① *(célico)* Himmels-; **cuerpos ~s** Himmelskörper *mpl* ② *(color)* himmelblau
celestial [θeles'tjal] *adj* ① *(del cielo, delicioso)* himmlisch ② *(irón fam: tonto)* dumm, einfältig
celibato [θeli'βato] *m* ① (REL) Zölibat *m o nt* ② *(soltería)* Singledasein *nt* ③ *(fam: solterón)* Junggeselle *m*
célibe ['θeliβe] **I.** *adj* ① (REL) zölibatär ② *(soltero)* ledig **II.** *mf* Junggeselle, -in *m, f*
celo ['θelo] *m* ① *(afán)* Eifer *m* ② *pl (por amor)* Eifersucht *f;* **tener ~s** eifersüchtig sein ③ *pl (sospecha)* Misstrauen *nt* ④ *pl (envidia)* Neid *m* ⑤ *(animales)* Brunstzeit *f;* **estar en ~** *(caza)* brünstig sein; *(perra)* läufig sein; *(gata)* rollig sein ⑥ *(autoadhesivo)* Tesafilm® *m*
celofán® [θelo'fan] *m* ① *(para envolver)* Cellophan® *nt* ② *(autoadhesivo)* Klebeband *nt*
celosía [θelo'sia] *f* ① *(rejilla)* Gitter *nt* ② *(contraventanas)* Fensterladen *m; (persianas)* Rollladen *m*
celoso, -a [θe'loso, -a] *adj* ① *(con fervor)* eifrig (**en** bei *+dat*) ② *(con celos)* eifersüchtig (**de** auf *+akk*) ③ *(con envidia)* neidisch (**de** auf *+akk*) ④ *(con dudas)* misstrauisch ⑤ *(exigente)* bedacht (**de** auf *+akk*)
celta ['θeḷta] **I.** *adj* keltisch **II.** *mf* Kelte, -in *m, f*
céltico, -a ['θeḷtiko, -a] *adj* keltisch
célula ['θelula] *f* (BIOL, POL) Zelle *f;* ~ **fotoeléctrica** Fotozelle *f;* ~ **solar** Solarzelle *f*
celular [θelu'lar] *adj* ① (BIOL) Zell-, zellulär ② *(cárcel)* **prisión ~** Einzelhaft *f;* **coche ~** Polizeitransporter *m*
celulitis [θelu'litis] *f inv* (MED) Zellulitis *f*
celuloide [θelu'loi̯ðe] *m* Zelluloid *nt;* **llevar una historia al ~** (CINE) eine Geschichte auf Zelluloid bringen
celulosa [θelu'losa] *f* (QUÍM) Zellulose *f*
cementación [θemeṇta'θjon] *f* (TÉC) Zementierung *f*
cementar [θemeṇ'tar] *vt* (TÉC) zementieren
cementerio [θemeṇ'terjo] *m* ① *(camposanto)* Friedhof *m;* ~ **de coches** Autofriedhof *m* ② *(depósito)* Endlagerstätte *f;* ~ **nuclear** Endlager für atomare Abfälle
cemento [θe'meṇto] *m* ① (ARQUIT) Zement *m;* ~ **armado** Stahlbeton *m* ② (ANAT) Zement *nt*
cena ['θena] *f* Abendessen *nt;* **la Ultima C~** das heilige Abendmahl
cenáculo [θe'nakulo] *m* ① *(tertulia)* Stammtisch *m; (reunión)* Treffen *nt* ② *(de literatura)* Literaturzirkel *m,* Literaturkreis *m* ③ *(camarilla)* Clique *f* ④ *(lugar)* Treffpunkt *m*
cenador [θena'ðor] *m* ① *(comedor)* Speisesaal *m* ② *(en el jardín)* Gartenlaube *f*
cenagal [θena'ɣal] *m* ① *(con cieno)* Morast *m* ② *(fam: problema)* Patsche *f,* Klemme *f;* **estar en un ~** in der Patsche sitzen
cenagoso, -a [θena'ɣoso, -a] *adj* schlammig, morastig
cenar [θe'nar] *vi, vt* zu Abend essen; **hoy hemos cenado lentejas** heute gab es Linsen zum Abendessen
cenceño, -a [θeṇ'θeɲo, -a] *adj (personas, animales)* dünn, schlank; *(excesivamente)* dürr, knochig; *(vegetales)* dürr; *(pey)* mick(e)rig
cencerro [θeṇ'θerro] *m (de res)* Kuhglocke *f;* **estar como un ~** *(fam)* völlig übergeschnappt sein

C

C

cenefa [θe'nefa] *f* ❶ *(adorno)* Borte *f;* *(encaje de bolillos)* Klöppelspitze *f* ❷ *(de techos, muros)* Stuckverzierung *f*
cenicero [θeni'θero] *m* Aschenbecher *m*
cenicienta [θeni'θjeṇta] *f,* **Cenicienta** [θeni'θjeṇta] *f* Aschenbrödel *nt,* Aschenputtel *nt*
ceniciento, -a [θeni'θjeṇto, -a] *adj* aschfarben
cenit [θe'nit] *m* ❶ (ASTR) Zenit *m* ❷ *(apogeo)* Höhepunkt *m*
cenital [θeni'tal] *adj* Zenit-
ceniza [θe'niθa] *f* ❶ *(residuo de algo quemado)* Asche *f;* **Miércoles de C~** Aschermittwoch *m;* **reducir algo a ~s** etw in Schutt und Asche legen ❷ *pl (restos)* Überreste *mpl*
cenizo [θe'niθo] *m* ❶ (BOT) Gänsefuß *m* ❷ *(que trae mala suerte)* Unglücksbringer *m*
cenobio [θe'noβjo] *m* (REL) Kloster *nt*
censar [θen'sar] **I.** *vi* eine Volkszählung durchführen **II.** *vt* zählen, erfassen
censo ['θenso] *m* ❶ *(de habitantes)* Volkszählung *f;* *(estadística)* statistische Erhebung *f;* ~ **electoral** (POL) Wählerliste *f* ❷ (FIN: *gravamen*) Pachtzins *m*
censor(a) [θen'sor(a)] *m(f)* Zensor(in) *m(f)*
censorio, -a [θen'sorjo, -a] *adj (de la censura)* Zensur-; *(del censor)* Zensor-
censual [θensu'al] *adj* ❶ *(pensión)* Renten-, Rentenschuld- ❷ *(gravamen)* Erbzins-
censura [θen'sura] *f* ❶ *(crítica)* Zensur *f;* ~ **cinematográfica** Filmzensur *f;* **someter a la ~** zensieren ❷ *(entidad)* Zensurbehörde *f* ❸ (FIN) Prüfung *f;* ~ **de cuentas** Buchprüfung *f* ❹ (POL) **moción de ~** Misstrauensantrag *m* ❺ *(vituperación)* Kritik *f*
censurable [θensu'raβle] *adj (reprobable)* tadelnswert
censurar [θensu'rar] *vt* ❶ *(juzgar)* zensieren; **~on todas las escenas violentas** alle Gewaltszenen wurden herausgeschnitten ❷ *(vituperar)* kritisieren
centauro [θeṇ'tau̯ro] *m* Zentaur *m*
centavo [θeṇ'taβo] *m* ❶ *(centésima parte)* Hundertstel *nt* ❷ *(céntimo)* ≈ Cent *m* ❸ *(AmC, CSur:* FIN: *moneda)* Centavo *m*
centavo, -a [θeṇ'taβo, -a] *adj* hundertstel; *v. t.* **octavo**
centell(e)ar [θeṇteʎe'ar/θeṇte'ʎar] *vi* ❶ *(relámpago)* blitzen ❷ *(fuego)* Funken sprühen ❸ *(estrella)* funkeln ❹ *(ojos, gema)* glänzen
centella [θeṇ'teʎa] *f* ❶ *(rayo)* Blitz *m* ❷ *(chispa)* Funke *m* ❸ *(destello)* Funkeln *nt*
centellar [θeṇte'ʎar] *vi,* **centellear** [θeṇteʎe'ar] *vi* ❶ *(relámpago)* blitzen ❷ *(fuego)* Funken sprühen ❸ *(estrella)* funkeln ❹ *(ojos)* glänzen, leuchten, strahlen
centelleante [θeṇteʎe'aṇte] *adj (brillante)* sprühend; **con una mirada ~** mit strahlendem Blick
centelleo [θeṇte'ʎeo] *m* ❶ *(del relámpago)* Blitzen *nt* ❷ *(de las llamas)* Funkensprühen *nt* ❸ *(de las estrellas)* Funkeln *nt* ❹ *(de los ojos, de una gema)* Glänzen *nt*
centena [θeṇ'tena] *f* Hundert *nt*
centenada [θeṇte'naða] *f* Hundert *nt;* **vinieron a ~s** sie kamen zu Hunderten
centenar [θeṇte'nar] *m* ❶ *(cien)* Hundert *nt* ❷ *(centenario)* Jahrhundert *nt* ❸ (AGR) Roggenfeld *nt*
centenario[1] [θeṇte'narjo] *m (conmemoración)* hundertster Jahrestag *m;* *(festividad)* Jahrhundertfeier *f*
centenario, -a[2] [θeṇte'narjo, -a] **I.** *adj* hundertjährig **II.** *m, f* Hundertjährige(r) *mf*
centeno [θeṇ'teno] *m* (BOT) Roggen *m*
centésima [θeṇ'tesima] *adj o f v.* **centésimo**[2]
centésimo[1] [θeṇ'tesimo] *m (Chil, Pan, Urug:* FIN: *moneda)* Centésimo *m*
centésimo, -a[2] [θeṇ'tesimo, -a] **I.** *adj (parte)* hundertstel; *(numeración)* hundertste(r, s); **la centésima parte de...** ein Hundertstel von ... **II.** *m, f* Hundertstel *nt;* *v. t.* **octogésimo**
centígrado [θeṇ'tiɣraðo] *m* Zentigrad *nt,* hundertstel Grad *nt;* **grado ~** Celsiusgrad *nt*
centigramo [θeṇti'ɣramo] *m* Zentigramm *nt*
centilitro [θeṇti'litro] *m* Zentiliter *m*
centímetro [θeṇ'timetro] *m* Zentimeter *m o nt*
céntimo[1] ['θeṇtimo] *m* ❶ *(centésima parte)* Hundertstel *nt* ❷ (FIN) Cent *m;* **C~ de euro** Eurocent *m* ❸ (FIN, HIST: *moneda)* hundertstel Peseta *f;* *(CRi, Par, Ven)* Céntimo *m;* **estar sin un ~** kein Geld haben
céntimo, -a[2] ['θeṇtimo, -a] *adj* hundertstel
centinela [θeṇti'nela] *mf* ❶ *(de museo, banco)* Wächter(in) *m(f)* ❷ (MIL) Wach(t)posten *m*
centli ['θeṇᵈli] *m (Méx)* Mais *m*
centollo, -a [θeṇ'toʎo, -a] *m, f* (ZOOL) Meerspinne *f*
centrado, -a [θeṇ'traðo, -a] *adj* ❶ *(en el centro)* zentriert, mittig ❷ *(forma de ser)* ausgeglichen
central [θeṇ'tral] **I.** *adj* ❶ *(en el centro)* Zentral-, Mittel-; **Europa C~** Mitteleuro-

pa *nt* ❷ *(esencial)* zentral, wesentlich ❸ *(principal)* Zentral-, Haupt-; **comité ~** Zentralkomitee *nt;* **estación ~** Hauptbahnhof *m* **II.** *f* ❶ *(oficina)* Zentrale *f,* Hauptstelle *f;* **~ de correos** Hauptpost *f;* **~ telefónica** (TEL) Fern(sprech)amt *nt; (de una empresa)* Telefonzentrale *f* ❷ (TÉC) Werk *nt,* Anlage *f;* **~ depuradora** Kläranlage *f;* **~ eléctrica** Elektrizitätswerk *nt;* **~ hidroeléctrica** Wasserkraftwerk *nt;* **~ nuclear** Kernkraftwerk *nt;* **~ térmica** Wärmekraftwerk *nt*

centralismo [θen̩tra'lismo] *m* (POL) Zentralismus *m*

centralista [θen̩tra'lista] **I.** *adj* (POL) zentralistisch **II.** *mf* ❶ (POL) Zentralist(in) *m(f)* ❷ *(AmC, Ant: del ingenio azucarero)* Zuckerfabrikant(in) *m(f)*

centralita [θen̩tra'lita] *f* (TEL) Telefonzentrale *f*

centralización [θen̩traliθa'θjon] *f* Zentralisierung *f*

centralizar [θen̩trali'θar] <z → c> *vt* zentralisieren

centrar [θen̩'trar] **I.** *vt* ❶ (TÉC: *colocar*) zentrieren ❷ *(aunar esfuerzos)* konzentrieren (**en** auf *+akk*) ❸ *(interés, atención)* bündeln ❹ *(lo esencial)* in den Mittelpunkt stellen **II.** *vi, vt* (DEP: *fútbol*) flanken **III.** *vr:* **~se** ❶ *(basarse)* beruhen (**en** auf *+dat*) ❷ *(familiarizarse)* sich einleben (**en** in *+dat*); *(en un trabajo)* sich einarbeiten (**en** in *+akk*) ❸ *(interés, atención, miradas)* sich richten (**en** auf *+akk*)

céntrico, -a ['θen̩triko, -a] *adj* im Mittelpunkt (liegend); (TÉC) zentrisch; **punto ~** Mittelpunkt *m;* **piso ~** zentral gelegene Wohnung

centrifugación [θen̩trifuɣa'θjon] *f* Schleudern *nt;* **programa de ~** Schleuderprogramm *nt*

centrifugador(a) [θen̩trifuɣa'ðor(a)] *adj* Schleuder-; **hormigón ~** Schleuderbeton *m*

centrifugadora [θen̩trifuɣa'ðora] *f* Schleuder *f,* Zentrifuge *f*

centrifugar [θen̩trifu'ɣar] <g → gu> *vt* schleudern, zentrifugieren

centrífugo, -a [θen̩'trifuɣo, -a] *adj* Schleuder-, Zentrifugal-; **fuerza centrífuga** Schleuderkraft *f*

centrismo [θen̩'trismo] *m* (POL) Zentrismus *m*

centrista [θen̩'trista] **I.** *adj* (POL) Zentrums-; **partido ~** Zentrumspartei *f* **II.** *mf* (POL) Zentrumspolitiker(in) *m(f)*

centro ['θen̩tro] *m* ❶ *(el medio, t.* POL*)* Zentrum *nt,* Mitte *f; (de la ciudad)* Stadtzentrum *nt;* **~ comercial** Handelszentrum *nt; (tiendas)* Einkaufszentrum *nt;* **~ comercial virtual** virtuelles Einkaufszentrum; **~ de gravedad** Schwerpunkt *m;* **~ industrial** Industriezentrum *nt* ❷ *(institución)* Zentrum *nt;* **~ de computación** (INFOR) Rechenzentrum *nt;* **~ de enseñanza** Ausbildungsstätte *f;* **~ de relación con los clientes** Kundenbetreuung *f,* Kundenservice *m* ❸ (DEP) Mitte *f* ❹ (ANAT) **~ nervioso** Nervenzentrum *nt*

centroafricano, -a [θen̩troafri'kano, -a] **I.** *adj* zentralafrikanisch **II.** *m, f* Zentralafrikaner(in) *m(f)*

Centroamérica [θen̩troa'merika] *f* Mittelamerika *nt*

centroamericano, -a [θen̩troameri'kano, -a] **I.** *adj* mittelamerikanisch **II.** *m, f* Mittelamerikaner(in) *m(f)*

centrocampista [θen̩trokam'pista] *mf* (DEP) Mittelfeldspieler(in) *m(f)*

Centroeuropa [θen̩troeu̯'ropa] *f* Mitteleuropa *nt*

centroeuropeo, -a [θen̩troeu̯ro'peo, -a] **I.** *adj* mitteleuropäisch **II.** *m, f* Mitteleuropäer(in) *m(f)*

centuplicar [θen̩tupli'kar] <c → qu> *vt* verhundertfachen

centuria [θen̩'turja] *f* Jahrhundert *nt*

centurión [θen̩tu'rjon] *m* (HIST) Zenturio *m*

ceñideras [θeɲi'ðeras] *fpl* Schürze *f*

ceñido, -a [θe'ɲiðo, -a] *adj* ❶ *(vestido)* eng (anliegend), knapp ❷ *(curva)* eng

ceñidor [θeɲi'ðor] *m* ❶ *(faja)* Mieder *nt* ❷ *(cinturón)* Gürtel *m; (fajín)* Schärpe *f*

ceñir [θe'ɲir] *irr* **I.** *vt* ❶ *(rodear)* umgeben; (MIL) einkreisen ❷ *(ponerse)* anlegen; *(cinturón)* umschnallen ❸ *(costura)* enger nähen; *(acortar)* kürzen ❹ *(abreviar)* kürzen **II.** *vr:* **~se** ❶ *(ajustarse)* sich beschränken (**a** auf *+akk*); *(al hablar)* sich kurzfassen; **~se al presupuesto** sich strikt auf das Budget beschränken ❷ *(vestido)* eng anliegen (**a** um *+akk*) ❸ *(ponerse)* anlegen; **se ciñó el cinturón** er/sie schnallte sich *dat* den Gürtel um

ceño ['θeɲo] *m* Stirnrunzeln *nt;* **fruncir** [*o* **arrugar**] **el ~, mirar con ~** *(disgustado)* die Stirn runzeln; *(enojado)* finster dreinschauen

CEOE [θeeo'e] *f abr de* **Confederación Española de Organizaciones Empresariales** *Dachverband der spanischen Wirtschaftsverbände*

cepa ['θepa] *f* ❶ (BOT: *tronco*) Strunk *m; (en la vid)* (Wein)stock *m* ❷ *(origen)* Stamm *m,* Familie *f;* **de pura ~** waschecht

cepellón [θepe'ʎon] *m* Erde *f* des Wurzelballens

cepillar [θepi'ʎar] **I.** *vt* ❶ *(cabello, traje)*

C

bürsten ❷ (TÉC: *madera*) hobeln ❸ *(argot: robar)* klauen ❹ *(Am: argot: adular)* kriechen (**a** vor +*dat*) ❺ *(argot: ganar)* abzocken **II.** *vr:* **~se** ❶ *(argot: robar)* mitgehen lassen ❷ *(fam: devorar)* verschlingen ❸ *(fam: gastarse dinero)* verschleudern ❹ *(argot: con pistola)* umlegen; *(con cuchillo)* abstechen ❺ *(vulg: seducir)* vernaschen *fam;* **~se a una chica** ein Mädchen flachlegen *fam*

cepillo [θe'piʎo] *m* ❶ *(para el cabello)* (Haar)bürste *f; (para un traje)* (Kleider)bürste *f; (de limpiar)* Schrubber *m;* **~ de barrer** Kehrbesen *m;* **~ de dientes** Zahnbürste *f;* **pasar el ~** kehren ❷ (TÉC: *para madera*) Hobel *m* ❸ *(en misa)* Klingelbeutel *m*

cepo ['θepo] *m* ❶ *(caza)* Fangeisen *nt; (emboscada)* Falle *f;* **caer en el ~** in die Falle gehen ❷ *(grilletes)* Fußschellen *fpl* ❸ (AUTO) (Park)kralle *f*

ceporro, -a [θe'porro, -a] **I.** *adj* ❶ *(ignorante)* einfältig, dumm ❷ *(torpe)* ungeschickt ❸ *(tosco)* grob **II.** *m, f* ❶ *(ignorante)* Dummkopf *m* ❷ *(tosco)* Grobian *m*

cera ['θera] *f* Wachs *nt; (de vela)* (Kerzen)wachs *nt;* **~ de los oídos** Ohrenschmalz *nt;* **~ para suelos** Bohnerwachs *nt;* **museo de ~** Wachsfigurenkabinett *nt;* **blanco como la ~** kreidebleich

cerámica [θe'ramika] *f* Keramik *f; (industria)* Keramikindustrie *f*

cerámico, -a [θe'ramiko, -a] *adj* keramisch

ceramista [θera'mista] *mf* Keramiker(in) *m(f)*

cerbatana [θerβa'tana] *f* Blasrohr *nt*

cerca ['θerka] **I.** *adv* ❶ *(en el espacio)* nah(e); **aquí ~** hier in der Nähe; **mirar de ~** aus der Nähe betrachten ❷ *(en el tiempo)* bald **II.** *prep* ❶ *(lugar)* **~ de** nahe bei +*dat*, in der Nähe von +*dat* ❷ *(cantidad)* fast, annähernd **III.** *f* Umzäunung *f*, Zaun *m*

cercado [θer'kaðo] *m* ❶ *(valla)* Umzäunung *f*, Zaun *m* ❷ *(recinto)* umzäuntes Grundstück *nt*

cercanía [θerka'nia] *f* ❶ *(proximidad)* Nähe *f; (vecindad)* Nachbarschaft *f* ❷ *pl (alrededores)* Umgebung *f;* **tren de ~s** (FERRO) Nahverkehrszug *m*

cercano, -a [θer'kano, -a] *adj* nahe

cercar [θer'kar] <c → qu> *vt* ❶ *(vallar)* einzäunen; *(rodear)* umgeben ❷ *(rodear)* umringen, einkreisen ❸ (MIL: *sitiar*) belagern; *(rodear)* umzingeln

cercén [θer'θen] *adv* **cortar a ~** ganz [*o* vollständig] abschneiden

cercenar [θerθe'nar] *vt* ❶ *(a cercén)* völlig abschneiden ❷ (MED: *miembro*) amputieren ❸ *(sueldo)* kürzen

cerciorar [θerθjo'rar] **I.** *vt* überzeugen (**de** von +*dat*) **II.** *vr:* **~se** sich *dat* Gewissheit verschaffen (**de** über +*akk*)

cerco ['θerko] *m* ❶ *(círculo)* Kreis *m; (anillo)* Ring *m; (borde)* Rand *m* ❷ *(valla)* Zaun *m*, Umzäunung *f* ❸ *(de barril)* Fassreifen *m* ❹ (ASTR, METEO) Hof *m* ❺ (MIL) Belagerung *f*

cerda ['θerða] *f* ❶ (ZOOL) Sau *f* ❷ *(pelo)* Borste *f; (de cerdo)* Schweinsborsten *fpl*

Cerdeña [θer'ðeɲa] *f* Sardinien *nt*

cerdo, -a ['θerðo, -a] **I.** *adj (sucio)* schweinisch, schmutzig **II.** *m, f* ❶ (ZOOL) Schwein *nt; (hembra)* Sau *f;* **carne de ~** Schweinefleisch *nt* ❷ *(insulto)* (Dreck)schwein *nt*, (Dreck)sau *f*

cereal [θere'al] *adj* Getreide-

cereales [θere'ales] *mpl* Getreide *nt; (para desayunar)* Frühstücksflocken *fpl*

cerebelo [θere'βelo] *m* (ANAT) Kleinhirn *nt*

cerebral [θere'βral] *adj* (ANAT) Gehirn-; **irrigación ~** Gehirndurchblutung *f*

cerebro [θe'reβro] *m* ❶ (ANAT: *en su totalidad*) (Ge)hirn *nt; (parte mayor)* Großhirn *nt* ❷ *(inteligencia)* Intelligenz *f*, Verstand *m*

ceremonia [θere'monja] *f* ❶ *(acto)* Zeremonie *f; (celebración)* Feierlichkeiten *fpl; (misa)* Gottesdienst *m* ❷ *(cortesía)* Förmlichkeit *f;* **sin ~s** ohne viel Aufhebens

ceremonial [θeremo'njal] **I.** *adj* feierlich **II.** *m* ❶ *(ritual)* Zeremoniell *nt* ❷ *(fórmulas)* Höflichkeitsformen *fpl*

ceremonioso, -a [θeremo'njoso, -a] *adj* ❶ *(solemne)* feierlich; *(formal)* förmlich ❷ *(persona)* steif

cereza [θe'reθa] *f* Kirsche *f*

cerezal [θere'θal] *m* Kirschgarten *m*

cerezo [θe'reθo] *m* ❶ *(árbol)* Kirschbaum *m* ❷ *(madera)* Kirschholz *nt*

cerífica [θe'rifika] *adj* (ARTE) Wachs-; **pintura ~** Wachsmalerei *f*

cerilla [θe'riʎa] *f* ❶ *(fósforo)* Streichholz *nt* ❷ *(vela)* sehr dünne Wachskerze *f* ❸ *(de oídos)* Ohrenschmalz *nt*

cerillero [θeri'ʎero] *m (Am: cajita)* Streichholzschachtel *f*

cerner [θer'ner] <e → ie> **I.** *vimpers (llover)* nieseln **II.** *vt* ❶ *(cribar)* sieben ❷ *(observar)* beobachten; **~ el horizonte** den Horizont absuchen **III.** *vr:* **~se** ❶ *(planear)* schweben, in der Luft segeln [*o* gleiten] ❷ *(amenazar)* schweben (**sobre** über +*dat*)

cernícalo [θer'nikalo] *m* ❶ (ZOOL) Turmfalke *m* ❷ *(persona)* Grobian *m*

cernidor [θerni'ðor] *m* Sieb *nt*

cernir [θer'nir] *vt irr* ① *(cribar)* sieben ② *(observar)* beobachten; *(cielo, horizonte)* absuchen

cero ['θero] *m* ① (MAT) Null *f* ② *(punto inicial)* Nullpunkt *m;* **ocho grados bajo/sobre ~** acht Grad unter/über null; **partir de ~** bei null anfangen ③ *(valor)* Niete *f* ④ *(argot: coche policía)* Polizeiauto *nt*

cerote [θe'rote] *m* ① *(fam: miedo)* Muffensausen *nt* ② (TÉC: *cera y pez*) Schusterpech *nt* ③ *(AmC, Méx: argot: excremento)* Scheiße *f;* **estar hecho un ~** völlig verdreckt sein

cerquita [θer'kita] *adv dim de* **cerca** ganz [*o* ziemlich] nah(e) (**de** bei +*dat*), ganz in der Nähe (**de** von +*dat*)

cerrado, -a [θe'rraðo, -a] *adj* ① *estar (no abierto)* geschlossen; *(con llave)* abgeschlossen; **la puerta está cerrada** die Tür ist zu; **a puerta cerrada** hinter verschlossenen Türen; **aquí huele a ~** hier muffelt es ② *estar* (METEO: *cielo*) (wolken)bedeckt ③ *ser (actitud)* verschlossen ④ *ser (espeso)* geschlossen, dicht; *(denso)* undurchdringlich; **noche cerrada** schwarze Nacht ⑤ *ser (característico)* typisch; *(acento)* stark, breit ⑥ (LING: *fonética*) geschlossen ⑦ *ser (curva)* scharf, eng ⑧ *ser (dentro)* eingeschlossen (**de** von +*dat*) ⑨ *ser (tosco)* ungeschliffen; **~ de mollera** *(fam)* begriffsstutzig

cerradura [θerra'ðura] *f* ① *(dispositivo)* Schloss *nt;* **~ antirrobo** Lenkradschloss *nt* ② *(acción)* Schließen *nt; (con llave)* Abschließen *nt*

cerraja [θe'rraxa] *f* Schloss *nt*

cerrajería [θerraxe'ria] *f* ① *(taller)* Schlosserei *f* ② *(oficio)* Schlosserhandwerk *nt*

cerrajero, -a [θerra'xero, -a] *m, f* Schlosser(in) *m(f)*

cerramiento [θerra'mjento] *m* ① *(acción)* Schließung *f* ② *(alrededor)* Umschließung *f*

cerrar [θe'rrar] <e → ie> **I.** *vt* ① *(paraguas, ojos)* schließen; *(pegar)* zukleben; **~ los oídos** die Ohren verschließen; **~ el pico** *(fam)* den Schnabel halten; **~ archivo** (INFOR) Datei schließen ② *(con llave)* abschließen ③ *(carretera, puerto)* sperren; **~ el paso a alguien** jdm den Weg versperren ④ *(agujero, brecha)* abdecken; *(agua)* abdrehen ⑤ *(terreno)* einschließen; *(con un cerco)* einzäunen ⑥ *(establecimiento)* schließen ⑦ *(actividad, ciclo, negociación)* abschließen **II.** *vi* ① *(puerta, ventana)* schließen ② *(atacar)* angreifen (**contra** +*akk*) ③ *(acabar)* enden **III.** *vr:* **~se** ① *(puerta)* **la puerta se cerró sola** die Türe ist von allein zugefallen ② *(herida)* verheilen ③ *(obstinarse)* sich versteifen (**en** auf +*akk*) ④ *(el cielo)* sich zuziehen ⑤ *(ser intransigente)* sich verschließen (**a** gegenüber +*dat*) ⑥ *(agruparse)* sich (zusammen)schließen (**en torno a** um +*akk*)

cerrazón [θerra'θon] *f* ① *(torpeza)* Begriffsstutzigkeit *f* ② *(obstinación)* Eigensinn *m* ③ (METEO: *nubes*) dichtes Wolkenband *nt*

cerril [θe'rril] *adj* ① *(terreno)* uneben ② *(obstinado)* eigensinnig ③ *(torpe)* begriffsstutzig ④ *(tosco)* ungeschliffen, grob ⑤ *(caballerías)* wild, ungezähmt

cerro ['θerro] *m* ① (ZOOL: *cuello*) Tiernacken *m; (espinazo)* Tierrücken *m* ② *(alto)* Anhöhe *f; (colina)* Hügel *m; (peñasco)* felsige Erhebung *f;* **irse por los ~s de Úbeda** *(fam)* vom Thema abkommen; *(decir tonterías)* eine Menge Unsinn reden

cerrojazo [θerro'xaθo] *m* **echar ~ a algo** etw unverzüglich schließen; *(fig)* etw *dat* einen Riegel vorschieben

cerrojo [θe'rroxo] *m* Riegel *m;* **echar el ~ a la puerta** die Tür verriegeln

certamen [θer'tamen] *m* ① *(competición)* Wettbewerb *m* ② *(exposición)* Ausstellung *f* ③ *(feria)* Messe *f*

certero, -a [θer'tero, -a] *adj* ① *(acertado)* zutreffend ② *(diestro en tirar)* treffsicher ③ *(informado)* gut informiert

certeza [θer'teθa] *f* Gewissheit *f*

certidumbre [θerti'ðumbre] *f* Gewissheit *f,* Sicherheit *f*

certificación [θertifika'θjon] *f* ① *(acción, documento)* Bescheinigung *f* ② (JUR: *atestación*) Beglaubigung *f*

certificado[1] [θertifi'kaðo] *m* Bescheinigung *f,* Zertifikat *nt;* **~ de aptitud** Befähigungsnachweis *m;* **~ de asistencia** Teilnahmebescheinigung *f;* **~ escolar** Schulzeugnis *nt;* **~ médico** ärztliches Attest

certificado, -a[2] [θertifi'kaðo, -a] *adj* ① (JUR) beglaubigt ② *(correos)* per Einschreiben; **carta certificada** Einschreibebrief *m*

certificar [θertifi'kar] <c → qu> *vt* ① *(afirmar)* bescheinigen ② (JUR: *autenticar*) beglaubigen ③ *(correos)* per Einschreiben verschicken

cerúleo, -a [θe'ruleo, -a] *adj* himmelblau

cerumen [θe'rumen] *m* Ohrenschmalz *nt*

cervato [θer'βato] *m* Hirschkalb *nt*

cervecería [θerβeθe'ria] *f* ① *(fábrica)* Brauerei *f* ② *(bar)* Kneipe *f*

cervecero[1] [θerβe'θero] *m* Braumeister *m*

cervecero, -a[2] [θerβe'θero, -a] *adj* Bier-, Brauerei-

cerveza [θer'βeθa] *f* Bier *nt;* **~ de barril** Fassbier *nt;* **~ negra** dunkles Bier; **~ de**

C

trigo Hefeweizen *nt;* ~ (**tipo**) **pilsener** Pils *nt;* ~ **sin** (**alcohol**) alkoholfreies Bier
cervical [θerβi'kal] *adj* (ANAT) Nacken-, Genick-
cervicular [θerβiku'lar] *adj* (ANAT: *cervical*) zervikal

C

Cervino [θer'βino] *m* **Monte** ~ Matterhorn *nt*
cerviz [θer'βiθ] *f* (ANAT) Nacken *m,* Genick *nt*
cesante [θe'sante] **I.** *adj* ① *(suspendido)* suspendiert ② *(parado)* arbeitslos **II.** *mf* Beamte(r) *m* im Wartestand, Beamtin *f* im Wartestand
cesantía [θesan'tia] *f* ① *(situación)* Wartestand *m; (paro)* Arbeitslosigkeit *f* ② *(suspensión)* Suspendierung *f* ③ *(paga)* Wartegeld *nt*
cesar [θe'sar] **I.** *vi* ① *(parar)* enden, aufhören; **sin** ~ unaufhörlich ② *(en una profesión)* (aus)scheiden (**en** aus +*dat*) **II.** *vt* ① *(pagos)* einstellen ② *(despedir)* entlassen; *(funcionario)* des Amtes entheben
cesárea [θe'sarea] *f* Kaiserschnitt *m*
cese ['θese] *m* ① *(que termina)* Beendigung *f; (interrupción)* Unterbrechung *f;* ~ **de pagos** Zahlungseinstellung *f* ② *(de obrero)* Kündigung *f; (de funcionario)* Suspendierung *f;* ~ **en el cargo** Ausscheiden aus dem Amt ③ (JUR: *proceso*) Einstellung *f*
cesio ['θesjo] *m* (QUÍM) Cäsium *nt*
cesión [θe'sjon] *f* ① *(entrega)* Abtretung *f* ② (JUR) Zession *f*
césped ['θespe[d]] *m* Rasen *m;* **"prohibido pisar el ~"** „Rasen betreten verboten"
cesta ['θesta] *f* Korb *m; (de la compra)* Einkaufskorb *m; (de la ropa)* Wäschekorb *m*
cestería [θeste'ria] *f* ① *(tienda)* Korbwarengeschäft *nt* ② *(artesanía)* Korbflechtkunst *f* ③ *(artículos)* Korbwaren *f pl*
cestillo [θes'tiʎo] *m* ① *(cesto)* Körbchen *nt* ② (ZOOL) ~ **del polen** Pollenkörbchen *nt*
cesto ['θesto] *m* (großer) Korb *m;* (DEP) (Basketball)korb *m;* ~ **de los papeles** Papierkorb *m*
cesura [θe'sura] *f* Einschnitt *m,* Zäsur *f*
ceta ['θeta] *f* Z *nt*
cetáceo [θe'taθeo] *m* (ZOOL) Meeressäugetier *nt*
cetrería [θetre'ria] *f* ① *(amaestramiento)* Falknerei *f* ② *(caza)* Falkenjagd *f* ③ *(cría)* Falkenzucht *f*
cetrero, -a [θe'trero, -a] *m, f (caza)* Falkner(in) *m(f)*
cetrino, -a [θe'trino, -a] *adj* ① *(amarillento, verdoso)* gelblich grün ② *(melancólico)* schwermütig
cetro ['θetro] *m* ① *(vara)* Zepter *nt;* **empuñar el** ~ den Thron besteigen ② *(supremacía)* Herrschaft *f* ③ (DEP) Meistertitel *m;* **ostentar el** ~ den Meistertitel innehaben
ceutí [θeu̯'ti] **I.** *adj* aus Ceuta **II.** *mf* Einwohner(in) *m(f)* von Ceuta
cf. [kom'parese] *abr de* **compárese** vgl.
CFC [θe(e)fe'θe] *m* (QUÍM, ECOL) FCKW *nt;* **sin** ~ FCKW-frei
chabacano, -a [ʧaβa'kano, -a] *adj* vulgär, unanständig
chabola [ʧa'βola] *f* ① *(casucha)* Baracke *f,* Slumhütte *f* ② *pl (barrio)* Elendsviertel *nt,* Slums *mpl*
chacal [ʧa'kal] *m* (ZOOL) Schakal *m*
chácara ['ʧakara] *f (Am)* ① *(granja)* Landgut *nt* ② (MED) Geschwür *nt*
chacarero, -a [ʧaka'rero, -a] *m, f (Am)* Bauer, Bäuerin *m, f; (dueño)* Landbesitzer(in) *m(f); (trabajador)* Feldarbeiter(in) *m(f)*
chacha ['ʧaʧa] *f (fam: niñera)* Kindermädchen *nt; (criada)* Dienstmädchen *nt; (de limpieza)* Putzfrau *f*
cháchara ['ʧaʧara] *f (fam: charla)* Schwatz *m;* **andar** [*o* **estar**] **de** ~ ein Schwätzchen halten
chacharear [ʧaʧare'ar] *vi (fam)* schwatzen, plappern
chachi ['ʧaʧi] *adj (fam)* ① *(muy bueno)* genial, geil; **llevas un vestido muy** ~ du hast ein tolles Kleid an ② *(muy bien)* toll, super; **me lo pasé ~ en la fiesta** auf dem Fest habe ich mich super amüsiert
chacho, -a ['ʧaʧo, -a] *m, f (fam: muchacho, muchacha)* Kleine(r) *mf; (en lenguaje infantil)* großer Bruder *m,* große Schwester *f*
chacotear [ʧakote'ar] **I.** *vi* ausgelassen sein, fröhlich sein **II.** *vr* **~se de algo/alguien** seine Späße über etw/jdn machen, sich über etw/jdn lustig machen
chacra ['ʧakra] *f (Am: granja)* kleine Farm *f; (finca)* kleines (Land)gut *nt*
Chad [ʧa[d]] *m* Tschad *m*
chafado, -a [ʧa'faðo, -a] *adj (fam)* ① *(aplastado)* zerquetscht, zerdrückt; *(roto)* kaputt ② *(bloqueado)* sprachlos, platt ③ *(desanimado)* bedrückt, niedergeschlagen
chafar [ʧa'far] **I.** *vt* ① *(aplastar)* platt drücken; *(arrugar)* zerknittern; *(deshacer)* zerquetschen ② *(desmoralizar)* erschüttern ③ *(confundir)* verwirren; **quedar**(**se**) **chafado** sprachlos sein ④ *(estropear)* zunichtemachen; **le ~on sus proyectos** sie haben seine/ihre Pläne über den Haufen geworfen **II.** *vr:* **~se** *(aplastarse)* platt ge-

drückt werden; *(deshacerse)* zerquetscht werden; *(arrugarse)* (zer)knittern

chaflán [tʃa'flan] *m* ❶ *(bisel)* Schrägkante *f* ❷ *(plano)* Schräge *f* ❸ *(en una calle)* Straßenecke *f; (en un edificio)* Hausecke *f*

chagra ['tʃaɣra] *mf (Ecua: labriego)* Bauer, Bäuerin *m, f*

chal [tʃal] *m* ❶ *(pañoleta)* Schal *m; (pañuelo)* Halstuch *nt* ❷ *(mantón)* (Schulter)tuch *nt*

chalado, -a [tʃa'laðo, -a] **I.** *adj (fam)* verrückt; **estar ~ por alguien** verrückt nach jdm sein **II.** *m, f (fam)* Spinner(in) *m(f)*

chaladura [tʃala'ðura] *f (fam)* ❶ *(locura)* verrückter Einfall *m* ❷ *(enamoramiento)* Vernarrtheit *f*

chalán, -ana [tʃa'lan, -ana] **I.** *adj* gerissen **II.** *m, f* ❶ *(tratante)* (Pferde)händler(in) *m(f)* ❷ *(timador)* Betrüger(in) *m(f)* ❸ *(Am: picador)* Zureiter(in) *m(f)*

chalanear [tʃalane'ar] **I.** *vi* ❶ *(traficar)* handeln ❷ *(regatear)* schachern **II.** *vt (Am: un caballo)* zureiten; *(adiestrar)* dressieren

chalanería [tʃalane'ria] *f (fam pey: engaño)* Rosstäuschertrick *m*

chalar [tʃa'lar] **I.** *vt (fam)* verrückt machen **II.** *vr:* **~se** *(fam)* verrückt werden; **~se por alguien** sich in jdn verknallen

chalé [tʃa'le] *m (casa unifamiliar)* Einfamilienhaus *nt; (de campo)* Landhaus *nt; (villa)* Villa *f*

chaleco [tʃa'leko] *m* Weste *f; (de punto)* Pullunder *m;* **~ salvavidas** Schwimmweste *f;* **~ reflectante** (AUTO) Warnweste *f*

chalet [tʃa'le] *m* <chalets> *v.* **chalé**

chalote [tʃa'lote] *m* Schalotte *f*

chalupa [tʃa'lupa] *f* Schaluppe *f*

chamaco, -a [tʃa'mako, -a] *m, f (Méx)* ❶ *(muchacho)* Junge *m; (muchacha)* Mädchen *nt* ❷ *(novio)* Freund(in) *m(f)*

chamán [tʃa'man] *m* Schamane *m*

chamariz [tʃama'riθ] *m* (ZOOL) Gartenzeisig *m*

chambelán [tʃambe'lan] *m* Kammerherr *m*

chambón, -ona [tʃam'bon, -ona] *adj (fam)* ❶ *(afortunado)* glücklich ❷ *(descuidado)* schlampig

chambra ['tʃambra] *f* ❶ *(bata)* Hausjacke *f* ❷ *(fam: blusa)* Bluse *f*

chamizo [tʃa'miθo] *m* ❶ *(árbol)* versengter Baum *m; (leño)* verkohltes Holzscheit *nt* ❷ *(choza)* Hütte *f (mit Schilfdach)* ❸ *(pey: vivienda)* Loch *nt*

champán [tʃam'pan] *m,* **champaña** [tʃam'paɲa] *m* Champagner *m*

Champaña [tʃam'paɲa] *f* Champagne *f*

champiñón [tʃam'piɲon] *m* Champignon *m*

champú [tʃam'pu] *m* Shampoo *nt;* **~ anticaspa** Anti-Schuppen-Shampoo *nt*

chamuscado, -a [tʃamus'kaðo, -a] *adj* ❶ *(quemado)* angesengt ❷ *(fam: receloso)* argwöhnisch ❸ *(fam: amoscado)* eingeschnappt

chamuscar [tʃamus'kar] <c → qu> **I.** *vt (quemar)* ansengen; *(aves)* absengen **II.** *vr:* **~se** ❶ *(quemarse)* ansengen ❷ *(fam: ponerse receloso)* argwöhnisch werden ❸ *(fam: amoscarse)* einschnappen

chamusquina [tʃamus'kina] *f* ❶ *(quemadura)* Ansengen *nt; (de aves)* Absengen *nt;* **esto huele a ~** *(sospechoso)* das sieht verdächtig aus; *(peligroso)* das wird zu brenzlig ❷ *(fam: riña)* Streit *m; (pelea)* Rauferei *f*

chanada [tʃa'naða] *f* ❶ *(engaño)* Schwindel *m,* Betrug *m* ❷ *(chasco)* Streich *m*

chancar [tʃaŋ'kar] <c → qu> *vt* ❶ *(Am: pulverizar)* zermahlen, zerkleinern ❷ *(Chil, Perú: golpear)* schlagen, misshandeln ❸ *(Chil, Perú: fig: abrumar)* bombardieren ❹ *(Chil, Ecua: hacer algo mal o incompleto)* herummurksen (an +*dat*) *fam,* herumstümpern (an +*dat*) *fam* ❺ *(Perú: fig: estudiar)* büffeln *fam,* pauken *fam*

chancear [tʃaṇθe'ar] **I.** *vi* scherzen, spaßen **II.** *vr:* **~se** sich lustig machen (**de** über +*akk*)

chanchería [tʃantʃe'ria] *f (Am)* Metzgerei *f* (für Schweinefleisch)

chanchi ['tʃantʃi] *adj inv (fam)* genial, geil

chancho[1] ['tʃantʃo] *m (Am)* Schwein *nt*

chancho, -a[2] ['tʃantʃo, -a] *adj (Am)* ❶ *(marrano)* schmutzig ❷ *(desaseado)* liederlich

chanchullero, -a [tʃantʃu'ʎero, -a] **I.** *adj (fam)* falsch; **no seas ~** versuche nicht, mich reinzulegen **II.** *m, f (fam)* Gauner(in) *m(f)*

chanchullo [tʃan'tʃuʎo] *m (fam)* ❶ *(trampa)* Schwindel *m,* Betrug *m* ❷ *(manejo)* Machenschaft *f*

chancla ['tʃaŋkla] *f* ❶ *(zapato viejo)* ausgetretener (Haus)schuh *m* ❷ *(zapatilla)* Pantoffel *m*

chancleta [tʃaŋ'kleta] *f* ❶ *(chinela)* Schlappen *m fam* ❷ *(Am: bebé)* Baby *nt* ❸ *(fam pey: persona inepta)* Tölpel *m* ❹ *(Am: pey: mujer)* Frauenzimmer *nt*

chanclo ['tʃaŋklo] *m* ❶ *(zueco)* Holzschuh *m* ❷ *(zapato de goma)* Überschuh *m*

chándal ['tʃaṇdal] *m* <chándals> Jogginganzug *m*

changa ['tʃaŋga] *f* ❶ *(fam: trato)* (kleines) Geschäft *nt* ❷ *(Arg: ocupación)* Gelegenheitsarbeit *f* ❸ *(AmS: trasporte)* Tragen *nt* von Lasten ❹ *(AmS, Cuba: broma)* Scherz *m*

changador [ʧaŋga'ðor] *m* ❶ *(AmS: cargador)* Lastenträger *m* ❷ *(Arg: temporero)* Gelegenheitsarbeiter *m*

changar [ʧaŋ'ɣar] <g → gu> *vt (romper)* zerbrechen; *(descomponer)* zerlegen; *(destrozar)* zerstückeln

chango ['ʧaŋo] *m (Arg)* Einkaufswagen *m;* **~ de bebe** Kinderwagen *m*

changüí [ʧaŋ'gwi] *m* ❶ *(fam: broma)* Scherz *m,* Spaß *m* ❷ *(fam: engaño)* Schwindel *m,* Betrug *m;* **dar ~ a alguien** *(engañar)* jdn hereinlegen; *(bromear)* seine Scherze mit jdm treiben

chanquete [ʧaŋ'kete] *m* Weißfisch *m*

chantaje [ʧaṇ'taxe] *m* Erpressung *f*

chantajear [ʧaṇtaxe'ar] *vt* erpressen

chantajista [ʧaṇta'xista] *mf* Erpresser(in) *m(f)*

chantar [ʧaṇ'tar] *vt* ❶ *(poste)* einschlagen ❷ *(fam: vestir)* anziehen ❸ *(verdad, impertinencia)* ins Gesicht sagen; **se lo ha chantado** er/sie hat es ihm gesteckt *fam* ❹ *(Chil: golpe)* versetzen

chantillí [ʧaṇti'ʎi] *m* Schlagsahne *f*

chanza ['ʧaṇθa] *f* Scherz *m,* Spaß *m;* **estar de ~** scherzen

chao ['ʧao] *interj* tschüs, ciao

chapa ['ʧapa] *f* ❶ *(metal)* Blech *nt* ❷ *(lámina)* Platte *f; (de madera)* Furnier *nt* ❸ *(tapón)* Kron(en)korken *m* ❹ *(carmín)* Rouge *nt; (chapeta)* Wangenröte *f* ❺ *(placa)* Dienstmarke *f* ❻ *(Am: cerradura)* (Tür)schloss *nt* ❼ *pl (juego)* ≈ Münzspiel *nt*

chapado, -a [ʧa'paðo, -a] *adj v.* **chapeado²**

chapar [ʧa'par] *vt* ❶ *(con un metal)* plattieren; *(con un metal precioso)* dublieren; *(con oro)* vergolden; *(con madera)* furnieren; *(con baldosines)* belegen (**con/de** mit +*dat*) ❷ *(comentario)* entgegenschleudern

chaparra [ʧa'parra] *f* Kermeseiche *f*

chaparral [ʧapa'rral] *m* (Kermes)eichenwald *m*

chaparrear [ʧaparre'ar] *vi, vimpers (llover mucho)* gießen, schütten

chaparro¹ [ʧa'parro] *m* Eichenstrauch *m*

chaparro, -a² [ʧa'parro, -a] **I.** *adj (fam)* pumm(e)lig **II.** *m, f (fam)* Pummelchen *nt*

chaparrón [ʧapa'rron] *m* ❶ *(lluvia fuerte)* Regenguss *m; (chubasco)* Platzregen *m* ❷ *(fam: cantidad grande)* Unmenge *f*

chapeado¹ [ʧape'aðo] *m* ❶ *(de metal)* Plattierung *f;* **~ de oro** Doublé(gold) *nt* ❷ *(de madera)* Furnier *nt* ❸ *(de baldosines)* Belag *m*

chapeado, -a² [ʧape'aðo, -a] *adj* ❶ *(de metal)* plattiert; *(de un metal precioso)* dubliert; *(de oro)* vergoldet ❷ *(de madera)* furniert ❸ *(de baldosines)* belegt ❹ *(loc)* **~ a la antigua** altmodisch

chapear [ʧape'ar] **I.** *vt* ❶ *(con un metal)* plattieren; *(con oro)* vergolden; *(con madera)* furnieren; *(con baldosines)* belegen (**con/de** mit +*dat*) ❷ *(Am: la tierra)* jäten **II.** *vi (chacolotear)* klappern

chapeca [ʧa'peka] *f (Arg)* ❶ *(trenza)* Zopf *m* ❷ *(ristra de ajos)* Knoblauchzopf *m*

chapero [ʧa'pero] *m (argot)* ❶ *(homosexual)* Schwule(r) *m* ❷ *(prostituto)* Stricher *m,* Strichjunge *m*

chapetón¹ [ʧape'ton] *m (Am: chaparrón)* Regenguss *m*

chapetón, -ona² [ʧape'ton, -ona] **I.** *adj (Am)* ❶ *(español recién llegado)* neu angekommen *(aus Spanien)* ❷ *(inexperto)* unerfahren **II.** *m, f (Am: español recién llegado)* Neuankömmling *m (aus Spanien)*

chapetonada [ʧapeto'naða] *f* ❶ (HIST, MED) *durch Klimawechsel hervorgerufene Erkrankung* ❷ *(Am: equivocación)* Versehen *nt,* Irrtum *m (durch Unkenntnis)*

chapistería [ʧapiste'ria] *f* ❶ *(planchistería)* Blechschmiede *f* ❷ *(de carrocería)* Karosseriewerkstatt *f*

chapitel [ʧapi'tel] *m* (ARQUIT: *de una torre*) (Turm)helm *m; (de una columna)* Kapitell *nt*

chapó [ʧa'po] **I.** *interj* **¡~!** Hut ab! **II.** *m Billardspiel mit in der Regel vier Mitspielern*

chapona [ʧa'pona] *f (RíoPl: chaqueta)* Jacke *f,* Sakko *m o nt*

chapopote [ʧapo'pote] *m (Ant, Méx: asfalto)* Asphalt *m*

chapotear [ʧapote'ar] **I.** *vi (persona)* planschen; *(agua)* plätschern **II.** *vt* anfeuchten

chapoteo [ʧapo'teo] *m* ❶ *(chapaleo)* Planschen *nt; (del agua)* Plätschern *nt* ❷ *(humidificación)* Anfeuchten *nt*

chapucear [ʧapuθe'ar] **I.** *vt* ❶ *(hacer mal y rápido)* stümperhaft erledigen ❷ *(engañar)* betrügen **II.** *vi (trabajar mal y rápido)* stümpern

chapucería [ʧapuθe'ria] *f (fam)* ❶ *(trabajo mal rematado)* Pfuscharbeit *f* ❷ *(imperfección)* Mangel *m;* **el trabajo está lleno de ~s** die Arbeit ist sehr mangelhaft ausgeführt

chapucero, -a [ʧapu'θero, -a] **I.** *adj* ❶ *(mal y rápido)* pfuscherhaft *fam; (sin saber)* stümperhaft ❷ *(embustero)* lügnerisch **II.** *m, f* ❶ *(chambón)* Pfuscher(in) *m(f) fam* ❷ *(embustero)* Lügner(in) *m(f)*

chapulín [ʧapu'lin] *m* ❶ *(Am: langosta)* Heuschrecke *f* ❷ *(AmC: niño)* (kleiner) Junge *m*, Knabe *m*

chapurr(e)ar [ʧapurre'ar/ʧapu'rrar] *vt* ❶ *(idioma)* radebrechen ❷ *(fam: bebidas)* mischen

chapuza [ʧa'puθa] *f* ❶ *(chapucería)* Pfusch *m fam* ❷ *(trabajo)* Gelegenheitsarbeit *f*

chapuzón [ʧapu'θon] *m* Sprung *m* ins Wasser; **darse un ~** kurz schwimmen gehen

chaqué [ʧa'ke] *m* Cut(away) *m*

chaqueta [ʧa'keta] *f (cazadora)* Jacke *f*; *(americana)* Jackett *nt*; **~ de punto** Strickjacke *f*; **cambiar de** [*o* **la**] **~** *(fig)* umschwenken

chaquetero, -a [ʧake'tero, -a] **I.** *adj* wetterwendisch **II.** *m, f* wetterwendischer Mensch *m*

chaquetilla [ʧake'tiʎa] *f* Bolero *m*

chaquetón [ʧake'ton] *m* Winterjacke *f*; *(cazadora)* (Wind)jacke *f*; *(de loden)* Joppe *f*

chaquiñán [ʧaki'ɲan] *m (Ecua: atajo)* Abkürzung *f*

charada [ʧa'raða] *f* Scharade *f*

charanga [ʧa'raŋga] *f* ❶ *(banda)* (kleine) Musikkapelle *f* ❷ *(Am: baile)* Tänzchen *nt*

charango [ʧa'raŋgo] *m (AmS) fünfsaitige Mandoline der Ureinwohner(innen) Amerikas*

charca ['ʧarka] *f* Tümpel *m*

charco ['ʧarko] *m* Pfütze *f*, Lache *f*

charcón, -ona [ʧar'kon, -ona] *adj (Arg, Bol, Urug: flaco)* mager, dünn

charcutería [ʧarkute'ria] *f* ❶ *(productos)* Wurstwaren *f pl* ❷ *(tienda)* Metzgerei *f*

charla ['ʧarla] *f* ❶ *(conversación)* Plauderei *f*; *(en internet)* Chat *m*; **sala de ~** Chatroom *m*; **estar de ~** plaudern ❷ *(conferencia)* (unförmlicher) Vortrag *m*

charlar [ʧar'lar] *vi* ❶ *(conversar)* plaudern ❷ *(parlotear)* schwatzen

charlatán, -ana [ʧarla'tan, -ana] **I.** *adj* ❶ *(hablador)* schwatzhaft ❷ *(chismoso)* klatschhaft ❸ *(embaucador)* schwindlerisch **II.** *m, f* ❶ *(hablador)* Schwätzer(in) *m(f)* ❷ *(chismoso)* Klatschmaul *nt* ❸ *(vendedor)* Marktschreier(in) *m(f)* ❹ *(curandero)* Quacksalber(in) *m(f)*

charlatanear [ʧarlatane'ar] *vi (hablar mucho)* schwatzen

charlatanería [ʧarlatane'ria] *f* ❶ *(locuacidad)* Schwatzhaftigkeit *f* ❷ *(palabrería)* leeres Gerede *nt* ❸ *(curanderismo)* Quacksalberei *f*

charlotada [ʧarlo'taða] *f* ❶ (TAUR) *komischer Stierkampf mit Clowns* ❷ *(actuación)* komisches Schauspiel *nt*

charlotear [ʧarlote'ar] *vi v.* **charlar**

charloteo [ʧarlo'teo] *m v.* **charla**

charnego, -a [ʧar'neɣo, -a] *m, f (pey) in Katalonien, Einwanderer aus südlichen spanischen Regionen*

charol [ʧa'rol] *m* ❶ *(barniz)* Lack *m* ❷ *(cuero)* Lackleder *nt* ❸ *(Am: bandeja)* Tablett *nt*

charolado, -a [ʧaro'laðo, -a] *adj* ❶ *(de charol)* Lack-, lackiert ❷ *(parecido al charol)* glänzend; **con ojos ~s** mit leuchtenden Augen

charretera [ʧarre'tera] *f* ❶ *(insignia)* Epaulette *f* ❷ *(liga)* Strumpfband *nt*

charro, -a ['ʧarro, -a] **I.** *adj* ❶ *(salmantino)* aus Salamanca ❷ *(pey: rústico)* bäu(e)risch, plump; *(habla)* ungeschliffen ❸ *(de mal gusto)* geschmacklos; *(chillón)* grell, schrill **II.** *m, f* ❶ *(campesino)* Bauer *m*/Bäuerin *f* aus Salamanca ❷ *(pey: tosco)* Bauer(ntölpel) *m*

chárter ['ʧarter] *adj inv* Charter-; **vuelo ~** Charterflug *m*

chasca ['ʧaska] *f* ❶ *(ramaje)* Reisig *nt* ❷ *(Am: pelo)* wirres Haar *nt*

chascar [ʧas'kar] <c → qu> **I.** *vi* ❶ *(con la lengua)* schnalzen; *(con el látigo)* knallen ❷ *(madera)* knarren; *(fuego)* knistern **II.** *vt (comida)* verschlingen

chascarrillo [ʧaska'rriʎo] *m* Anekdote *f*

chasco[1] ['ʧasko] *m* ❶ *(burla)* Streich *m* ❷ *(decepción)* Enttäuschung *f*; *(fracaso)* Reinfall *m fam*

chasco, -a[2] ['ʧasko, -a] *adj (Am)* zott(e)lig, wirr

chasis ['ʧasis] *m inv* ❶ (AUTO) Fahrgestell *nt* ❷ (ELEC) Rahmen *m* ❸ (FOTO) Kassette *f*

chasque ['ʧaske] *m (AmS: mensajero)* Bote *m*

chasquear [ʧaske'ar] **I.** *vt* ❶ *(burlar)* einen Streich spielen *+dat* ❷ *(decepcionar)* enttäuschen ❸ *(faltar)* im Stich lassen **II.** *vi* ❶ *(con la lengua)* schnalzen; *(con el látigo)* knallen ❷ *(madera)* knarren; *(fuego)* knistern

chasquido [ʧas'kiðo] *m* ❶ *(de lengua)* Schnalzen *nt*; *(de látigo)* Knallen *nt* ❷ *(de la madera)* Knarren *nt*

chat [ʧat] *m* (INFOR) Chat *nt*

chatarra [ʧa'tarra] *f* ❶ *(escoria)* Schlacke *f* ❷ *(metal viejo)* Alteisen *nt*

chatarrería [ʧatarre'ria] *f* Schrotthandel *m*

chatarrero, -a [ʧata'rrero, -a] *m, f* Schrotthändler(in) *m(f)*

chatear [ʧate'ar] *vi* ❶ (INFOR) chatten ❷ *(fam: beber)* sich *dat* ein paar Gläschen genehmigen

chateo [ʧa'teo] *m (fam)* Tavernen-

C

bummel *m;* **irse por los bares de ~** einen Zug durch die Weinlokale machen

chato, -a ['ʧato, -a] **I.** *adj* ❶ *(nariz)* platt; *(redondeada)* stumpf ❷ *(persona)* plattnasig, stumpfnasig ❸ *(objeto)* flach; *(aplastado)* platt **II.** *m, f (fam: tratamiento cariñoso)* Kleiner *m,* Kleine *f,* Kleines *nt*

chatre ['ʧatre] *adj (Chil, Ecua: elegante)* schick, herausgeputzt

chaucha ['ʧau̯ʧa] *f (AmS)* ❶ *(judía verde)* grüne Bohne *f* ❷ *(patata)* Pflanzkartoffel *f,* Saatkartoffel *f* ❸ *pl (calderilla)* (Kupfer)münzen *f pl,* Kleingeld *nt*

chauchera [ʧau̯'ʧera] *f (Chil, Ecua: monedero)* Geldbeutel *m,* Portemonnaie *nt*

chauvinismo [ʧoβi'nismo] *m* Chauvinismus *m*

chauvinista [ʧoβi'nista] **I.** *adj* chauvinistisch **II.** *mf* Chauvinist(in) *m(f)*

chaval(a) [ʧa'βal(a)] *m(f)* ❶ *(chico)* Junge *m,* Bursche *m; (chica)* Mädchen *nt; (joven)* junger Mann *m,* junge Frau *f* ❷ *(fam: novio)* Freund(in) *m(f)*

chavalería [ʧaβale'ria] *f (fam)* junge Leute *pl,* junges Gemüse *nt fam*

chavalín, -ina [ʧaβa'lin, -ina] *m, f* kleiner Junge *m,* kleines Mädchen *nt*

chaveta [ʧa'βeta] *f* ❶ *(remache)* Splint *m* ❷ *(pasador)* Bolzen *m,* Zapfen *m;* **estar mal de la ~** *(fam)* nicht (ganz) richtig im Kopf sein

chazar [ʧa'θar] <z → c> *vt* (DEP: *detener*) halten

che [ʧe] **I.** *interj (AmS)* he **II.** *f Name des Buchstabens ‚ch'*

chécheres ['ʧeʧeres] *mpl (Col, CRi)* Krimskrams *m fam*

checo, -a ['ʧeko, -a] **I.** *adj* tschechisch; **República Checa** Tschechische Republik **II.** *m, f* Tscheche, -in *m, f*

checo(e)slovaco, -a [ʧeko(e)slo'βako, -a] **I.** *adj* tschechoslowakisch **II.** *m, f* Tschechoslowake, -in *m, f*

chef [ʧef] <chefs> *m* Küchenchef *m*

cheli ['ʧeli] *m Madrider Argot*

chelín [ʧe'lin] *m (moneda)* Schilling *m*

chelista [ʧe'lista] *mf* Cellist(in) *m(f)*

chelo ['ʧelo] *m* Cello *nt*

chepa ['ʧepa] *f (fam)* Buckel *m,* Höcker *m*

cheque ['ʧeke] *m* Scheck *m;* **~ bancario** Bankscheck *m;* **~ en blanco** Blankoscheck *m;* **~ cruzado** Verrechnungsscheck *m;* **~ sin fondo** ungedeckter Scheck; **~ de viaje** Reisescheck *m;* **cobrar un ~** einen Scheck einlösen; **librar** [*o* **extender**] **un ~** einen Scheck ausstellen

chequear [ʧeke'ar] **I.** *vt (Am: la salud)* untersuchen; *(un documento)* prüfen; *(un mecanismo)* überprüfen **II.** *vr:* **~se** sich untersuchen lassen

chequeo [ʧe'keo] *m (de la salud)* Check-up *m o nt; (de un mecanismo)* Inspektion *f*

Chequia ['ʧekja] *f* Tschechien *nt*

chercha ['ʧerʧa] *f* ❶ *(Hond: algazara)* Ausgelassenheit *f,* fröhlicher Radau *m* ❷ *(Ven: mofa)* Spott *m; (broma)* Scherz *m*

chévere ['ʧeβere] **I.** *adj (AmC: fam)* erstklassig **II.** *mf (Cuba, PRico, Ven)* Angeber(in) *m(f)*

chibcha ['ʧiβʧa] **I.** *adj* (HIST) Chibcha- **II.** *mf* (HIST) Chibcha *mf*

chic [ʧik] **I.** *adj inv (guapo)* schick, flott; *(elegante)* elegant **II.** *m sin pl* Schick *m,* Eleganz *f*

chica ['ʧika] **I.** *adj* ❶ *(pequeña)* klein ❷ *(joven)* jung **II.** *f* ❶ *(niña)* Mädchen *nt* ❷ *(joven)* junge Frau *f; (tratamiento cariñoso)* Kleine *f fam* ❸ *(criada)* Dienstmädchen *nt*

chicano, -a [ʧi'kano, -a] *Einwohner(in) der USA mit mexikanischen Vorfahren*

chicarrón, -ona [ʧika'rron, -ona] **I.** *adj* kräftig **II.** *m, f* kräftiger Junge *m,* kräftiges Mädchen *nt*

chicha ['ʧiʧa] **I.** *f (fam: carne)* Fleisch *nt;* **tener pocas ~s** *(delgado)* dürr sein; *(sin fuerzas)* schwächlich sein; **no ser ni ~ ni limonada** *(fig)* weder Fisch noch Fleisch sein **II.** *adj* **calma ~** völlige Windstille *f*

chicharra [ʧi'ʧarra] *f* ❶ (ZOOL) Zikade *f* ❷ *(juguete)* Schnarre *f* ❸ (ELEC) Summer *m* ❹ (TÉC) Ratsche *f*

chicharrón [ʧiʧa'rron] *m* ❶ *(gorrón)* Griebe *f* ❷ *(carne) zu stark geröstetes Fleisch* ❸ *(fam: persona)* stark sonnengebräunter Mensch *m* ❹ (GASTR) *knusprig gebratene Schweineschwarten*

chichi ['ʧiʧi] *adj (AmC: fácil)* leicht; **no fue muy ~** es war nicht gerade einfach

chichón [ʧi'ʧon] *m* Beule *f*

chicle ['ʧikle] *m* Kaugummi *m o nt*

chico[1] ['ʧiko] *m* ❶ *(niño)* Junge *m* ❷ *(joven)* junger Mann *m; (tratamiento cariñoso)* Kleiner *m fam* ❸ *(para los recados)* Laufbursche *m*

chico, -a[2] ['ʧiko, -a] *adj* ❶ *(pequeño)* klein ❷ *(joven)* jung

chicoleo [ʧiko'leo] *m (piropo)* Kompliment *nt; (lisonja)* Schmeichelei *f;* **estar de ~** kokettieren

chicote [ʧi'kote] *m* ❶ *(fam: chico)* strammer Junge *m* ❷ (NÁUT) Tauende *nt* ❸ *(cigarro)* Zigarre *f* ❹ *(Am: látigo)* Peitsche *f*

chiflado, -a [ʧi'flaðo, -a] **I.** *adj (fam)* übergeschnappt; **estar ~ por alguien** verrückt nach jdm sein **II.** *m, f (fam)* Spinner(in) *m(f)*

chifladura [ʧifla'ðura] *f* ❶ *(locura)* Verrücktheit *f; (empeño)* Versessenheit *f* ❷ *(antojo)* Spinnerei *f fam*

chiflar [ʧi'flar] **I.** *vt (fam: gustar)* gefallen +*dat;* **me chiflan las aceitunas** ich esse für mein Leben gerne Oliven **II.** *vr:* **~se** *(fam)* ❶ *(pirrarse)* versessen sein (**por** auf +*akk*) ❷ *(volverse loco)* verrückt werden

chifle ['ʧifle] *m* ❶ *(silbato)* Pfeife *f* ❷ *(silbido)* Lockpfeife *f*

chihuahua [ʧi'wawa] *m* Chihuahua *m*

chiíta [ʧi'ita] **I.** *adj* schiitisch **II.** *mf* Schiit(in) *m(f)*

chilaba [ʧi'laβa] *f* Dschellaba *f*

chile ['ʧile] *m* (BOT) Chili *m; (especia)* Cayennepfeffer *m*

Chile ['ʧile] *m* Chile *nt*

chileno, -a [ʧi'leno, -a] **I.** *adj* chilenisch **II.** *m, f* Chilene, -in *m, f*

chillar [ʧi'ʎar] *vi* ❶ *(persona)* kreischen, schreien; **¡no me chilles!** schrei mich nicht an! ❷ *(animal salvaje)* heulen; *(ave)* kreischen ❸ *(frenos, puerta)* quietschen ❹ *(colores)* grell sein ❺ *(Am: sollozar)* schluchzen

chilli ['ʧili] *m (Méx:* BOT) Chili *m*

chillido [ʧi'ʎiðo] *m* ❶ *(de persona)* Kreischen *nt* ❷ *(de animal salvaje)* Heulen *nt; (de ave)* Kreischen *nt* ❸ *(de frenos, puerta)* Quietschen *nt* ❹ *(Am: sollozo)* Schluchzen *nt*

chillón, -ona [ʧi'ʎon, -ona] **I.** *adj* ❶ *(persona)* kreischend, schreiend ❷ *(voz)* schrill ❸ *(color)* grell **II.** *m, f* Schreihals *m fam*

chilmole [ʧil'mole] *m (Méx:* GASTR) Chilisauce *f*

chilpayate [ʧilpa'ɟate] *m (Méx: muchacho)* kleiner Junge *m*

chimenea [ʧime'nea] *f* ❶ *(de un edificio)* Schornstein *m* ❷ *(hogar)* Kamin *m; (tiro)* Rauchfang *m* ❸ *(t.* GEO) Schlot *m*

chimpancé [ʧimpan̩'θe] *mf* Schimpanse, -in *m, f*

china ['ʧina] *f* ❶ *(piedra)* Kieselstein *m;* **le ha tocado la ~** *(fig)* er/sie hat Pech gehabt ❷ *(traba)* Hindernis *nt* ❸ *(Am: indígena)* junge Ureinwohnerin *f* Amerikas; *(mestiza)* Mestizin *f* ❹ *(Am: amante)* Geliebte *f*

China ['ʧina] *f* (**la**) ~ China *nt*

chinchar [ʧin'ʧar] **I.** *vt* ❶ *(fam: molestar)* belästigen, stören; *(fastidiar)* nerven ❷ *(argot: matar)* umlegen **II.** *vr:* **~se** *(fam)* sich ärgern; **¡chínchate!** das hast du davon!

chinche[1] ['ʧinʧe] *m o f* ❶ (ZOOL) Wanze *f;* **~ apestosa** Stinkwanze *f* ❷ *(chincheta)* Reißzwecke *f*

chinche[2] ['ʧinʧe] *mf (fam)* Nervensäge *f*

chincheta [ʧin'ʧeta] *f* Reißzwecke *f*

chinchilla [ʧin'ʧiʎa] *f* (ZOOL) Chinchilla *f; (piel)* Chinchilla *nt*

chinchín [ʧin'ʧin] *interj* prost

chinchinear [ʧinʧine'ar] *vi (brindar)* anstoßen

chinchón [ʧin'ʧon] *m (chichón)* Beule *f*

chinchorrear [ʧinʧorre'ar] **I.** *vi* klatschen *fam,* tratschen *fam* **II.** *vt* belästigen, stören

chinchorrería [ʧinʧorre'ria] *f* ❶ *(impertinencia)* Zudringlichkeit *f* ❷ *(habladuría)* Klatsch *m,* Gerede *nt*

chinear [ʧine'ar] **I.** *vt* ❶ *(AmC: cargar en brazos)* (auf den Armen) tragen; *(llevar a cuestas)* auf dem Rücken tragen ❷ *(CRi: tratar con cuidado)* pflegen, pfleglich behandeln ❸ *(CRi, Guat: criar niños)* betreuen **II.** *vr:* **~se** *(Guat: fig: obsesionarse)* sich *dat* große Sorgen machen (**por** um +*akk*)

chinela [ʧi'nela] *f* Hausschuh *m*

chinesco[1] [ʧi'nesko] *m* (MÚS) Schellenbaum *m*

chinesco, -a[2] [ʧi'nesko, -a] *adj* chinesisch; **a la chinesca** *(al uso de)* nach chinesischem Brauch; *(al modo de)* nach chinesischer Art

chingado, -a [ʧiŋ'gaðo, -a] *adj (fam)* ❶ *(borracho)* besoffen ❷ *(Am: frustrado)* misslungen ❸ *(Am: estropeado)* kaputt

chingar [ʧiŋ'gar] <g → gu> **I.** *vt* ❶ *(fam: bebidas alcohólicas)* saufen ❷ *(fam: molestar)* auf die Nerven gehen +*dat* ❸ *(vulg: joder)* ficken **II.** *vr:* **~se** *(fam)* ❶ *(emborracharse)* sich besaufen ❷ *(Am: fam: frustrarse)* in die Hose gehen ❸ *(Am: fallar)* versagen

chino[1] ['ʧino] *m (Am: indígeno)* junger Ureinwohner m Amerikas; *(mestizo)* Mestize *m;* **engañar a alguien como a un ~** *(fam)* jdn gewaltig übers Ohr hauen

chino, -a[2] ['ʧino, -a] **I.** *adj* chinesisch **II.** *m, f* Chinese, -in *m, f*

chip [ʧip] *m* ❶ (INFOR) Chip *m* ❷ (GASTR) **~s, (patatas) ~** Kartoffelchips *mpl*

chipé(n) [ʧi'pe] *adj inv adv (fam)* (**de**) ~ toll, klasse, prima

chipirón [ʧipi'ron] *m* kleiner Tintenfisch *m*

Chipre ['ʧipre] *f* Zypern *nt*

chipriota [ʧi'prjota] **I.** *adj* zypriotisch, zyprisch **II.** *mf* Zypriot(in) *m(f),* Zypr(i)er(in) *m(f)*

chiquear [ʧike'ar] *vt (Cuba, Méx: mimar)* verwöhnen; *(de palabra)* schmeicheln (**a** +*dat*)

chiquillada [ʧiki'ʎaða] *f* ❶ *(broma)* Kinderei *f* ❷ *(travesura)* Kinderstreich *m*

chiquillería [ʧikiʎe'ria] *f* Kinderschar *f*

chiquillo, -a [ʧi'kiʎo, -a] **I.** *adj* klein **II.** *m, f*

C

(niño) (kleines) Kind *nt; (chico)* (kleiner) Junge *m; (chica)* (kleines) Mädchen *nt*

chiquirritín, -ina [ʧikirri'tin, -ina] **I.** *adj (fam)* winzig **II.** *m, f (fam)* Winzling *m*

chiquito[1] [ʧi'kito] *m* kleines Glas *nt* Wein

chiquito, -a[2] [ʧi'kito, -a] **I.** *adj* winzig, sehr klein **II.** *m, f* kleines Kind *nt,* Kleine(r) *f(m);* **no andarse con chiquitas** *(actuar sin miramiento)* den Stier bei den Hörnern packen; *(consecuentemente)* Nägel mit Köpfen machen

chirigota [ʧiri'ɣota] *f* Jux *m,* Scherz *m*

chirimbolo [ʧirim'bolo] *m (fam)* ❶ *(chisme)* Ding *nt* ❷ *pl* Kram *m,* Zeug *nt*

chirimoya [ʧiri'moɟa] *f* Rahmapfel *m,* Chirimoya *f*

chiringuito [ʧiriŋ'gito] *m* Imbiss(stand) *m; (en la playa)* Strandbar *f*

chiripa [ʧi'ripa] *f* ❶ *(fam: suerte)* Glück *nt; (casualidad favorable)* glücklicher Zufall *m* ❷ *(en el juego)* Zufallstreffer *m*

chiripá [ʧiri'pa] *m (Arg: pañal)* Windel *f*

chirivía [ʧiri'βia] *f* ❶ (BOT) Pastinak *m,* Pastinake *f* ❷ (ZOOL) Bachstelze *f*

chirlar [ʧir'lar] *vi (fam)* kreischen

chirle ['ʧirle] *adj* ❶ *(soso)* fad(e), geschmacklos; **una sopa ~** eine wässrige Suppe ❷ *(fam: sin interés)* unbedeutend; *(sin substancia)* gehaltlos, nichts sagend

chirlo ['ʧirlo] *m* ❶ *(herida)* Schnittwunde *f* (im Gesicht) ❷ *(cicatriz)* Schmarre *f fam*

chirona [ʧi'rona] *f (fam)* Kittchen *nt,* Knast *m*

chirriar [ʧirri'ar] <*1. pres* chirrío> *vi* ❶ *(al freír)* zischen ❷ *(metal)* quietschen; *(madera)* knarren ❸ *(pájaros)* zwitschern

chirrido [ʧi'rriðo] *m* ❶ *(al freír)* Zischen *nt* ❷ *(del metal)* Quietschen *nt; (de la madera)* Knarren *nt* ❸ *(de los pájaros)* Zwitschern *nt*

chisguete [ʧis'ɣete] *m (chorro)* Strahl *m*

chisme ['ʧisme] *m* ❶ *(habladuría)* Klatsch *m fam,* Gerede *nt;* **andar** [*o* **ir**] **con ~s** tratschen *fam* ❷ *(objeto)* Ding *nt;* **recoge esos ~s** räum diesen Kram weg

chismear [ʧisme'ar] *vi (fam: cotillear)* klatschen, tratschen

chismorrear [ʧismorre'ar] *vi* tratschen *fam*

chismorreo [ʧismo'rreo] *m* Geklatsche *nt fam*

chismoso, -a [ʧis'moso, -a] **I.** *adj* klatschhaft **II.** *m, f* Klatschmaul *nt fam*

chispa ['ʧispa] *f* ❶ (*t.* ELEC) Funke(n) *m;* **echar ~s** Funken sprühen; *(fig)* fuchsteufelswild sein ❷ *(rasgo de ingenio)* Geistesblitz *m; (ingenio)* Geist *m,* Esprit *m; (gracia)* Witz *m;* **ser una ~** sehr aufgeweckt sein ❸ *(gota)* (Regen)tropfen *m* ❹ *(fam: borrachera)* Schwips *m* ❺ *(una pizca)* **una ~ de...** ein bisschen ...

chispazo [ʧis'paθo] *m* ❶ (*t.* ELEC) Funke(n) *m; (descarga)* Funkenentladung *f* ❷ *(chisme)* Klatsch *m fam,* Gerede *nt*

chispear [ʧispe'ar] **I.** *vi* ❶ *(centellear)* Funken sprühen ❷ *(brillar)* funkeln **II.** *vimpers (lloviznar)* nieseln

chisporrotear [ʧisporrote'ar] *vi (despedir chispas)* Funken sprühen; *(el fuego)* prasseln

chisporroteo [ʧisporro'teo] *m (centelleo)* Sprühen *nt* (von Funken); *(del fuego)* Prasseln *nt; (del aceite)* Spritzen *nt*

chistar [ʧis'tar] *vi* mucksen *fam;* **no ~** keinen Ton sagen

chiste ['ʧiste] *m* ❶ *(cuento)* Witz *m; (broma)* Scherz *m;* **~ verde** unanständiger Witz; **no tiene ~ la cosa** das ist gar nicht witzig ❷ *(gracia)* Pointe *f*

chistera [ʧis'tera] *f* ❶ *(cesta)* (Fisch)korb *m* ❷ *(fam: sombrero)* Zylinder *m*

chistoso, -a [ʧis'toso, -a] **I.** *adj* witzig, spaßig **II.** *m, f* Witzbold *m fam*

chita ['ʧita] *f* (ANAT) Sprungbein *nt;* **a la ~ callando** *(fig)* im Geheimen

chitón [ʧi'ton] *interj* **¡~!** pst!, still!

chivar [ʧi'βar] **I.** *vt* ❶ *(fastidiar)* ärgern; *(molestar)* belästigen ❷ *(engañar)* betrügen **II.** *vr:* **~se** *(fam)* ❶ *(hablar)* petzen ❷ *(Am: enojarse)* sich ärgern

chivatazo [ʧiβa'taθo] *m (fam)* Tipp *m,* Wink *m;* **dar el ~** petzen

chivateo [ʧiβa'teo] *m (Am)* Lärm *m,* Getöse *nt*

chivato, -a [ʧi'βato, -a] *m, f (fam)* Petze *f*

chivo, -a ['ʧiβo, -a] *m, f* Zicklein *nt;* **~ expiatorio** Sündenbock *m*

chocante [ʧo'kante] *adj* ❶ *(raro)* merkwürdig; *(sorprendente)* verwunderlich ❷ *(escandaloso)* anstößig ❸ *(Am: fastidioso)* ärgerlich; *(repugnante)* abstoßend

chocar [ʧo'kar] <c → qu> **I.** *vi* ❶ *(vehículos)* kollidieren; *(dar)* aufprallen (**contra** auf +*akk*); *(coches)* auffahren (**contra** auf +*akk*) ❷ *(proyectil)* knallen (**contra** gegen +*akk*) ❸ *(encontrarse)* stoßen (**con** auf +*akk*); *(personas)* zusammenstoßen; *(discutir)* aneinandergeraten; **chocó con su jefe** er/sie hat sich mit seinem/ihrem Chef angelegt **II.** *vt* ❶ *(entrechocar)* aneinanderstoßen; **~ las copas** anstoßen; **¡chócala!** *(fam)* schlag ein! ❷ *(sorprender)* erstaunen ❸ *(perturbar)* erschüttern; *(escandalizar)* schockieren ❹ *(Am: repugnar)* abstoßen; **me chocan sus opiniones** ich finde seine/ihre Ansichten unmöglich

chochear [ʧoʧe'ar] *vi* ❶ *(por vejez)* senil

werden; *(fam: atontar)* vertrotteln ② *(sentir cariño)* vernarrt sein

chochez [ʧo'ʧeθ] *f* ① *(senilidad)* Senilität *f* ② *(fam: tontería)* Trott(e)ligkeit *f*

chocho, -a ['ʧoʧo, -a] *adj* ① *(senil)* senil; *(fam: lelo)* trott(e)lig ② *(chiflado)* vernarrt

choclo ['ʧoklo] *m* ① *(zueco)* Holzschuh *m* ② *(AmS: maíz)* Zuckermais *m; (mazorca tierna)* zarter Maiskolben *m* ③ *(AmS:* GASTR) *Gericht aus Süßmais*

chocolate [ʧoko'late] *m* ① *(para comer, beber)* Schokolade *f;* ~ **amargo extrafino** Zartbitterschokolade *f;* ~ **(frío) con helado** Eisschokolade *f* ② *(argot: hachís)* Shit *m o nt*

chocolatería [ʧokolate'ria] *f* ① *(fábrica)* Schokoladenfabrik *f* ② *(establecimiento)* ≈ Café *nt*

chocolatina [ʧokola'tina] *f* Schokoladenriegel *m*

chofer [ʧo'fer] *m,* **chófer** ['ʧofer] *m (de un automóvil)* Fahrer *m; (personal)* Chauffeur *m; (de un camión)* (Kraft)fahrer *m*

cholla ['ʧoʎa] *f (fam)* ① *(cabeza)* Birne *f,* Rübe *f* ② *(entendimiento)* Grips *m*

chollo ['ʧoʎo] *m (fam)* ① *(suerte)* Glück *nt,* Glücksfall *m* ② *(ganga)* Schnäppchen *nt*

cholo, -a ['ʧolo, -a] *m, f (Am)* ① *(indígeno) in die kreolische Gesellschaft integrierte(r) Ureinwohner(in) Amerikas* ② *(mestizo)* Mestize, -in *m, f*

chongo ['ʧoŋgo] *m* ① *(Méx: fam: trenza)* Zopf *m; (moño)* Haarknoten *m* ② *(Chil: cuchillo)* stumpfes Messer *nt*

chopera [ʧo'pera] *f* Pappelhain *m*

chopo ['ʧopo] *m* (BOT) Pappel *f*

choque ['ʧoke] *m* ① *(golpe)* Stoß *m* ② *(impacto)* Aufprall *m* ③ *(colisión)* Kollision *f;* ~ **de frente** Frontalzusammenstoß *m* ④ *(encuentro)* Zusammenstoß *m; (disputa)* Streit *m,* Reiberei *f* ⑤ *(susto, t.* MED) Schock *m*

chorar [ʧo'rar] *vt (argot: hurtar)* klauen

choricear [ʧoriθe'ar] *vt (fam)* mitgehen lassen

chorizada [ʧori'θaða] *f (fam: engaño)* Schwindel *m,* Betrug *m; (hurto)* Diebstahl *m*

chorizar [ʧori'θar] <z → c> *vt (vulg) v.* **choricear**

chorizo[1] [ʧo'riθo] *m* ① *(embutido)* luftgetrocknete Paprikawurst *f* ② *(contrapeso)* Balancierstange *f*

chorizo, -a[2] [ʧo'riθo, -a] *m, f (fam)* ① *(ladrón)* Dieb(in) *m(f); (carterista)* Taschendieb(in) *m(f)* ② *(idiota)* Idiot(in) *m(f)*

chorlito [ʧor'lito] *m* (ZOOL) Regenpfeifer *m;* **cabeza de** ~ *(fig)* Wirrkopf *m*

chorra ['ʧorra] **I.** *f* ① *(fam: suerte)* Glück *nt;* **¡qué ~!** was für ein Glück! ② *(vulg: pene)* Schwanz *m fam* ③ *(argot: imbécil)* Vollidiot *m* **II.** *adv* **de** ~ zufällig, durch Zufall

chorrada [ʧo'rraða] *f* ① *(chorrillo)* extra Schuss *m* ② *(fam: tontería)* Unfug *m* ③ *(fam: cosa superflua)* unnützes Zeug *nt*

chorreada [ʧorre'aða] *f* Schuss *m*

chorrear [ʧorre'ar] *vi* ① *(fluir)* rinnen ② *(gotear)* tropfen ③ *(concurrir lentamente)* tröpfchenweise eintreffen

chorro ['ʧorro] *m* ① *(hilo)* Strahl *m; (porción)* Guss *m; (de un ingrediente)* Schuss *m* ② *(torrente)* Strom *m; (montón)* Schwall *m;* **beber a ~s** in großen Zügen trinken; **llover a ~s** in Strömen regnen

chota[1] ['ʧota] *f v.* **choto**

chota[2] ['ʧota] *mf (fam)* ① *(soplón)* Petze *f* ② *(parásito)* Schmarotzer(in) *m(f)* ③ *(pelotillero)* Kriecher(in) *m(f)*

chotear [ʧote'ar] **I.** *vi* ausgelassen sein **II.** *vr:* **~se** *(fam)* spotten (**de** über +*akk*)

choteo [ʧo'teo] *m* ① *(diversión)* Spaß *m,* Vergnügen *nt* ② *(burla)* Spott *m*

choto, -a ['ʧoto, -a] *m, f* ① *(cría de la cabra)* Zicklein *nt* ② *(de la vaca)* Kalb *nt*

chovinismo [ʧoβi'nismo] *m v.* **chauvinismo**

chovinista [ʧoβi'nista] *adj o mf v.* **chauvinista**

choza ['ʧoθa] *f,* **chozo** ['ʧoθo] *m* ① *(cabaña)* Hütte *f* ② *(vivienda)* Bruchbude *f*

chubasco [ʧu'βasko] *m* ① *(aguacero)* Regenschauer *m; (chaparrón)* Platzregen *m* ② *(contratiempo)* schwierige Phase *f; (revés)* Rückschlag *m*

chubasquero [ʧuβas'kero] *m* Regenmantel *m*

chuchería [ʧuʧe'ria] *f* ① *(bocado)* Leckerei *f; (dulce)* Süßigkeit *f* ② *(menudencia)* Kleinigkeit *f*

chucho ['ʧuʧo] *m* ① *(fam: perro)* Köter *m* ② *(Am: escalofrío)* Schüttelfrost *m; (fiebre)* Wechselfieber *nt*

chuchurrido, -a [ʧuʧu'rriðo, -a] *adj (fam: estropeado)* ramponiert; *(ropa)* abgetragen

chucrú [ʧu'kru] *m,* **chucrut** [ʧu'kru] *m,* **chucruta** [ʧu'kruta] *f sin pl* Sauerkraut *nt*

chueco, -a ['ʧweko, -a] *adj (Am)* ① *(pies)* krummbeinig ② *(fam: torcido)* krumm

chufa ['ʧufa] *f* (BOT) Erdmandel *f*

chufar [ʧu'far] **I.** *vi (fam: mentir)* lügen **II.** *vr:* **~se** *(fam: burlarse)* sich lustig machen (**de** über +*akk*)

chufla ['ʧufla] *f* Witz *m,* Scherz *m*

chula ['ʧula] *f* ① *v.* **chulo**[1] ② (HIST) Dirne *f (junges freches Mädchen aus der Madrider Arbeiterklasse um die Jahrhundertwende)*

chulada [ʧu'laða] *f* ① *(insolencia)* Frechheit *f* ② *(fam: cosa estupenda)* tolle Sache *f*

chulear [ʧule'ar] **I.** *vi, vr:* **~se** *(jactarse)* angeben **II.** *vr:* **~se** sich lustig machen (**de** über +*akk*)

chulería [ʧule'ria] *f* ① *(jactancia)* Angeberei *f* ② *(frescura)* Dreistigkeit *f*

chulesco, -a [ʧu'lesko, -a] *adj (pey)* großspurig

chuleta [ʧu'leta] **I.** *f* ① *(costilla)* Kotelett *nt* ② *(remiendo)* Flicken *m* ③ *(fam: apunte)* Spickzettel *m* ④ *(fam: bofetada)* Ohrfeige *f* **II.** *adj (fam)* frech, unverschämt; **ponerse ~** frech werden

chuletón [ʧule'ton] *m* (T-Bone-)Steak *nt*

chuli ['ʧuli] *adj (fam)* schick, flott

chullo[1] ['ʧuʎo] *m (AmS: gorro)* Wollmütze *f*

chullo, -a[2] ['ʧuʎo, -a] **I.** *adj (AmS: clase media)* Mittelschicht-; *(clase baja)* Unterschicht- **II.** *m, f (AmS: clase media)* Angehörige(r) *f(m)* der Mittelschicht; *(clase baja)* Angehörige(r) *f(m)* der Unterschicht

chulo[1] ['ʧulo] *m* ① *(gandul)* Tunichtgut *m; (mal educado)* Flegel *m* ② *(argot: proxeneta)* Zuhälter *m* ③ *(dandi)* Dandy *m*

chulo, -a[2] ['ʧulo, -a] **I.** *adj* ① *(jactancioso)* angeberisch; *(presumido)* eingebildet ② *(fresco)* frech, unverschämt; **ponerse ~** frech werden ③ *(fam: elegante)* schick, flott; *(lindo)* hübsch **II.** *m, f* ① *(fanfarrón)* Angeber(in) *m(f)* ② *(exagerador)* Aufschneider(in) *m(f)*

chumbera [ʧum'bera] *f* (BOT) Feigenkaktus *m*

chumbo ['ʧumbo] *m (fruto)* Kaktusfeige *f*

chuminada [ʧumi'naða] *f (fam)* ① *(bobada)* Blödsinn *m* ② *(objeto sin valor)* wertloses Ding *nt*

chunga ['ʧuŋga] *f (fam)* Scherz *m,* Spaß *m;* **estar de ~** scherzen

chungo, -a ['ʧuŋgo, -a] *adj (fam)* ① *(malo)* schlecht, mies; *(comida)* verdorben ② *(persona: rara)* komisch; *(enfermiza)* angeschlagen

chungón, -ona [ʧuŋ'gon, -ona] **I.** *adj* spaßig **II.** *m, f* Witzbold *m fam*

chunguearse [ʧuŋge'arse] *vr (bromear)* scherzen; *(embromar)* sich necken; *(burlarse)* sich lustig machen (**de** über +*akk*); **~ de alguien** jdn auf den Arm nehmen

chupa ['ʧupa] *f* ① (HIST) Rock *m;* **poner a alguien como ~ de dómine** *(fam)* jdn heruntermachen ② *(chaqueta)* Jacke *f; (chaleco)* Weste *f* ③ *(AmC: borrachera)* Rausch *m*

chupachup(s) [ʧupa' ʧuβs] *m inv* Lolli *m*

chupada [ʧu'paða] *f* Zug *m*

chupado, -a [ʧu'paðo, -a] *adj* ① *(flaco)* mager; *(consumido)* ausgemergelt ② *(vestido)* eng (anliegend) ③ *(fam: fácil)* kinderleicht ④ *(Am: borracho)* betrunken

chupaflor [ʧupa'flor] *m (AmC:* ZOOL) Kolibri *m*

chupar [ʧu'par] **I.** *vt* ① *(extraer)* aussaugen; *(aspirar)* einsaugen; *(absorber)* aufsaugen ② *(caramelo)* lutschen; *(helado)* schlecken ③ *(cigarrillo)* ziehen (an +*dat*) ④ *(salud)* zehren (an +*dat*); *(debilitar)* schwächen **II.** *vi* ① *(fam: mamar)* (an der Mutterbrust) trinken ② *(aprovecharse)* schmarotzen; **~ del bote** auf Kosten anderer leben ③ *(Am: fam: beber)* trinken, saufen *abw; (fumar)* qualmen **III.** *vr:* **~se** ① *(secarse)* abmagern ② *(fam: permanecer)* absitzen ③ *(loc, fam)* **~se los dedos** *(fig)* sich *dat* die Finger lecken

chupatintas [ʧupa'tiṇtas] *m inv (pey)* ① *(escritor)* Schreiberling *m* ② *(oficinista)* Bürohengst *m*

chupe ['ʧupe] *m* ① *(fam: chupete)* Schnuller *m; (chupador)* Beißring *m* ② *(Am:* GASTR) *Gericht aus Kartoffeln mit Fleisch oder Fisch in einer Soße aus Meeresfrüchten, Paprika, Tomaten, Eiern, Cayennepfeffer usw.*

chupete [ʧu'pete] *m* ① *(del bebé)* Schnuller *m; (del biberón)* Sauger *m* ② *(Am: pirulí)* Lolli *m*

chupetear [ʧupete'ar] *vi, vt* lutschen

chupetón [ʧupe'ton] *m* ① *(chupada)* kräftiger Zug *m* ② *(fam: marca de un beso)* Knutschfleck *m*

chupi ['ʧupi] *adj (fam)* prima, großartig

chupinazo [ʧupi'naθo] *m* (*t.* DEP) gezielter Schuss *m*

chupito [ʧu'pito] *m (de vino, licor)* Schlückchen *nt*

chupón, -ona [ʧu'pon, -ona] **I.** *adj* ① *(chupador)* saugend ② *(parásito)* schmarotzerisch **II.** *m, f* Schmarotzer(in) *m(f)*

chuquisa [ʧu'kisa] *f (Chil, Perú: prostituta)* Prostituierte *f*

churrascar [ʧurras'kar] <c → qu> **I.** *vt* anbrennen lassen **II.** *vr:* **~se** anbrennen

churrasco [ʧu'rrasko] *m* ① *(barbacoa)* Barbecue *nt* ② *(carne)* gegrilltes Fleisch *nt*

churrería [ʧurre'ria] *f Stand, an dem „churros" gemacht und verkauft werden*

churrete [ʧu'rrete] *m* Fleck *m*

churretón [ʧurre'ton] *m aum de* **churrete**

churri ['ʧurri] *f (argot)* Freundin *f;* **mi ~** mein Mädchen

churro[1] ['ʧurro] *m* ① *(fritura) frittiertes Spritzgebäck;* **¡vete a freír ~s!** geh hin, wo der Pfeffer wächst! ② *(chapuza)*

Murks *m* ❸ *(suerte)* Glück *nt* ❹ *(flotador)* ~ (**de piscina**) Schwimmnudel *f*
churro, -a² ['ʧurro, -a] *adj* ❶ *(lana)* grob ❷ *(cordero)* einjährig
churumbel [ʧurum'bel] *m* *(voz romaní)* Kind *nt*
chusco¹ ['ʧusko] *m* ❶ *(mendrugo)* Stück *nt* trockenes Brot ❷ *(pan de munición)* Kommissbrot *nt*
chusco, -a² ['ʧusko, -a] **I.** *adj* drollig **II.** *m, f* Witzbold *m fam*
chusma ['ʧusma] *f* ❶ *(gentuza)* Pöbel *m* ❷ *(muchedumbre)* Menschenmasse *f*
chut [ʧut] <chut(e)s> *m* (DEP: *fútbol*) Schuss *m*
chutar [ʧu'tar] **I.** *vt* schießen; **esto va que chuta** *(fam)* das klappt wie geschmiert **II.** *vr:* **~se** *(argot)* sich *dat* einen Schuss setzen
chute ['ʧute] *m (argot)* Schuss *m*
chuzo ['ʧuθo] *m* Spieß *m;* **caen ~s** *(fig: lluvia)* es regnet wie wild; *(nieve)* es schneit wie wild
chuzón¹ [ʧu'θon] *m* Spieß *m*
chuzón, -ona² [ʧu'θon, -ona] **I.** *adj* ❶ *(astuto)* schlau, gerissen *abw* ❷ *(burlón)* spöttisch **II.** *m, f* ❶ *(astuto)* Schlaukopf *m fam* ❷ *(burlón)* Spötter(in) *m(f)*
cía ['θia] *f (Arg)* Silo *m o nt*
Cía. ['θia] *abr de* **compañía** Co.
cianuro [θja'nuro] *m* (QUÍM) Zyanid *nt*
ciática [θi'atika] *f* (MED) Ischias *m o nt o f*
ciático, -a [θi'atiko, -a] *adj* (ANAT) **nervio ~** Ischiasnerv *m*
ciberacoso [θiβera'koso] *m* (INFOR) Cybermobbing *nt,* Cyberstalking *nt*
ciberataque [θiβera'take] *m* (INFOR) Cyberangriff *m*
ciberbar [θiβer'βar] *m,* **cibercafé** [θiβerka'fe] *m* (INFOR) Internetcafé *nt*
cibercriminalidad [θiβerkriminali'ðað] *f* (INFOR) Computerkriminalität *f,* Cyberkriminalität *f*
ciberespacio [θiβeres'paθjo] *m* (INFOR) Cyberspace *m*
ciberhostigamiento [θiβerostiɣa'mjen̩to] *m* (INFOR) Cybermobbing *nt,* Cyberstalking *nt*
ciberlibro [θiβer'liβro] *m* (INFOR) E-Book *nt*
cibernauta [θiβer'nau̯ta] *mf* (INFOR) Netsurfer(in) *m(f)*
cibernética [θiβer'netika] *f* (ELEC, MED) Kybernetik *f*
cibernético, -a [θiβer'netiko, -a] **I.** *adj* (ELEC, MED) kybernetisch **II.** *m, f* (ELEC, MED) Kybernetiker(in) *m(f)*
ciberpirado [θiβerpi'raðo] *m* (INFOR) Netzpirat *m*
cicatriz [θika'triθ] *f* Narbe *f; (en el ánimo)* Spur *f*
cicatrización [θikatriθa'θjon] *f* Vernarbung *f*
cicatrizar [θikatri'θar] <z → c> **I.** *vi, vr:* **~se** vernarben **II.** *vt* heilen lassen
ciclamen [θi'klamen] *m* (BOT) Alpenveilchen *nt*
cíclico, -a ['θikliko, -a] *adj* zyklisch
ciclismo [θi'klismo] *m* (DEP) Radsport *m*
ciclista [θi'klista] **I.** *adj* Rad- **II.** *mf* Radfahrer(in) *m(f);* (DEP) Radsportler(in) *m(f)*
ciclo ['θiklo] *m* ❶ *(período, t.* ECON) Zyklus *m;* **~ económico** Wirtschaftszyklus *m* ❷ (LIT) Sage *f;* **~ del rey Arturo** Artussage *f*
ciclomotor [θiklomo'tor] *m* Moped *nt*
ciclón [θi'klon] *m* ❶ (METEO: *huracán*) Zyklon *m,* Wirbelsturm *m; (borrasca)* Bö(e) *f* ❷ (TÉC) Zyklon® *m*
ciclope [θi'klope] *m,* **cíclope** ['θiklope] *m* Zyklop *m*
cicuta [θi'kuta] *f* (BOT) Schierling *m*
cidra ['θiðra] *f* Zitronatzitrone *f;* **~ confitada** Zitronat *nt*
ciega ['θjeɣa] *adj o adv o f v.* **ciego**
ciego, -a ['θjeɣo, -a] **I.** *adj* ❶ *(privado de la vista)* blind; **quedarse ~** erblinden ❷ *(taponado)* verstopft **II.** *m, f* Blinde(r) *mf* **III.** *adv* **a ciegas** blindlings; **obrar a ciegas** unüberlegt handeln
cielo ['θjelo] **I.** *m* ❶ *(atmósfera)* Himmel *m;* **a ~ raso** unter freiem Himmel; **reino de los ~s** Himmelreich *nt;* **como caído del ~** wie gerufen! ❷ *(apelativo cariñoso)* Schatz *m* **II.** *interj* **¡~s!** (ach) du lieber Himmel!
ciemo ['θjemo] *m* (AGR) Dünger *m*
ciempiés [θjem'pjes] *m inv* (ZOOL) Tausendfüß(l)er *m*
cien [θjen] *adj inv* hundert; **al ~ por ~** hundertprozentig; *v. t.* **ochocientos**
ciénaga ['θjenaɣa] *f* Morast *m*
ciencia ['θjen̩θja] *f* ❶ *(saber)* Wissen *nt;* **a** [*o* **de**] **~ cierta** mit Sicherheit ❷ *(disciplina)* Wissenschaft *f;* **~s físicas** Physik *f;* **~s políticas** Politikwissenschaft *f;* **~s** (**naturales**) Naturwissenschaften *f pl;* **~s empresariales** Betriebswirtschaftslehre *f*
ciencia ficción ['θjen̩θja fiʸ'θjon] *f sin pl* Science-Fiction *f*
cieno ['θjeno] *m* Schlick *m*
científica [θjen̩'tifika] *adj o f v.* **científico**
científico, -a [θjen̩'tifiko, -a] **I.** *adj* wissenschaftlich **II.** *m, f* Wissenschaftler(in) *m(f)*
ciento ['θjen̩to] **I.** *adj* <cien> *inv* hundert; *v. t.* **ochenta II.** *m* **~s de huevos** Hunderte von Eiern; **el cinco por ~** fünf Prozent
cierre ['θjerre] *m* ❶ *(conclusión, t.* ECON, FIN) Schließen *nt; (clausura)* Schließung *f;* (PREN) Redaktionsschluss *m;* **~ del ejerci-**

C

cio Jahresabschluss *m;* ~ **patronal** Aussperrung *f* ② *(dispositivo, sistema)* Verschluss *m;* ~ **centralizado** (AUTO) Zentralverriegelung *f;* ~ **de velcro** Klettverschluss *m* ③ *(Arg)* ~ (**relámpago**) Reißverschluss *m*

C

cierro ['θjerro] *m (Chil: sobre)* Briefumschlag *m*

ciertamente [θjerta'mente] *adv* gewiss, sicherlich

cierto[1] ['θjerto] *adv* gewiss; **por** ~ übrigens

cierto, -a[2] ['θjerto, -a] *adj* <certísimo> ① *(verdadero)* wahr; *(seguro)* sicher; **una información cierta** eine richtige Information; **estar en lo** ~ Recht haben; **lo ~ es que...** ehrlich gesagt ... ② *(alguno)* gewiss; ~ **día** eines Tages

ciervo, -a ['θjerβo, -a] *m, f* Hirsch, Hirschkuh *m, f*

cierzo ['θjerθo] *m* Nordwind *m*

cifra ['θifra] *f* ① *(guarismo)* Ziffer *f;* ~ **de inmigración** Einwanderungszahl *f;* ~ **de negocios** (ECON) Umsatz *m;* ~ **de ventas** (ECON) Absatz *m* ② *(clave)* Code *m;* **en** ~ verschlüsselt ③ *(monograma)* Monogramm *nt* ④ *(resumen)* Inbegriff *m* (**de** +*gen*)

cifrar [θi'frar] **I.** *vt* ① *(codificar)* verschlüsseln ② *(calcular)* berechnen ③ *(resumir)* setzen (**en** auf +*akk*) **II.** *vr:* **~se** sich belaufen (**en** auf +*akk*)

cigala [θi'ɣala] *f* (ZOOL) Kronenhummer *m*

cigarra [θi'ɣarra] *f* ① (ZOOL) Zikade *f* ② *(bolsa)* Geldbeutel *m*

cigarral [θiɣa'rral] *m (reg)* Landgut *nt*

cigarrillo [θiɣa'rriʎo] *m* Zigarette *f*

cigarro [θi'ɣarro] *m* Zigarre *f*

cigarrón [θiɣa'rron] *m* (ZOOL) Heuschrecke *f*

cigüeña [θi'ɣweɲa] *f* ① *(ave)* Storch *m* ② *(manivela)* Kurbel *f*

cigüeñal [θiɣwe'ɲal] *m* (AUTO) Kurbelwelle *f*

cilantro [θi'lantro] *m* Koriander *m*

cilindrada [θilin'draða] *f* (AUTO) Hubraum *m*

cilíndrico, -a [θi'lindriko, -a] *adj* zylindrisch

cilindro [θi'lindro] *m* Zylinder *m; (en un reloj)* Trommel *f*

cilio ['θiljo] *m* (BIOL) Flagelle *f*

cima ['θima] *f* ① *(cumbre)* Spitze *f;* ~ **del árbol** (Baum)wipfel *m;* ~ **del monte** (Berg)gipfel *m* ② *(cúspide)* Höhepunkt *m*

cimarrón, -ona [θima'rron, -ona] *adj (Am: animal salvaje)* wild (lebend); *(planta salvaje)* wild (wachsend); *(animales domésticos)* verwildert

cimarronada [θimarro'naða] *f (Am)* Rudel *nt* verwilderter Tiere

címbalo ['θimbalo] *m* (MÚS) Zimbel *f*

cimbrar [θim'brar], **cimbrear** [θimbre'ar] **I.** *vt* ① *(agitar)* schwingen ② *(golpear)* schlagen ③ *(doblar)* biegen **II.** *vr:* **~se** ① *(agitarse)* schwingen ② *(doblarse)* sich biegen

cimbreo [θim'breo] *m* ① *(agitación)* Schwingung *f* ② *(golpe)* Schlag *m*

cimbronazo [θimbro'naθo] *m* ① *(golpe)* Schlag *m* auf den Rücken ② *(Am: temblor nervioso)* Zusammenzucken *nt*

cimentación [θimenta'θjon] *f* ① *(fundamento)* Fundamentierung *f* ② *(edificación)* Gründung *f*

cimentar [θimen'tar] <e → ie> *vt* ① *(fundar)* gründen ② *(fundamentar)* fundamentieren ③ *(afinar oro)* läutern ④ *(consolidar)* begründen

cimiento [θi'mjento] *m* Fundament *nt*

cimitarra [θimi'tarra] *f* Krummsäbel *m*

cinc [θiŋ] *m* Zink *nt*

cincel [θin'θel] *m* Meißel *m*

cincelador(a) [θinθela'ðor(a)] *m(f) (metal)* Ziseleur(in) *m(f)*

cincelar [θinθe'lar] *vt* ziselieren

cincha ['θintʃa] *f* Sattelgurt *m*

cinchar [θin'tʃar] *vt* gurten

cinco ['θiŋko] **I.** *adj inv* fünf; **estar sin** ~ blank sein **II.** *m* Fünf *f; v. t.* **ocho**

cincuenta [θiŋ'kwenta] *adj inv* fünfzig; *v. t.* **ochenta**

cincuentavo [θiŋkwen'taβo] *m* Fünfzigstel *nt*

cincuentavo, -a [θiŋkwen'taβo, -a] *adj* fünfzigstel; *v. t.* **octavo**

cincuentena [θiŋkwen'tena] *f Einheit aus fünfzig Teilen;* **una ~ de personas** (etwa) fünfzig Personen

cincuentenario [θiŋkwente'narjo] *m* fünfzigster Jahrestag *m*

cincuentón, -ona [θiŋkwen'ton, -ona] **I.** *adj* in den Fünfzigern **II.** *m, f* Fünfzigjährige(r) *mf*

cine ['θine] *m* ① *(sala)* Kino *nt;* ~ **de barrio** Vorstadtkino *nt* ② *(séptimo arte)* Film *m,* Filmkunst *f;* ~ **mudo** Stummfilm *m*

cineasta [θine'asta] *mf* Cineast(in) *m(f)*

cineclub [θine'kluβ] *m* <cineclubs> Filmklub *m*

cinéfilo, -a [θi'nefilo, -a] *m, f* Kinoliebhaber(in) *m(f)*

cinegético, -a [θinexe'netiko, -a] *adj* Jagd-; **huésped** ~ Jagdgast *m*

cinema [θi'nema] *m* ① *(cine)* Kino *nt* ② *(cinemática)* Kinematik *f*

cinemateca [θinema'teka] *f* Filmarchiv *nt*

cinematografía [θinematoɣra'fia] *f* Filmkunst *f*
cinematografiar [θinematoɣrafi'ar] *<1. pres* cinematografío> *vt* (CINE) filmen
cinematográfico, -a [θinemato'ɣrafiko, -a] *adj* filmisch; **industria cinematográfica** Filmindustrie *f*
cinematógrafo [θinema'toɣrafo] *m* ❶ *(proyector)* Kinematograf *m* ❷ *(cine)* Lichtspieltheater *nt*
cinético, -a [θi'netiko, -a] *adj* (ARTE, FÍS) kinetisch
cingalés, -esa [θiŋga'les, -esa] **I.** *adj* ceylonesisch **II.** *m, f* Ceylonese, -in *m, f*
cíngaro, -a ['θiŋgaro, -a] *(pey)* **I.** *adj* zigeunerisch *abw* **II.** *m, f* Zigeuner(in) *m(f) abw; v. t.* **romaní**
cínico, -a ['θiniko, -a] **I.** *adj* ❶ *(desvergonzado)* zynisch ❷ (FILOS) kynisch **II.** *m, f* ❶ *(desvergonzado)* Zyniker(in) *m(f)* ❷ (FILOS) Kyniker(in) *m(f)*
cinismo [θi'nismo] *m* ❶ *(desvergüenza)* Zynismus *m* ❷ (FILOS) Kynismus *m*
cinta ['θin̪ta] *f* ❶ *(tira)* Band *nt;* ~ **adhesiva** Klebeband *nt;* ~ **aislante** Isolierband *nt;* ~ **de enmascarar** Abdeckband *nt;* ~ **métrica** Messband *nt;* ~ **del pelo** Haarband *nt;* ~ **de vídeo** Videoband *nt* ❷ *(hilera de baldosas)* Abschlussleiste *f (aus Kacheln)* ❸ *(red de pesca)* Thunfischnetz *nt* ❹ *(planta)* Grünlilie *f* ❺ *(dispositivo)* ~ **tra(n)sportadora** (Förder)band *nt;* (DEP: *para correr*) Laufband *nt*
cinto ['θin̪to] *m* ❶ *(cinturón)* Gürtel *m* ❷ *(cintura)* Taille *f*
cintura [θin̪'tura] *f* Taille *f;* ~ **de avispa** Wespentaille *f*
cinturilla [θin̪tu'riʎa] *f* Band *nt*
cinturón [θin̪tu'ron] *m* ❶ *(ceñidor)* Gürtel *m;* ~ **salvavidas** Rettungsring *m;* **apretarse el** ~ *(fig)* den Gürtel enger schnallen ❷ *(correa)* Gurt *m;* ~ **de seguridad** Sicherheitsgurt *m;* **ponerse el** ~ sich anschnallen ❸ (ASTR) Ring *m* ❹ *(carretera)* Ringstraße *f*
cipo ['θipo] *m* ❶ *(pilastra funeraria)* Grabstein *m* ❷ *(poste)* Meilenstein *m* ❸ *(mojón)* Grenzstein *m*
ciprés [θi'pres] *m* ❶ *(árbol)* Zypresse *f* ❷ *(madera)* Zypressenholz *nt*
circense [θir'θense] *adj* **espectáculo** ~ Zirkusvorstellung *f*
circo ['θirko] *m* ❶ *(arena)* Zirkus *m;* ~ **ambulante** Wanderzirkus *m* ❷ (GEO) Senke *f*
circuir [θirku'ir] *irr como huir vt* umgeben
circuito [θirku'ito] *m* ❶ *(perímetro)* Umkreis *m* ❷ *(trayecto de carrera)* Rennstrecke *f* ❸ *(recorrido)* Rundfahrt *f* ❹ (ELEC) Stromkreis *m;* ~ **integrado** integrierter Schaltkreis; **corto** ~ Kurzschluss *m*
circulación [θirkula'θjon] *f* ❶ *(ciclo)* Kreislauf *m;* ~ **sanguínea** Blutkreislauf *m* ❷ *(tránsito)* Verkehr *m* ❸ (ECON) Umlauf *m;* ~ **paralela** (**de las monedas**) (UE) Parallelumlauf *m;* **retirar de la** ~ aus dem Verkehr ziehen
circular [θirku'lar] **I.** *adj* kreisförmig **II.** *vi* ❶ *(recorrer)* zirkulieren ❷ *(personas)* hin und her gehen; **¡circulen!** (bitte) weitergehen! ❸ *(vehículos)* hin und her fahren **III.** *f* Rundschreiben *nt*
circulatorio, -a [θirkula'torjo, -a] *adj* (MED) Kreislauf-
círculo ['θirkulo] *m* Kreis *m;* ~ **de amistades** Freundeskreis *m;* ~ **vicioso** Teufelskreis *m*
circuncidar [θirkun̪θi'ðar] *vt* beschneiden
circuncisión [θirkun̪θi'sjon] *f* Beschneidung *f*
circunciso[1] [θirkun̪'θiso] *m* ❶ *(circuncidado)* Beschnittene(r) *m* ❷ *(judío)* Jude *m*
circunciso, -a[2] [θirkun̪'θiso, -a] **I.** *pp de* **circuncidar** **II.** *adj* beschnitten
circundante [θirkun̪'dan̪te] *adj* umgebend; **mundo** ~ Umgebung *f*
circundar [θirkun̪'dar] *vt* umgeben
circunferencia [θirkumfe'ren̪θja] *f* (MAT) ❶ *(círculo)* Kreis *m* ❷ *(contorno)* Umfang *m*
circunferir [θirkumfe'rir] *irr como sentir vt* begrenzen
circunloquio [θirkun'lokjo] *m* Umschweife *mpl*
circunscribir [θirkuⁿskri'βir] *irr como escribir* **I.** *vt* ❶ *(concretar)* beschränken (**a** auf +*akk*) ❷ (MAT) umschreiben **II.** *vr:* **~se** sich beschränken (**a** auf +*akk*)
circunscripción [θirkuⁿskriβ'θjon] *f* ❶ *(concreción)* Einschränkung *f* ❷ (MAT) Umschreibung *f* ❸ *(distrito)* Bezirk *m*
circunscrito, -a [θirkuⁿs'krito, -a] *pp de* **circunscribir**
circunspección [θirkunⁿspeʸ'θjon] *f* Umsicht *f*
circunstancia [θirkuⁿs'tan̪θja] *f* Umstand *m;* **en estas ~s** unter diesen Umständen
circunstancial [θirkuⁿstan̪'θjal] *adj* umstandsbedingt
circunvalación [θirkumbala'θjon] *f* ❶ *(acción de circunvalar)* Umgehung *f;* **carretera de** ~ Umgehungsstraße *f* ❷ (MIL) Umwallung *f*
circunvalar [θirkumba'lar] *vt* umgehen
cirílico, -a [θi'riliko, -a] *adj* kyrillisch
cirio ['θirjo] *m* ❶ *(vela)* (lange, dicke)

C

C

Wachskerze *f* ❷ *(fam: jaleo)* Durcheinander *nt*

cirro ['θirro] *m* ❶ (MED) Knoten *m* ❷ (BOT) Ranke *f* ❸ (METEO) Zirruswolke *f,* Federwolke *f*

cirrosis [θi'rrosis] *f inv* (MED) Zirrhose *f*

cirrótico, -a [θi'rrotiko, -a] *adj* (MED) zirrhotisch

ciruela [θi'rwela] *f* Pflaume *f;* ~ **pasa** Backpflaume *f*

ciruelo [θi'rwelo] *m* ❶ *(pruno)* Pflaumenbaum *m* ❷ *(fam: tonto)* Dummkopf *m*

cirugía [θiru'xia] *f* (MED) Chirurgie *f*

cirujano, -a [θiru'xano, -a] *m, f* (MED) Chirurg(in) *m(f)*

ciscar [θis'kar] <c → qu> **I.** *vt (fam)* besudeln **II.** *vr:* **~se** *(fam)* sein großes Geschäft machen

cisco ['θisko] *m* ❶ *(carbón)* (Kohlen)grus *m;* **estar hecho un ~** *(fam)* fix und fertig sein ❷ *(jaleo)* Krach *m*

Cisjordania [θisxor'ðanja] *f* Westjordanland *nt*

cisma ['θisma] *m* ❶ (REL) Schisma *nt* ❷ *(desacuerdo)* Zwist *m*

cismar [θis'mar] *vt (reg)* Zwietracht stiften (zwischen +*dat*)

cisne ['θisne] *m* Schwan *m*

cister [θis'ter] *m,* **císter** ['θister] *m* (REL) Zisterzienserorden *m*

cisterna [θis'terna] **I.** *adj* Tank-; **barco ~** Tanker *m* **II.** *f* ❶ *(aljibe)* Zisterne *f* ❷ *(de un retrete)* Spülkasten *m*

cistitis [θis'titis] *f inv* (MED) Blasenentzündung *f*

cisura [θi'sura] *f* ❶ *(fisura)* Riss *m* ❷ *(cicatriz)* Narbe *f* ❸ *(incisión)* Einstich *m*

cita ['θita] *f* ❶ *(convocatoria)* Termin *m* ❷ *(encuentro)* Verabredung *f;* **~ anual** jährliches Treffen; **~ a ciegas** Blind date; **tener una ~ con alguien** mit jdm verabredet sein ❸ *(mención)* Zitat *nt*

citación [θita'θjon] *f* ❶ (JUR) Vorladung *f* ❷ *(el mencionar)* Zitieren *nt*

citar [θi'tar] **I.** *vt* ❶ *(convocar)* zu einem Termin einladen ❷ *(mencionar)* zitieren ❸ (JUR) (vor)laden **II.** *vr:* **~se** sich verabreden

cítara ['θitara] *f* (MÚS) Zither *f*

citología [θitolo'xia] *f* (BIOL, MED) Zytologie *f*

cítrico, -a ['θitriko, -a] *adj* Zitrus-; **aceite ~** Zitrusöl *nt*

cítricos ['θitrikos] *mpl* ❶ *(frutas)* Zitrusfrüchte *fpl* ❷ *(plantas)* Zitruspflanzen *fpl*

citricultura [θitrikul̩'tura] *f* Anbau *m* von Zitrusfrüchten

ciudad [θju'ðað] *f* Stadt *f;* **~ hermanada** Partnerstadt *f;* **~ industrial** Industriestadt *f;* **~ de origen** Heimatstadt *f;* **~ universitaria** Campus *m*

ciudadana [θjuða'ðana] *adj o f v.* **ciudadano**

ciudadanía [θjuðaða'nia] *f* ❶ *(nacionalidad)* Staatsangehörigkeit *f* ❷ *(conjunto de ciudadanos)* Bürgerschaft *f* ❸ *(civismo)* Bürgersinn *m*

ciudadano, -a [θjuða'ðano, -a] **I.** *adj* ❶ *(de la ciudad)* städtisch ❷ *(del ciudadano)* bürgerlich **II.** *m, f* ❶ *(residente)* Städter(in) *m(f)* ❷ *(súbdito)* Staatsbürger(in) *m(f); (referente a una ciudad)* Bürger(in) *m(f)*

ciudadela [θjuða'ðela] *f* Zitadelle *f*

ciudad estado [θju'ðað es'taðo] <ciudades estado> *f* Stadtstaat *m*

ciudadrealeño, -a [θjuðaðrrea'leɲo, -a] **I.** *adj* aus Ciudad Real **II.** *m, f* Einwohner(in) *m(f)* von Ciudad Real

cívico, -a ['θiβiko, -a] *adj* ❶ *(de la ciudad)* städtisch ❷ *(del ciudadano)* bürgerlich ❸ *(del civismo)* zivilisiert

civil [θi'βil] **I.** *adj* ❶ *(cívico)* bürgerlich, zivil; **derecho ~** Zivilrecht *nt;* **guerra ~** Bürgerkrieg *m* ❷ *(correcto)* zivilisiert, gesittet **II.** *mf* ❶ *(fam: guardia civil)* Angehörige(r) *mf* der Guardia civil ❷ *(paisano)* Zivilist(in) *m(f)*

civilización [θiβiliθa'θjon] *f* ❶ *(progreso)* Zivilisation *f* ❷ *(cultura)* Kultur *f*

civilizador(a) [θiβiliθa'ðor(a)] *adj* zivilisatorisch

civilizar [θiβili'θar] <z → c> *vt* zivilisieren

civismo [θi'βismo] *m* ❶ *(espíritu cívico)* Bürgersinn *m* ❷ *(cortesía)* Höflichkeit *f*

cizalla [θi'θaʎa] *f* ❶ *(recorte)* Verschnittblech *nt* ❷ *pl (tijeras)* Blechschere *f*

cizallar [θiθa'ʎar] *vt* schneiden

cizaña [θi'θaɲa] *f* ❶ (BOT) Taumellolch *m* ❷ *(adversidad)* Widrigkeit *f* ❸ *(enemistad)* Zwietracht *f*

cizañar [θiθa'ɲar] *vt* Zwietracht säen (zwischen +*dat*)

cl [θen̩ti'litro] *m abr de* **centilitro** cl

clamar [kla'mar] **I.** *vi* flehen **II.** *vt* fordern

clamor [kla'mor] *m* ❶ *(lamento)* Jammern *nt* ❷ *(clamoreo)* Geschrei *nt* ❸ *(toque de campana)* Totengeläut(e) *nt*

clamoreo [klamo'reo] *m* Geschrei *nt*

clamoroso, -a [klamo'roso, -a] *adj* ❶ *(acompañado de clamor)* **triunfo ~** Triumphgeschrei *nt* ❷ *(sensacional)* grandios

clan [klan] *m* Clan *m*

clandestinidad [klan̩destini'ðað] *f* ❶ *(secreto)* Heimlichkeit *f* ❷ (POL) Untergrund *m*

clandestino, -a [klan̩des'tino, -a] *adj* ❶ *(secreto)* heimlich; **reunión clandesti-**

na geheimes Treffen ② *(ilegal)* **movimiento ~** Untergrundbewegung *f*

claqué [kla'ke] *f* Stepp(tanz) *m*

claqueta [kla'keta] *f* (CINE) Klappe *f*

clara ['klara] *f* ① *(del huevo)* Eiweiß *nt* ② *(bebida)* Radler *m südd,* Alsterwasser *nt nordd*

claraboya [klara'βoʝa] *f* *(en el techo)* (Dach)luke *f;* *(en la pared)* Oberlicht *nt*

claramente [klara'meņte] *adv* deutlich

clarear [klare'ar] **I.** *vi* ① *(amanecer)* hell werden; **al ~ el día** bei Tagesanbruch ② *(despejarse)* aufklaren ③ *(concretarse)* deutlich werden **II.** *vt* aufhellen **III.** *vr:* **~se** ① *(gastarse)* fadenscheinig werden ② *(trasparentarse)* durchsichtig werden ③ *(descubrirse)* sich verraten

clarete [kla'rete] *m* Rosé(wein) *m*

claridad [klari'ða^{d}] *f* ① *(luminosidad)* Helligkeit *f* ② *(lucidez)* Klarheit *f* ③ *(claror)* fernes Leuchten *nt* ④ *(loc)* **decir cuatro ~es a alguien** jdm gehörig die Meinung sagen

clarificador(a) [klarifika'ðor(a)] *adj* klärend

clarificar [klarifi'kar] <c → qu> *vt* ① *(iluminar)* erhellen ② *(aclarar)* klären

clarín [kla'rin] *m* ① *(instrumento)* Bügelhorn *nt* ② *(músico)* Bügelhornbläser *m*

clarinete [klari'nete] *m* ① *(instrumento)* Klarinette *f* ② *(músico)* Klarinettist *m*

clarinetista [klarine'tista] *mf* Klarinettist(in) *m(f)*

clarividencia [klariβi'ðeņθja] *f* ① *(perspicacia)* Hellsichtigkeit *f* ② *(instinto)* Gespür *nt* ③ *(percepción)* hellseherische Fähigkeit *f*

clarividente [klariβi'ðeņte] **I.** *adj* ① *(perspicaz)* hellsichtig ② *(que percibe)* hellseherisch **II.** *mf* ① *(adivino)* hellsichtige Person *f* ② *(persona que percibe)* Hellseher(in) *m(f)*

claro[1] ['klaro] **I.** *interj* (na) klar!, natürlich!; **¡~ que no!** natürlich nicht! **II.** *m* ① *(hueco)* Lücke *f* ② *(calvero)* Lichtung *f* ③ *(calva)* kahle Stelle *f* **III.** *adv* deutlich

claro, -a[2] ['klaro, -a] *adj* ① *(iluminado)* hell; **azul ~** hellblau ② *(ilustre)* berühmt ③ *(evidente)* klar; **poner** [*o* **sacar**] **en ~** klarstellen ④ *(fino)* dünn ⑤ *(franco)* offen, freimütig

claroscuro [klaros'kuro] *m* ① (ARTE, FOTO) Helldunkel *nt* ② *(indecisión)* Unschlüssigkeit *f*

clase ['klase] *f* ① *(tipo)* Sorte *f,* Art *f;* **sin ninguna ~ de...** ohne jede Art von ...; **trabajos de toda ~** Arbeiten jeder Art ② (BIOL) Klasse *f* ③ *(grupo social)* (Gesellschafts)schicht *f;* **~ alta** Oberschicht *f;* **~ media** Mittelschicht *f* ④ (ENS: *grupo de alumnos*) Klasse *f;* *(curso)* Unterricht *m;* **~ magistral** (UNIV) Vorlesung *f;* **dar ~** unterrichten; *(materia)* **~ de artes plásticas** Kunstunterricht *f;* **~ de repaso** Nachhilfe *f* ⑤ *(categoría)* Klasse *f;* **~ turista** Touristen-/Economyklasse *f;* **~ preferente** [*o* **business**] Businessklasse *f*

clásica ['klasika] *adj o f v.* **clásico**

clasicismo [klasi'θismo] *m* ① (ARTE, LIT) Klassik *f* ② (ARQUIT: *neoclasicismo*) Klassizismus *m*

clasicista [klasi'θista] *adj* ① (ARTE, LIT) klassizistisch ② (ARQUIT) neoklassizistisch

clásico, -a ['klasiko, -a] **I.** *adj* klassisch **II.** *m, f* Klassiker(in) *m(f)*

clasificable [klasifi'kaβle] *adj* klassifizierbar

clasificación [klasifika'θjon] *f* ① *(ordenación)* Sortierung *f;* **~ en grupos** Einteilung in Gruppen ② (BIOL) Klassifikation *f*

clasificado[1] [klasifi'kaðo] *m* Anzeige *f,* Inserat *nt*

clasificado, -a[2] [klasifi'kaðo, -a] *adj* ① *(ordenado)* klassifiziert, sortiert; (DEP) qualifiziert ② (JUR, POL) vertraulich

clasificador [klasifika'ðor] *m* ① *(archivador)* Aktenschrank *m* ② *(separación)* Register *nt* ③ *(carpeta)* Ordner *m*

clasificar [klasifi'kar] <c → qu> **I.** *vt* ① *(ordenar)* sortieren (**por** nach +*dat*) ② (BIOL) klassifizieren (**por** nach +*dat*) **II.** *vr:* **~se** sich qualifizieren

clasificatorio, -a [klasifika'torjo, -a] *adj* ① *(ordenar)* sortierend ② (BIOL) klassifizierend

clasismo [kla'sismo] *m* Standesdünkel *m abw*

clasista [kla'sista] **I.** *adj* ① *(peculiar de una clase)* schicht(en)spezifisch ② *(consciente de su clase)* klassenbewusst **II.** *mf* Anhänger(in) *m(f)* der Klassengesellschaft

claudicar [klau̯ði'kar] <c → qu> *vi* ① *(fallar)* weich werden ② *(ceder)* nachgeben

claustro ['klau̯stro] *m* ① *(galería)* Kreuzgang *m* ② *(conjunto de profesores)* Lehrkörper *m* ③ *(reunión de profesores)* Lehrerversammlung *f* ④ *(convento)* Kloster *nt*

claustrofobia [klau̯stro'foβja] *f* (PSICO) Klaustrophobie *f*

claustrofóbico, -a [klau̯stro'foβiko, -a] *adj* (PSICO) klaustrophobisch

cláusula ['klau̯sula] *f* ① (JUR) Klausel *f* ② (LING) Satz *m*

clausura [klau̯'sura] *f* ① *(cierre)* Schließung *f;* **sesión de ~** Schlusssitzung *f* ② *(en un convento)* Klausur *f*

clausurar [klau̯su'rar] *vt* schließen

clava ['klaβa] *f* Keule *f*

clavado, -a [kla'βaðo, -a] *adj* ① *(semejante)* sehr ähnlich ② *(exacto)* genau ③ *(confuso)* verblüfft

clavar [kla'βar] **I.** *vt* ① *(hincar)* einschlagen ② *(enclavar)* annageln ③ *(fijarse)* fixieren; **tener la vista clavada en algo** den Blick starr auf etw richten ④ *(fam: engañar)* ausnehmen ⑤ *(acertar)* treffen ⑥ *(engastar)* (ein)fassen ⑦ *(fam: dar)* verpassen ⑧ *(fam: cobrar)* abknöpfen **II.** *vr* **~se una astilla en el dedo** sich *dat* einen Span in den Finger treiben

clave ['klaβe] **I.** *adj inv* Schlüssel- **II.** *f* ① (ARQUIT) Schlussstein *m* ② *(código)* Code *m;* **~ de acceso** Passwort *nt;* **en ~** codiert ③ *(secreto)* Schlüssel *m* (**de** +*gen*) ④ (MÚS) (Noten)schlüssel *m;* **~ de fa** Bassschlüssel *m;* **~ de sol** Violinschlüssel *m*

clavecín [klaβe'θin] *m* (Clavi)cembalo *nt*

clavel [kla'βel] *m* (BOT) Nelke *f*

clavetear [klaβete'ar] *vt* ① *(guarnecer)* beschlagen ② *(terminar)* abschließen ③ *(clavar clavos)* vernageln

clavicémbalo [klaβi'θembalo] *m* (Clavi)cembalo *nt*

clavicordio [klaβi'korðjo] *m* Klavichord *nt*

clavícula [kla'βikula] *f* (ANAT) Schlüsselbein *nt*

clavija [kla'βixa] *f* ① (TÉC) Stift *m* ② (MÚS: *de guitarra*) Wirbel *m* ③ *(enchufe)* Stecker *m* ④ *(loc)* **apretar las ~s a alguien** mit jdm ein ernstes Wörtchen reden

clavillo [kla'βiʎo] *m* ① (TÉC) Stift *m* ② *(especia)* (Gewürz)nelke *f*

clavo ['klaβo] *m* ① *(punta)* Nagel *m;* **dar en el ~** den Nagel auf den Knopf treffen ② *(especia)* (Gewürz)nelke *f* ③ *(callo)* Hühnerauge *nt* ④ *(jaqueca)* Migräne *f*

claxon ['klaʸson] *m* Hupe *f*

clemencia [kle'meṇθja] *f* Milde *f,* Nachsicht *f*

clemente [kle'meṇte] *adj* mild, nachsichtig

clementina [klemeṇ'tina] *f* Klementine *f*

cleptomanía [kleptoma'nia] *f* (PSICO) Kleptomanie *f*

cleptómano, -a [klep'tomano, -a] **I.** *adj* (PSICO) kleptomanisch **II.** *m, f* (PSICO) Kleptomane, -in *m, f*

clerecía [klere'θia] *f* ① *(clero)* Geistlichkeit *f;* *(solo Iglesia católica)* Klerus *m* ② *(profesión)* Priesteramt *nt*

clerical [kleri'kal] *adj* geistlich

clérigo ['kleriɣo] *m* Geistliche(r) *m;* *(solo Iglesia católica)* Kleriker *m*

clero ['klero] *m* Geistlichkeit *f;* *(solo Iglesia católica)* Klerus *m*

clic [klik] *m* Klicken *nt;* **hacer ~** klicken (**sobre** auf +*akk*), anklicken (**sobre** +*akk*)

cliché [kli'tʃe] *m* ① *(lugar común, t.* TIPO) Klischee *nt* ② (FOTO) Negativ *nt*

cliente, -a ['kljeṇte, -a] *m, f* Kunde, -in *m, f;* *(de un abogado)* Mandant(in) *m(f);* **~ fijo** Stammkunde *m*

clientela [kljeṇ'tela] *f* Kundschaft *f;* *(de un abogado)* Klientel *f*

clima ['klima] *m* ① *(atmósfera)* Klima *nt;* **~ continental** Kontinentalklima *nt;* **~ templado** gemäßigtes Klima; **~ tropical** Tropenklima *nt* ② (GEO) Breitengrad *m*

climaterio [klima'terjo] *m* Wechseljahre *ntpl*

climático, -a [kli'matiko, -a] *adj* klimatisch, Wetter-; **zona climática** Klimazone *f*

climatización [klimatiθa'θjon] *f* Klimatisierung *f*

climatizador [klimatiθa'ðor] *m* Klimaanlage *f*

climatizar [klimati'θar] <z → c> *vt* klimatisieren

climatología [klimatolo'xia] *f* Klimatologie *f*

climatológico, -a [klimato'loxiko, -a] *adj* klimatologisch

climatólogo, -a [klima'toloɣo, -a] *m, f* Klimaforscher(in) *m(f)*

clímax ['klimaʸs] *m inv* Klimax *f*

clínex ['klineʸs] *m inv (de Kleenex®)* Tempo® *nt,* Papiertaschentuch *nt*

clínica ['klinika] *f* Klinik *f*

clínico ['kliniko] *m* Krankenhaus *nt*

clip [klip] *m* ① *(sujetapapeles)* Büroklammer *f* ② *(pinza)* Klipp *m* ③ (TV) (Video)clip *m*

clisé [kli'se] *m v.* **cliché**

clítoris ['klitoris] *m inv* (ANAT) Klitoris *f*

cloaca [klo'aka] *f* (*t.* ZOOL) Kloake *f*

clon [klon] *m* ① (BIOL) Klon *m* ② *(payaso)* Clown *m*

clonación [klona'θjon] *f* (BIOL) Klonierung *f*

clonar [klo'nar] *vt* (BIOL) klonen, klonieren

clónico, -a ['kloniko, -a] *adj* (BIOL) geklont

cloración [klora'θjon] *f* (QUÍM) Chlorierung *f*

clorar [klo'rar] *vt* (QUÍM) ① *(una síntesis)* chlorieren ② *(una piscina)* chloren

clorato [klo'rato] *m* (QUÍM) Chlorat *nt*

cloro ['kloro] *m* (QUÍM) Chlor *nt*

clorofila [kloro'filja] *f* (BOT, QUÍM) Chlorophyll *nt,* Blattgrün *nt*

cloroformo [kloro'formo] *m* (QUÍM) Chloroform *nt*

cloruro [klo'ruro] *m* (QUÍM) Chlorid *nt*

clown [klau̯n] <clowns> *m* Clown *m*

club [kluᵝ] <clubs *o* clubes> *m* Klub *m;* **~ de alterne** Animierlokal *nt;* **~ deportivo** Sportverein *m*

cm [θen̩'timetro] *abr de* **centímetro** cm
coacción [koaˠ'θjon] *f (coerción)* Zwang *m;* (JUR) Nötigung *f*
coaccionar [koaˠθjo'nar] *vt (coercer)* zwingen; (JUR) nötigen
coach [ko'atʃ] *mf* ① *(asesor)* Coach *m* ② (DEP) Trainer(in) *m(f)*
coacusado, -a [koaku'saðo, -a] **I.** *adj* mitangeklagt **II.** *m, f* Mitangeklagte(r) *f(m)*
coadquirir [koaðki'rir] *irr como adquirir vt* gemeinsam [*o* gemeinschaftlich] erwerben
coadyuvar [koaðɟu'βar] *vt* helfen +*dat*, unterstützen
coagente [koa'xen̩te] **I.** *adj* mitwirkend, unterstützend **II.** *mf* Mitwirkende(r) *f(m)*
coagulación [koaɣula'θjon] *f* ① *(sangre)* Gerinnung *f* ② (QUÍM) Koagulation *f*
coagular [koaɣu'lar] **I.** *vt* (MED, QUÍM) koagulieren, gerinnen lassen **II.** *vr:* **~se** (MED) koagulieren, gerinnen
coágulo [ko'aɣulo] *m* (MED) Gerinnsel *nt*
coala [ko'ala] *m* (ZOOL) Koala *m*
coalición [koali'θjon] *f* Koalition *f*
coaligarse [koali'ɣarse] <g → gu> *vr* sich zusammenschließen (**con** mit +*dat*), sich verbünden (**con** mit +*dat*)
coartación [koarta'θjon] *f* ① *(coartar)* Beschränkung *f*, Einschränkung *f* ② (MED) Koarktation *f*
coartada [koar'taða] *f* Alibi *nt*
coartar [koar'tar] *vt* ① *(libertad)* einschränken ② *(persona)* einengen
coautor(a) [koau̯'tor(a)] *m(f)* ① *(de una acción)* Miturheber(in) *m(f); (de un libro)* Mitverfasser(in) *m(f)* ② (JUR) Mittäter(in) *m(f)*
coba ['koβa] *f* Schmeichelei *f;* **darle ~ a alguien** jdm Honig um den Bart schmieren *fam*
cobalto [ko'βal̩to] *m* (QUÍM) Kobalt *nt*
cobarde [ko'βarðe] **I.** *adj* feige **II.** *m* Feigling *m*
cobardía [koβar'ðia] *f* Feigheit *f*
cobardica [koβar'ðika] **I.** *adj (fam)* ängstlich **II.** *mf (fam)* Feigling *m*, Memme *f*
cobardón, -ona [koβar'ðon, -ona] *m, f (fam)* Angsthase *m*, Schisser(in) *m(f)*
cobaya [ko'βaɟa] *m o f* Meerschweinchen *nt*
cobertera [koβer'tera] *f (de olla)* (Topf)deckel *m*
cobertizo [koβer'tiθo] *m* ① *(tejado)* Vordach *nt* ② *(cabaña)* Schuppen *m*
cobertor [koβer'tor] *m* Bettdecke *f*
cobertura [koβer'tura] *f* ① *(cobertor)* Decke *f; (que cubre)* Bedeckung *f; (de azúcar)* Zuckerguss *m; (que protege)* Abdeckung *f* ② (COM: *acción*) Deckung *f* ③ *(de un teléfono móvil)* **tener ~** Empfang haben
cobija [ko'βixa] *f* ① *(cubierta)* Bedeckung *f* ② (ARQUIT: *teja*) Firstziegel *m* ③ *pl (Am: ropa de cama)* Bettwäsche *f;* **pegársele a alguien las ~s** verschlafen
cobijar [ko'βixar] **I.** *vt* ① *(cubrir)* bedecken, zudecken ② *(proteger)* (be)schützen ③ *(acoger)* Unterschlupf bieten +*dat* ④ *(albergar)* beherbergen **II.** *vr:* **~se** *(protegerse)* Unterschlupf finden (**bajo** unter +*dat*); *(bajo un tejado)* sich unterstellen (**bajo** unter +*dat*); *(de algún peligro)* in Deckung gehen (**de** vor +*dat*)
cobijo [ko'βixo] *m (protección concreta)* Deckung *f; (amparo)* Unterschlupf *m*
cobista [ko'βista] **I.** *adj (argot: adulador)* schmeichlerisch; *(pelotillero)* schleimig; *(servil)* kriecherisch **II.** *mf (argot: zalamero)* Schmeichler(in) *m(f); (pelotillero)* Schleimer(in) *m(f); (lameculos)* Kriecher(in) *m(f)*
cobo ['koβo] *m (AmC, Ant)* ① (ZOOL) Seemuschel *f* ② *(persona)* Einsiedler *m;* **ser un ~** schüchtern sein
cobra ['koβra] *f* (ZOOL) Kobra *f*
cobrador(a) [koβra'ðor(a)] *m(f)* ① (COM: *que cobra*) Kassierer(in) *m(f)* ② *(de tranvía)* Schaffner(in) *m(f)*
cobrar [ko'βrar] **I.** *vt* ① *(recibir)* erhalten; *(suma)* kassieren; *(cheque)* einlösen; *(sueldo)* verdienen; **¿me cobra, por favor?** zahlen, bitte! ② *(exigir)* verlangen, berechnen; *(intereses)* erheben; *(deudas)* eintreiben ③ *(conseguir)* **~ ánimos** Kraft schöpfen; **~ fama** zu Ruhm gelangen ④ *(cuerda)* einholen **II.** *vi* ① *(sueldo)* Zahltag haben ② *(fam: paliza)* Prügel beziehen; **¡que vas a ~!** du fängst dir gleich eine! **III.** *vr:* **~se** abkassieren; *(fig)* fordern
cobre ['koβre] *m* ① (QUÍM) Kupfer *nt* ② *pl* (MÚS) Blechmusik *f* ③ *(Am: moneda)* Kupfermünze *f*
cobrizo, -a [ko'βriθo, -a] *adj* kupferfarben
cobro ['koβro] *m* ① *(como fuente financiera)* Einnahme *f* ② *(acto de cobrar)* (Ein)kassieren *nt*, Berechnung *f* ③ (FIN: *impuestos*) Erhebung *f; (pago)* Zahlung *f; (por el banco)* Einziehung *f;* **~ por adelantado** Vorauszahlung *f;* **~ pendiente** ausstehende Zahlung; **a ~ revertido** zulasten des Empfängers ④ *pl* (COM) Außenstände *mpl*
coca ['koka] *f* ① (BOT) Kokastrauch *m* ② *(droga)* Kokain *nt* ③ *(de pelo)* Haarknoten *m* ④ *(fam: cabeza)* Rübe *f*
coca-cola® [koka'kola] *f* Coca-Cola® *f o nt*
cocaína [koka'ina] *f* Kokain *nt*

C

cocainómano, -a [kokai̯'nomano, -a] *m, f* Kokainsüchtige(r) *mf*

cocción [koᵞ'θjon] *f* ① *(acto)* Kochen *nt* ② *(duración)* Kochzeit *f*; *(en el horno)* Backzeit *f*

cóccix ['koᵞθiᵞs] *m inv* (ANAT) Steißbein *nt*

cocear [koθe'ar] *vi* ① *(dar coces)* ausschlagen ② *(repugnar)* sich sträuben

cocer [ko'θer] *irr* **I.** *vt* ① *(cocinar)* kochen; *(hervir)* sieden; *(al horno)* backen ② *(cerveza)* brauen; *(ropa)* kochen; *(cerámica)* brennen **II.** *vi* ① *(hervir)* kochen ② *(fermentar)* (ver)gären **III.** *vr:* **~se** ① *(cocinarse)* gekocht werden ② *(tramarse)* sich zusammenbrauen ③ *(sufrir)* unsäglich leiden ④ *(fam: pasar calor)* vor Hitze eingehen

cochambre [ko'ʧambre] *f (fam)* Dreck *m*; **caer en la ~** in der Gosse landen

cochambroso, -a [koʧam'broso, -a] *adj (fam: sucio)* dreckig; *(asqueroso)* eklig; *(maloliente)* stinkig

coche ['koʧe] *m* ① *(automóvil)* Auto *nt*; **~ de bomberos** Feuerwehrwagen *m*; **~ de carreras** (DEP) Rennwagen *m*; **~ antiguo** Oldtimer *m*; **~ deportivo** Sportwagen *m*; **~ familiar** Kombiwagen *m*; **~ de línea** Linienbus *m*; **ir en ~** fahren ② (FERRO) Wagon *m*; **~ de equipajes** Gepäckwagen *m* ③ *(de caballos)* Kutsche *f*

coche bomba ['koʧe 'βomba] <coches bomba> *m* Autobombe *f*

coche cama ['koʧe 'kama] <coches cama> *m* (FERRO) Schlafwagen *m*

coche caravana ['koʧe kara'βana] <coches caravana> *m* Wohnmobil *nt*

cochecito [koʧe'θito] *m* Kinderwagen *m*

coche patrulla ['koʧe pa'truʎa] <coches patrulla> *m* Streifenwagen *m*

cochera [ko'ʧera] *f* Garage *f*; **~ de tranvías** *(almacén)* Straßenbahndepot *nt*

coche restaurante ['koʧe restau̯'ran̩te] <coches restaurante> *m* (FERRO) Speisewagen *m*

cochero [ko'ʧero] *m* Kutscher *m*

cochinada [koʧi'naða] *f*, **cochinería** [koʧine'ria] *f (fam)* Schweinerei *f*

cochinilla [koʧi'niʎa] *f* ① (ZOOL: *insecto*) Koschenille(schildlaus) *f* ② (ZOOL: *crustáceo*) Kellerassel *f*

cochinillo [koʧi'niʎo] *m* Ferkel *nt*

cochino, -a [ko'ʧino, -a] **I.** *adj (fam)* schweinisch **II.** *m, f* ① (ZOOL: *macho*) Schwein *nt*; *(hembra)* Sau *f* ② *(fam: guarro)* (Dreck)schwein *nt*

cochón, -ona [ko'ʧon, -ona] *m, f (argot pey: maricón)* Schwule(r) *m*, Schwuchtel *f abw*; *(tortillera)* Lesbe *f*

cocido [ko'θiðo] *m* Kichererbseneintopf *m*

cociente [ko'θjen̩te] *m* (MAT) Quotient *m*

cocina [ko'θina] *f* ① *(estancia)* Küche *f*; **~ americana** Einbauküche *f* ② *(aparato)* Herd *m* ③ *(arte)* Kochkunst *f*; **la ~ alemana** die deutsche Küche; **libro de ~** Kochbuch *nt*

cocinar [koθi'nar] **I.** *vt (guisar)* kochen; *(aderezar)* zubereiten **II.** *vi* ① *(guisar)* kochen ② *(fam: inmiscuirse)* sich in fremde Angelegenheiten mischen

cocinero, -a [koθi'nero, -a] *m, f* Koch *m*, Köchin *f*

coco ['koko] *m* ① (BOT: *fruto*) Kokosnuss *f* ② (BOT: *árbol*) Kokospalme *f* ③ *(fam: cabeza)* Birne *f*, Schädel *m*; *(cerebro)* Hirn *nt*; **comerse el ~** sich *dat* den Kopf zerbrechen ④ *(fam: ogro)* schwarzer Mann *m* ⑤ (ZOOL: *larva*) Kokon *m* ⑥ (BIOL: *bacteria*) Kokke *f*

cocodrilo [koko'ðrilo] *m* (ZOOL) Krokodil *nt*

cocotero [koko'tero] *m* Kokospalme *f*

coctel [kok'tel] <coctels> *m*, **cóctel** ['koktel] <cócteles> *m* Cocktail *m*

coctelera [kokte'lera] *f* Cocktailbecher *m*

coctelería [koktele'ria] *f* Cocktailbar *f*

cocuyo [ko'kuʝo] *m (Am)* ① (ZOOL) Glühwürmchen *nt*, Leuchtkäfer *m* ② (AUTO) Rücklicht *nt*

codal [ko'ðal] **I.** *adj* Ell(en)bogen- **II.** *m* ① (ARQUIT: *tapial*) Spreizstange *f* ② (ARQUIT: *madero entre dos paredes*) Spreizbalken *m*, Versteifung *f* ③ (MIN) Stützbogen *m*

codazo [ko'ðaθo] *m* Ellbogenstoß *m*

codear [koðe'ar] **I.** *vi* mit den Ellbogen stoßen **II.** *vr:* **~se** verkehren

codera [ko'ðera] *f* ① (MED) Ellbogenkrätze *f* ② *(en la ropa)* ausgebeulter Ellbogen *m* ③ *(refuerzo)* Ellbogenflicken *m*

códice ['koðiθe] *m* Handschrift *f*, Kodex *m*

codicia [ko'ðiθja] *f* ① *(de algo material)* Habgier *f* ② *(de algo inmaterial)* Begierde *f*, Gier *f* (**de** nach +*dat*)

codiciado, -a [koði'θjaðo, -a] *adj* begehrt, sehr gefragt

codiciar [koði'θjar] *vt* begehren

codicilo [koði'θilo] *m* (JUR) Kodizill *nt*

codicioso, -a [koði'θjoso, -a] *adj* habgierig

codificación [koðifika'θjon] *f* ① (JUR) Kodifizierung *f* ② *(con señales)* Codierung *f*; (*t.* INFOR) Verschlüsselung *f*

codificador [koðifika'ðor] *m* (INFOR) Codierer *m*; **~-decodificador** Coder-Decoder *m*; **~ (en) numérico** Digitalisierer *m*

codificar [koðifi'kar] <c → qu> *vt* ① (JUR) kodifizieren ② *(con señales)* codieren; (*t.* INFOR) verschlüsseln

código ['koðiɣo] *m* ① (JUR) Kodex *m*, Gesetzbuch *nt*; **~ de circulación** Straßenverkehrsordnung *f*; **C~ Civil** Bürgerliches Gesetzbuch ② *(de señales)* Code *m;* ~ **de barras** Balkencode *m,* Strichcode *m;* ~ **QR** QR-Code *m;* **mensaje en** ~ verschlüsselte Botschaft ③ (*t.* ECON, FIN) Zahl *f,* Ziffer *f;* ~ **bancario** Bankleitzahl *f;* ~ **postal** Postleitzahl *f* ④ (INFOR) ~ **abierto** Open Source *f;* **programa informático de** ~ **abierto** Open-Source-Software *f*

codillo [ko'ðiʎo] *m* ① (ZOOL) Ellbogen *m* ② *(de un árbol)* (Ast)stumpf *m* ③ (TÉC: *doblez*) Bugstück *nt,* Knie *nt* ④ (GASTR) Eisbein *nt*

codo ['koðo] *m* ① (ANAT) Ell(en)bogen *m;* ~ **de tenis** Tennisarm *m;* **empinar el** ~ *(fam)* einen heben; **trabajar** ~ **a** ~ Schulter an Schulter arbeiten; **hablar por los** ~**s** *(fam)* reden wie ein Wasserfall ② (TÉC: *doblez*) Knie *nt,* Bugstück *nt* ③ *(de camino)* (Weg)biegung *f*

codorniz [koðor'niθ] *f* (ZOOL) Wachtel *f*

coeducación [koeðuka'θjon] *f* Unterricht *m* in gemischten Klassen

coeficiente [koefi'θjente] *m* (MAT) Koeffizient *m*

coercer [koer'θer] <c → z> *vt* ① *(obligar)* zwingen (**a** zu +*dat*); (JUR) nötigen (**a** zu +*dat*) ② *(cohibir)* abhalten (**de** von +*dat*), hindern (**de** an +*dat*) ③ *(coartar)* einschränken

coerción [koer'θjon] *f* Zwang *m;* (JUR) Nötigung *f*

coetáneo, -a [koe'taneo, -a] **I.** *adj* ① *(de la misma edad)* gleichaltrig ② *(contemporáneo)* zeitgenössisch **II.** *m, f* ① *(de la misma edad)* Gleichaltrige(r) *mf* ② *(contemporáneo)* Zeitgenosse, -in *m, f*

coexistencia [koeʸsis'tenθja] *f* Koexistenz *f*

coexistente [koeʸsis'tente] *adj* koexistent

coexistir [koeʸsis'tir] *vi* koexistieren

cofia ['kofja] *f* Haube *f*

cofrade [ko'fraðe] *m* Angehörige(r) *m* einer Laienbruderschaft

cofradía [kofra'ðia] *f* ① *(hermandad)* Laienbruderschaft *f* ② *(gremio)* Zunft *f* ③ *(asociación)* Verein *m*

cofre ['kofre] *m* ① *(caja)* Truhe *f* ② *(de joyas)* Schmuckkästchen *nt*

cogedero [koxe'ðero] *m (mango)* Stiel *m*

cogedor [koxe'ðor] *m* Kehrichtschaufel *f*

coger [ko'xer] <g → j> **I.** *vt* ① *(agarrar)* festhalten (**de/por** an +*dat*), fassen (**de/por** an +*dat*); *(objeto caído)* aufheben; ~**las al vuelo** es sofort kapieren *fam;* **le cogió del brazo** er/sie hielt ihn am Arm fest; **le cogió en brazos** er/sie nahm ihn auf den Arm ② *(tocar)* in die Hände nehmen ③ *(quitar)* wegnehmen; *(en la aduana)* abnehmen, finden ④ *(atrapar)* (auf)fangen; *(personas)* fassen; *(apresar)* festnehmen ⑤ *(flores)* pflücken; *(cosecha)* ernten ⑥ (AUTO: *atropellar*) überfahren, anfahren ⑦ *(trabajo)* annehmen ⑧ *(vicio, enfermedad)* bekommen; ~ **frío** sich erkälten; ~**le cariño a alguien** jdn lieb gewinnen; ~ **el hábito de fumar** mit dem Rauchen anfangen; **ha cogido una gripe** er/sie hat sich *dat* eine Grippe zugezogen ⑨ *(una noticia)* aufnehmen ⑩ *(sorprender)* antreffen, vorfinden ⑪ *(adquirir)* nehmen; *(obtener)* besorgen; **¿vas a** ~ **el piso?** hast du dich für die Wohnung entschieden? ⑫ (RADIO) empfangen ⑬ *(tomar)* nehmen; ~ **el tren/autobús** den Zug/Bus nehmen ⑭ *(Am: vulg: copular)* ficken **II.** *vi* ① *(planta)* Wurzeln schlagen ② *(tener sitio)* Platz haben ③ *(Am: vulg: copular)* ficken (**con** +*akk*) **III.** *vr (pillarse)* ~**se algo** sich *dat* etw einklemmen

cogestión [koxes'tjon] *f* Mitbestimmung *f*

cogida [ko'xiða] *f* ① (TAUR) Stierkampfunfall *m* ② *(de frutas)* Ernte *f*

cogido[1] [ko'xiðo] *m (en vestidos, cortinas)* Falte *f*

cogido, -a[2] [ko'xiðo, -a] *adj* befestigt; **el poster está** ~ **con chinchetas** das Poster ist mit Reißzwecken befestigt; **ir** ~**s de la mano** Hand in Hand gehen

cogitabundo, -a [koxita'βundo, -a] *adj* nachdenklich

cognición [koɣni'θjon] *f* (*t.* PSICO: *percepción*) Wahrnehmung *f;* (FILOS) Erkenntnis *f*

cognitivo, -a [koɣni'tiβo, -a] *adj* (PSICO) kognitiv

cognoscitivo, -a [koɣnosθi'tiβo, -a] *adj* Erkenntnis-

cogollo [ko'ɣoʎo] *m* ① *(de col, lechuga)* Herz *nt; (de árbol)* Baumkrone *f* ② *(brote)* Knospe *f* ③ *(algo selecto)* Elite *f* ④ *(núcleo)* Innere(s) *nt*

cogorza [ko'ɣorθa] *f (argot)* Suff *m*

cogote [ko'ɣote] *m* ① *(de la cabeza)* Hinterkopf *m* ② *(nuca)* Nacken *m;* **estar hasta el** ~ *(fam)* die Nase voll haben

cogotudo [koɣo'tuðo] *m (Am)* Emporkömmling *m*

cohabitación [koaβita'θjon] *f* ① *(convivencia)* Zusammenleben *nt;* (JUR: *en el matrimonio*) eheliches Zusammenleben *nt* ② *(acto sexual)* Beischlaf *m,* Kohabitation *f geh*

cohabitar [koaβi'tar] *vi* ① *(convivir)* zusammenleben ② (JUR: *en el matrimonio*) ehelich zusammenleben ③ *(pey: amancebarse)* in wilder Ehe leben

cohecho [ko'etʃo] *m* Bestechung *f,* Korruption *f*

C

coheredero, -a [koere'ðero, -a] *m, f* Miterbe, -in *m, f*
coherencia [koe'ren̩θja] *f* Zusammenhang *m*
coherente [koe'ren̩te] *adj* (in sich) logisch, zusammenhängend, kohärent *geh*
coherentemente [koeren̩te'men̩te] *adv* konsequenterweise, folglich
cohesión [koe'sjon] *f* ❶ *(unión)* Zusammenhalt *m* ❷ (FÍS) Kohäsion *f*
cohesionar [koesjo'nar] *vt* zusammenhalten
cohete [ko'ete] *m* ❶ *(explosivo)* Feuerwerkskörper *m* ❷ *(misil)* Rakete *f*
cohibición [koi̯βi'θjon] *f* ❶ *(intimidación)* Einschüchterung *f* ❷ *(prohibición)* Einschränkung *f*
cohibido, -a [koi̯'βiðo, -a] *adj (intimidado)* eingeschüchtert; *(tímido, incómodo)* verschüchtert; *(inhibido)* gehemmt
cohibir [koi̯'βir] *irr como prohibir* **I.** *vt (intimidar)* einschüchtern; *(incomodar)* hemmen; *(refrenar)* befangen machen **II.** *vr:* **~se** den Mut verlieren
COI [koi̯] *m abr de* **Comité Olímpico Internacional** IOK *nt*
coimear [koi̯me'ar] *vt (AmS: sobornar)* bestechen
coincidencia [koi̯n̩θi'ðen̩θja] *f* ❶ *(simultaneidad)* Überschneidung *f,* Zusammenfallen *nt;* **¡qué ~!** was für ein Zufall! ❷ *(acuerdo)* Absprache *f* ❸ *(concordancia)* Übereinstimmung *f* ❹ *(encuentro)* Zusammentreffen *nt*
coincidente [koi̯n̩θi'ðen̩te] *adj* ❶ *(simultáneo)* zusammenfallend ❷ *(concordante)* übereinstimmend ❸ *(en el mismo lugar)* zusammentreffend
coincidir [koi̯n̩θi'ðir] *vi* ❶ *(sucesos)* zusammenfallen ❷ *(toparse)* zusammentreffen; **~ con alguien** jdn zufällig treffen ❸ *(concordar)* sich decken, übereinstimmen; **~ con alguien** mit jdm einer Meinung sein
coipo ['koi̯po] *m (Arg, Chil:* ZOOL) Nutria *f,* Sumpfbiber *m*
coito ['koi̯to] *m* Koitus *m,* Beischlaf *m*
coja ['koxa] *adj o f v.* **cojo**
cojear [koxe'ar] *vi (persona)* humpeln, hinken; *(animal)* lahmen; *(mueble)* wackeln
cojera [ko'xera] *f* Humpeln *nt,* Hinken *nt*
cojín [ko'xin] *m* Kissen *nt*
cojinete [koxi'nete] *m* (TÉC) Lager *nt*
cojo, -a ['koxo, -a] **I.** *adj* ❶ *(persona)* hinkend; *(animal)* lahm; **a la pata coja** auf einem Bein ❷ *(mueble)* wack(e)lig **II.** *m, f* Hinkende(r) *mf*
cojón [ko'xon] *m (vulg)* ❶ *pl (testículos)* Eier *nt pl fam* ❷ *pl (interjecciones)* **¡cojones!** Mist! *fam;* **es una música de cojones** das ist eine geile Musik *fam*
cojonudo, -a *adj (argot)* Super-, Wahnsinns-; **un tío ~** *(estupendo)* ein Mordskerl; *(atractivo)* ein geiler Typ
cojudo, -a [ko'xuðo, -a] *adj (Am: tonto)* dumm
col [kol] *m o f* (BOT) Kohl *m;* **~es de Bruselas** Rosenkohl *m;* **~ de Milán** Wirsing *m;* **~ lombarda** Rotkohl *m;* **~ rizada** Grünkohl *m*
cola ['kola] *f* ❶ (ANAT: *rabo*) Schwanz *m; (de caballo)* Schweif *m; (de conejo)* Blume *f* ❷ *(de vestido)* Schleppe *f;* **llevar la ~** die Schleppe tragen ❸ *(al esperar)* Schlange *f;* **hacer ~** Schlange stehen; **ponerse a la ~** sich (hinten) anstellen ❹ *(de un cometa)* Schweif *m* ❺ *(pegamento)* Leim *m* ❻ *(vulg: pene)* Schwanz *m fam* ❼ *(Am: argot)* **pedir ~** trampen
colaboración [kolaβora'θjon] *f* Zusammenarbeit *f,* Mitwirkung *f*
colaboracionista [kolaβoraθjo'nista] **I.** *adj* (POL) kollaborierend **II.** *mf* (POL) Kollaborateur(in) *m(f)*
colaborador(a) [kolaβora'ðor(a)] **I.** *adj* ❶ *(cooperativo)* zusammenarbeitend, mitwirkend ❷ (POL) kollaborierend **II.** *m(f)* Mitarbeiter(in) *m(f)*
colaborar [kolaβo'rar] *vi* ❶ *(cooperar)* zusammenarbeiten (**con** mit *+dat*), mitwirken (**en** an *+dat*) ❷ (POL) kollaborieren (**con** mit *+dat*)
colación [kola'θjon] *f* ❶ (JUR: *mención*) urkundliche Erwähnung *f; (de bienes)* Vergleich *m* ❷ *(pey: mencionar)* **sacar a ~** zur Sprache bringen ❸ *(comida)* leichte (Zwischen)mahlzeit *f,* Snack *m*
colacionar [kolaθjo'nar] *vt* ❶ *(cotejar)* gegenüberstellen, vergleichen ❷ (REL) verleihen ❸ (JUR) ausgleichen
colada [ko'laða] *f* ❶ *(de ropa)* Wäsche *f* ❷ *(blanquear con lejía)* (Weiß)waschen *nt* ❸ (QUÍM) Lauge *f* ❹ *(montaña)* Engpass *m*
coladera [kola'ðera] *f* ❶ *(pasador)* Sieb *m,* Seiher *m* ❷ *(Méx: alcantarilla)* Abwasserkanal *m*
coladero [kola'ðero] *m* ❶ *(pasador)* Sieb *nt* ❷ *(camino)* schmaler Weg *m*
colado, -a [ko'laðo, -a] *adj (fam: enamorado)* verknallt (**por** in *+akk*)
colador [kola'ðor] *m* Sieb *nt*
colaje [ko'laxe] *m* Collage *f*
colapsar [kolap'sar] **I.** *vt (tráfico)* zum Erliegen bringen **II.** *vi, vr:* **~se** ❶ *(tráfico)* zum Erliegen kommen ❷ (MED) kollabieren
colapso [ko'lapso] *m* ❶ (MED) Kollaps *m* ❷ *(destrucción)* Zusammenbruch *m; (paralización)* Stillstand *m*

colar [ko'lar] <o → ue> **I.** *vt* ① *(filtrar)* filtern ② *(metal)* abstechen ③ *(ropa: blanquear)* bleichen; *(en remojo)* einweichen ④ *(fam: en la aduana)* (durch)schmuggeln **II.** *vi* ① *(penetrar: líquido)* durchsickern; *(aire)* streichen (**por** durch +*akk*) ② *(fam: información)* glaubwürdig sein **III.** *vr:* **~se** ① *(fam: entrar)* sich durchschleichen; *(una moneda)* durchfallen ② *(en una cola)* sich vordrängeln ③ *(fam: equivocarse)* falschliegen; **¡te colaste!** völlig daneben!

colateral [kolate'ral] *adj* seitlich; **línea ~** Seitenlinie *f*

colcha ['koltʃa] *f* Tagesdecke *f*

colchón [kol'tʃon] *m* Matratze *f;* **~ de agua** Wasserbett *nt*

colchonería [koltʃone'ria] *f* Matratzengeschäft *nt*

colchoneta [koltʃo'neta] *f* ① *(colchón neumático)* Luftmatratze *f;* *(colchón isotermo)* Isomatte *f* ② (DEP: *gimnasia*) Matte *f*

cole ['kole] *m (fam)* Schule *f*

colear [kole'ar] *vi* ① *(la cola)* (mit dem Schwanz) wedeln ② *(durar)* andauern; *(tener efecto)* noch wirken

colección [kole^{y}'θjon] *f* ① *(recopilación)* Sammlung *f* ② *(de moda)* Kollektion *f* ③ *(fam: cantidad)* Menge *f*

coleccionar [kole^{y}θjo'nar] *vt* sammeln

coleccionismo [kole^{y}θjo'nismo] *m* Sammlerleidenschaft *f*

coleccionista [kole^{y}θjo'nista] *mf* Sammler(in) *m(f)*

colecta [ko'lekta] *f* ① (REL: *en misa*) Kollekte *f* ② *(recaudación)* Sammeln *nt* (für wohltätige Zwecke)

colectar [kolek'tar] *vt* ① *(reunir)* sammeln ② (LIT: *recopilar*) zusammenstellen

colecticio, -a [kolek'tiθjo, -a] *adj* ① *(que recoge)* gesammelt, kompiliert ② (LIT) zusammengestellt

colectivamente [kolektiβa'mente] *adv* ① *(todos juntos)* gemeinschaftlich ② *(global)* insgesamt

colectividad [kolektiβi'ða^{ð}] *f* Kollektivität *f*

colectivismo [kolekti'βismo] *m* Kollektivismus *m*

colectivizar [kolektiβi'θar] <z → c> *vt* kollektivieren

colectivo[1] [kolek'tiβo] *m* (POL) Kollektiv *nt*

colectivo, -a[2] [kolek'tiβo, -a] *adj* ① *(todos juntos)* kollektiv; **acción colectiva** gemeinsame Aktion ② *(global)* umfassend

colector [kolek'tor] *m* ① (ELEC) Kollektor *m* ② *(canalización)* Abzugskanal *m*

colega [ko'leɣa] *mf* ① *(compañero)* Kollege, -in *m, f* ② *(homólogo)* Amtskollege, -in *m, f* ③ *(argot: amigo)* Kumpel *m*

colegiado, -a [kole'xjaðo, -a] **I.** *adj* in einer Berufskammer organisiert **II.** *m, f* ① *(miembro)* Angehörige(r) *mf* einer Berufskammer ② (DEP: *árbitro*) Schiedsrichter(in) *m(f)*

colegial(a) [kole'xjal(a)] **I.** *adj* ① *(de un colegio)* Schul-, Schüler- ② *(inexperto)* unerfahren **II.** *m(f)* ① *(alumno)* Schüler(in) *m(f)* ② *(inexperto)* Grünschnabel *m*

colegiarse [kole'xjarse] *vr* ① *(afiliarse)* einer Berufskammer beitreten ② *(organizarse)* sich in einer Berufskammer zusammenschließen

colegiata [kole'xjata] *f* Stiftskirche *f*

colegiatura [kolexja'tura] *f* Stipendium *nt*

colegio [ko'lexjo] *m* ① (ENS) Schule *f;* **~ de párvulos** Vorschule *f;* **~ privado** Privatschule *f;* **ir al ~** zur Schule gehen ② *(Am: universidad)* Hochschule *f;* **~ mayor** Studentenwohnheim *nt* ③ *(corporación)* Berufsgenossenschaft *f;* *(conjunto)* Kollegium *nt;* **~ de abogados** Anwaltskammer *f*

coleóptero [kole'optero] *m* (ZOOL) Käfer *m,* Koleoptere *f*

cólera[1] ['kolera] *m* (MED) Cholera *f*

cólera[2] ['kolera] *f* ① (ANAT) Galle *f* ② *(ira)* Jähzorn *m;* **acceso de ~** Wutanfall *m*

colérico, -a [ko'leriko, -a] **I.** *adj* ① *(de temperamento)* cholerisch, jähzornig ② *(furioso)* zornig, wütend **II.** *m, f* Choleriker(in) *m(f)*

colesterol [koleste'rol] *m* (MED, QUÍM) Cholesterin *nt*

coleta [ko'leta] *f* *(peinado)* Pferdeschwanz *m;* **gente de ~** (TAUR) Stierkämpfer *mpl;* **cortarse la ~** (TAUR) den Stierkampfberuf aufgeben; *(fig)* alles aufgeben

coletazo [kole'taθo] *m* Schlag *m* mit dem Schwanz

coletero [kole'tero] *m* Haargummi *nt*

coletilla [kole'tiʎa] *f* ① *(peinado)* Zöpfchen *nt;* (TAUR) Stierkämpferzöpfchen *nt* ② *(de un escrito)* Postskriptum *nt* ③ *(palabra)* Floskel *f*

coleto [ko'leto] *m* ① *(casaca)* Lederjacke *f* ② *(fregona)* Mopp *m* ③ *(loc, fam)* **decir algo para su ~** etw zu sich *dat* selbst sagen; *(farfullar)* etw in seinen Bart murmeln; *(comer)* etw verdrücken; **echarse un libro al ~** ein Buch verschlingen [*o* in einem Zug durchlesen]

colgadero [kolɣa'ðero] *m* *(gancho)* Haken *m;* *(asa)* Henkel *m;* **~ de ropa** Kleiderhaken *m*

colgadizo[1] [kolɣa'ðiθo] *m* kleines Vordach *nt*

colgadizo, -a[2] [kolɣa'ðiθo, -a] *adj* Hänge-

colgado, -a [kol'ɣaðo, -a] *adj* ① *(cuadro)* aufgehängt; *(cuerda)* gespannt; *(persona)* erhängt ② *(suspendido)* nicht bestanden

colgador [kolɣa'ðor] *m (en general)* Aufhängevorrichtung *f; (gancho)* Haken *m; (percha)* Bügel *m*

colgadura [kolɣa'ðura] *f* ① *(cortinaje)* Vorhang *m* ② *(de pared)* Wandbehang *m; (tapiz)* Wandteppich *m*

colgajo [kol'ɣaxo] *m* ① *(pey: trapo)* Fetzen *m* ② *(de frutas)* Traube *f* ③ (MED: *herida*) Lappen *m;* ~ **de piel** Hautlappen *m*

colgante [kol'ɣan̪te] **I.** *adj* Hänge-; **puente** ~ *(entre dos lados)* Hängebrücke *f; (de castillo)* Zugbrücke *f* **II.** *m* ① (ARQUIT) Feston *nt* ② *(joya)* Anhänger *m*

colgar [kol'ɣar] *irr* **I.** *vt* ① *(pender)* hängen (**de/en** an +*akk*); *(decorar)* behängen (**de** mit +*dat*); *(ahorcar)* erhängen (**de** an +*dat*); ~ **el teléfono** den (Telefon)hörer auflegen ② *(dejar)* aufgeben; ~ **los libros** das Studium aufgeben ③ (ENS: *fam: suspender*) durchfallen lassen ④ *(atribuir)* anhängen ⑤ (INFOR) hochladen; ~ **fotos y vídeos en internet** Fotos und Videoaufnahmen ins Internet hochladen **II.** *vi* ① *(pender)* hängen (**de/en** an/von +*dat*); *(de arriba para abajo)* herunterhängen (**de** von +*dat*); *(lengua del perro)* heraushängen ② (TEL: *auricular*) auflegen **III.** *vr:* ~**se** sich erhängen (**de/en** an +*dat*)

colibrí [koli'βri] *m* (ZOOL) Kolibri *m*

cólico ['koliko] *m* (MED) Kolik *f*

coliflor [koli'flor] *f* Blumenkohl *m*

coligación [koliɣa'θjon] *f* Verbindung *f,* Bündnis *nt*

coligar [koli'ɣar] <g → gu> **I.** *vt* vereinen, verbinden **II.** *vr:* ~**se** sich zusammenschließen, sich verbünden (**con** mit +*dat*)

colilla [ko'liʎa] *f* Zigarettenkippe *f*

colín [ko'lin] *m (AmC, Ant)* Machete *f,* Buschmesser *nt*

colina [ko'lina] *f* Hügel *m*

colinabo [koli'naβo] *m* (BOT) Kohlrabi *m*

colindante [kolin̪'dan̪te] **I.** *adj* angrenzend **II.** *mf* (JUR) Grundstücksnachbar(in) *m(f)*

colindar [kolin̪'dar] *vi* grenzen (**con** an +*akk*)

colirio [ko'lirjo] *m* Augentropfen *mpl*

coliseo [koli'seo] *m* Kolliseum *nt*

colisión [koli'sjon] *f* Zusammenstoß *m,* Kollision *f*

colisionar [kolisjo'nar] *vi* zusammenstoßen (**con/contra** mit +*dat*), kollidieren (**con/contra** mit +*dat*)

colista [ko'lista] *mf (irón) Person, die Schlange steht*

collado [ko'ʎaðo] *m* ① *(colina)* Hügel *m* ② *(puerto)* (Gebirgs)pass *m*

collage [ko'laʃ] *m* (ARTE) Collage *f*

collar [ko'ʎar] *m* ① *(adorno)* Halskette *f; (de joyas o perlas)* Collier *nt;* ~ **de perro** Hundehalsband *nt* ② *(insignia)* Ordenskette *f* ③ (TÉC: *aro*) Ring *m*

collarín [koʎa'rin] *m* Kollar *nt;* (MED) Halskrause *f*

collejas [ko'ʎexas] *fpl* Feldsalat *m*

collón, -ona [ko'ʎon, -ona] *adj (vulg: apocado)* feige

colmado[1] [kol'maðo] *m* Lebensmittelgeschäft *nt*

colmado, -a[2] [kol'maðo, -a] *adj (lleno)* voll (**de** mit +*dat*); *(repleto)* randvoll; **un año** ~ **de felicidad** ein glückliches Jahr

colmar [kol'mar] **I.** *vt* ① *(vaso)* bis zum Rand füllen (**de** mit +*dat*) ② *(alabanzas)* überschütten (**de** mit +*dat*) ③ *(esperanzas)* erfüllen **II.** *vr:* ~**se** in Erfüllung gehen

colmena [kol'mena] *f* (ZOOL) Bienenstock *m*

colmenar [kolme'nar] *m* Bienenstand *m*

colmenero, -a [kolme'nero, -a] *m, f* Imker(in) *m(f)*

colmenilla [kolme'niʎa] *f* (BOT) Morchel *f*

colmillo [kol'miʎo] *m* Eckzahn *m; (de elefante)* Stoßzahn *m; (de perro)* Fangzahn *m;* **enseñar los ~s** *(fig)* die Zähne zeigen

colmo ['kolmo] *m* ① *(repleto)* Übermaß *nt,* Fülle *f* ② *(lo máximo)* Gipfel *m;* **para** ~ obendrein; **¡esto es el ~!** das ist (doch) der Gipfel!

colocación [koloka'θjon] *f* ① *(empleo)* (An)stellung *f* ② *(disposición)* Anordnung *f,* Aufstellung *f* ③ (COM: *inversión*) Anlage *f,* Placement *nt* ④ (DEP: *posición*) (Spieler)aufstellung *f*

colocado, -a [kolo'kaðo, -a] *adj (argot: bebido)* blau; *(drogado)* high

colocar [kolo'kar] <c → qu> **I.** *vt* ① *(emplazar)* stellen; *(según un orden)* (an)ordnen; *(poner)* legen; *(cuadro, cartel)* anbringen ② (DEP: *balón, flecha*) schießen ③ (COM: *invertir*) anlegen, platzieren; *(mercancías)* absetzen, verkaufen ④ *(empleo)* anstellen ⑤ *(casar)* unter die Haube bringen *fam* ⑥ *(argot: encarcelar)* einbuchten **II.** *vr:* ~**se** ① *(empleo)* eine Anstellung finden ② *(sombrero, gafas)* sich *dat* aufsetzen ③ *(posicionarse)* sich hinstellen; *(sentarse)* Platz nehmen ④ *(argot: alcohol)* sich betrinken; *(drogas)* Drogen nehmen; *(heroína)* sich *dat* einen Schuss setzen

colocón [kolo'kon] *m (argot)* Rausch *m*

colofón [kolo'fon] *m* ① *(libro)* Schlussbemerkungen *fpl* ② *(fin)* Abschluss *m;* **para** ~ zum Schluss

Colombia [ko'lombja] *f* Kolumbien *nt*

colombiano, -a [kolom'bjano, -a] **I.** *adj* kolumbianisch **II.** *m, f* Kolumbianer(in) *m(f)*

colombino, -a [kolom'bino, -a] *adj* kolumbisch
colon ['kolon] *m* (ANAT) Grimmdarm *m*
Colón [ko'lon] *m* ❶ *(Cristóbal)* Kolumbus *m* ❷ *(moneda)* Colón *m*
colonia [ko'lonja] *f* ❶ (BIOL, POL: *aglomeración*) Kolonie *f* ❷ *pl (para niños)* Ferienkolonie *f* ❸ *(barrio)* Stadtviertel *nt* ❹ *(perfume)* Kölnischwasser *nt*
Colonia [ko'lonja] *f* Köln *nt;* **agua de ~** Kölnischwasser *nt*
colonial *adj* Kolonial-; **época ~** Kolonialepoche *f;* **productos ~es** Kolonialwaren *fpl*
colonialismo [kolonja'lismo] *m* Kolonialismus *m*
colonialista [kolonja'lista] **I.** *adj* kolonialistisch **II.** *mf* Kolonialist(in) *m(f)*
colonización [koloniθa'θjon] *f* ❶ (POL: *conquista*) Kolonisierung *f* ❷ *(población)* Besied(e)lung *f*
colonizador(a) [koloniθa'ðor(a)] **I.** *adj* kolonisierend **II.** *m(f)* ❶ *(conquistador)* Kolonist(in) *m(f)* ❷ *(poblador)* Siedler(in) *m(f)*
colonizar [koloni'θar] <z → c> *vt* ❶ *(conquistar)* kolonisieren ❷ *(poblar)* besiedeln
colono, -a [ko'lono, -a] *m, f* ❶ (POL: *conquistador*) Kolonist(in) *m(f)* ❷ *(poblador)* Siedler(in) *m(f)* ❸ (AGR: *labrador*) Pachtbauer, -bäuerin *m, f*
coloquial [kolo'kjal] *adj* (LING) umgangssprachlich
coloquio [ko'lokjo] *m* ❶ *(conversación)* Gespräch *nt; (científico)* Kolloquium *nt* ❷ *(congreso)* Kongress *m,* Konferenz *f*
color [ko'lor] *m* ❶ *(en general)* Farbe *f;* **película en ~** Farbfilm *m;* **un coche de ~ azul** ein blaues Auto; **un vestido de ~es** ein buntes Kleid; **huevos de ~** *(Am)* braune Eier; **nuestros ~es** (DEP) unsere Mannschaft; **mudar de ~** *(palidecer)* erblassen; *(ruborizarse)* erröten ❷ *pl* (ARTE: *conjunto*) Farbgestaltung *f* ❸ *(sustancia)* Farbe *f* ❹ (POL: *ideología*) politische Überzeugung *f*
coloración [kolora'θjon] *f* ❶ *(acto)* Färben *nt* ❷ *(resultado, carácter)* Färbung *f*
colorado, -a [kolo'raðo, -a] *adj* ❶ *(coloreado)* farbig, bunt ❷ *(rojo)* rot; **ponerse ~** erröten
colorante [kolo'raṇte] **I.** *adj* färbend **II.** *m* Farbstoff *m*
colorar [kolo'rar] *vt* färben, kolorieren
coloreado, -a [kolore'aðo, -a] *adj* farbig
colorear [kolore'ar] **I.** *vt* ❶ *(dar color)* färben; *(pintar)* anmalen ❷ *(al relatar)* beschönigen **II.** *vi* ❶ *(frutos)* Farbe bekommen ❷ *(tirar a rojo)* ins Rötliche (über)gehen
colorete [kolo'rete] *m* Rouge *nt*
colorido [kolo'riðo] *m* ❶ *(conjunto)* Färbung *f* ❷ *(tipismo)* (Lokal)kolorit *nt*
colorir [kolo'rir] **I.** *vt* ❶ *(dar color)* färben, kolorieren ❷ *(al relatar)* beschönigen, in schöneren Farben malen **II.** *vi* (sich) verfärben
colorismo [kolo'rismo] *m sin pl* ❶ (ARTE) Kolorismus *m* ❷ (LIT) überladener Stil *m*
colosal [kolo'sal] *adj (t. fam)* kolossal
coloso [ko'loso] *m* ❶ *(estatua)* Koloss *m* ❷ *(persona)* außergewöhnlicher Mensch *m; (en un campo)* Größe *f*
columbino, -a [kolum'bino, -a] *adj* ❶ *(de las palomas)* Tauben- ❷ *(fig: cándido)* unschuldig, aufrichtig ❸ *(rojo oscuro)* granatfarben
columna [ko'lumna] *f* ❶ *(pilar)* Säule *f* ❷ *(montón)* Stapel *m* ❸ *(periódico)* Kolumne *f,* (Druck)spalte *f* ❹ (MIL: *formación*) Kolonne *f* ❺ (ANAT) **~ vertebral** Wirbelsäule *f* ❻ *(fig: apoyo)* Rückgrat *nt,* Stütze *f*
columnista [kolum'nista] *mf* Kolumnist(in) *m(f)*
columpiar [kolum'pjar] **I.** *vt* ❶ *(balancear)* schaukeln ❷ *(mecer)* wiegen **II.** *vr:* **~se** schaukeln
columpio [ko'lumpjo] *m* ❶ *(para niños)* Schaukel *f* ❷ *(Am: mecedora)* Schaukelstuhl *m*
colza ['koḷθa] *f* (BOT) Raps *m*
coma[1] ['koma] *m* (MED) Koma *nt*
coma[2] ['koma] *f* (LING) Komma *nt*
comadre [ko'maðre] *f* ❶ *(fam: comadrona)* Hebamme *f* ❷ *(madrina)* Taufpatin *f* ❸ *(fam: vecina)* (befreundete) Nachbarin *f* ❹ *(fam: amiga íntima)* Busenfreundin *f* ❺ *(fam: alcahueta)* Klatschbase *f* ❻ *(fam: celestina)* Kupplerin *f*
comadrear [komaðre'ar] *vi (fam)* klatschen, lästern
comadreja [koma'ðrexa] *f* (ZOOL) Wiesel *nt*
comadrona [koma'ðrona] *f* Hebamme *f*
comanche [ko'mantʃe] *mf* Komantsche *mf*
comanda [ko'maṇda] *f (en un restaurante)* Bestellung *f*
comandancia [komaṇ'daṇθja] *f* ❶ *(mando)* Befehlsgewalt *f,* Kommando *nt* ❷ *(grado, cuartel)* Kommandantur *f* ❸ (MIL, NÁUT: *zona*) Marineprovinz *f*
comandante [komaṇ'daṇte] *m* ❶ (MIL) Befehlshaber *m,* Kommandeur *m; (grado)* Kommandant *m,* Oberst *m* ❷ (NÁUT) Kommandant *m,* (Schiffs)kapitän *m* ❸ (AERO) (Flug)kapitän *m*
comandar [komaṇ'dar] *vi, vt* kommandieren
comando [ko'maṇdo] *m* ❶ (MIL) Komman-

C

do *nt* ② (INFOR) Befehl *m;* ~ **de arranque** Startbefehl *m*

comarca [ko'marka] *f (zona)* Gegend *f; (región)* Gebiet *nt;* (ADMIN) (Land)kreis *m*

comarcal [komar'kal] *adj* Kreis-; **carretera** ~ Kreisstraße *f*

comba ['komba] *f* ① *(curvatura)* Verbiegung *f; (de madera)* Verziehen *nt; (de una cuerda)* Durchhängen *nt* ② *(cuerda)* Hüpfseil *nt; (juego)* Seilhüpfen *nt;* **saltar a la** ~ seilhüpfen

combar [kom'bar] **I.** *vt* verbiegen; *(madera)* verziehen **II.** *vr:* **~se** sich biegen; *(madera)* sich verziehen; *(cuerda)* durchhängen

combate [kom'bate] *m* ① *(lucha)* Kampf *m,* Gefecht *nt; (batalla)* Schlacht *f;* ~ **naval** Seeschlacht *f* ② (DEP: *competición*) Wettkampf *m; (partido)* Match *nt;* ~ **de boxeo** Boxkampf *m;* **fuera de** ~ kampfunfähig

combatiente [komba'tjeṇte] **I.** *adj* ① *(contendiente)* kämpfend, Kampf- ② *(combativo)* kämpferisch **II.** *mf* Kämpfer(in) *m(f)*

combatir [komba'tir] **I.** *vi* kämpfen **II.** *vt* ① *(luchar)* bekämpfen ② *(rebatir)* anfechten

combativo, -a [komba'tiβo, -a] *adj* ① *(inclinado al combate)* kämpferisch; *(agresivo)* kampflustig ② (*t.* MIL: *relativo al combate*) Kampf(es)-

combi ['kombi] *m* ① (AUTO) Kombi(wagen) *m* ② *(frigorífico)* Kühlgefrierkombination *f*

combinable [kombi'naβle] *adj* kombinierbar

combinación [kombina'θjon] *f* ① *(composición)* Zusammenstellung *f;* (*t.* MAT) Kombination *f;* ~ **ganadora** Gewinnerkombination *f* ② (QUÍM) Verbindung *f* ③ *(de trasportes)* Verbindung *f* ④ *(lencería)* Unterrock *m* ⑤ *(fam: truco)* Trick *m*

combinado [kombi'naðo] *m* ① *(cóctel)* Cocktail *m* ② *(ropa)* Kombination *f* ③ (ECON) Industriekombinat *nt*

combinar [kombi'nar] **I.** *vi* ① *(armonizar)* passen (**con** zu +*dat*) ② (DEP) kombinieren **II.** *vt* ① *(componer)* zusammenstellen, kombinieren ② *(unir)* zusammenfügen, verbinden; ~ **ideas** Gedanken verknüpfen ③ *(coordinar)* abstimmen (**con** auf +*akk*) ④ (MAT) kombinieren **III.** *vr:* **~se** sich verbinden; *(pey: compincharse)* paktieren

combustibilidad [kombustiβili'ðað] *f* (FÍS, QUÍM) (Ver)brennbarkeit *f*

combustible [kombus'tiβle] **I.** *adj* (FÍS, QUÍM) (ver)brennbar; *(inflamable)* (leicht) entzündbar; ~ **fósil** fossiler Brennstoff **II.** *m* ① (FÍS, QUÍM) Brennstoff *m* ② *(carburante)* Kraftstoff *m*

combustión [kombus'tjon] *f* (FÍS, QUÍM) Abbrennen *nt,* Verbrennung *f; (con llama)* Verfeuerung *f*

comecocos [kome'kokos] *m inv* ① *(fam: obsesión)* Kopfnuss *f* ② (INFOR: *juego*) Jump-And-Run-Spiel *nt*

comedero [kome'ðero] *m* Futtertrog *m; (en línea)* Futterrinne *f; (pesebre)* Futterkrippe *f; (exterior)* Futterstelle *f*

comedia [ko'meðja] *f* ① (TEAT: *obra*) Schauspiel *nt; (divertida)* Lustspiel *nt* ② (CINE) Komödie *f* ③ *(fam: farsa)* Komödie *f,* Theater *nt;* **hacer** ~ schauspielern

comediante, -a [kome'ðjaṇte, -a] *m, f* ① (CINE, TEAT) Schauspieler(in) *m(f)* ② *(farsante)* Komödiant(in) *m(f)*

comedido, -a [kome'ðiðo, -a] *adj* ① *(moderado)* gemäßigt (**en** in +*dat*); *(contenido)* zurückhaltend (**en** mit +*dat*) ② *(modesto)* bescheiden ③ *(Am: servicial)* hilfsbereit

comedimiento [komeði'mjeṇto] *m* ① *(moderación)* Mäßigkeit *f; (contenimiento)* Zurückhaltung *f* ② *(modestia)* Bescheidenheit *f* ③ *(cortesía)* Höflichkeit *f* ④ *(Am: disposición)* Hilfsbereitschaft *f*

comedirse [kome'ðirse] *vr irr como pedir* ① *(moderarse)* sich mäßigen; *(contenerse)* sich zurückhalten (**en** mit +*dat*) ② *(Am: ofrecerse)* sich bereit erklären (**a** zu)

comedor [kome'ðor] *m* ① *(sala)* Esszimmer *nt; (salón)* Speiseraum *m; (público)* Speisesaal *m; (en una empresa)* Kantine *f;* ~ **universitario** Mensa *f* ② *(mobiliario)* Essgruppe *f*

comején [kome'xen] *m (Am)* ① *(termita)* Termite *f* ② *(zozobra)* bohrender Gedanke *m*

comensal [komen'sal] *mf* ① *(invitado)* (Tisch)gast *m* ② *(vecino de mesa)* Tischnachbar(in) *m(f)*

comentador(a) [komeṇta'ðor(a)] *m(f)* ① *(comentarista)* Kommentator(in) *m(f)* ② *(chismoso)* Klatschmaul *nt fam*

comentar [komeṇ'tar] *vt* ① *(hablar sobre algo)* besprechen; *(hacer comentarios)* kommentieren; *(explicar)* erläutern; *(analizar)* auslegen ② *(una obra: criticar)* rezensieren, besprechen; *(interpretar)* analysieren, interpretieren; *(incluir notas)* kommentieren ③ *(pey: cotillear)* klatschen (über +*akk*) *fam* ④ *(fam: contar)* erzählen

comentario [komeṇ'tarjo] *m* ① *(general)* Kommentar *m; (aclaración)* Erläuterung *f; (observación)* Bemerkung *f; (explicación)* Erklärung *f; (nota)* Anmerkung *f; (análisis)*

Auslegung *f* ② *pl (murmuraciones)* Geklatsche *nt fam,* Gerede *nt*

comentarista [komen̪ta'rista] *mf* (RADIO, TV) Kommentator(in) *m(f)*

comenzar [komen̪'θar] *irr como empezar* **I.** *vi* anfangen (**con/por** mit +*dat*); ~ **a** +*inf* anfangen zu +*inf;* **para** ~ als Erstes **II.** *vt* ① *(iniciar)* anfangen ② *(alimentos)* anschneiden; *(envases)* anbrechen

comer [ko'mer] **I.** *vi* ① *(alimentarse)* essen; *(animales)* fressen; **dar de ~ a un animal** ein Tier füttern; ~ **caliente** eine warme Mahlzeit haben ② *(almorzar)* zu Mittag essen; **antes/después de** ~ vor/nach dem (Mittag)essen **II.** *vt* ① *(ingerir)* essen; *(animales)* fressen ② *(fig: consumir)* nagen (an +*dat*) ③ *(corroer)* zerfressen ④ *(colores)* ausbleichen ⑤ *(dilapidar)* verprassen ⑥ *(en juegos)* wegnehmen; *(parchís)* hinausschmeißen **III.** *vr:* **~se** ① *(ingerir)* (auf)essen; **~se a alguien a besos** jdn abküssen; **está para comérsela** sie ist zum Anbeißen ② *(corroer)* zerfressen ③ *(colores)* ausbleichen ④ *(saltarse)* überspringen; *(palabras)* auslassen; *(al pronunciar)* verschlucken

comercial[1] [komer'θjal] *m (Am: anuncio)* Werbespot *m*

comercial[2] [komer'θjal] **I.** *adj* Handels-, gewerblich; **calle** ~ Geschäftsstraße *f;* **centro** ~ Einkaufszentrum *nt* **II.** *mf (profesión)* Außendienstmitarbeiter(in) *m(f),* Handelsvertreter(in) *m(f)*

comercializable [komerθjali'θaβle] *adj* (COM) marktfähig

comercialización [komerθjaliθa'θjon] *f* Vermarktung *f,* Kommerzialisierung *f; (puesta en circulación)* Inverkehrbringen *nt*

comercializar [komerθjali'θar] <z → c> *vt* vermarkten, kommerzialisieren

comerciante, -a [komer'θjan̪te, -a] *m, f* Händler(in) *m(f); (negociante)* Geschäftsmann, -frau *m, f; (perito)* Kaufmann, -frau *m, f*

comerciar [komer'θjar] *vi* handeln (**con** mit +*dat*)

comercio [ko'merθjo] *m* ① *(actividad)* Handel *m; (venta)* Gewerbe *nt;* ~ **ambulante** Straßenverkauf *m;* ~ **exterior** Außenhandel *m;* ~ **al por mayor** Großhandel *m* ② *(tienda)* Laden *m,* Geschäft *nt* ③ *(relaciones)* Verkehr *m,* Umgang *m*

comestible [komes'tiβle] *adj* essbar

comestibles [komes'tiβles] *mpl* Lebensmittel *ntpl;* **tienda de** ~ Lebensmittelgeschäft *nt*

cometa[1] [ko'meta] *m* (ASTR) Komet *m*

cometa[2] [ko'meta] *f (juguete)* Drachen *m*

cometer [kome'ter] *vt* ① (*t.* JUR) begehen; *(perpetrar)* verüben ② (COM) in Kommission geben

cometido [kome'tiðo] *m (encargo)* Auftrag *m; (tarea)* Aufgabe *f; (obligación)* Pflicht *f*

C

comezón [kome'θon] *f* ① *(picor)* Juckreiz *m* ② *(desasosiego)* Unruhe *f; (malestar)* Unbehagen *nt*

cómic ['komi^{k}] *m* <cómics> Comic *m*

cómica ['komika] *adj o f v.* **cómico**

comicidad [komiθi'ða^{ð}] *f* Komik *f*

comicios [ko'miθjos] *mpl* ① (HIST) Komitien *pl* ② *(elecciones)* Wahlen *fpl*

cómico, -a ['komiko, -a] **I.** *adj (relativo a la comedia)* komisch; *(divertido)* witzig, komisch **II.** *m, f* (CINE, TEAT) Komiker(in) *m(f)*

comida [ko'miða] *f* ① *(alimento)* Essen *nt,* Nahrung *f; (comestibles)* Lebensmittel *ntpl; (plato)* Speise *f; (cocina)* Küche *f;* ~ **de** [*o* **para**] **animales** Tierfutter *nt;* ~ **casera** Hausmannskost *f;* ~ **francesa** französische Küche; ~ **rápida** Fastfood *nt* ② *(horario)* Mahlzeit *f;* ~ **principal** Hauptmahlzeit *f* ③ *(almuerzo)* Mittagessen *nt;* ~ **de negocios** Geschäftsessen *nt*

comidilla [komi'ðiʎa] *f (fam fig)* Stadtgespräch *nt*

comido, -a [ko'miðo, -a] *adj* ① *(satisfecho)* satt; **estar** ~ gegessen haben; **llegar** ~ nach dem Essen kommen ② *(fig: corroído)* zerfressen (**de/por** von +*dat*) ③ *(loc)* **ser pan** ~ *(fam)* eine leichte Sache sein; **salir** ~ **por servido** *(fam)* sich *dat* gleich bleiben

comienzo [ko'mjen̪θo] *m (principio)* Anfang *m,* Beginn *m;* **al** ~ am Anfang; **a ~s de mes** Anfang des Monats

comilla [ko'miʎa] *f* (LING) Anführungszeichen *nt,* Gänsefüßchen *nt fam;* ~ **de valor** Apostroph *m;* (**poner**) **entre ~s** in Anführungszeichen (setzen)

comilón, -ona [komi'lon, -ona] **I.** *adj (fam)* gefräßig **II.** *m, f (fam)* Vielfraß *m*

comilona [komi'lona] *f (fam)* Fressorgie *f*

comino [ko'mino] *m* Kümmel *m;* **no valer un** ~ keinen Deut wert sein

comisaria [komi'sarja] *f v.* **comisario**

comisaría [komisa'ria] *f* ① *(cargo)* Kommissariat *nt* ② *(edificio)* (Polizei)wache *f;* ~ **de policía** Polizeirevier *nt*

comisario, -a [komi'sarjo, -a] *m, f* ① *(delegado)* Beauftragte(r) *mf; (representante)* Vertreter(in) *m(f)* ② *(de policía, t.* UE) Kommissar(in) *m(f)*

comiscar [komis'kar] <c → qu> *vt* ① *(fam: picar)* naschen ② *(carcomer)* zerfressen

comisión [komi'sjon] *f* ① *(cometido)* Auftrag *m* ② *(delegación)* Kommission *f; (junta)* Ausschuss *m; (comité)* Komitee *nt;*

C

C~ Europea (UE) Europäische Kommission; ~ **interna** Innenausschuss *m;* ~ **parlamentaria** Parlamentsausschuss *m;* ~ **permanente** Ständiger Rat ③ (COM) Provision *f;* **a** ~ auf Provision(sbasis) ④ (ADMIN) ~ **de servicios** Abordnung *f*

comisionado, -a [komisjo'naðo, -a] *m, f* ① (COM: *comisionista*) Kommissionär(in) *m(f)* ② *(encargado)* Beauftragte(r) *mf; (apoderado)* Bevollmächtigte(r) *mf* ③ *(Am: comisario)* Kommissar(in) *m(f)*

comisionar [komisjo'nar] *vt* (*t.* FIN, JUR: *encargar*) beauftragen; *(apoderar)* bevollmächtigen

comisionista [komisjo'nista] *mf* (*t.* COM) Kommissionär(in) *m(f); (agente)* Agent(in) *m(f),* Makler(in) *m(f); (representante)* Vertreter(in) *m(f)*

comisura [komi'sura] *f* (ANAT: *del cráneo*) Kommissur *f;* ~ **de los labios** Mundwinkel *m*

comité [komi'te] *m* Komitee *nt; (junta)* Ausschuss *m;* ~ **central** Zentralkomitee *nt;* ~ **de empresa** Betriebsrat *m;* **el ~ directivo del Banco Central Europeo** das Direktorium der Europäischen Zentralbank; ~ **de empresa** Betriebsrat *m*

comitiva [komi'tiβa] *f* Gefolge *nt;* ~ **fúnebre** Leichenzug *m*

como ['komo] **I.** *adv* ① *(del modo que)* wie; **hazlo ~ quieras** mach es, wie du willst; ~ **quien** [*o* **aquel que**] **dice** sozusagen; **blanco ~ la nieve** weiß wie Schnee ② *(comparativo)* wie; **es tan alto ~ su hermano** er ist so groß wie sein Bruder ③ *(aproximadamente)* ungefähr; **hace ~ un año** etwa vor einem Jahr ④ *(y también)* sowie, wie auch ⑤ *(en calidad de)* als; **trabaja ~ camarero** er arbeitet als Kellner **II.** *conj* ① *(causal)* da; ~ **no tengo tiempo, no voy** da ich keine Zeit habe, gehe ich nicht; **lo sé, ~ que lo vi** ich weiß es, weil ich es gesehen habe ② *(condicional)* wenn, falls ③ *(con 'si' +subj o con 'que')* als ob, als wenn ④ *(completiva)* dass ⑤ *(final)* ~ **para** um zu ⑥ *(temporal)* sobald

cómo ['komo] **I.** *adv* ① *(modal, exclamativo)* wie; **¿~ estás?** wie geht's dir?; **¿~ (dice)?** wie bitte?; **según y ~** je nachdem ② *(por qué)* wieso; **¿~ (no)?** wieso (nicht)?; **¡~ no!** aber klar! **II.** *m* **el ~** das Wie

cómoda ['komoða] *f* Kommode *f*

comodable [komo'ðaβle] *adj* (JUR) (ver)leihbar

comodidad [komoði'ða^{ð}] *f* ① *(confort)* Bequemlichkeit *f; (ambiente acogedor)* Gemütlichkeit *f; (bienestar)* Wohlstand *m* ② *(conveniencia)* Nutzen *m; (beneficio)* Vorteil *m*

comodín [komo'ðin] *m* ① *(en juegos)* Joker *m* ② *(palabra)* Allerweltswort *nt* ③ (INFOR) Platzhalterzeichen *nt* ④ *(pretexto)* Ausflucht *f*

cómodo, -a ['komoðo, -a] *adj* ① *ser (cosa)* bequem; *(agradable)* behaglich; *(acogedor)* gemütlich; *(fácil)* leicht ② *ser (persona)* bequem; *(perezoso)* faul ③ *estar (a gusto)* bequem; **¡ponte ~!** mach's dir bequem!

comodón, -ona [komo'ðon, -ona] **I.** *adj (fam)* bequem; *(perezoso)* faul **II.** *m, f (fam)* Bequemlichkeitsmensch *m; (perezoso)* Faulpelz *m*

comoquiera [komo'kjera] **I.** *adv* irgendwie, wie auch immer **II.** *conj* ① *(causal)* ~ **que** da ... ja ② *(concesiva)* ~ **que** auch wenn; ~ **que sea** wie es auch sein mag

Comoras [ko'moras] *f pl* Komoren *f*

compa ['kompa] *mf (fam)* Kumpel *m*

compact (disc) ['kompak (dis^{k})] *m* Compactdisc *f,* CD *f*

compacto[1] [kom'pakto] *m* ① *(disco)* CD *f* ② *(reproductor)* CD-Player *m* ③ *(equipo)* Kompaktanlage *f*

compacto, -a[2] [kom'pakto, -a] *adj* ① *(textura)* kompakt; *(denso)* dicht; *(firme)* fest ② *(tamaño)* kompakt; **disco ~** CD *f* ③ *(escritura)* eng; *(multitud)* dicht

compadecer [kompaðe'θer] *irr como crecer* **I.** *vt* bemitleiden, bedauern **II.** *vr:* **~se** *(sentir)* Mitleid haben (**de** mit *+dat*); *(actuar)* sich erbarmen (**de** *+gen*)

compadre [kom'paðre] *m* ① *(padrino)* Pate *m* ② *(amigo)* Freund *m; (compañero)* Kumpel *m*

compadreo [kompa'ðreo] *m (pey)* Kumpanei *f*

compadrería [kompaðre'ria] *f (entre amigos)* Freundschaft *f; (entre camaradas)* Kameradschaft *f;* **una relación de ~** eine freundschaftliche [*o* kameradschaftliche] Beziehung

compadrito [kompa'ðrito] *m (AmS: chulo, bravucón)* Angeber *m fam,* Großmaul *nt fam*

compaginable [kompaxi'naβle] *adj* kompatibel; **esa afirmación no es ~ con la anterior** diese Behauptung passt nicht zur vor(her)igen

compaginar [kompaxi'nar] **I.** *vt* ① *(paginar)* paginieren; *(separar)* (Seiten) umbrechen ② *(combinar)* vereinbaren, kombinieren; *(armonizar)* harmonisieren **II.** *vr:* **~se** ① *(combinar)* zusammenpassen ② *(armonizar)* in Einklang stehen

compañerismo [kompaɲe'rismo] *m* Kollegialität *f*; *(camaradería)* Kameradschaftssinn *m*

compañero, -a [kompa'ɲero, -a] *m, f* ❶ *(persona)* Gefährte, -in *m, f*; *(amigo)* Freund(in) *m(f)*; *(pareja)* Lebensgefährte, -in *m, f*; *(camarada)* Kamerad(in) *m(f)*; (POL) Genosse, -in *m, f*; *(acompañante)* Begleiter(in) *m(f)*; *(colaborador)* Mitarbeiter(in) *m(f)*; ~ **de clase** Schulkamerad *m*; (UNIV) Kommilitone *m*; ~ **de piso** Mitbewohner *m*; ~ **de trabajo** Arbeitskollege *m* ❷ *(cosa)* Gegenstück *nt*

compañía [kompa'ɲia] *f* ❶ *(acompañamiento)* Gesellschaft *f*; **animal de** ~ Haustier *nt*; **hacer** ~ **a alguien** jdm Gesellschaft leisten ❷ *(acompañante)* Begleitung *f* ❸ (TEAT) Ensemble *nt*, Truppe *f* ❹ (COM) Gesellschaft *f*; ~ **aérea** Fluggesellschaft *f* ❺ (MIL) Kompanie *f* ❻ (REL) Orden *m*

comparabilidad [komparaβili'ðaᵈ] *f sin pl* Vergleichbarkeit *f*

comparable [kompa'raβle] *adj* vergleichbar (**a/con** mit +*dat*); **no es** ~ es ist nicht zu vergleichen

comparación [kompara'θjon] *f* ❶ *(contraste)* Vergleich *m*; **en** ~ **con algo** im Vergleich zu etw *dat* ❷ *(cotejo)* Gegenüberstellung *f* ❸ (LING) Steigerung *f*

comparado, -a [kompa'raðo, -a] *adj* ❶ *(en comparación)* im Vergleich (**con** zu +*dat*), verglichen (**con** mit +*dat*) ❷ *(comparativo)* vergleichend; **gramática comparada** vergleichende [*o* komparative] Grammatik; **lingüística comparada** Komparativistik *f*; **literatura comparada** Komparatistik *f*

comparar [kompa'rar] **I.** *vt* vergleichen (**a/con** mit +*dat*); *(equiparar)* gleichstellen (**a/con** +*dat*); *(cotejar)* gegenüberstellen (**a/con** +*dat*) **II.** *vr*: ~**se** sich vergleichen (**a/con** mit +*dat*); *(equipararse)* sich gleichstellen (**a/con** +*dat*)

comparativo [kompara'tiβo] *m* (LING) Komparativ *m*

comparecencia [kompare'θeṇθja] *f* (*t.* JUR) Erscheinen *nt*; *(como testigo/experto)* Auftreten *nt*; **no** ~ Nichterscheinen *nt*

comparecer [kompare'θer] *vi irr como crecer* (*t.* JUR) erscheinen; *(como testigo)* auftreten

comparecimiento [kompareθi'mjeṇto] *m* (JUR) Vorführung *f*

comparsa [kom'parsa] *mf (t. fig)* Statist(in) *m(f)*

compartible [kompar'tiβle] *adj* akzeptabel

compartim(i)ento [komparti'm(j)eṇto] *m* Abteilung *f*; *(casilla)* Fach *nt*; ~ **portaequipajes** Gepäckfach *nt*; (FERRO) Abteil *nt*; (AERO) Raum *m*; ~ **del motor** Motorraum *m*

compartimentación [kompartimeṇta'θjon] *f* Aufteilung *f*, Einteilung *f*; *(en casillas)* Einteilung *f* in Fächer

compartimentar [kompartimeṇ'tar] *vt* aufteilen

compartir [kompar'tir] *vt* ❶ *(tener en común)* teilen ❷ *(repartirse)* verteilen (**entre** unter +*dat*)

compás [kom'pas] *m* ❶ *(en dibujo)* Zirkel *m* ❷ (AERO, NÁUT: *brújula*) Kompass *m* ❸ *(ritmo)* Rhythmus *m*; (MÚS) Takt *m*

compasado, -a [kompa'saðo, -a] *adj* ❶ *(acompasado)* taktmäßig ❷ *(mesurado)* maßvoll, gemäßigt; *(arreglado)* wohl geordnet

compasar [kompa'sar] *vt* ❶ *(medir)* (be)messen; (*t.* MAT: *con un compás*) abzirkeln ❷ *(ajustar)* justieren ❸ (MÚS) Taktstriche setzen (in +*dat*)

compasión [kompa'sjon] *f* Mitleid *nt* (**por** mit +*dat*); **sin** ~ erbarmungslos

compasivo, -a [kompa'siβo, -a] *adj* teilnahmsvoll

compatibilidad [kompatiβili'ðaᵈ] *f* (*t.* INFOR, MED) Kompatibilität *f*; (TÉC) Vereinbarkeit *f*; (LING) Kombinierbarkeit *f*

compatibilizar [kompatiβili'θar] <z → c> *vt* vereinbaren

compatible [kompa'tiβle] *adj* zusammenpassend; (*t.* INFOR, MED) kompatibel; (ADMIN, TÉC) vereinbar; (LING) kombinierbar

compatriota [kompa'trjota] *mf* Landsmann, -männin *m, f*

compeler [kompe'ler] *vt* nötigen (**a** zu +*dat*)

compendiar [kompeṇ'djar] *vt* ❶ *(resumir)* zusammenfassen ❷ *(representar)* ausdrücken

compendio [kom'peṇdjo] *m* ❶ *(resumen)* Zusammenfassung *f*; *(manual)* Abriss *m* ❷ *(epítome)* Inbegriff *m* (**de** +*gen*)

compenetración [kompenetra'θjon] *f* Seelengemeinschaft *f*; *(fusión)* Verschmelzung *f*

compenetrarse [kompene'trarse] *vr* ❶ (QUÍM: *fusionarse*) diffundieren ❷ *(identificarse)* sich identifizieren; *(fundirse)* eins werden

compensación [kompensa'θjon] *f* (JUR, MED) Kompensation *f*; *(equilibrio)* Ausgleich *m*; *(neutralización)* Aufhebung *f*; *(indemnización)* Entschädigung *f*; *(restitución)* Ersatz *m*; ~ **de los cambios** Währungsausgleich *m*; ~ **por despido** Abfindung *f*; ~ **financiera** Finanzausgleich *m*

compensar [kompen'sar] *vt* (JUR, MED)

kompensieren; *(equilibrar)* ausgleichen (**con** durch +*akk*); *(neutralizar)* aufheben; (COM: *indemnizar*) entschädigen (**de** für +*akk*); *(restituir)* ersetzen

C

compensativo, -a [kompensa'tiβo, -a] *adj* ausgleichend, Ausgleichs-

compensatorio, -a [kompensa'torjo, -a] *adj* ausgleichend; **gravamen ~** (UE) Ausgleichsabgabe *f*

competencia [kompe'teṇθja] *f* ❶ (*t.* COM, ECON: *competición*) Wettbewerb *m;* (DEP) Wettstreit *m; (rivalidad)* Konkurrenz *f;* **~ desleal** unlauterer Wettbewerb ❷ *(aptitud)* Fähigkeit *f,* Tauglichkeit *f;* (*t.* LING) Kompetenz *f; (especialidad)* Sachkenntnis *f* ❸ *(responsabilidad)* Zuständigkeit *f; (obligaciones)* Aufgabenbereich *m;* (*t.* ADMIN) Ressort *nt; (atribución)* Befugnis *f;* **esto (no) es de mi ~** dafür bin ich (nicht) zuständig

competente [kompe'teṇte] *adj* ❶ *(capaz)* fähig; *(apto)* tauglich; (*t.* LING) kompetent; *(versado)* sachkundig; *(dotado)* begabt (**para** für +*akk*); *(normativo)* maßgebend ❷ *(correspondiente)* zuständig (**en** für +*akk*); *(autorizado)* befugt (**en** zu +*dat*)

competer [kompe'ter] *vi* (*t.* JUR: *corresponder*) obliegen +*dat*

competición [kompeti'θjon] *f* (*t.* DEP) Wettbewerb *m,* Wettkampf *m*

competidor(a) [kompeti'ðor(a)] **I.** *adj* mitbewerbend, kompetitiv **II.** *m(f)* (*t.* ECON) Konkurrent(in) *m(f),* Wettbewerber(in) *m(f)*

competir [kompe'tir] *vi irr como pedir* ❶ *(enfrentarse)* konkurrieren (**por** um +*akk*) ❷ *(igualarse)* konkurrieren können (**en** in +*dat*)

competitividad [kompetitiβi'ðaᵈ] *f* Konkurrenzfähigkeit *f,* Wettbewerbsfähigkeit *f; (espíritu)* Wettbewerbsgeist *m*

competitivo, -a [kompeti'tiβo, -a] *adj* konkurrenzfähig; *(dirigido)* konkurrenzorientiert; **espíritu ~** Wettbewerbsgeist *m*

compi ['kompi] *mf (fam)* Kumpel *m;* **mi ~ de curro** mein Arbeitskumpel

compilación [kompila'θjon] *f* Kompilation *f;* (INFOR) Kompilieren *nt*

compilador [kompila'ðor] *m* (INFOR) Compiler *m*

compilar [kompi'lar] *vt* (*t.* INFOR) kompilieren

compincharse [kompin'ʧarse] *vr (fam pey)* gemeinsame Sache machen

compinche [kom'pinʧe] *mf (fam pey)* Kumpan(in) *m(f)*

complacencia [kompla'θeṇθja] *f* ❶ *(agrado)* (Wohl)gefallen *nt; (satisfacción)* Befriedigung *f; (placer)* Vergnügen *nt* ❷ *(atención)* Gefälligkeit *f* ❸ *(indulgencia)* Nachsicht *f*

complacer [kompla'θer] *irr como crecer* **I.** *vt* ❶ *(gustar)* gefallen +*dat* ❷ *(agradar)* freuen ❸ *(hacer un favor)* eine Gefälligkeit erweisen +*dat; (satisfacer)* zufrieden stellen; **~ a alguien** jdm (gegenüber) gefällig sein; **~ una petición** eine Bitte erfüllen **II.** *vr:* **~se** ❶ *(gustar)* Gefallen finden (**en/de** an +*dat*) ❷ *(alegrarse)* sich freuen

complaciente [kompla'θjeṇte] *adj (servicial)* gefällig; *(atento)* aufmerksam (**para/con** gegenüber +*dat*)

complejidad [komplexi'ðaᵈ] *f* ❶ *(multifacetismo)* Vielschichtigkeit *f,* Komplexität *f* ❷ *(complicación)* Kompliziertheit *f; (dificultad)* Schwierigkeit *f*

complejo[1] [kom'plexo] *m* ❶ (*t.* QUÍM: *compuesto*) Komplex *m,* Verbindung *f; (todo)* Gesamtheit *f* ❷ (*t.* ECON, TÉC: *instalación*) Komplex *m,* Anlage *f;* **~ deportivo** Sportzentrum *nt;* **~ hotelero** Hotelanlage *f;* **~ turístico** touristische Anlage ❸ (PSICO) Komplex *m;* **~ de culpabilidad** Schuldkomplex *m;* **~ de superioridad** übersteigertes Selbstbewusstsein

complejo, -a[2] [kom'plexo, -a] *adj* ❶ *(multifacético)* vielschichtig; (*t.* MAT) komplex ❷ *(complicado)* kompliziert; *(difícil)* schwierig

complementación [komplemeṇta'θjon] *f* Komplementierung *f,* Ergänzung *f;* (BIOL) Komplementation *f*

complementar [komplemeṇ'tar] **I.** *vt* komplementieren, ergänzen; *(completar)* vervollständigen **II.** *vr:* **~se** sich ergänzen

complementario, -a [komplemeṇ'tarjo, -a] *adj* ergänzend; (*t.* LING) komplementär; **cláusula complementaria** Ergänzungsklausel *f;* **color ~** Komplementärfarbe *f*

complemento [komple'meṇto] *m* ❶ *(parte)* Komplement *nt,* Ergänzung *f;* **~ alimenticio** Nahrungsergänzungsmittel *nt* ❷ *(culminación)* Vollendung *f* ❸ *(ampliación)* Erweiterung *f* ❹ *(paga)* Zulage *f; (recargo)* Zuschlag *m* ❺ *(accesorio)* Accessoire *nt* ❻ (LING) Objekt *nt*

completamente [kompleta'meṇte] *adv* gänzlich, komplett *fam*

completar [komple'tar] **I.** *vt* ❶ *(añadir)* ergänzen, vervollständigen ❷ *(perfeccionar)* vervollkommnen **II.** *vr:* **~se** sich ergänzen

completo, -a [kom'pleto, -a] *adj (íntegro)* vollständig, komplett; *(perfecto)* vollkommen, vollendet; *(total)* total; *(lleno)* voll; *(hotel)* komplett; *(cine, espectáculo)* ausverkauft; **pensión completa** Vollpension *f;* **la obra completa de Lorca** Lorcas gesammelte Werke

complexión [kompleᵞ'sjon] *f* ❶ *(constitución)* Körperbau *m,* Statur *f;* (MED) Konstitution *f* ❷ *(Am: tez)* Teint *m*

complicación [komplika'θjon] *f* ❶ (*t.* MED: *problema*) Komplikation *f,* Schwierigkeit *f* ❷ *(complejidad)* Kompliziertheit *f* ❸ *(confusión)* Verwirrung *f; (enredo)* Verwicklung *f*

complicado, -a [kompli'kaðo, -a] *adj* ❶ *(difícil de entender)* kompliziert ❷ *(complejo)* vielschichtig ❸ *(persona)* schwierig

complicar [kompli'kar] <c → qu> **I.** *vt* ❶ *(dificultar)* erschweren, komplizieren ❷ *(implicar)* verwickeln (**en** in *+akk*) **II.** *vr:* **~se** ❶ *(dificultarse)* kompliziert werden; *(agravarse)* sich verschlimmern ❷ *(embrollarse)* sich verstricken (**con/en** in *+akk*)

cómplice ['kompliθe] *mf* (*t.* JUR) Komplize, -in *m, f* (**de/en** bei *+dat*); **hacerse ~ de alguien/algo** jdm/bei etw *dat* Beihilfe leisten

complicidad [kompliθi'ðaᵈ] *f* (JUR) Beihilfe *f*

compló [kom'plo] *m* <complós>, **complot** [kom'ploᵗ] *m* <complots> Komplott *nt*

componenda [kompo'nen̦da] *f (acuerdo)* Absprache *f; (pey: arreglo)* Machenschaft *f*

componente [kompo'nen̦te] *m* ❶ (*t.* TÉC) Bestandteil *m;* (MAT, QUÍM) Komponente *f; (elemento)* Element *nt;* **~s lógicos** (INFOR) Software *f* ❷ *(miembro)* Mitglied *nt*

componer [kompo'ner] *irr como poner* **I.** *vt* ❶ *(formar)* zusammensetzen; *(ordenar)* ordnen; *(organizar)* einrichten ❷ *(constituir)* bilden ❸ *(redactar)* verfassen; (MÚS) komponieren ❹ (TIPO) (ab)setzen ❺ *(realizar)* anfertigen ❻ *(recomponer)* zusammenfügen; *(reconstruir)* wieder aufbauen ❼ *(corregir)* berichtigen ❽ *(asear)* zurechtmachen ❾ *(Am: castrar)* kastrieren ❿ *(Am: curar)* einrenken **II.** *vr:* **~se** ❶ *(constituirse)* bestehen (**de** aus *+dat*) ❷ *(arreglarse)* sich zurechtmachen ❸ *(Am: mejorarse)* sich bessern

comportamiento [komporta'mjen̦to] *m* Benehmen *nt,* Betragen *nt;* (*t.* PSICO, TÉC) Verhalten *nt*

comportar [kompor'tar] **I.** *vt* miteinschließen; **esto (no) comporta que** *+subj* das bedeutet (nicht), dass ... **II.** *vr:* **~se** sich benehmen, sich verhalten

composición [komposi'θjon] *f* ❶ (LIT) Komposition *f; (obra)* Werk *nt; (arte)* Kompositionslehre *f; (redacción)* Aufsatz *m* ❷ *(realización)* Anfertigung *f* ❸ (*t.* QUÍM) Verbindung *f* ❹ (TIPO) Satz *m;* **taller de ~** Setzerei *f*

compositor(a) [komposi'tor(a)] *m(f)* (MÚS) Komponist(in) *m(f)*

compost [kom'posᵗ] *m sin pl* (ECOL) Kompost *m*

compostación [komposta'θjon] *f,* **compostaje** [kompos'taxe] *m* (ECOL) ❶ *(proceso)* Kompostierung *f* ❷ *(vertedero)* Kompostanlage *f*

compostura [kompos'tura] *f* ❶ *(realización)* Anfertigung *f* ❷ *(corrección)* Berichtigung *f* ❸ *(aspecto)* Adrettheit *f* ❹ *(comedimiento)* Mäßigkeit *f; (decencia)* Anstand *m*

compota [kom'pota] *f* Kompott *nt*

compra ['kompra] *f* Kauf *m;* **~s** Einkäufe *mpl;* **~ en línea** Onlineshopping *nt;* **ir a la ~** einkaufen gehen; **ir de ~s** einen Einkaufsbummel machen

comprable [kom'praβle] *adj* käuflich

comprador(a) [kompra'ðor(a)] *m(f)* Käufer(in) *m(f); (cliente)* Kunde, -in *m, f; (comerciante)* Abnehmer(in) *m(f)*

comprar [kom'prar] **I.** *vt* ❶ *(adquirir)* (ein)kaufen; **~ al contado/a plazos** bar/auf Raten kaufen ❷ *(corromper)* bestechen, kaufen *fam* **II.** *vr:* **~se** sich *dat* kaufen

compraventa [kompra'βen̦ta] *f* ❶ (*t.* JUR: *acción*) Kauf *m;* **~ con aplazamiento de pago** Kaufgeschäft mit Zahlungsaufschub ❷ *(negocio)* An- und Verkauf *m; (tienda)* Gebrauchtwarenladen *m; (almoneda)* Trödlerladen *m*

comprender [kompren̦'der] *vt* ❶ *(contener)* enthalten, beinhalten; *(abarcar)* umfassen; *(incluir)* einschließen; *(componerse)* bestehen (aus *+dat*) ❷ *(entender)* verstehen, begreifen; *(concebir)* auffassen; *(admitir)* einsehen; **hacerse ~** sich verständigen; **~ mal** missverstehen

comprensible [kompren'siβle] *adj* verständlich

comprensión [kompren'sjon] *f* ❶ *(inclusión)* Umfassung *f* ❷ *(capacidad)* Verständnis *nt; (entendimiento)* Auffassungsvermögen *nt; (conocimiento)* Erkenntnis *f;* **~ auditiva/lectora** Hör-/Leseverstehen *nt*

comprensivo, -a [kompren'siβo, -a] *adj* ❶ *(inclusivo)* einschließend ❷ *(benévolo)* verständnisvoll ❸ *(razonable)* einsichtig

compresa [kom'presa] *f* ❶ *(apósito, t.* MED) Kompresse *f* ❷ *(higiénica)* Damenbinde *f*

compresión [kompre'sjon] *f* ❶ (*t.* FÍS, MED)

C

Kompression *f; (de gases)* Verdichtung *f* ❷ (INFOR) Komprimierung *f*

compresor [kompre'sor] *m* (FÍS, TÉC) Kompressor *m; (de gases)* Verdichter *m;* ~ **de aire** Luftpresser *m*

comprimario, -a [kompri'marjo, -a] *m, f* (MÚS, TEAT) Sänger(in) *m(f)* in einer Nebenrolle

comprimible [kompri'miβle] *adj* (FÍS) komprimierbar

comprimido [kompri'miðo] *m* Tablette *f*

comprimir [kompri'mir] **I.** *vt* ❶ (*t.* FÍS, TÉC) komprimieren; *(gas)* verdichten ❷ *(reprimir)* verdrängen, unterdrücken **II.** *vr:* **~se** sich beherrschen

comprobable [kompro'βaβle] *adj* nachprüfbar; *(constatable)* feststellbar

comprobación [komproβa'θjon] *f* ❶ *(control)* Kontrolle *f; (al azar)* Stichprobe *f* ❷ *(verificación)* Nachweis *m; (constatación)* Feststellung *f; (confirmación)* Bestätigung *f; (prueba)* Beweis *m*

comprobante [kompro'βan̩te] **I.** *adj (justificante)* beweisend; *(de control)* Kontroll- **II.** *m* Beleg(schein) *m; (justificante)* Bescheinigung *f; (prueba)* Nachweis *m;* ~ **de compra** Kassenbeleg *m*

comprobar [kompro'βar] <o → ue> *vt* ❶ *(controlar)* kontrollieren ❷ *(verificar)* nachweisen; *(confirmar)* bestätigen; *(justificar)* belegen; *(constatar)* feststellen; *(probar)* beweisen

comprometedor(a) [kompromete'ðor(a)] *adj* kompromittierend; *(comprometido)* heikel; (JUR) belastend

comprometer [komprome'ter] **I.** *vt* ❶ *(implicar)* hineinziehen (**en** in +*akk*); *(complicar)* verwickeln (**en** in +*akk*) ❷ *(exponer)* kompromittieren; *(avergonzar)* bloßstellen ❸ *(arriesgar)* gefährden ❹ *(obligar)* verpflichten ❺ (COM) vergeben, verkaufen **II.** *vr:* **~se** ❶ *(implicarse)* sich involvieren; *(complicarse)* sich verwickeln (**en** in +*akk*) ❷ *(exponerse)* sich kompromittieren; *(ponerse en vergüenza)* sich bloßstellen ❸ *(obligarse)* sich verpflichten (**a** zu +*dat,* **con** gegenüber +*dat*); *(vincularse)* sich engagieren; **~se** (**en matrimonio**) sich verloben

comprometido, -a [komprome'tiðo, -a] *adj* ❶ *(expuesto)* riskant; *(delicado)* heikel ❷ (SOCIOL) (politisch) engagiert

compromiso [kompro'miso] *m* ❶ *(vinculación)* Verbindlichkeit *f; (obligación)* Verpflichtung *f;* **visita de ~** Anstandsbesuch *m;* **sin ~** unverbindlich; (**soltero y**) **sin ~** ungebunden ❷ *(promesa)* Versprechen *nt; (vínculo)* Bindung *f;* ~ **matrimonial** Verlobung *f* ❸ *(acuerdo)* Vereinbarung *f;* ~ **verbal** mündliche Vereinbarung ❹ *(aprieto)* heikle Lage *f* ❺ *(cita)* Verabredung *f* ❻ *(implicación)* Engagement *nt*

compuerta [kom'pwerta] *f* Schütz *nt; (corredera)* Schieber *m*

compuesto[1] [kom'pwesto] *m* ❶ (*t.* QUÍM: *composición*) Verbindung *f* ❷ (LING) Kompositum *nt*

compuesto, -a[2] [kom'pwesto, -a] **I.** *pp de* **componer II.** *adj* ❶ *(formado)* bestehend (**de/por** aus +*dat*); **estar ~** bestehen (**de/por** aus +*dat*) ❷ (LING, QUÍM) zusammengesetzt; **palabra compuesta** zusammengesetztes Wort, Kompositum *nt*

compulsa [kom'pulsa] *f* (JUR) Beglaubigung *f*

compulsar [kompul'sar] *vt* ❶ (JUR) beglaubigen ❷ *(cotejar)* vergleichen

compulsión [kompul'sjon] *f* Zwang *m;* (JUR) Nötigung *f*

compulsivo, -a [kompul'siβo, -a] *adj* zwingend

compungido, -a [kompuŋ'xiðo, -a] *adj* ❶ *(contrito)* zerknirscht ❷ *(triste)* bedrückt

computación [komputa'θjon] *f* ❶ *(cálculo)* Berechnung *f; (aproximada)* Überschlag *m* ❷ *(consideración)* Anrechnung *f*

computador(a)[1] [komputa'ðor(a)] *adj* Computer-

computador[2] [komputa'ðor] *m,* **computadora** [komputa'ðora] *f (Am)* Computer *m*

computar [kompu'tar] *vt* ❶ *(calcular)* berechnen; *(aproximado)* überschlagen ❷ *(considerar)* anrechnen

computerizado, -a [komputeri'θaðo, -a] *adj* computerisiert

computerizar [komputeri'θar] <z → c> *vt* computerisieren

cómputo ['komputo] *m* Berechnung *f; (aproximado)* Überschlag *m;* ~ **de votos** Stimmenauszählung *f*

comulgar [komul'ɣar] <g → gu> *vi* ❶ (REL) zur Kommunion gehen ❷ *(estar de acuerdo)* übereinstimmen

común [ko'mun] **I.** *adj* ❶ *(conjunto)* gemeinsam (**a** mit +*dat*); *(de la comunidad)* gemeinschaftlich; ~ **acuerdo** gegenseitiges Einvernehmen; **de ~ acuerdo** nach gegenseitiger Übereinkunft; **tener algo/no tener nada en ~ con alguien** mit jdm etw/nichts gemeinsam haben ❷ *(normal)* gewöhnlich; *(abundante)* häufig (vorkommend); *(corriente)* geläufig; *(habitual)* üblich; *(cotidiano)* alltäglich; **sentido ~** gesunder Menschenverstand; **fuera de lo ~** außergewöhnlich; **poco ~** ungewöhnlich

II. *m* (POL) **los Comunes** die Abgeordneten; *(parlamento)* das Unterhaus

comuna [ko'muna] *f* ① (HIST) Kommune *f* ② *(Am: municipio)* Gemeinde *f* ③ *(piso compartido)* Wohngemeinschaft *f*; *(en los sesenta)* Kommune *f*

comunal [komu'nal] *adj* (ADMIN, POL) Gemeinde-, Kommunal-; **elecciones ~es** Kommunalwahlen *fpl*

comunicable [komuni'kaβle] *adj* ① *(trasmisible)* mitteilbar ② *(comunicativo)* mitteilsam; *(sociable)* leutselig

comunicación [komunika'θjon] *f* ① (*t.* TÉC, TEL) Kommunikation *f*; *(entendimiento)* Verständigung *f*; *(trato)* Umgang *m*; **ponerse en ~ con alguien** sich mit jdm in Verbindung setzen ② *(comunicado)* Mitteilung *f*; *(ponencia)* Vortrag *m* ③ *(conexión)* Anschluss *m*; **~ telefónica** Telefongespräch *nt* ④ *(trasmisión)* Übermittlung *f* ⑤ *(de trasporte)* Verkehrsverbindung *f*; *(tráfico)* Verkehrsnetz *nt* ⑥ *pl (sistema)* Verbindungen *fpl*; (TEL) Fernmeldewesen *nt*

comunicado [komuni'kaðo] *m* Mitteilung *f*; (ADMIN, POL) Kommuniqué *nt*

comunicador(a) [komunika'ðor(a)] *adj* ① *(comunicante)* mitteilend; (*t.* FÍS) kommunizierend ② *(carismático)* ansprechend

comunicar [komuni'kar] <c → qu> **I.** *vi* ① *(estar unido)* kommunizieren; *(estar en contacto)* in Verbindung stehen; *(calles)* zusammenlaufen ② *(conectar)* durchkommen (**con** zu +*dat*) ③ *(teléfono)* besetzt sein; **está comunicando** es [*o* die Leitung] ist besetzt **II.** *vt* ① *(informar)* mitteilen; *(dar a conocer)* bekannt machen; *(anunciar)* verkünden ② *(trasmitir)* übermitteln ③ *(unir)* verbinden; *(contactar)* in Verbindung setzen ④ *(al teléfono)* verbinden **III.** *vr:* **~se** ① *(entenderse)* kommunizieren; *(hacerse entender)* sich verständigen ② *(relacionarse)* verkehren ③ *(traspasarse)* sich übertragen (**a** auf +*akk*)

comunicativo, -a [komunika'tiβo, -a] *adj* (*t.* LING) kommunikativ; *(extrovertido)* mitteilsam; *(hablador)* gesprächig

comunicología [komunikolo'xia] *f (ciencia)* Kommunikationswissenschaft *f*; *(investigación)* Kommunikationsforschung *f*

comunidad [komuni'ðaᵈ] *f* ① *(similitud)* Gemeinsamkeit *f* ② *(generalidad)* Allgemeinheit *f* ③ *(colectividad)* Gemeinschaft *f*; **C~ (Económica) Europea** Europäische (Wirtschafts)gemeinschaft; **~ internauta** (INFOR) Community *f*; **~ religiosa** *(convento)* Klostergemeinschaft *f*; *(confesión)* Glaubensgemeinschaft *f*; *(evangélica)* Kommunität *f*; **~ de vecinos** Hausgemeinschaft *f* ④ *(municipio)* Gemeinde *f*; *(asociación)* Gemeindeverband *m*; **~ autónoma** autonome Region

comunión [komu'njon] *f* ① *(similitud)* Gemeinsamkeit *f* ② *(colectividad)* Gemeinschaft *f* ③ (REL: *Eucaristía*) Kommunion *f*; **hacer la (Primera) C~** die Erstkommunion empfangen

comunismo [komu'nismo] *m* (POL) Kommunismus *m*

comunista [komu'nista] **I.** *adj* (POL) kommunistisch **II.** *mf* (POL) Kommunist(in) *m(f)*

comunitario, -a [komuni'tarjo, -a] *adj* ① *(colectivo)* Gemeinschafts- ② *(municipal)* Gemeinde- ③ (UE) EU-; *(Comunidad Europea)* EG-

con [kon] **I.** *prep* ① *(compañía)* mit +*dat*; *(relación)* (zusammen) mit +*dat*; **¿vienes ~ nosotros?** kommst du mit (uns)?; **vivo ~ mis padres/mi novia** ich wohne bei meinen Eltern/mit meiner Freundin zusammen ② *(instrumento, modo)* mit +*dat*, durch +*akk*; **estar ~ la gripe** Grippe haben; **con el tiempo...** mit der Zeit ... ③ (MAT) Komma; **3 ~ 5** 3 Komma 5 ④ *(actitud)* (**para**) ~ zu +*dat*, gegenüber +*dat*; **es agradable ~ nosotros** er/sie ist freundlich zu uns ⑤ *(circunstancia)* bei +*dat*; **~ este tiempo...** bei diesem Wetter ... ⑥ *(a pesar de)* trotz +*dat*; **~ todo** trotz allem **II.** *conj* ① *(condicional)* ~ +*inf* wenn ...; **~ que** +*subj* wenn ...; **~ que llames es suficiente** es reicht, wenn du anrufst; **~ solo que** +*subj* wenn ... nur ... ② *(concesiva)* obwohl

concavidad [koŋkaβi'ðaᵈ] *f* Wölbung *f*; (FÍS) Konkavität *f*

cóncavo, -a ['koŋkaβo, -a] *adj* nach innen gewölbt; (FÍS) konkav

concebible [kon̩θe'βiβle] *adj* ① *(comprensible)* begreifbar ② *(imaginable)* denkbar

concebir [kon̩θe'βir] *irr como pedir* **I.** *vi* schwanger werden; *(animales)* trächtig werden **II.** *vt* ① *(engendrar)* empfangen ② *(imaginar)* begreifen ③ *(diseñar)* entwerfen; *(planear)* planen; **~ esperanzas** sich *dat* Hoffnungen machen

conceder [kon̩θe'ðer] **I.** *vt* ① *(otorgar)* verleihen; *(asignar)* gewähren; *(aprobar)* genehmigen; **~ la palabra** das Wort erteilen; **~ un premio** einen Preis verleihen ② *(admitir)* zugeben **II.** *vr:* **~se** sich *dat* gönnen

concejal(a) [kon̩θe'xal(a)] *m(f)* Stadtrat, -rätin *m, f*

concejo [kon̩'θexo] *m* Stadtrat *m*, Gemeinderat *m*

concelebrar [kon̩θele'βrar] *vt* (REL) konze-

C

lebrieren; **misa concelebrada** Konzelebration *f*

concentración [koṇθeṇtra'θjon] *f* (*t.* MIL) Konzentration *f; (acumulación)* Zusammenballung *f; (manifestación)* Zusammenschluss *m;* (ADMIN) Zentralisierung *f;* **campo de ~** Konzentrationslager *nt*

concentrado [koṇθeṇ'traðo] *m (extracto)* Konzentrat *nt;* **~ de tomate** Tomatenmark *nt*

concentrar [koṇθeṇ'trar] **I.** *vt* ❶ (*t.* MIL) konzentrieren; *(acumular)* zusammenballen; *(agrupar)* gruppieren; (ADMIN) zentralisieren ❷ *(centrar)* konzentrieren; *(dirigir)* lenken **II.** *vr:* **~se** ❶ *(reunirse)* zusammenkommen; *(agruparse)* sich zusammenschließen ❷ *(centrarse)* sich konzentrieren (**en** auf +*akk*)

concéntrico, -a [koṇ'θeṇtriko, -a] *adj* (MAT) konzentrisch

concepción [koṇθeβ'θjon] *f* ❶ *(embarazo)* Empfängnis *f;* **la Inmaculada Concepción** die Unbefleckte Empfängnis ❷ *(idea)* Konzeption *f* ❸ *(mentalidad)* Anschauung *f; (interpretación)* Auffassung *f*

concepto [koṇ'θepto] *m* ❶ *(noción)* Begriff *m; (plan)* Konzept *nt* ❷ *(opinión)* Auffassung *f; (imagen)* Image *nt* ❸ *(loc)* **bajo** [*o* **por**] **ningún ~** unter keinen Umständen; **en ~ de** als +*nom;* (COM) für +*akk*

conceptuación [koṇθeptwa'θjon] *f* ❶ *(opinión)* Auffassung *f* ❷ *(noción)* Begriffsbildung *f* ❸ *(valoración)* Beurteilung *f*

conceptual [koṇθeptu'al] *adj* begrifflich, konzeptuell; **arte ~** Konzeptkunst *f*

conceptualizar [koṇθeptwali'θar] <z → c> *vt* konzeptualisieren

conceptuar [koṇθeptu'ar] <*1. pres* conceptúo> *vt* halten (**como/de** für +*akk*)

concerniente [koṇθer'njeṇte] *adj* betreffend (**a** +*akk*), bezüglich (**a** +*gen*); **en lo ~ a algo/alguien...** was etw/jdn angeht ...

concernir [koṇθer'nir] *vi irr como cernir* ❶ *(afectar)* betreffen; **en** [*o* **por**] **lo que concierne a alguien...** was jdn betrifft ... ❷ *(corresponder)* zustehen +*dat*

concertación [koṇθerta'θjon] *f* (ECON, POL) Vereinbarung *f;* **~ social** Solidarpakt *m*

concertante [koṇθer'taṇte] **I.** *adj* ❶ *(que concierta)* passend, harmonierend ❷ (MÚS) konzertant **II.** *m* (MÚS) Concertante *f,* Konzertante *f*

concertar [koṇθer'tar] <e → ie> **I.** *vi* passen (**con** zu +*dat*) **II.** *vt* ❶ *(ordenar)* ordnen; *(arreglar)* regeln ❷ (MÚS: *afinar*) stimmen (**con** nach +*dat*) ❸ *(armonizar)* in Einklang bringen ❹ *(acordar)* vereinbaren; *(concretar)* absprechen **III.** *vr:* **~se** ❶ *(ponerse de acuerdo)* sich einigen ❷ *(pey: compincharse)* paktieren

concertista [koṇθer'tista] *mf* (MÚS) Konzertspieler(in) *m(f)*

concesión [koṇθe'sjon] *f* ❶ *(acción)* Erteilung *f* ❷ *(efecto)* Genehmigung *f;* (COM, JUR) Konzession *f; (licencia)* Lizenz *f* ❸ *(de una beca)* Gewährung *f; (de un premio)* Verleihung *f* ❹ *(consentimiento)* Zugeständnis *nt*

concesionario, -a [koṇθesjo'narjo, -a] *m, f* (COM, JUR) Konzessionär(in) *m(f); (de una licencia)* Lizenznehmer(in) *m(f)*

concha ['kontʃa] *f* ❶ *(del molusco)* Muschel(schale) *f; (caparazón)* Schale *f; (de tortuga)* Schildkrötenpanzer *m;* **~ del caracol** Schneckenhaus *nt* ❷ (TEAT) Souffleurmuschel *f* ❸ *(Am: descaro)* Frechheit *f* ❹ *(Am: vulg: vulva)* Muschi *f fam,* Möse *f fam*

conchabar [kontʃa'βar] **I.** *vt* ❶ *(mezclar)* panschen ❷ *(Am: contratar)* einstellen **II.** *vr:* **~se** *(fam)* paktieren; **estar conchabado con alguien** mit jdm unter einer Decke stecken

conchado, -a [kon'tʃaðo, -a] *adj* (ZOOL) Schalen-; **moluscos ~s** Schalenweichtiere *ntpl*

concho[1] ['kontʃo] *m* ❶ *(Ant, Cuba: taxi)* Taxi *nt* ❷ *(CSur: resto)* Rest *m; (poso)* Satz *m;* **irse al ~** *(vulg)* vor die Hunde gehen *fam* ❸ *(Am: vulg: vulva)* Muschi *f fam*

concho, -a[2] ['kontʃo, -a] **I.** *adj (AmC)* grob **II.** *m, f* ❶ *(AmC: campesino)* Bauer, Bäuerin *m, f* ❷ *(CSur: niño)* Balg *m o nt* **III.** *interj (Am: fam)* **¡~!** verdammt noch mal!

conchudo, -a [kon'tʃuðo, -a] *adj* ❶ *(con conchas)* schuppig ❷ *(Am: fam: sinvergüenza)* frech, unverschämt ❸ *(Méx, Col: fam: indolente)* träge

conciencia [koṇ'θjeṇθja] *f* ❶ *(conocimiento)* Erkenntnis *f* ❷ *(consciencia)* Bewusstsein *nt;* **a ~** gewissenhaft; *(conscientemente)* bewusst; **tomar ~ de algo** sich *dat* etw *gen* bewusst werden ❸ *(moral)* Gewissen *nt; (rectitud)* Redlichkeit *f; (cuestión)* Gewissensfrage *f;* **libertad de ~** Gewissensfreiheit *f;* (**sin**) **cargo de ~** (ohne) schlechtes Gewissen; **me remuerde la ~** ich habe Gewissensbisse

concienciación [koṇθjeṇθja'θjon] *f* Bewusstmachung *f;* (ECOL, POL) Sensibilisierung *f*

concienciar [koṇθjeṇ'θjar] **I.** *vt* ❶ *(persuadir)* überzeugen (**de** von +*dat*) ❷ *(sensibilizar)* sensibilisieren (**de** für +*akk*) **II.** *vr:* **~se** ❶ *(convencerse)* sich überzeugen (**de**

von +*dat*) ② *(sensibilizarse)* sensibilisiert werden (**de** für +*akk*)

concienzudo, -a [koṇθjeṇ'θuðo, -a] *adj* gewissenhaft

concierto [koṇ'θjerto] *m* ① *(disposición)* Ordnung *f* ② *(armonía)* Einklang *m* ③ (*t.* ECON: *acuerdo*) Vereinbarung *f* ④ (MÚS) Konzert *nt*

conciliable [koṇθi'ljaβle] *adj* vereinbar; **nuestras opiniones son difícilmente ~s** unsere Ansichten lassen sich nur schwer unter einen Hut bringen; **tal actuación no es ~ con nuestros principios** eine solche Handlung verträgt sich nicht mit unseren Prinzipien

conciliación *f* **~ familiar** Vereinbarkeit von Familie und Beruf

conciliación [koṇθilja'θjon] *f* Konziliation *f; (reconciliación)* Versöhnung *f; (de opiniones)* Einigung *f;* (JUR) Schiedsverfahren *nt;* **~ laboral** Schlichtung *f*

conciliador(a) [koṇθilja'ðor(a)] *adj* versöhnlich; *(amable)* verbindlich; *(pacífico)* friedlich

conciliar [koṇθi'ljar] **I.** *vt (reconciliar)* versöhnen; *(armonizar)* in Einklang bringen; **~ el sueño** einschlafen **II.** *vr:* **~se** ① *(reconciliarse)* sich versöhnen ② *(granjearse)* sich *dat* zuziehen

concilio [koṇ'θiljo] *m* ① *(reunión)* Versammlung *f* ② (REL) Konzil *nt*

concisión [koṇθi'sjon] *f* Gedrängtheit *f; (brevedad)* Kürze *f; (sobriedad)* Knappheit *f*

conciso, -a [koṇ'θiso, -a] *adj (breve)* kurz(gefasst); *(sobrio)* knapp

concitar [koṇθi'tar] **I.** *vt* aufwiegeln **II.** *vr:* **~se** sich *dat* zuziehen

conciudadano, -a [koṇθjuða'ðano, -a] *m, f* Mitbürger(in) *m(f)*

conclave [koŋ'klaβe] *m,* **cónclave** ['koŋklaβe] *m* ① (REL) Konklave *nt* ② *(reunión)* Versammlung *f*

concluir [koŋklu'ir] *irr como huir* **I.** *vi* enden; **¡asunto concluido!** erledigt! **II.** *vt* ① *(terminar)* zu Ende bringen; *(negocio)* (ab)schließen ② *(deducir)* schließen (**de** aus +*dat*) **III.** *vr:* **~se** zu Ende gehen

conclusión [koŋklu'sjon] *f* ① *(final)* (Ab)schluss *m;* **en ~** *(en suma)* kurz und gut; *(por último)* letztendlich ② *(deducción)* (Schluss)folgerung *f;* **llegar a la ~ de que...** zu dem Schluss kommen, dass …

conclusivo, -a [koŋklu'siβo, -a] *adj* abschließend, Schluss-

concluyente [koŋklu'ɟeṇte] *adj (definitivo)* endgültig; *(determinante)* entscheidend; *(convincente)* überzeugend

concomitancia [koŋkomi'taṇθja] *f* Parallele *f*

concomitar [koŋkomi'tar] *vt* begleiten

concordancia [koŋkor'ðaṇθja] *f* ① *(correspondencia)* Übereinstimmung *f* ② (LING) Kongruenz *f*

concordante [koŋkor'ðaṇte] *adj* konkordant

concordar [koŋkor'ðar] <o → ue> **I.** *vi* ① *(coincidir)* übereinstimmen ② (LING) kongruieren **II.** *vt* ① *(armonizar)* in Einklang bringen ② (LING) in Kongruenz setzen (**con** zu +*dat*)

concorde [koŋ'korðe] *adj* übereinstimmend, konform; **estar ~ con algo/alguien** mit etw *dat*/jdm einig sein; **no estar ~ en nada** in nichts übereinstimmen

concordia [koŋ'korðja] *f* Eintracht *f*

concreción [koŋkre'θjon] *f* ① *(precisión)* Konkretisierung *f* ② *(acumulación)* Ablagerung *f* ③ *(limitación)* Beschränkung *f*

concretamente [koŋkreta'meṇte] *adv* genau, konkret

concretar [koŋkre'tar] **I.** *vt* ① *(precisar)* konkretisieren ② *(combinar)* zusammensetzen ③ *(limitar)* beschränken (**a** auf +*akk*) **II.** *vr:* **~se** sich beschränken (**a** auf +*akk*)

concretizar [koŋkreti'θar] <z → c> *vt* konkretisieren

concreto, -a [koŋ'kreto, -a] *adj* konkret; **en ~** konkret

concubina [koŋku'βina] *f* Lebensgefährtin *f*

conculcación [koŋkulka'θjon] *f* Verletzung *f* (**de** +*gen*), Zuwiderhandlung *f* (**de** gegen +*akk*)

concurrencia [koŋku'rreṇθja] *f* ① *(coincidencia)* Zusammentreffen *nt* ② *(asistencia)* Beteiligung *f* ③ *(público)* Publikum *nt* ④ *(ayuda)* Unterstützung *f* ⑤ *(competencia)* Konkurrenz *f*

concurrente [koŋku'rreṇte] *mf* Teilnehmer(in) *m(f)*

concurrido, -a [koŋku'rriðo, -a] *adj* gut besucht

concurrir [koŋku'rrir] *vi* ① *(coincidir en el lugar)* zusammenkommen; *(en el tiempo)* zusammenfallen ② *(concursar)* konkurrieren (**por** um +*akk*) ③ *(participar)* teilnehmen (**en** an +*dat*) ④ *(presenciar)* beiwohnen (**en** +*dat*)

concursante [koŋkur'saṇte] *mf* ① *(aspirante)* Bewerber(in) *m(f)* ② *(participante)* (Wettbewerbs)teilnehmer(in) *m(f)*

concursar [koŋkur'sar] **I.** *vt, vi* ① *(competir)* (an einem Wettbewerb) teilnehmen ② *(concurrir)* sich bewerben **II.** *vt* (JUR) Konkurs eröffnen (**a** gegen +*akk*)

concurso [koŋ'kurso] *m* ① *(coincidencia)* Zusammentreffen *nt* ② *(oposición)* Ausschreibung *f* ③ *(torneo)* Wettbewerb *m;* (DEP) Wettkampf *m* ④ *(ayuda)* Unterstützung *f* ⑤ *(asistencia de público)* Teilnahme *f* ⑥ (JUR) Konkurs *m*
concurso-subasta [koŋ'kurso-su'βasta] <concursos-subasta> *m* öffentliche Ausschreibung *f*
condado [koṇ'daðo] *m* ① *(título)* Grafentitel *m* ② *(territorio)* Grafschaft *f*
conde(sa) ['koṇde, koṇ'desa] *m(f)* Graf, Gräfin *m, f*
condecir [koṇde'θir] *irr como decir vi (concordar)* harmonieren, zusammenpassen
condecoración [koṇdekora'θjon] *f* ① *(distinción)* Auszeichnung *f* ② *(galardón)* Orden *m*
condecorar [koṇdeko'rar] *vt* auszeichnen
condena [koṇ'dena] *f* Verurteilung *f;* **cumplir una ~** eine Strafe verbüßen
condenación [koṇdena'θjon] *f* Verurteilung *f;* **~ eterna** (REL) ewige Verdammnis
condenado, -a [koṇde'naðo, -a] **I.** *adj (fam)* verflixt, verdammt **II.** *m, f* ① *(reo)* Veurteilte(r) *mf* ② (REL) Verdammte(r) *mf* ③ *(fam: endemoniado)* verflixter Kerl *m,* verflixtes Weib *nt* ④ *(fam: niño)* Racker *m*
condenar [koṇde'nar] **I.** *vt* ① *(sentenciar, reprobar)* verurteilen (**a** zu +*dat*) ② (REL) verdammen ③ *(tapiar)* zumauern **II.** *vr:* **~se** ① (REL) verdammt werden ② *(acusarse)* sich schuldig bekennen
condenatorio, -a [koṇdena'torjo, -a] *adj* Schuld-; **veredicto ~** Schuldspruch *m*
condensación [koṇdensa'θjon] *f* Kondensierung *f*
condensador [koṇdensa'ðor] *m* (ELEC) Kondensator *m*
condensar [koṇden'sar] **I.** *vt* ① *(espesar)* kondensieren ② *(abreviar)* kürzen (**en** auf +*akk*) **II.** *vr:* **~se** (sich) verdichten; (FÍS) komprimieren
condesa [koṇ'desa] *f v.* **conde**
condescendencia [koṇdesθeṇ'deṇθja] *f* ① *(dignación)* Entgegenkommen *nt; (irón)* Herablassung *f* ② *(transigencia)* Nachgiebigkeit *f* (**con** gegenüber +*dat*)
condescender [koṇdesθeṇ'der] <e → ie> *vi* ① *(avenirse)* nachgeben (**con** +*dat*) ② *(rebajarse)* entgegenkommend sein; *(irón)* sich herablassen
condescendiente [koṇdesθeṇ'djeṇte] *adj* ① *(benévolo)* nachgiebig ② *(complaciente)* entgegenkommend ③ *(arrogante)* herablassend
condición [koṇdi'θjon] *f* ① *(índole de una cosa)* Beschaffenheit *f* ② *(genio)* Naturell *nt* ③ *(estado)* Verfassung *f,* Zustand *m* ④ *(situación)* Situation *f* (**de** als +*nom*); **condiciones laborales** Arbeitsbedingungen *f pl* ⑤ *(clase)* Stand *m* ⑥ *(requisito)* Bedingung *f;* **~ de entrada** Eintrittsbedingung *f;* **condiciones del servicio** (*t.* INFOR) Nutzungsbedingungen *f pl;* **a ~ de que...** +*subj* unter der Bedingung, dass ...; **sin condiciones** bedingungslos
condicionado, -a [koṇdiθjo'naðo, -a] *adj* (*t.* PSICO) bedingt, konditioniert
condicional [koṇdiθjo'nal] **I.** *adj* ① *(sujeto a condiciones)* bedingt; **libertad ~** (JUR) Freilassung auf Bewährung ② (LING) konditional **II.** *m* (LING) Konditional(is) *m*
condicionante [koṇdiθjo'naṇte] *adj* bedingend
condicionar [koṇdiθjo'nar] *vt* ① *(supeditar)* abhängig machen (**a** von +*dat*) ② *(acondicionar)* konditionieren
condimentación [koṇdimeṇta'θjon] *f* Würzen *nt*
condimentar [koṇdimeṇ'tar] *vt* würzen
condimento [koṇdi'meṇto] *m* Gewürz *nt*
condiscípulo, -a [koṇdis'θipulo, -a] *m, f* Mitschüler(in) *m(f)*
condolencia [koṇdo'leṇθja] *f* Beileid *nt*
condolerse [koṇdo'lerse] <o → ue> *vr* Mitleid haben (**de** mit +*dat*)
condominio [koṇdo'minjo] *m* ① (JUR: *referente a cosas*) Gemeinschaftseigentum *nt; (referente a territorios)* Kondominium *nt* ② *(Am: piso)* Eigentumswohnung *f*
condón [koṇ'don] *m* Kondom *m o nt*
condonación [koṇdona'θjon] *f* Erlass *m*
condonar [koṇdo'nar] *vt* erlassen
cóndor ['koṇdor] *m* (ZOOL) Kondor *m*
conducción [koṇdu^{ɣ}'θjon] *f* ① *(trasporte)* Beförderung *f* ② *(conducto, administración)* Leitung *f*
conducente [koṇdu'θeṇte] *adj* geeignet
conducir [koṇdu'θir] *irr como traducir* **I.** *vt* ① *(llevar)* bringen; *(trasportar)* befördern ② *(guiar)* führen ③ *(arrastrar)* leiten ④ *(pilotar)* fahren, steuern ⑤ *(mandar)* leiten, führen **II.** *vi* ① *(dirigir)* führen (**a** zu +*dat*) ② *(pilotar)* fahren **III.** *vr:* **~se** sich benehmen
conducta [koṇ'dukta] *f* ① *(comportamiento)* Benehmen *nt; (de un prisionero)* Führung *f* ② *(mando)* Führung *f*
conductibilidad [koṇduktiβili'ða^{ð}] *f* (FÍS) Leitfähigkeit *f*
conductismo [koṇduk'tismo] *m* (PSICO) Behaviorismus *m*
conductividad [koṇduktiβi'ða^{ð}] *f* (FÍS) Leitfähigkeit *f*
conducto [koṇ'dukto] *m* ① *(tubo)* Leitung *f* ② (MED) Kanal *m;* **~ auditivo** Ge-

hörgang *m;* ~ **deferente** Samenleiter *m* ③ *(mediación)* Weg *m*

conductor[1] [koṇduk'tor] *m* (FÍS) Leiter *m*

conductor(a)[2] [koṇduk'tor(a)] **I.** *adj* leitend; **hilo** ~ Leitungsdraht *m* **II.** *m(f)* ① *(jefe)* Leiter(in) *m(f)* ② *(chófer)* Fahrer(in) *m(f);* ~ **suicida** Falschfahrer *m*

condumio [koṇ'dumjo] *m* *(comida)* Essen *nt (mit Brot als Beilage)*

conectador [konekta'ðor(a)] *m* Stecker *m;* ~ **adicional** Zusatzstecker *m*

conectar [konek'tar] **I.** *vt* ① *(enlazar)* verbinden ② *(enchufar)* anschließen **II.** *vi* Kontakt aufnehmen

conectividad [konektiβi'ðað] *f* (INFOR) ① *(posibilidad)* Anschlussfähigkeit *f* ② *(de redes)* Vernetzung *f;* **tener** ~ vernetzt sein

conector [konek'tor] *m* (INFOR) Stecker *m;* ~ **múltiple** Mehrfachstecker *m*

coneja [ko'nexa] *f* ① *(roedora)* weibliches Kaninchen *f* ② *(pey: mujer)* gebärfreudige Frau *f*

conejera [kone'xera] *f* ① *(madriguera)* Kaninchenbau *m* ② *(t. fig: cueva)* Höhle *f*

conejillo [kone'xiʎo] *m* ~ **de Indias** Meerschweinchen *nt; (fig)* Versuchskaninchen *nt*

conejo [ko'nexo] *m* (ZOOL) Kaninchen *nt;* ~ **de Indias** Meerschweinchen *nt; (fig)* Versuchskaninchen *nt*

conexidades [konexi'ðaðes] *f pl* (JUR) Zubehör *nt*

conexión [koneɣ'sjon] *f* ① *(enlace)* Verbindung *f* ② *(del teléfono)* Anschluss *m* ③ *pl (amistades)* Beziehungen *f pl*

conexionar [koneɣsjo'nar] **I.** *vt* ① *(enchufar)* anschließen ② *(enlazar)* verbinden **II.** *vr:* **~se** *(elementos)* sich verbinden

confabulación [koɱfaβula'θjon] *f* Verschwörung *f*

confabularse [koɱfaβu'larse] *vr* sich verschwören

confección [koɱfeɣ'θjon] *f* Anfertigung *f; (de vestidos)* Konfektion *f*

confeccionar [koɱfeɣθjo'nar] *vt* anfertigen; *(plan)* aufstellen

confederación [koɱfeðera'θjon] *f* Bündnis *nt; (entre Estados)* Konföderation *f*

confederado, -a [koɱfeðe'raðo, -a] *m, f* Verbündete(r) *f(m); (Estado)* Konföderierte(r) *f(m)*

confederar [koɱfeðe'rar] **I.** *vt* zusammenschließen **II.** *vr:* **~se** sich verbünden

conferencia [koɱfe'reṇθja] *f* ① *(charla)* Vortrag *m* ② *(encuentro)* Konferenz *f;* ~ **cumbre** Gipfeltreffen *nt;* ~ **de prensa** Pressekonferenz *f* ③ *(plática)* Besprechung *f* ④ *(llamada telefónica)* Ferngespräch *nt*

conferenciante [koɱfereṇ'θjaṇte] *mf* Redner(in) *m(f)*

conferenciar [koɱfereṇ'θjar] *vi* verhandeln

conferencista [koɱfereṇ'θista] *mf (Am)* Referent(in) *m(f),* Vortragende(r) *f(m)*

conferir [koɱfe'rir] *vt irr como sentir* ① *(otorgar)* verleihen; *(derechos)* zugestehen ② *(trasferir)* übermitteln

confes(i)onario [koɱfes(j)o'narjo] *m* Beichtstuhl *m*

confesar [koɱfe'sar] <e → ie> **I.** *vt* ① *(admitir)* gestehen ② *(manifestar algo oculto)* preisgeben ③ (REL: *declarar*) beichten; *(oír)* die Beichte abnehmen **II.** *vr:* **~se** die Beichte ablegen; **~se culpable** sich (für) schuldig bekennen

confesión [koɱfe'sjon] *f* ① *(declaración)* Geständnis *nt* ② *(sacramento)* Beichte *f* ③ *(credo religioso)* Konfession *f*

confesional [koɱfesjo'nal] *adj* konfessionell

confesionalidad [koɱfesjonali'ðað] *f* Konfession(szugehörigkeit) *f*

confeso, -a [koɱ'feso, -a] **I.** *adj* geständig **II.** *m, f* Laienbruder, -schwester *m, f*

confesonario [koɱfesjo'narjo, -a] *m* Beichtstuhl *m*

confesor [koɱfe'sor] *m* Beichtvater *m*

confesuría [koɱfesu'ria] *f* (REL) Amt *nt* des Beichtvaters

confeti [koɱ'feti] *m* Konfetti *nt*

confiabilidad [koɱfjaβili'ðað] *f sin pl (fiabilidad)* Zuverlässigkeit *f,* Verlässlichkeit *f*

confiable [koɱfi'aβle] *adj (fiable)* vertrauenswürdig; *(cumplido)* zuverlässig

confiado, -a [koɱfi'aðo, -a] *adj* ① *ser (crédulo)* vertrauensselig ② *estar (presumido)* zuversichtlich; *(de sí mismo)* selbstgefällig

confianza [koɱfi'aṇθa] *f* ① *(crédito)* Vertrauen *nt;* **amiga de** ~ enge Freundin ② *(esperanza)* Zuversicht *f* ③ *(presunción)* Selbstgefälligkeit *f* ④ *(familiaridad)* Vertrautheit *f* ⑤ *pl (familiaridad excesiva)* Freiheiten *f pl*

confianzudo, -a [koɱfjaṇ'θuðo, -a] *adj (demasiado familiar)* (zu) vertraulich; *(crédulo)* vertrauensselig

confiar [koɱfi'ar] <*1. pres* confío> **I.** *vi* vertrauen (**en** +*dat*) **II.** *vt* anvertrauen **III.** *vr:* **~se** ① *(entregarse)* sich verlassen (**a** auf +*akk*) ② *(sincerarse)* sich anvertrauen (**a** +*dat*)

confidencia [koɱfi'ðeṇθja] *f* ① *(secreto)* vertrauliche Mitteilung *f* ② *(revelación)* Enthüllung *f*

confidencial [koɱfiðeṇ'θjal] *adj* vertraulich

confidencialidad *f* Vertraulichkeit *f*

confidente [komfi'ðen̪te] **I.** *adj* zuverlässig **II.** *mf* ❶ *(cómplice)* Vertraute(r) *mf* ❷ *(espía)* Informant(in) *m(f)*

configuración [komfiɣura'θjon] *f* ❶ *(formación)* Gestaltung *f* ❷ *(forma)* Gestalt *f* ❸ (INFOR) Konfiguration *f*

configurar [komfiɣu'rar] **I.** *vt* ❶ *(formar)* gestalten ❷ (INFOR) konfigurieren **II.** *vr:* **~se** sich herausbilden

confín [koɱ'fin] **I.** *adj* angrenzend **II.** *m* ❶ *(frontera)* Grenze *f* ❷ *(final)* Ende *nt*

confinante [komfi'nan̪te] *adj (colindante)* angrenzend (**con** an +*akk*)

confinar [komfi'nar] **I.** *vi* (an)grenzen (**con** an +*akk*) **II.** *vt* verbannen

confinidad [komfini'ða^ð] *f (proximidad)* Nachbarschaft *f*, Nähe *f* (**con** zu +*dat*)

confirmación [komfirma'θjon] *f* ❶ *(ratificación)* Bestätigung *f* ❷ (REL: *Iglesia católica*) Firmung *f*; *(protestante)* Konfirmation *f*

confirmando, -a [komfir'man̪do, -a] *m, f (Iglesia católica)* Firmling *m*; *(Iglesia protestante)* Konfirmand(in) *m(f)*

confirmar [komfir'mar] **I.** *vt* ❶ *(corroborar, t.* ECON, INFOR) bestätigen ❷ *(fortalecer)* bekräftigen ❸ (REL: *Iglesia católica*) firmen; *(protestante)* konfirmieren **II.** *vr:* **~se** sich bestätigen

confirmativo, -a [komfirma'tiβo, -a] *adj* bestätigend

confiscación [komfiska'θjon] *f* Beschlagnahmung *f*

confiscar [komfis'kar] <c → qu> *vt* beschlagnahmen

confitar [komfi'tar] *vt* ❶ *(azucarar)* zuckern; *(almibarar)* kandieren ❷ *(engolosinar)* falsche Hoffnungen machen +*dat*

confite [koɱ'fite] *m* Konfekt *nt*

confitería [komfite'ria] *f* Süßwarengeschäft *nt*

confitero[1] [komfi'tero] *m (confitera)* Bonbonniere *f*

confitero, -a[2] [komfi'tero, -a] *m, f* Konditor(in) *m(f)*, Zuckerbäcker(in) *m(f)*

confitura [komfi'tura] *f* Konfitüre *f*

conflagración [komflaɣra'θjon] *f* ❶ *(incendio)* Brand *m* ❷ *(hostilidades)* Konflikt *m*; *(guerra)* Krieg *m*

conflictividad [komfliktiβi'ða^ð] *f* Brisanz *f*

conflictivo, -a *adj* konfliktgeladen, brisant

conflicto [koɱ'flikto] *m* Konflikt *m*

confluencia [komflu'en̪θja] *f* Zusammenfluss *m*

confluir [komflu'ir] *vi irr como huir* zusammenfließen

conformar [komfor'mar] **I.** *vt* ❶ *(formar)* formen ❷ *(ajustar)* anpassen (**a** an +*akk*) ❸ *(contentar)* zufrieden stellen **II.** *vi* übereinstimmen (**con** mit +*dat*) **III.** *vr:* **~se** ❶ *(ajustarse)* sich anpassen (**a** an +*akk*) ❷ *(contentarse)* sich zufriedengeben

conforme [koɱ'forme] **I.** *adj (adecuado)* angemessen; **estar ~ con algo** mit etw *dat* übereinstimmen **II.** *adv* ❶ *(como)* (so) wie ❷ *(según)* gemäß (**a** +*dat*)

conformidad [komformi'ða^ð] *f* ❶ *(afinidad)* Übereinstimmung *f* ❷ *(aprobación)* Genehmigung *f* ❸ *(paciencia)* Gelassenheit *f*

conformismo [komfor'mismo] *m* Konformismus *m*

conformista [komfor'mista] **I.** *adj* konformistisch **II.** *mf* Konformist(in) *m(f)*

confort [koɱ'for^t] *m sin pl* Komfort *m*

confortable [komfor'taβle] *adj* ❶ *(confortante)* aufmunternd ❷ *(cómodo)* komfortabel

confortar [komfor'tar] **I.** *vt* ❶ *(vivificar)* stärken ❷ *(alentar)* aufmuntern; *(consolar)* trösten **II.** *vr:* **~se** ❶ *(reanimarse)* (wieder) zu Kräften kommen ❷ *(consolarse)* Trost finden; *(animarse)* Mut fassen

confraternidad [komfraterni'ða^ð] *f*, **confraternización** [komfraterniθa'θjon] *f* Brüderlichkeit *f*

confraternizar [komfraterni'θar] <z → c> *vi* sich verbrüdern

confrontación [komfron̪ta'θjon] *f* ❶ *(comparación)* Vergleich *m* ❷ *(careo)* Gegenüberstellung *f* ❸ *(enfrentamiento)* Konfrontation *f*

confrontar [komfron̪'tar] **I.** *vt* ❶ *(comparar)* vergleichen ❷ *(carear)* gegenüberstellen (**con** +*dat*); **confrontado con** konfrontiert mit **II.** *vr:* **~se** (sich *dat*) gegenüberstehen

confucianismo [komfuθja'nismo] *m* (FILOS) Konfuzianismus *m*

confundir [komfun̪'dir] **I.** *vt* ❶ *(trastocar)* verwechseln ❷ *(mezclar)* durcheinanderbringen ❸ *(embrollar)* verwirren **II.** *vr:* **~se** ❶ *(unirse)* sich unter die Menschenmenge mischen ❷ *(embrollarse)* sich täuschen (**de** in +*dat*)

confusión [komfu'sjon] *f* ❶ *(trastoque)* Verwechslung *f* ❷ *(embrollo)* Verwirrung *f*

confuso, -a [koɱ'fuso, -a] *adj* konfus, verworren

confutación [komfuta'θjon] *f* (LIT) Widerlegung *f*

confutar [komfu'tar] *vt* widerlegen

congelación [koŋxela'θjon] *f* ❶ *(solidificación)* Gefrieren *nt* ❷ *(conservación)* Einfrieren *nt*; **~ salarial** Einfrieren der Gehälter ❸ *(heladura)* Erfrierung *f*

congelado, -a [koŋxe'laðo, -a] *adj* (ein)gefroren; *(cuerpo)* erfroren; *(comestibles)* tiefgefroren

congelador [koŋxela'ðor] *m* ❶ *(electrodoméstico)* Gefrierschrank *m* ❷ *(compartimento en la nevera)* Gefrierfach *nt*

congelados [koŋxe'laðos] *mpl* (COM) Tiefkühlkost *f*

congelamiento [koŋxela'mjeṇto] *m v.* **congelación**

congelante [koŋxe'laṇte] **I.** *adj* Kühl- **II.** *m* Kühlmittel *nt*

congelar [koŋxe'lar] **I.** *vt* ❶ *(solidificar)* gefrieren (lassen) ❷ (*t.* ECON: *conservar*) einfrieren ❸ *(helar)* erfrieren **II.** *vr:* **~se** ❶ *(solidificarse)* gefrieren ❷ *(helarse)* erfrieren

congénere [koŋ'xenere] **I.** *adj* artverwandt **II.** *mf* Artgenosse, -in *m, f*

congeniar [koŋxe'njar] *vi* harmonieren

congénito, -a [koŋ'xenito, -a] *adj* angeboren

congestión [koŋxes'tjon] *f* ❶ (MED) Hyperämie *f* ❷ *(aglomeración)* Stauung *f*

congestionado, -a [koŋxestjo'naðo, -a] *adj (rostro)* hochrot

congestionar [koŋxestjo'nar] **I.** *vt* ❶ (MED) Blutandrang verursachen (in +*dat*) ❷ *(aglomerar)* verstopfen **II.** *vr:* **~se** ❶ (MED) Blutandrang haben ❷ *(aglomerarse)* sich stauen

conglobación [koŋgloβa'θjon] *f* ❶ *(amontonamiento)* Anhäufung *f; (t. fig: suma)* Summe *f* ❷ *(fig: sentimientos)* gehäuftes Auftreten *nt*

conglobar [koŋglo'βar] *vt* vereinen, versammeln

conglomeración [koŋglomera'θjon] *f* Bindung *f*

conglomerado *m* (*t.* GEO) Konglomerat *nt*

conglomerar [koŋglome'rar] **I.** *vt* binden **II.** *vr:* **~se** sich verbinden

conglutinante [koŋgluti'naṇte] **I.** *adj* Binde- **II.** *m* Bindemittel *nt*

Congo ['koŋgo] *m* Kongo *m*

congoja [koŋ'goxa] *f* ❶ *(pena)* Schmerz *m* ❷ *(desconsuelo)* Mutlosigkeit *f*

congojoso, -a [koŋgo'xoso, -a] *adj* ❶ *ser (angustioso)* beklemmend ❷ *estar (entristecido)* bekümmert, betrübt; **últimamente le encuentro muy ~** in letzter Zeit finde ich, dass seine Stimmung sehr gedrückt ist

congola [koŋ'gola] *f (Col: pipa de fumar)* (Tabaks)pfeife *f*

congoleño, -a [koŋgo'leɲo, -a], **congolés, -esa** [koŋgo'les, -esa] **I.** *adj* kongolesisch **II.** *m, f* Kongolese, -in *m, f*

congraciamiento [koŋgraθja'mjeṇto] *m* Versöhnung *f; (pey: engatusamiento)* Einschmeichelung *f*

congraciar [koŋgra'θjar] **I.** *vt* beliebt machen (**con** bei +*dat*) **II.** *vr:* **~se** die Gunst erlangen (**con** +*gen*)

congratulación [koŋgratula'θjon] *f* Gratulation *f*

congratular [koŋgratu'lar] **I.** *vt* beglückwünschen **II.** *vr:* **~se** sich freuen (**de/por** über +*akk*)

congregación [koŋgreɣa'θjon] *f* ❶ *(reunión)* Versammlung *f* ❷ (REL) Kongregation *f*

congregar [koŋgre'ɣar] <g → gu> *vt, vr:* **~se** (sich) versammeln

congresal [koŋgre'sal] *mf (Am)* Tagungsteilnehmer(in) *m(f)*

congresista [koŋgre'sista] *mf* Kongressteilnehmer(in) *m(f)*

congreso [koŋ'greso] *m* ❶ *(conferencia)* Kongress *m* ❷ (POL) Abgeordnetenhaus *nt;* **C~ de los Diputados** Abgeordnetenhaus *nt*

congrio ['koŋgrjo] *m* (ZOOL) Meeraal *m*

congruencia [koŋ'grweṇθja] *f* ❶ *(coherencia)* Übereinstimmung *f* ❷ (MAT) Kongruenz *f*

congruente [koŋ'grweṇte] *adj* ❶ *(coherente)* übereinstimmend ❷ (MAT) kongruent

conguito [koŋ'gito] *m (Am: pimiento)* Paprika *m*

cónico, -a ['koniko, -a] *adj* konisch, kegelförmig

conífera [ko'nifera] *f* (BOT) Nadelbaum *m;* **~s** Nadelhölzer *ntpl*

conífero, -a [ko'nifero, -a] *adj* Nadel-; **árbol ~** Nadelbaum *m*

conjetura [koŋxe'tura] *f* Mutmaßung *f*

conjetural [koŋxetu'ral] *adj* auf Mutmaßungen beruhend, spekulativ

conjeturar [koŋxetu'rar] *vt* mutmaßen

conjugación [koŋxuɣa'θjon] *f* ❶ *(combinación)* Vereinigung *f* ❷ (BIOL, LING) Konjugation *f*

conjugado, -a [koŋxu'ɣaðo, -a] *adj* ❶ (MAT) zugeordnet, konjugiert ❷ (LING) konjugiert ❸ (BOT) zur Klasse der Jochalgen gehörend

conjugar [koŋxu'ɣar] <g → gu> *vt* ❶ *(armonizar)* in Einklang bringen ❷ (LING) konjugieren

conjunción [koŋxuṇ'θjon] *f* ❶ *(unión)* Verbindung *f* ❷ (ASTR, LING) Konjunktion *f*

conjuntamente [koŋxuṇta'meṇte] *adv* zusammen

conjuntar [koŋxuṇ'tar] **I.** *vi* zusammenpassen **II.** *vt* (aufeinander) abstimmen **III.** *vr:* **~se** zusammenkommen

conjuntiva [koŋxuṇ'tiβa] *f* (MED) Bindehaut *f*

C

C

conjuntivitis [koŋxun̪ti'βitis] *f inv* (MED) Bindehautentzündung *f*
conjunto [koŋ'xun̪to] *m* ❶ *(unido)* Einheit *f*, Komplex *m* ❷ *(totalidad)* Gesamtheit *f*; **en ~** insgesamt ❸ *(en representaciones artísticas)* Ensemble *nt* ❹ *(prenda de vestir)* Ensemble *nt* ❺ (MAT) Menge *f*; **~ vacío** Leermenge *f*
conjura [koŋ'xura] *f*, **conjuración** [koŋxura'θjon] *f* Verschwörung *f*
conjurado, -a [koŋxu'raðo, -a] *m, f* Verschwörer(in) *m(f)*
conjurar [koŋxu'rar] **I.** *vi* konspirieren **II.** *vt* ❶ *(invocar)* beschwören ❷ *(alejar)* bannen **III.** *vr:* **~se** sich verschwören
conjuro [koŋ'xuro] *m* ❶ *(el conjurar)* Beschwörung *f* ❷ *(fórmula)* Beschwörungsformel *f*
conllevar [konʎe'βar] *vt* ❶ *(soportar)* ertragen ❷ *(implicar)* mit sich *dat* bringen
conmemorable [koⁿmemo'raβle/koᵐmemo'raβle] *adj* denkwürdig; *(inolvidable)* unvergesslich
conmemoración [koⁿmemora'θjon/koᵐmemora'θjon] *f* Gedenken *nt*; **en ~ de alguien** zum Gedenken an jdn
conmemorar [koⁿmemo'rar/koᵐmemo'rar] *vt* gedenken +*gen*
conmemorativo, -a [koⁿmemora'tiβo, -a/koᵐmemora'tiβo, -a] *adj* Gedenk-, Gedächtnis-
conmigo [koⁿ'miɣo/koᵐ'miɣo] *pron pers* mit mir, bei mir
conminación [koⁿmina'θjon/koᵐmina'θjon] *f* ❶ *(amenaza)* Drohung *f* ❷ (JUR) Aufforderung *f*
conminar [koⁿmi'nar/koᵐmi'nar] *vt* ❶ *(amenazar)* bedrohen ❷ (JUR) auffordern
conmiseración [koⁿmisera'θjon/koᵐmisera'θjon] *f* Mitleid *nt*
conmoción [koⁿmo'θjon/koᵐmo'θjon] *f* Erschütterung *f*; **~ cerebral** Gehirnerschütterung *f*
conmocionar [koⁿmoθjo'nar/koᵐmoθjo'nar] **I.** *vt* erschüttern **II.** *vr:* **~se** erschüttert sein
conmovedor(a) [koⁿmoβe'ðor(a)/koᵐmoβe'ðor(a)] *adj* ❶ *(conmocionando)* erschütternd ❷ *(sentimental)* rührend
conmover [koⁿmo'βer/koᵐmo'βer] <o → ue> **I.** *vt* ❶ *(emocionar)* bewegen; *(conmocionar)* erschüttern; *(enternecer)* rühren ❷ *(sacudir)* erschüttern **II.** *vr:* **~se** ❶ *(emocionarse)* ergriffen sein; *(enternecerse)* gerührt sein; *(conmocionarse)* erschüttert sein ❷ *(sacudirse)* erschüttert werden
conmutable [koⁿmu'taβle/koᵐmu'taβle] *adj* ❶ *(permutable)* austauschbar ❷ (ELEC) (um)schaltbar
conmutación [koⁿmuta'θjon/koᵐmuta'θjon] *f* ❶ *(permuta)* Tausch *m* ❷ (LING) Kommutation *f*
conmutador [koⁿmuta'ðor/koᵐmuta'ðor] *m* (ELEC) Schalter *m*
conmutar [koⁿmu'tar/koᵐmu'tar] *vt* ❶ *(cambiar)* tauschen; *(una pena)* umwandeln (**por** in +*akk*) ❷ (ELEC) umschalten ❸ *(convalidar)* anrechnen
conmutativo, -a [koⁿmuta'tiβo, -a/koᵐmuta'tiβo, -a] *adj* (MAT) kommutativ
connatural [konnatu'ral] *adj* angeboren
connaturalizar [konnaturali'θar] <z → c> **I.** *vt* gewöhnen (**con** an +*akk*) **II.** *vr:* **~se** sich gewöhnen (**con** an +*akk*)
connotación [konnota'θjon] *f* (LING) Konnotation *f*
connotar [konno'tar] *vt* (LING) implizieren
cono ['kono] *m* ❶ *(cuerpo geométrico)* Kegel *m*; **Cono Sur** *Argentinien, Chile, Paraguay und Uruguay* ❷ (ANAT, BOT) Zapfen *m*
conocedor(a) [konoθe'ðor(a)] **I.** *adj* kundig (**de** +*gen*) **II.** *m(f)* Kenner(in) *m(f)*
conocer [kono'θer] *irr como crecer* **I.** *vt* ❶ *(saber, tener trato)* kennen; **~ de vista** vom Sehen kennen; **dar a ~** bekannt geben ❷ *(reconocer)* erkennen (**por/en** an +*dat*) ❸ *(descubrir)* kennenlernen **II.** *vi* sich auskennen (**de** mit +*dat*) **III.** *vr:* **~se** ❶ *(tener trato)* sich kennen ❷ *(identificar)* sich wiedererkennen
conocible [kono'θiβle] *adj* erkennbar
conocido, -a [kono'θiðo, -a] **I.** *adj* bekannt **II.** *m, f* Bekannte(r) *mf*
conocimiento [konoθi'mjen̪to] *m* ❶ *(entendimiento)* Kenntnis *f* ❷ *(inteligencia)* Vernunft *f* ❸ *(consciencia)* Bewusstsein *nt* ❹ *pl (nociones)* Kenntnisse *fpl*
conque ['koŋke] *conj (fam)* also
conquense [koŋ'kense] **I.** *adj* aus Cuenca **II.** *mf* Einwohner(in) *m(f)* von Cuenca
conquista [koŋ'kista] *f* Eroberung *f*
conquistador(a) [koŋkista'ðor(a)] **I.** *adj* Eroberungs- **II.** *m(f)* Eroberer, -in *m, f*; **~es (de América)** Konquistadoren *mpl*
conquistar [koŋkis'tar] *vt* erobern
consabido, -a [konsa'βiðo, -a] *adj* wohlbekannt
consagración [konsaɣra'θjon] *f* ❶ *(bendición)* Weihe *f*; *(de la hostia)* Konsekration *f* ❷ *(dedicación)* Aufopferung *f* ❸ *(adquisición de fama)* Auszeichnung *f*
consagrar [konsa'ɣrar] **I.** *vt* ❶ *(bendecir)* weihen; *(la hostia)* konsekrieren ❷ *(dedicar)* widmen; *(sacrificadamente)* opfern **II.** *vr:* **~se** ❶ *(dedicarse)* sich verschreiben (**a** +*dat*) ❷ *(acreditarse)* sich auszeichnen

consanguíneo, -a [konsaŋ'gineo, -a] **I.** *adj* blutsverwandt **II.** *m, f* Blutsverwandte(r) *mf*
consciencia [koⁿs'θjeṇθja] *f* Bewusstsein *nt*
consciente [koⁿs'θjeṇte] *adj* bewusst (**de** +*gen*); **estar** ~ bei Bewusstsein sein; **ser** ~ *(meticuloso)* gewissenhaft sein; *(responsable)* vernünftig sein
consecución [konseku'θjon] *f* Erreichung *f,* Erlangung *f*
consecuencia [konse'kweṇθja] *f* ❶ *(efecto)* Auswirkung *f,* Folge *f;* **a ~ de** infolge +*gen* ❷ *(coherencia)* Konsequenz *f*
consecuente [konse'kweṇte] *adj* konsequent
consecuentemente [konsekweṇte'meṇte] *adv* folglich
consecutivo, -a [konseku'tiβo, -a] *adj* ❶ *(seguido)* aufeinander folgend ❷ (LING) konsekutiv
conseguido, -a [konse'ɣiðo, -a] *adj* gelungen
conseguir [konse'ɣir] *vt irr como seguir* ❶ *(obtener)* erreichen, erlangen ❷ *(tener éxito)* gelingen
consejería [konsexe'ria] *f* Amt *nt* eines Ratsmitglieds; *(de una comunidad autónoma)* Ministeramt *nt*
consejero, -a [konse'xero, -a] *m, f* ❶ *(guía)* Berater(in) *m(f)* ❷ *(miembro de un consejo)* Rat, Rätin *m, f;* ~ **de embajada** Botschaftsrat *m* ❸ *(de una autonomía)* Minister(in) *m(f)*
consejo [kon'sexo] *m* ❶ *(recomendación)* Rat(schlag) *m* ❷ *(organismo)* Rat *m;* **C~ ECOFIN** ECOFIN-Rat *m;* **C~ Europeo** Europäischer Rat; **C~ de Ministros** Ministerrat *m;* ~ **regulador** Aufsichtsrat *m* ❸ *(reunión)* Ratsversammlung *f* ❹ (ECON) ~ **de dirección** Vorstand; ~ **de empresa** Betriebsrat *m*
conseller [konse'ʎer] *m (reg)* Minister *m (in gewissen autonomen Regionalregierungen)*
consenso [kon'senso] *m* Konsens *m*
consensuar [konsensu'ar] <*1. pres* consensúo> *vt* beschließen
consentido, -a [konseṇ'tiðo, -a] *adj* ❶ *(mimado)* verwöhnt ❷ *(tolerante)* (zu) nachsichtig
consentimiento [konseṇti'mjeṇto] *m* Zustimmung *f* (**para** zu +*dat*)
consentir [konseṇ'tir] *irr como sentir* **I.** *vi* ❶ *(admitir)* zulassen; *(tolerar)* dulden ❷ *(ceder)* nachgeben **II.** *vt* ❶ *(autorizar)* genehmigen; *(tolerar)* dulden ❷ *(mimar)* verwöhnen ❸ *(aguantar)* zulassen
conserje [kon'serxe] *mf* Hausmeister(in) *m(f)*
conserjería [konserxe'ria] *f* ❶ *(cargo)* Hausmeisterposten *m* ❷ *(oficina)* Hausmeisterloge *f*
conserva [kon'serβa] *f* ❶ *(enlatado)* Konserve *f* ❷ *(conservación)* Konservierung *f*
conservación [konserβa'θjon] *f* ❶ *(mantenimiento)* Erhaltung *f* ❷ *(guarda)* (Auf)bewahrung *f* ❸ *(conserva)* Konservierung *f*
conservacionismo [konserβaθjo'nismo] *m* Konservati(vi)smus *m*
conservador(a) [konserβa'ðor(a)] **I.** *adj* ❶ *(conservante)* erhaltend ❷ (*t.* POL: *tradicionalista*) konservativ **II.** *m(f)* ❶ *(guardador)* Konservator(in) *m(f)* ❷ (POL) Konservative(r) *mf*
conservante [konser'βaṇte] *m* Konservierungsmittel *nt*
conservar [konser'βar] **I.** *vt* ❶ *(mantener)* erhalten ❷ *(guardar)* (auf)bewahren; *(con esmero)* schonen ❸ *(hacer conservas)* konservieren ❹ *(continuar la práctica)* beibehalten **II.** *vr:* **~se** erhalten bleiben; *(mantenerse)* sich halten
conservatorio [konserβa'torjo] *m* Konservatorium *nt;* ~ **superior de música** Musikhochschule *f*
conservero, -a **I.** *adj* Konserven-; **industria conservera** Konservenindustrie *f* **II.** *m, f* Konservenfabrikant(in) *m(f)*
considerable [konsiðe'raβle] *adj* beachtlich
considerablemente [konsiðeraβle'meṇte] *adv* deutlich, wesentlich
consideración [konsiðera'θjon] *f* ❶ *(reflexión)* Erwägung *f,* Überlegung *f;* **en ~ a** angesichts +*gen* ❷ *(respeto)* Respekt *m;* **falta de ~** Respektlosigkeit *f* ❸ *(opinión)* Ansehen *nt*
considerado, -a [konsiðe'raðo, -a] *adj* ❶ *(tener en cuenta)* berücksichtigt ❷ *(apreciado)* angesehen ❸ *(atento)* rücksichtsvoll
considerar [konsiðe'rar] **I.** *vt* ❶ *(reflexionar)* überdenken ❷ *(juzgar)* halten (für +*akk*) ❸ *(apreciar)* respektieren **II.** *vr:* **~se** sich halten (für +*akk*)
consigna [kon'siɣna] *f* ❶ (MIL) Losung *f* ❷ (POL) Weisung *f* ❸ *(depósito de equipajes)* Gepäckaufbewahrung *f*
consignación [konsiɣna'θjon] *f* ❶ *(asignación)* Anweisung *f* ❷ *(protocolo)* Niederschrift *f* ❸ (COM) Konsignation *f*
consignar [konsiɣ'nar] *vt* ❶ *(asignar)* anweisen ❷ *(protocolar)* (schriftlich) niederlegen ❸ *(poner en depósito)* zur Aufbewahrung geben ❹ (COM) konsignieren

C

consignatario, -a [konsiɣna'tarjo, -a] *m, f* ① *(destinatario)* Empfänger(in) *m(f)* ② *(depositario)* Verwahrer(in) *m(f)* ③ (ECON) Schiffsagent(in) *m(f)*

consigo [kon'siɣo] *pron pers* mit sich *dat,* bei sich *dat*

consiguiente [konsi'ɣjeṇte] *adj* dementsprechend; **por ~** folglich

consiguientemente [konsiɣjeṇte'meṇte] *adv* folglich

consiliario, -a [konsi'ljarjo, -a] *m, f* Berater(in) *m(f)*

consistencia [konsis'teṇθja] *f* Konsistenz *f*

consistente [konsis'teṇte] *adj* konsistent

consistir [konsis'tir] *vi* ① *(componerse)* bestehen (**en** aus +*dat*) ② *(ser)* bestehen (**en** in +*dat*) ③ *(radicar)* beruhen (**en** auf +*dat*)

consistorio [konsis'torjo] *m* ① (REL) Konsistorium *nt* ② *(reg:* ADMIN) Gemeinderat *m*

consola [kon'sola] *f* ① *(mesa)* Konsole *f* ② (ELEC) Schalttafel *f*

consolación [konsola'θjon] *f* Trost *m*

consolador[1] [konsola'ðor] *m (argot)* Vibrator *m*

consolador(a)[2] [konsola'ðor(a)] *adj* tröstlich

consolar [konso'lar] <o → ue> *vt, vr:* **~se** (sich) trösten

consolidación [konsoliða'θjon] *f* ① *(intensificación)* Festigung *f;* (*t.* ECON) Konsolidierung *f* ② *(robustecimiento)* Verstärkung *f*

consolidar [konsoli'ðar] **I.** *vt* ① *(intensificar)* festigen; (*t.* ECON) konsolidieren ② *(robustecer)* verstärken **II.** *vr:* **~se** sich festigen

consomé [konso'me] *m* Consommé *f o nt*

consonancia [konso'naṇθja] *f* ① *(rima)* (End)reim *m* ② *(armonía)* Gleichklang *m,* Harmonie *f;* **en ~ con** in Einklang mit

consonante [konso'naṇte] **I.** *adj* ① *(que rima)* (sich) reimend ② *(armonioso)* übereinstimmend **II.** *f* (LING) Konsonant *m*

cónsono, -a ['konsono, -a] *adj* (*t.* MÚS: *elev)* harmonisch

consorcio [kon'sorθjo] *m* ① *(participación conjunta)* Gemeinschaft *f* ② (ECON) Konsortium *nt;* **~ de tecnologías de la información** IT-Konzern *m*

consorte [kon'sorte] *mf* ① *(partícipe)* Partner(in) *m(f)* ② *(cónyuge)* Ehegatte, -in *m, f* ③ (JUR) Komplize, -in *m, f* ④ *(pey argot: compinche)* Konsorte, -in *m, f*

conspicuo, -a [ko^{n}s'pikwo, -a] *adj* ① *(ilustre)* namhaft, berühmt ② *(obvio)* augenfällig

conspiración [ko^{n}spira'θjon] *f* Verschwörung *f*

conspirador(a) *m(f)* Verschwörer(in) *m(f)*

conspiranoia [konspira'noja] *f* Verschwörungsangst *f*

conspiranoico, -a [konspira'noi̯ko, -a] *m, f* Verschwörungstheoretiker(in) *m(f)*

conspirar [ko^{n}spi'rar] *vi* ① *(conjurar)* sich verschwören ② *(intrigar)* intrigieren ③ *(contribuir)* beitragen (**a** zu +*dat*)

constancia [ko^{n}s'taṇθja] *f* ① *(firmeza)* Beständigkeit *f,* Konstanz *f* ② *(perseverancia)* Ausdauer *f,* Beharrlichkeit *f* ③ *(certeza)* Gewissheit *f* ④ *(noticia)* Vermerk *m;* **dejar ~ de algo** etw vermerken

constante [ko^{n}s'taṇte] *adj* konstant (**en** in +*dat*)

Constanza [ko^{n}s'taṇθa] *f* Konstanz *nt;* **Lago de ~** Bodensee *m*

constar [ko^{n}s'tar] *vi* ① *(ser cierto)* feststehen ② *(figurar)* aufgeführt sein; **hacer ~ algo** etw bekunden ③ *(componerse)* bestehen (**de** aus +*dat*)

constatación [ko^{n}stata'θjon] *f* Bestätigung *f*

constatar [ko^{n}sta'tar] *vt* bestätigen

constelación [ko^{n}stela'θjon] *f* ① *(conjunto de estrellas)* Sternbild *nt* ② (ASTR) Konstellation *f*

consternación [ko^{n}sterna'θjon] *f* Bestürzung *f*

consternar [ko^{n}ster'nar] **I.** *vt* bestürzen **II.** *vr:* **~se** bestürzt sein

constipado [ko^{n}sti'paðo] *m* Erkältung *f;* **~ nasal** Schnupfen *m*

constipar [ko^{n}sti'par] **I.** *vt* verstopfen **II.** *vr:* **~se** sich erkälten

constitución [ko^{n}stitu'θjon] *f* ① *(formación)* Bildung *f* ② *(establecimiento)* Gründung *f* ③ *(designación)* Einsetzung *f* ④ *(composición)* Zusammensetzung *f* ⑤ *(complexión)* Konstitution *f* ⑥ (JUR, POL) Verfassung *f*

constitucional [ko^{n}stituθjo'nal] *adj* (JUR, POL) konstitutionell, Verfassungs-

constitucionalismo [ko^{n}stituθjona'lismo] *m sin pl* ① (JUR, POL) Konstitutionalismus *m* ② (POL: *régimen*) Verfassungsordnung *f*

constituir [ko^{n}stitu'ir] *irr como huir* **I.** *vt* ① *(formar)* bilden ② *(ser)* darstellen ③ *(establecer)* gründen ④ *(designar)* einsetzen (**en** als +*akk*) **II.** *vr:* **~se** auftreten (**en/por** als +*nom*)

constitutivo, -a [ko^{n}stitu'tiβo, -a] *adj* wesentlich

constituyente [ko^{n}stitu'ɟeṇte] **I.** *adj* ① *(que constituye)* konstituierend; **asamblea ~** (POL) verfassungsgebende Versammlung ② *(esencial)* wesentlich, grundlegend, konstitutiv **II.** *m* Mitglied *nt* der verfassungsgebenden Versammlung

constreñimiento [ko^{n}streɲi'mjeṇto] *m* Zwang *m*, Nötigung *f*

constreñir [ko^{n}stre'ɲir] *vt irr como ceñir* ① *(obligar)* zwingen (**a** zu +*dat*) ② (MED) zusammenschnüren ③ *(cohibir)* hemmen

constricción [ko^{n}stri^{ɣ}'θjon] *f* ① *(obligación)* Zwang *m* ② (MED) Konstriktion *f* ③ *(cohibición)* Hemmung *f*

construcción [ko^{n}stru^{ɣ}'θjon] *f* ① *(acción)* Bau *m; (arte)* Baukunst *f* ② *(edificio)* Gebäude *nt;* ~ **aneja** Anbau *m* ③ (LING: *estructura*) Satzbau *m; (palabras)* Konstruktion *f*

constructivismo [ko^{n}strukti'βismo] *m sin pl* (ARTE, MÚS) Konstruktivismus *m*

constructivo, -a [ko^{n}struk'tiβo, -a] *adj* konstruktiv

constructor(a) [ko^{n}struk'tor(a)] *m(f)* Bauunternehmer(in) *m(f);* ~ **de carreteras** Straßenbauer *m*

construir [ko^{n}stru'ir] *vt irr como huir* ① *(casa)* bauen; *(erigir)* errichten; *(producir)* herstellen ② (LING) bilden

consu(b)stancial [konsu(β)staṇ'θjal] *adj* ① *(connatural)* eigen ② (REL) wesensgleich

consuegro, -a [kon'sweɣro, -a] *m, f (del yerno)* Vater *m*/Mutter *f* des Schwiegersohnes; *(de la nuera)* Vater *m*/Mutter *f* der Schwiegertochter

consuelo [kon'swelo] *m* Trost *m; (alivio)* Erleichterung *f*

cónsul ['konsul] *m* (POL) Konsul *m*

consulado [konsu'laðo] *m* Konsulat *nt*

consulesa [konsu'lesa] *f* (POL) Konsulin *f; (anticuado)* Frau *f* des Konsuls

consulta [kon'suḷta] *f* ① *(de un médico)* Praxis *f;* **hora de** ~ Sprechstunde *f* ② *(asesoramiento)* Beratung *f;* ~ **popular** (POL) Volksbefragung *f*

consultación [konsuḷta'θjon] *f* Beratung *f*

consultar [konsuḷ'tar] *vt* ① *(aconsejarse)* um Rat fragen ② *(libro)* nachschlagen (in +*dat*)

consulting [kon'suḷtiŋ] *m* <consultings> (*t.* ECON) Consulting *nt*, Beratung *f*

consultivo, -a [konsuḷ'tiβo, -a] *adj* beratend; **comité** ~ beratender Ausschuss; **voto** ~ beratende Stimme

consultor(a) [konsuḷ'tor(a)] **I.** *adj* beratend; **empresa ~a** Consultingfirma *f* **II.** *m(f)* Berater(in) *m(f); (experto)* Gutachter(in) *m(f)*

consultoría [konsuḷto'ria] *f* Beratungsstelle *f; (empresa)* Consultingfirma *f*

consultorio [konsuḷ'torjo] *m* ① *(establecimiento)* Beratungsstelle *f; (de un médico)* (Arzt)praxis *f* ② *(en la radio)* Fragestunde *f*

consumación [konsuma'θjon] *f sin pl* Vollendung *f*

consumado, -a [konsu'maðo, -a] *adj* vollendet, vollkommen; **matrimonio** ~ (JUR) vollzogene Ehe; **es un bailarín** ~ er ist ein vollendeter Tänzer

consumar [konsu'mar] *vt* vollenden; ~ **el matrimonio** (JUR) die Ehe vollziehen

consumición [konsumi'θjon] *f* ① *(bar)* Verzehr *m* ② *(agotamiento)* Verbrauch *m*

consumido, -a [konsu'miðo, -a] *adj (flaco)* mager

consumidor(a) [konsumi'ðor(a)] *m(f)* Verbraucher(in) *m(f); (cliente)* Gast *m;* ~ **final** Endverbraucher *m*

consumir [konsu'mir] **I.** *vt* ① *(gastar)* verbrauchen ② *(acabar)* aufbrauchen ③ *(comer)* verzehren ④ *(destruir)* vernichten ⑤ *(afligir)* quälen **II.** *vr:* **~se** ① *(persona)* sich quälen ② *(gastarse)* ausgehen

consumista [konsu'mista] *mf* nur auf Konsum ausgerichteter Mensch *m*

consumo [kon'sumo] *m* Verbrauch *m;* **bienes de** ~ Konsumgüter *ntpl;* **sociedad de** ~ Konsumgesellschaft *f*

consustancial [konsustaṇ'θjal] *adj* ① *(connatural)* eigen ② (REL) wesensgleich

contabilidad [koṇtaβili'ða^{d}] *f* Buchhaltung *f;* ~ **por partida doble** doppelte Buchführung; ~ **plurimonetaria** Währungsbuchhaltung *f*

contabilización [koṇtaβiliθa'θjon] *f* Buchführung *f*

contabilizar [koṇtaβili'θar] <z → c> *vt* buchen

contable [koṇ'taβle] **I.** *adj* ① *(que se puede contar)* zählbar ② (FIN) buchungstechnisch **II.** *mf* Buchhalter(in) *m(f)*

contactar [koṇtak'tar] *vi, vt* Kontakt aufnehmen (**con/a** mit +*dat*)

contacto [koṇ'takto] *m* ① *(tacto)* Berührung *f* ② *(relación)* Verbindung *f*, Kontakt *m* ③ (ELEC) Kontakt *m* ④ *(persona)* Kontaktperson *f* ⑤ (FOTO) Positiv *nt*

contado [koṇ'taðo] *m* **al** ~ bar

contador [koṇta'ðor] *m* ① *(del agua, de la luz)* Zähler *m* ② *(contable)* Buchhalter *m*

contados, -as [koṇ'taðos, -as] *adj (raro)* selten; **nos vemos en contadas ocasiones** wir sehen uns selten; **tiene los días** ~ seine/ihre Tage sind gezählt

contagiar [koṇta'xjar] **I.** *vt* anstecken (**con/por** durch +*akk*) **II.** *vr:* **~se** sich anstecken (**de** mit +*dat*, **con/por** durch +*akk*)

contagio [koṇ'taxjo] *m* Ansteckung *f; (trasmisión)* Übertragung *f*

contagioso, -a [koṇta'xjoso, -a] *adj* ansteckend

contaminación [kontamina'θjon] *f* Verseuchung *f;* ~ **acústica** Lärmbelästigung *f;* ~ **ambiental** Umweltverschmutzung *f;* ~ **radiactiva** radioaktive Verseuchung

contaminador(a) [kontamina'ðor(a)] *adj* (umwelt)verschmutzend

contaminante [kontami'nante] **I.** *adj* umweltverschmutzend **II.** *m* Schadstoff *m*

contaminar [kontami'nar] **I.** *vt* ① *(infestar)* verseuchen; **estar contaminado** *(medio ambiente)* verschmutzt (sein) ② *(contagiar)* anstecken ③ *(pervertir)* verderben **II.** *vr:* **~se** ① *(infectarse)* verseucht werden ② *(contagiarse)* sich anstecken ③ *(corromperse)* verderben; *(costumbres)* verfallen

contante [kon'tante] *adj* bar; **pagar en dinero ~ y sonante** mit klingender Münze bezahlen

contar [kon'tar] <o → ue> **I.** *vi* ① *(hacer cuentas, valer)* zählen; **eso no cuenta** das zählt nicht ② *(con 'con': confiar)* zählen (**con** auf +*akk*); **puedes ~ conmigo** du kannst dich auf mich verlassen ③ *(con 'con': tener en cuenta)* rechnen (**con** mit +*dat*) **II.** *vt* ① *(numerar, incluir)* zählen ② *(calcular)* berechnen ③ *(narrar)* erzählen; **¿qué cuentas?** *(saludo)* hallo, was gibt's Neues? ④ *(tener)* haben **III.** *vr:* **~se** (sich) zählen (**entre** zu +*dat*)

contemplación [kontempla'θjon] *f* ① *(observación)* Betrachtung *f* ② (REL) Kontemplation *f,* Versenkung *f* ③ *pl (miramientos)* Rücksicht *f*

contemplar [kontem'plar] *vt* ① *(mirar)* betrachten ② *(considerar)* berücksichtigen ③ *(complacer)* zuvorkommend behandeln ④ (REL) meditieren (über +*akk*)

contemplativo, -a [kontempla'tiβo, -a] *adj* ① *(meditativo, inactivo)* beschaulich ② *(complaciente)* rücksichtsvoll

contemporáneo, -a [kontempo'raneo, -a] **I.** *adj* zeitgenössisch **II.** *m, f* Zeitgenosse, -in *m, f*

contemporizador(a) [kontemporiθa'ðor(a)] **I.** *adj (transigente)* nachgiebig; *(amoldado)* angepasst; *(capaz de amoldarse)* anpassungsfähig **II.** *m(f)* Anpasser(in) *m(f) abw*

contemporizar [kontempori'θar] <z → c> *vi (amoldarse)* sich anpassen (**con** +*dat*); *(transigir)* sich fügen (**con** +*dat*)

contención [konten'θjon] *f* Mäßigung *f*

contender [konten'der] <e → ie> *vi (luchar)* kämpfen (**por** um +*akk*); *(discutir)* streiten (**sobre** über +*akk*)

contendiente [konten'djente] *mf* Gegner(in) *m(f)*

contenedor [kontene'ðor] *m* Container *m;* ~ **de basura** Mülltonne *f;* ~ **de papel** Altpapiercontainer *m;* ~ **de vidrio** Altglascontainer *m*

contener [konte'ner] *irr como tener* **I.** *vt* ① *(encerrar)* enthalten; **¿qué contiene esta caja?** was ist in dieser Schachtel? ② *(refrenar)* zurückhalten; *(sentimientos)* unterdrücken; *(respiración)* anhalten **II.** *vr:* **~se** sich beherrschen

contenido [konte'niðo] *m* ① *(incluido, significado)* Inhalt *m* ② *(concentración)* Gehalt *m*

contentadizo, -a [kontenta'ðiθo, -a] *adj* genügsam; **mal** ~ schwer zufrieden zu stellen

contentamiento [kontenta'mjento] *m* Freude *f,* Zufriedenheit *f*

contentar [konten'tar] **I.** *vt* zufrieden stellen **II.** *vr:* **~se** sich begnügen

contentivo[1] [konten'tiβo] *m* (MED) Verband *m; (venda)* Binde *f; (gasa)* Verbandmull *m*

contentivo, -a[2] [konten'tiβo, -a] *adj* ① *(elev: que contiene)* enthaltend ② (MED) Verband-; *(hemostático)* blutstillend

contento, -a [kon'tento, -a] *adj* ① *(alegre)* froh, fröhlich ② *(satisfecho)* zufrieden

contertulio, -a [konter'tuljo, -a] *m, f* Teilnehmer(in) *m(f)* an einer Gesprächsrunde

contestable [kontes'taβle] *adj* fragwürdig, strittig

contestación [kontesta'θjon] *f* ① *(respuesta)* Antwort *f* ② *(protesta)* Protest *m*

contestador [kontesta'ðor] *m* Anrufbeantworter *m;* ~ **automático** (automatischer) Anrufbeantworter

contestar [kontes'tar] **I.** *vi (responder)* antworten **II.** *vt* ① *(responder)* antworten (**a** auf +*akk*) ② *(replicar)* widersprechen (**a** +*dat*)

contestatario, -a [kontesta'tarjo, -a] *m, f* Protestler(in) *m(f)*

contestón, -ona [kontes'ton, -ona] *m, f* *(fam)* Besserwisser(in) *m(f)*

contexto [kon'testo] *m* Zusammenhang *m,* Kontext *m*

contienda [kon'tjenda] *f* ① *(disputa)* Streit *m* ② *(batalla)* Kampf *m*

contigo [kon'tiɣo] *pron pers* mit dir, bei dir; **me siento** ~ ich setze mich zu dir

contiguo, -a [kon'tiɣwo, -a] *adj* nebeneinanderliegend

continencia [konti'nenθja] *f (moderación)* Mäßigkeit *f; (castidad)* Keuschheit *f*

continental [kontinen'tal] *adj* kontinental

continente [konti'nente] *m* ① (GEO) Kontinent *m* ② *(aspecto)* Haltung *f; (compostura)* Auftreten *nt* ③ *(cosa)* Behälter *m*

contingencia [kontin'xenθja] *f* ① *(even-

tualidad) Möglichkeit *f* ② (FILOS) Kontingenz *f* ③ *(riesgo)* Gefahr *f*

contingentar [kon̪tiŋxen̪'tar] *vt* (*t.* ECON) kontingentieren, zuteilen

contingente [kon̪tiŋ'xen̪te] **I.** *adj* möglich; (FILOS) kontingent **II.** *m* (ECON, MIL) Kontingent *nt*

contingible [kon̪tiŋ'xiβle] *adj (elev: posible)* möglich, denkbar

continuación [kon̪tinwa'θjon] *f (acción)* Fortsetzung *f; (efecto)* Fortdauer *f;* **a ~** *(después)* anschließend; *(en un escrito)* im Folgenden; *(al lado)* daneben

continuador(a) [kon̪tinwa'ðor(a)] *m(f)* Nachfolger(in) *m(f)*

continuamente [kon̪tinwa'men̪te] *adv* ständig, ununterbrochen

continuar [kon̪tinu'ar/kon̪ti'nwar] <*1. pres* continúo> **I.** *vi* ① *(perdurar)* fortdauern; **continúa lloviendo** es regnet immer noch; **~á** Fortsetzung folgt ② *(seguir)* fortfahren, weitermachen ③ *(no detenerse)* weitergehen ④ *(seguir estando)* (immer noch) sein ⑤ *(prolongarse)* sich fortsetzen **II.** *vt* fortsetzen, weiterführen

continuidad [kon̪tinwi'ðaᵈ] *f* Kontinuität *f,* Fortdauer *f*

continuismo [kon̪ti'nwismo] *m sin pl* (POL) Kontinuität *f* einer Partei

continuo, -a [kon̪'tinwo, -a] *adj* ständig; *(ininterrumpido)* ununterbrochen; *(persistente)* anhaltend

contonearse [kon̪tone'arse] *vr* sich in den Hüften wiegen

contorno [kon̪'torno] *m* ① *(de una figura)* Kontur *f,* Umriss *m* ② *(de la cintura)* Hüftumfang *m* ③ *(pl) (territorio)* Umgebung *f*

contorsión [kon̪tor'sjon] *f* Verdrehung *f*

contorsionista [kon̪torsjo'nista] *mf* Schlangenmensch *m*

contra[1] ['kon̪tra] **I.** *prep* ① *(posición, dirección)* gegen +*akk,* an +*akk; (enfrente)* gegenüber +*dat* ② *(oposición, contrariedad)* gegen +*akk;* **yo he votado en ~** ich habe dagegengestimmt; **tener algo en ~** etwas dagegen haben ③ *(a cambio de)* gegen +*akk;* **~ reembolso** gegen [*o* per] Nachnahme **II.** *m* **los pros y los ~s** das Pro und Kontra

contra[2] ['kon̪tra] *f* ① *(dificultad)* Problem *nt; (obstáculo)* Hindernis *nt* ② *(oposición)* Widerstand *m;* **llevar la ~ a alguien** jdm widersprechen ③ *(guerrilla)* Contras *pl*

contraatacar [kon̪tra(a)ta'kar] <c → qu> *vi, vt* seinerseits angreifen

contraataque [kon̪tra(a)'take] *m* (MIL) Gegenangriff *m*

contrabajista [kon̪traβa'xista] *mf* Kontrabassspieler(in) *m(f)*

contrabajo [kon̪tra'βaxo] *m* ① *(instrumento)* Kontrabass *m* ② *(músico)* Kontrabassist(in) *m(f)*

contrabandear [kon̪traβan̪de'ar] *vi* schmuggeln

contrabandista [kon̪traβan̪'dista] *mf* Schmuggler(in) *m(f)*

contrabando [kon̪tra'βan̪do] *m sin pl* ① *(comercio)* Schmuggel *m;* **pasar algo de ~** etw durchschmuggeln ② *(mercancía)* Schmuggelware *f*

contracambio [kon̪tra'kambjo] *m* Tausch *m;* **en ~** als Ersatz

contracción [kon̪traʸ'θjon] *f* ① *(pl)* (MED) Wehen *fpl* ② (LING) Kontraktion *f* ③ (FIN) Rückgang *m*

contracepción [kon̪traθeβ'θjon] *f* (MED: *anticoncepción*) Empfängnisverhütung *f*

contraceptivo[1] [kon̪traθep'tiβo] *m* (MED: *formal)* (Empfängnis)verhütungsmittel *nt*

contraceptivo, -a[2] [kon̪traθep'tiβo, -a] *adj* (MED: *formal)* empfängnisverhütend

contracorriente [kon̪trako'rrjen̪te] *f sin pl (agua)* Gegenströmung *f; (electricidad)* Gegenstrom *m*

contractual [kon̪traktu'al] *adj* vertraglich

contractura [kon̪trak'tura] *f* ① (MED) Kontraktur *f,* (Muskel)versteifung *f* ② (ARQUIT) Verjüngung *f*

contracultural [kon̪trakul̪tu'ral] *adj* zur Gegenkultur gehörig

contradecir [kon̪traðe'θir] *irr como decir* **I.** *vt* widersprechen +*dat* **II.** *vr:* **~se** sich *dat* widersprechen

contradicción [kon̪traðiʸ'θjon] *f* Widerspruch *m*

contradictorio, -a [kon̪traðik'torjo, -a] *adj* widersprüchlich

contraejemplo [kon̪trae'xemplo] *m* Gegenbeispiel *nt*

contraer [kon̪tra'er] *irr como traer* **I.** *vt* ① *(encoger)* zusammenziehen ② *(adquirir: deudas)* machen; *(compromisos)* eingehen; *(enfermedad)* bekommen ③ *(limitar)* beschränken (**a** auf +*akk*) **II.** *vr:* **~se** ① *(encogerse)* sich zusammenziehen ② *(limitarse)* sich beschränken (**a** auf +*akk*)

contraespionaje [kon̪traespjo'naxe] *m* ① *(servicio de defensa)* Spionageabwehr *f* ② *(actividad)* Gegenspionage *f*

contrafallar [kon̪trafa'ʎar] *vt* übertrumpfen

contrafuerte [kon̪tra'fwerte] *m* ① (ARQUIT) Strebepfeiler *m* ② *(zapato)* Hinterkappe *f* ③ (GEO) Gebirgsausläufer *m*

contragolpe [kon̪tra'ɣolpe] *m* ① *(golpe*

dado en respuesta) Gegenschlag *m* ② (DEP: *contraataque*) Konter *m*

contrahacer [kon̪tra(a)'θer] *irr como hacer vt* nachmachen, nachahmen; *(falsificar)* fälschen

C

contrahecho, -a [kon̪tra'etʃo, -a] *adj* ① *(falsificado)* gefälscht ② *(deforme)* verwachsen; *(persona)* bucklig

contrahechura [kon̪trae'tʃura] *f (falsificación)* Fälschung *f*

contraindicación [kon̪train̪dika'θjon] *f* (MED) Gegenanzeige *f*

contraindicar [kon̪train̪di'kar] <c → qu> *vt* (MED) abraten (von +*dat*)

contralor [kon̪tra'lor] *m (Am:* FIN) Leiter *m* des Rechnungsprüfungsamtes

contraloría [kon̪tralo'ria] *f (Am)* Amt *nt* für Rechnungsprüfung

contralto[1] [kon̪'tral̪to] *m (voz)* Altstimme *f*

contralto[2] [kon̪'tral̪to] *mf* Altist(in) *m(f)*

contraluz [kon̪tra'luθ] *m o f* Gegenlicht *nt;* (FOTO) Gegenlichtaufnahme *f*

contramaestre [kon̪trama'estre] *m (capataz)* Meister *m,* Vorarbeiter *m*

contramedida [kon̪trame'ðiða] *f* Gegenmaßnahme *f*

contranatural [kon̪tranatu'ral] *adj* unnatürlich, naturwidrig

contraofensiva [kon̪traofen'siβa] *f* Gegenoffensive *f*

contraoferta [kon̪trao'ferta] *f* Gegenangebot *nt*

contraorden [kon̪tra'orðen] *f* Gegenbefehl *m*

contrapartida [kon̪trapar'tiða] *f* ① *(compensación)* Gegenleistung *f* ② *(contabilidad)* Gegenposten *m*

contrapelo [kon̪tra'pelo] **a ~** *(t. fig)* gegen den Strich

contrapeso [kon̪tra'peso] *m* Gegengewicht *nt*

contraponer [kon̪trapo'ner] *irr como poner* **I.** *vt* ① *(comparar)* gegenüberstellen ② *(oponer)* entgegenstellen **II.** *vr:* **~se** sich widersetzen

contraportada [kon̪trapor'taða] *f* letzte Seite *f*

contraposición [kon̪traposi'θjon] *f* Gegenüberstellung *f;* **en ~ a algo** im Gegensatz zu etw *dat*

contraproducente [kon̪traproðu'θen̪te] *adj* kontraproduktiv; **sería ~** das würde das Gegenteil bewirken

contraproposición [kon̪traproposi'θjon] *f* Gegenvorschlag *m*

contraprotesto [kon̪trapro'testo] *m* (ECON) Protest *m* beim Intervenienten

contraproyecto [kon̪trapro'ɟekto] *m (de una obra)* Gegenentwurf *m; (plan)* Gegenplan *m*

contraprueba [kon̪tra'prweβa] *f* ① (MAT) Gegenbeweis *m* ② (TIPO) Kontrollabzug *m*

contrapunto [kon̪tra'pun̪to] *m* (MÚS) Kontrapunkt *m*

contrariar [kon̪trari'ar] <*1. pres* contrarío> *vt* ① *(oponerse)* behindern; *(plan)* durchkreuzen ② *(disgustar)* ärgern

contrariedad [kon̪trarje'ðað] *f* ① *(inconveniente)* Zwischenfall *m* ② *(decepción)* Ärger *m*

contrario, -a [kon̪'trarjo, -a] **I.** *adj (opuesto)* entgegengesetzt (**a** +*dat*); *(perjudicial)* schädlich; **al ~** (ganz) im Gegenteil; **en caso ~** andernfalls; **de lo ~** andernfalls; **llevar la contraria a alguien** jdm widersprechen **II.** *m, f* Gegner(in) *m(f)*

contrarreforma [kon̪trarre'forma] *f sin pl* (HIST) Gegenreformation *f*

contrarreloj [kon̪trarre'lox] *f* (DEP) Wettrennen *nt* auf Zeit; *(ciclista)* Zeitfahren *nt*

contrarréplica [kon̪tra'rreplika] *f* (JUR) Duplik *f*

contrarrestar [kon̪trarres'tar] **I.** *vt* ① *(resistir)* aufhalten ② *(neutralizar)* entgegenwirken +*dat* **II.** *vi* (DEP) zurückschlagen

contrarrevolución [kon̪trarreβolu'θjon] *f* Gegenrevolution *f*

contrasentido [kon̪trasen̪'tiðo] *m* ① *(contradicción)* Widerspruch *m* ② *(disparate)* Unsinn *m*

contraseña [kon̪tra'seɲa] *f* ① *(santo y seña)* Losungswort *nt* ② *(marca)* (Gegen)zeichen *nt*

contrastar **I.** *vi* im Gegensatz stehen (**con** zu +*dat*) **II.** *vt (comprobar)* prüfen; *(peso)* eichen

contraste [kon̪'traste] *m* ① (*t.* FOTO: *oposición*) Kontrast *m* ② (MED) Kontrastmittel *nt* ③ *(persona)* Eichbeamte(r) *m,* -beamtin *f;* *(oficina)* Eichamt *nt* ④ *(señal)* Stempel *m*

contrata [kon̪'trata] *f* Vertrag *m; (de construcción)* Bauvertrag *m; (de servicios)* Lieferungsvertrag *m; (concurso público)* Ausschreibung *f;* **~ temporal** *(a menudo en la construcción)* Zeitvertrag *m*

contratación [kon̪trata'θjon] *f* Vertragsabschluss *m; (personal)* Einstellung *f;* **~ bursátil** (FIN) Börsenhandel *m*

contratante [kon̪tra'tan̪te] **I.** *adj* vertragschließend; **las partes ~s** die Vertragspartner **II.** *mf* Vertragspartner(in) *m(f);* **~ del seguro** Versicherungsnehmer(in) *m(f)*

contratar [kon̪tra'tar] *vt* ① *(trabajador)* einstellen; *(artista)* engagieren ② *(encargar)* beauftragen

contratiempo [kon̪tra'tjempo] *m* Zwischenfall *m;* **¡qué ~!** wie unangenehm!

contratista [kon̪tra'tista] *mf* Unternehmer(in) *m(f)*

contrato [kon̪'trato] *m* Vertrag *m;* **~ de alquiler** Mietvertrag *m;* **~ colectivo** Tarifvertrag *m*

contravalor [kon̪traβa'lor] *m* Gegenwert *m*

contravención [kon̪traβen̪'θjon] *f* (JUR) Verstoß *m* (**de** gegen +*akk*)

contravenir [kon̪traβe'nir] *vt, vi irr como venir* verstoßen (**de** gegen +*akk*)

contraventana [kon̪traβen̪'tana] *f* Fensterladen *m*

contrayente [kon̪tra'ɟen̪te] **I.** *adj (que contrae)* vertragschließend; *(matrimonio)* eheschließend **II.** *mf* Vertragschließende(r) *mf; (de un matrimonio)* Eheschließende(r) *mf;* **~s** Vertragspartner *mpl; (de un matrimonio)* Brautleute *pl*

contribución [kon̪triβu'θjon] *f* ❶ *(aportación)* Beitrag *m;* **aportar una ~ a algo** einen Beitrag zu etw *dat* leisten ❷ *(impuesto)* Steuer *f,* Abgabe *f;* **~ municipal** Gemeindesteuer *f*

contribuir [kon̪triβu'ir] *irr como huir* **I.** *vi* ❶ *(ayudar)* beitragen (**a** zu +*dat*) ❷ *(tributar)* Steuern zahlen **II.** *vt (aportar)* beitragen (**a** zu +*dat*); *(pagar)* (be)zahlen

contributivo, -a [kon̪triβu'tiβo, -a] *adj* Steuer-

contribuyente [kon̪triβu'ɟen̪te] *mf* Steuerzahler(in) *m(f)*

contrición [kon̪tri^γ'θjon] *f sin pl* (REL) Reue *f,* Bußfertigkeit *f;* **acto de ~** Bußformel *f*

contrincante [kon̪triŋ'kan̪te] *mf* Gegner(in) *m(f),* Widersacher(in) *m(f)*

contrito, -a [kon̪'trito, -a] *adj* reumütig, zerknirscht

control [kon̪'trol] *m* Kontrolle *f,* Überwachung *f; (inspección)* Aufsicht *f;* (ELEC) Steuerung *f;* **~ aduanero** Zollkontrolle *f;* **~ de seguridad** Sicherheitskontrolle *f;* **~ al azar** Stichprobe *f;* **~ a distancia** (TÉC) Fernsteuerung *f;* **~ del volumen** (TÉC) Lautstärkeregler *m;* **~ aéreo** Flugsicherungsdienst *m;* **torre de ~** (AERO) Kontrollturm *m*

controlador[1] [kon̪trola'ðor] *m* (INFOR) Treiber *m;* **~ de la impresora** Druckertreiber *m*

controlador(a)[2] [kon̪trola'ðor(a)] *m(f)* Prüfer(in) *m(f);* **~ de vuelo** [*o* (**de tráfico**) **aéreo**] Fluglotse *m*

controlar [kon̪tro'lar] **I.** *vt* überwachen, überprüfen **II.** *vr:* **~se** sich beherrschen

controversia [kon̪tro'βersja] *f* Kontroverse *f*

controvertible [kon̪troβer'tiβle] *adj* strittig, kontrovers

controvertido, -a [kon̪troβer'tiðo, -a] *adj* umstritten

controvertir [kon̪troβer'tir] *irr como sentir* **I.** *vi, vt* streiten (über +*akk*) **II.** *vt (dudar)* bestreiten

contumaz [kon̪tu'maθ] *adj* halsstarrig

contundencia [kon̪tun̪'den̪θja] *f sin pl* Schlagkraft *f*

contundente [kon̪tun̪'den̪te] *adj* überzeugend; **prueba ~** schlagender Beweis

conturbar [kon̪tur'βar] **I.** *vt (intranquilizar)* beunruhigen; *(turbar)* durcheinanderbringen, verwirren; *(ánimo)* bestürzen, erschüttern **II.** *vr:* **~se** *(asustarse)* erschrecken; *(turbarse)* verwirrt sein; *(ánimo)* bestürzt sein, erschüttert sein

contusión [kon̪tu'sjon] *f* (MED) Quetschung *f*

contusionar [kon̪tusjo'nar] *vt* quetschen

convalecencia [kombale'θen̪θja] *f* Genesung *f*

convalecer [kombale'θer] *vi irr como crecer* sich erholen (**de** von +*dat*)

convaleciente [kombale'θjen̪te] *mf* Rekonvaleszent(in) *m(f)*

convalidación [kombaliða'θjon] *f* ❶ *(de un título)* Anerkennung *f* ❷ *(confirmación)* Bestätigung *f*

convalidar [kombali'ðar] *vt* ❶ *(título)* anerkennen ❷ *(confirmar)* bestätigen

convecino, -a [kombe'θino, -a] **I.** *adj* benachbart **II.** *m, f* ❶ *(vecino)* Nachbar(in) *m(f)* ❷ *(conciudadano)* Mitbürger(in) *m(f)*

convencedor(a) [komben̪θe'ðor(a)] *adj* überzeugend

convencer [komben̪'θer] <c → z> **I.** *vt* ❶ *(persuadir)* überzeugen (**de** von +*dat*) ❷ *(satisfacer)* zufrieden stellen; **no me convence ese piso** diese Wohnung gefällt mir nicht **II.** *vr:* **~se** sich überzeugen (**de** von +*dat*)

convencido, -a [komben̪'θiðo, -a] *adj* überzeugt

convencimiento [komben̪θi'mjen̪to] *m sin pl* Überzeugung *f;* **tengo el ~ de que...** ich bin davon überzeugt, dass ...

convención [komben̪'θjon] *f* ❶ *(acuerdo)* Vertrag *m,* Abkommen *nt;* **la C~ de Ginebra** die Genfer Konvention ❷ *(Am: de un partido)* Parteitag *m* ❸ *(norma)* Konvention *f* ❹ *(asamblea)* gesetzgebende Versammlung *f*

convencional [komben̪θjo'nal] *adj* ❶ *(acostumbrado)* herkömmlich, konventionell; **armas ~es** konventionelle Waffen ❷ *(no espontáneo)* förmlich ❸ *(acordado)* (vertraglich) vereinbart

convencionalismo [kombeṇθjona'lismo] *m sin pl* (HIST) Konventionalismus *m*

convenible [kombe'niβle] *adj* ❶ *(precio)* annehmbar, vernünftig ❷ *(dócil)* flexibel ❸ *(conveniente)* angebracht

conveniencia [kombe'njeṇθja] *f* ❶ *(provecho)* Zweckmäßigkeit *f;* **matrimonio de ~** Vernunftehe *f* ❷ *(acuerdo)* Konvention *f* ❸ *(oportunidad)* Angemessenheit *f* ❹ *(decencia)* Schicklichkeit *f*

conveniente [kombe'njeṇte] *adj* ❶ *(adecuado)* angemessen ❷ *(provechoso)* zweckmäßig; *(útil)* nützlich ❸ *(decente)* schicklich

convenientemente [kombenjeṇte'meṇte] *adv* ordentlich

convenio [kom'benjo] *m* Abkommen *nt;* **~ colectivo** Tarifvertrag *m*

convenir [kombe'nir] *irr como venir* **I.** *vi, vt* ❶ *(acordar)* vereinbaren (**en** +*akk*) ❷ *(concluir)* sich *dat* einig werden (über +*akk*) ❸ *(ser oportuno)* angebracht sein; *(ser bueno)* gut sein (**a** für +*akk*) ❹ *(asentir)* zugeben ❺ *(corresponder)* zustehen +*dat* **II.** *vr:* **~se** sich einigen (**en** über +*akk*)

convento [kom'beṇto] *m* Kloster *nt*

convergencia [komber'xeṇθja] *f* ❶ *(coincidencia)* Übereinstimmung *f;* **criterios de ~** Konvergenzkriterien *ntpl;* **fase de ~** Konvergenzphase *f;* **política de ~** Konvergenzpolitik *f;* **programa de ~** Konvergenzprogramm *nt* ❷ (MAT, ECON) Konvergenz *f* ❸ *(líneas)* Zusammenlaufen *nt*

Convergencia y Unión [komber'xeṇθja i u'njon] *f nationalistisches, katalanisches Parteienbündnis*

convergente [komber'xeṇte] *adj* ❶ (MAT) konvergent ❷ *(línea)* konvergent; **lente ~** Sammellinse *f* ❸ *(opiniones)* übereinstimmend

converger [komber'xer] <g → j> *vi,* **convergir** [komber'xir] <g → j> *vi* ❶ *(línea)* zusammenlaufen ❷ *(estar dirigido)* abzielen (auf +*akk*) ❸ *(ayudar)* beitragen (**a** zu +*dat*) ❹ *(coincidir)* übereinstimmen

conversa [kom'bersa] *f* ❶ *v.* **converso** ❷ *(fam: conversación)* Gespräch *nt*

conversación [kombersa'θjon] *f* Gespräch *nt;* **~ telefónica** Telefongespräch *nt;* **la ~ versa sobre...** das Gespräch dreht sich um ...

conversacional [kombersaθjo'nal] *adj* ❶ *(relativo a la conversación)* Unterhaltungs- ❷ *(coloquial)* umgangssprachlich

conversador(a) [kombersa'ðor(a)] *m(f)* Plauderer, -in *m, f*

conversar [komber'sar] *vi* sich unterhalten

conversión [komber'sjon] *f* ❶ *(trasformación)* Verwandlung *f* ❷ (FÍS) Konversion *f;* (INFOR) Konvertierung *f;* **~ de datos** (INFOR) Datenkonvertierung *f* ❸ (REL) Bekehrung *f* ❹ (MAT) Umrechnung *f;* **tabla de ~** Umrechnungstabelle *f* ❺ (COM, FIN) Umwandlung *f*

converso, -a [kom'berso, -a] *m, f* (REL) Konvertit *m*

convertible [komber'tiβle] **I.** *adj* konvertierbar **II.** *m* Cabrio(let) *nt*

convertir [komber'tir] *irr como sentir* **I.** *vt* ❶ *(trasformar)* verwandeln (**en** in +*akk*); **~ en dinero** zu Geld machen ❷ (REL) bekehren (**a** zu +*dat*) ❸ (COM) umwandeln ❹ (TÉC) überführen **II.** *vr:* **~se** ❶ *(trasformarse)* sich verwandeln (**en** in +*akk*); *(deseo)* sich verwirklichen ❷ (REL) sich bekehren (**a** zu +*dat*)

convexo, -a [kom'beʸso, -a] *adj* konvex; **lente convexa** Konvexlinse *f*

convicción [kombiʸ'θjon] *f* Überzeugung *f*

convicto, -a [kom'biᵏto, -a] *adj* (JUR) überführt; **~ y confeso** überführt und geständig

convidado, -a [kombi'ðaðo, -a] *m, f* Gast *m*

convidar [kombi'ðar] **I.** *vt* einladen (**a** zu +*dat*) **II.** *vr:* **~se** ❶ *(invitarse)* sich einladen ❷ *(ofrecerse)* sich erbieten (**a** zu +*dat*)

convincente [kombiṇ'θeṇte] *adj* überzeugend; *(argumento, prueba)* stichhaltig

convite [kom'bite] *m* ❶ *(invitación)* Einladung *f* (**a** zu +*dat*) ❷ *(banquete)* Festmahl *nt*

convivencia [kombi'βeṇθja] *f* Zusammenleben *nt*

conviviente [kombi'βjeṇte] *mf* Mitbewohner(in) *m(f)*

convivir [kombi'βir] *vi* zusammenleben

convocar [kombo'kar] <c → qu> *vt* ❶ *(citar para algo)* aufrufen; *(reunir)* zusammenrufen; (MIL) einberufen; **me ~on al examen** ich wurde zur Prüfung geladen ❷ *(concurso)* ausschreiben ❸ *(reunión)* einberufen; **~ elecciones** Wahlen einberufen

convocatoria [komboka'torja] *f* ❶ *(citación)* Aufruf *m;* (MIL) Einberufung *f* ❷ *(documento)* Einladung *f;* (MIL) Einberufungsbefehl *m* ❸ *(de un concurso)* Ausschreibung *f* ❹ *(de una conferencia)* Einberufung *f*

convoy [kom'boi̯] *m* ❶ (*t.* MIL: *conjunto de vehículos o buques*) Konvoi *m* ❷ *(escolta)*

Geleit *nt;* (MIL) Eskorte *f* ③ *(fam: vinagreras)* Menage *f*

convulsión [kombul'sjon] *f* ① (MED) Konvulsion *f* ② (*t.* POL) Unruhe *f* ③ (*t.* GEO) Erschütterung *f*

convulsionar [kombulsjo'nar] *vt* ① (MED) Konvulsionen verursachen ② (*t.* GEO, POL) erschüttern

convulsivo, -a [kombul'siβo, -a] *adj* krampfartig; **tos convulsiva** Krampfhusten *m*

convulso, -a [kom'bulso, -a] *adj* ① (MED) zuckend ② *(agitado)* zitternd; **~ de rabia** bebend vor Wut

conyugal [koɲɟu'ɣal] *adj* ehelich, Ehe-

cónyuge ['koɲɟuxe] *mf* Ehemann, -frau *m, f;* **los ~s** die Eheleute

coña ['koɲa] *f (vulg)* ① *(broma)* Verarschung *f;* **tomar a ~** nicht ernst nehmen ② *(lata)* Schweinerei *f fam;* **eres la ~** du bist unmöglich *fam*

coñá [ko'ɲa] *m,* **coñac** [ko'ɲak^k] *m* <coñacs> Kognak *m,* Weinbrand *m*

coñazo [ko'ɲaθo] *m (vulg)* ① *(persona)* Nervensäge *f fam* ② *(cosa)* Sauerei *f fam;* **¡esto es un ~!** das ist ein Hammer! *fam*

coñete [ko'ɲete] *adj (Chil, Perú: fam: tacaño)* geizig, knauserig

coño ['koɲo] **I.** *interj* verdammt!, Scheiße! **II.** *m (vulg)* Fotze *f;* **vive en el quinto ~** er/sie wohnt am Arsch der Welt *fam;* **¿qué ~ te importa?** das geht dich einen feuchten Dreck an! *fam* **III.** *adj (Chil)* geizig

cooperación [ko(o)pera'θjon] *f* ① *(en común)* Zusammenarbeit *f;* (*t.* ECON, POL) Kooperation *f* ② *(participación)* Mitarbeit *f*

cooperador(a) [ko(o)pera'ðor(a)] *m(f)* Mitarbeiter(in) *m(f)*

cooperante [ko(o)pe'rante] *mf* Entwicklungshelfer(in) *m(f)*

cooperar [ko(o)pe'rar] *vi* ① *(juntamente)* zusammenarbeiten; (*t.* POL, ECON) kooperieren ② *(participar)* mitarbeiten (**en** bei +*dat*); *(ayudar)* mithelfen (**en** bei +*dat*)

cooperativa [ko(o)pera'tiβa] *f* Genossenschaft *f*

cooperativismo [ko(o)perati'βismo] *m* ① *(régimen cooperativo)* Genossenschaftswesen *nt* ② *(movimiento)* Genossenschaftsbewegung *f*

cooperativista [ko(o)perati'βista] *mf* Genossenschaftler(in) *m(f)*

cooperativo, -a [ko(o)pera'tiβo, -a] *adj* ① *(que coopera)* kooperativ; *(que colabora)* mitwirkend ② *(institución)* genossenschaftlich

coordenada [ko(o)rðe'naða] *f* (MAT) Koordinate *f*

coordinación [ko(o)rðina'θjon] *f* ① *(organización)* Koordination *f* ② (LING) Nebenordnung *f*

coordinado, -a [ko(o)rði'naðo, -a] *adj* ① *(organizado)* koordiniert ② (LING) nebengeordnet

coordinador(a) [ko(o)rðina'ðor(a)] **I.** *adj* koordinierend **II.** *m(f)* Koordinator(in) *m(f)*

coordinar [ko(o)rði'nar] *vt* ① *(organizar)* koordinieren ② *(armonizar)* aufeinander abstimmen

copa ['kopa] *f* ① *(vaso)* (Stiel)glas *nt;* **una ~ de vino** ein Glas Wein; **una ~ para el vino** ein Weinglas; **ir de ~s** etwas trinken gehen; **tener una ~ de más** beschwipst sein *fam* ② *(de árbol)* (Baum)krone *f* ③ *(de sujetador)* Körbchen *nt* ④ *(de sombrero)* Kopf *m;* **sombrero de ~** Zylinder(hut) *m* ⑤ (DEP: *trofeo*) Pokal *m; (competición)* Pokalwettbewerb *m,* Cup *m*

copar [ko'par] *vt* ① (MIL: *rodear*) einkesseln; *(cortar la retirada)* den Rückzug abschneiden +*dat* ② *(acorralar)* in die Enge treiben; **estar copado** festsitzen; *(negociaciones)* festgefahren sein ③ *(votos)* für sich gewinnen; *(premios)* gewinnen; **~ la banca** *(en un juego)* die Bank sprengen

copazo [ko'paθo] *m (fam)* Drink *m*

copear [kope'ar] *vi* ① *(fam: beber)* bechern ② *(vender)* (glasweise) ausschenken

cópec ['kopek] *m* <copecks>, **copeca** [ko'peka] *f* Kopeke *f*

Copenhague [kope'naɣe] *m* Kopenhagen *nt*

copeo [ko'peo] *m* **irse de ~** etwas trinken gehen

copero[1] [ko'pero] *m* ① (HIST) Mundschenk *m* ② *(mueble)* Gläserschrank *m*

copero, -a[2] [ko'pero, -a] *adj* **partido ~** Pokalspiel *nt*

copete [ko'pete] *m* ① *(de persona)* (Haar)tolle *f* ② *(de ave)* Haube *f; (de caballo)* Schopf *m* ③ *(altanería)* Hochmut *m* ④ *(linaje)* Rang *m;* **ser de alto ~** von hohem Rang sein

copetín [kope'tin] *m* ① *(Méx: copa de licor)* Gläschen *nt* Likör; *(aperitivo)* Aperitif *m* ② *(Arg: cóctel)* Cocktail *m*

copia ['kopja] *f* ① *(de un escrito)* Kopie *f; (al carbón)* Durchschlag *m;* **~ certificada** beglaubigte Kopie; **~ en limpio** Reinschrift *f;* **~ pirata** Raubkopie *f;* **~ de seguridad** (INFOR) Sicherheitskopie *f* ② (ARTE: *imagen*) Abbild *nt; (réplica)* Kopie *f* ③ (FOTO) Abzug *m* ④ (CINE) Kopie *f* ⑤ (TIPO) Exemplar *nt*

copiado [ko'pjaðo, -a] *m* (TÉC) Kopieren *nt*

copiadora [kopja'ðora] *f* Kopiergerät *nt*

copiar [ko'pjar] *vt* ① *(un escrito)* abschrei-

C

ben; *(a máquina)* abtippen ② (ARTE: *representar*) abmalen; *(imitar)* kopieren ③ *(un comportamiento)* nachahmen
copichuela [kopi'ʧwela] *f (fam)* Gläschen *nt* (Bier, Wein, Schnaps o.ä.)
copiloto, -a [kopi'loto, -a] *m, f* (AERO) Kopilot(in) *m(f)*; (AUTO) Beifahrer(in) *m(f)*
copión, -ona [ko'pjon, -ona] *m, f (pey)* Nachmacher(in) *m(f)*
copioso, -a [ko'pjoso, -a] *adj (exuberante)* üppig; *(abundante)* reichlich
copista [ko'pista] *mf* Kopist(in) *m(f)*
copistería [kopiste'ria] *f* Copyshop *m*
copita [ko'pita] *f* Gläschen *nt;* **tomar una ~** ein Gläschen trinken
copo ['kopo] *m* Flocke *f; (de pelo)* Büschel *nt;* **~ de nieve** Schneeflocke *f;* **~s de maíz** Cornflakes *f pl*
copón [ko'pon] *m* (REL) Kelch *m;* **del ~** *(fam)* gewaltig
coproducción [koproðuʸ'θjon] *f* (CINE) Gemeinschaftsproduktion *f*
coproducir [koproðu'θir] *vt irr como traducir* (CINE) in Gemeinschaftsarbeit produzieren
coproductor(a) [koproðuk'tor(a)] *m(f)* (CINE) Koproduzent(in) *m(f)*
copropietario, -a [kopropje'tarjo, -a] *m, f* Miteigentümer(in) *m(f)*
coprotagonista [koprotaɣo'nista] **I.** *adj* (CINE, TEAT) der zweiten Hauptrolle; **el actor ~ era japonés** der zweite Hauptdarsteller war Japaner **II.** *mf* (CINE, TEAT) zweiter Hauptdarsteller, zweite Hauptdarstellerin *m, f*
copucha [ko'puʧa] *f (Chil)* ① *(mentira)* Lüge *f* ② *(vejiga de animal)* Rindsblase *f*
cópula ['kopula] *f* ① *(unión)* Verbindung *f;* (BIOL) Paarung *f* ② *(coito)* Begattung *f,* Kopulation *f* ③ (LING) Satzband *nt,* Kopula *f* ④ (ARQUIT) Kuppel *f*
copulación [kopula'θjon] *f* Kopulation *f*
copular [kopu'lar] **I.** *vt* ① *(unir)* verbinden ② (BIOL) paaren **II.** *vi, vr:* **~se** sich paaren
copyright ['kopirrai̯ᵗ] *m* Copyright *nt*
coque ['koke] *m* Koks *m*
coqueta [ko'keta] *f* ① *(chica)* kokettes Mädchen *nt; (mujer)* kokette Frau *f* ② *(mueble)* Frisierkommode *f*
coquetear [kokete'ar] *vi* ① *(flirtear)* kokettieren ② *(considerar)* liebäugeln
coqueteo [koke'teo] *m* Flirten *nt*
coquetería [kokete'ria] *f* Koketterie *f*
coqueto, -a [ko'keto, -a] *adj* ① *(que coquetea)* kokett ② *(encantador)* reizend ③ *(vanidoso)* eitel ④ *(objeto)* hübsch
coquetón¹ [koke'ton] *m* Schürzenjäger *m fam*
coquetón, -ona² [koke'ton, -ona] *adj* ① *(atractivo)* reizend, hübsch; *(gracioso)* niedlich; **lleva un vestido ~** sie trägt ein hübsches Kleid ② *(que coquetea)* kokett
coquito [ko'kito] *m* Fratze *f fam,* Grimasse *f;* **hacer ~s** Grimassen schneiden
coraje [ko'raxe] *m* ① *(valor)* Mut *m,* Courage *f;* **tener ~** mutig sein ② *(ira)* Wut *f,* Zorn *m;* **dar ~** wütend machen
corajina [kora'xina] *f* Wutanfall *m,* Koller *m fam*
coral¹ [ko'ral] **I.** *adj* ① *(color)* korallen(rot) ② (MÚS: *del coro*) Chor-; **música ~** Chormusik *f* **II.** *m* ① (ZOOL) Koralle *f* ② *(materia)* Koralle *f* ③ (MÚS) Choral *m*
coral² [ko'ral] *f* (MÚS) Chor *m*
coralífero, -a [kora'lifero, -a] *adj* Korallen-; **isla coralífera** Koralleninsel *f*
coralino, -a [kora'lino, -a] *adj* korallen
Corán [ko'ran] *m* (REL) Koran *m*
coraza [ko'raθa] *f* ① (MIL: *armadura*) Brustharnisch *m; (blindaje)* Panzerplatte *f* ② (ZOOL) Panzer *m* ③ *(protección)* Schutz *m*
coraznada [koraθ'naða] *f* ① (BOT: *pino*) Kern *m* einer Kiefer ② (GASTR) geschmortes Rinderherz *nt*
corazón [kora'θon] *m* ① (ANAT) Herz *nt;* **blando de ~** weichherzig; **duro de ~** hartherzig; **de todo ~** von ganzem Herzen; **con el ~ en la mano** aufrichtig; **hacer algo de ~** etw von Herzen gern tun; **tener un ~ de oro** herzensgut sein; **no tener ~** herzlos sein ② *(centro)* Zentrum *nt,* Mittelpunkt *m* ③ *(interior)* Innere(s) *nt,* Kern *m; (de la fruta)* Herz *nt* ④ *(coraje)* Mut *m;* **hacer de tripas ~** sich *dat* ein Herz fassen ⑤ *(apelativo cariñoso)* Liebling *m;* **~ (mío)** mein Herz, (mein) Schatz
corazonada [koraθo'naða] *f* ① *(presentimiento)* Ahnung *f* ② *(impulso)* plötzlicher Impuls *m; (arrebato)* plötzliche Anwandlung *m* ③ *(acto)* schneller Entschluss *m*
corbata [kor'βata] *f* ① *(chalina)* Krawatte *f* ② (MIL) Fahnenschleife *f*
corbatín [korβa'tin] *m* Fliege *f*
corbeta [kor'βeta] *f* (MIL) Korvette *f*
Córcega ['korθeɣa] *f* Korsika *nt*
corcel [kor'θel] *m* (LIT) Ross *nt*
corchea [kor'ʧea] *f* (MÚS) Achtelnote *f*
corchera [kor'ʧera] *f* ① (DEP) Korkleine *f* ② *(recipiente)* Kühlbehälter *m* aus Kork
corchero, -a [kor'ʧero, -a] *adj* Kork-; **industria corchera** Korkindustrie *f*
corchete [kor'ʧete] *m* ① *(broche)* Haken *m* und Öse; *(pieza)* Haken *m* ② (TIPO) eckige Klammer *f* ③ *(pey: alguacil)* Häscher *m*
corcho ['korʧo] **I.** *m* ① *(material)* Kork *m* ② *(tapón)* Korken *m* ③ *(en la pesca)* Schwimmer *m* **II.** *interj* **¡~!** Donnerwetter!

corcino [kor'θino] *m* (ZOOL) Rehkitz *nt*
corcova [kor'koβa] *f* Buckel *m*, Höcker *m fam*
corcovar [korko'βar] *vt* krümmen
corcovo [kor'koβo] *m* ❶ *(brinco)* Sprung *m* ❷ *(curvatura)* Krümmung *f*
cordada [kor'ðaða] *f* Seilschaft *f*
cordaje [kor'ðaxe] *m* ❶ *(de un instrumento)* Besaitung *f*; *(de una raqueta)* Bespannung *f* ❷ *(de una embarcación)* Takelwerk *nt*
cordel [kor'ðel] *m* ❶ *(cuerda delgada)* Schnur *f* ❷ *(cañada)* Trift *f*
corderil [korðe'ril] *adj* Lamm-
cordero¹ [kor'ðero] *m* ❶ *(carne)* Lammfleisch *nt* ❷ *(piel)* Lammfell *nt*
cordero, -a² [kor'ðero, -a] *m, f* Lamm *nt*; **~ asado** Lammbraten *m*; **C~ de Dios** Lamm Gottes; **manso como un ~** lammfromm
cordial [kor'ðjal] **I.** *adj* ❶ *(persona)* herzlich ❷ (MED) (herz)stärkend **II.** *m* Herztonikum *nt*
cordialidad [korðjali'ðaᵈ] *f* Herzlichkeit *f*
cordialmente [korðjal'mente] *adv* herzlich
cordillera [korði'ʎera] *f* Gebirgskette *f*
córdoba ['korðoβa] *m (Nic: moneda)* Córdoba *m*
Córdoba ['korðoβa] *f* Córdoba *nt*
cordobés, -esa [korðo'βes, -esa] **I.** *adj* aus Córdoba **II.** *m, f* Einwohner(in) *m(f)* von Córdoba
cordón [kor'ðon] *m* ❶ *(cordel)* Kordel *f*; *(del uniforme)* Litze *f*; *(de zapatos)* Schnürsenkel *m*; **~ umbilical** (ANAT) Nabelschnur *f* ❷ (ELEC, NÁUT) Kabel *nt* ❸ (MIL) Kordon *m*
cordura [kor'ðura] *f (razón)* Vernunft *f*; *(juicio)* Verstand *m*; *(prudencia)* Umsicht *f*
Corea [ko'rea] *f* Korea *nt*
Corea del Norte *f* Nordkorea *nt*
Corea del Sur *f* Südkorea *nt*
coreano, -a [kore'ano, -a] **I.** *adj* koreanisch **II.** *m, f* Koreaner(in) *m(f)*
corear [kore'ar] *vt* ❶ *(acompañar)* (mit) einstimmen (in +*akk*); *(cantando)* mitsingen ❷ *(asentir)* (begeistert) zustimmen +*dat*
coreografía [koreoγra'fia] *f* Choreografie *f*
coreográfico, -a [koreo'γrafiko, -a] *adj* choreografisch
coreógrafo, -a [kore'oγrafo, -a] *m, f* Choreograf(in) *m(f)*
corifeo [kori'feo] *m* ❶ (LIT) Chorführer *m*, Koryphäe *m* ❷ *(formal fig)* Wortführer *m*, Sprecher *m*
corintio, -a [ko'rintjo, -a] **I.** *adj* korinthisch **II.** *m, f* Korinther(in) *m(f)*
corinto [ko'rinto] **I.** *adj inv* rosinfarben **II.** *m* Korinthe *f*
corista [ko'rista] *mf* Chorsänger(in) *m(f)*
cornada [kor'naða] *f (golpe)* Stoß *m* mit den Hörnern
cornamenta [korna'menta] *f* ❶ *(de animales)* Gehörn *nt* ❷ *(del marido)* Hörner *nt pl*
córnea ['kornea] *f* Hornhaut *f*
cornear [korne'ar] *vt* mit den Hörnern stoßen
corneja [kor'nexa] *f* Krähe *f*
córner ['korner] *m* (DEP) Eckball *m*
corneta¹ [kor'neta] *f* ❶ (MÚS: *instrumento*) Horn *nt*; *(en el ejército)* Signalhorn *nt*; **hacer algo a toque de ~** *(fig)* etw auf Befehl tun ❷ (MÚS: *música*) Hornistin *f* ❸ *(de los sordos)* Hörrohr *nt*
corneta² [kor'neta] *m* ❶ (MÚS: *músico*) Hornist *m* ❷ (MIL) Fähnrich *m*, Kornett *m*
cornflakes [korn'fleịks] *pl* Cornflakes *pl*
cornisa [kor'nisa] *f* (Kranz)gesims *nt*
cornudo, -a [kor'nuðo, -a] **I.** *adj* gehörnt; **marido ~** Hahnrei *m* **II.** *m, f* Gehörnte(r) *mf*
coro ['koro] *m* (ARQUIT, MÚS) Chor *m*; **a ~** einstimmig; **hacer ~ a alguien/algo** jdm/etw *dat* zustimmen
corola [ko'rola] *f* (BOT) Korolla *f*
corona [ko'rona] *f* ❶ *(adorno, t.* POL) Krone *f*; **~ de espinas** Dornenkrone *f* ❷ *(de flores)* Kranz *m* ❸ *(de eclesiásticos)* Tonsur *f* ❹ *(de santos)* Heiligenschein *m* ❺ *(de los dientes)* (Zahn)krone *f* ❻ (ASTR) Korona *f* ❼ (FIN: *moneda*) **~ danesa** dänische Krone
coronación [korona'θjon] *f* ❶ *(de un rey, de una acción)* Krönung *f* ❷ (ARQUIT) Bekrönung *f*
coronamiento [korona'mjento] *m* ❶ *(de una acción u obra)* (krönender) Abschluss *m* ❷ (ARQUIT) Bekrönung *f*
coronar [koro'nar] *vt* ❶ *(una persona)* krönen; *(con flores)* bekränzen ❷ *(una obra)* den krönenden Abschluss bilden +*gen*; *(perfeccionarla)* krönen; **para ~lo...** um der Sache die Krone aufzusetzen, … ❸ (ARQUIT) bekrönen
coronaria [koro'narja] *f* (TÉC) Sekundenrad *nt*
coronario, -a [koro'narjo, -a] *adj* ❶ *(de forma de corona)* kranzförmig ❷ (MED) koronar
coronavirus [korona'birus] *m* Coronavirus *m o nt*
coronel(a) [koro'nel(a)] *m(f)* Oberst, Frau Oberst *m, f*
coronilla [koro'niʎa] *f* (Haar)wirbel *m*; **estar hasta la ~ de algo** *(fam)* von etw *dat* die Nase voll haben

corpiño [kor'piɲo] *m* Mieder *nt*

corporación [korpora'θjon] *f* ① *(comunidad)* Körperschaft *f;* ~ **de estudiantes** Studentenverbindung *f* ② *(de una profesión)* Innung *f;* (HIST) Zunft *f,* Gilde *f* ③ *(cooperativa)* Genossenschaft *f*

corporal [korpo'ral] *adj* körperlich

corporativismo [korporati'βismo] *m* Körperschaftswesen *nt*

corporativo, -a [korpora'tiβo, -a] *adj* korporativ

corpóreo, -a [kor'poreo, -a] *adj* ① *(material)* körperhaft ② *(corporal)* körperlich

corporificar [korporifi'kar] <c → qu> **I.** *vt (elev: dar forma)* umsetzen, verwirklichen **II.** *vr:* **~se** *(elev: tomar forma)* sich verwirklichen, Gestalt annehmen

corpulencia [korpu'leṇθja] *f* ① *(de alguien)* Beleibtheit *f,* Korpulenz *f* ② *(de algo)* Wuchtigkeit *f*

corpulento, -a [korpu'leṇto, -a] *adj* ① *(persona)* beleibt, korpulent ② *(cosa)* wuchtig

corpus ['korpus] *m sin pl* (LING) Korpus *m*

Corpus ['korpus] *m sin pl* (REL) Fronleichnam *m*

Corpus Christi ['korpus 'kristi] *m sin pl* (REL) Fronleichnam *m*

corpuscular [korpusku'lar] *adj* Teilchen-, korpuskular

corpúsculo [kor'puskulo] *m* ① (FÍS) Teilchen *nt* ② (BIOL) Körperchen *nt*

corral [ko'rral] *m* ① *(cercado)* Gehege *nt; (redil)* Pferch *m; (para la pesca)* Fischzaun *m; (para gallinas)* Hühnerhof *m* ② (HIST, TEAT) (Innen)hof *m* ③ *(lugar sucio)* Saustall *m fig* ④ *(para niños)* Laufstall *m*

corralón [korra'lon] *m* ① *(patio)* (Hinter)hof *m,* (Innen)hof *m* ② *(casa de vecindad)* Miet(s)haus *nt* ③ *(CSur: maderería)* Holzlager *nt*

correa [ko'rrea] *f* ① *(tira)* Lederriemen *m;* ~ **del perro** Hundeleine *f* ② *(cinturón)* (Leder)gürtel *m* ③ (TÉC) Riemen *m;* ~ **de trasmisión** Treibriemen *m;* ~ **del ventilador** Keilriemen *m* ④ *(afilador)* Streichriemen *m* ⑤ *(elasticidad)* Biegsamkeit *f* ⑥ *(loc, fam)* **tener** ~ zäh sein

correaje [korre'axe] *m* (*t.* TÉC) Riemenwerk *nt*

correazo [korre'aθo] *m* Schlag *m* mit einem Lederriemen

corrección [korreʸ'θjon] *f* ① (*t.* TIPO) Korrektur *f; (de ruta)* Kurskorrektur *f* ② *(represión)* Zurechtweisung *f* ③ *(cualidad)* Korrektheit *f; (comportamiento)* korrektes Verhalten *nt*

correccional [korreʸθjo'nal] *m* Erziehungsanstalt *f*

correctivo [korrek'tiβo] *m (sanción)* Korrektiv *nt; (como compensación)* Ausgleich *m; (como atenuación)* Milderung *f*

correcto, -a [ko'rrekto, -a] *adj* ① *(justo)* richtig, korrekt ② *(comedido)* korrekt; *(impecable)* tadellos ③ *(sin errores)* fehlerfrei ④ *(apropiado)* angemessen

corrector(a) [korrek'tor(a)] **I.** *adj* korrigierend **II.** *m(f)* ① (TIPO) Korrektor(in) *m(f)* ② (INFOR) ~ **ortográfico** Rechtschreibprogramm *nt*

corredera [korre'ðera] *f* ① (TÉC) Schieber *m; (carro)* Schlitten *m;* **puerta de** ~ Schiebetür *f* ② *(pista)* (Pferde)rennbahn *f* ③ *(cucaracha)* Küchenschabe *f* ④ *(fam: alcahueta)* Kupplerin *f*

corredizo, -a [korre'ðiθo, -a] *adj* **nudo** ~ Schlinge *f;* **ventana corrediza** Schiebefenster *nt*

corredor[1] [korre'ðor] *m* ① *(pasillo)* Flur *m,* Gang *m* ② *(galería)* Galerie *f*

corredor(a)[2] [korre'ðor(a)] *m(f)* ① (DEP: *a pie*) Läufer(in) *m(f); (en coche)* Rennfahrer(in) *m(f);* ~ **de fondo** Langstreckenläufer *m* ② (COM) Makler(in) *m(f);* ~ **de fincas** Grundstücksmakler *m*

correduría [korreðu'ria] *f* ① *(oficio)* Maklergeschäft *nt; (oficina)* Maklerbüro *nt* ② *(comisión)* Maklergebühr *f* ③ *(intervención)* Vermittlungsagentur *f*

corregible [korre'xiβle] *adj* verbesserungsfähig

corregir [korre'xir] *irr como elegir* **I.** *vt* ① (*t.* TIPO) korrigieren ② *(sacar de dudas)* richtigstellen ③ *(moderar)* zügeln ④ *(reprender)* zurechtweisen **II.** *vr:* **~se** ① *(mejorarse)* sich bessern ② *(moderarse)* sich zügeln

correlación [korrela'θjon] *f* Wechselbeziehung *f*

correlacionar [korrelaθjo'nar] **I.** *vi* in Wechselbeziehung stehen (**con** mit/zu +*dat*) **II.** *vt* in Wechselbeziehung setzen (**con** mit/zu +*dat*)

correlativo, -a [korrela'tiβo, -a] *adj* ① *(correspondiente)* wechselseitig ② *(de sucesión inmediata)* fortlaufend

correlato [korre'lato] *m* (*t.* LING) Korrelat *nt*

correo [ko'rreo] *m* ① *(persona)* Kurier *m* ② *(correspondencia)* Post *f;* ~ **aéreo** Luftpost *f;* ~ **certificado** Einschreiben *nt;* ~ **urgente** Eilbrief *m;* ~ **electrónico** elektronische Post, E-Mail *f;* ~ **spam** (INFOR) Spammail *f;* ~ **interno** Hauspost *f;* **~s encadenados** (INFOR) Kettenmails *nt pl;* ~ **móvil** (INFOR) Handymail *f o nt;* ~ **urgente** Eilzustellung *f* ③ *(servicio)* Post *f,* Postdienst *m;* **a vuelta de** ~ postwendend ④ *(buzón)* Briefkasten *m;* **echar al** ~ in den Briefkasten werfen ⑤ *(coche)* Postauto *nt; (avión)* Postflugzeug *nt; (barco)* Postschiff *nt; (tren)* Postzug *m*

correos [ko'rreos] *mpl* Postamt *nt;* **ir a ~** zur Post gehen

correoso, -a [korre'oso, -a] *adj* ① *(elástico)* biegsam ② *(comida)* zäh ③ *(persona)* ausdauernd

correr [ko'rrer] **I.** *vi* ① *(caminar)* rennen, laufen; **echarse a ~** *(partir)* losrennen; *(escaparse)* davonlaufen; **salir corriendo** hinauslaufen ② *(apresurarse)* eilen; **a todo ~** in aller Eile ③ *(conducir)* schnell fahren ④ *(tiempo)* vergehen; **el mes que corre** der laufende Monat; **en los tiempos que corremos...** in unserer heutigen Zeit ... ⑤ *(líquido)* fließen, strömen ⑥ *(viento)* wehen ⑦ *(camino)* verlaufen ⑧ *(moneda)* in [*o* im] Umlauf sein ⑨ *(rumor)* umgehen ⑩ *(loc)* **eso corre de** [*o* **por**] **mi cuenta** *(gastos)* das geht auf meine Rechnung; *(un asunto)* dafür bin ich zuständig **II.** *vt* ① *(un mueble)* verrücken; *(una cortina)* zuziehen; *(un cerrojo)* vorschieben ② *(un nudo)* lösen ③ *(un lugar)* bereisen; **~ mundo** in der Welt herumkommen ④ (MIL) einfallen (in +*akk*) ⑤ *(un caballo)* (aus)reiten ⑥ *(la caza)* hetzen, jagen ⑦ *(avergonzar)* beschämen ⑧ *(confundir)* in Verlegenheit bringen ⑨ *(loc)* **~la** *(fam)* einen draufmachen; **~ la misma suerte** das gleiche Schicksal erleiden; **corre prisa** es eilt; **dejar ~ algo** *(fig)* etw laufen lassen **III.** *vr:* **~se** ① *(moverse)* (zur Seite) rücken ② *(excederse)* sich übernehmen ③ *(exagerar)* übertreiben ④ *(avergonzarse)* sich schämen ⑤ *(argot: eyacular)* kommen ⑥ *(colores)* verlaufen

correría [korre'ria] *f* ① (MIL) Raubzug *m* ② *pl (recorridos)* Streifzüge *mpl*

correspondencia [korrespon̩'den̩θja] *f* ① *(correo)* Post *f,* Korrespondenz *f; (de cartas)* Briefwechsel *m;* **curso por ~** Fernkurs(us) *m;* **estar en ~ con alguien** mit jdm in Briefwechsel stehen; **llevar la ~** die Korrespondenz führen ② *(equivalente)* Entsprechung *f* ③ *(conformidad)* Übereinstimmung *f* ④ *(entre habitaciones)* Verbindung *f; (entre medios de trasporte)* Anschluss *m*

corresponder [korrespon̩'der] **I.** *vi* ① *(equivaler)* entsprechen (**a** +*dat*) ② *(armonizar)* passen (**a** zu +*dat*) ③ *(convenir)* übereinstimmen (**con** mit +*dat*) ④ *(contestar)* erwidern (**a** +*akk*) ⑤ *(pertenecer)* gehören (**a** zu +*dat*) ⑥ *(incumbir)* zustehen +*dat;* **no me corresponde criticarlo** ich habe kein Recht, ihn zu kritisieren ⑦ *(comunicar)* verbunden sein (**con** mit +*dat*); *(medios de trasporte)* Anschluss haben (**con** an +*akk*) **II.** *vr:* **~se** ① *(ser equivalente)* sich entsprechen; *(armonizar)* zueinander passen; *(convenir)* übereinstimmen ② *(comunicarse)* miteinander verbunden sein ③ *(escribirse)* in Briefwechsel stehen

correspondiente [korrespon̩'djen̩te] *adj* ① *(oportuno)* entsprechend ② *(apropiado)* passend (**a** zu +*dat*) ③ *(respectivo)* jeweilig ④ *(que escribe)* korrespondierend

corresponsal [korrespon'sal] *mf* (PREN) Korrespondent(in) *m(f)*

corresponsalía [korresponsa'lia] *f* (PREN) Berichterstattung *f*

corretaje [korre'taxe] *m* ① *(negocio)* Maklergeschäft *nt* ② *(comisión)* Maklergebühr *f*

corretear [korrete'ar] *vi* ① *(vagar)* umherlaufen ② *(niños)* herumtollen

correveidile [korreβei'ðile] *mf inv* ① *(pey fam: chivato)* Petze *f* ② *(chismoso)* Klatschmaul *nt fam*

corrida [ko'rriða] *f* ① (TAUR) Stierkampf *m,* Corrida *f* ② *(carrera)* Sprint *m;* **en una ~** ganz schnell; **decir algo de ~** *(de memoria)* etw fließend aufsagen; *(de forma rápida)* etw herunterrasseln ③ *(de un líquido)* Rinnen *nt* ④ *(vulg: orgasmo)* Orgasmus *m*

corrido, -a [ko'rriðo, -a] *adj* ① *(movido)* verschoben ② (*t.* ARQUIT: *sin interrupción*) durchgehend ③ *(cantidad: larga)* reichlich; *(generosa)* großzügig; **un quilo ~** ein gutes Kilo ④ *estar (avergonzado)* beschämt; *(confuso)* verlegen ⑤ *ser (astuto)* erfahren

corriente [ko'rrjen̩te] **I.** *adj* ① *(fluente)* fließend; **no hay agua ~** es gibt kein fließend Wasser ② *(actual)* laufend; *(moneda)* kursierend; **estar al ~** (**en algo**) (mit etw *dat*) auf dem Laufenden sein; **ponerse al ~** sich (über das Neueste) informieren; **poner a alguien al ~ de algo** jdn über etw unterrichten ③ *(ordinario)* gewöhnlich; **un día ~** ein Tag wie jeder andere ④ *(normal)* üblich, normal ⑤ *(presente)* gegenwärtig, aktuell **II.** *f* ① *(de agua, electricidad)* Strom *m; (de viento, agua)* Strömung *f;* **~ de aire** Luftzug *m;* **~ alterna** Wechselstrom *m;* **hace ~** es zieht; **ir contra la ~** gegen den Strom schwimmen; **seguir** [*o* **llevar**] **la ~ a alguien** jdm nach dem Mund reden ② (ARTE, LIT: *tendencia*) Strömung *f*

corrillo [ko'rriʎo] *m* Gruppe *f,* Clique *f*

corrimiento [korri'mjen̩to] *m* ① *(movimiento)* Verschiebung *f* ② (GEO) Rutsch *m;* **~ de tierras** Erdrutsch *m* ③ *(vergüenza)* Scham *f; (timidez)* Verlegenheit *f*

corro ['korro] *m* ① *(círculo)* Kreis *m,* Zir-

C

kel *m; (peña)* Runde *f;* **hacer ~** *(rodear)* einen Kreis bilden; *(apartar)* Platz machen ② (AGR) kleine Parzelle *f* ③ *(juego)* Ringelreigen *m*

corroboración [korroβora'θjon] *f* ① *(confirmación)* Bekräftigung *f* ② *(fortalecimiento)* Stärkung *f*

corroborar [korroβo'rar] *vt* ① *(confirmar)* bekräftigen ② *(fortalecer)* stärken

corroer [korro'er] *irr como roer* **I.** *vt* ① *(un material)* zersetzen; *(por ácido)* korrodieren ② *(una persona)* nagen (an *+dat*) **II.** *vr:* **~se** ① *(material)* korrodieren ② *(persona)* sich vor Gram verzehren

corromper [korrom'per] **I.** *vt* ① *(descomponer)* verderben; *(un texto)* verfälschen ② *(sobornar)* bestechen ③ *(enviciar)* verführen; *(pervertir)* verderben ④ *(fam: enojar)* auf die Nerven gehen *+dat* **II.** *vi* stinken **III.** *vr:* **~se** ① *(descomponerse)* verderben; *(alimentos)* verfaulen; *(cadáver)* verwesen ② *(degenerar)* (sittlich) verkommen

corrompido, -a [korrom'pido, -a] *adj* ① *(descompuesto)* verdorben; *(aguas)* faulig; *(cadáver)* verwest ② *(degenerado)* (sittlich) verkommen, verdorben ③ (LIT) korrumpiert, verderbt

corronchoso, -a [korron'ʧoso, -a] *adj* *(Am: basto)* grob, ungehobelt

corrosión [korro'sjon] *f* ① *(de metal, t.* GEO) Korrosion *f* ② (QUÍM, TÉC) Ätzung *f*

corrosivo, -a [korro'siβo, -a] *adj* ① *(sustancia)* korrosiv ② *(estilo)* beißend

corrupción [korruβ'θjon] *f* ① *(descomposición)* Zersetzung *f; (de alimentos)* Fäulnis *f* ② *(de la moral)* (Sitten)verfall *m; (efecto)* Verdorbenheit *f* ③ *(soborno)* Korruption *f* ④ *(seducción)* Verführung *f* ⑤ *(de un texto)* Verfälschung *f*

corruptela [korrup'tela] *f* ① *(corrupción)* Korruption *f* ② *(abuso)* Missbrauch *m*

corruptibilidad [korruptiβili'ða^{ð}] *f* ① *(de alimentos)* Verderblichkeit *f* ② *(de personas)* Bestechlichkeit *f*

corrupto, -a [ko'rrupto, -a] *adj* ① *(degenerado)* korrupt ② *(inmoral)* (sittlich) verkommen

corruptor(a) [korrup'tor(a)] **I.** *adj* verderblich **II.** *m(f)* Verführer(in) *m(f)*

corrusco [ko'rrusko] *m (fam)* Stück *nt* hartes Brot

corsario [kor'sarjo] *m* (HIST) Korsar *m*

corsé [kor'se] *m* Korsett *nt*

corsetería [korsete'ria] *f* ① *(fábrica)* Miederwarenfabrik *f* ② *(tienda)* Miederwarengeschäft *nt* ③ *(prendas interiores)* Miederwaren *fpl*

corso, -a ['korso, -a] **I.** *adj* korsisch **II.** *m, f* Korse, -in *m, f*

corta ['korta] *f (árboles)* Fällen *nt,* Holzeinschlag *m*

cortaalambres [korta(a)'lambres] *m inv* Drahtschneider *m*

cortacésped [korta'θespe^{ð}] *m* Rasenmäher *m*

cortacircuitos [kortaθir'kwitos] *m inv* (ELEC) Sicherung *f*

cortada [kor'taða] *f* ① *(rebanada)* Scheibe *f* ② *(Am: herida)* Schnittwunde *f*

cortado[1] [kor'taðo] *m* (GASTR) Kaffee *m* mit wenig Milch

cortado, -a[2] [kor'taðo, -a] *adj* ① *(leche: mala)* sauer; *(cuajada)* geronnen ② *(estilo)* knapp ③ *(persona: tímida)* verlegen; *(avergonzada)* verschämt

cortadura [korta'ðura] *f* ① *(corte)* Schnitt *m; (borde)* Schnittkante *f* ② *(herida)* Schnittwunde *f* ③ (GEO) Hohlweg *m* ④ *pl (recortes)* (Papier)schnipsel *mpl o ntpl*

cortafuego [korta'fweɣo] *m* (INFOR) Firewall *f*

cortafuegos [korta'fweɣos] *m inv* ① (AGR) Feuerschneise *f* ② (ARQUIT) Brandmauer *f*

cortante [kor'tan̩te] **I.** *adj* schneidend; **un viento ~** ein schneidender Wind **II.** *m* Hackmesser *nt*

cortapastas [korta'pastas] *m* <inv> *(para cortar)* Teigrad *nt; (molde)* Ausstechförmchen *nt,* Ausstechform *f*

cortapisa [korta'pisa] *f* ① *(restricción)* Vorbehalt *m,* Einschränkung *f;* **poner ~s** einschränken; **tropezar con ~s** auf Vorbehalte stoßen ② *(obstáculo)* Hindernis *nt; (dificultad)* Schwierigkeit *f;* **hablar sin ~s** ungehemmt reden; **tropezar con ~s** auf Hindernisse stoßen; **poner ~s a alguien** jdm Schwierigkeiten machen

cortaplumas [korta'plumas] *m inv* Federmesser *nt*

cortar [kor'tar] **I.** *vt* ① *(tajar)* schneiden; *(por el medio)* durchschneiden; *(en pedazos)* zerschneiden; *(quitar)* abschneiden; *(un traje)* zuschneiden; *(una rama)* absägen; *(un árbol)* fällen; *(un arbusto)* beschneiden; *(la carne)* zerlegen; *(leña)* hacken; *(el césped)* mähen; (INFOR) ausschneiden; **~ al rape** kahl scheren ② (DEP: *la pelota*) (an)schneiden ③ *(una bebida)* verdünnen ④ *(una película)* kürzen ⑤ *(cartas)* abheben ⑥ *(el agua)* abstellen; *(la corriente)* abschalten ⑦ *(una carretera)* sperren ⑧ *(la comunicación)* unterbrechen; **~ la línea** das Telefon abstellen **II.** *vi* ① *(tajar)* schneiden ② *(romper)* brechen; **cortó con su novio** sie hat mit ihrem

Freund Schluss gemacht **III.** *vr:* **~se** ① (*t.* MAT) sich schneiden ② *(turbarse)* verlegen werden; **no se cortó ni un pelo** *(fam fig)* es war ihr/ihm kein bisschen peinlich ③ *(leche)* sauer werden; *(cuajarse)* gerinnen ④ *(piel)* rissig werden ⑤ *(luz)* ausfallen; (TEL) unterbrochen werden

cortaúñas [korta'uɲas] *m inv* Nagelzwicker *m*

cortavientos [korta'βjen̪tos] *m inv* Windschutz *m*

corte[1] ['korte] *m* ① *(herida)* Schnittwunde *f* ② *(tajo)* (Ein)schnitt *m* ③ *(filo)* Schneide *f* ④ *(de un traje)* (Zu)schnitt *m;* **hacer a alguien un ~ de mangas** *(fig vulg)* jdm den Stinkefinger zeigen *fam* ⑤ *(de pelo)* (Haar)schnitt *m;* **~ bob** Bobfrisur *f* ⑥ (ARQUIT) Aufriss *m* ⑦ (ELEC) Abschaltung *f;* **~ de corriente** Stromsperre *f; (sin querer)* Stromausfall *m*

corte[2] ['korte] *f* ① *(residencia)* Hof *m* ② *(séquito)* Gefolge *nt*

cortedad [korte'ða^ð] *f* ① *(pequeñez)* Kürze *f; (escasez)* Knappheit *f* ② *(timidez)* Befangenheit *f* ③ *(de poco entendimiento)* Beschränktheit *f*

cortejar [korte'xar] *vt* den Hof machen *+dat*

cortejo [kor'texo] *m* ① *(halago)* Umwerben *nt* ② *(séquito)* Gefolge *nt* ③ *(desfile)* Fest(um)zug *m;* **~ fúnebre** Leichenzug *m* ④ *(secuela)* Folge(erscheinung) *f*

Cortes ['kortes] *fpl* (POL) spanisches Parlament *nt*

cortés [kor'tes] *adj* höflich, zuvorkommend

cortesana [korte'sana] *f* Kurtisane *f*

cortesanía [kortesa'nia] *f* Höflichkeit *f,* Zuvorkommenheit *f*

cortesano[1] [korte'sano] *m* Höfling *m*

cortesano, -a[2] [korte'sano, -a] *adj* ① *(palaciego)* höfisch ② *(cortés)* höflich

cortesía [korte'sia] *f* ① *(cortesanía)* Höflichkeit *f,* Zuvorkommenheit *f; (gentileza)* Freundlichkeit *f;* **fórmula de ~** Höflichkeitsfloskel *f* ② *(merced)* Gunstbezeigung *f; (en una carta)* Grußformel *f*

corteza [kor'teθa] *f* ① *(de un tronco, del queso)* Rinde *f; (de una fruta)* Schale *f; (del pan)* Kruste *f;* **~ terrestre** (GEO) Erdkruste *f* ② *(exterioridad)* Äußere(s) *nt; (rusticidad)* raue Schale *f*

cortijo [kor'tixo] *m (finca)* Landgut *nt; (casa)* Landhaus *nt*

cortina [kor'tina] *f* Vorhang *m;* **~ de humo** (MIL) Rauchwand *f;* **correr/descorrer la ~** den Vorhang zuziehen/aufziehen

cortinaje [korti'naxe] *m* Vorhänge *mpl,* Gardinen *fpl*

cortisona [korti'sona] *f* (MED) Kortison *nt*

cortisquear [kortiske'ar] *vt (papel, tela)* zerschneiden

corto, -a ['korto, -a] *adj* ① *(pequeño)* kurz; **~ de oído** schwerhörig; **~ de vista** kurzsichtig; **se ha casado de ~** sie hat in einem kurzen Kleid geheiratet; **a la corta o a la larga...** über kurz oder lang ... ② *(breve)* kurz, knapp ③ *(de poco entendimiento)* beschränkt ④ *(tímido)* schüchtern

cortocircuito [kortoθirku'ito] *m* (ELEC) Kurzschluss *m*

cortometraje [kortome'traxe] *m* (CINE) Kurzfilm *m*

coruñés, -esa [koru'ɲes, -esa] **I.** *adj* aus La Coruña **II.** *m, f* Einwohner(in) *m(f)* von La Coruña

corva ['korβa] *f* (ANAT) Kniekehle *f*

corvo[1] ['korβo] *m (gancho)* Haken *m*

corvo, -a[2] ['korβo, -a] *adj (curvo)* krumm; *(arqueado)* gebogen

corzo, -a ['korθo, -a] *m, f* Rehbock, Rehgeiß *m, f*

cosa ['kosa] *f* ① *(objeto material)* Sache *f,* Gegenstand *m;* **la trata como una ~** er behandelt sie wie einen Gegenstand ② *(objeto inmaterial, asunto)* Angelegenheit *f,* Sache *f;* **eso es otra ~** das ist etwas anderes; **eso es ~ tuya/mía** das ist deine/meine Sache; **¿sabes una ~?** weißt du was?; **no me queda otra ~ que...** mir bleibt keine andere Möglichkeit, als ...; **ser una ~ nunca vista** einzigartig sein; **no valer gran ~** nicht viel taugen ③ *(circunstancia)* Sache *f,* Ding *nt fam;* **tal como están las ~s...** so wie die Dinge stehen ...; **como si tal ~** als ob nichts geschehen wäre ④ *(ocurrencia)* Einfall *m;* **esas son ~s de Inés** das ist typisch Inés ⑤ *pl (pertenencias)* Sachen *fpl*

cosaco [ko'sako] *m* Kosak *m*

coscorrón [kosko'rron] *m* ① *(golpe)* Schlag *m* (auf den Kopf) ② *(contratiempo)* Rückschlag *m*

cosecha [ko'seʧa] *f* ① (AGR) Ernte *f; (conjunto de frutos)* (Ernte)ertrag *m;* **de ~ propia** aus eigenem Anbau ② *(temporada)* Erntezeit *f*

cosechadora [koseʧa'ðora] *f* Mähdrescher *m*

cosechar [kose'ʧar] *vi, vt* ernten

cosechero, -a [kose'ʧero, -a] *m, f* ① *(trabajador)* Erntearbeiter(in) *m(f); (de algodón)* Pflücker(in) *m(f)* ② *(propietario)* Landwirt(in) *m(f); (de vino)* Winzer(in) *m(f)*

coseno [ko'seno] *m* (MAT) Kosinus *m*

coser [ko'ser] **I.** *vt* ① *(un vestido)* nähen; *(un botón)* annähen; *(un roto)* zunähen; *(una costura)* zusammennähen; **~ a alguien a balazos** jdn mit Kugeln durchlöchern ❷ *(papeles)* (zusammen)heften **II.** *vi* nähen; **esto es ~ y cantar** das ist kinderleicht **III.** *vr* **~se con** [*o* **contra**] **alguien** sich an jdn anschmiegen

cosicosa [kosi'kosa] *f* Rätsel *nt*

cosido [ko'siðo] *m* ❶ *(objeto)* Näharbeit *f* ❷ *(costura)* Naht *f* ❸ *(acción)* Nähen *nt*

cosmética [kos'metika] *f* Schönheitspflege *f,* Kosmetik *f*

cosmético, -a [kos'metiko, -a] *adj* kosmetisch; **producto ~** Kosmetikum *nt*

cósmico, -a ['kosmiko, -a] *adj* kosmisch

cosmología [kosmolo'xia] *f* (ASTR) Kosmologie *f*

cosmonauta [kosmo'nau̯ta] *mf* Astronaut(in) *m(f),* Kosmonaut(in) *m(f)*

cosmonaútica [kosmo'nau̯tika] *f* (AERO) Kosmonautik *f*

cosmonave [kosmo'naβe] *f* Raumschiff *nt*

cosmopolita [kosmopo'lita] **I.** *adj* kosmopolitisch **II.** *mf* Kosmopolit(in) *m(f)*

cosmos ['kosmos] *m sin pl* Kosmos *m*

cosmovisión [kosmoβi'sjon] *f* Weltanschauung *f*

coso ['koso] *m* ❶ *(plaza)* Festplatz *m* ❷ *(reg: calle principal)* Hauptstraße *f* ❸ (TAUR: *elev)* Arena *f;* **~ taurino** Stierkampfarena *f*

cosquillar [koski'ʎar] *vi, vt (hacer cosquillas)* kitzeln

cosquillas [kos'kiʎas] *fpl* **hacer ~** kitzeln; **tener ~** kitz(e)lig sein; **buscar las ~ a alguien** *(fig)* jdn provozieren

cosquillear [koskiʎe'ar] *vt* ❶ *(hacer cosquillas)* kitzeln ❷ *(atraer)* reizen

cosquilleo [koski'ʎeo] *m* Kitzeln *nt*

cosquilloso, -a [koski'ʎoso, -a] *adj* ❶ *(que siente cosquillas)* kitz(e)lig ❷ *(susceptible)* (leicht) reizbar

costa ['kosta] *f* ❶ (GEO) Küste *f;* **C~ Azul** Côte d'Azur *f;* **C~ de Marfil** Elfenbeinküste *f* ❷ (FIN) Kosten *pl;* **a toda ~** um jeden Preis ❸ *pl* (JUR) Gerichtskosten *pl*

costado [kos'taðo] *m* *(lado)* Seite *f;* (MIL) Flanke *f;* *(de un buque)* Längsseite *f;* **entrar de ~** seitwärts hereinkommen

costal [kos'tal] **I.** *adj* (ANAT) Rippen- **II.** *m* Sack *m;* **eso es harina de otro ~** *(fig)* das ist etwas völlig anderes

costalazo [kosta'laθo] *m* **pegarse un ~** der Länge nach hinfallen

costalero [kosta'lero] *m (reg) Träger eines Heiligenbildes bei der Prozession der Karwoche*

costanera [kosta'nera] *f* ❶ *(repecho)* Abhang *m,* Böschung *f* ❷ *pl (maderos)* Dachsparren *mpl* ❸ *(Arg: paseo marítimo)* Uferpromenade *f*

costanero, -a [kosta'nero, -a] *adj* ❶ *(pendiente)* steil; *(en cuesta)* ansteigend; *(descendiendo)* abfallend; **una casa costanera** ein Haus am Hang ❷ *(costero)* Küsten-; **pesca costanera** Küstenfischerei *f*

costar [kos'tar] <o → ue> *vi, vt* ❶ *(valer)* kosten; **~ caro** teuer sein; **esto te va a ~ caro** das wird dich teuer zu stehen kommen; **cueste lo que cueste** koste es, was es wolle ❷ *(resultar difícil)* schwerfallen

Costa Rica [kostarri'ka] *m* Costa Rica *nt*

costarricense [kostarri'θense], **costarriqueño, -a** [kostarri'keɲo, -a] **I.** *adj* costaricanisch **II.** *m* Costa-Ricaner(in) *m(f)*

coste ['koste] *m* *(costo)* Kosten *pl;* *(precio)* Preis *m;* *(importe)* Betrag *m;* **~s de las operaciones financieras y de las garantías de cambio** Transaktions- und Kurssicherungskosten *pl;* **~ de producción** Produktionskosten *pl;* **~ salarial** Lohnkosten *pl;* **~s de saneamiento** Sanierungskosten *pl;* **~s de los tipos de cambio** Umrechnungsgebühren *fpl;* **~ total** Gesamtkosten *pl;* **~ de la vida** Lebenshaltungskosten *pl*

costear [koste'ar] **I.** *vt* ❶ *(pagar)* finanzieren ❷ (NÁUT) an der Küste +*gen* entlangfahren; *(bordear)* umschiffen **II.** *vr:* **~se** die Kosten decken

costeño, -a [kos'teɲo, -a] **I.** *adj* Küsten- **II.** *m, f* Küstenbewohner(in) *m(f)*

costera [kos'tera] *f* ❶ *(costado)* Seite *f* ❷ *(costa)* Küste *f* ❸ *(cuesta)* (Ab)hang *m*

costero, -a [kos'tero, -a] *adj* Küsten-

costilla [kos'tiʎa] *f* ❶ (*t.* ANAT, ARQUIT) Rippe *f* ❷ (GASTR) Rippchen *nt* ❸ *(irón: mujer)* bessere Hälfte *f*

costillar [kosti'ʎar] *m* ❶ *(costillas)* Rippen *fpl* ❷ *(fam: tórax)* Brustkasten *m*

costo ['kosto] *m* ❶ *(coste)* Kosten *pl* ❷ *(Am: esfuerzo)* Mühe *f*

costoso, -a [kos'toso, -a] *adj* ❶ *(en dinero)* kostspielig, teuer ❷ *(en esfuerzo)* mühsam

costra ['kostra] *f* ❶ *(corteza)* Kruste *f,* Rinde *f* ❷ (MED) Schorf *m*

costroso, -a [kos'troso, -a] *adj* ❶ *(con costra)* verkrustet; *(un recubrimiento)* krustig ❷ (MED) schorfig ❸ *(fam: sucio)* dreckig, ungepflegt

costumbre [kos'tumbre] *f* ❶ *(hábito)* (An)gewohnheit *f;* **de ~ se levanta bastante tarde** (für) gewöhnlich steht er/sie ziemlich spät auf; **como de ~** wie gewöhnlich ❷ *(tradición)* Sitte *f,* Brauch *m;* **~s populares** Volksbräuche *mpl* ❸ *pl (conjunto de tradiciones)* Sitten und Gebräuche *pl*

costumbrismo [kostum'brismo] *m* (LIT) Costumbrismo *m (literarische Strömung im ausgehenden 19. Jahrhundert, die die Sitten und Gebräuche der spanischen Gesellschaft schildert)*

costura [kos'tura] *f* ❶ (*t.* MED) Naht *f* ❷ *(confección)* Nähen *nt;* **alta ~** Haute Couture *f* ❸ *(ropa)* Näharbeit *f* ❹ *(de un barco)* Fuge *f*

costurera [kostu'rera] *f (modista)* Schneiderin *f; (zurcidora)* Näherin *f*

costurero [kostu'rero] *m* ❶ *(mesita)* Nähtisch *m; (caja)* Nähkasten *m* ❷ *(modista)* Schneider *m*

cota ['kota] *f* ❶ *(armadura)* Kettenhemd *nt* ❷ (*t.* GEO: *altura*) Höhe *f*

cotarrera [kota'rrera] *f (fam pey)* Schlampe *f*

cotarro [ko'tarro] *m* ❶ (HIST: *albergue*) Herberge *f;* **alborotar el ~** *(fam)* Unruhe stiften; **dirigir el ~** *(fam)* den Ton angeben ❷ *(ladera)* (Ab)hang *m*

cotejar [kote'xar] *vt (comparar)* vergleichen; *(confrontar)* gegenüberstellen

cotejo [ko'texo] *m (comparación)* Vergleich *m; (confrontación)* Gegenüberstellung *f*

coterráneo, -a [kote'rraneo, -a] *adj* aus derselben Gegend (stammend)

cotidian(e)idad [kotiðajnei̯'ða^d/kotiðani'ða^d] *f* Alltäglichkeit *f*

cotidiano, -a [koti'ðjano, -a] *adj* ❶ *(corriente)* alltäglich ❷ *(diario)* täglich

cotilla [ko'tiʎa] *mf (fam pey)* Klatschmaul *nt*

cotillear [kotiʎe'ar] *vi (fam pey)* klatschen, tratschen

cotilleo [koti'ʎeo] *m (fam pey)* Klatsch *m*

cotillo, -a [ko'tiʎo, -a] *adj* klatschhaft

cotizable [koti'θaβle] *adj* (COM) notierbar; **~ en bolsa** börsenfähig

cotización [kotiθa'θjon] *f* ❶ (COM, FIN) Kurs *m,* Notierung *f; (bursátil)* Börsenkurs *m* ❷ *(pago de una cuota)* Beitragszahlung *f*

cotizar [koti'θar] <z → c> **I.** *vt* ❶ (COM, FIN) notieren (**a** mit +*dat*) ❷ *(estimar)* schätzen **II.** *vi (pagar)* Beiträge zahlen **III.** *vr:* **~se** ❶ (COM, FIN) notiert werden ❷ *(ser popular)* hoch im Kurs stehen

coto ['koto] *m* ❶ *(vedado)* eingefriedetes Grundstück *nt;* **~ de caza** Jagdrevier *nt* ❷ *(mojón)* Grenzstein *m* ❸ *(límite)* Grenze *f* ❹ *(tasa)* Gebühr *f*

cotorra [ko'torra] *f* ❶ *(papagayo)* Sittich *m* ❷ *(urraca)* Elster *f* ❸ *(fam: persona habladora)* Quasselstrippe *f* ❹ *(fam pey: chivato)* Petze *f*

cotorrear [kotorre'ar] *vi (fam)* schwatzen, schnattern

cototo [ko'toto] *m (Am: fam: chichón)* Beule *f*

covacha [ko'βatʃa] *f* ❶ *(cueva)* kleine Höhle *f* ❷ *(vivienda)* Loch *nt abw*

covachuela [koβa'tʃwela] *f (fam)* Amt *nt*

Covid [ko'βið] *m o f,* **COVID-19** ['koβið djeθi'nweβe] *m o f abr de* **Coronavirus Disease 2019** Covid *f o nt;* **~ Persistente** Long Covid *f o nt*

cowboy ['kau̯βoi̯] *m* <cowboys> Cowboy *m*

coxa ['koˠsa] *f* (ANAT) Hüfte *f*

coxal [koˠ'sal] *adj* (ANAT) Hüft-; **hueso ~** Hüftbein *nt*

coxis ['koˠsis] *m inv* (ANAT) Steißbein *nt*

coy [koi̯] <coyes> *m* (NÁUT) Hängematte *f*

coyote [ko'ɟote] *m* Kojote *m*

coyuntura [koɟun̪'tura] *f* ❶ (ANAT) Knochengelenk *nt* ❷ *(oportunidad)* Gelegenheit *f* ❸ *(circunstancias)* Umstände *mpl* ❹ (ECON) Konjunktur *f*

coyuntural [koɟun̪tu'ral] *adj* (ECON) konjunkturell

coz [koθ] *f* ❶ *(patada)* Ausschlagen *nt; (golpe)* Hufschlag *m; (de personas)* Fußtritt *m;* **dar coces** ausschlagen ❷ *(culatada)* Rückstoß *m* ❸ *(retroceso)* Wasserstau *m* ❹ *(grosería)* Grobheit *f*

CP [θe'pe] *m* ❶ (JUR) *abr de* **Código Penal** *spanisches Strafgesetzbuch* ❷ *(de una población) abr de* **código postal** PLZ *f* ❸ (FIN) *abr de* **Caja Postal** Postbank *f*

crac [kra^k] *m* (ECON) Crash *m;* **~ financiero** Finanzkrise *f*

crack [kra^k] *m* ❶ (ECON) *v.* **crac** ❷ *(droga)* Crack *m*

cracker ['kraker] <crackers> *mf* (INFOR) Hacker *m*

craneal [krane'al] *adj* (ANAT) Schädel-; **cavidad ~** Schädelhöhle *f*

cráneo ['kraneo] *m* (ANAT) Schädel *m*

crápula[1] ['krapula] *m* Wüstling *m*

crápula[2] ['krapula] *f* ❶ *(embriaguez)* Trunkenheit *f* ❷ *(libertinaje)* Lotterleben *nt*

crasiento, -a [kra'sjen̪to, -a] *adj (grasiento)* fettig

craso, -a ['kraso, -a] *adj* ❶ *(gordo)* fettleibig ❷ *(burdo)* gravierend

cráter ['krater] *m* Krater *m*

crayón [kra'ɟon] *m* Wachsmalstift *m*

creación [krea'θjon] *f* ❶ (REL, ARTE) Schöpfung *f* ❷ *(elaboración)* Schaffung *f;* **~ de empleo** (ECON, POL) Arbeitsplatzbeschaffungsmaßnahme *f* ❸ *(en la moda)* Kreation *f* ❹ *(de una institución)* Einrichtung *f*

creador(a) [krea'ðor(a)] **I.** *adj* schöpferisch; **Dios ~** Gott, der Schöpfer **II.** *m(f)* Schöpfer(in) *m(f)*

crear [kre'ar] **I.** *vt* ❶ *(hacer)* erschaffen

C

C

❷ *(fundar)* schaffen, einrichten ❸ *(representar)* darstellen ❹ (INFOR) erstellen; ~ **archivo** Datei erstellen **II.** *vr:* ~**se** sich *dat* schaffen
creatividad [kreatiβi'ðaᵈ] *f* Kreativität *f*
creativo, -a [krea'tiβo, -a] *adj* kreativ
crecepelo [kreθe'pelo] *m* Haarwuchsmittel *nt*
crecer [kre'θer] *irr* **I.** *vi (aumentar)* wachsen; *(relativo a la luna)* zunehmen; *(relativo al agua)* steigen **II.** *vr:* ~**se** über sich selbst hinauswachsen
creces ['kreθes] *f pl* ❶ *(aumento)* Wachstum *nt* ❷ *(exceso)* Übermaß *nt;* **con ~** reichlich
crecida [kre'θiða] *f* ❶ *(riada)* Hochwasser *nt* ❷ *(crecimiento)* (rasches) Wachstum *nt*
crecido, -a [kre'θiðo, -a] *adj* ❶ *(desarrollado)* erwachsen ❷ *(numeroso)* ansehnlich
creciente [kre'θjeṇte] **I.** *adj* zunehmend **II.** *f* Hochwasser *nt;* ~ **de luna** zunehmender Mond; ~ **del mar** Flut *f*
crecimiento [kreθi'mjeṇto] *m* (*t.* ECON) Wachstum *nt; (moneda)* Kursanstieg *m;* ~ **demográfico** Bevölkerungswachstum *nt;* ~ **económico** Wirtschaftswachstum *nt*
credencial [kreðeṇ'θjal] **I.** *adj* beglaubigend **II.** *f* Ernennungsurkunde *f*
credibilidad [kreðiβili'ðaᵈ] *f* Glaubwürdigkeit *f*
crediticio, -a [kreði'tiθjo, -a] *adj* (FIN) Kredit-; **política crediticia** Kreditpolitik *f*
crédito ['kreðito] *m* ❶ (FIN: *préstamo*) Kredit *m;* ~ **puente** Überbrückungskredit *m;* **dar a ~** leihen; **pedir un ~** einen Kredit aufnehmen ❷ *(fama)* Renommee *nt* ❸ *(confianza)* Glaube *m,* Vertrauen *nt;* **dar ~ a algo/alguien** etw *dat*/jdm Glauben schenken
credo ['kreðo] *m* ❶ *(creencias)* Glaube *m* ❷ *(oración, dogma)* Glaubensbekenntnis *nt*
credulidad [kreðuli'ðaᵈ] *f* Leichtgläubigkeit *f*
crédulo, -a ['kreðulo, -a] *adj* leichtgläubig
creencia [kre'eṇθja] *f* Glaube *m*
creer [kre'er] *irr como leer* **I.** *vi (ser creyente)* glauben, gläubig sein **II.** *vt* ❶ *(dar por cierto)* glauben (**en** an +*akk*); ~ **en Dios** an Gott glauben ❷ *(pensar)* glauben, denken; **¡ya lo creo!** das will ich wohl meinen!; **¡quién iba a ~lo!** wer hätte das für möglich gehalten!; **no te creo capaz de hacer eso** ich denke nicht, dass du dazu fähig bist ❸ *(dar crédito)* glauben +*dat;* **no te creo** ich glaube dir nicht; **hacer ~ algo a alguien** jdm etw weismachen **III.** *vr:* ~**se** ❶ *(tener por probable)* glauben ❷ *(considerarse)* sich halten (für +*akk*); **¡qué te has creído!** was fällt dir ein!
creíble [kre'iβle] *adj* glaubhaft
creído, -a [kre'iðo, -a] *adj* ❶ *ser (fam: vanidoso)* eingebildet ❷ *estar (seguro)* überzeugt
crema ['krema] **I.** *adj* cremefarben **II.** *f* ❶ *(nata)* Sahne *f* ❷ *(natillas, pasta)* Creme *f;* ~ **batida** Schaumspeise *f;* ~ **catalana** ≈ Crème brûlée *f;* ~ **de cacao** Schokoladenaufstrich *m;* **la ~ y la nata** die Crème de la Crème ❸ *(producto cosmético)* Creme *f;* ~ **facial** Gesichtscreme *f;* ~ **hidratante** Feuchtigkeitscreme *f;* ~ **antiarrugas** Antifaltencreme *f;* ~ **solar** Sonnencreme *f* ❹ (LING) Trema *nt*
cremación [krema'θjon] *f* ❶ *(incineración)* Einäscherung *f* ❷ *(combustión de desechos)* Verbrennung *f*
cremallera [krema'ʎera] *f* ❶ (TÉC: *barra*) Zahnstange *f;* **tren de ~** Zahnradbahn *f* ❷ *(cierre)* Reißverschluss *m*
crematorio[1] [krema'torjo] *m* Krematorium *nt*
crematorio, -a[2] [krema'torjo, -a] *adj* **horno ~** Verbrennungsofen *m*
cremosidad [kremosi'ðaᵈ] *f* Cremigkeit *f*
cremoso, -a [kre'moso, -a] *adj* cremig
crencha ['krentʃa] *f* Scheitel *m*
crep[1] [kreᵖ] *m* ❶ *(suela)* Kreppgummi *m o nt* ❷ *(tela)* Krepp *m;* ~ **satén** Seidenkrepp *m*
crep[2] [kreᵖ] *f* (GASTR) Krepp *f*
crepe ['krepe] *f* Krepp *f*
crepé [kre'pe] *m* ❶ *(suela)* Kreppgummi *m o nt* ❷ *(postizo)* Haarteil *nt* ❸ *(tejido)* Krepp *m*
crepería [krepe'ria] *f* Krepperie *f*
crepitación [krepita'θjon] *f* ❶ *(crujido)* Knistern *nt* ❷ (MED) Krepitation *f; (de los huesos)* Knirschen *nt; (en el pulmón)* Rasseln *nt*
crepitante [krepi'taṇte] *adj* knisternd
crepitar [krepi'tar] *vi* knistern
crepuscular [krepusku'lar] *adj* dämm(e)rig
crepúsculo [kre'puskulo] *m* Dämmerung *f;* ~ **matutino** Morgendämmerung *f*
cresa ['kresa] *f* ❶ *(huevos)* (Insekten)eier *nt pl* ❷ *(gusano)* Made *f*
crespo, -a ['krespo, -a] *adj* ❶ *(rizado)* kraus ❷ *(irritado)* gereizt ❸ *(estilo)* verschnörkelt
crespón [kres'pon] *m* ❶ *(gasa)* Flor *m* ❷ *(gasa de luto)* Trauerflor *m*
cresta ['kresta] *f* ❶ *(carnosidad)* Kamm *m; (del gallo)* (Hahnen)kamm *m* ❷ *(plumas)* Schopf *m* ❸ *(cabello)* Hahnenkamm *m fam* ❹ *(de una ola)* (Wellen)kamm *m;* **estar en la ~ de la ola** *(fig)*

auf dem Gipfel angelangt sein ⑤ *(de una montaña)* Kamm *m*
creta ['kreta] *f* Kreide *f*
Creta ['kreta] *f* Kreta *nt*
cretense [kre'tense] **I.** *adj* kretisch **II.** *mf* Kreter(in) *m(f)*
cretinismo [kreti'nismo] *m* (MED) Kretinismus *m*
cretino, -a [kre'tino, -a] *m, f* (MED: *t. fig)* Kretin *m*
cretona [kre'tona] *f* Cretonne *m o f*
creyente [kre'ɟeṇte] **I.** *adj* gläubig **II.** *mf* Gläubige(r) *mf*
cría ['kria] *f* ① *(el criar)* Zucht *f* ② *(recién nacido)* Säugling *m* ③ *(cachorro)* Junge(s) *nt* ④ *(camada)* Wurf *m* ⑤ *(insecto, reptil, pájaro)* Brut *f*
criada [kri'aða] *f v.* **criado**
criadero¹ [kria'ðero] *m* ① *(plantel)* Baumschule *f* ② *(vivero)* Zuchtstätte *f* ③ (MIN) Vorkommen *nt*
criadero, -a² [kria'ðero, -a] *adj* fruchtbar
criado, -a [kri'aðo, -a] *m, f* Diener *m,* Dienstmädchen *nt*
criador¹ [kria'ðor] *m (Dios)* Schöpfer *m*
criador(a)² [kria'ðor(a)] *m(f)* ① *(de animales)* Züchter(in) *m(f)* ② *(de vinos)* Winzer(in) *m(f)*
crianza [kri'aṇθa] *f* ① *(lactancia)* Aufzucht *f; (personas)* Stillzeit *f* ② *(educación)* Erziehung *f*
criar [kri'ar] <*1. pres* crío> **I.** *vt* ① *(alimentar)* ernähren; *(mamíferos)* säugen ② *(reproducir y cuidar)* züchten ③ *(ser propicio)* anziehen ④ *(educar)* aufziehen, großziehen ⑤ *(crear)* erschaffen ⑥ *(fundar)* gründen ⑦ *(referente al vino)* anbauen **II.** *vi* Junge bekommen **III.** *vr:* **~se** aufwachsen
criatura [kria'tura] *f* ① *(ser)* Geschöpf *nt* ② *(niño)* Säugling *m* ③ *(feto)* Fötus *m* ④ *(hechura)* Kreatur *f*
criba ['kriβa] *f* ① *(tamiz)* Sieb *nt* ② (AGR) Dreschflegel *m; (mecánica)* Dreschmaschine *f* ③ (MIN) Setzmaschine *f*
cribar [kri'βar] *vt* ① *(colar)* (aus)sieben ② (AGR) dreschen
cric [kriᵏ] *m* Winde *f;* (AUTO) Wagenheber *m*
Crimea [kri'mea] *f* Krim *f*
crimen ['krimen] *m* Verbrechen *nt;* **~ organizado** organisiertes Verbrechen
criminal [krimi'nal] **I.** *adj* ① *(delincuente)* kriminell ② *(policía)* Kriminal- **II.** *mf* Kriminelle(r) *mf*
criminalidad [kriminali'ðaᵈ] *f* Kriminalität *f*
criminalista [krimina'lista] *mf* Kriminalist(in) *m(f)*
criminar [krimi'nar] *vt* ① *(imputar)* beschuldigen; **le ~on el asesinato de dos niños** sie beschuldigten ihn/sie des Mordes an zwei Kindern ② *(fig: reprochar)* kritisieren; **me criminó que siempre llegara tarde** er/sie warf mir vor, dass ich immer zu spät kam
criminología [kriminolo'xia] *f* Kriminologie *f*
criminólogo, -a [krimi'noloɣo] *m, f* (JUR) Kriminologe, -in *m, f*
criminoso, -a [krimi'noso, -a] *adj* (JUR: *relativo al crimen*) kriminell, verbrecherisch
crin [krin] *f* ① *(cerda)* Mähne *f* ② *(filamento)* Seegras *nt*
crío, -a ['krio, -a] *m, f* Kleinkind *nt*
criollismo [krjo'ʎismo] *m* ① *(conjunto de criollos)* Kreolen *mpl;* **todo el ~ estaba reunido** alle Kreolen waren versammelt ② *(carácter)* kreolisches Temperament *nt,* kreolischer Charakter *m* ③ *(exaltación de lo criollo)* Kreolentum *nt* ④ (LING) im Kreolischen gebräuchlicher Ausdruck *m,* Kreolismus *m*
criollo, -a [kri'oʎo, -a] **I.** *adj* kreolisch **II.** *m, f* Kreole, -in *m, f*
cripta ['kripta] *f* Krypta *f*
críptico, -a ['kriptiko, -a] *adj* kryptisch
criptoanálisis [kriptoa'nalisis] *m inv* Technik *f* der Entzifferung von verschlüsselten Botschaften
criptografía [kriptoɣra'fia] *f* Geheimschrift *f*
criptograma [kripto'ɣrama] *m* Kryptogramm *nt*
criptomoneda [kriptomo'neða] *f* (FIN, INFOR) Kryptowährung *f*
críquet ['kriket] *m* (DEP) Kricket *nt*
crisálida [kri'saliða] *f* (ZOOL) Puppe *f*
crisantemo [krisaṇ'temo] *m* Chrysantheme *f*
crisis ['krisis] *f inv* (*t.* ECON) Krise *f;* **~ energética** Energiekrise *f;* **~ nerviosa** Nervenzusammenbruch *m*
crisma¹ ['krisma] *m* (REL) Chrisma *nt*
crisma² ['krisma] *f (fam: cabeza)* Rübe *f*
crisol [kri'sol] *m* ① *(craza)* Schmelztiegel *m* ② *(prueba)* Prüfstein *m*
crispación [krispa'θjon] *f* ① *(contracción)* Verkrampfung *f* ② *(irritación)* Gereiztheit *f*
crispar [kris'par] **I.** *vt* ① *(contraer)* verkrampfen ② *(exasperar)* reizen **II.** *vr:* **~se** ① *(contraerse)* sich verkrampfen ② *(exasperarse)* gereizt werden
cristal [kris'tal] *m* ① *(cuerpo)* Kristall *m* ② *(vidrio)* Glas *nt* ③ *(espejo)* Spiegel *m* ④ *(elev: agua)* Wasser *nt*
cristalera [krista'lera] *f* ① *(aparador)* Vitrine *f* ② *(puerta)* Glastür *f*
cristalería [kristale'ria] *f* ① *(empresa)* Glashütte *f* ② *(objetos)* Kristall *nt*
cristalero, -a [krista'lero, -a] *m, f* ① *(colo-*

cador) Glaser(in) *m(f)* ❷ *(limpiador)* Fensterputzer(in) *m(f)*

cristalino[1] [krista'lino] *m* (MED) Linse *f*

cristalino, -a[2] [krista'lino, -a] *adj* ❶ *(de cristal)* kristallin ❷ *(trasparente)* kristallklar

cristalización [kristaliθa'θjon] *f* Kristallisation *f*

cristalizar [kristali'θar] <z → c> **I.** *vi, vr:* **~se** ❶ *(sustancia)* kristallisieren ❷ *(ideas, sentimientos)* sich (heraus)kristallisieren **II.** *vt* kristallisieren lassen

cristalógrafo, -a [krista'loɣrafo, -a] *m, f* (FÍS) Wissenschaftler(in) *m(f)* auf dem Gebiet der Kristallografie

cristiana [kris'tjana] *adj o f v.* **cristiano**

cristiandad [kristjaṇ'dað] *f* ❶ *(fieles)* Christenheit *f* ❷ *(países)* christliche Länder *ntpl*

cristianismo [kristja'nismo] *m* Christentum *nt*

cristianización [kristjaniθa'θjon] *f* Christianisierung *f*

cristianizar [kristjani'θar] <z → c> *vt* christianisieren

cristiano[1] [kris'tjano] *m (fam)* ❶ *(persona)* Mensch *m* ❷ *(castellano)* Spanisch *nt;* **hablar en ~** *(fig)* Klartext reden

cristiano, -a[2] [kris'tjano, -a] **I.** *adj* christlich **II.** *m, f (fiel)* Christ(in) *m(f)*

cristianodemócrata [kristjanoðe'mokrata] **I.** *adj* (POL) christlich-demokratisch **II.** *mf* (POL) Christdemokrat(in) *m(f)*

cristo ['kristo] *m* ❶ *(crucifijo)* Kruzifix *nt* ❷ *(loc, fam)* **todo ~** jeder

Cristo ['kristo] *m* (Jesus) Christus *m;* **donde ~ perdió el gorro** am Ende der Welt

criterio [kri'terjo] *m* ❶ *(norma)* Kriterium *nt;* **~ de búsqueda** (INFOR) Suchkriterium *nt* ❷ *(discernimiento)* Urteilsvermögen *nt* ❸ *(opinión)* Meinung *f*

critérium [kri'teriun] <critérium(s)> *m* (DEP) Kriterium *nt,* inoffizielles Wettrennen *nt*

crítica ['kritika] *f* Kritik *f*

criticable [kriti'kaβle] *adj* kritisierbar

criticar [kriti'kar] <c → qu> **I.** *vt* kritisieren **II.** *vi* lästern

crítico, -a ['kritiko, -a] **I.** *adj* (*t.* FÍS, MED) kritisch **II.** *m, f* Kritiker(in) *m(f)*

criticón, -ona [kriti'kon, -ona] *m, f* Nörgler(in) *m(f)*

critiquizar [kritiki'θar] <z → c> **I.** *vi (fam)* nörgeln **II.** *vt (fam)* herumnörgeln (an +*dat*)

crizneja [kriθ'nexa] *f* ❶ *(trenza)* Zopf *m* ❷ *(soga)* Strick *m*

Croacia [kro'aθja] *f* Kroatien *nt*

croar [kro'ar] *vi* quaken

croata [kro'ata] **I.** *adj* kroatisch **II.** *mf* Kroate, -in *m, f*

crocante [kro'kaṇte] *m* Krokant *m*

croché [kro'ʧe] *m* ❶ *(ganchillo)* Häkelarbeit *f;* **hacer ~** häkeln ❷ (DEP) Haken *m*

crocitar [kroθi'tar] *vi* (ZOOL) krächzen

croco ['kroko] *m* Safran *m*

crol [krol] *m* (DEP) Kraul(schwimmen) *nt*

cromar [kro'mar] *vt* verchromen

cromático, -a [kro'matiko, -a] *adj* (FÍS, MÚS) chromatisch

cromatismo [kroma'tismo] *m* (FÍS, MÚS) Chromatik *f*

cromo ['kromo] *m* (QUÍM) Chrom *nt*

cromosfera [kromos'fera] *f* Chromosphäre *f*

cromosoma [kromo'soma] *m* (BIOL) Chromosom *nt*

cromosómico, -a [kromo'somiko, -a] *adj* (BIOL) chromosomal; **anomalía cromosómica** Chromosomenanomalie *f*

crónica ['kronika] *f* ❶ *(anales)* Chronik *f* ❷ *(artículo)* Reportage *f*

crónico, -a ['kroniko, -a] *adj* (*t.* MED) chronisch

cronista [kro'nista] *mf* ❶ *(historiador)* Chronist(in) *m(f)* ❷ *(periodista)* Berichterstatter(in) *m(f)*

crono ['krono] *m* (DEP) ❶ *(tiempo)* (gestoppte) Zeit *f;* **~ personal** persönliche Bestzeit ❷ *(cronómetro)* Stoppuhr *f*

cronografía [kronoɣra'fia] *f* Chronografie *f*

cronógrafo[1] [kro'noɣrafo] *m* (TÉC) Chronograf *m*

cronógrafo, -a[2] [kro'noɣrafo, -a] *m, f* Chronologe, -in *m, f*

cronología [kronolo'xia] *f* Chronologie *f*

cronológico, -a [krono'loxiko, -a] *adj* chronologisch

cronometrador(a) [kronometra'ðor(a)] *m(f)* (DEP) Zeitnehmer(in) *m(f)*

cronometraje [kronome'traxe] *m* (DEP) Zeitnahme *f*

cronometrar [kronome'trar] *vt* (DEP) stoppen; **~ el tiempo** die Zeit stoppen

cronómetro [kro'nometro] *m* Chronometer *nt;* (DEP) Stoppuhr *f*

croquet ['kroket] *m* Krocket *nt*

croqueta [kro'keta] *f* Krokette *f*

croquis ['krokis] *m inv* Skizze *f,* Kroki *nt*

cross [kros] *m inv* (DEP: *atletismo*) Querfeldeinrennen *nt*

cruasán [krwa'san] *m* Croissant *nt*

cruce ['kruθe] *m* ❶ *(acción)* Kreuzen *nt* ❷ *(intersección)* Schnittpunkt *m* ❸ *(mezcla, de caminos, t.* BIOL) Kreuzung *f;* **~ de peatones** Fußgängerüberweg *m* ❹ *(inter-*

ferencia) Überlagerung *f,* Interferenz *f;* ~ **de datos** (ECON, INFOR) Datenabgleich *m* ⑤ (LING) Wortkreuzung *f*

crucero [kru'θero] *m* ① (ARQUIT) Vierung *f* ② *(cruciferario)* Kreuzträger *m* ③ (NÁUT: *buque*) Kreuzer *m* ④ *(viaje)* Kreuzfahrt *f*

cruceta [kru'θeta] *f* ① *(de líneas)* Gitter *nt* ② *(en la labor)* Kreuzstich *m*

crucial [kru'θjal] *adj* ① *(en forma de cruz)* kreuzförmig ② *(decisivo)* entscheidend

crucificar [kruθifi'kar] <c → qu> *vt* ① *(aspar)* kreuzigen ② *(atormentar)* quälen

crucifijo [kruθi'fixo] *m* Kruzifix *nt*

crucifixión [kruθifiʸ'sjon] *f* Kreuzigung *f*

cruciforme [kruθi'forme] *adj* kreuzförmig

crucigrama [kruθi'ɣrama] *m* Kreuzworträtsel *nt*

crucigramista [kruθiɣra'mista] *mf* ① *(autor)* Verfasser(in) *m(f)* eines Kreuzworträtsels ② *(aficionado)* Fan *m* von Kreuzworträtseln

crudamente [kruða'men̩te] *adv* rigoros, unerbittlich

crudelísimo, -a [kruðe'lisimo, -a] *adj superl irr de* **cruel**

crudeza [kru'ðeθa] *f* ① *(rigor)* Strenge *f,* Härte *f* ② *(rudeza)* Grobheit *f* ③ *(crueldad)* Brutalität *f* ④ *pl (alimentos)* schwer verdauliche Speisen *fpl*

crudo[1] ['kruðo] *m* Rohöl *nt*

crudo, -a[2] ['kruðo, -a] *adj* ① *(sin cocer, natural)* roh ② *(aplicado al tiempo)* streng, rau ③ *(blanco amarillento)* rohweiß ④ *(despiadado)* brutal; **en** ~ unerbittlich ⑤ *(de difícil digestión)* schwer verdaulich

cruel [kru'el] *adj* <crudelísimo> grausam (**con** zu +*dat,* gegen +*akk*)

crueldad [kruel'ðaᵈ] *f* Grausamkeit *f* (**con** gegenüber +*dat*)

cruento, -a [kru'en̩to, -a] *adj* blutig

crujía [kru'xia] *f* (ARQUIT) Spannweite *f*

crujido [kru'xiðo] *m* Knistern *nt; (de dientes)* Knirschen *nt*

crujiente [kru'xjen̩te] *adj* knisternd; *(dientes)* knirschend; *(pan)* knusprig

crujir [kru'xir] *vi* knistern; *(dientes)* knirschen

crupier [kru'pjer] *m* Croupier *m*

crural [kru'ral] *adj* (ANAT) **hueso** ~ Oberschenkelknochen *m*

crustáceo [krus'taθeo] *m* (ZOOL) Krebstier *nt*

cruz [kruθ] *f* ① *(aspa, crucifijo)* Kreuz *nt;* ~ **gamada** Hakenkreuz *nt;* **C~ Roja** Rotes Kreuz ② *(de una moneda o medalla)* Rückseite *f,* Revers *m;* **¿cara o ~?** Kopf oder Zahl? ③ *(de un árbol)* Kronenansatz *m* ④ *(de un animal)* Widerrist *m* ⑤ (ASTR) Kreuz *nt* ⑥ *(suplicio)* Kreuz *nt,* Last *f;* **llevar una** ~ eine schwere Last zu tragen haben

cruzada [kru'θaða] *f* Kreuzzug *m*

cruzado[1] [kru'θaðo] *m* Kreuzfahrer *m*

cruzado, -a[2] [kru'θaðo, -a] *adj* ① (BIOL) **animal** ~ Bastard *m* ② *(ropa)* Wickel-; **chaqueta cruzada** Zweireiher *m*

cruzamiento [kruθa'mjen̩to] *m* ① *(condecoración)* Dekorierung *f* ② (BIOL) Kreuzung *f*

cruzar [kru'θar] <z → c> **I.** *vt* ① *(atravesar)* kreuzen; *(de un lado al otro)* überqueren; ~ **los brazos** die Arme verschränken; ~ **las piernas** die Beine übereinanderschlagen; ~ **la vista** schielen; ~ **algo con una raya** etw durchstreichen ② (BIOL) kreuzen ③ *(condecorar)* dekorieren **II.** *vi* ① (*t.* NÁUT: *pasar*) kreuzen ② *(juntarse)* zusammenpassen **III.** *vr:* **~se** ① *(atravesarse)* sich kreuzen ② *(encontrarse)* begegnen (**con** +*dat*); **~se con alguien** jds Weg kreuzen ③ (MAT) sich kreuzen

CSCE [θe(e)seθe'e] *f abr de* **Conferencia de Seguridad y Cooperación en Europa** KSZE *f*

cta. cte. ['kwen̩ta ko'rrjen̩te] *f* (FIN) *abr de* **cuenta corriente** Girokonto *nt,* Kontokorrentkonto *nt*

CTNE [θete(e)ne'e] *f abr de* **Compañía Telefónica Nacional de España** *frühere Bezeichnung für die spanische Telefongesellschaft*

cu [ku] *f* Q *nt*

cuache, -a ['kwatʃe, -a] *m, f (Guat: gemelo)* Zwilling *m*

cuaderna [kwa'ðerna] *f* ① *(en el juego de tablas)* Doppelpasch *m* ② *(en un buque)* Spant *nt*

cuadernillo [kwaðer'niʎo] *m* (TIPO) Lage *f (à 5 Bogen Papier)*

cuaderno [kwa'ðerno] *m* Heft *nt;* ~ **escolar** Schulheft *nt;* ~ **de bitácora** (NÁUT) Logbuch *nt*

cuadra ['kwaðra] *f* ① *(establo)* Stall *m; (de caballos)* (Pferde)stall *m* ② *(conjunto de caballos)* (Renn)stall *m* ③ *(lugar sucio)* Saustall *m fam* ④ *(sala)* großer Raum *m; (para dormir)* Schlafsaal *m* ⑤ *(Am: manzana de casas)* Häuserblock *m* ⑥ *(cuarto de milla)* Viertelmeile *f*

cuadrado[1] [kwa'ðraðo] *m* ① (*t.* ASTR) Quadrat *nt;* **elevar al** ~ ins Quadrat erheben ② *(regla)* Vierkantlineal *nt* ③ *(trozo de tela)* Zwickel *m* ④ *(barra)* Vierkant *m*

C

cuadrado, **-a**[2] [kwa'ðraðo, -a] *adj* ❶ *(rectangular)* quadratisch; **metro ~** Quadratmeter *m;* **tener la cabeza cuadrada** ein Dickschädel sein *fam* ❷ *(macizo)* klobig ❸ *(corpulento)* beleibt, korpulent

cuadrafonía [kwaðrafo'nia] *f* Quadrofonie *f*

cuadragenario, **-a** [kwaðraxe'narjo, -a] **I.** *adj* in den Vierzigern **II.** *m, f* Vierziger(in) *m(f)*

cuadragésima [kwaðra'xesima] **I.** *f* (REL) Fastenzeit *f,* Quadragesima *f* **II.** *adj v.* **cuadragésimo**[2]

cuadragesimal [kwaðraxesi'mal] *adj* Fasten-; **voto ~** Fastengelübde *nt*

cuadragésimo [kwaðra'xesimo] *m* Vierzigstel *nt*

cuadragésimo, **-a** [kwaðra'xesimo, -a] *adj (parte)* vierzigstel; *(numeración)* vierzigste(r, s); **la cuadragésima parte de** ein Vierzigstel von; *v. t.* **octavo**

cuadrangular [kwaðraŋgu'lar] *adj* viereckig

cuadrángulo [kwa'ðraŋgulo] *m* Viereck *nt*

cuadrante [kwa'ðran̩te] *m* ❶ (ASTR, MAT) Quadrant *m* ❷ *(reloj de sol)* Sonnenuhr *f* ❸ (RADIO) Einstellskala *f*

cuadrar [kwa'ðrar] **I.** *vi* ❶ *(ajustarse, convenir)* passen (**con** zu +*dat*) ❷ *(coincidir)* ausgeglichen sein **II.** *vt* ❶ *(dar figura de cuadro)* quadratisch machen; *(en carpintería)* (ab)vieren ❷ (ARTE, MAT) quadrieren ❸ *(una cuenta)* ausgleichen **III.** *vr:* **~se** ❶ (MIL) strammstehen ❷ *(pararse un caballo)* auf allen Vieren stehen bleiben ❸ *(fam: plantarse)* sich auf die Hinterbeine stellen

cuadrático, **-a** [kwa'ðratiko, -a] *adj* (MAT) quadratisch

cuadratura [kwaðra'tura] *f* (ASTR, MAT) Quadratur *f*

cuádriceps ['kwaðriθeᵖs] *adj inv* (ANAT: *músculo*) vierköpfig

cuadrícula [kwa'ðrikula] *f* Karierung *f;* **papel de ~** kariertes Papier

cuadriculado, **-a** [kwaðriku'laðo, -a] *adj* ❶ *(con cuadrícula)* kariert; **papel ~** kariertes Papier ❷ *(fig, pey)* kleinkariert

cuadricular [kwaðriku'lar] **I.** *adj* kariert **II.** *vt* karieren

cuadrienio [kwa'ðrjenjo] *m* Zeitraum *m* von vier Jahren

cuadriga [kwa'ðriɣa] *f* Viergespann *nt; (en la antigua Roma)* Quadriga *f*

cuadrilátero [kwaðri'latero] *m* ❶ *(polígono)* Viereck *nt* ❷ (DEP) (Box)ring *m*

cuadrilla [kwa'ðriʎa] *f* ❶ *(brigada)* Kolonne *f* ❷ *(de amigos)* Clique *f* ❸ *(pey: de maleantes)* Rotte *f,* Bande *f*

cuadrilongo[1] [kwaðri'loŋgo] *m* Rechteck *nt*

cuadrilongo, **-a**[2] [kwaðri'loŋgo, -a] *adj* rechteckig

cuadriplicar [kwaðripli'kar] <c → qu> *vt* vervierfachen

cuadro ['kwaðro] *m* ❶ *(rectángulo)* Rechteck *nt;* **a ~s** kariert ❷ *(pintura)* Gemälde *nt* ❸ *(marco)* Rahmen *m* ❹ *(bancal)* Beet *nt* ❺ *(escena)* Szene *f* ❻ *(descripción)* Schilderung *f* ❼ *(gráfico)* Grafik *f;* **~ sinóptico** Übersicht *f* ❽ *(grupo de mandos, t.* MIL) Stab *m* ❾ (TÉC) Schalttafel *f;* **~ de mandos** (*t.* AERO) Cockpit *nt* ❿ (TEAT) Szene *f*

cuadrúpedo [kwa'ðrupeðo] *m* Vierbeiner *m*

cuádruple ['kwaðruple] **I.** *adj* vierfach; **parto ~** Vierlingsgeburt *f* **II.** *m* Vierfache(s) *nt; v. t.* **óctuplo**

cuadruplicar [kwaðrupli'kar] <c → qu> *vt, vr:* **~se** (sich) vervierfachen

cuádruplo[1] ['kwaðruplo] *m* Vierfache(s) *nt; v. t.* **óctuplo**

cuádruplo, **-a**[2] ['kwaðruplo, -a] *adj* vierfach; *v. t.* **óctuplo**

cuajada [kwa'xaða] *f* Quark *m*

cuajado, **-a** [kwa'xaðo, -a] *adj (fam)* **quedarse ~** *(asustado)* (vor Schreck) erstarren; *(dormirse)* einpennen

cuajar [kwa'xar] **I.** *vi* ❶ *(espesarse)* gerinnen; *(la nieve)* liegen bleiben ❷ *(fam: realizarse)* klappen **II.** *vt* ❶ *(solidificar)* eindicken ❷ *(cubrir)* überhäufen **III.** *vr:* **~se** ❶ *(coagularse)* gerinnen ❷ *(llenarse)* sich füllen (**de** mit +*dat*) ❸ *(solidificarse)* eindicken **IV.** *m* (ZOOL) Labmagen *m*

cuajo ['kwaxo] *m* ❶ *(sustancia)* Lab *nt* ❷ *(solidificación)* Eindickung *f* ❸ (ZOOL) Labmagen *m* ❹ *(loc, fam)* **de ~** vollständig

cual [kwal] *pron rel* ❶ *(relativo explicativo)* **el/la ~** der/die, welcher/welche; **lo ~** was; **los/las ~es** die, welche; **cada ~** jede(r) (Einzelne) ❷ *(relativo correlativo)* **hazlo tal ~ te lo digo** mach es so, wie ich es dir sage; **tal o ~** der/die/das eine oder andere; **sea ~ sea su intención** was er/sie auch immer vorhat

cuál [kwal] **I.** *pron inter* welche(r, s); **¿~ es el tuyo?** welches ist deins? **II.** *adj (Am)* welche(r, s) **III.** *pron indef* ❶ *(distributivo)* **~ más ~ menos** der eine mehr, der andere weniger ❷ *(ponderativo)* **tengo tres hermanas a ~ más bella** ich habe drei Schwestern, eine hübscher als die andere

cualesquier(a) [kwales'kjera] *pron indef pl de* **cualquiera**
cualidad [kwali'ða^{d}] *f* Eigenschaft *f,* Qualität *f*
cualificación [kwalifika'θjon] *f* ① *(clasificación)* Klassifikation *f* ② *(calificación)* Qualifikation *f*
cualificado, -a [kwalifi'kaðo, -a] *adj* ① *(apto)* befähigt ② *(especialista)* qualifiziert
cualificar [kwalifi'kar] <c → qu> *vt* qualifizieren
cualitativo, -a [kwalita'tiβo, -a] *adj* qualitativ
cualquier [kwal'kjer] *pron indef v.* **cualquiera**
cualquiera [kwal'kjera] **I.** *pron indef (delante de un sustantivo: cualquier)* irgendein(e, er, s); **en un lugar ~** irgendwo; **a cualquier hora** jederzeit; **cualquier cosa** irgendwas; **de cualquier modo** irgendwie; *(de todas maneras)* jedenfalls; **¡~ lo puede hacer!** das kann doch jeder! **II.** *mf* **ser una ~** *(pey)* eine Hure sein *abw*
cuan [kwan] *adv* so; **cayó ~ largo era** er fiel der Länge nach hin
cuán [kwan] *adv (elev)* wie; **¡~ felices fuimos!** wie glücklich waren wir (doch)!
cuando ['kwaṇdo] *conj* ① *(presente)* wenn; **de ~ en ~** ab und zu ② *(pasado: con imperfecto)* wenn; *(con indefinido)* als; **~ (era) niño viví en Madrid** als Kind habe ich in Madrid gelebt ③ *(futuro; +subj)* sobald; **~ quiera** jederzeit ④ *(relativo)* **el lunes es ~ no trabajo** montags arbeite ich nicht ⑤ *(condicional)* wenn, falls; **~ más** [*o* **mucho**] höchstens; **~ menos** mindestens ⑥ *(aunque)* **aun ~** auch wenn
cuándo ['kwaṇdo] *adv* wann; **¡~ vas a reconocerlo!** du solltest es endlich einsehen!
cuantía [kwaṇ'tia] *f* ① *(suma)* Ausmaß *nt,* Umfang *m* ② *(valía)* Bedeutung *f*
cuantiar [kwaṇti'ar] <*1. pres* cuantío> *vt (evaluar)* bewerten; *(tasar)* schätzen
cuántica ['kwaṇtika] *f* (FÍS) Quantentheorie *f*
cuantificable [kwaṇtifi'kaβle] *adj* zahlenmäßig erfassbar
cuantificación [kwaṇtifika'θjon] *f* zahlenmäßige Erfassung *f,* Quantifizierung *f*
cuantificar [kwaṇtifi'kar] <c → qu> *vt* ① *(expresar numéricamente)* in Zahlen beschreiben, quantifizieren ② (FÍS) quanteln
cuantioso, -a [kwaṇ'tjoso, -a] *adj* reichlich
cuantitativo, -a [kwaṇtita'tiβo, -a] *adj* quantitativ
cuanto[1] ['kwaṇto] **I.** *adv* **~... tanto...** je ..., desto ...; **~ antes** möglichst bald; **~ más que...** umso mehr, als ... **II.** *prep (por lo que se refiere a)* **en ~ a** bezüglich *+gen* **III.** *conj* ① *(temporal)* **en ~ (que)** *+(subj)* sobald ② *(puesto que)* **por ~ que** da **IV.** *m* (FÍS) Quant *nt*
cuanto, -a[2] ['kwaṇto, -a] **I.** *pron rel* ① *(neutro)* alles, was ...; **tanto... ~** so viel ... wie; **dije (todo) ~ sé** ich habe alles gesagt, was ich weiß ② *pl* alle, die ...; **la más hermosa de cuantas conozco** die Hübscheste von allen, die ich kenne **II.** *pron indef* **unos ~s/unas cuantas** einige, ein paar
cuánto[1] ['kwaṇto] *adv* ① *(interrogativo)* wie viel; **¿a ~?** wie teuer?; **¿~ me quieres?** wie sehr liebst du mich? ② *(exclamativo)* wie sehr; **¡~ llueve!** wie stark es regnet!
cuánto, -a[2] ['kwaṇto, -a] **I.** *adj* wie viel; **¿~ tiempo?** wie lange?; **¿cuántas veces?** wie oft? **II.** *pron inter* wie viel; **¿~ hay de aquí a Veracruz?** wie weit ist es von hier bis nach Veracruz?
cuarenta [kwa'reṇta] **I.** *adj inv* vierzig **II.** *m* Vierzig *f;* **cantar las ~s a alguien** jdm den Kopf waschen *fig; v. t.* **ochenta**
cuarentavo [kwareṇ'taβo] *m* Vierzigstel *nt*
cuarentavo, -a [kwareṇ'taβo, -a] *adj* vierzigstel; *v. t.* **octavo**
cuarentena [kwareṇ'tena] *f* ① *(cuarenta unidades) Einheit aus vierzig Teilen;* **una ~ de veces** etwa vierzigmal ② *(aislamiento)* Quarantäne *f*
cuarentón, -ona [kwareṇ'ton, -ona] **I.** *adj* in den Vierzigern **II.** *m, f* Vierziger(in) *m(f)*
cuaresma [kwa'resma] *f* (REL) Fastenzeit *f*
cuaresmal [kwares'mal] *adj* (REL) Fasten(zeit)-
cuark [kwar^{k}] *m* (FÍS) Quark *nt*
cuarta ['kwarta] *f* ① *(cuarta parte)* Viertel *nt* ② *(medida)* Spanne *f* ③ (MÚS) Quarte *f*
cuartear [kwarte'ar] **I.** *vt* ① *(dividir en cuartos)* vierteln ② *(zigzaguear)* im Zickzack entlangfahren **II.** *vr:* **~se** rissig werden
cuartel [kwar'tel] *m* ① *(cuarta parte)* Viertel *nt* ② (MIL: *acuartelamiento*) Quartier *nt;* **~ general** Hauptquartier *nt* ③ (MIL: *edificio*) Kaserne *f* ④ *(perdón)* Schonung *f*
cuartelada [kwarte'laða] *f* (Militär)putsch *m*
cuartelero, -a [kwarte'lero, -a] *adj* ① *(referente al cuartel)* Kasernen- ② *(grosero)* unflätig
cuartelillo [kwarte'liʎo] *m* Revier *nt*

C

cuarteo [kwar'teo] *m* ❶ *(división)* Viertelung *f* ❷ *(grieta)* Riss *m*
cuarteto [kwar'teto] *m* (MÚS) Quartett *nt*
cuartilla [kwar'tiʎa] *f* Quartblatt *nt,* kleines Blatt *nt*
cuarto ['kwarto] *m* ❶ *(habitación)* Zimmer *nt;* ~ **de aseo** Toilette *f;* ~ **de baño** Badezimmer *nt;* ~ **de estar** Wohnzimmer *nt;* ~ **trastero** Rumpelkammer *f* ❷ *(numeración)* Viertel *nt;* ~ **creciente/menguante** erstes/letztes (Mond)viertel; ~ **de final** (DEP) Viertelfinale *nt;* ~ **de hora** Viertelstunde *f;* **es la una y/menos** ~ es ist Viertel nach/vor eins ❸ *(pl) (fam: dinero)* Knete *f;* **tener cuatro ~s** jeden Euro umdrehen müssen ❹ *(de un caballo)* **~s delanteros/traseros** Vor(der)-/Hinterhand *f*
cuarto, -a ['kwarto, -a] *adj (parte)* viertel; *(numeración)* vierte(r, s); *v. t.* **octavo**
cuartucho [kwar'tuʧo] *m (pey)* Loch *nt*
cuarzo ['kwarθo] *m* Quarz *m*
cuate, -a ['kwate, -a] *m, f* ❶ *(Méx: gemelo)* Zwilling *m* ❷ *(Guat, Méx: amigo)* Kamerad(in) *m(f)*
cuaternario[1] [kwater'narjo] *m* (GEO) Quartär *nt*
cuaternario, -a[2] [kwater'narjo, -a] *adj* ❶ *(de cuatro piezas)* vierteilig ❷ *(de cuatro cifras)* vierstellig ❸ (GEO) quartär
cuatrero, -a [kwa'trero, -a] *m, f* Viehdieb(in) *m(f)*
cuatrienal [kwatrje'nal] *adj* ❶ *(repetición)* vierjährlich ❷ *(duración)* vierjährig
cuatrienio [kwatri'enjo] *m* Zeitraum *m* von vier Jahren
cuatrillizo, -a [kwatri'ʎiθo, -a] *m, f* Vierling *m*
cuatrimestre [kwatri'mestre] *m* Zeitraum *m* von vier Monaten
cuatrimoto [kwatri'moto] *m* Quad *nt*
cuatrimotor [kwatrimo'tor] *adj* viermotorig
cuatro ['kwatro] *adj inv* vier; *v. t.* **ocho**
cuatrocentista [kwatroθen̩'tista] **I.** *adj* (ARTE) des 15. Jahrhunderts **II.** *mf* (ARTE) Künstler(in) *m(f)* des 15. Jahrhunderts
cuatrocientos, -as [kwatro'θjen̩tos, -as] *adj* vierhundert; *v. t.* **ochocientos**
cuatrojos [kwa'troxos] *mf inv (argot)* Brillenschlange *f*
cuba ['kuβa] *f* Kübel *m;* **estar como una** ~ *(fam: borracho)* sternhagelvoll sein
Cuba ['kuβa] *f* Kuba *nt*
cubalibre [kuβa'liβre] *m* Cubalibre *m*
cubano, -a [ku'βano, -a] **I.** *adj* kubanisch **II.** *m, f* Kubaner(in) *m(f)*
cubata [ku'βata] *m (fam)* Cubalibre *m*
cubertería [kuβerte'ria] *f* Besteck *nt*
cubeta [ku'βeta] *f* ❶ *(cubo)* Eimer *m* ❷ (FOTO) Wanne *f,* Schale *f* ❸ *(de un termómetro)* Kolben *m*
cubicar [kuβi'kar] <c → qu> *vt* (MAT) ❶ *(multiplicar)* kubieren, in die dritte Potenz erheben ❷ *(medir el volumen)* das Volumen berechnen +*gen*
cúbico, -a ['kuβiko, -a] *adj* ❶ *(de forma de cubo)* würfelförmig, kubisch ❷ (MAT) kubisch; **metro** ~ Kubikmeter *m*
cubículo [ku'βikulo] *m* Kammer *f*
cubierta [ku'βjerta] *f* ❶ *(cobertura)* Abdeckung *f; (de un libro)* Einband *m; (de una rueda)* Mantel *m;* ~ **de cama** Bettdecke *f* ❷ (NÁUT) (Schiffs)deck *nt* ❸ (ARQUIT) Dach *nt* ❹ *(pretexto)* Deckmantel *m*
cubierto[1] [ku'βjerto] *m* ❶ *(servicio de mesa, t.* GASTR) Gedeck *nt;* **poner un** ~ ein Gedeck auflegen ❷ *(cubertería)* Besteck *nt* ❸ *(techumbre)* (Schutz)dach *nt;* **ponerse a** ~ sich unterstellen
cubierto, -a[2] [ku'βjerto, -a] **I.** *pp de* **cubrir II.** *adj* ❶ *(tiempo)* bedeckt, bewölkt ❷ (FIN) **cheque** ~ gedeckter Scheck *m*
cubil [ku'βil] *m* ❶ *(refugio)* Schlupfwinkel *m* ❷ *(cauce)* (Fluss)bett *nt*
cubilete [kuβi'lete] *m* ❶ *(molde)* Backform *f* ❷ *(en juegos)* Würfelbecher *m* ❸ (GASTR) Pastete *f*
cubismo [ku'βismo] *m* (ARTE) Kubismus *m*
cubista [ku'βista] **I.** *adj* (ARTE) kubistisch **II.** *mf* (ARTE) Kubist(in) *m(f)*
cubital [kuβi'tal] *adj* (ANAT) ❶ *(codo)* Ellenbogen-, kubital ❷ *(cúbito)* Ellen-, kubital
cubitera [kuβi'tera] *f* Eiswürfelschale *f*
cubito [ku'βito] *m* Eiswürfel *m*
cúbito ['kuβito] *m* (ANAT) Elle *f*
cubo ['kuβo] *m* ❶ *(recipiente)* Eimer *m;* ~ **de la basura** Abfalleimer *m* ❷ *(de una rueda)* Nabe *f* ❸ *(hexaedro)* Würfel *m* ❹ (MAT) Kubikzahl *f*
cubrecama [kuβre'kama] *m* Tagesdecke *f*
cubrimiento [kuβri'mjen̩to] *m* Abdeckung *f*
cubrir [ku'βrir] *irr como abrir* **I.** *vt* ❶ *(tapar)* bedecken (**con/de** mit +*dat*), abdecken (**con/de** mit +*dat*) ❷ *(ocultar)* verdecken ❸ *(recorrer)* zurücklegen ❹ *(techar un edificio)* mit einem Dach versehen; *(un espacio)* überdachen ❺ (DEP, MIL) decken; **¡cubridme!** gebt mir Deckung! ❻ *(rellenar)* (auf)füllen ❼ *(llenar)* überschütten (**de** mit +*dat*) ❽ *(gastos)* decken ❾ *(vacante)* besetzen ❿ *(deuda)* begleichen ⓫ (ZOOL) decken ⓬ *(proteger)* bewahren (**de** vor +*dat*) ⓭ (PREN) berichten (über +*akk*) **II.** *vr:* **~se** ❶ *(revestirse, llenarse)* sich bedecken ❷ *(ponerse el sombrero)* seinen Hut aufsetzen ❸ *(el cielo)* sich be-

decken, sich bewölken ④ (MIL) in Deckung gehen ⑤ *(protegerse)* sich schützen (**contra** vor *+dat*)

cucar [ku'kar] <c → qu> **I.** *vt* ① *(guiñar)* zublinzeln *+dat,* zuzwinkern *+dat* ② *(mofar)* verspotten **II.** *vi (ganado)* durchgehen

cucaracha [kuka'ratʃa] *f* Kakerlak *m*

cuchara [ku'tʃara] *f* Löffel *m;* ~ **de palo** Holzlöffel *m;* ~ **sopera** Suppenlöffel *m;* ~ **dosificadora** Messlöffel *m;* **meter (su)** ~ *(entrometerse)* seinen Senf dazugeben *fam*

cucharada [kutʃa'raða] *f (porción)* Löffel *m;* **una** ~ **grande/pequeña** ein Esslöffel/Teelöffel (voll); **una** ~ **de azúcar** ein Löffel (voll) Zucker; **solamente ha comido dos ~s** er/sie hat nur zwei Löffel (voll) gegessen; **a ~s** (ess)löffelweise; **meter su** ~ *(fig)* seinen Senf dazugeben *fam*

cucharadita [kutʃara'ðita] *f (porción)* Teelöffel *m;* **dos ~s de azúcar** zwei Teelöffel (voll) Zucker

cucharilla [kutʃa'riʎa] *f* Teelöffel *m; (de postre)* Dessertlöffel *m*

cucharón [kutʃa'ron] *m* Schöpflöffel *m*

cuchichear [kutʃitʃe'ar] *vi* tuscheln, flüstern

cuchicheo [kutʃi'tʃeo] *m* Getuschel *nt,* Geflüster *nt*

cuchilla [ku'tʃiʎa] *f* ① *(de afeitar)* Rasierklinge *f* ② *(cuchillo grande)* (breites) Messer *nt;* ~ **de picar** Hackmesser *nt*

cuchillada [kutʃi'ʎaða] *f* ① *(navajazo)* Messerstich *m; (corte)* Schnitt *m* ② *(herida)* Stichwunde *f;* **andar a ~s con alguien** *(fig)* (mit) jdm spinnefeind sein

cuchillazo [kutʃi'ʎaθo] *m v.* **cuchillada**

cuchillería [kutʃiʎe'ria] *f* ① *(fábrica)* Messerfabrik *f* ② *(tienda)* Messergeschäft *nt*

cuchillero [kutʃi'ʎero] *m* ① *(persona)* Messerschmied *m* ② *(abrazadera)* Klammer *f*

cuchillo [ku'tʃiʎo] *m* ① *(para cortar)* Messer *nt;* ~ **de bolsillo** Taschenmesser *nt;* ~ **de cocina** Küchenmesser *nt;* ~ **(de mesa) para carne** Steakmesser *nt;* ~ **de monte** Hirschfänger *m;* **pasar a** ~ niedermetzeln ② *(de la ropa)* Zwickel *m* ③ (ARQUIT) Stützbalken *m*

cuchitril [kutʃi'tril] *m* ① *(pocilga)* Schweinestall *m* ② *(habitación, vivienda)* Loch *nt abw*

cucho[1] ['kutʃo] *m* ① *(Chil:* ZOOL) Katze *f* ② *(Ecua, Perú: rincón)* Winkel *m* ③ *(Col: cuarto)* Kammer *f*

cucho, -a[2] ['kutʃo, -a] *adj (Méx)* stumpfnasig

cuchuchear [kutʃutʃe'ar] *vi* (miteinander) tuscheln [*o* flüstern]

cuchufleta [kutʃu'fleta] *f* Neckerei *f,* Scherz *m*

cuchufletero, -a [kutʃufle'tero, -a] *m, f* Spaßvogel *m*

cuclillas [ku'kliʎas] *fpl* **estar en** ~ in der Hocke sitzen

cuclillo [ku'kliʎo] *m* Kuckuck *m*

cuco[1] ['kuko] *m* ① (ZOOL) Kuckuck *m* ② *(canto)* Kuckucksruf *m*

cuco, -a[2] ['kuko, -a] *adj* ① *(astuto)* gerissen, schlau ② *(bonito)* hübsch, niedlich

cucú [ku'ku] *m v.* **cuco**[1]

cucurucho [kuku'rutʃo] *m* ① *(de papel)* Papiertüte *f* ② *(de helado)* (Eis)hörnchen *nt* ③ *(Am: para dibujos)* Zeichnungsrolle *f* ④ *(gorro cónico)* spitze Mütze *f; (de procesión)* Büßermütze *f*

cuello ['kweʎo] *m* ① (ANAT) Hals *m;* ~ **uterino** Gebärmutterhals *m;* **alargar el** ~ den Hals recken; **está con el agua al** ~ ihm/ihr steht das Wasser bis zum Hals ② *(de una prenda)* Kragen *m;* **de** ~ **alto/de cisne** Rollkragen- ③ *(de un recipiente)* Hals *m;* ~ **de botella** Flaschenhals *m; (Am: fig)* Engpass *m*

cuenca ['kweŋka] *f* ① (GEO) Becken *nt;* ~ **del río** Flussbecken *nt* ② *(región)* (Fluss)gebiet *nt;* **la** ~ (**carbonífera**) **del Ruhr** das Ruhrgebiet ③ *(recipiente)* Holznapf *m* ④ *(de los ojos)* Augenhöhle *f*

cuenco ['kweŋko] *m* ① *(vasija)* Napf *m* ② *(concavidad)* Höhlung *f;* **el** ~ **de la mano** die hohle Hand

cuenta ['kweṇta] *f* ① *(cálculo)* (Be)rechnung *f; (calculación final)* Abrechnung *f;* ~ **atrás** Countdown *m;* **~s atrasadas** Außenstände *mpl;* **rendición de ~s** Rechnungslegung *f;* **Tribunal de C~s** Rechnungshof *m;* ~ **de la vieja** Abzählen an den Fingern; **por** ~ **del Estado** auf Staatskosten; **pagar la** ~ die Rechnung begleichen; **poner en** ~ in Rechnung stellen; **por** ~ **propia** auf eigene Rechnung; **establecerse por su** ~ sich selb(st)ständig machen; **a** ~ **de alguien** auf jds Rechnung; *(fig)* auf jds Verantwortung; **echar ~s** überlegen; **dar** ~ **de algo** über etw Bericht erstatten; **ajustar las ~s a alguien** mit jdm abrechnen; **tener en** ~ bedenken; **tomar en** ~ berücksichtigen; **darse** ~ **de algo** etw (be)merken; **caer en la** ~ plötzlich merken; **hablar más de la** ~ zu viel reden; **a fin de ~s** letztendlich; **en resumidas ~s** kurz und gut; **perder la** ~ den Faden verlieren; **estar fuera de** ~ *(una mujer)* die neun Monate der Schwangerschaft überschritten haben ② *(en el banco)* Konto *nt;* ~ **corriente** [*o* **de giros**] Girokonto *nt;* ~ **de crédito** Kreditkonto *nt;* ~ **de ahorro** Sparkonto *nt;* **abonar en** ~ gutschreiben; **abrir una** ~ ein Konto eröffnen; **girar a**

una ~ auf ein Konto überweisen ③ (INFOR) ~ **de usuario** Benutzerkonto *nt,* Account *m* ④ (ECON) ~ **clave** Key-Account *m o nt,* Schlüsselkunde *m* ⑤ *(de un collar)* Perle *f;* **~s de vidrio** Glasperlen *fpl* ⑥ *(de hilo)* (Faden)dichte *f*

C

cuentagotas [kweṇta'ɣotas] *m inv* Pipette *f;* **con** [*o* **a**] ~ *(fig)* spärlich

cuentahabiente [kweṇta(a)'βjeṇte] *mf* (FIN) Kontoinhaber(in) *m(f)*

cuentakilómetros [kweṇtaki'lometros] *m inv* Kilometerzähler *m*

cuentarrevoluciones [kweṇtarreβolu'θjones] *m inv* Drehzahlmesser *m*

cuentista [kewṇ'tista] *mf* ① *(chismoso)* Klatschmaul *nt fam* ② *(fanfarrón)* Angeber(in) *m(f); (chiflado)* Spinner(in) *m(f) fam* ③ *(narrador)* (Geschichten)erzähler(in) *m(f);* (LIT) Verfasser(in) *m(f)* von Kurzgeschichten

cuento ['kweṇto] *m* ① (LIT: *historieta*) (Kurz)geschichte *f,* Erzählung *f;* ~ **chino** Lüge *f;* ~ **de hadas** Märchen *nt;* ~ **de nunca acabar** endlose Geschichte; ~ **popular** Volksmärchen *nt;* **libro de ~s** Märchenbuch *nt;* **tener mucho** ~ *(presumir)* angeben; *(exagerar)* übertreiben; **dejarse de ~s** zur Sache kommen; **eso no viene a** ~ das hat damit nichts zu tun ② (ARQUIT, TÉC) Strebe *f,* Stütze *f* ③ *(del ave)* Flügelgelenk *nt*

cuerda ['kwerða] *f* ① *(cordel)* Strick *m,* Leine *f;* ~ **floja** Seiltänzerdraht *m;* ~ **metálica** Draht *m;* ~ **métrica** Messband *nt;* **andar en la ~ floja** einen Eiertanz aufführen *fam;* **ser de la misma** ~ *(fig)* aus dem gleichen Holz geschnitzt sein ② *(del reloj)* (Aufzug)feder *f;* **dar ~ al reloj** die Uhr aufziehen; **dar ~ a alguien** jdn animieren ③ (ANAT, MAT) Sehne *f;* **~s vocales** Stimmbänder *ntpl* ④ *(de instrumentos)* Saite *f;* ~ **metálica** Stahlsaite *f;* ~ **de tripa** Darmsaite *f;* **juego de ~s** Saitenbezug *m;* **apretar las ~s** *(fig)* strengere Saiten aufziehen

cuerdamente [kwerða'meṇte] *adv* ① *(con sensatez)* besonnen, vernünftig ② *(con prudencia)* klug, umsichtig

cuerdo, -a ['kwerðo, -a] *adj* ① *(inteligente)* klug; **estar** ~ bei vollem Verstand sein ② *(razonable)* vernünftig

cueriza [kwe'riθa] *f (Am: zurra)* Tracht *f* Prügel

cuerno ['kwerno] *m* ① (MÚS, ZOOL) Horn *nt;* ~ **de la abundancia** Füllhorn *nt* ② *(loc, fam)* **ponerle a alguien los ~s** jdm Hörner aufsetzen; **¡y un ~!** ich pfeife darauf!; **irse al** ~ in die Hose(n) gehen; *(plan)* den Bach runtergehen; **¡que se vaya al ~!** der Teufel soll ihn/sie holen!

cuero ['kwero] *m* ① *(piel)* Leder *nt;* ~ **cabelludo** Kopfhaut *f;* ~ **curtido** gegerbtes Leder; **estar en ~s** splitternackt sein; **dejar a alguien en ~s** jdn bis aufs Hemd ausziehen ② *(recipiente)* (Wein)schlauch *m*

cuerpear [kwerpe'ar] *vi (Arg, Urug: fam fig: esquivar)* ausweichen

cuerpo ['kwerpo] *m* ① *(del hombre o del animal)* Körper *m,* Leib *m; (solamente el tronco)* Rumpf *m; (de una mujer)* Figur *f; (cadáver)* Leiche *f;* **a ~ descubierto** ohne Waffenschutz; **una foto de ~ entero** eine Ganzaufnahme; **luchar ~ a ~** Mann gegen Mann kämpfen; **dar con el ~ en tierra** hinfallen; **tomar** ~ Gestalt annehmen; **estar de ~ presente** aufgebahrt sein; **hacer de(l)** ~ seine Notdurft verrichten; **haz lo que te pida el** ~ tu das, worauf du Lust hast ② *(objeto, t.* MAT) Körper *m;* ~ **celeste** Himmelskörper *m;* ~ **extraño** Fremdkörper *m* ③ *(corporación)* Körperschaft *f,* Korps *nt;* ~ **de bomberos** Feuerwehr; ~ **diplomático** diplomatisches Korps; ~ **docente** Lehrkörper *m* ④ *(grosor)* Stärke *f;* ~ **de letra** (TIPO) Schriftgröße *f;* **tener poco** ~ dünn sein; *(líquido)* dünnflüssig sein ⑤ *(colección)* Sammlung *f* ⑥ *(parte principal)* Hauptteil *m,* Kernstück *nt; (de iglesia)* Hauptschiff *nt* ⑦ (ADMIN: *de una carta*) Textfeld *nt*

cuervo ['kwerβo] *m* Rabe *m*

cuesco ['kwesko] *m* ① *(hueso de fruta)* Kern *m* ② *(vulg: pedo)* (lauter) Furz *m fam*

cuesta ['kwesta] *f* Abhang *m;* ~ **abajo/arriba** bergab/bergauf; **un camino en** ~ ein ansteigender Weg; **llevar a alguien/algo a ~s** jdn/etw auf dem Rücken tragen; **la ~ de enero** die leeren Kassen nach den Weihnachtsfeiertagen

cuestación [kwesta'θjon] *f* Kollekte *f,* Sammlung *f*

cuestión [kwes'tjon] *f* Frage *f,* Problem *nt;* ~ **de confianza** Vertrauensfrage *f;* ~ **de gustos** Geschmackssache *f;* ~ **secundaria** Nebensache *f;* **es ~ de intentarlo** man muss es einfach nur versuchen; **es ~ de tiempo nada más** es ist nur eine Frage der Zeit; **ahí está la** ~ hier liegt der Hase im Pfeffer *fam;* **eso es otra** ~ das ist etwas ganz anderes; **la ~ es pasarlo bien** (die) Hauptsache (ist), man amüsiert sich

cuestionable [kwestjo'naβle] *adj* fraglich, zweifelhaft

cuestionamiento [kwestjona'mjeṇto] *m* Diskussion *f,* Wortwechsel *m*

cuestionar [kwestjo'nar] *vt* diskutieren, erörtern

cuestionario [kwestjo'narjo] *m* Fragebogen *m*
cueva ['kweβa] *f* Höhle *f;* *(sótano)* Keller *m;* ~ **de ladrones** *(fig)* Räuberhöhle *f*
cuidado [kwi'ðaðo] *m* ❶ *(esmero y precaución)* Sorgfalt *f,* Vorsicht *f;* **¡~!** Achtung!, Vorsicht!; **¡~ con el escalón!** Vorsicht Stufe!; **¡anda con ~!** sei vorsichtig!; **ser de ~** gefährlich sein; **eso me tiene sin ~** das lässt mich kalt ❷ *(asistencia)* Pflege *f;* *(de maquinarias)* Wartung *f;* ~ **médico** medizinische Betreuung; ~ **preventivo** Vorbeugung *f;* **salir de ~** *(mejorar)* außer Lebensgefahr sein; *(dar a luz)* gebären
cuidador [kwiða'ðor] *m* *(Arg)* Krankenpfleger *m*
cuidadora [kwiða'ðora] *f* *(Méx)* Kindermädchen *nt*
cuidadosamente [kwiðaðosa'mente] *adv* sorgfältig
cuidadoso, -a [kwiða'ðoso, -a] *adj* ❶ *(diligente)* sorgfältig ❷ *(preocupado)* fürsorglich
cuidar [kwi'ðar] **I.** *vi* aufpassen (**de** auf +*akk*) **II.** *vt* pflegen, betreuen; ~ **a los niños** die Kinder betreuen; ~ **la casa** den Haushalt besorgen **III.** *vr:* **~se** ❶ *(de un peligro)* sich hüten (**de** vor +*dat*) ❷ *(preocuparse)* sich kümmern (**de** um +*akk*) ❸ *(no esforzarse)* sich schonen; *(por su salud)* auf seine Gesundheit achten; *(por su aspecto)* sich pflegen; *(darse buena vida)* es sich *dat* gut gehen lassen; **¡cuídate!** pass auf dich auf!
cuido ['kwiðo] *m* Pflege *f*
cuita ['kwita] *f* Kummer *m,* Sorgen *f pl*
cuitado, -a [kwi'taðo, -a] *adj* bekümmert, betrübt
culantro [ku'lantro] *m* (BOT) Koriander *m*
culata [ku'lata] *f* ❶ *(del fusil)* Gewehrkolben *m* ❷ *(del caballo)* Kruppe *f*
culatazo [kula'taθo] *m* ❶ *(a una persona)* Schlag *m* mit dem Gewehrkolben ❷ *(del arma)* Rückstoß *m*
culebra [ku'leβra] *f* (ZOOL) Schlange *f*
culebrilla [kule'βriʎa] *f* ❶ (MED) Schlangenflechte *f* ❷ *(armas de fuego)* Riss *m* im Geschützrohr ❸ (ZOOL) ~ **de agua** Ringelnatter *f*
culebrón [kule'βron] *m* ❶ *aum de* **culebra** ❷ *(hombre cazurro)* gerissener Kerl *m* ❸ *(mujer intrigante)* hinterhältiges Weib *nt* ❹ (TV) Seifenoper *f*
culera [ku'lera] *f* ❶ *(en los pañales)* Kotfleck *m* ❷ *(de los pantalones)* Hosenboden *m* ❸ *(parche)* Flicken *m*
culinario, -a [kuli'narjo, -a] *adj* kulinarisch
culmen ['kulmen] *m (elev: plenitud)* Höhepunkt *m,* Gipfel *m*
culminación [kulmina'θjon] *f* ❶ *(lo máximo)* Höhepunkt *m* ❷ (ASTR) Kulminationspunkt *m*
culminante [kulmi'nante] *adj* überragend; **punto** ~ Höhepunkt *m*
culminar [kulmi'nar] *vi* den Höhepunkt erreichen
culo ['kulo] *m* ❶ *(trasero)* Gesäß *nt,* Hintern *m fam;* **caer de** ~ auf den Hintern fallen; **lamer el ~ a alguien** *(vulg)* jdm in den Arsch kriechen; **ser ~ de mal asiento** *(fam)* kein Sitzfleisch haben; **¡vete a tomar por el ~!** *(vulg)* scher dich zum Teufel! *fam* ❷ *(de vaso o botella)* Boden *m*
culote [ku'lote] *m* ❶ (MIL) Patronenboden *m* ❷ (DEP: *pantalón corto*) Radlerhose *f*
culpa ['kulpa] *f* Schuld *f;* **echar la ~ a alguien** die Schuld auf jdn schieben; **tener la ~ de algo** Schuld an etw *dat* haben; **y ¿qué ~ tengo yo?** was kann ich denn dafür?
culpabilidad [kulpaβili'ða^ð] *f* Schuld *f;* **sentimiento de** ~ Schuldgefühl *nt*
culpabilizar [kulpaβili'θar] <z → c> *vt* beschuldigen
culpable [kul'paβle] **I.** *adj* schuldig; **declarar** ~ für schuldig erklären; **ser ~ de algo** an etw *dat* Schuld haben **II.** *mf* Schuldige(r) *mf*
culpado, -a [kul'paðo, -a] **I.** *adj* beschuldigt **II.** *m, f* Angeschuldigte(r) *f(m),* Beklagte(r) *f(m)*
culpar [kul'par] **I.** *vt* beschuldigen (**de/por** +*gen*) **II.** *vr:* **~se** sich schuldig fühlen (**de** wegen +*gen/dat*)
cultamente [kulta'mente] *adv* gebildet, kultiviert
cultismo [kul'tismo] *m (palabra culta)* gehobener Ausdruck *m*
cultivable [kulti'βaβle] *adj* anbaufähig
cultivado, -a [kulti'βaðo, -a] *adj* *(culto y refinado)* kultiviert
cultivador(a) [kultiβa'ðor(a)] *m(f)* ❶ *(persona)* Landwirt(in) *m(f);* ~ **de vino** Winzer *m* ❷ *(instrumento)* Grubber *m,* Kultivator *m*
cultivar [kulti'βar] **I.** *vt* ❶ (AGR) anbauen; ~ **la tierra** das Land bestellen ❷ *(bacterias)* züchten ❸ *(conservar)* kultivieren, pflegen **II.** *vr:* **~se** sich bilden
cultivo [kul'tiβo] *m* ❶ (AGR) Anbau *m;* ~ **de regadío** Bewässerungskultur *f;* ~ **del suelo** Bodenbearbeitung *f* ❷ *(de bacterias)* Kultur *f,* Züchtung *f* ❸ *(de animales)* Zucht *f* ❹ *(de la amistad)* Pflege *f*
culto[1] ['kulto] *m* ❶ *(veneración)* Kult *m;*

C

~ **de la personalidad** Personenkult *m* ② (REL) Kult(us) *m;* ~ **divino** Gottesdienst *m*

culto, -a² ['kuḷto, -a] *adj* gebildet, kultiviert

cultura [kuḷ'tura] *f* Kultur *f;* ~ **ambiental** Umweltpflege *f;* ~ **general** Allgemeinbildung *f*

cultural [kuḷtu'ral] *adj* kulturell, Kultur-

culturar [kuḷtu'rar] *vt* (AGR: *labrar*) bestellen, kultivieren

cultureta [kuḷtur'reta] *mf (pey)* Alleswisser(in) *m(f)*

culturismo [kuḷtu'rismo] *m* Bodybuilding *nt*

culturista [kuḷtu'rista] *mf* Bodybuilder(in) *m(f)*

culturización [kuḷturiθa'θjon] *f* Zivilisierung *f*

culturizar [kuḷturi'θar] <z → c> *vt* zivilisieren

cumbia ['kumbja] *f kolumbianischer Volkstanz*

cumbre ['kumbre] *f* ① *(cima)* Gipfel *m* ② *(reunión)* Gipfeltreffen *nt;* ~ **ministerial** Ministertreffen *nt* ③ *(culminación)* Höhepunkt *m*

cúmel ['kumel] *m (aguardiente)* Kümmel(branntwein) *m*

cumple ['kumple] *m (fam: en lenguaje infantil) abr de* **cumpleaños** Geburtstag *m;* **el niño del** ~ Geburtstagskind *nt*

cumpleaños [kumple'aɲos] *m inv* Geburtstag *m;* **¡Feliz ~!** Alles Gute zum Geburtstag!

cumplidamente [kumpliða'meṇte] *adv (totalmente)* gänzlich, völlig

cumplidero, -a [kumpli'ðero, -a] *adj* ① *(que sirve)* zweckdienlich ② *(plazos)* ablaufend

cumplido¹ [kum'pliðo] *m* Höflichkeitsbezeugung *f;* **visita de** ~ Höflichkeitsbesuch *m;* **hacer algo por** ~ etw tun, weil es sich gehört

cumplido, -a² [kum'pliðo, -a] *adj* ① *(acabado)* erledigt; **¡misión cumplida!** Auftrag erfüllt! ② *(abundante)* weit ③ *(cortés)* höflich ④ *(un soldado)* ausgedient

cumplidor(a) [kumpli'ðor(a)] **I.** *adj* pflichtbewusst **II.** *m(f)* pflichtbewusster Mensch *m*

cumplimentar [kumplimeṇ'tar] *vt* ① *(felicitar)* beglückwünschen ② *(visita de cumplido)* seine Aufwartung machen (+*dat*) ③ *(una orden)* ausführen ④ *(un impuesto)* ausfüllen

cumplimiento [kumpli'mjeṇto] *m* ① *(observación)* Erfüllung *f;* ~ **de un deber** Pflichterfüllung *f;* **no** ~ Nichterfüllung *f* ② *(cumplido)* Höflichkeitsbezeugung *f*

cumplir [kum'plir] **I.** *vi* ① *(hacer su deber)* pflichtbewusst sein; ~ **con su deber/su promesa** seine Pflicht/sein Versprechen erfüllen; **hacer algo solamente por** ~ etw nur der Form halber tun; **~é por ti** ich werde für dich eintreten ② *(soldado)* seinen Militärdienst beenden ③ *(plazo)* ablaufen **II.** *vt* ① *(una orden)* ausführen ② *(un encargo)* erledigen ③ *(una promesa, condición)* erfüllen ④ *(un plazo)* einhalten ⑤ *(el servicio militar)* ableisten ⑥ *(una prestación)* erbringen ⑦ *(una pena)* verbüßen ⑧ *(las leyes)* befolgen ⑨ *(años)* **en mayo cumplo treinta años** im Mai werde ich dreißig (Jahre alt) **III.** *vr:* **~se** in Erfüllung gehen

cumular [kumu'lar] *vt* anhäufen

cumulativo, -a [kumula'tiβo, -a] *adj* kumulativ

cúmulo ['kumulo] *m* ① *(amontonamiento)* Haufen *m,* Menge *f* ② (METEO) Kumuluswolke *f*

cuna ['kuna] *f* ① *(camita, t. fig)* Wiege *f;* **canción de** ~ Wiegenlied *nt* ② (NÁUT) Schlitten *m*

cunar [ku'nar] *vt* wiegen

cundir [kuṇ'dir] *vi* ① *(mancha, epidemia)* sich ausbreiten ② *(un rumor)* rumgehen ③ *(una noticia)* sich verbreiten ④ *(un trabajo)* vorangehen ⑤ *(dar mucho de sí)* (sehr) ergiebig sein; *(el arroz)* (auf)quellen; **esta comida cunde mucho** dieses Essen ist sehr nahrhaft

cunear [kune'ar] **I.** *vt (acunar)* wiegen **II.** *vr:* **~se** *(fam fig)* hin- und herschaukeln

cuneiforme [kuneị'forme] *adj* keilförmig; **escritura** ~ Keilschrift *f*

cuneta [ku'neta] *f* Straßengraben *m*

cuña ['kuɲa] *f* ① *(traba)* Keil *m* ② *(fig: enchufe)* (gute) Beziehungen *fpl* ③ *(anuncio)* ~ **publicitaria** Werbespot *m*

cuñado, -a [ku'ɲaðo, -a] *m, f* Schwager, Schwägerin *m, f*

cuño ['kuɲo] *m* ① *(troquel)* Prägestempel *m,* Münzstempel *m* ② *(impresión, señal)* Prägung *f;* *(fig)* Gepräge *nt;* **de nuevo** ~ (ganz) neu

cuota ['kwota] *f* ① *(porción)* Quote *f,* Anteil *m;* *(de una deuda)* Tilgungsrate *f;* ~ **de audiencia** [*o Am* **de pantalla**] Zuschauerquote *f;* ~ **de crecimiento** Zuwachsrate *f;* ~ **de mercado** Marktanteil *m* ② *(contribución)* Beitrag *m,* Gebühr *f;* ~ **escolar** Schulgeld *nt;* ~ **de socio** Mitgliedsbeitrag *m*

cupé [ku'pe] *m* Coupé *nt*

cupido [ku'piðo] *m* ① *(de la mitología romana)* Cupido *m* ② *(fig: mujeriego)* Frauenheld *m*

cupo ['kupo] **I.** *3. pret de* **caber** **II.** *m* (ECON) Kontingent *nt;* ~ **de importación/**

exportación Einfuhr-/Ausfuhrkontingent *nt*

cupón [ku'pon] *m* Coupon *m,* Abschnitt *m; (de lotería)* Lotterieanteilschein *m;* ~ **de descuento** Rabattmarke *f*

cuproso, -a [ku'proso, -a] *adj* kupferartig; (QUÍM) Kupfer(I)-; **óxido** ~ Kupfer(I)-Oxid *nt;* **carbonato** ~ Kupfercarbonat *nt*

cúpula ['kupula] *f* ❶ *(media esfera)* Kuppel *f* ❷ *(máximos dirigentes)* Spitze *f;* ~ **administrativa** Verwaltungspyramide *f;* ~ **dirigente** Führungsspitze *f* ❸ (BOT) Becher *m* ❹ (NÁUT) Geschützturm *m*

cupulino [kupu'lino] *m* (ARQUIT) Laterne *f*

cuquero, -a [ku'kero, -a] *m, f (fam: pícaro)* Schlawiner(in) *m(f),* Schlitzohr *nt*

cura[1] ['kura] *m* Pfarrer *m,* Priester *m*

cura[2] ['kura] *f* ❶ *(curación)* Heilung *f* ❷ *(tratamiento)* Kur *f,* Behandlung *f;* ~ **para adelgazar** Abmagerungskur *f;* ~ **de almas** Seelsorge *f;* ~ **de deshabituación** Entziehungskur *f;* ~ **de desintoxicación** *(de toxinas)* Entgiftungskur *f; (de drogas)* Entziehungskur *f;* **primera** ~ erste Hilfe

curable [ku'raβle] *adj* heilbar

curación [kura'θjon] *f* Heilung *f*

curado, -a [ku'raðo, -a] *adj* ❶ *(sanado)* geheilt; **estar ~ de espantos** abgebrüht sein *fam* ❷ *(endurecido)* gehärtet ❸ *(salado)* gepökelt; *(ahumado)* geräuchert; **jamón** ~ luftgetrockneter Schinken ❹ *(Am: borracho)* betrunken

curador(a) [kura'ðor(a)] **I.** *adj* heilend **II.** *m(f)* ❶ *(sanador)* (Kranken)pfleger(in) *m(f)* ❷ *(tutor)* Pfleger(in) *m(f);* ~ **ad bona** Vermögenspfleger *m* ❸ *(de carne)* Fleischverarbeiter(in) *m(f); (de pescado)* Fischverarbeiter(in) *m(f)*

curalotodo [kuralo'toðo] *m inv (fam)* Allheilmittel *nt*

curanderismo [kuraṇde'rismo] *m* Kurpfuscherei *f*

curandero, -a [kuraṇ'dero, -a] *m, f* ❶ *(mago)* Medizinmann *m* ❷ *(charlatán)* Kurpfuscher(in) *m(f)*

curar [ku'rar] **I.** *vi* genesen **II.** *vt* ❶ *(a un enfermo: tratar)* behandeln; *(sanar)* heilen ❷ *(ahumar)* räuchern; *(salar)* pökeln ❸ *(pieles)* gerben ❹ *(madera)* trocknen lassen ❺ *(plástico)* aushärten ❻ *(hilos y lienzos)* bleichen **III.** *vr:* **~se** genesen; **~se en salud** vorbeugen

curare [ku'rare] *m* Kurare *nt*

curativo, -a [kura'tiβo, -a] *adj* heilend

curato [ku'rato] *m* (REL) ❶ *(dignidad de párroco)* Pfarramt *nt* ❷ *(territorio)* Pfarrbezirk *m*

cúrcuma ['kurkuma] *f* (BOT) Gelbwurzel *f,* Curcuma *f*

curda ['kurða] *f (fam)* Rausch *m,* Schwips *m;* **agarrar una** ~ sich *dat* einen antrinken

curdela[1] [kur'ðela] *f (fam: embriaguez)* Besoffenheit *f*

curdela[2] [kur'ðela] **I.** *adj (fam)* besoffen **II.** *mf (fam)* Besoffene(r) *f(m)*

curdo, -a ['kurðo, -a] **I.** *adj* kurdisch **II.** *m, f* Kurde, -in *m, f*

curia ['kurja] *f* ❶ (REL) Kurie *f* ❷ *(tribunal)* Gerichtshof *m*

curiche[1] [ku'ritʃe] *m (Bol: pantano)* Sumpf *m,* Morast *m*

curiche[2] [ku'ritʃe] *mf (Chil: pey: persona negra)* Schwarze(r) *f(m)*

curiosa [ku'rjosa] *adj o f v.* **curioso**

curiosamente [kurjosa'meṇte] *adv* ❶ *(sorprendentemente)* erstaunlicherweise ❷ *(aseadamente)* sorgfältig

curiosear [kurjose'ar] *vi* (neugierig) herumschnüffeln

curiosidad [kurjosi'ðaᵈ] *f* ❶ *(indiscreción)* Neugier(de) *f;* **despertar la** ~ die Neugier wecken ❷ *(cosas poco corrientes)* Kuriosität *f* ❸ *(pulcritud)* Sauberkeit *f*

curioso, -a [ku'rjoso, -a] **I.** *adj* ❶ *(indiscreto)* neugierig; **estar ~ por saber algo** auf etw gespannt sein ❷ *(interesante)* kurios, sonderbar; **¡qué ~!** wie merkwürdig! ❸ *(aseado)* reinlich **II.** *m, f* ❶ *(indiscreto)* neugieriger Mensch *m* ❷ *(Am: curandero)* Kurpfuscher(in) *m(f)*

curlin ['kurlin] *m* (DEP) Curling *nt*

currante [ku'rraṇte] *mf (fam)* Arbeiter(in) *m(f)*

currar [ku'rrar] *vi (fam)* arbeiten, schaffen

curre ['kurre] *m (fam: trabajo)* Maloche *f;* **tengo mucho** ~ ich hab viel um die Ohren

currelar [kurre'lar] *vi (fam)* arbeiten, schaffen

curricular [kurriku'lar] *adj* (UNIV) den Studienplan betreffend; (ENS) den Lehrplan betreffend; **cambios ~es** Änderungen im Studien-/Lehrplan

currículo [ku'rrikulo] *m* ❶ (UNIV) Studienplan *m;* (ENS) Lehrplan *m* ❷ *(curriculum vitae)* Lebenslauf *m*

curriculum (vitae) [ku'rrikulun ('bite)] *m* Lebenslauf *m*

curro ['kurro] *m (fam)* Arbeit *f*

curruscante [kurrus'kaṇte] *adj* knusprig

curry ['kurri] *m* Curry *nt*

cursado, -a [kur'saðo, -a] *adj* bewandert, erfahren

cursante [kur'saṇte] *mf* Kursteilnehmer(in) *m(f)*

cursar [kur'sar] *vt* ❶ *(frecuentar)* häufig

aufsuchen ② *(una orden)* erteilen; *(un telegrama)* aufgeben; *(una solicitud)* weiterleiten; *(un mensaje)* durchgeben ③ *(cursos)* belegen; *(carrera)* studieren

cursi ['kursi] **I.** *adj (fam)* ① *(una persona)* affektiert, affig ② *(una cosa)* kitschig **II.** *mf (fam)* affektierte Person *f*

cursilada [kursi'laða] *f,* **cursilería** [kursile'ria] *f (fam)* ① *(acción cursi)* Getue *nt* ② *(calidad de cursi)* Kitsch *m*

cursillista [kursi'ʎista] *mf* Kursteilnehmer(in) *m(f),* Teilnehmer(in) *m(f)* an einem Kurzlehrgang

cursillo [kur'siʎo] *m* Kurzlehrgang *m;* ~ **de primeros auxilios** Erste-Hilfe-Kurs *m*

cursiva [kur'siβa] *f* Kursivschrift *f*

cursivo, -a [kur'siβo, -a] *adj* kursiv

curso ['kurso] *m* ① *(trascurso)* (Ver)lauf *m,* Ablauf *m;* ~ **de agua** Wasserlauf *m;* **estar en** ~ in Bearbeitung sein; **en el** ~ **del año** im Laufe des Jahres; **tomar un** ~ **favorable** einen günstigen Verlauf nehmen; **dar** ~ **a una solicitud** ein Gesuch weiterleiten ② (FIN: *circulación*) Umlauf *m;* **estar en** ~ im Umlauf sein ③ (FIN: *cambio*) Kurs *m;* ~ **del cambio** Wechselkurs *m* ④ *(de enseñanza)* Kurs(us) *m,* Lehrgang *m;* ~ **acelerado** Schnellkurs *m;* ~ **escolar** Schuljahr *nt;* ~ **de formación** Fortbildungskurs *m;* **asistir a un** ~ an einem Lehrgang teilnehmen; **dar un** ~ einen Kurs abhalten; **perder el** ~ nicht versetzt werden; **aprobar/suspender un** ~ die Abschlussprüfung bestehen/nicht bestehen

cursor [kur'sor] *m* ① (TÉC) Läufer *m* ② (INFOR) Cursor *m*

curtido[1] [kur'tiðo] *m* ① *(cuero)* Leder *nt* ② *(cutis)* gegerbte Haut *f*

curtido, -a[2] [kur'tiðo, -a] *adj* ① *(una persona)* abgehärtet ② *(pieles)* gegerbt

curtidor(a) [kurti'ðor(a)] *m(f)* Gerber(in) *m(f)*

curtir [kur'tir] **I.** *vt* ① *(tratar pieles)* gerben ② *(tostar el cutis)* bräunen ③ *(acostumbrar a la vida dura)* abhärten **II.** *vr:* **~se** ① *(ponerse moreno)* braun werden ② *(acostumbrarse a la vida dura)* sich abhärten

cururo[1] [ku'ruro] *m (Chil:* ZOOL) Cururo *m*

cururo, -a[2] [ku'ruro, -a] *adj (Chil:* ZOOL) schwarz

curva ['kurβa] *f* Kurve *f;* ~ **de calle** Straßenbiegung *f;* ~ **de natalidad** Geburtenkurve *f;* **en** ~ gebogen

curvado, -a [kur'βaðo, -a] *adj* gebogen

curvar [kur'βar] *vt, vr:* **~se** (sich) biegen, (sich) krümmen

curvatura [kurβa'tura] *f* Krümmung *f,* Biegung *f*

curvilíneo, -a [kurβi'lineo, -a] *adj* bogenförmig

curvo, -a ['kurβo, -a] *adj* krumm, gebogen

cusca ['kuska] *f* ① *(Méx: prostituta)* Hure *f abw* ② *(Col: embriaguez)* (Be)trunkenheit *f* ③ *(Col: colilla de cigarro)* Zigarrenstummel *m* ④ *(loc)* **hacer la** ~ **a alguien** *(fam)* jdn nerven, jdm auf den Wecker gehen

cuscurro [kus'kurro] *m* Brotkruste *f*

cuscús [kus'kus] *m inv* Kuskus *m*

cúspide ['kuspiðe] *f* Spitze *f,* Gipfel *m; (fig)* Höhepunkt *m*

custodia [kus'toðja] *f* ① *(guarda)* Verwahrung *f;* **bajo** ~ in Gewahrsam; **tener en** ~ verwahren; **estar bajo la** ~ **de alguien** unter jds Obhut stehen ② *(ostensorio)* Monstranz *f*

custodiar [kusto'ðjar] *vt* ① *(una cosa)* verwahren ② *(una persona)* beaufsichtigen

custodio, -a [kus'toðjo, -a] *m, f* ① *(guardián)* Wächter(in) *m(f)* ② *(protector)* Pfleger(in) *m(f)*

customizar [kustomi'θar] <z → c> *vt* (algo/etw) personalisieren, (algo/etw) anpassen

cutáneo, -a [ku'taneo, -a] *adj* Haut-; **reacción cutánea** Hautreaktion *f*

cúter ['kuter] <cúter(e)s> *m* ① *(cuchilla)* Papiermesser *nt* ② (NÁUT) Kutter *m;* ~ **pesquero** Fischkutter *m*

cutícula [ku'tikula] *f* Haut *f; (epidermis)* (Ober)haut *f;* (BOT, ZOOL) Kutikula *f;* ~ **de la célula** Zellhaut *f*

cutis ['kutis] *m inv* (Gesichts)haut *f*

cutre ['kutre] **I.** *adj* geizig, knaus(e)rig; **ropa** ~ billige Kleidung **II.** *mf* Geizhals *m*

cutrería [kutre'ria] *f,* **cutrez** [ku'treθ] *f* Geiz *m*

cuy [kwi] *m (AmS:* ZOOL) Meerschweinchen *nt*

cuyo, -a ['kuɟo, -a] *pron rel* dessen, deren; **por cuya causa** weshalb

cuzco ['kuθko] *m* kleiner Hund *m*

Dd

D, d [de] *f* D, d *nt;* ~ **de Dolores** D wie Dora

D. [don] *abr de* **don** Hr.

d. (de) (J.) C. [des'pwes (ðe) (xesu)'kristo] *abr de* **después de (Jesu)cristo** n. Chr. (G.)

dable ['daβle] *adj* möglich

dabuti [da'βuti] *adj (argot)* spitze, klasse; **tiene un coche** ~ er/sie hat ein Superauto

dacha ['datʃa] *f* Datscha *f*

dactilar [dakti'lar] *adj* **huellas ~es** Fingerabdrücke *mpl*

dactilografía [daktiloɣra'fia] *f* Maschinenschreiben *nt*

dactilograma [daktilo'ɣrama] *m* (JUR) Fingerabdruck *m,* Daktylogramm *nt*

dactilología [daktilolo'xia] *f* Finger- und Gebärdensprache *f,* Daktylologie *f*

dadaísmo [daða'ismo] *m* (ARTE, LIT) Dadaismus *m*

dádiva ['daðiβa] *f* Gabe *f; (regalo)* Geschenk *nt*

dadivoso, -a [daði'βoso, -a] *adj* freigebig

dado[1] ['daðo] *m* ① *(cubo)* Würfel *m;* **tirar el** ~ würfeln ② *pl (juego)* Würfelspiel *nt;* **jugar a los ~s** würfeln; **jugarse una cerveza a los ~s** um ein Bier würfeln

dado[2] ['daðo] *conj* ① *(ya que)* ~ **que llueve...** da es (ja) regnet ... ② *(supuesto que)* ~ **que sea demasiado difícil...** wenn es zu schwierig ist ...

dado, -a[3] ['daðo, -a] *adj* ① *(supuesto)* gegeben; **dada la coyuntura actual...** angesichts der aktuellen Konjunkturlage ...; **en el caso** ~ gegebenenfalls ② *(determinado)* bestimmt ③ *(loc)* **ser ~ a algo** zu etw *dat* neigen; **no ser** ~ *(Méx)* mutig sein

dador [da'ðor] *m* (COM) Aussteller *m;* ~ **del crédito** (FIN) Darlehensgeber *m*

daga ['daɣa] *f* Dolch *m; (PRico: machete)* Machete *f*

dalái lama [da'lai̯ 'lama] *m* Dalai-Lama *m*

dalia ['dalja] *f* Dahlie *f*

Dalmacia [dal'maθja] *f* Dalmatien *nt*

dálmata ['dalmata] *m* (ZOOL) Dalmatiner *m*

daltoniano, -a [dal̦to'njano, -a], **daltónico, -a** [dal̦'toniko, -a] **I.** *adj* farbenblind **II.** *m, f* Farbenblinde(r) *f(m)*

daltonismo [dal̦to'nismo] *m* Farbenblindheit *f*

dama ['dama] *f* Dame *f;* ~ **de honor** *(de la reina)* Hofdame *f; (de la novia)* Brautjungfer *f;* **primera** ~ (POL) First Lady *f;* **(juego de) ~s** Damespiel *nt*

damajuana [dama'xwana] *f* große Korbflasche *f*

damas ['damas] *fpl (juego de mesa)* Damespiel *nt*

damasco [da'masko] *m* ① *(tejido)* Damast *m* ② *(Am: fruta)* Aprikose *f*

damasquinado[1] [damaski'naðo] *m* Tauschierung *f,* Tauschierarbeit *f*

damasquinado, -a[2] [damaski'naðo, -a] *adj* tauschiert

damero [da'mero] *m* Dame(spiel)brett *nt*

damnificado, -a [damnifi'kaðo, -a] **I.** *adj* geschädigt; *(en la guerra)* kriegsbeschädigt **II.** *m, f* Geschädigte(r) *mf; (de guerra)* Kriegsbeschädigte(r) *mf;* **los ~s por el huracán** die Orkangeschädigten

damnificar [damnifi'kar] <c → qu> *vt* schädigen

dancing ['dansiŋ] *m* <dancings> *(fam)* ① *(baile)* Tanz *m* ② *(lugar)* Tanzlokal *nt* ③ *(cabaré)* Nachtlokal *nt*

dandi ['dan̦di] <dandis> *m* Dandy *m*

danés[1] [da'nes] *m* (ZOOL) **gran** ~ (dänische) Dogge *f*

danés, -esa[2] [da'nes, -esa] **I.** *adj* dänisch **II.** *m, f* Däne, -in *m, f*

danone® [da'none] *m (fam)* Danone® *m,* (Danone®-)Joghurt *m o nt*

dantesco, -a [dan̦'tesko, -a] *adj* ① *(de Dante)* dantisch ② *(espantoso)* dantesk

Danubio [da'nuβjo] *m* Donau *f*

danza ['dan̦θa] *f (acción)* Tanzen *nt; (baile)* Tanz *m;* ~ **folclórica** Folkloretanz *m;* **en** ~ *(fam fig)* in Aktion

danzar [dan̦'θar] <z → c> **I.** *vi* ① *(bailar, girar)* tanzen; *(moverse)* herumtanzen ② *(entremeterse)* sich einmischen **II.** *vt* tanzen

danzarín, -ina [dan̦θa'rin, -ina] *m, f* Tänzer(in) *m(f)*

dañado, -a [da'ɲaðo, -a] *adj* verwüstet, (stark) beschädigt; *(fruta)* verdorben

dañar [da'ɲar] **I.** *vi* schaden **II.** *vt* beschädigen; *(reputación)* schädigen; ~ **la imagen** dem Image schaden **III.** *vr:* **~se** beschädigt werden; *(fruta, cosecha)* verderben

dañino, -a [da'ɲino, -a] *adj* schädlich

daño ['daɲo] *m* ① *(perjuicio)* Schaden *m;* **~s ecológicos** Umweltschäden *mpl;* ~ **material** Sachschaden *m;* **~s y perjuicios** (JUR) Schadensersatz *m* ② *(dolor)* Verletzung *f;* **hacer ~ a alguien** jdm wehtun; **hacerse** ~ sich verletzen; **no hace** ~ es tut nicht weh

dañoso, -a [da'ɲoso, -a] *adj* schädlich

D

D

dar [dar] *irr* **I.** *vt* ① *(en general)* geben; *(regalar)* schenken; *(repartir)* austeilen; *(una patada)* versetzen; **dale la llave a Juan** gib Juan den Schlüssel; ~ **un abrazo a alguien** jdn umarmen; **¿a quién le toca ~ (las cartas)?** wer gibt?; ~ **forma a algo** etw *dat* Gestalt verleihen; ~ **permiso** die Erlaubnis erteilen; ~ **importancia** Bedeutung beimessen ② *(producir)* **la vaca da leche** die Kuh gibt Milch; **este árbol da naranjas** dieser Baum trägt Orangen ③ *(celebrar)* veranstalten; ~ **clases** Unterricht geben; ~ **una conferencia** einen Vortrag halten; ~ **una fiesta** eine Party geben ④ *(causar)* ~ **gusto** Freude machen; **me das pena** du tust mir leid; ~ **miedo** Angst machen ⑤ *(presentar)* ~ **una película** einen Film zeigen; **¿dónde dan la película?** wo läuft der Film?; **¿qué dan en la ópera?** was wird in der Oper aufgeführt? ⑥ *(expresar)* ~ **las buenas noches** eine gute Nacht wünschen; ~ **la enhorabuena/el pésame** Glückwünsche/sein Beileid aussprechen; ~ **recuerdos** Grüße ausrichten ⑦ *(comunicar)* überbringen ⑧ *(hacer)* ~ **un paseo** einen Spaziergang machen; **no ~ golpe** *(fam)* keinen Schlag tun ⑨ *(encender)* ~ **el agua** den Wasserhahn aufdrehen; ~ **la luz** das Licht anmachen ⑩ *(sonar)* **el reloj ha dado las dos** die Uhr hat zwei geschlagen ⑪ *(aplicar)* auftragen ⑫ *(+ 'de')* ~ **de alta** gesundschreiben; ~ **de baja** *(doctor)* krankschreiben; *(persona)* abmelden ⑬ *(+ 'a')* ~ **a conocer algo** etw bekannt geben; ~ **a entender algo a alguien** jdm etw zu verstehen geben ⑭ *(loc, fam)* **me has dado el día** du hast mir den Tag vermasselt; **está dale que dale con el mismo tema** er/sie kommt immer wieder mit der alten Leier **II.** *vi* ① *(+ 'a')* **el balcón da a la calle/al norte** der Balkon liegt zur Straße (hin)/nach Norden; **la ventana da al patio** das Fenster geht auf den Hof ② *(+ 'con')* ~ **con alguien en la calle** jdn auf der Straße treffen; ~ **con la solución** auf die Lösung kommen ③ *(+ 'contra')* stoßen (**contra** an/gegen +*akk*); **la piedra ha dado contra el cristal** der Stein ist gegen die Scheibe geflogen ④ *(caer)* ~ **de espaldas/de narices en el suelo** rückwärts/vornüber auf den Boden fallen; ~ **en la trampa** in die Falle gehen ⑤ *(acertar)* ~ **en el blanco** [*o* **en la diana**] *(fig)* ins Schwarze treffen; ~ **en el clavo** *(fig)* den Nagel auf den Kopf treffen ⑥ *(+ 'para')* **esta tela da para dos vestidos** dieser Stoff reicht für zwei Kleider; ~ **para vivir** zum Leben reichen ⑦ *(+ 'por' + adjetivo)* ~ **por inocente** für unschuldig halten; ~ **por muerto** für tot erklären; ~ **por concluido** als abgeschlossen betrachten; ~ **el libro por leído** das Buch als gelesen voraussetzen ⑧ *(+ 'por' + verbo)* **le ha dado por dejarse el pelo largo** nun will er/sie unbedingt das Haar lang tragen ⑨ *(+ 'que' + verbo)* ~ **que decir** Anlass zu Gerede geben; ~ **que hablar** von sich *dat* reden machen; ~ **que hacer** Arbeit machen; ~ **que pensar** zu denken geben ⑩ *(loc)* **(me) da igual** das ist (mir) egal; **¡qué más da!** *(fam)* was soll's!; **no me da la gana** *(fam)* ich habe keine Lust; ~ **de sí** *(jersey)* weiter werden **III.** *vr:* **~se** ① *(suceder)* vorkommen ② *(frutos)* gedeihen ③ *(+ 'a': consagrarse)* sich widmen +*dat;* *(entregarse)* verfallen +*dat;* **~se a la bebida** dem Alkohol verfallen ④ *(+ 'contra')* sich stoßen (**contra** an +*dat*) ⑤ *(+ 'por' + adjetivo: creerse)* sich halten (**por** für +*akk*); **~se por aludido** sich angesprochen fühlen; **~se por vencido** sich geschlagen geben; **no se dieron por enterados** sie taten, als ob sie von nichts wüssten ⑥ *(+ 'a' + verbo)* **~se a conocer** *(persona)* sich zu erkennen geben; *(noticia)* bekannt werden; **~se a entender** sich verständlich machen ⑦ *(+ 'de')* **~se de baja/alta** sich krankschreiben/gesundschreiben lassen; **~se de alta en Hacienda** sich als Steuerpflichtiger anmelden ⑧ *(+ sustantivo)* **~se un baño** ein Bad nehmen; **~se cuenta de algo** etw merken; **~se prisa** sich beeilen; **~se un susto** sich erschrecken ⑨ *(loc)* **dárselas de valiente** *(fam)* sich als Held aufspielen; **~se corte** *(CSur)* sich aufspielen; **~se pronto** *(CRi, RDom)* sich beeilen; **~se vuelta** *(Arg, Par)* die Partei wechseln

dardo ['darðo] *m* *(arma)* Speer *m;* *(del juego)* (Wurf)pfeil *m;* **jugar a los ~s** (eine Partie) Darts spielen

data ['data] *f* Ort *m* und Datum *nt,* Orts- und Datumsangabe *f*

datar [da'tar] **I.** *vi* stammen (**de** aus +*dat*) **II.** *vt* datieren

dátil ['datil] *m* Dattel *f*

datilera [dati'lera] **I.** *adj* Dattel- **II.** *f* (BOT) Dattelpalme *f*

datilero, -a [dati'lero, -a] *adj* (BOT) Dattel-

dativo [da'tiβo] *m* Dativ *m*

dato ['dato] *m* ① *(circunstancia)* Angabe *f;* **~s personales** Personalien *pl* ② *(cantidad)* Zahl *f* ③ *(fecha)* Datum *nt* ④ *pl* (INFOR) Daten *pl;* **~s de entrada/de salida** Eingabe-/Ausgabedaten *pl;* **~s fijos** Stammdaten *pl;* **elaborar ~s** Daten bearbeiten

dcha. [de'retʃa] *abr de* **derecha** re.

de [de] *prep* ① *(posesión)* **el reloj ~ mi padre** die Uhr meines Vaters; **los hijos ~ Ana** Anas Kinder ② *(origen)* von *+dat*, aus *+dat;* **ser ~ Italia/~ Lisboa/~ las islas Canarias** aus Italien/aus Lissabon/von den Kanarischen Inseln kommen; **~ Málaga a Valencia** von Málaga nach Valencia; **el avión procedente ~ Lima** das Flugzeug aus Lima; **un libro ~ Goytisolo** ein Buch von Goytisolo; **~ ti a mí** unter uns ③ *(material)* aus *+dat;* **~ oro** golden ④ *(cualidad)* mit *+dat;* **un hombre ~ buen corazón** ein Mensch mit einem guten Herzen ⑤ *(temporal)* von *+dat* ⑥ *(finalidad)* **máquina ~ escribir** Schreibmaschine *f;* **hora ~ comer** Essenszeit *f* ⑦ *(causa)* vor *+dat* ⑧ *(partitivo)* **dos platos ~ sopa** zwei Teller Suppe; **un kilo ~ tomates** ein Kilo Tomaten; **un vaso ~ agua** ein Glas Wasser ⑨ *(+ nombre propio)* **la ciudad ~ Cuzco** die Stadt Cuzco; **el tonto ~ Luis lo ha roto** Luis, der Trottel, hat es kaputt gemacht; **pobre ~ mí** ich Arme(r) ⑩ *(loc)* **~ niño** als Kind; **más ~ 50 euros** mehr als 50 Euro; **~ no** *(Am)* ansonsten

deambular [deambu'lar] *vi* herumstreifen

deán [de'an] *m* (REL) Dekan *m*, Dechant *m*

deanato [dea'nato] *m* (REL) ① *(cargo)* Dechanat *nt*, Dekanat *nt* ② *(territorio)* Kirchenbezirk *m*

debacle [de'βakle] *f* Debakel *nt*

debajo [de'βaxo] **I.** *adv* unten **II.** *prep* **~ de** *(local)* unter *+dat;* *(con movimiento)* unter *+akk;* **pasar por ~ del puente** unter der Brücke hindurchfahren; **tumbarse ~ del coche** sich unter das Auto legen

debate [de'βate] *m* Debatte *f*

debatir [deβa'tir] **I.** *vt* erörtern **II.** *vr:* **~se** ankämpfen; **~se entre la vida y la muerte** mit dem Tode ringen

debe ['deβe] *m* Soll *nt*

deber [de'βer] **I.** *vi* *(suposición)* **debe de llegar dentro de poco** er/sie muss demnächst ankommen; **deben de ser las nueve** es muss neun Uhr sein **II.** *vt* ① *(estar obligado)* müssen; **no ~ías haberlo dicho** du hättest es nicht sagen sollen ② *(tener que dar)* schulden **III.** *vr:* **~se** ① *(tener por causa)* zurückzuführen sein (**a** auf *+akk*); *(agradeciendo algo)* zu verdanken sein (**a** *+dat*) ② *(estar obligado)* sich verpflichten *+dat;* **se debe a su profesión** sein/ihr Beruf ist sein/ihr ein und alles **IV.** *m* ① *(obligación)* Pflicht *f;* **~ de conciencia** moralische Verpflichtung ② *pl* *(tareas)* Hausaufgaben *fpl;* **tener muchos ~es** viel aufhaben; **dar muchos ~es** viel aufgeben

debidamente [deβiða'meṇte] *adv* ordnungsgemäß; **la solicitud debe estar ~ cumplimentada** der Antrag soll vorschriftsgemäß ausgefüllt sein

debido^{1} [de'βiðo] *prep* **~ a** wegen *+gen/dat*

debido, -a^{2} [de'βiðo, -a] *adj* *(conveniente)* angemessen; *(necesario)* nötig; **como es ~** wie es sich gehört

débil ['deβil] *adj* schwach

debilidad [deβili'ða^{ð}] *f* Schwäche *f* (**por** für *+akk*)

debilitación [deβilita'θjon] *f* ① *(debilitamiento)* Schwächung *f* ② *(fig: flojedad de ánimo)* Trägheit *f;* **~ del carácter** Charakterschwäche *f* ③ (FÍS) Entkräftung *f*

debilitamiento [deβilita'mjeṇto] *m* Schwächung *f*

debilitar [deβili'tar] *vt* schwächen

debilucho, -a [deβi'lutʃo, -a] *adj* kränkelnd

debitar [deβi'tar] *vt* *(Am)* ① *(anotar)* im Soll buchen ② *(adeudar)* schulden

débito ['deβito] *m* Schuld *f;* *(debe)* Soll *nt;* **~ conyugal** eheliche Pflicht

debocar [deβo'kar] <c → qu> *vi* *(Arg, Bol)* erbrechen

debut [de'βu$^{(t)}$] <debuts> *m* Debüt *nt;* **hacer su ~** sein Debüt geben

debutante [deβu'taṇte] *mf* Debütant(in) *m(f)*

debutar [deβu'tar] *vi* debütieren (**como** als *+nom*)

década ['dekaða] *f* Jahrzehnt *nt;* **la ~ de los 40** die 40er-Jahre

decadencia [deka'ðeṇθja] *f* ① *(decaimiento)* Dekadenz *f* ② *(de una época)* Niedergang *m*

decadente [deka'ðeṇte] *adj* dekadent

decadentismo [dekaðeṇ'tismo] *m* ① *(periodo)* Zeitalter *nt* der Dekadenz ② (LIT) Dekadenzdichtung *f*

decadentista [dekaðeṇ'tista] **I.** *adj* dekadent, entartet; **la poesía ~** die Dekadenzdichtung **II.** *mf* (ARTE, LIT) Dekadenzdichter(in) *m(f)*

decaer [deka'er] *vi irr como caer* nachlassen; **~ en fuerza** an Kraft verlieren; **el ánimo decae** der Mut schwindet; **decae de ánimo** er/sie verliert den Mut

decágono^{1} [de'kaγono] *m* (MAT) Zehneck *nt*

decágono, -a^{2} [de'kaγono, -a] *adj* zehneckig

decaído, -a [deka'iðo, -a] *adj* ① *(abatido)* niedergeschlagen ② *(débil)* kraftlos

decaimiento [dekai'mjeṇto] *m* ① *(afligimiento)* Niedergeschlagenheit *f* ② *(debilidad)* Kraftlosigkeit *f*

D

decálogo [de'kaloɣo] *m* (REL) Zehn Gebote *ntpl*
decámetro [de'kametro] *m* Dekameter *m o nt*
decanato [deka'nato] *m* ❶ *(cargo)* Dekanswürde *f* ❷ *(despacho)* Dekanat *nt*
decano, -a [de'kano, -a] *m, f* (UNIV) Dekan(in) *m(f)*
decantar [dekan̪'tar] **I.** *vt* abgießen **II.** *vr:* **~se** sich (nach reiflicher Überlegung) entscheiden (**por** für *+akk*); **se decantó por el liberalismo** er/sie wandte sich dem Liberalismus zu
decapitación [dekapita'θjon] *f* Enthauptung *f*
decapitar [dekapi'tar] *vt* enthaupten
decatlón [dekað'lon] *m* Zehnkampf *m*
decelerar [deθele'rar] *vi* langsamer werden
decena [de'θena] *f* zehn Stück *ntpl;* **~s** (MAT) Zehner *mpl;* **~s de miles** Zehntausende *pl;* **una ~ de huevos** zehn Eier
decenal [deθe'nal] *adj* ❶ *(cada diez años)* zehnjährlich ❷ *(de una duración de diez años)* zehnjährig
decenario[1] [deθe'narjo] *m* ❶ *(unidad temporal)* Jahrzehnt *nt* ❷ *(rosario)* Rosenkranz *m* mit zehn Kugeln
decenario, -a[2] [deθe'narjo, -a] *adj* zehnteilig
decencia [de'θen̪θja] *f* Anstand *m*
decenio [de'θenjo] *m* Jahrzehnt *nt*
decente [de'θen̪te] *adj* anständig
decentemente [deθen̪te'men̪te] *adv* ❶ *(sin miseria)* erträglich, angemessen ❷ *(guardando la compostura)* anständig ❸ *(irón: en exceso)* asketisch, sehr genügsam; **desde luego tu amigo come ~** wie man sieht, isst dein Freund sehr bescheidene Mengen
decepción [deθeβ'θjon] *f* Enttäuschung *f;* **llevarse una ~** enttäuscht werden
decepcionante [deθeβθjo'nan̪te] *adj* enttäuschend
decepcionar [deθeβθjo'nar] *vt* enttäuschen; **estar decepcionado** enttäuscht sein
deceso [de'θeso] *m* Tod *m*
dechado [de'ʧaðo] *m* ❶ *(para labores)* Vorlage *f,* Muster *nt* ❷ *(modelo)* Inbegriff *m* (**de** *+gen*)
decibel(io) [deθi'βel(jo)] *m* Dezibel *nt*
decididamente [deθiðiða'men̪te] *adv* ❶ *(resueltamente)* entschieden ❷ *(definitivamente)* definitiv
decidido, -a [deθi'ðiðo, -a] *adj* energisch
decidir [deθi'ðir] **I.** *vi* entscheiden (**sobre** über *+akk*) **II.** *vt* ❶ *(determinar)* entscheiden ❷ *(acordar)* beschließen ❸ *(mover a)* veranlassen **III.** *vr:* **~se** sich entscheiden (**por** für *+akk,* **en contra de** gegen *+akk*)
decilitro [deθi'litro] *m* Deziliter *m*
décima ['deθima] *f* Zehntel *nt;* **tener ~s** erhöhte Temperatur haben
decimal [deθi'mal] *adj* dezimal; **número ~** Dezimalzahl *f*
decímetro [de'θimetro] *m* Dezimeter *m o nt*
décimo ['deθimo] *m* ❶ *(parte)* Zehntel *nt* ❷ *(de lotería)* Zehntellos *nt*
décimo, -a ['deθimo, -a] *adj (parte)* zehntel; *(numeración)* zehnte(r, s); *v. t.* **octavo**
decimoctavo [deθimok'taβo] *m* Achtzehntel *nt*
decimoctavo, -a [deθimok'taβo, -a] *adj* ❶ *(numeración)* achtzehnte(r, s) ❷ *(parte)* achtzehntel; *v. t.* **octavo**
decimocuarto [deθimo'kwarto] *m* Vierzehntel *nt*
decimocuarto, -a [deθimo'kwarto, -a] *adj* ❶ *(numeración)* vierzehnte(r, s) ❷ *(parte)* vierzehntel; *v. t.* **octavo**
decimonono [deθimo'nono], **decimonoveno** [deθimono'βeno] *m* Neunzehntel *nt*
decimonono, -a [deθimo'nono, -a], **decimonoveno, -a** [deθimono'βeno, -a] *adj (parte)* neunzehntel; *(numeración)* neunzehnte(r, s); *v. t.* **octavo**
decimoquinto [deθimo'kin̪to] *m* Fünfzehntel *nt*
decimoquinto, -a [deθimo'kin̪to, -a] *adj* ❶ *(numeración)* fünfzehnte(r, s) ❷ *(parte)* fünfzehntel; *v. t.* **octavo**
decimoséptimo [deθimo'septimo] *m* Siebzehntel *nt*
decimoséptimo, -a [deθimo'septimo, -a] *adj* ❶ *(numeración)* siebzehnte(r, s) ❷ *(parte)* siebzehntel; *v. t.* **octavo**
decimosexto [deθimo'sesto] *m* Sechzehntel *nt*
decimosexto, -a [deθimo'sesto, -a] *adj* ❶ *(numeración)* sechzehnte(r, s) ❷ *(parte)* sechzehntel; *v. t.* **octavo**
decimotercero [deθimoter'θero], **decimotercio** [deθimo'terθjo] *m* Dreizehntel *nt*
decimotercero, -a [deθimoter'θero, -a], **decimotercio, -a** [deθimo'terθjo, -a] *adj (parte)* dreizehntel; *(numeración)* dreizehnte(r, s); *v. t.* **octavo**
decir [de'θir] *irr* **I.** *vi* ❶ *(expresar)* sagen (**de** über *+akk*); **~ que sí** ja sagen; **diga, dígame** (TEL) ja, hallo?; **es** [*o* **quiere**] **~** das heißt; **¡no me digas!** *(fam)* was du nicht sagst!; **~ por ~** (nur so) daherreden; **por ~lo así** sozusagen; **el qué dirán** was die Leute sagen; **¡quién lo diría!** wer hätte

das gedacht!; **y que lo digas** du sagst es; **dicen de él que es un buen profesor** man sagt, er sei ein guter Lehrer; ~ **a alguien cuántas son cinco** *(fam)* jdm gehörig die Meinung sagen ② *(contener)* besagen; **la regla dice lo siguiente: ...** die Regel lautet wie folgt: ... ③ *(armonizar)* passen (**con** zu +*dat*) **II.** *vt* ① *(expresar)* sagen; *(comunicar)* mitteilen; ~ **algo para sí** etw vor sich hin sagen; **¡no digas tonterías!** *(fam)* red keinen Blödsinn!; **dicho y hecho** gesagt, getan; **lo dicho, dicho, ¡lo ~!** es bleibt dabei!; **como se ha dicho** wie gesagt ② *(mostrar)* zeigen; **su cara dice alegría** aus seinem/ihrem Gesicht spricht Freude ③ *(loc)* **no es muy guapa, que digamos** sie ist nicht gerade hübsch **III.** *vr:* **~se** sagen; **¿cómo se dice en alemán?** wie sagt man das auf Deutsch?; **¿cómo se dice "ropa" en alemán?** was heißt „ropa" auf Deutsch? **IV.** *m* Redensart *f;* **es un ~** wie man so sagt

decisión [deθi'sjon] *f* ① *(resolución)* Entscheidung *f;* *(acuerdo)* Beschluss *m;* **tomar una ~** eine Entscheidung treffen; *(acordar)* einen Beschluss fassen ② *(firmeza)* Entschlossenheit *f;* **tener ~** entschlossen sein

decisivo, -a [deθi'siβo, -a] *adj* entscheidend

decisorio, -a [deθi'sorjo, -a] *adj* bestimmend; *(comisión)* mit Entscheidungsbefugnis

declamación [deklama'θjon] *f* ① *(discurso)* Vortrag *m,* Ansprache *f* ② (LIT) Vortragskunst *f,* Deklamation *f*

declamar [dekla'mar] *vt* vortragen

declaración [deklara'θjon] *f* Erklärung *f;* *(de impuestos)* Steuererklärung *f;* (JUR) Aussage *f;* ~ **final** Schlusskommuniqué *nt;* ~ **de la renta** (Einkommen)steuererklärung *f;* ~ **de valor** Wertangabe *f;* **hacer declaraciones** Erklärungen abgeben; **prestar ~** aussagen; **tomar ~ a alguien** jdn vernehmen

declarado, -a [dekla'raðo, -a] *adj* deutlich, offenkundig

declarante [dekla'ran̩te] *mf* ① *(de impuestos)* Steuerzahler(in) *m(f)* ② (JUR) Aussagende(r) *f(m)*

declarar [dekla'rar] **I.** *vi* ① *(testigo)* aussagen ② *(a la prensa)* eine Erklärung abgeben **II.** *vt* ① *(manifestar)* erklären; ~ **abierta la reunión** die Versammlung eröffnen; ~ **a alguien culpable** jdn für schuldig erklären ② *(ingresos)* deklarieren; *(a aduanas)* verzollen **III.** *vr:* **~se** ① *(aparecer)* ausbrechen ② *(manifestarse)* sich erklären; *(amor)* eine Liebeserklärung machen +*dat;* **~se en huelga** streiken; **~se inocente** sich für unschuldig erklären; **~se en quiebra** Konkurs anmelden

declinación [deklina'θjon] *f* ① *(disminución)* Sinken *nt* ② (LING) Deklination *f*

declinar [dekli'nar] **I.** *vi* ① *(disminuir)* nachlassen ② *(extinguirse)* zu Ende gehen **II.** *vt* ① *(rechazar)* ablehnen; *(invitación)* ausschlagen ② (LING) deklinieren

D

declive [de'kliβe] *m* ① *(del terreno)* Gefälle *nt;* **en ~** *(terreno)* abschüssig; *(tejado)* geneigt; **en fuerte ~** steil abfallend ② *(decadencia)* Niedergang *m;* **en ~** im Niedergang begriffen

decolaje [deko'laxe] *m (Am)* Start *m*

decolar [deko'lar] *vi (Am)* starten

decoloración [dekolora'θjon] *f* ① *(con sustancias químicas)* Entfärbung *f* ② *(a causa del sol)* Ausbleichen *nt*

decolorar [dekolo'rar] *vt* ① (QUÍM) entfärben ② *(el sol)* ausbleichen

decomisar [dekomi'sar] *vt* beschlagnahmen

decoración [dekora'θjon] *f* ① *(adorno)* Dekoration *f* ② *(con muebles)* Einrichtung *f* ③ (TEAT) Bühnenbild *nt*

decorado [deko'raðo] *m* (TEAT) Bühnenbild *nt*

decorador(a) [dekora'ðor(a)] *m(f)* Dekorateur(in) *m(f);* (TEAT) Bühnenbildner(in) *m(f);* ~ **de interiores** Raumausstatter *m*

decorar [deko'rar] *vt* ① *(adornar)* dekorieren, schmücken; *(un pastel)* verzieren ② *(con muebles)* einrichten; ~ **con moqueta** mit Teppichboden auslegen

decorativo, -a [dekora'tiβo, -a] *adj* dekorativ

decoro [de'koro] *m* ① *(dignidad)* Würde *f;* **con ~** würdevoll; **vivir con ~** standesgemäß leben ② *(respeto)* Respekt; **guardar el ~** die Form wahren ③ *(pudor)* Anstand *m;* **con ~** anständig

decoroso, -a [deko'roso, -a] *adj* anständig

decrecer [dekre'θer] *vi irr como crecer* abnehmen; *(nivel, fiebre)* fallen; ~ **en intensidad** an Stärke verlieren

decreciente [dekre'θjen̩te] *adj* abnehmend

decrecimiento [dekreθi'mjen̩to] *m,* **decremento** [dekre'men̩to] *m* Abnahme *f,* Rückgang *m*

decremento [dekre'men̩to] *m* Abnahme *f,* Rückgang *m*

decrépito, -a [de'krepito, -a] *adj* ① *(persona)* altersschwach ② *(cosa)* heruntergekommen ③ *(sociedad)* dekadent

decrepitud [dekrepi'tu^ð] *f* ① *(de perso-

nas) Altersschwäche *f* ② *(de cosas, culturas)* Verfall *m*

decretar [dekre'tar] *vt* verfügen

decreto [de'kreto] *m* Verfügung *f;* ~ **gubernamental** Regierungserlass *m*

decreto ley [de'kreto lei̯] *m* <decretos ley> Gesetzesverordnung *f;* ~ **europeo** EU-Verordnung *f*

decurso [de'kurso] *m* Verlauf *m,* Lauf *m;* **con** [*o* **en**] **el ~ de los años** im Lauf(e) der Jahre

dedada [de'ðaða] *f* Fingerspitze(voll) *f*

dedal [de'ðal] *m* Fingerhut *m*

dedalera [deða'lera] *f* (BOT) Fingerhut *m*

dédalo ['deðalo] *m* ① *(laberinto)* Labyrinth *nt* ② *(lío)* Wirrwarr *m*

dedicación [deðika'θjon] *f* ① *(dedicatoria)* Widmung *f* ② *(consagración)* Weihung *f* ③ *(entrega)* Hingabe *f;* ~ **plena** *(trabajo)* Ganztagsbeschäftigung *f*

dedicar [deði'kar] <c → qu> **I.** *vt* ① *(destinar)* widmen ② *(consagrar)* weihen **II.** *vr:* **~se** sich widmen (**a** +*dat*); *(profesionalmente)* tätig sein (**a** in +*dat*); **~se a la enseñanza** als Lehrer tätig sein; **¿a qué se dedica Ud.?** was machen Sie beruflich?

dedicatoria [deðika'torja] *f* Widmung *f*

dedicatorio, -a [deðika'torjo, -a] *adj* Widmungs-

dedillo [deði'ʎo] *m (fam)* **saberse algo al ~** etw aus dem Effeff können

dedo ['deðo] *m (de mano)* Finger *m; (de pie)* Zeh *m;* ~ (**del**) **corazón** Mittelfinger *m;* ~ **gordo** großer Zeh; ~ **índice** Zeigefinger *m;* ~ **meñique** kleiner Finger; ~ **pulgar** Daumen *m;* **chuparse el ~** am Daumen lutschen; *(fig fam)* blauäugig sein; **la comida está para chuparse los ~s** *(fam)* das Essen ist köstlich; **pillarse los ~s** *(fig)* sich *dat* die Finger verbrennen; **estar a dos ~s de algo** einen Fingerbreit von etw *dat* entfernt sein; **ir a ~** *(fam)* trampen; **estar haciendo ~ en la autopista** per Anhalter auf der Autobahn unterwegs sein; **nombrar a ~** willkürlich nominieren; **señalar a alguien con el ~** mit dem Finger auf jdn zeigen; **con esa pregunta me has puesto el ~ en la llaga** mit dieser Frage hast du meine wunde Stelle getroffen; **no tener dos ~s de frente** *(fam)* schwer von Begriff sein

deducción [deðuᵞ'θjon] *f* ① *(derivación)* Folgerung *f* ② (ECON) Abzug *m; (fiscal)* Abschreibung *f;* ~ **estándar** Pausch(al)betrag *m;* ~ **por hijo** Kinderfreibetrag *m*

deducible [deðu'θiβle] *adj* ableitbar; *(de los impuestos)* absetzbar

deducir [deðu'θir] *vt irr como traducir* ① *(derivar)* folgern (**de** aus +*dat*) ② *(descontar)* abziehen; *(de impuestos)* absetzen

deductivo, -a [deðuk'tiβo, -a] *adj* (FILOS) deduktiv

defecación [defeka'θjon] *f* Stuhlgang *m*

defecar [defe'kar] <c → qu> *vi* Stuhlgang haben

defectivo, -a [defek'tiβo, -a] *adj* ① *(defectuoso)* unvollständig, mangelhaft ② (LING) defektiv

defecto [de'fekto] *m* ① *(carencia)* Mangel *m;* **en ~ de** in Ermangelung +*gen;* **en su ~** bei Fehlen ② *(falta)* Fehler *m;* ~ **físico** Gebrechen *nt;* ~ **genético** Erbschaden *m*

defectuoso, -a [defektu'oso, -a] *adj* fehlerhaft

defender [defen̩'der] <e → ie> **I.** *vt* ① *(contra ataques, t.* JUR) verteidigen (**de/contra** vor +*dat*) ② *(proteger)* (be)schützen (**de/contra** vor +*dat*) ③ *(ideas)* eintreten (für +*akk*) **II.** *vr:* **~se** ① *(contra ataques)* sich verteidigen ② *(arreglárselo)* zurechtkommen; **¿hablas francés? – me defiendo** sprichst du Französisch? – ich kann mich verständigen

defendible [defen̩'diβle] *adj* vertretbar

defensa¹ [de'fensa] *f* ① *(contra ataques, t.* JUR, DEP) Verteidigung *f;* ~ **antimisil** (MIL) Raketenabwehr *f;* ~ **nacional** Landesverteidigung *f;* **en legítima ~** (JUR) in Notwehr; **acudir en ~ de alguien** jdm zu Hilfe eilen ② *(protección)* Schutz *m;* ~ **personal** (*t.* DEP) Selbstverteidigung *f* ③ *(fortificación)* Verteidigungsanlage *f* ④ (BIOL) Abwehrkräfte *fpl;* **tener ~s** immun sein ⑤ *(Méx: paragolpes)* Stoßstange *f*

defensa² [de'fensa] *mf* (DEP) Verteidiger(in) *m(f);* ~ **central** Innenverteidiger(in) *m(f);* ~ **lateral** Außenverteidiger *m*

defensiva [defen'siβa] *f* Defensive *f;* **a la ~** in der Defensive

defensivo, -a [defen'siβo, -a] *adj* defensiv

defensor(a) [defen'sor(a)] **I.** *adj* verteidigend **II.** *m(f)* Verteidiger(in) *m(f); (de ideas)* Verfechter(in) *m(f);* ~ **de la naturaleza** Naturschützer *m;* ~ **del pueblo** Ombudsmann *m*

deferencia [defe'ren̩θja] *f (consideración)* Rücksicht *f; (cortesía)* Höflichkeit *f;* **por ~ a algo** aus Rücksicht auf etw; **tener la ~ de...** +*inf* so höflich sein und ...

deferir [defe'rir] *vi irr como sentir* nachgeben

deficiencia [defi'θjen̩θja] *f* Mangel *m*

deficiente [defi'θjen̩te] **I.** *adj* mangelhaft **II.** *mf* ~ **mental** Person *f* mit geistiger Behinderung; *v. t.* **discapacidad**

déficit ['defiθit] *m inv* ① (FIN) Defizit *nt* ② *(escasez)* Mangel *m* (**de** an +*dat*)

deficitario, -a [defiθi'tarjo, -a] *adj* defizitär
definición [defini'θjon] *f* ① *(aclaración)* Definition *f; (descripción)* Beschreibung *f* ② (TV) Auflösung *f*
definido, -a [defi'niðo, -a] *adj* ① *(claro)* deutlich ② (LING) bestimmt
definir [defi'nir] **I.** *vt* definieren **II.** *vr:* **~se** sich entscheiden
definitivo, -a [defini'tiβo, -a] *adj* ① *(irrevocable)* endgültig; **en definitiva** letzten Endes ② *(decisivo)* ausschlaggebend
definitorio, -a [defini'torjo, -a] *adj* entscheidend
deflación [defla'θjon] *f* (ECON, GEO) Deflation *f*
deflagración [deflaɣra'θjon] *f* Verpuffung *f*
deforestación [deforesta'θjon] *f (acción)* Rodung *f; (efecto)* Entwaldung *f*
deforestar [defores'tar] *vt* entwalden, roden
deformación [deforma'θjon] *f* ① *(alteración)* Verformung *f* ② *(desfiguración)* Entstellung *f*
deformar [defor'mar] **I.** *vt* ① *(alterar)* verformen; *(imágenes)* verzerren ② *(desfigurar)* entstellen **II.** *vr:* **~se** sich verformen; *(jersey)* aus der Form geraten
deforme [de'forme] *adj* verzerrt
deformidad [deformi'ðaᵈ] *f* (MED) Missbildung *f*
defraudación [defrau̯ða'θjon] *f* ① *(fraude)* Betrug *m; (malversación)* Unterschlagung *f;* **~ fiscal** Steuerhinterziehung *f* ② *(decepción)* Enttäuschung *f*
defraudar [defrau̯'ðar] *vt* ① *(estafar)* betrügen; *(dinero)* unterschlagen; **~ a Hacienda** Steuern hinterziehen ② *(decepcionar)* enttäuschen
defunción [defun̦'θjon] *f* Todesfall *m*
degeneración [dexenera'θjon] *f* Verfall *m*
degenerar [dexene'rar] *vi* degenerieren; **~ en** sich entwickeln zu *+dat*
deglutir [deɣlu'tir] *vt* schlucken
degolladero [deɣoʎa'ðero] *m* ① *(cuello)* Nacken *m (des Schlachtviehs)* ② *(matadero)* Schlachthof *m* ③ *(cadalso)* Schafott *nt*
degollar [deɣo'ʎar] <o → ue> *vt* ① *(decapitar)* enthaupten ② *(fam: malograr)* verhunzen
degradación [deɣraða'θjon] *f* ① *(humillación)* Demütigung *f* ② *(en el cargo)* Degradierung *f* ③ *(deterioro)* Verschlechterung *f;* **~ del medio ambiente** Verschlechterung der Umweltbedingungen ④ *(en pintura)* **~ de color** Farbabstufung *f*
degradante [deɣra'ðan̦te] *adj* erniedrigend
degradar [deɣra'ðar] *vt* ① *(en el cargo)* degradieren ② *(calidad)* verschlechtern; **~ el medio ambiente** die Umwelt verpesten ③ *(humillar)* demütigen
degüello [de'ɣweʎo] *m* Enthauptung *f;* **tirar a alguien a ~** *(fig fam)* jdn mit allen Mitteln fertigmachen
degustación [deɣusta'θjon] *f* Kosten *nt;* **~ de vinos** Weinprobe *f*
degustar [deɣus'tar] *vt* kosten
dehesa [de'esa] *f* Weide *f*
deidad [dei̯'ðaᵈ] *f (dios)* Gottheit *f*
deificación [ðei̯fika'θjon] *f* ① *(divinización)* Vergöttlichung *f* ② *(ensalzamiento)* Vergötterung *f,* Verherrlichung *f*
deificar [deifi'kar] <c → qu> *vt* ① *(divinizar)* vergöttlichen ② *(ensalzar)* vergöttern
deífico, -a [de'ifiko, -a] *adj* göttlich
dejación [dexa'θjon] *f* ① *(renuncia)* Verzicht *m* ② (JUR: *de un pleito*) Klagerücknahme *f; (de bienes)* Überlassung *f,* Abtretung *f* ③ *(abandono)* Vernachlässigung *f;* **~ de los deberes** Vernachlässigung der Pflichten
dejada [de'xaða] *f* ① *(renuncia)* Verzicht *m,* Abtretung *f* ② (DEP) Stoppball *m* ③ *v.* **dejado**
dejadez [dexa'ðeθ] *f* Nachlässigkeit *f*
dejado, -a [de'xaðo, -a] *adj* ① *estar (abatido)* niedergeschlagen ② *ser (descuidado)* nachlässig
dejar [de'xar] **I.** *vi* **~ de** *+inf* aufhören zu *+inf;* **no ~ de** *+inf (no olvidar)* nicht vergessen zu *+inf;* **¡no deje de venir!** Sie müssen unbedingt kommen! **II.** *vt* ① *(en general)* lassen; **~ el libro sobre la mesa** das Buch auf den Tisch legen; **¡déjalo ya!** hör auf damit!; **~ acabado** zum Abschluss bringen; **~ caer** fallen lassen; **~ claro** klarstellen; **~ constancia** protokollieren; **~ a deber** anschreiben lassen; **~ en libertad** freilassen; **~ algo para mañana** etw auf morgen verschieben; **~ en paz** in Ruhe lassen; **~ mucho que desear** viel zu wünschen übrig lassen; **~ sin lavar** nicht waschen; **~ triste** traurig stimmen ② *(abandonar)* verlassen; **~ la carrera** das Studium abbrechen ③ *(ganancia)* einbringen ④ *(permitir: algo)* zulassen; **no me dejan salir** sie lassen mich nicht ausgehen ⑤ *(entregar)* überlassen; *(prestar)* leihen; *(en herencia)* hinterlassen; **~ un recado** eine Nachricht hinterlassen; **~ algo en manos de alguien** jdm etw überlassen; **dejo el asunto en tus manos** ich vertraue dir die Angelegenheit an **III.** *vr:* **~se** ① *(descuidarse)* sich gehen lassen ② *(olvidar)* vergessen ③ *(no hacer)* **¡déjate de tonterías!** hör auf mit dem Blödsinn!

D

❹ *(loc)* **~se caer** sich fallen lassen; **~se querer** sich hofieren lassen

deje ['dexe] *m* Akzent *m;* **se te nota un ~ catalán** du hast einen katalanischen Akzent

dejo ['dexo] *m* ❶ *(entonación)* Tonfall *m;* *(acento)* Akzent *m* ❷ *(regusto)* Nachgeschmack *m;* **~ amargo** *(fig)* bitterer Nachgeschmack

del [del] = **de + el** *v.* **de**

delación [dela'θjon] *f* Anzeige *f*

delantal [delan̪'tal] *m* Schürze *f*

delante [de'lan̪te] **I.** *adv* ❶ *(ante, en la parte delantera)* vorn(e); **de ~** von vorn; **abierto por ~** vorne offen ❷ *(enfrente)* davor **II.** *prep* **~ de** *(local)* vor +*dat;* *(movimiento)* vor +*akk;* *(en presencia de)* in Gegenwart von +*dat;* **~ de mí** in meiner Gegenwart

delantera [delan̪'tera] *f* ❶ *(parte anterior)* Vorderteil *nt* ❷ *(primera fila)* Vorderreihe *f* ❸ *(distancia)* Vorsprung *m;* **coger la ~ a alguien** jdm zuvorkommen; **llevar la ~ a alguien** einen Vorsprung vor jdm haben ❹ (DEP) Angriff *m*

delantero[1] [delan̪'tero] *m* ❶ *(parte anterior)* Vorderteil *nt* ❷ (DEP) Stürmer(in) *m(f);* **~ centro** Mittelstürmer(in) *m(f)*

delantero, -a[2] [delan̪'tero, -a] *adj* vordere(r, s)

delatador(a) [delata'ðor(a)] *adj* verräterisch

delatar [dela'tar] **I.** *vt* ❶ *(denunciar)* anzeigen ❷ *(manifestar)* verraten **II.** *vr:* **~se** sich verraten (**con** durch +*akk*)

delator(a) [dela'tor(a)] **I.** *adj* denunziatorisch **II.** *m(f)* Denunziant(in) *m(f)*

delectación [delekta'θjon] *f* Freude *f,* Entzücken *nt*

delegación [deleɣa'θjon] *f* ❶ *(atribución)* Auftrag *m;* **~ de poderes** Übertragung von Befugnissen; **actuar por ~ de alguien** in jds Auftrag handeln ❷ *(comisión)* Delegation *f* ❸ *(oficina)* Amt *nt;* *(filial)* Zweigstelle *f;* **D~ de Hacienda** Finanzamt *nt* ❹ *(Méx: comisaría)* Polizeirevier *nt;* *(ayuntamiento)* Stadthaus *nt*

delegado, -a [dele'ɣaðo, -a] *m, f* Delegierte(r) *mf;* **~ gubernamental** Regierungsvertreter *m*

delegar [dele'ɣar] <g → gu> *vt* ❶ *(encargar)* delegieren (**en** an +*akk*); **~ algo en alguien** jdn mit etw *dat* beauftragen ❷ *(trasferir)* übertragen

deleitable [deleị'taβle] *adj* köstlich, wonnevoll

deleitar [deleị'tar] **I.** *vt* ergötzen **II.** *vr:* **~se** sich ergötzen (**con/en** an +*dat*)

deleite [de'leịte] *m* Wonne *f;* **con ~** genüsslich

deletéreo, -a [dele'tereo, -a] *adj* *(venenoso)* giftig; *(mortal)* tödlich

deletrear [deletre'ar] *vt* buchstabieren

deletreo [dele'treo] *m* Buchstabieren *nt*

deleznable [deleθ'naβle] *adj* ❶ *(frágil)* brüchig ❷ *(inconsistente)* vergänglich

delfín [del'fin] *m* (ZOOL) Delfin *m*

delgadez [delɣa'ðeθ] *f* Dünnheit *f,* Dünne *f*

delgado, -a [del'ɣaðo, -a] *adj* dünn; *(esbelto)* schlank

deliberación [deliβera'θjon] *f* Beratschlagung *f*

deliberado, -a [deliβe'raðo, -a] *adj* ❶ *(tratado)* (wohl) überlegt ❷ *(intencionado)* absichtlich

deliberar [deliβe'rar] *vi, vt* abwägen; *(discutir)* beratschlagen (**sobre/acerca de** über +*akk*)

deliberativo, -a [deliβera'tiβo, -a] *adj* beratend, Beratungs-

delicadeza [delika'ðeθa] *f* ❶ *(finura)* Feinfühligkeit *f;* **con ~** feinfühlig ❷ *(debilidad)* Empfindlichkeit *f* ❸ *(miramiento)* Zuvorkommenheit *f;* **tener la ~ de...** so zuvorkommend sein und ...

delicado, -a [deli'kaðo, -a] *adj* ❶ *(fino, frágil)* zart ❷ *(exquisito)* köstlich ❸ *(atento)* feinfühlig ❹ *(enfermizo)* anfällig; **ser ~ de salud** eine schwache Gesundheit haben ❺ *(asunto)* heikel ❻ *(exigente)* anspruchsvoll

delicatessen [delika'tesen] *f pl* (GASTR) Delikatesse *f;* **tienda de ~** Delikatessengeschäft *nt*

delicia [de'liθja] *f* Wonne *f*

delicioso, -a [deli'θjoso, -a] *adj* ❶ *(persona)* reizend ❷ *(cosa)* wunderbar; *(comida)* köstlich

delictivo, -a [delik'tiβo, -a] *adj* kriminell; **acto ~** Straftat *f*

delimitación [delimita'θjon] *f* Begrenzung *f,* Abgrenzung *f;* **~ de responsabilidades** Verantwortungsabgrenzung *f*

delimitar [delimi'tar] *vt* abgrenzen

delincuencia [deliŋ'kwen̪θja] *f* Kriminalität *f*

delincuente [deliŋ'kwen̪te] **I.** *adj* straffällig **II.** *mf* Straftäter(in) *m(f);* **~ reincidente** Wiederholungstäter(in) *m(f)*

delineación [delinea'θjon] *f* ❶ *(acción)* Skizzieren *nt;* *(efecto)* Umriss *m* ❷ *(esbozo)* Entwurf *m*

delineante [deline'an̪te] *mf* technischer Zeichner *m,* technische Zeichnerin *f*

delinear [deline'ar] *vt* skizzieren

delinquir [deliŋ'kir] <qu → c> *vi* straffällig werden

delirante [deli'ran̦te] *adj* wahnsinnig

delirar [deli'rar] *vi* ① *(desvariar)* fantasieren ② *(disparatar)* Unsinn reden

delirio [de'lirjo] *m* ① *(enfermedad)* Delirium *nt* ② *(ilusión)* Wahnvorstellung *f;* ~ **de grandezas** Größenwahn(sinn) *m*

delito [de'lito] *m* Delikt *nt;* ~ **contra los derechos humanos** Menschenrechtsverletzung *f;* ~ **de guerra** Kriegsverbrechen *nt;* **cuerpo del** ~ Beweisstück *nt*

delta ['del̦ta] *m* (GEO) Delta *nt*

deltoides [del̦'to̯i̯ðes] **I.** *adj inv* ① *(forma)* deltaförmig ② (ANAT) Delta- **II.** *m inv* (ANAT) Deltamuskel *m*

deludir [delu'ðir] *vt (elev)* täuschen

demacrado, -a [dema'kraðo, -a] *adj* ausgemergelt, abgezehrt

demacrarse [dema'krarse] *vr* abmagern

demagogia [dema'ɣoxja] *f* Demagogie *f*

demagógico, -a [dema'ɣoxiko, -a] *adj* demagogisch

demagogo, -a [dema'ɣoɣo, -a] *m, f* Demagoge, -in *m, f*

demanda [de'man̦da] *f* ① *(petición)* Forderung *f;* ~ **de empleo** Stellengesuch *nt;* ~ **de extradición** (JUR) Auslieferungsgesuch *nt;* **en** ~ **de algo** auf der Suche nach etw *dat* ② (COM) Nachfrage *f* (**de** nach +*dat*); ~ **adicional** Mehrbedarf *m;* ~ **agregada** Gesamtnachfrage *f;* ~ **energética** Energiebedarf *m;* **algo tiene mucha** ~ es besteht eine große Nachfrage nach etw *dat* ③ (JUR) Klage *f;* **presentar una** ~ **contra alguien** Klage gegen jdn erheben

demandado, -a [deman̦'daðo, -a] **I.** *adj (solicitado)* begehrt **II.** *m, f* (JUR) Beklagte(r) *mf*

demandante [deman̦'dan̦te] **I.** *adj* antragstellend; (JUR) klagend **II.** *mf* Antragsteller(in) *m(f);* (JUR) Kläger(in) *m(f)*

demandar [deman̦'dar] *vt* ① *(pedir)* fordern; *(solicitar)* beantragen ② (JUR) verklagen (**por** wegen +*gen/dat*)

demarcación [demarka'θjon] *f* ① *(delimitación)* Abgrenzung *f;* **línea de** ~ Demarkationslinie *f* ② *(terreno)* Bezirk *m*

demarcar [demar'kar] <c → qu> *vt* (neu) ausmessen

demarrar [dema'rrar] *vi* starten, anfahren

demás [de'mas] **I.** *adj* übrige(r, s); **los/las** ~ die Übrigen; **... y** ~**...** *(y otros)* ... und weitere ...; **y** ~ *(etcétera)* und so weiter; **por lo** ~ ansonsten **II.** *adv* **por** ~ vergebens; **está por** ~ **que...** es ist überflüssig, zu ...

demasía [dema'sia] *f* ① *(exceso)* Übermaß *nt;* **en** ~ im Übermaß ② *(insolencia)* Dreistigkeit *f*

demasiado[1] [dema'sjaðo] *adv (+ adj)* (all)zu; *(+ verbo)* zu viel

demasiado, -a[2] [dema'sjaðo, -a] *adj* zu viel; **hace** ~ **calor** es ist zu heiß

demasié [dema'sje] *adj (argot)* spitze, affengeil

demencia [de'men̦θja] *f* Schwachsinn *m*

demencial [demen̦'θjal] *adj,* **demente** [de'men̦te] *adj (MED pey)* geistig behindert

democracia [demo'kraθja] *f* Demokratie *f*

demócrata [de'mokrata] **I.** *adj* demokratisch **II.** *mf* Demokrat(in) *m(f)*

democratacristiano, -a [demokratakris'tjano, -a] **I.** *adj* christlich-demokratisch **II.** *m, f* Christdemokrat(in) *m(f)*

democrático, -a [demo'kratiko, -a] *adj* demokratisch

democratización *f* Demokratisierung *f*

democratizador(a) [demokratiθa'ðor(a)] *adj* Demokratisierungs-; **proceso** ~ Demokratisierungsprozess *m*

democratizar [demokrati'θar] <z → c> **I.** *vt* demokratisieren **II.** *vr:* ~**se** demokratisch werden

demodé [demo'ðe] *adj (fam)* altmodisch

demografía [demoɣra'fia] *f* Demografie *f*

demográfico, -a [demo'ɣrafiko, -a] *adj* demografisch; **explosión demográfica** Bevölkerungsexplosion *f*

demoledor(a) [demole'ðor(a)] *adj (ataque)* heftig; *(argumento)* vernichtend

demoler [demo'ler] <o → ue> *vt (edificio)* abreißen; *(fig)* zunichtemachen

demoníaco, -a [demo'niako, -a] **I.** *adj* ① *(satánico)* dämonisch ② *(endemoniado)* besessen **II.** *m, f* Besessene(r) *mf*

demonio [de'monjo] *m (espíritu)* Dämon *m; (diablo)* Teufel *m;* **¡~(s)!** zum Teufel!; ~ **de mujer** Teufelsweib *nt;* **como un** ~ wie der Teufel; **de mil ~s** ungeheuer; *(carácter)* äußerst schwierig; **ponerse como un** ~ fuchsteufelswild werden; **saber a ~s** scheußlich schmecken; **ser el mismísimo** ~ der leibhaftige Teufel sein; **tener el** ~ **en el cuerpo** den Teufel im Leib haben; **tentar al** ~ den Teufel an die Wand malen; **¡vete al ~!** scher dich zum Teufel!

demora [de'mora] *f* Verspätung *f; (en el pago/la entrega)* Verzug *m*

demorar [demo'rar] **I.** *vt* hinauszögern **II.** *vr:* ~**se** ① *(detenerse)* sich aufhalten ② *(retrasarse)* sich verspäten

demostrable [demos'traβle] *adj* beweisbar

demostración [demostra'θjon] *f* ① *(prueba)* Beweis *m* ② *(argumentación)* Beweis-

D

führung *f* ❸ *(explicación)* Darlegung *f* ❹ *(exteriorización)* Bekundung *f* ❺ *(exhibición)* Vorführung *f*

demostrar [demos'trar] <o → ue> *vt* ❶ *(probar)* beweisen ❷ *(mostrar)* zeigen ❸ *(explicar)* darlegen ❹ *(expresar)* bekunden ❺ *(exhibir)* demonstrieren

D

demostrativo, -a [demostra'tiβo, -a] *adj* ❶ *(probatorio)* Beweis-; **documento ~ del pago** Zahlungsbeleg *m* ❷ (LING) demonstrativ; **pronombre ~** Demonstrativpronomen *nt*

demudado, -a [demu'ðaðo, -a] *adj* ❶ *(cambiado)* verändert; *(de color)* verfärbt ❷ *(desfigurado)* entstellt, verzerrt

demudar [demu'ðar] **I.** *vt* ❶ *(variar)* verändern; **la mala noticia le demudó el rostro** aufgrund der schlechten Nachricht verdüsterte sich seine/ihre Miene ❷ *(desfigurar)* verzerren **II.** *vr:* **~se** ❶ *(de color)* **se demudó al ver el cadáver** beim Anblick der Leiche wurde er/sie ganz blass im Gesicht ❷ *(desfigurarse)* das Gesicht verziehen

dendrografía [deṇdroɣra'fia] *f* Abhandlung *f* über Bäume

denegación [deneɣa'θjon] *f* Verweigerung *f;* **~ de auxilio** (JUR) unterlassene Hilfeleistung

denegar [dene'ɣar] *vt irr como fregar* ablehnen; **~ un derecho a alguien** jdm ein Recht absprechen

denigración [deniɣra'θjon] *f* ❶ *(humillación)* Erniedrigung *f* ❷ *(calumnia)* Diffamierung *f* ❸ *(injuria)* Beleidigung *f*

denigrar [deni'ɣrar] *vt* ❶ *(humillar)* erniedrigen ❷ *(calumniar)* in Verruf bringen ❸ *(injuriar)* beleidigen

denominación [denomina'θjon] *f* ❶ *(nombre)* Benennung *f,* Bezeichnung *f* ❷ (COM) Nennwert *m,* Stückelung *f* von Wertpapieren

denominador [denomina'ðor] *m* (MAT) Nenner *m;* **reducir a un común ~** *(t. fig)* auf einen gemeinsamen Nenner bringen

denominar [denomi'nar] **I.** *vt* *(llamar)* nennen; **~ la escuela en homenaje a su fundadora** die Schule nach ihrer Gründerin benennen **II.** *vr:* **~se** sich nennen

denotación [denota'θjon] *f* ❶ *(nombre)* Bezeichnung *f* ❷ (LING) Denotation *f*

denotar [deno'tar] *vt* *(significar)* bedeuten

densidad [densi'ðað] *f* Dichte *f*

denso, -a ['denso, -a] *adj* ❶ *(compacto)* dicht ❷ *(espeso)* dick ❸ *(pesado)* schwer

dentado, -a [deṇ'taðo, -a] *adj* gezähnt; (BOT) gezackt; **rueda dentada** (TÉC) Zahnrad *nt*

dentadura [deṇta'ðura] *f* Gebiss *nt*

dental [deṇ'tal] *adj* ❶ (MED) Zahn- ❷ (LING) dental

dentellada [deṇte'ʎaða] *f* ❶ *(mordisco)* Biss *m;* **a ~s** mit den Zähnen; **comer a ~s** gierig essen; **matar a ~s** *(fiera)* reißen; **pelearse a ~s** einander beißen ❷ *(herida)* Bisswunde *f*

dentellear [deṇteʎe'ar] *vt* beißen

dentera [deṇ'tera] *f* ❶ *(sensación) unangenehmes Gefühl an den Zähnen* ❷ *(fam: envidia)* Neid *m*

dentición [deṇti'θjon] *f* ❶ *(aparición)* Zahndurchbruch *m;* *(de los primeros dientes)* Zahnen *nt* ❷ *(dientes)* Gebiss *nt*

dentífrico[1] [deṇ'tifriko] *m* Zahncreme *f*

dentífrico, -a[2] [deṇ'tifriko, -a] *adj* **agua dentífrica** Mundwasser *nt;* **pasta dentífrica** Zahncreme *f*

dentista [deṇ'tista] **I.** *adj* zahnärztlich **II.** *mf* Zahnarzt, -ärztin *m, f*

dentro ['deṇtro] **I.** *adv* (dr)innen; **a ~** innen; **desde ~** von innen heraus; *(fig)* von Herzen; **por ~** innen; *(fig)* im Herzen **II.** *prep* ❶ **~ de** *(local)* in +*dat;* **~ de lo posible** im Rahmen des Möglichen ❷ **~ de** *(con movimiento)* in +*akk;* **mirar ~ de la habitación** ins Zimmer reinschauen ❸ **~ de** *(temporal)* in +*dat;* **~ de poco** bald

denuncia [de'nuṇθja] *f* ❶ *(acusación)* (Straf)anzeige *f;* **~ obligatoria** Anzeigepflicht *f;* **hacer una ~** Anzeige erstatten (**ante** bei +*dat,* **por** wegen +*gen/dat*); **hacer una ~ por falta de pago** eine Klage auf Zahlung erheben ❷ *(de una injusticia)* Anklage *f;* **ser una ~ de algo** etw anklagen ❸ *(tratado)* Kündigung *f*

denunciación [denuṇθja'θjon] *f* Denunziation *f abw*

denunciante [denuṇ'θjaṇte] **I.** *adj* (JUR) **parte ~** Kläger *m* **II.** *mf* ❶ *(que presenta una denuncia)* Anzeigeerstatter(in) *m(f)* ❷ *(que delata)* Denunziant(in) *m(f) abw*

denunciar [denuṇ'θjar] *vt* ❶ *(acusar)* anzeigen (**por** wegen +*gen/dat,* **ante** bei +*dat*) ❷ *(delatar)* denunzieren ❸ *(hacer público)* an die Öffentlichkeit bringen ❹ *(indicar)* erkennen lassen ❺ *(tratado)* kündigen

denuncio [de'nuṇθjo] *m* ❶ *(And: denuncia)* Anzeige *f* ❷ (MIN) Muten *nt*

deontología [deoṇtolo'xia] *f* Pflichtenlehre *f*

deparar [depa'rar] *vt* bescheren; **nunca se sabe lo que a uno le ~á el destino** man weiß nie, was einen erwartet

departamental [departameṇ'tal] *adj* Abteilungs-; **jefe ~** Abteilungsleiter *m*

departamento [departa'meṇto] *m* ❶ *(de*

una esmpresa) Abteilung *f;* ~ **de contabilidad** Buchhaltung *f;* ~ **de marketing** [*o* **mercadotecnia**] Marketingabteilung *f;* ~ **de ventas** Vertriebsabteilung *f;* ~ **de recursos humanos** Personalabteilung *f;* ~ **de relaciones públicas** PR-Abteilung *f;* ~ **jurídico** Rechtsabteilung *f* ❷ *(de un objeto)* Fach *nt* ❸ *(ministerio)* Ministerium *nt* ❹ *(distrito)* Bezirk *m* ❺ (UNIV) Fachbereich *m* ❻ (FERRO) Abteil *nt* ❼ *(Am: apartamento)* Wohnung *f*

departir [depar'tir] *vi* plaudern (**acerca de**/**de**/**sobre** über +*akk*)

dependencia [depeṇ'deṇθja] *f* ❶ *(sujeción)* Abhängigkeit *f;* **vivir en ~ de alguien** von jdm abhängig sein ❷ *(sucursal)* Niederlassung *f* ❸ *(empleados)* Belegschaft *f* ❹ *(sección)* Abteilung *f* ❺ *pl (habitaciones)* Räumlichkeiten *fpl*

depender [depeṇ'der] *vi* abhängig sein (**de** von +*dat*); **eso depende de Ud.** das liegt an Ihnen; **¡depende!** es kommt darauf an!

dependiente[1] [depeṇ'djeṇte] *adj* abhängig (**de** von +*dat*)

dependiente, -a[2] [depeṇ'djeṇte, -a] *m, f* Angestellte(r) *mf; (de una tienda)* Verkäufer(in) *m(f)*

depilación [depila'θjon] *f* Enthaarung *f*

depiladora [depila'ðora] *f* Epiliergerät *nt*

depilar [depi'lar] *vt, vr:* **~se** (sich) enthaaren; **~se las cejas** sich *dat* die Augenbrauen zupfen

depilatorio[1] [depila'torjo] *m* Enthaarungsmittel *nt*

depilatorio, -a[2] [depila'torjo, -a] *adj* Enthaarungs-

deplorable [deplo'raβle] *adj* bedauerlich; **espectáculo ~** jämmerliche Vorstellung

deplorar [deplo'rar] *vt* (zutiefst) bedauern

deponer [depo'ner] *irr como poner* **I.** *vt* ❶ *(destituir)* absetzen; **~ de un cargo** eines Amtes entheben ❷ *(deshacerse de)* ablegen; **~ las armas** die Waffen niederlegen **II.** *vi* (JUR) aussagen

deportación [deporta'θjon] *f* Deportation *f*

deportar [depor'tar] *vt* deportieren

deporte [de'porte] *m* Sport *m;* ~ **de** (**alta**) **competición** (Hoch)leistungssport *m;* ~ **hípico** Reitsport *m;* **~s de invierno** Wintersportarten *fpl;* **hacer ~** Sport treiben

deportista [depor'tista] **I.** *adj* sportlich **II.** *mf* Sportler(in) *m(f);* **~ aficionado** Amateur(sportler) *m;* **~ profesional** Profi(sportler) *m*

deportividad [deportiβi'ðaᵈ] *f* (DEP) Sportlichkeit *f*

deportivo[1] [depor'tiβo] *m* ❶ *(club)* Sportverein *m* ❷ *(automóvil)* Sportwagen *m*

deportivo, -a[2] [depor'tiβo, -a] *adj* sportlich; **noticias deportivas** Sportnachrichten *fpl*

depositar [deposi'tar] **I.** *vt* deponieren; (FIN) einlegen; *(cadáver)* aufbahren; **~ su confianza en alguien** sein Vertrauen in jdn setzen **II.** *vr:* **~se** sich absetzen

depositaría [deposita'ria] *f* Aufbewahrungsort *m,* Hinterlegungsstelle *f*

depositario, -a [deposi'tarjo, -a] *m, f* ❶ *(de valores)* Depositar(in) *m(f),* Verwahrer(in) *m(f);* **~ judicial** Sequester *m* ❷ *(de sentimientos)* Vertraute(r) *mf*

depósito [de'posito] *m* ❶ *(el guardar)* Aufbewahrung *f;* **en ~** in Verwahrung ❷ *(el poner al cuidado)* Deponieren *nt* ❸ *(lugar)* Depot *nt;* **~ de equipajes** (FERRO) Gepäckaufbewahrung *f* ❹ *(recipiente)* Tank *m;* **~ del combustible** Kraftstofftank *m;* **~ de la cisterna** Spülkasten *m* ❺ (FIN: *acción*) Einlegen *nt; (dinero)* Einlage *f* ❻ *(sedimento)* Ablagerung *f* ❼ *(morgue)* **~ de cadáveres** Leichenhaus *nt;* **~ judicial** Leichenschauhaus *nt*

depravar [depra'βar] **I.** *vt* verderben **II.** *vr:* **~se** verkommen

depre ['depre] *f (fam)* **estar con la ~** down sein

deprecar [depre'kar] <c → qu> *vt* flehen (um +*akk*), inständig bitten (um +*akk*)

depreciación [depreθja'θjon] *f (desvalorización)* Wertminderung *f;* **~ monetaria** Geldentwertung *f*

depreciar [depre'θjar] **I.** *vt (desvalorizar)* den Wert mindern +*gen; (moneda)* abwerten **II.** *vr:* **~se** an Wert verlieren

depredador(a) [depreða'ðor(a)] **I.** *adj* ❶ *(saqueador)* plündernd ❷ (ZOOL) räuberisch **II.** *m(f)* ❶ *(saqueador)* Plünderer, -in *m, f* ❷ *(malversador)* Veruntreuer(in) *m(f)*

depredar [depre'ðar] *vt (saquear)* plündern

depresión [depre'sjon] *f* ❶ *(tristeza)* Depression *f* ❷ (GEO) Senke *f* ❸ (ECON) Depression *f;* **~ cíclica** Konjunktureinbruch *m;* **~ económica** Wirtschaftskrise *f* ❹ (METEO) Tief(druckgebiet) *nt*

depresivo, -a [depre'siβo, -a] *adj* ❶ *(que deprime)* deprimierend ❷ *(propenso a)* depressiv

deprimente [depri'meṇte] *adj* deprimierend

deprimido, -a [depri'miðo, -a] *adj* deprimiert; **región deprimida** entwicklungsschwache Region

deprimir [depri'mir] **I.** *vt (abatir)* deprimieren **II.** *vr:* **~se** *(abatirse)* Depressionen bekommen

deprisa [de'prisa] *adv* schnell; **~ y corriendo** so schnell wie möglich

depuración [depura'θjon] *f* Reinigung *f;* (POL) Säuberung *f*

depuradora [depura'ðora] *f* ① *(estación)* Kläranlage *f* ② *(piscina)* Umwälzanlage *f*

depurar [depu'rar] *vt* reinigen; (POL) säubern; **~ el estilo** an der Ausdrucksweise feilen

derecha [de'retʃa] *f* ① *(diestra)* rechte Hand *f* ② *(lado)* rechte Seite *f;* **doblar a la ~** (nach) rechts abbiegen; **tengo a mi madre a la ~** meine Mutter steht rechts von mir; **rebasar por la ~** von rechts überholen ③ (POL) Rechte *f;* **de ~(s)** rechtsorientiert

derechazo [dere'tʃaθo] *m (boxeo)* Rechte *f*

derechista [dere'tʃista] **I.** *adj* (POL) rechtsorientiert **II.** *mf* (POL) Rechte(r) *mf*

derechización [deretʃiθa'θjon] *f* (POL) Rechtsruck *m*

derecho[1] [de'retʃo] **I.** *adv* direkt **II.** *m* ① *(legitimidad)* Recht *nt* (**a** auf +*akk*); **~ de asociación** Vereinigungsfreiheit *f;* **~ de libertad de conciencia y culto** Gewissens- und Religionsfreiheit *f;* **~s de pago de indemnización** Schaden(s)ersatzansprüche *mpl;* **~ de propiedad intelectual** Urheberrecht *nt;* **~ de sufragio** Stimmrecht *nt;* **con ~ a** berechtigt zu +*dat;* **de pleno ~** mit vollem Recht; **miembro de pleno ~** vollberechtigtes Mitglied; **estar en su (perfecto) ~** (voll) im Recht sein; **hacer uso de un ~** ein Recht in Anspruch nehmen; **tener ~ a** berechtigt sein zu +*dat;* **¡no hay ~!** *(fam)* das gibt es nicht!; **~ al pataleo** *(fam)* Recht auf Widerrede ② *(jurisprudencia)* Recht *nt;* *(ciencia)* Rechtswissenschaft *f;* **~ criminal** Strafrecht *nt;* **~ político** Staatsrecht *nt;* **estudiar ~** Jura studieren; **conforme a ~** rechtmäßig; **de ~** von Rechts wegen; **por ~ propio** kraft seines Amtes ③ *(de un papel/una tela)* rechte Seite *f* ④ *pl (impuestos)* Gebühren *fpl;* **~s antidumpin** Antidumpingzölle *mpl;* **~s de exportación** Ausfuhrzölle *mpl;* **libre de ~s** gebührenfrei; **sujeto a ~s** gebührenpflichtig ⑤ *pl (honorarios)* Honorar *nt;* **~s de mediación** Vermittlungsprovision *f*

derecho, -a[2] [de'retʃo, -a] *adj* ① *(diestro)* rechte(r, s) ② *(recto)* gerade ③ *(erguido)* aufrecht; **ponerse ~** sich aufrichten ④ *(justo)* aufrecht; **a derechas** wie es sich gehört ⑤ *(directo)* direkt

derivación [deriβa'θjon] *f* ① (*t.* LING, MAT: *deducción*) Ableitung *f;* **~ a tierra** (ELEC) Erdung *f* ② (FERRO) Nebenbahn *f* ③ *(de agua)* Zuleitung *f*

derivada [deri'βaða] *f* (MAT) Differenzialquotient *m*

derivado [deri'βaðo] *m* Derivat *nt*

derivar [deri'βar] **I.** *vi* ① *(proceder)* hervorgehen (**de** aus +*dat*) ② *(tornar)* sich umwandeln (**hacia** zu +*dat*) ③ (NÁUT) abdriften **II.** *vt* ① (*t.* MAT, LING: *deducir*) ableiten ② *(desviar)* umleiten; **~ una conversación hacia otro tema** ein Gespräch auf ein anderes Thema lenken ③ (ELEC) abzweigen **III.** *vr:* **~se** sich ableiten (**de** aus +*dat*)

derivativo, -a [deriβa'tiβo, -a] *adj* Ableitungs-; **el substantivo ~ de 'casero' es 'casa'** 'casero' ist von dem Substantiv 'casa' abgeleitet

dermatología [dermatolo'xia] *f* (MED) Dermatologie *f*

dermatólogo, -a [derma'toloɣo, -a] *m, f* Hautarzt, -ärztin *m, f*

dérmico, -a ['dermiko, -a] *adj* Haut-

derogación [deroɣa'θjon] *f* ① *(de una ley)* Aufhebung *f* ② *(disminución)* Minderung *f*

derogar [dero'ɣar] <g → gu> *vt* ① *(una ley)* aufheben ② *(destruir)* zerstören ③ *(reformar)* reformieren

derramamiento [derrama'mjen̩to] *m* Ausschütten *nt;* *(involuntario)* Verschütten *nt;* *(de sangre/lágrimas)* Vergießen *nt*

derramar [derra'mar] **I.** *vt* ① *(verter)* ausschütten; *(sin querer)* verschütten; *(lágrimas/sangre)* vergießen ② *(repartir)* **~ un gasto** eine Abgabe umlegen **II.** *vr:* **~se** ① *(esparcirse: líquidos)* auslaufen; *(otros)* rieseln ② *(desaguar)* münden (**en** in +*akk*) ③ *(diseminarse)* sich ausbreiten

derrame [de'rrame] *m* ① *v.* **derramamiento** ② *(desbordamiento)* Überlaufen *nt* ③ (MED) Erguss *m;* **~ cerebral** Gehirnschlag *m*

derrapante [derra'pan̩te] *adj* rutschig

derrapar [derra'par] *vi* ins Schleudern geraten

derrape [de'rrape] *m* Schleudern *nt*

derredor [derre'ðor] *m* Umkreis *m;* **en ~** ringsherum; **en ~ de la mesa** rings um den Tisch herum

derrengado, -a [derreŋ'gaðo, -a] *adj* ① *(deslomado)* verrenkt ② *(torcido)* krumm ③ *(exhausto)* zerschlagen

derrengar [derreŋ'gar] <g → gu> **I.** *vt* ① *(deslomar)* verrenken; **tu peso me derrengó al llevarte a cuestas** durch dein Gewicht habe ich mir eine Verrenkung zugezogen, als ich dich getragen habe ② *(torcer)* biegen ③ *(fam: agotar)* auspowern

II. *vr:* **~se** ① *(deslomarse)* sich verrenken ② *(agotarse)* sich abarbeiten

derretido[1] [derre'tiðo] *m* Beton *m*

derretido, -a[2] [derre'tiðo, -a] *adj* ① *(deshecho)* geschmolzen ② *(enamorado)* verliebt; **estar ~ por alguien** bis über beide Ohren in jdn verliebt sein

derretimiento [derreti'mjen̩to] *m* ① *(disolución)* Schmelzen *nt* ② *(pasión)* Hingabe *f*

derretir [derre'tir] *irr como pedir* **I.** *vt* ① *(deshacer)* schmelzen ② *(derrochar)* verschleudern **II.** *vr:* **~se** ① *(deshacerse)* schmelzen ② *(fam: consumirse)* **~se de calor** vor Hitze vergehen; **~se de gusto** sich pudelwohl fühlen; **estar derretido (de amor) por alguien** bis über beide Ohren in jdn verliebt sein

derribar [derri'βar] *vt* ① *(edificio)* niederreißen; *(puerta)* einschlagen; *(árbol)* fällen ② *(jinete)* abwerfen; *(boxeador)* niederwerfen ③ *(del cargo/poder)* stürzen; *(humillar)* demütigen

derribo [de'rriβo] *m* ① *(caída provocada)* Umwerfen *nt; (de un avión)* Abschuss *m; (de un futbolista)* Foul *nt* ② *(demolición)* Abriss *m* ③ *(escombro)* Abbruchmaterial *nt*

derrocar [derro'kar] <c → qu> *vt* ① *(despeñar)* herabstürzen ② *(destituir)* stürzen

derrochador(a) [derroʧa'ðor(a)] **I.** *adj* verschwenderisch **II.** *m(f)* Verschwender(in) *m(f)*

derrochar [derro'ʧar] *vt* ① *(despilfarrar)* verschwenden ② *(fam: tener en abundancia)* strotzen (vor +*dat*)

derroche [de'rroʧe] *m* Verschwendung *f*

derrota [de'rrota] *f* ① *(fracaso)* Niederlage *f* ② (NÁUT) Kurs *m* ③ *(senda)* Pfad *m*

derrotar [derro'tar] **I.** *vt* ① *(vencer)* schlagen ② *(desmoralizar)* zugrunde richten **II.** *vr:* **~se** (NÁUT) vom Kurs abkommen

derrotero [derro'tero] *m (rumbo)* Kurs *m;* **ir por nuevos ~s** *(fig)* neue Wege beschreiten

derrotista [derro'tista] **I.** *adj* defätistisch **II.** *mf* Defätist(in) *m(f)*

derruir [derru'ir] *vt irr como huir* ① *(derribar)* niederreißen ② *(destruir)* zerstören

derrumbadero [derrumba'ðero] *m* ① *(precipicio)* Absturz *m,* steiler Abhang *m* ② *(peligro)* Gefahr *f*

derrumbamiento [derrumba'mjen̩to] *m* (ARQUIT) Einsturz *m; (fig)* Zusammenbruch *m*

derrumbar [derrum'bar] **I.** *vt* ① *(despeñar)* herabstürzen ② *(derruir)* niederreißen ③ *(moralmente)* deprimieren **II.** *vr:* **~se** *(edificio)* einstürzen; *(esperanzas)* sich zerschlagen

derrumbe [de'rrumbe] *m* ① *(derrumbamiento)* Einsturz *m* ② *(precipicio)* Abgrund *m*

desabastecido, -a [desaβaste'θiðo, -a] *adj* unterversorgt

desaborido, -a [desaβo'riðo, -a] **I.** *adj* fade **II.** *m, f* Langweiler(in) *m(f)*

desabotonar [desaβoto'nar] *vt, vr:* **~se** aufknöpfen

desabrido, -a [desa'βriðo, -a] *adj* ① *(comida)* fade ② *(tiempo)* ungemütlich ③ *(persona)* unwirsch

desabrigado, -a [desaβri'ɣaðo, -a] *adj* ungeschützt; **estar ~** *(persona)* zu leicht gekleidet sein

desabrochar [desaβro'ʧar] *vt, vr:* **~se** *(botones)* aufknöpfen; *(cordones)* aufschnüren; *(ganchos)* aufhaken; *(hebillas)* aufschnallen

desacatar [desaka'tar] *vt* missachten

desacato [desa'kato] *m* Missachtung *f* (**a** +*gen*)

desacertado, -a [desaθer'taðo, -a] *adj* verfehlt

desacierto [desa'θjerto] *m (falta)* Fehler *m; (equivocación)* Irrtum *m*

desacomodado, -a [desakomo'ðaðo, -a] *adj* ① *(pobre)* arm ② *(desempleado)* arbeitslos

desacomodar [desakomo'ðar] **I.** *vt* ① *(incomodar)* belästigen ② *(dejar sin empleo)* entlassen ③ *(Arg: desordenar)* in Unordnung bringen **II.** *vr:* **~se** *(perder el empleo)* entlassen werden; *(abandonar el empleo)* kündigen

desaconsejable [desakonse'xaβle] *adj* nicht empfehlenswert

desaconsejado, -a [desakonse'xaðo, -a] *adj* verfehlt, unangebracht

desaconsejar [desakonse'xar] *vt* abraten (von +*dat*); **~ algo a alguien** jdm von etw *dat* abraten

desacorde [desa'korðe] *adj* ① (MÚS) verstimmt ② *(alguien)* **estar ~ con algo/alguien** etw *dat*/jdm nicht zustimmen

desacostumbrado, -a [desakostum'braðo, -a] *adj (fuera de la rutina)* ungewohnt; *(no común)* ungewöhnlich

desacostumbrar [desakostum'brar] **I.** *vt* abgewöhnen; **~ a alguien de algo** jdm etw abgewöhnen **II.** *vr:* **~se** sich *dat* abgewöhnen (**a/de** +*akk*)

desacreditar [desakreði'tar] **I.** *vt* in Verruf bringen **II.** *vr:* **~se** in Verruf kommen

desactivar [desakti'βar] *vt (explosivos)* entschärfen

desacuerdo [desa'kwerðo] *m* ① *(discre-

pancia) Unstimmigkeit *f;* **estar en ~** nicht übereinstimmen ② *(error)* Fehler *m*

desafecto[1] [desa'fekto] *m* ① *(no partidario)* Unparteilichkeit; **~ a un régimen político** Unparteilichkeit einem politischen Regime gegenüber ② *(sin afecto)* Lieblosigkeit *f;* **tratar a alguien con ~** jdn lieblos behandeln ③ *(rechazo)* Abneigung

desafecto, -a[2] [desa'fekto, -a] *adj* abgeneigt; **el tirano asesinaba a los súbditos ~s** der Tyrann ließ die Regimegegner umbringen

desafiador(a) [desafja'ðor(a)] **I.** *adj* herausfordernd **II.** *m(f)* Herausforderer, -in *m, f*

desafiante [desafi'an̩te] *adj* herausfordernd

desafiar [desafi'ar] <*1. pres* desafío> **I.** *vt* *(retar)* herausfordern (**a** zu +*dat*); *(hacer frente)* trotzen (**a** +*dat*); **te desafío a que no lo intentas** ich wette mit dir, dass du es nicht wagst **II.** *vr:* **~se** sich (gegenseitig) herausfordern (**a** zu +*dat*)

desafinado, -a [desafi'naðo, -a] *adj (tono)* falsch

desafinar [desafi'nar] *vi* (MÚS: *al cantar*) falsch singen; *(al tocar)* falsch spielen; *(instrumento)* verstimmt sein

desafío [desa'fio] *m (reto, prueba)* Herausforderung *f;* *(duelo)* Duell *nt*

desaforado, -a [desafo'raðo, -a] *adj (fuera de la ley)* gesetzwidrig; *(desmedido)* maßlos

desafortunado, -a [desafortu'naðo, -a] *adj* unglücklich

desafuero [desa'fwero] *m* Übergriff *m*

desagradable [desaɣra'ðaβle] *adj* ① *(no agradable)* unangenehm (**a** für +*akk*); **ser ~ al tacto** sich unangenehm anfühlen ② *(repulsivo)* widerlich (**a** für +*akk*); **ser ~ al gusto** ekelhaft schmecken

desagradar [desaɣra'ðar] *vi* missfallen +*dat*

desagradecido, -a [desaɣraðe'θiðo, -a] *adj* undankbar

desagrado [desa'ɣraðo] *m* Missfallen *nt*

desagraviar [desaɣra'βjar] **I.** *vt* ① *(excusarse)* sich entschuldigen (**a** bei +*dat*) ② *(compensar)* entschädigen **II.** *vr:* **~se** sich schadlos halten (**de** an +*dat*)

desagravio [desa'ɣraβjo] *m* Wiedergutmachung *f,* Entschädigung *f*

desaguar [desa'ɣwar] <gu → gü> **I.** *vi* ① *(desembocar)* münden (**en** in +*akk*) ② *(verterse)* abfließen ③ *(fam: orinar)* Wasser lassen **II.** *vt* ① *(desecar)* entwässern, trockenlegen; **~ el sótano** den Keller auspumpen ② *(derrochar dinero)* verschwenden **III.** *vr:* **~se** ① *(verterse)* abfließen ② *(evacuar el intestino, el estómago)* sich entleeren

desagüe [de'saɣwe] *m* Abfluss *m*

desaguisado[1] [desaɣi'saðo] *m* ① *(agravio)* Beleidigung *f* ② *(fam: lío)* Durcheinander *nt*

desaguisado, -a[2] [desaɣi'saðo, -a] *adj (contra la ley)* gesetzwidrig; *(la razón)* unvernünftig

desahogado, -a [desao'ɣaðo, -a] *adj* ① *(lugar)* geräumig; *(prenda)* weit ② *(adinerado)* auskömmlich ③ *(descarado)* unverschämt

desahogar [desao'ɣar] <g → gu> **I.** *vt* Erleichterung verschaffen +*dat* **II.** *vr:* **~se** ① *(desfogarse)* sich *dat* Erleichterung verschaffen ② *(confiarse)* **~se con alguien** sich bei jdm aussprechen; **~se de un disgusto con alguien** seinen Ärger bei jdm loswerden ③ *(recuperarse)* sich erholen

desahogo [desa'oɣo] *m* ① *(alivio)* Erleichterung *f* ② *(reposo)* Erholung *f* ③ *(holgura económica)* Auskommen *nt* ④ *(descaro)* Dreistigkeit *f*

desahorro [desa'orro] *m* (FIN) Rückgang *m* der Spareinlagen

desahuciado, -a [desau̯'θjaðo, -a] *adj (enfermo)* unheilbar krank

desahuciar [desau̯'θjar] **I.** *vt* ① *(quitar la esperanza)* entmutigen ② *(enfermo)* aufgeben ③ *(inquilino)* kündigen +*dat* **II.** *vr:* **~se** verzweifeln

desahucio [de'sau̯θjo] *m* (JUR) Zwangsräumung *f*

desairado, -a [desai̯'raðo, -a] *adj* ① *(humillado)* gekränkt ② *(desgarbado)* linkisch ③ *(ropa)* schlecht sitzend

desairar [desai̯'rar] *vt irr como airar* ① *(humillar)* kränken ② *(desestimar)* gering schätzen ③ *(rechazar)* verschmähen

desaire [de'sai̯re] *m* ① *(humillación)* Kränkung *f* ② *(desprecio)* Geringschätzung *f* ③ *(desatención)* Unhöflichkeit *f*

desajustar [desaxus'tar] **I.** *vt* ① *(desordenar)* in Unordnung bringen; *(máquina)* verstellen ② *(aflojar)* lösen **II.** *vr:* **~se** ① *(desavenir)* sich distanzieren ② *(aflojarse)* sich lösen

desajuste [desa'xuste] *m* ① *(desorden)* Unordnung *f* ② *(desconcierto)* Diskrepanz *f* ③ *(de aparatos)* Fehleinstellung *f*

desalentador(a) [desalen̩ta'ðor(a)] *adj* entmutigend

desalentar [desalen̩'tar] <e → ie> **I.** *vt* *(desesperanzar)* entmutigen **II.** *vr:* **~se** den Mut verlieren

desaliento [desa'ljen̩to] *m (falta de valor)* Mutlosigkeit *f;* *(de fuerzas)* Schwäche *f*

desaliñado, -a [desali'ɲaðo, -a] *adj* ungepflegt

desaliñar [desali'ɲar] **I.** *vt (aseo personal)* vernachlässigen **II.** *vr:* **~se** sich vernachlässigen

desalmado, -a [desal'maðo, -a] **I.** *adj* barbarisch **II.** *m, f* Barbar(in) *m(f)*

desalojamiento [desaloxa'mjen̩to] *m (voluntario)* Auszug *m; (obligatorio)* Räumung *f*

desalojar [desalo'xar] **I.** *vi* ausziehen **II.** *vt (abandonar: casa)* räumen; *(puesto)* verlassen

desalquilar [desalki'lar] **I.** *vt (dejar libre)* aufgeben **II.** *vr:* **~se** frei werden

desamor [desa'mor] *m* ① *(falta de amor)* Lieblosigkeit *f* ② *(aborrecimiento)* Abneigung *f*

desamortización [desamortiθa'θjon] *f* Privatisierung *f;* **~ de bienes eclesiásticos** Säkularisierung [*o* Enteignung] von Kirchengut

desamortizar [desamorti'θar] <z → c> *vt* ① *(privatizar)* privatisieren ② *(préstamo)* tilgen

desamparado, -a [desampa'raðo, -a] *adj (persona)* schutzlos; *(vagabundo)* obdachlos; *(lugar)* ungeschützt; *(casa)* verlassen

desamparar [desampa'rar] *vt (dejar)* verlassen; *(posesiones)* aufgeben; *(desasistir)* im Stich lassen

desamparo [desam'paro] *m* ① *(falta de protección)* Schutzlosigkeit *f* ② *(abandono)* Verlassen *nt*

desamueblado, -a [desamwe'βlaðo, -a] *adj* unmöbliert

desamueblar [desamwe'βlar] *vt* ausräumen

desandar [desan̩'dar] *vt irr como andar* wieder zurückgehen; **~ lo andado** *(fig)* wieder von vorne beginnen; **no se puede ~ lo andado** *(prov)* was geschehen ist, kann man nicht mehr ungeschehen machen

desangelado, -a [desaŋxe'laðo, -a] *adj (persona)* langweilig; *(habitación)* kahl

desangrar [desaŋ'grar] **I.** *vt* ① *(animales)* ausbluten lassen ② *(pantanos)* trockenlegen ③ *(arruinar)* ausbeuten **II.** *vr:* **~se** verbluten

desanimado, -a [desani'maðo, -a] *adj* ① *(persona)* mutlos ② *(lugar)* wenig besucht

desanimar [desani'mar] **I.** *vt* entmutigen **II.** *vr:* **~se** den Mut verlieren

desánimo [de'sanimo] *m* Mutlosigkeit *f*

desanudar [desanu'ðar] *vt (nudo)* aufknoten

desapacible [desapa'θiβle] *adj (persona)* unfreundlich; *(sonidos)* unangenehm; *(tiempo)* ungemütlich

desaparecer [desapare'θer] *vi irr como crecer* verschwinden

desaparecido, -a [desapare'θiðo, -a] **I.** *adj* ① *(perdido)* vermisst ② *(muerto)* verstorben **II.** *m, f* Vermisste(r) *mf*

desaparición [desapari'θjon] *f (el perderse)* Verschwinden *nt*

desapasionado, -a [desapasjo'naðo, -a] *adj* ① *(sin pasión)* leidenschaftslos; **hizo un gesto ~ de aprobación** er/sie nickte unbeteiligt mit dem Kopf ② *(imparcial)* unparteiisch

desapego [desa'peɣo] *m* Abneigung *f* (**hacia** gegen +*akk*)

desapercibido, -a [desaperθi'βiðo, -a] *adj* ① *(inadvertido)* unbemerkt; **pasar ~** nicht auffallen ② *(desprevenido)* unvorbereitet; **coger ~** völlig unvorbereitet treffen

desaplicación [desaplika'θjon] *f* Trägheit *f*

desaplicado, -a [desapli'kaðo, -a] *adj* faul

desapoderar [desapoðe'rar] **I.** *vt* ① *(desposeer)* enteignen (**de** +*akk*); **~ de la herencia a alguien** jdn enterben ② *(quitar el poder)* entmachten **II.** *vr:* **~se** verzichten (**de** auf +*akk*)

desaprensión [desapren'sjon] *f* Rücksichtslosigkeit *f*

desaprensivo, -a [desapren'siβo, -a] *adj* rücksichtslos

desapretar [desapre'tar] <e → ie> **I.** *vt* lockern; *(freno, tornillo)* lösen **II.** *vr:* **~se** sich lösen

desaprobación [desaproβa'θjon] *f* Missbilligung *f*

desaprobar [desapro'βar] <o → ue> *vt* missbilligen

desaprovechado, -a [desaproβe'ʧaðo, -a] *adj (infructuoso)* vergeblich; *(malogrado)* gescheitert

desaprovechar [desaproβe'ʧar] *vt* sich *dat* entgehen lassen

desarbolado, -a [desarβo'laðo, -a] *adj* ① *(sin árboles, estéril)* kahl ② *(destartalado)* defekt ③ *(nervioso)* hektisch

desarbolar [desarβo'lar] *vt* ① *(echar por tierra)* zunichtemachen, über den Haufen werfen *fam* ② *(derrotar)* schlagen, besiegen; **~on al equipo contrario** sie haben die gegnerische Mannschaft geschlagen

desarmar [desar'mar] **I.** *vi* (POL) abrüsten **II.** *vt* ① *(dejar sin armas/argumentos)* entwaffnen ② *(desmontar)* zerlegen

desarme [de'sarme] *m* (POL) Abrüstung *f*

desarraigar [desarrai̯'ɣar] <g → gu> *vt* ① *(árbol, persona)* entwurzeln ② *(costumbre, creencia)* ausrotten

desarraigo [desa'rrai̯ɣo] *m* ❶ *(de árbol, de persona)* Entwurzelung *f* ❷ *(de una pasión, una creencia)* Ausrottung *f*

desarreglado, **-a** [desarre'ɣlaðo, -a] *adj (sin orden)* unordentlich; *(sin regularidad)* unstet

desarreglar [desarre'ɣlar] *vt* ❶ *(desordenar)* durcheinanderbringen ❷ *(perturbar)* stören

desarreglo [desarre'ɣlo] *m* ❶ *(desorden)* Unordnung *f* ❷ *(desperfecto, molestia)* Störung *f; (coche)* Panne *f*

desarrollar [desarro'ʎar] **I.** *vt* ❶ *(aumentar)* entfalten, entwickeln; ~ **relaciones comerciales** Handelsbeziehungen ausbauen ❷ *(tratar en detalle)* darlegen ❸ *(desenrollar)* entrollen **II.** *vr:* **~se** ❶ *(progresar)* sich entwickeln ❷ *(tener lugar)* sich abspielen

desarrollo [desa'rroʎo] *m* ❶ *(de un rollo)* Entrollen *nt* ❷ *(progreso)* Entwicklung *f; (crecimiento)* Wachstum *nt;* ~ **profesional** berufliches Fortkommen; ~ **sostenible** nachhaltige Entwicklung; **ayuda al** ~ Entwicklungshilfe *f;* **país en vías de** ~ Entwicklungsland *nt* ❸ *(proceso)* Ablauf *m*

desarropar [desarro'par] *vt, vr:* **~se** (sich) ausziehen

desarrugar [desarru'ɣar] <g → gu> *vt* glätten

desarticulación [desartikula'θjon] *f* ❶ *(desencajadura)* Zerlegung *f;* (MED) Ausrenken *nt* ❷ *(desorganización)* Auflösen *nt;* ~ **de un comando paramilitar** Aushebung eines paramilitärischen Kommandos

desarticular [desartiku'lar] **I.** *vt* ❶ *(piezas)* zerlegen ❷ *(articulación)* ausrenken ❸ *(grupo)* auflösen; *(banda)* zerschlagen **II.** *vr:* **~se** ❶ *(piezas)* auseinandergehen ❷ *(articulación)* sich *dat* ausrenken ❸ *(grupo)* sich auflösen

desaseado, **-a** [desase'aðo, -a] *adj* ungepflegt

desasir [desa'sir] *irr como asir* **I.** *vt* loslassen **II.** *vr:* **~se** ❶ *(desprenderse)* sich lösen ❷ *(desacostumbrarse)* aufgeben (**de** +*akk*)

desasistir [desasis'tir] *vt* im Stich lassen

desasosegar [desasose'ɣar] *irr como fregar* **I.** *vt* beunruhigen **II.** *vr:* **~se** unruhig werden

desasosiego [desaso'sjeɣo] *m* Unruhe *f*

desastrado, **-a** [desas'traðo, -a] *adj* ❶ *(infortunado)* unglücklich ❷ *(desaliñado)* ungepflegt; *(harapiento)* zerlumpt

desastre [de'sastre] *m* Katastrophe *f;* ~ **natural** Naturkatastrophe *f;* **ser un** ~ *(fam: alguien)* völlig chaotisch sein

desastroso, **-a** [desas'troso, -a] *adj* katastrophal

desatado, **-a** [desa'taðo, -a] *adj* ❶ *(desligado)* ungebunden ❷ *(desenfrenado)* entfesselt; **estar** ~ wild sein

desatar [desa'tar] **I.** *vt* ❶ *(soltar)* losbinden; *(nudos)* lösen; *(paquete, zapatos)* aufschnüren; ~ **la lengua a alguien** jdn zum Sprechen bringen ❷ *(causar)* entfesseln **II.** *vr:* **~se** ❶ *(soltarse)* sich losbinden; *(nudo)* aufgehen ❷ *(desligarse)* sich lösen ❸ *(desencadenarse)* sich entfesseln ❹ *(loc)* **~se en improperios** sich in Schmähungen ergehen

desatascar [desatas'kar] <c → qu> *vt* ❶ *(desobstruir)* frei machen ❷ *(sacar del atascadero)* aus dem Schlamm ziehen; ~ **a alguien** jdm aus der Bedrängnis helfen ❸ *(activar)* ankurbeln

desatención [desaten̩'θjon] *f* ❶ *(distracción)* Unaufmerksamkeit *f* ❷ *(descortesía)* Unhöflichkeit *f*

desatender [desaten̩'der] <e → ie> *vt (desoír)* außer Acht lassen; *(abandonar)* vernächlässigen

desatento, **-a** [desa'ten̩to, -a] *adj* ❶ *(distraído)* unaufmerksam; *(negligente)* nachlässig ❷ *(descortés)* unhöflich (**con** zu +*dat*)

desatinado, **-a** [desati'naðo, -a] *adj* ❶ *(desacertado)* ungeschickt ❷ *(irreflexivo)* unbesonnen

desatino [desa'tino] *m* ❶ *(error)* Fehler *m; (torpeza)* Ungeschick *nt* ❷ *(tontería)* Unsinn *m*

desatornillador [desatorniʎa'ðor] *m (Am)* Schraubenzieher *m*

desatornillar [desatorni'ʎar] *vt* abschrauben; ~ **un tornillo** eine Schraube lösen

desatracar [desatra'kar] <c → qu> *vi* (NÁUT) ablegen, wegfahren

desatrancar [desatraŋ'kar] <c → qu> *vt* ❶ *(puerta)* entriegeln ❷ *(desatascar)* eine Verstopfung beseitigen (in +*dat*)

desautorizado, **-a** [desau̯tori'θaðo, -a] *adj* unbefugt

desautorizar [desau̯tori'θar] <z → c> *vt (inhabilitar)* die Befugnis aberkennen +*dat*

desavenencia [desaβe'nen̩θja] *f* ❶ *(desacuerdo)* Uneinigkeit *f* ❷ *(discordia)* Streitigkeit *f*

desavenir [desaβe'nir] *irr como venir* **I.** *vt* entzweien **II.** *vr:* **~se** sich zerstreiten

desaventajado, **-a** [desaβen̩ta'xaðo, -a] *adj* ❶ *(poco ventajoso)* nachteilig ❷ *(inferior)* unzureichend

desayunador [desaɟuna'ðor] *m* Frühstückstheke *f*

desayunar [desaɟu'nar] *vi, vt* frühstücken; ~ **fuerte** gut frühstücken
desayuno [desa'ɟuno] *m* Frühstück *nt*
desazón [desa'θon] *f* ① *(desasosiego)* Unbehagen *nt* ② *(malestar)* Unwohlsein *nt* ③ *(picor)* Juckreiz *m*
desazonar [desaθo'nar] **I.** *vt (enfadar)* verstimmen; *(inquietar)* beunruhigen **II.** *vr:* **~se** sich unbehaglich fühlen
desbancar [desβaŋ'kar] <c → qu> *vt* verdrängen
desbarajustar [desβaraxus'tar] **I.** *vt* durcheinanderbringen **II.** *vr:* **~se** durcheinandergeraten
desbarajuste [desβara'xuste] *m* Durcheinander *nt;* **¡esto es un ~ total!** hier geht alles drunter und drüber!
desbaratamiento [desβarata'mjen̩to] *m* ① *(desorden)* Durcheinander *nt* ② *(de proyectos)* Vereitelung *f*
desbaratar [desβara'tar] **I.** *vt* ① *(desunir)* auseinanderbringen; *(dispersar)* auseinandertreiben; *(desmontar)* auseinandernehmen ② *(arruinar)* vereiteln **II.** *vr:* **~se** ① *(separarse)* auseinandergehen ② *(estropearse)* kaputtgehen ③ *(fracasar)* danebengehen
desbarbar [desβar'βar] **I.** *vt (fam: afeitar)* rasieren **II.** *vr:* **~se** sich rasieren
desbarrar [desβa'rrar] *vi (t. fig)* ausrutschen; **¡ya están desbarrando otra vez!** da spinnen sie schon wieder!
desbloquear [desβloke'ar] *vt* freilegen; (FIN) freigeben; (POL) die Blockade aufheben *+gen*
desbloqueo [desβlo'keo] *m* (*t.* FIN) Freigabe *f;* (POL) Aufhebung *f* einer Blockade; (TÉC) Beseitigung *f* einer Blockierung, Enthemmung *f*
desbocar [desβo'kar] <c → qu> **I.** *vt* ① *(cacharro)* am Rand beschädigen ② *(enloquecer)* rasend machen **II.** *vr:* **~se** *(enloquecer)* ausrasten; *(caballo)* durchgehen
desbordamiento [desβorða'mjen̩to] *m* Überflutung *f;* (INFOR) Overflow *m; (fig)* Ausbruch *m*
desbordante [desβor'ðan̩te] *adj (alegría)* überschäumend; ~ **de alegría** überaus froh
desbordar [desβor'ðar] **I.** *vi, vr:* **~se** *(líquido)* überlaufen; *(río)* über die Ufer treten; *(vicio)* aus dem Ruder laufen; ~ **de alegría** vor Freude ganz aus dem Häuschen sein; ~ **de emoción** ganz gerührt sein; **su alegría/entusiasmo se desbordó** er/sie war vor Freude/Begeisterung ganz aus dem Häuschen **II.** *vt (exceder)* überschreiten; **esto desborda mi paciencia** gleich verliere ich die Geduld
desborde [des'βorðe] *m* Überschreitung *f*
desbravar [desβra'βar] *vt (domar)* zähmen; *(dominar)* bändigen; *(caballo)* zureiten
desbrozadora [desbroθa'ðora] *f* Rasentrimmer *m*
descabellado, -a [deskaβe'ʎaðo, -a] *adj* wahnwitzig
descabezado, -a [deskaβe'θaðo, -a] *adj* hirnlos
descabezar [deskaβe'θar] <z → c> *vt* ① *(decapitar)* enthaupten ② *(podar)* kappen ③ *(loc)* ~ **un sueñecito** ein Nickerchen machen
descacharrar [deskatʃa'rrar] **I.** *vt* kaputt machen **II.** *vr:* **~se** kaputtgehen; **~se de risa** sich kaputtlachen, sich vor Lachen kringeln
descafeinado, -a [deskafei̯'naðo, -a] *adj* koffeinfrei
descalabrar [deskala'βrar] **I.** *vt (en la cabeza)* am Kopf verletzen; *(dañar)* schaden *+dat;* **salir descalabrado** *(fig)* schlecht davonkommen **II.** *vr:* **~se** *(en la cabeza)* sich am Kopf verletzen; *(fig)* schlecht davonkommen
descalabro [deska'laβro] *m* Schaden *m; (revés)* Reinfall *m;* **sufrir un ~** *(derrota)* eine Schlappe einstecken
descalcificación [deskal̩θifika'θjon] *f* (MED, QUÍM) Entkalkung *f; (de agua)* Enthärtung *f*
descalcificar [deskal̩θifi'kar] <c → qu> *vt* entkalken
descalificación [deskalifika'θjon] *f* ① *(desacreditación)* Diskreditierung *f* ② *(eliminación)* Disqualifikation *f*
descalificar [deskalifi'kar] <c → qu> *vt* ① *(desacreditar)* diskreditieren ② *(eliminar)* disqualifizieren
descalzar [deskal̩'θar] <z → c> **I.** *vt (a alguien)* die Schuhe ausziehen *+dat* **II.** *vr:* **~se** *(alguien)* (sich *dat*) die Schuhe ausziehen
descalzo, -a [des'kal̩θo, -a] *adj* barfuß; *(fig)* bettelarm
descambiar *vt* ① *(compra)* umtauschen ② *(Am: dinero)* wechseln
descambiar [deskam'bjar] *vt (fam)* umtauschen
descaminar [deskami'nar] **I.** *vt* irreführen; **ir descaminado** *(fig)* sich irren **II.** *vr:* **~se** ① *(perderse)* sich verirren ② *(descarriarse)* auf Abwege geraten
descampado [deskam'paðo] *m* offenes Feld *nt;* **en ~** auf freiem Feld
descansado, -a [deskan'saðo, -a] *adj* ① *estar (bien dormido)* ausgeschlafen ② *ser (cómodo)* bequem

descansar [deskan'sar] **I.** *vi* ① *(reposar)* sich ausruhen; *(recuperarse)* sich erholen; *(en una marcha)* rasten; *(dormir)* schlafen; **¡que descanses!** schlaf gut!; **¡que Ud. descanse!** angenehme Ruhe!; **descanse en paz** *(difunto)* er/sie ruhe in Frieden ② *(apoyar)* ruhen (**en/sobre** auf +*dat*) ③ *(confiar)* sich verlassen (**en** auf +*akk*) **II.** *vt* ① *(apoyar)* stützen (**en/sobre** auf +*akk*) ② *(aliviar)* entlasten **III.** *vr:* **~se** *(confiarse)* sein Herz ausschütten (**en** bei +*dat*)

descansillo [deskan'siʎo] *m* Treppenabsatz *m*

descanso [des'kanso] *m* ① *(reposo)* Ausruhen *nt; (recuperación)* Erholung *f; (tranquilidad)* Ruhe *f;* **día de ~** Ruhetag *m* ② *(pausa)* Pause *f; (alto)* Rast *f;* (DEP) Halbzeit *f;* **sin ~** ununterbrochen ③ *(alivio)* Erleichterung *f* ④ *(apoyo)* Stütze *f* ⑤ *(descansillo)* Treppenabsatz *m*

descapitalizar [deskapitali'θar] <z → c> *vt* ① (ECON, FIN) unterkapitalisieren ② (SOCIOL) Kulturgut verlieren

descapotable [deskapo'taβle] **I.** *adj* **coche ~** Cabrio(let) *nt* **II.** *m* Cabrio(let) *nt*

descarado, -a [deska'raðo, -a] *adj* ① *(desvergonzado)* dreist ② *(evidente)* unverhüllt

descarga [des'karɣa] *f* ① *(de mercancías)* Abladen *nt;* (NÁUT) Löschung *f* ② *(disparos)* Salve *f;* **recibir una ~ de golpes** eine Tracht Prügel bekommen ③ (ELEC, FÍS) Entladung *f;* **~ eléctrica** *(calambre)* elektrischer Schlag ④ (*t.* FIN: *alivio*) Entlastung *f* ⑤ (INFOR) **~ musical** Herunterladen von Musik, Musik-Download *m o nt*

descargar [deskar'ɣar] <g → gu> **I.** *vi* ① *(desembocar)* auslaufen (**en** in +*akk*); *(río)* münden (**en** in +*akk*) ② *(tormenta)* sich entladen **II.** *vt* ① *(carga)* abladen; (NÁUT) löschen; **~ el vientre** seine Notdurft verrichten ② (ELEC, FÍS) entladen; *(corriente)* ableiten ③ *(disparar)* abfeuern; **~ un golpe sobre...** einen Schlag versetzen ... +*dat* ④ *(desahogar)* auslassen; **~ su mal genio en** [*o* **sobre**] **alguien** seine schlechte Laune an jdm auslassen ⑤ *(aliviar)* erleichtern; (FIN) entlasten ⑥ (JUR: *absolver*) freisprechen; *(librar)* entlasten ⑦ (INFOR) herunterladen **III.** *vr:* **~se** ① *(vaciarse)* sich leeren; (ELEC, FÍS) sich entladen ② *(librarse)* sich entledigen (**de** +*gen*) ③ *(desahogarse)* sich abreagieren; *(con movimiento)* sich austoben

descargo [des'karɣo] *m* ① *(descarga)* Entladen *nt* ② (FIN) Gutschrift *f* ③ *(liberación)* Entlastung *f* ④ *(justificación)* Rechtfertigung *f;* **en mi ~** zu meiner Verteidigung ⑤ *(absolución)* Freisprechung *f;* **testigo de ~** Entlastungszeuge *m*

descargue [des'karɣe] *m* Entladen *nt*

descaro [des'karo] *m* Frechheit *f*

descarriar [deskarri'ar] <*1. pres* descarrío> **I.** *vt* ① *(dispersar)* versprengen ② *(descaminar)* irreführen **II.** *vr:* **~se** ① *(perderse)* sich verirren ② *(descaminarse)* auf Abwege geraten

descarrilamiento [deskarrila'mjen̩to] *m* Entgleisung *f*

descarrilar [deskarri'lar] *vi* entgleisen

descartar [deskar'tar] **I.** *vt* ausschließen **II.** *vr:* **~se** *(naipes)* Karten abwerfen

descascarar [deskaska'rar] **I.** *vt* *(pelar)* schälen; *(nuez)* knacken **II.** *vr:* **~se** (sich) (ab)schälen

descastado, -a [deskas'taðo, -a] *adj* unartig; *(maleducado)* ungeraten

descendencia [desθen̩'den̩θja] *f* Nachkommenschaft *f;* **tener ~** Nachwuchs bekommen

descendente [desθen̩'den̩te] *adj* *(en caída)* fallend; *(en disminución)* rückläufig

descender [desθen̩'der] <e → ie> **I.** *vi* ① *(ir abajo)* hinuntergehen; *(a un valle/una mina)* hinuntersteigen ② *(disminuir)* zurückgehen ③ *(proceder)* abstammen (**de** von +*dat*) **II.** *vt* ① *(coger)* herunternehmen ② *(una escalera)* herabsteigen

descendiente [desθen̩'djen̩te] *mf* Nachkomme *m*

descenso [des'θenso] *m* ① *(bajada)* Abstieg *m;* **carrera de ~** (DEP) Abfahrtslauf *m;* **~ en rapel** (DEP) sich abseilen ② *(cuesta)* Abhang *m; (pendiente)* Gefälle *nt* ③ *(disminución)* Rückgang *m; (caída)* Abfall *m*

descentralización [desθen̩traliθa'θjon] *f* (ADMIN, ECON, POL) Dezentralisierung *f;* **~ administrativa** (ADMIN, POL) Dezentralisierung der Verwaltung

descentralizar [desθen̩trali'θar] <z → c> *vt* dezentralisieren

descerebrado, -a [desθere'βraðo, -a] *adj* *(fam)* hirnverbrannt

descerrajar [desθerra'xar] *vt* ① *(puerta)* aufbrechen ② *(tiro)* abfeuern (**a** auf +*akk*)

descifrar [desθi'frar] *vt* entziffern; *(código)* dechiffrieren

desclasificar [desklasifi'kar] <c → qu> *vt* (ADMIN: *hacer público*) verlautbaren

descocado, -a [desko'kaðo, -a] *adj* *(descarado)* frech; *(indecente)* schamlos

descoco [des'koko] *m* *(descaro)* Frechheit *f; (indecencia)* Schamlosigkeit *f*

descodificador [deskoðifika'ðor] *m* Decoder *m*

descodificar [deskoðifi'kar] <c → qu> *vt* (ELEC, RADIO, TV) decodieren

descojonante [deskoxo'nan̩te] *adj (argot)* zum Schieflachen

descojonarse [deskoxo'narse] *vr (argot: reír)* sich schieflachen (**de** über +*akk*)

descolgar [deskol'ɣar] *irr como colgar* **I.** *vt* ① *(quitar)* abhängen; **andar descolgado** *(fig)* rumhängen ② *(teléfono)* abnehmen ③ *(bajar)* herunterlassen **II.** *vr:* **~se** ① *(bajar)* sich herunterlassen ② *(aparecer)* sich ab und zu blicken lassen ③ *(dejar caer)* herausplatzen

descolorar [deskolo'rar], **descolorir** [deskolo'rir] **I.** *vt* ausbleichen; (QUÍM) entfärben; **estar descolorido** *(lavado)* ausgewaschen sein **II.** *vr:* **~se** ausbleichen

descomedido, -a [deskome'ðiðo, -a] *adj* ① *(excesivo)* übermäßig ② *(insolente)* ungehörig

descompaginar [deskompaxi'narse] *vt* durcheinanderbringen; **este trabajo descompagina todo mi horario** dieser Job bringt meinen ganzen Stundenplan durcheinander

descompensar [deskompen'sar] **I.** *vt* aus dem Gleichgewicht bringen; **estar descompensado** unausgeglichen sein **II.** *vr:* **~se** aus dem Gleichgewicht geraten

descomponer [deskompo'ner] *irr como poner* **I.** *vt* ① *(desordenar)* in Unordnung bringen ② *(separar)* zerlegen ③ *(descomponer, t.* QUÍM) zersetzen ④ *(enfurecer)* außer sich *dat* bringen **II.** *vr:* **~se** ① *(desmembrarse)* zerfallen ② *(corromperse)* verwesen ③ *(enfermar)* Durchfall bekommen ④ *(encolerizarse)* außer sich *dat/akk* geraten

descomposición [deskomposi'θjon] *f* ① *(separación)* Zerfall *m;* (QUÍM) Zersetzung *f; (corrupción)* Verwesung *f* ② *(diarrea)* **~** (**de vientre**) Durchfall *m*

descomprometido, -a [deskomprome'tiðo, -a] *adj* unverbindlich; (POL) politisch nicht engagiert

descompuesto, -a [deskom'pwesto, -a] **I.** *pp de* **descomponer** **II.** *adj* ① *(desordenado)* unordentlich ② *(podrido)* verfault ③ *(alterado)* verzerrt; **ponerse ~ de rabia** vor Wut außer sich *dat/akk* geraten ④ *(enfermo)* an Durchfall leidend

descomunal [deskomu'nal] *adj* ungeheuerlich

desconcentrar [deskon̩θen̩'trar] **I.** *vt* ① (ECON) entflechten ② *(distraer)* aus dem Konzept bringen **II.** *vr:* **~se** aus dem Konzept kommen

desconcertante [deskon̩θer'tan̩te] *adj* verblüffend

desconcertar [deskon̩θer'tar] <e → ie> *vt* ① *(desbaratar)* durcheinanderbringen; *(planes)* vereiteln ② *(pasmar)* verblüffen

desconchado [deskon'ʧaðo] *m* abgebröckelte Stelle *f*

desconcierto [deskon̩'θjerto] *m* ① *(desarreglo)* Unordnung *f* ② *(desorientación)* Unsicherheit *f*

desconectar [deskonek'tar] **I.** *vi, vt* abschalten; *(radio, tele)* ausschalten **II.** *vi (fam)* abschalten

desconexión [deskoneˠ'sjon] *f* (ELEC, RADIO) Ausschalten *nt*

desconfiado, -a [deskoɱfi'aðo, -a] *adj* misstrauisch

desconfianza [deskoɱfi'an̩θa] *f* Misstrauen *nt*

desconfiar [deskoɱfi'ar] <*1. pres* desconfío> *vi* misstrauen (**de** +*dat*); **desconfío de conseguirlo** ich bezweifle, dass es mir gelingt

descongelar [deskoŋxe'lar] **I.** *vt* auftauen; *(el frigorífico)* abtauen; (FIN) freigeben; **~ los salarios** den Lohnstopp aufheben **II.** *vr:* **~se** auftauen

descongestión [deskoŋxes'tjon] *f* Entlastung *f;* (ECON) Entflechtung *f; (de población)* Entballung *f;* (MED) Entstauung *f*

descongestionar [deskoŋxestjo'nar] *vt* entlasten; (MED) entstauen

desconocer [deskono'θer] *vt irr como crecer* ① *(ignorar)* nicht wissen; *(subestimar)* verkennen ② *(no conocer)* nicht kennen; *(no reconocer)* nicht wiedererkennen ③ *(negar)* verleugnen; **~ la paternidad** die Vaterschaft leugnen

desconocido, -a [deskono'θiðo, -a] **I.** *adj* unbekannt; *(correos)* Empfänger unbekannt; **estar ~** *(cambiado)* nicht mehr zu erkennen sein **II.** *m, f* Unbekannte(r) *mf;* **un completo ~** ein wildfremder Mensch

desconocimiento [deskonoθi'mjen̩to] *m* Unkenntnis *f; (ignorancia)* Unwissenheit *f;* **por ~ de los hechos** in Verkennung der Tatsachen

desconsideración [deskonsiðera'θjon] *f* Rücksichtslosigkeit *f; (desprecio)* Missachtung *f*

desconsiderado, -a [deskonsiðe'raðo, -a] *adj* rücksichtslos

desconsolado, -a [deskonso'laðo, -a] *adj* trostlos; *(inconsolable)* untröstlich

desconsuelo [deskon'swelo] *m* Trostlosigkeit *f;* **daba ~ verlo** es/er sah trostlos aus

descontado, -a [deskon̩'taðo, -a] *adj* ① *(descartado)* ausgeschlossen ② *(seguro)* **por ~** selbstverständlich; **dar algo por ~** etw für selbstverständlich halten

D

descontar [deskon̪'tar] <o → ue> *vt* ① *(restar)* abziehen (**de** von +*dat*) ② *(letras)* diskontieren ③ *(descartar)* ausschließen; **descontando que...** +*subj* ungeachtet dessen, dass ...

descontentadizo, -a [deskon̪ten̪ta'ðiθo, -a] *adj* wählerisch; *(pey)* mäk(e)lig

D

descontento[1] [deskon̪'ten̪to] *m* Unzufriedenheit *f*

descontento, -a[2] [deskon̪'ten̪to, -a] *adj* unzufrieden

descontrol [deskon̪'trol] *m* Mangel *m* an Kontrolle; *(desbarajuste)* Durcheinander *nt;* **esto es un ~** hier geht alles drunter und drüber

descontrolarse [deskon̪tro'larse] *vr (máquina)* außer Kontrolle geraten; *(persona)* außer sich *dat/akk* geraten

desconvocar [deskombo'kar] <c → qu> *vt* absagen; *(un acto ya iniciado)* abbrechen; **~ la huelga/la manifestación** den Streik/die Demonstration abblasen

desconvocatoria [deskomboka'torja] *f* Abbruch *m;* **los huelguistas votaron contra la ~** die Streikenden stimmten gegen den Streikabbruch

descoordinación [desko(o)rðina'θjon] *f* Mangel *m* an Koordinierung

descorazonamiento [deskoraθona'mjen̪to] *m* Entmutigung *f; (desaliento)* Verzagtheit *f; (desánimo)* Mutlosigkeit *f*

descorazonar [deskoraθo'nar] **I.** *vt* entmutigen **II.** *vr:* **~se** verzagen

descorchador [deskorʧa'ðor] *m* Korkenzieher *m*

descorchar [deskor'ʧar] *vt (botella)* entkorken

descorrer [desko'rrer] **I.** *vt* zurückziehen; *(cortinas)* aufziehen; *(cerrojo)* zurückschieben **II.** *vr:* **~se** sich von selbst öffnen

descortés [deskor'tes] *adj* unhöflich

descortesía [deskorte'sia] *f* Unhöflichkeit *f*

descortezar [deskorte'θar] <z → c> *vt* entrinden

descoser [desko'ser] **I.** *vt (costura)* auftrennen; **tengo la manga descosida** mein Ärmel hat sich gelöst **II.** *vr:* **~se** *(costura)* aufgehen; **se me ha descosido un botón** mein Knopf ist ab

descosido, -a [desko'siðo, -a] *adj* **como un ~** *(loco)* wie ein Wilder; **hablar como un ~** alles ausplappern

descoyuntar [deskoɟun̪'tar] *vt* ① *(dislocar)* verrenken; **estar descoyuntado** *(fig)* fix und fertig sein ② *(falsear)* verdrehen

descrédito [des'kreðito] *m* Verruf *m;* **caer en ~** in Verruf geraten

descreído, -a [deskre'iðo, -a] *adj* ungläubig

descremar [deskre'mar] *vt* entrahmen

describir [deskri'βir] *vt irr como escribir* beschreiben; *(presentar)* darstellen; *(hechos)* schildern

descripción [deskriβ'θjon] *f* Beschreibung *f; (presentación)* Darstellung *f; (de hechos)* Schilderung *f*

descriptivo, -a [deskrip'tiβo, -a] *adj* beschreibend

descrispado, -a [deskris'paðo, -a] *adj* (POL) entspannt

descuadrado, -a [deskwa'ðraðo, -a] *adj* unausgeglichen

descuajaringar [deskwaxariŋ'gar] <g → gu> **I.** *vt* kaputt machen **II.** *vr:* **~se** *(fam: cansarse)* schlappmachen; **~ de risa** sich schieflachen

descuartizar [deskwarti'θar] <z → c> *vt* zerlegen; *(en cuatro)* vierteln

descubierto[1] [desku'βjerto] *m* ① *(lugar)* **al ~** unter freiem Himmel; (MIN) über Tage ② *(bancario)* Kontoüberziehung *f;* **al ~** *(cuenta)* überzogen; *(cheque)* ungedeckt; **en ~** im Rückstand; **quedarse en ~** sein Konto überziehen ③ *(en evidencia)* **poner al ~** an den Tag bringen; **quedar al ~** entlarvt werden

descubierto, -a[2] [desku'βjerto, -a] **I.** *pp de* **descubrir** **II.** *adj* unbedeckt; *(sin techo)* unüberdacht; *(cielo)* heiter; *(cabeza)* barhäuptig; *(paisaje)* unbewaldet; **a pecho ~** unbewaffnet; *(fig)* waghalsig

descubridor(a) [deskuβri'ðor(a)] *m(f)* Entdecker(in) *m(f)*

descubrimiento [deskuβri'mjen̪to] *m* Entdeckung *f; (revelación)* Enthüllung *f;* **el D~** die Entdeckung Amerikas

descubrir [desku'βrir] *irr como abrir* **I.** *vt* ① *(destapar)* enthüllen ② *(encontrar)* entdecken ③ *(averiguar)* herausfinden ④ *(inventar)* erfinden ⑤ *(revelar)* enthüllen ⑥ *(desenmascarar)* entlarven **II.** *vr:* **~se** ① *(saludo)* den Hut ziehen ② *(traicionarse)* sich bloßstellen ③ *(desenmascararse)* sich entlarven (**como** als +*akk*) ④ *(salir a la luz)* an den Tag kommen

descuento [des'kwen̪to] *m* ① *(deducción)* Abzug *m* ② *(rebaja)* Ermäßigung *f;* (COM) Rabatt *m; (por pago al contado)* Skonto *m o nt;* **~ por cantidad** Mengenrabatt *m;* **~ al por mayor** Großhandelsrabatt *m* ③ *(de letras: acción)* Diskontierung *f; (cantidad)* Diskont *m*

descuidado, -a [deskwi'ðaðo, -a] *adj* ① *ser (falto de atención)* unachtsam; *(de cuidado)* nachlässig; *(imprudente)* fahrlässig; *(desaseado)* schlampig; *(desaliñado)* liederlich ❷ *estar (abandonado)* vernachlässigt; *(desprevenido)* unvorbereitet; **aspecto ~** ungepflegtes Äußeres; **coger ~** überrumpeln

descuidar [deskwi'ðar] I. *vi* **¡descuida!** lass das nur meine Sorge sein! II. *vt* ❶ *(desatender)* vernachlässigen ❷ *(ignorar)* unbeachtet lassen III. *vr:* **~se** ❶ *(abandonarse)* sich vernachlässigen ❷ *(distraerse)* nicht aufpassen

descuidero, **-a** [deskwi'ðero, -a] *m, f* Gelegenheitsdieb(in) *m(f)*

descuido [des'kwiðo] *m* ❶ *(falta de atención)* Unachtsamkeit *f; (de cuidado)* Nachlässigkeit *f; (imprudencia)* Fahrlässigkeit *f* ❷ *(error)* Fehler *m; (sin querer)* Versehen; **por ~** aus Versehen

desde ['desðe] I. *prep* ❶ *(temporal: pasado)* seit *+dat; (a partir de)* ab *+dat;* **~... hasta...** von ... bis ...; **~ ahora** (**en adelante**) von nun an; **¿~ cuándo?** seit wann?; **¿~ cuándo vives aquí?** wie lange wohnst du schon hier?; **~ entonces** seitdem; **~ hace un mes** seit einem Monat; **~ hace poco/mucho** seit Kurzem/Langem; **~ hoy/mañana** ab heute/morgen; **~ el principio** von Anfang an; **~ ya** ab sofort ❷ *(local)* von *+dat;* **te llamo ~ una cabina** ich rufe von einer Telefonzelle (aus) an II. *adv* **~ luego** *(por supuesto)* selbstverständlich; **¿vienes con nosotros? – ¡~ luego!** kommst du mit uns? – aber klar!; **hace un tiempo horroroso – ¡~ luego!** das ist aber ein Sauwetter – allerdings! III. *conj* **~ que** seit(dem)

desdecir [desðe'θir] *irr como decir* I. *vi* nicht entsprechen (**de** *+dat*); **~ de los suyos** aus der Art schlagen II. *vr:* **~se de algo** etw zurücknehmen; **~se de una promesa** ein Versprechen nicht halten

desdén [des'ðen] *m* Verachtung *f*

desdentado, **-a** [desðen̪'taðo, -a] *adj* zahnlos

desdeñable [desðe'ɲaβle] *adj* verachtenswert; **nada ~** nicht zu verachten

desdeñar [desðe'ɲar] *vt* ❶ *(despreciar)* verachten ❷ *(rechazar)* verschmähen

desdeñoso, **-a** [desðe'ɲoso, -a] *adj* verächtlich; *(soberbio)* hochmütig

desdibujado, **-a** [desðiβu'xaðo, -a] *adj* verschwommen

desdicha [des'ðiʧa] *f* ❶ *(desgracia)* Unglück *nt; (suceso)* Un(glücks)fall *m* ❷ *(miseria)* Elend *nt*

desdichado, **-a** [desði'ʧaðo, -a] *adj* unglücklich; **es un ~** er ist ein armer Teufel

desdoblamiento [desðoβla'mjen̪to] *m* ❶ *(extensión)* Ausbreitung *f*, Entfaltung *f* ❷ *(división)* Spaltung *f;* (QUÍM) Zersetzung *f;* (BIOL) Verdoppelung *f*

desdoblar [desðo'βlar] I. *vt* ❶ *(desplegar)* auseinanderfalten; *(extender)* ausbreiten; *(fig)* entfalten ❷ *(dividir)* spalten II. *vr:* **~se** ❶ *(abrirse)* sich auseinanderfalten; *(fig)* sich entfalten ❷ *(dividirse)* sich spalten

desdoro [des'ðoro] *m (vergüenza)* Schande *f; (mancha)* Schandfleck *m; (deshonor)* Unehre *f*

D

deseable [dese'aβle] *adj* wünschenswert; *(sexualmente)* begehrenswert

desear [dese'ar] *vt* wünschen; *(sexualmente)* begehren; **hacerse ~** auf sich warten lassen; **¿desea algo más?** haben Sie noch einen Wunsch?; **dejar mucho que ~** viel zu wünschen übrig lassen

desecador [deseka'ðor] *m* (TÉC) Trockner *m;* **~ de aire** Entfeuchter *m*

desecar [dese'kar] <c → qu> I. *vt* austrocknen; *(aire)* entfeuchten; *(pantano)* trockenlegen; *(alimentos)* dörren II. *vr:* **~se** austrocknen

desechable [dese'ʧaβle] *adj* ❶ *(de un solo uso)* Einweg-; **guantes ~s** Einmalhandschuhe *mpl* ❷ *(despreciable)* verachtenswert; **nada ~** gar nicht zu verachten

desechar [dese'ʧar] *vt* ❶ *(tirar)* wegwerfen; *(ropa)* ablegen ❷ *(descartar)* ausschließen; *(desestimar)* ablehnen ❸ *(desdeñar)* verschmähen ❹ *(loc, fam)* **~ el cerrojo** [*o* **la llave**] aufschließen

desecho [de'seʧo] *m* ❶ *(basura)* Abfall *m;* **~s caseros** Hausmüll *m;* **~s industriales** Industriemüll *m;* **~s radiactivos** Atommüll *m;* **~s tóxicos** Giftmüll *m;* **productos de ~** Abfallprodukte *ntpl* ❷ *(restos)* Ausschuss *m*, Ausschussware *f;* **de ~** ausgemustert; **el ~ de la sociedad** *(fig)* der Abschaum der Gesellschaft

desecho(s) [de'seʧo(s)] *m(pl) (restos)* Ausschuss *m; (residuos)* Abfall *m; (basura)* Müll *m;* **~s tóxicos** Giftmüll *m;* **de ~** ausgemustert; **el ~ de la sociedad** *(fig)* der Abschaum der Gesellschaft

desembalar [desemba'lar] *vt* auspacken

desembarazado, **-a** [desembara'θaðo, -a] *adj* ❶ *(expedito)* unbehindert, frei (**de** von *+dat*) ❷ *(desenvuelto)* ungezwungen, zwanglos

desembarazar [desembara'θar] <z → c> I. *vt* ❶ *(desocupar)* räumen ❷ *(despejar)* frei machen; *(librar)* befreien II. *vr:* **~se** sich befreien III. *vi (Chil: dar a luz)* entbinden

desembarazo [desemba'raθo] *m* ❶ *(despejo)* Räumung *f* ❷ *(desenvoltura)* Ungezwungenheit *f*

desembarcar [desemβar'kar] <c → qu>

I. *vi* landen; *(la escalera)* enden **II.** *vt (trasportar)* ausschiffen; *(descargar)* ausladen
desembarco [desem'barko] *m (arribada)* Landung *f*
desembargar [desembar'ɣar] <g → gu> *vt* freigeben
desembargo [desem'barɣo] *m* (JUR) Aufhebung *f* der Beschlagnahme
desembarque [desem'barke] *m* ① *(arribada)* Landung *f* ② *(descarga)* Ausladung *f*
desembarrancar [desembarraŋ'kar] <c → qu> *vt* flottmachen
desembocadura [desemboka'ðura] *f (de un río)* (Ein)mündung *f*; *(desagüe)* Auslauf *m*
desembocar [desembo'kar] <c → qu> *vi* ① *(río)* (ein)münden (**en** in +*akk*) ② *(situación)* führen (**en** zu +*dat*)
desembolsar [desembol'sar] *vt* ① *(sacar)* aus der Tasche nehmen ② *(pagar)* zahlen; *(gastar)* ausgeben
desembolso [desem'bolso] *m (pago)* Zahlung *f*; *(gasto)* Ausgabe *f*
desembozar [desembo'θar] <z → c> **I.** *vt* ① *(descubrir, t. fig)* enthüllen ② *(desatrancar)* eine Verstopfung beseitigen; **~ un conducto** die Verstopfung in einem Rohr beseitigen **II.** *vr:* **~se** ① *(descubrirse, t. fig)* sich enthüllen ② *(desatrancarse)* (von einer Verstopfung) frei werden
desembragar [desembra'ɣar] <g → gu> *vi, vt* (AUTO) auskuppeln
desembrague [desem'braɣe] *m* Auslösung *f*; (TÉC) Ausrückung *f*; (AUTO) Auskupp(e)lung *f*
desembriagar [desemβrja'ɣar] <g → gu> **I.** *vt* ernüchtern, nüchtern machen **II.** *vr:* **~se** wieder nüchtern werden
desembrollar [desembro'ʎar] *vt (fam)* entwirren; *(fig)* klären
desembuchar [desembu'tʃar] *vi, vt (fam: confesar)* auspacken; **¡desembucha de una vez!** nun schieß schon los!
desemejante [deseme'xan̩te] *adj* ungleich
desemejanza [deseme'xan̩θa] *f* Ungleichheit *f*
desempacar [desempa'kar] <c → qu> *vt* auspacken
desempadronar [desempaðro'nar] **I.** *vt (dar de baja)* (beim Einwohnermeldeamt) abmelden **II.** *vr:* **~se** *(darse de baja)* sich (beim Einwohnermeldeamt) abmelden
desempañar [desempa'ɲar] **I.** *vt (cristal)* klar machen; (AUTO) entfrosten **II.** *vr:* **~se** klar werden
desempaquetar [desempake'tar] *vt* auspacken
desemparejado, -a [desempare'xaðo, -a] *adj* ① *(sin pareja)* einzeln, unpaarig ② *(desigualado)* ungleich; **las perneras del pantalón están desemparejadas** die Hosenbeine sind ungleich lang
desemparejar [desempare'xar] **I.** *vt* trennen, auseinanderbringen **II.** *vr:* **~se** getrennt werden
desemparentado, -a [desemparen̩'taðo, -a] *adj* alleinstehend, ohne Angehörige
desempatar [desempa'tar] *vi, vt* (DEP) stechen; *(votación)* durch Stichwahl entscheiden
desempate [desem'pate] *m* (DEP) Stichkampf *m*; *(votación)* Stichwahl *f*
desempeñar [desempe'ɲar] *vt* ① *(préstamo)* einlösen ② *(cargo)* ausüben; *(trabajo)* ausführen; **~ un papel** eine Rolle spielen
desempeño [desem'peɲo] *m* ① *(de un préstamo)* Einlösung *f* ② *(ejercicio)* Ausübung *f*; *(realización)* Ausführung *f*
desempleado, -a [desemple'aðo, -a] **I.** *adj* arbeitslos **II.** *m, f* Arbeitslose(r) *mf*
desempleo [desem'pleo] *m* Arbeitslosigkeit *f*; **~ permanente** Langzeitarbeitslosigkeit *f*; **seguro de ~** Arbeitslosenversicherung *f*
desempolvar [desempol'βar] *vt* ① *(limpiar)* abstauben ② *(lo olvidado)* auffrischen
desencadenamiento [deseŋkaðena'mjen̩to] *m* Entfesselung *f*, Ausbruch *m*; **el ~ de la guerra/de la enfermedad** der Ausbruch des Krieges/der Krankheit; **el ~ de la crisis** die Auslösung der Krise
desencadenante [deseŋkaðe'nan̩te] **I.** *adj* auslösend **II.** *m* Auslöser *m*
desencadenar [deseŋkaðe'nar] **I.** *vt* ① *(soltar)* losketten ② *(provocar)* auslösen **II.** *vr:* **~se** ausbrechen
desencajar [deseŋka'xar] **I.** *vt (sacar)* lösen; (MED) verrenken; *(cara)* verzerren **II.** *vr:* **~se** *(salirse)* ausrasten; (MED) sich *dat* verrenken
desencallar [deseŋka'ʎar] **I.** *vi* (NÁUT) wieder flott werden **II.** *vt* (NÁUT) flottmachen
desencantamiento [deseŋkan̩ta'mjen̩to] *m* ① *(desilusión)* Enttäuschung *f*, Ernüchterung *f* ② *(acto de deshacer un embrujo)* Entzauberung *f*
desencantar [deseŋkan̩'tar] **I.** *vt* ① *(desembrujar)* entzaubern ② *(desilusionar)* ernüchtern; *(decepcionar)* enttäuschen **II.** *vr:* **~se** enttäuscht sein
desencanto [deseŋ'kan̩to] *m (decepción)* Enttäuschung *f*; *(desilusión)* Ernüchterung *f*
desencargar [deseŋkar'ɣar] <g → gu> *vt* abbestellen
desencerrar [desen̩θe'rrar] <e → ie> *vt*

① *(persona, animal)* herauslassen, freilassen ② *(problema)* lösen; *(secreto)* lüften
desenchufar [desenʧuˈfar] *vt* den Stecker herausziehen (von +*dat*)
desencoger [deseŋkoˈxer] <g → j> **I.** *vt* ① *(extender)* ausbreiten ② *(estirar)* ausstrecken **II.** *vr:* **~se** ① *(extenderse)* sich ausbreiten ② *(estirarse)* sich ausstrecken
desencolarse [deseŋkoˈlarse] *vr* aus dem Leim gehen
desenconar [deseŋkoˈnar] **I.** *vt (calmar)* lindern; *(inflamación)* zum Abschwellen bringen; *(conciliar)* beschwichtigen **II.** *vr:* **~se** sich lindern; *(tranquilizarse)* sich beruhigen
desencrespar [deseŋkresˈpar] **I.** *vt* ① *(desrizar)* entkräuseln, glätten ② *(apaciguar)* besänftigen, beschwichtigen; **~ los ánimos** die Gemüter beschwichtigen **II.** *vr:* **~se** ① *(desrizarse)* sich glätten ② *(apaciguarse)* sich besänftigen, sich beruhigen
desenfadado, -a [desemɱfaˈðaðo, -a] *adj* ungezwungen; *(relajado)* locker
desenfadar [desemɱfaˈðar] **I.** *vt* besänftigen **II.** *vr:* **~se** sich besänftigen, sich beruhigen
desenfado [desemɱˈfaðo] *m* Ungezwungenheit *f*
desenfardar [desemɱfarˈðar] *vt (abrir)* öffnen; *(desatar)* aufschnüren
desenfocado, -a [desemɱfoˈkaðo, -a] *adj* (FOTO) unscharf
desenfocar [desemɱfoˈkar] <c → qu> *vt* ① (FOTO) nicht scharf stellen; **esta foto está desenfocada** dieses Foto ist unscharf ② *(fig: tema)* aus einem falschen Blickwinkel betrachten
desenfrenado, -a [desemɱfreˈnaðo, -a] *adj* ungezügelt
desenfreno [desemɱˈfreno] *m* Zügellosigkeit *f*
desenganchar [deseŋganˈʧar] **I.** *vt (gancho)* loshaken; *(soltar)* losmachen; *(caballos)* abspannen; (FERRO) abkoppeln **II.** *vr:* **~se** *(argot: de la droga)* clean werden
desengañadamente [deseŋgaɲaðaˈmen̪te] *adv* aufrichtig, offen
desengañado, -a [deseŋgaˈɲaðo, -a] *adj* desillusioniert
desengañar [deseŋgaˈɲar] **I.** *vt (desilusionar)* die Illusion nehmen +*dat; (abrir los ojos)* die Augen öffnen +*dat* **II.** *vr:* **~se** *(decepcionarse)* enttäuscht sein; **pronto te ~ás** *(verás claro)* dir werden bald die Augen aufgehen
desengaño [deseŋˈgaɲo] *m* Enttäuschung *f;* **sufrir un ~ amoroso** sich unglücklich verlieben
desengrasante [deseŋgraˈsan̪te] **I.** *adj* Fett lösend **II.** *m* Fettlöser *m,* Fettlösungsmittel *nt*
desengrasar [deseŋgraˈsar] *vt* entfetten
desenlace [desenˈlaθe] *m* Ende *nt;* **la película tiene un ~ feliz** der Film hat ein Happyend
desenlazar [desenlaˈθar] <z → c> **I.** *vt* ① *(desatar)* losbinden ② *(resolver)* lösen **II.** *vr:* **~se** *(resolverse)* sich lösen; (TEAT) ausgehen
desenmarañar [dese^{n}maraˈɲar/dese^{m}maraˈɲar] *vt* ① *(desenredar)* entzausen ② *(desentrañar)* herausbekommen
desenmascarar [dese^{n}maskaˈrar/dese^{m}maskaˈrar] **I.** *vt* demaskieren; *(fig)* bloßstellen **II.** *vr:* **~se** sich demaskieren; *(fig)* sich entpuppen (**como** als +*nom*)
desenojar [desenoˈxar] **I.** *vt* besänftigen, beruhigen **II.** *vr:* **~se** sich beruhigen
desenojo [deseˈnoxo] *m* Besänftigung *f,* Beruhigung *f*
desenredar [desenrreˈðar] **I.** *vt (t. fig)* entwirren; *(pelo)* durchkämmen **II.** *vr:* **~se** *(fam: librarse)* heil herauskommen (**de** aus +*dat*)
desenredo [desenˈrreðo] *m* ① *(acción de desenredar)* Entwirren *nt* ② (LIT, CINE: *desenlace*) Ausgang *m*
desenrollar [desenrroˈʎar] **I.** *vt* ausrollen; *(desenvolver)* auswickeln **II.** *vr:* **~se** sich auseinanderrollen
desenroscar [desenrrosˈkar] <c → qu> *vt* ① *(desenrollar)* ausrollen ② *(sacar de la rosca)* abschrauben; *(abrir)* aufschrauben
desensamblar [desensamˈblar] **I.** *vt* zerlegen, auseinandernehmen **II.** *vr:* **~se** auseinandergehen, aus dem Leim gehen
desensañar [desensaˈɲar] **I.** *vt* beruhigen, besänftigen **II.** *vr:* **~se** sich beruhigen, sich besänftigen
desentenderse [desen̪ten̪ˈderse] <e → ie> *vr* ① *(fingir ignorancia)* sich unwissend stellen; **hacerse el desentendido** so tun, als wüsste man von nichts ② *(despreocuparse)* sich nicht (mehr) kümmern (**de** um +*akk*); **~ de un problema** von einem Problem nichts mehr wissen wollen
desentendimiento [desen̪ten̪diˈmjen̪to] *m (inhibición)* Zurückhaltung *f,* Nichteinmischung *f*
desenterrar [desen̪teˈrrar] <e → ie> *vt* ausgraben; *(encontrar)* ausfindig machen; **~ viejos recuerdos** alte Erinnerungen auffrischen
desentonar [desen̪toˈnar] *vi* ① *(cantar)* falsch singen; *(tocar)* falsch spielen ② *(no combinar)* nicht passen (**con** zu +*dat*); **con esa ropa desentonas en la fiesta** in

D

D

diesem Aufzug bist du auf dem Fest fehl am Platz

desentorpecer [desen̩torpe'θer] *vt irr como crecer* ❶ *(desembarazar)* frei machen ❷ *(desentumecer)* recken ❸ *(afinar)* Schliff beibringen +*dat*

desentrañar [desen̩tra'ɲar] *vt (descubrir)* ergründen

desentumecer [desen̩tume'θer] *vt irr como crecer* recken

desenvoltura [desembol̩'tura] *f* Ungezwungenheit *f; (descaro)* Frechheit *f*

desenvolver [desembol'βer] *irr como volver* **I.** *vt* ❶ *(desempaquetar)* auspacken ❷ *(desenrollar)* ausrollen; *(desdoblar)* entfalten ❸ *(descubrir)* enthüllen ❹ *(desarrollar)* entwickeln **II.** *vr:* **~se** ❶ *(desarrollarse)* sich entwickeln ❷ *(manejarse)* zurechtkommen

desenvuelto, -a [desem'bwel̩to, -a] **I.** *pp de* **desenvolver II.** *adj (resuelto)* ungezwungen; *(descarado)* frech

deseo [de'seo] *m* Wunsch *m; (necesidad)* Verlangen *nt; (ansia)* Begehren *nt; (sexual)* Lust *f; (impulso)* Drang *m;* **~ imperioso** dringender Wunsch; **~s de venganza** Rachsucht *f;* **tengo grandes ~s de que vengan** ich wünsche mir sehr, dass sie kommen

deseoso, -a [dese'oso, -a] *adj* **estar ~ de hacer algo** *(ansioso)* begierig darauf sein, etw zu tun; **estoy ~ de conocerle** ich würde Sie gerne einmal kennenlernen

desequilibrado, -a [desekili'βraðo, -a] *adj* unausgeglichen; *(trastornado)* psychisch beeinträchtigt

desequilibrar [desekili'βrar] **I.** *vt* ❶ *(descompensar)* aus dem Gleichgewicht bringen ❷ *(trastornar)* verstören **II.** *vr:* **~se** ❶ *(descompensarse)* aus dem Gleichgewicht geraten ❷ *(psíquicamente)* verstört sein

desequilibrio [deseki'liβrjo] *m* ❶ *(falta de equilibrio)* Ungleichgewicht *nt; (descompensación)* Unausgewogenheit *f; (desproporción)* Missverhältnis *nt* ❷ *(trastorno)* Verstörung *f;* **~ mental** geistige Behinderung

deserción [deser'θjon] *f* (MIL) Desertion *f; (fig)* Abtrünnigkeit *f*

desertar [deser'tar] *vi* (MIL) desertieren (**de** von +*dat*); *(pasarse al enemigo)* zum Feind überlaufen; *(fig)* abtrünnig werden

desértico, -a [de'sertiko, -a] *adj* Wüsten-

desertificación [desertifika'θjon] *f sin pl* (GEO) Desertifikation *f,* Wüstenbildung *f*

desertización [desertiθa'θjon] *f* Versteppung *f;* (GEO) Desertifikation *f*

desertor(a) [deser'tor(a)] *m(f)* (MIL) Deserteur(in) *m(f); (traidor)* Überläufer(in) *m(f); (fig)* Abtrünnige(r) *mf*

deservicio [deser'βiθjo] *m* Verletzung *f* der Dienstpflichten

desesperación [desespera'θjon] *f* ❶ *(desmoralización)* Verzweiflung *f;* **con ~** verzweifelt; **caer en la ~** verzweifeln ❷ *(enojo)* Wut *f* ❸ *(que desespera)* Ärgernis *nt;* **ser una ~** zum Verzweifeln sein; **tu manera de trabajar es mi ~** deine Arbeitsweise treibt mich zur Verzweiflung

desesperadamente [desesperaða'men̩te] *adv* verzweifelt

desesperado, -a [desespe'raðo, -a] *adj* ❶ *(desmoralizado)* verzweifelt; *(situación)* hoffnungslos; **correr como un ~** auf Teufel komm raus laufen; **gritar como un ~** wie verrückt brüllen; **hacer algo a la desesperada** etw als letzten Ausweg versuchen ❷ *(enojado)* wütend

desesperante [desespe'ran̩te] *adj* ❶ *(sin esperanza)* hoffnungslos; **resulta ~...** es ist ein hoffnungsloses Unterfangen, zu ...; **eres ~** du bist ein hoffnungsloser Fall ❷ *(exasperante)* nervenaufreibend; **tu comportamiento es ~** dein Verhalten treibt mich zur Verzweiflung

desesperanza [desespe'ran̩θa] *f* ❶ *(falta de esperanza)* Hoffnungslosigkeit *f,* Trostlosigkeit *f* ❷ *(estado de ánimo)* Mutlosigkeit *f,* Verzweiflung *f;* **crece la ~ entre la población** das Volk ist zunehmend entmutigt

desesperanzar [desesperan̩'θar] <z → c> **I.** *vt (quitar la esperanza)* die Hoffnung nehmen (**a** +*dat*) **II.** *vi, vr:* **~se** verzweifeln (**de** an +*dat*); **no (te) desesperances de encontrarlos** gib die Hoffnung, sie noch zu finden, nicht auf

desesperar [desespe'rar] **I.** *vt* ❶ *(quitar la esperanza)* die Hoffnung nehmen +*dat* ❷ *(exasperar)* zur Verzweiflung treiben **II.** *vi* verzweifeln (**de** an +*dat*); **no desesperes de que sigan vivos** verlier nicht die Hoffnung, dass sie noch am Leben sind **III.** *vr:* **~se** ❶ *(perder la esperanza)* verzweifeln (**de** an +*dat*); **¡no te desesperes!** Kopf hoch!; **no te desesperes de volver a verlos** gib die Hoffnung auf ein Wiedersehen nicht auf ❷ *(lamentarse)* bereuen (**por** zu +*inf*) ❸ *(despecharse)* den Lebensmut verlieren

desespero [deses'pero] *m v.* **desesperación**

desestabilidad [desestaβili'ðað] *f sin pl* Instabilität *f;* **la ~ política de un país** die instabile politische Lage eines Landes

desestabilizar [desestaβili'θar] <z → c> *vt* destabilisieren

desestibar [desesti'βar] *vt* (NÁUT) entladen, löschen

desestimable [desesti'maβle] *adj* minderwertig; *(persona)* verachtenswert; *(cosa)* geringwertig

desestimación [desestima'θjon] *f* ❶ *(falta de estima)* Geringschätzung *f,* Verachtung *f* ❷ (JUR: *recurso, instancia*) Abweisung *f,* Verwerfung *f*

desestimar [desesti'mar] *vt* ❶ *(despreciar)* gering schätzen; **~ a alguien** eine geringe Meinung von jdm haben ❷ *(rechazar)* ablehnen; **~ una demanda/una reclamación** eine Klage/eine Beschwerde abweisen

desfachatez [desfatʃa'teθ] *f* Frechheit *f*

desfalcar [desfal'kar] <c → qu> *vt (dinero)* unterschlagen

desfalco [des'falko] *m* Unterschlagung *f*

desfallecer [desfaʎe'θer] *irr como crecer* **I.** *vi (debilitarse)* ermüden; *(colapsar)* zusammenbrechen (**de** vor *+dat*); *(desmayarse)* in Ohnmacht fallen; *(perder el ánimo)* aufgeben; **sin ~** unermüdlich; **después de diez kilómetros empezó a ~** nach zehn Kilometern ließen seine/ihre Kräfte nach **II.** *vt* ❶ *(debilitar)* schwächen ❷ *(desanimar)* entmutigen

desfallecido, -a [desfaʎe'θiðo, -a] *adj* schwach

desfallecimiento [desfaʎeθi'mjen̩to] *m* ❶ *(de las fuerzas)* Ermüdung *f,* Kräfteschwund *m,* Schwäche *f; (desmayo)* Ohnmacht *f; (colapso)* Zusammenbruch *m* ❷ *(de ánimo)* Entmutigung *f,* Mutlosigkeit *f;* **poco antes de llegar a la meta le sobrevino el ~** kurz vor dem Ziel ließen seine/ihre Kräfte nach [*o* schwanden ihm/ihr die Kräfte]

desfasado, -a [desfa'saðo, -a] *adj* ❶ *(anticuado: persona)* altmodisch; *(cosa)* veraltet; **estar ~** nicht auf dem neuesten Stand sein ❷ (TÉC) gestört

desfasar [desfa'sar] **I.** *vt* (ELEC) in der Phase verschieben **II.** *vr:* **~se** ❶ (ELEC) eine Phasenverschiebung aufweisen ❷ *(no adaptarse)* sich nicht anpassen (**a** an *+akk,* **a** *+dat*); *(retrasarse)* den Anschluss verlieren; *(ser anticuado)* nicht auf dem neuesten Stand sein; *(persona)* nicht mit der Zeit gehen

desfase [des'fase] *m (diferencia)* Unterschied *m;* **~ con la realidad** Abweichung von der Realität

desfavorable [desfaβo'raβle] *adj (perjudicial)* nachteilig; *(negativo)* ungünstig; *(opinión)* abfällig

desfavorecedor(a) [desfaβoreθe'ðor(a)] *adj* ungünstig, nachteilig; **se ha comprado un vestido ~** sie hat sich *dat* ein Kleid gekauft, das ihr nicht steht

desfavorecer [desfaβore'θer] *vt irr como crecer* ❶ *(sentar mal)* **este color te desfavorece** diese Farbe steht dir nicht; **este clima me desfavorece** dieses Klima tut mir nicht gut ❷ *(perjudicar)* benachteiligen ❸ *(oponerse)* ablehnen

desfavorecido, -a [desfaβore'θiðo, -a] *adj* ❶ *(perjudicado)* benachteiligt; **sentirse ~** sich schlecht behandelt fühlen ❷ *(rechazado)* abgelehnt; *(persona)* ungeliebt

desfibrilador [desfiβrila'ðor] *m* Defibrillator *m*

desfiguración [desfiɣura'θjon] *f* ❶ *(afeamiento)* Verunstaltung *f; (de las facciones)* Entstellung *f; (del cuerpo)* Verstümmelung *f* ❷ *(deformación)* Verformung *f; (de una imagen)* Verzerrung *f; (de un texto)* Verstümmelung *f; (de la realidad)* falsche Darstellung *f* ❸ *(disfraz)* Tarnung *f; (traje)* Verkleidung *f*

desfigurar [desfiɣu'rar] *vt* ❶ *(afear)* verunstalten; *(las facciones)* entstellen; *(el cuerpo)* verstümmeln; *(el tipo)* ruinieren ❷ *(deformar)* verformen; *(una imagen, un sonido)* verzerrt wiedergeben; *(un texto)* verstümmeln; *(la realidad)* verdrehen ❸ *(disfrazar)* verkleiden; *(hacer irreconocible)* unkenntlich machen ❹ *(ocultar)* verbergen

desfiladero [desfila'ðero] *m* (GEO) Schlucht *f*

desfilar [desfi'lar] *vi* ❶ *(marchar en fila)* vorbeiziehen; (MIL) vorbeimarschieren; *(ante un personaje importante)* defilieren ❷ *(salir)* herauskommen

desfile [des'file] *m* ❶ *(acción)* Vorbeiziehen *nt; (de tropas)* Vorbeimarschieren *nt; (parada)* (Militär)parade *f; (de modelos)* Modenschau *f;* (POL) Marsch *m; (en una fiesta)* Umzug *m* ❷ *(personas)* Zug *m,* Kolonne *f;* **participar en el ~** im Zug mitmarschieren

desflorar [desflo'rar] **I.** *vt* ❶ *(a una mujer)* entjungfern; (MED) deflorieren ❷ *(estropear)* ruinieren; *(gastar)* abnutzen; *(metal)* den Glanz nehmen *+dat;* **~ una cosa** einer Sache übel zusetzen; *(fig)* einer Sache den Reiz nehmen **II.** *vr:* **~se** Schaden nehmen; *(metal)* stumpf werden; *(plata)* anlaufen

desfogar [desfo'ɣar] <g → gu> **I.** *vt* ❶ *(un fuego)* schüren ❷ *(un sentimiento)* freien Lauf lassen *+dat;* **~ su ira** seinem Ärger Luft machen; **~ su mal humor en** [*o* **con**] **alguien** seine schlechte Laune an jdm ablassen **II.** *vi (tormenta)* losbrechen **III.** *vr:* **~se** sich *dat* Luft machen *fam;* **~se en** [*o* **con**] **alguien** *(irritación)* seine Wut an jdm auslassen; *(frustración)* sich bei jdm ausweinen

desfondado, -a [desfon̪'daðo, -a] *adj* ❶ *(sin fondo)* bodenlos; *(agujereado)* (am Boden) durchlöchert; (NÁUT) leck ❷ (DEP: *sin fuerza*) kraftlos, schlapp; *(fam: desmoralizado)* entmutigt, demotiviert

D

desfondar [desfon̪'dar] **I.** *vt* ❶ *(quitar el fondo)* den Boden wegnehmen; *(romper el fondo)* den Boden einschlagen; *(agujerar)* den Boden durchlöchern; **~ un barco** ein Leck in den Schiffsboden schlagen; **~ una botella** den Boden einer Flasche zertrümmern ❷ (DEP: *quitar la fuerza*) schwächen, ermüden; *(fam: desmoralizar)* entmutigen, demotivieren **II.** *vr:* **~se** ❶ *(perder el fondo)* den Boden verlieren; (NÁUT) leckschlagen, zu lecken beginnen ❷ (DEP: *perder fuerza*) ermüden, schlappmachen *fam;* *(perder el empuje)* aufgeben; *(colapsar)* zusammenklappen, zusammenbrechen

desgaire [des'ɣai̯re] *m* ❶ *(desaliño)* (Nach)lässigkeit *f;* **al ~** nachlässig; **vestir con ~** sich (betont) nachlässig kleiden; **me saludó con ~** er/sie grüßte mich mit einer lässigen Handbewegung ❷ *(ademán)* abwertende Geste *f;* **hacer un ~ con la cara** das Gesicht verziehen

desgajar [desɣa'xar] **I.** *vt* ❶ *(arrancar)* abreißen; *(romper)* abbrechen; *(ramas)* abknicken; **~ una página de un libro** eine Seite aus einem Buch herausreißen ❷ *(separar)* trennen ❸ *(despedezar)* zerschlagen **II.** *vr:* **~se** *(desprenderse)* sich lösen; *(romperse)* abbrechen; *(rama)* abknicken

desgana [des'ɣana] *f* *(fam)* ❶ *(inapetencia)* Appetitlosigkeit *f;* **comer con ~** sich zum Essen zwingen ❷ *(falta de interés)* Unlust *f;* **con ~** widerwillig

desganado, -a [desɣa'naðo, -a] *adj* ❶ *(sin apetito)* appetitlos; **no sé por qué estoy hoy tan desganada** ich weiß nicht, warum ich heute gar keinen Appetit habe ❷ *(sin interés)* lustlos, unwillig; **estar ~** keine Lust haben

desgañitarse [desɣaɲi'tarse] *vr* *(gritar)* sich *dat* die Kehle aus dem Hals schreien; *(enronquecerse)* sich heiser schreien

desgarbado, -a [desɣar'βaðo, -a] *adj* ❶ *(sin garbo)* ungelenk ❷ *(larguirucho)* schlacksig

desgarrador(a) [desɣarra'ðor(a)] *adj* herzzerreißend

desgarradura [desɣarra'ðura] *f* Riss *m*

desgarrar [desɣa'rrar] **I.** *vt* zerreißen; *(en muchos pedazos)* zerfetzen; **~ un paquete** ein Paket aufreißen; **estas imágenes desgarran el corazón** das sind herzzerreißende Bilder; **esto me desgarra el corazón** das bricht mir das Herz **II.** *vr:* **~se** *(romperse)* zerreißen; **se me desgarra el corazón al pensar que no voy a verte nunca más** der Gedanke, dich nie wiederzusehen, bricht mir das Herz

desgarro [des'ɣarro] *m* ❶ *(rotura)* Riss *m* ❷ *(descaro)* Unverschämtheit *f;* **contestar con ~** eine freche Antwort geben ❸ *(fanfarronada)* Prahlerei *f* ❹ *(Am: esputo)* Auswurf *m*

desgastar [desɣas'tar] **I.** *vt* ❶ *(estropear)* abnutzen; *(tela)* abwetzen; *(zapatos)* ablaufen; **ese pantalón está desgastado por las rodillas** diese Hose ist an den Knien durchgescheuert ❷ *(consumir)* aufbrauchen; *(comida)* aufessen ❸ *(cansar)* auslaugen **II.** *vr:* **~se** ❶ *(consumirse)* sich abnutzen; *(tela)* verschleißen; *(color)* verblassen ❷ *(acabarse)* ausgehen; *(mercancía)* auslaufen ❸ *(debilitarse)* abbauen

desgaste [des'ɣaste] *m* ❶ *(fricción)* Abnutzung *f* ❷ *(consumo)* Verbrauch *m*

desglosar [desɣlo'sar] *vt* *(una hoja)* herausnehmen; *(una cuestión)* getrennt behandeln; **~ los gastos** die Kosten (einzeln) aufschlüsseln

desglose [des'ɣlose] *m* ❶ *(de una página)* Entnahme *f;* **~ de documentos** (JUR) Herausnahme von Urkunden aus den Akten ❷ *(de los gastos)* Aufschlüsselung *f,* (Einzel)aufstellung *f;* *(de un tema)* (Unter)gliederung *f* ❸ *(quitar la glosa)* Entfernen *nt* von Anmerkungen

desgobierno [desɣo'βjerno] *m* ❶ *(de un país, de una institución)* fehlende Kontrolle *f* (**de** über +*akk*), Misswirtschaft *f* ❷ *(desorden)* Unordnung *f,* Chaos *nt* ❸ *(comportamiento)* Zügellosigkeit *f*

desgracia [des'ɣraθja] *f* ❶ *(suerte adversa)* Pech *nt;* **por ~** leider; **este año estoy de ~** dieses Jahr läuft bei mir alles schief; **llevar una temporada de ~s** in letzter Zeit kein Glück haben; **tuve la ~ de perder todo mi dinero en el bingo** zu meinem Pech habe ich mein ganzes Geld beim Bingo verspielt; **tiene la ~ de ser sordo** er ist leider taub ❷ *(acontecimiento)* Unglück *nt;* **en el accidente no hubo ~s personales** bei dem Unfall kam niemand ums Leben; **he tenido la ~ de...** mir ist das große Unglück widerfahren, zu ...; **es una ~ que ...** +*subj* es ist schrecklich, dass ...; **eres una verdadera ~** dir gelingt einfach gar nichts ❸ *(pérdida de gracia)* **caer en ~** in Ungnade fallen

desgraciadamente [desɣraθjaða'men̪te] *adv* leider

desgraciado, -a [desɣra'θjaðo, -a] **I.** *adj* ❶ *(sin suerte)* glücklos; **ser ~** *(tener mala* *suerte)* Pech haben; *(no llegar a nada)* es zu nichts bringen; ~ **en el juego, afortunado en amores** *(prov)* Pech im Spiel, Glück in der Liebe ② *(infeliz)* unglücklich ③ *(que implica desgracia)* tragisch; **fue una intervención desgraciada** das Eingreifen richtete nur Schaden an ④ *(pobre)* arm(selig) **II.** *m, f* ① *(sin suerte)* Pechvogel *m* ② *(infeliz)* **es un** ~ ihm hat das Schicksal übel mitgespielt ③ *(pobre)* armer Schlucker *m* ④ *(persona sin valor)* Nichtsnutz *m* ⑤ *(pey: miserable)* Schuft *m*

desgraciar [desɣra'θjar] **I.** *vt* ① *(estropear)* ruinieren ② *(disgustar)* verärgern **II.** *vr:* **~se** *(malograrse)* missglücken

desgranar [desɣra'nar] *vt* ① *(maíz)* entkörnen; *(habas)* aushülsen; *(trigo)* dreschen; ~ (**las cuentas de**) **un rosario** einen Rosenkranz abbeten ② *(repetir)* ~ **insultos** einen Sturm von Beleidigungen ablassen; ~ **mentiras** Lügen vom Stapel lassen; ~ **palabrotas** mit Schimpfwörtern um sich werfen

desgravable [desɣra'βaβle] *adj* abzugsfähig

desgravación [desɣraβa'θjon] *f* ① *(reducción de un impuesto)* Steuererleichterung *f; (de un arancel)* Zollminderung *f* ② *(abolición de un impuesto)* Steuerbefreiung *f; (de un arancel)* Zollfreiheit *f* ③ *(de un gasto)* Abzug *m;* ~ **sobre bienes de capital** Anlagenabschreibung *f;* ~ **por cargas familiares** Kinderfreibetrag *m*

desgravar [desɣra'βar] *vt* ① *(suprimir un impuesto)* von der Steuer befreien; *(un derecho arancelario)* von den Zollgebühren befreien ② *(reducir)* ~ **el tabaco** *(bajar el impuesto)* die Tabaksteuer senken; *(el arancel)* keine Zollgebühren auf Tabakwaren erheben ③ *(deducir)* (von der Steuer) abziehen

desgreñado, -a [desɣre'ɲaðo, -a] *adj* zerzaust

desgreñar [desɣre'ɲar] **I.** *vt* *(despeinar)* zerzausen **II.** *vr:* **~se** ① *(despeinarse)* sich *dat* die Haare zerzausen ② *(reñir)* sich streiten; *(pelearse)* sich raufen

desguace [des'ɣwaθe] *m* *(para chatarra)* Verschrottung *f;* *(parcial)* Ausschlachten *nt;* **estar para el** ~ *(fam: cosa)* schrottreif sein; *(persona)* abgewrackt sein

desguazar [desɣwa'θar] <z → c> *vt* ① *(desmontar)* auseinandernehmen ② *(reducir a chatarra)* verschrotten; *(un buque)* abwracken; *(quitar las partes útiles)* ausschlachten

deshabitado, -a [desaβi'taðo, -a] *adj* *(edificio)* unbewohnt; **ciudad deshabitada** Geisterstadt *f;* **una región muy deshabitada** ein nur spärlich besiedeltes Gebiet

deshabitar [desaβi'tar] *vt* ① *(un edificio)* räumen; ~ **un piso** aus einer Wohnung ausziehen ② *(despoblar)* entvölkern

deshabituar [desaβitu'ar] <*1. pres* deshabitúo> **I.** *vt* entwöhnen; ~ **a alguien de algo** jdm etw abgewöhnen **II.** *vr:* **~se** sich *dat* abgewöhnen (**de** +*akk*); **~se de una droga** einen (Drogen)entzug machen; **quiero ~me de fumar** ich will mir das Rauchen abgewöhnen

deshacer [desa'θer] *irr como hacer* **I.** *vt* ① *(un paquete)* auspacken; *(una costura)* auftrennen; *(un nudo)* aufmachen; *(la cama)* zerwühlen; *(un aparato)* zerlegen; *(una maleta)* wieder auspacken; ~ **los puntos** das Gestrickte wieder auftrennen; **no intentes ~ lo hecho** versuch nicht, das Geschehene ungeschehen zu machen; ~ **un error** einen Fehler wiedergutmachen; **ser el que hace y deshace** *(fig)* die erste Geige spielen ② *(romper)* kaputt machen; *(en pedazos)* zerbröckeln; *(cortar)* zerhacken; *(una res)* zerlegen; *(una tela)* in Stücke reißen; *(a golpes)* zerschlagen ③ *(arruinar)* ruinieren; *(plan)* zunichtemachen ④ *(disolver)* auflösen; *(hielo)* schmelzen (lassen); *(contrato, negocio)* rückgängig machen; ~ **una casa** *(fig)* einen Haushalt auflösen ⑤ (MIL) in die Flucht schlagen **II.** *vr:* **~se** ① *(descomponerse)* sich auflösen; *(hielo)* schmelzen; *(desaparecer)* sich in Luft auflösen; **se me ha deshecho el helado** das Eis ist mir weggeschmolzen; **se deshace en cumplidos** er/sie überschüttet mich mit Komplimenten; **~se de impaciencia** vor lauter Ungeduld vergehen; **~se en lágrimas** in Tränen zerfließen; **~se en llanto** in Gejammer ausbrechen; **~se de nervios** übernervös sein; **~se por algo** (ganz) verrückt nach etw *dat* sein; **se deshace por complacernos** er/sie tut alles, um uns zufrieden zu stellen; **~se a trabajar** wie besessen arbeiten; **~se empollando** wie verrückt büffeln ② *(romperse)* kaputtgehen; *(costura, nudo)* aufgehen; *(pastel)* zerbröckeln; *(silla)* aus dem Leim gehen ③ *(desprenderse)* sich entledigen (**de** +*gen*); *(vender)* verkaufen (**de** +*akk*); **~se de alguien** sich *dat* jdn vom Hals schaffen; *(asesinar)* jdn umbringen; *(despedir)* jdn entlassen

desharrapado, -a [desarra'paðo, -a] *adj* schäbig

deshebillar [deseβi'ʎar] *vt* lösen, abschnallen

deshecho, -a [de'setʃo, -a] **I.** *pp de* **desha-**

D

cer **II.** *adj* ① *(deprimido)* am Boden zerstört; **dejar a alguien ~** jdn fertigmachen *fam* ② *(cansado)* erschöpft; **estar ~** völlig erledigt sein ③ *(tormenta)* heftig; *(lluvia)* strömend

deshelar [dese'lar] <e → ie> **I.** *vt (hielo)* schmelzen (lassen); *(una nevera)* abtauen **II.** *vr:* **~se** *(nieve)* schmelzen; *(nevera)* abtauen

desheredado, -a [desere'ðaðo, -a] *adj* ① *(excluido de una herencia)* enterbt ② *(pobre)* benachteiligt, arm

desheredar [desere'ðar] *vt* enterben

deshidratación [desiðrata'θjon] *f* ① *(extracción de agua)* Wasserentzug *m; (de alimentos)* Trocknung *f;* **este medicamento produce ~** dieses Medikament entzieht dem Körper Wasser ② (QUÍM) Dehydrierung *f* ③ (MED) Dehydration *f*

deshidratado, -a [desiðra'taðo, -a] *adj* ① *(sin agua)* trocken; *(campos, personas)* ausgedörrt; *(alimentos)* getrocknet, dehydriert; *(elev: huevos, leche)* pulverisiert; *(piel)* feuchtigkeitsarm ② (QUÍM) dehydratisiert ③ (MED) dehydriert

deshidratar [desiðra'tar] **I.** *vt* ① *(quitar agua)* Wasser entziehen +*dat; (suelo, cuerpo)* entwässern ② *(secar)* austrocknen; *(alimentos)* trocknen; *(tierra)* ausdörren **II.** *vr:* **~se** austrocknen; *(tierra)* ausdörren; *(cuerpo)* Flüssigkeit verlieren

deshielo [des'ɟelo] *m* ① *(el deshelar)* Schmelzen *nt; (de la nevera)* Abtauen *nt* ② *(clima, t.* POL) Tauwetter *nt*

deshilachado, -a [desila'ʧaðo, -a] *adj* fadenscheinig, abgetragen

deshilachar [desila'ʧar] *vt, vr:* **~se** ausfransen

deshilada [desi'laða] **a la ~** *(en fila)* hintereinander, in einer Reihe; *(con disimulo)* heimlich

deshilvanado, -a [desilβa'naðo, -a] *adj* ① *(discurso)* zusammenhanglos, wirr ② *(vestido)* ohne Heftfaden, ohne Heftnaht

deshinchar [desin'ʧar] **I.** *vt* ① *(sacar el aire)* die Luft herauslassen (aus +*dat*) ② *(una inflamación)* zum Abschwellen bringen ③ *(cólera)* ablassen **II.** *vr:* **~se** ① *(perder aire)* Luft verlieren; **se me ha deshinchado la rueda de la bici** mein Fahrradreifen ist platt ② *(una inflamación)* abschwellen ③ *(fam: deponer la vanidad)* von seinem hohen Ross herunterkommen

deshojar [deso'xar] **I.** *vt* ① (BOT) entblättern; *(un árbol)* entlauben; **~ una flor** die Blütenblätter abzupfen ② *(un libro)* die Blätter herausreißen (aus +*dat*); *(un calendario)* die (Kalender)blätter abreißen **II.** *vr:* **~se** ① (BOT) die Blätter verlieren ② *(un libro)* aus dem Leim gehen

deshollejar [desoʎe'xar] *vt* schälen

deshollinador [desoʎina'ðor] *m* ① *(persona)* Schornsteinfeger *m,* Kaminkehrer *m* ② *(instrumento para deshollinar)* Kaminkehrbesen *m* ③ *(escoba)* Stielbesen *m*

deshollinar [desoʎi'nar] *vt* ① *(la chimenea)* fegen ② *(limpiar)* putzen ③ *(curiosear)* herumschnüffeln (in +*dat*)

deshonestidad [desonesti'ðaᵈ] *f* ① *(carácter inmoral)* Unanständigkeit *f* ② *(carácter tramposo)* Unehrlichkeit *f* ③ *(acto licencioso)* Unzucht *f* ④ *(fraude)* Betrug *m*

deshonesto, -a [deso'nesto, -a] *adj* ① *(inmoral)* unsittlich ② *(tramposo)* unehrlich

deshonor [deso'nor] *m (afrenta)* Schande *f*

deshonra [des'onrra] *f (afrenta)* Schande *f;* **tener algo a ~** *(como insulto)* etw als Kränkung empfinden; *(como humillante)* etw als Demütigung empfinden; **ser una ~ para la empresa** *(desacreditar)* das Ansehen der Firma ruinieren

deshonrar [deson'rrar] *vt* entehren; *(ofender)* kränken; *(humillar)* demütigen; **~ a alguien** *(desacreditar)* jds Ansehen ruinieren

deshonroso, -a [deson'rroso, -a] *adj* ① *(que causa deshonra)* schändlich ② *(poco honroso)* unehrenhaft

deshora [de'sora] *f* Unzeit *f;* **hablar a ~(s)** dazwischenreden; **venir a ~(s)** *(en un momento inconveniente)* ungelegen kommen; *(demasiado tarde)* zu spät kommen; **dormir a ~s** zu den unmöglichsten Zeiten schlafen

deshuesado, -a [deswe'saðo, -a] *adj* ① *(fruta)* entsteint ② *(carne)* ohne Knochen

deshuesar [deswe'sar] *vt (fruto)* entsteinen; *(carne)* ausbeinen

deshumanizar [desumani'θar] <z → c> *vt* entmenschlichen

desiderativo, -a [desiðera'tiβo, -a] *adj* (LING) Wunsch-, einen Wunsch ausdrückend; **oración desiderativa** Wunschsatz *m*

desidia [de'siðja] *f* ① *(descuido)* Schlampigkeit *f;* **me molesta tu ~ en el trabajo** mich stört deine schlampige Arbeitsweise ② *(pereza)* Faulheit *f*

desidioso, -a [desi'ðjoso, -a] *adj* ① *(descuidado)* nachlässig, schlampig ② *(perezoso)* faul, träge

desierto[1] [de'sjerto] *m* ① (GEO) Wüste *f* ② *(lugar despoblado)* Einöde *f;* **esto es predicar en el ~** das bringt nichts

desierto, **-a**[2] [de'sjerto, -a] *adj* ❶ *(sin gente)* (menschen)leer; *(zona)* unbesiedelt ❷ *(como un desierto)* öde ❸ *(sin participantes)* **una subasta desierta** eine Auktion ohne Bieter; **el premio fue declarado** ~ der Preis wurde nicht vergeben; **dar por** ~ **un concurso** einen Wettbewerb mangels Teilnehmer absagen

designación [desiɣna'θjon] *f* ❶ *(nombramiento)* Ernennung *f;* ~ **de candidatos** Aufstellung von Kandidaten (zur Wahl) ❷ *(nombre)* Bezeichnung *f;* ~ **del contenido** Inhaltsangabe *f*

designar [desiɣ'nar] *vt* ❶ *(dar un nombre)* bezeichnen (**por** als +*akk*); ~ **a alguien con un apodo** jdm einen Spitznamen geben ❷ *(destinar)* bestimmen; *(elegir)* wählen; *(fecha)* festsetzen; *(nombrar)* ernennen (**para** zu +*dat*); ~ **un abogado** einen Anwalt benennen; ~ **un candidato** einen Kandidaten aufstellen; ~ **un representante** einen Vertreter bestellen

designio [de'siɣnjo] *m (plan)* Plan *m; (propósito)* Absicht *f; (deseo)* Wunsch *m;* **su** ~ **es convertirse en multimillonario** er will es zum Multimillionär bringen

desigual [desi'ɣwal] *adj* ❶ *(distinto)* ungleich; **ser muy** ~ völlig verschieden sein ❷ *(injusto)* unfair ❸ *(irregular)* uneben; *(carretera)* holp(e)rig ❹ *(inconstante)* wechselhaft

desigualar [desiɣwa'lar] **I.** *vt* ❶ *(hacer desigual)* ungleich machen; ~ **a alguien** jdn benachteiligen ❷ *(hacer irregular)* uneben machen **II.** *vr:* **~se** ❶ *(desemejarse)* auseinanderdriften ❷ *(sobresalir)* herausragen

desigualdad [desiɣwal'da^ð] *f* ❶ *(diferencia)* Verschiedenheit *f* ❷ *(injusticia)* Ungerechtigkeit *f* ❸ *(irregularidad)* Unebenheit *f* ❹ *(del carácter)* Unausgeglichenheit *f; (del tiempo)* Wechselhaftigkeit *f*

desilusión [desilu'sjon] *f* ❶ *(desengaño)* Enttäuschung *f;* **sufrir una** ~ enttäuscht werden ❷ *(desencanto)* Ernüchterung *f*

desilusionante [desilusjo'nante] *adj (que desencanta)* ernüchternd

desilusionar [desilusjo'nar] **I.** *vt* ❶ *(quitar la ilusión)* die Illusionen rauben +*dat* ❷ *(decepcionar)* enttäuschen **II.** *vr:* **~se** ❶ *(perder la ilusión)* seine Illusionen verlieren; *(ver claro)* die Wahrheit erkennen ❷ *(decepcionarse)* enttäuscht sein

desincentivación [desinθentiβa'θjon] *f sin pl* ❶ *(anulación de incentivos)* Streichung *f* von Anreizen ❷ *(desanimación)* Entmutigung *f*

desinencia [desi'nenθja] *f* Endung *f;* ~ **nominal** Substantivendung *f*

desinencial [desinen'θjal] *adj* (LING) Endungs-

desinfección [desiɱfe^ɣ'θjon] *f* Desinfizierung *f*

desinfectante [desiɱfek'tante] *m* Desinfektionsmittel *nt*

desinfectar [desiɱfek'tar] *vt* desinfizieren

desinflación [desiɱfla'θjon] *f* (ECON) Deflation *f*

desinflado, **-a** [desiɱ'flaðo, -a] *adj (rueda)* platt

desinflar [desiɱ'flar] **I.** *vt (sacar el aire)* die Luft herauslassen (aus +*dat*) **II.** *vr:* **~se** *(perder aire)* die Luft verlieren; **se me ha desinflado la rueda de atrás** mein Hinterreifen ist platt

desinformación [desiɱforma'θjon] *f* Desinformation *f*

desinformativo, **-a** [desiɱforma'tiβo, -a] *adj* irreführend

desinhibición [desiniβi'θjon] *f* Enthemmung *f*

desinhibido, **-a** [desini'βiðo, -a] *adj* ❶ *(persona)* ungehemmt, natürlich ❷ *(órgano)* funktionsfähig

desinhibir [desini'βir] **I.** *vt* ❶ *(a una persona)* enthemmen ❷ *(un órgano)* von einer Blockierung befreien **II.** *vr:* **~se** ❶ *(un órgano)* seine Funktion wieder aufnehmen; (MED) spontan reagieren ❷ *(persona)* seine Hemmungen verlieren

desinserción [desinser'θjon] *f* (SOCIOL) (soziale) Ausgrenzung *f*

desinsertar [desinser'tar] **I.** *vt* (SOCIOL) (sozial) ausgrenzen **II.** *vr:* **~se** (SOCIOL) (sozial) ausgegrenzt werden

desintegración [desinteɣra'θjon] *f* Auflösung *f; (de un territorio)* Teilung *f; (de una ruina)* Zerfall *m; (de un grupo)* Trennung *f; (debido al clima)* Verwitterung *f;* (FÍS) Spaltung *f;* (QUÍM) Zersetzung *f*

desintegrar [desinte'ɣrar] **I.** *vt* auflösen; *(una piedra)* zerbröckeln; *(un grupo)* auflösen; *(un país)* teilen; (FÍS) spalten; (QUÍM) zersetzen **II.** *vr:* **~se** zerfallen; *(edificio)* einstürzen; *(muro)* zerbröckeln; *(grupo)* sich auflösen; *(partido)* sich spalten; (FÍS) sich spalten; (QUÍM) sich auflösen

desinterés [desinte'res] *m* ❶ *(indiferencia)* Gleichgültigkeit *f;* **sentir** ~ **por algo** an etw *dat* kein Interesse haben ❷ *(altruismo)* Selbstlosigkeit *f; (generosidad)* Freigebigkeit *f;* **hacer algo con** ~ etw ohne Eigennutz tun

desinteresado, **-a** [desintere'saðo, -a] *adj* ❶ *(indiferente)* desinteressiert; *(en un conflicto)* unparteiisch ❷ *(altruista)* uneigennützig; *(generoso)* freigebig

desinteresar [desintere'sar] **I.** *vt* nicht in-

D

teressieren **II.** *vr:* **~se** ① *(no tener interés)* kein Interesse haben (**de** an +*dat*); *(inhibirse)* sich heraushalten (**de** aus +*dat*), sich nicht einmischen (**de** in +*akk*) ② *(perder el interés)* das Interesse verlieren (**de** an +*dat*)

desintoxicación [desiṇtoʸsika'θjon] *f* Entgiftung *f; (de una droga)* Entziehung *f*

desintoxicar [desiṇtoʸsi'kar] <c → qu> **I.** *vt* entgiften; *(de una droga)* von einer Sucht heilen **II.** *vr:* **~se** seinen Körper entgiften; *(de una droga)* sich einer Entziehung unterziehen

desistimiento [desisti'mjeṇto] *m (abandono, t.* JUR) Verzicht *m* (**de** auf +*akk*); **~ de un contrato** (JUR) Rücktritt vom Vertrag; **~ de la demanda** (JUR) (ausdrückliche) Klagerücknahme

desistir [desis'tir] *vi* ① *(de un proyecto)* aufgeben (**de** +*akk*); **no ~é de convencerte** ich werde weiterhin versuchen, dich zu überzeugen; **no hay manera de hacerles ~ de su propósito** sie sind durch nichts von ihrem Vorhaben abzubringen ② *(de un derecho)* verzichten (**de** auf +*akk*); *(de un cargo/contrato)* zurücktreten (**de** von +*dat*); *(una demanda/petición)* zurücknehmen (**de** +*akk*)

desjuntar [desxuṇ'tar] **I.** *vt* trennen; *(romper)* zerbrechen; *(dividir)* (zer)teilen; *(papel)* zerreißen **II.** *vr:* **~se** auseinandergehen, sich voneinander lösen; *(romperse)* auseinanderbrechen

deslavazado, -a [deslaβa'θaðo, -a] *adj* ① *(lacio)* formlos, schlaff; **este traje te queda ~** dieser Anzug sitzt nicht ② *(incoherente)* zusammenhanglos, wirr; **un discurso ~** eine konfuse [*o* zusammenhanglose] Rede

desleal [desle'al] *adj (infiel)* untreu; *(traidor)* verräterisch; **competencia ~** unlauterer Wettbewerb; **publicidad ~** irreführende Werbung; **ser ~ a su patria** sein Land verraten; **ser ~ con su partido** sich seiner Partei gegenüber illoyal verhalten; **has sido ~ a tu familia** du hast das Vertrauen deiner Familie missbraucht; **ten cuidado con lo que le cuentes, es una persona muy ~** achte darauf, was du ihm/ihr erzählst, denn man kann ihm/ihr nicht vertrauen; **ser ~ con** [*o* **a**] **alguien** *(injusto)* sich jdm gegenüber unfair benehmen

deslealtad [desleaḷ'taᵈ] *f (infidelidad)* Untreue *f; (injusticia)* unfaires Verhalten *nt;* (POL) Illoyalität *f* (**con** gegenüber +*dat*)

deslegalizar [desleɣali'θar] <z → c> *vt* (JUR) verbieten, die gesetzliche Grundlage entziehen +*dat;* **~ el aborto** das Gesetz über die Zulässigkeit des Schwangerschaftsabbruches abschaffen

deslegitimar [deslexiti'mar] *vt* die Legitimation entziehen +*dat*

desleír [desle'ir] *irr como reír* **I.** *vt (disolver)* auflösen **II.** *vr:* **~se** sich auflösen; **esta sustancia no se deslíe en agua** diese Substanz ist nicht wasserlöslich

deslenguado, -a [desleŋ'gwaðo, -a] *adj* ① *(chismoso)* klatschhaft; **ser ~** eine böse Zunge haben; **¡no seas ~!** hör auf zu lästern! ② *(desvergonzado)* vulgär; **ser ~** ein schmutziges Mundwerk haben

desliar [desli'ar] <*1. pres* deslío> **I.** *vt* aufmachen **II.** *vr:* **~se** aufgehen

desligado, -a [desli'ɣaðo, -a] *adj* ① *(nudo)* offen; *(enredo)* entwirrt ② *(separado)* getrennt; (TÉC) unterbrochen, abgeschaltet ③ *(persona)* frei (von Fesseln)

desligar [desli'ɣar] <g → gu> **I.** *vt* ① *(un nudo)* aufmachen; *(un enredo)* entwirren; *(una persona)* losbinden ② *(un asunto)* aufklären ③ *(separar)* trennen; **~ intereses particulares de los de la empresa** persönliche und Firmeninteressen auseinanderhalten ④ *(de un compromiso)* entbinden **II.** *vr:* **~se** ① *(un nudo)* aufgehen; *(persona)* sich losmachen; *(un enredo)* sich auflösen ② *(un asunto)* sich (von selbst) aufklären ③ *(de un compromiso)* sich entziehen (**de** +*gen*); **no poder ~se de algo** um etw nicht herumkommen

deslindar [desliṇ'dar] *vt* ① *(un lugar)* abgrenzen, abstecken; **~ dos provincias** die Grenze zwischen zwei Provinzen festlegen ② *(determinar)* (klar) umreißen [*o* definieren]; **~ dos temas** zwei Themen voneinander abgrenzen

deslinde [des'liṇde] *m* ① *(delimitación)* Abgrenzung *f* ② (JUR) Abmarkung *f*

desliz [des'liθ] *m* ① *(error)* Ausrutscher *m; (indiscreción)* Entgleisung *f* ② *(adulterio)* Seitensprung *m*

deslizamiento [desliθa'mjeṇto] *m* (Aus)rutschen *nt;* **~ de tierra** Erdrutsch *m*

deslizante [desli'θaṇte] *adj* ① *(que hace deslizar)* rutschig ② *(que se desliza)* Gleit-

deslizar [desli'θar] <z → c> **I.** *vt* ① *(pasar)* **~ la mano sobre algo** mit der Hand über etw streichen; **~ un sobre por debajo de una puerta** einen Umschlag unter einer Tür durchschieben ② *(incluir con disimulo)* hineingleiten lassen; *(en una conversación)* einfließen lassen **II.** *vi* (dahin)gleiten (**sobre/por** über +*akk*) **III.** *vr:* **~se** ① *(resbalar)* (dahin)gleiten (**sobre** über +*akk*); *(por accidente)* ausrutschen (**por** auf +*dat*); (AUTO) ins Schleudern geraten; **~se por un tobogán** eine Rutschbahn hinunterrutschen; **las lágrimas se deslizaban por sus mejillas** die Tränen liefen ihm/ihr die Wangen hinunter; **con la tormenta se han deslizado algunas tejas** durch das Gewitter haben sich einige Ziegel gelöst ❷ *(escaparse)* verschwinden; **el ladrón se deslizó entre los clientes** der Dieb mischte sich unter die Kunden ❸ *(el tiempo)* verstreichen; **la noche se deslizó sin problemas** die Nacht verlief problemlos ❹ *(cometer un error)* einen Ausrutscher begehen; *(una indiscreción)* entgleisen

deslomar [deslo'mar] **I.** *vt* ❶ *(dañar)* ~ **a alguien** jdm das Kreuz brechen ❷ *(agotar)* schaffen **II.** *vr:* **~se** ❶ *(dañarse)* sich *dat* den Rücken ruinieren ❷ *(trabajar)* sich abrackern

deslucido, -a [deslu'θiðo, -a] *adj* ❶ *(ropa)* schäbig ❷ *(actuación)* farblos ❸ *(sin gracia)* unscheinbar

deslucimiento [desluθi'mjen̪to] *m* ❶ *(de un metal)* Glanzlosigkeit *f; (de un color)* Blässe *f; (de una prenda)* Schäbigkeit *f* ❷ *(de una actuación)* Mittelmäßigkeit *f;* **la lluvia fue la causa del ~ del desfile** der Regen nahm der Parade ihren Glanz ❸ *(de una persona)* Unscheinbarkeit *f*

deslucir [deslu'θir] *irr como lucir* **I.** *vt* ❶ *(estropear)* ruinieren; **la lluvia deslució la procesión** wegen des Regens fiel die Prozession ins Wasser ❷ *(quitar el lustre)* abnutzen; *(una prenda)* abtragen; *(un tejido)* verschleißen; *(colores)* ausbleichen; *(metal)* stumpf werden lassen ❸ *(desacreditar)* in Verruf bringen **II.** *vr:* **~se** ❶ *(perder el lustre)* sich abnutzen; *(perder el brillo)* stumpf werden; *(colores)* verblassen; *(metal)* anlaufen ❷ *(desacreditarse)* in Verruf geraten

deslumbrador(a) [deslumbra'ðor(a)] *adj,* **deslumbrante** [deslum'bran̪te] *adj* *(impresionante)* überwältigend; *(mujer)* atemberaubend

deslumbrar [deslum'brar] *vt* blenden

deslustrado, -a [deslus'traðo, -a] *adj* ❶ *(sin brillo)* matt, stumpf, glanzlos; *(cristal)* mattiert ❷ *(estropeado)* ruiniert; *(ropa)* abgetragen, schäbig; *(colores)* verblasst; *(tela)* abgewetzt, verschlissen

deslustrar [deslus'trar] *vt* ❶ *(quitar el brillo)* den Glanz nehmen +*dat* ❷ *(gastar)* abnutzen; *(una prenda)* abtragen; *(un tejido)* verschleißen; *(colores)* ausbleichen ❸ *(estropear)* ruinieren ❹ *(un vidrio)* mattieren ❺ *(desacreditar)* in Verruf bringen

desmadejado, -a [desmaðe'xaðo, -a] *adj* kraftlos, schwach, schlapp *fam*

desmadejamiento [desmaðexa'mjen̪to] *m* Schwäche *f,* Kraftlosigkeit *f*

desmadejar [desmaðe'xar] **I.** *vt* schwächen; **su enfermedad la ha desmadejado mucho** ihre Krankheit hat ihr viel Kraft geraubt **II.** *vr:* **~se** zusammenbrechen, einen Schwächeanfall erleiden

desmadrado, -a [desma'ðraðo, -a] *adj* *(desenfrenado)* hemmungslos

desmadrarse [desma'ðrarse] *vr (fam: desenfrenarse)* aus der Rolle fallen; *(alocarse)* ausflippen; **¡no te desmadres!** jetzt krieg dich bitte wieder ein!; **se desmadró en insultos hacia el árbitro** er/sie verlor die Fassung und beschimpfte den Schiedsrichter

D

desmadre [des'maðre] *m* ❶ *(comportamiento)* ungehöriges Benehmen *nt;* **la policía acabó con el ~ entre los fans** die Polizei wies die Fans in ihre Schranken ❷ *(caos)* Chaos *nt;* **tus fiestas acaban siendo un ~** deine Feste arten immer aus

desmán [des'man] *m* ❶ *(salvajada)* Ausschreitung *f;* **cometer desmanes contra alguien** sich gegen jdn vergehen ❷ *(exceso)* Ausschweifung *f;* **debido a sus desmanes con la bebida** weil er/sie unmäßig viel trinkt ❸ *(desgracia)* Unglück *nt;* **he sufrido muchos desmanes** mir ist viel Leid widerfahren

desmandado, -a [desman̪'daðo, -a] *adj* ❶ *(rebelde)* ungehorsam, aufsässig, rebellisch; *(caballo)* scheu, störrisch ❷ *(violento)* gewaltsam, brutal ❸ *(desmadrado)* hemmungslos, unkontrolliert

desmandarse [desman̪'darse] *vr* ❶ *(rebelarse)* rebellieren; *(un caballo)* durchgehen ❷ *(insolentarse)* aus der Rolle fallen; *(insultar)* ausfallend werden; *(cometer actos violentos)* gewalttätig werden ❸ *(apartarse)* sich trennen; **~ del rebaño** von der Herde abkommen

desmantelamiento [desman̪tela'mjen̪to] *m* ❶ *(destrucción)* Zerstörung *f; (de muros)* Abriss *m* ❷ *(desarme)* Zerlegung *f; (de una construcción)* Abbau *m;* **~ arancelario** *(fig)* Zollabbau *m* ❸ *(de una casa)* Räumung *f; (de una fábrica)* Demontage *f; (de una vivienda)* Auflösung *f;* **~ de una tienda** Geschäftsauflösung *f* ❹ (NÁUT: *quitar el árbol*) Abtakeln *nt; (desguace)* Abwracken *nt*

desmantelar [desman̪te'lar] *vt* ❶ *(derribar)* niederreißen; *(un edificio)* abreißen ❷ *(desmontar)* zerlegen; *(bomba)* entschärfen; *(escenario)* abbauen ❸ *(abandonar)* räumen; *(liquidar)* auflösen ❹ *(desarbolar)* abtakeln

desmañado, -a [desma'ɲaðo, -a] **I.** *adj* ungeschickt, linkisch; **es muy ~ para trabajos manuales** er hat kein Talent für handwerkliche Arbeiten **II.** *m, f (torpe)* Tölpel *m,* Nichtsnutz *m; (chapucero)* Stümper *m;* **ser un ~** zwei linke Hände haben

desmaquillador[1] [desmakiʎa'ðor] *m* Make-up-Entferner *m*

desmaquillador(a)[2] [desmakiʎa'ðor(a)] *adj* **leche ~a** Reinigungsmilch *f*

D

desmaquillante [desmaki'ʎan̩te] *adj* **loción ~** Make-up-Entferner *m*

desmaquillar [desmaki'ʎar] *vt, vr:* **~se** (sich) abschminken

desmarcar [desmar'kar] <c → qu> **I.** *vt* von Markierungen befreien **II.** *vr:* **~se** ❶ (DEP) sich freilaufen ❷ *(escaparse)* sich absetzen ❸ *(no simpatizar)* sich distanzieren (**de** von +*dat*)

desmayado, -a [desma'ɟaðo, -a] *adj* ❶ *(sin conocimiento)* ohnmächtig; **caer desmayado** in Ohnmacht fallen ❷ *(sin fuerza)* schwach; *(color)* blass

desmayar [desma'ɟar] **I.** *vi (desanimarse)* den Mut verlieren *fam* **II.** *vr:* **~se** *(desvanecerse)* in Ohnmacht fallen; **se desmayó en mis brazos** er/sie sank ohnmächtig in meine Arme

desmayo [des'maɟo] *m* ❶ *(desvanecimiento)* Ohnmacht *f* ❷ *(desánimo)* Mutlosigkeit *f* ❸ *(debilidad)* Schwäche *f*

desmedido, -a [desme'ðiðo, -a] *adj* maßlos; **tener un apetito ~** übermäßig viel essen; **afición desmedida por la bebida** krankhafter Hang zum Alkohol

desmedirse [desme'ðirse] *vr irr como pedir* ❶ *(excederse)* das gesunde Maß überschreiten; **~ en la bebida** exzessiv trinken ❷ *(insolentarse)* aus der Rolle fallen; *(insultar)* ausfallend werden

desmedrado, -a [desme'ðraðo, -a] *adj* ❶ *(mal desarrollado)* unterentwickelt; *(pequeño)* klein; *(parte del cuerpo, de una planta)* verkümmert; *(mentalmente atrasado)* mit einer geistigen Behinderung; ❷ *(estropeado)* beschädigt, kaputt ❸ *(sin fuerza)* schlaff; *(persona)* abgezehrt, verfallen, kraftlos

desmedrar [desme'ðrar] **I.** *vt* beschädigen, ruinieren; **el sol ha desmedrado el cuadro** die Sonne hat dem Bild sehr geschadet **II.** *vi* ❶ *(estropearse)* kaputtgehen; *(monumento)* verfallen; **el negocio ha desmedrado mucho** mit dem Geschäft ist es steil bergab gegangen ❷ *(debilitarse)* abbauen, an Substanz verlieren; *(persona)* verfallen, schwächer werden; *(planta)* verkümmern; **por falta de ejercicio sus músculos van desmedrando cada vez más** seine/ihre Muskeln verkümmern zusehends mangels Bewegung ❸ *(adelgazar)* abmagern **III.** *vr:* **~se** ❶ *(adelgazarse)* abmagern ❷ *(debilitarse)* abbauen, an Substanz verlieren; *(persona)* verfallen; *(planta)* verkümmern; **si no comes vas a ~te completamente** wenn du nicht isst, hast du bald gar keine Kraft mehr; **el armario se ha desmedrado con el transporte** der Schrank hat unter dem Transport sehr gelitten

desmejoramiento [desmexora'mjen̩to] *m* ❶ *(acción de estropear)* Beschädigung *f; (efecto)* Schaden *m; (desgaste)* Verschleiß *m;* **sufrir un ~** Schaden nehmen ❷ *(de un enfermo)* Verfall *m*

desmejorar [desmexo'rar] **I.** *vt (estropear)* beschädigen; *(gastar)* verschleißen **II.** *vi* abbauen; **con la gripe has desmejorado mucho** die Grippe hat dir sehr zugesetzt **III.** *vr:* **~se** ❶ *(estropearse)* kaputtgehen; *(gastarse)* verschleißen ❷ *(perder la salud)* abbauen

desmelenado, -a [desmele'naðo, -a] *adj (despeinado)* ungekämmt

desmembración [desmembra'θjon] *f (división)* Teilung *f; (separación)* Zerlegung *f*

desmembrar [desmem'brar] <e → ie> **I.** *vt* ❶ *(desunir)* (zer)teilen; *(una institución)* spalten; *(un cuerpo)* zerlegen; **la bomba le desmembró la mano** die Bombe zerfetzte ihm/ihr die Hand ❷ *(escindir)* abspalten **II.** *vr:* **~se** ❶ *(desunirse)* sich auflösen ❷ *(escindirse)* sich abspalten

desmemoriado, -a [desmemo'rjaðo, -a] **I.** *adj* ❶ *(olvidadizo)* vegesslich; **es muy ~** er hat ein Gedächtnis wie ein Sieb ❷ *(que ha perdido la memoria)* unter Gedächtnisschwund leidend ❸ (JUR) unzurechnungsfähig **II.** *m, f* ❶ *(descabezado)* vergesslicher Mensch *m* ❷ *(que ha perdido la memoria)* unter Gedächtnisschwund leidender Mensch *m* ❸ (JUR) unzurechnungsfähige Person *f*

desmentir [desmen̩'tir] *irr como sentir* **I.** *vt* ❶ *(negar)* abstreiten; *(una noticia)* dementieren; **~ a alguien** *(contradecir)* jdm widersprechen; *(decir que miente)* jdn als Lügner darstellen; **el artículo desmiente la historia** der Artikel behauptet, die Geschichte sei nicht wahr; **el ministro desmintió la noticia sobre su dimisión** der Minister dementierte die Meldung über seinen Rücktritt ❷ *(demostrar que es falso)* widerlegen; **~ una sospecha** einen Verdacht zerstreuen; **las pruebas desmienten tus palabras** die Beweise strafen deine Worte Lügen; **el abogado logró ~ los indicios** es gelang dem Anwalt, die Indizien zu entkräften ❸ *(disimular)* verbergen ❹ *(desdecir)* widersprechen +*dat;* **con su comportamiento desmiente a su familia** man sollte nicht meinen, dass er/sie aus dieser Familie stammt; **este vino desmiente su marca** dieser Wein ist schlechter, als es die Marke vermuten lässt **II.** *vi* abweichen

desmenuzar [desmenu'θar] <z→ c> **I.** *vt* ① *(deshacer)* zerkleinern; *(con un cuchillo)* zerstückeln; *(con los dedos)* zerbröckeln; *(raspar)* reiben; *(moler)* zermahlen; *(papel)* zerreißen; *(pan)* zerkrümeln ② *(analizar)* auseinandernehmen **II.** *vr:* **~se** bröckeln

desmerecedor(a) [desmereθe'ðor(a)] *adj* unwürdig

desmerecer [desmere'θer] *irr como crecer* **I.** *vt* *(no merecer)* nicht verdienen; **desmereces mi amor** du bist meiner Liebe nicht würdig **II.** *vi* ① *(decaer)* sich verschlechtern; *(belleza)* verblühen ② *(ser inferior)* schlechter sein (**de** als +*nom*); **~ en talento de alguien** nicht so talentiert wie jd sein; **tu último libro no desmerece de los anteriores** dein letztes Buch ist genauso gut wie die vorangehenden; **desmereces de tu familia** du fällst innerhalb deiner Familie negativ aus dem Rahmen

desmesura [desme'sura] *f* ① *(falta de mesura)* Unmäßigkeit *f,* Maßlosigkeit *f* ② *(descomedimiento)* Unverschämtheit *f*

desmesurado, -a [desmesu'raðo, -a] *adj* ① *(enorme)* riesig ② *(excesivo)* maßlos; *(ambición)* krankhaft; *(pretensiones)* überzogen; **beber de una forma desmesurada** übermäßig (viel) trinken ③ *(desvergonzado)* frech; *(descortés)* unhöflich; *(ofensivo)* ausfallend

desmesurarse [desmesu'rarse] *vr* aus der Rolle fallen; *(atreverse)* unverschämt werden; *(insultar)* ausfallend werden

desmigajar [desmiɣa'xar] **I.** *vt* zerbröckeln; *(pan)* zerkrümeln **II.** *vr:* **~se** (zer)bröckeln; *(pan)* (zer)krümeln

desmilitarizar [desmilitari'θar] <z → c> *vt* entmilitarisieren

desmirriado, -a [desmi'rrjaðo, -a] *adj* *(flaco)* abgezehrt; *(raquítico)* schmächtig

desmitificación [desmitifika'θjon] *f* Entmythisierung *f*

desmonetizar [desmoneti'θar] <z → c> **I.** *vt* entwerten; **~ una moneda** Geld für ungültig erklären [*o* außer Kurs setzen] **II.** *vr:* **~se** im Wert fallen

desmonopolizar [desmonopoli'θar] <z → c> *vt* (ECON) das Monopol auflösen

desmontable [desmon̩'taβle] *adj* *(que se puede quitar)* abnehmbar; *(sacar)* herausnehmbar; *(deshacer)* zerlegbar; *(doblar)* zusammenklappbar

desmontaje [desmon̩'taxe] *m* ① *(de un arma)* Sicherung *f* ② *(de un mecanismo)* Zerlegung *f* ③ *(de una pieza)* Ausbau *m* ④ *(de una estructura)* Abbau *m;* *(de un edificio)* Abriss *m;* **~ social** Sozialabbau *m*

desmontar [desmon̩'tar] **I.** *vt* ① *(un mecanismo)* auseinanderbauen ② *(una pieza: quitar)* abmontieren; *(sacar)* ausbauen ③ *(una estructura)* abbauen; *(un edificio)* abreißen ④ *(un bosque)* abholzen ⑤ *(un terreno)* (ein)ebnen ⑥ *(un montón de tierra)* abtragen ⑦ *(una pistola)* sichern ⑧ *(de un caballo/una moto)* herunterstoßen **II.** *vi* *(de un caballo)* vom Pferd (ab)steigen; *(de una moto)* vom Motorrad (ab)steigen **III.** *vr:* **~se** *(bajarse)* absteigen

desmonte [des'mon̩te] *m* ① *(de un terreno)* Planierung *f* ② *(de un bosque)* Rodung *f* ③ *(escombros)* Schutt *m* ④ *pl* (AGR) Lichtung *f*

desmoralización [desmoraliθa'θjon] *f* ① *(desánimo)* Entmutigung *f,* Demoralisierung *f;* **no sé a qué se debe su ~** ich weiß nicht, warum er/sie so mutlos ist ② *(de las costumbres)* Untergrabung *f* der Moral, Untergrabung *f* von Sitte und Ordnung, Demoralisation *f;* *(efecto)* Sittenlosigkeit *f,* Zuchtlosigkeit *f*

desmoralizador(a) [desmoraliθa'ðor(a)] *adj* ① *(que desanima)* entmutigend ② *(que corrompe)* verderblich

desmoralizante [desmorali'θan̩te] *adj* entmutigend, demoralisierend

desmoralizar [desmorali'θar] <z → c> **I.** *vt* ① *(desanimar)* entmutigen; **la crítica la ha desmoralizado mucho** die Kritik hat an ihrem Selbstvertrauen genagt ② *(corromper)* verderben **II.** *vr:* **~se** ① *(desanimarse)* den Mut verlieren; *(perder la confianza)* an Selbstvertrauen verlieren; **las tropas se iban desmoralizando** die Moral der Truppe sank ② *(corromperse)* sittlich verfallen

desmoronamiento [desmorona'mjen̩to] *m* ① *(arruinamiento)* Zerfall *m;* *(de un edificio)* Einsturz *m* ② *(disminución)* Schwinden *nt;* *(de un sentimiento)* Abflauen *nt;* *(de un imperio)* Untergang *m;* *(de una ideología)* Scheitern *nt;* **la crisis económica produjo el ~ de mi fortuna** die Wirtschaftskrise kostete mich mein gesamtes Vermögen

desmoronar [desmoro'nar] **I.** *vt* *(deshacer)* zerbröckeln; *(edificio)* abreißen; (GEO) abtragen **II.** *vr:* **~se** ① *(deshacerse)* zerfallen; *(un edificio)* einstürzen; *(un muro)* bröckeln; (QUÍM) sich zersetzen ② *(disminuir)* schwinden; *(sentimiento)* abflauen; *(imperio)* untergehen; *(ideología)* scheitern ③ *(persona)* am Boden zerstört sein

desmotivar [desmoti'βar] **I.** *vt* demotivieren; **has conseguido ~me con tu pesimismo** durch deinen Pessimismus ist mir die Lust vergangen **II.** *vr:* **~se** das Interesse verlieren

desnatado, **-a** [desna'taðo, -a] *adj* ❶ *(leche)* entrahmt; **leche desnatada** Magermilch *f,* fettarme Milch ❷ *(metal)* frei von Schlacke

D

desnatar [desna'tar] *vt (la leche)* entrahmen

desnaturalizado, **-a** [desnaturali'θaðo, -a] *adj* ❶ *(expatriado)* ausgebürgert, denaturalisiert *geh* ❷ *(desvirtuado)* denaturiert, unnatürlich; *(animal)* entartet; *(alimentos)* ungenießbar ❸ *(hijo)* missraten, ungeraten

desnaturalizar [desnaturali'θar] <z → c> **I.** *vt* ❶ *(expatriar)* ausbürgern ❷ *(desvirtuar)* denaturieren; *(aspecto)* entstellen; *(carácter)* verderben; ~ **la competencia** den Wettbewerb verfälschen **II.** *vr:* **~se** *(expatriarse)* seine Ausbürgerung beantragen

desnivel [desni'βel] *m* ❶ *(diferencia de altura)* Gefälle *nt; (pendiente)* Steigung *f* ❷ *(desequilibrio)* Ungleichgewicht *nt; (disparidad)* Unterschied *m;* ~ **cultural** Kulturgefälle *nt* ❸ *(altibajo)* Unebenheit *f*

desnivelado, **-a** [desniβe'laðo, -a] *adj* ❶ *(terreno)* uneben ❷ *(torcido)* schräg ❸ *(desequilibrado)* nicht im Gleichgewicht befindlich; *(fig)* unausgeglichen

desnivelar [desniβe'lar] **I.** *vt* ❶ *(un terreno)* uneben machen ❷ *(desequilibrar)* aus dem Gleichgewicht bringen; *(balanza)* manipulieren **II.** *vr:* **~se** ❶ *(torcerse)* schief sein; *(calle)* abfallen ❷ *(perder el equilibrio)* aus dem Gleichgewicht geraten

desnucar [desnu'kar] <c → qu> **I.** *vt* ❶ *(herir)* ~ **a alguien de un golpe** jdm einen Schlag ins Genick versetzen ❷ *(matar)* das Genick brechen *+dat;* ~ **una gallina** einem Huhn den Hals umdrehen; ~ **el conejo de un golpe en el cogote** den Hasen durch einen Schlag ins Genick töten **II.** *vr:* **~se** *(matarse)* sich *dat* das Genick brechen

desnuclearizado, **-a** [desnukleari'θaðo, -a] *adj* atomwaffenfrei

desnudar [desnu'ðar] **I.** *vt* ❶ *(desvestir)* ausziehen ❷ *(descubrir)* entblößen **II.** *vr:* **~se** *(desvestirse)* sich ausziehen

desnudez [desnu'ðeθ] *f* Nacktheit *f; (fig)* Kahlheit *f*

desnudo[1] [des'nuðo] *m* (ARTE) Akt *m*

desnudo, **-a**[2] [des'nuðo, -a] *adj* ❶ *(desvestido)* nackt ❷ *(con poca ropa)* halb nackt ❸ *(despojado)* bloß; *(pared, paisaje)* kahl; *(suelo)* blank ❹ *(pobre)* mittellos; **este mes me he quedado ~** *(fam)* diesen Monat bin ich völlig blank ❺ *(claro)* offensichtlich; **al ~** offen; **decir a alguien la verdad desnuda** jdm die nackte Wahrheit sagen ❻ *(desprovisto)* ~ **de** ohne

desnutrición [desnutri'θjon] *f* Unterernährung *f*

desobedecer [desoβeðe'θer] *irr como crecer* **I.** *vi* nicht gehorchen; (MIL, POL) den Gehorsam verweigern **II.** *vt (una orden)* nicht befolgen; *(a una autoridad)* nicht gehorchen *+dat;* (MIL, POL) den Gehorsam verweigern *+dat*

desobediencia [desoβe'ðjen̪θja] *f* Ungehorsam *m;* (MIL, POL) Gehorsamsverweigerung *f*

desobediente [desoβe'ðjen̪te] *adj* ungehorsam; (POL, MIL) rebellisch

desocupación [desokupa'θjon] *f* ❶ *(desembarazo)* Räumung *f; (evacuación)* Evakuierung *f; (de un paso)* Freigabe *f* ❷ *(paro)* Arbeitslosigkeit *f* ❸ *(ociosidad)* Untätigkeit *f*

desocupado, **-a** [desoku'paðo, -a] **I.** *adj* ❶ *(parado)* arbeitslos ❷ *(vacío)* leer; *(vivienda)* leer stehend; *(paso, plaza)* frei; *(ocioso)* unbeschäftigt; **estoy ~** ich habe nichts zu tun **II.** *m, f* Arbeitslose(r) *mf*

desocupar [desoku'par] **I.** *vt* ❶ *(dejar libre)* frei machen; *(carretera)* räumen; *(evacuar)* evakuieren; ~ **una vivienda** aus einer Wohnung ausziehen, eine Wohnung räumen; **los manifestantes ~on las vías** die Demonstranten gaben die Gleise frei ❷ *(vaciar)* leeren **II.** *vr:* **~se** ❶ *(quedar libre de una ocupación)* freihaben; **cuando pueda ~me iré a verte** wenn ich mich freimachen kann, besuche ich dich ❷ *(quedarse vacante)* frei werden

desodorante [desoðo'ran̪te] **I.** *adj (para el hogar)* geruchtilgend; *(para el cuerpo)* de(s)odorierend; **espray ~** *(para el cuerpo)* Deospray *nt; (para el hogar)* Raumspray *nt* **II.** *m (para el cuerpo)* Deo *nt*

desoír [deso'ir] *vt irr como oír* nicht hören (auf *+akk*)

desolación [desola'θjon] *f* ❶ *(devastación)* Verwüstung *f* ❷ *(desconsuelo)* Verzweiflung *f*

desolado, **-a** [deso'laðo, -a] *adj* ❶ *(desierto)* trostlos ❷ *(desconsolado)* verzweifelt

desolador(a) [desola'ðor(a)] *adj* ❶ *(trágico)* erschütternd ❷ *(asolador)* verheerend

desolar [deso'lar] <o → ue> **I.** *vt* ❶ *(destruir)* verwüsten ❷ *(afligir)* erschüttern **II.** *vr:* **~se** erschüttert sein

desolladero [desoʎa'ðero] *m* Schlachthof *m*

desollado, **-a** [deso'ʎaðo, -a] **I.** *adj* ❶ *(descarado)* frech, unverschämt

② *(animal)* abgehäutet ③ *(piel)* abgeschürft **II.** *m, f* unverschämter Mensch *m*

desollar [deso'ʎar] <o → ue> *vt* ① *(quitar la piel)* abhäuten; **~ a alguien vivo** *(fig)* jdm das Fell über die Ohren ziehen ② *(causar daño económico)* ausnehmen; *(engañar)* prellen ③ *(maltratar)* schikanieren ④ *(criticar)* verreißen; **~ a alguien** kein gutes Haar an jdm lassen *fam*

desopilativo[1] [desopila'tiβo] *m* (MED) Abführmittel *nt*

desopilativo, -a[2] [desopila'tiβo, -a] *adj* (MED) abführend

desopresión [desopre'sjon] *f sin pl* Befreiung *f* von der Unterdrückung

desorbitado, -a [desorβi'taðo, -a] *adj* ① *(ojos)* weit aufgerissen ② *(exagerado)* übertrieben; *(desmedido)* maßlos

desorbitante [desorβi'tan̪te] *adj* exorbitant; **precios ~s** Wucherpreise *mpl*

desorden [de'sorðen] *m* ① *(desarreglo)* Unordnung *f; (confusión)* Verwirrung *f;* **~ público** Störung der öffentlichen Ordnung; **el piso está en ~** die Wohnung ist nicht aufgeräumt ② *(exceso)* Ausschweifung *f* ③ *pl (alboroto)* Unruhen *fpl* ④ (MED) Störung *f*

desordenado, -a [desorðe'naðo, -a] *adj* ① *(desorganizado)* unordentlich; *(persona)* schlampig; *(cosa)* ungeordnet; *(vida)* ungeregelt ② *(excesivo)* ausschweifend

desordenar [desorðe'nar] *vt (turbar)* durcheinanderbringen; *(pelo)* zerzausen

desorejado, -a [desore'xaðo, -a] **I.** *adj* ① *(fam: vil)* gemein, niederträchtig ② *(AmS: desasado)* henkellos ③ *(AmS, Pan: con mal oído musical)* unmusikalisch ④ *(Arg, Urug: irresponsable)* unverantwortlich ⑤ *(Arg, Cuba, Urug: derrochador)* verschwenderisch ⑥ *(Col, AmC: tonto)* dumm, einfältig **II.** *m, f (fam: vil)* Schurke, -in *m, f,* Schuft *m*

desorganización [desorɣaniθa'θjon] *f* Unordnung *f,* Chaos *nt;* **en esta empresa llevan una ~ increíble** in dieser Firma herrscht ein unglaubliches Chaos

desorientación [desorjen̪ta'θjon] *f* ① *(extravío)* Irreführung *f* ② *(confusión)* Verwirrung *f* ③ *(falta de orientación)* Orientierungslosigkeit *f*

desorientador(a) [desorjen̪ta'ðor(a)] *adj* verwirrend, irritierend

desorientar [desorjen̪'tar] **I.** *vt* ① *(extraviar)* irreführen ② *(confundir)* verwirren; **estar desorientado** verwirrt sein **II.** *vr:* **~se** ① *(extraviarse)* sich verirren ② *(confundirse)* verwirrt sein

desovar [deso'βar] *vi* laichen

desove [de'soβe] *m* ① *(acción)* Laichen *nt* ② *(época)* Laichzeit *f,* Laiche

desovillar [desoβi'ʎar] **I.** *vt* ① *(un hilo)* abwickeln; *(un ovillo)* aufziehen, auflösen ② *(un misterio)* (auf)klären; *(un enredo)* entwirren; **~ un asunto** Licht in eine Sache bringen **II.** *vr:* **~se** ① *(ovillo)* aufgehen ② *(situación)* sich (auf)klären

desoxidar [deso^{y}si'ðar] **I.** *vt* ① *(quitar el oxígeno)* desoxidieren ② *(quitar el óxido)* entrosten ③ *(fig: un conocimiento)* aufbessern; **quiero ~ mi español** ich möchte mein Spanisch aufbessern **II.** *vr:* **~se** Sauerstoff freigeben

desoxigenar [deso^{y}sixe'nar] **I.** *vt* (QUÍM) desoxydieren (+*dat*) **II.** *vr:* **~se** (QUÍM) Sauerstoff freigeben

despabilado, -a [despaβi'laðo, -a] *adj* ① *(listo)* aufgeweckt ② *(despierto)* wach

despabilar [despaβi'lar] **I.** *vt* ① *(despertar)* munter machen ② *(avivar)* aufrütteln; **en la mili ya lo ~án** beim Militär werden sie ihm schon zeigen, wo es langgeht *fam;* **es muy perezosa, pero en el colegio ya la ~án** sie ist sehr faul, aber in der Schule werden sie ihr schon Dampf machen *fam* ③ *(acabar deprisa)* schnell erledigen; *(fortuna)* durchbringen; *(comida)* verdrücken *fam* ④ *(robar)* stehlen ⑤ *(matar)* erledigen **II.** *vi* ① *(darse prisa)* sich beeilen ② *(avivarse)* **si quieres empezar a trabajar por tu cuenta, tienes que ~** wenn du dich selb(st)ständig machen willst, musst du noch einiges lernen **III.** *vr:* **~se** ① *(sacudir el sueño)* munter werden; *(la pereza)* sich aufrappeln *fam* ② *(darse prisa)* sich beeilen ③ *(avivarse)* **se ha despabilado desde que va al colegio** seit er/sie zur Schule geht, ist er/sie viel aufgeweckter ④ *(Am: marcharse)* abhauen

despachado, -a [despa'ʧaðo, -a] *adj* ① *(fresco)* frech, unverschämt ② *(listo)* einfallsreich, geschickt ③ *(libre)* frei; **estar ~** nichts zu tun haben

despachar [despa'ʧar] **I.** *vt* ① *(enviar)* abschicken; *(mensajero)* entsenden ② *(concluir)* erledigen; *(buque)* abfertigen ③ *(resolver)* regeln; *(discutir)* besprechen; **~ con alguien** mit jdm eine Besprechung haben ④ *(atender)* bedienen ⑤ *(vender)* verkaufen ⑥ *(matar)* erledigen ⑦ *(comer)* verdrücken *fam; (beber)* hinunterkippen *fam* ⑧ *(despedir)* hinauswerfen **II.** *vi* ① *(acabar)* fertig werden ② *(atender)* bedienen; **por las tardes no despachan en esta tienda** am Nachmittag ist dieser Laden geschlossen **III.** *vr:* **~se** ① *(darse prisa)* sich beeilen ② *(desahogarse)* sich *dat* Luft machen; **~se a (su) gusto con al-**

D

guien *(decir lo que uno piensa)* jdm seine Meinung sagen; *(lo que uno siente)* jdm sagen, was man auf dem Herzen hat ❸ *(desembarazarse)* sich entledigen (**de** +*gen*)

despacho [des'patʃo] *m* ❶ *(de un pedido)* Ausführung *f; (de la correspondencia)* Erledigung *f; (de un buque/equipajes)* Abfertigung *f* ❷ *(envío)* Versand *m* ❸ *(de un asunto)* Regelung *f; (entrevista)* Besprechung *f* ❹ *(de clientes)* Bedienung *f* ❺ *(venta)* Verkauf *m;* **géneros sin ~** unverkäufliche Güter; **no tener buen ~** ein Ladenhüter sein; **tener buen ~** sich gut verkaufen ❻ *(despido)* Entlassung *f* ❼ *(oficina)* Büro *nt; (en casa)* Arbeitszimmer *nt;* **~ de abogado** Anwaltskanzlei *f;* **~ de aduana** Zollamt *nt;* **~ de patentes** Patentbüro *nt;* **mesa de ~** Schreibtisch *m;* **solo tenemos ~ por las mañanas** wir haben nur morgens geöffnet ❽ *(muebles)* Büroeinrichtung *f;* **comprarse un ~ nuevo** sein Büro neu einrichten ❾ *(taquilla)* Schalter *m; (tienda)* Laden *m;* **~ de billetes** (FERRO) Fahrkartenschalter *m;* (TEAT) Theaterkasse *f;* (CINE) Kinokasse *f;* **~ de localidades** Vorverkaufsstelle *f* ❿ *(parte)* Mitteilung *f; (telegrama)* Telegramm *nt; (entre gobiernos)* Kommuniqué *nt;* **~ judicial** richterliche Verfügung

despachurrar [despatʃu'rrar] **I.** *vt* ❶ *(aplastar)* zerquetschen; *(reventar)* zerschlagen ❷ *(embrollar)* falsch erzählen; **despachurras todos los chistes** du kannst keine Witze erzählen ❸ *(apabullar)* **me dejó despachurrado** ich war sprachlos; **lo despachurró con sus argumentos** er konnte seinen/ihren Argumenten nichts entgegensetzen **II.** *vr:* **~se** kaputtgehen; *(fruta)* matschig werden

despacio [des'paθjo] **I.** *adv* ❶ *(lentamente)* langsam; **por allí viene caminando ~** da hinten kommt er/sie gemächlichen Schrittes daher; **en esta oficina las cosas van ~** in diesem Büro dauert alles etwas länger ❷ *(calladamente)* leise ❸ *(por tiempo dilatado)* lange **II.** *interj* immer mit der Ruhe

despacioso, -a [despa'θjoso, -a] *adj* ❶ *(lento)* langsam; *(persona)* behäbig, gemütlich ❷ *(espacioso)* umfangreich, umfassend

despacito [despa'θito] **I.** *adv* ganz langsam; **levántalo ~** hebe es ganz langsam [*o* vorsichtig] hoch **II.** *interj* immer mit der Ruhe

despampanante [despampa'nan̩te] *adj* fantastisch; *(mujer)* atemberaubend

despanchurrar [despantʃu'rrar] *vt (fam)* zerdrücken, zerquetschen

desparejado, -a [despare'xaðo, -a] *adj* ❶ *(sin pareja)* einzeln; **este calcetín está ~** zu dieser Socke fehlt das Gegenstück ❷ *(dispar)* ungleich; **estos calcetines están ~s** diese Socken passen nicht zusammen

desparejar [despare'xar] **I.** *vt* trennen; **~ los calcetines** ein Paar Socken voneinander trennen **II.** *vr:* **~se** getrennt werden; **estos calcetines se han desparejado** zu diesen Socken fehlt jeweils das Gegenstück

desparejo, -a [despa'rexo, -a] *adj* verschieden, unterschiedlich; **ser ~ a algo** sich von etw *dat* unterscheiden

desparpajo [despar'paxo] *m* ❶ *(desenvoltura)* Ungezwungenheit *f; (en el hablar)* Redegewandtheit *f;* **con ~** ungezwungen ❷ *(habilidad)* Souveränität *f;* **con ~** souverän ❸ *(frescura)* Frechheit *f;* **con ~** frech ❹ *(Am: desorden)* Chaos *nt*

desparramado, -a [desparra'maðo, -a] *adj* ❶ *(extendido)* ausgedehnt, weitläufig; *(ancho)* weit ❷ *(abierto)* (weit) offen

desparramar [desparra'mar] **I.** *vt* ❶ *(dispersar)* verteilen; **~ los juguetes sobre el suelo** das Spielzeug über den ganzen Boden verteilen; **~ su atención** sich verzetteln ❷ *(un líquido)* verschütten ❸ *(malgastar)* verschwenden ❹ *(una noticia)* verbreiten ❺ *(Arg: diluir)* verdünnen **II.** *vr:* **~se** ❶ *(dispersarse)* sich verteilen; **el rebaño se desparramó por el campo** die Herde war über das Feld zerstreut; **al pasar el coche los pájaros se ~on** als der Wagen vorbeifuhr, stoben die Vögel auseinander ❷ *(un líquido)* fließen ❸ *(divertirse)* sich wild amüsieren ❹ *(dispersar su atención)* sich verzetteln

desparramo [despa'rramo] *m* ❶ *(Chil, Cuba: desparramiento)* Unordnung *f* ❷ *(Chil, Urug: desbarajuste)* Durcheinander *nt,* Wirrwarr *m*

despatarrado, -a [despata'rraðo, -a] *adj* ❶ *(espatarrado)* breitbeinig ❷ *(pasmado)* verblüfft ❸ *(asustado)* angsterfüllt

despatarrar [despata'rrar] **I.** *vt* ❶ *(asombrar)* verblüffen ❷ *(asustar)* erschrecken **II.** *vr:* **~se** ❶ *(espatarrarse)* die Beine spreizen ❷ *(pasmarse)* völlig verdutzt sein, sprachlos sein ❸ *(caerse)* stürzen, auf den Hintern fallen; **~se de risa** sich kaputtlachen, sich vor Lachen biegen

despavorido, -a [despaβo'riðo, -a] *adj* entsetzt

despechado, -a [despe'tʃaðo, -a] *adj* empört, verbittert, sauer *fam*

despechar [despe'tʃar] **I.** *vt (indignar)* ärgern **II.** *vr:* **~se** sich ärgern (**contra** über

+*akk*); **~se contra alguien** auf jdn wütend sein

despecho [des'peʧo] *m* ① *(animosidad)* Zorn *m* ② *(desesperación)* Verzweiflung *f* ③ *(loc)* **a ~ de** trotz +*gen*

despectivo, -a [despek'tiβo, -a] *adj* ① *(despreciativo)* verächtlich; *(desdeñoso)* herablassend; *(tono)* abfällig; **tratar de manera despectiva** von oben herab behandeln ② (LING) pejorativ

despedazamiento [despeðaθa'mjen̩to] *m* Zerstörung *f; (explosión)* Zerfetzen *nt; (cuchillo)* Zerstückeln *nt*

despedazar [despeða'θar] <z → c> **I.** *vt* *(romper)* kaputt machen; *(en mil pedazos)* zertrümmern; *(con un cuchillo)* zerstückeln; *(con una tijera)* zerschneiden; *(con las manos)* zerbröckeln; *(pan)* zerkrümeln; *(el corazón)* brechen; **la bomba le despedazó la mano** die Bombe zerfetzte ihm/ihr die Hand **II.** *vr:* **~se** kaputtgehen; *(en mil pedazos)* zerschellen; *(pan)* zerkrümeln; *(muro)* bröckeln; *(cristal)* zersplittern; *(globo)* zerplatzen; **se me despedazó el alma cuando vi tanta miseria** *(fig)* beim Anblick von so viel Leid zerriss es mir das Herz

despedida [despe'ðiða] *f* ① *(separación)* Abschied *m* ② *(acto oficial)* Verabschiedung *f; (fiesta)* Abschiedsfeier *f;* **~ de soltero** Polterabend *m;* **cena de ~** Abschiedsessen *nt;* **mañana le dan la ~ en el palacio** morgen wird er/sie (offiziell) im Palast verabschiedet ③ *(en una carta)* Schlussformel *f*

despedir [despe'ðir] *irr como pedir* **I.** *vt* ① *(decir adiós)* verabschieden; **~ un testigo** *(fig)* einen Zeugen entlassen; **~ a alguien con una fiesta** jdm zu Ehren ein Abschiedsfest geben; **salió a ~me a mi coche** er/sie begleitete mich bis zu meinem Auto; **vinieron a ~me al aeropuerto** sie brachten mich zum Flughafen ② *(echar)* hinauswerfen; *(de un empleo)* entlassen ③ *(difundir)* verbreiten; *(emitir)* ausstoßen; *(un olor)* verströmen; **el volcán despide fuego** der Vulkan speit Feuer ④ *(lanzar)* schleudern; *(flecha)* abschießen ⑤ *(apartar de sí)* loswerden **II.** *vr:* **~se** ① *(decir adiós)* sich verabschieden; **~se a la francesa** ohne ein Abschiedswort weggehen ② *(dejar un empleo)* kündigen; **~se de un trabajo** eine Stelle aufgeben ③ *(de obtener/conseguir algo)* **despídete de ese dinero** das Geld siehst du nie wieder; **despídete este mes de salir por las noches** diesen Monat darfst du abends nicht mehr ausgehen; **~se de ir de viaje** seine Reisepläne aufgeben

despegado, -a [despe'ɣaðo, -a] *adj* ① *(poco cariñoso)* kühl, distanziert, lieblos ② *(áspero)* unfreundlich, schroff

despegar [despe'ɣar] <g → gu> **I.** *vt* abmachen; **~ dos hojas** zwei Blätter voneinander lösen; **obedecer sin ~ los labios** wortlos gehorchen; **estar sin ~ los labios** kein Wort sagen **II.** *vi* starten; **la economía no despega** die Wirtschaft kommt nicht in Gang **III.** *vr:* **~se** ① *(desprenderse)* sich (ab)lösen; *(deshacerse)* auseinanderfallen ② *(perder el afecto)* sich abwenden

despego [des'peɣo] *m* ① *(falta de cariño)* Kühle *f* ② *(falta de afecto)* Abneigung *f* (**por** gegen +*akk*); **sentir ~ por alguien** jdn nicht mögen ③ *(falta de interés)* Gleichgültigkeit *f*

despegue [des'peɣe] *m* ① (AERO) Start *m* ② (ECON) wirtschaftlicher Aufschwung *m*

despeinado, -a [despei̯'naðo, -a] *adj* ungekämmt

despeinar [despei̯'nar] **I.** *vt* das Haar zerzausen +*dat* **II.** *vr* **me despeiné** meine Frisur geriet in Unordnung

despejado, -a [despe'xaðo, -a] *adj* ① *(sin nubes)* wolkenlos ② *(sin obstáculos)* frei ③ *(ancho)* breit; *(habitación)* groß ④ *(listo)* aufgeweckt ⑤ *(despierto)* munter; *(cabeza)* klar

despejar [despe'xar] **I.** *vt* ① *(un lugar)* frei machen; *(mesa)* abräumen; *(sala)* räumen; **~ la calle de nieve** den Schnee von der Straße räumen ② *(una situación)* klären; *(un misterio)* aufklären ③ *(una persona)* munter machen; **el aire fresco despejó mi mente** durch die frische Luft bekam ich wieder einen klaren Kopf ④ (DEP) abwehren; **~ el tiro a córner** den Ball ins Toraus kicken **II.** *vr:* **~se** ① *(cielo, misterio)* sich aufklären; **parece que se va a ~ el día** es sieht so aus, als ob sich das Wetter heute noch bessert ② *(despabilarse)* munter werden; *(mentalmente)* einen klaren Kopf bekommen ③ *(adquirir desenvoltura)* seine Befangenheit ablegen ④ *(un enfermo)* **se ha despejado un poco** sein/ihr Fieber ist leicht gesunken

despeje [des'pexe] *m* *(en fútbol)* Abwehrschuss *m;* *(hockey)* Befreiungsschlag *m*

despejo [des'pexo] *m* ① *(de un lugar)* Räumung *f* ② *(en el trato)* Ungezwungenheit *f;* **el ~ que muestras con tus superiores** deine ungezwungene Art, mit deinen Vorgesetzten umzugehen ③ *(entendimiento)* klarer Verstand *m*

despellejado, -a [despeʎe'xaðo, -a] *adj* ① *(animal)* abgehäutet ② *(piel)* abgeschürft ③ *(tela)* zerschlissen, abgewetzt ④ *(fam: sin dinero)* blank, pleite

despellejar [despeʎe'xar] **I.** *vt* ① *(desollar)* häuten ② *(fam: maldecir)* kein gutes Haar lassen (**a** an +*dat*) ③ *(fam: desvalijar)* das Hemd über den Kopf ziehen +*dat* **II.** *vr:* **~se** sich häuten

despelotarse [despelo'tarse] *vr (fam)* ① *(desnudarse)* sich ausziehen ② *(de risa)* sich totlachen

despelote [despe'lote] *m (fam)* Durcheinander *nt;* **¡qué ~!** so ein Chaos!

despeluzar [despelu'θar] <z → c> *vt, vr v.* **despeluznar**

despeluznante [despeluθ'nan̩te] *adj* haarsträubend

despeluznar [despeluθ'nar] *vt, vr:* **~se** ① *(felpa, pelo)* zerzausen ② *(erizar el cabello)* das Fell sträuben ③ *(Cuba: desplumar)* ausplündern

despenalización [despenaliθa'θjon] *f* Legalisierung *f*

despenalizar [despenali'θar] <z → c> *vt* legalisieren; **~ el aborto** die Abtreibung legalisieren

despenar [despe'nar] *vt* ① *(consolar)* trösten ② *(fam: matar)* abmurksen

despensa [des'pensa] *f* ① *(fresquera)* Speisekammer *f* ② *(provisiones)* Vorrat *m* ③ *(comestibles)* Nahrungsmittel *ntpl* ④ *(Arg: almacén)* Lager *nt*

despeñadero[1] [despeɲa'ðero] *m* ① (GEO) Abgrund *m* ② *(riesgo)* Wagnis *nt;* **meterse en un ~** sich in ein gefährliches Unterfangen stürzen

despeñadero, -a[2] [despeɲa'ðero, -a] *adj* abschüssig

despeñar [despe'ɲar] **I.** *vt* herabstürzen; **~ a alguien por un precipicio** jdn in den Abgrund stürzen **II.** *vr:* **~se** (ab)stürzen; **el motorista se despeñó por el talud** der Motorradfahrer stürzte die Rampe herab; **~se a un vicio** einem Laster völlig verfallen

desperdiciar [desperði'θjar] *vt* verschwenden; *(ocasión)* verpassen

desperdicio [desper'ðiθjo] *m* ① *(residuo)* Abfall *m;* **~s biológicos** Biomüll *m* ② *(malbaratamiento)* Verschwendung *f;* **no tener ~** sehr nützlich sein

desperdigado, -a [desperði'ɣaðo, -a] *adj* zerstreut

desperdigar [desperði'ɣar] <g → gu> *vt, vr:* **~se** (sich) zerstreuen

desperezarse [despere'θarse] <z → c> *vr* sich recken

desperfecto [desper'fekto] *m* ① *(deterioro)* Schaden *m* ② *(defecto)* Fehler *m;* **esta máquina tiene un pequeño ~** diese Maschine ist leicht defekt

despertador [desperta'ðor] *m (reloj)* Wecker *m*

despertar [desper'tar] <e → ie> **I.** *vt* wecken **II.** *vr:* **~se** aufwachen **III.** *m* Erwachen *nt*

despezuñarse [despeθu'ɲarse] *vr (AmS, PRico: ir con prisa)* eilig schreiten, eilen; *(desvivirse)* sich sehr bemühen

despiadado, -a [despja'ðaðo, -a] *adj (inhumano)* unbarmherzig; *(cruel)* erbarmungslos

despido [des'piðo] *m (descontratación)* Kündigung *f;* **~ colectivo** Massenentlassung *f*

despierto, -a [des'pjerto, -a] *adj* ① *(insomne)* wach ② *(listo)* aufgeweckt; **mente despierta** reger Verstand

despiezar [despje'θar] <z → c> *vt* auseinandernehmen, zerlegen; **~ una máquina** eine Maschine auseinanderbauen

despilfarrador(a) [despilfarra'ðor(a)] **I.** *adj* verschwenderisch **II.** *m(f)* Verschwender(in) *m(f)*

despilfarrar [despilfa'rrar] *vt* verschwenden

despilfarro [despil'farro] *m (derroche)* Verschwendung *f*

despiojar [despjo'xar] *vt* entlausen

despistado, -a [despis'taðo, -a] **I.** *adj* zerstreut **II.** *m, f* **eres un ~** wo hast du nur deine Gedanken?

despistar [despis'tar] **I.** *vt* irreführen **II.** *vr:* **~se** ① *(perderse)* sich verirren ② *(desconcertarse)* durcheinanderkommen

despiste [des'piste] *m* Verwirrung *f;* **un ~ lo tiene cualquiera** das kann jedem mal passieren

desplante [des'plan̩te] *m* Frechheit *f*

desplazado, -a [despla'θaðo, -a] *adj* deplatziert

desplazamiento [desplaθa'mjen̩to] *m* ① *(traslado)* Umzug *m* ② *(remoción)* Verschiebung *f*

desplazar [despla'θar] <z → c> *vt* ① *(muebles)* verschieben; *(enfermos)* verlagern ② *(suplantar)* aus dem Amt verdrängen

desplegable [desple'ɣaβle] *adj (silla)* aufklappbar; *(cartón)* auseinanderfaltbar; **silla ~** Klappstuhl *m*

desplegar [desple'ɣar] *vt irr como fregar* ① *(abrir)* öffnen; *(desdoblar)* auseinanderfalten ② (MIL) ausschwärmen lassen ③ *(desarrollar)* entfalten; **~ toda su fantasía** seine ganze Fantasie einsetzen

despliegue [des'pljeɣe] *m* Entfaltung *f;* (MIL) Aufmarsch *m*

desplomarse [desplo'marse] *vr* ❶ *(casa)* einstürzen ❷ *(persona)* zusammenbrechen ❸ *(desviarse)* aus dem Lot geraten
desplome [des'plome] *m* Abweichung *f* vom Lot, Sichsenken *nt;* **el ~ de un edificio** das Sichsenken eines Gebäudes; **el ~ de los precios** der Preiseinbruch
desplomo [des'plomo] *m* Abweichung *f* vom Lot, Sichsenken *nt*
desplumar [desplu'mar] *vt* ❶ *(plumas)* rupfen ❷ *(robar)* ausrauben; **~ a alguien jugando a las cartas** jdn beim Kartenspiel ausnehmen *fam*
despoblado[1] [despo'βlaðo] *m* *(yermo)* Einöde *f*
despoblado, -a[2] [despo'βlaðo, -a] *adj* unbewohnt
despoblar [despo'βlar] <o → ue> *vt* *(de habitantes)* entvölkern; *(un bosque)* abholzen; **el huracán despobló la zona de árboles** der Orkan riss alle Bäume in dem Gebiet mit sich
despojar [despo'xar] **I.** *vt* wegnehmen; **la ~on de todo** sie haben ihr alles weggenommen; **~ de un derecho a alguien** jdm ein Recht entziehen **II.** *vr:* **~se** ❶ *(desistir)* verzichten (**de** auf +*akk*) ❷ *(quitar)* ablegen (**de** +*akk*); *(ropa)* ausziehen (**de** +*akk*)
despojo [des'poxo] *m* ❶ *(presa)* Beute *f;* **~ del mar** Strandgut *nt* ❷ *pl* *(restos)* Überreste *mpl; (del matadero)* Schlachtabfall *m; (escombros)* Bauschutt *m; (mortales)* sterbliche Überreste *mpl*
despolitizar [despoliti'θar] <z → c> *vt* entpolitisieren
desposado, -a [despo'saðo, -a] *adj* ❶ *(recién casado)* jungverheiratet, frisch verheiratet ❷ *(llevar esposas)* mit Handschellen gefesselt
desposar [despo'sar] **I.** *vt* trauen **II.** *vr:* **~se** heiraten (**con** +*akk*)
desposeer [despose'er] *irr como leer* **I.** *vt* ❶ *(expropiar)* enteignen ❷ *(no reconocer)* aberkennen; **la desposeyeron de sus derechos** ihre Rechte wurden ihr aberkannt ❸ *(destituir)* **~ de su cargo** absetzen ❹ *(fam: desplumar)* **~ a alguien de algo** jdm etw wegnehmen **II.** *vr:* **~se** ❶ *(renunciar)* verzichten (**de** auf +*akk*) ❷ *(desapropiarse)* aufgeben (**de** +*akk*)
desposeído, -a [despose'iðo, -a] **I.** *pp de* **desposeer** **II.** *adj* besitzlos, arm; **estar ~ de una cosa** einer Sache verlustig gehen
desposeimiento [desposei̯'mjen̩to] *m* ❶ *(privación)* Enteignung *f* ❷ *(renuncia)* Besitzaufgabe *f* ❸ *(destitución)* Absetzung *f*
desposorio(s) [despo'sorjo(s)] *m(pl)* ❶ *(esponsales)* Eheversprechen *nt* ❷ *(matrimonio)* Heirat *f*
despostador(a) [desposta'ðor(a)] *m(f)* *(Arg)* Person *f*, die Schlachtvieh zerlegt
despostar [despos'tar] *vt (AmS)* zerlegen
déspota ['despota] *mf* Despot(in) *m(f)*
despótico, -a [des'potiko, -a] *adj* tyrannisch
despotismo [despo'tismo] *m* ❶ *(sistema)* Despotismus *m*, Gewaltherrschaft *f* ❷ *(tiranía)* Despotie *f*
despotricar [despotri'kar] <c → qu> *vi* *(fam)* ❶ *(chochear)* quasseln ❷ *(maldecir)* herziehen (über +*akk*)
despreciable [despre'θjaβle] *adj* verwerflich
despreciar [despre'θjar] **I.** *vt* ❶ *(menospreciar)* verachten ❷ *(rechazar)* verschmähen; *(oferta)* ausschlagen **II.** *vr:* **~se** sich herabwürdigen; **no ~se de hacer cualquier trabajo** sich *dat* für keine Arbeit zu schade sein
desprecio [des'preθjo] *m* Verachtung *f*
desprender [despren̩'der] **I.** *vt* ❶ *(soltar)* abmachen (**de** von +*dat*) ❷ *(deducir)* schließen (**de** aus +*dat*); **de su aviso desprendemos que...** ihrer Nachricht entnehmen wir, dass ... **II.** *vr:* **~se** ❶ *(soltarse)* sich lösen ❷ *(deshacerse)* weggeben (**de** +*akk*); *(desembarazarse)* loswerden (**de** +*akk*); **~se de cualquier duda** jegliche Zweifel ablegen ❸ *(deducirse)* **de tu comportamiento se desprende que...** aus deinem Verhalten lässt sich schließen, dass ...
desprendido, -a [despren̩'diðo, -a] *adj* *(generoso)* großzügig
desprendimiento [despren̩di'mjen̩to] *m* ❶ *(separación)* (Los)lösung *f;* **~ de tierras** Erdrutsch *m* ❷ *(generosidad)* Großzügigkeit *f*
despreocupación [despreokupa'θjon] *f* ❶ *(indiferencia)* Unbekümmertheit *f* ❷ *(insensatez)* Unvernunft *f*
despreocupado, -a [despreoku'paðo, -a] *adj* ❶ *(descuidado)* leichtsinnig ❷ *(ingenuo)* unbefangen
despreocuparse [despreoku'parse] *vr* ❶ *(tranquilizarse)* sich entspannen ❷ *(desatender)* vernachlässigen (**de** +*akk*)
despresar [despre'sar] *vt (AmS)* zerlegen
desprestigiar [despresti'xjar] **I.** *vt* herabwürdigen **II.** *vr:* **~se** ❶ *(rebajarse)* sich erniedrigen ❷ *(perder reputación)* sein Ansehen verlieren
desprestigio [despres'tixjo] *m* Verlust *m* des Ansehens
desprevenido, -a [despreβe'niðo, -a] *adj* unvorbereitet; **coger ~** überrumpeln

D

desprivatización [despriβatiθa'θjon] *f* Entprivatisierung *f,* Vergesellschaftung *f*
desproporción [despropor'θjon] *f* Missverhältnis *nt*
desproporcionado, -a [desproporθjo'naðo, -a] *adj* unverhältnismäßig
despropósito [despro'posito] *m* Unsinn *m;* **solamente dices ~s** du redest nur Unsinn
desprotegido, -a [desprote'xiðo, -a] *adj* schutzlos
desproveer [desproβe'er] *vt irr como proveer* nicht versorgen (**de** mit +*dat*)
desprovisto, -a [despro'βisto, -a] *adj* **~ de** ohne +*akk;* **el estadio está ~ de las normas de seguridad necesarias** der Sicherheitsstandard des Stadions ist nicht ausreichend
después [des'pwes] **I.** *adv* ① *(tiempo)* nachher; **~ de todo** *(concesivo)* trotz allem; **~ de la cena** nach dem Essen; **una hora ~** eine Stunde später ② *(espacio)* **~ de** hinter +*dat* **II.** *conj* **~ (de) que** nachdem
despuntar [despuṇ'tar] **I.** *vt* *(gastar la punta)* abstumpfen; *(quitarla)* die Spitze abbrechen +*gen* **II.** *vi* ① *(brotar)* knospen ② *(amanecer)* anbrechen; **al ~ la aurora** bei Tagesanbruch ③ *(distinguirse)* sich hervortun; **despunta en inglés** in Englisch ist er/sie besonders gut **III.** *vr:* **~se** *(gastarse)* stumpf werden
desquiciado, -a [deski'θjaðo, -a] *adj (fam: familia)* zerrüttet
desquiciar [deski'θjar] **I.** *vt* ① *(desencajar)* aus den Angeln heben ② *(alterar)* erschüttern **II.** *vr:* **~se** den Halt verlieren
desquitar [deski'tar] *vt, vr:* **~se** ① *(resarcir)* wiedergewinnen; **~se de una pérdida** einen Verlust wiedergutmachen ② *(desagraviar)* sich schadlos halten (**de** an +*dat*)
desquite [des'kite] *m (satisfacción)* Genugtuung *f;* *(venganza)* Vergeltung *f;* **tomar(se) el ~** sich rächen
desratización [desrratiθa'θjon] *f* Bekämpfung *f* von Ratten und Mäusen
desrazonable [desrraθo'naβle] *adj* unvernünftig, irrational
desregulación [desrreɣula'θjon] *f* Regellosigkeit *f*
desrielar [desrrje'lar] *vi (Am)* entgleisen
destacable [desta'kaβle] *adj* erwähnenswert
destacado, -a [desta'kaðo, -a] *adj* herausragend
destacamento [destaka'meṇto] *m (policía)* Polizeieinheit *f*
destacar [desta'kar] <c → qu> **I.** *vi* hervorstechen; **~ en el deporte** im Sport ein Ass sein **II.** *vt (realzar)* hervorheben **III.** *vr:* **~se** *(descollar)* sich abheben (**de/entre** von +*dat*)
destajo [des'taxo] *m* Akkordarbeit *f;* **trabajar a ~** im Akkord arbeiten; *(fam fig)* arbeiten wie ein Pferd; **hablar a ~** *(fam)* reden wie ein Wasserfall; **a ~** *(Arg, Chil: a ojo)* aufs Geratewohl
destapar [desta'par] **I.** *vt* ① *(abrir)* aufmachen; **~ la olla** den Deckel vom Topf nehmen ② *(desabrigar)* aufdecken ③ *(secretos)* enthüllen **II.** *vr:* **~se** ① *(perder la tapa)* aufgehen ② *(desabrigarse)* sich aufdecken ③ *(fam: desnudarse)* sich ausziehen ④ *(descubrirse)* sich bloßstellen ⑤ *(desahogarse)* sich aussprechen (**con** bei +*dat*)
destartalado, -a [destarta'laðo, -a] *adj* verwahrlost
destejar [deste'xar] *vt* abdecken
destellar [deste'ʎar] *vi* funkeln
destello [des'teʎo] *m* ① *(rayo)* Strahl *m* ② *(reflejo)* Abglanz *m* ③ *(resplandor)* Schimmer *m* ④ *(indicio)* Anflug *m*
destemplado, -a [destem'plaðo, -a] *adj* ① *(sonido)* verstimmt ② *(voz)* rau ③ *(tiempo)* unfreundlich ④ *(persona)* unpässlich
destemplanza [destem'plaṇθa] *f* ① *(inmoderación)* Unmäßigkeit *f;* **con ~** unmäßig ② *(tiempo)* Unbeständigkeit *f* ③ *(malestar)* Unpässlichkeit *f*
destemplar [destem'plar] **I.** *vt* ① *(sonido)* verstimmen ② *(perturbar)* stören **II.** *vr:* **~se** ① *(alterarse)* heftig werden ② *(indisponerse)* unpässlich werden
desteñido, -a [deste'ɲiðo, -a] *adj* verwaschen
desteñir [deste'ɲir] *irr como ceñir* **I.** *vi* abfärben **II.** *vt* ① *(descolorar)* ausbleichen; (QUÍM) entfärben ② *(manchar)* verfärben **III.** *vr:* **~se** verblassen
desternillarse [desterni'ʎarse] *vr* **~ de risa** sich totlachen
desterrado, -a [deste'rraðo, -a] **I.** *adj* verbannt; **la pena de muerte es una práctica desterrada en este país** in diesem Land wird die Todesstrafe nicht mehr angewandt **II.** *m, f* Verbannte(r) *f(m)*
desterrar [deste'rrar] <e → ie> *vt* ① *(exiliar)* verbannen; **~ del país** des Landes verweisen ② *(alejar)* vertreiben
destetar [deste'tar] *vt* abstillen
destiempo [des'tjempo] *m* **a ~** ungelegen
destierre [des'tjerre] *m* (MIN) Säuberung *f* des Gesteins
destierro [des'tjerro] *m* ① *(pena)* Verbannung *f* ② *(lugar)* Exil *nt* ③ *(lugar muy alejado)* abgelegener Ort *m*
destilación [destila'θjon] *f* Destillation *f*

destilar [desti'lar] **I.** *vi* tröpfeln **II.** *vt* ① *(alambicar)* destillieren ② *(filtrar)* filtrieren ③ *(soltar)* absondern; **la herida destila la sangre** die Wunde blutet ④ *(sentimiento)* offenbaren; **la crítica destila mala leche** die Kritik steckt voller Bosheiten

destilería [destile'ria] *f* Brennerei *f*

destinación [destina'θjon] *f* ① *(acción)* Bestimmung *f*, Anordnung *f* ② *(efecto)* Zuweisung *f*

destinar [desti'nar] *vt* ① *(dedicar)* bestimmen (**a** für +*akk*); *(asignar)* zuweisen +*dat* ② *(enviar)* versetzen ③ *(designar)* ernennen; ~ **para Ministro de Defensa** zum Verteidigungsminister ernennen

destinatario, **-a** [destina'tarjo, -a] *m, f* Empfänger(in) *m(f)*

destino [des'tino] *m* ① *(hado)* Schicksal *nt;* **tuvo un ~ muy triste** ihm/ihr war ein schweres Los beschieden ② *(empleo)* Anstellung *f;* **pedir un importante ~ en el gobierno** sich um einen wichtigen Regierungsposten bewerben ③ *(destinación)* Bestimmungsort *m;* **estación de ~** Endstation *f;* **puerto de ~** Bestimmungshafen *m;* **el barco sale con ~ a México** das Schiff fährt nach Mexiko ④ *(finalidad)* Zweck *m*

destitución [destitu'θjon] *f* Entlassung *f;* ~ **del cargo** Amtsenthebung *f*

destituido, **-a** [destitu'iðo, -a] *adj* ① *(despedido)* abgesetzt ② *(falto de)* frei von +*dat;* ~ **de fundamento** grundlos; **una tarea destituida de importancia** eine bedeutungslose Aufgabe

destituir [destitu'ir] *vt irr como huir* ① *(despedir)* entlassen; ~ **al jefe de gobierno** den Regierungschef absetzen ② *(elev: privar)* ~ **a alguien de algo** jdm etw entziehen

destorcer [destor'θer] *irr como cocer* **I.** *vt* aufdrehen **II.** *vr:* **~se** ① *(cable)* sich aufdrehen ② (NÁUT) vom Kurs abkommen

destornillador [destorniʎa'ðor] *m* Schraubenzieher *m*

destornillar [destorni'ʎar] *vt* abschrauben

destoserse [desto'serse] *vr* sich räuspern, hüsteln

destrabar [destra'βar] **I.** *vt* losbinden **II.** *vr:* **~se** sich losmachen

destral [des'tral] *m* Handbeil *nt*

destreza [des'treθa] *f* Geschicklichkeit *f;* ~ **manual** Handfertigkeit *f;* **con ~** geschickt

destripador(a) [destripa'ðor(a)] *m(f)* *(fig)* Mörder(in) *m(f);* **Jack el ~** Jack the Ripper

destripar [destri'par] *vt* ① *(despanzurrar)* ausnehmen ② *(despachurrar, t. fig)* zerquetschen ③ *(estropear)* vermasseln

destrísimo, **-a** [des'trisimo, -a] *adj superl de* **diestro**

destronar [destro'nar] *vt* entthronen

destroncar [destroŋ'kar] <c → qu> **I.** *vt* ① *(árbol)* fällen, umhauen ② *(discurso, ensayo)* verpatzen ③ *(dañar)* Schaden zufügen (**a** +*dat*) ④ *(derrengar)* zugrunde richten **II.** *vr:* **~se** *(derrengar)* sich abarbeiten, sich kaputt arbeiten

destrozar [destro'θar] <z → c> *vt* ① *(despedazar)* zerstören; *(libro)* zerreißen; *(ropa)* abtragen; ~ **un vehículo** *(conduciendo)* zu Schrott fahren ② *(moralmente)* zerstören; **estar destrozado** am Boden zerstört sein ③ *(fam: físicamente)* schaffen; **el viaje me ha destrozado** von der langen Reise bin ich völlig gerädert; **he trabajado todo el día y estoy destrozado** ich habe den ganzen Tag geschuftet und bin fix und fertig ④ *(planes)* zunichtemachen ⑤ *(enemigo, cosecha)* vernichten

destrozo [des'troθo] *m* *(daño)* Schaden *m*

destrucción [destruʸ'θjon] *f* Zerstörung *f;* ~ **del medio ambiente** Umweltzerstörung *f*

destructivo, **-a** [destruk'tiβo, -a] *adj* destruktiv

destructor[1] [destruk'tor] *m* (MIL) Zerstörer *m*

destructor(a)[2] [destruk'tor(a)] *m(f)* Zerstörer(in) *m(f)*

destruible [destru'iβle] *adj* zerstörbar

destruir [destru'ir] *vt irr como huir* ① *(destrozar)* zerstören, vernichten ② *(física o moralmente)* zugrunde richten ③ *(aniquilar)* zunichtemachen ④ *(malbaratar)* herunterwirtschaften

desubicado, **-a** [desuβi'kaðo, -a] *adj* *(Am)* desorientiert; *(fig)* zerstreut

desuncir [desuṇ'θir] <c → z> *vt* abspannen

desunión [desu'njon] *f* ① *(separación)* Trennung *f* ② *(discordia)* Uneinigkeit *f*

desunir [desu'nir] *vt, vr:* **~se** ① *(separar(se))* (sich) trennen; ~ **dos piezas de una estructura** zwei Teile aus einer Struktur (heraus)lösen ② *(enemistar(se))* (sich) entzweien, (sich) verfeinden; **nos hemos desunido porque nuestros objetivos divergían** wir haben uns entzweit, weil unsere Ziele nicht zu vereinbaren waren

desusado, **-a** [desu'saðo, -a] *adj* ungebräuchlich

desuso [de'suso] *m* **caer en ~** aus dem Gebrauch kommen

desvaído, **-a** [desβa'iðo, -a] *adj* ① *(colores)* verwaschen ② *(persona)* schlaksig; **es una mujer desvaída** sie ist eine richtige Bohnenstange *fam*

D

desvainar [desβai̯'nar] *vt* enthülsen
desvalido, -a [desβa'liðo, -a] *adj* schutzlos
desvalijar [desβali'xar] *vt* ausrauben
desvalimiento [desβali'mjen̩to] *m* Schutzlosigkeit *f,* Hilfsbedürftigkeit *f*
desvalorización [desβaloriθa'θjon] *f* Entwertung *f,* Abwertung *f,* Wertminderung *f*
desvalorizar [desβalori'θar] <z → c> *vt* abwerten
desván [des'βan] *m* Dachboden *m*
desvanecer [desβane'θer] *irr como crecer* **I.** *vt* ① *(color)* verwischen ② *(dudas)* beseitigen; ~ **las sospechas de alguien** den Verdacht von jdm ablenken **II.** *vr:* **~se** ① *(desaparecer)* verschwinden; *(alcohol)* verdunsten; *(colores)* verschwimmen; *(esperanzas)* zerrinnen; *(enojo)* verrauchen; **el entusiasmo se desvaneció rápidamente** die Begeisterung war schnell wieder verflogen ② *(desmayarse)* ohnmächtig werden
desvanecido, -a [desβane'θiðo, -a] *adj* ① *(desmayado)* bewusstlos ② *(vanidoso)* selbstgefällig
desvanecimiento [desβaneθi'mjen̩to] *m* ① *(desaparición)* Verschwinden *nt* ② *(mareo)* Schwindel *m;* **tener un ~** ohnmächtig werden
desvariado, -a [desβari'aðo, -a] *adj* ① *(incoherente)* unvernünftig ② (AGR) ins Holz geschossen *(Zweige)*
desvariar [desβari'ar] <*1. pres* desvarío> *vi* fantasieren
desvarío [desβa'rio] *m* ① *(locura)* Wahnsinn *m;* **los ~s de una imaginación enfermiza** die Fantastereien eines verwirrten Geistes ② *(delirio)* Fieberwahn *m* ③ *(monstruosidad)* Ungeheuerlichkeit *f*
desvelado, -a [desβe'laðo, -a] *adj* ① *(sin sueño)* schlaflos, wach ② *(despabilado)* munter, aufgeweckt ③ *(atento)* wachsam
desvelar [desβe'lar] **I.** *vt* ① *(sueño)* wach halten ② *(revelar)* offenbaren **II.** *vr:* **~se** *(esmerarse)* sich einsetzen (**por** für *+akk*); *(trabajar)* sich abmühen (**por** für *+akk*)
desvelo [des'βelo] *m* ① *(insomnio)* Schlaflosigkeit *f* ② *(despabilamiento)* Munterkeit *f* ③ *(pl) (celo)* Eifer *m* ④ *(pl) (atención)* Sorge *f*
desvencijar [desβen̩θi'xar] **I.** *vt* auseinandernehmen **II.** *vr:* **~se** auseinanderfallen
desventaja [desβen̩'taxa] *f* Nachteil *m*
desventajoso, -a [desβen̩ta'xoso, -a] *adj* nachteilig; *(condiciones)* ungünstig; **apariencia desventajosa** unvorteilhaftes Auftreten
desventura [desβen̩'tura] *f* Unglück *nt*
desventurado, -a [desβen̩tu'raðo, -a] *adj* unglücklich; **es una familia desventurada** die Familie wird vom Pech verfolgt
desvergonzado, -a [desβeryon̩'θaðo, -a] *adj* schamlos
desvergonzarse [desβeryon̩'θarse] *vr irr como avergonzar* unverschämt werden; ~ **con alguien** jdm gegenüber unverschämt werden
desvergüenza [desβer'ɣwen̩θa] *f* Unverschämtheit *f*
desvestir [desβes'tir] *vt, vr irr como pedir* **~se** (sich) ausziehen
desviación [desβja'θjon] *f* ① *(torcedura)* Abweichung *f;* ~ **de la columna vertebral** Rückgratverkrümmung *f;* ~ **jurídica** Rechtsfehler *m* ② *(del tráfico)* Umleitung *f* ③ *(aberración)* Verirrung *f*
desviado, -a [desβi'aðo, -a] *adj (diferente)* abweichend
desviar [desβi'ar] <*1. pres* desvío> **I.** *vt* *(del camino)* umleiten; *(de un propósito)* abbringen; *(dinero)* abzweigen; ~ **una cuestión** einer Frage ausweichen **II.** *vr:* **~se** ① *(del camino/tema)* abkommen; *(de una idea/intención)* Abstand nehmen; **la brigada se desvió hacia la izquierda** die Kolonne schwenkte nach links ab ② *(extraviarse)* abhandenkommen
desvincular [desβiŋku'lar] **I.** *vt* befreien **II.** *vr:* **~se** sich lösen
desvío [des'βio] *m* ① *(desviación)* Abweichung *f* ② *(carretera)* Umgehungsstraße *f;* *(temporal)* Umleitung *f* ③ *(despego)* Abneigung *f*
desvirgar [desβir'ɣar] <g → gu> *vt* ① *(persona)* entjungfern ② *(fig fam: estrenar)* einweihen
desvirtuar [desβirtu'ar] <*1. pres* desvirtúo> *vt (argumento/prueba)* entkräften; *(rumor)* widerlegen; ~ **la competencia** den Wettbewerb verfälschen
desvivirse [desβi'βirse] *vr* ① *(chiflarse)* ganz versessen sein (**por** auf *+akk*); **el hombre se desvive por esta mujer** der Mann ist unsterblich in diese Frau verliebt ② *(afanarse)* ~ **con** [*o* **por**] **alguien** alles für jdn tun; **se desvivió por conseguir este documento** nach diesem Dokument hat er/sie sich *dat* die Beine abgelaufen
detallado, -a [deta'ʎaðo, -a] *adj* ausführlich
detallar [deta'ʎar] *vt* ① *(pormenorizar)* einzeln aufführen ② (COM) im Einzelhandel verkaufen
detalle [de'taʎe] *m* ① *(pormenor)* Detail *nt;* **en** [*o* **al**] ~ ausführlich; **venta al ~** Einzelverkauf *m;* **entrar en ~s** ins Detail gehen ② *(finura)* Aufmerksamkeit *f;* **has tenido un ~ regalándome las flores** es

war sehr aufmerksam von dir, mir die Blumen zu schenken

detallista [deta'ʎista] **I.** *adj* genau; *(pey)* kleinlich **II.** *mf* ① *(minucioso)* Pedant(in) *m(f)* ② (COM) Einzelhändler(in) *m(f)*

detectar [detek'tar] *vt* entdecken

detective [detek'tiβe] *mf* Detektiv(in) *m(f)*

detectivesco, -a [detekti'βesko, -a] *adj* detektivisch; **sagacidad detectivesca** detektivischer Scharfsinn

detector [detek'tor] *m* Detektor *m;* ~ **de humo(s)** Rauchmelder *m*

detención [deten̩'θjon] *f* ① *(parada)* Anhalten *nt; (de la correspondencia)* Zurückhalten *nt;* ~ **del crecimiento** Wachstumshemmung *f* ② *(encarcelamiento)* Festnahme *f;* ~ **ilegal** Freiheitsberaubung *f;* ~ **preventiva** Untersuchungshaft *f* ③ *(dilación)* Verzögerung *f;* **sin** ~ unverzüglich ④ *(prolijidad)* Ausführlichkeit *f;* **describir con** ~ in allen Einzelheiten beschreiben; **ha corregido el examen con** ~ er/sie hat die Klausur mit großer Sorgfalt korrigiert

detener [dete'ner] *irr como tener* **I.** *vt* ① *(parar)* anhalten; *(correspondencia)* zurückhalten; ~ **los progresos de una enfermedad** das Fortschreiten einer Krankheit aufhalten ② *(encarcelar)* festnehmen ③ *(retener)* ~ **(en su poder)** einbehalten **II.** *vr:* **~se** ① *(pararse)* innehalten ② *(entretenerse)* sich aufhalten **(en** mit *+dat)*

detenido, -a [dete'niðo, -a] **I.** *adj* ① *(minucioso)* eingehend ② *(apocado)* schüchtern ③ *(escaso)* karg ④ *(arrestado)* verhaftet **II.** *m, f* Häftling *m*

detenimiento [deteni'mjen̩to] *m* ① *(minuciosidad)* Ausführlichkeit *f;* **con** ~ ausführlich ② *(tardanza)* Verzögerung *f;* **con** ~ umständlich ③ *(encarcelamiento)* Verhaftung *f*

detentar [deten̩'tar] *vt* unrechtmäßig besitzen

detergente [deter'xen̩te] **I.** *adj* reinigend **II.** *m* Reinigungsmittel *nt;* ~ **para lavar la ropa** [*o* **en polvo**] Waschpulver *nt;* ~ **lavavajillas** Spülmittel *nt*

deterger [deter'xer] <g → j> *vt* ① (MED) säubern ② *(limpiar)* reinigen

deteriorar [deterjo'rar] **I.** *vt (empeorar)* verschlechtern; *(romper)* beschädigen; *(gastar)* abnutzen **II.** *vr:* **~se** ① *(empeorarse)* sich verschlechtern ② *(estropearse)* verderben; **mercancía deteriorada** schadhafte Ware

deterioro [dete'rjoro] *m* ① *(desmejora)* Verschlechterung *f;* ~ **de calidad** Qualitätsminderung *f* ② *(daño)* Schaden *m;* **sin** ~ unbeschädigt; ~ **ambiental** Umweltzerstörung *f;* ~ **debido al almacenamiento** Lagerschaden *m* ③ *(desgaste)* Verschleiß *m* ④ *(echarse a perder)* Verderben *nt;* **sujeto a** ~ verderblich; **de fácil** ~ leicht verderblich

determinable [determi'naβle] *adj* bestimmbar

determinación [determina'θjon] *f* ① *(fijación)* Bestimmung *f;* ~ **de los daños** Schadensfestsetzung *f;* ~ **de objetivos** Zielsetzung *f* ② *(decisión)* Entschluss *m;* **tomar una** ~ eine Entscheidung treffen ③ *(audacia)* Bestimmtheit *f*

determinado, -a [determi'naðo, -a] *adj* ① *(cierto, t.* LING) bestimmt ② *(atrevido)* entschlossen

determinante [determi'nan̩te] **I.** *adj* entscheidend; **palabra** ~ (LING) Bestimmungswort *nt* **II.** *m* Bestimmungsgröße *f;* (MAT) Determinante *f*

determinar [determi'nar] **I.** *vt* ① *(fijar)* bestimmen; *(plazo)* festlegen ② *(decidir)* beschließen; ~ **un pleito** einen Prozess entscheiden ③ *(causar)* verursachen ④ *(motivar)* ~ **a alguien a hacer algo** jdn zu etw *dat* bewegen **II.** *vr:* **~se por algo** sich für etw entscheiden; **~se a...** beschließen zu ...

determinismo [determi'nismo] *m* (FILOS) Determinismus *m*

determinista [determi'nista] *mf* (FILOS) Determinist(in) *m(f)*

detersorio[1] [deter'sorjo] *m* Reinigungsmittel *nt*

detersorio, -a[2] [deter'sorjo, -a] *adj* reinigend

detestable [detes'taβle] *adj* abscheulich

detestar [detes'tar] *vt* ① *(abominar)* verabscheuen; *(odiar)* hassen ② *(maldecir)* verwünschen

detonación [detona'θjon] *f* Detonation *f*

detonador [detona'ðor] *m* Zündkapsel *f*

detonante [deto'nan̩te] *adj* ① *(explosivo)* explosiv ② *(Am: que molesta)* störend

detonar [deto'nar] **I.** *vi* explodieren **II.** *vt* zünden

detorsión [detor'sjon] *f* (ANAT) Zerrung *f*

detractor(a) [detrak'tor(a)] **I.** *adj* verleumderisch **II.** *m(f)* Verleumder(in) *m(f)*

detrás [de'tras] **I.** *adv* ① *(local)* hinten; **allí** ~ dahinter; **entrar por** ~ hinten(he)rum hereinkommen; **me asaltaron por** ~ sie haben mich hinterrücks angegriffen ② *(en el orden)* **el que está** ~ der Hintermann; **primero estás tu y** ~ **van mis amigos** *(fig)* du bist für mich am wichtigsten und dann erst kommen meine

Freunde **II.** *prep* ① *(local: tras)* ~ **de** hinter +*dat; (con movimiento)* hinter +*akk;* ~ **de la carta** auf der Rückseite des Briefes; **quedar ~ de los otros** hinter den anderen zurückbleiben; **ir ~ de alguien** jdm folgen; **hablar mal (por) ~ de alguien** hinter jds Rücken schlecht über jdn reden ② *(en el orden)* **uno ~ de otro** einer nach dem anderen

detrimento [detri'meṇto] *m* ① *(daño)* Schaden *m;* **causar gran ~ a alguien** jdm großen Schaden zufügen; **~ de la salud** Beeinträchtigung der Gesundheit ② *(perjuicio)* Nachteil *m;* **en ~ de alguien** zu jds Schaden; **en ~ de la salud** auf Kosten der Gesundheit

detrítico[1] [de'tritiko] *m* (GEO) Gesteinsschutt *m,* Detritus *m*

detrítico, -a[2] [de'tritiko, -a] *adj* (GEO) locker, detritisch, klastisch

deuda ['deu̯ða] *f* ① *(débito)* Schuld *f;* **~ activa** Geldforderung *f;* **~ contraída** Verschuldung *f;* **~ del Estado** Staatsverschuldung *f;* **~ externa** Auslandsschuld *f;* **~ interna** Inlandsschuld *f;* **~ pública** Verschuldung der öffentlichen Hand; **~ a pagar** fällige Schuld; **~ pendiente** ausstehende Schuld; **~ vencida** überfällige Schuld; **cargado de ~s** überschuldet; **contraer ~s** Schulden machen; **sin ~s** schuldenfrei ② *(moral)* moralische Verpflichtung *f;* **estar en ~ con alguien** in jds Schuld stehen; **lo prometido es ~** was man verspricht, muss man auch halten ③ *(pecado)* **y perdónanos nuestras ~s...** und vergib uns unsere Schuld ...

deudor(a) [deu̯'ðor(a)] **I.** *adj* schuldnerisch; **saldo ~** Sollsaldo *m* **II.** *m(f)* Schuldner(in) *m(f);* **~ alimentario** Unterhaltspflichtige(r) *m;* **~ solidario** Mitschuldner *m*

deuvedé [deuβe'θe] *m sigla de* **digital versatile disc** DVD *f*

devaluación [deβalwa'θjon] *f* Abwertung *f*

devaluar [deβalu'ar] <*1. pres* devalúo> *vt* abwerten

devanar [deβa'nar] **I.** *vt* aufwickeln; *(en un carrete)* aufspulen **II.** *vr:* **~se** ① *(Cuba: reírse mucho)* sich vor Lachen krümmen ② *(loc)* **~se los sesos** sich *dat* den Kopf zerbrechen

devaneo [deβa'neo] *m* ① *(locura)* Hirngespinst *nt* ② *(distracción)* unnützer Zeitvertreib *m* ③ *(amorío)* Liebelei *f*

devastación [deβasta'θjon] *f* Verwüstung *f*

devastador(a) [deβasta'ðor(a)] **I.** *adj* verheerend **II.** *m(f)* Zerstörer(in) *m(f)*

devastar [deβas'tar] *vt* verwüsten

devedé [deβe'ðe] *m abr de* **digital versatile disc** *(Am)* DVD *f*

devengar [deβeŋ'gar] <g → gu> *vt* ① *(salario)* beziehen, verdienen ② *(intereses)* abwerfen, einbringen

devenir [deβe'nir] *vi irr como venir* ① *(acaecer)* geschehen ② *(convertirse)* werden (**en** zu +*dat*)

devoción [deβo'θjon] *f* ① *(religión)* Frömmigkeit *f;* **fingir ~** frömmeln; **no tener a alguien como santo de su ~** jdm nicht grün sein ② *(oración)* Gebet *nt* ③ *(respeto)* Ehrfurcht *f;* **rezar con ~** andächtig beten ④ *(obediencia)* Ergebenheit *f;* **estar a la ~ de alguien** jdm völlig ergeben sein ⑤ *(fervor)* Hingabe *f;* **amar con ~** abgöttisch lieben; **hacer con ~** mit Hingabe tun; **tener ~ a un santo** einen Heiligen verehren ⑥ *(afición)* Zuneigung *f*

devolución [deβolu'θjon] *f* Rückgabe *f;* (FIN) Erstattung *f;* **~ a origen** Rücksendung *f*

devolutivo, -a [deβolu'tiβo, -a] *adj* (JUR) rückerstattend

devolver [deβol'βer] *irr como volver* **I.** *vt* zurückgeben; *(fig)* wiedergeben; **~ bien por mal** Böses mit Gutem vergelten; **~ la comida** sich übergeben; **~ un favor** eine Gefälligkeit erwidern; **~ la visita** einen Gegenbesuch machen; **devuélvase al remitente** *(en cartas)* zurück an Absender; **esta máquina no devuelve cambio** dieser Automat gibt kein Wechselgeld heraus; **~ la pelota al defensa** den Ball zum Verteidiger zurückschießen **II.** *vr:* **~se** *(Am: volver)* zurückkehren; **~se a casa** nach Hause zurückgehen

devorador(a) [deβora'ðor(a)] *adj* **hambre ~a** Heißhunger *m*

devorar [deβo'rar] *vt* verschlingen; **~ la comida** das Essen hinunterschlingen; **la enfermedad devoró sus fuerzas** die Krankheit hat ihm seine/ihr ihre Kraft genommen; **me devora la impaciencia** ich vergehe vor Ungeduld

devoto, -a [de'βoto, -a] **I.** *adj* ① *(religioso)* gläubig ② *(adicto)* ergeben; **~ admirador de los Beatles** leidenschaftlicher Anhänger der Beatles **II.** *m, f* ① *(creyente)* Gläubige(r) *mf* ② *(admirador)* Anhänger(in) *m(f)*

deyección [deɟeɣ'θjon] *f* ① *(volcán)* Auswurf *m* ② *(defecación)* Darmentleerung *f,* Stuhlgang *m* ③ *pl (heces)* Kot *m,* Stuhl *m*

día ['dia] *m* Tag *m;* **~ anual** Kalendertag *m;* **~ de año nuevo** Neujahrstag *m;* **~ de baja** Ausfalltag *m;* (**~ de**) **cumpleaños** Geburtstag *m;* **~ de descanso** Ruhetag *m;*

~ **de los difuntos** Allerseelentag *m;* ~ **festivo** Feiertag *m;* ~ **hábil** [*o* **laborable**] Werktag *m;* **el** ~ **D** der Tag X; **el** ~ **del Juicio** (**Final**) das Jüngste Gericht; ~ **lectivo/laboral** Unterrichts-/Arbeitstag *m;* **D~ de la Madre/del Padre** Mutter-/Vatertag *m;* ~ **de Reyes** Dreikönigstag *m;* **D~ de San Valentín** Valentinstag *m;* **D~ de** (**los**) **Muertos** Tag der Toten *m (mexikanischer Feiertag);* **D~ de Acción de Gracias** Thanksgiving *nt;* ~ **del santo** Namenstag *m;* **cambio del** ~ Tageskurs *m;* **a ~s** unregelmäßig; **al abrir el** ~ bei Tagesanbruch; **al caer el** ~ am späten Nachmittag; **al otro** ~ am nächsten Tag; **antes del** ~ vor Tagesanbruch; **¡buenos ~s!** guten Tag!; *(por la mañana)* guten Morgen!; **cualquier** ~ irgendwann; **de** ~ tagsüber; **del** ~ aktuell; **de ~s** nicht mehr neu; **de** ~ **para** ~ Tag für Tag; **de** ~ **en** ~ von Tag zu Tag; **de hoy en ocho ~s** heute in acht Tagen; **de un** ~ **a otro** von einem Tag auf den anderen; **una diferencia como del** ~ **a la noche** ein Unterschied wie Tag und Nacht; ~ **a** ~ tagtäglich; ~ **por** [*o* **tras**] ~ tagaus, tagein; ~ **por medio** *(Am)* einen um den anderen Tag; ~ **y noche** fortwährend; **durante ~s enteros** tagelang; **el** ~ **de hoy** heute; **el** ~ **de mañana** in der Zukunft; **el** ~ **menos pensado** eines schönen Tages; **el** ~ **que...** als ...; **el otro** ~ neulich; **en ~s de Dios** noch nie; **en su** ~ zum rechten Zeitpunkt; **¡no en mis ~s!** nie und nimmer!; **entrado en ~s** in die Jahre gekommen; **¡hasta otro ~!** bis bald!; **hoy** (**en**) ~ heutzutage; **un buen** ~ eines schönen Tages; **un** ~ **de estos** in den nächsten Tagen; **un** ~ **u otro** irgendwann einmal; **un** ~ **y otro** ~ immer wieder; **todo el santo** ~ den lieben langen Tag; **alcanzar a alguien en ~s** jdn überleben; **cerrarse el** ~ Abend werden; **dar a alguien el** ~ jdm den Tag verderben; **estar al** ~ auf dem Laufenden sein; **hay más ~s que longanizas** *(fam)* die Zeit läuft doch nicht weg; **hace buen** ~ heute ist schönes Wetter; **no pasar los ~s por alguien** die Jahre gehen an jdm vorüber; **un** ~ **es un** ~ einmal ist keinmal; **mañana será otro** ~ morgen ist auch noch ein Tag; **tener ~s** *(viejo)* betagt sein; *(de mal humor)* launisch sein; **tiene los ~s contados** seine/ihre Tage sind gezählt; **vivir al** ~ nur für den Tag leben

diabetes [dja'βetes] *f inv* Diabetes *m*

diabético, -a [dja'βetiko, -a] **I.** *adj* zuckerkrank **II.** *m, f* Diabetiker(in) *m(f)*

diabetómetro [djaβe'tometro] *m* (MED) Messgerät *nt* für Zuckerwerte im Urin

diablillo [dja'βliʎo] *m* ❶ *(disfraz)* Teufelsmaske *f* ❷ *(fam)* Bengel *m*

diablo [di'aβlo] *m (demonio)* Teufel *m;* **¡~s!** Donnerwetter!; **anda el** ~ **suelto** *(fam)* der Teufel ist los; **aquí anda el** ~ hier geht es nicht mit rechten Dingen zu; **aquí hay mucho** ~ *(fam)* hier hat der Teufel seine Hand im Spiel; **¿cómo ~s...?** wie zum Teufel ...?; **¡con mil ~s!** Teufel noch (ein)mal!; **dar al** ~ *(fam)* zum Teufel schicken; **dar de comer al** ~ *(fam)* lästern; **darse al** ~ *(fam)* sich grün und blau ärgern; **de mil ~s** verteufelt; **donde el** ~ **perdió el poncho** *(Am)* wo sich die Füchse gute Nacht sagen; **duele como el** ~ das tut höllisch weh; **llevarse el** ~ zum Teufel gehen; **¡qué ~s!** zum Teufel!; **¿qué ~s pasa aquí?** was zum Teufel ist hier los?; **tener el** ~ **en el cuerpo** den Teufel im Leib haben; **¡vete al ~!** scher dich zum Teufel!; **ser un** ~ **de hombre** ein Teufelskerl sein

diablura [dja'βlura] *f* böser Streich *m*

diabólico, -a [dja'βoliko, -a] *adj* ❶ *(maligno)* teuflisch ❷ *(complicado)* vertrackt

diábolo [di'aβolo] *m* Diabolo(spiel) *nt*

diaconisa [djako'nisa] *f* (REL) Diakonisse *f*

diácono [di'akono] *m* (REL) Diakon *m*

diadema [dja'ðema] *f* Diadem *nt*

diáfano, -a [di'afano, -a] *adj* ❶ *(trasparente)* durchsichtig ❷ *(traslúcido)* durchscheinend ❸ *(claro)* klar; **un argumento** ~ ein einleuchtendes Argument

diafragma [dja'fraɣma] *m* ❶ (ANAT) Zwerchfell *nt* ❷ (FOTO) Blende *f* ❸ *(membrana)* Membran(e) *f* ❹ *(preservativo)* Diaphragma *nt*

diagnosis [djaɣ'nosis] *f inv* Diagnose *f*

diagnosticar [djaɣnosti'kar] <c → qu> *vt* diagnostizieren

diagnóstico [djaɣ'nostiko] *m* ❶ *(diagnosis)* Diagnose *f;* ~ **precoz** Früherkennung *f* ❷ *(análisis)* Analyse *f*

diagonal [djaɣo'nal] **I.** *adj* diagonal; **en** ~ übereck **II.** *f* Diagonale *f*

diagrama [dja'ɣrama] *m* Diagramm *nt,* Schaubild *nt;* ~ **de barras** Balkendiagramm *nt;* ~ **circular** Tortendiagramm *nt;* ~ **esquemático** Schema *nt;* ~ **de puntos** Streudiagramm *nt*

dial [di'al] *m* ❶ *(indicador)* Anzeige *f* ❷ (AUTO) ~ **de velocidad** Geschwindigkeitsmesser *m* ❸ *(del teléfono)* Wählscheibe *f*

dialectal [djalek'tal] *adj* dialektal

dialectalismo [djalekta'lismo] *m* Dialektausdruck *m*

dialéctica [dja'lektika] *f* Dialektik *f*

dialéctico, -a [dja'lektiko, -a] **I.** *adj* (FILOS)

D

dialektisch **II.** *m, f* (*t.* FILOS) Dialektiker(in) *m(f)*
dialecto [dja'lekto] *m* Dialekt *m*
diálisis [di'alisis] *f inv* Dialyse *f*
dialogador(a) [djaloɣa'ðor(a)] **I.** *adj* gesprächsbereit **II.** *m(f)* Gesprächsteilnehmer(in) *m(f)*

dialogante [djalo'ɣaṇte] *adj* dialogisch
dialogar [djalo'ɣar] <g → gu> *vi* miteinander sprechen; **escrito en forma dialogada** in Dialogform geschrieben
diálogo [di'aloɣo] *m* ① *(conversación)* Gespräch *nt* ② (LIT) Dialog *m*
dialoguista [djalo'ɣista] *mf* Verfasser(in) *m(f)* von Dialogen, Dialogautor(in) *m(f)*
diamante [dja'maṇte] *m* Diamant *m;* **bodas de ~** diamantene Hochzeit; **~ brillante** Brillant *m;* **~ (en) bruto** ungeschliffener Diamant
diamantino, -a [djamaṇ'tino, -a] *adj* ① *(como el diamante)* diamanten ② *(persona)* unbeugsam ③ *(cosas)* steinhart
diametral [djame'tral] *adj* diametral
diametralmente [djametral'meṇte] *adv* diametral; **~ opuesto** genau entgegengesetzt
diámetro [di'ametro] *m* Durchmesser *m*
diana [di'ana] *f* ① (MIL) Weckruf *m;* **a toque de ~** *(fig)* sehr diszipliniert ② *(del blanco)* Zentrum *nt;* **hacer ~** ins Schwarze treffen
diantre [di'aṇtre] *m (fam)* Teufel *m*
diapasón [djapa'son] *m* (MÚS) Stimmgabel *f;* **~ normal** Kammerton *m;* **bajar o subir el ~** *(fam fig)* leiser oder lauter sprechen
diapositiva [djaposi'tiβa] *f* Dia *nt*
diariamente [djarja'meṇte] *adv* täglich
diario[1] [di'arjo] *m* ① *(periódico)* Tageszeitung *f;* **~ de avisos** Anzeigenblatt *nt* ② *(dietario)* Journal *nt;* **~ de navegación** Logbuch *nt* ③ *(memorias)* Tagebuch *nt* ④ *(gastos)* Tagesaufwand *m*
diario, -a[2] [di'arjo, -a] *adj* täglich; **a ~** (all)täglich; **uniforme de ~** Dienstuniform *f*
diarismo [dja'rismo] *m (Am: periodismo)* Journalistik *f,* Publizistik *f*
diarrea [dja'rrea] *f* Durchfall *m*
diáspora [di'aspora] *f* Diaspora *f*
diástole [di'astole] *f* (MED) Diastole *f*
diastrofia [djas'trofja] *f* (MED) Verrenkung *f,* Verzerrung *f*
dibujante [diβu'xaṇte] *mf* Zeichner(in) *m(f);* **~ proyectista** Entwurfszeichner(in) *m(f)*
dibujar [diβu'xar] **I.** *vt* ① *(trazar)* zeichnen; **~ copiando** abzeichnen; **~ según modelo** nach Vorlage zeichnen; **~ a pulso** freihändig zeichnen; **~ a lápiz** mit dem Bleistift zeichnen ② *(describir)* schildern **II.** *vr:* **~se** sich abzeichnen
dibujo [di'βuxo] *m* ① *(acción)* Zeichnen *nt* ② *(resultado)* Zeichnung *f;* **~ acotado** Maßzeichnung *f;* **~s animados** Zeichentrickfilm *m;* **meterse en ~s** *(fig)* sich in die Nesseln setzen ③ *(muestra)* Muster *nt;* **con ~s** gemustert
dicción [diʸ'θjon] *f* ① *(declamación)* Vortrag *m* ② *(pronunciación)* Aussprache *f;* *(estilo)* Ausdrucksweise *f*
diccionario [diʸθjo'narjo] *m* ① *(de consulta)* Lexikon *nt;* **~ de artes y ciencias** Reallexikon; **~ enciclopédico** Enzyklopädie *f* ② *(de vocabulario)* Wörterbuch *nt;* **~ interno** *(en teléfonos móviles, dispositivos electrónicos)* internes Wörterbuch; **~ de alemán-español** deutsch-spanisches Wörterbuch
dicha ['diʧa] *f (suerte)* Glück *nt;* **~ conyugal** Eheglück *nt;* **por ~** zum Glück
dicharachero, -a [diʧara'ʧero, -a] **I.** *adj* spaßhaft **II.** *m, f* Spaßmacher(in) *m(f)*
dicho[1] ['diʧo] *m* ① *(ocurrencia)* Einfall *m* ② *(refrán)* Sprichwort *nt* ③ *pl (al casarse)* Jawort *nt;* **tomarse los ~s** sich verloben ④ *(loc)* **del ~ al hecho hay mucho trecho** *(prov)* Versprechen und Halten ist zweierlei
dicho, -a[2] ['diʧo, -a] **I.** *pp de* **decir II.** *adj* **dicha gente** besagte Leute
dichoso, -a [di'ʧoso, -a] *adj* ① *(feliz)* glücklich (**de** über *+akk*) ② *(maldito)* verdammt
diciembre [di'θjembre] *m* Dezember *m; v. t.* **marzo**
dicotomía [dikoto'mia] *f* ① (BOT, FILOS) Dichotomie *f* ② *(práctica entre médicos) Art Provisionszahlung eines Arztes an einen anderen, der einen Patienten zu ihm überwiesen hat*
dictado [dik'taðo] *m* ① *(escuela)* Diktat *nt* ② *(fig: inspiración)* Eingebung *f;* **seguir los ~s de la conciencia** der Stimme des Gewissens folgen
dictador(a) [dikta'ðor(a)] *m(f)* Diktator(in) *m(f)*
dictadura [dikta'ðura] *f* Diktatur *f*
dictamen [dik'tamen] *m* ① *(peritaje)* Gutachten *nt;* **~ facultativo** ärztliches Gutachten; **~ en juicio** gerichtliches Gutachten; **dar ~** ein Gutachten abgeben ② *(informe)* Stellungnahme *f* ③ *(opinión)* Meinung *f;* **tomar ~ de alguien** von jdm einen Rat(schlag) annehmen ④ (JUR) **~ judicial** Gerichtsurteil *nt*
dictaminar [diktami'nar] *vi* ein Gutachten abgeben (**sobre** über *+akk*)

dictar [dik'tar] *vt* ① *(un dictado)* diktieren ② *(una sentencia)* verkünden ③ *(una ley)* erlassen ④ *(un discurso)* halten ⑤ *(Am: clases)* (ab)halten ⑥ *(fig: sugerir)* eingeben
dictatorial [diktato'rjal] *adj* diktatorisch
didáctica [di'ðaktika] *f* Didaktik *f*
didáctico, -a [di'ðaktiko, -a] *adj* didaktisch; **material** ~ Lehrmaterial *nt*
diecinueve [djeθi'nweβe] *adj inv* neunzehn; *v. t.* **ocho**
dieciocho [djeθi'oʧo] *adj inv* achtzehn; *v. t.* **ocho**
dieciséis [djeθi'sei̯s] *adj inv* sechzehn; *v. t.* **ocho**
dieciseisavo [djeθisei̯'saβo] *m* Sechzehntel *nt*
dieciseisavo, -a [djeθisei̯'saβo, -a] *adj* sechzehnte(r, s); *v. t.* **octavo**
diecisiete [djeθi'sjete] *adj inv* siebzehn; *v. t.* **ocho**
diecisieteavo [djeθisjete'aβo] *m* Siebzehntel *nt*
diecisieteavo, -a [djeθisjete'aβo, -a] *adj* siebzehnte(r, s); *v. t.* **octavo**
diente ['djen̩te] *m* ① *(muela)* Zahn *m;* ~ **canino** Eckzahn *m;* **~s de embustero** *(fam)* weit auseinanderstehende Zähne; ~ **incisivo** Schneidezahn *m;* ~ **de leche** Milchzahn *m;* ~ **molar** Backenzahn *m;* **armado hasta los ~s** bis an die Zähne bewaffnet; **dar ~ con ~** *(de frío)* vor Kälte mit den Zähnen klappern; *(de miedo)* vor Angst mit den Zähnen klappern; **decir algo entre ~s** etw zwischen den Zähnen murmeln; **pelar un ~** *(Am: fam)* kokett lächeln; **tener buen ~** *(fig)* ein guter Esser sein ② (TÉC) Zacke *f;* ~ **de horquilla** Gabelzinke *f;* ~ **de sierra** Zahn einer Säge; **de dos ~s** zweizackig ③ (BOT) ~ **de ajo** Knoblauchzehe *f;* ~ **de león** Löwenzahn *m*
diéresis ['djeresis] *f inv* (LING) Diärese *f*
diesel ['djesel] *m* Diesel *m*
diestramente [djestra'men̩te] *adv* mit Geschick, geschickt
diestro[1] ['djestro] *m (torero)* Stierkämpfer *m*
diestro, -a[2] ['djestro, -a] <destrísimo *o* diestrísimo> *adj* ① *(a la derecha)* rechte(r, s); **a ~ y siniestro** *(fig)* kreuz und quer ② *(hábil)* geschickt ③ *(astuto)* schlau ④ *(que usa la mano derecha)* rechtshändig
dieta [di'eta] *f* ① *(para adelgazar)* Diät *f;* ~ **absoluta** Hungerkur *f;* **estar a ~** Diät halten; **poner alguien a ~** jdn auf Diät setzen ② *(alimentación)* ~ **alimenticia** Ernährungsweise *f;* ~ **básica** Grundnahrung *f* ③ *(parlamento)* Parlament *nt;* ~ **confederal** Bundesversammlung *f;* **D~ Federal** Bundestag *m;* **D~ Regional** Landtag *m* ④ *pl (retribución)* Spesen *pl; (de diputados)* Diäten *pl*
dietario [dje'tarjo] *m* ① *(agenda)* Haushaltsbuch *nt* ② (HIST) *Chronik der Chronisten von Aragón*
dietética [dje'tetika] *f* Ernährungswissenschaft *f*
dietético, -a [dje'tetiko, -a] *adj* diätetisch; **régimen ~** Diätkur *f*
diez [djeθ] **I.** *adj inv* zehn; *v. t.* **ocho** **II.** *m (número)* Zehn *f*
diezmar [djeθ'mar] *vt (aniquilar)* dezimieren
diezmo ['djeθmo] *m* (REL) Zehnt *m*
difamación [difama'θjon] *f* Verleumdung *f*
difamador(a) [difama'ðor(a)] **I.** *adj* diffamierend, verleumdend **II.** *m(f)* Verleumder(in) *m(f)*
difamar [difa'mar] *vt* diffamieren
difamatorio, -a [difama'torjo, -a] *adj* verleumderisch
diferencia [dife'ren̩θja] *f* ① *(desigualdad)* Unterschied *m;* ~ **de los tipos de interés** Zinsgefälle *nt;* **a ~ de algo** im Unterschied zu etw *dat* ② *(desacuerdo)* Meinungsverschiedenheit *f;* **arreglar (las) ~s** einen Streit schlichten ③ (MAT) Differenz *f;* ~ **de caja** Kassendefizit *nt*
diferenciable [diferen̩'θjaβle] *adj* unterscheidbar, differenzierbar
diferenciación [diferen̩θja'θjon] *f* ① *(distinción)* Differenzierung *f;* ~ **de los precios** Preisstaffelung *f* ② (MAT) Differenziation *f*
diferenciador [diferen̩θja'ðor] *m* (INFOR) Differenziergerät *nt;* ~ **de frecuencia** Frequenzdiskriminator *m*
diferencial[1] [diferen̩'θjal] **I.** *adj* ① *(variable)* unterscheidend ② (MAT) Differenzial- **II.** *f* (MAT) Differenzial *nt*
diferencial[2] [diferen̩'θjal] *m* (AUTO) Differenzial(getriebe) *nt*
diferenciar [diferen̩'θjar] **I.** *vi* verschiedener Meinung sein **II.** *vt* ① *(distinguir)* unterscheiden ② (MAT) ableiten **III.** *vr:* **~se** sich unterscheiden (**de** von +*dat*)
diferendo [dife'ren̩do] *m (AmS)* Streitigkeit *f,* Konflikt *m*
diferente [dife'ren̩te] **I.** *adj* verschieden; **~s calidades** unterschiedliche Qualitäten; **~s veces** mehrere Male; **España es ~** Spanien ist anders **II.** *adv* anders; **piensa muy ~** er/sie denkt ganz anders
diferido, -a [dife'riðo, -a] *adj* aufgeschoben; **partido en ~** (TV) zeitverschobenes Spiel
diferir [dife'rir] *irr como sentir* **I.** *vi* ver-

schieden sein; ~ **de algo** sich von etw *dat* unterscheiden **II.** *vt* aufschieben; ~ **el pago** die Zahlung stunden

difícil [di'fiθil] *adj (duro)* schwer; *(complicado)* schwierig; ~ **de explicar** schwer zu erklären; **de ~ acceso** schwer zugänglich

difícilmente [difiθil'mente] *adv* kaum; **un material ~ soluble** ein schwer lösliches Material

D

dificultad [difikul'taᵈ] *f* Schwierigkeit *f;* **estar en ~es** in Schwierigkeiten stecken; **expresarse con ~** sich schwer ausdrücken können; **herir en la ~** den schwierigen Punkt treffen; **poner ~es a alguien** jdm Schwierigkeiten machen; **ahí está la ~** hier liegt das Problem

dificultar [difikul'tar] *vt* erschweren; ~ **la circulación** den Verkehr behindern

dificultoso, -a [difikul'toso, -a] *adj* schwierig; *(laborioso)* mühsam

difracción [difraᵞ'θjon] *f* (FÍS) Beugung *f;* ~ **de luz** Lichtbeugung *f*

difractar [difrak'tar] **I.** *vt* (FÍS) ableiten, beugen *(Schwingungen)* **II.** *vr:* **~se** (FÍS) gebeugt werden

difteria [dif'terja] *f* Diphtherie *f*

difuminado [difumi'naðo] *m (de colores)* Verwischen *nt* der Farben

difuminar [difumi'nar] *vt (dibujo)* verwischen

difundir [difun'dir] **I.** *vt* verbreiten; *(líquidos)* ausschütten; ~ **por la radio** im Rundfunk senden **II.** *vr:* **~se** sich verbreiten; **la niebla se difundió por todo el valle** der Nebel hüllte das ganze Tal ein; **la novedad se ha difundido por toda la vecindad** die Neuigkeit hat sich in der ganzen Nachbarschaft herumgesprochen

difunto, -a [di'funto, -a] **I.** *adj* verstorben **II.** *m, f* Verstorbene(r) *mf;* **día de ~s** Allerseelentag *m;* **misa de ~s** Totenmesse *f*

difusión [difu'sjon] *f* ❶ *(expansión, divulgación)* Verbreitung *f;* (TV, RADIO) Sendung *f;* ~ **de productos** Erzeugnisvertrieb *m* ❷ *(prolijidad)* Weitschweifigkeit *f*

difuso, -a [di'fuso, -a] *adj* ❶ *(extendido)* weitläufig ❷ *(vago)* unklar; *(luz)* diffus ❸ *(prolijo)* weitschweifig

difusor [difu'sor] *m* ❶ *(de perfume)* Zerstäuber *m* ❷ *(en fábricas de azúcar)* Diffuseur *m* ❸ (FÍS) Diffusor *m*

difusora [difu'sora] *f* Vertrieb *m,* Vertriebsunternehmen *nt*

digerible [dixe'riβle] *adj* verdaulich

digerir [dixe'rir] *vt irr como sentir* ❶ *(la comida)* verdauen ❷ *(a una persona)* ertragen; *(noticia, libro)* verdauen *fam*

digestibilidad [dixestiβili'ðaᵈ] *f sin pl* Verdaulichkeit *f*

digestión [dixes'tjon] *f (de alimentos)* Verdauung *f;* **tener mala ~** eine schlechte Verdauung haben

digestivo, -a [dixes'tiβo, -a] *adj* ❶ (ANAT) **aparato ~** Verdauungsapparat *m* ❷ *(que ayuda)* verdauungsfördernd

digitación [dixita'θjon] *f* (MÚS) Fingersatz *m*

digital [dixi'tal] **I.** *adj* ❶ *(dactilar)* Finger- ❷ (INFOR, TÉC) digital; **ingreso ~** Digitaleingabe *f;* **ordenador ~** Digitalrechner *m* **II.** *m* (BOT) Fingerhut *m*

digitalización [dixitaliθa'θjon] *f* (INFOR) Digitalisierung *f*

digitalizar [dixitali'θar] <z → c> *vt* digitalisieren

dígito ['dixito] **I.** *adj* einstellig **II.** *m* (MAT) einstellige Zahl *f;* (INFOR) Ziffer *f;* ~ **de verificación** Prüfziffer *f*

dignamente [diɣna'mente] *adv* ❶ *(con dignidad)* würdevoll ❷ *(con justicia)* anständig, rechtschaffen

dignarse [diɣ'narse] *vr* sich herablassen ((**de**) zu +*inf*); **se dignaron invitarnos a su fiesta** *(irón)* sie hatten die Güte, uns zu ihrem Fest einzuladen

dignatario, -a [diɣna'tarjo, -a] *m, f* Würdenträger(in) *m(f)*

dignidad [diɣni'ðaᵈ] *f* ❶ *(respeto)* Würde *f;* **con ~** würdevoll ❷ *(decencia)* Anstand *m* ❸ *(cargo)* Ehrenamt *nt*

dignificación [diɣnifika'θjon] *f* Ausstattung *f* mit Würde, Erlangung *f* von Würde

dignificar [diɣnifi'kar] <c → qu> *vt* mit Würden ausstatten

digno, -a ['diɣno, -a] *adj* ❶ *(merecedor)* würdig; ~ **de compasión** bemitleidenswert; ~ **de confianza** vertrauenswürdig; ~ **de fe** glaubwürdig; ~ **de mención** erwähnenswert; ~ **de ver** sehenswert ❷ *(adecuado)* angemessen ❸ *(noble)* anständig ❹ *(con gravedad)* würdevoll

digresión [diɣre'sjon] *f (del tema)* Abschweifung *f*

dije ['dixe] *m (colgante)* Anhänger *m;* **ser un ~** *(fig fam)* ein Juwel sein

dilacerar [dilaθe'rar] **I.** *vt (elev: lacerar)* zerfetzen, zerfleischen **II.** *vr:* **~se** *(elev)* sich *dat* eine Fleischwunde zuziehen

dilación [dila'θjon] *f (aplazamiento)* Aufschub *m; (retraso)* Verzögerung *f;* **sin ~** unverzüglich

dilapidación [dilapiða'θjon] *f* Verschwendung *f*

dilapidar [dilapi'ðar] *vt* verschwenden; ~ **una fortuna** ein Vermögen verschleudern

dilatable [dila'taβle] *adj* dehnbar

dilatación [dilata'θjon] *f* ❶ *(ampliación)*

Ausdehnung *f;* (MED) Erweiterung *f;* ~ **del mercado** (COM) Markterweiterung *f* ❷ *(desahogo)* Erleichterung *f*

dilatado, -a [dila'taðo, -a] *adj* ausgedehnt, weit(läufig); **un ~ número de participantes** eine große Anzahl von Teilnehmern

dilatar [dila'tar] **I.** *vt* ❶ *(extender)* ausdehnen; (MED) erweitern ❷ *(aplazar)* verschieben; ~ **la reunión** die Besprechung vertagen ❸ *(retrasar)* hinauszögern ❹ *(prolongar)* verlängern **II.** *vr:* **~se** ❶ *(extenderse)* sich ausdehnen ❷ *(Am: demorar)* sich aufhalten

dilatorio, -a [dila'torjo, -a] *adj* (JUR) aufschiebend

dilema [di'lema] *m* Dilemma *nt;* **encontrarse en un ~** in der Zwickmühle sitzen *fam*

diletante [dile'tante] **I.** *adj* dilettantisch **II.** *mf* Dilettant(in) *m(f); (aficionado)* Amateur(in) *m(f); (chapucero)* Stümper(in) *m(f) abw*

diligencia [dili'xenθja] *f* ❶ *(esmero)* Sorgfalt *f* ❷ *(agilidad)* Schnelligkeit *f* ❸ *(trámite)* Erledigung *f;* **~s policiales** polizeiliche Ermittlungen; **evacuar una ~** ein Geschäft erledigen; **hacer ~s** Schritte unternehmen ❹ *(asunto administrativo)* Amtshandlung *f;* **~ judicial/policial** gerichtliche/polizeiliche Maßnahme; **~s preparatorias** Ermittlungsverfahren *nt;* **~s de prueba** Beweisaufnahme *f* ❺ *(nota oficial)* Verfügung *f;* **~ de notificación** Benachrichtigung *f*

diligenciamiento [dilixenθja'mjento] *m* ❶ *(tramitación)* Erledigung *f,* Bearbeitung *f* ❷ *(formal)* amtlicher Vermerk *m*

diligenciar [dilixen'θjar] *vt* ❶ *(resolver)* erledigen, in die Wege leiten ❷ (JUR: *en el proceso*) verfügen ❸ *(documentación)* ausstellen, bearbeiten

diligente [dili'xente] *adj* ❶ *(cuidadoso)* sorgfältig ❷ *(aplicado)* fleißig ❸ *(ágil)* flink

dilucidación [diluθiða'θjon] *f* Aufklärung *f,* Erläuterung *f*

dilucidar [diluθi'ðar] *vt* aufklären

diluir [dilu'ir] *irr como huir* **I.** *vt* ❶ *(líquidos, colores)* verdünnen; **sin ~** unverdünnt ❷ *(sólidos)* auflösen; **dejar ~ en la boca** im Munde zergehen lassen **II.** *vr:* **~se** sich auflösen

diluviar [dilu'βjar] *vimpers* in Strömen regnen

diluvio [di'luβjo] *m* ❶ *(lluvia)* Sintflut *f* ❷ *(fam: abundancia)* Flut *f;* **~ de balas** Kugelhagel *m*

diluyente [dilu'ɟente] **I.** *adj* auflösend; **producto ~** Verdünnungsmittel *nt* **II.** *m* Verdünnungsmittel *nt*

dimanación [dimana'θjon] *f* Ursprung *m,* Herkunft *f*

dimanar [dima'nar] *vi* ❶ *(del manantial)* ausfließen, entspringen ❷ *(fig: proceder)* herrühren (**de** von +*dat*), entspringen (**de** +*dat*)

dimensión [dimen'sjon] *f* ❶ *(extensión)* Dimension *f;* **de dos dimensiones** zweidimensional ❷ *(tamaño)* Größe *f; (medida)* Maß *nt; (fig)* Ausmaß *nt;* **un macizo montañoso de grandes dimensiones** ein Bergmassiv von gewaltigen Ausmaßen; **un escándalo de grandes dimensiones** ein Skandal größten Ausmaßes; **este asunto está alcanzando dimensiones inesperadas** diese Angelegenheit nimmt ungeahnte Dimensionen an

dimensionar [dimensjo'nar] *vt (formal)* abmessen, dimensionieren

diminutivo[1] [diminu'tiβo] *m* (LING) Diminutiv *nt*

diminutivo, -a[2] [diminu'tiβo, -a] *adj* verkleinernd; **lente diminutiva** Verkleinerungsglas *nt*

diminuto, -a [dimi'nuto, -a] *adj* winzig

dimisión [dimi'sjon] *f* Rücktritt *m;* **presentar la ~** zurücktreten

dimisionario, -a [dimisjo'narjo, -a] **I.** *adj (que va a dimitir)* zurücktretend; *(que ha dimitido)* zurückgetreten, abgedankt **II.** *m, f* Zurückgetretene(r) *f(m),* Abgedankte(r) *f(m)*

dimitir [dimi'tir] *vt, vi* zurücktreten; **~ de un cargo** ein Amt niederlegen; **dimitió de presidente del club** er gab sein Amt als Präsident des Vereins auf

Dinamarca [dina'marka] *f* Dänemark *nt*

dinamarqués, -esa [dinamar'kes, -esa] **I.** *adj* dänisch **II.** *m, f* Däne, -in *m, f*

dinámica [di'namika] *f* Dynamik *f*

dinámico, -a [di'namiko, -a] *adj* dynamisch

dinamismo [dina'mismo] *m (energía)* Schwung *m*

dinamita [dina'mita] *f* Dynamit *nt*

dinamitar [dinami'tar] *vt* sprengen

dinamización [dinamiθa'θjon] *f sin pl* ❶ *(dinamizar)* Antreiben *nt;* **~ de las relaciones comerciales** die Beschleunigung der Handelsbeziehungen ❷ (MED) Dynamisierung *f*

dinamizar [dinami'θar] <z → c> *vt* vorantreiben

dinamo [di'namo] *f,* **dínamo** ['dinamo] *f* Dynamo *m;* (AUTO) Lichtmaschine *f*

dinar [di'nar] *m* (ECON) Dinar *m*

dinastía [dinas'tia] *f* Dynastie *f*

dineral [dine'ral] *m* Unsumme *f;* **costar un ~** *(fam)* ein Heidengeld kosten

dinero [di'nero] *m* Geld *nt;* ~ **blanco** Silbergeld *nt;* ~ **en caja** Kassenbestand *m;* ~ **electrónico** Cybercash *nt,* elektronisches Geld, E-Cash *nt;* ~ **metálico** [*o* **contante y sonante**] Bargeld *nt;* ~ **de rescate** Lösegeld *nt;* ~ **en reserva** Notgroschen *m;* ~ **suelto** Kleingeld *nt;* **hacer** ~ das große Geld machen; **pagar en** ~ bar bezahlen; **estar mal de** ~ schlecht bei Kasse sein; **ser alguien de** ~ wohlhabend sein

D

dinosaurio [dino'sau̯rjo] *m* Dinosaurier *m*

dintel [din̪'tel] *m (de ventana)* Fenstersturz *m; (de puerta)* Türsturz *m*

diñar [di'ɲar] *vt (fam)* geben; **~la** *(fam)* ins Gras beißen

dio [djo] *3. pret de* **dar**

diócesis [di'oθesis] *f inv* Diözese *f*

diodo [di'oðo] *m* Diode *f*

dionisíaco, -a [djoni'siako, -a] *adj* dionysisch

dioptría [djop'tria] *f* Dioptrie *f*

dios(a) [djos, 'djosa] *m(f)* Gott, Göttin *m, f*

Dios [djos] *m* Gott *m;* ~ **Hombre** Jesus Christus; ~ **mediante** mit Gottes Hilfe; **¡~ mío!** oh, mein Gott!; **¡~ nos coja confesados!** Gott steh uns bei!; **¡~ sabe!** wer weiß?; ~ **sabe que estuve ahí** selbstverständlich war ich da; **¡~ nos libre!** Gott behüte!; ~ **te bendiga** vergelt's Gott!; **¡a ~!** auf Wiedersehen!; **¡alabado sea ~!** gottlob!; **a la buena de** ~ aufs Geratewohl; **armar la de ~ es Cristo** *(fam)* einen Mordsradau machen; **así ~ me asista** (JUR) so wahr mir Gott helfe; **¡ay ~!** oh Gott!; **como ~ manda** wie es sich gehört; **costar ~ y ayuda** alle Kraft kosten; ~ **dirá** das liegt in Gottes Hand; ~ **lo llamó** Gott hat ihn zu sich geholt; **¡por ~!** um Gottes willen!; **que sea lo que ~ quiera** wie's kommt, so kommt's; **¡santo ~!** Gott im Himmel!; **si ~ quiere** so Gott will; **todo ~** Gott und die Welt; **¡válgame ~!** Gott steh mir bei!; **¡vaya por ~!** es ist nicht zu fassen!; **venga ~ y lo vea** das ist himmelschreiend; **¡vive ~!** so wahr Gott lebt!; **vivir como ~** leben wie Gott in Frankreich; ~ **los cría y ellos se juntan** *(prov fam)* Gleich und Gleich gesellt sich gern

dióxido [di'oˠsiðo] *m* Dioxid *nt*

dioxina [djoˠ'sina] *f* Dioxin *nt*

diploma [di'ploma] *m* Diplom *nt;* ~ **de asistencia** Teilnahmebescheinigung *f;* ~ **de bachiller(ato)** Abiturzeugnis *nt;* ~ **de capitán** Kapitänspatent *nt;* ~ **de maestría** Meisterbrief *m;* ~ **de reconocimiento** Prüfungszeugnis *nt;* ~ **universitario** Hochschuldiplom *nt*

diplomacia [diplo'maθja] *f* ❶ *(política, tacto)* Diplomatie *f* ❷ *(cuerpo)* diplomatisches Korps *nt* ❸ *(carrera)* Diplomatenlaufbahn *f*

diplomado, -a [diplo'maðo, -a] *adj* diplomiert; **traductora diplomada** Diplomübersetzerin *f*

diplomar [diplo'mar] **I.** *vt (Arg)* einen akademischen Grad verleihen (**a** +*dat*) **II.** *vr:* **~se** einen akademischen Grad erlangen [*o* erhalten]

diplomático, -a [diplo'matiko, -a] **I.** *adj* diplomatisch **II.** *m, f* Diplomat(in) *m(f)*

diplomatura [diploma'tura] *f* Diplomierung *f*

diptongo [dip'toŋgo] *m* Diphthong *m*

diputación [diputa'θjon] *f* ❶ *(delegación)* Abordnung *f;* ~ **permanente de Cortes** Parlamentspräsidium *nt;* ~ **provincial** Provinzialrat *m* ❷ *(personas)* Abgeordnetenversammlung *f* ❸ *(cargo)* Abgeordnetenmandat *nt* ❹ *(Méx: edificio)* Rathaus *nt*

diputado, -a [dipu'taðo, -a] *m, f* Abgeordnete(r) *mf;* ~ **en** [*o* **a**] **Cortes** Abgeordneter der Cortes; ~ **independiente** Fraktionslose(r) *m*

diputar [dipu'tar] *vt* ❶ *(elegir como representante)* abordnen, als Vertretung wählen ❷ *(nombrar)* ernennen ❸ *(tener por)* befinden (für +*akk*), halten (für +*akk*); **me han diputado apto** sie halten mich für geeignet

dique ['dike] *m* ❶ *(rompeolas)* Deich *m;* ~ **de abrigo** Schutzdamm *m* ❷ (NÁUT) Dock *nt;* ~ **flotante** Schwimmdock *nt* ❸ *(freno)* Sperre *f;* **poner un ~ a algo** etw *dat* einen Riegel vorschieben

dirección [direˠ'θjon] *f* ❶ *(rumbo)* Richtung *f;* ~ **de la circulación** Verkehrslauf *m;* ~ **de marcha** Fahrtrichtung *f;* ~ **visual** Blickrichtung *f;* **en ~ longitudinal** längs laufend; **en ~ opuesta** in umgekehrter Richtung; **el viento soplaba en ~ oeste** der Wind blies gen Westen; **salir con ~ a España** nach Spanien reisen ❷ *(mando)* Direktion *f;* ~ **central** Zentralverwaltung *f;* ~ **comercial** Geschäftsführung *f;* ~ **del Estado** Staatsführung *f;* **alta** ~ Management *nt* ❸ *(guía)* Leitung *f;* ~ **(artística)** (TEAT) Regie *f;* ~ **de personal** Personalführung *f;* **bajo la ~ de** unter der Leitung von ❹ *(señas, t.* INFOR) Adresse *f;* ~ **comercial** Geschäftsadresse *f;* ~ **codificada** Chiffreanschrift *f;* ~ **de correo electrónico** [*o* **electrónica**] E-Mail-Adresse *f;* ~ **de internet** Internetadresse *f* ❺ *(conducción)* Lenkung *f;* ~ **delantera** (AUTO) Frontlenkung *f;* ~ **a la derecha** (AUTO) Rechtslenkung *f;* ~ **a distancia** Fernsteuerung *f*

direccionamiento [dire^{y}θjona'mjento] *m* (INFOR) Adressierung *f;* ~ **de base** Basisadressierung *f;* ~ **diferido** indirekte Adressierung; ~ **inherente** indizierte Adressierung
direccionar [dire^{y}θjo'nar] *vt* (INFOR) adressieren
directa [di'rekta] *f* (AUTO) höchster Gang *m;* **poner la** ~ *(fam fig)* Vollgas geben
directamente [di'rekta'mente] *adv* direkt, unmittelbar
directiva [direk'tiβa] *f* ① *(dirección)* Vorstand *m* ② *(instrucción)* Richtlinie *f*
directivo, -a [direk'tiβo, -a] **I.** *adj* leitend; **junta directiva** Vorstand *m* **II.** *m, f* ① *(ejecutivo)* leitender Angestellter *m,* leitende Angestellte *f; (mánayer)* Manager(in) *m(f)* ② *(de la junta directiva)* Vorstandsmitglied *nt*
directo¹ [di'rekto] *m* ① (FERRO) durchgehender Zug *m* ② (DEP) Gerade *f*
directo, -a² [di'rekto, -a] *adj* ① *(recto)* gerade ② *(inmediato, franco)* direkt, unmittelbar; **trasmisión en** ~ Live-/Direktübertragung *f;* **un tren** ~ ein durchgehender Zug
director(a) [direk'tor(a)] **I.** *adj* leitend **II.** *m(f)* Leiter(in) *m(f); (jefe)* Direktor(in) *m(f);* ~ **administrativo** geschäftsführender Direktor; ~ **de departamento** Abteilungsleiter *m;* ~ (**de escena**) (CINE, TEAT) Regisseur *m;* ~ (**del colegio/instituto**) Schulleiter, Rektor *m;* ~ **de fábrica** Werksleiter *m;* ~ **general** Generaldirektor *m;* ~ **de la obra** Bauleiter *m;* ~ **de orquesta** Dirigent *m;* ~ **de sucursal** Filialleiter *m;* ~ **técnico** technischer Leiter; ~ **de la tesis** Doktorvater *m*
directorio [direk'torjo] *m* ① *(junta)* Direktorium *nt* ② *(manual)* Anleitung *f* ③ *(agenda)* Adressbuch *nt;* **directorio telefónico** *(Méx)* Telefonbuch *nt* ④ (INFOR) Verzeichnis *nt;* ~ **raíz** Stammverzeichnis *nt*
directriz [direk'triθ] *f* ① *(orientación)* Richtlinie *f* ② (MAT) Leitlinie *f*
dirigente [diri'xente] *mf* Führer(in) *m(f);* **los ~s** die führenden Persönlichkeiten; **preparar a los ~s** Führungskräfte heranbilden
dirigible [diri'xiβle] **I.** *adj* lenkbar **II.** *m* *(globo)* Luftschiff *nt*
dirigido, -a [diri'xiðo] *adj (sistemas)* ferngesteuert
dirigir [diri'xir] <g → j> **I.** *vt* ① *(un coche)* fahren; (NÁUT, INFOR) steuern ② *(el tráfico)* regeln ③ *(un envío, palabras)* richten (**a** an +*akk*) ④ *(la vista)* richten (**hacia** auf +*akk*); ~ **todas sus atenciones a algo** *(fig)* seine ganze Aufmerksamkeit auf etw richten ⑤ *(una nación)* regieren; *(empresa, debate)* leiten; *(finca)* bewirtschaften; *(orquesta)* dirigieren; ~ **una casa** einen Haushalt führen ⑥ *(por un camino)* führen ⑦ (CINE, TEAT, TV) Regie führen (bei +*dat*); **una película dirigida por...** Regie führte ... ⑧ *(loc)* ~ **el tiro a algo** auf etw zielen **II.** *vr:* **~se** ① *(a un lugar)* sich begeben (**a/hacia** nach +*dat*) ② *(a una persona)* sich wenden (**a** an +*akk*)
dirigista [diri'xista] *mf* Anhänger(in) *m(f)* der Planwirtschaft
dirimir [diri'mir] *vt* ① *(contrato, matrimonio)* aufheben ② *(asunto)* entscheiden; *(disputa)* beilegen; ~ **los empates** bei Stimmengleichheit entscheiden
disarmonía [disarmo'nia] *f* ① *(falta de armonía)* Uneinigkeit *f,* Disharmonie *f* ② (MED) *Funktionsstörung bei körperlichen Bewegungsabläufen*
discapacidad [diskapaθi'ða^{ð}] *f* (Körper)behinderung *f;* ~ **mental** geistige Behinderung; **con ~ grave** schwerbehindert
discapacitado, -a [diskapaθi'taðo, -a] **I.** *adj* (körper)behindert **II.** *m, f* Person *f* mit (körperlicher) Behinderung; ~ **mental** Person *f* mit geistiger Behinderung; *v. t.* **discapacidad**
discernible [disθer'niβle] *adj* erkennbar, deutlich
discernimiento [disθerni'mjento] *m* ① *(acción de distinguir)* Unterscheidung *f; (capacidad de distinguir)* Unterscheidungsvermögen *nt* ② *(juicio)* Urteilsvermögen *nt;* **obrar sin** ~ unüberlegt handeln
discernir [disθer'nir] *vt irr como cernir (diferenciar)* unterscheiden; ~ **entre lo bueno y lo malo** das Gute vom Bösen unterscheiden können
disciplina [disθi'plina] *f* Disziplin *f*
disciplinado, -a [disθipli'naðo, -a] *adj* diszipliniert
disciplinar [disθipli'nar] *vt* ① *(someter)* disziplinieren ② *(enseñar)* unterrichten
disciplinario, -a [disθipli'narjo, -a] *adj* disziplinarisch; **sanción disciplinaria** Ordnungsstrafe *f*
discípulo, -a [dis'θipulo, -a] *m, f* ① *(alumno)* Schüler(in) *m(f)* ② *(seguidor)* Anhänger(in) *m(f)*
disc jockey [dis'ʝokei] *mf inv v.* **disyóquey**
disco ['disko] *m* ① *(lámina circular)* Scheibe *f; (en el teléfono)* Wählscheibe *f; (de algodón)* Wattepad *nt;* ~ **de freno** Bremsscheibe *f;* ~ **de horario** Parkscheibe *f;* ~ **de señales** (FERRO) Signalscheibe *f* ② (MÚS) Schallplatte *f;* ~ **compacto** Com-

D

pactdisc *f*, CD *f*; **~ de larga duración** Langspielplatte *f*; **siempre pones el mismo ~** *(fam)* immer dieselbe Leier!; **¡cambia el ~ ya!** *(fam)* leg mal eine andere Platte auf! ③ (DEP) Diskus *m* ④ *(semáforo)* Verkehrsampel *f* ⑤ (INFOR) Platte *f*; **~ duro** Festplatte *f*

discográfica [disko'ɣrafika] *f* Plattenfirma *f*

discográfico, -a [disko'ɣrafiko, -a] *adj* (Schall)platten-

díscolo, -a ['diskolo, -a] *adj* widerspenstig

disconforme [diskoɱ'forme] *adj* ① *(persona)* nicht einverstanden ② *(cosa)* nicht passend

disconformidad [diskoɱformi'ða^{ð}] *f* ① *(con algo)* Ablehnung *f* (**con** +*gen*); **se te nota tu ~ con la decisión** man merkt, dass du mit der Entscheidung nicht einverstanden bist ② *(entre personas)* Uneinigkeit *f* ③ *(de cosas)* Ungleichheit *f*

discontinuar [diskon̪tinu'ar] <*1. pres* discontinúo> *vt* unterbrechen

discontinuidad [diskon̪tinwi'ða^{ð}] *f* ① *(inconstancia)* Unstetigkeit *f* ② *(interrupción)* Unterbrechung *f*

discontinuo, -a [diskon̪'tinwo, -a] *adj* ① *(inconstante)* unstetig ② *(interrumpido)* unzusammenhängend

discordancia [diskor'ðan̪θja] *f* ① *(disconformidad)* Uneinigkeit *f*; **hubo ~s a la hora de elegir un representante** man war sich *dat* über die Ernennung eines Vertreters nicht einig ② (MÚS) Missklang *m*

discordante [diskor'ðan̪te] *adj* ① *(opinión)* abweichend ② (MÚS) misstönend

discordar [diskor'ðar] <o → ue> *vi* ① *(cosas)* nicht zusammenpassen ② *(personas)* nicht übereinstimmen (**de** mit +*dat*) ③ *(instrumento)* verstimmt sein

discorde [dis'korðe] *adj* ① *(persona)* nicht einverstanden ② (MÚS) verstimmt

discordia [dis'korðja] *f* Zwietracht *f*

discoteca [disko'teka] *f* ① *(local)* Diskothek *f* ② *(discos)* Schallplattensammlung *f*

discotequero, -a [diskote'kero, -a] *adj* Disko- *fam*; **es un chico muy ~** er ist ein begeisterter Diskogänger

discreción [diskre'θjon] *f* Diskretion *f*; **a ~** nach Belieben; **bajo ~** vertraulich; **con ~** umsichtig; **entregarse a ~** (MIL) sich auf Gnade und Ungnade ergeben

discrecional [diskreθjo'nal] *adj* beliebig, Ermessens-; **cuestión ~** Ermessensfrage *f*; **parada ~** Bedarfshaltestelle *f*

discrepancia [diskre'pan̪θja] *f* ① *(entre cosas)* Diskrepanz *f* ② *(entre personas)* Unstimmigkeit *f*

discrepante [diskre'pan̪te] *adj* nicht übereinstimmend

discrepar [diskre'par] *vi* ① *(diferenciarse)* abweichen ② *(disentir)* anderer Meinung sein (**de** als +*nom*); **discrepo de lo que Ud. piensa sobre eso** ich stimme Ihrer Meinung darüber nicht zu

discreto, -a [dis'kreto, -a] *adj* diskret

discriminación [diskrimina'θjon] *f* ① *(diferenciación)* Unterscheidung *f*; **de difícil ~** schwer feststellbar ② *(perjuicio)* Diskriminierung *f*

discriminado, -a [diskrimi'naðo, -a] *adj* diskriminiert

discriminador[1] [diskrimina'ðor] *m* (ELEC) Diskriminator *m*

discriminador(a)[2] [diskrimina'ðor(a)] *adj* diskriminierend, herabsetzend

discriminar [diskrimi'nar] *vt* ① *(cosas)* unterscheiden ② *(personas)* diskriminieren

discriminatorio, -a [diskrimina'torjo, -a] *adj* diskriminierend

disculpa [dis'kulpa] *f* ① *(perdón)* Entschuldigung *f*; **admitir una ~** eine Entschuldigung gelten lassen; **pedir ~s** sich entschuldigen; **eso no tiene ~** das ist unverzeihlich ② *(pretexto)* Ausrede *f*; **¡qué ~ más tonta!** so eine faule Ausrede!; **¡no valen ~s!** keine Ausreden!

disculpable [diskul'paβle] *adj* verzeihlich

disculpar [diskul'par] **I.** *vt* ① *(perdonar)* verzeihen; **discúlpala de su falta** verzeih ihr ihren Fehler; **discúlpame por no haberte escrito** entschuldige, dass ich dir nicht geschrieben habe ② *(justificar)* entschuldigen; **tu inexperiencia no disculpa ese comportamiento** deine Unerfahrenheit ist keine Entschuldigung für dieses Verhalten **II.** *vr:* **~se** sich entschuldigen; **~se con alguien por algo** sich bei jdm wegen etw *gen/dat* entschuldigen

discurrir [disku'rrir] **I.** *vi* ① *(pensar)* nachgrübeln (**sobre** über +*akk*) ② *(andar)* umherlaufen; **los niños discurrían por la feria** die Kinder liefen über den Rummelplatz ③ *(río)* fließen ④ *(trascurrir)* verlaufen; *(tiempo)* verstreichen **II.** *vt* sich *dat* ausdenken; **~ poco** nicht ganz hell im Kopf sein

discursante [diskur'san̪te] **I.** *adj* Reden schwingend **II.** *mf (fam)* Redner(in) *m(f)*

discursivo, -a [diskur'siβo, -a] *adj* diskursiv

discurso [dis'kurso] *m* ① *(arenga)* Rede *f*; **~ de clausura** Schlussrede *f*; **~ de recepción** Begrüßungsansprache *f*; **~ solemne** Festansprache *f*; **pronunciar un ~** eine Rede halten ② *(plática)* Gespräch *nt* ③ *(disertación escrita)* Abhandlung *f*; *(oral)* Vortrag *m* ❹ *(raciocinio)* Urteilsfähigkeit *f* ❺ *(trascurso)* (Ver)lauf *m*

discusión [disku'sjon] *f* ❶ *(debate)* Diskussion *f;* ~ **del presupuesto** (POL) Haushaltsdebatte *f;* ~ **pública** Podiumsdiskussion *f* ❷ *(riña)* Auseinandersetzung *f;* **entablar una** ~ sich auf eine Diskussion einlassen; **sin** ~ ohne Zweifel

discutible [disku'tiβle] *adj* ❶ *(disputable)* erwägenswert ❷ *(dudoso)* zweifelhaft

discutido, -a [disku'tiðo, -a] *adj* umstritten

discutidor(a) [diskuti'ðor(a)] **I.** *adj (fam)* diskussionsfreudig **II.** *m(f) (fam)* Diskussionsfreudige(r) *f(m)*

discutir [disku'tir] **I.** *vi, vt* ❶ *(hablar)* diskutieren; ~ **un asunto** eine Frage erörtern; ~ **algo punto por punto** etw durchsprechen; ~ **un plan a fondo** einen Plan eingehend besprechen; ~ **el recorte del presupuesto** die Kürzung des Etats debattieren; ~ **sobre el precio** über den Preis verhandeln ❷ *(pelear)* (sich) streiten (**de** über +*akk*) **II.** *vt (contradecir)* **siempre me discutes lo que digo** du stellst immer alles, was ich sage, infrage

disecar [dise'kar] <c → qu> *vt* ❶ (ANAT) sezieren ❷ *(preparar un animal muerto)* ausstopfen ❸ *(secar una planta)* trocknen

disección [dise^Y'θjon] *f* (ANAT) Sezieren *nt*

diseccionar [dise^Yθjo'nar] *vt* ❶ *(un animal, una planta)* zerlegen ❷ *(fig: analizar)* eingehend analysieren

diseminado, -a [disemi'naðo, -a] *adj* verstreut

diseminar [disemi'nar] **I.** *vt* ❶ *(semillas)* verstreuen ❷ *(noticias)* verbreiten **II.** *vr:* ~**se** sich verbreiten

disensión [disen'sjon] *f* ❶ *(desavenencia)* Meinungsverschiedenheit *f* ❷ *(riña)* Streitigkeit *f*

disenso [di'senso] *m* Meinungsverschiedenheit *f,* Dissens *m*

disentería [disente'ria] *f* (MED) Ruhr *f*

disentimiento [disenti'mjento] *m* Meinungsverschiedenheit *f*

disentir [disen'tir] *vi irr como sentir* anderer Meinung sein (**de** als +*nom*); **disiento de tu opinión** ich bin nicht deiner Meinung; **en religión disentimos profundamente** was die Religion angeht, gehen unsere Meinungen grundsätzlich auseinander

diseñador(a) [diseɲa'ðor(a)] *m(f)* ❶ *(dibujante)* Zeichner(in) *m(f)* ❷ *(el que concibe, decora)* Designer(in) *m(f);* ~ **gráfico, -a** Grafiker(in) *m(f)* ❸ (INFOR) ~ **de páginas web** Webdesigner(in) *m(f)*

diseñar [dise'ɲar] *vt* ❶ *(dibujar)* zeichnen; *(delinear)* skizzieren ❷ *(proyectar)* entwerfen

diseño [di'seɲo] *m* ❶ *(dibujo)* Zeichnung *f;* *(boceto)* Skizze *f;* *(esbozo)* Entwurf *m;* ~ **de construcción** Grundriss *m;* ~ **de página** (*t.* INFOR) Seitenaufbau *m* ❷ *(forma)* Design *nt;* ~ **ergonómico** ergonomische Form ❸ *(en tejidos)* Muster *nt* ❹ *(descripción)* Umreißen *nt*

disertación [diserta'θjon] *f (escrita)* (wissenschaftliche) Abhandlung *f;* *(oral)* Vortrag *m*

disertar [diser'tar] *vi (por escrito)* abhandeln (**sobre** +*akk*); *(oralmente)* einen Vortrag halten (**sobre** über +*akk*)

disfraz [dis'fraθ] *m* ❶ *(máscara)* Verkleidung *f;* *(para la cara)* Maske *f;* (MIL) Tarnung *f* ❷ *(disimulación)* Verstellung *f;* **presentarse sin** ~ sein wahres Gesicht zeigen

disfrazar [disfra'θar] <z → c> **I.** *vt* ❶ *(enmascarar)* verkleiden; *(la cara)* maskieren; (MIL) tarnen ❷ *(escándalo)* verschleiern; *(voz)* verstellen; *(sentimiento)* verbergen; ~ **su embarazo** seine Verlegenheit überspielen; ~ **su tristeza con una sonrisa** seine Trauer hinter einem Lächeln verbergen **II.** *vr:* ~**se** *(enmascararse)* sich verkleiden (**de** als +*nom*)

disfrutar [disfru'tar] *vi, vt* ❶ *(gozar)* genießen (**de** +*akk*); ~ **de excelente salud** sich bester Gesundheit erfreuen; ~ **de licencia** Urlaub haben ❷ *(poseer)* haben (**de** +*akk*); **esta coche disfruta de muchas comodidades** dieses Auto hat viel Komfort ❸ *(utilizar)* nutzen ((**de**) +*akk*); *(sacar provecho)* Nutzen ziehen ((**de**) aus +*dat*)

disfrute [dis'frute] *m* ❶ *(goce)* Genuss *m* ❷ *(aprovechamiento)* Nutzung *f*

disfunción [disfun'θjon] *f* (*t.* MED) Funktionsstörung *f;* (MED) Dysfunktion *f*

disgregación [disɣreɣa'θjon] *f (de materia: el disgregar)* Auflösen *nt;* *(el disgregarse)* Zerfall *m;* (QUÍM) Zersetzung *f;* (FÍS) Spaltung *f;* (GEO, METEO) Verwitterung *f*

disgregar [disɣre'ɣar] <g → gu> **I.** *vt* ❶ *(materia)* auflösen; (QUÍM) zersetzen; (FÍS) spalten ❷ *(gente)* zerstreuen **II.** *vr:* ~**se** ❶ *(gente)* **el público se disgregó al terminar el espectáculo** das Publikum zerstreute sich nach der Vorstellung in alle Richtungen ❷ *(materia)* zerfallen; (QUÍM) sich auflösen; (FÍS) sich spalten

disgustado, -a [disɣus'taðo, -a] *adj* ❶ *(apenado)* bekümmert ❷ *(enfadado)* verärgert

disgustar [disɣus'tar] **I.** *vt* ❶ *(desagradar)* missfallen +*dat;* *(comida)* anekeln ❷ *(enfadar)* erzürnen; *(ofender)* zu nahe treten

+*dat* **II.** *vr:* **~se** ① *(enfadarse)* sich ärgern (**por/de** über +*akk*) ② *(ofenderse)* **se ha disgustado por tus comentarios** deine Äußerungen haben ihn/sie verletzt ③ *(reñir)* aneinandergeraten

disgusto [dis'ɣusto] *m* ① *(desagrado)* Missfallen *nt; (repugnancia)* Ekel *m;* **estar a ~** sich unbehaglich fühlen ② *(aflicción)* Kummer *m; (molestia)* Unannehmlichkeit *f; (enfado)* Ärger *m;* **dar un ~ a alguien** *(afligir)* jdm Kummer machen; *(causar molestias)* jdm Unannehmlichkeiten bereiten ③ *(pelea)* Streit *m*

disidencia [disi'ðeṇθja] *f (desavenencia)* Uneinigkeit *f*

disidente [disi'ðeṇte] **I.** *adj* anders denkend **II.** *mf* Dissident(in) *m(f)*

disidir [disi'ðir] *vi* abfallen (**de** von +*dat*), abschwören (+*gen*)

disímbolo, -a [di'simbolo, -a] *adj (Méx: diferente)* ungleich, verschieden

disimétrico, -a [disi'metriko, -a] *adj* asymmetrisch, unsymmetrisch

disímil [di'simil] *adj (elev)* unterschiedlich, verschieden

disimulación [disimula'θjon] *f* ① *(fingimiento)* Verstellung *f* ② *(simulación)* Vortäuschung *f* ③ *(ocultación)* Verheimlichung *f* ④ *(tolerancia)* Nachsicht *f*

disimulado, -a [disimu'laðo, -a] **I.** *adj* ① *(fingido)* vorgespiegelt ② *(encubierto)* unauffällig ③ *(engañoso)* verlogen; *(hipócrita)* heuchlerisch **II.** *m, f* ① *(hipócrita)* Heuchler(in) *m(f)* ② *(loc)* **hacerse el ~** sich dumm stellen

disimular [disimu'lar] **I.** *vi* ① *(aparentar)* sich verstellen ② *(ocultar)* sich *dat* nichts anmerken lassen ③ *(tolerar)* nachsichtig sein **II.** *vt* ① *(ocultar)* verbergen; **~ el miedo** sich *dat* die Angst nicht anmerken lassen; **no ~ algo** keinen Hehl aus etw *dat* machen; **la falda disimulaba su barriga** der Rock ließ sie schlanker aussehen ② *(paliar)* beschönigen ③ *(tolerar)* dulden; **~ algo a alguien** jdm etw nachsehen

disimulo [disi'mulo] *m* ① *(fingimiento)* Verstellung *f; (engaño)* Verschleierung *f;* **con ~** unauffällig ② *(tolerancia)* Nachsicht *f*

disipación [disipa'θjon] *f* ① *(desvanecimiento)* Auflösung *f; (volatilización)* Verflüchtigung *f; (fig)* Zerstreuung *f* ② *(libertinaje)* Zügellosigkeit *f* ③ *(derroche)* Verschwendung *f*

disipado, -a [disi'paðo, -a] *adj* ① *(libertino)* zügellos ② *(que derrocha)* verschwenderisch

disipador(a) [disipa'ðor(a)] **I.** *adj* verschwenderisch **II.** *m(f)* Verschwender(in) *m(f)*

disipar [disi'par] **I.** *vt* ① *(nubes, nieblas)* auflösen; *(dudas)* beseitigen; **el sol disipa las nieblas** die Sonne vertreibt den Nebel; **~ el cansancio** die Müdigkeit verscheuchen ② *(derrochar)* vergeuden **II.** *vr:* **~se** sich auflösen; *(dudas)* verschwinden; **~se en humo** verrauchen

dislate [dis'late] *m* Unsinn *m*

dislexia [dis'leʸsja] *f* Legasthenie *f*

disléxico, -a [dis'leʸsiko, -a] **I.** *adj* legasthenisch **II.** *m, f* Legastheniker(in) *m(f)*

dislocación [disloka'θjon] *f* ① *(desplazamiento)* Verlagerung *f;* (GEO) Verschiebung *f* ② (MED) Verrenkung *f* ③ *(desfiguración)* Verzerrung *f*

dislocado, -a [dislo'kaðo, -a] *adj* ① *(desplazado)* verlagert, verschoben ② (MED) verrenkt, ausgerenkt ③ *(fam: loco)* verrückt

dislocar [dislo'kar] <c → qu> **I.** *vt* ① *(desplazar)* verlagern ② (MED) verrenken ③ *(desfigurar)* verzerren **II.** *vr:* **~se** ① *(deshacerse)* auseinandergehen ② *(desarticularse)* sich *dat* verrenken

disloque [dis'loke] *m (fig fam)* Höhepunkt *m;* **¡es el ~!** das ist der Gipfel!

disminución [disminu'θjon] *f* Verringerung *f;* **~ de los gastos** Kostensenkung *f;* **~ de la natalidad** Geburtenrückgang *m;* **~ de la pena** (JUR) Strafmilderung *f;* **~ de peso** Gewichtsabnahme *f;* **~ de los precios** Preissenkung *f;* **~ de la presión** (TÉC) Druckabfall *m;* **~ de la producción** Produktionsrückgang *m;* **~ de riesgo** Risikominderung *f;* **~ de tamaño** Verkleinerung *f;* **~ de la tensión** Entspannung *f;* **~ del valor** Wertminderung *f;* **~ de las ventas** Absatzrückgang *m*

disminuido, -a [disminu'iðo, -a] **I.** *adj* ① *(fig: achicado)* eingeschüchtert ② *(pey: discapacitado)* behindert **II.** *m, f (pey)* **~ físico** *(pey)* Person *f* mit Körperbehinderung; **~ mental** *(pey)* Person *f* mit geistiger Behinderung; *v. t.* **discapacidad**

disminuir [disminu'ir] *irr como huir* **I.** *vi (en intensidad)* nachlassen; *(número)* zurückgehen; *(existencias)* abnehmen; **~ de tamaño** kleiner werden **II.** *vt* verringern; *(precio, sueldo)* senken; *(velocidad)* drosseln; **~ de tamaño** verkleinern; **~ en duración** zeitlich verkürzen; **~ la ganancia** den Gewinn schmälern

disnea [dis'nea] *f* (MED) Atemnot *f,* Kurzatmigkeit *f,* Dyspnoe *f*

disociación [disoθja'θjon] *f (separación)* Trennung *f; (disgregación)* Auflösung *f*

disociar [diso'θjar] **I.** *vt (disgregar)* auflösen; *(separar)* trennen **II.** *vr:* **~se** sich auflösen

disoluble [diso'luβle] *adj* löslich

disolución [disolu'θjon] *f* ❶ *(dilución)* Auflösung *f; (de la familia)* Zerrüttung *f; (de las costumbres)* Sittenverfall *m;* **~ de contrato** Vertragsaufhebung *f* ❷ (QUÍM) Lösung *f*

disoluto, -a [diso'luto, -a] **I.** *adj* zügellos **II.** *m, f* Wüstling *m*

disolvente [disol'βen̦te] *m* (QUÍM) Lösungsmittel *nt*

disolver [disol'βer] *vt, vr irr como volver* **~se** (sich) auflösen

disonancia [diso'nan̦θja] *f* ❶ (MÚS) Dissonanz *f* ❷ *(desproporción)* Missverhältnis *nt* ❸ *(discordancia)* Unstimmigkeit *f*

dispar [dis'par] *adj* ungleich

disparado, -a [dispa'raðo, -a] *adj* **salir ~** sich blitzschnell davonmachen

disparador [dispara'ðor] *m* ❶ *(de un arma)* Abzug *m* ❷ (FOTO) Auslöser *m;* **~ automático** Selbstauslöser *m*

disparar [dispa'rar] **I.** *vt* ❶ *(un tiro, flechas)* abschießen; *(un proyectil)* abfeuern; **~ un tiro/flechas a** [*o* **contra**] **alguien** auf jdn schießen; **~ una piedra contra alguien** jdn mit einem Stein bewerfen ❷ *(el arma)* abdrücken **II.** *vi* ❶ *(tirar)* **~ contra alguien** auf jdn schießen ❷ *(Am: caballo)* durchgehen ❸ *(un arma)* losgehen; **esta pistola no dispara bien** diese Pistole schießt nicht gut **III.** *vr:* **~se** ❶ *(arma)* losgehen ❷ *(salir corriendo)* losrennen; *(caballo)* durchgehen ❸ *(desbocarse)* ausrasten

disparatado, -a [dispara'taðo, -a] *adj* ❶ *(absurdo)* unsinnig ❷ *(fam: desmesurado)* ungeheuer

disparatar [dispara'tar] *vi (hablar)* Unsinn reden; *(obrar)* unüberlegt handeln

disparate [dispa'rate] *m* ❶ *(insensatez)* Unsinn *m* ❷ *(loc, fam)* **me gusta un ~** er/sie gefällt mir wahnsinnig gut; **costar un ~** ein Vermögen kosten

disparejo, -a [dispa'rexo, -a] *adj* unterschiedlich, verschieden

disparidad [dispari'ða^ð] *f* Unterschiedlichkeit *f;* **~ de precios** (ECON) Preisgefälle *nt*

disparo [dis'paro] *m* ❶ *(el disparar)* Abschuss *m* ❷ *(tiro)* Schuss *m;* **~ al aire** Warnschuss *m;* **~ de partida** Startschuss *m*

dispendio [dis'pen̦djo] *m* Verschwendung *f*

dispendioso, -a [dispen̦'djoso, -a] *adj* ❶ *(costoso)* kostspielig, teuer ❷ *(derrochador)* verschwenderisch

dispensa [dis'pensa] *f (excepción)* Befreiung *f;* (REL) Dispens *f;* **~ de edad** (JUR) Ehemündigkeitserklärung *f*

dispensable [dispen'saβle] *adj* erlässlich

dispensación [dispensa'θjon] *f* ❶ *(concesión)* Bewilligung *f,* Zugeständnis *nt* ❷ (REL) Dispens *m,* Dispenserteilung *f* ❸ (JUR) Befreiung *f,* Entbindung *f*

dispensador [dispensa'ðor] *m,* **dispensadora** [dispensa'ðora] *f (aparato)* Spender *m*

dispensar [dispen'sar] *vt* ❶ *(otorgar)* erteilen; **~ cuidados a alguien** jdn gut pflegen; **~ favores/atención a alguien** jdm seine Gunst/Beachtung schenken; **~ ovaciones/elogios a alguien** jdm Beifall/Lob spenden; **le ~on un tratamiento privilegiado** ihm/ihr wurde eine bevorzugte Behandlung zuteil ❷ *(librar)* befreien (**de** von +*dat*); *(de molestias)* verschonen (**de** mit +*dat*); **~ a alguien de su cargo** jdn von seinem Amt entbinden; **~ a alguien del servicio militar** jdn vom Wehrdienst freistellen; **me ~on del castigo** mir wurde die Strafe erlassen ❸ *(excusar)* entschuldigen; **dispénseme que le interrumpa** verzeihen Sie bitte, wenn ich störe

dispensario [dispen'sarjo] *m* Ambulanz *f;* **~ sanitario** Sanitätsstelle *f*

dispepsia [dis'peβsja] *f* Verdauungsstörung *f*

dispersar [disper'sar] **I.** *vt* zerstreuen; *(personas, animales)* auseinandertreiben; (MIL) zersprengen; *(una manifestación)* auflösen; (FÍS) streuen; **~ sus energías** seine Kräfte verzetteln **II.** *vr:* **~se** *(semillas)* verwehen; *(personas, animales)* auseinanderlaufen; (MIL) sich zersplittern

dispersión [disper'sjon] *f* Zerstreuung *f;* (FÍS) Streuung *f;* **~ de la luz** Lichtstreuung *f;* **~ de la nubosidad** Bewölkungsauflockerung *f;* **pintura de ~** Dispersionsfarbe *f;* **la ~ de las tropas** die Zersprengung der Truppen; **la ~ de los manifestantes** das Auseinandertreiben der Demonstranten

disperso, -a [dis'perso, -a] *adj* zerstreut; (MIL) versprengt

display [dis'plai̯] *m sin pl* ❶ (INFOR) Display *nt* ❷ *(anuncio)* Werbeschild *nt*

displicencia [displi'θen̦θja] *f* ❶ *(desagrado)* Unfreundlichkeit *f;* **tratar con ~** unfreundlich behandeln ❷ *(desaliento)* Missmut *m*

displicente [displi'θen̦te] *adj* unfreundlich

disponer [dispo'ner] *irr como poner* **I.** *vi* verfügen (**de** über +*akk*); **puedes ~ de mí cuando quieras** ich stehe dir jederzeit zur Verfügung **II.** *vt* ❶ *(colocar)* anordnen;

D

~ **las sillas en círculo** die Stühle im Kreis aufstellen ② *(preparar)* vorbereiten; *(la mesa)* decken; ~ **las camas para los huéspedes** die Betten für die Gäste richten ③ *(determinar)* verfügen; ~ **en testamento** testamentarisch verfügen **III.** *vr:* **~se** ① *(colocarse)* sich aufstellen ② *(prepararse)* sich vorbereiten (**a/para** zu +*inf*); **me disponía a escribir la carta cuando...** ich war im Begriff, den Brief zu schreiben, als …

disponibilidad [disponiβili'ða$^{\eth}$] *f* ① *(disposición)* Verfügbarkeit *f* ② *pl (dinero)* finanzielle Mittel *ntpl;* **nuestras ~es no nos permitirán nunca comprar una casa** aufgrund unserer finanziellen Möglichkeiten werden wir uns nie ein Haus kaufen können

disponible [dispo'niβle] *adj* verfügbar

disposición [disposi'θjon] *f* ① *(colocación)* Anordnung *f;* ~ **del espacio** Raumaufteilung *f* ② *(de ánimo/salud)* Verfassung *f* ③ *(para algún fin)* Bereitschaft *f;* ~ **de servicio** Betriebsbereitschaft *f;* **estar en ~ de hacer algo** bereit sein, etw zu tun ④ *(disponibilidad)* Verfügung *f;* **de libre ~** zur freien Verfügung; **estoy a tu ~** ich stehe dir zur Verfügung; **poner a ~** zur Verfügung stellen ⑤ *(talento)* Veranlagung *f;* **tener ~ para la música** musikalisch begabt sein ⑥ *(resolución)* Bestimmung *f;* ~ **legal** gesetzliche Vorschrift; **última ~** Letzter Wille; **tomar las disposiciones precisas** die notwendigen Vorkehrungen treffen

dispositivo [disposi'tiβo] *m* Vorrichtung *f;* ~ **de alarma** Alarmanlage *f;* ~ **antirrobo** Diebstahlsicherung *f;* ~ **de cambio de velocidades** (AUTO) Gangschaltung *f;* ~ **sensitivo** (TÉC) Tastgerät *nt;* ~ **de televisión** Videoüberwachungssystem *nt;* ~ **de visualización** (INFOR) Datensichtgerät *nt*

dispuesto, -a [dis'pwesto, -a] **I.** *pp de* **disponer II.** *adj* ① *(preparado)* bereit; ~ **para el uso** gebrauchsfertig; **estar ~ a trabajar/a negociar** arbeitswillig/verhandlungsbereit sein; **estar ~ para salir** bereit zum Ausgehen sein; **estar ~ para salir de viaje** reisefertig sein ② *(habilidoso)* geschickt ③ *(de buen cuerpo)* gut gebaut ④ *(de ánimo/salud)* **estar bien/mal ~** *(ánimo)* gut/schlecht aufgelegt sein; *(de salud)* in guter/schlechter Verfassung sein

disputa [dis'puta] *f (pelea)* Streit *m; (conversación)* Streitgespräch *nt;* ~ **legal** Rechtsstreit *m;* **sin ~** unbestreitbar

disputable [dispu'taβle] *adj* strittig

disputador(a) [disputa'ðor(a)] *m(f)* Streitsüchtige(r) *f(m)*

disputar [dispu'tar] **I.** *vi* streiten (**de/sobre** über +*akk*) **II.** *vt* ① *(controvertir)* streitig machen ② *(competir)* kämpfen (**por** um +*akk*); ~ **una carrera** ein Rennen austragen **III.** *vr:* **~se** sich streiten (um +*akk*); **todos se disputan la foto** alle reißen sich um das Foto

disquisición [diskisi'θjon] *f* Studie *f*

distancia [dis'taṇθja] *f* Entfernung *f; (fig)* Distanz *f;* **larga ~** Langstrecke *f;* ~ **focal** (FÍS) Brennweite *f;* ~ **entre ruedas** (AUTO) Radspur *f;* ~ **de seguridad** Sicherheitsabstand *m;* ~ **visual** Sichtweite *f;* **a ~** *(lejos)* in der Ferne; *(desde lejos)* aus der Ferne; **cubrir ~s** Entfernungen zurücklegen; **guardar las ~s** *(fig)* Distanz wahren; **tener a alguien a ~** sich *dat* jdn vom Leibe halten

distanciado, -a [distaṇ'θjaðo, -a] *adj* entfernt; *(fig)* distanziert; **están ~s** *(fig)* sie sind nicht mehr befreundet

distanciamiento [distaṇθja'mjeṇto] *m* *(fig)* Distanzierung *f*

distanciar [distaṇ'θjar] **I.** *vt* voneinander entfernen **II.** *vr:* **~se** ① *(de una persona)* sich distanzieren ② *(de un lugar)* sich entfernen

distante [dis'taṇte] *adj* ① *(lugar)* entfernt ② *(persona)* distanziert

distar [dis'tar] *vi* entfernt sein; **disto mucho de creerlo** ich bin weit davon entfernt, es zu glauben

distender [disteṇ'der] <e → ie> *vt* ① *(estirar)* dehnen ② *(aflojar)* lockern; *(fig)* entspannen

distensión [disten'sjon] *f* Dehnung *f;* (MED) Zerrung *f;* (POL, TÉC) Entspannung *f*

distinción [distiṇ'θjon] *f* ① *(diferenciación)* Unterscheidung *f;* **a ~ de algo** im Unterschied zu etw *dat;* **no hacer ~** keinen Unterschied machen ② *(claridad)* Deutlichkeit *f* ③ *(honor)* Auszeichnung *f* ④ *(elegancia)* Vornehmheit *f; (educación)* Anstand *m*

distingo [dis'tiŋgo] *m* ① *(reparo)* Vorbehalt *m* ② *(distinción)* Unterscheidung *f*

distinguible [distiŋ'giβle] *adj* ① *(diferenciable)* unterscheidbar ② *(visible)* erkennbar

distinguido, -a [distiŋ'giðo, -a] *adj* ① *(ilustre)* angesehen ② *(elegante)* distinguiert ③ *(en cartas)* sehr geehrte(r); ~ **amigo: …** hochverehrter Freund, …

distinguir [distiŋ'gir] <gu → g> **I.** *vt* ① *(diferenciar)* unterscheiden; **no ~ lo blanco de lo negro** *(fam)* sehr beschränkt sein ② *(señalar)* kennzeichnen ③ *(divisar)* erkennen ❹ *(condecorar)* auszeichnen; *(tratar mejor)* bevorzugt behandeln; ~ **a alguien con su confianza** jdn durch sein Vertrauen ehren **II.** *vr:* **~se** ❶ *(poder ser visto)* deutlich werden ❷ *(ser diferente)* sich hervortun

distintivo[1] [distiṇ'tiβo] *m* Merkmal *nt*

distintivo, -a[2] [distiṇ'tiβo, -a] *adj* **característica distintiva** Unterscheidungsmerkmal *nt*

distinto, -a [dis'tiṇto, -a] *adj* ❶ *(diferente)* unterschiedlich; **es ~ a** [*o* **de**] **los demás** er ist anders als die anderen; **operaciones distintas a la actividad de la empresa** betriebsfremde Aktivitäten ❷ *(nítido)* klar

distorsión [distor'sjon] *f* ❶ (MED) Verstauchung *f* ❷ (FÍS) Verzerrung *f* ❸ *(falseamiento)* Verfälschung *f;* **distorsiones de competencia** Wettbewerbsverzerrungen *f pl*

distorsionar [distorsjo'nar] **I.** *vt* ❶ *(falsear)* verfälschen ❷ (FÍS) verzerren **II.** *vr:* **~se** (MED) sich *dat* verstauchen

distracción [distraᵞ'θjon] *f* ❶ *(entretenimiento)* Ablenkung *f* ❷ *(falta de atención)* Unaufmerksamkeit *f* ❸ (JUR) ~ **de fondos** Unterschlagung *f*

distraer [distra'er] **I.** *vt* ❶ *(desviar)* ablenken; **el paseo distrae** ein Spaziergang bringt einen auf andere Gedanken ❷ *(entretener)* unterhalten ❸ *(fam: dinero)* unterschlagen **II.** *vr:* **~se** ❶ *(entretenerse)* sich ablenken; **el niño se distrae solo** das Kind beschäftigt sich alleine ❷ *(no atender)* unaufmerksam sein

distraído, -a [distra'iðo, -a] **I.** *adj* ❶ *(desatento)* unaufmerksam ❷ *(entretenido)* unterhaltsam ❸ *(Chil, Méx: mal vestido)* zerlumpt **II.** *m, f* **hacerse el ~** sich dumm stellen

distribución [distriβu'θjon] *f* ❶ *(repartición)* Verteilung *f;* *(disposición)* Einteilung *f;* *(de correo)* Zustellung *f;* ~ **de agua** Wasserversorgung *f;* ~ **de equipajes** Gepäckausgabe *f;* ~ **del espacio** Raumaufteilung *f;* ~ **de funciones** Zuständigkeitsverteilung *f;* ~ **de información** Informationsverbreitung *f* ❷ (COM) Vertrieb *m;* ~ **exclusiva** Alleinvertrieb *m;* ~ **mayorista** Großhandelsvertrieb *m* ❸ (FIN) Ausschüttung *f;* ~ **de beneficios** Gewinnausschüttung *f* ❹ (CINE) Filmverleih *m* ❺ (TÉC) Steuerung *f;* **armario de ~** (ELEC) Schaltschrank *m*

distribuido, -a [distriβu'iðo, -a] *adj* verteilt, ausgeteilt

distribuidor[1] [distriβwi'ðor] *m* ❶ (TÉC) Verteiler *m;* ~ **automático** Warenautomat *m;* ~ **automático de billetes** Fahrkartenautomat *m* ❷ (COM) Lieferfirma *f*

distribuidor(a)[2] [distriβwi'ðor(a)] *m(f)* ❶ (COM) Vertreter(in) *m(f);* ~ **exclusivo** Alleinvertreter *m;* ~ **industrial** Industriekaufmann *m;* ~ **oficial** Vertragshändler *m* ❷ (CINE) Filmverleiher(in) *m(f)*

distribuir [distriβu'ir] *irr como huir* **I.** *vt* ❶ *(repartir)* verteilen; *(disponer)* einteilen; *(información)* verbreiten; *(una tarea)* zuweisen; *(el correo)* zustellen; *(comida)* ausgeben (**a** an *+akk*) ❷ (COM) vertreiben ❸ (FIN) ausschütten **II.** *vr:* **~se** sich verteilen

distributivo, -a [distriβu'tiβo, -a] *adj* verteilend; **justicia distributiva** *(fig)* ausgleichende Gerechtigkeit

distrito [dis'trito] *m* Bezirk *m;* ~ **electoral** Wahlkreis *m;* ~ **industrial** Industriegebiet *nt;* ~ **judicial** Gerichtsbezirk *m;* ~ **de policía** Polizeirevier *nt*

distrofia [dis'trofja] *f* (MED) Dystrophie *f*

disturbio [dis'turβjo] *m* Unruhe *f*

disuadir [diswa'ðir] *vt* umstimmen; ~ **a alguien de algo** jdn von etw *dat* abbringen

disuasión [diswa'sjon] *f* Überredung *f;* (POL, MIL) Abschreckung *f*

disuasivo, -a [diswa'siβo, -a] *adj* Überredungs-; (POL, MIL) Abschreckungs-; **poder ~** Überredungskunst *f*

disuasorio, -a [diswa'sorjo, -a] *adj* Überredungs-; (POL, MIL) Abschreckungs-; **poder ~** Überredungskunst *f;* **armas disuasivas** Abschreckungswaffen *f pl*

disyóquey [dis'ɟokei̯] <disyoqueis> *mf* Diskjockey *m*

disyunción [disɟuṇ'θjon] *f* ❶ *(separación)* Trennung *f* ❷ *(decisión)* Option *f* ❸ (FILOS) Disjunktion *f*

disyuntiva [disɟuṇ'tiβa] *f* Alternative *f*

disyuntivo, -a [disɟuṇ'tiβo, -a] *adj* trennend; **conjunción disyuntiva** (LING) disjunktive Konjunktion

dita ['dita] *f* ❶ *(AmC, Chil)* Schulden *f pl* ❷ (ECON: *cosa*) Bürgschaft *nt;* *(persona)* Bürge, -in *m, f*

diu ['diu] *m abr de* **dispositivo intrauterino** (MED) Intrauterinpessar *nt,* IUP

diurético, -a [dju'retiko, -a] *adj* harntreibend

diurno, -a [di'urno, -a] *adj* täglich; **trabajo ~** Tagesarbeit *f;* **luz diurna artificial** künstliches Tageslicht

diva ['diβa] *f* Diva *f*

divagación [diβaɣa'θjon] *f* ❶ *(desviación)* Abschweifung *f* ❷ *pl (sin concierto)* unzusammenhängendes Gerede *nt*

divagar [diβa'ɣar] <g → gu> *vi* ❶ *(des-*

D

D

viarse) abschweifen ② *(hablar sin concierto)* unzusammenhängendes Zeug reden
diván [di'βan] *m* Diwan *m*
diver ['diβer] *adj inv (fam)* lustig
divergencia [diβer'xeṇθja] *f* Abweichung *f;* (MAT) Divergenz *f*
divergente [diβer'xeṇte] *adj* entgegengesetzt; (MAT) divergent; **opiniones ~s** abweichende Meinungen
divergir [diβer'xir] <g → j> *vi* (*t.* MAT) divergieren; *(opiniones)* voneinander abweichen; *(personas)* verschiedener Meinung sein
diversidad [diβersi'ðað] *f* Vielfalt *f*
diversificación [diβersifika'θjon] *f* ① *(variedad)* Vielfalt *f* ② (ECON) Diversifikation *f*
diversificar [diβersifi'kar] <c → qu> **I.** *vt* verschiedenartig gestalten; (ECON) diversifizieren; **~ su horizonte** seinen Horizont erweitern **II.** *vr:* **~se** sich verschiedenartig gestalten
diversión [diβer'sjon] *f* ① *(entretenimiento)* Vergnügen *nt* ② *(pasatiempo)* Zeitvertreib *m* ③ (MIL) Ablenkungsmanöver *nt*
diverso, -a [di'βerso, -a] *adj* ① *(distinto)* unterschiedlich; *(desemejante)* unähnlich ② *(variado)* vielseitig ③ *pl (varios)* verschiedene; *(muchos)* mehrere
divertido, -a [diβer'tiðo, -a] *adj* ① *(alegre)* lustig ② *(Am: achispado)* angeheitert
divertimiento [diβerti'mjeṇto] *m* ① *(diversión)* Vergnügen *nt* ② *(distracción)* Ablenkung *f*
divertir [diβer'tir] *irr como sentir* **I.** *vt* ① *(entretener)* unterhalten; **sus bromas me divierten** seine/ihre Scherze erheitern mich ② *(apartar)* ablenken **II.** *vr:* **~se** ① *(alegrarse)* sich amüsieren (**en** über +*akk*); **¡que te diviertas!** viel Spaß! ② *(distraerse)* sich ablenken
dividendo [diβi'ðeṇdo] *m* ① (MAT) Dividend *m* ② (ECON) Dividende *f;* **arrojar ~s** Dividenden ausschütten
dividir [diβi'ðir] **I.** *vt* ① *(partir)* teilen (**en** in +*akk*); **~ por la mitad** halbieren ② *(distribuir)* aufteilen (**entre** unter +*dat*) ③ *(separar)* trennen; *(sembrando discordia)* entzweien ④ *(agrupar)* einteilen (**en** in +*akk*) ⑤ (MAT) dividieren (**entre/por** durch +*akk*) **II.** *vr:* **~se** ① *(partirse)* sich teilen ② *(agruparse)* unterteilt sein (**en** in +*akk*) ③ *(enemistarse)* sich entzweien
divinidad [diβini'ðað] *f* ① *(ser divino)* Göttlichkeit *f* ② *(deidad)* Gottheit *f* ③ *(fam: preciosidad)* Prachtstück *nt;* **esta mujer es una ~** diese Frau ist göttlich
divinizar [diβini'θar] <z → c> *vt* ① *(deificar)* vergöttlichen ② *(santificar)* heiligen ③ *(glorificar)* verherrlichen
divino, -a [di'βino, -a] *adj* göttlich
divisa [di'βisa] *f* ① *(insignia)* Abzeichen *nt* ② *(mote)* Devise *f* ③ *(en el escudo)* Wappenspruch *m* ④ *pl (moneda)* Devisen *fpl*
divisar [diβi'sar] *vt (percibir)* ausmachen; **divisé a lo lejos un vehículo** ich konnte in der Ferne ein Fahrzeug ausmachen
divisible [diβi'siβle] *adj* teilbar; **ser ~ por dos** durch zwei teilbar sein
división [diβi'sjon] *f* ① (MAT) Division *f* ② *(partición)* Teilung *f* ③ *(separación)* Trennung *f* ④ *(parte)* Teil *m* ⑤ (MIL) Division *f* ⑥ *(desavenencia)* Uneinigkeit *f* ⑦ *(de un discurso)* Gliederung *f* ⑧ (LING) Trennungsstrich *m*
divisor [diβi'sor] *m* (MAT) Teiler *m;* **máximo común ~** größter gemeinsamer Teiler
divisoria [diβi'sorja] *f* Trennungslinie *f;* (GEO) Wasserscheide *f*
divisorio, -a [diβi'sorjo, -a] *adj* Trennungs-; **línea divisoria de las aguas** Wasserscheide *f*
divo[1] ['diβo] *m (elev: deidad)* Gottheit *f*
divo, -a[2] ['diβo, -a] **I.** *adj* ① *(elev: divino)* göttlich ② *(pey: arrogante)* arrogant **II.** *m, f (artista)* (Opern)star *m; (mujer)* Diva *f*
divorciado, -a [diβor'θjaðo, -a] **I.** *adj* geschieden **II.** *m, f* Geschiedene(r) *mf*
divorciar [diβor'θjar] **I.** *vt* scheiden **II.** *vr:* **~se** sich scheiden lassen
divorcio [di'βorθjo] *m* ① *(separación)* (Ehe)scheidung *f* ② *(discrepancia)* Diskrepanz *f;* **~ de opiniones** Meinungsverschiedenheiten *fpl* ③ *(Col: cárcel de mujeres)* Frauengefängnis *nt*
divulgación [diβulɣa'θjon] *f* Verbreitung *f; (publicación)* Bekanntmachung *f;* **libro de ~** populärwissenschaftliches Buch
divulgar [diβul'ɣar] <g → gu> **I.** *vt (propagar)* verbreiten; *(dar a conocer)* bekannt geben; *(popularizar)* der breiten Masse zugänglich machen **II.** *vr:* **~se** *(propagarse)* sich verbreiten; *(conocerse)* bekannt werden
divulgativo, -a [diβulɣa'tiβo, -a] *adj* **medios ~s** ≈ Massenmedien *ntpl*
Dn. [don] *abr de* **don** ≈ Hr.
DNA [de(e)ne'a] *m abr de* **Desoxyribo Nucleic Acid** (BIOL, QUÍM) DNS *f*
DNI [de(e)ne'i] *m abr de* **Documento Nacional de Identidad** Personalausweis *m*
Dña. ['doɲa] *abr de* **doña** ≈ Fr.
do [do] <does> *m* C *nt;* **~ bemol** Ces *nt;* **~ de pecho** hohes C; **~ sostenido** Cis *nt*
dobladamente [doβlaða'meṇte] *adv* ① *(doblemente)* doppelt, zweifach ② *(con doblez)* doppelzüngig, falsch
dobladillo [doβla'ðiʎo] *m (pliegue)* Saum *m*

doblado[1] [do'βlaðo] *m Tuchmaß*
doblado, -a[2] [do'βlaðo, -a] *adj* ❶ *(persona)* stämmig ❷ *(terreno)* uneben ❸ *(hipócrita)* falsch
doblaje [do'βlaxe] *m* (CINE) Synchronisation *f*
doblamiento [doβla'mjen̩to] *m* Biegung *f*
doblar [do'βlar] **I.** *vt* ❶ *(arquear)* biegen ❷ *(plegar)* falten; **no ~** nicht knicken ❸ *(duplicar)* verdoppeln; **mi madre me dobla en edad** meine Mutter ist doppelt so alt wie ich ❹ *(una película)* synchronisieren ❺ *(rodear)* umfahren; **~ la esquina** um die Ecke biegen ❻ *(convencer)* umstimmen **II.** *vi* ❶ *(torcer)* abbiegen (**a** nach +*dat*) ❷ *(campana)* läuten ❸ *(hacer dos papeles)* eine Doppelrolle spielen **III.** *vr:* **~se** ❶ *(inclinarse)* sich biegen ❷ *(ceder)* sich beugen
doble[1] ['doβle] *m* ❶ *(duplo)* Doppelte(s) *nt* ❷ *(pliegue)* Saum *m* ❸ *(toque de campanas)* Totengeläut *nt* ❹ *(tenis)* (**partido de**) **~s** Doppel *nt*
doble[2] ['doβle] *f* Pasch *m*
doble[3] ['doβle] **I.** *adj inv* ❶ *(duplo)* doppelt; **~ clic** Doppelklick *m;* **contabilidad por partida ~** doppelte Buchführung ❷ *(robusto)* robust ❸ *(hipócrita)* falsch; **Pedro es muy ~** Pedro kann man nicht (über den Weg) trauen **II.** *mf* Doppelgänger(in) *m(f);* (CINE) Double *nt*
doblegar [doβle'ɣar] <g → gu> **I.** *vt* ❶ *(torcer)* biegen ❷ *(persuadir)* umstimmen **II.** *vr:* **~se** ❶ *(torcerse)* sich biegen ❷ *(someterse)* sich beugen; **se doblegó a mis súplicas** er/sie gab meinem Bitten nach
doblemente [doβle'men̩te] *adv* ❶ *(doble)* doppelt ❷ *(mucho más)* umso mehr
doblez[1] [do'βleθ] *m (pliegue)* Falte *f*
doblez[2] [do'βleθ] *m o f (hipocresía)* Falschheit *f*
doce ['doθe] **I.** *adj inv* zwölf **II.** *m* Zwölf *f; v. t.* **ocho**
doceavo, -a [doθe'aβo, -a] *adj* zwölftel; *v. t.* **octavo**
docena [do'θena] *f* Dutzend *nt;* **una ~ de huevos** ein Dutzend Eier
docencia [do'θen̩θja] *f* Unterrichten *nt;* **dedicarse a la ~** unterrichten
doceno, -a [do'θeno, -a] *adj* zwölfte(r, s); *v. t.* **octavo**
docente [do'θen̩te] **I.** *adj* Lehr- **II.** *mf* Lehrer(in) *m(f);* (UNIV) Dozent(in) *m(f)*
dócil ['doθil] *adj* ❶ *(inteligente)* gelehrig ❷ *(sumiso)* fügsam ❸ *(manso)* zahm ❹ *(metal)* geschmeidig
docilidad [doθili'ða^ð] *f* ❶ *(inteligencia)* Gelehrigkeit *f* ❷ *(sumisión)* Fügsamkeit *f* ❸ *(mansedumbre)* Zahmheit *f* ❹ *(del metal)* Geschmeidigkeit *f*
docto, -a ['dokto, -a] *adj* gelehrt; **~ en leyes** rechtsgelehrt
doctor(a) [dok'tor(a)] *m(f)* Doktor(in) *m(f)*
doctorado [dokto'raðo] *m* ❶ *(grado)* Doktorwürde *f* ❷ *(estudios)* **curso de ~** ≈ Doktorandenkolloquium *nt*
doctoral [dokto'ral] *adj* (UNIV) Doktor-; **tesis ~** Doktorarbeit *f*
doctoramiento [doktora'mjen̩to] *m sin pl* Erlangung *f* der Doktorwürde, Promotion *f*
doctorando, -a [dokto'ran̩do, -a] *m, f* (UNIV) Doktorand(in) *m(f),* Promovend(in) *m(f)*
doctorar [dokto'rar] *vt, vr:* **~se** promovieren; **~se en historia/en medicina** zum Doktor der Geschichte/der Medizin promovieren
doctrina [dok'trina] *f* ❶ *(teoría)* Doktrin *f* ❷ *(sabiduría)* Wissen *nt* ❸ *(catecismo)* Religion *f*
doctrinal [doktri'nal] *adj* doktrinell
doctrinar [doktri'nar] *vt* indoktrinieren
doctrinario, -a [doktri'narjo, -a] **I.** *adj* doktrinär **II.** *m, f* Doktrinär(in) *m(f)*
documentación [dokumen̩ta'θjon] *f* ❶ *(estudio)* Dokumentation *f* ❷ *(documentos)* Unterlagen *fpl;* **~ del coche** Kraftfahrzeugpapiere *ntpl*
documentado, -a [dokumen̩'taðo, -a] *adj* ❶ *(identificado)* ausgewiesen ❷ *(informado)* gut unterrichtet
documental [dokumen̩'tal] **I.** *adj* dokumentarisch **II.** *m* Dokumentarfilm *m*
documentar [dokumen̩'tar] **I.** *vt* ❶ *(probar)* dokumentieren ❷ *(instruir)* unterrichten **II.** *vr:* **~se** sich unterrichten
documento [doku'men̩to] *m* Dokument *nt;* **~s de envío** Versandpapiere *ntpl;* **D~ Nacional de Identidad** Personalausweis *m*
dodotis® [do'ðotis] *m inv* Pampers® *f*
dogma ['doɣma] *m* Dogma *nt*
dogmática [doɣ'matika] *f* Dogmatik *f*
dogmáticamente [doɣmatika'men̩te] *adv* ❶ *(conforme al dogma)* dogmatisch ❷ *(atribuyendo calidad de dogma)* beharrlich, unbeirrbar
dogmático, -a [doɣ'matiko, -a] *adj* dogmatisch
dogmatismo [doɣma'tismo] *m* ❶ *(dogma)* Dogma *nt* ❷ *(intolerancia)* Dogmatismus *m*
dogmatizar [doɣmati'θar] <z → c> *vi, vt* dogmatisieren
dogo ['doɣo] *m* Dogge *f*
dólar ['dolar] *m* Dollar *m*

D

dolencia [do'leṇθja] *f* Leiden *nt;* ~ **respiratoria** Atemwegserkrankung *f*

doler [do'ler] <o → ue> **I.** *vi* schmerzen; **me duele la cabeza** ich habe Kopfschmerzen **II.** *vr:* ~**se** ❶ *(quejarse)* klagen (**de** über +*akk*) ❷ *(arrepentirse)* bereuen (**de** +*akk*)

dolido, -a [do'liðo, -a] *adj* gekränkt; **estoy ~ por tus palabras** deine Worte haben mich gekränkt

doliente [do'ljeṇte] *adj* ❶ *(enfermo)* krank ❷ *(afligido)* trauernd

dolmen ['dolmen] *m* Dolmen *m*

dolo ['dolo] *m* ❶ *(engaño)* Täuschung *f* ❷ (JUR) Dolus *m,* (böser) Vorsatz *m*

dolor [do'lor] *m* Schmerz *m;* ~ **de cabeza** Kopfschmerzen *mpl;* ~ **de muelas** Zahnschmerzen *fpl;* **estar con ~es** in den Wehen liegen; **tengo ~ de barriga** mir tut der Bauch weh

dolorido, -a [dolo'riðo, -a] *adj* ❶ *(dañado)* schmerzend; **tener la rodilla dolorida** Schmerzen im Knie haben ❷ *(apenado)* traurig

dolorosa [dolo'rosa] *f* ❶ (REL) Dolorosa *f* ❷ *(fam)* Rechnung *f*

doloroso, -a [dolo'roso, -a] *adj* ❶ *(lastimador)* schmerzhaft ❷ *(lamentable)* traurig

doloso, -a [do'loso, -a] *adj* (JUR) vorsätzlich

doma ['doma] *f* Bändigung *f*

domable [do'maβle] *adj (animal)* zähmbar

domador(a) [doma'ðor(a)] *m(f) (de circo)* Dompteur, -euse *m, f*

domar [do'mar] *vt,* **domeñar** [dome'ɲar] *vt* bändigen

domeñar [dome'ɲar] *vt* bändigen

domesticación [domestika'θjon] *f* Domestizierung *f*

domesticado, -a [domesti'kaðo, -a] *adj* **animal** ~ Haustier *nt*

domesticar [domesti'kar] <c → qu> *vt* ❶ *(animales)* domestizieren ❷ *(personas)* bändigen

doméstico, -a [do'mestiko, -a] **I.** *adj* Haus- **II.** *m, f* Diener(in) *m(f)*

domiciliación [domiθilja'θjon] *f (orden permanente)* Dauerauftrag *m; (de recibos)* Abbuchungsverfahren; *(de una letra de cambio)* Domizilierung *f*

domiciliar [domiθi'ljar] **I.** *vt* ❶ *(dar domicilio)* unterbringen ❷ *(un recibo)* abbuchen lassen; ~ **el alquiler** einen Dauerauftrag für die Miete einrichten; ~ **la nómina** das Gehalt monatlich auf ein Gehaltskonto überweisen lassen **II.** *vr:* ~**se** ansässig werden (**en** in +*dat*)

domiciliario, -a [domiθi'ljarjo, -a] *adj* Haus-

domicilio [domi'θiljo] *m (de alguien)* Wohnsitz *m; (una empresa)* Sitz *m;* ~ **social** Sitz einer Gesellschaft; **franco** ~ frei Haus

dominación [domina'θjon] *f* ❶ *(el dominar)* Beherrschung *f* ❷ *(poder)* Herrschaft *f*

dominada [domi'naða] *f (ejercicio de gimnasia)* Klimmzug *m*

dominador(a) [domina'ðor(a)] *m(f)* Herrscher(in) *m(f)*

dominancia [domi'naṇθja] *f sin pl* (BIOL) Dominanz *f*

dominante [domi'naṇte] *adj (persona, t.* BIOL) dominant

dominar [domi'nar] **I.** *vi* ❶ *(imperar)* herrschen ❷ *(sobresalir)* emporragen (**sobre** über +*akk*) ❸ *(predominar)* vorherrschen; **dominante en el mercado** marktführend **II.** *vt* ❶ *(conocer)* beherrschen ❷ *(reprimir)* bezwingen; ~ **el odio** den Hass unterdrücken ❸ *(sobresalir)* überragen ❹ *(divisar)* überblicken **III.** *vr:* ~**se** sich beherrschen

domingas [do'miŋgas] *fpl (vulg)* Titten *fpl*

domingo [do'miŋgo] *m* Sonntag *m;* ~ **de Cuasimodo** Weißer Sonntag; ~ **de Ramos** Palmsonntag *m;* **hacer** ~ sich *dat* einen freien Tag nehmen; *v. t.* **lunes**

dominguero, -a [domiŋ'gero, -a] **I.** *adj* Sonntags- **II.** *m, f (pey)* Sonntagsfahrer(in) *m(f)*

dominical [domini'kal] **I.** *adj* Sonntags-; **descanso** ~ Sonntagsruhe *f;* **oración** ~ Vaterunser *nt* **II.** *m* (PREN) Sonntagsbeilage *f*

dominicano, -a [domini'kano, -a] **I.** *adj* dominikanisch **II.** *m, f* Dominikaner(in) *m(f)*

dominico, -a [domi'niko, -a] **I.** *adj* (REL) dominikanisch **II.** *m, f* (REL) Dominikaner(in) *m(f)*

dominio [do'minjo] *m* ❶ *(dominación)* Beherrschung *f;* ~ **de sí mismo** Selbstbeherrschung *f* ❷ *(poder)* Herrschaft *f* ❸ *(territorio)* Gebiet *nt* ❹ *(campo)* Bereich *m* ❺ *(posesión)* Eigentum *nt;* **ser del ~ público** *(fig)* allgemein bekannt sein

dominó [domi'no] <dominós> *m (juego)* Domino(spiel) *nt*

don[1] [don] *m* Gabe *f;* **tener ~ de gentes** gut mit Menschen umgehen können

don, doña[2] [don, 'doɲa] *m, f* Don, Doña *m, f*

donación [dona'θjon] *f* Spende *f;* (JUR) Schenkung *f;* ~ **de órganos** Organspende *f*

donador(a) [dona'ðor(a)] *m(f)* Spender(in) *m(f)*

donaire [do'nai̯re] *m* ❶ *(gracia)* Anmut *f* ❷ *(chiste)* Witz *m*
donante [do'nan̩te] *mf* Spender(in) *m(f)*
donar [do'nar] *vt* spenden
donativo [dona'tiβo] *m* Spende *f*
doncel [don̩'θel] **I.** *adj* mild **II.** *m* ❶ *(joven no armado)* Knappe *m* ❷ *(elev: muchacho)* Jüngling *m*
doncella [don̩'θeʎa] *f* ❶ *(criada)* Zofe *f* ❷ *(elev: muchacha)* Mädchen *nt*
donde ['don̩de] *adv* wo; **a** [*o* **hacia**] ~ wohin; **de** ~ woher; **en** ~ wo; **la calle** ~ **vivo** die Straße, in der ich wohne; **estuve** ~ **Luisa** ich war bei Luisa
dónde ['don̩de] *pron inter o pron rel* wo; **¿a** [*o* **hacia**] **~?** wohin?; **¿de ~?** woher?; **¿en ~?** wo?; **¿~ se habrá enterado?** woher weiß er/sie das wohl?
dondequiera [don̩de'kjera] *adv* ❶ *(en cualquier parte)* irgendwo ❷ *(donde)* ~ **que estés** wo immer du (auch) sein magst
donoso, **-a** [do'noso, -a] *adj* ❶ *(garboso)* anmutig ❷ *(chistoso)* **¡donosa humorada!** *(irón)* schöner Scherz!
Donostia [do'nostja] *f baskischer Name für die Stadt San Sebastián*
donostiarra [donos'tjarra] **I.** *adj* aus San Sebastián **II.** *mf* Einwohner(in) *m(f)* von San Sebastián
donosura [dono'sura] *f* ❶ *(garbo)* Anmut *f* ❷ *(gracia)* Witz *m*, Esprit *m*
donut ['donu[t]] *m* <donuts> Doughnut *m*
doña ['doɲa] *f v.* **don**
dopaje [do'paxe] *m* (DEP) Doping *nt*
dopar [do'par] *vt, vr:* **~se** (DEP) dopen
doping ['dopiŋ] *m sin pl v.* **dopaje**
doquier(a) [do'kjer(a)] *adv (elev)* wo immer, irgendwo; **por ~a que voy me lo encuentro** überall, wo ich hingehe, treffe ich ihn
dorada [do'raða] *f (pez)* Goldbrasse *f*
dorado, **-a** [do'raðo, -a] *adj* golden
dorar [do'rar] **I.** *vt* ❶ *(sobredorar)* vergolden ❷ *(tostar)* anbräunen ❸ *(suavizar)* beschönigen **II.** *vr:* **~se** braun werden
dórico, **-a** ['doriko, -a] *adj* dorisch
dormida [dor'miða] *f* ❶ *(sueño)* Schlaf *m* ❷ *(fam: siesta)* Nickerchen *nt* ❸ *(del gusano de seda)* Erstarrung *f*
dormidera [dormi'ðera] *f (adormidera)* (Schlaf)mohn *m;* **tener buenas ~s** *(fam)* einen guten Schlaf haben
dormido, **-a** [dor'miðo, -a] *adj (estar durmiendo)* schlafend, eingeschlafen sein; **parecer** (**medio**) ~ schläfrig/müde/verschlafen aussehen; **llego tarde, me he quedado** ~ ich komme zu spät, ich habe verschlafen
dormilón, **-ona** [dormi'lon, -ona] *m, f (fam)* Schlafmütze *f*
dormilona [dormi'lona] *f* ❶ *(sillón)* Schlafsessel *m* ❷ *pl (pendiente) Ohrring mit Stein oder Perle* ❸ *(AmC: sensitiva)* Mimose *f* ❹ *(Ven: camisón)* Nachthemd *nt*
dormir [dor'mir] *irr* **I.** *vi* ❶ *(descansar)* schlafen; ~ **a pierna suelta** wie ein Murmeltier schlafen; ~ **de un tirón** durchschlafen; ~ **hasta tarde** ausschalfen; ~ **sobre algo** *(fig)* etw überschlafen; **quedarse dormido** einschlafen ❷ *(pernoctar)* übernachten; ~ **en casa de alguien** bei jdm übernachten ❸ *(reposar)* ruhen ❹ *(descuidarse)* unaufmerksam sein **II.** *vt (a un niño)* zum (Ein)schlafen bringen; *(a un paciente)* betäuben; ~ **la borrachera** seinen Rausch ausschlafen; ~ **la siesta** eine Siesta machen; **¡no hay quien duerma a este niño!** das Kind will einfach nicht einschlafen!; **esta monotonía me duerme** diese Eintönigkeit schläfert mich ein **III.** *vr:* **~se** ❶ *(adormecerse)* einschlafen; **se me ha dormido el brazo** mein Arm ist eingeschlafen ❷ *(descuidarse)* unaufmerksam sein; **~se en los laureles** sich auf seinen Lorbeeren ausruhen
dormitar [dormi'tar] *vi* dösen *fam*
dormitorio [dormi'torjo] *m (habitación)* Schlafzimmer *nt; (muebles)* Schlafzimmermöbel *pl*
dorsal [dor'sal] **I.** *adj* (ANAT) Rücken-; **espina** ~ Rückgrat *nt* **II.** *m* (DEP) Startnummer *f*
dorso ['dorso] *m* ❶ (ANAT) Rücken *m;* ~ **de la mano** Handrücken *m* ❷ *(reverso)* Rückseite *f*
dos [dos] **I.** *adj inv* zwei; ~ **puntos** Doppelpunkt *m;* **cada** ~ **por tres** ständig; **de** ~ **en** ~ paarweise; **en un** ~ **por tres** im Nu; **están a** ~ (DEP) es steht zwei zu zwei **II.** *m* Zwei *f; v. t.* **ocho**
doscientos, **-as** [dos'θjen̩tos, -as] *adj* zweihundert; *v. t.* **ochocientos**
dosel [do'sel] *m (baldaquín)* Baldachin *m;* **cama con** ~ Himmelbett *nt*
dosificación [dosifika'θjon] *f* Dosierung *f*
dosificador [dosifika'ðor] *m* Dosierer *m*
dosificar [dosifi'kar] <c → qu> *vt* dosieren
dosis ['dosis] *f inv* Dosis *f;* **una buena** ~ **de paciencia** eine ganze Menge Geduld; MED [**primera/segunda**] ~ **de la vacuna** [erste/zweite] Impfdosis *f;* ~ **de refuerzo** Auffrischungsimpfung *f*, Booster-Impfung *f*
dossier [do'sjer] *m* Dossier *nt*
dotación [dota'θjon] *f* ❶ *(dote)* Aussteuerung *f* ❷ *(donación)* Stiftung *f* ❸ *(financiación)* Finanzierung *f* ❹ *(equipamiento)*

D

Ausstattung *f* ❺ *(personal: de un buque)* Mannschaft *f; (de una fábrica)* Belegschaft *f; (de una oficina)* Personal *nt*
dotado, -a [do'taðo, -a] *adj (con talento)* begabt
dotar [do'tar] *vt* ❶ *(constituir dote)* aussteuern ❷ *(equipar)* ausstatten (**de/con** mit +*dat*) ❸ *(señalar bienes)* stiften ❹ *(financiar)* finanzieren ❺ *(con sueldo)* dotieren

D

dote[1] ['dote] *f (aptitud)* Begabung *f;* ~ **de mando** Führungsgeschick *nt*
dote[2] ['dote] *m o f (ajuar)* Mitgift *f*
doy [doi̯] *1. pres de* **dar**
Dr(a). [dok'tor(a)] *abr de* **doctor(a)** Dr.
dracma ['draɣma] *f* Drachme *f*
draconiano, -a [drako'njano, -a] *adj* drakonisch
draga ['draɣa] *f* Nassbagger *m*
dragar [dra'ɣar] <g → gu> *vt* ausbaggern
dragón [dra'ɣon] *m* ❶ *(monstruo)* Drache *m* ❷ *(reptil)* Flugdrache *m;* ~ **marino** *(pez)* Drachenfisch *m*
drama ['drama] *m* Drama *nt*
dramáticamente [dramatika'meṇte] *adv* ❶ (LIT) dramatisch, die Dramaturgie betreffend ❷ *(trágicamente)* tragischerweise; **se tomó su expulsión** ~ er/sie empfand den Verweis als tragisch
dramático, -a [dra'matiko, -a] *adj* dramatisch; **autor** ~ Dramatiker *m*
dramatismo [drama'tismo] *m* Dramatik *f*
dramatizar [dramati'θar] <z → c> *vt* dramatisieren
dramaturgia [drama'turxja] *f* Dramaturgie *f*
dramaturgo, -a [drama'turɣo, -a] *m, f* Dramatiker(in) *m(f)*
dramón [dra'mon] *m (fam)* Schnulze *f*
drapear [drape'ar] *vt* drapieren
drástico, -a ['drastiko, -a] *adj* drastisch
drenaje [dre'naxe] *m* Drainage *f*
drenar [dre'nar] *vt* dränieren
Dresde ['dresðe] *m* Dresden *nt*
driblar [dri'βlar] *vi, vt* dribbeln; ~ **a un contrario** einen Gegenspieler umspielen
drive ['drai̯f] *m* ❶ (DEP) Drive *m* ❷ (INFOR) Laufwerk *nt;* ~ **de disco CD-ROM** CD-ROM-Laufwerk *nt*
droga ['droɣa] *f* Droge *f;* ~ **sintética** synthetische Droge
drogadicción [droɣaðiᵞ'θjon] *f* Drogenabhängigkeit *f*
drogadicto, -a [droɣa'dikto, -a] **I.** *adj* drogenabhängig **II.** *m, f* Drogenabhängige(r) *mf*
drogado, -a [dro'ɣaðo, -a] *adj* **estar** ~ unter Drogen stehen
drogar [dro'ɣar] <g → gu> **I.** *vt* Drogen verabreichen +*dat* **II.** *vr:* **~se** Drogen nehmen
drogodependiente [droɣoðepeṇ'djeṇte] *adj o mf v.* **drogadicto**
drogotest [droɣo'test] *m* <-s> *(fam)* Drogentest *m*
droguería [droɣe'ria] *f* Drogerie *f*
droguero, -a [dro'ɣero, -a] *m, f* Drogist(in) *m(f)*
dromedario [drome'ðarjo] *m* Dromedar *nt*
dron [dron] *m* Drohne *f*
druida ['drwiða] *m* Druide *m*
dual [du'al] **I.** *adj* dual; **sistema** ~ Dualsystem *nt* **II.** *m* (LING) Dual(is) *m*
dualidad [dwali'ðaᵈ] *f* ❶ *(duplicidad)* Dualität *f* ❷ (QUÍM) Dimorphie *f*
dualismo [dwa'lismo] *m* (*t.* FILOS, REL) Dualismus *m*
dualista [dwa'lista] **I.** *adj* dualistisch **II.** *mf* Dualist(in) *m(f)*
dubitable [duβi'taβle] *adj (elev)* zweifelhaft
dubitación [duβita'θjon] *f* ❶ *(elev: duda)* Zweifel *m,* Bedenken *ntpl* ❷ (LIT) Dubitatio *f*
dubitativo, -a [duβita'tiβo, -a] *adj* dubitativ
dublinés, -esa [duβli'nes, -esa] **I.** *adj* aus Dublin **II.** *m, f* Einwohner(in) *m(f)* von Dublin
ducado [du'kaðo] *m (territorio)* Herzogtum *nt*
ducal [du'kal] *adj* herzoglich
ducha ['duʧa] *f* ❶ *(para ducharse)* Dusche *f;* **recibir una ~ de agua fría** *(fig)* eine kalte Dusche bekommen ❷ (MED) Guss *m*
duchar [du'ʧar] **I.** *vt* duschen **II.** *vr:* **~se** (sich) duschen
ducho, -a ['duʧo, -a] *adj* bewandert (**en** in +*dat*)
dúctil ['duktil] *adj* ❶ *(condescendiente)* fügsam ❷ *(dilatable)* dehnbar; *(flexible)* geschmeidig
duda ['duða] *f* ❶ *(indecisión)* Unschlüssigkeit *f* ❷ *(incredulidad)* Zweifel *m;* **salir de ~s** Gewissheit erlangen; **sin ~ (alguna)** zweifellos; **no cabe la menor ~** es besteht nicht der geringste Zweifel; **poner algo en ~** etw in Zweifel ziehen
dudable [du'ðaβle] *adj* zweifelhaft
dudar [du'ðar] **I.** *vi* ❶ *(desconfiar)* zweifeln (**de** an +*dat*) ❷ *(vacilar)* (sich *dat*) unschlüssig sein **II.** *vt* bezweifeln
dudosamente [duðosa'meṇte] *adv* kaum, schwerlich
dudoso, -a [du'ðoso, -a] *adj* ❶ *(inseguro)* zweifelhaft ❷ *(indeciso)* unschlüssig
duelo ['dwelo] *m* ❶ *(desafío)* Duell *nt;*

retar a ~ zum Duell (heraus)fordern ❷ *(pesar)* Trauer *f* ❸ *(funerales)* Trauerfeier *f* ❹ *(cortejo)* Trauerzug *m*

duende ['dweṇde] *m* ❶ *(fantasma)* Kobold *m* ❷ *(loc)* **tener ~** das gewisse Etwas haben

dueño, -a ['dweɲo, -a] *m, f* ❶ *(propietario)* Besitzer(in) *m(f)*; *(amo)* Herr(in) *m(f)*; **hacerse ~ de algo** *(apropiarse)* sich etw *gen* bemächtigen; *(dominar)* etw *gen* Herr werden; **ser ~ de sí mismo** *(empresario)* sein eigener Herr sein; **no ser ~ de sí misma** *(dominarse)* nicht mehr Herr seiner Sinne sein; **poner a alguien como no digan dueñas** *(fam)* über jdn herziehen ❷ *(de familia)* Familienoberhaupt *nt*

duermevela [dwerme'βela] *m o f* *(sueño ligero)* Halbschlaf *m*; *(sueño agitado)* unruhiger Schlaf *m*

dueto ['dweto] *m* (MÚS) Duett *nt*

dulce ['duḷθe] **I.** *adj* ❶ *(referente al sabor)* süß ❷ *(suave)* sanft ❸ *(agradable)* angenehm ❹ *(metal)* weich **II.** *m* ❶ *(postre)* Süßspeise *f* ❷ *(almíbar)* Gelee *nt* ❸ *(golosina)* Süßigkeit *f*; **a nadie le amarga un ~** *(fam)* warum sollte man die Gelegenheit ungenutzt lassen?

dulcería [duḷθe'ria] *f* (COM) Konditorei *f*

dulcificar [duḷθifi'kar] <c → qu> *vt* ❶ *(azucarar)* süßen ❷ *(suavizar)* mildern; *(hacer más grato)* versüßen

dulzón, -ona [duḷ'θon, -ona] *adj* ❶ *(dulzarrón)* übersüß ❷ *(sentimental)* schmalzig

dulzor [duḷ'θor] *m*, **dulzura** [duḷ'θura] *f* ❶ *(sabor)* Süße *f* ❷ *(suavidad)* Sanftheit *f* ❸ *(bondad)* Wärme *f*

duna ['duna] *f* Düne *f*

dundera [duṇ'dera] *f* *(Am: bobada)* Dummheit *f*, Einfältigkeit *f*

dundo, -a ['duṇdo, -a] *adj* *(Am: bobo)* einfältig, dumm

dúo ['duo] *m* Duo *nt*; **cantar a ~** im Duett singen

duodécimo [duo'ðeθimo] *m* Zwölftel *nt*

duodécimo, -a [duo'ðeθimo, -a] *adj* *(parte)* zwölftel; *(numeración)* zwölfte(r, s); *v. t.* **octavo**

duodenal [dwoðe'nal] *adj* (MED) **úlcera ~** Zwölffingerdarmgeschwür *nt*

duodeno [dwo'ðeno] *m* (ANAT) Zwölffingerdarm *m*

dúplex ['dupleʸs] *m* (ARQUIT) Maison(n)ette *f*

duplicación [duplika'θjon] *f* Verdopp(e)lung *f*

duplicado [dupli'kaðo] *m* Duplikat *nt*; **por ~** in doppelter Ausfertigung

duplicar [dupli'kar] <c → qu> *vt, vr:* **~se** (sich) verdoppeln

duplicidad [dupliθi'ðaᵈ] *f* *(falsedad)* Doppelzüngigkeit *f*

duplo[1] ['duplo] *m* Doppelte(s) *nt*, Zweifache(s) *nt*; *v. t.* **óctuplo**

duplo, -a[2] ['duplo, -a] *adj* doppelt, zweifach

duque(sa) ['duke, du'kesa] *m(f)* Herzog(in) *m(f)*

durabilidad [duraβili'ðaᵈ] *f* Dauerhaftigkeit *f*; *(de materiales)* Haltbarkeit *f*

durable [du'raβle] *adj* dauerhaft; *(producto)* haltbar

duración [dura'θjon] *f* Dauer *f*; *(de un préstamo)* Laufzeit *f*

duradero, -a [dura'ðero, -a] *adj* dauerhaft; *(producto)* haltbar

durante [du'raṇte] *prep* während *+gen*; **hablar ~ una hora** eine Stunde lang sprechen

durar [du'rar] *vi* ❶ *(extenderse)* andauern; **~ todo el día** den ganzen Tag dauern ❷ *(permanecer)* sich halten ❸ *(resistir)* halten

durazno [du'raθno] *m* *(Am)* Pfirsisch *m*

dureza [du'reθa] *f* ❶ *(rigidez)* Härte *f*; **~ de vientre** Verstopfung *f* ❷ *(callosidad)* Verhärtung *f*

durmiente [dur'mjeṇte] **I.** *adj* schlafend **II.** *mf* Schlafende(r) *mf*; **la Bella D~** Dornröschen *nt*

duro[1] ['duro] **I.** *m* (HIST) Fünfpesetenstück *nt* **II.** *adv* hart; **¡dale ~!** *(fam)* schlag (kräftig) zu!; *(a personas)* gib's ihm/ihr!

duro, -a[2] ['duro, -a] *adj* hart; **~ de corazón** hartherzig; **a duras penas** mit Müh und Not; **estoy contigo a las duras y las maduras** ich gehe mit dir durch dick und dünn

DVD [deuβe'ðe] *m inv abr de* **videodisco digital** (INFOR) DVD *f*

D.ª ['doɲa] *abr de* **doña** Fr.

Ee

E, e [e] *f* E, e *nt;* ~ **de Enrique** E wie Emil
e [e] *conj (ante '(h)i')* und
E ['este] *abr de* **Este** O
ea ['ea] *interj (animando)* los
ebanista [eβa'nista] *mf* Möbeltischler(in) *m(f)*
ebanistería [eβaniste'ria] *f* Möbeltischlerei *f*
ébano ['eβano] *m* ❶ (BOT) Ebenholzgewächs *nt* ❷ *(madera)* Ebenholz *nt*
ebriedad [eβrje'ðaᵈ] *f (elev)* Trunkenheit *f,* Rausch *m*
ebrio, -a ['eβrjo, -a] *adj (elev)* ❶ *(borracho)* betrunken ❷ *(extasiado)* trunken (**de** vor +*dat*); *(ciego)* blind (**de** vor +*dat*)
ebullición [eβuʎi'θjon] *f* ❶ *(de líquidos)* Sieden *nt* ❷ *(agitación)* Aufruhr *m*
ebúrneo, -a [e'βurneo, -a] *adj (elev)* Elfenbein-, elfenbeinern
eccema [eᵞ'θema] *m* Ekzem *nt*
echacuervos [etʃa'kwerβos] *m inv (fam)* ❶ *(alcahuete)* Zuhälter *m* ❷ *(bribón)* Gauner *m,* Betrüger *m*
echada [e'tʃaða] *f* ❶ *(lanzamiento)* Wurf *m; (acción)* Werfen *nt* ❷ *(medida)* ≈ (Vorsprung von einer) Länge *f* ❸ *(Arg, Méx: bola)* Ente *f* ❹ *(Méx: fanfarronada)* Prahlerei *f*
echado, -a [e'tʃaðo, -a] *adj* ❶ *(postrado)* liegend; **estar** ~ liegen ❷ *(Nic, CRi: indolente)* träge ❸ *(loc)* ~ **para adelante** mutig
echador¹ [etʃa'ðor] *m (camarero)* Servierer *m*
echador(a)² [etʃa'ðor(a)] *m(f)* ❶ *(lanzador)* Werfer(in) *m(f);* **~a de cartas** Kartenlegerin *f* ❷ *(Cuba, Méx, RDom)* Angeber(in) *m(f)*
echar [e'tʃar] **I.** *vt* ❶ *(tirar)* werfen; *(carta)* einwerfen; ~ **a la basura/al suelo** in den Müll/auf den Boden werfen; **la suerte está echada** die Würfel sind gefallen ❷ *(verter)* eingießen (**en** in +*akk*) ❸ *(fam: aparecer)* bekommen; ~ **los dientes** zahnen ❹ *(expulsar)* hinauswerfen (**de** aus +*dat*); *(despedir)* entlassen ❺ *(emitir)* ausstoßen; ~ **humo** rauchen ❻ *(tumbar)* legen ❼ *(proyectar)* zeigen; (TEAT) aufführen; **en el cine echan 'Rocky IV'** im Kino läuft ‚Rocky IV' ❽ *(calcular)* **te echo 30 años** ich schätze dich auf 30 ❾ *(tiempo, esfuerzo)* **eché dos horas en acabar** ich brauchte zwei Stunden, um fertig zu werden ❿ *(loc)* ~ **abajo** *(destruir)* abreißen; *(rechazar)* ablehnen; ~ **un brindis** einen Trinkspruch ausbringen; ~ **algo en cara a alguien** jdm etw vorwerfen; ~ **chispas** *(fam)* vor Wut schäumen; ~ **cuentas** rechnen; ~ **la culpa a alguien** die Schuld auf jdn schieben; ~ **un discurso** eine Rede halten; ~ **en falta** vermissen; ~ **gasolina** tanken; **~las** *Chil,* ~ **a correr** davonlaufen; **~le** *(Perú: emborracharse)* sich (ständig) betrinken; ~ **leña al fuego** *(fig)* Öl ins Feuer gießen; ~ **una mano a alguien** *(fam)* jdm zur Hand gehen; ~ **de menos** vermissen; ~ **una ojeada a alguien** einen Blick auf jdn werfen; ~ **a perder** verderben; ~ **pestes** *(fam)* fluchen; ~ **a pique** versenken; ~ **raíces** Wurzeln schlagen; ~ **a suertes** losen; ~ **por tierra** *(fig)* zunichtemachen; ~ **un trago** *(fam)* einen Schluck trinken **II.** *vi* ❶ *(lanzar)* werfen ❷ *(verter)* einschenken ❸ *(empezar)* anfangen (**a** zu); ~ **a correr** loslaufen **III.** *vr:* **~se** ❶ *(postrarse)* sich hinlegen; **me eché en la cama** ich legte mich ins Bett ❷ *(lanzarse)* sich stürzen (**sobre** auf +*akk*); **~se a los pies de alguien** sich jdm zu Füßen werfen ❸ *(empezar)* anfangen (**a** zu); **~se a llorar** in Tränen ausbrechen ❹ *(fam: iniciar una relación)* **~se un novio** sich *dat* einen Freund zulegen ❺ *(loc)* **~se a perder** verderben
echón, -ona [e'tʃon, -ona] **I.** *adj (Ven)* prahlerisch, angeberisch **II.** *m, f (Ven)* Angeber(in) *m(f),* Prahler(in) *m(f)*
eclecticismo [eklekti'θismo] *m* (*t.* FILOS) Eklektizismus *m*
eclesiástico¹ [ekle'sjastiko] *m* Geistliche(r) *m*
eclesiástico, -a² [ekle'sjastiko, -a] *adj* kirchlich
eclipsar [ekliβ'sar] **I.** *vt* ❶ (ASTR) verfinstern ❷ *(oscurecer)* in den Schatten stellen **II.** *vr:* **~se** ❶ *(desaparecer)* verschwinden ❷ *(decaer)* schwinden
eclipse [e'kliβse] *m* ~ **solar** [*o* **de sol**] Sonnenfinsternis *f*
eclosión [eklo'sjon] *f* ❶ (BOT) Aufblühen *nt* ❷ (ZOOL) Ausschlüpfen *nt* ❸ *(brote, manifestación)* Ausbruch *m; (aparición)* Auftauchen *nt*
eco ['eko] *m* ❶ *(de sonidos, t. fig)* Echo *nt;* **hacer** ~ *(fig)* Aufsehen erregen; **tener** ~ *(fig)* Anklang finden ❷ *(repercusión)* Nachklang *m*
ecogestión [ekoxes'tjon] *f* Ökobewirtschaftung *f*

ecografía [ekoɣra'fia] *f* ❶ *(técnica)* Ultraschall *m* ❷ *(imagen)* Ultraschallbild *nt*
E. coli [e'koli] *f abr de* **Escherichia coli** (MED) Ehec *f o nt*
ecología [ekolo'xia] *f* Ökologie *f*
ecológico, **-a** [eko'loxiko, -a] *adj* ökologisch; **daños ~s** Umweltschäden *mpl;* **producción ecológica** (AGR) biologischer Anbau; **sistema ~** Ökosystem *nt*
ecologismo [ekolo'xismo] *m sin pl* Umweltschutz *m*
ecologista [ekolo'xista] **I.** *adj* Umweltschutz- **II.** *mf* Umweltschützer(in) *m(f)*
ecólogo, **-a** [e'koloɣo, -a] *m, f* Ökologe, -in *m, f,* Umweltforscher(in) *m(f)*
economato [ekono'mato] *m* Konsumgenossenschaft *f;* **~ de la empresa** betriebseigener Laden
economía [ekono'mia] *f* ❶ *(situación, sistema)* Wirtschaft *f;* **~ de desechos** Entsorgungswirtschaft *f;* **~ mundial** Weltwirtschaft *f;* **~ sumergida** Schattenwirtschaft *f* ❷ *(ciencia)* Wirtschaftswissenschaft *f;* **~ de la empresa** Betriebswirtschaft *f;* **~ política** Volkswirtschaft(slehre) *f* ❸ *(ahorro)* Sparsamkeit *f* ❹ *(cosa ahorrada)* Ersparnis *f;* **hacer ~s** sparen
economicidad [ekonomiθi'ðaᵈ] *f* Sparsamkeit *f*
económico, **-a** [eko'nomiko, -a] *adj* ❶ (ECON) wirtschaftlich; **año ~** Geschäftsjahr *nt;* **estudiar ciencias económicas** Wirtschaftswissenschaften studieren ❷ *(barato)* preiswert ❸ *(ahorrador)* sparsam
económico social [eko'nomiko so'θjal] *adj* sozioökonomisch
economista [ekono'mista] *mf* Wirtschaftswissenschaftler(in) *m(f)*
economizar [ekonomi'θar] <z → c> *vi, vt* sparen; **no ~ esfuerzos** keine Mühe scheuen; **~ esfuerzos** seine Kräfte schonen
ecopacifismo [ekopaθi'fismo] *m sin pl* (ECOL, SOCIOL) Ökopaxbewegung *f*
ecosistema [ekosis'tema] *m* Ökosystem *nt*
ecotasa [eko'tasa] *f* Ökosteuer *f*
ecotest [eko'tesᵗ] *m* Umweltverträglichkeitsprüfung *f,* Ökotest *m*
ecoturismo [ekotu'rismo] *m* (ECOL) Ökotourismus *m*
ecuación [ekwa'θjon] *f* Gleichung *f*
ecuador [ekwa'ðor] *m* Äquator *m*
Ecuador [ekwa'ðor] *m* Ecuador *nt*
ecualizador [ekwaliθa'ðor] *m* (TÉC) Equalizer *m*
ecuánime [e'kwanime] *adj* ❶ *(justo)* gerecht; *(imparcial)* unparteiisch ❷ *(sereno)* gelassen
ecuanimidad [ekwanimi'ðaᵈ] *f* ❶ *(imparcialidad)* Unparteilichkeit *f* ❷ *(calma)* Gleichmut *m,* Gelassenheit *f*
ecuatorial [ekwato'rjal] *adj* äquatorial
ecuatoriano, **-a** [ekwato'rjano, -a] **I.** *adj* ecuadorianisch **II.** *m, f* Ecuadorianer(in) *m(f)*
ecuestre [e'kwestre] *adj* Reiter-; **estatua ~** Reiterstandbild *nt*
ecuménico, **-a** [eku'meniko, -a] *adj* ökumenisch
ecumenista [ekume'nista] **I.** *adj* (REL) ökumenisch **II.** *mf* (REL) Anhänger(in) *m(f)* des Ökumenismus
eczema [eʸ'θema] *m* Ekzem *nt*
ed. [eðito'rjal] *abr de* **editorial** Verl.
edad [e'ðaᵈ] *f* ❶ *(años)* Alter *nt;* **~ para jubilarse** Pensionsalter *nt;* **~ del pavo** Flegeljahre *ntpl;* **mayor de ~** volljährig; **menor de ~** minderjährig; **a la ~ de...** im Alter von ... *+dat;* **¿qué ~ tiene?** wie alt sind Sie?; **de mi ~** in meinem Alter ❷ *(época)* Zeitalter *nt;* **~ antigua** Altertum *nt;* **~ media** Mittelalter *nt;* **~ de piedra** Steinzeit *f*
edema [e'ðema] *m* Ödem *nt*
edén [e'ðen] *m* Paradies *nt*
edible [e'ðiβle] *adj (elev)* essbar
edición [eði'θjon] *f* ❶ *(impresión)* Ausgabe *f;* **~ de bolsillo** Taschenausgabe *f* ❷ *(conjunto de ejemplares)* Auflage *f* ❸ (INFOR) **~ de imágenes** Bildbearbeitung *f*
edicto [e'ðikto] *m* ❶ *(decreto)* Erlass *m* ❷ (JUR) Aufgebot *nt*
edificable [edifi'kaβle] *adj* bebaubar
edificación [eðifika'θjon] *f (construcción)* Bau *m*
edificante [eðifi'kante] *adj* erbaulich
edificar [eðifi'kar] <c → qu> *vt* ❶ *(construcción)* bauen ❷ *(moral)* erbauen
edificio [eði'fiθjo] *m* Gebäude *nt;* **~ viejo/antiguo** Altbau *m*
edil [e'ðil] *m (elev)* Ratsherr *m*
editar [eði'tar] *vt* herausgeben
editor[1] [eði'tor] *m* (INFOR) Editor *m*
editor(a)[2] [eði'tor(a)] *m(f)* Herausgeber(in) *m(f)*
editorial[1] [eðito'rjal] **I.** *adj* verlegerisch; **casa ~** Verlagshaus *nt;* **éxito ~** Bestseller *m* **II.** *f* Verlag *m*
editorial[2] [eðito'rjal] *m* Leitartikel *m*
Edo. [es'taðo] *(Méx, Ven) abr de* **Estado** Staat *m*
edredón [eðre'ðon] *m* Federbett *nt*
educable [eðu'kaβle] *adj* bildungsfähig; *(crianza)* lernfähig
educación [eðuka'θjon] *f* ❶ *(enseñanza)* Ausbildung *f;* *(de crianzas)* Erziehung *f;*

~ **de adultos** Erwachsenenbildung *f;* ~ **ambiental** Umwelterziehung *f;* ~ **compensatoria** *durch öffentliche Schulen geleisteter Förderunterricht;* ~ **física** (ENS) Sportunterricht *m;* ~ **infantil** [*o* **preescolar**] Vorschulerziehung *f;* ~ **primaria** Grundschule *f;* ~ **secundaria** Sekundarschulwesen *nt;* **Ministerio de E~ y Ciencia** Kultusministerium *nt* ❷ *(asignatura)* ~ **vial** Verkehrserziehung *f;* ~ **física** Sportunterricht *m;* ~ **cívica** Gemeinschaftskunde *f* ❸ *(comportamiento)* Erziehung *f;* **el niño no tiene** ~ das Kind ist unerzogen ❹ *(conocimientos)* Bildung *f*

educacionista [eðukaθjo'nista] **I.** *adj* Erziehungs-; **teoría** ~ Erziehungstheorie *f* **II.** *mf* Erzieher(in) *m(f)*

educado, -a [eðu'kaðo, -a] *adj* ❶ *(culto)* gebildet ❷ *(comportamiento)* **bien** ~ wohlerzogen; **mal** ~ unerzogen

educador(a) [eðuka'ðor(a)] *m(f)* Erzieher(in) *m(f)*

educando, -a [eðu'kan̪do, -a] *m, f (elev)* Zögling *m,* Schüler(in) *m(f)*

educar [edu'kar] <c → qu> *vt* ❶ *(dar instrucción)* ausbilden ❷ *(dirigir)* erziehen; **los padres educan a los hijos** die Eltern erziehen ihre Kinder ❸ *(facultades)* schulen; **debes** ~ **tu oído** du musst dein Gehör schulen

educativo, -a [eðuka'tiβo, -a] *adj (instructivo)* Bildungs-; *(pedagógico)* Erziehungs-

edulcorante [eðulko'ran̪te] *m* Süßstoff *m*

edulcorar [eðulko'rar] *vt* süßen

edutenimiento [eðuteni'mjento] *m* Edutainment *nt*

EE. UU. [es'taðos u'niðos] *mpl abr de* **Estados Unidos** USA *pl*

efe ['efe] *f (letra)* F, f *nt*

efectista [efek'tista] **I.** *adj* effekthascherisch **II.** *mf* Effekthascher(in) *m(f)*

efectivamente [efektiβa'men̪te] *adv* wirklich, tatsächlich

efectividad [efektiβi'ðað] *f* ❶ *(efecto)* Wirksamkeit *f* ❷ *(autenticidad)* Wirklichkeit *f* ❸ *(empleo)* feste Anstellung *f*

efectivo[1] [efek'tiβo] *m (dinero)* Bargeld *nt;* ~ **electrónico** Electronic Cash *nt;* **en** ~ bar

efectivo, -a[2] [efek'tiβo, -a] *adj* ❶ *(que hace efecto)* wirksam ❷ *(auténtico)* wirklich; **un éxito** ~ ein echter Erfolg; **hacer** ~ in die Tat umsetzen; *(cheque)* einlösen ❸ *(no interino)* fest angestellt

efecto [e'fekto] *m* ❶ *(consecuencia)* Wirkung *f; (resultado)* Ergebnis *nt;* ~ **secundario** Nebenwirkung *f;* ~ **boomerang** Bumerangeffekt *m;* ~ **invernadero** Treibhauseffekt *m;* ~ **ojos rojos** (FOTO) Rote-Augen-Effekt *m;* **hacer** ~ wirken; **hacer buen** ~ *(impresión)* einen guten Eindruck machen; **tener** ~ stattfinden; **llevar a** ~ zustande bringen; **en** ~ tatsächlich; **con** ~**s retroactivos** rückwirkend ❷ (COM) Wertpapier *nt* ❸ *(loc)* **para los** ~**s** praktisch

efectuar [efektu'ar] <*1. pres* efectúo> **I.** *vt* durchführen; *(viaje)* unternehmen; ~ **una compra** einen Kauf tätigen; ~ **una llamada** anrufen **II.** *vr:* ~**se** *(tener lugar)* stattfinden; *(realizarse)* verwirklicht werden

efeméride [efe'meriðe] *f* ❶ *(conmemoración)* Jahrestag *m* ❷ *pl* (ASTR) Ephemeriden *pl* ❸ *pl (libro)* Tagebuch *nt*

efervescente [eferβes'θen̪te] *adj (líquido)* brodelnd; **pastilla** ~ Brausetablette *f*

eficacia [efi'kaθja] *f* ❶ *(resultado positivo)* Wirksamkeit *f;* ~ **económica** Wirtschaftlichkeit *f;* **con** ~ erfolgreich; **sin** ~ erfolglos ❷ (TÉC) Leistung *f*

eficaz [efi'kaθ] *adj* ❶ *(eficiente)* wirksam; (TÉC) leistungsfähig ❷ *(persona)* tatkräftig

eficiencia [efi'θjen̪θja] *f* ❶ *(eficacia)* Wirksamkeit *f;* (TÉC) Leistungsfähigkeit *f* ❷ *(persona)* Tüchtigkeit *f*

eficiente [efi'θjen̪te] *adj* wirksam; (TÉC) leistungsfähig; *(persona)* tüchtig

efigie [e'fixje] *f* ❶ *(representación)* Bildnis *nt,* Abbild *nt* ❷ *(personificación)* Verkörperung *f*

efímero, -a [e'fimero, -a] *adj* kurzlebig

efluvio [e'fluβjo] *m* Ausdünstung *f; (agradable)* Duft *m,* Aroma *nt;* **le rodea un** ~ **de simpatía** er strömt Sympathie aus

efusión [efu'sjon] *f* ❶ *(cordialidad)* Herzlichkeit *f;* **con gran** ~ herzlich ❷ *(derramamiento)* Vergießen *nt*

efusividad [efusiβi'ðað] *f* Herzlichkeit *f;* **su** ~ **no era auténtica** seine/ihre Herzlichkeit war nicht ehrlich gemeint

efusivo, -a [efu'siβo, -a] *adj* herzlich

EGB [exe'βe] *f abr de* **Educación General Básica** (HIST) (spanisches) Grundschulwesen *nt*

Egeo [e'xeo] *m* Ägäis *f;* **el mar** ~ das Ägäische Meer

egida [e'xiða] *f,* **égida** ['exiða] *f* Schutz *m,* Ägide *f;* **bajo la** ~ **de...** unter der Schirmherrschaft von ... +*dat*

egipcio, -a [e'xiβθjo, -a] **I.** *adj* ägyptisch **II.** *m, f* Ägypter(in) *m(f)*

Egipto [e'xipto] *m* Ägypten *nt*

eglefino [eɣle'fino] *m* (ZOOL) Schellfisch *m*

ego ['eɣo] *m* (PSICO) Ich *nt*

egocéntrico, -a [eɣo'θen̪triko, -a] *adj* egozentrisch

egocentrismo [eɣoθeṇ'trismo] *m sin pl* Egozentrik *f*

egoísmo [eɣo'ismo] *m sin pl* Egoismus *m*

egoísta [eɣo'ista] **I.** *adj* egoistisch **II.** *mf* Egoist(in) *m(f)*

ególatra [e'ɣolatra] **I.** *adj* egozentrisch **II.** *mf* Egozentriker(in) *m(f)*

egolatría [eɣola'tria] *f sin pl* Selbstverherrlichung *f*

egresado, -a [eɣre'saðo, -a] **I.** *adj* graduiert **II.** *m, f (Arg, Chil: universidad)* Hochschulabsolvent(in) *m(f)*, Graduierte(r) *f(m)*; *(escuela)* Schulabgänger(in) *m(f)*

egreso [e'ɣreso] *m (Arg, Chil)* ① *(universidad)* Studienabschluss *m*; *(escuela)* Schulabschluss *m* ② *(dinero)* Ausgabe *f* ③ *(salida)* Ausgang *m*

eh [e] *interj* ① *(advertencia)* he; **no vuelvas a hacerlo, ¿~?** tu das bloß nicht noch mal! ② *(susto, incomprensión)* **¿~?** wie?, was?

ej. [e'xemplo] *abr de* **ejemplo** Bsp.; **p.~** z. B.

eje ['exe] *m* ① (TÉC, MAT) Achse *f*; **~ anterior** Vorderachse *f* ② *(centro)* **~ de la conversación** Hauptgesprächsthema *nt*; **ser el ~ de atención** im Mittelpunkt stehen

ejecución [exeku'θjon] *f* ① *(realización)* Ausführung *f*; *(de proyectos)* Durchführung *f*; **~ de un pedido** Auftragserledigung *f*; **~ de la sentencia** (JUR) Urteilsvollstreckung *f*; **poner en ~** ausführen ② *(sentencia de muerte)* Hinrichtung *f*

ejecutar [exeku'tar] *vt* ausführen

ejecutiva [exeku'tiβa] *f* Führungsgremium *nt*; **la ~ del partido** die Parteispitze

ejecutivo, -a [exeku'tiβo, -a] **I.** *adj* ① *(que decide)* ausübend; **poder ~** (POL) Exekutive *f* ② (JUR) vollstreckbar ③ *(urgente)* dringend **II.** *m, f (en cargo directivo)* Führungskraft *f*; *(empleado)* leitender Angestellter, leitende Angestellte *m, f*; **~ de márquetin** Marketingmanager *m*

ejecutor(a) [exeku'tor(a)] **I.** *adj* ausführend **II.** *m(f)* Ausführende(r) *f(m)*, Vollstrecker(in) *m(f)*, Vollzieher(in) *m(f)*

ejemplar [exem'plar] **I.** *adj* ① *(ejemplo)* vorbildlich ② *(escarmiento)* exemplarisch **II.** *m* Exemplar *nt*; **~ de muestra** Probeexemplar *nt*

ejemplarizar [exemplari'θar] <z → c> *vi (Am)* ein Beispiel geben

ejemplificación [exemplifika'θjon] *f sin pl* Exemplifikation *f*

ejemplificar [exemplifi'kar] <c → qu> *vt* mit Beispielen belegen

ejemplo [e'xemplo] *m* Beispiel *nt*; **dar buen ~** mit gutem Beispiel vorangehen; **poner por ~** als Beispiel anführen; **por ~** zum Beispiel; **predicar con el ~** mit gutem Beispiel vorangehen; **tomar por ~** zum Beispiel nehmen

ejercer [exer'θer] <c → z> **I.** *vt* ausüben; *(derechos)* geltend machen **II.** *vi* arbeiten; **~ de profesor** als Lehrer arbeiten; **~ de médico** praktizieren

ejercicio [exer'θiθjo] *m* ① *(de una profesión)* Ausübung *f*; **en ~** ausübend ② (DEP) Übung *f*; *(entrenamiento)* Training *nt*; **el médico me recomendó hacer ~** der Arzt empfahl mir, mich mehr zu bewegen; **tener falta de ~** nicht genug Bewegung haben ③ (ENS: *para practicar*) Übung *f*; *(prueba)* Aufgabe *f* ④ (MIL) **~ de las armas** Waffendienst *m*; **~ de combate** Gefechtsübung *f* ⑤ (ECON) **~ contable** Rechnungsjahr *nt*; **~ económico** Geschäftsjahr *nt*

ejercitar [exerθi'tar] **I.** *vt* ① *(profesión)* ausüben; *(actividad)* (be)treiben; **~ la cirugía** als Chirurg tätig sein ② *(desarrollar)* trainieren **II.** *vr:* **~se** sich üben (**en** in +*dat*); **~se en natación** schwimmen lernen

ejército [e'xerθito] *m* (MIL: *tropas*) Heer *nt*; *(fuerzas armadas)* Armee *f*; **~ del aire** Luftwaffe *f*; **~ profesional** Berufsarmee *f*; **~ de tierra** Landstreitkräfte *f pl*

ejidatario, -a [exiða'tarjo, -a] *m, f (Méx)* Mitglied *nt* eines kommunalen landwirtschaftlichen Betriebs

ejido [e'xiðo] *m* ① *(tierra)* Gemeindeflur *f* ② *(Méx: finca)* kommunaler landwirtschaftlicher Betrieb *m*

ejote [e'xote] *m (AmC, Méx)* grüne Bohne *f*

el, la, lo [el, la, lo] <los, las> *art det* der, die, das; **el perro/puente/niño** der Hund/die Brücke/das Kind; **la mujer/mesa/chica** die Frau/der Tisch/das Mädchen; **lo bueno** das Gute; **el Canadá** Kanada *nt*; **la China/India** China *nt*/Indien *nt*; **los amigos/las amigas** die Freunde/die Freundinnen; **¡la de gente que vino!** die Leute kamen in Massen!; **lo antes posible** schnellstmöglich; **lo más pronto posible** so bald wie möglich; **hazlo lo mejor que puedas** mach es so gut, wie du kannst

él [el] *pron pers 3. sg m* ① *(sujeto)* er ② *(tras preposición: acusativo)* ihn; *(dativo)* ihm; **el libro es de ~** *(suyo)* das Buch ist seins

elaboración [elaβora'θjon] *f* ① *(fabricación)* Herstellung *f*; *(tratamiento)* Verarbeitung *f* ② *(de comidas)* Zubereitung *f*; **de ~**

E

casera hausgemacht ③ *(de una idea)* Ausarbeitung *f; (de una obra)* Bearbeitung *f*

elaborador(a) [elaβora'ðor(a)] *adj* verarbeitend

elaborar [elaβo'rar] *vt* ① *(fabricar)* herstellen; *(trabajar)* verarbeiten ② *(una idea)* ausarbeiten; *(una obra)* bearbeiten

elación [ela'θjon] *f (Am)* Jubel *m,* Heiterkeit *f*

E

elasticidad [elastiθi'ða^{ð}] *f* Dehnbarkeit *f;* **~ de la demanda/de la oferta/de los precios** Nachfrage-/Angebots-/Preiselastizität *f*

elástico[1] [e'lastiko] *m (goma)* Gummiband *nt; (de calcetín)* Bündchen *nt*

elástico, -a[2] [e'lastiko, -a] *adj* elastisch; *(concepto)* dehnbar

Elba ['elβa] *m* ① *(río)* **el ~** die Elbe ② *(isla)* Elba *nt*

ele ['ele] *f* L, l *nt*

elección [ele^{ɣ}'θjon] *f (selección, t.* POL) Wahl *f; (alternativa)* Auswahl *f;* **elecciones legislativas** Parlamentswahlen *fpl;* **~ de la profesión** Berufswahl *f;* **lo dejo a su ~** ich überlasse Ihnen die Wahl

electivo, -a [elek'tiβo, -a] *adj* Wahl-, durch Wahl bestimmt

electo, -a [e'lekto, -a] *adj* gewählt

elector(a) [elek'tor(a)] **I.** *adj* wahlberechtigt **II.** *m(f)* Wähler(in) *m(f)*

electorado [elekto'raðo] *m* Wählerschaft *f*

electoral [elekto'ral] *adj (relativo a elecciones)* Wahl-; *(a electores)* Wähler-; **colegio ~** Wahllokal *nt*

electoralismo [elektora'lismo] *m* (POL) Wahlpropaganda *f,* Wahlkampf *m*

electoralista [elektora'lista] *adj* Wahlkampf-; **discurso ~** Wahlkampfrede *f*

electricidad [elektriθi'ða^{ð}] *f* Elektrizität *f*

electricista [elektri'θista] **I.** *adj* Elektro- **II.** *mf* Elektriker(in) *m(f)*

eléctrico, -a [e'lektriko, -a] *adj* elektrisch; **máquina eléctrica** Elektrogerät *nt*

electrificar [ele^{k}trifi'kar] <c → qu> *vt* elektrifizieren

electrización [ele^{k}triθa'θjon] *f sin pl* (FÍS, ELEC) Elektrisierung *f*

electrizante [ele^{k}tri'θaṇte] *adj* elektrisierend; **pronunció un discurso ~** er/sie hat mit seiner/ihrer Rede alle elektrisiert

electrizar [elektri'θar] <z → c> *vt* elektrisieren; *(fig)* begeistern

electrocardiograma [ele^{k}trokarðjo'ɣrama] *m* (MED) Elektrokardiogramm *nt*

electrochoque [ele^{k}tro'ʧoke] *m* Elektroschock *m*

electrocución [ele^{k}troku'θjon] *f* Tötung *f* durch den elektrischen Stuhl

electrocutar [ele^{k}troku'tar] **I.** *vt* durch elektrischen Strom hinrichten; *(en la silla eléctrica)* auf dem elektrischen Stuhl töten **II.** *vr:* **~se** durch elektrischen Strom sterben; *(en la silla eléctrica)* durch den elektrischen Stuhl sterben

electrodo [elek'troðo] *m* Elektrode *f;* **~ negativo** Kathode *f;* **~ positivo** Anode *f*

electrodoméstico [elektroðo'mestiko] *m* Haushaltsgerät *nt*

electroencefalografía [ele^{k}troeṇθefaloɣra'fia] *f* (MED) Elektroenzephalografie *f*

electroimán [ele^{k}troi'man] *m* (ELEC) Elektromagnet *m*

electrolinera [ele^{k}troli'nera] *f* (AUTO) Elektrotankstelle *f,* E-Tankstelle *f*

electrólisis [ele^{k}'trolisis] *f inv* Elektrolyse *f*

electrólito [ele^{k}'trolito] *m* (QUÍM) Elektrolyt *m*

electromagnético, -a [ele^{k}tromaɣ'netiko, -a] *adj* (FÍS) elektromagnetisch

electromotor [ele^{k}tromo'tor] *m* (TÉC) Elektromotor *m*

electrón [elek'tron] *m* Elektron *nt*

electrónica [elek'tronika] *f* Elektronik *f*

electrónico, -a [elek'troniko, -a] *adj* elektronisch; **microscopio ~** Elektronenmikroskop *nt;* **movimiento ~ de pagos** elektronischer Zahlungsverkehr

electropolución [elektropolu'θjon] *f* (ECOL) Elektrosmog *m*

electrostática [ele^{k}tros'tatika] *f sin pl* (FÍS) Elektrostatik *f*

electrotecnia [elektro'teɣnja] *f* Elektrotechnik *f*

electrotécnico, -a [elektro'teɣniko, -a] *adj* elektrotechnisch

elefante, -a [ele'faṇte, -a] *m, f* (ZOOL) Elefant, Elefantenkuh *m, f;* **~ marino** Walross *nt;* **ver ~s volando** *(fig)* weiße Mäuse sehen

elegancia [ele'ɣaṇθja] *f* ① *(distinción)* Eleganz *f* ② *(buen gusto)* Geschmack *m*

elegante [ele'ɣaṇte] *adj* elegant; *(noble)* vornehm; *(con buen gusto)* geschmackvoll

elegantoso, -a [eleɣaṇ'toso, -a] *adj (Am: fam)* vornehm, elegant

elegible [ele'xiβle] *adj* wählbar

elegido, -a [ele'xiðo, -a] **I.** *adj* ausgesucht; **la candidata elegida** die gewählte Kandidatin **II.** *m, f* Auserwählte(r) *f(m)*

elegir [ele'xir] *vi, vt irr* wählen (**de/entre** zwischen *+dat*); (INFOR) auswählen; **a ~** nach Wahl

elementado, -a [elemeṇ'taðo, -a] *adj (Chil, Col: alelado)* einfältig, dumm

elemental [elemeṇ'tal] *adj* elementar; **conocimientos ~es** Grundkenntnisse

elemento [ele'meṇto] *m* ① *(componente, persona)* Element *nt;* **~ base** Grundbestandteil *m;* **tener ~s de juicio** urteilsfähig sein; **los ~s químicos** die chemischen Elemente ② *pl (fuerzas naturales)* Naturgewalten *fpl* ③ *pl (nociones fundamentales)* **~s de matemáticas** Grundkenntnisse der Mathematik ④ *pl (medios)* Mittel *ntpl*

elenco [e'leŋko] *m* ① *(catálogo)* Verzeichnis *nt* ② (TEAT) Besetzung *f* ③ *(Am: personal)* Personal *nt* ④ *(Chil, Perú: equipo)* Mannschaft *f*

elepé [ele'pe] *m* Langspielplatte *f*

elevación [eleβa'θjon] *f* ① *(subida)* Erhöhung *f* ② (GEO) Anhöhe *f*

elevado, -a [ele'βaðo, -a] *adj (alto)* hoch; *(nivel, estilo)* gehoben

elevador [eleβa'ðor] *m (AmC: ascensor)* Aufzug *m; (Arg: para cargas)* Lastenaufzug *m*

elevalunas [eleβa'lunas] *m inv* Fensterheber *m*

elevar [ele'βar] **I.** *vt* ① *(subir)* erhöhen; **~ al trono** auf den Thron erheben ② (MAT) **~ a una potencia** potenzieren; **tres elevado a cuatro** drei hoch vier ③ *(enviar)* einreichen (**a** bei *+dat*); **~ una protesta** protestieren **II.** *vr:* **~se** ① *(tener altura)* eine Höhe haben (**a** von *+dat*) ② *(tener precio)* betragen (**a** *+akk*); *(cotización)* steigen (**a** auf *+akk*) ③ *(hallarse)* emporragen

elfo ['elfo] *m* Elf *m*

eliminación [elimina'θjon] *f* ① *(supresión)* Beseitigung *f; (de errores)* Behebung *f; (de aranceles)* Abschaffung *f* ② (MED) Ausscheidung *f* ③ (DEP: *ser eliminado*) Ausscheiden *nt*

eliminar [elimi'nar] *vt* ① *(suprimir, matar)* beseitigen; *(fallos)* beheben; **~ a la competencia** die Konkurrenz verdrängen ② (MED) ausscheiden ③ (DEP) besiegen; **fueron eliminados en la cuarta prueba** sie schieden in der vierten Runde aus

eliminatoria [elimina'torja] *f (competición)* Ausscheidungskampf *m; (vuelta)* Vorrunde *f*

eliminatorio, -a [elimina'torjo, -a] *adj* (DEP, MED) Ausscheidungs-; **partido ~** Ausscheidungsspiel *nt*

elipse [e'liβse] *f* Ellipse *f*

elipsis [e'liβsis] *f inv* Ellipse *f*

elíptico, -a [e'liptiko, -a] *adj* elliptisch

elitista [eli'tista] *adj* elitär

elixir [eliˠ'sir] *m* Elixier *nt*

ella ['eʎa] *pron pers 3. sg f* ① *(sujeto)* sie ② *(tras preposición: acusativo)* sie; *(dativo)* ihr; **el abrigo es de ~** *(suyo)* der Mantel ist ihrer

ellas ['eʎas] *pron pers 3. pl f* ① *(sujeto)* sie *pl* ② *(tras preposición: acusativo)* sie; *(dativo)* ihnen; **el coche es de ~** *(suyo)* das Auto gehört ihnen

ello ['eʎo] *pron pers 3. sg nt* ① *(sujeto)* das ② *(tras preposición)* **para ~** dafür; **por ~** darum; **estar en ~** schon dabei sein; **¡a ~!** nur zu!

ellos ['eʎos] *pron pers 3. pl m* ① *(sujeto)* sie *pl* ② *(tras preposición: acusativo)* sie; *(dativo)* ihnen; **estos niños son de ~** *(suyos)* das sind ihre Kinder

E

elocuencia [elo'kweṇθja] *f* Beredsamkeit *f;* **con ~** beredt

elocuente [elo'kweṇte] *adj* ① *(hablando)* beredt ② *(claro)* viel sagend; **las pruebas son ~s** die Beweise sprechen für sich

elogiar [elo'xjar] *vt* loben

elogio [e'loxjo] *m* Lob *nt;* **hacer ~s** loben; **recibir ~s** Lob ernten

elogioso, -a [elo'xjoso, -a] *adj* lobend; **palabras elogiosas** lobende Worte

elongación [eloŋga'θjon] *f* ① *(elev: alargamiento)* Verlängerung *f,* Streckung *f* ② (MED) Dehnung *f,* Zerrung *f* ③ (ASTR) Elongation *f*

elote [e'lote] *m (AmC)* Maiskolben *m*

elucidar [eluθi'ðar] *vt (formal)* erläutern, erklären

elucubración [elukuβra'θjon] *f* (sinnlose) Überlegung *f*

eludible [elu'ðiβle] *adj* vermeidlich; **esa ley es ~** dieses Gesetz lässt sich umgehen

eludir [elu'ðir] *vt* ① *(evitar)* umgehen; *(preguntas)* ausweichen *+dat;* **~ su responsabilidad** sich seiner Verantwortung entziehen ② *(declinar)* ablehnen

elusivo, -a [elu'siβo, -a] *adj* ausweichend

e-mail [i'meịl] *m abr de* **electronic mail** E-Mail *f*

emanar [ema'nar] **I.** *vi* ① *(escaparse)* ausströmen (**de** aus *+dat*); *(líquido)* ausfließen (**de** aus *+dat*) ② *(tener su origen)* hervorgehen (**de** aus *+dat*) **II.** *vt* ausstrahlen

emancipación [emaṇθipa'θjon] *f* Emanzipation *f*

emancipador(a) [emaṇθipa'ðor(a)] **I.** *adj* befreiend, emanzipatorisch **II.** *m(f)* Befreier(in) *m(f)*

emancipar [emaṇθi'par] **I.** *vt (liberar)* befreien; *(feminismo)* emanzipieren **II.** *vr:* **~se** sich emanzipieren

emancipatorio, -a [emaṇθipa'torjo, -a] *adj* befreiend, emanzipatorisch

embadurnar [embaður'nar] **I.** *vt* ① *(manchar)* beschmieren (**con/de** mit *+dat*) ② *(pintar)* schmieren **II.** *vr:* **~se** sich beschmieren (**de/con** mit *+dat*)

embaír [emba'ir] *irr vt (elev)* anschwindeln, beschwindeln

embajada [emba'xaða] *f* Botschaft *f*

embajador(a) [embaxa'ðor(a)] *m(f) (diplomático)* Botschafter(in) *m(f)*
embalaje [emba'laxe] *m* Verpackung *f*
embalar [emba'lar] **I.** *vt (empaquetar)* verpacken **II.** *vr:* **~se** *(correr)* lossausen
embaldosar [embaḷdo'sar] *vt* fliesen
embalsamar [embalsa'mar] *vt* ① *(cadáveres)* einbalsamieren ② *(perfumar)* parfümieren
embalsar [embal'sar] *vt* stauen
embalse [em'balse] *m* ① *(acción)* Stauen *nt* ② *(pantano)* Stausee *m* ③ *(Arg: presa)* Talsperre *f*
embanderar [embaṇde'rar] **I.** *vt* mit Fahnen schmücken **II.** *vr:* **~se** mit Fahnen geschmückt werden
embarazada [embara'θaða] **I.** *adj (encinta)* schwanger; **estar ~ de seis meses** im sechsten Monat schwanger sein **II.** *f* Schwangere *f*
embarazado, -a [embara'θaðo, -a] *adj (cohibido)* verlegen
embarazar [embara'θar] <z → c> *vt* ① *(estorbar)* behindern ② *(cohibir)* in Verlegenheit bringen ③ *(dejar encinta)* schwängern
embarazo [emba'raθo] *m* ① *(gravidez)* Schwangerschaft *f;* **interrupción del ~** Schwangerschaftsabbruch *m* ② *(cohibición)* Verlegenheit *f;* **causar ~ a alguien** jdn in Verlegenheit bringen ③ *(impedimento)* Hindernis *nt*
embarazoso, -a [embara'θoso, -a] *adj* ① *(molesto)* hinderlich ② *(desagradable)* peinlich
embarcación [embarka'θjon] *f* Schiff *nt*
embarcadero [embarka'ðero] *m* Landungsbrücke *f*
embarcar [embar'kar] <c → qu> **I.** *vi* an Bord gehen **II.** *vt* ① *(en barco)* einschiffen ② *(en un asunto)* verwickeln (**en** in +*akk*) **III.** *vr:* **~se** ① *(en barco)* an Bord gehen ② *(en un asunto)* sich einlassen (**en** auf +*akk*)
embargable [embar'ɣaβle] *adj* (JUR) pfändbar
embargar [embar'ɣar] <g → gu> *vt* ① *(retener)* beschlagnahmen ② *(absorber)* gefangen nehmen ③ *(molestar)* behindern
embargo [em'barɣo] **I.** *m* ① *(retención)* Embargo *nt* ② *(confiscación)* Beschlagnahmung *f* **II.** *conj* **sin ~** trotzdem
embarque [em'barke] *m* ① *(de material)* Einschiffung *f* ② *(de personas)* An-Bord-Gehen *nt;* **tarjeta de ~** Bordkarte *f* ③ (AERO) Check-in *nt*
embarrada [emba'rraða] *f (Cuba, PRico, And)* ① *(desliz)* Peinlichkeit *f* ② *(tontería)* Albernheit *f,* Dummheit *f*
embarrancar [embarraŋ'kar] <c → qu> **I.** *vi* stecken bleiben; *(barcos)* stranden **II.** *vr:* **~se** stecken bleiben
embarrar [emba'rrar] **I.** *vt* ① *(ensuciar)* (mit Schlamm) beschmieren ② *(AmC: implicar)* verwickeln ③ *(Cuba, PRico, CSur: mancillar)* schänden; *(fam: cometer un error)* verbocken ④ *(reg: blanquear)* tünchen **II.** *vr:* **~se** ① *(ensuciarse)* sich (mit Schlamm) beschmieren ② *(AmC)* sich verwickeln
embarullar [embaru'ʎar] **I.** *vt (fam)* durcheinanderbringen **II.** *vr:* **~se** *(fam)* durcheinandergeraten
embate [em'bate] *m* ① *(del mar)* Brandung *f* ② *(golpe)* Schlag *m*
embaucador(a) [embau̯ka'ðor(a)] **I.** *adj* betrügerisch **II.** *m(f)* Betrüger(in) *m(f)*
embaucamiento [embau̯ka'mjeṇto] *m* Betrug *m,* Schwindel *m*
embaucar [embau̯'kar] <c → qu> *vt* betrügen
embaulado, -a [embau̯'laðo, -a] *adj (fig)* vollgestopft
embazar [emba'θar] <z → c> **I.** *vi* in Erstaunen geraten **II.** *vt* ① *(teñir)* braun färben ② *(estorbar)* hindern, hemmen ③ *(sorprender)* erstaunen **III.** *vr:* **~se** ① *(indigestarse)* Schmerzen an der Milz haben ② *(cansarse)* überdrüssig werden +*gen,* genug haben (von +*dat*) ③ *(estar fastidiado)* verärgert sein (**por** wegen +*gen/dat*)
embebecer [embeβe'θer] *irr como crecer* **I.** *vi, vt* begeistern, entzücken **II.** *vr:* **~se** sich begeistern (**de/con** für +*akk*)
embebecimiento [embeβeθi'mjeṇto] *m (elev)* Begeisterung *f,* Verzückung *f*
embeber [embe'βer] **I.** *vi* einlaufen **II.** *vt* ① *(absorber)* aufsaugen ② *(empapar)* tränken (**de** mit +*dat*) ③ *(contener)* enthalten **III.** *vr:* **~se** ① *(empaparse)* sich vollsaugen (**de** mit +*dat*) ② *(enfrascarse)* sich vertiefen (**en** in +*akk*)
embebido, -a [embe'βiðo, -a] *adj* vertieft (**en** in +*akk*), versunken (**en** in +*akk*), geistesabwesend
embelecar [embele'kar] <c → qu> *vt* betrügen, beschwindeln
embelesar [embele'sar] **I.** *vi, vt* begeistern; **tu voz (me) embelesa** du hast eine entzückende Stimme **II.** *vr:* **~se** sich begeistern (**de/con** für +*akk*)
embeleso [embe'leso] *m* Begeisterung *f,* Entzücken *nt*
embellecedor[1] [embeʎeθe'ðor] *m* Schmuck *m; (en los coches)* Zierkappe *f*
embellecedor(a)[2] [embeʎeθe'ðor(a)] *adj* verschönernd
embellecer [embeʎe'θer] *vt irr como cre-*

cer ① *(hacer más bonito)* verschönern ② *(idealizar)* idealisieren

embellecimiento [embeʎeθi'mjen̪to] *m* ① *(adorno)* Verschönerung *f* ② *(idealización)* Idealisierung *f*

embestida [embes'tiða] *f* Angriff *m*

embestir [embes'tir] *irr como pedir* **I.** *vi* schlagen **II.** *vt* ① *(atacar)* angreifen ② *(fam: pidiendo)* anbetteln

embetunar [embetu'nar] *vt (calzado)* eincremen, wichsen

embichar [embi'ʧar] **I.** *vt (Arg)* verhexen **II.** *vr:* **~se** *(Arg: agusanarse)* wurmstichig werden; *(abicharse)* madig werden

emblandecer [emblan̪de'θer] *irr como crecer* **I.** *vi (viento, frío)* nachlassen **II.** *vt* ① *(poner blando)* weich machen, aufweichen ② *(calmar)* besänftigen ③ *(hacer ceder)* erweichen **III.** *vr:* **~se** ① *(dejarse calmar)* sich besänftigen lassen ② *(conmoverse)* weich werden

emblanquecer [emblaŋke'θer] *irr como crecer* **I.** *vt* weiß machen **II.** *vr:* **~se** weiß werden

emblema [em'blema] *m* Emblem *nt*

emblemático, -a [emble'matiko, -a] *adj* sinnbildlich; **producto ~** Vorzeigeprodukt *nt*

embobamiento [emboba'mjen̪to] *m* *(asombro)* Verblüffung *f*, Staunen *nt; (fascinación)* Faszination *f*

embobar [embo'βar] **I.** *vt (asombrar)* verblüffen; *(fascinar)* faszinieren **II.** *vr:* **~se** *(de asombro)* erstaunt sein (**con/en** über *+akk*); *(de fascinación)* fasziniert sein (**con/en** von *+dat*)

embocadura [emboka'ðura] *f* ① *(entrada)* Einfahrt *f; (de un río)* Mündung *f* ② *(de los caballos, t.* MÚS) Mundstück *nt*

embocar [embo'kar] <c → qu> *vt (enfilar)* (hin)einfahren (in *+akk*); **el barco emboca el puerto** das Schiff fährt in den Hafen ein

embolado [embo'laðo] *m* ① *(mentira)* Lüge *f;* **meter a alguien en un ~** jdn in Verlegenheit bringen ② (*t.* TEAT) Nebenrolle *f*

embolar [embo'lar] **I.** *vt (embetunar)* eincremen **II.** *vr:* **~se** *(Arg)* sich langweilen

embolatar [embola'tar] **I.** *vt* ① *(Col, Pan: engañar)* belügen ② *(Col: dilatar una acción)* hinausschieben, verzögern ③ *(Col, Pan: embrollar una situación)* komplizieren **II.** *vr:* **~se** ① *(Col: concentrarse)* sich vertiefen (**en** in *+akk*) ② *(Col: perderse)* sich verlaufen ③ *(Col, Pan: entregarse al jolgorio)* sich dem Vergnügen hingeben

embolia [em'bolja] *f* Embolie *f;* **~ cerebral** Gehirnschlag *m*

émbolo ['embolo] *m* (TÉC) Kolben *m*

embolsar [embol'sar] *vt* ① *(meter)* einpacken ② *(dinero)* verdienen

embonar [embo'nar] *vt (Cuba, Ecua, Méx: acomodar cosas)* anpassen; *(caer bien una cosa)* (gut) stehen *+dat*

emboque [em'boke] *m* ① *(fam)* Betrug *m*, Lüge *f* ② *(por un orificio)* Durchzwängen *nt*

emboquillado [emboki'ʎaðo] *m* Filterzigarette *f*

emborrachar [emborra'ʧar] **I.** *vt* ① *(a alguien)* betrunken machen ② (GASTR) Alkohol zugeben *+dat* **II.** *vr:* **~se** ① *(beber)* sich betrinken (**con/de** mit *+dat*) ② *(los colores)* ineinanderlaufen

emborrascarse [emborras'karse] <c → qu> *vr* ① (METEO) stürmisch werden ② *(negocio)* scheitern

emborronar [emborro'nar] *vt* ① *(de tachaduras)* verschmieren ② *(escribir)* hinkritzeln

emboscada [embos'kaða] *f* Hinterhalt *m;* **tender una ~ a alguien** jdm eine Falle stellen

emboscarse [embos'karse] <c → qu> *vr (para atacar)* im Hinterhalt lauern

embotado, -a [embo'taðo, -a] *adj* ① *(herramienta)* stumpf ② *(persona)* abgestumpft

embotamiento [embota'mjen̪to] *m* ① *(herramienta)* Stumpfwerden *nt* ② *(persona)* Abstumpfen *nt*

embotar [embo'tar] **I.** *vt* ① *(herramienta)* stumpf machen ② *(tabaco)* in eine (Tabak)dose füllen ③ *(sentidos)* benebeln; **este olor me embota** dieser Geruch benebelt mich (völlig) **II.** *vr:* **~se** ① *(herramienta)* stumpf werden ② *(aturdirse)* benommen werden ③ *(gracia, desenvoltura)* nachlassen ④ *(fam: las botas)* die Stiefel anziehen

embotellado, -a [embote'ʎaðo, -a] *adj* *(bebida)* abgefüllt; **vino ~** Flaschenwein *m*

embotelladora [emboteʎa'ðora] *f* (Ab)füllmaschine *f;* **~ circular** Rundfüller *m*

embotellamiento [emboteʎa'mjen̪to] *m* ① *(de vino)* Flaschenabfüllung *f* ② *(de tráfico)* Stau *m*

embotellar [embote'ʎar] **I.** *vt* ① *(líquido)* (in Flaschen) abfüllen ② *(tráfico)* lahmlegen ③ *(fam: lección)* pauken **II.** *vr:* **~se** ① *(fam: lección)* pauken ② *(tráfico)* sich stauen

embozar [embo'θar] <z → c> **I.** *vt* ① *(rostro)* vermummen ② *(hecho)* vertuschen **II.** *vr:* **~se** *(rostro)* sich vermummen

embozo [em'boθo] *m* ① *(de la capa)* Kra-

E

gen *m* ② *(de la sábana)* *am Kopfende umgeschlagener Teil eines Bettlakens*

embragar [embra'ɣar] <g → gu> **I.** *vi* (AUTO) kuppeln **II.** *vt* (AUTO) einkuppeln

embrague [em'braɣe] *m* Kupplung *f*

embravecido, -a [embraβe'θiðo, -a] *adj* ① *(animal)* aggressiv ② *(viento)* stürmisch; *(mar)* aufgewühlt

embriagador(a) [embrjaɣa'ðor(a)] *adj* berauschend; **aroma** ~ betörendes Aroma

E

embriagar [embrja'ɣar] <g → gu> **I.** *vi, vt* ① *(emborrachar)* betrunken machen ② *(enajenar)* berauschen; **este perfume embriaga** das ist ein betörendes Parfum **II.** *vr:* **~se** *(emborracharse)* sich betrinken

embriaguez [embrja'ɣeθ] *f* ① *(borrachera)* (Be)trunkenheit *f;* **en estado de** ~ in betrunkenem Zustand ② *(enajenación)* Rausch *m*

embridar [embri'ðar] *vt* ① *(caballos)* aufzäumen ② *(pasión)* im Zaum halten ③ (TÉC) ~ **una tubería** an einem Rohr Schellen befestigen

embrión [embri'on] *m* (BIOL) Embryo *m*

embrional [embrjo'nal] *adj* embryonal

embrionario, -a [embrjo'narjo, -a] *adj* embryonal

embrollar [embro'ʎar] **I.** *vt* ① *(liar)* verwirren; **embrollas todo lo que tocas** du bringst alles durcheinander; **lo embrollas más de lo necesario** du machst die Sache komplizierter als nötig ② *(Chil, Urug: engañar)* betrügen **II.** *vr:* **~se** sich verwirren; **~se en un negocio** in ein Geschäft verwickelt werden

embrollo [em'broʎo] *m* ① *(lío)* Durcheinander *nt; (de hilos)* Gewirr *nt;* **meterse en un** ~ sich in eine verzwickte Lage bringen ② *(embuste)* Lüge *f;* **no me vengas con ~s** sag mir die Wahrheit ③ *(chanchullo)* Intrige *f;* **este negocio seguro que es un** ~ an diesem Geschäft ist mit Sicherheit etwas faul

embrollón, -ona [embro'ʎon, -ona] *m, f* ① *(enredador)* Intrigant(in) *m(f)* ② *(mentiroso)* Lügner(in) *m(f),* Schwindler(in) *m(f)*

embromado, -a [embro'maðo, -a] *adj* *(Am: fam)* ① *(difícil)* schwierig ② *(molesto)* lästig

embromar [embro'mar] *vt* ① *(gastar una broma)* hochnehmen, necken, aufziehen ② *(engatusar)* beschwatzen ③ *(Am: fastidiar)* ärgern

embroncarse [embroŋ'karse] <c → qu> *vr (Arg: fam)* sich ärgern

embrujado, -a [embru'xaðo, -a] *adj* Geister-; **castillo** ~ Spukschloss *nt*

embrujar [embru'xar] *vt* ① *(haciendo brujería)* verhexen ② *(embelesar)* verzaubern

embrutecer [embrute'θer] *irr como crecer* **I.** *vt* ① *(volverse bruto)* verrohen lassen ② *(entontecer)* verdummen lassen **II.** *vr:* **~se** ① *(volverse bruto)* verrohen ② *(volverse insensible)* gefühllos werden

embrutecido, -a [embrute'θiðo, -a] *adj* ① *(bruto)* verroht, brutal ② *(insensible)* gefühllos, abgestumpft

embuchado [embu'ʧaðo] *m* ① (GASTR) ≈ Wurst *f* ② *(para ocultar)* Ablenkungsmanöver *nt* ③ (POL) Wahlbetrug *m*

embuchar [embu'ʧar] **I.** *vt* ① *(embutir)* füllen ② *(engullir)* schlingen ③ *(cebar)* kröpfen, mästen **II.** *vr:* **~se** *(Am: enfadarse)* einschnappen

embudo [em'buðo] *m* ① *(aparato)* Trichter *m;* **en forma de** ~ trichterförmig; **aplicar la ley del** ~ mit zweierlei Maß messen ② *(trampa)* Schwindel *m*

embuste [em'buste] *m* ① *(mentira)* Lüge *f* ② *(estafa)* Betrug *m*

embustero, -a [embus'tero, -a] **I.** *adj* verlogen; **¡qué tío más ~!** der lügt ja wie gedruckt! **II.** *m, f* ① *(mentiroso)* Lügner(in) *m(f)* ② *(estafador)* Betrüger(in) *m(f)*

embute [em'bute] *m (Méx: fam: soborno)* Bestechung *f*

embutido [embu'tiðo] *m* (GASTR) Wurst *f;* **~s** Wurstwaren *f pl*

embutir [embu'tir] **I.** *vt* ① *(cosas)* (hinein)stopfen (**en** in +*akk*); *(personas)* hineinzwängen (**en** in +*akk*); ~ **lana en un cojín** ein Kissen mit Wolle füllen; **íbamos embutidos en el tranvía** wir waren in der Straßenbahn zusammengepfercht ② *(el embutido)* füllen **II.** *vr:* **~se** *(de comida)* sich vollstopfen (**de** mit +*dat*)

eme ['eme] *f* M, m *nt;* **mandar a alguien a la** ~ *(fam: mierda)* jdn zum Teufel schicken

emergencia [emer'xeṇθja] *f* ① *(acción)* Auftauchen *nt* ② *(suceso)* Notfall *m;* **estado de** ~ Notstand *m;* **plan de** ~ Notstandsplan *m;* **declarar el estado de ~ en una zona** eine Zone zum Notstandsgebiet erklären ③ *(crisis)* ~ **climática** Klimakrise *f*

emergente [emer'xeṇte] *adj* **país** ~ Schwellenland *nt*

emerger [emer'xer] <g → j> *vi* ① *(del agua)* auftauchen (**de** aus +*dat*) ② *(de la superficie)* hervorragen (**de** aus +*dat*); **mi jefe emergió de la nada** mein Chef hat sich von ganz unten emporgearbeitet

emeritense [emeri'tense] **I.** *adj* aus Mérida **II.** *mf* Einwohner(in) *m(f)* von Mérida

emérito, -a [e'merito, -a] *adj* emeritiert, emeritus; **profesor** ~ Emeritus *m*

emigración [emiɣra'θjon] *f* Auswanderung *f* (**a** nach +*dat*, in +*akk*), Emigration *f* (**a** nach +*dat*, in +*akk*)

emigrado, -a [emi'ɣraðo, -a] *m, f,* **emigrante** [emi'ɣraṇte] *m, f* Auswanderer, -in *m, f,* Emigrant(in) *m(f)*

emigrar [emi'ɣrar] *vi* auswandern

emigratorio, -a [emiɣra'torjo, -a] *adj* Auswanderungs-

emilio [e'miljo] *m (fam)* Mail *nt;* **escribir/mandar un ~** ein Mail schreiben/senden

eminencia [emi'neṇθja] *f* ① (GEO) Anhöhe *f* ② *(título)* Eminenz *f* ③ *(talento)* Meister *m* (**en** +*gen*); **ser una ~ en su campo** ein Meister auf seinem Gebiet sein; **ser una ~ en literatura contemporánea** ein Experte für zeitgenössische Literatur sein

eminente [emi'neṇte] *adj* ① *(elevado)* hoch (gelegen) ② *(sobresaliente)* herausragend

eminentemente [emineṇte'meṇte] *adv* ① *(de forma eminente)* hevorragend ② *(especialmente)* besonders ③ *(esencialmente)* im Wesentlichen, besonders

emir [e'mir] *m* Emir *m*

emirato [emi'rato] *m* Emirat *nt;* **E~s Árabes Unidos** Vereinigte Arabische Emirate

emisario, -a [emi'sarjo, -a] *m, f* Abgesandte(r) *mf;* **~ para la recepción** Empfangsbote *m*

emisión [emi'sjon] *f* ① (TV, RADIO: *difusión*) Ausstrahlung *f; (en directo)* Übertragung *f; (programa)* Sendung *f* ② *(de luz)* Ausstrahlung *f; (de radiación/calor)* Abgabe *f* ③ (FIN) Ausgabe *f* ④ *(de contaminantes)* Ausstoß *m;* **emisiones contaminantes** Schadstoffemissionen *fpl*

emisor(a) [emi'sor(a)] *adj* ① (TV, RADIO) Sende- ② (FIN) **banco ~** Notenbank *f*

emisora [emi'sora] *f* Sender *m;* **~ clandestina** Piratensender *m;* **~ de radio** Rundfunksender *m,* Radiosender *m;* **~ de televisión** Fernsehsender *m*

emitir [emi'tir] *vt* (TV, RADIO) senden; *(en directo)* übertragen; *(luz, calor, olor)* ausstrahlen; *(radiación)* abgeben; *(humo, grito)* ausstoßen; *(dictamen)* abgeben; (FIN) ausgeben

emoción [emo'θjon] *f* ① *(sentimiento)* Gefühlsregung *f; (conmoción)* Rührung *f;* **lleno de emociones** emotionsgeladen; **palabras llenas de ~** sehr bewegte Worte; **sin ~** emotionslos; **sentir una honda ~** tief bewegt sein; **hacer llorar de ~ a alguien** jdn zu Tränen rühren; **dar rienda suelta a sus emociones** seinen Gefühlen freien Lauf lassen ② *(turbación)* Aufregung *f*

emocional [emoθjo'nal] *adj* emotional

emocionalidad [emoθjonali'ðaᵈ] *f* Emotionalität *f*

emocionante [emoθjo'naṇte] *adj* ① *(conmovedor)* rührend, bewegend ② *(excitante)* spannend

emocionar [emoθjo'nar] **I.** *vt* bewegen; **este libro no me emociona** dieses Buch lässt mich kalt; **los espectadores estaban emocionados** die Zuschauer waren ergriffen; **tus palabras me ~on** deine Worte gingen mir zu Herzen; **solamente la idea ya lo emocionaba** der Gedanke allein versetzte ihn in freudige Erregung **II.** *vr:* **~se** ① *(conmoverse)* gerührt sein ② *(turbarse)* sich aufregen; *(alegrarse)* freudig erregt sein

emolumentos [emolu'meṇtos] *mpl* Einkünfte *fpl,* Bezüge *mpl; (de un libro)* Tantiemen *fpl;* **este abogado cobra unos ~ muy altos** dieser Rechtsanwalt verlangt ein sehr hohes Honorar

emoticón [emoti'kon] *m* Emoticon *nt*

emotividad [emotiβi'ðaᵈ] *f* (erhöhte) Erregbarkeit *f*

emotivo, -a [emo'tiβo, -a] *adj* emotional; *(atmósfera)* emotionsgeladen; *(escena)* rührend

empacado [empa'kaðo] *m* ① *(envoltorio)* Verpackung *f; (paquete)* Bündel *nt* ② *sin pl v.* **empaquetado**

empacamiento [empaka'mjeṇto] *m* Verpackung *f*

empacar [empa'kar] <c → qu> **I.** *vi* packen **II.** *vt* (ein)packen

empachado, -a [empa'tʃaðo, -a] *adj* **estoy ~** *(indigestado)* ich habe mir den Magen verdorben; *(harto)* ich habe zu viel gegessen

empachar [empa'tʃar] **I.** *vt* ① *(indigestar)* nicht bekommen +*dat* ② *(turbar)* verlegen machen; **para decirlo no me empacha que estés delante** deine Anwesenheit hindert mich nicht daran, es zu sagen **II.** *vr:* **~se** ① *(indigestarse)* sich *dat* den Magen verderben; *(comer demasiado)* sich *dat* den Magen vollschlagen ② *(turbarse)* in Verlegenheit geraten; **no ~se de expresar sus sentimientos** sich nicht schämen, seine Gefühle zu offenbaren

empacho [em'patʃo] *m* ① *(indigestión)* Magenverstimmung *f;* **tengo un ~ de dulces** ich habe mir den Magen mit Süßigkeiten verdorben; **tengo un ~ de televisión** ich habe das Fernsehen satt ② *(turbación)* Verlegenheit *f;* **no tengo ~ en...** es macht mir nichts aus, zu ...

empachoso, -a [empa'tʃoso, -a] *adj* ① *(indigesto)* schwer verdaulich ② *(vergonzoso)* beschämend

E

empadronamiento [empaðrona'mjen̩to] *m* Eintragung *f* in das Einwohnerregister; *(en Alemania)* Meldung *f* beim Einwohnermeldeamt; **oficina de ~** Einwohnermeldeamt *nt*

empadronar [empaðro'nar] **I.** *vt* (ins Einwohnerregister) eintragen; *(en Alemania)* anmelden **II.** *vr:* **~se** sich ins Einwohnerregister eintragen; *(en Alemania)* sich anmelden

empalagar [empala'ɣar] <g → gu> **I.** *vt, vi* ① *(alimento)* zu süß sein +*dat* ② *(persona)* lästig sein +*dat;* **tanta cortesía me empalaga** so viel Höflichkeit ist mir zuwider; **esta película empalaga** dieser Film ist zu sentimental **II.** *vr:* **~se** ① *(empacharse)* sich *dat* den Magen verderben ② *(hastiarse)* überdrüssig werden (**de/con** +*gen*); **me empalago de oírlo contar chistes** ich kann seine Witze nicht mehr hören

empalago [empa'laɣo] *m* ① *(dulzonería)* Süßlichkeit *f* ② *(pesadez)* Aufdringlichkeit *f* ③ *(hastío)* Überdruss *m* ④ *(empacho)* Magenverstimmung *f* ⑤ *(loc)* **hablar con ~** gekünstelt reden

empalagoso, -a [empala'ɣoso, -a] *adj* ① *(alimento)* süßlich ② *(persona)* lästig ③ *(película)* sentimental

empalar [empa'lar] **I.** *vt* (DEP: *con la pelota*) schlagen **II.** *vr:* **~se** *(Chil)* beharren (**en** auf +*dat*)

empalidecer [empaliðe'θer] *irr como crecer vi* ① *(persona)* erbleichen, erblassen; *(color)* blass werden ② *(un hecho)* verblassen

empalizada [empali'θaða] *f* ① *(valla)* (Garten)zaun *m* ② *(de fortificación)* Palisade *f;* **~ de nieve** Schneezaun *m*

empalmado, -a [empal'maðo, -a] *adj* *(vulg)* geil, mit einem Ständer *fam*

empalmar [empal'mar] **I.** *vi* ① *(dos trenes)* Anschluss haben (**con** an +*akk*) ② *(dos caminos)* sich kreuzen; *(dos ríos)* zusammenfließen; **esta carretera empalma con la nacional** über diese Landstraße kommt man zur Bundesstraße **II.** *vt* *(maderos, tubos)* aneinanderfügen; *(teléfono)* anschließen; **~ a puerta** (DEP) direkt aufs Tor schießen

empalme [em'palme] *m* ① *(acción: de maderos/tubos)* Verbindung *f; (del teléfono)* Anschluss *m* ② *(punto: de maderos/tubos)* Verbindungsstelle *f; (del teléfono)* Anschlussstelle *f;* **estación de ~** (FERRO) Umsteigebahnhof *m*

empanada [empa'naða] *f* ① (GASTR) Pastete *f* ② *(timo)* Betrug *m*

empanadilla [empana'ðiʎa] *f* Pastete *f*

empanado[1] [empa'naðo] *m* schlecht belüftetes Zimmer *nt*

empanado, -a[2] [empa'naðo, -a] *adj* ① *(carne)* paniert ② *(habitación)* schlecht belüftet

empanar [empa'nar] *vt* ① *(rellenar)* füllen ② *(rebozar)* panieren

empantanar [empan̩ta'nar] **I.** *vt* ① *(un terreno)* überschwemmen ② *(un proyecto)* hemmen **II.** *vr:* **~se** ① *(terreno)* versumpfen ② *(proyecto)* ins Stocken geraten

empañado, -a [empa'ɲaðo, -a] *adj* *(cristal)* angelaufen; *(ojos)* trüb; *(metal)* matt; *(voz)* belegt

empañar [empa'ɲar] **I.** *vt* ① *(ventana)* beschlagen; *(metal)* matt machen; **las lágrimas le empañan los ojos** Tränen verschleiern ihm/ihr die Augen ② *(nombre)* beflecken; *(hazaña)* den Glanz nehmen +*dat* ③ *(niño)* wickeln **II.** *vr:* **~se** *(ventana)* anlaufen; *(metal)* anlaufen; *(ojos)* sich trüben; *(voz)* belegt klingen

empañarse [empa'ɲarse] *vr* *(ventana)* beschlagen; *(metal)* anlaufen

empapar [empa'par] **I.** *vt* ① *(humedecer)* eintauchen (**en** in +*akk*) ② *(absorber)* aufsaugen ③ *(mojar)* durchnässen; **la lluvia ha empapado el suelo** der Regen hat den Boden aufgeweicht; **el vendaje está empapado de sangre** der Verband ist von Blut durchtränkt **II.** *vr:* **~se** ① *(mojarse)* (völlig) nass werden ② *(un tema)* in sich aufsaugen

empapelador(a) [empapela'ðor(a)] *m(f)* Tapezierer(in) *m(f)*

empapelar [empape'lar] **I.** *vi, vt* *(las paredes)* tapezieren **II.** *vt* ① *(objeto)* verpacken ② *(fam: encausar)* anklagen

empaque [em'pake] *m* ① *(el empaquetar)* Verpacken *nt* ② *(semblante)* Aussehen *nt; (del rostro)* Gesichtsausdruck *m;* **su ~ era grave** er/sie machte ein ernstes Gesicht ③ *(gravedad)* Würde *f;* **andaba con gran ~** er/sie ging gemessenen Schrittes ④ *(Am: desfachatez)* Unverschämtheit *f*

empaquetador(a) [empaketa'ðor(a)] *m(f)* Packer(in) *m(f)*

empaquetar [empake'tar] *vt* ① *(objetos)* verpacken ② *(personas)* zusammenpferchen (**en** in +*dat*) ③ (MIL) bestrafen

emparamentar [emparamen̩'tar] *vt* schmücken

emparedado [empare'ðaðo] *m* Sandwich *m o nt*

emparedar [empare'ðar] **I.** *vt* einmauern **II.** *vr:* **~se** ① *(encerrarse)* sich einsperren ② *(aislarse)* sich (von der Außenwelt) zurückziehen

emparejamiento [emparexa'mjen̩to] *m* ① *(acción)* Paarung *f* ② *(pareja)* Paar *nt*

emparejar [empare'xar] **I.** *vi* ① *(ponerse al lado)* **~ con alguien** jdn einholen ② *(ponerse al nivel)* gleichziehen **II.** *vt* ① *(juntar)* (miteinander) paaren; **ya estoy emparejado** ich habe bereits einen Partner; **me quieren ~ con ella** sie wollen mich mit ihr verkuppeln ② *(nivelar)* auf dieselbe Höhe bringen ③ *(ventana)* anlehnen **III.** *vr:* **~se** *(formar pareja)* ein Paar bilden; *(parejas)* Paare bilden; **en el siguiente partido quedé emparejado con Juan** in der folgenden Runde spielte ich mit Juan zusammen

emparentado, -a [emparen̩'taðo, -a] *adj* *(familia)* angeheiratet; *(persona)* verschwägert; **está bien ~** er hat in eine vermögende Familie eingeheiratet

emparentar [emparen̩'tar] <e → ie> *vi* **~ con una familia** in eine Familie einheiraten

emparrillar [emparri'ʎar] *vt* ① *(asar)* grillen ② (ARQUIT) verpfählen

empastar [empas'tar] *vt* ① *(rellenar)* füllen; *(cubrir)* bestreichen; **~ un diente** einen Zahn mit einer Füllung versehen; **~ la cara con crema** (sich *dat*) das Gesicht (dick) eincremen ② *(libro)* kartonieren

empaste [em'paste] *m* ① *(relleno)* Füllen *nt; (cubrir)* Bestreichen *nt* ② (MED) (Zahn)füllung *f;* **~ de la raíz** Wurzelfüllung *f*

empatar [empa'tar] **I.** *vi* ① (DEP) unentschieden ausgehen; **~ a uno** eins zu eins unentschieden spielen; **cuando iban empatando uno a uno...** beim Gleichstand von eins zu eins …; **estar empatados a puntos en la clasificación** auf demselben Tabellenplatz sein ② (POL) Stimmengleichheit erreichen **II.** *vt* ① *(Am: cuerdas)* miteinander verbinden; **~ mentiras** Lügen vom Stapel lassen ② *(CRi: amarrar)* festmachen ③ *(Ven: importunar)* belästigen

empate [em'pate] *m* ① (DEP) Unentschieden *nt;* **gol del ~** Ausgleichstreffer *m* ② (POL) Stimmengleichheit *f*

empatía [empa'tia] *f* Empathie *f*

empático, -a [em'patiko, -a] *adj* empathisch

empecinado, -a [empeθi'naðo, -a] *adj* stur, hartnäckig

empecinamiento [empeθina'mjen̩to] *m* Sturheit *f*

empecinarse [empeθi'narse] *vr* stur beharren (**en** auf +*dat*)

empedernido, -a [empeðer'niðo, -a] *adj* ① *(insensible)* herzlos ② *(incorregible)* unverbesserlich; **bebedor ~** Gewohnheitstrinker *m;* **solterón ~** eingefleischter Junggeselle

empedrar [empe'ðrar] <e → ie> *vt* ① *(pavimentar)* (be)pflastern ② *(plagar)* reichlich versehen (**de** mit +*dat*); **~ un libro con citas** ein Buch mit Zitaten spicken

empeine [em'pei̯ne] *m* ① (ANAT: *del pie*) Spann *m,* Rist *m* ② (ANAT: *del vientre*) Unterleib *m* ③ *(de la bota)* Blatt *nt* ④ (MED) Eiterflechte *f*

empella [em'peʎa] *f (del zapato)* Blatt *nt*

empellar [empe'ʎar] *vt* stoßen, schubsen *fam*

empellón [empe'ʎon] *m* Stoß *m;* **pasar a través de la multitud a empellones** sich durch die Menge boxen

empelotado, -a [empelo'taðo, -a] *adj* ① *(confuso)* verwirrt ② *(Am: fam: desnudo)* nackt

empeñado, -a [empe'ɲaðo, -a] *adj* ① *(obstinado)* hartnäckig; **lo vi ~ en invitarme** er bestand hartnäckig darauf, mich einzuladen ② *(discusión)* hitzig

empeñar [empe'ɲar] **I.** *vt (objetos)* verpfänden; **~ la palabra** sein Wort geben **II.** *vr:* **~se** ① *(insistir)* (hartnäckig) bestehen (**en** auf +*dat*); **se empeña en hablar contigo** er/sie will unbedingt mit dir sprechen; **no te empeñes** hör auf zu drängen; **si te empeñas en beber este vino asqueroso...** wenn du unbedingt diesen ekelhaften Wein trinken willst … ② *(endeudarse)* sich verschulden ③ *(mediar)* sich einsetzen (**por** für +*akk*)

empeño [em'peɲo] *m* ① *(de objetos)* Verpfändung *f;* **casa de ~s** Pfandhaus *nt* ② *(compromiso)* Verpflichtung *f* ③ *(afán)* Eifer *m;* **con ~** beharrlich; **tengo ~ por** [*o* **en**] **sacar la mejor nota** ich strebe danach, die beste Note zu erhalten; **pondré ~ en...** ich werde alles daransetzen, zu …

empeoramiento [empeora'mjen̩to] *m* Verschlechterung *f;* **~ de la coyuntura** Konjunkturverschlechterung *f*

empeorar [empeo'rar] **I.** *vt* verschlechtern; **con tus palabras lo has acabado de ~** mit deinen Worten hast du es nur noch schlimmer gemacht **II.** *vi, vr:* **~se** sich verschlechtern

empequeñecer [empekeɲe'θer] *vt irr como crecer* ① *(disminuir)* verkleinern ② *(quitar importancia)* herabsetzen

emperador [empera'ðor] *m* ① (POL) Kaiser *m* ② (ZOOL) Schwertfisch *m*

emperatriz [empera'triθ] *f* Kaiserin *f*

emperezar [empere'θar] <z → c> **I.** *vt* *(fig: retardar)* aufschieben **II.** *vr:* **~se** faul werden, träge werden

emperifollar [emperifo'ʎar] *vt, vr:* **~se** *(fam)* sich herausputzen

empero [em'pero] *conj (elev: sin embargo)* jedoch, dennoch; **lo he hecho mal, ~, no es culpa mía** ich habe es schlecht gemacht; es ist jedoch nicht meine Schuld

emperramiento [emperra'mjen̦to] *m (fam)* ❶ *(obstinación)* Sturheit *f,* Hartnäckigkeit *f* ❷ *(capricho)* Vernarrtheit *f* ❸ *(cólera)* Wut *f,* Zorn *m*

emperrarse [empe'rrarse] *vr (fam: obstinarse)* (hartnäckig) bestehen (**en** auf +*dat*)

empesgar [empes'ɣar] <g → gu> *vt (prensar)* beschweren

empezar [empe'θar] *vi, vt irr* beginnen; *(botella)* anbrechen; *(pastel)* anschneiden; **empezó de la nada** er/sie hat sich von ganz unten hochgearbeitet; **¡no empieces!** fang nicht schon wieder damit an!; **para ~ me leeré el periódico** zunächst einmal werde ich die Zeitung lesen; **para ~ no tengo dinero y, además, no tengo ganas** erstens habe ich kein Geld und zweitens keine Lust

empiece [em'pjeθe] *m (fam)* Beginn *m,* Anfang *m*

empiltrarse [empil̦'trarse] *vr (fam)* sich hinlegen, sich in die Falle hauen

empinado, -a [empi'naðo, -a] *adj* ❶ *(edificio)* hoch ❷ *(pendiente)* steil

empinar [empi'nar] **I.** *vt* ❶ *(poner vertical)* aufstellen ❷ *(alzar)* hochheben; **~ una botella** eine Flasche (zum Trinken) ansetzen; **~ la cabeza** den Kopf heben; **~ el codo** *(fig fam)* saufen **II.** *vr:* **~se** ❶ *(persona)* sich auf die Fußspitzen stellen; *(animal)* sich auf die Hinterbeine stellen ❷ *(un edificio)* (empor)ragen

empingorotado, -a [empiŋgoro'taðo, -a] *adj* ❶ *(fam: engreído)* hochnäsig, eingebildet ❷ *(en la sociedad)* (gesellschaftlich) angesehen

empipada [empi'paða] *f (Am)* Schlemmerei *f;* **darse una ~ de chocolate** Unmengen von Schokolade essen

empiparse [empi'parse] *vr (Am)* sich satt essen

empíreo[1] [em'pireo] *m (elev: cielo)* Himmel *m,* Empyreum *nt*

empíreo, -a[2] [em'pireo, -a] *adj (elev: relativo al cielo)* himmlisch, empyreisch

empírico, -a [em'piriko, -a] *adj* empirisch

empirismo [empi'rismo] *m sin pl* ❶ *(científico)* Empirie *f* ❷ (FILOS) Empirismus *m*

empirista [empi'rista] *mf* Empiriker(in) *m(f)*

empitonar [empito'nar] *vt* (TAUR) mit den Hörnern aufspießen

emplastar [emplas'tar] **I.** *vt* ❶ (MED) ein Pflaster kleben (auf +*akk,* über +*akk*) ❷ *(objeto)* beschmieren ❸ *(fam: negocio)* hemmen, ins Stocken bringen ❹ *(maquillar)* schminken **II.** *vr:* **~se** ❶ *(ensuciarse)* sich schmutzig machen ❷ *(maquillarse)* sich schminken

emplaste [em'plaste] *m* Gips *m*

emplasto [em'plasto] *m* Pflaster *nt*

emplazamiento [emplaθa'mjen̦to] *m* ❶ (JUR) Vorladung *f* ❷ *(lugar)* Platz *m; (situación)* Lage *f; (de una empresa)* Standort *m* ❸ (MIL) Stellung *f*

emplazar [empla'θar] <z → c> *vt* ❶ *(citar)* zitieren; (JUR) vorladen; **le emplazo para darme una respuesta mañana** ich fordere Sie hiermit auf, mir morgen eine Antwort zu geben ❷ *(situar)* platzieren; (MIL) stationieren; **este monumento no está bien emplazado aquí** dieses Denkmal ist hier fehl am Platz

empleado, -a [emple'aðo, -a] *m, f* Angestellte(r) *mf;* **empleada de hogar** Hausangestellte *f;* **~ de oficina** Sachbearbeiter *m;* **~ de ventanilla** Schalterbeamte(r) *m,* -beamtin *f;* **~ de la limpieza** Gebäudereiniger *m;* **los ~s de una empresa** die Belegschaft einer Firma

empleador(a) [emplea'ðor(a)] *m(f) (Am)* Arbeitgeber(in) *m(f)*

emplear [emple'ar] **I.** *vt* ❶ *(colocar)* einstellen; *(ocupar)* beschäftigen; **en estos momentos no estoy empleado** zurzeit habe ich keine Anstellung ❷ *(usar)* benutzen; *(fuerza, tiempo)* aufwenden; *(medio, técnica, método, conocimientos)* anwenden; *(razón)* walten lassen; **¡podrías ~ mejor el tiempo!** du könntest mit deiner Zeit etwas Besseres anfangen!; **¡ya te está bien empleado!** das geschieht dir (ganz) recht!; **dar algo por bien empleado** etw nicht bereuen ❸ *(dinero)* ausgeben (**en** für +*akk*); **he empleado todo el dinero en la casa** ich habe das ganze Geld in das Haus gesteckt **II.** *vr:* **~se** ❶ *(colocarse)* eine Anstellung finden (**como/de** als +*nom*) ❷ *(usarse)* benutzt werden ❸ *(esforzarse)* **~se a fondo** sein Bestes tun

empleo [em'pleo] *m* ❶ *(trabajo)* Stelle *f;* **~ fijo** Festanstellung *f; (ocupación)* Beschäftigung *f;* **pleno ~** Vollbeschäftigung *f;* **no tener ~** arbeitslos sein; **crear ~** neue Arbeitsplätze schaffen ❷ *(uso)* Benutzung *f; (de fuerza, tiempo)* Aufwendung *f; (de medio/técnica/método/conocimientos)* Anwendung *f;* **modo de ~** Gebrauchsanweisung *f;* **el ~ de materias primas y energía** der Einsatz von Rohstoffen und Energie

emplomadura [emploma'ðura] *f* ❶ *(cu-*

brimiento) Verbleiung *f* ❷ *(precinto)* Plombierung *f* ❸ *(plomo)* Blei(stück) *nt* ❹ *(Am: empaste)* (Zahn)füllung *f*

emplumar [emplu'mar] **I.** *vi* ❶ *(ave)* Federn ansetzen [*o* bekommen] ❷ *(AmC: fugarse)* fliehen ❸ *(Guat, Cuba: engañar)* betrügen **II.** *vt* ❶ *(sombrero, flecha)* mit Federn schmücken ❷ *(Cuba: despedir)* entlassen ❸ *(Ecua, Ven: enviar)* zur Strafe wegschicken ❹ *(fam: encarcelar)* verknacken; **le han emplumado diez años** er/sie ist zu zehn Jahren Haft verknackt worden

empobrecedor(a) [empoβreθe'ðor(a)] *adj* **algo es** [*o* **resulta**] **~ para alguien** etw macht jdn arm

empobrecer [empoβre'θer] *irr como crecer* **I.** *vt* arm machen; **la edad empobrece los reflejos** mit dem Alter werden die Reflexe schlechter **II.** *vi, vr:* **~se** verarmen; **este terreno se ha empobrecido** dieser Acker ist ausgelaugt

empobrecimiento [empoβreθi'mjen̩to] *m* ❶ *(depauperación)* Verarmung *f* ❷ *(empeoramiento)* Verschlechterung *f*

empoderamiento [empoðera'mjen̩to] *m* (SOCIOL) Empowerment *nt,* Selbstermächtigung *f*

empolladura [empoʎa'ðura] *f* ❶ *(fam: de los estudiantes)* Pauken *nt,* Büffeln *nt* ❷ *(de las abejas)* Bienenbrut *f*

empollar [empo'ʎar] **I.** *vi* ❶ *(fam: estudiante)* büffeln ❷ *(Am: ampollar)* Blasen bilden **II.** *vt* ❶ *(ave)* ausbrüten ❷ *(fam: lección)* pauken; **estar empollado de algo** etw aus dem Effeff können

empollón, -ona [empo'ʎon, -ona] *m, f* *(fam)* Streber(in) *m(f)*

empolvar [empol'βar] **I.** *vt* (ein)pudern **II.** *vr:* **~se** ❶ *(el rostro)* sich pudern ❷ *(un objeto)* verstauben; **la mesa se ha empolvado** der Tisch ist ganz staubig

emponchado, -a [empon'ʧaðo, -a] *adj* ❶ *(Am: astuto)* schlau, clever *fam* ❷ *(Arg, Ecua, Perú, Urug: con poncho)* mit einem Poncho bekleidet

emponzoñador(a) [empon̩θoɲa'ðor(a)] *adj* ❶ *(venenoso)* giftig ❷ *(fig: perjudicial)* schädlich

emponzoñamiento [empon̩θoɲa'mjen̩to] *m* Vergiftung *f*

emponzoñar [empon̩θo'ɲar] *vt* vergiften

emporio [em'porjo] *m* ❶ *(ciudad)* Handelsstadt *f;* *(centro comercial)* (Handels)zentrum *nt* ❷ *(centro cultural)* Hochburg *f* ❸ *(AmC: almacén)* Kaufhaus *nt*

emporrado, -a [empo'rraðo, -a] *adj* *(argot)* **estar ~** high sein

emporrarse [empo'rrarse] *vr* *(argot)* kiffen

empotrado, -a [empo'traðo, -a] *adj* Einbau-; **muebles ~s** Einbaumöbel *ntpl*

empotrar [empo'trar] *vt* einbauen (**en** in +*akk*); *(en una pared)* einmauern (**en** in +*akk*)

emprendedor(a) [empren̩de'ðor(a)] *adj* unternehmungslustig

emprender [empren̩'der] *vt* ❶ *(trabajo)* in Angriff nehmen; *(negocio)* gründen; **~ la marcha** sich auf den Weg machen; **~ la vuelta** den Rückweg antreten; **~ el vuelo** abfliegen; **al anochecer la emprendimos hacia el refugio** *(fam)* als es dunkel wurde, kehrten wir in die Berghütte zurück ❷ *(loc, fam)* **~la con alguien** es mit jdm aufnehmen; **~la a bofetadas con alguien** eine Prügelei mit jdm anfangen; **~la a insultos con alguien** jdn mit Beschimpfungen bombardieren

empresa [em'presa] *f* ❶ *(operación)* Unternehmen *nt* ❷ *(iniciativa)* Initiative *f* ❸ (ECON) Betrieb *m;* *(compañía)* Unternehmen *nt,* Firma *f;* **~ de mensajería y paquetería** Kurier- und Paketdienst *m;* **mediana ~** mittelständischer Betrieb; **pequeña ~** Kleinbetrieb *m*

empresaria [empre'sarja] *f v.* **empresario**

empresariado [empresa'rjaðo] *m* Unternehmertum *nt*

empresarial [empresa'rjal] *adj* ❶ *(del empresario)* unternehmerisch ❷ *(de la empresa)* Betriebs-; *(compañía)* Unternehmens-

empresario, -a [empre'sarjo, -a] *m, f* ❶ (ECON) Unternehmer(in) *m(f);* *(patrón)* Arbeitgeber(in) *m(f);* **pequeño ~** Kleinunternehmer *m* ❷ (TEAT) Intendant(in) *m(f)*

emprestar [empres'tar] *vt* *(vulg)* (ver)leihen

empréstito [em'prestito] *m* Anleihe *f;* **~ público** Staatsanleihe *f*

empujar [empu'xar] *vi, vt* ❶ *(dar empujón)* schieben; *(con violencia)* stoßen; *(multitud)* drängeln; *(puerta)* drücken; **me empujó hacia atrás** er/sie stieß mich zurück; **me empujó contra la pared** er/sie drückte mich gegen die Wand ❷ *(empleado)* entlassen ❸ *(instar)* drängen; **su familia le empuja a que se case** seine Familie drängt ihn zur Heirat ❹ *(intrigar)* intrigieren; **ha empujado mucho para conseguir el puesto** er/sie hat einige Intrigen gesponnen, um sich *dat* den Posten zu sichern

empuje [em'puxe] *m* ❶ *(acción)* Stoß *m* ❷ (FÍS) Schub *m;* **~ ascensional** Auftrieb *m* ❸ *(energía)* Schwung *m;* *(resolución)* Durchsetzungsvermögen *nt;* **persona de ~** Draufgänger(in) *m(f);* **no tienes**

E

el ~ suficiente para llevar la empresa du hast nicht den nötigen Schwung, um die Firma zu leiten

empujón [empu'xon] *m* ❶ *(empellón)* Stoß *m;* **dar un ~ a alguien** jdn stoßen; **entrar en un local a empujones** sich in ein Lokal (hinein)drängen; **la carretera se está construyendo a empujones** die Straßenbauarbeiten werden ständig unterbrochen ❷ *(impulso)* Ruck *m;* **si no le damos un ~ al trabajo no lo acabaremos** wenn wir jetzt nicht Druck machen, werden wir mit der Arbeit nie fertig

empuntar [empuṇ'tar] **I.** *vi* ❶ *(irse)* (weg)gehen ❷ *(Col: fam)* **~las** sich auf die Socken machen **II.** *vt (Col, Ecua: encarrilar)* anbahnen **III.** *vr:* **~se** *(Ven: obstinarse)* stur bleiben

empuñadura [empuɲa'ðura] *f (puño)* Griff *m; (de un bastón)* Knauf *m*

empuñar [empu'ɲar] *vt* ❶ *(tomar)* ergreifen; *(asir)* fest halten; **~ las armas** zu den Waffen greifen ❷ *(un puesto)* erreichen ❸ *(Chil: la mano)* ballen

emú [e'mu] *m* Emu *m*

emulación [emula'θjon] *f* ❶ *(imitación)* Nacheiferung *f* ❷ *(competencia)* Wetteifer *m*

emulador[1] [emula'ðor] *m* (INFOR) Emulator *m;* **~ de memoria expandida** Expansionsspeicher-Emulator *m*

emulador(a)[2] [emula'ðor(a)] *m(f)* ❶ *(imitador)* Nachahmer(in) *m(f)* ❷ *(competidor)* Rivale, -in *m, f,* Konkurrent(in) *m(f)*

emular [emu'lar] *vt* ❶ *(imitar)* nacheifern *+dat* ❷ *(competir)* wetteifern (mit *+dat*)

émulo, -a ['emulo, -a] *m, f* ❶ *(imitador)* Nachahmer(in) *m(f)* ❷ *(oponente)* Rivale, -in *m, f*

emulsión [emul'sjon] *f* Emulsion *f*

emulsionar [emulsjo'nar] *vt* emulgieren

en [en] *prep* ❶ *(lugar)* in *+dat,* auf *+dat,* an *+dat; (con movimiento)* in *+akk,* auf *+akk,* an *+akk;* **el libro está ~ el cajón** das Buch ist in der Schublade; **pon el libro ~ el cajón** leg das Buch in die Schublade; **he dejado las llaves ~ la mesa** ich habe die Schlüssel auf dem Tisch liegen lassen; **coloca el florero ~ la mesa** stell die Blumenvase auf den Tisch; **~ la pared hay un cuadro** an der Wand hängt ein Bild; **pon el póster ~ la pared** kleb das Poster an die Wand; **estar ~ el campo/~ la ciudad/~ una isla** auf dem Lande/in der Stadt/auf einer Insel sein; **~ Alemania/~ Turquía/~ Irak** in Deutschland/in der Türkei/im Irak; **vacaciones ~ el mar** Urlaub an der See; **jugar ~ la calle** auf der Straße spielen; **vivo ~ la calle Mozart** ich wohne in der Mozartstraße; **estoy ~ casa** ich bin zu Hause; **estoy ~ casa de mis padres** ich bin bei meinen Eltern; **trabajo ~ una empresa japonesa** ich arbeite bei einer japanischen Firma ❷ *(tiempo)* in *+dat;* **~ el año 2000** im Jahre 2000; **~ el año 1995 Kobe sufrió un terremoto** Kobe wurde (im Jahre) 1995 von einem Erdbeben heimgesucht; **~ otra ocasión** bei einer anderen Gelegenheit; **~ aquellos tiempos** damals; **~ un mes/dos años** innerhalb eines Monats/von zwei Jahren; **lo terminaré ~ un momento** ich mache es gleich fertig; **~ todo el día** den ganzen Tag ❸ *(modo, estado)* **~ venta** zu verkaufen; **~ flor** in Blüte; **~ construcción** im Bau (befindlich); **~ vida** am Leben; **~ absoluto** auf (gar) keinen Fall; **~ voz alta** laut; **decir algo ~ español** etw auf Spanisch sagen; **de tres ~ tres** jeweils zu dritt; **de dos ~ dos** paarweise; **pagar ~ euros** in Euro bezahlen ❹ *(medio)* **papá viene ~ tren/coche** Papa kommt mit dem Zug/Auto; **he venido ~ avión** ich bin geflogen; **lo reconocí ~ la voz** ich erkannte ihn an der Stimme ❺ *(ocupación)* **doctor ~ filosofía** Doktor der Philosophie; **trabajo ~ ingeniería genética** ich arbeite als Genetiker(in); **estar ~ la policía** bei der Polizei sein; **estar ~ la mili** beim Militär sein; **trabajar ~ correos/~ una fábrica** bei der Post/in einer Fabrik arbeiten ❻ *(con verbo)* **pienso ~ ti** ich denke an dich; **no confío ~ él** ich vertraue ihm nicht; **ingresar ~ un partido** in eine Partei eintreten; **ganar ~ importancia** an Bedeutung gewinnen ❼ *(cantidades)* **aumentar la producción ~ un 5%** die Produktion um 5 % steigern; **me he equivocado solamente ~ 2 euros** ich habe mich nur um 2 Euro verrechnet ❽ (ECON) **~ fábrica** ab Werk; **franco ~ almacén** ab Lager

enaceitar [enaθei̯'tar] **I.** *vt* ölen, schmieren **II.** *vr:* **~se** sich einölen

enagua(s) [e'naɣwa(s)] *f(pl)* Unterrock *m*

enajenación [enaxena'θjon] *f* ❶ *(de una propiedad)* Veräußerung *f* ❷ *(de la mente)* Verwirrung *f;* **~ mental** psychische Erkrankung ❸ *(embeleso)* Verzückung *f* ❹ *(distracción)* Zerstreutheit *f* ❺ *(entre personas)* Entfremdung *f*

enajenado, -a [enaxe'naðo, -a] *adj* verrückt; **~ mental** psychisch erkrankt

enajenar [enaxe'nar] **I.** *vt* ❶ *(una posesión)* veräußern ❷ *(enloquecer)* verrückt machen ❸ *(turbar)* entzücken; *(fascinar)* faszinieren ❹ *(de alguien)* entfremden; **su carácter lo enajena de mucha gente** sein Charakter macht ihn vielen Leuten unsympathisch **II.** *vr:* **~se** ① *(de una posesión)* veräußern (**de** *+akk*) ② *(enloquecer)* verrückt werden ③ *(de alguien)* sich entfremden

enaltecer [enaḷte'θer] *vt irr como crecer* ① *(ensalzar)* loben ② *(dignificar)* Würde verleihen *+dat*

enaltecimiento [enaḷteθi'mjeṇto] *m* Lob *nt,* Preis *m geh*

enamoradizo, -a [enamora'ðiθo, -a] *adj* leicht entflammbar; **es un joven ~** er fängt leicht Feuer

enamorado, -a [enamo'raðo, -a] **I.** *adj* verliebt (**de** in *+akk*); **estuvimos un tiempo ~s** wir waren einige Zeit ein Paar **II.** *m, f* **día de los ~s** Valentinstag *m*

enamorar [enamo'rar] **I.** *vt* ① *(conquistar)* verliebt machen; **mi profesora me ha enamorado** ich habe mich in meine Lehrerin verliebt ② *(cortejar)* den Hof machen *+dat* **II.** *vr:* **~se** ① *(de alguien)* sich verlieben (**de** in *+akk*) ② *(de una cosa)* angetan sein (**de** von *+dat*)

enanismo [ena'nismo] *m sin pl* (MED) Zwergwuchs *m*

enanito, -a [ena'nito, -a] *m, f* Zwerg(in) *m(f)*

enano, -a [e'nano, -a] **I.** *adj* Zwerg-; *(persona)* zwerg(en)haft; (MED) zwergwüchsig **II.** *m, f* ① *(liliputiense)* Liliputaner(in) *m(f)* ② *(de un cuento)* Zwerg(in) *m(f)* ③ *(fam: criatura)* Kleine(r) *mf* ④ *(pey: granuja)* elender Wicht *m* ⑤ *(loc)* **disfrutar como un ~** sich köstlich amüsieren

enarbolar [enarβo'lar] *vt (bandera)* hissen; *(cartel)* hoch halten; *(espada)* schwingen

enarcar [enar'kar] <c → qu> **I.** *vt* ① *(arquear)* biegen; *(las cejas)* hochziehen ② *(tonel)* bereifen **II.** *vr:* **~se** ① *(arquearse)* sich wölben ② *(encogerse)* sich ducken ③ *(Méx: caballo)* sich aufbäumen

enardecer [enarðe'θer] *irr como crecer* **I.** *vt* ① *(pasiones)* entfachen; **el vino los enardeció** der Wein brachte sie in Stimmung; **~ los ánimos** die Gemüter erregen ② *(enfervorizar)* begeistern ③ *(sexualmente)* erregen **II.** *vr:* **~se** ① *(pasiones)* sich entflammen ② *(entusiasmarse)* sich begeistern (**por** für *+akk*) ③ (MED: *inflamarse*) sich entzünden ④ *(sexualmente)* erregt werden

encabalgar [eŋkaβal'ɣar] <g → gu> **I.** *vi* ① *(montar)* reiten ② *(apoyar)* anlehnen **II.** *vt* ① *(proveer de caballos)* mit Pferden versehen ② (LIT) ein Enjambement machen (bei/in *+dat*)

encabestrar [eŋkaβes'trar] *vt* ① *(cabestro)* (an)halftern ② **~ a alguien para que haga algo** jdn dazu bewegen [*o* bringen], etw zu tun

encabezado [eŋkaβe'θaðo] *m (Guat, Méx: titular)* Überschrift *f*

encabezamiento [eŋkaβeθa'mjeṇto] *m* ① *(de un escrito/libro)* Kopf *m; (de un artículo)* Überschrift *f* ② *(de una carta: parte superior)* Briefkopf *m; (tratamiento)* Anrede *f; (primeras líneas)* Einleitung *f* ③ (INFOR, TIPO) Kopfzeile *f*

encabezar [eŋkaβe'θar] <z → c> *vt* ① *(lista, grupo)* anführen; *(institución)* leiten ② *(un escrito)* einleiten; *(un artículo)* überschreiben; **~ un libro con una cita** einem Buch ein Zitat voranstellen ③ *(una carta: la parte superior)* den Briefkopf schreiben *+gen; (el tratamiento)* die Anrede schreiben *+gen; (las primeras líneas)* einleiten

encabritarse [eŋkaβri'tarse] *vr* ① *(animal)* sich aufbäumen ② *(persona)* wütend sein

encabronarse [eŋkaβro'narse] *vr* wütend werden (**con** über *+akk*)

encadenado[1] [eŋkaðe'naðo] *m* ① (ARQUIT: *armazón*) Traggebälk *nt* ② *(mina)* Abstrebung *f*

encadenado, -a[2] [eŋkaðe'naðo, -a] *adj* ① *(con cadena)* angekettet (**a** an *+dat*) ② *(estrofa)* verkettet; **verso ~** Kettenvers *m*

encadenar [eŋkaðe'nar] **I.** *vt* ① *(bicicleta, persona)* anketten (**a** an *+akk/dat*); *(un perro t.)* an die Kette legen ② *(hechos, t.* INFOR) verketten; *(razonamientos)* miteinander verknüpfen ③ *(a un trabajo, lugar)* binden (**a** an *+akk*); **los recuerdos la encadenan a esta casa** die Erinnerungen binden sie an dieses Haus **II.** *vr:* **~se** ① *(con cadenas)* sich anketten (**a** an *+akk/dat*) ② *(hechos)* sich verketten ③ *(a un trabajo, lugar)* sich binden (**a** an *+akk*)

encajadura [eŋkaxa'ðura] *f* ① *(acción)* Einpassung *f,* Einfügung *f* ② *(ranura)* Falz *m,* Nut *f* ③ *(de joya)* Fassung *f*

encajar [eŋka'xar] **I.** *vi* ① *(ajustar, t.* TÉC) passen; *(cerradura)* einrasten; **la puerta encaja mal** die Tür klemmt; **esta puerta no encaja con este marco** diese Tür passt nicht in diesen Rahmen ② *(datos, hechos)* passen (**con** zu *+dat*); **las dos declaraciones encajan** die zwei Aussagen stimmen überein; **¡ves como todo encaja!** sieh mal, wie alles zusammenpasst!; **este chiste no encaja aquí** dieser Witz ist hier fehl am Platz **II.** *vt* ① *(ajustar, t.* TÉC) einpassen (**en** in *+akk*); **~ dos piezas** zwei Stücke ineinanderfügen; **~ la ventana en el marco** das Fenster in den Fensterrahmen einsetzen; **~ el sombrero en la cabeza**

den Hut aufsetzen; ~ **la funda en la máquina** den Überzug über die Maschine stülpen ② *(fam: disparo)* abgeben; *(golpe)* versetzen ③ *(fam: aceptar)* annehmen; **no ~ la muerte de alguien** jds Tod nicht verkraften; **no sabes ~ una broma** du verstehst keinen Spaß ④ (DEP: *golpe*) abbekommen; *(gol)* kassieren ⑤ *(fam: soltar)* vom Stapel lassen; ~ **una reprimenda a alguien** jdm die Leviten lesen; **me encajó todas sus vacaciones** ich musste die Schilderung seines/ihres gesamten Urlaubes über mich ergehen lassen ⑥ *(fam: endilgar)* andrehen; ~ **una tarea a alguien** jdm eine Aufgabe aufbrummen ⑦ *(insertar)* einfügen; **tenemos que ~ esta historia en la edición de mañana** wir müssen diese Geschichte in der Ausgabe von morgen unterbringen **III.** *vr:* **~se** ① *(empotrarse)* stecken bleiben (**en** in +*dat*) ② *(fam: ponerse)* sich *dat* anziehen ③ *(atascarse)* klemmen; *(acción)* sich verklemmen

E

encaje [eŋ'kaxe] *m* ① *(acción)* Einpassung *f* (**en** in +*akk*) ② *(tejido)* Spitze *f*

encajonar [eŋkaxo'nar] **I.** *vt* ① *(en cajones)* (ein)packen ② *(a la fuerza)* (hinein)zwängen; *(personas)* zusammenpferchen; **estábamos encajonados en el ascensor** wir standen zusammengepfercht im Aufzug **II.** *vr:* **~se** ① *(apretarse)* sich hineinzwängen (**en** in +*akk*) ② *(un río)* eine Enge bilden

encalabrinar [eŋkalaβri'nar] **I.** *vt* ① *(olores)* benebeln ② *(irritar)* reizen, ärgern **II.** *vr:* **~se** ① *(irritarse)* sich ärgern ② *(encapricharse)* sich vernarren (**en** in +*akk*) ③ *(enamorarse)* sich verlieben (**con** in +*akk*), sich vernarren (**con** in +*akk*)

encalador(a) [eŋkala'ðor(a)] *m(f)* Maler(in) *m(f)*

encalar [eŋka'lar] *vt* tünchen

encallar [eŋka'ʎar] *vi* ① *(barco)* stranden ② *(asunto)* nicht vorankommen; *(negociaciones)* sich festfahren

encallecer [eŋkaʎe'θer] *irr como crecer* **I.** *vi, vr:* **~se** *(piel)* verhornen **II.** *vr:* **~se** *(persona)* abstumpfen

encaminar [eŋkami'nar] **I.** *vt* ① *(orientar)* auf den richtigen Weg bringen (**a** nach/zu +*dat*); **¿me puede ~ al pueblo más próximo, por favor?** können Sie mir bitte erklären, wie ich zum nächsten Dorf komme? ② *(dirigir)* lenken (**hacia** auf +*akk*); ~ **sus pasos hacia el pueblo** sich auf den Weg ins Dorf machen; ~ **la mirada/la conversación hacia un punto** den Blick/das Gespräch auf einen Punkt lenken; ~ **los esfuerzos hacia una meta** die Bemühungen auf ein Ziel richten; **medidas encaminadas a reducir el paro** Maßnahmen zur Senkung der Arbeitslosigkeit; ~ **los negocios** die Geschäfte in Gang bringen **II.** *vr:* **~se** sich aufmachen (**a/hacia** nach/zu +*dat*); **~se a la meta** direkt aufs Ziel zugehen

encamotarse [eŋkamo'tarse] *vr (Am)* sich verlieben (**en** in +*akk*)

encanarse [eŋka'narse] *vr* ① *(envararse)* erstarren ② *(Col: argot: ser encarcelado)* hinter Gitter kommen

encandilado, -a [eŋkaṇdi'laðo, -a] *adj* ① *(fam: erguido)* aufrecht, gerade ② *(fam: enamorado)* verschossen (**con** in +*akk*), verliebt (**con** in +*akk*); **está ~ con su vecina** er schwärmt für seine Nachbarin ③ *(deslumbrado)* geblendet

encandilar [eŋkaṇdi'lar] **I.** *vt (deslumbrar)* blenden; **tu belleza lo encandiló** er war von deiner Schönheit geblendet; **escuchar encandilado** gebannt zuhören **II.** *vr:* **~se** ① *(Am: asustarse)* Angst haben ② *(PRico: enfadarse)* sich ärgern

encanecer [eŋkane'θer] *irr como crecer vi, vr:* **~se** ① *(pelo)* ergrauen; **pelo encanecido** graumeliertes Haar ② *(persona)* alt werden

encantado, -a [eŋkaṇ'taðo, -a] *adj* ① *(satisfecho)* (hoch)erfreut (**de/con** über +*akk*); **¡~ de conocerle!** sehr angenehm!; **estoy ~ con mi nuevo trabajo** ich bin mit meiner neuen Arbeit sehr zufrieden; **estoy ~ de la vida** ich fühle mich sehr wohl ② *(distraído)* geistesabwesend

encantador(a) [eŋkaṇta'ðor(a)] **I.** *adj* ① *(persona)* reizend; *(bebé)* goldig ② *(fiesta, lugar)* zauberhaft ③ *(música)* bezaubernd **II.** *m(f)* Zauberer, -in *m, f;* ~ **de serpientes** Schlangenbeschwörer *m*

encantamiento [eŋkaṇta'mjeṇto] *m* Verzauberung *f;* **lo hizo como por arte de ~** er/sie tat es wie durch Zauberei

encantar [eŋkaṇ'tar] *vt* ① *(hechizar)* verzaubern; *(serpientes)* beschwören ② *(gustar)* gefallen +*dat;* **me encanta viajar** ich reise sehr gern; **me encantan los dulces** ich esse unheimlich gern Süßes; **me encanta que te preocupes por mí** es freut mich sehr, dass du dich um mich kümmerst ③ *(cautivar)* begeistern; *(fascinar)* faszinieren

encanto [eŋ'kaṇto] *m* ① *(hechizo)* Zauber *m;* **romper el ~** den Zauber brechen ② *(atractivo)* Reiz *m;* **¡es un ~ de niño!** das ist ein goldiges Kind!

encañonar [eŋkaɲo'nar] **I.** *vt* ① *(agua)* durch Rohre leiten ② *(arma)* zielen (auf +*akk*, **con** mit +*dat*); **la encañonó con su**

pistola er/sie richtete seine/ihre Pistole auf sie ❸ *(cartones, prendas)* fälteln ❹ *(seda)* spulen **II.** *vi* Federn ansetzen

encapotado, **-a** [eŋkapo'taðo, -a] *adj* bedeckt; **el cielo está muy** ~ der Himmel ist verhangen

encapotar [eŋkapo'tar] **I.** *vt (con el capote)* einen Umhang umhängen +*dat* **II.** *vr:* **~se** ❶ *(capote)* sich *dat* einen Umhang umhängen ❷ *(cielo)* sich bedecken ❸ *(persona)* ein düsteres Gesicht machen

encapricharse [eŋkapri'ʧarse] *vr* ❶ *(con una cosa)* unbedingt wollen (**con** +*akk*) ❷ *(con una persona)* sich vernarren (**con** in +*akk*); **te has encaprichado con ella** sie hat es dir angetan

encapuchado, **-a** [eŋkapu'ʧaðo, -a] *adj (atracador)* maskiert

encapuchar [eŋkapu'ʧar] *vt, vr:* **~se** ❶ *(poner(se) capucha)* (sich *dat*) eine Kapuze aufsetzen ❷ *(tapar(se) el rostro)* (sich) vermummen

encaramar [eŋkara'mar] **I.** *vt* ❶ *(alzar)* hochheben; **~ a alguien a la fama mundial** jdn weltberühmt machen ❷ *(alabar)* loben **II.** *vr:* **~se** ❶ *(subir)* **~se a un árbol** (auf) einen Baum hinaufklettern; **~se a una escalera** eine Leiter hochklettern ❷ *(de categoría)* sich hocharbeiten; **~se a lo más alto de la empresa** sich in der Firma ganz nach oben arbeiten

encaramiento [eŋkara'mjeṇto] *m* Gegenüberstellung *f,* Konfrontation *f*

encarar [eŋka'rar] **I.** *vt* ❶ *(persona, cosa)* (einander) gegenüberstellen ❷ *(riesgo)* ins Auge sehen +*dat* ❸ *(fusil)* richten (**a** auf +*akk*) **II.** *vr:* **~se** ❶ *(dos personas)* einander gegenüberstehen ❷ *(a una dificultad)* ins Auge sehen (**a/con** +*dat*) ❸ *(fam: a un superior)* die Stirn bieten (**a** +*dat*)

encarcelación [eŋkarθela'θjon] *f* Inhaftierung *f*

encarcelamiento [eŋkarθela'mjeṇto] *m* ❶ *(acción)* Inhaftierung *f* ❷ *(efecto)* Haft *f;* ~ **forzoso** Zwangshaft *f*

encarcelar [eŋkarθe'lar] *vt* inhaftieren; **estar encarcelado** sich in Haft befinden

encarecer [eŋkare'θer] *vt irr como crecer* ❶ (COM) verteuern ❷ *(alabar)* loben ❸ *(subrayar)* hervorheben; **encareció la necesidad de aprender idiomas** er/sie unterstrich immer wieder, wie wichtig es ist, Sprachen zu lernen ❹ *(insistir)* eindringlich bitten; **me encareció que no dejara de visitarla** sie bat mich eindringlich, sie zu besuchen

encarecidamente [eŋkareθiða'meṇte] *adv* eindringlich; **le ruego ~...** ich bitte Sie inständig …

encarecimiento [eŋkareθi'mjeṇto] *m* ❶ (COM) Verteuerung *f* ❷ *(acentuación)* Betonung *f* ❸ *(insistencia)* **con ~** eindringlich

encargado, **-a** [eŋkar'ɣaðo, -a] **I.** *adj* beauftragt (**de** mit +*dat*) **II.** *m, f* Beauftragte(r) *mf; (oficial)* Sachbearbeiter(in) *m(f); (de un taller)* Werkmeister(in) *m(f);* ~ **de curso** Lehrbeauftragte(r) *m;* ~ **de obras** Polier *m;* ~ **de prensa** Pressesprecher *m*

encargar [eŋkar'ɣar] <g → gu> **I.** *vt* ❶ *(encomendar)* anvertrauen; *(cargo)* übertragen; **lo ~on del departamento de ventas** ihm wurde die Leitung der Verkaufsabteilung übertragen; **encargó a su hijo a una vecina** er/sie vertraute das Kind der Obhut einer Nachbarin an ❷ *(recomendar)* empfehlen; **le encargué que fuera discreta** ich riet ihr zur Diskretion ❸ *(pedir)* bestellen ❹ *(trabajo)* in Auftrag geben; **me han encargado que ocupe la presidencia** man hat mich beauftragt, den Vorsitz zu führen **II.** *vr:* **~se** sich kümmern (**de** um +*akk*); **tengo que ~me aún de un par de cosas** ich muss noch ein paar Sachen erledigen

encargo [eŋ'karɣo] *m* ❶ *(pedido)* Bestellung *f;* ~ **por anticipado** Vorbestellung *f;* ~ **por catálogo** Katalogbestellung *f;* **hacer un nuevo** ~ nachbestellen ❷ *(trabajo)* Auftrag *m;* **traje de** ~ Maßanzug *m;* **de** ~ im Auftrag; **por ~ de...** im Auftrag von …; **hacer ~s** Besorgungen machen; **tener ~ de hacer algo** den Auftrag haben, etw zu tun; **este vestido te viene como hecho de ~** dieses Kleid sitzt wie angegossen

encariñado, **-a** [eŋkari'ɲaðo, -a] *adj* **estar ~ con algo** etw (gern) mögen; **estar ~ con alguien** jdn gernhaben

encariñar [eŋkari'ɲar] **I.** *vt* **~ a alguien** jds Zuneigung wecken **II.** *vr:* **~se** ❶ *(con algo)* (gern) mögen (**con** +*akk*) ❷ *(con alguien)* gernhaben (**con** +*akk*); **me he encariñado con el pequeño** ich habe den Kleinen lieb gewonnen; **el hijo se ha encariñado con su madre** das Kind hängt sehr an seiner Mutter

encarnación [eŋkarna'θjon] *f* ❶ (REL) Inkarnation *f* ❷ *(personificación)* Verkörperung *f;* **la ~ del horror** der Inbegriff des Schreckens

encarnado, **-a** [eŋkar'naðo, -a] *adj* ❶ *(color carne)* fleischfarben; *(rojo)* rot ❷ *(persona)* leibhaftig; **era Alejandro Magno ~** er war Alexander der Große in Person

encarnar [eŋkar'nar] **I.** *vi* (REL) zu Fleisch werden **II.** *vt (representar)* verkörpern

encarnecer [eŋkarne'θer] *irr como crecer vi* Fett ansetzen, dick werden

encarnizado, -a [eŋkarni'θaðo, -a] *adj* ① *(herida)* entzündet; *(ojo)* blutunterlaufen ② *(lucha)* blutig
encarnizamiento [eŋkarniθa'mjento] *m* Grausamkeit *f; (de la lucha)* Heftigkeit *f*
encarnizar [eŋkarni'θar] <z → c> **I.** *vt (perro)* scharfmachen; *(persona)* aufhetzen **II.** *vr:* **~se** ① *(perro)* sich verbeißen (**con** in +*akk/dat*) ② *(recrudecerse)* grausam werden; *(en un combate)* verbissen kämpfen ③ *(ensañarse)* seine Wut auslassen (**con/en** an +*dat*)
encarrilar [eŋkarri'lar] *vt* ① (FERRO) aufgleisen; **ir encarrilado** auf Gleisen laufen ② *(dirigir)* auf den rechten Weg bringen; *(de nuevo)* wieder ins (rechte) Gleis bringen
encartamiento [eŋkarta'mjento] *m* (JUR) Verurteilung *f* in Abwesenheit
encartar [eŋkar'tar] *vt* (JUR) in Abwesenheit verurteilen
encarte [eŋ'karte] *m* Werbebeilage *f*
encartonar [eŋkarto'nar] *vt* ① *(empaquetar)* in Pappe verpacken ② *(encuadernar)* kartonieren
encasillar [eŋkasi'ʎar] **I.** *vt* ① *(meter en casillas)* in Fächer verteilen ② *(clasificar)* einordnen (**en** in +*akk*) **II.** *vr:* **~se** sich festlegen (**en** auf +*akk*)
encasquetar [eŋkaske'tar] **I.** *vt* ① *(sombrero)* aufstülpen ② *(golpe)* versetzen ③ *(una idea)* einreden ④ *(endilgar)* aufbürden; **me encasquetó un rollo tremendo** er/sie traktierte mich mit seinem/ihrem fürchterlichen Geschwätz **II.** *vr:* **~se** *(sombrero)* sich *dat* aufstülpen; **se te ha encasquetado esa idea** du hast dir diese Idee in den Kopf gesetzt
encasquillar [eŋkaski'ʎar] **I.** *vt* ① (TÉC) einbuchsen ② *(Am: herrar)* beschlagen **II.** *vr:* **~se** ① *(atascarse)* klemmen; *(arma)* Ladehemmungen haben ② *(irón: al hablar)* einen Kloß im Hals haben
encastillar [eŋkasti'ʎar] **I.** *vt* (MIL: *fortificar*) befestigen **II.** *vr:* **~se** ① (MIL) sich verschanzen ② *(obstinarse)* beharren (**en** auf +*dat*), sich versteifen (**en** auf +*akk*); **se encastilló en su silencio** er/sie schwieg beharrlich
encausar [eŋkau̯'sar] *vt* (JUR) belangen; *(acusar)* verklagen
encauzamiento [eŋkau̯θa'mjento] *m (corriente)* Eindämmen *nt; (debate)* Lenkung *f*
encauzar [eŋkau̯'θar] <z → c> *vt (corriente)* eindämmen; *(debate)* lenken; **~ su vida** sein Leben neu ordnen
encefálico, -a [eṇθe'faliko, -a] *adj* Gehirn-; **masa encefálica** Hirnmasse *f*
encéfalo [eṇ'θefalo] *m* Gehirn *nt*
encefalograma [eṇθefalo'ɣrama] *m* (MED) Enzephalogramm *nt*
enceguecer [eṇθeɣe'θer] *irr como crecer* **I.** *vi (quedarse ciego)* blind werden **II.** *vt* ① *(cegar)* blenden ② *(fig: ofuscar)* verblenden **III.** *vr:* **~se** ① *(ofuscarse)* aus der Fassung geraten; **se enceguenció de furia** er/sie wurde blind vor Wut ② *(quedarse ciego)* blind werden
encendedor [eṇθeṇde'ðor] *m* Anzünder *m; (mechero)* Feuerzeug *nt*
encender [eṇθeṇ'der] <e → ie> **I.** *vi* zünden **II.** *vt* ① *(llama)* anzünden; **~ un conflicto** einen Konflikt heraufbeschwören ② *(conectar)* anmachen ③ *(pasiones)* entflammen ④ (AUTO, TÉC) zünden **III.** *vr:* **~se** ① *(desencadenarse)* aufflammen ② *(inflamarse)* sich entzünden ③ *(ruborizarse)* erröten
encendido[1] [eṇθeṇ'diðo] *m* (AUTO, TÉC) Zündung *f;* **~ automático** Selbstzündung *f;* **~ defectuoso** Fehlzündung *f*
encendido, -a[2] [eṇθeṇ'diðo, -a] *adj* ① *(conectado)* angeschaltet; **la luz está encendida** das Licht ist an ② *(ardiente)* brennend; *(apasionado)* inbrünstig ③ *(rojo)* feuerrot
encerar [eṇθe'rar] *vt* wachsen; *(lustrar)* bohnern
encerramiento [eṇθerra'mjento] *m* Einschließen *nt,* Einsperren *nt*
encerrar [eṇθe'rrar] <e → ie> **I.** *vt* ① *(depositar, recluir)* einschließen (**en** in +*akk/dat*); *(aprisionar)* einsperren (**en** in +*dat*); **~ entre paréntesis** einklammern ② *(contener)* enthalten; **la oferta encerraba una trampa** hinter dem Angebot verbarg sich eine Falle **II.** *vr:* **~se** *(fig)* sich zurückziehen (**en** in +*akk*)
encerrona [eṇθe'rrona] *f* Falle *f;* **preparar una ~ a alguien** jdm eine Falle stellen
encestar [eṇθes'tar] *vi* einen Korb werfen
enceste [eṇ'θeste] *m* (DEP) Korb *m*
encharcar [eṇtʃar'kar] <c → qu> **I.** *vt* Pfützen hinterlassen (auf +*dat*) **II.** *vr:* **~se** ① *(empantanarse)* zum See werden ② (MED) **tener los pulmones encharcados** Wasser in der Lunge haben
enchastrar [eṇtʃas'trar] *vt (CSur)* beschmutzen
enchilada [eṇtʃi'laða] *f (AmC)* Enchilada *f*
enchilado, -a [eṇtʃi'laðo, -a] *adj (Méx)* ① *(bermejo)* blutrot ② *(colérico)* cholerisch; *(rabioso)* zornig
enchilar [eṇtʃi'lar] **I.** *vt (AmC)* ① (GASTR) mit Chili würzen ② *(molestar)* belästigen ③ *(decepcionar)* enttäuschen **II.** *vr:* **~se** *(AmC: enfurecerse)* wütend werden

enchinar [enʧi'nar] **I.** *vt (Méx: enrizar)* locken **II.** *vr:* **~se** *(Méx)* ① *(ponerse carne de gallina)* eine Gänsehaut bekommen ② *(acobardarse)* den Mut verlieren

enchinchar [enʧin'ʧar] **I.** *vt* ① *(Guat, RDom: incomodar)* belästigen ② *(Méx: hacer perder el tiempo)* hinhalten **II.** *vr:* **~se** ① *(Arg: malhumorarse)* schlechte Laune bekommen; **¿estás enchinchado?** welche Laus ist dir denn über die Leber gelaufen? ② *(Guat, Méx, Perú, PRico: llenarse de chinches)* verwanzen

enchironar [enʧiro'nar] *vt (argot)* einlochen

enchivarse [enʧi'βarse] *vr (Col, Ecua)* wütend werden

enchufado, -a [enʧu'faðo, -a] **I.** *adj (fam)* **está bien ~** er hat gute Beziehungen **II.** *m, f (fam)* Günstling *m*

enchufar [en'ʧufar] *vt* ① (ELEC) einstecken ② (TÉC: *conectar*) anschließen; *(empalmar)* verbinden ③ *(acoplar)* ineinanderstecken ④ *(fam: persona)* ein Pöstchen verschaffen (**a** +*dat*)

enchufe [en'ʧufe] *m* ① *(clavija)* Stecker *m* ② *(toma)* Steckdose *f;* **~ múltiple** Mehrfachsteckdose *f* ③ *(conexión)* Anschluss *m; (manguito)* Buchse *f* ④ (INFOR) Plug-In *m* ⑤ *(fam pey)* **tener ~** Beziehungen haben

enchufismo [enʧu'fismo] *m* Günstlingswirtschaft *f*

enchutar [enʧu'tar] *vt (AmC)* ① *(embutir)* füllen (**de** mit +*dat*) ② *(introducir)* einführen

encía [eṇ'θia] *f* Zahnfleisch *nt*

encíclica [eṇ'θiklika] *f* (REL) Enzyklika *f*

enciclopedia [eṇθiklo'peðja] *f* Lexikon *nt; (de todo el saber)* Enzyklopädie *f;* **~ en varios volúmenes** mehrbändiges Lexikon; **ser una ~ viviente** ein wandelndes Lexikon sein

enciclopédico, -a [eṇθiklo'peðiko, -a] *adj* enzyklopädisch; **diccionario ~** Sachwörterbuch *nt;* **tener conocimientos ~s** ein wandelndes Lexikon sein

encierro [eṇ'θjerro] *m* ① *(reclusión)* Einsperren *nt; (prisión)* Haft *f; (aislamiento)* Zurückgezogenheit *f; (como protesta)* Sitzblockade *f* ② *(lugar)* Gefängnis *nt; (cercado)* Gehege *nt*

encima [eṇ'θima] **I.** *adv* ① *(arriba)* obendrauf; **llevar** [*o* **tener**] **~** *(consigo)* dabei haben; **tener ~** *(molestia)* auf dem Hals(e) haben; **ya tenemos bastante ~** *(fig)* wir haben schon genug Sorgen; **quitarse de ~** *(librarse)* loswerden; **quitar a alguien un peso de ~** *(fig)* jdm einen Stein vom Herzen nehmen; **se me ha quitado un peso de ~** *(fig)* mir ist ein Stein vom Herzen gefallen; **echarse ~ de alguien** *(fig)* jdn überfallen; **se nos echa el tiempo ~** die Zeit rennt uns davon ② *(además)* obendrein; **te di el dinero y ~ una botella de vino** ich gab dir das Geld und dazu noch eine Flasche Wein ③ *(superficialmente)* **por ~** oberflächlich **II.** *prep* ① *(local: sobre)* (**por**) **~ de** *(sin contacto)* über +*dat;* **el libro está ~ de la mesa** das Buch liegt auf dem Tisch; **viven ~ de nosotros** sie wohnen über uns; **estar ~ de alguien** *(fig)* ein Auge auf jdn haben ② *(con movimiento)* (**por**) **~ de** *(sin contacto)* über +*akk;* **pon esto ~ de la cama** leg das auf das Bett; **cuelga la lámpara ~ de la mesa** häng die Lampe über den Tisch; **¡por ~ de mí!** *(fig)* nur über meine Leiche!; **ese pasa por ~ de todo** *(fig)* der geht über Leichen ③ *(más alto)* **el rascacielos está por ~ de la catedral** dieser Wolkenkratzer ist höher als die Kathedrale ④ *(en contra de)* **por ~ de alguien** gegen jds Willen

encimera [eṇθi'mera] *f* Arbeitsfläche *f*

encina [eṇ'θina] *f (árbol)* Steineiche *f*

encinta [eṇ'θiṇta] *adj* schwanger; **dejar ~** schwängern

encintado [eṇθiṇ'taðo, -a] *m (bordillo)* Bordstein *m*

enclaustrar [eŋklau̯s'trar] **I.** *vt* in ein Kloster einschließen; *(aislar)* absondern **II.** *vr:* **~se** ins Kloster gehen; *(aislarse)* sich absondern

enclavado, -a [eŋkla'βaðo, -a] *adj* eingeschlossen (**en** in +*dat*); **estar ~ en...** (GEO) liegen in ... +*dat,* sich befinden in ... +*dat;* **Madrid está ~ en el centro de la Península** Madrid befindet sich in der Mitte der Halbinsel

enclave [eŋ'klaβe] *m* Enklave *f*

enclenque [eŋ'kleŋke] *adj* mick(e)rig

encofrado [eŋko'fraðo] *m* (Ver)schalung *f*

encoger [eŋko'xer] <g → j> **I.** *vi (tejido)* einlaufen; *(madera)* schrumpfen **II.** *vt* ① *(contraer)* zurückziehen ② *(reducir)* verkürzen ③ *(desalentar)* einschüchtern; **verlo así me encoge el ánimo** mir sinkt der Mut, wenn ich ihn so sehe **III.** *vr:* **~se** ① *(contraerse)* sich zusammenziehen; *(persona)* zusammenzucken; **~se de hombros** die [*o* mit den] Achseln zucken ② *(reducirse)* schrumpfen ③ *(acobardarse)* verzagen

encogido, -a [eŋko'xiðo, -a] *adj* gehemmt, scheu

encolar [eŋko'lar] *vt* leimen

encolerizar [eŋkoleri'θar] <z → c> **I.** *vt* erzürnen **II.** *vr:* **~se** in Zorn geraten

encomendar [eŋkomeṇ'dar] <e → ie>

E

I. *vt* *(recomendar)* empfehlen; *(confiar)* anvertrauen; *(traspasar)* übergeben; **~ algo a alguien** *(comisionar)* jdn mit etw *dat* beauftragen **II.** *vr:* **~se** sich anvertrauen; **sin ~se ni a Dios ni al diablo** Hals über Kopf

encomendería [eŋkomeṇde'ria] *f* *(Méx, Perú:* COM) Lebensmittelgeschäft *nt,* Krämerladen *m südd*

E

encomendero[1] [eŋkomeṇ'dero] *m* Bevollmächtigte(r) *f(m)*

encomendero, -a[2] [eŋkomeṇ'dero, -a] *m, f* ❶ *(Perú: tendero de comestibles)* Lebensmittelverkäufer(in) *m(f),* Krämer(in) *m(f) südd* ❷ *(Cuba: suministrador de carne)* Fleischlieferant(in) *m(f)*

encomiable [eŋko'mjaβle] *adj* lobenswert

encomiar [eŋko'mjar] *vt* loben; *(irón)* ein Loblied singen (auf +*akk*)

encomienda [eŋko'mjeṇda] *f* ❶ *(encargo)* Auftrag *m* ❷ *(encomio)* Lob *nt* ❸ *(recomendación)* Empfehlung *f* ❹ *(Am: postal)* Postpaket *nt*

encomio [eŋ'komjo] *m* Lob *nt,* Lobpreisung *f;* *(irón)* Lobrede *f;* **digno de ~** lobenswert

enconamiento [eŋkona'mjeṇto] *m* ❶ (MED) Entzündung *f* ❷ *(rencor)* Groll *m;* *(odio)* Hass *m*

enconar [eŋko'nar] **I.** *vt* ❶ *(inflamar)* entzünden ❷ *(agravar)* verschlimmern; *(agudizar)* verschärfen; *(espolear)* anstacheln ❸ *(exasperar)* reizen **II.** *vr:* **~se** ❶ *(inflamarse)* sich entzünden ❷ *(agravarse)* sich verschlimmern; *(agudizarse)* sich verschärfen ❸ *(ensañarse)* seine Wut auslassen (**con** an +*dat*)

encono [eŋ'kono] *m* ❶ *(inflamación)* Entzündung *f* ❷ *(rencor)* Groll *m*

encontradizo, -a [eŋkoṇtra'ðiθo, -a] *adj* **hacerse el ~** jdm scheinbar zufällig über den Weg laufen

encontrado, -a [eŋkoṇ'trado, -a] *adj* *(opuesto)* entgegengesetzt; **opiniones encontradas** gegensätzliche Meinungen

encontrar [eŋkoṇ'trar] <o → ue> **I.** *vt* ❶ *(hallar)* finden ❷ *(coincidir con)* treffen ❸ *(considerar)* finden; *(notar)* merken **II.** *vr:* **~se** ❶ *(estar)* sich befinden; *(sentirse)* sich fühlen ❷ *(citarse)* sich treffen (**con** mit +*dat*) ❸ *(coincidir)* treffen (**con** +*akk*), begegnen (**con** +*dat*) ❹ *(loc)* **~se con algo** etw vorfinden; **me encontré con que el coche se había estropeado** ich fand mein Auto kaputt vor; **~se con un problema** auf ein Problem stoßen; **~se con una sorpresa desagradable** eine böse Überraschung erleben; **no sé lo que me ~é cuando llegue** ich weiß nicht, was mich bei meiner Ankunft erwartet; **~se todo hecho** *(fam fig)* sich ins gemachte Bett legen

encontrón [eŋkoṇ'tron] *m,* **encontronazo** [eŋkoṇtro'naθo] *m* *(fam)* Zusammenstoß *m;* **darse un ~** sich anrempeln; **tener un ~ con alguien** mit jdm zusammenstoßen; *(enfrentamiento)* einen Zusammenstoß mit jdm haben

encoñado, -a [eŋko'ɲaðo, -a] *adj* *(vulg)* **estar ~ con alguien** *(enamorado)* in jdn verschossen sein *fam*

encoñarse [eŋko'ɲarse] *vr* *(vulg)* in den Arsch kriechen (**con** +*dat*) *vulg;* *(enamorarse)* sich total verknallen (**con** in +*akk*) *fam*

encopetado, -a [eŋkope'taðo, -a] *adj* ❶ *(fam: noble)* vornehm, nobel *fam* ❷ *(pey: pretencioso)* hochgestochen

encordar [eŋkor'ðar] <o → ue> **I.** *vt* ❶ *(atar)* zusammenschnüren; *(acordonar)* (mit Stricken, Schnüren) abgrenzen ❷ (MÚS) besaiten **II.** *vr:* **~se** (DEP: *escalador*) sich anseilen

encorsetar [eŋkorse'tar] **I.** *vt* ❶ *(poner corsé)* ein Korsett anlegen (+*dat*) ❷ *(constreñir)* einschränken **II.** *vr:* **~se** sich (ein)schnüren

encorvado, -a [eŋkor'βaðo, -a] *adj* krumm; **un hombrecillo ~** ein buckliges Männlein

encorvadura [eŋkorβa'ðura] *f* (Ver)krümmung *f,* Biegung *f*

encorvar [eŋkor'βar] **I.** *vt* *(cosa)* biegen; *(cuerpo)* beugen **II.** *vr:* **~se** *(cosa)* sich krümmen; *(persona)* sich bücken

encrespar [eŋkres'par] **I.** *vt* ❶ *(rizar)* kräuseln; **el viento encrespó las aguas** der Wind kräuselte die Wasseroberfläche ❷ *(erizar)* sträuben ❸ *(irritar)* reizen; *(excitar)* aufrühren **II.** *vr:* **~se** ❶ *(rizarse)* sich kräuseln ❷ *(erizarse)* sich sträuben ❸ *(irritarse)* sich aufregen

encrucijada [eŋkruθi'xaða] *f* *(cruce)* Kreuzung *f;* **estar en una ~** *(fig)* am Scheideweg stehen

encuadernación [eŋkwaðerna'θjon] *f* ❶ *(encuadernado)* (Buch)binden *nt* ❷ *(cubierta)* Einband *m;* **~ en rústica** Pappeinband *m;* **~ en tela** Leineneinband *m* ❸ *(taller)* Buchbinderei *f*

encuadernador(a) [eŋkwaðerna'ðor(a)] *m(f)* Buchbinder(in) *m(f)*

encuadernar [eŋkwaðer'nar] *vt* binden; **encuadernado en cartoné** kartoniert; **sin ~** nicht gebunden

encuadrar [eŋkwa'ðrar] *vt* ❶ *(enmarcar)* einrahmen ❷ (CINE, FOTO, TV) einstellen

encubierto, -a [eŋku'βjerto, -a] **I.** *pp de*

encubrir II. *adj* **tus palabras son una acusación encubierta** hinter deinen Worten verbirgt sich eine Anklage

encubrimiento [eŋkuβri'mjeṇto] *m* ① *(cubierta)* Bedeckung *f* ② *(ocultación)* Verbergung *f; (silenciamiento)* Verheimlichung *f* ③ (JUR: *de un delito*) Begünstigung *f* ④ (JUR: *receptación*) Hehlerei *f*

encubrir [eŋku'brir] *vt irr como abrir* ① *(cubrir)* bedecken ② *(ocultar)* verbergen; *(silenciar)* verheimlichen; *(un escándalo)* verschleiern; *(un delito)* decken

encuentro [eŋ'kweṇtro] *m* Begegnung *f; (previsto)* Zusammenkunft *f; (cita, reunión)* Treffen *nt; (encontronazo)* Zusammenstoß *m;* (MIL) Gefecht *nt;* ~ **amistoso** (DEP) Freundschaftsspiel *nt;* **ir al ~ de alguien** jdn abpassen

encuerado, -a [eŋkwe'raðo, -a] *adj (Cuba, Méx)* ① *(desharrapado)* zerlumpt ② *(semidesnudo)* halb nackt

encuerar [eŋkwe'rar] *vt, vr:* **~se** *(Am)* (sich) ausziehen

encuerista [eŋkwe'rista] *mf (Am)* Stripper(in) *m(f)*

encuesta [eŋ'kwesta] *f* ① *(sondeo)* Umfrage *f;* ~ **estadística** statistische Erhebung; ~ **por muestreo** Stichprobenerhebung *f;* **hacer una ~** eine Umfrage durchführen ② *(investigación)* Nachforschung *f;* ~ **judicial** gerichtliche Untersuchung

encuestar [eŋkwes'tar] **I.** *vi* eine Umfrage erstellen **II.** *vt* befragen; *(entrevistar)* interviewen

encumbrar [eŋkum'brar] **I.** *vt* ① *(levantar)* emporheben ② *(socialmente)* aufsteigen lassen; ~ **a alguien a la fama** jdm Ruhm einbringen ③ *(exaltar)* erheben **II.** *vr:* **~se** ① *(elevarse)* emporragen ② *(engrandecerse)* aufsteigen ③ *(envanecerse)* überheblich werden

ende ['eṇde] *adv* **por ~** folglich

endeble [eṇ'deβle] *adj* ① *(débil)* schwach; *(enfermizo)* schwächlich ② *(inconsistente)* haltlos

endeblez [eṇde'βleθ] *f* ① *(debilidad)* Schwäche *f; (calidad de enfermizo)* Schwächlichkeit *f* ② *(inconsistencia)* Haltlosigkeit *f*

endecasílabo[1] [eṇdeka'silaβo] *m* (LING, LIT) Elfsilber *m*

endecasílabo, -a[2] [eṇdeka'silaβo, -a] *adj* (LING, LIT) elfsilbig

endémico, -a [eṇ'demiko, -a] *adj* ① (MED) endemisch ② *(continuo)* immer wiederkehrend

endemoniado, -a [eṇdemo'njaðo, -a] *adj* ① *(poseso)* vom Teufel besessen ② *(malo)* teuflisch ③ *(fam: difícil, tremendo)* verteufelt; **tienes un genio ~** du hast einen verdammt schwierigen Charakter; **tengo un hambre endemoniada** ich habe einen teuflischen Hunger ④ *(fam: travieso)* unartig; **¡~s chiquillos!** Satansbrut!

endenantes [eṇde'naṇtes] *adv (Am: fam: antes)* früher

enderezar [eṇdere'θar] <z → c> *vt* ① *(poner derecho)* gerade biegen ② *(poner vertical)* aufrichten

endeudado, -a [eṇdeu̯'ðaðo, -a] *adj* verschuldet; **fuertemente** [*o* **muy**] ~ hoch verschuldet

endeudamiento [eṇdeu̯ða'mjeṇto] *m* (ECON, FIN) Verschuldung *f;* (COM) Passiva *ntpl;* ~ **excesivo, exceso de ~** Überschuldung *f*

endeudarse [eṇdeu̯'ðarse] *vr* sich verschulden

endiablado, -a [eṇdja'βlaðo, -a] *adj v.* **endemoniado**

endibia [eṇ'diβja] *f* Chicorée *m o f*

endilgar [eṇdil'ɣar] <g → gu> *vt (fam)* ① *(encaminar)* einfädeln ② *(una tarea)* hinpfuschen ③ *(cargar)* aufhalsen; *(culpa)* in die Schuhe schieben

endivia [eṇ'diβja] *f v.* **endibia**

endocrinólogo, -a [eṇdokri'noloɣo, -a] *m, f* (MED) Endokrinologe, -in *m, f*

endosar [eṇdo'sar] *vt* ① (FIN) indossieren; *(traspasar)* übertragen; ~ **una letra** einen Wechsel girieren ② *(fam: endilgar)* aufhalsen

endoscopia [eṇdos'kopja] *f* (MED) Endoskopie *f*

endoso [eṇ'doso] *m* Indossament *nt;* ~ **de una letra** Wechselindossament *nt;* **sin ~** nicht übertragbar

endovenoso, -a [eṇdoβe'noso, -a] *adj* intravenös; **por vía endovenosa** intravenös

endrogarse [eṇdro'ɣarse] <g → gu> *vr* ① *(Am: drogarse)* Drogen nehmen ② *(Méx, Perú: endeudarse)* Schulden machen (**con** bei +*dat*)

endulzar [eṇdul̦'θar] <z → c> *vt* ① *(poner dulce)* süßen ② *(suavizar)* versüßen

endurecer [eṇdure'θer] *irr como crecer* **I.** *vt* ① *(poner duro)* hart werden lassen; (TÉC) härten; (ANAT) verhärten ② *(hacer resistente)* abhärten (**con/en/por** durch +*akk*) ③ *(extremar)* verschärfen **II.** *vr:* **~se** ① *(ponerse duro)* hart werden; *(sentimientos)* hartherzig werden ② *(hacerse resistente)* sich abhärten (**con/en/por** durch +*akk*) ③ *(agudizarse)* sich verschärfen

endurecimiento [eṇdureθi'mjeṇto] *m* ① *(dureza)* Härte *f* ② *(proceso)* Verhärtung *f;* ~ **de las arterias** Arterienverkal-

E

kung *f* ❸ *(resistencia)* Abhärtung *f* ❹ *(agudizamiento)* Verschärfung *f*

ene ['ene] **I.** *adj inv* zig; (MAT) n; ~ **veces** zigmal; (MAT) n-mal **II.** *f (letra)* N, n *nt*

enebrina [ene'βrina] *f* Wacholderbeere *f*

enebro [e'neβro] *m* Wacholder *m*

eneldo [e'neldo] *m* Dill *m*

enema [e'nema] *m (lavado)* Einlauf *m;* **poner un ~ a alguien** jdm einen Einlauf machen

E

enemigo, -a [ene'miɣo, -a] <enemicísimo> **I.** *adj* feindlich; *(hostil)* feindselig; **país ~** Feindesland *nt* **II.** *m, f* Feind(in) *m(f); (contrario)* Gegner(in) *m(f);* **~ acérrimo** Erzfeind *m;* **~s mortales** Todfeinde *mpl;* **ser ~ de algo** gegen etw sein

enemistad [enemis'ta^ð] *f* Feindschaft *f; (hostilidad)* Feindseligkeit *f*

enemistar [enemis'tar] *vt, vr:* **~se** (sich) verfeinden

energético, -a [ener'xetiko, -a] *adj* energetisch; **fuentes energéticas** Energiequellen *fpl*

energía [ener'xia] *f* (*t.* FÍS) Energie *f; (fuerza)* Kraft *f;* **~s alternativas** alternative Energien; **~ atómica** [*o* **nuclear**] Kernkraft *f;* **~ eólica** Windenergie *f;* **~ geotérmica** Erdwärmeenergie *f;* **~ hidráulica** [*o* **hidroeléctrica**] Wasserkraft *f;* **~ nuclear** Atomenergie *f;* **~s renovables** erneuerbare Energien; **~ solar** Solarenergie *f;* **con ~** *(fig)* (tat)kräftig; **con toda su ~** mit aller Kraft; **sin ~** *(fig)* kraftlos; **la glucosa da ~** Traubenzucker spendet Energie; **emplear todas las ~s en algo** alle Kraft auf etw verwenden

enérgico, -a [e'nerxiko, -a] *adj* ❶ *(fuerte)* energisch ❷ *(decidido)* entschlossen ❸ *(estricto)* streng; **ponerse ~ con alguien** jdm gegenüber strengere Saiten aufziehen ❹ *(efectivo)* wirksam

energúmeno, -a [ener'ɣumeno, -a] *m, f (fam)* Besessene(r) *mf;* **se puso a gritar como un ~** er fing an, wie verrückt zu schreien

enero [e'nero] *m* Januar *m; v. t.* **marzo**

enervante [ener'βante] *adj (fam: irritante)* nervtötend

enervar [ener'βar] **I.** *vt* ❶ *(debilitar)* entnerven ❷ *(fam: poner nervioso)* nervös machen **II.** *vr:* **~se** ❶ *(debilitarse)* entnervt sein ❷ *(fam: ponerse nervioso)* nervös werden

enésimo, -a [e'nesimo, -a] *adj* ❶ (MAT) n-te ❷ *(loc, fam)* **por enésima vez** zum zigsten Mal

enfadado, -a [emfa'ðaðo, -a] *adj* verärgert, verstimmt

enfadar [emfa'ðar] **I.** *vt* ❶ *(irritar)* ärgern; **estar enfadado con alguien** jdm böse sein ❷ *(Am: aburrir)* langweilen **II.** *vr:* **~se** ❶ *(irritarse)* sich ärgern (**con** über *+akk*); **~se con alguien** auf jdn böse werden ❷ *(Am: aburrirse)* sich langweilen

enfado [eɱ'faðo] *m (enojo, molestia)* Ärger

enfadoso, -a [eɱfa'ðoso, -a] *adj* ❶ *(irritante)* ärgerlich ❷ *(molesto)* widerwärtig ❸ *(enojoso)* umständlich; *(trabajoso)* mühsam

énfasis ['eɱfasis] *m o f inv* Eindringlichkeit *f; (insistencia)* Nachdruck *m;* **poner ~ en algo** Nachdruck auf etw legen

enfático, -a [eɱ'fatiko, -a] *adj* eindringlich; *(insistente)* nachdrücklich

enfatizar [eɱfati'θar] <z → c> **I.** *vi* Nachdruck legen (**en** auf *+akk*) **II.** *vt* betonen

enferma [eɱ'ferma] *adj o f v.* **enfermo**

enfermar [eɱfer'mar] **I.** *vi, vr:* **~se** erkranken (**de** an *+dat*) **II.** *vt* krank machen

enfermedad [eɱferme'ða^ð] *f* Krankheit *f; (dolencia)* Leiden *nt; (afección)* Erkrankung *f;* **~ del hígado** Leberleiden *nt;* **~ infantil** Kinderkrankheit *f;* **~ venérea** Geschlechtskrankheit *f;* **ausencia por ~** krankheitsbedingte Abwesenheit; **costar una ~** *(fig)* graue Haare kosten; **seguro obligatorio de ~** gesetzliche Krankenversicherung; **seguro privado de ~** private Krankenversicherung

enfermera [eɱfer'mera] *f* Krankenschwester *f; (en una consulta)* Arzthelferin *f*

enfermería [eɱferme'ria] *f* ❶ *(sala con camas)* Krankensaal *m; (en guerra)* Lazarett *nt* ❷ *(primeros auxilios)* Krankenstation *f*

enfermero [eɱfer'mero] *m* Krankenpfleger *m; (camillero)* Sanitäter *m*

enfermizo, -a [eɱfer'miθo, -a] *adj* ❶ *(de mala salud)* kränklich ❷ *(morboso)* krankhaft

enfermo, -a [eɱ'fermo, -a] **I.** *adj* krank; **~ del corazón** herzkrank; **~ de gravedad** schwer krank; **caer ~** erkranken (**de** an *+dat*); **ponerse ~** krank werden; **esta situación me pone ~** diese Situation macht mich ganz krank **II.** *m, f* Kranke(r) *mf; (paciente)* Patient(in) *m(f)*

enfervorizar [eɱferβori'θar] <z → c> *vt, vr:* **~se** (sich) begeistern

enfilar [eɱfi'lar] **I.** *vi* sich begeben (**hacia** nach *+dat*) **II.** *vt* ❶ *(poner en fila)* aneinanderreihen ❷ *(enhebrar)* einfädeln; *(cuentas)* aufreihen; *(atravesar)* aufspießen ❸ *(llegar)* gelangen (auf *+akk*); *(en vehículo)* einfahren (in *+akk*); **enfilamos la carretera** wir fuhren auf die Schnellstraße

enflaquecer [eɱflake'θer] *irr como crecer* **I.** *vi, vr:* **~se** abmagern **II.** *vt* abmagern lassen

enfocar [eɱfo'kar] <c → qu> *vt* ❶ *(ajustar)* einstellen ❷ *(en el visor)* anvisieren ❸ *(iluminar)* anleuchten ❹ *(una cuestión)* beleuchten; *(concebir)* konzipieren; **no enfocas bien el problema** dieses Problem betrachtest du vom falschen Standpunkt aus

enfollonar [eɱfoʎo'nar] **I.** *vt (fam)* ❶ *(complicar)* verwirren ❷ *(implicar)* verwickeln (**en** in +*akk*) **II.** *vr:* **~se** verwickelt werden (**en** in +*akk*)

enfondar [eɱfon̪'dar] *vt* (GASTR: *molde*) auslegen, belegen

enfoque [eɱ'foke] *m (punto de vista)* Standpunkt *m; (planteamiento)* Fragestellung *f; (concepción)* Konzept *nt*

enfrascar [eɱfras'kar] <c → qu> **I.** *vt* in eine Flasche füllen **II.** *vr* **~se en la lectura** sich in die Lektüre vertiefen

enfrenar [eɱfre'nar] *vt* ❶ *(caballo)* zäumen; *(domar)* zügeln ❷ (TÉC) (ver)laschen

enfrentamiento [eɱfren̪ta'mjen̪to] *m* Konfrontation *f; (encontronazo)* Zusammenstoß *m; (pelea)* Streit *m;* **~ armado** Auseinandersetzung *f;* **se registraron ~s callejeros** es kam zu Straßenschlachten

enfrentar [eɱfren̪'tar] **I.** *vt* ❶ *(encarar)* gegenüberstellen +*dat; (confrontar)* konfrontieren (**con** mit +*dat*) ❷ *(hacer frente)* sich stellen +*dat;* **~ los hechos** den Tatsachen ins Auge blicken ❸ *(enemistar)* entzweien **II.** *vr:* **~se** ❶ *(encararse)* sich gegenüberstehen ❷ *(afrontar)* zusammenstoßen; *(pelearse)* sich *dat* eine Schlacht liefern; **los manifestantes se ~on con la policía** es kam zu Zusammenstößen zwischen Demonstranten und der Polizei ❸ *(confrontar)* sich auseinandersetzen ❹ *(oponerse)* die Stirn bieten +*dat;* **estar enfrentado a alguien** mit jdm überworfen sein

enfrente [eɱ'fren̪te] **I.** *adv* ❶ *(en el lado opuesto)* gegenüber; **allí ~** dort drüben; **la casa de ~** das Haus gegenüber ❷ *(en contra)* entgegen; **tendrás a tu familia ~** deine Familie wird sich dir entgegenstellen **II.** *prep (local: frente a)* **~ de** gegenüber +*dat/gen;* **~ de mí** mir gegenüber; **~ del teatro** gegenüber des Theaters; **vivo ~ del parque** ich wohne gegenüber vom Park; **ponerse ~ de alguien** *(fig)* sich jdm entgegenstellen

enfriadera [eɱfrja'ðera] *f* Sektkühler *m*

enfriamiento [eɱfrja'mjen̪to] *m* ❶ *(pérdida de temperatura)* Abkühlung *f;* **~ económico** Konjunkturtief *nt* ❷ *(resfriado)* Erkältung *f;* **pillar un ~** *(fam)* sich erkälten

enfriar [eɱfri'ar] <*1. pres* enfrío> **I.** *vi* kühlen **II.** *vt* abkühlen; *(con agua)* abschrecken **III.** *vr:* **~se** ❶ *(perder calor)* kalt werden ❷ *(refrescar, apaciguarse)* abkühlen ❸ *(acatarrarse)* sich erkälten

enfundar [eɱfun̪'dar] **I.** *vt* in ein Futteral stecken **II.** *vr:* **~se** sich (ein)hüllen (**en** in +*akk*)

enfurecer [eɱfure'θer] *irr como crecer* **I.** *vt* wütend machen **II.** *vr:* **~se** ❶ *(encolerizarse)* wütend werden (**con/contra** auf +*akk*) ❷ *(mar)* tosen

enfurecimiento [eɱfureθi'mjen̪to] *m (cólera)* Wut *f*

enfurruñarse [eɱfurru'ɲarse] *vr* mürrisch werden (**por** wegen +*gen/dat*); **estar enfurruñado** mürrisch sein

engajado, -a [eŋga'xaðo, -a] *adj (Col: rizado)* lockig

engalanar [eŋgala'nar] **I.** *vt (decorar)* verzieren; *(adornar)* schmücken **II.** *vr:* **~se** sich herausputzen; *(adornarse)* sich schmücken

enganchar [eŋgan'ʧar] **I.** *vt* ❶ *(sujetar)* festhaken; *(remolque)* einhängen; *(caballerías)* anspannen (**de** an +*akk*) ❷ *(prender)* verhaken; (TAUR) auf die Hörner nehmen ❸ *(fam: atrapar)* sich *dat* schnappen; *(convencer)* bequatschen ❹ (MIL) anwerben ❺ (FERRO, TÉC) koppeln **II.** *vr:* **~se** ❶ *(sujetarse)* sich festhaken (**de** an +*dat*) ❷ *(prenderse)* hängen bleiben (**de/con** an +*dat*) ❸ *(enredarse)* sich verheddern (**en** in +*dat*); **~se en una pelea** in Streit geraten ❹ (MIL) sich anwerben lassen ❺ *(argot: drogarse)* drogensüchtig werden; **estar enganchado** an der Nadel hängen

enganche [en'ganʧe] *m* ❶ *(gancho)* Haken *m* ❷ *(sujeción)* Kupplung *f* ❸ (MIL) Anwerbung *f*

engañabobos [eŋgaɲa'βoβos] *mf inv (fam: timador)* Bauernfänger(in) *m(f)*

engañar [eŋga'ɲar] **I.** *vi* trügen; **las apariencias engañan** der Schein trügt **II.** *vt (desorientar)* täuschen; *(mentir, estafar, ser infiel)* betrügen; *(burlarse, t. sentimiento)* überlisten; **~ el hambre** einen Happen essen **III.** *vr:* **~se** ❶ *(equivocarse)* sich täuschen ❷ *(hacerse ilusiones)* sich *dat* Illusionen machen; **¡no te engañes con esta oferta!** mach dir nichts vor, prüf das Angebot erst!

engañifa [eŋga'ɲifa] *f,* **engañifla** [eŋga'ɲifla] *f (Chil: fam)* Gaunerei *f*

engaño [eŋ'gaɲo] *m* ❶ *(mentira)* Betrug *m* ❷ *(truco)* List *f* ❸ *(error)* Irrtum *m* ❹ *(ilusión)* Täuschung *f*

engañoso, -a [eŋga'ɲoso, -a] *adj* ① *(persona)* betrügerisch ② *(algo: falaz)* trügerisch; *(equívoco)* täuschend; **publicidad engañosa** irreführende Werbung
engarce [eŋ'garθe] *m* ① *(engarzado)* Einfassen *nt* ② *(montura)* Fassung *f*
engarzar [eŋgar'θar] <z → c> **I.** *vt* ① *(trabar)* verketten ② *(montar)* einfassen **II.** *vr:* **~se** *(Am)* sich verwickeln (**en** in +*akk*)
engastar [eŋgas'tar] *vt* einfassen (**en** in +*akk*)
engaste [eŋ'gaste] *m* ① *(engastado)* Einfassen *nt* ② *(montura)* Fassung *f*
engatusamiento [eŋgatusa'mjen̪to] *m* Umgarnen *nt*
engatusar [eŋgatu'sar] *vt* bezirzen
engendrador(a) [eŋxen̪dra'ðor(a)] **I.** *adj* erzeugend; *(t. fig)* auslösend **II.** *m(f)* Erzeuger(in) *m(f)*; *(t. fig)* Auslöser(in) *m(f)*
engendramiento [eŋxen̪dra'mjen̪to] *m* Zeugung *f*; *(t. fig)* Entstehung *f*
engendrar [eŋxen̪'drar] *vt* ① *(concebir)* zeugen ② *(causar)* erzeugen; **la pobreza engendra violencia** Armut führt zu Gewalt
engendro [eŋ'xen̪dro] *m* ① *(feto)* Leibesfrucht *f* ② *(aborto)* Missgeburt *f* ③ *(persona fea)* Kreatur *f* ④ *(idea)* Auswuchs *m*
englobar [eŋglo'βar] *vt* ① *(incluir)* umfassen ② *(reunir)* einbeziehen (**en** in +*akk*) ③ *(resumir)* zusammenfassen
engolamiento [eŋgola'mjen̪to] *m (afectación)* Einbildung *f*, Dünkel *m*
engolfarse [eŋgol'farse] *vr* ① *(enfrascarse)* sich versenken (**en** in +*akk*) ② *(arrebatarse)* Feuer fangen
engolillarse [eŋgoli'ʎarse] *vr* ① *(Cuba: contraer deudas)* Schulden machen (**con** bei +*dat*) ② *(Perú: encolerizarse)* wütend werden
engomar [eŋgo'mar] *vt* ① *(cubrir)* gummieren ② *(cabello)* festigen
engordar [eŋgor'ðar] **I.** *vi* ① *(ponerse gordo)* dick werden ② *(poner gordo)* dick machen ③ *(fam: enriquecerse)* Geld anhäufen **II.** *vt* (AGR) mästen
engorro [eŋ'gorro] *m* ① *(impedimento)* Hindernis *nt* ② *(molestia)* Belästigung *f*
engorroso, -a [eŋgo'rroso, -a] *adj* ① *(dificultoso)* hinderlich; *(complicado)* umständlich ② *(molesto)* lästig
engranaje [eŋgra'naxe] *m* ① *(encaje)* Verzahnung *f* ② *(mecanismo)* Räderwerk *nt* ③ *(sistema)* Getriebe *nt*
engranar [eŋgra'nar] **I.** *vi* ineinandergreifen **II.** *vt* ① *(endentar)* verzahnen ② *(enlazar)* verbinden
engrandar [eŋgran̪'dar] *vt (agrandar)* vergrößern
engrandecer [eŋgran̪de'θer] *vt irr como crecer* ① *(aumentar)* vergrößern; *(acrecentar)* vermehren; *(elevar)* steigern ② *(exagerar)* übertreiben ③ *(enaltecer)* verherrlichen
engrandecimiento [eŋgran̪deθi'mjen̪to] *m* ① *(aumento)* Vergrößerung *f*; *(en número)* Vermehrung *f*; *(subida)* Steigerung *f* ② *(exageración)* Übertreibung *f* ③ *(enaltecimiento)* Verherrlichung *f* ④ *(ascenso)* Aufstieg *m*
engrasar [eŋgra'sar] *vt* ① *(con grasa)* einfetten; *(enaceitar)* einölen; (AUTO, TÉC: *lubricar*) schmieren ② *(manchar)* vollschmieren
engrase [eŋ'grase] *m* ① *(engrasado)* Einfetten *nt*; (AUTO, TÉC) Schmierung *f* ② *(grasa)* Fett *nt*; *(lubricante)* Schmiermittel *nt*
engreído, -a [eŋgre'iðo, -a] *adj* ① *(envanecido)* eingebildet ② *(Am: mimado)* verwöhnt
engreír [eŋgre'ir] *irr como reír* **I.** *vt* ① *(envanecer)* eingebildet machen ② *(Am: mimar)* verhätscheln **II.** *vr:* **~se** ① *(envanecerse)* eingebildet werden; *(presumir)* angeben ② *(Am: hacerse mimado)* verhätschelt werden
engrosar [eŋgro'sar] <o → ue> **I.** *vi, vr:* **~se** ① *(engordar)* zunehmen ② *(aumentar)* wachsen **II.** *vt* ① *(engordar)* dick machen ② *(aumentar)* vergrößern; *(multiplicar)* vermehren
engrudo [eŋ'gruðo] *m* Kleister *m*
engrupir [eŋgru'pir] *vt (Arg, Chil, Urug: fam: hacer creer una mentira)* belügen
engualichar [eŋgwali'ʧar] *vt (Arg)* ① *(endemoniar)* verhexen ② *(al amante)* bezirzen
enguandos [eŋ'gwan̪dos] *mpl (Col)* ① *(superfluos)* Kram *m* ② *(evasivas)* Vorwand *m*
enguandujar [eŋgwan̪du'xar] *vt (Col: adornar)* schmücken; *(recargar de adornos)* überladen
enguaracarse [eŋgwara'karse] <c → qu> *vr (AmC)* sich verstecken
enguatar [eŋgwa'tar] *vt* wattieren
engubiar [eŋgu'βjar] *vt (Urug)* besiegen
engullir [eŋgu'ʎir] <*3. pret* engulló> **I.** *vi* ① *(atropelladamente)* schlingen ② *(pey: comer)* fressen **II.** *vt (tragar)* hinunterschlucken; *(atropelladamente)* verschlingen
enharinar [enari'nar] *vt (rebozar)* in Mehl wenden; *(espolvorear)* mit Mehl bestreuen
enhebrador [eneβra'ðor] *m (para pasar la hebra por la aguja)* Einfädler *m*
enhebrar [ene'βrar] *vt (hilo y aguja)* einfädeln; *(cuentas)* auffädeln

enhiesto, -a [e'njesto, -a] *adj* ① *(derecho)* gerade; *(erguido)* aufrecht ② *(alto)* hoch ragend

enhorabuena [enora'βwena] *f* Glückwunsch *m;* **dar la ~ a alguien** jdm gratulieren; **estar de ~** sich *dat* gratulieren können; **¡~!** herzlichen Glückwunsch!

enigma [e'niɣma] *m* Rätsel *nt;* **descifrar/plantear un ~** ein Rätsel lösen/aufgeben

enigmático, -a [eniɣ'matiko, -a] *adj* rätselhaft; *(misterioso)* geheimnisvoll

enjabonado [eŋxaβo'naðo] *m* Einseifen *nt*

enjabonar [eŋxaβo'nar] *vt* ① *(al lavar)* einseifen ② *(fam: dar coba)* um den Bart gehen (**a** +*dat*) ③ *(regañar)* rüffeln

enjaezar [eŋxae'θar] <z → c> *vt* anschirren; *(enganchar)* anspannen

enjambre [eŋ'xambre] *m* ① *(de abejas)* (Bienen)schwarm *m* ② *(muchedumbre)* Menschenmenge *f*

enjaular [eŋxau̯'lar] *vt (encerrar)* einsperren; *(en una jaula)* in einen Käfig sperren

enjetarse [eŋxe'tarse] *vr (Arg, Méx)* ① *(enojarse)* zornig werden ② *(ofenderse)* beleidigt sein

enjoyar [eŋxo'ɟar] **I.** *vt* Juwelen anlegen (**a** +*dat*) **II.** *vr:* **~se** sich mit Juwelen schmücken; **iban todas enjoyadas** sie waren mit Juwelen bedeckt

enjuagar [eŋxwa'ɣar] <g → gu> *vt* ausspülen; *(aclarar)* abspülen

enjuague [eŋ'xwaɣe] *m* ① (*t.* TÉC) Spülung *f; (bucal)* Mundwasser *nt* ② *(manejo)* List *f*

enjugamanos [eŋxuɣa'manos] *m inv (Am)* Handtuch *nt*

enjugar [eŋxu'ɣar] <g → gu> **I.** *vt* ① *(secar)* abtrocknen; *(limpiar)* abwischen ② *(una deuda)* erlassen **II.** *vr:* **~se** ① *(secarse)* sich abtrocknen ② *(adelgazar)* abmagern

enjuiciamiento [eŋxwiθja'mjen̪to] *m* ① *(juicio)* Beurteilung *f* ② (JUR: *proceso*) Prozess *m; (instrucción)* Einleitung *f* eines Gerichtsverfahrens; **~ criminal** Strafprozess *m*

enjuiciar [eŋxwi'θjar] *vt* ① *(juzgar)* beurteilen; *(censurar)* verurteilen ② *(procesar)* den Prozess machen +*dat; (sentenciar)* das Urteil fällen (über +*akk*)

enjundia [eŋ'xun̪dja] *f* ① *(unto)* Tierfett *nt* ② *(substancia)* Substanz *f; (núcleo)* Kern *m;* **de ~** von Bedeutung; **de poca ~** belanglos, substanzlos ③ *(vigor)* Kraft *f* ④ *(característica)* Eigenart *f*

enjutarse [eŋxu'tarse] *vr (Guat, Ven)* ① *(enflaquecerse)* abmagern ② *(achicarse)* sich verkleinern; *(encogerse)* zusammenschrumpfen

enjuto, -a [eŋ'xuto, -a] *adj* dürr; **~ de carnes** knochendürr *fam*

enlace [en'laθe] *m* ① *(conexión)* Verbindung *f; (empalme)* Verknüpfung *f; (unión)* Bindung *f;* (*t.* ELEC, FERRO) Anschluss *m;* **~ ferroviario** Bahnanschluss *m;* (INFOR) Link *m* ② *(entrelazado)* Verflechtung *f* ③ *(boda)* Vermählung *f* ④ *(contacto)* Verbindungsmann, -frau *m, f;* **~ policial** V-Mann *m*

enladrillar [enlaðri'ʎar] *vt* mit Backsteinen pflastern

enlagunar [enlaɣu'nar] **I.** *vt* überschwemmen **II.** *vr:* **~se** überschwemmt werden

enlatar [enla'tar] *vt* eindosen; **programa enlatado** (TV) Programm aus der Konserve

enlazar [enla'θar] <z → c> **I.** *vi (trasporte)* Anschluss haben (**con** an +*akk*) **II.** *vt* ① *(atar)* verbinden; *(unir)* verknüpfen; *(entrelazar)* verflechten ② *(empalmar)* anknüpfen (**con** an +*akk*); (ELEC, TÉC) anschließen (**con** an +*akk*) **III.** *vr:* **~se** *(desposarse)* sich vermählen

en línea [en 'linea] *adv* (INFOR) Online-; **servicios ~** Onlinedienste *mpl*

enloquecer [enloke'θer] *irr como crecer* **I.** *vi, vr:* **~se** verrückt werden; **~ de dolor** vor Schmerzen verrückt werden; **~ de rabia** vor Wut außer sich *dat/akk* geraten; **~ por alguien** nach jdm verrückt sein **II.** *vt* in den Wahnsinn treiben; **me enloquecen los pasteles** ich bin verrückt auf Kuchen

enloquecimiento [enlokeθi'mjen̪to] *m* Wahnsinn *m; (proceso)* Irrewerden *nt*

enlosar [enlo'sar] *vt* fliesen

enlozar [enlo'θar] <z → c> *vt (Am)* emaillieren

enlutar [enlu'tar] **I.** *vt* ① *(en el vestir)* Trauer anlegen +*dat;* **mujeres enlutadas** Frauen in Trauerkleidern ② *(ensombrecer)* verdüstern; *(entristecer)* betrüben **II.** *vr:* **~se** Trauer anlegen

enmarañar [e^{n}mara'ɲar/e^{m}mara'ɲar] **I.** *vt* ① *(enredar)* zersausen ② *(confundir)* verwirren; *(complicar)* verwickeln **II.** *vr:* **~se** ① *(enredarse)* sich zersausen ② *(confundirse)* sich verwirren; *(complicarse)* sich verwickeln

enmarcar [e^{n}mar'kar/e^{m}mar'kar] <c → qu> *vt* einrahmen; *(ribetear)* umranden

enmascarado, -a [e^{n}maska'raðo, -a/e^{m}maska'raðo, -a] **I.** *adj* maskiert **II.** *m, f* Maskierte(r) *f(m)*

enmascarar [e^{n}maska'rar/e^{m}maska'rar] **I.** *vt* ① *(poner máscara)* maskieren; *(disfrazar)* verkleiden ② *(ocultar)* verschleiern;

E

(encubrir) tarnen **II.** *vr:* **~se** ❶ *(con una máscara)* sich maskieren; *(disfrazarse)* sich verkleiden ❷ *(encubrirse)* sich tarnen

enmendar [eⁿmeṇ'dar/eᵐmeṇ'dar] <e → ie> **I.** *vt* ❶ *(corregir)* verbessern; *(rectificar)* berichtigen; (**querer**) **~ la plana a alguien** jdn übertreffen (wollen) ❷ *(modificar)* abändern; *(una ley)* novellieren **II.** *vr:* **~se** sich bessern

E

enmienda [eⁿ'mjeṇda/eᵐ'mjeṇda] *f* ❶ *(corrección)* Verbesserung *f; (rectificación)* Berichtigung *f;* **no tener ~** *(fig)* ein hoffnungsloser Fall sein ❷ *(modificación)* (Ab)änderung *f; (de una ley)* Novellierung *f*

enmohecer [eⁿmoe'θer/eᵐmoe'θer] *vi, vr irr como crecer* **~se** ❶ *(cubrirse de moho)* verschimmeln; *(pudrirse)* vermodern ❷ *(caer en desuso)* veralten

enmoquetar [eⁿmoke'tar/eᵐmoke'tar] **I.** *vi* Teppichboden verlegen **II.** *vt* mit Teppichboden auslegen; **suelo enmoquetado** Teppichboden *m*

enmudecer [eⁿmuðe'θer/eᵐmuðe'θer] *irr como crecer* **I.** *vi* ❶ *(perder el habla)* verstummen; **~ de miedo** sprachlos vor Angst sein ❷ *(callar)* schweigen **II.** *vt* verstummen lassen

enmudecimiento [eⁿmuðeθi'mjeṇto/eᵐmuðeθi'mjeṇto] *m* Verstummen *nt*

enmugrecer [eⁿmuɣre'θer/eᵐmuɣre'θer] *irr como crecer* **I.** *vt* beschmutzen **II.** *vr:* **~se** beschmutzt werden

ennegrecer [enneɣre'θer] *irr como crecer* **I.** *vt* ❶ *(poner negro)* schwärzen ❷ *(oscurecer)* verfinstern; *(ensombrecer)* überschatten **II.** *vr:* **~se** ❶ *(ponerse negro)* schwarz werden ❷ *(oscurecerse)* sich verfinstern; *(ensombrecer)* sich verdüstern

ennoblecer [ennoβle'θer] *vt irr como crecer* ❶ *(conceder el título)* adeln ❷ *(mejorar)* veredeln; *(refinar)* verfeinern ❸ *(enaltecer)* verherrlichen

ennoblecimiento [ennoβleθi'mjeṇto] *m* ❶ *(nobleza)* Adel *m* ❷ *(mejora)* Veredelung *f; (refinamiento)* Verfeinerung *f* ❸ *(enaltecimiento)* Verherrlichung *f*

ennoviarse [enno'βjarse] *vr (fam)* sich *dat* einen Freund/eine Freundin zulegen

enojadizo, -a [enoxa'ðiθo, -a] *adj* reizbar

enojar [eno'xar] **I.** *vt* ärgern **II.** *vr:* **~se** sich ärgern (**con** über +*akk*); **estar enojado** böse sein

enojo [e'noxo] *m* Ärger *m;* **con ~** unwillig

enojoso, -a [eno'xoso, -a] *adj* ❶ *(enfadoso)* ärgerlich ❷ *(molesto)* unangenehm ❸ *(complicado)* umständlich; *(trabajoso)* mühsam

enorgullecer [enorɣuʎe'θer] *irr como crecer* **I.** *vt* mit Stolz erfüllen **II.** *vr:* **~se** stolz sein (**de** auf +*akk*)

enorme [e'norme] *adj* enorm; *(gigantesco)* gewaltig; *(desmedido, extraordinario)* ungeheuer

enormidad [enormi'ðaᵈ] *f* ❶ *(tamaño)* enorme Größe *f; (fig)* ungeheueres Ausmaß *nt* ❷ *(cantidad)* Unmenge *f;* **una ~ de dinero** eine Unmenge Geld

enquistarse [eŋkis'tarse] *vr* ❶ (MED) sich abkapseln ❷ *(fosilizarse)* erstarren

enrabiar [enrra'βjar] **I.** *vt* wütend machen **II.** *vr:* **~se** wütend werden

enrabietarse [enrraβje'tarse] *vr (fam)* bocken

enraizado, -a [enrrai̯'θaðo, -a] *adj* verwurzelt; **una costumbre muy enraizada** eine fest verwurzelte Sitte

enraizar [enrrai̯'θar] *vi irr* Wurzeln schlagen

enrarecer [enrrare'θer] *irr como crecer* **I.** *vt (hacer que escasee)* reduzieren; *(gas)* verdünnen **II.** *vr:* **~se** *(relaciones)* sich verschlechtern

enrarecido, -a [enrrare'θiðo, -a] *adj (aire)* verbraucht, schlecht

enrarecimiento [enrrareθi'mjeṇto] *m* ❶ *(escasez)* Knappheit *f* ❷ *(gas)* Verdünnung *f* ❸ *(relaciones)* Verschlechterung *f*

enredadera [enrreða'ðera] *f* Schlingpflanze *f;* **~ de campanillas** Winde *f*

enredador(a) [enrreða'ðor(a)] **I.** *adj (fam)* ❶ *(chismoso)* geschwätzig, klatschsüchtig ❷ *(embustero)* verlogen; *(niño)* ungezogen **II.** *m(f)* ❶ *(fam: chismoso)* Klatschbase *f; (embustero)* Lügner(in) *m(f),* Flunkerer, -in *m, f* ❷ *(fam: niño travieso)* Frechdachs *m; (pendenciero)* Streithahn *m,* Zänker(in) *m(f)* ❸ *(elev: intrigante)* Intrigant(in) *m(f)*

enredar [enrre'ðar] **I.** *vi (niño)* Unfug treiben; **¡no andes enredando con las cerillas!** spiel nicht mit den Streichhölzern herum! **II.** *vt* ❶ *(liar)* verwickeln; *(confundir)* durcheinanderbringen ❷ *(enemistar)* aufhetzen **III.** *vr:* **~se** ❶ *(cuerda, asunto)* sich verwickeln ❷ *(planta)* hinaufklettern (**por/a** an +*dat*) ❸ *(fam: amancebarse)* anbändeln

enredo [en'rreðo] *m* ❶ *(de alambres)* Wirrwarr *m* ❷ *(mentira)* Lüge *f* ❸ *(asunto)* Affäre *f* ❹ *(intriga)* Intrige *f* ❺ *(amorío)* Techtelmechtel *nt* ❻ *pl (fam: trastos)* Kram *m*

enredoso, -a [enrre'ðoso, -a] *adj* verwickelt, verstrickt

enrejado [enrre'xaðo] *m* ❶ *(de hierro)* Gitterwerk *nt,* Gitter *ntpl* ❷ *(de caña)* Geflecht *nt*

enrejar [enrre'xar] *vt (ventana)* vergittern; *(huerta)* einzäunen
enrevesado, -a [enrreβe'saðo, -a] *adj (intrincado)* verwickelt; *(difícil)* verzwickt
enriquecedor(a) [enrrikeθe'ðor(a)] *adj* bereichernd; **fue una experiencia muy ~a** es war eine sehr positive Erfahrung
enriquecer [enrrike'θer] *irr como crecer* **I.** *vt* ❶ *(hacer rico)* reich machen ❷ *(engrandecer)* bereichern ❸ *(metal, tierra)* anreichern (**con/de** mit +*dat*) ❹ *(adornar)* verzieren **II.** *vr:* **~se** reich werden; **~se** (**a costa ajena**) sich (auf fremde Kosten) bereichern
enriquecimiento [enrrikeθi'mjen̩to] *m* ❶ *(fortuna, ennoblecimiento)* Bereicherung *f;* **~ injusto** (JUR) ungerechtfertigte Bereicherung ❷ *(de uranio)* Anreicherung *f*
enristrar [enrris'trar] *vt* ❶ *(ajos, cebollas) zu einem Zopf zusammenbinden* ❷ *(un problema)* in Angriff nehmen; *(una dificultad)* fertig werden (mit +*dat*)
enrocar [enrro'kar] <c → qu> **I.** *vi, vt (ajedrez)* rochieren; **~ el rey** rochieren **II.** *vr:* **~se** am Felsen hängenbleiben
enrojecer [enrroxe'θer] *irr como crecer* **I.** *vi* erröten; **~ de ira** rot vor Wut werden **II.** *vt (cielo)* rot färben **III.** *vr:* **~se** *(persona)* erröten; *(cielo)* sich rot färben
enrojecido, -a [enrroxe'θiðo, -a] *adj* rot
enrojecimiento [enrroxeθi'mjen̩to] *m (efecto)* Röte *f; (acción)* Erröten *nt*
enrolar [enrro'lar] *vt* ❶ (NÁUT) anheuern ❷ (MIL) einberufen
enrollado, -a [enrro-] *adj (argot)* voll dabei; **es una profesora muy enrollada** die Lehrerin ist voll stark
enrollar [enrro'ʎar] **I.** *vt (cartel)* zusammenrollen; *(cuerda)* aufrollen **II.** *vr:* **~se** *(explicando)* ausschweifen; **~se como una persiana** reden wie ein Buch
enronquecer [enrroŋke'θer] *irr como crecer* **I.** *vt* heiser machen **II.** *vi, vr:* **~se** heiser werden
enroscar [enrros'kar] <c → qu> **I.** *vt* ❶ *(enrollar)* zusammenrollen; **~ el hilo en el palo** den Faden um den Stock wickeln ❷ *(tornillo)* einschrauben **II.** *vr:* **~se** sich zusammenrollen; **la serpiente se enroscó a la rama** die Schlange wand sich um den Ast
enrostrar [enrros'trar] *vt (Am)* vorwerfen
enrular [enrru'lar] *vt (CSur)* locken
ensacar [ensa'kar] <c → qu> *vt* (AGR) in Säcke füllen, einsacken
ensaimada [ensai̯'maða] *f Blätterteiggebäck aus Mallorca*
ensalada [ensa'laða] *f* Salat *m;* **~ de frutas** Obstsalat *m*
ensaladera [ensala'ðera] *f* Salatschüssel *f*
ensaladilla [ensala'ðiʎa] *f (dulces)* gemischtes Konfekt *nt;* **~ rusa** *Kartoffelsalat mit Erbsen, Karotten, gekochten Eiern, Mayonnaise*
ensalmo [en'salmo] *m* Beschwörung *f,* Besprechung *f;* **desapareció (como) por ~** er/sie war wie weggezaubert
ensalzar [ensal̯'θar] <z → c> **I.** *vt* preisen **II.** *vr:* **~se** sich rühmen
ensamblar [ensam'blar] *vt* zusammenfügen
ensanchamiento [ensanʧa'mjen̩to] *m* Erweiterung *f; (hacer más ancho)* Verbreiterung *f*
ensanchar [ensan'ʧar] *vt* erweitern; *(hacer más ancho)* verbreitern; *(vestido)* weiter machen
ensanche [en'sanʧe] *m* ❶ *(ampliación)* Erweiterung *f; (de anchura)* Verbreiterung *f* ❷ *(ciudad)* neues Stadtviertel *nt;* **zona de ~** Neubaugebiet *nt*
ensandecer [ensan̩de'θer] *irr como crecer* **I.** *vi* verrückt werden, wahnsinnig werden **II.** *vt* verrückt machen, wahnsinnig machen
ensangrentar [ensaŋgren̩'tar] <e → ie> *vt* mit Blut beflecken
ensartar [ensar'tar] *vt* ❶ *(perlas)* auffädeln ❷ *(pinchar)* aufspießen
ensayar [ensa'ɟar] **I.** *vt* ❶ *(probar)* versuchen; *(examinar)* prüfen ❷ (TEAT) proben **II.** *vr:* **~se** sich üben (**en** in +*dat*)
ensayista [ensa'ɟista] *mf* Essayist(in) *m(f)*
ensayo [en'saɟo] *m* ❶ (TEAT) Probe *f;* **~ general** Generalprobe *f* ❷ (LIT) Essay *m o nt* ❸ *(prueba)* Test *m; (experimento)* Experiment *nt;* **tubo de ~** Reagenzglas *nt*
enseguida [ense'ɣiða] *adv* sofort
ensenada [ense'naða] *f* ❶ *(mar)* Bucht *f* ❷ *(Arg: corral)* Stall *m*
enseña [en'seɲa] *f* Fahne *f; (estandarte)* Banner *nt*
enseñado, -a [ense'ɲaðo, -a] *adj (persona)* erzogen; *(animales)* abgerichtet
enseñante [ense'ɲan̩te] *mf* Lehrer(in) *m(f)*
enseñanza [ense'ɲan̩θa] *f* ❶ *(sistema)* Bildungswesen *nt;* **~ primaria** Grundschulwesen *nt;* **~ privada** Privatschulwesen *nt;* **~ pública** öffentliches Schulwesen; **~ secundaria** Sekundarschulwesen *nt;* **~ superior** Hochschulwesen *nt* ❷ *(clase)* Unterricht *m;* **~ a distancia** Fernstudium *nt;* **libertad de ~** Lehrfreiheit *f;* **método de ~** Unterrichtsmethode *f;* **dedicarse a la ~** in der Lehre tätig sein ❸ *(lección)*

E

Lehre *f;* **de lo ocurrido en el pasado no has sacado ninguna** ~ du hast aus der Vergangenheit keine Lehren gezogen

enseñar [ense'ɲar] *vt* ① *(instruir)* lehren; *(dar clases)* unterrichten; *(explicar)* erklären; **él me enseñó la poca química que sé** er hat mir das wenige an Chemie beigebracht, das ich weiß; **ella me enseñó a tocar la flauta** sie hat mich Flöte spielen gelehrt; **hay que ~ con el ejemplo** man muss mit gutem Beispiel vorangehen; **¡la vida te ~á!** das Leben wird dich zur Räson bringen!; **¡ya te ~é yo a obedecer!** ich werde dich schon Gehorsam lehren! ② *(mostrar)* zeigen; **te enseñé a hacer las camas** ich habe dir gezeigt, wie man die Betten macht; **~ el camino a alguien** jdm den Weg zeigen ③ *(dejar ver)* zeigen; *(presentar)* vorzeigen; *(exhibir)* vorführen

enseres [en'seres] *mpl* Sachen *fpl; (útiles)* Gerät *nt; (mobiliario)* Einrichtung *f*

ensillar [ensi'ʎar] *vt* satteln

ensimismado, -a [ensimis'maðo, -a] *adj* in Gedanken vertieft; *(ausente)* geistesabwesend; **estaba ~ en la lectura** er war in seine Lektüre vertieft

ensimismamiento [ensimisma'mjen̪to] *m* Nachdenklichkeit *f*

ensimismarse [ensimis'marse] *vr* ① *(absorberse)* in Gedanken versunken sein; **~ en recuerdos/una lectura** in Erinnerungen/in eine Lektüre versunken sein ② *(Col, Chil: engreírse)* eingebildet werden

ensombrecer [ensombre'θer] *irr como crecer* **I.** *vt (oscurecer)* verdüstern; *(ofuscar)* überschatten **II.** *vr:* **~se** ① *(entristecerse)* traurig werden ② *(oscurecerse)* sich verdüstern

ensoñación [ensoɲa'θjon] *f* Träumerei *f,* Traum *m; (ilusión)* Trugbild *nt,* Illusion *f*

ensoñar [enso'ɲar] <o → ue> *vt* träumen; *(entusiasmarse)* schwärmen (für *+akk*)

ensopar [enso'par] **I.** *vt (AmS: empapar)* einweichen **II.** *vr:* **~se** *(AmS)* (klatsch)nass werden

ensordecedor(a) [ensorðeθe'ðor(a)] *adj* ohrenbetäubend

ensordecer [ensorðe'θer] *irr como crecer* **I.** *vi (quedarse sordo)* taub werden **II.** *vt (ruido)* betäuben

ensordecimiento [ensorðeθi'mjen̪to] *m sin pl* Taubheit *f*

ensortijado, -a [ensorti'xaðo, -a] *adj* kraus

ensortijar [ensorti'xar] *vt (pelo)* kräuseln

ensuciar [ensu'θjar] **I.** *vt* beschmutzen (**con/de** mit *+dat*) **II.** *vr:* **~se** ① *(mancharse)* sich schmutzig machen; **~se de algo** sich mit etw *dat* beschmutzen ② *(fam: excremento)* (sich *dat*) in die Hosen machen

ensueño [en'sweɲo] *m* Traum; **de ~** traumhaft

entablar [en̪ta'βlar] *vt* ① *(conversación)* anfangen; *(negociaciones)* aufnehmen; *(amistad)* (an)knüpfen; *(juicio)* einleiten; **~ relaciones comerciales** Geschäftsbeziehungen aufnehmen ② *(suelo)* dielen ③ *(ajedrez)* aufstellen

entablillar [en̪taβli'ʎar] *vt* schienen

entalegar [en̪tale'ɣar] <g → gu> *vt* ① *(meter en un talego)* einpacken, in einen Beutel stecken ② *(argot: encarcelar)* einsperren, in den Knast stecken

entallado, -a [en̪ta'ʎaðo, -a] *adj* tailliert

entalladura [en̪taʎa'ðura] *f (incisión)* Kerbe *f; (resina)* Einschnitt *m*

entarimado [en̪tari'maðo] *m* Parkett *nt*

ente ['en̪te] *m* ① (FILOS) Wesen *nt* ② *(autoridad)* Behörde *f;* **el E~ Público** das öffentliche Fernsehen

entendederas [en̪ten̪de'ðeras] *fpl (fam)* Grips *m;* **es muy corto de ~** er ist schwer von Begriff

entendedor(a) [en̪ten̪de'ðor(a)] **I.** *adj* Kenner-, bewandert **II.** *m(f)* Kenner(in) *m(f);* **a buen ~... (con pocas palabras basta)** Sie verstehen schon …

entender [en̪ten̪'der] <e → ie> **I.** *vi* ① *(saber)* verstehen ② *(ocuparse con)* sich befassen (**en** mit *+dat*) **II.** *vt* ① *(comprender)* verstehen; **lo entendieron mal** sie haben es missverstanden; **si entiendo bien Ud. quiere decir que...** wenn ich Sie recht verstehe, wollen Sie sagen, dass …; **¿qué entiende Ud. por acuerdo?** was verstehen Sie unter Abmachung?; **ellos ya se harán ~** sie werden sich schon verständlich machen; **no entiende una broma** er/sie versteht keinen Spaß; **le dio a ~ a su novia que...** er gab seiner Freundin zu verstehen, dass … ② *(creer)* glauben; **yo entiendo que sería mejor si...** *+subj* ich glaube, es wäre besser, wenn …; **yo no lo entiendo así** ich bin (da) anderer Meinung; **tengo entendido que...** *(según creo)* soweit ich weiß, …; *(según he oído)* ich habe gehört, dass … **III.** *vr:* **~se** ① *(llevarse)* sich verstehen ② *(ponerse de acuerdo)* sich verständigen; **para el precio entiéndete con mi socio** über den Preis musst du mit meinem Partner verhandeln ③ *(fam: liarse)* ein Verhältnis haben ④ *(fam: desenvolverse)* zurechtkommen; **no me entiendo con este lío de cables** bei diesem Kabelwirrwarr steige ich nicht durch; **¡que se las entienda!** das ist seine/ihre Sache! ⑤ *(loc)* **¡yo me entiendo!** ich weiß (schon), was ich sage!; **pero ¿cómo se entiende?** *(fam)* aber was soll das heißen?; **eso se entiende por sí mismo** das versteht sich von selbst **IV.** *m* Meinung *f;* **a mi ~** meiner Meinung nach

entendido, -a [en̪ten̪'diðo, -a] **I.** *adj* ① *(listo)* klug; *(experto)* bewandert (**en** in +*dat*); **no se dio por ~** er stellte sich dumm ② *(loc)* **bien ~ que...** vorausgesetzt, dass ...; **queda ~ que...** es ist selbstverständlich, dass ...; **queda ~ que te acompaño a casa** selbstverständlich begleite ich dich nach Hause **II.** *m, f* Kenner(in) *m(f); (experto)* Sachverständige(r) *mf;* **es un gran ~ en informática** er versteht viel von Informatik; **hacerse el ~** den Klugen spielen

entendimiento [en̪ten̪di'mjen̪to] *m sin pl* ① *(razón)* Verstand *m; (facilidad de comprensión)* Auffassungsgabe *f;* **obrar con ~** überlegt handeln; **un hombre de mucho ~** ein sehr intelligenter Mann ② *(acuerdo)* Verständigung *f*

enteradillo, -a [en̪tera'ðiʎo, -a] *m, f (pey)* Besserwisser(in) *m(f),* Schlaumeier(in) *m(f) fam*

enterado, -a [en̪te'raðo, -a] *adj (iniciado)* eingeweiht (**de** in +*akk*); *(conocedor)* vertraut (**de** mit +*dat*); **yo ya estaba ~ del incidente** ich wusste schon von dem Zwischenfall; **no se dio por ~** er stellte sich dumm

enteramente [en̪tera'men̪te] *adv* völlig

enterar [en̪te'rar] **I.** *vt* ① *(informar)* informieren (**de** über +*akk*) ② *(Col, Méx, CRi:* COM) (ein)zahlen **II.** *vr:* **~se** *(saber de algo)* erfahren; **me enteré de la explosión por la radio** ich habe aus dem Radio von der Explosion erfahren; **no me enteré de nada hasta que me lo dijeron** ich bekam nichts (davon) mit, bis sie es mir sagten; **pasa las hojas sin ~se de lo que lee** er/sie blättert herum, ohne zu verstehen, was er/sie gerade liest; **¡para que se entere!** *(fam)* damit Sie das endlich kapieren!

entereza [en̪te'reθa] *f sin pl (determinación)* Beharrlichkeit *f; (aplomo)* Sicherheit *f; (integridad)* Standhaftigkeit *f;* **a la muerte de su madre demostraron mucha ~** sie waren sehr tapfer, als ihre Mutter starb

enternecer [eterne'θer] *irr como crecer* **I.** *vt (conmover)* rühren; *(hacer ceder)* erweichen **II.** *vr:* **~se** *(conmoverse)* gerührt sein; *(ceder)* weich werden

entero, -a [en̪'tero, -a] *adj* ① *(completo, t.* MAT) ganz; **por ~** völlig; **se pasa días ~s sin decir ni una palabra** er/sie kann tagelang schweigen; **el espejo salió ~ de aquí** der Spiegel wurde unversehrt von hier mitgenommen; **la comisión entera se declaró a favor** die Kommission sprach sich geschlossen dafür aus; **el juego de café no está ~** das Kaffeeservice ist nicht vollständig ② *(persona íntegra)* redlich

enterrador(a) [en̪terra'ðor(a)] *m(f) (sepulturero)* Totengräber(in) *m(f)*

enterramiento [en̪terra'mjen̪to] *m* ① *(entierro)* Begräbnis *nt* ② *(sepultura)* Grab *nt; (sepulcro)* Grabstätte *f;* **se han descubierto unos ~s prehistóricos** man hat prähistorische Grabstätten gefunden

enterrar [en̪te'rrar] <e → ie> **I.** *vt* ① *(a un muerto)* begraben; **¡esa nos ~á a todos!** *(fam fig)* sie wird uns alle überleben! ② *(un objeto)* vergraben; *(no muy profundo)* verscharren ③ *(ilusiones, esperanzas)* begraben **II.** *vr:* **~se** *(recluirse)* sich vergraben

enterratorio [en̪terra'torjo] *m (AmS: cementerio)* Friedhof *m*

entibiar [en̪ti'βjar] **I.** *vt (líquido)* lau machen; *(fig)* abkühlen **II.** *vr:* **~se** *(líquido)* lau werden; *(fig)* sich abkühlen

entidad [enti'ðað] *f* ① (FILOS) Wesen *nt* ② *(asociación)* Vereinigung *f;* **~ aseguradora** Versicherungsgesellschaft *f;* **~ crediticia** Kreditbank *f;* **~ jurídica** Körperschaft *f*

entierro [en̪'tjerro] *m* ① *(ceremonia)* Beerdigung *f;* **¡no pongas esa cara de ~!** mach doch nicht so eine Trauermiene! ② *(comitiva)* Leichenzug *m*

entintar [en̪tin̪'tar] *vt (manchar)* mit Tinte beschmieren; *(teñir)* färben; (TIPO) einfärben

entoldar [en̪tol̪'dar] *vt* mit einem Sonnendach versehen

entonación [en̪tona'θjon] *f* (LING) Intonation *f*

entonar [en̪to'nar] **I.** *vi* ① *(canción)* den Ton halten ② *(armonizar)* passen (**con** zu +*dat*); **los colores de las cortinas no entonan con los de la pared** die Farben der Vorhänge beißen sich mit denen der Wand **II.** *vt* ① *(canción)* anstimmen ② *(fortalecer)* stärken

entonces [en̪'ton̪θes] *adv* ① *(temporal)* damals; **desde ~** seitdem; **hasta ~** bis dahin; **en** [*o* **por**] **aquel ~** damals ② *(modal)* dann; **¿y ~ qué pasó?** na, und was geschah dann?; **¿pues ~ por qué te extraña si no vienen?** ja, dann brauchst du dich nicht zu wundern, wenn sie nicht kommen!; **¡~!** also das will ich meinen!; **si lo amas ¿~ por qué no se lo dices?** wenn du ihn liebst, warum sagst du es ihm dann nicht?

E

entontecer [eṇtoṇte'θer] *irr como crecer* **I.** *vi, vr:* **~se** verblöden **II.** *vt* verdummen
entontecimiento [eṇtoṇteθi'mjeṇto] *m* Verdummung *f*
entornar [eṇtor'nar] *vt (puerta)* anlehnen
entorno [eṇ'torno] *m* Umgebung *f; (medio ambiente)* Umwelt *f; (mundillo)* Milieu *nt; (condiciones)* Rahmenbedingungen *fpl*
entorpecer [eṇtorpe'θer] *vt irr como crecer* ❶ *(movimiento)* lähmen; **el frío me entorpecía los dedos** die Kälte ließ meine Finger erstarren ❷ *(dificultar)* behindern; *(retrasar)* verzögern ❸ *(sentidos)* betäuben
entorpecimiento [eṇtorpeθi'mjeṇto] *m sin pl* ❶ *(torpeza)* Zerfahrenheit *f* ❷ *(obstáculo)* Hindernis *nt*
entrada [eṇ'traðа] *f* ❶ *(puerta)* Eingang *m; (para coche)* Einfahrt *f;* **~ a la autopista** Autobahnauffahrt *f;* **~ trasera** Hintereingang *m* ❷ *(traspaso)* Eintritt *m;* (MIL) Einmarsch *m;* **se prohíbe la ~** Zutritt verboten!; **los deportistas hicieron su ~ en la ciudad** die Sportler liefen in die Stadt ein ❸ *(comienzo)* Beginn *m; (en un cargo)* Antritt *m;* **~ en funciones** Amtsantritt *m;* **~ en vigor** Inkrafttreten *nt* ❹ *(cine, teatro)* Eintrittskarte *f;* **~ gratuita** Freikarte *f;* **~ libre** Eintritt frei ❺ *(público)* Zuschauer *mpl; (hospital)* Zugänge *mpl;* **en el estreno hubo una gran ~** bei der Uraufführung war viel Publikum anwesend ❻ (GASTR) Vorspeise *f* ❼ *pl (pelo)* Geheimratsecken *fpl* ❽ (MÚS) Einsatz *m;* **dar la ~** den Einsatz geben ❾ *(en diccionario)* Eintrag *m* ❿ *(depósito)* Anzahlung *f;* **ya hemos dado la ~ para el piso** wir haben schon die erste Rate für die Wohnung bezahlt ⓫ (COM) Eingang *m;* **~ de pedidos** Auftragseingang *m* ⓬ (FIN) **~s y salidas** Einnahmen und Ausgaben ⓭ (INFOR) Eingabe *f;* **~ de datos** Dateneingabe *f;* **~ de USB** USB-Schnittstelle *f* ⓮ *(loc)* **de ~** auf den ersten Blick; **así de ~ tu idea no me pareció mal** zunächst schien mir deine Idee gar nicht schlecht
entrado, -a [eṇ'traðo, -a] *adj* **un señor ~ en años** ein älterer Herr; **llegamos entrada la noche** wir kamen erst in der Nacht an; **hasta muy ~ el siglo XVII** bis spät ins XVII. Jahrhundert hinein
entrador(a) [eṇtra'ðor(a)] *adj* ❶ *(AmS: animoso)* tapfer; *(atrevido)* mutig ❷ *(Arg: simpático)* nett ❸ *(Am: enamoradizo)* schwärmerisch ❹ *(Chil: entremetido)* zudringlich ❺ *(Guat, Nic: compañero)* kameradschaftlich
entramado [eṇtra'maðo] *m* ❶ (INFOR) Verflechtung *f* ❷ (ARQUIT) Fachwerk *nt;* **~ del tejado** Dachstuhl *m* ❸ *(relaciones)* Verflechtung *f*
entrampar [eṇtram'par] **I.** *vt* ❶ *(animal)* in eine Falle locken ❷ *(engañar)* betrügen ❸ *(fam: embrollar)* komplizieren ❹ *(fam: deudas)* mit Schulden belasten **II.** *vr:* **~se** Schulden machen
entrante [eṇ'traṇte] *adj (próximo)* kommend; **a primeros del mes ~** Anfang nächsten Monats
entraña [eṇ'traɲa] *f* ❶ *pl (órganos)* Eingeweide *ntpl;* **echar las ~s** *(fam)* sich übergeben; **¡hijo de mis ~s!** *(fam)* mein Herzblatt!; **por mis hijos doy las ~s** *(fam)* für meine Kinder würde ich alles hergeben ❷ *(lo esencial)* Kern *m* ❸ *pl (carácter)* Charakter *m;* **de buenas ~s** gutherzig ❹ *pl (interior)* Innerste(s) *nt;* **las ~s de la tierra** das Erdinnere
entrañable [eṇtra'ɲaβle] *adj* innig
entrañar [eṇtra'ɲar] *vt* mit sich bringen; **~ graves peligros** große Risiken in sich bergen
entrar [eṇ'trar] **I.** *vi* ❶ *(pasar)* hineingehen (**a/en** in +*akk*); *(vehículo)* hineinfahren (**a/en** in +*akk*); *(barco)* einlaufen (**a/en** in +*akk*); (MIL) einmarschieren (**en** in +*akk*); **~ por la ventana** durch das Fenster einsteigen; **el tren entra en la estación** der Zug fährt in den Bahnhof ein; **¡entre!** herein!; **me entró por un oído y me salió por otro** das ist mir zum einen Ohr hineingegangen und zum anderen wieder hinaus ❷ *(caber)* hineinpassen; **~ en el armario** in den Schrank passen; **el corcho no entra en la botella** der Korken geht nicht in die Flasche; **por fin he hecho ~ el tapón** endlich habe ich den Stöpsel hineinbekommen ❸ *(zapato, ropa)* passen; **no me entra el anillo** der Ring passt mir nicht ❹ *(con autorización)* Zutritt haben (**en** zu +*dat*) ❺ (INFOR) (sich) einloggen ❻ *(empezar)* beginnen; **el verano entra el 21 de junio** der Sommer beginnt am 21. Juni; **~ en relaciones con alguien** Beziehungen zu jdm aufnehmen; **después entré a trabajar en una casa más rica** dann begann ich, in einem reicheren Haushalt zu arbeiten; **cuando entró de alcalde...** als er als Bürgermeister antrat, ... ❼ *(penetrar)* hineingehen; **el clavo entró en la pared** der Nagel ging in die Wand; **¡no me entra en la cabeza cómo pudiste hacer eso!** ich begreife nicht, wie du so etwas tun konntest! ❽ *(como miembro)* eintreten (**en** in +*akk*); **~ en la Academia de Ciencias** in die Akademie der Wissenschaften aufgenommen werden ❾ *(formar parte)* **en un kilo entran tres panochas**

auf ein Kilo kommen drei Maiskolben; **eso no entraba en mis cálculos** damit habe ich nicht gerechnet; **en esta receta no entran huevos** bei diesem Rezept sind keine Eier vorgesehen ⑩ (MÚS) einsetzen ⑪ *(loc)* **no ~ en detalles** nicht auf Einzelheiten eingehen; **~ en calor** warm werden; **me entró la tentación** es überkam mich die Versuchung; **me entró un mareo** mir wurde schwindlig; **me entró el sueño** ich wurde müde; **me entró el hambre** ich bekam Hunger; **esperemos que no te entre la gripe** hoffentlich bekommst du keine Grippe; **le ha entrado la costumbre de...** er/sie hat es sich *dat* zur Gewohnheit gemacht, zu ...; **las matemáticas no me entran** *(fam)* Mathematik begreife ich einfach nicht; **su hermano no me entra** *(fam)* ich kann seinen/ihren Bruder nicht leiden; **a él no sabes como ~le** man weiß nicht, wie man an ihn rankommen kann; **yo en eso no entro** [*o* **ni entro ni salgo**] *(fam)* damit habe ich nichts zu schaffen **II.** *vt* hineinbringen (**en** in +*akk*); *(vehículo)* hineinfahren (**en** in +*akk*); **~ el coche en el garaje** das Auto in die Garage (hinein)fahren

entre ['en̪tre] *prep* ① *(local, temporal)* zwischen +*dat;* **salir de ~ las ramas** aus den Zweigen hervorkommen; **pasar por ~ las mesas** zwischen den Tischen durchgehen; **~ semana** unter der Woche; **ven ~ las cinco y las seis** komm zwischen fünf und sechs; **~ tanto** inzwischen; **le cuento ~ mis amigos** ich zähle ihn zu meinen Freunden; **un ejemplo ~ muchos** ein Beispiel unter vielen; **el peor ~ todos** der Schlimmste von allen; **llegaron veinte ~ hombres y mujeres** es kamen zwanzig, teils Männer, teils Frauen; **se la llevaron ~ cuatro hombres** sie trugen sie zu viert heraus; **lo hablaremos ~ nosotros** wir werden unter uns darüber sprechen; **~ el taxi y la entrada me quedé sin dinero** das Taxi und die Eintrittskarte raubten mir mein ganzes Geld; **lo dije ~ mí** ich sagte es für mich ② *(con movimiento)* zwischen +*akk;* **¡guárdalo ~ los libros!** leg es zwischen die Bücher!; **me senté ~ los dos** ich setzte mich zwischen die beiden ③ (MAT) durch +*akk*

entreabierto, -a [en̪trea'βjerto, -a] *adj* halb offen

entreabrir [en̪trea'βrir] *vt irr como abrir* halb öffnen

entreacto [en̪tre'akto] *m* *(intermedio)* Pause *f*

entrecejo [en̪tre'θexo] *m* *(ceño)* Stirnrunzeln *nt;* **fruncir el ~** die Stirn runzeln

entrecomillar [en̪trekomi'ʎar] *vt* in Anführungszeichen setzen

entrecortado, -a [en̪trekor'taðo, -a] *adj* *(respiración)* stoßweise; *(voz)* stockend; **con la voz entrecortada por los sollozos** mit von Tränen erstickter Stimme

entrecortar [en̪trekor'tar] *vt* unterbrechen

entrecot [en̪tre'ko^t] *m* <entrecots> (GASTR) Entrecote *nt*

entrecruzamiento [en̪trekruθa'mjen̪to] *m* Überschneidung *f;* *(genética)* Kreuzung *f*

entrecruzar [en̪trekru'θar] <z → c> **I.** *vt* kreuzen; *(cintas)* flechten **II.** *vr:* **~se** sich kreuzen

entredicho [en̪tre'ðitʃo] *m* ① *(prohibición)* Verbot *nt* ② *(loc)* **poner algo en ~** etw in Zweifel ziehen; **poner en ~ la veracidad** die Glaubwürdigkeit infrage stellen

entrega [en̪'treɣa] *f* ① *(dedicación)* Engagement *nt* ② *(fascículo)* Lieferung *f;* **novela por ~s** Fortsetzungsroman *m* ③ *(de documentos)* Übergabe *f;* *(ceremonia)* Überreichung *f;* **~ de premios** Preisverleihung *f;* **~ de títulos** (UNIV) Diplomverleihung *f;* **hacer ~ de algo** etw überreichen ④ (COM) Lieferung *f;* **~ a domicilio** Lieferung frei Haus; **talón de ~** Lieferschein *m;* **pagadero a la ~** zahlbar bei Lieferung ⑤ (MIL) Übergabe *f;* *(de prisioneros)* Auslieferung *f*

entregar [en̪tre'ɣar] <g → gu> **I.** *vt* abgeben (**a** bei +*dat*); (COM) abliefern (**a** bei +*dat*); *(dar, t. piso, t.* MIL*)* übergeben; *(carta)* aushändigen; *(en ceremonia)* überreichen; *(premio)* verleihen; *(prisioneros)* ausliefern; **~la** *(fam fig)* ins Gras beißen **II.** *vr:* **~se** ① *(desvivirse)* sich widmen (**a** +*dat*); **~se a la bebida** anfangen zu trinken ② *(delincuente)* sich stellen ③ (MIL) sich ergeben ④ *(sexo)* sich hingeben

entrelazamiento [en̪trelaθa'mjen̪to] *m* Verflechtung *f;* **~ de memorias** (INFOR) Speicherverschränkung *f*

entrelazar [en̪trela'θar] <z → c> *vt, vr:* **~se** (sich) verflechten

entremedias [en̪tre'meðjas] *adv* ① *(local)* dazwischen; **~ de...** zwischen ... +*dat* ② *(temporal)* währenddessen

entremés [en̪tre'mes] *m* (GASTR) Vorspeise *f*

entremeterse [en̪treme'θerse] *vr* sich einmischen (**en** in +*akk*)

entremetido, -a [en̪treme'tiðo, -a] **I.** *adj* zudringlich, naseweis **II.** *m, f* Naseweis *m*

entremezclar [en̪tremeθ'klar] *vt* vermischen

entrenador(a) [en̪trena'ðor(a)] *m(f)* (DEP) Trainer(in) *m(f)*

entrenamiento [en̩trena'mjen̩to] *m* ❶ (DEP) Training *nt* ❷ *(práctica)* Übung *f*
entrenar [en̩tre'nar] **I.** *vt* trainieren; *(perro)* abrichten **II.** *vr:* **~se** trainieren
entrepaño [en̩tre'paɲo] *m* ❶ (ARQUIT) Tafelwerk *nt* ❷ *(de estantería)* Fach *nt*
entrepierna [en̩tre'pjerna] *f* ❶ *(muslo)* Innenseite *f* des Oberschenkels; **esto se me pasa por la ~** *(vulg)* das geht mir am Arsch vorbei ❷ *(del pantalón)* (Hosen)zwickel *m* ❸ *(Chil: de baño)* Badehose *f*

E

entreplanta [en̩tre'plan̩ta] *f* Zwischenstock *m*
entrepuente [en̩tre'pwen̩te] *m* (NÁUT) Zwischendeck *nt*
entresacar [en̩tresa'kar] <c → qu> *vt* ❶ *(escoger)* heraussuchen (**de** aus +*dat*); *(elegir)* auswählen (**de** aus +*dat*) ❷ *(pelo)* ausdünnen
entresijo [en̩tre'sixo] *m* ❶ (ANAT) Gekröse *nt* ❷ *pl (cosas escondidas)* Geheimnisse *nt pl*
entresuelo [en̩tre'swelo] *m* Zwischengeschoss *nt*
entretanto [en̩tre'tan̩to] *adv* inzwischen
entretecho [en̩tre'teʧo] *m (CSur: desván)* Dachboden *m*
entretejer [en̩trete'xer] *vt* ❶ *(meter)* einweben; *(fig)* einflechten ❷ *(entrelazar)* verflechten
entretela [en̩tre'tela] *f* Zwischenfutter *nt*
entretener [en̩trete'ner] *irr como tener* **I.** *vt* ❶ *(detener)* aufhalten ❷ *(apartar la atención)* ablenken ❸ *(divertir)* unterhalten; **sabe como ~ a los niños** er/sie kann Kinder gut bei Laune halten ❹ *(asunto)* hinauszögern; **~ a alguien con excusas** jdn mit Ausreden vertrösten **II.** *vr:* **~se** ❶ *(pasar el rato)* sich *dat* die Zeit vertreiben; **~se con revistas** sich *dat* die Zeit mit Zeitschriftenlesen vertreiben ❷ *(tardar)* aufgehalten werden; **¡no te entretengas!** beeil dich! ❸ *(apartar la atención)* sich ablenken lassen (**con** von +*dat*)
entretenida [en̩trete'niða] *f (amante)* Geliebte *f;* **dar la ~ a alguien** jdn vertrösten
entretenido, -a [en̩trete'niðo, -a] *adj* unterhaltsam
entretenimiento [en̩treteni'mjen̩to] *m* ❶ *(diversión)* Unterhaltung *f; (pasatiempo)* Zeitvertreib *m;* **en el bosque hay mucho ~ para los niños** im Wald gibt es viele interessante Dinge für die Kinder ❷ *(conservación)* Erhaltung *f*
entretiempo [en̩tre'tjempo] *m sin pl* Übergangszeit *f*
entrever [en̩tre'βer] *vt irr como ver* ❶ *(objeto)* undeutlich sehen ❷ *(sospechar)* ahnen; *(intenciones)* durchschauen
entreverado, -a [en̩treβe'raðo, -a] *adj (carne)* durchwachsen
entrevista [en̩tre'βista] *f* ❶ (PREN) Interview *nt;* **hacer una ~ a alguien** jdn interviewen ❷ *(reunión)* Besprechung *f;* **~ personal (de trabajo)** Vorstellungsgespräch *nt,* Bewerbungsgespräch *nt*
entrevistado, -a [en̩treβis'taðo, -a] *m, f* Interviewpartner(in) *m(f)*
entrevistador(a) [en̩treβista'ðor(a)] *m(f)* Interviewer(in) *m(f)*
entrevistar [en̩treβis'tar] **I.** *vt* interviewen **II.** *vr:* **~se** sich treffen
entristecer [en̩triste'θer] *irr como crecer* **I.** *vt* traurig machen **II.** *vr:* **~se** traurig werden
entristecimiento [en̩tristeθi'mjen̩to] *m* Traurigkeit *f*
entrojar [en̩tro'xar] *vt* (AGR) speichern
entrometerse [en̩trome'terse] *vr* sich einmischen (**en** in +*akk*)
entrometido, -a [en̩trome'tiðo, -a] *adj o m, f v.* **entremetido**
entrometimiento [en̩trometi'mjen̩to] *m* Einmischen *nt*
entromparse [en̩trom'parse] *vr* sich betrinken
entroncar [en̩troŋ'kar] <c → qu> *vi* ❶ *(tener parentesco)* verwandt sein ❷ *(Am: tren)* Anschluss haben (**con** an +*akk*)
entronizar [en̩troni'θar] <z → c> **I.** *vt* auf den Thron erheben **II.** *vr:* **~se** eingebildet werden
entronque [en'troŋke] *m* ❶ *(parentesco)* Verwandtschaft *f* ❷ *(Am: tren)* Anschluss *m*
entrullado, -a [en̩tru'ʎaðo, -a] *adj (argot: encarcelado)* eingesperrt, hinter Gittern
entuerto [en̩'twerto] *m (agravios)* Unrecht *nt*
entumecerse [en̩tume'θerse] *vr irr como crecer* einschlafen
entumecido, -a [en̩tume'θiðo, -a] *adj (pierna)* taub; *(rígido)* erstarrt
entumecimiento [en̩tumeθi'mjen̩to] *m* Taubheit *f; (rigidez)* Erstarren *nt*
enturbiamiento [en̩turβja'mjen̩to] *m* Trübung *f*
enturbiar [en̩tur'βjar] *vt* trüben
entusiasmar [en̩tusjas'mar] **I.** *vt* begeistern **II.** *vr:* **~se** sich begeistern (**con/por** für +*akk*)
entusiasmo [en̩tu'sjasmo] *m sin pl* Begeisterung *f*
entusiasta [en̩tu'sjasta] **I.** *adj* begeistert **II.** *mf* **una ~ del ballet** eine große Anhängerin des Balletts
enumeración [enumera'θjon] *f* Aufzählung *f*

enumerar [enume'rar] *vt* aufzählen; *(escrito)* aufführen
enunciado [enuṇ'θjaðo] *m* ❶ *(de problema)* Darlegung *f* ❷ *(texto)* Wortlaut *m* ❸ (LING) Aussage *f*
enunciar [enuṇ'θjar] *vt (explicar)* erläutern
enunciativo, -a [enuṇθja'tiβo, -a] *adj* **oración enunciativa** Aussagesatz *m*
envalentonar [embaleṇto'nar] **I.** *vt* ermutigen **II.** *vr:* **~se** prahlen
envanecer [embane'θer] *irr como crecer* **I.** *vt* stolz machen **II.** *vr:* **~se** ❶ *(enorgullecerse)* stolz sein (**de** auf +*akk*) ❷ *(engreírse)* eingebildet werden
envanecido, -a [embane'θiðo] *adj* stolz; *(arrogante)* anmaßend, überheblich
envanecimiento [embaneθi'mjeṇto] *m sin pl* Anmaßung *f; (orgullo)* Stolz *m*
envarado, -a [emba'raðo, -a] *adj* ❶ *(rígido)* steif, starr, erstarrt ❷ *(altivo)* hochnäsig ❸ *(Perú: influyente)* einflussreich
envaramiento [embara'mjeṇto] *m* ❶ *(rigidez)* Steifheit *f; (de un músculo, parte del cuerpo)* Starre *f* ❷ *(altivez)* Überheblichkeit *f*
envarar [emba'rar] **I.** *vt* lähmen **II.** *vr:* **~se** ❶ *(miembro)* starr werden ❷ *(persona)* hochmütig werden
envasado [emba'saðo] *m* Verpackung *f*, Verpacken *nt*
envasar [emba'sar] *vt* abfüllen
envase [em'base] *m* ❶ *(paquete)* Verpackung *f;* **~ reciclable** [*o* **reutilizable**] Mehrwegverpackung *f;* **~ no retornable** [*o* **no recuperable**] Einwegverpackung *f* ❷ *pl (cascos)* Leergut *nt* ❸ *(acción)* Abfüllen *nt;* **~ al vacío** Vakuumverpackung *f*
envejecer [embexe'θer] *irr como crecer* **I.** *vt* alt machen **II.** *vr:* **~se** altern
envejecimiento [embexeθi'mjeṇto] *m sin pl* Älterwerden *nt*
envenenamiento [embenena'mjeṇto] *m* Vergiftung *f*
envenenar [embene'nar] *vt* vergiften
envergadura [emberɣa'ðura] *f (importancia)* Bedeutung *f*
envés [em'bes] *m* Rückseite *f*
enviado, -a [embi'aðo, -a] *m, f* Abgesandte(r) *mf;* **~ especial** (PREN, TV, RADIO) Sonderberichterstatter *m*
enviar [embi'ar] <*1. pres* envío> *vt* schicken; *(despachar)* absenden; *(circular)* versenden; *(telegrama)* aufgeben; **~ (a) por algo a alguien** jdn etw holen lassen; **~ por correo** mit der Post schicken; **la ONU ~á a un mediador** die UNO wird einen Vermittler entsenden
envidar [embi'ðar] *vt (naipes)* bieten, setzen; **~ en** [*o* **de**] **falso** bluffen
envidia [em'bidja] *f* Neid *m;* **tener ~ a alguien** jdn beneiden; **tener ~ de algo** auf etw neidisch sein; **daba ~ verlo de lo guapo que iba** er sah beneidenswert gut aus; **lo corroe la ~** er wird vom Neid zerfressen
envidiable [embi'djaβle] *adj* beneidenswert
envidiar [embi'ðjar] *vt* beneiden (**por** um +*akk*); **¡mucho tienes tú que ~le a ella!** *(irón)* du hast gar keinen Grund, sie zu beneiden!
envidioso, -a [embi'djoso, -a] *adj* neidisch (**de** auf +*akk*)
envilecer [embile'θer] *irr como crecer* **I.** *vt* herabwürdigen **II.** *vr:* **~se** verkommen; *(humillarse)* sich erniedrigen
envío [em'bio] *m* Sendung *f; (expedición)* Versand *m;* **~ a domicilio** Lieferung frei Haus; **~ certificado** Einschreib(e)sendung *f;* **~ contra reembolso** Nachnahmesendung *f;* **~ urgente** Eilsendung *f;* **~ con valor declarado** Wertsendung *f;* **gastos de ~** Versandkosten *pl*
envite [em'bite] *m* ❶ *(apuesta)* Gebot *nt* ❷ *(fig: ofrecimiento)* Angebot *nt* ❸ *(empujón)* Stoß *m;* **al primer ~** auf einmal
enviudar [embju'ðar] *vi* verwitwen
envoltorio [emboḷ'torjo] *m* ❶ *(lío)* Bündel *nt* ❷ *(embalaje)* Verpackung *f*
envoltura [emboḷ'tura] *f (embalaje)* Verpackung *f;* **en ~ original** originalverpackt
envolver [embol'βer] *vt irr como volver* ❶ *(en papel)* einwickeln (**con/en** in +*akk*); *(empaquetar)* einpacken (**en/con** in +*akk*); *(en ropa)* einhüllen (**con/en** in +*akk*); **~ en papel de regalo** als Geschenk einpacken ❷ *(mezclar)* verwickeln
envuelto, -a [em'bweḷto, -a] *pp de* **envolver**
enyesado [eɲɟe'saðo] *m* Eingipsen *nt*
enyesar [eɲɟe'sar] *vt* eingipsen
enzarzar [eṇθar'θar] <z → c> **I.** *vt* ❶ *(muro)* mit Dornen bedecken ❷ *(enemistar)* in einen Streit verwickeln **II.** *vr:* **~se** ❶ *(enredarse)* im Gestrüpp hängen bleiben ❷ *(tener dificultades)* sich in Ungelegenheiten bringen; **se ~on en una pelea** sie sind aneinandergeraten
enzima [eṇ'θima] *m o f* Enzym *nt*
eñe ['eɲe] *f* Ñ, ñ *nt*
eólico, -a [e'oliko, -a] *adj* Wind-; **central eólica** Windkraftwerk *nt*
epa ['epa] *interj (Am)* he; *(Chil)* auf
epatante [epa'taṇte] *adj* beeindruckend, überwältigend
épica ['epika] *f sin pl* Epik *f*

epicentro [epi'θen̩tro] *m* Epizentrum *nt*
épico, -a ['epiko, -a] *adj* episch; **poema** ~ Epos *nt*
epidemia [epi'ðemja] *f* Epidemie *f*
epidemiología [epiðemjolo'xia] *f sin pl* Epidemiologie *f*
epidermis [epi'ðermis] *f inv* (ANAT, BOT) Epidermis *f*
epigastrio [epi'ɣastrjo] *m* (ANAT) Magengrube *f*

E

epígrafe [e'piɣrafe] *m* ❶ *(inscripción)* Inschrift *f* ❷ *(título)* Überschrift *f* ❸ *(consigna)* Motto *nt*
epigrama [epi'ɣrama] *m* ❶ *(en piedra)* Inschrift *f* ❷ *(poema)* Epigramm *nt*
epilepsia [epi'leβsja] *f* Epilepsie *f*
epiléptico, -a [epi'leptiko, -a] **I.** *adj* epileptisch **II.** *m, f* Epileptiker(in) *m(f)*
epílogo [e'piloɣo] *m* *(de libro)* Nachwort *nt*
episcopado [episko'paðo] *m* ❶ *(cargo)* Bischofsamt *nt* ❷ *(comunidad)* Episkopat *nt*
episcopal [episko'pal] *adj* bischöflich; **sede** ~ Bischofssitz *m*
episódico, -a [epi'soðiko, -a] *adj* episodisch
episodio [epi'sodjo] *m* ❶ *(suceso, t.* MÚS, LIT) Episode *f* ❷ *(parte)* Teil *m*
epistemología [epistemolo'xia] *f sin pl* (FILOS) Epistemologie *f*
epístola [e'pistola] *f* ❶ (REL: *carta*) Brief *m;* **~s de San Pablo** Briefe des Apostels Paulus ❷ *(subdiácono)* Unterdiakonat *nt* ❸ (LIT) Epistel *f*
epistolar [episto'lar] *adj* brieflich, Brief-; **relación** ~ Brieffreundschaft *f*
epitafio [epi'tafjo] *m* Grabschrift *f*
época ['epoka] *f* ❶ (HIST) Epoche *f;* **coches de** ~ Oldtimer *mpl;* **muebles de** ~ Stilmöbel *ntpl;* **trajes de** ~ historische Trachten; **un invento que hizo** ~ eine Epoche machende Erfindung ❷ *(tiempo)* Zeit *f;* ~ **de las lluvias** Regenzeit *f;* ~ **de recogida** Erntezeit *f;* **es la** ~ **más calurosa del año** das ist die wärmste Jahreszeit; **en aquella** ~ damals
epopeya [epo'peɟa] *f* (LIT) Epos *nt*
equidad [eki'ðaᵈ] *f sin pl* ❶ *(justicia)* Gerechtigkeit *f* ❷ *(de precios)* Mäßigkeit *f*
equidistar [ekiðis'tar] *vi* gleich weit entfernt sein (**de** von +*dat*)
equilátero, -a [eki'latero, -a] *adj* gleichseitig
equilibrado, -a [ekili'βraðo, -a] *adj* ausgeglichen; *(dieta, programa)* ausgewogen; *(sensato)* vernünftig
equilibrar [ekili'βrar] *vt, vr:* **~se** (sich) ausgleichen
equilibrio [eki'liβrjo] *m* ❶ *(en general)* Gleichgewicht *nt;* ~ **ecológico** ökologisches Gleichgewicht; **mantener el** ~ das Gleichgewicht halten; **alguien le hizo perder el** ~ jemand brachte ihn aus dem Gleichgewicht ❷ *(contrapeso)* Gegengewicht *nt* ❸ *(armonía, mesura)* Ausgewogenheit *f* ❹ *(loc)* **hacer ~s** sich auf einer Gratwanderung befinden; **para llegar a fin de mes tengo que hacer muchos ~s** *(fam)* es wird für mich ganz schön schwierig werden, diesen Monat über die Runden zu kommen
equilibrista [ekili'βrista] *mf* Seiltänzer(in) *m(f)*
equino, -a [e'kino, -a] *adj* Pferde-
equipaje [eki'paxe] *m* *(maletas)* Gepäck *nt;* ~ **de mano** Handgepäck *nt;* **entrega de ~s** Gepäckausgabe *f;* **exceso de** ~ Übergepäck *nt;* **registro de** ~ Zollkontrolle *f*
equipamiento [ekipa'mjen̩to] *m* Ausstattung *f,* Ausrüstung *f;* ~ **industrial** Industrieanlagen *fpl;* ~ **de serie** Serienausstattung *f;* ~ **técnico** technische Anlagen
equipar [eki'par] *vt* ausrüsten (**con/de** mit +*dat*); *(de ropa, un lugar)* ausstatten (**con/de** mit +*dat*)
equiparación [ekipara'θjon] *f* Angleichung *f* (**con** an +*akk*)
equiparar [ekipa'rar] *vt* ❶ *(igualar)* angleichen (**con** an +*akk*) ❷ *(comparar)* vergleichen (**con** mit +*dat*)
equipo [e'kipo] *m* ❶ *(grupo)* Team *nt;* *(turno)* Schicht *f;* ~ **gestor** Management *nt;* ~ **de investigadores** Forschungsgruppe *f;* ~ **de rastreo** Suchmannschaft *f;* **trabajo en** ~ Teamarbeit *f* ❷ (DEP) Mannschaft *f;* ~ **de fútbol** Fußballmannschaft *f;* **carrera por ~s** Mannschaftsrennen *nt;* **caerse con todo el** ~ *(fam fig)* völlig scheitern ❸ *(utensilios)* Ausrüstung *f;* ~ **de alta fidelidad** Hi-Fi-Anlage *f;* ~ (**de música**) **estéreo** Stereoanlage *f;* ~ **productivo** Produktionsapparat *m;* **bienes de** ~ Investitionsgüter *ntpl*
equis ['ekis] **I.** *adj inv* x; **rayos** ~ Röntgenstrahlen *mpl;* ~ **euros** X Euro; **el señor** ~ Herr Sowieso **II.** *f inv* ❶ *(letra)* X, x *nt;* **el proyecto de construcción tiene forma de** ~ das Bauprojekt ist x-förmig angelegt ❷ *(Col: serpiente)* Giftviper *f*
equitación [ekita'θjon] *f sin pl* Reitsport *m;* *(montar)* Reiten *nt;* **escuela de** ~ Reitschule *f*
equitativamente [ekitatiβa'men̩te] *adv* gerechterweise
equitativo, -a [ekita'tiβo, -a] *adj* gerecht;

hicieron un reparto ~ de las ganancias der Gewinn wurde gleichmäßig aufgeteilt

equivalencia [ekiβa'leṇθja] *f* Gleichwertigkeit *f;* (LING, MAT) Äquivalenz *f*

equivalente [ekiβa'leṇte] **I.** *adj* gleichwertig (**a** mit +*dat*); (LING, MAT) äquivalent; *(significado)* gleichbedeutend (**a** mit +*dat*); *(correspondiente)* entsprechend; **una cantidad ~ a diez dólares** eine Summe, die zehn Dollar entspricht **II.** *m* Äquivalent *nt;* **el ~ a diez días de trabajo** das Äquivalent für zehn Arbeitstage

equivaler [ekiβa'ler] *vi irr como valer* entsprechen (**a** +*dat*); **la negativa equivaldría a la ruptura de las negociaciones** eine Absage käme einem Abbruch der Beziehungen gleich; **lo que equivale a decir que...** was nichts anderes bedeutet, als dass ...

equivocación [ekiβoka'θjon] *f* Irrtum *m; (error)* Fehler *m; (malentendido)* Missverständnis *nt; (confusión)* Verwechslung *f;* **por ~** aus Versehen

equivocadamente [ekiβokaða'meṇte] *adv* irrtümlicherweise, irrtümlich, aus Versehen; **yo creía ~ que quien lo había hecho era él** ich dachte irrtümlicherweise, er hätte es getan

equivocar [ekiβo'kar] <c → qu> **I.** *vt* ① *(confundir)* verwechseln; **equivoqué los sobres de las cartas** ich habe die Briefumschläge vertauscht ② *(desconcertar)* durcheinanderbringen **II.** *vr:* **~se** sich irren (**de/en** in +*dat*); **~se de camino** sich verlaufen; **~se de carretera** sich verfahren; **~se al escribir** sich verschreiben; **~se al escribir** (**a máquina**) sich vertippen; **~se al hablar** sich versprechen; **~se al hacer una cuenta** sich verrechnen; **~se al leer** sich verlesen; **~se de número** (**de teléfono**) sich verwählen; **~se de tranvía** in die falsche Straßenbahn einsteigen; **~se de puerta** sich in der Tür irren

equivoco [eki'βoko] *m (Am)* Irrtum *m*

equívoco, -a [e'kiβoko, -a] *adj* ① *(con dos sentidos)* zweideutig ② *(dudoso)* zweifelhaft

era¹ ['era] *f* ① *(período)* Zeitalter *nt;* **~ poscomunista** postkommunistische Ära; **~ terciaria** Tertiär *nt* ② *(para trigo)* Tenne *f*

era² ['era] *3. imp de* **ser**

ere ['ere] *f* R, r *nt*

E-Reader [i'riðer] *m (lector de libros electrónicos)* E-Book-Reader *m*

erección [ereʸ'θjon] *f* ① *(del pene)* Erektion *f* ② *(de monumentos)* Errichtung *f*

erecto, -a [e'rekto, -a] *adj (tieso)* steif; *(púas)* aufgestellt

eremita [ere'mita] *mf* Einsiedler(in) *m(f)*

eres ['eres] *2. pres de* **ser**

ergo ['erɣo] *conj (irón elev)* also, ergo

ergómetro [er'ɣometro] *m* (MED) Ergometer *m*

ergonomía [erɣono'mia] *f sin pl* Ergonomie *f*

ergoterapia [erɣote'rapja] *f sin pl* Ergotherapie *f*

erguido, -a [er'ɣiðo, -a] *adj (derecho)* aufrecht

erguir [er'ɣir] *irr* **I.** *vt* aufrichten; **~ el cuello** den Hals (lang) strecken; **con la cabeza erguida** hocherhobenen Hauptes **II.** *vr:* **~se** ① *(ponerse derecho)* sich aufrichten; **~se en una silla** sich gerade hinsetzen; **el perro se irguió sobre las patas traseras** der Hund stellte sich auf die Hinterpfoten ② *(engreírse)* eingebildet sein

erigir [eri'xir] <g → j> **I.** *vt* ① *(construir)* errichten; **~ un andamio** ein Gerüst aufstellen ② *(fundar)* (be)gründen ③ *(nombrar)* ernennen; **la erigieron presidente** sie wurde zur Präsidentin ernannt **II.** *vr:* **~se** *(declararse)* sich (selbst) erklären (**en** zu +*dat*); *(hacer de)* auftreten (**en** als +*nom*)

Eritrea [eri'trea] *f* Eritrea *nt*

erizado, -a [eri'θaðo, -a] *adj* ① (BOT) stachelig ② *(pelo)* borstig, struppig

erizar [eri'θar] <z → c> **I.** *vt* ① *(el pelo)* sträuben; **el frío me erizó el vello** ich bekam vor Kälte eine Gänsehaut; **el miedo me erizó los cabellos** mir standen vor Angst die Haare zu Berge ② *(un asunto)* erschweren; **estar erizado de dificultades** mit Schwierigkeiten gespickt sein; **la vida está erizada de espinas** das Leben ist voller Dornen; **el camino está erizado de obstáculos** der Weg ist mit Hindernissen gepflastert **II.** *vr:* **~se** ① *(pelo)* sich sträuben; **mis cabellos se ~on del susto** mir standen vor Schreck die Haare zu Berge; **se me erizó el vello de tanto frío** ich bekam vor lauter Kälte eine Gänsehaut ② *(persona)* nervös werden

erizo [e'riθo] *m* ① *(mamífero)* Igel *m* ② *(pez)* Igelfisch *m* ③ *(del castaño)* Kastanienschale *f* ④ *(de mar)* Seeigel *m* ⑤ *(fam: persona)* Brummbär *m* ⑥ *(defensa)* Stacheldraht *m*

ermita [er'mita] *f (capilla)* Kapelle *f; (de peregrinación)* Wallfahrtskirche *f*

ermitaño¹ [ermi'taɲo] *m* (ZOOL) Einsiedlerkrebs *m*

ermitaño, -a² [ermi'taɲo, -a] *m, f* ① *(asqueta)* Einsiedler(in) *m(f)* ② *(persona poco sociable)* Einzelgänger(in) *m(f);* **ser un ~** sehr zurückgezogen leben

E

erogación [eroɣa'θjon] *f* ① *(Arg, Méx, Par: pago)* Zahlung *f* ② *(Ven: donativo)* Spende *f*
erógeno, -a [e'roxeno, -a] *adj* erogen
erosión [ero'sjon] *f* ① *(desgaste)* Abnutzung *f;* *(desaparición)* Schwinden *nt;* ~ **monetaria** Geldwertschwund *m* ② (GEO) Erosion *f;* *(causada por el agua)* Auswaschung *f;* ~ **del suelo** Bodenerosion *f* ③ *(de la piel)* (Haut)abschürfung *f* ④ *(de alguien)* Schädigung *f;* **sufrir** ~ Schaden nehmen; *(perder influencia)* an Einfluss verlieren; *(perder prestigio)* an Ansehen verlieren
erosionar [erosjo'nar] **I.** *vt* ① *(desgastar)* abnutzen ② (GEO) abtragen; **el agua erosiona las rocas** das Wasser wäscht die Felsen aus ③ *(la piel)* abschürfen ④ *(a alguien)* schädigen; **el artículo erosionó al partido** der Artikel hat dem Ruf der Partei geschadet **II.** *vr:* **~se** Schaden nehmen; *(perder prestigio)* an Ansehen verlieren; *(perder influencia)* an Einfluss verlieren
erótico, -a [e'rotiko, -a] *adj* erotisch
erotismo [ero'tismo] *m* Erotik *f*
erradicación [erraðika'θjon] *f* Ausrottung *f;* *(de una institución)* Abschaffung *f;* ~ **de una epidemia** Seuchenbekämpfung *f*
erradicar [erraði'kar] <c → qu> *vt* ausrotten; *(una planta)* entwurzeln; *(una institución)* abschaffen
errado, -a [e'rraðo, -a] *adj* ① *(cosa)* falsch ② *(persona)* **estar** [*o* **andar**] ~ sich irren
errar [e'rrar] *irr* **I.** *vi* ① *(equivocarse)* sich irren (**en** in +*dat*); ~ **en la respuesta** eine falsche Antwort geben; ~ **en el camino** sich verlaufen; *(fig)* auf dem Holzweg sein ② *(andar vagando)* umherziehen (**por** in +*dat*); *(sin orientación)* umherirren (**por** in +*dat*); *(vagabundear)* vagabundieren; **ir errando por las calles** durch die Straßen irren **II.** *vt* *(no acertar)* verfehlen; ~ **el golpe** danebenschlagen; ~ **el tiro** danebenschießen; ~ **la vocación** den Beruf verfehlen **III.** *vr:* **~se** sich irren (**en** in +*dat*)
errata [e'rrata] *f* Druckfehler *m*
erre ['erre] *f* R, r *nt;* ~ **que** ~ *(fam)* stur; **seguir ~ que ~** unbeirrt weitermachen; **él está, ~ que ~, empeñado a subir a la montaña** er will auf Teufel komm raus den Berg besteigen
erróneo, -a [e'rroneo, -a] *adj* falsch; **decisión errónea** Fehlentscheidung *f*
error [e'rror] *m* ① *(falta)* Fehler *m;* ~ **de cálculo** Rechenfehler *m;* ~ **de operación** (INFOR) Betriebsfehler *m;* ~ **ortográfico** Rechtschreibfehler *m;* **~es no eliminables** nicht behebbare Fehler; **cometer un** ~ einen Fehler machen; **has cometido un ~ muy grave** dir ist ein gravierender Fehler unterlaufen ② *(equivocación)* Irrtum *m;* *(descuido)* Versehen *nt;* **estar en el** [*o* **un**] ~ sich irren ③ (FÍS, MAT: *diferencia*) Abweichung *f* ④ *(conducta reprochable)* Verirrung *f*
ertzaina [er'tsaina] *mf* baskische(r) Polizist(in)
Ertzaintza [er'tʃantʃa] *f sin pl* autonome baskische Polizei
eructar [eruk'tar] *vi* aufstoßen
eructo [e'rukto] *m* Rülpser *m fam*
erudición [eruði'θjon] *f* Bildung *f;* *(sabiduría)* Weisheit *f*
erudito, -a [eru'ðito, -a] **I.** *adj* ① *(persona)* gebildet; *(sabio)* weise ② *(obra)* wissenschaftlich; **conocimientos ~s** fundierte Kenntnisse **II.** *m, f* Gelehrte(r) *mf;* *(sabio)* Weise(r) *mf;* *(experto)* Experte, -in *m, f;* **es un ~ en filosofía** er ist eine Kapazität auf dem Gebiet der Philosophie
erupción [eruβ'θjon] *f* ① (GEO) Eruption *f;* ~ **volcánica** Vulkanausbruch *m* ② (MED) Ausschlag *m;* ~ **cutánea** Hautausschlag *m*
es [es] *3. pres de* **ser**
esa(s) ['esa(s)] **I.** *adj v.* **ese**[2], **esa** **II.** *pron dem v.* **ese**[3], **esa, eso**
esbelto, -a [es'βelto, -a] *adj* *(delgado)* schlank; *(alto)* hoch gewachsen; *(grácil)* anmutig; *(elegante)* elegant; **un hombre ~** ein stattlicher Mann
esbirro [es'βirro] *m* ① *(alguacil)* Gerichtsdiener *m* ② *(de las autoridades)* Ordnungshüter *m* ③ *(fam: que comete actos violentos)* Schläger *m;* *(sicario)* Killer *m*
esbozar [esβo'θar] <z → c> *vt* ① *(dibujo)* skizzieren ② *(un tema)* umreißen; *(un escrito)* entwerfen; ~ **un discurso** eine Rede in Stichwörtern notieren ③ *(una sonrisa)* **esbozó una sonrisa** ein Lächeln huschte über sein/ihr Gesicht; ~ **una sonrisa irónica** sein Gesicht zu einem spöttischen Grinsen verziehen
esbozo [es'βoθo] *m* ① *(dibujo)* Skizze *f* ② *(de un proyecto)* Entwurf *m*
escabechar [eskaβe'tʃar] *vt* ① (GASTR) marinieren ② *(fam: suspender)* durchrasseln lassen ③ *(fam: matar)* abmurksen
escabeche [eska'βetʃe] *m* ① *(adobo)* Marinade *f;* **atún en ~** marinierter Thunfisch; **poner en ~** marinieren ② *(alimento: pescado)* marinierter Fisch *m;* ~ **de pollo** mariniertes Huhn
escabechina [eskaβe'tʃina] *f* ① *(fam: en un examen)* **en el examen hubo gran ~** bei der Prüfung fielen reihenweise Leute durch; **hacer una ~** viele Prüflinge durchfallen lassen ② *(destrozo)* Zerstörung *f;*

(carnicería) Massaker *nt;* **hacer una ~** Unheil anrichten

escabel [eska'βel] *m (taburete)* Schemel *m; (para los pies)* Fußbank *f*

escabino [eska'βino] *m* (JUR) Schöffe, m

escabroso, -a [eska'βroso, -a] *adj* ❶ *(áspero)* rau; *(terreno)* holperig; *(carácter)* schwierig ❷ *(comprometido)* heikel ❸ *(indecente)* anstößig

escabullirse [eskaβu'ʎirse] <*3. pret* se escabulló> *vr* ❶ *(desaparecer)* sich wegschleichen; **~ (por) entre la multitud** in der Menge untertauchen ❷ *(escurrirse)* entgleiten; **la trucha se me escabulló (de entre las manos)** die Forelle rutschte mir aus der Hand

escachar [eska'ʧar] **I.** *vt (fam: aplastar)* zerdrücken, zerquetschen **II.** *vr:* **~se** *(fam: quedar aplastado)* zerdrückt werden

escacharrado, -a [eskaʧa'rraðo, -a] *adj (plan)* gescheitert; *(proyecto, día)* misslungen

escacharrar [eskaʧa'rrar] **I.** *vt* ruinieren; *(romper)* kaputt machen; *(plato)* zerbrechen; *(proyecto)* zunichtemachen; **la lluvia nos escacharró la fiesta** der Regen verdarb uns das ganze Fest; **escacharró nuestros planes** er/sie machte uns einen Strich durch die Rechnung **II.** *vr:* **~se** ruiniert sein; *(romperse)* kaputtgehen; *(plato)* zerbrechen; *(proyecto)* scheitern; *(plan)* sich zerschlagen; **nuestros planes se ~on por culpa de la lluvia** unsere Pläne fielen buchstäblich ins Wasser; **se me ha escacharrado la escultura** die Skulptur ist mir nicht gelungen

escafandra [eska'fan̩dra] *f* Taucheranzug *m;* **~ autónoma** Tauchgerät *nt;* **~ espacial** Raumanzug *m*

escafandrista [eskafan̩'drista] *mf* Taucher(in) *m(f)*

escala [es'kala] *f* ❶ *(serie)* Skala *f;* **~ de colores** Farbskala *f;* **~ de cuotas** Beitragsstaffelung *f;* **~ de descuentos** Rabattstaffel *f;* **~ impositiva** Steuersatz *m;* **~ de salarios** Lohnskala *f* ❷ *(musical)* Tonleiter *f;* **hacer ~s** Läufe üben ❸ *(proporción)* Verhältnis *nt; (de un mapa)* Maßstab *m;* **~ de reproducción** Abbildungsmaßstab *m;* **a ~** maßstabsgerecht; **un mapa a ~ 1:100.000** eine Karte im Maßstab (von) 1:100.000 ❹ *(de medición)* Skala *f;* **~ de grados** Gradeinteilung *f;* **~ milimétrica** Millimetereinteilung *f* ❺ *(medida)* Maß *nt;* **a ~ mundial** weltweit; **a ~ nacional** landesweit; **en gran ~** in großem Umfang; **comprar en gran ~** in großen Mengen einkaufen; **fabricación en gran ~** Massenproduktion *f;* **ser de mayor ~** größer sein ❻ *(parada)* Zwischenaufenthalt *m;* (AERO) Zwischenlandung *f;* **~ forzada** (AERO) Notlandung *f;* **el avión tuvo que hacer ~ en París** das Flugzeug musste in Paris zwischenlanden; **hacer ~ en un puerto** einen Hafen anlaufen ❼ *(puerto)* Anlaufhafen *m* ❽ *(escalera)* Leiter *f;* **~ de cuerda** Strickleiter *f*

escalabrar [eskala'βrar] **I.** *vt* verletzen **II.** *vr:* **~se** sich verletzen

escalada [eska'laða] *f* ❶ *(subida)* Aufstieg *m* (**de** auf +*akk*); *(de un muro)* Überwindung *f; (de una pared)* Erklimmen *nt;* **~ libre** Freeclimbing *nt* ❷ *(alpinismo)* Bergsteigen *nt* ❸ *(de un edificio)* Einstieg *m* (**de** in +*akk*); *(violentamente)* Eindringen *nt* (**de** in +*akk*); *(robo)* Einbruch *m* (**de** in +*akk*); (MIL) Erstürmung *f* ❹ *(a una posición/cargo)* Aufstieg *m* ❺ *(aumento)* Anstieg *m; (de un conflicto/la violencia)* Eskalation *f*

escalador(a) [eskala'ðor(a)] **I.** *adj* Bergsteiger- **II.** *m(f)* ❶ *(alpinista)* Bergsteiger(in) *m(f)* ❷ *(ladrón)* Fassadenkletterer, -in *m, f*

escalafón [eskala'fon] *m (de cargos)* (Dienst)rangliste *f; (de sueldos)* Besoldungsliste *f;* **subir en el ~** befördert werden

escalar [eska'lar] **I.** *vi* ❶ *(en las montañas)* bergsteigen ❷ *(socialmente/profesionalmente)* aufsteigen **II.** *vt* ❶ *(subir)* (hinauf)steigen (auf +*akk*); *(una montaña)* besteigen; *(una pared)* hochklettern; **~ un muro** über eine Mauer klettern; **has escalado las cimas del poder** du bist auf dem Gipfel der Macht angelangt ❷ *(entrar)* (ein)steigen (in +*akk*), (hinein)klettern (in +*akk*); *(violentamente)* eindringen (in +*akk*); *(ladrón)* einbrechen (in +*akk*); (MIL) (er)stürmen; **~on la habitación por la ventana** sie stiegen durch das Fenster ins Zimmer ❸ *(una posición)* erlangen; **escaló el cargo más alto de la empresa** er/sie arbeitete sich bis zum höchsten Posten in der Firma hoch

escaldado, -a [eskal̩'daðo, -a] *adj* ❶ *(escarmentado)* vorsichtig; **salir ~** schlechte Erfahrungen gemacht haben; **gato ~ del agua fría huye** *(prov)* gebranntes Kind scheut das Feuer ❷ *(mujer)* schamlos

escaldar [eskal̩'dar] **I.** *vt* ❶ (GASTR) abbrühen ❷ (MED) verbrennen; *(con agua hirviendo)* verbrühen; *(inflamar)* entzünden **II.** *vr:* **~se** ❶ *(persona)* sich verbrennen; *(con agua hirviendo)* sich verbrühen ❷ *(piel)* sich entzünden

escalera [eska'lera] *f* ❶ *(escalones)* Treppe *f;* (AERO) Gangway *f;* **~ abajo** treppab;

E

~ **arriba** treppauf; ~ **de caracol** Wendeltreppe *f;* ~ **mecánica** [*o* **automática**] Rolltreppe *f;* ~ **de servicio** Hintertreppe *f* ② *(pasillo)* Treppenhaus *nt* ③ *(escala)* Leiter *f;* ~ **de bomberos** Feuerwehrleiter *f;* ~ **de cuerda** Strickleiter *f;* ~ **doble** Trittleiter *f;* ~ **de incendios** Feuerleiter *f;* ~ **de mano** Leiter *f;* ~ **de tijera** Trittleiter *f;* **subir la** ~ auf die Leiter steigen

escalerilla [eskale'riʎa] *f* ① *(escalones)* kleine Treppe *f;* (AERO) Gangway *f;* **en** ~ staffelförmig ② *(escala)* kurze Leiter *f* ③ *(naipes)* Sequenz *f* von drei Karten ④ *(listones)* Gitter *nt* ⑤ *(de un veterinario)* Spekulum *nt*

escalinata [eskali'nata] *f* Freitreppe *f*

escalo [es'kalo] *m* ① *(subida)* Klettern *nt* (**de** auf +*akk*), Hinaufsteigen *nt* (**de** auf +*akk*); *(de una montaña)* Aufstieg *m* (**de** auf +*akk*); *(de un muro)* Überwindung *f* ② *(penetración)* Einstieg *m* (**de** in +*akk*); *(violentamente)* Eindringen *nt* (**de** in +*akk*); *(robo)* Einbruch *m* (**de** in +*akk*); (MIL) Erstürmung *f* ③ *(boquete)* (Schlupf)loch *nt,* (Durch)gang *m*

escalofriante [eskalo'frjan̩te] *adj* ① *(pavoroso)* schaurig; **película** ~ Gruselfilm *m* ② *(asombroso)* haarsträubend

escalofrío [eskalo'frio] *m* ① *(sensación)* Schauder *m;* **al abrir la ventana sentí ~s** beim Öffnen des Fensters überlief mich ein Schauder; **la película me produjo ~s** der Film erfüllte mich mit Schauder; **cierra la puerta, tengo ~s** mach die Tür zu, es fröstelt mich ② (MED) Schüttelfrost *m*

escalón [eska'lon] *m* Stufe *f; (de una escala)* (Leiter)sprosse *f;* ~ **de descansillo** Treppenabsatz *m;* ~ **lateral** Standspur *f;* **subir un** ~ *(profesionalmente)* befördert werden; **este libro es un ~ hacia el éxito** dieses Buch ist ein erster Schritt auf dem Weg zum Erfolg; **descender un ~ en la opinión pública** in der öffentlichen Meinung sinken

escalonado, -a [eskalo'naðo, -a] *adj* ① *(terreno)* stufenförmig ② *(precio)* gestaffelt; **tarifa escalonada** Staffeltarif *m*

escalonar [eskalo'nar] *vt (situar)* formieren; ~ **puestos de vigilancia** in regelmäßigen Abständen Wachposten aufstellen

escalopa [eska'lopa] *f,* **escalope** [eska'lope] *m* Schnitzel *nt;* ~ **a la vienesa** Wiener Schnitzel

escalpelo [eskal'pelo] *m* Skalpell *nt*

escama [es'kama] *f* ① *(placa, t.* ZOOL, BOT) Schuppe *f;* **~s de jabón** Seifenflocken *f pl;* **tener más ~s que un besugo** *(fig)* auf der Hut sein ② *(fam: recelo)* Misstrauen *nt;* **sentir** ~ stutzen; **sentí ~ de que no llamaras** dass du nicht anriefst, machte mich stutzig; **le salieron ~s** er/sie wurde misstrauisch

escamado, -a [eska'maðo, -a] *adj* ① *(piel, superficie)* schuppig ② *(fam: receloso)* misstrauisch

escamar [eska'mar] **I.** *vt* ① *(el pescado)* (ab)schuppen ② *(fam: inquietar)* stutzig machen **II.** *vr:* **~se** *(fam)* stutzen; **me escamé al oír la noticia** die Nachricht ließ mich stutzen; **me escamé de tu respuesta** deine Antwort machte mich stutzig

escamocha [eska'motʃa] *f (Méx: sobras)* Essensreste *mpl*

escamoso, -a [eska'moso, -a] *adj* schuppig

escamotear [eskamote'ar] *vt* ① *(ilusionista)* verschwinden lassen ② *(quitar)* wegnehmen; *(robar)* entwenden ③ *(ocultar)* verbergen; *(información)* unterschlagen; ~ **la verdad** die Wahrheit verschweigen; ~ **un asunto** eine Angelegenheit unter den Tisch fallen lassen

escampado, -a [eskam'paðo, -a] *adj (lugar)* frei, leer; *(sin vegetación)* öde; *(sin edificios)* unbesiedelt

escampar [eskam'par] *vimpers* **espera hasta que escampe** warte, bis es aufhört zu regnen

escanciar [eskan̩'θjar] *vt* einschenken

escanda [es'kan̩da] *f* (BOT) Dinkel *m*

escandalizar [eskan̩dali'θar] <z → c> **I.** *vi* Lärm machen **II.** *vt* ① *(indignar)* Anstoß erregen (bei +*dat*) ② *(horrorizar)* schockieren ③ *(alborotar)* Unruhe stiften (bei +*dat,* in +*dat*); **escandalizó la discusión con sus gritos** er/sie veranstaltete bei der Diskussion ein Riesengeschrei; **ayer por la noche escandalizaste la casa con tus gritos** gestern Nacht hast du mit deinem Geschrei das ganze Haus aufgeweckt **III.** *vr:* **~se** ① *(indignarse)* Anstoß nehmen (**de/por** an +*dat*) ② *(estar horrorizado)* schockiert sein (**de/por** über +*akk*)

escándalo [es'kan̩dalo] *m* ① *(ruido)* Lärm *m; (gritos)* Geschrei *nt;* **armar un** [*o* **dar el**] ~ Lärm machen; **se armó un** ~ *(fam)* ein Riesenlärm brach los ② *(manifestación)* Tumult *m;* **se armó un** ~ es kam zu Tumulten; **dar el** ~ Aufsehen erregen ③ *(que provoca)* Skandal *m;* ~ **público** öffentliches Ärgernis; **la piedra del** ~ der Stein des Anstoßes; **estos precios son un** ~ diese Preise sind eine Frechheit; **tu comportamiento es un** ~ du verhältst dich unmöglich; **dar un** ~ einen Skandal verursachen; **causar** ~ *(provocar indignación)* Anstoß erregen; **de** ~ skandalös

❹ *(pasmo)* **¡qué ~!** das ist ja kaum zu fassen!

escandaloso, **-a** [eskaṇda'loso, -a] *adj* ❶ *(ruidoso)* laut; *(alborotado)* turbulent ❷ *(inmoral, contra las convenciones, irritante)* skandalös; **precios ~s** Wucherpreise *mpl* ❸ *(revoltoso)* unruhig

Escandinavia [eskaṇdi'naβja] *f* Skandinavien *nt*

escandinavo, **-a** [eskaṇdi'naβo, -a] **I.** *adj* skandinavisch **II.** *m, f* Skandinavier(in) *m(f)*

escanear [eskane'ar] *vt* scannen

escáner [es'kaner] *m* Scanner *m;* **~ a** [*o* **en**] **color** Farbscanner *m*

escaño [es'kaɲo] *m* ❶ *(banco)* Bank *f* ❷ *(acta de diputado)* Sitz *m*

escapada [eska'paða] *f* ❶ *(de un lugar)* Entwischen *nt; (de un encierro)* Flucht *f; (de casa)* Ausreißen *nt,* Kurzurlaub *m;* **hacer una ~** *(del trabajo)* Urlaub machen; *(de la rutina)* aus der Routine ausbrechen; *(de la vida cotidiana)* dem Alltag entfliehen ❷ *(loc)* **en una ~** in Windeseile

escapar [eska'par] **I.** *vi, vr:* **~se** ❶ *(de un encierro)* entkommen (**de** aus +*dat*); *(de la cárcel)* ausbrechen (**de** aus +*dat*) ❷ *(de un peligro)* entrinnen (**de** +*dat*); **logré ~** ich kam ungeschoren davon ❸ *(deprisa, ocultamente)* entwischen; **~se de casa** von zu Hause ausreißen; **el ladrón (se) escapó por la ventana** der Dieb entkam durch das Fenster ❹ *(quedar fuera del alcance)* sich entziehen; **algunas cosas se escapan al poder de la voluntad** manche Dinge kann man nicht beeinflussen; **es imposible ~ a esta ley** man kann dieses Gesetz nicht umgehen **II.** *vr:* **~se** ❶ *(agua, gas)* entweichen (**de** aus +*dat*) ❷ *(decir)* herausrutschen *fam;* **se me ha escapado que te vas a casar** ich habe aus Versehen gesagt, dass du heiratest ❸ *(soltarse)* entwischen; **se me ha escapado un punto** ich habe eine Masche verloren; **se escapó un tiro** ein Schuss löste sich ❹ *(no poder retener)* **se me ha escapado su nombre** mir ist sein/ihr Name entfallen; **se me ha escapado el negocio** das Geschäft ist mir entgangen; **se me ha escapado el autobús** ich habe den Bus verpasst; **se me ha escapado la mano** mir ist die Hand ausgerutscht; **se me ha escapado la risa** ich konnte mir das Lachen nicht verkneifen; **se me escapó un suspiro** mir entfuhr ein Seufzer ❺ *(no advertir)* entgehen; **no se te escapa ni una** dir entgeht nichts

escaparate [eskapa'rate] *m* ❶ *(de una tienda)* Schaufenster *nt;* **estar en el ~** *(fig)* im Rampenlicht stehen ❷ *(estantería)* Vitrine *f* ❸ *(Am: armario)* Schrank *m* ❹ *(argot: pecho)* Busen *m;* **tener mucho ~** viel Holz vor der Hütte haben

escaparatista [eskapara'tista] *mf* Schaufensterdekorateur(in) *m(f)*

escapatoria [eskapa'torja] *f* ❶ *(lugar)* Fluchtweg *m;* **no hay ~** *(fig)* es gibt kein Entrinnen ❷ *(excusa)* Ausflucht *f* ❸ *(solución)* Ausweg *m;* **es la única ~ que tienes** es bleibt dir nur dieser Ausweg; **no tener ~** sich in einer ausweglosen Lage befinden

escape [es'kape] *m* ❶ *(de un gas/líquido)* Leck *nt* ❷ *(solución)* Ausweg *m;* **no tenía ~** *(de una amenaza)* es gab kein Entrinnen; **no había ningún ~ a la situación** die Situation war ausweglos ❸ (AUTO) Auspuff *m;* **tubo de ~** Auspuffrohr *nt* ❹ *(loc)* **a ~** in Windeseile; **dame a ~ las tijeras** gib mir bitte ganz schnell die Schere

escaquearse [eskake'arse] *vr* ❶ *(eludir)* umgehen (**de** +*akk*), vermeiden (**de** +*akk*); **~ de una situación comprometida** einer heiklen Situation aus dem Weg gehen ❷ *(fam: no cumplir)* sich drücken (**de** vor +*dat*)

escarabajo [eskara'βaxo] *m* (ZOOL) Käfer *m*

escaramujo [eskara'muxo] *m* Hagebutte *f*

escaramuza [eskara'muθa] *f* ❶ *(lucha)* Scharmützel *nt* ❷ *(discusión)* Geplänkel *nt*

escarapelar [eskarape'lar] **I.** *vt* ❶ *(Col, CRi, Méx: descascarar)* schälen ❷ *(Col: manosear)* befühlen **II.** *vr:* **~se** *(Méx, Perú)* ❶ *(atemorizarse)* sich ängstigen ❷ *(temblar)* zittern

escarbar [eskar'βar] **I.** *vi* ❶ *(en la tierra)* scharren (**en** in +*dat*) ❷ *(escudriñar)* herumstochern (**en** in +*dat*) **II.** *vt* ❶ *(la tierra)* aufwühlen; **~ la arena** im Sand scharren ❷ *(la lumbre)* schüren ❸ *(tocar)* herumstochern (in +*dat*) ❹ *(limpiar)* reinigen; **~ los dientes** die Zähne von Speiseresten befreien ❺ *(investigar)* erforschen **III.** *vr:* **~se** herumstochern (in +*dat*); **no te escarbes la herida** hör auf, an der Wunde herumzufummeln; **~se las orejas** sich *dat* die Ohren reinigen

escarceo [eskar'θeo] *m* ❶ *(oleaje)* Strudel *m* ❷ *pl (vueltas)* Tänzeln *nt;* **el caballo dio ~s** das Pferd drehte sich im Kreis ❸ *pl (divagaciones)* Exkurs *m;* **~s políticos** Abstecher in die Politik; **sin ~s** ohne Umschweife

escarcha [es'kartʃa] *f* (Rau)reif *m*

escarchado[1] [eskar'tʃaðo] *m (de oro)* Goldstickerei *f; (de plata)* Silberstickerei *f*

escarchado, **-a**[2] [eskar'tʃaðo, -a] *adj*

E

① *(paisaje)* mit Reif überzogen ② *(frutas)* kandiert ③ *(licor)* kristallisiert; **ron ~** Rum mit einem kandierten Aniszweig ④ *(arcilla)* geschlämmt

escarchar [eskar'ʧar] **I.** *vt (frutas)* kandieren **II.** *vimpers* **ha escarchado** es hat gereift

escardar [eskar'ðar] *vt* ① *(desherbar)* jäten ② *(limpiar)* säubern; **~ un libro de errores** ein Buch von Fehlern befreien

escarlata [eskar'lata] *adj* scharlachrot

escarlatina [eskarla'tina] *f* Scharlach *m*

escarmentado, -a [eskarmeṇ'taðo, -a] *adj* ① *(desengañado)* zurückhaltend, vorsichtig ② *(enmendado)* geläutert; *(niño)* brav

escarmentar [eskarmeṇ'tar] <e → ie> **I.** *vi* ① *(desengañarse)* dazulernen; **~ en cabeza ajena** aus dem Schaden anderer klug werden ② *(enmendarse)* sich bessern **II.** *vt* ① *(castigar)* bestrafen ② *(reprender)* zurechtweisen ③ *(desengañar)* eine Lehre sein +*dat;* **quedar** [*o* **estar**] **escarmentado de algo** von etw *dat* nichts mehr wissen wollen

escarmiento [eskar'mjeṇto] *m* ① *(lección)* Lehre *f;* **me sirvió de ~** das war mir eine Lehre ② *(penalización)* Bestrafung *f;* *(pena)* Strafe *f*

escarnecedor(a) [eskarneθe'ðor(a)] *adj* spöttisch, höhnisch

escarnecer [eskarne'θer] *vt irr como crecer (burlarse)* verspotten; *(ridiculizar)* zum Gespött machen

escarnio [es'karnjo] *m* Spott *m;* **con ~** spöttisch

escarola [eska'rola] *f* (BOT) Endivie *f;* *(ensalada)* Endiviensalat *m*

escarpado, -a [eskar'paðo, -a] *adj (terreno)* steil; *(montaña)* schroff

escarpia [es'karpja] *m* (Wand)haken *m*

escasamente [eskasa'meṇte] *adv* kaum; **hace ~ dos horas que se han ido** sie sind vor knapp zwei Stunden gegangen

escasear [eskase'ar] **I.** *vi* ① *(faltar)* knapp sein; **escasea la leche** es mangelt an Milch ② *(ir a menos)* knapp werden **II.** *vt (dar con escasez)* knausern (mit +*dat*)

escasez [eska'seθ] *f* ① *(insuficiencia)* Knappheit *f;* **comprar con ~** nur das Nötigste einkaufen ② *(falta)* Mangel *m* (**de** an +*dat*); **~ de lluvias** spärliche Regenfälle; **~ de viviendas** Wohnungsnot *f;* **una región con ~ de agua** ein wasserarmes Gebiet ③ *(pobreza)* Armut *f;* **vivir con ~** Mangel leiden

escaso, -a [es'kaso, -a] *adj* ① *(insuficiente)* spärlich; *(cantidad, tiempo)* knapp; **~ de palabras** wortkarg; **quedar ~** nicht ausreichen; **viento ~** Flaute *f;* **andar ~ de dinero** knapp bei Kasse sein; **estar ~ de tiempo** kaum Zeit haben; **tiene escasas posibilidades de ganar** er/sie hat kaum Chancen, zu gewinnen; **en dos horas escasas** in knapp zwei Stunden ② *(mezquino)* knausrig

escatimar [eskati'mar] *vt* geizen (mit +*dat*); **me escatimó parte del dinero** er/sie enthielt mir einen Teil des Geldes vor; **no ~ gastos/medios** keine Kosten/Mühen scheuen; **~ el aplauso a alguien/algo** jdm/etw *dat* nicht den gebührenden Tribut zollen

escatológico, -a [eskato'loxiko, -a] *adj* ① *(relativo a los excrementos)* Fäkal-; *(expresión)* vulgär; **lenguaje ~** Fäkalsprache *f* ② (PSICO, MED) skatologisch ③ (REL) eschatologisch

escayola [eska'ɟola] *f* ① *(yeso)* Gips *m;* **¿cuándo te quitan la escayola?** wann nehmen sie dir den Gips ab? ② *(estuco)* Stuck(gips) *m*

escayolar [eskaɟo'lar] *vt* (MED) eingipsen; **llevar el brazo escayolado** den Arm in Gips haben

escena [es'θena] *f* ① *(parte del teatro)* Bühne *f;* **aparecer en ~** auftreten; **poner en ~** inszenieren; **puesta en ~** Inszenierung *f;* **salir a la ~** auftreten; **salir de la ~** abtreten ② *(lugar)* Schauplatz *m;* **~ del crimen** Tatort *m;* **desaparecer de ~** *(marcharse)* von der Bildfläche verschwinden; *(morirse)* sterben; **poner en ~** in Szene setzen; **salir a ~** *(aparecer)* in Erscheinung treten; *(ante el público)* an die Öffentlichkeit treten ③ *(parte de una obra)* Szene *f;* **~ final** Schlussszene *f;* **cambio de ~** Szenenwechsel *m* ④ *(arte)* Schauspielerei *f;* **dedicarse a la ~** zur Bühne gehen ⑤ (LIT) Theater *nt* ⑥ *(suceso, reproche)* Szene *f;* **~ de celos** Eifersuchtsszene *f;* **hacer una ~ ridícula** sich unmöglich aufführen

escenario [esθe'narjo] *m* ① *(parte del teatro)* Bühne *f* ② *(lugar)* Schauplatz *m;* **~ del crimen** Tatort *m* ③ *(situación)* Situation *f;* *(hipotética)* Szenarium *nt*

escénico, -a [es'θeniko, -a] *adj* szenisch; **efectos ~s** Bühneneffekte *mpl;* **escuela de arte ~** Schauspielschule *f;* **palco ~** Bühne *f*

escenificación [esθenifika'θjon] *f* ① *(representación)* Inszenierung *f* ② *(dramatización)* Dramatisierung *f*

escenificar [esθenifi'kar] <c → qu> *vt* ① *(representar)* inszenieren ② *(dramatizar)* dramatisieren

escenografía [esθenoɣra'fia] *f (decora-

ción) Ausstattung *f; (pintura)* Bühnenbild *nt*

escenográfico, -a [esθeno'ɣrafiko, -a] *adj* (TEAT) szenisch

escenógrafo, -a [esθe'noɣrafo, -a] *m, f* Bühnenbildner(in) *m(f)*

escepticismo [esθepti'θismo] *m sin pl (desconfianza)* Skepsis *f*

escéptico, -a [es'θeptiko, -a] **I.** *adj (desconfiado)* skeptisch; **ser ~ respecto a algo** an etw *dat* Zweifel hegen **II.** *m, f* Skeptiker(in) *m(f)*; **es un ~ de la homeopatía** er glaubt nicht an die Homöopathie

escindir [esθiṇ'dir] **I.** *vt (dividir)* teilen (**en** in +*akk*); *(partido, t.* FÍS) spalten (**en** in +*akk*); *(separar)* abspalten; *(cortar)* herausschneiden **II.** *vr:* **~se** *(dividirse)* sich teilen (**en** in +*akk*); *(partido)* sich spalten (**en** in +*akk*); *(abrirse)* aufplatzen; *(separarse)* sich abspalten

escisión [esθi'sjon] *f (división)* Teilung *f; (de un partido, t.* FÍS) Spaltung *f; (separación)* Trennung *f;* (MED) Entfernung *f*

esclarecer [esklare'θer] *irr como crecer* **I.** *vt* ❶ *(iluminar)* erleuchten ❷ *(afamar)* **~ a alguien** jdm zu Ruhm verhelfen ❸ *(explicar)* erklären; *(un crimen/misterio)* aufklären; **~ un asunto** Licht in eine Angelegenheit bringen **II.** *vimpers* **está esclareciendo** es dämmert

esclarecido, -a [esklare'θiðo, -a] *adj* ❶ *(lugar)* hell, erleuchtet ❷ *(asunto)* klar, geklärt; *(crimen)* aufgeklärt

esclarecimiento [esklareθi'mjeṇto] *m* ❶ *(iluminación)* Erleuchtung *f* ❷ *(explicación)* Erklärung *f; (de un crimen)* Aufklärung *f* ❸ *(fama)* Ruhm *m*

esclava [es'klaβa] *f* ❶ *(pulsera)* Armreif *m* ❷ *(persona)* Sklavin *f*

esclavitud [esklaβi'tu^ð] *f* ❶ *(sistema)* Sklaverei *f;* **someter a la ~** versklaven ❷ *(dependencia)* Abhängigkeit *f; (obediencia)* Hörigkeit *f*

esclavización [esklaβiθa'θjon] *f sin pl* ❶ *(cautivar)* Versklavung *f* ❷ *(dominar)* Unterjochung *f*

esclavizar [esklaβi'θar] <z → c> **I.** *vt* ❶ *(cautivar)* versklaven ❷ *(dominar)* unterjochen; **~ a alguien** *(hacer depender)* jdn von sich *dat* abhängig machen; **la empresa te ha esclavizado** du lebst nur für die Firma **II.** *vr:* **~se** sich unterwerfen

esclavo, -a [es'klaβo, -a] **I.** *adj* ❶ *(cautivo)* versklavt ❷ *(dominado)* abhängig; *(obediente)* hörig; **eres esclava de tu familia** du lebst nur für deine Familie; **ser ~ del alcohol** dem Alkohol verfallen sein **II.** *m, f* Sklave, -in *m, f;* **ser el ~ de alguien** *(obedecer)* jdm hörig sein; *(estar enamorado)* jdm verfallen sein; **ser un ~** *(fig)* hart arbeiten; **eres un ~ del alcohol** du bist dem Alkohol verfallen

esclerosis [eskle'rosis] *f inv* Sklerose *f;* **~ múltiple** Multiple Sklerose

esclerótica [eskle'rotika] *f* (ANAT) Sklera *f*

esclusa [es'klusa] *f* ❶ *(recinto)* Schleuse *f;* **~ de navegación** Schiffsschleuse *f* ❷ *(puerta)* Schleusentor *nt*

escoba [es'koβa] *f* ❶ *(para barrer)* Besen *m;* **no vender ni una ~** *(fam fig)* auf keinen grünen Zweig kommen ❷ (BOT) Ginster *m* ❸ *(fam: mujer)* Bohnenstange *f*

E

escobazo [esko'βaθo] *m* ❶ *(golpe)* Besenhieb *m;* **echar a alguien a ~s** *(fam)* jdn in hohem Bogen hinauswerfen ❷ *(Arg, Chil: barredura)* **dar un ~ al suelo** kurz über den Boden fegen

escobero[1] [esko'βero] *m* Besenschrank *m*

escobero, -a[2] [esko'βero, -a] *m, f* Besenbinder(in) *m(f)*

escobilla [esko'βiʎa] *f* ❶ *(cepillo, t.* ELEC) Bürste *f* ❷ *(escoba)* Handfeger *m* ❸ *(para limpiar el polvo)* Staubwedel *m* ❹ *(brezo)* Besenheide *f* ❺ *(cardencha)* Karde *f* ❻ *(del limpiaparabrisas)* Wischblatt *nt*

escobillón [eskoβi'ʎon] *m* ❶ *(para el suelo)* Schrubber *m* ❷ *(para un arma de fuego)* Rohrbürste *f*

escocedura [eskoθe'ðura] *f* ❶ *(picor)* Brennen *nt* ❷ *(irritación)* Entzündung *f*

escocer [esko'θer] *irr como cocer* **I.** *vi* ❶ *(picar)* brennen ❷ *(ofender)* kränken; *(irritar)* ärgern; **no me escuece que no me hayan invitado** es macht mir nichts aus, dass ich nicht eingeladen wurde **II.** *vr:* **~se** ❶ *(inflamarse)* sich entzünden ❷ *(dolerse)* sich gekränkt fühlen; *(enfadarse)* sich ärgern

escocés[1] [esko'θes] *m* ❶ *(lengua)* Schottisch(e) *nt* ❷ *(tela)* Schotten *m* ❸ *(dibujo)* Schottenmuster *nt* ❹ *(bebida)* Scotch *m*

escocés, -esa[2] [esko'θes, -esa] **I.** *adj* schottisch; **bufanda escocesa** Schal mit Schottenmuster; **cuadros escoceses** Schottenmuster *nt;* **falda escocesa** Kilt *m; (para mujeres)* Schottenrock *m* **II.** *m, f* Schotte, -in *m, f*

Escocia [es'koθja] *f* Schottland *nt*

escoger [esko'xer] <g → j> **I.** *vi* sich *dat* das Beste herauspicken; **no has sabido ~** du hast die falsche Wahl getroffen **II.** *vt* ❶ *(elegir)* (aus)wählen (**de** aus +*dat,* **de entre** unter +*dat*) ❷ *(decidirse)* wählen (**entre** zwischen +*dat*) ❸ *(seleccionar)* auslesen; *(persona)* auserwählen; *(apartar)* aussortieren

escogido, -a [esko'xiðo, -a] *adj* ❶ **ser** *(selecto)* ausgewählt; *(persona)* auserwählt;

mercancías escogidas Artikel erster Wahl ② *estar (elegido)* ausgesucht; **estos plátanos están ya muy ~s** bei diesen Bananen sind die besten bereits aussortiert worden

escolar [esko'lar] **I.** *adj* schulisch; **curso ~** Schuljahr *nt;* **en edad ~** schulpflichtig **II.** *mf* Schüler(in) *m(f)*

escolaridad [eskolari'ða^{ð}] *f* ① *(en una escuela)* Schulausbildung *m;* **libro de ~** Zeugnisheft *nt;* **la ~ es obligatoria** es besteht Schulpflicht ② *(en un centro de enseñanza)* Ausbildung(szeit) *f;* **perder la ~** von einem Kurs ausgeschlossen werden

escolarización [eskolariθa'θjon] *f* Einschulung *f;* **~ obligatoria** Schulpflicht *f;* **esta región tiene una tasa de ~ muy baja** in dieser Gegend besuchen nur wenige Kinder die Schule

escolarizar [eskolari'θar] <z → c> *vt* einschulen; **~ una región** die Möglichkeit des Schulbesuchs in einer Gegend gewährleisten

escolástica [esko'lastika] *f* (FILOS) Scholastik *f*

escolero, -a [esko'lero, -a] *m, f (Perú: escolar)* Schüler(in) *m(f)*

escolio [es'koljo] *m* Glosse *f,* Anmerkung *f;* (HIST, LING) Scholion *nt*

escoliosis [esko'ljosis] *f inv* (MED) Skoliose *f*

escollo [es'koʎo] *m (peñasco, dificultad)* Klippe *f; (riesgo)* Gefahr *f;* **sortear un ~** eine Klippe umschiffen

escolta [es'koḷta] *f* ① (MIL) Eskorte *f; (real)* Leibgarde; **buque de ~** Geleitboot *nt* ② *(acompañamiento)* Geleit *nt; (acompañante)* Begleiter(in) *m(f);* **dar ~ a alguien** jdn geleiten ③ *(guardaespaldas)* Leibwächter *f; (guardia)* Leibwache *f* ④ *(guardias civiles)* Streife *f* der Guardia civil

escoltar [eskoḷ'tar] *vt (acompañar)* geleiten; (MIL, POL) eskortieren

escombrar [eskom'brar] *vt* ① *(limpiar)* säubern; *(desembarazar)* (frei) räumen; *(una obra)* von Schutt befreien ② *(pasas)* auslesen, klauben ③ *(un pimiento)* vom Strunk befreien

escombrera [eskom'brera] *f* ① *(cascotes)* Schutt(haufen) *m; (ruinas)* Trümmer *nt pl;* (MIN) Abraum *m* ② *(depósito)* (Schutt)abladeplatz *m; (en la guerra)* Trümmerberg *m;* (MIN) Halde *f*

escombro [es'kombro] *m* ① *pl (de una obra)* (Bau)schutt *m; (de una ruina)* Trümmer *nt pl* ② *(loc)* **hacer ~** *(Arg)* Staub aufwirbeln

esconder [eskoṇ'der] **I.** *vt (ocultar)* verstecken (**de** vor +*dat*); *(de las miradas)* verbergen (**de** vor +*dat*); *(tapar)* verdecken; **su comportamiento esconde alguna intención** hinter seinem/ihrem Verhalten steckt irgendeine Absicht; **el fondo del mar esconde muchas riquezas** der Meeresgrund birgt große Schätze **II.** *vr:* **~se** ① *(persona)* sich verstecken (**de** vor +*dat*) ② *(cosas)* verborgen sein

escondidas [eskoṇ'diðas] *adv* **a ~** heimlich; **a ~ del profesor** ohne dass der Lehrer es merkte

escondidizo, -a [eskoṇdi'ðiθo, -a] *adj (fam)* scheu

escondido, -a [eskoṇ'diðo, -a] *adj* ① *(secreto)* geheim; **en ~** heimlich ② *(retirado)* abgelegen

escondite [eskoṇ'dite] *m* ① *(juego)* Versteckspiel *nt;* **jugar al ~** Versteck(en) spielen ② *(lugar)* Versteck *nt*

escondrijo [eskoṇ'drixo] *m* Versteck *nt*

escoñado, -a [esko'ɲaðo, -a] *adj (vulg)* ① *(roto)* kaputt *fam;* **estar ~** im Arsch sein ② *(herido)* verletzt; *(maltrecho)* fix und fertig *fam*

escoñar [esko'ɲar] **I.** *vt (vulg)* ① *(una cosa)* kaputt machen *fam* ② *(un proyecto)* vermasseln *fam,* verpatzen *fam* **II.** *vr:* **~se** *(vulg)* ① *(cosa)* kaputtgehen *fam* ② *(proyecto)* schiefgehen *fam,* in die Hose gehen *fam* ③ *(hacerse daño)* sich *dat* weh tun

escopeta [esko'peta] *f (arma)* Gewehr *nt;* **~ de aire comprimido** Luftgewehr *nt*

escopetazo [eskope'taθo] *m* ① *(tiro)* Schuss *m* ② *(herida)* Schusswunde *f* ③ *(bomba)* Überraschung(snachricht) *f; (golpe)* Schlag *m;* **la novedad fue un gran ~** die Neuigkeit schlug ein wie eine Bombe

escopetear [eskopete'ar] *vt* ① *(Méx: con indirectas)* sticheln ② *(Ven: contestar mal)* über den Mund fahren (**a** +*dat*) *fam*

escoplo [es'koplo] *m* Meißel *m; (para madera)* Beitel *m;* **~ de cantería** (Stein)meißel *m*

escora [es'kora] *f* ① *(anchura)* maximale Schiffsbreite *f* ② *(puntal)* Stütze *f,* (Stütz)pfosten *m* ③ *(inclinación)* Krängung *f*

escorar [esko'rar] **I.** *vi* ① *(barco)* krängen ② *(marea)* den tiefsten Stand erreichen **II.** *vt* abstützen

escorbuto [eskor'βuto] *m* Skorbut *m*

escorchar [eskor'tʃar] *vt (Arg: molestar)* stören; *(enfadar)* ärgern; **¡no me escorches la paciencia!** lass mich in Ruhe!

escoria [es'korja] *f* ① *(residuo mineral)* Schlacke *f* ② *(hez)* Abschaum *m* ③ *(basura)* Abfall *m*

escorpio [es'korpjo] *m* (ASTR: *persona*) Skorpion *m*
escorpión [eskor'pjon] *m* *(alacrán, t.* ASTR: *persona)* Skorpion *m*
Escorpio [es'korpjo] *m,* **Escorpión** [eskor'pjon] *m* (ASTR: *signo*) Skorpion *m*
escorzo [es'korθo] *m* ❶ *(representación)* perspektivische Zeichnung *f* ❷ *(posición)* Schräglage *f*
escotado[1] [esko'taðo] *m* Ausschnitt *m*
escotado, -a[2] [esko'taðo, -a] *adj* ❶ *(vestido)* ausgeschnitten; **lleva un vestido muy ~** sie trägt ein (tief) dekolletiertes Kleid ❷ *(mujer)* dekolletiert; **va muy escotada** sie trägt ein tiefes Dekolletee
escotadura [eskota'ðura] *f* *(cortadura)* Aussparung *f; (en el cuello)* (Hals)ausschnitt *m*
escotar [esko'tar] **I.** *vt* ❶ *(cortar un escote)* mit einem Ausschnitt versehen ❷ *(ajustar)* zurechtschneiden ❸ *(pagar)* anteilig bezahlen **II.** *vi* **~ entre todos** zusammenlegen
escote [es'kote] *m* ❶ *(en el cuello)* (Hals)ausschnitt *m;* **~ en pico** V-Ausschnitt *m* ❷ *(busto)* Dekolletee *nt* ❸ *(dinero)* Anteil *m;* **comprar algo a ~** für etw zusammenlegen; **pagaron la cena a ~** jeder bezahlte seinen Teil des Essens
escotilla [esko'tiʎa] *f* Luke *f*
escozor [esko'θor] *m* ❶ *(picor)* Brennen *nt* ❷ *(resentimiento)* Groll *m* ❸ *(pena)* Schmerz *m*
escribanía [eskriβa'nia] *f* ❶ *(juego)* Schreibtischset *nt* ❷ *(oficina)* Kanzlei *f* ❸ *(Am: notaría)* Notariat *nt*
escribano [eskri'βano] *m* ❶ *(notario)* Notar *m* ❷ *(secretario judicial)* Gerichtsschreiber *m* ❸ *(amanuense)* Schreibkraft *f*
escribiente [eskri'βjen̩te] *mf* Schreibkraft *f*
escribir [eskri'βir] *irr* **I.** *vi, vt* schreiben; *(en un teclado)* tippen *fam;* **~ algo a mano/a máquina** etw von Hand/auf der Maschine schreiben; **escrito a mano/a máquina** hand-/maschinengeschrieben; **¿cómo se escribe tu nombre?** wie wird dein Name geschrieben? **II.** *vr:* **~se** ❶ *(comunicarse)* korrespondieren; **se escriben mucho** sie schreiben sich *dat* oft ❷ *(loc)* **no se escribe lo bella que es** ihre Schönheit lässt sich nicht in Worte fassen; **estaba escrito que acabarían casándose** ihre Heirat war vom Schicksal vorbestimmt
escrito[1] [es'krito] *m* ❶ *(carta)* Schreiben *nt; (nota)* Notiz *f;* **~ de amenazas** Drohbrief *m;* **por ~** schriftlich ❷ *(literario/científico, t.* JUR) Schrift *f*
escrito, -a[2] [es'krito, -a] **I.** *pp de* **escribir** **II.** *adj* schriftlich; **idioma ~** Schriftsprache *f*
escritor(a) [eskri'tor(a)] *m(f)* *(autor)* Verfasser(in) *m(f); (de obras literarias)* Schriftsteller(in) *m(f)*
escritorio [eskri'torjo] *m* ❶ *(mesa)* Schreibtisch *m* ❷ *(oficina)* Büro *nt; (de un abogado/notario)* Kanzlei *f* ❸ (INFOR) Arbeitsoberfläche *f*
escritura [eskri'tura] *f* ❶ *(acto)* Schreiben *nt* ❷ *(signos)* Schrift *f;* **~ fonética** Lautschrift *f* ❸ *(documento)* Schriftstück *nt; (documento notarial)* Urkunde *f;* **~ de compraventa** Verkaufsurkunde *f;* **~ de hipoteca** Hypothekenbrief *m;* **~ de seguro** Versicherungspolice *f;* **~ social** Gesellschaftsvertrag *m;* **mediante ~** urkundlich ❹ (REL) **las Sagradas E~s** die Heilige Schrift
escriturar [eskritu'rar] *vt* notariell beurkunden
escroto [es'kroto] *m* Hodensack *m*
escrúpulo [es'krupulo] *m* ❶ *(duda)* Skrupel *m;* **~s de conciencia** Gewissensbisse *mpl;* **ser una persona sin ~s** skrupellos sein ❷ *(escrupulosidad)* Gewissenhaftigkeit *f* ❸ *(aprensión)* Ekel *m;* **me da ~ beber de latas** ich finde es eklig, aus Dosen zu trinken
escrupulosidad [eskrupulosi'ðaᵈ] *f* Gewissenhaftigkeit *f*
escrupuloso, -a [eskrupu'loso, -a] *adj* ❶ *(meticuloso)* gewissenhaft ❷ *(honrado)* anständig ❸ *(delicado)* empfindlich ❹ *(que causa escrúpulos)* bedenklich
escrutador(a) [eskruta'ðor(a)] **I.** *adj* prüfend **II.** *m(f)* *(que recuenta votos)* Wahlhelfer(in) *m(f); (que examina los votos)* Wahlprüfer(in) *m(f)*
escrutar [eskru'tar] *vt* ❶ *(mirar)* mustern ❷ *(controlar)* prüfen ❸ *(recontar)* auszählen
escrutinio [eskru'tinjo] *m* ❶ *(examen)* Musterung *f; (control)* Prüfung *f* ❷ *(recuento)* Stimmenauszählung *f* ❸ *(votación)* Wahl *f*
escuadra [es'kwaðra] *f* ❶ *(para dibujar)* Zeichendreieck *nt;* **~ de delineante** Reißschiene *f;* **a ~** rechtwinklig ❷ *(de apoyo/fijación)* Winkel *m* ❸ (MIL: *de infantería*) Trupp *m; (de aviones)* Geschwader *nt; (de naves)* Flotte *f* ❹ (MIL: *cargo*) Korporal *m* ❺ *(cuadrilla)* Trupp *m*
escuadrilla [eskwa'ðriʎa] *f* (AERO) Staffel *f*
escuadrón [eskwa'ðron] *m* (MIL) Geschwader *nt*
escualidez [eskwali'ðeθ] *f sin pl (delgadez extrema)* Dürrheit *f*
escuálido, -a [es'kwaliðo, -a] *adj* ❶ *(fla-*

E

co) dürr; *(macilento)* abgezehrt ② *(sucio)* schmutzig; *(asqueroso)* widerlich

escucha[1] [es'kutʃa] *m* (MIL) Späher *m*

escucha[2] [es'kutʃa] *f (de conversaciones)* Abhören *nt;* ~ **telefónica** Abhören eines Telefons; **servicio de** ~ (militärischer) Abhördienst *m;* **estar a la** ~ ganz Ohr sein

escuchar [esku'tʃar] **I.** *vi* ① *(atender)* zuhören ② *(en secreto)* lauschen; **el que escucha su mal oye** *(prov)* der Lauscher an der Wand hört seine eigene Schand' ③ *(obedecer)* gehorchen **II.** *vt* ① *(oír)* hören; *(seguir)* anhören; *(en secreto)* belauschen; ~ **un concierto** sich *dat* ein Konzert anhören; ~ **una conversación telefónica** ein Telefongespräch abhören; ~ **(la) radio** Radio hören ② *(prestar atención)* zuhören (**a** +*dat*); **¡escúchame bien!** pass gut auf! ③ *(obedecer)* hören (auf +*akk*) **III.** *vr:* ~**se** sich gerne reden hören

escudar [esku'ðar] **I.** *vt (proteger)* beschützen (**de** vor +*dat*) **II.** *vr:* ~**se** ① *(excusarse)* sich verschanzen (**en** hinter +*dat*) ② *(ampararse)* sich wappnen (**con/de** mit +*dat*)

escudería [eskuðe'ria] *f* (DEP) Rennstall *m*

escudero[1] [esku'ðero] *m* ① *(que lleva el escudo)* (Schild)knappe *m* ② *(sirviente)* Diener *m,* Page *m* ③ *(jabalí)* Jungkeiler *m*

escudero, -a[2] [esku'ðero, -a] *adj* Schildknappen-

escudilla [esku'ðiʎa] *f* Suppenschale *f*

escudo [es'kuðo] *m* ① *(arma)* (Schutz)schild *m* ② *(amparo)* Schutz *m; (persona)* Beschützer *m* ③ *(emblema)* ~ **(de armas)** Wappen *nt*

escudriñador(a) [eskuðriɲa'ðor(a)] *m(f)* *(pey)* Schnüffler(in) *m(f)*

escudriñamiento [eskuðriɲa'mjen̪to] *m* *(examen)* Untersuchung *f*

escudriñar [eskuðri'ɲar] *vt* ① *(examinar)* untersuchen; *(una habitación)* durchsuchen; ~ **en la intimidad de alguien** in jds Privatleben herumschnüffeln ② *(mirar)* absuchen; ~ **el cielo en busca de aviones** den Himmel nach Flugzeugen absuchen

escuela [es'kwela] *f* ① *(institución, edificio)* Schule *f; (de enseñanza primaria)* Grundschule *f;* ~ **(superior) de bellas artes** Kunstakademie *f;* ~ **de conducir** Fahrschule *f;* ~ **de idiomas** Sprachschule *f;* ~ **normal** pädagogische Hochschule; ~ **de párvulos** Kindergarten *m;* ~ **superior técnica** technische Hochschule; ~ **taller** Lehrwerkstatt *f* ② *(método de enseñanza)* Unterricht *m* ③ *(conocimientos)* (Schul)bildung *f;* **ha tenido buena** ~ er/sie hat eine ausgezeichnete Ausbildung genossen; **la vida es la mejor** ~ das Leben ist die beste Schule ④ *(estilo, seguidores)* Schule *f;* **la** ~ **holandesa/de Dürer** die flämische/dürersche Schule; **su ejemplo ha hecho** ~ sein/ihr Beispiel hat Schule gemacht ⑤ *(doctrina)* Lehre *f*

escueto, -a [es'kweto, -a] *adj* ① *(sin adornos)* nüchtern ② *(lenguaje)* sachlich; *(pey)* trocken; **explicar algo de forma escueta** etw mit knappen Worten schildern ③ *(desembarazado)* frei

escuincle, -a [es'kwiŋkle, -a] *m, f (Méx: fam: chiquillo, -a)* Junge *m,* Mädchen *nt*

esculcar [eskul'kar] <c → qu> *vt (AmC, Col, Méx: registrar)* durchsuchen

esculpir [eskul'pir] *vt* ① *(modelar)* gestalten; ~ **a cincel** meißeln; ~ **en madera** (in Holz) schnitzen; ~ **una figura en mármol** eine Figur aus Marmor hauen ② *(grabar)* (ein)gravieren (**en** in +*akk*)

escultista [eskul'tista] *mf* Pfadfinder(in) *m(f)*

escultor(a) [eskul̪'tor(a)] *m(f)* Bildhauer(in) *m(f);* ~ **de madera** Holzschnitzer *m*

escultórico, -a [eskul̪'toriko, -a] *adj* bildhauerisch; **arte** ~ Bildhauerkunst *f*

escultura [eskul̪'tura] *f* ① *(obra)* Skulptur *f;* ~ **de madera** Holzschnitzerei *f* ② *(arte)* Bildhauerkunst *f;* ~ **en madera** Holzschnitzerei *f*

escultural [eskul̪tu'ral] *adj* ① *(escultórico)* bildhauerisch; **arte** ~ Bildhauerkunst *f* ② *(bello)* bildschön; *(cuerpo)* wohlgeformt; **esta chica tiene medidas ~es** dieses Mädchen hat Idealmaße

escupidera [eskupi'ðera] *f* ① *(para escupir)* Spucknapf *m* ② *(Am: orinal)* Nachttopf *m;* **pedir la** ~ *(fig: acobardarse)* Angst bekommen; *(considerarse vencido)* das Handtuch werfen

escupir [esku'pir] **I.** *vi* ① *(por la boca)* spucken ② *(vulg: cantar)* singen *fam* **II.** *vt* ① *(por la boca)* ausspucken; ~ **sangre** Blut spucken ② *(soltar)* abgeben; ~ **al cielo** *(fam fig)* sich *dat/akk* ins eigene Fleisch schneiden; ~ **a alguien a la cara** *(fig)* jdn schwer beleidigen ③ *(arrojar)* ausstoßen; ~ **fuego** Feuer speien; **el volcán escupe lava** der Vulkan spuckt Lava ④ *(tratar mal)* mit Füßen treten ⑤ *(vulg: decir)* ausspucken *fam;* **escupe lo que sabes** jetzt spuck schon aus, was du weißt

escurreplatos [eskurre'platos] *m inv* Geschirrständer *m*

escurridizo, -a [eskurri'ðiθo, -a] *adj* ① *(objeto)* schlüpfrig; *(terreno)* rutschig ② *(persona)* aalglatt; *(respuesta)* ausweichend; *(problema)* schwer fassbar

escurrido, -a [esku'rriðo, -a] *adj* ① *(flaco)* mager; ~ **de caderas** schmalhüftig; ~ **de**

pecho flachbrüstig ② *(ropa)* eng ③ *(Méx, PRico: avergonzado)* peinlich berührt

escurridor [eskurri'ðor] *m* ① *(colador)* (Abtropf)sieb *nt* ② *(escurreplatos)* Geschirrständer *m* ③ *(de una lavadora)* (Wäsche)schleuder *f*

escurrir [esku'rrir] **I.** *vi* *(gotear)* tropfen; *(ropa, verdura)* abtropfen **II.** *vt* ① *(una vasija)* völlig entleeren; ~ **la** (**botella de**) **cerveza** die Bierflasche bis auf den letzten Tropfen leeren ② *(ropa)* auswringen; *(platos, verdura)* abtropfen lassen ③ *(deslizar)* gleiten lassen; ~ **la mano por encima de algo** die Hand über etw gleiten lassen; **deslizó el dinero en mi bolsillo** er/sie ließ das Geld unauffällig in meine Tasche gleiten **III.** *vr:* **~se** ① *(resbalar)* ausrutschen ② *(desaparecer)* entwischen; **~se** (**por**) **entre la gente** in der Menge untertauchen ③ *(escaparse)* entgleiten; **el pez se me escurrió de** (**entre**) **las manos** der Fisch glitt mir aus den Händen; **~se por un agujero** durch ein Loch rutschen; **las perlas se me escurren entre los dedos** die Perlen gleiten mir durch die Finger ④ *(gotear)* tropfen; *(soltar agua)* abtropfen ⑤ *(fam: dar)* sich vertun; **me he escurrido en la propina** ich habe aus Versehen zu viel Trinkgeld gegeben ⑥ *(fam: decir)* sich verplappern

escúter [es'kuter] *m* Motorroller *m*

esdrújulo, -a [es'ðruxulo, -a] *adj* auf der drittletzten Silbe betont

ese[1] ['ese] *f* S, s *nt;* **ir haciendo ~s** *(fam)* torkeln

ese, -a[2] ['ese, -a] **I.** *adj* <esos, -as> diese(r, s); *(Am)* jene(r, s); **¿~ coche es tuyo?** ist das dein Auto?; **esas sillas están en el paso** die Stühle da stehen im Weg; **el chico ~ no me cae bien** der Typ da ist mir nicht sympathisch **II.** *pron dem v.* **ese**[3], **esa, eso**

ese[3], **esa, eso** ['ese, 'esa, 'eso] *pron dem* <esos, -as> der/die/das; **me lo ha dicho esa** die da hat es mir erzählt; **¿por qué no vamos a otro bar? – ~ no me gusta** lass uns doch in eine andere Kneipe gehen – die da drüben gefällt mir nicht; **llegaré a eso de las doce** ich komme so gegen zwölf Uhr an; **me ofrecieron mucho dinero pero, ¡ni por esas!** sie boten mir viel Geld, aber da war nichts zu wollen; **estaba trabajando, en eso** (**que**) **tocaron al timbre** ich war gerade am Arbeiten, da klingelte es an der Tür; **¡a ~!** haltet den Dieb!; **eso mismo te acabo de decir** genau das habe ich soeben zu dir gesagt; **aun con eso prefiero quedarme en casa** ich bleibe trotzdem lieber zu Hause; **lejos de eso** ganz im Gegenteil; **no es eso** darum geht es doch gar nicht; **por eso** (**mismo**) (gerade) deswegen; **¿y eso?** wieso das?; **¿y eso qué?** na und?; **¡eso sí que no!** das kommt nicht in die Tüte! *fam; v. t.* **ese**[2], **esa**

esencia [e'seṇθja] *f* ① *(naturaleza)* Wesen *nt;* **se dice que el alemán es por ~ trabajador** es heißt, der Deutsche sei von Natur aus fleißig ② *(fondo)* Wesentliche(s) *nt;* **quinta ~** Quintessenz *f;* **ser de ~** wesentlich sein; **en ~** im Wesentlichen ③ (QUÍM) Essenz *f;* **~ de café** Kaffeeextrakt *m;* **~ de rosas** Rosenöl *nt* ④ *(colmo)* Inbegriff *m;* **ser la ~ de la arrogancia** die Arroganz in Person sein

esencial [eseṇ'θjal] *adj* ① *(sustancial)* wesentlich; **elemento ~** Hauptbestandteil *m* ② *(indispensable)* unerlässlich (**a/para** für +*akk*); **alimento ~** Grundnahrungsmittel *nt* ③ *(loc)* **aceite ~** ätherisches Öl *nt*

esencialmente [eseṇθjal'meṇte] *adv* im Wesentlichen

esfera [es'fera] *f* ① (MAT) Kugel *f* ② *(del reloj)* Zifferblatt *nt* ③ *(ámbito, t.* ASTR) Sphäre *f;* **~ de actividad** Wirkungskreis *m;* **~ de influencia** Einflussbereich *m* ④ *(clase)* Gesellschaftsschicht *f;* **las altas ~s de la sociedad** die besseren Kreise

esférico[1] [es'feriko] *m* (DEP) (Spiel)ball *m*

esférico, -a[2] [es'feriko, -a] *adj* ① *(redondo)* kugelförmig ② (ASTR, MAT) sphärisch

esfigmomanómetro [esfiˠmoma'nometro] *m* (MED) Blutdruckmesser *m*

esfinge [es'fiŋxe] *f* ① *(animal fabuloso)* Sphinx *f;* **ser una ~** *(fig)* undurchschaubar sein ② (ZOOL) Nachtfalter *m*

esfínter [es'fiṇter] *m* (ANAT) Schließmuskel *m*

esforzado, -a [esfor'θaðo, -a] *adj (valiente)* tapfer

esforzar [esfor'θar] *irr como forzar* **I.** *vt* ① *(forzar)* anstrengen; **~ demasiado la vista** die Augen überanstrengen ② *(dar fuerza)* verstärken; **~ la voz** die Stimme heben ③ *(dar ánimo)* ermutigen **II.** *vr:* **~se** *(moralmente)* sich bemühen (**en/por/para** zu +*inf*); *(físicamente)* sich anstrengen (**en/por/para** zu +*inf*)

esfuerzo [es'fwerθo] *m* ① *(acción de esforzarse)* Anstrengung *f;* **sin ~** mühelos; **hacer un ~** sich anstrengen; **me ha costado muchos ~s conseguirlo** es hat mich viel Mühe gekostet, das zu erreichen; **no lo conseguiremos si tú no haces un ~ por tu parte** ohne dein Dazutun schaffen wir es nicht ② *(económico)* (finanzielles) Opfer *nt;* **hacer un ~** sich (finanziell) einschränken ③ *(valor)* Mut *m* ④ *(vigor)* Kraft *f*

esfumado [esfu'maðo] *m* (ARTE) (Technik *f* des) Sfumato *nt*

esfumar [esfu'mar] **I.** *vt (contornos)* verwischen; *(colores)* abtönen **II.** *vr:* **~se** sich auflösen; *(desaparecer)* verschwinden; *(nubes)* sich verziehen; *(contornos)* verschwimmen; *(fam: marcharse)* sich aus dem Staub machen

E

esgrima [es'ɣrima] *f* Fechten *nt;* **practicar la ~** fechten

esgrimible [esɣri'miβle] *adj (argumentos)* haltbar

esgrimir [esɣri'mir] *vt* ① *(blandir)* schwingen ② *(utilizar)* anführen

esguince [es'ɣiṇθe] *m* ① (MED) Verstauchung *f;* **hacerse un ~ en el tobillo** sich *dat* den Knöchel verstauchen ② *(cuarteo)* Ausweichmanöver *nt* ③ *(gesto)* abfällige Geste *f*

eslabón [esla'βon] *m* ① *(de una cadena)* (Ketten)glied *nt* ② *(entre acontecimientos)* Bindeglied *nt*

eslabonar [eslaβo'nar] **I.** *vt* ① *(encadenar)* verketten ② *(fig: relacionar)* verknüpfen **II.** *vr:* **~se** sich verketten

eslalon [es'lalon] *m* (DEP) Slalom *m*

eslavística [esla'βistika] *f* (LING) Slawistik *f*

eslavo, -a [es'laβo, -a] **I.** *adj* slawisch **II.** *m, f* Slawe, -in *m, f*

eslip [es'li^{p}] <eslips> *m* Slip *m*

eslogan [es'loɣan] *m* Slogan *m*

eslora [es'lora] *f* ① *(longitud)* Schiffslänge *f* ② *pl* Schiffsbalken *mpl*

eslovaco, -a [eslo'βako, -a] **I.** *adj* slowakisch **II.** *m, f* Slowake, -in *m, f*

Eslovaquia [eslo'βakja] *f* Slowakei *f*

Eslovenia [eslo'βenja] *f* Slowenien *nt*

esloveno, -a [eslo'βeno, -a] **I.** *adj* slowenisch **II.** *m, f* Slowene, -in *m, f*

esmaltar [esmaḷ'tar] *vt* ① *(metal)* emaillieren; *(cerámica)* glasieren ② *(adornar de colores)* bemalen ③ *(embellecer)* schmücken

esmalte [es'maḷte] *m* ① *(barniz)* Schmelz *m; (sobre metal)* Email *nt; (sobre porcelana)* Glasur *f;* **~ de laca** Emaillack *m;* **sin ~** unglasiert ② *(de uñas)* Nagellack *m* ③ *(labor)* Emaillierung *f* ④ *(objeto)* Emailarbeit *f;* **pulsera con ~s** emaillierter Armreif ⑤ *(de los dientes)* Zahnschmelz *m* ⑥ *(lustre)* Glanz *m* ⑦ *(adorno)* Verzierung *f*

esmerado, -a [esme'raðo, -a] *adj* ① *(persona)* sorgfältig ② *(obra)* tadellos

esmeralda [esme'raḷda] **I.** *adj* smaragdgrün **II.** *f* Smaragd *m;* **~ oriental** Korund *m*

esmerar [esme'rar] **I.** *vt* polieren **II.** *vr:* **~se** ① *(obrar con esmero)* sorgfältig arbeiten; **~se en la limpieza** gründlich putzen ② *(esforzarse)* sich *dat* Mühe geben (**en** bei *+dat*); **se esmera en no cometer errores** er/sie bemüht sich, Fehler zu vermeiden ③ *(lucirse)* sich hervortun; **hoy te has esmerado en la comida** heute hast du dich mit dem Essen selbst übertroffen

esmerarse [esme'rarse] *vr* ① *(obrar con esmero)* sorgfältig arbeiten; **~ en la limpieza** gründlich putzen ② *(esforzarse)* sich bemühen (**en** zu *+inf*) ③ *(lucirse)* sich hervortun; **hoy te has esmerado en la comida** heute hast du dich mit dem Essen selbst übertroffen

esmerilado[1] [esmeri'laðo] *m (acción)* Schleifen *nt; (efecto)* Schliff *m*

esmerilado, -a[2] [esmeri'laðo, -a] *adj (vidrio)* matt

esmerilar [esmeri'lar] *vt* (ab)schmirgeln

esmero [es'mero] *m* Sorgfalt *f;* **con ~** gewissenhaft

esmirriado, -a [esmi'rrjaðo, -a] *adj (flaco)* dürr; *(raquítico)* schmächtig

esmog [es'moɣ] *m sin pl* Smog *m;* **~ electrónico** Elektrosmog *m*

esmoquin [es'mokin] *m (traje)* Smoking *m; (chaqueta)* Smokingjackett *nt*

esnifar [esni'far] *vt (argot: cocaína)* schnupfen; *(pegamento, pintura)* schnüffeln

esnob [es'no$^{\beta}$] **I.** *adj* versnobt **II.** *mf* Snob *m*

esnobismo [esno'βismo] *m* Snobismus *m*

eso[1] ['eso] *pron dem v.* **ese**[3]**, esa, eso**

ESO[2] ['eso] *f abr de* **Enseñanza Secundaria Obligatoria** (ENS) ≈ Mittelstufe *(für Schüler und Schülerinnen im Alter von 12 bis 16 Jahren)*

esófago [e'sofaɣo] *m* Speiseröhre *f*

esos ['esos] **I.** *adj v.* **ese**[2]**, esa II.** *pron dem v.* **ese**[3]**, esa, eso**

esotérico, -a [eso'teriko, -a] *adj* esoterisch

esoterismo [esote'rismo] *m sin pl* Esoterik *f*

espabilado, -a [espaβi'laðo, -a] *adj* ① *(listo)* aufgeweckt ② *(despierto)* wach

espabilar [espaβi'lar] **I.** *vi* ① *(darse prisa)* sich beeilen ② *(avivarse)* dazulernen; **si quieres empezar a trabajar por tu cuenta, tienes que ~** wenn du dich selb(st)ständig machen willst, musst du noch einiges lernen **II.** *vt* ① *(despertar)* munter machen ② *(avivar)* aufrütteln; **en la mili ya lo ~án** beim Bund werden sie ihm schon zeigen, wo es langgeht; **es muy perezosa, pero en el colegio ya la ~án** sie ist sehr faul, aber in der Schule werden sie ihr schon Dampf machen ③ *(acabar deprisa)* schnell erledigen; *(fortuna)* durchbringen; *(comida)* verdrücken *fam* ④ *(robar)* stehlen ⑤ *(matar)* erledigen **III.** *vr:* **~se** ① *(sacudir el sueño)* munter werden; *(la pereza)* sich aufrappeln *fam;* **tómate un café para ~te** trink einen Kaffee, damit du richtig wach wirst ② *(darse prisa)* sich beeilen ③ *(avivarse)* **se ha espabilado desde que va al colegio** seit er/sie zur Schule geht, ist er/sie viel aufgeweckter ④ *(Am: marcharse)* sich aus dem Staub machen *fam*

espaciado[1] [espa'θjaðo] *m* ① *(acción de espaciar)* Trennung *f;* *(de objetos)* Auseinanderrücken *nt;* *(en el tiempo)* Verteilung *f* auf verschiedene Zeitpunkte; *(divulgación)* Verbreitung *f* ② *(efecto de espaciar)* Abstand *m;* *(entre objetos)* Zwischenraum *m;* (TIPO: *entre letras*) Leerschritt *m;* *(entre líneas)* Zeilenabstand *m*

espaciado, -a[2] [espa'θjaðo, -a] *adj (separado)* auseinanderliegend; (TIPO) gesperrt (gedruckt)

espaciador [espaθja'ðor] *m* Leertaste *f*

espacial [espa'θjal] *adj* räumlich; **estación ~** Raumstation *f*

espaciar [espa'θjar] **I.** *vt (sillas)* auseinanderrücken; *(alumnos)* auseinandersetzen; *(letras)* sperren; **~ las visitas** zwischen den Besuchen Zeit verstreichen lassen; **~ los árboles** einen Zwischenraum zwischen den Bäumen lassen **II.** *vr:* **~se** *(en un discurso)* ausschweifen

espacio [es'paθjo] *m* ① *(área)* Raum *m;* *(superficie)* Fläche *f;* *(trayecto)* Strecke *f;* **~ vacío** luftleerer Raum; **~ verde** Grünfläche *f;* **~ vital** Lebensraum *m;* **~ web** (INFOR) Website *f* ② *(que ocupa un cuerpo)* Platz *m;* **~ necesario** Platzbedarf *m* ③ *(entre objetos)* Zwischenraum *m;* (TIPO) Leerschritt *m;* (INFOR) Leerzeichen *nt;* (TÉC) Spiel *nt* ④ *(de tiempo)* Zeitraum *m;* **en el ~ de dos meses** innerhalb von zwei Monaten; **por ~ de tres horas** drei Stunden lang ⑤ (ASTR) Weltraum *m* ⑥ *(programa)* Sendung *f;* **~ informativo** Nachrichtensendung *f*

espacioso, -a [espa'θjoso, -a] *adj (lugar)* geräumig

espada[1] [es'paða] *m* ① (TAUR) Matador *m* ② (ZOOL) Schwertfisch *m*

espada[2] [es'paða] *f (arma)* Schwert *nt;* (DEP) Degen *m;* **~ negra** Florett *nt;* **desnudar la ~** das Schwert zücken; **el despido era mi ~ de Damocles** eine mögliche Entlassung schwebte wie ein Damoklesschwert über meinem Haupt; **tu respuesta es ~ de dos filos** deine Antwort ist ein zweischneidiges Schwert; **estar entre la ~ y la pared** *(fam)* in einer Zwickmühle sein; **pintan ~s** ≈ Schwert ist Trumpf

espadachín [espaða'tʃin] *m* ① *(esgrimidor)* (geübter) Fechter *m* ② *(fanfarrón)* Prahlhans *m;* *(pendenciero)* Raufbold *m*

espadaña [espa'ðaɲa] *f* ① *(campanario)* Glockenturm *m* ② (BOT) Rohrkolben *m*

espagueti(s) [espa'ɣeti(s)] *m(pl)* Spaghetti *pl;* **~s a la boloñesa** Spaghetti Bolognese

espalda [es'pal̩da] *f* ① (ANAT) Rücken *m;* **ancho de ~s** breitschult(e)rig; **ser cargado de ~s** einen krummen Rücken haben; **andar de ~s** rückwärtsgehen; **con las manos en la ~** mit hinter dem Rücken verschränkten Händen; **estar a ~s de alguien** hinter jdm sein; **estar de ~s a la pared** mit dem Rücken zur Wand stehen; **atacar por la ~** hinterrücks überfallen; **coger a alguien por la ~** *(fig)* jdm in den Rücken fallen; **doblar la ~** *(fig)* arbeiten; **volver la ~ a alguien** *(fam fig)* jdn links liegen lassen; **hablar a ~s de alguien** hinter jds Rücken reden; **me caí de ~s al oír eso** *(fam)* ich war wie vor den Kopf geschlagen, als ich das hörte; **tener las ~s muy anchas** *(fam fig)* einen breiten Buckel haben; **tener las ~s bien guardadas** *(fam)* gute Beziehungen haben; **la responsabilidad recae sobre mis ~s** die Verantwortung lastet auf meinen Schultern; **vivir de ~s a la realidad** an der Wirklichkeit vorbeileben ② (DEP) Rückenschwimmen *nt;* **100 metros ~** 100 Meter Rücken; **¿sabes nadar ~?** kannst du rückenschwimmen?; **nadar de ~s va bien para la columna** Rückenschwimmen ist gut für die Wirbelsäule ③ *(de un edificio)* Rückseite *f* ④ *(de un animal)* Rücken *m;* *(para el consumo)* Rückenstück *nt*

espaldar [espal̩'dar] *m* ① *(de una res)* Rücken *m* ② *(de una silla)* Rückenlehne *f* ③ *(de tortuga)* Panzer *m*

espaldarazo [espal̩da'raθo] *m* (HIST) Ritterschlag *m;* **dar el ~ a alguien** jdn als gleichberechtigt anerkennen

espaldera [espal̩'dera] *f* ① *(de un muro)* Spalier *nt;* **árbol a ~** (BOT) Spalierbaum *m;* **cultivar plantas en ~** Pflanzen an einem Spalier ziehen ② (DEP) Sprossenwand *f*

espaldero [espal̩'dero] *m (Ven: guardaespaldas)* Leibwächter *m*

espaldilla [espal̩'diʎa] *f* ① *(de una res)* Bug *m* ② (ANAT) Schulterblatt *nt*

espanglis [es'paŋlis] *m* Spanglish *nt*

espantada [espan̩'taða] *f* ① *(de un animal)* Flucht *f* ② *(de alguien)* Rückzieher *m;* **pegar una ~** plötzlich abspringen

E

E

espantadizo, -a [espan̪ta'ðiθo, -a] *adj* ❶ *(persona)* schreckhaft ❷ *(caballo)* scheu
espantajo [espan̪'taxo] *m* ❶ *(espantapájaros)* Vogelscheuche *f;* **tal como vas vestido pareces un ~** in diesem Aufzug siehst du wie eine Vogelscheuche aus ❷ *(fantoche)* Schreckgespenst *nt*
espantamoscas [espan̪ta'moskas] *m inv* Fliegenklatsche *f*
espantapájaros [espan̪ta'paxaros] *m inv* Vogelscheuche *f*
espantar [espan̪'tar] **I.** *vt* ❶ *(dar susto)* erschrecken; *(dar miedo)* Angst machen +*dat* ❷ *(ahuyentar a un animal)* verscheuchen; *(asustándolo)* aufscheuchen; *(caballos)* scheu machen ❸ *(miedo, penas)* verjagen ❹ *(asombrar)* erstaunen **II.** *vr:* **~se** ❶ *(personas)* sich erschrecken (**de/por** bei/vor +*dat*) ❷ *(animales)* scheu werden; *(caballo)* scheuen (**de/por** vor +*dat*)
espanto [es'pan̪to] *m* ❶ *(miedo)* Schrecken *m;* **¡qué ~!** wie entsetzlich!; **hace un calor de ~** es ist schrecklich heiß; **los precios son de ~** die Preise sind unerschwinglich; **estar curado de ~s** *(fam)* sich nicht so leicht erschrecken lassen ❷ *(terror)* panische Angst *f* ❸ *(enfermedad)* Schock *m* ❹ *(Am: fantasma)* Gespenst *nt*
espantosidad [espan̪tosi'ðaᵈ] *f (AmC, Col, PRico: horror)* Grauen *nt*
espantoso, -a [espan̪'toso, -a] *adj* ❶ *(horroroso)* entsetzlich ❷ *(feo)* hässlich ❸ *(enorme)* enorm
España [es'paɲa] *f* Spanien *nt*
español[1] [espa'ɲol] *m* Spanisch(e) *nt;* **clases de ~** Spanischunterricht *m;* **aprender ~** Spanisch lernen; **traducir al ~** ins Spanische übersetzen
español(a)[2] [espa'ɲol(a)] **I.** *adj* spanisch **II.** *m(f)* Spanier(in) *m(f)*
españolada [espaɲo'laða] *f (pey)* **esto es una ~** das ist typisch spanisch
españolidad [espaɲoli'ðaᵈ] *f* ❶ *(carácter)* spanischer Charakter *m* ❷ *(naturaleza)* spanisches Wesen *nt*
españolismo [espaɲo'lismo] *m* ❶ *(amor)* Spanienliebe *f* ❷ *(carácter)* spanischer Charakter *m* ❸ *(hispanismo)* Hispanismus *m*
españolista [espaɲo'lista] *mf* ❶ (POL) spanischer Nationalist, spanische Nationalistin *m, f* ❷ (DEP) Anhänger(in) *m(f)* des F.C. Español
esparadrapo [espara'ðrapo] *m* Heftpflaster *nt*
esparcimiento [esparθi'mjen̪to] *m* ❶ *(acción)* Verstreuung *f* ❷ *(diversión)* Zerstreuung *f*
esparcir [espar'θir] <c → z> **I.** *vt* ❶ *(cosas)* verstreuen; *(líquido)* versprengen; **el viento ha esparcido los papeles de la mesa** der Wind hat die Papiere vom Tisch geweht ❷ *(mancha)* größer machen ❸ *(noticia)* verbreiten ❹ *(distraer)* **~ el ánimo** sich zerstreuen **II.** *vr:* **~se** ❶ *(cosas)* verstreut werden ❷ *(noticias)* sich verbreiten ❸ *(distraerse)* sich zerstreuen; **¿qué haces para ~te?** was machst du als Zeitvertreib?
espárrago [es'parraɣo] *m* (BOT) Spargel *m;* **¡vete a freír ~s!** *(fam)* scher dich zum Teufel!; **ser un ~** *(fig)* eine Bohnenstange sein
esparraguera [esparra'ɣera] *f* (BOT) Spargel *m*
esparrancarse [esparraŋ'karse] <c → qu> *vr* die Beine spreizen
espartillo [espar'tiʎo] *m (Am)*, **esparto** [es'parto] *m* Espartogras *nt*
espasmo [es'pasmo] *m* Krampf *m*
espasmódico, -a [espas'moðiko, -a] *adj* krampfartig
espátula [es'patula] *f* (TÉC) Spachtel *m;* (MED) Spatel *m; (repostería)* Teigschaber *m*
especia [es'peθja] *f* Gewürz *nt*
especial [espe'θjal] *adj* besonders; *(adecuado)* speziell; *(raro)* seltsam; **edición/comisión/escuela ~** Sonderausgabe/-kommission/-schule *f;* **en ~** insbesondere; **¿qué has hecho hoy? – nada en ~** was hast du heute gemacht? – nichts Besonderes; **no pensaba en nada en ~** ich dachte an nichts Bestimmtes; **él es para mí alguien muy ~** er bedeutet mir sehr viel
especialidad [espeθjali'ðaᵈ] *f* ❶ *(de un restaurante/una empresa)* Spezialität *f* ❷ *(rama)* Spezialgebiet *nt;* (DEP) Disziplin *f*
especialista [espeθja'lista] *mf* ❶ *(experto)* Spezialist(in) *m(f)* (**en** für +*akk*) ❷ *(médico)* Facharzt, -ärztin *m, f* ❸ (CINE) Stuntman, -woman *m, f*
especialización [espeθjaliθa'θjon] *f* Spezialisierung *f* (**en** auf +*akk*); **mi ~ es la física cuántica** mein Spezialgebiet ist die Quantenphysik
especializado, -a [espeθjali'θaðo, -a] *adj* spezialisiert (**en** auf +*akk*); **casa especializada** Fachgeschäft *nt;* **comercio ~** Fachhandel *m;* **conocimientos ~s** Fachkenntnisse *fpl;* **obrero ~** Facharbeiter *m,* gelernter Arbeiter; **personal ~** Fachkräfte *fpl*
especializar [espeθjali'θar] <z → c> *vi, vr:* **~se** sich spezialisieren (**en** auf +*akk*); **personal especializado** Fachkräfte *fpl*
especialmente [espeθjal'men̪te] *adv* besonders; **lo he hecho ~ para ti** ich habe es

extra für dich gemacht; **muebles ~ diseñados para discapacitados** speziell auf die Bedürfnisse von Menschen mit Behinderung abgestimmte Möbel

especiar [espe'θjar] *vt* würzen

especie [es'peθje] *f* ❶ *(clase, t.* BOT, ZOOL) Art *f;* **~ amenazada de extinción** vom Aussterben bedrohte Tierart; **la ~ animal** die Tiere; **ese es una ~ de cantante** er ist sozusagen Sänger; **gente de todas las ~s** Menschen jeder Gattung; **un hombre de mala ~** ein übel gesinnter Mann; **no me gusta esta ~ de vida** ich mag diese Art (von) Leben nicht; **es de esa ~ de personas que nunca están tristes** er/sie gehört zu den Menschen, die nie traurig sind ❷ *(rumor)* Gerücht *nt;* **corre la ~ que...** man sagt, dass ... ❸ (COM) **pagar en ~s** in Naturalien zahlen

especificación [espeθifika'θjon] *f* ❶ *(explicación)* genaue Darlegung *f* ❷ *(precisión)* Angabe *f;* **especificaciones técnicas** technische Daten

especificar [espeθifi'kar] <c → qu> *vt* ❶ *(explicar)* im Einzelnen darlegen; **el ministro especificó los problemas actuales de la economía** der Minister erläuterte im Einzelnen die aktuellen Wirtschaftsprobleme; **no ~ los pormenores de las negociaciones** nicht auf die Einzelheiten der Verhandlungen eingehen ❷ *(citar)* angeben; *(enumerar)* aufzählen

específico, -a [espe'θifiko, -a] *adj* spezifisch; **el significado ~ de una palabra** die eigentliche Bedeutung eines Wortes

espécimen [es'peθimen] *m* <especímenes> ❶ *(ejemplar)* Exemplar *nt;* **~ de lujo** Prachtexemplar *nt* ❷ *(muestra)* Probe *f*

espectacular [espektaku'lar] *adj* spektakulär

espectacularidad [espektakulari'ða^ð] *f* ❶ *(aparatosidad)* spektakulärer Charakter *m* ❷ *(efectismo)* Effekthascherei *f* ❸ *(ostentosidad)* theatralische Art *f*

espectáculo [espek'takulo] *m* ❶ (TEAT) Schauspiel *nt; (de variedades)* Show *f;* **~ de circo** Zirkusvorstellung *f;* **~ deportivo** Sportereignis *nt* ❷ *(visión)* Anblick *m* ❸ *(fam: escándalo)* **dar el** [*o* **un**] **~** eine Szene machen

espectador(a) [espekta'ðor(a)] *m(f)* Zuschauer(in) *m(f)*

espectral [espek'tral] *adj* ❶ *(fantasmal)* gespenstisch ❷ (FÍS) Spektral-

espectro [es'pektro] *m* ❶ *(fantasma)* Gespenst *nt* ❷ (FÍS) Spektrum *nt*

especulación [espekula'θjon] *f* Spekulation *f*

especulador(a) [espekula'ðor(a)] *m(f)* Spekulant(in) *m(f)*

especular [espeku'lar] *vi* ❶ *(conjeturar, t.* FIN) spekulieren; **~ en la Bolsa** an der Börse spekulieren ❷ *(meditar)* nachgrübeln

especulativo, -a [espekula'tiβo, -a] *adj* ❶ *(que especula)* spekulativ ❷ *(teórico)* theoretisch

espéculo [es'pekulo] *m* (MED) Spekulum *nt*

espejear [espexe'ar] *vi* glitzern, flimmern

espejismo [espe'xismo] *m* ❶ *(óptico)* Fata Morgana *f* ❷ *(de la imaginación)* Illusion *f*

espejo [es'pexo] *m* Spiegel *m;* **~ retrovisor** Rückspiegel *m;* **~ (retrovisor) lateral** Seitenspiegel *m;* **mirarse al ~** sich im Spiegel betrachten; **el cine es el ~ de la vida** das Kino spiegelt das Leben wider; **esta obra es un ~ de la sociedad actual** dieses Werk ist ein Spiegelbild der heutigen Gesellschaft

espeleología [espeleolo'xia] *f sin pl* Höhlenkunde *f*

espeluznante [espeluθ'nan̪te] *adj* haarsträubend

espeluznar [espeluθ'nar] **I.** *vt* ❶ *(los cabellos)* sträuben; *(por el miedo)* die Haare zu Berge stehen lassen +*dat* ❷ *(horrorizar)* entsetzen **II.** *vr:* **~se** entsetzt sein

espera [es'pera] *f* ❶ *(acción)* Warten *nt; (estado)* Erwartung *f; (duración)* Wartezeit *f;* **lista de ~** Warteliste *f;* **sala de ~** Wartesaal *m;* **tuvimos dos horas de ~** wir mussten zwei Stunden lang warten; **estoy a la ~ de recibir la beca** ich erwarte jeden Moment die Zusage über das Stipendium; **en ~ de su respuesta** *(final de carta)* in Erwartung Ihrer Antwort; **en ~ de tu carta, te mando el paquete** ich schicke dir schon einmal das Paket und erwarte demnächst deinen Brief; **esta ~ me saca de quicio** diese Warterei geht mir auf die Nerven ❷ *(paciencia)* Geduld *f* ❸ *(plazo)* Aufschub *m;* **no tener ~** keinen Aufschub dulden; **sin ~** unverzüglich

esperanza [espe'ran̪θa] *f* Hoffnung *f;* **~ de vida** Lebenserwartung *f;* **no tener ~s** keine Hoffnung haben; **abrigar ~s** Hoffnungen hegen; **estar en estado de buena ~** guter Hoffnung sein; **poner las ~s en algo** die Hoffnungen auf etw setzen; **tener ~s de conseguir un puesto de trabajo** Aussichten auf einen Arbeitsplatz haben; **veo el futuro con ~** ich bin sehr zuversichtlich

esperanzado, -a [ersperan̪'θaðo, -a] *adj* hoffnungsvoll, voller Hoffnung

esperanzador(a) [esperan̪θa'ðor(a)] *adj* hoffnungsvoll

esperanzar [esperan̪'θar] <z → c> **I.** *vt*

Hoffnung machen +*dat* **II.** *vr:* ~**se** sich *dat* Hoffnungen machen (**en** auf +*akk*)

esperar [espe'rar] **I.** *vi* ❶ *(aguardar)* warten (auf +*akk*); *(con paciencia)* abwarten; ~ **al aparato** *(teléfono)* am Apparat bleiben; **hacerse de** ~ auf sich warten lassen; **es de** ~ **que...** +*subj* es ist zu erwarten, dass ...; **esperemos y veamos cómo evolucionan las cosas** warten wir ab und sehen wir, wie es weitergeht; **¡que se espere!** er/sie soll gefälligst warten; **espera, que no lo encuentro** Augenblick, ich finde es jetzt nicht; **ganaron la copa tan esperada** sie gewannen den heiß ersehnten Pokal; **¡ay, no puedo** ~ (**de curiosidad**)! ich kann es kaum abwarten!; **uno solamente tiene que** ~ **a que las cosas lleguen** man muss die Dinge nur auf sich zukommen lassen ❷ *(confiar)* hoffen; **espero que sí** ich hoffe doch; ~ **en alguien** die Hoffnung auf jdn setzen; **espero que nos veamos pronto** hoffentlich sehen wir uns bald **II.** *vt* ❶ *(aguardar)* warten (auf +*akk*); *(un bebé, recibir, pensar)* erwarten; *(con paciencia)* abwarten; **hace una hora que lo espero** ich warte seit einer Stunde auf ihn; **te espero mañana a las nueve** ich erwarte dich morgen um neun Uhr; **ya me lo esperaba** das dachte ich mir schon; **nos esperan malos tiempos** uns stehen schlimme Zeiten bevor; **espero su decisión con impaciencia** *(final de carta)* ich sehe Ihrer Entscheidung gespannt entgegen; **te espera una prueba dura** du kannst dich auf eine harte Probe gefasst machen ❷ *(confiar)* hoffen (auf +*akk*); **esperando recibir noticias tuyas...** in der Hoffnung, bald von dir zu hören ...; **espero sacar grandes ganancias de este negocio** ich erhoffe mir von diesem Geschäft große Gewinne

esperma [es'perma] *m* Sperma *nt*

espermicida [espermi'θiða] *m* Spermizid *nt*

esperpento [esper'pen̩to] *m* ❶ *(persona)* groteske Figur *f* ❷ *(desatino)* Unsinn *m*

espesar [espe'sar] **I.** *vt (líquido)* eindicken; *(salsa)* binden **II.** *vr:* ~**se** *(bosque)* dichter werden; *(niebla)* sich verdichten; *(salsa)* eindicken

espeso, -a [es'peso, -a] *adj* ❶ *(cabello, niebla, bosque)* dicht; *(líquido)* dick(flüssig); *(muro)* dick ❷ *(persona)* schlampig ❸ *(Arg, Perú, Ven: molesto)* lästig

espesor [espe'sor] *m* ❶ *(grosor)* Dicke *f* ❷ *(densidad)* Dichte *f*

espesura [espe'sura] *f* ❶ *(del cabello/bosque)* Dichte *f; (de un muro)* Dicke *f; (de un líquido)* Dickflüssigkeit *f* ❷ *(bosque)* Dickicht *nt*

espetar [espe'tar] *vt* ❶ *(ave, objeto)* aufspießen ❷ *(fam: palabrota)* ausstoßen; ~ **una bronca a alguien** jdn anschnauzen; ~ **un sermón a alguien** jdm eine Predigt halten; ~ **cuatro verdades a alguien** jdm den Kopf waschen

espía [es'pia] *mf* Spion(in) *m(f); (de la policía)* Spitzel *m;* ~ **doble** Doppelagent(in) *m(f)*

espiantar [espjan̩'tar] **I.** *vi, vr:* ~**se** *(Arg, Chil: fam: alejarse)* weggehen; *(huir)* fliehen **II.** *vt (RíoPl: hurtar)* klauen

espiar [espi'ar] <*1. pres* espío> **I.** *vi (hacer espionaje)* spionieren **II.** *vt (algo)* ausspionieren; *(a alguien)* nachspionieren +*dat; (para la policía)* bespitzeln

espiga [es'piɣa] *f* ❶ (BOT) Ähre *f;* **dibujo de** ~ Fischgrätenmuster *nt* ❷ *(clavo)* Stift *m*

espigado, -a [espi'ɣaðo, -a] *adj* ❶ *(forma)* ährenförmig ❷ *(maduro)* reif ❸ *(árbol)* hoch; *(persona)* lang aufgeschossen

espigarse [espi'ɣarse] <g → gu> *vr* in die Höhe schießen

espigón [espi'ɣon] *m* ❶ *(de un clavo)* Spitze *f* ❷ *(espiga)* Ähre *f* ❸ *(dique)* (Hafen)mole *f; (rompeolas)* Wellenbrecher *m* ❹ *(aguijón)* Stachel *m*

espina [es'pina] *f* ❶ *(de pescado)* Gräte *f* ❷ (BOT) Dorn *m* ❸ *(astilla)* Splitter *m* ❹ (ANAT) ~ (**dorsal**) Rückgrat *nt* ❺ *(inconveniente)* Schwierigkeit *f;* **dar mala** ~ *(fam)* argwöhnisch machen ❻ *(pesar)* Kummer *m;* **sacarse una** ~ *(fam: desquitarse)* sich revanchieren; *(desahogarse)* sich *dat* etwas von der Seele reden

espinaca [espi'naka] *f* Spinat *m*

espinal [espi'nal] *adj* Rückgrat-; **médula** ~ Rückenmark *nt*

espinazo [espi'naθo] *m* (ANAT) Rückgrat *nt;* **doblar el** ~ *(fig)* kein Rückgrat haben

espineta [espi'neta] *f* (MÚS) Spinett *nt*

espinilla [espi'niʎa] *f* ❶ (ANAT) Schienbein *nt;* **dar a alguien una patada en la** ~ jdm vors Schienbein treten ❷ (MED) Mitesser *m;* **sacarse una** ~ sich *dat* einen Mitesser ausdrücken

espinillera [espini'ʎera] *f* (DEP) Schienbeinschützer *m*

espino [es'pino] *m* ❶ (BOT) ~ **albar** Weißdorn *m* ❷ (TÉC) **alambre de** ~ Stacheldraht *m*

espinoso, -a [espi'noso, -a] *adj,* **espinudo, -a** [espi'nuðo, -a] *adj (AmC, CSur)* ❶ *(planta)* dornig; *(pescado)* grätig ❷ *(problema)* haarig

espionaje [espjo'naxe] *m* Spionage *f;* ~ **industrial** Werk(s)spionage *f;* **servicio de ~ alemán** Bundesnachrichtendienst *m*

espiración [espira'θjon] *f* (MED) Ausatmen *nt*

espiral [espi'ral] **I.** *adj* spiralförmig; **escalera ~** Wendeltreppe *f* **II.** *f (línea, anticonceptivo)* Spirale *f*

espirar [espi'rar] **I.** *vi (aire)* ausatmen **II.** *vt (olor)* verströmen

espiritismo [espiri'tismo] *m sin pl* Spiritismus *m;* **sesión de ~** spiritistische Sitzung

espiritista [espiri'tista] *adj* spiritistisch

espiritoso, -a [espiri'toso, -a] *adj* ① *(bebida)* alkoholisch; **bebidas espirit(u)osas** Spirituosen *fpl* ② *(persona)* tatkräftig

espíritu [es'piritu] *m* Geist *m; (ánimo)* Gemüt *nt; (valor)* Mut *m;* ~ **de compañerismo** kameradschaftlicher Geist; ~ **de contradicción** Widerspruchsgeist *m;* ~ **emprendedor** Unternehmungsgeist *m;* ~ **de la época** Zeitgeist *m;* ~ **de observación** *(don)* Beobachtungsgabe *f;* **el E~ Santo** (REL) der Heilige Geist; ~ **de solidaridad** Gemeinschaftsgeist *m;* **pobre de ~** Kleingeist *m;* **exhalar el ~** den Geist aufgeben; **cobrar ~** Mut fassen; **levantar el ~ a alguien** jdn aufmuntern; **tener un ~ de rebelión** ein rebellisches Gemüt haben; **hacer algo con ~ alegre** etw voller Freude tun; **evocar los ~s** die Geister beschwören

espiritual [espiritu'al] *adj* ① *(del espíritu)* geistig; *(persona)* vergeistigt; **vida ~** Seelenleben *nt;* **mantenemos una relación puramente ~** unsere Beziehung ist rein geistiger Natur ② (REL) geistlich

espiritualidad *f* Geistigkeit *f,* Spiritualität *f geh*

espita [es'pita] *f* ① *(de una cuba)* Zapfhahn *m;* ~ **del gas** Gashahn *m* ② *(palmo)* Spanne *f* ③ *(fam: borracho)* Säufer(in) *m(f)*

esplendidez [esplendi'deθ] *f* ① *(generosidad)* Großzügigkeit *f* ② *(magnificencia)* Pracht *f*

espléndido, -a [es'plendiðo, -a] *adj* ① *(generoso)* großzügig ② *(aspecto)* prächtig; *(día)* herrlich; *(comida)* vorzüglich; *(ocasión, idea, resultado)* großartig

esplendor [esplen'dor] *m* Glanz *m; (fig)* Pracht *f*

esplendoroso, -a [esplendo'roso, -a] *adj (fig)* prachtvoll

espliego [es'pljeɣo] *m* Lavendel *m*

esplín [es'plin] *m* ① *(melancolía)* Melancholie *f,* Schwermut *f* ② *(tedio)* Lebensüberdruss *m*

espolear [espole'ar] *vt* ① *(al caballo)* die Sporen geben +*dat* ② *(a alguien)* anspornen

espoleta [espo'leta] *f (de bomba)* Zünder *m*

espolón [espo'lon] *m* ① (ZOOL: *de gallinas*) Sporn *m; (de caballos)* Fessel *f;* **tener más espolones que un gallo** *(fam)* sehr erfahren sein ② *(muro)* Damm *m;* **el ~ de Burgos** die Promenade in Burgos ③ (NÁUT: *de galera*) Rammsporn *m* ④ (GEO) Ausläufer *m* ⑤ (ARQUIT) Widerlager *nt*

espolvorear [espolβore'ar] *vt* (GASTR) bestäuben

esponja [es'poŋxa] *f* ① *(para lavar, t.* ZOOL) Schwamm *m;* ~ **de baño** Badeschwamm *m;* **beber como una ~** *(fam)* saufen wie ein Loch; **¡pasemos la ~!** *(fam)* Schwamm drüber! ② *(persona)* Schmarotzer *m*

esponjar [espoŋ'xar] **I.** *vt* ① *(la tierra)* auflockern; *(una masa)* schaumig machen ② *(líquido)* mit dem Schwamm abwischen; *(coche)* waschen **II.** *vr:* **~se** ① *(engreírse)* sich aufblähen ② *(de aspecto)* aufblühen

esponjoso, -a [espoŋ'xoso, -a] *adj (masa)* schaumig; *(pan)* aufgeweicht

esponsales [espon'sales] *mpl (elev)* Verlobung *f,* Verlöbnis *nt geh*

esponsorizar [esponsori'θar] <z → c> *vt* sponsern

espontáneamente [espontanea'mente] *adv* ① *(impensadamente)* spontan ② *(voluntariamente)* von selbst, freiwillig, von sich *dat* aus

espontaneidad [espontanei̯'ðaᵈ] *f* Spontan(e)ität *f*

espontáneo, -a [espon'taneo, -a] *adj* spontan; *(saludo)* ungezwungen; **curación espontánea** Spontanheilung *f*

espora [es'pora] *f* Spore *f*

esporádico, -a [espo'raðiko, -a] *adj* sporadisch

esportivo, -a [espor'tiβo, -a] *adj (Am)* ① *(deportivo)* sportlich ② *(afectando descuido)* lässig

esposa [es'posa] *f v.* **esposo**

esposar [espo'sar] *vt* Handschellen anlegen +*dat*

esposas [es'posas] *fpl (manillas)* Handschellen *fpl;* **colocar las ~ a alguien** jdm Handschellen anlegen

esposo, -a [es'poso, -a] *m, f* Ehemann, -frau *m, f;* **le presento a mi esposa** ich möchte Ihnen meine Frau vorstellen; **salude a su ~ de mi parte** grüßen Sie Ihren Mann von mir; **los ~s** das Ehepaar

espray [es'prai̯] *m* ① *(líquido)* Spray *m o*

nt; ~ **insecticida** Mückenspray *m o nt* ❷ *(envase)* Sprühdose *f*
esprín [es'prinᵗ] *m* Sprint *m;* **hacer un ~** sprinten
esprintar [esprin'tar] *vt* sprinten
esprínter [es'printer] *mf* Sprinter(in) *m(f)*
espuela [es'pwela] *f* ❶ *(de la bota)* Sporn *m* ❷ *(acicate)* Ansporn *m;* **poner las ~s a alguien** jdn anspornen
espuerta [es'pwerta] *f* Korb *m;* **a ~s** haufenweise

E

espuma [es'puma] *f* ❶ *(burbujas)* Schaum *m; (de las olas)* Gischt *m o f;* ~ **de afeitar** Rasierschaum *m;* ~ **de leche** Milchschaum *m;* **crecer como la ~** *(fam: persona)* sehr schnell wachsen; *(cosa)* rapide steigen ❷ *(materia)* Schaumstoff *m*
espumar [espu'mar] **I.** *vi* ❶ *(hacer espuma)* schäumen ❷ *(aumentar)* rapide steigen **II.** *vt* den Schaum abschöpfen (von +*dat*)
espumarajo [espuma'raxo] *m* ❶ *(pey: espuma)* dreckiger Schaum *m* ❷ *(de la boca)* Geifer *m;* **echar ~s por la boca** *(fig)* vor Wut schäumen
espumoso, -a [espu'moso, -a] *adj (masa)* schaumig; *(líquido)* schäumend; **vino ~** Schaumwein *m*
espurio, -a [es'purjo, -a] *adj* ❶ *(falso)* falsch, unecht; **palabra espuria** (von der Real Academia) nicht anerkanntes Wort ❷ *(persona)* unehelich; **hijo ~** uneheliches Kind
esputo [es'puto] *m* Speichel *m;* (MED) Auswurf *m*
esqueje [es'kexe] *m* Steckling *m*
esquela [es'kela] *f* ❶ *(nota)* kurze Mitteilung *f* ❷ *(necrológica)* ~ **(mortuoria)** Todesanzeige *f;* **publicar una ~** eine Todesanzeige aufgeben
esquelético, -a [eske'letiko, -a] *adj* ❶ (ANAT) Skelett- ❷ *(persona)* spindeldürr
esqueleto [eske'leto] *m* ❶ (ANAT) Skelett *nt;* **después de la operación quedé hecho un ~** nach der Operation war ich nur noch ein Skelett; **esta noche vamos a mover el ~** *(fam)* heute Abend schwingen wir das Tanzbein ❷ *(de un avión/barco)* Gerippe *nt; (de un edificio)* Skelett *nt* ❸ *(Col, AmC: impreso)* Formular *nt* ❹ *(Chil: de un escrito)* Entwurf *m*
esquema [es'kema] *m* ❶ *(gráfico)* Schema *nt;* **en ~** schematisch ❷ *(de una clase)* Konzept *nt;* **tengo que hacer el ~ del discurso** ich muss mir ein Konzept für die Rede machen
esquemático, -a [eske'matiko, -a] *adj* schematisch
esquematizar [eskemati'θar] <z → c> *vt* schematisieren
esquí [es'ki] *m* ❶ *(patín)* Ski *m;* ~ **de fondo** Langlaufski *m* ❷ *(deporte)* Skisport *m;* ~ **acuático** Wasserski *nt*
esquiador(a) [eskja'ðor(a)] *m(f)* Skiläufer(in) *m(f);* ~ **de fondo** Langläufer *m*
esquiar [eski'ar] <*1. pres* esquío> *vi* Ski laufen
esquife [es'kife] *m* (NÁUT) Beiboot *nt;* (MIL) Pinasse *f*
esquila [es'kila] *f* ❶ *(cencerro)* Kuhglocke *f; (campanilla)* Glöckchen *nt* ❷ *(esquileo)* Schur *f*
esquilador(a) [eskila'ðor(a)] *m(f)* (AGR) Schafscherer(in) *m(f)*
esquilar [eski'lar] *vt (ovejas)* scheren; *(perros)* trimmen; **esta tarde iré a que me esquilen** heute Nachmittag gehe ich zum Friseur; **hoy sí que te han esquilado bien** heute hat der Friseur dich mächtig gestutzt
esquimal [eski'mal] **I.** *adj* eskimoisch; **perro ~** Husky *m* **II.** *mf* Eskimo, Eskimofrau *m, f*
esquina [es'kina] *f (de un edificio)* (Straßen)ecke *f; (de una mesa)* Ecke *f;* **casa que hace ~** Eckhaus *nt;* **hacer un saque de ~** (DEP) einen Eckball ausführen; **a la vuelta de la ~** um die Ecke; **doblar la ~** um die Ecke biegen
esquinado, -a [eski'naðo, -a] *adj* ❶ *(objeto)* **las cajas estaban esquinadas** die Kisten lagen über Eck ❷ *(persona)* spröde, ungesellig
esquinar [eski'nar] **I.** *vi* eine Ecke bilden **II.** *vt* ❶ *(objetos)* über Eck legen ❷ *(maderos)* rechtwinklig zuschneiden **III.** *vr:* **~se** sich verfeinden
esquinazo [eski'naθo] *m (fam)* Hausecke *f;* **dar ~ a alguien** *(dejar plantado)* jdn versetzen; *(rehuir)* jdm aus dem Weg gehen
esquirla [es'kirla] *f* Splitter *m*
esquirol [eski'rol] *mf* Streikbrecher(in) *m(f)*
esquivar [eski'βar] **I.** *vt* ❶ *(golpe)* ausweichen +*dat* ❷ *(problema, encuentro)* vermeiden ❸ *(a alguien)* aus dem Weg gehen +*dat* **II.** *vr:* **~se** sich drücken (vor +*dat*)
esquivo, -a [es'kiβo, -a] *adj* ❶ *(huidizo)* scheu ❷ *(arisco)* spröde
esquizofrenia [eskiθo'frenja] *f* Schizophrenie *f*
esquizofrénico, -a [eskiθo'freniko, -a] *adj* schizophren
esta ['esta] **I.** *adj v.* **este²**, **esta** **II.** *pron dem v.* **este³**, **esta, esto**
estabilidad [estaβili'ðaᵈ] *f* Stabilität *f; (de*

un trabajo) Dauerhaftigkeit *f; (de una amistad)* Beständigkeit *f; (del carácter)* Standhaftigkeit *f*

estabilización [estaβiliθa'θjon] *f* Stabilisierung *f*

estabilizante [estaβili'θante] *adj* stabilisierend

estabilizar [estaβili'θar] <z → c> **I.** *vt* stabilisieren; *(trabajo)* sichern; *(amistad)* festigen **II.** *vr:* **~se** sich stabilisieren

estable [es'taβle] *adj* stabil; *(trabajo)* dauerhaft; *(tiempo)* beständig; *(carácter)* standhaft

establecer [estaβle'θer] *irr como crecer* **I.** *vi* festlegen **II.** *vt* ① *(fundar)* gründen; *(dictadura)* errichten; *(grupo de trabajo)* einsetzen; *(costumbre)* einführen; *(sucursal, tienda)* eröffnen; *(relaciones, contacto)* aufnehmen; *(principio, récord)* aufstellen; *(orden)* (wieder)herstellen; *(escuela)* einrichten; *(ley)* erlassen ② *(ordenar)* festlegen ③ *(colocar)* aufstellen; *(campamento)* aufschlagen; *(colonos)* ansiedeln; *(conexión)* herstellen **III.** *vr:* **~se** *(instalarse)* sich niederlassen (**en** in *+dat,* **de** als *+nom*); *(por cuenta propia)* sich selb(st)ständig machen (**de** als *+nom*)

establecimiento [estaβleθi'mjento] *m* ① *(fundación)* Gründung *f; (de un grupo de trabajo)* Einsatz *m; (de una costumbre)* Einführung *f; (de una sucursal)* Eröffnung *f; (de relaciones)* Aufnahme *f; (de un principio/récord)* Aufstellung *f; (del orden)* (Wieder)herstellung *f; (de una escuela)* Einrichtung *f* ② *(tienda)* Geschäft *nt* ③ *(institución)* Institution *f; (pública)* öffentliche Einrichtung *f; (empresa)* Unternehmen *nt* ④ *(de personas)* Ansiedelung *f*

establo [es'taβlo] *m* ① *(cuadra)* Stall *m;* **esta casa es un ~** *(fig)* dieses Haus ist ein Saustall *fam* ② *(Cuba: cochera)* Garage *f; (para alquilar)* Autoverleih *m*

estaca [es'taka] *f (palo)* Pfahl *m; (para tienda)* Zeltpflock *m; (garrote)* Knüppel *m*

estacada [esta'kaða] *f* (Pfahl)zaun *m;* **dejar a alguien en la ~** jdn im Stich lassen; **quedarse alguien en la ~** *(por un negocio)* in der Patsche sitzen; *(en una disputa)* den Kürzeren ziehen

estacazo [esta'kaθo] *m* ① *(golpe)* Stockschlag *m* ② *(crítica)* scharfe Kritik *f; (rapapolvo)* Standpauke *f;* **dar un ~ a alguien** jdm eine Standpauke halten

estación [esta'θjon] *f* ① *(del año)* Jahreszeit *f; (temporada)* Zeit *f;* **~ de las flores** Frühjahr *nt;* **~ de las lluvias** Regenzeit *f* ② *(para medios de trasporte)* Bahnhof *m; (parada)* Station *f;* **~ de autobuses** Busbahnhof *m;* **~ central** Hauptbahnhof *m;* **~ de destino** Bestimmungsbahnhof *m;* **~ de metro** U-Bahn-Station *f;* **~ de servicio** Tankstelle *f* ③ (RADIO, TV) Sender *m* ④ *(centro, t.* REL) Station *f;* (AUTO) **~ de carga** E-Ladestation *f;* **~ espacial** Raumstation *f;* **~ meteorológica** Wetterwarte *f;* **~ orbital** Weltraumstation *f;* **~ de bomberos** Feuerwache *f*

estacional [estaθjo'nal] *adj* ① *(del año)* jahreszeitlich bedingt ② *(de la temporada)* saisonal; **variaciones ~es** saisonbedingte Schwankungen

estacionamiento [estaθjona'mjento] *m* ① *(colocación)* Aufstellung *f; (de personas)* Postierung *f;* (MIL) Stationierung *f* ② (MIL: *posición*) Stellung *f* ③ (AUTO: *acción*) Parken *nt; (lugar)* Parkplatz *m*

estacionar [estaθjo'nar] **I.** *vt* ① *(colocar)* aufstellen; *(personas)* postieren; (MIL) stationieren ② (AUTO) parken **II.** *vr:* **~se** ① *(alguien)* sich postieren ② (AUTO) parken ③ *(parar)* stehen bleiben; **la producción se ha estacionado** die Produktion ist ins Stocken geraten

estacionario, -a [estaθjo'narjo, -a] *adj* stationär

estada [es'taða] *f (Am),* **estadía** [esta'ðia] *f* ① *(estancia)* Aufenthalt *m* ② *(de un modelo)* Sitzung *f* ③ (COM: *tiempo*) (Über)liegezeit *f; (tarifa)* (Über)liegegeld *nt*

estadio [es'taðjo] *m* ① (DEP) Stadion *nt* ② (MED) Stadium *m*

estadista [esta'ðista] *mf* ① (POL) bedeutender Politiker, bedeutende Politikerin *m, f* ② (MAT) Statistiker(in) *m(f)*

estadística [esta'ðistika] *f* Statistik *f*

estadístico, -a [esta'ðistiko, -a] *adj* statistisch

estado [es'taðo] *m* ① *(condición)* Zustand *m; (situación)* Lage *f;* **~ de alarma** Alarmzustand *m;* **~ civil** Familienstand *m;* **~ de las cosas** *(general)* Stand der Dinge; *(de un hecho concreto)* Sachlage *f;* **~ de cuenta** Kontostand *m;* **~ de la economía** Wirtschaftslage *f;* **~ de emergencia** Notstand *m;* **~ financiero** Finanzlage *f;* **~ gaseoso** gasförmiger Zustand; **~ de guerra** Kriegszustand *m;* **~ de necesidad** (JUR) Notstand *m;* **~ de salud** Gesundheitszustand *m;* **en buen ~ de conservación** gut erhalten; **en ~ de embriaguez** in betrunkenem Zustand; **estar en ~ interesante** [*o* **de buena esperanza**] guter Hoffnung sein; **en ~ de merecer** unverheiratet ② (POL) Staat *m;* **~ comunitario** Mitgliedsstaat der Europäischen Union; **~ libre** Freistaat *m;* **~ miembro** Mitgliedsstaat *m;* **~ miembro de la UEME** EWWU-Teilnehmerland *nt;* **~ providencia** Wohlfahrts-

E

staat *m;* **presupuestos del ~** Staatshaushalt *m* ③ (MIL) ~ **mayor** Generalstab *m* ④ (FIN) ~ **de cuentas** Kassenbericht *m;* ~ **de los gastos** Ausgabenseite *f*

Estados Federados de Micronesia [es'taðos feðe'raðos de mikro'nesja] *mpl* Föderierten Staaten von Mikronesien *mpl*

Estados Unidos [es'taðos u'niðos] *mpl* Vereinigte Staaten *mpl*

E

estadounidense [estaðouni'ðense] *mf* (US-)Amerikaner(in) *m(f)*

estafa [es'tafa] *f* Betrug *m*

estafador(a) [estafa'ðor(a)] *m(f)* Betrüger(in) *m(f)*

estafar [esta'far] *vt* betrügen; **la cajera me ha estafado el cambio** die Kassiererin hat mich um das Wechselgeld betrogen

estafermo [esta'fermo] *m (persona embobada)* Dummkopf *m,* Trottel *m*

estafeta [esta'feta] *f (correos)* Postamt *nt*

estagnación [estaɣna'θjon] *f (AmC)* Stagnation *f,* Stocken *nt*

estaje [es'taxe] *m (Am)* Akkord *m*

estalactita [estalak'tita] *f* Stalaktit *m*

estalagmita [estalaɣ'mita] *f* Stalagmit *m*

estalinismo [estali'nismo] *m sin pl* Stalinismus *m*

estalinista [estali'nista] **I.** *adj* (POL) stalinistisch **II.** *mf* (POL) Stalinist(in) *m(f)*

estallar [esta'ʎar] *vi* ① *(globo, neumático)* platzen; *(bomba)* explodieren; *(cristales)* zersplittern; *(látigo)* knallen; **estalló una ovación** Beifall brach los; **me estalla la cabeza** mir platzt der Schädel ② *(revolución, incendio)* ausbrechen; *(tormenta)* losbrechen; **al ~ la guerra** bei Kriegsausbruch ③ *(risa, alegría)* losbrechen; ~ **en llanto** in Tränen ausbrechen; **estaba enfadado y al final estalló** er war verärgert und platzte am Ende vor Wut

estallido [esta'ʎiðo] *m* ① *(ruido)* Knall *m; (de un globo)* Platzen *nt; (explosión)* Explosion *f* ② *(de una revolución)* Ausbruch *m;* ~ **de cólera** Zornausbruch *m*

estambre [es'tambre] *m* ① *(tela)* Kammgarnstoff *m; (hebra)* Kammgarn *nt* ② (BOT) Staubgefäß *nt*

Estambul [estam'bul] *m* Istanbul *nt*

estamento [esta'meṇto] *m* Gesellschaftsschicht *f*

estampa [es'tampa] *f* ① *(dibujo)* Bild *nt;* ~ **de la Virgen** Marienbild *nt;* **dar algo a la ~** etw in Druck geben ② *(huella)* Abdruck *m* ③ *(impresión)* Eindruck *m; (aspecto)* Aussehen *nt;* **un caballo de magnífica ~** ein Pferd von prächtiger Gestalt; **tienes mala ~** du siehst schlecht aus; **¡maldita sea tu ~!** verflucht seist du!; **ser la viva ~ de la pobreza** die Armut in Person sein; **ser la viva ~ de su padre** *(fam)* seinem Vater wie aus dem Gesicht geschnitten sein

estampación [estampa'θjon] *f sin pl* Drucken *nt; (con relieve)* Prägung *f*

estampado[1] [estam'paðo] *m* ① *(tejido)* Druck *m;* **no me gusta este ~** dieses (Stoff)muster gefällt mir nicht ② *(metal)* Prägung *f*

estampado, -a[2] [estam'paðo, -a] *adj* bedruckt

estampar [estam'par] **I.** *vt* ① *(en papel/tela)* drucken (**en/sobre** auf +*akk*); *(con relieve)* prägen (**en/sobre** in/auf +*akk*); ~ **un dibujo en una camiseta** ein T-Shirt mit einer Zeichnung bedrucken ② (TÉC: *una chapa*) stanzen; *(un motivo en una chapa)* einstanzen; ~ **pins** Pins ausstanzen; **se me quedó estampado en la cabeza** *(fig)* das hat sich mir eingeprägt ③ *(huella)* hinterlassen; ~ **una firma** unterzeichnen; ~ **la firma al pie del documento** die Unterschrift unter ein Dokument setzen ④ *(fam: arrojar)* knallen ⑤ *(fam: dar)* verpassen; ~ **una bofetada a alguien** jdm eine knallen; **~le un beso a alguien en la cara** jdm einen Kuss auf die Wange drücken **II.** *vr:* **~se** *(fam)* prallen

estampida [estam'piða] *f* ① *(huida)* überstürzte Flucht *f* ② *(ruido)* Knall *m*

estampido [estam'piðo] *m* Knall *m;* ~ **del trueno** Donnerschlag *m;* **dar un ~** knallen

estampilla [estam'piʎa] *f* ① *(sello)* (Faksimile)stempel *m* ② *(Am: de correos)* Briefmarke *f*

estampita [estam'pita] *f* Heiligenbild *nt;* **me han dado el timo de la ~** *(fam)* ich bin reingelegt worden

estancado, -a [estaŋ'kaðo, -a] *adj* ① *(río)* (auf)gestaut; **aguas estancadas** Stauwasser *nt* ② (COM: *mercancía*) monopolisiert, Monopol- ③ *(negocio)* stockend; **quedarse ~** ins Stocken geraten

estancamiento [estaŋka'mjeṇto] *m* ① *(del agua)* (Auf)stauung *f* ② *(de una mercancía)* Monopolisierung *f* ③ *(de los negocios)* Stagnation *f; (de un proceso)* Stillstand *m;* ~ **coyuntural** Konjunkturstillstand *m*

estancar [estaŋ'kar] <c → qu> **I.** *vt* ① *(un río)* (auf)stauen; **aguas estancadas** Stauwasser *nt* ② *(mercancía)* monopolisieren ③ *(proceso)* zum Stillstand bringen **II.** *vr:* **~se** ① *(río)* sich (auf)stauen ② *(negocio)* stagnieren; **me he estancado en los estudios** ich komme mit meinem Studium nicht weiter; **quedarse estancado** ins Stocken geraten

estancia [es'taṇθja] *f* ① *(permanencia)*

Aufenthalt *m;* ~ **en un hospital** Krankenhausaufenthalt *m* ② *(habitación)* Wohnraum *m; (de palacio)* Gemach *nt* ③ *(Am: hacienda)* Landgut *nt* ④ *(Cuba, Ven: quinta)* Landhaus *nt*

estanciera [estan̪'θjera] *f (Arg: furgoneta)* Lieferwagen *m*

estanciero, -a [estan̪'θjero, -a] *m, f (CSur, Col, Ven)* ① *(de ganado)* Farmer(in) *m(f)* ② *(de latifundios)* Großgrundbesitzer(in) *m(f)*

estanco[1] [es'taŋko] *m* ① *(establecimiento)* Tabak(waren)laden *m* ② *(monopolio)* Monopol *nt*

estanco, -a[2] [es'taŋko, -a] *adj* ① (NÁUT) wasserdicht ② *(separado)* abgeschlossen

estándar [es'tan̪dar] **I.** *adj* Standard-; **tipo** ~ Standardversion *f* **II.** *m* Standard *m*

estandarización [estan̪dariθa'θjon] *f* Standardisierung *f*

estandarizar [estan̪dari'θar] <z → c> *vt* standardisieren

estandarte [estan̪'darte] *m* Standarte *f*

estanque [es'taŋke] *m* ① *(en un parque)* Teich *m* ② *(para el riego)* Wasserbassin *nt*

estanquero, -a [estaŋ'kero, -a] *m, f* Tabak(waren)händler(in) *m(f)*

estante [es'tan̪te] *m* ① *(para libros)* Bücherbrett *nt; (para muebles)* (Einlege)boden *m; (en una tienda)* Ständer *m* ② *(mueble)* Regal *nt*

estantería [estan̪te'ria] *f* Regal *nt; (de toda la pared)* Regalwand *f; (para libros)* Bücherregal *nt*

estañar [esta'ɲar] *vt (Ven)* ① *(herir)* verletzen ② *(echar del trabajo)* entlassen

estaño [es'taɲo] *m* Zinn *nt;* ~ **para soldar** Lötzinn *nt*

estaquilla [esta'kiʎa] *f* ① *(hierro)* Eisenklammer *f* ② *(madera)* Holznagel *m*

estar [es'tar] *irr* **I.** *vi* ① *(hallarse)* sein; *(un objeto: derecho)* stehen; *(tumbado)* liegen; *(colgando)* hängen (**en** an +*dat*); *(durante un tiempo)* sich aufhalten; **Valencia está en la costa** Valencia liegt an der Küste; **¿está Pepe?** ist Pepe da?; **¿dónde estábamos?** wo waren wir stehen geblieben?; **como estamos aquí tú y yo** so wahr wir hier sitzen; **ya lo hago yo, para eso estoy** ich übernehme das, das ist das Mindeste, was ich tun kann; **¿está la comida?** ist das Essen fertig? ② *(sentirse)* sich fühlen; **¿cómo estás?** wie geht es dir?; **ya estoy mejor** es geht mir schon besser; **hoy no estoy bien** ich fühle mich heute nicht wohl ③ *(+ adjetivo/participio)* ~ **asomado al balcón** auf dem Balkon stehen; ~ **cansado** müde sein; ~ **sentado** sitzen; ~ **ubicado** *(Am)* sich befinden; ~ **viejo** alt aussehen; **el asado está rico** der Braten schmeckt gut; **está visto que...** es ist offensichtlich, dass ... ④ *(+ bien/mal)* ~ **mal de azúcar** kaum Zucker haben; ~ **mal de la cabeza** spinnen; ~ **mal de dinero** schlecht bei Kasse sein; **una semana de descanso te ~á bien** eine Woche Urlaub wird dir guttun; **eso te está bien empleado** *(fam)* das geschieht dir recht; **esa blusa te está bien** diese Bluse steht dir gut; **este peinado no te está bien** diese Frisur steht dir nicht ⑤ *(+ a)* ~ **al caer** *(persona)* bald kommen; *(suceso)* bevorstehen; **están al caer las diez** es ist bald zehn Uhr; ~ **al día** auf dem Laufenden sein; **estamos a uno de enero** heute ist der 1. Januar; **¿a qué estamos?** den Wievielten haben wir heute?; **las peras están a 2 euros el kilo** die Birnen kosten 2 Euro das Kilo; **el cuadro está ahora a 10.000 euros** das Bild ist nun auf 10.000 Euro gestiegen; **las acciones están a 8 euros** die Aktien liegen bei 8 Euro; **Sevilla está a 40 grados** in Sevilla sind es 40 Grad; **el termómetro está a diez grados** das Thermometer zeigt zehn Grad an; **están uno a uno** das Spiel steht eins zu eins; ~ **a examen** kurz vor einer Prüfung stehen; **estoy a lo que decida la asamblea** ich schließe mich der Entscheidung der Versammlung an; **estoy a oscuras en este tema** ich habe keinen blassen Schimmer von diesem Thema ⑥ *(+ con)* **estoy con mi novio** ich bin mit meinem Freund zusammen; **en el piso estoy con dos más** ich teile die Wohnung mit zwei Leuten; **estoy contigo en este punto** ich stimme mit dir in diesem Punkt überein ⑦ *(+ de)* ~ **de broma** zum Scherzen aufgelegt sein; ~ **de charla** einen Schwatz halten; ~ **de mal humor** schlecht gelaunt sein; ~ **de parto** in den Wehen liegen; ~ **de pie** stehen; ~ **de suerte** Glück haben; ~ **de secretario** als Sekretär arbeiten; ~ **de viaje** verreist sein; **en esta reunión estoy de más** ich bin in dieser Sitzung überflüssig; **esto que has dicho estaba de más** was du gesagt hast, war überflüssig ⑧ *(+ en)* **el problema está en el dinero** das Problem ist das Geld; **yo estoy en que él no dice la verdad** ich bin überzeugt (davon), dass er lügt; **no estaba en sí cuando lo hizo** er/sie war nicht ganz bei sich *dat*, als er/sie es tat; **siempre estás en todo** dir entgeht nichts; **estoy en lo que tú dices** ich weiß, wovon du sprichst ⑨ *(+ para)* **hoy no estoy para bromas** heute bin ich nicht zu Späßen aufgelegt; ~ **para morir** im Sterben liegen; **el tren está para salir** der Zug fährt in Kürze ab ⑩ *(+ por)* **estoy por llamarle** ich bin versucht, ihn anzurufen; **eso está por ver** das wird sich zeigen; **la historia de esta ciudad está por escribir** die Geschichte dieser Stadt muss noch geschrieben werden; **este partido está por la democracia** diese Partei setzt sich für die Demokratie ein ⑪ *(+ gerundio)* **¿qué estás haciendo?** was machst du da?; **estoy haciendo la comida** ich bereite gerade das Essen zu; **siempre estás mirando la tele** du siehst dauernd fern; **he estado una hora esperando el autobús** ich habe eine Stunde lang auf den Bus gewartet; **estoy escribiendo una carta** ich bin gerade dabei, einen Brief zu schreiben; **¡lo estaba viendo venir!** ich habe es kommen sehen!; **este pastel está diciendo cómeme** bei diesem Kuchen läuft mir das Wasser im Munde zusammen ⑫ *(+ que)* **estoy que no me tengo** ich bin fix und fertig; **está que trina** er/sie ist außer sich *dat* ⑬ *(+ sobre)* **estate sobre este asunto** kümmere dich um diese Angelegenheit; **siempre tengo que ~ sobre mi hijo para que coma** ich muss immer hinter meinem Sohn her sein, damit er was isst; **ser una persona que siempre está sobre sí** *(serena)* sich immer ganz ruhig verhalten; *(impasible)* nie seine Gefühle offenbaren ⑭ *(loc)* **a las 10 en casa, ¿estamos?** du bist um 10 Uhr zu Hause, verstanden? **II.** *vr:* **~se** ① *(hallarse)* sein ② *(permanecer)* bleiben; **~se de charla** ein Schwätzchen halten; **te puedes ~ con nosotros** du kannst bei uns bleiben; **me estuve con ellos toda la tarde** ich verbrachte den ganzen Nachmittag bei ihnen; **¡estate quieto!** *(callado)* sei ruhig!; *(quieto)* Hände weg!

estárter [es'tarter] *m* (AUTO) Starter *m*

estas ['estas] **I.** *adj v.* **este[2], esta** **II.** *pron dem v.* **este[3], esta, esto**

estatal [esta'tal] *adj* staatlich

estatalizar [estatali'θar] <z → c> *vt* verstaatlichen

estática [es'tatika] *f sin pl* Statik *f*

estático, -a [es'tatiko, -a] *adj* statisch; *(pasmado)* sprachlos

estatificar [estatifi'kar] <c → qu> *vt* verstaatlichen

estatización [estatiθa'θjon] *f* Verstaatlichung *f*

estatua [es'tatwa] *f* Statue *f*

estatuaria [esta'twaria] *f* Bildhauerei *f*

estatuilla [esta'twiʎa] *f* **este año la ~ no fue a parar a una película española** dieses Jahr bekam kein spanischer Film den Oscar

estatura [esta'tura] *f* Statur *f;* **¿qué ~ tienes?** wie groß bist du?; **es un hombre de ~ pequeña** er ist klein von Statur

estatus [es'tatus] *m* Status *m*

estatutario, -a [estatu'tarjo, -a] *adj* satzungsgemäß

estatuto [esta'tuto] *m* ① *(de una sociedad)* Satzung *f;* **~ del Banco Central** Zentralbankstatut *nt* ② (JUR, POL) Gesetz *nt; (de autonomía)* Verfassung *f;* **~ de los trabajadores** Betriebsverfassungsgesetz *nt*

este[1] ['este] *m* Osten *m;* (METEO, NÁUT) Ost *m;* **Alemania del E~** Ostdeutschland *nt*

este[2], -a ['este, -a] **I.** *adj* <estos, -as> diese(r, s); **~ perro es el mío** das ist mein Hund; **esta casa es nuestra** dieses Haus gehört uns **II.** *pron dem v.* **este,[3], esta, esto**

este[3], esta, esto ['este, 'esta, 'esto] *pron dem* <estos, -as> der/die/das; (**a**) **estos no los he visto nunca** die habe ich nie gesehen; **~ se cree muy importante** der hält sich für sehr wichtig; **antes yo también tenía una camisa como esta** früher hatte ich auch so ein Hemd; (**estando**) **en esto** [*o* **en estas**], **llamaron a la puerta** in diesem Moment klingelte es an der Tür; **¡esta sí que es buena!** das ist ja ein Ding!; **te lo juro, por esta**(**s**) darauf kannst du Gift nehmen; *v. t.* **este[2], esta**

estela [es'tela] *f* ① (NÁUT) Kielwasser *nt* ② *(de avión)* Kondensstreifen *m; (de cohete)* Rauchfahne *f* ③ *(rastro)* Spur *f;* **dejar una ~ de recuerdos** eine Reihe von Erinnerungen hinterlassen

estelar [este'lar] *adj* ① (ASTR) stellar; **sistema ~** Sternsystem *nt* ② *(extraordinario)* **invitado ~** Stargast *m;* **programa ~** (TV) Erfolgssendung *f*

estelaridad [estelari'ðaᵈ] *f (Chil: popularidad)* Beliebtheit *f;* **tener una gran ~** sich größter Beliebtheit erfreuen

estenografía [estenoɣra'fia] *f* Stenografie *f*

estenografiar [estenoɣrafi'ar] <*1. pres* estenografío> *vt* stenografieren

estenotipia [esteno'tipja] *f* Stenotypie *f*

estentóreo, -a [esten̪'toreo, -a] *adj (voz)* laut; *(risa)* schallend; *(acento)* ausgeprägt

estepa [es'tepa] *f* ① (GEO) Steppe *f* ② (BOT) Zistrose *f*

estera [es'tera] *f* (Fuß)matte *f*

estercolero [esterko'lero] *m* ① *(montón)* Misthaufen *m* ② *(lugar)* Saustall *m abw*

estercoraria [esterko'rarja] *f (Méx: escarabajo)* Käfer *m*

estéreo [es'tereo] **I.** *adj (fam)* stereo(fon); **disco ~** Stereoaufnahme *f* **II.** *m* ① *(este-*

reofonía) Stereo *nt* ❷ *(equipo)* Stereoanlage *f*

estereofónico, **-a** [estereo'foniko, -a] *adj* Stereo-, stereofon(isch)

estereotipado, **-a** [estereoti'paðo, -a] *adj* stereotyp

estereotipar [estereoti'par] *vt* ❶ (TIPO) stereotypieren ❷ *(frase)* klischeehaft darstellen

estereotipo [estereo'tipo] *m* Stereotyp *nt*

estéril [es'teril] *adj* ❶ *(persona, tierra)* unfruchtbar ❷ (MED) steril ❸ *(trabajo)* nutzlos; *(esfuerzo)* fruchtlos; *(discusión)* unfruchtbar

esterilidad [esterili'ða^{d}] *f* ❶ *(de una persona/un terreno)* Unfruchtbarkeit *f* ❷ (MED) Sterilität *f*

esterilización [esteriliθa'θjon] *f* Sterilisation *f*

esterilizar [esterili'θar] <z → c> *vt* sterilisieren

esterilla [este'riʎa] *f* ❶ *(estera)* kleine (Fuß)matte *f;* ~ **eléctrica** Heizdecke *f;* ~ **del váter** Klosettumrandung *f* ❷ *(Ecua: rejilla)* **silla de** ~ Korbstuhl *m*

esterlina [ester'lina] *adj* **libra** ~ Pfund *nt* Sterling

esternón [ester'non] *m* Brustbein *nt*

estero [es'tero] *m* ❶ *(Am: pantano)* Sumpf *m* ❷ *(Cuba: ría)* Bucht *f* ❸ *(Chil, Ecua: arroyo)* Bach *m* ❹ *(Ven: aguazal)* Wasserlache *f;* **estar en el** ~ in der Klemme sitzen

esteroide [este'roi̯ðe] *m* (QUÍM) Steroid *nt*

estertor [ester'tor] *m* *(respiración)* Röcheln *nt*

esteta [es'teta] *mf* Ästhet(in) *m(f)*

estética [es'tetika] *f* Ästhetik *f*

estéticienne [esteti'θjen] *mf* Kosmetiker(in) *m(f)*

esteticista [esteti'θista] **I.** *adj* ästhetizistisch **II.** *mf* ❶ *(de esteticismo)* Ästhetizist(in) *m(f)* ❷ *(estéticienne)* Kosmetiker(in) *m(f)*

estético, **-a** [es'tetiko, -a] *adj* ästhetisch; **no** ~ unästhetisch

estetoscopio [estetos'kopjo] *m* Stethoskop *nt*

estibador(a) [estiβa'ðor(a)] *m(f)* (NÁUT) Stauer(in) *m(f)*

estibar [esti'βar] *vt* *(cargar)* verstauen; *(distribuir)* trimmen

estiércol [es'tjerkol] *m* Mist *m;* **sacar el** ~ ausmisten

estigma [es'tiɣma] *m* Stigma *nt;* *(en el cuerpo)* Wundmal *nt;* *(de un hierro)* Brandmal *nt*

estigmatizar [estiɣma'tiθar] <z → c> *vt* brandmarken; (REL) stigmatisieren

estilar [esti'lar] **I.** *vi* die Angewohnheit haben (zu +*inf*); **estila levantarse pronto** er/sie steht gewöhnlich früh auf **II.** *vr:* **~se** üblich sein; **ya no se estila llevar bombachos** Reiterhosen sind aus der Mode gekommen

estilista [esti'lista] *mf* ❶ (LIT) Stilist(in) *m(f)* ❷ *(diseño)* Stylist(in) *m(f)*

estilística [esti'listika] *f sin pl* (LIT) Stilistik *f*

estilístico, **-a** [esti'listiko, -a] *adj* stilistisch

estilizar [estili'θar] <z → c> *vt* stilisieren

estilo [es'tilo] *m* ❶ *(modo, t.* ARTE, LIT) Stil *m;* ~ **de la fuente** (INFOR) Schrifttyp *m;* **al** ~ **de...** im Stil ... +*gen;* **por el** ~ so ungefähr; **¿qué, estás mal?, pues yo estoy por el** ~ so, dir geht es schlecht? mir geht es nicht besser; **algo por el** ~ etwas in der Art; **ya me habían dicho algo por el** ~ ich hatte schon so etwas (Ähnliches) gehört ❷ (DEP) Schwimmstil *m;* ~ **libre** Freistil *m;* ~ **braza** Brustschwimmen *nt;* ~ **(de) espalda** Rückenschwimmen *nt;* ~ **mariposa** Schmetterlingsschwimmen *nt* ❸ (LING) ~ **directo/indirecto** direkte/indirekte Rede ❹ (BOT) Griffel *m*

estilóbato [esti'loβato] *m* (ARQUIT) Stylobat *m*

estilográfica [estilo'ɣrafika] *f* Füllfederhalter *m*

estima [es'tima] *f* (Hoch)achtung *f;* **tener a alguien en mucha** ~ jdn sehr hoch schätzen

estimable [esti'maβle] *adj* ❶ *(apreciable)* schätzenswert ❷ *(calculable)* (ab-, ein)schätzbar

estimación [estima'θjon] *f* ❶ *(aprecio)* (Hoch)achtung *f;* ~ **propia** Selbstachtung *f* ❷ *(evaluación)* Schätzung *f;* ~ **de ventas** Verkaufsprognose *f*

estimado, **-a** [esti'maðo, -a] *adj* *(apreciado)* geachtet; *(en cartas)* geehrt; **estimadas Señoras** sehr verehrte Damen

estimar [esti'mar] **I.** *vt* ❶ *(apreciar)* schätzen; ~ **a alguien mucho** jdn hoch schätzen; ~ **a alguien poco** jdn gering schätzen; ~ **en demasía** überschätzen ❷ *(valorar)* schätzen (**en** auf +*akk*); *(tasar)* überschlagen ❸ *(juzgar)* halten (für +*akk*); **lo estimó oportuno** er/sie hielt es für angemessen; ~ **que...** der Meinung sein, dass ... **II.** *vr:* **~se** ❶ *(apreciarse)* sich schätzen ❷ *(calcularse)* geschätzt werden (**en** auf +*akk*)

estimativo, **-a** [estima'tiβo, -a] *adj* geschätzt; **valor** ~ Schätzwert *m*

estimulante [estimu'lan̦te] *m* Stimulans *nt*

estimular [estimu'lar] *vt* ❶ *(excitar)* anregen; *(en la sexualidad)* stimulieren ❷ *(animar)* motivieren; (ECON) Anreize schaffen (für +*akk*)

estímulo [es'timulo] *m* ❶ (MED) Reiz *m* ❷ *(incentivo)* Motivation *f;* (ECON) Anreiz *m;* ~ **de la exportación** Exportförderung *f*

estío [es'tio] *m (elev)* Sommer *m*

estipendio [esti'pen̩djo] *m* Lohn *m*

estipulación [estipula'θjon] *f* ❶ *(convenio)* (mündliche) Vereinbarung *f* ❷ (JUR) Klausel *f*

estipular [estipu'lar] *vt* ❶ *(acordar)* (mündlich) vereinbaren ❷ *(fijar)* festsetzen

estirado, -a [esti'raðo, -a] *adj* ❶ *(adusto)* barsch; *(engreído)* eingebildet ❷ *(escaso)* knapp; *(justo)* eng ❸ *(tacaño)* knaus(e)rig

estiramiento [estira'mjen̩to] *m* Strecken *nt*

estirar [esti'rar] **I.** *vi* ziehen; **no estires más que se rompe la cuerda** hör auf zu ziehen, sonst reißt die Schnur **II.** *vt* ❶ *(alargar)* (lang) ziehen; *(suma)* strecken; *(un discurso)* in die Länge ziehen; ~ **el bolsillo** den Gürtel enger schnallen ❷ *(alisar)* glatt ziehen; ~ **la masa** den Teig ausrollen; **aún tengo que ~ la cama** ich muss das Bett noch machen ❸ *(extender)* dehnen ❹ *(tensar)* spannen ❺ *(piernas, brazos)* (aus)strecken; **voy a salir a ~ un poco las piernas** ich gehe mir mal ein bisschen die Beine vertreten; ~ **demasiado un músculo** einen Muskel überdehnen ❻ *(alambre)* ziehen **III.** *vr:* **~se** sich strecken

estirón [esti'ron] *m* ❶ *(tirón)* Ruck *m* ❷ *(crecimiento)* **¡vaya ~ que ha dado el niño!** *(fam)* der Junge ist aber groß geworden!

estirpe [es'tirpe] *f* Abstammung *f*

estival [esti'βal] *adj* sommerlich

esto ['esto] *pron dem v.* **este**

estocada [esto'kaða] *f* ❶ *(golpe)* Degenstoß *m;* (TAUR) Todesstoß *m* ❷ *(herida)* Stichverletzung *f*

Estocolmo [esto'kolmo] *m* Stockholm *nt*

estofado [esto'faðo] *m* (GASTR) Schmorfleisch *nt*

estofar [esto'far] *vt* ❶ *(guisar)* schmoren ❷ *(enguatar)* wattieren

estoicismo [estoi̯'θismo] *m sin pl* ❶ (FILOS: *escuela*) Stoa *f;* *(doctrina)* Stoizismus *m* ❷ *(impasibilidad)* Stoizismus *m,* Unerschütterlichkeit *f*

estoico, -a [es'toi̯ko, -a] *adj* stoisch

estola [es'tola] *f* Stola *f*

estólido, -a [es'toliðo, -a] **I.** *adj* einfältig, dumm **II.** *m, f* Einfaltspinsel *m,* Dummkopf *m*

estomacal [estoma'kal] *adj* Magen-; **trastorno ~** Magenverstimmung *f*

estómago [es'tomaɣo] *m* Magen *m;* **algo se le asiente a alguien en el ~** *(fam)* etw liegt jdm schwer im Magen; **lo tengo asentado en el ~** *(fig)* ich kann ihn nicht ausstehen; **se me revolvió el ~** mir wurde schlecht; **tener buen ~** *(fig)* ein dickes Fell haben

Estonia [es'tonja] *f* Estland *nt*

estonio, -a [es'tonjo, -a] **I.** *adj* estnisch **II.** *m, f* Este, -in *m, f*

estopa [es'topa] *f* ❶ *(tela)* Flachstuch *nt* ❷ *(al peinar el lino o cáñamo)* Werg *nt* ❸ *(para limpiar)* Putzwolle *f* ❹ *(argot: pegar)* **repartir** [*o* **dar**] [*o* **largar**] ~ prügeln; *(dar bofetadas)* ohrfeigen

estoque [es'toke] *m* ❶ *(espadín)* Stoßdegen *m;* **estar hecho un ~** *(fig)* spindeldürr sein ❷ (BOT) Schwertlilie *f*

estor [es'tor] *m* Rollo *nt*

estorbar [estor'βar] **I.** *vi* ❶ *(obstaculizar)* hinderlich sein +*dat* ❷ *(molestar)* stören **II.** *vt* ❶ *(impedir)* verhindern ❷ *(obstaculizar)* behindern ❸ *(molestar)* stören

estorbo [es'torβo] *m* ❶ *(molestia)* Ärgernis *nt;* **sal de casa, que solamente eres un ~** geh aus dem Haus, du stehst einem nur im Weg ❷ *(obstáculo)* Hindernis *nt* ❸ *(molestia)* Störung *f*

estornino [estor'nino] *m* Star *m*

estornudar [estornu'ðar] *vi* niesen

estornudo [estor'nuðo] *m* Niesen *nt*

estos ['estos] **I.** *adj v.* **este**[2], **esta II.** *pron dem v.* **este**[3], **esta, esto**

estrabismo [estra'βismo] *m sin pl* Schielen *nt*

estrado [es'traðo] *m* Podium *nt;* ~ **del testigo** (JUR) Zeugenstand *m;* **citar a alguien para ~s** jdn vor Gericht laden

estrafalario, -a [estrafa'larjo, -a] *adj (fam)* ❶ *(ropa)* schlampig ❷ *(extravagante)* exzentrisch; *(ridículo)* lächerlich

estragar [estra'ɣar] <g → gu> *vt* ❶ *(dañar)* zerstören ❷ *(embotar)* abstumpfen; *(gusto)* verderben

estrago [es'traɣo] *m* Verwüstung *f;* **hacer grandes ~s en la población civil** viele Opfer unter der Zivilbevölkerung fordern

estragón [estra'ɣon] *m* Estragon *m*

estramador [estrama'ðor] *m (Méx: peine)* Kamm *m*

estrambótico, -a [estram'botiko, -a] *adj* sonderbar

estramonio [estra'monjo] *m* Stechapfel *m*

estrangis [es'traŋxis] *adv (argot)* **de ~** (klamm)heimlich, verstohlenerweise

estrangulación [estraŋgula'θjon] *f* ❶ *(acción)* Erwürgen *nt;* *(efecto)* Strangulation *f; (ahorcado)* Erhängen *nt* ② (MED) Abschnürung *f;* ~ **de intestinos** Strangulation *f* ③ (TÉC) Drosselung *f*

estrangulador[1] [estraŋgula'ðor] *m* (TÉC) ~ **de aire** Choke *m*

estrangulador(a)[2] [estraŋgula'ðor(a)] *m(f) (asesino)* Würger(in) *m(f)*

estrangulamiento [estraŋgula'mjen̩to] *m* ① *(de persona)* Erwürgen *nt* ② *(lentitud)* Drosselung *f* ③ *(estrechamiento)* Verengung *f*

estrangular [estraŋgu'lar] **I.** *vt* ① *(asesinar)* erwürgen; *(ahorcar)* erhängen ② (MED) abschnüren ③ (TÉC) drosseln **II.** *vr:* **~se** sich erhängen

estraperlista [estraper'lista] *mf* Schwarzhändler(in) *m(f)*

estraperlo [estra'perlo] *m* ① *(tráfico)* Schwarzhandel *m;* **adquirir algo de ~** etw schwarz erstehen ② *(mercancía)* Schmuggelware *f*

Estrasburgo [estras'βurɣo] *m* Straßburg *nt*

estratagema [estrata'xema] *f* ① (MIL) Kriegslist *f* ② *(artimaña)* Trick *m*

estratega [estra'teɣa] *mf* Stratege, -in *m, f*

estrategia [estra'texja] *f* Strategie *f*

estratégico, -a [estra'texiko, -a] *adj* strategisch

estratificar [estratifi'kar] <c → qu> **I.** *vt* (GEO) stratifizieren **II.** *vr:* **~se** (GEO) sich in Schichten (ab)lagern

estrato [es'trato] *m* (*t.* GEO) Schicht *f;* ~ **social** Gesellschaftsschicht *f*

estratosfera [estratos'fera] *f* (METEO) Stratosphäre *f*

estrechamente [estreʧa'men̩te] *adv* ① *(pobremente)* ärmlich; **vivimos ~** wir kommen gerade so über die Runden ② *(íntimamente)* eng ③ *(rigurosamente)* strikt

estrechamiento [estreʧa'mjen̩to] *m* ① *(angostura)* Verengung *f; (punto estrecho)* Engpass *m;* ~ **del mercado monetario** Geldverknappung *f;* **mañana comenzarán con el ~ de la carretera** morgen beginnen sie mit der Verengung der Straße ② *(de gastos)* Einschränkung *f* ③ *(de amistad)* engere Verflechtung *f;* ~ **de las relaciones económicas** Intensivierung der Wirtschaftsbeziehungen ④ *(para caber)* Zusammenrücken *nt* ⑤ *(abrazo)* Umarmen *nt;* ~ **de manos** Händeschütteln *nt*

estrechar [estre'ʧar] **I.** *vt* ① *(angostar)* verengen; *(ropa)* enger machen ② *(abrazar)* an sich drücken; *(la mano)* schütteln ③ *(amistad)* vertiefen; **hemos estrechado nuestra relación** unsere Beziehung ist enger geworden ④ *(obligar)* nötigen **II.** *vr:* **~se** ① *(camino)* enger werden ② *(fam: en un asiento)* näher zusammenrücken ③ *(dos personas)* sich umarmen; **~se las manos** sich *dat* die Hände schütteln ④ *(amistad)* enger werden ⑤ *(económicamente)* sich einschränken; **~se el cinturón** *(fam)* den Gürtel enger schnallen

estrechez [estre'ʧeθ] *f* ① *(espacial)* Enge *f;* ~ **de espíritu** Beschränktheit *f* ② *(rigidez)* Strenge *f* ③ *(de amistad)* Innigkeit *f* ④ *(escasez)* Knappheit *f; (apuro)* Engpass *m;* ~ **de dinero** Geldmangel *m* ⑤ *pl (económicamente)* finanzielle Probleme *ntpl*

estrecho[1] [es'treʧo] *m* (GEO) Meerenge; ~ **de Gibraltar** Straße von Gibraltar

estrecho, -a[2] [es'treʧo, -a] *adj* ① *(angosto)* eng; **él es muy ~ de caderas** er ist sehr schmal um die Hüften ② *(amistad)* innig ③ *(ropa)* eng (anliegend) ④ *(con poco sitio)* dicht gedrängt ⑤ *(rígido)* strikt ⑥ *(argot: sexualmente)* verklemmt ⑦ *(loc, fam)* **hacérselas pasar estrechas a alguien** jdn in eine schwierige Lage bringen

estregar [estre'ɣar] *irr como fregar* **I.** *vt* ① *(frotar)* fest reiben; *(para limpiar)* schrubben ② *(cepillar)* bürsten ③ *(sacar brillo)* polieren **II.** *vr:* **~se** sich reiben (**contra** an +*dat*)

estrella [es'treʎa] *f* ① (ASTR) Stern *m;* ~ **fija** Fixstern *m;* ~ **fugaz** Sternschnuppe *f;* ~ **de rabo** Komet *m;* ~ **de Venus** Abendstern *m* ② *(destino)* Glücksstern *m;* **haber nacido con buena/mala ~** unter einem günstigen/ungünstigen Stern geboren sein; **tener buena/mala ~** Glück/Unglück haben ③ (CINE, TEAT) Star *m;* **una nueva ~ del teatro** ein neuer Stern am Theaterhimmel ④ (TIPO) Sternchen *nt* ⑤ (ZOOL) ~ **de mar** Seestern *m* ⑥ (ZOOL: *en caballos*) Blesse *f* ⑦ *pl (loc)* **querer contar las ~s** nach den Sternen greifen; **poner a alguien por las ~s** jdn in den Himmel heben; **ver las ~s (de dolor)** (vor Schmerz) Sterne sehen

estrellado, -a [estre'ʎaðo, -a] *adj* ① *(esteliforme)* sternenförmig ② *(noche, cielo)* stern(en)klar; *(lleno de estrellas)* mit Sternen bedeckt; **cielo ~** Sternenhimmel *m* ③ *(avión)* abgestürzt ④ *(loc)* **huevos ~s** (GASTR) Spiegeleier *ntpl*

estrellar [estre'ʎar] **I.** *adj* Stern(en)- **II.** *vt* *(romper)* zerbrechen; *(arrojar)* schlagen (**contra** gegen +*akk*); ~ **huevos en una sartén** Eier in eine Pfanne schlagen **III.** *vr:* **~se** ① *(chocar)* fahren (**contra/en** gegen +*akk*); **~se con alguien** *(fig)* mit jdm aneinandergeraten ② *(avión, barco)* zerschellen (**contra/en** an +*dat*); *(globo)* zerplatzen; *(morir)* durch einen Unfall ums Leben kommen ③ *(fracasar)* scheitern (**contra/en** an +*dat*)

estrellato [estre'ʎato] *m* ① *(artista)* Glanzzeit *f* ② *(conjunto de artistas)* Stargruppe *f*

estrellón [estre'ʎon] *m* *(Méx: choque)* Aufprall *m*

estremecedor(a) [estremeθe'ðor(a)] *adj* ① *(emoción)* erschütternd ② *(horrible)* schaurig

E

estremecer [estreme'θer] *irr como crecer* **I.** *vt* ① *(conmover)* erschüttern ② *(hacer tiritar)* schau(d)ern lassen **II.** *vr:* **~se** ① *(por un suceso)* erschüttert sein; **se estremeció mucho al escuchar la noticia** die Nachricht erschütterte ihn/sie sehr; **se estremecieron sus creencias** sein/ihr Glaube war erschüttert ② *(de susto)* zusammenfahren ③ *(temblar)* zittern (**de** vor +*dat*)

estremecimiento [estremeθi'mjen̩to] *m* ① *(emoción)* Erschütterung *f* ② *(de cañonazo/terremoto)* Erbeben *nt* ③ *(de frío/miedo)* Erschau(d)ern *nt* ④ *(de susto)* Zusammenzucken *nt*

estrenar [estre'nar] **I.** *vt* ① *(usar)* zum ersten Mal verwenden; *(ropa)* zum ersten Mal tragen; *(edificio)* einweihen; **~ un piso** als erster Mieter eine Wohnung beziehen; **sin ~** ungebraucht; **estos guantes están sin ~** diese Handschuhe sind noch ungetragen ② (CINE, TEAT) uraufführen ③ *(trabajo)* neu anfangen; **~ un cargo** ein Amt antreten **II.** *vr:* **~se** ① *(carrera artística)* sein Debüt geben ② (CINE, TEAT) Premiere haben ③ *(trabajo)* antreten (**en** +*akk*)

estreno [es'treno] *m* ① *(uso)* erstmaliger Gebrauch *m; (edificio)* Einweihung *f;* **~ de piso** Erstbezug *m;* **ser de ~** ganz neu sein ② *(de un actor/músico)* Debüt *nt; (de una obra)* Premiere *f*

estreñido, -a [estre'ɲiðo, -a] *adj* verstopft

estreñimiento [estreɲi'mjen̩to] *m* Verstopfung *f*

estreñir [estre'ɲir] *vt irr como ceñir (comida)* zu Verstopfung führen (bei +*dat*); **las judías me estriñen** von Bohnen bekomme ich Verstopfung

estrépito [es'trepito] *m* ① *(ruido)* Lärm *m;* **reírse con ~** schallend lachen ② *(ostentación)* Aufsehen *nt;* **con gran ~** mit großem Getöse

estrepitoso, -a [estrepi'toso, -a] *adj* geräuschvoll; **aplausos ~s** tosender Beifall; **risa estrepitosa** schallendes Gelächter

estrés [es'tres] *m* Stress *m;* **producir ~** Stress hervorrufen

estresado, -a [estre'saðo, -a] *adj* gestresst

estresante [estre'san̩te] *adj* stressig

estresar [estre'sar] *vt* stressen

estresor[1] [estre'sor] *m* Stressfaktor *m*

estresor(a)[2] [estre'sor(a)] *adj* Stress-; **situación ~a** Stresssituation *f;* **factores ~es** Stressfaktoren *mpl*

estría [es'tria] *f* ① (ARQUIT) Rille *f* ② *pl (rayas)* Streifen *mpl;* **~s del embarazo** Schwangerschaftsstreifen *mpl*

estriado, -a [estri'aðo, -a] *adj* ① (ARQUIT) gerillt ② *(con rayas)* gestreift

estribación [estriβa'θjon] *f* (GEO) (Gebirgs)ausläufer *m*

estribar [estri'βar] *vi* sich stützen (**en** auf +*akk*); **nuestro éxito estriba en nuestra larga experiencia** unser Erfolg beruht auf unserer langen Erfahrung; **la dificultad estriba en la falta de práctica** die Schwierigkeit liegt in der mangelnden Praxis

estribillo [estri'βiʎo] *m* ① (MÚS) Refrain *m* ② (LIT) Kehrreim *m* ③ *(expresión repetitiva)* Lieblingswort *nt; (frase)* Lieblingssatz *m;* **siempre (con) el mismo ~** *(fig)* immer die gleiche alte Leier

estribo [es'triβo] *m* ① *(de jinete)* Steigbügel *m;* **estar sobre los ~s** *(fig)* auf der Hut sein; **perder los ~s** *(fig)* die Nerven verlieren ② *(del coche)* Trittbrett *nt; (de la moto)* Fußraste *f* ③ *(entibo)* Strebe *f* ④ *(respaldo)* Stütze *f*

estribor [estri'βor] *m* (NÁUT) Steuerbord *nt*

estricnina [estriɣ'nina] *f* Strychnin *nt*

estricto, -a [es'trikto, -a] *adj* ① *(severo)* streng ② *(exacto)* strikt

estridencia [estri'ðen̩θja] *f* ① *(de colores)* Schrillheit *f* ② *(sonido)* schriller Ton *m*

estridente [estri'ðen̩te] *adj* schrill

estripazón [estripa'θon] *m* *(AmC)* ① *(apretura)* Gedränge *nt* ② *(destrozo)* Zerstörung *f*

estrofa [es'trofa] *f* Strophe *f;* **canción de cuatro ~s** Lied mit vier Strophen

estrógeno [es'troxeno] *m* Östrogen *nt*

estroncio [es'tron̩θjo] *m sin pl* Strontium *nt*

estropajo [estro'paxo] *m (de fregar)* Topfreiniger *m;* **poner a alguien como un ~** jdn fertigmachen; **servir de ~** *(fig)* die Dreckarbeit machen

estropajoso, -a [estropa'xoso, -a] *adj* ① *(seco)* trocken; *(carne)* zäh ② *(pelo)* struppig ③ *(tartajoso)* stammelnd ④ *(andrajoso)* zerlumpt

estropear [estrope'ar] **I.** *vt* ① *(deteriorar)* beschädigen ② *(destruir)* kaputt machen; *(planes)* zunichtemachen; *(cosecha)* zerstören; *(comida)* verderben; **con lo que dijiste, lo has estropeado todo** durch das, was du gesagt hast, hast du alles verdorben ③ *(aspecto)* altern (lassen); **desde la muerte de su mujer está muy estropeado** seit dem Tod seiner Frau ist er stark gealtert; **está muy estropeado por la enfermedad** durch die Krankheit ist er stark angeschlagen **II.** *vr:* **~se** ① *(deteriorarse)* sich verschlechtern ② *(averiarse)* kaputtgehen; *(comida)* schlecht werden; *(planes)* scheitern

estropicio [estro'piθjo] *m* ① *(destrozo)* Schaden *m* ② *(alboroto)* Krach *m*

estructura [estruk'tura] *f* Struktur *f; (disposición)* Anordnung *f;* **~ de subventanas** (INFOR) Frame *m o nt*

estructuración [estruktura'θjon] *f* Strukturierung *f*

estructural [estruktu'ral] *adj* strukturell; **problemas ~es** Strukturprobleme *ntpl*

estructuralismo [estruktura'lismo] *m sin pl* (LING) Strukturalismus *m*

estructurar [estruktu'rar] **I.** *vt* strukturieren; *(clasificar)* gliedern (**en** in *+akk*) **II.** *vr:* **~se** sich gliedern (**en** in *+akk*)

estruendo [es'trwen̪do] *m* ① *(ruido)* Lärm *m* ② *(alboroto)* Radau *m* ③ *(ostentación)* Aufsehen *nt*

estruendoso, -a [estrwen̪'doso, -a] *adj* geräuschvoll; *(aplauso)* tosend

estrujar [estru'xar] **I.** *vt* ① *(apretar)* pressen; *(naranja)* auspressen ② *(machacar)* zerquetschen; *(papel)* zerknüllen ③ *(al saludar)* drücken **II.** *vr:* **~se** ① *(entre mucha gente)* sich durchquetschen ② *(apretujarse)* sich zusammendrängen

estuario [es'twarjo] *m* Ästuar *nt*

estucar [estu'kar] <c → qu> *vt* ① *(adornar)* mit Stuck verkleiden ② *(una fachada)* verputzen

estuche [es'tuʧe] *m* Etui *nt; (cajita)* Kästchen *nt;* **~ de gafas** Brillenetui *nt;* **~ de joyas** Schmuckkästchen *nt;* **~ de violín** Geigenkasten *m*

estuco [es'tuko] *m* ① *(ornamento)* Stuck *m* ② *(enyesado)* Putz *m*

estudiado, -a [estu'ðjaðo, -a] *adj (amanerado)* gekünstelt

estudiante *mf (de universidad)* **~ en prácticas** Praktikant(in) *m(f)*

estudiante [estu'ðjan̪te] *mf* ① *(de universidad)* Student(in) *m(f);* **~ de ciencias** Student(in) der Naturwissenschaften; **~ de románicas** Romanistikstudent(in) *m(f)* ② *(de escuela)* Schüler(in) *m(f)*

estudiantil [estuðjan̪'til] *adj* studentisch; **movimiento ~** Studentenbewegung *f*

estudiar [estu'ðjar] *vt* ① *(aprender)* lernen ② *(analizar)* untersuchen ③ *(obra de teatro)* einstudieren ④ *(observar)* studieren ⑤ *(reflexionar)* überdenken; **lo ~é** ich werde darüber nachdenken ⑥ *(cursar estudios universitarios)* studieren; **~ para médico** Medizin studieren

estudio [es'tuðjo] *m* ① *(trabajo intelectual)* Lernen *nt;* **dedicarse tres horas todos los días al ~** täglich drei Stunden lernen ② *(ensayo, obra)* Studie *f; (informe)* Bericht *m; (investigación)* Untersuchung *f;* **~ de impacto ambiental** Umweltverträglichkeitsstudie *f;* **estar en ~** untersucht werden ③ (MÚS) Etüde *f* ④ (ARTE) Studie *f* ⑤ (RADIO, TV) Studio *nt;* **~ cinematográfico** Filmstudio *nt;* **~ radiofónico** Rundfunkstudio *nt;* **~ de registro de sonido** Aufnahmestudio *nt* ⑥ *(lugar de trabajo)* Atelier *nt;* **~ fotográfico** Fotostudio *nt* ⑦ *pl (carrera)* (Hochschul)studium *nt;* **cursar ~s** studieren; **no se me dan bien los ~s** das Studium fällt mir schwer; **tener ~s** eine akademische Ausbildung besitzen

estudioso, -a [estu'ðjoso, -a] *adj* fleißig

estufa [es'tufa] *f* ① *(calentador)* Ofen *m;* **~ eléctrica** Heizlüfter *m;* **~ de leña** Kaminofen *m* ② *(invernadero)* Treibhaus *nt;* **criar a alguien en ~** *(fig)* jdn überbehüten ③ *(en las curas)* Schwitzkasten *m*

estupefacción [estupefaᵞ'θjon] *f* ① *(asombro)* Verblüffung *f; (sorpresa)* Überraschung *f* ② *(espanto)* Bestürzung *f* ③ (MED) Betäubung *f*

estupefaciente [estupefa'θjen̪te] *m* (MED) Betäubungsmittel *nt; (droga)* Rauschgift *nt*

estupefacto, -a [estupe'fakto, -a] *adj* ① *(atónito)* perplex ② *(espantado)* bestürzt

estupendo, -a [estu'pen̪do, -a] *adj* wunderbar; **¡~!** super!; **sería ~** das wäre super

estupidez [estupi'ðeθ] *f* Dummheit *f*

estúpido, -a [es'tupiðo, -a] **I.** *adj* dumm **II.** *m, f* Dummkopf *m*

estupor [estu'por] *m* ① (MED) Benommenheit *f* ② *(asombro)* Verblüffung *f* ③ *(espanto)* Bestürzung *f*

estuprador [estupra'ðor] *m* (JUR) Verführer *m* Minderjähriger

estupro [es'tupro] *m* Vergewaltigung *f*

esturión [estu'rjon] *m* Stör *m*

esvástica [es'βastika] *f* Hakenkreuz *nt*

ETA ['eta] *f abr de* **Euskadi Ta Askatasuna** (POL) ETA *f (baskische Untergrundorganisation)*

etanol [eta'nol] *m* (QUÍM) Ethanol *nt*

etapa [e'tapa] *f* Etappe *f; (fase)* Phase *f; (época)* Zeit *f;* (ELEC) Stufe *f;* **por ~s** *(fig)* schrittweise; **quemar ~s** *(fig fam)* vorpreschen; **quemar ~s con el coche** *(fig fam)* durchbrettern; **cohete de varias ~s** Mehrstufenrakete *f*

E

etarra [e'tarra] **I.** *adj* **un comando ~** ein Kommando der ETA **II.** *mf* ETA-Angehörige(r) *mf*
etcétera [e^(ð)'θetera] et cetera
éter ['eter] *m* Äther *m*
etéreo, -a [e'tereo, -a] *adj* ätherisch
eternidad [eterni'ðaᵈ] *f* Ewigkeit *f;* **tardar una ~** ewig dauern
eternizar [eterni'θar] <z → c> **I.** *vt* verewigen; *(pey: alargar)* endlos in die Länge ziehen **II.** *vr:* **~se** sich verewigen; **~se en algo** sich ewig lang an etw *dat* aufhalten
eterno, -a [e'terno, -a] *adj* ewig; *(discurso)* endlos
ética ['etika] *f* ❶ (FILOS) Ethik *f* ❷ *(moral)* Ethos *nt;* **~ profesional** Berufsethos *nt* ❸ *(fam: decencia)* Anstand *m;* **no tener ~** kein bisschen Anstand besitzen
ético, -a ['etiko, -a] *adj* ethisch
ético-cívico, -a ['etiko-'θiβiko, -a] *adj* sozial-, Sozial-; **educación ético-cívica** Sozialkunde *f*
etílico, -a [e'tiliko, -a] *adj* ❶ (QUÍM) Äthyl- ❷ *(alcohólico)* Alkohol-; **borrachera etílica** Alkoholvergiftung *f;* **en estado ~** in alkoholisiertem Zustand
etilismo [eti'lismo] *m* Alkoholismus *m; (intoxicación)* Alkoholvergiftung *f*
etimología [etimolo'xia] *f sin pl* Etymologie *f*
etimológico, -a [etimo'loxiko, -a] *adj* etymologisch
etíope [e'tiope] **I.** *adj* äthiopisch **II.** *mf* Äthiopier(in) *m(f)*
Etiopía [etjo'pia] *f* Äthiopien *nt*
etiqueta [eti'keta] *f* ❶ *(rótulo)* Etikett *nt;* **~ del precio** Preisschild *nt* ❷ *(convenciones)* Etikette *f;* **~ de palacio** Hofetikette *f;* **~ de la red** (INFOR) Netikette *f;* **de ~** *(solemne)* Gala-; *(ceremonioso)* förmlich; **función de ~** Galavorstellung *f;* **de rigurosa ~** Abendkleidung erwünscht; **traje de ~** Galaanzug *m;* **ir de ~** *(fam)* sehr elegant angezogen sein
etiquetar [etike'tar] *vt* etikettieren; (INFOR) taggen; **~ fotos en la red social** Fotos taggen im sozialen Netzwerk
etnia ['eᵈnja] *f (pueblo)* Volk *nt*
étnico, -a ['eᵈniko, -a] *adj* ethnisch
etnocidio [eᵈno'θiðjo] *m* Völkermord *m*
etnografía [eᵈnoɣra'fia] *f sin pl* Ethnografie *f*
etnología [eᵈnolo'xia] *f sin pl* Völkerkunde *f*
etnólogo, -a [eᵈ'noloɣo, -a] *m, f* Ethnologe, -in *m, f*
etología [etolo'xia] *f sin pl* Ethologie *f*
EUA [es'taðos u'niðos de a'merika] *(Am) abr de* **Estados Unidos** USA *pl*

EUA. [es'taðos u'niðos de a'merika] *abr de* **Estados Unidos** *(Am)* USA *pl*
eucalipto [eu̯ka'lipto] *m*, **eucaliptus** [eu̯ka'liptus] *m inv* (BOT) Eukalyptus *m*
eucaristía [eu̯karis'tia] *f* Eucharistie *f*
eufemismo [eu̯fe'mismo] *m* Euphemismus *m*
eufemístico, -a [eu̯fe'mistiko, -a] *adj* euphemistisch, beschönigend
euforia [eu̯'forja] *f* Euphorie *f*
eufórico, -a [eu̯'foriko, -a] *adj* euphorisch
eunuco [eu̯'nuko] *m* Eunuch *m*
Eurasia [eu̯'rasja] *f* Eurasien *nt*
euro ['eu̯ro] *m* Euro *m;* **billetes ~** Eurobanknoten *fpl;* **monedas ~** Euromünzen *fpl;* **la fijación del valor del ~** die Festsetzung des Wertes des Euro; **la introducción del ~** die Einführung des Euro; **ley de introducción del ~** Euro-Einführungsgesetz *nt;* **la transición al ~** der Übergang zum Euro
eurobono [eu̯ro'bono] *m* Eurobond *m*
eurocámara [eu̯ro'kamara] *f* (POL) Europaparlament *nt*
eurocéntrico, -a [eu̯ro'θeṇtriko, -a] *adj* eurozentristisch
eurocentrismo [eu̯roθeṇ'trismo] *m sin pl* Eurozentrismus *m*
eurocheque [eu̯ro'ʧeke] *m* Euroscheck *m*
eurocomisario, -a [eu̯rokomi'sarjo, -a] *m, f* (POL) Mitglied *nt* der Europäischen Kommission
Eurocopa [eu̯ro'kopa] *f* (DEP) Europapokal *m*
eurocracia [eu̯ro'kraθja] *f* (POL) Eurokratie *f*
eurocrédito [eu̯ro'kreðito] *m* Eurokredit *m*
euroderecha [eu̯roðe'reʧa] *f* (POL) konservative Parteien *fpl* Europas
eurodiputado, -a [eu̯roðipu'taðo, -a] *m, f* Europaabgeordnete(r) *mf*
eurodivisa [eu̯roði'βisa] *f* (FIN) Euro-Devise *f*, Eurowährung *f*
euroescéptico, -a [eu̯roes'θeptiko] **I.** *adj* (POL) europakritisch, euroskeptisch **II.** *m, f* (POL) Euroskeptiker(in) *m(f)*
euromercado [eu̯romer'kaðo] *m* (ECON) Euromarkt *m*
Europa [eu̯'ropa] *f* Europa *nt;* **Copa de ~** (DEP) Europacup *m*
europarlamentario, -a [eu̯roparlameṇ'tarjo, -a] *m, f* Europaparlamentarier(in) *m(f)*
europea [eu̯ro'pea] *adj o f v.* **europeo**
europeidad [eu̯ropei̯'ðaᵈ] *f (carácter)* europäisches Wesen *nt; (convicción)* europäische Gesinnung *f*

europeísmo [eu̯rope'ismo] *m sin pl* europäischer Gedanke *m*
europeísta [eu̯rope'ista] **I.** *adj* europafreundlich **II.** *mf* überzeugter Europäer, überzeugte Europäerin *m, f*
europeización [eu̯ropei̯θa'θjon] *f* Europäisierung *f*
europeizar [eu̯ropei̯'θar] *vt irr como enraizar (t.* POL*)* europäisieren
europeo, **-a** [eu̯ro'peo, -a] **I.** *adj* europäisch; **Consejo E~** Europarat *m* **II.** *m, f* Europäer(in) *m(f)*
Europol [eu̯ro'pol] *f* Europol *f*
eurotúnel [eu̯ro'tunel] *m* Eurotunnel *m*
eurovisión [eu̯ro'βisjon] *f* Eurovision *f*
euscaldún, **-una** [eu̯skal̪'dun, -una] *adj* baskisch
Euskadi [eu̯s'kaði] *m* Baskenland *nt*
euskera [eu̯s'kera] *adj*, **eusquera** [eu̯s'kera] *adj* baskisch
eutanasia [eu̯ta'nasja] *f* Sterbehilfe *f*
evacuación [eβakwa'θjon] *f* ❶ *(personas)* Evakuierung *f; (de edificios)* Räumung *f* ❷ (MED) Stuhlgang *m*
evacuar [eβa'kwar] *vt* ❶ *(ciudad, población)* evakuieren; (MIL) räumen ❷ *(diligencias, trámites)* erledigen; *(deber)* erfüllen; *(consulta)* durchführen; *(negocio, trato)* abschließen ❸ (MED) abführen; **~ el vientre** den Darm entleeren
evacuatorio[1] [eβakwa'torjo] *m* öffentliche Toilette *f*
evacuatorio, **-a**[2] [eβakwa'torjo, -a] *adj* abführend
evadir [eβa'ðir] **I.** *vt (evitar)* vermeiden; *(preguntas)* ausweichen *+dat; (peligro)* entgehen *+dat; (enemigo)* entrinnen *+dat;* **~ la mirada** den Blickkontakt meiden; **~ el riesgo** der Gefahr entgehen **II.** *vr:* **~se** entkommen (**de** aus *+dat*)
evaluable [eβalu'aβle] *adj* schätzbar
evaluación [eβalwa'θjon] *f* ❶ *(valoración)* Bewertung *f; (apreciación)* Schätzung *f* ❷ (ENS) Test *m*
evaluar [eβalu'ar] *<1. pres* evalúo> *vt* ❶ *(valorar)* bewerten; *(apreciar)* schätzen (**en** auf *+akk*); *(analizar)* auswerten ❷ (ENS) benoten
evangélico, **-a** [eβaŋ'xeliko, -a] **I.** *adj* evangelisch **II.** *m, f* Protestant(in) *m(f)*
evangelio [eβaŋ'xeljo] *m* Evangelium *nt;* **el ~ según San Mateo** das Matthäusevangelium; **decir el ~** *(fig)* die reine Wahrheit sagen
evangelización [eβaŋxeliθa'θjon] *f* Evangelisierung *f*, Bekehrung *f* zum Evangelium
evangelizar [eβaŋxeli'θar] <z → c> *vt* evangelisieren
evaporación [eβapora'θjon] *f* Verdampfung *f*
evaporar [eβapo'rar] **I.** *vt* ❶ *(convertir en vapor)* verdampfen lassen ❷ *(gastar)* verbrauchen **II.** *vr:* **~se** ❶ *(convertirse en vapor)* verdampfen ❷ *(desaparecer)* verschwinden; *(fam: persona)* verduften
evaporización [eβaporiθa'θjon] *f sin pl* Verdampfung *f*
evasión [eβa'sjon] *f* Flucht *f;* **~ de impuestos** (ECON) Steuerflucht *f;* **lectura de ~** Unterhaltungsliteratur *f;* **~ de la realidad** Flucht vor der Wirklichkeit
evasiva [eβa'siβa] *f* ❶ *(rodeo)* Ausflucht *f* ❷ *(pretexto)* Vorwand *m* ❸ *(escapatoria)* Hintertürchen *nt fam*
evasivo, **-a** [eβa'siβo, -a] *adj* ausweichend; *(ambiguo)* zweideutig
evasor(a) [eβa'sor(a)] *m(f)* ❶ *(fugitivo)* Entkommene(r) *mf* ❷ (ECON) **~ fiscal** [*o* **de impuestos**] Steuerflüchtling *m*
evento [e'βen̪to] *m* ❶ *(incidente)* Vorfall *m; (importante y programado)* Ereignis *nt;* **~ deportivo** Sportfest *nt;* **a todo ~** auf jeden Fall; **~ social** gesellschaftliches Ereignis ❷ (DEP) Spiel *nt*
eventual [eβen̪'twal] *adj* ❶ *(posible)* eventuell; *(accidental)* zufällig; *(inseguro)* unsicher; *(provisional)* vorübergehend; **trabajo ~** Zeitarbeit *f* ❷ *(adicional)* Sonder-; **ingresos ~es** Nebeneinkünfte *f pl*
eventualidad [eβen̪twali'ðaᵈ] *f* ❶ *(cualidad)* Möglichkeit *f* ❷ *(hecho)* unvorhergesehener Fall *m*
eventualmente [eβen̪twal'men̪te] *adv* eventuell; *(tal vez)* vielleicht
evidencia [eβi'ðen̪θja] *f (certidumbre)* Offensichtlichkeit *f;* **poner algo en ~** *(probar)* etw beweisen; *(hacer claro)* etw deutlich machen; **poner a alguien en ~** jdn bloßstellen
evidenciar [eβiðen̪'θjar] *vt (demostrar)* beweisen; *(patentizar)* offensichtlich machen
evidente [eβi'ðen̪te] *adj* offensichtlich; *(pruebas)* klar
evidentemente [eβiðen̪te'men̪te] *adv* offensichtlich; **¡~!** natürlich!
evitable [eβi'taβle] *adj* vermeidbar
evitación [eβita'θjon] *f* Vermeidung *f; (prevención)* Vorbeugung *f*
evitar [eβi'tar] **I.** *vt* ❶ *(impedir)* vermeiden; *(prevenir)* vorbeugen *+dat; (molestias, disgustos)* ersparen; **pude ~ mayores estragos** ich konnte Schlimmeres verhindern ❷ *(rehuir)* ausweichen *+dat; (a alguien)* aus dem Weg gehen *+dat* **II.** *vr:* **~se** ❶ *(cosas)* sich vermeiden lassen ❷ *(personas)* sich *dat* aus dem Weg gehen

E

evocación [eβoka'θjon] *f* ① *(de espíritus)* Anrufung *f* ② *(recuerdo)* Erinnerung *f* (**de** an +*akk*)

evocar [eβo'kar] <c → qu> *vt* ① *(espíritus)* anrufen ② *(recordar)* ins Gedächtnis zurückrufen; *(revivir)* in Erinnerungen schwelgen (an +*akk*); **estuvimos toda la tarde evocando nuestra niñez** wir schwelgten den ganzen Mittag in Kindheitserinnerungen; **tu presencia evocó en mí el recuerdo de tu madre** deine Anwesenheit rief mir deine Mutter ins Gedächtnis zurück

evolución [eβolu'θjon] *f* ① *(desarrollo)* Entwicklung *f;* (MED) Krankheitsverlauf *f* ② *(cambio)* Veränderung *f;* **experimentar una ~** eine Veränderung durchmachen ③ (BIOL) Evolution *f* ④ (MIL) Manöver *nt* ⑤ *pl (vueltas)* Drehungen *fpl*

evolucionar [eβoluθjo'nar] *vi* ① *(desarrollarse)* sich (weiter)entwickeln ② *(cambiar)* sich (ver)ändern ③ (MED) verlaufen ④ *(dar vueltas)* sich drehen ⑤ (MIL) manövrieren

evolucionismo [eβoluθjo'nismo] *m sin pl* ① (BIOL) Evolutionstheorie *f* ② (FILOS) Evolutionismus *m*

evolucionista [eβoluθjo'nista] **I.** *adj* (BIOL) entwicklungsgeschichtlich, Evolutions- **II.** *mf* (BIOL) Anhänger(in) *m(f)* der Evolutionstheorie, Darwinist(in) *m(f)*

evolutivo, -a [eβolu'tiβo, -a] *adj* Entwicklungs-, Evolutions-

ex [eʸs] **I.** Ex-, ehemalige(r); **~novia** Exfreundin *f* **II.** *mf (fam)* Ex *mf*

exacción [eʸsaʸ'θjon] *f* ① *(cobro)* Eintreibung *f*, Einforderung *f; (imposición)* Erhebung *f; (de impuestos)* Steuererhebung *f* ② *(sobrecarga)* Überbesteuerung *f;* **~ ilegal** Gebührenüberhebung *f*

exacerbar [eʸsaθer'βar] **I.** *vt* ① *(dolor)* verschlimmern; *(crisis)* verschärfen ② *(irritar)* wütend machen **II.** *vr:* **~se** ① *(dolor)* sich verschlimmern; *(crisis)* sich verschärfen ② *(irritarse)* wütend werden

exactitud [eʸsakti'tuᵈ] *f* ① *(veracidad)* Richtigkeit *f* ② *(precisión)* Genauigkeit *f* ③ *(puntualidad)* Pünktlichkeit *f*

exacto, -a [eʸ'sakto, -a] *adj* ① *(correcto)* exakt; **eso no es del todo ~** das stimmt nicht ganz ② *(con precisión)* genau; *(al copiar algo)* (original)getreu ③ *(puntual)* pünktlich

exageración [eʸsaxera'θjon] *f* Übertreibung *f*

exagerado, -a [eʸsaxe'raðo, -a] **I.** *adj* übertrieben; *(publicidad)* überzogen; *(precio)* überhöht; *(en los gestos)* theatralisch **II.** *m, f* Wichtigtuer(in) *m(f); (al contar)* Angeber(in) *m(f);* **¡eres un ~!** du übertreibst wieder einmal (maßlos)!; *(loco)* du bist ja verrückt!

exagerar [eʸsaxe'rar] *vi, vt* ① *(sobrepasarse)* es übertreiben (**con/en** mit +*dat*); **~ los precios** die Preise zu hoch ansetzen; **~ los gestos** sich sehr theatralisch geben; **pienso que ese paso sería ~** ich denke, dass wir mit diesem Schritt zu weit gehen würden ② *(al relatar)* übertreiben; **¡anda, anda, no exageres tanto!** *(fam)* jetzt mach mal halblang!

exaltación [eʸsal̪ta'θjon] *f* ① *(gloria)* Verherrlichung *f* ② *(entusiasmo)* Begeisterung *f; (pasión)* Erregung *f; (excitación)* Aufregung *f*

exaltado, -a [eʸsal̪'taðo, -a] **I.** *adj* ① *(sobreexcitado)* sehr aufgeregt; *(apasionado)* leidenschaftlich; *(entusiasmado)* begeistert ② *(violento)* hitzköpfig ③ *(radical)* radikal **II.** *m, f* ① *(nervioso)* Hitzkopf *m* ② (POL) Extremist(in) *m(f)* ③ *(loco)* Verrückte(r) *mf*

exaltar [eʸsal̪'tar] **I.** *vt* ① *(elevar)* erheben (**a** in +*akk*) ② *(realzar)* loben; *(en exceso)* verherrlichen **II.** *vr:* **~se** ① *(apasionarse)* sich begeistern (**con** für +*akk*) ② *(excitarse)* sich aufregen (**con** über +*akk*); *(obsesionarse)* sich hineinsteigern (**con** in +*akk*)

examen [eʸ'samen] *m* ① *(prueba, reflexión)* Prüfung *f;* **~ de conductor** Fahrprüfung *f;* **~ de ingreso** Aufnahmeprüfung *f;* **~ de selectividad** *spanische Hochschulzulassungsprüfung;* **tribunal de exámenes** Prüfungskommission *f;* **suspender un ~** durch eine Prüfung fallen ② *(médico)* Untersuchung *f;* **someterse a un ~** sich einer Untersuchung unterziehen ③ (TÉC, AUTO) Inspektion *f* ④ *(estudio)* Untersuchung *f; (indagación)* Nachforschung *f*

examinador(a) [eʸsamina'ðor(a)] *m(f)* Prüfer(in) *m(f)*

examinando, -a [eʸsami'nan̪do, -a] *m, f* Prüfling *m*

examinar [eʸsami'nar] **I.** *vt* ① *(en una prueba, reflexionar)* prüfen ② *(médico)* untersuchen ③ (TÉC, AUTO) inspizieren ④ *(estudiar)* untersuchen; *(observar)* genau beobachten ⑤ (ADMIN, JUR) Einsicht nehmen (in +*akk*); **para ~lo** zur Ansicht; **al ~lo** bei der Durchsicht **II.** *vr:* **~se** *(en una prueba)* geprüft werden; **mañana me examino de francés** morgen werde ich in Französisch geprüft; **volver a ~se** die Prüfung wiederholen

exánime [eʸ'sanime] *adj* ① *(inánime)* leblos ② *(debilitado)* völlig erschöpft

exantema [eˠsaṇ'tema] *m* (MED) Hautausschlag *m,* Exanthem *nt*
exasperación [eˠsaspera'θjon] *f (ira)* Wut *f*
exasperante [eˠsaspe'raṇte] *adj* verzweifelt; **es ~** es ist zum Verzweifeln
exasperar [eˠsaspe'rar] **I.** *vt* wütend machen **II.** *vr:* **~se** wütend werden
excarcelación [eskarθela'θjon] *f* Haftentlassung *f*
excarcelar [eskarθe'lar] *vt* aus der Haft entlassen
excavación [eskaβa'θjon] *f* (Aus)graben *nt; (en la arqueología)* Ausgrabung *f; (en la construcción)* Erdaushub *m*
excavadora [eskaβa'ðora] *f* Bagger *m*
excavar [eska'βar] *vt* graben; *(en arqueología)* ausgraben; *(en la construcción)* ausheben; (AGR) umgraben
excedencia [esθe'ðeṇθja] *f (de una cargo)* Beurlaubung *f;* **~ por paternidad/maternidad** Elternzeit *f*
excedentario, -a [esθeðeṇ'tarjo, -a] *adj* überschüssig, überzählig; **producción excedentaria** Überproduktion *f*
excedente [esθe'ðeṇte] **I.** *adj* ❶ *(sobrante)* überschüssig ❷ *(funcionario)* beurlaubt **II.** *m* Überschuss *m;* **~ en la balanza comercial** Handelsbilanzüberschuss *m*
exceder [esθe'ðer] **I.** *vi* hinausgehen (**de** über *+akk*) **II.** *vt* ❶ *(aventajar: persona)* übertreffen (**en** an *+dat*); *(cosa)* überragen ❷ *(sobrepasar)* übersteigen (**en** um *+akk*) **III.** *vr:* **~se** ❶ *(sobrepasar)* hinausgehen (**de** über *+akk*) ❷ *(pasarse)* es übertreiben; **has vuelto a ~te** du bist wieder einmal zu weit gegangen; **te excedes en el uso de tacos** du übertreibst es (ein bisschen) mit den Kraftausdrücken ❸ *(loc)* **~se a sí mismo** sich selbst übertreffen
excelencia [esθe'leṇθja] *f* ❶ *(exquisitez)* Vorzüglichkeit *f;* **por ~** schlechthin ❷ *(tratamiento)* Exzellenz *f*
excelente [esθe'leṇte] *adj* hervorragend
excelso, -a [es'θelso, -a] *adj* ❶ *(muy eminente)* erhaben; *(de gran categoría)* hochrangig ❷ *(excelente)* hervorragend
excentricidad [esθeṇtriθi'ðaᵈ] *f* Exzentrizität *f;* **estoy harta de tus ~es** ich habe deine Extravaganzen langsam satt
excéntrico, -a [es'θeṇtriko, -a] **I.** *adj* exzentrisch **II.** *m, f* Exzentriker(in) *m(f)*
excepción [esθeβ'θjon] *f* Ausnahme *f;* **~ de la regla** Abweichung von der Regel; **con ~ de algunos casos** von einigen Fällen abgesehen; **sin ~** (**ninguna**) ausnahmslos; **de ~** außergewöhnlich; **a** [*o* **con**] **~ de...** außer ... *+dat;* **todo el mundo a** [*o* **con**] **~ de mí** alle, mich ausgenommen; **la ~ confirma la regla** *(prov)* Ausnahmen bestätigen die Regel
excepcional [esθeβθjo'nal] *adj* außergewöhnlich
excepto [es'θepto] *adv* außer *+dat;* **todo el mundo ~ yo** alle, mich ausgenommen; **~ algunos casos** von einigen Fällen abgesehen
exceptuar [esθeptu'ar] <*1. pres* exceptúo> *vt* ausnehmen (**de** von *+dat*); **~ de un deber** von einer Pflicht entbinden
excesivo, -a [esθe'siβo, -a] *adj* exzessiv; **exposición excesiva** (FOTO) Überbelichtung *f*
exceso [es'θeso] *m* ❶ *(demasía)* Übermaß *nt* (**de** an *+dat*); *(en los sentimientos)* Überschwänglichkeit *f;* **~s de capacidad** Überkapazitäten *fpl;* **~ de demanda** Nachfrageüberschuss *m;* **~ de deudas** Überschuldung *f;* **~ de equipaje** Übergepäck *nt;* **~ de peso** Übergewicht *nt;* **en ~** übermäßig ❷ *(abuso)* Maßlosigkeit *f;* **~ de alcohol** übermäßiger Alkoholgenuss; **~ de velocidad** Geschwindigkeitsüberschreitung *f;* **comer con** [*o* **en**] **~** zu viel essen; **solía beber hasta el ~** er/sie trank gewöhnlich bis zum Exzess ❸ (FIN) Überschuss *m* ❹ *pl (libertinaje)* Exzesse *mpl;* **en su juventud cometió muchos ~s** in seiner Jugend hat er/sie sehr exzessiv gelebt ❺ *pl (desorden)* Ausschreitungen *fpl*
excitable [esθi'taβle] *adj (irritable)* reizbar; **muy ~** aufbrausend
excitación [esθita'θjon] *f* ❶ *(exaltación, t. sexual)* Erregung *f* ❷ *(irritación)* Aufregung *f* ❸ *(incitación)* Anregung *f*
excitante [esθi'taṇte] **I.** *adj* ❶ *(emocionante)* aufregend ❷ (MED) stimulierend ❸ *(sexualmente)* erregend **II.** *m* (MED) Stimulans *nt*
excitar [esθi'tar] **I.** *vt* ❶ *(incitar)* anstacheln (**a** zu *+dat*); *(apetito)* anregen ❷ *(poner nervioso)* aufregen; **estar excitado** aufgeregt sein ❸ *(sexualmente)* erregen **II.** *vr:* **~se** ❶ *(enojarse)* sich aufregen ❷ *(sexualmente)* erregt sein
exclamación [esklama'θjon] *f* ❶ *(frase)* Ausruf *m;* **signo de ~** Ausrufezeichen *nt* ❷ *(grito)* Aufschrei *m;* **lanzar una ~ de sorpresa** überrascht aufschreien
exclamar [eskla'mar] *vi, vt* ❶ *(declamar)* rufen ❷ *(gritar)* schreien
excluir [esklu'ir] *vt irr como huir* ❶ *(expulsar, eliminar)* ausschließen (**de** aus/von *+dat*) ❷ *(rechazar)* ablehnen
exclusión [esklu'sjon] *f* ❶ *(eliminación)* Ausschluss *m;* **con ~ de la prensa** unter Ausschluss der Presse ❷ *(expulsión)* Ausscheiden *nt* ❸ *(rechazo)* Ablehnung *f*

E

exclusiva [esklu'siβa] *f* ① *(privilegio)* Exklusivrecht *nt* ② *(monopolio)* Monopol *nt* ③ (PREN) Exklusivbericht *m*
exclusivamente [esklusiβa'meṇte] *adv* ausschließlich
exclusive [esklu'siβe] *adv* ausschließlich, exklusive; **cerrado hasta el 27 de agosto ~** geschlossen bis einschließlich 26. August
exclusividad [esklusiβi'ða^{ð}] *f* Exklusivität *f*
exclusivo, -a [esklu'siβo, -a] *adj* ausschließlich, exklusiv; **contrato ~** Exklusivvertrag *m;* **modelo ~** Sonderanfertigung *f;* **derechos de promoción y venta exclusiva en Alemania** Alleinverkaufs- und Vertriebsrechte in Deutschland
excma. [esθeleṇ'tisima] *adj abr de* **excelentísima: la ~ señora presidente...** Ihre Exzellenz Frau Präsidentin ...
excmo. [esθeleṇ'tisimo] *adj abr de* **excelentísimo: el ~ señor presidente...** Seine Exzellenz Herr Präsident ...
excomulgar [eskomul'ɣar] <g → gu> *vt* (REL) exkommunizieren
excomunión [eskomu'njon] *f* (REL) Exkommunikation *f*
excoriación [eskorja'θjon] *f* Hautabschürfung *f*
excrecencia [eskre'θeṇθja] *f* Wucherung *f*
excreción [eskre'θjon] *f* Ausscheidung *f*
excremento [eskre'meṇto] *m* Exkrement *nt*
exculpación [eskulpa'θjon] *f* Entlastung *f*
exculpar [eskul'par] **I.** *vt* von Schuld entlasten **II.** *vr:* **~se** sich rechtfertigen
excursión [eskur'sjon] *f* ① *(paseo)* Ausflug *m;* **~ a pie** Wanderung *f;* **ir de ~** einen Ausflug machen; **¿adónde vais de ~?** wohin geht der Ausflug? ② *(de estudios)* Exkursion *f*
excursionismo [eskursjo'nismo] *m Ausflüge/Exkursionen machen*
excursionista [eskursjo'nista] *mf* Ausflügler(in) *m(f); (de estudios)* Exkursionsteilnehmer(in) *m(f)*
excusa [es'kusa] *f* ① *(pretexto)* Ausrede *f* ② *(disculpa)* Entschuldigung *f;* **presentar sus ~s** sich entschuldigen ③ *(justificación)* Rechtfertigung *f*
excusable [esku'saβle] *adj* entschuldbar
excusado[1] [esku'saðo] *m* Klosett *nt*
excusado, -a[2] [esku'saðo, -a] *adj* ① *(disculpado)* entschuldigt ② *(libre de impuestos)* steuerfrei ③ *(superfluo)* überflüssig ④ *(reservado)* vorbehalten; **pensar en lo ~** sich *dat* etwas Unmögliches vornehmen
excusar [esku'sar] **I.** *vt* ① *(justificar)* rechtfertigen ② *(disculpar)* entschuldigen ③ *(eximir)* befreien ④ *(evitar)* vermeiden ⑤ *(+ inf)* **excusas venir** es ist nicht nötig, dass du kommst **II.** *vr:* **~se** sich entschuldigen (**de** für *+akk*)
execrable [e^{ɣ}se'kraβle] *adj* abscheulich
exegesis [e^{ɣ}se'xesis] *f inv* Exegese *f*
exención [e^{ɣ}seṇ'θjon] *f* Befreiung *f* (**de** von *+dat*); **~ de derechos de aduana** Zollfreiheit *f;* **~ de impuestos** Steuerbefreiung *f;* **~ del servicio militar** Freistellung vom Wehrdienst
exento, -a [e^{ɣ}'seṇto, -a] *adj* frei (**de** von *+dat*); **~ de aranceles** zollfrei; **~ de averías** störungsfrei; **~ de impuestos** steuerfrei; **~ de mantenimiento** wartungsfrei; **rentas exentas del impuesto** nicht steuerpflichtige Einkünfte; **estar ~ de la jurisdicción local** der örtlichen Gerichtsbarkeit entzogen sein
exfoliación [esfolja'θjon] *f* ① *(división en láminas)* Abblätterung *f* ② (MED) Abschilferung *f*
exfoliador [esfolja'ðor] *m (Chil, Méx: cuaderno)* Abreißblock *m; (calendario)* Abreißkalender *m*
exfoliar [esfo'ljar] **I.** *vt* ablösen; **la falta de humedad exfolia la piel** Feuchtigkeitsmangel führt zum Abschuppen der Haut **II.** *vr:* **~se** *(pintura)* abblättern; *(corteza)* sich ablösen
exhalación [e^{ɣ}sala'θjon] *f* ① *(rayo)* Blitz *m;* **pasar corriendo como una ~** wie der Blitz vorbeisausen ② *(estrella)* Sternschnuppe *f*
exhalar [e^{ɣ}sa'lar] **I.** *vt* ① *(emanar)* ausströmen ② *(suspiros, quejas)* ausstoßen **II.** *vr* **~se por llegar a tiempo** sich bemühen, rechtzeitig zu kommen
exhaustivo, -a [e^{ɣ}saus'tiβo, -a] *adj* erschöpfend
exhausto, -a [e^{ɣ}'sausto, -a] *adj* erschöpft
exhibición [e^{ɣ}siβi'θjon] *f* ① *(ostentación)* Zurschaustellung *f* ② *(exposición)* Ausstellung *f* ③ *(presentación)* Vorführung *f;* **~ cinematográfica** Filmvorführung *f;* **~ deportiva** sportliche Darbietungen
exhibicionismo [e^{ɣ}siβiθjo'nismo] *m sin pl* Exhibitionismus *m*
exhibicionista [e^{ɣ}siβiθjo'nista] *mf* Exhibitionist(in) *m(f)*
exhibidor(a) [e^{ɣ}siβiðor(a)] *m(f)* Aussteller(in) *m(f)*
exhibir [e^{ɣ}si'βir] **I.** *vt* ① *(mostrar)* vorzeigen ② *(ostentar)* angeben (mit *+dat*) ③ (JUR) vorlegen **II.** *vr:* **~se** sich zur Schau stellen; **~se en público** in der Öffentlichkeit auftreten

exhortación [eˠsorta'θjon] *f* ❶ *(ruego)* eindringliche Bitte *f* ❷ *(amonestación)* Verwarnung *f*

exhortar [eˠsor'tar] *vt* ❶ *(rogar)* ermahnen (**a** zu +*dat*) ❷ *(amonestar)* verwarnen

exhumación [eˠsuma'θjon] *f* Exhumierung *f*

exhumar [eˠsu'mar] *vt* exhumieren

exigencia [eˠsi'xeṇθja] *f* ❶ *(demanda)* Forderung *f;* **tener ~s** *(fam)* Ansprüche stellen ❷ *(requisito)* Anforderung *f*

exigente [eˠsi'xeṇte] *adj* anspruchsvoll; **ser muy ~** hohe Ansprüche stellen

exigible [eˠsi'xiβle] *adj (obligación)* fällig; (JUR) einklagbar

exigir [eˠsi'xir] <g → j> *vt* ❶ *(solicitar)* fordern; **el docente exige demasiado** der Dozent stellt zu hohe Anforderungen ❷ *(reclamar, pedir)* verlangen; **la carta exige contestación** der Brief muss beantwortet werden

exiguo, -a [eˠ'siɣwo, -a] *adj* gering

exil(i)ado, -a [eˠsi'l(j)aðo, -a] **I.** *adj* im Exil lebend **II.** *m, f* (politischer) Flüchtling *m*

exil(i)ar [eˠsi'l(j)ar] **I.** *vt* ins Exil schicken **II.** *vr:* **~se** ins Exil gehen; **muchos chilenos se ~on en la RDA** viele Chilenen gingen in die DDR ins Exil

exilio [eˠ'siljo] *m* Exil *nt*

eximio, -a [eˠ'simjo, -a] *adj* hervorragend

eximir [eˠsi'mir] **I.** *vt* befreien (**de** von +*dat*); **~ de obligaciones** von einer Verpflichtung befreien; **~ de responsabilidades** der Verantwortung entheben **II.** *vr:* **~se** sich entziehen (**de** +*dat*)

existencia [eˠsis'teṇθja] *f* ❶ *(vida)* Existenz *f* ❷ *pl* (COM) Vorrat *m;* **liquidación de ~s** Ausverkauf *m;* **renovar las ~s** das Lager wieder auffüllen; **en tanto haya ~s** solange der Vorrat reicht ❸ *(loc)* **en ~** (COM) vorrätig

existencial [eˠsisteṇ'θjal] *adj* existenziell

existencialismo [eˠsisteṇθja'lismo] *m sin pl* (FILOS) Existenzialismus *m*

existente [eˠsis'teṇte] *adj* ❶ *(que existe)* vorhanden ❷ (COM) vorrätig

existir [eˠsis'tir] *vi* existieren; *(cosas)* vorhanden sein; **existen numerosas actividades** es gibt zahlreiche Aktivitäten; **cree que existen ovnis** er/sie glaubt, dass es Ufos gibt

éxito ['eˠsito] *m* Erfolg *m;* **~ de taquilla** Kassenschlager *m;* **~ de ventas** Verkaufsschlager *m;* **con ~** erfolgreich; **sin ~** erfolglos

exitoso, -a [eˠsi'toso, -a] *adj* erfolgreich

éxodo ['eˠsoðo] *m* Exodus *m;* **~ rural** Landflucht *f;* **~ urbano** Stadtflucht *f*

exoneración [eˠsonera'θjon] *f* ❶ *(exención)* Befreiung *f* (**de** von +*dat*), Entlastung *f;* **~ fiscal** Steuerbefreiung *f* ❷ *(cese)* Absetzung *f* (**de** von +*dat*); **~ de un cargo** Amtsenthebung *f*

exonerar [eˠsone'rar] *vt* ❶ *(eximir)* befreien (**de** von +*dat*) ❷ *(relevar)* absetzen (**de** von +*dat*); **~ a alguien de su cargo** jdn seines Amtes entheben

exorbitancia [eˠsorβi'taṇθja] *f* ❶ *(excesividad)* Übermaß *nt* ❷ *(exageración)* Übertreibung *f*

exorbitante [eˠsorβi'taṇte] *adj* ❶ *(excesivo)* übermäßig; *(precio)* überhöht ❷ *(exagerado)* übertrieben

exorbitar [eˠsorβi'tar] *vt* aufbauschen

exorcismo [eˠsor'θismo] *m* Geisterbeschwörung *f*

exorcizar [eˠsorθi'θar] <z → c> *vt* exorz(is)ieren

exornar [eˠsor'nar] *vt* ❶ *(adornar)* schmücken ❷ (LIT) ausschmücken

exótico, -a [eˠ'sotiko, -a] *adj* exotisch

exotismo [eˠso'tismo] *m* Exotik *f*

expandir [espaṇ'dir] **I.** *vt* ❶ *(dilatar)* ausdehnen ❷ *(divulgar)* verbreiten **II.** *vr:* **~se** ❶ *(dilatarse)* sich ausdehnen ❷ *(extenderse)* sich ausbreiten ❸ *(divulgarse)* sich verbreiten

expansible [espan'siβle] *adj* (aus)dehnbar

expansión [espan'sjon] *f* ❶ *(dilatación)* Ausdehnung *f;* (POL) Expansion *f* ❷ *(extensión)* Ausbreitung *f* ❸ *(crecimiento)* Wachstum *nt* ❹ *(difusión)* Verbreitung *f* ❺ *(diversión)* Entspannung *f*

expansionar [espansjo'narse] **I.** *vt* ausdehnen, erweitern; **~ una empresa** ein Unternehmen erweitern **II.** *vr:* **~se** ❶ *(dilatarse)* sich ausdehnen, expandieren ❷ *(crecer)* sich erweitern, expandieren ❸ *(fam: divertirse)* sich amüsieren

expansionarse [espansjo'narse] *vr* ❶ *(dilatarse)* sich ausdehnen ❷ *(fam: sincerarse)* sich aussprechen (**con** bei +*dat*) ❸ *(fam: divertirse)* sich amüsieren

expansionismo [espansjo'nismo] *m sin pl* (POL) Expansionsdrang *m*

expansivo, -a [espan'siβo, -a] *adj* ❶ *(dilatable)* ausdehnbar ❷ *(comunicativo)* mitteilsam

expatriación [espatrja'θjon] *f* ❶ *(acción de ser expatriado)* Landesverweisung *f* ❷ *(acción de expatriarse)* Ausreise *f*

expatriado, -a [espatri'aðo, -a] **I.** *adj (exiliado)* ausgewiesen; *(privado de la ciudadanía)* ausgebürgert; *(emigrado)* ausgewandert **II.** *m, f (exiliado)* Ausgewiesene(r) *f(m); (privado de la ciudadanía)* Ausgebürgerte(r) *f(m)*

expatriar [espatri'ar] <*1. pres* expatrío>

I. *vt* ❶ *(exiliar)* des Landes verweisen ❷ *(quitar la ciudadanía)* ausbürgern **II.** *vr:* **~se** ❶ *(exiliarse)* das Land verlassen ❷ *(renunciar a la ciudadanía)* sich ausbürgern lassen

expectación [espekta'θjon] *f* ❶ *(expectativa)* Erwartung *f;* **con ~** erwartungsvoll ❷ *(interés)* Interesse *nt*

expectante [espek'tan̪te] *adj (atento)* erwartungsvoll

E

expectativa [espekta'tiβa] *f* ❶ *(expectación)* Erwartung *f;* **estar a la ~ de algo** etw erwarten ❷ *(perspectiva)* Aussicht *f*

expectorante [espekto'ran̪te] *adj* schleimlösend

expectorar [espekto'rar] *vt* aushusten

expedición [espeði'θjon] *f* ❶ *(viaje)* Expedition *f;* **~ científica** Forschungsreise *f;* **~ militar** Feldzug *m* ❷ *(grupo)* Expedition(sgruppe) *f* ❸ *(remesa)* Versand *m;* (**empresa de**) **~** Spedition *f;* **oficina de ~** Versandabteilung *f*

expedicionario, -a [espeðiθjo'narjo, -a] **I.** *adj* Expeditions- **II.** *m, f* Expeditionsteilnehmer(in) *m(f)*

expedidor(a) [espeði'ðor(a)] **I.** *adj* (COM) Versand- **II.** *m(f)* (COM) Absender(in) *m(f)*

expedientar [espeðjen̪'tar] *vt* (JUR) ein Verfahren eröffnen (**a** gegen +*akk*); (ADMIN, MIL) ein Disziplinarverfahren einleiten (**a** gegen +*akk*)

expediente [espe'ðjen̪te] *m* ❶ *(asunto judicial)* Rechtssache *f;* **instruir un ~** ein Verfahren betreiben ❷ *(sumario)* Dossier *nt* ❸ *(administrativo)* Dienstverfahren *nt* ❹ *(trámite)* Bearbeitung *f;* **cubrir el ~** *(fam)* nur das Nötigste tun ❺ *(legajo)* Personalakte *f*

expedir [espe'ðir] *vt irr como pedir* ❶ *(tramitar)* erledigen; *(carta)* aufsetzen ❷ *(despachar)* versenden; **~ por avión** per Luftfracht verschicken; **~ por correo** verschicken; **~ por vía marítima** verschiffen ❸ *(documentos)* ausstellen

expeditar [espeði'tar] *vt* ❶ *(Am: acelerar)* beschleunigen ❷ *(AmC, Méx: despachar)* schnell bearbeiten

expeditivo, -a [espeði'tiβo, -a] *adj* rasch, schnell

expeler [espe'ler] *vt (sangre, excreto)* auswerfen; *(aire, humo)* ausstoßen

expendedor[1] [espen̪de'ðor] *m* **~ automático** Warenautomat *m;* **~ de bebidas** Getränkeautomat *m;* **~ de cigarrillos** Zigarettenautomat *m;* **~ de jabón** Seifenspender *m*

expendedor(a)[2] [espen̪de'ðor(a)] **I.** *adj* **máquina ~a de billetes** Fahrkartenautomat *m;* **máquina ~a de tabaco** Zigarettenautomat *m* **II.** *m(f)* Verkäufer(in) *m(f)*

expendeduría [espen̪deðu'ria] *f* Verkaufsstelle *f*

expender [espen̪'der] *vt* ❶ *(vender)* verkaufen; **máquina que expende billetes** Fahrkartenautomat *m* ❷ *(gastar)* ausgeben ❸ (JUR: *moneda falsa*) in Umlauf bringen

expendio [es'pen̪djo] *m (And, Méx, Ven: estanco)* Tabakladen *m*

expensas [es'pensas] *fpl* Kosten *pl;* **vivir a ~ de alguien** sich von jdm aushalten lassen

experiencia [espe'rjen̪θja] *f* ❶ *(práctica)* Erfahrung *f;* **~ profesional** Berufserfahrung *f;* **falta de ~ laboral** mangelnde Berufserfahrung; **tener mucha/poca ~** erfahren/unerfahren sein; **saber algo por ~ propia** etw aus eigener Erfahrung wissen ❷ *(vivencia)* Erlebnis *nt* ❸ *(experimento)* Versuch *m*

experimentación [esperimen̪ta'θjon] *f* Experimentieren *nt;* **en fase de ~** im Versuchsstadium

experimentado, -a [esperimen̪'taðo, -a] *adj* ❶ *(con experiencia)* erfahren ❷ *(comprobado)* erprobt; **no ~ en animales** *(en etiquetas)* ohne Tierversuche

experimental [esperimen̪'tal] *adj* experimentell

experimentalmente [esperimen̪tal'men̪te] *adv* ❶ *(empíricamente)* experimentell ❷ *(por experiencia)* durch Erfahrung

experimentar [esperimen̪'tar] **I.** *vi* experimentieren **II.** *vt* ❶ *(probar)* ausprobieren ❷ *(sentir)* fühlen ❸ *(sufrir)* erfahren; **~ un alza** steigen; **~ un aumento** an Wert gewinnen; **~ una caída** sinken; **~ una pérdida** einen Verlust erleiden

experimento [esperi'men̪to] *m* Experiment *nt*

experta [es'perta] *adj o f v.* **experto**

experto, -a [es'perto, -a] **I.** *adj* sachkundig **II.** *m, f* ❶ *(conocedor)* Experte, -in *m, f* ❷ *(perito)* Sachverständige(r) *mf*

expiación [espja'θjon] *f* ❶ *(purgación)* Sühne *f* ❷ *(castigo)* Strafe *f* (**de** für +*akk*)

expiar [espi'ar] <*1. pres* expío> *vt* ❶ *(purgar)* sühnen ❷ *(pena)* büßen (für +*akk*)

expiración [espira'θjon] *f* ❶ *(fin)* Erlöschen *nt; (de la vida)* Tod *m* ❷ *(de plazos)* Ablauf *m*

expirar [espi'rar] *vi* ❶ *(morir)* sterben; *(cultura)* untergehen ❷ *(plazo)* ablaufen; **antes de ~ el mes** vor Monatsende

explanada [espla'naða] *f (espacio)* freier Platz *m*

explanar [espla'nar] *vt* ❶ *(allanar)* einebnen ❷ *(explicar)* erklären

explayar [espla'ɟar] **I.** *vt* ausdehnen; ~ **la mirada** den Blick schweifen lassen **II.** *vr:* **~se** ① *(extenderse)* sich ausdehnen ② *(expresarse)* sich verbreiten (**en** über +*akk*); *(confiarse)* sich aussprechen (**con** bei +*dat*) ③ *(divertirse)* sich amüsieren

explicable [espli'kaβle] *adj* ① *(que se puede explicar)* erklärbar ② *(comprensible)* verständlich

explicación [esplika'θjon] *f* ① *(aclaración)* Erklärung *f;* **pedir explicaciones** eine Erklärung verlangen ② *(motivo)* Grund *m;* **sin dar explicaciones** ohne Begründung ③ *(interpretación)* Auslegung *f* ④ *pl (excusas)* Entschuldigung *f;* **dar explicaciones** sich entschuldigen

explicar [espli'kar] <c → qu> **I.** *vt* ① *(manifestar)* schildern ② *(aclarar)* erklären ③ *(exponer)* unterrichten ④ *(dar motivos)* begründen ⑤ *(interpretar)* auslegen ⑥ *(justificar)* rechtfertigen **II.** *vr:* **~se** ① *(comprender)* begreifen; **no me lo explico** es ist mir unbegreiflich ② *(disculparse)* sich entschuldigen ③ *(articularse)* sich ausdrücken; **¿me explico?** habe ich mich deutlich ausgedrückt?; **ella se explica muy bien** sie ist sehr redegewandt

explicativo, -a [esplika'tiβo, -a] *adj* erklärend

explícito, -a [es'pliθito, -a] *adj* ausdrücklich

exploración [esplora'θjon] *f* ① *(investigación)* Erforschung *f* ② (MED) Untersuchung *f* ③ (MIL) Aufklärung *f*

explorador(a) [esplora'ðor(a)] **I.** *adj* ① *(investigador)* Forschungs- ② (MIL) Aufklärungs- **II.** *m(f)* ① *(investigador)* Forscher(in) *m(f)* ② *(escultista)* Pfadfinder(in) *m(f)*

explorar [esplo'rar] *vt* ① *(investigar)* erforschen ② (MED) untersuchen ③ (MIL) aufklären

explosión [esplo'sjon] *f* ① *(estallido)* Explosion *f;* ~ **demográfica** Bevölkerungsexplosion *f;* **gran** ~ (FÍS) Urknall *m;* **motor de** ~ Verbrennungsmotor *m;* **hacer** ~ explodieren ② *(detonación)* Detonation *f; (voladura)* Sprengung *f;* ~ **fallida** Fehlzündung *f* ③ *(arrebato)* Ausbruch *m;* ~ **de carcajadas** Ausbrechen in Gelächter

explosionar [esplosjo'nar] **I.** *vi* explodieren **II.** *vt* zünden

explosivo[1] [esplo'siβo] *m* Sprengstoff *m*

explosivo, -a[2] [esplo'siβo, -a] *adj* explosiv; **artefacto** ~ Sprengkörper *m*

explotable [esplo'taβle] *adj* ① *(aprovechable)* nutzbar, verwertbar; (AGR) anbaufähig; **bosque** ~ Nutzwald *m* ② *(empresa)* betriebsfähig

explotación [esplota'θjon] *f* ① *(aprovechamiento)* Nutzung *f;* (AGR) Bebauung *f;* (MIN) Abbau *m;* ~ **abusiva** Raubbau *m;* ~ **a cielo abierto** Tagebau *m;* ~ **de la energía** Energienutzung *f;* ~ **minera** Bergbau *m* ② *(empresa)* Betrieb *m* ③ *(abuso)* Ausbeutung *f*

explotador(a) [esplota'ðor(a)] **I.** *adj* ① *(empresa)* betreibend; **empresa ~a** Betreiberfirma *f* ② *(que abusa)* Ausbeuter- **II.** *m(f)* ① *(utilizador)* Nutzer(in) *m(f); (empresario, artesano)* Betreiber(in) *m(f)* ② *(abusador)* Ausbeuter(in) *m(f)*

explotar [esplo'tar] **I.** *vi* ① *(estallar)* explodieren; ~ **en carcajadas** in Gelächter ausbrechen ② *(tener un arrebato)* platzen **II.** *vt* ① *(recursos, terreno)* nutzen; (AGR) bebauen; (MIN) abbauen; ~ **pozos petrolíferos** Ölquellen erschließen ② *(empresa)* betreiben ③ *(abusar)* ausbeuten

expoliar [espo'ljar] *vt* ausrauben

expolio [es'poljo] *m* ① *(acción)* Plünderung *f* ② *(botín)* Beute *f*

exponencial [esponen̩'θjal] **I.** *adj* (MAT) exponentiell, Exponential- **II.** *f* (MAT) Exponentialfunktion *f*

exponente [espo'nen̩te] *m* ① *(ejemplo)* Beispiel *nt; (índice)* Ausdruck *m* ② (MAT) Exponent *m*

exponer [espo'ner] *irr como poner* **I.** *vt* ① *(mostrar)* darlegen ② *(hablar)* vortragen ③ *(exhibir)* ausstellen ④ *(interpretar)* auslegen ⑤ *(someter)* aussetzen ⑥ *(arriesgar)* riskieren ⑦ *(abandonar)* aussetzen ⑧ (FOTO) belichten **II.** *vr:* **~se** ① *(descubrirse)* sich aussetzen ② *(arriesgarse)* sich einem Risiko aussetzen

exportación [esporta'θjon] *f* Export *m*

exportador(a) [esporta'ðor(a)] **I.** *adj* Export-; **empresa ~a** Exportfirma *f* **II.** *m(f)* Exporteur(in) *m(f)*

exportar [espor'tar] *vt* exportieren (**a** nach +*dat*)

exposición [esposi'θjon] *f* ① *(explicación)* Beschreibung *f* ② *(informe)* Bericht *m* ③ *(exhibición)* Ausstellung *f;* ~ **permanente** Dauerausstellung *f;* ~ **universal** Weltausstellung *f* ④ *(posición)* Lage *f* ⑤ (FOTO) Belichtung *f*

expósito, -a [es'posito, -a] **I.** *adj* Findel- **II.** *m, f* Findelkind *nt*

expositor(a) [esposi'tor(a)] *m(f)* ① *(que exhibe)* Aussteller(in) *m(f); (para revistas)* Zeitschriftenregal *nt* ② *(que aclara)* Referent(in) *m(f)*

exprés [es'pres] **I.** *adj inv* Eil-; **café** ~ Espresso *m;* **olla** ~ Schnellkochtopf *m* **II.** *m* Schnellzug *m*

expresamente [espresa'men̩te] *adv* ① *(li-*

E

teralmente) ausdrücklich ② *(deliberadamente)* vorsätzlich

expresar [espre'sar] **I.** *vt* ① *(manifestar)* äußern ② *(decir)* aussprechen ③ *(indicar)* zu erkennen geben **II.** *vr:* **~se** *(hacerse entender)* sich ausdrücken; *(hablar)* sich äußern

expresión [espre'sjon] *f* ① *(palabra)* Ausdruck *m; (locución)* Wendung *f* ② *(gesto)* Ausdruck *m* ③ *(declaración)* Äußerung *f* ④ *pl (saludos)* Grüße *mpl*

E

expresionismo [espresjo'nismo] *m sin pl* (ARTE) Expressionismus *m*

expresionista [espresjo'nista] **I.** *adj* expressionistisch **II.** *mf* Expressionist(in) *m(f)*

expresividad [espresiβi'ðaᵈ] *f* Ausdrucksstärke *f*

expresivo, -a [espre'siβo, -a] *adj* ① *(vivo)* lebhaft ② *(revelador)* ausdrucksvoll ③ *(significativo)* bezeichnend ④ *(afectuoso)* herzlich

expreso[1] [es'preso] **I.** *m* ① *(tren)* D-Zug *m* ② *(correo)* Eilbote *m* **II.** *adv* absichtlich

expreso, -a[2] [es'preso, -a] *adj* ① *(explícito)* ausdrücklich ② *(claro)* deutlich ③ *(rápido)* Eil-; **tren ~** D-Zug *m;* **enviar una carta por (correo) ~** einen Brief per Eilpost verschicken

exprimidor [esprimi'ðor] *m* Entsafter *m*

exprimir [espri'mir] *vt* ① *(frutas)* auspressen; **~ a alguien para que hable** *(fig)* jdn ausquetschen ② *(ropa)* auswringen ③ *(persona)* ausbeuten

ex profeso [espro'feso] *adv* absichtlich, vorsätzlich

expropiación [espropja'θjon] *f* Enteignung *f;* **~ forzosa** Zwangsenteignung *f*

expropiar [espro'pjar] *vt* enteignen

expuesto, -a [es'pwesto, -a] **I.** *pp de* **exponer** **II.** *adj* ① *(peligroso)* gefährlich ② *(sin protección)* gefährdet ③ *(sensible)* anfällig (**a** für +*akk*); **~ a perturbaciones** störanfällig

expugnar [espuɣ'nar] *vt* erstürmen

expulsar [espul'sar] *vt* ① *(a alguien)* hinauswerfen (**de** aus +*dat*); *(del país)* vertreiben (**de** aus +*dat*); *(excluir)* ausstoßen (**de** aus +*dat*); **~ a alguien de la escuela** jdn von der Schule verweisen; **~ del campo de juego** (DEP) vom Platz stellen; **~ de la sala** des Saales verweisen ② *(emitir)* ausstoßen

expulsión [espul'sjon] *f* ① *(del país)* Vertreibung *f;* **~ del campo de juego** (DEP) Platzverweis *m;* **~ de la escuela** Schulverweis *m* ② *(emisión)* Ausstoß *m*

expurgación [espurɣa'θjon] *f* ① *(purificación)* Reinigung *f* ② *(censura)* Zensur *f*

expurgar [espur'ɣar] <g → gu> *vt* ① *(purificar)* reinigen ② *(censurar)* zensieren

exquisitez [eskisi'teθ] *f* ① *(refinamiento)* Erlesenheit *f; (de vestido)* Eleganz *f; (de trato)* Kultiviertheit *f; (de plato)* Köstlichkeit *f* ② *(manjar)* Delikatesse *f*

exquisito, -a [eski'sito, -a] *adj* exquisit

extasiar [esta'sjar] <*1. pres* extasío> **I.** *vt* verzücken **II.** *vr:* **~se** in Verzückung geraten (**con** über +*akk*)

éxtasis ['estasis] *m inv* Ekstase *f*

extender [esten̩'der] <e → ie> **I.** *vt* ① *(papeles)* ausbreiten (**en/sobre/por** auf +*dat*); *(pintura, betún, semillas)* verteilen (**en/sobre** auf +*dat*); **~ la mantequilla** die Butter verstreichen ② *(desplegar)* strecken; **~ la mano** die Hand ausstrecken ③ *(ensanchar)* ausdehnen; *(agrandar)* erweitern; **~ la vista** in die Ferne blicken ④ *(propagar)* verbreiten (**por** in +*dat*, über +*akk*) ⑤ *(escribir)* ausstellen; *(documento)* aufsetzen **II.** *vr:* **~se** ① *(terreno)* sich erstrecken; *(en la cama)* sich ausstrecken ② *(prolongarse)* dauern (**a/hasta** bis +*akk*) ③ *(difundirse, expresarse)* sich verbreiten (**por** über +*akk*); **~se en discusiones interminables** sich in endlosen Diskussionen verlieren

extendido, -a [esten̩'diðo, -a] *adj* ① *(amplio)* weit; **un parentesco muy ~** eine weit verzweigte Verwandtschaft ② *(prolongado)* lang ③ *(conocido)* verbreitet; **estar muy ~** weit verbreitet sein ④ *(detallado)* ausführlich

extensamente [estensa'men̩te] *adv* ausführlich

extensible [esten'siβle] *adj* ① *(ampliable)* ausdehnbar ② *(desplegable)* ausziehbar; **mesa ~** Ausziehtisch *m* ③ *(elástico)* dehnbar ④ (INFOR) erweiterungsfähig

extensión [esten'sjon] *f* ① *(dimensión)* Ausdehnung *f; (longitud)* Länge *f;* **en toda la ~ de la palabra** im weitesten Sinne des Wortes; **por ~** im weiteren Sinne ② *(difusión)* Verbreitung *f* ③ *(duración)* Dauer *f* ④ *(ampliación)* Erweiterung *f;* **~ hacia el este** (POL) Osterweiterung *f;* **~ eléctrica** Verlängerungsschnur *f* ⑤ (TEL) Nebenanschluss *m*

extensivo, -a [esten'siβo, -a] *adj* extensiv; **hacer extensiva una invitación a alguien** eine Einladung auf jdn ausdehnen; **hacer ~s sus saludos a alguien** jdm Grüße ausrichten

extenso, -a [es'tenso, -a] *adj* ① *(amplio)* weit ② *(dilatado)* ausführlich

extenuación [estenwa'θjon] *f* ① *(agotamiento)* Erschöpfung *f* ② *(debilidad)* Entkräftung *f*

extenuado, -a [estenu'aðo, -a] *adj* ❶ *(agotado)* erschöpft ❷ *(débil)* entkräftet, schwach
extenuar [estenu'ar] <*1. pres* extenúo> *vt* ❶ *(agotar)* erschöpfen ❷ *(debilitar)* entkräften ❸ *(enflaquecer)* ausmergeln
exterior [este'rjor] **I.** *adj* ❶ *(de fuera)* äußere(r, s); **aspecto ~** Äußere(s) *nt* ❷ *(extranjero)* ausländisch; **Ministerio de Asuntos E~es** Außenministerium *nt;* **relaciones ~es** Auslandsbeziehungen *fpl* **II.** *m* ❶ *(parte de afuera, apariencia)* Äußere(s) *nt* ❷ *(extranjero)* Ausland *nt;* **en el ~** im Ausland
exterioridad [esterjori'ðaᵈ] *f* ❶ *(aspecto)* Äußerlichkeit *f* ❷ *pl (alardes)* Prahlerei *f*
exteriorización [esterjoriθa'θjon] *f* Äußerung *f*
exteriorizar [esterjori'θar] <z → c> *vt* *(manifestar)* zeigen; *(revelar)* zum Ausdruck bringen
exteriormente [esterjor'mente] *adv* äußerlich
exterminación [estermina'θjon] *f* ❶ *(aniquilación)* Ausrottung *f* ❷ *(devastación)* Zerstörung *f*
exterminar [estermi'nar] *vt* ❶ *(aniquilar)* ausrotten ❷ *(devastar)* zerstören
exterminio [ester'minjo] *m* ❶ *(aniquilación)* Ausrottung *f* ❷ *(devastación)* Zerstörung *f*
externamente [esterna'mente] *adv* äußerlich, nach außen
externo, -a [es'terno, -a] *adj* äußerlich; **consultorios ~s** Ambulanz *f*
extinción [estin'θjon] *f* ❶ *(apagado)* Löschen *nt;* **~ de incendios** Brandlöschung *f* ❷ (ECOL) Aussterben *nt;* **en vías de ~** vom Aussterben bedroht ❸ *(de obligación/derecho)* Erlöschen *nt;* *(de contrato)* Ablauf *m*
extinguir [estin'gir] <gu → g> **I.** *vt* ❶ *(apagar)* löschen ❷ *(finalizar)* auslöschen **II.** *vr:* **~se** ❶ *(apagarse)* erlöschen ❷ *(finalizar)* zu Ende gehen; (ECOL) aussterben
extinto, -a [es'tinto, -a] **I.** *adj* ❶ *(apagado)* erloschen ❷ *(AmS, Méx: muerto)* verstorben **II.** *m, f (AmS, Méx)* Verstorbene(r) *mf*
extintor [estin'tor] *m* **~ de incendios** Feuerlöscher *m*
extirpación [estirpa'θjon] *f* ❶ (MED) (operative) Entfernung *f;* *(de un miembro)* Amputation *f* ❷ *(erradicación)* Ausrottung *f* ❸ *(desarraigo)* Entwurzelung *f*
extirpar [estir'par] *vt* ❶ (MED) (operativ) entfernen; *(miembro)* amputieren ❷ *(erradicar)* ausrotten ❸ *(arrancar)* ausreißen
extorsión [estor'sjon] *f* ❶ *(chantaje)* Erpressung *f* ❷ *(molestia)* Umstände *mpl;* **ser una ~** viele Umstände machen
extorsionar [estorsjo'nar] *vt* ❶ *(chantajear)* erpressen ❷ *(molestar)* Umstände machen +*dat*
extorsionista [estorsjo'nista] *mf* Erpresser(in) *m(f)*
extra¹ ['estra] **I.** *adj* ❶ *(adicional)* Extra-; **horas ~s** Überstunden *fpl;* **paga ~** Lohnzulage *f* ❷ *inv (excelente)* erstklassig; **de calidad ~** von besonderer Qualität **II.** *prep* **~ de** zusätzlich zu +*dat* **III.** *m* ❶ *(complemento)* Extra *nt;* *(en periódico, revista)* Sonderbericht *m* ❷ *(paga)* Lohnzulage *f*
extra² ['estra] *mf* ❶ (CINE, TV) Statist(in) *m(f)* ❷ *(ayudante)* Aushilfe *f*
extracción [estraʸ'θjon] *f* ❶ *(sacar)* Herausziehen *nt;* *(de un diente)* Ziehen *nt;* **~ de sangre** Blutentnahme *f* ❷ *(lotería)* Ziehung *f* ❸ *(origen)* Herkunft *f* ❹ (MIN) Förderung *f*
extracomunitario, -a [estrakomuni'tarjo, -a] *adj* außergemeinschaftlich; *(de la UE)* außerhalb der EU
extraconyugal [estrakonɟu'ɣal] *adj* außerehelich
extractar [estrak'tar] *vt* exzerpieren; *(resumir)* resümieren
extracto [es'trakto] *m* ❶ *(resumen)* Zusammenfassung *f* ❷ *(pasaje)* Auszug *m;* **~ impreso** (INFOR) Ausdruck *m* ❸ (QUÍM) Extrakt *m o nt*
extractor [estrak'tor] *m* **~ de humo** Rauchabzug *m*
extradición [estraði'θjon] *f* Auslieferung *f*
extraditar [estraði'tar] *vt* ausliefern
extraer [estra'er] *vt irr como traer* ❶ *(sacar)* herausziehen; *(dientes)* ziehen; **~ de un libro** exzerpieren ❷ (QUÍM) extrahieren ❸ (MAT) ziehen ❹ (MIN) fördern
extraescolar [estraesko'lar] *adj* außerschulisch
extraeuropeo, -a [estraeu̯ro'peo, -a] *adj* außereuropäisch
extrajudicial [estraxuði'θjal] *adj* außergerichtlich
extralimitación [estralimita'θjon] *f* Kompetenzüberschreitung *f;* **~ de autoridad** Amtsanmaßung *f*
extralimitarse [estralimi'tarse] *vr* zu weit gehen; **~ en sus funciones** seine Befugnisse überschreiten; **~ en sus esfuerzos** sich überanstrengen
extramatrimonial [estramatrimo'njal] *adj* außerehelich
extranjería [estraŋxe'ria] *f* ❶ *(estatus)* Ausländerstatus *m* ❷ (JUR) Ausländerrecht *nt;* **ley de ~** Ausländergesetz *nt*

E

extranjerismo [estraŋxe'rismo] *m* ❶ *(exotismo)* Vorliebe *f* für alles Ausländische ❷ (LING) Fremdwort *nt*
extranjero[1] [estraŋ'xero] *m* Ausland *nt*
extranjero, -a[2] [estraŋ'xero, -a] **I.** *adj* ausländisch; **lengua extranjera** Fremdsprache *f* **II.** *m, f* Ausländer(in) *m(f)*
extranjis [es'traŋxis] **de ~** heimlich
extraña [es'traɲa] *adj o f v.* **extraño**
extrañamente [estraɲa'men̥te] *adv* merkwürdigerweise
extrañar [estra'ɲar] **I.** *vt* ❶ *(desterrar)* ausweisen ❷ *(sorprender)* erstaunen; **¡no me extraña!** das habe ich mir schon gedacht! ❸ *(encontrar extraño)* ungewohnt finden ❹ *(echar de menos)* vermissen **II.** *vr:* **~se** sich wundern (**de** über +*akk*)
extrañeza [estra'ɲeθa] *f* ❶ *(rareza)* Befremden *nt;* **causar ~** befremden ❷ *(perplejidad)* Verwunderung *f*
extraño, -a [es'traɲo, -a] **I.** *adj* ❶ *(raro, forastero)* fremd; *(extranjero)* ausländisch ❷ *(peculiar)* sonderbar; *(extraordinario)* ungewöhnlich **II.** *m, f (forastero)* Fremde(r) *mf; (extranjero)* Ausländer(in) *m(f)*
extraoficial [estraofi'θjal] *adj* inoffiziell
extraordinariamente [estraorðinarja'men̥te] *adv* außerordentlich
extraordinario[1] [estraorði'narjo] *m* (PREN) Sonderausgabe *f*
extraordinario, -a[2] [estraorði'narjo, -a] *adj* ❶ *(fuera de lo normal)* außerordentlich; *(muy bueno)* hervorragend ❷ *(por añadidura)* Sonder- ❸ *(raro)* merkwürdig ❹ *(sorprendente)* überraschend
extraparlamentario, -a [estraparlamen̥'tarjo, -a] *adj* außerparlamentarisch
extrapolar [estrapo'lar] *vt* ❶ (MAT) extrapolieren ❷ *(extender)* ausweiten (**a** auf +*akk*) ❸ *(concluir)* erschließen (aus +*dat*)
extrarradio [estra'rraðjo] *m* Außenbezirk *m*
extrasensorial [estrasenso'rjal] *adj* übersinnlich
extraterrestre [estrate'rrestre] **I.** *adj* außerirdisch **II.** *mf* Außerirdische(r) *mf*
extravagancia [estraβa'ɣan̥θja] *f* ❶ *(rareza)* Extravaganz *f* ❷ *(excentricidad)* Verschrobenheit *f*
extravagante [estraβa'ɣan̥te] **I.** *adj* ❶ *(raro)* extravagant ❷ *(excéntrico)* verrückt **II.** *mf* Spinner(in) *m(f)*
extraviado, -a [estraβi'aðo, -a] *adj* ❶ *(confuso)* verwirrt ❷ *(apartado)* abgelegen
extraviar [estraβi'ar] <*1. pres* extravío> **I.** *vt* ❶ *(despistar)* vom Weg abbringen ❷ *(perder)* verlieren; *(dejar)* verlegen **II.** *vr:* **~se** ❶ *(errar el camino)* sich verirren ❷ *(perderse)* abhandenkommen; *(carta)* verloren gehen ❸ *(descarriarse)* vom rechten Weg abkommen
extravío [estra'βio] *m* ❶ *(desviación)* Irregehen *nt* ❷ *(pérdida)* Verlieren *nt* ❸ *(perdición)* Ausschweifung *f*
extrema [es'trema] *adj o f v.* **extremo**[2]
extremadamente [estremaða'men̥te] *adv* äußerst, extrem
extremado, -a [estre'maðo, -a] *adj* ❶ *(excesivo)* extrem ❷ *(exagerado)* übertrieben
Extremadura [estrema'ðura] *f* Estremadura *f*
extremar [estre'mar] **I.** *vt* **~ la prudencia** äußerst vorsichtig sein; **la policía extremó las medidas de seguridad** die Polizei traf strengste Sicherheitsvorkehrungen **II.** *vr:* **~se** sich *dat* größte Mühe geben (**en** bei +*dat*)
extremaunción [estremaun̥'θjon] *f* (REL) letzte Ölung *f*
extremeño, -a [estre'meɲo, -a] **I.** *adj* aus Estremadura **II.** *m, f* Einwohner(in) *m(f)* von Estremadura
extremidad [estremi'ðaᵈ] *f* ❶ *(cabo)* Ende *nt* ❷ *pl* (ANAT) Gliedmaßen *fpl*
extremismo [estre'mismo] *m* Extremismus *m;* **~ derechista** Rechtsextremismus *m*
extremista [estre'mista] **I.** *adj* extremistisch **II.** *mf* Extremist(in) *m(f)*
extremo[1] [es'tremo] *m* ❶ *(cabo)* Ende *nt;* **a tal ~** so weit; **con** [*o* **en**] **~** äußerst; **en último ~** äußerstenfalls; **pasar de un ~ a otro** von einem Extrem ins andere fallen; *(tiempo)* plötzlich umschlagen; **los ~s se tocan** *(prov)* Gegensätze ziehen sich an ❷ *(asunto)* Punkt *m;* **en este ~** in dieser Hinsicht ❸ *(punto límite)* Äußerste(s) *nt;* **esto llega hasta el ~ de...** das geht so weit, dass ... ❹ *pl (aspavientos)* **hacer ~s** viel Aufheben machen
extremo, -a[2] [es'tremo, -a] **I.** *adj* ❶ *(sumo)* äußerste(r, s) ❷ *(distante)* letzte(r, s); **los barrios más ~s** die am weitesten entfernten Viertel ❸ *(opuesto)* entgegengesetzt **II.** *m, f* (DEP) Außenstürmer(in) *m(f);* **~ derecha** Rechtsaußen *m*
extrínseco, -a [es'trinseko, -a] *adj* ❶ *(externo)* äußerlich; **circunstancias extrínsecas** äußere Umstände ❷ *(superficial)* nicht wesentlich
extrovertido, -a [estroβer'tiðo, -a] *adj* (PSICO) extravertiert
exuberancia [eˠsuβe'ran̥θja] *f* Üppigkeit *f*
exuberante [eˠsuβe'ran̥te] *adj* üppig
exudado [eˠsu'ðaðo] *m* (MED) Schweiß *m*
exudar [eˠsu'ðar] *vi, vt* (MED, QUÍM) ausschwitzen

exultante [eˠsul̩'tan̪te] *adj* jubelnd
exultar [eˠsul̩'tar] *vi* jubeln
eyaculación [eɟakula'θjon] *f* ① *(acción)* Samenerguss *m* ② *(esperma)* Ejakulat *nt*
eyacular [eɟaku'lar] *vi* ejakulieren
eyectar [eɟek'tar] *vt* (TÉC) auswerfen

F f

F, f ['efe] *f* F, f *nt;* ~ **de Francia** F wie Friedrich
fa [fa] *m inv* (MÚS) f, F *nt;* ~ **sostenido** Fis *nt*
fabada [fa'βaða] *f* Bohneneintopf *m*
fábrica ['faβrika] *f* ① *(lugar de producción)* Fabrik *f;* ~ **de cerveza** Brauerei *f;* **en** [*o* **ex**] ~ ab Werk ② *(de ladrillo, piedra)* Mauerwerk *nt;* **obra de** ~ gemauertes Bauwerk ③ *(edificio)* Gebäude *nt* ④ *(fondos de iglesias)* Kirchenmittel *ntpl* ⑤ *(invención)* ~ **de embustes** Schwindelei *f;* ~ **de mentiras** Lügengespinst *nt*
fabricación [faβrika'θjon] *f* Herstellung *f;* ~ **en masa** Massenproduktion *f*
fabricante [faβri'kan̪te] *mf* ① *(que fabrica)* Hersteller(in) *m(f)* ② *(dueño)* Fabrikant(in) *m(f)*
fabricar [faβri'kar] <c → qu> *vt* ① *(producir)* herstellen; ~ **cerveza** Bier brauen ② *(construir)* erbauen ③ *(inventar)* erfinden
fabril [fa'βril] *adj* Fabrik-; *(Herstellung)* fabrikmäßig; **trabajadora** ~ Fabrikarbeiterin *f*
fábula ['faβula] *f* ① (LIT) Fabel *f* ② *(fam: invención)* (Lügen)geschichte *f* ③ *(relato mitológico)* Sage *f*
fabulador(a) [faβula'ðor(a)] *m(f)* ① *(fabulista)* Fabeldichter(in) *m(f)* ② *(que inventa cosas fabulosas)* Aufschneider(in) *m(f)*
fabular [faβu'lar] *vt* fabulieren
fabuloso, -a [faβu'loso, -a] *adj* ① *(inventado)* erdichtet; **personaje** ~ Fabelwesen *nt* ② *(extraordinario)* großartig
facción [faˠ'θjon] *f* ① *(banda)* aufrührerische Gruppe *f* ② *(de un partido)* Splittergruppe *f* ③ *pl (rasgos)* (Gesichts)züge *mpl*
faccioso, -a [faˠ'θjoso, -a] **I.** *adj* aufrührerisch **II.** *m, f* ① *(rebelde)* Aufrührer(in) *m(f)* ② *(de un partido)* Parteigänger(in) *m(f)*
faceta [fa'θeta] *f* ① *(de poliedros)* Facette *f* ② *(aspecto)* Seite *f*
facetada [faθe'taða] *f* *(Méx)* schlechter Witz *m,* Scherz *m*
faceto, -a [fa'θeto, -a] *adj* *(Méx)* ① *(chistoso)* witzig, spaßig ② *(presuntuoso)* angeberisch, eingebildet
facha[1] ['fatʃa] *f* Aussehen *nt,* Äußere(s) *nt;* **tener una ~ sospechosa** verdächtig aussehen; **estar hecho una** ~ *(fam)* lächerlich aussehen
facha[2] ['fatʃa] **I.** *adj (fam pey)* rechtsradikal **II.** *mf (fam pey)* Rechtsradikale(r) *mf*
fachada [fa'tʃaða] *f* ① *(de un edificio)* Fassade *f* ② *(apariencia)* Erscheinung *f,* Äußere(s) *nt;* **su buen humor es pura** ~ seine/ihre gute Laune ist reine Fassade
fachenda[1] [fa'tʃen̪da] *mf (fam)* Angeber(in) *m(f)*
fachenda[2] [fa'tʃen̪da] *f (fam)* Prahlerei *f,* Angeberei *f*
fachendear [fatʃen̪de'ar] *vi (fam)* prahlen, protzen
fachendoso, -a [fatʃen̪'doso, -a] **I.** *adj (fam)* großtuerisch **II.** *m, f (fam)* Angeber(in) *m(f)*
facial [fa'θjal] *adj* Gesichts-
fácil ['faθil] *adj* ① *(sin dificultades)* leicht, einfach; **la ventana es ~ de abrir** das Fenster lässt sich leicht öffnen ② *(cómodo)* bequem ③ *(probable)* wahrscheinlich; **es ~ que...** *+subj* es ist wahrscheinlich, dass ...; **es ~ que nieve** wahrscheinlich wird es schneien ④ *(carácter)* nachgiebig
facilidad [faθili'ðaᵈ] *f* ① *(sin dificultad)* Leichtigkeit *f* ② *(dotes)* Begabung *f;* **tener ~ para algo** für etw begabt sein; **tener ~ para los idiomas** sprachbegabt sein ③ *pl* Erleichterungen *fpl;* **ofrecer** [*o* **dar**] **~es a alguien para algo** jdm bei etw *dat* entgegenkommen
facilitación [faθilita'θjon] *f sin pl* ① *(alivio)* Erleichterung *f;* *(posibilitación)* Ermöglichung *f* ② *(suministro)* Bereitstellung *f*
facilitar [faθili'tar] *vt* ① *(favorecer)* erleichtern; *(posibilitar)* ermöglichen ② *(suministrar)* besorgen; *(entregar)* zur Verfügung stellen
fácilmente [faθil'men̪te] *adv* ① *(sin dificultad)* mühelos ② *(con probabilidad)* wahrscheinlich

facineroso, -a [faθine'roso, -a] *m, f* ❶ *(delincuente)* Verbrecher(in) *m(f)* ❷ *(malvado)* Bösewicht *m*
facistol [faθis'tol] *m* (Chor)pult *nt*
facsímil(e) [faʸ'simil(e)] *m (reproducción)* Faksimile *nt*
factibilidad [faktiβili'ðaᵈ] *f* Durchführbarkeit *f*
factible [fak'tiβle] *adj* durchführbar, machbar
facticio, -a [fak'tiθjo, -a] *adj* künstlich, Schein-
fáctico, -a ['faktiko, -a] *adj* faktisch
factor [fak'tor] *m (causa, t.* MAT) Faktor *m;* ~ **de riesgo** Risikofaktor *m*
factoría [fakto'ria] *f* ❶ *(emporio)* Handelsniederlassung *f* ❷ *(fábrica)* Fabrik *f*
factorial [fakto'rjal] *f* (MAT) Fakultät *f*
factótum [fak'totun] *m (fam)* ❶ *(el que lo hace todo)* Mädchen *nt* für alles ❷ *(persona de confianza)* rechte Hand *f*
factual [fak'twal] *adj* faktisch
factura [fak'tura] *f* ❶ *(hechura)* Ausführung *f* ❷ *(cuenta)* Rechnung *f; (recibo)* Quittung *f;* **pasar** ~ die Rechnung ausstellen; **su holgazanería le pasa ahora** ~ *(fam)* das ist die Quittung für seine/ihre Faulheit
facturación [fakturaθjon] *f* ❶ *(elaboración de una factura)* Berechnung *f* ❷ (FERRO) Gepäckaufgabe *f;* (AERO) Check-in *m o nt;* ~ **en línea** Online-Check-in *m o nt*
facturar [faktu'rar] *vt* ❶ *(cobrar)* berechnen; ~ **los gastos de trasporte** die Transportkosten in Rechnung stellen ❷ (FERRO) aufgeben ❸ (AERO) ~ (**el equipaje**) (das Gepäck) abfertigen, einchecken
facultad [fakul̪'taᵈ] *f* ❶ *(atribuciones)* Befugnis *f;* **tener ~ para algo** zu etw *dat* befugt sein; **conceder ~es a alguien** (**para algo**) jdn (zu etw *dat*) bevollmächtigen ❷ *(aptitud)* Fähigkeit *f;* **recobrar sus ~es** wieder zu sich *dat* kommen ❸ (UNIV) Fakultät *f* ❹ *(profesorado)* Lehrkörper *m* ❺ *pl (dotes)* Talent *nt*
facultar [fakul̪'tar] *vt* berechtigen (**para** zu +*dat*)
facultativo, -a [fakul̪ta'tiβo, -a] **I.** *adj* ❶ *(potestativo)* fakultativ ❷ (UNIV) Fakultäts- ❸ *(del médico)* ärztlich **II.** *m, f* Arzt *m,* Ärztin *f*
facundo, -a [fa'kun̪do, -a] *adj* ❶ *(verboso)* redselig ❷ *(locuaz)* redegewandt
fado ['faðo] *m* Fado *m*
faena [fa'ena] *f* ❶ *(tarea)* Arbeit *f;* **~s domésticas** Hausarbeit(en) *f(pl)* ❷ *(fam: mala pasada)* Streich *m;* **hacer una ~ a alguien** jdm einen Streich spielen.
faenar [fae'nar] **I.** *vi* ❶ *(laborar)* (hart) arbeiten ❷ *(pescar)* fischen **II.** *vt (matar reses)* schlachten
faenero, -a [fae'nero, -a] *m, f (Chil)* Landarbeiter(in) *m(f)*
fagot[1] [fa'ɣoᵗ] *m* Fagott *nt*
fagot[2] [fa'ɣoᵗ] *mf* Fagottist(in) *m(f)*
Fahrenheit ['farenxei̯t] **grado** ~ Fahrenheit *nt*
failear [fai̯le'ar] *vt (AmC, RíoPl:* COM: *documentos)* ablegen; *(en una carpeta)* abheften; ~ **un asunto** eine Angelegenheit zu den Akten legen
fain [fai̯n] *adj (Am: estupendo)* prima; *(calidad)* hochwertig
faíno, -a [fa'ino, -a] *adj (Cuba)* unhöflich, grob
fair play [fer plei̯] *m inv* (DEP) Fairplay *nt*
faisán [fai̯'san] *m* Fasan *m*
faitear [fai̯te'ar] *vi (Am)* sich prügeln
faja ['faxa] *f* ❶ *(para ceñir)* Korsett *nt; (para abrigar)* (Leib)binde *f* ❷ *(distintivo honorífico)* Schärpe *f* ❸ *(franja)* Streifen *m* ❹ *(de libros)* Bauchbinde *f*
fajado, -a [fa'xaðo, -a] *adj* ❶ *(con bandas)* gestreift ❷ *(experimentado, curtido)* erfahren
fajar [fa'xar] **I.** *vt* ❶ *(envolver)* umwickeln; *(periódicos)* bündeln ❷ *(Am: golpear)* schlagen **II.** *vr:* **~se** ❶ *(ponerse una faja)* sich *dat* eine Schärpe anlegen ❷ *(Am: pelearse)* sich schlagen **III.** *vi* ~ **con alguien** jdn angreifen
fajín [fa'xin] *m* ❶ *dim de* **faja** ❷ *(de generales, funcionarios)* (Amts)schärpe *f*
fajina [fa'xina] *f* ❶ *(en la era)* Garbenhaufen *m* ❷ *(de leña)* Reisigbündel *nt* ❸ (MIL: *haz de ramas*) Faschine *f*
fajo ['faxo] *m* ❶ *(papeles)* Bündel *nt* ❷ *pl (de bebé)* Babyausstattung *f*
fajol [fa'xol] *m* (BOT) Buchweizen *m*
falacia [fa'laθja] *f* Betrug *m*
falange [fa'laŋxe] *f* ❶ (MIL) Truppe *f;* (HIST) Phalanx *f* ❷ (ANAT: *de las manos*) Fingerknochen *m; (de los pies)* Zehenknochen *m* ❸ (POL) **Falange Española** Falange *f (faschistische, totalitäre Staatspartei Spaniens von 1933 - 1976)*
falangista [falaŋ'xista] **I.** *adj* (POL) falangistisch **II.** *mf* (POL) Falangist(in) *m(f)*
falaz [fa'laθ] *adj* betrügerisch
falda ['fal̪da] *f* ❶ *(vestido)* Rock *m;* ~ **pantalón** Hosenrock *m;* ~ **plisada** Plisseerock *m;* **estar pegado a las ~s de una mujer** unter dem Pantoffel einer Frau stehen; **se ha criado bajo las ~s de mamá** er/sie ist wohl behütet aufgewachsen ❷ *(regazo)* (Rock)schoß *m* ❸ *(de una mesa camilla) Tischdecke für einen Tisch*

mit darunterliegendem Kohlenbecken ④ *(de sombrero)* Hutkrempe *f* ⑤ *(de una montaña)* Bergabhang *m* ⑥ (GASTR) Rippenfleisch *nt* ⑦ *(loc)* **es asunto de ~s** das ist Frauensache; **le tiran mucho las ~s** er ist hinter den Frauen her

faldero [fal̩'dero] *m* ① *(hombre)* Schürzenjäger *m* ② *(animal)* **perro ~** Schoßhund *m*

faldón [fal̩'don] *m* ① *(de una camisa)* Schoß *m* ② *(de una funda)* Volant *m* ③ (ARQUIT) Walm *m* ④ *(de la chimenea)* Kaminrahmen *m*

falencia [fa'len̩θja] *f (Am)* Konkurs *m*, Bankrott *m*

falible [fa'liβle] *adj (erróneo)* fehlbar; *(engañoso)* trügerisch

fálico, -a ['faliko, -a] *adj* phallisch

falla ['faʎa] *f* ① *(defecto)* Defekt *m; (en un sistema)* Störung *f; (en un arma)* Ladehemmung *f* ② (GEO) Verwerfung *f*

fallar [fa'ʎar] **I.** *vi* ① (JUR) ein Urteil fällen ② *(malograrse: proyecto)* misslingen; *(plan, intento)* fehlschlagen ③ *(no funcionar)* versagen; **le ~on los nervios** seine/ihre Nerven machten nicht mit; **algo le falla** etwas ist nicht in Ordnung mit ihm/ihr; **no falla nunca** *(cosa)* das funktioniert immer; *(persona)* auf ihn/sie ist Verlass ④ *(romperse)* nachgeben ⑤ *(no cumplir con su palabra)* **~ a alguien** jdn im Stich lassen; *(en una cita)* jdn versetzen **II.** *vt* ① (JUR) fällen; **~ la absolución** auf Freispruch erkennen; **~ un pleito** einen Rechtsstreit beilegen ② (DEP) danebenschießen ③ *(en el juego de naipes)* einen Trumpf ausspielen

Fallas ['faʎas] *fpl* **las ~** die Fallas *(Volksfest in Valencia am Sankt-Josefs-Tag (19. März))*

fallecer [faʎe'θer] *vi irr como* **crecer** sterben

fallecido, -a [faʎe'θiðo, -a] **I.** *adj* verstorben **II.** *m, f* Verstorbene(r) *mf*

fallecimiento [faʎeθi'mjen̩to] *m* Sterben *nt*

fallero, -a [fa'ʎero, -a] *m, f Teilnehmer(in) am Umzug der Fallas*

fallido, -a [fa'ʎiðo, -a] **I.** *adj* ① *(proyecto)* misslungen; *(intento)* gescheitert ② (COM: *deuda*) uneintreibbar ③ *(en quiebra)* bankrott **II.** *m, f* Bankrotteur(in) *m(f)*

fallo ['faʎo] *m* ① (JUR) Urteil *nt* ② *(error)* Fehler *m; (omisión)* Auslassung *f;* **~ humano** menschliches Versagen; **el asunto solo tiene un pequeño ~** die Sache hat nur einen kleinen Haken ③ (TÉC) Defekt *m* ④ *(en el juego de naipes)* Fehlfarbe *f* ⑤ *(fracaso)* Fehlschlag *m*

fallutería [faʎute'ria] *f (RíoPl: fam: comportamiento)* Heuchelei *f; (modo de ser)* Scheinheiligkeit *f*

falluto, -a [fa'ʎuto, -a] *adj (RíoPl: fam: en el comportamiento)* heuchlerisch; *(en el modo de ser)* scheinheilig

falo ['falo] *m (elev)* Phallus *m*

falocracia [falo'kraθja] *f* Männerherrschaft *f*

falsa ['falsa] *adj o f v.* **falso²**

falsario, -a [fal'sarjo, -a] **I.** *adj* falsch **II.** *m, f* ① *(mentiroso)* Lügner(in) *m(f)* ② *(que falsifica monedas)* Falschmünzer(in) *m(f)*

falseable [false'aβle] *adj* fälschbar

falseador(a) [falsea'ðor(a)] *m(f)* (Ver)fälscher(in) *m(f)*

falseamiento [falsea'mjen̩to] *m* (Ver)fälschung *f*

falsear [false'ar] **I.** *vi* ① *(flaquear)* nachgeben ② (MÚS) verstimmt sein **II.** *vt* ① *(adulterar al referir)* verfälschen; *(verdad)* entstellen ② *(falsificar materialmente)* fälschen

falsedad [false'ða^ð] *f (en el carácter)* Falschheit *f; (hipocresía)* Heuchelei *f*

falsete [fal'sete] *m* (MÚS) Falsett *nt;* **cantar en ~** falsettieren

falsificación [falsifika'θjon] *f (acto)* Fälschen *nt; (objeto)* Fälschung *f;* **~ de billetes** Falschgeldherstellung *f*

falsificador(a) [falsifika'ðor(a)] *m(f)* Fälscher(in) *m(f);* **~ de documentos** Urkundenfälscher *m;* **~ de moneda** Falschmünzer *m*

falsificar [falsifi'kar] <c → qu> *vt* fälschen; *(balance)* frisieren; **~ la verdad** die Wahrheit verfälschen

falso¹ ['falso] **I.** *m* (Saum)besatz *m* **II.** *adv* **en ~** *(falsamente)* falsch; **jurar en ~** einen Meineid schwören; **coger a alguien en ~** jdn bei einer Lüge ertappen; **dar un golpe en ~** *(movimiento)* nicht treffen; **dar un paso en ~** einen Fehltritt tun

falso, -a² ['falso, -a] **I.** *adj* ① *(no cierto, no auténtico)* falsch; **¡~!** das ist gelogen! ② *(no natural)* künstlich; *(pseudo-)* Schein-; **llave falsa** Dietrich *m;* **puerta falsa** blinde Tür ③ *(caballería)* widerspenstig **II.** *m, f (mentiroso)* Lügner(in) *m(f); (hipócrita)* Heuchler(in) *m(f)*

falta ['fal̩ta] *f* ① *(carencia)* Mangel *m* (**de** an +*dat*); *(ausencia)* Abwesenheit *f;* **~ de dinero** Geldmangel *m;* **~ de educación** Respektlosigkeit *f;* **~ de liquidez** Liquiditätsengpass *m;* **echar en ~ algo/a alguien** etw/jdn vermissen; **hacer ~ algo/alguien** etw/jdn brauchen; **¡ni ~ que hace!** das ist absolut nicht nötig! ② *(equivocación)* Fehler *m;* **~ ortográfica** Rechtschreibfehler *m;* **sin ~s** fehlerlos;

F

sin ~ ganz sicher, zweifellos ③ (DEP) Foul(spiel) *nt* ④ (JUR) Übertretung *f; (omisión censurable)* Unterlassung *f; (descuido castigable)* Fahrlässigkeit *f*

faltar [fal̩'tar] *vi* ① *(no estar)* fehlen (an +*dat*); *(persona)* fernbleiben; *(cosa)* nicht vorhanden sein; ~ **a clase** dem Unterricht fernbleiben; ~ **a una cita** ein Treffen versäumen; **me faltan mis llaves** ich vermisse meine Schlüssel; **nos falta dinero para...** wir haben nicht genug Geld, um ...; **no falta quien...** es gibt auch einige, die ...; **falta (por) saber si...** es ist nur noch die Frage, ob ...; **¡no ~ía** [*o* **faltaba**] **más!** das fehlte gerade noch!; *(respuesta a agradecimiento)* das war doch nicht der Rede wert!; *(asentir amablemente)* aber selbstverständlich!; **¡lo que faltaba!** das hat uns gerade noch gefehlt!; **por si algo faltaba...** nicht genug damit ... ② *(necesitarse)* brauchen; **me falta tiempo para hacerlo** ich habe nicht genug Zeit, um das zu machen; ~ **(por) hacer** noch getan werden müssen ③ *(temporal: quedar)* fehlen, dauern; **faltan cuatro días para tu cumpleaños** es sind noch vier Tage bis zu deinem Geburtstag; **falta mucho para que venga** es dauert noch lange, bis er/sie kommt; **falta poco para las doce** es ist fast zwölf Uhr; **faltan diez para las nueve** *(Am)* es ist zehn vor neun; **poco le faltó para llorar** er/sie war drauf und dran, zu weinen ④ *(no cumplir)* ~ **a** verstoßen gegen +*akk;* ~ **a su palabra** wortbrüchig werden; ~ **a su mujer** seine Frau betrügen; **no ~é en dárselo** ich werde es ihr/ihm ganz sicher geben ⑤ *(ofender)* verletzen ⑥ *(cometer una falta)* ~ **en algo** etw falsch machen ⑦ *(elev: morir)* dahingehen

falto, -a ['fal̩to, -a] *adj (escaso)* knapp (**de** an/mit +*dat*); *(desprovisto)* ohne (**de** +*akk*); ~ **de recursos** mittellos; **está ~ de cariño** ihm mangelt es an Zuneigung

faltón, -ona [fal̩'ton, -ona] *adj (fam)* ① *(que falta a su palabra)* wortbrüchig ② *(negligente)* unachtsam, nachlässig ③ *(Am: vago)* faul

faltriquera [fal̩tri'kera] *f* Rocktasche *f; (a la cintura)* Gürteltasche *f*

fama ['fama] *f* ① *(gloria)* Ruhm *m; (celebridad)* Berühmtheit *f;* **tener ~** berühmt sein; **dar ~ a algo/alguien** etw/jdn berühmt machen ② *(reputación)* Ruf *m;* **tener ~ de fanfarrón** als Aufschneider gelten; **ser de mala ~** von zweifelhaftem Ruf sein ③ *(rumor)* Gerücht *nt;* **corre la ~ de que...** +*(subj)* es wird gesagt, dass ...

famélico, -a [fa'meliko, -a] *adj* ausgehungert

familia [fa'milja] *f* ① *(pareja e hijos)* Familie *f; (que comparten una casa)* Haushalt *m;* ~ **acogedora** Gastfamilie *f,* Pflegefamilie *f;* ~ **extendida** Großfamilie *f;* ~ **homoparental** Familie *f* mit gleichgeschlechtlichen Eltern; ~ **monoparental** Einelternfamilie *f;* ~ **nuclear** Kernfamilie *f;* ~ **numerosa** kinderreiche Familie; ~ **reconstruida** Patchworkfamilie *f;* **cabeza de ~** Familienoberhaupt *nt* ② *(parentela)* Familie *f;* **libro de ~** Familienstammbuch *nt;* **de buena ~** aus gutem Hause; **eso viene de ~** das ist seit Generationen so; **en ~** im (engsten) Familienkreis; **ser de la ~** zur Familie gehören; **acordarse de la ~ de alguien** *(argot)* jds Familie verfluchen ③ *(hijos)* Kinder *ntpl*

familiar [fami'ljar] **I.** *adj* ① *(íntimo)* familiär; **asunto ~** Familienangelegenheit *f;* **economía ~** privater Haushalt ② *(conocido)* vertraut **II.** *mf (pariente)* Verwandte(r) *mf*

familiaridad [familjari'ðaᵈ] *f (confianza)* Vertraulichkeit *f; (trato familiar)* Vertrautheit *f*

familiarizar [familjari'θar] <z → c> **I.** *vt (acostumbrar)* vertraut machen (**con** mit +*dat*) **II.** *vr:* **~se** sich gewöhnen (**con** an +*akk*); **~se con un sistema nuevo** sich in ein neues System einarbeiten

famoso, -a [fa'moso, -a] *adj (conocido)* berühmt (**por** durch +*akk*); *(fam: sonado)* allseits bekannt

fan [fan] *mf* <fans> *(admirador)* Fan *m; (de fútbol)* Schlachtenbummler(in) *m(f)*

fanal [fa'nal] *m* ① (NÁUT) Signallaterne *f; (de barco)* Schiffslaterne *f* ② *(campana)* Glasglocke *f*

fanático, -a [fa'natiko, -a] **I.** *adj* fanatisch **II.** *m, f* ① *(fam: hincha)* Anhänger(in) *m(f)* (**de** von +*dat*); **es una fanática del rock** sie ist ganz wild auf Rockmusik ② *(pey: extremista)* Fanatiker(in) *m(f)*

fanatismo [fana'tismo] *m sin pl* Fanatismus *m*

fanatizar [fanati'θar] <z → c> *vt* aufhetzen

fané [fa'ne] *adj* ① *(arrugado)* faltig, runzelig; *(marchito)* verwelkt, leicht zerknittert; **estar ~** in einem fürchterlichen Zustand sein ② *(vulgar)* geschmacklos ③ *(Arg: cansado)* müde

fanega [fa'neɣa] *f* Fanega *f (je nach Region unterschiedliches Hohlmaß oder Flächenmaß)*

fanfarria [faɱ'farrja] *f* ① *(fam: jactancia)* Prahlerei *f* ② (MÚS) Fanfarenzug *m*

fanfarrón, -ona [faɱfa'rron, -ona] **I.** *adj*

(fam: chulo) prahlerisch **II.** *m, f (fam: bravucón)* Prahlhans *m*
fanfarronada [faɱfarro'naða] *f (fam)* Prahlerei *f*
fanfarronear [faɱfarrone'ar] *vi (fam)* prahlen
fanfarronería [faɱfarrone'ria] *f (fam)* Prahlerei *f*
fangal [faŋ'gal] *m* Morast *m*
fango ['faŋgo] *m* ❶ *(lodo)* Schlamm *m;* **baños de ~** (MED) Fangobäder *ntpl* ❷ *(deshonra)* Schande *f*
fangoso, -a [faŋ'goso, -a] *adj* schlammig
fantasear [fan̪tase'ar] **I.** *vi* ❶ *(soñar)* fantasieren ❷ *(presumir)* prahlen **II.** *vt* erfinden
fantaseo [fan̪ta'seo] *m* Fantasiererei *f*
fantasía [fan̪ta'sia] *f* ❶ *(imaginación)* Fantasie *f; (cosa imaginada)* Hirngespinst *nt;* **joyas de ~** Modeschmuck *m;* **¡déjate de ~s!** hör auf zu träumen! ❷ (LIT) Fiktion *f* ❸ (MÚS) Fantasie *f*
fantasioso, -a [fan̪ta'sjoso, -a] **I.** *adj* ❶ *(inventado)* erfunden; **idea fantasiosa** Fantasterei *f* ❷ *(fachendoso)* großtuerisch **II.** *m, f* Träumer(in) *m(f)*
fantasma [fan̪'tasma] **I.** *m* ❶ *(aparición)* Gespenst *nt;* **andar como un ~** herumirren; **aparecer como un ~** plötzlich auftauchen ❷ *(visión)* Phantom *nt* ❸ *(fam: fanfarrón)* Angeber(in) *m(f)* **II.** *adj* Schein-; **empresa ~** Briefkastenfirma *f*
fantasmada [fan̪tas'maða] *f (fam)* Prahlerei *f*
fantasmagórico, -a [fan̪tasma'ɣoriko, -a] *adj* illusionistisch; (TEAT) phantasmagorisch
fantasmal [fan̪tas'mal] *adj* gespenstisch, Gespenster-
fantasmón, -ona [fan̪tas'mon, -ona] **I.** *adj (fam)* wichtigtuerisch **II.** *m, f* Angeber(in) *m(f)*
fantásticamente [fan̪tastika'men̪te] *adv* ❶ *(muy bien)* großartig, fabelhaft ❷ *(fingidamente)* falsch, unecht
fantástico, -a [fan̪'tastiko, -a] *adj* ❶ *(irreal)* fantastisch, unwirklich ❷ *(fam: fabuloso)* fabelhaft, toll
fantochada [fan̪to'ʧaða] *f* ❶ *(fantasmada)* Prahlerei *f* ❷ *(tontería)* Unsinn *m*
fantoche [fan̪'toʧe] *m* ❶ *(títere)* Marionette *f* ❷ *(mamarracho)* Vogelscheuche *f* ❸ *(fantasmón)* Prahlhans *m*
FAO ['fao] *f abr de* **Organización de las Naciones Unidas para la Agricultura y la Alimentación** FAO *f,* Welternährungsorganisation *f*
faquir [fa'kir] *m* Fakir *m*
faralá [fara'la] *m* <faralaes> ❶ *(volante)* Volant *m* ❷ *(fam: oropel)* Schnickschnack *m,* Firlefanz *m*
farallón [fara'ʎon] *m* Klippe *f*
faramallear [faramaʎe'ar] *vi (Chil, Méx)* prahlen, sich aufspielen
farándula [fa'ran̪dula] *f* ❶ *(farsa)* Komödiantentum *nt* ❷ (TEAT) primitive Wanderbühne *f* ❸ *(fam: palabrería)* Bauernfängerei *f*
faraón [fara'on] *m* Pharao *m*
faraónico, -a [fara'oniko, -a] *adj* pharaonisch
fardada [far'ðaða] *f (fam)* Protzerei *f*
fardaje [far'ðaxe] *m* Gepäck *nt*
fardar [far'ðar] *vi (fam: presumir)* protzen; *(impresionar)* Eindruck schinden
fardel [far'ðel] *m* ❶ *(morral)* Rucksack *m; (bulto)* Bündel *nt* ❷ *(fam: desaliñado)* Schlamper *m,* Schlampe *f*
fardo ['farðo] *m* ❶ *(bulto)* Ballen *m; (de ropa)* Kleiderbündel *nt* ❷ *(fam: obeso)* Dickwanst *m*
fardón, -ona [far'ðon, -ona] *adj (fam)* ❶ *(chulo)* elegant (gekleidet), schick ❷ *(vistoso)* klasse; *(coche)* schnittig
farfulla[1] [far'fuʎa] **I.** *adj (fam)* stotternd **II.** *mf (fam)* Stotterer, -in *m, f*
farfulla[2] [far'fuʎa] *f* Stottern *nt*
farfullar [farfu'ʎar] *vi (fam)* ❶ *(balbucear)* stottern ❷ *(chapucear)* pfuschen
farfullero, -a [farfu'ʎero, -a] *m, f (fam)* ❶ *(tartamudo)* Stotterer, -in *m, f* ❷ *(chapucero)* Pfuscher(in) *m(f)*
faria® ['farja] *m o f Zigarrenmarke*
faringe [fa'riŋxe] *f* (ANAT) Rachen *m,* Schlund *m*
faringitis [fariŋ'xitis] *f inv* (MED) Rachenentzündung *f*
fario ['farjo] *m (malo)* Pech *nt; (bueno)* Glück *nt;* **tener buen/mal ~** Glück/Pech haben
fariseo, -a [fari'seo, -a] *m, f* ❶ *(de la secta judía)* Pharisäer(in) *m(f)* ❷ *(hipócrita)* Heuchler(in) *m(f)*
farmacéutico, -a [farma'θeu̯tiko, -a] **I.** *adj* pharmazeutisch; **industria farmacéutica** Pharmaindustrie *f;* **productos ~s** Arzneimittel *ntpl* **II.** *m, f* Apotheker(in) *m(f)*
farmacia [far'maθja] *f* ❶ *(tienda)* Apotheke *f;* **~ de guardia** Bereitschaftsapotheke *f* ❷ *(ciencia)* Pharmazie *f*
fármaco ['farmako] *m* Arzneimittel *nt*
farmacología [farmakolo'xia] *f* (MED) Pharmakologie *f*
farmacológico, -a [farmako'loxiko, -a] *adj* pharmakologisch
farmacólogo, -a [farma'koloɣo, -a] *m, f* Pharmakologe, -in *m, f*
farmacopea [farmako'pea] *f* (MED) ❶ *(técnica)* Technik *f* der Arzneimit-

F

telzubereitung ② *(libro)* amtliches Arzneibuch *nt*

faro ['faro] *m* ① (AUTO) Scheinwerfer *m;* ~ **delantero** Scheinwerfer *m;* ~ **trasero** Schlussleuchte *f,* Rücklicht *nt;* ~ **antiniebla** Nebelscheinwerfer *m* ② (NÁUT) Leuchtturm *m*

farol [fa'rol] *m* ① *(lámpara)* Laterne *f; (de papel)* Papierlaterne *f;* ~ **de calle** Straßenlaterne *f;* **hacer de** ~ *(fam)* den Aufpasser/die Anstandsdame spielen ② (DEP) Handstand *m* ③ *(fam: fanfarronada)* Protzerei *f; (patraña)* Bluff *m;* **tirarse un** ~ bluffen ④ *pl (Am: ojos)* Augen *nt pl;* **¡adelante con los ~es!** *(fam)* vorwärts!, nur zu!

F

farola [fa'rola] *f* Straßenlaterne *f*

farolazo [faro'laθo] *m (AmC, Méx)* (kräftiger) Schluck *m* Schnaps

farolear [farole'ar] *vi (fam)* große Töne spucken

farolero, -a [faro'lero, -a] I. *adj (fam)* prahlerisch II. *m, f* Prahlhans *m*

farolillo [faro'liʎo] *m* Lampion *m;* ~ **rojo** *(fam)* Schlusslicht *nt*

farra ['farra] *f* **estar** [*o* **ir**] **de** ~ *(fam)* einen draufmachen

fárrago ['farraɣo] *m* Durcheinander *nt*

farragoso, -a [farra'ɣoso, -a] *adj* verworren

farrear [farre'ar] I. *vi (CSur: fam)* feiern, auf Sauftour gehen *fam* II. *vr:* **~se** *(RíoPl: dinero)* verjubeln

farrista [fa'rrista] I. *adj (CSur)* nachtschwärmerisch; **mi hija es muy** ~ meine Tochter ist eine Nachtschwärmerin II. *mf (CSur: que le gusta salir)* Nachtschwärmer(in) *m(f)*

farruco, -a [fa'rruko, -a] I. *adj* kühn; **ponerse** ~ **con alguien** jdm die Stirn bieten II. *m, f* Draufgänger(in) *m(f)*

farsa ['farsa] *f* ① (TEAT: *farándula*) Komödiantentum *nt; (sainete)* Schwank *m* ② *(engaño)* Schwindel *m*

farsante [far'sante] I. *adj (fam)* schwindlerisch II. *mf (fam)* Schwindler(in) *m(f)*

fas [fas] *(fam)* **por** ~ **o por nefas** so oder so

FAS [fas] *f pl abr de* **Fuerzas Armadas** (MIL) Streitkräfte *f pl*

fascículo [fas'θikulo] *m* ① *(publicación)* Faszikel *m* ② (ANAT) (Muskel)strang *m*

fascinación [fasθina'θjon] *f* Faszination *f;* **sentir** ~ **por algo** sich für etw begeistern

fascinador(a) [fasθina'ðor(a)] *adj,* **fascinante** [fasθi'nante] *adj* faszinierend; *(persona)* bezaubernd; *(libro)* fesselnd

fascinar [fasθi'nar] I. *vi, vt (encantar)* faszinieren; *(libro)* fesseln; **estar fascinado por algo** von etw fasziniert sein II. *vr:* **~se** sich begeistern lassen

fascismo [fas'θismo] *m sin pl* Faschismus *m*

fascista [fas'θista] I. *adj* faschistisch II. *mf* Faschist(in) *m(f)*

fascistoide [fasθis'toi̯ðe] *adj* faschistoid

fase ['fase] *f* ① *(período)* Phase *f;* ~ **transitoria** Übergangsphase *f* ② *(estado)* Stufe *f* ③ (ELEC, FÍS, QUÍM) Phase *f;* **de tres ~s** dreiphasig; *(nave espacial)* dreistufig ④ (ASTR) ~ **lunar** Mondphase *f*

fastidiado, -a [fasti'ðjaðo, -a] *adj (enfermo)* angeschlagen

fastidiar [fasti'ðjar] I. *vt* ① *(molestar)* stören ② *(causar hastío)* anekeln ③ *(aburrir)* langweilen ④ *(loc)* **¡no te fastidia!** so weit kommt's noch! II. *vr:* **~se** *(fam)* ① *(enojarse)* sich ärgern (**con/de** über +*akk*); **¡fastídiate!** geschieht dir (ganz) recht!; **¡hay que ~se!** da muss man durch! ② *(aguantarse)* sich abfinden müssen (**con/de** mit +*dat*) ③ *(Am: perjudicarse)* sich *dat* schaden

fastidio [fas'tiðjo] *m* ① *(disgusto)* Ärgernis *nt; (mala suerte)* Pech *nt* ② *(aburrimiento)* Langeweile *f* ③ *(hastío)* Ekel *m*

fastidioso, -a [fasti'ðjoso, -a] *adj* ① *(molesto)* lästig ② *(aburrido)* langweilig ③ *(pesado)* unerträglich; **persona fastidiosa** Nervensäge *f fam*

fasto[1] ['fasto] *m* ① *(pompa)* Pomp *m* ② *pl (anales)* Annalen *pl*

fasto, -a[2] ['fasto, -a] *adj (fecha)* günstig

fastuosidad [fastwosi'ðað] *f* Pracht *f*

fastuoso, -a [fastu'oso, -a] *adj (casa, boda)* prachtvoll; *(persona)* prunksüchtig

fatal [fa'tal] I. *adj* ① *(inevitable)* unausweichlich; **momento** ~ entscheidender Augenblick ② *(desagradable)* unangenehm ③ *(funesto)* verhängnisvoll, fatal; *(mortal)* tödlich; **mujer** ~ Femme fatale *f* ④ (JUR) nicht aufschiebbar ⑤ *(fam: muy mal)* mies II. *adv (fam)* mies; **el examen me fue** ~ die Prüfung ist schlecht gelaufen

fatalidad [fatali'ðað] *f* ① *(desgracia)* Verhängnis *nt* ② *(destino)* Schicksalsfügung *f*

fatalismo [fata'lismo] *m sin pl* Schicksalsglaube *m*

fatalista [fata'lista] I. *adj* fatalistisch II. *mf* ① *(que sigue el fatalismo)* Fatalist(in) *m(f)* ② *(fam: pesimista)* Pessimist(in) *m(f)*

fatalmente [fatal'mente] *adv* ① *(inevitablemente)* unvermeidlich, zwangsläufig ② *(desgraciadamente)* unglücklicherweise

fatídico, -a [fa'tiðiko, -a] *adj* ① *(que predice el futuro)* wahrsagend ② *(fam: algo)* Unheil bringend

fatiga [fa'tiɣa] *f* ① *(cansancio)* Ermüdung *f* ❷ *(sofocos)* Atemnot *f* ❸ (TÉC) Verschleiß *m* ❹ *pl (sacrificios)* Mühe *f*

fatigado, -a [fati'ɣaðo, -a] *adj* ❶ *(agotado)* müde ❷ *(sofocado)* außer Atem ❸ (TÉC) ermüdet

fatigador(a) [fatiɣa'ðor(a)] *adj* anstrengend

fatigar [fati'ɣar] <g → gu> **I.** *vt* ❶ *(cansar)* ermüden ❷ *(molestar)* stören; *(importunar)* belästigen **II.** *vr:* **~se** ❶ *(agotarse)* ermüden; *(ojos)* überanstrengt werden ❷ *(sacrificarse)* sich abplagen ❸ *(sofocarse)* außer Atem kommen

fatigoso, -a [fati'ɣoso, -a] *adj* ❶ *(trabajo)* anstrengend ❷ *(persona)* erschöpft; *(jadeante)* kurzatmig

fatuo, -a ['fatwo, -a] *adj* ❶ *(presumido)* eingebildet; *(jactancioso)* prahlerisch ❷ *(necio)* albern

fauces ['fau̯θes] *fpl* ❶ (ZOOL) Rachen *m* ❷ *(Am: dientes)* Eckzähne *mpl*

fauna ['fau̯na] *f* Tierwelt *f*

fauno ['fau̯no] *m* Faun *m*

fausto[1] ['fau̯sto] *m (lujo)* Pracht *f; (ostentación)* Pomp *m*

fausto, -a[2] ['fau̯sto, -a] *adj* glücklich

favela [fa'βela] *f (Am)* ❶ *(casucha)* Barracke *f* ❷ *pl (barrio)* Slums *pl*

favor [fa'βor] *m* ❶ *(servicio)* Gefallen *m,* Gefälligkeit *f; (ayuda)* Hilfe *f;* **por ~** bitte; **hacer un ~ a alguien** jdm einen Gefallen tun; **pedir un ~ a alguien** jdn um einen Gefallen bitten; **te lo pido por ~** ich bitte dich inständig darum; **hagan el ~ de venir puntualmente** seien Sie bitte pünktlich ❷ *(gracia)* Begünstigung *f;* **a** [*o* **en**] **~ de alguien** zugunsten [*o* zu Gunsten] von jdm; **tener a alguien a su ~** jdn auf seiner Seite haben; **a ~ del viento/de la corriente** mit Rückenwind/stromabwärts ❸ *(beneficio)* **voto a ~** Jastimme *f;* **estar a ~ de algo** sich für etw aussprechen; **votar a ~ de alguien** für jdn stimmen

favorable [faβo'raβle] *adj* ❶ *(propicio)* günstig (**a/para** für *+akk*) ❷ *(optimista)* positiv ❸ *(benévolo)* wohlwollend

favorecedor(a) [faβoreθe'ðor(a)] *adj* vorteilhaft; **es un vestido muy ~ para ti** das Kleid steht dir sehr gut

favorecer [faβore'θer] *irr como crecer* **I.** *vt* ❶ *(beneficiar)* sich positiv auswirken (**a** auf *+akk*) ❷ *(ayudar)* unterstützen ❸ *(dar preferencia)* bevorzugen ❹ *(prendas de vestir)* gut stehen *+dat* **II.** *vr:* **~se** Profit schlagen [*o* ziehen] (**de** aus *+dat*)

favorecido, -a [faβore'θiðo, -a] *adj* ❶ *(propiciado)* begünstigt (**por** durch *+akk*) ❷ *(fotografía)* gut getroffen

favorita [faβo'rita] *adj o f v.* **favorito**

favoritismo [faβori'tismo] *m (nepotismo)* Vetternwirtschaft *f; (parcialidad)* Bevorzugung *f*

favorito, -a [faβo'rito, -a] **I.** *adj* Lieblings-; **plato ~** Leibspeise *f* **II.** *m, f* ❶ *(del rey)* Günstling *m;* **~ del público** Publikumsliebling *m;* **la favorita del rey** die Geliebte des Königs ❷ (DEP) Favorit(in) *m(f)*

fax [faʸs] *m inv* Fax *nt;* **número de ~** Faxnummer *f;* **papel para** [*o* **de**] **~** Faxpapier *nt;* **mandar un ~ a una empresa/a Suecia** ein Fax an eine Firma/nach Schweden schicken

faxear [faʸse'ar] *vt* faxen

faz [faθ] *f* ❶ *(elev: rostro)* Gesicht *nt* ❷ *(anverso)* Vorderseite *f*

F. C. [ferroka'rril] *abr de* **ferrocarril** Eisenbahn *f*

FCC [efeθe'θe] *abr de* **fluorclorocarbonados** FCKW *nt*

fe [fe] *f* ❶ *(religión)* Glaube *m* (**en** an *+akk*); **~ en Dios** Glaube an Gott; **dar profesión de ~** das Glaubensbekenntnis sprechen ❷ *(confianza)* Vertrauen *nt* (**en** zu *+dat*); **digno de ~** glaubwürdig; **tener ~ en alguien** zu jdm Vertrauen haben; **dar ~ a algo/alguien** jdm/etw *dat* Glauben schenken; **dar ~ de algo** etw bestätigen; **de buena/mala ~** mit guter/böser Absicht ❸ *(lealtad)* Treue *f* ❹ *(certificado)* Urkunde *f;* **~ de bautismo/de matrimonio** Tauf-/Trauschein *m;* **~ de erratas** Nachtrag *m* (zur Richtigstellung von Druckfehlern)

fealdad [feal̩'daᵈ] *f* ❶ *(monstruosidad)* Hässlichkeit *f* ❷ *(indignidad)* Gemeinheit *f*

feamente [fea'men̩te] *adv* gemein

febrero [fe'βrero] *m* Februar *m; v. t.* **marzo**

febril [fe'βril] *adj* ❶ *(con fiebre)* fieb(e)rig; **acceso ~** Fieberanfall *m* ❷ *(agitado)* fieberhaft

fecal [fe'kal] *adj* fäkal; **sustancias ~es** Fäkalien *fpl*

fecha ['fetʃa] *f* ❶ *(data)* Datum *nt; (señalada)* Termin *m;* **~ de caducidad** Verfallsdatum *nt;* **~ de cierre** Schlusstermin *m;* **~ clave** Stichtag *m;* **~ de las elecciones** Wahltag *m;* **~ de nacimiento** Geburtsdatum *nt,* Geburtstag *m;* **~ de entrega** Abgabedatum *nt;* **sin ~** undatiert; **en la ~ fijada** termingerecht; **hasta la ~** bis zum heutigen Tag; **adelantar/atrasar la ~ de algo** etw vor-/zurückdatieren; **¿cuál es la ~ de hoy?** der Wievielte ist heute? ❷ (ECON) (Zeit *f* nach) Sicht *f;* **a 30 días ~**

30 Tage dato ③ *pl (época)* Zeit(en) *f(pl);* **en estas ~s** dieser Tage

fechado, -a [fe'ʧaðo, -a] *adj (en cartas)* **~ el...** mit Datum vom ...

fechar [fe'ʧar] *vt* datieren

fechoría [feʧo'ria] *f* ① *(delito)* Missetat *f* ② *(travesura)* Streich *m*

fécula ['fekula] *f* Stärke *f*

fecundación [fekuṇda'θjon] *f* Befruchtung *f*

fecundar [fekuṇ'dar] *vt* (BIOL) befruchten; *(fertilizar)* fruchtbar machen

fecundidad [fekuṇdi'ðað] *f* Fruchtbarkeit *f*

fecundizar [fekuṇdi'θar] <z → c> *vt* fruchtbar machen; *(mediante abonos)* düngen

fecundo, -a [fe'kuṇdo, -a] *adj* ① *(prolífico)* fruchtbar ② *(tierra)* fruchtbar; *(campo)* ertragreich ③ *(creador)* produktiv

FED [feð] *m abr de* **Fondo Europeo de Desarrollo** (UE) EEF *m*

fedatario [feða'tarjo] *m* Notar *m*

federación [feðera'θjon] *f* Verband *m; (de estados)* Föderation *f*

federado, -a [feðe'raðo, -a] *adj* föderativ; **estado ~** Bundesland *nt*

federal [feðe'ral] **I.** *adj* Bundes-; *(partidario del federalismo)* bundesstaatlich; **estado ~** Bundesstaat *m;* **república ~** Bundesrepublik *f* **II.** *mf* Föderalist(in) *m(f)*

federalismo [feðera'lismo] *m sin pl* Föderalismus *m*

federalista [feðera'lista] **I.** *adj* föderalistisch **II.** *mf* Föderalist(in) *m(f)*

federalizar [feðerali'θar] <z → c> **I.** *vt* föderalisieren **II.** *vr:* **~se** sich bundesstaatlich zusammenschließen

federar [feðe'rar] **I.** *vt (aliarse)* verbünden; *(federalizar)* zu einer Föderation vereinigen **II.** *vr:* **~se** *(unirse)* sich verbünden; *(federalizarse)* sich bundesstaatlich zusammenschließen

federativo, -a [feðera'tiβo, -a] *adj* bundesstaatlich, Bundes-

fehaciente [fea'θjeṇte] *adj* eindeutig; (JUR) beweiskräftig

felación [fela'θjon] *f* Fellatio *f*

felicidad [feliθi'ðað] *f* ① *(dicha)* Glück *nt;* **¡~es!** (herzlichen) Glückwunsch!; **te deseamos muchas ~es** wir wünschen dir alles Gute ② *(alegría)* Freude *f*

felicitación [feliθita'θjon] *f* ① *(enhorabuena)* Glückwunsch *m* ② *(tarjeta)* Glückwunschkarte *f; (escrito)* Glückwunschschreiben *nt*

felicitar [feliθi'tar] **I.** *vt* gratulieren (**a** *+dat,* **por** zu *+dat*) **II.** *vr:* **~se** sich *dat* gratulieren (**por** zu *+dat*); **~se de que...** *+subj* sich freuen, dass ...

feligrés, -esa [feli'ɣres, -esa] *m, f* Pfarrgemeindemitglied *nt*

felino, -a [fe'lino, -a] *adj* (ZOOL) katzenartig

felinos [fe'linos] *mpl* (ZOOL) (Familie *f* der) Katzen *fpl*

felipista [feli'pista] **I.** *adj die Regierungspolitik von Felipe González betreffend* **II.** *mf* Anhänger(in) *m(f)* von Felipe González

feliz [fe'liθ] *adj* ① *(dichoso)* glücklich; **¡~ año nuevo!** ein glückliches neues Jahr!; **¡~ Navidad!** frohe Weihnachten!; **¡~ viaje!** gute Reise! ② *(exitoso)* gelungen, erfolgreich

felizmente [feliθ'meṇte] *adv* ① *(sin contratiempos)* wohlbehalten, glücklich ② *(por suerte)* glücklicherweise

felón, -ona [fe'lon, -ona] **I.** *adj* ① *(traidor)* untreu, verräterisch ② *(infame)* gemein, heimtückisch **II.** *m, f* ① *(traidor)* Verräter(in) *m(f)* ② *(infame)* Schurke, -in *m, f*

felonía [felo'nia] *f* ① *(deslealtad)* Verrat *m* ② *(infamia)* Gemeinheit *f* ③ *(Am:* JUR) schweres Delikt *nt*

felpa ['felpa] *f* ① *(peluche)* Plüsch *m* ② *(fam: paliza)* Prügel *mpl* ③ *(fam: reprimenda)* Verweis *m*

felpudo[1] [fel'puðo] *m* Fußmatte *f*

felpudo, -a[2] [fel'puðo, -a] *adj* plüschartig

femenino[1] [feme'nino] *m* (LING) Femininum *nt*

femenino, -a[2] [feme'nino, -a] *adj* ① *(de sexo femenino)* weiblich; **equipo ~** Damenmannschaft *f* ② *(afeminado)* weibisch *fam* ③ (LING) feminin

feminicidio [femini'θiðjo] *m* Frauenmord *m,* Feminizid *m,* Femizid *m*

feminidad [femini'ðað] *f* Weiblichkeit *f*

feminismo [femi'nismo] *m sin pl (doctrina)* Feminismus *m; (movimiento)* Frauenbewegung *f*

feminista [femi'nista] **I.** *adj* feministisch **II.** *mf* Feminist(in) *m(f)*

feminización [feminiθa'θjon] *f sin pl* ① (BIOL, LING) Feminisierung *f* ② *(sociedad)* gesellschaftliche Emanzipation *f* der Frau

femoral [femo'ral] *adj* (ANAT) Oberschenkel-

fémur ['femur] *m* (ANAT) Oberschenkelknochen *m*

fenecer [fene'θer] *vi irr como crecer* ① *(morirse)* sterben ② *(acabarse)* enden

fenicio, -a [fe'niθjo, -a] **I.** *adj* phönizisch **II.** *m, f* Phönizier(in) *m(f)*

fénix ['feniys] *m* Phönix *m*

fenomenal [fenome'nal] **I.** *adj* ① *(fenoménico)* Phänomen- ② *(extraordinario)* großartig; *(susto)* unglaublich ③ *(fam: tremendo)* toll **II.** *adv (fam)* fabelhaft

fenómeno [fe'nomeno] **I.** *adj inv (fam)* phänomenal; **¡~!** super! **II.** *m* ① *(suceso, t.* FILOS, MED) Phänomen *nt; (maravilla)* Wunder *nt* ② *(genio)* Genie *nt* ③ *(monstruo)* Ungeheuer *nt* **III.** *adv* toll

fenotipo [feno'tipo] *m* (BIOL) Phänotyp *m*

feo[1] ['feo] **I.** *m (fam)* ① *(grosería)* Gemeinheit *f;* **hacer un ~ a alguien** zu jdm gemein sein ② *(aspecto)* Hässlichkeit *f* **II.** *adv (fam)* schlecht; **dejar ~ a alguien** jdn blamieren

feo, -a[2] ['feo, -a] *adj* ① *(espantoso)* hässlich; **le tocó bailar con la más fea** *(fig)* er/sie hat den Kürzeren gezogen; **la cosa se está poniendo fea** es wird langsam brenzlig; **tener las cartas muy feas** sehr schlechte Karten haben ② *(reprobable)* gemein; **está muy ~ lo que hiciste** so etwas macht man nicht

féretro ['feretro] *m* Sarg *m*

feria ['ferja] *f* ① *(exposición)* Messe *f;* **~ de muestras** Mustermesse *f* ② *(fiesta)* Fest *nt* ③ *(verbena)* Jahrmarkt *m;* **puesto de ~** Jahrmarktsbude *f*

feriado, -a [fe'rjaðo, -a] *adj (Am)* festlich; **día ~** Feiertag *m*

ferial [fe'rjal] **I.** *adj (de exposición)* Messe-; **recinto ~** Messegelände *nt* **II.** *m* Messegelände *nt*

feriante [fe'rjan̩te] *mf* ① *(que exhibe)* Messeaussteller(in) *m(f); (en la verbena)* Schausteller(in) *m(f)* ② *(que compra)* Messebesucher(in) *m(f)*

feriar [fe'rjar] **I.** *vi* Urlaub nehmen (**en** an +*dat*) **II.** *vt* ① *(mercar)* kaufen ② *(vender)* verkaufen ③ *(permutar)* tauschen

ferino, -a [fe'rino, -a] *adj* wild; **tos ferina** (MED) Keuchhusten *m*

fermentación [fermen̩ta'θjon] *f* (Ver)gärung *f; (de tabaco, té)* Fermentation *f*

fermentar [fermen̩'tar] **I.** *vi* ① *(vino)* (ver)gären; *(tabaco, té)* fermentieren ② *(agitarse)* gären, brodeln **II.** *vt* vergären

fermento [fer'men̩to] *m* ① *(sustancia)* Gärmittel *nt* ② *(origen)* Auslöser *m*

ferocidad [feroθi'ða^{d}] *f* ① *(salvajismo)* Wildheit *f* ② *(crueldad)* Grausamkeit *f*

feroz [fe'roθ] *adj* ① *(salvaje)* wild ② *(cruel)* grausam; *(violento)* gewalttätig ③ *(fam: muy grande)* riesig

férreo, -a ['ferreo, -a] *adj* ① *(de hierro)* Eisen- ② *(del ferrocarril)* Eisenbahn-; **vía férrea** Eisenbahngleis *nt* ③ *(tenaz)* eisern

ferretería [ferrete'ria] *f* ① *(tienda)* Eisenwarengeschäft *nt; (ramo de establecimientos)* Eisenwarenhandel *m* ② *(ferrería)* Eisenhütte *f*

ferretero, -a [ferre'tero, -a] *m, f* Eisenwarenhändler(in) *m(f)*

ferri ['ferri] *m* Fähre *f*, Fährschiff *nt*

férrico, -a ['ferriko, -a] *adj* (QUÍM) eisenhaltig

ferro ['ferro] *m* (NÁUT) Anker *m*

ferrobús [ferro'βus] *m* Schienenbus *m*

ferrocarril [ferroka'rril] *m* ① *(vía)* Schienen *fpl* ② *(tren)* Eisenbahn *f;* **~ de cremallera** Zahnradbahn *f;* **~ de vía ancha** Breitspurbahn *f;* **por ~** per Bahn

ferroso, -a [fe'rroso, -a] *adj* (QUÍM) Eisen-, eisenhaltig; **metal no ~** nicht eisenhaltiges Metall

ferrovial [ferro'βjal] *adj* Eisenbahn-; **tráfico ~** Eisenbahnverkehr *m*

ferroviario, -a [ferro'βjarjo, -a] **I.** *adj* Eisenbahn- **II.** *m, f* Bahnangestellte(r) *mf*

ferry ['ferri] *m* Fähre *f*

fértil ['fertil] *adj* ① *(tierra)* fruchtbar; **estar en edad ~** im gebärfähigen Alter sein ② *(rico)* reich (**en** an +*dat*)

fertilidad [fertili'ða^{d}] *f* Fruchtbarkeit *f; (de tierra t.)* Ergiebigkeit *f*

fertilización [fertiliθa'θjon] *f (de tierra)* Fruchtbarmachung *f;* **~ in vitro** In-vitro-Fertilisation *f*

fertilizante [fertili'θan̩te] *m* Düngemittel *nt*

fertilizar [fertili'θar] <z → c> *vt* fruchtbar machen; *(abonar)* düngen

férvido, -a ['ferβiðo, -a] *adj (elev)* ① *(hirviente)* kochend ② *(sentimiento)* leidenschaftlich

ferviente [fer'βjen̩te] *adj* begeistert

fervor [fer'βor] *m* ① *(calor)* Hitze *f* ② *(celo)* Eifer *m;* **con ~** eifrig ③ *(piedad religiosa)* Frömmigkeit *f*

fervoroso, -a [ferβo'roso, -a] *adj* eifrig

festejar [feste'xar] **I.** *vt* ① *(celebrar)* feiern ② *(galantear)* **~ a alguien** jdm den Hof machen ③ *(Am: azotar)* verprügeln **II.** *vr:* **~se** feiern

festejo [fes'texo] *m* ① *(conmemoración)* Fest *nt*, Feier *f* ② *(galanteo)* (Um)werben *nt* ③ *pl (actos públicos)* Feierlichkeiten *fpl*

festín [fes'tin] *m* ① *(celebración)* Feier *f* ② *(banquete)* Festessen *nt*

festinar [festi'nar] *vt (AmC)* ① *(agasajar)* bewirten ② *(arruinar)* ruinieren, zugrunde [*o* zu Grunde] richten ③ *(apremiar)* drängen

festival [festi'βal] *m* Festival *nt;* **~ de cine** Filmfestspiele *ntpl*

festividad [festiβi'ða^{d}] *f* ① *(conmemoración)* Feierlichkeit *f* ② *(día)* Festtag *m*

festivo, -a [fes'tiβo, -a] *adj* ① *(de fiesta)* Feier-, Fest-; **día ~** Feiertag *m* ② *(humorístico)* witzig, lustig; *(persona)* scherzhaft

feta ['feta] *f (Arg)* Scheibe *f* Wurst

fetal [fe'tal] *adj* fötal, Fötus-

fetén [fe'ten] **I.** *adj inv (fam)* ① *(excelente)* hervorragend ② *(auténtico)* echt **II.** *f (fam: verdad)* Wahrheit *f*

fetiche [fe'tiʧe] *m* Fetisch *m*

fetichismo [feti'ʧismo] *m sin pl* Fetischismus *m*

fetichista [feti'ʧista] **I.** *adj* fetischistisch **II.** *mf* Fetischist(in) *m(f)*

feticidio [feti'θiðjo] *m (elev)* Abtreibung *f*, Abtötung *f* des Fetus

fetidez [feti'ðeθ] *f* Gestank *m*

F

fétido, -a ['fetiðo, -a] *adj* übel riechend

feto ['feto] *m* ① (MED) Leibesfrucht *f* ② *(monstruo)* Missgeburt *f*

feúcho, -a [fe'uʧo, -a] *adj (fam)* hässlich

feudal [feu̯'ðal] *adj* Feudal-, Lehns-; **señor ~** Feudalherr *m*

feudalismo [feu̯ða'lismo] *m sin pl* ① *(sistema)* Feudalismus *m* ② *(época)* Feudalzeit *f*

feudatario, -a [feu̯ða'tarjo, -a] *m, f* (HIST) ① *(poseedor de feudo)* Lehnsherr(in) *m(f)* ② *(obligado a pagar feudo)* Lehnsträger(in) *m(f)*

feudo ['feu̯ðo] *m* Lehn(s)gut *nt;* **este pueblo es un ~ de los socialistas** dieses Dorf ist ein Bollwerk der Sozialisten

FF. AA. ['fwerθas ar'maðas] *abr de* **Fuerzas Armadas** Streitkräfte *fpl*

FF. CC. [ferroka'rriles] *abr de* **ferrocarriles** Eisenbahn *f*

fiabilidad [fjaβili'ðaᵈ] *f* ① *(de una persona)* Zuverlässigkeit *f* ② *(de una empresa)* Seriosität *f*

fiable [fi'aβle] *adj* ① *(persona)* zuverlässig ② *(empresa)* seriös

fiado, -a [fi'aðo, -a] *adj* zuversichtlich; **comprar al ~** auf Kredit kaufen

fiador[1] [fja'ðor] *m (de puerta)* Riegel *m; (de pistola)* Sicherung *f*

fiador(a)[2] [fja'ðor(a)] *m(f)* Bürge, -in *m, f* (**de** für +*akk*); **salir ~ por alguien** für jdn bürgen

fiambre [fi'ambre] **I.** *adj* ① (GASTR) kalt ② *(fam: noticia)* veraltet; *(discurso)* nicht aktuell **II.** *m* ① (GASTR) Wurstwaren *fpl* ② *(fam: cadáver)* Leiche *f;* **ese está ~** der ist mausetot

fiambrera [fjam'βrera] *f (cesta)* Picknickkorb *m; (caja)* Frischhaltebox *f*

fianza [fi'an̦θa] *f* ① *(depósito)* Kaution *f* ② *(garantía)* Garantie *f* ③ *(fiador)* Bürge, -in *m, f*

fiar [fi'ar] <*1. pres* fío> **I.** *vi* ① *(al vender)* Kredit geben; **en esa tienda no fían** in diesem Geschäft wird nicht angeschrieben ② *(confiar)* vertrauen (**en** auf +*akk*) **II.** *vt* ① *(garantizar)* bürgen (für +*akk*) ② *(dar crédito)* auf Kredit überlassen ③ *(confiar)* anvertrauen; **es de ~** er/sie ist zuverlässig **III.** *vr:* **~se** sich verlassen (**de** auf +*akk*); **no te fíes de lo que dice** glaub ihm/ihr kein Wort

fiasco ['fjasko] *m* Fiasko *nt*

fibra ['fiβra] *f* ① *(filamento, t.* BIOL, MED) Faser *f;* **~ muscular** (MED) Muskelfaser *f;* **~ de vidrio** Glasfaser *f* ② *(vigor)* Kraft *f;* **no tiene ~ suficiente para llevar la empresa** ihm/ihr fehlt das Zeug zur Leitung der Firma ③ *pl (en alimentos)* Ballaststoffe *mpl*

fibroso, -a [fi'βroso, -a] *adj* faserig; (MED) fibrös

ficción [fiʸ'θjon] *f* ① *(simulación)* Vortäuschung *f* ② *(invención)* Erfindung *f;* **~ novelesca** Roman *m;* **ciencia ~** Science-Fiction *f*

ficcional [fiʸθjo'nal] *adj* erdacht, erfunden, fiktional

ficha ['fiʧa] *f* ① *(de ruleta)* Jeton *m; (de dominó)* (Domino)stein *m; (en juegos de mesa)* (Spiel)stein *m* ② *(para una máquina)* Jeton *m; (de teléfono)* Münze *f; (de guardarropa)* Marke *f* ③ *(tarjeta informativa)* Karteikarte *f; (en el trabajo)* Stechkarte *f;* **~ perforada** (INFOR) Lochkarte *f;* **~ policial** Polizeiakte *f* ④ (DEP) Ablösesumme *f* ⑤ *(bribón)* Gauner *m*

fichaje [fi'ʧaxe] *m* (DEP) Verpflichtung *f* (eines Spielers)

fichar [fi'ʧar] **I.** *vi* ① (DEP) sich verpflichten ② *(en el trabajo)* stechen **II.** *vt* ① *(registrar)* in die Kartei aufnehmen; *(la policía)* die Personalien aufnehmen (**a** +*gen*, von +*dat*); **estar fichado** vorbestraft sein ② *(fam: desconfiar)* in eine (bestimmte) Schublade stecken ③ (DEP) verpflichten ④ *(anotar informaciones)* kartieren

fichero [fi'ʧero] *m* ① *(archivador)* Kartei *f; (caja)* Karteikasten *m* ② (INFOR) Datei *f*

ficticio, -a [fik'tiθjo, -a] *adj* (frei) erfunden

ficus ['fikus] *m inv* (BOT) Ficus *m*

fidedigno, -a [fiðe'ðiɣno, -a] *adj* glaubwürdig

fideicomiso [fideikо'miso] *m* (JUR) Treuhandschaft *f*

fideicomitente [fiðeikomi'ten̦te] *mf* (JUR) Begründer(in) *m(f)* eines Fideikommisses

fidelidad [fiðeli'ðaᵈ] *f* ① *(lealtad)* Treue *f;* **~ constitucional** (JUR, POL) Verfassungstreue *f* ② *(precisión)* Genauigkeit *f;* **alta ~** Highfidelity *f*

fideo [fi'ðeo] *m* ① (GASTR) (Suppen)nudel *f* ② *(fam: persona)* Bohnenstange *f*

fiebre ['fjeβre] *f* Fieber *nt;* **~ del heno** Heuschnupfen *m;* **~ del juego** Spielleidenschaft *f;* **~ del oro** Goldrausch *m;* **~ palú-**

dica Malaria *f;* **tener poca ~** erhöhte Temperatur haben

fiel [fjel] **I.** *adj* ① *(persona)* treu; **ser ~ a una promesa** sein Versprechen halten; **siempre me han sido ~es** sie haben immer zu mir gehalten ② *(retrato)* getreu ③ *(memoria)* gut **II.** *m* ① *(seguidor)* Anhänger *m* ② *(de una balanza)* Zeiger *m;* **él podría inclinar el ~ de la balanza** er könnte das Zünglein an der Waage sein ③ *(inspector)* Eichmeister *m* ④ *pl* (REL) Gläubigen *mpl*

fieltro ['fjeltro] *m* ① *(paño)* Filz *m* ② *(sombrero)* Filzhut *m*

fiera ['fjera] *f* ① (ZOOL) Raubtier *nt* ② (TAUR) Stier *m* ③ *(persona)* Bestie *f,* Unmensch *m;* **llegó hecho una ~** *(fam)* er/sie kam außer sich *dat* vor Wut an

fiereza [fje'reθa] *f* ① *(de un animal)* Wildheit *f* ② *(de una persona)* Brutalität *f*

fiero, -a ['fjero, -a] *adj* ① *(feroz)* wild ② *(cruel)* brutal ③ *(feo)* hässlich ④ *(fuerte)* stark

fierro ['fjerro] *m (Am)* ① *(hierro)* Eisen *nt* ② *(del ganado)* Brandzeichen *nt*

fiesta ['fjesta] *f* ① *(día)* Feiertag *m;* **~ nacional** Nationalfeiertag *m;* **~ sorpresa** Überraschungsparty *f;* **¡Felices F~s!** Frohe Weihnachten!; **hoy hago ~** heute mache ich frei ② *(celebración)* Fest *nt;* **~ mayor** *(de una ciudad)* Stadtfest *nt; (de un pueblo)* Dorffest *nt;* **aguar la ~ a alguien** *(fam)* jdm den Spaß verderben ③ *pl (caricias)* **hacer ~s a alguien** jdm um den Bart gehen *fam* ④ *(loc, fam)* **estar de ~** gut aufgelegt sein; **acabemos la ~ en paz** lass/lasst uns keinen Streit anfangen

fifí [fi'fi] *m (Am: señorito)* Fatzke *m fam,* Snob *m*

figura [fi'ɣura] *f* ① *(de un cuerpo, t.* ARTE, MAT, MÚS) Figur *f;* **~ decorativa** *(persona)* Lückenbüßer *m;* **un vestido que realza la ~** *(que adelgaza)* ein Kleid, das schlank macht; *(que modela)* ein figurbetontes Kleid ② *(cara)* Gesicht *nt; (aspecto)* Aussehen *nt* ③ *(imagen)* Gestalt *f;* **se distinguía la ~ de un barco** die Umrisse eines Schiffes zeichneten sich ab ④ (TEAT) Gestalt *f* ⑤ *(personaje)* Persönlichkeit *f;* **las grandes ~s del deporte** die Größen des Sports ⑥ *(mueca)* Grimasse *f* ⑦ *(ilustración)* Abbildung *f* ⑧ *(de la baraja) Bube, Reiter oder König in den spanischen Spielkarten*

figuración [fiɣura'θjon] *f* ① (ARTE) Figuration *f* ② *(imaginación)* Einbildung *f* ③ (CINE) Statisten *mpl*

figurado, -a [fiɣu'raðo, -a] *adj* ① *(lenguaje)* bildlich ② *(uso)* figürlich; **en sentido ~** im übertragenen Sinne

figurante [fiɣu'rante] *mf* Statist(in) *m(f)*

figurar [fiɣu'rar] **I.** *vi* ① *(encontrarse)* erscheinen; **no figura en la lista** er/sie steht nicht auf der Liste; **figura en el puesto número tres** er/sie rangiert auf Platz drei ② *(destacar)* eine wichtige Rolle spielen ③ *(aparentar)* angeben; **le gusta un montón ~** er/sie legt viel Wert auf sein/ihr Äußeres **II.** *vt* ① *(representar)* darstellen ② (TEAT) spielen ③ *(simular)* vortäuschen; **figuró no haber oído el comentario** er/sie tat so, als ob er/sie den Kommentar nicht gehört hätte **III.** *vr:* **~se** sich *dat* vorstellen; **¡figúrate!** stell dir vor!; **no vayas a ~te que...** bilde dir bloß nicht ein, dass ...

F

figurativo, -a [fiɣura'tiβo, -a] *adj* figürlich; **no ~** abstrakt

figurín [fiɣu'rin] *m* ① *(dibujo)* Modezeichnung *f; (modelo)* Schaufensterpuppe *f* ② *(persona)* Modegeck *m*

figurinista [fiɣuri'nista] *mf* Modezeichner(in) *m(f);* (CINE, TEAT) Kostümbildner(in) *m(f)*

figurón [fiɣu'ron] *m* ① *(fam: fachendoso)* Angeber *m* ② (NÁUT) **~ de proa** Galionsfigur *f*

fija ['fixa] *f* ① *(CSur: en una apuesta)* Tipp *m* ② *(Arg: arpón)* Harpune *f*

fijación [fixa'θjon] *f* ① *(sujeción)* Befestigung *f; (con chinchetas)* Anheften *nt; (con cuerdas)* Anbinden *nt; (con cola)* Aufkleben *nt; (con clavos)* Annageln *nt; (con cadenas)* Anketten *nt; (con tornillos)* Anschrauben *nt* ② *(de precio, regla)* Festlegung *f* ③ *(de la mirada)* Fixierung *f* ④ *(de esquíes)* Bindung *f* ⑤ *(loc)* **tener una ~ por alguien** eine Schwäche für jdn haben

fijador [fixa'ðor] *m* ① *(para el pelo)* Haarfestiger *m* ② *(de pintura)* Fixiermittel *nt* ③ (FOTO) Fixierbad *nt*

fijamente [fixa'mente] *adv* fest; **mirar ~ a alguien** jdn anstarren, jdn fest anschauen

fijapelo [fixa'pelo] *m* Haarfestiger *m*

fijar [fi'xar] **I.** *vt* ① *(sujetar)* befestigen (**a/en** an +*dat*); *(con chinchetas)* anheften; *(con cuerdas)* anbinden; *(con cola)* aufkleben; *(con clavos)* annageln; *(con cadenas)* anketten; *(con tornillos)* anschrauben; **~ una placa en la pared** eine Tafel an der Wand anbringen; **prohibido ~ carteles** Plakate ankleben verboten ② *(la mirada)* heften (**en** auf +*akk*); **~ la atención en algo** die Aufmerksamkeit auf etw richten ③ *(residencia, precio)* festlegen ④ (QUÍM) fixieren ⑤ *(puerta)* einsetzen **II.** *vr:* **~se** ① *(en un lugar)* sich niederlassen (**en** in +*dat*) ② *(atender)* aufpassen; **no se ha fijado en mi nuevo peinado** er/sie hat nicht gemerkt, dass ich eine neue Frisur habe; **ese se fija en todo** ihm entgeht nichts; **fíjate bien en lo que te digo** hör mir mal gut zu ❸ *(mirar)* anschauen; **no se fijó en mí** er/sie beachtete mich nicht

fijeza [fi'xeθa] *f* ❶ *(seguridad)* Sicherheit *f* ❷ *(persistencia)* Beharrlichkeit *f;* **mirar con ~ a alguien** jdn anstarren

fijo, -a ['fixo, -a] **I.** *adj* ❶ *(estable)* fest; **cliente ~** Stammgast *m;* **precio ~** Fixpreis *m* ❷ *(idea)* fix ❸ *(mirada)* starr ❹ *(trabajador)* fest angestellt **II.** *adv* sicher; **saber algo de ~** etw mit Sicherheit wissen

F

fila ['fila] *f* ❶ *(hilera)* Reihe *f;* **~ de coches** Autoschlange *f;* **en ~ india** im Gänsemarsch; **aparcar en doble ~** in der zweiten Reihe parken; **ir en ~** in Reih und Glied gehen; **salir de la ~** aus der Reihe tanzen *fam* ❷ (MIL) Glied *nt;* **¡en ~s!** antreten!; **¡rompan ~s!** weg(ge)treten!; **llamar a ~s** zum Militärdienst einberufen ❸ *(fam: tirria)* Groll *m* ❹ (MAT) Reihe *f* ❺ *pl (de un partido)* Reihen *fpl*

filamento [fila'meṇto] *m* ❶ *(de un tejido)* Faden *m* ❷ (ELEC) Glühfaden *m* ❸ (BOT) Staubfaden *m*

filamentoso, -a [filameṇ'toso, -a] *adj* faserig

filantropía [filaṇtro'pia] *f sin pl,* **filantropismo** [filaṇtro'pismo] *m sin pl* Menschenliebe *f*

filántropo [fi'laṇtropo] *mf* Menschenfreund(in) *m(f)*

filar [fi'lar] *vt (fam: calar)* durchschauen; *(estar precavido)* voreingenommen sein (gegenüber +*dat*)

filarmonía [filarmo'nia] *f sin pl* (MÚS) Musikliebe *f*

filarmónica [filar'monika] *f (Méx: acordeón)* Ziehharmonika *f*

filarmónico, -a [filar'moniko, -a] *adj* philharmonisch; **orquesta filarmónica** Philharmonie *f*

filatelia [fila'telja] *f* Briefmarkenkunde *f*

filatelista [filate'lista] *mf* Briefmarkensammler(in) *m(f)*

filete [fi'lete] *m* ❶ (ARQUIT) Zierleiste *f* ❷ *(ribete)* Saum *m* ❸ (GASTR: *solomillo*) Lendenstück *nt; (lonja de carne o pescado)* Filet *nt;* **~ ruso** Frikadelle *f* ❹ (TIPO) Linie *f; (de adorno)* Zierlinie *f* ❺ (TÉC) Gewinde *nt*

filetear [filete'ar] *vt* ❶ (ARQUIT) mit Leisten verzieren ❷ *(un vestido)* (ein)säumen ❸ (GASTR) in Scheiben schneiden ❹ (TÉC) das Gewinde schneiden (von +*dat*)

filfa ['filfa] *f (fam)* ❶ *(mentira)* Lüge *f* ❷ *(engañifa)* Betrug *m*

filiación [filja'θjon] *f* ❶ *(origen)* Abstammung *f; (de ideas)* Herkunft *f* ❷ *(datos personales)* Personalien *fpl* ❸ *(en un partido)* Mitgliedschaft *f* (**en** in +*dat*)

filial [fi'ljal] **I.** *adj* Kindes-; **equipo ~** (DEP) zweite Mannschaft **II.** *f* ❶ (COM) Filiale *f* ❷ (REL) Filialkirche *f*

filibustero [filiβus'tero] *m* (HIST) Pirat *m*

filigrana [fili'ɣrana] *f* ❶ *(de orfebrería)* Filigranarbeit *f* ❷ *(en un papel)* Wasserzeichen *nt*

filipina [fili'pina] *adj o f v.* **filipino**

Filipinas [fili'pinas] *fpl* **las ~** die Philippinen

filipino, -a [fili'pino, -a] **I.** *adj* philippinisch **II.** *m, f* Philippiner(in) *m(f)*

filisteo, -a [filis'teo, -a] **I.** *adj* Philister- **II.** *m, f* (HIST) Philister(in) *m(f)*

film [film] *m* ❶ *(película)* Film *m* ❷ *(en la cocina)* **~ trasparente** Frischhaltefolie *f*

filmación [filma'θjon] *f* ❶ *(de reportaje)* Filmen *nt* ❷ *(rodaje)* Dreharbeiten *fpl* ❸ *(de novela)* Verfilmung *f*

filmar [fil'mar] *vt* ❶ *(reportaje)* filmen ❷ *(rodar)* drehen ❸ *(novela)* verfilmen

filme ['filme] *m* Film *m*

fílmico, -a ['filmiko, -a] *adj* Film-, filmisch

filmina [fil'mina] *f* Dia(positiv) *nt*

filmografía [filmoɣra'fia] *f* Filmografie *f*

filmoteca [filmo'teka] *f* Filmothek *f*

filo ['filo] *m* ❶ *(de cuchillo)* Schneide *f;* **un arma de dos ~s** *(fig)* ein zweischneidiges Schwert ❷ *(entre dos partes)* Trennungslinie *f* ❸ *(AmC: hambre)* Hunger *m* ❹ *(loc)* **al ~ del amanecer** bei Tagesanbruch; **al ~ de la medianoche** Punkt Mitternacht

filología [filolo'xia] *f* Philologie *f;* **~ germánica** Germanistik *f;* **~ hispánica** Hispanistik *f*

filológico, -a [filo'loxiko, -a] *adj* philologisch

filólogo, -a [fi'loloɣo, -a] *m, f* Philologe, -in *m, f*

filón [fi'lon] *m* ❶ (MIN) Flöz *nt* ❷ *(negocio)* Goldgrube *f*

filoso, -a [fi'loso, -a] *adj (Am: afilado)* scharf

filósofa [fi'losofa] *f v.* **filósofo**

filosofal [filoso'fal] *adj* **piedra ~** Stein *m* der Weisen

filosofar [filoso'far] *vi* philosophieren (**de/sobre** über +*akk*)

filosofía [filoso'fia] *f* ❶ *(disciplina)* Philosophie *f* ❷ *(serenidad)* Gelassenheit *f*

filosófico, -a [filo'sofiko, -a] *adj* philosophisch

filósofo, -a [fi'losofo, -a] *m, f* Philosoph(in) *m(f)*

filoxera [filo^ɣ'sera] *f (insecto)* Reblaus *f*

filtración [fiḷtra'θjon] *f* ❶ *(de un líquido)* Filtern *nt; (de la luz)* Durchscheinen *nt*

② *(de información)* Durchsickern *nt; (de datos)* Auswahl *f*

filtrador [fil̪tra'ðor] *m* Filter *m o nt*

filtrar [fil̪'trar] I. *vi* ① *(líquido)* durchsickern (**por** durch +*akk*); *(luz)* durchscheinen (**por** durch +*akk*) ② *(tubería)* undicht sein II. *vt* ① *(por un filtro)* filtern ② *(datos)* auswählen ③ *(noticia)* durchsickern lassen III. *vr:* **~se** ① *(líquido)* durchsickern; *(luz)* durchscheinen ② *(noticia)* durchsickern ③ *(dinero)* dahinschwinden

filtro ['fil̪tro] *m* ① *(tamiz, t.* FOTO, INFOR, TÉC) Filter *m o nt;* **~ del aire** Luftfilter *m;* **cigarrillo con ~** Filterzigarette *f;* **~ antispam** [*o* **antibasura**] (INFOR) Antispam-Filter *m* ② *(poción)* Trank *m*

filudo, -a [fi'luðo, -a] *adj (Am)* messerscharf

fimosis [fi'mosis] *f inv* (MED) Phimose *f*

fin [fin] *m* ① *(término)* Ende *nt;* **~ de semana** Wochenende *nt;* **a ~(es) de mes** am Monatsende; **algo toca a su ~** etw geht dem Ende entgegen; **poner ~ a algo** etw *dat* ein Ende setzen; **sin ~** endlos; **al ~ y al cabo, a ~ de cuentas** letzten Endes ② *(propósito)* Ziel *nt;* **~es benéficos** wohltätige Zwecke; **~es deshonestos** unehrenhafte Absichten; **a ~ de que** +*subj* damit

final[1] [fi'nal] I. *adj* ① *(producto, resultado)* End-; *(fase, examen)* Schluss-; *(solución)* endgültig; **el juicio ~** (REL) das Jüngste Gericht; **palabras ~es** Schlussworte *ntpl* ② (LING) final II. *m* Ende *nt; (de un libro)* Ausgang *m;* (MÚS) Finale *nt;* **película con ~ feliz** Film mit Happyend; **al ~ no nos lo dijo** er/sie sagte es uns letztendlich nicht

final[2] [fi'nal] *f* (DEP: *partido*) Finale *nt; (ronda)* Endrunde *f*

finalidad [finali'ðað] *f* Ziel *nt;* (FILOS) Finalität *f*

finalísima [fina'lisima] *f* (DEP) Finale *nt*

finalista [fina'lista] *mf* ① *(en un concurso)* Teilnehmer(in) *m(f)* der Schlussrunde; (DEP) Finalist(in) *m(f)* ② (FILOS) Vertreter(in) *m(f)* des Finalismus

finalización [finaliθa'θjon] *f* Abschluss *m;* **~ de contrato** Vertragsablauf *m*

finalizar [finali'θar] <z → c> I. *vi* abschließen; *(plazo)* ablaufen II. *vt* beenden, abschließen

finalmente [final'men̪te] *adv* endlich, schließlich

finamente [fina'men̪te] *adv* fein, elegant, mit (Zart)gefühl

financiable [finan̪'θjaβle] *adj* finanzierbar; **esta casa no es ~ (para nosotros)** wir können uns dieses Haus nicht leisten

financiación [finan̪θja'θjon] *f* Finanzierung *f;* **~ de los partidos** Parteienfinanzierung *f*

financiador(a) [finan̪θja'ðor(a)] *m(f)* Geldgeber(in) *m(f)*

financiamiento [finan̪θja'mjen̪to] *m v.* **financiación**

financiar [finan̪'θjar] *vt* finanzieren

financiera [finan̪'θjera] *f* Finanzinstitut *nt*

financiero, -a [finan̪'θjero, -a] I. *adj* finanziell II. *m, f* Finanzexperte, -in *m, f*

finanzas [fi'nan̪θas] *f pl* Finanzen *f pl*

finar [fi'nar] *vi* sterben

finca ['fiŋka] *f (urbana)* Grundstück *nt; (rústica)* Landgut *nt*

finde ['fin̪de] *m (argot: fin de semana)* Wochenende *nt*

finés, -esa [fi'nes, -esa] I. *adj* finnisch II. *m, f* Finne, -in *m, f*

fineza [fi'neθa] *f* ① *(delgadez)* Dünne *f* ② *(suavidad)* Zartheit *f* ③ *(de calidad)* Feinheit *f* ④ *(cumplido)* Kompliment *nt* ⑤ *(regalo)* Aufmerksamkeit *f* ⑥ *(primor)* Feinarbeit *f*

fingido, -a [fiŋ'xiðo, -a] *adj* vorgetäuscht; *(persona)* falsch

fingidor(a) [fiŋxi'ðor(a)] *m(f) (de una enfermedad)* Simulant(in) *m(f); (de sentimientos)* Heuchler(in) *m(f)*

fingimiento [fiŋxi'mjen̪to] *m* ① *(de una enfermedad)* Vortäuschung *f; (de un sentimiento)* Vorheucheln *nt* ② *(engaño)* Täuschung *f; (hipocresía)* Heuchelei *f*

fingir [fiŋ'xir] <g → j> I. *vi, vt* vortäuschen; *(sentimiento)* heucheln II. *vr:* **~se** sich ausgeben (für +*akk*)

finiquitar [finiki'tar] *vt* ① *(cuenta)* saldieren ② *(fam: asunto)* abschließen

finiquito [fini'kito] *m* Schlussabrechnung *f*

finisecular [finiseku'lar] *adj* der Jahrhundertwende

finito, -a [fi'nito, -a] *adj* begrenzt; **número ~** (MAT) endliche Zahl

finlandés, -esa [finlan̪'des, -esa] I. *adj* finnisch II. *m, f* Finne, -in *m, f*

Finlandia [fin'lan̪dja] *f* Finnland *nt*

fino[1] ['fino] *m* trockener Sherry *m*

fino, -a[2] ['fino, -a] *adj* ① *(delgado)* dünn; **lluvia fina** feiner Regen ② *(liso)* fein, zart ③ *(de calidad)* fein; **oro ~** Feingold *nt;* **tener un paladar ~** ein Feinschmecker sein ④ *(sentido)* fein; **de oído ~** hellhörig ⑤ *(cortés)* höflich; **modales ~s** gute Manieren ⑥ *(astuto)* schlau ⑦ *(metal)* edel

finolis [fi'nolis] I. *adj inv (fam)* geziert II. *mf inv (fam)* arroganter Mensch *m*

finura [fi'nura] *f* ① *(delgadez)* Dünne *f* ② *(suavidad)* Zartheit *f* ③ *(calidad)* Feinheit *f* ④ *(cortesía)* Höflichkeit *f* ⑤ *(astucia)* Schläue *f*

fiordo ['fjorðo] *m* Fjord *m*
firma ['firma] *f* ❶ *(en documentos)* Unterschrift *f;* ~ **electrónica** elektronische Unterschrift ❷ *(de un acuerdo)* Unterzeichnung *f* ❸ *(empresa)* Firma *f*
firmamento [firma'mento] *m* Firmament *nt*
firmante [fir'mante] *mf* Unterzeichner(in) *m(f)*
firmar [fir'mar] *vi, vt* unterschreiben; *(un acuerdo)* unterzeichnen; ~ **autógrafos** Autogramme geben; ~ **un cheque** einen Scheck ausstellen

F

firme ['firme] **I.** *adj (fijo)* fest; *(estable)* stabil; *(seguro)* sicher; *(carácter)* unerschütterlich; *(postura corporal)* stramm; *(amistad)* treu; **tierra** ~ Festland *nt;* **¡~s!** (MIL) still gestanden!; **con mano** ~ mit ruhiger Hand; **esta mesa no está** ~ dieser Tisch wackelt; **ser** ~ **en sus propósitos** feste Absichten haben **II.** *m* ❶ *(de la carretera)* (Straßen)belag *m* ❷ *(de guijo)* Kiesschicht *f* **III.** *adv* **de** ~ *(fuertemente)* stark; *(sin parar)* unaufhörlich; **el calor aprieta de** ~ es herrscht eine sengende Hitze
firmemente [firme'mente] *adv* ❶ *(con firmeza)* fest, standhaft; **creer algo** ~ fest an etw glauben ❷ *(con perseverancia)* beharrlich, hartnäckig
firmeza [fir'meθa] *f* ❶ *(solidez)* Festigkeit *f; (de un mueble)* Stabilität *f* ❷ *(de una creencia)* Unerschütterlichkeit *f;* ~ **de carácter** Charakterstärke *f* ❸ *(perseverancia)* Beharrlichkeit *f*
fiscal [fis'kal] **I.** *adj* ❶ *(del fisco)* Fiskal- ❷ *(de los impuestos)* Steuer- **II.** *mf* ❶ (JUR) Staatsanwalt, -wältin *m, f;* **F~ General del Estado** Generalstaatsanwalt, -wältin *m, f* ❷ *(interventor)* Steuerbeamte(r) *m,* -beamtin *f*
fiscalía [fiska'lia] *f* Staatsanwaltschaft *f*
fiscalidad [fiskali'ða^ð] *f* Steuergesetzgebung *f*
fiscalización [fiskaliθa'θjon] *f* Prüfung *f; (de impuestos)* Steuerprüfung *f*
fiscalizador(a) [fiskaliθa'ðor(a)] *m(f)* Prüfer(in) *m(f); (de impuestos)* Steuerprüfer(in) *m(f)*
fiscalizar [fiskali'θar] <z → c> *vt* prüfen; *(lo fiscal)* steuerlich prüfen
fisco ['fisko] *m* Staatskasse *f*
fisgar [fis'ɣar] <g → gu> **I.** *vi* ❶ *(burlarse)* sich lustig machen (**de** über +*akk*) ❷ *(indagar)* (herum)schnüffeln (**en** in +*dat*) *fam;* **le encanta** ~ **en mis asuntos** er/sie steckt gerne die Nase in meine Angelegenheiten **II.** *vt* ❶ *(pescar)* mit der Harpune fischen ❷ *(con el olfato)* schnüffeln
fisgón, -ona [fis'ɣon, -ona] *m, f (pey)* ❶ *(que se burla)* Spötter(in) *m(f)* ❷ *(que indaga)* Schnüffler(in) *m(f) fam*
fisgonear [fisɣone'ar] *vi (pey)* (herum)schnüffeln (**en** in +*dat*) *fam*
física ['fisika] *f* Physik *f*
físicamente [fisika'mente] *adv* ❶ *(corporalmente)* körperlich ❷ *(verdaderamente)* wirklich
físico¹ ['fisiko] *m* Körperbau *m;* **tener un buen** ~ eine gute Figur haben
físico, -a² ['fisiko, -a] **I.** *adj* ❶ *(del cuerpo)* physisch, körperlich; **educación física** (ENS) Sport *m* ❷ (FÍS) physikalisch **II.** *m, f* Physiker(in) *m(f)*
fisiología [fisjolo'xia] *f* Physiologie *f*
fisiológico, -a [fisjo'loxiko, -a] *adj* physiologisch
fisiólogo, -a [fi'sjoloɣo, -a] *m, f* Physiologe, -in *m, f*
fisión [fi'sjon] *f* ❶ (FÍS) Spaltung *f* ❷ (BIOL) Zellteilung *f*
fisionar [fisjo'nar] *vt* spalten
fisionomía [fisjono'mia] *f v.* **fisonomía**
fisioterapeuta [fisjotera'peuta] *mf* Krankengymnast(in) *m(f)*
fisioterapia [fisjote'rapja] *f* Physiotherapie *f*
fisiparidad [fisipari'ða^ð] *f* (BIOL) Fortpflanzung *f* durch Zellteilung
fisonomía [fisono'mia] *f* ❶ *(del rostro)* Gesichtsausdruck *m* ❷ *(aspecto)* Aussehen *nt*
fisonómico, -a [fiso'nomiko, -a] *adj* physiognomisch; **rasgos ~s** Gesichtszüge *mpl*
fisonomista [fisono'mista] *mf* Physiognom(in) *m(f);* **¿eres un buen ~?** hast du ein gutes Personengedächtnis?
fístula ['fistula] *f* ❶ *(tubo)* Röhre *f* ❷ (MED) Fistel *f*
fisura [fi'sura] *f* ❶ *(grieta)* Riss *m; (grande)* Spalte *f* ❷ (MED: *en un hueso*) Knochenriss *m* ❸ (MED: *en el ano*) Afterschrunde *f*
fitness ['fitnes] *m sin pl* (DEP) Fitness *f*
Fiyi ['fiɟi] *fpl* Fidschi *nt;* **islas Fiyi** Fidschi-Inseln *fpl,* Fidschiinseln *fpl*
flac(c)idez [fla(ʸ)θi'ðeθ] *f* ❶ *(de las carnes)* Schlaffheit *f* ❷ *(de la piel)* Welkheit *f*
flác(c)ido, -a ['fla(ʸ)θiðo, -a] *adj* ❶ *(carnes)* schlaff ❷ *(piel)* welk ❸ *(vestiduras)* bauschig
flaco¹ ['flako] *m* Schwäche *f*
flaco, -a² ['flako, -a] *adj* ❶ *(delgado)* dünn; **los años de las vacas flacas** die mageren Jahre ❷ *(escaso)* gering; **rendimientos ~s** kümmerliche Erträge ❸ *(débil)* schwach; **punto** ~ Schwachpunkt *m*
flacucho, -a [fla'kutʃo, -a] *adj (pey fam)* mager

flagelación [flaxela'θjon] *f* Auspeitschung *f*
flagelar [flaxe'lar] **I.** *vt* ① *(azotar)* auspeitschen; (REL) geißeln ② *(verbalmente)* scharf kritisieren **II.** *vr:* **~se** sich geißeln
flagelo [fla'xelo] *m* Geißel *f*
flagrante [fla'ɣran̪te] **I.** *adj (evidente)* offenkundig **II.** *adv* **en ~** in flagranti
flam(b)eado, -a [flam(b)e'aðo, -a] *adj* (GASTR) flambiert
flamante [fla'man̪te] *adj (fam)* ① *(vistoso)* auffallend ② *(nuevo)* (funkel)nagelneu
flambear [flambe'ar] *vt* (GASTR) flambieren
flamear [flame'ar] **I.** *vi* ① *(llamear)* lodern ② *(bandera)* flattern **II.** *vt* ① (GASTR) flambieren ② (MED) abflammen
flamenco[1] [fla'meŋko] *m* ① *(lengua)* Flämisch(e) *nt* ② (ZOOL) Flamingo *m* ③ *(cante)* Flamenco *m*
flamenco, -a[2] [fla'meŋko, -a] **I.** *adj* ① *(de Flandes)* flämisch ② *(andaluz)* Flamenco-; **cante ~** Flamenco *m* ③ *(chulo)* angeberisch **II.** *m, f* Flame, Flämin *m, f*
flamígero, -a [fla'mixero, -a] *adj* **estilo ~** (ARTE) Flamboyantstil *m*
flan [flan] *m* (GASTR) ≈ Karamellpudding *m*
flanco ['flaŋko] *m* Flanke *f*
Flandes ['flan̪des] *m* Flandern *nt*
flanquear [flaŋke'ar] *vt* ① *(estar al lado)* flankieren ② (MIL: *atacar*) von der Flanke her angreifen; *(proteger)* seitlich decken
flaquear [flake'ar] *vi* ① *(fuerzas)* nachlassen; *(salud)* sich verschlechtern ② *(en un examen)* eine schwache Leistung zeigen ③ *(demanda)* abflauen ④ *(edificio)* baufällig werden
flaqueza [fla'keθa] *f* ① *(de flaco)* Magerkeit *f* ② *(debilidad)* Schwäche *f*
flas [flas] *m*, **flash** [flaʃ] *m inv* ① (FOTO) Blitz *m* ② *(noticia)* Eilmeldung *f*
flato ['flato] *m* ① (MED) Blähung *f* ② *(Am: melancolía)* Schwermut *f*
flatoso, -a [fla'toso, -a] *adj (Am: miedoso)* ängstlich
flatulencia [flatu'len̪θja] *f* (MED) Blähsucht *f*
flauta[1] ['flau̯ta] *f* Flöte *f;* **~ dulce** Blockflöte *f;* **~ travesera** Querflöte *f*
flauta[2] ['flau̯ta] *mf* Flötist(in) *m(f)*
flautín [flau̯'tin] *m* ① *(instrumento)* Pikkoloflöte *f* ② *(músico)* Pikkoloflötenspieler(in) *m(f)*
flautista [flau̯'tista] *mf* Flötist(in) *m(f)*
flebitis [fle'βitis] *f inv* (MED) Venenentzündung *f*
flecha ['fletʃa] *f* ① *(arma)* Pfeil *m;* **ser rápido como una ~** pfeilschnell sein ② *(sagita)* Bogenhöhe *f* ③ *(de torre)* Turmspitze *f* ④ *(de viga)* Durchbiegung *f*
flechar [fle'tʃar] **I.** *vi* den Bogen gespannt haben **II.** *vt* ① *(un arco)* spannen ② *(fam: enamorar)* den Kopf verdrehen +*dat*
flechazo [fle'tʃaθo] *m* ① *(de flecha)* Pfeilschuss *m* ② *(fam: de amor)* **lo nuestro fue un ~** bei uns war es Liebe auf den ersten Blick
fleco ['fleko] *m* ① *(adorno)* Franse *f* ② *(del pelo)* Pony *m* ③ *pl (de vestido)* ausgefranster Rand *m*
fleje ['flexe] *m* Bandeisen *nt*
flema ['flema] *f* ① *(calma)* Trägheit *f* ② *(mucosidad)* Schleim *m*
flemático, -a [fle'matiko, -a] **I.** *adj* phlegmatisch **II.** *m, f* Phlegmatiker(in) *m(f)*
flemón [fle'mon] *m* ① (MED) Entzündung *f* ② *(dental)* Zahnfleischentzündung *f*
flequillo [fle'kiʎo] *m* Pony *m*
fletador(a) [fleta'ðor(a)] *m(f)* ① *(de avión)* Charterer, -in *m, f* ② (COM) Befrachter(in) *m(f)*
fletamento [fleta'men̪to] *m* ① *(de avión)* Chartern *nt* ② (COM: *acción*) Verfrachtung *f* ③ *(contrato)* Frachtvertrag *m*
fletán [fle'tan] *m* Heilbutt *m*
fletar [fle'tar] **I.** *vt* ① *(avión)* chartern ② (COM) verfrachten ③ *(Am: vehículo)* verleihen ④ *(CSur: despedir)* entlassen **II.** *vr:* **~se** *(AmC: fastidiarse)* sich abfinden müssen (**con/de** mit +*dat*)
flete ['flete] *m* ① *(carga)* Frachtgut *nt* ② (COM: *tasa*) Fracht *f* ③ *(Am: tarifa)* Mietpreis *m*
flexibilidad [fleˠsiβili'ðaᵈ] *f* ① *(de palo)* Biegsamkeit *f; (de músculo)* Elastizität *f* ② *(de una persona)* Anpassungsfähigkeit *f;* **~ de precios** Preisflexibilität *f*
flexibilizar [fleˠsiβili'θar] <z → c> *vt* flexibilisieren
flexible [fleˠ'siβle] *adj* ① *(palo)* biegsam; *(músculo)* elastisch ② *(persona)* anpassungsfähig; **horario ~** Gleitzeit *f*
flexión [fleˠ'sjon] *f* ① *(del cuerpo)* Beugen *nt;* **~ de tronco** Rumpfbeuge *f;* **~ de brazos en la espaldera** Klimmzüge am Reck ② (LING) Flexion *f* ③ (GEO) Flexur *f*
flexionar [fleˠsjo'nar] *vt* beugen
flexo ['fleˠso] *m* biegsame (Schreib)tischlampe *f*
flipado, -a [fli'paðo, -a] *adj (argot)* high
flipante [fli'pan̪te] *adj (argot)* cool
flipar [fli'par] **I.** *vt (argot)* antörnen **II.** *vi, vr:* **~se** *(argot)* ausflippen
flirt [flirᵗ] *m* <flirts> Flirt *m*
flirtear [flirte'ar] *vi* flirten
flirteo [flir'teo] *m* Flirt *m*
flojear [floxe'ar] *vi* ① *(disminuir)* nachlassen; *(interés)* abflauen ② *(en una materia)* schwach sein (**en** in +*dat*)

F

flojedad [floxe'ða^{ð}] *f* ① *(debilidad)* Schwäche *f* ② *(pereza)* Faulheit *f*
flojera [flo'xera] *f* *(fam)* ① *(debilidad)* Schwäche *f;* **coger ~ de piernas** weiche Knie bekommen ② *(pereza)* Faulheit *f*
flojo, -a ['floxo, -a] *adj* ① *(cuerda)* locker; *(nudo)* lose ② *(vino)* leicht; *(argumento)* schwach; *(viento)* flau; *(café)* dünn; *(luz)* matt; **~ de carácter** charakterschwach; **estoy ~ en alemán** mein Deutsch ist nicht so gut; **la política me la trae floja** *(vulg)* ich kümmere mich einen Dreck um Politik ③ *(cosecha)* mager ④ *(demanda)* schwach ⑤ *(obrero)* faul ⑥ *(Am: cobarde)* feig(e)
flor [flor] *f* ① (BOT: *planta*) Blume *f;* *(parte de la planta)* Blüte *f;* **~ nocturna** Nachtblüher *m;* **estar en ~** blühen; **camisa de ~es** geblümtes Hemd ② *(lo más selecto)* Auslese *f;* **la ~ y la nata de la sociedad** die Crème de la Crème ③ *(piropo)* Schmeichelei *f* ④ *(de los metales)* Irisieren *nt* ⑤ *(de las pieles)* Narbenseite *f* ⑥ *(virginidad)* Jungfräulichkeit *f* ⑦ *(del vino)* Kahmhaut *f* ⑧ *(loc)* **pasó volando a ~ de tierra** es flog dicht am Boden vorbei; **tengo los nervios a ~ de piel** meine Nerven sind zum Zerreißen gespannt
flora ['flora] *f* (BOT, MED) Flora *f*
floración [flora'θjon] *f* ① *(acción)* Blühen *nt* ② *(tiempo)* Blüte(zeit) *f*
florear [flore'ar] **I.** *vi* ① *(la espada)* schwingen ② (MÚS) (auf der Gitarre) tremolieren ③ *(Am: florecer)* blühen **II.** *vt* ① *(adornar)* mit Blumen schmücken ② *(harina)* sieben ③ *(naipes)* falsch mischen ④ *(piropear)* schmeicheln +*dat*
florecer [flore'θer] *irr como crecer* **I.** *vi* ① *(planta)* blühen ② *(industria)* florieren **II.** *vr:* **~se** (ver)schimmeln
floreciente [flore'θjente] *adj* ① *(planta)* blühend ② *(industria)* florierend
florecimiento [floreθi'mjento] *m* ① *(de una planta)* Blühen *nt* ② *(de una industria)* Florieren *nt*
Florencia [flo'renθja] *f* Florenz *nt*
floreo [flo'reo] *m* ① *(conversación)* Geschwätz *nt,* Gerede *nt;* **~ de palabras** Wortschwall *m* ② (MÚS) Tremolo *nt*
florero [flo'rero] *m* ① *(jarrón)* (Blumen)vase *f* ② *(maceta)* Blumentopf *m*
floresta [flo'resta] *f* ① *(bosque)* Wald *m* ② *(de poemas)* Anthologie *f*
florete [flo'rete] *m* Florett *nt*
floricultura [florikul'tura] *f* Blumenzucht *f*
florido, -a [flo'riðo, -a] *adj* ① *(con flores)* Blumen-; *(floreciente)* blühend; **árbol ~** Baum in Blüte ② *(selecto)* erlesen ③ *(lenguaje)* blumig ④ *(vaca)* gescheckt
florín [flo'rin] *m* Gulden *m*
floripondio [flori'pondjo] *m* *(pey)* ① *(flor)* hässliche Blume *f* ② *(adorno)* kitschiger Schmuck *m*
florista [flo'rista] *mf* ① *(comerciante)* Blumenhändler(in) *m(f)* ② *(vendedor)* Blumenverkäufer(in) *m(f)* ③ *(que hace ramos)* Florist(in) *m(f)*
floristería [floriste'ria] *f* Blumengeschäft *nt*
flota ['flota] *f* ① (AERO, NÁUT) Flotte *f* ② *(de vehículos)* Fuhrpark *m;* **~ de camiones** Lkw-Park *m*
flotación [flota'θjon] *f* ① *(en agua: activo)* Schwimmen *nt;* *(pasivo)* Treiben *nt;* *(en aire)* Schweben *nt;* **línea de ~** (NÁUT) Wasserlinie *f* ② (TÉC) Schwimmaufbereitung *f* ③ (FIN) Floating *nt*
flotador [flota'ðor] *m* ① (TÉC: *de pesca*) Schwimmer *m* ② *(en barcos)* Rettungsring *m;* *(para niños)* Schwimmring *m*
flotar [flo'tar] *vi* ① *(en agua: activamente)* schwimmen; *(pasivamente)* treiben; *(en aire)* schweben; (MED) flottieren ② *(bandera)* flattern ③ (FIN) floaten
flote ['flote] *m* **estar a ~** flott sein; **mantenerse a ~** *(t. fig)* sich über Wasser halten; **sacar a ~ una empresa** eine Firma wieder flottmachen
fluctuación [fluktwa'θjon] *f* ① *(oscilación)* Schwankung *f* ② *(irresolución)* Schwanken *nt*
fluctuante [fluktu'ante] *adj* schwankend
fluctuar [fluktu'ar] <*1. pres* fluctúo> *vi* schwanken; **estoy fluctuando entre comprarme un coche o no** ich weiß nicht, ob ich mir ein Auto kaufen soll oder nicht
fluidez [flwi'ðeθ] *f* ① *(de un líquido)* Flüssigkeit *f;* **hablar con ~ un idioma extranjero** eine Fremdsprache fließend sprechen ② *(de expresión)* (Rede)gewandtheit *f*
fluido[1] [flu'iðo] *m* ① *(líquido)* Flüssigkeit *f;* (QUÍM) Fluid *nt* ② (ELEC) Strom *m*
fluido, -a[2] [flu'iðo, -a] *adj* ① *(alimento)* flüssig; **es ~ de palabra** er ist redegewandt ② *(tráfico)* fließend
fluir [flu'ir] *vi irr como huir* ① *(correr)* fließen; *(brotar)* heraussprudeln ② *(palabras)* fließen
flujo ['fluxo] *m* ① *(de un líquido)* Fluss *m;* **~ de datos** (*t.* INFOR) Datenfluss *m;* **~ de palabras** Redeschwall *m* ② *(de la marea)* Flut *f* ③ (MED) Absonderung *f;* **~ de vientre** Durchfall *m*
fluminense [flumi'nense] **I.** *adj* aus Rio de Janeiro **II.** *mf* Einwohner(in) *m(f)* von Rio de Janeiro
flúor ['fluor] *m* (QUÍM) Fluor *nt*

fluorescencia [flwores'θeṇθja] *f* Fluoreszenz *f*

fluorescente [flwores'θeṇte] **I.** *adj* fluoreszierend; **tubo** ~ Leuchtstoffröhre *f* **II.** *m* Leuchtstoffröhre *f*

flus [flus] *m* ❶ *(Ant, Col, Ven: terno)* Herrenanzug *m* ❷ *(ElSal: racha de buena suerte)* Glückssträhne *f*

fluvial [flu'βjal] *adj* Fluss-; **puerto** ~ Binnenhafen *m*

FM [e'feme/efe'eme] *f abr de* **Frecuencia Modulada** UKW *f*

FMI [efe(e)me'i] *m abr de* **Fondo Monetario Internacional** IWF *m*

fobia ['foβja] *f* ❶ (MED) Phobie *f* ❷ *(aversión)* Widerwille *m* (**a/por** gegen +*akk*)

foca ['foka] *f* ❶ (ZOOL) Robbe *f* ❷ *(piel)* Robbenfell *nt* ❸ *(pey: gordo)* Fettsack *m*

focal [fo'kal] *adj* fokal; **distancia** ~ Brennweite *f*

focalizar [fokali'θar] <z → c> *vt* fokussieren

foco ['foko] *m* ❶ (FÍS, MAT) Brennpunkt *m* ❷ *(centro)* Mittelpunkt *m;* ~ **de infección** Infektionsherd *m* ❸ *(lámpara)* Scheinwerfer *m* ❹ *(Am: bombilla)* Glühbirne *f*

fofo, -a ['fofo, -a] *adj* schwabbelig; **estoy** ~ ich habe Speck angesetzt

fogata [fo'ɣata] *f (en el campo)* Lagerfeuer *nt; (de alegría)* Freudenfeuer *nt; (como baliza)* Signalfeuer *nt*

fogón [fo'ɣon] *m* ❶ *(de la cocina)* Herd *m* ❷ *(de máquinas de vapor)* Kessel *m;* (FERRO) Feuerbüchse *f* ❸ *(de un cañón)* Zündloch *nt* ❹ *(Am: fogata)* Lagerfeuer *nt*

fogonazo [foɣo'naθo] *m* ❶ *(de arma)* Mündungsfeuer *nt* ❷ *(de pólvora)* Pulverblitz *m*

fogonero [foɣo'nero] *m* Heizer *m*

fogosidad [foɣosi'ða^{ð}] *f* ❶ *(de pasión)* Feuer *nt* ❷ *(de persona)* Temperament *nt* ❸ *(de debate)* Hitze *f*

fogoso, -a [fo'ɣoso, -a] *adj* ❶ *(pasión)* feurig ❷ *(persona)* temperamentvoll ❸ *(debate)* hitzig ❹ *(caballo)* feurig

fogueado, -a [foɣe'aðo, -a] *adj (Am)* erfahren

foguear [foɣe'ar] **I.** *vt* ❶ *(un arma)* (mit einem Schuss) reinigen ❷ (MIL) ans Gefecht gewöhnen ❸ *(a penalidades)* abhärten (**a** gegen +*akk*) **II.** *vr:* **~se** sich abhärten (**a** gegen +*akk*)

fogueo [fo'ɣeo] *m* **bala de** ~ Platzpatrone *f*

foja ['foxa] *f (Am)* Seite *f;* ~ **de servicios** Personalakte *f*

folclor(e) [fol'klor(e)] *m* Folklore *f*

folclórico, -a [fol'kloriko, -a] **I.** *adj* folkloristisch **II.** *m, f* Flamencosänger(in) *m(f)*

foliación [folja'θjon] *f* ❶ (TIPO) Foliieren *nt* ❷ (BOT: *echar hojas*) Blattbildung *f; (colocación)* Blattanordnung *f* ❸ (GEO) Schichtung *f*

foliar [fo'ljar] **I.** *adj* Blatt- **II.** *vt* (TIPO) foliieren

folio ['foljo] *m* ❶ *(de un libro)* Folio *nt* ❷ *(hoja de papel)* Blatt *nt*

folk [fol^{k}] *m sin pl* (MÚS) Folkmusik *f*

folklórico, -a [fol'kloriko, -a] *adj o m, f v.* **folclórico**

follaje [fo'ʎaxe] *m* ❶ *(de árbol, bosque)* Laub(werk) *nt* ❷ *(adorno)* Laubgewinde *nt* ❸ *(en un texto)* Geschwafel *nt; (al hablar)* Geschwätz *nt*

follar[1] [fo'ʎar] **I.** *vi (vulg)* bumsen **II.** *vt* ❶ *(vulg: coitar)* bumsen ❷ *(vulg: fastidiar)* in Rage bringen *fam* ❸ *(deshacer)* in einzelne Blätter zerlegen

follar[2] [fo'ʎar] <o → ue> **I.** *vt* ❶ *(soplar)* anfachen ❷ *(fam: suspender)* durchfallen lassen **II.** *vr:* **~se** *(vulg)* einen fahren lassen *fam*

folletín [foʎe'tin] *m* Feuilleton *nt;* **novela de** ~ Schundroman *m*

folletinesco, -a [foʎeti'nesko, -a] *adj* feuilletonistisch

folleto [fo'ʎeto] *m* Broschüre *f;* ~ **publicitario** Werbeprospekt *m*

follón[1] [fo'ʎon] *m (fam)* ❶ *(alboroto)* Krach *m;* **armar un** ~ ein Chaos veranstalten ❷ *(asunto enojoso)* unangenehme Sache *f*

follón, -ona[2] [fo'ʎon, -ona] *adj* ❶ *(chulo)* angeberisch ❷ *(holgazán)* nachlässig

follonero, -a [foʎo'nero, -a] *m, f* Radaumacher(in) *m(f)*

fomentar [fomeṇ'tar] *vt* ❶ *(empleo)* fördern; *(economía)* ankurbeln ❷ *(discordias)* schüren

fomento [fo'meṇto] *m* ❶ *(del empleo)* Förderung *f; (de la economía)* Ankurbelung *f;* **Banco Internacional de Reconstrucción y F~** Internationale Bank für Wiederaufbau und Entwicklung, Weltbank *f* ❷ *(de discordias)* Schüren *nt*

fonda ['foṇda] *f* (billige) Pension *f*

fondeado, -a [foṇde'aðo, -a] *adj (Am)* wohlhabend

fondear [foṇde'ar] **I.** *vi* (NÁUT) vor Anker liegen **II.** *vt* ❶ *(anclar)* verankern ❷ *(sondear)* (aus)loten ❸ *(registrar)* durchsuchen; *(una cuestión)* gründlich untersuchen; ~ **un asunto** einer Sache auf den Grund gehen

fondeo [foṇ'deo] *m* ❶ (NÁUT) Ankern *nt; (sondeo)* Ausloten *nt* ❷ *(registro)* Durchsuchung *f*

fondista [foṇ'dista] *mf* ❶ *(de una fonda)*

(Gast)wirt(in) *m(f)* ❷ (DEP) Langstreckenläufer(in) *m(f)*

fondo ['fondo] *m* ❶ *(de un cajón)* Boden *m; (del río)* Grund *m; (de un valle)* Sohle *f;* **los bajos ~s** die Unterwelt; **en el ~ de su corazón** im Grunde seines/ihres Herzens; **tratar un tema a ~** ein Thema gründlich behandeln; **en este asunto hay mar de ~** an dieser Sache ist etwas faul; **tocar ~** (ECON) den Tiefstand erreichen ❷ *(de un edificio)* Tiefe *f;* **al ~ del pasillo** am Ende des Ganges; **mi habitación está al ~ de la casa** mein Zimmer liegt auf der Hinterseite des Hauses ❸ *(lo esencial)* Kern *m;* **artículo de ~** Leitartikel *m;* **en el ~** eigentlich; **ir al ~ de un asunto** einer Sache auf den Grund gehen; **hay un ~ de verdad en lo que dices** in deinen Worten steckt ein Körnchen Wahrheit ❹ *(índole)* Wesen *nt,* Natur *f;* **persona de buen ~** gutherziger Mensch; **tiene un buen ~** in ihm/ihr steckt ein guter Kern ❺ *(de un cuadro)* Hintergrund *m; (de una tela)* Untergrund *m* ❻ *(conjunto de cosas)* Bestände *mpl; (de biblioteca)* Bücherbestand *m* ❼ (DEP) Ausdauer *f;* **corredor de ~** Langstreckenläufer *m;* **esquiador de ~** Langläufer *m* ❽ (FIN, POL) Fonds *m;* **F~ Monetario Internacional** Internationaler Währungsfonds; **F~ Social Europeo** Europäischer Sozialfonds ❾ *pl (medios)* Mittel *ntpl;* **~s públicos** Staatspapiere *ntpl;* **cheque sin ~s** ungedeckter Scheck ❿ (NÁUT) Tiefgang *m;* **tocar ~** auf Grund laufen; **irse a ~** untergehen ⓫ *(contenido)* Gehalt *m;* **su carta tiene un ~ amargo** sein/ihr Brief hat einen bitteren Unterton

fondón, -ona [fon'don, -ona] *adj (pey fam)* schwerfällig

fonética [fo'netika] *f* Phonetik *f*

fonético, -a [fo'netiko, -a] *adj* phonetisch; **trascripción fonética** phonetische Umschrift

fono ['fono] *m (Chil: auricular del teléfono)* Hörer *m*

fonología [fonolo'xia] *f* (LING) Phonologie *f*

fonoteca [fono'teka] *f* Phonothek *f*

fontana [fon'tana] *f (elev)* (Spring)brunnen *m*

fontanal [fonta'nal] **I.** *adj (artificial)* Brunnen-; *(natural)* Quell- **II.** *m* Ort *m* mit vielen Quellen

fontanera [fonta'nera] *adj o f v.* **fontanero**

fontanería [fontane'ria] *f* ❶ *(acción)* Installation *f* ❷ *(conducto)* (Wasser)leitungen *fpl* ❸ *(establecimiento)* Klempnerei *f*

fontanero, -a [fonta'nero, -a] **I.** *adj (natural)* Quell-; *(artificial)* Brunnen- **II.** *m, f* Installateur(in) *m(f)*

footing ['futiŋ] *m sin pl* Jogging *nt;* **hacer ~** joggen

foque ['foke] *m* ❶ (NÁUT) Klüver *m* ❷ *(fam: cuello)* Vatermörder *m*

forajido, -a [fora'xiðo, -a] **I.** *adj* gesetzesflüchtig **II.** *m, f* flüchtiger Verbrecher *m,* flüchtige Verbrecherin *f*

foral [fo'ral] *adj* ❶ *(de los privilegios)* partikularrechtlich; **derecho ~** Partikularrecht *nt* ❷ *(de la jurisdicción)* gerichtlich ❸ *(de las leyes)* gesetzlich

foráneo, -a [fo'raneo, -a] *adj* ❶ *(de otro lugar)* fremd ❷ *(extraño)* fremdartig

forastero, -a [foras'tero, -a] **I.** *adj* ❶ *(de otro lugar)* fremd; *(extranjero)* ausländisch ❷ *(extraño)* fremdartig **II.** *m, f* Fremde(r) *mf; (extranjero)* Ausländer(in) *m(f)*

forcejear [forθexe'ar] *vi* ❶ *(esforzarse)* sich anstrengen ❷ *(resistir)* sich widersetzen *+dat*

forcejeo [forθe'xeo] *m* ❶ *(esfuerzo)* (Kraft)anstrengung *f* ❷ *(resistencia)* Widerstand *m*

fórceps ['forθe^β s] *m inv* (Geburts)zange *f*

forense [fo'rense] **I.** *adj* gerichtlich; **médico ~** Gerichtsmediziner *m* **II.** *mf* Gerichtsmediziner(in) *m(f)*

forestal [fores'tal] *adj* forstlich, Forst-; **camino ~** Waldweg *m;* **repoblación ~** Aufforstung *f*

forestar [fores'tar] *vt* aufforsten

forfait [for'fai̯^t] *m* (COM) Pauschale *f*

forja ['forxa] *f* ❶ *(fragua)* Schmiede *f; (de platero)* Silberschmiede *f* ❷ *(ferrería)* (Eisen)hütte *f* ❸ *(del metal)* Schmieden *nt* ❹ *(creación)* Schaffung *f* ❺ *(argamasa)* Mörtel *m*

forjar [for'xar] **I.** *vt* ❶ *(metal)* schmieden ❷ *(muro)* mauern; *(revocar)* verputzen ❸ *(inventar)* schmieden ❹ *(crear)* schaffen; *(imperio)* aufbauen **II.** *vr:* **~se** ❶ *(imaginarse)* sich *dat* ausdenken ❷ *(crear)* sich aufbauen

forma ['forma] *f* ❶ *(figura)* Form *f;* **las ~s de una mujer** die weiblichen Rundungen; **en ~ de gota** tropfenförmig; **dar ~ a algo** *(formar)* etw formen; *(precisar)* etw konkretisieren ❷ *(manera)* Art (und Weise) *f;* **~ de comportamiento** Verhaltensweise *f;* **defecto de ~** (JUR) Formfehler *m;* **tiene una extraña ~ de andar** er/sie hat einen eigenartigen Gang; **de ~ libre** formlos; **en ~ escrita** schriftlich; **en (buena y) debida ~** vorschriftsmäßig; **de ~ que** sodass; **de todas ~s, ...** jedenfalls ...; **lo haré de una u otra ~** ich werde es auf jeden Fall machen; **no hay ~ de abrir la puerta** die

Tür lässt sich überhaupt nicht öffnen ③ *(comportamiento)* Form *f* ④ *(molde)* Form *f* ⑤ (DEP) Form *f*

formación [forma'θjon] *f* ① *(creación)* (Heraus)bildung *f*, Entstehung *f*; *(de una sociedad)* Gründung *f*; ~ **del balance** Bilanzaufstellung *f*; ~ **de Gobierno** Regierungsbildung *f*; ~ **de humo** Rauchentwicklung *f* ② *(de personas, t.* MIL) Verband *m*; ~ **política** politische Gruppierung; ~ **de tropas** Truppenverband *m*; **desfilar en ~ cerrada** in geschlossener Formation marschieren ③ *(educación)* (Aus)bildung *f*; ~ **de adultos** Erwachsenenbildung *f*; ~ **escolar** Schulbildung *f*; ~ **profesional** Berufsausbildung *f* ④ (GEO) (Gesteins)formation *f* ⑤ *(forma)* Form *f*

formal [for'mal] *adj* ① *(relativo a la forma)* formal; **requisito ~** Formalität *f* ② *(serio)* seriös; *(educado)* anständig; *(cumplidor)* zuverlässig ③ *(oficial)* formell, förmlich; **una invitación ~** eine offizielle Einladung; **tiene novio ~** sie hat einen festen Freund

formalidad [formali'ða^{d}] *f* ① *(seriedad)* Seriosität *f*; *(exactitud)* Zuverlässigkeit *f* ② (ADMIN, JUR) Formalität *f* ③ *(norma de comportamiento)* Formalität *f*

formalismo [forma'lismo] *m* Formalismus *m*

formalizar [formali'θar] <z → c> **I.** *vt* ① *(dar forma)* formalisieren ② *(solemnizar)* offiziell machen; ~ **un noviazgo** *(comprometerse)* sich verloben; *(casarse)* heiraten ③ (JUR) in die vorgeschriebene Form bringen; ~ **un contrato** einen Vertrag ordnungsgemäß abschließen; ~ **una solicitud** einen Antrag stellen **II.** *vr:* **~se** ① *(formarse)* zustande kommen ② *(volverse formal)* vernünftig werden ③ *(ofenderse)* sich entrüsten

formar [for'mar] **I.** *vi* ① (MIL) antreten ② *(figurar)* gehören (**en** zu +*dat*) **II.** *vt* ① *(dar forma)* formen ② *(constituir)* bilden; (MIL) formieren; ~ **parte de** gehören zu +*dat* ③ *(educar)* erziehen; *(enseñar)* (aus)bilden **III.** *vr:* **~se** ① *(crearse)* sich bilden; (MIL) sich formieren ② *(ser educado)* ausgebildet werden; **se ha formado a sí mismo** er ist Autodidakt ③ *(desarrollarse)* sich entwickeln ④ *(hacerse)* sich *dat* bilden; **~se una idea de algo** sich *dat* ein Bild von etw *dat* machen

formatear [formate'ar] *vt* (INFOR) formatieren

formateo [forma'teo] *m* (INFOR) Formatierung *f*

formativo, -a [forma'tiβo, -a] *adj* ① *(que da forma)* gestaltend ② *(educativo)* erzieherisch; *(instructivo)* (Aus)bildungs- ③ (LING) Wortbildungs-

formato [for'mato] *m* Format *nt*; ~ **de datos** (INFOR) Datenformat *nt*; ~ **de texto** (INFOR) Textformat *nt*; ~ **vertical** Hochformat *nt*; ~ **horizontal** Querformat *nt*

formica® [for'mika] *f sin pl* Resopal® *nt*

formidable [formi'ðaβle] *adj* ① *(fam: estupendo)* toll ② *(temible)* furchtbar ③ *(enorme)* riesig

formol® [for'mol] *m sin pl* Formol® *nt*

fórmula ['formula] *f* (*t.* MAT, QUÍM) Formel *f*; ~ **de cortesía** Höflichkeitsformel *f*; ~ **de despedida** Schlussformel *f*; **coche de F~ 1** (DEP) Formel-1-Wagen *m*

formulación [formula'θjon] *f* ① *(de una idea)* Formulierung *f*; ~ **de balances** Bilanzaufstellung *f*; ~ **de la propuesta** Antragstellung *f* ② (FÍS) Aufstellung *f* einer Formel

formular [formu'lar] **I.** *adj* formelhaft **II.** *vt* ① *(expresar con una fórmula)* in einer Formel ausdrücken ② *(manifestar)* formulieren, zum Ausdruck bringen; ~ **demanda** Klage erheben; ~ **denuncia** Anzeige erstatten ③ *(recetar)* verschreiben

formulario[1] [formu'larjo] *m* ① *(impreso)* Formular *nt*; ~ **para giro postal** Zahlkarte *f*; ~ **de trasferencia** (FIN) Überweisungsschein *m* ② *(colección de fórmulas)* Formelsammlung *f*; *(de recetas)* Rezeptbuch *nt*; *(de modelos)* Mustersammlung *f*

formulario, -a[2] [formu'larjo, -a] *adj* ① *(cortés)* formell ② *(formular)* formelhaft

formulismo [formu'lismo] *m* Formalismus *m*

fornicar [forni'kar] <c → qu> *vi* Geschlechtsverkehr haben; *(pey)* (herum)huren; (REL) die Ehe brechen

fornido, -a [for'niðo, -a] *adj* stämmig

foro ['foro] *m* ① *(plaza)* Forum *nt*; ~ **romano** Forum Romanum ② (JUR: *lugar*) Gerichtssaal *m* ③ (JUR: *curia*) Rechtsanwaltschaft *f* ④ (TEAT) Kulisse *f*; **desaparecer por el ~** unbemerkt verschwinden

forofo, -a [fo'rofo, -a] *m, f* Fan *m*

forraje [fo'rraxe] *m* ① *(pasto)* (Vieh)futter *nt*; *(verde)* Grünfutter *nt*; *(Am: seco)* Trockenfutter *nt* ② *(fam: fárrago)* Mischmasch *m*

forrar [fo'rrar] **I.** *vt* *(el exterior)* umhüllen (**de/con** mit +*dat*); *(el interior)* ausschlagen (**de/con** mit +*dat*); *(una prenda)* füttern (**de/con** mit +*dat*); *(una butaca)* beziehen (**de/con** mit +*dat*); *(un libro)* einbinden (**con** mit +*dat*); *(una pared)* verkleiden (**con** mit +*dat*); ~ **con algodón** wattieren **II.** *vr:* **~se** *(fam)* ① *(enriquecerse)* sich *dat* eine goldene Nase verdienen

❷ *(hartarse)* sich *dat* den Bauch vollschlagen (**de** mit +*dat*)

forro ['forro] *m* ❶ *(exterior)* Hülle *f; (interior)* (Innen)verkleidung *f; (de una prenda)* Futter *nt; (de una butaca)* Bezug *m; (de un libro)* Einband *m; (de una pared)* Verkleidung *f* ❷ (NÁUT) Beplankung *f* ❸ (AUTO) ~ **de freno** Bremsbelag *m* ❹ *(loc)* **ni por el** ~ *(fam)* nicht im Geringsten

fortachón, -ona [forta'ʧon, -ona] *adj (fam)* stämmig

F

fortalecedor(a) [fortaleθe'ðor(a)] *adj* ❶ *(vigorizador)* stärkend ❷ *(que da ánimo)* ermutigend ❸ *(reforzante)* Befestigungs-

fortalecer [fortale'θer] *irr como crecer* **I.** *vt* ❶ *(vigorizar)* stärken ❷ *(animar)* ermutigen ❸ *(reforzar)* befestigen **II.** *vr:* **~se** ❶ *(vigorizarse)* sich stärken ❷ *(volverse más fuerte)* stärker werden

fortalecimiento [fortaleθi'mjen̩to] *m* ❶ *(de una cosa)* Befestigung *f* ❷ *(del cuerpo)* Stärkung *f* ❸ *(del ánimo)* Ermutigung *f*

fortaleza [forta'leθa] *f* ❶ *(fuerza)* Kraft *f;* **de poca** ~ schwächlich ❷ *(virtud)* Seelenstärke *f* ❸ *(robustez)* Robustheit *f* ❹ (MIL) Festung(sanlage) *f*

fortificación [fortifika'θjon] *f* ❶ *(fortalecimiento)* Stärkung *f* ❷ (MIL: *acción*) Befestigung *f* ❸ (MIL: *obra*) Befestigung(sanlage) *f*

fortificar [fortifi'kar] <c → qu> **I.** *vt* ❶ *(fortalecer)* stärken ❷ (MIL) befestigen **II.** *vr:* **~se** ❶ *(fortalecerse)* stärker werden ❷ (MIL) sich verschanzen

fortín [for'tin] *m* ❶ *(fuerte)* kleine Festung(sanlage) *f* ❷ *(defensa)* Schanze *f*

fortísimo, -a [for'tisimo, -a] *adj superl de* **fuerte**

fortuito, -a [for'twito, -a/fortu'ito, -a] *adj* zufällig

fortuna [for'tuna] *f* ❶ *(suerte)* Glück *nt;* **por** ~ *(afortunadamente)* zum Glück; *(por casualidad)* zufällig(erweise) ❷ *(destino)* Schicksal *nt* ❸ *(capital)* Vermögen *nt;* **~s** Besitztümer *nt pl;* **su voz era su** ~ seine/ihre Stimme war sein/ihr Kapital

fórum ['forun] *m* Forum *nt*

forúnculo [fo'ruŋkulo] *m* (MED) Furunkel *m o nt*

forzadamente [forθaða'men̩te] *adv* ❶ *(violentamente)* gewaltsam ❷ *(inevitablemente)* zwangsläufig, gezwungenermaßen

forzado[1] [for'θaðo] *m* ❶ *(presidiario)* Sträfling *m* ❷ *(galeote)* Galeerensträfling *m*

forzado, -a[2] [for'θaðo, -a] *adj* ❶ *(artificial)* gezwungen; **trabajos ~s** Zwangsarbeit *f* ❷ *(ocupado)* besetzt

forzar [for'θar] *irr* **I.** *vt* ❶ *(obligar)* zwingen ❷ *(un acontecimiento)* erzwingen ❸ *(violar)* vergewaltigen ❹ *(esforzar)* überbeanspruchen; *(voz)* überanstrengen ❺ *(obligar a entrar)* hineinzwängen; *(a abrirse)* aufbrechen **II.** *vr:* **~se** ❶ *(obligarse)* sich zwingen ❷ *(esforzarse)* sich überanstrengen

forzosa [for'θosa] *f Spielzug beim Damespiel*

forzoso, -a [for'θoso, -a] *adj* zwangsläufig, zwingend; **aterrizaje** ~ Notlandung *f;* **venta forzosa** Zwangsverkauf *m*

forzudo, -a [for'θuðo, -a] *adj* sehr stark

fosa ['fosa] *f* ❶ *(hoyo)* Grube *f; (alargado, t.* GEO) Graben *m;* (MIL) Festungsgraben *m* ❷ *(sepultura)* Grab *nt* ❸ (ANAT) Höhle *f;* ~ **nasal** Nasenhöhle *f*

fosfato [fos'fato] *m* (QUÍM) Phosphat *nt*

fosforecer [fosfores'θer] *vi irr como crecer* phosphoreszieren

fosforera [fosfo'rera] *f* Streichholzschachtel *f,* Zündholzschachtel *f*

fosforescencia [fosfores'θen̩θja] *f* Phosphoreszenz *f*

fosforescente [fosfores'θen̩te] *adj* phosphoreszierend

fósforo ['fosforo] *m* ❶ (QUÍM) Phosphor *m* ❷ *(cerilla)* Streichholz *nt*

fósil ['fosil] **I.** *adj* ❶ (GEO) fossil ❷ *(fam: anticuado)* steinzeitlich **II.** *m* Fossil *nt*

fosilizarse [fosili'θarse] <z → c> *vr* ❶ (GEO) fossilisieren ❷ *(fam: persona)* verknöchern

foso ['foso] *m* ❶ *(hoyo)* Grube *f; (alargado)* Graben *m;* (MIL) (Festungs)graben *m* ❷ (MÚS, TEAT) Orchestergraben *m* ❸ *(en un garaje)* Reparaturgrube *f* ❹ (DEP) Sandgrube *f*

foto ['foto] *f* Foto *nt;* ~ (**tamaño**) **carné** Passfoto *nt*

fotocopia [foto'kopja] *f* (Foto)kopie *f*

fotocopiadora [fotokopja'ðora] *f* (Foto)kopierer *m*

fotocopiar [fotoko'pjar] *vt* (foto)kopieren

fotoeléctrico, -a [fotoe'lektriko, -a] *adj* lichtelektrisch

fotogénico, -a [foto'xeniko, -a] *adj* ❶ *(motivo)* bildwirksam; *(persona)* fotogen ❷ *(color)* fotogen

fotógrafa [fo'toɣrafa] *f v.* **fotógrafo**

fotografía [fotoɣra'fia] *f* ❶ *(imagen)* Foto *nt;* ~ **aérea** Luftaufnahme *f;* ~ **en color** Farbfoto *nt;* ~ (**tamaño**) **carné** Passbild *nt;* **álbum de ~s** Fotoalbum *nt* ❷ *(arte)* Fotografie *f*

fotografiar [fotoɣrafi'ar/fotoɣra'fjar]

<*1. pres* fotografío> **I.** *vi* fotografieren **II.** *vt* ① *(hacer fotos)* fotografieren ② *(describir)* detailliert beschreiben

fotográfico, -a [foto'ɣrafiko, -a] *adj* fotografisch, Foto-; **máquina fotográfica** Fotoapparat *m;* **papel ~** Fotopapier *nt*

fotógrafo, -a [fo'toɣrafo, -a] *m, f* Fotograf(in) *m(f)*

fotograma [foto'ɣrama] *m* ① (CINE) Standbild *nt* ② (FOTO) Fotogramm *nt*

fotomatón [fotoma'ton] *m* ① *(mecanismo)* Fotomaton® *nt* ② *(cabina)* Passbildautomat *m* ③ *(argot: foto)* Passbild *nt* aus dem Automaten

fotómetro [fo'tometro] *m* Lichtmesser *m*

fotomodelo [fotomo'ðelo] *mf* (Foto)modell *nt*

fotomontaje [fotomon̪'taxe] *m* Fotomontage *f*

fotonovela [fotono'βela] *f* Fotoroman *m*

fotoprotección [fotoproteɣ'θjon] *f* Sonnenschutz *m*

fotoquímica [foto'kimika] *f* (QUÍM) Fotochemie *f*

fotoquímico, -a [foto'kimiko, -a] *adj* (QUÍM) fotochemisch

fotorreportaje [fotorrepor'taxe] *m* Fotoreportage *f*

fotosensible [fotosen'siβle] *adj* lichtempfindlich

fotosíntesis [foto'sin̪tesis] *f sin pl* (QUÍM) Fotosynthese *f*

fototerapia [fotote'rapja] *f* (MED) Fototherapie *f,* Lichtbehandlung *f*

fotovoltaico, -a [fotoβol̪'tai̯ko, -a] *adj* fotovoltaisch; Fotovoltaik-, die Fotovoltaik betreffend; **panel ~** Fotovoltaikpaneel *nt*

fotuto[1] [fo'tuto] *m* ① *(Cuba, PRico, Ven: instrumento de viento) Blasinstrument der Ureinwohner(innen) Amerikas* ② *(Cuba: fam: bocina)* Hupe *f*

fotuto, -a[2] [fo'tuto, -a] *adj (Arg, Méx: arruinado)* bankrott; *(enfermo)* angeschlagen

FP [efe'pe] *f abr de* **Formación Profesional** Berufsausbildung *f*

frac [frak] *m* <fracs *o* fraques> Frack *m*

fracasado, -a [fraka'saðo, -a] *m, f* Versager(in) *m(f)*

fracasar [fraka'sar] *vi* ① *(no tener éxito)* scheitern; **la película fracasó** der Film fiel (beim Publikum) durch; **~ en un examen** durch eine Prüfung fallen ② (NÁUT) zerschellen

fracaso [fra'kaso] *m* ① *(acción)* Scheitern *nt* ② *(fiasco)* Misserfolg *m* ③ *(desastre)* Unglück *nt*

fracción [fraɣ'θjon] *f* ① *(división)* (Zer)teilen *nt; (ruptura)* Zerbrechen *nt; (de una cantidad)* Aufsplitterung *f* ② *(parte)* Bruchteil *m; (de un objeto)* Bruchstück *nt; (de una organización)* Fraktion *f;* **~ parlamentaria** (Parlaments)fraktion *f* ③ (MAT) Bruchzahl *f* ④ (QUÍM) Fraktion *f*

fraccionamiento [fraɣθjona'mjen̪to] *m* ① *(división)* Zerteilung *f,* Zerlegung *f; (de acciones)* Stückelung *f,* Aufteilung *f; (ruptura)* Zerbrechen *nt; (de una cantidad)* Aufsplitterung *f; (de una organización)* Zersplitterung *f,* Spaltung *f* ② (QUÍM) Fraktionierung *f*

fraccionar [fraɣθjo'nar] **I.** *vt* ① *(dividir)* (zer)teilen; *(romper)* zerbrechen; *(una cantidad)* aufsplittern; *(una organización)* spalten ② (QUÍM) fraktionieren **II.** *vr:* **~se** zerbrechen; *(grupo)* sich spalten

fraccionario, -a [fraɣθjo'narjo, -a] *adj* ① (MAT) Bruch-; **número ~** Bruchzahl *f* ② (POL) fraktionell ③ *(incompleto)* bruchstückhaft

fractura [frak'tura] *f* ① *(rotura)* Bruch *m;* (MED) Fraktur *f* ② (GEO: *falla*) Verwerfung *f*

fracturar [fraktu'rar] **I.** *vt* zerbrechen; *(una caja fuerte)* aufbrechen **II.** *vr:* **~se** (zer)brechen

fragancia [fra'ɣan̪θja] *f* Duft *m*

fragata [fra'ɣata] *f* ① (NÁUT) Fregatte *f* ② (ZOOL) Fregattvogel *m*

frágil ['fraxil] *adj* ① *(objeto)* zerbrechlich ② *(constitución)* zart; *(anciano)* gebrechlich ③ *(salud)* anfällig ④ *(carácter)* schwach; **tener una memoria ~** vergesslich sein

fragilidad [fraxili'ðað] *f* ① *(de un objeto)* Zerbrechlichkeit *f* ② *(de la constitución)* Zartheit *f; (de un anciano)* Gebrechlichkeit *f* ③ *(de la salud)* Anfälligkeit *f* ④ *(del carácter)* Schwäche *f*

fragilizar [fraxili'θar] <z → c> *vt* schwächen

fragmentación [fraɣmen̪ta'θjon] *f* Zerlegung *f,* (Zer)teilung *f; (en muchos pedazos)* Zerstückelung *f; (de un cristal)* Zersplitterung *f*

fragmentar [fraɣmen̪'tar] **I.** *vt* *(dividir)* zerlegen, (zer)teilen; *(en muchos pedazos)* zerstückeln; *(romper)* zerschlagen; *(una roca)* zerbröckeln **II.** *vr:* **~se** *(cristal)* zersplittern; *(roca)* zerbröckeln

fragmentario, -a [fraɣmen̪'tarjo, -a] *adj* ① *(compuesto)* (aus Fragmenten) zusammengesetzt ② *(incompleto)* bruchstückhaft

fragmento [fraɣ'men̪to] *m* ① *(parte)* (Bruch)stück *nt; (de un cristal)* Scherbe *f; (de una roca)* Brocken *m; (de un tejido)* Fetzen *m; (de un papel)* Schnipsel *m o nt* ② (LIT, MÚS: *parte*) Fragment *nt,* Auszug *m*

fragor [fra'ɣor] *m* Getöse *nt*

fragoroso, -a [fraɣo'roso, -a] *adj* dröhnend

fragosidad [fraɣosi'ða^{d}] *f* ❶ *(de un monte)* Dichte *f* ❷ *(de un camino)* Unwegsamkeit *f* ❸ *(lugar)* unwegsame Gegend *f*; *(lleno de arbustos)* Dickicht *nt*

fragoso, -a [fra'ɣoso, -a] *adj* ❶ *(áspero)* unwegsam ❷ *(ruidoso)* lärmend

fragua ['fraɣwa] *f* Schmiede *f*

fraguar [fra'ɣwar] <gu → gü> **I.** *vi* ❶ *(cemento)* sich verfestigen ❷ *(idea)* sich durchsetzen **II.** *vt (metal)* schmieden; **¿qué estás fraguando?** was heckst du nun wieder aus?

F

fraile ['fraile] *m* ❶ (REL) Mönch *m* ❷ *(en un vestido)* Falte *f* ❸ *(en una chimenea)* (Rauch)abzug *m* ❹ (TIPO) blass gedruckte Stelle *f*

frambuesa [fram'bwesa] *f* Himbeere *f*

franca ['fraŋka] *adj o f v.* **franco**[2]

francamente [fraŋka'meņte] *adv* offen, freiheraus; **~, no tengo interés** offen gesagt habe ich kein Interesse

francés, -esa [fraņ'θes, -esa] **I.** *adj* französisch; **tortilla francesa** Omelett *nt* **II.** *m, f* Franzose, Französin *m, f*

Francfort ['framfor$^{(t)}$] *m* Frankfurt *nt*; **salchicha de ~** Frankfurter Würstchen

franchute [fran'ʧute] **I.** *adj (pey)* französisch **II.** *mf (pey)* Franzose, Französin *m, f*

Francia ['fraņθja] *f* Frankreich *nt*

franciscano, -a [fraņθis'kano, -a] **I.** *adj* ❶ (REL) franziskanisch ❷ *(Am: pardo)* (grau)braun **II.** *m, f* Franziskaner(in) *m(f)*

franco[1] ['fraŋko] *m* ❶ *(moneda francesa, belga)* Franc *m*; *(suiza)* Franken *m* ❷ *(lengua)* Fränkisch(e) *nt*

franco, -a[2] ['fraŋko, -a] **I.** *adj* ❶ *(sincero)* aufrichtig ❷ *(generoso)* großzügig (**a/** (**para**) **con/para** gegenüber +*dat*) ❸ *(libre)* frei; **puerto ~** Freihafen *m*; **~ a bordo** frei an Bord; **~ de derechos** gebührenfrei; **~ en fábrica** ab Werk ❹ *(claro)* klar ❺ (HIST) fränkisch ❻ *(francés)* französisch **II.** *m, f* Franke, Fränkin *m, f*

francófilo, -a [fraŋ'kofilo, -a] *adj* frankophil

francotirador [fraŋkotira'ðor] *m* ❶ *(guerrillero)* Freischärler *m*; *(tirador emboscado)* Heckenschütze *m* ❷ *(persona aislada)* Querschläger *m fam*; **ser un ~** querschießen *fam*

franela [fra'nela] *f* ❶ *(tejido)* Flanell *m* ❷ *(Am: camiseta)* (Herren)unterhemd *nt*

franja ['fraŋxa] *f* ❶ *(guarnición)* Borte *f* ❷ *(tira)* Streifen *m*; **en la misma ~ horaria** im gleichen Zeitraum

franquear [fraŋke'ar] **I.** *vt* ❶ *(carta)* frankieren; **a ~ en destino** Porto bezahlt Empfänger ❷ *(desobstruir)* räumen ❸ *(fam: río)* überqueren; *(puerta)* durchschreiten; *(obstáculo)* überwinden ❹ *(conceder)* gewähren ❺ *(dar libertad)* freilassen **II.** *vr*: **~se** sich anvertrauen (**con/a** +*dat*)

franqueo [fraŋ'keo] *m* ❶ *(sellos)* Porto *nt*; **sin ~** unfrankiert ❷ *(acción: de una carta)* Frankieren *nt* ❸ *(de un esclavo)* Freilassung *f* ❹ *(de una salida)* Räumung *f*

franqueza [fraŋ'keθa] *f* ❶ *(sinceridad)* Aufrichtigkeit *f*; **admitir algo con ~** etw unumwunden zugeben ❷ *(generosidad)* Großzügigkeit *f* ❸ *(familiaridad)* Vertrautheit *f*; **no tengo suficiente ~ con ella como para pedirle este favor** ich kenne sie nicht gut genug, um sie um diesen Gefallen zu bitten ❹ *(exención)* Befreiung *f*

franquicia [fraŋ'kiθja] *f* ❶ *(de franqueo)* Abgabenfreiheit *f*; **en ~** abgabenfrei ❷ (ECON) Franchising *nt*

franquismo [fraŋ'kismo] *m sin pl* ❶ *(régimen)* Franco-Ära *f* ❷ *(movimiento)* Franquismus *m*

franquista [fraŋ'kista] **I.** *adj* franquistisch **II.** *mf* Anhänger(in) *m(f)* Francos

frasco ['frasko] *m* ❶ *(botella)* Flasche *f*; *(de perfume)* Flakon *m o nt*; **~ pulverizador** Zerstäuber *m* ❷ *(Am: medida)* ≈ 2,37 Liter

frase ['frase] *f* ❶ *(oración)* Satz *m* ❷ *(locución)* (Rede)wendung *f*; *(fam: refrán)* Sprichwort *nt*; *(expresión famosa)* geflügeltes Wort *nt*; **~ hecha** Redensart *f*; **~ proverbial** Sprichwort *nt* ❸ *(sin valor)* Phrase *f* ❹ *(estilo)* Ausdrucksweise *f* ❺ (MÚS) Phrase *f*

fraseología [fraseolo'xia] *f* ❶ (LING) Phraseologie *f* ❷ *(verbosidad)* Phrasendrescherei *f*

fraternal [frater'nal] *adj* brüderlich

fraternidad [fraterni'ða^{d}] *f* Brüderlichkeit *f*

fraternizar [fraterni'θar] <z → c> *vi* ❶ *(unirse)* sich verbrüdern; (POL) fraternisieren ❷ *(alternar)* (freundschaftlich) verkehren

fratricidio [fratri'θiðjo] *m* Brudermord *m*

fraude ['frauðe] *m* (*t.* JUR) Betrug *m*; **~ fiscal** Steuerhinterziehung *f*; **cometer ~** betrügen

fraudulento, -a [frauðu'leņto, -a] *adj* (*t.* JUR) betrügerisch; **publicidad fraudulenta** irreführende Werbung

fray [frai] *m* (REL) Bruder *m*

frazada [fra'θaða] *f (Am)* Bettdecke *f*; *(de lana)* Wolldecke *f*

frecuencia [fre'kweņθja] *f* ❶ *(repetición)* Häufigkeit *f*; **con ~** oft ❷ (FÍS) Frequenz *f*

frecuentador(a) [frekweņta'ðor(a)] *adj* regelmäßig (besuchend)

frecuentar [frekweṇ'tar] *vt* ① *(acción)* oft wiederholen ② *(lugar)* regelmäßig besuchen, verkehren (in +*dat*) ③ *(a alguien)* sich regelmäßig treffen (**a** mit +*dat*)

frecuente [fre'kweṇte] *adj* ① *(repetido)* häufig ② *(usual)* üblich

free lance [fri lans] *mf* Freiberufler(in) *m(f); v. t.* **autónomo**

fregadero [freɣa'ðero] *m* Spülbecken *nt; (en la cocina)* Spüle *f*

fregado[1] [fre'ɣaðo] *m* ① *(limpieza)* Säuberung *f; (de los platos)* Spülen *nt* ② *(fam: enredo)* Schlamassel *m o nt* ③ *(pey: pelea)* Streit *m*

fregado, -a[2] [fre'ɣaðo, -a] *adj* ① *(Am: descarado)* frech; *(fastidioso)* zudringlich ② *(Am: astuto)* gewitzt ③ *(AmC: severo)* streng

fregador [freɣa'ðor] *m* ① *(fregadero)* Spülbecken *nt* ② *(estropajo)* (Spül)schwamm *m*

fregar [fre'ɣar] *vt irr* ① *(frotar)* abreiben ② *(limpiar: el suelo)* (nass) wischen; *(los platos)* spülen; *(con cepillo)* schrubben *fam* ③ *(Am: fam: molestar)* nerven

fregona [fre'ɣona] *f* ① *(utensilio)* Wischmopp *m* ② *(pey: sirvienta)* Putzfrau *f* ③ *(pey: mujer ordinaria)* Schlampe *f*

freidora [frei̯'ðora] *f* Fritteuse *f*

freír [fre'ir] *irr* **I.** *vt* ① *(guisar)* braten; *(en mucho aceite)* frittieren; **mandar a alguien a ~ espárragos** *(fam)* jdn zum Teufel schicken ② *(fam: molestar)* nerven; **me tiene frito con sus preguntas** er/sie geht mir mit seiner/ihrer Fragerei auf die Nerven ③ *(fam: matar)* umlegen; **~ a balazos** abknallen **II.** *vr:* **~se** ① *(alimento)* braten ② *(fam: persona)* vor Hitze umkommen; **aquí te fríes** hier herrscht eine Affenhitze

frejol [fre'xol] *m*, **fréjol** ['frexol] *m (Perú) v.* **frijol**

frenar [fre'nar] **I.** *vt* ① *(hacer parar)* zum Stillstand bringen ② *(un impulso)* dämpfen; *(un desarrollo)* hemmen; *(a una persona)* zurückhalten, bremsen **II.** *vi* (ab)bremsen; **~ en seco** abrupt abbremsen **III.** *vr:* **~se** sich bremsen (**en** bei +*dat*)

frenazo [fre'naθo] *m* ① (AUTO) Vollbremsung *f* ② *(del desarrollo)* Dämpfung *f;* **sufrir un ~** *(fig)* stark gebremst werden

frenesí [frene'si] *m* ① *(exaltación)* Leidenschaft *f; (violenta)* Raserei *f* ② *(locura)* Wahnsinn *m; (delirio furioso)* Tobsucht *f*

frenético, -a [fre'netiko, -a] *adj* ① *(exaltado)* frenetisch; **aplauso ~** stürmischer Beifall ② *(loco)* wahnsinnig ③ *(furioso)* rasend

freno ['freno] *m* ① (TÉC) Bremse *f;* **~ de mano** Handbremse *f;* **~ de llanta(s)** Felgenbremse *f* ② *(para un caballo)* Trense *f* ③ *(contención)* Zügel *m;* **tirar del ~ a alguien** jdn zügeln; **no tener ~** nicht zu bremsen sein

frente[1] ['freṇte] *f* ① *(parte de la cara)* Stirn *f;* **fruncir la ~** die Stirn runzeln; **hacer ~ a alguien/a algo** jdm/etw *dat* die Stirn bieten; **no tener dos dedos de ~** *(fam)* nichts im Kopf haben ② *(cara)* Gesicht *nt;* **~ a ~** von Angesicht zu Angesicht; **bajar la ~** sich schämen

frente[2] ['freṇte] **I.** *m* ① *(delantera)* Vorderseite *f; (de un edificio)* Front *f,* Stirnseite *f;* **de ~** frontal ② (MIL, POL) Front *f;* **¡de ~!** (MIL) Marsch!; **~ popular** Volksfront *f* ③ *(cabeza)* Spitze *f;* **al ~** *(dirección)* nach vorne; *(lugar)* vorne; **de ~** *(de cara)* von vorne; *(hacia delante)* nach vorne; *(enfrente)* gegenüber; *(sin rodeos)* direkt; **estar al ~ de algo** etw leiten; **ponerse al ~** die Führung übernehmen ④ (METEO) Front *f;* **~ frío** Kaltfront *f* ⑤ *(de un escrito)* Kopf *m* **II.** *prep* ① **~ a** *(enfrente de)* gegenüber +*dat; (delante de)* vor +*dat; (contra)* gegen +*akk; (ante)* angesichts +*gen* ② **en ~ de** gegenüber +*dat*

fresa ['fresa] **I.** *adj* erdbeerfarben **II.** *f* ① (BOT) Erdbeere *f* ② (TÉC) Fräser *m,* Fräse *f*

fresadora [fresa'ðora] *f* Fräsmaschine *f,* Fräse *f*

fresal [fre'sal] *m* Erdbeerfeld *nt*

fresar [fre'sar] *vt* fräsen

frescachón, -ona [freska'tʃon, -ona] *adj (robusto)* gesund, kräftig; *(de color sano)* rosig

frescales [fres'kales] *mf inv (fam)* Frechdachs *m*

fresco[1] ['fresko] *m* ① *(frescor)* Frische *f; (frío moderado)* Kühle *f; (viento)* Brise *f;* **salir a tomar el ~** an die frische Luft gehen; **hoy hace ~** heute ist es kühl ② (ARTE) Fresko *nt* ③ *(Am: refresco)* Erfrischung *f*

fresco, -a[2] ['fresko, -a] **I.** *adj* ① *(frío)* kühl; *(prenda)* luftig; *(cutis)* frisch, rosig; *(olor)* frisch ② *(reciente)* frisch; **noticia fresca** taufrische Nachricht ③ *(descansado)* ausgeruht ④ *(fam: desvergonzado)* frech ⑤ *(impasible)* ungerührt ⑥ *(equivocado)* **estar ~** *(fam)* auf dem Holzweg sein **II.** *m, f (fam)* Frechdachs *m; (pey)* unverschämte Person *f*

frescor [fres'kor] *m* ① *(frío moderado)* Kühle *f; (frescura)* Frische *f* ② (ARTE) Fleischton *m*

frescura [fres'kura] *f* ① *(frescor)* Frische *f; (frío moderado)* Kühle *f* ② *(desvergüenza)* Unverschämtheit *f* ③ *(desembarazo)* Ungezwungenheit *f;* **con ~** ungehemmt

F

fresno ['fresno] *m* Esche *f*
fresón [fre'son] *m Erdbeerart aus Chile*
fresquera [fres'kera] *f* ≈ Speisekammer *f*
fresquería [freske'ria] *f (Am)* Erfrischungsstand *m*
freza ['freθa] *f* ❶ *(desove: acción)* Laichen *nt; (época)* Laiche *f; (huevos)* Laich *m* ❷ *(hoyo)* Loch *nt* ❸ *(del gusano)* Fresszeit *f* ❹ *(estiércol)* Kot *m*
frialdad [frjaḷ'daᵈ] *f* ❶ *(frío)* Kälte *f* ❷ *(despego)* Distanziertheit *f;* **me trató con** ~ er/sie war mir gegenüber sehr kühl ❸ *(impasibilidad)* Gleichgültigkeit *f* ❹ *(falta de sentimientos)* Gefühlskälte *f; (frigidez)* Frigidität *f* ❺ *(estilo)* Ausdruckslosigkeit *f; (del ambiente)* Kälte *f*
fricandó [frikaṇ'do] *m* ≈ Fleischeintopf *m*
fricción [friˠ'θjon] *f* ❶ *(resistencia)* Reibung *f* ❷ *(del cuerpo)* Abreibung *f; (con linimento)* Einreiben *nt* ❸ *(desavenencia)* Reibungen *f pl; (disputa)* Reiberei *f*
friccionar [friˠθjo'nar] *vt (en seco)* abreiben; *(con linimento)* einreiben
friega ['frjeɣa] *f* ❶ *(fricción)* Einreibung *f* ❷ *(Am: molestia)* Plage *f* ❸ *(fam: zurra)* Abreibung *f*
friegaplatos [frjeɣa'platos] *m inv* Geschirrspüler *m*
frigider [frixi'ðer] *m (Chil: nevera)* Kühlschrank *m*
frigidez [frixi'ðeθ] *f* ❶ *(frialdad)* Kälte *f* ❷ *(de la mujer)* Frigidität *f*
frígido, -a ['frixiðo, -a] *adj* ❶ *(elev: frío)* kalt ❷ *(mujer)* frigid(e)
frigorífico[1] [friɣo'rifiko] *m* ❶ *(nevera)* Kühlschrank *m* ❷ *(local)* Kühlhaus *nt*
frigorífico, -a[2] [friɣo'rifiko, -a] *adj* Kälte erzeugend; **camión** ~ Kühlwagen *m*
frijol [fri'xol] *m,* **fríjol** ['frixol] *m (Am:* BOT*)* Bohne *f*
friki ['friki], **friqui** ['friki] **I.** *adj (fam)* ausgeflippt **II.** *mf (fam)* Freak *m fam;* **es una ~ del anime** sie ist ein Animefreak
frío[1] ['frio] *m* Kälte *f;* **hace** ~ es ist kalt; **hace un ~ que pela** es ist eiskalt; **coger** ~ sich erkälten; **tengo** ~ mir ist kalt
frío, -a[2] ['frio, -a] *adj* ❶ *(no caliente)* kalt ❷ *(despegado)* frostig; *(relación)* gespannt ❸ *(falto de sentimientos)* gefühlskalt; *(frígida)* frigide ❹ *(impasible)* ungerührt ❺ *(inexpresivo)* ausdruckslos; *(ambiente)* kühl
friolera [frjo'lera] *f* ❶ *(cosa pequeña)* Kleinigkeit *f* ❷ *(fam: montón)* Haufen *m*
friolero, -a [frjo'lero, -a] *adj* kälteempfindlich
frisar [fri'sar] **I.** *vi* ❶ *(acercarse)* zugehen (**en** auf +*akk*) ❷ *(simpatizar)* sich gut verstehen **II.** *vt* ❶ *(tejido)* aufrauen ❷ (NÁUT) abdichten

Frisia ['frisja] *f* Friesland *nt*
friso ['friso] *m* ❶ (ARQUIT) Fries *m* ❷ *(de la pared)* Leiste *f*
frisón, -ona [fri'son, -ona] **I.** *adj* friesisch; *(de los Países Bajos)* friesländisch **II.** *m, f* Friese, -in *m, f; (de los Países Bajos)* Friesländer(in) *m(f)*
fritanga [fri'taŋga] *f (Am)* ❶ *(comida frita)* Frittüre *f* ❷ *(instrumento)* Fritteuse *f*
fritanguero, -a [fritaŋ'gero, -a] *m, f (Am: vendedor de fritangas)* Verkäufer(in) *m(f)* von frittierten Speisen
frito[1] ['frito] *m* Gebratene(s) *nt*
frito, -a[2] ['frito, -a] **I.** *pp de* **freír II.** *adj* ❶ *(comida)* gebraten; **las patatas fritas** die Chips ❷ *(fam: dormido)* **quedarse** ~ einnicken ❸ *(fam: muerto)* tot; **quedarse** ~ abkratzen; **dejar a alguien** ~ jdn um die Ecke bringen ❹ *(fam: harto)* **estar ~ con** die Nase voll haben von +*dat*
frivolidad [friβoli'ðaᵈ] *f* ❶ *(ligereza)* Leichtlebigkeit *f* ❷ *(coquetería)* Koketterie *f* ❸ *(trivialidad)* Oberflächlichkeit *f* ❹ *(sensualidad)* Frivolität *f*
frívolo, -a ['friβolo, -a] *adj* ❶ *(ligero)* leichtlebig ❷ *(coqueto)* kokett, eitel ❸ *(superficial)* oberflächlich ❹ *(sensual)* frivol
friyider [friʝi'ðer] *m (Chil: nevera)* Kühlschrank *m*
fronda ['froṇda] *f* ❶ *(hoja)* Blatt *nt; (del helecho)* Wedel *m* ❷ (MED) (Arm)schlinge *f* ❸ *pl (follaje)* Laub(werk) *nt*
frondosidad [froṇdosi'ðaᵈ] *f* ❶ *(de una planta)* dichte Belaubung *f; (de un bosque)* Dichte *f* ❷ *(follaje)* Laub(werk) *nt*
frondoso, -a [froṇ'doso, -a] *adj (planta)* blätt(e)rig; *(árbol)* dicht belaubt; *(bosque)* dicht
frontal [froṇ'tal] **I.** *adj* ❶ (ANAT) Stirn- ❷ *(relativo al frente)* Vorder- ❸ *(de frente)* frontal **II.** *m* ❶ (ANAT) Stirnbein *nt* ❷ (REL) Frontale *f*
frontenis [froṇ'tenis] *m sin pl Variante der Pelota*
frontera [froṇ'tera] *f* ❶ *(límite)* Grenze *f* (**entre** zwischen +*dat*); **atravesar la** ~ die Grenze überqueren ❷ *(frontispicio)* Vorderseite *f; (de un edificio)* Fassade *f; (de un libro)* Titelseite *f*
fronterizo, -a [froṇte'riθo, -a] *adj* ❶ *(en la frontera)* Grenz-; *(país)* angrenzend ❷ *(frontero)* gegenüberliegend
frontero[1] [froṇ'tero] *m* (MIL) Grenzkommandant *m*
frontero, -a[2] [froṇ'tero, -a] *adj* gegenüberliegend; ~ **a** [*o* **de**] gegenüber +*dat;* **la casa frontera a la estación** das Haus gegenüber dem Bahnhof
frontis ['froṇtis] *m inv* ❶ *(frontispicio)* Vor-

derseite *f; (de un edificio)* Fassade *f* ② *(pared)* Wand *f (zum Pelotaspielen)*
frontispicio [froṇtis'piθjo] *m* ① *(delantera)* Vorderseite *f; (de un edificio)* Fassade *f* ② *(de un libro)* Frontispiz *nt*, Titelseite *f* ③ (ARQUIT) Giebel *m*, Frontispiz *nt* ④ *(cara)* Antlitz *nt*
frontón [froṇ'ton] *m* ① *(pared)* Wand *f (zum Pelotaspielen)* ② *(pista)* (Pelota-)Spielfeld *nt; (edificio)* (Pelota-)Halle *f* ③ (ARQUIT) Giebel *m*, Frontispiz *nt*
frotación [frota'θjon] *f*, **frotadura** [frota'ðura] *f* ① *(acción)* Reiben *nt; (con cepillo)* Frottieren *nt* ② *(efecto)* Reibung *f*
frotamiento [frota'mjeṇto] *m (acción de frotar)* (Ab)reiben *nt; (con cepillo)* Frottieren *nt*
frotar [fro'tar] **I.** *vt* reiben; *(con cepillo)* frottieren, schrubben *fam; (con un estropajo)* scheuern **II.** *vr:* **~se** sich reiben (**contra** an +*dat*); **~se con una toalla** sich mit einem Handtuch abreiben
frotis ['frotis] *m inv* (MED) Abstrich *m*
fructífero, -a [fruk'tifero, -a] *adj* fruchtbringend
fructificación [fruktifika'θjon] *f* ① *(de una planta)* Fruchtbildung *f* ② *(de un esfuerzo)* Nutzen *m*
fructificar [fruktifi'kar] <c → qu> *vi* ① *(planta)* Früchte tragen ② *(esfuerzo)* fruchten
fructosa [fruk'tosa] *f* (QUÍM) Fruktose *f*
fructuoso, -a [fruktu'oso, -a] *adj* fruchtbar, fruchtbringend
frugal [fru'ɣal] *adj* ① *(persona)* genügsam ② *(comida)* frugal
fruición [frwi'θjon] *f* Genuss *m*
frunce ['fruṇθe] *m* Falte *f*
fruncimiento [fruṇθi'mjeṇto] *m* ① *(pliegue)* Falte *f* ② *(arrugamiento)* Zerknittern *nt* ③ *(de los labios)* Kräuseln *nt; (de la frente)* Runzeln *nt; (del entrecejo)* Zusammenziehen *nt*
fruncir [fruṇ'θir] <c → z> **I.** *vt* ① *(tela)* fälteln ② *(labios)* kräuseln; *(frente)* runzeln; **~ el entrecejo** die Augenbrauen zusammenziehen **II.** *vr:* **~se** zerknittern
fruslería [frusle'ria] *f* ① *(baratija)* Kleinigkeit *f* ② *(fam: bagatela)* Belanglosigkeit *f* ③ *(fam: tontería)* Blödsinn *m*
frustración [frustra'θjon] *f* ① *(de planes)* Zunichtemachen *nt; (fracaso)* Scheitern *nt; (de una esperanza)* Zerschlagung *f* ② *(desilusión)* Enttäuschung *f*
frustrado, -a [frus'traðo, -a] *adj (persona)* frustriert; *(intento)* vergeblich
frustrar [frus'trar] **I.** *vt* ① *(estropear)* zunichtemachen; **~ las esperanzas de alguien** jds Hoffnungen zerschlagen ② *(decepcionar)* enttäuschen **II.** *vr:* **~se** ① *(plan)* scheitern ② *(esperanzas)* sich zerschlagen
fruta ['fruta] *f* Frucht *f; (nombre colectivo)* Obst *nt;* **~s de Aragón** *kandierte Früchte mit Schokoladenüberzug;* **~ del tiempo** Frischobst *nt;* **~s tropicales** tropische Früchte; **de postre comimos ~** zum Nachtisch gab es Obst
frutal [fru'tal] **I.** *adj* Obst- **II.** *m* Obstbaum *m*
frutera [fru'tera] *adj o f v.* **frutero²**
Frutera [fru'tera] *f (Am)* United Fruit Company *f*
frutería [frute'ria] *f* Obsthandlung *f*
frutero¹ [fru'tero] *m* ① *(recipiente)* Obstschale *f* ② (ARTE) Stillleben *nt*
frutero, -a² [fru'tero, -a] **I.** *adj* Obst-; **es muy ~** er isst viel und gerne Obst **II.** *m, f* Obsthändler(in) *m(f)*
fruticultura [frutikuḷ'tura] *f* Obstanbau *m*
frutilla [fru'tiʎa] *f* ① *(cuenta)* Perle *f (eines Rosenkranzes)* ② *(Am: fresón) Erdbeerart*
fruto ['fruto] *m* ① (BOT) Frucht *f* ② *(hijo)* (Leibes)frucht *f* ③ *(rendimiento)* Ertrag *m; (ganancia)* Gewinn *m; (resultado)* Produkt *nt; (provecho)* Nutzen *m;* (JUR) Frucht *f*
fu [fu] *interj* ① *(desprecio)* pfui ② *(sonido: gato)* zsss; *(al escaparse algo)* zisch, pff; **hacer ~** *(gato)* fauchen; (**no ser**) **ni ~ ni fa** *(fam)* so lala (sein); **no me hace ni ~ ni fa** *(fam)* er/sie/es interessiert mich nicht
fucsia¹ ['fuˠsja] **I.** *adj (color)* pink **II.** *m* Pink *nt*
fucsia² ['fuˠsja] *f* (BOT) Fuchsie *f*
fue [fwe] ① *3. pret de* **ir** ② *3. pret de* **ser**
fuego ['fweɣo] *m* ① *(llamas)* Feuer *nt; (incendio)* Brand *m;* **~s artificiales** Feuerwerk *nt;* **a ~ lento** (GASTR) bei schwacher Hitze; *(fig)* langsam; **prender** [*o* **pegar**] **~ a algo** etw anzünden; **echar ~ por los ojos** vor Wut sprühen ② (MIL) (Geschütz)feuer *nt;* **estar entre dos ~s** zwischen die Fronten geraten ③ *(ardor)* Hitze *f;* **en el ~ de la discusión** im Eifer des Gefechts
fuel [fwel] *m* Heizöl *nt*
fuelle ['fweʎe] *m* ① *(instrumento)* Blasebalg *m* ② *(de un tren)* Faltenbalg *m; (de una cámara)* Balgen *m* ③ *(de un vestido)* Falte *f* ④ *(de un carruaje)* Faltverdeck *nt* ⑤ *(fam: pulmones)* Puste *f; (aguante)* Ausdauer *f* ⑥ *(fam: soplón)* Petze *f*
fuente ['fweṇte] *f* ① *(manantial)* Quelle *f* ② *(construcción)* Brunnen *m* ③ *(plato llano)* Platte *f; (plato hondo)* Schüssel *f* ④ *(origen)* Quelle *f;* **~s bien informadas** gut informierte Kreise; **~ de energía** Ener-

giequelle *f;* ~ **de ingresos** Einnahmequelle *f*

fuer ['fwer] *(elev: loc prep)* **a ~ de** als; **yo, a ~ de hermano tuyo, no puedo aceptarlo** ich als dein Bruder kann das nicht akzeptieren

fuera ['fwera] **I.** *adv* ① *(lugar)* draußen; **por ~** außen; **de ~** *(por la parte exterior)* von außen; *(de otro lugar)* von außerhalb; **el nuevo maestro es de ~** der neue Lehrer ist nicht von hier ② *(dirección)* hinaus; **¡~!** raus!; **¡~ con esto!** weg damit!; **¡~ de mi vista!** geh mir bloß aus den Augen!; **salir ~** hinausgehen; **hacia ~** nach draußen; **echar a alguien ~** jdn hinauswerfen ③ *(tiempo)* außerhalb; **~ de plazo** nach Fristablauf ④ *(fam: de viaje)* weg; **me voy ~ una semana** ich verreise für eine Woche **II.** *prep* ① *(local, t. fig)* außer *+dat;* **estar ~ de casa** außer Haus sein; **~ de línea** offline; **~ de serie** ausgezeichnet; **~ de juego** (DEP) Abseits *nt* ② *(excepto)* **~ de** abgesehen von *+dat* **III.** *conj* **~ de que...** *+subj* abgesehen davon, dass ... **IV.** *m* (DEP) **~ de juego** Abseits *nt* **V.** *interj* buh!, raus!

fueraborda [fwera'βorða] *m* ① *(motor)* Außenbordmotor *m* ② *(embarcación)* Außenborder *m*

fuereño, -a [fwe'reɲo, -a] **I.** *adj (Am: fam: forastero)* fremd **II.** *m, f (Am: fam: forastero)* Auswärtige(r) *f(m),* Fremde(r) *f(m)*

fuero ['fwero] *m* ① *(privilegio)* Sonderrecht *nt* ② *(jurisdicción)* Gerichtsbarkeit *f;* **~ interno** Gewissen *nt* ③ *(código)* Gesetzessammlung *f*

fuerte ['fwerte] **I.** *adj* <fortísimo> ① *(resistente)* stark; *(robusto)* robust; **caja ~** Safe *m o nt;* **hacerse ~** standhaft bleiben; **ser ~ de carácter** charakterstark sein ② *(musculoso)* kräftig; *(gordo)* korpulent ③ *(intenso)* heftig; *(sonido)* laut; *(comida)* würzig; **un vino ~** ein schwerer Wein ④ *(valiente)* tapfer ⑤ *(sólido)* stabil; *(duro)* hart; *(tela)* reißfest ⑥ *(genio)* schwierig ⑦ *(poderoso)* mächtig ⑧ *(versado)* gewandt; **estar ~ en matemáticas** sehr gut in Mathematik sein ⑨ *(considerable)* beträchtlich ⑩ *(violento)* derb; *(expresión)* grob; **palabra ~** Kraftausdruck *m* ⑪ *(terreno)* unwegsam ⑫ (LING: *vocal*) stark; *(forma)* stammbetont ⑬ (MIL) befestigt **II.** *m* ① *(de una persona)* Stärke *f* ② (MIL) Festung(sanlage) *f* ③ (MÚS) Forte *nt* ④ *(auge)* Höhepunkt *m* **III.** *adv* ① *(en abundancia)* viel; **desayunar ~** reichhaltig frühstücken ② *(con fuerza)* fest; *(con intensidad)* heftig ③ *(en voz alta)* laut

fuertemente [fwerte'mente] *adv* ① *(con fuerza)* fest ② *(con vehemencia)* energisch, nachdrücklich

fuerza ['fwerθa] *f* ① *(capacidad física, t.* FÍS) Kraft *f;* **~ de ánimo** Mut *m;* **~ de voluntad** Willenskraft *f;* **tiene más ~ que yo** er/sie ist stärker als ich; **sin ~s** kraftlos ② *(capacidad de soportar)* Stärke *f;* *(eficacia)* Wirksamkeit *f* ③ *(poder)* Macht *f;* **~ de disuasión** Überzeugungskraft *f;* **~ mayor** höhere Gewalt; **~ política** politische Macht *f* ④ *(violencia)* Gewalt *f;* **a** [*o* **por**] **la ~** mit Gewalt; **por ~** *(por necesidad)* gezwungenermaßen; *(con violencia)* gewaltsam ⑤ *(intensidad)* Wucht *f* ⑥ *(expresividad)* Ausdruckskraft *f* ⑦ *(auge)* Höhepunkt *m* ⑧ *pl* (POL) Kräfte *fpl;* (MIL) Streitkräfte *fpl;* **~s del orden público** Polizei *f* ⑨ (ELEC) Strom *m* ⑩ (FÍS) **~ de la gravedad** Schwerkraft *f* ⑪ *(loc)* **a ~ de** mittels *+gen;* **lo ha conseguido todo a ~ de trabajo** er/sie hat sich *dat* alles hart erarbeitet

fuete ['fwete] *m (Am: látigo)* Peitsche *f*

fuga ['fuɣa] *f* ① *(huida)* Flucht *f* (**de** aus *+dat*); *(de la cárcel)* Ausbruch *m* (**de** aus *+dat*); **~ de cerebros** Braindrain *m;* **darse a la ~** die Flucht ergreifen ② *(en tubos)* Leck *nt;* *(de líquido)* Auslaufen *nt;* *(de gas)* Ausströmen *nt;* **la cañería tiene una ~** das Rohr ist undicht; **hubo una ~ de gas/petróleo** es ist Gas/Öl ausgetreten ③ (MÚS) Fuge *f* ④ *(auge)* Höhepunkt *m*

fugacidad [fuɣaθi'ðaᵈ] *f* Flüchtigkeit *f;* *(caducidad)* Vergänglichkeit *f*

fugarse [fu'ɣarse] <g → gu> *vr* fliehen (**de** aus *+dat*); *(capital)* abfließen; **~ de la cárcel** aus dem Gefängnis ausbrechen

fugaz [fu'ɣaθ] *adj* flüchtig; *(caduco)* vergänglich; **estrella ~** Sternschnuppe *f*

fugitivo, -a [fuxi'tiβo, -a] **I.** *adj* flüchtig; *(belleza)* vergänglich **II.** *m, f* Flüchtling *m;* *(de la cárcel)* Ausbrecher(in) *m(f)*

ful [ful] **I.** *adj (argot)* ① *(falso)* falsch, faul ② *(mal hecho)* pfuscherhaft, verkorkst **II.** *m (argot)* Schrott *m,* Mist *m*

fulana [fu'lana] *f (pey)* Nutte *f*

fulano, -a [fu'lano, -a] *m, f* ① *(evitando el nombre)* Herr *m* Soundso, Frau *f* Soundso ② *(persona indeterminada)* Herr *m* X, Frau *f* X; **no me importa lo que digan ~ y mengano** es ist mir egal, was Hinz und Kunz davon halten ③ *(amante)* Geliebte(r) *mf*

fular [fu'lar] *m* ① *(tela)* Foulard *m* ② *(pañuelo)* Halstuch *nt*

fulero, -a [fu'lero, -a] *adj (fam)* ① *(chapucero)* **eres muy ~** du bist ein Pfuscher ② *(embustero)* falsch

fulgor [ful'ɣor] *m (resplandor)* Strahlen *nt;*

(centelleo) Funkeln *nt; (de una superficie)* Glanz *m*

fulgurante [fulɣu'ran̦te] *adj* ❶ *(dolor)* heftig ❷ *(rápido)* blitzartig; **carrera ~** Blitzkarriere *f*

fulgurar [fulɣu'rar] *vi (resplandecer)* strahlen; *(centellear)* funkeln; *(espejear)* glänzen

fullería [fuʎe'ria] *f* ❶ *(trampa)* Betrug *m; (en el juego)* Schummelei *f fam;* **hacer ~s** mogeln ❷ *(treta)* Trick *m*

fullero, -a [fu'ʎero, -a] **I.** *adj* ❶ *(tramposo)* betrügerisch ❷ *(fam: astuto)* gerissen **II.** *m, f* ❶ *(tramposo)* Betrüger(in) *m(f); (en el juego)* Falschspieler(in) *m(f)* ❷ *(fam: astuto)* Gauner(in) *m(f)*

fulminación [fulmina'θjon] *f* ❶ *(de un explosivo)* Zündung *f* ❷ *(emisión)* Schleudern *nt; (de amenazas)* Ausstoßen *nt* ❸ *(aniquilación)* Vernichtung *f* ❹ *(de una sentencia)* Verhängung *f*

fulminante [fulmi'nan̦te] **I.** *adj* ❶ *(rápido)* blitzartig; *(inesperado)* plötzlich ❷ *(explosivo)* zündend ❸ *(mirada)* hasserfüllt **II.** *m* Zündstoff *m*

fulminar [fulmi'nar] **I.** *vi* zünden **II.** *vt* ❶ *(arrojar)* schleudern ❷ *(dañar)* treffen; *(aniquilar)* vernichten; *(matar)* umbringen; *(enfermedad)* dahinraffen ❸ *(imponer)* anordnen; **~ una censura** eine Zensur verhängen ❹ *(amenazar)* mit Drohungen überschütten

fumadero [fuma'ðero] *m* Rauchzimmer *nt;* **~ de opio** Opiumhöhle *f*

fumador(a) [fuma'ðor(a)] **I.** *adj* rauchend **II.** *m(f)* Raucher(in) *m(f);* **no ~** Nichtraucher *m*

fumar [fu'mar] **I.** *vi, vt* rauchen **II.** *vr:* **~se** ❶ *(fumar)* rauchen ❷ *(fam: gastar)* verjubeln ❸ *(fam: faltar)* versäumen; **~se la clase** den Unterricht schwänzen

fumigación [fumiɣa'θjon] *f* Ausräuchern *nt*

fumigar [fumi'ɣar] <g → gu> *vt* ausräuchern

funambulesco, -a [funambu'lesko, -a] *adj* ❶ *(extravagante)* extravagant ❷ *(relativo al funámbulo)* Seiltänzer-; *(como un funámbulo)* seiltänzerisch

funámbulo, -a [fu'nambulo, -a] *m, f* Seiltänzer(in) *m(f)*

función [fun̦'θjon] *f* ❶ *(papel, t.* BIOL, MAT) Funktion *f;* **el precio está en ~ de la calidad** der Preis hängt von der Qualität ab ❷ *(cargo)* Amt *nt; (tarea)* Tätigkeit *f;* **entrar en ~** tätig werden; *(cargo)* ein Amt antreten; **el ministro en funciones** der stellvertretende Minister ❸ *(acto)* Veranstaltung *f;* (CINE, TEAT) Vorstellung *f*

funcional [fun̦θjo'nal] *adj* ❶ *(relativo a la función)* funktionell ❷ *(utilitario)* zweckmäßig

funcionalidad [fun̦θjonali'ðaᵈ] *f* Zweckmäßigkeit *f*

funcionamiento [fun̦θjona'mjen̦to] *m* ❶ *(marcha)* Funktionieren *nt;* **~ administrativo** Verwaltungsablauf *m;* **~ del mercado** Marktordnung *f;* **poner en ~** in Gang setzen ❷ *(rendimiento)* Funktionsfähigkeit *f; (manera de funcionar)* Funktionsweise *f;* **en estado de ~** einsatzbereit; *(máquina)* betriebsfähig

funcionar [fun̦θjo'nar] *vi* funktionieren; *(estar trabajando)* in Betrieb sein; **el coche no funciona bien** der Wagen läuft nicht gut; **la televisión no funciona** der Fernseher ist kaputt *fam*

funcionaria [fun̦θjo'narja] *f v.* **funcionario**

funcionariado [fun̦θjona'rjaðo] *m (del Estado)* Beamtenschaft *f; (de una organización)* Funktionäre *mpl*

funcionario, -a [fun̦θjo'narjo, -a] *m, f (de una organización)* Funktionär(in) *m(f); (del Estado)* Beamte(r) *m,* Beamtin *f*

funda ['fun̦da] *f (cubierta)* Hülle *f; (para gafas)* Etui *nt; (del libro)* Umschlag *m; (para el móvil)* Handytasche *f; (de almohada)* Bezug *m; (de butaca)* Überzug *m; (de máquina)* Abdeckhaube *f; (de revólver)* Halfter *f o nt;* **~ nórdica** Bettbezug *m*

fundación [fun̦da'θjon] *f* ❶ *(creación)* Gründung *f* ❷ *(institución)* Stiftung *f* ❸ *(justificación)* Begründung *f* ❹ *(origen)* Ursprung *m* ❺ *(de una estructura)* Unterbau *m*

fundadamente [fun̦daða'men̦te] *adv* zu Recht

fundado, -a [fun̦'daðo, -a] *adj* fundiert

fundador(a) [fun̦da'ðor(a)] **I.** *adj* Gründer-, Gründungs- **II.** *m(f)* (Be)gründer(in) *m(f)*

fundamental [fun̦damen̦'tal] *adj* ❶ (MAT) Grund- ❷ *(esencial)* Haupt-; *(básico)* grundlegend; **argumento ~** Hauptgrund *m;* **conocimientos ~es** Grundkenntnisse *fpl*

fundamentalismo [fun̦damen̦ta'lismo] *m sin pl* Fundamentalismus *m*

fundamentalista [fun̦damen̦ta'lista] **I.** *adj* fundamentalistisch **II.** *mf* Fundamentalist(in) *m(f)*

fundamentalmente [fun̦damen̦tal'men̦te] *adv* vor allem, im Wesentlichen

fundamentar [fun̦damen̦'tar] *vt* ❶ (ARQUIT) fundamentieren ❷ *(basar)* stützen (**en** auf +*akk*) ❸ *(establecer)* begründen ❹ *(hacer firme)* festigen

F

fundamento [fuṇda'meṇto] *m* ❶ (ARQUIT) Fundament *nt* ❷ *(base)* Grundlage *f* ❸ *(motivo)* Grund *m;* **sin ~** unbegründet ❹ *(formalidad)* Vernunft *f; (seriedad)* Ernsthaftigkeit *f;* **hablar sin ~** nur Unsinn reden ❺ *pl (conocimientos)* (Grund)kenntnisse *f pl*

fundar [fuṇ'dar] **I.** *vt* ❶ *(crear)* gründen; **~ un hogar** [*o* **una familia**] eine Familie gründen ❷ (TÉC) stützen (**sobre/en** auf +*akk*) ❸ *(basar)* stützen (**en/sobre** auf +*akk*); *(justificar)* begründen (**en** mit +*dat*) **II.** *vr:* **~se** ❶ *(basarse)* sich stützen (**en** auf +*akk*); *(tener su justificación)* beruhen (**en** auf +*dat*) ❷ *(asentarse)* ruhen (**en/sobre** auf +*dat*)

fundición [fuṇdi'θjon] *f* ❶ *(de un metal)* Schmelzen *nt* ❷ *(en una forma)* Gießen *nt* ❸ *(de ideas)* Verschmelzung *f* ❹ *(taller)* Gießerei *f* ❺ *(hierro)* Gusseisen *nt* ❻ (TIPO) Satz *m* Schriftzeichen

fundidor [fuṇdi'ðor] *m* Gießer *m*

fundir [fuṇ'dir] **I.** *vt* ❶ *(deshacer)* schmelzen ❷ *(dar forma)* gießen ❸ *(un aparato eléctrico)* durchbrennen lassen ❹ *(unir)* (miteinander) verschmelzen; *(empresas)* zusammenlegen ❺ *(Am: gastar)* verjubeln *fam* **II.** *vr:* **~se** ❶ *(deshacerse)* (zer)schmelzen ❷ *(aparato eléctrico)* durchbrennen ❸ *(unirse)* (miteinander) verschmelzen (**en** zu +*dat*); *(empresas)* sich zusammenschließen (**en** zu +*dat*) ❹ *(Am: arruinarse)* zugrunde gehen; *(negocio)* Bankrott machen

fundo ['fuṇdo] *m (Chil, Perú: finca)* Farm *f,* Bauernhof *m*

fúnebre ['funeβre] *adj* ❶ *(triste)* traurig ❷ *(sombrío)* düster ❸ *(de los difuntos)* Toten-; **coche ~** Leichenwagen *m;* **pompas ~s** *(ceremonia)* Begräbnis *nt; (empresa)* Bestattungsinstitut *nt*

funeral [fune'ral] **I.** *adj* Bestattungs-, Beerdigungs- **II.** *m* ❶ *(entierro)* Begräbnis *nt* ❷ *pl (misa)* Trauergottesdienst *m,* Trauerfeier *f*

funeraria [fune'rarja] *f* Bestattungsinstitut *nt*

funerario, -a [fune'rarjo, -a] *adj* Bestattungs-, Beerdigungs-

funesto, -a [fu'nesto, -a] *adj* ❶ *(aciago)* verhängnisvoll ❷ *(desgraciado)* verheerend; *(triste)* traurig ❸ *(fam: sin talento)* katastrophal

fungicida [fuŋxi'θiða] **I.** *adj* pilztötend **II.** *m* Fungizid *nt*

fungir [fuŋ'xir] <g → j> *vi* ❶ *(Am: un cargo)* das Amt innehaben (**de** +*gen*) ❷ *(AmC: presumir)* angeben

funicular [funiku'lar] **I.** *adj* Bergbahn-; *(de cable aéreo)* Seilbahn-; **tren ~** Bergbahn *f* **II.** *m* Bergbahn *f;* **~ aéreo** Seilbahn *f*

furcia ['furθja] *f (pey)* Nutte *f*

furgón [fur'ɣon] *m* ❶ *(carro)* Wagen *m; (camioneta)* Transporter *m* ❷ (FERRO: *para el equipaje*) Gepäckwagen *m; (para mercancías)* Güterwagen *m*

furgoneta [furɣo'neta] *f* Kleintransporter *m*

furia ['furja] *f* ❶ *(ira)* Zorn *m* ❷ *(ímpetu)* Wucht *f* ❸ *(persona)* Furie *f* ❹ *(fam: energía)* Eifer *m* ❺ *(auge)* Höhepunkt *m*

furibundo, -a [furi'βuṇdo, -a] *adj* ❶ *(furioso)* zornerfüllt ❷ *(fam: entusiasta)* begeistert; *(extremado)* fanatisch

furioso, -a [fu'rjoso, -a] *adj* ❶ *(furibundo)* wütend ❷ *(loco)* tobsüchtig ❸ *(violento)* heftig; *(tempestad)* tosend ❹ *(tremendo)* enorm; *(sentimiento)* unbändig

furor [fu'ror] *m* ❶ *(ira)* Wut *f* ❷ *(ímpetu)* Wucht *f* ❸ *(energía)* Eifer *m* ❹ *(auge)* Höhepunkt *m;* **hacer ~** Furore machen ❺ *(afición)* Begeisterung *f* ❻ *(locura)* Tobsuchtsanfall *m* ❼ (MED) **~ uterino** Nymphomanie *f*

furtivo, -a [fur'tiβo, -a] *adj* heimlich; **cazador ~** Wilderer *m*

furúnculo [fu'ruŋkulo] *m* (MED) Furunkel *nt o m*

fusa ['fusa] *f* (MÚS) Zweiunddreißigstelnote *f*

fuselaje [fuse'laxe] *m* (AERO) Rumpf *m*

fusible [fu'siβle] **I.** *adj* schmelzbar **II.** *m* Sicherung *f*

fusil [fu'sil] *m* Gewehr *nt*

fusilamiento [fusila'mjeṇto] *m* ❶ *(ejecución)* standrechtliche Erschießung *f* ❷ *(fam: de textos)* Abkupfern *nt*

fusilar [fusi'lar] *vt* ❶ *(ejecutar)* standrechtlich erschießen ❷ *(fam: copiar)* abkupfern

fusilería [fusile'ria] *f* ❶ *(fusiles)* Gewehre *nt pl* ❷ *(soldados)* Schützen *m pl* ❸ *(fuego)* Gewehrfeuer *nt*

fusilero [fusi'lero] *m* Schütze *m* (der Infanterie)

fusión [fu'sjon] *f* ❶ *(fundición)* Schmelzen *nt* ❷ *(unión, t.* ECON) Fusion *f*

fusionar [fusjo'nar] **I.** *vi* schmelzen **II.** *vt* ❶ *(deshacer)* schmelzen ❷ *(unir)* verschmelzen; *(empresas)* fusionieren **III.** *vr:* **~se** (miteinander) verschmelzen; *(empresas)* fusionieren

fusta ['fusta] *f* ❶ *(látigo)* Peitsche *f* ❷ *(leña)* Reisig *nt* ❸ *(tejido)* Wollstoff *m*

fuste ['fuste] *m* ❶ *(madera)* Holz *nt* ❷ *(vara)* Stange *f; (de una lanza)* Schaft *m* ❸ (ARQUIT) Säulenschaft *m* ❹ *(importancia)* Bedeutung *f; (sustancia)* Gehalt *m; (de*

una persona) Format *nt* ❻ *(arzón)* Sattelbaum *m*
fustigar [fusti'ɣar] <g → gu> *vt* ❶ *(azotar)* peitschen ❷ *(reprender)* tadeln
futbito [fuð'βito] *m (fam)* Hallenfußball *m*
fútbol ['fuðβol] *m* Fußball *m;* ~ **americano** American Football *m*
futbolín [fuðβo'lin] *m* Tischfußballspiel *nt*
futbolista [fuðβo'lista] *mf* Fußballspieler(in) *m(f)*
futbolístico, -a [fuðβo'listiko, -a] *adj* fußballerisch, Fußball-
fútbol sala ['fuðβol 'sala] *m sin pl* Hallenfußball *m*
futesa [fu'tesa] *f* Kleinigkeit *f,* Nichtigkeit *f*
fútil ['futil] *adj* belanglos
futileza [futi'leθa] *f (Chil: pequeñez)* Kleinigkeit *f*
futilidad [futili'ðaᵈ] *f* Belanglosigkeit *f*
futrir [fu'trir] *vt (Col: molestar)* belästigen, plagen
futurible [futu'riβle] **I.** *adj* möglich, eventuell (eintretend) **II.** *mf* Anwärter(in) *m(f);* **~s para presidente** Anwärter auf das Präsidentenamt
futurismo [futu'rismo] *m sin pl* Futurismus *m*
futurista [futu'rista] **I.** *adj* futuristisch **II.** *mf* Futurist(in) *m(f)*
futuro[1] [fu'turo] *m* ❶ *(tiempo)* Zukunft *f* ❷ (LING) Futur *nt* ❸ (FIN) **compra de ~s** Terminkauf *m*
futuro, -a[2] [fu'turo, -a] **I.** *adj* (zu)künftig **II.** *m, f (fam)* Zukünftige(r) *mf*
futurología [futurolo'xia] *f* Futurologie *f*
futurólogo, -a [futu'roloɣo, -a] *m, f* Futurologe, -in *m, f*

G

Gg

G, g [xe] *f* G, g *nt;* ~ **de Gerona** G wie Gustav
gabacho, -a [ga'βatʃo, -a] *m, f (pey: francés)* Franzose, Französin *m, f*
gabán [ga'βan] *m* Mantel *m*
gabardina [gaβar'ðina] *f* ❶ *(tela)* Gabardine *m o f* ❷ *(prenda)* Trenchcoat *m*
gabela [ga'βela] *f* Abgabe *f*
gabinete [gaβi'nete] *m* ❶ *(estudio)* Arbeitsraum *m; (junto a la alcoba)* Salon *m* ❷ *(tocador)* Toilettentisch *m* ❸ *(museo)* Kabinett *nt* ❹ *(de médico)* Praxis *f* ❺ (POL) Kabinett *nt* ❻ *(loc)* ~ **de prensa** Pressestelle *f*
Gabón [ga'βon] *m* Gabun *nt*
gabonés, -esa [gaβo'nes, -esa] **I.** *adj* gabunisch **II.** *m, f* Gabuner(in) *m(f)*
gacela [ga'θela] *f* Gazelle *f;* **corre como una** ~ er/sie ist flink wie ein Wiesel
gaceta [ga'θeta] *f* ❶ (HIST: *periódico*) Zeitung *f* ❷ (HIST: *BOE*) *spanisches Gesetzblatt* ❸ *(fam: correveidile)* Klatschmaul *nt*
gacetillero, -a [gaθeti'ʎero, -a] *m, f* Journalist(in) *m(f)*
gacha ['gatʃa] *f* ❶ *(fam: barro)* Schlamm *m* ❷ *pl (comida)* Brei *m*
gachí [ga'tʃi] <gachíes> *f (fam)* Mädel *nt,* Puppe *f*
gacho, -a ['gatʃo, -a] *adj* (herunter)hängend; **orejas gachas** Schlappohren *nt pl;* **sombrero** ~ Schlapphut *m*
gachó [ga'tʃo] *m (fam)* Kerl *m*
gaditano, -a [gaði'tano, -a] **I.** *adj* aus Cádiz **II.** *m, f* Einwohner(in) *m(f)* von Cádiz
gaélico, -a [ga'eliko, -a] *adj* gälisch
gafa ['gafa] *f* ❶ *pl (anteojos)* Brille *f;* **~s de inmersión** Taucherbrille *f;* **~s de natación** Schwimmbrille *f;* ~ **progresivas** Gleitsichtbrille *f;* **~s de sol** Sonnenbrille *f;* **~s para leer** Lesebrille *f;* **~s protectoras** Schutzbrille *f;* **~s de realidad virtual** Virtual-Reality-Brille *f;* **llevar ~s** eine Brille tragen; **ponerse las ~s** die Brille aufsetzen ❷ *(varilla)* Brillenbügel *m* ❸ (TÉC: *grapa*) Klammer *f* ❹ (TÉC: *abrazadera*) Krampe *f*
gafar [ga'far] *vt* ❶ *(con grapas)* verklammern ❷ *(con las uñas)* sich festkrallen (an +*dat*) ❸ *(fam: mala suerte)* Unglück bringen +*dat*
gafe ['gafe] *m* ❶ *(cenizo)* Unglücksbringer *m* ❷ *(aguafiestas)* Spielverderber *m*
gafotas [ga'fotas] **I.** *adj inv (pey)* **algunos niños miopes tienen complejo de** ~ manche kurzsichtigen Kinder haben einen Komplex, weil sie Brillenträger sind **II.** *mf inv (pey)* Brillenschlange *f fam abw*
gago, -a ['gaɣo, -a] **I.** *adj (Am)* stotternd **II.** *m, f* Stotterer, -in *m, f*
gaita ['gai̯ta] *f* ❶ (MÚS: *gallega*) Dudelsack *m; (zamorana)* Flageolett *nt* ❷ *(fam: cuello)* Hals *m* ❸ *(fam: lata)* **vaya ~ tener que hacer eso** das machen zu müssen ist die reinste Qual ❹ *(loc)* **estar hecho**

una ~ kränklich sein; **estar de** ~ *(fam)* guter Dinge sein

gaitero, -a [gaiˈtero, -a] *m, f (de gaita gallega)* Dudelsackspieler(in) *m(f); (de gaita zamorana)* Flageolettspieler(in) *m(f)*

gaje [ˈgaxe] *m* Einkommen *nt;* **los ~s del oficio** *(irón)* die Unannehmlichkeiten des Berufs

gajo [ˈgaxo] *m* ❶ *(de naranja)* Segment *nt* ❷ *(racimo)* Traube *f* ❸ *(rama)* herabgefallener Zweig *m*

gala [ˈgala] *f* ❶ *(fiesta)* Gala *f* ❷ *(garbo)* Anmut *f* ❸ *(selecto)* Beste(s) *nt* ❹ *pl (vestido)* Kleider *ntpl*

G

galáctico, -a [gaˈlaktiko, -a] *adj* (ASTR) galaktisch

galaico, -a [gaˈlaiko, -a] *adj* galicisch

galaicoportugués, -esa [galaikoportuˈɣes, -esa] *adj* galicisch-portuguiesisch

galán [gaˈlan] *m* ❶ *(hombre)* Galan *m* ❷ *(novio)* Liebhaber *m* ❸ (TEAT: *papel*) jugendlicher Liebhaber *m*

galante [gaˈlante] *adj* ❶ *(atento)* aufmerksam ❷ *(mujer)* kokett ❸ *(historia)* pikant

galantear [galanteˈar] *vt* den Hof machen (**a** +*dat*)

galantería [galanteˈria] *f* ❶ *(hacia una mujer)* Höflichkeit *f* (**hacia** gegenüber +*dat*) ❷ *(amabilidad)* Aufmerksamkeit *f* (**hacia** gegenüber +*dat*) ❸ *(generosidad)* Großzügigkeit *f* (**hacia** gegenüber +*dat*)

galápago [gaˈlapaɣo] *m* (ZOOL) Süßwasserschildkröte *f;* **tener más conchas que un** ~ *(fam)* sehr gerissen sein

galardón [galarˈðon] *m* Preis *m*

galardonar [galarðoˈnar] *vt* auszeichnen; ~ **a alguien con un título** jdm einen Titel verleihen

galaxia [gaˈlaˠsja] *f* ❶ *(universo)* Galaxie *f* ❷ *(AmC)* Prominenz *f*

galbana [galˈβana] *f (fam)* Faulheit *f*

galbanoso, -a [galβaˈnoso, -a] *adj* faul, arbeitsscheu

galeno [gaˈleno] *m (fam)* Doktor *m*

galeón [galeˈon] *m* Galeone *f*

galeote [galeˈote] *m* Galeerensträfling *m*

galera [gaˈlera] *f* ❶ (NÁUT) Galeere *f* ❷ (ZOOL) Heuschreckenkrebs *m* ❸ (TIPO) (Setz)schiff *nt* ❹ (MAT) Divisionszeichen *nt* ❺ *(Am: cobertizo)* Schuppen *m* ❻ *(Am: sombrero)* Zylinder(hut) *m*

galerada [galeˈraða] *f* (TIPO) Fahne *f*

galería [galeˈria] *f* ❶ *(corredor)* Galerie *f* ❷ *(de arte)* Kunstgalerie *f* ❸ *pl (grandes almacenes)* Kaufhaus *nt* ❹ *pl (bulevar)* Ladenpassage *f* ❺ (MIN) Stollen *m* ❻ (TEAT) Galerie *f* ❼ *(subterránea)* Tunnel *m*

galerista [galeˈrista] *mf* Galerist(in) *m(f)*

Gales [ˈgales] *m* (**País de**) ~ Wales *nt*

galés, -esa [gaˈles, -esa] **I.** *adj* walisisch **II.** *m, f* Waliser(in) *m(f)*

galgo, -a [ˈgalɣo, -a] *m, f* (ZOOL) Windhund, -hündin *m, f*

Galia [ˈgalja] *f* Gallien *nt*

Galicia [gaˈliθja] *f* Galicien *nt*

galicismo [galiˈθismo] *m* Gallizismus *m*

gálico, -a [ˈgaliko, -a] *adj* gallisch

galillo [gaˈliʎo] *m* ❶ (ANAT) Zäpfchen *nt* ❷ *(fam: gaznate)* Kehle *f,* Schlund *m*

galimatías [galimaˈtias] *m inv* ❶ *(lenguaje)* Kauderwelsch *nt* ❷ *(enredo)* Durcheinander *nt*

galipandria [galiˈpandrja] *f (fam)* Erkältung *f*

gallardear [gaʎarðeˈar] *vi* ❶ *(ostentar gallardía)* Mut zur Schau tragen ❷ *(presumir)* prahlen (**de** mit +*dat*)

gallardía [gaʎarˈðia] *f* ❶ *(apostura)* Stattlichkeit *f* ❷ *(garbo)* Anmut *f* ❸ *(valentía)* Mut *m*

gallardo, -a [gaˈʎarðo, -a] *adj* ❶ *(de aspecto)* stattlich ❷ *(garboso)* anmutig ❸ *(valiente)* mutig

gallear [gaʎeˈar] **I.** *vi* ❶ *(fanfarronear)* angeben ❷ *(alzar la voz)* brüllen ❸ *(creerse importante)* sich *dat* viel einbilden **II.** *vt (el gallo a la gallina)* treten

gallego, -a [gaˈʎeɣo, -a] **I.** *adj* galicisch **II.** *m, f* ❶ *(habitante)* Galicier(in) *m(f)* ❷ *(AmS: pey: español)* Spanier(in) *m(f)*

galleguismo [gaʎeˈɣismo] *m* Galicismus *m*

galleta [gaˈʎeta] *f* ❶ *(dulce)* Keks *m; (bizcocho)* Zwieback *m* ❷ (MIN) Würfelkohle *f* ❸ *(fam: bofetada)* Ohrfeige *f*

gallina [gaˈʎina] *f* ❶ *(hembra del gallo)* Huhn *nt;* **~s camperas** freilaufende Hühner; ~ **clueca** Glucke *f* ❷ *(fam: cobarde)* Feigling *m* ❸ *(juego)* **jugar a la ~ ciega** Blindekuh spielen ❹ *(loc)* **se me pone la carne de** ~ ich bekomme eine Gänsehaut

gallinazo [gaʎiˈnaθo] *m* Truthahngeier *m*

gallinero [gaʎiˈnero] *m* ❶ *(corral)* Hühnerstall *m* ❷ (TEAT) Olymp *m*

gallito [gaˈʎito] *m* **ser un** ~ der Hahn im Korb sein; **ponerse** ~ aggressiv werden

gallo [ˈgaʎo] *m* ❶ *(ave)* Hahn *m;* ~ **de pelea** Kampfhahn *m;* ~ **silvestre** Auerhahn *m* ❷ *(pez)* Heringskönig *m* ❸ *(engreído)* Angeber *m* ❹ (MÚS) **soltar un** ~ kicksen ❺ *(esputo)* Auswurf *m* ❻ *(Am: hombre fuerte)* starker Mann *m* ❼ *(loc)* **misa de(l)** ~ Christmette *f;* **pata de** ~ Krähenfüße *mpl;* **peso** ~ (DEP) Bantamgewicht *nt;* **alzar el** ~ großspurig werden; **en menos que canta un** ~ im Nu; **si el dinero fuera mío, otro ~ nos cantara**

(fam) wenn das Geld mir gehören würde, würde die Lage anders aussehen

galo, -a ['galo, -a] **I.** *adj* ❶ *(de la Galia)* gallisch ❷ *(francés)* französisch **II.** *m, f* ❶ *(de la Galia)* Gallier(in) *m(f)* ❷ *(francés)* Franzose *m,* Französin *f*

galón [ga'lon] *m* ❶ *(cinta)* Borte *f* ❷ (MIL: *distintivo*) Litze *f* ❸ *(medida inglesa)* Gallone *f*

galopada [galo'paða] *f* Galopprennen *nt*

galopar [galo'par] *vi* galoppieren

galope [ga'lope] *m* Galopp *m*

galopín [galo'pin] *m* ❶ *(golfillo)* Straßenjunge *m* ❷ *(granuja)* Gauner *m* ❸ *(granujilla)* Bengel *m*

galpón [gal'pon] *m (AmS)* Schuppen *m*

galuchar [galu'ʧar] *vi (Col, Cuba, PRico, Ven)* galoppieren

galvanización [galβaniθa'θjon] *f* ❶ (MED) Galvanisation *f* ❷ (TÉC) Galvanisierung *f*

galvanizar [galβani'θar] <z → c> *vt* ❶ (TÉC) galvanisieren; *(con cinc)* verzinken ❷ *(una institución)* beleben

gama ['gama] *f* ❶ (MÚS) Tonleiter *f* ❷ *(escala)* Skala *f;* ~ **de ofertas** Angebotspalette *f;* **una ~ baja de productos** Billigprodukte *ntpl*

gamada [ga'maða] *adj* **cruz ~** Hakenkreuz *nt*

gamba ['gamba] *f* ❶ (ZOOL) Garnele *f* ❷ (GASTR) Krabbe *f*

gamberrada [gambe'rraða] *f* rowdyhafter Streich *m;* **hacer ~s** etwas anstellen

gamberrear [gamberre'ar] *vi* gaunern

gamberro, -a [gam'berro, -a] *m, f* Rowdy *m*

gambeta [gam'beta] *f* ❶ *(Am: distensión)* Verrenkung *f* ❷ *(Am: evasiva)* ausweichende Antwort *f;* *(fútbol)* Dribbling *nt;* **hacer ~s** dribbeln

Gambia ['gambia] *f* Gambia *nt*

gambuza [gam'buθa] *f* (NÁUT) Vorratskammer *f* für Lebensmittel auf einem Schiff

gamer ['geịmer] *mf* <-s> (INFOR) Gamer(in) *m(f)*

gameto [ga'meto] *m* (BIOL) Fortpflanzungszelle *f*

gamma ['gam(m)a] *f* Gamma *nt*

gamo ['gamo] *m* Damhirsch *m*

gamonal [gamo'nal] *m (Am: cacique)* Kazike *m*

gamuza [ga'muθa] *f* ❶ *(animal)* Gämse *f* ❷ *(piel)* Gämsleder *nt* ❸ *(paño)* Fensterleder *nt*

gán(g)ster ['gaⁿster] *mf* Gangster(in) *m(f)*

gana ['gana] *f* Lust *f* (**de** auf +*akk*); **tengo ~s de comer** ich habe Appetit; **de buena ~** gerne; **de mala ~** ungerne; **tengo ~s de irme de vacaciones** ich möchte gerne Urlaub machen; **no me da la** (**real**) **~** *(fam)* ich will einfach nicht; **son ~s de fastidiar** sie wollen uns ja nur das Spiel verderben!; **me quedé con las ~s de verle** ich musste mich leider damit abfinden, ihn nicht sehen zu können; **este es feo con ~s** *(fam)* der ist ja furchtbar hässlich!

ganadería [ganaðe'ria] *f* ❶ *(ganado)* Viehbestand *m* ❷ *(crianza)* Viehzucht *f;* **~ biológica** artgerechte Viehhaltung ❸ *(comercio)* Viehhandel *m*

ganadero, -a [gana'ðero, -a] **I.** *adj* Vieh- **II.** *m, f* ❶ *(criador)* Viehzüchter(in) *m(f)* ❷ *(tratante)* Viehhändler(in) *m(f)*

ganado [ga'naðo] *m* ❶ *(reses)* Vieh *nt;* **~ bovino** [*o* **vacuno**] Rinder *ntpl;* **~ cabrío** Ziegen *fpl;* **~ ovino** Schafe *ntpl;* **~ porcino** Schweine *ntpl* ❷ *(Am: ganado vacuno)* Rinder *ntpl* ❸ *(fam: de personas)* Schar *f,* Horde *f*

ganador(a) [gana'ðor(a)] **I.** *adj* ❶ *(de ganar)* siegend, Sieges- ❷ *(victorioso)* siegreich **II.** *m(f)* Gewinner(in) *m(f)*

ganancia [ga'naṇθja] *f* ❶ *(beneficio)* Gewinn *m* ❷ *(sueldo)* Verdienst *m*

ganancioso, -a [ganaṇ'θjoso, -a] *adj* ❶ *(que da ganancia)* gewinnbringend ❷ *(beneficiado)* **salir ~ de algo** einen Nutzen aus etw *dat* ziehen

ganar [ga'nar] **I.** *vi* ❶ *(en el juego)* gewinnen ❷ *(mejorar)* gewinnen (**en** an +*dat*); **~ en condición social** sich gesellschaftlich verbessern; **¿qué esperas ~ con esto?** was erhoffst du dir davon?; **con esto solamente puedes salir ganando** das kann dir nur von Nutzen sein **II.** *vt* ❶ *(trabajando)* verdienen; **con ese negocio consiguió ~ mucho dinero** dieses Geschäft brachte ihm/ihr viel Geld ein ❷ *(jugando)* gewinnen; *(premio)* erringen; *(a alguien)* besiegen (**a** +*akk*); **le he ganado 10 euros a los dados** ich habe ihm/ihr 10 Euro beim Würfeln abgenommen ❸ *(adquirir)* gewinnen; *(libertad)* erlangen; *(conocimientos)* erwerben; **~ experiencia** Erfahrungen sammeln; **~ peso** zunehmen; **~ velocidad** schneller werden ❹ *(llegar a)* erreichen; **~ la orilla** ans Ufer gelangen ❺ *(aventajar)* übertreffen (**en** an +*dat*) ❻ (MIL: *ciudad*) erobern ❼ *(a una persona)* für sich gewinnen **III.** *vr:* **~se** ❶ *(dinero)* verdienen; **~se la vida** seinen Lebensunterhalt verdienen ❷ *(a alguien)* für sich gewinnen ❸ *(loc)* **si no me sale, me la gano** wenn mir das nicht gelingt, dann blüht mir was

ganchillo [gan'ʧiʎo] *m* ❶ *(gancho)* Häkelnadel *f* ❷ *(labor)* Häkelarbeit *f;* **hacer ~** häkeln

gancho ['ganʧo] *m* ❶ *(instrumento)*

Haken *m* ❷ (DEP: *boxeo*) Haken *m; (baloncesto)* Hookshot *m* ❸ *(de árbol)* Aststumpf *m* ❹ *(algo que atrae)* Blickfang *m* ❺ *(Am: horquilla)* Haarnadel *f* ❻ *(garabato)* Haken *m* ❼ *(atractivo)* Anziehungskraft *f* ❽ *(persona)* Lockvogel *m*

ganchudo, -a [gan'ʧuðo, -a] *adj* hakenförmig

gandido, -a [gaṇ'diðo, -a] *adj (Col: pey: glotón)* gefräßig

gandul(a) [gaṇ'dul(a)] **I.** *adj* faul **II.** *m(f)* Faulpelz *m*

gandulear [gaṇdule'ar] *vi* faulenzen

gandulería [gaṇdule'ria] *f* Faulheit *f*

G

gandulitis [gaṇdu'litis] *f sin pl (fam)* Faulenzerei *f*

gandumbas [gaṇ'dumbas] **I.** *adj inv (fam)* faul, träge **II.** *mf inv (fam)* Faulenzer(in) *m(f)*

ganga ['gaŋga] *f* ❶ *(oferta)* günstiges Angebot *nt;* **¿solo vale 2 euros? ¡pues sí que es una ~!** das kostet nur 2 Euro? das ist ja spottbillig!; **¡menuda ~ este nuevo jefe!** mit dem neuen Chef haben wir uns ja was Schönes eingehandelt! ❷ (ZOOL) Flughuhn *nt* ❸ (MIN) Gangstein *m*

ganglio ['gaŋgljo] *m* (ANAT) Ganglion *nt*

gangosear [gaŋgose'ar] *vi* näseln

gangoso, -a [gaŋ'goso, -a] **I.** *adj* näselnd **II.** *adv* **hablar ~** näseln

gangrena [gaŋ'grena] *f* ❶ (MED) Brand *m* ❷ *(mal)* Hauptübel *nt*

gangrenarse [gaŋgre'narse] *vr* den Brand bekommen

ganguear [gaŋge'ar] *vi* näseln

gansada [gan'saða] *f* Albernheit *f,* Faxen *f pl*

gansear [ganse'ar] *vi* ❶ *(fam: vaguear)* (faul) herumlungern ❷ *(decir gansadas)* herumalbern

ganso, -a ['ganso, -a] *m, f* ❶ *(ave)* Gans *f; (macho)* Gänserich *m* ❷ *(perezoso)* Faulenzer(in) *m(f)* ❸ *(estúpido)* Dummkopf *m;* **hacer el ~** herumalbern

gánster ['gaⁿster] *mf* Gangster(in) *m(f)*

Gante ['gaṇte] *m* Gent *nt*

ganzúa[1] [gaṇ'θua] *f (llave)* Dietrich *m*

ganzúa[2] [gaṇ'θua] *m* Einbrecher(in) *m(f)*

gañán [ga'ɲan] *m* ❶ *(mozo)* Bauernjunge *m* ❷ *(tosco)* Rüpel *m*

gañido [ga'ɲiðo] *m (de animal)* Heulen *nt; (de perro)* Jaulen *nt; (de aves)* Krächzen *nt; (de personas)* Keuchen *nt*

gañir [ga'ɲir] *<3. pret* gañó*> vi (animal)* heulen; *(perro)* jaulen; *(las aves)* krächzen; *(personas)* schnaufen, keuchen

gañote [ga'ɲote] *m* Kehle *f*

garabatear [garaβate'ar] **I.** *vt (al escribir)* (hin)kritzeln **II.** *vi* ❶ (TÉC) (einen) Haken verwenden ❷ *(al escribir)* kritzeln ❸ *(al hablar)* um den heißen Brei herumreden

garabato [gara'βato] *m* ❶ *(gancho)* Haken *m* ❷ *(al escribir)* Gekritzel *nt* ❸ *(atractivo)* Anziehungskraft *f*

garaje [ga'raxe] *m* ❶ *(para coches)* Garage *f; (subterráneo)* Tiefgarage *f* ❷ *(taller)* Autowerkstatt *f*

garante [ga'raṇte] **I.** *adj* garantierend **II.** *mf* Bürge, -in *m, f*

garantía [garaṇ'tia] *f* ❶ *(seguridad)* Garantie *f* ❷ (FIN: *aval*) Bürgschaft *f; (caución)* Kaution *f* ❸ (COM) Garantie *f;* **~s constitucionales** (POL) Grundrechte *nt pl;* **sin ~** ohne Gewähr

garantir [garaṇ'tir] *vt irr como abolir v.* **garantizar**

garantizador(a) [garaṇtiθa'ðor(a)] *m(f)* Bürge, -in *m, f*

garantizar [garaṇti'θar] <z → c> *vt* ❶ *(asegurar)* garantieren; **no está garantizado que él sea el orador** es steht noch nicht fest, ob er der Redner ist ❷ (JUR) gewährleisten; *(deuda)* bürgen (**por** für +*akk*)

garañón [gara'ɲon] *m* ❶ *(asno)* Eselhengst *m; (camello)* Kamelhengst *m* ❷ *(Am: caballo semental)* Zuchthengst *m*

garapiña [gara'piɲa] *f* ❶ *(galón)* Borte *f* ❷ (GASTR) Kandierung *f*

garapiñar [garapi'ɲar] *vt* kandieren

garbancero, -a [garβaṇ'θero, -a] **I.** *adj* Kichererbsen- **II.** *m, f* Kichererbsenhändler(in) *m(f)*

garbanzo [gar'βaṇθo] *m* Kichererbse *f;* **ganarse los ~s** *(fam)* seinen Lebensunterhalt verdienen; **ser el ~ negro** das schwarze Schaf sein

garbear [garβe'ar] **I.** *vi* ❶ *(afectar garbo)* prahlen ❷ *(trampear)* sich durchschlagen **II.** *vt* ❶ *(garbas)* in Garben binden ❷ *(robar)* stehlen **III.** *vr:* **~se** spazieren gehen

garbeo [gar'βeo] *m* Spaziergang *m*

garbillar [garβi'ʎar] *vt* sieben

garbillo [gar'βiʎo] *m* Sieb *nt*

garbo ['garβo] *m* ❶ *(elegancia)* Anmut *f; (de movimiento)* Grazie *f* ❷ *(brío)* Schwung *m* ❸ *(generosidad)* Großzügigkeit *f* ❹ *(de un escrito)* Charme *m*

garboso, -a [gar'βoso, -a] *adj* ❶ *(elegante)* anmutig ❷ *(brioso)* schwungvoll ❸ *(generoso)* großzügig

garbullo [gar'βuʎo] *m* Tumult *m,* Aufruhr *m*

gardenia [gar'ðenja] *f* Gardenie *f*

garduña [gar'ðuɲa] *f* Hausmarder *m*

garete [ga'rete] *m* **ir(se) al ~** *(proyecto)* scheitern; (NÁUT) treiben

garfa ['garfa] *f* Klaue *f*

garfio ['garfjo] *m* spitzer Haken *m*
gargajear [garɣaxe'ar] *vi* spucken
gargajo [gar'ɣaxo] *m* zäher Auswurf *m*
garganta [gar'ɣan̩ta] *f* ① *(gaznate)* Kehle *f; (cuello)* Hals *m; (empeine)* Spann *m;* **tener buena ~** eine gute Stimme haben; **se me hizo un nudo en la ~ de nervioso que estaba** die Aufregung schnürte mir die Kehle zu ② *(de un objeto)* Hals *m* ③ (GEO: *quebrada*) Schlucht *f; (angostura)* Engpass *m* ④ (TÉC) Seilnut *f* ⑤ (ARQUIT) Schaft *m*
gargantada [garɣan̩'taða] *f* Schluck *m*
gargantilla [garɣan̩'tiʎa] *f* ① *(cinta)* Halsband *nt* ② *(collar)* Halskette *f; (de perlas)* Perlenkette *f*
gárgaras ['garɣaras] *fpl* Gurgeln *nt;* **hacer ~** gurgeln; **¡vete a hacer ~!** scher dich zum Teufel!
gargarear [garɣare'ar] *vi (Chil, Guat, Perú)* gurgeln
gargarizar [garɣari'θar] <z → c> *vi* gurgeln
gárgola ['garɣola] *f* (ARQUIT) Wasserspeier *m*
garita [ga'rita] *f* ① *(de centinelas)* Schilderhaus *nt* ② *(de portero)* Pförtnerloge *f* ③ (FERRO) Bahnwärterhäuschen *nt* ④ *(de fortificación)* Mauertürmchen *nt*
garitero, -a [gari'tero, -a] *m, f* ① *(propietario)* Inhaber(in) *m(f)* einer Spielhölle ② *(cliente)* Spielhöllenbesucher(in) *m(f)*
garito [ga'rito] *m* ① *(local)* illegale Spielhalle *f* ② *(ganancia)* Gewinn *m* (beim Glücksspiel)
garlar [gar'lar] *vi (fam)* schwätzen
garnacha [gar'natʃa] *f* ① (BOT) Garnacha *nt* ② *(vino)* Garnachawein *m*
garra ['garra] *f* ① *(de animal)* Kralle *f;* **caer en las ~s de alguien** in jds Fänge geraten; **la policía le echó la ~ al ladrón** die Polizei konnte den Dieb schnappen ② *(pey: mano)* Pfote *f* ③ (NÁUT) Enterhaken *m* ④ *pl (Am: harapos)* Fetzen *mpl* ⑤ *(fam: brío)* **este equipo tiene ~** diese Mannschaft hat Pep
garrafa [ga'rrafa] *f* ① *(de vidrio)* Karaffe *f* ② *(con cesto)* Korbflasche *f* ③ *(bidón)* Kanister *m* ④ *(a granel)* **vino de ~** offener Wein
garrafal [garra'fal] *adj* riesig, ungeheuer
garrapata [garra'pata] *f* Zecke *f*
garrapatear [garrapate'ar] *vi, vt* kritzeln
garrapiña [garra'piɲa] *f v.* **garapiña**
garrapiñar [garrapi'ɲar] *vt* kandieren
garrido, -a [ga'rriðo, -a] *adj* ① *(gallardo)* stattlich ② *(galano)* elegant
garrir [ga'rrir] *vi* schreien *(Papagei)*
garrocha [ga'rrotʃa] *f* Lanze *f*
garrochazo [garro'tʃaθo] *m* Lanzenstich *m*
garronear [garrone'ar] *vi (Arg)* schmarotzen (**a** bei +*dat*)
garrotazo [garro'taθo] *m* Schlag *m* mit dem Knüppel
garrote [ga'rrote] *m* ① *(palo)* Knüppel *m* ② *(ligadura)* Knebel *m* ③ *(de ejecución)* Würgschraube *f*
garrucha [ga'rrutʃa] *f* Rolle *f*
garrulería [garrule'ria] *f* Geschwätz *nt*
garrulo, -a [ga'rrulo, -a] **I.** *adj (pey)* grob, ungeschliffen **II.** *m, f (pey)* Grobian *m,* Flegel *m*
garúa [ga'rua] *f (Am: llovizna)* Nieseln *nt*
garuar [ga'rwar] *vimpers (Am: lloviznar)* nieseln
garza ['garθa] *f* Reiher *m*
garzón, -ona [gar'θon, -ona] *m, f (Am: camarero)* Kellner(in) *m(f)*
gas [gas] *m* ① *(fluido)* Gas *nt;* **~ natural** Erdgas *nt;* **bombona de ~** Gasflasche *f;* **cartucho de ~** Gaspatrone *f;* **cocina de ~** Gasherd *m;* **agua con ~** Sprudel *m;* **agua sin ~** stilles Wasser ② (AUTO) **dar ~** Gas geben; **ir a todo ~** mit Vollgas fahren ③ *pl (en el estómago)* **~es** Blähungen *fpl*
gasa ['gasa] *f* ① *(tela)* Gaze *f* ② *(de luto)* Trauerflor *m* ③ (MED) Verband(s)mull *m* ④ *(pañal)* Windel *f*
gascón, -ona [gas'kon, -ona] **I.** *adj* gascognisch **II.** *m, f* Gascogner(in) *m(f)*
gasear [gase'ar] *vt* ① *(agua)* Kohlensäure zusetzen +*dat* ② *(algodón)* gasieren ③ *(matar)* vergasen
gaseiforme [gasei̯'forme] *adj* gasförmig
gaseoducto [gaseo'ðukto] *m* Erdgasleitung *f*
gaseosa [gase'osa] *f* süßer Sprudel
gaseoso, -a [gase'oso, -a] *adj* ① *(con gas)* gashaltig ② *(gaseiforme)* gasförmig
gasfitería [gasfite'ria] *f (Am)* Klempnerei *f*
gasificación [gasifika'θjon] *f* Vergasung *f*
gasificar [gasifi'kar] <c → qu> *vt* ① (TÉC: *trasformar en gas*) vergasen ② *(un líquido)* mit Kohlensäure versetzen
gasoducto [gaso'ðukto] *m* Gasfernleitung *f*
gasógeno [ga'soxeno] *m* Gasgenerator *m*
gasoil [ga'soi̯l] *m,* **gasoil** [ga'soi̯l] *m* Diesel(öl) *nt*
gasóleo [ga'soleo] *m* Diesel(öl) *nt*
gasolina [gaso'lina] *f* Benzin *nt;* **~ con/sin plomo** verbleites/bleifreies Benzin; **~ súper** Super(benzin) *nt;* **echar** [*o* **poner**] **~** tanken
gasolinera [gasoli'nera] *f* ① *(estableci-*

miento) Tankstelle *f* ② *(lancha)* Motorboot *nt*

gastadero [gasta'ðero] *m (fam)* Ursache *f* von Ausgaben

gastado, -a [gas'taðo, -a] *adj* ① *(vestido)* abgetragen; *(cuello)* abgescheuert; *(zapato)* abgelaufen; *(talón)* abgetreten; *(suelo)* ausgetreten; *(neumático)* abgefahren; *(pilas)* leer ② *(expresión)* abgedroschen ③ *(persona)* verbraucht

gastador[1] [gasta'ðor] *m* ① (MIL: *zapador*) Pionier *m* ② *(condenado)* Zwangsarbeiter *m*

gastador(a)[2] [gasta'ðor(a)] **I.** *adj* verschwenderisch **II.** *m(f)* Verschwender(in) *m(f)*

gastar [gas'tar] **I.** *vt* ① *(dinero)* ausgeben ② *(vestido)* abtragen; *(zapato)* ablaufen; *(talón)* abtreten; *(suelo)* austreten; *(neumático)* abfahren ③ *(tiempo)* investieren ④ *(electricidad)* verbrauchen ⑤ *(tener)* **~ mal/buen humor** stets schlecht/gut gelaunt sein ⑥ *(poseer)* haben ⑦ *(loc)* **~ pocas palabras** nicht viele Worte machen; **~ bromas a alguien** seine Scherze mit jdm treiben **II.** *vr:* **~se** ① *(dinero)* ausgeben ② *(vestido)* sich abnutzen ③ *(consumirse)* verbraucht werden

gasto ['gasto] *m* ① *(de dinero)* Ausgabe *f; (en un negocio)* Kosten *pl;* (ECON, COM: *desembolso*) Ausgaben *f pl; (costos adicionales)* Unkosten *pl;* **dinero para ~s corrientes** Taschengeld *nt;* **~s de inscripción** Einschreibegebühren *f pl;* **~s de personal** Personalaufwand *m;* **el ~ público** die Staatsausgaben; **~s de representación** Spesen *pl* ② *(de fuerza)* Aufwand *m* (**de** an *+dat*); **~ de tiempo** Zeitaufwand *m* ③ *(consumo)* Verbrauch *m* (**de** an *+dat*) ④ *(de una fuente)* Ergiebigkeit *f*

gástrico, -a ['gastriko, -a] *adj* Magen-

gastritis [gas'tritis] *f inv* (MED) Magenschleimhautentzündung *f*

gastroenteritis [gastroen̪te'ritis] *f inv* (MED) Magen-Darm-Entzündung *f*

gastroenterología [gastroen̪terolo'xia] *f* (MED) Gastroenterologie *f*

gastrointestinal [gastroin̪testi'nal] *adj* (MED) gastrointestinal

gastronomía [gastrono'mia] *f sin pl* ① *(arte culinaria)* Gastronomie *f* ② (ECON) Gaststättengewerbe *nt*

gastronómico, -a [gastro'nomiko, -a] *adj* gastronomisch

gastrónomo, -a [gas'tronomo, -a] *m, f* ① *(que trabaja en gastronomía)* Gastronom(in) *m(f)* ② *(gourmet)* Feinschmecker(in) *m(f)*

gata ['gata] *f* ① *(hembra del gato)* Katze *f* ② *(nubecilla)* Wolken *f pl* am Berg ③ *(madrileña)* Madriderin *f* ④ *(loc)* **hacer la ~ muerta** *(fam)* den Bescheidenen spielen

gatas ['gatas] **andar a ~** auf allen vieren gehen

gatear [gate'ar] **I.** *vi* ① *(trepar)* klettern ② *(ir a gatas)* krabbeln ③ *(Am: enamorar)* hinter den Frauen her sein **II.** *vt* ① *(arañar)* kratzen ② *(fam: robar)* mausen

gatillo [ga'tiʎo] *m* ① *(percusor)* Abzug *m;* **apretar el ~** abdrücken ② *(de dentista)* Zahnzange *f* ③ *(de cuadrúpedo)* Widerrist *m* ④ *(ratero)* Spitzbube *m*

gato ['gato] *m* ① *(félido)* Katze *f; (macho)* Kater *m;* **el G~ con Botas** der Gestiefelte Kater; **ser ~ viejo** ein alter Hase sein; **dar ~ por liebre a alguien** *(fam)* jdm ein X für ein U vormachen; **aquí hay ~ encerrado** *(fam)* hier ist etwas faul; **llevarse el ~ al agua** *(fam)* den Vogel abgeschossen haben; **éramos cuatro ~s en el cine** *(fam)* es waren nur ein paar Leute im Kino; **¿quién le pone el cascabel al ~?** *(fig)* wer hängt der Katze die Schelle um?; **buscarle los tres pies al ~** Haarspalterei betreiben; **andar como el perro y el ~** wie Hund und Katze sein ② *(astuto)* Gauner *m* ③ *(madrileño)* Madrider *m* ④ (TÉC: *de coche*) Wagenheber *m; (de carpintero)* Schraubzwinge *f* ⑤ *(para dinero)* Geldbeutel *m*

gatuno, -a [ga'tuno, -a] *adj* Katzen-, katzenhaft

gauchaje [gau̯'ʧaxe] *m (CSur)* Gauchos *m pl,* Gauchotrupp *m*

gaucho[1] ['gau̯ʧo] *m (Am)* ① *(campesino)* Gaucho *m* ② *(jinete)* guter Reiter *m*

gaucho, -a[2] ['gau̯ʧo, -a] *adj* ① *(de gaucho)* Gaucho-, gauchohaft ② *(Am: grosero)* grob ③ *(Am: astuto)* gerissen

gavanzo [ga'βan̪θo] *m* (BOT) Hagebutte *f,* Heckenrose *f*

gaveta [ga'βeta] *f* ① *(de escritorio)* Schubfach *nt* ② *(de albañil)* Mörtelpfanne *f*

gavia ['gaβja] *f* ① *(zanja)* Entwässerungsgraben *m* ② (NÁUT: *vela*) Marssegel *nt* ③ *(gaviota)* Möwe *f*

gavilán [ga'βilan] *m* ① *(ave)* Sperber *m* ② *(de pluma)* Spitze *f* ③ *(de espada)* Parierstange *f* ④ *(del cardo)* Distelblüte *f*

gavilla [ga'βiʎa] *f* ① *(fajo)* Garbe *f* ② *(cuadrilla)* Bande *f*

gaviota [ga'βjota] *f* Möwe *f*

gay [gai̯] *m* Schwule(r) *m*

gazapo [ga'θapo] *m* ① *(conejo)* junges Kaninchen *nt* ② *(en un periódico)* (Zeitungs)ente *f* ③ *(fam: al hablar)* Versprecher *m*

gazmoñería [gaθmoɲe'ria] *f* ① *(mojigate-*

ría) Scheinheiligkeit *f* ② *(hipocresía)* Heuchelei *f*
gazmoño, -a [gaθ'moɲo, -a] *adj* ① *(mojigato)* scheinheilig ② *(hipócrita)* heuchlerisch
gaznápiro, -a [gaθ'napiro, -a] *m, f* ① *(simple)* Einfaltspinsel *m* ② *(gamberro)* Halbstarke(r) *mf*
gaznatada [gaθna'taða] *f (Am)* Ohrfeige *f*
gaznate [gaθ'nate] *m* Kehle *f*
gazpacho [gaθ'paʧo] *m* (GASTR) Gazpacho *m (kalte Gemüsesuppe)*
GB [ʤiɣa'bai̯t] *m inv abr de* **gigabyte** (INFOR) GB *nt*
Gbit [ʤiɣa'bit] *m inv abr de* **gigabit** (INFOR) GBit *nt*
Gbyte [ʤiɣa'bai̯t] *m inv abr de* **gigabyte** (INFOR) GByte *nt*
géiser ['xei̯ser] *m* Geysir *m*
geisha ['gei̯sa] *f* Geisha *f*
gel [xel] *m* Gel *nt;* ~ **de ducha** Duschgel *nt*
gelatina [xela'tina] *f* ① *(sustancia)* Gelatine *f* ② (GASTR) Sülze *f*
gelatinizar [xelatini'θar] <z → c> *vt* (GASTR) gelieren
gelatinoso, -a [xelati'noso, -a] *adj* ① *(como la gelatina)* gallertartig ② *(de gelatina)* gallertig
gélido, -a ['xeliðo, -a] *adj* eiskalt
gema ['xema] *f* ① *(piedra preciosa)* Edelstein *m; (entallada)* Gemme *f* ② (BOT) Knospe *f*
gemelo, -a [xe'melo, -a] **I.** *adj* Zwillings-; **hermanos ~s** Zwillinge *mpl* **II.** *m, f (mellizo)* Zwilling *m*
gemelos [xe'melos] *mpl* ① *(anteojos)* Fernglas *nt;* ~ **de teatro** Opernglas *nt* ② (ASTR) Zwillinge *mpl* ③ *(de la camisa)* Manschettenknopf *m*
gemido [xe'miðo] *m* ① *(de dolor)* Stöhnen *nt; (de pena)* Seufzer *m; (al llorar)* Wimmern *nt* ② *(de animal)* Heulen *nt*
geminación [xemina'θjon] *f* ① *(duplicación)* Verdopp(e)lung *f* ② (LING) Gemination *f*
géminis ['xeminis] *m inv* (ASTR: *persona*) Zwillinge *mpl*
Géminis ['xeminis] *m inv* (ASTR: *signo*) Zwillinge *mpl*
gemir [xe'mir] *vi irr como* *pedir* ① *(de dolor)* stöhnen; *(de pena)* seufzen ② *(animal)* heulen
gen [xen] *m* (BIOL) Gen *nt*
gendarme [xen̪'darme] *m* Gendarm *m*
genealogía [xenealo'xia] *f* Genealogie *f*
genealógico, -a [xenea'loxiko, -a] *adj* genealogisch; **árbol** ~ Stammbaum *m*
generable [xene'raβle] *adj* erzeugbar
generación [xenera'θjon] *f* ① (TÉC: *producción*) Erzeugung *f;* **instrucción de** ~ (INFOR) Erzeugungsanweisung *f* ② (COM: *creación*) Schaffung *f* ③ (BIOL: *procreación*) Zeugung *f* ④ *(descendientes)* Generation *f*
generacional [xeneraθjo'nal] *adj* Generations-
generador[1] [xenera'ðor] *m* (TÉC) Generator *m*
generador(a)[2] [xenera'ðor(a)] *adj* ① (TÉC) Erzeugungs-, erzeugend ② (COM) schaffend; **medidas ~as de empleo** Arbeitsbeschaffungsmaßnahmen *fpl* ③ (BIOL) Zeugungs-
general [xene'ral] **I.** *adj* ① *(universal)* Allgemein-, allgemein; *(huelga)* General-; *(cuartel)* Haupt-; *(impresión)* Gesamt-; **cultura** ~ Allgemeinbildung *f;* **junta** ~ (**extraordinaria**) (außerordentliche) Hauptversammlung *f;* **regla** ~ allgemeingültige Regel; **de uso** ~ *(para todo uso)* für den allgemeinen Gebrauch; *(para todo el mundo)* für die Allgemeinheit; **por lo** ~, **en** ~ im Allgemeinen; **por regla** ~ in der Regel; **en ~ me siento satisfecho** im Großen und Ganzen bin ich zufrieden; **en ~ hace mejor tiempo aquí que allí** normalerweise ist das Wetter hier schöner als dort ② *(vago)* allgemein; **tengo una idea ~ del tema** ich weiß ungefähr, worum es geht **II.** *m* General *m;* ~ **en jefe** Oberbefehlshaber *m*
generalidad [xenerali'ða^{ð}] *f* ① *(calidad general)* Allgemeinheit *f; (validez general)* Allgemeingültigkeit *f;* **en la ~ de los casos** in den meisten Fällen ② *(vaguedad)* **respondió con una ~** er/sie gab keine konkrete Antwort; **hablar de ~es** eine unverbindliche Unterhaltung führen ③ *pl (conocimientos generales)* allgemeine Kenntnisse *fpl*
Generalitat [xenerali'ta^{t}] *f autonome Regierung Kataloniens*
generalizable [xenerali'θaβle] *adj* verallgemeinerbar
generalización [xeneraliθa'θjon] *f* ① *(universalización)* Verallgemeinerung *f* ② *(difusión)* allgemeine Verbreitung *f*
generalizador(a) [xeneraliθa'ðor(a)] *adj* verallgemeinernd
generalizar [xenerali'θar] <z → c> *vt* ① *(hacer general)* verallgemeinern ② *(difundir)* verbreiten
generalmente [xeneral'men̪te] *adv* ① *(en general)* im Allgemeinen ② *(ampliamente)* allgemein ③ *(habitualmente)* gewöhnlich, normalerweise
generar [xene'rar] *vt* ① *(producir)* erzeu-

G

gen; ~ **beneficios** Gewinne abwerfen ❷ *(provocar)* hervorrufen; ~ **un clima de confianza** ein Klima des Vertrauens schaffen

generativo, -a [xenera'tiβo, -a] *adj* ❶ (TÉC) Erzeugungs-; (BIOL) Zeugungs- ❷ (LING) generativ

genérico, -a [xe'neriko, -a] *adj* ❶ *(de la especie)* Gattungs-, generisch ❷ (LING) **nombre** ~ Gattungsname *m*

género ['xenero] *m* ❶ (BIOL) Gattung *f;* **este ~ de animales está extinguido** diese Tierart ist ausgestorben ❷ *(manera)* Weise *f* ❸ *(clase)* Sorte *f;* **¿qué ~ de hombre es?** was für ein Mensch ist er?; **sin ningún ~ de dudas** ohne den geringsten Zweifel; **tomar todo ~ de precauciones** alle denkbaren Vorsichtsmaßnahmen ergreifen ❹ (LING) Genus *nt* ❺ (LIT) Gattung *f;* ~ **épico** Epik *f;* ~ **lírico** Lyrik *f* ❻ (COM: *artículo*) Ware *f;* *(tela)* (Kleider)stoff *m;* ~ **de punto** Strickware *f* ❼ (ARTE) Genre *f*

generosidad [xenerosi'ðaᵈ] *f* ❶ *(magnanimidad)* Edelmut *m* ❷ *(desinterés)* Großzügigkeit *f*

generoso, -a [xene'roso, -a] *adj* ❶ *(magnánimo)* edelmütig (**con/para con** gegenüber +*dat*) ❷ *(desinteresado)* großzügig ❸ *(abundante)* reichlich ❹ *(loc)* **vino** ~ Dessertwein *m*

génesis ['xenesis] *f inv* Entstehung *f*

Génesis ['xenesis] *m* Schöpfungsgeschichte *f*

genética [xe'netika] *f sin pl* (BIOL) Genetik *f*

genético, -a [xe'netiko, -a] *adj* genetisch

genial [xe'njal] *adj* ❶ *(idea)* genial ❷ *(gracioso)* witzig ❸ *(estupendo)* toll

genialidad [xenjali'ðaᵈ] *f* ❶ *(cualidad)* Genialität *f* ❷ *(acción)* Geniestreich *m*

geniecillo [xenje'θiʎo] *m* (LIT) Elf *m,* Kobold *m*

genio ['xenjo] *m* ❶ *(carácter)* Charakter *m;* **tener buen/mal** ~ gutmütig/jähzornig sein; **esta chica tiene mucho** ~ dieses Mädchen hat ein aufbrausendes Wesen ❷ *(talento)* Veranlagung *f* ❸ *(aptitud)* Genie *nt* ❹ *(persona)* Genie *nt;* **el ~ de Cervantes** der Genius Cervantes ❺ *(empuje)* Tatkraft *f* ❻ *(de una época)* (Zeit)geist *m* ❼ *(de los cuentos)* Kobold *m;* *(ser fabuloso)* (Flaschen)geist *m* ❽ (ARTE) Genius *m*

genital [xeni'tal] *adj* Geschlechts-

genitales [xeni'tales] *mpl* Geschlechtsorgane *ntpl*

genitivo [xeni'tiβo] *m* (LING) Genitiv *m*

genocidio [xeno'θiðjo] *m* Völkermord *m*

genoma [xe'noma] *m* (BIOL) Genom *nt*

genómica [xe'nomika] *f* (BIOL) Genomik *f*

genotipo [xeno'tipo] *m* (BIOL) Genotypus *m*

Génova ['xenoβa] *f* Genua *nt*

genovés, -esa I. *adj* genuesisch II. *m, f* Genuese, -in *m, f*

gente ['xeṇte] *f* ❶ *(personas)* Leute *pl;* ~ **de armas** Soldaten *mpl;* **la ~ joven/mayor** die Jungen/Alten; ~ **menuda** Kinder *ntpl;* **a este partido le preocupa la ~** dieser Partei geht es um die Menschen; **tienes que tratar más con la ~** du musst mehr unter die Leute (gehen); **¿qué dirá la ~?** was werden die Leute (dazu) sagen?; **la ~ dice que...** man sagt, dass ...; **tener don de ~s** gut mit Menschen umgehen können ❷ *(personal)* Personal *nt* ❸ (MIL: *tropa*) Truppe *f;* (NÁUT) Besatzung *f* ❹ *(fam: parentela)* Familienangehörige(n) *mpl;* **¿qué tal tu ~?** wie geht's deiner Familie? ❺ *(Am: honrado)* anständiger Mensch *m*

gentil [xeṇ'til] I. *adj* ❶ *(pagano)* heidnisch ❷ *(apuesto)* gut aussehend; *(elegante)* anmutig ❸ *(amable)* höflich II. *mf* Heide, -in *m, f*

gentileza [xeṇti'leθa] *f* ❶ *(garbo)* Anmut *f* ❷ *(cortesía)* Höflichkeit *f;* **¿tendría Ud. la ~ de ayudarme?** wären Sie so nett, mir zu helfen?

gentilicio, -a [xeṇti'liθjo, -a] *adj* (LING) **nombre** ~ Völkername *m*

gentío [xeṇ'tio] *m sin pl* Gedränge *nt*

gentuza [xeṇ'tuθa] *f (pey)* Pöbel *m*

genuflexión [xenufleʸ'sjon] *f* Kniebeuge *f*

genuino, -a [xe'nwino, -a] *adj* *(persona)* echt; *(manuscrito)* authentisch; *(amor)* wahr; **es un caso ~ de histeria** das ist ein reiner Fall von Hysterie

geocentrismo [xeoθeṇ'trismo] *m sin pl* (ASTR) Egozentrik *f*

geodinámica [xeoði'namika] *f* (GEO) Geodynamik *f*

geografía [xeoɣra'fia] *f sin pl* Geografie *f*

geográfico, -a [xeo'ɣrafiko, -a] *adj* geografisch

geógrafo, -a [xe'oɣrafo, -a] *m, f* Geograf(in) *m(f)*

geología [xeolo'xia] *f sin pl* Geologie *f*

geológico, -a [xeo'loxiko, -a] *adj* geologisch

geólogo, -a [xe'oloɣo, -a] *m, f* Geologe, -in *m, f*

geometría [xeome'tria] *f sin pl* Geometrie *f*

geométrico, -a [xeo'metriko, -a] *adj* geometrisch

geopolítico, **-a** [xeopo'litiko, -a] *adj* geopolitisch

Georgia [xe'orxja] *f* Georgien *nt; (en los Estados Unidos)* Georgia *nt*

georgiano, **-a** [xeor'xjano, -a] **I.** *adj* georgisch **II.** *m, f* Georgier(in) *m(f)*

geosfera [xeos'fera] *f* (GEO) Geosphäre *f*

geotermia [xeo'termja] *f* (GEO) Geothermik *f*

geranio [xe'ranjo] *m* Geranie *f*

gerbera [xer'βera] *f* (BOT) Gerbera *f*

gerencia [xe'reṇθja] *f (de una empresa)* (Geschäfts)führung *f; (de un banco)* Leitung *f; (de un teatro)* Intendanz *f*

gerente [xe'reṇte] *mf (de una gran empresa)* Geschäftsführer(in) *m(f); (de una pequeña empresa)* Betriebsleiter(in) *m(f); (de un banco)* Leiter(in) *m(f); (de un departamento)* Abteilungsleiter(in) *m(f); (de un teatro)* Intendant(in) *m(f);* ~ **de producción** Produktionsmanager(in) *m(f)*

geriatra [xe'rjatra] *mf* Geriater(in) *m(f)*

geriatría [xeria'tria] *f sin pl* Geriatrie *f,* Altersheilkunde *f*

geriátrico, **-a** [xe'rjatriko, -a] *adj* geriatrisch; **clínica geriátrica** Altenpflegeheim *nt*

gerifalte [xeri'faļte] *m* ① *(halcón)* Gerfalke *m* ② *(persona)* wichtige Persönlichkeit *f*

germánico, **-a** [xer'maniko, -a] **I.** *adj* ① *(de Germania)* germanisch ② *(de Alemania)* deutsch **II.** *m, f* ① *(de Germania)* Germane, -in *m, f* ② *(de Alemania)* Deutsche(r) *mf*

germanio [xer'manjo] *m* (QUÍM) Germanium *nt*

germanismo [xerma'nismo] *m* Germanismus *m*

germanista [xerma'nista] *mf* Germanist(in) *m(f)*

germanización [xermaniθa'θjon] *f* Germanisierung *f*

germanizar [xermani'θar] <z → c> *vt* eindeutschen

germano, **-a** [xer'mano, -a] *adj o m, f v.* **germánico**

germanófilo, **-a** [xerma'nofilo, -a] *adj* germanophil, deutschfreundlich

germanófobo, **-a** [xerma'nofoβo, -a] *adj* germanophob, deutschfeindlich

germanooccidental [xermano(o)ˠθiðeņ'tal] **I.** *adj* westdeutsch **II.** *mf* Westdeutsche(r) *mf,* Wessi *m abw*

germanooriental [xermano(o)rjeņ'tal] **I.** *adj* ostdeutsch **II.** *mf* Ostdeutsche(r) *mf,* Ossi *m abw*

germen ['xermen] *m* ① (BIOL, MED) Keim *m;* ~ **de trigo** Weizenkeime *mpl* ② *(origen)* Ursprung *m*

germicida [xermi'θiða] *f* keimtötendes Mittel *nt*

germinación [xermina'θjon] *f* (Auf)keimen *nt*

germinar [xermi'nar] *vi* ① (BOT) sprießen ② *(sospechas)* aufkeimen (**en** in +*dat*)

gerontocracia [xeroṇto'kraθja] *f* (POL) Gerontokratie *f*

gerontología [xeroṇtolo'xia] *f sin pl* Gerontologie *f,* Alternsforschung *f*

gerundense [xeruṇ'dense] **I.** *adj* aus Gerona **II.** *mf* Einwohner(in) *m(f)* Geronas

gerundio [xe'ruṇdjo] *m* (LING) Gerundium *nt*

gesta ['xesta] *f* Heldentat *f*

gestación [xesta'θjon] *f* ① *(de una persona)* Schwangerschaft *f; (de un animal)* Trächtigkeit *f* ② *(de un proyecto)* Reifungsprozess *m; (de un plan)* Ausarbeitung *f; (de un complot)* Anzett(e)lung *f;* **el proyecto está en** ~ das Projekt ist in Planung

gestar [xes'tar] **I.** *vt* tragen **II.** *vr:* **~se** *(proceso)* sich entwickeln; *(plan)* ausgearbeitet werden; *(proyecto)* in Planung sein; *(complot)* angezettelt werden

gesticulación [xestikula'θjon] *f* Gestik *f; (de la cara)* Mimik *f*

gesticular [xestiku'lar] **I.** *adj* Gebärden- **II.** *vi (con las manos)* gestikulieren; *(con la cara)* das Gesicht verziehen

gestión [xes'tjon] *f* ① *(diligencia)* Schritt *m,* Formalität *f* ② *(de una empresa)* Geschäftsführung *f;* **la ~ de gobierno** die Amtsführung der Regierung; **la ~ al frente de la escuela** die Schulleitung ③ (INFOR) ~ **de ficheros** Dateiverwaltung *f*

gestionar [xestjo'nar] *vt* ① *(asunto)* in die Wege leiten ② *(negocio)* führen

gesto ['xesto] *m* ① *(con el cuerpo)* Geste *f; (con la mano)* Handbewegung *f; (con el rostro)* Grimasse *f* ② *(semblante)* Gesicht *nt;* **torcer el** ~ eine saure Miene machen ③ *(acto)* Geste *f;* **un ~ de apoyo** ein Zeichen der Unterstützung

gestor(a) [xes'tor(a)] **I.** *adj* geschäftsführend **II.** *m(f)* Agent(in) *m(f)* für Verwaltungsformalitäten

gestual [xes'twal] *adj* Gebärden-; **lenguaje** ~ Gebärdensprache *f*

gestualidad [xestwali'ðaᵈ] *f (del rostro)* Gesichtsausdruck *m; (del cuerpo)* Gestik *f*

getei [xete'i] *m* (AUTO) GTI *m*

Ghana ['gana] *f* Ghana *nt*

GHz [ʤiɣa'xerθ] *abr de* **gigahertz** (INFOR) GHz

G

giba ['xiβa] *f* ❶ *(chepa)* Buckel *m* ❷ *(bulto)* Beule *f* ❸ *(molestia)* Belästigung *f*
gibar [xi'βar] *vt* ❶ *(corcovar)* krümmen ❷ *(fam: jorobar)* belästigen
gibón [xi'βon] *m* Gibbon *m*
gibraltareño, **-a** [xiβral̦ta'reɲo, -a] **I.** *adj* gibraltarisch **II.** *m, f* Gibraltarer(in) *m(f)*
Giga ['ʤiɣa] *m* (INFOR) Gigabyte *nt*
gigabyte [ʤiɣa'bai̯t] *m* (INFOR) Gigabyte *nt;* **~s por segundo** Gigabyte pro Sekunde
gigante [xi'ɣan̦te] **I.** *adj* riesig **II.** *m* ❶ *(ser fabuloso)* Riese *m;* **un ~ con pies de barro** ein Koloss auf tönernen Füßen ❷ *(en fiesta popular)* Riesenfigur *f* aus Pappmaché ❸ *(persona)* Gigant *m*
gigantesco, **-a** [xiɣan̦'tesko, -a] *adj* riesig
gigantismo [xiɣan̦'tismo] *m sin pl* (MED) Riesenwuchs *m*
gigoló [ʤiɣo'lo] *m* Gigolo *m*
gilipollas [xili'poʎas] *mf inv (vulg)* Arschloch *nt*
gilipollez [xilipo'ʎeθ] *f (vulg)* Blödsinn *m fam*
gimnasia [xim'nasja] *f* ❶ *(disciplina)* Gymnastik *f* ❷ (DEP) Turnen *nt;* **~ rítmica** rhythmische Sportgymnastik; **~ de suelo** Bodenturnen *nt;* **hacer ~** turnen ❸ (ENS) Sport *m* ❹ *(ejercicio)* Übung *f*
gimnasio [xim'nasjo] *m* Turnhalle *f;* **~** (**de musculación**) Fitnesscenter *nt*
gimnasta [xim'nasta] *mf* Turner(in) *m(f)*
gimnástico, **-a** [xim'nastiko, -a] *adj* ❶ *(de la disciplina)* gymnastisch ❷ *(del deporte)* Turn-
gimotear [ximote'ar] *vi* ❶ *(pey: gemir)* stöhnen ❷ *(lloriquear)* wimmern
gimoteo [ximo'teo] *m* ❶ *(gemidos)* Gestöhn(e) *nt* ❷ *(lloriqueo)* Gewimmer *nt*
ginebra [xi'neβra] *f* Gin *m*
Ginebra [xi'neβra] *f* Genf *nt*
ginebrino, **-a** [xine'βrino, -a] **I.** *adj* genferisch **II.** *m, f* Genfer(in) *m(f)*
ginecología [xinekolo'xia] *f sin pl* Frauenheilkunde *f*
ginecológico, **-a** [xineko'loxiko, -a] *adj* gynäkologisch
ginecólogo, **-a** [xine'koloɣo, -a] *m, f* Frauenarzt, -ärztin *m, f*
ginesta [xi'nesta] *f* Ginster *m*
gingival [xiŋxi'βal] *adj* (MED) Zahnfleisch-; **inflamación ~** Zahnfleischentzündung *f*
gingivitis [xiŋxi'βitis] *f inv* (MED) Zahnfleischentzündung *f*
gira ['xira] *f* ❶ *(de un día)* Ausflug *m;* *(más larga)* Rundfahrt *f* ❷ *(de un artista)* Tournee *f*
giradiscos [xira'ðiskos] *m inv* Schallplattenspieler *m*
girado, **-a** [xi'raðo, -a] *m, f* (FIN) Bezogene(r) *mf*
giralda [xi'ral̦da] *f* Wetterfahne *f;* *(en forma de gallo)* Wetterhahn *m*
girar [xi'rar] **I.** *vi* ❶ *(dar vueltas)* sich drehen (**alrededor de** um +*akk*) ❷ *(conversación)* sich drehen (**sobre/en torno a** um +*akk*) ❸ (COM: *letra*) ziehen (**a cargo de** auf +*akk*); **este negocio gira mucho** dieses Geschäft macht viel Umsatz ❹ *(torcer)* abbiegen; *(barco)* abdrehen **II.** *vt* ❶ *(dar la vuelta)* drehen; **~ la vista** sich umsehen ❷ (COM: *letra*) ziehen (**a cargo de** auf +*akk*); *(dinero)* überweisen (**a** an +*akk*)
girasol [xira'sol] *m* Sonnenblume *f*
giratorio, **-a** [xira'torjo, -a] *adj* Dreh-
giro ['xiro] *m* ❶ *(vuelta)* Drehung *f;* **un ~ de volante** eine Umdrehung des Lenkrades ❷ *(cariz)* Wendung *f;* **tomar un ~ favorable/negativo** sich zum Guten/Schlechten wenden; **me preocupa el ~ que toma este asunto** ich bin über die Entwicklung dieser Angelegenheit beunruhigt ❸ (LING: *locución*) (Rede)wendung *f* ❹ (COM: *letra*) Überweisung *f;* **~ postal** Postanweisung *f* ❺ (COM: *de una empresa*) Umsatz *m*
gitanada [xita'naða] *f (pey)* ❶ *(acción)* Zigeunerstreich *m abw* ❷ *(engaño)* Schwindel *m* ❸ *(zalamería)* Schmeichelei *f*
gitanear [xitane'ar] *vi (pey)* ❶ *(hacer el gitano)* sich wie ein Zigeuner benehmen *abw* ❷ *(en negocio)* betrügerisch handeln ❸ *(chalanear)* schachern
gitanería [xitane'ria] *f (pey)* ❶ *(halago)* hinterlistige Schmeichelei *f* ❷ *(grupo)* Zigeunertruppe *f abw* ❸ *(vida)* Zigeunerleben *nt abw* ❹ *(acción)* Zigeunerstreich *m abw*
gitanismo [xita'nismo] *m* ❶ (SOCIOL: *pey*) Zigeunertum *nt abw* ❷ (LING) *Wörter und Redewendungen aus der Sprache der Sinti und Roma*
gitano, **-a** [xi'tano, -a] **I.** *adj* ❶ *(pey: de los gitanos)* Zigeuner- *abw* ❷ *(pey: galanero)* schmeichlerisch ❸ *(pey: tramposo)* schwindlerisch **II.** *m, f* ❶ *(pey: romaní)* Zigeuner(in) *m(f) abw;* **va hecho un ~** *(fig)* er sieht heruntergekommen aus ❷ *(pey: estafador)* Schwindler(in) *m(f)*
glaciación [glaθja'θjon] *f* Vereisung *f*
glacial [gla'θjal] *adj* ❶ *(helado)* eiskalt; **zona ~** Eiszone *f* ❷ *(persona)* kalt
glaciar [gla'θjar] *m* (GEO) Gletscher *m*
glaciarismo [glaθja'rismo] *m* (GEO) Gletscherlandschaft *f*
gladiador [glaðja'ðor] *m* Gladiator *m*

gladiolo [gla'ðjolo] *m,* **gladíolo** [gla'ðio-lo] *m* Gladiole *f*

glande ['glaṇde] *m* (ANAT) Eichel *f*

glándula ['glaṇdula] *f* (ANAT) Drüse *f*

glandular [glaṇdu'lar] *adj* Drüsen-

glasé [gla'se] *m* (Glanz)taft *m*

glaseado, -a [glase'aðo, -a] *adj* glasiert; **azúcar ~** Puderzucker *m*

glasear [glase'ar] *vt* ① *(alimentos)* glasieren ② *(papel)* satinieren

glaucoma [glau̯'koma] *m* (MED) grüner Star *m*

glicerina [gliθe'rina] *f* (QUÍM) Glycerin *nt*

global [glo'βal] *adj* ① *(total)* global; **valoración ~** Pauschalurteil *nt abw* ② *(cantidad)* Gesamt- ③ *(informe)* umfassend

globalidad [gloβali'ða^{d}] *f* Gesamtheit *f*

globalización [gloβaliθa'θjon] *f* ① *(de un problema)* globale Betrachtung *f* ② *(generalización)* Verallgemeinerung *f*

globalizador(a) [gloβaliθa'ðor(a)] *adj* alles umfassend

globalizante [gloβali'θaṇte] *adj* verallgemeinernd

globalizar [gloβali'θar] <z → c> *vt* ① *(problema)* global betrachten ② *(generalizar)* (stark) verallgemeinern ③ *(cantidad)* pauschalieren

globalmente [gloβal'meṇte] *adv* insgesamt

globo ['gloβo] *m* ① *(esfera)* Kugel *f;* **~ de una lámpara** Lampenschirm *m;* **~ ocular** Augapfel *m* ② *(Tierra)* Erdball *m* ③ *(mapa)* Globus *m* ④ *(para niños)* (Luft)ballon *m;* **~ aerostático** (Heißluft)ballon *m* ⑤ *(fam: borrachera)* Rausch *m* ⑥ *(fam: enfado)* Rage *f* ⑦ *(fam: preservativo)* Pariser *m* ⑧ (DEP: *tenis*) Lob *m*

globular [gloβu'lar] *adj* ① *(de globo)* kugelförmig ② *(de glóbulo)* Blutkörperchen-

globulina [gloβu'lina] *f* (BIOL) Globulin *nt*

glóbulo ['gloβulo] *m* ① *(esfera)* Kügelchen *nt* ② (ANAT) Blutkörperchen *nt*

gloria[1] ['glorja] *f* ① *(fama)* Ruhm *m;* **Goya es una ~ nacional** Goya ist der Stolz Spaniens; **sin pena ni ~** sang- und klanglos ② *(paraíso)* Himmelreich *nt;* **conseguir la ~** die ewige Seligkeit erlangen; **Dios le tenga en su ~** Gott habe ihn selig; **estar en la ~** *(fam)* im siebten Himmel sein ③ *(esplendor)* Herrlichkeit *f* ④ *(gusto)* Freude *f;* **este pastel sabe a ~** dieser Kuchen schmeckt himmlisch

gloria[2] ['glorja] *m* (REL) Gloria *nt*

glorieta [glo'rjeta] *f* ① *(cenador)* Gartenhäuschen *nt* ② *(plazoleta)* Rondell *nt* ③ *(cruce)* Kreisverkehr *m*

glorificación [glorifika'θjon] *f* Verherrlichung *f*

glorificar [glorifi'kar] <c → qu> **I.** *vt* verherrlichen **II.** *vr:* **~se** sich rühmen (**de** *+gen*)

glorioso, -a [glo'rjoso, -a] *adj* ① *(famoso)* ruhmreich ② (REL) selig ③ *(estupendo)* herrlich ④ *(jactancioso)* prahlerisch

glosa ['glosa] *f* ① *(aclaración)* Erläuterung *f* (**a** zu *+dat*); *(anotación)* Bemerkung *f* (**a** zu *+dat*); *(comentario)* Kommentar *m* (**a** zu *+dat*) ② (LIT) Glosse *f* ③ (MÚS) freie Variation *f*

glosador(a) [glosa'ðor(a)] **I.** *adj* deutend, erklärend **II.** *m(f)* Deuter(in) *m(f),* Ausleger(in) *m(f)*

glosar [glo'sar] *vt* ① *(comentar)* erläutern; (LIT) glossieren ② *(tergiversar)* verdrehen

glosario [glo'sarjo] *m* Glossar *nt*

glotis ['glotis] *f sin pl* (ANAT) Glottis *f*

glotón[1] [glo'ton] *m (animal)* Vielfraß *m*

glotón, -ona[2] [glo'ton, -ona] **I.** *adj* gefräßig **II.** *m, f* Vielfraß *m fam*

glotonear [glotone'ar] *vi* gierig essen, schlingen

glotonería [glotone'ria] *f* Essgier *f*

glucemia [glu'θemja] *f* (MED) Blutzuckerspiegel *m*

glucosa [glu'kosa] *f* Traubenzucker *m;* (QUÍM) Glucose *f*

gluten ['gluten] *m* ① *(cola)* Klebstoff *m* ② (BOT) Gluten *nt*

glúteo ['gluteo] *m* (ANAT) Gesäßmuskel *m*

glutinoso, -a [gluti'noso, -a] *adj* klebrig

gnomo ['nomo] *m* Zwerg *m*

gnosis ['nosis] *f inv* (REL) Gnosis *f*

gnosticismo [nosti'θismo] *m sin pl* (REL) Gnostizismus *m*

gobernabilidad [goβernaβili'ða^{d}] *f sin pl* Regierbarkeit *f*

gobernable [goβer'naβle] *adj* ① *(país)* regierbar ② *(nave)* steuerbar

gobernación [goβerna'θjon] *f* Regieren *nt*

gobernador(a) [goβerna'ðor(a)] **I.** *adj* regierend **II.** *m(f)* Gouverneur(in) *m(f);* **~ del Banco Central** Zentralbankpräsident *m;* **~ del Banco de España** der Präsident der spanischen Zentralbank

gobernanta [goβer'naṇta] *f (Am)* ① *(niñera)* Kinderfrau *f* ② *(institutriz)* Hauslehrerin *f*

gobernante [goβer'naṇte] *mf* Regierende(r) *mf*

gobernar [goβer'nar] <e → ie> *vt* ① (POL: *mandar*) regieren ② *(dirigir)* leiten; *(nave)* steuern; **~ una casa** den Haushalt führen ③ *(máquina)* bedienen ④ *(a una persona)* beherrschen

gobierno [go'βjerno] *m* ① (POL) Regierung *f;* **~ absoluto** Alleinherrschaft *f;* **~ au-**

tonómico Regionalregierung *f;* ~ **en la sombra** Schattenkabinett *nt;* **caída del** ~ Regierungssturz *m;* **en círculos afines al** ~ in regierungsnahen Kreisen; **presidente del** ~ Ministerpräsident *m* ❷ *(ministros)* Kabinett *nt* ❸ *(del gobernador)* Gouverneursamt *nt; (residencia)* Gouverneurssitz *m* ❹ *(dirección)* Führung *f* ❺ *(de una nave)* Manövrierfähigkeit *f* ❻ *(de una máquina)* Bedienung *f*

goce ['goθe] *m* Genuss *m*

gocho, -a ['gotʃo, -a] *m, f (fam: cerdo)* Schwein *nt,* Sau *f*

godo, -a ['goðo, -a] **I.** *adj* gotisch **II.** *m, f* ❶ (HIST) Gote, -in *m, f* ❷ *(AmC: pey: español)* Spanier(in) *m(f)*

G

gofio ['gofjo] *m* ❶ *(harina de maíz)* Mehl *nt* von geröstetem Mais ❷ *(Am)* Zuckerteig *m*

gofrar [go'frar] *vt* gaufrieren

gofre ['gofre] *m* Waffel *f*

gofrera [go'frera] *f* Waffeleisen *nt*

gol [gol] *m* (DEP) Tor *nt;* ~ **del empate** Ausgleichstor *nt;* **meter un** ~ ein Tor schießen; **meterle un** ~ **a alguien** *(fam)* jdn hereinlegen

gola ['gola] *f* ❶ *(garganta)* Kehle *f* ❷ *(gorguera)* Halskrause *f*

golazo [go'laθo] *m* (DEP) Traumtor *nt*

goleador(a) [golea'ðor(a)] *m(f)* (DEP) Torjäger(in) *m(f)*

golear [gole'ar] *vt* (DEP) vernichtend schlagen

goleta [go'leta] *f* (NÁUT) Schoner *m*

golf [golf] *m sin pl* (DEP) Golf *nt*

golfa ['golfa] *f* ❶ *(fam: puta)* Hure *f abw* ❷ *v.* **golfo²**

golfear [golfe'ar] *vi* sich herumtreiben

golfín [gol'fin] *m* ❶ (ZOOL) Delfin *m* ❷ *(ladrón)* Bandendieb *m*

golfista [gol'fista] *mf* (DEP) Golfspieler(in) *m(f)*

golfo¹ ['golfo] *m* (GEO) Golf *m;* **el** ~ **de México** der Golf von Mexiko

golfo, -a² ['golfo, -a] *m, f* ❶ *(pilluelo)* Straßenkind *nt* ❷ *(vagabundo)* Strolch *m*

gollería [goʎe'ria] *f* Leckerbissen *m*

gollete [go'ʎete] *m* ❶ (ANAT: *garganta*) Kehle *f* ❷ *(de vasija)* (Flaschen)hals *m*

golondrina [golon̩'drina] *f* ❶ *(pájaro)* Schwalbe *f* ❷ *(reg: barca)* Motorboot *nt*

golondrino [golon̩'drino] *m* ❶ *(pájaro)* junge Schwalbe *f* ❷ *(vagabundo)* Landstreicher *m*

golosina [golo'sina] *f* ❶ *(manjar)* Leckerbissen *m* ❷ *(dulce)* Süßigkeit *f* ❸ *(deseo)* Naschsucht *f* ❹ *(cosa apetitosa)* Versuchung *f*

golosinear [golosine'ar] *vi* naschen

goloso, -a [go'loso, -a] **I.** *adj* ❶ *(de dulces)* naschhaft ❷ *(apetitoso)* appetitanregend **II.** *m, f* Leckermaul *nt*

golpe ['golpe] *m* ❶ *(impacto)* Schlag *m; (choque)* Stoß *m;* **a** ~ **de vista** mit einem Blick; **dar un** ~ einen Schlag versetzen; **parar un** ~ einen Schlag abwehren; **cerrar la puerta de** ~ die Tür zuschlagen; **la puerta se abrió de** ~ die Tür flog auf; **me he dado un** ~ **en la cabeza** ich habe mir den Kopf angestoßen; **no pegar** ~ *(fam)* keinen Schlag tun ❷ *(gran cantidad)* ~ **de gente** Menschenmenge *f* ❸ (MIL) ~ **de Estado** Staatsstreich *m,* Putsch *m;* ~ **militar** Militärputsch *m* ❹ (TÉC: *pestillo*) Schnappriegel *m* ❺ *(sorpresa)* Überraschung *f* ❻ *(ocurrencia)* Einfall *m* ❼ *(acción rápida)* Anfall *m;* ~ **de pincel** Pinselstrich *m;* ~ **de tos** Hustenanfall *m* ❽ *(atraco)* Überfall *m* ❾ *(de vestido)* Besatz *m* ❿ (DEP) ~ **bajo** Tiefschlag *m;* ~ **franco** Freistoß *m* ⓫ *(loc)* **de** ~ **(y porrazo)** *(al mismo tiempo)* auf einen Schlag; *(de repente)* mit einem Schlag, plötzlich; **me lo tragué de un** ~ ich schluckte es alles auf einmal

golpear [golpe'ar] **I.** *vi* ❶ *(dar un golpe)* schlagen ❷ *(latir)* klopfen ❸ (TÉC: *motor*) klopfen **II.** *vt* schlagen; *(en la puerta)* klopfen (an +*akk*); *(a alguien)* verprügeln **III.** *vr:* **~se** sich schlagen; **me he golpeado la cabeza contra la pared** ich bin mit dem Kopf gegen die Wand gestoßen

golpetazo [golpe'taθo] *m* wuchtiger Schlag *m*

golpista [gol'pista] **I.** *adj* Putsch- **II.** *mf* Putschist(in) *m(f)*

goma ['goma] *f* ❶ *(sustancia)* Gummi *nt o m;* ~ **elástica** Kautschuk *m* ❷ *(producto)* ~ **de borrar** Radiergummi *m o nt;* ~ **elástica** Gummiband *nt;* ~ **para el pelo** Haargummi *m o nt* ❸ *(fam: preservativo)* Gummi *m o nt* ❹ *(Am: resaca)* Kater *m fam*

goma dos ['goma ðos] *f sin pl* Plastiksprengstoff *m*

gomaespuma [gomaes'puma] *f* Schaumgummi *m*

gomero [go'mero] *m (Am: árbol)* Kautschukbaum *m*

gomina® [go'mina] *f* Haarfestiger *m*

gominola [gomi'nola] *f* ≈ Gummibärchen *nt*

gomosidad [gomosi'ðaᵈ] *f* ❶ *(elasticidad)* Elastizität *f* ❷ *(adherencia)* Klebrigkeit *f*

gomoso [go'moso] *m* Dandy *m*

gónada ['gonaða] *f* (MED) Keimdrüse *f*

góndola ['gon̩dola] *f* ❶ *(de Venecia)* Gondel *f* ❷ *(Am)* Omnibus *m*

gondolero [gon̩do'lero] *m* Gondoliere *m*

gonfalón [goɱfa'lon] *m* Fahne *f*, Banner *nt*

gong [goŋ] *m* <gongs>, **gongo** ['goŋgo] *m* Gong *m*

gonorrea [gono'rrea] *f* (MED) Gonorrhö *f*

gorda ['gorða] *f* ❶ *(Chil: vulg)* schwangere Frau *f* ❷ *(loc, fam)* **ni ~** absolut nichts; **no tener ni ~** völlig blank sein

gordo[1] ['gorðo] *m* ❶ *(grasa)* Fett *nt* ❷ *(lotería)* **el ~** das große Los

gordo, -a[2] ['gorðo, -a] **I.** *adj* *(persona)* dick; *(comida)* fett; *(tejido)* grob; *(suceso)* wichtig; *(salario)* üppig; **el dedo ~** der Daumen; **una mentira gorda** eine faustdicke Lüge; **es un pez ~** er/sie ist ein hohes Tier; **me cae ~** ich kann ihn nicht ausstehen; **ha pasado algo muy ~** es ist etwas Ernstes geschehen; **se armó la gorda** *(fam)* es gab einen Riesenkrach **II.** *m, f (fam)* Dicke(r) *mf*

gordura [gor'ðura] *f* *(obesidad)* Fettleibigkeit *f*; *(corpulencia)* Korpulenz *f*; *(tejido adiposo)* Fett *nt*

gorgojo [gor'ɣoxo] *m* ❶ *(insecto)* Kornwurm *m* ❷ *(fam: persona)* Zwerg *m*

gorgonzola [gorɣoṇ'θola] *m* (GASTR) Gorgonzola *m*

gorgotear [gorɣote'ar] *vi* ❶ *(hacer ruido)* gluckern; *(arroyo)* gurgeln ❷ *(burbujear)* brodeln

gorgoteo [gorɣo'teo] *m* ❶ *(ruido)* Gluckern *nt*; *(de un arroyo)* Gurgeln *nt* ❷ *(borboteo)* Brodeln *nt*

gorila [go'rila] *m* Gorilla *m*

gorjear [gorxe'ar] **I.** *vi* ❶ *(personas)* trillern ❷ *(pájaros)* zwitschern; *(alondra)* tirilieren **II.** *vr:* **~se** ❶ *(niño)* glucksen ❷ *(Am: burlarse)* sich lustig machen (**de** über +*akk*)

gorjeo [gor'xeo] *m* ❶ *(de personas)* Trillern *nt* ❷ *(de pájaros)* Gezwitscher *nt*; *(de la alondra)* Tirili *nt*

gormar [gor'mar] *vt* *(vomitar)* erbrechen

gorra ['gorra] *f* ❶ *(prenda)* Mütze *f*; **~ de visera** Schirmkappe *f* ❷ *(para niños)* Babymützchen *nt* ❸ *(loc)* **andar de ~** schmarotzen; **vivir de ~** auf fremde Kosten leben

gorrear [gorre'ar] *vi* *(fam)* schmarotzen; **¿te puedo ~ un cigarrillo?** kann ich von dir eine Zigarette schnorren?

gorrero [go'rrero] *m* *(fam)* Schmarotzer *m*

gorrinada [gorri'naða] *f* Schweinerei *f*

gorrinera [gorri'nera] *f* Schweinestall *m*

gorrino, -a [go'rrino, -a] *m, f* ❶ *(cochinillo)* Spanferkel *nt*; *(cerdo)* Schwein *nt*; *(cerda)* Sau *f* ❷ *(pey: persona)* Schwein *nt*, Sau *f*

gorrión [gorri'on] *m* ❶ *(pardal)* Sperling *m* ❷ *(AmC: colibrí)* Kolibri *m*

gorro ['gorro] *m* Mütze *f*; *(de uniforme)* Schiffchen *nt*; **~ para bebés** Babymützchen *nt*; **~ de natación** Badekappe *f*; **~ de papel** Papiermütze *f*; **estoy hasta el ~** *(fig)* ich habe die Nase voll

gorrón[1] [go'rron] *m* ❶ *(piedra)* Kiesel(stein) *m* ❷ (TÉC) Zapfen *m*

gorrón, -ona[2] [go'rron, -ona] *m, f* ❶ *(gorrero)* Schmarotzer *m* ❷ *(AmC: egoísta)* Egoist(in) *m(f)*

gorronear [gorrone'ar] *vi v.* **gorrear**

gorronería [gorrone'ria] *f* ❶ *(de gorrero)* Schmarotzen *nt* ❷ *(avaricia)* Geiz *m*

gota ['gota] *f* ❶ *(de líquido)* Tropfen *m*; **café con ~s de ron** Kaffee mit einem Schuss Rum; **el agua salía ~ a ~ del grifo** das Wasser tröpfelte aus dem Hahn; **apurar el vaso hasta la última ~** das Glas bis zur Neige leeren; **la ~ que colma el vaso** der Tropfen, der das Fass zum Überlaufen bringt; **parecerse como dos ~s de agua** sich *dat* wie ein Ei dem anderen gleichen ❷ *(pizca)* kleiner Rest *m*; **no queda ni ~ de agua** es ist kein Tropfen Wasser mehr da; **no tiene ni una ~ de paciencia** er/sie hat kein bisschen Geduld ❸ (METEO) **~ fría** Kalt(luft)front *f* ❹ (MED: *enfermedad*) Gicht *f* ❺ *(gotero)* Tropf *m*

gotear [gote'ar] *vi* ❶ *(líquido)* tropfen; *(lentamente)* tröpfeln ❷ *(dar)* tropfenweise geben ❸ *(recibir)* tropfenweise bekommen

goteo [go'teo] *m* ❶ *(gotear)* Tropfen *nt* ❷ (MED) Tropf *m*

gotera [go'tera] *f* ❶ *(filtración)* Tropfen *nt* ❷ *(grieta)* undichte Stelle *f*; **hay una ~ en el baño** im Badezimmer regnet es durch ❸ *(mancha)* Fleck(en) *m* ❹ *(achaque)* Wehwehchen *nt*; *(más fuerte)* Gebrechen *nt* ❺ *pl (Am: afueras)* Stadtrand *m*

gotero [go'tero] *m* ❶ (MED) Tropf *m* ❷ *(Am: cuentagotas)* Tropfenzähler *m*

gótico, -a ['gotiko, -a] *adj* gotisch; **el barrio ~ de Barcelona** das gotische Viertel von Barcelona

Gotinga [go'tiŋga] *f* Göttingen *nt*

gotoso, -a [go'toso, -a] **I.** *adj* (MED) gichtkrank **II.** *m, f* (MED) Gichtkranke(r) *mf*

gouache ['gwatʃ] *m* (ARTE) Gouachemalerei *f*, Guaschmalerei *f*

gouda ['gou̯ða] *m* (GASTR) Gouda(-Käse) *m*

gozada [go'θaða] *f* *(fam: para la vista)* Augenschmaus *m*; *(para el oído)* Ohrenschmaus *m*

gozar [go'θar] <z → c> **I.** *vi* ❶ *(complacerse)* Gefallen finden (an +*dat*) ❷ *(disfrutar)* sich erfreuen (**de** +*gen*); **~ de una increí-**

G

ble fortuna ein unglaubliches Vermögen haben **II.** *vt* ① *(disfrutar)* genießen ② *(poseer carnalmente)* **~ a una mujer** mit einer Frau schlafen **III.** *vr:* **~se** sich erfreuen (**en** an +*dat*)

gozne [ˈgoθne] *m* ① *(de puerta)* (Tür)angel *f* ② *(de una caja)* Scharnier *nt*

gozo [ˈgoθo] *m* ① *(delicia)* Wonne *f; (placer)* Freude *f* ② *(alegría)* Freude *f;* **mi ~ en un pozo** es ist alles im Eimer ③ *(del fuego)* Aufflackern *nt*

GPS [xepeˈese] *m* <inv> ① (TÉC: *sistema por red de satélites*) GPS *nt* ② *(fam: dispositivo)* Navigationsgerät *nt*

gr. [ˈgramo] *abr de* **gramo** g

grabación [graβaˈθjon] *f* ① *(de disco)* Aufnahme *f* ② (TV: *de una serie*) Aufzeichnung *f* ③ (INFOR) Speichern *nt*

grabado [graˈβaðo] *m* ① (ARTE: *acción*) Gravieren *nt; (en piedra)* Einmeißeln *nt; (en madera)* Einschnitzen *nt* ② (ARTE: *copia*) Stich *m;* **~ al agua fuerte** Ätzung *f;* **~ en madera** Holzschnitt *m* ③ *(arte)* Gravierkunst *f* ④ *(ilustración)* Abbildung *f*

grabador¹ [graβaˈðor] *m* **~ de CDs** CD-Brenner *m*

grabador(a)² [graβaˈðor(a)] *m(f)* Graveur(in) *m(f)*

grabadora [graβaˈðora] *f* Tonbandgerät *nt*

grabadura [graβaˈðura] *f* ① *(acción)* Gravieren *nt; (en piedra)* Einmeißeln *nt; (en madera)* Einschnitzen *nt* ② *(efecto: en metal)* Gravur *f; (en madera)* Schnitzwerk *nt*

grabar [graˈβar] **I.** *vt* ① (ARTE) (ein)gravieren (**en** in +*akk*); *(en piedra)* einmeißeln; *(en madera)* einschnitzen ② *(disco)* aufnehmen; *(en vídeo)* aufzeichnen ③ (INFOR) speichern ④ *(fijar)* einprägen **II.** *vr:* **~se** sich einprägen +*dat*

gracejo [graˈθexo] *m* Witz *m*

gracia [ˈgraθja] *f* ① *pl (agradecimiento)* **dar las ~s** sich bedanken; **¡~s!** danke!; **¡muchas ~s!** vielen Dank!; **¡~s a Dios!** Gott sei Dank!; **te debo las ~s** ich bin dir zu Dank verpflichtet; **no me ha dado ni las ~s** er hat sich nicht einmal bei mir bedankt; **~s a tus esfuerzos lo conseguí** ich schaffte es dank deiner Bemühungen ② (REL) Gnade *f* ③ *(perdón)* Begnadigung *f* ④ *(favor)* Gunst *f* ⑤ *(agrado)* **me cae en ~** er/sie ist mir sympathisch ⑥ *(garbo)* Anmut *f;* **está escrito con ~** es ist geistreich geschrieben ⑦ *(chiste)* Witz *m; (diversión)* Spaß *m;* **no tiene (ni) pizca de ~** das ist gar nicht lustig; **no me hace nada de ~** das finde ich gar nicht lustig; **si lo haces se va la ~** wenn du es tust, geht der Reiz verloren; **este cómico tiene poca ~** dieser Komiker ist langweilig; **la ~ es que...** das Witzige daran ist, dass ...; **no estoy hoy para ~s** ich bin heute nicht zu(m) Scherzen aufgelegt ⑧ *(ocurrencia)* **hoy ha hecho otra de sus ~s** er/sie hat heute wieder was Schönes angerichtet

grácil [ˈgraθil] *adj* grazil

gracilidad [graθiliˈðaᵈ] *f* Grazilität *f*

graciosamente [graθjosaˈmente] *adv* ① *(con gracia)* graziös, anmutig ② *(gratis)* umsonst, unentgeltlich

gracioso, -a [graˈθjoso, -a] **I.** *adj* ① *(atractivo)* anmutig ② *(chistoso)* witzig; **para mí no fue nada ~** das fand ich gar nicht lustig ③ *(gratis)* unentgeltlich **II.** *m, f* (TEAT) Spaßvogel *m;* **algún ~ me ha escondido las llaves** irgendein Witzbold hat meine Schlüssel versteckt; **no te hagas el ~ conmigo** komm mir bloß nicht komisch

grada [ˈgraða] *f* ① *(peldaño)* Stufe *f* ② *(de un estadio)* (Sitz)reihe *f* ③ (AGR) Egge *f* ④ (NÁUT) Helling *f* ⑤ *pl (escalinata)* Freitreppe *f* ⑥ *pl (Am: atrio)* Vorhalle *f*

gradación [graðaˈθjon] *f* ① *(escalonamiento)* Abstufung *f* ② (MÚS) Steigerung *f* ③ *(retórica)* Gradation *f*

gradería [graðeˈria] *f,* **graderío** [graðeˈrio] *m (t. fig)* Tribüne *f*

gradiente [graˈðjente] *f (Chil, Ecua, Nic, Perú)* Gefälle *nt,* Abhang *m*

grado [ˈgraðo] *m* ① *(nivel)* Grad *m* (**de** an +*dat*); **~ de confianza** Maß an Vertrauen; **quemaduras de primer ~** (MED) Verbrennungen ersten Grades; **en ~ sumo** in höchstem Grade ② *(parentesco)* Verwandtschaftsgrad *m* ③ (JUR) **en primer ~** in erster Instanz ④ (ENS) (Schul)klasse *f;* **~ elemental** Grundstufe *f* ⑤ *(universitario)* akademischer Grad *m;* **~ de doctor** Doktorwürde *f* ⑥ (MAT) Grad *m;* **~ centígrado** Grad Celsius ⑦ (LING) **~ comparativo** Komparativ *m* ⑧ (MIL: *rango*) Rang *m* ⑨ *(de alcohol)* Prozent *nt*

graduable [graðuˈaβle] *adj* ① *(herramienta)* verstellbar ② *(temperatura)* graduierbar

graduación [graðwaˈθjon] *f* ① *(regulación, t.* TÉC) Einstellung *f* ② *(en grados)* Gradeinteilung *f; (en niveles)* Abstufung *f; (de personas)* Einstufung *f; (de precios)* Staffelung *f* ③ *(de un vino)* Alkoholgehalt *m* ④ (MIL) Rang *m*

graduado, -a [graðuˈaðo, -a] **I.** *adj* ① *(aparato)* Grad-, Stufen- ② *(colores)* abgestuft **II.** *m, f* ① (UNIV) Akademiker(in) *m(f);* **~ en ingeniería** Diplomingenieur *m* ② (ENS) **~ escolar** *(fam)* Hauptschulabgänger *m*

gradual [graðuˈal] *adj* allmählich

gradualmente [graðwal'meṇte] *adv* ① *(en grados)* stufenweise ② *(progresivamente)* allmählich

graduando, -a [graðu'aṇdo] *m, f* Promovend(in) *m(f)*, Doktorand(in) *m(f)*

graduar [graðu'ar] *<1. pres* gradúo> **I.** *vt* ① *(regular)* einstellen ② (TÉC) gradieren; *(aparato)* eichen; *(líquido)* den Alkoholgehalt bestimmen *+gen;* **~ la vista** die Brillengläser anpassen ③ *(en niveles)* (gradweise) abstufen; *(precios)* staffeln ④ (ENS) graduieren ⑤ (MIL) einen Rang verleihen (**a** *+dat*) **II.** *vr:* **~se: se graduó en económicas** er/sie machte seine/ihre Diplomprüfung in VWL

grafema [gra'fema] *m* (LING) Graphem *nt*

grafía [gra'fia] *f* Schreibweise *f*

gráfica ['grafika] *f* ① *(diagrama)* Schaubild *nt* ② *(curva)* Kurve *f*

gráfico[1] [grafiko] *m* Schaubild *nt;* **~ de tarta** Tortendiagramm *nt;* **tarjeta de ~s** (INFOR) Grafikkarte *f*

gráfico, -a[2] [grafiko, -a] *adj* ① *(de la escritura)* Schrift- ② *(del dibujo)* grafisch; **diccionario ~** Bildwörterbuch *nt* ③ *(claro)* anschaulich

grafismo [gra'fismo] *m* ① *(grafía)* Schreibweise *f* ② *(aspecto estético)* Grafik *f* ③ (INFOR) grafische Darstellung *f*

grafista [gra'fista] *mf* Grafiker(in) *m(f)*

grafiti [gra'fiti] *m* Graffiti *nt*

grafito [gra'fito] *m* (MIN) Grafit *m*

grafología [grafolo'xia] *f sin pl* Grafologie *f*

grafológico, -a [grafo'loxiko, -a] *adj* grafologisch

grafólogo, -a [gra'foloɣo, -a] *m, f* Grafologe, -in *m, f*

gragea [gra'xea] *f* Dragee *nt*

grajear [graxe'ar] *vi* ① *(el grajo)* krächzen ② *(un bebé)* glucksen

grajo ['graxo] *m* ① *(ave)* Saatkrähe *f* ② *(charlatán)* Schwätzer *m* ③ *(Am: sobaquina)* Schweißgeruch *m*

gral. [xene'ral] *adj abr de* **general** allg.

gramática [gra'matika] *f* (LING) Grammatik *f;* **tener mucha ~ parda** *(fam)* listig sein

gramatical [gramati'kal] *adj* grammatikalisch; **regla ~** Grammatikregel *f*

gramaticalización [gramatikaliθa'θjon] *f sin pl* (LING) Grammatikalisation *f*

gramático, -a [gra'matiko, -a] *m, f* Grammatiker(in) *m(f)*

gramilla [gra'miʎa] *f (Am: hierba)* Gras *nt*

gramo ['gramo] *m* Gramm *nt*

gramófono [gra'mofono] *m* Grammofon *nt*

gramola [gra'mola] *f* ① *(gramófono)* Grammofon *nt* ② *(en un bar)* Musikbox *f*

gran [gran] *adj v.* **grande**

grana ['grana] *f* ① *(acción)* Reifen *nt* der Getreidekörner ② *(semilla)* Same(n) *m* ③ *(color)* Scharlach(rot) *nt* ④ *(tela)* Scharlach *m* ⑤ *(cochinilla)* Koschenille(laus) *f;* *(color)* Koschenille *f* ⑥ *(quermes)* Kermes *m*

granada [gra'naða] *f* ① *(fruto)* Granatapfel *m* ② *(proyectil)* Granate *f*

granadilla [grana'ðiʎa] *f* ① *(fruto)* Passionsfrucht *f* ② *(AmC: planta)* Passionsblume *f*

granadino, -a [grana'ðino, -a] **I.** *adj* aus Granada **II.** *m, f* Einwohner(in) *m(f)* von Granada

granado[1] [gra'naðo] *m* Granat(apfel)baum *m*

granado, -a[2] *adj* ① *(ilustre)* vornehm ② *(maduro)* reif ③ *(alto)* hoch aufgeschossen

granar [gra'nar] **I.** *vi* Körner entwickeln **II.** *vt* treiben

granate [gra'nate] **I.** *adj* granatfarben, granatrot **II.** *m* Granatstein *m*

Gran Bretaña [gram bre'taɲa] *f* Großbritannien *nt*

grancanario, -a [graŋka'narjo, -a] **I.** *adj* aus Gran Canaria **II.** *m, f* Einwohner(in) *m(f)* von Gran Canaria

grande ['graṇde] **I.** *adj* <más grande *o* mayor, grandísimo> *(precediendo un sustantivo singular: gran)* ① *(de tamaño)* groß; **gran ciudad** Großstadt *f;* **~ como una montaña** riesengroß; **una habitación ~** ein geräumiges Zimmer; **una gran suma de dinero** eine hohe Geldsumme; **una gran mentira** eine faustdicke Lüge; **vino gran cantidad de gente** es kamen sehr viele Leute; **tengo un gran interés por...** ich bin sehr interessiert an … *+dat;* **no me preocupa gran cosa** das kümmert mich nicht besonders ② *(de edad)* alt; **Juan es más ~ que Pedro** Juan ist älter als Pedro ③ *(moralmente)* **un gran hombre** ein bedeutender Mann; **una gran idea** eine großartige Idee ④ *(loc)* **pasarlo en ~** sich großartig amüsieren; **este trabajo me va ~** ich bin dieser Arbeit nicht gewachsen; **vivir a lo ~** auf großem Fuß leben **II.** *m* ① *(prócer)* Größe *f;* **los ~s de la industria** die Großindustriellen ② *(título)* **G~ de España** Grande *m* Spaniens

grandemente [graṇde'meṇte] *adv (mucho)* sehr; *(extremadamente)* äußerst

grandeza [graṇ'deθa] *f* ① *(vastedad)* Größe *f;* **delirio de ~** Größenwahn *m* ② *(excelencia de cosas)* Großartigkeit *f* ③ *(de* *personas)* Größe *f* ④ *(de un Grande)* Würde *f*

grandilocuencia [graṇdilo'kweṇθja] *f* ① *(de estilo)* Schwülstigkeit *f* ② *(de una persona)* hochtrabende Ausdrucksweise *f*

grandilocuente [graṇdilo'kweṇte] *adj* hochtönend

grandiosidad [graṇdjosi'ða^{d}] *f* Großartigkeit *f*

grandioso, -a [graṇ'djoso, -a] *adj* großartig

grandote, -a [graṇ'dote, -a] *adj (fam)* enorm, riesengroß

grandullón, -ona [graṇdu'ʎon, -ona] *adj* hoch aufgeschossen

granear [grane'ar] *vt* ① *(semilla)* (aus)säen ② *(pólvora)* körnen ③ *(cuero)* aufrauen ④ (ARTE: *grabado en cobre*) granieren

granel [gra'nel] **a ~** *(sin envase)* unverpackt; *(suelto)* lose; *(líquido)* vom Fass; *(en abundancia)* haufenweise; **carga a ~** Schüttgut *nt*

granero [gra'nero] *m* Scheune *f*; **Castilla es el ~ de España** Kastilien ist die Kornkammer Spaniens

granítico, -a [gra'nitiko, -a] *adj* ① *(relativo al granito)* Granit- ② *(parecido al granito)* granitartig

granito [gra'nito] *m* (MIN) Granit *m*

granizada [grani'θaða] *f* ① *(pedrisco)* Hagelschauer *m* ② *(de balas)* Kugelhagel *m*

granizado [grani'θaðo] *m Erfrischungsgetränk mit zerstoßenem Eis;* **~ de café** Kaffee *m* mit Eis

granizar [grani'θar] <z → c> *vimpers* hageln

granizo [gra'niθo] *m* Hagel *m*

granja ['graŋxa] *f* ① *(finca)* Bauernhof *m*; *(en la zona anglosajona)* Farm *f* ② *(cafetería)* Milchbar *f*

granjear [graŋxe'ar] **I.** *vt* ① *(ganado)* handeln ② *(adquirir)* erwerben **II.** *vr:* **~se** für sich gewinnen

granjero, -a [graŋ'xero, -a] *m, f* Landwirt(in) *m(f)*, Bauer, Bäuerin *m, f*; *(en la zona anglosajona)* Farmer(in) *m(f)*

grano ['grano] *m* ① *(de cereales)* (Samen)korn *nt*; *(de café)* Bohne *f*; **~s** Getreide *nt*; **~ de trigo** Weizenkorn *nt*; **~ de uva** Weintraube *f*; **vaya al ~** kommen Sie zur Sache; **apartar el ~ de la paja** die Spreu vom Weizen trennen ② (TÉC) Korn *nt*; **de ~ duro** grobkörnig; **de ~ fino** feinkörnig ③ *(de piel)* Narbe *f* ④ (MED) Pickel *m* ⑤ *(loc)* **aportó su ~ de arena** er/sie trug sein/ihr Scherflein bei; **de un ~ (de arena) hace una montaña** aus einer Mücke macht er/sie einen Elefanten

granoso, -a [gra'noso, -a] *adj* körnig

granuja[1] [gra'nuxa] *m* ① *(pilluelo)* Schelm *m* ② *(bribón)* Gauner *m*; **el muy ~ me ha engañado** der Mistkerl hat mich reingelegt

granuja[2] [gra'nuxa] *f* ① *(uva)* Traubenkamm *m* ② *(de las frutas)* Kern *m*

granujada [granu'xaða] *f* ① *(travesura)* Streich *m* ② *(bribonada)* Schurkerei *f*

granujería [granuxe'ria] *f* ① *(travesura)* Streich *m* ② *(bribonada)* Schurkerei *f* ③ *(de pillos)* Rasselbande *f* ④ *(de bribones)* Gaunerbande *f*

granulación [granula'θjon] *f* Granulation *f*

granulado [granu'laðo] *m* Granulat *nt*

granular [granu'lar] **I.** *adj* ① *(superficie)* körnig ② *(cuero)* aufgeraut **II.** *vt* granulieren

granuloso, -a [granu'loso, -a] *adj* körnig

grapa ['grapa] *f* ① *(para papeles)* Heftklammer *f*; *(para madera)* Krampe *f* ② *(licor)* Grappa *m* ③ *(de la uva)* Kamm *m*

grapadora [grapa'ðora] *f* Heftmaschine *f*

grapar [gra'par] *vt* heften

grasa ['grasa] *f* ① (ANAT) Fett *nt*; **~ de cerdo** Schweineschmalz *nt*; **cocinar sin ~** fettarm kochen; **tengo mucha ~ en la barriga** ich habe viel Speck am Bauch; **el deporte quita la ~** Sport lässt die Pfunde schmelzen ② (TÉC: *lubricante*) Schmieröl *nt* ③ *(mugre)* Schmutz *m* ④ (MIN) **las ~s** die Schlacke

grasiento, -a [gra'sjeṇto, -a] *adj* fettig; *(de aceite)* ölig

graso, -a ['graso, -a] *adj* ① *(grasiento)* fettig ② *(gordo)* dick

gratén [gra'ten] *m* (GASTR) **al ~** überbacken

gratificación [gratifika'θjon] *f* ① *(recompensa)* Belohnung *f*; *(sobre objetos perdidos)* Finderlohn *m* ② *(del sueldo)* Sondervergütung *f*; **~ de Navidad** Weihnachtsgeld *nt* ③ *(propina)* Trinkgeld *nt*

gratificante [gratifi'kaṇte] *adj* erfreulich

gratificar [gratifi'kar] <c → qu> *vt* ① *(recompensar)* belohnen (**por** für +*akk*); **se ~á a quien lo encuentre** ein Finderlohn ist ausgesetzt ② *(en el trabajo)* eine Sondervergütung zahlen (**a** +*dat*) ③ *(complacer)* zufrieden stellen

gratinado [grati'naðo] *m* (GASTR) Gratin *nt*

gratinador [gratina'ðor] *m* Grill *m* zum Überbacken

gratinar [grati'nar] *vt* (GASTR) überbacken, gratinieren

gratis ['gratis] *adv* kostenlos, gratis

gratitud [grati'tu^{d}] *f* Dankbarkeit *f*

grato, -a ['grato, -a] *adj* ① *(agradable)* angenehm; **~ al paladar** köstlich; **tu novio me ha dado una grata impresión** dein

Freund hat bei mir einen sehr guten Eindruck gemacht; **tu visita me es muy grata** dein Besuch kommt mir sehr gelegen ❷ *(en una carta)* **me es ~ comunicarle que...** ich freue mich, Ihnen mitteilen zu können, dass ...

gratuidad [gratwi'ðað] *f* ❶ *(de gratis)* Unentgeltlichkeit *f* ❷ *(arbitrariedad)* Willkürlichkeit *f* ❸ *(algo infundado)* Unbegründetheit *f*

gratuitamente [gratwita'mente] *adv* ❶ *(gratis)* umsonst, kostenlos ❷ *(sin fundamento)* grundlos, willkürlich

gratuito, -a [gra'twito, -a] *adj* ❶ *(gratis)* kostenlos ❷ *(arbitrario)* willkürlich ❸ *(infundado)* unbegründet; **es una acusación gratuita** diese Anklage ist ungerechtfertigt; **este rumor es ~** dieses Gerücht ist aus der Luft gegriffen; **lo que has hecho ha sido bastante ~** was du gemacht hast, hättest du dir schenken können

grava ['graβa] *f* ❶ *(casquijo)* Kies *m* ❷ *(cascajo)* Schotter *m*

gravable [gra'βaβle] *adj* steuerpflichtig

gravamen [gra'βamen] *m* ❶ *(carga)* Last *f* ❷ *(de los ingresos)* Versteuerung *f; (del Estado)* Besteuerung *f* ❸ (UE) Abschöpfung *f*

gravar [gra'βar] *vt* ❶ *(cargar)* belasten ❷ (FIN) besteuern; **~ con un impuesto** eine Steuer erheben (auf +*akk*)

grave ['graβe] *adj* ❶ *(objeto)* schwer ❷ *(enfermedad)* schlimm; **está ~** er/sie ist schwer krank ❸ *(persona, situación)* ernst; **es un momento ~ para la industria** es ist eine kritische Zeit für die Industrie ❹ *(estilo)* streng, nüchtern ❺ *(sonido)* tief ❻ (LING) **acento ~** Gravis *m;* **palabra ~** auf der vorletzten Silbe betontes Wort

gravedad [graβe'ðað] *f* ❶ (FÍS) Schwerkraft *f;* **centro de ~** Schwerpunkt *m* ❷ (MÚS: *de los sonidos*) Tiefe *f* ❸ (MED) **estar herido de ~** schwer verletzt sein ❹ *(de un estilo)* Strenge *f* ❺ *(de una situación, persona)* Ernst *m*

gravidez [graβi'ðeθ] *f* Schwangerschaft *f*

grávido, -a ['graβiðo, -a] *adj* ❶ *(mujer)* schwanger ❷ *(elev: cargado)* (rand)voll, vollgeladen

gravilla [gra'βiʎa] *f* Feinkies *m; (en la calzada)* (Roll)splitt *m*

gravitación [graβita'θjon] *f* (FÍS) Anziehungskraft *f; (de la tierra)* Schwerkraft *f*

gravitar [graβi'tar] *vi* ❶ (FÍS) gravitieren ❷ *(un cuerpo)* ruhen (**sobre** auf +*dat*) ❸ *(recaer)* lasten (**sobre** auf +*dat*)

gravitatorio, -a [graβita'torjo, -a] *adj* Gravitations-

gravoso, -a [gra'βoso, -a] *adj* ❶ *(pesado)* lästig; *(duro)* beschwerlich; *(libro)* schwierig ❷ *(costoso)* kostspielig

graznar [graθ'nar] *vi (cuervo)* krächzen; *(ganso)* schnattern; *(pato)* quaken

graznido [graθ'niðo] *m (cuervo)* Krächzen *nt; (ganso)* Schnattern *nt; (pato)* Quaken *nt*

greca ['greka] *f* ❶ *(adorno)* Mäanderband *nt* ❷ *(Am: cafetera eléctrica)* Kaffeemaschine *f*

Grecia ['greθja] *f* Griechenland *nt*

grecolatino, -a [grekola'tino, -a] *adj* griechisch-lateinisch

grecorromano, -a [grekorro'mano, -a] *adj* griechisch-römisch

greda ['greða] *f* ❶ *(arcilla)* Kreide *f* ❷ *(para desengrasar)* Bleicherde *f*

gregal [gre'ɣal] *adj* Herden-

gregario, -a [gre'ɣarjo, -a] *adj* ❶ *(persona)* Herden- ❷ *(soldado)* gemein

gregoriano, -a [greɣo'rjano, -a] *adj* gregorianisch

greguería [greɣe'ria] *f* Stimmengewirr *nt*

gremial [gre'mjal] **I.** *adj* ❶ *(de un gremio)* Innungs- ❷ (HIST) Zunft- **II.** *mf* Verbandsangehörige(r) *mf*

gremio ['gremjo] *m* ❶ *(asociación)* Innung *f* ❷ (HIST) Zunft *f*

greña ['greɲa] *f (cabellos)* Haarschopf *m;* **andar a la ~** aneinandergeraten

greñudo, -a [gre'ɲuðo, -a] *adj* zerzaust

gres [gres] *m* ❶ *(arcilla)* (Töpfer)ton *m* ❷ *(producto)* Steingut *nt*

gresca ['greska] *f* ❶ *(bulla)* Krach *m* ❷ *(riña)* Zankerei *f*

grial [gri'al] *m* Gral *m*

griego, -a ['grjeɣo, -a] **I.** *adj* griechisch **II.** *m, f* Grieche, -in *m, f*

grieta ['grjeta] *f* ❶ *(en la pared)* Riss *m* ❷ *(en una taza)* Sprung *m; (más grande)* Spalte *f* ❸ *(en la piel)* Schrunde *f*

grifa ['grifa] *f* Haschisch *nt o m*

grifo[1] ['grifo] *m* ❶ (TÉC) Hahn *m;* **agua del ~** Leitungswasser *nt;* **me he dejado el ~ abierto** ich habe den Hahn nicht zugedreht ❷ *(mitología)* Greif *m* ❸ *(Perú: gasolinera)* Tankstelle *f*

grifo, -a[2] ['grifo, -a] *adj* kraus

grifota [gri'fota] *mf (argot)* Kiffer(in) *m(f) fam*

grillado, -a [gri'ʎaðo, -a] *adj (fam: loco)* verrückt

grillarse [gri'ʎarse] *vr* ❶ *(tubérculo)* auskeimen ❷ *(fam: persona)* überschnappen

grillera [gri'ʎera] *f* ❶ *(agujero)* Grillenloch *nt* ❷ *(jaula)* Grillenkäfig *m* ❸ *(fam: lugar)* **esto es una ~** das ist ja das reinste Irrenhaus ❹ *(de la policía)* Streifenwagen *m*

G

grillete [gri'ʎete] *m* ① *(cepo)* Fußfessel *f* ② (NÁUT) Schäkel *m*
grillo ['griʎo] *m* ① *(insecto)* Grille *f* ② *(tubérculo)* Keim *m* ③ *pl (grilletes)* Fußfesseln *f pl*
grima ['grima] *f* Schauder *m;* **me da ~ ver cómo la maltratas** es macht mich krank, zu sehen, wie du sie misshandelt
grimillón [grimi'ʎon] *m (Chil)* Menge *f,* Haufen *m*
gringada [griŋ'gaða] *f (Am: fam)* ① *(truco sucio)* Ganoventrick *m* ② *(grupo de gringos)* Gruppe *f* von Gringos
gringo[1] ['griŋgo] *m (fam)* Kauderwelsch *nt*
gringo, -a[2] ['griŋgo, -a] *m, f (Am: fam)* ① *(persona)* Gringo *m; (pey)* Ausländer(in) *m(f)* ② *(de EE.UU.)* Amerikaner(in) *m(f),* Yankee *m abw*
gripa ['gripa] *f (Am)* Grippe *f*
gripal [gri'pal] *adj* (MED) grippal
griparse [gri'parse] *vr* (TÉC) sich festfressen
gripe ['gripe] *f* (MED) Grippe *f*
griposo, -a [gri'poso, -a] **I.** *adj* (MED) **estoy ~** ich habe die Grippe **II.** *m, f* Grippekranke(r) *mf*
gris [gris] **I.** *adj* ① *(color)* grau; **~ marengo** dunkelgrau; **de ojos ~es** grauäugig ② *(persona)* fade **II.** *m* ① *(color)* Grau *nt* ② *(viento)* kalter Wind *m* ③ (HIST: *policía*) Bulle *m fam*
grisáceo, -a [gri'saθeo, -a] *adj,* **grisoso, -a** [gri'soso, -a] *adj (Am)* gräulich
grisma ['grisma] *f (Chil, Guat, Hond: pizca)* Prise *f*
grisú [gri'su] *m* <grisúes *o* grisús> (MIN) Grubengas *nt*
gritadera [grita'ðera] *f (Col, Ven: griterío)* Geschrei *nt,* Gegröle *nt*
gritar [gri'tar] *vi, vt* ① *(dar gritos)* schreien ② *(reprender)* anschreien ③ *(en un concierto)* auspfeifen
griterío [grite'rio] *m* Geschrei *nt*
grito ['grito] *m* Schrei *m;* **~ de protesta** Protestruf *m;* **pegar un ~** einen Schrei ausstoßen; **me lo dijo a ~s** er/sie schrie mich an; **a ~ limpio** [*o* **pelado**] mit lautem Geschrei; **poner el ~ en el cielo por algo** viel Aufhebens um etw machen; **Bosnia está pidiendo a ~s ayuda internacional** Bosnien bittet inständig um internationale Hilfe
groenlandés, -esa [groenlan̩'des, -esa] **I.** *adj* grönländisch **II.** *m, f* Grönländer(in) *m(f)*
Groenlandia [groen'lan̩dja] *f* Grönland *nt*
grogui ['groɣi] *adj* groggy
grosella [gro'seʎa] *f* Johannisbeere *f*
grosería [grose'ria] *f* ① *(descortesía)* Unhöflichkeit *f* ② *(ordinariez)* Gewöhnlichkeit *f* ③ *(tosquedad)* Rohheit *f* ④ *(estupidez)* Dummheit *f* ⑤ *(observación)* vulgäre Äußerung *f; (palabrota)* Schimpfwort *nt*
grosero, -a [gro'sero, -a] *adj* ① *(descortés)* unhöflich ② *(ordinario)* gewöhnlich, ordinär ③ *(tosco)* plump
grosor [gro'sor] *m* Dicke *f*
grotesco, -a [gro'tesko, -a] *adj* grotesk
grúa ['grua] *f* ① *(máquina)* Kran *m* ② *(vehículo)* Abschleppwagen *m*
grúa remolque ['grua rre'molke] *f* <grúas remolque> Abschleppwagen *m*
gruesa ['grwesa] *f (cantidad)* Gros *nt*
gruesamente [grwesa'men̩te] *adv* ① *(ligeramente)* grob ② *(toscamente)* grob, rüde
grueso[1] ['grweso] *m* ① *(espesor)* Dicke *f* ② *(parte principal)* Gros *nt* ③ (MED: *intestino*) Dickdarm *m* ④ (COM) **vender en ~** en gros verkaufen ⑤ (TIPO) (Schrift)kegel *m*
grueso, -a[2] ['grweso, -a] *adj* ① *(persona)* korpulent ② *(objeto)* dick ③ *(mar)* schwer ④ *(broma)* derb ⑤ *(tela)* grob
grulla ['gruʎa] *f* Kranich *m*
grumete [gru'mete] *m* (NÁUT) Schiffsjunge *m*
grumo ['grumo] *m* ① *(coágulo)* Klumpen *m;* **~ de sangre** (Blut)gerinnsel *nt* ② *(de uvas)* Bündel *nt; (de lechuga)* (Salat)herz *nt* ③ *(de planta)* Schössling *m; (en patatas)* Auge *nt*
grumoso, -a [gru'moso, -a] *adj* klumpig, verklumpt
gruñido [gru'ɲiðo] *m* ① *(del cerdo)* Grunzen *nt* ② *(del perro)* Knurren *nt* ③ *(de persona)* Murren *nt* ④ *(de puerta)* Quietschen *nt*
gruñir [gru'ɲir] <*3. pret* gruñó> *vi* ① *(cerdo)* grunzen ② *(perro)* knurren ③ *(persona)* murren ④ *(puerta)* quietschen
gruñón, -ona [gru'ɲon, -ona] **I.** *adj (fam)* brummig **II.** *m, f (fam)* Brummbär *m;* **es un viejo ~** er ist ein alter Brummbart
grupa ['grupa] *f* Kruppe *f;* **volver ~s** (MIL) kehrtmachen
grupal [gru'pal] *adj* Gruppen-
grupo ['grupo] *m* ① *(conjunto)* Gruppe *f;* **~** (**industrial**) (COM) Konzern *m;* **~ de noticias** (INFOR) Newsgroup *f;* **~ parlamentario** (POL) Fraktion *f;* **~ de presión** (POL) Lobby *f;* **~ principal** (INFOR) Hauptgruppe *f;* **~ de música** Band *f;* **~ de estudio** Lerngruppe *f;* **trabajo en ~** Teamarbeit *f* ② (TÉC) Aggregat *nt*
gruta ['gruta] *f (artificial)* Grotte *f; (natural)* Höhle *f*
grutesco[1] [gru'tesko] *m* (ARTE) Groteske *f*
grutesco, -a[2] [gru'tesko, -a] *adj* ① *(relati-*

vo a la gruta) grotesk, seltsam ② (ARTE) grotesk
guaca ['gwaka] *f (Am)* ① *(tumba)* Begräbnisstätte *f* der Ureinwohner(innen) Amerikas ② *(tesoro)* verborgener Schatz *m* ③ *(hucha)* Spardose *f;* **hacer ~** Geld machen
guacal [gwa'kal] *m (AmC: calabaza)* Kalebassenbaum *m*
guacamayo [gwaka'maɟo] *m* Ara *m*
guacamol(e) [gwaka'mol(e)] *m (Am:* GASTR) Avocadocreme *f*
guachada [gwa'ʧaða] *f (Am: fam: canallada)* Schurkenstreich *m*
guachimán [gwaʧi'man] *m (Am: vigilante)* Wächter *m*
guacho, -a ['gwaʧo, -a] *m, f (AmS: huérfano)* Waisenkind *nt; (expósito)* ausgesetztes Kind *nt*
guadalajareño, -a [gwaðalaxa'reɲo, -a] **I.** *adj* aus Guadalajara **II.** *m, f* Einwohner(in) *m(f)* von Guadalajara
guadaña [gwa'ðaɲa] *f* Sense *f*
guagua ['gwaɣwa] *f* ① *(trivialidad)* Lappalie *f* ② *(Am: autobús)* Bus *m*
guajiro, -a [gwa'xiro, -a] **I.** *adj* bäurisch **II.** *m, f (Cuba)* weißer Bauer *m,* weiße Bäuerin *f*
gualdo, -a ['gwaldo, -a] *adj* goldgelb; **la bandera roja y gualda** die spanische Flagge
gualicho [gwa'liʧo] *m (Arg, Urug)* ① *(maleficio)* Zauber *m* ② *(objeto que hechiza)* Fetisch *m*
guanábano [gwa'naβano] *m (Am: árbol)* Stachelannone *f*
guanaco[1] [gwa'nako] *m (mamífero)* Guanako *m o nt*
guanaco, -a[2] [gwa'nako, -a] **I.** *adj (Am: tonto)* dumm, einfältig; *(lento)* tranig *fam* **II.** *m, f* ① *(Am: tonto)* Einfaltspinsel *m,* Dummkopf *m* ② *(AmC: habitante)* Einwohner(in) *m(f)* von El Salvador
guanche ['gwanʧe] *m* ① *(persona) Ureinwohner der kanarischen Inseln* ② (HIST: *lengua) Sprache der Einwohner Gran Canarias*
guango, -a ['guaŋgo, -a] *adj (Méx)* weit
guano ['gwano] *m* ① *(excrementos)* Guano *m* ② *(CSur: estiércol)* Dung *m*
guantada [gwan'taða] *f* Ohrfeige *f;* **dar una ~ a alguien** jdn ohrfeigen
guantazo [gwan'taθo] *m v.* **guantada**
guante ['gwante] *m* Handschuh *m;* **~ cibernético** [*o* **virtual**] Datenhandschuh *f;* **ir** [*o* **sentar**] **como un ~** wie angegossen sitzen; **recoger el ~** den Fehdehandschuh aufnehmen; **colgar los ~s** *(boxeador)* die Boxhandschuhe an den Nagel hängen; *(futbolista)* die Fußballschuhe an den Nagel hängen; **le echaron el ~ al ladrón** der Dieb wurde geschnappt
guantera [gwan'tera] *f* (AUTO) Handschuhfach *nt*
guapamente [gwapa'mente] *adv (fam: muy bien)* prima, toll
guaperas [gwa'peras] *m inv (fam)* eitler Mensch *m;* **va de ~** er spielt den wilden Mann
guaperío [gwape'rio] *m* Schickeria *f*
guapeza [gwa'peθa] *f* ① *(aspecto)* Schönheit *f; (elegancia)* Eleganz *f* ② *(apariencia)* Eitelkeit *f* ③ *(valentonería)* Mut *m*
guapo[1] ['gwapo] *m* ① *(Am: pey: pendenciero)* Raufbold *m* ② *(galán)* Galan *m*
guapo, -a[2] ['gwapo, -a] *adj* ① *(atractivo)* hübsch, gut aussehend ② *(en el vestir)* schick ③ *(Am: valiente)* mutig
guapote [gwa'pote] *adj (fam)* (ganz) attraktiv, (recht) gut aussehend
guaraca [gwa'raka] *f (Am: honda)* Schleuder *f; (látigo)* Peitsche *f*
guaraná [gwara'na] *f (Am: planta)* Guaranapflanze *f*
guarangada [gwaraŋ'ɣaða] *f (Am: grosería)* Flegelei *f*
guaraní [gwara'ni] **I.** *adj* Guarani- **II.** *m* Guaraní *m*
guarapo [gwa'rapo] *m (Am: jugo)* Zuckerrohrsaft *m; (bebida)* Zuckerrohrschnaps *m*
guarda[1] ['gwarða] *f* ① *(acto)* Wache *f* ② *(protección)* Schutz *m* ③ *(de un libro)* Vorsatz *m* ④ *(de la ley)* Befolgung *f* ⑤ *pl (de llave)* Einkerbung *f* im Schlüsselbart; *(de cerradura)* Zuhaltung *f* ⑥ *pl (de abanico)* Stäbe *mpl*
guarda[2] ['gwarða] *mf* Wächter(in) *m(f);* **~ forestal** Förster(in) *m(f)*
guardabarrera [gwarðaβa'rrera] *mf* Bahnwärter(in) *m(f)*
guardabarros [gwarða'βarros] *m inv* Schutzblech *nt*
guardabosque(s) [gwarða'βoske(s)] *mf (inv)* Förster(in) *m(f)*
guardacostas [gwarða'kostas] *m inv* Boot *nt* der Küstenwache
guardaespaldas [gwarðaes'paldas] *mf inv* Leibwächter(in) *m(f)*
guardameta [gwarða'meta] *mf* (DEP) Torwart, -frau *m, f*
guardapolvo [gwarða'polβo] *m* Staubmantel *m*
guardar [gwar'ðar] **I.** *vt* ① *(vigilar)* bewachen; *(rebaño)* hüten ② *(proteger)* beschützen (**de** vor +*dat*) ③ *(ley)* einhalten ④ *(conservar)* (auf)bewahren; **~ en la memoria intermedia** (INFOR) zwischenspeichern; **~ un sitio** einen Platz freihalten; **~le un trozo de pastel a alguien** jdm ein

Stück Kuchen aufheben; **guárdame esto que ahora vengo** heb das für mich auf, ich komme sofort ⑤ *(poner)* **¿dónde has guardado las servilletas?** wo hast du die Servietten hingetan?; **~ el dinero en el banco** das Geld auf die Bank bringen; **~ algo en el bolsillo** etw in die Tasche stecken ⑥ *(quedarse con)* behalten ⑦ *(ahorrar)* sparen; **~ las fuerzas** seine Kräfte schonen ⑧ *(loc)* **~ cama** das Bett hüten; **~ silencio** Stillschweigen bewahren; **~ las distancias** Distanz wahren **II.** *vr:* **~se** ① *(conservar)* aufheben ② *(protegerse)* sich hüten (**de** vor +*dat*)

G

guardarropa[1] [gwarða'rropa] *m* Garderobe *f*

guardarropa[2] [gwarða'rropa] *mf* ① *(de vestuario: mujer)* Garderobe(n)frau *f; (hombre)* Garderobier *m* ② (TEAT: *guardarropía*) Requisiteur(in) *m(f)*

guardarropía [gwarðarro'pia] *m* ① (TEAT: *accesorios*) Requisiten *ntpl;* **de ~** Schein- ② *(cuarto)* Requisitenkammer *f*

guardavía [gwarða'βia] *mf* (FERRO) Bahnwärter(in) *m(f)*

guardería [gwarðe'ria] *f (hasta tres años)* Kinderkrippe *f; (más de tres años)* Kindergarten *m; (durante todo el día)* Kindertagesstätte *f*

guardia[1] ['gwarðja] *f* ① *(vigilancia)* Wache *f;* **¿cuál es la farmacia de ~?** welche Apotheke hat Notdienst?; **estar de ~** *(por la noche)* Nachtdienst haben; *(el fin de semana)* Wochenenddienst haben; (MIL) Wache schieben ② (DEP) Deckung *f;* **bajar la ~** die Deckung fallen lassen; **en ~** *(esgrima)* en garde ③ *(instituciones)* **la G~ Civil** *spanische paramilitärische Polizeieinheit;* **G~ Municipal** [*o* **Urbana**] Gemeindepolizei *f;* **~ costera** Küstenwache *f;* **estar en ~** auf der Hut sein; **poner a alguien en ~** jdn in Alarmbereitschaft versetzen

guardia[2] ['gwarðja] *mf* **~ civil** Beamte(r) *m* der Guardia civil, Beamtin *f* der Guardia civil; **~ municipal** [*o* **urbano**] Gemeindepolizist(in) *m(f);* **~ de tráfico** Verkehrspolizist(in) *m(f)*

guardián, -ana [gwar'ðjan, -ana] *m, f* ① *(protector)* Hüter(in) *m(f);* **perro ~** Wachhund *m* ② *(en el zoo)* Wärter(in) *m(f)*

guardilla [gwar'ðiʎa] *f* ① *(habitación)* Dachzimmer *nt* ② *(ventana)* Dachfenster *nt*

guardón, -ona [gwar'ðon, -ona] **I.** *adj (pey)* geizig, knauserig **II.** *m, f (pey)* Geizhals *m,* Knauser(in) *m(f)*

guarecer [gware'θer] *irr como crecer* **I.** *vt* ① *(proteger)* schützen (**de** vor +*dat*) ② *(albergar)* beherbergen; **le guarecí en mi casa** ich nahm ihn bei mir auf ③ *(curar)* heilen **II.** *vr:* **~se** ① *(cobijarse)* sich flüchten ② *(de la lluvia)* sich unterstellen

guarida [gwa'riða] *f* ① *(cueva)* Höhle *f; (de animales)* Bau *m* ② *(refugio)* Versteck *nt*

guarismo [gwa'rismo] *m* (MAT) Ziffer *f*

guarnecer [gwarne'θer] *vt irr como crecer* ① *(adornar)* verzieren (**con/de** mit +*dat*); (GASTR) garnieren; *(vestido)* besetzen ② (MIL: *ciudad*) eine Garnison (in einer Stadt) stationieren ③ *(equipar)* ausrüsten (**con/de** mit +*dat*); *(proveer)* versehen (**con/de** mit +*dat*), ausstatten (**con/de** mit +*dat*)

guarnición [gwarni'θjon] *f* ① *(adorno)* Verzierung *f; (en vestido)* Besatz *m; (en joya)* (Ein)fassung *f* ② (MIL) Garnison *f* ③ (GASTR: *adorno*) Garnierung *f; (completando un plato principal)* Beilage *f* ④ *pl (arreos)* Geschirr *nt*

guarrazo [gwa'rraθo] *m (fam)* Sturz *m;* **darse un ~** einen Sturz bauen [*o* drehen]

guarrería [gwarre'ria] *f* Schweinerei *f*

guarro, -a ['gwarro, -a] **I.** *adj* ① *(cosa)* dreckig; **chiste ~** anstößiger Witz ② *(persona)* schlampig; *(moralmente)* unanständig **II.** *m, f* Schwein *nt*

guasa ['gwasa] *f* ① *(burla)* Scherz *m;* **estar de ~** zum Scherzen aufgelegt sein ② *(sosería)* Fadheit *f*

guasanga [gwa'saŋga] *f (Am: bullanga)* Remmidemmi *nt*

guasca ['gwaska] *f (Am)* Peitsche *f*

guasearse [gwase'arse] *vr* sich lustig machen (**de** über +*akk*)

guaso, -a ['gwaso, -a] *adj (CSur)* ① *(rústico)* bäurisch ② *(torpe)* grob, unhöflich

guasón, -ona [gwa'son, -ona] *m, f* Spaßvogel *m*

guata ['gwata] *f* ① *(algodón)* Watte *f* ② *(Am: barriga)* Bauch *m*

Guatemala [gwate'mala] *f* Guatemala *nt*

guatemalteco, -a [gwatemal̦'teko, -a] **I.** *adj* guatemaltekisch **II.** *m, f* Guatemalteke, -in *m, f*

guateque [gwa'teke] *m (fam)* Party *f*

guatero [gwa'tero] *m (Chil)* Wärmflasche *f*

guay [gwai̯] *adj (fam)* klasse

guayaba [gwa'ɟaβa] *f* ① *(fruto)* Guajave *f;* **~ de Brasil** Ananasguave *f* ② *(Am: mentira)* Lüge *f*

guayabo [gwa'ɟaβo] *m* Guajavabaum *m*

Guayana [gwa'ɟana] *f* Guyana *nt*

guayanés, -esa [gwaɟa'nes, -esa] **I.** *adj* guyanisch **II.** *m, f* Guyaner(in) *m(f)*

guayar [gwa'ɟar] **I.** *vt (Ant)* reiben, raspeln **II.** *vr:* **~se** *(PRico)* sich vollaufen lassen *fam*

gubernamental [guβernamen̩'tal] *adj* ❶ *(relativo a)* Regierungs- ❷ *(partidario)* regierungstreu

gubernativo, -a [guβerna'tiβo, -a] *adj* Regierungs-; **policía gubernativa** Staatspolizei *f*

guedeja [ge'ðexa] *f* ❶ *(mechón de pelo)* (Haar)strähne *f;* **con esas ~s encima de la cara** mit dieser ins Gesicht hängenden Mähne ❷ *(cabellera larga)* langes Haar *nt*

guepardo [ge'parðo] *m* Gepard *m*

güero, -a ['gwero, -a] **I.** *adj (Am: rubio)* blond **II.** *m, f (Am: rubio)* Blonde(r) *mf*

guerra ['gerra] *f* Krieg *m;* **~ civil** Bürgerkrieg *m;* **~ de precios/tarifas** Preis-/Tarifkampf *m;* **la Primera/Segunda G~ Mundial** der Erste/Zweite Weltkrieg; **G~ de Sucesión** Erbfolgekrieg *m;* **ir a la ~** in den Krieg ziehen; **estar en pie de ~ con alguien** mit jdm auf Kriegsfuß stehen; **estos niños dan mucha ~** *(fam)* diese Kinder sind sehr anstrengend

guerrear [gerre'ar] *vi* ❶ *(hacer guerra)* Krieg führen ❷ *(resistir)* sich zur Wehr setzen

guerrera [ge'rrera] *f* Uniformjacke *f*

guerrero, -a [ge'rrero, -a] **I.** *adj* ❶ *(de guerra)* Kampf-, kämpferisch ❷ *(travieso)* ausgelassen ❸ *(revoltoso)* ungezogen **II.** *m, f* Krieger(in) *m(f)*

guerrilla [ge'rriʎa] *f* Freischar *f; (en Latinoamérica)* Guerilla *f*

guerrillear [gerriʎe'ar] *vi* einen Guerillakrieg führen

guerrillero, -a [gerri'ʎero, -a] *m, f* Freischärler(in) *m(f); (en Latinoamérica)* Guerillakämpfer(in) *m(f),* Guerillero, -a *m, f*

gueto ['geto] *m* Ghetto *nt*

guía[1] ['gia] *m* ❶ (MIL) Flügel *m* ❷ *(manillar)* Lenkstange *f*

guía[2] ['gia] *f* ❶ *(pauta)* Richtschnur *f* ❷ *(persona)* Leitbild *nt* ❸ *(manual)* Handbuch *nt;* **~ comercial** Firmenadressbuch *nt;* **~ de ferrocarriles** Kursbuch *nt;* **~ telefónica** Telefonbuch *nt;* **~ turística** Reiseführer *m* ❹ *(planta)* Leittrieb *m* ❺ (TÉC) Führungsschiene *f* ❻ *(del bigote)* Schnurrbartspitze *f* ❼ *(del abanico)* Stäbe *mpl* ❽ *(PRico: volante)* Lenkrad *nt* ❾ *pl (riendas)* Zügel *mpl*

guía[3] ['gia] *mf (de un grupo)* Führer(in) *m(f);* **~ turístico, -a** Fremdenführer(in) *m(f)*

guiar [gi'ar] *<1. pres* guío> **I.** *vt* ❶ *(a alguien)* führen ❷ *(conversación)* lenken ❸ *(planta)* hochbinden **II.** *vr:* **~se** sich richten (**por** nach *+dat*); **me guío por mi instinto** ich folge meinem Instinkt

guija ['gixa] *f* Kiesel(stein) *m*

guijarro [gi'xarro] *m* ❶ *(canto)* Kiesel(stein) *m* ❷ *pl (en playa)* Geröll *nt*

guijo ['gixo] *m* Schotter *m*

guillarse [gi'ʎarse] *vr (fam)* ❶ *(chiflarse)* überschnappen ❷ *(irse)* **guillárselas** abhauen

guillotina [giʎo'tina] *f* ❶ *(de ejecución)* Guillotine *f* ❷ *(para papel)* (Papier)schneidemaschine *f* ❸ (TÉC) **ventana de ~** (nach oben zu öffnendes) Schiebefenster *f*

guillotinar [giʎoti'nar] *vt* ❶ *(decapitar)* guillotinieren ❷ *(papel)* schneiden

guinda ['gin̩da] *f* ❶ *(fruta)* Sauerkirsche *f* ❷ (NÁUT: *de arboladura*) Bemastungshöhe *f* ❸ *(loc)* **y la ~ fue que...** *(fam)* und der Hammer war, dass ...

guindar [gin̩'dar] *vt (fam: robar)* klauen

guindilla [gin̩'diʎa] *f* (GASTR) Paprikaschote *f; (pequeña)* Peperoni *f*

guindo ['gin̩do] *m* ❶ *(árbol)* Sauerkirschbaum *m* ❷ *(loc)* **subirse al ~** *(fam)* in die Luft gehen

Guinea [gi'nea] *f* Guinea *nt*

Guinea-Bissau [gi'nea-bi'sau] *f* Guinea-Bissau *nt*

Guinea Ecuatorial [gi'nea ekwato'rjal] *f* Äquatorialguinea *nt*

guineo [gi'neo] *m (Am: banana)* Banane *f*

guiñapo [gi'ɲapo] *m* ❶ *(trapo)* Lumpen *m* ❷ *(andrajoso)* zerlumpter Mensch *m* ❸ *(degradado)* heruntergekommener Mensch *m* ❹ *(debilucho)* Schwächling *m*

guiñar [gi'ɲar] **I.** *vt* zwinkern **II.** *vi* (NÁUT) gieren

guiño ['giɲo] *m (con el ojo)* (Zu)zwinkern *nt;* **hacer un ~** zwinkern; *(en señal de algo)* zuzwinkern

guiñol [gi'ɲol] *m* ❶ *(teatro)* Kasper(le)theater *nt* ❷ *(títere)* Kasperpuppe *f*

guion [gi'on] *m* ❶ *(de una conferencia)* Konzept *nt* ❷ (CINE) Drehbuch *nt;* (TV) Skript *nt* ❸ (LING: *al fin de renglón*) Trennungsstrich *m; (de compuesto)* Bindestrich *m; (en diálogo)* Gedankenstrich *m* ❹ (TIPO, INFOR) **~ alto** (INFOR) Bindestrich *m;* **~ bajo** Unterstrich *m* ❺ *(persona)* Führer *m* ❻ *(real)* königliche Standarte *f* ❼ *(de procesión)* Prozessionsfahne *f*

guionista [gjo'nista] *mf* (CINE) Drehbuchautor(in) *m(f);* (TV) Skriptautor(in) *m(f)*

guipar [gi'par] *vt (vulg)* glotzen (**a** auf *+akk*) *fam*

guiri ['giri] *mf (pey fam)* ❶ *(turista extranjero)* Touri *m fam* ❷ *(guardia)* Beamte(r)

G

m der Guardia civil, Beamtin *f* der Guardia civil

guirigay [giri'ɣai̯] *m* <guirigayes *o* guirigáis> *(fam)* ❶ *(lenguaje)* Kauderwelsch *nt* ❷ *(griterío)* Geschrei *nt* ❸ *(barullo)* Wirrwarr *m*

guirlache [gir'latʃe] *m* Krokant *m*

guirnalda [gir'nal̞da] *f* Girlande *f*

guisa ['gisa] *f* **no puedes hacerlo de esta ~** du kannst es so nicht machen

guisado [gi'saðo] *m* Schmorbraten *m*

guisante [gi'san̪te] *m* Erbse *f*

guisar [gi'sar] **I.** *vt* ❶ *(cocinar)* kochen; *(con salsa)* schmoren ❷ *(tramar)* aushecken **II.** *vr:* **~se** sich anbahnen; **se está guisando** es köchelt vor sich hin

guiso ['giso] *m* ❶ *(plato)* Gericht *nt* ❷ *(en salsa)* Schmorbraten *m*

guisote [gi'sote] *m (pey)* Fraß *m*

güisqui ['gwi̯ski] *m* Whisky *m*

guita ['gita] *f* ❶ *(cuerda)* Bindfaden *m* ❷ *(fam: dinero)* Kohle *f*

guitarra [gi'tarra] *f* ❶ *(instrumento)* Gitarre *f* ❷ *(loc)* **venir como una ~ en un entierro** fehl am Platz(e) sein; **chafar la ~ a alguien** jdm einen Strich durch die Rechnung machen

guitarrero, -a [gita'rrero, -a] *m, f* ❶ *(fabricante)* Gitarrenhersteller(in) *m(f)* ❷ *(guitarrista)* Gitarrenspieler(in) *m(f)*; *(profesional)* Gitarrist(in) *m(f)*

guitarrista [gita'rrista] *mf* Gitarrenspieler(in) *m(f)*; *(profesional)* Gitarrist(in) *m(f)*

güito ['gwito] *m* ❶ *(fam: sombrero)* Hut *m* ❷ *(de albaricoque)* Aprikosenkern *m*

gula ['gula] *f* Gefräßigkeit *f*

gulasch [gu'laʃ] *m* Gulasch *nt o m*

gulusmear [gulusme'ar] *vi (fam)* ❶ *(comer golosinas)* naschen ❷ *(husmear)* schnüffeln

guripa [gu'ripa] *m (fam)* ❶ *(soldado)* Soldat *m* ❷ *(guardia)* (Gemeinde)polizist *m* ❸ *(golfo)* Gauner *m*

gurmet [gur'met] *mf* Gourmet *m*

gurú [gu'ru] *m* Guru *m*

gusanillo [gusa'niʎo] *m* Würmchen *nt;* **matar el ~** *(comiendo)* eine Kleinigkeit essen; *(bebiendo)* auf nüchternen Magen Schnaps trinken

gusano [gu'sano] *m* ❶ *(lombriz)* Wurm *m;* **~ de tierra** Regenwurm *m;* **~ de luz** Glühwürmchen *nt fam* ❷ *(oruga)* Raupe *f* ❸ *(malo)* verächtlicher Mensch *m* ❹ *(abatido)* niedergeschlagener Mensch *m*

gusarapo [gusa'rapo] *m* (ZOOL) Made *f*

gustar [gus'tar] *vi* ❶ *(agradar)* gefallen; *(actividad)* gern tun; *(persona)* gernhaben; *(comida)* schmecken; **como Ud. guste** wie Sie wünschen; **¿te gusta estar aquí?** gefällt es dir hier?; **me gusta nadar** ich schwimme gern ❷ *(querer)* **~ de...** belieben zu ...; **me gustas** ich mag dich ❸ *(condicional)* **me ~ía...** ich würde gerne ...; **me ~ía saber...** ich wüsste gern ...

gustativo, -a [gusta'tiβo, -a] *adj* Geschmacks-

gusto ['gusto] *m* ❶ *(sentido)* Geschmack(ssinn) *m;* **una broma de mal ~** ein geschmackloser Scherz; **no hago nada a su ~** ich kann es ihm/ihr nie recht machen; **lo ha hecho a mi ~** er/sie hat es ganz nach meinem Geschmack gemacht; **sobre ~s no hay nada escrito** über Geschmack lässt sich nicht streiten ❷ *(sabor)* Geschmack *m* (**a** nach +*dat*); **huevos al ~** Eier nach Wahl ❸ *(placer)* Vergnügen *nt;* **¡con mucho ~!** sehr gern!; **~s caros** teures Vergnügen; **encontrar ~ en algo** Freude an etw *dat* finden; **estar a ~** sich wohl fühlen ❹ *(en saludos)* **mucho** [*o* **tanto**] **~** angenehm!

gustoso, -a [gus'toso, -a] *adj* ❶ *(sabroso)* köstlich ❷ *(con gusto)* **te acompañaré ~** ich werde dich gern begleiten ❸ *(agradable)* angenehm

gutapercha [guta'pertʃa] *f* Guttapercha *f o nt*

gutural [gutu'ral] *adj* guttural

Hh

H, h ['atʃe] *f* H, h *nt;* ~ **de historia** H wie Heinrich

ha [xa] *interj* ah!, ach!; **¡~, ~!** haha(ha)!

haba ['aβa] *f* ① (BOT) Saubohne *f;* **son ~s contadas** *(es seguro)* das ist ganz sicher; *(es escaso)* das ist knapp; **en todas partes cuecen ~s** das kommt in den besten Familien vor ② *(de café)* (Kaffee)bohne *f* ③ *(del caballo)* Gaumengeschwulst *f* ④ *(del pene)* Eichel *f*

Habana [a'βana] *f* **la ~** Havanna *nt*

habanero, -a [aβa'nero, -a] **I.** *adj* aus Havanna **II.** *m, f* Einwohner(in) *m(f)* von Havanna

habano [a'βano] *m* Havanna(zigarre) *f*

haber [a'βer] *irr* **I.** *aux* ① *(en tiempos compuestos)* haben, sein; **ha ido al cine** er/sie ist ins Kino gegangen; **he comprado el periódico** ich habe die Zeitung gekauft ② *(de obligación)* müssen; **¿qué ha de ser cierto?** das soll wahr sein? ③ *(futuro)* **él no ha de decirlo** er wird es nicht sagen ④ *(imperativo)* **no tengo sitio – ¡~ venido antes!** ich habe keinen Platz – du hättest früher kommen sollen! **II.** *vimpers* ① *(ocurrir)* geschehen; **ha habido un terremoto en Japón** in Japan hat es ein Erdbeben gegeben; **¿qué hay?** was ist los?; **¿qué hay, Pepe?** wie geht's, Pepe? ② *(efectuar)* **hoy no hay cine** heute gibt's keine Kinovorstellung; **ayer hubo reunión** gestern fand die Sitzung statt; **después habrá baile** später wird getanzt ③ *(existir)* geben; **aquí no hay agua** hier gibt es kein Wasser; **a este negocio no hay nada que hacerle** mit diesem Geschäft kann man keinen Blumentopf gewinnen *fam;* **eso es todo... ¡y ya no hay más!** das ist alles ... und damit basta!; **¿hay algo entre tú y ella?** läuft etwas zwischen euch beiden?; **hay poca gente** es sind wenige Leute da; **hay quien cree que...** manche (Leute) glauben, dass ...; **¡muchas gracias! – no hay de qué** vielen Dank! – gern geschehen!; **no hay para ponerse así** es gibt keinen Grund, sich derart aufzuregen; **no hay quien me gane al pimpón** keiner kann mich im Tischtennis schlagen ④ *(hallarse)* sein; **hay un cuadro en la pared** an der Wand hängt ein Bild; **había un papel en el suelo** auf dem Boden lag ein Blatt Papier ⑤ *(tiempo)* vor +*dat;* **había una vez...** es war einmal ... ⑥ *(obligatoriedad)* **¡hay que ver cómo están los precios!** mein Gott, wie teuer alles geworden ist!; **hay que trabajar más** man muss mehr arbeiten; **no hay que olvidar que...** man darf nicht vergessen, dass ... **III.** *vt* **compra cuantos sellos pueda ~** er/sie kauft alle erhältlichen Briefmarken **IV.** *vr:* **~se** *(comportarse)* sich benehmen; *(entenderse)* auskommen (**con** mit +*dat*); **habérselas con alguien** es mit jdm zu tun bekommen **V.** *m* ① *(capital)* Haben *nt* ② *(en cuenta corriente)* (Gut)haben *nt;* **pasaré la cantidad a tu ~** ich werde die Summe auf dein Konto überweisen ③ *pl (emolumentos)* Einkünfte *fpl*

habichuela [aβi'tʃwela] *f* Bohne *f*

hábil ['aβil] *adj* ① *(diestro)* geschickt; **ser ~ para algo** für etw Geschick haben ② *(en el oficio)* tüchtig ③ *(astuto)* schlau; **una respuesta ~** eine schlagfertige Antwort ④ (JUR) fähig; **días ~es** Arbeitstage *mpl*

habilidad [aβili'ðað] *f* ① *(destreza)* Geschicklichkeit *f;* **no tengo gran ~ con las manos** ich habe zwei linke Hände ② *(facultad)* Können *nt; (para los negocios)* (Geschäfts)tüchtigkeit *f* ③ *(astucia)* Schläue *f* ④ *(gracia)* Anmut *f;* **se mueve con ~** er/sie bewegt sich anmutig

habilidoso, -a [aβili'ðoso, -a] *adj* ① *(diestro)* geschickt ② *(en los negocios)* (geschäfts)tüchtig ③ *(astuto)* schlau ④ *(gracioso)* anmutig

habilitación [aβilita'θjon] *f* ① (JUR: *de personas*) Befähigung *f* (**para** zu +*dat*) ② *(de empleo)* Zahlungsbevollmächtigung *f* ③ (UNIV) **~ a/de cátedra** Habilitation *f* ④ *(oficina)* Zahlstelle *f* ⑤ *(de un espacio)* Umgestaltung *f*

habilitar [aβili'tar] **I.** *vt* ① (JUR: *a personas*) befähigen; *(documentos)* für rechtsgültig erklären ② (COM: *dar capital*) finanzieren ③ *(proveer)* versorgen (**de** mit +*dat*); **~ horas de visita** Sprechstunden festlegen ④ *(espacio)* umgestalten **II.** *vr:* **~se** sich versorgen (**de** mit +*dat*)

habiloso, -a [aβi'loso, -a] *adj (Am)* ① *(hábil)* flink ② *(astuto)* schlau

habitabilidad [aβitaβili'ðað] *f sin pl* Bewohnbarkeit *f*

habitable [aβi'taβle] *adj* bewohnbar

habitación [aβita'θjon] *f* ① *(cuarto)* Zimmer *nt;* **~ con dos camas (individuales)** Zweibettzimmer *nt;* **~ doble** Doppelzimmer *nt;* **~ individual** Einzelzimmer *nt* ② *(vivienda)* Wohnung *f* ③ *(acción)* Wohnen *nt*

habitáculo [aβi'takulo] *m* ① *(vivienda)*

H

Wohnung *f* ② *(espacio)* Wohnraum *m* ③ (AUTO) Innenraum *m*

habitante [aβi'taṇte] *mf* ① *(en ciudad)* Einwohner(in) *m(f)* ② *(de una isla)* Bewohner(in) *m(f)*

habitar [aβi'tar] **I.** *vi* wohnen (**en** in +*dat*); **hace tiempo que habita en Alemania** er/sie lebt seit Langem in Deutschland **II.** *vt* bewohnen

hábitat ['aβita^{t}] *m* <hábitats> Habitat *nt*

hábito ['aβito] *m* ① *(costumbre)* (An)gewohnheit *f;* **he dejado el ~ de fumar** ich habe mir das Rauchen abgewöhnt ② (REL: *sotana*) Habit *m o nt; (orden)* Orden *m*

habituación [aβitwa'θjon] *f sin pl* Gewöhnung *f*

habitual [aβitu'al] *adj* gewöhnlich; **bebedor ~** Gewohnheitstrinker *m;* **cliente ~** Stammgast *m;* **lo dijo con su ironía ~** er/sie sagte es mit der ihm/ihr eigenen Ironie

habituar [aβitu'ar] *<1. pres* habitúo> *vt, vr:* **~se** (sich) gewöhnen (**a** an +*akk*)

habla ['aβla] *f* ① *(facultad)* Sprache *f;* **quedarse sin ~** sprachlos sein ② *(acto)* Sprechen *nt;* (LING) Parole *f;* **país de ~ alemana** deutschsprachiges Land; **¡Juan al ~!** Juan am Apparat! ③ *(manera)* Sprechweise *f* ④ *(dialecto)* Mundart *f*

hablado, -a [a'βlaðo, -a] *adj* **bien ~** sprachgewandt; **ser bien/mal ~** sich gewählt/derb ausdrücken

hablador(a) [aβla'ðor(a)] **I.** *adj* gesprächig **II.** *m(f)* ① *(cotorra)* Plappermaul *nt fam* ② *(chismoso)* Klatschmaul *nt fam*

habladuría [aβlaðu'ria] *f* Gerede *nt*

hablante [a'βlaṇte] *mf* Sprecher(in) *m(f)*

hablar [a'βlar] **I.** *vi* ① *(decir)* sprechen (**de/sobre** über +*akk*, von +*dat*), reden (**de/sobre** über +*akk*); **~ a gritos** schreien; **~ al oído** ins Ohr flüstern; **déjeme terminar de ~** lassen Sie mich ausreden; **~ claro** zur Sache kommen; **este autor no habla de este tema** dieser Autor behandelt dieses Thema nicht; **la policía le ha hecho ~** die Polizei hat ihn zum Reden gebracht; **los números hablan por sí solos** die Zahlen sprechen für sich; **¡ni ~!** auf gar keinen Fall!, kommt nicht infrage!; **por no ~ de...** ganz zu schweigen von ... +*dat;* **¡y no se hable más!** und damit basta! ② *(conversar)* reden (**de/sobre** über +*akk*); **~ con franqueza** offen sprechen; **~ por los codos** *(fam)* wie ein Wasserfall reden; **~ por teléfono** telefonieren; **no he podido ~ con él** er war nicht ansprechbar ③ *(tratamiento)* ansprechen (**de** mit +*dat*); **nos hablamos de tú/Ud.** wir duzen/siezen uns **II.** *vt* ① *(idioma)* sprechen ② *(asunto)* besprechen **III.** *vr:* **~se** miteinander reden; **no se hablan** es herrscht Funkstille zwischen ihnen

hablilla [a'βliʎa] *f* Gerede *nt*

hacedero, -a [aθe'ðero, -a] *adj* machbar, durchführbar

hacedor(a) [aθe'ðor(a)] *m(f)* ① *(creador)* Schöpfer(in) *m(f)* ② *(de una hacienda)* (Landgut)verwalter(in) *m(f); (Am)* (Hazienda)verwalter(in) *m(f)*

hacendado, -a [aθeṇ'daðo, -a] **I.** *adj* vermögend **II.** *m, f* ① *(de una hacienda)* Großgrundbesitzer(in) *m(f)* ② *(AmS: de ganado)* Viehzüchter(in) *m(f)*

hacendoso, -a [aθeṇ'doso, -a] *adj* tüchtig

hacer [a'θer] *irr* **I.** *vt* ① *(producir)* machen; *(vestido)* nähen; *(coche)* herstellen; **la casa está hecha de madera** das Haus ist aus Holz; **Dios hizo al hombre** Gott schuf den Menschen ② *(realizar)* machen, tun; *(servicio)* erweisen; *(maleta)* packen; *(favor)* tun; *(balance)* ziehen; *(libro)* schreiben; *(disparo)* abgeben; *(solitario)* legen; **¿qué hacemos hoy?** was unternehmen wir heute?; **~ una llamada** anrufen; **demuestra lo que sabes ~** zeig, was in dir steckt; **hazlo por mí** tu es mir zuliebe; **a medio ~** halb fertig; **¡Dios mío, qué has hecho!** mein Gott, was hast du da angerichtet!; **lo hecho, hecho está** was geschehen ist, ist geschehen; **puedes ~ lo que quieras** du kannst tun und lassen, was du willst; **¿qué haces por aquí?** was bringt dich hierher?; **¡me la has hecho!** du hast mich reingelegt! ③ *(con el intelecto: demagogia)* betreiben; *(poema)* schreiben; *(pregunta)* stellen; *(observación)* anstellen; *(discurso)* halten ④ *(ocasionar: sombra)* spenden; *(ruido)* machen; *(daño)* zufügen (**a** +*dat*); *(destrozos)* anrichten; **no puedes ~me esto** das kannst du mir nicht antun ⑤ *(caber)* fassen; **esta bota hace cinco litros** in dieses Fass gehen fünf Liter ⑥ *(construir)* bauen; *(monumento)* errichten ⑦ *(disponer: maleta)* packen ⑧ *(procurar)* schaffen; **¿puedes ~me sitio?** kannst du etwas zur Seite rücken? ⑨ *(trasformar)* **~ pedazos algo** etw kaputt machen; **estás hecho un hombre** du bist ja groß geworden ⑩ *(habituar)* sich gewöhnen (**a** an +*akk*) ⑪ *(cortar)* schneiden (lassen); **¿quién te hace el pelo?** zu welchem Friseur gehst du? ⑫ *(conseguir)* schaffen; *(dinero)* verdienen; *(amistad)* schließen ⑬ *(llegar)* **~ puerto** einlaufen; **~ noche en...** übernachten in ... +*dat* ⑭ *(más sustantivo)* **~ caja** (FIN) abrechnen; **~ caso a alguien** jdm gehorchen; **~ cumplidos** Umstände machen; **~ frente a algo/alguien** etw *dat*/jdm die Stirn bieten; **~ gim-**

nasia *(con aparatos)* turnen; *(en el suelo)* Gymnastik machen; ~ **uso de algo** etw gebrauchen ⑮ *(más verbo)* ~ **creer algo a alguien** jdm etw weismachen; ~ **venir a alguien** jdn zu sich *dat* rufen; **hazle pasar** bitte ihn herein; **no me hagas contarlo** erspare es mir, das erzählen zu müssen ⑯ *(limpiar)* sauber machen; ~ **los platos** das Geschirr spülen ⑰ (TEAT) ~ **una obra** ein Theaterstück aufführen; ~ **el (papel de) Fausto** den Faust spielen ⑱ (ENS: *carrera*) studieren; **¿haces francés o inglés?** lernst du Französisch oder Englisch? ⑲ (GASTR: *comida*) zubereiten; *(patatas)* kochen; *(pastel)* backen; **quiero la carne bien hecha** ich möchte das Fleisch gut durchgebraten **II.** *vi* ① *(convenir)* passen; **eso no hace al caso** das tut nichts zur Sache ② *(oficio)* arbeiten (**de** als +*nom*) ③ *(con preposición)* **por lo que hace a Juan...** was Juan angeht, ...; **hizo como que no me vio** er/sie übersah mich (einfach) **III.** *vr:* **~se** ① *(volverse)* werden; **~se del Madrid** dem Sportverein von Real Madrid beitreten ② *(crecer)* wachsen ③ *(simular)* sich verstellen; **se hace a todo** er/sie gibt sich mit allem zufrieden ④ *(habituarse)* sich gewöhnen (**a** an +*akk*) ⑤ *(cortarse)* sich *dat* schneiden lassen ⑥ *(parecer)* glauben ⑦ *(conseguir)* schaffen; **~se respetar** sich *dat* Respekt verschaffen; **~se con el poder** an die Macht gelangen ⑧ *(resultar)* **se me hace muy difícil creer eso** es fällt mir sehr schwer, das zu glauben **IV.** *vimpers* ① *(tiempo)* **hace frío/calor** es ist kalt/warm; **hoy hace un buen día** heute haben wir schönes Wetter ② *(temporal)* vor +*dat;* **hace tres días** vor drei Tagen; **no hace mucho** vor Kurzem; **desde hace un día** seit einem Tag

hacha ['atʃa] *f* ① *(herramienta)* Axt *f; (más pequeña)* Beil *nt; (de los indígenos)* Tomahawk *m; (de cocinero)* Hackmesser *nt* ② *(antorcha)* Fackel *f* ③ *(vela)* große Kerze *f*

hachazo [a'tʃaθo] *m* Axthieb *m*

hache ['atʃe] *f* H, h *nt;* **por ~ o por be** aus irgendeinem Grund

hachís [a'tʃis] *m* Haschisch *nt*

hacia ['aθja] *prep* ① *(dirección)* nach +*dat,* zu +*dat;* **el pueblo está más ~ el sur** das Dorf liegt weiter südlich; **el pueblo está yendo ~ Valencia** das Dorf liegt auf dem Weg nach Valencia; **fuimos ~ allí** wir gingen dorthin; **vino ~ mí** er/sie kam zu mir herüber ② *(cerca de)* gegen +*akk* ③ *(respecto a)* gegenüber +*dat*

hacienda [a'θjen̩da] *f* ① *(finca)* (Land)gut *nt* ② *(bienes)* Vermögen *nt;* **la ~ pública** die Staatsfinanzen; **¿pagas mucho a ~?** zahlst du viel Steuern?

Hacienda [a'θjen̩da] *f* (FIN) Steuerbehörde *f;* **el Ministro de Economía y ~** der Wirtschafts- und Finanzminister

hacinamiento [aθina'mjen̩to] *m* *(de haces)* Aufschichtung *f; (de objetos)* Anhäufung *f; (de personas)* Gedränge *nt*

hacinar [aθi'nar] **I.** *vt* aufschichten **II.** *vr:* **~se** *(personas)* sich drängen; *(objetos)* sich anhäufen

hacker ['xaker] *mf* (INFOR) Hacker *m*

hada ['aða] *f* Fee *f;* **cuento de ~s** Märchen *nt*

hado ['aðo] *m* Schicksal *nt*

Haití [ai̯'ti] *m* Haiti *nt*

haitiano, -a [ai̯'tjano, -a] **I.** *adj* haitianisch **II.** *m, f* Haitianer(in) *m(f)*

hala ['ala] *interj* ① *(sorpresa)* (ach) du meine Güte! ② *(prisa)* los!

halagador(a) [alaɣa'ðor(a)] *adj* ① *(que halaga)* schmeichelhaft ② *(prometedor)* viel versprechend

halagar [ala'ɣar] <g → gu> *vt* ① *(mostrar afecto)* umschmeicheln ② *(satisfacer)* erfreuen ③ *(adular)* schmeicheln (**a** +*dat*)

halago [a'laɣo] *m* ① *(acción)* Schmeicheln *nt* ② *(palabras)* Lob *nt*

halagüeño, -a [ala'ɣweɲo, -a] *adj* ① *(halagador)* schmeichelhaft ② *(adulador)* schmeichlerisch ③ *(prometedor)* viel versprechend

halcón [al'kon] *m* Falke *m*

halconero, -a [alko'nero, -a] *m, f* Falkner(in) *m(f)*

halda ['al̩da] *f (falda)* Rock *m*

hale ['ale] *interj* los, auf (geht's)

haleche [a'letʃe] *m* (ZOOL) Sardelle *f*

halfpipe [half'pai̯p] *m o f* Halfpipe *f*

hálito ['alito] *m* ① *(aliento)* Atem *m* ② *(vapor)* Dunst *m* ③ *(elev: viento)* Windhauch *m*

hall [xol] *m* (Eingangs)halle *f*

hallado, -a [a'ʎaðo, -a] *adv* **sentirse bien ~** gut zurechtkommen; **sentirse mal ~** sich nicht heimisch fühlen

hallar [a'ʎar] **I.** *vt* ① *(encontrar)* finden; *(sin buscar)* stoßen (auf +*akk*) ② *(inventar)* erfinden ③ *(averiguar)* herausfinden ④ *(darse cuenta)* feststellen ⑤ *(tierra)* entdecken **II.** *vr:* **~se** ① *(sitio)* sich aufhalten ② *(estado)* sein; **no me hallo a gusto aquí** ich fühle mich hier nicht wohl; **se halló con la resistencia de su partido** er/sie stieß auf den Widerstand seiner/ihrer Partei

hallazgo [a'ʎaθɣo] *m* ① *(acción)* Entdeckung *f* ② *(cosa)* Fund *m* ③ (MED) Befund *m*

halo ['alo] *m* ❶ (ASTR) Halo *m* ❷ (FOTO) Lichthof *m* ❸ (REL) Heiligenschein *m,* Aureole *f* ❹ *(aureola)* Aura *f*
halógeno [a'loxeno] *m* (QUÍM) Halogen *nt*
halotecnia [alo'teɣnja] *f* (TÉC) Technik *f* der industriellen Salzgewinnung
haltera [al̩'tera] *f* (DEP) Hantel *f*
halterofilia [al̩tero'filja] *f* (DEP) Gewichtheben *nt*
halterófilo, -a [al̩te'rofilo, -a] *m, f* (DEP) Gewichtheber(in) *m(f)*
hamaca [a'maka] *f* ❶ *(cama)* Hängematte *f* ❷ *(tumbona)* Liegestuhl *m* ❸ *(AmS: mecedora)* Schaukelstuhl *m*
hambre ['ambre] *f* ❶ *(apetito)* Hunger *m;* **huelga de ~** Hungerstreik *m;* **matar el ~** den Hunger stillen; **me ha entrado (el) ~** ich habe Hunger bekommen; **morirse de ~** verhungern; **ser más listo que el ~** sehr gerissen sein; **a buen ~ no hay pan duro** *(prov)* Hunger ist der beste Koch ❷ *(de la población)* Hungersnot *f* ❸ *(deseo)* Hunger *m* (**de** nach +*dat*); **~ de poder** Machtgier *f*
hambrear [ambre'ar] *vt (Am)* ❶ *(hacer pasar hambre)* aushungern ❷ *(explotar)* ausbeuten
hambriento, -a [am'brjen̩to, -a] *adj* ❶ *(con hambre)* hungrig ❷ *(deseoso)* gierig (**de** nach +*dat*); **~ de poder** machthungrig
hambrón, -ona [am'bron, -ona] *m, f* Nimmersatt *m*
hambruna [am'bruna] *f (Am)* Hungersnot *f*
Hamburgo [am'burɣo] *m* Hamburg *nt*
hamburgués, -esa [ambur'ɣes, -esa] **I.** *adj* hamburgisch **II.** *m, f* Hamburger(in) *m(f)*
hamburguesa [ambur'ɣesa] *f* (GASTR: *sola*) Frikadelle *f; (bocadillo)* Hamburger *m*
hamburguesería [amburɣese'ria] *f* Schnellimbiss *m*
hampa ['ampa] *f* ❶ *(gente)* Gesindel *nt* ❷ *(mundo)* Unterwelt *f*
hampón [am'pon] *m* ❶ *(maleante)* Verbrecher *m* ❷ *(valentón)* Angeber *m*
hámster ['xamster] *m* Hamster *m*
hándicap ['xan̩dikaᵖ] *m* Handikap *nt*
hangar [aŋ'gar] *m* (AERO) Flugzeughalle *f*
Hannover [(x)a'noβer] *m* Hannover *nt*
hansa ['(x)ansa] *f* (HIST) Hanse *f*
hanseático, -a [(x)anse'atiko, -a] **I.** *adj* Hanse- **II.** *m, f* Hanseat(in) *m(f)*
haragán, -ana [ara'ɣan, -ana] *m, f* Faulenzer(in) *m(f)*
haraganear [araɣane'ar] *vi* faulenzen
haraganería [araɣane'ria] *f* Faulenzerei *f*
harapiento, -a [ara'pjen̩to, -a] *adj* zerlumpt
harapo [a'rapo] *m* Lumpen *m*
haraposo, -a [ara'poso, -a] *adj* zerlumpt; **se presentó con un atuendo ~** er/sie erschien in abgerissener Aufmachung
hardware ['xar⁽ᵈ⁾wer] *m* (INFOR) Hardware *f*
harem [a'ren] *m,* **harén** [a'ren] *m* Harem *m*
harina [a'rina] *f* ❶ (GASTR) Mehl *nt;* **~ integral** Vollkornmehl *nt;* **~ de trigo** Weizenmehl *nt* ❷ *(polvo)* Pulver *nt* ❸ *(loc, fam)* **esto es ~ de otro costal** das ist etwas anderes
harinear [arine'ar] *vimpers (Ven)* nieseln
harinoso, -a [ari'noso, -a] *adj* ❶ *(parecido a la harina)* mehlartig ❷ *(con harina)* mehlig
harmonía [armo'nia] *f* ❶ *(concordancia)* Harmonie *f* ❷ (MÚS) Harmonielehre *f*
harmónica [ar'monika] *f* Mundharmonika *f*
harmónico, -a [ar'moniko, -a] *adj* harmonisch
harpía [ar'pia] *f* ❶ *(figura mitológica)* Harpyie *f* ❷ *(bruja)* Hexe *f*
hartar [ar'tar] *irr* **I.** *vt* ❶ *(saciar)* sättigen (**de** mit +*dat*) ❷ *(fastidiar)* belästigen (**con** mit +*dat*); **me harta con sus chistes** ich habe seine/ihre Witze satt **II.** *vr:* **~se** ❶ *(saciarse)* sich satt essen (**de** mit +*dat*); *(en exceso)* sich vollessen (**de** mit +*dat*) ❷ *(cansarse)* überdrüssig werden (**de** +*gen*); **~se de reír** sich totlachen; **me he hartado del tiempo que hace en Alemania** ich habe das Wetter in Deutschland satt
hartazgo [ar'taθɣo] *m* Übersättigung *f;* **darse un ~ (de dulces)** sich (an Süßigkeiten) überessen; **tengo un ~ de televisión** ich habe zu viel ferngesehen
hartera [ar'tera] *f v.* **hartazgo**
harto, -a ['arto, -a] **I.** *adj* ❶ *(repleto)* satt; *(en exceso)* übersatt ❷ *(sobrado)* **tengo hartas razones** ich habe genügend Gründe ❸ *(loc)* **estar ~ de alguien/algo** jds/etw *gen* überdrüssig sein **II.** *adv (sobrado)* ausreichend; *(muy)* sehr
hartura [ar'tura] *f* ❶ *(hartazgo)* Übersättigung *f* ❷ *(abundancia excesiva)* Überfluss *m*
hartura [ar'tura] *f* Übersättigung *f*
hasta ['asta] **I.** *prep* ❶ *(de lugar)* bis (zu); **te llevo ~ la estación** ich fahre dich bis zum Bahnhof; **volamos ~ Madrid** wir flogen bis (nach) Madrid; **~ cierto punto** bis zu einem gewissen Grad(e) ❷ *(de tiempo)* bis; **~ ahora** bisher; **~ el próximo año** bis

zum nächsten Jahr ③ *(en despedidas)* **¡~ luego!** bis später!; **¡~ la vista!** auf Wiedersehen!; **¡~ la próxima!** bis zum nächsten Mal! **II.** *adv* selbst **III.** *conj* **~ cuando come lee el periódico** sogar beim Essen liest er/sie die Zeitung; **no consiguió un trabajo fijo ~ que cumplió 40 años** erst als er/sie 40 wurde, bekam er/sie eine feste Stelle

hastiar [asti'ar] <*1. pres* hastío> **I.** *vt* ① *(hartar)* sattbekommen ② *(repugnar)* anekeln ③ *(aburrir)* langweilen **II.** *vr* **~se de alguien/algo** jdn/etw satthaben

hastío [as'tio] *m* ① *(repugnancia)* Ekel *m* ② *(disgusto)* Überdruss *m* ③ *(tedio)* Langeweile *f*

hastioso, -a [as'tjoso, -a] *adj* langweilig

hatajo [a'taxo] *m* ① *(de ganado)* kleine Herde *f* ② *(de personas)* Haufen *m*

hato ['ato] *m* ① *(de ropa)* Bündel *nt* ② *(de ganado)* kleine Herde *f* ③ *(montón)* Haufen *m*

Hawai [xa'wai̯] *m* Hawaii *nt*

hawaiano, -a [xawa'jano, -a] **I.** *adj* hawaiisch **II.** *m, f* Hawaiianer(in) *m(f)*

haya ['aʝa] *f* ① *(árbol)* Buche *f* ② *(madera)* Buchenholz *nt*

Haya ['aʝa] *f* **La ~** Den Haag *nt*

haz [aθ] *m* ① *(hato)* Bündel *nt* ② (FÍS) Strahl *m;* **~ luminoso** Lichtbündel *nt*

haza ['aθa] *f* Stück *nt* Acker(land)

hazaña [a'θaɲa] *f* Heldentat *f*

hazmerreír [aθmerre'ir] *m inv* Witzfigur *f;* **es el ~ de la gente** alle lachen ihn aus

he [e] *1. pres de* **haber**

heavy[1] ['xeβi] **I.** *adj* heavy; **música ~** Heavy Metal *nt* **II.** *m sin pl* Heavy-Metal-Anhänger(in) *m(f)*

heavy[2] ['xeβi] <heavys> *m* Heavy Metal *nt*

heavy metal ['xeβi 'metal] *m* (MÚS) Heavy Metal *nt*

hebilla [e'βiʎa] *f* Schnalle *f*

hebra ['eβra] *f* ① *(hilo)* Faden *m* ② *(fibra)* Faser *f;* **tabaco de ~** Feinschnitt *m*

hebreo[1] [e'βreo] *m* ① *(lengua)* Hebräisch(e) *nt* ② *(fam: mercader)* Kaufmann *m* ③ *(fam: usurero)* Wucherer *m*

hebreo, -a[2] [e'βreo, -a] **I.** *adj* hebräisch **II.** *m, f* Hebräer(in) *m(f)*

hebroso, -a [e'βroso, -a] *adj* faserig

hecatombe [eka'tombe] *f* Hekatombe *f*

hechicería [etʃiθe'ria] *f* ① *(arte)* Hexenkunst *f* ② *(acto)* Hexerei *f* ③ *(hechizo)* Zauber *m*

hechicero, -a [etʃi'θero, -a] *m, f* ① *(brujo)* Zauberer, -in *m, f* ② *(de tribu)* Medizinmann, -frau *m, f*

hechizar [etʃi'θar] <z → c> *vt* ① *(embrujar)* verhexen ② *(encantar)* bezaubern, in seinen Bann ziehen

hechizo [e'tʃiθo] *m* Zauber *m;* **romper el ~** den Bann brechen

hecho[1] ['etʃo] *m* ① *(circunstancia)* Tatsache *f* ② *(acto)* Tat *f;* **~ delictivo** Straftat *f;* **los H~s de los Apóstoles** die Apostelgeschichte ③ *(suceso)* Ereignis *nt;* (JUR) Tatbestand *m;* **exposición de los ~s** Darstellung des Sachverhalts; **lugar de los ~s** Tatort *m;* **los ~s que causaron el incendio** die Ursache des Brandes ④ *(loc)* **de ~** *(efectivamente)* tatsächlich; *(en realidad)* eigentlich; *(por la fuerza)* de facto; **de ~ el piso es mío** die Wohnung gehört eigentlich mir

hecho, -a[2] ['etʃo, -a] **I.** *pp de* **hacer: a lo ~, pecho** für seine Taten muss man auch geradestehen **II.** *adj* ① *(maduro)* reif; **vino ~** abgelagerter Wein ② *(cocido)* gar; **me gusta la carne hecha** mir schmeckt das Fleisch durchgebraten; **el pollo está demasiado ~** das Hühnchen ist zu stark gebraten ③ *(acabado)* fertig; **frase hecha** feste Wendung; **traje ~** Anzug von der Stange ④ *(adulto)* erwachsen

hechor[1] [e'tʃor] *m (AmS)* Esel(hengst) *m*

hechor(a)[2] [e'tʃor(a)] *m(f) (Chil, Ecua)* Straftäter(in) *m(f),* Kriminelle(r) *f(m)*

hechura [e'tʃura] *f* ① *(factura)* Anfertigung *f* ② *(de un vestido)* Schnitt *m* ③ *(obra)* Werk *nt;* *(de Dios)* Kreatur *f;* **este caos seguro que es ~ tuya** dieses Durcheinander hast bestimmt du angerichtet ④ *(del cuerpo)* Körperbau *m*

hectárea [ek'tarea] *f* Hektar *nt*

hectogramo [ekto'ɣramo] *m* Hektogramm *nt*

hectolitro [ekto'litro] *m* Hektoliter *m o nt*

hectómetro [ek'tometro] *m* Hektometer *m o nt*

heder [e'ðer] <e → ie> *vi* ① *(apestar)* stinken (**a** nach +*dat*) ② *(molestar)* auf die Nerven gehen +*dat*

hediento, -a [e'ðjen̩to, -a] *adj (maloliente)* stinkend, übel riechend

hediondez [eðjon̩'deθ] *f* Gestank *m*

hediondo, -a [e'ðjon̩do, -a] *adj* ① *(fétido)* übel riechend ② *(repugnante)* ekelhaft ③ *(obsceno)* unanständig

hedonismo [eðo'nismo] *m sin pl* Hedonismus *m*

hedonista [eðo'nista] **I.** *adj* hedonistisch **II.** *mf* Hedonist(in) *m(f)*

hedor [e'ðor] *m* Gestank *m* (**a** nach +*dat*)

hegemonía [exemo'nia] *f* Hegemonie *f*

hegemónico, -a [exe'moniko, -a] *adj* hegemonisch

helada [e'laða] *f* Frost *m;* **las primeras ~s**

H

del año die ersten Frosteinbrüche des Jahres; **anoche cayó una** ~ heute Nacht hat es gefroren

heladera [ela'ðera] *f* Kühlschrank *m*

heladería [elaðe'ria] *f* Eiscafé *nt*

helado[1] [e'laðo] *m* (Speise)eis *nt*, Eiscreme *f*

helado, -a[2] [e'laðo, -a] *adj* ① *(frío)* Eis-, eisig; **cubierto por una capa ~a** vereist; **el lago está** ~ der See ist zugefroren; **las cañerías están heladas** die Wasserleitung ist eingefroren ② *(turulato)* verblüfft; *(de miedo)* starr (**de** vor +*dat*)

helador(a) [ela'ðor(a)] *adj* eisig, eiskalt

heladora [ela'ðora] *f* Eismaschine *f*

helar [e'lar] <e → ie> **I.** *vt* ① *(congelar)* gefrieren (lassen) ② *(pasmar)* verblüffen **II.** *vimpers* frieren **III.** *vr:* **~se** ① *(congelarse)* gefrieren; **el lago se ha helado** der See ist zugefroren ② *(morir)* erfrieren ③ *(pasar frío)* frieren; **~se de frío** vor Kälte erstarren

helecho [e'leʧo] *m* Farnkraut *nt*

helénico, -a [e'leniko, -a] *adj* ① *(antiguo)* hellenisch ② *(actual)* griechisch

helenista [ele'nista] *mf* Hellenist(in) *m(f)*

hélice ['eliθe] *f* ① (TÉC) Propeller *m*; *(de avión t.)* Luftschraube *f*; *(de barco)* Schiffsschraube *f* ② (ANAT) Helix *f* ③ (MAT) Spirale *f*

helicoidal [elikoi̯'ðal] *adj* Spiral-, spiralförmig

helicóptero [eli'koptero] *m* Hubschrauber *m*

helio ['eljo] *m* (QUÍM) Helium *nt*

heliocéntrico, -a [eljo'θeṇtriko, -a] *adj* (ASTR) heliozentrisch

heliosfera [eljos'fera] *f* (ASTR) Heliosphäre *f*

heliosis [e'ljosis] *f inv* (MED) Sonnenstich *m*, Heliosis *f*

helipuerto [eli'pwerto] *m* Heliport *m*

helvético, -a [el'βetiko, -a] **I.** *adj* schweizerisch **II.** *m, f* Schweizer(in) *m(f)*

hematocrito [emato'krito] *m* (MED) Hämatokritwert *m*

hematoma [ema'toma] *m* (MED) Bluterguss *m*

hembra ['embra] *f* ① *(mujer)* Frau *f* ② (ZOOL) Weibchen *nt* ③ (BOT) weibliche Blüte *f* ④ (TÉC) (Schrauben)mutter *f*

hembraje [em'braxe] *m (AmS)* ① *(de ganado)* Herde *f* Weibchen ② *(pey: de mujeres)* Gruppe *f* von Weibern

hemeralopía [emeralo'pia] *f* (MED) Nachtblindheit *f*

hemeroteca [emero'teka] *f* Zeitungsarchiv *nt*

hemiciclo [emi'θiklo] *m* ① *(semicírculo)* Halbkreis *m* ② *(sala)* halbkreisförmiger Saal *m* ③ (POL: *en España*) Parlamentssaal *m*

hemiplejia [emi'plexja] *f*, **hemiplejía** [emiple'xia] *f* (MED) Hemiplegie *f*, halbseitige Lähmung *f*

hemipléjico, -a [emi'plexiko, -a] **I.** *adj* halbseitig gelähmt **II.** *m, f* Hemiplegiker(in) *m(f)*

hemisférico, -a [emis'feriko, -a] *adj* hemisphärisch

hemisferio [emis'ferjo] *m* ① (GEO) (Erd)halbkugel *f*; ~ **norte** Nordhalbkugel *f*; ~ **sur** Südhalbkugel *f* ② (ANAT: *del cerebro*) Hemisphäre *f*

hemodinámica [emoði'namika] *f* (MED) Hämodynamik *f*

hemofilia [emo'filja] *f* (MED) Bluterkrankheit *f*

hemoglobina [emoɣlo'βina] *f* (BIOL) Hämoglobin *nt*

hemorragia [emo'rraxia] *f* (MED) starke Blutung *f*; ~ **nasal** Nasenbluten *nt*

hemorroides [emo'rroi̯ðes] *f pl* (MED) Hämorriden *f pl*

hemostático [emos'tatiko] *m* (MED) Hämostatikum *nt*

henchido, -a [en'ʧiðo, -a] *adj* prall, geschwollen; *(fig)* strotzend (**de** vor +*dat*); ~ **de orgullo** mit stolzgeschwellter Brust

henchir [en'ʧir] *irr como pedir* **I.** *vt* anfüllen; ~ **los pulmones de aire** tief einatmen; ~ **una maleta** einen Koffer vollstopfen **II.** *vr:* **~se** *(hartarse de comida)* sich vollstopfen

hender [eṇ'der] <e → ie> **I.** *vt* ① *(algo de madera)* spalten; *(algo de plástico)* aufschlitzen ② *(abrirse paso)* sich *dat* einen Weg bahnen (durch +*akk*) **II.** *vr:* **~se** sich spalten

hendidura [eṇdi'ðura] *f* ① *(raja)* Spalte *f*; *(en la pared)* Riss *m*; *(en un jarrón)* Sprung *m* ② *(de una guía)* Kerbe *f*

hendimiento [eṇdi'mjeṇto] *m* Spalten *nt*

hendir [eṇ'dir] *vt irr como cernir v.* **hender**

heno ['eno] *m* Heu *nt*; **fiebre del** ~ Heuschnupfen *m*

hepático, -a [e'patiko, -a] *adj* hepatisch, Leber-; **cirrosis hepática** Leberzirrhose *f*

hepatitis [epa'titis] *f inv* (MED) Hepatitis *f*, Leberentzündung *f*

hepatología [epatolo'xia] *f* (MED) Hepatologie *f*

heptaedro [epta'eðro] *m* (MAT) Heptaeder *nt*

heptágono [ep'taɣono] *m* Siebeneck *nt*

heptatlón [epta^{ð}'lon] *m* (DEP) Siebenkampf *m*

heráldica [e'raldika] *f sin pl* Wappenkunde *f*
heráldico, -a [e'raldiko, -a] *adj* heraldisch
herbáceo, -a [er'βaθeo, -a] *adj* ❶ *(de hierba)* Gras- ❷ *(de hierbas medicinales)* krautig, krautartig
herbajar [erβa'xar] **I.** *vi* weiden, grasen **II.** *vt* weiden lassen
herbaje [er'βaxe] *m* ❶ *(lugar)* Weide *f* ❷ *(comida)* Grasfutter *nt*
herbario [er'βarjo] *m* Pflanzensammlung *f*
herbicida [erβi'θiða] *m* Unkrautvertilgungsmittel *nt*
herbívoro [er'βiβoro] *m* Pflanzenfresser *m*
herbolario[1] [erβo'larjo] *m* Heilkräuterladen *m*
herbolario, -a[2] [erβo'larjo, -a] **I.** *adj* unbesonnen **II.** *m, f* Heilkräuterhändler(in) *m(f)*
herbología [erβolo'xia] *f* Kräuterheilkunde *f*
herborista [erβo'rista] *mf* Heilkräuterhändler(in) *m(f)*
herboristería [erβoriste'ria] *f v.* **herbolario**[1]
herboterapia [erβote'rapja] *f* Kräutertherapie *f*
hercio ['erθjo] *m* (FÍS) Hertz *nt*
hercúleo, -a [er'kuleo, -a] *adj* herkulisch; *(fig)* riesenstark
heredable [ere'ðaβle] *adj* (ver)erblich
heredad [ere'ðaᵈ] *f* ❶ *(finca)* Landgut *nt* ❷ *(terreno)* Grundstück *nt*
heredar [ere'ðar] *vt* ❶ *(recibir)* erben; **propiedad heredada** vererbtes Eigentum; **problemas heredados del franquismo** Erblasten aus der Zeit des Franco-Regimes ❷ *(dar)* zum Erben einsetzen
heredero, -a [ere'ðero, -a] *m, f* Erbe, -in *m, f;* **el ~ del trono** der Thronfolger; **el príncipe ~** der Kronprinz
hereditario, -a [ereði'tarjo, -a] *adj* ❶ *(de la herencia)* Erb- ❷ *(rasgos)* Erb-, vererbbar; **enfermedad hereditaria** Erbkrankheit *f*
hereje [e'rexe] *mf* (REL) Ketzer(in) *m(f)*
herejía [ere'xia] *f* ❶ (REL) Ketzerei *f* ❷ *(insulto)* Beleidigung *f* ❸ *(fechoría)* Streich *m* ❹ *(disparate)* Unsinn *m*
herencia [e'renθja] *f* ❶ (JUR) Erbschaft *f* ❷ *(legado)* Erbe *nt;* **una ~ de la antigüedad** ein Vermächtnis der Antike
herético, -a [e'retiko, -a] *adj* ketzerisch
herida [e'riða] *f* ❶ *(lesión)* Wunde *f;* **tocar a alguien en la ~** *(fig)* jds wunden Punkt treffen ❷ *(ofensa)* Beleidigung *f*
herido, -a [e'riðo, -a] **I.** *adj* ❶ *(lesionado)* verletzt (**en** an +*dat*); (MIL) verwundet (**en** an +*dat*); **~ de gravedad** schwer verletzt; (MIL) schwer verwundet ❷ *(ofendido)* beleidigt **II.** *m, f* Verletzte(r) *mf;* (MIL) Verwundete(r) *mf;* **en el atentado no hubo ~s** bei dem Anschlag wurde niemand verletzt
herir [e'rir] *irr como sentir* **I.** *vt* ❶ *(lesionar)* verletzen (**en** an +*dat*); (MIL) verwunden (**en** an +*dat*) ❷ *(golpear)* schlagen ❸ *(flecha)* (durch die Luft) schwirren ❹ *(instrumento)* anschlagen ❺ *(sol)* bestrahlen ❻ *(ofender)* verletzen; **no quisiera ~ susceptibilidades** ich möchte niemandem zu nahe treten ❼ *(acertar)* treffen **II.** *vr:* **~se** sich verletzen (**en** an +*dat*)
hermafrodita [ermafro'ðita] **I.** *adj* zwittrig **II.** *m* Zwitter *m*
hermana *f v.* **hermano**
hermanado, -a [erma'naðo, -a] *adj* ähnlich (**con** +*dat*); **ciudad hermanada** Partnerstadt *f*
hermanamiento [ermana'mjento] *m* ❶ *(de ciudades)* Partnerschaft *f* ❷ *(acción)* Verbrüderung *f*
hermanar [erma'nar] **I.** *vt (unir)* verbinden; **Cambridge está hermanada con Heidelberg** Cambridge ist eine Partnerstadt Heidelbergs **II.** *vr:* **~se** sich verbrüdern
hermanastro, -a [erma'nastro, -a] *m, f* Stiefbruder, -schwester *m, f*
hermandad [erman'daᵈ] *f* ❶ *(parentesco)* geschwisterliche Beziehung *f* ❷ *(amistad)* innige Freundschaft *f* ❸ *(agrupación)* Innung *f;* (REL) Bruderschaft *f*
hermano, -a [er'mano, -a] *m, f (pariente)* Bruder, Schwester *m, f;* **~ de padre/de madre** Halbbruder väterlicherseits/mütterlicherseits; **~ político** Schwager *m;* **mi ~ mayor/pequeño** mein älterer/jüngerer Bruder; **tengo tres ~s** *(solo chicos)* ich habe drei Brüder; *(chicos y chicas)* ich habe drei Geschwister; **lenguas hermanas** verwandte Sprachen
hermético, -a [er'metiko, -a] *adj* ❶ *(objeto)* hermetisch; *(al aire)* luftdicht; *(al agua)* wasserdicht ❷ *(persona)* äußerst verschlossen ❸ *(texto)* schwer verständlich
hermetismo [erme'tismo] *m* Verschlossenheit *f*
hermetizar [ermeti'θar] <z → c> *vt* hermetisch verschließen
hermosamente [ermosa'mente] *adv* prächtig, wundervoll
hermosear [ermose'ar] *vt* ❶ *(a una persona)* herausputzen ❷ *(a una cosa)* verschönern, schmücken
hermoso, -a [er'moso, -a] *adj* ❶ *(paisaje)* schön; *(día)* herrlich ❷ *(persona)* wunderschön ❸ *(niño)* niedlich ❹ *(salón)* prächtig ❺ *(gesto)* schön ❻ *(palabras)* nett

H

hermosura [ermo'sura] *f* Schönheit *f*
hernia ['ernja] *f* (MED) (Eingeweide)bruch *m;* ~ **discal** [*o* **de disco**] Bandscheibenvorfall *m*
herniarse [er'njarse] *vr* sich *dat* einen Bruch heben; **¡no te herniarás, no!** na ja, du wirst dir schon kein Bein (dabei) ausreißen!
héroe ['eroe] *m* ① *(personaje)* Held *m* ② *(mitología)* Heros *m* ③ (TEAT) Heldendarsteller *m*
heroicidad [eroi̯θi'ðaᵈ] *f* ① *(hazaña)* Heldentat *f* ② *(cualidad)* Heldentum *nt*
heroico, -a [e'roi̯ko, -a] *adj* heldenhaft
heroína [ero'ina] *f* ① *(de héroe)* Heldin *f* ② *(droga)* Heroin *nt*
heroinómano, -a [eroi̯'nomano, -a] *m, f* Heroinsüchtige(r) *mf*
heroísmo [ero'ismo] *m sin pl* Heldentum *nt*
herpes ['erpes] *m o f inv* (MED) Herpes *m*
herrador [erra'ðor] *m* Hufschmied *m*
herradura [erra'ðura] *f* ① *(de caballo)* Hufeisen *nt;* **camino de** ~ Reitweg *m* ② (ZOOL) Hufeisennase *f*
herramienta [erra'mjeṇta] *f* Werkzeug *nt;* ~ **agrícola** landwirtschaftliches Gerät; **caja de (las)** ~**s** Werkzeugkasten *m*
herrar [e'rrar] <e → ie> *vt* ① *(caballo)* beschlagen ② *(a un animal)* mit Brandzeichen kennzeichnen
herrería [erre'ria] *f* Schmiede *f*
herrero [e'rrero] *m* Schmied *m*
herrete [e'rrete] *m* Nestelstift *m*
herrín [e'rrin] *m* (QUÍM) Rost *m*
herrumbre [e'rrumbre] *f (orín, t.* BOT) Rost *m*
herrumbroso, -a [errum'broso, -a] *adj* rostig
hertz [erᵈs] *m* (FÍS) Hertz *nt*
hertzio ['erᵈsjo] *m* (FÍS) Hertz *nt*
hervidero [erβi'ðero] *m* ① *(manantial)* heiße Quelle *f;* **un** ~ **de intrigas** ein Intrigenherd ② *(multitud)* Gewimmel *nt*
hervido [er'βiðo] *m* ① *(de los alimentos)* Kochen *nt; (de los líquidos)* Aufkochen *nt* ② *(burbujeo)* Brodeln *nt* ③ *(AmS: cocido)* Eintopf *m*
hervidor [erβi'ðor] *m* ① *(de cocina)* Kocher *m* ② (TÉC) Heizrohr *nt*
hervir [er'βir] *irr como sentir* **I.** *vi* ① *(alimentos)* kochen ② *(burbujear)* brodeln ③ *(desinfectar)* abkochen ④ *(el mar)* tosen ⑤ *(persona)* kochen; **hierve en cólera** er/sie kocht vor Wut; **le hierve la sangre** sein/ihr Blut gerät in Wallung ⑥ *(abundar)* **esta calle hierve en rumores** diese Straße ist eine wahre Gerüchteküche **II.** *vt* (auf)kochen (lassen)

hervor [er'βor] *m* ① *(acción)* Kochen *nt;* **levantar el** ~ aufkochen ② *(burbujeo)* Brodeln *nt* ③ *(de la juventud)* Feuer *nt*
Hesse ['(x)ese] *m* Hessen *nt*
heterodoxo, -a [etero'ðoˠso, -a] *adj* heterodox
heterogeneidad [eteroxenei̯'ðaᵈ] *f* Heterogenität *f*
heterogéneo, -a [etero'xeneo, -a] *adj* verschiedenartig, heterogen
heterónimo [ete'ronimo] *m* (LING) Heteronym *nt*
heterosexual [eteroseˠ'swal] **I.** *adj* heterosexuell **II.** *mf* Heterosexuelle(r) *mf*
heterosexualidad [eteroseˠswali'ðaᵈ] *f sin pl* Heterosexualität *f*
hexadecimal [eˠsaðeθi'mal] *adj* hexadezimal
hexaedro [eˠsa'eðro] *m* (MAT) Sechsflächner *m,* Hexaeder *nt*
hexagonal [eˠsaɣo'nal] *adj* sechseckig, hexagonal
hexágono [eˠ'saɣono] *m* Sechseck *nt,* Hexagon *nt*
hez [eθ] *f* ① *(poso)* Bodensatz *m* ② *pl (escoria)* Abschaum *m* ③ *pl (excrementos)* Kot *m*
hibernación [iβerna'θjon] *f* ① (ZOOL) Winterschlaf *m* ② (MED) Hibernation *f*
hibernal [iβer'nal] *adj* Winter-, winterlich
hibernar [iβer'nar] *vi* Winterschlaf halten
hibisco [i'βisko] *m* Hibiskus *m*
hibridación [iβriða'θjon] *f* Hybridisierung *f*
hibridismo [iβri'ðismo] *m (t.* BIOL: *carácter híbrido)* Gemisch *nt*
híbrido[1] ['iβriðo] *m* (BIOL) Hybride *m o f*
híbrido[2]**, -a** ['iβriðo, -a] *adj* hybrid; Hybrid-; **computador** ~ (INFOR) Hybridrechner *m;* (AUTO) **motor** ~ Hybrid[motor] *m;* **vehículo** ~ Hybrid[fahrzeug] *nt*
hidalgo[1] [i'ðalɣo] *m* (HIST) Edelmann *m*
hidalgo[2]**, -a** [i'ðalɣo, -a] *adj* ① *(de los nobles)* adelig ② *(noble)* edel ③ *(generoso)* großmütig
hidra ['iðra] *f* ① *(pólipo)* Süßwasserpolyp *m* ② (ASTR) Hydra *f*
hidratante [iðra'taṇte] *adj* Feuchtigkeit spendend; **crema** ~ Feuchtigkeitscreme *f*
hidratar [iðra'tar] *vt* ① (QUÍM) hydratisieren ② *(piel)* mit einer Feuchtigkeitscreme behandeln
hidrato [i'ðrato] *m* (QUÍM) Hydrat *nt;* ~ **de carbono** Kohlenhydrat *nt*
hidráulica [i'ðrau̯lika] *f* Hydraulik *f*
hídrico, -a ['iðriko, -a] *adj* ① *(relativo al agua)* Wasser- ② *(que contiene agua)* wasserhaltig
hidroavión [iðroaβi'on] *m* Wasserflugzeug *nt*

hidrocarburo [iðrokar'βuro] *m* (QUÍM) Kohlenwasserstoff *m*
hidrodinámico, -a [iðroði'namiko, -a] *adj* hydrodynamisch
hidroeléctrico, -a [iðroe'lektriko, -a] *adj* hydroelektrisch; **central hidroeléctrica** Wasserkraftwerk *nt*
hidrófilo, -a [i'ðrofilo, -a] *adj* hydrophil
hidrófobo, -a [i'ðrofoβo, -a] *adj* ❶ (QUÍM) hydrophob ❷ *(rabioso)* tollwütig
hidrófugo, -a [i'ðrofuɣo, -a] *adj* feuchtigkeitsbeständig
hidrogenar [iðroxe'nar] *vt* (QUÍM) hydrieren
hidrógeno [i'ðroxeno] *m* (QUÍM) Wasserstoff *m*
hidrografía [iðroɣra'fia] *f sin pl* Gewässerkunde *f*, Hydrografie *f*
hidrográfico, -a [iðro'ɣrafiko, -a] *adj* hydrografisch
hidrolimpiadora [iðrolimpja'ðora] *f* Hochdruckreiniger *m*
hidrología [iðrolo'xia] *f* (GEO) Hydrologie *f*
hidrológico, -a [iðro'loxiko, -a] *adj* hydrologisch
hidroplano [iðro'plano] *m* ❶ (AERO) Wasserflugzeug *nt* ❷ (NÁUT) Gleitboot *nt*
hidrosfera [iðros'fera] *f* (GEO) Hydrosphäre *f*
hidrosoluble [iðroso'luβle] *adj* wasserlöslich
hidrostático, -a [iðros'tatiko, -a] *adj* hydrostatisch
hidroterapia [iðrote'rapja] *f* (MED) Hydrotherapie *f*
hidróxido [i'ðroˠsiðo] *m* (QUÍM) Hydroxid *nt*
hiedra ['ɟeðra] *f* Efeu *m*
hiel [ɟel] *f* ❶ *(bilis)* Galle *f* ❷ *(amargura)* Bitterkeit *f*; **echar la ~** sich abrackern ❸ *pl (adversidades)* Probleme *ntpl*
hielo ['ɟelo] *m* ❶ *(del agua)* Eis *nt*; **~ en la carretera** Glatteis *nt*; **~ picado** zerhacktes Eis; **el barco ha quedado aprisionado en el ~** das Schiff ist eingefroren ❷ *pl (helada)* Frost *m* ❸ *(frialdad)* Kälte *f* ❹ *(loc)* **me quedé de ~** ich war wie vor den Kopf geschlagen
hiena ['ɟena] *f* Hyäne *f*
hienda ['ɟen̦da] *f* (AGR) Mist *m*, Dung *m*
hierático, -a [ɟe'ratiko, -a] *adj* hieratisch
hierba ['ɟerβa] *f* ❶ *(planta)* Gras *nt* ❷ *(comestible)* Kraut *nt*; **~ medicinal** Heilkraut *nt*; **infusión de ~s** Kräutertee *m*; **mala ~** Unkraut *nt*; **haber pisado mala/buena ~** Pech/Glück haben; **mala ~ nunca muere** *(prov)* Unkraut vergeht nicht ❸ *(césped)* Rasen *m*; **tenis sobre ~** (DEP) Rasentennis *nt* ❹ *(pasto)* Weideland *nt* ❺ *(fam: droga)* Gras *nt* ❻ *pl (veneno)* Gifttrank *m* ❼ *(loc)* **y otras ~s** *(irón)* et cetera pp.
hierbabuena [ɟerβa'βwena] *f* Minze *f*
hierbajo [ɟer'βaxo] *m* Unkraut *nt*
hierbal [ɟer'βal] *m (Chil)* Grasfläche *f*, Wiese *f*
hierbazal [ɟerβa'θal] *f* (BOT) Weide *f*, Weideland *nt*
hierra ['ɟerra] *f (Am)* Brandzeichen *nt*
hierro ['ɟerro] *m* ❶ *(metal, t.* DEP*)* Eisen *nt*; **edad del ~** Eisenzeit *f*; **salud de ~** eiserne Gesundheit; **voluntad de ~** eiserner Wille; **quitar ~ a un asunto** eine Angelegenheit herunterspielen ❷ *(del ganado)* Brandzeichen *nt* ❸ *(para marcar)* Brandeisen *nt* ❹ *(de lanza)* Spitze *f* ❺ *(arma)* Waffe *f* ❻ *(herramienta)* Werkzeug *nt* aus Eisen ❼ *pl (grilletes)* Handschellen *fpl* ❽ *pl (cadenas)* Ketten *fpl*
hifi ['ifi/'xai̯fi] *adj* Hi-Fi-
hígado ['iɣaðo] *m* ❶ (ANAT) Leber *f* ❷ *pl (valor)* Mumm *m fam*
higiene [i'xjene] *f* Hygiene *f*; **~ personal** Körperpflege *f*
higiénico, -a [i'xjeniko, -a] *adj* hygienisch; **compresa higiénica** Damenbinde *f*; **papel ~** Toilettenpapier *nt*
higienización [ixjeniθa'θjon] *f* Sanierung *f*
higienizar [ixjeni'θar] <z → c> *vt* sanieren
higo ['iɣo] *m* ❶ *(fruto)* Feige *f* ❷ *(cosa sin valor)* **esto me importa un ~** das ist mir völlig egal; **esto no vale un ~** das ist keinen Deut wert ❸ *(algo arrugado)* **estar hecho un ~** *(persona)* ganz runzelig sein; *(ropa)* zerknittert sein
higuera [i'ɣera] *f* Feigenbaum *m*; **estar en la ~** nichts mitbekommen
hija *f v.* **hijo**
hijastro, -a [i'xastro, -a] *m, f* Stiefsohn, -tochter *m, f*
hijo, -a ['ixo, -a] *m, f* ❶ *(parentesco)* Sohn, Tochter *m, f*; **~ adoptivo** Adoptivkind *nt*; **~ político** Schwiegersohn *m*; **~ predilecto (de una ciudad)** Ehrenbürger *m* (einer Stadt); **~ de puta** *(vulg)* Scheißkerl *m*; **~ único** Einzelkind *nt*; **un ~ de papá** ein verwöhnter Jugendlicher; **pareja sin ~s** kinderloses Paar; **como cualquier ~ de vecino** wie jedermann; **es ~ de Madrid** er ist gebürtiger Madrider ❷ *pl (descendencia)* Kinder *ntpl*
híjole ['ixole] *interj (Am: fam: caramba)* Donnerwetter!
hijuela [i'xwela] *f* ❶ *(de camino)* Abzweigung *f* ❷ *(de herencia)* Erbteil *nt* ❸ *(de una institución)* Zweigstelle *f*

hila ['ila] *f* ① *(acción)* Spinnen *nt* ② *pl (hebras)* Scharpie *f*
hilacha [i'latʃa] *f*, **hilacho** [i'latʃo] *m* (Tuch)faser *f*
hilachoso, -a [ila'tʃoso, -a] *adj* ausgefranst
hilada [i'laða] *f* ① *(hilera)* Reihe *f* ② (ARQUIT) Lage *f*
hilado [i'laðo] *m* ① *(acción)* Spinnen *nt* ② *(hilo)* Faden *m; (en la industria)* Gespinst *nt;* **fábrica de ~s** Spinnerei *f*
hilador(a) [ila'ðor(a)] *m(f)* Spinner(in) *m(f)*
hiladora [ila'ðora] *f* Spinnmaschine *f*
hilandería [ilaṇde'ria] *f* ① *(arte)* Spinnen *nt* ② *(fábrica)* Spinnerei *f*
hilandero¹ [ilaṇ'dero] *m (lugar)* Spinnerei *f*
hilandero, -a² [ilaṇ'dero, -a] *m, f* Spinner(in) *m(f)*
hilar [i'lar] *vt* ① *(hilo)* (ver)spinnen; *(arañas)* weben ② *(discurrir)* (miteinander) verknüpfen; **~ fino** Haarspalterei betreiben
hilarante [ila'raṇte] *adj* sehr lustig; **gas ~** Lachgas *nt*
hilaridad [ilari'ðaᵈ] *f* Heiterkeit *f;* **esta comedia provoca la ~ del público** diese Komödie bringt das Publikum zum Lachen
hilatura [ila'tura] *f* ① *(fábrica)* Spinnerei *f* ② *(fabricación)* (Ver)spinnen *nt*
hilaza [i'laθa] *f* ① *(hilo)* Faden *m* ② *(en la industria)* Gespinst *nt*
hilera [i'lera] *f* ① *(fila)* Reihe *f; (de cosas iguales)* Zeile *f;* (MIL) Glied *nt;* **colocarse en la ~** anstehen ② (TÉC) Spinndüse *f*
hilo ['ilo] *m* ① *(hebra)* Faden *m; (para coser)* Garn *nt; (más resistente)* Zwirn *m;* **~ bramante** Schnur *f;* **~ de perlas** Perlenschnur *f;* **cortar el ~ de la vida a alguien** *(fig)* jdm den Lebensfaden abschneiden; **mover los ~s** *(fig)* die Fäden in der Hand haben; **pender de un ~** *(fig)* an einem seidenen Faden hängen ② *(tela)* Leinen *nt* ③ (TÉC) dünner Draht *m;* **~ conductor** Leitungsdraht *m* ④ *(de un discurso)* (roter) Faden *m;* **no sigo el ~ de la película** ich kann der Handlung des Films nicht folgen; **perder el ~ (de la conversación)** (bei einem Gespräch) den (roten) Faden verlieren; **recoger el ~ de la historia** den (roten) Faden der Geschichte wieder aufnehmen ⑤ *(de un líquido)* Rinnsal *nt*
hilván [il'βan] *m* ① *(costura)* Heftnaht *f* ② *(hilo)* Heftfaden *m*
hilvanado [ilβa'naðo] *m* Heften *nt*
hilvanar [ilβa'nar] *vt* ① *(vestido)* heften ② *(frases)* (miteinander) verknüpfen; **un discurso mal hilvanado** eine zusammenhang(s)lose Rede
Himalaya [ima'laɟa] *m* Himalaja *m*
himen ['imen] *m* (ANAT) Jungfernhäutchen *nt*
himeneo [ime'neo] *m* Hochzeit *f*
himno ['imno] *m* Hymne *f*
hincapié [iŋka'pje] *m* Aufstemmen *nt;* **hacer ~ en algo** Nachdruck auf etw legen
hincar [iŋ'kar] <c → qu> **I.** *vt* ① *(clavar)* (ein)treiben (**en** in +*akk*); *(golpeando)* (hin)einschlagen (**en** in +*akk*); **~ el diente en la pera** *(fam)* in die Birne hineinbeißen ② *(pie)* aufstützen (**en** auf +*dat/akk*), aufstemmen (**en** auf +*dat/akk*) **II.** *vr* **~se de rodillas** niederknien
hincha¹ ['intʃa] *f (fam: tirria)* Groll *m*
hincha² ['intʃa] *mf (seguidor)* Fan *m*
hinchable [in'tʃaβle] *adj* aufblasbar; **colchón ~** Luftmatratze *f;* **muñeca ~** Gummipuppe *f*
hinchada [in'tʃaða] *f* Fans *mpl*
hinchado, -a [in'tʃaðo, -a] *adj* ① *(pie)* geschwollen; *(cara)* aufgedunsen; *(madera)* aufgequollen; *(velas)* (auf)gebläht ② *(estilo)* schwülstig ③ *(persona)* aufgeblasen
hinchamiento [intʃa'mjeṇto] *m* (An)schwellung *f*
hinchar [in'tʃar] **I.** *vt* ① *(globo)* aufblasen; *(neumático)* aufpumpen; *(telas)* (auf)blähen; *(estómago)* (auf)blähen; **~ la bici** das Fahrrad aufpumpen ② *(exagerar)* aufbauschen; **¡no lo hinches!** halt die Luft an! *fam* ③ *(río)* anschwellen lassen ④ *(AmS: molestar)* nerven *fam* ⑤ *(loc)* **~ de palos a alguien** *(fam)* jdn windelweich schlagen; **te voy a ~ los morros** *(vulg)* ich poliere dir noch die Fresse **II.** *vr:* **~se** ① *(pierna)* anschwellen; **se me ha hinchado mucho el pie** mein Fuß ist ganz dick ② *(engreírse)* sich aufblasen ③ *(de comer)* sich überessen (**de** an +*dat*) ④ *(hacer mucho)* **~se a mirar/a escuchar algo** sich an etw *dat* sattsehen/satthören; **~se a insultar a alguien** jdn unaufhörlich beschimpfen
hinchazón [intʃa'θon] *f* ① *(del pie)* (An)schwellung *f; (del río)* Anschwellen *nt; (de la madera)* (Auf)quellen *nt; (de las velas)* Blähen *nt* ② *(soberbia)* Aufgeblasenheit *f* ③ *(de un estilo)* Schwülstigkeit *f*
hindi ['iṇdi] *m* Hindi *nt*
hindú [iṇ'du] *mf* ① *(indio)* Inder(in) *m(f)* ② *(del hinduismo)* Hindu *mf*
hinduismo [iṇdu'ismo] *m sin pl* (REL) Hinduismus *m*
hinduista [iṇdu'ista] **I.** *adj* (REL) hinduistisch **II.** *mf* (REL) Hindu *m*
hinojo [i'noxo] *m* ① *(planta)* Fenchel *m* ② *(rodilla)* Knie *nt;* **de ~s** auf Knien; **ponerse de ~s** sich hinknien
hipar [i'par] *vi* ① *(tener hipo)* Schluckauf haben ② *(perros)* hecheln ③ *(fatigarse)*

sich überarbeiten ④ *(sollozar)* (auf)schluchzen ⑤ *(desear)* lechzen (**por** nach +*dat*)

hiper ['iper] *m (fam)* großer Supermarkt *m*

hiperacidez [iperaθi'ðeθ] *f* Übersäuerung *f*

hiperactividad [iperaktiβi'ðaᵈ] *f* Überaktivität *f*

hiperactivo, -a [iperak'tiβo, -a] *adj* überaktiv

hipérbola [i'perβola] *f* (MAT) Hyperbel *f*

hipérbole [i'perβole] *f* (LIT) Hyperbel *f*

hiperbólico, -a [iper'βoliko, -a] *adj* (MAT) hyperbolisch

hiperenlace [iperen'laθe] *m* (INFOR) Hyperlink *m*

hiperfunción [iperfuṇ'θjon] *f* (MED) Überfunktion *f*

hiperinflación [iperiɱfla'θjon] *f* (COM) Hyperinflation *f*

hipermercado [ipermer'kaðo] *m* großer Supermarkt *m*

hipermétrope [iper'metrope] *adj* (MED) weitsichtig

hipermetropía [ipermetro'pia] *f* (MED) Weitsichtigkeit *f*

hiperonimia [ipero'nimja] *f* (LING) Hyperonymie *f*

hipersensibilidad [ipersensiβili'ðaᵈ] *f sin pl* Überempfindlichkeit *f*

hipersensible [ipersen'siβle] *adj* überempfindlich

hipertensión [iperten'sjon] *f* (MED) Bluthochdruck *m*

hipertenso, -a [iper'tenso, -a] **I.** *adj* hypertonisch **II.** *m, f* Hypertoniker(in) *m(f)*; **mi padre es ~** mein Vater hat einen zu hohen Blutdruck

hipertexto [iper'testo] *m* (INFOR) Hypertext *m*

hipertrofia [iper'trofja] *f* Hypertrophie *f*

hipervínculo [iper'biŋkulo] *m* (INFOR) Hyperlink *m*

hip-hop [xiᵖ-xoᵖ] *m* Hip-Hop *m*, Hiphop *m*

hípica ['ipika] *f sin pl* Pferdesport *m*

hípico, -a ['ipiko, -a] *adj* Pferde-; **concurso ~** Springreiten *nt*

hipido [i'piðo] *m* Schluchzer *m*

hipnosis [iβ'nosis] *f inv* Hypnose *f*

hipnótico[1] [iβ'notiko] *m* Schlafmittel *nt*

hipnótico, -a[2] [iβ'notiko, -a] *adj* hypnotisch

hipnotismo [iβno'tismo] *m* Hypnotik *f*

hipnotizador(a) [iβnotiθa'ðor(a)] *m(f)* Hypnotiseur(in) *m(f)*

hipnotizar [iβnoti'θar] <z → c> *vt* hypnotisieren

hipo ['ipo] *m* ① *(fisiológico)* Schluckauf *m* ② *(deseo)* Sehnsucht *f* (**de/por** nach +*dat*) ③ *(tirria)* Groll *m*

hipocalórico, -a [ipoka'loriko, -a] *adj* kalorienarm

hipocentro [ipo'θeṇtro] *m* (GEO) Erdbebenherd *m*

hipocondría [ipokoṇ'drja] *f* (MED) Hypochondrie *f*

hipocondríaco, -a [ipokoṇ'driako, -a] **I.** *adj* hypochondrisch **II.** *m, f* Hypochonder *m*

hipocondrio [ipo'koṇdrjo] *m* (ANAT) Hypochondrium *nt*

hipocrático, -a [ipo'kratiko, -a] *adj* hippokratisch

hipocresía [ipokre'sia] *f* ① *(comportamiento)* Heuchelei *f* ② *(modo de ser)* Scheinheiligkeit *f*

hipócrita [i'pokrita] **I.** *adj* ① *(en el comportamiento)* heuchlerisch ② *(en el modo de ser)* scheinheilig **II.** *mf* Heuchler(in) *m(f)*

hipodérmico, -a [ipo'ðermiko, -a] *adj* (MED) subkutan

hipódromo [i'poðromo] *m* (DEP) Pferderennbahn *f*

hipófisis [i'pofisis] *f inv* (ANAT) Hypophyse *f*

hipogastrio [ipo'ɣastrjo] *m* (ANAT) Unterleib *m*

hipoglucemia [ipoɣlu'θemja] *f* (MED) Hypoglykämie *f*

hipomancia [ipo'maṇθja] *f*, **hipomancía** [ipomaṇ'θia] *f* (HIST) Wahrsagung *f* nach Bewegungen und Lautäußerungen von Pferden

hipopótamo [ipo'potamo] *m* Nilpferd *nt*

hipotálamo [ipo'talamo] *m* (ANAT) Hypothalamus *m*

hipoteca [ipo'teka] *f* Hypothek *f*

hipotecable [ipote'kaβle] *adj* hypothekarisch belastbar

hipotecar [ipote'kar] <c → qu> *vt* mit einer Hypothek belasten; **si haces eso ~ás tu libertad** wenn du das machst, setzt du deine Freiheit aufs Spiel

hipotecario, -a [ipote'karjo, -a] *adj* Hypotheken-; **crédito ~** Hypothekarkredit *m*

hipotensión [ipoten'sjon] *f* (MED) niedriger Blutdruck *m*

hipotenso, -a [ipo'tenso, -a] **I.** *adj* hypotonisch **II.** *m, f* Hypotoniker(in) *m(f)*; **mi mujer es hipotensa** meine Frau hat einen zu niedrigen Blutdruck

hipotenusa [ipote'nusa] *f* (MAT) Hypotenuse *f*

hipotermia [ipo'termja] *f* (MED) Unterkühlung *f*; **muerte por ~** Kältetod *m*

hipótesis [i'potesis] *f inv* Hypothese *f*

hipotético, -a [ipo'tetiko, -a] *adj* hypothetisch; **es totalmente ~ que...** es ist eine reine Hypothese, dass ...

H

hipotónico, -a [ipo'toniko, -a] **I.** *adj* hypotonisch **II.** *m, f* Hypotoniker(in) *m(f)*
hippie ['xipi] *mf* Hippie *m*
hippy ['xipi] **I.** *adj* Hippie-; **moda** ~ Hippielook *m* **II.** *mf* Hippie *m*
hiriente [i'rjeņte] *adj* verletzend; **una observación** ~ eine spitze Bemerkung
hirsuto, -a [ir'suto, -a] *adj* ① *(pelo)* borstig, struppig ② *(planta)* stachelig ③ *(carácter)* widerborstig
hirviente [ir'βjeņte] *adj* kochend
hisopo [i'sopo] *m* ① *(planta)* Ysop *m* ② *(de iglesia)* Weih(wasser)wedel *m*
hispalense [ispa'lense] **I.** *adj* aus Sevilla **II.** *mf* Einwohner(in) *m(f)* von Sevilla
hispánico, -a [is'paniko, -a] *adj* ① *(de España)* spanisch ② *(de Hispania)* hispanisch; **Filología Hispánica** Hispanistik *f*
hispanidad [ispani'ða^{d}] *f sin pl* ① *(calidad)* Hispanität *f* ② *(conjunto)* spanische Kultur *f*
hispanismo [ispa'nismo] *m* Hispanismus *m*
hispanista [ispa'nista] *mf* Hispanist(in) *m(f)*
hispanización [ispaniθa'θjon] *f sin pl* Hispanisierung *f*
hispanizar [ispani'θar] <z → c> *vt, vr:* **~se** (sich) hispanisieren
hispano, -a [is'pano, -a] **I.** *adj* ① *(español)* spanisch ② *(en EE.UU.)* Hispano-, hispanoamerikanisch **II.** *m, f* ① *(español)* Spanier(in) *m(f)* ② *(en EE.UU.)* Hispanoamerikaner(in) *m(f)*
Hispanoamérica [ispanoa'merika] *f* hispanoamerikanische Länder *ntpl*
hispanoamericanismo [ispanoamerika'nismo] *m sin pl* (SOCIOL) *soziale Bewegung für die kulturelle Einheit der spanischsprachigen Länder in Süd- und Mittelamerika*
hispanoamericano, -a [ispanoameri'kano, -a] **I.** *adj* hispanoamerikanisch **II.** *m, f* Hispanoamerikaner(in) *m(f)*
hispanohablante [ispanoa'βlaņte] **I.** *adj* Spanisch sprechend; **los países ~s** die spanischsprachigen Länder **II.** *mf* spanischer Muttersprachler, spanische Muttersprachlerin *m, f*
histeria [is'terja] *f* Hysterie *f*
histérico, -a [is'teriko, -a] **I.** *adj* hysterisch **II.** *m, f* Hysteriker(in) *m(f)*
histerismo [iste'rismo] *m* Hysterie *f*
histología [istolo'xia] *f* (MED) Histologie *f*
historia [is'torja] *f* Geschichte *f;* ~ **natural** Naturwissenschaft *f;* ~ **universal** Weltgeschichte *f;* **pasar a la** ~ *(ser importante)* in die Geschichte eingehen; *(no ser actual)* längst überholt sein; **cuenta la ~ completa** sag die ganze Wahrheit; **¡déjate de ~s!** komm zur Sache!; **esa es la misma ~ de siempre** das ist das alte Lied; **¡no me vengas con ~s!** erzähl mir doch keine Märchen!; **eso solo son ~s** das ist doch nur Klatsch
historiador(a) [istorja'ðor(a)] *m(f)* Historiker(in) *m(f)*
historial [isto'rjal] **I.** *adj* geschichtlich **II.** *m* ① *(antecedentes)* Vorgeschichte *f;* ~ **delictivo** Vorstrafen *fpl* ② *(currículo)* Lebenslauf *m;* ~ **profesional** beruflicher Werdegang; **este hecho no empañará el ~ de esta institución** dieses Ereignis wird diese Institution nicht in Verruf bringen; **él tiene un ~ intachable** er hat sich *dat* nie etwas zuschulden kommen lassen
historiar [isto'rjar] *vt* ① *(contar)* geschichtlich darstellen ② (ARTE) Historienbilder malen (von +*dat*) ③ *(Am: enmarañar)* verwirren
historicidad [istoriθi'ða^{d}] *f sin pl* Geschichtlichkeit *f*
historicismo [istori'θismo] *m* Histori(zi)smus *m*
histórico, -a [is'toriko, -a] *adj* geschichtlich, historisch; **un miembro ~ del partido** einer der Parteigründer
historieta [isto'rjeta] *f* ① *(anécdota)* Anekdote *f* ② *(con viñetas)* Bildergeschichte *f; (cómic)* Comic(strip) *m*
historiografía [istorjoɣra'fia] *f sin pl* Geschichtsschreibung *f*
historiográfico, -a [istorjo'ɣrafiko, -a] *adj* (HIST) historiografisch
historiógrafo, -a [isto'rjoɣrafo, -a] *m, f* Geschichtsschreiber(in) *m(f)*
histriónico, -a [is'trjoniko, -a] *adj* theatralisch
histrionismo [istrjo'nismo] *m* ① *(teatralidad)* übertriebenes Auftreten *nt* ② *(efectismo)* Effekthascherei *f*
hitleriano, -a [xi^{d}le'rjano, -a] *adj* Hitler-
hiyab [xi'ɟa^{β}] *m (velo islámico)* Kopftuch *nt*
hobby ['xoβi] *m* <hobbys> Hobby *nt*
hocicar [oθi'kar] <c → qu> **I.** *vt* ① *(hozar)* (die Erde) aufwühlen ② *(pey: besar)* abknutschen **II.** *vi* ① *(caerse)* auf die Nase fallen ② *(fam: dificultad)* stoßen (**con** auf +*akk*) ③ (NÁUT: *amorrar*) buglastig sein
hocico [o'θiko] *m* ① *(morro)* Schnauze *f; (de cerdo)* Rüssel *m* ② *(vulg: cara)* Visage *f* ③ *(vulg: boca)* Fresse *f;* **caer de ~s** auf die Nase fallen *fam;* **estar de ~s** schmollen; **meter el ~ en todo** seine Nase überall hineinstecken
hocicudo, -a [oθi'kuðo, -a] *adj (Am)* ① *(malhumorado)* schlecht gelaunt ② *(disgustado)* verärgert

hockey ['xokei̯] *m sin pl* Hockey *nt;* ~ **sobre patines** Rollhockey *nt;* ~ **sobre hielo** Eishockey *nt*
hogar [o'ɣar] *m* ① *(de cocina)* Herd *m; (de chimenea)* Kamin *m; (de fundición)* Ofenraum *m; (de un tren)* Feuerbüchse *f* ② *(casa)* Zuhause *nt;* ~ **del pensionista** Altenheim *nt;* **artículos para el** ~ Haushaltsgeräte *ntpl;* **persona sin** ~ Obdachlose(r) *m* ③ *(familia)* Familie *f*
hogareño, -a [oɣa'reɲo, -a] *adj* häuslich
hogaza [o'ɣaθa] *f* Rundbrot *nt*
hoguera [o'ɣera] *f* ① *(en un campamento)* (Lager)feuer *nt; (de alegría)* Freudenfeuer *nt* ② (HIST: *ejecución*) Scheiterhaufen *m*
hoja ['oxa] *f* ① *(de una planta)* Blatt *nt; (pétalo)* (Blüten)blatt *nt;* **~s del bosque** Laub *nt;* **árbol sin ~s** kahler Baum; **los árboles vuelven a echar ~s** die Bäume fangen an zu sprießen ② *(de papel)* Blatt *nt* Papier; *(de madera)* Platte *f; (de metal)* Folie *f;* ~ **de lata** Blech *nt;* ~ **volante** Flugblatt *nt;* ~ **de una mesa (extensible)** ausziehbarer Teil eines Tisches; **pasar la** ~ umblättern; *(fig)* einen neuen Anfang machen ③ *(formulario)* Bogen *m;* (FERRO) Frachtschein *m;* ~ **de pedido** Bestellschein *m;* ~ **de servicios** Personalakte *f;* **tener una buena** ~ **de servicios** ein verdienter Arbeiter sein ④ *(cortante)* Klinge *f;* ~ **de afeitar** Rasierklinge *f;* ~ **de sierra** Sägeblatt *nt* ⑤ *(de ventana)* (Fenster)flügel *m; (de puerta)* (Tür)flügel *m* ⑥ *(loc)* **esto no tiene vuelta de** ~ daran gibt es nichts zu rütteln
hojalata [oxa'lata] *f* Blech *nt*
hojalatero [oxala'tero] *m* Klempner *m*
hojaldra [o'xal̩dra] *f (Am),* **hojaldre** [o'xal̩dre] *m* Blätterteig *m;* **pastel de** ~ Pastete *f*
hojarasca [oxa'raska] *f* ① *(hojas)* (dürres) Laub *nt* ② *(paja)* leeres Geschwätz *nt fam*
hojear [oxe'ar] *vt* ① *(leer)* überfliegen ② *(pasar hojas)* blättern
hojuela [o'xwela] *f* ① *(hoja)* einzelnes Blättchen *nt* ② (GASTR) dünne Waffel *f* ③ *(AmC: hojaldre)* Blätterteig *m*
hola ['ola] *interj* hallo!
holanda [o'lan̩da] *f* feiner Leinenstoff *m*
Holanda [o'lan̩da] *f* Holland *nt*
holandés, -esa [olan̩des, -esa] **I.** *adj* holländisch; **la escuela holandesa** (ARTE) die Niederländische Schule **II.** *m, f* Holländer(in) *m(f)*
holding ['xol̩diŋ] *m* <holdings> (COM) Holding(gesellschaft) *f;* **el** ~ **de empresas fiduciarias** die Treuhandanstalt
holgado, -a [ol'ɣaðo, -a] *adj* ① *(vestido)* weit ② *(espacioso)* geräumig; **en este coche se va** ~ dieses Auto hat innen viel Platz; **ir** ~ **de tiempo** genug Zeit haben
holganza [ol'ɣan̩θa] *f* ① *(ociosidad)* Untätigkeit *f; (agradable)* Ruhe(pause) *f* ② *(diversión)* Vergnügen *nt; (regocijo)* Belustigung *f*
holgar [ol'ɣar] *irr como colgar* **I.** *vi* ① *(sobrar)* überflüssig sein; **huelgan las palabras** das bedarf keiner Erklärung ② *(descansar)* Urlaub haben **II.** *vr:* **~se** ① *(alegrarse)* sich freuen (**de/con** über +*akk*) ② *(divertirse)* sich amüsieren (**de** über +*akk*)
holgazán, -ana [olɣa'θan, -ana] *m, f* Faulenzer(in) *m(f)*
holgazanear [olɣaθane'ar] *vi* faulenzen
holgazanería [olɣaθane'ria] *f* Faulenzerei *f*
holgón, -ona [ol'ɣon, -ona] **I.** *adj (fam)* stinkfaul; **es muy** ~ er faulenzt gern **II.** *m, f (fam)* Faulenzer(in) *m(f),* Faulpelz *m*
holgorio [ol'ɣorjo] *m* lärmendes Vergnügen *nt*
holgura [ol'ɣura] *f* ① *(de vestido)* Weite *f* ② (TÉC) Spiel *nt* ③ *(bienestar)* **vivir con** ~ in guten Verhältnissen leben
holladura [oʎa'ðura] *f* ① *(acción)* Betreten *nt* ② *(huella)* Fußabdruck *m*
hollar [o'ʎar] <o → ue> *vt* ① *(pisar)* betreten ② *(despreciar)* missachten
hollejo [o'ʎexo] *m* Schale *f*
hollín [o'ʎin] *m* Ruß *m*
holocausto [olo'kau̯sto] *m* ① *(genocidio)* Holocaust *m* ② (REL) Brandopfer *nt*
holografía [oloɣra'fia] *f* Holografie *f*
holográfico, -a [olo'ɣrafiko, -a] *adj* (FOTO) holografisch
hológrafo, -a [o'loɣrafo, -a] *adj* holografisch
holograma [olo'ɣrama] *m* Hologramm *nt*
hombrada [om'braða] *f* Heldentat *f*
hombre ['ombre] **I.** *m* ① *(varón)* Mann *m;* **el** ~ **de la calle** *(fig)* der Mann auf der Straße; ~ **de confianza** Vertrauensmann *m;* ~ **de estado** Staatsmann *m;* ~ **de negocios** Geschäftsmann *m;* ~ **de paja** *(fig)* Strohmann *m;* **el** ~ **del tiempo** der Moderator des Wetterberichtes; **el defensa fue al** ~ (DEP) der Verteidiger ging an den Mann; **¡está hecho un ~!** er ist schon ein gestandener Mann!; **hacer un** ~ **de alguien** aus jdm einen Mann machen; **se comportó como un** ~ er stand seinen Mann ② *(ser humano)* Mensch *m;* ~ **de las cavernas** Höhlenmensch *m;* ~ **del montón** Durchschnittsmensch *m;* **¡~ al agua!** Mann über Bord! ③ *(fam: marido)* Mann *m* **II.** *interj* Mann!, Mensch!; **¡~!, ¿qué tal?** na, wie geht's?; **¡cállate, ~!**

Mensch, sei still!; **pero, ¡~!** (mein lieber) Mann!; **¡sí, ~!** aber natürlich!

hombrecillo [ombreˈθiʎo] *m* Hopfen *m*

hombre lobo [ˈombre ˈloβo] *m* <hombres lobo> Werwolf *m*

hombrera [omˈbrera] *f* ① *(almohadilla)* Schulterpolster *nt* ② *(de uniforme)* Schulterklappe *f* ③ *(de armadura)* Vorderflug *m*

hombre rana [ˈombre ˈrrana] *m* <hombres rana> Taucher *m*

hombría [omˈbria] *f* Männlichkeit *f;* **un acto de ~** eine Heldentat

hombro [ˈombro] *m* ① (ANAT) Schulter *f;* **ancho de ~s** breitschult(e)rig; **cargado de ~s** bucklig; **echarse al ~** *(fig)* sich ins Zeug legen; **encogerse de ~s** die Achseln zucken; **llevar algo a ~s** etw auf dem Rücken tragen; **mirar a alguien por encima del ~** auf jdn herabsehen ② (TIPO) Fleisch *nt*

hombruno, -a [omˈbruno, -a] *adj* männlich (wirkend); **mujer hombruna** Mannweib *nt*

homenaje [omeˈnaxe] *m* ① *(el honrar)* Ehrung *f;* **hacer una fiesta en ~ de alguien** jdm zu Ehren ein Fest veranstalten; **rendir ~ a alguien** jdn ehren ② (HIST) Huldigung *f*

homenajear [omenaxeˈar] *vt* ehren

homeópata [omeˈopata] *mf* Homöopath(in) *m(f)*

homeopatía [omeopaˈtia] *f sin pl* Homöopathie *f*

homeopático, -a [omeoˈpatiko, -a] *adj* homöopathisch

homicida [omiˈθiða] **I.** *adj* Mord- **II.** *mf* *(cuando está planeado)* Mörder(in) *m(f); (cuando no lo está)* Totschläger(in) *m(f);* (JUR) Täter(in) *m(f)*

homicidio [omiˈθiðjo] *m* Tötung *f; (planeado)* Mord *m; (no planeado)* Totschlag *m;* **brigada de ~s** Mordkommission *f*

homínido [oˈminiðo] *m* (BIOL) Hominide *m*

homo [ˈomo] *adj (fam)* homo(sexuell)

homofobia [omofoˈβja] *f* Homophobie *f*

homofonía [omofoˈnia] *f* ① (LING) Gleichklang *m* ② (MÚS) Homofonie *f*

homogeneidad [omoxenei̯ˈða^{d}] *f sin pl* Homogenität *f*

homogeneización [omoxenei̯θaˈθjon] *f* Homogenisierung *f*

homogeneizado, -a [omoxenei̯ˈθaðo, -a] *adj* homogenisiert

homogeneizar [omoxenei̯ˈθar] <z → c> *vt* ① (QUÍM) homogenisieren ② *(uniformar)* homogen machen, homogenisieren *geh*

homogéneo, -a [omoˈxeneo, -a] *adj* homogen, einheitlich

homógrafo[1] [oˈmoɣrafo] *m* Homograf *nt*

homógrafo, -a[2] [oˈmoɣrafo, -a] *adj* homograf

homologable [omoloˈɣaβle] *adj* gültig; **el récord no es ~** der Rekord kann nicht anerkannt werden

homologación [omoloɣaˈθjon] *f* ① *(de una escuela)* amtliche Genehmigung *f* ② (DEP: *de un récord*) Anerkennung *f; (de un circuito)* Homologation *f* ③ (TÉC: *de un casco*) Typenprüfung *f* ④ (JUR: *de un arreglo*) gerichtliche Genehmigung *f; (de un convenio)* verbindliche Erklärung *f*

homologar [omoloˈɣar] <g → gu> **I.** *vt* ① *(escuela)* amtlich genehmigen ② (DEP: *récord*) anerkennen; *(circuito)* homologieren ③ (TÉC) **casco homologado** TÜV-geprüfter Helm ④ (JUR: *arreglo*) gerichtlich genehmigen; *(convenio)* für verbindlich erklären **II.** *vr:* **~se** sich angleichen

homólogo, -a [oˈmoloɣo, -a] **I.** *adj* ① *(análogo)* ähnlich ② (BIOL) homolog **II.** *m, f* Amtskollege, -in *m, f*

homomaternal [omomaterˈnal] *adj* (SOCIOL: *con dos madres*) Regenbogen- **familia ~** Regenbogenfamilie *f* [mit zwei Müttern]

homonimia [omoˈnimja] *f* (LING) Homonymie *f*

homónimo[1] [oˈmonimo] *m* Homonym *nt*

homónimo, -a[2] [oˈmonimo, -a] **I.** *adj* homonym **II.** *m, f* Namensvetter(in) *m(f)*

homoparental [omoparen̪ˈtal] *adj* (SOCIOL: *con dos padres*) Regenbogen- **familia ~** Regenbogenfamilie *f* [mit zwei Vätern]

homosexual [omose^{y}ˈswal] **I.** *adj* homosexuell **II.** *mf* Homosexuelle(r) *mf*

homosexualidad [omose^{y}swaliˈða^{d}] *f sin pl* Homosexualität *f*

honda [ˈon̪da] *f* Schleuder *f*

hondamente [on̪daˈmen̪te] *adv* äußerst, überaus

hondo[1] [ˈon̪do] *m* Boden *m*

hondo, -a[2] [ˈon̪do, -a] *adj* tief; **en lo ~ del valle** unten im Tal; **respirar ~** tief einatmen

hondonada [on̪doˈnaða] *f* (GEO) Mulde *f*

hondura [on̪ˈdura] *f* Tiefe *f;* **meterse en ~s** klug daherreden

Honduras [on̪ˈduras] *f* Honduras *nt*

hondureño, -a [on̪duˈreɲo, -a] **I.** *adj* honduranisch **II.** *m, f* Honduraner(in) *m(f)*

honestidad [onestiˈða^{d}] *f sin pl* ① *(honradez)* Ehrlichkeit *f* ② *(formalidad)* Pflichtbewusstsein *nt* ③ *(decencia)* Anständigkeit *f* ④ *(decoro)* Ehrbarkeit *f; (en sentido moral)* Sittsamkeit *f*

honesto, -a [oˈnesto, -a] *adj* ① *(honrado)* ehrlich ② *(cumplidor)* pflichtbewusst ③ *(decente)* anständig ④ *(decoroso)* ehrbar; *(en sentido moral)* sittsam

hongo ['oŋgo] *m* ❶ (BOT) Pilz *m;* **solo como un ~** ganz allein ❷ *(sombrero)* Melone *f*

honor [o'nor] *m* Ehre *f;* **cuestión de ~** Ehrensache *f;* **¡palabra de ~!** Ehrenwort!; **¡por mi ~!** bei meiner Ehre!; **hacer ~ a su fama** seinem Ruf gerecht werden; **es para mí un gran ~** es ist mir eine große Ehre; **hacer los ~es** die Gäste begrüßen; **hacer ~ a las obligaciones** den Verpflichtungen nachkommen

honorabilidad [onoraβili'ðaᵈ] *f* Ehrbarkeit *f*

honorable [ono'raβle] *adj* ehrbar

honorar [ono'rar] *vt* ehren, preisen

honorario[1] [ono'rarjo] *m* Honorar *nt*

honorario, -a[2] [ono'rarjo, -a] *adj* Ehren-; **cónsul ~** Honorarkonsul *m*

honorífico, -a [ono'rifiko, -a] *adj* Ehren-

honra ['onrra] *f* ❶ *(honor)* Ehre *f* ❷ *(pundonor)* Ehrgefühl *nt* ❸ *(reputación)* Ruf *m* ❹ (REL) **~s fúnebres** Trauerfeier *f*

honradez [onrra'ðeθ] *f* ❶ *(integridad)* Ehrlichkeit *f* ❷ *(valor moral)* Ehrenhaftigkeit *f;* *(decencia)* Anständigkeit *f;* **falta de ~** Unredlichkeit *f*

honrado, -a [on'rraðo, -a] *adj* *(íntegro)* ehrlich; *(moral)* ehrenhaft; *(decente)* anständig; **llevar una vida honrada** ein redliches Leben führen

honrar [on'rrar] **I.** *vt* ehren; **nos honra con su presencia** Sie beehren uns mit Ihrer Gegenwart **II.** *vr* **~se con** [*o* **de**] **algo** etw als eine Ehre ansehen

honroso, -a [on'rroso, -a] *adj* ehrenvoll

hontanar [on̩ta'nar] *m* Quelle *f*

hopo ['opo] *m* ❶ *(rabo)* buschiger Schwanz *m;* *(de zorro)* Lunte *f* ❷ *(mechón)* Haarbüschel *nt*

hora ['ora] *f* ❶ *(de un día)* Stunde *f;* **media ~** eine halbe Stunde; **un cuarto de ~** eine Viertelstunde; **una ~ y media** anderthalb Stunden; **~ de consulta** Sprechstunde *f;* **~s extraordinarias** Überstunden *fpl;* **~s de visita** Besuchszeiten *fpl;* **~ feliz** Happy Hour; **~s punta** Hauptverkehrszeit *f;* **noticias de última ~** letzte Nachrichten; **a la ~** pünktlich; **a primera ~ de la tarde** am frühen Nachmittag; **a última ~ de la tarde** am späten Nachmittag; **a última ~** in letzter Sekunde; **el pueblo está a dos ~s de camino** das Dorf ist zwei Wegstunden entfernt; **estuve esperando ~s y ~s** ich wartete stundenlang ❷ *(del reloj)* Uhrzeit *f;* **¿qué ~ es?** wie viel Uhr ist es?; **¿a qué ~ vendrás?** um wie viel Uhr kommst du?; **adelantar la ~** die Uhr vorstellen; **retrasar la ~** die Uhr zurückstellen; **el dentista me ha dado ~ para el martes** ich habe am Dienstag einen Termin beim Zahnarzt; **poner el reloj en ~** die Uhr stellen ❸ *(tiempo)* Zeit *f;* **a la ~ de la verdad...** wenn es ernst wird ...; **comer entre ~s** zwischendurch essen; **estar en ~s bajas** eine schwache Stunde haben; **no lo dejes para última ~** schieb es nicht bis zum letzten Augenblick auf; **tener ~s de vuelo** sehr erfahren sein; **ven a cualquier ~** du kannst jederzeit kommen; **ya va siendo ~ que...** +*subj* es wird höchste Zeit, dass ... ❹ (REL) Gebetsstunde *f* ❺ *pl* *(mitología)* **las ~s** die Horen

horadar [ora'ðar] *vt* durchbohren

horario[1] ['orarjo] *m* ❶ *(escolar)* Stundenplan *m;* *(de medio de trasporte)* Fahrplan *m;* *(de despacho)* Geschäftszeiten *fpl;* *(de consulta)* Sprechzeiten *fpl;* **~ de atención al público** Öffnungszeiten *fpl;* **~ comercial** (Laden)öffnungszeiten *fpl;* **~ de recogida** *(correos, basura)* Leerungszeiten *f;* **~ flexible** gleitende Arbeitszeit; **~ de oficina** Dienststunden *fpl;* **¿qué ~ hacen?** wann haben Sie geöffnet? ❷ *(manecilla)* Stundenzeiger *m*

horario, -a[2] ['orarjo, -a] *adj* Stunden-

horca ['orka] *f* ❶ *(para colgar)* Galgen *m* ❷ *(bieldo)* Heugabel *f* ❸ *(horquilla)* Gabelstütze *f*

horcajadas [orka'xaðas] **a ~** rittlings

horchata [or'ʧata] *f* Erdmandelmilch *f*

horchatero, -a [orʧa'tero, -a] *m, f* ❶ *(elaborador)* Zubereiter(in) *m(f)* von „horchatas" ❷ *(vendedor)* Verkäufer(in) *m(f)* von „horchatas"

horda ['orða] *f* ❶ *(de salvajes)* Horde *f* ❷ *(banda)* Bande *f*

horizontal [oriθon̩'tal] **I.** *adj* waag(e)recht **II.** *f* Horizontale *f*

horizontalidad [oriθon̩tali'ðaᵈ] *f* *sin pl* waag(e)rechte Lage *f*

horizonte [ori'θon̩te] *m* Horizont *m*

horma ['orma] *f* ❶ (TÉC: *molde*) Form *f* ❷ *(muelle)* Schuhspanner *m;* **~ de zapatos** Schuhleisten *m;* **encontrar la ~ de su zapato** *(fam: cosa)* genau das finden, was man sucht; *(persona)* den Mann/die Frau seines Lebens finden

hormiga [or'miɣa] *f* Ameise *f;* **~ blanca** Termite *f;* **ser una ~** *(fig)* emsig arbeiten

hormigón [ormi'ɣon] *m* Beton *m;* **~ armado** Stahlbeton *m*

hormigonera [ormiɣo'nera] *f* Betonmischmaschine *f*

hormigueante [ormiɣe'an̩te] *adj* kribbelnd

hormiguear [ormiɣe'ar] *vi* ❶ *(picar)* kribbeln ❷ *(gente)* wimmeln (**de** von +*dat*)

H

hormigueo [ormi'ɣeo] *m* ① *(picor)* Kribbeln *nt;* **tengo un ~ en la espalda** mein Rücken kribbelt ② *(multitud)* Gewimmel *nt*

hormiguero[1] [ormi'ɣero] *m* ① *(de hormigas)* Ameisenhaufen *m* ② *(de gente)* Gewimmel *nt;* **la plaza era un ~ de gente** auf dem Platz wimmelte es von Menschen

hormiguero, -a[2] [ormi'ɣero, -a] *adj* Ameisen-

hormona [or'mona] *f* Hormon *nt*

hormonal [ormo'nal] *adj* hormonal, hormonell

hormonar [ormo'nar] *vt* mit Hormonen behandeln

hornacho [or'naʧo] *m* (MIN) Grube *f*

hornachuela [orna'ʧwela] *f* Hütte *f,* Schuppen *m*

hornacina [orna'θina] *f* (ARQUIT) Nische *f*

hornada [or'naða] *f* Schub *m (aus dem Backofen);* **una ~ de médicos** *(fam)* ein Schub frischgebackener Ärzte

hornalla [or'naʎa] *f* *(Am)* ① *(parrilla)* Rost *m* ② *(del fogón)* Aschenschieber *m* ③ *(horno)* Ofen *m*

hornear [orne'ar] *vt* backen

hornero, -a [or'nero, -a] *m, f* Bäcker(in) *m(f)*

hornillo [or'niʎo] *m (cocina)* Herd *m; (de una cocina)* Kochplatte *f;* **~ de gas** Gaskocher *m;* **~ portátil** (Camping)kocher *m*

horno ['orno] *m* ① *(cocina)* Backofen *m;* **~ microondas** Mikrowelle *f;* **recién salido del ~** frisch gebacken; **asar al ~** grillen; **no está el ~ para bollos** jetzt ist nicht der richtige Augenblick zum Spaßen ② (TÉC) Ofen *m;* **~ crematorio** Verbrennungsofen *m;* **alto ~** Hochofen *m*

horóscopo [o'roskopo] *m* Horoskop *nt*

horqueta [or'keta] *f* ① *(horca)* Gabel *f* ② *(horquilla)* Gabelstütze *f* ③ *(de un árbol)* Astgabel *f*

horquilla [or'kiʎa] *f* ① *(del pelo)* Haarnadel *f* ② *(de bicicleta)* Gabel *f* ③ *(de árboles)* Gabelstütze *f* ④ *(espacio entre dos magnitudes)* Bandbreite *f*

horrendo, -a [o'rrendo, -a] *adj v.* **horroroso**

hórreo ['orreo] *m* Getreidespeicher *m*

horrero, -a [o'rrero, -a] *m, f* (AGR) Verwalter(in) *m(f)* eines Getreidespeichers

horrible [o'rriβle] *adj* ① *(horroroso)* schrecklich; **un crimen ~** eine Gräueltat; **una historia ~** eine Schauergeschichte ② *(muy feo)* äußerst hässlich

hórrido, -a ['orriðo, -a] *adj (elev)* entsetzlich, abscheulich

horripilante [orripi'lante] *adj* haarsträubend

horripilar [orripi'lar] **I.** *vt* ① *(erizar)* die Haare sträuben *+dat;* **estas historias me horripilan** bei diesen Geschichten sträuben sich mir die Haare ② *(horrorizar)* entsetzen **II.** *vr:* **~se** entsetzt sein

horro, -a ['orro, -a] *adj* ① *(esclavo)* freigelassen ② *(exento)* befreit (**de** von *+dat*) ③ *(carente)* **~ de experiencia** unerfahren; **~ de fortuna** unvermögend

horror [o'rror] *m* ① *(miedo)* Entsetzen *nt;* **¡qué ~!** wie entsetzlich!; **siento ~ a la oscuridad** ich habe panische Angst vor der Dunkelheit ② *(aversión)* Horror *m* (**a** vor *+dat*); **el diseño moderno me parece un ~** mir ist das moderne Design ein Gräuel; **me da ~ verte con esta corbata** ich finde deine Krawatte entsetzlich ③ *pl (actos)* Gräuel *mpl;* **los ~es de la guerra** die Gräuel des Krieges ④ *(mucho)* **gana un ~ de dinero** er/sie verdient ein Heidengeld; **hoy hace un ~ de frío** heute ist es schrecklich kalt

horrorizar [orrori'θar] <z → c> **I.** *vt* mit Entsetzen erfüllen; **me horrorizó ver el accidente** der Anblick des Unfalls hat mich entsetzt **II.** *vr:* **~se** entsetzt sein (**de** über *+akk*), (er)schaudern (**de** vor *+dat*)

horroroso, -a [orro'roso, -a] *adj* entsetzlich, schrecklich; **una escena horrorosa** ein Grauen erregender Anblick; **su última novela es horrorosa** sein/ihr letzter Roman ist furchtbar schlecht

hortaliza [orta'liθa] *f* Gemüse *nt;* **la lechuga es una ~** der Kopfsalat zählt zu den Gemüsepflanzen

hortelano, -a [orte'lano, -a] *m, f* Gemüsegärtner(in) *m(f);* **~ aficionado** Kleingärtner *m*

hortense [or'tense] *adj* Garten-, Gärtnerei-; **los productos ~s son ricos en fibras** Obst- und Gemüseprodukte sind reich an Faserstoffen

hortensia [or'tensja] *f* Hortensie *f*

hortera[1] [or'tera] **I.** *adj* geschmacklos **II.** *m (argot)* Bauer *m*

hortera[2] [or'tera] *f* hölzerner Napf *m*

horterada [orte'raða] *f (argot)* Geschmacklosigkeit *f;* **este vestido es una ~** dieses Kleid ist völlig geschmacklos; **esta película es una ~** dieser Film ist kitschig

hortícola [or'tikola] *adj* Gartenbau-; **producto ~** Gartenerzeugnis *nt*

horticultor(a) [ortikul'tor(a)] *m(f)* Gemüsegärtner(in) *m(f)*

horticultura [ortikul'tura] *f sin pl* Gartenbau *m*

hortofrutícola [ortofru'tikola] *adj* Gartenbau-

hortofruticultura [ortofrutikuḷ'tura] *f sin pl* Obst- und Gartenbau *m*

hosco, -a ['osko, -a] *adj* ① *(persona)* mürrisch ② *(de piel)* dunkelbraun ③ *(ambiente)* düster

hospedaje [ospe'ðaxe] *m* ① *(acción)* Beherbergung *f* ② *(situación)* Unterkunft *f*; **dar ~ a alguien** jdn beherbergen ③ *(coste)* Pension *f* ④ *(casa)* Gasthaus *nt*

hospedante [ospe'ðaṇte] *adj* ① *(que hospeda)* beherbergend, Bewirtungs- ② (BIOL) Wirts-

hospedar [ospe'ðar] **I.** *vt* beherbergen **II.** *vr:* **~se** ① *(en una pensión)* unterkommen (**en** bei/in +*dat*) ② *(pernoctar)* übernachten (**en** in +*dat*)

hospedería [ospeðe'ria] *f* ① *(fonda)* Gasthaus *nt* ② *(en convento)* Gästezimmer *nt*

hospedero, -a [ospe'ðero, -a] *m, f* (Gast)wirt(in) *m(f)*

hospicio [os'piθjo] *m* ① *(para niños)* Waisenhaus *nt* ② *(para pobres)* Armenhaus *nt* ③ *(en un monasterio)* Hospiz *nt*

hospital [ospi'tal] *m* Krankenhaus *nt*; **~ militar** Lazarett *nt*

hospitalario, -a [ospita'larjo, -a] *adj* ① *(acogedor)* gastfreundlich ② *(de hospital)* Krankenhaus-

hospitalicio, -a [ospita'liθjo, -a] *adj* gastfreundlich

hospitalidad [ospitali'ða^{ð}] *f sin pl* Gastfreundschaft *f*

hospitalización [ospitaliθa'θjon] *f* ① *(envío)* Krankenhauseinweisung *f* ② *(estancia)* Krankenhausaufenthalt *m*

hospitalizar [ospitali'θar] <z → c> *vt* in ein Krankenhaus einweisen; **ayer ~on a mi madre** meine Mutter wurde gestern ins Krankenhaus eingeliefert; **estoy hospitalizado desde el domingo** seit Sonntag liege ich im Krankenhaus

hosquedad [oske'ða^{ð}] *f* ① *(de una persona)* mürrischer Charakter *m* ② *(de un lugar)* Düsterheit *f*

hostal [os'tal] *m* Gasthaus *nt*

hostelería [ostele'ria] *f* Hotel- und Gaststättengewerbe *nt*; **escuela superior de ~** Hotelfachschule *f*

hostelero, -a [oste'lero, -a] **I.** *adj* Gaststätten- **II.** *m, f* Gastwirt(in) *m(f)*

hostería [oste'ria] *f* Gasthaus *nt*

hostia ['ostja] **I.** *f* ① (REL) Hostie *f*; *(sin consagrar)* Oblate *f*; **¡me cago en la ~!** *(vulg)* verdammt noch mal! *fam* ② *(vulg: bofetada)* Ohrfeige *f*; *(golpe)* Schlag *m*; **darse una ~** sich *dat* anschlagen; **¡este examen es la ~!** diese Prüfung ist der reinste Hammer! *fam*; **hace un tiempo de la ~** *(malo)* das Wetter ist heute beschissen; *(bueno)* das Wetter ist heute prima *fam*; **iba a toda ~** er/sie hatte einen Affenzahn drauf *fam* **II.** *interj (vulg)* Sakrament (noch mal)! *fam*

hostiar [os'tjar] *vt (vulg: bofetada)* eine Ohrfeige versetzen (**a** +*dat*); *(golpe)* einen Schlag versetzen (**a** +*dat*)

hostigador(a) [ostiɣa'ðor(a)] *adj* lästig

hostigamiento [ostiɣa'mjeṇto] *m* ① *(fustigación)* Auspeitschen *nt* ② *(molestia)* Belästigung *f* ③ *(apremio)* Druck *m*

hostigar [osti'ɣar] <g → gu> *vt* ① *(fustigar)* auspeitschen ② *(molestar)* belästigen; *(con observaciones)* necken ③ *(incitar)* bedrängen ④ (MIL) unaufhörlich angreifen ⑤ *(Col: fastidiar)* lästig fallen +*dat*

hostigo [os'tiɣo] *m* ① *(golpe de látigo)* Hieb *m*; *(de palo)* Schlag *m* ② *(parte de pared o muro)* Wetterseite *f* ③ *(golpe de viento o lluvia)* Witterungseinfluss *m*, ständige Einwirkung *f* von Wind und Regen

hostigoso, -a [osti'ɣoso, -a] *adj (Chil, Guat, Perú)* lästig, aufdringlich

hostil [os'til] *adj* feindselig; **le hicieron un recibimiento ~** er/sie wurde unfreundlich empfangen

hostilidad [ostili'ða^{ð}] *f* Feindseligkeit *f*; *(más aguda)* Feindschaft *f*

hostilizar [ostili'θar] <z → c> *vt* ① *(hostigar)* anfeinden ② (MIL) unaufhörlich angreifen

hostión [os'tjon] *m (vulg)* heftiger Schlag *m*

hotel [o'tel] *m* ① *(establecimiento)* Hotel *nt*; **~ residencia** Aparthotel *nt* ② *(casa)* (Einzel)haus *nt*; *(mansión)* Villa *f*

hotelero, -a [ote'lero, -a] **I.** *adj* Hotel-; **industria hotelera** Hotelgewerbe *nt* **II.** *m, f* Hotelbesitzer(in) *m(f)*, Hotelier *m*

hovercraft [oβer'kraf] *m* <hovercrafts> Luftkissenfahrzeug *nt*

hoy [oi̯] *adv* heute; **~ (en) día** heutzutage; **de ~ a mañana** von heute auf morgen; **de ~ en adelante** ab heute; **los niños de ~ (en día)** die Kinder von heute; **llegará de ~ a mañana** er/sie kann jeden Tag kommen

hoya ['oɟa] *f* ① *(hoyo)* Grube *f* ② *(sepultura)* Grab *nt* ③ (GEO: *hondonada*) Mulde *f*

hoyo ['oɟo] *m* ① *(concavidad)* Grube *f* ② *(agujero)* Loch *nt* ③ *(sepultura)* Grab *nt*

hoyuelo [o'ɟwelo] *m* ① *(en la barba)* (Kinn)grübchen *nt* ② *(en la mejilla)* (Wangen)grübchen *nt*

hoz [oθ] *f* ① (AGR) Sichel *f* ② (GEO: *desfiladero*) Engpass *m*; *(garganta)* Schlucht *f*

hozar [o'θar] <z → c> **I.** *vi* wühlen **II.** *vt* aufwühlen

H

huachafoso, -a [watʃa'foso, -a] *adj (Perú)* kitschig, affig
huaico ['wai̯ko] *m (Perú)* Schlammlawine *f*
huarmi ['warmi] *f (AmS)* ① *(mujer muy trabajadora)* fleißige Frau *f* ② *(ama de casa)* Hausfrau *f*
huasca ['waska] *f (Am: látigo)* Peitsche *f*
huaso, -a ['waso, -a] **I.** *adj (AmS: campesino)* bäuerisch **II.** *m, f (AmS: campesino)* Bauer, Bäuerin *m, f*
hubo ['uβo] *3. pret de* **haber**
hucha ['utʃa] *f* ① *(alcancía)* Sparbüchse *f* ② *(ahorros)* Ersparnisse *f pl*
hueco[1] ['weko] *m* ① *(agujero)* Loch *nt;* ~ **del ascensor** Aufzug(s)schacht *m;* ~ **de la mano** hohle Hand; ~ **de la ventana** Fensteröffnung *f* ② *(lugar)* Sitzplatz *m;* **hazme un** ~ mach mir etwas Platz ③ *(vacío)* Lücke *f;* **hazme un ~ para mañana** nimm dir morgen ein bisschen Zeit für mich
hueco, -a[2] ['weko, -a] *adj* ① *(ahuecado)* hohl; *(vacío)* leer ② *(sonido)* hohl ③ *(tierra)* locker ④ *(palabras)* leer ⑤ *(persona)* eitel; **ponerse** ~ sich wichtigtun; **tener la cabeza hueca** *(pey)* ein Hohlkopf sein ⑥ *(estilo)* schwülstig
huelga ['welɣa] *f* Streik *m;* ~ **de advertencia** Warnstreik *m;* ~ **de brazos caídos** Sitzstreik *m;* ~ **general** Generalstreik *m;* ~ **de hambre** Hungerstreik *m;* **convocar una** ~ einen Streik ausrufen; **declararse en** ~ in (den) Streik treten; **hacer** ~ streiken; **en esta fábrica estamos en** ~ in dieser Fabrik wird gestreikt
huelgo ['welɣo] *m* ① *(aliento)* Atem *m* ② *(holgura)* Weite *f* ③ (TÉC) Spiel *nt*
huelguista [wel'ɣista] *mf* Streikende(r) *mf*
huelguístico, -a [wel'ɣistiko, -a] *adj* Streik-
huella *f (rastro)* ~ **digital** (INFOR) digitale Spur
huella ['weʎa] *f* ① *(señal)* Abdruck *m;* ~ **de un animal** Fährte *f;* ~ **dactilar** Fingerabdruck *m* ② *(vestigio)* Spur *f;* **seguir las ~s de alguien** in jds Fußstapfen treten
huelveño, -a [wel'βeɲo, -a] **I.** *adj* aus Huelva **II.** *m, f* Einwohner(in) *m(f)* von Huelva
huérfano, -a ['werfano, -a] **I.** *adj* Waisen-; ~ **de padre** vaterlos; **quedarse** ~ verwaisen; **la ciudad se queda huérfana en invierno** die Stadt ist im Winter menschenleer **II.** *m, f* Waisenkind *nt;* ~ **de padre y madre** Vollwaise *f*
huero, -a ['wero, -a] *adj* **discurso** ~ inhaltslose Rede; **huevo** ~ Windei *nt;* **la cosa ha salido huera** die Sache ist schiefgegangen
huerta ['werta] *f* Huerta *f*
huerto ['werto] *m* Gemüsegarten *m;* ~ **familiar** Kleingarten *m;* **llevar a alguien al** ~ *(fam)* jdn rumkriegen
huesa ['wesa] *f* Grab *nt*
hueso ['weso] *m* ① (ANAT) Knochen *m;* ~ **nasal** Nasenbein *nt;* **carne sin** ~ knochenloses Fleisch; **dio con sus ~s en la cárcel** er/sie landete im Gefängnis; **dar en** ~ *(fam)* auf Schwierigkeiten stoßen; **está pirrada por sus ~s** *(fam)* sie hat sich in ihn verknallt; **este profesor es un** ~ bei diesem Professor kommt fast keiner durch; **no puede con sus ~s** *(fam)* er/sie kann sich kaum noch auf den Beinen halten; **te voy a romper los ~s** ich werde dir alle Knochen brechen ② (BOT) (Obst)kern *m* ③ *(faena)* schweres Stück *nt* Arbeit; **un ~ duro de roer** eine harte Nuss ④ *(Am: trabajo)* bequemer Posten *m*
huésped[1] ['wespeᵈ] *m* (BIOL) Wirt *m*
huésped(a)[2] ['wespeᵈ, -eða] *m(f)* *(invitado)* Gast *m*
hueste ['weste] *f* ① (HIST: *ejército*) Heerschar *f* ② *(de un partido)* Anhängerschaft *f*
huesudo, -a [we'suðo, -a] *adj* ① *(persona)* knochig ② *(carne)* mit vielen Knochen
hueva ['weβa] *f* Fischei *nt,* (Fisch)rogen *m*
huevada [we'βaða] *f (AmS: fam: estupidez)* Dummheit *f*
huevear [weβe'ar] *vi (fam)* ① *(hacer tonterías)* Dummheiten machen ② *(perder el tiempo)* rumhängen
huevera [we'βera] *f* Eierbecher *m*
huevería [weβe'ria] *f* Eierhandlung *f*
huevero[1] [we'βero] *m* Eierbecher *m*
huevero, -a[2] [we'βero, -a] *m, f* Eierhändler(in) *m(f)*
huevo ['weβo] *m* ① (BIOL) Ei *nt;* ~ **duro** hart gekochtes Ei; **~s fritos** Spiegeleier *nt pl;* **~s revueltos** Rührei *nt;* ~ **pasado por agua** weich gekochtes Ei; **~s revueltos** Rühreier *nt pl;* **clara de** ~ Eiweiß *nt;* **poner un** ~ ein Ei legen ② *(para zurcir)* Stopfei *nt* ③ *(vulg: testículo)* Ei *nt fam;* **¡estoy hasta los ~s!** ich habe die Nase voll! *fam;* **me importa un** ~ das ist mir scheißegal; **¡tiene ~s la cosa!** das ist ja wohl der Hammer! *fam;* **me costó un** ~ *(de dinero)* das hat mich eine schöne Stange Geld gekostet *fam; (de dificultades)* das hat mich viel Mühe gekostet
huevonear [weβone'ar] *vi (Méx: vulg)* auf der faulen Haut liegen *fam*
huevudo, -a [we'βuðo, -a] *adj (vulg)* super *fam,* toll *fam*

huida [u'iða] *f* Flucht *f;* ~ **del lugar del accidente** Fahrerflucht *f;* **no hay ~ posible** es gibt kein Entkommen
huidero[1] [ui'ðero] *m* Unterschlupf *m* des Wildes
huidero, -a[2] [ui'ðero, -a] *adj* scheu
huidizo, -a [ui'ðiθo, -a] *adj* flüchtig, scheu
huido, -a [u'iðo, -a] *m, f* Flüchtige(r) *mf*
huir [u'ir] *irr* **I.** *vi* ① *(escapar)* fliehen (**de** vor +*dat*); ~ **de casa** von zu Hause weglaufen; **el tiempo huye** die Zeit vergeht wie im Fluge; **pudieron ~ de sus perseguidores** sie konnten ihren Verfolgern entkommen ② *(marcharse en coche)* davonfahren; *(a pie)* davoneilen **II.** *vt* *(cosa)* vermeiden; *(persona)* meiden (**de** +*akk*)
huiro ['wiro] *m (AmS: alga)* Alge *f*
hule ['ule] *m* ① *(para la mesa)* Wachstuch *nt;* **pon el ~ en la mesa** leg die Wachstischdecke auf ② *(tela)* Ölleinwand *f* ③ *(Am: caucho)* Kautschuk *m*
hulla ['uʎa] *f* Steinkohle *f*
humanamente [umana'meṇte] *adv* menschlich; **hacer todo lo ~ posible** alles Menschenmögliche tun
humanidad [umani'ðaᵈ] *f* ① *(género humano)* Menschheit *f;* **un crimen contra la ~** ein Verbrechen gegen die Menschlichkeit ② *(naturaleza, caridad humana)* Menschlichkeit *f* ③ *(fam: corpulencia)* Korpulenz *f* ④ *pl (letras)* Geisteswissenschaften *fpl*
humanismo [uma'nismo] *m sin pl* Humanismus *m*
humanista [uma'nista] *mf* Humanist(in) *m(f)*
humanístico, -a [uma'nistiko, -a] *adj* humanistisch
humanitario, -a [umani'tarjo, -a] *adj* humanitär; **organización humanitaria** Hilfsorganisation *f*
humanitarismo [umanita'rismo] *m sin pl* Humanitarismus *m*
humanización [umaniθa'θjon] *f sin pl* ① *(dignificación)* Humanisierung *f* ② (ARTE) Vermenschlichung *f*
humanizador(a) [umaniθa'ðor(a)] *adj* humanisierend
humanizar [umani'θar] <z → c> **I.** *vt* ① *(dignificar)* humanisieren ② (ARTE) vermenschlichen **II.** *vr:* **~se** menschlicher werden
humano, -a [u'mano, -a] *adj* ① *(del hombre)* Menschen-; **naturaleza humana** menschliche Natur; **ser ~** Mensch *m* ② *(condiciones)* menschlich
humanoide [uma'noi̯ðe] *m* menschenähnliches Wesen *nt*
humareda [uma'reða] *f* Rauchwolke *f*
humazo [u'maθo] *m* dichter Rauch *m*
humear [ume'ar] **I.** *vi* ① *(humo)* rauchen ② *(vapor)* dampfen ③ *(enemistad)* weiterbestehen ④ *(engreírse)* prahlen **II.** *vr:* **~se** rauchen
humectador [umekta'ðor] *m* Luftbefeuchter *m*
humectante [umek'taṇte] *adj* befeuchtend
humedad [ume'ðaᵈ] *f* Feuchtigkeit *f*
humedal [ume'ðal] *m* Feuchtgebiet *nt*
humedecer [umeðe'θer] *vt irr como crecer* befeuchten
húmedo, -a ['umeðo, -a] *adj* feucht; (GEO) humid
humero [u'mero] *m* Fuchs *m*
húmero ['umero] *m* (ANAT) Oberarmknochen *m*
humidificación [umiðifika'θjon] *f* Befeuchtung *f*
humidificador [umiðifika'ðor] *m* Luftbefeuchter *m*
humidificar [umiðifi'kar] <c → qu> *vt* befeuchten
humildad [umil̦'daᵈ] *f* ① *(modestia)* Bescheidenheit *f* ② *(religiosa)* Demut *f* ③ *(social)* Armut *f*
humilde [u'mil̦de] *adj* ① *(modesto)* bescheiden; **un ~ trabajador** ein einfacher Arbeiter ② *(en sentido religioso)* demütig ③ *(condición social)* einfach; **ser de orígenes ~s** aus bescheidenen Verhältnissen stammen
humillación [umiʎa'θjon] *f* ① *(degradación)* Demütigung *f* ② *(vergüenza)* Beschämung *f*
humillar [umi'ʎar] **I.** *vt* ① *(degradar)* demütigen ② *(avergonzar)* beschämen **II.** *vr:* **~se** sich demütigen (**a/ante** vor +*dat*)
humo ['umo] *m* ① *(de chimenea)* Rauch *m;* **señal de ~** Rauchsignal *nt;* **en ese bar siempre hay ~** diese Kneipe ist immer völlig verqualmt; **la chimenea echa ~** der Schornstein raucht; **tragar el ~ al fumar** auf Lunge rauchen ② *(vapor)* Dampf *m* ③ *(al cocinar)* Dunst *m* ④ *pl (vanidad)* Einbildung *f;* **bajarle los ~s a alguien** jdm einen Dämpfer versetzen; **subírsele los ~s a la cabeza** hochnäsig werden; **tener muchos ~s** sehr eingebildet sein
humor [u'mor] *m* ① *(cualidad)* Humor *m;* **¡pero no tienes sentido del ~ o qué!** Mensch, du verstehst wohl keinen Spaß! ② *(humorismo)* Humor *m* ③ *(ánimo)* Laune *f;* **estar de buen/mal ~** gut/schlecht gelaunt sein; **no estoy de ~ para bailar** ich bin nicht zum Tanzen aufgelegt ④ (MED: *líquido*) Körpersaft *m*

H

humorada [umo'raða] *f* ① *(capricho)* Laune *f* ② *(dicho)* witziger Einfall *m;* **dejémonos de ~s** lassen wir die Witze

humorado, -a [umo'raðo, -a] *adj* **bien/mal ~** *(por un momento)* gut gelaunt/schlecht gelaunt; *(carácter)* humorvoll/humorlos

humorismo [umo'rismo] *m sin pl* Humor *m*

humorista [umo'rista] *mf* Komiker(in) *m(f); (dibujante)* Humorist(in) *m(f)*

humorístico, -a [umo'ristiko, -a] *adj* humoristisch

humus ['umus] *m sin pl* Humus *m*

hundido, -a [un̩'diðo, -a] *adj* ① *(ojos)* tief liegend; *(techo)* eingesunken ② *(persona)* deprimiert

H

hundimiento [unn̩di'mjen̩to] *m* ① *(de un barco)* Untergang *m; (después de tocado)* Versenkung *f* ② *(de un edificio)* Einsturz *m* ③ (ECON) Zusammenbruch *m* ④ (GEO: *depresión*) Vertiefung *f*

hundir [un̩'dir] **I.** *vt* ① *(barco)* versenken ② *(edificio)* abreißen ③ *(sumergir)* **~ la mano en el agua** die Hand ins Wasser (ein)tauchen; **~ los pies en el barro** die Füße in den Schlamm stecken ④ *(suelo)* versenken ⑤ *(proyecto)* zunichtemachen; *(empresa)* zugrunde richten; *(esperanzas)* zerstören; **la crisis económica ha hundido a muchos empresarios** die wirtschaftliche Krise hat viele Unternehmer ruiniert **II.** *vr:* **~se** ① *(barco)* untergehen; *(después de ser tocado)* (ver)sinken ② *(edificio)* einstürzen; *(suelo)* sinken; **el euro se hunde** der Euro fällt ③ *(fracasar)* scheitern; **me he hundido en el tercer set** im dritten Satz war ich völlig von der Rolle *fam*

húngaro, -a ['uŋgaro, -a] **I.** *adj* ungarisch **II.** *m, f* Ungar(in) *m(f)*

Hungría [uŋ'gria] *f* Ungarn *nt*

huno, -a ['uno, -a] **I.** *adj* (HIST) hunnisch **II.** *m, f* (HIST) Hunne, -in *m, f*

huracán [ura'kan] *m* Orkan *m;* **las tropas pasaron como un ~ por la ciudad** die Stadt wurde von den Truppen dem Erdboden gleichgemacht

huracanado, -a [uraka'naðo, -a] *adj* orkanartig

huracanarse [uraka'narse] *vr* stürmisch [*o* orkanartig] werden, zum Sturm werden

huraño, -a [u'raɲo, -a] *adj* ① *(insociable)* ungesellig ② *(hosco)* mürrisch

hurgar [ur'ɣar] <g → gu> *vt* ① *(revolver)* herumwühlen (**en** in +*dat*), (herum)kramen (**en** in +*dat*) ② *(con un palo)* (herum)stochern (in +*dat*); **~ el fuego** das Feuer schüren; **~ la nariz** in der Nase bohren ③ *(fisgonear)* (herum)schnüffeln ④ *(incitar)* schüren

hurgonear [urɣone'ar] *vt* (das Feuer) schüren

hurguetear [urɣete'ar] *vt (Am)* (herum)schnüffeln

hurguillas [ur'ɣiʎas] *mf inv (inquieto)* unruhiger Geist *m; (apremiante)* Nervtöter(in) *m(f)*

hurón, -ona [u'ron, -ona] *m, f* ① *(animal)* Frettchen *nt* ② *(fam: husmeador)* Schnüffler(in) *m(f)* ③ *(fam: huraño)* ungeselliger Mensch *m*

hurra ['urra] *interj* hurra!

hurtadillas [urta'ðiʎas] **a ~** heimlich; **lo hizo a ~ de su novia** er tat es hinter dem Rücken seiner Freundin

hurtar [ur'tar] **I.** *vt* ① *(robar)* stehlen ② *(con el peso)* betrügen ③ *(mar)* fortschwemmen ④ *(cuerpo)* ausweichen +*dat* ⑤ *(ocultar)* verbergen **II.** *vr:* **~se** sich entziehen (**a** +*dat*); **~se al trabajo** sich vor der Arbeit drücken

hurto ['urto] *m* ① *(acción)* Diebstahl *m* ② *(cosa)* Diebesbeute *f*

húsar ['usar] *m* Husar *m*

husmear [usme'ar] *vi, vt* ① *(perro)* schnüffeln ② *(fisgonear)* (aus)schnüffeln

husmeo [us'meo] *m* ① *(de un perro)* Schnüffeln *nt* ② *(fisgoneo)* Schnüffelei *f*

huso ['uso] *m* ① *(textil)* Spindel *f* ② (GEO) **~ horario** Zeitzone *f*

hutu ['utu] *mf* Hutu *mf*

huy [ui̯] *interj* ① *(de dolor)* au! ② *(de asombro)* ach!

Ii

I, i [i] *f* I, i *nt;* ~ **de Italia** I wie Ida; ~ **latina** I *nt*

IBAN [i'βan] *m inv* (FIN) *abr de* **International Bank Account Number** IBAN *f*

ibérico, -a [i'βeriko, -a] *adj* iberisch; **Península Ibérica** Iberische Halbinsel

iberismo [iβe'rismo] *m* ① (HIST) iberische Kulturwissenschaft *f* ② (LING) Iberismus *m* ③ (POL) *Eintreten für engere politische Zusammenarbeit zwischen Spanien und Portugal*

Iberoamérica [iβeroa'merika] *f* Iberoamerika *nt*

iberoamericano, -a [iβeroameri'kano, -a] **I.** *adj* iberoamerikanisch **II.** *m, f* Iberoamerikaner(in) *m(f)*

ibicenco, -a [iβi'θeŋko, -a] **I.** *adj* ibizenkisch **II.** *m, f* Ibizenker(in) *m(f)*

íbidem ['iβiðen] *adv* ibidem

iceberg [iθe'βer$^{(ɣ)}$] *m* <icebergs> Eisberg *m*

icono [i'kono] *m*, **ícono** ['ikono] *m* ① (REL) Ikone *f* ② (INFOR) Icon *nt*

iconoclasta [ikono'klasta] **I.** *adj* bilderstürmerisch **II.** *mf* Bilderstürmer(in) *m(f)*

iconografía [ikonoɣra'fia] *f* Ikonografie *f*

ictericia [ikte'riθja] *f sin pl* (MED) Gelbsucht *f*

ictiología [iktjolo'xia] *f sin pl* Fischkunde *f*

ida ['iða] *f* ① *(marcha)* Hinweg *m; (en vehículo)* Hinfahrt *f;* ~ **y vuelta** Hin- und Rückfahrt *f* ② *(acción inconsiderada)* Unbesonnenheit *f; (pronto)* Anwandlung *f*

idea [i'ðea] *f* ① (FILOS) Idee *f* ② *(conocimiento)* Vorstellung *f;* **ni** ~ keine Ahnung, sich *dat* ein Bild von etw *dat*/jdm machen; **dar a alguien (una) ~ de algo** jdm etw veranschaulichen ③ *(pensamiento)* Idee *f;* ~ **fundamental** Grundgedanke *m;* **tuvo la ~ de** +*inf* er/sie kam auf die Idee, zu +*inf* ④ *(opinión)* Meinung *f* ⑤ *(propósito)* Vorhaben *nt;* **tener ~ de hacer algo** beabsichtigen, etw zu tun; **vino con ~ de convencerme** er/sie kam mit der Absicht, mich zu überzeugen ⑥ *pl (convicciones)* Gesinnung *f*

ideal [iðe'al] **I.** *adj* ① *(imaginario)* ideell ② *(perfecto)* ideal **II.** *m* Ideal *nt*

idealismo [iðea'lismo] *m* Idealismus *m*

idealista [iðea'lista] **I.** *adj* idealistisch **II.** *mf* Idealist(in) *m(f)*

idealización [iðealiθa'θjon] *f* Idealisierung *f*

idealizar [iðeali'θar] <z → c> *vt* idealisieren

idear [iðe'ar] *vt* ① *(concebir)* sich *dat* ausdenken ② *(inventar)* erfinden ③ *(trazar un proyecto)* planen; *(un plan)* entwerfen

ideario [iðe'arjo] *m* ① *(conjunto de ideas)* Gedankengut *nt* ② *(ideología)* Ideologie *f*

ídem ['iðen] *pron (lo mismo)* der-, die-, dasselbe; **para mí, ~ de ~** *(fam)* für mich das Gleiche

idéntico, -a [i'ðeṇtiko, -a] *adj* ① *(igual)* identisch; **es ~ a su madre** er ist genau wie seine Mutter ② *(semejante)* sehr ähnlich

identidad [iðeṇti'ða^{ð}] *f* ① *(coincidencia)* völlige Übereinstimmung *f* ② *(personalidad)* Identität *f;* **carné de ~** Personalausweis *m;* **probar su ~** sich ausweisen

identificable [iðeṇtifi'kaβle] *adj* identifizierbar

identificación [iðeṇtifika'θjon] *f* ① *(de alguien)* Identifizierung *f* ② (INFOR) Kennung *f*

identificador [iðeṇtifika'ðor] *m* (INFOR) Kennzeichen *nt;* ~ **de mensajes** Nachrichtenkennung *f*

identificar [iðeṇtifi'kar] <c → qu> **I.** *vt* ① *(reconocer, establecer la identidad)* identifizieren ② *(equiparar)* gleichsetzen **II.** *vr:* **~se** ① *(solidarizarse)* sich identifizieren (**con** mit +*dat*) ② *(compenetrarse)* sich hineinversetzen (**con** in +*akk*) ③ *(demostrar su identidad)* sich ausweisen

ideología [iðeolo'xia] *f* Ideologie *f*

ideológico, -a [iðeo'loxiko, -a] *adj* ideologisch

ideologizar [iðeoloxi'θar] <z → c> *vt* ideologisieren

ideólogo, -a [iðe'oloɣo, -a] *m, f* Ideologe, -in *m, f*

idílico, -a [i'ðiliko, -a] *adj* idyllisch

idilio [i'ðiljo] *m* ① (LIT) Idylle *f* ② *(relación amorosa)* Romanze *f*

idiocia [i'ðjoθja] *f* (MED) hochgradiger Schwachsinn *m*

idioma [i'ðjoma] *m* Sprache *f*

idiomático, -a [iðjo'matiko, -a] *adj* idiomatisch

idiomatismo [iðjoma'tismo] *m* (LING) idiomatische Struktur *f*

idiosincrasia [iðjosiŋ'krasja] *f* Idio(syn)krasie *f*

idiosincrásico, -a [iðjosiŋ'krasiko, -a] *adj* *(característico)* kennzeichnend, spezifisch; *(susceptible)* idiosynkratisch

idiota [i'ðjota] **I.** *adj* schwachsinnig **II.** *mf*

I

① (MED) Schwachsinnige(r) *mf* ② *(estúpido)* Idiot(in) *m(f)*

idiotez [iðjo'teθ] *f* ① (*t.* MED) Schwachsinn *m* ② *(estupidez)* Blödsinn *m*

idiotismo [iðjo'tismo] *m* Unwissenheit *f,* Kenntnislosigkeit *f*

idiotizar [iðjoti'θar] <z → c> **I.** *vi* verdummen **II.** *vt* ① *(atontar)* verdummen ② *(desconcertar)* verblüffen

ido, -a ['iðo, -a] *adj* ① *(fam: mal de la cabeza)* verrückt ② *(AmC: borracho)* betrunken

idólatra [i'ðolatra] **I.** *adj* ① *(que rinde culto)* Götzendienst treibend ② *(que ama excesivamente)* leidenschaftlich ergeben (**de** +*dat*) **II.** *mf* ① *(quien rinde culto)* Götzendiener(in) *m(f)* ② *(quien ama una persona o cosa)* leidenschaftlicher Verehrer *m,* leidenschaftliche Verehrerin *f*

idolatrar [iðola'trar] *vt* ① *(rendir culto)* (als Götzen) anbeten ② *(adorar)* vergöttern; *(amar)* abgöttisch lieben

idolatría [iðola'tria] *f* ① *(culto)* Götzendienst *m* ② *(adoración)* Vergötterung *f*

ídolo ['iðolo] *m* ① *(pey: divinidad)* Götze *m; (efigie)* Götzenbild *nt* ② *(persona)* Idol *nt*

idoneidad [iðonei̯'ðaᵈ] *f* ① *(aptitud)* Geeignetheit *f,* Tauglichkeit *f* ② *(capacidad)* Fähigkeit *f*

idóneo, -a [i'ðoneo, -a] *adj* ① *(apropiado)* geeignet ② *(capaz)* fähig

iglesia [i'ɣlesja] *f* Kirche *f;* **casarse por la ~** kirchlich heiraten

iglú [i'ɣlu] *m* Iglu *m o nt*

ignición [iɣni'θjon] *f* ① *(combustión)* Verbrennen *nt; (incandescencia)* Glühen *nt* ② *(inicio de una combustión)* Entzünden *nt*

ignífugo, -a [iɣ'nifuɣo, -a] *adj (que protege contra el fuego)* feuersicher; *(que no se quema)* feuerbeständig

ignominia [iɣno'minja] *f* Schande *f*

ignominioso, -a [iɣnomi'njoso, -a] *adj* schändlich

ignorancia [iɣno'ran̦θja] *f* ① *(desconocimiento)* Unwissenheit *f* ② *(incultura)* Bildungslücke *f*

ignorante [iɣno'ran̦te] **I.** *adj* ① *(desconocedor)* unwissend (**de** über +*akk*) ② *(inculto)* ungebildet **II.** *mf (pey)* Ignorant(in) *m(f)*

ignorar [iɣno'rar] *vt* ① *(desconocer)* nicht kennen; *(no saber)* nicht wissen ② *(no hacer caso)* ignorieren

ignoto, -a [iɣ'noto, -a] *adj (elev)* unbekannt

igual[1] [i'ɣwal] **I.** *adj* ① *(idéntico)* (genau) gleich; *(semejante)* (sehr) ähnlich; **¿habrá cosa ~?** hat man so etwas schon einmal gesehen? ② *(llano)* eben ③ *(constante: temperaturas)* gleich bleibend; *(clima)* ausgeglichen; *(ritmo)* gleichmäßig ④ (MAT) kongruent ⑤ *(lo mismo)* gleichgültig; **¡es ~!** (das ist) egal!; **me da** [*o* **me es**] **~** es ist mir egal **II.** *mf* Gleichgestellte(r) *mf;* **no tener ~** einzigartig sein **III.** *adv* ① *(fam: quizá)* vielleicht ② *(loc)* **~ que...** genauso wie ...; **al ~ que...** ebenso wie ...

igual[2] [i'ɣwal] *m* (MAT) Gleichheitszeichen *nt*

igualación [iɣwala'θjon] *f* ① *(igualamiento)* Gleichmachung *f; (equiparación)* Gleichstellung *f,* Gleichsetzung *f* ② *(ajuste)* Anpassung *f,* Angleichung *f*

igualado, -a [iɣwa'laðo, -a] *adj* ① *(parecido)* ähnlich ② *(empatado)* unentschieden; **están ~s** es steht unentschieden

igualar [iɣwa'lar] **I.** *vt* ① *(hacer igual)* gleichmachen; *(equiparar)* gleichstellen ② *(allanar)* (ein)ebnen ③ *(nivelar)* ausgleichen ④ *(ajustar)* anpassen **II.** *vi* ① *(equivaler)* gleichkommen (**en** +*dat*) ② *(combinar)* passen (**con** zu +*dat*) **III.** *vr:* **~se** ① *(parecerse)* gleichen (**a/con** +*dat*) ② *(compararse)* sich vergleichen (**con** mit +*dat*) ③ *(ponerse al igual)* sich (einander) angleichen

igualatorio, -a [iɣwala'torjo, -a] *adj* gleichmachend

igualdad [iɣwal̦'daᵈ] *f* ① *(uniformidad)* Gleichheit *f;* **~ de derechos** Gleichberechtigung *f* ② *(semejanza)* Ähnlichkeit *f* ③ *(regularidad)* Gleichmäßigkeit *f; (de superficie)* Ebenheit *f*

igualitario, -a [iɣwali'tarjo, -a] *adj* egalitär

igualitarismo [iɣwalita'rismo] *m sin pl* ① (POL) Egalitarismus *m* ② *(pey: igualación)* Gleichmacherei *f*

igualmente [iɣwal'men̦te] **I.** *interj* danke, gleichfalls! **II.** *adv* ① *(del mismo modo)* gleichermaßen ② *(también)* ebenfalls

iguana [i'ɣwana] *f* (ZOOL) Leguan *m*

ijada [i'xaða] *f* ① (ANAT) Flanke *f* ② *(dolor)* Seitenstechen *nt*

ikurriña [iku'rriɲa] *f grün-rot-weiße Nationalflagge der Basken*

ilapso [i'laβso] *m* (PSICO) Verzückung *f,* Ekstase *f*

ilativo, -a [ila'tiβo, -a] *adj* ① *(que se infiere de algo)* (schluss)folgernd ② (LING) konsekutiv

ilegal [ile'ɣal] **I.** *adj* gesetzwidrig, illegal **II.** *mf (fam pey)* Illegale(r) *f(m) (ohne behördliche Aufenthaltsgenehmigung);* **ese hombre es ~** dieser Mann ist ein Illegaler

ilegalidad [ileɣali'ðaᵈ] *f* Gesetzwidrigkeit *f*

ilegibilidad [ilexiβili'ðaᵈ] *f sin pl* Unlesbarkeit *f*, Unleserlichkeit *f*

ilegible [ile'xiβle] *adj* ❶ *(la letra)* unleserlich ❷ *(el contenido)* unlesbar

ilegislable [ilexis'laβle] *adj* (JUR) nicht gesetzlich regelbar

ilegitimar [ilexiti'mar] *vt* ❶ *(un asunto)* für unrechtmäßig erklären ❷ *(un hijo)* für unehelich erklären

ilegitimidad [ilexitimi'ðaᵈ] *f* ❶ *(asunto)* Unrechtmäßigkeit *f* ❷ *(hijo)* Unehelichkeit *f*

ilegítimo, -a [ile'xitimo, -a] *adj* ❶ *(asunto)* unrechtmäßig ❷ *(hijo)* unehelich; *(relación)* außerehelich ❸ *(exigencia)* ungerechtfertigt

ileso, -a [i'leso, -a] *adj* unverletzt

iletrado, -a [ile'traðo, -a] *adj* ❶ *(inculto)* ungebildet ❷ *(analfabeto)* des Lesens und Schreibens unkundig

ilícito, -a [i'liθito, -a] *adj* verboten

ilicitud [iliθi'tuᵈ] *f sin pl* Unzulässigkeit *f*

ilimitable [ilimi'taβle] *adj* nicht begrenzbar, nicht beschränkbar

ilimitado, -a [ilimi'taðo, -a] *adj* unbegrenzt

iliquidez [iliki'ðeθ] *f sin pl* (FIN) Zahlungsunfähigkeit *f*, Illiquidität *f*

ilíquido, -a [i'likiðo, -a] *adj* (ECON: *sin pagar*) unbezahlt; *(sin recursos)* illiquid, zahlungsunfähig

iliterato, -a [ilite'rato, -a] *adj (elev)* unwissend, ungebildet

ilocalizable [ilokali'θaβle] *adj* unauffindbar

ilógico, -a [i'loxiko, -a] *adj* unlogisch

iluminación [ilumina'θjon] *f* ❶ *(el alumbrar)* Beleuchten *nt* ❷ *(alumbrado)* Beleuchtung *f*; *(como adorno)* Festbeleuchtung *f* ❸ (REL) Erleuchtung *f*

iluminado, -a [ilumi'naðo, -a] *adj* ❶ *(un lugar)* beleuchtet; *(un monumento)* angestrahlt ❷ (REL) erleuchtet ❸ *(fam: borracho)* betrunken; *(drogado)* high

iluminar [ilumi'nar] *vt* ❶ *(alumbrar)* beleuchten; *(como decoración)* festlich beleuchten; *(un monumento)* anstrahlen ❷ (REL) erleuchten ❸ (ARTE) illuminieren

iluminativo, -a [ilumina'tiβo, -a] *adj* beleuchtend, Beleuchtungs-

ilusión [ilu'sjon] *f* ❶ *(espejismo)* (Sinnes)täuschung *f* ❷ *(esperanza)* Hoffnung *f* ❸ *(visión)* (falsche) Vorstellung *f*; **hacerse ilusiones** sich *dat* etwas vormachen ❹ *(sueño)* Traum *m* ❺ *(alegría)* Freude *f*; **ese viaje me hace mucha ~** ich freue mich sehr auf diese Reise

ilusionado [ilusjo'naðo, -a] **I.** *pp de* **ilusionar** **II.** *adj* froh, glücklich, aufgeregt

ilusionante [ilusjo'nante] *adj* traumhaft

ilusionar [ilusjo'nar] **I.** *vt* ❶ *(hacer ilusiones)* falsche Hoffnungen machen +*dat* ❷ *(engañar)* täuschen **II.** *vr:* **~se** ❶ *(esperanzarse)* sich *dat* falsche Hoffnungen machen ❷ *(alegrarse)* sich freuen (**con** über +*akk*)

ilusionismo [ilusjo'nismo] *m (magia)* Zauberei *f*

ilusionista [ilusjo'nista] *mf* Zauberkünstler(in) *m(f)*

ilusivo, -a [ilu'siβo, -a] *adj* trügerisch, illusorisch

iluso, -a [i'luso, -a] **I.** *adj* leichtgläubig **II.** *m, f* ❶ *(soñador)* Träumer(in) *m(f)* ❷ *(entusiasta)* Schwärmer(in) *m(f)*

ilusorio, -a [ilu'sorjo, -a] *adj* ❶ *(engañoso)* trügerisch ❷ *(de ningún efecto)* zwecklos

ilustración [ilustra'θjon] *f* ❶ *(imagen)* Abbildung *f*; **~ gráfica** grafische Darstellung ❷ *(aclaración)* Veranschaulichung *f* ❸ *(instrucción)* Bildung *f* ❹ (HIST) **la I~** die Aufklärung

ilustrado, -a [ilus'traðo, -a] **I.** *adj* ❶ *(con imágenes)* bebildert ❷ *(aclarado)* veranschaulicht ❸ *(instruido)* gebildet ❹ *(perteneciente al movimiento intelectual)* aufgeklärt **II.** *m, f* Aufklärer(in) *m(f)*

ilustrador(a) [ilustra'ðor(a)] **I.** *adj* ❶ *(ilustrativo)* illustrierend ❷ *(aclarativo)* veranschaulichend ❸ *(instructivo)* lehrreich **II.** *m(f)* Illustrator(in) *m(f)*

ilustrar [ilus'trar] **I.** *vt* ❶ *(con imágenes)* bebildern ❷ *(aclarar)* veranschaulichen ❸ *(instruir)* aufklären **II.** *vr:* **~se** sich bilden

ilustrativo, -a [ilustra'tiβo, -a] *adj* ❶ *(aclarador)* anschaulich ❷ *(sintomático)* bezeichnend

ilustre [i'lustre] *adj (famoso)* berühmt; *(egregio)* erlaucht

ilustrísimo, -a [ilus'trisimo, -a] *adj* hochverehrte(r), hochverehrteste(r); **~ señor** sehr geehrter Herr; *(a personas de rango más alto)* hochverehrter Herr

imagen [i'maxen] *f* ❶ (*t.* TV) Bild *nt* ❷ *(representación exacta)* Abbild *nt*; *(fiel)* Ebenbild *nt* ❸ *(representación mental)* Bild *nt* ❹ *(fama)* Image *nt* ❺ *(escultura sagrada)* Heiligenfigur *f*; *(pintura)* Heiligenbild *nt*

imaginable [imaxi'naβle] *adj* vorstellbar

imaginación [imaxina'θjon] *f (imaginativa)* Vorstellung(skraft) *f*; *(fantasía)* Fantasie *f*; **ni por ~** auf keinen Fall

imaginar [imaxi'nar] **I.** *vt* ❶ *(representarse)* sich *dat* vorstellen; **imagínate...** stell dir vor ... ❷ *(idear)* sich *dat* ausdenken; *(inventar)* erfinden; **~ fantasmas** Gespenster sehen ❸ *(suponer)* vermuten; *(sospechar)* ahnen **II.** *vr:* **~se** ❶ *(representarse)* sich *dat* vorstellen; **me lo imagino** das denke ich mir ❷ *(figurarse)* sich *dat* einbilden

imaginaria[1] [imaxi'narja] *f* (MIL) Bereitschaftsdienst *m*

imaginaria[2] [imaxi'narja] *m* (MIL) Nachtwache *f*

imaginario, -a [imaxi'narjo, -a] *adj* ❶ (*t.* MAT) imaginär ❷ *(inventado)* erfunden ❸ *(figurado)* eingebildet

imaginativa [imaxina'tiβa] *f* ❶ *(imaginación)* Vorstellungskraft *f*, Einbildungskraft *f* ❷ *(facultad de imaginar)* Vorstellungsvermögen *nt*

imaginativo, -a [imaxina'tiβo, -a] *adj* ❶ *(fantasioso)* fantasievoll ❷ *(ocurrente)* einfallsreich

I

imaginería [imaxine'ria] *f* ❶ *(bordado)* figurative Seidenstickerei *f* ❷ *(escultura sagrada)* Heiligenfiguren *fpl*; *(pintura)* Heiligenbilder *ntpl*

imaginero, -a [imaxi'nero, -a] *m, f (escultor de imágenes)* Bildhauer(in) *m(f)*; *(tallista)* Bildschnitzer(in) *m(f)*; *(pintor)* Maler(in) *m(f)* von Heiligenbildern

imam [i'mam] *m* (REL) Imam *m*

imán [i'man] *m* ❶ *(t. fig: hierro)* Magnet *m* ❷ (REL) Imam *m*

iman(t)ar [ima'nar/imaṇ'tar] *vt* magnetisieren

imbatible [imba'tiβle] *adj* unschlagbar

imbatido, -a [imba'tiðo, -a] *adj* ungeschlagen

imbebible [imbe'βiβle] *adj* ❶ *(no potable)* nicht trinkbar ❷ *(con mal sabor)* ungenießbar

imbécil [im'beθil] **I.** *adj* ❶ (*t.* MED) schwachsinnig ❷ *(estúpido)* blöd **II.** *mf* ❶ (MED) Schwachsinnige(r) *mf* ❷ *(estúpido)* Schwachkopf *m*

imbecilidad [imbeθili'ða^ð] *f* ❶ (*t.* MED) Schwachsinn *m* ❷ *(estupidez)* Blödsinn *m*

imberbe [im'berβe] *adj* ❶ *(sin barba)* bartlos ❷ *(pey: inmaduro)* (noch) grün

imborrable [imbo'rraβle] *adj* ❶ *(lápiz)* nicht ausradierbar; *(tinta)* nicht (aus)löschbar ❷ *(acontecimiento)* unauslöschlich

imbricación [imbrika'θjon] *f* ❶ (ARQUIT) dachziegelartige Anordnung *f* ❷ *(superposición)* Überlappung *f*, Überlagerung *f*; *(entrecruzamiento)* Überschneidung *f*

imbricar [imbri'kar] <c → qu> **I.** *vt* überlappen, überlagern **II.** *vr:* **~se** ❶ *(superponerse)* sich überlappen, sich überlagern ❷ *(entrecruzarse)* sich überschneiden ❸ *(entrelazarse)* ineinandergreifen

imbuido, -a [imbu'iðo, -a] *adj* durchdrungen (**de** von +*dat*)

imbuir [imbu'ir] *irr como huir* **I.** *vt* ❶ *(inculcar)* einprägen ❷ *(trasmitir)* vermitteln **II.** *vr:* **~se** sich *dat* zu eigen machen (**de** +*akk*)

IME [i^nsti'tuto mone'tarjo eu̯ro'peo] *m abr de* **Instituto Monetario Europeo** EWI *nt*

imitable [imi'taβle] *adj* nachahmenswert

imitación [imita'θjon] *f* ❶ *(copia)* Nachahmung *f*; *(reproducción)* Nachbildung *f*; **a ~ de...** nach dem Vorbild von ... ❷ *(como falsificación)* Imitation *f*; **perlas de ~** Kunstperlen *fpl*

imitado, -a [imi'taðo, -a] *adj* ❶ *(copiado)* nachgemacht, nachgeahmt, imitiert ❷ *(falso)* unecht

imitador(a) [imita'ðor(a)] *m(f)* *(copista)* Nachmacher(in) *m(f)*; *(parodista)* Imitator(in) *m(f)*

imitar [imi'tar] *vt* ❶ *(copiar)* nachmachen; *(parodiar)* imitieren; *(reproducir)* nachbilden; **~ una firma** eine Unterschrift fälschen ❷ *(asemejarse)* ähneln +*dat*

imitativo, -a [imita'tiβo, -a] *adj* nachahmend, imitativ

impaciencia [impa'θjeṇθja] *f* Ungeduld *f*

impacientar [impaθjeṇ'tar] **I.** *vt* ungeduldig machen **II.** *vr:* **~se** die Geduld verlieren

impaciente [impa'θjeṇte] *adj* ❶ *ser (sin paciencia)* ungeduldig ❷ *estar (intranquilo)* unruhig ❸ *estar (ansioso)* begierig

impactar [impak'tar] *vt* ❶ *(un proyectil)* einschlagen (**en** in +*akk*) ❷ *(un acontecimiento)* beeindrucken

impacto [im'pakto] *m* ❶ *(choque de un proyectil)* Einschlag *m*; *(huella)* Treffer *m* ❷ *(Am: en el boxeo)* (Faust)schlag *m* ❸ *(golpe emocional)* Schlag *m fig* ❹ *(efecto)* (große) Wirkung *f*; *(impresión)* Eindruck *m*; **~ (medio)ambiental** Umweltbelastung *f* ❺ (INFOR) Hit *m*

impagable [impa'ɣaβle] *adj* ❶ *(no pagable)* unbezahlbar ❷ *(inapreciable)* unschätzbar

impago [im'paɣo] *m* Nichtzahlung *f*; **~ de impuestos** Steuerumgehung *f*

impalpable [impal'paβle] *adj* ❶ *(intocable)* nicht fühlbar; *(imperceptible)* nicht wahrnehmbar ❷ *(sutil)* fein

impar [im'par] **I.** *adj* ❶ *(número)* ungerade ❷ *(sin par)* ungleich ❸ (ANAT) unpaarig ❹ *(sin igual)* einzigartig **II.** *m* ungerade Zahl *f*

imparable [impa'raβle] *adj* unhaltbar

imparcial [impar'θjal] *adj* ❶ *(sin tomar partido)* unparteiisch ❷ *(sin prejuicios)* unvoreingenommen ❸ *(justo)* gerecht

imparcialidad [imparθjali'ða^ð] *f* ❶ *(falta

de parcialidad) Unparteilichkeit *f* ② *(falta de prevención)* Unvoreingenommenheit *f*
impartir [impar'tir] *vt* ① *(dar)* erteilen ② *(conferir)* gewähren ③ *(comunicar)* mitteilen
impasibilidad [impasiβili'ðaᵈ] *f* ① *(insensibilidad)* Gefühllosigkeit *f* ② *(indiferencia)* Gleichmütigkeit *f*
impasible [impa'siβle] *adj* ① *(insensible)* gefühllos ② *(indiferente)* gleichmütig
impasse [im'pas] *m (t. fig)* Sackgasse *f*; **las negociaciones se encuentran en un ~** die Verhandlungen befinden sich in einer Sackgasse
impavidez [impaβi'ðeθ] *f* Unerschrockenheit *f*
impávido, -a [im'paβiðo, -a] *adj* unerschrocken
impecabilidad [impekaβili'ðaᵈ] *f sin pl* Tadellosigkeit *f*
impecable [impe'kaβle] *adj* ① *ser (correcto)* untad(e)lig ② *estar (nuevo)* tadellos
impedido, -a [impe'ðiðo, -a] **I.** *adj* behindert; **estar ~ para algo** zu etw *dat* unfähig sein **II.** *m, f* Person *f* mit Behinderung
impedimento [impeði'men̦to] *m* ① *(que imposibilita algo)* Verhinderung *f* ② *(obstáculo)* Hindernis *nt; (acerca del matrimonio)* Ehehindernis *nt* ③ (*t.* MED) Behinderung *f*
impedir [impe'ðir] *vt irr como pedir* ① *(imposibilitar)* verhindern ② *(obstaculizar)* behindern; *(el paso)* versperren ③ *(estorbar)* abhalten (von +*dat*)
impeler [impe'ler] *vt* ① *(empujar)* (fort)schieben ② *(impulsar)* in Bewegung setzen ③ *(incitar)* bewegen (**a** zu +*dat*)
impenetrabilidad [impenetraβili'ðaᵈ] *f* ① *(inaccesibilidad)* Undurchdringlichkeit *f*, Unzugänglichkeit *f* ② *(impermeabilidad)* Undurchlässigkeit *f*
impenetrable [impene'traβle] *adj* ① *(inaccesible)* undurchdringlich; *(persona)* unzugänglich ② *(impermeable)* undurchlässig ③ *(incomprensible)* undurchsichtig
impenitente [impeni'ten̦te] *adj* ① (REL) unbußfertig, nicht reumütig ② *(empedernido)* eingefleischt; *(incorregible)* unverbesserlich; **es un optimista ~** er ist ein unverbesserlicher Optimist
impensable [impen'saβle] *adj* undenkbar
impensado, -a [impen'saðo, -a] *adj* ① *(repentino)* unvermutet ② *(imprevisto)* unvorhergesehen; *(inesperado)* unerwartet
impepinable [impepi'naβle] *adj (fam)* bombensicher
imperante [impe'ran̦te] *adj* ① *(t. fig: reinante)* herrschend; **el régimen ~** das herrschende Regime ② *(predominante)* (vor)herrschend, überwiegend
imperar [impe'rar] *vi* ① *(reinar)* herrschen (**sobre** über +*akk*) ② *(predominar)* vorherrschen
imperativo[1] [impera'tiβo] *m* ① (LING) Imperativ *m* ② *pl (exigencia)* Gebot *nt; (necesidad)* Notwendigkeit *f*
imperativo, -a[2] [impera'tiβo, -a] *adj* ① *(autoritario)* befehlend; *(imperioso)* gebieterisch ② *(exigente)* fordernd; *(obligatorio)* zwingend
imperceptible [imperθep'tiβle] *adj* ① *(inapreciable)* nicht wahrnehmbar ② *(minúsculo)* unmerklich
imperdible [imper'ðiβle] **I.** *adj* unverlierbar **II.** *m* Sicherheitsnadel *f*
imperdonable [imperðo'naβle] *adj* unverzeihlich
imperecedero, -a [impereθe'ðero, -a] *adj* unvergänglich
imperfección [imperfeᵞ'θjon] *f* ① *(falta de perfección)* Unvollkommenheit *f* ② *(defecto)* Mangel *m*
imperfecto[1] [imper'fekto] *m* (LING) Imperfekt *m*
imperfecto, -a[2] [imper'fekto, -a] *adj* ① *(persona)* unvollkommen ② *(cosa incompleta)* unvollständig; *(inacabada)* unvollendet; *(defectuosa)* mangelhaft
imperial [impe'rjal] **I.** *adj* kaiserlich **II.** *f* ① *(de un autobús)* oberer Stock *m* ② *(de una carroza)* Verdeck *nt*
imperialismo [imperja'lismo] *m* (POL) Imperialismus *m*
imperialista [imperja'lista] **I.** *adj* imperialistisch **II.** *mf* Imperialist(in) *m(f)*
impericia [impe'riθja] *f* ① *(ineptitud)* Unfähigkeit *f* ② *(inexperiencia)* Unerfahrenheit *f* ③ *(torpeza)* Ungeschicklichkeit *f*
imperio [im'perjo] *m* ① *(territorio)* Reich *nt; (t. fig)* Imperium *nt*; **~ incaico** Inkareich *nt* ② *(mandato)* Herrschaft *f* ③ *(autoridad)* Macht *f* ④ (ARTE) Empirestil *m* ⑤ *(altanería)* Hochmut *m*
imperioso, -a [impe'rjoso, -a] *adj* ① *(autoritario)* gebieterisch ② *(urgente)* dringend; *(forzoso)* zwingend
impermeabilidad [impermeaβili'ðaᵈ] *f* (Wasser)undurchlässigkeit *f*
impermeabilización [impermeaβiliθa'θjon] *f* ① *(de un tejido)* Imprägnierung *f* ② (AUTO) Unterbodenschutz *m*
impermeabilizar [impermeaβili'θar] *vt* <z → c> ① *(un tejido)* wasserdicht machen ② *(una abertura)* abdichten
impermeable [imperme'aβle] **I.** *adj* (wasser)dicht **II.** *m* Regenmantel *m*

I

impermutabilidad [impermutaβili'ða^{ð}] *f sin pl* Unvertauschbarkeit *f*

impersonal [imperso'nal] *adj* (*t.* LING) unpersönlich

impertérrito, **-a** [imper'territo, -a] *adj (impávido)* unerschrocken; *(sin miedo)* furchtlos

impertinencia [imperti'neṇθja] *f* ① *(insolencia)* Ungehörigkeit *f; (descaro)* Unverschämtheit *f* ② *(inoportunidad)* unpassende Bemerkung *f* ③ *(importunidad)* Zudringlichkeit *f*

impertinente [imperti'neṇte] **I.** *adj* ① *(insolente)* ungehörig; *(descarado)* unverschämt ② *(inoportuno)* unangebracht ③ *(pesado)* zudringlich **II.** *mf* unverschämte Person *f*

imperturbabilidad [imperturβaβili'ða^{ð}] *f (firmeza)* Unerschütterlichkeit *f; (seguridad)* Unbeirrtheit *f*

imperturbable [impertur'βaβle] *adj (firme)* unerschütterlich; *(seguro)* unbeirrt

impetrar [impe'trar] *vt (elev)* ① *(conseguir)* erlangen ② *(suplicar)* erflehen, flehen (um +*akk*); ~ **el perdón** um Gnade flehen

ímpetu ['impetu] *m* ① *(vehemencia)* Heftigkeit *f* ② *(brío)* Schwung *m* ③ *(violencia)* Gewalt *f*

impetuosidad [impetwosi'ða^{ð}] *f* Ungestüm *nt*

impetuoso, **-a** [impetu'oso, -a] *adj* ① *(temperamento)* ungestüm ② *(movimiento)* heftig; *(fuerza)* wuchtig ③ *(acto)* unbedacht

impiedad [impje'ða^{ð}] *f* ① *(falta de fe)* Gottlosigkeit *f* ② *(de piedad)* Herzlosigkeit *f*

impío, **-a** [im'pio, -a] **I.** *adj* ① *(irreligioso)* gottlos ② *(inclemente)* unbarmherzig ③ *(irrespetuoso)* respektlos **II.** *m, f* Gottlose(r) *mf*

implacable [impla'kaβle] *adj* ① *(imposible de ablandar)* unversöhnlich ② *(riguroso)* unerbittlich

implantación [implaṇta'θjon] *f* ① (MED) Implantation *f* ② *(introducción)* Einführung *f* ③ *(asentamiento)* Ansiedlung *f* ④ *(generalización)* Einbürgerung *f*

implantar [implaṇ'tar] **I.** *vt* ① *(establecer)* errichten; *(asentar)* ansiedeln ② *(instituir)* (be)gründen ③ *(introducir)* einführen ④ (MED) einpflanzen, implantieren **II.** *vr:* **~se** ① *(establecerse)* sich niederlassen ② *(generalizarse)* sich einbürgern

implante [im'plaṇte] *m* (MED) Implantat *nt*

implementar [implemeṇ'tar] *vt (Am)* ① *(un método)* anwenden ② *(un plan)* ausführen; *(una orden)* vollziehen; *(un deber)* erfüllen

implemento [imple'meṇto] *m (Am: utensilio)* Gerät *nt; (accesorio)* Zubehör *nt;* **~s agrícolas** landwirtschaftliche Geräte

implicación [implika'θjon] *f* ① *(inclusión)* Einbeziehung *f* ② *(participación en un delito)* Beteiligung *f* ③ *(consecuencia)* Auswirkung *f* ④ *(significado)* Bedeutung *f* ⑤ *(contradicción)* Widerspruch *m; (oposición)* Gegensatz *m*

implicado, **-a** [impli'kaðo, -a] *m, f* **presunto** ~ (JUR) mutmaßlicher Komplize *m*

implicar [impli'kar] <c → qu> **I.** *vt* ① *(envolver)* verwickeln ② *(contener)* beinhalten; *(una consecuencia)* zur Folge haben ③ *(significar)* bedeuten **II.** *vi (impedir)* entgegenstehen (+*dat*) **III.** *vr:* **~se** sich verwickeln (**en** in +*akk*)

implícito, **-a** [im'pliθito, -a] *adj* ① *(incluido)* (mit) eingeschlossen; *(una circunstancia)* (mit) einbezogen ② *(sobreentendido)* implizit ③ *(tácito)* stillschweigend

implorante [implo'raṇte] *adj* flehend

implorar [implo'rar] *vt (a alguien)* anflehen; *(algo)* flehen (um +*akk*); ~ (**el**) **perdón** um Verzeihung flehen

implotar [implo'tar] *vi* implodieren

implume [im'plume] *adj* federlos, ungefiedert

impolítico, **-a** [impo'litiko, -a] *adj (sin cortesía)* unhöflich, taktlos

impoluto, **-a** [impo'luto, -a] *adj* ① *(limpio)* rein ② *(sin tacha moral)* makellos

imponderable [impoṇde'raβle] *adj* ① *(incalculable)* unwägbar ② *(inestimable)* unschätzbar

imponente [impo'neṇte] **I.** *adj* ① *(impresionante)* eindrucksvoll ② *(que infunde respeto)* beeindruckend ③ *(inmenso)* mächtig; *(grandioso)* imposant ④ *(fam: atractivo)* toll **II.** *mf* (FIN) Einleger(in) *m(f)*

imponer [impo'ner] *irr como poner* **I.** *vt* ① *(idea)* aufzwingen; *(carga)* auferlegen (**a/sobre** +*dat*); *(impuestos)* erheben (**sobre** für +*akk*); *(sanciones)* verhängen ② *(nombre)* geben ③ *(respeto)* einflößen ④ (FIN) einzahlen; *(invertir)* anlegen ⑤ *(informar)* in Kenntnis setzen (**de** über +*akk*) **II.** *vi* imponieren **III.** *vr:* **~se** ① *(hacerse necesario)* sich aufdrängen; *(hacerse ineludible)* unbedingt notwendig sein ② *(hacerse obedecer)* sich durchsetzen (**a** gegen +*akk*); *(prevalecer)* sich behaupten (**a** gegen +*akk*) ③ *(tomar como obligación)* sich *dat* auferlegen ④ *(informarse)* sich informieren (**de** über +*akk*); *(familiarizarse)* sich vertraut machen (**en** mit +*dat*)

imponible [impo'niβle] *adj* ① (FIN) besteuerbar ② *(importación)* verzollbar ③ *(fam: ropa)* nicht tragbar

impopular [impopu'lar] *adj* ❶ *(antipático)* unbeliebt ❷ *(desfavorable)* unpopulär
impopularidad [impopulari'ðað] *f* Unbeliebtheit *f,* Unpopularität *f*
importación [importa'θjon] *f* ❶ *(acción)* Einfuhr *f* ❷ *(producto)* Importware *f*
importador(a) [importa'ðor(a)] **I.** *adj* Einfuhr- **II.** *m(f)* Importeur(in) *m(f)*
importancia [impor'tan̩θja] *f* ❶ *(interés)* Bedeutung *f;* **sin ~** bedeutungslos ❷ *(extensión)* Ausmaß *nt* ❸ *(trascendencia)* Tragweite *f* ❹ *(prestigio)* Ansehen *nt; (influencia)* Einfluss *m;* **darse ~** *(fam)* angeben
importante [impor'tan̩te] *adj* ❶ *(de gran interés)* bedeutend; **lo ~ es...** +*inf* Hauptsache ... ❷ *(dimensión)* beachtlich ❸ *(cantidad)* beträchtlich ❹ *(calidad)* wertvoll ❺ *(situación)* ernst ❻ *(persona)* berühmt; *(influyente)* einflussreich
importar [impor'tar] **I.** *vt* ❶ *(mercancía)* einführen, importieren ❷ *(precio)* betragen ❸ *(traer consigo)* mit sich bringen **II.** *vi* von Bedeutung sein; **¡no importa!** (das) macht nichts!; **¿a ti qué te importa?** was geht dich das an?; **¿te importa esperar?** macht es dir was aus, zu warten?
importe [im'porte] *m (cuantía)* Betrag *m; (total)* Summe *f*
importunar [importu'nar] *vt (incomodar)* belästigen; *(molestar)* stören
importunidad [importuni'ðað] *f* ❶ *(incomodidad)* Belästigung *f; (molestia)* Störung *f* ❷ *(indiscreción)* Aufdringlichkeit *f*
importuno, -a [impor'tuno, -a] *adj* ❶ *(incómodo)* lästig; *(molesto)* störend ❷ *(indiscreto)* aufdringlich ❸ *(inoportuno)* ungelegen
imposibilidad [imposiβili'ðað] *f* Unmöglichkeit *f*
imposibilitado, -a [imposiβili'taðo, -a] *adj* ❶ *(impedido)* (körper)behindert; *(paralítico)* gelähmt ❷ *(de acudir)* verhindert
imposibilitar [imposiβili'tar] *vt (impedir)* verhindern; *(evitar)* vermeiden
imposible [impo'siβle] **I.** *adj* ❶ *(irrealizable)* unmöglich ❷ *(fam: insoportable)* unerträglich ❸ *(Am: repugnante)* ekelhaft **II.** *m* **lo ~** das Unmögliche
imposición [imposi'θjon] *f* ❶ *(de una carga)* Auferlegung *f; (de condena)* Verhängung *f* ❷ *(de condiciones)* Auflage *f* ❸ *(de impuestos)* Besteuerung *f* ❹ *(de un nombre)* Vergabe *f* ❺ (REL) **~ de manos** Handauflegung *f* ❻ (FIN) Einlage *f*
impositiva [imposi'tiβa] *f (Am)* Finanzamt *nt*
impositivo, -a [imposi'tiβo, -a] *adj* ❶ (FIN) Steuer- ❷ *(CSur: imperativo)* entschieden
impostergable [imposter'ɣaβle] *adj* unaufschiebbar
impostor(a) [impos'tor(a)] **I.** *adj* ❶ *(difamador)* verleumderisch ❷ *(tramposo)* betrügerisch **II.** *m(f)* ❶ *(difamador)* Verleumder(in) *m(f)* ❷ *(tramposo)* Betrüger(in) *m(f)*
impostura [impos'tura] *f* ❶ *(calumnia)* Verleumdung *f* ❷ *(trampa)* Betrug *m*
impotencia [impo'ten̩θja] *f* ❶ *(falta de poder)* Machtlosigkeit *f* ❷ *(incapacidad)* Unfähigkeit *f* ❸ (MED) Impotenz *f*
impotente [impo'ten̩te] *adj* ❶ *(sin poder)* machtlos ❷ *(incapaz)* unfähig ❸ *(desvalido)* schwach ❹ (MED) impotent
impracticable [imprakti'kaβle] *adj* ❶ *(irrealizable)* unausführbar ❷ *(intransitable)* unbefahrbar; *(incómodo de pasar)* unwegsam
imprecación [impreka'θjon] *f* Verwünschung *f,* Fluch *m;* **proferir imprecaciones contra alguien** einen Fluch gegen jdn ausstoßen
imprecar [impre'kar] <c → qu> *vt* verwünschen, verfluchen
imprecisión [impreθi'sjon] *f* ❶ *(falta de precisión)* Ungenauigkeit *f* ❷ *(falta de determinación)* Unbestimmtheit *f*
impreciso, -a [impre'θiso, -a] *adj* ❶ *(no preciso)* ungenau ❷ *(indefinido)* vage
impredecible [impreðe'θiβle] *adj* nicht voraussagbar
impregnar [impreɣ'nar] **I.** *vt* ❶ *(empapar)* tränken; *(un tejido)* imprägnieren ❷ *(penetrar)* durchtränken ❸ *(influir)* erfüllen **II.** *vr:* **~se** sich vollsaugen (**con/de** mit +*dat*)
impremeditación [impremeðita'θjon] *f sin pl* Unbesonnenheit *f,* Unüberlegtheit *f*
impremeditado, -a [impremeði'taðo, -a] *adj* ❶ *(impensado)* unüberlegt ❷ *(irreflexivo)* unbedacht ❸ *(involuntario)* unbeabsichtigt
imprenta [im'pren̩ta] *f* ❶ *(técnica)* (Buch)druck *m* ❷ *(arte)* Buchdruckerkunst *f* ❸ *(taller)* (Buch)druckerei *f* ❹ *(impresión)* Druck *m* ❺ (JUR) **~ genética** genetischer Fingerabdruck *m*
imprescindible [impresθin̩'diβle] *adj* ❶ *(ineludible)* unumgänglich ❷ *(obligatorio)* unerlässlich ❸ *(insustituible)* unentbehrlich
impresentable [impresen̩'taβle] *adj* nicht vorzeigbar
impresión [impre'sjon] *f* ❶ *(huella)* Abdruck *m* ❷ (TIPO) Druck *m; (acto)* Drucklegung *f* ❸ (INFOR) Ausdruck *m* ❹ (FOTO) Abzug *m* ❺ *(grabación)* (Ton)aufnahme *f*

I

❻ *(sensación)* (Sinnes)eindruck *m; (opinión)* Eindruck *m*

impresionable [impresjo'naβle] *adj* ❶ *(fácil de impresionar)* leicht zu beeindrucken; *(de alterar)* leicht erregbar ❷ *(sensible)* empfindsam ❸ (TIPO) druckbar ❹ (INFOR) ausdruckbar

impresionante [impresjo'nan̩te] *adj* ❶ *(emocionante)* beeindruckend ❷ *(de gran efecto)* wirkungsvoll ❸ *(magnífico)* großartig

impresionar [impresjo'nar] **I.** *vt* ❶ *(emocionar)* beeindrucken; *(conmover)* erschüttern; **estar impresionado** beeindruckt sein ❷ *(inculcar)* einprägen ❸ (FOTO) belichten ❹ *(grabar)* bespielen **II.** *vr:* **~se** *(emocionarse)* beeindruckt sein; *(conmoverse)* erschüttert sein

impresionismo [impresjo'nismo] *m* (ARTE) Impressionismus *m*

impresionista [impresjo'nista] **I.** *adj* (ARTE) impressionistisch **II.** *mf* (ARTE) Impressionist(in) *m(f)*

impreso[1] [im'preso] *m* ❶ *(hoja)* Druckerzeugnis *nt* ❷ *(formulario)* Formular *nt* ❸ *(envío)* Drucksache *f;* **~ publicitario** Werbedrucksache *f*

impreso, -a[2] [im'preso, -a] *pp de* **imprimir**

impresor(a) [impre'sor(a)] **I.** *adj* Druck- **II.** *m(f)* Drucker(in) *m(f)*

impresora [impre'sora] *f* (INFOR) Drucker *m;* **~ de inyección** [*o* **chorro**] **de tinta** (Farb)tintenstrahldrucker *m;* **~ láser** Laserdrucker *m*

imprestable [impres'taβle] *adj* nicht ausleihbar, nicht auszuleihen

imprevisible [impreβi'siβle] *adj* unvorhersehbar

imprevisión [impreβi'sjon] *f* ❶ *(despreocupación)* Sorglosigkeit *f; (descuido)* Unachtsamkeit *f* ❷ *(ligereza)* Leichtsinnigkeit *f*

imprevisor(a) [impreβi'sor(a)] *adj* ❶ *(despreocupado)* sorglos; *(descuidado)* unachtsam ❷ *(ligero)* leichtsinnig

imprevisto[1] [impre'βisto] *m* ❶ *(percance inesperado)* unerwartetes Ereignis *nt* ❷ *pl (gastos)* unvorhergesehene Ausgaben *fpl*

imprevisto, -a[2] [impre'βisto, -a] *adj (no previsto)* unvorhergesehen; *(inesperado)* unerwartet

imprimir [impri'mir] *vt irr* ❶ (TIPO) drucken (**en/sobre** auf +*dat*); *(editar)* herausbringen (**en/sobre** auf +*dat*); *(reproducir)* abdrucken (**en/sobre** auf +*dat*) ❷ (INFOR) ausdrucken ❸ *(t. fig: un sello)* aufprägen ❹ *(inculcar)* einprägen ❺ *(trasmitir)* verleihen

improbabilidad [improβaβili'ðaᵈ] *f* Unwahrscheinlichkeit *f*

improbable [impro'βaβle] *adj* unwahrscheinlich

ímprobo, -a ['improβo, -a] *adj* ❶ *(elev: inmoral)* unredlich ❷ *(esfuerzo)* mühselig, beschwerlich; *(trabajo)* hart, schwer, mühevoll

improcedencia [improθe'ðen̩θja] *f* Unangemessenheit *f,* Unzulässigkeit *f;* (JUR) Rechtswidrigkeit *f*

improcedente [improθe'ðen̩te] *adj* ❶ *(inoportuno)* unangemessen; *(extemporáneo)* unpassend ❷ *(inadecuado)* unzweckmäßig ❸ *(antirreglamentario)* unzulässig; (JUR) rechtswidrig

improductividad [improðuktiβi'ðaᵈ] *f* Unproduktivität *f;* (ECON) Unwirtschaftlichkeit *f*

improductivo, -a [improðuk'tiβo, -a] *adj* ❶ *(no productivo)* unproduktiv ❷ *(sin rendimiento)* unergiebig ❸ *(antieconómico)* unwirtschaftlich

impronta [im'pron̩ta] *f* ❶ *(de una imagen)* Abdruck *m* ❷ *(huella)* Spuren *fpl*

impronunciable [impronun̩'θjaβle] *adj* unaussprechbar

improperio [impro'perjo] *m (ofensa)* Beleidigung *f; (insulto)* Beschimpfung *f*

impropiedad [impropje'ðaᵈ] *f* ❶ *(inexactitud en el lenguaje)* Ungenauigkeit *f; (incorrección)* Unrichtigkeit *f* ❷ *(inoportunidad)* Unangemessenheit *f*

impropio, -a [im'propjo, -a] *adj* ❶ *(inoportuno)* unpassend; **ese comportamiento es ~ en él** dieses Verhalten passt nicht zu ihm ❷ *(inapropiable)* ungeeignet ❸ (MAT) unecht

improrrogable [improrro'ɣaβle] *adj* ❶ *(no prolongable)* nicht verlängerbar ❷ *(no aplazable)* unaufschiebbar

impróvido, -a [im'proβiðo, -a] *adj (elev)* unvorbereitet, unerwartet

improvisación [improβisa'θjon] *f* Improvisation *f*

improvisado, -a [improβi'saðo, -a] *adj* improvisiert

improvisar [improβi'sar] *vt* improvisieren

improviso, -a [impro'βiso, -a] *adj* unerwartet; **de ~** plötzlich; **coger a alguien de ~** jdn überraschen

improvisto, -a [impro'βisto, -a] *adj (imprevisto)* unvorhergesehen; **a la improvista** plötzlich

imprudencia [impru'ðen̩θja] *f* ❶ *(irreflexión)* Unbesonnenheit *f* ❷ *(descuido)* Unvorsichtigkeit *f* ❸ *(indiscreción)* Taktlosigkeit *f* ❹ (JUR) Fahrlässigkeit *f*

imprudente [impru'ðen̩te] *adj* ❶ *(irrefle-*

xivo) unbesonnen; *(insensato)* unklug ❷ *(incauto)* unvorsichtig ❸ *(indiscreto)* taktlos ❹ (JUR) fahrlässig

impudencia [impu'ðeṇθja] *f (descaro)* Unverschämtheit *f,* Frechheit *f; (desvergüenza)* Schamlosigkeit *f*

impudente [impu'ðeṇte] *adj (descarado)* unverschämt, frech; *(desvergonzado)* schamlos

impudicia [impu'ðiθja] *f (desvergüenza)* Schamlosigkeit *f*

impúdico, -a [im'puðiko, -a] *adj (obsceno)* unzüchtig

impudor [impu'ðor] *m (desvergüenza)* Schamlosigkeit *f*

impuesto [im'pwesto] *m* (FIN) Steuer *f;* ~ **ecológico** Öko-Steuer *f;* ~ **sobre la renta** Einkommenssteuer *f;* ~ **sobre los salarios** Lohnsteuer *f;* **libre de ~s** steuerfrei; **sujeto a ~s** steuerpflichtig

impugnable [impuɣ'naβle] *adj (combatible)* anfechtbar; *(una teoría)* angreifbar

impugnación [impuɣna'θjon] *f* ❶ (*t.* JUR) Anfechtung *f* ❷ *(negación)* Bestreiten *nt* ❸ *(objeción)* Einwand *m*

impugnar [impuɣ'nar] *vt* ❶ (*t.* JUR) anfechten ❷ *(combatir)* bestreiten; *(una teoría)* zu widerlegen suchen

impulsar [impul'sar] *vt* ❶ *(empujar)* schieben ❷ *(incitar)* bewegen (**a** zu +*dat*) ❸ *(estimular)* antreiben; *(promover)* vorantreiben

impulsión [impul'sjon] *f* ❶ (TÉC) Antrieb *m* ❷ *(elev: empuje)* Anstoß *m*

impulsivamente [impulsiβa'meṇte] *adv* impulsiv, leichtfertig, aus freien Stücken

impulsividad [impulsiβi'ða^{ð}] *f* Impulsivität *f*

impulsivo, -a [impul'siβo, -a] **I.** *adj* impulsiv **II.** *m, f* impulsiver Mensch *m*

impulso [im'pulso] *m* ❶ *(empujón)* Stoß *m* ❷ *(estímulo)* Anstoß *m; (exterior)* Antrieb *m;* ~ **sexual** Sexualtrieb *m* ❸ *(empuje)* Schwung *m* ❹ (FÍS) Impuls *m*

impulsor(a) [impul'sor(a)] **I.** *adj* antreibend **II.** *m(f)* Anstifter(in) *m(f)*

impune [im'pune] *adj* straffrei

impunidad [impuni'ða^{ð}] *f* Straffreiheit *f*

impuntual [impuṇtu'al] *adj* unpünktlich

impuntualidad [impuṇtwali'ða^{ð}] *f* Unpünktlichkeit *f*

impureza [impu'reθa] *f* ❶ (*t.* REL) Unreinheit *f* ❷ *(suciedad)* Verunreinigung *f* ❸ *(obscenidad)* Unzucht *f*

impuro, -a [im'puro, -a] *adj* ❶ (*t.* REL) unrein ❷ *(sucio)* verschmutzt ❸ *(obsceno)* unzüchtig

imputabilidad [imputaβili'ða^{ð}] *f* Zurechnungsfähigkeit *f*

imputable [impu'taβle] *adj* zurückzuführen (**a** auf +*akk*)

imputación [imputa'θjon] *f* ❶ *(insinuación)* Unterstellung *f* ❷ *(acusación)* Beschuldigung *f*

imputar [impu'tar] *vt* ❶ *(atribuir)* zurückführen (**a** auf +*akk*) ❷ *(cargar)* aufbürden (**a** +*dat*) ❸ (COM) verbuchen (**a** auf +*akk*)

in [in] *adj inv (fam)* in; **ser ~** in sein

inabarcable [inaβar'kaβle] *adj* unermesslich

inabordable [inaβor'ðaβle] *adj* unzugänglich; *(persona)* unnahbar

inacabable [inaka'βaβle] *adj* unendlich

inacabado, -a [inaka'βaðo, -a] *adj* unvollendet, nicht fertig

inaccesibilidad [ina^{ɣ}θesiβili'ða^{ð}] *f* Unerreichbarkeit *f,* Unzugänglichkeit *f; (a una persona)* Unnahbarkeit *f*

inaccesible [ina^{ɣ}θe'siβle] *adj* ❶ *(inalcanzable)* unerreichbar (**para** für +*akk*); *(persona)* unnahbar ❷ *(incomprensible)* unverständlich

inacción [ina^{ɣ}'θjon] *f* Untätigkeit *f,* Nichtstun *nt*

inacentuado, -a [inaθeṇtu'aðo, -a] *adj (átono)* unbetont; *(sin acento gráfico)* ohne Akzent

inaceptable [inaθep'taβle] *adj* unannehmbar

inactividad [inaktiβi'ða^{ð}] *f* ❶ *(inacción)* Tatenlosigkeit *f; (desocupación)* Untätigkeit *f; (ociosidad)* Müßiggang *m* ❷ *(de una sustancia)* Unwirksamkeit *f* ❸ (QUÍM, MED) Inaktivität *f*

inactivo, -a [inak'tiβo, -a] *adj* ❶ *(persona)* tatenlos; *(desocupado)* untätig ❷ *(funcionamiento)* stillgelegt ❸ *(volcán)* untätig ❹ *(sustancia)* unwirksam ❺ (MED) inaktiv

inactual [inaktu'al] *adj* unzeitgemäß, inaktuell

inadaptable [inaðap'taβle] *adj (inaplicable)* nicht anwendbar (**a** auf +*akk*); *(no aclimatable)* nicht anpassungsfähig

inadaptación [inaðapta'θjon] *f* mangelndes Anpassungsvermögen *nt,* Unangepasstheit *f*

inadaptado, -a [inaðap'taðo, -a] *adj* unangepasst

inadecuación [inaðekwa'θjon] *f* Unangemessenheit *f*

inadecuado, -a [inade'kwaðo, -a] *adj* ❶ *(inapropiado)* unangemessen ❷ *(no apto)* ungeeignet

inadmisible [inaðmi'siβle] *adj* ❶ *(insostenible)* unzulässig ❷ *(intolerable)* unannehmbar

inadvertencia [inaðβer'teṇθja] *f* Unachtsamkeit *f;* **por** ~ aus Versehen, versehentlich

inadvertido, -a [inaðβer'tiðo, -a] *adj* ① *(descuidado)* unachtsam; **me cogió** ~ er/sie hat mich überrascht ② *(desapercibido)* unbemerkt

inafectado, -a [inafek'taðo, -a] *adj* nicht betroffen, nicht beteiligt

inagotable [inaɣo'taβle] *adj* unerschöpflich

inaguantable [inaɣwan̪'taβle] *adj* unerträglich

inalámbrico, -a [ina'lambriko, -a] *adj* (TEL) schnurlos

in albis [in 'alβis] *adv* **dejar ~ a alguien** jdn leer ausgehen lassen; **quedarse** ~ kein Wort verstehen

inalcanzable [inalkan̪'θaβle] *adj* unerreichbar

inalienable [inalje'naβle] *adj* unveräußerlich

inalterable [inal̪te'raβle] *adj* ① *(invariable)* unveränderlich ② *(permanente)* beständig ③ *(imperturbable)* unerschütterlich

inalterado, -a [inal̪te'raðo, -a] *adj* unverändert

inamovible [inamo'βiβle] *adj* unversetzbar

inane [i'nane] *adj (elev)* ① *(inútil)* vergeblich, zwecklos ② *(fútil)* nichtig, belanglos

inanición [inani'θjon] *f* Erschöpfung *f*

inanidad [inani'ðaᵈ] *f* Nichtigkeit *f,* Leere *f,* Inanität *f geh*

inanimado, -a [inani'maðo, -a] *adj,* **inánime** [i'nanime] *adj* leblos

inapelable [inape'laβle] *adj* ① (JUR) unanfechtbar ② *(inevitable)* unvermeidbar

inapetencia [inape'ten̪θja] *f* Appetitlosigkeit *f*

inapetente [inape'ten̪te] *adj* appetitlos; **estar** ~ unter Appetitlosigkeit leiden

inaplazable [inapla'θaβle] *adj* ① *(impostergable)* unaufschiebbar ② *(urgente)* (besonders) dringend

inaplicable [inapli'kaβle] *adj* unanwendbar

inapreciable [inapre'θjaβle] *adj* ① *(de gran valor)* unschätzbar ② *(imperceptible)* nicht wahrnehmbar

inaprensible [inapren'siβle] *adj* ① *(inasible)* nicht greifbar ② *(incomprensible)* unverständlich, nicht nachvollziehbar

inapropiado, -a [inapro'pjaðo, -a] *adj* ① *(inadecuado)* ungeeignet ② *(inoportuno)* unangemessen

inarrugable [inarru'ɣaβle] *adj* knitterfrei

inarticulable [inartiku'laβle] *adj* unaussprechbar, nicht artikulierbar

inasequible [inase'kiβle] *adj* unerreichbar; *(a causa del precio)* unerschwinglich

inasistencia [inasis'ten̪θja] *f* ① *(falta de presencia)* Abwesenheit *f,* Nichterscheinen *nt* ② *(falta de atención)* mangelnde Pflege *f,* Mangel *m* an Pflege

inaudible [inau̯'ðiβle] *adj* unhörbar

inaudito, -a [inau̯'ðito, -a] *adj* ① *(sin precedente)* noch nie da gewesen ② *(vituperable)* unerhört

inauguración [inau̯ɣura'θjon] *f* ① *(puente)* Einweihung *f* ② *(estatua)* Enthüllung *f* ③ *(exposición)* Vernissage *f* ④ *(comienzo)* Anfang *m*

inaugurador(a) [inau̯ɣura'ðor(a)] *adj* Einweihungs-, Eröffnungs-

inaugural [inau̯ɣu'ral] *adj* Eröffnungs-

inaugurar [inau̯ɣu'rar] *vt* ① *(puente)* einweihen ② *(estatua)* enthüllen ③ *(comenzar)* anfangen

inauténtico, -a [inau̯'ten̪tiko, -a] *adj* unecht, nicht authentisch

inaveriguable [inaβeri'ɣwaβle] *adj* unlösbar, nicht ermittelbar [*o* feststellbar]

inca ['iŋka] **I.** *adj* Inka- **II.** *m* Inka *m*

incalculable [iŋkalku'laβle] *adj* ① *(invalorable)* unschätzbar ② *(no cuantificable)* unbezifferbar ③ *(comportamiento)* unberechenbar

incalificable [iŋkalifi'kaβle] *adj* ① *(indecible)* unbeschreiblich ② *(reprobable)* tadelnswert

incandescencia [iŋkan̪des'θen̪θja] *f* ① (FÍS: *metal*) Weißglut *f* ② *(pasión, temperamento)* Erregung *f; (furia, enfado)* Weißglut *f*

incandescente [iŋkan̪des'θen̪te] *adj* ① (FÍS: *metal*) weiß glühend ② *(temperamento)* erregt; *(pasión)* glühend

incansable [iŋkan'saβle] *adj* unermüdlich

incapacidad [iŋkapaθi'ðaᵈ] *f* ① *(ineptitud)* Unfähigkeit *f* ② *(psíquica)* Behinderung *f*

incapacitación [iŋkapaθita'θjon] *f* ① *(física)* Behinderung *f* ② (JUR) Entmündigung *f*

incapacitado, -a [iŋkapaθi'taðo, -a] **I.** *adj* ① *(incompetente)* unbefugt ② *(para negocios)* entmündigt **II.** *m, f* ① *(discapacitado)* Person *f* mit Behinderung ② (JUR: *para negocios*) Geschäftsunfähige(r) *mf*

incapacitar [iŋkapaθi'tar] *vt* ① (JUR: *para negocios*) entmündigen ② *(impedir)* nicht erlauben

incapaz [iŋka'paθ] *adj* ① *(inepto)* unfähig (**de** zu +*dat*) ② (JUR: *sin capacidad legal*) unmündig ③ *(sin talento)* ungeschickt

incautación [iŋkau̯ta'θjon] *f* Beschlagnahmung *f*

incautado, -a [iŋkau̯'taðo, -a] *adj* beschlagnahmt, konfisziert

incautarse [iŋkau̯'tarse] *vr* ❶ *(confiscar)* beschlagnahmen (**de** +*akk*) ❷ *(adueñarse)* Besitz ergreifen (**de** von +*dat*)

incauto, -a [iŋ'kau̯to, -a] *adj* ❶ *(sin cautela)* unvorsichtig; *(confiado)* gutgläubig ❷ *(ingenuo)* naiv

incendiar [in̥θen̥'djar] **I.** *vt (sin intención)* entzünden; *(intencionalmente)* anzünden **II.** *vr:* **~se** sich entzünden

incendiario, -a [in̥θen̥'djarjo, -a] **I.** *adj* ❶ *(para producir un incendio)* Brand- ❷ *(subversivo)* aufwiegelnd **II.** *m, f* Brandstifter(in) *m(f)*

incendio [in̥'θen̥djo] *m* Brand *m;* **~ intencionado** Brandstiftung *f*

incensurable [in̥θensu'raβle] *adj* tadellos, einwandfrei

incentivación [in̥θen̥tiβa'θjon] *f* Schaffung *f* von Anreizen (**de** für +*akk*)

incentivar [in̥θen̥ti'βar] *vt* fördern (**a** +*akk*)

incentivo [in̥θen̥'tiβo] *m* Anreiz *m*

incertidumbre [in̥θerti'ðumbre] *f* ❶ *(inseguridad)* Unsicherheit *f* ❷ *(duda)* Ungewissheit *f,* Zweifel *m*

incesable [in̥θe'saβle] *adj* unaufhörlich, unablässig

incesante [in̥θe'san̥te] *adj* unaufhörlich

incesto [in̥'θesto] *m* Blutschande *f,* Inzest *m*

incestuoso, -a [in̥θestu'oso, -a] *adj* blutschänderisch

incidencia [in̥θi'ðen̥θja] *f* ❶ *(efecto)* Auswirkungen *fpl* ❷ *(suceso)* Zwischenfall *m* ❸ (MAT) Einfall *m*

incidente [in̥θi'ðen̥te] **I.** *adj* ❶ *(que interrumpe)* störend ❷ *(al margen)* beiläufig ❸ *(ocasional)* gelegentlich **II.** *m* Zwischenfall *m*

incidir [in̥θi'ðir] *vi* ❶ *(consecuencias)* Auswirkungen haben (**en** auf +*akk*) ❷ *(elev: falta)* verfallen (**en** in +*akk*) ❸ (FÍS: *elev)* einfallen (**en** in +*akk*) ❹ *(tema)* hervorheben (**en** +*akk*) ❺ (MED) inzidieren (**en** +*akk*)

incienso [in̥'θjenso] *m* Weihrauch *m*

incierto, -a [in̥'θjerto, -a] *adj* ungewiss

incineración [in̥θinera'θjon] *f* Verbrennung *f; (de personas)* Einäscherung *f*

incinerador[1] [in̥θinera'ðor] *m* ❶ (TÉC) Verbrennungsanlage *f* ❷ *(para cadáveres)* Feuerbestattungsofen *m*

incinerador(a)[2] [in̥θinera'ðor(a)] *adj* ❶ (TÉC) Verbrennungs- ❷ *(para cadáveres)* Einäscherungs-

incineradora [in̥θinera'ðora] *f (para basuras)* Müllverbrennungsanlage *f*

incinerar [in̥θine'rar] *vt* ❶ (TÉC) verbrennen ❷ *(cadáveres)* einäschern

incipiente [in̥θi'pjen̥te] *adj* beginnend

incisión [in̥θi'sjon] *f* ❶ (MED) (Ein)schnitt *m* ❷ *(elev: corte)* Schnitt *m*

incisivo, -a [in̥θi'siβo, -a] *adj* schneidend; **diente ~** Schneidezahn *m*

inciso [in̥'θiso] *m* ❶ (TIPO) Absatz *m* ❷ (LING: *paréntesis)* Einschub *m; (coma)* Komma *nt* ❸ *(al relatar)* Exkurs *m* ❹ *(en documentos)* Randbemerkung *f*

incisorio, -a [in̥θi'sorjo, -a] *adj* schneidend, Schneide-

incitación [in̥θita'θjon] *f* ❶ *(instigación)* Anstiftung *f* ❷ *(ánimo)* Ansporn *m*

incitante [in̥θi'tan̥te] *adj* ❶ *(instigador)* aufstachelnd ❷ *(que anima)* anregend

incitar [in̥θi'tar] *vt* ❶ *(instigar)* anstiften (**a** zu +*dat*) ❷ *(animar)* anspornen

incívico, -a [in̥'θiβiko, -a] *adj* asozial

incivil [in̥θi'βil] *adj,* **incivilizado, -a** [in̥θiβili'θaðo, -a] *adj* ❶ *(inculto)* unzivilisiert, ungesittet ❷ *(rudo)* brutal

inclasificable [iŋklasifi'kaβle] *adj* nicht klassifizierbar

inclemencia [iŋkle'men̥θja] *f* ❶ *(falta de clemencia)* Unbarmherzigkeit *f* ❷ *(clima)* Härte *f; (invierno)* Strenge *f; (paisaje)* Unwirtlichkeit *f;* **las ~s del tiempo** die Unbilden des Wetters

inclemente [iŋkle'men̥te] *adj* ❶ *(falto de clemencia)* unbarmherzig ❷ *(clima)* hart; *(invierno)* streng; *(paisaje)* unwirtlich

inclinación [iŋklina'θjon] *f* ❶ *(declive)* Neigung *f* ❷ *(reverencia)* Verbeugung *f; (con la cabeza)* Zunicken *nt* ❸ *(afecto)* Zuneigung *f* (**por** für +*akk*) ❹ *(tendencias)* Neigungen *fpl*

inclinado, -a [iŋkli'naðo, -a] *adj* geneigt, schräg, gebeugt, gebückt; **estar ~ a rechazar la invitación** geneigt sein, die Einladung abzusagen

inclinar [iŋkli'nar] **I.** *vt* ❶ *(posición)* beugen ❷ *(influenciar)* geneigt machen **II.** *vr:* **~se** ❶ *(persona, árboles)* sich beugen ❷ *(propender)* geneigt sein (**a** zu +*dat*) ❸ *(preferir)* neigen (**por** zu +*dat*)

incluir [iŋklu'ir] *vt irr como huir* ❶ *(comprender)* umfassen; *(contener)* beinhalten; **todo incluido** alles inklusive ❷ *(formar parte)* mit aufnehmen

inclusa [iŋ'klusa] *f* Findelhaus *nt*

inclusión [iŋklu'sjon] *f* ❶ *(integración)* Einschließung *f* ❷ *(formar parte)* Aufnahme *f;* **con ~ de...** einschließlich … +*gen*

inclusive [iŋklu'siβe] *adv* einschließlich

inclusivo, -a [iŋklu'siβo, -a] *adj* einschließlich

incluso[1] [iŋ'kluso] **I.** *adv* sogar **II.** *prep* sogar; **habéis aprobado todos, ~ tú** ihr habt alle bestanden, selbst du

incluso, **-a**[2] [iŋ'kluso, -a] *adj* eingeschlossen

incoación [iŋkoa'θjon] *f* ① *(comienzo)* Anfang *m,* Beginn *m* ② (JUR: *de un proceso*) Einleitung *f,* Eröffnung *f*

incoar [iŋko'ar] *vt* ① *(comenzar)* anfangen ② (JUR: *proceso*) eröffnen

incógnita [iŋ'koɣnita] *f* ① (MAT: *magnitud*) unbekannte Größe *f* ② *(enigma)* Rätsel *nt; (secreto)* Geheimnis *nt;* **despejar la ~** *(enigma)* das Rätsel lösen; *(secreto)* das Geheimnis lüften

incógnito, **-a** [iŋ'koɣnito, -a] *adj* unbekannt

incognoscible [iŋkoɣnos'θiβle] *adj (elev)* unerkennbar

incoherencia [iŋkoe'reṇθja] *f* Zusammenhanglosigkeit *f,* Inkohärenz *f*

incoherente [iŋkoe'reṇte] *adj* unzusammenhängend

incoloro, **-a** [iŋko'loro, -a] *adj* farblos

incólume [iŋ'kolume] *adj* unversehrt, unverletzt; **salir ~ del accidente** den Unfall unverletzt [*o* unversehrt] überstehen

incombustible [iŋkombus'tiβle] *adj* feuerfest

incomerciable [iŋkomer'θjaβle] *adj* unverkäuflich, nicht handelsfähig

incomible [iŋko'miβle] *adj* nicht essbar, ungenießbar

incomodado, **-a** [iŋkomo'ðaðo, -a] *adj* ärgerlich, beleidigt; **eso la dejó incomodada** sie war deswegen verärgert [*o* gekränkt]

incomodar [iŋkomo'ðar] **I.** *vt* stören **II.** *vr:* **~se** ① *(molestarse)* sich bemühen ② *(CSur: enfadarse)* sich beleidigt fühlen

incomodidad [iŋkomoði'ða^{ð}] *f,* **incomodo** [iŋko'moðo] *m* ① *(inconfortable)* Unbequemlichkeit *f* ② *(molestia)* Ärgernis *nt*

incómodo, **-a** [iŋ'komoðo, -a] *adj* ① *(inconfortable)* unbequem; **estar ~** sich unbehaglich fühlen ② *(molesto)* lästig

incomparable [iŋkompa'raβle] *adj* ① *(no comparable)* unvergleichbar ② *(extraordinario)* unvergleichlich

incomparablemente [iŋkomparaβle'meṇte] *adv* unvergleichlich

incomparecencia [iŋkompare'θeṇθja] *f* (JUR) Nichterscheinen *nt*

incompasivo, **-a** [iŋkompa'siβo, -a] *adj* mitleidlos

incompatibilidad [iŋkompatiβili'ða^{ð}] *f* Inkompatibilität *f;* **~ de oficios** Verbot der Ämterhäufung

incompatible [iŋkompa'tiβle] *adj* inkompatibel

incompensable [iŋkompen'saβle] *adv* nicht auszugleichen, nicht kompensierbar; **la ausencia de los padres era ~** die Abwesenheit der Eltern war durch nichts zu kompensieren

incompetencia [iŋkompe'teṇθja] *f* ① *(inaptitud)* Unfähigkeit *f* ② *(sin poder legal)* Unzuständigkeit *f*

incompetente [iŋkompe'teṇte] *adj* ① *(inapto)* unfähig ② *(sin poder legal)* unbefugt

incompleto, **-a** [iŋkom'pleto, -a] *adj* ① *(inacabado)* unvollständig ② *(deficiente)* dürftig

incomprensibilidad [iŋkomprensiβili'ða^{ð}] *f sin pl* Unverständlichkeit *f*

incomprensible [iŋkompren'siβle] *adj* ① *(no inteligible)* unverständlich ② *(inexplicable)* nicht nachvollziehbar

incomprensión [iŋkompren'sjon] *f* ① *(no querer comprender)* Unverständnis *nt* ② *(no poder comprender)* Unverständlichkeit *f*

incomprensivo, **-a** [iŋkompren'siβo, -a] *adj* verständnislos; **ella es incomprensiva con sus alumnos** sie bringt kein Verständnis für ihre Schüler auf

incomprobable [iŋkompro'βaβle] *adj* unbeweisbar, unnachweisbar

incomunicable [iŋkomuni'kaβle] *adj* nicht mitteilbar

incomunicación [iŋkomunika'θjon] *f* ① *(aislamiento)* Isolation *f* ② *(en prisión)* Einzelhaft *f* ③ *(falta de comunicación)* Kommunikationsmangel *m*

incomunicado, **-a** [iŋkomuni'kaðo, -a] *adj* ① *(aislado)* von der Außenwelt abgeschlossen ② *(en prisión)* in Einzelhaft

incomunicar [iŋkomuni'kar] <c → qu> *vt* ① *(aislar)* in Einzelhaft nehmen ② *(bloquear)* abriegeln

inconcebible [iŋkoṇθe'βiβle] *adj* ① *(inimaginable)* unvorstellbar ② *(inadmisible)* unbegreiflich

inconciliable [iŋkoṇθi'ljaβle] *adj* unvereinbar

inconcluso, **-a** [iŋkoŋ'kluso, -a] *adj* unbeendet

inconcreción [iŋkoŋkre'θjon] *f* Ungenauigkeit *f*

inconcreto, **-a** [iŋkoŋ'kreto, -a] *adj* vage, nicht konkret festgelegt, unbestimmt

incondicional [iŋkoṇdiθjo'nal] **I.** *adj* bedingungslos **II.** *mf (amigo)* bedingungsloser Freund *m,* bedingungslose Freundin *f; (servil)* treu Ergebene(r) *mf*

incondicionalidad [iŋkoṇdiθjonali'ða^{ð}] *f* Bedingungslosigkeit *f*

inconexión [iŋkoneˠ'sjon] *f* Zusammenhanglosigkeit *f*, Beziehungslosigkeit *f*
inconexo, -a [iŋko'neˠso, -a] *adj* unzusammenhängend
inconformismo [iŋkoɱfor'mismo] *m* Nonkonformismus *m*
inconformista [iŋkoɱfor'mista] **I.** *adj* nonkonformistisch **II.** *mf* Nonkonformist(in) *m(f)*
inconfortable [iŋkoɱfor'taβle] *adj* ungemütlich, unbequem
inconfundible [iŋkoɱfuṇ'diβle] *adj* unverwechselbar
incongruencia [iŋkoŋ'grweṇθja] *f (incoherencia)* Unvereinbarkeit *f*
incongruente [iŋkoŋ'grweṇte] *adj (contradictorio)* unvereinbar
inconmensurabilidad [iŋkoⁿmensuraβili'ðaᵈ] *f sin pl* Unermesslichkeit *f*, Maßlosigkeit *f*
inconmensurable [iŋkoⁿmensu'raβle/iŋkoᵐmensu'raβle] *adj* ① *(que no puede medirse)* unmessbar ② *(enorme)* unermesslich
inconmovible [iŋkoⁿmo'βiβle/iŋkoᵐmo'βiβle] *adj* ① *(cosas)* nicht zu bewegen ② *(personas)* unerschütterlich
inconmutable [iŋkoⁿmu'taβle/iŋkoᵐmu'taβle] *adj* nicht austauschbar [*o* vertauschbar]
inconquistable [iŋkoŋkis'taβle] *adj* ① *(castillo, fuerte)* uneinnehmbar, nicht zu erobern ② *(persona)* unerbittlich, nicht herumzukriegen *fam*
inconsciencia [iŋkoⁿs'θjeṇθja] *f* ① (MED: *desmayo*) Bewusstlosigkeit *f* ② *(insensatez)* Gedankenlosigkeit *f*; *(irresponsabilidad)* Verantwortungslosigkeit *f*; *(ignorancia)* Ahnungslosigkeit *f*
inconsciente [iŋkoⁿs'θjeṇte] *adj* ① *estar* (MED: *desmayado*) bewusstlos ② *ser (insensato)* gedankenlos; *(irresponsable)* verantwortungslos; *(ignorante)* ahnungslos ③ *ser (gesto)* instinktiv
inconsecuencia [iŋkonse'kweṇθja] *f* Inkonsequenz *f*
inconsecuente [iŋkonse'kweṇte] *adj* inkonsequent
inconsistencia [iŋkonsis'teṇθja] *f* Unbeständigkeit *f*
inconsistente [iŋkonsis'teṇte] *adj* ① *(irregular)* unbeständig ② *(poco sólido)* nicht fest; *(argumento)* schwach
inconsolable [iŋkonso'laβle] *adj* untröstlich
inconstancia [iŋkoⁿs'taṇθja] *f* Unbeständigkeit *f*
inconstante [iŋkoⁿs'taṇte] *adj* ① *(irregular)* veränderlich ② *(caprichoso)* unbeständig
inconstitucional [iŋkoⁿstituθjo'nal] *adj* verfassungswidrig
inconstitucionalidad [iŋkoⁿstituθjonali'ðaᵈ] *f* Verfassungswidrigkeit *f*
incontable [iŋkoṇ'taβle] *adj* ① *(innumerable)* unzählig ② *(innarrable)* nicht erzählbar
incontenible [iŋkoṇte'niβle] *adj* ① *(irrefrenable)* unaufhaltbar ② *(fuera de control)* unkontrollierbar
incontestable [iŋkoṇtes'taβle] *adj* ① *(innegable)* unbestreitbar, nicht zu leugnen ② *(pregunta)* nicht zu beantworten
incontestado, -a [iŋkoṇtes'taðo, -a] *adj* ① *(innegado)* unbestritten ② *(pregunta, carta)* unbeantwortet
incontinencia [iŋkoṇti'neṇθja] *f* ① (MED: *evacuaciones*) Inkontinenz *f* ② *(desmesura)* Maßlosigkeit *f*
incontinente [iŋkoṇti'neṇte] *adj* ① (MED: *evacuaciones*) inkontinent ② *(desmesurado)* maßlos, hemmungslos
incontrolable *adj* unkontrollierbar
incontrolado, -a [iŋkoṇtro'laðo, -a] **I.** *adj* ① *(que no puede controlarse)* unkontrolliert ② *(que no puede verificarse)* unüberprüft ③ *(violento)* wild, gewalttätig **II.** *m, f* Gewalttätige(r) *mf*
incontrovertible [iŋkoṇtroβer'tiβle] *adj* unbestreitbar
inconveniencia [iŋkombe'njeṇθja] *f* ① *(descortesía)* Ungebührlichkeit *f*; *(disparate)* unpassende Bemerkung *f* ② *(no adecuado)* Unangemessenheit *f* ③ *pl (desventajas)* Nachteile *mpl*
inconveniente [iŋkombe'njeṇte] **I.** *adj* ① *(descortés)* ungebührlich; *(disparate)* taktlos ② *(no adecuado)* unangemessen ③ *(no aconsejable)* unratsam **II.** *m* ① *(desventaja)* Nachteil *m* ② *(obstáculo)* Hindernis *nt*
incordia [iŋ'korðja] *f (Col)* Abneigung *f*, Widerwille *m*
incordiante [iŋkor'ðjaṇte] *adj* ärgerlich, lästig
incordiar [iŋkor'ðjar] *vt* ärgern; **¡no incordies!** es reicht!
incordio [iŋ'korðjo] *m* ① (MED: *bubón*) Leistengeschwulst *f* ② *(fam: molestia)* Ärgernis *nt*
incorporación [iŋkorpora'θjon] *f* ① *(al enderezarse)* Sichaufrichten *nt*; *(al sentarse)* Sichaufsetzen *nt* ② *(integración)* Eingliederung *f*; *(en un equipo)* Aufnahme *f*; ~ **a filas** (MIL) Einberufung *f*
incorporado[1] [iŋkorpo'raðo] *m* Einberufene(r) *m*

I

incorporado, -a² [iŋkorpo'raðo, -a] *adj* integriert, eingebaut; **con antena incorporada** mit integrierter [*o* eingebauter] Antenne

incorporar [iŋkorpo'rar] **I.** *vt* ① *(integrar)* einbinden (**a/en** in +*akk*) ② *(a un grupo)* aufnehmen (**a/en** in +*akk*) ③ *(a una persona)* aufrichten ④ (MIL) einziehen (**a/en** zu +*dat*) **II.** *vr:* **~se** ① *(en el trabajo)* sich einfinden (**a/en** an +*dat*) ② *(agregarse)* hinzukommen (**a/en** zu +*dat*) ③ *(enderezarse)* sich aufrichten ④ (MIL: *a filas*) sich zum Militärdienst melden

incorrección [iŋkorre^{ɣ}'θjon] *f* ① *(no correcto)* Unrichtigkeit *f* ② *(falta)* Fehler *m* ③ *(descortesía)* Unhöflichkeit *f*

incorrecto, -a [iŋko'rrekto, -a] *adj* ① *(erróneo)* unrichtig ② *(descortés)* unhöflich

incorregible [iŋkorre'xiβle] *adj* unverbesserlich

incorrupción [iŋkorruβ'θjon] *f sin pl* ① *(de un cuerpo)* Unversehrtheit *f* ② *(fig: moral)* Unbestechlichkeit *f*

incorruptible [iŋkorrup'tiβle] *adj* unbestechlich

incorrupto, -a [iŋko'rrupto, -a] *adj* ① *(personas)* integer ② *(cosas)* unversehrt

incredibilidad [iŋkreðiβili'ða^{d}] *f* Unglaubwürdigkeit *f*

incredulidad [iŋkreðuli'ða^{d}] *f* ① *(desconfianza)* Misstrauen *nt* ② (REL: *sin fe*) Unglaube *m*

incrédulo, -a [iŋ'kreðulo, -a] **I.** *adj* ① *(desconfiado)* misstrauisch ② (REL: *sin fe*) ungläubig **II.** *m, f* ① *(desconfiado)* Skeptiker(in) *m(f)* ② (REL: *sin fe*) Ungläubige(r) *mf*

increíble [iŋkre'iβle] *adj* unglaublich

increíblemente [iŋkreiβle'mente] *adv* unglaublich, ungeheuer

incrementar [iŋkremen'tar] **I.** *vt* erhöhen **II.** *vr:* **~se** (an)steigen

incremento [iŋkre'mento] *m* ① *(aumento)* Erhöhung *f* ② *(crecimiento)* Wachstum *nt*

increpador(a) [iŋkrepa'ðor(a)] *adj* tadelnd, vorwurfsvoll

increpar [iŋkre'par] *vt* tadeln

incriminación [iŋkrimina'θjon] *f* Anschuldigung *f*, Beschuldigung *f*

incriminar [iŋkrimi'nar] *vt* ① (JUR: *acusar*) (öffentlich) anschuldigen ② *(falta)* vorwerfen

incrustación [iŋkrusta'θjon] *f* ① *(proceso)* Verkrustung *f* ② (ARTE) Einlegearbeiten *fpl* ③ (MED) Krustenbildung *f* ④ *(costra)* verkrusteter Belag *m*

incrustar [iŋkrus'tar] **I.** *vt* (ARTE: *con madera*) einlegen (**de** mit +*dat*) **II.** *vr:* **~se** ① *(introducirse)* sich festsetzen ② (MED) verkrusten

incubación [iŋkuβa'θjon] *f* ① (MED) Inkubationszeit *f* ② (ZOOL) (Aus)brüten *nt; (período)* Brutzeit *f*

incubadora [iŋkuβa'ðora] *f* ① (MED) Brutkasten *m* ② *(para animales)* Brutofen *m*

incubar [iŋku'βar] **I.** *vt* (ZOOL) (aus)brüten **II.** *vr:* **~se** sich entwickeln

incuestionable [iŋkwestjo'naβle] *adj* unumstritten

incuestionablemente [iŋkwestjonaβle'mente] *adv* zweifellos, fraglos, ohne Frage

inculcar [iŋkul'kar] <c → qu> **I.** *vt* ① *(enseñar)* mühsam beibringen (**a/en** +*dat*) ② *(infundir)* eintrichtern (**a/en** +*dat*) **II.** *vr:* **~se** hartnäckig bestehen (**en** auf +*dat*)

inculpación [iŋkulpa'θjon] *f* Anschuldigung *f*

inculpado, -a [iŋkul'paðo, -a] **I.** *adj* beschuldigt; (JUR) angeklagt, angeschuldigt **II.** *m, f* Beschuldigte(r) *f(m);* (JUR) Angeklagte(r) *f(m)*, Angeschuldigte(r) *f(m)*

inculpar [iŋkul'par] *vt* anklagen (**de** +*gen*)

inculto, -a [iŋ'kulto, -a] *adj* ① *(sin instrucción)* ungebildet ② *(comportamiento)* unkultiviert ③ (AGR: *sin cultivar*) unbebaut

incumbencia [iŋkum'benθja] *f* Zuständigkeit *f*

incumbir [iŋkum'bir] *vi* ① *(atañer)* angehen (**a** +*akk*) ② (ADMIN: *ser de la competencia*) obliegen (**a** +*dat*)

incumplimiento [iŋkumpli'mjento] *m* Nichterfüllung *f;* **~ de contrato** Vertragsbruch *m*

incumplir [iŋkum'plir] *vt (contrato)* nicht erfüllen; *(regla)* verletzen; *(promesa)* brechen

incurable [iŋku'raβle] **I.** *adj* ① *(enfermedad)* unheilbar ② *(sin esperanza)* hoffnunglos **II.** *mf* unheilbar Kranker, unheilbar Kranke *m, f*

incuria [iŋ'kurja] *f (elev)* Nachlässigkeit *f*, Unachtsamkeit *f*

incurrimiento [iŋkurri'mjento] *m* Begehen *nt* (**en** +*gen*); **el ~ en un error no está permitido** es ist nicht erlaubt, Fehler zu machen

incurrir [iŋku'rrir] *vi* ① *(situación mala)* geraten (**en** in +*akk*); **~ en una falta** einen Fehler begehen; **~ en viejas costumbres** in alte Gewohnheiten zurückverfallen ② *(odio)* sich *dat* zuziehen; **~ en responsabilidad** haften

incursión [iŋkur'sjon] *f* Einfall *m*, Eindringen *nt*

indagación [indaɣa'θjon] *f* ① *(en general)*

Untersuchung *f* ② *(de policía)* Ermittlung *f*
indagador(a) [in̪daɣa'ðor(a)] *m(f)* ① *(científico)* Forscher(in) *m(f)* ② *(policía)* Ermittler(in) *m(f)*
indagar [in̪da'ɣar] <g → gu> *vt* ermitteln (in +*dat*)
indebido, -a [in̪de'βiðo, -a] *adj* ① *(cantidades)* nicht geschuldet ② *(injusto)* ungerechtfertigt; *(ilícito)* unrechtmäßig; **respuesta indebida** unangebrachte Antwort
indecencia [in̪de'θen̪θja] *f* ① *(persona)* Unschicklichkeit *f; (obscenidad)* Unanständigkeit *f* ② *(acción)* unanständiges Verhalten *nt; (dicho)* unanständiger Ausdruck *m*
indecente [in̪de'θen̪te] *adj* ① *(inadecuado)* unmöglich ② *(obsceno)* unanständig; *(sin vergüenza)* unverschämt ③ *(guarro)* anstößig
indecible [in̪de'θiβle] *adj* unsagbar, unsäglich
indecisión [in̪deθi'sjon] *f* ① *(irresolución)* Unentschlossenheit *f* ② *(vacilación)* Wankelmut *m*
indeciso, -a [in̪de'θiso, -a] *adj* ① *(irresoluto)* unentschlossen ② *(que vacila)* wankelmütig ③ *(resultado)* unklar
indeclinable [in̪dekli'naβle] *adj* ① *(inevitable)* unumgänglich ② (LING) undeklinierbar
indecoroso, -a [in̪deko'roso, -a] *adj* ① *(indecente)* unanständig ② *(incorrecto)* unpassend
indefectible [in̪defek'tiβle] *adj (elev)* ① *(que no puede faltar)* unfehlbar ② *(inevitable)* unvermeidbar, unvermeidlich; **la ~ muerte** der unvermeidbare Tod; **iba tocado con su ~ sombrero tirolés** er/sie trug wieder seinen/ihren unvermeidlichen Tirolerhut
indefendible [in̪defen̪'diβle] *adj* unhaltbar
indefensable [in̪defen'saβle] *adj* unhaltbar, nicht zu rechtfertigen, unentschuldbar
indefensión [in̪defen'sjon] *f* Wehrlosigkeit *f*
indefenso, -a [in̪de'fenso, -a] *adj* wehrlos
indefinible [in̪defi'niβle] *adj* undefinierbar
indefinidamente [in̪definiða'men̪te] *adv* auf unbestimmte Zeit
indefinido, -a [in̪defi'niðo, -a] *adj* (*t.* LING) unbestimmt; **contrato de trabajo ~** unbefristeter Arbeitsvertrag
indeformable [in̪defor'maβle] *adj* unverformbar
indeleble [in̪de'leβle] *adj (elev)* unauslöschlich
indeliberado, -a [in̪deliβe'raðo, -a] *adj* unfreiwillig, unabsichtlich
indelicadeza [in̪delika'ðeθa] *f* ① *(vulgaridad)* Grobheit *f* ② *(desconsideración)* Taktlosigkeit *f,* Unhöflichkeit *f*
indelicado, -a [in̪deli'kaðo, -a] *adj* taktlos, unhöflich, rücksichtslos
indemne [in̪'demne] *adj* ① *(persona)* unverletzt ② *(cosa)* unbeschädigt
indemnización [in̪demniθa'θjon] *f* ① *(pago)* Entschädigung *f;* **~ de despido** Abfindung *f* ② *pl (después de una guerra)* Reparationen *f pl*
indemnizar [in̪demni'θar] <z → c> *vt* ① *(daños y perjuicios)* entschädigen (**de** für +*akk*) ② *(gastos)* erstatten
independencia [in̪depen̪'den̪θja] *f* Unabhängigkeit *f;* **con ~ de algo** unabhängig von etw *dat*
independentismo [in̪depen̪den̪'tismo] *m* (POL) Unabhängigkeitsbewegung *f*
independentista [in̪depen̪den̪'tista] *mf* (POL) Unabhängigkeitskämpfer(in) *m(f)*
independiente [in̪depen̪'djen̪te] *adj* ① *(libre)* unabhängig; **un piso ~** eine Wohnung mit eigenem Eingang ② *(profesión)* selb(st)ständig ③ *(soltero)* ungebunden ④ *(sin partido)* parteilos
independientemente [in̪depen̪djen̪te'men̪te] *adv* ① *(con independencia)* unabhängig; **ambas fuerzas actúan ~** beide Kräfte wirken unabhängig voneinander ② *(al margen)* **~ de eso, es muy simpático** abgesehen davon ist er sehr sympathisch; **~ de cómo lo hagas...** unabhängig davon, wie du es machen willst ...
independización [in̪depen̪diθa'θjon] *f (liberación)* Befreiung *f,* Unabhängigwerden *nt,* Verselb(st)ständigung *f; (adolescente)* Selb(st)ständigwerden *nt*
independizar [in̪depen̪di'θar] <z → c> **I.** *vt* befreien (**de** von +*dat*) **II.** *vr:* **~se** ① *(liberarse)* sich unabhängig machen ② *(adolescente)* selb(st)ständig werden
indescifrable [in̪desθi'fraβle] *adj* ① *(ilegible)* unentzifferbar ② *(misterio)* unergründlich
indescriptible [in̪deskrip'tiβle] *adj* unbeschreiblich
indeseable [in̪dese'aβle] **I.** *adj* unerwünscht **II.** *mf* Schurke, -in *m, f*
indeseado, -a [in̪dese'aðo, -a] *adj* ungewollt, unerwünscht
indestructible [in̪destruk'tiβle] *adj* unzerstörbar
indetectable [in̪detek'taβle] *adj* unauffindbar
indeterminación [in̪determina'θjon] *f* ① *(inconcreción)* Unbestimmtheit *f* ② *(indecisión)* Unentschlossenheit *f*

indeterminado, -a [in̩determi'naðo, -a] *adj* unbestimmt, unentschlossen
indexación [in̩deˠsa'θjon] *f* (*t.* INFOR) Verzeichniserstellung *f*
indexar [in̩deˠ'sar] *vt* (INFOR) indexieren
India ['in̩dja] *f* ❶ *(en el oriente)* **la ~** Indien *nt* ❷ *pl* Hispanoamerika *nt* ❸ (ZOOL) **conejillo de ~s** Meerschweinchen *nt; (fig fam: con quien se experimenta)* Versuchskaninchen *nt*
indiada [in̩'djaða] *f (Am: grupo de indígenos/indígenas)* Ureinwohner(innen) *m(f)* Amerikas
indicación [in̩dika'θjon] *f* ❶ *(señal)* Hinweis *m; (por escrito)* Vermerk *m;* **~ de las fuentes** Quellenangaben *fpl* ❷ (MED: *síntoma*) Anzeichen *nt; (en recetas)* Indikation *f* ❸ *(consejo)* Tipp *m;* **por ~ de...** auf Anregung von ... ❹ *pl (instrucciones)* Anweisungen *fpl;* **~ del director** Regieanweisung *f*
indicado, -a [in̩di'kaðo, -a] *adj* ❶ *(aconsejable)* ratsam; *(adecuado)* angebracht; **eso es lo más ~** das ist das Allerbeste ❷ (MED: *tratamiento*) indiziert
indicador [in̩dika'ðor] *m* Anzeiger *m;* (TÉC) Anzeigetafel *f;* (ECON) Indikator *m;* **~ de la temperatura** Temperaturanzeige *f;* **~ de carretera** Straßenschild *nt;* **~ de gasolina** Benzinuhr *f*
indicar [in̩di'kar] <c → qu> *vt* ❶ (TÉC: *aparato*) anzeigen ❷ *(señalar)* hinweisen (auf +*akk*); *(sugerir)* aufmerksam machen (auf +*akk*); *(mostrar)* zeigen ❸ (MED) indizieren
indicativo[1] *m* (LING: *modo*) Indikativ *m*
indicativo, -a[2] [in̩dika'tiβo, -a] *adj* ❶ (LING) anzeigend ❷ *(ilustrativo)* bezeichnend
índice ['in̩diθe] *m* ❶ *(recopilación)* Verzeichnis *nt; (biblioteca)* Katalog *m; (de libro)* Inhaltsverzeichnis *nt* ❷ *(dedo)* Zeigefinger *m* ❸ *(estadísticas)* Rate *f;* **~ de audiencia** Einschaltquote *f;* **~ de paro** Arbeitslosenquote *f* ❹ (TÉC) Zeiger *m; (de reloj)* Uhrzeiger *m*
indiciación [in̩diθja'θjon] *f* Hinweis *m* (auf +*akk*)
indicio [in̩'diθjo] *m* ❶ *(señal)* (An)zeichen *nt* ❷ (JUR) Indiz *nt* ❸ *(vestigio)* Spur *f*
indiferencia [in̩dife'ren̩θja] *f* Gleichgültigkeit *f*
indiferente [in̩dife'ren̩te] *adj* gleichgültig (**a** gegenüber +*dat*), indifferent *geh;* **me es ~** das ist mir gleich
indígena [in̩'dixena] **I.** *adj* einheimisch; *(en Latinoamérica)* betreffend der Ureinwohner(innen) Lateinamerikas **II.** *mf* Ureinwohner(in) *m(f); (en Latinoamérica)* Ureinwohner(in) *m(f)* Lateinamerikas
indigencia [in̩di'xen̩θja] *f* Armut *f*
indigenismo [in̩dixe'nismo] *m* ❶ (LING) Indigenismus *m (Lehnwort aus einer Eingeborenensprache)* ❷ (POL: *en Latinoamérica*) *politische Bewegung zur Verteidigung der Rechte der Ureinwohner(innen) Lateinamerikas und zur Wahrung ihres Kulturguts*
indigente [in̩di'xen̩te] **I.** *adj* arm **II.** *mf* Bedürftige(r) *mf*
indigestar [in̩dixes'tar] **I.** *vt* schlecht bekommen +*dat* **II.** *vr:* **~se** ❶ *(empacharse)* sich *dat* den Magen verderben (**de/por** durch +*akk*) ❷ *(fam: hacerse antipático)* gegen den Strich gehen +*dat* ❸ *(Am: inquietarse)* sich beunruhigen
indigestión [in̩dixes'tjon] *f* Verdauungsstörung *f;* **contraer una ~** sich *dat* den Magen verderben
indigesto, -a [in̩di'xesto, -a] *adj* ❶ *ser (difícil de digerir)* unverdaulich ❷ *estar (indigerido)* unverdaut; **estar ~** *(persona)* Verdauungsprobleme haben ❸ *estar (de mal humor)* mürrisch
indignación [in̩diɣna'θjon] *f* Empörung *f*
indignado, -a [in̩diɣ'naðo, -a] *adj* empört (**con/contra/por** über +*akk*)
indignante [in̩diɣ'nan̩te] *adj* empörend
indignar [in̩diɣ'nar] **I.** *vt* empören **II.** *vr:* **~se** sich empören (**con/contra/por** über +*akk*)
indignidad [in̩diɣni'ðað] *f* ❶ *(cualidad)* Unwürdigkeit *f* ❷ *(acto)* Gemeinheit *f*
indigno, -a [in̩'diɣno, -a] *adj* ❶ *(desmerecedor)* unwürdig; **~ de confianza** nicht vertrauenswürdig ❷ *(vil)* gemein
índigo ['in̩diɣo] *m* Indigo *nt o m*
indio, -a ['in̩djo, -a] **I.** *adj* ❶ *(de la India)* indisch ❷ *(pey: de América)* betreffend der Ureinwohner(innen) Amerikas ❸ *(loc)* **en fila india** im Gänsemarsch **II.** *m, f* ❶ *(de la India)* Inder(in) *m(f)* ❷ *(pey: de América)* Ureinwohner(in) *m(f)* Amerikas ❸ *(loc)* **hacer el ~** *(tonterías)* Blödsinn machen; *(el ridículo)* sich lächerlich machen
indirecta [in̩di'rekta] *f (fam)* Anspielung *f*
indirecto, -a [in̩di'rekto, -a] *adj* mittelbar; **complemento ~** (LING) indirektes Objekt
indiscernible [in̩disθer'niβle] *adj (elev)* undeutlich, nicht auszumachen
indisciplina [in̩disθi'plina] *f* Disziplinlosigkeit *f*
indisciplinado, -a [in̩disθipli'naðo, -a] **I.** *adj (falto de disciplina)* disziplinlos; *(desobediente)* ungehorsam; *(insumiso)* unbeugsam **II.** *m, f (desobediente)* Ungehorsame(r) *mf; (insumiso)* Unbeugsame(r) *mf*
indisciplinarse [in̩disθipli'narse] *vr* sich auflehnen, aufbegehren, aufsässig werden
indiscreción [in̩diskre'θjon] *f* ❶ *(no guardar un secreto)* Indiskretion *f* ❷ *(observa-*

ción) taktlose Bemerkung *f* ❸ *(curiosidad)* (taktlose) Neugierde *f*

indiscreto, -a [in̩dis'kreto, -a] *adj* ❶ *(imprudente)* taktlos ❷ *(que no guarda secretos)* schwatzhaft

indiscriminadamente [in̩diskriminaða'men̩te] *adv* in gleicher Weise, ohne Unterschied

indiscriminado, -a [in̩diskrimi'naðo, -a] *adj* gleich behandelnd

indisculpable [in̩diskul'paβle] *adj* unentschuldbar, unverzeihlich

indiscutible [in̩disku'tiβle] *adj* unbestreitbar

indisociable [in̩diso'θjaβle] *adj* untrennbar; (QUÍM) nicht spaltbar

indisolubilidad [in̩disoluβili'ðað] *f* ❶ (QUÍM: *sustancia*) Unauflöslichkeit *f* ❷ *(unión inseparable)* Unauflösbarkeit *f*, Untrennbarkeit *f*

indisoluble [in̩diso'luβle] *adj* ❶ (QUÍM: *sustancia*) unauflöslich ❷ *(inseparable)* unauflösbar

indispensable [in̩dispen'saβle] *adj* unerlässlich; **lo (más) ~** das Allernötigste; **el requisito ~ es...** die unabdingbare Voraussetzung ist ...

indisponer [in̩dispo'ner] *irr como poner* **I.** *vt* ❶ *(enemistar)* aufbringen (**con/contra** gegen +*akk*) ❷ *(de salud)* mitnehmen, zusetzen +*dat* **II.** *vr:* **~se** ❶ *(enemistarse)* sich entzweien ❷ *(ponerse mal)* krank werden

indisposición [in̩disposi'θjon] *f* ❶ *(de salud)* Unpässlichkeit *f* ❷ *(desgana)* Lustlosigkeit *f*

indispuesto, -a [in̩dis'pwesto, -a] *adj* ❶ *(enfermizo)* unpässlich ❷ *(con desgana)* lustlos ❸ *(molesto)* verstimmt

indisputable [in̩dispu'taβle] *adj* unbestritten, nicht infrage [*o* in Frage] gestellt

indistinción [in̩distin̩'θjon] *f* ❶ *(vaguedad)* Unbestimmtheit *f* ❷ *(igualdad)* Nichtunterscheidung *f*, Undifferenziertheit *f*

indistinguible [in̩distiŋ'giβle] *adj* nicht unterscheidbar (**de** von +*dat*)

indistintamente [in̩distin̩ta'men̩te] *adv* ❶ *(indiscriminadamente)* ohne Unterschied ❷ *(irreconocible)* undeutlich

indistinto, -a [in̩dis'tin̩to, -a] *adj* ❶ *(elev: indiferenciado)* undifferenziert ❷ *(igual)* gleich ❸ *(difuso)* undeutlich; *(poco claro)* unbestimmt

individual [in̩diβi'ðwal] *adj* ❶ *(personal)* individuell; *(peculiar)* einzigartig ❷ *(simple)* Einzel- ❸ *(CSur: idéntico)* identisch

individualidad [in̩diβiðwali'ðað] *f* ❶ *(personalidad)* Individualität *f* ❷ *(que es único)* Einzigartigkeit *f*, Besonderheit *f* ❸ *(peculiaridad)* Eigenart *f*

individualismo [in̩diβiðwa'lismo] *m* Individualismus *m*

individualista [in̩diβiðwa'lista] **I.** *adj* individualistisch **II.** *mf* Individualist(in) *m(f)*

individualizar [in̩diβiðwali'θar] <z → c> *vt* einzeln betrachten

individualmente [in̩diβiðwal'men̩te] *adv* individuell; **se desplazaron ~ al punto de reunión acordado** jeder kam für sich zu dem vereinbarten Treffpunkt

individuo [in̩di'βidwo] *m* ❶ *(espécimen)* Individuum *nt* ❷ *(miembro)* Mitglied *nt* ❸ *(pey: sujeto)* Typ *m*

indivisibilidad [in̩diβisiβili'ðað] *f sin pl* Unteilbarkeit *f*

indivisible [in̩diβi'siβle] *adj* unteilbar

Indochina [in̩do'ʧina] *f* Indochina *nt*

indócil [in̩'doθil] *adj* ❶ *(desobediente)* unbeugsam, ungehorsam ❷ *(cabezota)* starrköpfig, eigensinnig

indocilidad [in̩doθili'ðað] *f* ❶ *(desobediencia)* Ungehorsamkeit *f* ❷ *(cabezonería)* Starrköpfigkeit *f*

indocto, -a [in̩'dokto, -a] *adj (elev)* ungelehrt, ungebildet

indoctrinar [in̩doktri'nar] *vt (Am)* indoktrinieren

indocumentado, -a [in̩dokumen̩'taðo, -a] *adj* ❶ *ser (no registrado)* nicht dokumentiert ❷ *estar (sin documentos)* ohne (Ausweis)papiere ❸ *ser (pey: ignorante)* unwissend

indogermánico, -a [in̩doxer'maniko, -a] *adj* (LING) indogermanisch

índole ['in̩dole] *f* ❶ *(condición)* Wesensart *f* ❷ *(manera de ser)* Charakter *m* ❸ *(clase)* Art *f*

indolencia [in̩do'len̩θja] *f* ❶ *(apatía)* Teilnahmslosigkeit *f* ❷ *(indiferencia)* Gleichgültigkeit *f* ❸ *(desgana)* Lustlosigkeit *f*

indolente [in̩do'len̩te] *adj* ❶ *(apático)* teilnahmslos ❷ *(indiferente)* gleichgültig ❸ *(con desgana)* lustlos

indoloro, -a [in̩do'loro, -a] *adj* schmerzfrei, schmerzlos

indomable [in̩do'maβle] *adj* ❶ *(que no se somete)* unbeugsam ❷ *(indomesticable)* unzähmbar ❸ *(fuera de control)* unkontrollierbar

indomado, -a [in̩do'maðo, -a] *adj* ungezähmt, ungebändigt

indomesticable [in̩domesti'kaβle] *adj* unzähmbar, nicht domestizierbar; *(fig)* nicht zu bändigen

indomesticado, -a [in̩domesti'kaðo, -a] *adj* verwildert, wild

indómito, -a [iṇ'domito, -a] *adj* ① *(indomable)* unbeugsam ② *(rebelde)* unbändig
Indonesia [iṇdo'nesja] *f* Indonesien *nt*
indonesio, -a [iṇdo'nesjo, -a] **I.** *adj* indonesisch **II.** *m, f* Indonesier(in) *m(f)*
inducción [iṇdu$^{\gamma}$'θjon] *f* ① (ELEC: *corriente*) Induktion *f* ② (FILOS: *razonamiento*) Schlussfolgerung *f* ③ *(instigación)* Anstiftung *f*
inducir [iṇdu'θir] *vt irr como traducir* ① (ELEC: *corriente*) induzieren ② (FILOS: *razonar*) (schluss)folgern (**de** aus +*dat*); **de todo esto induzco que...** aus alledem schließe ich, dass ... ③ *(instigar)* anstiften (**a/en** zu +*dat*); **~ a error** zu einem Fehler verleiten
inductividad [iṇduktiβi'ða$^{\eth}$] *f* (ELEC) Induktivität *f*
inductivo, -a [iṇduk'tiβo, -a] *adj* ① (ELEC: *corriente*) induktiv ② *(instigador)* verleitend
inductor(a) [iṇduk'tor(a)] *adj* ① (ELEC: *corriente*) induzierend ② *(instigador)* verleitend
indudable [iṇdu'ðaβle] *adj* zweifellos; **es ~ que...** es besteht kein Zweifel (daran), dass ...
indulgencia [iṇdul'xeṇθja] *f* ① (REL: *pecados*) Ablass *m* ② *(elev: cualidad)* Nachsicht *f;* **proceder sin ~ contra...** gnadenlos vorgehen gegen ...
indulgente [iṇdul'xeṇte] *adj (elev)* nachsichtig (**con** gegenüber +*dat*)
indultar [iṇduḷ'tar] *vt* ① (JUR: *perdonar*) begnadigen; *(después del proceso)* freisprechen (**de** von +*dat*); **~ a alguien de la pena de muerte** jdm die Todesstrafe erlassen ② *(eximir)* ausnehmen (**de** aus +*dat*)
indulto [iṇ'duḷto] *m* ① *(perdón total)* Straferlass *m* ② *(perdón parcial)* Strafminderung *f* ③ *(exención)* Befreiung *f*
indumentaria [iṇdumeṇ'tarja] *f* ① *(ropa)* Kleidung *f* ② (HIST) Trachtenkunde *f*
industria [iṇ'dustrja] *f* ① (COM: *conjunto*) Industrie *f; (sector)* Sektor *m;* **~ del automóvil** Autoindustrie *f* ② *(empresa)* Unternehmen *nt; (fábrica)* Fabrik *f* ③ *(dedicación)* Hingabe *f* ④ *(maña)* Geschicklichkeit *f;* **de ~** *(a propósito)* absichtlich
industrial [iṇdus'trjal] **I.** *adj* Industrie-, industriell; **nave ~** Fabrikhalle *f;* **planta ~** Fabrik(anlage) *f;* **polígono ~** Industriegebiet *nt* **II.** *mf* Industrielle(r) *mf; (fabricante)* Fabrikant(in) *m(f)*
industrialismo [iṇdustrja'lismo] *m* Industrialismus *m*
industrialización [iṇdustrjaliθa'θjon] *f* Industrialisierung *f*
industrializar [iṇdustrjali'θar] <z → c> *vt, vr:* **~se** (sich) industrialisieren
industrioso, -a [iṇdus'trjoso, -a] *adj* ① *(trabajador)* unternehmerisch ② *(mañoso)* geschickt
inédito, -a [i'neðito, -a] *adj* ① *(no publicado)* unveröffentlicht ② *(desconocido)* unbekannt
inefable [ine'faβle] *adj* unbeschreiblich, unsagbar
inefectivo, -a [inefek'tiβo, -a] *adj* ① *(sin resultado)* ineffektiv, unwirksam, fruchtlos ② (COM: *no rentable*) ineffizient, unwirtschaftlich
ineficacia [inefi'kaθja] *f* ① *(sin resultado)* Ineffektivität *f* ② (COM: *sin rentabilidad*) Unwirtschaftlichkeit *f* ③ *(de una persona)* Inkompetenz *f*
ineficaz [inefi'kaθ] *adj* ① *(cosa)* ineffektiv ② *(persona)* inkompetent
ineficiencia [inefi'θjeṇθja] *f* Ineffizienz *f*
ineficiente [inefi'θjeṇte] *adj* unwirtschaftlich
inelegible [inele'xiβle] *adj* nicht wählbar
ineluctable [ineluk'taβle] *adj (elev),* **ineludible** [inelu'ðiβle] *adj (elev)* unvermeidlich, unentrinnbar
ineludible [inelu'ðiβle] *adj (elev)* unvermeidlich
INEM [i'nem] *m abr de* **Instituto Nacional de Empleo** *Staatliches Institut für Arbeitsvermittlung*
inenarrable [inena'rraβle] *adj* unbeschreiblich
inencontrable [ineŋkoṇ'traβle] *adj* unauffindbar
inepcia [i'neβθja] *f (AmC, Arg)* ① *(ineptitud)* Unfähigkeit *f* ② *(necedad)* Torheit *f;* **decir ~s** Unsinn reden
ineptitud [inepti'tu$^{\eth}$] *f* ① *(incapacidad)* Unfähigkeit *f* (**para** zu +*dat*) ② *(incompetencia)* Untauglichkeit *f* (**para** für +*akk*)
inepto, -a [i'nepto, -a] *adj* ① *(incapaz)* unfähig (**para** zu +*dat*) ② *(incompetente)* untauglich (**para** für +*akk*)
inequívoco, -a [ine'kiβoko, -a] *adj* eindeutig
inercia [i'nerθja] *f* (*t.* FÍS) Trägheit *f;* **por ~** aus Gewohnheit
inerme [i'nerme] *adj* ① *(desarmado)* unbewaffnet ② (BIOL: *sin aguijón*) stachellos; *(sin púas)* dornenlos ③ *(indefenso)* wehrlos
inerte [i'nerte] *adj* ① *(sin vida)* tot ② *(inmóvil)* leblos
inescrutable [ineskru'taβle] *adj (elev)* unergründlich
inesperable [inespe'raβle] *adj* unvorhersehbar, unverhofft

inesperado, -a [inespe'raðo, -a] *adj* unerwartet
inestabilidad [inestaβili'ðað] *f* ❶ (*t.* TÉC: *fragilidad*) Instabilität *f* ❷ (*variabilidad*) Unbeständigkeit *f*
inestable [ines'taβle] *adj* ❶ (*t.* TÉC: *frágil*) instabil ❷ (*variable*) unbeständig
inestimable [inesti'maβle] *adj* unschätzbar
inevitable [ineβi'taβle] *adj* unvermeidbar
inevitablemente [ineβitaβle'mente] *adv* unweigerlich
inexactitud [ineᵞsakti'tuð] *f* ❶ (*no exacto*) Ungenauigkeit *f* ❷ (*error*) Fehler *m*
inexacto, -a [ineᵞ'sakto, -a] *adj* ❶ (*no exacto*) ungenau ❷ (*erróneo*) falsch
inexcusable [inesku'saβle] *adj* ❶ (*ineludible*) unumgänglich ❷ (*sin disculpa*) unverzeihlich
inexistencia [ineᵞsis'tenθja] *f* Inexistenz *f*
inexistente [ineᵞsis'tente] *adj* nicht vorhanden
inexorable [ineᵞso'raβle] *adj* (*elev*) unerbittlich (**en** in +*dat*)
inexperiencia [inespe'rjenθja] *f* Unerfahrenheit *f*
inexperto, -a [ines'perto, -a] *adj* unerfahren
inexplicable [inespli'kaβle] *adj* unerklärlich
inexplicado, -a [inespli'kaðo, -a] *adj* unklar, ungeklärt
inexplotado, -a [inesplo'taðo, -a] *adj* ungenutzt
inexpresable [inespre'saβle] *adj* unbeschreiblich
inexpresividad [inespresiβi'ðað] *f* Unbeschreiblichkeit *f*
inexpresivo, -a [inespre'siβo, -a] *adj* ❶ (*cara, mirada*) ausdruckslos ❷ (*cosa*) nichts sagend
inexpugnable [inespuɣ'naβle] *adj* ❶ (*inconquistable*) uneinnehmbar ❷ (*irreductible*) unerschütterlich
in extenso [in es'tenso] detailliert, in extenso
infalibilidad [iɱfaliβili'ðað] *f* Unfehlbarkeit *f*
infalible [iɱfa'liβle] *adj* unfehlbar
infamante [iɱfa'mante] *adj* schimpflich, schändlich, entehrend
infamar [iɱfa'mar] *vt* schänden
infame [iɱ'fame] *adj* ❶ (*vil*) gemein ❷ (*muy malo*) miserabel
infamia [iɱ'famja] *f* ❶ (*canallada*) Gemeinheit *f* ❷ (*deshonra*) Schande *f*
infancia [iɱ'fanθja] *f* ❶ (*niñez*) Kindheit *f*; **enfermedades de la ~** Kinderkrankheiten *fpl* ❷ (*etapa inicial*) Anfang *m* ❸ (*niños*) Kinder *ntpl*
infante, -a [iɱ'fante, -a] *m, f* ❶ (*elev: niño/niña*) Knabe *m*, Mädchen *nt*; **jardín de ~s** (*Am*) Kindergarten *m* ❷ (*príncipe/princesa*) Infant(in) *m(f)* ❸ (*soldado*) Infanterist(in) *m(f)*
infantería [iɱfante'ria] *f* (MIL) Infanterie *f*
infanticida [iɱfanti'θiða] **I.** *adj* **madre ~** Kind(e)smörderin *f* **II.** *mf* Kindermörder(in) *m(f)*
infanticidio [iɱfanti'θiðjo] *m* Kind(e)smord *m*
infantil [iɱfan'til] *adj* ❶ (*referente a la infancia*) Kinder-; **trabajo ~** Kinderarbeit *f*; **sonrisa ~** kindliches Lächeln ❷ (*pey: ingenuo*) kindisch
infantiloide [iɱfanti'loiβe] *adj* (*fam*) kindisch *abw*
infarto [iɱ'farto] *m* Infarkt *m*; **~ de miocardio** Herzinfarkt *m*
infatigable [iɱfati'ɣaβle] *adj* unermüdlich (**en** in +*dat*, **para** bei +*dat*)
infausto, -a [iɱ'fausto, -a] *adj* unheilvoll
infección [iɱfeᵞ'θjon] *f* (MED) ❶ (*contaminación*) Ansteckung *f* ❷ (*afección*) Infektion *f*
infeccioso, -a [iɱfeᵞ'θjoso, -a] *adj* (MED) infektiös; **enfermedad infecciosa** Infektionskrankheit *f*
infectar [iɱfek'tar] **I.** *vt* ❶ (MED: *contagiar*) anstecken ❷ (*fam: contaminar*) verseuchen ❸ (*corromper*) infizieren **II.** *vr*: **~se** ❶ (*contagiarse*) sich anstecken ❷ (*inflamarse*) sich entzünden
infecto, -a [iɱ'fekto, -a] *adj* ❶ (*contagiado*) infiziert (**de** mit +*dat*) ❷ (*nauseabundo*) widerlich ❸ (*corrupto*) schmutzig
infelicidad [iɱfeliθi'ðað] *f* ❶ (*falta de felicidad*) Unzufriedenheit *f* ❷ (*suerte adversa*) Unglück *nt*
infeliz [iɱfe'liθ] **I.** *adj* ❶ (*no feliz*) unglücklich ❷ (*fam: ingenuo*) treudoof **II.** *mf* (*fam*) ❶ (*desgraciado*) Unglückliche(r) *mf* ❷ (*buenazo*) armer Tropf *m*
inferencia [iɱfe'renθja] *f* (Schluss)folgerung *f*
inferior [iɱfe'rjor] **I.** *adj* ❶ (*debajo*) untere(r, s); **labio ~** Unterlippe *f* ❷ (*de menos calidad*) minderwertiger (**a** als +*nom*) ❸ (*de menos categoría*) niedriger (**a** als +*nom*) ❹ (*menos*) geringer (**a** als +*nom*) ❺ (*subordinado*) untergeben **II.** *mf* Untergebene(r) *mf*
inferioridad [iɱferjori'ðað] *f* Unterlegenheit *f*; **estar en ~ de condiciones** im Nachteil sein
inferir [iɱfe'rir] *irr como sentir* **I.** *vt* ❶ (*deducir*) schließen (**de/por** aus +*dat*)

I

❷ *(ocasionar)* herbeiführen ❸ *(causar)* zufügen **II.** *vr:* **~se** hervorgehen (**de** aus +*dat*)

infernal [iɱfer'nal] *adj* höllisch; **ruido ~** Höllenlärm *m*

infernar [iɱfer'nar] <e → ie> **I.** *vt* ❶ *(ocasionar la condenación)* der Verdammnis preisgeben ❷ *(fig: molestar)* ärgern **II.** *vr:* **~se** ❶ *(ocasionarse la condenación)* der Verdammnis anheimfallen ❷ *(fig: molestarse)* sich ärgern, sich aufregen

infértil [iɱ'fertil] *adj* unfruchtbar

infestación [iɱfesta'θjon] *f sin pl* ❶ *(parásitos)* Befall *m; (plantas)* Plage *f* ❷ *(infección)* Ansteckung *f,* Infektion *f*

infestar [iɱfes'tar] *vt* ❶ *(inundar)* überschwemmen (**de** mit +*dat*) ❷ *(infectar)* anstecken (**de** mit +*dat*) ❸ *(causar)* zufügen ❹ *(corromper)* infizieren (**de** mit +*dat*)

I

inficionar [iɱfiθjo'nar] *vt* ❶ *(contaminar)* verseuchen ❷ *(envenenar)* vergiften ❸ *(corromper)* verderben

infidelidad [iɱfiðeli'ða^{ð}] *f* ❶ *(deslealtad)* Untreue *f* ❷ *(incredulidad)* Unglaube *m*

infidencia [iɱfi'ðen̪θja] *f* ❶ *(elev: infidelidad)* Untreue *f* ❷ *(violación de la confianza)* Vertrauensbruch *m*

infiel [iɱ'fjel] **I.** *adj* <infidelísimo> ❶ *(desleal)* untreu ❷ *(pagano)* ungläubig ❸ *(inexacto)* nicht getreu **II.** *mf* Ungläubige(r) *mf*

infierno [iɱ'fjerno] *m* ❶ (*t.* REL) Hölle *f;* **mandar al ~** zum Teufel jagen ❷ *(en la mitología)* Unterwelt *f*

infiltración [iɱfil̪tra'θjon] *f* ❶ *(el penetrar)* Einsickern *nt* ❷ *(propagación)* Verbreitung *f* ❸ (POL) Einschleusung *f*

infiltrar [iɱfil̪'trar] **I.** *vt* ❶ *(penetrar)* einsickern lassen (**en** in +*akk*) ❷ *(inculcar)* verbreiten (**entre** unter +*dat*) **II.** *vr:* **~se** ❶ *(penetrar)* einsickern (**en** in +*akk*) ❷ *(introducirse)* sich einschleusen (**en** in +*akk*)

ínfimo, -a ['iɱfimo, -a] *adj* ❶ *(muy bajo)* unterste(r, s) ❷ *(mínimo)* geringste(r, s) ❸ *(vil)* niederträchtigste(r, s)

infinible [iɱfi'niβle] *adj (elev)* unvergänglich, ewig

infinidad [iɱfini'ða^{ð}] *f* ❶ *(cualidad de infinito)* Unendlichkeit *f* ❷ *(gran número)* Unmenge *f* (**de** an/von +*dat*)

infinitesimal [iɱfinitesi'mal] *adj* (MAT) infinitesimal; **cálculo ~** Infinitesimalrechnung *f*

infinitivo [iɱfini'tiβo] *m* (LING) Infinitiv *m*

infinito^{1} [iɱfi'nito] *m* (*t.* MAT) Unendliche(s) *nt*

infinito, -a^{2} [iɱfi'nito, -a] *adj* ❶ *(ilimitado)* unendlich; *(cosas no materiales)* grenzenlos ❷ *(incontable)* unzählbar

infinitud [iɱfini'tu^{ð}] *f sin pl* Unendlichkeit *f*

infirmar [iɱfir'mar] *vt* (JUR) außer Kraft setzen, annullieren

inflable [iɱ'flaβle] *adj* aufblasbar

inflación [iɱfla'θjon] *f* ❶ *(el inflar)* Aufblasen *nt;* (MED) Aufblähung *f* ❷ (ECON) Inflation *f* ❸ *(exceso)* Übermaß *nt*

inflacionismo [iɱflaθjo'nismo] *m* (ECON) Inflationismus *m*

inflacionista [iɱflaθjo'nista] *adj* (ECON) inflationär

inflador [iɱfla'ðor] *m* Luftpumpe *f*

inflagaitas [iɱfla'ɣai̯tas] *m inv (fam)* Blödmann *m*

inflamable [iɱfla'maβle] *adj* leicht entzündbar

inflamación [iɱflama'θjon] *f* ❶ (*t.* MED) Entzündung *f* ❷ (TÉC) Zündung *f;* **punto de ~** Zündpunkt *m*

inflamar [iɱfla'mar] **I.** *vt* ❶ *(encender)* entzünden ❷ *(excitar)* entflammen **II.** *vr:* **~se** (*t.* MED) sich entzünden

inflamatorio, -a [iɱflama'torjo, -a] *adj* (MED) entzündlich

inflar [iɱ'flar] **I.** *vt* ❶ *(llenar de aire)* aufblasen ❷ *(exagerar)* aufbauschen **II.** *vr:* **~se** ❶ *(hincharse)* sich aufblähen (**de** mit +*dat*) ❷ *(fam: de comida)* sich vollstopfen (**de** mit +*dat*)

inflexibilidad [iɱfle^{ɣ}siβili'ða^{ð}] *f* Inflexibilität *f,* Unnachgiebigkeit *f* (**a** gegenüber +*dat,* **en** in +*dat*)

inflexible [iɱfle^{ɣ}'siβle] *adj* ❶ *(rígido)* unbiegsam ❷ *(firme)* unnachgiebig (**a** gegenüber +*dat,* **en** in +*dat*)

inflexión [iɱfle^{ɣ}'sjon] *f* ❶ *(torcimiento)* Biegung *f* ❷ *(referente a la voz)* Modulation *f* ❸ (MAT) Wendepunkt *m* ❹ (LING) Flexion *f*

infligir [iɱfli'xir] <g → j> *vt* **~ un castigo** eine Strafe auferlegen; **~ daño** Schaden verursachen; *(dolor)* Schmerz zufügen

influencer [iɱ'flwen̪θer] *mf (prescriptor de opinión en internet)* Influencer(in) *m(f)*

influencia [iɱ'flwen̪θja] *f* Einfluss *m* (**en/sobre** auf +*akk*)

influenciable [iɱflwen̪'θjaβle] *adj* beeinflussbar

influenciar [iɱflwen̪'θjar] **I.** *vt* beeinflussen **II.** *vr:* **~se** sich beeinflussen lassen

influir [iɱflu'ir] *irr como huir* **I.** *vi* ❶ *(contribuir)* beeinflussen (**en/sobre** +*akk*) ❷ *(actuar)* einwirken (**en/sobre** auf +*akk*) **II.** *vt* beeinflussen **III.** *vr:* **~se** sich beeinflussen lassen (**de** von +*dat*)

influjo [iɱˈfluxo] *m* ① *(influencia)* Einfluss *m* ② *(flujo)* Flut *f*
influyente [iɱfluˈɟeṇte] *adj* einflussreich
información [iɱformaˈθjon] *f* Information *f* (**sobre** über +*akk*); *(oficina)* Auskunft(sstelle) *f*
informador(a) [iɱformaˈðor(a)] *m(f)* ① *(informante)* Informant(in) *m(f)* ② *(periodista)* Berichterstatter(in) *m(f)*
informal [iɱforˈmal] *adj* ① *(desenfadado)* informal; **lenguaje ~** Umgangssprache *f* ② *(no cumplidor)* unzuverlässig
informalidad [iɱformaliˈðaᵈ] *f* Unzuverlässigkeit *f*
informante [iɱforˈmaṇte] *mf* Informant(in) *m(f)*
informar [iɱforˈmar] **I.** *vt* ① *(comunicar)* informieren (**de/sobre** über +*akk*) ② *(elev: fundamentar)* begründen **II.** *vi* (JUR) plädieren **III.** *vr:* **~se** sich informieren (**de** über +*akk*)
informática [iɱforˈmatika] *f* elektronische Datenverarbeitung *f*
informático, -a [iɱforˈmatiko, -a] **I.** *adj* **fallo ~** Computerfehler *m* **II.** *m, f* Informatiker(in) *m(f)*
informativo[1] [iɱformaˈtiβo] *m* Nachrichtensendung *f*
informativo, -a[2] [iɱformaˈtiβo, -a] *adj* informativ; **boletín ~** *(por escrito)* Informationsblatt *nt; (radial)* Nachrichten *fpl*
informatización [iɱformatiθaˈθjon] *f* Umstellung *f* auf EDV
informatizar [iɱformatiˈθar] <z → c> *vt* auf EDV umstellen
informe [iɱˈforme] **I.** *adj* ① *(sin forma)* unförmig ② *(indefinido)* unbestimmt **II.** *m* ① *(exposición)* Bericht *m* (**sobre** über +*akk*) ② *pl (referencias)* Referenzen *fpl* (**sobre** über +*akk*)
informulable [iɱformuˈlaβle] *adj* unaussprechlich, nicht in Worte zu fassen
infortunadamente [iɱfortunaðaˈmeṇte] *adv* unglücklicherweise
infortunado, -a [iɱfortuˈnaðo, -a] *adj* unglückselig
infortunio [iɱforˈtunjo] *m* ① *(adversidad)* Unglück *nt* ② *(mala suerte)* Pech *nt*
infotainment [iɱfoˈtainmenᵗ] *m* Infotainment *nt*
infracción [iɱfraʸˈθjon] *f* Verstoß *m* (**de** gegen +*akk*); **~ de tráfico** Verkehrsübertretung *f*
infractor(a) [iɱfrakˈtor(a)] **I.** *adj* zuwiderhandelnd **II.** *m(f)* Zuwiderhandelnde(r) *mf;* (JUR) Rechtsbrecher(in) *m(f)*
infradesarrollado, -a [iɱfraðesarroˈʎaðo, -a] *adj* unterentwickelt
infraestructura [iɱfraestrukˈtura] *f* ① *(construcción)* Unterbau *m* ② *(medios)* Infrastruktur *f*
infrahumano, -a [iɱfrauˈmano, -a] *adj* menschenunwürdig
infranqueable [iɱfraŋkeˈaβle] *adj* unüberwindbar
infrarrojo, -a [iɱfraˈrroxo, -a] *adj* (FÍS) infrarot; **rayos ~s** Infrarotstrahlen *mpl*
infrautilizar [iɱfrautiliˈθar] <z → c> *vt* nicht erschöpfend nutzen
infravalorar [iɱfraβaloˈrar] *vt* unterbewerten
infrecuencia [iɱfreˈkweṇθja] *f* Seltenheit *f*
infrecuente [iɱfreˈkweṇte] *adj* selten
infringir [iɱfriŋˈxir] <g → j> *vt* verstoßen (gegen +*akk*)
infructuosidad [iɱfruktwosiˈðaᵈ] *f sin pl* Erfolglosigkeit *f*
infructuoso, -a [iɱfruktuˈoso, -a] *adj* unfruchtbar
ínfula [ˈiɱfula] *f* ① (REL) Inful *f* ② *pl (soberbia)* **darse ~s** sich wichtigmachen
infumable [iɱfuˈmaβle] *adj* ① *(tabaco)* nicht rauchbar, ungenießbar ② *(fig: inaceptable)* unzumutbar, inakzeptabel; **esta novela es ~** dieser Roman ist eine Zumutung
infundado, -a [iɱfuṇˈdaðo, -a] *adj* unbegründet
infundio [iɱˈfuṇdjo] *m* Gerücht *nt*
infundir [iɱfuṇˈdir] *vt* einflößen; (REL) geben; **~ sospechas** einen Verdacht aufkommen lassen
infusión [iɱfuˈsjon] *f* ① *(disolución)* Aufguss *m* ② *(bebida)* (Kräuter)tee *m*
ingeniar [iŋxeˈnjar] **I.** *vt* erfinden **II.** *vr:* **~se** sich *dat* ausdenken
ingeniera [iŋxeˈnjera] *f v.* **ingeniero**
ingeniería [iŋxenjeˈria] *f* ① *(técnica)* Technik *f* ② *(disciplina)* Ingenieurwissenschaft *f;* **escuela de ~** Ingenieurfachschule *f*
ingeniero, -a [iŋxeˈnjero, -a] *m, f* Ingenieur(in) *m(f)*
ingenio [iŋˈxenjo] *m* ① *(inventiva)* Erfindungsgabe *f* ② *(talento para contar)* Esprit *m* ③ *(persona)* Genie *nt* ④ *(maña)* Geschick *nt* ⑤ *(máquina)* Maschine *f*
ingeniosidad [iŋxenjosiˈðaᵈ] *f* ① *(ingenio)* Erfindergeist *m* ② *(dicho)* Spruch *m*
ingenioso, -a [iŋxeˈnjoso, -a] *adj* ① *(hábil)* geschickt ② *(listo)* geistreich
ingente [iŋˈxeṇte] *adj* enorm; **~ cantidad** Unmenge *f*
ingenuidad [iŋxenwiˈðaᵈ] *f* ① *(inocencia)* Naivität *f* ② *(torpeza)* Torheit *f*
ingenuo, -a [iŋˈxenwo, -a] *adj* naiv
ingerir [iŋxeˈrir] *vt irr como sentir* ① *(refe-*

I

rente a medicamentos) einnehmen ❷ *(beber)* trinken; *(comer)* essen

ingestión [iŋxes'tjon] *f* ❶ *(referente a medicamentos)* Einnahme *f* ❷ *(el beber)* Trinken *nt; (el comer)* Essen *nt*

Inglaterra [iŋgla'terra] *f* England *nt*

ingle ['iŋgle] *f* (ANAT) Leiste *f*

inglés, -esa [iŋ'gles, -esa] **I.** *adj* englisch; **llave inglesa** Engländer *m* **II.** *m, f* Engländer(in) *m(f)*

ingratitud [iŋgrati'tuᵈ] *f* Undankbarkeit *f*

ingrato, -a [iŋ'grato, -a] *adj* undankbar (**con/para con** gegenüber +*dat*)

ingravidez [iŋgraβi'ðeθ] *f* Schwerelosigkeit *f*

ingrávido, -a [iŋ'graβiðo, -a] *adj* ❶ *(falta de gravedad)* schwerelos ❷ *(ligero)* leicht

ingrediente [iŋgre'ðjen̩te] *m* ❶ *(sustancia)* Zutat *f* ❷ *(elemento)* Bestandteil *m*

ingresar [iŋgre'sar] **I.** *vi* ❶ *(inscribirse)* eintreten (**en** in +*akk*) ❷ *(hospitalizarse)* eingeliefert werden **II.** *vt* ❶ *(meter)* einzahlen; ~ **un cheque** einen Scheck einreichen ❷ *(hospitalizar)* einliefern (**en** in +*akk*) ❸ *(percibir)* verdienen

ingreso [iŋ'greso] *m* ❶ *(inscripción)* Eintritt *m;* **examen de ~** Aufnahmeprüfung *f* ❷ *(ceremonia)* Aufnahmezeremoniell *nt* ❸ *(alta)* Einlieferung *f* ❹ *(en una cuenta)* Einzahlung *f* ❺ *pl (retribuciones)* Einnahmen *f pl*

íngrimo, -a ['iŋgrimo, -a] *adj (Am: solitario)* einsam

inhábil [i'naβil] *adj* ❶ *(torpe)* ungeschickt; **ser ~ para algo** für etw kein Geschick haben ❷ (JUR) **día ~** Feiertag *m*

inhabilitación [inaβilita'θjon] *f* (JUR) ❶ *(incapacitación)* Unfähigkeit *f;* ~ **especial** *Unfähigkeit zu einzelnen Ämtern* ❷ *(interdicción)* Berufsverbot *nt;* ~ **especial temporal** Berufsverbot auf Zeit

inhabilitar [inaβili'tar] *vt* (JUR) ❶ *(incapacitar)* für unfähig erklären (**para** +*gen*) ❷ *(prohibir)* ein Berufsverbot aussprechen (**a** gegen +*akk*)

inhabitable [inaβi'taβle] *adj* unbewohnbar

inhabitado, -a [inaβi'taðo, -a] *adj* unbewohnt, verlassen

inhabitual [inaβitu'al] *adj* ungewohnt

inhalación [inala'θjon] *f* Einatmen *nt;* (MED) Inhalation *f;* **realizar inhalaciones de eucalipto** Inhalationen mit Eukalyptus machen

inhalador [inala'ðor] *m* (MED) Inhalationsapparat *m*

inhalar [ina'lar] *vt* einatmen; (MED) inhalieren

inhereditable [inereði'taβle] *adj* nicht vererbbar

inherente [ine'ren̩te] *adj* innewohnend (**a** +*dat*)

inhibición [iniβi'θjon] *f* ❶ *(represión)* Unterdrückung *f* ❷ *(abstención)* Zurückhaltung *f* ❸ (MED) Hemmung *f* ❹ (JUR) Ablehnung *f (eines Richters)*

inhibir [ini'βir] **I.** *vt* ❶ *(reprimir)* unterdrücken ❷ (BIOL) hemmen ❸ (JUR) (einen Richter) ablehnen **II.** *vr:* **~se** sich heraushalten (**de/en** aus +*dat*); **~se de hacer algo** sich zurückhalten, etw zu tun

inhibitorio, -a [iniβi'torjo, -a] *adj* (JUR) Untersagungs-

inhospitalario, -a [inospita'larjo, -a] *adj,* **inhóspito, -a** [i'nospito, -a] *adj* ungastlich

inhumación [inuma'θjon] *f* Beisetzung *f*

inhumanidad [inumani'ðaᵈ] *f* Unmenschlichkeit *f*

inhumano, -a [inu'mano, -a] *adj* unmenschlich

inhumar [inu'mar] *vt (elev)* beisetzen

iniciación [iniθja'θjon] *f* ❶ *(comienzo)* Beginn *m* ❷ *(introducción)* Einführung *f* (**a/en** in +*akk*) ❸ *(sobre algo secreto)* Einweihung *f* ❹ *(de un novato)* Initiation *f*

iniciado, -a [ini'θjaðo, -a] **I.** *adj* eingeweiht **II.** *m, f* Eingeweihte(r) *mf*

inicial [ini'θjal] **I.** *adj* anfänglich; **fase ~** Anfangsphase *f* **II.** *f* Anfangsbuchstabe *m*

inicializar [iniθjali'θar] <z → c> *vt* (INFOR) initialisieren

iniciar [ini'θjar] **I.** *vt* ❶ *(comenzar)* beginnen ❷ *(introducir)* einführen (**en** in +*akk*) ❸ *(revelar un secreto)* einweihen (**en** in +*akk*) ❹ (INFOR) booten; ~ **el funcionamiento del ordenador** den Rechner urladen **II.** *vr:* **~se** ❶ *(comenzar)* beginnen ❷ *(introducirse)* sich vertraut machen (**en** mit +*dat*)

iniciativa [iniθja'tiβa] *f* Initiative *f;* ~ **ciudadana** Bürgerinitiative *f*

iniciativo, -a [iniθja'tiβo, -a] *adj* einleitend, einführend

inicio [i'niθjo] *m* Beginn *m*

inicuo, -a [i'nikwo, -a] *adj* ❶ *(injusto)* ungerecht ❷ *(malvado)* gemein, niederträchtig

inigualable [iniɣwa'laβle] *adj* unvergleichlich

inimaginable [inimaxi'naβle] *adj* unvorstellbar

inimitable [inimi'taβle] *adj* unnachahmlich

ininteligibilidad [inin̩telixiβili'ðaᵈ] *f* Unleserlichkeit *f,* Unverständlichkeit *f*

ininteligible [ininteli'xente] *adj* unverständlich; *(escritura)* unleserlich
ininterrumpido, -a [ininterrum'piðo, -a] *adj* ununterbrochen
iniquidad [iniki'ðað] *f* ❶ *(injusticia)* Ungerechtigkeit *f* ❷ *(infamia)* Gemeinheit *f*, Niederträchtigkeit *f*
injerencia [iŋxe'renθja] *f* Einmischung *f* (**en** in +*akk*)
injerir [iŋxe'rir] *irr como sentir* **I.** *vt* ❶ *(introducir)* einführen (**en** in +*akk*) ❷ *(injertar)* pfropfen **II.** *vr:* **~se** sich einmischen (**en** in +*akk*)
injertar [iŋxer'tar] *vt* ❶ *(plantas)* pfropfen ❷ (MED) verpflanzen
injerto [iŋ'xerto] *m* ❶ *(el injertar)* Pfropfung *f* ❷ *(resultado del injertar)* Kreuzung *f* ❸ *(brote)* Pfröpfling *m* ❹ (MED) Verpflanzung *f*
injuria [iŋ'xurja] *f (con palabras)* Beschimpfung *f*; *(con acciones o palabras)* Beleidigung *f*
injuriador(a) [iŋxurja'ðor(a)] *adj* beleidigend
injuriar [iŋxu'rjar] *vt (con palabras)* beschimpfen; *(con acciones)* beleidigen
injurioso, -a [iŋxu'rjoso, -a] *adj* beleidigend
injusticia [iŋxus'tiθja] *f* Ungerechtigkeit *f*
injustificado, -a [iŋxustifi'kaðo, -a] *adj* ungerechtfertigt
injusto, -a [iŋ'xusto, -a] *adj* ungerecht; (*t.* JUR: *injustificado*) ungerechtfertigt
inmaculado, -a [iⁿmaku'laðo, -a/iᵐmaku'laðo, -a] *adj* ❶ *(limpísimo)* rein ❷ *(impecable)* makellos
inmadurez [iⁿmaðu'reθ/iᵐmaðu'reθ] *f sin pl* Unreife *f*
inmaduro, -a [iⁿma'ðuro, -a/iᵐma'ðuro, -a] *adj* unreif
inmanente [iⁿma'nente/iᵐma'nente] *adj (elev)* innewohnend (**a** +*dat*)
inmarchitable [iⁿmartʃi'taβle/iᵐmartʃi'taβle] *adj* nicht (ver)welkend; *(fig)* unvergänglich
inmaterializar [iⁿmaterjali'θar/iᵐmaterjali'θar] <z → c> **I.** *vt* entmaterialisieren **II.** *vr:* **~se** sich entmaterialisieren
inmediaciones [iⁿmeðja'θjones/iᵐmeðja'θjones] *fpl* nähere Umgebung *f*
inmediatamente [iⁿmeðjata'mente/iᵐmeðjata'mente] *adv* ❶ *(sin demora)* sofort ❷ *(directamente)* unmittelbar
inmediatez [iⁿmeðja'teθ/iᵐmeðja'teθ] *f sin pl* Unmittelbarkeit *f*
inmediato, -a [iⁿme'ðjato, -a/iᵐme'ðjato, -a] *adj* ❶ *(sin demora)* sofortig; **de ~** sofort ❷ *(directo)* unmittelbar ❸ *(próximo)* nächstgelegen
inmejorable [iⁿmexo'raβle/iᵐmexo'raβle] *adj* vortrefflich, hervorragend
inmemorable [iⁿmemo'raβle/iᵐmemo'raβle] *adj*, **inmemorial** [iⁿmemo'rjal/iᵐmemo'rjal] *adj* sehr weit zurückliegend; **desde tiempos ~es** seit Menschengedenken
inmensidad [iⁿmensi'ðað/iᵐmensi'ðað] *f* ❶ *(extensión)* Unermesslichkeit *f* ❷ *(cantidad)* ungeheure Menge *f*
inmenso, -a [iⁿ'menso, -a/iᵐ'menso, -a] *adj* unermesslich
inmensurable [iⁿmensu'raβle/iᵐmensu'raβle] *adj* unmessbar
inmerecido, -a [iⁿmere'θiðo, -a/iᵐmere'θiðo, -a] *adj* unverdient
inmersión [iⁿmer'sjon/iᵐmer'sjon] *f* ❶ *(sumersión)* Eintauchen *nt* ❷ (ASTR) Immersion *f*
inmerso, -a [iⁿ'merso, -a/iᵐ'merso, -a] *adj* versunken (**en** in +*akk*)
inmigración [iⁿmiɣra'θjon/iᵐmiɣra'θjon] *f* Einwanderung *f*
inmigrante [iⁿmi'ɣrante/iᵐmi'ɣrante] *mf* Einwanderer, -in *m, f*
inmigrar [iⁿmi'ɣrar/iᵐmi'ɣrar] *vi* einwandern
inmigratorio, -a [iⁿmiɣra'torjo, -a/iᵐmiɣra'torjo, -a] *adj* Einwanderungs-
inminente [iⁿmi'nente/iᵐmi'nente] *adj* nahe bevorstehend
inmiscuir [iⁿmisku'ir/iᵐmisku'ir] *irr como huir* **I.** *vt* mischen **II.** *vr:* **~se** sich einmischen (**en** in +*akk*)
inmisericorde [iⁿmiseri'korðe/iᵐmiseri'korðe] *adj* unbarmherzig
inmobiliaria [iⁿmoβi'ljarja/iᵐmoβi'ljarja] *f* Immobilienfirma *f*
inmobiliario, -a [iⁿmoβi'ljarjo, -a/iᵐmoβi'ljarjo, -a] *adj* Immobilien-
inmoderado, -a [iⁿmoðe'raðo, -a/iᵐmoðer'raðo, -a] *adj* unmäßig
inmodestia [iⁿmo'ðestja/iᵐmo'ðestja] *f* Unbescheidenheit *f*
inmodesto, -a [iⁿmo'ðesto, -a/iᵐmo'ðesto, -a] *adj* unbescheiden
inmódico, -a [iⁿ'moðiko, -a/iᵐ'moðiko, -a] *adj (cantidad)* stattlich; *(esfuerzo)* übermäßig; *(precio)* unangemessen
inmodificable [iⁿmoðifi'kaβle/iᵐmoðifi'kaβle] *adj* unveränderlich
inmolación [iⁿmola'θjon/iᵐmola'θjon] *f* Opfer *nt*
inmolar [iⁿmo'lar/iᵐmo'lar] *vt, vr:* ~(**se**) (sich) opfern (**por** für +*akk*)
inmoral [iⁿmo'ral/iᵐmo'ral] *adj* unmoralisch; *(en cuestiones sexuales)* unsittlich
inmoralidad [iⁿmorali'ðað/iᵐmorali'ðað] *f*

① *(indignidad)* Unmoral *f* ② *(indecencia)* Unsittlichkeit *f*

inmortal [i^{n}mor'tal/i^{m}mor'tal] *adj* unsterblich

inmortalidad [i^{n}mortali'ða^{ð}/i^{m}mortali'ða^{ð}] *f* Unsterblichkeit *f*

inmortalizar [i^{n}mortali'θar/i^{m}mortali'θar] <z → c> *vt, vr:* ~(**se**) (sich) unsterblich machen

inmotivado, -a [i^{n}moti'βaðo, -a/i^{m}moti'βaðo, -a] *adj* ① *(infundado)* grundlos ② (LING) unmotiviert

inmovible [i^{n}mo'βiβle/i^{m}mo'βiβle] *adj* unbeweglich

inmóvil [i^{n}'moβil/i^{m}'moβil] *adj* bewegungslos

inmovilidad [i^{n}moβili'ða^{ð}/i^{m}moβili'ða^{ð}] *f* Bewegungslosigkeit *f*

inmovilismo [i^{n}moβi'lismo/i^{m}moβi'lismo] *m* Fortschrittsfeindlichkeit *f*

inmovilización [i^{n}moβiliθa'θjon/i^{m}moβiliθa'θjon] *f* ① *(incapaz de moverse)* Bewegungsunfähigkeit *f;* (MIL) Immobilität *f* ② (MED) Ruhigstellung *f* ③ (COM) (feste) Anlage *f*

inmovilizar [i^{n}moβili'θar/i^{m}moβili'θar] <z → c> **I.** *vt* ① *(paralizar)* lähmen; ~ **a alguien** jdn bewegungsunfähig machen ② (MED) ruhig stellen ③ (COM) (fest) anlegen **II.** *vr:* ~**se** bewegungsunfähig werden

inmueble [i^{n}'mweβle/i^{m}'mweβle] **I.** *adj* unbeweglich **II.** *m* Grundbesitz *m*

inmundicia [i^{n}mun̩'diθja/i^{m}mun̩'diθja] *f* ① *(suciedad)* Schmutz *m* ② *(indecencia)* Unanständigkeit *f*

inmundo, -a [i^{n}'mun̩do, -a/i^{m}'mun̩do, -a] *adj* schmutzig

inmune [i^{n}'mune/i^{m}'mune] *adj* ① (MED) immun (**a** gegen +*akk*) ② *(exento)* befreit (**de** von +*dat*)

inmunidad [i^{n}muni'ða^{ð}/i^{m}muni'ða^{ð}] *f* Immunität *f*

inmunización [i^{n}muniθa'θjon/i^{m}muniθa'θjon] *f* *(acción)* Immunisierung *f;* *(resultado)* Immunität *f*

inmunizar [i^{n}muni'θar/i^{m}muni'θar] <z → c> **I.** *vt* immunisieren **II.** *vr:* ~**se** immun werden

inmunodeficiencia [i^{n}munoðefi'θjen̩θja/i^{m}munoðefi'θjen̩θja] *f* (MED) Immunschwäche *f;* **síndrome de ~ adquirida** erworbenes Immundefektsyndrom

inmunología [i^{n}munolo'xia/i^{m}munolo'xia] *f* (MED) Immunologie *f*

inmunólogo, -a [i^{n}mu'noloɣo, -a/i^{m}mu'noloɣo, -a] *m, f* (MED) Immunologe, -in *m, f*

inmutabilidad [i^{n}mutaβili'ða^{ð}/i^{m}mutaβili'ða^{ð}] *f* ① *(inmodificable)* Unveränderlichkeit *f* ② *(imperturbable)* Unerschütterlichkeit *f*

inmutable [i^{n}mu'taβle/i^{m}mu'taβle] *adj* ① *(inmodificable)* unveränderlich ② *(imperturbable)* unerschütterlich

inmutación [i^{n}muta'θjon/i^{m}muta'θjon] *f* ① *(conmoción)* Bestürzung *f* ② *(cambio)* Veränderung *f*

inmutar [i^{n}mu'tar/i^{m}mu'tar] **I.** *vt* ① *(afectar)* erschüttern ② *(variar)* verändern **II.** *vr:* ~**se** sich erschüttern lassen (**por** durch +*akk*); **sin ~se** gelassen

innato, -a [in'nato, -a] *adj* angeboren; **tiene un talento ~** er/sie ist ein Naturtalent

innatural [innatu'ral] *adj* unnatürlich

innavegable [innaβe'ɣaβle] *adj* ① *(aguas)* nicht schiffbar ② *(embarcación)* manövrierunfähig

innecesario, -a [inneθe'sarjo, -a] *adj* unnötig

innegable [inne'ɣaβle] *adj* unbestreitbar

innoble [in'noβle] *adj* gemein

innocuidad [innokwi'ða^{ð}] *f* Unschädlichkeit *f,* Ungefährlichkeit *f*

innocuo, -a [in'nokwo, -a] *adj* unschädlich

innombrable [innom'braβle] *adj* unaussprechlich, unbeschreiblich

innovación [innoβa'θjon] *f* Innovation *f*

innovador(a) [innoβa'ðor(a)] **I.** *adj* innovativ **II.** *m(f)* Neuerer, -in *m, f*

innovar [inno'βar] *vt* innovieren

innumerable [innume'raβle] *adj* zahllos; **un gentío ~** unzählig viele Menschen

inobediente [inoβe'ðjen̩te] *adj* ungehorsam

inocencia [ino'θen̩θja] *f* ① *(falta de culpabilidad)* Unschuld *f* ② *(falta de malicia)* Harmlosigkeit *f* ③ *(ingenuidad)* Naivität *f*

inocentada [inoθen̩'taða] *f* ① *(tontada)* Dummheit *f* ② *(broma)* Art Aprilscherz am 28. Dezember; **gastar una ~ a alguien** jdn in den April schicken

inocente [ino'θen̩te] *adj* ① *(sin culpa)* unschuldig ② *(sin malicia)* harmlos ③ *(ingenuo)* naiv, einfältig

inocuidad [inokwi'ða^{ð}] *f sin pl* Unschädlichkeit *f*

inoculable [inoku'laβle] *adj* (MED) ansteckend

inocular [inoku'lar] *vt* ① (MED) inokulieren ② *(serpientes)* einspritzen

inocultable [inokul̩'taβle] *adj* nicht zu verbergen, offenkundig

inocuo, -a [i'nokwo, -a] *adj* unschädlich

inodoro[1] [ino'ðoro] *m* Wasserklosett *nt*

inodoro, -a[2] [ino'ðoro, -a] *adj* geruchlos

inofensivo, -a [inofen'siβo, -a] *adj* harmlos

inoficioso, -a [inofi'θjoso, -a] *adj (Am)* nutzlos
inolvidable [inolβi'ðaβle] *adj* unvergesslich
inoperable [inope'raβle] *adj* (MED) inoperabel
inoperante [inope'rante] *adj* wirkungslos
inopia [i'nopja] *f* Bedürftigkeit *f*, Mittellosigkeit *f*, Armut *f*; **estar en la ~** *(fig)* zerstreut sein
inopinable [inopi'naβle] *adj* unstrittig, indisputabel; **las órdenes paternas eran ~s** die elterlichen Anordnungen standen nicht zur Diskussion
inopinado, -a [inopi'naðo, -a] *adj* unerwartet
inoportunidad [inoportuni'ða^{d}] *f* ① *(fuera de lugar)* Unangebrachtheit *f* ② *(fuera de tiempo)* ungünstiger Zeitpunkt *m*
inoportuno, -a [inopor'tuno, -a] *adj* ① *(fuera de lugar)* unangebracht ② *(fuera de tiempo)* ungelegen
inorgánico, -a [inor'ɣaniko, -a] *adj* ① *(no viviente)* anorganisch ② *(no organizado)* unorganisiert
inoxidable [ino$^{\gamma}$si'ðaβle] *adj* rostfrei
input ['imput] *m* <inputs> (INFOR) Input *m o nt*
inquebrantable [iŋkeβran'taβle] *adj (decisión)* unerschütterlich; *(cosa)* unzerbrechlich
inquietante [iŋkje'tante] *adj* beunruhigend
inquietar [iŋkje'tar] **I.** *vt* beunruhigen **II.** *vr:* **~se** sich beunruhigen (**con/por** wegen *+gen/dat*)
inquieto, -a [iŋ'kjeto, -a] *adj* ① *estar (intranquilo)* unruhig ② *ser (desasosegado)* ruhelos
inquietud [iŋkje'tu^{d}] *f* ① *(intranquilidad)* Unruhe *f* ② *(desasosiego)* Ruhelosigkeit *f* ③ *(preocupación)* Beunruhigung *f* ④ *pl (anhelos)* Interessen *nt pl*
inquilino, -a [iŋki'lino, -a] *m, f* Mieter(in) *m(f)*
inquina [in'kina] *f* Abneigung *f*
inquirir [iŋki'rir] *vt irr como adquirir* untersuchen
inquisición [iŋkisi'θjon] *f* Untersuchung *f*
Inquisición [iŋkisi'θjon] *f* Inquisition *f*
inquisidor[1] [iŋkisi'ðor] *m* Inquisitor *m*
inquisidor(a)[2] [iŋkisi'ðor(a)] *adj* neugierig
inquisitivo, -a [iŋkisi'tiβo, -a] *adj* neugierig
insaciable [insa'θjaβle] *adj* unersättlich; *(sed)* unstillbar
insalubre [insa'luβre] *adj* gesundheitsschädlich
insalubridad [insaluβri'ða^{d}] *f* Gesundheitsschädlichkeit *f*
insalvable [insal'βaβle] *adj* nicht zu retten; *(obstáculo)* unüberwindbar
insanable [insa'naβle] *adj* unheilbar
insania [in'sanja] *f* Wahnsinn *m*
insano, -a [in'sano, -a] *adj* ① *(insalubre)* ungesund ② *(loco)* wahnsinnig
insatisfacción [insatisfak'θjon] *f sin pl* Unzufriedenheit *f*
insatisfactorio, -a [insatisfak'torjo, -a] *adj* unbefriedigend
insatisfecho, -a [insatis'fetʃo, -a] *adj* unzufrieden
inscribir [i^{n}skri'βir] *irr como escribir* **I.** *vt* ① *(registrar)* anmelden (**en** für *+akk*) ② *(grabar)* einmeißeln (**en** in *+akk*) ③ *(alistar)* eintragen (**en** in *+akk*) ④ (MAT) einbeschreiben **II.** *vr:* **~se** ① *(registrarse)* sich anmelden (**en** für *+akk*) ② *(alistarse)* sich eintragen (**en** in *+akk*); *(en la universidad)* sich einschreiben (**en** an *+dat*)
inscripción [i^{n}skriβ'θjon] *f* ① *(registro)* Anmeldung *f* ② *(alistamiento)* Eintragung *f*; *(en la universidad)* Einschreibung *f* (**en** an *+dat*) ③ *(escrito grabado)* Inschrift *f*
inscrito, -a [i^{n}s'krito, -a] *pp de* **inscribir**
insecticida [insekti'θiða] *m* Insektizid *nt*
insecto [in'sekto] *m* Insekt *nt*
inseguridad [inseɣuri'ða^{d}] *f* Unsicherheit *f*
inseguro, -a [inse'ɣuro, -a] *adj* unsicher
inseminación [insemina'θjon] *f* Befruchtung *f*; *(de un animal)* Besamung *f*
inseminar [insemi'nar] *vt* befruchten; *(animal)* besamen
insensatez [insensa'teθ] *f* ① *(falta de sensatez)* Unvernunft *f* ② *(disparate)* Unsinn *m*
insensato, -a [insen'sato, -a] *adj* unvernünftig
insensibilidad [insensiβili'ða^{d}] *f* ① *(física o afectiva)* Gefühllosigkeit *f* (**a** gegenüber *+dat*) ② *(resistencia)* Unempfindlichkeit *f* (**a** gegen *+akk*)
insensibilizador(a) [insensiβiliθa'ðor(a)] *adj* (MED) betäubend, anästhesierend
insensibilizar [insensiβili'θar] <z → c> **I.** *vt* unempfindlich machen; (MED) betäuben **II.** *vr:* **~se** ① *(resistir)* unempfindlich werden (**hacia** gegen *+akk*) ② *(no sentir)* gefühllos werden
insensible [insen'siβle] *adj* ① *(física o afectivamente)* gefühllos (**a** gegenüber *+dat*) ② *(resistente)* unempfindlich (**a** gegen *+akk*) ③ *(imperceptible)* unmerklich
inseparabilidad [inseparaβili'ða^{d}] *f sin pl*

(personas) Unzertrennlichkeit *f; (cosas)* Untrennbarkeit *f*

inseparable [insepa'raβle] *adj* ❶ *(que no se puede separar)* untrennbar ❷ *(referente a amigos)* unzertrennlich

inserción [inser'θjon] *f* ❶ *(inclusión)* Einfügen *nt;* ~ **social** soziale Eingliederung ❷ (MED) Ansatz *m*

insertar [inser'tar] **I.** *vt* ❶ *(llave)* hineinstecken; *(disquete)* einlegen; *(moneda)* einwerfen ❷ *(texto)* einfügen (**en** in +*akk*) ❸ *(anuncio)* aufgeben **II.** *vr:* **~se** ❶ *(músculo)* ansetzen ❷ *(tumor)* (hin)einwachsen (**en** in +*akk*)

inserto[1] [in'serto] *m* (TV) Untertitel *m,* Begleittext *m*

inserto, -a[2] [in'serto, -a] *adj (disquete)* eingelegt

insertor(a) [inser'tor(a)] *m(f)* Arbeitsvermittler(in) *m(f);* ~ **laboral** Jobvermittler *m*

inservible [inser'βiβle] *adj* unbrauchbar

insidia [in'siðja] *f* ❶ *(asechanzas)* Intrigen *fpl* ❷ *(engaño)* Hinterlistigkeit *f* ❸ *(trampa)* Falle *f*

insidioso, -a [insi'ðjoso, -a] **I.** *adj* ❶ *(intrigante)* intrigant ❷ *(capcioso)* hinterlistig, hinterhältig ❸ *(enfermedad)* heimtückisch **II.** *m, f* Intrigant(in) *m(f)*

insigne [in'siɣne] *adj* ❶ *(personaje público)* prominent; *(científico)* erlaucht *geh* ❷ *(tontería)* sehr groß

insignia [in'siɣnja] *f* ❶ *(de asociación)* Abzeichen *nt; (honorífica)* Ehrenzeichen *nt; (militar)* Insigne *nt* ❷ *(bandera)* Flagge *f*

insignificancia [insiɣnifi'kan̪θja] *f* ❶ *(pequeñez)* Kleinigkeit *f* ❷ *(no significancia)* Bedeutungslosigkeit *f* ❸ *(no importancia)* Unwichtigkeit *f*

insignificante [insiɣnifi'kan̪te] *adj* ❶ *(pequeño)* gering(fügig) ❷ *(no significante)* unbedeutend ❸ *(no importante)* unwichtig

insincero, -a [insin̪'θero, -a] *adj* ❶ *(no sincero)* unaufrichtig ❷ *(falso)* falsch

insinuación [insinwa'θjon] *f* ❶ *(alusión)* Andeutung *f* (**a** über +*akk*) ❷ *(engatusamiento)* Einschmeichelung *f*

insinuante [insinu'an̪te] *adj* ❶ *(palabras)* einschmeichelnd ❷ *(comportamiento)* schmeichlerisch ❸ *(seductor)* verführerisch

insinuar [insinu'ar] <*1. pres* insinúo> **I.** *vt* ❶ *(dar a entender)* andeuten; **¿qué estás insinuando?** worauf willst du hinaus? ❷ *(hacer creer)* **¿quién te ha insinuado tal tontería?** wer hat dir so einen Unsinn eingeredet? **II.** *vr:* **~se** ❶ *(engatusar)* sich einschmeicheln (**a** bei +*dat*) ❷ *(fam: amorosamente)* sich ranmachen (**a** an +*akk*) ❸ *(cosa)* sich andeuten, sich abzeichnen

insipidez [insipi'ðeθ] *f* ❶ *(de comida)* Fadheit *f* ❷ *(de persona: aburrida)* Langweiligkeit *f; (sin espíritu)* Geistlosigkeit *f*

insípido, -a [in'sipiðo, -a] *adj* ❶ *(comida)* fade ❷ *(persona: aburrida)* langweilig; *(sin espíritu)* geistlos

insistencia [insis'ten̪θja] *f* ❶ *(perseverancia)* Hartnäckigkeit *f* ❷ *(énfasis)* Nachdruck *m;* **pedir algo con ~** nachdrücklich um etw bitten ❸ *(exigencia)* Drängen *nt*

insistente [insis'ten̪te] *adj* ❶ *(perseverante)* hartnäckig; *(machacón)* aufdringlich ❷ *(con énfasis)* nachdrücklich

insistir [insis'tir] *vi* ❶ *(perseverar)* bestehen (**en** auf +*dat*) ❷ *(exigir)* dringen (**en** auf +*akk*) ❸ *(recalcar)* betonen (**en** +*akk*)

in situ [in 'situ] *adv* vor Ort, an Ort und Stelle

insobornable [insoβor'naβle] *adj* unbestechlich

insociable [inso'θjaβle] *adj,* **insocial** [inso'θjal] *adj* ungesellig

insolación [insola'θjon] *f* ❶ (METEO) Sonneneinstrahlung *f* ❷ (MED) Sonnenstich *m*

insolencia [inso'len̪θja] *f* ❶ *(impertinencia)* Frechheit *f* ❷ *(arrogancia)* Arroganz *f*

insolente [inso'len̪te] *adj* ❶ *(impertinente)* frech ❷ *(arrogante)* arrogant

insolidario, -a [insoli'ðarjo, -a] *adj* unsolidarisch

in solidum [in 'soliðun] (JUR) vollständig, uneingeschränkt

insólito, -a [in'solito, -a] *adj* ❶ *(inhabitual)* ungewöhnlich ❷ *(extraordinario)* außergewöhnlich

insoluble [inso'luβle] *adj* ❶ *(no soluble)* unlöslich ❷ *(insolucionable)* unlösbar

insolvencia [insol'βen̪θja] *f* Zahlungsunfähigkeit *f;* (ECON) Insolvenz *f*

insolvente [insol'βen̪te] **I.** *adj* zahlungsunfähig; (ECON) insolvent **II.** *mf* Zahlungsunfähige(r) *mf*

insomne [in'somne] *adj* schlaflos

insomnio [in'somnjo] *m* Schlaflosigkeit *f*

insondable [inson̪'daβle] *adj* unergründlich

insonorización [insonoriθa'θjon] *f* Schallisolation *f*

insonorizar [insonori'θar] <z → c> *vt* schalldicht machen

insonoro, -a [inso'noro, -a] *adj* klanglos

insoportable [insopor'taβle] *adj* unerträglich

insoslayable [insosla'ɟaβle] *adj* unvermeidbar

insospechable [insospe'ʧaβle] *adj (impre-

visible) unvorhersehbar; *(sorprendente)* überraschend

insospechado, -a [insospe'ʧaðo, -a] *adj* *(no esperado)* unerwartet; *(no sospechado)* unvermutet

insostenible [insoste'niβle] *adj* unhaltbar

inspección [i^{n}spe$^\gamma$'θjon] *f* ① *(reconocimiento)* Inspektion *f;* ~ **de Trabajo** Gewerbeaufsicht *f* ② *(de equipaje)* Kontrolle *f* ③ *(de trabajo)* Aufsicht *f* ④ *(de una máquina)* Inspizierung *f* ⑤ (TÉC) (Über)prüfung *f;* **I~ Técnica de Vehículos** TÜV *m*

inspeccionar [i^{n}spe$^\gamma$θjo'nar] *vt* ① *(reconocer)* inspizieren ② *(equipaje)* kontrollieren ③ *(trabajo)* beaufsichtigen ④ (TÉC) (über)prüfen

inspector(a) [i^{n}spek'tor(a)] *m(f)* ① *(controlador)* Inspektor(in) *m(f)* ② (ENS) Schulrat, -rätin *m, f*

inspiración [i^{n}spira'θjon] *f* ① *(de aire)* Einatmung *f* ② *(artística)* Eingebung *f,* Inspiration *f*

inspirador(a) [i^{n}spira'ðor(a)] *adj* ① *(de aire)* inspiratorisch; **músculo ~** Atemmuskel *m* ② *(artístico)* inspirierend

inspirar [i^{n}spi'rar] **I.** *vt* ① *(aire)* einatmen ② *(ideas)* inspirieren ③ *(confianza)* einflößen **II.** *vr:* **~se** sich inspirieren lassen (**en** von +*dat*)

instalación [i^{n}stala'θjon] *f* ① *(acción)* Installation *f; (de baño)* Einbau *m* ② *(lo instalado, t.* TÉC) Anlage *f; (de teléfono)* Anschluss *m* ③ *pl (edificio)* Einrichtungen *fpl;* **instalaciones deportivas** Sportanlagen *fpl*

instalador(a) [i^{n}stala'ðor(a)] *m(f)* Installateur(in) *m(f)*

instalar [i^{n}sta'lar] **I.** *vt* ① *(calefacción)* installieren; *(teléfono)* anschließen; *(baño)* einbauen ② *(alojar)* unterbringen ③ *(en un cargo)* einsetzen (**en** in +*akk*) **II.** *vr:* **~se** ① *(en una ciudad)* sich niederlassen; **~se en un sillón** es sich *dat* in einem Sessel bequem machen ② *(negocio)* sich selb(st)ständig machen

instancia [i^{n}s'taṇθja] *f* ① *(acción de instar)* inständige Bitte *f* ② *(solicitud)* Gesuch *nt; (petición formal)* Ersuchen *nt* ③ (JUR) Instanz *f;* **en última ~** *(fig)* wenn keine andere Wahl bleibt

instantánea [i^{n}staṇ'tanea] *f* (FOTO) Momentaufnahme *f*

instantáneo, -a [i^{n}staṇ'taneo, -a] *adj* augenblicklich; *(efecto)* sofortig; *(café)* Instant-; *(interruptor)* Moment-; **la muerte fue instantánea** der Tod trat unmittelbar ein

instante [i^{n}s'taṇte] *m* Augenblick *m;* **¡un ~!** Moment mal!; **al cabo de un ~** kurz danach; **en un ~** sehr schnell; **pienso en ti a cada ~** ich denke ständig an dich

instar [i^{n}s'tar] *vi, vt (pedir)* eindringlich bitten (um +*akk*); *(solución)* drängen (auf +*akk*)

instauración [i^{n}stau̯ra'θjon] *f* ① *(de imperio)* Errichtung *f* ② *(de democracia)* Einführung *f* ③ *(de plan)* Aufstellung *f*

instaurar [i^{n}stau̯'rar] *vt* ① *(imperio)* errichten ② *(democracia)* einführen ③ *(plan)* aufstellen

insti ['insti] *m abr de* **instituto** *(fam)* Gymi *nt*

instigación [i^{n}stiɣa'θjon] *f* ① *(a algo malo)* Anstiftung *f* ② *(a rebelión)* Anzettelung *f; (de las masas)* Aufhetzung *f*

instigador(a) [i^{n}stiɣa'ðor(a)] **I.** *adj* ① *(a algo malo)* anstiftend ② *(a rebelión)* anzettelnd; *(de las masas)* aufhetzend **II.** *m(f)* ① *(a algo malo)* Anstifter(in) *m(f)* ② *(a rebelión)* Anzett(e)ler(in) *m(f)*

instigar [i^{n}sti'ɣar] <g → gu> *vt* ① *(a algo malo)* anstiften ② *(rebelión)* anzetteln; *(a las masas)* aufhetzen

instintivo, -a [i^{n}stiṇ'tiβo, -a] *adj* instinktiv

instinto [i^{n}s'tiṇto] *m* Instinkt *m;* **~ de supervivencia** Überlebenstrieb *m*

institución [i^{n}stitu'θjon] *f* ① *(social)* Institution *f;* **~ educativa** Bildungseinrichtung *f;* **~ penitenciaria** Strafanstalt *f* ② *(fundación)* Gründung *f* ③ *(establecimiento: de comité)* Einrichtung *f; (de derecho)* Einführung *f; (de beca)* Stiftung *f; (de norma, de horario)* Aufstellung *f*

institucional [i^{n}stituθjo'nal] *adj* institutionell

institucionalización [i^{n}stituθjonaliθa'θjon] *f* Institutionalisierung *f*

institucionalizar [i^{n}stituθjonali'θar] <z → c> *vt* institutionalisieren

instituir [i^{n}stitu'ir] *vt irr como huir* ① *(fundar)* gründen ② *(establecer: comisión)* einrichten; *(derecho)* einführen; *(beca)* stiften; *(norma)* aufstellen; *(sistema)* festlegen

instituto [i^{n}sti'tuto] *m* ① (ENS) **~ de bachillerato/enseñanza media** Gymnasium *nt;* **~ de formación profesional** Berufsfachschule *f* ② *(científico)* Institut *nt;* **~ de investigación** Forschungsinstitut *nt;* **I~ Monetario Europeo** Europäisches Währungsinstitut; **I~ Nacional de Empleo** Bundesanstalt für Arbeit ③ (REL) (Ordens)regel *f* ④ *(loc)* **~ de belleza** Schönheitssalon *m*

institutriz [i^{n}stitu'triθ] *f* Hauslehrerin *f*

instrucción [i^{n}stru$^\gamma$'θjon] *f* ① *(enseñanza)* Unterricht *m; (sobre una máquina)*

I

Schulung *f* ② *(conocimientos)* Bildung *f; (formación)* Ausbildung *f* ③ *pl (órdenes)* Anweisungen *f pl; (directrices)* Richtlinien *f pl* ④ (JUR: *proceso*) Einleitung *f*

instructivo, -a [iⁿstruk'tiβo, -a] *adj* lehrreich

instructor(a) [iⁿstruk'tor(a)] **I.** *adj* **juez ~** (JUR) Untersuchungsrichter *m* **II.** *m(f) (en escuela)* Lehrer(in) *m(f); (en empresa, t.* MIL) Ausbilder(in) *m(f)*

instruido, -a [iⁿstru'iðo, -a] *adj* gebildet

instruir [iⁿstru'ir] *vt irr como huir* ① *(enseñar)* unterrichten (**en** in +*dat*); *(en una máquina)* ausbilden (**en** an +*dat*); *(en tarea específica)* schulen ② *(informar)* unterrichten (**de/sobre** über +*akk*) ③ (JUR: *proceso*) einleiten

instrumentación [iⁿstrumeṇta'θjon] *f* ① *(acción)* Instrumentierung *f* ② *(resultado)* Instrumentation *f*

instrumental [iⁿstrumeṇ'tal] **I.** *adj* instrumental; *(música)* Instrumental- **II.** *m* ① (LING) Instrumental *m* ② *(de médico, t.* MÚS) Instrumentarium *nt*

instrumentalizar [iⁿstrumeṇtali'θar] <z → c> *vt* instrumentalisieren

instrumentar [iⁿstrumeṇ'tar] *vt* (*t.* MÚS) instrumentieren

instrumentista [iⁿstrumeṇ'tista] *mf* ① *(músico)* Instrumentalist(in) *m(f)* ② *(fabricante)* Instrumentenmacher(in) *m(f)* ③ *(de quirófano)* Operationsassistent(in) *m(f)*

instrumento [iⁿstru'meṇto] *m* ① *(utensilio)* Werkzeug *nt* ② (MÚS) (Musik)instrument *nt;* **~ de percusión** Schlaginstrument *nt* ③ *(medio)* Mittel *nt* ④ (JUR) Instrument *nt*

insubordinación [insuβorðina'θjon] *f (rebeldía)* Aufsässigkeit *f*

insubordinado, -a [insuβorði'naðo, -a] **I.** *adj* ① *(rebelde)* aufsässig ② (MIL) ungehorsam **II.** *m, f* Aufsässige(r) *mf*

insubordinar [insuβorði'nar] **I.** *vt* aufhetzen **II.** *vr:* **~se** den Gehorsam verweigern

insubsanable [insuβsa'naβle] *adj* ① *(daño, injusticia)* irreparabel *geh,* nicht wiedergutzumachen; (JUR) unheilbar ② *(avería, deficiencia)* nicht behebbar ③ *(dificultad)* unüberwindbar

insuficiencia [insufi'θjeṇθja] *f* ① *(calidad)* unzureichende Beschaffenheit *f; (de conocimientos)* Unzulänglichkeit *f* ② *(escasez)* Knappheit *f; (falta)* Mangel *m* ③ (MED) Insuffizienz *f*

insuficiente [insufi'θjeṇte] **I.** *adj* ungenügend; *(conocimientos)* unzureichend **II.** *m* (ENS) ≈ mangelhaft; **he sacado un ~ en inglés** ich bin in Englisch durchgefallen

insuflar [insu'flar] *vt* ① (MED) einblasen ② *(ánimo)* einflößen

insufrible [insu'friβle] *adj* unerträglich

insular [insu'lar] *adj* Insel-

insulina [insu'lina] *f* (MED) Insulin *nt*

insulso, -a [in'sulso, -a] *adj* ① *(comida)* fade ② *(persona, película)* langweilig

insultada [insuḷ'taða] *f (Am: palabras gruesas)* Beschimpfungen *f pl; (injurias)* Beleidigungen *f pl*

insultante [insuḷ'taṇte] *adj* beleidigend; *(de modo grosero)* ausfallend

insultar [insuḷ'tar] *vt* ① *(con insultos)* beschimpfen ② *(con injurias)* beleidigen

insulto [in'suḷto] *m* ① *(palabra gruesa)* Beschimpfung *f* ② *(injuria)* Beleidigung *f*

insumisión [insumi'sjon] *f* ① *(de un pueblo)* Rebellion *f* ② (MIL) Wehr- und Zivildienstverweigerung *f* ③ *(intransigencia)* Unbeugsamkeit *f*

insumiso [insu'miso] *m (objetor de conciencia)* Wehrdienstverweigerer *m; (en Alemania)* Wehr- und Zivildienstverweigerer *m*

insumo [in'sumo] *m* (ECON) Input *m,* Aufwand *m*

insuperable [insupe'raβle] *adj* ① *(dificultad)* unüberwindbar ② *(resultado)* unübertrefflich

insurgente [insur'xeṇte] **I.** *adj* aufständisch **II.** *mf* Aufständische(r) *mf*

insurrección [insurre$^{\gamma}$'θjon] *f* Aufstand *m;* **~ militar** Militärputsch *m*

insurrecto, -a [insu'rrekto, -a] **I.** *adj* aufständisch **II.** *m, f* Aufständische(r) *mf*

insustancial [insustaṇ'θjal] *adj* ① *(sin sustancia)* gehaltlos, substanzlos *geh* ② *(sin interés)* uninteressant ③ *(no importante)* bedeutungslos, unbedeutend ④ *(superficial)* oberflächlich, gehaltlos

insustituible [insustitu'iβle] *adj* unersetzlich

intachable [inta'ʧaβle] *adj* makellos; *(comportamiento)* einwandfrei

intacto, -a [iṇ'takto, -a] *adj* ① *(no tocado)* unberührt ② *(no dañado)* intakt ③ *(puro)* rein ④ *(no tratado)* unbehandelt

intangibilidad [iṇtaŋxiβili'ða^{ð}] *f sin pl* Unberührbarkeit *f,* Unantastbarkeit *f*

intangible [iṇtaŋ'xiβle] *adj* ① *(inviolable)* unantastbar ② *(intocable)* unberührbar ③ *(inmaterial)* immateriell

integrable [iṇte'ɣraβle] *adj* integrierbar; (MAT) integrabel

integración [iṇteɣra'θjon] *f* Integration *f* (**en** in +*akk*)

integrado, -a [iṇte'ɣraðo, -a] *adj* integriert; **estar ~ por...** sich aus ... zusammensetzen

integral [iṇte'ɣral] **I.** *adj* ① *(completo)* vollständig; *(plan)* einheitlich ② *(pan)* Vollkorn- ③ *(elemento)* integral ④ (MAT) **cálculo ~** Integralrechnung *f* **II.** *f* (MAT) Integral *nt*

íntegramente [iṇteɣra'meṇte] *adv* vollständig, ganz und gar

integrante [iṇte'ɣraṇte] **I.** *adj* ① *(que integra)* integrativ ② *(elemento)* integrierend **II.** *m* Mitglied *nt*

integrar [iṇte'ɣrar] **I.** *vt* ① *(constituir)* bilden ② *(en conjunto, t.* MAT*)* integrieren **II.** *vr:* **~se** sich integrieren

integridad [iṇteɣri'ðaᵈ] *f* ① *(de territorio)* Vollständigkeit *f* ② *(de un territorio)* Unverletzlichkeit *f* ③ *(honradez)* Integrität *f* ④ *(física)* Unversehrtheit *f*

integrismo [iṇte'ɣrismo] *m* ① *(ideológico)* Fundamentalismus *m* ② *(católico)* Integralismus *m*

integrista [iṇte'ɣrista] *mf* ① *(ideológico)* Fundamentalist(in) *m(f)* ② *(católico)* Integralist(in) *m(f)*

íntegro, -a ['iṇteɣro, -a] *adj* ① *(completo)* vollständig ② *(persona)* integer, unbestechlich

intelección [iṇteleʸ'θjon] *f* Verständnis *nt,* Verstehen *nt*

intelectiva [iṇtelek'tiβa] *f* Auffassungsgabe *f*

intelecto [iṇte'lekto] *m* Intellekt *m*

intelectual [iṇtelektu'al] **I.** *adj* intellektuell; *(interés)* geistig; *(facultad)* geistig, intellektuell **II.** *mf* Intellektuelle(r) *mf*

intelectualidad [iṇtelektwali'ðaᵈ] *f* ① *(facultad)* Intellektualität *f* ② *(personas)* Intelligenz *f*

inteligencia [iṇteli'xeṇθja] *f* ① *(capacidad)* Intelligenz *f* ② *(comprensión)* Verständnis *nt* ③ *(acuerdo)* Verständigung *f* ④ (POL) **servicio de ~** Geheimdienst *m; (en Alemania)* Bundesnachrichtendienst *m*

inteligente [iṇteli'xeṇte] *adj* intelligent

inteligibilidad [iṇtelixiβili'ðaᵈ] *f sin pl* Verständlichkeit *f*

inteligible [iṇteli'xiβle] *adj* ① *(comprensible)* verständlich ② (FILOS) intelligibel ③ *(sonido)* deutlich hörbar

intemperancia [iṇtempe'raṇθja] *f* ① *(intolerancia)* Intoleranz *f* ② *(intransigencia)* Unnachgiebigkeit *f* ③ *(falta de moderación)* Maßlosigkeit *f*

intemperante [iṇtempe'raṇte] *adj* ① *(intolerante)* intolerant ② *(intransigente)* unnachgiebig ③ *(no moderado)* unmäßig, maßlos

intemperie [iṇtem'perje] *f* ① *(el aire libre)* **a la ~** im Freien; **dormir a la ~** unter freiem Himmel schlafen ② *(del clima)* Rauheit *f; (mal tiempo)* schlechtes Wetter *nt*

intempestivo, -a [iṇtempes'tiβo, -a] *adj* ① *(observación)* unangebracht ② *(visita)* unpassend

intemporal [iṇtempo'ral] *adj* zeitlos

intemporalidad [iṇtemporali'ðaᵈ] *f sin pl* Zeitlosigkeit *f*

intención [iṇten'θjon] *f* ① *(propósito)* Absicht *f; (propósito firme)* Vorsatz *m;* **sin ~** unabsichtlich; **tener segundas intenciones** Hintergedanken haben ② *(idea)* Plan *m* ③ *(objetivo)* Zweck *m*

intencionado, -a [iṇteṇθjo'naðo, -a] *adj* absichtlich; (JUR) vorsätzlich; **bien ~** wohlwollend; **mal ~** übel gesinnt

intencional [iṇteṇθjo'nal] *adj* ① *(relativo a la intención)* zielgerichtet ② *(con intención)* absichtlich

intencionalidad [iṇteṇθjonali'ðaᵈ] *f* Absichtlichkeit *f;* (JUR) Vorbedacht *m*

intendencia [iṇteṇ'deṇθja] *f* ① (MIL) Intendantur *f* ② *(dirección)* Betriebsleitung *f* ③ *(CSur: distrito)* Verwaltungsbezirk *m*

intendente [iṇteṇ'deṇte] *m* ① (MIL) Verwaltungsoffizier *m* ② *(de empresa)* Betriebsleiter *m* ③ *(CSur: de un distrito)* Vorsteher *m* eines Verwaltungsbezirks

intensidad [iṇtensi'ðaᵈ] *f* ① *(fuerza, t.* FÍS*)* Intensität *f; (de tormenta)* Heftigkeit *f; (corriente eléctrica)* Stromstärke *f* ② *(de palabras)* Eindringlichkeit *f*

intensificación [iṇtensifika'θjon] *f sin pl* Verstärkung *f,* Intensivierung *f*

intensificar [iṇtensifi'kar] <c → qu> **I.** *vt* verstärken, intensivieren **II.** *vr:* **~se** sich verstärken; *(calor)* stärker werden; *(tráfico, tensión)* zunehmen; *(conflicto)* sich verschärfen

intensivo, -a [iṇten'siβo, -a] *adj* intensiv; *(curso)* Intensiv-

intenso, -a [iṇ'tenso, -a] *adj* ① *(fuerza, olor)* intensiv ② *(palabras)* eindringlich ③ *(tormenta)* heftig ④ *(frío)* durchdringend ⑤ *(color)* grell

intentar [iṇteṇ'tar] *vt* ① *(probar)* versuchen ② *(proponerse)* vorhaben

intento [iṇ'teṇto] *m* ① *(lo intentado)* Versuch *m* ② *(propósito)* Absicht *f*

intentona [iṇteṇ'tona] *f (fam)* tollkühner Versuch *m*

ínter ['iṇter] *adv* inzwischen, unterdessen; **en el ~** in der Zwischenzeit

interacción [iṇteraʸ'θjon] *f* ① *(influencia)* Wechselwirkung *f* ② (PSICO) Interaktion *f*

interaccionar [iṇteraʸθjo'nar] *vi* ① (FÍS)

Wechselwirkungen hervorrufen ② (PSICO) interagieren

interactivo, -a [in̦terak'tiβo, -a] *adj* interaktiv

interanual [in̦teranu'al] *adj* jährlich

intercalación [in̦terkala'θjon] *f* Einfügung *f;* ~ **de líneas** Zeilenschaltung *f*

intercaladura [in̦terkala'ðura] *f* Einschieben *nt*

intercalar [in̦teraka'lar] **I.** *adj* eingeschaltet; *(año)* interkalar **II.** *vt* einfügen; *(en un periódico)* einlegen

intercambiable [in̦terkam'bjaβle] *adj* austauschbar

intercambiar [in̦terkam'bjar] **I.** *vt* austauschen; ~ **correspondencia con alguien** mit jdm in Briefwechsel stehen **II.** *vr:* **~se** *(lugares)* (miteinander) wechseln

I

intercambio [in̦ter'kambjo] *m* ① *(de estudiantes)* Austausch *m* ② *(de lugares)* Tausch *m*

interceder [in̦terθe'ðer] *vi* sich einsetzen (**por/en favor de** für +*akk*)

interceptar [in̦terθep'tar] *vt* ① *(comunicaciones)* unterbrechen; *(el paso de algo)* hemmen; *(pelota)* auffangen; *(tráfico)* aufhalten, ins Stocken bringen ② *(mensaje)* abfangen; *(conversación telefónica)* abhören ③ *(calle)* (ab)sperren

interceptor [in̦terθep'tor] *m* (MIL) Abfangjäger *m*

intercesión [in̦terθe'sjon] *f* ① *(en favor de alguien)* Fürsprache *f* ② *(en secuestro)* Vermittlung *f*

intercesor(a) [in̦terθe'sor(a)] **I.** *adj* *(en favor de alguien)* fürsprechend; *(entre contendientes)* vermittelnd **II.** *m(f)* *(en favor de alguien)* Fürsprecher(in) *m(f); (entre contendientes)* Vermittler(in) *m(f)*

intercomunicación [in̦terkomunika'θjon] *f* Kommunikation *f,* Verbindung *f*

intercomunicador [in̦terkomunika'ðor] *m* (Gegen)sprechanlage *f*

intercomunicar [in̦terkomuni'kar] <c → qu> *vt* (miteinander) verbinden

interconectar [in̦terkonek'tar] *vt* (ELEC) zusammenschalten

intercultural [in̦terkul̦tu'ral] *adj* interkulturell

interdependencia [in̦terðepen̦'den̦θja] *f* gegenseitige Abhängigkeit *f*

interdependiente [in̦terðepen̦'djen̦te] *adj* voneinander abhängig, interdependent *geh*

interdicción [in̦terðiᵞ'θjon] *f* Verbot *nt*

interdisciplinar [in̦terðisθipli'nar] *adj,* **interdisciplinario, -a** [in̦terðisθipli'narjo, -a] *adj* interdisziplinär

interés [in̦te'res] *m* ① *(importancia)* Bedeutung *f* ② *(deseo)* Interesse *nt;* **tengo mucho ~ en que...** es liegt mir viel daran, dass ...; **tengo ~ por saber...** ich bin gespannt darauf, zu erfahren, ... ③ *(atención)* Interesse *nt;* **no poner ~ en algo** etw *dat* keine Aufmerksamkeit schenken ④ *(provecho)* Interesse *nt;* **el ~ público** das öffentliche Wohl; **esto redunda en ~ tuyo** das kommt dir zugute ⑤ (FIN) Zinssatz *m; (rendimiento)* Zinsen *mpl;* **un 10% de ~** 10 % Zinsen; **dar mucho ~** viel Zinsen abwerfen ⑥ *pl (preferencias)* Interessen *ntpl*

interesada [in̦tere'saða] *adj o f v.* **interesado**

interesadamente [in̦teresaða'men̦te] *adv* interessiert; **actuar ~** *(por propio interés)* aus eigenem Interesse handeln; *(por interés material)* materialistisch handeln

interesado, -a [in̦tere'saðo, -a] **I.** *adj* interessiert; **estar ~ en algo** an etw *dat* interessiert sein **II.** *m, f* Interessent(in) *m(f)*

interesante [in̦tere'san̦te] *adj* interessant; **hacerse el ~** sich aufspielen

interesar [in̦tere'sar] **I.** *vi* interessieren; **este tema no me interesa** dieses Thema interessiert mich nicht **II.** *vt* ① *(inspirar interés)* interessieren; *(libro)* begeistern ② *(en un negocio)* interessieren (**para** für +*akk*) ③ *(atraer)* reizen, anziehen **III.** *vr:* **~se** ① *(por algo)* sich interessieren (**por** für +*akk*) ② *(preguntar por)* fragen (**por** nach +*dat*); **~se por la salud de alguien** sich nach jds Befinden erkundigen

interestatal [in̦teresta'tal] *adj* zwischenstaatlich

interfecto, -a [in̦ter'fekto, -a] **I.** *adj* ermordet **II.** *m, f* ① (JUR) Ermordete(r) *mf* ② *(fam: susodicho)* besagte Person *f*

interferencia [in̦terfe'ren̦θja] *f* ① (FÍS) Störung *f* ② (LING) Interferenz *f* ③ *(en asunto)* Einmischung *f*

interferir [in̦terfe'rir] *vi irr como sentir* ① (FÍS) interferieren ② *(en asunto)* sich einmischen (**en** in +*akk*); **eso no interfiere en absoluto** das stört überhaupt nicht

interfono [in̦ter'fono] *m* (Gegen)sprechanlage *f*

intergubernamental [in̦terɣuβernamen̦'tal] *adj* zwischenstaatlich; *(acuerdo)* Regierungs-

ínterin ['in̦terin] **I.** *adv* inzwischen **II.** *m* Interim *nt*

interinidad [in̦terini'ðaᵈ] *f* ① *(cualidad)* Vorläufigkeit *f;* **estar en situación de ~** eine befristete Stelle haben ② *(de un cargo)* Vertretungsdauer *f*

interino, -a [in̦te'rino, -a] **I.** *adj* ① *(funcionario)* stellvertretend ② *(plaza)* befristet

❸ (POL) Interims- **II.** *m, f* ❶ *(suplente)* (Stell)vertreter(in) *m(f)* ❷ *(funcionario)* Referendar(in) *m(f); (maestro)* Studienreferendar(in) *m(f)*

interior [in̦te'rjor] **I.** *adj* innere(r, s); **decoración ~** Innenausstattung *f;* **mercado ~** (COM: *de la UE*) Binnenmarkt *m; (de Alemania)* Inlandsmarkt *m;* **ropa ~** Unterwäsche *f;* **la vida ~ de una persona** das Innenleben eines Menschen **II.** *m* ❶ *(lo de dentro)* Innere(s) *nt; (la parte)* Innenseite *f;* **el ~ de un país** das Landesinnere; **Ministerio del I~** (POL) Innenministerium *nt* ❷ *(de alguien)* Innere(s) *nt* ❸ (DEP) Innenstürmer(in) *m(f)*

interiores [in̦te'rjores] *mpl* ❶ *(entrañas)* Innereien *fpl* ❷ *(fam: de una cosa)* Innenleben *nt* ❸ (ARQUIT) Innenraum *m* ❹ (CINE: *secuencias*) Innenaufnahmen *fpl; (decorados)* Kulissen *fpl*

interioridad [in̦terjori'ðað] *f* ❶ *(cualidad)* Innerlichkeit *f* ❷ *pl (de alguien)* Privatleben *nt,* Intimsphäre *f;* **conozco las ~es de este caso** ich kenne die Einzelheiten dieses Falls

interiorismo [in̦terjo'rismo] *m sin pl* (ARTE: *decoración*) Innendekoration *f; (arquitectura)* Innenarchitektur *f*

interiorista [in̦terjo'rista] *mf* ❶ *(arquitecto)* Innenarchitekt(in) *m(f)* ❷ *(diseñador)* Raumgestalter(in) *m(f)*

interiorizar [in̦terjori'θar] <z → c> *vt* verinnerlichen

interiormente [in̦terjor'men̦te] *adv* ❶ *(en su interior)* im Inneren, innerlich, im Grunde des Herzens; **tenía un aspecto sereno, pero ~ temblaba** er/sie sah gelassen aus, aber innerlich zitterte er/sie ❷ *(internamente)* intern; **~ la relación entre los compañeros es fría** intern ist die Beziehung unter den Kollegen eher kühl ❸ *(por dentro)* innen, im Innern; **el coche, ~, es amplio** das Auto ist innen sehr geräumig

interjección [in̦terxeʸ'θjon] *f* (LING) Ausrufewort *nt,* Interjektion *f*

interlínea [in̦ter'linea] *f* (TIPO) Durchschuss *m*

interlineado [in̦terline'aðo] *m* (TIPO) Zeilenabstand *m*

interlocución [in̦terloku'θjon] *f (elev)* Unterredung *f,* Gespräch *nt*

interlocutor(a) [in̦terloku'tor(a)] *m(f)* Gesprächspartner(in) *m(f);* **~es sociales** (ECON) Tarifpartner *mpl*

interludio [in̦ter'luðjo] *m* (MÚS) Interludium *nt*

intermediar [in̦terme'ðjar] *vi* ❶ *(estar en el medio)* liegen (**entre** zwischen +*dat*) ❷ *(intervenir)* vermitteln (**en** bei +*dat*)

intermediario, -a [in̦terme'ðjarjo, -a] **I.** *adj* vermittelnd **II.** *m, f* ❶ *(mediador)* Vermittler(in) *m(f)* ❷ *(comerciante)* Zwischenhändler(in) *m(f)*

intermedio[1] [in̦ter'meðjo] *m* Pause *f*

intermedio, -a[2] [in̦ter'meðjo, -a] *adj* ❶ *(capa)* Zwischen- ❷ *(período de tiempo)* dazwischenliegend ❸ *(calidad)* mittlere(r, s); **mandos ~s** mittlere Führungsebene

interminable [in̦termi'naβle] *adj* unendlich

intermitencia [in̦termi'ten̦θja] *f* ❶ *(calidad)* kurze Unterbrechung *f* ❷ (MED) Intermission *f*

intermitente [in̦termi'ten̦te] *m* Blinklicht *nt;* (AUTO) Blinker *m;* **~s de emergencia** Warnblinker *mpl*

interna [in̦'terna] *adj o f v.* **interno**

internacional [in̦ternaθjo'nal] *adj* international; **derecho ~** (JUR) Völkerrecht *nt;* **partido ~** (DEP) Länderspiel *nt*

internacionalidad [in̦ternaθjonali'ðað] *f* Internationalität *f*

internacionalismo [in̦ternaθjona'lismo] *m* Internationalismus *m*

internacionalización [in̦ternaθjonaliθa'θjon] *f* Internationalisierung *f*

internacionalizar [in̦ternaθjonali'θar] <z → c> *vt* internationalisieren

internado[1] [in̦ter'naðo] *m* Internat *nt*

internado, -a[2] [in̦ter'naðo, -a] **I.** *adj* interniert **II.** *m, f* ❶ *(alumno)* Internatsschüler(in) *m(f)* ❷ (MED *alt)* Internierte(r) *mf*

internamiento [in̦terna'mjen̦to] *m* ❶ *(en hospital)* Einweisung *f* (**en** in +*akk*) ❷ (MIL) Internierung *f* (**en** in +*dat*)

internar [in̦ter'nar] **I.** *vt* ❶ *(penetrar)* hineinbringen (**en** in +*akk*) ❷ *(en hospital)* einweisen (**en** in +*akk*); *(en asilo)* unterbringen (**en** in +*dat*) ❸ (MIL) internieren **II.** *vr:* **~se** ❶ *(penetrar)* eindringen; (DEP) in die gegnerische Hälfte vorstürmen ❷ *(en tema)* sich intensiv beschäftigen (**en** mit +*dat*)

internauta [in̦ter'nau̯ta] *mf* (INFOR) Internetsurfer(in) *m(f)*

internet [in̦ter'net] *f sin pl* (INFOR) Internet *nt;* **entrar en ~** ins Internet kommen; **trasferir algo vía ~** etw via Internet übertragen

internista [in̦ter'nista] **I.** *adj* (MED) internistisch; **médico ~** Internist *m* **II.** *mf* (MED) Internist(in) *m(f)*

interno, -a [in̦'terno, -a] **I.** *adj* innere(r, s), intern; **cuestión de régimen ~** *(de una empresa)* innerbetriebliche Angelegenheit;

(de un partido) innerparteiliche Angelegenheit **II.** *m, f* Internatsschüler(in) *m(f)*

interpelación [in̦terpela'θjon] *f* (POL) (parlamentarische) Anfrage *f*

interpelar [in̦terpe'lar] *vt* (POL) interpellieren

interpersonal [in̦terperso'nal] *adj* zwischenmenschlich

Interpol [in̦ter'pol] *f* Interpol *f*

interpolación [in̦terpola'θjon] *f* Interpolation *f*

interpolar [in̦terpo'lar] *vt* interpolieren, einfügen

interponer [in̦terpo'ner] *irr como poner* **I.** *vt* ① *(entre varias cosas)* einfügen; *(entre dos cosas: silla)* dazwischenstellen; *(papel)* dazwischenlegen; *(a alguien)* dazwischensetzen ② *(en un asunto)* einschalten ③ (JUR) einlegen **II.** *vr:* **~se** eingreifen

interposición [in̦terposi'θjon] *f* ① *(entre varias cosas)* Einfügung *f; (de una silla)* Dazwischenstellen *nt; (de un papel)* Dazwischenlegen *nt; (de alguien)* Dazwischensetzen *nt* ② *(en un asunto)* Eingreifen *nt* ③ (JUR) Einlegung *f*

interpretable [in̦terpre'taβle] *adj (texto)* interpretierbar; (TEAT) darstellbar, spielbar; (MÚS) interpretierbar

interpretación [in̦terpreta'θjon] *f* ① *(de texto)* Auslegung *f* ② (TEAT) Darstellung *f;* (MÚS) Interpretation *f;* **escuela de ~** (TEAT) Theaterschule *f* ③ *(traducción oral)* Dolmetschen *nt*

interpretador[1] [in̦terpreta'ðor] *m* (INFOR) Interpreter *m*

interpretador(a)[2] [in̦terpreta'ðor(a)] **I.** *adj* interpretierend **II.** *m(f)* Interpret(in) *m(f)*

interpretar [in̦terpre'tar] *vt* ① *(texto)* auslegen ② (MÚS) interpretieren; (TEAT) darstellen ③ *(traducir oralmente)* dolmetschen

interpretativo, -a [in̦terpreta'tiβo, -a] *adj* auslegend; **fuerza interpretativa** Darstellungskraft *f*

intérprete[1] [in̦'terprete] *m* (INFOR) Interpreter *m*

intérprete[2] [in̦'terprete] *mf* ① *(de texto)* Interpret(in) *m(f) geh* ② *(actor)* Schauspieler(in) *m(f)* ③ *(traductor)* Dolmetscher(in) *m(f)*

interprofesional [in̦terprofesjo'nal] *adj* berufsunabhängig; **Salario Mínimo I~** gesetzlicher Mindestlohn

interpuesto, -a [in̦ter'pwesto, -a] *pp de* **interponer**

interregional [in̦terrexjo'nal] *adj* interregional

interrelación [in̦terrela'θjon] *f* Beziehung *f* (**entre** zwischen +*dat*)

interrelacionado, -a [in̦terrelaθjo'naðo, -a] *adj* zusammenhängend

interrelacionar [in̦terrelaθjo'nar] *vt* (miteinander) in Beziehung setzen

interrogación [in̦terroɣa'θjon] *f* Frage *f*

interrogador(a) [in̦terroɣa'ðor(a)] **I.** *adj* fragend **II.** *m(f)* ① *(que pregunta)* Fragesteller(in) *m(f)* ② *(policía)* Vernehmungsbeamte(r) *f(m)*, Vernehmungsbeamtin *f*

interrogante[1] [in̦terro'ɣan̦te] **I.** *adj* fragend **II.** *m* Fragezeichen *nt*

interrogante[2] [in̦terro'ɣan̦te] *m o f* Frage *f*

interrogar [in̦terro'ɣar] <g → gu> *vt* ① *(hacer preguntas)* (be)fragen ② *(policía)* verhören

interrogativo, -a [in̦terroɣa'tiβo, -a] *adj* ① *(mirada)* fragend ② (LING) interrogativ; *(pronombre, oración)* Interrogativ-

interrogatorio [in̦terroɣa'torjo] *m* Verhör *nt*

interrumpir [in̦terrum'pir] *vt* ① *(cortar)* unterbrechen; *(bruscamente al hablar)* ins Wort fallen (**a** +*dat*); *(tráfico)* stören ② *(estudios)* abbrechen; **~ las vacaciones** *(por unos días)* den Urlaub unterbrechen; *(definitivamente)* den Urlaub abbrechen

interrupción [in̦terruβ'θjon] *f* ① *(corte)* Unterbrechung *f; (del tráfico)* Störung *f;* **sin ~** ununterbrochen ② *(de los estudios)* Abbruch *m* ③ *(aborto)* **~ del embarazo** Schwangerschaftsabbruch *m*

interruptor [in̦terrup'tor] *m* (ELEC) Schalter *m*

intersección [in̦terseᵞ'θjon] *f* ① *(de dos líneas)* Schnittstelle *f* ② *(de dos calles)* Kreuzung *f*

interurbano, -a [in̦terur'βano, -a] *adj* zwischen Städten; **conferencia interurbana** (TEL) Inlandsgespräch *nt*

intervalo [in̦ter'βalo] *m* ① *(lapso de tiempo)* Zeitraum *m;* **a ~s** in Abständen ② (MÚS) Intervall *nt*

intervención [in̦terβen̦'θjon] *f* ① *(participación)* Teilnahme *f* (**en** an +*dat*) ② *(en conflicto)* Eingreifen *nt* (**en** in +*akk*); *(en temas familiares)* Einmischung *f* ③ *(mediación)* Vermittlung *f* ④ (POL) Eingriff *m* ⑤ (MED) Operation *f* ⑥ *(del teléfono)* Anzapfen *nt; (del correo)* Unterschlagung *f*

intervencionismo [in̦terβen̦θjo'nismo] *m* (POL) Interventionismus *m*

intervenir [in̦terβe'nir] *irr como venir* **I.** *vi* ① *(tomar parte)* teilnehmen (**en** an +*dat*) ② *(en conflicto)* eingreifen (**en** an +*akk*) ③ *(mediar)* vermitteln (**en** in/bei +*dat*) ④ *(factores)* eine Rolle spielen ⑤ *(suceder)* dazwischenkommen **II.** *vt* ① (MED) operieren ② *(incautar)* beschlagnahmen ③ *(telé-*

fono) anzapfen; *(correo)* unterschlagen ❹ (COM) prüfen

interventor(a) [iṇterβeṇ'tor(a)] *m(f)* ❶ (COM) Buchprüfer(in) *m(f)* ❷ (POL) Wahlprüfer(in) *m(f)*

interviú [iṇter'βju] *m o f* Interview *nt*

interviuar [iṇterβi'war] *vt* interviewen

intestinal [iṇtesti'nal] *adj* Darm-

intestino[1] [iṇtes'tino] *m* ❶ (ANAT) Darm *m;* ~ **ciego** Blinddarm *m;* ~ **delgado** Dünndarm *m;* ~ **grueso** Dickdarm *m* ❷ *pl (tripas)* Eingeweide *pl*

intestino, -a[2] [iṇtes'tino, -a] *adj* innere(r, s); **luchas intestinas** *(en un país)* Bürgerkrieg *m; (en un partido)* innerparteiliche Auseinandersetzungen

íntimamente [iṇtima'meṇte] *adv* ❶ *(estrechamente)* eng ❷ *(en lo íntimo)* in seinem Inneren

intimar [iṇti'mar] **I.** *vi* vertraut werden **II.** *vt* auffordern

intimatorio, -a [iṇtima'torjo, -a] *adj* (JUR) auffordernd, Aufforderungs-

intimidación [iṇtimiða'θjon] *f* Einschüchterung *f*

intimidad [iṇtimi'ða^{ð}] *f* ❶ *(personal)* Vertrautheit *f* ❷ *pl (sexuales)* Intimitäten *f pl; (privacidad)* Privatangelegenheiten *f pl* ❸ *(vida privada)* Intimsphäre *f*

intimidar [iṇtimi'ðar] **I.** *vt* einschüchtern **II.** *vr:* ~**se** sich einschüchtern lassen

intimidatorio, -a [iṇtimiða'torjo, -a] *adj* einschüchternd

intimismo [iṇti'mismo] *m* (LIT) intimistische Strömung *f*

íntimo, -a ['iṇtimo, -a] *adj* ❶ *(interior)* innerlich ❷ *(interno)* intern ❸ *(amigo)* eng ❹ *(velada)* gemütlich ❺ *(conversación)* privat

intocable [iṇto'kaβle] **I.** *adj* unberührbar **II.** *mf* Unberührbare(r) *mf*

intolerabilidad [iṇtoleraβili'ða^{ð}] *f sin pl* Unerträglichkeit *f*

intolerable [iṇtole'raβle] *adj* unerträglich

intolerancia [iṇtole'raṇθja] *f* Intoleranz *f;* ~ **alimentaria** Lebensmittelintoleranz *f*

intolerante [iṇtole'raṇte] *adj* intolerant

intoxicación [iṇto^{ɣ}sika'θjon] *f* Vergiftung *f*

intoxicar [iṇto^{ɣ}si'kar] <c → qu> *vt, vr:* ~(**se**) (sich) vergiften

intra(n)sferible [iṇtra(^{n})sfe'riβle] *adj* nicht übertragbar

intragable [iṇtra'ɣaβle] *adj* ungenießbar

intramuros [iṇtra'muros] *adv* ❶ *(dentro de)* innerhalb der Mauern ❷ *(en secreto)* geheim, intra muros *geh*

intramuscular [iṇtramusku'lar] *adj* (MED) intramuskulär

intranet [iṇtra'net] *f* (INFOR) Intranet *nt*

intranquilidad [iṇtraŋkili'ða^{ð}] *f sin pl* Unruhe *f*

intranquilizador(a) [iṇtraŋkiliθa'ðor(a)] *adj* beunruhigend

intranquilizar [iṇtraŋkili'θar] <z → c> *vt, vr:* ~(**se**) (sich) beunruhigen

intranquilo, -a [iṇtraŋ'kilo, -a] *adj* ❶ *(nervioso)* unruhig ❷ *(preocupado)* besorgt ❸ *(excitado)* aufgeregt

intransigencia [iṇtransi'xeṇθja] *f* ❶ *(no condescendencia)* Unnachgiebigkeit *f* ❷ *(intolerancia)* Intoleranz *f*

intransigente [iṇtransi'xeṇte] *adj* ❶ *(no condescendiente)* unnachgiebig ❷ *(intolerante)* intolerant

intransitable [iṇtransi'taβle] *adj (a pie)* nicht begehbar; *(en coche)* nicht befahrbar

intransitivo, -a [iṇtransi'tiβo, -a] *adj* (LING) intransitiv

intrascendencia [iṇtrasθeṇ'deṇθja] *f sin pl* Unwichtigkeit *f*

intrascendental [iṇtrasθeṇdeṇ'tal] *adj* unwesentlich, belanglos

intrascendente [iṇtrasθeṇ'deṇte] *adj* unwichtig

intratable [iṇtra'taβle] *adj* ❶ *(persona)* unfreundlich ❷ *(material)* unnachgiebig ❸ *(asunto)* tabu ❹ *(enfermedad)* unbehandelbar

intravenoso, -a [iṇtraβe'noso, -a] *adj* (MED) intravenös

intrepidez [iṇtrepi'ðeθ] *f* Kühnheit *f*

intrépido, -a [iṇ'trepiðo, -a] *adj* kühn

intriga [iṇ'triɣa] *f* ❶ *(maquinación)* Intrige *f* ❷ *(de una película)* Verwicklung *f*

intrigante [iṇtri'ɣaṇte] **I.** *adj* ❶ *(persona)* intrigant ❷ *(película)* spannend **II.** *mf* Intrigant(in) *m(f)*

intrigar [iṇtri'ɣar] <g → gu> **I.** *vi* intrigieren **II.** *vt* neugierig machen

intrincado, -a [iṇtriŋ'kaðo, -a] *adj (bosque)* dicht; *(camino)* verschlungen; *(nudo)* kompliziert; *(situación)* verwickelt

intrincar [iṇtriŋ'kar] <c → qu> *vt (hilos)* verwirren; *(asunto)* (ver)komplizieren

intríngulis [iṇ'triŋgulis] *m inv (fam)* ❶ *(intención)* Absicht *f* ❷ *(dificultad)* Haken *m*

intrínsecamente [iṇtrinseka'meṇte] *adv* von Grund auf, grundsätzlich

intrínseco, -a [iṇ'trinseko, -a] *adj* ❶ *(interior)* innerlich; **valor** ~ innerer Wert ❷ *(propio)* eigen ❸ *(esencial)* wesentlich (**de** für +*akk*)

introducción [iṇtroðu^{ɣ}'θjon] *f* ❶ *(acción: de una llave)* Hineinstecken *nt; (de supositorio)* Einführung *f; (de moneda)* Einwurf *m; (de clavo)* (Hin)einschlagen *nt; (de medidas)* Einleitung *f;* (INFOR: *de dis-*

quete) Einlegen *nt;* (INFOR: *de datos)* Eingabe *f* ② *(de moda)* Einführung *f; (de mercancías)* Einfuhr *f* ③ *(de libro)* Vorwort *nt,* Einleitung *f* ④ (MÚS) Einleitung *f,* Vorspiel *nt*

introducir [intro̞ðu'θir] *irr como traducir* **I.** *vt* ① *(objeto: llave)* hineinstecken; *(supositorio)* einführen; *(moneda)* einwerfen; *(clavo)* (hin)einschlagen; *(medidas)* einleiten; (INFOR: *disquete)* einlegen; (INFOR: *datos)* eingeben ② *(moda)* einführen (**en** in +*akk*) ③ *(discordia)* stiften **II.** *vr:* **~se** ① *(meterse)* eindringen ② *(en un ambiente)* eingeführt werden (**en** in +*akk*) ③ *(moda)* aufkommen ④ *(entrometerse)* sich einmischen (**en** in +*akk*)

introductorio, -a [introðuk'torjo, -a] *adj* einführend; **capítulo ~** einleitendes Kapitel

intromisión [intromi'sjon] *f* Einmischung *f* (**en** in +*akk*)

introspección [introspe^ɣ'θjon] *f* Selbstbeobachtung *f*

introspectivo, -a [introspek'tiβo, -a] *adj* (PSICO) introspektiv

introversión [introβer'sjon] *f* Introvertiertheit *f*

introvertido, -a [introβer'tiðo, -a] *adj* introvertiert

intrusión [intru'sjon] *f* Eindringen *nt; (en la vida privada)* Einmischung *f*

intrusismo [intru'sismo] *m* unbefugte Berufsausübung *f*

intruso, -a [in'truso, -a] **I.** *adj* ① *(profesional)* unqualifiziert ② *(en un grupo)* eingedrungen **II.** *m, f* ① *(en reunión)* Eindringling *m;* **~ informático** (INFOR) Hacker *m* ② *(en fiesta)* ungebetener Gast *m*

intubar [intu'βar] *vt* (MED) intubieren

intuición [intwi'θjon] *f* Intuition *f;* **saber algo por ~** etw intuitiv wissen

intuir [intu'ir] *vt irr como huir* ① *(reconocer)* intuitiv wissen ② *(presentir)* (vor)ahnen; **intuyo que ...** ich habe das Gefühl, dass ...

intuitivo, -a [intwi'tiβo, -a] *adj* intuitiv

inundación [inunda'θjon] *f* Überschwemmung *f*

inundado, -a [inun'daðo, -a] *adj* überschwemmt, unter Wasser gesetzt; *(terreno)* überflutet

inundar [inun'dar] *vt* überschwemmen

inurbanidad [inurβani'ða^ð] *f sin pl* Unhöflichkeit *f*

inurbano, -a [inur'βano, -a] *adj* unhöflich

inusitado, -a [inusi'taðo, -a] *adj* ① *(inhabitual)* ungewöhnlich ② *(extraordinario)* außergewöhnlich ③ *(raro)* selten

inusual [inusu'al] *adj* ① *(inhabitual)* ungewöhnlich ② *(extraordinario)* außergewöhnlich

inútil [i'nutil] **I.** *adj* ① *(que no sirve)* unbrauchbar; (MIL) (wehrdienst)untauglich ② *(esfuerzo)* vergeblich ③ *(sin sentido)* sinnlos **II.** *mf (torpe)* Taugenichts *m*

inutilidad [inutili'ða^ð] *f* Nutzlosigkeit *f; (laboral)* Berufsunfähigkeit *f;* (MIL) Wehruntauglichkeit *f*

inutilizar [inutili'θar] <z → c> *vt* ① *(objeto)* unbrauchbar machen; *(sello)* entwerten; *(instalaciones)* zerstören ② *(al enemigo)* kampfunfähig machen

invadir [imba'ðir] *vt* ① (MIL: *país)* überfallen ② *(entrar en gran número)* einfallen (in +*akk*) ③ *(plaga)* heimsuchen ④ *(tristeza)* überkommen ⑤ *(jurisdicción)* eingreifen (in +*akk*); *(privacidad)* eindringen (in +*akk*)

invalidación [imbaliða'θjon] *f (acción)* Entwertung *f; (resultado)* Ungültigkeit *f*

invalidar [imbali'ðar] *vt (anular)* ungültig machen; *(declarar nulo)* für ungültig erklären; (JUR: *matrimonio)* für nichtig erklären; *(acuerdo)* rückgängig machen

invalidez [imbali'ðeθ] *f* ① *(nulidad)* Ungültigkeit *f;* (JUR: *de matrimonio)* Nichtigkeit *f; (de acuerdo)* Rückgängigmachen *nt* ② (MED) Invalidität *f;* **pensión de ~** Invalidenrente *f*

inválido, -a [im'baliðo, -a] **I.** *adj* ① (MED) invalid(e) ② *(acuerdo)* ungültig; (JUR) nichtig **II.** *m, f* Invalide(r) *mf*

invariable [imbarja'βle] *adj* unveränderlich; (MAT) invariabel

invasión [imba'sjon] *f* ① (*t.* MIL) Invasion *f* ② *(de plaga)* Heimsuchung *f* ③ *(en jurisdicción)* Eingriff *m; (en privacidad)* Eindringen *nt* ④ (MED) Invasion *f*

invasor(a) [imba'sor(a)] **I.** *adj* eindringend **II.** *m(f)* Eindringling *m;* (MIL) Eroberer, -in *m, f*

invencible [imben'θiβle] *adj* ① *(inderrotable)* unbesiegbar ② *(insuperable)* unübertrefflich ③ *(obstáculo)* unüberwindbar

invención [imben'θjon] *f* Erfindung *f*

inventar [imben'tar] *vt* erfinden

inventariar [imbenta'rjar] <*1. pres* inventarío> *vt* eine Inventur machen +*gen*

inventario [imben'tarjo] *m* ① *(recuento)* Bestandsaufnahme *f* ② *(lista)* Inventar *nt,* Bestandsverzeichnis *nt*

inventiva [imben'tiβa] *f* Erfindungsgabe *f*

inventivo, -a [imben'tiβo, -a] *adj* erfinderisch, kreativ; **tiene dotes inventivas** er/sie verfügt über Einfallsreichtum

invento [im'bento] *m* Erfindung *f*

inventor(a) [imben'tor(a)] *m(f)* Erfinder(in) *m(f)*

inverificable [imberifi'kaβle] *adj* ❶ *(que no se puede probar)* nicht nachweisbar ❷ *(incontrolable)* unüberprüfbar

invernada [imber'naða] *f* ❶ *(elev: estación)* Winter *m,* Winterzeit *f* ❷ *(CSur: invernadero)* Winterquartier *nt;* **ganado de** ~ Mastvieh *nt* ❸ *(Méx: cosecha)* Winterernte *f* ❹ *(Ven: aguacero)* Regenguss *m*

invernadero [imberna'ðero] *m* (BOT) Treibhaus *nt*

invernal [imber'nal] *adj* winterlich; **sueño** ~ (ZOOL) Winterschlaf *m*

invernar [imber'nar] <e → ie> *vi* (ZOOL) überwintern; *(los que duermen)* Winterschlaf halten

invernizo, -a [imber'niθo, -a] *adj* winterlich, Winter-

inverosímil [imbero'simil] *adj* ❶ *(increíble)* unglaubwürdig ❷ *(que no parece verdad)* unwahrscheinlich

inverosimilitud [imberosimili'tu$^{\eth}$] *f* ❶ *(falta de credibilidad)* Unglaubwürdigkeit *f* ❷ *(falta de probabilidad)* Unwahrscheinlichkeit *f*

inversamente [imbersa'mente] *adv* umgekehrt

inversión [imber'sjon] *f* ❶ (COM, FIN: *dinero*) Investition *f* ❷ *(al revés)* Inversion *f*

inversionista [imbersjo'nista] *mf* Investor(in) *m(f)*

inverso, -a [im'berso, -a] *adj* umgekehrt

inversor(a) [imber'sor(a)] *m(f)* Investor(in) *m(f)*

invertebrado, -a [imberte'βraðo, -a] *adj* ❶ (ZOOL: *sin columna vertebral*) wirbellos ❷ *(débil)* ohne Rückgrat

invertible [imber'tiβle] *adj* umkehrbar

invertido, -a [imber'tiðo, -a] **I.** *adj* ❶ *(al revés)* umgekehrt ❷ *(sexualmente)* homosexuell **II.** *m, f* Homosexuelle(r) *mf*

invertir [imber'tir] *vt irr como sentir* ❶ *(orden)* umkehren ❷ *(dinero)* anlegen ❸ *(tiempo)* investieren ❹ (INFOR) invertieren

investidura [imbesti'ðura] *f (en un cargo)* Einsetzung *f;* (REL) Investitur *f*

investigación [imbestiɣa'θjon] *f* ❶ *(indagación)* Untersuchung *f; (averiguación)* Ermittlung *f;* ~ **de mercado** Marktforschung *f* ❷ *(ciencia)* Forschung *f* ❸ *(estudio)* Untersuchung *f*

investigador(a) [imbestiɣa'ðor(a)] **I.** *adj* Forschungs-; **comisión ~a** Untersuchungsausschuss *m* **II.** *m(f)* Forscher(in) *m(f)*

investigar [imbesti'ɣar] <g → gu> *vt* ❶ *(indagar)* untersuchen; *(averiguar)* ermitteln ❷ *(en la ciencia)* erforschen

investir [imbes'tir] *vt irr como pedir (en un cargo)* einsetzen

inviabilidad [imbjaβili'ða$^{\eth}$] *f sin pl* Undurchführbarkeit *f*

inviable [imbi'aβle] *adj* undurchführbar

invicto, -a [im'bikto, -a] *adj* unbesiegt

invidencia [imbi'ðenθja] *f* Blindheit *f*

invidente [imbi'ðente] **I.** *adj* blind **II.** *mf* Blinde(r) *mf*

invierno [im'bjerno] *m* ❶ *(estación)* Winter *m* ❷ *(Am: lluvias)* Regenzeit *f* ❸ *(AmC: aguacero)* Platzregen *m*

inviolabilidad [imbjolaβili'ða$^{\eth}$] *f* (POL: *de derechos*) Unverletzbarkeit *f*

inviolable [imbjo'laβle] *adj* (POL: *derechos*) unverletzbar

inviolado, -a [imbjo'laðo, -a] *adj* unangetastet, unverletzt

invisibilidad [imbisiβili'ða$^{\eth}$] *f* Unsichtbarkeit *f*

invisible [imbi'siβle] *adj* unsichtbar

invitación [imbita'θjon] *f* ❶ *(a una fiesta)* Einladung *f* ❷ *(a una acción)* Aufforderung *f* ❸ *(tarjeta)* Einladungsschreiben *nt*

invitado, -a [imbi'taðo, -a] **I.** *adj* eingeladen **II.** *m, f* Gast *m;* ~ **de honor** Ehrengast *m*

invitar [imbi'tar] *vt* ❶ *(convidar)* einladen (**a/para** zu +*dat*); **esta vez invito yo** dieses Mal geht es auf meine Rechnung ❷ *(instar)* auffordern (**a** zu +*dat*); *(rogar)* bitten

invocación [imboka'θjon] *f* Anrufung *f*

invocador(a) [imboka'ðor(a)] *adj* flehend, beschwörend

invocar [imbo'kar] <c → qu> *vt* ❶ *(dirigirse)* anrufen; *(suplicar)* flehentlich bitten ❷ *(alegar)* anführen ❸ (JUR: *apoyarse en una ley*) sich berufen (auf +*akk*)

involución [imbolu'θjon] *f* ❶ (POL) Rückfall *m* ❷ (BIOL) Rückbildung *f*

involucrar [imbolu'krar] **I.** *vt* verwickeln (**en** in +*akk*) **II.** *vr:* **~se** ❶ *(inmiscuirse)* sich einmischen (**en** in +*akk*) ❷ *(intervenir)* eingreifen (**en** in +*akk*)

involuntariedad [imboluntarje'ða$^{\eth}$] *f* ❶ *(por obligación)* Unfreiwilligkeit *f* ❷ *(falta de voluntad)* fehlender Wille *m* ❸ *(sin querer)* Unabsichtlichkeit *f*

involuntario, -a [imbolun'tarjo, -a] *adj* ❶ *(por obligación)* unfreiwillig ❷ *(sin querer)* unabsichtlich

involutivo, -a [imbolu'tiβo, -a] *adj* rückschrittlich

invulnerabilidad [imbulneraβili'ða$^{\eth}$] *f* ❶ *(que no puede ser herido)* Unverletzbarkeit *f* ❷ *(insensibilidad)* Unempfindlichkeit *f*

invulnerable [imbulne'raβle] *adj* ❶ *(que no puede ser herido)* unverletzbar ❷ *(insensible)* unempfindlich (**a** für +*akk*); **es ~ a las críticas** Kritik prallt an ihm/ihr ab

inyección [inɟeʸ'θjon] *f* ① (MED: *ampolla*) Spritze *f* ② (TÉC) Injektion *f;* **motor de ~** Einspritzmotor *m*
inyectable [inɟek'taβle] **I.** *adj* (MED) injizierbar **II.** *m* (MED) Injektionsmittel *nt*
inyectar [inɟek'tar] *vt* (ein)spritzen
iodo ['ɟoðo] *m* (QUÍM) Jod *nt*
ion [i'on] *m* (QUÍM) Ion *nt*
iónico, -a [i'oniko, -a] *adj* (QUÍM) ionisch
ionizar [ioni'θar] <z → c> *vt* (QUÍM) ionisieren
IPC [ipe'θe] *m abr de* **Índice de Precios al Consumidor** (ECON) Verbraucherpreisindex *m*
ípsilon ['iβsilon] *f* Ypsilon *nt*
ipso facto ['iβso 'fakto] *(elev)* auf der Stelle
ir [ir] *irr* **I.** *vi* ① *(general)* gehen; **¡voy!** ich komme!; **¡vamos!** los!, auf!; **¡vamos a ver!** mal sehen!; **~ a pie** zu Fuß gehen; **~ en bicicleta** (mit dem) Fahrrad fahren; **~ a caballo** reiten; **tengo que ~ a Paris** ich muss nach Paris (verreisen); **~ detrás de una chica** einem Mädchen nachlaufen; **dejarse ~** sich gehen lassen; **¿qué tal? – vamos tirando** *(fam)* wie geht's? – na ja, es geht so ② *(coger)* holen ③ *(progresar)* laufen; **¿cómo va la tesina?** was macht die Diplomarbeit?; **¿cómo te va?** wie läuft es bei dir?; **va para médica** sie wird Ärztin; **en lo que va de año** im Laufe dieses Jahres ④ *(diferencia)* **de dos a cinco van tres** von der Zwei bis zur Fünf sind es drei ⑤ *(referirse)* **eso no va por ti** das bezieht sich nicht auf dich; **¿pero tú sabes de lo que va?** weißt du überhaupt, worum es geht? ⑥ *(interj: sorpresa)* **¡vaya coche!** was für ein Auto!; **¡qué va!** ach was! ⑦ *(con verbo)* **iban charlando** sie gingen und unterhielten sich dabei; **voy a hacerlo** ich werde es tun ⑧ *(edad)* zugehen (**para** auf *+akk*) **II.** *vr:* **~se** ① *(marcharse)* (weg-, fort)gehen ② *(dirección)* kommen (**para** nach *+dat*) ③ *(resbalar)* ausrutschen ④ *(perder)* verlieren
ira ['ira] *f* Wut *f*
iracundia [ira'kuṇdja] *f (elev)* Jähzorn *m*
iracundo, -a [ira'kuṇdo, -a] *adj* jähzornig
Irak [i'rak] *m* Irak *m*
Irán [i'ran] *m* Iran *m*
iraní [ira'ni] **I.** *adj* iranisch **II.** *mf* Iraner(in) *m(f)*
Iraq [i'rak] *m v.* **Irak**
iraquí [ira'ki] **I.** *adj* irakisch **II.** *mf* Iraker(in) *m(f)*
irascible [iras'θiβle] *adj* jähzornig
irguió [ir'ɣjo] *3. pret de* **erguir**
iridio [i'riðjo] *m* (QUÍM) Iridium *nt*
iridiscente [iriðis'θeṇte] *adj* irisierend
iris ['iris] *m* ① (ANAT: *ojo*) Iris *f* ② *(loc)* **arco ~** Regenbogen *m*
irisado, -a [iri'saðo, -a] *adj* regenbogenfarbig
irisar [iri'sar] **I.** *vi* Regenbogenfarben annehmen **II.** *vt* in den Regenbogenfarben schillern lassen
Irlanda [ir'laṇda] *f* Irland *nt*
irlandés, -esa [irlaṇ'des, -esa] **I.** *adj* irisch **II.** *m, f* Ire, -in *m, f*
ironía [iro'nia] *f* Ironie *f*
irónico, -a [i'roniko, -a] **I.** *adj* ironisch **II.** *m, f* Ironiker(in) *m(f)*
ironizar [ironi'θar] <z → c> *vt* ironisieren
IRPF [ierrepe'efe/ierre'pefe] *m abr de* **Impuesto sobre la Renta de las Personas Físicas** *Einkommensteuer der abhängig Beschäftigten, Selb(st)ständigen und Künstler und aus bestimmten Kapitalerträgen*
irracional [irraθjo'nal] *adj (contra la razón)* irrational; *(contra la lógica)* unlogisch; **número ~** (MAT) irrationale Zahl; **ser ~** Tier *nt*
irracionalidad [irraθjonali'ðaᵈ] *f sin pl* Irrationalität *f*
irradiación [irraðja'θjon] *f* ① *(de material nuclear)* Strahlung *f* ② (MED: *tratamiento*) Bestrahlung *f; (dolor)* Irradiation *f,* Ausstrahlung *f*
irradiar [irra'ðjar] **I.** *vt* ① *(emitir)* ausstrahlen ② *(difundir)* verbreiten ③ *(tratamiento)* bestrahlen **II.** *vi* strahlen **III.** *vr:* **~se** sich verbreiten, ausstrahlen
irrazonable [irraθo'naβle] *adj* unvernünftig
irreal [irre'al] *adj* irreal
irrealidad [irreali'ðaᵈ] *f* Irrealität *f,* Unwirklichkeit *f*
irrealizable [irreali'θaβle] *adj* undurchführbar
irrebatible [irreβa'tiβle] *adj,* **irrechazable** [irreʧa'θaβle] *adj* unwiderlegbar
irreconciliable [irrekoṇθi'ljaβle] *adj* unversöhnlich
irreconocible [irrekono'θiβle] *adj* unerkennbar
irrecuperable [irrekupe'raβle] *adj* unwiederbringbar
irreductible [irreðuk'tiβle] *adj* unbeugsam
irreemplazable [irrempla'θaβle] *adj* unersetzbar
irreflexión [irrefleʸ'sjon] *f* Unbedachtheit *f*
irreflexivo, -a [irrefleʸ'siβo, -a] *adj* ① *(acción)* unüberlegt ② *(persona)* unbedacht ③ *(precipitado)* voreilig
irrefutable [irrefu'taβle] *adj* unumstößlich
irregular [irreɣu'lar] *adj* ① *(desigual)* unre-

gelmäßig ② *(contra las reglas)* regelwidrig; *(sin reglas)* regellos; *(anómalo)* außerplanmäßig

irregularidad [irreɣulari'ðaᵈ] *f* ① *(desigualdad)* Unregelmäßigkeit *f* ② *(del terreno)* Unebenheit *f* ③ *(contra las reglas)* Regelwidrigkeit *f; (sin reglas)* Regellosigkeit *f*

irrelevancia [irrele'βaṇθja] *f* Irrelevanz *f*

irrelevante [irrele'βaṇte] *adj* irrelevant

irreligioso, -a [irreli'xjoso, -a] *adj* nicht religiös, ungläubig

irremediable [irreme'ðjaβle] *adj* ① *(inevitable)* unvermeidbar ② *(irreparable)* nicht wiedergutzumachen ③ *(daño físico)* unheilbar

irremisible [irremi'siβle] *adj* ① *(falta)* unverzeihlich ② *(pérdida)* nicht wiedergutzumachen

irremisiblemente [irremisiβle'meṇte] *adv* unumgänglich; **perdido** ~ für immer verloren

irremunerado, -a [irremune'raðo, -a] *adj* unbezahlt

irreparable [irrepa'raβle] *adj* ① *(que no se puede reparar)* irreparabel; *(incompensable)* unersetzlich ② *(daño físico)* nicht heilbar

irrepetible [irrepe'tiβle] *adj* unwiederholbar

irreprensible [irrepren'siβle] *adj* tadellos, einwandfrei, perfekt

irreprimible [irrepri'miβle] *adj* nicht zu unterdrücken

irreprochable [irrepro'ʧaβle] *adj* tadellos

irreproducible [irreproðu'θiβle] *adj* ① *(irrepetible)* unwiederholbar ② *(que ya no se puede fabricar)* nicht mehr produzierbar

irresistible [irresis'tiβle] *adj* ① *(atractivo)* unwiderstehlich ② *(inaguantable)* unerträglich

irresoluble [irreso'luβle] *adj* unlösbar

irresolución [irresolu'θjon] *f* Unentschlossenheit *f*, Unschlüssigkeit *f*, Zögern *nt*

irresoluto, -a [irreso'luto, -a] *adj* ① *(indeciso)* unentschlossen, unschlüssig ② *(vacilante)* zögerlich ③ *(problema)* ungelöst

irrespetuoso, -a [irrespetu'oso, -a] *adj* respektlos

irrespirable [irrespi'raβle] *adj* ① *(por tóxico)* giftig ② *(aire)* stickig

irresponsabilidad [irresponsaβili'ðaᵈ] *f* ① *(sin responsabilidad)* Unverantwortlichkeit *f; (por minoría de edad)* Unmündigkeit *f* ② *(desconsideración)* Verantwortungslosigkeit *f*

irresponsable [irrespon'saβle] **I.** *adj* ① *(no responsable)* nicht verantwortlich (**de** für +*akk*) ② *(desconsiderado)* verantwortungslos ③ (COM: *sociedades*) nicht haftbar (**de** für +*akk*) **II.** *mf* ① *(no responsable)* nicht verantwortliche Person *f* ② *(desconsiderado)* verantwortungslose Person *f*

irreverencia [irreβe'reṇθja] *f* Respektlosigkeit *f*

irreverente [irreβe'reṇte] *adj* respektlos

irreversible [irreβer'siβle] *adj* irreversibel

irrevocable [irreβo'kaβle] *adj* ① *(no revocable)* unwiderruflich; *(firme)* unverrückbar ② *(inamovible)* unabsetzbar

irrigación [irriɣa'θjon] *f* ① (AGR: *regadío*) Bewässerung *f* ② (MED: *del intestino*) Einlauf *m*

irrigar [irri'ɣar] <g → gu> *vt* ① (AGR: *regar*) bewässern ② (MED: *la sangre*) durchbluten; *(el intestino)* durchspülen

irrisible [irri'siβle] *adj* ① *(ridículo)* lächerlich, lachhaft ② *(gracioso)* lustig, komisch

irrisorio, -a [irri'sorjo, -a] *adj* lächerlich

irritabilidad [irritaβili'ðaᵈ] *f sin pl* Reizbarkeit *f*

irritable [irri'taβle] *adj* reizbar

irritación [irrita'θjon] *f* ① (MED: *órgano*) Reizung *f; (de piel)* (Haut)ausschlag *m* ② *(desatención)* Verwirrung *f* ③ *(enfado)* Ärger *m*

irritante [irri'taṇte] *adj* ① *(enojar)* ärgerlich ② *(molesto)* irritierend ③ (MED: *órgano*) reizend

irritar [irri'tar] **I.** *vt* ① *(enojar)* ärgern ② *(molestar)* irritieren ③ (MED: *órgano*) reizen **II.** *vr:* **~se** ① *(enojarse)* sich aufregen ② (MED: *órgano*) sich entzünden

irrompible [irrom'piβle] *adj* ① *(material)* unzerbrechlich ② *(amistad)* unverbrüchlich *geh*

irrumpir [irrum'pir] *vi* (gewaltsam) eindringen (**en** in +*akk*)

irrupción [irruβ'θjon] *f* ① *(entrada)* plötzliches Eindringen *nt* ② (MIL: *invasión*) Einfallen *nt; (ataque)* Angriff *m*

isla ['isla] *f* Insel *f*

Islam [is'lan] *m* (REL) Islam *m*

islámico, -a [is'lamiko, -a] *adj* islamisch

islamismo [isla'mismo] *m* (REL) Islam(ismus) *m*

islamita [isla'mita] **I.** *adj* (REL) islam(it)isch, moslemisch **II.** *mf* (REL) Islamit(in) *m(f)*, Moslem, Moslime *m, f*

islandés, -esa [islaṇ'des, -esa] **I.** *adj* isländisch **II.** *m, f* Isländer(in) *m(f)*

Islandia [is'laṇdja] *f* Island *nt*

isleño, -a [is'leɲo, -a] **I.** *adj* Insel- **II.** *m, f* Inselbewohner(in) *m(f)*

isleta [is'leta] *f* Inselchen *nt*

islote [is'lote] *m* (unbewohnte) Felseninsel *f*

isobara [iso'βara] *f*, **isóbara** [i'soβara] *f* (METEO) Isobare *f*

isósceles [i'sosθeles] *adj inv* (MAT) gleichschenklig; **triángulo ~** gleichschenkliges Dreieck

isótopo [i'sotopo] *m* (QUÍM) Isotop *nt*

isquion [is'kion] *m* (ANAT) Sitzbein *nt*

Israel [i(s)rra'el] *m* Israel *nt*

israelí [i(s)rrae'li] **I.** *adj* israelisch **II.** *mf* Israeli *mf*

israelita [i(s)rrae'lita] **I.** *adj* israelitisch **II.** *mf* Israelit(in) *m(f)*

istmo ['ismo] *m* (GEO) Landenge *f*

Italia [i'talja] *f* Italien *nt*

italiano, **-a** [ita'ljano, -a] **I.** *adj* italienisch **II.** *m, f* Italiener(in) *m(f)*

itálico, **-a** [i'taliko, -a] **I.** *adj* italisch **II.** *m, f* Italiker(in) *m(f)*

ítem ['iten] **I.** *m* Item *nt*, (noch zu erörternde) Angelegenheit *f*, Fragepunkt *m* **II.** *adv* item, desgleichen; **~ más** ferner

iteración [itera'θjon] *f* Wiederholung *f*

itinerante [itine'rante] *adj* Wander-

itinerario [itine'rarjo] *m* ① *(ruta)* Strecke *f* ② (FERRO: *horario*) (Zug)fahrplan *m* ③ (AERO: *vuelo*) Flugstrecke *f*

ITV [ite'uβe] *f abr de* **Inspección Técnica de Vehículos** TÜV *m*

IVA ['iβa] *m*, **I. V. A.** ['iβa] *m abr de* **impuesto sobre el valor añadido** MwSt. *f*

izada [i'θaða] *f (Am: alzamiento)* Aufstand *m*

izar [i'θar] <z → c> *vt* hissen

izda. [iθ'kjerða] *adj*, **izdo.** [iθ'kjerðo] *adj abr de* **izquierda, izquierdo** linke(r, s)

izquierda [iθ'kjerða] *f* ① *(mano)* linke Hand *f* ② (POL) Linke *f* ③ *(lado)* linke Seite *f*; **a la ~** links; **ser un cero a la ~** *(fam)* eine Null sein

izquierdismo [iθkjer'ðismo] *m* (POL) linksgerichtete Tendenzen *f pl*; *(grupo)* linksgerichtete Bewegung *f*

izquierdista [iθkjer'ðista] **I.** *adj* (POL) linksgerichtet **II.** *mf* (POL) Linke(r) *mf*

izquierdo, **-a** [iθ'kjerðo, -a] *adj* linke(r, s)

J j

J, **j** ['xota] *f* J, j *nt*; **~ de José** J wie Julius

ja [xa] *interj* ha

jabalí [xaβa'li] *m* <jabalíes> Wildschwein *nt*

jabalina [xaβa'lina] *f* ① (ZOOL) Wildsau *f* ② (DEP) Speer *m*

jabato[1] [xa'βato] *m* ① (ZOOL) Frischling *m* ② *(hombre)* kühner Mann *m*; **luchar como un ~** sehr mutig kämpfen

jabato, **-a**[2] [xa'βato, -a] *adj* kühn

jabón [xa'βon] *m* ① *(para lavar)* Seife *f*; **pastilla de ~** Stück Seife; **dar ~ a alguien** *(fig)* jdm Honig um den Bart schmieren; **dar un ~ a alguien** *(fig)* jdn ausschimpfen ② *(PRico, Arg: susto)* Schreck *m*

jabonar [xaβo'nar] *vt* ① *(con jabón)* einseifen, abseifen ② *(fam: reprender)* schelten, ausschimpfen

jaboncillo [xaβon'θiʎo] *m* ① *(de tocador)* Toilettenseife *f* ② *(de sastre)* Schneiderkreide *f*

jabonera [xaβo'nera] *f* ① *(para depositar jabón)* Seifenschale *f* ② (BOT) Seifenkraut *nt*

jabonoso, **-a** [xaβo'noso, -a] *adj* Seifen-, seifig

jaca ['xaka] *f* ① *(caballo)* kleines Pferd *nt* ② *(yegua)* Stute *f* ③ *(Am: gallo)* Kampfhahn *m*

jacal [xa'kal] *m (Méx, Ven)* Hütte *f*

jacalear [xakale'ar] *vi (Méx)* klatschen, tratschen *fam*

jácara ['xakara] *f* ① *(fam: mentira)* Märchen; *(historia)* Geschichte *f* ② *(molestia)* Ärgernis *nt*

jacarandoso, **-a** [xakaran'doso, -a] *adj* fröhlich

jacinto [xa'θinto] *m* (BOT) Hyazinthe *f*; **~ silvestre** Hasenglöckchen *nt*

jaco ['xako] *m (caballo)* Klepper *m*

jactancia [xak'tanθja] *f* Prahlerei *f*, Angeberei *f*

jactancioso, **-a** [xaktan'θjoso, -a] **I.** *adj* angeberisch **II.** *m, f* Angeber(in) *m(f)*

jactarse [xak'tarse] *vr* prahlen (**de** mit +*dat*)

jade ['xaðe] *m* Jade *m o f*

jadeante [xaðe'ante] *adj (persona)* keuchend; *(perro)* hechelnd

jadear [xaðe'ar] *vi (persona)* keuchen; *(perro)* hecheln

jadeo [xa'ðeo] *m (de persona)* Keuchen *nt*; *(de perro)* Hecheln *nt*

jaenero, **-a** [xae'nero, -a], **jaenés**, **-esa**

[xae'nes, -esa] **I.** *adj* aus Jaén **II.** *m, f* Einwohner(in) *m(f)* von Jaén
jaez [xa'eθ] *m* ❶ *(de caballo)* Geschirr *nt* ❷ *(de persona)* Sorte *f;* **persona de mal ~** bösartiger Mensch
jaguar [xa'ɣwar] *m* Jaguar *m*
jaiba ['xai̯βa] **I.** *adj* ❶ *(Ant, Méx: astuto)* gerissen ❷ *(Cuba: perezoso)* faul **II.** *f* *(Am: cangrejo)* Flusskrebs *m*
jalada [xa'laða] *f (Méx: fam)* ❶ *(exageración)* Übertreibung *f* ❷ *(fumada)* Zug *m* (an der Zigarette)
jalado, -a [xa'laðo, -a] *adj* ❶ *(Méx: exagerado)* übertrieben ❷ *(Am: demacrado)* abgezehrt ❸ *(Am: obsequioso)* gefällig ❹ *(Am: borracho)* betrunken
jalancia [xa'lan̩θja] *f (fam)* Essen *nt*
jalar [xa'lar] **I.** *vt* ❶ *(una cuerda)* ziehen (an +*dat*) ❷ *(una persona)* anziehen ❸ *(fam: comer)* mampfen **II.** *vi (Bol, PRico, Urug: largarse)* abhauen **III.** *vr:* **~se** *(Am: emborracharse)* sich betrinken
jalea [xa'lea] *f* Gelee *nt*
jalear [xale'ar] *vt (animar)* anfeuern
jaleo [xa'leo] *m* ❶ *(barullo)* Lärm *m; (desorden)* Durcheinander *nt;* **armar ~** Lärm machen; **me he armado un ~ con los nombres** *(fam)* ich habe alle Namen durcheinandergebracht ❷ *(riña)* Streit *m*
jaleoso, -a [xale'oso, -a] *adj* lärmend
jalón [xa'lon] *m* ❶ *(vara)* Absteckpfahl *m* ❷ *(hito)* Meilenstein *m*
jalonar [xalo'nar] *vt* ❶ *(un terreno)* abstecken ❷ *(marcar)* prägen
Jamaica [xa'mai̯ka] *f* Jamaika *nt*
jamaicano, -a [xamai̯'kano, -a] **I.** *adj* jamaikanisch **II.** *m, f* Jamaikaner(in) *m(f)*
jamar [xa'mar] *vt, vr:* **~se** *(fam: comer)* verdrücken
jamás [xa'mas] *adv* nie(mals); **~ de los jamases** nie und nimmer; **~ había tenido la oportunidad** nie zuvor hatte ich die Gelegenheit gehabt; **¿habías leído ~ algo parecido?** hast du je zuvor so etwas gelesen?; **nunca digas nunca ~** sag niemals nie
jamba ['xamba] *f (de la ventana)* Fensterpfosten *m; (de la puerta)* Türpfosten *m*
jambaje [xam'baxe] *m* (ARQUIT) ❶ *(ventana)* Fensterrahmen *m; (puerta)* Türrahmen *m* ❷ *(adorno)* Rahmenverzierung *f*
jamelgo [xa'melɣo] *m (fam)* Klepper *m*
jamón [xa'mon] *m* Schinken *m;* **~ dulce** [*o* **de York**] gekochter Schinken; **~ serrano** luftgetrockneter Schinken; **¡y un ~!** *(fam)* kommt überhaupt nicht infrage!
jamona [xa'mona] *f (fam: mujer gruesa)* gut gepolsterte(, nicht mehr ganz junge) Frau *f*
jangada [xaŋ'gaða] *f* ❶ *(baba)* Floß *nt* ❷ *(tontería)* dumme Bemerkung *f* ❸ *(fam: trastada)* gemeiner Trick *m*
Janucá [xanu'ka] *f* Chanukkah *f*
Japón [xa'pon] *m* Japan *nt*
japonés, -esa [xapo'nes, -esa] **I.** *adj* japanisch **II.** *m, f* Japaner(in) *m(f)*
jaque ['xake] *m* ❶ (DEP) Schach *nt;* **~ mate** (Schach)matt *nt;* **dar ~** Schach bieten; **tener a alguien en ~** jdn in Schach halten ❷ *(fam: perdonavidas)* Angeber *m*
jaqueca [xa'keka] *f* Migräne *f;* **este tipo me da ~** *(fam)* dieser Kerl geht mir auf die Nerven
jaquecoso, -a [xake'koso, -a] *adj* lästig, unerquicklich
jara ['xara] *f* ❶ (BOT) Zistrose *f* ❷ *(Guat, Méx: flecha)* Pfeil *m*
jarabe [xa'raβe] *m* Sirup *m; (para la tos)* Hustensaft *m;* **~ de pico** *(fam)* Geschwätz *nt;* **dar ~ de palo a alguien** *(fam)* jdm eine Tracht Prügel verpassen
jaracatal [xaraka'tal] *m (Guat)* Menge *f,* Masse *f*
jarana [xa'rana] *f* ❶ *(juerga)* Gaudi *f o nt;* **ir de ~** *(fam)* einen draufmachen ❷ *(discusión)* Krach *m* ❸ *(Am: burla)* Spaß *m,* Scherz *m* ❹ *(AmC: deuda)* Schuld *f* ❺ *(Col: embuste)* Lüge *f*
jaranero, -a [xara'nero, -a] *adj* **ser un ~** sehr gern feiern
jarcia ['xarθja] *f* ❶ (NÁUT: *para pescar*) Fischfangausrüstung *f* ❷ *pl* (NÁUT: *de velero*) Tauwerk *nt*
jardín [xar'ðin] *m* Garten *m;* **los jardines de una ciudad** die Grünanlagen einer Stadt; **~ de infancia** *(hasta los tres años)* Kinderkrippe *f; (a partir de tres años)* Kindergarten *m;* **trabajar en el ~** gärtnern
jardinera [xarði'nera] *f* ❶ *(profesión)* Gärtnerin *f;* **a la ~** (GASTR) nach Gärtnerinart ❷ *(maceta)* Blumenkasten *m*
jardinería [xarðine'ria] *f (arte)* Gartenkunst *f; (cuidado)* Gartenpflege *f*
jardinero, -a [xarði'nero, -a] *m, f* Gärtner(in) *m(f)*
jarifo, -a [xa'rifo, -a] *adj* elegant, stattlich
jarocho, -a [xa'roʧo, -a] *adj* ❶ *(rudo, insolente)* grob, rüde ❷ *(Am: natural de Veracruz)* aus Veracruz
jarra ['xarra] *f* Krug *m; (de agua, café)* Kanne *f;* **ponerse de** [*o* **en**] **~s** die Arme in die Hüften stemmen
jarrear [xarre'ar] **I.** *vi* ❶ *(sacar líquido)* schöpfen ❷ *(sacar agua de un pozo)* Wasser schöpfen **II.** *vt (pared, muro)* verputzen **III.** *vimpers (fam: llover intensamente)* in Strömen regnen
jarro ['xarro] *m* Krug *m; (de agua)* Kanne *f;*

J

echarle a alguien un ~ de agua fría *(fig)* jdn um seine Hoffnungen bringen
jarrón [xa'rron] *m* Vase *f*
jartón, -ona [xar'ton, -ona] *m, f (AmC, Méx)* Vielfraß *m fam*
jaspe ['xaspe] *m* ❶ *(cuarzo)* Jaspis *m* ❷ *(mármol)* geäderter Marmor *m*
jauja ['xau̯xa] *f* Schlaraffenland *nt;* **¡pero te crees que esto es J~!** was hast du bloß für (falsche) Vorstellungen!; **para ti la vida es J~** für dich ist das Leben wohl nur ein einziger Spaß
jaula ['xau̯la] *f (para animales)* Käfig *m*
jauría [xau̯'ria] *f* Meute *f*
jazmín [xaθ'min] *m* Jasmin *m*
jazz [dʒas] *m sin pl* Jazz *m;* **tocar ~** jazzen
J. C. [xesu'kristo] *m abr de* **Jesucristo** Jesus Christus *m*
jeans [dʒins] *mpl* Jeans *f(pl)*
jeep [dʒip] *m* <jeeps> Jeep *m*
jefatura [xefa'tura] *f* ❶ *(cargo)* Leitung *f* ❷ *(sede)* **~ del gobierno** Amt *nt* des Regierungschefs; **~ de policía** Polizeipräsidium *nt*
jefazo [xe'faθo] *m (fam)* hohes Tier *nt*
jefe, -a ['xefe, -a] *m, f (de una organización, empresa)* Chef(in) *m(f); (de un departamento)* Leiter(in) *m(f); (de una banda)* Anführer(in) *m(f);* **~ de filas** (DEP) Mannschaftskapitän *m;* **~ de(l) Estado** Staatsoberhaupt *nt;* **~ de(l) Gobierno** Regierungschef *m;* **~ de partido** Parteivorsitzende(r) *m;* **redactor ~** Chefredakteur *m;* **~ de equipo** Teamleiter *m;* **en mi casa no soy yo el ~, sino mi mujer** zu Hause hat meine Frau die Hosen an
jengibre [xeŋ'xiβre] *m* Ingwer *m*
jenízaro[1] [xe'niθaro] *m* (HIST) Janitschar *m*
jenízaro, -a[2] [xe'niθaro,-a] *m, f (Méx)* Polizist(in) *m(f)*
jeque ['xeke] *m* Scheich *m*
jerarca [xe'rarka] *mf* Oberhaupt *nt*
jerarquía [xerar'kia] *f* Hierarchie *f*
jerárquico, -a [xe'rarkiko, -a] *adj* hierarchisch
jerarquización [xerarkiθa'θjon] *f* Hierarchisierung *f*
jerarquizar [xerarki'θar] <z → c> *vt* hierarchisieren
jerez [xe'reθ] *m* Sherry *m*
jerga ['xerɣa] *f (lenguaje)* Jargon *m*
jergón [xer'ɣon] *m (fam: persona)* Fettwanst *m*
jericoplear [xerikople'ar] *vt (Guat, Hond)* belästigen, behelligen
jerigonza [xeri'ɣon̪θa] *f* ❶ *(galimatías)* Kauderwelsch *nt* ❷ *(jerga)* Jargon *m*
jeringa [xe'riŋga] *f (instrumento)* (Injektions)spritze *f*
jeringador(a) [xeriŋga'ðor(a)] *adj (fam)* lästig, unangenehm
jeringar [xeriŋ'gar] <g → gu> *vt* ❶ *(con la jeringa)* spritzen ❷ *(molestar)* belästigen, plagen
jeringuilla [xeriŋ'giʎa] *f* (Injektions)spritze *f*
jeroglífico[1] [xero'ɣlifiko] *m* ❶ *(signo)* Hieroglyphe *f* ❷ *(pasatiempo)* Bilderrätsel *nt*
jeroglífico, -a[2] [xero'ɣlifiko, -a] *adj* hieroglyphisch
jersey [xer'sei̯] *m* Pullover *m;* **~ de cuello alto** Rollkragenpullover *m*
Jesucristo [xesu'kristo] *m* Jesus Christus *m*
jesuita [xesu'ita] **I.** *adj* Jesuiten-, jesuitisch **II.** *m* Jesuit *m*
Jesús [xe'sus] *m* Jesus *m;* **¡~!** *(al estornudar)* Gesundheit!; *(interjección)* o mein Gott!; **en un (decir) ~** im Nu
jet[1] [dʒet] *f sin pl* Jetset *m*
jet[2] [dʒet] *m* <jets> (AERO) Jet *m*
jeta ['xeta] *f* ❶ *(fam: cara)* Visage *f;* **ese tiene una ~ increíble** *(fig)* der ist unglaublich frech ❷ *(labios)* wulstige Lippen *fpl* ❸ *(del cerdo)* Rüssel *m* ❹ *(Arg: nariz)* Nase *f*
jetudo, -a [xe'tuðo, -a] *adj (fam pey)* unverschämt
ji [xi] **I.** *f* Chi *nt* **II.** *interj* ha!
jíbaro, -a ['xiβaro, -a] *adj* ❶ *(Am: campesino)* bäuerlich; *(costumbres, vida)* ländlich ❷ *(Am: planta, animal)* wild ❸ *(Ant, Méx: huraño)* menschenscheu
jibia ['xiβja] *f* Sepia *f*
jibraltareño, -a [xiβral̪ta'reɲo, -a] **I.** *adj* gibraltarisch **II.** *m, f* Gibraltarer(in) *m(f)*
jicaque [xi'kake] *adj (Guat, Hond: necio)* dumm, begriffsstutzig; *(inculto)* ungebildet
jícara ['xikara] *f (taza)* (Schokoladen)tasse *f*
jienense, -a [xje'nense, -a] **I.** *adj* aus Jaén **II.** *m, f* Einwohner(in) *m(f)* von Jaén
jijona [xi'xona] *m* Mandelnugat *m o nt* (aus Jijona)
jilguero [xil'ɣero] *m* (ZOOL) Distelfink *m*
jineta [xi'neta] *f* ❶ (ZOOL) Ginsterkatze *f* ❷ *(monta)* **montar a la ~** mit kurzen Steigbügeln reiten
jinete [xi'nete] *m (persona)* Reiter *m; (profesional)* Jockey *m*
jinetear [xinete'ar] *vt (Am: domar)* zureiten
jiñar [xi'ɲar] *vi, vr:* **~se** *(vulg)* scheißen
jira ['xira] *f* ❶ *(jirón)* Fetzen *m* ❷ *(pícnic)* Picknick *nt*
jirafa [xi'rafa] *f* ❶ (ZOOL) Giraffe *f* ❷ *(para el micro)* Galgen *m*
jirón [xi'ron] *m* Fetzen *m;* **hacer algo jirones** etw zerreißen

J

jitazo [xi'taθo] *m (Méx)* Erfolg *m*
jiu-jitsu [dʒju 'dʒiðsu] *m* (DEP) Jiu-Jitsu *nt*
JJ. OO. ['xweɣos o'limpikos] *abr de* **Juegos Olímpicos** Olympische Spiele *nt pl*
jo [xo] *interj* ① *(so)* hü ② *(sorpresa)* Wahnsinn
jobar [xo'βar] *interj (fam)* verdammt (noch mal)!
jobillo [xo'βiʎo] *m (PRico: fam)* **irse de ~s** die Schule schwänzen
jockey ['xokei̯] *m v.* **yóquey**
jocosidad [xokosi'ðað] *f* ① *(cualidad)* Humor *m* ② *(chiste)* Witz *m*
jocoso, -a [xo'koso, -a] *adj* witzig
jocundidad [xokun̪di'ðað] *f* Heiterkeit *f*, Fröhlichkeit *f*
jocundo, -a [xo'kun̪do, -a] *adj* heiter, fröhlich
joda ['xoða] *f* ① *(Arg: vulg: situación difícil)* Problem *nt*, verzwickte Situation *f* ② *(Arg, Col, Chil, Méx: vulg: acción de fastidiar)* Belästigung *f*, Plage *f* ③ *(Méx: fam: molestia por exceso de trabajo)* Plackerei *f*, Schinderei *f*; **es una ~ tener que trabajar el domingo** es ist eine Schinderei, am Sonntag arbeiten zu müssen
joder [xo'ðer] **I.** *vt (vulg)* ① *(copular)* ficken ② *(fastidiar)* nerven *fam*; **¡no me jodas!** erzähl mir keinen Scheiß!; **¡no te jode!** das ist ja kaum zu fassen!; **¡jódete!** zum Teufel mit dir! *fam* ③ *(echar a perder)* vermasseln *fam* ④ *(robar)* klauen *fam* **II.** *vi (vulg)* ficken **III.** *vr:* **~se** *(vulg)* ① *(fastidiarse)* sich abfinden; **¡hay que ~se!** verdammt noch mal! *fam* ② *(echar a perder)* **nuestra amistad se ha jodido** unsere Freundschaft ist im Eimer *fam*; **la tele se ha jodido** der Fernseher ist im Arsch **IV.** *interj (vulg)* Scheiße!
jodido, -a [xo'ðiðo, -a] *adj (vulg)* **estoy ~** *(enfermo)* mir geht's beschissen; *(en un apuro)* ich sitze in der Scheiße; **ser ~** *(difícil)* schwierig sein; **es ~ tener que trabajar tanto** es ist verdammt hart, so viel arbeiten zu müssen
jodón, -ona [xo'ðon, -ona] **I.** *adj (Méx: fam)* nervtötend **II.** *m, f (Méx: fam)* Nervensäge *f*
jojoto[1] [xo'xoto] *m (Ven)* unreifer Mais *m*
jojoto, -a[2] [xo'xoto, -a] *adj (Ven)* unreif, grün
jolgorio [xol'ɣorjo] *m* Gaudi *f o nt*
jolín [xo'lin] *interj*, **jolines** [xo'lines] *interj* verdammt (noch mal)!
JONS [xons] *f pl abr de* **Juntas de Ofensiva Nacional Sindicalista** *faschistische Partei unter Franco*
jopé [xo'pe] *interj* Mensch!
Jordania [xor'ðanja] *f* Jordanien *nt*
jordano, -a [xor'ðano, -a] **I.** *adj* jordanisch **II.** *m, f* Jordanier(in) *m(f)*
jorguinería [xorɣine'ria] *f* Zauberei *f*, Hexerei *f*
jornada [xor'naða] *f* ① *(de trabajo)* Arbeitstag *m*; *(tiempo trabajado)* Arbeitszeit *f*; **~ continua** gleitende Arbeitszeit; **~ partida** Arbeitstag mit (langer) Mittagspause; **trabajo media ~** ich arbeite halbtags ② *(viaje)* Tagesreise *f*; *(andando)* Tage(s)marsch *m*; **este pueblo está a dos ~s de viaje** dieses Dorf liegt zwei Tagesreisen entfernt
jornal [xor'nal] *m (paga)* Tagelohn *m*; **trabajar a ~** als Tagelöhner arbeiten
jornalero, -a [xorna'lero, -a] *m, f* Tagelöhner(in) *m(f)*
joroba [xo'roβa] *f* ① *(de persona)* Buckel *m* ② *(de camello)* Höcker *m* ③ *(molestia)* Belästigung *f*
jorobado, -a [xoro'βaðo, -a] **I.** *adj* buck(e)lig **II.** *m, f* Buck(e)lige(r) *mf*
jorobar [xoro'βar] **I.** *vt (fam)* nerven **II.** *vr:* **~se** *(fam)* sich abfinden; **si no le gusta, ¡que se jorobe!** wenn es ihm/ihr nicht passt, hat er/sie Pech gehabt!
jorrar [xo'rrar] *vt* schleppen
jota ['xota] *f* ① *(letra)* J *nt*; **no entender** [*o* **saber**] **ni ~** *(fam)* keinen blassen Schimmer haben; **no ver ni ~** *(fam)* stockblind sein ② *(baile)* Jota *f*
jotero, -a [xo'tero, -a] **I.** *adv* die Jota betreffend **II.** *m, f* Jotatänzer(in) *m(f)*
joto ['xoto] *m* ① *(Col: paquete)* Päckchen *nt*, Bündel *nt* ② *(Méx: pey: homosexual)* Tunte *f*
joven ['xoβen] **I.** *adj* jung; **de muy ~** in früher Jugend **II.** *mf* junger Mann *m*, junge Frau *f*; **los jóvenes** die jungen Leute
jovencito, -a [xoβen̟'θito, -a] **I.** *adj* jung **II.** *m, f (chico)* Junge *m*; *(chica)* (junges) Mädchen *nt*
jovenzuelo, -a [xoβen̟'θwelo, -a] *m, f (pey)* Grünschnabel *m*
jovial [xo'βjal] *adj* fröhlich
jovialidad [xoβjali'ðað] *f* Fröhlichkeit *f*
joya ['xoɟa] *f* ① *(alhaja)* Schmuckstück *nt*; *(piedra)* Juwel *nt o m*; **las ~s** der Schmuck ② *(persona, cosa)* Juwel *nt*; **esta mujer de la limpieza es una ~** sie ist ein Juwel von einer Putzfrau; **este niño es una ~** dieses Kind ist ein wahrer Schatz
joyería [xoɟe'ria] *f* Juwelierladen *m*
joyero[1] [xo'ɟero] *m* Schmuckkästchen *nt*
joyero, -a[2] [xo'ɟero, -a] *m, f* Juwelier(in) *m(f)*
joystick ['dʒoi̯stik] *m* <joysticks> (INFOR) Joystick *m*

Juan [xwan] *m* ≈ Johannes *m;* **es un don juan** er ist ein Frauenheld
juanete [xwa'nete] *m (del pie)* (Fuß)ballen *m*
jubilación [xuβila'θjon] *f* ❶ *(acción)* Pensionierung *f* ❷ *(pensión)* Rente *f*
jubilado, -a [xuβi'laðo, -a] *m, f* Rentner(in) *m(f)*
jubilar [xuβi'lar] **I.** *vt* ❶ *(a alguien)* pensionieren ❷ *(fam: un objeto)* ausrangieren **II.** *vr:* **~se** ❶ *(retirarse)* in Rente gehen ❷ *(AmC: hacer novillos)* schwänzen
júbilo ['xuβilo] *m* Jubel *m*
jubiloso, -a [xuβi'loso, -a] *adj* jubelnd; **estar ~** überglücklich sein
jubón [xu'βon] *m* Wams *nt*
judaico, -a [xu'ðai̯ko, -a] *adj* jüdisch
judaísmo [xuða'ismo] *m sin pl* Judaismus *m*
judas ['xuðas] *m* Judas *m;* **ser más falso que el alma de ~** ein Verräter sein

J

judeocristiano, -a [xuðeokris'tjano, -a] *adj* jüdisch-christlich
judería [xuðe'ria] *f* Judenviertel *nt*
judía [xu'ðia] *f* ❶ *(mujer)* Jüdin *f* ❷ (BOT) Bohne *f;* **~ roja** Kidneybohne *f*
judicatura [xuðika'tura] *f* ❶ *(cargo)* Richteramt *nt* ❷ *(de un país)* Richterstand *m* ❸ *(ejercicio)* Rechtsprechung *f,* Judikatur *f;* **~ del trabajo** Arbeitsgerichtsbarkeit *f*
judicial [xuði'θjal] *adj (de justicia)* Justiz-; *(de juicio)* Gerichts-; *(de juez)* richterlich
judicialmente [xuðiθjal'men̩te] *adv* gerichtlich
judío, -a [xu'ðio, -a] **I.** *adj* jüdisch **II.** *m, f* Jude, Jüdin *m,f*
judo ['ʤuðo] *m* (DEP) *v.* **yudo**
juego ['xweɣo] *m* ❶ *(diversión)* Spiel *nt;* **~ de mesa** Brettspiel *nt,* Gesellschaftsspiel *nt;* **~ de los roles** Rollenspiel *nt;* **hacer ~s malabares** jonglieren; **hacer trampas en el ~** falschspielen; **hay muchos millones en ~** es wird um viele Millionen gespielt; **perder dinero en el ~** Geld verspielen; **tengo mal ~** ich habe schlechte Karten; **poner en ~** *(fig)* aufs Spiel setzen; **diciendo esto le hace el ~ a su rival** seine/ihre Äußerungen kommen seinem/ihrem Gegner zugute; **se le ve fácilmente el ~** man kann ihn/sie leicht durchschauen; **se toma nuestra relación a ~** er/sie nimmt unsere Beziehung nicht ernst; **desgraciado en el ~, afortunado en amores** *(prov)* Pech im Spiel, Glück in der Liebe ❷ (DEP) Spiel *nt;* **~ en blanco** Null-zu-null-Spiel *nt;* **~ limpio** Fairplay *nt;* **~ sucio** unfaires Spiel; **fuera de ~** Abseits *nt;* **entrar en ~** ins Spiel kommen ❸ *(ropa, menaje de hogar)* Garnitur *f;* **~ de mesa** Service *nt;* **~ de cama/sábanas** Bettbezug *m;* **estos colores no hacen ~** diese Farben passen nicht zusammen ❹ (TÉC) Spiel *nt;* **esta llave no hace ~ con la cerradura** dieser Schlüssel passt nicht ins Schloss
juerga ['xwerɣa] *f* Gaudi *f o nt;* **ayer estuve de ~** *(fam)* ich habe gestern einen draufgemacht; **se le nota en la cara que se ha corrido unas cuantas ~s** *(fam)* man sieht ihm/ihr an, dass er/sie ein ausschweifendes Leben geführt hat; **ayer noche se armó una ~ increíble en este bar** *(fam)* gestern Abend war in dieser Kneipe der Bär los
juerguista [xwer'ɣista] *mf (salidor)* Nachtschwärmer *m; (fiestero)* Partylöwe *m,* Partygirl *nt*
jueves ['xweβes] *m inv* Donnerstag *m;* **J~ Santo** Gründonnerstag *m;* **no ser nada del otro ~** nichts Weltbewegendes sein; *v. t.* **lunes**
juez(a) [xweθ(a)] *m(f)* (*t.* JUR) Richter(in) *m(f);* **~ de instrucción** Untersuchungsrichter(in) *m(f);* **~ de línea** [*o* **de banda**] (DEP) Linienrichter(in) *m(f)*
jugada [xu'ɣaða] *f* ❶ (DEP) Spielzug *m;* **~ de ajedrez** Schachzug *m;* **~ antirreglamentaria** Foul *nt;* **las ~s de Dirk Nowitzki encandilan al público** das Publikum ist von der Spielweise Dirk Nowitzkis begeistert; **Maradona hizo una ~ genial** Maradona spielte einen genialen Ball ❷ *(apuesta)* Wette *f* ❸ *(jugarreta)* Streich *m;* **hacerle** [*o* **gastarle**] **una ~ a alguien** jdm übel mitspielen
jugador(a) [xuɣa'ðor(a)] **I.** *adj* **mi marido es muy ~** mein Mann ist eine Spielernatur **II.** *m(f)* (*t.* DEP) Spieler(in) *m(f);* **~ de ataque** Angriffsspieler(in) *m(f);* **~ suplente** Ersatzspieler(in) *m(f);* **~ profesional** Profi *m*
jugar [xu'ɣar] *irr* **I.** *vi* ❶ *(a un juego, deporte)* spielen; **~ de líbero** auf der Liberoposition spielen; **~ limpio/sucio** fair/unfair spielen; **~ a la lotería** (in der) Lotterie spielen; **~ a policías y ladrones** Räuber und Gendarm spielen; **¿puedo ~?** darf ich mitspielen?; **¿a qué juegas?** *(fig)* was soll denn das? ❷ *(bromear)* scherzen; **hacer algo por ~** etw aus Spaß machen ❸ *(en un negocio)* beteiligt sein (**en** an +*dat*); **~ a la bolsa** an der Börse spekulieren ❹ *(hacer juego)* zusammenpassen **II.** *vt* ❶ *(un juego, una partida)* spielen; **me la han jugado** *(fig)* man hat mir übel mitgespielt ❷ *(apostar)* wetten; **~ fuerte** mit hohem Einsatz spielen ❸ *(una carta)*

(aus)spielen; *(una torre)* spielen; **¿quién juega?** wer ist dran?; *(al ajedrez)* wer ist am Zug? **III.** *vr:* **~se** ① *(la lotería)* verlost werden ② *(apostar)* wetten (um *+akk*), setzen (**a** auf *+akk*); **¿qué te juegas que...?** wollen wir wetten, dass ...? ③ *(arriesgar)* aufs Spiel setzen; **~se el todo por el todo** alles auf eine Karte setzen

jugarreta [xuɣa'rreta] *f* *(fam)* übler Streich *m;* **hacerle una ~ a alguien** jdm übel mitspielen

juglar(esa) [xu'ɣlar, xuɣla'resa] *m(f)* (HIST) Spielmann *m,* fahrender Sänger, fahrende Sängerin *m, f*

jugo ['xuɣo] *m* ① *(de fruta, carne)* Saft *m;* **~s gástricos** Magensäfte *mpl* ② *(esencia)* Substanz *f;* **declaraciones con mucho ~** bedeutungsschwere Äußerungen; **este jefe saca el ~ a sus trabajadores** dieser Chef beutet seine Arbeitnehmer aus

jugosidad [xuɣosi'ðað] *f* Saftigkeit *f*

jugoso, -a [xu'ɣoso, -a] *adj* ① *(fruta, carne)* saftig ② *(color)* frisch

juguete [xu'ɣete] *m* ① *(objeto)* Spielzeug *nt;* **el barco era un ~ de las olas** das Schiff war ein Spielball der Wellen ② *pl* (COM) Spielwaren *f pl*

juguetear [xuɣete'ar] *vi* ① *(con las llaves, un boli)* herumspielen; *(con una pelota)* tändeln ② *(los niños)* herumtollen

jugueteo [xuɣe'teo] *m* ① *(con las llaves)* Herumspielen *nt;* *(con una pelota)* Tändelei *f* ② *(de unos niños)* Herumtollen *nt*

juguetería [xuɣete'ria] *f* Spielwarengeschäft *nt*

juguetón, -ona [xuɣe'ton, -ona] *adj* verspielt

juicio ['xwiθjo] *m* ① *(facultad para juzgar)* Urteilsfähigkeit *f* ② *(razón)* Vernunft *f,* Verstand *m;* **falta de ~** Unvernunft *f;* **recobrar el ~** zur Vernunft kommen; **tú no estás en tu sano ~** du bist wohl nicht bei Verstand ③ *(opinión)* Meinung *f,* Urteil *nt;* **a mi ~** meiner Meinung nach; **emitir un ~ sobre algo** etw beurteilen ④ (JUR) Gerichtsverfahren *nt,* Prozess *m;* **~ criminal** Strafverfahren *nt;* **el día del J~ final** (REL) der jüngste Tag; **llevar a alguien a ~** jdm den Prozess machen

juicioso, -a [xwi'θjoso, -a] *adj* *(sensato)* vernünftig; *(acertado)* treffend

juico, -a ['xwiko, -a] *adj* *(Hond)* taub, gehörlos

jujú [xu'xu] *interj* juhu!, juchhe!

julepear [xulepe'ar] **I.** *vt* ① *(fam: dar reprimenda)* eine Standpauke halten *+dat* ② *(Arg, Par, Urug: meter miedo)* Angst einjagen *+dat* ③ *(Am: atormentar)* plagen ④ *(Col: urgir)* antreiben **II.** *vi* *Julepe (spanisches Kartenspiel) spielen*

julio ['xuljo] *m* ① (FÍS) Joule *nt* ② *(mes)* Juli *m; v. t.* **marzo**

juma ['xuma] *f* *(Am: fam)* Rausch *m*

jumado, -a [xu'maðo, -a] *adj* *(Am: fam)* besoffen

jumento [xu'mento] *m* Esel *m*

jumo[1] ['xumo] *m* *(PRico)* Rausch *m*

jumo, -a[2] ['xumo, -a] *adj* *(Am: borracho)* betrunken, besoffen, blau *fam*

juncal [xuŋ'kal] *adj* *(gallardo)* stattlich

junco ['xuŋko] *m* ① (BOT) Binse *f* ② *(bastón)* Spazierstock *m* ③ *(embarcación)* Dschunke *f*

jungla ['xuŋgla] *f* Dschungel *m*

junio ['xunjo] *m* Juni *m; v. t.* **marzo**

júnior ['dʒunjor] *m* <juniores> Junior *m*

junípero [xu'nipero] *m* ① (BOT) Wacholder *m* ② *(Col: necio)* Trottel *m fam,* Idiot *m fam*

junta ['xunta] *f* ① *(comité)* Ausschuss *m;* *(consejo)* Rat *m;* **~ calificadora** (ENS) Prüfungskommission *f;* **~ directiva** Vorstand *m;* **~ general** Generalversammlung *f;* **~ militar** Militärjunta *f;* **~ municipal** Gemeinderat *m* ② *(reunión)* Sitzung *f;* **celebrar ~** *(de la junta directiva)* eine Vorstandssitzung abhalten; *(de la junta general)* eine Generalversammlung abhalten ③ (TÉC: *de dos ladrillos, tablas*) Fuge *f;* *(de dos tubos)* Verbindung(sstelle) *f;* *(sellado)* Dichtung *f*

juntamente [xunta'mente] *adv* ① *(juntos)* zusammen, gemeinsam ② *(al mismo tiempo)* gleichzeitig

juntar [xun'tar] **I.** *vt* ① *(aproximar)* **~ la mesa a la pared** den Tisch an die Wand rücken; **~ las sillas** die Stühle zusammenrücken ② *(unir)* verbinden ③ *(reunir: personas)* versammeln; *(objetos)* (an)sammeln; *(dinero)* (an)sparen ④ *(puerta, ventana)* anlehnen **II.** *vr:* **~se** ① *(reunirse)* sich versammeln ② *(unirse)* sich zusammenschließen ③ *(aproximarse)* zusammenrücken ④ *(liarse con alguien)* zusammenziehen; **se han juntado** sie wohnen zusammen

junto[1] ['xunto] **I.** *adv* **hablaba por teléfono y trabajaba en el ordenador, todo ~** er/sie telefonierte und arbeitete gleichzeitig am PC; **tengo en ~ cien euros** ich habe alles insgesamt hundert Euro; **comprar por ~** in großen Mengen kaufen **II.** *prep* ① *(local)* **~ a** neben *+dat,* an *+dat;* **¿quién es el que está ~ a ella?** wer ist der Mann (da) neben ihr?; **estábamos ~ a la entrada** wir waren am Eingang; **pasaron ~ a nosotros** sie liefen an uns vorbei

J

② *(con movimiento)* ~ **a** neben +*akk,* an +*akk;* **he puesto la botella ~ a las otras** ich habe die Flasche neben die anderen gestellt; **pon la silla ~ a la mesa** rück den Stuhl an den Tisch ③ *(con, en compañía de)* ~ **con** mit +*dat*

junto, -a[2] ['xuṇto, -a] *adj* zusammen, gemeinsam; **nos sentamos todos ~s** wir saßen alle beieinander; **me las pagarás todas juntas** das wirst du mir büßen

juntura [xuṇ'tura] *f* (TÉC: *de dos ladrillos, tablas*) Fuge *f; (de dos tubos)* Verbindung(sstelle) *f; (sellado)* Dichtung *f*

Júpiter ['xupiter] *m* (ASTR) Jupiter *m*

jupón, -ona [xu'pon, -ona] *adj (AmC)* stur, dickköpfig

jura ['xura] *f* Eid *m*

juraco [xu'rako] *m (Am)* Loch *nt,* Öffnung *f*

jurado[1] [xu'raðo] *m* ① (JUR: *miembro*) Geschworene(r) *mf; (tribunal)* Geschworenen *mpl* ② *(de un examen)* Prüfungskommission *f* ③ *(de un concurso)* Jury *f*

jurado, -a[2] [xu'raðo, -a] *adj* vereidigt; **intérprete ~** Gerichtsdolmetscher *m*

juramentar [xurameṇ'tar] **I.** *vt* vereidigen **II.** *vr:* **~se** sich eidlich verpflichten

juramento [xura'meṇto] *m* ① (*t.* JUR: *jura*) Eid *m;* **falso ~** Meineid *m;* **estar bajo ~** unter Eid stehen; **tomar ~ a alguien** jdn vereidigen ② *(blasfemia)* Fluch *m*

jurar [xu'rar] **I.** *vt* schwören (**por** bei +*dat*); **~ en falso** einen falschen Eid ablegen; **~ por todos los santos** Stein und Bein schwören; **jurársela(s) a alguien** *(fam)* jdm Rache schwören **II.** *vi* fluchen

jurásico[1] [xu'rasiko] *m* Jura *m*

jurásico, -a[2] [xu'rasiko, -a] *adj* jurassisch

jurel [xu'rel] *m* Makrele *f*

juricidad [xuriθi'ða^{ð}] *f* Rechtmäßigkeit *f,* rechtliche Regelung *f*

jurídico, -a [xu'riðiko, -a] *adj* Rechts-, juristisch

jurisdicción [xurisði^{ɣ}'θjon] *f* ① (JUR: *potestad*) Rechtsprechung *f;* **~ militar** Militärgerichtsbarkeit *f;* **ese caso no está dentro de la ~ de este tribunal** dieser Fall fällt nicht in die Zuständigkeit dieses Gerichts ② *(territorio)* Gerichtsbezirk *m*

jurisdiccional [xurisði^{ɣ}θjo'nal] *adj* gerichtlich; **no ~** außergerichtlich; **aguas ~es** Hoheitsgewässer *ntpl*

jurisprudencia [xurispru'ðeṇθja] *f* ① *(ciencia)* Rechtswissenschaft *f* ② *(legislación)* Rechtsprechung *f*

jurista [xu'rista] *mf* Jurist(in) *m(f)*

jurungar [xuruŋ'gar] <g → gu> *vt, vr:* **~se** *(Ven)* (sich) langweilen

justamente [xusta'meṇte] *adv* ① *(con justicia)* mit [*o* zu] Recht ② *(precisamente)* genau, gerade ③ *(ajustadamente)* **este vestido viene ~ al cuerpo** das ist ein eng anliegendes Kleid

justar [xus'tar] *vi* in einem Turnier kämpfen, turnieren

justeza [xus'teθa] *f* Gerechtigkeit *f*

justicia [xus'tiθja] *f* ① *(cualidad)* Gerechtigkeit *f;* **en ~, él merece ganar el premio** genau genommen sollte er den Preis gewinnen; **hacerle ~ a alguien** jdm gerecht werden ② *(derecho)* Recht *nt;* **administrar ~** Recht sprechen ③ *(poder judicial)* Justiz *f*

justiciero, -a [xusti'θjero, -a] *adj* gerechtigkeitsliebend

justificable [xustifi'kaβle] *adj (comportamiento)* entschuldbar; *(error)* nachweisbar

justificación [xustifika'θjon] *f* ① *(disculpa)* Rechtfertigung *f;* **no hay ~ para lo que has hecho** es gibt keine Entschuldigung für das, was du gemacht hast ② *(prueba)* Beweis *m; (documento)* Beleg *m*

justificante [xustifi'kaṇte] *m* Beleg *m; (de ausencia)* ärztliches Attest *nt*

justificar [xustifi'kar] <c → qu> **I.** *vt* ① *(disculpar)* rechtfertigen; **mi desconfianza es justificada** mein Misstrauen ist berechtigt ② *(probar)* beweisen; *(con documentos)* belegen **II.** *vr:* **~se** sich rechtfertigen

justiprecio [xusti'preθjo] *m (aprecio)* Bewertung *f; (tasación)* Taxierung *f*

justo[1] ['xusto] **I.** *adv* ① *(exactamente)* genau; **llegué ~ a tiempo** ich kam gerade noch rechtzeitig ② *(escasamente)* gerade; **tengo ~ para vivir** mir reicht es gerade so zum Leben **II.** *mpl* Gerechten *pl*

justo, -a[2] ['xusto, -a] *adj* ① *(persona, decisión)* gerecht ② *(exacto)* genau; *(acertado)* treffend; **el peso ~** das exakte Gewicht; **¿tiene el dinero ~? es que no tengo cambio** haben Sie das Geld passend? ich habe nämlich kein Kleingeld ③ *(escaso)* knapp ④ *(ajustado)* eng; **este abrigo me viene ~** dieser Mantel ist mir zu eng

juvenil [xuβe'nil] **I.** *adj* Jugend-, jugendlich *f* **II.** *mf* (DEP) **juego con los ~es** ich spiele in der Jugendmannschaft

juventud [xuβeṇ'tu^{ð}] *f* ① *(edad)* Jugend *f* ② *(estado)* Jugendlichkeit *f* ③ *(jóvenes)* Jugend *f,* Jugendliche(n) *mpl*

juzgado [xuθ'ɣaðo] *m* ① *(jueces, local)* Gericht *nt* ② *(territorio)* Gerichtsbezirk *m*

juzgar [xuθ'ɣar] <g → gu> **I.** *vt* ① *(juez: decidir)* richten (über +*akk*); *(condenar)* verurteilen ② *(opinar sobre)* beurteilen;

(considerar) halten; ~ **mal a alguien** jdn falsch einschätzen; **juzgo necesario avisarle** ich halte es für angebracht, ihm/ihr Bescheid zu sagen; **le ~on de maleducado** sie hielten ihn für ungezogen; **no te juzgo capaz de hacerlo** ich halte dich nicht für fähig, es zu tun **II.** *vi* ❶ *(juez)* richten ❷ *(opinar)* urteilen; ~ **sobre apariencias** nach dem äußeren Anschein urteilen; **a ~ por como me mira, debe conocerme** so, wie er/sie mich ansieht, scheint er/sie mich zu kennen

Kk

K, k [ka] *f* K, k *nt;* ~ **de kilo** K wie Kaufmann

ka [ka] *f* K *nt*

kafkiano, -a [kafˈkjano, -a] *adj* (LIT) kafkaesk

káiser [ˈkai̯ser] *m* Kaiser *m*

kaki [ˈkaki] *adj* khakifarben

kamikaze [kamiˈkaθe] *m* (MIL) Kamikaze *m*

kantismo [kan̪ˈtismo] *m inv* (FILOS) Kantianismus *m*

karaoke [karaˈoke] *m* Karaoke *nt*

karate [kaˈrate] *m,* **kárate** [ˈkarate] *m* (DEP) Karate *nt*

karateka [karaˈteka] *mf* (DEP) Karatekämpfer(in) *m(f)*

karma [ˈkarma] *m* (REL) Karma(n) *nt*

kart [kar^{t}] *m* <karts> Go-Kart *m*

kayak [kaˈɟa^{k}] *m* <kayacs> (DEP) Kajak *m o nt*

Kazajistán [kaθaxisˈtan] *m,* **Kazajstán** [kaθa^{x}sˈtan] *m* Kasachstan *nt*

kb [kiloˈβi^{t}] *m inv abr de* **kilobit** (INFOR) KBit *nt*

KB [kiloˈβai̯t] *m inv abr de* **kilobyte** (INFOR) KB *nt*

Kbit [kiloˈβi^{t}] *m inv abr de* **kilobit** (INFOR) KBit *nt*

Kbps [kiloˈβi^{t} por seˈɣun̪do] *abr de* **kilobit por segundo** (INFOR) Kbit/s

KBps [kiloˈβai̯^{t} por seˈɣun̪do] *abr de* **kilobyte por segundo** (INFOR) KB/s

kbyte [kiloˈβai̯^{t}] *abr de* **kilobyte** kbyte

kebab [keˈβa^{β}] *m* <kebabs> (GASTR) Kebab *m*

kéfir [ˈkefir] *m* Kefir *m*

kelvin [ˈkelβin] *m* (FÍS) Kelvin *nt*

kendo [ˈken̪do] *m* (DEP) Kendo *nt*

Kenia [ˈkenja] *f* Kenia *nt*

keniano, -a [keˈnjano, -a] **I.** *adj* kenianisch **II.** *m, f* Kenianer(in) *m(f)*

keniata [keˈnjata] **I.** *adj* kenianisch **II.** *mf* Kenianer(in) *m(f)*

keroseno [keroˈseno] *m* Kerosin *nt*

kétchup [ˈke^{d}tʃup] *m* <kétchups> Ketchup *m o nt*

kg [kiloˈɣramo] *abr de* **kilogramo** kg

kibutz [kiˈβuθ] *m* <kibutzs> Kibbuz *m*

kié [kje] *m (argot)* Kumpel *m*

kikirikí [kikiriˈki] *m* Kikeriki *nt*

kilo [ˈkilo] **I.** *m* Kilo *nt* **II.** *adv (argot: mucho)* sehr viel

kilobyte [kiloˈβai^{t}] *m* (INFOR) Kilobyte *nt;* **~s por segundo** Kilobyte pro Sekunde

kilocaloría [kilokaloˈria] *f* Kilokalorie *f*

kilociclo [kiloˈθiklo] *m* Kilohertz *nt*

kilogramo [kiloˈɣramo] *m* Kilogramm *nt*

kilohercio [kiloˈerθjo] *m* Kilohertz *nt*

kilojulio [kiloˈxuljo] *m* (FÍS) Kilojoule *nt*

kilolitro [kiloˈlitro] *m* Kiloliter *m*

kilometraje [kilomeˈtraxe] *m* ❶ (AUTO) Kilometerstand *m* ❷ *(distancia)* Entfernung *f;* **hay que recorrer un buen ~** wir müssen einige Kilometer zurücklegen

kilometrar [kilomeˈtrar] *vt* ❶ *(medir)* nach Kilometern messen ❷ *(río, carretera)* kilometrieren

kilométrico, -a [kiloˈmetriko, -a] *adj* ❶ *(en kilómetros)* kilometrisch ❷ *(muy largo)* kilometerlang; *(escrito)* ellenlang

kilómetro [kiˈlometro] *m* Kilometer *m*

kilotón [kiloˈton] *m* Kilotonne *f*

kilovatio [kiloˈβatjo] *m* Kilowatt *nt*

kilovoltio [kiloˈβol̪tjo] *m* (ELEC) Kilovolt *nt*

kimono [kiˈmono] *m* Kimono *m*

kínder [ˈkin̪der] *m inv,* **kindergarten** [kin̪derˈɣarten] *m inv (Am)* Kindergarten *m*

kiosco [ˈkjosko] *m,* **kiosko** [ˈkjosko] *m* Kiosk *m*

Kirguistán [kirɣisˈtan] *m* Kirgisistan *nt*

Kiribati [kiriˈbati] *m* Kiribati *nt*

kirsch [kirʃ] *m* Kirschwasser *nt*

kit [kit] *m* <kits> Baukasten *m*

kitesurf [ˈkai̯tsurf] *m* (DEP) Kitesurfen *nt*

kitsch [kitʃ] *m sin pl* Kitsch *m*

kiwi [ˈkiβi] *m* Kiwi *f*

kl [kiloˈlitro] *abr de* **kilolitro** kl

kleenex® [ˈkline^{ɣ}s] *m inv,* **klínex®** [ˈkline^{ɣ}s] *m inv* Tempo® *nt; v. t.* **clínex**

km [kiˈlometro] *abr de* **kilómetro** km

km/h [ki'lometro por 'ora] *abr de* **kilómetro por hora** km/h
koala [ko'ala] *m* Koala *m*
koi [koj] *m* (ZOOL: *carpa japonesa*) Koi *m*
kosovar [koso'βar] *mf* Kosovare, -in *m, f*
Kósovo ['kosoβo] *m* Kosovo *m*
Kremlin ['kremlin] *m* Kreml *m*
kung-fu [kuŋ'fu] *m sin pl* (DEP) Kung-Fu *nt*
Kurdistán [kurðis'tan] *m* Kurdistan *nt*
kurdo, -a ['kurðo, -a] **I.** *adj* kurdisch **II.** *m, f* Kurde, -in *m, f*
Kuwait [ku'βait] *m* Kuwait *nt*
kuwaití [kuβai̯'ti] **I.** *adj* kuwaitisch **II.** *mf* Kuwaiter(in) *m(f)*
kv [kilo'βatjo] *abr de* **kilovatio** kW
kW [kilo'βatjo] *abr de* **kilovatio** kW
kWh [kilo'βatjo 'ora] *abr de* **kilovatio-hora** kWh

L

L, l ['ele] *f* L, l *nt;* ~ **de Lorenzo** L wie Ludwig
l ['litro] *abr de* **litro(s)** l
l. ['liβro-lei̯] ❶ *abr de* **libro** Buch ❷ *abr de* **ley** Gesetz
L. [lei̯-'lira] ❶ *abr de* **Ley** Gesetz ❷ *abr de* **lira(s)** L.
la [la] **I.** *art det v.* **el, la, lo** **II.** *pron pers f sg* ❶ *(objeto directo)* sie; **¡tráeme~!** bring sie mir! ❷ *(enclítico)* es; **¡buena ~ hemos hecho!** da haben wir uns etwas eingebrockt! ❸ *(con relativo)* ~ **que...** die(jenige), die ...; ~ **cual** die ❹ *(laísmo)* ihr **III.** *m* (MÚS) A *nt*
laberíntico, -a [laβe'rin̪tiko, -a] *adj* labyrinthisch; *(fig)* verworren
laberinto [laβe'rin̪to] *m* ❶ *(lugar)* Labyrinth *nt* ❷ *(maraña)* Durcheinander *nt*
labia ['laβja] *f (fam)* Zungenfertigkeit *f;* **tener mucha** ~ ein flinkes Mundwerk haben
labial [la'βjal] *adj* Lippen-
lábil ['laβil] *adj (carácter, t.* QUÍM) labil; *(frágil)* unsicher
labio ['laβjo] *m* ❶ *(boca)* Lippe *f;* (ZOOL) Lefze *f;* ~ **leporino** Hasenscharte *f;* **los ~s** der Mund; **cerrar los ~s** schweigen; **morderse los ~s** sich *dat* auf die Lippen beißen; *(fig)* sich *dat* das Lachen verbeißen ❷ *(borde)* Rand *m* ❸ *pl (vulva)* Schamlippen *f pl*
labioso, -a [la'βjoso, -a] *adj (Ecua: adulador)* schmeichlerisch
labor [la'βor] *f* Arbeit *f;* *(manualidad)* Handarbeit *f;* *(labranza)* Feldarbeit *f;* ~ **de ganchillo** Häkelarbeit *f;* **sus ~es** *(formularios)* Hausfrau *f;* **hacer ~es** handarbeiten
laborable [laβo'raβle] *adj* ❶ (AGR) kultivierbar ❷ *(de trabajo)* **día** ~ Werktag *m*
laboral [laβo'ral] *adj* Arbeits-
laboralista [laβora'lista] **I.** *adj* **abogado** ~ Arbeitsrechtler *m* **II.** *mf* Arbeitsrechtler(in) *m(f)*
laborar [laβo'rar] **I.** *vi* ❶ *(gestionar)* sich bemühen (**por/en favor de** um +*akk*) ❷ *(intrigar)* intrigieren **II.** *vt v.* **labrar**
laboratorio [laβora'torjo] *m* Labor *nt*
laborear [laβore'ar] *vt* ❶ *v.* **labrar** ❷ (MIN) fördern, schürfen
laboreo [laβo'reo] *m* ❶ (AGR) Ackerbau *m* ❷ (MIN) Bergbau *m;* ~ **exhaustivo** Raubbau *m*
laborío [laβo'rio] *m* Arbeit *f,* Mühe *f*
laboriosidad [laβorjosi'ðað] *f* Fleiß *m*
laborioso, -a [laβo'rjoso, -a] *adj* ❶ *(trabajador)* fleißig ❷ *(difícil)* mühsam
laborismo [laβo'rismo] *m* (POL) Labourbewegung *f*
laborista [laβo'rista] **I.** *adj* **partido** ~ Labour Party *f* **II.** *mf* Anhänger(in) *m(f)* der Labour Party
labrado[1] [la'βraðo] *m* ❶ *(acción)* Bearbeitung *f;* (AGR) Bestellung *f* ❷ *(resultado)* Arbeit *f;* *(dibujo)* Muster *nt;* *(de un cristal)* Schliff *m* ❸ *(campo)* Acker *m* ❹ *pl (tierra)* Ackerland *nt*
labrado, -a[2] [la'βraðo, -a] *adj* ❶ *(telas)* gemustert; *(objetos)* fein gearbeitet; *(madera)* behauen; *(cristal)* geschliffen ❷ *(tierra)* bestellt; **campo** ~ Ackerland *nt*
labrador(a) [laβra'ðor(a)] *m(f)* Landwirt(in) *m(f)*
labrandera [laβran̪'dera] *f* Handarbeiterin *f;* *(costurera)* Näherin *f*
labrantío[1] [laβran̪'tio] *m* Ackerland *nt*
labrantío, -a[2] [laβran̪'tio, -a] *adj* ❶ *(cultivado)* bebaut ❷ *(cultivable)* anbaufähig
labranza [la'βran̪θa] *f* ❶ *(cultivo)* Ackerbau *m* ❷ *(trabajo)* Feldarbeit *f* ❸ *(hacienda)* Bauernhof *m*
labrapuntas [laβra'pun̪tas] *m inv (Col)* Anspitzer *m*

labrar [la'βrar] *vt* ① *(trabajar un material)* bearbeiten; *(un dibujo)* herausarbeiten; *(cristal)* schleifen; **sin ~** unbearbeitet ② *(cultivar)* bestellen; *(arar)* pflügen; *(en jardín)* hacken ③ (MIN) ausbeuten ④ *(coser)* nähen; *(bordar)* sticken ⑤ *(acuñar)* prägen ⑥ *(causar gradualmente)* bewirken; **~ la felicidad de alguien** jdm zu seinem Glück verhelfen; **~ la perdición de alguien** jdn ins Verderben stürzen

labriego, -a [la'βrjeɣo, -a] *m, f* Landwirt(in) *m(f)*

laburar [laβu'rar] *vi (Arg, Urug)* arbeiten

laca ['laka] *f* ① *(pintura)* Lack *m* ② *(para el pelo)* Haarlack *m; (espray)* Haarspray *m o nt*

lacar [la'kar] <c → qu> *vt* lackieren

lacayo [la'kaɟo] *m* ① *(criado)* Lakai *m* ② *(pey: adulador)* Speichellecker *m*

lacerado, -a [laθe'raðo, -a] *adj* unglückselig

lacerante [laθe'ran̩te] *adj* unangenehm; *(dolor)* stechend; **un grito ~** ein gellender Schrei

lacerar [laθe'rar] *vt* ① *(herir)* verletzen; **~ el alma** das Herz zerreißen ② *(magullar)* quetschen ③ *(la honra)* Schaden zufügen *+dat*

laceria [la'θerja] *f* ① *(miseria)* Elend *nt* ② *(fatiga)* Mühe *f*

lacero, -a [la'θero, -a] *m, f* ① *(laceador)* Lassowerfer(in) *m(f)* ② *(perrero)* Hundefänger(in) *m(f)*

lacha ['latʃa] *f* ① (ZOOL) Sardelle *f* ② *(fam: vergüenza)* Scham *f;* **tener poca ~** unverschämt [*o* schamlos] sein

lachear [latʃe'ar] *vt (Chil)* den Hof machen *+dat,* umwerben

lacho ['latʃo] **I.** *adj (Chil, Perú: hombre enamoradizo)* leicht entflammbar; *(acostumbrado a galantear)* galant **II.** *m (Chil, Perú: enamorado)* Liebhaber *m; (pisaverde)* Galan *m*

lacio, -a ['laθjo, -a] *adj* ① *(marchito)* welk ② *(flojo)* schlaff; *(cabello)* glatt

lacón [la'kon] *m* (luftgetrockneter) Vorderschinken *m*

lacónico, -a [la'koniko, -a] *adj* lakonisch; *(persona)* wortkarg

laconismo [lako'nismo] *m* Lakonismus *m*

lacra ['lakra] *f* ① *(de una enfermedad)* Folgeerscheinung *f; (cicatriz)* Narbe *f* ② *(vicio)* Laster *nt*

lacrar [la'krar] *vt* ① *(cerrar)* versiegeln ② *(contagiar)* anstecken ③ *(perjudicar)* schädigen

lacre ['lakre] *m* Siegellack *m*

lacrimal [lakri'mal] *adj* Tränen-; **bolsa ~** Tränensack *m*

lacrimógeno, -a [lakri'moxeno, -a] *adj* **gas ~** Tränengas *nt;* **película lacrimógena** *(pey)* Schnulze *f*

lacrimoso, -a [lakri'moso, -a] *adj* ① *(lloroso)* tränend ② *(lastimoso)* zu Tränen rührend ③ *(quejumbroso)* wehleidig

lactancia [lak'tan̩θja] *f* ① *(acción)* Säugen *nt* ② *(período)* Stillzeit *f*

lactante [lak'tan̩te] **I.** *adj* stillend **II.** *mf* Säugling *m*

lactar [lak'tar] **I.** *vt* stillen, säugen **II.** *vi* saugen

lácteo, -a ['lakteo, -a] *adj* Milch-; *(parecido)* milchig; **vía láctea** Milchstraße *f*

láctico, -a ['laktiko, -a] *adj* Milch-

lactosa [lak'tosa] *f* Milchzucker *m*

lacustre [la'kustre] *adj* See-; **construcciones ~s** Pfahlbauten *mpl*

ladeado, -a [laðe'aðo, -a] *adj* schief

ladear [laðe'ar] **I.** *vt* ① *(inclinar)* (zur Seite) neigen; *(un sombrero)* schief aufsetzen ② *(desviar)* ausweichen *+dat;* **~ un problema** einem Problem aus dem Weg gehen **II.** *vi (caminar)* einen Hang entlanglaufen; *(desviarse)* vom Weg abkommen **III.** *vr:* **~se** ① *(inclinarse)* sich (zur Seite) neigen ② *(Chil: enamorarse)* sich verlieben ③ *(loc)* **~se con alguien** sich auf jds Seite stellen

ladeo [la'ðeo] *m* seitliche Neigung *f*

ladera [la'ðera] *f* Abhang *m*

ladilla [la'ðiʎa] *f* Filzlaus *f*

ladino, -a [la'ðino, -a] *adj* ① *(taimado)* abgefeimt ② *(poliglota)* sprachgewandt

lado ['laðo] *m* ① *(lateral, t.* MAT) Seite *f;* **por un ~... y por el otro ~...** einerseits ... und andererseits ...; **a ambos ~s** beiderseits; **por el ~ materno** mütterlicherseits; **ir de un ~ a otro** hin und her gehen; **dormir del ~ izquierdo** auf der linken Seite schlafen; **por todos ~s** überall; **dejar de ~ a alguien** jdn ignorieren; **mirar de ~ a alguien** jdn schief anblicken; **al ~** daneben; **la casa de al ~** das Haus nebenan; **al ~ de** *(estar junto a)* neben *+dat; (colocar junto a)* neben *+akk;* **al ~ mío, a mi ~** *(estar)* neben mir; *(colocar)* neben mich ② *(borde)* Kante *f; (extremo)* Rand *m; (parte)* Teil *m* ③ *(lugar)* Gegend *f;* **por el ~ del río** in der Nähe des Flusses; **ir a algún otro ~** irgendwo anders hingehen ④ *(punto de vista)* Aspekt *m;* **por el ~ ecológico** vom ökologischen Standpunkt; **el ~ bueno de la vida** die angenehme(n) Seite(n) des Lebens ⑤ *(camino)* Weg *m;* **tomar por otro ~** einen anderen Weg einschlagen ⑥ *(partido)* **me puse de tu ~** ich ergriff für dich Partei

ladrador(a) [laðra'ðor(a)] *adj* bellend;

L

dice el refrán: perro ~ poco mordedor es heißt: Hunde, die bellen, beißen nicht

ladrar [la'ðrar] *vi (perro)* bellen; *(amenazar)* kläffen; **perro que ladra no muerde** *(prov)* Hunde, die bellen, beißen nicht

ladrido [la'ðriðo] *m* ❶ *(perro)* Gebell *nt* ❷ *(pey: calumnia)* Beschimpfung *f*

ladrillo [la'ðriʎo] *m* ❶ *(de construcción)* Ziegel(stein) *m;* **color ~** Ziegelrot *nt* ❷ (TEAT, LIT) (langweiliger) Schinken *m*

ladrón[1] [la'ðron] *m (enchufe)* Mehrfachstecker *m*

ladrón, -ona[2] [la'ðron, -ona] **I.** *adj* diebisch **II.** *m, f (bandido)* Dieb(in) *m(f);* **~ cuatrero** Viehdieb *m;* **la ocasión hace al ~** *(prov)* Gelegenheit macht Diebe

ladronamente [laðrona'mente] *adv* verstohlen, heimlich

ladronera [laðro'nera] *f* ❶ *(escondrijo)* Diebesnest *nt* ❷ *(de un río o acequia)* unbefugte Wasserentnahme *f* ❸ *(defraudación)* Gaunerei *f*

ladronzuelo, -a [laðron'θwelo, -a] *m, f (ratero)* Taschendieb(in) *m(f)*

lagar [la'ɣar] *m* ❶ *(aceite)* Ölpresse *f; (vino)* Kelter *f* ❷ *(edificio)* Kelterei *f*

lagartija [laɣar'tixa] *f* Mauereidechse *f*

lagarto[1] [la'ɣarto] **I.** *interj* toi, toi, toi! **II.** *m* ❶ *(reptil)* Eidechse *f* ❷ *(Am: caimán)* Kaiman *m*

lagarto, -a[2] [la'ɣarto, -a] **I.** *adj* verschlagen **II.** *m, f (persona)* Luder *nt*

lagartón, -ona [laɣar'ton, -ona] **I.** *adj* schlau; *(pey)* durchtrieben **II.** *m, f* Schlauberger(in) *m(f) fam; (pey)* gerissener Mensch *m*

lago ['laɣo] *m* See *m;* **~ de Constanza** Bodensee *m*

lágrima ['laɣrima] *f* ❶ *(del ojo)* Träne *f;* **llorar ~s de sangre por algo** wegen etw *gen/dat* heiße Tränen vergießen; **llorar a ~ viva, deshacerse en ~s** bitterlich weinen; **ser el paño de ~s de alguien** jds Trost sein ❷ *(de vino)* Schlückchen *nt*

lagrimal [laɣri'mal] **I.** *adj* Tränen- **II.** *m* Tränensack *m*

lagrimear [laɣrime'ar] *vi* tränen

lagrimón [laɣri'mon] *m (fam)* dicke Träne *f*

lagrimoso, -a [laɣri'moso, -a] *adj* tränend

laguna [la'ɣuna] *f* ❶ *(agua salada)* Lagune *f; (dulce)* Teich *m* ❷ *(omisión)* Lücke *f;* **~ en la memoria** Gedächtnislücke *f*

laicalización [laikaliθa'θjon] *f (Chil)* Säkularisierung *f*

laicizar [laiθi'θar] <z → c> *vt* verweltlichen

laico, -a ['laiko, -a] **I.** *adj* weltlich **II.** *m, f* Laie, -in *m, f*

laja ['laxa] *f* Steinplatte *f;* **~ de pizarra** Schieferplatte *f*

lama ['lama] *f* ❶ *(cieno)* Schlick *m* ❷ *(de metal)* Lahn *m*

lambarero, -a [lamba'rero, -a] *adj (Cuba: ocioso)* müßiggängerisch; *(errante)* umherschweifend, streunend

lambda [lamβða] *f (letra griega)* Lambda *nt*

lamé [la'me] *m* Lamé *m*

lameculos [lame'kulos] *mf inv (vulg)* Arschkriecher(in) *m(f)*

lamedura [lame'ðura] *f* Lecken *nt*

lamentable [lamen'taβle] *adj* jämmerlich

lamentación [lamenta'θjon] *f (acción)* (Weh)klagen *nt; (expresión)* (Weh)klage *f;* **las lamentaciones** das Gejammer

lamentar [lamen'tar] **I.** *vt* beklagen; **lo lamento** ich bedaure es **II.** *vr:* **~se** sich beklagen (**de** über +*akk*)

lamento [la'mento] *m* Wehklagen *nt*

lameplatos [lame'platos] *mf inv* ❶ *(fam: goloso)* Leckermaul *nt* ❷ *(pobre)* armer Schlucker *m*

lamer [la'mer] **I.** *vt* ❶ *(pasar la lengua)* (ab)lecken ❷ *(tocar)* leicht berühren; **las olas lamen las arenas** die Wellen rollen an den Strand; **mejor lamiendo que mordiendo** *(fig)* man erreicht mehr mit Lob als mit Tadel **II.** *vr:* **~se** sich lecken

lamido[1] [la'miðo] *m* Lecken *nt*

lamido, -a[2] [la'miðo, -a] *adj* ❶ *(flaco)* dünn ❷ *(pálido)* blass ❸ *(relamido)* geschniegelt ❹ *(gastado)* abgewetzt

lámina ['lamina] *f* ❶ *(hojalata)* dünnes Blech *nt; (hoja de metal)* Folie *f; (segmento)* Lamelle *f;* **~ para proyector** Overheadfolie *f* ❷ (TIPO) Druckplatte *f* ❸ *(ilustración)* Abbildung *f;* **con ~s** illustriert

laminación [lamina'θjon] *f* Walzen *nt*

laminador [lamina'ðor] *m (empresa)* Walzwerk *nt*

laminar [lami'nar] **I.** *adj* ❶ *(en forma de lámina)* Folien- ❷ *(formado de láminas)* schichtartig **II.** *vt* ❶ *(cortar)* (aus)walzen ❷ *(guarnecer)* mit Platten verkleiden

laminilla [lami'niʎa] *f* Lamelle *f;* **~ de cobre** Kupferfolie *f*

lampa ['lampa] *f (And: pala)* Schaufel *f; (azada)* Hacke *f*

lámpara ['lampara] *f* ❶ *(luz)* Lampe *f;* **~ de alarma** Warnleuchte *f;* **~ fluorescente** Leuchtstoffröhre *f;* **~ de pie** Stehlampe *f;* **~ de araña** Kronleuchter *m;* **~ de escritorio** Schreibtischlampe *f;* **atizar la ~** *(fig fam)* noch eine Runde Wein einschenken ❷ (TV, RADIO) Röhre *f* ❸ *(mancha)* Fettfleck *m*

lamparilla [lampa'riʎa] *f* *(luz)* Nachtlampe *f*
lamparón [lampa'ron] *m* ~ **de grasa** großer Fettfleck *m*
lampazo [lam'paθo] *m* (NÁUT) Schrubber *m*
lampiño, -a [lam'piɲo, -a] *adj* *(sin barba)* bartlos; *(sin pelo)* haarlos
lampión [lam'pjon] *m* Laterne *f*, Lampion *m o nt*
lampista [lam'pista] *mf* ❶ *(fabricante)* Lampenhersteller(in) *m(f)* ❷ *(vendedor)* Lampenverkäufer(in) *m(f)* ❸ *(sereno)* Lampenanzünder(in) *m(f)*
lampistería [lampiste'ria] *f* ❶ *(fábrica)* Lampenfabrik *f* ❷ *(tienda)* Lampengeschäft *nt* ❸ *(almacén)* Lampenwerkstatt *f*
lana ['lana] *f* ❶ *(material)* Wolle *f*; ~ **esquilada** Schurwolle *f*; **perro de ~s** Pudel *m*; **cardarle la ~ a alguien** *(fig fam)* jdm gehörig die Meinung sagen ❷ *(tela)* Wollstoff *m* ❸ *(vulg: dinero)* Kohle *f fam*
lanar [la'nar] *adj* Woll-; **ganado ~** Wollvieh *nt*
lance ['laṇθe] *m* ❶ *(acción)* Wurf *m*; *(red)* Auswerfen *nt* ❷ *(trance)* kritische Situation *f* ❸ *(pelea)* Streit *m*; ~ **de honor** Duell *nt* ❹ *(juego)* Aktion *f* ❺ *(fam: compra)* Gelegenheit *f*; **comprar de ~** ein Schnäppchen machen; **de ~** aus zweiter Hand ❻ *(loc)* ~ **de amor** Liebesabenteuer *nt*; ~ **de fortuna** Schicksalswendung *f*
lancero [laṇ'θero] *m* ❶ *(soldado)* Lanzenreiter *m* ❷ *(torero)* Lanzenkämpfer *m*
lancha ['lantʃa] *f* ❶ *(piedra)* Steinplatte *f*; ~ **de pizarra** Schieferplatte *f* ❷ *(bote)* Kahn *m*; ~ **motora** Motorboot *nt*; ~ **a remolque** Schleppkahn *m*; ~ **de salvamento** Seenotrettungskreuzer *m*
lanchar [lan'tʃar] *vi* *(Ecua)* ❶ *(nublarse)* sich bewölken ❷ *(helar)* (ge)frieren
land [laṇ^{d}] *m* (deutsches) Bundesland *nt*
landa ['laṇda] *f* Heide *f*
lanero, -a [la'nero, -a] *adj* Woll-
langosta [laŋ'gosta] *f* ❶ *(insecto)* Heuschrecke *f*; **los muchachos son la ~** *(fam)* vor den Jungen ist nichts (Essbares) sicher; **por esta nevera ha pasado la ~** der Kühlschrank ist total leer geräumt worden ❷ *(crustáceo)* Languste *f*
langostino [laŋgos'tino] *m* Garnele *f*
langucia [laŋ'guθja] *f* *(Am)* Gefräßigkeit *f*
lánguidamente [laŋgiða'meṇte] *adv* matt, kraftlos
languidecer [laŋgiðe'θer] *vi irr como crecer* ❶ *(debilitarse)* verkümmern; *(alguien)* dahinsiechen; *(flores)* verwelken; *(fuego)* verglimmen; ~ **de amor** sich vor Liebe verzehren; **la conversación languideció** die Unterhaltung verlief schleppend ❷ *(espíritu)* niedergeschlagen sein
languidez [laŋgi'ðeθ] *f* ❶ *(debilidad)* Mattigkeit *f* ❷ *(espíritu)* Niedergeschlagenheit *f*
lánguido, -a ['laŋgiðo, -a] *adj* ❶ *(débil)* matt ❷ *(espíritu)* niedergeschlagen
lanilla [la'niʎa] *f* *(pelillo)* (Woll)flor *m*
lanolina [lano'lina] *f* Wollfett *nt*
lanoso, -a [la'noso, -a] *adj*, **lanudo, -a** [la'nuðo, -a] *adj* wollig; *(oveja)* wollreich
lanza ['laṇθa] *f* ❶ *(arma)* Lanze *f*; **quebrar ~s** *(fig)* sich verfeinden ❷ *(carro)* Deichsel *f*
lanzabengalas [laṇθaβeŋ'galas] *m inv* Leuchtpistole *f*
lanzacohetes [laṇθako'etes] *m inv* Raketenwerfer *m*
lanzada [laṇ'θaða] *f* *(golpe)* Lanzenstoß *m*; *(herida)* Lanzenstich *m*
lanzadera [laṇθa'ðera] *f* ❶ *(textil)* (Weber)schiffchen *nt* ❷ (AERO) Raumfähre *f*
lanzado, -a [laṇ'θaðo, -a] *adj* ❶ *(decidido)* entschlossen ❷ *(impetuoso)* ungestüm; *(fogoso)* feurig
lanzador(a) [laṇθa'ðor(a)] *m(f)* Werfer(in) *m(f)*
lanzagranadas [laṇθaɣra'naðas] *m inv* Granatwerfer *m*
lanzallamas [laṇθa'ʎamas] *m inv* Flammenwerfer *m*
lanzamiento [laṇθa'mjeṇto] *m* Wurf *m*; ~ **de bombas** Bombenabwurf *m*; ~ **comercial** Lancierung *f*; ~ **espacial** Raketenstart *m*; ~ **de peso** Kugelstoßen *nt*; ~ **de falta** (DEP) Freistoß *m*; ~ **de jabalina** (DEP) Speerwurf *m*
lanzaminas [laṇθa'minas] *m inv* Minenwerfer *m*; *(buque)* Minenleger *m*
lanzamisiles [laṇθami'siles] *m inv* Raketenwerfer *m*
lanzar [laṇ'θar] <z → c> **I.** *vt* ❶ *(arrojar)* werfen (**a** auf +*akk*); ~ **peso** kugelstoßen ❷ *(al mercado)* auf den Markt bringen **II.** *vr:* **~se** sich stürzen (**a/sobre** auf +*akk*); **~se a correr** losrennen; **~se al agua** ins Wasser springen; **~se en paracaídas** mit dem Fallschirm abspringen; **~se en picado** im Sturzflug fliegen
lanzaroteño, -a [laṇθaro'teɲo, -a] **I.** *adj* aus Lanzarote **II.** *m, f* Bewohner(in) *m(f)* von Lanzarote
lanzatorpedos [laṇθator'peðos] *m inv* Torpedoträger *m*
Laos ['laos] *m* Laos *nt*
lapa ['lapa] *f* ❶ (ZOOL) Napfschnecke *f* ❷ *(fam: persona)* Klette *f*
lapicera [lapi'θera] *f* *(Arg)* Füller *m*

lapicero ['lapi'θero] *m* ❶ *(para lápices)* Bleistifthalter *m* ❷ *(lápiz)* Bleistift *m* ❸ *(Am: bolígrafo)* Kugelschreiber *m*
lápida ['lapiða] *f* Steintafel *f;* ~ **conmemorativa** Gedenktafel *f*
lapidación [lapiða'θjon] *f* Steinigung *f;* **le condenaron a muerte por** ~ er ist zum Tode durch Steinigen verurteilt worden
lapidar [lapi'ðar] *vt* steinigen
lapidario, -a [lapi'ðarjo, -a] *adj* ❶ *(piedras preciosas)* Edelstein- ❷ *(categórico)* lapidar, kurz und bündig
lapislázuli [lapis'laθuli] *m* Lapislazuli *m*
lápiz ['lapiθ] *m (de grafito)* Bleistift *m;* ~ **de color** Buntstift *m;* ~ **de ojos** Kajalstift *m;* ~ **de labios** Lippenstift *m;* ~ **de pizarra** Griffel *m*
lapón, -ona [la'pon, -ona] **I.** *adj* lappländisch **II.** *m, f (habitante)* Lappländer(in) *m(f),* Lappe, -in *m, f*
Laponia [la'ponja] *f* Lappland *nt*
lapso ['laβso] *m* ❶ *(período)* ~ (**de tiempo**) Zeitraum *m* ❷ *v.* **lapsus**
lapsus ['laβsus] *m* Fehler *m*
laqueador(a) [lakea'ðor(a)] **I.** *adj* lackierend, Lackier-; **empresa ~a** Lackiererei *f* **II.** *m(f)* Lackierer(in) *m(f)*
laquear [lake'ar] *vt* lackieren
lar [lar] *m* ❶ *(fuego)* Herd *m* ❷ *(hogar)* Heim (und Herd) *nt*
lardo ['larðo] *m* ❶ *(tocino)* Speck *m* ❷ *(grasa)* Schmalz *nt*
lardoso, -a [lar'ðoso, -a] *adj* fettig
largamente [larɣa'men̪te] *adv* ❶ *(extensamente)* ausführlich ❷ *(tiempo)* lange ❸ *(holgadamente)* spielend, mühelos ❹ *(generosamente)* reichlich
largar [lar'ɣar] <g → gu> **I.** *vt* ❶ *(soltar)* loslassen ❷ *(fam: golpe)* versetzen; *(bofetada)* geben ❸ *(fam: discurso)* vom Stapel lassen **II.** *vr:* **~se** ❶ *(irse)* abhauen; *(de casa)* ausreißen ❷ *(Am: comenzar)* in Bewegung setzen; **~se a hacer algo** etw mit Schwung beginnen **III.** *vi (fam)* schwätzen
largavistas [larɣa'βistas] *m inv* Fernrohr *nt*
largo[1] ['larɣo] **I.** *adv* ❶ *(en abundancia)* reichlich; ~ **y tendido** in Hülle und Fülle ❷ *(loc)* **a lo ~ de** *(lugar)* an +*dat* ... entlang; *(período)* während; **a lo ~ del día** im Laufe des Tages; **pasear a lo ~ de la playa** am Strand entlanggehen; **¡~ de aquí!** weg hier! **II.** *m (longitud)* Länge *f;* **nadar tres ~s** drei Bahnen schwimmen; **diez metros de** ~ zehn Meter lang
largo, -a[2] ['larɣo, -a] *adj* ❶ *(tamaño, duración)* lang; **a ~ plazo, a la larga** langfristig; **a la larga o a la corta** über kurz oder lang; **a lo ~ de muchos años** viele Jahre lang; **dar largas a algo** etw auf die lange Bank schieben; **el pantalón te está ~** die Hose ist dir zu lang; **ir de ~** ein langes Kleid tragen; *(de gala)* ein Abendkleid tragen; **pasar de ~** weitergehen; *(fig)* außer Acht lassen; **tener cincuenta años ~s** weit über fünfzig sein; **tiene las manos largas** *(pegar)* ihm/ihr rutscht leicht die Hand aus; *(robar)* er/sie ist ein Langfinger ❷ *(extensivo)* ausführlich; *(mucho)* reichlich; **por ~** ausführlich ❸ *(fam: astuto)* clever
largometraje [larɣome'traxe] *m* Spielfilm *m*
larguero [lar'ɣero] *m* ❶ *(carpintería)* Holm *m* ❷ (DEP) (Tor)latte *f*
largueza [lar'ɣeθa] *f* ❶ *(largo)* Länge *f* ❷ *(generosidad)* Großzügigkeit *f* ❸ *(liberalidad)* Toleranz *f*
larguirucho, -a [larɣi'ruʧo, -a] *adj (fam)* schlaksig
largura [lar'ɣura] *f* Länge *f;* **con ~** spielend
laringe [la'riŋxe] *f* Kehlkopf *m*
laringitis [lariŋ'xitis] *f inv* Kehlkopfentzündung *f;* (MED) Laryngitis *f*
larva ['larβa] *f* Larve *f*
larvado, -a [lar'βaðo, -a] *adj* verborgen
las [las] **I.** *art det v.* **el, la, lo II.** *pron pers f pl* ❶ *(objeto directo)* sie; **¡míra~!** schau sie dir an! ❷ *(con relativo)* ~ **que...** die(jenigen), die ...; **~ cuales** die ❸ *(laísmo)* ihnen
lasaña [la'saɲa] *f* (GASTR: *plato de origen italiano*) Lasagne *f*
lascivia [las'θiβja] *f* ❶ *(lujuria)* Lüsternheit *f* ❷ *(indecencia)* Unanständigkeit *f* ❸ *(sensualidad)* Laszivität *f*
lascivo, -a [las'θiβo, -a] *adj* ❶ *(sensual)* lasziv ❷ *(lujurioso)* lüstern ❸ *(indecente)* unanständig
láser ['laser] *m* Laser *m*
lasitud [lasi'tu^ð] *f* Mattigkeit *f*
laso, -a ['laso -a] *adj* matt
lástima ['lastima] *f* ❶ *(compasión)* Mitleid *nt;* **dar** [*o* **causar**] ~ Mitleid erwecken; **de** [*o* **por**] ~ aus Mitleid; **estar hecho una ~** in einem jämmerlichen Zustand sein; **¡qué ~!** wie schade! ❷ *(lamentación)* Jammer *m;* **llorar ~s** herumjammern
lastimador(a) [lastima'ðor(a)] *adj* verletzend
lastimadura [lastima'ðura] *f* Verletzung *f*
lastimar [lasti'mar] **I.** *vt* ❶ *(herir)* verletzen; **las botas me han lastimado los pies** ich habe mir in den Schuhen die Füße wund gelaufen ❷ *(agraviar)* beleidigen **II.** *vr:* **~se** ❶ *(herirse)* sich verletzen ❷ *(quejarse)* wehklagen (**de** über +*akk*)

lastimero, -a [lasti'mero, -a] *adj,* **lastimoso, -a** [lasti'moso, -a] *adj* mitleiderregend

lastimoso, -a [lasti'moso, -a] *adj* elend, mitleiderregend

lastra ['lastra] *f* Steinplatte *f*

lastrante [las'tran̩te] *adj* belastend

lastrar [las'trar] **I.** *vt* ❶ *(poner peso)* (mit Ballast) beladen ❷ *(subrayar)* bekräftigen **II.** *vi* Ballast aufladen

lastre ['lastre] *m* ❶ *(cantera)* Schotterstein *m* ❷ (NÁUT) Ballast *m*

lata ['lata] *f* ❶ *(metal)* Blech *nt* ❷ *(envase)* Blechdose *f,* Blechbüchse *f* ❸ *(conversación)* langweilige Unterhaltung *f* ❹ *(fam: pesadez)* Last *f;* **dar la ~** nerven; **¡vaya ~!** *(fastidio)* das ist echt ätzend!; *(aburrido)* das ist ja stinklangweilig!

latazo [la'taθo] *m* *(fam)* ❶ *(tontería)* Blech *nt* ❷ *(pesadez)* Last *f;* **ser un ~** *(pesado)* lästig sein; *(fastidioso)* ätzend sein; *(aburrido)* stinklangweilig sein; **dar el ~** nerven

latear [late'ar] *vi* *(Am)* ❶ *(aburrir a alguien)* langweilen ❷ *(parlotear)* schwatzen; **se pasa el día lateando** er/sie redet den ganzen Tag herum

latente [la'ten̩te] *adj* latent

lateral [late'ral] *adj* ❶ *(lado)* seitlich ❷ *(secundario)* Neben-

lateralidad [laterali'ðaᵈ] *f sin pl* (PSICO) Lateralität *f*

lateralmente [lateral'men̩te] *adv* seitlich

latero, -a [la'tero, -a] **I.** *adj* lästig **II.** *m, f* *(Am)* Klempner(in) *m(f)*

látex ['lateˠs] *m* Latex *m*

latido [la'tiðo] *m* ❶ *(corazón)* Schlagen *nt;* *(herida, arteria)* Pochen *nt;* **los ~s del corazón** der Herzschlag ❷ *(perro)* kurzes Bellen *nt*

latifundio [lati'fun̩djo] *m* Großgrundbesitz *m*

latifundista [latifun̩'dista] *mf* Großgrundbesitzer(in) *m(f)*

latigazo [lati'ɣaθo] *m* ❶ *(golpe)* Peitschenhieb *m* ❷ *(chasquido)* Peitschenknall *m* ❸ *(destino)* Schicksalsschlag *m* ❹ *(reprimenda)* Rüffel *m fam* ❺ *(fam: trago)* Schlückchen *nt*

látigo ['latiɣo] *m* Peitsche *f*

latiguear [latiɣe'ar] **I.** *vi* mit der Peitsche knallen **II.** *vt* *(Am)* auspeitschen

latiguillo [lati'ɣiʎo] *m* *(fam)* ❶ *(efectismo)* Effekthascherei *f* ❷ *(muletilla)* Füllwort *nt;* *(expresión)* stereotype Wendung *f*

latín [la'tin] *m* Latein *nt;* **saber (demasiado) ~** *(fam fig)* (zu) clever sein

latinismo [lati'nismo] *m* (LING) Latinismus *m*

latino, -a [la'tino, -a] **I.** *adj* ❶ *(del latín)* lateinisch; **América Latina** Lateinamerika *nt* ❷ *(de descendientes de pueblos latinizados)* Latino- ❸ (LING) romanisch **II.** *m, f* *(descendiente de pueblos latinizados)* Latino, -a *m, f*

Latinoamérica [latinoa'merika] *f* Lateinamerika *nt*

latinoamericano, -a [latinoameri'kano, -a] **I.** *adj* lateinamerikanisch **II.** *m, f* Lateinamerikaner(in) *m(f)*

latir [la'tir] *vi* ❶ *(corazón)* klopfen; *(arteria, herida)* pochen ❷ *(perros)* kurz bellen

latitud [lati'tuᵈ] *f* ❶ (GEO, ASTR) Breite *f* ❷ *(extensión)* Ausdehnung *f*

lato, -a ['lato, -a] *adj* *(amplio)* weit; *(extendido)* ausgedehnt; **en sentido ~** im weitesten Sinne

latón [la'ton] *m* Messing *nt*

latoso, -a [la'toso, -a] *adj* lästig

laúd [la'uᵈ] *m* (MÚS) Laute *f*

laudable [lau̯'ðaβle] *adj* lobenswert

láudano ['lau̯ðano] *m* (MED) Laudanum *nt*

laudatorio, -a [lau̯ða'torjo, -a] *adj* lobend; **discurso ~** Laudatio *f*

laureado, -a [lau̯re'aðo, -a] *adj* preisgekrönt, ausgezeichnet

laurear [lau̯re'ar] *vt* ❶ *(coronar)* mit Lorbeeren bekränzen ❷ *(premiar)* (mit einem Preis) auszeichnen

laurel [lau̯'rel] *m* ❶ *(árbol)* Lorbeer(baum) *m* ❷ *(condimento)* Lorbeer *m* ❸ *pl (honor)* Lorbeeren *fpl;* **dormirse en los ~es** sich auf seinen Lorbeeren ausruhen

laureola [lau̯re'ola] *f* *(de laureles)* Lorbeerkranz *m;* *(aureola)* Heiligenschein *m*

lauro ['lau̯ro] *m* ❶ *v.* **laurel** ❷ *(gloria)* Ruhm *m*

lava ['laβa] *f* *(volcán)* Lava *f*

lavable [la'βaβle] *adj* waschbar; *(color)* waschecht

lavabo [la'βaβo] *m* ❶ *(pila)* Waschbecken *nt* ❷ *(cuarto)* Toilette *f*

lavacoches [laβa'kotʃes] *m inv* *(instalación)* Autowaschanlage *f*

lavadero [laβa'ðero] *m* *(de ropa)* Waschküche *f*

lavado [la'βaðo] *m* Wäsche *f;* (MED) Spülung *f*

lavadora [laβa'ðora] *f* Waschmaschine *f;* **~ de carga frontal** Frontlader *m*

lavamanos [laβa'manos] *m inv* Waschbecken *nt*

lavanda [la'βan̩da] *f* Lavendel *m*

lavandera [laβan̩'dera] *f v.* **lavandero**

lavandería [laβan̩de'ria] *f* Wäscherei *f*

lavandero, -a [laβan̩'dero, -a] *m, f* Wäscher(in) *m(f)*

L

lavaparabrisas [laβapara'βrisas] *m inv* (AUTO) Scheibenwaschanlage *f*

lavaplatos [laβa'platos] *m inv* Spülmaschine *f*

lavar [la'βar] **I.** *vt (limpiar)* waschen; ~ **la cabeza** die Haare waschen; ~ **los platos** das Geschirr spülen **II.** *vr:* **~se** sich waschen; **~se los dientes** sich *dat* die Zähne putzen

lavativa [laβa'tiβa] *f* ① *(enema)* Einlauf *m* ② *(instrumento)* Klistierspritze *f*

lavatorio [laβa'torjo] *m* ① (MED) Reinigungssud *m* ② (REL) Fußwaschung *f;* ~ **del Jueves Santo** Fußwaschung am Gründonnerstag ③ *(Am) v.* **lavabo**

lavavajillas [laβaβa'xiʎas] *m inv* (Geschirr)spülmaschine *f*

lavotear [laβote'ar] **I.** *vt* flüchtig waschen **II.** *vr:* **~se** sich oberflächlich waschen

lavoteo [laβo'teo] *m* Auswaschen *nt;* **dar a la ropa un simple** ~ die Wäsche nur kurz durchwaschen

laxante [laˠ'sante] *m* Abführmittel *nt*

laxar [laˠ'sar] *vt* ① *(relajar)* lockern ② *(vientre)* entleeren

laxativo[1] [laˠsa'tiβo] *m* Abführmittel *nt;* (MED) Laxans *nt,* Laxativ(um) *nt*

laxativo, -a[2] [laˠsa'tiβo, -a] *adj* abführend

laxitud [laˠsi'tuᶞ] *f* Schlaffheit *f*

laxo, -a ['laˠso, -a] *adj* ① *(flojo)* schlaff ② *(moral)* lax

laya ['laɟa] *f* ① *(palo fuerte de hierro)* (Abstech)spaten *m* ② *(especie)* Gattung *f,* Art *f* ③ *(vulg: vergüenza)* Scham *f*

lazada [la'θaða] *f* Schlinge *f*

lazareto [laθa'reto] *m (de contagiosos)* Quarantänestation *f*

lazarillo, -a [laθa'riʎo, -a] *m, f* Blindenführer(in) *m(f);* **el Lazarillo de Tormes** *Figur des gleichnamigen spanischen Romans aus dem 16. Jh.*

lazo ['laθo] *m* ① *(nudo)* Schlinge *f* ② *(para caballos)* Lasso *nt; (para conejos)* Fangschlinge *f* ③ *(cinta)* Schleife *f* ④ *(vínculo)* Band *nt;* **~s afectivos** emotionale Bindungen

Ida. [limi'taða], **Ido.** [limi'taðo] *abr de* **limitado, limitada** mit beschränkter Haftung

le [le] *pron pers* ① *m sg (reg: objeto directo)* ihn; *(forma cortés)* Sie ② *mf sg (objeto indirecto)* ihm, ihr; *(forma cortés)* Ihnen; **¡da~ un beso!** gib ihm/ihr einen Kuss!

leal [le'al] *adj* treu

lealtad [leal'taᶞ] *f* Treue *f*

leasing ['lisiŋ] *m sin pl* Leasing *nt*

lebrada [le'βraða] *f* (GASTR) *Gericht aus Hasenfleisch*

lebrel [le'βrel] *m* Windhund *m*

lección [leˠ'θjon] *f* ① *(lectura)* Lesen *nt* ② *(pl) (enseñanza escolar)* Unterricht *m;* **tomar lecciones de matemáticas** Mathematikstunden nehmen ③ (UNIV) Vorlesung *f* ④ *(tema a estudiar)* Lektion *f;* **dar la** ~ *(fam)* im Unterricht drankommen ⑤ *(advertencia)* Lektion *f;* **dar una ~ a alguien** jdm eine Lektion erteilen; **¡que te sirva de ~!** das soll dir eine Lehre sein!

lechada [le'ʧaða] *f (argamasa)* Mörtel *m*

lechal [le'ʧal] **I.** *adj (cachorro)* Jung-; **cordero** ~ Milchlamm *nt* **II.** *m (cordero)* Milchlamm *nt*

lechar [le'ʧar] *adj* ① *(cachorro)* Jung-; **corzo** ~ Kitz *nt* ② *(productor)* **vaca** ~ Milchkuh *f*

leche ['leʧe] *f* ① *(alimento)* Milch *f;* ~ **entera** Vollmilch *f;* ~ **en polvo** Milchpulver *nt;* ~ **condensada** Kondensmilch *f* ② *(cosmético)* ~ **desmaquillante** Reinigungsmilch *f* ③ *(vulg: esperma)* Sperma *nt* ④ *(loc)* **¡~s!** *(fam)* Scheiße!; **ser la** ~ unmöglich sein; **estar de mala** ~ *(fam)* mies drauf sein; **tener mala** ~ *(fam)* fies sein

lechera [le'ʧera] *f* ① *(recipiente)* Milchkanne *f* ② *(argot: coche de policía)* Polizeiauto *nt* ③ *v.* **lechero**

lechería [leʧe'ria] *f* Milchgeschäft *nt*

lechero, -a [le'ʧero, -a] **I.** *adj* Milch- **II.** *m, f* Milchmann, -frau *m, f*

lecho ['leʧo] *m* Bett *nt; (río)* Flussbett *nt*

lechón, -ona [le'ʧon, -ona] *m, f* Ferkel *nt*

lechosa [le'ʧosa] *f (Am:* BOT) Papaya *f*

lechoso, -a [le'ʧoso, -a] *adj* ① *(como leche)* milchig ② *(planta, fruta)* milchhaltig

lechuga [le'ʧuɣa] *f* Kopfsalat *m;* **como una** ~ *(fig)* frisch und munter; **ser más fresco que una** ~ *(fam)* rotzfrech sein

lechuguino, -a [leʧu'ɣino, -a] *m, f (pey: presumido)* Geck *m,* (Mode)püppchen *f*

lechuza [le'ʧuθa] *f* Eule *f*

lectivo, -a [lek'tiβo, -a] *adj* **ciclo** ~ (ENS) Schuljahr *nt;* (UNIV) Vorlesungszeit *f;* **día** ~ Unterrichtstag *m*

lectoescritura [lektoeskri'tura] *f* Lesen und Schreiben *nt*

lector[1] [lek'tor] *m* (INFOR) Lesegerät *nt;* ~ **(de) CD-ROM/DVD** CD-ROM-/DVD-Laufwerk *nt;* ~ **de libros electrónicos** E-Book-Reader *m*

lector(a)[2] [lek'tor(a)] *m(f)* ① *(que lee)* Leser(in) *m(f); (en voz alta)* Vorleser(in) *m(f)* ② *(editorial, profesor)* Lektor(in) *m(f)*

lectorado [lekto'raðo] *m* Lektorat *nt*

lectura [lek'tura] *f* ① *(acción de leer)* Lesen *nt; (instrumento)* Ablesen *nt; (diser-*

tación) Lesung *f;* ~ (**en voz alta**) Vorlesen *nt* ② *(obra)* Lektüre *f* ③ *(conocimientos)* Belesenheit *f*

leer [le'er] *vt irr* ① *(percibir)* lesen; *(instrumento)* ablesen; ~ **en voz alta** vorlesen ② *(interpretar)* deuten; ~ **en la cara** vom Gesicht ablesen

legación [leɣa'θjon] *f* Gesandtschaft *f*

legado [le'ɣaðo] *m* ① (POL) Gesandte(r) *m;* (REL) Legat *m* ② *(herencia)* Vermächtnis *nt*

legajo [le'ɣaxo] *m* Akte *f*

legal [le'ɣal] *adj* ① *(determinado por la ley)* gesetzlich; **medicina** ~ Gerichtsmedizin *f* ② *(conforme a la ley)* legal ③ *(fiel)* rechtschaffen

legalidad [leɣali'ða^{ð}] *f* Legalität *f;* **al filo de la** ~ am Rande der Legalität; **fuera de la** ~ illegal

legalista [leɣa'lista] *adj* gesetzestreu

legalizable [leɣali'θaβle] *adj* legalisierbar

legalización [leɣaliθa'θjon] *f* ① *(autorización)* Legalisierung *f* ② *(atestamiento)* Beglaubigung *f*

legalizar [leɣali'θar] <z → c> *vt* ① *(autorizar)* legalisieren ② *(atestar)* beglaubigen

legalmente [leɣal'meṇte] *adv* ① *(según la ley)* kraft Gesetzes, gesetzmäßig; ~ **reconocido** gesetzlich anerkannt ② *(jurídicamente)* rechtlich, juristisch; ~ **protegido** rechtlich geschützt ③ *(argot: lealmente)* treu, ergeben; **se portó ~ con él** er/sie stand loyal zu ihm

légamo ['leɣamo] *m (cieno)* Schlick *m*

legaña [le'ɣaɲa] *f* Tränenflüssigkeit *f;* **tienes ~s** dir tränen die Augen; *(al despertar)* du hast Schlaf in den Augen

legar [le'ɣar] <g → gu> *vt* ① *(legado)* vermachen ② *(enviar)* entsenden

legendario, -a [lexeṇ'darjo, -a] *adj* sagenhaft; *(famoso)* berühmt

leggings ['leɣins] *mpl* Leggings *pl*

legibilidad [lexiβili'ða^{ð}] *f* Lesbarkeit *f*

legible [le'xiβle] *adj* lesbar

legión [le'xjon] *f* ① (MIL) Legion *f* ② *(multitud)* Schar *f*

legionario, -a [lexjo'narjo, -a] **I.** *adj* Legion- **II.** *m, f* Legionär(in) *m(f)*

legislación [lexisla'θjon] *f (acción)* Gesetzgebung *f; (leyes)* Recht *nt*

legislador(a) [lexisla'ðor(a)] **I.** *adj* gesetzgeberisch **II.** *m(f)* ① *(que legisla)* Gesetzgeber(in) *m(f)* ② *(Am: parlamentario)* Abgeordnete(r) *mf*

legislar [lexis'lar] *vi* Gesetze erlassen

legislativo, -a [lexisla'tiβo, -a] *adj* gesetzgebend; **poder** ~ Legislative *f*

legislatura [lexisla'tura] *f* ① *(período)* Legislaturperiode *f* ② *(Am: parlamento)* Parlament *nt*

legista [le'xista] *mf* ① *(eminencia en leyes)* Rechtsgelehrte(r) *f(m); (jurisprudente)* Jurist(in) *m(f)* ② *(estudiante)* Jurastudent(in) *m(f)*

legítima [le'xitima] *f* (JUR) Pflichtteil *m o nt*

legitimación [lexitima'θjon] *f* ① *(legalización)* Legalisierung *f* ② *(habilitación)* Legitimation *f* ③ *(hijo)* Anerkennung *f*

legitimar [lexiti'mar] **I.** *vt* ① *(dar legitimidad)* für rechtmäßig erklären ② *(habilitar)* berechtigen ③ *(hijo)* anerkennen **II.** *vr:* ~**se** sich ausweisen

legitimidad [lexitimi'ða^{ð}] *f* Legitimität *f;* ~ **de un niño** Ehelichkeit eines Kindes

legítimo, -a [le'xitimo, -a] *adj* ① *(legal)* rechtmäßig; **defensa legítima** Notwehr *f* ② *(verdadero)* echt ③ *(hijo)* ehelich

lego, -a ['leɣo, -a] **I.** *adj* ① *(no eclesiástico)* weltlich ② *(ignorante)* unwissend **II.** *m, f* Laie, -in *m, f;* **ser un ~ en el tema** nichts von der Sache verstehen

legua ['leɣwa] *f* Meile *f;* **a la** ~ von Weitem

legumbre [le'ɣumbre] *f* Hülsenfrucht *f;* **frutas y ~s** Obst und Gemüse

lehendakari [le(e)ṇda'kari] *m* (POL) *Ministerpräsident der baskischen Regionalregierung*

leíble [le'iβle] *adj* lesbar

leída [le'iða] *f* Lesen *nt;* **se lo aprendió de una** ~ er/sie lernte es nach einmaligem Durchlesen; **dar una ~ a algo** etw überfliegen

leído, -a [le'iðo, -a] *adj (persona)* belesen; *(revista)* viel gelesen

leitmotiv [lei̯^{ð}mo'tif] *m* (MÚS, LIT) Leitmotiv *nt*

lejanía [lexa'nia] *f* Ferne *f*

lejano, -a [le'xano, -a] *adj* fern (**de** von +*dat*); *(parentesco)* entfernt; **en un futuro no muy** ~ in absehbarer Zeit

lejía [le'xia] *f* ① (QUÍM) Lauge *f* ② *(para lavar)* Waschlauge *f; (para decolorar)* Bleichlauge *f*

lejos ['lexos] **I.** *adv* weit (entfernt); **a lo** ~ in der Ferne; **de** ~ von Weitem; **ir demasiado** ~ *(fig)* zu weit gehen; **llegar** ~ *(fig)* es weit bringen; **sin ir más** ~ *(fig)* (so) zum Beispiel **II.** *prep* ~ **de** weit (entfernt) von +*dat;* **está muy ~ de mí hacer algo** *(fig)* es liegt mir fern, etw zu tun

lelo, -a ['lelo, -a] *adj (fam)* ① *ser (tonto)* doof ② *estar (pasmado)* verdutzt; *(mareado)* benommen

lema ['lema] *m* ① *(tema)* Grundgedanke *m; (mote)* Motto *nt* ② *(contraseña)* Kennwort *nt*

lencería [leṇθe'ria] *f* ① *(telas)* Stoffe *mpl; (ropa de cama)* Bettwäsche *f* ② *(tienda de telas)* Wäschegeschäft *nt; (de ropa inte-*

L

rior) Miederwarengeschäft *nt;* ~ **de un almacén** Wäscheabteilung eines Kaufhauses ③ *(ropa interior)* Damen(unter)wäsche *f; (que sujeta)* Miederwaren *f pl*

lenco, -a ['leŋko, -a] *adj (Hond: tartamudo)* stotternd

lengua ['leŋgwa] *f* ① (ANAT) Zunge *f;* ~ **de trapo** *(fam)* Stotterer *m;* ~ **viperina** *(fam)* spitze Zunge; **atar la ~ a alguien** jdm den Mund verbieten; **darle a la ~** *(fam)* quasseln; **lo tengo en la punta de la ~** es liegt mir auf der Zunge; **morderse la ~** *(t. fig)* sich *dat* auf die Zunge beißen; **no tener pelos en la ~** kein Blatt vor den Mund nehmen; **parecer que alguien ha comido ~** viel reden; **sacar la ~ a alguien** jdm die Zunge herausstrecken; **se me trabó la ~** ich habe mich verhaspelt; **tener la ~ demasiado larga** ein loses Mundwerk haben; **tirar a alguien de la ~** *(fam fig)* jdm die Würmer aus der Nase ziehen; **aquí alguien se ha ido de la ~** da hat sich wohl jemand verplappert ② (LING) Sprache *f;* ~ **materna** Muttersprache *f;* ~ **oficial** Amtssprache *f;* ~ **extranjera** Fremdsprache *f* ③ *(forma)* Zunge *f;* ~ **del agua** Uferstreifen *m* ④ *(de campana)* Glockenklöppel *m*

lenguado [leŋ'gwaðo] *m* Seezunge *f*

lenguaje *m* ~ **inclusivo** [*o* **no sexista**] geschlechtergerechte Sprache

lenguaje [leŋ'gwaxe] *m* Sprache *f;* ~ **técnico** Fachsprache *f;* ~ **de señas** Gebärdensprache *f*

lenguaraz [leŋgwa'raθ] *adj* frech

lenguaz [leŋ'gwaθ] *adj* geschwätzig

lengüeta [leŋ'gweta] *f (zapato)* Lasche *f; (balanza)* Zünglein *nt; (flauta)* Zunge *f*

lengüetazo [leŋgwe'taθo] *m* Zungenschlag *m; (lamer)* Lecken *nt*

lengüetear [leŋgwete'ar] *vi (Am: fam)* schwatzen

lengüicorto, -a [leŋgwi'korto, -a] *adj (fam)* zurückhaltend, wortkarg; **es muy ~** er/sie redet nicht gern

lengüón, -ona [leŋ'gwon, -ona] **I.** *adj (Am: calumniador)* gehässig; *(chismoso)* klatschhaft **II.** *m, f (Am: calumniador)* Verleumder(in) *m(f); (chismoso)* Klatschmaul *nt fam*

lenidad [leni'ðað] *f sin pl* Nachsicht *f*

lenificar [lenifi'kar] <c → qu> *vt* mildern, lindern

leninista [leni'nista] **I.** *adj* (POL) leninistisch **II.** *mf* (POL) Leninist(in) *m(f)*

lenitivo[1] [leni'tiβo] *m* ① *(medicamento)* Linderungsmittel *nt* ② *(consuelo)* Trost *m*

lenitivo, -a[2] [leni'tiβo, -a] *adj* lindernd

lente ['leṇte] *m o f* ① *(gafas)* Brille *f;* **llevar ~s** eine Brille tragen; *(lentillas)* ~ **de contacto** Kontaktlinse *f* ② *(cristal, t.* FOTO) Linse *f;* ~ **convergente** Sammellinse *f*

lenteja [leṇ'texa] *f* Linse *f;* **dar algo por un plato de ~s** *(fig)* etw für ein Linsengericht hergeben

lentejuela [leṇte'xwela] *f (adorno)* Paillette *f*

lenticular [leṇtiku'lar] *adj* linsenförmig

lentificar [leṇtifi'kar] <c → qu> *vt* verlangsamen

lentilla [leṇ'tiʎa] *f* Kontaktlinse *f*

lentitud [leṇti'tuð] *f* Langsamkeit *f; (fig)* Trägheit *f;* **con ~** langsam

lento, -a ['leṇto, -a] *adj* langsam; *(fig)* träge; *(enfermedad)* schleichend; **a cámara lenta** in Zeitlupe; **a paso ~** langsamen Schrittes; **quemar a fuego ~** *(fig)* quälen

lentorro, -a [leṇ'torro, -a] *adj (pey)* schwerfällig, lahm *fam*

leña ['leɲa] *f sin pl* ① *(madera)* (Brenn)holz *nt;* **echar ~ al fuego** Holz auflegen; *(fig)* Öl ins Feuer gießen; **llevar ~ al monte** *(fig)* Eulen nach Athen tragen ② *(castigo)* Prügel *m pl;* **¡~ con él!** gib ihm Saures!; **dar ~** verprügeln; **recibir ~** Prügel einstecken

leñador(a) [leɲa'ðor(a)] *m(f)* Holzfäller(in) *m(f)*

leñazo [le'ɲaθo] *m (fam)* Schlag *m;* **¡qué ~ se pegó!** er/sie hat ganz schön was abgekriegt!; **darse un ~ en la cabeza** sich *dat* den Kopf anschlagen

leñe ['leɲe] *interj* verdammt noch mal!

leño ['leɲo] *m* ① *(de árbol)* Holzklotz *m* ② *(tonto)* Dummkopf *m*

leñoso, -a [le'ɲoso, -a] *adj* holzig

leo ['leo] *m* (ASTR: *persona*) Löwe *m*

Lèo ['leo] *m* (ASTR: *signo*) Löwe *m*

león [le'on] *m* Löwe *m; (Am: puma)* Puma *m;* ~ **marino** Seelöwe *m;* **no es tan fiero el ~ como lo pintan** *(fam)* nichts ist so schlimm, wie es aussieht

leonado, -a [leo'naðo, -a] *adj* falb

leonera [leo'nera] *f* ① *(jaula)* Löwenkäfig *m* ② *(habitación)* Rumpelkammer *f*

leonés, -esa [leo'nes, -esa] **I.** *adj* aus Leon **II.** *m, f* Einwohner(in) *m(f)* von Leon

leonino, -a [leo'nino, -a] *adj* Löwen-

leopardo [leo'parðo] *m* Leopard *m*

leotardo(s) [leo'tarðo(s)] *m(pl)* Strumpfhose *f*

leperada [lepe'raða] *f (AmC, Méx)* ① *(canallada)* Gemeinheit *f* ② *(expresión burda)* ordinäres Gerede *nt*

lépero, -a ['lepero, -a] **I.** *adj* ① *(AmC: grosero)* ordinär; *(vil)* niederträchtig ② *(Cuba: perspicaz)* scharfsinnig ③ *(Ecua: fam: arruinado)* abgebrannt **II.** *m, f (AmC)* Schurke, -in *m, f*

leporino, -a [lepo'rino, -a] *adj* hasenartig; **labio** ~ Hasenscharte *f*

lepra ['lepra] *f sin pl* Lepra *f*

leproso, -a [le'proso, -a] **I.** *adj* leprös **II.** *m, f* Leprakranke(r) *mf*

lerdear [lerðe'ar] *vi (AmC, Arg)* ❶ *(hacer algo con pesadez)* träge sein, schwerfällig sein ❷ *(demorarse)* sich *dat* Zeit lassen; *(llegar tarde)* zu spät kommen

lerdo, -a ['lerðo, -a] *adj* schwerfällig

leridano, -a [leri'ðano, -a] **I.** *adj* aus Lérida **II.** *m, f* Einwohner(in) *m(f)* von Lérida

les [les] *pron pers* ❶ *m pl (reg: objeto directo)* sie; *(forma cortés)* Sie ❷ *mf pl (objeto indirecto)* ihnen; *(forma cortés)* Ihnen

lesbiana [les'βjana] *f* Lesbierin *f*

lésbico, -a ['lesβiko, -a] *adj* lesbisch

lesera [le'sera] *f (Am)* Dummheit *f*

lesión [le'sjon] *f* Verletzung *f;* ~ **cardiaca** Herzfehler *m*

lesionar [lesjo'nar] **I.** *vt* ❶ *(herir)* verletzen ❷ *(dañar)* schaden +*dat* **II.** *vr:* **~se** sich verletzen

lesivo, -a [le'siβo, -a] *adj* schädlich, schädigend

leso, -a ['leso, -a] *adj* verletzt

Lesoto [le'soto] *m* Lesotho *nt*

letal [le'tal] *adj (elev)* tödlich

letanía [leta'nia] *f* Litanei *f;* **¡ya está este con su ~!** jetzt fängt der schon wieder mit der alten Leier an!

letárgico, -a [le'tarxiko, -a] *adj* lethargisch

letargo [le'tarɣo] *m* Lethargie *f; (de un animal)* Winterschlaf *m*

letífero, -a [le'tifero, -a] *adj* todbringend, tödlich

letón, -ona [le'ton, -ona] **I.** *adj* lettisch **II.** *m, f* Lette, -in *m, f*

Letonia [le'tonja] *f* Lettland *nt*

letra ['letra] *f* ❶ *(signo)* Buchstabe *m;* ~ **de molde** Fettdruck *m;* ~ **mayúscula/minúscula** Groß-/Kleinbuchstabe *m;* **con ~ mayúscula/minúscula** groß-/kleingeschrieben; **al pie de la ~** wortwörtlich; ~ **por** ~ Wort für Wort; **poner cuatro ~s a alguien** jdm ein paar Zeilen schreiben ❷ *(escritura)* Schrift *f* ❸ *pl (saber)* Wissen *nt; (ciencias)* Geisteswissenschaften *f pl;* **bellas ~s** Literatur *f;* **aprender las primeras ~s** *(fam fig)* sich *dat* die Grundkenntnisse aneignen; **hombre de ~s** gebildeter Mann ❹ (MÚS) Text *m* ❺ (COM) ~ (**de cambio**) Wechsel *m;* ~ **al portador** Inhaberpapier *nt;* ~ **a la vista** Sichtwechsel *m;* **girar una ~ a cargo de alguien** einen Wechsel auf jdn ziehen

letrado, -a [le'traðo, -a] **I.** *adj* gelehrt **II.** *m, f* (JUR) Anwalt, -wältin *m, f*

letrero [le'trero] *m* Schild *nt*

letrina [le'trina] *f* Latrine *f*

letrista [le'trista] *mf* Textdichter(in) *m(f)*

leucemia [leu̯'θemja] *f sin pl* Leukämie *f*

leucémico, -a [leu̯'θemiko, -a] **I.** *adj* ❶ *(relativo a la leucemia)* leukämisch, Leukämie- ❷ *(enfermo)* leukämisch, an Leukämie leidend **II.** *m, f* Leukämiekranke(r) *f(m)*

leucocito [leu̯ko'θito] *m* Leukozyt *m*

leva ['leβa] *f* ❶ (MIL) Einberufung *f* ❷ *(barco)* Ablegen *nt*

levadizo, -a [leβa'ðiθo, -a] *adj* hebbar; **puente** ~ Zugbrücke *f*

levadura [leβa'ðura] *f* ❶ *(masa)* Hefe *f;* **polvo de** ~, ~ **química** Backpulver *nt* ❷ *(hongo)* Hefepilz *m*

levantador(a) [leβan̪ta'ðor(a)] **I.** *adj* (hoch)hebend **II.** *m(f)* ~ **de pesos** Gewichtheber *m*

levantamiento [leβan̪ta'mjen̪to] *m* ❶ *(amotinamiento)* Aufstand *m* ❷ *(alzar)* Hochheben *nt;* ~ **del cadáver** (amtliche) Leichenschau *f*

levantar [leβan̪'tar] **I.** *vt* ❶ *(alzar)* (hoch)heben; *(del suelo)* aufheben; *(algo tumbado/inclinado)* wieder aufrichten; *(polvo)* aufwirbeln; *(telón)* heben; *(cartel)* aufstellen; *(un campamento)* abbrechen; *(las anclas)* lichten; **después del fracaso ya no levantó cabeza** nach dem Unglück hat er/sie sich nicht mehr erholt; ~ **el vuelo** zum Flug anheben ❷ *(despertar)* wecken ❸ *(construir)* bauen; *(monumento)* errichten; *(muro)* hochziehen ❹ *(suprimir)* beenden; *(embargo, castigo)* aufheben ❺ *(mapa)* aufnehmen; ~ **acta** protokollieren (**de** +*akk*); **no ~ás falso testimonio** du sollst kein falsches Zeugnis ablegen ❻ *(voz)* heben; ~ **la voz a alguien** jdn anschreien ❼ *(mirada, mano)* (er)heben ❽ *(caza)* aufstöbern **II.** *vr:* **~se** ❶ *(de la cama)* aufstehen (**de** aus +*dat*); **~se con el pie izquierdo** mit dem linken Fuß zuerst aufstehen ❷ *(sobresalir)* sich erheben ❸ *(sublevarse)* sich erheben; **se ~on pocas voces críticas** es wurden nur wenige kritische Stimmen laut ❹ *(viento)* aufkommen ❺ *(robar)* sich auf und davon machen ❻ *(telón)* aufgehen

levante [le'βan̪te] *m sin pl* Osten *m; (viento)* Ostwind *m*

Levante [le'βan̪te] *m* Levante *m (Ostküste Spaniens bzw. die Regionen País Valenciano und Murcia)*

levantino, -a [leβan̪'tino, -a] **I.** *adj* levantinisch **II.** *m, f* Levantiner(in) *m(f)*

levantisco, -a [leβan̪'tisko, -a] *adj* unruhig

levar [le'βar] *vt* ~ (**las**) **anclas** die Anker lichten

L

leve ['leβe] *adj (enfermedad)* harmlos; *(peso, error)* leicht; *(sanción)* gnädig; *(pecado)* lässlich
levedad [leβe'ðaᵈ] *f sin pl* Leichtigkeit *f*
levemente [leβe'mente] *adv* leicht, geringfügig; **ha resultado ~ herida** sie wurde nur leicht verletzt
levístico [le'βistiko] *m* (BOT, GASTR) Liebstöckel *m*
levitación [leβita'θjon] *f* Levitation *f*
levitar [leβi'tar] *vi* in der Luft schweben
lexema [leˠ'sema] *m* (LING) Lexem *nt*
lexicalización [leˠsikaliθa'θjon] *f* (LING) Lexikalisierung *f*
lexicalizar [leˠsikali'θar] <z → c> *vt* lexikalisieren
léxico ['leˠsiko] *m* ❶ *(diccionario)* Wörterbuch *nt* ❷ *(vocabulario)* Wortschatz *m*
lexicografía [leˠsikoɣra'fia] *f* (LING) Lexikografie *f*
lexicología [leˠsikolo'xia] *f* (LING) Lexikologie *f*
lexicón [leˠsi'kon] *m* Wörterbuch *nt*
ley [lei̯] *f* ❶ (JUR, REL, FÍS) Gesetz *nt;* **L~ de cierre de comercios** Ladenschlussgesetz *nt;* **~ del embudo** *(pey fam)* Willkür *f;* **la L~ Fundamental** das Grundgesetz; **L~ General Tributaria** Abgabenordnung *f;* **~ marcial** Standrecht *nt;* **la ~ seca** die Prohibition; **~ de la selva** Recht des Stärkeren; **fuerza de ~** Gesetzeskraft *f;* **proyecto de ~** Gesetzentwurf *m;* **hacer algo con todas las de la ~** etw mit allem, was dazu gehört, machen; **respetar las ~es del juego** die Spielregeln einhalten; **hecha la ~, hecha la trampa** für jedes Gesetz findet sich ein Hintertürchen; **regirse por la ~ del embudo** mit zweierlei Maß messen; **según la ~ vigente** laut geltendem Recht; **se le aplicó la ~ de la fuga** er/sie wurde auf der Flucht erschossen; **ser de ~** *(fam)* recht und billig sein ❷ *pl (estudio)* Jura ❸ *(oro)* Feingehalt *m; (monedas)* Korn *nt;* **oro de ~** Feingold *nt;* **ser de buena ~** *(fig)* zuverlässig sein
leyenda [le'ɟenda] *f* ❶ (LIT, REL) Legende *f* ❷ *(plano)* Legende *f* ❸ *(moneda)* Umschrift *f*
lezna ['leθna] *f* Ahle *f*
liana [li'ana] *f* Liane *f*
liar [li'ar] <*1. pres* lío> **I.** *vt* ❶ *(fardo)* zusammenbinden; *(paquete)* einwickeln; **~ el petate** *(fam)* sein Bündel schnüren ❷ *(cigarrillo)* drehen ❸ *(fam: engañar)* an der Nase herumführen; *(enredar)* einwickeln ❹ *(loc, fam)* **¡ahora sí que la hemos liado!** jetzt haben wir es vermasselt! **II.** *vr:* **~se** ❶ *(fam: juntarse)* sich einlassen ❷ *(embarullarse)* durcheinanderkommen; **~se la manta a la cabeza** *(fam)* eine voreilige Entscheidung treffen ❸ *(ponerse a)* **~se a golpes con alguien** sich mit jdm prügeln
libanés, -esa [liβa'nes, -esa] **I.** *adj* libanesisch **II.** *m, f* Libanese, -in *m, f*
Líbano ['liβano] *m* **El ~** der Libanon
libar [li'βar] *vi (abeja)* saugen
libelo [li'βelo] *m* Pamphlet *nt*
libélula [li'βelula] *f* Libelle *f*
liberación [liβera'θjon] *f* Befreiung *f; (puesta en libertad)* Freilassung *f*
liberado, -a [liβe'raðo, -a] *adj* ❶ *(rescatado)* befreit; *(suelto)* freigelassen ❷ (FÍS) freigesetzt ❸ *(cargas)* abgelöst
liberador(a) [liβera'ðor(a)] **I.** *adj* befreiend, erlösend **II.** *m(f)* Befreier(in) *m(f),* Erlöser(in) *m(f)*
liberal [liβe'ral] **I.** *adj* (*t.* POL) liberal; *(generoso)* großzügig **II.** *mf* Liberale(r) *mf*
liberalidad [liβerali'ðaᵈ] *f (generosidad)* Großzügigkeit *f*
liberalismo [liβera'lismo] *m* (POL) Liberalismus *m*
liberalización [liβeraliθa'θjon] *f* Liberalisierung *f*
liberalizar [liβerali'θar] <z → c> *vt* liberalisieren
liberar [liβe'rar] *vt* befreien; *(soltar)* freilassen; *(eximir)* freistellen
Liberia [li'berja] *f* Liberia *nt*
liberiano, -a [liβe'rjano, -a] **I.** *adj* liberianisch **II.** *m, f* Liberianer(in) *m(f)*
líbero ['liβero] *m* (DEP) Libero *m*
libérrimo, -a [li'βerrimo, -a] *adj superl de* **libre**
libertad [liβer'taᵈ] *f* ❶ *(libre arbitrio)* Freiheit *f;* **~ de culto** Glaubensfreiheit *f;* **~ de expresión** Redefreiheit *f;* **~ de prensa** Pressefreiheit *f;* **poner en ~** freilassen; **tomarse demasiadas ~es** sich *dat* zu viel herausnehmen ❷ *(naturalidad)* Unbefangenheit *f*
libertador(a) [liβerta'ðor(a)] **I.** *adj* befreiend **II.** *m(f)* Befreier(in) *m(f)*
libertar [liβer'tar] *vt* befreien
libertario, -a [liβer'tarjo, -a] **I.** *adj* anarchistisch **II.** *m, f* Anarchist(in) *m(f)*
liberticida [liβerti'θiða] **I.** *adj* freiheitswidrig, die Freiheit beschneidend **II.** *mf* Freiheitsbeschneider(in) *m(f)*
libertinaje [liβerti'naxe] *m* Zügellosigkeit *f*
libertino, -a [liβer'tino, -a] **I.** *adj* zügellos **II.** *m, f* zügelloser Mensch *m*
Libia ['liβja] *f* Libyen *nt*
libidinoso, -a [liβiði'noso, -a] *adj* lüstern
libido [li'βiðo] *f sin pl* Trieb *m*
libio, -a ['liβjo, -a] **I.** *adj* libysch **II.** *m, f* Libyer(in) *m(f)*

L

libra[1] ['liβra] *f* Pfund *nt;* ~ **esterlina** Pfund Sterling; **una ~ de judías** ein Pfund Bohnen
libra[2] ['liβra] *f* (ASTR: *persona*) Waage *f*
Libra ['liβra] *f* (ASTR: *signo*) Waage *f*
librado, -a [li'βraðo, -a] *adj* **salir bien ~** mit einem blauen Auge davonkommen *fam;* **salir mal ~** schlecht wegkommen *fam*
librar [li'βrar] **I.** *vt* ❶ *(dejar libre)* befreien (**de** von/aus +*dat*); *(salvar)* retten (**de** vor +*dat*); **¡líbreme Dios!** Gott bewahre!; **y líbranos del mal** und befreie uns von dem Bösen ❷ (COM) ausstellen; **~ una letra a cargo de alguien** einen Wechsel auf jdn ziehen **II.** *vi (fam: tener libre)* frei haben **III.** *vr:* **~se** *(quedar libre)* sich befreien (**de** von/aus +*dat*); *(salvarse)* sich retten (**de** vor +*dat*); **¡se libró de una buena!** das ging gerade noch gut!
libre ['liβre] <libérrimo> *adj* ❶ *(en general)* frei; *(independiente)* unabhängig; **zona de ~ cambio** Freihandelszone *f;* **~ de franqueo** portofrei; **dar vía ~** grünes Licht geben; **este vestido me deja los brazos ~s** in diesem Kleid kann ich die Arme frei bewegen; **estar ~ de preocupaciones** keine Sorgen haben; **la imaginación es ~** Fantasie kennt keine Grenzen; **eres bien ~ de hacerlo** es steht dir frei, es zu tun ❷ *(soltero)* ledig ❸ *(descarado)* frech
librea [li'βrea] *f (traje)* Livree *f*
librecambio [liβre'kambjo] *m sin pl* Freihandel *m*
librepensador(a) [liβrepensa'ðor(a)] *m(f)* Freidenker(in) *m(f)*
librería [liβre'ria] *f* ❶ *(tienda)* Buchhandlung *f; (papelería)* Schreibwarengeschäft *nt;* **~ de depósito** Sortimentsbuchhandlung *f;* **~ de ocasión** modernes Antiquariat ❷ *(biblioteca)* Bibliothek *f* ❸ *(estantería)* Bücherregal *nt*
librero, -a [li'βrero, -a] *m, f* Buchhändler(in) *m(f)*
libresco, -a [li'βresko, -a] *adj* trocken, lebensfremd
libreta [li'βreta] *f* ❶ *(cuaderno)* Heft *nt; (para notas)* Notizbuch *nt* ❷ *(de ahorros)* Sparbuch *nt*
libreto [li'βreto] *m* Libretto *nt,* Textbuch *nt*
libro ['liβro] *m (escrito)* Buch *nt; (volumen)* Band *m;* **~ de bolsillo** Taschenbuch *nt;* **~ científico** Fachbuch *nt;* **~ de texto** Lehrbuch *nt;* **~ ilustrado** Bildband *m;* **~ infantil** Kinderbuch *nt;* **~ de divulgación** Sachbuch *nt;* **~ de cocina** Kochbuch *nt;* **los ~s de contabilidad** die Geschäftsbücher; **~ electrónico** E-Book *nt; (lector de ~s electrónicos)* E-Book-Lesegerät *nt,* E-Book-Reader *m;* **~ de escolaridad** Zeugnisheft *nt;* **~ de familia** Familienstammbuch *nt;* **los L~s Sagrados** die Heilige Schrift; **colgar los ~s** das Studium an den Nagel hängen; **cantar a ~ abierto** vom Blatt singen; **hablar como un ~ abierto** reden wie ein Buch
licencia [li'θeṇθja] *f* ❶ *(permiso)* Erlaubnis *f; (para un libro)* Druckerlaubnis *f; (Méx: de conducir)* Führerschein *m;* **~ de obras** Baugenehmigung *f;* **~ de pesca/de armas** Angel-/Waffenschein *m* ❷ *(soldado)* **estar tres días de ~** drei Tage Ausgang haben ❸ *(libertad)* Freiheit *f*
licenciado, -a [liθeṇ'θjaðo, -a] *m, f* ❶ *(estudiante)* ≈ Akademiker(in) *m(f);* **~ en economía** Diplomvolkswirt *m* ❷ *(soldado)* Verabschiedete(r) *m*
licenciar [liθeṇ'θjar] **I.** *vt (despedir)* entlassen; *(soldado)* verabschieden **II.** *vr:* **~se** sein Examen machen
licenciatura [liθeṇθja'tura] *f (título)* Titel *m; (carrera)* Hochschulabschluss *m*
licencioso, -a [liθeṇ'θjoso, -a] *adj (persona)* ausschweifend; *(conducta)* anstößig; **mujer licenciosa** Prostituierte *f*
liceo [li'θeo] *m* ❶ *(sociedad)* Klub *m* ❷ *(Am: colegio)* Gymnasium *nt*
lichi ['litʃi] *m* Litschi *f*
licitación [liθita'θjon] *f* ❶ *(concurso)* (öffentliche) Ausschreibung *f* ❷ *(subasta)* Versteigerung *f*
licitar [liθi'tar] *vt* bieten
lícito, -a ['liθito, -a] *adj* ❶ *(permitido)* zulässig ❷ *(justo)* gerecht
licitud [liθi'tuᵈ] *f sin pl* Zulässigkeit *f*
licor [li'kor] *m* Likör *m*
licorería [likore'ria] *f* ❶ *(fábrica)* Likörfabrik *f* ❷ *(tienda)* Likörladen *m*
licuadora [likwa'ðora] *f* Entsafter *m*
licuar [li'kwar] <*1. pres* licúo> *vt* ❶ (FÍS) verflüssigen ❷ *(fruta)* auspressen ❸ (MIN) schmelzen
lid [liᵈ] *f (elev: combate)* Kampf *m;* **es experto en esas ~es** er kennt sich in diesen Dingen gut aus
líder ['liðer] *mf* Führer(in) *m(f); (empresa)* Marktführer(in) *m(f);* (DEP) Führende(r) *mf; (de una liga)* Tabellenführer *m;* **la empresa ~** das führende Unternehmen; **es el ~ de los jóvenes** er ist ein Idol der Jugend
liderar [liðe'rar] *vt* ❶ *(ser el primero)* anführen; **el equipo que lidera la clasificación** der Tabellenführer ❷ *(dirigir)* leiten
liderato [liðe'rato] *m sin pl,* **liderazgo** [liðe'raθɣo] *m sin pl* Führung *f;* **capacidad de ~** Führungsqualitäten *f pl*
lidia ['liðja] *f* Kampf *m;* (TAUR) Stierkampf *m*
lidiar [li'ðjar] *vt, vi* kämpfen (mit +*dat*);

L

~ (**un toro**) mit einem Stier kämpfen; ~ **con los niños** *(fig)* sich mit den Kindern herumärgern

liebre [lje'βre] *f* Hase *m;* ~ **marina** Seehase *m;* **donde menos se piensa salta la** ~ *(fig)* unverhofft kommt oft

Liechtenstein ['liʧtensteiŋ] *m* Liechtenstein *nt*

lienzo ['ljeṇθo] *m* ❶ *(tela)* Leinen *nt; (para cuadros)* Leinwand *f* ❷ *(óleo)* (Öl)gemälde *nt*

liga ['liɣa] *f* ❶ *(alianza)* Bund *m* ❷ *(prenda)* Strumpfhalter *m* ❸ (DEP) Liga *f*

ligación [liɣa'θjon] *f* ❶ *(mezcla)* Mischung *f; (acción)* Mischen *nt* ❷ *(metales)* Legierung *f; (acción)* Legieren *nt*

ligado [li'ɣaðo] *m* (MÚS) Legato *nt*

ligamento [liɣa'meṇto] *m* Band *nt*

ligar [li'ɣar] <g → gu> **I.** *vi (fam: tontear)* anbändeln **II.** *vt* ❶ *(atar)* (fest)binden ❷ *(metal)* legieren ❸ *(unir)* verbinden **III.** *vr:* ~**se** ❶ *(unirse)* sich binden (**a** an +*akk*) ❷ *(fam: tontear)* anbändeln (**a**/**con** mit +*dat*)

ligeramente [lixera'meṇte] *adv* ❶ *(en pequeño grado)* ein wenig; **bajará ~ el precio de la gasolina** der Benzinpreis wird leicht sinken ❷ *(sin profundizar)* oberflächlich; **se leyó el texto** ~ er/sie hat den Text überflogen

ligerear [lixere'ar] *vi (Chil: apresurarse)* sich beeilen

ligereza [lixe'reθa] *f* ❶ *(rapidez)* Schnelligkeit *f* ❷ *(levedad)* Leichtigkeit *f* ❸ *(error)* Leichtfertigkeit *f*

ligero, -a [li'xero, -a] *adj* ❶ *(leve, ingrávido)* leicht; *(ruido)* leise; *(tierra)* locker ❷ *(ágil)* flink ❸ *(loc)* ~ **de cascos** *(fam)* oberflächlich; **ir muy ~ de ropa** sehr leicht gekleidet sein; **hacer algo a la ligera** etw tun, ohne groß zu überlegen; **tomarse algo a la ligera** etw auf die leichte Schulter nehmen

lignito [liɣ'nito] *m* Braunkohle *f*

ligón, -ona [li'ɣon, -ona] *m, f* Anmacher(in) *m(f) abw;* **ser un** ~ gerne flirten

ligue ['liɣe] *m (fam)* ❶ *(acción)* Flirt *m* ❷ *(persona)* Freund(in) *m(f)*

liguero[1] [li'ɣero] *m* Strumpfhaltergürtel *m*

liguero, -a[2] [li'ɣero, -a] *adj* (DEP) Liga-; **competición liguera** Liga *f*

lija ['lixa] *f* ❶ *(papel)* Sandpapier *nt,* Glaspapier *nt; (piel)* Haifischhaut *f* ❷ (ZOOL) Katzenhai *m*

lijadora [lixa'ðora] *f* Schleifmaschine *f*

lijar [li'xar] *vt* (ab)schleifen

lijoso, -a [li'xoso, -a] *adj (Cuba)* eitel

lila[1] ['lila] **I.** *adj* lila **II.** *f* (BOT) Flieder *m*

lila[2] ['lila] *m (color)* Lila *nt*

lile ['lile] *adj (Chil)* schwächlich, abgezehrt

liliputiense [lilipu'tjense] **I.** *adj* liliputanisch **II.** *mf* Liliputaner(in) *m(f)*

lima ['lima] *f* ❶ *(instrumento)* Feile *f;* ~ **para las** [*o* **de**] **uñas** Nagelfeile *f;* **rebajar con la** ~ abfeilen; **comer como una** ~ *(fam)* essen wie ein Mähdrescher ❷ *(fruta)* Limette *f; (árbol)* Limettenbaum *m*

limadura [lima'ðura] *f* ❶ *(pulido)* (Zurecht)feilen *nt* ❷ *pl (partículas)* Feilspäne *mpl*

limar [li'mar] *vt* ❶ *(pulir)* (zurecht)feilen; *(fig)* den letzten Schliff geben +*dat* ❷ *(consumir)* aufreiben

limaza [li'maθa] *f* Nacktschnecke *f*

limbo ['limbo] *m* ❶ (REL) Vorhölle *f;* **estar en el** ~ *(fam: distraído)* geistig abwesend sein; *(no enterado)* keine Ahnung haben ❷ *(de vestido)* Rand *m*

limeño, -a [li'meɲo, -a] **I.** *adj* aus Lima **II.** *m,f* Bewohner(in) *m(f)* von Lima

limitación [limita'θjon] *f* Beschränkung *f; (de una norma)* Einschränkung *f;* **sin limitaciones** unbeschränkt; **el plan tiene sus limitaciones pero ha sido eficaz** der Plan war im Großen und Ganzen erfolgreich

limitado, -a [limi'taðo, -a] *adj* ❶ *(poco)* knapp; *(medios)* beschränkt; **un número** ~ eine begrenzte Anzahl ❷ *(tonto)* beschränkt

limitador[1] [limita'ðor] *m* (TÉC) Begrenzer *m,* Begrenzungsvorrichtung *f;* ~ **de ruido** Rausch-/Geräuschbegrenzer *m;* ~ **de voz** (TEL) Sprachbeschneider *m*

limitador(a)[2] [limita'ðor(a)] *adj* begrenzend, Grenzen setzend

limitar [limi'tar] **I.** *vi* (an)grenzen (**con** an +*akk*) **II.** *vt* begrenzen; *(libertad)* einschränken; *(definir)* (genau) festlegen **III.** *vr:* ~**se** sich beschränken (**a** auf +*akk*)

limitativo, -a [limita'tiβo, -a] *adj,* **limitatorio, -a** [limita'torjo, -a] *adj* beschränkend, einschränkend

límite ['limite] *m* Grenze *f; (inconveniente)* Schranken *fpl;* ~ **de crédito** Kreditlinie *f;* **situación** ~ Grenzsituation *f;* **sin ~s** grenzenlos; **la fecha ~ para entregarlo es el...** der letzte Abgabetermin ist der ...

limítrofe [li'mitrofe] *adj* angrenzend; **países ~s** Nachbarländer *ntpl*

limo ['limo] *m* Schlamm *m*

limón [li'mon] **I.** *adj* zitronengelb **II.** *m* Zitrone *f*

limonada [limo'naða] *f* (Zitronen)limonade *f;* ~ **de vino** Sangria *f*

limonar [limo'nar] *m* ❶ (AGR) Zitronenpflanzung *f* ❷ *(Guat) v.* **limonero**

limonero [limo'nero] *m* Zitronenbaum *m*

limosna [li'mosna] *f* Almosen *nt;* **pedir ~** betteln

limosnear [limosne'ar] *vi* betteln

limosnero, -a [limos'nero, -a] **I.** *adj* wohltätig **II.** *m, f (Am: pedigüeño)* Bettler(in) *m(f)*

limoso, -a [li'moso, -a] *adj* schlammig

limpia[1] ['limpja] *f* Reinigung *f; (cereal)* Reinigen *nt*

limpia[2] ['limpja] *m (fam) abr de* **limpiabotas**

limpiabotas [limpja'βotas] *mf inv* Schuhputzer(in) *m(f)*

limpiachimeneas [limpjatʃime'neas] *mf inv* Schornsteinfeger(in) *m(f)*

limpiacristales[1] [limpjakris'tales] *m inv (producto)* Fensterputzmittel *nt*

limpiacristales[2] [limpjakris'tales] *mf inv (persona)* Fensterputzer(in) *m(f)*

limpiador[1] [limpja'ðor] *m* ❶ *(detergente)* Putzmittel *nt* ❷ *(máquina)* Reinigungsgerät *nt,* Reiniger *m;* **~ de alta presión** Hochdruckreiniger; **~ a** [*o* **de**] **vapor** Dampfreiniger

limpiador(a)[2] [limpja'ðor(a)] **I.** *adj* reinigend; **leche ~a** Reinigungsmilch *f* **II.** *m(f)* Raumpfleger(in) *m(f)*

limpiamente [limpja'mente] *adv* ❶ *(hábilmente)* säuberlich, sorgfältig ❷ *(sin trampas)* sauber; **llegó a presidente del partido ~, sin corromperse** er/sie ist ganz ohne Machenschaften Parteivorsitzende(r) geworden ❸ *(con honradez)* offen und ehrlich; **le conté lo que había ocurrido ~** ich habe ihm/ihr alles genau so erzählt, wie es war

limpiametales [limpjame'tales] *m inv* Metallputzmittel *nt*

limpiamuebles [limpja'mweβles] *m inv* Möbelpolitur *f*

limpiaparabrisas [limpjapara'βrisas] *m inv* Scheibenwischer *m*

limpiar [lim'pjar] **I.** *vt* ❶ *(suciedad)* reinigen; *(zapatos, dientes, casa)* putzen; *(chimenea)* fegen; *(pescado)* ausnehmen; **~ el polvo** Staub wischen ❷ *(librar)* säubern; **~ de culpas** von Schuld reinwaschen ❸ *(fam: robar)* klauen **II.** *vi (quitar la suciedad)* putzen, sauber machen **III.** *vr:* **~se** sich reinigen; *(nariz, dientes)* sich *dat* putzen; **~se de fiebre** kein Fieber mehr haben

limpidez [limpi'ðeθ] *f sin pl (elev)* Reinheit *f; (claridad)* Klarheit *f*

límpido, -a ['limpiðo, -a] *adj (elev: limpio)* klar

limpieza [lim'pjeθa] *f* ❶ *(lavar)* Reinigung *f; (casa, zapatos)* Putzen *nt; (fig)* Säuberung *f;* **~ de cutis** Gesichtsreinigung *f;* **~ a fondo** Großputz *m;* **hacer la ~** sauber machen; **señora de la ~** Putzfrau *f;* **producto de ~** Putzmittel *nt,* Reinigungsmittel *nt* ❷ *(estado)* Sauberkeit *f* ❸ *(eliminación)* Säuberung *f* ❹ *(habilidad)* Geschicklichkeit *f*

limpio[1] ['limpjo] *adv* ❶ *(sin trampas)* sauber; **jugar ~** fair spielen ❷ *(loc)* **escribir en ~** ins Reine schreiben; **en ~** *(dinero)* netto; **¿qué has sacado en ~ de todo este asunto?** *(fig)* was hat dir diese Sache nun gebracht?

limpio, -a[2] ['limpjo, -a] *adj (cocina, persona)* sauber; *(aire)* rein; *(agua)* klar; *(almendra)* geschält; *(fig)* rein; **acabar a tortazo ~** *(fam)* in eine Schlägerei ausarten; **lo dejaron ~** *(fam: sin dinero)* er war völlig blank

limpión [lim'pjon] *m* ❶ *(lavado)* flüchtige Reinigung *f;* **dar un ~** schnell und oberflächlich sauber machen ❷ *(Am: trapo)* Lappen *m*

limusina [limu'sina] *f* Limousine *f*

linaje [li'naxe] *m* Abstammung *f;* **de rancio ~** von altem Adelsgeschlecht

linaza [li'naθa] *f* Leinsamen *m;* **aceite de ~** Leinöl *nt*

lince ['linθe] *m* Luchs *m;* **ser un ~** *(fig)* ein Fuchs sein; **tener ojos de ~** Augen wie ein Luchs haben

linchamiento [lintʃa'mjento] *m* Lynchjustiz *f*

linchar [lin'tʃar] *vt* lynchen

lindamente [linda'mente] *adv (elev)* ❶ *(con primor)* sorgfältig; **las niñas estaban ~ vestidas** die Mädchen waren adrett gekleidet ❷ *(con facilidad)* ohne Schwierigkeiten, mit Leichtigkeit

lindar [lin'dar] *vi* angrenzen (**con** an +*akk*)

linde ['linde] *m o f,* **lindero** [lin'dero] *m* (Grundstücks)grenze *f; (camino)* Grenzweg *m*

lindera [lin'dera] *f* Grenze *f,* Begrenzung *f;* **las ~s de la finca** die Grundstücksgrenzen

lindeza [lin'deθa] *f* ❶ *(bonito)* Niedlichkeit *f* ❷ *(gracioso)* Witzigkeit *f* ❸ *pl (irón: insulto)* Schimpfworte *nt pl;* **me dijo esas y otras ~s parecidas** so und ähnlich hat er/sie mich bezeichnet

lindo, -a ['lindo, -a] *adj* hübsch; *(niño)* süß; **divertirse a lo ~** sich gut amüsieren

línea ['linea] *f* ❶ (MAT, MIL, ECON) Linie *f; (raya)* Strich *m;* **~ de intersección** Schnittstelle *f;* **~ recta** Gerade *f;* **fracasar en toda la ~** auf der ganzen Linie versagen ❷ *(fila)* Reihe *f* ❸ *(renglón)* Zeile *f;* **~ en blanco** Leerzeile *f;* **leer entre ~s** zwischen den Zeilen lesen; **te pongo cuatro ~s para...** ich schreibe dir ein paar Zeilen

L

um ... ④ *(de trasporte)* Linie *f;* *(trayecto)* Strecke *f;* ~ **aérea** Fluglinie *f;* ~ **férrea** Bahnlinie *f;* **coche de** ~ Linienbus *m* ⑤ (TEL) Leitung *f;* ~ **directa** [*o* **caliente**] Hotline *f;* ~ **para el fax** Faxanschluss *m* ⑥ *(pariente)* (Verwandtschafts)linie *f;* **por** ~ **materna** mütterlicherseits ⑦ (DEP) Linie *f;* ~ **de meta** *(fútbol)* Torlinie *f;* *(atletismo)* Ziellinie *f* ⑧ *(tipo)* Linie *f;* **guardar la** ~ auf die Linie achten ⑨ *(directriz)* Leitlinie *f*

lineal [line'al] *adj* ① *(relativo a la línea)* Linien- ② *(como una línea)* linienförmig; *(hoja)* länglich ③ *(proporcional, t.* MAT, ARTE) linear

linfa ['limfa] *f* (BIOL) Lymphe *f*

linfático, -a [lim'fatiko, -a] *adj* lymphatisch; **ganglio** ~ Lymphknoten *m*

linfocito [limfo'θito] *m* (BIOL) Lymphozyt *m*

lingotazo [liŋgo'taθo] *m* *(fam)* Schluck *m;* **pegarse un** ~ sich *dat* einen hinter die Binde gießen

lingote [liŋ'gote] *m* Barren *m;* *(de acero)* Block *m*

L

lingüista [liŋ'gwista] *mf* Sprachwissenschaftler(in) *m(f)*

lingüística [liŋ'gwistika] *f* Sprachwissenschaft *f*

lingüístico, -a [liŋ'gwistiko, -a] *adj* sprachwissenschaftlich

linier [li'njer] *m* (DEP) Linienrichter *m*

linimento [lini'mento] *m* Einreibemittel *nt*

lino ['lino] *m* ① (BOT) Flachs *m* ② *(tela)* Leinen *nt*

linografía [linoɣra'fia] *f* Druckverfahren *nt* auf Leinen

linóleo [li'noleo] *m* Linoleum *nt*

linotipista [linoti'pista] *mf* (TIPO) Linotypist(in) *m(f)*

linterna [lin'terna] *f* ① *(de mano)* Taschenlampe *f;* *(para la cabeza)* ~ **frontal** Stirnlampe *f;* ~ **mágica** Laterna *f* magica ② *(farol)* Laterne *f* ③ *(faro)* Leuchtturm *m*

lío ['lio] *m* ① *(de ropa)* Bündel *nt* ② *(embrollo)* Durcheinander *nt;* **¡déjame de ~s!** damit will ich nichts zu tun haben!; **me hago un** ~ **con tus explicaciones** deine Erklärungen bringen mich durcheinander; **¡me meto en cada ~!** ich gerate immer in die unmöglichsten Situationen; **no entiendo ese** ~ das ist mir zu verworren ③ *(fam: relación)* Verhältnis *nt;* **sé que tienes un** ~ **por ahí** ich weiß, dass du was mit jemandem hast

liofilizado, -a [ljofili'θaðo, -a] *adj* gefriergetrocknet

lioso, -a [li'oso, -a] *adj* *(difícil)* verworren; **persona liosa** Intrigant(in) *m(f)*

lipidia [li'piðja] *f* ① *(AmC)* Armut *f,* Elend *nt* ② *(Cuba, Méx)* Unverschämtheit *f*

lípido ['lipiðo] *m* (BIOL) Lipid *nt*

lipotimia [lipo'timja] *f* (MED) Ohnmacht *f;* **le ha dado una** ~ er/sie ist ohnmächtig geworden

liquen ['liken] *m* Flechte *f*

liquidación [likiða'θjon] *f* ① *(de una mercancía)* Ausverkauf *m;* ~ **por fin de temporada** *(invierno)* Winterschlussverkauf *m;* *(verano)* Sommerschlussverkauf *m;* ~ **total** Räumungsverkauf *m* ② *(de una empresa)* Auflösung *f* ③ *(de una factura)* Begleichung *f;* *(cuenta)* Abrechnung *f*

liquidar [liki'ðar] *vt* ① *(licuar)* verflüssigen ② *(fam: acabar)* erledigen; *(matar)* töten ③ *(mercancía)* ausverkaufen; ~ **las existencias** das Lager räumen ④ *(cerrar)* auflösen ⑤ *(factura)* begleichen

liquidez [liki'ðeθ] *f* ① *(agua)* Flüssigkeit *f* ② (COM) Liquidität *f*

líquido¹ ['likiðo] *m* ① *(agua)* Flüssigkeit *f;* ~ **amniótico** Fruchtwasser *nt;* ~ **de frenos** Bremsflüssigkeit *f* ② *(saldo)* Überschuss *m;* ~ **imponible** zu versteuernder Betrag

líquido, -a² ['likiðo, -a] *adj* ① *(material, consonante)* flüssig ② *(dinero)* liquid; **renta líquida** Nettoerlös *m*

lira ['lira] *f* ① *(moneda)* Lira *f* ② *(instrumento)* Lyra *f,* Leier *f*

lírica ['lirika] *f* Lyrik *f*

lírico, -a ['liriko, -a] **I.** *adj* ① (LIT) lyrisch ② (MÚS) Opern- **II.** *m, f* Lyriker(in) *m(f)*

lirio ['lirjo] *m* Lilie *f;* ~ **de los valles** Maiglöckchen *nt*

lirismo [li'rismo] *m sin pl* ① (LIT) Lyrik *f* ② *(sentimentalismo)* Schwärmerei *f*

lirón [li'ron] *m* Siebenschläfer *m;* **dormir como un** ~ schlafen wie ein Murmeltier

lis [lis] *f* Lilie *f;* **flor de** ~ *(blasón)* Wappenlilie *f*

lisa ['lisa] *f* ① (ZOOL) *der Schmerle ähnlicher Fisch, der in den Flüssen Zentralspaniens vorkommt* ② *(mújol)* Meeräsche *f*

Lisboa [lis'βoa] *f* Lissabon *nt*

lisboeta [lisβo'eta] **I.** *adj* aus Lissabon **II.** *mf* Lissaboner(in) *m(f)*

lisiado, -a [li'sjaðo, -a] **I.** *adj* verkrüppelt **II.** *m, f* Mensch *m* mit körperlicher Behinderung

lisiar [li'sjar] **I.** *vt* *(lesionar)* verletzen; *(mutilar)* verstümmeln **II.** *vr:* **~se** sich verletzen

liso, -a ['liso, -a] *adj* ① *(superficie, pelo)* glatt; **los 100 metros ~s** der 100-Meter-Lauf ❷ *(tela)* einfarbig; *(vestido)* schlicht

lisonja [li'soŋxa] *f* Schmeichelei *f*

lisonjeador(a) [lisoŋxea'ðor(a)] **I.** *adj* schmeichelnd; **no seas tan ~ con tu jefe** umschmeichele deinen Chef nicht zu viel **II.** *m(f)* Schmeichler(in) *m(f)*

lisonjear [lisoŋxe'ar] *vt* schmeicheln *+dat*

lisonjero, -a [lisoŋ'xero, -a] **I.** *adj* schmeichelnd **II.** *m, f* Schmeichler(in) *m(f)*

lista ['lista] *f* ❶ *(enumeración)* Liste *f;* **~ de la compra** Einkaufszettel *m;* **~ electoral** Wählerliste *f;* **~ única** Einheitsliste *f;* **estar en la ~ de espera** auf der Warteliste stehen; **pasar ~** *(leer)* die Namen aufrufen; *(controlar siempre)* eine Anwesenheitsliste führen ❷ *(tira)* Streifen *m; (de madera)* Leiste *f;* **a ~s** gestreift

listado[1] [lis'taðo] *m* Auflistung *f*

listado, -a[2] [lis'taðo, -a] *adj* gestreift

listar [lis'tar] *vt* auflisten

listín [lis'tin] *m (de teléfonos)* Telefonbuch *nt*

listo, -a ['listo, -a] *adj* ❶ *ser (inteligente)* klug; *(sagaz)* gerissen; *(hábil)* geschickt; **pasarse de ~** zu weit gehen ❷ *estar (preparado)* fertig; **~ para enviar** (INFOR) sendebereit; **~ para el envío/para el tiraje** versandfertig/druckreif; **~ para despegar** startklar; **estás ~ si crees que...** *(fam)* wenn du meinst, dass ..., hast du dich geschnitten

listón [lis'ton] *m (madero)* Latte *f;* **poner el ~ muy alto** *(fig)* einen sehr hohen Maßstab anlegen

lisura [li'sura] *f* ❶ *(llano)* Glätte *f* ❷ *(Am: frescura)* Frechheit *f* ❸ *(fig: ingenuidad)* Naivität *f*

litera [li'tera] *f (cama)* Etagenbett *nt;* (FERRO) Liegewagenplatz *m;* (NÁUT) Schlafkoje *f*

literal [lite'ral] *adj* wörtlich

literalmente [literal'mente] *adv* ❶ *(al pie de la letra)* (wort)wörtlich; **siempre traduce ~ de una lengua a otra** er übersetzt immer wörtlich ❷ *(en sentido estricto)* buchstäblich; **estoy ~ arruinado** ich bin im wahrsten Sinne des Wortes ruiniert

literario, -a [lite'rarjo, -a] *adj* literarisch; **lenguaje ~** Schriftsprache *f;* **texto ~** literarischer Text

literato, -a [lite'rato, -a] *m, f* Literat(in) *m(f)*

literatura [litera'tura] *f* Literatur *f;* **~ de no ficción** Sachliteratur *f;* **~ narrativa** Erzählliteratur *f;* **~ barata** Schundliteratur *f;* **¡eso solamente es hacer ~!** das ist bloß leeres Gerede!

litigante [liti'ɣante] **I.** *adj (en un juicio)* prozessführend **II.** *mf* Prozessteilnehmer(in) *m(f)*

litigar [liti'ɣar] <g → gu> *vt* ❶ *(disputar, t.* JUR) streiten ❷ *(llevar a juicio)* prozessieren (**con/contra** gegen *+akk*)

litigio [li'tixjo] *m* ❶ *(disputa)* Streit *m;* **en caso de ~** im Streitfall; **en ~** strittig ❷ *(juicio)* Prozess *m*

litigioso, -a [liti'xjoso, -a] *adj* ❶ *(cosa)* strittig ❷ *(persona)* streitsüchtig

litis ['litis] *f inv* (JUR) Rechtsstreit *m,* Prozess *m*

litografiar [litoɣrafi'ar] <*1. pres* litografío> *vt* lithografieren

litoral [lito'ral] **I.** *adj* Küsten- **II.** *m (costa)* Küste *f; (playa)* Strand *m*

litosfera [litos'fera] *f* (GEO) Lithosphäre *f*

litro ['litro] *m* Liter *m o nt;* **un ~ de leche** ein Liter Milch

litrona [li'trona] *f (argot)* 1-Liter-Flasche *f* Bier

Lituania [li'twanja] *f* Litauen *nt*

lituano, -a [li'twano, -a] **I.** *adj* litauisch **II.** *m, f* Litauer(in) *m(f)*

liturgia [li'turxja] *f* Liturgie *f*

litúrgico, -a [li'turxiko, -a] *adj* liturgisch; **ornamento ~** Kirchenschmuck *m*

liviano, -a [li'βjano, -a] *adj* ❶ *(superficial)* leichtfertig ❷ *(lascivo)* unanständig ❸ *(ligero)* leicht; *(error)* unbedeutend

lividecer [liβiðe'θer] *irr como crecer vi* erbleichen, erblassen

lividez [liβi'ðeθ] *f* Blässe *f*

lívido, -a ['liβiðo, -a] *adj* ❶ *(amoratado)* dunkelviolett; **~ de frío** blaugefroren ❷ *(pálido)* blass

living ['liβiŋ] *m* <livings> Wohnzimmer *nt*

living-comedor ['liβiŋ kome'ðor] *m* Wohnküche *f*

liza ['liθa] *f* ❶ *(lucha)* Kampf *m;* **en este tema entran** [*o* **están**] **en ~ intereses contrapuestos** bei diesem Thema prallen entgegengesetzte Interessen aufeinander ❷ *(campo)* Kampfplatz *m,* Turnierplatz *m;* **entrar en ~** den Kampf antreten

llaga ['ʎaɣa] *f* ❶ *(herida)* Wunde *f; (úlcera)* Geschwür *nt; (ampolla)* Blase *f* ❷ *(pena)* Schmerz *m*

llagar [ʎa'ɣar] <g → gu> **I.** *vt (herir)* verwunden; *(rozar)* wund scheuern **II.** *vr:* **~se** ❶ *(ulcerarse)* eitern ❷ *(herirse)* sich wund reiben; **~se (los pies)** sich *dat* Blasen (an den Füßen) laufen

llallí [ʎa'ʎi] *f (Chil)* Popcorn *nt*

llama ['ʎama] *f* ❶ *(fuego)* Flamme *f; (fig)* Feuer *nt* ❷ (ZOOL) Lama *nt*

llamada [ʎa'maða] *f* ❶ *(voz)* Ruf *m;* **~ al orden** Ordnungsruf *m;* **~ del programa** (INFOR) Programmaufruf *m* ❷ *(de teléfono)*

L

Anruf *m;* ~ **urbana** Ortsgespräch *nt* ③ *(gesto)* Herbeiwinken *nt* ④ *(a la puerta)* Klopfen *nt* ⑤ *(en un libro)* Hinweis *m* ⑥ (MIL) Appell *m*

llamado, -a [ʎa'maðo, -a] *adj (conocido como)* so genannte(r, s)

llamador [ʎama'ðor] *m* ① *(picaporte)* (Tür)klopfer *m* ② *(timbre)* (Klingel)knopf *m*

llamamiento [ʎama'mjen̪to] *m* ① *(exhortación)* Aufruf *m; (soldado)* Appell *m;* **hacer un ~ a todos** an alle appellieren ② (MIL) **~ a filas** Einberufung *f* zum Wehrdienst ③ (JUR: *citación*) Vorladung *f*

llamar [ʎa'mar] **I.** *vt* ① *(voz)* rufen; *(por teléfono)* anrufen; **~ a declarar a alguien** jdn zur Aussage vorladen; **~ a filas** (MIL) einberufen; **le llaman al teléfono** er wird am Telefon verlangt; **~ a capítulo a alguien** jdn zur Rechenschaft ziehen; **~ al perro con un silbido** nach dem Hund pfeifen ② *(denominar)* nennen; **lo llamé idiota a la cara** ich sagte ihm ins Gesicht, dass er ein Idiot sei ③ *(despertar)* (er)wecken; **~ la atención** *(reprender)* ermahnen; *(ser llamativo)* auffallen; **~ la atención sobre algo** auf etw aufmerksam machen **II.** *vi* ① *(a la puerta)* anklopfen; *(el timbre)* klingeln; **¿quién llama?** wer ist da? ② *(fam: gustar)* schmecken; **el chocolate no me llama nada** Schokolade ist nicht mein Ding **III.** *vr:* **~se** heißen; **¿cómo te llamas?** wie heißt du?; **¡como me llamo... que lo harás!** du machst das, so wahr ich ... heiße!

L

llamarada [ʎama'raða] *f* ① *(llama)* Flackerfeuer *nt* ② *(rubor)* Röte *f*

llamativo, -a [ʎama'tiβo, -a] *adj (traje)* auffällig; *(color)* grell

llamear [ʎame'ar] *vi* lodern

llana ['ʎana] *f (herramienta)* Kelle *f*

llanamente [ʎana'men̪te] *adv* schlicht und einfach; **dile ~ lo que piensas de él** sag ihm ganz einfach, was du von ihm hältst

llaneza [ʎa'neθa] *f sin pl* Umgänglichkeit *f*

llano[1] ['ʎano] *m* Ebene *f*

llano, -a[2] ['ʎano, -a] *adj* ① *(liso)* flach; *(terreno)* eben ② *(campechano)* umgänglich ③ (LING) auf der vorletzten Silbe betont ④ *(loc)* **el pueblo ~** das (einfache) Volk; **a la pata la llana** ohne Umstände

llanta ['ʎan̪ta] *f (rueda)* Reifen *m; (cerco)* Felge *f;* **~ de aleación** Alufelge

llantera [ʎan̪'tera] *f* Geheule *nt,* lautes Weinen *nt*

llantería [ʎan̪te'ria] *f sin pl (Am)* Weinen *nt,* Jammern *nt*

llantina [ʎan̪'tina] *f (fam)* Geflenne *nt*

llanto ['ʎan̪to] *m* Weinen *nt*

llanura [ʎa'nura] *f* Ebene *f*

llave ['ʎaβe] *f* ① *(instrumento, t. fig)* Schlüssel *m; (de reloj)* Uhrschlüssel *m;* **~ de contacto** (AUTO) Zündschlüssel *m;* **~ maestra** Hauptschlüssel *m;* **ama de ~s** Wirtschafterin *f;* **~s en mano** schlüsselfertig; **echar la ~** abschließen; **estar bajo ~** unter Verschluss sein; **la ~ no entra** der Schlüssel passt nicht; **la ~ para descubrir el secreto** der Schlüssel zum Geheimnis; **meter/sacar la ~** den Schlüssel hineinstecken/abziehen ② (MÚS) Ventil *nt* ③ *(grifo)* Hahn *m* ④ *(para tuerca)* Schraubenschlüssel *m;* **~ inglesa** Engländer *m;* **~ Allen** Inbus®-Schlüssel *m* ⑤ *(interruptor)* Schalter *m* ⑥ (TIPO) Klammer *f* ⑦ (DEP) Griff *m*

llavero [ʎa'βero] *m (utensilio)* Schlüsselring *m*

llegada [ʎe'ɣaða] *f* ① *(al destino)* Ankunft *f* ② *(meta)* Ziel *nt*

llegar [ʎe'ɣar] <g → gu> **I.** *vi* ① *(al destino)* ankommen; *(avión)* landen; *(barco)* einlaufen; *(correo)* eingehen; **~ a la meta** (DEP) ins Ziel kommen; **estar al ~** jeden Augenblick (an)kommen; **¡hasta ahí podíamos ~!** das fehlte gerade noch!; **~ a Madrid** in Madrid ankommen; **~ tarde** sich verspäten ② *(recibir)* **no me ha llegado el dinero** ich habe das Geld noch nicht erhalten ③ *(durar)* halten (**a** bis *+akk*); **~ a viejo** alt werden; **~ a los ochenta** die achtzig erreichen; **el enfermo no ~á hasta la primavera** der Kranke wird das Frühjahr nicht mehr erleben ④ *(ascender)* betragen (**a** *+akk*); **la cinta no llega a tres metros** das Band ist keine drei Meter lang; **no ~ a veinte euros** keine zwanzig Euro kosten ⑤ *(lograr)* **ese ~á lejos** der wird es weit bringen; **~ a ser muy rico** steinreich werden; **llegamos a recoger 8.000 firmas** es ist uns gelungen, 8.000 Unterschriften zu sammeln; **~ a ministro** es zum Minister bringen; **nunca ~é a entenderte** ich werde dich nie verstehen ⑥ *(ser suficiente)* (aus)reichen ⑦ *(tocar)* reichen (**a/hasta** bis zu *+dat*); **el niño no llega a los productos de limpieza** das Kind kommt nicht an die Putzmittel heran; **no me llegas ni a la suela de los zapatos** du kannst mir nicht das Wasser reichen ⑧ *(loc)* **ha llegado a mis oídos que...** ich habe erfahren, dass ...; **~ al alma** unter die Haut gehen; **~ a la conclusión de que...** zu dem Schluss kommen, dass ...; **¡todo llega!** alles hat seine Zeit!; **¡ya ~á la primavera!** der Frühling wird schon kommen! **II.** *vr:* **~se** *(ir)* gehen; **~se por casa de alguien** bei jdm vorbeikommen

llenar [ʎe'nar] **I.** *vt* ① *(atestar)* füllen (**de** mit *+dat*); **es necesario ~ esa laguna** *(fig)* diese Lücke muss geschlossen werden; **los niños ~on el suelo de papeles** die Kinder ließen überall auf dem Boden Papier herumliegen; **~se los bolsillos de caramelos** sich *dat* die Taschen mit Bonbons vollstopfen ② *(comida)* sättigen ③ *(cumplimentar)* ausfüllen ④ *(colmar)* erfüllen (**de** mit *+dat*); *(satisfacer)* ausfüllen ⑤ *(agradecer)* gefallen *+dat* **II.** *vr:* **~se** *(fam)* ① *(comida)* sich vollstopfen (**de** mit *+dat*) ② *(irritarse)* genug haben (**de** von *+dat*)

lleno[1] ['ʎeno] *m* **ese día en el teatro se logró el ~** an diesem Tag war das Theater ausverkauft

lleno, -a[2] ['ʎeno, -a] *adj (recipiente)* voll; **luna llena** Vollmond *m;* **~ de** voller *+gen/dat,* voll mit *+dat;* **a la planta le da el sol de ~** die Pflanze steht in der prallen Sonne; **el autobús iba ~** der Bus war voll; **estoy ~** *(fam)* ich bin satt

llevadero, -a [ʎeβa'ðero, -a] *adj* erträglich

llevar [ʎe'βar] **I.** *vt* ① *(a un destino, acompañar)* bringen; *(trasportar)* befördern; *(en brazos)* tragen; *(viento)* wehen; **~ a alguien en el coche** jdn (im Auto) mitnehmen; **~ algo a alguien** jdm etw bringen ② *(exigir, cobrar)* verlangen; *(costar)* kosten; **este trabajo lleva mucho tiempo** diese Arbeit ist sehr zeitaufwendig ③ *(tener)* **~ consigo** dabeihaben ④ *(conducir)* führen; **~ de la mano** an der Hand führen; **esto no lleva a ninguna parte** das führt zu nichts ⑤ *(ropa)* tragen ⑥ *(coche)* fahren ⑦ *(finca)* pachten ⑧ *(estar)* sein; **~ estudiando tres años** seit drei Jahren studieren; **llevo cuatro días aquí** ich bin seit vier Tagen hier ⑨ *(gestionar)* führen; **~ las cuentas** die Buchhaltung machen ⑩ *(inducir)* bringen (**a** zu *+dat*), dazu bringen (**a** zu *+inf*)*;* **~ a pensar que...** vermuten lassen, dass ... ⑪ *(exceder)* übertreffen; **te llevo dos años** ich bin zwei Jahre älter als du; **me llevas dos centímetros** du bist zwei Zentimeter größer als ich ⑫ *(loc)* **~ a cabo** durchführen; **~ consigo** [*o* **aparejado**] mit sich bringen; **~ el compás** den Takt schlagen; **~ idea de hacer algo** vorhaben, etw zu tun; **~ la voz cantante** das Sagen haben; **a él le gusta ~ la contraria** er widerspricht immer; **dejarse ~ por la ira** in Wut geraten; **llevaba trazas de no acabar nunca** es schien kein Ende zu nehmen; **~ la corriente a alguien** jdm immer Recht geben; **~ camino de hacer algo** auf dem (besten) Weg sein, etw zu tun; **no te dejes ~ por él** hör nicht auf ihn; **tú llevas las de perder** du wirst den Kürzeren ziehen; **... y me llevo cuatro** (MAT) ... und behalte vier **II.** *vr:* **~se** ① *(coger)* mitnehmen; **la riada se llevó (por delante) el puente** der Sturzbach riss die Brücke mit sich *dat;* **~se un susto** einen Schrecken bekommen; **~se dos años** zwei Jahre auseinander sein; **~se la palma** den Vogel abschießen ② *(ganar)* gewinnen; **~se la mayor/peor parte** den Löwenanteil bekommen/den Kürzeren ziehen ③ *(estar de moda)* in sein ④ *(soportarse)* auskommen; **mi jefe y yo nos llevamos bien/mal** ich komme mit meinem Chef gut/schlecht aus

llorar [ʎo'rar] **I.** *vi* ① *(lágrimas)* weinen; **desahogarse llorando** sich ausweinen; **la película te hacía ~** der Film rührte dich zu Tränen; **me lloran los ojos** mir tränen die Augen; **~ de alegría** vor Freude weinen; **~ como una Magdalena** *(fam)* heulen wie ein Schlosshund; **quien no llora no mama** *(fam)* wer nicht schreit, geht leer aus ② *(vid, árbol)* bluten **II.** *vt* ① *(lágrimas)* weinen (**por** um *+akk*); *(fig)* trauern (**por/a** um *+akk*); **~ la muerte de alguien** jdn beweinen ② *(quejarse)* beklagen ③ *(lamentar)* bereuen

llorera [ʎo'rera] *f (fam)* Geheule *nt*

llorica [ʎo'rika] *mf (fam)* Heulpeter *m,* Heulsuse *f*

lloriquear [ʎorike'ar] *vi* wimmern

lloriqueo [ʎori'keo] *m* Gewimmer *nt*

lloro(s) ['ʎoro(s)] *m(pl)* Weinen *nt;* **con estos ~s no conseguirás nada** mit diesen Tränen erreichst du nichts

llorón, -ona [ʎo'ron, -ona] **I.** *adj* weinerlich; **sauce ~** Trauerweide *f* **II.** *m, f* Heulpeter *m fam,* Heulsuse *f fam*

lloroso, -a [ʎo'roso, -a] *adj* verweint

llover [ʎo'βer] <o → ue> *vi, vt, vimpers* regnen; **está lloviendo** es regnet; **llueve a mares** [*o* **a cántaros**] es regnet in Strömen; **~ sobre mojado** Schlag auf Schlag kommen; **como llovido del cielo** wie aus heiterem Himmel; **llueven las malas noticias** es hagelt schlechte Nachrichten; **me escucha como quien oye ~** *(fam)* es interessiert ihn/sie nicht die Bohne, was ich erzähle; **ya ha llovido mucho desde aquella** *(fig)* seitdem ist schon viel Wasser den Rhein hinabgeflossen

llovida [ʎo'βiða] *f (Am)* Regen *m;* **¡qué ~!** so ein Regen!

llovizna [ʎo'βiθna] *f* Nieselregen *m*

lloviznar [ʎoβiθ'nar] *vimpers* **está lloviznando** es nieselt

lluqui ['ʎuki] *adj (Ecua: zurdo)* linkshändig

lluvia ['ʎuβja] *f* ① *(chubasco)* Regen *m;*

~ **ácida** saurer Regen; ~ **de estrellas** Sternschnuppenschwarm *m;* **época de las ~s** Regenzeit *f* ② *(cantidad)* Unmenge *f* ③ *(Am: ducha)* Dusche *f*

lluvioso, -a [ʎu'βjoso, -a] *adj* regnerisch; **tiempo ~** Regenwetter *nt*

lo [lo] **I.** *art det v.* **el, la, lo II.** *pron pers m y nt sg* ① *(objeto: masculino)* ihn; *(neutro)* es; **¡lláma~!** ruf ihn!; **¡haz~!** tu es! ② *(con relativo)* ~ **que...** (das,) was ...; ~ **cual** was; ~ **que quiero decir es que...** was ich sagen will ist, dass ...

loa ['loa] *f (alabanza)* Lob *nt*

loable [lo'aβle] *adj* löblich

loador(a) [loa'ðor(a)] **I.** *adj* lobend, rühmend **II.** *m(f)* Lobredner(in) *m(f)*

loar [lo'ar] *vt (elev)* loben, rühmen

loba ['loβa] *f v.* **lobo**

lobato [lo'βato] *m* ① *(lobo)* junger Wolf *m* ② *(cachorro)* Welpe *m*

lobby ['loβi] *m* (POL) Lobby *f*

lobera [lo'βera] *f* (ZOOL) ① *(guarida)* Wolfshöhle *f* ② *(monte)* Wolfsversteck *nt*

lobezno [lo'βeθno] *m* junger Wolf *m*

lobo, -a ['loβo, -a] *m, f* Wolf, Wölfin *m, f;* ~ **cerval** Luchs *m;* ~ **de mar** *(fam fig)* alter Seebär; ~ **marino** Seehund *m;* **en esa ocasión le vimos las orejas al ~** wir sind gerade noch einmal davongekommen; **meterse en la boca del ~** sich in die Höhle des Löwen begeben; **ser un ~ con piel de oveja** ein Wolf im Schafspelz sein; **tener un hambre de ~s** einen Bärenhunger haben

L

lóbrego, -a ['loβreɣo, -a] *adj* finster

lobreguez [loβre'ɣeθ] *f* Dunkelheit *f*

lobulado, -a [loβu'laβo, -a] *adj (hoja)* gelappt

lóbulo ['loβulo] *m* (ANAT) Flügel *m;* ~ **de la oreja** Ohrläppchen *nt*

loca ['loka] *adj o f v.* **loco**

locación [loka'θjon] *f* (JUR: *arrendamiento*) Pacht *f,* Miete *f; (acción de arrendar)* Verpachtung *f,* Vermietung *f*

local [lo'kal] **I.** *adj* örtlich; **periódico ~** Lokalblatt *nt* **II.** *m* Raum *m;* (COM) Geschäftsraum *m;* ~ **público** Lokal *nt*

localidad [lokali'ðaᵈ] *f* ① *(municipio)* Ort *m* ② *(entrada)* Eintrittskarte *f; (asiento)* Sitz(platz) *m*

localismo [loka'lismo] *m (pey: chovinismo)* Lokalpatriotismus *m*

localista [loka'lista] *adj (pey)* lokalpatriotisch; **escritor ~** Heimatschriftsteller *m*

localizable [lokali'θaβle] *adj* erreichbar

localización [lokaliθa'θjon] *f* ① *(búsqueda)* Aufspüren *nt;* (AERO) Ortung *f* ② *(posición)* Standort *m*

localizador [lokaliθa'ðor] *m* (INFOR) URL *m*

localizar [lokali'θar] <z → c> *vt* ① *(limitar)* eingrenzen; (AERO) orten; *(fuego, epidemia)* eindämmen ② *(encontrar)* finden; ~ **por teléfono** telefonisch erreichen

locamente [loka'mente] *adv* ungeheuer; **vivo ~ enamorada de este cantante** ich bin unsterblich in diesen Sänger verliebt

locería [loθe'ria] *f (Am)* Töpferei *f*

loción [lo'θjon] *f* ① *(líquido)* Flüssigkeit *f;* ~ **capilar** Haarwasser *nt;* ~ **tónica** Gesichtswasser *nt* ② *(crema)* Lotion *f;* ~ **bronceadora** Sonnenmilch *f;* ~ **hidratante** Feuchtigkeitslotion *f* ③ *(fricción)* Einreibung *f*

lockout [lo'kauᵈ] *m* <lockouts> Aussperrung *f*

loco, -a ['loko, -a] **I.** *adj* ① *(chalado)* verrückt; **a lo ~, a tontas y a locas** ohne Sinn und Verstand; **estar ~ de atar** völlig verrückt sein; **estar ~ por la música** Musik lieben; **estar ~ con la bicicleta** furchtbar gern Rad fahren; **estar ~ de contento** sich freuen wie verrückt; **estar medio ~** nicht alle Tassen im Schrank haben *fam* ② *(maravilloso)* toll; **tener una suerte loca** unwahrscheinliches Glück haben **II.** *m, f* Verrückte(r) *mf;* **casa de ~s** *(t. fig)* Tollhaus *nt;* **cada ~ con su tema** jedem Tierchen sein Pläsierchen; **hacerse el ~** nicht reagieren; **hacer el ~** herumspinnen; **tener una vena de ~** nicht recht bei Trost sein

locomoción [lokomo'θjon] *f* Fortbewegung *f*

locomotor(a) [lokomo'tor(a)] *adj* Bewegungs-

locomotora [lokomo'tora] *f* Lokomotive *f*

locomotriz [lokomo'triθ] *adj* treibend

locuacidad [lokwaθi'ðaᵈ] *f* Gesprächigkeit *f; (charlatanería)* Geschwätzigkeit *f*

locuaz [lo'kwaθ] *adj* gesprächig; *(charlatán)* geschwätzig

locución [loku'θjon] *f (expresión)* Wendung *f;* ~ **prepositiva** Präpositionalergänzung *f*

locura [lo'kura] *f* ① *(enajenación mental)* Wahn(sinn) *m;* ~ **bovina** Rinderwahnsinn *m;* **querer con ~** wahnsinnig lieben; **una casa de ~** eine Traumwohnung ② *(disparate)* Verrücktheit *f;* **andar haciendo ~s** Unfug treiben

locutor(a) [loku'tor(a)] *m(f)* Sprecher(in) *m(f)*

locutorio [loku'torjo] *m* ① *(claustro)* Sprechzimmer *nt* ② (TEL) Telefonzelle *f*

lodazal [loða'θal] *m* Morast *m*

lodo ['loðo] *m* Schlamm *m*

lodoso, -a [lo'ðoso, -a] *adj* schlammig

loess ['loes] *m sin pl* (GEO) Löss *m*

logarítmico, -a [loɣa'riᵭmiko, -a] *adj* (MAT) logarithmisch, Logarithmen-; **tablas logarítmicas** Logarithmentafeln *f pl*
logaritmo [loɣa'riᵭmo] *m* (MAT) Logarithmus *m;* **tabla de ~s** Logarithmentafel *f*
logia ['loxja] *f* ❶ (ARQUIT) Loggia *f* ❷ *(reunión)* Loge *f*
lógica ['loxika] *f* Logik *f*
lógicamente [loxika'men̪te] *adv* ❶ *(de forma lógica)* selbstverständlich; **~, al Presidente hay que tratarle de usted** den Präsidenten muss man selbstverständlich siezen ❷ *(como es lógico)* logischerweise; **como era una estafa no pagamos, ~** da es sich um einen Betrug handelte, haben wir natürlich nicht bezahlt ❸ *(por consiguiente)* folglich, somit; **ese día no estaba en la ciudad, ~ no pudo ser él** an diesem Tag war er nicht in der Stadt, somit kann er es nicht gewesen sein ❹ *(coherentemente)* genau genommen; **~ hablando, no se trata de un silogismo** genau gesagt, handelt es sich nicht um einen Syllogismus
lógico, -a ['loxiko, -a] *adj* logisch; *(normal)* natürlich
logística [lo'xistika] *f* Logistik *f*
logístico, -a [lo'xistiko, -a] *adj* logistisch
logo ['loɣo] *m* Logo *nt*
logopeda [loɣo'peða] *mf* Logopäde, -in *m, f*
logopedia [loɣo'peðja] *f* Logopädie *f*
logotipo [loɣo'tipo] *m (distintivo)* Emblem *nt; (de una empresa)* Firmenzeichen *nt; (para un producto)* Warenzeichen *nt*
logrado, -a [lo'ɣraðo, -a] *adj* gelungen; **te ha quedado muy ~ el cuadro** das Bild ist dir sehr gut gelungen
lograr [lo'ɣrar] **I.** *vt* erreichen; *(premio)* gewinnen; **logré convencerla** ich schaffte es, sie zu überzeugen **II.** *vr:* **~se** gelingen
logro ['loɣro] *m* Erfolg *m*
logroñés, -esa [loɣro'ɲes, -esa] **I.** *adj* aus Logroño **II.** *m, f* Einwohner(in) *m(f)* von Logroño
lol [lol] *interj abr de* **laughing out loud** (INFOR) lol, ha, ha
loma ['loma] *f* Hügel *m*
lombriz [lom'briθ] *f* Wurm *m;* **~ intestinal** Spulwurm *m;* **~ de tierra** Regenwurm *m*
lomo ['lomo] *m* ❶ *(espalda)* Rücken *m;* **agachar el ~** *(fam fig)* malochen; **sobarle el ~ a alguien** *(fam fig)* jdm um den Bart gehen ❷ *(solomillo)* Lende *f* ❸ *(de libro)* Buchrücken *m* ❹ *(de cuchillo)* Rücken *m* ❺ *(loc, fam)* **ser un mentiroso de tomo y ~** es faustdick hinter den Ohren haben
lona ['lona] *f* Plane *f*
loncha ['lonʧa] *f* Scheibe *f*
lonchera [lon'ʧera] *f (Am)* Brotdose *f*
londinense [lon̪di'nense] **I.** *adj* aus London **II.** *mf* Londoner(in) *m(f)*
Londres ['lon̪dres] *m* London *nt*
longanimidad [loŋganimi'ðaᵭ] *f sin pl* Geduld *f,* Langmut *f geh*
longánimo, -a [loŋ'ganimo, -a] *adj* geduldig, langmütig *geh*
longaniza [loŋga'niθa] *f* Bratwurst *f (aus Hackfleisch)*
Long Covid *m o f,* **Long COVID** [lɔŋ 'koβið] *m o f* Long Covid *f o nt*
longevidad [loŋxeβi'ðaᵭ] *f sin pl (duración)* Lebensdauer *f; (larga)* Langlebigkeit *f; (edad)* hohes Alter *nt*
longevo, -a [loŋ'xeβo, -a] *adj (que dura)* langlebig; *(viejo)* sehr alt
longitud [loŋxi'tuᵭ] *f* Länge *f;* **salto de ~** Weitsprung *m;* **cuatro metros de ~** vier Meter lang; **cincuenta grados ~ este/oeste** fünfzig Grad östlicher/westlicher Länge; **estar en la misma ~ de onda** *(fig)* auf der gleichen Wellenlänge liegen
longitudinal [loŋxituði'nal] *adj* **corte ~** Längsschnitt *m*
longitudinalmente [loŋxituðinal'men̪te] *adv* der Länge nach
longui(s) ['loŋgi(s)] *mf inv* **hacerse el ~** *(fam)* sich taub stellen
lonja ['loŋxa] *f* ❶ (COM) Warenbörse *f* ❷ *(loncha)* Scheibe *f*
lontananza [lon̪ta'nan̪θa] *f sin pl* (ARTE) Ferne *f;* **se ve un barco en ~** man sieht ein Schiff in der Ferne
loquero [lo'kero] *m (fam)* Irrenaufseher *m*
Lorena [lo'rena] *f* Lothringen *nt;* **~-Lorena, Alsacia y ~** Elsaß-Lothringen *nt*
lorenés, -esa [lore'nes, -esa] **I.** *adj* lothringisch **II.** *m, f* Lothringer(in) *m(f)*
loro ['loro] *m* ❶ (ZOOL) Papagei *m;* **repetir como un ~** alles nachplappern ❷ *(fam pey: mujer)* hässliche Frau *f*
los [los] **I.** *art det v.* **el, la, lo II.** *pron pers m y nt pl* ❶ *(objeto directo)* sie; **¡lláma~!** ruf sie! ❷ *(con relativo)* **~ que...** die(jenigen), die ...; **~ cuales** die
losa ['losa] *f (piedra)* (Stein)platte *f; (lápida)* Grabstein *m; (baldosa)* Fliese *f*
loseta [lo'seta] *f dim de* **losa**
lote ['lote] *m* ❶ *(parte)* Teil *m;* (COM) Posten *m* ❷ *(argot)* **darse el ~** knutschen
lotería [lote'ria] *f* Lotterie *f;* **~ primitiva** Lotto *nt;* **administración de ~** Lottoannahmestelle *f;* **a Juan le tocó la ~** Juan hat in der Lotterie gewonnen; **un décimo de la ~** ein (Lotterie)los; **¡con ese hijo te tocó la ~!** mit diesem Sohn hast du richtig Glück gehabt!; **jugar a la ~** in der Lotterie spielen; *(primitiva)* Lotto spielen

L

lotero, -a [lo'tero, -a] *m, f* Lotterielosverkäufer(in) *m(f)*
loto[1] ['loto] *m* ❶ *(planta)* Lotus *m* ❷ *(flor)* Lotusblüte *f*
loto[2] ['loto] *f (fam)* Lotto *nt*
Lovaina [lo'βai̯na] *f* Leuven *nt*
loza ['loθa] *f* Steingut *nt; (vajilla)* Steingutgeschirr *nt*
lozanía [loθa'nia] *f sin pl* ❶ *(vegetación)* Üppigkeit *f* ❷ *(persona: robustez)* Kraft *f; (salud)* Gesundheit *f*
lozano, -a [lo'θano, -a] *adj* ❶ *(planta)* üppig ❷ *(persona: robusta)* kraftvoll; *(saludable)* gesund
LSD [ele(e)se'ðe] *m abr de* **Lysergsäurediäthylamid** (QUÍM) LSD *nt*
lubina [lu'βina] *f* Seebarsch *m*
lubricación [luβrika'θjon] *f v.* **lubrificación**
lubricante [luβri'kan̪te] *adj v.* **lubrificante**
lubricar [luβri'kar] <c → qu> *vt* (ein)schmieren
lúbrico, -a ['luβriko, -a] *adj (obsceno)* schlüpfrig
lubrificación [luβrifika'θjon] *f* ❶ *(acción)* (Ein)schmieren *nt* ❷ *(efecto)* Schmiere *f*
lubrificante [luβrifi'kan̪te] *adj* (Ein)schmier-; **aceite ~** Schmieröl *nt*
lubrificar [luβrifi'kar] <c → qu> *vt* (ein)schmieren
lucense [lu'θense] **I.** *adj* aus Lugo **II.** *mf* Einwohner(in) *m(f)* von Lugo
Lucerna [lu'θerna] *f* Luzern *nt*
lucero [lu'θero] *m* ❶ *(estrella)* Stern *m* ❷ *(mancha)* Blesse *f*
lucha ['luʧa] *f* Kampf *m* (**por** um +*akk*); (DEP) Ringkampf *m;* **~ cuerpo a cuerpo** Kampf Mann gegen Mann; **~ contra la droga** Drogenbekämpfung *f*
luchador(a) [luʧa'ðor(a)] *m(f)* Kämpfer(in) *m(f);* (DEP) Ringer(in) *m(f)*
luchar [lu'ʧar] *vi* kämpfen (**por** um +*akk*), ringen (**por** um +*akk*)
luchón, -ona [lu'ʧon, -ona] *adj (Méx)* kämpferisch, voller Kampfgeist; **es muy ~** er ist eine Kämpfernatur
lucidez [luθi'ðeθ] *f sin pl* ❶ *(estado)* Klarheit *f* ❷ *(clarividencia)* Hellsichtigkeit *f; (sagacidad)* Scharfsinn *m;* **antes de morir tuvo todavía un momento de ~** bevor er/sie starb, hatte er/sie noch einen hellen Augenblick
lucido, -a [lu'θiðo, -a] *adj* ❶ *(brillante)* prächtig, großartig; **tuvo una actuación muy lucida en el concurso** sein/ihr Auftritt beim Wettbewerb war fantastisch ❷ *(fam: gordo)* stattlich ❸ *(loc)* **¡estás ~ si crees que te va a pagar!** du bist schön dumm, wenn du glaubst, dass er/sie zahlen wird!
lúcido, -a ['luθiðo, -a] *adj* ❶ *(clarividente)* hell(sichtig); *(sagaz)* scharfsinnig ❷ *(sobrio)* klar
luciérnaga [lu'θjernaɣa] *f* Glühwürmchen *nt*
Lucifer [luθi'fer] *m* (REL) Luzifer *m*
lucimiento [luθi'mjen̪to] *m* **una ópera de gran ~** eine glanzvolle Opernaufführung
lucio ['luθjo] *m* (ZOOL) Hecht *m*
lución [lu'θjon] *m* (ZOOL) Blindschleiche *f*
lucioperca [luθjo'perka] *m* (ZOOL) Zander *m,* Hechtbarsch *m*
lucir [lu'θir] *irr* **I.** *vi* ❶ *(brillar)* leuchten; *(sol)* scheinen; **esa lámpara luce muy poco** diese Lampe gibt sehr wenig Licht ❷ *(compensar)* sich auszahlen; *(verse)* zur Geltung kommen; **el vestido no le luce** das Kleid sieht an ihr nicht gut aus; **es un trabajo pesado y que no luce** die Mühe zahlt sich nicht aus; **ese collar luce mucho con el vestido rojo** diese Kette kommt mit dem roten Kleid gut zur Geltung; **este jersey hecho a mano no luce** man sieht nicht, wie viel Mühe in diesem selbst gestrickten Pullover steckt; **me he pasado la mañana recogiendo, pero no me luce** ich habe den ganzen Morgen aufgeräumt, aber man sieht nicht viel davon; **no te luce el dinero que tienes** man sieht dir nicht an, dass du viel Geld hast **II.** *vt (exhibir)* zur Schau stellen **III.** *vr:* **~se** ❶ *(exhibirse)* sich zeigen ❷ *(destacarse)* sich auszeichnen; **¡ahora sí que nos hemos lucido!** *(irón)* jetzt haben wir uns aber schön blamiert!
lucrarse [lu'krarse] *vr* profitieren
lucrativo, -a [lukra'tiβo, -a] *adj* einträglich; **no ~** unentgeltlich; **sin fines ~s** gemeinnützig
lucro ['lukro] *m* Gewinn *m;* **ánimo de ~** Gewinnstreben *nt;* **sin ánimo de ~** gemeinnützig
luctuoso, -a [luktu'oso, -a] *adj* traurig
ludibrio [lu'ðiβrjo] *m* Spott *m,* Hohn *m;* **hacer ~ de alguien** jdn verspotten
lúdico, -a ['luðiko, -a] *adj* ❶ *(relativo al juego)* Spiel- ❷ *(no serio)* spielerisch; **el aspecto ~ de la vida** die angenehmen Seiten des Lebens
ludópata [lu'ðopata] *mf* Spielsüchtige(r) *f(m)*
ludopatía [luðopa'tia] *f* (MED) Spielsucht *f*
ludoteca [luðo'teka] *f* Spielraum *m*
luego ['lweɣo] **I.** *adv* ❶ *(después)* später; **¡hasta ~!** tschüs! ❷ *(entonces)* dann ❸ *(por supuesto)* **desde ~** selbstverständ-

lich; **¡desde ~!** aber klar! **II.** *conj* ① *(así que)* also ② *(después de)* **~ que** nachdem

luengo, -a ['lweŋgo, -a] *adj (elev)* lang; **hace ~s años** vor vielen, vielen Jahren

lugar [lu'ɣar] *m* ① *(sitio, localidad)* Ort *m; (situación)* Platz *m;* **~ de autos/los hechos** Tatort *m;* **~ de nacimiento** Geburtsort *m;* **en algún ~ de la casa** irgendwo im Haus; **hacerse una composición de ~** das Für und Wider abwägen; **la observación está fuera de ~** die Bemerkung ist fehl am Platz; **yo en ~ de Ud....** ich an Ihrer Stelle … ② *(localidad)* Ortschaft *f* ③ *(motivo)* **no des ~ a que te reprendan** gib ihnen keinen Anlass, dich zu tadeln; **dar ~ a un escándalo** einen Skandal verursachen ④ *(loc)* **tener ~** stattfinden; **en primer/segundo ~** erstens/zweitens; **en ~ de** (an)statt

lugareño, -a [luɣa'reɲo, -a] **I.** *adj* dörflich **II.** *m, f* Dorfbewohner(in) *m(f)*

lugarteniente [luɣarte'njeṇte] *m* Stellvertreter *m*

luge [ludʒ] *m* ① *(trineo)* (Rodel)schlitten *m* ② (DEP) Rennrodeln *nt*

lúgubre ['luɣuβre] *adj (sombrío)* düster

lugués, -esa [lu'ɣes, -esa] **I.** *adj* aus Lugo **II.** *m, f* Bewohner(in) *m(f)* von Lugo

lujo ['luxo] *m* Luxus *m;* **permitirse el ~ de...** sich *dat* den Luxus leisten, zu …; **con gran ~ de detalles** sehr ausführlich

lujoso, -a [lu'xoso, -a] *adj* luxuriös

lujuria [lu'xurja] *f* Lüsternheit *f*

lujurioso, -a [luxu'rjoso, -a] **I.** *adj* lüstern **II.** *m, f* Lüstling *m,* lüsterne Frau *f*

lulú [lu'lu] <lulús> *m (perro faldero)* Schoßhündchen *nt; (raza)* Spitz *m*

lumbago [lum'baɣo] *m* Hexenschuss *m*

lumbalgia [lum'balxja] *f* (MED) Lendenschmerz *m*

lumbar [lum'bar] *adj* Lenden-

lumbre ['lumbre] *f sin pl (llamas)* Feuer *nt; (brasa)* Glut *f;* **sentados al amor de la ~** in der Nähe des Kamins sitzend; **poner a la ~** auf das Feuer stellen

lumbrera [lum'brera] *f* ① *(claraboya)* Dachluke *f* ② *(talento)* Genie *nt*

luminiscencia [luminis'θeṇθja] *f* Lumineszenz *f*

luminosidad [luminosi'ðaᵈ] *f* Leuchten *nt; (astro, día)* Helligkeit *f*

luminoso, -a [lumi'noso, -a] *adj* ① *(brillante)* leuchtend; *(día)* hell; **anuncio ~** Leuchtreklame *f;* **potencia luminosa** Lichtstärke *f* ② *(excelente)* blendend

luminotecnia [lumino'teɣnja] *f* Beleuchtungstechnik *f*

luna ['luna] *f* ① (ASTR) Mond *m; (luz)* Mondlicht *nt;* **~ creciente/menguante** zunehmender/abnehmender Mond; **~ llena/nueva** Voll-/Neumond *m;* **~ de miel** Flitterwochen *fpl;* **media ~** Halbmond *m;* **a la luz de la ~** im Mondschein; **estar en la ~** in den Wolken schweben; **pedir la ~** nach den Sternen greifen; **quedarse a la ~ de Valencia** das Nachsehen haben; **tener ~s** *(fig)* launisch sein ② *(cristal)* Glas *nt; (espejo)* Spiegelglas *nt;* **armario de ~** Spiegelschrank *m;* **~s del coche** Autofenster *ntpl*

lunar [lu'nar] **I.** *adj* Mond- **II.** *m* ① *(en la piel)* Muttermal *nt* ② *(en una tela)* Tupfen *m* ③ *(mancha)* Fleck *m*

lunático, -a [lu'natiko, -a] *adj* launisch

lunch [lantʃ] *m* Lunch *m*

lunes ['lunes] *m inv* Montag *m;* **~ de carnaval** Rosenmontag *m;* **~ de Pascua** Ostermontag *m;* **el ~** am Montag; **el ~ pasado** letzten Montag; **el ~ que viene** nächsten Montag; **el ~ por la noche/al mediodía/por la mañana/por la tarde** Montagabend/-mittag/-morgen/-nachmittag *m;* **los ~ por la noche/al mediodía/por la mañana/por la tarde** montagabends/-mittags/-morgens/-nachmittags; **(todos) los ~** jeden Montag, montags; **en la noche del ~ al martes** in der Nacht von Montag auf Dienstag; **el ~ entero** den ganzen Montag (über); **cada dos ~ (del mes)** jeden zweiten Montag (im Monat); **hoy es ~, once de marzo** heute ist Montag, der elfte März; **pasar de ir al trabajo el ~** einen blauen Montag machen

luneta [lu'neta] *f* ① *(adorno)* Halbmond *m* ② *(anteojo)* Glas *nt* ③ (AUTO) **~ (trasera)** Heckscheibe *f*

lupa ['lupa] *f* Lupe *f*

lupanar [lupa'nar] *m* Bordell *nt*

lúpulo ['lupulo] *m* Hopfen *m*

luso, -a ['luso, -a] **I.** *adj* portugiesisch **II.** *m, f* Portugiese, -in *m, f*

lustrar [lus'trar] *vt* polieren; *(zapatos)* putzen

lustre ['lustre] *m* ① *(brillo)* Glanz *m;* **sacar ~ a los zapatos/a los muebles** die Schuhe blank putzen/die Möbel polieren; **tener ~** *(fig)* gut aussehen ② *(Am: betún)* Schuhcreme *f*

lustro ['lustro] *m* Jahrfünft *nt;* **en el último ~** in den letzten fünf Jahren

lustroso, -a [lus'troso, -a] *adj* glänzend; **estar ~** *(fig)* gut aussehen

luterano, -a [lute'rano, -a] **I.** *adj* (REL) luther(an)isch **II.** *m, f* (REL) Lutheraner(in) *m(f)*

luto ['luto] *m* Trauer *f; (vestido)* Trauerkleid *nt;* **ir de ~** Trauer tragen; **estar de ~ por alguien** um jdn trauern; **declarar día**

L

de ~ nacional zum Staatstrauertag erklären

luxación [luˠsa'θjon] *f* Verrenkung *f*

Luxemburgo [luˠsem'burɣo] *m* Luxemburg *nt*

luxemburgués, -esa [luˠsembur'ɣes, -esa] **I.** *adj* luxemburgisch **II.** *m, f* Luxemburger(in) *m(f)*

luz [luθ] *f* ❶ *(resplandor)* Licht *nt;* **~ corta** Abblendlicht *nt;* **~ larga** Fernlicht *nt;* **~ de freno** Bremsleuchte *f;* **~ (lateral) de posición** Begrenzungsleuchte *f;* **~ trasera** Rückleuchte *f;* **~ natural** Tageslicht *nt;* **traje de luces** Torerokostüm *nt;* **a la ~ del día** bei Tageslicht; **a media ~** im Zwielicht; **claro como la ~ del día** glasklar; **dar a ~** entbinden; *(+ objeto)* zur Welt bringen; **¡~ de mis ojos!** mein Schatz!; **salir a la ~** *(fig)* ans Licht kommen; **arrojar ~ sobre un asesinato** Licht in einen Mordfall bringen; **a la ~ de los nuevos datos...** nach den neuen Erkenntnissen ... ❷ *(energía)* Strom *m;* **¡da la ~!** mach das Licht an! ❸ *(fuente de luz)* Lichtquelle *f; (lámpara)* Lampe *f;* **encender/apagar la ~** das Licht an-/ausmachen ❹ (ARQUIT) Fenster *nt* ❺ *pl (inteligencia)* Verstand *m;* **el Siglo de las Luces** die Aufklärung; **ser de pocas luces** nicht bis drei zählen können; **tener pocas luces** beschränkt sein; **a todas luces** zweifellos

Mm

M, m ['eme] *f* M, m *nt;* **~ de Madrid** M wie Martha

Maastricht ['mastrixᵗ] **el Tratado de ~** der Vertrag von Maastricht

maca ['maka] *f* ❶ *(objeto)* (kleiner) Fehler *m* ❷ *(en un mueble)* Schramme *f* ❸ *(fruta)* Druckstelle *f* ❹ *(del carácter)* Makel *m* ❺ *(fam: hamaca)* Hängematte *f*

macabro, -a [ma'kaβro, -a] *adj* makaber

macaco, -a [ma'kako, -a] **I.** *adj (Cuba, Chil: feo)* hässlich **II.** *m, f* ❶ (ZOOL) Makak *m,* Makakenweibchen *nt; (masculino y femenino)* Meerkatze *f* ❷ *(Am: pey)* Brasilianer(in) *m(f)*

macacoa [maka'koa] *f* ❶ *(PRico: mala suerte)* Pech *nt* ❷ *(Col, Ven: tristeza, desgana)* Trübsinn *m*

macana [ma'kana] *f* ❶ *(Am: tontería)* Unsinn *m* ❷ *(mentira)* Lüge *f* ❸ (ECON) Ladenhüter *m* ❹ *(Am: porra)* Knüppel *m*

macaneador(a) [makanea'ðor(a)] *m(f) (Arg)* Schwindler(in) *m(f)*

macanear [makane'ar] **I.** *vi (CSur: disparatar)* Unsinn reden; *(hacer tonterías)* Unsinn machen; *(mentir)* schwindeln **II.** *vt (fam: chapucear)* verpfuschen

macanudo, -a [maka'nuðo, -a] *adj (Am: fam)* toll

macar [ma'kar] <c → qu> **I.** *vt* quetschen **II.** *vr:* **~se** anfaulen *(aufgrund von Druckstellen)*

macarra [ma'karra] *m (fam)* ❶ *(chorizo)* Gauner *m* ❷ *(chulo)* Zuhälter *m*

macarrón [maka'rron] *m* ❶ *pl (pasta)* Makkaroni *pl* ❷ *(bollo)* Makrone *f*

macedonia [maθe'ðonja] *f* **~ (de frutas)** Obstsalat *m*

Macedonia [maθe'ðonja] *f* Mazedonien *nt*

macedonio, -a [maθe'ðonjo, -a] **I.** *adj* mazedonisch **II.** *m, f* Einwohner(in) *m(f)* Mazedoniens

maceración [maθera'θjon] *f* ❶ (GASTR) Einlegen *nt;* **dejar la carne en ~ durante unas horas** das Fleisch einige Stunden lang einlegen ❷ (QUÍM) Mazeration *f* ❸ *(mortificación)* (Selbst)kasteiung *f*

macerar [maθe'rar] **I.** *vt* ❶ *(con golpes)* weich klopfen ❷ *(con un líquido)* aufweichen; *(en un líquido)* einweichen; (GASTR) einlegen ❸ *(mortificar)* kasteien **II.** *vr:* **~se** sich kasteien

maceta [ma'θeta] *f* ❶ *(tiesto)* Blumentopf *m* ❷ *(Chil: ramo)* Blumenstrauß *m* ❸ *(martillo)* Fäustel *m*

macetero [maθe'tero] *m* Blumenständer *m; (Am)* Blumenkasten *m*

machacado, -a [matʃa'kaðo, -a] *adj* zerstoßen, zerstampft

machacadura [matʃaka'ðura] *f (acción)* Zerstampfen *nt,* Zerdrücken *nt; (resultado)* Zerstampfte(s) *nt,* Zerdrückte(s) *nt;* **la ~ de tomate** die zerdrückte Tomate

machacar [matʃa'kar] <c → qu> **I.** *vt* ❶ *(triturar)* zerstampfen ❷ *(insistir)* herumreiten (auf +*dat*) *fam* ❸ *(fam: estudiar)* durchackern ❹ *(fam: destruir)* kleinkriegen **II.** *vr:* **~se** *(argot)* sich abrackern; **machacársela** *(vulg)* sich *dat* einen runterholen

machacón, -ona [maʧa'kon, -ona] *adj (pey)* lästig; **¡no seas ~!** *(no insistas)* hör auf, ständig darauf rumzureiten!

machaconería [maʧakone'ria] *f (pey)* Beharrlichkeit *f*

machamartillo [maʧamar'tiʎo] **creer a ~ en algo** fest an etw glauben; **repetir algo a ~** etw ununterbrochen wiederholen

machetazo [maʧe'taθo] *m* ❶ *(golpe)* (Säbel)hieb *m;* **recibir un ~** einen Schlag mit dem Säbel bekommen ❷ *aum de* **machete**

machete [ma'ʧete] *m* ❶ *(arma)* Säbel *m* ❷ *(cuchillo)* Machete *f* ❸ *(Arg: fam: chuleta)* Spickzettel *m*

machetear [maʧete'ar] **I.** *vt, vi (Arg: fam: copiar)* spicken **II.** *vr:* **~se** *(Méx: trabajar)* hart arbeiten; *(fam: empollar)* büffeln

machismo [ma'ʧismo] *m* Männlichkeitswahn *m*

machista [ma'ʧista] *adj* Macho-, chauvinistisch

macho ['maʧo] **I.** *m* ❶ (ZOOL: *masculino*) Männchen *nt;* **~ cabrío** Ziegenbock *m* ❷ *(fam: machote)* Kerl *m* ❸ *(pieza)* Haken *m* ❹ (ARQUIT) Pfeiler *m* **II.** *adj* ❶ *(masculino)* männlich ❷ *(fuerte)* stark, kräftig

machona [ma'ʧona] *f (Am: fam)* Mannweib *nt*

machote [ma'ʧote] **I.** *m* ❶ *(fam: hombre)* (ganzer) Kerl *m* ❷ *(Am: borrador)* Entwurf *m; (modelo)* Modell *nt* **II.** *adj (argot)* ❶ *(viril)* männlich ❷ *(atractivo)* toll

machucar [maʧu'kar] <c → qu> *vt* ❶ *(golpear)* einschlagen (auf +*akk*) ❷ *(destruir)* zertrümmern; *(aplastar)* zerquetschen

machucón [maʧu'kon, -ona] *m (fam)* Schlag *m,* Hieb *m*

macilento, -a [maθi'len̩to, -a] *adj* ❶ *(pálido)* bleich; *(cansado)* abgespannt ❷ *(flaco)* abgezehrt ❸ *(triste)* abgehärmt

macillo [ma'θiʎo] *m* (MÚS) Hammer *m*

macizo[1] [ma'θiθo] *m* ❶ *(masa)* Masse *f; (trozo)* Block *m* ❷ (GEO) (Gebirgs)massiv *nt* ❸ *(plantas)* Beet *nt* ❹ (ARQUIT) Pfeiler *m* ❺ *pl* (GASTR) (im Fass) eingelegte Sardinen *fpl*

macizo, -a[2] [ma'θiθo, -a] *adj* ❶ *(oro, puerta)* massiv; **de plata maciza** massiv silbern ❷ *(persona)* kräftig; **estar ~** gut gebaut sein; **un tío ~** ein knackiger Typ ❸ *(sólido)* solide

maco, -a ['mako, -a] *adj* schurkisch, gaunerhaft

macón, -ona [ma'kon, -ona] *adj (Col: grandullón)* riesig; *(hombre)* hoch aufgeschossen

macramé [makra'me] *m* ❶ *(tejido)* Makrameearbeit *f;* **hacer ~** Makrameearbeiten knüpfen ❷ *(hilo)* (Makramee)faden *m*

macrobiótica [makro'βjotika] *f* Makrobiotik *f*

macroconcierto [makrokon̩'θjerto] *m (argot)* Megakonzert *nt*

macrocosmo(s) [makro'kosmo(s)] *m sin pl* (FÍS, FILOS) Makrokosmos *m*

macroeconomía [makroekono'mia] *f* (ECON) Makroökonomie *f*

macrofiesta [makro'fjesta] *f* Massenparty *f*

macrovisión [makroβi'sjon] *f* (CINE) Großaufnahme *f*

mácula ['makula] *f* ❶ *(mancha)* Fleck *m; (fig)* Makel *m;* **sin ~** *(fig)* makellos ❷ *(fam: engaño)* Schwindel *m*

macuto [ma'kuto] *m* ❶ *(mochila)* Rucksack *m;* (MIL) Tornister *m* ❷ *(argot: joroba)* Buckel *m* ❸ *(Ven: de los mendigos)* Bettelkorb *m*

Madagascar [maðaɣas'kar] *f* Madagaskar *nt*

madeja [ma'ðexa] *f* ❶ *(de hilo)* Knäuel *nt o m;* **~ sin cuenda** wirres Knäuel; *(fig)* verworrene Angelegenheit; **enredar la ~** *(fig)* zusätzliche Verwirrung stiften ❷ *(cabello)* Mähne *f* ❸ *(pey: hombre dejado)* Schlamper *m; (perezoso)* Faulpelz *m*

madera [ma'ðera] *f* ❶ *(de los árboles)* Holz *nt;* **~ contrachapada** Sperrholz *nt;* **de ~** hölzern; **tocar ~** auf Holz klopfen; **¡toca ~!** toi, toi, toi!; **ser de la misma ~** aus dem gleichen Holz geschnitzt sein; **tener** [*o* **ser de**] **buena/mala ~** einen guten/schlechten Charakter haben ❷ *(fam: policía)* Bullen *mpl*

maderería [maðere'ria] *f* Holzhandel *m; (almacén)* Holzlager *nt*

madero [ma'ðero] *m* ❶ *(viga)* (Holz)balken *m; (tablón)* (Holz)planke *f* ❷ *(persona)* Tölpel *m*

madrastra [ma'ðrastra] *f* ❶ *(pariente)* Stiefmutter *f* ❷ *(pey: mala madre)* Rabenmutter *f*

madraza [ma'ðraθa] *f (fam)* **es una verdadera ~** sie ist mit Leib und Seele Mutter

madre ['maðre] *f* ❶ *(de familia)* Mutter *f;* **~ de leche** Amme *f;* **~ política** Schwiegermutter *f;* **¡~ (mía)!** (oh) mein Gott!; **¡~ de Dios!** um Gottes willen!; **como su ~ lo/la parió** *(fam)* (pudel)nackt; **¡la ~ que lo parió!** *(vulg)* dieser Scheißkerl!; **¡la ~ que te parió!** *(vulg)* verdammt noch mal! *fam;* **¡viva la ~ que te parió!** *(fam)* bravo!; **¡tu ~!** *(fam)* von wegen!; **de puta ~** *(vulg)* geil *fam;* **el ciento y la ~** *(fam)* eine Menge Leute ❷ (REL) **la ~ Teresa** Mutter Theresa; **~ superior** Oberin *f* ❸ *(origen)* Mutter-; **~ patria** Mutterland *nt;* **ahí está la ~ del cordero** *(fam)*

M

da liegt der Hase im Pfeffer ④ (GEO) Flussbett *nt* ⑤ (TÉC) (Haupt)träger *m* ⑥ (GASTR) Bodensatz *m* ⑦ *(loc)* **los alquileres se están saliendo de ~** die Mieten geraten außer Kontrolle; **sacar a alguien de ~** jdn aus der Fassung bringen

madrear [maðre'ar] *vt* ① *(Méx: romper a golpes)* zerhauen, kaputtschlagen *fam* ② *(Méx: vulg: pegar fuerte a alguien)* zu Hackfleisch machen *fam*

madreselva [maðre'selβa] *f* (BOT) Geißblatt *nt*

madriguera [maðri'ɣera] *f* ① *(guarida)* Bau *m* ② *(escondrijo)* Schlupfwinkel *m*

madrileño, **-a** [maðri'leɲo, -a] **I.** *adj* aus Madrid; **las noches madrileñas** die Madrider Nächte **II.** *m, f* Madrider(in) *m(f)*

Madriles [ma'ðriles] *mpl (fam)* **los ~** Madrid *nt*

madrina [ma'ðrina] *f* ① *(de bautismo)* (Tauf)patin *f* ② *(de boda)* ~ (**de boda**) Trauzeugin *f* ③ *(de un artista/una asociación)* Förderin *f*

madroño [ma'ðroɲo] *m* ① (BOT: *arbusto*) Erdbeerbaum *m* ② (BOT: *fruta*) Erdbeere *f* ③ *(borla)* Troddel *f*

madrugada [maðru'ɣaða] *f* ① *(alba)* (Morgen)dämmerung *f*; **en la** [*o* **de**] **~** früh morgens; **salimos de viaje de ~** wir brachen bei Tagesanbruch auf; **a las cinco de la ~** um fünf Uhr früh ② *(horas después de la media noche)* **a las tres de la ~** um drei Uhr nachts ③ *(madrugón)* **pegarse una ~** sehr früh aufstehen

madrugador(a) [maðruɣa'ðor(a)] **I.** *adj* ① *(que se levanta pronto)* **ser muy ~** sehr früh aufstehen ② *(fam: astuto)* aufgeweckt **II.** *m(f)* Frühaufsteher(in) *m(f)*

madrugar [maðru'ɣar] <g → gu> *vi* (sehr) früh aufstehen; **tienes que ~ más para ganarme** *(fam fig)* um mich auszustechen, musst du früher aufstehen; **a quien madruga, Dios le ayuda** *(prov)* Morgenstund hat Gold im Mund; **no por mucho ~ amanece más temprano** *(prov)* eile mit Weile

madrugón [maðru'ɣon] *m* **darse un ~** sehr früh aufstehen

maduración [maðura'θjon] *f* ① *(acción)* Reifung *f* ② *(efecto)* Reife *f*

madurar [maðu'rar] **I.** *vt* ① *(hacer maduro)* reifen ② *(reflexionar sobre)* durchdenken **II.** *vi, vr:* **~se** *(volverse maduro)* reifen; *(persona)* reifer werden

madurez [maðu'reθ] *f* Reife *f*; *(de un plan)* Ausgereiftheit *f*; **estar en la ~** im reiferen Alter sein

maduro, **-a** [ma'ðuro, -a] *adj (fruta)* reif; *(plan)* ausgereift; *(persona: prudente)* reif; *(mayor)* im reiferen Alter; **una manzana demasiado madura** ein überreifer Apfel; **en la edad madura** im reiferen Alter; **estar a las duras y a las maduras** auch die Nachteile in Kauf nehmen

maese [ma'ese] *m* Meister *m*

maestra [ma'estra] *f* ① *v.* **maestro** ② *(profesora)* Lehrerin *f* ③ *(mujer del maestro)* Lehrersfrau *f*

maestranza [maes'tranθa] *f* (MIL) Artilleriewerkstatt *f*; *(armería)* Waffenschmiede *f*

maestría [maes'tria] *f* ① *(habilidad)* Geschicklichkeit *f*; **con ~** meisterhaft ② *(título)* Meistertitel *m*

maestro, **-a** [ma'estro, -a] **I.** *adj* ① *(principal)* Haupt- ② *(que muestra gran conocimiento)* meisterlich; **obra maestra** Meisterwerk *nt* ③ *(animal)* Haus- **II.** *m, f* ① *(profesor)* Lehrer(in) *m(f)*; *(de primera enseñanza)* Grundschullehrer(in) *m(f)* ② *(persona de gran conocimiento)* Meister(in) *m(f)* ③ *(de un taller)* Meister(in) *m(f)*; *(capataz)* Vorarbeiter(in) *m(f)*; **~ de cocina** Küchenchef *m*; **~ de obras** Bauleiter *m* ④ *(lo que enseña)* Lehrmeister(in) *m(f)*; **la vida es la mejor maestra** das Leben ist die beste Schule ⑤ (MÚS) Maestro *m*

mafia ['mafja] *f* Mafia *f*; **~ de la cocaína** Kokainmafia *f*

mafioso, **-a** [ma'fjoso, -a] **I.** *adj* Mafia- **II.** *m, f* Mafioso, -a *m, f*

maganzón, **-ona** [maɣan'θon, -ona] **I.** *adj (Col, CRi)* faul **II.** *m, f (Col, CRi)* Faulenzer(in) *m(f)*

magdalena [maɣða'lena] *f (pastel)* ≈ Biskuit *m o nt*; **estar como una M~** völlig aufgelöst sein; **llorar como una M~** wie ein Schlosshund weinen

magenta [ma'xenta] **I.** *adj* magentarot **II.** *f* (FOTO) Magenta *nt*

magia ['maxja] *f* ① *(arte)* Magie *f* ② *(poder)* Zauberkraft *f* ③ *(atractivo)* Zauber *m*

magiar[1] [ma'xjar] *m* Madjarisch(e) *nt*

magiar[2] [ma'xjar] **I.** *adj* madjarisch **II.** *mf* Madjar(in) *m(f)*

mágico, **-a** ['maxiko, -a] **I.** *adj* ① *(misterioso)* magisch; **varita mágica** Zauberstab *m* ② *(maravilloso)* fantastisch **II.** *m, f* Zauberer, -in *m, f*

magín [ma'xin] *m (fam)* Einbildungskraft *f*, Fantasie *f*

magisterio [maxis'terjo] *m* ① *(labor)* Unterricht *m*; **dedicarse al ~** unterrichten ② *(profesión)* Lehramt *nt*; **estudiar ~** auf Lehramt studieren; **dedicarse al ~** im Lehramt tätig sein ③ *(maestros)* Lehrer *mpl*

magistrado, **-a** [maxis'traðo, -a] *m, f (fun-*

cionario superior) hoher Beamter *m,* hohe Beamtin *f;* (JUR: *juez*) Richter(in) *m(f)*

magistral [maxis'tral] *adj* ❶ (ENS) Unterrichts- ❷ *(con maestría)* meisterhaft ❸ *(tono)* lehrerhaft

magistratura [maxistra'tura] *f* ❶ *(oficio)* Richteramt *nt; (dignidad)* Richterwürde *f* ❷ *(tiempo)* Amtszeit *f* ❸ *(jueces)* Richter *mpl; (funcionarios)* Justizbeamte *mpl*

magma ['maɣma] *m* Magma *nt*

magnanimidad [maɣnanimi'ðaᵈ] *f* ❶ *(generosidad)* Großzügigkeit *f* ❷ *(nobleza)* Edelmut *m*

magnánimo, -a [maɣ'nanimo, -a] *adj* ❶ *(generoso)* großzügig ❷ *(noble)* edelmütig

magnate [maɣ'nate] *m* Magnat *m;* ~ **de las finanzas** Finanzmagnat *m*

magnesia [maɣ'nesja] *f* (QUÍM) Magnesia *f*

magnesio [maɣ'nesjo] *m* Magnesium *nt*

magnético, -a [maɣ'netiko, -a] *adj* magnetisch

magnetismo [maɣne'tismo] *m* Magnetismus *m; (fig)* Anziehungskraft *f;* **ejercer un intenso ~ sobre alguien** eine magnetische Anziehungskraft auf jdn ausüben

magnetizar [maɣneti'θar] <z → c> *vt* ❶ *(un cuerpo)* magnetisieren ❷ *(hipnotizar)* hypnotisieren ❸ *(encantar)* verzaubern; *(entusiasmar)* begeistern; *(retener la atención)* fesseln

magnetofón [maɣneto'fon] *m* Tonbandgerät *nt*

magníficamente [maɣnifika'mente] *adv* prächtig, ausgezeichnet

magnificar [maɣnifi'kar] <c → qu> **I.** *vt (glorificar)* verherrlichen; *(alabar)* preisen **II.** *vr:* **~se** *(parecer más grande)* größer wirken; *(hacerse más grande)* sich größer machen

magnificencia [maɣnifi'θjenθja] *f* ❶ *(esplendor)* Pracht *f* ❷ *(liberalidad)* Großmut *f*

magnífico, -a [maɣ'nifiko, -a] *adj* ❶ *(lujoso)* prachtvoll; *(valioso)* wertvoll ❷ *(estupendo)* herrlich ❸ *(excelente)* großartig ❹ *(liberal)* großmütig ❺ *(título)* **M~ Señor Rector, ...** Eure Magnifizenz, ...

magnitud [maɣni'tuᵈ] *f* ❶ *(tamaño, t.* FÍS) Größe *f* ❷ *(importancia)* Ausmaß *nt;* **la ~ de este problema es alarmante** dieses Problem hat beängstigende Ausmaße angenommen

magno, -a ['maɣno, -a] *adj (importante)* bedeutend; **Alejandro M~** Alexander der Große; **aula magna** Audimax *nt*

magnolia [maɣ'nolja] *f* Magnolienblüte *f*

magnolio [maɣ'nolio] *m* (BOT) Magnolie *f*

mago, -a ['maɣo, -a] *m, f* Zauberer, -in *m, f;* **los Reyes M~s** die Heiligen Drei Könige

magrear [maɣre'ar] *vt (vulg)* betatschen *fam*

magrebí [maɣre'βi] **I.** *adj* maghrebinisch **II.** *mf* Maghrebiner(in) *m(f)*

magro[1] ['maɣro] *m (como el lomo)* (Schweine)filet *nt; (fam: carne magra)* (mageres) Fleisch *nt*

magro, -a[2] ['maɣro, -a] *adj* mager

magua ['maɣwa] *f (Cuba, PRico, Ven: contrariedad)* Unannehmlichkeit *f*

maguey [ma'ɣei̯] *m (Am)* Agave *f*

magulladura [maɣuʎa'ðura] *f,* **magullamiento** [maɣuʎa'mjento] *m (en el cuerpo)* Quetschung *f; (en una fruta)* Druckstelle *f*

magullar [maɣu'ʎar] *vt* quetschen

Maguncia [ma'ɣunθja] *f* Mainz *nt*

maguntino, -a [maɣun'tino, -a] *(pey)* **I.** *adj* Mainzer **II.** *m, f* Mainzer(in) *m(f)*

mahometano, -a [maome'tano, -a] **I.** *adj* mohammedanisch *alt* **II.** *m, f* Mohammedaner(in) *m(f) alt; v. t.* **musulmán**

mahonesa [mao'nesa] *f* Mayonnaise *f*

maicena® [mai̯'θena] *f* Maismehl *nt*

maillot [ma'ʎoᵗ] *m* ❶ *(bañador)* Badeanzug *m; (gimnasia)* Turnanzug *m* ❷ *(camiseta)* Trikot *nt*

maíz [ma'iθ] *m* Mais *m*

majada [ma'xaða] *f* ❶ *(aprisco)* Pferch *m* ❷ *(estiércol)* Mist *m*

majaderear [maxaðere'ar] *vt (Am)* auf die Nerven gehen +*dat fam*

majadería [maxaðe'ria] *f* ❶ *(tontería)* Blödsinn *m fam;* **¡no hagas caso a sus ~s!** hör nicht auf sein/ihr dummes Geschwätz! ❷ *(imprudencia)* Unverschämtheit *f*

majadero, -a [maxa'ðero, -a] **I.** *adj* ❶ *(insensato)* dämlich ❷ *(porfiado)* lästig ❸ *(imprudente)* unverschämt **II.** *m, f* ❶ *(imbécil)* Idiot(in) *m(f)* ❷ *(porfiador)* Nervensäge *f fam*

majar [ma'xar] *vt* ❶ *(en un mortero)* zerstampfen ❷ *(en la era)* dreschen ❸ *(molestar)* auf die Nerven gehen +*dat fam* ❹ *(fam: azotar)* eindreschen (auf +*akk*)

majara [ma'xara], **majareta** [maxa'reta] **I.** *adj (fam)* verrückt **II.** *mf (fam)* Spinner(in) *m(f)*

maje ['maxe] **I.** *adj (Méx: fam)* dumm, blöd **II.** *mf (Méx: fam)* Dummkopf *m,* Blödmann *m*

majestad [maxes'taᵈ] *f* ❶ *(título)* Majestät *f;* **Su ~, ...** Eure (Königliche) Hoheit, ... ❷ *(majestuosidad)* Würde *f*

majestuosidad [maxestwosi'ðaᵈ] *f* Würde *f*

M

majestuoso, -a [maxestu'oso, -a] *adj* majestätisch

majo, -a ['maxo, -a] *adj* ❶ *(bonito)* hübsch; *(guapo)* gut aussehend ❷ *(agradable)* nett ❸ *(ataviado)* zurechtgemacht; **ponte maja para la fiesta** mach dich für das Fest hübsch

mal [mal] **I.** *adj v.* **malo** **II.** *m* ❶ *(daño)* Schaden *m; (injusticia)* Unrecht *nt; (sufrimiento)* Leid *nt;* **la caída del dólar le ha hecho mucho ~** der Kursverfall des Dollars hat ihm/ihr sehr geschadet ❷ *(lo malo)* Böse *nt;* **el ~ menor** das kleinere Übel; **estoy a ~ con mi vecino** ich habe mich mit meinem Nachbarn zerstritten; **tomarse algo a ~** etw übel nehmen; **tomarse a ~ un consejo** einen Ratschlag in den falschen Hals bekommen; **¡no te lo tomes tan a ~!** nimm es dir doch nicht so zu Herzen!; **decir ~ de alguien** schlecht von jdm reden; **menos ~** Gott sei Dank ❸ *(inconveniente)* Nachteil *m;* **el ~ está en que...** das Üble daran ist, dass ... ❹ *(enfermedad)* Krankheit *f;* **~ de montaña** Höhenkrankheit *f;* **~ de vientre** Bauchweh *nt* ❺ *(desgracia)* Unglück *nt;* **no te preocupes, no hay ~ que por bien no venga** mach dir keine Sorgen, es kommen auch mal bessere Zeiten; **no hay ~ que por bien no venga** *(prov)* ≈ Glück und Unglück liegen nah beieinander; **bien vengas, ~, si vienes solo** *(prov)* ein Unglück kommt selten allein **III.** *adv* ❶ *(de mala manera, insuficientemente)* schlecht; **dejar ~ a alguien** jdn blamieren; **esto acabará ~** das wird noch böse enden; **vas a acabar ~** mit dir wird es noch böse enden; **este chico va de ~ en peor** mit diesem Jungen wird es immer schlimmer; **aprobar los exámenes más ~ que bien** die Prüfungen mehr schlecht als recht bestehen; **~ que bien, el negocio sigue funcionando** trotz allem läuft das Geschäft noch; **~ que bien, tendré que ir al dentista este mes** ich muss wohl oder übel diesen Monat zum Zahnarzt; **me sentó ~ que te fueras sin despedirte** es hat mich gekränkt, dass du gegangen bist, ohne dich zu verabschieden; **la nueva compañera me cae ~** die neue Kollegin ist mir unsympathisch; **estar ~ de dinero** schlecht bei Kasse sein ❷ *(equivocadamente)* falsch ❸ *(difícilmente)* **~ podrás ganar con esta moto** mit diesem Motorrad wirst du wohl kaum siegen

malabarismo [malaβa'rismo] *m (juegos malabares)* Jonglieren *nt;* **hacer ~s para mantener su puesto de trabajo** *(fig)* Seiltänze vollführen, um seinen Arbeitsplatz zu sichern

malabarista [malaβa'rista] *mf (artista)* Jongleur(in) *m(f)*

malaconsejado, -a [malakonse'xaðo, -a] *adj* schlecht beraten; **actuar ~** falsch handeln

malaconsejar [malakonse'xar] *vt* schlecht beraten; **actuar malaconsejado** falsch handeln

malacostumbrado, -a [malakostum'braðo, -a] *adj* **estar ~** *(mimado)* verwöhnt sein; *(sin modales)* schlechte Manieren haben; *(vicioso)* einen schlechten Lebenswandel führen

malacostumbrar [malakostum'brar] **I.** *vt* ❶ *(mimar)* verwöhnen ❷ *(educar mal)* schlecht erziehen ❸ *(viciar)* einen schlechten Einfluss ausüben (**a** auf *+akk*) **II.** *vr:* **~se** sich *dat* einen schlechten Lebenswandel angewöhnen

malagueño, -a [mala'ɣeɲo, -a] **I.** *adj* aus Malaga **II.** *m, f* Einwohner(in) *m(f)* von Malaga

malandante [malan̪'dan̪te] *adj* unglückselig; **persona ~** Pechvogel *m fam*

malandanza [malan̪'dan̪θa] *f* Unglück *nt,* Schicksalsschlag *m;* **ha sido un año lleno de ~s** das war ein Jahr voller unglücklicher Begebenheiten

malandrín, -ina [malan̪'drin, -ina] **I.** *adj* böse **II.** *m, f* Schurke, -in *m, f*

malanga [ma'laŋga] **I.** *adj (Cuba)* schüchtern, unbeholfen **II.** *f* Strohhut *m*

malapata [mala'pata] *mf* ❶ *(patoso)* Tollpatsch *m;* **tener ~** *(poca destreza)* unbeholfen sein; *(malas intenciones)* gemein sein ❷ *(ceniza)* Pechvogel *m fam* ❸ *(loc)* **la cosa tiene ~** da stimmt was nicht

malaquita [mala'kita] *f* Malachit *m*

malaria [ma'larja] *f* Malaria *f*

Malasia [ma'lasja] *f* Malaysia *nt*

malasombra [mala'sombra] **I.** *adj* ❶ *(desastrado)* tollpatschig ❷ *(malvado)* gemein **II.** *mf* ❶ *(desastre)* Tollpatsch *m* ❷ *(mala persona)* gemeine Person *f*

Malaui [ma'lawi] *m* Malawi *nt*

malaúva[1] [mala'uβa] *f (fam)* schlechte Laune *f;* **hacer algo con ~** etw in böser Absicht tun; **tiene ~** er/sie ist schlecht drauf

malaúva[2] [mala'uβa] *mf (fam)* mieser Typ *m,* miese Type *f,* Fiesling *m*

malavenido, -a [malaβe'niðo, -a] *adj (disconforme)* unzufrieden; **son una pareja malavenida** die beiden verstehen sich schlecht

malaventura [malaβen̪'tura] *f* ❶ *(desgracia)* Unglück *nt,* Schicksalsschlag *m* ❷ *(mala suerte)* Pech *nt*

malaventurado, -a [malaβen̪tu'raðo, -a] *adj* vom Pech verfolgt, unglückselig

malaventuranza [malaβeṇtu'raṇθa] *f (mala suerte)* Pech *nt; (infortunio)* Unglück *nt*

malayo, -a [ma'laɟo, -a] **I.** *adj (cultura)* malaiisch; (POL) malaysisch **II.** *m, f* ① *(raza)* Malaie, -in *m, f* ② (POL) Malaysier(in) *m(f)*

malbaratar [malβara'tar] *vt* ① *(vender barato)* zu Schleuderpreisen verkaufen *fam* ② *(malgastar)* verprassen; **malbarató toda la herencia en solo un año** er/sie hat die gesamte Erbschaft in nur einem Jahr durchgebracht

malcarado, -a [malka'raðo, -a] *adj* ① *(repulsivo)* abstoßend ② *(enfadado)* eingeschnappt; *(furioso)* zähneknirschend; *(malhumorado)* verdrießlich

malcomer [malko'mer] *vi* ① *(poco)* nur wenig essen; **el dinero solo da para ~** das Geld reicht nur für das Nötigste an Essen ② *(sin ganas)* ohne Appetit essen ③ *(cosas de mala calidad)* sich schlecht ernähren

malcontento[1] [malkoṇ'teṇto] *m* Schwarzer Peter *m*

malcontento, -a[2] [malkoṇ'teṇto, -a] *adj* ① *(descontento)* unzufrieden (**con/de** mit +*dat*) ② *(rebelde)* aufsässig, rebellisch

malcriadez [malkria'ðeθ] *f (AmC, AmS)* Unerzogenheit *f*, schlechtes Benehmen *nt*, Unhöflichkeit *f*

malcriado, -a [malkri'aðo, -a] *adj (mal educado)* ungezogen; *(descortés)* unhöflich

malcriar [malkri'ar] <*1. pres* malcrío> *vt* verziehen

maldad [maḷ'da^ð] *f* Bosheit *f*

maldecir [maḷde'θir] *irr* **I.** *vt* verfluchen; **¡te maldigo!** Fluch über dich! **II.** *vi* ① *(jurar)* fluchen ② *(hablar mal)* schlecht sprechen (**de** über +*akk*); *(difamar)* verleumden (**de** +*akk*) ③ *(quejarse)* sich beklagen (**de** über +*akk*)

maldición [maḷdi'θjon] *f* ① *(imprecación)* Fluch *m*, Verwünschung *f*; **parece que le ha caído una ~** sein/ihr Leben scheint wie verflucht; **en el mismo año le cayó la ~ del mago** noch im selben Jahr erfüllte sich der Fluch des Zauberers ② *(juramento)* Kraftausdruck *m*; **soltar una ~ contra alguien** über jdn fluchen

maldispuesto, -a [maḷdis'pwesto, -a] *adj* ① *(enfermo)* indisponiert; **estar ~** sich unwohl fühlen ② *(en mala disposición)* in schlechter Stimmung, schlecht gelaunt; **no me vengas hoy con tonterías, estoy ~** lass den Blödsinn, ich bin heute nicht in der Stimmung (dazu)

maldito, -a [maḷ'dito, -a] **I.** *pp de* **maldecir II.** *adj* ① *(endemoniado)* verdammt; **¡maldita sea!** *(fam)* verdammt noch mal!; **¡~ seas!** *(vulg)* du verfluchter Idiot! *fam;* **maldita la idea que tengo del tema** *(fam)* ich habe nicht die geringste Ahnung von dem Thema; **~ el caso que me hacen** *(fam)* kein Mensch achtet auf mich; **no vale la maldita pena** *(fam)* es lohnt sich ganz und gar nicht; **¡maldita la gracia (que me hace)!** das ist ja eine schöne Bescherung!; **¡malditas las ganas (que tengo)!** ich habe nicht die geringste Lust! ② *(maligno)* bösartig; **¡vete, ~!** scher dich zum Teufel!; **soltar la maldita** ein loses Mundwerk haben

Maldivas [maḷ'diβas] *f pl* Malediven *pl*

maldoso, -a [maḷ'doso, -a] *adj (Méx)* boshaft, garstig

maleable [male'aβle] *adj* ① *(forjable)* schmiedbar ② *(flexible)* geschmeidig ③ *(dócil)* gefügig

maleante [male'aṇte] **I.** *adj* ① *(delincuente)* verbrecherisch; **gente ~** Gesindel *nt* ② *(maligno)* boshaft **II.** *mf* ① *(delincuente)* Gauner(in) *m(f)*; **~s** Gesindel *nt* ② *(persona maligna)* Schuft *m*

malear [male'ar] **I.** *vt* ① *(pervertir)* verderben ② *(dañar: a alguien)* Schaden zufügen +*dat*; *(algo)* beschädigen; *(perjudicar)* schaden +*dat* **II.** *vr:* **~se** (moralisch) verkommen

malecón [male'kon] *m* ① *(dique)* Damm *m* ② *(rompeolas)* Kai *m* ③ (FERRO) Bahndamm *m*

maledicencia [maleði'θeṇθja] *f* üble Nachrede *f*; (JUR) Verleumdung *f*

maleducado, -a [maleðu'kaðo, -a] *adj* ① *(sin modales)* ohne Manieren; *(niño)* ungezogen; **tu amigo es muy ~** dein Freund hat überhaupt keine Manieren ② *(descortés)* unhöflich ③ *(mimado)* verwöhnt

maleducar [maleðu'kar] *vt* verziehen

maleficiencia [malefi'θjeṇθja] *f* Boshaftigkeit *f*

maleficio [male'fiθjo] *m* ① *(hechizo)* Zauberei *f*; *(efecto)* Zauber *m*; **desligar un ~** einen Zauber brechen ② *(daño)* Schaden *m*

maléfico, -a [ma'lefiko, -a] **I.** *adj* ① *(perjudicial)* schädlich ② *(que hechiza)* Zauberei betreibend; **poder ~** Zauberkraft *f* **II.** *m, f* Zauberer, -in *m, f*

malemplear [malemple'ar] **I.** *vt* vergeuden, verschwenden, nicht nutzen; **hay gente que malemplea su dinero** es gibt Leute, die ihr Geld zum Fenster hinauswerfen **II.** *vr:* **~se** vergeudet werden, zweckentfremdet werden

malentender [maleṇteṇ'der] <e → ie> *vt* missverstehen; **malentendió mis pala-**

bras er/sie hat meine Worte falsch verstanden

malentendido [maleṇteṇ'diðo] *m* Missverständnis *nt*

maléolo [ma'leolo] *m* (ANAT) (Fuß)knöchel *m;* ~ **externo** *(pernón)* Wadenbein *nt;* ~ **interno** *(tibia)* Schienbein *nt*

malestar [males'tar] *m* ① *(físico)* Unwohlsein *nt* ② *(espiritual)* Unbehagen *nt*

maleta[1] [ma'leta] *f* Koffer *m;* ~ **de/con ruedas** Rollkoffer *m;* **hacer la** ~ den Koffer packen

maleta[2] [ma'leta] *m* *(diletante)* Dilettant *m;* (DEP) Anfänger(in) *m(f);* **este carpintero es un** ~ dieser Schreiner hat zwei linke Hände

maletero[1] [male'tero] *m* (AUTO) Kofferraum *m*

maletero, -a[2] [male'tero, -a] *m, f* ① *(Chil: ladrón)* (Taschen)dieb(in) *m(f)* ② *(en las estaciones)* Gepäckträger(in) *m(f)*

maletín [male'tin] *m* *(de aseo)* Kosmetikkoffer *m;* *(para herramientas)* Werkzeugkoffer *m;* *(de un médico)* Arztkoffer *m;* *(en una bici)* Satteltasche *f;* ~ (**de viaje**) Handkoffer *m*

malevolencia [maleβo'leṇθja] *f* ① *(malignidad)* Böswilligkeit *f* ② *(animosidad)* Missgunst *f;* **no me trates con** ~ sei nicht so gemein zu mir

M

malevolente [maleβo'leṇte] *adj* böswillig, feindselig

malévolo, -a [ma'leβolo, -a] *adj* gemein

maleza [ma'leθa] *f* ① *(hierbas malas)* Unkraut *nt;* **el jardín se está llenando de** ~ der Garten verwildert zunehmend ② *(matorral)* Gestrüpp *nt*

malformación [malforma'θjon] *f* *(deformidad)* Missbildung *f;* ~ **cardíaca** Herzfehler *m*

malformado, -a [malfor'maðo, -a] *adj* missgebildet

malgache[1] [mal'ɣatʃe] **I.** *adj* madagassisch **II.** *mf* Madagasse, -in *m, f*

malgache[2] [mal'ɣatʃe] *m* *(lengua)* Madagassisch(e) *nt*

malgastador(a) [malɣasta'ðor(a)] **I.** *adj* verschwenderisch **II.** *m(f)* Verschwender(in) *m(f);* **ser un** ~ nicht mit Geld umgehen können

malgastar [malɣas'tar] *vt* verschwenden; ~ **todo el dinero en tabaco** sein gesamtes Geld für Zigaretten ausgeben; ~ **dinero en el bingo** Geld beim Bingo verspielen; **con él no haces más que** ~ **tu paciencia** mit ihm verschwendest du nur deine Geduld; ~ **el tiempo charlando** die Zeit verplaudern; ~ **una oportunidad** eine Chance vertun

malhablado, -a [mala'βlaðo, -a] **I.** *adj* *(fresco)* frech; **ser** ~ unanständig reden **II.** *m, f* *(descarado)* respektloser Mensch *m;* **en este bar solo hay ~s** in dieser Kneipe reden alle unanständig

malhadado, -a [mala'ðaðo, -a] **I.** *adj* ① *(desventurado)* unglücklich, unselig ② *(que trae mala suerte)* Unheil bringend; **es un anillo** ~ dieser Ring bringt nur Unglück **II.** *m, f* Unglücksrabe *m fam;* **ha sido toda su vida un** ~ er war sein Leben lang vom Unglück verfolgt

malhechor(a) [male'tʃor(a)] **I.** *adj* kriminell **II.** *m(f)* Verbrecher(in) *m(f)*

malherido [male'riðo, -a] *adj* schwer verletzt, schwer verwundet

malherir [male'rir] *vt irr como sentir* schwer verletzen

malhumor [malu'mor] *m* schlechte Laune *f;* **estar de** ~ schlechte Laune haben; **tener** ~ ein übellauniger Mensch sein

malhumorado, -a [malumo'raðo, -a] *adj* ① *ser* übellaunig ② *estar* schlecht gelaunt; **estar** ~ schlechte Laune haben

malhumorar [malumo'rar] **I.** *vt* die Laune verderben *+dat;* **le malhumoró su falta de interés** seine/ihre Interesselosigkeit hat ihm/ihr die Laune verdorben **II.** *vr:* **~se** die gute Laune verlieren

Mali ['mali] *m* Mali *nt*

malicia [ma'liθja] *f* ① *(intención malévola)* Arglist *f;* **hacer todo con** ~ stets arglistig handeln ② *(maldad)* Boshaftigkeit *f* ③ *(picardía)* Verschlagenheit *f;* **tener mucha** ~ sehr verschlagen sein ④ *(interpretación maliciosa)* Argwohn *m* ⑤ *(fam: sospecha)* Zweifel *m;* **tener sus ~s** Zweifel hegen; **no tener** ~ naiv sein

malicioso, -a [mali'θjoso, -a] *adj* ① *(con intención malévola)* arglistig ② *(maligno)* boshaft ③ *(que sospecha malicia)* argwöhnisch

malignidad [maliɣni'ðaᵈ] *f* Bösartigkeit *f*

maligno, -a [ma'liɣno, -a] *adj* *(pernicioso)* gefährlich; *(persona)* gemein; *(sonrisa)* hämisch; (MED) bösartig

malinformar [maliɱfor'mar] **I.** *vt* falsch informieren; **lo ~on a posta** sie lieferten ihm absichtlich falsche Informationen **II.** *vr:* **~se** sich falsch informieren

malintencionado, -a [maliṇteṇθjo'naðo, -a] *adj* arglistig

malinterpretar [maliṇterpre'tar] *vt* missverstehen

malla ['maʎa] *f* ① *(de un tejido)* Masche *f;* **de** ~(**s**) **ancha**(**s**)/**estrecha**(**s**)/**fina**(**s**) weit-/eng-/feinmaschig; **caer en las ~s de alguien** in jds Fänge geraten ② *(tejido)* Netz *nt;* ~ **metálica** Drahtnetz *nt* ③ *(ves-*

tido) (Gymnastik)trikot *nt* ④ *pl (pantalones)* Leggings *f pl* ⑤ *(Am: de baño)* Badeanzug *m*

mallorquín, -ina [maʎor'kin, -ina] **I.** *adj* mallorquinisch **II.** *m, f* Mallorquiner(in) *m(f)*

malmeter [malme'ter] *vt* ① *(malgastar)* vergeuden ② *(pervertir)* verderben, (zu Bösem) verführen ③ *(malquistar)* entzweien; **la malmetieron con su jefe** sie provozierten einen Streit zwischen ihr und ihrem Chef

malmirado, -a [malmi'raðo, -a] *adj* ① *(desacreditado)* schlecht angesehen, unbeliebt ② *(descortés)* unhöflich

malnacido, -a [malna'θiðo, -a] **I.** *adj* verabscheuenswert, gemein **II.** *m, f* Schuft *m*

malnutrición [malnutri'θjon] *f sin pl* Unterernährung *f*

malnutrido, -a [malnu'triðo, -a] *adj* unterernährt

malo, -a ['malo, -a] **I.** *adj* <peor, pésimo> *(precediendo un sustantivo masculino: mal)* ① *(en general)* schlecht; **mala gestión** Misswirtschaft *f;* **palabras malas** unanständige Worte; **tengo mala cabeza para los números** ich kann mir Zahlen schlecht merken; **eres ~ de entender** aus dir wird man nicht schlau; **fumar es ~ para la salud** Rauchen schadet der Gesundheit; **de mala gana** widerwillig; **me gusta el piso, lo ~ es que es demasiado caro** mir gefällt die Wohnung, aber leider ist sie zu teuer; **tener mala mano para algo** ungeschickt in etw *dat* sein; **siempre anda con malas mujeres** er verkehrt nur mit Flittchen; **se casó sin decirnos ni una mala palabra** er/sie heiratete, ohne uns ein Sterbenswörtchen davon zu sagen; **es ~ para madrugar** er steht nicht gerne früh auf; **~ sería si no llegáramos a una solución** es wäre ja gelacht, wenn wir zu keiner Lösung gelängen; **tener mala suerte** Pech haben; **hace un tiempo malísimo** das Wetter ist miserabel; **el trabajo en las minas es muy ~** die Arbeit im Bergwerk ist sehr hart; **me vino de malas** er/sie/es kam mir ungelegen; **la chapa de este coche es mala** dieses Auto ist aus billigem Blech; **hacer un trabajo de mala manera** eine Arbeit schlampig ausführen; **hierba mala nunca muere** *(prov)* Unkraut vergeht nicht; **más vale ~ conocido que bueno por conocer** *(prov)* besser den Spatz in der Hand als die Taube auf dem Dach ② *(falso)* unecht ③ *(malévolo)* böse; **tener mal genio** leicht reizbar sein; **una mala persona** ein schlechter Mensch; **venir de malas** böse Absichten haben ④ *(enfermo)* krank; **caer ~** krank werden ⑤ *(travieso)* ungezogen ⑥ *(estropeado)* schlecht; *(leche)* sauer; *(ropa)* abgetragen **II.** *adv* **si no pagas voluntariamente tendré que intentarlo por las malas** wenn du nicht freiwillig bezahlst, muss ich zu anderen Mitteln greifen; **hoy te llevo al dentista aunque sea por las malas** ich bring dich heute zum Zahnart, und wenn es mit Gewalt sein muss; **podemos llegar a un acuerdo por las buenas o por las malas** wir können uns im Guten oder im Bösen einigen; **estoy a malas con mi jefe** ich stehe mit meinem Chef auf dem Kriegsfuß; **se pusieron a malas por una tontería** sie haben sich wegen einer Nichtigkeit zerstritten; **andan a malas** sie haben Krach (miteinander); **han vuelto a fallar un penalti, hoy están de ~s** sie haben schon wieder einen Elfmeter verschossen, das Glück steht heute nicht auf ihrer Seite **III.** *m, f* Bösewicht *m*

malogrado, -a [malo'ɣraðo, -a] *adj* ① *(desaprovechado)* vergeudet ② *(frustrado)* gescheitert, misslungen ③ *(estropeado)* ruiniert, verdorben ④ *(mal desarrollado)* missraten ⑤ *(fallecido)* gestorben; *(en un accidente)* verunglückt

malogramiento [maloɣra'mjen̩to] *m* Fehlschlag *m,* Misserfolg *m*

malograr [malo'ɣrar] **I.** *vt* ① *(desaprovechar)* vergeuden; **has malogrado la ocasión** du hast die Chance vertan ② *(frustrar)* scheitern lassen ③ *(estropear)* ruinieren **II.** *vr:* **~se** ① *(fallar)* scheitern; **se han malogrado mis esperanzas** meine Hoffnungen wurden enttäuscht ② *(estropearse)* verderben ③ *(desarrollarse mal)* missraten ④ *(morir demasiado pronto)* (zu) früh sterben; *(morir en un accidente)* verunglücken ⑤ *(interrumpirse)* beendet werden

maloliente [malo'ljen̩te] *adj* stinkend; **me molestan tus cigarros ~s** mich stört der Gestank deiner Zigarren

malparado, -a [malpa'raðo, -a] *adj (roto, herido)* übel zugerichtet; **salió ~ de la pelea** er wurde bei der Schlägerei übel zugerichtet

malparar [malpa'rar] *vt (persona)* übel zurichten; **salió malparado de la pelea** er wurde bei der Schlägerei übel zugerichtet; **salir malparado de un asunto** bei einer Sache schlecht wegkommen

malparir [malpa'rir] *vi* eine Fehlgeburt haben

malparto [mal'parto] *m* Fehlgeburt *f*

malpensado, -a [malpen'saðo, -a] *adj*

M

argwöhnisch; **no seas tan ~** denk doch nicht immer gleich an das Schlimmste

malpensar [malpen'sar] <e → ie> *vi* schlecht denken (**de** über +*akk*)

malqueda [mal'keða] *mf (fam)* unzuverlässiger Mensch *m,* wortbrüchiger Mensch *m;* **eres un ~** auf dich ist kein Verlass

malquerencia [malke'reṇθja] *f* ❶ *(antipatía)* Abneigung *f* (**hacia** gegen +*akk*), Antipathie *f* (**hacia** gegen +*akk*); **sentir mucha ~ hacia algo/alguien** eine starke Abneigung gegen etw/jdn verspüren ❷ *(mala voluntad)* Übelwollen *nt;* **siento ~ hacia mi enemigo** ich bin meinem Feind schlecht gesinnt

malquerer [malke'rer] *irr como querer* **I.** *vt* ❶ *(sentir antipatía)* nicht mögen ❷ *(tener mala voluntad)* übelwollen +*dat,* schlecht gesinnt sein +*dat* **II.** *m v.* **malquerencia**

malquisto, -a [mal'kisto, -a] *adj* ❶ *(enemistado)* zerstritten, verfeindet ❷ *(malmirado)* ungeliebt, verhasst

malsano, -a [mal'sano, -a] *adj* ❶ *(insano)* ungesund ❷ *(enfermizo)* kränklich ❸ *(moralmente)* verderblich

malsonancia [malso'naṇθja] *f* Missklang *m; (indecencia)* Anstößigkeit *f,* Unanständigkeit *f*

malsonante [malso'naṇte] *adj (sonido)* unangenehm (klingend); *(palabra)* unanständig; *(doctrina)* anstößig; **ruidos ~s** Missklänge *mpl*

malsufrido, -a [malsu'friðo, -a] *adj* ❶ *(impaciente)* ungeduldig ❷ *(con poco aguante)* weichlich; **es un ~** er hält nichts aus

malta ['maḷta] *f* ❶ (AGR) Malz *nt* ❷ *(café)* Malzkaffee *m* ❸ *(Arg: cerveza)* Malzbier *nt*

Malta ['maḷta] *f* Malta *nt*

maltés, -esa [maḷ'tes, -esa] **I.** *adj* maltesisch **II.** *m, f* Malteser(in) *m(f)*

maltraer [maḷtra'er] *irr como traer vt* ❶ *(maltratar)* tyrannisieren, quälen ❷ *(loc)* **esta injusticia tan flagrante me trae a ~** *(fam)* diese schreiende Ungerechtigkeit macht mich ganz verrückt

maltraído, -a [maḷtra'iðo, -a] *adj (Bol, Chil, Perú)* schlecht gekleidet

maltratar [maḷtra'tar] *vt* ❶ *(tratar mal)* schlecht behandeln ❷ *(daño físico/psíquico)* misshandeln; **~ de obra** handgreiflich werden (gegen +*akk*) ❸ *(insultar)* **~** (**de palabra**) beschimpfen ❹ *(estropear)* übel zurichten

maltrato [maḷ'trato] *m* ❶ *(físico, psíquico)* Misshandlung *f* ❷ *(insulto)* Beschimpfung *f* ❸ *(de una cosa)* Beschädigung *f*

maltrecho, -a [maḷ'tretʃo, -a] *adj* ❶ *(golpeado)* übel zugerichtet ❷ *(deprimido)* am Boden zerstört

malura [ma'lura] *f (Chil)* Unwohlsein *nt*

malva ['malβa] **I.** *adj* (blass)lila **II.** *f* (BOT) Malve *f;* **estar criando ~s** *(fam fig)* sich *dat* die Radieschen von unten angucken; **ser** (**como**) **una ~** *(fam)* lammfromm sein

malvado, -a [mal'βaðo, -a] **I.** *adj* ruchlos; **una persona malvada** ein durch und durch schlechter Mensch **II.** *m, f* Unmensch *m*

malvavisco [malβa'βisko] *m* Hibiskus *m*

malvender [malβeṇ'der] *vt* unter Wert verkaufen

malversación [malβersa'θjon] *f* Veruntreuung *f,* Unterschlagung *f;* **~ de los caudales públicos** Veruntreuung öffentlicher Gelder

malversar [malβer'sar] *vt* unterschlagen

Malvinas [mal'βinas] *fpl* Falklandinseln *fpl*

malvivir [malβi'βir] *vi* ❶ *(vivir en malas condiciones)* in schlechten [*o* ärmlichen] Verhältnissen leben, (finanzielle) Not leiden; **su sueldo solo le da para ~** ihr/sein Gehalt reicht gerade, um sich über Wasser zu halten ❷ *(llevar mala vida)* einen schlechten Lebenswandel führen [*o* haben]

mama ['mama] *f* ❶ *(de una mujer)* Brust(drüse) *f; (de un animal)* Zitze *f; (ubre)* Euter *m* ❷ *(fam: mamá)* Mama *f*

mamá [ma'ma] *f (fam)* Mama *f*

mamada [ma'maða] *f* ❶ *(acción)* Trinken *nt* (von Muttermilch); **el bebé se queda dormido después de cada ~** nach dem Stillen schläft das Baby immer ein ❷ *(cantidad mamada)* Brustmahlzeit *f* ❸ *(Am: ganga)* Schnäppchen *nt;* **¡vaya ~!** das ist ja geschenkt! ❹ *(loc, vulg)* **hacerle una ~ a alguien** jdm einen blasen

mamadera [mama'ðera] *f (Am: biberón y tetilla)* Babyflasche *f*

mamaíta [mama'ita] *f (fam) dim de* **mamá**

mamar [ma'mar] **I.** *vt, vi* ❶ *(en el pecho)* trinken; **no le des de ~ tanto al niño** still das Kind nicht so oft ❷ *(adquirir)* **has mamado la pereza** (**con la leche**) du hast die Faulheit mit der Muttermilch eingesaugt ❸ *(fam: comer)* futtern ❹ *(vulg)* **mamársela a alguien** jdm einen blasen **II.** *vr:* **~se** ❶ *(vulg: emborracharse)* sich volllaufen lassen *fam* ❷ *(fam: sin esfuerzo)* **se ha mamado este puesto** er/sie hat diese Stelle geschenkt gekriegt; **me lo he mamado** ich habe ihn (locker) in die Tasche gesteckt

mamario, -a [ma'marjo, -a] *adj* (ANAT) Brust(drüsen)-; (ZOOL) Zitzen-; *(ubre)* Euter-
mamarrachada [mamarra'ʧaða] *f* ❶ *(mamarracho)* Pfusch *m fam* ❷ *(acción ridícula)* Quatsch *m fam;* **no hace más que ~s** er/sie benimmt sich unmöglich
mamarracho [mama'rraʧo] *m* ❶ *(persona que viste mal)* Vogelscheuche *f; (ridícula)* Witzfigur *f fam* ❷ *(cosa mal hecha)* Pfusch *m fam; (fea)* Ungetüm *nt; (sin valor)* Kitsch *m* ❸ *(persona despreciable)* Nichtsnutz *m*
mambo ['mambo] *m* (MÚS) Mambo *m*
mameluco [mame'luko] *m* ❶ *(bobo)* Dummkopf *m* ❷ *(Am: de bebé)* Strampelanzug *m*
mami ['mami] *f (fam)* Mutti *f,* Mami *f*
mamífero [ma'mifero] **I.** *adj* Säuge- **II.** *m* Säugetier *nt*
mamografía [mamoɣra'fia] *f* (MED) Mammografie *f*
mamón, -ona [ma'mon, -ona] **I.** *adj (bebé)* im Säuglingsalter; **niño ~** Säugling *m;* **tiene una niña muy mamona** ihr Baby muss oft gestillt werden **II.** *m, f* ❶ *(niño)* Säugling *m* ❷ *(vulg: insulto)* Wichser *m,* Fotze *f* ❸ *(Am: fam: borracho)* Saufkopf *m*
mamotreto [mamo'treto] *m* ❶ *(pey: libro)* Wälzer *m* ❷ *(armatoste)* Gerümpel *nt;* **esta butaca es un ~** das ist ein Ungetüm von einem Sessel
mampara [mam'para] *f (cancel)* Wandschirm *m; (de ducha)* Duschkabine *f*
mamporro [mam'porro] *m (fam)* Schlag *m;* **darse un ~ contra la barandilla** sich am Geländer anstoßen; **con el hielo me pegué un ~ en medio de la calle** bei der Glätte hat es mich mitten auf der Straße hingeschlagen
mampostería [mamposte'ria] *f* ❶ *(obra)* Mauerwerk *nt;* **~ de ladrillos en bruto** Rohbau *m* ❷ *(oficio)* Maurerhandwerk *nt*
mampuesto [mam'pwesto] *m* ❶ *(piedra sin labrar)* Bruchstein *m; (piedras pequeñas)* Füllsteine *mpl* ❷ (MIL: *parapeto*) Brustwehr *f* ❸ *(Am: para apoyar el arma)* Schießscharte *f* ❹ *(loc)* **tener algo de ~** etw in Vorrat haben
mamut [ma'mu^ð] *m* <mamuts> Mammut *nt*
maná [ma'na] *m* ❶ *(enviado por Dios)* Manna(brot) *nt* ❷ *(de ciertas plantas)* Manna *nt* ❸ *(regalo)* Geschenk *nt* (des Himmels)
manada [ma'naða] *f* ❶ *(rebaño)* Herde *f; (de peces/aves)* Schwarm *m; (de lobos/ciervos)* Rudel *nt;* **~ de gallinas** Schar Hühner; **~ de gente** Menschenschar *f;* **una ~ de curiosos** eine Gruppe Neugieriger; **llegaron en** [*o* **a**] **~s al concierto** die Leute kamen scharenweise zum Konzert; **pasamos la frontera en ~** wir überquerten geschlossen die Grenze ❷ *(cantidad)* Hand *f* voll
management [ma'nadʒemen^t] *m sin pl* Management *nt*
manager ['manadʒer] *mf* <managers> Manager(in) *m(f); v. t.* **mánayer**
managing ['manadʒiŋ] *m sin pl* Management *nt*
manantial [manan̩'tjal] **I.** *adj* Quell- **II.** *m* ❶ *(fuente natural)* Quelle *f;* **~ caliente** Thermalquelle *f;* **~ medicinal** Heilquelle *f* ❷ *(fuente artificial)* Brunnen *m* ❸ *(origen)* Ursprung *m*
manar [ma'nar] **I.** *vt* hervorbringen; **la fuente mana agua fría** aus dem Brunnen sprudelt eiskaltes Wasser; **la herida no paraba de ~ sangre** aus der Wunde floss ununterbrochen Blut **II.** *vi* ❶ *(surgir)* fließen; **el agua manaba sucia de la fuente** aus dem Brunnen sprudelte schmutziges Wasser ❷ *(fluir fácilmente)* strömen; **las palabras manaban de su boca** die Worte sprudelten förmlich über seine/ihre Lippen ❸ *(abundar)* im Überfluss vorhanden sein; **en esta huerta manan los naranjos** dieser Garten ist reich an Orangenbäumen; **esta familia mana en** [*o* **de**] **dinero** diese Familie schwimmt in Geld
mánayer ['manadʒer] *mf* <mánayers> Manager(in) *m(f)*
manaza [ma'naθa] *f* große Hand *f*
manazas [ma'naθas] *mf inv* Tölpel *m;* **ser un ~** zwei linke Hände haben
manca ['maŋka] *adj o f v.* **manco**
manceba [man̩'θeβa] *f* Geliebte *f*
mancebo[1] [man̩'θeβo] *m* ❶ *(asistente)* Gehilfe *m; (en una farmacia)* Apothekersgehilfe *m; (en una tienda)* Ladengehilfe *m* ❷ *(oficial)* (Handwerks)geselle *m* ❸ *(mozo)* Bursche *m* ❹ *(soltero)* Junggeselle *m*
mancebo, -a[2] [man̩'θeβo, -a] *adj* jung
mancha ['manʧa] *f* ❶ *(en la ropa/piel)* Fleck *m; (de tinta)* Klecks *m; (salpicadura)* Sprenkel *m* ❷ *(toque de color)* (Farb)tupfer *m;* **este perro es blanco con ~s negras** dieser Hund ist gescheckt; **la corbata tiene ~s azules y blancas** die Krawatte ist blauweiß gesprenkelt ❸ *(boceto)* Farbskizze *f* ❹ *(deshonra)* Makel *m;* **sin ~** makellos
Mancha ['manʧa] *f* **canal de la ~** Ärmelkanal *m*
manchado, -a [man'ʧaðo, -a] *adj* ❶ *(ropa, mantel)* schmutzig ❷ *(cara, fruta)* fleckig

M

③ *(caballos, vacas)* gescheckt; *(salpicado)* gesprenkelt ④ *(café)* **leche manchada** Latte macchiato *m o f*

manchapapeles [mantʃapa'peles] *m inv (pey)* Schreiberling *m*

manchar [man'tʃar] **I.** *vt* ① *(ensuciar)* schmutzig machen ② *(desprestigiar)* beschmutzen **II.** *vr:* **~se** *(ensuciarse)* sich schmutzig machen

manchego, -a [man'tʃeɣo, -a] **I.** *adj* aus der spanischen Region La Mancha; **queso ~** *typischer Käse aus La Mancha* **II.** *m, f* Bewohner(in) *m(f)* von La Mancha

manchón [man'tʃon] *m* ① *(mancha grande)* großer Fleck *m* ② *(de plantas)* dicht bewachsene Stelle *f* ③ *(tierra de labor)* *Ackerland, das ein Jahr lang als Weideland genutzt wird*

mancilla [man̩'θiʎa] *f* Makel *m,* (Schand)fleck *m;* **sin ~** unbefleckt, makellos; **tiene un pasado sin ~** er/sie hat eine tadellose Vergangenheit

mancillar [man̩θi'ʎar] *vt* beflecken

mancilloso, -a [man̩θi'ʎoso, -a] *adj* ① *(lleno de mancilla)* voller Makel ② *(que provoca lástima)* Mitleid erregend

manco, -a ['maŋko, -a] **I.** *adj* ① *(de un brazo)* einarmig; *(de una mano)* einhändig; **es ~ de la mano izquierda/derecha** *(le falta)* ihm fehlt die linke/rechte Hand; *(la tiene inutilizada)* seine linke/rechte Hand ist gelähmt; **no ser (cojo ni) ~** *(ser hábil)* sehr geschickt sein; *(ser largo de manos)* langfing(e)rig sein ② *(defectuoso)* fehlerhaft; *(incompleto)* unvollständig **II.** *m, f (con un brazo)* Einarmige(r) *mf;* *(con una mano)* Einhändige(r) *mf*

mancomunar [maŋkomu'nar] **I.** *vt* vereinen **II.** *vr:* **~se** sich zusammenschließen

mancomunidad [maŋkomuni'ðaᵈ] *f (comunidad)* Gemeinschaft *f*

mancuerna [maŋ'kwerna] *f* ① *(pareja)* zusammengebundenes Paar *nt;* **~ de reses** an den Hörnern zusammengebundene Tiere ② *(correa)* Strick *m* (mit dem die Rinder an den Hörnern zusammengebunden werden) ③ *(Col, Cuba, Chil: hojas de tabaco)* an den Stielen zusammengewachsene Tabakblätter *ntpl*

mandado [man̩'daðo] *m (encargo)* Auftrag *m;* *(orden)* Befehl *m;* *(compra)* Besorgung *f;* **hacer un ~** Besorgungen machen

mandamás [man̩da'mas] *mf (pey fam)* befehlshaberische Person *f*

mandamiento [man̩da'mjen̩to] *m* ① *(orden)* Befehl *m;* **~ de detención** Haftbefehl *m;* **~ judicial** gerichtliche Verfügung ② *(precepto)* Gebot *nt*

mandanga [man̩'daŋga] *f (fam)* ① *(pachorra)* Trägheit *f,* Gleichgültigkeit *f* ② *pl (tonterías)* Blödsinn *m,* Unsinn *m;* **¡déjate de ~s y atiende de una vez!** hör auf mit dem Blödsinn und pass endlich auf!

mandante [man̩'dan̩te] *mf (cliente)* Auftraggeber(in) *m(f);* (JUR) Mandant(in) *m(f)*

mandar [man̩'dar] **I.** *vt* ① *(ordenar)* befehlen; **~ a alguien que...** *+subj* jdm befehlen zu ... *+inf;* **lo que Ud. mande** zu Ihren Diensten ② *(prescribir)* vorschreiben ③ *(dirigir)* leiten; *(gobernar)* regieren ④ *(encargar)* veranlassen; **~ buscar/hacer/venir** holen/machen/kommen lassen ⑤ *(enviar)* schicken; **~ al cuerno** *(fam)* zum Teufel schicken; **~ a freír espárragos** *(fam)* zum Kuckuck schicken ⑥ *(legar)* vermachen ⑦ (TÉC) steuern; **mandado a distancia** ferngesteuert **II.** *vr:* **~se** sich *dat* selbst helfen (können)

mandarina [man̩da'rina] *f* Mandarine *f*

mandatario, -a [man̩da'tarjo, -a] *m, f* Bevollmächtigte(r) *mf;* **primer ~** (POL) Staatschef *m*

mandato [man̩'dato] *m* ① *(orden)* Befehl *m;* *(prescripción)* Vorschrift *f;* *(delegación)* Auftrag *m;* **~ judicial** gerichtliche Anweisung; **~ de pago** Mahnbescheid *m;* **por ~ de las leyes** auf Grund der gesetzlichen Bestimmungen ② (POL) Mandat *nt;* **~ internacional** völkerrechtliches Mandat; **~ parlamentario** Abgeordnetensitz *m*

mandíbula [man̩'diβula] *f* ① (ANAT) Kiefer *m;* **~ superior/inferior** Ober-/Unterkiefer *m;* **reír(se) a ~ batiente** sich ausschütten vor Lachen ② (TÉC) Backe *f;* **~ prensora/de sujeción** Klemm-/Greifbacke *f*

mandil [man̩'dil] *m* ① *(delantal)* Schürze *f;* *(de cuero)* (Leder)schurz *m* ② *(Am: de caballería)* Satteldecke *f*

mandinga [man̩'diŋga] *m* ① *(Am: fam: diablo)* Teufel *m* ② *(Arg: fam: muchacho)* Lausbub *m*

mando ['man̩do] *m* ① *(poder)* Macht *f;* (MIL) Kommando *nt;* *(del presidente)* Präsidialgewalt *f;* **don de ~** Führungsqualitäten *fpl;* **estar al ~ de** das Kommando haben über; **estar bajo el ~ de alguien** unter jds Befehl stehen; **tener el ~ y el palo** *(fam)* das (absolute) Sagen haben ② *(quien lo tiene)* **~s intermedios de una empresa** mittleres Management eines Unternehmens; **alto ~** (MIL) Oberbefehlshaber *m* ③ (TÉC) Steuerung *f;* **~ a distancia** Fernsteuerung *f;* **~ manual** Handantrieb *m;* **botón de ~** Bedienungsknopf *m*

mandoble [man̩'doβle] *m* ① *(golpe de espada)* Schwertstreich *m* ② *(fam: espada grande)* großes Schwert *nt* ③ *(bofetada)*

Ohrfeige *f* ④ *(represión severa)* strenger Verweis *m*

mandolina [man̪do'lina] *f* Mandoline *f*

mandón, -ona [man'don, -ona] **I.** *adj* herrschsüchtig **II.** *m, f* herrschsüchtige Person *f*

mandril [man̪'dril] *m* ① (ZOOL: *mono*) Mandrill *m* ② (TÉC: *espiga*) (Richt)dorn *m; (plato de sujeción)* (Spann)futter *nt;* **~ de taladrar** Bohrfutter *nt*

manducar [man̪du'kar] <c → qu> *vi, vt (fam)* futtern

manducatoria [man̪duka'torja] *f (fam)* Essen *nt*

manecilla [mane'θiʎa] *f* ① *(del reloj)* Zeiger *m* ② *(broche)* Verschluss *m* ③ (TÉC) Griff *m* ④ *(signo)* Hinweiszeichen *nt* (in Handform)

manejabilidad [manexaβili'ðaᵈ] *f* ① *(de un objeto)* Handlichkeit *f* ② *(de una persona)* Fügsamkeit *f* ③ (AUTO) Wendigkeit *f*

manejable [mane'xaβle] *adj* ① *(objeto)* handlich ② *(persona)* fügsam ③ (AUTO) wendig

manejar [mane'xar] **I.** *vt* ① *(usar)* handhaben; *(máquina)* bedienen; *(fig)* umgehen (mit +*dat*); **~ el cuchillo** mit dem Messer hantieren; **manejas bien las cifras** du kannst gut mit Zahlen umgehen; **saber ~ el dinero** gut mit Geld umgehen können; **'¡manéjese con cuidado!'** 'Vorsicht! Zerbrechlich!' ② (INFOR) steuern ③ *(dirigir)* leiten; **~ intereses** Interessen vertreten ④ *(a alguien)* manipulieren; **maneja al marido a su antojo** sie macht mit ihrem Mann, was sie will ⑤ *(Am: un coche)* lenken **II.** *vr:* **~se** zurechtkommen; **saber ~se en la vida** sich gut im Leben zurechtfinden; **manejárselas** *(fam)* sich *dat* zu helfen wissen

manejo [ma'nexo] *m* ① *(uso)* Handhabung *f; (de una máquina)* Bedienung *f; (fig)* Umgang *m* (**de** mit +*dat*); *(utilización)* Bedienung *f;* **~ del agua** Wasserbewirtschaftung *f;* **~ de animales** Umgang mit Tieren; **~ a distancia** Fernbedienung *f* ② (INFOR) Steuerung *f;* **~ de errores** Fehlerbehandlung *f;* **~ de la memoria** Speicherbenutzung *f;* **~ de información** Informationsaufbereitung *f* ③ *(trato)* Umgang *m* ④ *(de un negocio)* Leitung *f* ⑤ *(Am: de un coche)* Steuerung *f* ⑥ *pl (intrigas)* Machenschaften *fpl*

manera [ma'nera] *f* ① *(forma, modo)* Art *f,* Weise *f;* **~ de decir** Redensart *f;* **~ de obrar** Verhalten *nt;* **~ de pensar** Ansicht *f;* **~ de proceder** Vorgehensweise *f;* **~ de ser** Wesen *nt;* **~ de ver las cosas** Einstellung *f;* **a la ~ de** in der Art von; **a la ~ de la casa** nach Art des Hauses; **a ~ de** wie; **a mi ~** auf meine Art; **a mi ~ de ver** meiner Ansicht nach; **de la ~ que sea** egal wie; **de cualquier ~** [*o* **de todas ~s**], **no pienso ir ahí** ich gehe jedenfalls nicht dorthin; **de esta ~** so; **de ~ que** *(finalidad)* sodass; **mañana tienes que madrugar, de ~ que es mejor que te acuestes pronto** morgen musst du früh aufstehen, also ist es besser, wenn du bald ins Bett gehst; **¿de ~ que sacaste mala nota?** du hast also eine schlechte Note bekommen?; **de ninguna ~** keinesfalls; **se echó a gritar de tal ~ que...** er/sie fing derartig an zu schreien, dass ...; **de una ~ o de otra** so oder so; **en cierta ~** in gewisser Weise; **en gran ~** wesentlich; **no hay ~ de...** es ist unmöglich, zu ...; **¡qué ~ de llover!** so ein Regen!; **sobre ~** übermäßig (viel); **primero se lo dije de buena ~** erstmal habe ich ihn/sie höflich darauf hingewiesen; **contestar de mala ~** eine freche Antwort geben; **hacer las cosas de mala ~** pfuschen ② *pl (modales)* Manieren *fpl;* **¡estas no son ~s!** das ist keine Art!

manga ['maŋga] *f* ① *(del vestido)* Ärmel *m;* **~ a la sisa** ärmellos; **de ~s cortas/largas** kurzärm(e)lig/langärm(e)lig; **estar en ~s de camisa** formlos gekleidet sein; **¡a buenas horas ~s verdes!** zu spät ist zu spät!; **ir ~ por hombro** *(fam)* drunter und drüber gehen; **poner algo ~ por hombro** *(fam)* etw heillos durcheinanderbringen; **sacarse algo de la ~** *(fig)* etw aus dem Ärmel schütteln; **ser más corto que las ~s de un chaleco** *(fig)* extrem schüchtern sein; **tener (la)** [*o* **ser de**] **~ ancha** *(fig)* alles durchgehen lassen ② *(tubo)* Schlauch *m* ③ (AERO) **~ de aire** Windsack *m* ④ (METEO) **~ de viento/de agua** Wind-/Wasserhose *f* ⑤ (GASTR) **~ (pastelera)** Spritzbeutel *m* ⑥ *(fam: borrachera)* Schwips *m* ⑦ *(Arg: pey: grupo de personas)* Haufen *m* (Leute) ⑧ *(loc)* **hacer ~s y capirotes** *(fam)* unbesonnen handeln; **tirar la ~** *(fam)* sich *dat* Geld pumpen

mangajo, -a [maŋ'gaxo, -a] *m, f* ① *(Ecua: persona despreciable)* verabscheuenswerte, unansehnliche Person *f* ② *(Ecua, Perú: persona sin voluntad)* willenlose Person *f*

mangancia [maŋ'gan̪θja] *f (fam)* ① *(robo)* Gaunerei *f* ② *(holgazanería)* Faulenzerei *f* ③ *(mendicidad)* Bettelei *f*

manganesa [maŋga'nesa] *f* (MIN) Braunstein *m,* Pyrolusit *m*

manganeso [maŋga'neso] *m* Mangan *nt*

manganeta [maŋga'neta] *f (Hond)* Trick *m,* Finte *f*

M

mangangá [maŋgaŋ'ga] *m* ① *(CSur: abejón zumbador)* ≈ Hummel *f* ② *(CSur, Bol: persona fastidiosa)* Nervensäge *f fam*

mangante [maŋ'gaṇte] *mf* *(fam)* ① *(ladrón)* Gauner(in) *m(f)* ② *(holgazán)* Faulpelz *m* ③ *(mendigo)* Bettler(in) *m(f)*

manganzón, -ona [maŋgaṇ'θon, -ona] *m, f* *(Am)* Faulenzer(in) *m(f)*

mangar [maŋ'gar] <g → gu> *vt* *(fam)* klauen

mango ['maŋgo] *m* ① *(puño)* Griff *m;* *(alargado)* Stiel *m;* **tener la sartén por el ~** *(fig)* das Heft fest in der Hand haben ② *(árbol)* Mangobaum *m* ③ *(fruta)* Mango *f*

mangoneador(a) [maŋgonea'ðor(a)] *adj* ① *(entrometido)* zudringlich ② *(dominador)* herrschsüchtig ③ *(vago)* faul, müßig

mangonear [maŋgone'ar] **I.** *vi* *(fam)* ① *(entrometerse)* sich einmischen (**en** in +*akk*) ② *(vaguear)* sich herumtreiben **II.** *vt* *(fam)* bevormunden

mangoneo [maŋgo'neo] *m* *(fam)* ① *(entremetimiento)* Einmischung *f* ② *(vagancia)* Herumtreiberei *f*

mangostán [maŋgos'tan] *m* (BOT) Mangostane *f*

manguear [maŋge'ar] *vt* *(Arg: fam: dinero)* pumpen

manguera [maŋ'gera] *f* *(tubo)* Schlauch *m*

mangueta [maŋ'geta] *f* ① *(listón)* Leiste *f* ② *(palanca)* Hebel *m* ③ *(retrete)* Ableitrohr *nt*

manguito [maŋ'gito] *m* ① *(mitón)* Muff *m* ② *(protección)* Ärmelschoner *m* ③ *(cilindro hueco)* Manschette *f* ④ *(anillo)* Schelle *f*

maní [ma'ni] *m* Erdnuss *f*

manía [ma'nia] *f* ① *(locura)* Wahn *m* ② *(extravagancia)* Marotte *f* ③ *(obsesión)* fixe Idee *f;* **tener ~ por la moda** ein Modenarr sein ④ *(fam: aversión)* Abneigung *f;* **tener(le) ~ a alguien** jdn nicht leiden können; **cogerle ~ a alguien** eine Abneigung gegen jdn entwickeln

maniaco, -a [ma'njako, -a], **maníaco, -a** [ma'niako, -a] **I.** *adj* wahnsinnig **II.** *m, f* Wahnsinnige(r) *mf;* **~ sexual** Sexbesessene(r) *m;* *(delincuente)* Triebtäter *m*

maniatar [manja'tar] *vt* *(persona)* an den Händen fesseln; **lo ~on a la silla** sie haben ihn mit den Händen an den Stuhl gebunden

maniático, -a [ma'njatiko, -a] **I.** *adj* ① *(loco)* verrückt ② *(extravagante)* seltsam **II.** *m, f* ① *(loco)* Wahnsinnige(r) *mf;* **un ~ de fútbol** ein Fußballfreak; **ser un ~ del cine** ein großer Kinoliebhaber sein ② *(extravagante)* Sonderling *m*

manicomio [mani'komjo] *m* Irrenanstalt *f*

manicura [mani'kura] *f* Maniküre *f*

manicuro, -a [mani'kuro, -a] *m, f* Handpfleger(in) *m(f)*, Maniküre *f*

manido, -a [ma'niðo, -a] *adj* ① *(alimentos)* leicht verdorben; **carne manida** gut abgehangenes Fleisch; **fruta manida** überreifes Obst ② *(objetos)* (ab)gebraucht; **libro ~** abgegriffenes Buch; **ropa manida** abgetragene Kleider ③ *(trillado)* abgedroschen

manierismo [manje'rismo] *m* (ARTE) Manierismus *m*

manifestación [manifesta'θjon] *f* ① *(expresión)* Bekundung *f;* **como ~ de cariño** als Ausdruck der Zuneigung ② *(reunión)* Demo(nstration) *f*

manifestante [manifes'taṇte] *mf* Demonstrant(in) *m(f)*

manifestar [manifes'tar] <e → ie> **I.** *vt* ① *(declarar)* erklären ② *(mostrar)* zeigen **II.** *vr:* **~se** ① *(declararse)* sich äußern; **~se a favor/en contra de algo** sich für/gegen etw aussprechen ② *(revelarse)* sich zeigen (**en** in +*dat*) ③ *(política)* demonstrieren

manifiestamente [manifjesta'meṇte] *adv* offensichtlich, eindeutig

manifiesto¹ [mani'fjesto] *m* Manifest *nt*

manifiesto, -a² [mani'fjesto, -a] *adj* ① *(evidente)* eindeutig ② *(loc)* **poner de ~** *(revelar)* offenbaren; *(expresar)* zum Ausdruck bringen

manija [ma'nixa] *f* *(palanca)* Griff *m*

manilla [ma'niʎa] *f* ① *(pulsera)* Armreif *m* ② *pl* *(para prisioneros)* Handschellen *fpl* ③ *v.* **manija** ④ *(del reloj)* Uhrzeiger *m*

manillar [mani'ʎar] *m* Lenker *m*

maniobra [mani'oβra] *f* ① *(operación manual)* Handgriff *m* ② *(uso)* Bedienung *f* ③ *(ardid)* Intrige *f pl;* **~s fraudulentas** betrügerische Handlungen ④ (MIL) Manöver *nt;* **estar de ~s** im Manöver sein ⑤ *(vehículo)* Steuern *nt;* (FERRO) Rangieren *nt;* *(movimiento)* Manöver *nt*

maniobrable [manjo'βraβle] *adj* lenkbar; **un vehículo fácilmente ~** ein wendiges Fahrzeug

maniobrar [manjo'βrar] **I.** *vi* ① (MIL) ein Manöver abhalten ② *(intrigar)* intrigieren **II.** *vt* ① *(manejar)* steuern ② *(manipular)* beeinflussen

manipulable [manipu'laβle] *adj* manipulierbar

manipulación [manipula'θjon] *f* ① *(empleo)* Handhabung *f* ② *(elaboración)* Verarbeitung *f* ③ *(alteración)* Manipulation *f*

manipulado, -a [manipu'laðo, -a] *adj* manipuliert

manipulador[1] [manipula'ðor] *m (morse)* Morsetaster *m*

manipulador[2], **-a** [manipula'ðor(a)] *adj* manipulierend

manipular [manipu'lar] *vt* ❶ *(maniobrar)* handhaben; *(máquina)* bedienen ❷ *(elaborar)* verarbeiten ❸ *(alterar)* manipulieren ❹ *(interferir)* eingreifen (in *+akk*) ❺ *(manosear)* hantieren (mit *+dat*)

maniqueísmo [manike'ismo] *m sin pl* ❶ (REL) Manichäismus *m* ❷ (POL) Schwarzweißmalerei *f*

maniquí [mani'ki] <maniquíes> *m* ❶ *(modelo)* Mannequin *nt* ❷ *(muñeco)* Schaufensterpuppe *f* ❸ *(pelele)* Marionette *f*

manirroto, **-a** [mani'rroto, -a] *adj* verschwenderisch

manita [ma'nita] *f* **hacer ~s** Händchen halten; **ser un ~s** handwerklich geschickt sein

manito [ma'nito] *m (Méx)* ≈ Kumpel *m*

manivela [mani'βela] *f* Kurbel *f*

manjar [maŋ'xar] *m* ❶ *(comestible)* Speise *f* ❷ *(exquisitez)* Delikatesse *f*

mano ['mano] *f* ❶ (ANAT) Hand *f;* **a ~ alzada** *(votación)* durch Handzeichen; **a ~ armada** bewaffnet; **a ~s llenas** großzügig; **alzar la ~ contra alguien** gegen jdn die Hand erheben; **apretón de ~s** Handschlag *m;* **bajo ~** unter der Hand; **cargar las ~s** übertreiben; **coger a alguien con las ~s en la masa** jdn auf frischer Tat ertappen; **cogidos de las ~s** Hand in Hand; **comer de la ~ de alguien** *(fig)* jdm aus der Hand fressen; **con la ~ en el corazón** freimütig; **dar de ~** *(al trabajo)* die Arbeit niederlegen; **dar de ~ a alguien** jdn links liegen lassen; **echar una ~ a alguien** jdm helfen; **dejar algo en ~s de alguien** jdm etw überlassen; **echar ~ de alguien** auf jdn zurückgreifen; **ser de ~ abierta/cerrada** großzügig/geizig sein; **estar al alcance de la ~** in Reichweite sein; **estar ~ sobre ~** *(fig)* die Hände in den Schoß legen; **hecho a ~** handgefertigt; **irse a las ~s** handgreiflich werden; **su vida se le había ido de las ~s** er/sie hatte die Kontrolle über sein/ihr Leben verloren; **se le ha ido la ~** *(desmesura)* er/sie hat das Maß überschritten; *(violencia)* er/sie ist handgreiflich geworden; **lavarse las ~s (como Pilatos)** seine Hände in Unschuld waschen; **llevar a alguien de la ~** jdn an der Hand führen; *(fig)* Einfluss auf jdn ausüben; **~ a ~** *(fig)* gleichzeitig; **¡~s a la obra!** ans Werk!; **meter ~** sich einmischen; **meter ~ a alguien** *(fam)* jdn befingern; **pedir la ~ de alguien** um jds Hand anhalten; **poner las ~s en el fuego por alguien** für jdn die Hand ins Feuer legen; **si a ~ viene...** wenn es gelegen ist ...; **echar ~ de una oferta** ein Angebot in Anspruch nehmen; **traer algo entre ~s** etw im Schilde führen; **tomarle la ~ a algo** *(fam)* sich in etw einarbeiten; **untar la ~ a alguien** jdn bestechen; **muchas ~s en un plato hacen mucho garabato** *(prov)* viele Köche verderben den Brei ❷ (ZOOL) Vorderfuß *m; (de un perro)* Vorderpfote *f;* **~ de ave** Klaue *f;* **~ de elefante** Rüssel *m* ❸ *(reloj)* Zeiger *m* ❹ *(lado)* Seite *f;* **a** [*o* **de**] [*o* **por**] **la ~ derecha** auf der rechten Seite ❺ *(aplicación)* (Farb)auftrag *m; (capa)* (Farb)schicht *f;* **una ~ de pintura** ein Anstrich; **la pared necesita una ~ de pintura** die Wand muss noch einmal gestrichen werden; **dar la última ~ a algo** etw *dat* den letzten Schliff geben; **una ~ de azotes** eine Tracht Prügel ❻ *(trabajador)* Arbeiter(in) *m(f);* **~ de obra** Arbeitskraft *f;* **~ de obra especializada** Facharbeiter(in) *m(f)* ❼ *(habilidad)* Geschicklichkeit *f;* **tener buena ~ para coser** im Nähen geschickt sein; **tener ~s verdes** einen grünen Daumen haben ❽ *(de naipes)* Runde *f;* **ser ~** herauskommen ❾ *(de ajedrez)* Partie *f*

manojo [ma'noxo] *m* Hand *f* voll; **~ de llaves** Schlüsselbund *m o nt;* **ser un ~ de nervios** ein Nervenbündel sein

manoletina [manole'tina] *f (Damenschuh)* Ballerina *m*

manómetro [ma'nometro] *m* (FÍS) Manometer *nt*

manopla [ma'nopla] *f* ❶ *(guante)* Fäustling *m* ❷ *(para lavarse)* Waschlappen *m*

manoseado, **-a** [manose'aðo, -a] *adj* ❶ *(sobado)* gebraucht ❷ *(trillado)* abgedroschen

manosear [manose'ar] *vt* betasten; *(fam pey)* betatschen

manoseo [mano'seo] *m* ❶ *(fam: sobo)* Fummelei *f* ❷ *(toqueteo)* Belästigung *f*

manotazo [mano'taθo] *m* Schlag *m;* **dar ~s** um sich schlagen

manotear [manote'ar] **I.** *vi* gestikulieren **II.** *vt* mit der Hand schlagen

mansalva [man'salβa] *adv* **a ~** *(sobre seguro)* sicher; *(traidoramente)* aus dem Hinterhalt; *(en gran cantidad)* massenweise

mansamente [mansa'mente] *adv* zahm, gefügig, still

mansedumbre [manse'ðumbre] *f* ❶ *(suavidad)* Sanftmut *f* ❷ *(sumisión)* Gehorsam *m*

mansión [man'sjon] *f* ❶ *(casa suntuosa)*

Villa *f* ❷ *(morada)* Wohnsitz *m* ❸ *(detención)* Rast *f;* **hacer ~** sich aufhalten

manso, -a ['manso, -a] *adj* ❶ *(dócil)* sanft ❷ *(animales)* zahm ❸ *(aguas)* still ❹ *(viento)* lau ❺ *(clima)* mild

manta[1] ['maṇta] *f* ❶ *(cobertor)* Decke *f;* **~ para cubrir la cama** Tagesdecke *f;* **~ eléctrica** Heizdecke *f;* **a ~** massenhaft; **liarse la ~ a la cabeza** *(actuar con decisión)* Nägel mit Köpfen machen; *(de modo irreflexivo)* unbedacht handeln; *(aceptar)* sich *dat* etwas aufhalsen lassen; **tirar de la ~** Machenschaften aufdecken ❷ *(zurra)* Tracht *f* Prügel ❸ (ZOOL) Rochen *m*

manta[2] ['maṇta] *mf (persona torpe)* Tölpel *m*

mantancero, -a [maṇtaṇ'θero, -a] *m, f (Méx)* Fleischer(in) *m(f),* Metzger(in) *m(f)*

manteado [maṇte'aðo] *m (AmC)* Zelt *nt*

mantear [maṇte'ar] *vt auf einer Decke mehrmals in die Luft werfen und wieder auffangen*

manteca [maṇ'teka] *f* ❶ *(grasa)* Fett *nt;* **~ de cerdo** Schweineschmalz *nt* ❷ *(mantequilla)* Butter *f;* **como ~** butterweich; **eso no se le ocurre ni al que asó la ~** um so etwas anzustellen, muss man schon ganz schön doof sein

mantecado [maṇte'kaðo] *m* ❶ *(bollo)* (weihnachtliches) Schmalzgebäck *nt* ❷ *(helado)* Milcheis *nt*

mantecoso, -a [maṇte'koso, -a] *adj* ❶ *(de manteca)* Butter-; *(sabor)* butt(e)rig ❷ *(consistencia)* butterweich; *(carne)* zart

mantel [maṇ'tel] *m* Tischdecke *f;* **levantar los ~es** *(fig)* nach dem Essen vom Tisch aufstehen; **comer a ~es** fein essen; **estar a mesa y ~** freie Verpflegung haben

mantelería [maṇtele'ria] *f* Tischwäsche *f*

mantener [maṇte'ner] *irr como tener* **I.** *vt* ❶ *(conservar)* halten; *(orden, relaciones)* aufrechterhalten; **~ a punto** instand halten; **~ la línea** fit bleiben; **~ la calma** die Ruhe bewahren ❷ *(perseverar)* beharren (auf +*dat*) ❸ *(sustentar)* unterhalten; **~ correspondencia con alguien** mit jdm in Briefkontakt stehen ❹ *(sostener)* stützen ❺ *(proseguir)* in Gang halten; **~ una conversación con alguien** mit jdm ein (langes) Gespräch führen **II.** *vr:* **~se** ❶ *(sostenerse)* sich halten ❷ *(continuar)* bleiben ❸ *(perseverar)* festhalten (an +*dat*); **~se en sus trece** *(fam)* auf seinem Standpunkt beharren ❹ *(sustentarse)* seinen Lebensunterhalt bestreiten (**gracias a** mit +*dat*)

mantenido, -a [maṇte'niðo, -a] *adj* anhaltend

mantenimiento [maṇteni'mjeṇto] *m* ❶ *(alimentos)* Unterhalt *m* ❷ (TÉC) Wartung *f;* **~ de datos** (INFOR) Datenpflege *f;* **sin ~** wartungsfrei

mantequilla [maṇte'kiʎa] *f* Butter *f*

mantilla [maṇ'tiʎa] *f* ❶ *(de mujer)* Mantille *f* ❷ *(de niño)* Wickeltuch *nt;* **estar en ~s** *(fam fig)* noch in den Windeln stecken; **estar en ~s sobre algo** *(fam)* wenig Ahnung von etw *dat* haben ❸ *(de caballo)* Satteldecke *f*

mantis ['maṇtis] *f* (ZOOL) Gottesanbeterin *f*

manto ['maṇto] *m* ❶ *(prenda)* Umhang *m;* *(talar)* Talar *m* ❷ *(capa)* Schicht *f;* **el ~ ácido de la piel** der Säureschutzmantel der Haut ❸ *(velo)* Schleier *m* ❹ (MIN) (dünne) Erdschicht *f* ❺ (GEO) **~ terrestre** Erdmantel *m* ❻ (BOT) **~ vegetal** Pflanzendecke *f*

mantón [maṇ'ton] *m* Umschlagtuch *nt*

manual [manu'al] **I.** *adj* ❶ *(con las manos)* Hand- ❷ *(manejable)* handlich **II.** *m* Handbuch *nt;* **~ de referencia** Nachschlagewerk *nt*

manualidad [manwali'ðaᵈ] *f* ❶ *(trabajo manual)* Handarbeit *f* ❷ *(pasatiempo)* Bastelarbeit *f*

manubrio [ma'nuβrjo] *m* ❶ *(puño)* Griff *m* ❷ *(manivela)* Kurbel *f;* **piano de ~** Drehorgel *f*

manufactura [manufak'tura] *f* ❶ *(fabricación)* Manufakturartikel *m* ❷ *(fábrica)* Manufaktur *f*

manufacturación [manufaktura'θjon] *f* Herstellung *f*

manufacturado, -a [manufaktu'raðo, -a] *adj* hergestellt; **artículos ~s** Manufakturartikel *mpl;* **~ en...** hergestellt in ...

manufacturar [manufaktu'rar] *vt* herstellen

manumitir [manumi'tir] *vt* (HIST) freilassen

manuscrito[1] [manus'krito] *m* ❶ *(escrito a mano)* Handschrift *f* ❷ *(de un autor)* Manuskript *nt*

manuscrito, -a[2] [manus'krito, -a] *adj* handschriftlich

manutención [manuteṇ'θjon] *f* ❶ *(alimentos)* Unterhalt *m* ❷ (TÉC) Instandhaltung *f*

manzana [maṇ'θana] *f* ❶ *(fruta)* Apfel *m;* **la ~ de la discordia** der Zankapfel; **sano como una ~** kerngesund ❷ *(cuadra)* (Häuser)block *m;* **dar la vuelta a la ~** um den Block gehen

manzanal [maṇθa'nal] *m* (BOT) ❶ *(terreno)* Apfelbaumplantage *f* ❷ *(árbol)* Apfelbaum *m*

manzanilla [maṇθa'niʎa] *f* ❶ *(planta)* Kamille *f* ❷ *(flor)* Kamillenblüte *f* ❸ *(infusión)* Kamillentee *m* ❹ *(vino)* Manzanilla(wein) *m*

manzano [maṇ'θano] *m* Apfelbaum *m*

maña ['maɲa] *f* ❶ *(habilidad)* Geschicklichkeit *f;* **darse** [*o* **tener**] **~ para** [*o* **con**] **algo** etw gut können ❷ *(astucia)* Schläue *f;* **más vale ~ que fuerza** List geht über Kraft ❸ *pl (caprichos)* Mucken *f pl;* **tener ~s** verwöhnt sein

mañana[1] [ma'ɲana] **I.** *f (temprana)* Morgen *m; (hasta el mediodía)* Vormittag *m;* **a las 5 de la ~** um 5 Uhr morgens; **de la noche a la ~** über Nacht; **de ~** frühmorgens; **por la ~** morgens/vormittags; **todas las ~s** jeden Morgen/Vormittag; **~ por la ~** morgen früh/Vormittag **II.** *adv* ❶ *(día)* morgen; **¡hasta ~!** bis morgen!; **pasado ~** übermorgen; **~ será otro día** morgen ist auch noch ein Tag; **no dejes para ~ lo que puedas hacer hoy** *(prov)* was du heute kannst besorgen, das verschiebe nicht auf morgen ❷ *(futuro)* in der Zukunft

mañana[2] [ma'ɲana] *m* Zukunft *f;* **el día de ~** in näherer Zukunft

mañanear [maɲane'ar] *vi* früh aufstehen; **no soporto ~** morgens früh aufstehen finde ich schrecklich

mañanero, -a [maɲa'nero, -a] **I.** *adj* ❶ *(madrugador)* Frühaufsteher- ❷ *(de la mañana)* Morgen- **II.** *m, f* Frühaufsteher(in) *m(f)*

maño, -a ['maɲo, -a] **I.** *adj* aus Aragonien **II.** *m, f* Aragonier(in) *m(f)*

mañoso, -a [ma'ɲoso, -a] *adj* ❶ *(hábil)* geschickt ❷ *(sagaz)* flink ❸ *(caprichoso)* verwöhnt ❹ *(terco)* störrisch

maoísta [mao'ista] **I.** *adj* (POL) maoistisch **II.** *mf* (POL) Maoist(in) *m(f)*

mapa ['mapa] *m* (Land)karte *f; (de la ciudad)* Stadtplan *m;* **~ astronómico** Himmelskarte *f;* **borrar del ~** *(matar)* umbringen; **desaparecer del ~** verschwinden; **no estar en el ~** *(fig)* außergewöhnlich sein

mapache [ma'paʧe] *m,* **mapachín** [mapa'ʧin] *m (Am)* Waschbär *m*

mapamundi [mapa'muṇdi] *m* ❶ *(mapa)* Weltkarte *f* ❷ *(fam: trasero)* Hintern *m*

maqueta [ma'keta] *f* ❶ (ARQUIT) (Entwurfs)modell *nt* ❷ *(formato)* Layout *nt*

maquetación [maketa'θjon] *f* (PREN) Layout *nt*

maquetar [make'tar] *vt* (TIPO) das Layout machen (von +*dat*), layouten

maquetista [make'tista] *mf* ❶ *(bocetista)* Skizzenzeichner(in) *m(f)* ❷ *(modelista)* Modellbau-Spezialist(in) *m(f)* ❸ (TIPO) Layouter(in) *m(f)*

maquiavélico, -a [makja'βeliko, -a] *adj (retorcido)* heimtückisch

maquila [ma'kila] *f* Mahlportion *f,* Mahlmenge *f*

maquillador(a) [makiʎa'ðor(a)] *m(f)* Visagist(in) *m(f);* (TEAT) Maskenbildner(in) *m(f)*

maquillaje [maki'ʎaxe] *m* ❶ *(acción)* Schminken *nt* ❷ *(producto)* Make-up *nt;* (TEAT) Schminke *f*

maquillar [maki'ʎar] **I.** *vt* ❶ *(poner base de fondo)* Make-up auftragen (auf +*akk*); *(con pinturas)* schminken ❷ *(disimular)* beschönigen **II.** *vr:* **~se** *(con base de fondo)* Make-up auflegen; *(con pinturas)* sich schminken

máquina ['makina] *f* ❶ *(artefacto)* Maschine *f;* **~ de afeitar** Rasierapparat *m;* **~ de coser/lavar** Näh-/Waschmaschine *f;* **~ fotográfica** Kamera *f;* **~ de escribir** (**automática**) (elektrische) Schreibmaschine; **~ destructora de documentos** Aktenvernichter *m;* **a toda ~** mit Volldampf *fam;* **escrito a ~** maschinengeschrieben; **hecho a ~** maschinell hergestellt ❷ *(para comprar, ocio)* Automat *m;* **~ de tabaco** Zigarettenautomat *m;* **~ expendedora de billetes** Fahrkartenautomat *m;* **~ tragaperras** *(fam)* Spielautomat *m* ❸ *(tren)* Lokomotive *f*

maquinación [makina'θjon] *f* Intrige *f*

maquinador(a) [makina'ðor(a)] **I.** *adj* intrigant, intrigierend **II.** *m(f)* Intrigant(in) *m(f),* Ränkeschmied(in) *m(f)*

maquinal [maki'nal] *adj* ❶ *(de la máquina)* Maschinen-, maschinell ❷ *(acción, movimiento)* mechanisch

maquinar [maki'nar] *vt* ❶ *(urdir)* aushecken ❷ *(trabajar)* maschinell bearbeiten

maquinaria [maki'narja] *f* ❶ *(máquinas)* Maschinenpark *m* ❷ *(mecanismo)* Mechanismus *m* ❸ *(industria)* Maschinenbauindustrie *f*

maquinilla [maki'niʎa] *f* Rasierapparat *m*

maquinista [maki'nista] *mf* ❶ *(constructor)* Maschinenbauer(in) *m(f)* ❷ *(conductor)* Maschinenführer(in) *m(f);* **~ de trenes** Lokführer(in) *m(f)*

maquinizar [makini'θar] <z → c> *vt* mechanisieren

mar [mar] *m o f* ❶ (GEO) Meer *nt,* See *f;* **~ Antártico** Südliches Eismeer; **~ de las Antillas** Karibisches Meer; **~ de Aral** Aralsee *m;* **~ Ártico** Nordpolarmeer *nt;* **~ Báltico** Ostsee *f;* **~ de Irlanda** Irische See; **~ Mediterráneo** Mittelmeer *nt;* **~ del Norte** Nordsee *f;* **en alta ~** auf hoher See; **~ adentro** seewärts; **~ de fondo** Dünung *f; (fig)* unterschwellige Spannung; **por ~** auf dem Seeweg; **hacerse a la ~** in See stechen; **arar en el ~** *(fig)* Wasser in den Rhein tragen; **arrojarse a la ~** *(fig)*

M

ins kalte Wasser springen; **quien no se aventura no pasa la ~** *(prov)* wer nicht wagt, der nicht gewinnt ② *(fam: abundancia)* Unmenge *f;* **hay la ~ de...** es gibt ... in Hülle und Fülle; **llueve a ~es** es schüttet; **llorar a ~es** wie ein Schlosshund weinen; **sudar a ~es** sehr stark schwitzen; **ser la ~ de aburrido** entsetzlich langweilig sein; **ser la ~ de bonita** äußerst hübsch sein

maraca [ma'raka] *f* ① *(instrumento musical)* Rumbakugel *f* ② *(sonajero)* Kürbisrassel *f*

maracuyá [maraku'ɟa] *m* (BOT) Maracuja *f*

marajá [mara'xa] *m* Maharadscha *m*

maraña [ma'raɲa] *f* ① *(maleza)* Gestrüpp *nt* ② *(lío)* Wirrwarr *m;* **~ de cabello** zerzaustes Haar; **~ de hilo** unentwirrbarer Knäuel ③ *(embuste)* List *f*

marasmo [ma'rasmo] *m* ① *(debilitamiento)* Kräfteverfall *m* ② *(inmovilidad)* Stillstand *m*

maratón [mara'ton] *m o f* Marathon *m;* **la reunión fue verdaderamente un ~** es war wahrhaftig eine Marathonsitzung

maravilla [mara'βiʎa] *f* ① *(portento)* Wunder *nt;* **a las mil ~s, de ~** wunderbar; **hablar ~s de alguien** jdn in den Himmel loben; **hacer ~s** *(fig)* wahre Wunder vollbringen ② *(admiración)* Bewunderung *f* ③ *(caléndula)* Ringelblume *f*

maravillar [maraβi'ʎar] **I.** *vt* in Bewunderung versetzen **II.** *vr:* **~se** sich wundern (**de** über +*akk*)

maravilloso, -a [maraβi'ʎoso, -a] *adj* wunderbar

marbellí [marβe'ʎi] *adj* aus Marbella

marbete [mar'βete] *m* Etikett *nt*

marca ['marka] *f* ① *(distintivo)* Kennzeichen *nt;* **~ de agua** Wasserzeichen *nt;* **~ de ganado** Brandzeichen *nt* ② *(de productos)* Marke *f;* **~ registrada** eingetragenes Warenzeichen; **ropa de ~** Designerkleider *ntpl;* **un idiota de ~ mayor** ein Idiot ersten Ranges ③ *(huella)* Spur *f* ④ (DEP) Rekord *m* ⑤ *(medida)* Standard *m* ⑥ (INFOR) Marke *f;* **~ (de texto)** Lesezeichen *nt,* Bookmark *f o nt*

marcadamente [markaða'mente] *adv* ① *(claramente)* deutlich ② *(singularmente)* besonders, vor allem ③ *(con énfasis)* nachdrücklich

marcado, -a [mar'kaðo, -a] *adj* ① *(señalado)* markiert ② *(evidente)* deutlich ③ *(singular)* sonderbar ④ *(enfático)* nachdrucksvoll

marcador [marka'ðor] *m* ① *(tablero)* Anzeigetafel *f;* **abrir el ~** die ersten Punkte erzielen; **cerraron el ~ con tres tantos** sie beendeten das Spiel mit drei Toren ② *(Arg: rotulador)* Filzstift *m*

marcaje [mar'kaxe] *m* (DEP) Deckung *f*

marcapaso(s) [marka'paso(s)] *m* *(inv)* (Herz)schrittmacher *m*

marcar [mar'kar] <c → qu> **I.** *vt* ① *(señalar)* markieren; *(ganado)* mit Brandzeichen versehen; *(mercancías)* auszeichnen; **~ una época** eine Epoche prägen; **~ el compás** den Takt (an)geben ② *(resaltar)* hervorheben ③ *(teléfono)* wählen ④ *(cabello)* (ein)legen ⑤ *(naipes)* zinken ⑥ (DEP) **~ un gol** ein Tor schießen; **~ un punto** einen Punkt erzielen ⑦ (DEP: *a un jugador*) decken **II.** *vr:* **~se** sich abzeichnen

marcha ['martʃa] *f* ① *(movimiento)* Gang *m;* **poner en ~** in Gang setzen; *(producción)* aufnehmen ② *(caminata)* Lauf *m* ③ *(curso)* Verlauf *m;* **~ de los negocios** Geschäftsverlauf *m;* **la ~ de los acontecimientos** der Gang der Ereignisse; **sobre la ~** zum richtigen Zeitpunkt ④ *(velocidad)* Gang *m;* **~ atrás** Rückwärtsgang *m;* **a toda ~** mit voller Geschwindigkeit ⑤ (*t.* MIL, MÚS) Marsch *m;* **~ silenciosa** Schweigemarsch *m* ⑥ *(salida)* Abreise *f;* **¡en ~!** los geht's! ⑦ *(argot: acción)* Stimmung *f;* **¡aquí hay mucha ~!** hier ist die Hölle los!; **ir de ~** ausgehen; **tener ~** unternehmungslustig sein

marchador(a) [martʃa'ðor(a)] *m(f)* unermüdlicher Läufer *m,* unermüdliche Läuferin *f*

marchamo [mar'tʃamo] *m* ① *(aduanas)* Zollplombe *f* ② *(embutidos)* Gütesiegel *nt*

marchante [mar'tʃante] **I.** *adj* kommerziell **II.** *mf* Händler(in) *m(f);* **~ de obras de arte** Kunsthändler(in) *m(f)*

marchar [mar'tʃar] **I.** *vi* ① *(ir)* gehen; **¡marchando!** los geht's! ② *(funcionar)* laufen; **~ sobre ruedas** *(fig)* wie geschmiert laufen **II.** *vr:* **~se** ① *(irse)* (weg)gehen; **¿os marcháis?** geht ihr (schon)? ② *(huir)* ausreißen; **~se del país** das Land verlassen

marchitar [martʃi'tar] **I.** *vi* ① *(plantas)* welken ② *(personas)* dahinwelken **II.** *vr:* **~se** verwelken

marchito, -a [mar'tʃito, -a] *adj* welk

marchoso, -a [mar'tʃoso, -a] *adj* ① *(salidor)* unternehmungslustig ② *(elegante)* schick

marcial [mar'θjal] *adj* kriegerisch; **artes ~es** Kampfsportarten *fpl;* **ley ~** Ausnahmezustand *m*

marcialidad [marθjali'ðaᵈ] *f sin pl* kriegerisches Wesen *nt*

marciana [mar'θjana] *adj o f v.* **marciano**

marcianitos [marθja'nitos] *mpl (fam)* kleine grüne Männchen *ntpl*

marciano, -a [mar'θjano, -a] **I.** *adj* Mars- **II.** *m, f* Marsmensch *m*
marco ['marko] *m* ❶ *(recuadro)* Rahmen *m; (armazón)* Gestell *nt;* **el ~ legal** der rechtliche Rahmen ❷ *(ambiente)* Rahmen *m* ❸ *(hist: moneda)* Mark *f*
marea [ma'rea] *f* ❶ *(mar)* Gezeiten *pl;* **~ alta** Flut *f;* **~ baja** Ebbe *f;* **~ negra** Ölpest *f;* **~ roja** Algenpest *f;* **~ viva** Springflut *f;* **contra viento y ~** *(fig)* komme, was da wolle ❷ *(multitud)* Menge *f;* **una ~ humana** eine Menschenflut
mareado, -a [mare'aðo, -a] *adj* ❶ *(indispuesto)* krank; *(en el mar)* seekrank; *(al viajar)* reisekrank; **estoy ~** mir ist übel ❷ *(aturdido)* schwind(e)lig; **estoy ~** mir ist schwind(e)lig ❸ *(bebido)* beschwipst *fam*
mareante [mare'an̩te] *adj* ❶ *(vértigo)* schwindelerregend; *(náuseas)* Übelkeit erregend ❷ *(molestia)* nervenaufreibend; **su llanto le resultaba ~** sein/ihr Weinen ging ihm/ihr auf die Nerven
marear [mare'ar] **I.** *vt* ❶ *(fam: molestar)* auf die Nerven gehen *+dat* ❷ (MED) **algo marea a alguien** jdm wird von etw *dat* schlecht ❸ *(aturdir)* schwind(e)lig machen; *(fig)* überfordern **II.** *vr:* **~se** ❶ *(enfermarse)* krank werden; *(en el mar)* seekrank werden; *(al viajar)* reisekrank werden ❷ *(quedar aturdido)* **me mareo** mir wird schwind(e)lig ❸ *(emborracharse)* sich betrinken
marejada [mare'xaða] *f* hoher Seegang *m; (fig)* Brodeln *nt*
marejadilla [marexa'ðiʎa] *f* leichter Seegang *m*
maremagno [mare'maɣno] *m,* **maremágnum** [mare'maɣnun] *m* ❶ *(multitud)* Unmenge *f* ❷ *(confusión)* Durcheinander *nt*
maremoto [mare'moto] *m* Seebeben *nt*
marengo [ma'reŋgo] **I.** *adj* dunkelgrau; **gris ~** graumeliert **II.** *m* Marengo *m,* (graumelierter) Kammgarnstoff *m (für Mäntel und Kostüme)*
mareo [ma'reo] *m* ❶ *(malestar)* Übelkeit *f; (en el mar)* Seekrankheit *f; (al viajar)* Reisekrankheit *f* ❷ *(vértigo)* Schwindelanfall *m* ❸ *(loc)* **¡qué ~ de hombre!** was für ein unausstehlicher Kerl!
mareógrafo [mare'oɣrafo] *m* (NÁUT) Gezeitenschreiber *m*
marfil [mar'fil] *m* ❶ *(elefante)* Elfenbein *nt* ❷ *(dentadura)* Zahnbein *nt*
margarina [marɣa'rina] *f* Margarine *f*
margarita [marɣa'rita] *f* ❶ (BOT: *mayor)* Margerite *f; (menor)* Gänseblümchen *nt;* **deshojar ~s** ‚er/sie liebt mich, er/sie liebt mich nicht' spielen ❷ *(bebida)* Margarita *f* ❸ (ZOOL) Perlmuschel *f* ❹ *(perla)* Perle *f;* **echar ~s a puercos** Perlen vor die Säue werfen ❺ (TIPO) Typenrad *nt*
margen ['marxen] *m o f* ❶ *(borde)* Rand *m;* **el ~ del río** das Flussufer; **al ~** abseits; **dejar al ~** ausschließen; **mantenerse al ~ de algo** *(fig)* sich aus etw *dat* heraushalten ❷ *(página)* (Seiten)rand *m* ❸ *(libertad)* Spielraum *m;* **dar ~** Gelegenheit geben ❹ *(ganancia)* Spanne *f;* **~ de costos** Kostenrahmen *m;* **~ de seguridad** Sicherheitsmarge *f*
marginación [marxina'θjon] *f* ❶ *(exclusión)* Ausgrenzung *f* ❷ (POL) Diskriminierung *f*
marginado, -a [marxi'naðo, -a] **I.** *adj* ❶ *(excluido)* diskriminiert ❷ *(aislado)* isoliert **II.** *m, f* Außenseiter(in) *m(f)*
marginal [marxi'nal] *adj* ❶ *(al margen)* Rand- ❷ *(secundario)* nebensächlich
marginar [marxi'nar] *vt* ❶ *(ignorar algo)* beiseitelassen; *(a alguien)* ausgrenzen ❷ *(acotar)* mit Randbemerkungen versehen
maría [ma'ria] *f* ❶ *(fam: ama de casa)* Heimchen *nt* am Herd ❷ *(argot: marihuana)* Gras *nt*
marica [ma'rika] *m (vulg)* ❶ *(homosexual)* Schwule(r) *m fam* ❷ *(cobarde)* Hosenscheißer *m* ❸ *(insulto grosero)* Arschloch *nt*
Maricastaña [marikas'taɲa] *f* **tiempos de ~** *(fam)* Anno Tobak; **desde los tiempos de ~** seit ewigen Zeiten; **este chiste es de los tiempos de ~** dieser Witz ist doch schon uralt
maricón [mari'kon] *m (vulg) v.* **marica**
mariconada [mariko'naða] *f (vulg)* ❶ *(acción malintencionada)* Schweinerei *f fam;* **hacer una ~ a alguien** jdn reinlegen ❷ *(tontería)* Blödsinn *m fam*
maridar [mari'ðar] **I.** *vi* ❶ *(casarse)* heiraten ❷ *(hacer vida maridable)* in ehelicher Gemeinschaft leben **II.** *vt* vereinigen, verbinden
marido [ma'riðo] *m* Ehegatte *m;* **mi ~** mein Mann
mariguana [mari'ɣwana] *f sin pl,* **marihuana** [mari'wana] *f sin pl* Marihuana *nt*
marimacho [mari'matʃo] *m (fam)* Mannweib *nt*
marimandón, -ona [mariman̩'don, -ona] *m, f (fam)* herrschsüchtige Person *f*
marimoña [mari'moɲa] *f* (BOT) Ranunkel *f*
marimorena [marimo'rena] *f (fam)* Streit *m;* **armar la ~** schweren Streit anfangen; **se armó la ~** ein wüster Streit brach los

marina [ma'rina] *f* ❶ *(flota)* Marine *f* ❷ (ARTE) Seestück *nt* ❸ (GEO) Küstengebiet *nt*

marinar [mari'nar] *vt* ❶ *(conservar)* einpökeln ❷ *(aderezar)* marinieren

marinera [mari'nera] *f* ❶ *(blusa)* Matrosenbluse *f* ❷ *(And: baile)* Marinera *f (regionaler Volkstanz)*

marinero[1] [mari'nero] *m* Seemann *m;* ~ **de agua dulce** *(irón)* Landratte *f*

marinero, -a[2] [mari'nero, -a] *adj* ❶ *(relativo al mar)* See-; **buque** ~ seetüchtiges Schiff; **pueblo** ~ Fischerdorf *nt;* **pescado a la marinera** *Fischgericht mit Tomaten und Muscheln in Weinsoße* ❷ *(relativo a la marina)* Marine-; **nudo** ~ Seemannsknoten *m*

marino[1] [ma'rino] *m (navegante)* Seemann *m*

marino, -a[2] [ma'rino, -a] *adj* ❶ *(relativo al mar)* See- ❷ *(relativo a la marina)* Marine-

marioneta [marjo'neta] *f* ❶ *(títere)* Marionette *f* ❷ *pl (teatro)* Marionettentheater *nt*

mariposa [mari'posa] *f* ❶ (BIOL) Schmetterling *m;* ~ **nocturna** Nachtfalter *m* ❷ *(lámpara)* Öllampe *f* ❸ (DEP) Schmetterlingsstil *m* ❹ *(fam pey: afeminado)* Tunte *f*

mariposear [maripose'ar] *vi* ❶ *(ser inconstante)* flatterhaft sein ❷ *(flirtear)* herumflirten ❸ *(rondar)* sich herumdrücken (**a** um +*akk*)

mariquita[1] [mari'kita] *f* ❶ *(insecto)* Marienkäfer *m* ❷ *(perico)* Papagei *m*

mariquita[2] [mari'kita] *m (fam)* Schwule(r) *m*

marisabidilla [marisaβi'ðiʎa] *f (fam)* Besserwisserin *f*

mariscal [maris'kal] *m* Marschall *m*

marisco [ma'risko] *m* Meeresfrucht *f*

marisma [ma'risma] *f* Marschland *nt*

marisquería [mariske'ria] *f* ❶ *(tienda)* Fachgeschäft *nt* für Meeresfrüchte ❷ *(restaurante)* Spezialitätenrestaurant *nt* für Meeresfrüchte

marital [mari'tal] *adj* ehelich; **vida** ~ Eheleben *nt*

maritatas [mari'tatas] *fpl (Guat, Hond)* Klatsch *m,* Gerede *nt*

marítimo, -a [ma'ritimo, -a] *adj* maritim, See-; **ciudad marítima** Küstenstadt *f;* **seguro** ~ Schifffahrtsversicherung *f*

marmita [mar'mita] *f* Kochtopf *m*

mármol ['marmol] *m* Marmor *m;* **frío como el** ~ kalt wie Stein; **de** ~ marmorn

marmóreo, -a [mar'moreo, -a] *adj* marmorn, Marmor-

marmota [mar'mota] *f* ❶ (ZOOL) Murmeltier *nt* ❷ *(fam: dormilón)* Schlafmütze *f* ❸ *(pey: criada)* Trampel *m o nt*

maroma [ma'roma] *f* ❶ *(cuerda)* Tau *nt* ❷ *(Am: pirueta)* Kunststück *nt* ❸ *(Am: cambio de partido político)* plötzlicher Parteiwechsel *m; (de opinión)* plötzliche Meinungsänderung *m*

maromo [ma'romo] *m (argot)* Kerl *m*

marqués, -esa [mar'kes, -esa] *m, f* Marquis(e) *m(f)*

marquesina [marke'sina] *f* Markise *f*

marquetería [markete'ria] *f* Intarsie *f*

marrajo[1] [ma'rraxo] *m* (ZOOL) Mako *m*

marrajo, -a[2] [ma'rraxo, -a] *adj (toro)* bösartig; *(persona)* verschlagen

marrana [ma'rrana] *f* ❶ *(cerda)* Sau *f* ❷ *(fam pey: mujer sucia)* Schlampe; *(vil)* Miststück *nt*

marranada [marra'naða] *f (fam)* Schweinerei *f*

marrano[1] [ma'rrano] *m* ❶ *(cerdo)* Schwein *nt* ❷ *(fam pey: hombre sucio)* Schmutzfink *m; (grosero)* ungehobelter Kerl *m; (vil)* Schuft *m*

marrano, -a[2] [ma'rrano, -a] *adj* ❶ *(cochino)* ungehobelt ❷ *(sucio)* dreckig

marrar [ma'rrar] *vi* ❶ *(errar)* danebenschießen; ~ **el golpe** *(fig)* einen Bock schießen ❷ *(desviarse)* vom rechten Weg abkommen

marras ['marras] *adv* **tema de** ~ Gemeinplatz *m;* **la persona de** ~ die besagte Person; **lo de** ~ die alte Geschichte

marrón [ma'rron] **I.** *adj* (kastanien)braun; ~ **claro** hellbraun **II.** *m (Am: martillo)* Vorschlaghammer *m*

marroquí [marro'ki] **I.** *adj* marokkanisch **II.** *mf* Marokkaner(in) *m(f)*

marroquinería [marrokine'ria] *f* Lederwaren *fpl; (industria)* Lederwarenindustrie *f*

Marruecos [ma'rrwekos] *m* Marokko *nt*

marrullería [marruʎe'ria] *f* aufgesetzte Freundlichkeit *f;* **déjate de ~s** hör auf mit deinem Geschmeichel

marrullero, -a [marru'ʎero, -a] **I.** *adj* übertrieben freundlich **II.** *m, f* (durchtriebener) Schmeichler *m,* (durchtriebene) Schmeichlerin *f*

Marsella [mar'seʎa] *f* Marseille *nt*

marsellés, -esa [marse'ʎes, -esa] **I.** *adj* aus Marseille **II.** *m, f* Marseiller(in) *m(f)*

marsopa [mar'sopa] *f* Schweinswal *m*

marsupial [marsu'pjal] **I.** *adj* **animal** ~ Beuteltier *nt* **II.** *m* Beuteltier *nt*

marsupio [mar'supjo] *m* (ZOOL) Brutbeutel *m* der Beuteltiere

marta ['marta] *f* ❶ *(animal)* Marder *m;* ~ **cebellina** Zobel *m* ❷ *(piel)* Marderfell *nt*

Marte ['marte] *m* (ASTR) Mars *m*

martes ['martes] *m inv* Dienstag *m;* **¡~ y trece!** ≈ Freitag, der 13.; *v. t.* **lunes**

martillar [marti'ʎar] *vt v.* **martillear**

martillazo [marti'ʎaθo] *m* Hammerschlag *m*

martillear [martiʎe'ar] *vt* ① *(golpear)* hämmern (auf +*akk*) ② *(atormentar)* martern ③ *(repetir)* ständig wiederholen

martilleo [marti'ʎeo] *m* Gehämmer *nt*

martillo [mar'tiʎo] *m* ① *(herramienta, t.* ANAT) Hammer *m;* **pez ~** Hammerhai *m;* **creer algo a macha ~** etw felsenfest glauben ② *(subasta)* Auktionshaus *nt*

martín [mar'tin] *m* **~ pescador** Eisvogel *m;* **~ del río** Nachtreiher *m*

martinete [marti'nete] *m* ① (ZOOL) Nachtreiher *m* ② (MÚS: *macillo*) (Klavier)hammer *m* ③ *(mazo)* Fallhammer *m; (para clavar estacas)* Pfahlramme *f*

martingala [martiŋ'gala] *f (fam)* Trick *m*

mártir ['martir] *mf* Märtyrer(in) *m(f)*

martirio [mar'tirjo] *m* (REL) Martyrium *nt; (fig)* Marter *f*

martirizar [martiri'θar] <z → c> *vt* martern

maruja [ma'ruxa] *f (fam)* ≈ Klatschtante *f*

marxismo [mar'sismo] *m sin pl* Marxismus *m*

marxista [mar'sista] **I.** *adj* marxistisch **II.** *mf* Marxist(in) *m(f)*

marzo ['marθo] *m* März *m;* **en ~** im März; **a principios/a mediados/a fin(al)es de ~** Anfang/Mitte/Ende März; **el 21 de ~** der 21. März; **el mes de ~ tiene 31 días** der März hat 31 Tage; **el pasado ~ fue muy frío** im vergangenen März war es sehr kalt

mas [mas] **I.** *m* Gehöft *nt* **II.** *conj* (LIT) aber, jedoch

más [mas] **I.** *adv* ① *(cantidad)* **~ dinero** mehr Geld ② *(comparativo)* **~ grande/pequeño** größer/kleiner; **~ temprano/tarde** früher/später; **correr ~** schneller laufen; **esto me gusta ~** das gefällt mir besser; **es ~ guapo que tú** er sieht besser aus als du ③ *(superlativo)* **la ~ bella** die Schönste; **el ~ listo de la clase** der Beste der Klasse; **el modelo que ~ se lleva** das Modell, das am meisten getragen wird; **lo que ~ me gusta** was mir am besten gefällt; **lo que ~ quieras** was dir am liebsten ist ④ *(con numerales/cantidad)* **~ de treinta** über dreißig; **son ~ de las diez** es ist 10 Uhr vorbei ⑤ *(preferencia)* **~ quiero la muerte que la esclavitud** lieber möchte ich sterben, als in der Sklaverei zu leben ⑥ *(tan)* **¡está ~ guapa!** wie gut sie aussieht!; **¡qué tarde ~ apacible!** was für ein gemütlicher Nachmittag! ⑦ *(con pronombre interrogativo/indefinido)* **¿algo ~?** noch etwas?; **no, nada ~** nein, nichts mehr ⑧ *(en frases negativas)* nicht mehr; **no puedo ~** ich kann nicht mehr; **nunca ~** nie wieder ⑨ (MAT) plus; **tengo tres libros, ~ los que he prestado** ich habe drei Bücher abgesehen von denen, die ich verliehen habe ⑩ *(loc)* **~ o menos** mehr oder weniger; **el ~ allá** das Jenseits; **a lo ~** höchstens; **a ~ no poder** bis zum Gehtnichtmehr *fam;* **a ~ tardar** spätestens; **a ~ y mejor** nur noch; **llueve a ~ y mejor** es regnet und regnet; **divertirse a ~ y mejor** sich köstlich amüsieren; **cada día** [*o* **vez**] **~** immer mehr; **como el que ~** so wie jedermann; **cuanto ~ mejor** je mehr, je lieber; **de ~** zu viel; **hay comida de ~** es gibt reichlich zu essen; **estar de ~** überflüssig sein; **el que ~ y el que menos** jeder von uns; **es ~, ~ aún** mehr noch; **ayer lo vi; es ~: hablé con él** gestern habe ich ihn gesehen, ja, ich habe sogar mit ihm gesprochen; **de lo ~** äußerst; **lo ~ posible** so sehr es nur geht; **lo ~ pronto posible** so früh wie möglich; **~ acá** hierher; **~ adelante** *(local)* weiter vorn; *(temporal)* später; **~ allá de esto** darüber hinaus; **~ bien** vielmehr; **no es muy delgado; es ~ bien gordo** er ist eher dick als dünn; **~ de la cuenta** viel zu viel; **¿cómo te ha ido? – ~ o menos** wie ist es dir ergangen? – so einigermaßen; **~ o menos** *(aproximadamente)* ungefähr; **le va ~ o menos** es geht ihm/ihr nicht so gut; **~ que nunca** wie nie zuvor; **ni ~ ni menos** genauso; **por ~ que lo intento, no consigo dormirme** so sehr ich mich auch bemühe, ich kann einfach nicht einschlafen; **¿qué ~ da?** was macht das schon?; **quien ~ y quien menos** jeder; **sin ~ acá ni ~ allá** *(fam)* mir nichts, dir nichts; **sin ~ ni ~** aus heiterem Himmel; **tener sus ~ y sus menos** seine Vor- und Nachteile haben; **todo lo ~** höchstens; **el no va ~** das Höchste; **el no va ~** (**de la moda**) der letzte Schrei (der Mode) **II.** *m* (MAT) Plus(zeichen) *nt*

masa ['masa] *f* ① *(pasta)* Masse *f; (para hornear)* Teig *m;* **coger a alguien con las manos en la ~** jdn auf frischer Tat ertappen ② *(volumen, muchedumbre)* Masse *f;* **~ monetaria** Geldmenge *f;* **medios de comunicación de ~s** Massenmedien *ntpl;* **el turismo de masas** der Massentourismus

masacrar [masa'krar] *vt* massakrieren

masacre [ma'sakre] *f* Massaker *nt*

masaje [ma'saxe] *m* Massage *f;* **~ cardíaco** (MED) Herzdruckmassage *f;* **dar ~s** massieren; **darse ~s** sich massieren lassen

masajear [masaxe'ar] *vt* massieren
masajista [masa'xista] *mf* Masseur(in) *m(f)*
mascado, -a [mas'kaðo, -a] *adj* geschenkt; **lo quiere todo ~** er/sie will alles fertig ausgearbeitet haben
mascar [mas'kar] <c → qu> *vt* ① *(masticar)* kauen ② *(mascullar)* murmeln ③ *(presentir)* vorausahnen
máscara ['maskara] *f* ① *(careta)* Maske *f;* **traje de ~** Verkleidung *f;* **quitar la ~ a alguien** *(fig)* jdm die Maske vom Gesicht reißen; **quitarse la ~** *(fig)* die Maske fallen lassen ② *pl (fiesta)* Maskenball *m* ③ *(enmascarado)* Maskierte(r) *mf; (de Carnaval)* Narr *m,* Närrin *f*
mascarada [maska'raða] *f* ① *(baile)* Maskenball *m* ② *(farsa)* Täuschung *f*
mascarilla [maska'riʎa] *f* ① *(máscara)* Maske *f* ② *(protección)* Mundschutz *m* ③ *(cosmética)* Gesichtspackung *f;* **~ exfoliante** Peelingmaske *f;* **~ facial** Gesichtsmaske *f* ④ *(molde)* Gesichtsabdruck *m*
mascarón [maska'ron] *m* (ARQUIT) Maskaron *m;* **~ de proa** Galionsfigur *f*
mascota [mas'kota] *f* Maskottchen *nt*
masculinidad [maskulini'ða^{ð}] *f* Männlichkeit *f*
masculinización [maskuliniθa'θjon] *f* ① (BIOL) Vermännlichung *f,* Maskulinisierung *f* ② (LING) Annahme *f* der Maskulinform; **la ~ del sustantivo 'puente' se produjo tardíamente** das Substantiv ‚puente' wurde erst spät zum Maskulinum
masculinizar [maskulini'θar] <z → c> *vt* maskulinisieren
masculino[1] [masku'lino] *m* (LING) Maskulinum *nt*
masculino, -a[2] [masku'lino, -a] *adj* ① *(de hombre)* männlich ② *(para hombre)* Männer-; **moda masculina** Herrenmode *f* ③ (LING) **género ~** maskuliner Genus *m*
mascullar [masku'ʎar] *vt* murmeln
masía [ma'sia] *f* Gehöft *nt*
masificar [masifi'kar] <c → qu> *vt* ① *(hacer accesible a las masas)* für die breite Masse zugänglich machen; *(mercancías)* zur Massenware machen ② *(influir masivamente a favor de algo)* massiven Druck ausüben (auf +*akk*); **~ la presencia de la policía** ein massives Polizeiaufgebot einsetzen
masilla [ma'siʎa] *f* Fensterkitt *m*
masillar [masi'ʎar] *vt (aplicar masilla)* spachteln
masivamente [masiβa'mente] *adv* massiv; **la población acudió ~ a la manifestación** das Volk strömte in Massen zur Kundgebung
masivo, -a [ma'siβo, -a] *adj* ① *(grande)* massiv ② *(fuerte)* stark ③ *(de masas)* Massen-
masón, -ona [ma'son, -ona] *m, f* Freimaurer(in) *m(f)*
masoquismo [maso'kismo] *m* Masochismus *m*
masoquista [maso'kista] **I.** *adj* masochistisch **II.** *mf* Masochist(in) *m(f)*
máster ['master] *m* **<másters>** (UNIV) Master *m*
masticar [masti'kar] <c → qu> *vt* ① *(mascar)* kauen ② *(meditar)* nachgrübeln (über +*akk*)
mástil ['mastil] *m* ① (NÁUT) Mast *m* ② *(poste)* Pfahl *m* ③ *(de un violín)* Hals *m*
mastín [mas'tin] *m* Bulldogge *f*
mastodonte [masto'ðonte] *m* Mastodon *nt*
masturbación [masturβa'θjon] *f* Masturbation *f*
masturbarse [mastur'βarse] *vr* masturbieren
mata ['mata] *f* ① *(matorral)* Gestrüpp *nt* ② *(planta)* Staude *f; (arbusto)* Strauch *m* ③ *pl (fam: cabellera)* Mähne *f* ④ *(loc, fam)* **a salto de ~** *(repentinamente)* plötzlich; *(superficialmente)* irgendwie; **vivir a salto de ~** von der Hand in den Mund leben
matacaballo [mataka'βaʎo] *adv* **a ~** hastig
matadero [mata'ðero] *m* ① *(desolladero)* Schlachthof *m;* **ir al ~** *(fig)* sich in Lebensgefahr begeben; **llevar al ~** *(fig)* in den sicheren Tod schicken ② *(fatiga)* Plackerei *f*
matador(a) [mata'ðor(a)] **I.** *adj* ① *(que mata)* tödlich ② *(cansador)* erschöpfend ③ *(fam: feo)* potthässlich **II.** *m(f)* ① *(asesino)* Mörder(in) *m(f)* ② (TAUR) Matador, Matadora *m, f*
matamoros [mata'moros] *mf inv* Angeber(in) *m(f)*
matamoscas [mata'moskas] *m inv* ① *(insecticida)* Insektenspray *nt* ② *(objeto)* Fliegenklatsche *f* ③ *(trampa)* Fliegenfalle *f*
matanza [ma'tanθa] *f* ① *(el matar)* Töten *nt* ② *(en batallas)* Gemetzel *nt;* **hacer una ~** ein Gemetzel anrichten ③ *(carneada)* Schlachtung *f;* **hacer la ~** das Schlachtfest feiern ④ (GASTR) Schlachtplatte *f*
matar [ma'tar] **I.** *vt* ① *(quitar la vida)* töten; **~ a golpes** erschlagen; **~ a palos** zu Tode prügeln; **~ a puñaladas** erstechen; **~ a tiros** erschießen; **que me maten si yo esperaba una cosa así** *(fam fig)* also, so was habe ich im Traum nicht erwartet ② *(carnear)* schlachten ③ *(hambre, sed)* stillen ④ *(luz, fuego, cal, yeso)* löschen ⑤ *(se-*

llos) abstempeln ❻ *(redondear)* abrunden ❼ *(naipes)* stechen ❽ *(color, brillo)* mattieren ❾ *(acabar con alguien)* zugrunde richten; ~ **a disgustos** zu Tode ärgern ❿ *(aniquilar)* vernichten; *(el tiempo)* totschlagen; *(el aburrimiento/nerviosismo)* überwinden ⓫ *(molestar)* quälen; ~ **a preguntas a alguien** jdm ein Loch in den Bauch fragen *fam* **II.** *vr:* **~se** ❶ *(suicidarse)* sich *dat* das Leben nehmen ❷ *(aniquilarse)* sich gegenseitig umbringen ❸ *(trabajar descanso)* sich abrackern; **~se por algo** für etw leben und sterben

matarife [mata'rife] *mf* Schlachter(in) *m(f)*

matarratas [mata'rratas] *m inv* ❶ *(raticida)* Rattengift *nt* ❷ *(pey fam: aguardiente)* Fusel *m*

matasanos [mata'sanos] *mf inv (fam irón)* Arzt, Ärztin *m, f; (pey)* Quacksalber(in) *m(f)*

matasellar [matase'ʎar] *vt* (einen Brief) abstempeln

matasellos [mata'seʎos] *m inv* Poststempel *m*

matasuegras [mata'sweɣras] *m inv (fam)* Tröte *f*

match [matʃ] *m* Spiel *nt*

mate ['mate] **I.** *adj* matt **II.** *m* ❶ *(ajedrez)* Matt *nt;* **jaque ~** Schachmatt *nt* ❷ *(AmS: planta)* Matestrauch *m; (bebida)* Mate(tee) *m*

matemática [mate'matika] *adj o f v.* **matemático**

matemáticamente [matematika'mente] *adv* mathematisch (genau), rechnerisch

matemáticas [mate'matikas] *fpl* Mathematik *f*

matemático, -a [mate'matiko, -a] **I.** *adj* ❶ (MAT) mathematisch ❷ *(exacto)* exakt **II.** *m, f* Mathematiker(in) *m(f)*

materia [ma'terja] *f* ❶ *(sustancia, t.* FÍS) Materie *f;* ~ **gris** (ANAT) graue Substanz; ~ **prima** Rohstoff *m* ❷ *(tema)* Materie *f;* **en ~ de** hinsichtlich *+gen* ❸ *(disciplina)* Sachgebiet *nt;* (ENS) Fach *nt;* ~ **troncal** Pflichtfach *nt* ❹ (JUR) ~ **penal** (JUR) Strafrecht *nt*

material [mate'rjal] **I.** *adj* ❶ *(real)* materiell; **daño ~** Sachschaden *m;* **el autor ~ del hecho** der Hintermann ❷ *(tosco)* prosaisch **II.** *m* Material *nt;* **~es de construcción** Baustoffe *mpl;* ~ **de enseñanza** Lehrmittel *ntpl;* ~ **de oficina** Büroartikel *mpl*

materialismo [materja'lismo] *m* Materialismus *m;* ~ **dialéctico** (FILOS) dialektischer Materialismus

materialista [materja'lista] **I.** *adj* materialistisch **II.** *mf* Materialist(in) *m(f)*

materialización [materjaliθa'θjon] *f sin pl* Verwirklichung *f; (en parapsicología)* Materialisation *f*

materializar [materjali'θar] <z → c> **I.** *vt* ❶ *(hacer material)* materialisieren ❷ *(realizar)* verwirklichen ❸ *(hacer aparecer)* erscheinen lassen **II.** *vr:* **~se** ❶ *(tomar cuerpo)* Gestalt annehmen ❷ *(hacerse realidad)* sich verwirklichen ❸ *(aparecerse)* sich materialisieren; *(fantasmas)* erscheinen

materialmente [materjal'mente] *adv* tatsächlich; **ser ~ posible** durchaus möglich sein

maternal [mater'nal] *adj* mütterlich, Mutter-

maternidad [materni'ðaᵈ] *f* ❶ *(el ser madre)* Mutterschaft *f* ❷ *(hospital)* Entbindungsheim *nt; (en un hospital)* Entbindungsstation *f*

materno, -a [ma'terno, -a] *adj* mütterlich; **abuelo ~** Großvater mütterlicherseits; **lengua materna** Muttersprache *f*

matinal [mati'nal] *adj* morgendlich

matiné [mati'ne] *f* Matinee *f*

matiz [ma'tiθ] *m* ❶ *(gradación)* Nuance *f* ❷ *(toque)* Touch *m fam* ❸ *(rasgo)* Feinheit *f*

matización [matiθa'θjon] *f* Schattierung *f*

matizar [mati'θar] <z → c> *vt* ❶ *(combinar colores o tonos)* schattieren; ~ **de** [*o* **en**] [*o* **con**] **rojo** rot schattieren ❷ *(graduar)* abtönen (**de/con** mit *+dat*) ❸ *(de un sentido)* nuancieren (**de** mit *+dat*); ~ **una frase de significado irónico** einem Satz eine ironische Nuance geben

matón, -ona [ma'ton, -ona] *m, f* ❶ *(chulo)* Rowdy *m* ❷ *(guardaespaldas)* Leibwächter(in) *m(f)* ❸ *(asesino)* Killer(in) *m(f)*

matorral [mato'rral] *m* Dickicht *nt*

matraca [ma'traka] *f* ❶ *(carraca)* Ratsche *f* ❷ *(instrumento)* Klapper *f* ❸ *(loc)* **dar la ~** quengeln; **ser ~** lästig sein

matrerear [matrere'ar] *vi (Arg: vagabundear)* umherstreifen; *(fam: niños)* auf der Straße spielen

matrero, -a [ma'trero, -a] *adj* ❶ *(astuto)* schlau, gerissen ❷ *(receloso)* misstrauisch, argwöhnisch ❸ *(engañoso)* trügerisch ❹ *(AmS: fugitivo)* flüchtig (vor dem Gesetz)

matriarcado [matrjar'kaðo] *m* Matriarchat *nt*

matriarcal [matrjar'kal] *adj* matriarchalisch

matrícula [ma'trikula] *f* ❶ *(documento)* Anmeldebescheinigung *f* ❷ *(inscripción)* Anmeldung *f;* (UNIV) Immatrikulation *f*

M

❸ (AUTO: *placa*) Nummernschild *nt;* ~ **de vehículo** Autokennzeichen *nt;* **número de la** ~ Autonummer *f* ❹ *(lista)* Verzeichnis *nt* ❺ *(conjunto de alumnos)* Schülerzahl *f* ❻ *(loc)* **aprobar con ~ de honor** mit summa cum laude bestehen

matriculación [matrikula'θjon] *f* Anmeldung *f; (en la universidad)* Immatrikulation *f*

matriculado, -a [matriku'laðo, -a] *adj* angemeldet, eingetragen

matricular [matriku'lar] **I.** *vt* anmelden; (UNIV) immatrikulieren **II.** *vr* **~se en la Universidad** sich an der Universität immatrikulieren; **~se de oyente** sich als Gasthörer(in) einschreiben

matrimonial [matrimo'njal] *adj* ehelich; **agencia** ~ Heiratsinstitut *nt;* **vida** ~ Eheleben *nt*

matrimonio [matri'monjo] *m* ❶ *(institución)* Ehe *f; (ceremonia)* Heirat *f;* ~ **canónico** kirchliche Trauung; ~ **civil** standesamtliche Trauung; ~ **homosexual** gleichgeschlechtliche Ehe; **consumar el** ~ die Ehe vollziehen; **contraer** ~ heiraten ❷ *(marido y mujer)* Ehepaar *nt;* **cama de** ~ Ehebett *nt*

matriz [ma'triθ] **I.** *f* ❶ *(útero)* Gebärmutter *f* ❷ *(molde)* Gussform *f* ❸ (TIPO) Matrize *f* ❹ *(de un talonario)* Verwendungsnachweis *m* ❺ (MAT) Matrix *f* **II.** *adj* Stamm-; **lengua** ~ Grundsprache *f*

matrona [ma'trona] *f* ❶ *(comadrona)* Hebamme *f* ❷ *(de familia)* Matrone *f*

matute [ma'tute] *m* ❶ *(contrabando)* Schmuggel *m;* **de** ~ *(fig)* heimlich; **pasar de** ~ schmuggeln; **viajar de** ~ schwarzfahren ❷ *(género)* Schmuggelware *f* ❸ *(casa de juegos)* Spielhölle *f*

matutear [matute'ar] *vi* schmuggeln

matutino, -a [matu'tino, -a] *adj* morgendlich; **periódico** ~ Morgenzeitung *f;* **sesión matutina** Vormittagsvorstellung *f*

maula[1] ['mau̯la] *f* ❶ *(baratija)* Ramsch *m fam;* **este coche es una** ~ dieses Auto ist eine Schrottkarre *fam* ❷ *(engaño)* List *f*

maula[2] ['mau̯la] *mf (fam)* ❶ *(tramposo)* Betrüger(in) *m(f)* ❷ *(inútil)* Taugenichts *m*

maullar [mau̯'ʎar] *vi irr como aullar* miauen

maullido [mau̯'ʎiðo] *m* Miauen *nt*

Mauricio [mau̯'riθjo] *f* Mauritius

Mauritania [mau̯ri'tanja] *f* Mauretanien *nt*

mauritano, -a [mau̯ri'tano, -a] **I.** *adj* mauretanisch **II.** *m, f* Mauretanier(in) *m(f)*

mausoleo [mau̯so'leo] *m* Mausoleum *nt*

maxilar [maˠsi'lar] **I.** *adj* Kiefer- **II.** *m* Kiefer *m;* ~ **superior/inferior** Ober-/Unterkiefer *m*

máxima ['maˠsima] *f* Maxime *f*

máxime ['maˠsime] *adv* vor allem

maximizar [maˠsimi'θar] <z → c> *vt* maximieren

máximo, -a ['maˠsimo, -a] **I.** *adj* maximal; **rendimiento** ~ Höchstleistung *f;* **triunfo** ~ größter Erfolg; **pon la radio al** ~ lass das Radio ganz laut laufen **II.** *m, f* Maximum *nt;* **como** ~ höchstens; *(temporal)* spätestens

maya[1] ['maɟa] *f* (BOT) Gänseblümchen *nt*

maya[2] **I.** *adj* Maya-; **cultura** ~ Mayakultur *f* **II.** *mf* Maya *mf*

mayestático, -a [maɟes'tatiko, -a] *adj* majestätisch; **plural** ~ Pluralis majestatis *m*

mayo ['maɟo] *m* ❶ *(mes)* Mai *m; v. t.* **marzo** ❷ *(árbol)* Maibaum *m*

mayonesa [maɟo'nesa] *f* Mayonnaise *f*

mayor [ma'ɟor] **I.** *adj* ❶ *(tamaño)* ~ **que** größer als; **el** ~ **barco** das größte Schiff; **mal** ~ Unannehmlichkeit *f;* **comercio al por** ~ Großhandel *m;* **se repartieron palos al por** ~ es wurden kräftig Schläge verteilt ❷ *(edad)* ~ **que** älter als; **mi hermano** ~ mein älterer Bruder; **el** ~ **de mis hermanos** mein ältester Bruder; **ser** ~ alt sein; ~ **de edad** volljährig; **persona** ~ älterer Mensch; **los ~es** die Erwachsenen ❸ (MÚS) Dur *nt;* **tono** ~ Dur *nt;* **tercera** ~ große Terz; **escala en do** ~ C-Dur-Tonleiter *f* **II.** *m* ❶ (MIL) Major *m* ❷ *(superior)* Vorgesetzte(r) *m* ❸ *pl (ascendientes)* Vorfahren *mpl*

mayoral [maɟo'ral] *m (capataz)* Vorarbeiter *m*

mayordomo, -a [maɟor'ðomo, -a] *m, f* Hausverwalter(in) *m(f); (de una mansión)* Gutsverwalter(in) *m(f)*

mayoría [maɟo'ria] *f* Mehrheit *f;* ~ **de edad** Volljährigkeit *f;* ~ **relativa** einfache Mehrheit; **la ~ tiene un coche** die meisten besitzen ein Auto

mayorista [maɟo'rista] **I.** *adj* Großhandels-; **comercio** ~ Großhandel *m* **II.** *mf* Großhändler(in) *m(f)*

mayoritariamente [maɟoritarja'men̩te] *adv* überwiegend

mayoritario, -a [maɟori'tarjo, -a] *adj* Mehrheits-; **tener el apoyo** ~ von der Mehrheit unterstützt werden

mayormente [maɟor'men̩te] *adv* hauptsächlich, vor allem, insbesondere

mayúscula [ma'ɟuskula] *f* Großbuchstabe *m;* **escribirse con** ~ großgeschrieben werden

mayúsculo, -a [ma'ɟuskulo, -a] *adj*

① *(fam: grande)* riesig ② *(loc)* **letra mayúscula** Großbuchstabe *m*
maza ['maθa] *f* ① *(porra)* Keule *f* ② *(para machacar)* Stößel *m* ③ *(percusor)* Schlägel *m*
mazacote [maθa'kote] *m* ① *(hormigón)* Beton *m;* **esta esponja está hecha un ~** dieser Schwamm ist ganz hart geworden ② *(fam: comida)* ≈ Pampe *f*
mazacotudo, -a [maθako'tuðo, -a] *adj (Am)* plump
mazapán [maθa'pan] *m* Marzipan *nt*
mazazo [ma'θaθo] *m* Schlag *m;* **dar ~s a alguien** *(fig)* jdm schaden; **la muerte de su hijo fue un ~ para él** der Tod seines Sohnes war ein schwerer Schlag für ihn
mazmorra [maθ'morra] *f* Verlies *nt*
mazo ['maθo] *m* ① *(martillo)* Holzhammer *m* ② *(maza pequeña)* Stößel *m* ③ *(para la carne)* Fleischklopfer *m* ④ *(manojo)* Bündel *nt* ⑤ *(persona pesada)* Nervensäge *f fam*
mazorca [ma'θorka] *f (del maíz)* Maiskolben *m; (del cacao)* Kakaoschote *f*
mazurca [ma'θurka] *f* Mazurka *f*
Mb [meɣa'βiᵗ] *m inv abr de* **megabit** (INFOR) MBit *nt*
Mbit [meɣa'βiᵗ] *m inv abr de* **megabit** (INFOR) MBit *nt*
Mbyte [meɣa'βai̯ᵗ] *m inv abr de* **megabyte** MByte *nt*
me [me] **I.** *pron pers* ① *(objeto directo)* mich; **¡míra~!** sieh mich an! ② *(objeto indirecto)* mir; **da~ el libro** gib mir das Buch **II.** *pron refl* **~ lavo** ich wasche mich; **~ voy** ich gehe; **~ he comprado un piso** ich habe mir eine Wohnung gekauft; **~ lavo el pelo** ich wasche mir die Haare
meada [me'aða] *f* ① *(fam: orina)* Pisse *f;* **echar una ~** pinkeln ② *(mancha de orina)* Urinlache *f;* **aquí hay una ~ de gato** eine Katze hat hierhin gepinkelt *fam*
meadero [mea'ðero] *m (vulg)* Pissbecken *nt*
meandro [me'an̩dro] *m (curva)* Biegung *f*
mear [me'ar] *vi, vr:* **~se** *(fam)* pinkeln; **el niño se ha meado en el pantalón** das Kind hat in die Hose gemacht; **~se de risa** sich totlachen
meato [me'ato] *m* (ANAT) Gang *m;* **~ auditivo** Gehörgang *m;* **~ urinario** Harnröhre *f*
mecachis [me'katʃis] *interj (fam)* ① *(enfado)* verflixt ② *(sorpresa)* na so was
mecánica [me'kanika] *f* Mechanik *f*
mecánicamente [me'kanikamen̩te] *adv* ① (FÍS) mechanisch ② *(automáticamente)* automatisch; **todas las noches se cepilla ~ los dientes** ganz automatisch putzt er/sie sich jeden Abend die Zähne
mecánico, -a [me'kaniko, -a] **I.** *adj* mechanisch **II.** *m, f* Mechaniker(in) *m(f)*
mecanismo [meka'nismo] *m* ① *(dispositivo)* Mechanismus *m;* **el ~ de cambios del SME** (FIN) der Wechselkursmechanismus des IWS ② *(funcionamiento)* Verfahren *nt*
mecanización [mekaniθa'θjon] *f* Mechanisierung *f;* **~ agrícola** Mechanisierung der Landwirtschaft
mecanizado[1] [mekani'θaðo] *m* Bearbeitung *f;* **~ por haz láser** Laserbearbeitung *f*
mecanizado, -a[2] [mekani'θaðo, -a] *adj* maschinenbearbeitet
mecanizar [mekani'θar] <z → c> *vt* ① *(automatizar)* mechanisieren ② *(elaborar)* mechanisch bearbeiten
mecano [me'kano] *m (juguete)* Baukasten *m*
mecanografía [mekanoɣra'fia] *f* Maschineschreiben *nt*
mecanografiar [mekanoɣra'fjar] <*1. pres* mecanografío> *vt* mit der Maschine schreiben
mecanógrafo, -a [meka'noɣrafo, -a] *m, f* Maschinenschreiber(in) *m(f)*
mecedor [meθe'ðor] *m* Schaukel *f*
mecedora [meθe'ðora] *f* Schaukelstuhl *m*
mecenas [me'θenas] *mf inv* Mäzen(in) *m(f)*
mecer [me'θer] <c → z> **I.** *vt* ① *(menear)* schütteln ② *(balancear)* wiegen; *(columpiar)* schaukeln **II.** *vr:* **~se** ① *(menearse)* sich schütteln ② *(balancearse)* sich wiegen; *(columpiarse)* schaukeln
mecha ['metʃa] *f* ① *(pabilo)* Docht *m; (de explosivos)* Zündschnur *f* ② *(gasa)* (Verbands)mull *m* ③ *(mechón)* (Haar)strähne *f* ④ *pl (mechones teñidos)* Strähnchen *nt pl,* gefärbte Haarsträhnen *f pl;* **hacerse ~s** sich *dat* Strähnchen (ins Haar) machen lassen ⑤ *(tocino)* Speck(streifen) *m* ⑥ *(loc)* **a toda ~** wie der geölte Blitz; **aguantar ~** alles über sich ergehen lassen
mechar [me'tʃar] *vt* (GASTR) spicken; **he mechado el pavo para que esté más jugoso** damit er saftiger wird, habe ich den Puter gespickt
mechero [me'tʃero] *m* ① *(quemador)* Brenner *m* ② *(encendedor)* Feuerzeug *nt*
mechón [me'tʃon] *m* Büschel *nt*
mechudo, -a [me'tʃuðo, -a] *adj (Am: desgreñado)* zersaust, strubbelig
Mecklemburgo-Pomerania Occidental [meklem'burɣo-pome'ranja oᵞθiðen̩'tal] *m* Mecklenburg-Vorpommern *nt*
medalla [me'ðaʎa] *f* Medaille *f;* **~ militar** Orden *m*

M

medallero [meða'ʎero] *m* Medaillenrang *m*
medallista [meða'ʎista] *mf (ganador)* Medaillengewinner(in) *m(f)*
medallón [me'ðaʎon] *m* Medaillon *nt*
media ['meðja] *f* ① *(promedio)* Mittel *nt* ② *(calceta)* Strumpf *m; (Am: calcetín)* Socke *f*
mediacaña [meðja'kaɲa] *f* Hohlkehle *f,* Kannele *f*
mediación [meðja'θjon] *f* Vermittlung *f*
mediado, -a [me'ðjaðo, -a] *adj* halb voll; **a ~s de semana** Mitte der Woche
mediador(a) [meðja'ðor(a)] *m(f)* Vermittler(in) *m(f)*
medialuna [meðja'luna] *f* ① *(bollo)* Hörnchen *nt; (cruasán)* Croissant *nt* ② *(fortificación)* *halbkreisförmiges Bollwerk* ③ (TAUR) *sichelförmiges Stierkampfinstrument*
media luna ['meðja 'luna] *f* Halbmond *m,* Mondsichel *f*
mediana [me'ðjana] *f* ① *(taco de billar)* *ein etwas längeres (Billard)queue* ② *(correa)* Deichselriemen *m* ③ *(en la autopista)* Mittelstreifen *m* ④ (MAT) Seitenhalbierende *f* ⑤ *(fam: cerveza)* *0,33-l-Bierflasche*
medianamente [meðjana'mente] *adv (regular)* mittelmäßig; **si fuera ~ inteligente no habría contestado de esa manera** wenn er/sie einigermaßen intelligent wäre, hätte er/sie so nicht geantwortet
medianejo, -a [meðja'nexo, -a] *adj (fam)* ziemlich klein
medianero, -a [meðja'nero, -a] **I.** *adj (en medio)* Zwischen- **II.** *m, f (intermediario)* Vermittler(in) *m(f)*
medianía [meðja'nia] *f* ① *(término medio)* Mittelmaß *nt* ② *(mediocridad)* Mittelmäßigkeit *f* ③ *(persona)* **ser una ~** *(inteligencia)* nicht der Hellste sein
mediano, -a [me'ðjano, -a] *adj* ① *(calidad)* mittelmäßig ② *(tamaño)* von mittlerer Größe; **talla mediana** Größe M ③ (ECON) mittelständisch
medianoche [meðja'notʃe] *f* ① *(hora)* Mitternacht *f;* **a ~** mitten in der Nacht ② *(panecillo)* ≈ Milchbrötchen *nt*
mediante [me'ðjante] **I.** *adj* **Dios ~** so Gott will **II.** *prep* mittels *+gen; (a través de)* durch *+akk*
mediar [me'ðjar] *vi* ① *(intermediar)* vermitteln ② *(interceder)* sich einsetzen (**por** für *+akk*) ③ *(realizar hasta la mitad)* bis zur Hälfte schaffen ④ *(interponerse)* behindern ⑤ *(trascurrir)* vergehen ⑥ *(existir)* dazwischen liegen; **entre tú y yo media un abismo** zwischen dir und mir liegen Welten
mediastino [meðjas'tino] *m* (ANAT) Mittelfell *nt,* Mediastinum *nt*
mediático, -a [me'ðjatiko, -a] *adj* Medien-; **sociedad mediática** Mediengesellschaft *f*
mediatizar [meðjati'θar] <z → c> *vt* ① (POL) mediatisieren ② *(coartar)* einschränken
medible [me'ðiβle] *adj* messbar
médica ['meðika] *adj o f v.* **médico**
medicación [meðika'θjon] *f* ① *(tratamiento)* Behandlung *f* ② *(medicamentos)* ≈ Medikamente *nt pl*
medicamento [meðika'mento] *m* Medikament *nt;* **~ circulatorio** Kreislaufmittel *nt*
medicar [meði'kar] <c → qu> **I.** *vt* Medikamente verabreichen *+dat* **II.** *vr:* **~se** Medikamente einnehmen
medicina [meði'θina] *f* Medizin *f;* **la ~ naturista** die Naturheilkunde
medicinal [meðiθi'nal] *adj* medizinisch; **balón ~** Medizinball *m;* **hierba ~** Arzneipflanze *f*
medición [meði'θjon] *f* Messung *f;* **~ de tiempos** Zeitnahme *f*
médico, -a ['meðiko, -a] **I.** *adj* ärztlich, Arzt-; **cuerpo ~** Ärzteschaft *f* **II.** *m, f* Arzt, Ärztin *m, f;* **Colegio de M~s** Ärztekammer *f;* **~ de cabecera** Hausarzt *m;* **~ forense** Gerichtsmediziner *m;* **~ naturista** Naturheilkundler *m;* **~ rural** Landarzt *m;* **~ del seguro** (**de enfermedad**) Kassenarzt *m;* **~ de urgencia** Notarzt *m*
medida [me'ðiða] *f* ① *(medición)* Messung *f* ② *(dimensión)* Maß *nt;* **a la ~** maßgeschneidert; **tomar la(s) ~(s)** Maß nehmen; **hasta cierta ~** in gewissem Maße; **en la ~ de lo posible** im Rahmen des Möglichen; **a ~ que** in dem Maße wie ③ (LIT) Versmaß *nt* ④ *(prudencia)* Vorsicht *f;* **con ~** behutsam ⑤ *(moderación)* Maß *nt;* **sin ~** maßlos ⑥ *(acción)* Maßnahme *f;* **tomar ~s** Maßnahmen ergreifen
medidor[1] [meði'ðor] *m* ① *(instrumento)* Messgerät *nt* ② *(Am: contador)* Zähler *m*
medidor(a)[2] [meði'ðor(a)] **I.** *adj* messend; **reloj ~** Messuhr *f* **II.** *m(f)* Vermesser(in) *m(f)*
medieval [meðje'βal] *adj* mittelalterlich
medievo [me'ðjeβo] *m* Mittelalter *nt;* **la sociedad del ~** die mittelalterliche Gesellschaft
medio[1] ['meðjo] *m* ① *(mitad)* Mitte *f;* **en ~ de** zwischen *+dat;* **en ~ de todo** trotz allem; **meterse por ~** *(fig)* dazwischenfunken *fam;* **quitar de en ~** *(fam fig)* aus

M

dem Weg schaffen ② *(instrumento)* Mittel *nt;* ~ **de trasporte** Verkehrsmittel *nt;* **por** ~ **de** mittels *+gen* ③ (PREN, RADIO, TV) Medium *nt;* **~s de comunicación** Massenmedien *ntpl;* **~s (de comunicación) sociales** Social Media *ntpl* ④ *(entorno)* Milieu *nt;* ~ **ambiente** Umwelt *f* ⑤ (DEP) Mittelfeldspieler *m* ⑥ *(Cuba: moneda)* 5-Cent-Münze *f* ⑦ *pl (fuentes)* Quellen *fpl* ⑧ *pl (capital)* (finanzielle) Mittel *ntpl;* **estar corto de ~s** knapp bei Kasse sein *fam*

medio, -a² ['meðjo, -a] **I.** *adj* ① *(mitad)* halb; **a las cuatro y media** um halb fünf; **litro y** ~ anderthalb Liter; **mi media naranja** *(fig)* meine bessere Hälfte ② *(promedio)* **ciudadano** ~ Durchschnittsbürger *m* **II.** *adv* halb; ~ **vestido** halb nackt; **a ~ asar** halb gegrillt; ~ **dormido, dormido a medias** halb eingeschlafen; ~ **hecho** *(carne)* halb durch; **tomar a medias** teilen; **ir a medias** halbe-halbe machen *fam*

medioambiental [meðjoambjen̪'tal] *adj* Umwelt-

mediocampista [meðjokam'pista] *mf* (DEP) Mittelfeldspieler(in) *m(f)*

mediocre [me'ðjokre] *adj* mittelmäßig

mediocridad [meðjokri'ðað] *f* Mittelmäßigkeit *f*

mediodía [meðjo'dia] *m* ① *(hora)* Mittag *m;* **al** ~ mittags ② *(sur)* Süden *m*

mediofondista [meðjofon̪'dista] *mf* (DEP) Mittelstreckenläufer(in) *m(f)*

medir [me'ðir] *irr como pedir* **I.** *vt* ① *(calcular)* messen ② *(sopesar)* abwägen; ~ **los riesgos** die Risiken abwägen ③ *(moderar)* mäßigen **II.** *vi* messen **III.** *vr:* **~se** sich messen

meditabundo, -a [meðita'βun̪do, -a] *adj* nachdenklich

meditación [meðita'θjon] *f* Meditation *f*

meditador(a) [meðita'ðor(a)] *adj* nachsinnend, meditierend

meditar [meði'tar] *vt, vi* meditieren (**en/sobre** über *+akk*)

mediterráneo, -a [meðite'rraneo, -a] *adj* mediterran; **isla mediterránea** Mittelmeerinsel *f*

Mediterráneo [meðite'rraneo] *m* Mittelmeer *nt*

médium ['meðiun] *mf sin pl* Medium *nt*

medra ['meðra] *f* ① *(aumento)* Wachstum *nt* ② *(mejora)* Verbesserung *f* ③ *(progreso)* Fortschritt *m*

medrar [me'ðrar] *vi* ① *(crecer)* gedeihen ② *(avanzar)* Erfolg haben

medro ['meðro] *m* ① *(florecimiento)* Gedeihen *nt* ② *(crecimiento)* Wachstum *nt* ③ *(mejora)* Verbesserung *f*

medrosamente [meðrosa'men̪te] *adv* ängstlich, furchtsam

medroso, -a [me'ðroso, -a] **I.** *adj* ① *estar* verängstigt ② *ser* ängstlich **II.** *m, f* Feigling *m*

médula ['meðula] *f* ① (ANAT) Knochenmark *nt;* ~ **espinal** Rückenmark *nt* ② (BOT) Mark *nt* ③ *(meollo)* Kern *m;* **hay que llegar a la ~ de las cosas** man muss den Sachen auf den Grund gehen; **estar hasta la ~** *(fam)* die Nase (gestrichen) voll haben

medular [meðu'lar] *adj* ① *(tuétano)* Knochenmark-; *(médula espinal)* Rückenmark- ② *(esencial)* Kern-; **parte ~** Kernstück *nt*

medusa [me'ðusa] *f* Qualle *f*

mefistofélico, -a [mefisto'feliko, -a] *adj* mephistophelisch, diabolisch, teuflisch

mefítico, -a [me'fitiko, -a] *adj* ① *(dañino)* giftig, gesundheitsschädigend ② *(fétido)* mefitisch

megabit [meɣa'βit] *m* (INFOR) Megabit *nt;* **~/segundo** Megabit/Sekunde

megabyte [meɣa'βai̯t] *m* (INFOR) Megabyte *nt;* **~/segundo** Megabyte/Sekunde

megaciclo [meɣa'θiklo] *m* Megahertz *nt*

megafonía [meɣafo'nia] *f* ① *(técnica)* Verstärkertechnik *f* ② *(conjunto de aparatos)* Verstärkeranlage *f*

megáfono [me'ɣafono] *m* Megafon *nt*

megalomanía [meɣaloma'nia] *f* Größenwahn *m*

megalómano, -a [meɣa'lomano, -a] *adj* größenwahnsinnig

megavatio [meɣa'βatjo] *m* Megawatt *nt*

meigo, -a ['mei̯ɣo, -a] *m, f* Zauberer, -in *m, f,* Hexenmeister *m,* Hexe *f*

mejicano, -a [mexi'kano, -a] **I.** *adj s.* **mexicano II.** *m, f s.* **mexicano**

Méjico ['mexiko] *m s.* **México**

mejilla [me'xiʎa] *f* Wange *f*

mejillón [mexi'ʎon] *m* Miesmuschel *f*

mejor [me'xor] **I.** *adj* ① *(comparativo)* besser; **(es) ~ que...** *+subj* es ist besser, wenn ...; **cambiar a ~** sich bessern; **pasar a ~ vida** hinscheiden ② *(superlativo)* **el ~ alumno** der beste Schüler; **la ~ nota** die beste Note; **el/la/lo ~** der/die/das Beste; **~ postor** Meistbietende(r) *m;* **el ~ día** eines schönen Tages **II.** *adv* besser; **a lo ~** womöglich; **~ que ~** umso besser; **~ quiero un coche viejo que una moto** ich hätte lieber ein altes Auto als ein Motorrad

mejora [me'xora] *f* ① *(mejoramiento)* Verbesserung *f;* **~ salarial** Gehaltsaufbesserung *f* ② *(puja)* höheres Gebot *nt*

mejorable [mexo'raβle] *adj* verbesserungsfähig

mejoramiento [mexora'mjen̪to] *m* Verbesserung *f*
mejorana [mexo'rana] *f* Majoran *m*
mejorar [mexo'rar] **I.** *vt* ① *(perfeccionar)* verbessern ② *(superar)* übertreffen; *(subasta)* überbieten **II.** *vi, vr:* **~se** ① *(enfermo)* genesen; **¡que se mejore!** gute Besserung! ② *(tiempo)* besser werden
mejoría [mexo'ria] *f* Besserung *f*
mejunje [me'xuŋxe] *m* ① *(cosmético, medicamento)* Mixtur *f* ② *(pey: bebida)* Gesöff *nt*
melancolía [melaŋko'lia] *f* Melancholie *f*
melancólico, -a [melaŋ'koliko, -a] **I.** *adj* melancholisch **II.** *m, f* Melancholiker(in) *m(f)*
melancolizar [melaŋkoli'θar] <z → c> **I.** *vt* traurig machen **II.** *vr:* **~se** traurig werden, sich betrüben *geh*
melanina [mela'nina] *f* Melanin *nt*
melanoma [mela'noma] *m* Melanom *nt*
melena [me'lena] *f* ① *(crin)* Mähne *f* ② *(pelo)* lange Haare; **soltarse la ~** die Haare offen tragen; *(fig)* sich *dat* einen Ruck geben
melenudo, -a [mele'nuðo, -a] **I.** *adj* langhaarig **II.** *m, f* Langhaarige(r) *mf*

melifluo, -a [me'liflwo, -a] *adj* ① *(como la miel)* honigsüß ② *(amable)* zuckersüß
melillense [meli'ʎense] **I.** *adj* aus Melilla **II.** *mf* Einwohner(in) *m(f)* von Melilla
melindre [me'lin̪dre] *m* ① *(con miel y harina)* ≈ Honigpfannkuchen *m; (con mazapán)* ≈ Marzipanschnecke *f* ② *pl (delicadeza exagerada, afectada)* Zimperlichkeit *f,* Geziertheit *f,* Affektiertheit *f;* **andar con** [*o* **hacer**] **~s** sich zieren, sich anstellen
melindroso, -a [melin̪'droso, -a] **I.** *adj (delicado)* zimperlich; *(afectado)* geziert **II.** *m, f (persona delicada)* zimperliche Person *f; (afectada)* affektierte Person *f*
melisa [me'lisa] *f* Melisse *f*
mella ['meʎa] *f* ① *(hendidura)* Scharte *f* ② *(hueco)* Lücke *f* ③ *(merma)* Schmälerung *f* ④ *(loc)* **hacer ~** beeindrucken
mellar [me'ʎar] *vt* ① *(hacer mellas)* ruinieren ② *(disminuir)* schmälern
mellizo, -a [me'ʎiθo, -a] **I.** *adj* ① *(gemelo)* Zwillings- ② *(igual)* gleich **II.** *m, f* Zwilling *m*
melocotón [meloko'ton] *m* ① *(fruto)* Pfirsich *m* ② *(fam: borrachera)* Rausch *m*
melocotonero [melokoto'nero] *m* Pfirsichbaum *m*
melodía [melo'ðia] *f (sucesión de sonidos)* Melodie *f*
melódico, -a [me'loðiko, -a] *adj* melodisch
melodioso, -a [melo'ðjoso, -a] *adj* melodiös
melodrama [melo'ðrama] *m* Melodram(a) *nt*
melomanía [meloma'nia] *f* Musikbegeisterung *f,* Musikschwärmerei *f*
melómano, -a [me'lomano, -a] *m, f* (fanatischer) Musikliebhaber, (fanatische) Musikliebhaberin *m, f*
melón[1] [me'lon] *m* ① *(fruto)* Melone *f* ② *(fam: cabeza)* Birne *f*
melón, -ona[2] [me'lon, -ona] *m, f (fam)* Dummkopf *m*
melonar [melo'nar] *m* Melonenfeld *nt*
meloncete [melon'θet] *m (irón)* dummer junger Mann
melopea [melo'pea] *f (fam: borrachera)* Rausch *m*
meloso, -a [me'loso, -a] *adj* lieblich
membrana [mem'brana] *f* Membran *f;* **~ mucosa** Schleimhaut *f*
membresía [membre'sia] *f (Am)* Mitgliedschaft *f*
membrete [mem'brete] *m* Briefkopf *m*
membrillo [mem'briʎo] *m (árbol)* Quittenbaum *m; (fruto)* Quitte *f;* **carne** [*o* **dulce**] **de ~** Quittenbrot *nt*
meme ['meme] *m* (INFOR) Meme *nt,* Mem *nt*
memez [me'meθ] *f* Dummheit *f*
memo, -a ['memo, -a] **I.** *adj* dumm **II.** *m, f* Dummkopf *m*
memorable [memo'raβle] *adj* denkwürdig
memorar [memo'rar] *vt (elev: evocar)* gedenken, erinnern
memoria [me'morja] *f* ① *(facultad)* Gedächtnis *nt; (recuerdo)* Erinnerung *f* (**de** an +*akk*); **a la** [*o* **en**] **~ de** im Gedenken an +*akk;* **de ~** auswendig; **flaco de ~** vergesslich; **hacer ~** scharf nachdenken; **traer a la ~** ins Gedächtnis rufen; **venir a la ~** einfallen ② *(informe)* Bericht *m* ③ (INFOR) Speicher *m;* **~ intermedia** Zwischenspeicher *m;* **~ USB** USB-Stick *m* ④ *pl (autobiografía)* Memoiren *pl*
memorial [memo'rjal] *m* ① *(petición)* Bittschrift *f* ② *(agenda)* Notizbuch *nt* ③ *(boletín)* Mitteilungsblatt *nt*
memorioso, -a [memo'rjoso, -a] *adj (elev)* ein gutes Gedächtnis habend, mit gutem Gedächtnis; **es muy ~** er/sie hat ein sehr gutes Gedächtnis
memorismo [memo'rismo] *m* Auswendiglernen *nt*
memorista [memo'rista] **I.** *adj* ein gutes Gedächtnis habend **II.** *mf* Person *f* mit gutem Gedächtnis
memorización [memoriθa'θjon] *f* ① *(aprendizaje)* Auswendiglernen *nt* ② (INFOR) Speicherung *f*
memorizar [memori'θar] <z → c> *vt*

❶ *(aprender)* auswendig lernen ❷ (INFOR) speichern

mena ['mena] *f* (MIN) Erz *nt*

menaje [me'naxe] *m* Hausrat *m*

mención [meṇ'θjon] *f* Erwähnung *f;* **digno de ~** erwähnenswert; **hacer ~ de** erwähnen

mencionar [meṇθjo'nar] *vt* erwähnen

menda ['meṇda] **I.** *pron pers (fam)* ich; **aquí el** [*o* **este**] **~ no dijo nada** ich habe nichts gesagt **II.** *pron indef (fam)* **un ~** irgendjemand

mendaz [meṇ'daθ] *adj (elev)* verlogen

mendicante [meṇdi'kaṇte] **I.** *adj* Bettel- **II.** *mf* Bettler(in) *m(f)*

mendicidad [meṇdiθi'ðaᵈ] *f (pordiosería)* Bettelei *f; (fenómeno social)* Bettlertum *nt;* **vivir de la ~** vom Betteln leben

mendigar [meṇdi'ɣar] <g → gu> *vi, vt* betteln (um +*akk*)

mendigo, -a [meṇ'diɣo, -a] *m, f* Bettler(in) *m(f)*

mendrugo [meṇ'druɣo] *m* ❶ *(trozo de pan)* Stück *nt* trockenes Brot ❷ *(fam: torpe)* Trottel *m*

menear [mene'ar] **I.** *vt* schwenken; *(cabeza)* schütteln; **~ la cola** mit dem Schwanz wedeln **II.** *vr:* **~se** ❶ *(moverse)* wackeln ❷ *(fam: apresurarse)* sich sputen

meneo [me'neo] *m* ❶ *(brusco)* Ruck *m* ❷ *(fam: vapuleo)* Abreibung *f;* **dar un ~ a alguien** jdm eine Abreibung verpassen

menester [menes'ter] *m* ❶ *(necesidad)* Notwendigkeit *f;* **ser ~** nötig sein; **haber ~ de algo** etw brauchen ❷ *pl (tareas)* Pflichten *f pl* ❸ *pl (necesidades fisiológicas)* Bedürfnisse *nt pl*

menesteroso, -a [meneste'roso, -a] **I.** *adj* bedürftig **II.** *m, f* Bedürftige(r) *mf*

menestra [me'nestra] *f* (Gemüse)eintopf *m*

menestral(a) [menes'tral(a)] *m(f)* Handwerker(in) *m(f)*

mengano, -a [meŋ'gano, -a] *m, f* **fulano y ~** Herr X und Herr Y

mengua ['meŋgwa] *f* ❶ *(disminución)* Rückgang *m;* **sin ~ de** ohne Beeinträchtigung +*gen* ❷ *(carencia)* Mangel *m;* **sin ~** absolut ❸ *(descrédito)* Verruf *m*

menguado[1] [meŋ'gwaðo] *m* abgenommene Masche *f*

menguado, -a[2] [meŋ'gwaðo, -a] **I.** *adj* ❶ *(cobarde)* feige ❷ *(tonto)* einfältig ❸ *(miserable)* niederträchtig **II.** *m, f* ❶ *(cobarde)* Feigling *m* ❷ *(tonto)* Einfaltspinsel *m fam* ❸ *(miserable)* niederträchtige Person *f*

menguante [meŋ'gwaṇte] *f* ❶ *(marea)* Ebbe *f; (estiaje)* Niedrigwasser *nt* ❷ *(mengua)* Rückgang *m*

menguar [meŋ'gwar] <gu → gü> **I.** *vi* abnehmen **II.** *vt* reduzieren; *(punto)* abnehmen

meninge [me'niŋxe] *f* Hirnhaut *f;* **estrujarse las ~s** *(fam)* sich *dat* das Hirn zermartern

meningitis [meniŋ'xitis] *f inv* Hirnhautentzündung *f*

menisco [me'nisko] *m* Meniskus *m*

menopausia [meno'pau̯sja] *f (climaterio)* Wechseljahre *nt pl*

menor [me'nor] **I.** *adj* ❶ *(tamaño)* **Asia M~** Kleinasien *nt;* **~ que** kleiner als; *(número)* niedriger als; **al por ~** detailliert; (COM) en détail; **no dar la ~ importancia a algo** etw *dat* nicht die geringste Bedeutung beimessen ❷ *(edad)* **~ que** jünger als; **~ de edad** minderjährig; **el ~ de mis hermanos** mein jüngster Bruder ❸ (MÚS) Moll; **tono ~** Moll *nt;* **tercera ~** kleine Terz **II.** *mf (menor de edad)* Minderjährige(r) *mf;* **esta película no es apta para ~es** dieser Film ist nicht jugendfrei

menorquín, -ina [menor'kin, -ina] **I.** *adj* aus Menorca **II.** *m, f* Einwohner(in) *m(f)* von Menorca

menos ['menos] **I.** *adv* ❶ *(contrario de más)* weniger; **a ~ que** es sei denn; **el/la ~...** der/die am wenigsten ...; **el piso** (**el**) **~ caro** die preiswerteste Wohnung; **eso es lo de ~** das ist nicht so wichtig; **lo ~** das Mindeste; **al** [*o* **por lo**] **~** wenigstens; **aún ~** erst recht nicht; **cuanto ~...** (**tanto**) **más** je weniger ... desto mehr; **de ~** zu wenig; **echar de ~** vermissen; **en ~ de nada** in null Komma nichts; **ir a ~** herunterkommen; **~ de** weniger als; **~ mal** Gott sei Dank; **¡ni mucho ~!** auf keinen Fall! ❷ (MAT) minus ❸ *(excepto)* außer; **todo ~ eso** alles, nur das nicht **II.** *m* (MAT) Minuszeichen *nt*

menoscabar [menoska'βar] *vt* ❶ *(disminuir)* vermindern ❷ *(dañar)* beschädigen; *(fig)* schaden +*dat* ❸ *(desacreditar)* in Verruf bringen

menoscabo [menos'kaβo] *m* ❶ *(disminución)* Verminderung *f* ❷ *(daño)* Beschädigung *f; (fig)* Schaden *m;* **sufrir ~** Schaden nehmen

menospreciable [mensopre'θjaβle] *adj* verachtenswert

menospreciar [menospre'θjar] *vt* ❶ *(despreciar)* verachten ❷ *(desdeñar)* gering schätzen ❸ *(subestimar)* unterschätzen

menospreciativo, -a [menospreθja'tiβo, -a] *adj* geringschätzig

menosprecio [menos'preθjo] *m* ❶ *(des-*

precio) Verachtung *f* ❷ *(desdén)* Geringschätzung *f* ❸ *(subestimación)* Unterschätzung *f*

mensaje *m* (TEL) ~ **de voz** Sprachnachricht *f*

mensaje [men'saxe] *m* ❶ *(recado)* Botschaft *f* ❷ (INFOR) ~ **de error** Fehlermeldung *f;* ~ **de ausencia** Abwesenheitsnotiz *f* ❸ (RADIO, TEL) ~ **(de) radio** Funkspruch *m;* ~ **de socorro** Notruf *m* ❹ (TEL) ~ **multimedia** Multimedianachricht *f,* Multimediamessage *f;* ~ **SMS** SMS *f;* ~ **de texto** Textnachricht *f*

mensajear [mensaxe'ar] **I.** *vi* eine SMS senden, simsen *fam* **II.** *vr:* **~se** (INFOR) sich gegenseitig eine SMS senden, sich gegenseitig simsen *fam*

mensajería [mensaxe'ria] *f* Kurierdienst *m*

mensajero, -a [mensa'xero, -a] **I.** *adj* Boten-; **paloma mensajera** Brieftaube *f* **II.** *m, f* Bote, -in *m, f*

menso, -a ['menso, -a] *adj (Méx: necio)* dumm, einfältig

menstruación [meⁿstrwa'θjon] *f* Menstruation *f*

menstrual [meⁿstru'al] *adj* menstrual; **tener dolores ~es** Menstruationsbeschwerden haben

menstruar [meⁿstru'ar] <*1. pres* menstrúo> *vi* die Menstruation haben

menstruo[1] ['meⁿstrwo] *m* ❶ *(menstruación)* Menstruation *f,* Monatsblutung *f* ❷ (QUÍM) Lösungsmittel *nt*

menstruo, -a[2] ['meⁿstrwo, -a] *adj* **sangre menstrua** Monatsblut *nt*

mensual [mensu'al] *adj* ❶ *(cada mes)* monatlich; **revista** ~ Monatszeitschrift *f* ❷ *(que dura un mes)* Monats-

mensualidad [menswali'ðaᵈ] *f* ❶ *(sueldo)* Monatseinkommen *nt* ❷ *(paga)* monatliche Zahlung *f; (compra aplazada)* Monatsrate *f;* ~ **del alquiler** Monatsmiete *f*

mensualmente [mensual'meṇte] *adv* monatlich; **visita a su abuelo** ~ er/sie besucht jeden Monat seinen/ihren Großvater

mensurable [mensu'raβle] *adj* messbar

menta ['meṇta] *f* ❶ *(planta)* Minze *f* ❷ *(infusión)* Pfefferminztee *m* ❸ *(extracto)* Pfefferminzöl *nt;* **caramelo de** ~ Pfefferminzbonbon *nt*

mentado, -a [meṇ'taðo, -a] *adj* berühmt

mental [meṇ'tal] *adj* geistig; **cálculo** ~ Kopfrechnen *nt*

mentalidad [meṇtali'ðaᵈ] *f* Mentalität *f*

mentalización [meṇtaliθa'θjon] *f* Vergegenwärtigung *f*

mentalizar [meṇtali'θar] <z → c> *vt, vr:* **~se** (sich *dat*) klar machen

mentalmente [meṇtal'meṇte] *adv* in Gedanken, im Geist

mentar [meṇ'tar] <e → ie> *vt* erwähnen; ~ **la soga en casa del ahorcado** indiskret sein

mente ['meṇte] *f* ❶ *(pensamiento)* Denken *nt;* **tener en (la)** ~ vorhaben; **no puedo quitarme esa idea de la** ~ dieser Gedanke geht mir (einfach) nicht aus dem Kopf; **el nombre se me ha ido de la** ~ der Name ist mir entfallen; **tener la ~ en blanco** sich nicht erinnern (können); **traer a la** ~ ins Gedächtnis rufen ❷ *(intelecto)* Verstand *m*

mentecatada [meṇte'kaða] *f* Unsinn *m,* Dummheit *f*

mentecatez [meṇteka'teθ] *f* Dummheit *f*

mentecato, -a [meṇte'kato, -a] **I.** *adj* dumm **II.** *m, f* Dummkopf *m*

mentir [meṇ'tir] *vi irr como sentir* ❶ *(engañar)* lügen; **miente más que habla** er/sie lügt wie gedruckt; **¡miento!** falsch!, Irrtum! ❷ *(inducir a error)* täuschen

mentira [meṇ'tira] *f (embuste)* Lüge *f;* **¡parece ~!** unglaublich!

mentiroso, -a [meṇti'roso, -a] **I.** *adj (persona)* verlogen **II.** *m, f* Lügner(in) *m(f)*

mentol [meṇ'tol] *m* Menthol *nt*

mentolado, -a [meṇto'laðo, -a] *adj* mentholhaltig; **cigarrillo** ~ Mentholzigarette *f*

mentón [meṇ'ton] *m* Kinn *nt*

mentor [meṇ'tor] *m* Mentor *m*

menú [me'nu] *m* <menús> ❶ *(comida)* Menü *nt* ❷ *(minuta)* Speisekarte *f* ❸ (INFOR) Menü *nt*

menudear [menuðe'ar] **I.** *vi* häufig vorkommen **II.** *vt* häufig tun; ~ **sus visitas** häufig zu Besuch kommen

menudencia [menu'ðeṇθja] *f* ❶ *(pequeñez)* Kleinigkeit *f* ❷ *(meticulosidad)* Kleinlichkeit *f* ❸ *pl (del cerdo)* (Schweine)innereien *fpl*

menudillos [menu'ðiʎos] *mpl (despojos)* Geflügelinnereien *fpl*

menudo, -a [me'nuðo, -a] *adj* ❶ *(minúsculo)* winzig ❷ *(pequeño y delgado)* zierlich ❸ *(fútil)* unbedeutend ❹ *(minucioso)* kleinlich; **relatar algo por** ~ etw haarklein erzählen ❺ *(exclamación)* **¡menuda película!** was für ein toller Film!; **¡~ lío has armado!** da hast du dir ja was Schönes eingebrockt! ❻ *(loc)* **a** ~ oft; **por** [*o* **a**] **la menuda** (COM) en détail

meñique [me'ɲike] **I.** *m* kleiner Finger *m* **II.** *adj (fam)* winzig

meollo [me'oʎo] *m* ❶ *(sesos)* Hirn *nt* ❷ *(médula)* Mark *nt* ❸ *(fundamento)* Kern *m*

meón, -ona [me'on(a)] *adj (fam)* **ser un ~** eine Sextanerblase haben
mequetrefe [meke'trefe] *m (fam)* Volltrottel *m*
meramente [mera'mente] *adv* nur
merca ['merka] *f (fam)* Kauf *m;* **la ~ de la casa** der Hauskauf
mercachifle [merka'ʧifle] *m* Krämer *m*
mercadear [merkaðe'ar] *vi* handeln
mercadeo [merka'ðeo] *m* Handel *m*
mercader [merka'ðer] *m* Händler *m;* **~ de grueso** Großhändler *m*
mercadería [merkaðe'ria] *f* Ware *f*
mercadillo [merka'ðiʎo] *m* Flohmarkt *m*
mercado [mer'kaðo] *m* (*t.* ECON) Markt *m;* **~ de capitales** Kapitalmarkt *m;* **~ de divisas** Devisenbörse *f;* **~ exterior/interior** Auslands-/Binnenmarkt *m;* **M~ único europeo** Europäischer Binnenmarkt; **el ~ de Madrid** die Madrider Markthalle; **~ de valores** Wertpapierbörse *f;* **hay ~ los sábados** samstags ist Markttag
mercadotecnia [merkaðo'teɣnja] *f* Marketing *nt*
mercancía [merkaṇ'θia] *f* Ware *f;* **tren de ~s** (FERRO) Güterzug *m*
mercante [mer'kaṇte] **I.** *adj* Handels- **II.** *mf* Händler(in) *m(f)*
mercantil [merkaṇ'til] *adj* Handels-
mercantilismo [merkaṇti'lismo] *m* ❶ *(sistema económico)* Merkantilismus *m* ❷ *(espíritu mercantil)* Geschäftemacherei *f*
mercantilizar [merkaṇtili'θar] <z → c> *vt* kommerzialisieren
merced [mer'θeᵈ] *f* Gnade *f;* **~ a** dank *+gen;* **estar a ~ de alguien** jdm ausgeliefert sein
mercenario, -a [merθe'narjo, -a] **I.** *adj* Söldner- **II.** *m, f* Söldner(in) *m(f)*
mercería [merθe'ria] *f* ❶ *(artículos)* Kurzwaren *fpl* ❷ *(tienda)* Kurzwarenhandlung *f*
Mercosur [merko'sur] *m* (POL) *gemeinsamer Markt des südlichen Lateinamerika*
mercurio [mer'kurjo] *m* (QUÍM) Quecksilber *nt*
Mercurio [mer'kurjo] *m* (ASTR) Merkur *m*
merdoso, -a [mer'ðoso, -a] *adj* völlig verdreckt, dreckig; **tu cuarto está en un estado ~** dein Zimmer ist ein Saustall
merecedor(a) [mereθe'ðor(a)] *adj* würdig; **hacerse ~ de algo** etw verdienen
merecer [mere'θer] *irr como crecer* **I.** *vt* ❶ *(ser digno de)* verdienen; **merece que...** *+subj* er/sie verdient es, dass ...; **merece respeto de nuestra parte** ihr/ihm gebührt unser Respekt; **este libro merece mención** dieses Buch ist erwähnenswert ❷ *(valer)* wert sein; **no merece la pena** es lohnt sich nicht **II.** *vi* **~ bien de alguien/algo** sich verdient machen um jdn/etw **III.** *vr:* **~se** verdienen
merecido [mere'θiðo] *m* verdiente Strafe *f;* **se llevó su ~** es geschah ihm/ihr recht
merecimiento [mereθi'mjeṇto] *m* Verdienst *nt*
merendar [mereṇ'dar] <e → ie> **I.** *vi, vt* vespern **II.** *vr:* **~se** *(fam)* sich (gegenseitig) ausstechen; **~se a alguien** jdn ausstechen
merendero [mereṇ'dero] *m* Ausflugslokal *nt*
merengue [me'reŋge] *m* ❶ *(dulce)* Baiser *nt* ❷ *(persona débil)* Schwächling *m* ❸ *(CSur: fam: lío)* Chaos *nt*
meridiano[1] [meri'djano] *m* (ASTR) Meridian *m*
meridiano, -a[2] [meri'djano, -a] *adj* ❶ *(del mediodía)* Mittags- ❷ *(evidente)* klar
meridional [meridjo'nal] **I.** *adj* südlich; **Andalucía está en la España ~** Andalusien liegt in Südspanien **II.** *mf* Südländer(in) *m(f)*
merienda [me'rjeṇda] *f* ❶ *(comida por la tarde)* Vesper *f* ❷ *(picnic)* Picknick *nt;* **ir de ~** picknicken; **~ de negros** *(fig)* heilloses Durcheinander
mérito ['merito] *m* ❶ *(merecimiento)* Verdienst *nt;* **hacer ~s** sich dienstbeflissen zeigen; **callarse sus ~s** sein Licht unter den Scheffel stellen ❷ *(valor)* Wert *m;* **de ~** *(obra)* beachtlich; *(persona)* verdienstvoll
meritoriamente [meritorja'meṇte] *adv* verdienterweise, verdientermaßen
meritorio, -a [meri'torjo, -a] **I.** *adj* beachtlich **II.** *m, f (aprendiz)* Lehrling *m; (empleado sin sueldo)* Volontär(in) *m(f); (durante poco tiempo)* Praktikant(in) *m(f)*
merlo ['merlo] *m (Am)* Dummkopf *m*
merluza [mer'luθa] *f* ❶ (ZOOL) Seehecht *m* ❷ *(vulg: borrachera)* ordentlicher Schwips *m fam;* **coger una buena ~** sich *dat* einen antrinken *fam;* **estar (con la) ~** einen sitzen haben *fam*
merluzo, -a [mer'luθo, -a] *adj (fam)* dumm
merma ['merma] *f* Abnahme *f;* **~ de peso** Gewichtsverlust *m*
mermar [mer'mar] **I.** *vt* verringern; *(sueldo)* kürzen; **~ peso** an Gewicht verlieren **II.** *vi, vr:* **~se** sich verringern
mermelada [merme'laða] *f* Marmelade *f*
mero[1] ['mero] **I.** *adv* ❶ *(AmC, Méx: pronto)* bald ❷ *(Méx: muy)* sehr ❸ *(Méx: precisamente)* genau **II.** *m* ❶ (ZOOL) Riesenzackenbarsch *m* ❷ *(Méx: jefe)* Boss *m*

M

mero, -a[2] ['mero, -a] *adj* ❶ *(sencillo)* einfach ❷ *(sin nada más)* bloß; **la mera verdad** die reine Wahrheit ❸ *(Méx: preciso)* genau ❹ *(Méx: propio)* eigene(r, s)

merodeador(a) [meroðea'ðor(a)] **I.** *adj* marodierend **II.** *m(f)* (MIL) Plünderer, -in *m, f*

merodear [meroðe'ar] *vi* herumstreichen (**por** in +*dat*); *(saqueando)* plündernd umherziehen (**por** in +*dat*)

merodeo [mero'ðeo] *m* Plündern *nt*

mes [mes] *m* ❶ *(período)* Monat *m;* **a principios/a mediados/a fin(al)es de ~** Anfang/Mitte/Ende des Monats; **1000 euros al ~** monatlich 1000 Euro; **todos los ~es** (all)monatlich; **el ~ corriente** der laufende Monat; **el ~ que viene/pasado** *(adverbial)* nächsten/letzten Monat; **hace un ~** vor einem Monat ❷ *(sueldo)* **~** (**de trabajo**) Monatsgehalt *nt;* **con un ~ de anticipo** einen Monat im Voraus ❸ *(fam: menstruación)* Regel *f;* **tener el ~** seine Tage haben

mesa ['mesa] *f* ❶ *(mueble)* Tisch *m;* **~ plegable** Klapptisch *m;* **~ de despacho** Schreibtisch *m;* **~ de tertulia** Stammtisch *m;* **vino de ~** Tafelwein *m;* **poner/quitar la ~** den Tisch decken/abräumen; **en la ~** *(comiendo)* bei Tisch; **¡a la ~!** zu Tisch, bitte!; **servir una ~** an einem Tisch bedienen; **bendecir la ~** das Tischgebet sprechen; **tener a alguien a ~ y a mantel** jdn sehr gut bewirten; **vivir** [*o* **estar**] **a ~ puesta** ohne Müh und Arbeit leben ❷ *(junta directiva)* Präsidium *nt* ❸ (POL) **~ electoral** Wahlausschuss *m* ❹ (GEO) Hochebene *f* ❺ (MÚS) **~ de mezclas** Mischpult *nt* ❻ *(pensión)* Verpflegung *f;* **~ y cama** Kost und Logis

mesero, -a [me'sero, -a] *m, f (Méx: camarero)* Kellner(in) *m(f)*

meseta [me'seta] *f* (GEO) Hochebene *f*

Mesías [me'sias] *m* Messias *m*

mesilla [me'siʎa] *f* ❶ *(mesa pequeña)* Tischchen *nt;* **~ de noche** Nachttisch *m;* **~ de ruedas** Serviertischchen *nt* ❷ *(descansillo)* Treppenabsatz *m*

mesita [me'sita] *f* Ablagetisch *m;* **~ de noche** Nachttisch *m*

mesnada [mes'naða] *f* ❶ *(tropas)* Gefolgsleute *pl,* Gefolgschaft *f* ❷ *(partidarios)* Anhängerschaft *f*

mesón [me'son] *m* Gasthaus *nt*

mesonero, -a [meso'nero, -a] *m, f* (Gast)wirt(in) *m(f)*

mester [mes'ter] *m* (LIT) Kunst *f,* Handwerk *nt;* **~ de clerecía** gelehrte mittelalterliche Dichtkunst; **~ de juglaría** mittelalterliche Spielmannsdichtung

mestizaje [mesti'θaxe] *m* ❶ *(entre blancos e indígenos)* Vermischung von Weißen und Ureinwohner(innen) Amerikas ❷ *(colectivo)* Mestizen *mpl* ❸ *(cruce)* Rassenmischung *f*

mestizar [mesti'θar] <z → c> *vt* ❶ *(entre blancos e indígenos)* sich untereinander *(Weiße und Ureinwohner(innen) Amerikas)* vermischen ❷ *(cruzar)* mischen

mestizo, -a [mes'tiθo, -a] **I.** *adj* ❶ *(pey: entre blancos e indígenos)* mestizisch ❷ *(pey: entre dos razas)* mischrassig *pej* **II.** *m, f* ❶ *(pey: entre blancos e indígenos)* Mestize, -in *m, f pej* ❷ *(pey: entre dos razas)* Mischling *m pej*

mesura [me'sura] *f* ❶ *(moderación)* Maß *nt* ❷ *(cortesía)* Höflichkeit *f,* Umsicht *f* ❸ *(calma)* Beherrschung *f*

mesurado, -a [mesu'raðo, -a] *adj* ❶ *(moderación)* maßvoll ❷ *(cortesía)* höflich, umsichtig ❸ *(calma)* beherrscht, zurückhaltend

mesurar [mesu'rar] **I.** *vt* vorsichtig umgehen (mit +*dat*), maßvoll einsetzen **II.** *vr:* **~se** sich beherrschen (**en** bei +*dat*), sich im Griff haben (**en** bei +*dat*)

meta[1] ['meta] *f (en las carreras, t. fig)* Ziel *nt; (portería)* Tor *nt;* **la ~ de su vida** sein/ihr Lebensziel; **fijarse una ~** sich *dat* ein Ziel setzen

meta[2] ['meta] *mf (portero)* Torhüter(in) *m(f)*

metabolismo [metaβo'lismo] *m* Stoffwechsel *m*

metabolizar [metaβoli'θar] <z → c> *vt* ❶ *(alterar)* (im Stoffwechselprozess) umsetzen ❷ *(eliminar)* (im Stoffwechselprozess) abbauen

metadona [meta'ðona] *f* Methadon *nt*

metafísica [meta'fisika] *f* ❶ (FILOS) Metaphysik *f* ❷ *(pedantería)* Pedanterie *f*

metafísico, -a [meta'fisiko, -a] **I.** *adj* ❶ (FILOS) metaphysisch ❷ *(difícil)* kompliziert **II.** *m, f* Metaphysiker(in) *m(f)*

metáfora [me'tafora] *f* Metapher *f*

metafóricamente [metaforika'mente] *adv* metaphorisch, bildlich

metafórico, -a [meta'foriko, -a] *adj* metaphorisch

metal [me'tal] *m* ❶ *(material)* Metall *nt;* **~ noble** Edelmetall *nt;* **~ pesado** Schwermetall *nt* ❷ *(de voz)* Klang *m* ❸ *(instrumento)* Blechblasinstrument *nt* ❹ *(dinero)* **el vil ~** das (leidige) Geld

metálico[1] [me'taliko] *m (monedas)* Münzgeld *nt;* **en ~** (in) bar; **premio en ~** Geldpreis *m*

metálico, -a² [me'taliko, -a] *adj* ① *(parecido al metal)* metallisch ② *(que contiene metal)* metallen; **tela metálica** Drahtgitter *nt*

metalizar [metali'θar] <z → c> **I.** *vt* metallisieren **II.** *vr:* **~se** ① *(adquirir propiedades metálicas)* metallisieren ② *(interesarse demasiado por el dinero)* nur ans Geld denken

metalurgia [meta'lurxja] *f sin pl* Metallurgie *f*

metalúrgico, -a [meta'lurxiko, -a] **I.** *adj* metallurgisch; **industria metalúrgica** Metallindustrie *f* **II.** *m, f* Metallarbeiter(in) *m(f)*

metamorfismo [metamor'fismo] *m* (GEO) Metamorphose *f*

metamorfosear [metamorfose'ar] **I.** *vt* metamorphosieren, verändern, umwandeln **II.** *vr:* **~se** sich verwandeln, sich verändern

metamorfosis [metamor'fosis] *f inv* ① (ZOOL, GEO) Metamorphose *f* ② *(en una persona)* Verwandlung *f*

metano [me'tano] *m* Methan *nt*

metástasis [me'tastasis] *f inv* (MED) Metastase *f*

metedura [mete'ðura] *f* **¡vaya ~ de pata!** was für eine Blamage!

meteduría [meteðu'ria] *f* Schmuggel *m*

metelón, -ona [mete'lon, -ona] *adj (Méx)* zudringlich, aufdringlich

meteórico, -a [mete'oriko, -a] *adj* ① (METEO) meteorisch ② *(rápido)* kometenhaft

meteorismo [meteo'rismo] *m* Blähungen *f pl*

meteorito [meteo'rito] *m* Meteorit *m*

meteoro [mete'oro] *m* ① (METEO) Himmelserscheinung *f* ② (ASTR) Meteor *m*

meteorología [meteorolo'xia] *f sin pl* Wetterkunde *f*

meteorológico, -a [meteoro'loxiko, -a] *adj* meteorologisch; **informe ~** Wetterbericht *m;* **estación meteorológica** Wetterwarte *f*

meteorólogo, -a [meteo'roloɣo, -a] *m, f* Meteorologe, -in *m, f*

meter [me'ter] **I.** *vt* ① *(introducir)* (hinein)stecken; *(en una caja, una bolsa)* (hinein)legen; **¡mete el enchufe!** steck den Stecker ein!; **~ un clavo en la pared** einen Nagel in die Wand schlagen; **~ el coche en el garaje** das Auto in die Garage fahren ② *(persona)* **~ a alguien en la cárcel** jdn ins Gefängnis stecken ③ *(invertir)* investieren; **~ en el banco** auf die Bank bringen ④ *(en costura)* enger machen ⑤ *(fam: en cocina)* hinzufügen; **¡no le metas más sal!** mach kein Salz mehr rein! ⑥ (DEP) **~ un gol** ein Tor schießen ⑦ *(de contrabando)* (ein)schmuggeln ⑧ *(argot: encascar)* aufschwatzen; *(vender)* unterjubeln; *(enjaretar)* aufhalsen; **nos metió una película aburridísima** wir mussten uns bei ihm/ihr einen besonders langweiligen Film anschauen; **le metieron tres meses de cárcel** sie haben ihn/sie zu drei Monaten Gefängnis verdonnert ⑨ *(argot: pegar)* **~ un puñetazo a alguien** jdm einen Fausthieb verpassen ⑩ *(provocar)* **~ miedo/un susto a alguien** jdm Angst/einen Schrecken einjagen; **~ prisa a alguien** jdn zur Eile antreiben; **~ ruido** Lärm machen ⑪ *(hacer participar)* beteiligen; **~ a toda la familia en el asunto** die ganze Familie in die Angelegenheit verwickeln ⑫ *(emplear)* einstellen (**de** als +*akk*); **~ a alguien a fregar platos** jdn als Tellerwäscher einstellen; **~ a una chica de peluquera** ein Mädchen eine Lehre als Friseuse beginnen lassen ⑬ *(loc)* **~ la pata** ins Fettnäpfchen treten; **~ mano a alguien** *(fam)* jdn befummeln; **a todo ~** *(argot)* ganz schnell; **me has metido en un buen lío** *(argot)* du hast mich ganz schön hineingeritten **II.** *vr:* **~se** ① *(fam: aceptar algo)* **¿cuándo se te ~á esto en la cabeza?** wann wirst du das je kapieren? ② *(introducirse)* hineinkommen; **~se el dedo en la nariz** in der Nase bohren; **~se algo en la cabeza** sich *dat* etw in den Kopf setzen ③ *(entrar en un lugar)* verschwinden; **le vi ~se en un cine** ich sah ihn ins Kino hineingehen; **~se entre la gente** in der Menschenmenge untertauchen; **se metió en el armario** er/sie hat sich im Schrank versteckt; **¿dónde se habrá metido?** wo steckt er/sie bloß?; **~se para adentro** hineingehen ④ *(entrar indebidamente)* eindringen ⑤ *(inmiscuirse)* sich einmischen; **~se donde no lo/la llaman** [*o* **le importa**] sich in etwas einmischen, das einen nichts angeht ⑥ *(provocar)* **~se con alguien** jdn ärgern ⑦ *(comenzar un oficio)* **~se monja** ins Kloster gehen; **~se a actor** Schauspieler werden ⑧ *(loc)* **~se en camisa de once varas** sich übernehmen; **¡métetelo donde te quepa!** *(argot)* steck's dir sonst wohin!

meticón, -ona [meti'kon, -ona] **I.** *adj (fam)* naseweis, neugierig; **mira que eres ~** du mischt dich aber auch in alles ein **II.** *m, f (fam)* aufdringlicher Mensch *m,* Schnüffler(in) *m(f)*

meticulosidad [metikulosi'ðaᵈ] *f* Kleinlichkeit *f,* peinliche Genauigkeit *f*

meticuloso, -a [metiku'loso, -a] **I.** *adj* kleinlich **II.** *m, f* Pedant(in) *m(f)*

metida [me'tiða] *f (fam: avance)* **dar una ~ a algo** sich mit etw *dat* gründlich befassen; **tengo que darle una buena ~ a los estudios** ich muss mich mal richtig (ins Lernen) hineinknien

metido[1] [me'tiðo] *m (fam)* ❶ *(reprimenda)* Anpfiff *m;* **pegar un ~ a alguien** jdn anpfeifen ❷ *(daño)* **el coche ha dejado un buen ~ en la valla** das Auto hat eine ziemliche Delle im Zaun verursacht

metido, -a[2] [me'tiðo, -a] *adj* ❶ *(introvertido)* **~ en sí mismo** introvertiert ❷ *(envuelto)* verwickelt; **sigue estando muy ~ en el negocio a pesar de su edad** er ist immer noch voll im Geschäft, trotz seines Alters ❸ *(con abundantes)* **un muchacho ~ en carnes** ein beleibter Junge; **una mujer metida en años** eine Frau im fortgeschrittenen Alter ❹ *(fam: relación)* **está muy ~ con esa chica** er hat eine enge Beziehung zu diesem Mädchen; **está muy ~ con la dirección de la empresa** er hat einen guten Draht zur Geschäftsleitung ❺ *(puesto)* **la llave está metida** der Schlüssel steckt

metimiento [meti'mjento] *m* ❶ *(inserción)* Einführung *f,* (Hinein)stecken *nt,* (Hinein)legen *nt* ❷ *(influencia)* Einfluss *m* (**con** auf +*akk*)

metódico, -a [me'toðiko, -a] **I.** *adj* methodisch **II.** *m, f* Methodiker(in) *m(f)*

metodista [meto'ðista] **I.** *adj* methodistisch **II.** *mf* Methodist(in) *m(f)*

método ['metoðo] *m* ❶ *(sistema)* Methode *f; (para enseñar)* Lehrmethode *f;* **proceder con ~** systematisch vorgehen ❷ *(libro)* Lehrbuch *nt;* **un ~ de guitarra** eine Gitarrenschule

metodología [metoðolo'xia] *f* ❶ *(ciencia)* Methodologie *f* ❷ *(referente a la enseñanza)* Methodik *f*

metomentodo [metomen'toðo] **I.** *adj inv* neugierig **II.** *mf inv (fam)* neugieriger Mensch *m;* **ser un ~** seine Nase überall hineinstecken

metraje [me'traxe] *m* Filmlänge *f;* **película de largo ~** Film in Langfassung; **película de corto ~** Kurzfilm *m*

metralla [me'traʎa] *f* ❶ *(munición)* Schrot *m o nt;* **fuego de ~** Maschinengewehrfeuer *nt* ❷ *(trozos)* (Kugel)splitter *mpl*

metralleta [metra'ʎeta] *f* Schnellfeuerwaffe *f*

métrica ['metrika] *f* Metrik *f*

métrico, -a ['metriko, -a] *adj* metrisch

metro ['metro] *m* ❶ *(unidad)* Meter *m o nt;* **~ cuadrado** Quadratmeter *m o nt;* **~ cúbico** Kubikmeter *m o nt;* **no levantar un ~ del suelo** sehr klein sein ❷ *(para medir)* Metermaß *nt;* **~ de cinta** Maßband *nt;* **~ plegable** Zollstock *m* ❸ *(metropolitano)* U-Bahn *f* ❹ *(poesía)* Versmaß *nt* ❺ (MÚS) Metrum *nt*

metrología [metrolo'xia] *f* Metrologie *f*

metrónomo [me'tronomo] *m* Metronom *nt*

metrópoli [me'tropoli] *f (urbe)* Weltstadt *f; (capital)* Hauptstadt *f*

metropolitano[1] [metropoli'tano] *m* (FERRO) U-Bahn *f*

metropolitano, -a[2] [metropoli'tano, -a] *adj* ❶ *(de la capital)* hauptstädtisch ❷ *(de la urbe)* weltstädtisch

metrosexual [metroseˠsu'al] **I.** *adj* metrosexuell **II.** *m* Metrosexuelle(r) *m*

mexicano, -a [mexi'kano, -a] **I.** *adj* mexikanisch **II.** *m, f* Mexikaner(in) *m(f)*

México ['mexiko] *m* Mexiko *nt*

mezcla ['meθkla] *f* ❶ *(sustancia)* Mischung *f;* **~ de carburantes** Kraftstoffgemisch *nt;* **~ explosiva** explosives Gemisch; *(fig)* explosive Mischung ❷ *(acto)* Mischen *nt* ❸ *(tela)* Mischgewebe *nt;* **sin ~** rein ❹ *(argamasa)* Mörtel *m*

mezclar [meθ'klar] **I.** *vt* ❶ *(unir)* (ver)mischen; (GASTR: *añadir*) unterrühren ❷ *(revolver)* durcheinanderbringen; *(confundir)* verwechseln ❸ *(involucrar)* hineinziehen **II.** *vr:* **~se** ❶ *(inmiscuirse)* sich einmischen ❷ *(en un grupo de personas)* **~se entre los espectadores** sich unter die Zuschauer mischen; **~se con gente de mucho dinero** mit sehr reichen Leuten zusammenkommen ❸ *(revolverse)* durcheinandergeraten

mezcolanza [meθko'lanθa] *f (fam)* Mischmasch *m*

mezquindad [meθkin'daᵈ] *f* ❶ *(tacañería)* Geiz *m* ❷ *(acto vil)* Gemeinheit *f*

mezquino, -a [meθ'kino, -a] **I.** *adj* ❶ *(tacaño)* geizig ❷ *(innoble)* gemein ❸ *(insuficiente)* dürftig ❹ *(despreciable)* schäbig **II.** *m, f* Geizhals *m*

mezquita [meθ'kita] *f* Moschee *f*

mi [mi] **I.** *adj pos (antepuesto)* mein(e); **~ amigo/amiga/casa** mein Freund/meine Freundin/mein Haus; **~s amigos/amigas** meine Freunde/Freundinnen **II.** *m inv* (MÚS) e *nt;* **~ mayor** E-Dur *nt;* **~ menor** e-Moll *nt*

mí [mi] *pron pers* **a ~** *(objeto directo)* mich; *(indirecto)* mir; **para ~** für mich; **¿y a ~ qué?** na und?; **para ~ (que)...** meiner Meinung nach ...; **por ~** von mir aus; **por ~ que no quede** an mir soll's nicht liegen; **por ~ mismo** allein; **¡a ~ con esas!** erzähl

M

das deiner Großmutter!; **¡a ~!** *(¡socorro!)* (zu) Hilfe!

mía *f* ❶ *(fam: ocasión, oportunidad)* **esta es la ~** *(fam)* das ist die Gelegenheit für mich ❷ *(loc)* **hice una de las ~s** das war (mal) wieder typisch für mich; **me he salido con la ~** ich habe erreicht, was ich wollte

miaja ['mjaxa] *f* Krümel *m*

miau [mjau̯] miau

mica ['mika] *f* ❶ (MIN) Glimmer *m* ❷ *(And: orinal)* Nachttopf *m* ❸ *(AmC: fam: borrachera)* Vollrausch *m*

miche ['mitʃe] *m* *(CRi: pendencia)* Zwist *m*, Streit *m*

michelín [mitʃe'lin] *m* *(fam)* Rettungsring *m*, Fettwulst *m* um die Hüfte; **tengo que adelgazar para rebajar los michelines** ich muss abnehmen, um diese Rettungsringe loszuwerden

michino, -a [mi'tʃino, -a] *m, f* *(fam)* Kater *m*, Katze *f*

mico[1] ['miko] *m* *(fam)* ❶ *(hombre lujurioso)* Wüstling *m* ❷ *(loc)* **dar el ~ a alguien** *(engañar)* jdn betrügen; **dar ~ a alguien** *(dejar plantado)* jdn versetzen; **quedarse hecho un ~** *(avergonzado)* völlig blamiert sein; **volverse ~** außer Fassung geraten

mico, -a[2] ['miko, -a] *m, f* ❶ (ZOOL) Affe, Äffin *m, f* ❷ *(fam: persona fea)* hässlicher Kauz *m*, Vogelscheuche *f* ❸ *(fam: niño)* Äffchen *nt* ❹ *(fam: persona presumida)* koketter Mensch *m*

micosis [mi'kosis] *f inv* (MED) Mykose *f*, Pilzkrankheit *f*

micra ['mikra] *f* Mikrometer *nt*

micro ['mikro] *m* Mikro *nt*

microbio [mi'kroβjo] *m* Mikrobe *f*

microbiología [mikroβjolo'xia] *f sin pl* Mikrobiologie *f*

microbiológico, -a [mikroβjo'loxiko, -a] *adj* mikrobiologisch

microbús [mikro'βus] *m* Kleinbus *m*

microchip [mikro'tʃip] *m* Mikrochip *m*

microcircuito [mikroθirku'ito] *m* (ELEC) Mikroschaltung *f*

microcosmo(s) [mikro'kosmo(s)] *m (inv)* Mikrokosmos *m*

microeconomía [mikroekono'mia] *f* Mikroökonomie *f*

microelectrónica [mikroelek'tronika] *f sin pl* Mikroelektronik *f*

microfibra [mikro'fiβra] *f* Mikrofaser *f*

microficha [mikro'fitʃa] *f* Mikrofiche *f*

microfilm(e) [mikro'film(e)] *m* <microfilm(e)s> Mikrofilm *m*

micrófono [mi'krofono] *m* Mikrofon *nt*

microonda [mikro'on̩da/mi'kron̩da] *f* *(cocina, t.* FÍS) Mikrowelle *f*; **horno (de) ~s** Mikrowellenherd *m*

microorganismo [mikro(o)rɣa'nismo] *m* Mikrobe *f*

microprocesador [mikroproθesa'ðor] *m* Mikroprozessor *m*

microscópico, -a [mikros'kopiko, -a] *adj* mikroskopisch; *(fam: minúsculo)* winzig (klein); **de tamaño ~** mikroskopisch klein

microscopio [mikros'kopjo] *m* Mikroskop *nt*; **~ de 60 aumentos** Mikroskop mit 60facher Vergrößerung; **~ electrónico** Elektronenmikroskop *nt*

microtenis [mikro'tenis] *m inv* *(Am)* Tischtennis *nt*

miedica [mje'ðika] **I.** *adj* *(fam)* ängstlich **II.** *mf (fam)* Angsthase *m*

mieditis [mje'ðitis] *f inv (fam)* Bammel *m*, Muffensausen *nt*

miedo ['mjeðo] *m* ❶ *(angustia)* Angst *f* (**a/de** vor +*dat*); **por ~ a** [*o* **de**] aus Angst vor; **por ~ de que...** +*subj* aus Angst davor, dass ...; **meter ~ a alguien** jdm Angst einjagen; **dar ~** Angst machen; **tener ~ de algo/alguien** vor etw *dat*/jdm Angst haben, sich vor etw *dat*/jdm fürchten; **me entró** [*o* **dio**] **~** ich bekam Angst; **morirse de ~** eine Sterbensangst haben; **cagarse de ~** *(vulg)* sich *dat* vor Angst in die Hosen machen *fam;* **al que mal vive, el ~ le sigue** *(prov)* ≈ wer unredlich lebt, den verfolgt die Angst; **a quien ~ han, lo suyo le dan** *(prov)* ≈ wer gefürchtet wird, bekommt, was er will ❷ *(fam: maravilloso)* **de ~** toll; **el concierto estuvo de ~** das Konzert war sagenhaft ❸ *(fam: terrible)* **de ~** schrecklich; **hace un frío de ~** es ist hundekalt

miedoso, -a [mje'ðoso, -a] **I.** *adj* ❶ *ser (temeroso)* ängstlich ❷ *estar (asustadizo)* schreckhaft **II.** *m, f* Feigling *m*

miel [mjel] *f* ❶ *(de abeja)* Honig *m;* **~ blanca** Bienenhonig *m;* **~ extraída** Schleuderhonig *m* ❷ *(loc)* **luna de ~** Flitterwochen *fpl;* **quedarse con la ~ en los labios** das Nachsehen haben; **si encima me pagan el viaje ¡~ sobre hojuelas!** wenn sie auch noch die Reisekosten übernehmen, umso besser!; **hacerse de ~** sich einschmeicheln; **hazte de ~ y te comerán las moscas** *(prov)* wer mit den Wölfen heult, wird von den Wölfen gefressen; **no hay ~ sin hiel** *(prov)* keine Rose ohne Dornen

miembro ['mjembro] **I.** *m* ❶ *pl (extremidades)* Glieder *ntpl* ❷ *(pene)* **~ (viril)** (männliches) Glied *nt* ❸ *(socio)* Mitglied *nt;* **no ~** Nichtmitglied *nt;* **~ de pleno derecho** Vollmitglied *nt;* **hacerse**

M

~ **de** Mitglied werden in +*dat* ❹ (LING, MAT) Glied *nt* ❺ *(parte)* Teil *m* **II.** *adj* **los Estados ~s** die Mitglied(s)staaten

mientes ['mjen̩tes] *f pl* Gedanken *m pl;* **traer a las ~** in Erinnerung rufen; **¡ni por ~!** niemals!, nie im Leben!

mientras ['mjen̩tras] **I.** *adv* währenddessen; ~ (**tanto**) inzwischen **II.** *conj* ~ (**que**) während; ~ (**que**) +*subj* solange; ~ **se ríe no se llora** solange man lacht, weint man nicht; ~ **más le dan más pide el niño** je mehr das Kind bekommt, desto mehr will es

miércoles ['mjerkoles] *m inv* Mittwoch *m;* ~ **de ceniza** Aschermittwoch *m;* ~ **santo** Mittwoch vor Gründonnerstag; *v. t.* **lunes**

mierda ['mjerða] *f (vulg)* ❶ *(heces)* Scheiße *f* ❷ *(porquería)* Dreck *m fam* ❸ *(loc)* **el maestro nuevo es una ~** der neue Lehrer ist eine Flasche *fam;* **esta película es una ~** dieser Film ist Scheiße; **¡200 euros, una ~!** 200 Euro, nie im Leben!; **es una ~ de coche** das ist ein Scheißauto; **cubrirse de ~** *(fig)* sich selbst in die Scheiße reiten; **mandar a la ~** zum Teufel jagen *fam;* **¡(vete) a la ~!** verpiss dich doch! *fam;* **¡eso te importa una ~!** das geht dich einen Scheiß an!; **¡~!** Scheiße!; **¡una ~!** ich glaub du spinnst wohl! *fam;* **¿qué ~ ocurre?** was zum Teufel ist los? *fam;* **irse a la ~** sich zum Teufel scheren *fam;* **no valer una ~** zu nichts nütze sein; **no comerse ni** (**una**) **~** nicht einen einzigen Treffer landen; **¡vaya ~ que cogí ayer!** *(borrachera)* Mensch, war ich gestern voll! *fam*

mies [mjes] *f* ❶ *(cereal maduro)* Korn *nt* ❷ *(temporada)* Ernte(zeit) *f* ❸ *pl (campos)* Kornfelder *nt pl*

miga ['miɣa] *f* ❶ *(pan)* Krume *f;* **hacer buenas/malas ~s con alguien** mit jdm gut/schlecht auskommen; **hacer ~s a alguien** jdn fertigmachen; **estar hecho ~** *(cansado)* völlig kaputt sein; **hacer ~s** zerfetzen ❷ *(esencia)* Substanz *f;* **esto tiene su ~** das ist komplizierter als man denkt

migaja [mi'ɣaxa] *f* ❶ *(trocito)* Stückchen *nt;* **una ~ de algo** ein ganz klein wenig von etw *dat* ❷ *pl (sobras)* Reste *m pl*

migración [miɣra'θjon] *f* ❶ *(emigración)* Auswanderung *f* ❷ (ZOOL) Migration *f*

migraña [mi'ɣraɲa] *f* Migräne *f*

migrar [mi'ɣrar] *vi* migrieren, wandern

migratorio, -a [miɣra'torjo, -a] *adj* Wanderungs-

mijo ['mixo] *m* Hirse *f*

mil [mil] **I.** *adj inv* tausend; **dos ~ millones** zwei Milliarden; **ya se lo he dicho ~ veces** ich habe es ihm/ihr schon hundert Mal gesagt; *v. t.* **ocho II.** *m* ❶ *(número)* Tausend *nt; v. t.* **ocho** ❷ *(cantidad indefinida)* **~es** Tausende *nt pl;* **a ~es** zu Tausenden; **~es y ~es** Tausende und Abertausende; **varios ~es de dólares** einige Tausend Dollar ❸ *(loc)* **a las ~** (**y quinientas**) viel zu spät; **pasar las ~ y una** viel durchmachen

milagrero, -a [mila'ɣrero, -a] **I.** *adj* ❶ *(que cree en milagros)* wundergläubig ❷ *(milagroso)* wundertätig **II.** *m, f* ❶ *(que cree en milagros)* Person *f*, die an Wunder glaubt ❷ *(milagroso)* Wundertäter(in) *m(f)*

milagro [mi'laɣro] **I.** *adj* Wunder-; **producto ~** Wundermittel *nt* **II.** *m* Wunder *nt;* **hacer ~s** Wunder vollbringen; **contar la vida y ~s de alguien** detailliert aus jds Leben erzählen; **esta vez se escapó de ~** dieses Mal hat er/sie noch einmal Glück gehabt; **si sales de esta, solo saldrás de ~** wenn du es dieses Mal schaffst, dann nur mit sehr viel Glück; ~ (**sería**) **que...** +*subj* es wäre ein Wunder, wenn ...

milagroso, -a [mila'ɣroso, -a] *adj* ❶ *(que hace milagros)* wundertätig ❷ *(ocurrido por milagro)* wundersam ❸ *(maravilloso)* wunderbar

Milán [mi'lan] *m* Mailand *nt*

milanés, -esa [mila'nes, -esa] **I.** *adj* mailändisch **II.** *m, f* Mailänder(in) *m(f)*

milanesa [mila'nesa] *f* (GASTR) (Wiener) Schnitzel *nt*

milano [mi'lano] *m* Milan *m*

milenario[1] [mile'narjo] *m (aniversario)* tausendster Jahrestag *m; (fiesta)* Tausendjahrfeier *f*

milenario, -a[2] [mile'narjo, -a] *adj* tausendjährig

milenio [mi'lenjo] *m* Jahrtausend *nt*

milésimo [mi'lesimo] *m (ordinal)* Tausendste(r) *mf o nt*

milésimo, -a [mi'lesimo, -a] *adj* tausendste(r, s); *v. t.* **octavo**

mileurista [mil'eu̯rista] *mf (fam) Person, die monatlich nicht mehr als 1.000 Euro verdient*

mili ['mili] *f (fam)* Wehrdienst *m;* **ir a** [*o* **hacer**] **la ~** den Wehrdienst (ab)leisten; *(en Alemania)* zum Bund gehen; **¿ya hiciste la ~?** warst du schon beim Bund?; **tener mucha ~** *(argot)* kein unbeschriebenes Blatt mehr sein

milibar [mili'βar] *m* Millibar *nt*

milicia [mi'liθja] *f* ❶ *(tropa)* Miliz *f;* ~ **nacional** *(ciudadanos)* Bürgerwehr *f* ❷ *(actividades militares)* Manöver *nt*

miligramo [mili'ɣramo] *m* Milligramm *nt*

mililitro [mili'litro] *m* Milliliter *m*

milimetrado, -a [milime'traðo, -a] *adj* Millimeter-; **papel ~** Millimeterpapier *nt*

M

milimétrico, -a [mili'metriko, -a] *adj* millimetergenau

milímetro [mi'limetro] *m* Millimeter *m o nt*

militancia [mili'tanθja] *f* (POL) (aktive) Mitgliedschaft *f,* (aktive) Teilnahme *f*

militante [mili'tante] **I.** *adj* militant **II.** *mf (de una partido)* Mitglied *nt*

militar [mili'tar] **I.** *vi* ❶ *(cumplir el servicio)* dienen (**en** bei/in +*dat*) ❷ *(en un partido)* angehören (**en** +*dat*) ❸ *(loc)* **~ en favor de/contra algo** sich für/gegen etw einsetzen **II.** *adj* Militär-; **los altos mandos ~es** die Militärs; **dictadura ~** Militärdiktatur *f* **III.** *m* Soldat *m*

militarismo [milita'rismo] *m sin pl* Militarismus *m*

militarista [milita'rista] **I.** *adj* militaristisch **II.** *mf* Militarist(in) *m(f)*

militarizar [militari'θar] <z → c> *vt* militarisieren

milla ['miʎa] *f* Meile *f;* **~ marina** Seemeile *f*

millar [mi'ʎar] *m* Tausend *nt;* **protestaron a ~es** sie protestierten zu Tausenden

millardo [mi'ʎarðo] *m* Milliarde *f*

millón [mi'ʎon] *m* Million *f;* **mil millones** Milliarde *f;* **cuatro millones de habitantes** vier Millionen Einwohner; **un ~ de gracias** tausend Dank

millonada [miʎo'naða] *f (fam: muchísimo dinero)* Vermögen *nt*

millonario, -a [miʎo'narjo, -a] *m, f* Millionär(in) *m(f)*

millonésimo [miʎo'nesimo] *m (ordinal)* Millionste(r) *mf o nt*

millonésimo, -a [miʎo'nesimo, -a] *adj* millionste(r, s); *v. t.* **octavo**

milonga [mi'loŋga] *f* ❶ *(baile)* Milonga *f (Name eines Volkstanzes und Gesanges in Lateinamerika)* ❷ *(And, CSur: fiesta)* Fest *nt* ❸ *(And, CSur: argot: trola, mentira)* Schwindel *m,* Ente *f*

milpa ['milpa] *f (Am)* ❶ *(campo)* Maisfeld *nt* ❷ *(planta)* Mais *m*

milpiés [mil'pjes] *m inv* Tausendfüß(l)er *m*

mimado, -a [mi'maðo, -a] *adj (consentido)* verwöhnt; *(consentido excesivamente)* verhätschelt; **niño ~** Hätschelkind *nt*

mimador(a) [mima'ðor(a)] *adj* verwöhnend

mimar [mi'mar] *vt* ❶ *(consentir)* verwöhnen; *(excesivamente)* verhätscheln ❷ *(favorecer)* bevorzugen

mimbre ['mimbre] *m* ❶ *(material)* Korbgeflecht *nt;* **de ~** geflochten; **muebles de ~** Rattanmöbel *ntpl;* **silla de ~** Korbstuhl *m* ❷ *(ramita)* Weidenrute *f*

mimbrera [mim'brera] *f* Korbweide *f*

mimeógrafo [mime'oɣrafo] *m (Am)* Kopiergerät *nt*

mimetismo [mime'tismo] *m* (ZOOL) Mimikry *f*

mímica ['mimika] *f* ❶ *(facial)* Mimik *f* ❷ *(señas)* Gebärdensprache *f* ❸ *(ademanes)* Gestik *f*

mímico, -a ['mimiko, -a] *adj* mimisch; (TEAT) schauspielerisch

mimo ['mimo] *m* ❶ *(actor)* Mime, -in *m, f;* **hacer ~ de alguien** jdn mimen ❷ *(caricia)* Zärtlichkeit *f;* **necesitar mucho ~** viele Streicheleinheiten brauchen ❸ *(condescencia)* Verhätschelung *f;* **le dan demasiado ~** er/sie wird zu sehr verhätschelt ❹ *(con cariño)* **realizar su trabajo con ~** seine Arbeit mit Liebe machen

mimosa [mi'mosa] *f* Mimose *f*

mimoso, -a [mi'moso, -a] *adj* ❶ *(mimado)* verhätschelt ❷ *ser (cariñoso)* verschmust ❸ *estar (apegado)* anhänglich

mina ['mina] *f* ❶ (MIN) Bergwerk *nt;* **~ de carbón** Kohlenbergwerk *nt;* **este negocio es una ~** dieses Geschäft ist eine (wahre) Goldgrube ❷ *(pasillo subterráneo)* Stollen *m* ❸ *(explosivo)* Mine *f;* **~ de mar** Seemine *f;* **~ de tierra** Landmine *f* ❹ *(de lápiz/bolígrafo)* Mine *f*

minar [mi'nar] **I.** *vt* ❶ *(excavar)* unterhöhlen ❷ *(colocar minas)* verminen ❸ *(debilitar)* unterminieren **II.** *vr:* **~se** *(argot: hartarse)* sich *dat* den Bauch vollschlagen

minarete [mina'rete] *m* Minarett *nt*

mineral [mine'ral] **I.** *adj* mineralisch; **agua ~** Mineralwasser *nt* **II.** *m* ❶ (GEO) Mineral *nt* ❷ (MIN) Erz *nt*

mineralogía [mineralo'xia] *f sin pl* Mineralogie *f*

minería [mine'ria] *f* ❶ *(explotación)* Bergbau *m* ❷ *(técnica)* Bergbautechnik *f*

minero, -a [mi'nero, -a] **I.** *adj* bergmännisch **II.** *m, f (trabajador)* Bergarbeiter(in) *m(f)*

mingón, -ona [miŋ'gon, -ona] *adj (Ven)* verhätschelt, verwöhnt

miniatura [minja'tura] *f* Miniatur *f*

minibar [mini'βar] *m* Minibar *f*

minibús [mini'βus] *m* Kleinbus *m*

minicadena [minika'ðena] *f* Mini-Stereoanlage *f*

minicalculadora [minikalkula'ðora] *f* Taschenrechner *m*

minifalda [mini'falda] *f* Minirock *m*

minifundio [mini'fundjo] *m* landwirtschaftlicher Kleinbetrieb *m*

minifundista [mini'fundista] *mf* Kleinbauer, -bäuerin *m, f*

minigolf [mini'ɣolf] *m* Minigolf *nt*

mínima ['minima] *f* (METEO) Minimum *nt*, niedrigste Temperatur *f*

minimalista [minima'lista] **I.** *adj* minimalistisch **II.** *mf* Minimalist(in) *m(f)*

minimizar [minimi'θar] <z → c> *vt* ① *(simplificar)* minimalisieren ② *(subestimar)* herunterspielen

mínimo[1] ['minimo] *m* Minimum *nt;* **~ de presión** (METEO) Tiefdruckgebiet *nt;* **el ~ de respeto** das Mindeste an Achtung; **como ~** *(cantidad)* mindestens; **como ~ podrías llamar por teléfono** du könntest wenigstens anrufen; **reducir al ~** auf das Mindestmaß reduzieren

mínimo, -a[2] ['minimo, -a] *adj* ① *superl de* **pequeño** Mindest-; **las temperaturas mínimas** die Tiefstwerte; **cifra mínima** kleinste Zahl; **la mínima obligación posible** die geringstmögliche Verpflichtung; **sin el más ~ ruido** ohne den geringsten Laut; **no ayudar en lo más ~** kein bisschen helfen ② *(minucioso)* minuziös

minino, -a [mi'nino, -a] *m, f (fam)* Kater, Katze *m, f*

miniordenador [miniorðena'ðor] *m* (INFOR) Kleincomputer *m*

miniserie [mini'serje] *f* Mehrteiler *m*

ministerial [ministe'rjal] *adj (de ministre)* Ministerial-; *(de gobierno)* Regierungs-

ministerio [minis'terjo] *m* ① *(cartera, edificio)* Ministerium *nt;* **M~ de Educación** Kultusministerium *nt;* **M~ del Interior** Innenministerium *nt* ② *(cargo)* Ministeramt *nt* ③ *(gabinete)* (Regierungs)kabinett *nt*

ministro, -a [mi'nistro, -a] *m, f* ① *(de un gobierno)* Minister(in) *m(f);* **primera ministra** Ministerpräsidentin *f;* **~ sin cartera** Minister ohne Geschäftsbereich; **M~ (Federal) del Interior/de Hacienda/de Economía** (Bundes)innen-/(Bundes)finanz-/(Bundes)wirtschaftsminister; **M~ Federal de Educación y Ciencia** Bundesminister für Bildung und Wissenschaft ② (JUR) Gerichtsdiener(in) *m(f)* ③ *(en la embajada)* Gesandte(r) *mf*

minivacaciones [miniβaka'θjones] *fpl* Kurzurlaub *m*

minoría [mino'ria] *f* Minderheit *f;* **~ de bloqueo** Sperrminorität *f;* **~ de edad** Minderjährigkeit *f*

minoridad [minori'ða^{ð}] *f* Minderjährigkeit *f*

minorista [mino'rista] **I.** *adj* Einzelhandels- **II.** *mf* Einzelhändler(in) *m(f)*

minoritario, -a [minori'tarjo, -a] *adj* Minderheits-

minucia [mi'nuθja] *f* ① *(de poca importancia)* Kleinigkeit *f* ② *pl (para decorar)* Nippes *m*

minuciosidad [minuθjosi'ða^{ð}] *f* Genauigkeit *f*

minucioso, -a [minu'θjoso, -a] *adj* minuziös

minúscula [mi'nuskula] *f* (LING) Kleinbuchstabe *m;* **en ~s** in Kleinbuchstaben; **escribirse con ~** kleingeschrieben werden

minúsculo, -a [mi'nuskulo, -a] *adj* ① *(muy pequeño)* sehr klein, winzig ② (LING) **letra minúscula** Kleinbuchstabe *m*

minusvalía [minusβa'lia] *f* ① (MED *pey*) (körperliche) Behinderung *f v.* **discapacidad** ② (COM) Wertverlust *m*

minusvalidez [minusβali'ðeθ] *f (pey)* (körperliche) Behinderung *f v.* **discapacidad**

minusválido, -a [minus'βaliðo, -a] **I.** *adj (pey)* **II.** *m, f (pey) v.* **discapacitado**

minusvalorar [minusβalo'rar] *vt* unterbewerten

minuta [mi'nuta] *f* ① *(cuenta)* Honorarrechnung *f* ② *(borrador)* Konzept *nt;* *(copia)* Zweitschrift *f* ③ *(apunte)* Notiz *f* ④ *(menú)* Menü *nt*

minutero [minu'tero] *m* Minutenzeiger *m*

minuto [mi'nuto] *m* Minute *f;* **sin perder un ~** augenblicklich; **vuelvo en un ~** ich bin gleich wieder da

miñón [mi'ɲon] *adj* süß, herzig

mío, -a ['mio, -a] *pron pos* ① *(de mi propiedad)* **el libro es ~** das Buch gehört mir; **la botella es mía** das ist meine Flasche; **¡ya es ~!** geschafft! ② *(tras artículo)* **el ~/la mía/lo ~** meine(r, s); **los ~s** meine; *(parientes)* meine Angehörigen; **esta es la mía** *(fam)* das ist die Gelegenheit für mich; **una de las mías** einer von meinen (wohlbekannten) Streichen; **¡esto sí que es lo ~!** *(lo conozco)* damit kenne ich mich wirklich aus!; *(me gusta)* das ist etwas, das ich wirklich mag! ③ *(tras sustantivo)* mein(e), von mir; **una amiga mía** eine Freundin von mir; **¡amor ~!** mein Liebes!; **(no) es culpa mía** es ist (nicht) meine Schuld

miocardio [mjo'karðjo] *m* Herzmuskel *m*

mioma [mi'oma] *m* Myom *nt*

miope [mi'ope] **I.** *adj* kurzsichtig **II.** *mf* Kurzsichtige(r) *mf*

miopía [mjo'pia] *f* Kurzsichtigkeit *f*

mira ['mira] *f* ① *(para apuntar)* Visier *nt* ② (MIL) Wachturm *m;* **estar a la ~ de alguien** nach jdm Ausschau halten ③ *(mirada)* Blick *m;* **poner la ~ en algo/alguien** *(atención)* das Augenmerk auf etw/jdn richten; **poner la ~ en algo** *(aspirar)* etw anstreben; **con amplias ~s** mit Weitblick;

de ~s estrechas engstirnig; **con ~s a** im Hinblick auf *+akk* 4 *(pl) (intención)* Absicht *f;* **con ~s desinteresadas** in uneigennütziger Absicht

mirada [mi'raða] *f* Blick *m;* **~ perdida** Blick ins Leere; **devorar con la ~** mit den Augen verschlingen; **echar una ~ a algo** einen (kurzen) Blick auf etw werfen; **levantar la ~** aufblicken; **apartar la ~** wegsehen; **ser el blanco de las ~s** alle Blicke auf sich ziehen

mirado, -a [mi'raðo, -a] *adj* 1 *(respetuoso)* rücksichtsvoll 2 *(fam: delicado)* pingelig 3 *(cuidadoso)* umsichtig 4 *(respetado)* **estar bien/mal ~** *(persona)* wohl angesehen/nicht gerne gesehen sein; **está mal ~ ir sin regalo** es wird nicht gern gesehen, wenn man ohne ein Geschenk kommt 5 *(si bien se mira)* **bien ~, ...** eigentlich ...

mirador [mira'ðor] *m* 1 *(atalaya)* Aussichtspunkt *m* 2 *(balcón)* (verglaster) Balkon *m; (ventana)* Erkerfenster *nt*

miramiento [mira'mjen̩to] *m* 1 *(consideración)* Rücksicht(nahme) *f;* **tener ~ con alguien** auf jdn Rücksicht nehmen; **sin ~** rücksichtslos; **andar con ~s** auf alles und jeden Rücksicht nehmen; **sin ~s de** ungeachtet *+gen* 2 *(cuidado)* Umsicht *f;* **sin ~** unvorsichtig 3 *(timidez)* Scheu *f* 4 *pl (cortesías)* Höflichkeiten *f pl,* Aufmerksamkeiten *f pl*

mirar [mi'rar] **I.** *vt* 1 *(ver)* (an)schauen; *(observar)* beobachten; **~ por la ventana** aus dem Fenster schauen; **~ por un agujero** durch ein Loch schauen; **~ atrás** zurückblicken; **~ alrededor** um sich schauen; **~ fijamente a alguien** jdn anstarren; **~ por encima** kurz überfliegen 2 *(buscar)* nachschauen 3 *(prestar atención)* aufpassen (auf *+akk*); **mira bien el dinero que te devuelven** pass mit dem Wechselgeld auf; **¡mira el bolso!** behalte die Tasche im Auge! 4 *(meditar)* überdenken 5 *(tener en cuenta)* sich richten (nach *+dat*); **siempre estás mirando tu porvenir** du denkst ständig an deine Zukunft; **~ el dinero** aufs Geld schauen; **siempre miramos por nuestros hijos** wir wollen immer nur das Beste für unsere Kinder 6 *(dar)* **la casa mira al este** das Haus liegt nach Osten; **la ventana mira al mar** das Fenster geht zum Meer hinaus 7 *(estimar)* **~ bien** schätzen; **~ mal** nicht gern sehen; **~ algo con buena cara** von etw *dat* angetan sein; **~ algo con mala cara** etw *dat* abgeneigt sein **II.** *vi* 1 *(aviso)* **¡mirad!** schaut (mal)!; **¡mira! ya llega** schau! da kommt er/sie schon 2 *(amenaza)* **¡pero mira lo que estás haciendo!** Mensch, schau mal, was du da machst! 3 *(tener en cuenta)* **mira, que no nos queda mucho tiempo** denk daran, wir haben nicht mehr viel Zeit; **mira que si se cae este jarrón** stell dir vor, diese Vase fällt herunter 4 *(ir a ver)* **mira (a ver) si han llegado ya** geh mal schauen, ob sie schon gekommen ist 5 *(loc)* **eres de mírame y no me toques** du bist aber sehr empfindlich; **mire, ya se lo he explicado tres veces** schauen Sie mal, ich habe es Ihnen schon dreimal erklärt; **¡pues, mira por donde ...!** *(fam)* sieh mal einer an, (was) ...; **mira, mira, con que tú también apareces por aquí** sieh mal einer an, du kommst also auch hier vorbei; **mira, mira, déjate de tonterías** ach, komm schon, hör mit dem Blödsinn auf; **mira que es tonta, ¿eh?** sie ist aber wirklich sehr doof; **quedarse mirando** *(sorprendido)* ratlos (drein)schauen; **se mire como** [*o* **por donde**] **se mire** wie man es auch dreht und wendet; **por lo que mira a...** was ... *+akk* betrifft; **si bien se mira, mirándolo bien, bien mirado** eigentlich **III.** *vr:* **~se** *(verse)* sich anschauen; **~se a los ojos** sich *dat* in die Augen schauen; **~se en el espejo** sich im Spiegel betrachten

mirasol [mira'sol] *m* Sonnenblume *f*

miríada [mi'riaða] *f* Myriade *f; (cantidad incontable)* Unzahl *f*

mirífico, -a [mi'rifiko, -a] *adj (elev)* bewundernswert, beeindruckend

mirilla [mi'riʎa] *f (en la puerta)* Spion *m; (en la pared)* Guckloch *nt;* (FOTO) Sucher *m*

mirlo ['mirlo] *m* 1 (ZOOL) Amsel *f* 2 *(argot: lengua)* **achantar el ~** keinen Pieps sagen

mirón, -ona [mi'ron, -ona] **I.** *adj* schaulustig **II.** *m, f* 1 *(espectador curioso)* Schaulustige(r) *mf; (pey: de intimidades)* Spanner(in) *m(f)* 2 (INFOR) Lurker *m*

mirra ['mirra] *f* Myrrhe *f*

mirto ['mirto] *m* Myrte *f*

misa ['misa] *f* (REL: *ceremonia*) Gottesdienst *m;* **~ de difuntos** Totenmesse *f;* **~ del gallo** Christmette *f;* **ir a ~** in die Kirche gehen; **ayudar a ~** ministrieren; **cantar ~** Primiz feiern; **decir ~** einen Gottesdienst halten; **eso va a ~** *(fam)* darauf kannst du Gift nehmen; **no saber de la ~ la media** *(fam)* keinen blassen Schimmer haben

misal [mi'sal] *m* (REL) Messbuch *nt*

misantropía [misan̩tro'pia] *f sin pl* Menschenfeindlichkleit *f*

misantrópico, -a [misan̩'tropiko, -a] *adj* misanthropisch, menschenfeindlich

M

misántropo, -a [mi'santropo, -a] **I.** *adj* menschenfeindlich **II.** *m, f* Menschenfeind *m*
miscelánea [misθe'lanea] *f (revoltijo)* Mischung *f*
miscible [mis'θiβle] *adj* mischbar
miserable [mise'raβle] **I.** *adj* ❶ *(pobre)* ärmlich ❷ *(lamentable)* erbärmlich ❸ *(tacaño)* knauserig ❹ *(poco, mísero)* schäbig; **un sueldo ~** ein Hungerlohn **II.** *mf* ❶ *(desdichado)* Pechvogel *m fam; (que da pena)* bedauernswerter Mensch *m* ❷ *(canalla)* gemeiner Mensch *m*
miseria [mi'serja] *f* ❶ *(pobreza)* Elend *nt;* **caer en la ~** in Not und Elend geraten; **vivir en la ~** in Armut leben ❷ *(poco dinero)* lächerliche Summe *f* ❸ *(tacañería)* Geiz *m* ❹ *pl (infortunios)* Schicksalsschläge *mpl*
misericordia [miseri'korðja] *f* ❶ *(compasión)* Erbarmen *nt* ❷ *(perdón)* Gnade *f*
misericordioso, -a [miserikor'ðjoso, -a] *adj* ❶ *(que siente)* teilnahmsvoll ❷ *(que perdona)* gnädig (**con/para** (**con**) mit +*dat*)
mísero, -a ['misero, -a] *adj v.* **miserable**
misérrimo, -a [mi'serrimo, -a] *adj* ärmlichst; **gana un salario ~** sein Verdienst ist mehr als erbärmlich
misil [mi'sil] *m,* **mísil** ['misil] *m* Rakete *f;* **~ de alcance medio** Mittelstreckenrakete *f;* **~ antiaéreo** Flugabwehrrakete *f*
misión [mi'sjon] *f* Mission *f*
misionar [misjo'nar] *vi* (REL) missionieren, bekehren
misionero, -a [misjo'nero, -a] *m, f* Missionar(in) *m(f)*
misiva [mi'siβa] *f* Schreiben *nt,* Brief *m,* (schriftliche) Mitteilung *f*
mismamente [misma'mente] *adv* ❶ *(solamente)* lediglich ❷ *(literalmente)* genauso ❸ *(hasta)* sogar; **da ~ escalofríos** da läuft es einem geradezu kalt den Rücken herunter ❹ *(en realidad)* eigentlich ❺ *(precisamente)* gerade; **ayer ~ estuvimos hablando de ello** gestern erst haben wir darüber geredet
mismo[1] ['mismo] *adv* ❶ *(incluso)* selbst; **me duele sentado ~** es schmerzt selbst beim Sitzen ❷ *(manera)* **así ~** genauso ❸ *(justamente)* **ahí ~** genau da; **aquí ~** gleich hier; **ayer ~** gerade gestern ❹ *(ejemplo)* **nos podemos ver el miércoles ~** wir können uns zum Beispiel am Mittwoch sehen
mismo, -a[2] ['mismo, -a] *adj* ❶ *(idéntico)* **el/lo ~** derselbe/dasselbe; **la misma** dieselbe; **al ~ tiempo** gleichzeitig; **da lo ~** das ist egal; **por lo ~** aus demselben Grund; **lo ~ José como** [*o* **que**] **María** sowohl José als auch María; **lo ~ que coma o no coma, sigo engordando** ob ich nun esse oder nicht, ich nehme weiterhin zu; **lo ~ no vienen** es kann gut sein, dass sie gar nicht kommen; **quedar** [*o* **seguir**] **en las mismas** keinen Fortschritt gemacht haben ❷ *(semejante)* **el ~/la misma/lo ~** der/die/das Gleiche; **llevar la misma falda** den gleichen Rock tragen ❸ *(reflexivo)* selbst; **te perjudicas a ti ~** du schadest dir selbst; **yo misma lo vi** ich habe es selbst gesehen; **lo hizo por sí misma** sie tat es für sich; **lo podemos hacer nosotros ~s** wir können es selbst machen ❹ *(precisamente)* **este ~ perro fue el que me mordió** genau dieser Hund hat mich gebissen; **¡eso ~!** genau! ❺ *(hasta)* selbst; **el ~ embajador asistió a la fiesta** der Botschafter selbst nahm an der Feier teil; **mi misma familia me abandonó** meine eigene Familie ließ mich im Stich
misógamo, -a [mi'soɣamo, -a] **I.** *adj* eheschеu, misogam **II.** *m, f* Ehegegner(in) *m(f)*
misoginia [miso'xinja] *f sin pl* Frauenhass *m;* (MED, PSICO) Misogynie *f*
miss [mis] *f* Schönheitskönigin *f;* **~ Alemania** Miss Germany
mistérico, -a [mis'teriko, -a] *adj* geheimnisvoll, geheimnisumwittert, rätselhaft
misterio [mis'terjo] *m (enigma, secreto)* Geheimnis *nt;* **obrar con ~** geheimnisvoll tun
misterioso, -a [miste'rjoso, -a] *adj* geheimnisvoll
mística ['mistika] *f sin pl* Mystik *f*
misticismo [misti'θismo] *m* Mystizismus *m*
místico, -a ['mistiko, -a] **I.** *adj* mystisch **II.** *m, f* Mystiker(in) *m(f)*
mistificación [mistifika'θjon] *f* Täuschung *f,* Irreführung *f,* Betrug *m*
mistificar [mistifi'kar] <c → qu> *vt* ❶ *(burlarse)* hereinlegen *fam* ❷ *(falsear)* verfälschen
mita ['mita] *f (Am:* HIST) *Pflicht der Ureinwohner(innen) Amerikas zur Fronarbeit*
mitad [mi'taᵈ] *f* ❶ *(parte igual)* Hälfte *f;* **~ hombre ~ bestia** halb Mensch, halb Tier; **a ~ de precio** zum halben Preis; **cara ~** *(cónyuge)* bessere Hälfte; **mezcla harina y agua, ~ y ~** vermische Mehl und Wasser im Verhältnis eins zu eins; **¿estás contenta? – ~ y ~** bist du zufrieden? – teils, teils ❷ *(medio)* Mitte *f;* **en ~ del bosque** mitten im Wald; **cortar por la ~** in der Mitte durchschneiden ❸ (DEP) Halbzeit *f*

M

mítico, -a ['mitiko, -a] *adj* mythisch, Sagen-

mitigación [mitiɣa'θjon] *f* ① *(de dolores)* Linderung *f* ② *(del color, del calor, de la luz)* Abschwächung *f* ③ *(de cólera, de ira, de inquietud)* Beruhigung *f; (del temperamento)* Zügelung *f*

mitigar [miti'ɣar] <g → gu> **I.** *vt* ① *(dolores)* lindern, mildern; *(ira)* beschwichtigen; *(hambre, sed)* stillen; *(temperamento)* zügeln; ~ **la inquietud de alguien** jdn beruhigen ② *(colores, calor, luz)* abschwächen; ~ **las olas** die Fluten dämmen **II.** *vr:* **~se** ① *(dolores)* nachlassen ② *(color, calor, luz)* sich abschwächen

mitin ['mitin] *m* Treffen *nt*

mito ['mito] *m* Mythos *m*, Sage *f*

mitología [mitolo'xia] *f* Mythologie *f*

mitológico, -a [mito'loxiko, -a] *adj* mythologisch

mitólogo, -a [mi'toloɣo, -a] *m, f* Mythologe, -in *m, f*

mitomanía [mitoma'nia] *f sin pl* manisches Lügen *nt*

mitómano, -a [mi'tomano, -a] *m, f* manischer Lügner, manische Lügnerin *m, f*

mitosis [mi'tosis] *f inv* (BIOL) Mitose *f*

mitote [mi'tote] *m* *(Méx)* ① *(jaleo)* Radau *m fam; (caos)* Durcheinander *nt* ② *(danza)* Tanz *m* der Azteken

mixto[1] ['misto] *m* *(fósforo)* Streichholz *nt*

mixto, -a[2] ['misto, -a] *adj* gemischt

mixtura [mis'tura] *f* Mischung *f*

ml [mili'litro] *abr de* **mililitro** ml

mnemotecnia [nemo'teɣnja] *f sin pl* Mnemotechnik *f*

mobbing ['moβin] *m sin pl* Mobbing *nt*

mobiliario [moβi'ljarjo] *m* Mobiliar *nt*

moca ['moka] *m* ① *(café)* Mokka *m* ② *(Ecua: ciénaga)* Sumpf *m*

mocarrera [moka'rrera] *f (fam)* laufende Nase *f*, Rotznase *f*

mocasín [moka'sin] *m* Mokassin *m*

mocedad [moθe'ða^{d}] *f* Jugend *f*

mocejón [moθe'xon] *m* (ZOOL) Miesmuschel *f*

moceril [moθe'ril] *adj* jugendlich; **alegría** ~ jugendliche Fröhlichkeit

mocerío [moθe'rio] *m* Jugend *f;* **todo el ~ del pueblo acudió a la fiesta** die ganze Dorfjugend kam zum Fest

mocetón, -ona [moθe'ton, -ona] *m, f* *(chico)* strammer Bursche *m; (chica)* dralles Mädchen *nt*

mochales [mo'ʧales] *adj inv (fam)* **estar ~** bekloppt sein

mochila [mo'ʧila] *f* Rucksack *m; (de un soldado)* Tornister *m; (de un estudiante)* Ranzen *m; (para bebés)* Babytrage *f*

mochilero, -a [moʧi'lero, -a] *m, f* Rucksacktourist(in) *m(f);* Backpacker(in) *m(f);* **ir de mochilera** backpacken

mocho, -a ['moʧo, -a] *adj* ① *(cuerno)* stumpf; *(árbol)* gekappt ② *(cabeza)* kahl ③ *(Am: mutilado)* verstümmelt

mochuelo [mo'ʧwelo] *m* ① (ZOOL) Kauz *m* ② *(fam: carga)* Bürde *f;* **cargar a alguien con el ~** jdm eine Arbeit aufbürden; **siempre me toca cargar con el ~** immer bleibt es an mir hängen

moción [mo'θjon] *f* ① *(movimiento)* Bewegung *f* ② (POL) Antrag *m;* **presentar una ~ de censura** einen Misstrauensantrag einbringen

moco[1] ['moko] *m* ① *(materia)* Schleim *m; (de la nariz)* (Nasen)schleim *m;* **limpiarse los ~s** sich *dat* die Nase putzen; **llorar a ~ tendido** *(fam)* Rotz und Wasser heulen ② *(del pavo)* Hautlappen *m* ③ *(de una mecha)* Dochtende *nt;* **a ~ de candil** bei Kerzenlicht

moco, -a[2] ['moko, -a] *adj (fam: borracho)* sternhagelvoll; *(drogado)* high

mococoa [moko'koa] *f (Col: murria)* Trübsinn *m; (mal humor)* schlechte Laune *f*

mocoso, -a [mo'koso, -a] **I.** *adj* rotzig *fam* **II.** *m, f (pey)* Rotzbengel *m*, Rotzgöre *f*

moda ['moða] *f* Mode *f;* **vestido/peinado de ~** modische Kleidung/Frisur; **estar de ~** (in) Mode sein; **ponerse/pasar de ~** in Mode/aus der Mode kommen; **ir a la (última) ~** sich nach der neuesten Mode kleiden

modal [mo'ðal] **I.** *adj* modal **II.** *mpl* Manieren *fpl;* **~es de la mesa** Tischsitten *fpl;* **¡qué ~es son estos!** so was gehört sich nicht!; **¿has olvidado tus ~es?** wo bleiben denn deine Manieren?

modales [mo'ðales] *mpl* Manieren *fpl*, Umgangsformen *fpl;* **~ de la mesa** Tischsitten *fpl*, Tischmanieren *fpl;* **¡qué son estos ~!, ¡qué ~ son estos!** so was gehört sich nicht!; **¿has olvidado tus ~?** wo bleiben denn deine Manieren?

modalidad [moðali'ða^{d}] *f* Art *f;* **~es de un contrato** Vertragsbestimmungen *fpl*

modelar [moðe'lar] *vt* modellieren; *(fig)* formen

modélico, -a [mo'ðeliko, -a] *adj* beispielhaft; **su comportamiento fue ~** sein/ihr Benehmen war tadellos

modelismo [moðe'lismo] *m* Modellbau *m*

modelo[1] [mo'ðelo] *m* ① *(arquetipo)* Vorbild *nt;* **un político ~** ein vorbildlicher Politiker ② *(muestra)* Muster *nt;* **hacer algo según el ~** etw nach einer Vorlage anfertigen ③ *(maqueta, de coche, t.* COM) Modell *nt;* **~ fuera de mercado** Auslaufmodell *nt* ④ *(esquema)* Schema *nt* ⑤ *(vestido)* Modell *nt*

modelo[2] [mo'ðelo] *mf* ① *(de modas)* Model *nt* ② (ARTE, FOTO) Modell *nt;* ~ **vivo** Aktmodell *nt*

módem ['moðen] *m* Modem *nt o m;* ~ **USB** Surfstick *m*

moderación [moðera'θjon] *f* ① *(comedimiento)* Mäßigung *f;* **comer con ~** sich beim Essen mäßigen ② (TV, RADIO) Moderation *f* ③ *(de un debate)* Leitung *f*

moderadamente [moðeraða'mente] *adv* mäßig, in Maßen

moderado, -a [moðe'raðo, -a] **I.** *adj (fuerza, alegría, propuesta)* gemäßigt; *(velocidad, vida)* mäßig; *(precio, petición)* maßvoll; *(castigo)* mild **II.** *m, f* (POL) gemäßigter Politiker, gemäßigte Politikerin *m, f*

moderador(a) [moðera'ðor(a)] **I.** *adj* mäßigend **II.** *m(f)* ① (TV, RADIO) Moderator(in) *m(f)* ② *(de un debate)* Diskussionsleiter(in) *m(f)*

moderar [moðe'rar] **I.** *vt* ① *(disminuir)* mäßigen ② (TV, RADIO) moderieren ③ *(debate)* leiten **II.** *vr:* **~se** sich mäßigen

modernidad [moðerni'ðað] *f* ① *(cualidad)* Modernität *f* ② *(espíritu)* Moderne *f*

modernismo [moðer'nismo] *m* ① (ARTE, LIT) Modernismus *m* ② (ARQUIT) Jugendstil *m*

modernización [moðerniθa'θjon] *f* Modernisierung *f*

modernizador(a) [moðerniθa'ðor(a)] *adj* modernisierend

modernizar [moðerni'θar] <z → c> **I.** *vt* modernisieren **II.** *vr:* **~se** moderner werden; *(en forma de pensar)* moderner denken

moderno, -a [mo'ðerno, -a] *adj* modern; **edad moderna** Neuzeit *f;* **historia moderna** neuere Geschichte

modestia [mo'ðestja] *f* ① *(humildad, sencillez)* Bescheidenheit *f;* ~ **aparte, pero...** ich will mich ja nicht rühmen, aber ...; **vestir con ~** sich schlicht kleiden ② *(conformidad)* Genügsamkeit *f* ③ *(de una mujer)* Anstand *m*

modesto, -a [mo'ðesto, -a] *adj* ① *(humilde, sencillo)* bescheiden ② *(poco complicado)* genügsam ③ *(mujer)* anständig

módicamente [moðika'mente] *adv* maßvoll, nicht übertrieben

módico, -a ['moðiko, -a] *adj (cantidad)* gering; *(precio)* angemessen

modificable [moðifi'kaβle] *adj* ① *(general)* veränderbar; *(plan)* abänderbar ② (LING) modifizierbar

modificación [moðifika'θjon] *f* Veränderung *f; (de plan)* Abänderung *f; (de tema)* Abwandlung; (LING) Modifikation *f;* ~ **de estatutos** Satzungsänderung *f*

modificar [moðifi'kar] <c → qu> **I.** *vt* verändern; *(plan)* abändern; *(texto)* bearbeiten; *(tema)* abwandeln; (LING) modifizieren **II.** *vr:* **~se** sich verändern

modismo [mo'ðismo] *m* (Rede)wendung *f*

modista [mo'ðista] *mf* Damenschneider(in) *m(f)*

modisto [mo'ðisto] *m* Modemacher *m*

modo ['moðo] *m* ① *(manera)* Art *f;* ~ **de andar** Gang *m;* ~ **de hablar** Sprechweise *f;* **hazlo a tu ~** mach es auf deine Art; **hacer algo de cualquier ~** etw oberflächlich machen; **a mi ~ de pensar** nach meiner Auffassung; **no me gusta tu ~ de pensar** mir gefällt deine Einstellung nicht; **encontrar un ~ de resolver el problema** eine Lösung für das Problem finden; **de este ~** so; **he encontrado el ~ de hacerlo** ich habe herausgefunden, wie man es machen kann; **no es ~ de hablar a un superior** in einem solchen Ton spricht man nicht mit einem Vorgesetzten ② (LING, INFOR) Modus *m;* ~ **de operación** Betriebsart *f* ③ *pl (comportamiento)* Benehmen *nt;* **tener buenos/malos ~s** gute/schlechte Manieren haben; **decir algo con buenos/malos ~s** sich höflich/unhöflich ausdrücken; **¿qué ~s son esos?** was ist denn das für eine Art? ④ *(loc)* **de cualquier ~ no hubiera ido** ich wäre sowieso nicht hingegangen; **de ~ que lo has conseguido** du hast es also geschafft; **de ningún ~** auf keinen Fall; **utilizar el paraguas a ~ de espada** den Regenschirm als Schwert benutzen; **en cierto ~** gewissermaßen; **de todos ~s no hubo heridos** es gab immerhin keine Verletzten; **de todos ~s, lo volvería a intentar** ich würde es jedenfalls noch einmal versuchen; **de todos ~s es mejor que te vayas** auf alle Fälle ist es besser, wenn du jetzt gehst

modorra [mo'ðorra] *f* ① *(somnolencia)* Schläfrigkeit *f* ② *(por la bebida)* Katzenjammer *m fam*

modorro, -a [mo'ðorro, -a] *adj* ① *(somnoliento)* schläfrig ② *(torpe)* schwerfällig ③ *(atontado)* benommen ④ *(fruta)* faul

modosidad [moðosi'ðað] *f sin pl* Wohlerzogenheit *f,* Artigkeit *f*

modoso, -a [mo'ðoso, -a] *adj* **ser** [*o* **estar**] ~ gute Manieren haben

modulador [moðula'ðor] *m* (INFOR) Modulator *m*

modular [moðu'lar] *vt, vi* modulieren

módulo ['moðulo] *m* ① (ARQUIT, ELEC, INFOR) Modul *nt* ② *(de una prisión)* Trakt *m*

3 *(de un mueble)* (Anbau)element *nt* 4 (ENS) Kurs *m* 5 (MÚS) Modulation *f* 6 (AERO) ~ **de mando** Raumkapsel *f*

modus operandi ['moðus ope'ra̩ndi] *(elev)* Vorgehensweise *f*, Modus operandi *m*

modus vivendi ['moðus βi'βe̩ndi] *m* Modus vivendi *m*, Lebensweise *f*

mofa ['mofa] *f* Spott *m*; **hacer ~ de algo** sich über etw lustig machen

mofar [mo'far] *vi, vr:* **~se** sich lustig machen (**de** über +*akk*)

mofeta [mo'feta] *f* 1 (ZOOL) Stinktier *nt* 2 (MIN) Grubengas *nt*

moflete [mo'flete] *m* Pausbacke *f*

mofletudo, -a [mofle'tuðo, -a] *adj* pausbäckig

mogollón [moɣo'ʎon] *m* 1 *(vulg: cantidad)* Haufen *m*; **había ~ de gente en la fiesta** es waren unheimlich viele Leute auf dem Fest; **había ~ de público en el pabellón** die Halle war gerammelt voll *fam* 2 *(vulg: lío)* Zoff *m fam* 3 *(gratis)* **entramos al cine de ~** wir kamen umsonst ins Kino 4 *(vulg: entrometimiento)* Einmischung *f*

mohín [mo'in] *m* Grimasse *f*; **hacer un ~ gracioso** das Gesicht zu einer lustigen Grimasse verziehen

mohína [mo'ina] *f* 1 *(enfado)* Ärger *m* 2 *(tristeza)* Traurigkeit *f* 3 *(mohín)* Grimasse *f*

mohíno, -a [mo'ino, -a] *adj* 1 *(enfadado)* verärgert; *(de mal humor)* missmutig 2 *(triste)* traurig

moho ['mo(o)] *m* 1 (BOT) Moder *m*; *(en la pared/alimentos)* Schimmel *m*; *(en líquidos)* Kahm *m*; **no (dejar) criar ~** *(alimentos)* schnell verzehren; *(un objeto)* ständig benutzen 2 *(óxido)* Rost *m* 3 *(desidia)* Arbeitsscheu *f*

mohosearse [mo(o)se'arse] *vr* *(Col, Perú)* verschimmeln

mohoso, -a [mo'oso, -a] *adj* 1 *(de moho)* mod(e)rig; *(pared, alimentos)* schimmelig; *(líquido)* kahmig 2 *(oxidado)* rostig

mojada [mo'xaða] *f* 1 *(acción)* Nasswerden *nt* 2 *(fam: herida)* Stichwunde *f*

mojado[1] [mo'xaðo] *m v.* **mojadura**

mojado, -a[2] [mo'xaðo, -a] *adj* nass, feucht

mojama [mo'xama] *f* getrockneter Thunfisch *m*

mojar [mo'xar] **I.** *vt* 1 *(con un líquido)* nass machen; *(ligeramente)* befeuchten; *(para planchar)* einsprengen 2 *(el pan)* eintauchen 3 *(fam: celebrar)* begießen 4 *(fam: apuñalar)* abstechen **II.** *vi* *(fam: en un asunto)* verwickelt sein (**en** in +*akk*) **III.** *vr:* **~se** 1 *(con un líquido)* nass werden; **~se los pies** nasse Füße bekommen 2 *(fam: comprometerse)* Farbe bekennen

mojicón [moxi'kon] *m* 1 (GASTR) ≈ Biskuit *m o nt* 2 *(fam: puñetazo)* Schlag *m* ins Gesicht

mojigatería [moxiɣate'ria] *f* 1 *(gazmoñería)* Duckmäuserei *f* 2 *(hipocresía)* Heuchelei *f*

mojigato, -a [moxi'ɣato, -a] *adj* 1 *(gazmoño)* duckmäuserisch 2 *(hipócrita)* heuchlerisch

mojo ['moxo] *m* *(reg:* GASTR) *Dressing (aus Öl, Essig, Knoblauch, Salz und anderen Gewürzen)*; **~ de cilantro** *Dressing mit Koriander*; **~ picón** *Dressing mit Peperoni*

mojón [mo'xon] *m* 1 *(hito)* Grenzstein *m*; **~ kilométrico** Kilometerstein *m* 2 *(poste)* Wegweiser *m*

mol [mol] *m* Mol *nt*

molar [mo'lar] **I.** *adj* 1 *(de muela)* **diente ~** Backenzahn *m* 2 *(de moler)* Mühl- **II.** *m* Backenzahn *m* **III.** *vi* *(fam)* 1 *(gustar)* gefallen +*dat*; **este libro me mola** dieses Buch finde ich gut; **me molan las rubias** ich stehe auf Blondinen; **me mola este tío** dieser Kerl ist genau mein Typ 2 *(llevarse)* in (Mode) sein; **ahora mola llevar pelo corto** kurze Haare sind jetzt in **IV.** *vt* *(argot)* antörnen

molcajete [molka'xete] *m* *(Ecua, Méx)* Mörser *m* *(aus Stein oder Keramik)*

Moldavia [mo̩l'daβja] *f* Moldawien *nt*

moldavo, -a [mo̩l'daβo, -a] **I.** *adj* moldawisch **II.** *m, f* Moldawier(in) *m(f)*

molde ['mo̩lde] *m* 1 (TÉC) (Guss)form *f*; (GASTR) (Back)form *f*; (TIPO) Matrize *f*; **pan de ~** Kastenbrot *nt*; **letras de ~** Druckbuchstaben *mpl*; **este vestido te viene de ~** dieses Kleid passt dir wie angegossen; **me vienes como de ~** du kommst mir wie gerufen; **este director de cine rompe ~s** das ist ein bahnbrechender Regisseur 2 *(modelo)* Vorbild *nt*

moldeable [mo̩lde'aβle] *adj* formbar; **el carácter de un niño es fácilmente ~** der Charakter eines Kindes ist leicht formbar

moldeado [mo̩lde'aðo] *m* 1 *(vaciado)* Abguss *m* 2 *(de una figura)* Formen *nt* 3 *(de cabello)* Lockenfrisur *f*, Formwelle *f* 4 (TÉC) Formen *nt*

moldeador [mo̩ldea'ðor] *m* *(para el cabello)* Lockenstab *m*

moldear [mo̩lde'ar] *vt* 1 *(formar)* formen; **diversas circunstancias han moldeado su vida** verschiedene Begebenheiten haben sein/ihr Leben geprägt 2 *(vaciar)* (ab)gießen

M

moldura [mol̩'dura] *f* ① *(listón)* Leiste *f* ② (ARQUIT) Sims *m o nt*

mole[1] ['mole] *f (masa)* Masse *f*

mole[2] ['mole] *m (Méx)* ① *(salsa)* Chilisoße *f;* ~ **verde** *Soße aus grünen Chilis und grünen Tomaten* ② *(guiso)* Chilieintopf *m*

molécula [mo'lekula] *f* Molekül *nt*

molecular [moleku'lar] *adj* molekular; **biología** ~ Molekularbiologie *f*

moler [mo'ler] <o → ue> *vt* ① *(café, trigo)* mahlen; *(aceitunas)* pressen; *(caña de azúcar)* auspressen; ~ **a alguien a palos** jdn windelweich prügeln ② *(fatigar)* erschöpfen; **estoy molido de la excursión** dieser Ausflug hat mich völlig geschafft ③ *(molestar)* belästigen ④ *(estropear)* beschädigen

molestar [moles'tar] **I.** *vt (estorbar)* stören; *(fastidiar)* belästigen; *(dolores)* plagen; *(enfadar)* ärgern; **esta camisa me molesta** dieses Hemd ist mir zu eng; **este dolor en la espalda me molesta** dieser Schmerz im Rücken macht mir zu schaffen **II.** *vr:* **~se** ① *(tomarse la molestia)* sich *dat* die Mühe machen; **ni siquiera te has molestado en comprobarlo** du hast es gar nicht erst überprüft; **no te molestes en ir allí** du brauchst nicht dorthin zu gehen; **no te molestes por mí** mach dir meinetwegen keine Umstände; **no tendrías que haberte molestado** das wäre wirklich nicht nötig gewesen ② *(ofenderse)* sich beleidigt fühlen; **se ha molestado por tu comentario** deine Bemerkung hat ihn/sie gekränkt

molestia [mo'lestja] *f* ① *(fastidio)* Belästigung *f; (por dolores)* Plage *f;* **ser una** ~ lästig sein; **no es ninguna** ~ das stört überhaupt nicht ② *(inconveniente)* Unannehmlichkeit *f;* **no es ninguna** ~ (**para mí**) das macht mir keine Umstände; **tomarse la** ~ sich *dat* die Mühe machen; **perdonen las ~s** bitte entschuldigen Sie die Störung ③ *(enfado)* Ärger *m* ④ *(dolor)* Beschwerde *f*

molesto, -a [mo'lesto, -a] *adj* ① *ser (desagradable)* unangenehm; *(fastidioso)* lästig; **esta comida es molesta para el estómago** dieses Essen liegt schwer im Magen ② *estar (enfadado)* verärgert (**por** über +*akk*); *(ofendido)* beleidigt (**por** wegen +*gen/dat*) ③ *estar (incómodo)* unbehaglich; **estoy ~ por el vendaje** der Verband stört mich

molido, -a [mo'liđo, -a] *adj (fam: cansado)* **estoy** ~ ich bin fix und fertig; **el trabajo me ha dejado** ~ die Arbeit hat mich völlig geschafft

molinero, -a [moli'nero, -a] **I.** *adj* Mühlen- **II.** *m, f* Müller(in) *m(f)*

molinete [moli'nete] *m* ① *(en una ventana)* Ventilator *m* ② *(juguete)* Windrad *nt*

molinillo [moli'niʎo] *m* ① *(aparato)* ~ **de café** Kaffeemühle *f* ② *(juguete)* Windrad *nt* ③ *(para batir)* Quirl *m*

molino [mo'lino] *m* ① *(máquina)* Mühle *f;* ~ **de agua/de viento** Wasser-/Windmühle *f;* **cada uno lleva el agua a su** ~ *(fig)* jeder ist nur auf seinen eigenen Vorteil bedacht ② *(inquieto)* Nervenbündel *nt fam* ③ *(pesado)* Nervensäge *f fam*

mollar [mo'ʎar] *adj* ① *(fruta)* weich; *(carne)* ohne Knochen ② *(persona)* leichtgläubig ③ *(trabajo)* einträglich

mollejas [mo'ʎexas] *fpl* (GASTR) (Kalbs)-bries *nt*

mollera [mo'ʎera] *f* ① *(de la cabeza)* Schädeldecke *f* ② *(fontanela)* Fontanelle *f;* **la ~ se cierra** die Fontanelle schließt sich; **tiene la ~ cerrada** *(fig)* er/sie ist vernünftig ③ *(seso)* Verstand *m;* **eso no me entra en la** ~ das will mir nicht in den Kopf; **ser duro de** ~ schwer von Begriff sein

molón, -ona [mo'lon, -ona] *adj* ① *(fam: bonito)* klasse ② *(presumido)* angeberisch ③ *(Guat, Ecua, Méx: fastidioso)* lästig

molondro [mo'lon̩dro] *mf (fam)* ① *(torpe)* Tölpel *m* ② *(perezoso)* Faulpelz *m*

molotov [molo'tof] *m* **cóctel** ~ Molotowcocktail *m*

molusco [mo'lusko] *m* Weichtier *nt*

momentáneo, -a [momen̩'taneo, -a] *adj* ① *(instantáneo)* augenblicklich ② *(provisional)* provisorisch; **hacer un arreglo** ~ notdürftig reparieren ③ *(temporal)* vorübergehend

momento [mo'men̩to] *m* ① *(instante)* Augenblick *m,* Moment *m;* **¡espera un ~!** Augenblick!; **de un ~ a otro** jeden Augenblick; **al** ~ sofort; **en cualquier** [*o* **todo**] ~ jederzeit; **en el ~ adecuado** zum geeigneten Zeitpunkt; **en el ~ de la salida** beim Start; **en este ~ hay demasiado paro** heutzutage ist die Arbeitslosigkeit zu hoch; **en este ~ estaba pensando en ti** ich habe gerade an dich gedacht; **de ~, no te puedo decir nada** ich kann dir vorerst nichts sagen; **de ~ leeré el periódico y luego...** ich lese zunächst die Zeitung und dann ...; **de** [*o* **por el**] **~ no sé nada de él** ich weiß immer noch nichts von ihm; **en un ~ de flaqueza** in einem Anfall von Schwäche; **la tensión aumentaba por ~s** die Spannung stieg von Minute zu Minute; **aparecer en el último** ~ in letzter Minute auftauchen; **en todo ~ mantuvo la calma** er/sie verlor nie die Ruhe; **no tengo un ~ libre** ich habe keinen Augenblick Ruhe; **hace un ~ que ha salido** er/sie ist gerade eben gegangen;

M

este estudiante me pregunta a cada ~ dieser Student stellt mir ununterbrochen Fragen ② *(período)* Zeitraum *m;* **atravieso un mal ~** ich mache gerade eine schwere Zeit durch ③ *(actualidad)* Gegenwart *f;* **la música del ~** die Musik von heute ④ *(situación)* Lage *f* ⑤ (FÍS) Moment *nt*

momia ['momja] *f* ① *(egipcia)* Mumie *f* ② *(persona)* abgemagerter Mensch *m; (hombre)* Hering *m fam*

momio[1] ['momjo] *m* gutes Geschäft *nt;* **este trabajo es un ~** bei dieser Arbeit reißt man sich *dat* kein Bein aus; **de ~** kostenlos, umsonst

momio, -a[2] ['momjo, -a] *adj* mager

mona ['mona] *f* ① (ZOOL) Äffin *f* ② *(fam: borrachera)* Rausch *m;* **coger una ~** sich *dat* einen Rausch antrinken; **estar como una ~** einen Affen (sitzen) haben; **dormir la ~** seinen Rausch ausschlafen; **tener una ~** sternhagelvoll sein ③ (GASTR) **~ de Pascua** Osterkuchen *m* ④ *(loc)* **estar hecho una ~** tief beschämt sein; **vete a freír ~s** scher dich zum Teufel

monacal [mona'kal] *adj* ① *(del monje)* Mönchs- ② *(del convento)* Kloster-; **vida ~** Klosterleben *nt*

Mónaco ['monako] *m* Monaco *nt*

monada [mo'naða] *f* ① *(zalamería)* Schmeichelei *f* ② *(gracia)* Drolligkeit *f* ③ *pl (amaneramiento)* affiges Gehabe *nt* ④ *(algo bonito)* **es una ~ de chica** sie ist ein reizendes Mädchen; **¡qué ~ de vestido!** was für ein entzückendes Kleid!; **este bebé es una ~** dieses Baby ist goldig

monaguillo, -a [mona'ɣiʎo, -a] *m, f* Ministrant(in) *m(f)*

monarca [mo'narka] *mf* Monarch(in) *m(f)*

monarquía [monar'kia] *f* Monarchie *f;* **~ absoluta/constitucional/parlamentaria** absolute/konstitutionelle/parlamentarische Monarchie

monárquico, -a [mo'narkiko, -a] **I.** *adj* ① *(de la monarquía)* monarchisch ② *(partidario)* monarchistisch **II.** *m, f* Monarchist(in) *m(f)*

monasterio [monas'terjo] *m* Kloster *nt*

monda ['moṇda] *f* ① *(acción)* Schälen *nt* ② *(peladura)* Schale *f* ③ *(poda)* Beschneiden *nt* ④ *(loc, fam)* **tus chistes son la ~** deine Witze sind zum Schreien; **este pueblo es la ~, nadie sabe dónde está el cine** dieses Dorf ist ein Witz; keiner weiß, wo das Kino ist

mondadientes [moṇda'ðjeṇtes] *m inv* Zahnstocher *m*

mondadura [moṇda'ðura] *f* ① *(acción)* Schälen *nt* ② *pl (peladuras)* Schalen *f pl*

mondar [moṇ'dar] **I.** *vt* ① *(plátano, patata, palo)* schälen; *(guisantes)* enthülsen; *(rama)* entrinden ② *(árbol)* beschneiden **II.** *vr:* **~se** ① *(pelarse)* sich schälen ② *(loc)* **~se los dientes** sich *dat* in den Zähnen stochern; **~se de risa** *(fam)* sich totlachen

mondo, -a ['moṇdo, -a] *adj* ① *(cabeza)* haarlos ② *(de dinero)* **quedarse ~ (y lirondo)** *(fam)* völlig blank sein ③ *(sin nada más)* **vivo solamente de mi sueldo ~** ich lebe nur von meinem Gehalt; **para comer solamente tenemos un bocadillo ~** zum Essen haben wir nichts als ein Sandwich; **la verdad monda y lironda** *(fam)* die nackte Wahrheit

mondongo [moṇ'doŋgo] *m* Eingeweide *nt pl*

moneda [mo'neða] *f* ① *(pieza)* Münze *f;* **~ de dos euros** Zweieurostück *nt;* **~ suelta** Kleingeld *nt;* **teléfono de ~s** Münztelefon *nt;* **pagar a alguien con la misma ~** es jdm mit gleicher Münze heimzahlen ② *(de un país)* Währung *f;* **~ base** Leitwährung *f;* **~ de curso legal** gesetzliches Zahlungsmittel; **~ extranjera** Devisen *f pl;* **~ fuerte/débil** harte/weiche Währung; **~ nacional** Landeswährung *f;* **~ de los países participantes** Teilnehmerwährung *f;* **~ única** Gemeinschaftswährung *f* ③ *(loc)* **la otra cara de la ~** die Kehrseite der Medaille; **esto es ~ corriente** das ist nichts Ungewöhnliches; **si él me ofrece calidad, yo le pago en buena ~** wenn er mir Qualität bietet, werde ich seinen Forderungen entsprechen

monedero [mone'ðero] *m* ① *(bolsa)* Geldbeutel *m* ② *(persona)* **~ falso** Falschmünzer *m*

monegasco, -a [mone'ɣasko, -a] **I.** *adj* monegassisch **II.** *m, f* Monegasse, -in *m, f*

monería [mone'ria] *f (gracia)* Drolligkeit *f*

monetario, -a [mone'tarjo, -a] *adj* Währungs-; **institución monetaria** Geldinstitut *nt;* **patrón ~** Währungseinheit *f;* **tormentas monetarias** starke Währungsschwankungen

monetarismo [moneta'rismo] *m sin pl* Monetarismus *m*

Mongolia [moŋ'golja] *f* Mongolei *f*

mongólico, -a [moŋ'goliko, -a] **I.** *adj* (MED *pey*) mit einem Downsyndrom **II.** *m, f* (MED *pey*) Person *f* mit Downsyndrom *mf;* **ser un ~** am Downsyndrom leiden

mongolismo [moŋgo'lismo] *m sin pl* (MED *pey*) Downsyndrom *nt*

mongoloide [moŋgo'loi̯ðe] *adj pey persona* mit Downsyndrom

moni ['moni] *m sin pl (fam)* Kohle *f,* Moneten *pl;* **no tengo ~** ich habe keinen müden Cent

M

monigote [moni'ɣote] *m* ❶ *(dibujo mal hecho)* Gekritzel *nt; (figura)* (Strich)männchen *nt;* **hacer ~s** *(figuras humanas)* Männchen malen; *(borrones)* herumkritzeln ❷ *(muñeco)* Flickenpuppe *f* ❸ *(persona)* Hampelmann *m*

monitor[1] [moni'tor] *m* (TÉC, TV, INFOR) Monitor *m*

monitor(a)[2] [moni'tor(a)] *m(f) (de un deporte)* Übungsleiter(in) *m(f); (de un campamento)* (Gruppen)leiter(in) *m(f);* **~ de natación** Schwimmlehrer *m*

monitorizar [monitori'θar] <z → c> *vt* ❶ *(instalar monitores)* mit Überwachungskameras ausstatten ❷ *(controlar mediante monitores)* mit Monitoren überwachen

monja ['moŋxa] *f* Nonne *f*

monje ['moŋxe] *m* Mönch *m*

monjil [moŋ'xil] **I.** *adj* Nonnen-; **llevar una vida ~** *(fig)* ein sehr bescheidenes Leben führen **II.** *m* Nonnentracht *f*

mono[1] ['mono] *m* ❶ (ZOOL) Affe *m;* **estar de ~s** schmollen; **¿tengo ~s en la cara?** was starrst du mich so an?; **hacer ~s a alguien** jdm schöne Augen machen ❷ *(fantoche)* Hampelmann *m;* **en esta casa soy el último ~** in diesem Haus bin ich ein Nichts ❸ *(prenda)* Overall *m; (con peto)* Latzhose *f; (de mecánico)* Blaumann *m fam; (para la nieve)* Schneeanzug *m* ❹ *(argot: de drogas)* Turkey *m;* **tener el ~** auf Turkey sein; **le entra el ~** er bekommt Entzugserscheinungen ❺ *(persona fea)* Scheusal *nt* ❻ *(joven tonto)* Lackaffe *m fam* ❼ *(dibujo)* (Strich)männchen *nt*

mono, -a[2] ['mono, -a] *adj (niño)* süß; *(chica)* hübsch; *(vestido)* entzückend

monocarril [monoka'rril] *m* Einschienenbahn *f*

monocolor [monoko'lor] *adj* einfarbig; (ARTE, FOTO) monochrom; **un gobierno ~** eine Regierungspartei mit absoluter Mehrheit

monocorde [mono'korðe] *adj* ❶ (MÚS) **instrumento ~** Monochord *nt* ❷ *(monótono)* eintönig

monocromático, -a [monokro'matiko, -a] *adj* Monochrom-

monocromía [monokro'mia] *f* Einfarbigkeit *f;* (ARTE, FOTO) Monochromie *f*

monocromo, -a [mono'kromo, -a] *adj* einfarbig; (ARTE, FOTO) monochrom

monóculo [mo'nokulo] *m* Monokel *nt*

monocultivo [monokuḷ'tiβo] *m* Monokultur *f*

monogamia [mono'ɣamja] *f sin pl* Monogamie *f*

monógamo, -a [mo'noɣamo, -a] *adj* monogam

monografía [monoɣra'fia] *f* Monografie *f*

monograma [mono'ɣrama] *m* Monogramm *nt*

monolingüe [mono'liŋgwe] *adj* einsprachig

monolítico, -a [mono'litiko, -a] *adj* monolithisch

monólogo [mo'noloɣo] *m* Monolog *m*

monomotor [monomo'tor] **I.** *adj* (AERO) einmotorig **II.** *m* (AERO) einmotoriges Flugzeug *nt*

monona [mo'nona] *adj (fam)* anmutig; **es una niña muy ~** dieses Mädchen ist reizend

monoparental [monopareṇ'tal] *adj* **familia ~** Einelternfamilie *f*

monopatín [monopa'tin] *m* Skateboard *nt*

monoplaza [mono'plaθa] *m* (AUTO) Einsitzer *m;* **los ~s están en la parrilla de salida** die Rennwagen befinden sich am Startplatz

monopolio [mono'poljo] *m* Monopol *nt*

monopolizar [monopoli'θar] <z → c> *vt* (COM) monopolisieren; *(fig)* mit Beschlag belegen; **~ la atención de alguien** jds Aufmerksamkeit auf sich ziehen

monorraíl [monorra'il] **I.** *adj* (FERRO) mit einer Fahrschiene, Einschienen- **II.** *m* (FERRO) Einschienenbahn *f*

monorrueda [mono'rrweða] *m o f* Einrad *nt*

monosílabo[1] [mono'silaβo] *m* einsilbiges Wort *nt;* **responder con ~s** einsilbig antworten

monosílabo, -a[2] [mono'silaβo, -a] *adj* einsilbig

monoteísmo [monote'ismo] *m* Monotheismus *m*

monoteísta [monote'ista] **I.** *adj* monotheistisch **II.** *mf* Monotheist(in) *m(f)*

monotonía [monoto'nia] *f* Eintönigkeit *f*

monótono, -a [mo'notono, -a] *adj* eintönig

monóxido [mo'no^{y}siðo] *m* Monoxid *nt*

monseñor [monse'ɲor] *m* Monsignore *m*

monserga [mon'serɣa] *f (fam)* ❶ *(lengua)* dummes Geschwätz *nt;* **¡no me vengas con ~s!** hör auf mit dem Quatsch! ❷ *(lata)* Last *f;* **este trabajo es una ~** diese Arbeit geht mir auf die Nerven

monstruo ['mo^{n}strwo] *m* ❶ *(ser fantástico)* Ungeheuer *nt* ❷ *(feo)* Scheusal *nt* ❸ *(perverso)* Unmensch *m* ❹ *(artista)* Meister *m* ❺ *(loc)* **una actuación ~** eine Veranstaltung der Superlative

monstruosidad [mo^{n}strwosi'ða^{d}] *f* Ungeheuerlichkeit *f;* **eso que dices es una ~** das, was du sagst, ist ja ungeheuerlich!

monstruoso, -a [moⁿstru'oso, -a] *adj* ① *(desfigurado)* missgestaltet ② *(terrible)* abscheulich; **es ~ tener que estudiar durante el verano** es ist eine Zumutung, den Sommer über lernen zu müssen ③ *(enorme)* riesig

monta ['mon̪ta] *f* ① *(de maquinaria)* Montage *f;* *(de joyas)* Einfassen *nt* ② *(de caballo)* Besteigen *nt* ③ *(importe)* Endsumme *f* ④ *(importancia)* Bedeutung *f;* **de poca ~** unbedeutend

montacargas [mon̪ta'karɣas] *m inv* Lastenaufzug *m;* (MIN) Förderkorb *m*

montado, -a [mon̪'taðo, -a] *adj* ① *(soldado)* beritten; **guardia montada** berittene Garde ② *(caballo)* gesattelt

montador(a) [mon̪ta'ðor(a)] *m(f)* ① (TÉC: *de máquinas*) Monteur(in) *m(f);* *(de grandes máquinas)* Maschinenschlosser(in) *m(f)* ② (CINE) Cutter(in) *m(f)*

montaje [mon̪'taxe] *m* ① (TÉC) Montage *f;* *(de una tribuna)* Aufbau *m* ② (CINE, FOTO) Montage *f* ③ (TEAT) Inszenierung *f* ④ *(engaño)* abgekartetes Spiel *nt*

montante [mon̪'tan̪te] *m* ① *(importe)* Endsumme *f* ② *(de máquina)* Ständer *m;* *(de escalera/ventana)* Pfosten *m*

montaña [mon̪'taɲa] *f* ① (GEO: *monte*) Berg *m;* *(zona)* Gebirge *nt;* **alta ~** Hochgebirge *nt;* **~ rusa** Achterbahn *f;* **prefiero la ~ al mar** ich ziehe die Berge dem Meer vor; **la fe mueve ~s** der Glaube versetzt Berge ② *(de cosas)* Haufen *m*

montañero, -a [mon̪ta'ɲero, -a] *m, f* Bergsteiger(in) *m(f)*

montañés, -esa [mon̪ta'ɲes, -esa] **I.** *adj* ① *(de la montaña)* Berg- ② *(de Santander)* aus Santander **II.** *m, f* Einwohner(in) *m(f)* von Santander

montañismo [mon̪ta'ɲismo] *m* Bergsteigen *nt*

montañoso, -a [mon̪ta'ɲoso, -a] *adj* gebirgig

montaplatos [mon̪ta'platos] *m inv* Speiseaufzug *m*

montar [mon̪'tar] **I.** *vi* ① *(subir a una bici, un caballo)* aufsteigen (**en** auf +*akk*); *(en un coche)* einsteigen (**en** in +*akk*) ② *(ir a caballo)* reiten; **~ en bici** Rad fahren ③ *(una cuenta)* sich belaufen (**a** auf +*akk*) ④ *(loc)* **~ en cólera** in Zorn geraten; **tanto monta que vaya como que no** es ist egal, ob ich gehe oder nicht **II.** *vt* ① *(subir en un caballo)* besteigen; **no montes al niño en el alféizar** setz das Kind nicht aufs Fensterbrett ② *(ir a caballo)* reiten ③ *(acaballar)* decken ④ *(máquina)* montieren; *(una tribuna)* aufbauen; *(tienda)* aufschlagen ⑤ *(clara de huevo)* steif schlagen ⑥ *(casa)* einrichten ⑦ *(negocio)* eröffnen ⑧ (TEAT) inszenieren ⑨ *(diamante)* (ein)fassen ⑩ *(arma)* spannen ⑪ (CINE) cutten ⑫ *(fam: excursión)* aufziehen ⑬ *(guardia, ejército)* aufstellen ⑭ *(loc)* **~la** Krach schlagen; **~ un número** ein Riesentheater veranstalten **III.** *vr:* **~se** ① *(subir)* hinaufsteigen; **no te montes ahí** steig da nicht hinauf ② *(fam: arreglárselas)* **¿cómo te lo montas con el trabajo?** wie kommst du mit der Arbeit zurecht?; **no nos lo montamos muy bien entre nosotros** wir kommen miteinander nicht klar; **me lo monto solo** ich komme alleine zurecht

montaraz [mon̪ta'raθ] *adj* ① *(salvaje)* wild ② *(resistente)* abgehärtet ③ *(tosco)* ungehobelt ④ *(arisco)* spröde

monte ['mon̪te] *m* ① *(montaña)* Berg *m;* **el ~ de los Olivos** der Ölberg ② *(bosque)* Wald *m;* **~ alto** (Hoch)wald *m;* **~ bajo** Unterholz *nt;* **batir el ~** *(cazar)* auf die Jagd gehen; *(buscar)* den Wald durchforsten; **echarse al ~** in den Untergrund gehen ③ *pl (cordillera)* Gebirge *nt* ④ *(loc)* **~ de piedad** Pfandhaus *nt;* **no todo el ~ es orégano** *(prov)* ≈ alles hat seine Tücken

montear [mon̪te'ar] *vt* ① *(cazar)* jagen ② (ARQUIT) wölben

montenegrino, -a [mon̪tene'ɣrino, -a] **I.** *adj* montenegrinisch **II.** *m, f* Montenegriner(in) *m(f)*

Montenegro [mon̪te'neɣro] *m* Montenegro *nt*

montepío [mon̪te'pio] *m* ① *(caja para viudas)* Witwenkasse *f;* *(para huérfanos)* Waisenkasse *f* ② *(pensión de viuda)* Witwenrente *f;* *(de huérfano)* Waisenrente *f*

montera [mon̪'tera] *f* ① *(gorra)* Kappe *f;* **ponerse el mundo por ~** auf die ganze Welt pfeifen ② *(de una galería)* Glasdach *nt*

montería [mon̪te'ria] *f* (Treib)jagd *f*

montés, -esa [mon̪'tes, -esa] *adj* wild; **cabra montesa** Steinbock *m;* **gato ~** Wildkatze *f*

montículo [mon̪'tikulo] *m* Hügel *m*

monto ['mon̪to] *m* Gesamtbetrag *m*

montón [mon̪'ton] *m* Haufen *m;* **un ~ de ropa** ein Haufen Wäsche; **había un ~ de gente** es waren unheimlich viele Leute da; **tengo problemas a montones** *(fam)* ich habe Probleme ohne Ende; **tomar montones de pastillas** *(fam)* Unmengen von Tabletten schlucken; **ser del ~** ein Durchschnittsmensch sein; **tener una cara del ~** ein Allerweltsgesicht haben; **la bomba atómica redujo Hiroshima a un**

M

~ de escombros die Atombombe legte Hiroshima in Schutt und Asche
montura [moṇ'tura] *f* ❶ *(arnés)* Geschirr *nt; (silla)* Sattel *m* ❷ *(animal)* Reittier *nt* ❸ *(de gafas)* Gestell *nt; (de una joya)* (Ein)fassung *f*
monumental [monumeṇ'tal] *adj* ❶ *(grande)* enorm; *(de importancia)* monumental; *(error)* gewaltig ❷ *(de monumento)* **el Madrid ~** die Sehenswürdigkeiten Madrids
monumentalizar [monumeṇtali'θar] <z → c> *vt* monumentalisieren
monumento [monu'meṇto] *m* Denkmal *nt; (grande)* Monument *nt;* **~ funerario** Grabmal *nt;* **~ de la literatura** literarischer Meilenstein; **los ~s de una ciudad** die Sehenswürdigkeiten einer Stadt; **esta casa es un ~ nacional** dieses Haus steht unter Denkmalschutz; **esta chica es un ~** dieses Mädchen ist bildschön
monzón [moṇ'θon] *m o f* Monsun *m*
moña ['moɲa] *f* ❶ *(lazo)* Schleife *f* ❷ *(fam: borrachera)* Rausch *m;* **estar ~** betrunken sein
moño ['moɲo] *m* ❶ *(pelo)* Haarknoten *m* ❷ *(lazo)* Schleife *f* ❸ *(plumas)* Schopf *m* ❹ *(Col: capricho)* Marotte *f* ❺ *(Chil: pelo)* Haar *nt; (copete)* Schopf *m* ❻ *pl (adornos)* Flitterkram *m* ❼ *(loc)* **quitar ~s a alguien** jdm einen Dämpfer versetzen; **ponerse ~s** angeben; **estar hasta el ~ de algo** *(fam)* die Nase gestrichen voll von etw *dat* haben; **se me ha puesto en el ~ de...** ich habe es mir in den Kopf gesetzt, zu ...
MOPU ['mopu] *m abr de* **Ministerio de Obras Públicas y Urbanismo** Bau- und Stadtplanungsministerium *nt*
moquear [moke'ar] *vi* **estás moqueando** dir läuft die Nase
moquero [mo'kero] *m* Taschentuch *nt*
moqueta [mo'keta] *f* Teppichboden *m*
mora ['mora] *f* ❶ *(del moral)* Maulbeere *f; (de la zarzamora)* Brombeere *f* ❷ (JUR) Verzug *m*
morada [mo'raða] *f* ❶ *(casa)* Wohnung *f* ❷ *(residencia)* Wohnsitz *m* ❸ *(estancia)* Aufenthalt *m;* **la eterna ~** das Jenseits
morado, -a [mo'raðo, -a] *adj* dunkelviolett; **poner un ojo ~ a alguien** jdm ein blaues Auge verpassen; **pasarlas moradas** Blut und Wasser schwitzen; **ponerse ~ (comiendo)** sich *dat* den Bauch vollschlagen *fam*
morador(a) [mora'ðor(a)] *m(f)* Bewohner(in) *m(f)*, Einwohner(in) *m(f)*
moradura [mora'ðura] *f* blauer Fleck *m*
moral [mo'ral] **I.** *adj* ❶ *(ético)* moralisch; **código ~** Sittenkodex *m;* **tengo la certidumbre ~** ich nehme mit Sicherheit an ❷ *(espiritual)* geistig **II.** *f* Moral *f;* **~ relajada** lockere Moralvorstellungen; **tú y yo no tenemos la misma ~** wir haben unterschiedliche Moralvorstellungen; **levantar la ~ a alguien** jdn aufrichten; **hay que tener ~ para hacer eso** man muss echt viel Mut aufbringen, um das zu tun; **tener más ~ que el Alcoyano** sich nie geschlagen geben
moraleja [mora'lexa] *f* Moral *f*
moralidad [morali'ðaᵈ] *f* ❶ *(cualidad)* Moralität *f*, Sittlichkeit *f* ❷ *(moraleja)* Moral *f*
moralista [mora'lista] *mf* Moralist(in) *m(f)*
moralización [moraliθa'θjon] *f* Moralisierung *f;* **~ de los paganos** Heidenbekehrung *f*
moralizador(a) [moraliθa'ðor(a)] **I.** *adj* moralisierend, erzieherisch; **un ejemplo ~** ein erzieherisches Beispiel **II.** *m(f)* Moralprediger(in) *m(f) abw*
moralizante [morali'θaṇte] *adj* moralisierend; **me soltó un discurso ~** er/sie hielt mir eine Moralpredigt
moralizar [morali'θar] <z → c> **I.** *vi* moralisieren **II.** *vt* moralisch machen
morapio [mo'rapjo] *m (fam)* Rotwein *m*
morar [mo'rar] *vi (elev)* wohnen (**en** in +*dat*)
moratón *m* blauer Fleck *m*
moratoria [mora'torja] *f* Aufschub *m;* (FIN) Zahlungsaufschub *m;* **~ nuclear** Atomstopp *m*
morbidez [morβi'ðeθ] *f* Weichheit *f;* (ARTE) Morbidezza *f*
mórbido, -a ['morβiðo, -a] *adj* ❶ *(enfermo)* kränklich ❷ *(suave)* zart
morbo ['morβo] *m* ❶ *(enfermedad)* Krankheit *f* ❷ *(interés malsano)* krankhaftes Interesse *nt;* **este partido de fútbol tiene mucho ~** dieses Fußballspiel erregt die Gemüter; **el color negro me da ~** die Farbe Schwarz turnt mich an *fam*
morbosidad [morβosi'ðaᵈ] *f* ❶ *(enfermedad)* Kränklichkeit *f* ❷ *(de placer/imaginación)* Krankhaftigkeit *f*
morboso, -a [mor'βoso, -a] *adj* ❶ *(clima)* ungesund ❷ *(placer, imaginación)* krankhaft
morcilla [mor'θiʎa] *f* ❶ (GASTR) Blutwurst *f* ❷ (TEAT) Extempore *nt* ❸ *(Cuba: mentira)* Lüge *f* ❹ *(loc)* **¡que te den ~!** *(vulg)* du kannst mich mal! *fam*
morcillo [mor'θiʎo] *m* Haxe *f*
mordacidad [morðaθi'ðaᵈ] *f* ❶ *(de una palabra)* Bissigkeit *f; (de una crítica)* Schär-

M

fe *f* ② *(sabor)* Schärfe *f* ③ *(poder corrosivo)* Ätzkraft *f*

mordaga [mor'ðaɣa] *f* Rausch *m,* Trunkenheit *f*

mordaz [mor'ðaθ] *adj* ① *(palabra)* bissig; *(crítica)* scharf ② *(sabor)* scharf ③ *(corrosivo)* ätzend

mordaza [mor'ðaθa] *f* ① *(en la boca)* Knebel *m;* **quieren ponerme una ~** *(fig)* man will mich mundtot machen ② (TÉC) (Klemm)backe *f*

mordedor(a) [mor'ðeðor(a)] *adj* bissig; **perro ladrador, poco ~** *(prov)* Hunde, die (viel) bellen, beißen nicht

mordedura [morðe'ðura] *f* Biss *m*

morder [mor'ðer] <o → ue> **I.** *vt* ① *(con los dientes)* beißen (in +*akk*); **te voy a hacer ~ el polvo** ich mache dich fertig *fam;* **está que muerde** er/sie ist fuchsteufelswild ② *(atrapar)* einklemmen ③ *(lima)* (ab)schleifen ④ *(corroer)* zersetzen ⑤ *(Am: estafar)* betrügen **II.** *vr:* **~se** sich beißen; **~se las uñas** Nägel kauen; **~se la lengua** sich *dat* auf die Zunge beißen; **no ~se la lengua** kein Blatt vor den Mund nehmen

mordida [mor'ðiða] *f* ① *(Méx: fam: acción)* Bestechung *f; (dinero)* Bestechungsgeld *nt* ② *(Arg) v.* **mordisco**

mordido[1] [mor'ðiðo] *m* ① *(mordedura)* Biss *m* ② *(Am: dinero)* Bestechungsgeld *nt*

mordido, -a[2] [mor'ðiðo, -a] *adj (mueble)* abgestoßen

mordiente [mor'ðjen̩te] *m* ① *(para textiles)* Beize *f* ② *(agua fuerte)* ätzende Substanz *f*

mordiscar [morðis'kar] <c → qu> *vt* knabbern (an +*dat*)

mordisco [mor'ðisko] *m* ① *(acción)* Biss *m* ② *(herida)* Bisswunde *f* ③ *(trozo)* Bissen *m*

mordisquear [morðiske'ar] *vt* knabbern (an +*dat*)

morena [mo'rena] *f* ① (ZOOL) Muräne *f* ② *(pan)* Schwarzbrot *nt* ③ (GEO) Moräne *f*

morenazo, -a [more'naθo, -a] *adj (fam)* attraktiv und braungebrannt

morenez [more'neθ] *f* Bräune *f* der Haut; *(bronceado)* (Sonnen)bräune *f*

moreno[1] [mo'reno] *m* Bräune *f*

moreno, -a[2] [mo'reno, -a] **I.** *adj* dunkel; *(de piel)* braun; *(de cabello)* dunkelhaarig; *(de ojos)* dunkeläugig **II.** *m, f* ① *(persona)* Mensch *m* mit dunkler Hautfarbe ② *(Cuba) Nachkomme eines schwarzen und eines weißen Elternteils*

morera [mo'rera] *f* Maulbeerbaum *m*

morería [more'ria] *f* ① *(barrio)* Maurenviertel *nt* ② *(país)* maurisches Land *nt*

morete [mo'rete] *m (AmC),* **moretón** [more'ton] *m (fam)* blauer Fleck *m*

morfema [mor'fema] *m* Morphem *nt*

morfina [mor'fina] *f* Morphium *nt*

morfinismo [morfi'nismo] *m* (MED) Morphinismus *m,* Morphinsucht *f*

morfinómano, -a [morfi'nomano, -a] **I.** *adj* morphiumsüchtig **II.** *m, f* Morphiumsüchtige(r) *mf*

morfología [morfolo'xia] *f* (FILOS, BIOL, LING) Morphologie *f*

morfosintaxis [morfosin̩'taˠsis] *f inv* (LING) Morphosyntax *f*

morgue ['morɣe] *f (Am)* Leichenschauhaus *nt*

moribundo, -a [mori'βun̩do, -a] **I.** *adj* im Sterben liegend **II.** *m, f* Sterbende(r) *mf*

morigerado, -a [morixe'raðo, -a] *adj* ① *(moderado)* mäßig ② *(bien criado)* artig, wohlerzogen ③ *(de buenas costumbres)* anständig

morir [mo'rir] *irr* **I.** *vi* ① *(perecer)* sterben (**de** an +*dat*); *(en catástrofe, guerra)* umkommen; *(en un accidente)* tödlich verunglücken; **~ de hambre/de sed** verhungern/verdursten; **~ ahogado** *(en agua)* ertrinken; *(en humo)* ersticken; **~ de viejo** an Altersschwäche sterben; **~ en un incendio** in den Flammen umkommen; **~ a causa de las graves heridas** seinen schweren Verletzungen erliegen; **~ al pie del cañón** bis zum letzten Atemzug arbeiten ② *(tarde)* zur Neige gehen; *(luz)* erlöschen; *(tradición)* aussterben; *(camino)* enden; *(río)* münden; *(sonido)* ersterben **II.** *vr:* **~se** ① *(perecer)* sterben; *(planta)* eingehen; **se le ha muerto su padre** sein/ihr Vater ist verstorben; **¡así te mueras!** *(fam)* hoffentlich krepierst du! ② *(con 'de')* **~se de hambre/de sed** verhungern/verdursten; **~se de frío** erfrieren; **~se de vergüenza** sich zu Tode schämen; **~se de risa** sich totlachen; **~se de pena** vor Kummer sterben ③ *(con 'por')* **me muero por conocer a tu nueva novia** ich brenne darauf, deine neue Freundin kennenzulernen; **me muero (de ganas) por saber lo que te dijo** ich bin gespannt, was er/sie dir gesagt hat; **me muero por ella** ich bin total verrückt nach ihr ④ *(miembro del cuerpo)* einschlafen

morisco, -a [mo'risko, -a] **I.** *adj* Morisken- **II.** *m, f* Moriske *mf*

morisqueta [moris'keta] *f (fam)* Streich *m,* Verspottung *f;* **los huelguistas le hacían ~s a los policías desde su escondrijo** die Streikenden verspotteten die Polizisten von ihren Verstecken aus

M

mormón, -ona [mor'mon, -ona] *m, f* Mormone, -in *m, f*

moro, -a ['moro, -a] **I.** *adj (musulmán)* maurisch **II.** *m, f* Maure, -in *m, f;* **ser un ~** *(fig fam)* sehr eifersüchtig sein; **¡hay ~s en la costa!** *(fig)* Vorsicht!; **¡no hay ~s en la costa!** *(fig)* die Luft ist rein!

morocho, -a [mo'rotʃo, -a] *adj (CSur: trigueño)* brünett

morondo, -a [mo'ron̪do, -a] *adj* kahl, kahlköpfig, nackt

morosidad [morosi'ðaᵈ] *f* ❶ *(de deudor)* Säumigkeit *f* ❷ *(lentitud)* Langsamkeit *f*

moroso, -a [mo'roso, -a] **I.** *adj* ❶ *(deudor)* säumig ❷ *(elev: lento)* langsam; *(estilo)* schwerfällig; **el río avanza de manera morosa** der Fluss fließt träge dahin **II.** *m, f* säumiger Zahler, säumige Zahlerin *m, f*

morral [mo'rral] *m* ❶ *(de las caballerías)* Futtersack *m* ❷ *(zurrón)* Rucksack *m*

morralla [mo'rraʎa] *f* ❶ *(pescados)* kleine Fische *mpl* ❷ *(gente)* Gesindel *nt* ❸ *(cosas)* Plunder *m*

morrear(se) [morre'ar(se)] *vt, vr (vulg)* knutschen *fam*

morrillo [mo'rriʎo] *m* ❶ *(de res)* Fleischwulst *m* ❷ *(fam: de persona)* Stiernacken *m* ❸ *(canto rodado)* Kieselstein *m*

morriña [mo'rriɲa] *f sin pl (fam: nostalgia)* Heimweh *nt*

morro ['morro] *m* ❶ (ZOOL: *hocico*) Schnauze *f;* *(boca)* Maul *nt* ❷ *(pey: de persona)* Schnauze *f;* **beber a ~** aus der Flasche trinken; **caer de ~s** *(fam)* auf die Schnauze fallen; **te voy a partir los ~s** *(fam)* ich poliere dir die Schnauze; **estar de ~(s)** schmollen; **torcer el ~** ein saures Gesicht machen; **tiene un ~ que se lo pisa** *(fam)* er/sie ist unglaublich unverschämt; **lo hizo así, por el ~** *(fam)* er/sie hat das einfach aus Spaß so gemacht; **se quedó el dinero por (todo) el ~** er/sie hat das Geld einfach behalten ❸ *(de pistola)* Mündung *f;* *(de barco/avión/coche)* Nase *f* ❹ *(montículo)* Hügel *m*

morrocotudo, -a [morroko'tuðo, -a] *adj (fam)* ❶ *(formidable)* spitze ❷ *(susto, disgusto)* ungeheuer

morrón [mo'rron] **I.** *adj* **pimiento ~** gebratene rote Paprika *f* **II.** *m (fam: golpe)* Schlag *m*

morsa ['morsa] *f* Walross *nt*

morse ['morse] *m* Morsealphabet *nt;* **señal ~** Morsezeichen *nt*

mortadela [morta'ðela] *f* Mortadella *f*

mortaja [mor'taxa] *f* ❶ *(sábana)* Leichentuch *nt;* *(vestidura)* Totenhemd *nt* ❷ *(Am: de cigarrillo)* Zigarettenpapier *nt*

mortal [mor'tal] **I.** *adj* ❶ *(sujeto a la muerte)* sterblich ❷ *(que la causa)* tödlich; **pecado ~** Todsünde *f;* **peligro ~** Lebensgefahr *f;* **tener un odio ~ a alguien** jdn auf den Tod nicht leiden können ❸ *(pesado)* tödlich; *(aburrido)* todlangweilig **II.** *mf* Sterbliche(r) *mf*

mortalidad [mortali'ðaᵈ] *f* ❶ *(cualidad)* Sterblichkeit *f* ❷ *(número)* Sterblichkeit(srate) *f*

mortalmente [mortal'men̪te] *adv* ❶ *(de muerte)* tödlich; **la hirieron ~** sie wurde tödlich verwundet ❷ *(fam: totalmente)* total; **la película me aburrió ~** der Film hat mich tödlich gelangweilt ❸ *(fam: a muerte)* auf den Tod, wie die Pest; **le odio ~** ich hasse ihn wie die Pest

mortandad [mortan̪'daᵈ] *f* Massensterben *nt;* **el virus ébola causó una gran ~ en Zaire** das Ebolavirus kostete in Zaire viele Menschenleben; **la ~ sin aclarar de las ballenas en la Patagonia** das unerklärte Massensterben von Walen in Patagonien

mortecino, -a [morte'θino, -a] *adj (luz)* trüb; *(color)* matt; *(fuego)* erlöschend

mortero [mor'tero] *m* ❶ *(cuenco)* Mörser *m* ❷ (MIL) Mörser *m* ❸ *(cemento)* Mörtel *m*

mortífero, -a [mor'tifero, -a] *adj* tödlich

mortificación [mortifika'θjon] *f* ❶ *(tormento)* Qual *f* ❷ (REL) Kasteiung *f* ❸ *(humillación)* Demütigung *f*

mortificador(a) [mortifika'ðor(a)] *adj,* **mortificante** [mortifi'kan̪te] *adj* quälend, plagend, demütigend

mortificar [mortifi'kar] <c → qu> **I.** *vt* ❶ *(atormentar)* quälen ❷ (REL) kasteien ❸ *(humillar)* demütigen **II.** *vr:* **~se** ❶ *(atormentarse)* sich grämen (**por** über +*akk,* wegen +*gen/dat*) ❷ (REL) sich kasteien ❸ *(Méx: avergonzarse)* sich schämen

mortinato, -a [morti'nato, -a] **I.** *adj* tot geboren **II.** *m, f* Totgeburt *f*

mortuorio, -a [mortu'orjo, -a] *adj* Todes-

moruno, -a [mo'runo, -a] *adj* maurisch

mosaico [mo'sai̯ko] *m* Mosaik *nt*

mosca ['moska] *f* ❶ (ZOOL) Fliege *f;* **por si las ~s** *(fam)* für alle Fälle; **estar con [*o* tener] la ~ en [*o* detrás de] la oreja** *(fam)* misstrauisch sein; **estar ~** *(fam: receloso)* misstrauisch sein; *(enfadado)* eingeschnappt sein; **no se oía el vuelo de una ~** man hätte eine Stecknadel fallen hören können; **papar ~s** *(fam)* Maulaffen feilhalten; **¿qué ~ te ha picado?** was ist denn in dich gefahren?; **andar cazando ~s** über den Wolken schweben ❷ *(barba)* Fliege *f* ❸ *(persona)* Nervensäge *f fam* ❹ *(fam: dinero)* Kohle *f;* **aflojar la ~** Geld locker machen

moscada [mos'kaða] *adj* **nuez** ~ Muskatnuss *f*
moscarda [mos'karða] *f* Schmeißfliege *f*
moscardón [moskar'ðon] *m* ① *(moscarda)* Schmeißfliege *f* ② *(tábano)* Bremse *f* ③ *(avispón)* Hornisse *f* ④ *(persona)* Nervensäge *f fam*
moscatel [moska'tel] *m* Muskateller *m*
moscón[1] [mos'kon] *m v.* **moscardón**
moscón, -ona[2] [mos'kon, -ona] *m, f* Nervensäge *f fam*
moscovita [mosko'βita] **I.** *adj* moskauisch **II.** *mf* Moskauer(in) *m(f)*
Moscú [mos'ku] *m* Moskau *nt*
Mosela [mo'sela] *m* Mosel *f*
mosén [mo'sen] *m* (HIST) Pfarrer *m*
mosqueado, -a [moske'aðo, -a] *adj* ① *(fam: enfadado)* eingeschnappt; **estar ~ con alguien** auf jdn sauer sein ② *(moteado)* getüpfelt; *(vaca)* scheckig
mosquear [moske'ar] **I.** *vt* verscheuchen **II.** *vr:* **~se** *(fam: enfadarse)* einschnappen
mosqueo [mos'keo] *m* Wut *f;* **cogió un ~ de aúpa** er/sie raste vor Wut
mosquete [mos'kete] *m* Muskete *f*
mosquetero [moske'tero] *m* *(soldado)* Musketier *m*
mosquetón [moske'ton] *m* ① *(arma)* Karabiner *m* ② *(anilla)* Karabinerhaken *m*
mosquita [mos'kita] *f* **~ muerta** Duckmäuser *m;* **se hace la ~ muerta** er/sie sieht aus, als ob er/sie keiner Fliege etwas zuleide tun könnte
mosquitera [moski'tera] *f,* **mosquitero** [moski'tero] *m* Moskitonetz *nt*
mosquito [mos'kito] *m* Stechmücke *f;* *(en zonas tropicales)* Moskito *m*
mostacho [mos'tatʃo] *m* ① *(bigote)* Schnurrbart *m* ② *(fam: mancha)* Gesichtsfleck *m*
mostaza [mos'taθa] *f* Senf *m;* *(semilla)* Senfsamen *m;* (**de**) **color ~** senffarben
mosto ['mosto] *m* Most *m*
mostrador [mostra'ðor] *m* ① *(tienda)* Ladentisch *m;* *(escaparate)* Schaufenster *nt* ② *(bar)* Theke *f* ③ *(ventanilla)* Schalter *m*
mostrar [mos'trar] <o → ue> **I.** *vt (enseñar)* zeigen; *(presentar)* vorzeigen; **¡no muestres tu miedo!** lass dir deine Angst nicht anmerken! **II.** *vr:* **~se** sich zeigen; **~se amigo** sich freundlich zeigen
mostrenco, -a [mos'treŋko, -a] **I.** *adj (fam)* herrenlos; **bienes ~s** (JUR) herrenlose Güter **II.** *m, f (pey)* dicker, schwerfälliger Mensch *m*
mota ['mota] *f* ① *(partícula)* Fremdkörper *m;* ~ (**de polvo**) Staubkorn *nt* ② *(mancha)* Fleck *m;* *(lunar)* Punkt *m* ③ *(tejido)* Knötchen *nt* ④ *(montaña)* einsamer Hügel *m*
mote ['mote] *m* ① *(apodo)* Spitzname *m;* **~ cariñoso** Kosename *m* ② *(Am: maíz)* gekochter Mais *m*
moteado, -a [mote'aðo, -a] *adj* gesprenkelt
motear [mote'ar] *vt* tüpfeln
motejar [mote'xar] *vt (tildar)* bezeichnen (**de** als +*akk*)
motel [mo'tel] *m* Motel *nt*
motilidad [motili'ðaᵈ] *f* Beweglichkeit *f,* Motilität *f*
motín [mo'tin] *m* Meuterei *f*
motivación [motiβa'θjon] *f* ① (PSICO) Motivation *f* ② *(explicación)* Begründung *f*
motivador(a) [motiβa'ðor(a)] *adj* motivierend
motivar [moti'βar] *vt* ① *(incitar)* motivieren (**a** zu +*dat*); **estar motivado** motiviert sein ② *(explicar)* begründen (**con/en** mit +*dat*) ③ *(provocar)* verursachen; **los puntos que motivan el presente contrato son...** die diesem Vertrag zugrunde liegenden Punkte sind ...
motivo [mo'tiβo] *m* ① *(causa)* Grund *m;* *(crimen)* Motiv *nt;* **con ~ de...** anlässlich +*gen;* **por este ~** deshalb; **carecer de ~ alguno** unbegründet sein ② *(composición, sello)* Motiv *nt;* *(tela)* Muster *nt*
moto[1] ['moto] *f (fam)* Motorrad *nt;* **~ acuática** (DEP) Jet-Ski *m;* **ir en ~** Motorrad fahren; **iba como una ~** *(argot)* er war voll wie eine Haubitze; **vender la ~ a alguien** *(fig fam)* jdm einen Bären aufbinden, jdm etwas weismachen
moto, -a[2] ['moto, -a] *adj (AmC: huérfano)* verwaist
motocicleta [motoθi'kleta] *f,* **moto** ['moto] *f (fam)* Motorrad *nt;* **~ de carreras** Rennmaschine *f;* **~ de motocrós** Geländemotorrad *nt;* **~ de agua** Jetski® *m;* **ir en ~** Motorrad fahren; **iba como una ~** *(argot)* er war voll wie eine Haubitze
motociclismo [motoθi'klismo] *m sin pl* Motorradsport *m*
motociclista [motoθi'klista] *mf* Motorradfahrer(in) *m(f)*
motonáutica [moto'nau̯tika] *f sin pl* (DEP) Motorbootsport *m*
motoneta [moto'neta] *f (Am)* Motorroller *m*
motor[1] [mo'tor] *m* ① (TÉC: *t. fig*) Motor *m;* **~ de búsqueda** Suchmaschine *f;* **~ de explosión** Verbrennungsmotor *m;* **~ de reacción** Düsentriebwerk *nt;* **vehículo de ~** Kraftfahrzeug *nt* ② *(causa)* Beweggrund *m*
motor(a)[2] [mo'tor(a)] *adj* bewegend; **nervio ~** Bewegungsnerv *m*

M

motora [mo'tora] *f* Motorboot *nt*
motorismo [moto'rismo] *m sin pl* Motorsport *m*
motorista [moto'rista] *mf* ① (DEP) Motorradfahrer(in) *m(f)* ② *(chófer)* Kraftfahrer(in) *m(f)* ③ *(policía)* Polizist(in) *m(f)* auf einem Motorrad
motorización [motoriθa'θjon] *f sin pl* Motorisierung *f*
motorizado, -a [motori'θaðo, -a] *adj* motorisiert
motorizar [motori'θar] <z → c> *vt* motorisieren
motorola® [moto'rola] *m* Handy *nt*
motosierra [moto'sjerra] *f* Motorsäge *f*
motriz [mo'triθ] *adj* antreibend; **fuerza ~** Triebkraft *f*
motu proprio ['motu 'proprjo] aus freiem Willen, aus eigenem Antrieb
mousse [mus] *m* Mousse *f*
movedizo, -a [moβe'ðiθo, -a] *adj* ① *(móvil)* beweglich; **arenas movedizas** Treibsand *m* ② *(inconstante)* wankelmütig
mover [mo'βer] <o → ue> **I.** *vt* ① *(desplazar)* bewegen; **~ la cola** mit dem Schwanz wedeln; **~ la cabeza** den Kopf schütteln ② *(ajedrez)* ziehen ③ *(incitar)* bewegen ④ (INFOR) verschieben; **~ archivo** eine Datei verschieben ⑤ *(loc)* **~ a compasión** Mitleid erregen; **~ a lágrimas** zu Tränen rühren **II.** *vr:* **~se** sich bewegen; **¿nos movemos o qué?** gehen wir nun oder nicht?; **¡venga, muévete!** los, nun mach schon!
movible [mo'βiβle] *adj* ① *(pieza)* beweglich ② *(carácter)* wankelmütig
movida [mo'βiða] *f (argot)* Szene *f;* **¡qué ~!** *(lío)* was für ein Durcheinander!; *(ambiente)* was für eine Bombenstimmung!
movido, -a [mo'βiðo, -a] *adj* ① *(foto)* verwackelt ② *(agitado)* bewegt; *(activo)* aktiv; *(vivo)* lebhaft; **he tenido un día muy ~** heute war bei mir viel los ③ (MÚS) schnell
móvil ['moβil] **I.** *adj* mobil **II.** *m* ① *(para colgar)* Mobile *nt* ② *(crimen)* Motiv *nt* ③ (TEL) Handy *nt;* **tener el ~ apagado** das Handy ausgeschaltet haben; **tiene el ~ fuera de cobertura** sein/ihr Handy hat keinen Empfang
movilidad [moβili'ða^{d}] *f sin pl* Mobilität *f*
movilización [moβiliθa'θjon] *f* ① *(recursos, tropas)* Mobilisierung *f* ② *(huelga)* Streik *m* ③ *(dinero)* Bereitstellung *f*
movilizar [moβili'θar] <z → c> *vt* ① *(ejército, recursos, fuerzas)* mobilisieren ② *(dinero)* flüssigmachen
movimiento [moβi'mjento] *m* ① (*t.* FÍS) Bewegung *f;* **~ vibratorio** Vibration *f;* **hacer ~s** (ARQUIT) sich setzen; **poner en ~** in Gang setzen; **había mucho ~ en las tiendas** in den Geschäften war viel Betrieb ② *(ajedrez)* Zug *m* ③ (MÚS) Tempo *nt* ④ (POL, LIT) Bewegung *f;* **M~ 15-M** Bewegung *f* 15. Mai; **el M~ (Nacional)** der Franco-Putsch ⑤ (COM) Umsatz *m;* **~ de cuenta** Kontobewegung *f;* **~s bursátiles** Börsengeschäfte *nt pl*
moza ['moθa] *f* ① *(chica)* Mädchen *nt;* **¡está ya hecha una ~!** sie ist schon ein großes Mädchen! ② *(criada)* **~ (de cámara)** Dienstmädchen *nt*
mozalbete [moθal'βete] *m* junger Bursche *m*
Mozambique [moθam'bike] *m* Mozambique *nt*
mozambiqueño, -a [moθambi'keɲo, -a] **I.** *adj* aus Mozambique **II.** *m, f* Bewohner(in) *m(f)* von Mozambique
mozárabe [mo'θaraβe] **I.** *adj* mozarabisch **II.** *mf* Mozaraber(in) *m(f) (unter maurischer Herrschaft lebender Spanier)*
mozo[1] ['moθo] *m* ① *(criado)* Diener *m;* **~ (de café)** Kellner *m;* **~ (de estación)** Gepäckträger *m* ② *(soldado)* Wehrpflichtige(r) *m*
mozo, -a[2] ['moθo, -a] **I.** *adj* ① *(joven)* jung; **la gente moza** die Jugend ② *(soltero)* ledig **II.** *m, f (chico)* Junge *m; (chica)* Mädchen *nt; (joven)* junger Mann *m,* junge Frau *f;* **¡pero si estás hecho un ~!** *(a un chico)* du bist ja schon ein richtiger junger Mann!; *(a un adulto)* du hast dich aber gut gehalten!
mozón, -ona [mo'θon, -ona] *adj (Perú)* Spaßmacher(in) *m(f),* Witzbold *m*
mozonada [moθo'naða] *f (Perú)* Spaß *m,* Scherz *m*
mozonear [moθone'ar] *vi (Perú)* Spaß machen, scherzen
mozzarella [mo^{d}sa'rela] *f* (GASTR) Mozzarella *m*
MP3 [emepe'tres] *m* MP3 *nt;* **reproductor de ~** MP3-Player *m;* **grabador de ~** MP3-Brenner *m*
mu [mu] **I.** *interj (vaca)* muh **II.** *m* **no decir ni ~** keinen Pieps sagen
mucamo, -a [mu'kamo, -a] *m, f (Am: criado)* Diener *m; (criada)* Dienstmädchen *nt*
muchachada [mutʃa'tʃaða] *f (Am)* junge Leute *pl*
muchacho, -a [mu'tʃatʃo, -a] *m, f* ① *(chico)* Junge *m; (chica)* Mädchen *nt* ② *(criado)* Diener *m; (criada)* Dienstmädchen *nt*
muchedumbre [mutʃe'ðumbre] *f* ① *(de cosas)* Menge *f;* **salió volando una ~ de pájaros** ein großer Vogelschwarm flog auf ② *(de personas)* Menschenmenge *f*
mucho, -a ['mutʃo, -a] **I.** *adj* viel; **esto es ~**

para ella das ist zu viel für sie; **hace ya ~ tiempo que...** es ist schon lange her, dass ...; **muchas veces** oft; **eso me parece ~ decir** das scheint mir etwas gewagt; **mal de ~s, consuelo de tontos** *(prov)* geteiltes Leid ist halbes Leid **II.** *adv (intensidad)* sehr; *(cantidad)* viel; *(mucho tiempo)* lange; *(muchas veces)* oft; **lo sentimos ~** es tut uns sehr leid; **no hace ~ estuvo aquí** vor Kurzem war er/sie hier; **es con ~ el más simpático** er ist mit Abstand der Netteste; **¡pero que muy ~!** aber hallo!; **lo tenemos en ~** wir schätzen ihn sehr; **por ~ que se esfuercen, no lo conseguirán** wie sehr sie sich auch anstrengen, sie werden es nicht schaffen; **no era nuestra intención molestarle ni ~ menos** wir wollten Sie wirklich nicht stören; **tener cincuenta años, como ~** höchstens fünfzig (Jahre alt) sein

mucilaginoso, -a [muθilaxi'noso, -a] *adj* schleimartig, schleimig

mucílago [mu'θilaɣo] *m (vegetal)* Pflanzenschleim *m; (solución)* schleimige Lösung *f*

mucosa [mu'kosa] *f* Schleimhaut *f*

mucosidad [mukosi'ðaᵈ] *f (moco)* Schleim *m*

mucoso, -a [mu'koso, -a] *adj* schleimig; **membrana mucosa** Schleimhaut *f*

muda ['muða] *f* ❶ *(ropa interior)* Unterwäsche *f; (cama)* Bettwäsche *f* ❷ *(serpiente)* Häuten *nt* ❸ *(pájaro)* Mauser *f* ❹ *(pelo)* Haarwechsel *m* ❺ *(voz)* Stimmbruch *m;* **estar de ~** im Stimmbruch sein

mudable [mu'ðaβle] *adj* veränderlich

mudada [mu'ðaða] *f (AmC, AmS: traslado)* Umzug *m*

mudadizo, -a [muða'ðiθo, -a] *adj* wankelmütig, wechselhaft; **tiene una palabra muy mudadiza** er/sie ändert seine/ihre Meinung ziemlich häufig

mudamente [muða'mente] *adv* stumm, ohne ein Wort zu sagen

mudanza [mu'ðanθa] *f (de casa)* Umzug *m;* **camión de ~s** Möbelwagen *m;* **estar de ~** umziehen

mudar [mu'ðar] **I.** *vi, vt* ❶ *(cambiar)* ändern; *(por uno nuevo)* wechseln ((**de**) +*akk*); **~ (de) pluma/piel** sich mausern/häuten; **~ de voz** im Stimmbruch sein; **los años le han mudado el** [*o* **de**] **carácter** mit dem Alter hat sich sein/ihr Charakter verändert ❷ *(de ropa)* umziehen **II.** *vr:* **~se** ❶ *(casa)* umziehen; **nos mudamos (de aquí)** wir ziehen aus; **~se a Granada** nach Granada ziehen; **~se a una casa nueva** in ein neues Haus ziehen ❷ *(ropa)* **~se (de ropa)** sich umziehen

mudéjar [mu'ðexar] **I.** *adj* Mudejar-; **estilo ~** Mudejarstil *m* **II.** *m* Mudejar *m (unter christlicher Herrschaft lebender Maure, 12. – 16. Jh.)*

mudez [mu'ðeθ] *f sin pl* Stummheit *f; (silencio)* Schweigen *nt*

mudo, -a ['muðo, -a] **I.** *adj* stumm; **cine ~** Stummfilm *m;* **quedarse ~ de asombro** vor Staunen sprachlos werden **II.** *m, f* Stumme(r) *mf*

mueble ['mweβle] **I.** *m* ❶ *(pieza)* Möbelstück *nt;* **~ bar** Hausbar *f;* **~ biblioteca** Bücherwand *f;* **cama ~** Klappbett *nt;* **~ zapatero** Schuhschrank *m;* **~ de cocina** Küchenschrank *m* ❷ *pl* Möbel *pl;* **~s de cocina** Einbauküche *f;* **~s de época** antike Möbel; **~s tapizados** Polstermöbel *pl* **II.** *adj* **bienes ~s** bewegliche Güter *ntpl*

mueca ['mweka] *f* Grimasse *f;* **hacer ~s** Grimassen schneiden

muela ['mwela] *f* ❶ *(diente)* Backenzahn *m;* **~s del juicio** Weisheitszähne *mpl;* **~ picada** kariöser Zahn ❷ *(molino)* Mühlstein *m* ❸ *(para afilar)* Schleifscheibe *f* ❹ *(cerro)* Hügel *m*

muelle ['mweʎe] **I.** *m* ❶ *(resorte)* Sprungfeder *f; (reloj)* Uhrfeder *f* ❷ *(puerto)* Kai *m;* **~ flotante** Landungsbrücke *f* ❸ *(andén)* Rampe *f* **II.** *adj (blando)* weich; *(cómodo)* bequem

muérdago ['mwerðaɣo] *m* Mistel *f*

muerdo ['mwerðo] *m (fam: mordisco)* Beißen *nt,* Biss *m*

muermo ['mwermo] *m* ❶ *(caballo)* Rotz *m* ❷ *(argot)* **¡qué ~!** wie öde!

muerta ['mwerta] *adj o f v.* **muerto**

muerte ['mwerte] *f* Tod *m; (asesinato)* Mord *m; (destrucción)* Vernichtung *f;* **~ a traición** Meuchelmord *m;* **~ forestal** Waldsterben *nt;* **pena de ~** Todesstrafe *f;* **morir de ~ natural** eines natürlichen Todes sterben; **a ~** erbarmungslos; **a ese tipo lo odio a ~** ich hasse diesen Typen wie die Pest; **de mala ~** elend; **hasta que la ~ os separe** *(matrimonio)* bis dass der Tod euch scheidet; **en caso de ~** im Todesfalle; **luchar contra la ~** mit dem Tode ringen; **estar enfermo de ~** todkrank sein; **llevarse un susto de ~** zu Tode erschrecken; **condenar a ~** zum Tode verurteilen; **en el lecho de ~** am Sterbebett

muerto, -a ['mwerto, -a] **I.** *pp de* **morir II.** *adj* tot; **cal muerta** gelöschter Kalk; **horas muertas** Mußestunden *fpl;* **naturaleza muerta** Stillleben *nt;* **estar ~ (de cansancio)** totmüde sein; **estar ~ de hambre/sed** fast vor Hunger/Durst sterben; **para mí esa está muerta** für mich existiert sie nicht mehr; **no tener dónde**

M

caerse ~ *(fam pey)* bettelarm sein **III.** *m, f* Tote(r) *mf; (difunto)* Verstorbene(r) *mf; (cadáver)* Leiche *f*; **están tocando a** ~ sie läuten die Totenglocken; **ahora me cargan el ~ a mí** jetzt wollen sie mir den Schwarzen Peter zuschieben; **hacerse el** ~ den toten Mann spielen; **hacer el** ~ (**nadando**) den toten Mann machen

muesca ['mweska] *f* Kerbe *f*

muesli ['mwesli] *m* Müsli *nt*

muestra ['mwestra] *f* ① *(mercancía)* Muster *nt;* ~ **gratuita** Gratisprobe *f;* **feria de ~s** Messe *f;* **por la ~ se conoce el paño** *(prov)* der Apfel fällt nicht weit vom Stamm ② *(prueba)* Probe *f;* ~ **hecha al azar** Stichprobe *f* ③ *(demostración)* Beweis *m;* **dar ~(s) de valor** seinen Mut beweisen; **de ~, un botón** ein Beispiel möge genügen ④ *(de labores)* Muster *nt;* ~ **de bordado/punto** Stick-/Strickmuster *nt* ⑤ *(rótulo)* Schild *nt*

muestrario [mwes'trarjo] *m* Katalog *m*

muestreo [mwes'treo] *m* Stichprobenentnahme *f*

muffin ['mufin] *m* <-(e)s> Muffin *m*

mugido [mu'xiðo] *m* ① *(vaca)* Muhen *nt* ② *(viento, mar)* Tosen *nt*

mugir [mu'xir] <g → j> *vi* ① *(vaca)* muhen ② *(viento, agua)* tosen

mugre ['muɣre] *f sin pl* Schmutz *m*

mugriento, -a [mu'ɣrjen̪to, -a] *adj* schmutzig

mujer [mu'xer] *f* Frau *f;* ~ **de negocios** Geschäftsfrau *f;* ~ **de edad** alte Frau; ~ **fácil** leichtes Mädchen; ~ **fatal** Femme fatale *f;* ~ **de la limpieza** Putzfrau *f;* ~ **de la calle** Dirne *f;* **una ~ de rompe y rasga** eine Frau, die weiß, was sie will; **le presento a mi ~** ich möchte Ihnen meine Frau vorstellen; **ser una ~ de su casa** eine gute Hausfrau sein; **tomar ~** heiraten; **está hecha toda una ~** sie ist schon eine richtige Frau; **esto es cosa de ~es** das ist Frauensache

mujeriego [muxe'rjeɣo] *m* Frauenheld *m*

mujeril [muxe'ril] *adj* ① *(femenino)* weiblich ② *(afeminado)* verweiblicht

mujerío [muxe'rio] *m* Frauen *fpl*

mujerzuela [muxer'θwela] *f (pey: prostituta)* Nutte *f pej!*

mula ['mula] *f* ① *(animal)* Maultier *nt* ② *(argot: en narcotráfico)* Drogenkurier *m*

muladar [mula'ðar] *m (basurero)* Mülldeponie *f; (estiércol)* Mistgrube *f*

muladí [mula'ði] *mf zu Zeiten der arabischen Herrschaft in Spanien: Christ, der den moslemischen Glauben annahm*

mulata [mu'lata] *f* (ZOOL) Felsenkrabbe *f*

mulato, -a [mu'lato, -a] **I.** *adj (alt pey: mestizo)* Mulatten- *alt pej; (color)* dunkelbraun **II.** *m, f Nachkomme eines schwarzen und eines weißen Elternteils*

mulero, -a [mu'lero, -a] *m, f (RíoPl)* ① *(fam: mentiroso)* Schwindler(in) *m(f)* ② *(fam: tramposo)* Schummler(in) *m(f)*

muleta [mu'leta] *f* ① *(apoyo)* Krücke *f;* **andar con ~s** an Krücken gehen ② (TAUR) Muleta *f*

muletilla [mule'tiʎa] *f (coletilla)* Flickwort *nt*

mullido, -a [mu'ʎiðo, -a] *adj* weich

mullir [mu'ʎir] <*3. pret* mulló> *vt* ① *(cama)* aufschütteln ② *(tierra)* aufschütten; *(cepas)* häufeln

mulo, -a ['mulo, -a] *m, f (caballo y asna)* Maulesel *m; (asno y yegua)* Maultier *nt*

multa ['mul̪ta] *f* Geldstrafe *f;* **poner una ~ a alguien** jdn mit einer Geldstrafe belegen

multar [mul̪'tar] *vt* mit einer Geldstrafe belegen; **me han multado con 30 euros** ich muss 30 Euro Strafe zahlen

multicine [mul̪ti'θine] *m* Kino *nt (mit mehreren Sälen)*

multicolor [mul̪tiko'lor] *adj* bunt; (TIPO) mehrfarbig

multicopiar [mul̪tiko'pjar] *vt* vervielfältigen

multicopista [mul̪tiko'pista] *f* Kopiergerät *nt*

multicultural [mul̪tikul̪tu'ral] *adj* multikulturell

multicultural [mul̪tikul̪tu'ral] *adj* multikulturell; **un encuentro/una sociedad ~** eine multikulturelle Begegnung/Gesellschaft

multiculturalidad [mul̪tikul̪turali'ða^ð] *f* Multikulturalität *f*

multidimensional [mul̪tiðimensjo'nal] *adj* mehrdimensional

multiforme [mul̪ti'forme] *adj* vielgestaltig

multifuncional [mul̪tifun̪θjo'nal] *adj* multifunktional

multilátero, -a [mul̪ti'latero, -a] *adj* (MAT) vielseitig

multilingüe [mul̪ti'liŋgwe] *adj* mehrsprachig

multimedia [mul̪ti'medja] *adj inv* multimedial; **programa ~ de computadora** Multimedia-Computerprogramm *nt*

multimediático, -a [mul̪time'ðjatiko, -a] *adj* (INFOR) Multimedia-

multimillonario, -a [mul̪timiʎo'narjo, -a] *m, f* Multimillionär(in) *m(f)*

multinacional [mul̪tinaθjo'nal] **I.** *adj* multinational **II.** *f* multinationaler Konzern *m*

múltiple ['mul̪tiple] *adj* mehrfach; *(variado)* vielfältig; **~s veces** mehrmals

multiplicable [mul̪tipli'kaβle] *adj* multiplizierbar; **los beneficios son aún ~s por**

diez die Gewinne können noch um das Zehnfache gesteigert werden

multiplicación [muḷtiplika'θjon] *f* ❶ (MAT) Multiplikation *f* ❷ *(reproducción)* Vermehrung *f*

multiplicar [muḷtipli'kar] <c → qu> **I.** *vi, vt* ❶ (MAT) multiplizieren (**por** mit +*dat*); **la tabla de ~** das Einmaleins ❷ *(reproducir)* vermehren ❸ *(aumentar)* vervielfachen **II.** *vr:* **~se** ❶ *(reproducirse)* sich vermehren; **¡creced y multiplicaos!** (REL) wachset und mehret euch! ❷ *(desvivirse)* überall gleichzeitig sein

multiplicidad [muḷtipliθi'ðaᵈ] *f* Vielfalt *f*

múltiplo, -a ['muḷtiplo, -a] **I.** *adj* vielfach **II.** *m, f* Vielfache(s) *nt*

multirracial [muḷtirra'θjal] *adj* multikulturell, Vielvölker-

multitarea [muḷtita'rea] **I.** *f* (INFOR) Multitasking *nt* **II.** *adj* (INFOR) Multitasking-

multitud [muḷti'tuᵈ] *f* ❶ *(cantidad)* Menge *f;* **una ~ de flores** eine Menge Blumen ❷ *(gente)* (Volks)massen *f pl; (vulgo)* gemeines Volk *nt*

multitudinario, -a [muḷtituði'narjo, -a] *adj* Massen-

multiuso [muḷti'uso] *adj inv* Mehrzweck-

multiventana [muḷtiβeṇ'tana] *f* (INFOR) Multitasking *nt*

mundanal [muṇda'nal] *adj,* **mundano, -a** [muṇ'dano, -a] *adj* ❶ *(del mundo)* weltlich; *(terrenal)* irdisch ❷ *(extravagante)* mondän

mundial [muṇ'djal] *adj* weltweit; **campeonato ~ de fútbol** Fußballweltmeisterschaft *f;* **guerra ~** Weltkrieg *m;* **a nivel ~** weltweit

mundillo [muṇ'diʎo] *m* ❶ *(ambiente)* Welt *f;* **el ~ de la música** die Welt der Musik; **ella se maneja bien en ese ~** in diesen Kreisen weiß sie sich zu benehmen ❷ *(encaje)* Klöppelkissen *nt*

mundo ['muṇdo] *m* ❶ *(tierra, t. fig)* Welt *f; (planeta)* Erde *f; (globo)* Erdkugel *f;* **~ profesional** Berufsleben *nt;* **~ laboral** Arbeitswelt *f;* **el ~ antiguo** das Altertum; **el otro ~** das Jenseits; **no sabemos si en los otros ~s hay vida** wir wissen nicht, ob es auf den anderen Planeten Leben gibt; **dar la vuelta al ~** eine Weltreise machen; **echar al ~** in die Welt setzen; **venir al ~** auf die Welt kommen; **irse de este ~** sterben; **se bañaban como Dios los/las trajo al ~** sie badeten splitternackt; **ver ~** sich in der Welt umsehen; **andar por esos ~s de Dios** *(fam: estar de viaje)* die Welt bereisen; *(estar perdido)* irgendwo stecken; **recorrer medio ~** in der Welt herumkommen; **con la mayor tranquilidad del ~** in aller Seelenruhe; **rápidamente se le cae el ~ encima** ihm/ihr wird schnell alles zu viel; **vivir en otro ~** *(fig)* hinter dem Mond leben; **este ~ es un pañuelo** die Welt ist ein Dorf; **desde que el ~ es ~** seit die Welt besteht; **ponerse el ~ por montera, reírse del ~** tun und lassen, was man will; **hacer un ~ de algo** aus etw *dat* ein Drama machen; **así va** [*o* **anda**] **el ~** das ist der Lauf der Welt; **¡deja el ~ correr!** lass es gut sein!; **no es nada del otro ~** das ist nichts Besonderes; **por nada del ~** um nichts auf der Welt; **dejó el ~ y se metió monja** sie entsagte der Welt und wurde Nonne ❷ *(humanidad)* Welt *f;* **a la vista de todo el ~** vor allen Leuten; **todo el ~ sabe que...** jedermann weiß, dass ...; **lo sabe medio ~** die halbe Welt weiß es schon ❸ *(experiencia)* Weltkenntnis *f;* **Lola tiene mucho ~** Lola ist eine Frau von Welt

mundología [muṇdolo'xia] *f sin pl (fam)* Lebenserfahrung *f*

Munich ['munitʃ] *m* München *nt*

munición [muni'θjon] *f (de armas)* Munition *f*

municipal [muniθi'pal] *adj* städtisch; **parque ~** Stadtpark *m;* **término ~** Gemeindebezirk *m*

municipalidad [muniθipali'ðaᵈ] *f* ❶ *(administración)* Gemeindeverwaltung *f* ❷ *(corporación)* Gemeinderat *m*

municipio [muni'θipjo] *m* ❶ *(población)* Gemeinde *f,* Gemeindebezirk *m* ❷ *(ayuntamiento)* Rathaus *nt* ❸ *(concejo)* Gemeinderat *m*

munificencia [munifi'θeṇθja] *f sin pl* Großzügigkeit *f,* Freigebigkeit *f*

munificiente [munifi'θjeṇte] *adj,* **munífico, -a** [mu'nifiko, -a] *adj* großzügig, freigebig

muniqués, -esa [muni'kes, -esa] **I.** *adj* münchnerisch **II.** *m, f* Münchner(in) *m(f)*

muñeca [mu'ɲeka] *f* ❶ *(brazo)* Handgelenk *nt* ❷ *(juguete)* Puppe *f* ❸ *(maniquí)* Schneiderpuppe *f;* **~ hinchable** Dummy *m* ❹ *(fig: niña)* niedliches Mädchen *nt*

muñeco [mu'ɲeko] *m* ❶ *(juguete)* Puppe *f;* **~ articulado** Gliederpuppe *f;* **~ de nieve** Schneemann *m* ❷ *(pey: monigote)* Marionette *f*

muñequera [muɲe'kera] *f* Armband *nt*

muñón [mu'ɲon] *m* Stumpf *m*

mural [mu'ral] **I.** *adj* Wand- **II.** *m* Wandbild *nt*

muralismo [mura'lismo] *m* (ARTE) Wandmalerei *f*

muralista [mura'lista] *mf* Wandmaler(in) *m(f)*

M

muralla [mu'raʎa] *f* Mauer *f*

murciano, -a [mur'θjano, -a] **I.** *adj* aus Murcia **II.** *m, f* Einwohner(in) *m(f)* von Murcia

murciélago [mur'θjelaɣo] *m* Fledermaus *f*

murga ['murɣa] *f* *(fam: banda)* schlechte Musikkapelle *f;* **dar la ~ a alguien** jdm auf den Wecker gehen; **¡deja de darme la ~!** lass mich endlich in Ruhe!

murmullo [mur'muʎo] *m* ❶ *(voz)* Gemurmel *nt;* *(cuchicheo)* Geflüster *nt* ❷ *(hojas, agua)* Rauschen *nt*

murmuración [murmura'θjon] *f* *(calumnia)* üble Nachrede *f;* *(cotilleo)* Klatsch *m fam*

murmurar [murmu'rar] **I.** *vi, vt* *(entre dientes)* murmeln; *(susurrar)* flüstern; **~ al oído** ins Ohr flüstern **II.** *vi* ❶ *(gruñir)* murren ❷ *(criticar)* herziehen (**de** über +*akk*); *(chismorrear)* klatschen (**de** über +*akk*) ❸ *(agua, hojas)* rauschen

muro ['muro] *m* Mauer *f;* *(pared)* Wand *f;* **~ de contención** Schutzwall *m;* **M~ de las Lamentaciones** Klagemauer *f;* **~ medianero** Zwischenwand *f*

murria ['murrja] *f sin pl* *(fam: tristeza)* Trübsinn *m*

M

murrio, -a ['murrjo, -a] *adj* trübsinnig

mus [mus] *m ein Kartenspiel*

musa ['musa] *f* Muse *f;* **soplarle a alguien la ~** von der Muse geküsst werden; *(en un juego)* Glück im Spiel haben

musaraña [musa'raɲa] *f* ❶ (ZOOL) Spitzmaus *f* ❷ *(fig: bicho)* kleines Tier *nt;* *(insecto)* kleines Insekt *nt;* **pensar en las ~s** *(fig)* in Gedanken woanders sein ❸ *(nubecilla)* Flimmern *nt*

muscular [musku'lar] *adj* Muskel-

muscularse [musku'larse] *vr* die Muskeln trainieren

musculatura [muskula'tura] *f* Muskulatur *f*

músculo ['muskulo] *m* Muskel *m;* **~ deltoides** Schultermuskel *m;* **~ abdominal** Bauchmuskel *m;* **~ dorsal** Rückenmuskel *m;* **~ frontal** Stirnmuskel *m;* **~ pectoral** Brustmuskel *m;* **~ trapecio** Kapuzenmuskel *m;* **ser puro ~** nur aus Muskeln bestehen

musculoso, -a [musku'loso, -a] *adj* muskulös

muselina [muse'lina] *f* Musselin *m*

museo [mu'seo] *m* Museum *nt;* **~ etnográfico** Völkerkundemuseum *nt*

museología [museolo'xia] *f sin pl* Museumskunde *f*

musgo ['musɣo] *m* Moos *nt*

musgoso, -a [mus'ɣoso, -a] *adj* moosartig; *(cubierto de musgo)* bemoost

música ['musika] *f* ❶ *(sonido)* Musik *f;* *(partituras)* Noten *f pl;* **~ folclórica** [*o* **popular**] Volksmusik *f;* **~ pop** Popmusik *f;* **~ ratonera** *(fam fig)* Katzenmusik *f;* **~ sacra** Kirchenmusik *f;* **banda de ~** (Musik)kapelle *f;* **caja de ~** Spieldose *f;* **¡vete con la ~ a otra parte!** lass mich in Ruhe!; **tus palabras nos sonaron a ~ celestial** deine Worte waren Musik in unseren Ohren; **tener talento para la ~** musikalisch sein ❷ *(orquesta)* (Musik)kapelle *f*

musical [musi'kal] **I.** *adj* musikalisch; **composición ~** Musikstück *nt* **II.** *m* Musical *nt*

musicalizar [musikali'θar] <z → c> *vt* (MÚS) vertonen

musicalmente [musikal'meṇte] *adv* musikalisch

músico, -a ['musiko, -a] **I.** *adj* Musik- **II.** *m, f* Musiker(in) *m(f);* *(compositor)* Komponist(in) *m(f);* **~ ambulante** (Straßen)musikant *m*

musicófilo, -a [musi'kofilo, -a] *m, f* Musikliebhaber(in) *m(f)*

musicografía [musikoɣra'fia] *f sin pl* Musikwissenschaft *f*

musicología [musikolo'xia] *f sin pl* Musikwissenschaft *f*

musicómano, -a [musi'komano, -a] *m, f* Musikfan *m,* Musikbegeisterte(r) *f(m)*

musitar [musi'tar] *vi* ❶ *(balbucear)* murmeln; *(susurrar)* flüstern; **~ al oído** ins Ohr flüstern ❷ *(hojas)* rauschen

muslim [mus'lin] *mf,* **muslime** [mus'lime] *mf* Moslem, Moslime *m, f,* Muslim(a) *m(f)*

muslo ['muslo] *m* *(persona)* Oberschenkel *m;* *(animal)* Keule *f*

mustela [mus'tela] *f* Wiesel *nt*

mustio, -a ['mustjo, -a] *adj* ❶ *(flores)* welk ❷ *(triste)* bedrückt

musulmán, -ana [musul'man, -ana] **I.** *adj* moslemisch **II.** *m, f* Moslem, Moslime *m, f*

mutable [mu'taβle] *adj* veränderlich

mutación [muta'θjon] *f* ❶ *(trasformación)* (Ver)änderung *f* ❷ *(genes)* Mutation *f* ❸ (TEAT) Szenenwechsel *m* ❹ (METEO) Wetterumschwung *m*

mutante [mu'taṇte] *mf* Mutant(e) *m(f)*

mutar [mu'tar] *vt, vr:* **~se** (sich) ändern

mutilación [mutila'θjon] *f* Verstümmelung *f*

mutilado, -a [muti'laðo, -a] *pey m, f* Krüppel *m abw;* **~ de guerra** Kriegsversehrte(r) *m*

mutilar [muti'lar] *vt* ❶ *(cuerpo)* verstümmeln ❷ *(recortar)* kürzen

mutis ['mutis] *m inv* ❶ (TEAT) Abgang *m;* **~ por el foro** Abgang *m;* **hacer ~** abgehen ❷ *(loc)* **¡~!** Ruhe!

mutismo [mu'tismo] *m* Schweigsamkeit *f;* **no hay manera de sacarlo de su ~** es ist unmöglich, ihn aus der Reserve zu locken
mutual [mutu'al] **I.** *adj* gegenseitig **II.** *f* *(CSur)* Sozialversicherung *f*
mutualidad [mutwali'ða^ð] *f* ❶ *(reciprocidad)* Gegenseitigkeit *f* ❷ *(cooperativa)* ≈ Verein *m* auf Gegenseitigkeit; **~ de accidentes de trabajo** Berufsgenossenschaft *f;* **~ obrera** Arbeiterhilfe *f*
mutuamente [mutwa'meṇte] *adv* gegenseitig; **se gustaron ~ nada más verse** sie gefielen einander auf den ersten Blick
mutuo, -a ['mutwo, -a] *adj* gegenseitig
muy [mwi] *adv* sehr; **es ~ improbable que...** *+subj* es ist höchst unwahrscheinlich, dass …; **¡guárdate ~ mucho de irlo contando por ahí!** *(fam)* hüte dich bloß, das überall zu erzählen!; **~ a pesar mío** zu meinem größten Bedauern; **~ de tarde en tarde** sehr selten; **~ de mañana** sehr früh morgens; **¿y qué ha hecho el ~ tunante?** und was hat der Schelm gemacht?; **le saluda ~ atentamente, …** *(en cartas)* hochachtungsvoll, …; **¡dejarnos plantados: eso es ~ de María!** uns einfach sitzen zu lassen; das ist typisch Maria!; **es Ud. ~ libre de hacer lo que quiera** es steht Ihnen völlig frei, das zu tun, was Ihnen beliebt
Myanmar [mjan'mar] *m* Myanmar *nt*
M.ª [ma'ria] *abr de* **María** María

Nn

N, n ['ene] *f* N, n *nt;* **~ de Navarra** N wie Nordpol
nabo ['naβo] *m* ❶ (BOT) weiße Rübe *f* ❷ (ARQUIT) Spindel *f* ❸ *(vulg: pene)* Schwanz *m fam*
nácar ['nakar] *m* Perlmutt *nt;* **de ~** perlmuttern
nacarado, -a [naka'raðo, -a] *adj* perlmuttern
nacarino, -a [naka'rino, -a] *adj* perlmuttern
nacer [na'θer] *irr como crecer* **I.** *vi* ❶ *(venir al mundo)* geboren werden; **nací el 29 de febrero** ich bin am 29. Februar geboren; **no nací ayer** ich bin doch nicht von gestern *fam;* **~ de pies/cabeza** ein Sonntagskind/Pechvogel sein; **haber nacido para la música** der geborene Musiker sein; **nadie nace enseñado** *(prov)* es ist noch kein Meister vom Himmel gefallen; **no con quien naces, sino con quien paces** *(prov)* sage mir, mit wem du verkehrst, und ich sage dir, wer du bist ❷ *(del huevo)* schlüpfen ❸ *(germinar)* sprießen ❹ *(astro)* aufgehen; *(día)* anbrechen; **al ~ el día** bei Tagesanbruch ❺ *(originarse)* seinen Ursprung haben (**de/en** in *+dat*); *(arroyo)* entspringen; *(surgir)* entstehen (**de** aus *+dat,* **de** durch *+akk*); **nació una duda en su mente** er/sie fing an zu zweifeln **II.** *vr:* **~se** keimen
nacido, -a [na'θiðo, -a] **I.** *adj* **bien ~** *(origen)* aus guter Familie; *(comportamiento)* wohlerzogen; **~ de padres ricos** aus wohlhabendem Hause **II.** *m, f* **recién ~** Neugeborene(s) *nt;* **los ~s el 2 de abril** alle am 2. April Geborenen; **un mal ~** ein Fiesling
naciente[1] [na'θjeṇte] *m* *(oriente)* Orient *m;* *(este)* Osten *m*
naciente[2] [na'θjeṇte] *f* *(Arg, Par)* Quelle *f*
nacimiento [naθi'mjeṇto] *m* ❶ *(venida al mundo)* Geburt *f;* **de ~** von Geburt an ❷ *(linaje)* Herkunft *f;* **ser de humilde ~** aus bescheidenen Verhältnissen stammen ❸ *(comienzo)* Anfang *m;* **~ del pelo** Haaransatz *m*
nación [na'θjon] *f* Nation *f;* **las Naciones Unidas** die Vereinten Nationen
nacional [naθjo'nal] *adj* (POL) national; (ECON) inländisch; *(instituciones)* Staats-; **fiesta ~** Nationalfeiertag *m;* **carretera ~** *(en Alemania)* Bundesstraße *f;* *(en España)* Nationalstraße *f;* **moneda ~** Landeswährung *f;* **producto ~** Inlandsprodukt *nt;* **renta ~** Volkseinkommen *nt*
nacionalidad [naθjonali'ða^ð] *f* *(ciudadanía)* Staatsangehörigkeit *f;* **ser de ~ española** die spanische Staatsangehörigkeit besitzen
nacionalismo [naθjona'lismo] *m sin pl* Nationalismus *m*
nacionalista [naθjona'lista] **I.** *adj* nationalistisch **II.** *mf* Nationalist(in) *m(f)*
nacionalización [naθjonaliθa'θjon] *f* ❶ *(ente)* Verstaatlichung *f* ❷ *(persona)* Einbürgerung *f*
nacionalizar [naθjonali'θar] <z → c> **I.** *vt* ❶ *(ente)* verstaatlichen ❷ *(persona)* ein-

N

bürgern **II.** *vr* **~se alemán** die deutsche Staatsangehörigkeit annehmen

nacionalmente [naθjonal'meṇte] *adv* national; **una decisión ~ aplaudida** eine auf nationaler Ebene vielbegrüßte Entscheidung

nacionalsocialismo [naθjonalsoθja'lismo] *m sin pl* (HIST) Nationalsozialismus *m*

nacionalsocialista [naθjonalsoθja'lista] **I.** *adj* (HIST) nationalsozialistisch **II.** *mf* (HIST) Nationalsozialist(in) *m(f)*

naco ['nako] *m* ① *(AmC: cobarde)* Feigling *m; (marica)* Schwule(r) *m fam* ② *(Arg: miedo)* Angst *f*

nada ['naða] **I.** *pron indef* nichts; **¡gracias! – ¡de ~!** danke! – keine Ursache!; **¡pues ~!** also gut!; **por ~ se queja** er/sie beschwert sich wegen jeder Kleinigkeit; **como si ~** als wäre nichts dabei; **le costó ~ más y ~ menos que...** es kostete ihn/sie die stolze Summe von ...; **~ menos que el director** der Direktor höchstpersönlich **II.** *adv* nichts; **~ más** *(solamente)* nur; *(no más)* nichts mehr; **¡~ más!** das wär's!; **~ de ~** überhaupt nichts; **no ser ~ difícil** gar nicht schwierig sein; **¡~ de eso!** nichts da! *fam;* **¡casi ~!** unglaublich!; **antes de ~** *(sobre todo)* vor allem; *(primero)* zuallererst; **para ~** umsonst; **a cada ~** *(Am)* dauernd **III.** *f* Nichts *nt*

nadador(a) [naða'ðor(a)] *m(f)* Schwimmer(in) *m(f)*

nadar [na'ðar] *vi* schwimmen; **~ en deudas** sich vor Schulden nicht mehr retten können

nadería [naðe'ria] *f* Nichtigkeit *f*

nadie ['naðje] *pron indef* niemand; **tú no eres ~ para...** du hast kein Recht, zu ...; **un don ~** ein Niemand

nadita [na'ðita] **I.** *f (Ecua, Méx)* **en ~ estuvo que lo mataran** er ist knapp dem Tod entronnen **II.** *adv (Méx)* keineswegs, auf (gar) keinen Fall

nado ['naðo] *adv* **a ~** schwimmend

nafta ['nafta] *f (CSur: gasolina)* Benzin *nt*

naftalina [nafta'lina] *f* (QUÍM) Naphthalin *nt*

nagua ['naɣwa] **I.** *adj (CRi)* **~s** feige **II.** *f (Am)* Unterrock *m,* Petticoat *m*

nagual [na'ɣwal] *f (Méx)* Lüge *f*

nagualear [naɣwale'ar] *vi (Méx: mentir)* lügen; *(robar)* klauen

náhuatl ['nawaðl] *m* Nahuatl *nt (Sprache der mexikanischen Ureinwohner(innen)*

naif [na'if] *adj* naiv; **arte ~** naive Kunst

nailon ['naịlon] *m* Nylon® *nt*

naipe ['naịpe] *m* ① *(carta)* (Spiel)karte *f* ② *pl (baraja)* Kartenspiel *nt*

najarse [na'xarse] *vr (fam)* abhauen

nalga ['nalɣa] *f* Gesäßhälfte *f;* **~s** Gesäß *nt*

Namibia [na'miβja] *f* Namibia *nt*

namibio, -a [na'miβjo, -a] **I.** *adj* namibisch **II.** *m, f* Namibier(in) *m(f)*

nana ['nana] *f* ① *(canción)* Wiegenlied *nt* ② *(fam: abuela)* Oma *f;* **del año de la ~** uralt ③ *(niñera)* Kindermädchen *nt*

nanacate [nana'kate] *m (Méx)* Pilz *m*

nanay [na'naị] *interj (fam)* kommt nicht in die Tüte!

nano, -a ['nano, -a] *adj (fam)* **¡qué ~ (que) es!** so ein Zwerg!

nanoya [na'noɟa] *f (Guat)* Großmutter *f,* Oma *f fam*

nao ['nao] *f (elev)* Schiff *nt*

napa ['napa] *f* ① *(piel)* Nappa(leder) *nt* ② *(fibras)* Vlies *nt*

napia(s) ['napja(s)] *f(pl) (fam)* Zinken *m*

Nápoles ['napoles] *m* Neapel *nt*

napolitano, -a [napoli'tano, -a] **I.** *adj* neapolitanisch **II.** *m, f* Neapolitaner(in) *m(f)*

naranja [na'raŋxa] **I.** *f* Orange *f;* **tu media ~** deine bessere Hälfte; **¡~s!** Quatsch! **II.** *adj* **(de color) ~** orange(n)

naranjada [naraŋ'xaða] *f* Orangenlimonade *f*

naranjado, -a [naraŋ'xaðo, -a] *adj* orange(n), orange(n)farben, orange(n)farbig

naranjal [naraŋ'xal] *m* Orangenhain *m*

naranjo [na'raŋxo] *m* Orangenbaum *m*

narcisismo [narθi'sismo] *m sin pl* Narzissmus *m*

narcisista [narθi'sista] **I.** *adj* narzisstisch **II.** *mf* ① *(en la mitología)* Narziss *m* ② *(erótico)* Narzisst *m*

narciso [nar'θiso] *m* ① *(persona)* Narziss *m* ② (BOT) Narzisse *f*

narco ['narko] *m (argot)* Dealer *m*

narcocontrabando [narkokoṇtra'βaṇdo] *m* Drogenschmuggel *m*

narcosis [nar'kosis] *f inv* Narkose *f*

narcoterrorista [narkoterro'rista] *mf* Drogenterrorist(in) *m(f)*

narcótico[1] [nar'kotiko] *m* Betäubungsmittel *nt*

narcótico, -a[2] [nar'kotiko, -a] *adj* betäubend

narcotizar [narkoti'θar] <z → c> *vt* betäuben

narcotraficante [narkotrafi'kaṇte] *mf* Drogenhändler(in) *m(f)*

narcotráfico [narko'trafiko] *m* Drogenhandel *m*

nardo ['narðo] *m* (BOT) Narde *f*

narigón[1] [nari'ɣon] *m* ① *(nariz)* große Nase *f* ② *(agujero)* Nasenloch *nt* ③ *(argolla)* Nasenring *m*

narigón, -ona[2] [nari'ɣon, -ona] *adj* mit einer großen Nase

narigudo, -a [nari'ɣuðo, -a] *adj (narigón)* mit einer großen Nase

nariz [na'riθ] *f* ① (ANAT) Nase *f;* ~ **chata** Stumpfnase *f;* ~ **ganchuda** Hakennase *f;* ~ **respingona** Himmelfahrtsnase *f; (pequeña)* Stupsnase *f;* **estar hasta las narices** *(fam)* die Nase voll haben; **hasta que se me hinchen las narices** *(fam)* bis mir der Kragen platzt; **darse de narices con alguien** *(fam)* jdm (geradewegs) in die Arme laufen; **por narices** *(fam)* auf jeden Fall; **hago lo que me sale por las narices** *(fam)* ich mache, was ich will; **romper las narices a alguien** jdm die Schnauze polieren *fam;* **¡(qué) narices!** *(fam)* das wär ja noch schöner!; **no ver más allá de sus narices** *(fam)* nicht über den Tellerrand hinausgucken (können); **quedarse con un palmo de narices** *(fam)* in die Röhre schauen ② *(intuición)* Riecher *m fam;* **me da en la ~ que...** ich habe das Gefühl, dass …

narizón, -ona [nari'θon, -ona] *adj* mit einer großen Nase; **según nos dice Quevedo, Góngora era un ~** laut Quevedo hatte Góngora eine große Nase

narizota [nari'θota] *f* große Nase *f*

narración [narra'θjon] *f* Erzählung *f*

narrador(a) [narra'ðor(a)] *m(f)* Erzähler(in) *m(f)*

narrar [na'rrar] *vt (contar)* erzählen; *(informar)* berichten

narrativa [narra'tiβa] *f* Prosa *f*

narrativo, -a [narra'tiβo, -a] *adj* erzählend; (LIT) narrativ

nasal [na'sal] **I.** *adj* ① (ANAT) Nasen- ② (LING) nasal **II.** *m* (LING) Nasal(laut) *m*

nasalizar [nasali'θar] <z → c> *vt* (LING) nasalieren

nata ['nata] *f* ① *(producto)* Sahne *f;* ~ **montada** Schlagsahne *f* ② *(sobre un líquido)* Haut *f* ③ *(lo más selecto)* Erlesenste(s) *nt;* **la crema y ~ de la sociedad** die Crème de la Crème der Gesellschaft

natación [nata'θjon] *f* Schwimmen *nt;* ~ **sincronizada** Synchronschwimmen *nt*

natal [na'tal] *adj* Geburts-; **ciudad ~** Heimatstadt *f*

natalicio, -a [nata'liθjo, -a] *adj* Geburtstags-

natalidad [natali'ðaᵈ] *f* Geburtenrate *f;* **de fuerte/baja ~** geburtenstark/geburtenschwach

natillas [na'tiʎas] *fpl* ≈ Cremespeise *f*

Natividad [natiβi'ðaᵈ] *f* ① *(navidades)* Weihnachten *nt* ② (REL) *Fest der Geburt Jesu, der Jungfrau Maria oder Johannes des Täufers*

nativo, -a [na'tiβo, -a] **I.** *adj* ① *(natal)* Heimat- ② *(metal)* rein ③ *(Am: persona)* einheimisch **II.** *m, f (Am)* Einheimische(r) *mf*

nato, -a ['nato, -a] *adj* geboren

natural [natu'ral] **I.** *adj* ① *(no artificial, sencillo)* natürlich; *(elaboración)* roh; *(alimentos)* unbehandelt; **al ~** *(comportamiento)* ungekünstelt; **esto es lo más ~ del mundo** *(normal)* das ist doch völlig natürlich; *(lógico)* das ist doch selbstverständlich ② *(nacido)* **ser ~ de Alemania** gebürtiger Deutscher sein **II.** *m* Naturell *nt*

naturaleza [natura'leθa] *f* ① *(campo)* Natur *f;* ~ **muerta** Stillleben *nt;* **en plena ~** in der freien Natur ② *(manera)* Natur *f* ③ *(índole)* Beschaffenheit *f;* **de ~ pública** öffentlich-rechtlich ④ *(derecho de ciudadano)* Bürgerrecht *nt*

naturalidad [naturali'ðaᵈ] *f sin pl* Natürlichkeit *f*

naturalismo [natura'lismo] *m sin pl* (ARTE, FILOS, LIT) Naturalismus *m*

naturalista [natura'lista] **I.** *adj* (ARTE, FILOS, LIT) naturalistisch **II.** *mf* (ARTE, FILOS, LIT) Naturalist(in) *m(f)*

naturalización [naturaliθa'θjon] *f* ① *(nacionalización)* Einbürgerung *f;* (JUR) Naturalisation *f* ② *(habituación)* Eingewöhnung *f,* Naturalisierung *f*

naturalizar [naturali'θar] <z → c> **I.** *vt* einbürgern; ~ **costumbres** Bräuche annehmen; ~ **un animal** ein Tier heimisch machen **II.** *vr:* **~se** *(habituarse)* sich einleben

naturalmente [natural'mente] *adv* ① *(de manera natural)* natürlich, ungekünstelt ② *(de por sí)* von Natur aus ③ *(claro)* natürlich, selbstverständlich; **¿esto lo has escrito tú? — ¡~!** das hat du geschrieben? — selbstverständlich!

naturismo [natu'rismo] *m sin pl* ① *(naturopatía)* Naturheilkunde *f* ② *(nudismo)* Freikörperkultur *f*

naufragar [nau̯fra'ɣar] <g → gu> *vi* ① *(hundirse)* Schiffbruch erleiden ② *(fracasar)* scheitern

naufragio [nau̯'fraxjo] *m* ① *(accidente)* Schiffbruch *m* ② *(fracaso)* Fehlschlag *m; (de negociaciones)* Scheitern *nt*

náufrago, -a ['nau̯fraɣo, -a] **I.** *adj* schiffbrüchig **II.** *m, f* Schiffbrüchige(r) *mf*

Nauru [na'uru] *f* Nauru *nt*

náusea ['nau̯sea] *f* Übelkeit *f;* **el pavo relleno me da ~s** gefüllten Puter finde ich ekelhaft

nauseabundo, -a [nau̯sea'βundo, -a] *adj* Ekel erregend

náuseas ['nau̯seas] *fpl* Übelkeit *f;* **tengo ~** mir ist schlecht; **dar ~ a alguien** jdn anekeln

N

náutica ['naṷtika] *f sin pl* Schifffahrtskunde *f*
náutico, -a ['naṷtiko, -a] *adj* Schifffahrts-
nava ['naβa] *f* Senke *f*
navaja [na'βaxa] *f* ❶ *(cuchillo)* Taschenmesser *nt;* ~ **de afeitar** Rasiermesser *nt;* ~ **automática** Springmesser *nt* ❷ (ZOOL) Schwertmuschel *f*
navajero, -a [naβa'xero, -a] *m, f (delincuente)* Messerstecher(in) *m(f)*
naval [na'βal] *adj (marítimo)* See-; *(referente a barcos)* Schiffs-
Navarra [na'βarra] *f* Navarra *nt*
navarro, -a [na'βarro, -a] **I.** *adj* aus Navarra **II.** *m, f* Einwohner(in) *m(f)* von Navarra
nave ['naβe] *f* ❶ *(barco)* Schiff *nt;* ~ **de carga** Frachtschiff *nt;* ~ **espacial** Raumschiff *nt;* **quemar las ~s** *(fig)* alle Brücken hinter sich *dat* abbrechen ❷ *(en una iglesia)* (Kirchen)schiff *nt;* ~ **central** Mittelschiff *nt* ❸ *(almacén)* (Lager)halle *f*
navegable [naβe'ɣaβle] *adj* schiffbar; **rutas ~s** Schifffahrtsstraßen *f pl*
navegación [naβeɣa'θjon] *f* Schifffahrt *f*
navegador [naβeɣa'ðor] *m* ❶ (INFOR) Browser *m;* ~ **GPS** GPS-Browser *m* ❷ *(Am)* Navigationsgerät *nt*
navegante [naβe'ɣan̪te] *mf* ❶ *(por mar)* Seefahrer(in) *m(f)* ❷ (INFOR) Surfer(in) *m(f);* ~ **de** [*o* **por**] **internet** Internetsurfer *m*
navegar [naβe'ɣar] <g → gu> **I.** *vi, vt* (mit einem Schiff) fahren; ~ **a vela** segeln; ~ **ocho millas por hora** acht Meilen pro Stunde zurücklegen **II.** *vi* ❶ *(vagar)* herumziehen ❷ (INFOR) surfen; ~ **en** [*o* **por**] **la Web/red** im Web/Netz surfen
Navidad [naβi'ðað] *f* Weihnachten *nt;* **¡feliz ~!** fröhliche Weihnachten!
navideño, -a [naβi'ðeɲo, -a] *adj* Weihnachts-; *(ambiente)* weihnachtlich
naviera [na'βjera] *f* Reederei *f*
naviero, -a [na'βjero, -a] **I.** *m, f* Schiffseigentümer(in) *m(f)* **II.** *adj* Schifffahrts-
navío [na'βio] *m* Schiff *nt*
nazarí [naθa'ri] **I.** *adj* (HIST) die Nasriden betreffend; **la dinastía ~** die Dynastie der Nasriden *(letzte spanisch-arabische Dynastie in Granada)* **II.** *mf* (HIST) Nasride, -in *m, f*
nazi ['naθi] **I.** *adj* (HIST) Nazi- **II.** *mf* (HIST) Nazi *m*
nazismo [na'θismo] *m sin pl* Nationalsozialismus *m*
N. de la R. ['nota ðe la rreðaᵞ'θjon] *abr de* **nota de la redacción** Anm. d. Red.
N. del T. ['nota ðel̪ traðuk'tor] *abr de* **nota del traductor** Anm. des Übersetzers
NE [nor'ðeste] *abr de* **Nordeste** NO

N

neandertal [nean̪der'tal] *m* **hombre de ~** Neandertaler *m*
neblina [ne'βlina] *f* Bodennebel *m*
neblinoso, -a [neβli'noso, -a] *adj (nebuloso)* neb(e)lig; *(brumoso)* dunstig
nebulizador [neβuliθa'ðor] *m* Zerstäuber *m*
nebulosa [neβu'losa] *f* (ASTR) Nebelfleck *m,* Nebel *m*
nebulosidad [neβulosi'ðað] *f* ❶ *(niebla)* Nebelbildung *f* ❷ *(nubes)* Bewölkung *f*
nebuloso, -a [neβu'loso, -a] *adj* ❶ *(brumoso)* neb(e)lig ❷ *(nuboso)* bewölkt ❸ *(vago)* nebulös ❹ *(oscuro)* düster
necedad [neθe'ðað] *f* Dummheit *f;* **no decir más que ~es** nur dummes Zeug reden
necesariamente [neθesarja'men̪te] *adv* zwangsläufig
necesario, -a [neθe'sarjo, -a] *adj* notwendig; **es ~ que...** +*subj* es ist notwendig, dass ...; **la lluvia hizo ~ quedarse en casa** wegen des Regens mussten wir zu Hause bleiben
neceser [neθe'ser] *m* ❶ *(de aseo)* Kulturbeutel *m* ❷ *(de costura)* Necessaire *nt*
necesidad [neθesi'ðað] *f* ❶ *(ser preciso)* Notwendigkeit *f;* **de primera ~** lebensnotwendig; **de toda ~** dringend; **no tiene ~ de trabajar** er/sie braucht nicht zu arbeiten ❷ *(demanda)* Bedarf *m;* ~ **del arrendador** Eigenbedarf des Vermieters ❸ *(requerimiento)* Bedürfnis *nt;* **tener ~ de algo** etw brauchen ❹ *(apuro)* Not *f* ❺ *pl (evacuación corporal)* Notdurft *f;* **hacer sus ~es** seine Notdurft verrichten
necesitado, -a [neθesi'taðo, -a] **I.** *adj (pobre)* bedürftig; **estar ~ de amor** Liebe brauchen **II.** *m, f* Bedürftige(r) *mf*
necesitar [neθesi'tar] **I.** *vt* ❶ *(precisar)* brauchen, benötigen; **se necesita piso** Wohnung gesucht ❷ +*inf (tener que)* müssen; **necesitas comer algo** du musst etwas essen **II.** *vi (precisar)* brauchen (**de** +*akk*)
necio, -a ['neθjo, -a] **I.** *adj* dumm; **a palabras necias, oídos sordos** *(prov)* eine dumme Frage verdient eine dumme Antwort **II.** *m, f* Dummkopf *m*
nécora ['nekora] *f* Krabbe *f*
necrófago, -a [ne'krofaɣo, -a] **I.** *adj* Aas fressend **II.** *m, f* Aasfresser *m*
necrología [nekrolo'xia] *f* ❶ *(biografía)* Nachruf *m* ❷ *(nota)* Todesanzeige *f*
necrológico, -a [nekro'loxiko, -a] *adj* Todes-
necrópolis [ne'kropolis] *f inv* Nekropolis *f*
néctar ['nektar] *m* ❶ (*t.* BOT) Nektar *m* ❷ *(licor)* Likör *m*

nectarina [nekta'rina] *f* Nektarine *f*

neerlandés, -esa [ne(e)rlaṇ'des, -esa] **I.** *adj* niederländisch **II.** *m, f* Niederländer(in) *m(f)*

nefando, -a [ne'faṇdo, -a] *adj* niederträchtig

nefario, -a [ne'farjo, -a] *adj* ruchlos

nefasto, -a [ne'fasto, -a] *adj* unheilvoll; *(día)* schwarz

nefrítico, -a [ne'fritiko, -a] *adj* Nieren-

negable [ne'ɣaβle] *adj* verneinbar; **que ahora es de día no es una aserción ~** dass es jetzt Tag ist, lässt sich nicht verneinen

negación [neɣa'θjon] *f* ❶ *(desmentir)* Leugnen *nt; (renegar)* Verleugnen *nt* ❷ *(denegar)* Verweigerung *f* ❸ (LING) Negation *f*

negado, -a [ne'ɣaðo, -a] **I.** *adj* ungeeignet **II.** *m, f* **ser un ~ para las matemáticas** schlecht in Mathematik sein; **ser un ~ para las labores de la casa** im Haushalt zwei linke Hände haben

negar [ne'ɣar] *irr como fregar* **I.** *vt* ❶ *(decir que no)* verneinen; *(desmentir)* leugnen; *(renegar)* verleugnen ❷ *(rehusar)* verweigern; *(rechazar)* abschlagen **II.** *vr:* **~se** sich weigern

negativa [neɣa'tiβa] *f (negación)* Nein *nt; (rehusamiento)* Weigerung *f; (rechazo)* Absage *f*

negatividad [neɣatiβi'ðaᵈ] *f* (ELEC) Negativität *f*

negativismo [neɣati'βismo] *m* ❶ *(calidad)* Negativität *f* ❷ *(doctrina)* Negativismus *m*

negativo[1] [neɣa'tiβo] *m* (FOTO) Negativ *nt*

negativo, -a[2] [neɣa'tiβo, -a] *adj* (*t.* MAT, FOTO) negativ; **tu respuesta fue negativa** du hast Nein gesagt

negligencia [neɣli'xeṇθja] *f (descuido)* Nachlässigkeit *f;* (JUR) Fahrlässigkeit *f*

negligente [neɣli'xeṇte] **I.** *adj (descuidado)* nachlässig; (JUR) fahrlässig; **ser ~ en** [*o* **para**] **su trabajo** nachlässig arbeiten **II.** *mf* (JUR) fahrlässig Handelnde(r) *mf*

negociable [neɣo'θjaβle] *adj* verhandelbar; **el precio es ~** Preis nach Vereinbarung

negociación [neɣoθja'θjon] *f (convenio)* Verhandlung *f;* **~ colectiva** Tarifverhandlung *f;* **~ de coalición** Koalitionsverhandlung *f;* **entrar en negociaciones con alguien** mit jdm Verhandlungen aufnehmen

negociado [neɣo'θjaðo] *m* ❶ *(dependencia)* Geschäftsstelle *f;* (ADMIN) Amt *nt,* Behörde *f;* **~ de patentes** Patentamt *nt;* **~ de cultura** Kulturreferat *nt* ❷ *(Arg, Chil, Ecua, Perú: negocio)* Klüngelei *f abw*

negociador(a) [neɣoθja'ðor(a)] **I.** *adj* Verhandlungs- **II.** *m(f)* ❶ *(comerciante)* Händler(in) *m(f)* ❷ *(mediador)* Unterhändler(in) *m(f)*

negociante [neɣo'θjaṇte] *mf* Händler(in) *m(f)*

negociar [neɣo'θjar] **I.** *vi* handeln (**en/con** mit +*dat*) **II.** *vi, vt (dialogar)* verhandeln **III.** *vt (concertar)* aushandeln

negocio [ne'ɣoθjo] *m* ❶ *(comercio)* Geschäft *nt;* **~ al detalle** Einzelhandel *m;* **~ redondo** *(fam)* Bombengeschäft *nt* ❷ *(asunto)* Sache *f*

negra ['neɣra] *f* (MÚS) Viertelnote *f*

negrero, -a [ne'ɣrero, -a] *m, f* ❶ *(que se dedica a la trata de esclavos)* Sklavenhändler(in) *m(f)* ❷ *(tirano)* Tyrann(in) *m(f)* ❸ *(CSur: aprovechado)* Ausbeuter(in) *m(f)*

negrilla [ne'ɣriʎa] *f,* **negrita** [ne'ɣrita] *f* (TIPO) halbfette Schrift *f*

negro, -a ['neɣro, -a] **I.** *adj* schwarz; **~ del sol** sonnengebräunt; **estar/ponerse ~** *(fam)* wütend sein/werden; **verse ~ para...** *(fam)* große Mühe haben, zu ...; **verse ~** [*o* **pasarlas negras**] **para encontrar algo** etw nur mit Mühe finden; **las pasé negras** *(fam: sufrí)* es ging mir dreckig; **tener la negra** *(fam)* eine Pechsträhne haben **II.** *m, f* ❶ *(persona)* Schwarze(r) *mf;* **trabajar como un ~** *(fam)* schuften ❷ *(escritor)* Ghostwriter(in) *m(f)* ❸ *(Arg: fam: cariño)* Liebling *m*

negroide [ne'ɣroi̯ðe] *adj* negroid

negror [ne'ɣror] *m* Schwärze *f,* Dunkelheit *f*

negrura [ne'ɣrura] *f* Schwärze *f*

negruzco, -a [ne'ɣruθko, -a] *adj* schwärzlich

nemotécnica [nemo'teɣnika] *f* Mnemotechnik *f;* **regla de ~** Eselsbrücke *f*

nene, -a ['nene, -a] *m, f (fam: niño)* Junge *m,* Mädchen *nt; (expresión de cariño)* Kleine(r) *mf*

nenúfar [ne'nufar] *m* Seerose *f*

neocapitalismo [neokapita'lismo] *m sin pl* (ECON) Neokapitalismus *m*

neoclasicismo [neoklasi'θismo] *m sin pl* (ARTE, LIT) Klassizismus *m;* (ARQUIT) Neoklassizismus *m*

neoclásico, -a [neo'klasiko, -a] *adj* (ARTE, LIT) klassizistisch; (ARQUIT) neoklassizistisch

neofascismo [neofas'θismo] *m sin pl* Neofaschismus *m*

neófito, -a [ne'ofito, -a] *m, f* ❶ *(bautizado)* Neugetaufte(r) *mf* ❷ *(iniciado)* Anfänger(in) *m(f)*

N

neoliberal [neoliβe'ral] *mf* (ECON, POL) Neoliberale(r) *mf*

neoliberalismo [neoliβera'lismo] *m sin pl* (ECON) Neoliberalismus *m*

neolítico [neo'litiko] *m* Jungsteinzeit *f*

neologismo [neolo'xismo] *m* Neologismus *m*

neón [ne'on] *m* Neon *nt*

neonato, -a [neo'nato, -a] **I.** *adj* neugeboren **II.** *m, f* Neugeborene(s) *nt*

neonazi [neo'naθi] *mf* Neonazi *mf*

neoyorquino, -a [neoɟor'kino, -a] **I.** *adj* aus New York **II.** *m, f* New Yorker(in) *m(f)*

neozelandés, -esa [neoθelan̩'des, -esa] **I.** *adj* neuseeländisch **II.** *m, f* Neuseeländer(in) *m(f)*

Nepal [ne'pal] *m* Nepal *nt*

nepalés, -esa [nepa'les, -esa] **I.** *adj* nepalesisch **II.** *m, f* Nepalese, -in *m, f*

nepotismo [nepo'tismo] *m sin pl* Vetternwirtschaft *f*

neptunio [nep'tunjo] *m* (QUÍM) Neptunium *nt*

Neptuno [nep'tuno] *m* (ASTR) Neptun *m*

nervadura [nerβa'ðura] *f* ① (ARQUIT) Rippe *f* ② (BOT) Äderung *f*

nervio ['nerβjo] *m* ① *(conductor)* Nerv *m;* ~ **óptico** Sehnerv *m;* **ataque de ~s** Nervenzusammenbruch *m;* **crispar los ~s a alguien, poner a alguien los ~s de punta** *(fam: enfadar)* jdn auf hundert bringen; *(poner nervioso)* jdn nervös machen; **estar atacado de los ~s** nervlich sehr angespannt sein; **ser un puro ~** *(fam)* das reinste Nervenbündel sein ② *(tendón)* Sehne *f* ③ (BOT) Ader *f* ④ *(libro)* Heftschnur *f* ⑤ *(ímpetu)* Energie *f* ⑥ *(alma)* Triebfeder *f*

N

nerviosidad [nerβjosi'ðaᵈ] *f* ① *(tensión)* Nervenanspannung *f* ② *(nerviosismo)* Nervosität *f*

nerviosismo [nerβjo'sismo] *m* Nervosität *f*

nervioso, -a [ner'βjoso, -a] *adj* ① (ANAT) Nerven- ② *(intranquilo)* nervös

nervudo, -a [ner'βuðo, -a] *adj* sehnig

netamente [neta'men̩te] *adv* klar, eindeutig

neto, -a ['neto, -a] *adj* ① *(claro)* klar ② *(no bruto)* netto

neumático [neu̯'matiko] *m* Reifen *m*

neumólogo, -a [neu̯'moloɣo, -a] *m, f* (MED) Lungenfacharzt, -ärztin *m, f*

neumonía [neu̯mo'nia] *f* (MED) Lungenentzündung *f*

neura[1] ['neu̯ra] **I.** *adj (fam)* neurasthenisch **II.** *mf (fam: neurasténico)* Neurastheniker(in) *m(f)*

neura[2] ['neu̯ra] *f (fam: neurastenia)* Neurasthenie *f;* **estar de** [*o* **tener la**] ~ total genervt sein

neural [neu̯'ral] *adj* Nerven-

neuralgia [neu̯'ralxja] *f* (MED) Nervenschmerzen *mpl*

neurastenia [neu̯ras'tenja] *f* (MED) Neurasthenie *f*

neurocirugía [neu̯roθiru'xia] *f* (MED) Neurochirurgie *f*

neurodermitis [neu̯roðer'mitis] *f inv* (MED) Neurodermitis *f*

neurología [neu̯rolo'xia] *f sin pl* Neurologie *f*

neurólogo, -a [neu̯'roloɣo, -a] *m, f* Neurologe, -in *m, f*

neurona [neu̯'rona] *f* Neuron *nt*

neuropatía [neu̯ropa'tia] *f* (MED) Nervenkrankheit *f*

neurosis [neu̯'rosis] *f inv* Neurose *f*

neurótico, -a [neu̯'rotiko, -a] **I.** *adj* neurotisch **II.** *m, f* Neurotiker(in) *m(f)*

neurotizar [neu̯roti'θar] <z → c> *vt (fam)* nerven

neutral [neu̯'tral] **I.** *adj (imparcial)* neutral; *(sin partido)* parteilos **II.** *mf (persona imparcial)* Unparteiische(r) *mf; (sin partido)* Parteilose(r) *mf; (Estado)* neutraler Staat *m*

neutralidad [neu̯trali'ðaᵈ] *f* Neutralität *f*

neutralización [neu̯traliθa'θjon] *f* Neutralisierung *f*

neutralizador(a) [neu̯traliθa'ðor(a)] *adj* neutralisierend

neutralizante [neu̯trali'θan̩te] **I.** *adj* neutralisierend, Neutralisierungs-; **sustancia ~** (QUÍM) Neutralisierungsmittel *nt* **II.** *m* (QUÍM) Neutralisierungsmittel *nt*

neutralizar [neu̯trali'θar] <z → c> **I.** *vt* neutralisieren **II.** *vr:* **~se** sich neutralisieren

neutro, -a ['neu̯tro, -a] *adj* ① (*t.* QUÍM) neutral ② (ZOOL) geschlecht(s)los ③ (LING) sächlich; **género ~** Neutrum *nt*

neutrón [neu̯'tron] *m* Neutron *nt*

nevada [ne'βaða] *f* ① *(caída)* Schneefall *m* ② *(nieve)* Schnee *m*

nevado, -a [ne'βaðo, -a] *adj* ① *(cubierto)* verschneit ② *(blanco)* schneeweiß

nevar [ne'βar] <e → ie> *vimpers* schneien

nevasca [ne'βaska] *f (nevada)* Schneefall *m; (ventisca)* Schneetreiben *nt*

nevazón [neβa'θon] *f (Arg, Chil, Ecua:* METEO) Schneesturm *m*

nevera [ne'βera] *f (frigorífico)* Kühlschrank *m*

nevería [neβe'ria] *f (Méx)* Eisdiele *f*

nevero [ne'βero] *m* ① *(lugar)* Schneegebirge *nt* ② *(nieve)* ewiger Schnee *m (des Hochgebirges)*

nevisca [ne'βiska] *f* leichter Schneefall *m*

neviscar [neβis'kar] <c → qu> *vimpers* leicht schneien
nexo ['neˠso] *m* Verbindung *f*
ni [ni] *conj* **~... ~** weder ... noch ...; **no fumo ~ bebo** ich rauche und trinke nicht; **~ (siquiera)** nicht einmal; **¡~ lo pienses!** auf gar keinen Fall!; **sin más ~ más** plötzlich; **¡~ que fuera tonto!** er ist doch nicht dumm!; **~ bien** *(Arg)* sobald (als) ...
Nicaragua [nika'raɣwa] *f* Nicaragua *nt*
nicaragüense [nikara'ɣwense] **I.** *adj* nicaraguanisch **II.** *mf* Nicaraguaner(in) *m(f)*
nicho ['nitʃo] *m* Nische *f; (sepultura)* Grabnische *f*
nicotina [niko'tina] *f* Nikotin *nt*
nidada [ni'ðaða] *f* ① *(huevos)* Gelege *nt* ② *(polluelos)* Brut *f*
nidificar [niðifi'kar] <c → qu> *vi* nisten
nido ['niðo] *m* ① *(lecho)* Nest *nt;* **~ de discordias** Unruheherd *m;* **caerse del ~** naiv sein ② *(nidal)* Nistplatz *m*
niebla ['njeβla] *f* Nebel *m;* **hace ~** es ist neb(e)lig
nieto, -a ['njeto, -a] *m, f* Enkel(in) *m(f);* **~ segundo** Urenkel *m*
nieve ['njeβe] *f* ① *(precipitación)* Schnee *m;* **~ carbónica** Trockeneis *nt* ② *pl* Schneefall *m* ③ *(argot: cocaína)* Schnee *m* ④ *(AmC: helado)* (Frucht)eis *nt*
N. I. F [nif] *m abr de* **número de identificación fiscal** Steuernummer *f*
Níger ['nixer] *m* Niger *m*
Nigeria [ni'xerja] *f* Nigeria *nt*
nigeriano, -a [nixe'rjano, -a] **I.** *adj* nigerianisch **II.** *m, f* Nigerianer(in) *m(f)*
nigromancia [niɣro'maṇθja] *f* Totenbeschwörung *f*
nigromántico, -a [niɣro'maṇtiko, -a] *adj* die Totenbeschwörung betreffend
nihilismo [ni(i)'lismo] *m sin pl* (FILOS) Nihilismus *m*
nihilista [ni(i)'lista] **I.** *adj* (FILOS) nihilistisch **II.** *mf* (FILOS) Nihilist(in) *m(f)*
Nilo ['nilo] *m* Nil *m*
nilón [ni'lon] *m* Nylon® *nt*
nimbo ['nimbo] *m (aureola)* Heiligenschein *m*
nimiedad [nimje'ðaᵈ] *f* ① *(insignificancia)* Kleinigkeit *f* ② *(minuciosidad)* Kleinlichkeit *f*
nimio, -a ['nimjo, -a] *adj* ① *(sin importancia)* unwichtig ② *(minucioso)* pedantisch
ninfa ['niɱfa] *f* ① *(mitología)* Nymphe *f* ② *(joven)* Grazie *f* ③ (ZOOL) Puppe *f*
ninfómana [niɱ'fomana] *f* (MED, PSICO) Nymphomanin *f*
ningún [niŋ'gun] *adj indef v.* **ninguno**
ningunear [niŋgune'ar] *vt* ① *(no tomar en consideración)* übergehen ② *(menospreciar)* verachten
ninguneo [niŋgu'neo] *m* Verachtung *f*
ninguno, -a [niŋ'guno, -a] **I.** *adj indef (precediendo un sustantivo masculino singular: ningún)* keine(r, s); **por ningún lado** nirgends; **de ninguna manera** keinesfalls; **ninguna vez** nie; **en sitio ~** nirgendwo **II.** *pron indef* keine(r, s); *(personas)* niemand; **no quiso venir ~** niemand wollte kommen
nini [ni'ni] *mf sigla de* **ni trabaja ni estudia** *(fam pey) Jugendliche, die keine Schule besuchen und keiner Arbeit nachgehen und dies auch nicht unmittelbar anstreben*
niña ['niɲa] *f* ① *(chica)* Mädchen *nt* ② *(persona no adulta)* Kind *nt; v. t.* **niño** ③ (ANAT) Pupille *f;* **eres como las ~s de mis ojos** du bist mein Augenstern
niñato, -a [ni'ɲato, -a] *m, f (fam)* Rotzbengel *m,* Rotzgöre *f*
niñera [ni'ɲera] *f* Kindermädchen *nt*
niñería [niɲe'ria] *f* ① *(de niños)* Kinderei *f* ② *(fam: pequeñez)* Kinkerlitzchen *nt*
niñero, -a [ni'ɲero, -a] **I.** *adj* kinderlieb **II.** *m, f* Babysitter *m;* **estar de ~** babysitten
niñez [ni'ɲeθ] *f* Kindheit *f*
niño ['niɲo] *m* ① *(chico)* Junge *m* ② *(persona no adulta)* Kind *nt;* **~ de la bola** Glückspilz *m;* **~ mimado** *(favorito)* Liebling *m;* **~ de pecho** Säugling *m;* **~ probeta** Retortenbaby *nt;* **¡no seas ~!** sei nicht kindisch! ③ *(reg: joven)* junger Mann *m*
nipón, -ona [ni'pon, -ona] **I.** *adj* japanisch **II.** *m, f* Japaner(in) *m(f)*
níquel ['nikel] *m* Nickel *nt*
niquelar [nike'lar] *vt* vernickeln
niqui ['niki] *m (camiseta)* T-Shirt *nt*
nirvana [nir'βana] *f* (REL) Nirwana *nt*
níspero ['nispero] *m* ① (BOT: *arbusto y fruto*) Mispel *f* ② *(Am:* BOT) Kumquat *f*
niste ['niste] *adj (Nic)* ① *(gris)* aschgrau ② *(pálido)* blass
nitidez [niti'ðeθ] *f* Klarheit *f;* (FOTO) Schärfe *f*
nítido, -a ['nitiðo, -a] *adj* klar; (FOTO) scharf
nitrato [ni'trato] *m* Nitrat *nt*
nítrico, -a ['nitriko, -a] *adj* **ácido ~** Salpetersäure *f*
nitrito [ni'trito] *m* Nitrit *nt*
nitro ['nitro] *m* Salpeter *m*
nitrógeno [ni'troxeno] *m* Stickstoff *m*
nitroglicerina [nitroɣliθe'rina] *f* Nitroglyzerin *nt*
nitroso, -a [ni'troso, -a] *adj* salpet(e)rig
nivel [ni'βel] *m* ① *(instrumento)* Wasserwaage *f* ② *(horizontalidad, grado, t.* INFOR) Ebene *f;* **~ estilístico** Stilebene *f;* **a ~** auf

N

gleicher Höhe ③ *(cota)* Pegel *m;* ~ **de la riada** Hochwasserpegel *m;* **sobre el ~ del mar** über dem Meer(esspiegel) ④ *(estándar)* Niveau *nt;* ~ **de vida** Lebensstandard *m;* **estar al ~ de algo/alguien** mit etw *dat*/jdm mithalten können; **estar al ~ de lo exigido** den Anforderungen entsprechen

nivelación [niβela'θjon] *f* Nivellierung *f;* ~ **del presupuesto** Haushaltsausgleich *m*

nivelado, -a [niβe'laðo, -a] *adj* ① *(horizontal)* waag(e)recht, horizontal ② *(plano)* eben

nivelador[1] [niβela'ðor] *m* (TÉC) Nivellierinstrument *nt*

nivelador(a)[2] [niβela'ðor(a)] *adj* nivellierend

nivelar [niβe'lar] **I.** *vt* ① *(a igual nivel)* ausgleichen ② *(horizontal)* (ein)ebnen; (GEO, TÉC) nivellieren; *(parcela)* planieren **II.** *vr:* **~se** sich ausgleichen; **~se con alguien** jds Niveau erreichen

no [no] *adv* ① *(respuesta)* nein; **¡que ~!** nein, und nochmals nein! ② *(+ verbo/adjetivo)* nicht; ~ **protegido** ungeschützt; **hoy ~ hay clase** heute ist vorlesungsfrei ③ *(prefijo)* Nicht- ④ *(retórica)* oder nicht? ⑤ *(loc)* **¡a que ~!** wetten, dass nicht!; **¿cómo ~?** aber klar doch!; ~ **sea que...** *+subj* sonst ... womöglich; **a ~ ser que...** *+subj* es sei denn, dass ...; **a ~** *(Col)* sobald (als) ...; **~... nada** nichts; **~... nadie** niemand; **~... nunca** niemals; ~ **bien...** *+subj* sobald ...; **o, si ~** anderenfalls; ~ **tal** gar nicht; ~ **ya** nicht nur; **ya ~** nicht mehr; ~ **tiene más que un abrigo** er/sie hat nur einen Mantel; ~ **quedan más que dos botellas** es sind nur noch zwei Flaschen da; ~ **querer más hijos** keine Kinder mehr wollen; ~ **quiero hablar más de esto** ich will darüber nicht mehr sprechen; **tener un ~ sé que** das gewisse Etwas haben

NO [noro'este] *abr de* **Noroeste** NW

nobiliario, -a [noβi'ljarjo, -a] *adj* Adels-

nobilísimo, -a [noβi'lisimo, -a] *adj superl de* **noble**

noble ['noβle] **I.** *adj* <nobilísimo> ① *(aristócrata)* ad(e)lig ② (*t.* QUÍM) edel ③ *(bueno)* gutmütig ④ *(obediente)* gehorsam **II.** *mf* Adlige(r) *mf*

nobleza [no'βleθa] *f* ① *(linaje)* Adel *m* ② *(hidalguía)* Edelmut *m* ③ *(bondad)* Gutmütigkeit *f* ④ *(obediencia)* Gehorsamkeit *f*

noblote, -a [no'βlote, -a] *adj (fam)* gutherzig, edel gesinnt

nocaut [no'kau̯t] *m* Knock-out *m*

noche ['notʃe] *f* ① *(noche tardía)* Nacht *f;* ~ **cerrada** stockfinstere Nacht; **N~ Vieja** Silvester *m o nt;* **media ~** Mitternacht *f;* **pasar una ~ en blanco** eine schlaflose Nacht verbringen; **a media ~** mitten in der Nacht; **por la ~** nachts; **ayer (por la) ~** gestern Nacht; **hacerse de ~** Nacht werden; **hacer ~ en** übernachten in *+dat;* **ser como la ~ y el día** wie Tag und Nacht sein; **de la ~ a la mañana** von heute auf morgen ② *(noche temprana)* Abend *m;* **por la ~** abends ③ *(oscuridad)* Dunkelheit *f;* **es de ~** es ist dunkel

Nochebuena [notʃe'bwena] *f* Heiligabend *m;* **en ~** an Heiligabend

nochecita [notʃe'θita] *f (Am)* Abenddämmerung *f*

nochero [no'tʃero] *m* ① *(CSur: vigilante)* Nachtwächter *m* ② *(Col: mesilla)* Nachttisch *m*

Nochevieja [notʃe'βjexa] *f* Silvester *m o nt;* **esta ~** dieses Jahr an Silvester

nocilla® [no'θiʎa] *f* Nutella® *f*

noción [no'θjon] *f* ① *(idea)* Vorstellung *f* ② *pl (fundamentos)* Grundkenntnisse *f pl*

nocional [noθjo'nal] *adj* **conocimiento ~** Grundkenntnisse *f pl,* Grundwissen *nt*

nocivo, -a [no'θiβo, -a] *adj* schädlich; ~ **para la salud** gesundheitsschädlich

noctambular [noktambu'lar] *vi* ① *(soñar)* schlafwandeln ② *(trasnochar)* die Nacht zum Tage machen

noctambulismo [noktambu'lismo] *m sin pl* ① *(sueño)* Schlafwandeln *nt* ② *(diversión)* **en este barrio hay mucho ~** in diesem Viertel sind viele Nachtschwärmer unterwegs

noctámbulo, -a [nok'tambulo, -a] **I.** *adj* ① *(sonámbulo)* schlafwandelnd ② *(trasnochador)* **ser ~** ein Nachtmensch sein; *(salir)* ein Nachtschwärmer sein **II.** *m, f* ① *(sonámbulo)* Schlafwandler(in) *m(f)* ② *(trasnochador)* Nachtmensch *m;* *(que sale)* Nachtschwärmer(in) *m(f)*

nocturno[1] [nok'turno] *m* (MÚS) Nocturne *f*

nocturno, -a[2] [nok'turno, -a] *adj* *(de noche)* Nacht-; (BOT, ZOOL) nachtaktiv

nodo ['noðo] *m* Knoten *m*

nodriza [no'ðriθa] *f* ① *(ama)* Amme *f* ② *(trasporte)* **avión ~** Tankflugzeug *nt;* **buque ~** Mutterschiff *nt*

nódulo ['noðulo] *m* ① (MED) Knoten *m* ② (MIN) Knolle *f*

nogal [no'ɣal] *m,* **noguera** [no'ɣera] *f* (Wal)nussbaum *m*

nómada ['nomaða] **I.** *adj* nomadisch; **pueblo ~** Nomadenvolk *nt* **II.** *mf* Nomade, -in *m, f;* ~ **digital** digitaler Nomade *m,* digitale Nomadin *f*

nomadismo [noma'ðismo] *m sin pl* Nomadenleben *nt*

nomás [no'mas] *adv (Am)* ① *(solamente)* nur ② *(apenas)* kaum ③ *(loc)* **~ que** *+subj* sobald; **¡pase ~!** kommen Sie nur herein!
nombradía [nombra'ðia] *f* ① *(fama)* Berühmtheit *f;* **de gran ~** berühmt; **adquirir ~ mundial** Weltruhm erlangen ② *(reputación)* Ruf *m*
nombrado, -a [nom'braðo, -a] *adj* berühmt
nombramiento [nombra'mjen̩to] *m* ① *(designación)* Ernennung *f* ② *(documento)* Ernennungsurkunde *f*
nombrar [nom'brar] *vt* ① *(citar)* nennen; *(mencionar)* erwähnen ② *(llamar)* benennen ③ *(designar)* ernennen (zu *+dat*); *(abogado)* bestellen
nombre ['nombre] *m* ① *(designación)* Name *m;* **~ y apellido** Vor- und Zuname; **~ de familia** Nachname *m;* **~ ficticio** Pseudonym *nt;* **~ de pila, primer ~** Vorname *m;* **~ del producto** Produktbezeichnung *f;* **~ de soltera** Mädchenname *m;* **~ de soltero** Geburtsname *m;* **~ de usuario** Benutzername *m;* **sin ~** namenlos; **a su propio ~** unter eigenem Namen; **conocer a alguien de ~** jdn dem Namen nach kennen; **dar su ~** seinen Namen nennen; **poner un ~ a alguien** jdm einen Namen geben; **llamar a las cosas por su ~** die Dinge beim Namen nennen; **tu conducta no tiene ~** dein Verhalten ist unerhört; **reservar a ~ de X** auf den Namen X reservieren ② *(reputación)* Ruf *m;* **de ~** angesehen ③ (LING) Substantiv *nt;* **~ común** Gattungsname *m;* **~ propio** Eigenname *m*
nomenclatura [nomeŋkla'tura] *f* Nomenklatur *f*
nomeolvides [nomeol'βiðes] *f inv* (BOT) Vergissmeinnicht *nt*
nómina ['nomina] *f* ① *(lista)* Verzeichnis *nt; (de sueldos)* Gehaltsliste *f* ② *(haberes)* Gehalt *nt*
nominación [nomina'θjon] *f* Ernennung *f*
nominal [nomi'nal] *adj* ① *(relativo al nombre)* Namen(s)-; **citación ~** namentliche Nennung; **por llamamiento ~** namentlich ② *(solo de nombre)* nominal; **sueldo ~** Nominaleinkommen *nt;* **valor ~** Nennwert *m* ③ (LING) nominal
nominalizar [nominali'θar] <z → c> *vt* (LING) nominalisieren; **~ una oración** einen Satz nominalisieren
nominar [nomi'nar] *vt* ernennen, nominieren
nominativo[1] [nomina'tiβo] *m* (LING) Nominativ *m*
nominativo, -a[2] [nomina'tiβo, -a] *adj* Namens-
non [non] **I.** *adj* ungerade **II.** *m* ① *(número)* ungerade Zahl *f;* **de ~** ungerade; **estar de ~** *(fam)* allein sein; **quedar de ~** *(fam)* übrig bleiben ② *pl (loc)* **decir (que) ~es** Nein sagen
nona ['nona] *f* (REL) None *f*
nonada [no'naða] *f* Kleinigkeit *f*
nonagenario, -a [nonaxe'narjo, -a] **I.** *adj* neunzigjährig, in den Neunzigern **II.** *m, f* Neunzigjährige(r) *mf*
nonagésimo[1] [nona'xesimo] *m* ① *(ordinal)* **el ~** der/die/das Neunzigste ② *(partitivo)* Neunzigstel *nt*
nonagésimo, -a[2] [nona'xesimo, -a] *adj* ① *(numeración)* neunzigste(r, s) ② *(parte)* neunzigstel; *v. t.* **octogésimo**[2]
nonato, -a [no'nato, -a] *adj* ① *(nacimiento)* durch Kaiserschnitt zur Welt gebracht ② *(no existente)* (noch) nicht vorhanden; *(no acaecido)* (noch) nicht geschehen
nono, -a ['nono, -a] *adj* neunte(r, s); *v. t.* **octavo**
noquear [noke'ar] *vt* k.o. schlagen
nordeste [nor'ðeste] *m* ① *(dirección)* Nordosten *m;* (NÁUT, METEO) Nordost *m* ② *(viento)* Nordostwind *m*
nórdico, -a ['norðiko, -a] *adj* nordisch
noria ['norja] *f* ① *(para agua)* Wasserrad *nt* ② *(fam: trabajo)* Tretmühle *f* ③ *(columpio)* Riesenrad *nt*
norma ['norma] *f* ① *(regla)* Regel *f; (general)* Norm *f;* **~s de circulación** (Straßen)verkehrsregeln *fpl;* **~ técnica** Standard *m;* **observar la ~** die Norm erfüllen; **como ~ (general)** in der Regel ② *(escuadra)* Winkelmaß *nt*
normal [nor'mal] *adj* ① *(habitual)* normal ② *(según la norma)* vorschriftsmäßig
normalidad *f* Normalität *f;* **volver a la ~** zur Normalität zurückkehren
normalillo [norma'liʎo] *adj (pey)* durchschnittlich
normalización [normaliθa'θjon] *f* ① *(regularización)* Normalisierung *f* ② *(reglamentación)* Normung *f;* **~ elemental** Grundnormung *f*
normalizar [normali'θar] <z → c> *vt* ① *(volver normal)* normalisieren ② *(reglar)* normen
normalmente [normal'men̩te] *adv* normal(erweise)
normando, -a [nor'man̩do, -a] **I.** *adj* normannisch **II.** *m, f* Normanne, -in *m, f*
normativa [norma'tiβa] *f* (gesetzliche) Regelungen *fpl;* **~ comunitaria** (UE) Gemeinschaftsrecht *nt*
normativo, -a [norma'tiβo, -a] *adj* maßgebend
nornordeste [nornor'ðeste] *m* ① *(punto*

N

cardinal) Nordnordost(en) *m* ② *(viento)* Nordnordostwind *m*

nornoroeste [nornoro'este] *m* ① *(punto cardinal)* Nordnordwest(en) *m* ② *(viento)* Nordnordwestwind *m*

noroccidental [noroᵞθiðeṇ'tal] *adj* nordwestlich

noroeste [noro'este] *m* ① *(dirección)* Nordwesten *m;* (NÁUT, METEO) Nordwest *m* ② *(viento)* Nordwestwind *m*

nororiental [nororjeṇ'tal] *adj* nordöstlich

norte[1] ['norte] *m* ① (METEO, NÁUT) Nord *m;* **el ~ de España** Nordspanien *nt;* **al ~ de** nördlich von +*dat* ② *(viento)* Nordwind *m* ③ *(guía)* Wegweiser *m* ④ *(objetivo)* Ziel *nt*

Norte[2] ['norte] *m* ① *(punto cardinal)* Norden *m* ② *(Polo Ártico)* Nordpol *m*

norteado, -a [norte'aðo, -a] *adj (Méx: vulg)* desorientiert, orientierungslos

norteamericano, -a **I.** *adj* nordamerikanisch **II.** *m, f* Nordamerikaner(in) *m(f)*

norteño, -a [nor'teɲo, -a] **I.** *adj* nordisch **II.** *m, f* Nordländer(in) *m(f)*

Noruega [no'rweɣa] *f* Norwegen *nt*

noruego, -a [no'rweɣo, -a] **I.** *adj* norwegisch **II.** *m, f* Norweger(in) *m(f)*

nos [nos] **I.** *pron pers* ① *(objeto)* uns ② *(mayestático)* wir **II.** *pron refl* uns

nosia ['nosja] *f* (MED) Wahrnehmungsfähigkeit *f*

N

nosocomio [noso'komjo] *m (Am: hospital)* Krankenhaus *nt*

nosotros, -as [no'sotros, -as] *pron pers 1. pl* ① *(sujeto)* wir ② *(tras preposición)* uns

nostalgia [nos'talxja] *f (de lugar)* Heimweh *nt; (de personas)* Sehnsucht *f* (**de** nach +*dat*); *(del pasado)* Nostalgie *f*

nostálgico, -a [nos'talxiko, -a] *adj (de alguien)* sehnsuchtsvoll; *(del pasado)* nostalgisch; **sentimiento ~** Heimweh *nt;* **estar ~** Heimweh haben

nota ['nota] *f* ① *(anotación)* Vermerk *m; (explicación)* Anmerkung *f; (advertencia)* Hinweis *m;* **~ al pie de la página** Fußnote *f;* **~ preliminar** Vorbemerkung *f* ② *(apunte)* Notiz *f;* **tomar ~** sich *dat* Notizen machen; **tomar (buena) ~ de algo** etw zur Kenntnis nehmen ③ *(aviso)* Mitteilung *f;* **~ circular** Rundschreiben *nt;* **~ necrológica** Todesanzeige *f* ④ *(calificación)* Note *f;* **~s** Zeugnis *nt;* **sacar malas ~s** schlechte Noten bekommen ⑤ *(factura)* Schein *m;* **~ de caja** Kassenzettel *m* ⑥ *(cuenta)* Rechnung *f* ⑦ *(detalle)* Merkmal *nt;* **una ~ individual** eine individuelle Note ⑧ (MÚS) Note *f* ⑨ *(crédito)* Ansehen *nt;* **de ~** *(importante)* wichtig; *(conocido)* bekannt; **de mucha ~** berühmt ⑩ *(loc, fam)* **dar la ~** unangenehm auffallen; **dejar mala ~** einen schlechten Eindruck hinterlassen; **forzar la ~** übertreiben

notabilidad [notaβili'ðaᵈ] *f* ① *(importancia)* Wichtigkeit *f,* Bedeutsamkeit *f* ② *(personalidad)* (wichtige) Persönlichkeit *f;* **una ~ mundial** eine weltbekannte Persönlichkeit

notable [no'taβle] **I.** *adj* beachtlich; *(suma)* beträchtlich **II.** *m* ① *(calificación)* Note *f* 'gut'; **sacar cuatro ~s** viermal die Note 'gut' bekommen ② *pl (personas importantes)* Honoratioren *pl*

notablemente [notaβle'meṇte] *adv* merklich, beachtlich; **ha mejorado ~** er/sie hat sich merklich verbessert

notación [nota'θjon] *f* ① *(sistema)* Zeichensystem *nt;* **~ musical** Notenschrift *f;* **~ fonética** phonetische Umschrift ② (MAT, QUÍM) Formel *f*

notar [no'tar] *vt* ① *(percibir)* (be)merken; *(calor)* spüren; **hacer ~** hinweisen auf; **hacerse ~** *(algo)* sich bemerkbar machen; *(alguien)* auffallen; **no te le nota nada** man merkt dir nichts an; **nótese que...** man beachte, dass ... ② *(apuntar)* notieren

notaría [nota'ria] *f* Notariat *nt*

notariado, -a [nota'rjaðo, -a] *adj* notariell beglaubigt

notarial [nota'rjal] *adj* (JUR) Notariats-; *(hecho por el notario)* notariell

notario, -a [no'tarjo, -a] *m, f* Notar(in) *m(f)*

notebook ['noᵘbuk] *m* <notebooks> (INFOR) Notebook *nt*

noticia [no'tiθja] *f* Nachricht *f;* **~ falsa** Falschmeldung *f;* **~ de prensa** Zeitungsnachricht *f;* **no tener ~ de alguien** lange nichts von jdm gehört haben; **tener ~ de algo** Kenntnis von etw *dat* haben; **andar atrasado de ~s** schlecht informiert sein

noticiar [noti'θjar] *vt* benachrichtigen, informieren

noticiario [noti'θjarjo] *m* (RADIO, TV) Nachrichten *fpl;* **~ deportivo** Sportnachrichten *fpl*

noticiero[1] [noti'θjero] *m* ① *(periódico)* Zeitung *f* ② (RADIO, TV) Nachrichten *fpl*

noticiero, -a[2] [noti'θjero, -a] *m, f* (Zeitungs)berichterstatter(in) *m(f)*

noticioso, -a [noti'θjoso, -a] *adj* unterrichtet (**de** über +*akk,* **de** von +*dat*), in Kenntnis gesetzt (**de** von +*dat*)

notificación [notifika'θjon] *f* Mitteilung *f;* **~ de accidentes** Unfallmeldung *f;* **~ por escrito** schriftlicher Bescheid; **~ pública** öffentliche Bekanntmachung; **~ de la sentencia** Urteilsverkündung *f*

notificador [notifika'ðor] *adj* (FIN) avisierend
notificar [notifi'kar] <c → qu> *vt* mitteilen; **hacer ~** bekannt machen
noto[1] ['noto] *m* (METEO) Südwind *m*
noto, -a[2] ['noto, -a] *adj* ❶ *(notorio)* allgemein bekannt, notorisch ❷ *(bastardo, ilegítimo)* unehelich; **hijo ~** uneheliches Kind
notoriedad [notorje'ðaᵈ] *f* ❶ *(nombradía)* Berühmtheit *f;* **adquirir ~** berühmt werden ❷ *(evidencia)* Offenkundigkeit *f*
notorio, -a [no'torjo, -a] *adj* ❶ *(conocido)* allgemein bekannt ❷ *(evidente)* offenkundig
novatada [noβa'taða] *f* ❶ *(broma)* Streich *m;* **gastar la ~ a alguien** jdm einen Streich spielen ❷ *(fam: complicación)* Ungeschick *nt*
novato, -a [no'βato, -a] *m, f (en sitio)* Neuling *m; (en actividad)* Anfänger(in) *m(f);* (INFOR) Newbie *m,* Neuling *m* im Internet
novecientos, -as [noβe'θjentos, -as] *adj* neunhundert; *v. t.* **ochocientos**
novedad [noβe'ðaᵈ] *f* ❶ *(acontecimiento)* Neuigkeit *f;* **¿hay alguna ~?** gibt es was Neues?; **las últimas ~es** das Neueste; **el enfermo sigue sin ~es** der Zustand des Kranken ist unverändert; **¡sin ~ en el frente!** keine Vorkommnisse! ❷ *(cosa)* Neuheit *f; (libro)* Neuerscheinung *f*
novedoso, -a [noβe'ðoso, -a] *adj (Am)* neuartig
novel [no'βel] **I.** *adj (futuro)* angehende(r, s); *(sin experiencia)* unerfahren **II.** *mf* Anfänger(in) *m(f)*
novela [no'βela] *f* Roman *m;* **~ corta** Novelle *f;* **~ por entregas** Fortsetzungsroman *m;* **~ policíaca** Krimi(nalroman) *m;* **¡déjate de ~s!** erzähl doch keine Märchen!
novelar [noβe'lar] **I.** *vi* Romane schreiben **II.** *vt* in Romanform erzählen
novelero, -a [noβe'lero, -a] **I.** *adj* ❶ *(de novelas)* **un chico ~** ein Junge, der gerne liest, eine Leseratte *fam* ❷ *(de novedades)* sehr neugierig ❸ *(inconstante)* wankelmütig **II.** *m, f* ❶ *(de novelas)* begeisterter Romanleser, begeisterte Romanleserin *m, f* ❷ *(de novedades)* Neuigkeitskrämer(in) *m(f); (chismoso)* Klatschmaul *nt fam*
novelesco, -a [noβe'lesko, -a] *adj* Roman-; *(parecido)* romanhaft; *(fig)* fantastisch
novelista [noβe'lista] *mf* Romanautor(in) *m(f)*
novelística [noβe'listika] *f sin pl* Romanliteratur *f*
novelístico, -a [noβe'listiko, -a] *adj (relativo a la novela)* den Roman betreffend; *(a la novelística)* die Romanliteratur betreffend
novelón [noβe'lon] *m* Schinken *m fam*
noveno [no'βeno] *m* Neuntel *nt*
noveno, -a [no'βeno, -a] *adj (parte)* neuntel; *(numeración)* neunte(r, s); *v. t.* **octavo**
noventa [no'βenta] *adj inv* neunzig; *v. t.* **ochenta**
noventón, -ona [noβen'ton, -ona] **I.** *adj* in den Neunzigern **II.** *m, f* Neunzigjährige(r) *mf*
noviar [no'βjar] *vi (CSur)* eine Braut/einen Bräutigam haben; **~ con alguien** mit jdm gehen *fam*
noviazgo [no'βjaθɣo] *m* ❶ *(para casarse)* Brautzeit *f* ❷ *(fam: relación)* Beziehung *f*
noviciado [noβi'θjaðo] *m* ❶ (REL) Noviziat *nt* ❷ *(aprendizaje)* Probezeit *f*
novicio, -a [no'βiθjo, -a] **I.** *adj* unerfahren **II.** *m, f* ❶ (REL) Novize, -in *m, f* ❷ *(principiante)* Anfänger(in) *m(f)*
noviembre [no'βjembre] *m* November *m; v. t.* **marzo**
novillada [noβi'ʎaða] *f (corrida)* Stierkampf *m (mit Jungstieren)*
novillero, -a [noβi'ʎero, -a] *m, f (torero)* angehender Stierkämpfer *m,* angehende Stierkämpferin *f*
novillo, -a [no'βiʎo, -a] *m, f* ❶ *(animal)* Jungstier, Jungkuh *m, f* ❷ *(loc, fam)* **hacer ~s** (die Schule) schwänzen
novio, -a ['noβjo, -a] *m, f* ❶ *(para casarse)* Bräutigam, Braut *m, f;* **los ~s** das Brautpaar; **viaje de ~s** Hochzeitsreise *f* ❷ *(en relación amorosa)* Freund(in) *m(f);* **echarse novia** sich *dat* eine Freundin zulegen; **tontear con el ~** flirten; **esa chica tiene solo quince años y ya tiene ~** dieses Mädchen ist erst fünfzehn und hat schon einen Freund
novísimo, -a [no'βisimo, -a] *adj* brandneu; *(noticia)* brandaktuell
nubarrón [nuβa'rron] *m* Gewitterwolke *f*
nube ['nuβe] *f* Wolke *f;* **~ de humo y gases** Smog *m;* **~ de mosquitos** Mückenschwarm *m;* **~ de polvo** Staubwolke *f;* **~ de verano** (METEO) Platzregen *m; (enfado)* vorübergehende Verstimmung; *(pequeñez)* Bagatelle *f;* **descargar una ~** regnen; **estar por las ~s** entsetzlich teuer sein; **se puso por las ~s** er/sie ging in die Luft; **andar por las ~s** geistesabwesend sein; **vivir en las ~s** völlig realitätsfern sein; **bajar de las ~s** auf den Boden der Tatsachen zurückkehren; **poner a alguien por las ~s** jdn in den Himmel heben
núbil ['nuβil] *adj* heiratsfähig
nublado [nu'βlaðo] *m* ❶ (METEO) Gewölk *nt* ❷ *(peligro)* drohende Gefahr *f*
nublar [nu'βlar] **I.** *vt* ❶ *(nubes)* bewölken ❷ *(mente, ojos)* trüben **II.** *vr:* **~se** ❶ *(nu-*

N

bes) sich bewölken ② *(mente, ojos)* sich trüben; **se me nubla la vista** mir wird schwarz vor Augen

nubloso, -a [nu'βloso, -a] *adj* ① *(cubierto de nubes)* wolkig, bewölkt ② *(fig: desgraciado)* düster, niedergeschlagen

nubosidad [nuβosi'ðaᵈ] *f* Bewölkung *f*

nuboso, -a [nu'βoso, -a] *adj* bewölkt

nuca ['nuka] *f* Genick *nt,* Nacken *m*

nuclear [nukle'ar] *adj* Kern-; **energía ~** Kernenergie *f*

nuclearizar [nukleari'θar] <z → c> *vt* ① *(un lugar)* auf Kernenergie umstellen ② *(un ejército)* mit Kernwaffen aufrüsten

núcleo ['nukleo] *m (centro)* Kern *m;* **~ de una idea** Kerngedanke *m;* **~ de población** Siedlung *f;* **~ productivo** Produktionszentrum *nt*

nudillo [nu'ðiʎo] *m* (ANAT) (Finger)knöchel *m*

nudismo [nu'ðismo] *m* Nudismus *m*

nudista [nu'ðista] *mf* Nudist(in) *m(f)*

nudo ['nuðo] *m* ① *(atadura)* Knoten *m; (mota)* Noppe *f;* **~ corredizo** Schlinge *f;* **deshacer el ~** den Knoten lösen; **hacer un ~ en la garganta** die Kehle zuschnüren ② *(madera)* Knorren *m;* **~ de rama** Astloch *nt;* **sin ~s** astfrei ③ (MED, NÁUT) Knoten *m* ④ *(punto de reunión)* Knotenpunkt *m;* **~ de comunicaciones** Verkehrsknotenpunkt *m* ⑤ *(cosa que une)* **el ~ de la amistad** die Freundschaftsbande ⑥ *(dificultad)* **el ~ del problema es...** das Verzwickte an dem Problem ist …

nudosidad [nuðosi'ðaᵈ] *f* (MED) Knotigkeit *f*

nudoso, -a [nu'ðoso, -a] *adj* knotig; *(madera)* knorrig

nuera ['nwera] *f* Schwiegertochter *f*

nuestro, -a ['nwestro, -a] **I.** *adj pos (antepuesto)* unser(e); **~ perro/gato** unser Hund/unsere Katze; **~s nietos** unsere Enkel; **por nuestra parte** unsererseits; **hacer de las nuestras** was anstellen **II.** *pron pos* ① *(propiedad)* **la casa es nuestra** das Haus gehört uns; **¡ya es ~!** *(fig)* wir haben es geschafft! ② *(tras artículo)* **el ~/la nuestra/lo ~** der/die/das unsere, unsere(r, s); **los ~s** unsere; *(parientes)* unsere Angehörigen; **¡eso es lo ~!** das ist genau das Richtige für uns!; **esta es la nuestra** *(fam fig)* das ist die Gelegenheit für uns ③ *(tras sustantivo)* unser(e), von uns; **una amiga nuestra** eine Freundin von uns; **es culpa nuestra** es ist unsere Schuld

nueva ['nweβa] *f* Neuigkeit *f,* Nachricht *f;* **buena ~** gute Neuigkeit; **no te hagas de ~s** tu doch nicht so, als ob du nichts wüsstest!; **las malas ~s casi siempre son ciertas** schlechte Neuigkeiten sind fast immer wahr

nuevamente [nweβa'mente] *adv* ① *(otra vez)* nochmals, von Neuem ② *(últimamente)* neuerdings

Nueva Zelanda ['nweβa θe'landa] *f,* **Nueva Zelandia** ['nweβa θe'landja] *f* *(Am)* Neuseeland *nt*

nueve ['nweβe] *adj inv* neun; *v. t.* **ocho**

nuevo, -a ['nweβo, -a] **I.** *adj* neu; **de ~** von Neuem; **hacer de ~** noch einmal machen; **sentirse como ~** sich wie neugeboren fühlen; **¿qué hay de ~?** was gibt's Neues?; **hasta ~ aviso** bis auf weitere Mitteilung; **ponerle a alguien la cara nueva** jdn kräftig verprügeln **II.** *m, f* Neue(r) *mf*

nuez [nweθ] *f* ① (BOT) Walnuss *f;* **~ de anacardo** Cashewnuss *f;* **~ de coco** Kokosnuss *f;* **~ moscada** Muskatnuss *f;* **~ de macadamia** Macadamianuss *f;* **cascar nueces** Nüsse knacken; **mucho ruido y pocas nueces** *(prov)* viel Lärm um nichts ② (ANAT) Adamsapfel *m;* **apretar la ~ a alguien** *(fam)* jdn (er)würgen

nulamente [nula'mente] *adv* ungültig, nichtig

nulidad [nuli'ðaᵈ] *f* ① *(no válido)* Ungültigkeit *f;* **declarar la ~ de algo** etw für ungültig erklären ② *(persona)* Niete *f;* **ser una ~** eine Null sein

nulo, -a ['nulo, -a] *adj* ① *(inválido)* ungültig; **declarar ~** für nichtig erklären ② *(incapaz)* unfähig; **soy ~ para las matemáticas** in Mathematik bin ich eine Niete

núm. ['numero] *abr de* **número** Nr.

numerable [nume'raβle] *adj* ① *(con números)* nummerierbar, bezifferbar ② *(contable)* zählbar

numeración [numera'θjon] *f* ① *(sistema)* Nummerierung *f;* **~ arábiga** arabisches Zahlensystem; **~ correlativa** fortlaufende Nummerierung; **~ decimal** Dezimalsystem *nt* ② *(acción)* Zählung *f*

numerador [numera'ðor] *m* ① (MAT) Zähler *m* ② *(aparato)* Zähler *m; (sello)* Nummernstempel *m*

numeral [nume'ral] **I.** *adj* Zahl(en)- **II.** *m* (LING) Zahlwort *nt*

numerar [nume'rar] *vt* ① *(poner números)* nummerieren; **~ correlativamente** durchnummerieren ② *(contar)* zählen

numerario[1] [nume'rarjo] *m* Bargeld *nt*

numerario, -a[2] [nume'rarjo, -a] *adj* ① *(de números)* Zahlen- ② *(fijo)* ordentlich

numérico, -a [nu'meriko, -a] *adj* numerisch; **cerradura de combinación numérica** Zahlenschloss *nt*

número ['numero] *m* ① (MAT) Zahl *f;* **~ cardinal** Grundzahl *f;* **~ primo**

N

Primzahl *f;* ~ **quebrado** Bruchzahl *f;* ~ **de varias cifras** mehrstellige Zahl; **en ~s redondos** aufgerundet; **aprender de ~s** *(fam)* Rechnen lernen; **hacer ~s** Berechnungen anstellen; **hacer ~s para ver si...** ausrechnen, ob ... ② *(cantidad)* (An)zahl *f;* ~ **de habitantes** Einwohnerzahl *f;* **sin** ~ unzählig ③ *(cifra)* Nummer *f; (en la lotería)* Losnummer *f;* ~ **de matrícula** Kfz-Kennzeichen *nt;* ~ **de teléfono** Telefonnummer *f;* ~ **de zapatos** Schuhgröße *f;* **es el ~ uno de la clase** er/sie ist Klassenbester/Klassenbeste ④ *(edición)* Nummer *f;* ~ **suelto** Einzelheft *nt;* **el ~ 1000** die tausendste Ausgabe ⑤ (LING) Numerus *m*

numeroso, -a [nume'roso, -a] *adj* zahlreich

numismática [numis'matika] *f sin pl* Numismatik *f*

nunca ['nuŋka] *adv* nie; ~ **jamás** niemals; **más que** ~ mehr denn je

nuncio ['nuṇθjo] *m* ① (REL) Nuntius *m* ② *(que anuncia)* Vorbote *m*

nuncupativo, -a [nuŋkupa'tiβo, -a] *adj* (JUR) mündlich

nupcial [nuβ'θjal] *adj* Hochzeits-; **corona** ~ Brautkranz *m*

nupcias ['nuβθjas] *f pl* Hochzeit *f;* **segundas** ~ zweite Ehe; **posteriores** ~ Wiederheirat *f*

nurse ['nurse] *f (Am)* ① *(niñera)* Kindermädchen *nt* ② *(enfermera)* Krankenschwester *f*

nutria ['nutrja] *f* Fischotter *m*

nutrición [nutri'θjon] *f* Ernährung *f*

nutricional [nutriθjo'nal] *adj* Ernährungs-; **tabla** ~ Ernährungstabelle *f*

nutricionista [nutriθjo'nista] *mf* (MED) Ernährungswissenschaftler(in) *m(f)*

nutrido, -a [nu'triðo, -a] *adj* ① *(alimentado)* genährt; **bien** ~ wohlgenährt ② *(numeroso)* zahlreich; *(biblioteca)* gut ausgestattet

nutriente [nu'trjeṇte] **I.** *adj* nahrhaft **II.** *m* Nährstoff *m*

nutrir [nu'trir] **I.** *vt* ① *(alimentar)* ernähren; *(piel)* nähren ② *(fortalecer)* stärken **II.** *vr:* **~se** sich ernähren (**con/de** von +*dat*)

nutritivo, -a [nutri'tiβo, -a] *adj* nahrhaft

nutual [nutu'al] *adj* (REL) widerruflich *(Amt)*

nº ['numero] *abr de* **número** Nr.

Ññ

Ñ, ñ ['ene] *f* Ñ, ñ *nt (fünfzehnter Buchstabe des spanischen Alphabets)*

ña [ɲa] *f (AmC, AmS: fam: señora)* Frau *(als Anrede)*

ñam ñam [ɲam ɲam] *interj (fam)* lecker!

ñandú [ɲaṇ'du] *m* (ZOOL) Nandu *m*

ñangotado, -a [ɲaŋgo'taðo, -a] *adj (PRico)* ① *(servil)* dienstbeflissen ② *(alicaído)* energielos, kraftlos

ñangotarse [ɲaŋgo'tarse] *vr* ① *(PRico, RDom: ponerse en cuclillas)* sich hinhocken, sich niederhocken ② *(PRico: someterse)* sich beugen +*dat* ③ *(PRico: perder el ánimo)* den Mut verlieren

ñaña ['ɲaɲa] *f (Chil)* Amme *f*

ñaño[1] ['ɲaɲo] *m (Chil: hermano mayor)* großer Bruder *m*

ñaño, -a[2] ['ɲaɲo, -a] **I.** *adj* ① *(Col, Pan: mimado)* verwöhnt ② *(Ecua, Perú: unido por amistad íntima)* eng befreundet **II.** *m, f (Perú)* Kind *nt*

ñapa ['ɲapa] *f (AmC, AmS: añadidura)* Zugabe *f; (propina)* Trinkgeld *nt*

ñata ['ɲata] *f (Am: fam)* Nase *f*

ñato, -a ['ɲato, -a] **I.** *adj* ① *(CSur: chato)* stumpfnasig ② *(Col: gangoso)* nasal **II.** *m, f (Am)* Liebling *m*

ñeque ['ɲeke] **I.** *adj (AmC)* stark, kraftvoll **II.** *m* ① *(Chil, Ecua, Perú: fuerza)* Kraft *f,* Tatkraft *f,* Energie *f* ② *(Perú: valor, coraje)* Mut *m*

ñiquiñaque [ɲiki'ɲake] *m (fam: cosa)* Schnickschnack *m; (persona)* Dummkopf *m*

ño [ɲo] *m (AmC, AmS: fam: señor)* Herr *m (als Anrede)*

ñoñería [ɲoɲe'ria] *f* ① *(simpleza)* Blödheit *f* ② *(dengues)* Zimperlichkeit *f*

ñoño, -a ['ɲoɲo, -a] **I.** *adj (fam)* ① *(soso)* fade; *(aburrido)* langweilig ② *(tonto)* blöd ③ *(remilgado)* zimperlich **II.** *m, f (fam)* ① *(dengoso)* Zimperliese *f* ② *(tonto)* Dummkopf *m* ③ *(aburrido)* Langweiler(in) *m(f)*

ñoqui ['ɲoki] *m* Gnocchi *pl*

ñu [ɲu] *m* Gnu *nt*

Ñ

Oo

O, o [o] *f* O, o *nt;* ~ **de Oviedo** O wie Otto
o [o] *conj* oder; **~..., ~...** entweder ..., oder ...; ~ **sea** das heißt; ~ **bien** oder auch
O [o'este] *abr de* **oeste** W
oasis [o'asis] *m inv* Oase *f*
obcecación [oβθeka'θjon] *f* Verblendung *f*
obcecado, -a [oβθe'kaðo, -a] *adj* verblendet, blind
obcecar [oβθe'kar] <c → qu> **I.** *vt* verblenden **II.** *vr:* **~se** verblendet sein
obedecer [oβeðe'θer] *irr como crecer* **I.** *vt (a alguien)* gehorchen *+dat; (instrucciones)* befolgen; *(someterse)* sich fügen *+dat;* **hacerse** ~ sich *dat* Gehorsam verschaffen; ~ **una orden** einem Befehl Folge leisten; ~ **a la gravedad** dem Gesetz der Schwerkraft unterliegen **II.** *vi (provenir)* zurückzuführen sein (**a** auf *+akk*)
obedecimiento [oβeðeθi'mjen̩to] *m* Befolgung *f*
obediencia [oβe'ðjen̩θja] *f* Gehorsam *m*
obediente [oβe'ðjen̩te] *adj* gehorsam
obelisco [oβe'lisko] *m* Obelisk *m*
obertura [oβer'tura] *f* Ouvertüre *f*
obesidad [oβesi'ðaᵈ] *f* Fettleibigkeit *f*
obeso, -a [o'βeso, -a] *adj* fett(leibig)
óbice ['oβiθe] *m (elev)* **no ser ~ para que alguien...** *+subj* jdn nicht daran hindern, zu ... *+inf*
obispado [oβis'paðo] *m* ① *(cargo)* Bischofsamt *nt* ② *(diócesis)* Bistum *nt*
obispo [o'βispo] *m* (REL) Bischof *m;* ~ **auxiliar** Weihbischof *m;* **trabajar para el** ~ *(fig)* ohne Entgelt arbeiten; **cada muerte de un** ~ *(fig)* alle Jubeljahre
objeción [oβxe'θjon] *f* Einwand *m;* ~ **de conciencia** Kriegsdienstverweigerung aus Gewissensgründen
objetar [oβxe'tar] *vt* einwenden; **tengo algo que** ~ ich habe etwas dagegen (einzuwenden)
objetivar [oβxeti'βar] *vt* objektivieren
objetividad [oβxetiβi'ðaᵈ] *f* Objektivität *f*
objetivo[1] [oβxe'tiβo] *m* ① *(finalidad)* Ziel *nt;* **tener como** ~ zum Ziel haben ② (FOTO) Objektiv *nt* ③ *(blanco)* Ziel *nt*
objetivo, -a[2] [oβxe'tiβo, -a] *adj* objektiv
objeto [oβ'xeto] *m* ① *(cosa)* Gegenstand *m;* ~ **de enseñanza** Lehrmittel *nt;* ~ **de lujo** Luxusartikel *m;* ~ **perdido** Fundsache *f;* **no tener** ~ gegenstandslos sein ② *(motivo)* Zweck *m;* **el ~ de la presente es...** Anlass dieses Schreibens ist ...; **con (el)** [*o* **al**] ~ **de...** um zu ...; **no tener** ~ zwecklos sein; **tener por** ~ bezwecken
objetor [oβxe'tor] *m* ~ **de conciencia** Kriegsdienstverweigerer *m* aus Gewissensgründen
oblea [o'βlea] *f* ① *(hostia)* Oblate *f;* **estar hecho una** ~ *(fam)* spindeldürr sein ② *(sello)* Siegelmarke *f*
oblicuidad [oβlikwi'ðaᵈ] *f* Schräge *f*
oblicuo, -a [o'βlikwo, -a] *adj* schräg
obligación [oβliɣa'θjon] *f* ① *(deber)* Verpflichtung *f;* ~ **alimenticia** Unterhaltspflicht *f;* ~ **de comunicación** Mitteilungspflicht *f;* ~ **de secreto** Schweigepflicht *f;* **contraer una** ~ eine Verpflichtung eingehen; **cumplir con una** ~ eine Verpflichtung erfüllen; **dedicarse a sus obligaciones** seinen Pflichten nachgehen; **faltar a sus obligaciones** seine Pflichten vernachlässigen; **tener la ~ de algo** zu etw *dat* verpflichtet sein ② *(deuda)* Schuld *f; (documento)* Schuldschein *m; (título)* Obligation *f*
obligado, -a [oβli'ɣaðo, -a] *adj* ① *estar (fuerza)* gezwungen (**a** zu *+dat*); *(deber)* verpflichtet (**a** zu *+dat*) ② *ser (imprescindible)* notwendig; **tema** ~ Pflichtthema *nt;* **es ~...** es gehört sich ... ③ *estar (agradecido)* zu Dank verpflichtet (**a** *+dat*)
obligar [oβli'ɣar] <g → gu> **I.** *vt* ① *(forzar)* zwingen (**a** zu *+dat*); *(comprometer)* verpflichten (**a** zu *+dat*) ② *(Chil, Arg)* zum Trinken einladen **II.** *vr:* **~se** sich verpflichten (**a** zu *+dat*)
obligatoriedad [oβliɣatorje'ðaᵈ] *f* Zwang *m;* **de ~ general** allgemein verbindlich; ~ **de visado** Visumspflicht *f;* ~ **del voto** Wahlpflicht *f*
obligatorio, -a [oβliɣa'torjo, -a] *adj* verpflichtend, obligatorisch; **asignatura obligatoria** Pflichtfach *nt;* **compromiso** ~ bindende Abmachung; **no** ~ nicht zwingend (vorgeschrieben); *(oferta)* unverbindlich; **es ~ llevar puesto el casco** das Tragen eines Helmes ist Pflicht
obliterar [oβlite'rar] *vt* ① *(anular)* löschen, ungültig machen; (ECON) tilgen ② (MED) verstopfen
oblongo, -a [o'βloŋgo, -a] *adj* länglich
obnubilación [oβnuβila'θjon] *f* ① *(trastorno)* Benommenheit *f,* Bewusstseinstrübung *f* ② *(ofuscación)* Verblendung *f* ③ *(oscurecimiento)* Verdunkelung *f*
obnubilado, -a [oβnuβi'laðo, -a] *adj* ① *(trastornado)* benommen, benebelt

2 *(ofuscado)* verblendet 3 *(oscurecido)* verdunkelt

obnubilar [oβnuβi'lar] *vt (trastornar)* benebeln; *(ofuscar)* (ver)blenden

oboe [o'βoe] *m* 1 *(instrumento)* Oboe *f* 2 *(músico)* Oboist *m*

óbolo ['oβolo] *m* (HIST) Obolus *m; (fig)* milde Gabe *f*

obra ['oβra] *f* 1 *(creación, labor)* Werk *nt;* ~ **benéfica** Wohltätigkeit *f;* ~**s completas** gesammelte Werke; ~ **de consulta** Nachschlagewerk *nt;* ~ **meritoria** verdienstvolle Tat; ~ **de teatro** Theaterstück *nt;* **por** ~ (**y gracia**) **de** dank *+gen* 2 *(institución)* ~ **benéfica** Hilfswerk *nt;* ~ **pía** karitative Stiftung 3 *(construcción)* Bau *m; (edificio)* Bauwerk *nt;* ~ **de caminos, canales y puertos** Tiefbau *m;* ~**s de construcción** Bauarbeiten *f pl;* ~**s públicas** öffentliche Bauten; ~ **de reforma** Umbau *m;* ~ **de romanos** *(fig)* ungeheure Leistung; ~ **vieja** Altbau *m;* **mano de** ~ Arbeitskraft *f;* **estar de** [*o* **hacer**] ~**s** umbauen; ~ **empezada, medio acabada** *(prov)* frisch gewagt ist halb gewonnen

obradera [oβra'ðera] *f (Col, Guat, Pan: diarrea)* Durchfall *m*

obrador[1] [oβra'ðor] *m (taller)* Werkstatt *f; (de confitería)* Konditorei *f*

obrador(a)[2] [oβra'ðor(a)] **I.** *adj* arbeitend **II.** *m(f)* Arbeiter(in) *m(f)*

obrar [o'βrar] **I.** *vi* 1 *(actuar)* handeln; ~ **contra las buenas costumbres** gegen die guten Sitten verstoßen; ~ **a tontas y a locas** *(fam)* unbedacht vorgehen 2 *(fam: defecar)* Stuhlgang haben 3 *(encontrarse)* sich befinden **II.** *vi, vt* 1 *(hacer efecto)* wirken; ~ **buen efecto** eine gute Wirkung haben; ~ **sobre alguien/algo** auf jdn/etw einwirken 2 *(construir)* bauen 3 *(hacer)* herstellen; *(trabajar)* bearbeiten; **sin** ~ unbearbeitet

obrera [o'βrera] *adj o f v.* **obrero**

obrerismo [oβre'rismo] *m* 1 (POL) Arbeiterbewegung *f* 2 *(conjunto)* Arbeiterschaft *f*

obrero, -a [o'βrero, -a] **I.** *adj (relativo al trabajo)* Arbeits-; *(relativo al obrero)* Arbeiter- **II.** *m, f* Arbeiter(in) *m(f);* ~ **agrícola** Landarbeiter *m;* ~ **asalariado** Lohnarbeiter *m;* ~ **desocupado** Arbeitslose(r) *m;* ~ **especializado** Facharbeiter *m;* ~ **fijo** feste Arbeitskraft; **ser alguien** ~ **de su propia ruina** sich selbst ins Unglück stürzen

obscenidad [o^βsθeni'ða^ð] *f* Obszönität *f*

obsceno, -a [o^βs'θeno, -a] *adj* obszön

obscurecer [o^βskure'θer] *vt irr como crecer v.* **oscurecer**

obscuridad [o^βskuri'ða^ð] *f v.* **oscuridad**

obscuro, -a [o^βs'kuro, -a] *adj v.* **oscuro**

obsequiar [oβse'kjar] *vt* 1 *(con atenciones)* beehren; *(con bebidas/comida)* bewirten; *(con regalos)* beschenken 2 *(agasajar)* zuvorkommend behandeln; *(festejar)* feiern; ~ **con su presencia** mit seiner Anwesenheit beehren; ~ **a alguien con un banquete** zu jds Ehren ein Bankett geben 3 *(Am: regalar)* schenken

obsequio [oβ'sekjo] *m* 1 *(agasajo)* Gefälligkeit *f;* **¡hágame Ud. este ~!** tun Sie mir den Gefallen!; **en** ~ **de alguien** zu jds Ehren 2 *(regalo)* Geschenk *nt*

obsequiosamente [oβsekjosa'mente] *adv* ehrerbietig, zuvorkommend

obsequioso, -a [oβse'kjoso, -a] *adj (cortés)* zuvorkommend

observable [oβser'βaβle] *adj* wahrnehmbar

observación [oβserβa'θjon] *f* 1 *(contemplación)* Beobachtung *f; (vigilancia)* Überwachung *f* 2 *(comentario)* Bemerkung *f;* ~ **marginal** Randbemerkung *f* 3 *v.* **observancia**

observador(a) [oβserβa'ðor(a)] **I.** *adj* beobachtend **II.** *m(f)* Beobachter(in) *m(f)*

observancia [oβser'βanθja] *f* Beachtung *f; (orden)* Befolgung *f; (normas, plazos)* Einhaltung *f*

observante [oβser'βante] *adj (orden)* streng

observar [oβser'βar] *vt* 1 *(contemplar)* beobachten 2 *(cumplir)* beachten; *(orden)* befolgen; *(normas, plazos)* einhalten 3 *(notar)* bemerken; **hacer** ~ **algo a alguien** jdn auf etw aufmerksam machen

observatorio [oβserβa'torjo] *m* Observatorium *nt;* ~ **astronómico** Sternwarte *f;* ~ **meteorológico** Wetterwarte *f*

obsesión [oβse'sjon] *f (preocupación)* Besessenheit *f; (idea)* fixe Idee *f; (pasión)* Leidenschaft *f;* (PSICO) Zwangsvorstellung *f*

obsesionado, -a [oβsesjo'naðo, -a] *adj* besessen; **está** ~ **con ella** er ist verrückt nach ihr

obsesionante [oβsesjo'nante] *adj* ständig quälend; **una idea** ~ eine quälende Vorstellung

obsesionar [oβsesjo'nar] **I.** *vt* 1 *(tormentar)* quälen; *(fig)* verfolgen 2 *(atraer)* in seinen Bann schlagen; **el fútbol le obsesiona** er ist ein Fußballfanatiker **II.** *vr:* ~**se** besessen sein (**con** von *+dat*)

obsesivo, -a [oβse'siβo, -a] *adj* Zwangs-

obseso, -a [oβ'seso, -a] **I.** *adj* besessen **II.** *m, f* Besessene(r) *mf*

obsoleto, -a [oβso'leto, -a] *adj* veraltet

obstaculización [o^βstakuliθa'θjon] *f* Be-

O

hinderung *f;* ~ **de las comunicaciones** (AUTO) Verkehrsstörung *f*

obstaculizar [o$^{\beta}$stakuli'θar] <z → c> *vt* behindern; ~ **la carretera** die Straße blockieren; ~ **el progreso** dem Fortschritt im Wege stehen

obstáculo [o$^{\beta}$s'takulo] *m* Hindernis *nt;* **salvar un** ~ ein Hindernis nehmen; **triunfar ante todos los ~s** sämtliche Hindernisse überwinden; **poner ~s a alguien** jdm Hindernisse in den Weg legen

obstante [o$^{\beta}$s'tante] *adv* **no** ~ trotzdem

obstar [o(β)s'tar] **I.** *vi* hinderlich sein **II.** *vimpers* entgegenstehen *+dat;* **eso no obsta para que...** ... steht nichts entgegen

obstetricia [o$^{\beta}$ste'triθja] *f* Geburtshilfe *f*

obstinación [o$^{\beta}$stina'θjon] *f* Hartnäckigkeit *f*

obstinado, -a [o$^{\beta}$sti'naðo, -a] *adj* hartnäckig

obstinarse [o$^{\beta}$sti'narse] *vr* hartnäckig bestehen (**en** auf *+dat*); ~ **en su silencio** sich durch nichts zum Reden bringen lassen; ~ **contra algo/alguien** etw *dat*/jdm die Stirn bieten

obstrucción [o$^{\beta}$stru$^{\gamma}$'θjon] *f* Blockierung *f;* (MED) Verstopfung *f*

obstruccionismo [o$^{\beta}$stru$^{\gamma}$θjo'nismo] *m* (POL) Verschleppungstaktik *f*

obstruir [o$^{\beta}$stru'ir] *irr como huir* **I.** *vt* ❶ *(el paso, acción)* blockieren ❷ *(una tubería)* verstopfen **II.** *vr:* **~se** sich verstopfen

obtención [oβten'θjon] *f* Erlangung *f;* (QUÍM) Gewinnung *f;* ~ **de alimentos** Nahrungsmittelerzeugung *f;* ~ **de datos** Datenerhebung *f;* ~ **de la velocidad máxima** Erreichen der Höchstgeschwindigkeit

obtener [oβte'ner] *vt irr como tener* erlangen; (QUÍM) gewinnen; *(resultado, ventaja, ganancia)* erzielen; ~ **un pedido** einen Auftrag erhalten; **difícil de** ~ schwer zu bekommen

obtenible [oβte'niβle] *adj* erhältlich

obturación [oβtura'θjon] *f (cierre)* Verschluss *m; (bloqueo)* Verstopfung *f; (de dientes)* Füllung *f*

obturador [oβtura'ðor] *m* (FOTO) Blende *f*

obturar [oβtu'rar] *vt (cerrar)* verschließen; *(bloquear)* verstopfen; *(los dientes)* plombieren

obtuso, -a [oβ'tuso, -a] *adj* ❶ *(cosa)* stumpf ❷ *(persona)* begriffsstutzig

obús [o'βus] *m* ❶ *(artillería)* Haubitze *f* ❷ *(proyectil)* Granate *f*

obviamente [oββja'mente] *adv* offensichtlich

obviar [oβ'βjar] **I.** *vi (obstar)* hinderlich sein *+dat* **II.** *vt (evitar)* abwenden; *(remover)* aus dem Weg räumen; ~ **un problema** ein Problem lösen

obviedad [oββje'ðað] *f* Offensichtlichkeit *f*

obvio, -a ['oββjo, -a] *adj* offensichtlich; **es** ~ das liegt auf der Hand; **lo** ~ **del mensaje** die Eindeutigkeit der Botschaft

oc ['ondas 'kortas] *abr de* **ondas cortas** KW

oca ['oka] *f* (ZOOL) Gans *f;* **¡es la ~!** das ist die Höhe!

ocasión [oka'sjon] *f* Gelegenheit *f;* **coche de** ~ Gebrauchtwagen *m;* **aprovechar/desperdiciar la** ~ die Gelegenheit nutzen/versäumen; **en esta** ~ bei dieser Gelegenheit; **llegada la** ~ gegebenenfalls; **contadas ocasiones** seltene Gelegenheiten; **en ocasiones** gelegentlich; **en la primera** ~ bei nächster Gelegenheit; **con** ~ **de** anlässlich *+gen;* **dar a alguien** ~ **para quejarse** jdm Anlass geben, sich zu beschweren; **la** ~ **la pintan calva** man muss die Gelegenheit beim Schopf(e) fassen; **la** ~ **hace al ladrón** *(prov)* Gelegenheit macht Diebe

ocasional [okasjo'nal] *adj* ❶ *(no habitual)* gelegentlich; **trabajo** ~ Gelegenheitsarbeit *f* ❷ *(casual)* zufällig ❸ *(para una ocasión)* Gelegenheits- ❹ *(causante)* verursachend; **enfermedad** ~ Grundleiden *nt*

ocasionalmente [okasjonal'mente] *adv* gelegentlich

ocasionar [okasjo'nar] *vt* verursachen; ~ **dolores de cabeza a alguien** jdm Kopfschmerzen bereiten

ocaso [o'kaso] *m* ❶ (ASTR) Untergang *m; (del sol)* Sonnenuntergang *m; (fig)* Abend *m* ❷ *(decadencia)* Niedergang *m*

occidental [o$^{\gamma}$θiðen'tal] *adj* westlich; **potencias ~es** Westmächte *f pl*

occidentalizar [o$^{\gamma}$θiðentali'θar] <z → c> *vt* verwestlichen

occidente [o$^{\gamma}$θi'ðente] *m* Westen *m*

occipital [o$^{\gamma}$θipi'tal] *adj* (ANAT) Hinterhaupt-; **hueso** ~ Hinterhauptbein *nt*

occipucio [o$^{\gamma}$θi'puθjo] *m* Hinterkopf *m*

occiso, -a [o$^{\gamma}$'θiso, -a] *adj* ermordet

OCDE [oθeðe'e] *f abr de* **Organización para la Cooperación y el Desarrollo Económicos** OECD *f*

Oceanía [oθea'nia] *f* Ozeanien *nt*

océano [o'θeano] *m* ❶ *(mar)* Ozean *m;* ~ **Atlántico** Atlantischer Ozean, Atlantik *m;* ~ **Pacífico** Pazifischer Ozean, Pazifik *m;* ~ **Austral** Südsee *f;* ~ **Boreal** Nordsee *f;* ~ **Glacial** Eismeer *nt;* ~ **glacial Antártico** Südpolarmeer *nt;* ~ **Ártico** Nordpolarmeer *nt* ❷ *(cantidad)* Unmenge *f;* ~ **de gente** Menschenmasse *f;* **un** ~

de sangre Ströme von Blut; **un ~ de gente salía del concierto** eine Flut von Menschen strömte aus dem Konzertsaal

oceanografía [oθeanoɣra'fia] *f* Meereskunde *f*

oceanógrafo, -a [oθea'noɣrafo, -a] *m, f* Meereskundler(in) *m(f)*

oceanología [oθeanolo'xia] *f* Ozeanologie *f*

ochenta [o'ʧen̪ta] **I.** *adj inv* achtzig; **los años ~** die Achtzigerjahre; **un hombre de alrededor de ~ años** ein Mann um die achtzig; **una mujer en sus ~** eine Frau in den Achtzigern **II.** *m* Achtzig *f*

ochentavo, -a [otʃen̪'taβo, -a] **I.** *adj* achtzigstel **II.** *m, f* Achtzigstel *nt*

ochentón, -ona [otʃen̪'ton, -ona] **I.** *adj* in den Achtzigern **II.** *m, f* Achtziger(in) *m(f)*; **un ~** ein Mann in den Achtzigern

ocho ['otʃo] **I.** *adj inv* acht; **jornada de ~ horas** Achtstundentag *m;* **~ veces mayor/menor que...** achtmal so groß wie .../kleiner als ...; **a las ~** um acht Uhr; **son las ~ y media de la mañana/tarde** es ist halb neun (Uhr) morgens/abends; **las ~ y cuarto/menos cuarto** viertel nach acht/vor acht; **las ~ en punto** Punkt acht Uhr; **el ~ de agosto** der achte August; **dentro de ~ días** in acht Tagen; **de aquí a ~ días** heute in acht Tagen; **echar a alguien con los ~s y los nueves** jdm gehörig die Meinung sagen; **ser más chulo que un ~** ein aufgeblasener Gockel sein **II.** *m* Acht *f*

ochocientos, -as [otʃo'θjen̪tos, -as] *adj* achthundert

ocio ['oθjo] *m* Muße *f;* **~ anual** Jahresurlaub *m;* **horas de ~** Freizeit *f;* **entregarse al ~** nichts tun

ociosamente [oθjosa'men̪te] *adv* unnötigerweise; **vivir ~** ein nutzloses Leben führen

ociosidad [oθjosi'ðað] *f* Müßiggang *m;* **la ~ es madre de todos los vicios** *(prov)* Müßiggang ist aller Laster Anfang

ocioso, -a [o'θjoso, -a] *adj* ❶ *estar (inactivo)* müßig ❷ *ser (inútil)* unnütz; **palabras ociosas** leeres Gerede

oclusión [oklu'sjon] *f* Verschluss *m*

ocre ['okre] *adj* ocker

octaedro [okta'eðro] *m* (MAT) Oktaeder *nt*

octagonal [oktaɣo'nal] *adj* achteckig

octágono [ok'taɣono] *m* Achteck *nt*

octano [ok'tano] *m* (QUÍM) Oktan *nt*

octava [ok'taβa] *f* ❶ (LIT, MÚS) Oktave *f* ❷ (REL: *fiesta*) (achttägige) Festwoche *f*

octavilla [okta'βiʎa] *f (volante)* Flugblatt *nt;* **~ difamatoria** Schmähschrift *f*

octavo [ok'taβo] *m* Achtel *nt*

octavo, -a [ok'taβo, -a] *adj* achte(r, s); **en ~ lugar** an achter Stelle; *(enumeración)* achtens; **estoy en ~ curso** ich bin in der achten Klasse; **la octava parte** der achte Teil, ein Achtel

octogenario, -a [oktoxe'narjo, -a] **I.** *adj* in den Achtzigern **II.** *m, f* Achtziger(in) *m(f)*

octogésimo[1] [okto'xesimo] *m* Achtzigstel *nt*

octogésimo, -a[2] [okto'xesimo, -a] *adj* ❶ *(numeración)* achtzigste(r, s); **en ~ lugar** an achtzigster Stelle; **mañana se publicará la octogésima edición de su libro** morgen wird die achtzigste Auflage seines/ihres Buches erscheinen ❷ *(parte)* achtzigstel; **la octogésima parte de...** ein Achtzigstel von ... *dat*

octogonal [oktoɣo'nal] *adj* (MAT) achteckig, oktogonal

octógono [ok'toɣono] *m* Achteck *nt*

octosílabo, -a [okto'silaβo, -a] *adj* (LING, LIT) achtsilbig

octubre [ok'tuβre] *m* Oktober *m; v. t.* **marzo**

óctuplo, -a ['oktuplo, -a] *adj* achtfach

ocular [oku'lar] **I.** *adj* Augen-; **examen ~** Sehtest *m* **II.** *m* Okular *nt*

oculista [oku'lista] *mf* Augenarzt, -ärztin *m, f*

ocultación [okul̪ta'θjon] *f,* **ocultamiento** [okul̪ta'mjen̪to] *m* Verbergen *nt; (secreto)* Verheimlichung *f;* **~ fiscal** Steuerhinterziehung *f*

ocultar [okul̪'tar] **I.** *vt (esconder)* verbergen (**de** vor +*dat*); *(callar)* verschweigen (**de** (vor) +*dat*); *(disimular)* verheimlichen (**de** (vor) +*dat*); **~ la cara entre** [*o* **con**] **las manos** das Gesicht hintern den Händen verbergen **II.** *vr:* **~se** sich verstecken

ocultismo [okul̪'tismo] *m* Okkultismus *m*

oculto, -a [o'kul̪to, -a] *adj (escondido)* verborgen; *(secreto)* geheim; **de ~** inkognito; **en ~** insgeheim; **traerse algo ~** etw im Schilde führen

ocupación [okupa'θjon] *f* ❶ *(trabajo)* Beschäftigung *f;* **~ lucrativa** Erwerbstätigkeit *f;* **~ del ocio** Freizeitbeschäftigung *f;* **~ temporal** befristetes Beschäftigungsverhältnis; **sin ~** arbeitslos ❷ *(apoderamiento, t.* MIL) Besetzung *f;* **~ hotelera** Hotelbelegung *f;* **primera ~ de un apartamento** Erstbezug einer Wohnung; **zona de ~** besetztes Gebiet

ocupacional [okupaθjo'nal] *adj* Berufs-

ocupado, -a [oku'paðo, -a] *adj* ❶ *(con mucho trabajo)* beschäftigt; **no me molestes: estoy muy ~** stör mich nicht, ich habe viel zu tun ❷ *(teléfono, aseo)* besetzt ❸ *(mujer)* schwanger

ocupante [oku'pan̪te] **I.** *adj* (MIL) Besat-

O

zungs- **II.** *mf* ❶ *(de vehículo)* (Fahrzeug)insasse, -in *m, f; (de tren/autobús)* Fahrgast *m; (de avión/barco)* Passagier(in) *m(f)* ❷ *(de un edificio)* Bewohner(in) *m(f)*

ocupar [oku'par] **I.** *vt* ❶ *(sitio)* einnehmen ❷ *(un cargo)* innehaben ❸ *(asiento, línea de teléfono)* belegen ❹ *(vivienda)* bewohnen ❺ (MIL) besetzen ❻ *(a una persona)* beschäftigen ❼ *(tiempo)* in Anspruch nehmen **II.** *vr:* **~se** sich beschäftigen (**con/en/de** mit +*dat*); *(cuidar)* sich kümmern (**de** um +*akk*); **ella se ocupó de todo** sie hat alles arrangiert

ocurrencia [oku'rreṇθja] *f* ❶ *(idea)* Idee *f;* **¡qué ~ pensar que es mi culpa!** wie kommst du denn darauf, es sei meine Schuld?; **dijo que podía comerse 20 panecillos, ¡qué ~!** er/sie hat behauptet 20 Brötchen essen zu können – so ein Quatsch!; **se bañó en el mar en pleno invierno, ¡qué ~!** er/sie badete mitten im Winter im Meer – so eine Schnapsidee!; **tener la ~ de...** auf die Idee kommen, zu ... ❷ *(acontecimiento)* Vorfall *m*

ocurrente [oku'rreṇte] *adj* einfallsreich

ocurrir [oku'rrir] **I.** *vi* geschehen; **¿qué ocurre?** was ist los?; **¿qué te ocurre?** was hast du?; **lo que ocurre es que...** die Sache ist so: ...; **cuida de que no vuelva a ~ algo semejante** sorge dafür, dass so etwas nie wieder vorkommt **II.** *vr:* **~se** einfallen +*dat;* **no se me ocurre nada** mir fällt nichts ein; **no se le ocurre más que decir tonterías** er kommt nur auf Dummheiten; **¿cómo se te ocurrió esto/esa tontería?** wie bist du denn auf die Idee/Schnapsidee gekommen?; **nunca se me hubiese ocurrido pensar que...** ich wäre nie auf die Idee gekommen, dass ...

oda ['oða] *f* Ode *f* (**a** an +*akk*)

odiar [o'ðjar] *vt* hassen; **~ a muerte** auf den Tod hassen

odio ['oðjo] *m* Hass *m;* **hacer algo por ~ a alguien** jdm etw aus Hass antun

odiosidad [oðjosi'ðað] *f* ❶ *(carácter)* Gehässigkeit *f* ❷ *(aversión)* heftige Abneigung *f* ❸ *(Am: molestia)* Belästigung *f*

odioso, -a [o'ðjoso, -a] *adj* ❶ *(hostil)* gehässig ❷ *(repugnante)* widerlich ❸ *(Am: fastidioso)* lästig

odisea [oði'sea] *f* Odyssee *f*

odontalgia [oðoṇ'talxja] *f* (MED) Zahnschmerz *m*

odontología [oðoṇtolo'xia] *f* Zahnmedizin *f*

odontólogo, -a [oðoṇ'toloɣo, -a] *m, f* Zahnarzt, -ärztin *m, f*

odorífero, -a [oðo'rifero, -a] *adj,* **odorífico, -a** [oðo'rifiko, -a] *adj (elev)* wohlriechend, duftend

odre ['oðre] *m (cuero)* (Wein)schlauch *m*

OEA [oe'a] *f abr de* **Organización de los Estados Americanos** OAS *f*

oeste [o'este] *m* ❶ *(punto)* Westen *m;* **el lejano ~** der Wilde Westen; **película del ~** Western *m;* **hacia el ~** westwärts; **al ~ de...** westlich von ... ❷ *(viento)* Westwind *m*

ofender [ofeṇ'der] **I.** *vt* ❶ *(humillar)* beleidigen; **~ la vista** eine Beleidigung für das Auge sein; **~ a Dios** sündigen; **hacerse el ~** schmollen ❷ *(herir)* verletzen **II.** *vr:* **~se** beleidigt sein; **¡no te ofendas conmigo!** sei mir nicht böse!

ofendido, -a [ofeṇ'diðo, -a] **I.** *adj* beleidigt, gekränkt **II.** *m, f* Beleidigte(r) *f(m);* (JUR) Geschädigte(r) *f(m);* **hacerse el ~** schmollen

ofensa [o'fensa] *f* Beleidigung *f;* **dicho sea sin ~ de nadie** mit dem Gesagten möchte ich niemandem zu nahe treten

ofensiva [ofen'siβa] *f* Angriff *m;* **tomar la ~** zum Angriff übergehen

ofensivo, -a [ofen'siβo, -a] *adj* ❶ *(hiriente)* beleidigend ❷ *(dañino)* schädlich; **~ para el medio ambiente** umweltschädlich ❸ *(que ataca)* Angriffs-

ofensor(a) [ofen'sor(a)] *adj* beleidigend

oferta [o'ferta] *f* Angebot *nt;* **~ de empleo** Stellenangebot *nt;* **~ especial** Sonderangebot *nt;* **este supermercado tiene muchas ~s** in diesem Supermarkt sind viele Waren im Angebot; **hacer mayor ~** überbieten

ofertar [ofer'tar] *vt* anbieten; **invitar a alguien a ~** jdn zu einem Angebot auffordern

oficial [ofi'θjal] *adj* offiziell; **boletín ~** Amtsblatt *nt*

oficial(a) [ofi'θjal(a)] *m(f)* ❶ *(oficio manual)* Geselle, -in *m, f; (administrativo)* kaufmännischer Angestellter, kaufmännische Angestellte *m, f;* **~ de albañil** Maurerpolier *m;* **~ cervecero** Braugehilfe *m;* **~ de obra** Bauhandwerker *m;* **~a de peluquería** Friseurgesellin *f;* **~a (de secretaría)** Sekretärin *f* ❷ (MIL) Offizier *m;* **~ de complemento** Reserveoffizier *m;* **~ marinero** Schiffsoffizier *m* ❸ *(funcionario)* Beamte(r) *m,* Beamtin *f;* **~ del juzgado** Gerichtsschreiber *m;* **~ de pluma** Dienststellenleiter *m;* **~ del registro civil** Standesbeamte(r) *m,* -beamtin *f*

oficialidad [ofiθjali'ðað] *f* ❶ *(carácter)* offizieller Charakter *m* ❷ (MIL) Offizierskorps *nt*

oficialismo [ofiθja'lismo] *m* ❶ *(Arg: buro-

cracia) Bürokratie *f* ② *(Am: del gobierno)* Regierungsapparat *m*

oficialista [ofiθja'lista] **I.** *adj* ① *(Am: burocrático)* bürokratisch ② *(Am: del gobierno)* regierungsnah **II.** *mf (Am)* Regierungsanhänger(in) *m(f)*

oficializar *vt* <z → c> offiziell bestätigen

oficialmente [ofiθjal'mente] *adv* amtlich, von Amts wegen; **fue invitada ~** sie wurde offiziell eingeladen

oficiar [ofi'θjar] **I.** *vt* ① (REL) zelebrieren ② *(comunicar)* amtlich mitteilen **II.** *vi (fam: obrar)* fungieren (**de** als +*nom*); **~ de intérprete** dolmetschen

oficina [ofi'θina] *f* Büro *nt;* **~ de asistencia social** Sozialamt *nt;* **~ colectiva** Großraumbüro *nt;* **~ de correos** Postamt *nt;* **~ de cuenta** Rechnungshof *m;* **~ de empleo** ≈ Agentur *f* für Arbeit; **~ de información matrimonial** Eheberatungsstelle *f;* **~ de ingeniería** Konstruktionsbüro *nt;* **~ de maquinaria** Maschinenwerkstatt *f;* **~ de matrícula** Zulassungsstelle *f;* **~ de objetos perdidos** Fundbüro *nt;* **~ de pasaportes** Passbehörde *f*

oficinista [ofiθi'nista] *mf* Büroangestellte(r) *mf*

oficio [o'fiθjo] *m* ① *(profesión)* Beruf *m;* **~ de ebanista** Tischlerhandwerk *nt;* **~ especializado** ≈ anerkannter Lehrberuf; **ejercer un ~** einem Beruf nachgehen; **sin ~ ni beneficio** ungelernt; **tomar algo por ~** *(fam fig)* etw gewohnheitsmäßig tun; **ser del ~** *(fam)* auf den Strich gehen ② *(función)* Amt *nt;* **defensor de ~** Pflichtverteidiger *m;* **de ~** von Amts wegen; **ofrecer sus buenos ~s** seine guten Dienste anbieten ③ *(escrito)* amtliches Schreiben *nt* ④ (REL) Gottesdienst *m;* **~ de difuntos** Totenmesse *f;* **Santo O~** Inquisition *f*

oficioso, -a [ofi'θjoso, -a] *adj* ① *(activo)* geschäftig ② *(servicial)* dienstbeflissen ③ *(extraoficial)* halbamtlich; **mentira oficiosa** Notlüge *f*

ofrecer [ofre'θer] *irr como crecer* **I.** *vt (brindar)* anbieten; *(presentar, dar)* bieten; (REL) darbringen; **~ un banquete** ein Festessen geben; **~ grandes dificultades** große Schwierigkeiten mit sich bringen; **~ un sacrificio** ein Opfer bringen; **vamos a ~** *(fig fam)* wir gehen etwas trinken **II.** *vr:* **~se** ① *(brindarse)* sich anbieten; **¿se le ofrece algo?** was darf es sein?; **¿qué se le ofrece?** womit kann ich (Ihnen) dienen? ② *(ocurrirse)* einfallen

ofrecimiento [ofreθi'mjento] *m* ① *(oferta)* Angebot *nt* ② (REL) Darbringung *f*

ofrenda [o'frenda] *f* (milde) Gabe *f; (sacrificio)* Opfergabe *f*

ofrendar [ofren'dar] *vt* spenden; *(sacrificar)* opfern

oftalmología [oftalmolo'xia] *f* Augenheilkunde *f*

oftalmólogo, -a [oftal'moloɣo, -a] *m, f* Augenarzt, -ärztin *m, f*

ofuscación [ofuska'θjon] *f,* **ofuscamiento** [ofuska'mjento] *m (vista)* Blendung *f; (de la mente)* Trübung *f; (de alguien)* Verblendung *f*

ofuscar [ofus'kar] <c → qu> **I.** *vt (cegar)* blenden; *(la mente)* trüben; **~ (la mente) a alguien** jdn verblenden **II.** *vr:* **~se** beharren (**en** auf +*dat*); **~se con una idea** von einer Idee besessen sein

ogro ['oɣro] *m* ① *(mitología)* Menschen fressender Riese *m* ② *(persona)* Scheusal *nt*

oh [o] *interj* oh

ohm [om] *m,* **ohmio** ['omjo] *m* Ohm *nt*

oíble [o'iβle] *adj* hörbar

oída [o'iða] *f* **de ~s** vom Hörensagen

oído [o'iðo] *m* ① *(sentido)* Gehör *nt;* **tener buen ~** ein gutes Gehör haben; **aprender de ~** nach Gehör lernen; **aguzar el ~** die Ohren spitzen; **aplicar el ~** aufmerksam zuhören ② (ANAT) Ohr *nt;* **cera de ~s** Ohrenschmalz *nt;* **zumbido de ~s** Ohrensausen *nt;* **me zumban los ~s** mir klingen die Ohren; **cerrar los ~s a algo** die Ohren vor etw *dat* verschließen; **duro de ~** schwerhörig; **dar ~s a alguien** *(escuchar)* jdm sein Ohr leihen; *(creer)* jdm glauben; **hacer ~s de mercader** sich taub stellen; **ladrar a alguien al ~** jdm in den Ohren liegen; **llegar a ~s de alguien** jdm zu Ohren kommen; **¡~ al parche!** aufgepasst!; **pegarse al ~** ins Ohr gehen; **regalar los ~s** schmeicheln; **ser todo ~s** ganz Ohr sein; **a palabras necias ~s sordos** *(prov)* eine dumme Frage verdient eine dumme Antwort

oír [o'ir] *vt irr (sentir)* hören; *(escuchar)* anhören; **¡oye!** na hör mal!; **¡oye, ven aquí!** du, komm mal her!; **¿oyes?** hast du verstanden?; **¡oiga!** hallo!; **~ como quien oye llover** nur mit halbem Ohr hinhören; **¡Dios te oiga!** dein Wort in Gottes Ohr!; **~ decir que...** hören, dass ...; **parece que no has oído bien** du hast dich wohl verhört; **ya me oirá** der/die hört noch von mir!; **no se oye el vuelo de una mosca** es ist so still, dass man eine Stecknadel fallen hören könnte

ojal [o'xal] *m* ① *(para botones)* Knopfloch *nt* ② *(ojete)* Öse *f*

O

ojalá [oxa'la] *interj* hoffentlich; **¡~ tuvieras razón!** wenn du nur Recht hättest!
ojeada [oxe'aða] *f* **echar una ~ a algo** einen flüchtigen Blick auf etw werfen; **¿puedes echar una ~ a mi maleta?** kannst du bitte meinen Koffer im Auge behalten?
ojear [oxe'ar] *vt* ❶ *(mirar con atención)* beäugen ❷ *(pasar la vista)* durchsehen ❸ *(la caza)* aufscheuchen
ojera [o'xera] *f* kleine Schale *f* zur Augenspülung
ojeras [o'xeras] *fpl* Augenringe *mpl;* **tener ~** Ringe unter den Augen haben
ojeriza [oxe'riθa] *f* Abneigung *f;* **tener ~ a alguien** jdn nicht ausstehen können
ojeroso, -a [oxe'roso, -a] *adj* mit Ringen unter den Augen
ojetada [oxe'taða] *f (Méx: vulg)* Gemeinheit *f fam*
ojete [o'xete] *m* ❶ *(ojal)* Öse *f* ❷ *(vulg: ano)* Arschloch *nt* ❸ *(Arg: vagina)* Vagina *f*
ojímetro [o'ximetro] *m (fam)* **a ~** aufs Geratewohl
ojituerto, -a [oxi'twerto, -a] *adj* schielend
ojival [oxi'βal] *adj* spitzbogig
ojo ['oxo] *m* ❶ (ANAT) Auge *nt;* **~ de buey** (NÁUT) Bullauge *nt;* **~ del caldo** Fettauge *nt;* **~ de gallo** *(fig)* Hühnerauge *nt;* **~s rasgados** Schlitzaugen *ntpl;* **~s saltones** Glupschaugen *ntpl;* **a ~** nach Augenmaß; **a ~s cerrados** *(fig)* ohne nachzudenken; **a ~s vistas** augenscheinlich; **abrir los ~s** *(fig)* die Augen offen halten; **aguzar los ~s** die Augen zusammenkneifen; **andar con cien ~s** sehr vorsichtig sein; **cerrar los ~s a algo** *(fig)* die Augen vor etw *dat* verschließen; **con los ~s cerrados** *(fig)* in blindem Vertrauen; **clavar los ~s en algo** den Blick auf etw heften; **comerse con los ~s** mit den Augen verschlingen; **costar un ~ de la cara** ein Vermögen kosten; **echar el ~ a algo/alguien** *(querer)* ein Auge auf etw/jdn werfen; *(vigilar)* etw/jdn im Auge behalten; **en un abrir y cerrar de ~s** im Nu; **estar entrampado hasta los ~s** bis über die Ohren verschuldet sein; **estoy con el agua hasta los ~s** das Wasser steht mir bis zum Halse; **hacer del ~** sich *dat* zublinzeln; **los niños llenan antes los ~s que la barriga** bei Kindern sind die Augen meist größer als der Magen; **meter por los ~s** aufdrängen; **mirar con buenos/malos ~s** gernhaben/nicht ausstehen können; **¡mis ~s!** *(fig)* mein Schatz!; **no parecerse ni en el blanco de los ~s** sich *dat* kein bisschen ähnlich sehen; **no pegar ~** kein Auge zutun; **no saber dónde poner los ~s** niemanden haben, an den man sich wenden kann; **no tener ~s en la cara** *(fig)* keine Augen im Kopf haben; **tener ~** *(cuidado)* vorsichtig sein; **¡~!** Vorsicht!; **¡~ con este tipo!** nimm dich vor diesem Kerl in Acht!; **¡~ al dinero que es el amor verdadero!** man kann nicht von Luft und Liebe leben!; **pasar los ~s por algo** etw überfliegen; **poner delante de los ~s de alguien** *(fig)* jdm vor Augen führen; **poner los ~s en blanco** die Augen verdrehen; **¡qué ~ tienes!** dir entgeht aber auch nichts!; **sacarle los ~s a alguien** jdm die Augen auskratzen; **ser el ~ derecho de alguien** jds rechte Hand sein; **ser todo ~s** aufmerksam zusehen; **tener a alguien entre ~s** *(estar enfadado)* auf jdn schlecht zu sprechen sein; *(tener manía)* jdm grollen; **tener ~ a algo** etw im Auge behalten; **tener ~ clínico** gut diagnostizieren können; *(fig)* ein scharfer Beobachter sein; **tiene mucho ~ con los turistas** er/sie versteht es, mit Touristen umzugehen; **~ por ~ (y diente por diente)** *(prov)* Auge um Auge, Zahn um Zahn; **~s que no ven, corazón que no siente** *(prov)* aus den Augen, aus dem Sinn ❷ *(agujero)* Loch *nt;* **~ de aguja** Nadelöhr *nt;* **~ de cerradura** Schlüsselloch *nt;* **~ de patio** Lichthof *m;* **~ de un puente** Brückenbogen *m;* **meterse por el ~ de una aguja** pfiffig sein
ojota [o'xota] *f (Am: sandalia)* Sandale *f*
okapi [o'kapi] *m* Okapi *nt*
okey [o'kei̯] **I.** *adj* okay, gut **II.** *m (Am)* Okay *nt,* Einverständnis *nt;* **dar el ~** sein Okay geben **III.** *adv* okay, abgemacht
okupa [o'kupa] *mf (argot)* Hausbesetzer(in) *m(f)*
okupación [okupa'θjon] *f (argot)* Hausbesetzung *f*
ola ['ola] *f* Welle *f;* **~ de calor** Hitzewelle *f*
olé [o'le] *interj* bravo, weiter so
olé [o'le] *interj* bravo; (TAUR) olé
oleada [ole'aða] *f* ❶ *(ola)* Brecher *m* ❷ *(cantidad)* Flut *f;* **~ de gente** Menschenmenge *f;* **derramar ~s de tinta** *(fig)* sich *dat* die Finger wund schreiben
oleaginoso, -a [oleaxi'noso, -a] *adj (con aceite)* ölhaltig; *(como aceite)* ölartig
oleaje [ole'axe] *m* Seegang *m*
oleario, -a [ole'arjo, -a] *adj* ölig
óleo ['oleo] *m* ❶ *(aceite)* Olivenöl *nt* ❷ (ARTE) Ölfarbe *f;* **cuadro al ~** Ölbild *nt;* **pintar al ~** in Öl malen ❸ (REL) **administrar los ~s** die Letzte Ölung geben
oleoducto [oleo'ðukto] *m* Pipeline *f*
oleografía [oleoɣra'fia] *f* (ARTE) Öldruck *m*
oleoso, -a [ole'oso, -a] *adj* ölig
oler [o'ler] *irr* **I.** *vi* riechen (**a** nach +*dat*);

~ (**bien**) duften; ~ (**mal**) stinken **II.** *vt* riechen; ~ **una flor** an einer Blume riechen; ~ **el peligro** die Gefahr wittern

olfa ['olfa] *mf (RíoPl)* ❶ *(fam: chupamedias)* Streber(in) *m(f)* ❷ *(fam: persona servil)* Schmeichler(in) *m(f),* Arschkriecher(in) *m(f) abw*

olfatear [olfate'ar] **I.** *vt* ❶ *(oliscar)* beschnuppern ❷ *(husmear)* wittern **II.** *vi* ❶ *(oliscar)* schnuppern ❷ *(curiosear)* herumschnüffeln *fam*

olfateo [olfa'teo] *m* Wittern *nt*

olfativo, -a [olfa'tiβo, -a] *adj* Geruchs-

olfato [ol'fato] *m* Geruchssinn *m;* **tener (buen)** ~ *(fig)* einen guten Riecher haben

oligarca [oli'ɣarka] *mf* (POL) Oligarch(in) *m(f)*

oligarquía [oliɣar'kia] *f* Oligarchie *f*

oligoelemento [oliɣoele'men̪to] *m* (BIOL) Spurenelement *nt*

oligofrénico, -a [oliɣo'freniko, -a] **I.** *adj* schwachsinnig **II.** *m, f* Schwachsinnige(r) *mf*

olimpiada [olim'pjaða] *f,* **olimpíada** [olim'piaða] *f* Olympiade *f*

olímpicamente [olimpika'men̪te] *adv (fam)* mit Abstand, überragend; **vencer al contrario** ~ den Gegner haushoch schlagen

olímpico, -a [o'limpiko, -a] *adj* olympisch

olimpo [o'limpo] *m* Olymp *m*

olisca [o'liska] *f* Geruchssinn *m*

oliscar [olis'kar] <c → qu> *vi* ❶ *(oler)* anfangen zu stinken ❷ *v.* **olfatear**

olisquear [oliske'ar] *vt, vi v.* **olfatear**

oliva [o'liβa] **I.** *adj* (**verde**) ~ oliv(grün) **II.** *f* ❶ (BOT) Olive *f* ❷ *(color)* Oliv(grün) *nt*

oliváceo, -a [oli'βaθeo, -a] *adj* oliv(grün)

olivero, -a [oli'βero, -a] *adj* Oliven-; **cultivo** ~ Olivenanbau *m*

olivo [o'liβo] *m* Olivenbaum *m;* **el Monte de los ~s** (REL) der Ölberg; **tomar el** ~ *(fam)* verduften

olla ['oʎa] *f* ❶ *(para cocinar)* Kochtopf *m;* ~ **exprés** Dampfkochtopf *m,* Schnellkochtopf *m;* ~ **de grillos** *(fam)* Tohuwabohu *nt;* **tengo la cabeza como una ~ de grillos** mir schwirrt der Kopf ❷ (GASTR) Eintopf *m;* **ser el garbanzo negro de la** ~ *(fam)* das schwarze Schaf sein; **por un garbanzo no se descompone la** ~ *(prov)* niemand ist unersetzlich

ollar [o'ʎar] *m* Nüster *f*

olmedo [ol'meðo] *m* (BOT) Ulmenwald *m*

olmo ['olmo] *m* Ulme *f;* **pedir peras al** ~ etwas Unmögliches verlangen

olor [o'lor] *m* Geruch *m;* (**buen**) ~ Duft *m;* (**mal**) ~ Gestank *m;* **viene al ~ de tu dinero** er/sie wittert dein Geld; **vivir en ~ de santidad** wie ein Heiliger verehrt werden

oloroso, -a [olo'roso, -a] *adj* duftend

OLP [oele'pe] *f abr de* **Organización para la Liberación de Palestina** PLO *f*

olvidadizo, -a [olβiða'ðiθo, -a] *adj* vergesslich

olvidado[1] [olβi'ðaðo] *m* (TIPO) Auslassung *f*

olvidado, -a[2] [olβi'ðaðo, -a] *adj* vergessen

olvidar(se) [olβi'ðar(se)] *vt, vr* vergessen; *(idioma)* verlernen; **no ~ que...** *(considerar)* bedenken, dass ...; **dejar olvidado** liegen lassen; **se me ha olvidado** [*o* **me he olvidado de**] **tu nombre** ich habe deinen Namen vergessen

olvido [ol'βiðo] *m* ❶ *(falta de memoria)* Vergesslichkeit *f* ❷ *(omisión)* Vergessen *nt;* ~ **de sí mismo** Selbstvergessenheit *f;* **caer en (el)** ~ in Vergessenheit geraten; **enterrar en el** ~ für immer vergessen

Omán [o'man] *m* Oman *nt*

ombligo [om'bliɣo] *m* ❶ (ANAT) (Bauch)nabel *m;* **se me encoge el** ~ mir wird angst und bange ❷ *(centro)* Mittelpunkt *m;* **el ~ del mundo** der Nabel der Welt

omega [o'meɣa] *f* ❶ *(letra griega)* Omega *nt* ❷ *(fig: final)* Ende *nt*

ominoso, -a [omi'noso, -a] *adj* ominös

omisión [omi'sjon] *f* ❶ *(supresión)* Auslassung *f* ❷ *(negligencia)* Unterlassung *f;* ~ **de auxilio** unterlassene Hilfeleistung

omiso, -a [o'miso, -a] *adj (negligente)* nachlässig; **hacer caso ~ de algo** etw nicht beachten

omitir [omi'tir] *vt* ❶ *(no hacer)* unterlassen; **no ~ esfuerzos** keine Mühen scheuen ❷ *(pasar por alto)* auslassen; *(coma)* weglassen

ómnibus ['omniβus] *m* (AUTO) (Omni)bus *m*

omnipotencia [omnipo'ten̪θja] *f* Allmacht *f*

omnipotente [omnipo'ten̪te] *adj* allmächtig

omnipresencia [omnipre'sen̪θja] *f* Allgegenwart *f*

omnipresente [omnipre'sen̪te] *adj* allgegenwärtig

omnisciente [omnis'θjen̪te] *adj* allwissend

omnívoro, -a [om'niβoro, -a] **I.** *adj* alles fressend **II.** *m, f* Allesfresser *m*

omoplato [omo'plato] *m,* **omóplato** [o'moplato] *m* Schulterblatt *nt*

omoto [o'moto] *m (Ecua)* Zwerg *m*

OMS [oms] *f abr de* **Organización Mundial de la Salud** WHO *f*

onanismo [ona'nismo] *m* Onanie *f*

O

once ['oṇθe] *adj inv* elf; **estar a las ~** *(fam: ropa)* schlecht sitzen; **estar a las ~ y cuarto** *(fig fam)* nicht richtig ticken; **tomar las ~** eine Frühstückspause machen; *v. t.* **ocho**

ONCE *f v.* **Organización Nacional de Ciegos Españoles** *Lotterie zugunsten der Sehbehinderten Spaniens*

onceavo, -a [oṇθe'aβo, -a] *adj* elftel; *v. t.* **octavo**

onceno, -a [oṇ'θeno, -a] *adj* elfte(r, s); **el ~, no estorbar** *(fam)* das elfte Gebot: du sollst nicht stören; *v. t.* **octavo**

oncología [oŋkolo'xia] *f* (MED) Onkologie *f*

onda ['oṇda] *f* ① (*t.* FÍS, RADIO) Welle *f;* **~ explosiva** Druckwelle *f;* **~s del pelo** Wellen im Haar; **estar en la ~ de algo** *(fam: comprender)* über etw Bescheid wissen; *(seguir)* bei etw *dat* mitmachen ② *(Am: loc)* **¡qué buena ~!** klasse!; **tener ~ con alguien** auf jdn scharf sein *fam*

ondear [oṇde'ar] *vi (formar)* sich wellen; *(moverse)* wogen; *(bandera)* flattern

ondina [oṇ'dina] *f* Undine *f*

ondulación [oṇdula'θjon] *f* ① *(movimiento)* Wellenbewegung *f* ② *(formación)* Wellung *f;* **~ permanente** Dauerwelle *f*

ondulado, -a [oṇdu'laðo, -a] *adj* wellig; **cartón ~** Wellpappe *f*

ondulante [oṇdu'laṇte] *adj* Wellen formend

ondular [oṇdu'lar] **I.** *vi (formar ondas)* sich wellen; *(moverse)* wogen; *(bandera)* flattern; *(culebra)* sich winden **II.** *vt* wellen

ondulatorio, -a [oṇdula'torjo, -a] *adj* wellenförmig; **movimiento ~** Wellenbewegung *f*

oneroso, -a [one'roso, -a] *adj* ① *(molesto)* lästig; *(gravoso)* belastend ② *(costoso)* kostspielig ③ *(remunerable)* entgeltlich

ONG [oene'xe] *f inv abr de* **Organización no Gubernamental** NGO *f*

ónice ['oniθe] *m* Onyx *m*

onírico, -a [o'niriko, -a] *adj* Traum-

ónix ['oniˠs] *m* Onyx *m*

onomástica [ono'mastika] *f* ① *(materia)* Namenkunde *f* ② *(día)* Namenstag *m;* **hoy es mi ~** ich habe heute Namenstag

onomatopeya [onomato'peɟa] *f* (LING) ① *(palabra)* Onomatopoetikum *nt* ② *(figura)* Lautmalerei *f*

ontología [oṇtolo'xia] *f* (FILOS) Ontologie *f*

ONU ['onu] *f abr de* **Organización de las Naciones Unidas** UNO *f*

onubense [onu'βense] **I.** *adj* aus Huelva **II.** *mf* Einwohner(in) *m(f)* von Huelva

onza ['oṇθa] *f* Unze *f*

opacidad [opaθi'ðaᵈ] *f* Lichtundurchlässigkeit *f*

opaco, -a [o'pako, -a] *adj* ① *(no trasparente)* lichtundurchlässig ② *(sin brillo)* matt; *(oscuro)* düster; *(voz)* belegt ③ *(persona)* unscheinbar

opalescente [opales'θeṇte] *adj* schillernd

ópalo ['opalo] *m* Opal *m*

opción [oβ'θjon] *f* ① *(elección)* Wahl *f;* *(posibilidad)* Wahlmöglichkeit *f;* **~ del menú** (INFOR) Menüoption *f;* **a ~** nach Wahl ② *(derecho)* Anrecht *nt* (**a** auf +*akk*); **~ al cambio** Umtauschrecht *nt* ③ (ECON, JUR, POL) Option *f;* **~ de compra** Kaufoption *f*

opcional [oβθjo'nal] *adj* nach Wahl, Wahl-; (INFOR) optional

OPEP [o'pep] *f abr de* **Organización de Países Exportadores de Petróleo** OPEC *f*

ópera ['opera] *f* Oper *f*

operable [ope'raβle] *adj* durchführbar; (MED) operabel, operierbar

operación [opera'θjon] *f* ① (MAT, MED, MIL) Operation *f;* **~ cesárea** Kaiserschnitt *m;* **~ quirúrgica** chirurgischer Eingriff ② *(actividad)* Tätigkeit *f;* *(negocio)* Geschäft *nt;* **~ por acciones** Aktiengeschäft *nt;* **~ de saneamiento** Sanierungsmaßnahme *f*

operado, -a [ope'raðo, -a] **I.** *adj* ① (TÉC) bedient, betätigt; **~ a mano** manuell [*o* von Hand] gesteuert; **~ por teclado** (INFOR) tastaturgesteuert ② (MED) operiert **II.** *m, f* Operierte(r) *f(m)*

operador(a) [opera'ðor(a)] *m(f)* ① (CINE) Filmvorführer(in) *m(f);* **~ de cámara** Kameramann *m* ② (INFOR) Operator(in) *m(f)* ③ (MED) Chirurg(in) *m(f)*

operante [ope'raṇte] *adj* wirkend

operar [ope'rar] **I.** *vi* ① *(actuar)* vorgehen; (MIL) operieren ② (COM) handeln; **~ con bancos** Bankgeschäfte tätigen ③ *(tener efecto)* wirken **II.** *vt* ① (MED) operieren ② *(producir un efecto)* bewirken; **~ milagros** Wunder vollbringen **III.** *vr:* **~se** sich operieren lassen

operario, -a [ope'rarjo, -a] *m, f* Arbeiter(in) *m(f);* **~ sin cualificar** ungelernter Arbeiter

operatividad [operatiβi'ðaᵈ] *f* Betriebsfähigkeit *f;* **~ de las decisiones** Entscheidungsfähigkeit *f*

operativo, -a [opera'tiβo, -a] *adj* ① *(efectivo)* wirksam ② (INFOR) **sistema ~** Betriebssystem *nt*

operatorio, -a [opera'torjo, -a] *adj* (MED) operativ; **intervención operatoria** operativer Eingriff

opereta [ope'reta] *f* Operette *f*

operístico, -a [ope'ristiko, -a] *adj* Opern-; **temporada operística** Opernsaison *f*

opiáceo, -a [o'pjaθeo, -a] *adj* ❶ *(con opio)* opiumhaltig ❷ *(del opio)* Opium-
opinable [opi'naβle] *adj (discutible)* diskutabel; *(controvertido)* strittig
opinante [opi'nante] *adj* die Meinung äußernd, meinend
opinar [opi'nar] *vi, vt* ❶ *(pensar)* meinen; *(creer)* glauben; ~ **bien/mal de algo/alguien** über etw/von jdm eine gute/schlechte Meinung haben; **¿tú qué opinas (de** [*o* **sobre**] **esto)?** was meinst du (dazu)?; **¿qué opinas del nuevo jefe?** was hältst du vom neuen Chef? ❷ *(expresar)* sich äußern (**sobre/en/de** über +*akk*); **¿puedo ~?** darf ich meine Meinung dazu äußern?
opinión [opi'njon] *f* Meinung *f; (postura)* Stellungnahme *f; (punto de vista)* Ansicht *f;* **en mi ~** meiner Meinung nach; **cambiar de ~** seine Meinung ändern; **dar su ~ (sobre algo)** seine Meinung (zu etw *dat*) äußern; **ser de otra/la misma ~** anderer/der gleichen Meinung sein; **ser de la ~ que...** der Meinung sein, dass ...; **tener buena/mala ~ de algo/alguien** über etw/von jdm eine gute/schlechte Meinung haben
opio ['opjo] *m* Opium *nt*
opíparo, -a [o'piparo, -a] *adj* opulent
oponente [opo'nente] *mf* Gegner(in) *m(f)*
oponer [opo'ner] *irr como poner* **I.** *vt* ❶ *(enfrentar)* entgegensetzen; *(confrontar)* gegenüberstellen ❷ *(objetar)* einwenden (**a/contra** gegen +*akk*); ~ **reparos** Einwände erheben; ~ **resistencia** Widerstand leisten **II.** *vr:* **~se** ❶ *(rechazar)* dagegen sein; **~se a algo** gegen etw sein ❷ *(enfrentarse)* sich dagegenstellen ❸ *(obstaculizar)* behindern ❹ *(ser contrario)* völlig unterschiedlich sein ❺ *(estar enfrente)* gegenüberliegen
oporto [o'porto] *m* Portwein *m*
oportunamente [oportuna'mente] *adv* zu gelegener Zeit, bei passender Gelegenheit
oportunidad [oportuni'ðað] *f* ❶ *(cualidad)* Opportunität *f; (temporal)* Rechtzeitigkeit *f; (adecuación)* Zweckmäßigkeit *f* ❷ *(posibilidad)* Gelegenheit *f; (ocasión)* Chance *f;* **a la primera ~** bei der ersten Gelegenheit; **una segunda ~** eine zweite Chance; **aprovechar la ~** die Gelegenheit nutzen; **(no) tener ~ de...** (keine) Gelegenheit haben, zu ... ❸ *pl (ofertas)* Sonderangebote *ntpl*
oportunismo [oportu'nismo] *m* Opportunismus *m*
oportunista [oportu'nista] **I.** *adj* opportunistisch **II.** *mf* Opportunist(in) *m(f)*
oportuno, -a [opor'tuno, -a] *adj* angebracht; *(propicio)* günstig; *(adecuado)* zweckmäßig; *(apropiado)* geeignet; *(al caso)* zutreffend; *(permisible)* zulässig; **es muy ~** das kommt sehr gelegen; **en el momento ~** im rechten Augenblick; *(cuando llegue)* zu gegebener Zeit
oposición [oposi'θjon] *f* ❶ *(resistencia)* Widerstand *m;* **encontrar ~** auf Widerstand stoßen; **presentar ~** Widerstand leisten ❷ (POL) Opposition *f* ❸ *(objeción)* Einwendung *f* ❹ *(contraposición)* Gegensatz *m* ❺ *(pl) (examen)* Auswahlprüfung *f* für den öffentlichen Dienst; **por ~** per Auswahlverfahren; **presentarse a unas oposiciones** an Auswahlprüfungen für den öffentlichen Dienst teilnehmen
opositar [oposi'tar] *vi* sich bewerben (**a** um +*akk*), an den Auswahlprüfungen für den öffentlichen Dienst teilnehmen
opositor(a) [oposi'tor(a)] **I.** *adj* oppositionell; **partido ~** Oppositionspartei *f* **II.** *m(f) (oponente)* Gegner(in) *m(f);* (POL) Mitglied *nt* der Opposition
opresión [opre'sjon] *f* ❶ *(angustia)* Beklemmung *f* ❷ *(represión)* Unterdrückung *f* ❸ *(presión)* Druck *m; (compresión)* Einengung *f*
opresivo, -a [opre'siβo, -a] *adj* ❶ *(agobiante)* bedrückend ❷ *(represivo)* unterdrückend; *(constringente)* beengend ❸ *(apresionante)* drückend; *(comprimente)* einengend
opresor(a) [opre'sor(a)] **I.** *adj* unterdrückend **II.** *m(f)* Unterdrücker(in) *m(f)*
oprimente [opri'mente] *adj v.* **opresivo**
oprimir [opri'mir] *vt* ❶ *(presionar)* drücken; *(comprimir)* einengen ❷ *(agobiar)* bedrücken ❸ *(reprimir)* unterdrücken; *(constreñir)* beengen
oprobiar [opro'βjar] *vt (vilipendiar)* verleumden; *(infamar)* schänden *(Ansehen oder Ruf)*
oprobio [o'proβjo] *m* Schande *f*
oprobioso, -a [opro'βjoso, -a] *adj* schändlich
optar [op'tar] *vi* ❶ *(escoger)* wählen (**por** +*akk*); *(decidirse)* sich entscheiden (**por** für +*akk*) ❷ *(aspirar)* (für sich) beanspruchen (**a** +*akk*); *(solicitar)* sich bewerben (**a** um +*akk*); ~ **a un cargo** ein Amt anstreben ❸ *(tener acceso)* Anspruch haben (**a** auf +*akk*)
optativo, -a [opta'tiβo, -a] *adj* fakultativ; (**asignatura**) **optativa** Wahl(pflicht)fach *nt*
óptica ['optika] *f* ❶ (FÍS) Optik *f* ❷ *(establecimiento)* Optikergeschäft *nt* ❸ *(punto de vista)* Sichtweise *f;* **bajo esta ~** aus diesem Blickwinkel betrachtet

O

óptico, -a ['optiko, -a] **I.** *adj* optisch; **nervio ~** Sehnerv *m* **II.** *m, f* Optiker(in) *m(f)*
optimar [opti'mar] *vt* optimieren
optimismo [opti'mismo] *m* Optimismus *m*
optimista [opti'mista] **I.** *adj* optimistisch **II.** *mf* Optimist(in) *m(f)*
optimización [optimiθa'θjon] *f* Optimierung *f*
optimizar [optimi'θar] <z → c> *vt* optimieren
óptimo[1] ['optimo] *m* Optimum *nt*
óptimo, -a[2] ['optimo, -a] **I.** *superl de* **bueno II.** *adj* optimal; *(excelente)* ausgezeichnet
opuesto, -a [o'pwesto, -a] **I.** *pp de* **oponer II.** *adj* ① *(enfrente)* gegenüberliegend; **al lado ~** auf der Gegenseite; **en dirección opuesta** in der Gegenrichtung ② *(diverso)* gegenteilig; *(contrario)* gegensätzlich; *(enfrentado)* entgegengesetzt; **polo ~** *(t. fig)* Gegenpol *m;* **el sexo ~** das andere Geschlecht ③ *(enemigo)* gegnerisch
opugnar [opuɣ'nar] *vt* sich widersetzen *+dat,* sich stemmen (gegen *+akk*)
opulencia [opu'leṇθja] *f* ① *(abundancia)* Überfluss *m;* *(exuberancia)* Üppigkeit *f* ② *(riqueza)* Reichtum *m*
opulento, -a [opu'leṇto, -a] *adj* ① *(abundante)* üppig; *(lujoso)* luxuriös ② *(rico)* sehr reich
opus ['opus] *m inv* (MÚS) Opus *nt*
opúsculo [o'puskulo] *m* Opuskulum *nt*
oquedad [oke'ðad] *f* ① *(concavidad)* Höhlung *f,* Vertiefung *f* ② *(abertura)* Öffnung *f* ③ *(vacío)* Hohlraum *m*
ora ['ora] *conj (elev)* **~..., ~...** bald ..., bald ...
oración [ora'θjon] *f* ① (REL) Gebet *nt;* **decir una ~** ein Gebet sprechen ② *(frase)* Satz *m;* *(discurso)* Rede *f;* **~ coordinada** beigeordneter Satz; **~ subordinada** Nebensatz *m*
oráculo [o'rakulo] *m* Orakel *nt*
orador(a) [ora'ðor(a)] *m(f)* Redner(in) *m(f);* *(portavoz)* Sprecher(in) *m(f)*
oraje [o'raxe] *m* (METEO) ① *(estado del tiempo)* Wetterlage *f* ② *(borrasca)* Unwetter *nt*
oral [o'ral] *adj* mündlich; **sexo ~** Oralverkehr *m;* **vista ~** (JUR) Verhör *nt;* **por vía ~** (MED) zum Einnehmen
orangután [oraŋgu'tan] *m* Orang-Utan *m*
orar [o'rar] *vi (elev)* beten (**por** für *+akk*); *(rogar)* flehen (**por** um *+akk*)
oratoria [ora'torja] *f* ① *(retórica)* Redekunst *f* ② *(elocuencia)* Redegewandtheit *f*
oratorio[1] [ora'torjo] *m* (REL) Kapelle *f*
oratorio, -a[2] [ora'torjo, -a] *adj* rednerisch

orbe ['orβe] *m* ① *(círculo)* Kreis *m;* *(esfera)* Sphäre *f;* *(terráqueo)* Erdkugel *f* ② *(mundo)* Welt *f*
órbita ['orβita] *f* ① (ASTR, FÍS) Umlaufbahn *f;* **~ planetaria** Planetenbahn *f;* **~ terrestre** Erdumlaufbahn *f;* **poner en ~** in eine Umlaufbahn bringen; **estar en ~** *(fig)* auf dem Laufenden sein; **estar fuera de ~** *(fig)* hinter dem Mond leben ② *(ámbito)* Bereich *m;* *(de influencia)* Einflussbereich *m* ③ (ANAT) Augenhöhle *f;* **se me salían los ojos de las ~s** *(fig)* mir fielen fast die Augen aus dem Kopf
orbital [orβi'tal] *adj* ① (ASTR) orbital, Umlaufbahn-; **cohete ~** Orbitalrakete *f* ② (ANAT, MED) orbital
orbitar [orβi'tar] **I.** *vi* (ASTR, TÉC) umlaufen **II.** *vt* (ASTR, TÉC) in eine Umlaufbahn bringen
orca ['orka] *f* Schwertwal *m*
órdago ['orðaɣo] *m* **de ~** *(fam)* enorm
orden[1] ['orðen] <órdenes> *m* ① *(colocación, organización, t.* BIOL) Ordnung *f;* **en ~** ordentlich; *(reglamentario)* ordnungsgemäß; **alterar el ~** die Ordnung stören; **llamar al ~** zur Ordnung rufen; **poner en ~** in Ordnung bringen; **ser persona de ~** ein ordentlicher Mensch sein; *(fig)* ein rechtschaffener Mensch sein; **sin ~ ni concierto** planlos ② *(sucesión)* Reihenfolge *f;* **en** [*o* **por**] **su** (**debido**) **~** wie es sich gehört; **por ~** der Reihe nach; **por ~ de antigüedad** nach dem Dienstalter ③ *(categoría)* Rang *m;* **de primer/segundo ~** erst-/zweitrangig; **del ~ de** etwa ④ (JUR) **~ constitucional** Verfassung *f;* **~ jurídico** Rechtsordnung *f* ⑤ (ARQUIT) Säulenordnung *f* ⑥ (REL) Weihe *f*
orden[2] ['orðen] <órdenes> *f* ① *(mandato)* Befehl *m;* *(disposición)* Verfügung *f;* *(ordenamiento)* Verordnung *f;* **~ de arresto** Haftbefehl *m;* **~ ministerial** Ministerialerlass *m;* **~ de registro** Durchsuchungsbefehl *m;* **órdenes son órdenes** Befehl ist Befehl; **¡a la ~!** zu Befehl!; **contrario a las órdenes** befehlswidrig; **dar una ~** einen Befehl erteilen; **cumplir una ~** einen Befehl ausführen; **estar a las órdenes de alguien** unter jds Befehl stehen; **hasta nueva ~** bis auf Widerruf; **tus deseos son órdenes para mí** *(irón)* dein Wunsch sei mir Befehl; **estar a la ~ del día** *(fig)* an der Tagesordnung sein ② (COM, FIN) Order *f;* **~ de entrega** Lieferschein *m;* **~ de giro** Überweisungsauftrag *m;* **~ de pago** Zahlungsanweisung *f;* **~ permanente** Dauerauftrag *m;* **por ~** im Auftrag; **por ~ de** im Auftrag von ③ (REL) Orden *m;* **entrar en una ~** einem Orden beitreten

❹ *(condecoración)* Orden *m* ❺ (HIST) Orden *m;* ~ **de caballería** Ritterorden *m* ❻ *pl* (REL: *sacramento*) Weihen *f pl;* **las órdenes mayores/menores** die höheren/niederen Weihen

ordenación [orðena'θjon] *f* ❶ *(disposición)* (An)ordnung *f* ❷ *(ordenanza)* Anordnung *f; (regulación)* Regelung *f;* ~ **jurídica** Rechtsordnung *f;* ~ **territorial** Raumordnung *f* ❸ (REL) Priesterweihe *f*

ordenada [orðe'naða] *f* (MAT) Ordinate *f;* **eje de ~s** Ordinatenachse *f*

ordenado, -a [orðe'naðo, -a] **I.** *adj* ❶ *estar (en orden)* geordnet, ordentlich ❷ *estar (encaminado)* ausgerichtet (**a** auf +*akk*) ❸ *ser (persona)* ordentlich **II.** *m, f* (REL) Ordinierte(r) *mf*

ordenador [orðena'ðor] *m* Computer *m;* ~ **de a bordo** (AUTO) Bordcomputer *m;* ~ **de escritorio** Desktop *m;* ~ **personal** PC *m;* ~ **portátil** Laptop *m,* Notebook *nt;* **asistido por** ~ computergestützt

ordenamiento [orðena'mjento] *m (ordenación)* Anordnung *f; (regulación)* Regelung *f;* ~ **constitucional** Verfassung *f;* ~ **jurídico** Rechtsordnung *f*

ordenanza[1] [orðe'nanθa] *f* ❶ *(ordenación)* Anordnung *f; (medida)* Verordnung *f* ❷ *pl* (ADMIN, MIL) Dienstordnung *f*

ordenanza[2] [orðe'nanθa] *m* ❶ (MIL) Ordonnanz *f* ❷ *(botones)* Bote *m*

ordenar [orðe'nar] **I.** *vi* Ordnung schaffen; *(en casa)* aufräumen **II.** *vt* ❶ *(arreglar)* ordnen; *(habitación, armario)* aufräumen; *(colocar)* anordnen; *(clasificar)* ordnen (**por** nach +*dat*) ❷ *(mandar)* anordnen ❸ (REL) ordinieren **III.** *vr:* **~se** (REL) die Priesterweihe empfangen

ordeñadora [orðeɲa'ðora] *f* Melkmaschine *f*

ordeñar [orðe'ɲar] *vt* melken

ordinal [orði'nal] **I.** *adj* Ordnungs-; **número** ~ Ordnungszahl *f* **II.** *m* Ordnungszahl *f*

ordinariamente [orðinarja'mente] *adv* ❶ *(por costumbre)* gewöhnlich, üblicherweise ❷ *(con grosería)* ordinär

ordinariez [orðina'rjeθ] *f (vulgaridad)* Vulgarität *f*

ordinario, -a [orði'narjo, -a] *adj* ❶ (*t.* JUR: *regular*) ordentlich ❷ *(habitual)* gewöhnlich; **de** ~ üblicherweise ❸ *(grosero)* ordinär

orear [ore'ar] **I.** *vt* ❶ *(airear)* lüften ❷ *(secar)* (an der Luft) trocknen **II.** *vr:* **~se** *(fam)* frische Luft schnappen

orégano [o'reɣano] *m (especia)* Oregano *m; (planta)* Dost *m;* **todo el monte es** ~ *(fig)* alles läuft wie am Schnürchen *fam*

oreja [o'rexa] *f* ❶ (ANAT) Ohr *nt; (sentido)* Gehör *nt;* **aguzar las ~s** die Ohren spitzen; **con las ~s gachas** *(fig)* mit hängendem Kopf; **agachar las ~s** klein beigeben; **¡no agaches las ~s!** halt die Ohren steif!; **calentar las ~s a alguien** jdm eins hinter die Ohren geben; *(fig)* jdm die Ohren lang ziehen; **enseñar la** ~ *(fig)* sein wahres Gesicht zeigen; **ver las ~s al lobo** *(fig)* in Teufelsküche geraten; **haber visto las ~s al lobo** nochmal mit einem blauen Auge davongekommen sein; **ser todo ~s** ganz Ohr sein ❷ *(lateral)* Seitenteil *nt o m; (lengüeta)* Zunge *f; (del zapato)* Lasche *f;* **sillón de ~s** Ohrensessel *m*

orejera [ore'xera] *f* ❶ *(en una gorra)* Ohrenklappe *f* ❷ *pl (en una cinta)* Ohrenschützer *m pl*

orejero, -a [ore'xero, -a] *m, f (Chil: pey)* Petze *f*

orensano, -a [oren'sano, -a] **I.** *adj* aus Orense **II.** *m, f* Einwohner(in) *m(f)* von Orense

oreo [o'reo] *m* ❶ *(ventilación)* Lüften *nt* ❷ *(desecación)* Trocknung *f* an der Luft

orfanato [orfa'nato] *m* Waisenhaus *nt*

orfandad [orfan'dað] *f* ❶ *(estado)* Verwaisung *f* ❷ *(pensión)* Waisenrente *f*

orfebre [or'feβre] *mf* Kunstschmied(in) *m(f); (orífice)* Goldschmied(in) *m(f); (platero)* Silberschmied(in) *m(f)*

orfebrería [orfeβre'ria] *f* ❶ *(obra)* Schmiedearbeit *f; (en oro)* Goldschmiedearbeit *f* ❷ *(arte)* Schmiedekunst *f; (en oro)* Goldschmiedekunst *f*

orfelinato [orfeli'nato] *m* Waisenhaus *nt*

orfeón [orfe'on] *m* Gesangverein *m*

orgánico, -a [or'ɣaniko, -a] *adj* organisch; **Ley Orgánica del Estado** Grundgesetz *nt*

organigrama [orɣani'ɣrama] *m* Organigramm *nt;* ~ **del programa** (INFOR) Programmablaufplan *m*

organillo [orɣa'niʎo] *m* Drehorgel *f*

organismo [orɣa'nismo] *m* ❶ (ANAT, BIOL) Organismus *m* ❷ *(institución)* Einrichtung *f;* ~ **oficial** Behörde *f*

organista [orɣa'nista] *mf* Organist(in) *m(f)*

organización [orɣaniθa'θjon] *f* Organisation *f;* ~ **central** Dachverband *m;* ~ **no gubernamental** nichtstaatliche Organisation; **O~ del Tratado del Atlántico Norte** Nordatlantikpakt *m*

organizado, -a [orɣani'θaðo, -a] *adj* ❶ *estar* organisiert ❷ *ser* ordentlich

organizador(a) [orɣaniθa'ðor(a)] **I.** *adj* organisierend; *(organizativo)* organisatorisch; **comité** ~ Organisationsausschuss *m* **II.** *m(f) (de un evento)* Veranstalter(in) *m(f);* ~ **de despacho** Bürobutler *m*

O

organizar [orɣani'θar] <z → c> **I.** *vt* ① *(preparar)* organisieren ② *(crear)* aufbauen ③ *(ordenar)* ordnen; *(estructurar)* gliedern ④ *(realizar)* durchführen; *(celebrar)* veranstalten **II.** *vr:* **~se** ① *(asociarse)* sich zusammenschließen ② *(surgir)* zustande kommen; **¡menuda se organizó!** da war der Teufel los!; **se organizó una pelea** es kam zur Schlägerei ③ *(estructurarse)* sich gliedern ④ *(ordenar)* haushalten (mit +*dat*); **~se el tiempo** sich *dat* die Zeit einteilen

organizativo, -a [orɣaniθa'tiβo, -a] *adj* organisatorisch

órgano ['orɣano] *m* ① (ANAT) Organ *nt;* **~s sexuales** Geschlechtsorgane *nt pl* ② (MÚS) Orgel *f;* **~ automático** Musikautomat *m;* **~ electrónico** E-Orgel *f* ③ *(organismo)* Behörde *f;* **~ administrativo** Verwaltungsorgan *nt;* **~ de gobierno** Regierungsstelle *f;* **~ judicial** Gerichtsbehörde *f*

orgasmo [or'ɣasmo] *m* Orgasmus *m*

orgía [or'xia] *f* Orgie *f; (crápula)* Trinkgelage *nt; (desenfreno)* Zügellosigkeit *f*

orgullo [or'ɣuʎo] *m* ① *(satisfacción)* Stolz *m* (**por/de** auf +*akk*); **~ profesional** Berufsehre *f;* **sentir ~ por alguien/algo** stolz auf jdn/etw sein; **tener el ~ de...** stolz darauf sein, zu ... ② *(soberbia)* Hochmut *m*

orgulloso, -a [orɣu'ʎoso, -a] *adj* ① *estar (satisfecho)* stolz (**con/de** auf +*akk*); **sentirse ~ de algo/alguien** stolz auf etw/jdn sein ② *ser* stolz; *(soberbio)* hochmütig

orientable [orjen̩'taβle] *adj* drehbar; *(ajustable)* verstellbar

orientación [orjen̩ta'θjon] *f* ① *(situación)* Orientierung *f* ② *(posición)* Ausrichtung *f* ③ *(ajuste)* Einstellung *f* ④ *(asesoramiento)* Beratung *f; (dirección)* Lenkung *f* ⑤ *(tendencia)* Tendenz *f;* **tu ~ política** deine politische Einstellung

orientador(a) [orjen̩ta'ðor(a)] *adj* orientierend, richtungsweisend

oriental [orjen̩'tal] **I.** *adj* ① *(del Este)* östlich; **Alemania O~** Ostdeutschland *nt* ② *(Oriente Medio/Próximo)* orientalisch; **alfombra ~** Orientteppich *m* ③ *(Extremo Oriente)* fernöstlich; *(asiático)* asiatisch **II.** *mf* ① *(Oriente Medio/Próximo)* Orientale, -in *m, f* ② *(Extremo Oriente)* Asiate, -in *m, f*

orientalismo [orjen̩ta'lismo] *m* ① *(estudio, disciplina)* Orientalistik *f* ② *(carácter oriental)* orientalische Wesensart *f*

orientalista [orjen̩ta'lista] *mf* Orientalist(in) *m(f)*

orientar [orjen̩'tar] **I.** *vt* ① *(dirigir)* ausrichten (**a/hacia** auf +*akk*); **orientado a la práctica** praxisorientiert ② *(ajustar)* einstellen ③ *(asesorar)* beraten; *(dirigir)* lenken **II.** *vr:* **~se** ① *(dirigirse)* sich ausrichten; *(fig)* sich orientieren; **~se bien** eine gute Orientierung haben; **se orientó muy bien en el trabajo** er/sie fand sich sehr gut in die Arbeit hinein ② *(tender)* tendieren (**a/hacia** zu +*dat*)

orientativo, -a [orjen̩ta'tiβo, -a] *adj* Orientierungs-; **programa ~** Orientierungsprogramm *nt*

oriente [o'rjen̩te] *m* ① (GEO) Osten *m; (países)* Orient *m;* **el O~ Próximo, el Cercano O~** der Nahe Osten; **el Extremo** [*o* **Lejano**] **O~** der Ferne Osten ② *(viento)* Ostwind *m*

orificio [ori'fiθjo] *m (agujero)* Loch *nt; (abertura)* Öffnung *f;* **~ de salida** Mündung *f*

origen [o'rixen] *m* ① *(principio)* Ursprung *m* ② *(causa)* Ursache *f;* **dar ~ a** [*o* **ser ~ de**] **algo** etw verursachen; **tener su ~ en algo** von etw *dat* herrühren ③ *(ascendencia)* Abstammung *f* ④ *(procedencia)* Herkunft *f;* **de ~ español** aus Spanien; **ser de ~ español** gebürtiger Spanier/gebürtige Spanierin sein

original [orixi'nal] **I.** *adj* ① *(auténtico)* original; **versión ~** Originalfassung *f* ② *(primigenio)* ursprünglich; *(natural)* urwüchsig; **el pecado ~** die Erbsünde ③ *(originario)* stammend (**de** aus +*dat*) ④ *(creativo)* originell ⑤ *(singular)* eigenartig **II.** *m* Original *nt;* **fiel al ~** originalgetreu

originalidad [orixinali'ðaᵈ] *f* ① *(autenticidad)* Originalität *f* ② *(del origen)* Ursprünglichkeit *f; (carácter primigenio)* Urwüchsigkeit *f* ③ *(creatividad)* Originalität *f* ④ *(singularidad)* Eigentümlichkeit *f*

originalmente [orixinal'men̩te] *adv* ① *(por su principio)* ursprünglich ② *(con originalidad)* originell

originar [orixi'nar] **I.** *vt (causar)* verursachen; *(provocar)* hervorrufen **II.** *vr:* **~se** entspringen; *(surgir)* entstehen; *(proceder)* herrühren (**en** von +*dat*)

originariamente [orixinarja'men̩te] *adv* ursprünglich

originario, -a [orixi'narjo, -a] *adj* ① *(original)* ursprünglich; *(innato)* angeboren ② *(oriundo)* stammend (**de** aus +*dat*); **es ~ de Chile** er ist gebürtiger Chilene ③ *(de origen)* **país ~** Herkunftsland *nt*

orilla [o'riʎa] *f* ① *(borde)* Rand *m* ② *(ribera)* Ufer *nt;* **a ~s del Rhin** am Rhein(ufer); **~ de** *(fam)* bei ③ *pl (Am: arrabales)* Stadtrand *m*

orillar [ori'ʎar] *vt* ① *(tela)* säumen; *(ador-*

nar) verzieren ② *(resolver)* erledigen ③ *(sortear)* umgehen
orín [o'rin] *m* ① *(pl) (orina)* Urin *m* ② *(óxido)* Rost *m;* **cubierto de ~** rostig
orina [o'rina] *f* <orines> Urin *m*
orinal [ori'nal] *m* Nachttopf *m; (de niño)* Töpfchen *nt*
orinar [ori'nar] **I.** *vi, vt* urinieren; **~ sangre** Blut im Urin haben; **ir a ~** *(fam)* aufs Klo gehen **II.** *vr:* **~se** unkontrolliert Harn lassen; **~se en la cama** das Bett nässen; **estoy orinándome** *(fam)* ich muss ganz schnell aufs Klo
oriundo, -a [o'rjuṇdo, -a] *adj* stammend (**de** aus +*dat*); **es ~ de México** er ist gebürtiger Mexikaner
orla ['orla] *f (de tela)* Borte *f;* **~ de luto** Trauerrand *m*
ornamentación [ornameṇta'θjon] *f* Verzierung *f*
ornamental *adj* ornamental, verzierend
ornamentar [ornameṇ'tar] *vt* verzieren
ornamento [orna'meṇto] *m* ① *(adorno)* Verzierung *f* ② *pl* (REL: *vestiduras*) Ornat *m*
ornar [or'nar] *vt* schmücken (**con/de** mit +*dat*), ornieren *geh*
ornato [or'nato] *m* Zier(de) *f*
ornitólogo, -a [orni'toloɣo, -a] *m, f* Ornithologe, -in *m, f; (criador)* Vogelzüchter(in) *m(f)*
ornitorrinco [ornito'rriŋko] *m* Schnabeltier *nt*
oro ['oro] *m* ① *(metal)* Gold *nt;* **~ de ley** Feingold *nt;* **bodas de ~** goldene Hochzeit; **bañado en ~** vergoldet; **de ~** golden; **color ~** goldfarben; **como los chorros del ~** *(fam)* wie geleckt; **guardar como ~ en paño** wie seinen Augapfel hüten; **pagar a peso de ~** mit Gold aufwiegen; **prometer a alguien el ~ y el moro** *(fam)* jdm das Blaue vom Himmel versprechen; **mi palabra es ~** auf mein Wort ist Verlass; **valer su peso en ~** nicht mit Gold aufzuwiegen sein; **no es ~ todo lo que reluce** *(prov)* es ist nicht alles Gold, was glänzt ② *(dinero)* Gold(geld) *nt;* **hacerse de ~** steinreich werden; **nadar en ~** im Geld schwimmen *fam*
orondo, -a [o'roṇdo, -a] *adj* ① *(recipiente)* (dick)bauchig ② *(gordo)* dickbäuchig ③ *(engreído)* aufgeblasen
oropel [oro'pel] *m* ① *(latón)* Flittergold *nt* ② *(adorno, t. pey)* Flitter *m*
orquesta [or'kesta] *f* Orchester *nt*
orquestación [orkesta'θjon] *f* (MÚS) Orchestrierung *f*
orquestar [orkes'tar] *vt* ① (MÚS) orchestrieren ② *(pey: organizar)* inszenieren
orquestina [orkes'tina] *f (de baile)* Tanzorchester *nt*
orquídea [or'kiðea] *f* Orchidee *f*
ortiga [or'tiɣa] *f* Brennnessel *f*
orto ['orto] *m* ① (ASTR) Sonnenaufgang *m* ② *(CSur: vulg: culo)* Arsch *m; (ano)* Arschloch *nt*
ortodoncia [orto'ðoṇθja] *f* Kieferorthopädie *f*
ortodoxia [orto'ðoˠsja] *f* Orthodoxie *f;* (REL) Rechtgläubigkeit *f*
ortodoxo, -a [orto'ðoˠso, -a] **I.** *adj* orthodox; **ser católico ~** ein strenger Katholik sein **II.** *m, f* Orthodoxe(r) *mf*
ortogonal [ortoɣo'nal] *adj* rechtwinklig
ortogonio [orto'ɣonjo] *m* (MAT) Rechteck *nt,* Orthogon *nt*
ortografía [ortoɣra'fia] *f* Rechtschreibung *f;* **falta de ~** Rechtschreibfehler *m*
ortográfico, -a [orto'ɣrafiko, -a] *adj* orthografisch; **reglas ortográficas** Rechtschreibung *f;* **reforma ortográfica** Rechtschreibreform *f*
ortopeda [orto'peða] *mf* Orthopäde, -in *m, f*
ortopedia [orto'peðja] *f* Orthopädie *f*
ortopédico, -a [orto'peðiko, -a] **I.** *adj* orthopädisch; **pierna ortopédica** Beinprothese *f* **II.** *m, f* Orthopäde, -in *m, f*
ortopedista [ortope'ðista] *mf* Orthopäde, -in *m, f*
oruga [o'ruɣa] *f* ① (ZOOL) Raupe *f* ② (TÉC) Raupenkette *f*
orujo [o'ruxo] *m* ① *(residuo)* Trester *mpl* ② *(aguardiente)* Trester(schnaps) *m*
orza ['orθa] *f* ① *(tinaja)* (großer) Tonkrug *m* ② (NÁUT: *quilla*) Schwert *nt;* **a ~** luvwärts; **ir de ~** (an)luven
orzuelo [or'θwelo] *m* Gerstenkorn *nt*
os [os] **I.** *pron pers (objeto)* euch **II.** *pron refl* **¿~ marcháis?** geht ihr?
osa ['osa] *f* Bärin *f;* **¡anda la ~!** ach, du liebe Zeit!; **la O~ Mayor/Menor** (ASTR) der Große/Kleine Bär [*o* Wagen]
osadía [osa'ðia] *f* Kühnheit *f*
osado, -a [o'saðo, -a] *adj* kühn
osamenta [osa'meṇta] *f (esqueleto)* Gerippe *nt; (restos mortales)* Gebein *nt*
osar [o'sar] *vi* wagen; **¿cómo osas decir esto?** wie kannst du es nur wagen, das zu sagen?
osario [o'sarjo] *m* Ossarium *nt;* (ARTE) Karner *m*
oscense [os'θense] **I.** *adj* aus Huesca **II.** *mf* Einwohner(in) *m(f)* von Huesca
oscilación [osθila'θjon] *f (vaivén)* Schwingung *f; (variación)* Schwankung *f; (indecisión)* Unschlüssigkeit *f*

O

oscilante [osθi'lan̪te] *adj (indeciso)* unschlüssig

oscilar [osθi'lar] *vi (en vaivén)* schwingen; *(péndulo)* pendeln; *(variar)* schwanken

oscilatorio, -a [osθila'torjo, -a] *adj* schwingend

ósculo ['oskulo] *m (elev)* Kuss *m*

oscurantismo [oskuran̪'tismo] *m* Obskurantismus *m*

oscurecer [oskure'θer] *irr como crecer* **I.** *vimpers* dunkel werden **II.** *vt* ① *(privar de luz, t. fig)* verdunkeln ② *(confundir)* verwirren **III.** *vr:* **~se** ① *(volverse oscuro, t. fig)* sich verdunkeln ② *(debilitarse, t. fig)* verblassen **IV.** *m* Abenddämmerung *f;* **al ~** in der Abenddämmerung

oscurecimiento [oskureθi'mjen̪to] *m (t. fig)* Verdunk(e)lung *f; (anochecer)* Dunkelwerden *nt*

oscuridad [oskuri'ðað] *f* ① *(falta de luz)* Dunkelheit *f;* **en la ~** im Dunkeln ② *(falta de claridad)* Unklarheit *f;* **en la ~** im Unklaren

oscuro, -a [os'kuro, -a] *adj (t. fig)* dunkel; **azul ~** dunkelblau; **a oscuras** im Dunkeln; **de ~ origen** von zweifelhafter Herkunft

óseo, -a ['oseo, -a] *adj* knöchern; **restos ~s** Knochen *mpl*

osera [o'sera] *f* Bärenhöhle *f*

osezno, -a [o'seθno, -a] *m, f* Bärenjunge(s) *nt*

osmosis [os'mosis] *f inv,* **ósmosis** ['osmosis] *f inv* ① (QUÍM, BOT) Osmose *f* ② *(influencia)* Beeinflussung *f*

oso ['oso] *m* Bär *m;* **~ de peluche** Teddy(bär) *m;* **~ polar** Eisbär *m;* **~ hormiguero** Ameisenbär *m;* **~ panda** Pandabär *m;* **fuerte como un ~** bärenstark

ostensible [osten'siβle] *adj* offenkundig; **hacer ~** offenbaren

ostensivo, -a [osten'siβo, -a] *adj* ① *(manifiesto)* offensichtlich ② *(ostentoso)* ostentativ

ostentación [osten̪ta'θjon] *f* Zurschaustellen *nt; (jactancia)* Prahlerei *f;* **hacer ~ de algo** etw zur Schau stellen; *(jactarse)* mit etw *dat* prahlen

ostentador(a) [osten̪ta'ðor(a)] **I.** *adj* prahlerisch **II.** *m(f)* Prahler(in) *m(f)*

ostentar [osten̪'tar] *vt* ① *(mostrar)* zur Schau stellen; *(jactarse)* prahlen (mit +*dat*) ② *(poseer)* aufweisen; *(puesto, poder)* innehaben

ostentativo, -a [osten̪ta'tiβo, -a] *adj v.* **ostensivo**

ostentoso, -a [osten̪'toso, -a] *adj* ① *(jactancioso)* prahlerisch ② *(llamativo)* auffallend; *(provocativo)* ostentativ

osteopatía [osteopa'tia] *f* (MED) Osteopathie *f; (patología)* Knochenerkrankung *f*

ostra ['ostra] *f* Auster *f;* **aburrirse como una ~** sich zu Tode langweilen; **¡~s!** herrje!

ostracismo [ostra'θismo] *m (de la vida pública)* Ächtung *f; (exilio)* Verbannung *f;* **condenar al ~** *(fig)* ächten

osudo, -a [o'suðo, -a] *adj* knochig, mit vielen Knochen

otalgia [o'talxia] *f* Ohrenschmerzen *mpl*

OTAN [o'tan] *f abr de* **Organización del Tratado del Atlántico Norte** NATO *f*

otario, -a [o'tarjo, -a] **I.** *adj (CSur)* dumm **II.** *m, f (CSur)* Dummkopf *m*

otate [o'tate] *m (Méx)* Weidengerte *f*

otear [ote'ar] **I.** *vt (ver)* erspähen; *(escudriñar)* absuchen; *(observar)* beobachten **II.** *vi* spähen; *(desde un alto)* hinabspähen

otitis [o'titis] *f inv* Ohrenentzündung *f;* **~ media** Mittelohrentzündung *f*

otólogo, -a [o'toloɣo, -a] *m, f* Ohrenarzt, -ärztin *m, f*

otomana [oto'mana] *f* Ottomane *f*

otomano, -a [oto'mano, -a] **I.** *adj* osmanisch **II.** *m, f* Osmane, -in *m, f*

otoñada [oto'ɲaða] *f* ① *(otoño)* Herbstzeit *f* ② *(cosecha)* Herbsternte *f;* **con estas lluvias tendremos buena ~** mit diesem Regen werden wir im Herbst eine gute Ernte haben

otoñal [oto'ɲal] *adj* ① *(lugar, tiempo)* herbstlich ② *(persona)* älter; **un amor ~** eine späte Liebe

otoño [o'toɲo] *m (estación)* Herbst *m;* **a fin(al)es de ~** im Spätherbst; **el ~ (de la vida)** der Herbst des Lebens

otorgamiento [otorɣa'mjen̪to] *m* ① (JUR) Verleihung *f; (concesión)* Erteilung *f; (de documento)* Ausstellung *f; (de contrato)* Abschluss *m; (de licencia)* Vergabe *f;* **~ de poder** Vollmachterteilung *f* ② *(consentimiento)* Bewilligung *f*

otorgante [otor'ɣan̪te] *mf* Verleiher(in) *m(f); (de poder)* Vollmachtgeber(in) *m(f); (de un documento, cheque)* Aussteller(in) *m(f); (ante un notario)* Beurkundende(r) *f(m)*

otorgar [otor'ɣar] <g → gu> *vt* ① *(conferir)* verleihen; *(conceder)* erteilen; *(ayudas)* gewähren; *(expedir)* ausstellen; **~ licencia** eine Lizenz vergeben; **~ un plazo** eine Frist einräumen; **~ poderes** eine Vollmacht erteilen ② *(acceder)* bewilligen; **~ su consentimiento** seine Zustimmung geben

otorrino, -a [oto'rrino, -a] *m, f (fam)* Hals-Nasen-Ohren-Arzt, -Ärztin *m, f*

otorrinolaringólogo, -a [otorrinolariŋ-

'γoloγo, -a] *m, f* Hals-Nasen-Ohren-Arzt, -Ärztin *m, f*

otramente [otra'mente] *adv* andernfalls

otro, -a ['otro, -a] *adj o pron indef* ❶ *(distinto)* ein anderer, eine andere; **~s** andere; **el ~/la otra/lo ~** der/die/das andere; **otra persona, ~** jemand anders; **ninguna otra persona, ningún ~** kein anderer; **~ tanto** noch einmal so viel; **al ~ día** am Tag darauf; **el ~ día** neulich; **en otra ocasión** ein anderes Mal; **en ~ sitio** woanders; **de un sitio a ~** hin und her; **la otra semana** vorige Woche; **otra cosa** etwas anderes; **¡otra vez será!** ein anderes Mal!; **eso ya es otra cosa** das ist schon besser; **otra vez** noch (ein)mal; **no ~ que** kein anderer als; **esa es otra** *(cosa distinta)* das ist noch einmal etwas anderes; *(irón: aún peor)* das ist ja noch schöner!; **¡a otra cosa mariposa!** Schluss jetzt!; **¡hasta otra (vez)!** bis zum nächsten Mal! ❷ *(uno más)* noch eine(r, s); **otras tres personas** noch drei (weitere) Personen; **¡otra, otra!** Zugabe!; **es ~ Mozart** er ist ein zweiter Mozart

otrora [o'trora] *adv* damals, ehemals

otrosí [otro'si] **I.** *adv* überdies; (*t.* JUR) ferner; **~ digo** ich beantrage ferner **II.** *m* (JUR) weiterer (Klage)antrag *m*

output ['aut̬put̬] *m* Ausgabe *f;* (ECON) Output *m o nt*

outsider [aut'saider] *m* Outsider *m*

ovación [oβa'θjon] *f* Beifall *m;* **dar una ~** Beifall spenden; **recibir una ~** Beifall ernten

ovacionar [oβaθjo'nar] *vt* Beifall spenden *+dat*

ovado, -a [o'βaðo, -a] *adj* ❶ *(aves)* befruchtet ❷ *(de forma oval)* eiförmig, oval

oval [o'βal], **ovalado, -a** [oβa'laðo, -a] *adj* oval

ovalar [oβa'lar] *vt* oval machen

óvalo ['oβalo] *m (forma)* Oval *nt*

ovar [o'βar] *vi* Eier legen

ovario [o'βarjo] *m* (ANAT) Eierstock *m*

oveja [o'βexa] *f* Schaf *nt;* **cada ~ con su pareja** *(prov)* Gleich und Gleich gesellt sich gern

ovejero, -a [oβe'xero, -a] **I.** *adj* Hirten-, Schäfer-; **perro ~** Schäferhund *m* **II.** *m, f* ❶ *(ganadero)* Schäfer(in) *m(f); (pastor)* Schafhirt(in) *m(f)* ❷ *(Am: perro)* Schäferhund *m*

overol [oβe'rol] *m (Am)* Overall *m*

ovetense [oβe'tense] **I.** *adj* aus Oviedo **II.** *m* Einwohner(in) *m(f)* von Oviedo

oviducto [oβi'ðukto] *m* Eileiter *m*

ovillar [oβi'ʎar] **I.** *vt* zu einem Knäuel wickeln; *(enrollar)* aufwickeln **II.** *vr:* **~se** sich zusammenrollen

ovillo [o'βiʎo] *m* Knäuel *m o nt; (fig)* Wirrwarr *m;* **hacerse un ~** *(enredarse)* sich verwickeln; *(encogerse)* sich zusammenrollen; *(al hablar)* sich verhaspeln

ovino, -a [o'βino, -a] **I.** *adj* Schaf-; **ganado ~** Schafe *nt pl* **II.** *m, f* Schaf *nt*

ovíparo, -a [o'βiparo, -a] *adj* Eier legend

ovni ['oβni] *m* UFO *nt*

ovoide [o'βoiðe] **I.** *adj* eiförmig **II.** *m* ❶ (MAT) Ovoid *nt* ❷ *(Am: pelota)* Rugbyball *m*

ovulación [oβula'θjon] *f* Eisprung *m*

ovular [oβu'lar] *vi* einen Eisprung haben

óvulo ['oβulo] *m* (ANAT) Eizelle *f*

oxidable [oˠsi'ðaβle] *adj (metal)* leicht rostend

oxidación [oˠsiða'θjon] *f* ❶ (QUÍM) Oxidation *f* ❷ *(metal)* (Ver)rosten *nt*

oxidante [oˠsi'ðante] **I.** *adj* (QUÍM) oxidierend **II.** *m* Oxidationsmittel *nt*

oxidar [oˠsi'ðar] **I.** *vt* ❶ (QUÍM) oxidieren ❷ *(metal)* rosten lassen; **un hierro oxidado** ein Stück rostiges Eisen **II.** *vr:* **~se** ❶ *(metal)* rosten; *(mente)* verkalken; **~se de no moverse** einrosten ❷ (QUÍM) oxidieren

óxido ['oˠsiðo] *m* ❶ (QUÍM) Oxid *nt* ❷ *(orín)* Rost *m*

oxigenación [oˠsixena'θjon] *f* Versetzung *f* mit Sauerstoff

oxigenar [oˠsixe'nar] **I.** *vt* ❶ *(cabello)* mit Wasserstoffperoxid blondieren; (**rubio**) **oxigenado** wasserstoffblond ❷ (QUÍM) mit Sauerstoff versetzen; **agua oxigenada** Wasserstoffperoxid *nt* **II.** *vr:* **~se** *(fam)* frische Luft schnappen

oxígeno [oˠ'sixeno] *m* Sauerstoff *m*

oyente [o'ɟente] *mf* Zuhörer(in) *m(f);* (RADIO) Hörer(in) *m(f);* (**libre**) **~** (UNIV) Gasthörer(in) *m(f)*

ozono [o'θono] *m* Ozon *nt;* **el agujero en la capa de ~** das Ozonloch

ozonosfera [oθonos'fera] *f* Ozonschicht *f;* (METEO) Ozonosphäre *f*

Pp

P, p [pe] *f* P, p *nt;* ~ **de París** P wie Paula

pabellón [paβe'ʎon] *m* ❶ *(tienda)* Zelt *nt* ❷ *(bandera)* Flagge *f* ❸ (ARQUIT) Pavillon *m* ❹ (ANAT: *de la oreja*) Ohrmuschel *f*

pábulo ['paβulo] *m* Nahrung *f; (fig)* Nährboden *m;* **dar ~ a rumores** Gerüchte hervorrufen

pacana [pa'kana] *f* (BOT) Pekannussbaum *m*

pacato, -a [pa'kato, -a] *adj* ❶ *(mojigato)* bigott ❷ *(apacible)* ruhig, friedfertig ❸ *(tímido)* furchtsam

pacense [pa'θense] **I.** *adj* ❶ aus Badajoz ❷ aus Beja **II.** *mf* ❶ Einwohner(in) *m(f)* von Badajoz ❷ Einwohner(in) *m(f)* von Beja

pacer [pa'θer] *irr como crecer* **I.** *vi* grasen **II.** *vt* abgrasen

pachá [pa'ʧa] *m* Pascha *m;* **vivir como un ~** leben wie Gott in Frankreich

pachaco, -a [pa'ʧako, -a] *adj* ❶ *(AmC: aplastado)* zerquetscht, zusammengedrückt ❷ *(CRi: inútil, enclenque)* mickerig *fam abw*

pachamama [paʧa'mana] *f (And: Madre Tierra)* Mutter *f* Erde *(Göttin der Ureinwohner(innen) Amerikas)*

pachanga [pa'ʧaŋga] *f* ❶ *(danza) kubanischer Tanz* ❷ *(Am: fam: fiesta)* Fest *nt* ❸ (DEP) *Fußball/Korbball mit nur einem Tor/einem Korb*

pachanguero, -a [paʧaŋ'gero, -a] *adj* **una fiesta pachanguera** ein lautes Fest

pacho, -a ['paʧo, -a] *adj* ❶ *(indolente)* träge, phlegmatisch ❷ *(Nic: flaco)* mager

pachocha [pa'ʧoʧa] *f* ❶ (GASTR) *eine Art Gazpacho mit Brot, Essig, Öl und Salz* ❷ *(pachorra)* Trägheit *f*

pachorra [pa'ʧorra] *f (fam)* Trägheit *f*

pachucho, -a [pa'ʧuʧo, -a] *adj* ❶ *(fam: persona)* schlapp ❷ *(fruta)* überreif

pachulí [paʧu'li] *m* (BOT) Patschulipflanze *f*

paciencia [pa'θjeṇθja] *f (espera)* Geduld *f;* **se me acabó la ~** meine Geduld ist am Ende

paciente [pa'θjeṇte] **I.** *adj* geduldig; **ser ~ con alguien** mit jdm viel Geduld haben **II.** *mf* Patient(in) *m(f);* ~ **dependiente** Pflegefall *m*

pacienzudo, -a [paθjeṇ'θuðo, -a] *adj* sehr geduldig

pacificación [paθifika'θjon] *f (establecer paz)* Befriedung *f; (reconciliación)* Aussöhnung *f*

pacificador(a) [paθifika'ðor(a)] **I.** *adj* Frieden stiftend **II.** *m(f)* Frieden(s)stifter(in) *m(f)*

pacíficamente [paθifika'meṇte] *adv* friedlich; **resolver un desacuerdo ~** eine Unstimmigkeit auf friedlichem Wege lösen

pacificar [paθifi'kar] <c → qu> **I.** *vi* den Frieden wiederherstellen **II.** *vt (apaciguar)* befrieden; *(reconciliar)* aussöhnen **III.** *vr:* **~se** sich beruhigen; *(viento)* nachlassen

pacífico, -a [pa'θifiko, -a] *adj* ❶ *(de ánimo tranquilo)* friedfertig; **carácter ~** Friedfertigkeit *f* ❷ *(en estado tranquilo)* ruhig ❸ (GEO) pazifisch; **el océano P~** der Pazifische Ozean

Pacífico [pa'θifiko] *m* Pazifik *m*

pacifismo [paθi'fismo] *m* Pazifismus *m*

pacifista [paθi'fista] **I.** *adj* pazifistisch **II.** *mf* Pazifist(in) *m(f)*

paco, -a ['pako, -a] *adj (Am)* rötlich

pacotilla [pako'tiʎa] *f* ❶ *(calidad inferior)* Schund *m;* **tienda de ~s** Kramladen *m;* **de ~** *(mercancía)* minderwertig; *(restaurante)* zweitklassig; **ser de ~** nichts wert sein; **hacer su ~** zu Geld kommen ❷ *(Am: chusma)* Gesindel *nt*

pacotillero, -a [pakoti'ʎero, -a] **I.** *adj* Kram-; **tienda pacotillera** Kramladen *m* **II.** *m,f* ❶ *(negociante sedentario)* Ramschverkäufer(in) *m(f)* ❷ *(Am: negociante que viaja)* Hausierer(in) *m(f)*

pactable [pak'taβle] *adj* vereinbar; **no ser ~** unvereinbar sein

pactar [pak'tar] **I.** *vi* sich fügen; **¡hay que ~ para sobrevivir!** im Leben muss man Kompromisse machen! **II.** *vt* einen Pakt schließen

pactista [pak'tista] **I.** *adj* kompromissbereit **II.** *mf* Paktierer(in) *m(f)*

pacto ['pakto] *m* Pakt *m; (contrato)* Vertrag *m;* ~ **de estabilidad y crecimiento (económicos)** Stabilitäts- und Wachstumspakt *m*

padecer [paðe'θer] *irr como crecer* **I.** *vi* leiden **II.** *vt* ❶ *(sufrir)* leiden (unter +*dat*); *(enfermedad)* leiden (an +*dat*); ~ **un error** einem Irrtum unterliegen ❷ *(soportar)* ertragen

padecimiento [paðeθi'mjeṇto] *m* ❶ *(sufrimiento)* Leiden *nt* ❷ *(enfermedad)* Krankheit *f*

padrastro [pa'ðrastro] *m* ❶ *(marido de madre)* Stiefvater *m* ❷ *(mal padre)* Rabenvater *m*

padrazo [pa'ðraθo] *m* **es un ~** *(fam)* er ist ein toller Vater

P

padre ['paðre] I. *m* ❶ (*t.* REL) Vater *m;* **~ espiritual** Seelsorger *m;* **¡tu ~!** *(fam)* verdammt noch mal!; **tal ~, tal hijo** *(prov)* der Apfel fällt nicht weit vom Stamm ❷ *pl (antepasados)* Vorfahren *mpl;* **dormir con sus ~s** tot sein ❸ *pl (padre y madre)* Eltern *pl* II. *adj (fam)* riesengroß; **un escándalo ~** ein Riesenskandal; **recibir una paliza de ~ y muy señor mío** windelweich geprügelt werden

padrenuestro [paðre'nwestro] *m* Vaterunser *nt*

padrinazgo [paðri'naθɣo] *m* ❶ *(título)* Patenschaft *f* ❷ *(protección)* Schutz *m*

padrino [pa'ðrino] *m (de bautizo)* (Tauf)pate *m;* **~ (de boda)** Trauzeuge *m;* **tener buenos ~s** *(fig)* gute Beziehungen haben

padrón [pa'ðron] *m* ❶ *(nómina)* Einwohnerverzeichnis *nt* ❷ *(irón: infamia)* Schandfleck *m* ❸ *(Am: caballo)* Zuchthengst *m*

padrote [pa'ðrote] *m (AmC, Méx)* ❶ *(equino)* Deckhengst *m; (bovino)* Zuchtbulle *m* ❷ *(fam: alcahuete)* Zuhälter *m*

paella [pa'eʎa] *f* ❶ *(comida)* Paella *f* ❷ *(utensilio)* Paellapfanne *f*

paellera [pae'ʎera] *f (utensilio)* Paellapfanne *f*

pág. ['paxina] *abr de* **página** S.

paga ['paɣa] *f* ❶ *(sueldo)* Lohn *m* ❷ *(acto)* Zahlung *f*

pagable [pa'ɣaβle] *adj* zahlbar

pagadero, -a [paɣa'ðero, -a] *adj* ❶ *(a pagar)* fällig ❷ *(pagable)* zahlbar

pagado, -a [pa'ɣaðo, -a] *adj* bezahlt; *(en aduana)* verzollt; **~ de sí mismo** selbstgefällig; **portes ~s** portofrei

pagador(a) [paɣa'ðor(a)] *m(f)* ❶ *(que paga)* Zahler(in) *m(f)* ❷ *(cajero)* Kassenführer(in) *m(f)*

paganismo [paɣa'nismo] *m sin pl* Heidentum *nt*

pagano, -a [pa'ɣano, -a] I. *adj* heidnisch II. *m, f* ❶ *(infiel)* Heide, -in *m, f* ❷ *(fam: pagador)* Zahler(in) *m(f);* **hacer de ~** immer für die anderen zahlen

pagar [pa'ɣar] <g → gu> I. *vt* ❶ *(gastos, a alguien)* bezahlen; *(sueldo que se debe)* auszahlen; *(una deuda)* begleichen; **~ un anticipo** eine Anzahlung leisten; **una cuenta sin ~** eine unbezahlte Rechnung; **~ una deuda a plazos** eine Schuld abzahlen; **ahora tiene que ~ el pato** *(fig)* jetzt muss er/sie es ausbaden ❷ *(expiar)* büßen; **~ una condena** eine Strafe verbüßen; **¡me las ~ás!** das wirst du mir büßen! ❸ *(recompensar)* vergelten; *(una visita)* erwidern; **¡Dios se lo pague!** vergelt's Gott! II. *vr:* **~se** ❶ *(aficionarse)* eingenommen sein (**de/con** von +*dat*); *(presumir)* angeben (**de** mit +*dat*) ❷ *(contentarse)* sich abspeisen lassen (**de/con** mit +*dat*)

pagaré [paɣa're] *m* Schuldschein *m*

página ['paxina] *f* ❶ *(hoja)* Seite *f;* **~ principal, ~ inicial** (INFOR) Homepage *f;* **~ web** (INFOR) Webseite *f;* **pasar la ~ (adelante)** (vor)blättern ❷ *(episodio)* Kapitel *nt*

paginación [paxina'θjon] *f* Seitennummerierung *f*

paginar [paxi'nar] *vt* mit Seitenzahlen versehen

pago ['paɣo] *m* ❶ *(reintegro)* Zahlung *f;* **~ adicional** Nachzahlung *f;* **~ extraordinario** Zuschlag *m;* **~ inicial** Anzahlung *f;* **~ móvil** kontaktloses Bezahlen *nt;* **~ a plazos** Ratenzahlung *f;* **día de ~** Zahltag *m;* **anticipar el ~** vorauszahlen; **sujeto a ~** zahlungspflichtig ❷ *(salario)* Lohn *m;* **~ anticipado** Vorschuss *m;* **~ por hora** Stundenlohn *m;* **~ por incapacidad** Krankengeld *nt* ❸ *(fig: recompensa)* Vergeltung *f;* **¿este es el ~ que me das?** so dankst du es mir? ❹ *(heredad)* Gut *nt* ❺ *(Arg, Perú: de nacimiento)* Heimatort *m*

pagoda [pa'ɣoða] *f* Pagode *f*

paila ['pai̯la] *f (Am: sartén)* Pfanne *f*

pailón[1] [pai̯'lon] *m (Bol, Ecua:* GEO) runde Niederung *f*

pailón, -ona[2] [pai̯'lon, -ona] *adj (Chil)* ❶ *(larguirucho)* schlaksig, hoch aufgeschossen ❷ *(fam: orejudo)* mit großen Ohren ❸ *(torpe)* ungeschickt

paipai [pai̯'pai̯] *m* Fächer *m*

país [pa'is] *m* (GEO, POL) Land *nt;* **~ comunitario** EU-Land *nt;* **~ industrializado** Industrienation *f;* **~ limítrofe** Nachbarland *nt;* **~ miembro de la UEME** EWWU-Teilnehmerland *nt;* **País Vasco** Baskenland *nt;* **~ en vías de desarrollo** Entwicklungsland *nt;* **~ en vías de industrialización** Schwellenland *nt*

paisa ['pai̯sa] *m (Am) v.* **paisano**

paisaje [pai̯'saxe] *m* Landschaft *f*

paisajismo [pai̯sa'xismo] *m* (ARTE) Landschaftsmalerei *f*

paisajista [pai̯sa'xista] *mf* Landschaftsmaler(in) *m(f)*

paisajístico, -a [pai̯sa'xistiko, -a] *adj* Landschafts-

paisano, -a [pai̯'sano, -a] *m, f* ❶ *(no militar)* Zivilist(in) *m(f);* **ir de ~** in Zivil gehen ❷ *(compatriota)* Landsmann, -männin *m, f* ❸ *(campesino)* Bauer, Bäuerin *m, f*

Países Bajos [pa'ises 'βaxos] *mpl* Niederlande *pl*

paja ['paxa] *f* Stroh *nt; (pajilla)* Strohhalm *m;* **cama de ~** Streu *f;* **apartar el**

grano de la ~ *(t. fig)* die Spreu vom Weizen trennen; **no pesar una** ~ völlig unbedeutend sein; **no dormirse en las ~s** *(fig)* keine Gelegenheit versäumen; **hacerse una** ~ *(vulg)* sich *dat* einen runterholen

pajar [pa'xar] *m* Scheune *f;* **buscar una aguja en un** ~ *(fig)* eine Stecknadel im Heuhaufen suchen

pájara ['paxara] *f* ❶ *(ave)* kleiner Vogel *m* ❷ *(cometa)* Drachen *m* ❸ *(pey: mujer)* gerissenes Frauenzimmer *nt* ❹ *(loc)* **me entró la** ~ auf einmal fühlte ich mich hundeelend

pajarera [paxa'rera] *f* Voliere *f*

pajarería [paxare'ria] *f* ❶ *(multitud de pájaros)* Vogelschwarm *m* ❷ *(comercio)* Tierhandlung *f*

pajarero, -a [paxa'rero, -a] **I.** *adj* ❶ *(de pájaros)* Vogel-; **redes pajareras** Vogelnetze *ntpl* ❷ *(persona)* lustig ❸ *(telas)* bunt(scheckig) ❹ *(Am: caballos)* leicht scheuend **II.** *m, f (cazador de pájaros)* Vogelfänger(in) *m(f); (criador de pájaros)* Vogelzüchter(in) *m(f); (vendedor de pájaros)* Vogelhändler(in) *m(f)*

pajarita [paxa'rita] *f (corbata)* Fliege *f*

pájaro ['paxaro] *m* Vogel *m;* ~ **bobo** (Riesen)pinguin *m;* ~ **carpintero** Specht *m;* ~ **mosca** Kolibri *m;* ~ **de cuenta** *(fig fam)* schräger Vogel; ~ **gordo** *(fig)* hohes Tier; **tener la cabeza llena de ~s** ein Luftikus sein; **voló el** ~ *(fig fam)* der Vogel ist ausgeflogen; **más vale ~ en mano que ciento volando** *(prov)* besser einen Spatz in der Hand als eine Taube auf dem Dach

P

pajarón, -ona [paxa'ron, -ona] *adj (Arg, Chil: fam)* zerstreut, unaufmerksam

pajarraco [paxa'rrako] *m (fam: pillo)* Gauner(in) *m(f)*

paje ['paxe] *m (criado)* Page *m*

pajear [paxe'ar] *vi* ❶ *(caballos)* viel Stroh fressen ❷ *(fam: portarse)* sich betragen, sich benehmen; **cada uno tiene su forma de** ~ jeder benimmt sich auf seine Art

pajero [pa'xero] *m (CSur: vulg)* Wichser *m*

pajita [pa'xita] *f* Strohhalm *m*

pajizo, -a [pa'xiθo, -a] *adj* ❶ *(con/de paja)* Stroh- ❷ *(color)* strohgelb ❸ *(cabello)* strohig

pajolero, -a [paxo'lero, -a] *adj (fam)* verflixt

pajuela [pa'xwela] *f* ❶ *(para encender)* Schwefelfaden *m* ❷ *(Bol: cerilla)* Zündholz *nt* ❸ *(Bol, Col: mondadientes)* Zahnstocher *m*

Pakistán [pakis'tan] *m* Pakistan *nt*

pakistaní [pakista'ni] **I.** *adj* pakistanisch **II.** *mf* Pakistaner(in) *m(f)*

pala ['pala] *f* ❶ *(para cavar)* Schaufel *f;* *(cuadrada)* Spaten *m;* ~ **mecánica** Löffelbagger *m; (Am)* Bulldozer *m* ❷ *(del timón)* Ruderblatt *nt* ❸ *(raqueta)* Schläger *m; (bate)* Schlagholz *nt* ❹ *(del calzado)* Oberleder *nt*

palabra [pa'laβra] *f* Wort *nt;* ~ **clave** Codewort *nt;* (*t.* INFOR) Passwort *nt; (en una conversación)* Stichwort *nt;* **~s cruzadas** Kreuzworträtsel *nt;* ~ **extranjera** Fremdwort *nt;* **~s insultantes** Schmähworte *ntpl;* ~ **de matrimonio** Eheversprechen *nt;* **~s mayores** Schimpfwörter *ntpl;* ~ **técnica** Fachausdruck *m;* **libertad de** ~ Redefreiheit *f;* **bajo** ~ auf Ehrenwort; **buenas ~s** leere Worte; **de** ~ *(oral)* mündlich; *(que cumple sus promesas)* zuverlässig; **de pocas ~s** wortkarg; **ahorrar ~s** nicht viele Worte machen; **aprender las ~s** Vokabeln lernen; **beber las ~s a alguien** jdm ganz aufmerksam zuhören; **coger a alguien la** ~ jdn beim Wort nehmen; **cumplir la** ~ sein Wort halten; **faltar a la** ~ sein Wort nicht halten; **dejar a alguien con la ~ en la boca** jdn nicht ausreden lassen; **hablar a medias ~s** nur Andeutungen machen; **llevar la** ~ das Wort führen; **medir las ~s** seine Worte genau abwägen; **no entender** ~ kein Wort verstehen; **quitar a alguien la ~ de la boca** jdm das Wort aus dem Munde nehmen; **tener el don de** ~ wortgewandt sein; **voy a ponerle dos ~s** ich will ihm/ihr ein paar Zeilen schreiben

palabreja [pala'βrexa] *f* Zungenbrecher *m*

palabreo [pala'βreo] *m* leeres Gerede *nt;* **¡déjate de tanto ~!** hör auf mit diesem Geschwätz!

palabrería [palaβre'ria] *f* leeres Gerede *nt*

palabrero, -a [pala'βrero, -a] **I.** *adj* schwatzhaft, geschwätzig **II.** *m, f* Schwätzer(in) *m(f)*

palabro [pa'laβro] *m (fam)* ❶ *(palabra rara)* komisches, merkwürdiges Wort ❷ *(palabra mal dicha)* falsches Wort ❸ *(palabrota)* Schimpfwort *nt*

palabrota [pala'βrota] *f* Schimpfwort *nt*

palaciego, -a [pala'θjeɣo, -a] **I.** *adj* höfisch, Hof- **II.** *m, f* Höfling, Hofdame *m, f*

palacio [pa'laθjo] *m* Palast *m;* **P~ de las Cortes** Parlamentsgebäude *nt;* **P~ de Justicia** Gerichtsgebäude *nt;* ~ **municipal** Rathaus *nt*

palada [pa'laða] *f* ❶ *(de la pala)* **una** ~ eine Schaufel voll ❷ *(de remo)* Ruderschlag *m*

paladar [pala'ðar] *m* Gaumen *m;* ~ **blando** Gaumensegel *nt;* **tener buen** ~ ein Feinschmecker sein

paladear [palaðe'ar] *vt* ❶ *(degustar)*

schmecken ② *(saborear)* auskosten; ~ **un dulce** eine Süßigkeit im Munde zergehen lassen

paladín [pala'ðin] *m* ① *(caballero valeroso)* Ritter *m* ② *(defensor)* Paladin *m*

paladino, -a [pala'ðino, -a] *adj* offenkundig, öffentlich; **en lenguaje ~** klar und deutlich gesprochen

palanca [pa'laŋka] *f* ① *(barra)* Hebel *m; (palanqueta)* Brechstange *f;* (AUTO) **~ de cambio/freno/embrague** Schalt-/Brems-/Kupplungshebel *m;* **~ de mando** (AERO) Steuerknüppel *m;* (INFOR) Joystick *m* ② *(influencia)* Einfluss *m;* **tener mucha ~** sehr einflussreich sein ③ *(en las piscinas)* Sprungbrett *nt*

palangana [palaŋ'gana] *f* *(jofaina)* (Wasch)becken *nt*

palanganear [palaŋgane'ar] *vi (Am: fam)* angeben, prahlen

palanqueta [palaŋ'keta] *f* Brecheisen *nt*

Palaos [pa'laos] *m* Palau *nt*

palatal [pala'tal] *adj* Gaumen-

Palatinado [palati'naðo] *m* Pfalz *f*

palatino, -a [pala'tino, -a] **I.** *adj* ① (ANAT) Gaumen-; **hueso ~** Gaumenbein *nt* ② *(del palacio)* höfisch; **vida palatina** Hofleben *nt* ③ *(del Palatinado)* pfälzisch; **conde ~** Pfalzgraf *m* **II.** *m, f (habitante)* Pfälzer(in) *m(f)*

palco ['palko] *m (Am)* Tribüne *f;* (TEAT) Loge *f*

palear [pale'ar] *vt* schaufeln

palenque [pa'leŋke] *m* ① *(estacada)* Umzäunung *f* ② *(palestra)* Kampfplatz *m*

palentino, -a [paleṇ'tino, -a] **I.** *adj* aus Palencia **II.** *m, f* Einwohner(in) *m(f)* von Palencia

paleografía [paleoɣra'fia] *f sin pl* Paläografie *f*

paleolítico[1] [paleo'litiko] *m sin pl* Paläolithikum *nt*

paleolítico, -a[2] [paleo'litiko, -a] *adj* paläolithisch

paleontología [paleoṇtolo'xia] *f sin pl* Paläontologie *f*

paleontólogo, -a [paleoṇ'toloɣo, -a] *m, f* Paläontologe, -in *m, f*

palestino, -a [pales'tino, -a] **I.** *adj* palästinensisch **II.** *m, f* Palästinenser(in) *m(f)*

palestra [pa'lestra] *f* ① (HIST) Palästra *f,* Kampfplatz *m* ② *(competición)* Kampf *m* ③ *(loc)* **salir** [*o* **saltar**] **a la ~** auf das Parkett treten; **saltó a la ~ por un escándalo** er/sie trat wegen eines Skandals in das Rampenlicht der Öffentlichkeit

palet [pa'let] *m* Palette *f*

paleta [pa'leta] *f* ① *(pala)* kleine Schaufel *f; (del albañil)* Maurerkelle *f* ② *(del pintor)* Palette *f* ③ *(de turbinas)* Schaufel *f* ④ *(omóplato)* Schulterblatt *nt*

paletada [pale'taða] *f* **una ~ de yeso** eine Kelle voll Gips

paletilla [pale'tiʎa] *f (omóplato)* Schulterblatt *nt*

paleto[1] [pa'leto] *m* Damhirsch *m*

paleto, -a[2] [pa'leto, -a] **I.** *adj* provinziell **II.** *m, f* Provinzler(in) *m(f) fam*

paliar [pa'ljar] <*1. pres* palío, palio> *vt* ① *(delito)* vertuschen ② *(enfermedad)* lindern ③ *(restar importancia)* verharmlosen

paliativo[1] [palja'tiβo] *m* Schmerzmittel *nt*

paliativo, -a[2] [palja'tiβo, -a] *adj* (MED) (schmerz)lindernd; **remedio ~** Schmerzmittel *nt*

paliatorio, -a [palja'torjo, -a] *adj* beschönigend

palidecer [paliðe'θer] *vi irr como crecer* ① *(persona)* erblassen ② *(cosa)* verblassen

palidez [pali'ðeθ] *f* Blässe *f*

pálido, -a ['paliðo, -a] *adj* blass; *(luz)* fahl; *(estilo)* ausdruckslos

paliducho, -a [pali'ðuʧo, -a] *adj (fam)* blässlich

palillero [pali'ʎero] *m* ① *(para palillos de dientes)* Zahnstocherbehälter *m* ② *(portaplumas)* Federhalter *m*

palillo [pa'liʎo] *m* ① *(palo)* Stöckchen *nt;* **tener las piernas como ~s** Storchenbeine haben ② *(para los dientes)* Zahnstocher *m* ③ *(para el tambor)* Trommelschlägel *m;* **tocar todos los ~s** *(fig)* alle Hebel in Bewegung setzen

palio ['paljo] *m (baldaquín)* Baldachin *m;* **recibir a alguien bajo ~** *(fig)* jdn besonders freudig empfangen

palique [pa'like] *m (fam)* Geplauder *nt;* **estar de ~ con alguien** ein Schwätzchen mit jdm halten

palisandro [pali'saṇdro] *m* Palisanderholz *nt*

paliza [pa'liθa] *f (zurra)* (Tracht *f*) Prügel *mpl; (esfuerzo)* Anstrengung *f;* **dar una buena ~** eine ordentliche Tracht Prügel verpassen; **les dieron una buena ~ en el partido** sie wurden beim Spiel ganz schön abgefertigt; **¡qué ~ me he pegado subiendo la montaña!** war das vielleicht anstrengend, den Berg zu besteigen!; **¡no me des la ~!** geh mir nicht auf die Nerven!

palma ['palma] *f* ① *(palmera)* Palme *f; (hoja de palmera)* Palm(en)blatt *nt* ② *(triunfo)* Sieg *m;* **llevarse la ~** den Sieg davontragen ③ (ANAT) Handfläche *f;* **conozco el barrio como la ~ de mi mano** ich kenne das Viertel wie meine Westentasche; **llevar a alguien en ~s** jdn auf Händen tragen ④ *pl (ruido)* Händeklat-

P

schen *nt; (aplauso)* Beifall *m;* **tocar las ~s** in die Hände klatschen; *(aplaudir)* Beifall klatschen

palmada [pal'maða] *f* ❶ *(golpe)* Schlag *m* ❷ *pl (ruido)* Händeklatschen *nt;* **~s de aplauso** Beifallklatschen *nt;* **dar ~s** in die Hände klatschen

palmar [pal'mar] **I.** *m* Palmenwald *m;* **ser más viejo que un ~** uralt sein **II.** *vi (fam)* **~la** sterben

palmarés [palma'res] *m* (DEP) Siegerliste *f*

palmario, -a [pal'marjo, -a] *adj* offenkundig; **la diferencia es palmaria** der Unterschied liegt auf der Hand

palmear [palme'ar] *vi (aplaudir)* klatschen

palmense [pal'mense] **I.** *adj* aus Las Palmas de Gran Canaria **II.** *mf* Einwohner(in) *m(f)* von Las Palmas de Gran Canaria

palmera [pal'mera] *f* Palme *f*

palmeral [palme'ral] *m* Palmenwald *m*

palmero, -a [pal'mero, -a] **I.** *adj* aus Santa Cruz de la Palma **II.** *m, f* Einwohner(in) *m(f)* von Santa Cruz de la Palma

palmípedo, -a [pal'mipeðo, -a] *adj (ave)* mit Schwimmhäuten

palmito [pal'mito] *m* ❶ *(palma)* Zwergpalme *f; (tallo blanco, comestible)* Palmherz *nt* ❷ *(fam: cara bonita)* hübsches Gesicht *nt;* **esta mujer tiene buen ~** diese Frau hat ein hübsches Gesicht

palmo ['palmo] *m* Handbreit *f;* **~ a ~** Schritt für Schritt; **conocer una ciudad ~ a ~** jeden Winkel einer Stadt kennen; **dejar a alguien con un ~ de narices** *(fam)* jdm eine lange Nase machen; **con un ~ de la lengua fuera** *(fam)* ächzend

P

palmotear [palmote'ar] *vi* klatschen

palmoteo [palmo'teo] *m (aplauso)* Beifallklatschen *nt*

palo ['palo] *m* ❶ *(bastón)* Stock *m; (vara)* Stab *m; (garrote)* Knüppel *m; (estaca)* Pfahl *m;* (NÁUT) Mast *m;* **~ de agua** *(Am)* Regenguss *m;* **~ de la escoba** Besenstiel *m;* **~ de hockey** Hockeyschläger *m;* **~ de mando** (AERO, NÁUT) Steuerknüppel *m;* **~ de la portería** Torpfosten *m;* **~ de tienda** Zeltstange *f;* **ser un ~** *(Am: fig)* eine wichtige Persönlichkeit sein; **cada ~ aguanta su vela** *(prov)* jeder muss für seine (eigenen) Taten geradestehen ❷ *(madera)* Holz *nt;* **de tal ~, tal astilla** *(prov)* der Apfel fällt nicht weit vom Stamm ❸ *(paliza)* Schlag *m;* **andar a ~s** verkracht sein; **dar ~s de ciego** blind um sich schlagen; *(fig)* unüberlegt handeln; **dar un ~ a alguien** jdn fertigmachen; **echar a alguien a ~s** jdn gewaltsam rausschmeißen; **liarse a ~s con alguien** sich mit jdm schlagen; **moler a alguien a ~s** jdn windelweich prügeln

paloma [pa'loma] *f (ave)* Taube *f;* **~ mensajera** Brieftaube *f;* **ser una ~ sin hiel** *(fig)* keiner Fliege etwas antun können

palomar [palo'mar] *m* Taubenschlag *m*

palomilla [palo'miʎa] *f* ❶ *(mariposa nocturna)* Motte *f* ❷ *(tornillo)* Flügelmutter *f*

palomita [palo'mita] *f (de maíz)* Popcorn *nt*

palomo [pa'lomo] *m* Täuberich *m*

palote [pa'lote] *m* ❶ *(palillo)* (kurzer) Stock *m* ❷ *(ejercicio)* Schreibübung *f*

paloteo [palo'teo] *m* Streit *m,* Schlägerei *f*

palpable [pal'paβle] *adj* ❶ *(tangible)* ertastbar ❷ *(evidente)* klar, einleuchtend

palpación [palpa'θjon] *f* (MED) Abtasten *nt*

palpar [pal'par] *vt* ❶ *(tocar)* abtasten; *(fam: magrear)* betatschen ❷ *(percibir)* spüren; **se palpaba el entusiasmo** die Begeisterung war deutlich spürbar

palpitación [palpita'θjon] *f* ❶ *(estremecimiento)* Zuckung *f* ❷ *(del pulso)* Pulsschlag *m; (del corazón)* Herzschlag *m; (por estar excitado)* Herzklopfen *nt*

palpitante [palpi'tan̪te] *adj* ❶ *(corazón)* klopfend ❷ *(fig: emocionante)* ergreifend; *(interés)* brennend; **un problema de ~ actualidad** ein akutes Problem

palpitar [palpi'tar] *vi* ❶ *(contraerse)* zucken; *(corazón, pulso)* schlagen ❷ *(manifestarse)* **en sus palabras palpita la dulzura** aus seinen/ihren Worten spricht die Zärtlichkeit

pálpito ['palpito] *m* Vorahnung *f*

palta ['pal̪ta] *f (AmS)* Avocado *f*

paludismo [palu'ðismo] *m* (MED) Malaria *f*

palurdo, -a [pa'lurðo, -a] **I.** *adj* ungeschliffen **II.** *m, f* Tölpel *m*

pamela [pa'mela] *f* Strohhut *m*

pamema [pa'mema] *f (fam)* ❶ *(tontería)* Unsinn *m* ❷ *(melindre)* Zimperlichkeit *f*

pampa ['pampa] *f (CSur)* Pampa *f*

pámpano ['pampano] *m (vástago)* Ranke *f; (hoja)* Weinblatt *nt;* **echar ~s** sich ranken

pampero, -a [pam'pero, -a] **I.** *adj* aus der Pampa **II.** *m, f* Pampabewohner(in) *m(f)*

pamplina [pam'plina] *f (fam: pamema)* Unsinn *m*

pamplinada [pampli'naða] *f,* **pamplinería** [pampline'ria] *f* dummes Zeug *nt,* Unsinn *m*

pamplonés, -esa [pamplo'nes, -esa] **I.** *adj* aus Pamplona **II.** *m, f* Einwohner(in) *m(f)* von Pamplona

pamplonica [pamplo'nika] *adj o mf (fam) v.* **pamplonés**

pan [pan] *m* ① *(alimento, t. fig)* Brot *nt;* ~ **de azúcar** Zuckerhut *m;* ~ **candeal** Weizenbrot *nt;* ~ **integral** Vollkornbrot *nt;* ~ **árabe** Fladenbrot *nt;* ~ **de molde** Toastbrot *nt;* ~ **con mantequilla** Butterbrot *nt;* ~ **de molde** Kastenbrot *nt;* ~ **de munición** Kommissbrot *nt;* ~ **negro de Westfalia** Pumpernickel *m;* ~ **rallado** Paniermehl *nt,* Semmelbrösel *mpl;* **estar a ~ y agua** bei Wasser und Brot sitzen; **¡el ~ de cada día!** *(fig)* immer die gleiche Leier!; **este año hay mucho** ~ dieses Jahr fällt die Ernte gut aus; (**llamar**) **al ~, ~ y al vino, vino** die Dinge beim Namen nennen; **comer el ~ de alguien** *(fig)* jdm auf der Tasche liegen; **comer ~ con corteza** *(fig: ser independiente)* selb(st)ständig sein; *(recuperar la salud)* wieder gesund sein; **con su ~ se lo coma** er/sie muss selbst wissen, was er/sie tut; **no cocérsele a alguien el** ~ sehr ungeduldig sein; **ser ~ comido** kinderleicht sein; **ser más bueno que el ~, ser un pedazo de ~** herzensgut sein ② *(pieza)* **un ~ de jabón** ein Stück Seife ③ *(laminilla)* Plättchen *nt*

pana ['pana] *f (tejido)* Kord(samt) *m*

panacea [pana'θea] *f* Allheilmittel *nt*

panadera [pana'ðera] *f v.* **panadero**

panadería [panaðe'ria] *f* Bäckerei *f*

panadero, -a [pana'ðero, -a] *m, f* Bäcker(in) *m(f)*

panal [pa'nal] *m* Wabe *f*

Panamá [pana'ma] *m* Panama *nt*

panameño, -a [pana'meɲo, -a] **I.** *adj* aus Panama **II.** *m, f* Panamaer(in) *m(f)*

panarra [pa'narra] *m* ① *(fam pey: simple, tonto)* Einfaltspinsel *m* ② *(murciélago)* Fledermaus *f*

pan bimbo® [pan 'βimβo] *m* Toastbrot *nt*

pancarta [paŋ'karta] *f* Plakat *nt*

panceta [paṇ'θeta] *f* (GASTR) *durchwachsenes Schweinespeckstück*

pancho, -a ['panʧo, -a] *adj (tranquilo)* ruhig

páncreas ['paŋkreas] *m inv* Bauchspeicheldrüse *f*

pancreático, -a [paŋkre'atiko, -a] *adj* (ANAT) Bauchspeicheldrüsen-; **jugos ~s** Bauchspeichel *m*

panda[1] ['paṇda] *m* (ZOOL) Panda *m*

panda[2] ['paṇda] *f v.* **pandilla**

pandemia [paṇ'demja] *f* (MED) Pandemie *f,* epidemische Erkrankungswelle *f*

pandemónium [paṇde'monjun] *m* Pandämonium *nt; (fig fam) lauter, tumultuöser Schauplatz*

pandereta [paṇde'reta] *f,* **pandero** [paṇ'dero] *m* (MÚS) Tamburin *nt*

pandilla [paṇ'diʎa] *f* Bande *f; (de amigos)* Clique *f;* ~ **de ladrones** Verbrecherbande *f*

pando, -a ['paṇdo, -a] *adj* ① *(curvado)* krumm, gebogen ② *(casi llano)* fast eben ③ *(poco profundo)* seicht ④ *(pausado)* träge

pandorguear [paṇdorɣe'ar] *vt (Col)* böse Streiche spielen (**a** +*dat*)

panecillo [pane'θiʎo] *m* Brötchen *nt*

panegírico[1] [pane'xiriko] *m* Lobrede *f*

panegírico, -a[2] [pane'xiriko, -a] *adj* rühmend

panegirizar [panexiri'θar] <z → c> *vt* eine Lobrede halten (**a** auf +*akk*)

panel [pa'nel] *m* ① *(carpintería)* Paneel *nt* ② (TÉC) Tafel *f;* ~ **información** Anzeigetafel *f;* ~ **de control** Steuerpult *nt;* (COMPUT) ~ **táctil** Touchpad *nt* ③ *(encuesta)* Panel *nt* ④ *(que discute en público)* Diskussionsrunde *f*

panera [pa'nera] *f* ① *(para trigo)* Getreidekammer *f* ② *(cesto)* Brotkorb *m*

pánfilo, -a ['paɱfilo, -a] *adj* ① *(fácil de engañar)* gutgläubig ② *(lento)* schwerfällig

panfleto [paɱ'fleto] *m* Pamphlet *nt*

pangolín [paŋgo'lin] *m* (ZOOL) Schuppentier *nt*

paniaguado, -a [panja'ɣwaðo, -a] *m, f* ① *(criado)* Hausangestellte(r) *f(m) (der/die zusätzlich zum Lohn freie Kost und Logis hat)* ② *(favorecido)* Günstling *m*

pánico[1] ['paniko] *m* Panik *f;* **entrar en** ~ in Panik geraten; **tener ~ a algo** panische Angst vor etw *dat* haben

pánico, -a[2] ['paniko, -a] *adj* panisch

panizo [pa'niθo] *m* (BOT) Hirse *f*

panocha [pa'noʧa] *f,* **panoja** [pa'noxa] *f* ① *(de maíz)* Maiskolben *m* ② *(espiga)* Ähre *f; (racimo)* Rispe *f*

panoli [pa'noli] **I.** *adj (fam)* einfältig **II.** *mf (fam)* Simpel *m*

panoplia [pa'noplja] *f* ① *(armadura completa)* (vollständige) Ausrüstung *f* eines Kriegers ② *(colección de armas)* Waffensammlung *f* ③ *(en arqueología)* Waffenkunde *f*

panorama [pano'rama] *m* Panorama *nt; (fig)* Überblick *m;* **el ~ de cráteres en la luna** die Kraterlandschaft auf dem Mond

panorámica [pano'ramika] *f* (Aus)blick *m;* (CINE, FOTO, TV) Gesamtaufnahme *f*

panorámico, -a [pano'ramiko, -a] *adj* Panorama-; **vista panorámica** Rundblick *m*

panqué [paŋ'ke] *m (Cuba, Méx),* **panqueque** [paŋ'keke] *m (AmS:* GASTR) Pfannkuchen *m*

pantagruélico, -a [paṇta'ɣrweliko, -a] *adj (comidas)* üppig; **banquete ~** Festmahl *nt*

pantalla [paṇ'taʎa] *f* ① *(de la lámpara)*

Lampenschirm *m* ❷ *(protección)* Abschirmung *f;* ~ **antiruido** Lärmschutzwand *f;* **servirse de alguien como** ~ hinter jds Rücken Schutz suchen; **servir de** ~ *(testaferro)* als Strohmann fungieren ❸ (INFOR, TV) Bildschirm *m;* ~ **completa** Gesamtanzeige *f;* ~ **de bienvenida** Startbildschirm *m,* Splash-Screen *m;* ~ **táctil** Touchscreen *m;* ~ **de cristal líquido** Flüssigkristallanzeige *f;* ~ **cromática** Farbbildschirm *m* ❹ (CINE) Leinwand *f;* ~ **panorámica** Breitwand *f;* **estrella de la** ~ Filmstar *m;* **pequeña** ~ *(fam)* Fernsehen *nt*

pantalón [pan̪ta'lon] *m* Hose *f;* ~ **bombacho** Knickerbocker *pl;* ~ **de pinzas** Bundfaltenhose *f;* ~ **pitillo** Röhrenhose *f;* ~ **de campana** Schlaghose *f;* ~ **tejano** [*o* **vaquero**] Jeans(hose) *f;* **llevar los pantalones** *(fig)* die Hosen anhaben

pantanal [pan̪ta'nal] *m* Sumpfgebiet *nt*

pantano [pan'tano] *m* ❶ *(laguna, t. fig)* Sumpf *m* ❷ *(embalse)* Stausee *m*

pantanoso, -a [pan̪ta'noso, -a] *adj* sumpfig

panteísmo [pan̪te'ismo] *m* (REL, FILOS) Pantheismus *m*

panteón [pan̪te'on] *m* ❶ (HIST) Pantheon *nt* ❷ *(sepultura)* Grabstätte *f;* ~ **de familia** Familiengrab *nt* ❸ *(Am: cementerio)* Friedhof *m*

pantera [pan̪'tera] *f* (ZOOL) Panther *m*

panti(s) ['pan̪tis] *m(pl)* *(fam)* Strumpfhose *f*

pantimedia(s) [pan̪ti'međja(s)] *f(pl)* *(Méx)* Strumpfhose *f*

P

pantomima [pan̪to'mima] *f* Pantomime *f*

pantomímico, -a [pan̪to'mimiko, -a] *adj* pantomimisch

pantomimo [pan̪to'mimo] *m* Pantomime *m*

pantorrilla [pan̪to'rriʎa] *f* Wade *f*

pantufla [pan̪'tufla] *f,* **pantuflo** [pan̪'tuflo] *m* Pantoffel *m*

panty ['pan̪ti] *m v.* **panti(s)**

panza ['pan̪θa] *f* ❶ *(barriga, de un recipiente)* Bauch *m;* **llenarse la** ~ sich *dat* den Wanst vollschlagen *fam* ❷ (ZOOL) Pansen *m*

panzada [pan̪'θađa] *f* ❶ *(golpe)* Stoß *m* mit dem Bauch ❷ *(hartazgo)* Übersättigung *f;* **darse una** ~ sich *dat* den Bauch vollschlagen

pañal [pa'ɲal] *m* Windel *f;* **dejar en ~es a alguien** *(fig)* jdn weit hinter sich *dat* lassen; **estar aún en ~es** *(fig)* noch in den Kinderschuhen stecken; **sacar a alguien de ~es** *(fig fam)* jdn aus dem Elend erretten; **en física estoy en ~es** von Physik habe ich keine Ahnung

pañería [paɲe'ria] *f* *(comercio)* Tuchhandel *m;* *(tienda)* Tuchhandlung *f*

paño ['paɲo] *m* ❶ *(tejido)* Stoff *m;* *(ancho de una tela)* Stoffbahn *f;* ~ **asargado** Tweed *m;* ~ **tirolés** Loden *m;* **¡conozco el ~!** *(fig)* ich weiß Bescheid!; **hay ~ que cortar** *(fig)* es ist genug von allem da ❷ *(trapo, prenda)* Tuch *nt;* ~ **de cocina** Küchenhandtuch *nt;* **~s menores** Unterwäsche *f;* **aplicar ~s calientes** heiße Umschläge machen; **¡no me vengas con ~s calientes!** *(fig)* komm mir nicht mit nutzlosen Ratschlägen!; **ser el ~ de lágrimas de alguien** *(fig)* jds Tröster sein ❸ *(compresa)* Binde *f;* ~ **higiénico** Damenbinde *f* ❹ *(mancha)* Leberfleck *m*

pañoleta [paɲo'leta] *f* Halstuch *nt*

pañuelo [pa'ɲwelo] *m* ❶ *(moquero)* Taschentuch *nt;* **el mundo es un** ~ die Welt ist ein Dorf ❷ *(pañoleta)* Halstuch *nt;* *(de cabeza)* Kopftuch *nt*

papa[1] ['papa] *m* Papst *m*

papa[2] ['papa] *f* ❶ *(reg, Am: patata)* Kartoffel *f;* **no entender ni** ~ überhaupt nichts verstehen; **~s arrugadas** runzelige Kartoffeln *(typisches kanarisches Kartoffelgericht)* ❷ *(fam) v.* **paparrucha** ❸ *pl* *(comida)* Brei *m*

papá [pa'pa] *m* *(fam)* ❶ *(padre)* Papa *m;* **P~ Noel** Weihnachtsmann *m* ❷ *pl* **los ~s** die Eltern

papada [pa'pađa] *f* *(de la persona)* Doppelkinn *nt;* *(del animal)* Wamme *f*

papado [pa'pađo] *m* Papsttum *nt*

papagayo [papa'ɣaɟo] *m* ❶ *(loro)* Papagei *m* ❷ *(hablador)* Schwätzer *m;* **hablar como un** ~ unaufhörlich quasseln ❸ *(pez)* Papageifisch *m*

papal [pa'pal] **I.** *adj* päpstlich **II.** *m* *(Am)* Kartoffelfeld *nt*

papamoscas [papa'moskas] *m inv* ❶ (ZOOL) Fliegenschnäpper *m* ❷ *(fam: papanatas)* Trottel *m*

papamóvil [papa'moβil] *m* Papstmobil *nt*

papanatas [papa'natas] *m inv* *(fam)* Trottel *m*

papar [pa'par] *vt* essen *(ohne zu kauen);* ~ **moscas** *(fam)* Maulaffen feilhalten; **¡pápate esa!** *(fam)* schreib dir das hinter die Ohren!

paparrucha [papa'rrutʃa] *f,* **paparruchada** [paparru'tʃađa] *f* *(fam)* ❶ *(noticia falsa)* Falschmeldung *f;* *(patraña)* Schwindel *m* ❷ *(obra sin valor)* Schund *m;* **ese libro es una** ~ dieses Buch ist der reinste Schund

papaya [pa'paɟa] *f* *(fruta)* Papaya *f*

papayo [pa'paɟo] *m* Papaya *f,* Melonenbaum *m*

papear [pape'ar] *vi* lallen

papel [pa'pel] *m* ❶ *(para escribir, material)* Papier *nt; (escritura)* Schriftstück *nt;* ~ **de barba** Büttenpapier *nt;* ~ **de calcar** Pauspapier *nt;* ~ **cebolla** Durchschlagpapier *nt;* ~ **continuo** Endlospapier *nt;* ~ **de envolver** Einschlagpapier *nt;* ~ **de estraza** Packpapier *nt;* ~ **de fumar** Zigarettenpapier *nt;* ~ **higiénico** Toilettenpapier *nt;* ~ **de hilo** Leinenpapier *nt;* ~ **de lija** Schmirgelpapier *nt;* ~ **maché** Pappmaché *nt;* ~ **mojado** *(fig)* wertloses Schriftstück; ~ **moneda** Papiergeld *nt;* ~ **de música** Notenpapier *nt;* ~ **pautado** Linienpapier *nt;* ~ **pintado** Tapete *f;* ~ **de plata/aluminio** Aluminiumfolie *f;* ~ **de horno/hornear** Küchenpapier *nt;* ~ **reciclado** Umweltschutzpapier *nt;* ~ **secante** Löschpapier *nt;* ~ **de tornasol** Lackmuspapier *nt;* **tus palabras fueron ~ mojado** deine Worte waren nichts als leere Versprechungen; **ponerse más blanco que el ~** kreideweiß werden ❷ *(rol)* Rolle *f;* ~ **protagónico** Hauptrolle *f;* ~ **secundario** Nebenrolle *f;* **hacer su ~** sich bewähren; **hacer un ~ ridículo** sich lächerlich aufführen; **hacer buen/mal ~** beeindruckend/lächerlich wirken; **hacer el ~ de malo en la película** im Film den Bösen spielen; **repartir los ~es** die Rollen besetzen ❸ *pl (documentos)* Dokumente *ntpl; (de identidad)* (Ausweis)papiere *ntpl;* **~es bursátiles** Börsenwertpapiere *ntpl*

papeleo [pape'leo] *m (trámites)* Papierkram *m fam;* ~ **burocrático** Papierkrieg *m fam abw*

papelera [pape'lera] *f* ❶ *(cesto)* Papierkorb *m* ❷ *(fábrica)* Papierfabrik *f* ❸ *(mueble)* Aktenschrank *m*

papelería [papele'ria] *f* Schreibwarengeschäft *nt*

papelero, -a [pape'lero, -a] **I.** *adj* Papier- **II.** *m, f (vendedor)* Schreibwarenhändler(in) *m(f)*

papeleta [pape'leta] *f (cédula)* Zettel *m; (en el examen)* ausgeloste Prüfungsfrage *f;* ~ **del monte de piedad** Pfandschein *m;* ~ **de propaganda** Flugblatt *nt;* ~ **de voto** Stimmzettel *m;* **menuda ~ le ha tocado** er steht vor einer ganz schön schwierigen Aufgabe

papelillo [pape'liʎo] *m* ❶ *(en la farmacia)* (Pulver)päckchen *nt* ❷ *(cigarrillo)* selbst gedrehte Zigarette *f* ❸ *(confeti)* Konfetti *nt* ❹ *(PRico: papillote)* Lockenwickler *m*

papelón [pape'lon] *m* ❶ *(pey: papel inútil)* Wisch *m fam* ❷ *(fam: actuación)* Blamage *f;* **¡qué ~!** wie peinlich!; **hacer un ~** sich blamieren ❸ *(cartón)* dünner Karton *m*

papelote [pape'lote] *m,* **papelucho** [pape'lutʃo] *m* ❶ *(pey: inútil)* Wisch *m fam* ❷ *(reciclable)* Altpapier *nt*

papeo [pa'peo] *m (fam)* Essen *nt*

papera [pa'pera] *f* ❶ *(bocio)* Kropf *m* ❷ *pl (enfermedad)* Mumps *m*

papi ['papi] *m (fam)* Papi *m*

papichulo [papi'tʃulo] *m (Bol, Méx, Par, PRico, RDom: fam)* heißer Typ, Sahneschnitte *f fig*

papila [pa'pila] *f* (ANAT) Papille *f*

papilla [pa'piʎa] *f* Brei *m;* **dar ~ a alguien** *(fig)* jdm etwas vormachen; **echar la primera ~** sich heftig übergeben; **hacer ~ a alguien** *(fig)* jdn fertigmachen; **estar hecho ~** *(fig)* völlig fertig sein

papillote [papi'ʎote] *m* Lockenwickler *m;* **a la ~** (GASTR) *mit Butter und Öl zum Grillen in Papier eingewickelt*

papiro [pa'piro] *m* Papyrus *m*

papiroflexia [papiro'fleˠsja] *f* Origami *nt*

papista [pa'pista] **I.** *adj* papistisch *abw;* **ser más ~ que el papa** päpstlicher sein als der Papst **II.** *mf* Papist(in) *m(f) abw*

papo ['papo] *m* ❶ *(buche)* Kropf *m* ❷ *(papada)* Wamme *f*

Papúa Nueva Guinea [pa'pua 'nweβa gi'nea] *f* Papua-Neuguinea *nt*

paquebote [pake'βote] *m* Passagierschiff *nt;* (HIST) Paketboot *nt*

paquete[1] [pa'kete] *m* ❶ *(t. fig: atado)* Paket *nt;* **meter un ~ a alguien** *(reprender)* jdn zusammenstauchen; *(castigar)* jdn bestrafen ❷ *(fam: hombre)* **ayer ibas hecho un ~** gestern warst du aber herausgeputzt

paquete, -a[2] [pa'kete, -a] *adj (Arg)* schick

paquete bomba [pa'kete 'βomba] *m* <paquetes bomba> Briefbombe *f*

paquetería [pakete'ria] *f* ❶ *(paquete)* Paketgut *nt* ❷ *(Arg: vanidad)* Eitelkeit *f*

paquidermo [paki'ðermo] **I.** *adj* (ZOOL) dickhäutig **II.** *m* (ZOOL) Dickhäuter *m*

paquistaní [pakista'ni] *adj o mf v.* **pakistaní**

par [par] **I.** *adj* ❶ *(número)* gerade ❷ *(igual)* gleich; **a la ~** gleichzeitig; **esta película entretiene a la ~ que instruye** dieser Film ist unterhaltsam und bildend zugleich; **abrir una ventana de ~ en ~** ein Fenster sperrangelweit öffnen; **sin ~** unvergleichlich **II.** *m* ❶ *(dos cosas)* Paar *nt;* **un ~ de zapatos** ein Paar Schuhe; **un ~ de pantalones/de tijeras** eine Hose/eine Schere ❷ *(algunos)* **un ~ de minutos** ein paar Minuten

para ['para] **I.** *prep* ❶ *(destino)* für +*akk;* **asilo ~ ancianos** Altenheim *nt;* **un regalo**

P

~ **el niño** ein Geschenk für das Kind ② *(finalidad)* für +*akk*, zu +*dat;* **gafas ~ bucear** Taucherbrille *f;* **servir ~ algo** zu etw *dat* nützlich sein; **las frutas son buenas ~ guardar la línea** Obst ist gut für die schlanke Linie; **¿~ qué es esto?** wozu ist das gut? ③ *(dirección)* nach +*dat;* **voy ~ Madrid** ich fahre nach Madrid; **mira ~ acá** schau hierher ④ *(duración)* für +*akk;* *(plazo)* an +*dat;* ~ **siempre** für immer; **con esto tenemos ~ rato** damit kommen wir eine Zeit lang aus; **vendrá ~ Navidad/finales de marzo** er/sie kommt zu Weihnachten/gegen Ende März; **estará listo ~ el viernes** am Freitag ist es fertig; **diez minutos ~ las once** *(Am)* zehn (Minuten) vor elf ⑤ *(contraposición)* für +*akk;* **es muy activo ~ la edad que tiene** für sein Alter ist er noch sehr aktiv ⑥ *(trato)* ~ (**con**) zu +*dat;* **es muy amable ~ con nosotros** er/sie ist sehr freundlich zu uns ⑦ *(loc)* **estar ~...** *(disposición)* bereit sein zu …; *(a punto de)* im Begriff sein, zu …; **no estoy ~ bromas** ich bin nicht zu Späßen aufgelegt; **está ~ llover** es fängt gleich an zu regnen; **está ~ llegar** er/sie muss jeden Augenblick hier sein; **quiere estar ~ sí** er/sie möchte allein sein; ~ **mí, esto no es lo mismo** das ist meiner Ansicht nach nicht dasselbe; ~ **mí que va a llover** ich glaube, dass es gleich regnet **II.** *conj* ① +*inf* um ... zu; **he venido ~ darte las gracias** ich bin gekommen, um dir zu danken ② +*subj* damit; **te mando al colegio ~ que aprendas algo** ich schicke dich zur Schule, damit du etwas lernst

para(p)sicología [para(β)sikolo'xia] *f* Parapsychologie *f*

para(p)sicólogo, -a [para(β)si'koloɣo, -a] *m, f* Parapsychologe, -in *m, f*

parabién [para'βjen] *m* Glückwunsch *m;* **dar el ~ a alguien** jdn beglückwünschen

parábola [pa'raβola] *f* ① *(alegoría)* Gleichnis *nt* ② (MAT) Parabel *f*

parabólica [para'βolika] *f* Parabolantenne *f*

parabólico, -a [para'βoliko, -a] *adj* ① *(alegórico)* gleichnishaft; **expresarse en sentido ~** in Gleichnissen reden ② (MAT) parabolisch ③ (TÉC) Parabol-

parabrisas [para'βrisas] *m inv* Windschutzscheibe *f*

paracaídas [paraka'iðas] *m inv* Fallschirm *m*

paracaidismo [parakai̯'ðismo] *m sin pl* Fallschirmspringen *nt*

paracaidista [parakai̯'ðista] *mf* (DEP) Fallschirmspringer(in) *m(f);* (MIL) Fallschirmjäger(in) *m(f)*

parachoques [para'ʧokes] *m inv* Stoßstange *f*

parada [pa'raða] *f* ① *(de un autobús/tranvía)* Haltestelle; ~ **de taxis** Taxistand *m* ② *(acción de parar)* Anhalten *nt;* ~ **de una fábrica** Produktionsstopp *m;* **estoy cansada, tenemos que hacer una ~** ich bin müde, wir müssen eine Rast einlegen ③ (DEP, MIL) Parade *f;* **paso de ~** Stechschritt *m;* **salirle a alguien a la ~** jdm zuvorkommen

paradero [para'ðero] *m* ① *(en una autopista)* Rastplatz *m* ② *(de una persona)* Aufenthaltsort *m;* *(de una cosa)* Verbleib *m;* **está en ~ desconocido** sein/ihr Aufenthaltsort ist unbekannt; **no logramos descubrir el ~ del paquete** es gelang uns nicht, herauszufinden, wo das Paket (gelandet) ist; **si sigues así tendrás mal ~** wenn du so weiter machst, wird es noch böse mit dir enden

paradigma [para'ðiɣma] *m (ejemplo)* Modell *nt*

paradisiaco, -a [paraði'sjako, -a] *adj,* **paradisíaco, -a** [paraði'siako, -a] *adj* paradiesisch; **un placer ~** ein himmlisches Vergnügen

parado, -a [pa'raðo, -a] **I.** *adj* ① *(que no se mueve)* stillstehend; *(fábrica)* stillgelegt; **estar ~** stillstehen; **quedarse ~** stehen bleiben; *(fig)* verblüfft sein; **me quedé tan ~ que no pude decir nada** ich war völlig sprachlos; **me has dejado ~** du hast mich überrascht ② *(sin empleo)* arbeitslos ③ *(remiso)* träge ④ *(tímido)* scheu ⑤ *(loc)* **salir mal/bien ~ de un asunto** bei einer Sache schlecht/gut wegkommen; **fui la peor parada en este negocio** ich habe bei diesem Geschäft den Kürzeren gezogen **II.** *m, f* Arbeitslose(r) *mf;* ~ **de larga duración** Langzeitarbeitslose(r) *m*

paradoja [para'ðoxa] *f* ① *(absurdidad)* Paradoxie *f;* **esto es una ~** das ist doch widersinnig ② *(contradicción)* Widerspruch *m*

paradójicamente [paraðoxika'meṇte] *adv* paradoxerweise

paradójico, -a [para'ðoxiko, -a] *adj* paradox

parador [para'ðor] *m* *(mesón)* Gasthaus *nt,* Hotel *nt;* ~ (**nacional**) **de turismo** Parador *m o nt (staatliches spanisches Touristenhotel, meist an einem kulturhistorisch bedeutenden Ort)*

paraestatal [paraesta'tal] *adj* halbstaatlich

parafarmacia [parafar'maθja] *f* Parapharmazie *f,* Drogerie *f*

parafernalia [parafer'nalja] *f* Begleitumstände *mpl;* **la ~ de la guerra** das ganze Drumherum des Krieges

parafina [para'fina] *f* Paraffin *nt*

parafrasear [parafrase'ar] *vt* paraphrasieren; **~ un término** einen Begriff umschreiben

parágrafo [pa'raɣrafo] *m* ❶ *(de un texto)* Absatz *m;* **..., ~ aparte** ..., neuer Absatz; *(fam fig)* ..., so weit zu diesem Thema ❷ *(signo ortográfico)* Paragrafzeichen *nt* ❸ *(fam: charla)* Schwätzchen *nt;* **echar un ~** ein Schwätzchen halten; **echar ~s** viel reden

paraguas [pa'raɣwas] *m inv* Regenschirm *m*

Paraguay [para'ɣwai̯] *m* Paraguay *nt*

paraguaya [para'ɣwaɟa] *f* (BOT) *pfirsichähnliche Frucht*

paraguayo, -a [para'ɣwaɟo, -a] **I.** *adj* aus Paraguay **II.** *m, f* Paraguayer(in) *m(f)*

paragüería [paraɣwe'ria] *f* Regenschirmgeschäft *nt*

paragüero [para'ɣwero] *m (mueble)* Schirmständer *m*

paraíso [para'iso] *m* ❶ *(en el cielo)* Paradies *nt;* **el ~ terrenal** der Himmel auf Erden; **entrar en el ~** in den Himmel kommen ❷ (TEAT) Galerie *f* ❸ *(Méx: gallinero)* Hühnerstall *m*

paraje [pa'raxe] *m* ❶ *(lugar)* Ort *m; (punto)* Stelle *f; (paisaje)* Gegend *f* ❷ *(estado)* Zustand *m*

paralalia [para'lalja] *f* (PSICO) Wortverwechslung *f,* Paralalie *f*

paralelamente [paralela'men̪te] *adv (en la misma dirección)* parallel (**a** zu +*dat*); *(al mismo tiempo)* gleichzeitig; **desarrollarse ~** sich ähnlich [*o* parallel] entwickeln

paralelismo [parale'lismo] *m (semejanza)* Übereinstimmung *f;* (LING) Parallelismus *m;* (MAT) Parallelität *f*

paralelo[1] [para'lelo] *m* ❶ *(comparación)* Vergleich *m;* **establecer un ~ entre dos cosas** zwei Dinge miteinander vergleichen; **estos libros no admiten ~** diese Bücher kann man nicht (miteinander) vergleichen ❷ (GEO) Breitenkreis *m* ❸ (ELEC) **conexión en ~** Parallelschaltung *f;* **conectado en ~** parallel geschaltet

paralelo, -a[2] [para'lelo, -a] *adj* parallel (**a** zu +*dat*); **líneas paralelas** Parallelen *fpl;* **las calles son paralelas** die Straßen verlaufen parallel zueinander; **seguir caminos ~s** sich ähnlich entwickeln

paralelogramo [paralelo'ɣramo] *m* Parallelogramm *nt*

parálisis [pa'ralisis] *f inv* Lähmung *f;* **~ infantil** Kinderlähmung *f;* **sufre ~ de las piernas** seine/ihre Beine sind gelähmt

paralítico, -a [para'litiko, -a] **I.** *adj (persona)* gelähmt **II.** *m, f* Gelähmte(r) *mf*

paralización [paraliθa'θjon] *f* ❶ *(del cuerpo)* Lähmung *f* ❷ *(de un proyecto)* Abbrechen *nt; (de un proceso)* Behinderung *f;* **~ de una obra** Baustopp *m*

paralizador(a) [paraliθa'ðor(a)] *adj* lähmend

paralizar [parali'θar] <z → c> **I.** *vt* ❶ *(persona)* lähmen; **el frío/el miedo la paralizó** sie erstarrte vor Kälte/vor Angst ❷ *(cosa)* lahmlegen; **~ un trasporte** einen Transport blockieren **II.** *vr:* **~se** ❶ *(persona)* erstarren (**de** vor +*dat*) ❷ *(cosa)* zum Erliegen kommen

paramecio [para'meθjo] *m* (ZOOL) Pantoffeltierchen *nt*

paramedicina [parameði'θina] *f* Alternativmedizin *f*

paramento [para'men̪to] *m* Schmuck *m,* Verzierung *f,* Ornament *nt; (vestidura)* Umhang *m,* Gewand *nt*

parámetro [pa'rametro] *m* Parameter *m*

paramilitar [paramili'tar] *adj* paramilitärisch; **fuerzas ~es** paramilitärische Einheiten

páramo ['paramo] *m* ❶ *(terreno desierto)* Öde *f; (infértil)* unfruchtbares Land *nt; (yermo)* Brachfeld *nt; (altiplano)* Hochebene *f* ❷ *(lugar desamparado)* Einöde *f*

parangón [paraŋ'gon] *m (comparación)* Vergleich *m; (semejanza)* Entsprechung *f;* **sin ~** unvergleichlich

parangonable [paraŋgo'naβle] *adj* vergleichbar, ähnlich

paraninfo [para'nimfo] *m* Aula *f,* Festsaal *m*

paranoia [para'noja] *f* Paranoia *f*

paranoico, -a [para'noi̯ko, -a] **I.** *adj* ❶ *(loco)* paranoid ❷ *(relativo a la paranoia)* paranoisch **II.** *m, f* Paranoiker(in) *m(f)*

paranoide [para'noi̯ðe] *adj* (MED) paranoid

paranormal [paranor'mal] *adj* (PSICO) übersinnlich

paraolímpico, -a [parao'limpiko, -a] *adj* (DEP) paraolympisch

parapente [para'pen̪te] *m* Paragliding *nt*

parapetarse [parape'tarse] *vr* sich verschanzen; **~ tras una excusa** eine Entschuldigung vorschieben; **se parapetó en el hecho de que no tenía dinero** er/sie drückte sich unter dem Vorwand, kein Geld zu haben

parapeto [para'peto] *m* ❶ (MIL) Schutz-

P

wall *m; (barricada)* Barrikade *f* ② *(baranda)* Brüstung *f*

paraplejia [para'plexja] *f*, **paraplejía** [paraple'xia] *f* Querschnittslähmung *f*

parapléjico, -a [para'plexiko, -a] **I.** *adj (persona)* querschnittsgelähmt **II.** *m, f* Querschnittsgelähmte(r) *mf*

parar ['parar] **I.** *vi* ① *(detenerse)* anhalten; *(en un discurso)* innehalten; **hablar sin ~** pausenlos reden; **¿para el tren en este pueblo?** hält der Zug in diesem Dorf?; **nunca para en casa** er/sie ist nie zu Hause; **a la vuelta paramos en casa de mi tía** auf dem Rückweg besuchten wir meine Tante; **la máquina funciona sin ~** die Maschine läuft nonstop; **mis hijos no me dejan ~** meine Kinder lassen mich nicht zur Ruhe kommen; **mis remordimientos de conciencia no me dejan ~** mein schlechtes Gewissen lässt mir keine Ruhe ② *(terminar)* aufhören; **ha parado de llover** es hat aufgehört zu regnen; **no para de quejarse** er/sie klagt unablässig; **no para (de trabajar)** er/sie ist ständig auf Trab ③ *(acabar)* enden; **si sigues así irás a ~ a la cárcel/~ás mal** wenn du so weitermachst, endest du noch im Gefängnis/wird es mit dir noch böse enden; **la maleta fue a ~ a Bilbao** der Koffer landete schließlich in Bilbao; **por fin, el paquete fue a ~ a tus manos** das Paket gelangte schließlich doch zu dir; **¿dónde iremos a ~?** wo soll das noch enden?; **¿en qué irá a ~ esto?** wohin soll das führen?; **salimos bien/mal parados del asunto** wir sind bei der Sache gut/schlecht weggekommen; **¿dónde quieres ir a ~ con esto?** worauf willst du damit hinaus?; **siempre venimos a ~ al mismo tema** wir kommen immer wieder auf dasselbe Thema zu sprechen ④ *(vivir)* sich aufhalten; **no sé dónde para** ich weiß nicht, wo er/sie sich gerade aufhält; **siempre para en el mismo hotel** er/sie übernachtet immer im selben Hotel; **¿paras mucho en este bar?** *(fam)* bist du oft in dieser Kneipe? ⑤ *(convertirse)* **la tienda paró en un restaurante** aus dem Laden wurde ein Restaurant **II.** *vt* ① *(detener)* anhalten; *(un golpe)* abwehren; *(un gol)* halten; *(el motor)* abstellen; **cuando se enfada no hay quien lo pare** wenn er wütend ist, ist er nicht zu bremsen ② *(en el juego)* setzen **III.** *vr:* **~se** ① *(detenerse)* anhalten; *(reloj)* stehen bleiben; **el reloj se ha parado** die Uhr ist stehen geblieben; **~se a pensar** gründlich nachdenken; **~se a descansar** eine (Ruhe)pause einlegen ② *(Am: levantarse)* aufstehen

P

pararrayos [para'rrajos] *m inv* Blitzableiter *m*

parasitar [parasi'tar] *vt* (BIOL) schmarotzen

parasitario, -a [parasi'tarjo, -a] *adj* parasitär; **una enfermedad parasitaria** eine durch Parasiten übertragene Krankheit

parásito, -a [pa'rasito, -a] **I.** *adj* ① (BIOL) parasitär; **planta parásita** Schmarotzerpflanze *f* ② *(persona)* schmarotzerhaft **II.** *m, f* ① (BIOL) Parasit *m* ② *(persona)* Schmarotzer(in) *m(f)*

parasol [para'sol] *m* ① *(quitasol)* Sonnenschirm *m* ② *(umbela)* Markise *f* ③ *(en el coche)* Sonnenblende *f* ④ (BOT) Parasol(pilz) *m*

paravientos [para'βjeṇtos] *m inv* Windverstrebung *f*

parcamente [parka'meṇte] *adv* spärlich, einfach, nüchtern, sparsam

parcela [par'θela] *f* ① *(terreno)* Grundstück *nt;* **~ de cultivo** Feld *nt;* **~ edificable** Baugrundstück *nt* ② *(parte)* (Bruch)teil *m*

parcelación [parθela'θjon] *f* Parzellierung *f*

parcelar [parθe'lar] *vt (dividir)* parzellieren; *(medir)* vermessen

parchar [par'ʧar] *vt (Méx)* flicken

parche ['parʧe] *m* ① *(pegote)* Flicken *m; (para una herida)* Pflaster *nt;* **bolsillo de ~** aufgesetzte Tasche; **~ para el ojo** Augenklappe *f;* **poner un ~** flicken ② *(retoque)* (notdürftige) Ausbesserung *f; (de pintura)* (Farb)klecks *m;* **poner ~s** notdürftig ausbessern; *(fig)* sich mit Notlösungen behelfen ③ *(piel del tambor)* Trommelfell *nt* ④ *(tambor)* Trommel *f* ⑤ *(loc)* **pegar un ~ a alguien** jdn über den Tisch ziehen

parchear [parʧe'ar] *vt* ① *(poner parches)* (notdürftig) ausbessern; *(con pegotes)* flicken ② *(manosear)* betasten

parchís [par'ʧis] *m (juego)* Mensch-ärgere-dich-nicht *nt*

parcial [par'θjal] **I.** *adj* ① *(de una parte)* teilweise, Teil-; *(eclipse)* partiell; **la venta ~ del terreno** der Verkauf eines Teils des Grundstücks ② *(incompleto)* unvollständig ③ *(arbitrario)* parteiisch; *(crítico)* voreingenommen; *(juez)* befangen ④ *(partidario)* **ser ~ de una teoría** eine Theorie vertreten **II.** *mf* Anhänger(in) *m(f)*

parcialidad [parθjali'ðað] *f* ① *(preferencia)* Parteilichkeit *f* ② *(bando)* Fraktion *f; (seguidores)* Anhänger *mpl* ③ *(familiaridad)* Vertrautheit *f* ④ *(de un pueblo)* Stamm *m*

parcialmente [parθjal'meṇte] *adv* ① *(en parte)* teilweise ② *(con parcialidad)* voreingenommen ③ *(familiarmente)* vertraulich

parco, -a ['parko, -a] *adj* ① *(moderado)* bescheiden; *(sobrio)* nüchtern ② *(escaso)* spärlich; ~ **en palabras** wortkarg; **ser ~ en conceder favores** mit Gefälligkeiten geizen

parda ['parða] *adj o f v.* **pardo**

pardal [par'ðal] **I.** *adj (pey)* bauernhaft, bäu(e)risch **II.** *m* ① *(gorrión)* Spatz *m* ② *(leopardo)* Leopard *m* ③ *(jirafa)* Giraffe *f* ④ *(pardillo)* Rotkehlchen *nt* ⑤ *(fam: hombre bellaco)* Haudegen *m*

pardiez [par'ðjeθ] *interj* Donnerwetter!

pardillo[1] [par'ðiʎo] *m* Rotkehlchen *nt*

pardillo, -a[2] [par'ðiʎo, -a] **I.** *adj* ① *(palurdo)* tölpelhaft ② *(principiante)* unerfahren **II.** *m, f* ① *(palurdo)* Tölpel *m* ② *(principiante)* Anfänger(in) *m(f)*

pardo, -a ['parðo, -a] **I.** *adj* ① *(color)* (grau)braun; *(terroso)* erdfarben; **oso ~** Braunbär *m;* **de ojos ~s** braunäugig ② *(oscuro)* düster; *(nube)* grau ③ *(voz)* klanglos **II.** *m, f (Am pey) Nachkomme eines schwarzen und eines weißen Elternteils*

pardusco, -a [par'ðusko, -a] *adj* bräunlich

pareado [pare'aðo] *m* Paarreim *m*

parear [pare'ar] *vt* ① *(formar parejas)* paarweise zusammentun; *(atar)* paarweise bündeln; *(ropa)* paarweise zusammenlegen ② (BIOL) paaren ③ *(igualar)* aufeinander abstimmen

parecer [pare'θer] **I.** *vi irr como crecer* ① *(tener cierto aspecto)* aussehen; *(aparentar)* scheinen; **a lo que parece** anscheinend; **tu idea me parece bien** ich bin mit deiner Idee einverstanden; **parece mayor de lo que es** er/sie sieht älter aus als er/sie ist; **parece mentira que...** *+subj* (es ist) kaum zu glauben, dass ...; **aunque parezca mentira** so unglaublich es auch ist; **me parece que no tienes ganas** ich glaube, du hast keine Lust; **parece que va a llover** es sieht nach Regen aus; **¿qué te parece?** was hältst du davon?; **¿qué te parece el piso?** wie findest du die Wohnung?; **si te parece bien, ...** wenn du einverstanden bist, ...; **parecen hermanos** sie sehen aus wie Geschwister ② *(aparecer)* erscheinen; **quien no parece, perece** *(prov)* wer nicht will, der hat schon **II.** *vr irr como crecer* **~se** sich *dat* ähneln; **se parece a una estrella de cine** er/sie sieht aus wie ein bekannter Filmstar; **te pareces mucho a tu madre** du ähnelst deiner Mutter sehr; **¡esto se te parece!** das sieht dir (wieder einmal) ähnlich! **III.** *m* ① *(opinión)* Meinung *f; (juicio)* Urteil *nt;* **a mi ~** meiner Meinung nach; **arrimarse al ~ de la mayoría** sich der Mehrheit anschließen; **esto es cuestión de ~es** das ist (reine) Ansichtssache; **toma mi ~** hör auf mich ② *(aspecto)* Aussehen *nt; (apariencia)* Anschein *m;* **ser de buen ~** gut aussehen; **al ~** anscheinend; **por el bien ~** um den äußeren Schein zu wahren

parecido[1] [pare'θiðo] *m* Ähnlichkeit *f;* **tienes un gran ~ con tu hermana** du ähnelst deiner Schwester sehr

parecido, -a[2] [pare'θiðo, -a] *adj* ① *(semejante)* ähnlich ② *(loc)* **ser bien/mal ~** *(persona)* gut/schlecht aussehen; *(cosa)* schicklich/unschicklich sein; **esto no es bien ~** das schickt sich nicht

pared [pa'reð] *f* ① *(tabique)* Wand *f; (muro)* Mauer *f; (de una montaña)* (Fels)wand *f; (separación)* (Trenn)wand *f; (superficie lateral)* (Seiten)wand *f;* **~ abdominal** Bauchdecke *f;* **~ maestra** tragende Wand; **dejar a alguien pegado a la ~** *(fig)* jdn in die Enge treiben; **quedarse pegado a la ~** *(fig)* sich in die Enge getrieben fühlen; **entre cuatro ~es** von der Außenwelt abgeschnitten; **estar blanco como la ~** kreidebleich sein; **estar entre la espada y la ~** mit dem Rücken zur Wand stehen; **hablar a la ~** in den Wind reden; **¡cuidado, que estas ~es oyen!** Vorsicht, diese Wände haben Ohren!; **subirse por las ~es** *(fig)* die Wände hochgehen; **se subía por las ~es al oír la noticia** die Nachricht brachte ihn/sie auf die Palme; **vivimos ~ por medio** wir leben Tür an Tür ② *(personas)* Mauer *f; (cosas)* Berg *m*

paredón [pare'ðon] *m* Mauer *f;* **llevar a alguien al ~** jdn an die Wand stellen

pareja [pa'rexa] *f* ① *(par)* Paar *nt; (de la guardia civil)* Streife *f* der Guardia civil; **~ de hecho** Ehe ohne Trauschein; **hacen buena ~** sie passen gut zusammen; **¿dónde está la ~ de este guante?** wo ist das Gegenstück zu diesem Handschuh? ② *(compañero)* Partner(in) *m(f); (en un baile)* Tanzpartner(in) *m(f)* ③ *pl (en los dados)* Pasch *m; (en los naipes)* Pärchen *nt* ④ (DEP) **~s mixtas** gemischtes Doppel *nt* ⑤ *(loc)* **su bondad y su modestia corrían ~s** er/sie war ebenso gütig wie bescheiden; **no correr ~s** nicht vereinbar sein

parejo, -a [pa'rexo, -a] *adj* ① *(igual)* gleich; *(semejante)* (sehr) ähnlich; **por (un) ~** gleich; **los caballos iban ~s** die Pferde lagen Kopf an Kopf ② *(llano)* eben

paremia [pa'remja] *f* Sprichwort *nt,* Parömie *f*

parentela [paren̪'tela] *f* Verwandtschaft *f*

parentesco [paren̪'tesko] *m (entre familiares)* Verwandtschaft *f; (entre cosas)* Bin-

P

dung *f;* ~ **por consanguinidad** Blutsverwandtschaft *f*

paréntesis [pa'reṇtesis] *m inv* ❶ *(signo)* Klammer *f;* **poner algo entre** ~ etw in Klammern setzen; **entre ~, ...** *(fig)* übrigens ...; **abrir/cerrar el** ~ Klammer auf/zu; *(fig)* etw unterbrechen/wieder aufnehmen ❷ *(oración)* Parenthese *f* ❸ *(interrupción)* Unterbrechung *f;* **hicimos un ~ para almorzar** wir legten eine Frühstückspause ein

pareo [pa'reo] *m* ❶ *(vestido) großes Tuch, das um den Körper geschlungen und von Frauen z.B. am Strand getragen wird* ❷ *(acción de unir)* (paarweises) Zusammenfügen *nt; (acción de igualar)* Abstimmen *nt* ❸ (BIOL) Paarung *f*

paria ['parja] *mf* ❶ *(en la India)* Paria *m (Angehörige(r) der untersten Kaste in Indien)* ❷ *(marginado)* Ausgestoßene(r) *mf,* Geächtete(r) *mf*

parida [pa'riða] *f* ❶ *(animal) Weibchen, das gerade geworfen hat* ❷ *(fam: tontería)* Blödsinn *m*

paridad [pari'ðaᵈ] *f* ❶ *(comparación)* Gleichsetzung *f* ❷ (FIN, ECON) Parität *f;* ~ **adquisitiva** Kaufkraftparität *f;* ~ **(de cambio)** (Währungs)parität *f* ❸ *(igualdad)* Gleichheit *f; (semejanza)* (große) Ähnlichkeit *f;* ~ **de fuerzas** Kräftegleichgewicht *nt;* **competir a ~ de medios** unter denselben Bedingungen (miteinander) konkurrieren

pariente, -a [pa'rjeṇte, -a] **I.** *adj* ❶ *(parecido)* ähnlich ❷ *(de la misma familia)* verwandt **II.** *m, f* ❶ *(familiar)* Verwandte(r) *mf;* **los ~s** die Verwandtschaft; ~ **mayor** Urahne *m* ❷ *(fam: marido, mujer)* Mann *m,* Frau *f;* **mi** ~ *(irón)* mein Angetrauter

paripé [pari'pe] *m* Show *f;* **hacer el** ~ eine Show abziehen *fam; (presumir)* sich aufspielen; *(fingir)* falsche Tatsachen vortäuschen; *(fingir cariño)* Zuneigung heucheln

parir [pa'rir] **I.** *vt* ❶ *(dar a luz)* gebären; *(animal)* werfen ❷ *(producir)* hervorbringen; *(causar)* verursachen **II.** *vi* ❶ *(descubrirse)* ans Licht kommen ❷ *(expresarse)* sich verständlich machen; **pares sin dificultad** du kannst deine Gedanken gut in Worte fassen

París [pa'ris] *m* Paris *nt*

parisiense [pari'sjense] **I.** *adj* pariserisch, Pariser **II.** *mf* Pariser(in) *m(f)*

parisino, -a [pari'sino, -a] *adj v.* **parisiense**

paritario, -a [pari'tarjo, -a] *adj* paritätisch

paritorio [pari'torjo] *m* ❶ *(sala)* Kreißsaal *m* ❷ *(AmC: parto)* Entbindung *f*

P

parking ['parkiŋ] *m* <parkings> *(cubierto)* Parkhaus *nt; (abierto)* Parkplatz *m*

párkinson ['parkinson] *m* (MED) Parkinsonkrankheit *f*

parkour [par'kur] *m* (DEP) Parkour *m o nt*

parla ['parla] *f* ❶ *(labia)* Redegewandtheit *f,* Beredsamkeit *f* ❷ *(hablar mucho)* Gesprächigkeit *f,* Geschwätzigkeit *f abw* ❸ *(parloteo)* Geschwätz *nt fam;* **esto no es más que** ~ das ist doch nur leeres [*o* hohles] Geschwätz

parlamentar [parlameṇ'tar] *vi* ❶ *(hablar)* sich unterhalten ❷ *(negociar)* verhandeln

parlamentario, -a [parlameṇ'tarjo, -a] **I.** *adj* parlamentarisch; **debate** ~ Parlamentsdebatte *f* **II.** *m, f* ❶ *(diputado)* Parlamentarier(in) *m(f)* ❷ *(negociador)* Unterhändler(in) *m(f)*

parlamentarismo [parlameṇta'rismo] *m* (POL) Parlamentarismus *m*

parlamento [parla'meṇto] *m* ❶ *(cámara)* Parlament *nt* ❷ *(discurso)* Rede *f;* (TEAT) Monolog *m* ❸ *(negociaciones)* Verhandlungen *f*

parlanchín, -ina [parlan'tʃin, -ina] **I.** *adj (fam)* geschwätzig **II.** *m, f (fam: persona cotorra)* Quasselstrippe *f; (indiscreta)* Klatschmaul *nt*

parlante [par'laṇte] *adj* ❶ *(elocuente)* redegewandt, beredt; **un ave** ~ ein sprechender Vogel ❷ *(pey: muy hablador)* geschwätzig, schwatzhaft

parlar [par'lar] **I.** *vi* ❶ *(hablar)* sprechen ❷ *(fam: cotorrear)* plappern **II.** *vt (revelar)* ausplaudern

parlero, -a [par'lero, -a] *adj* ❶ *(muy hablador)* redselig; *(pey)* geschwätzig ❷ *(chismoso)* schwatzhaft ❸ *(expresivo)* ausdrucksvoll; **ojos ~s** ausdrucksvolle Augen ❹ *(pájaros)* zwitschernd; **ave parlera** Singvogel *m* ❺ *(arroyo)* murmelnd, plätschernd

parlotear [parlote'ar] *vi v.* **parlar**

parloteo [parlo'teo] *m* ❶ *(charla)* Plappern *nt* ❷ *(conversación)* Schwätzchen *nt*

parmesano [parme'sano] *m (queso)* Parmesan(käse) *m*

parné [par'ne] *m (fam: dinero)* Kohle *f*

paro ['paro] *m* ❶ *(pararse)* Stillstand *m;* ~ **cardíaco** Herzstillstand *m* ❷ *(parar: una máquina)* Abstellen *nt; (una fábrica)* Stilllegung *f; (de trabajar)* Arbeitsunterbrechung *f* ❸ *(huelga)* ~ **laboral** Streik *m; (por parte de los empresarios)* Aussperrung *f* ❹ *(desempleo)* Arbeitslosigkeit *f;* ~ **forzoso** Arbeitslosigkeit *f;* **estar en** ~ arbeitslos sein ❺ (ZOOL) Meise *f;* ~ **carbonero** Kohlmeise *f*

parodia [pa'roðja] *f* Parodie *f* (**de** auf

+*akk*); **hacer una ~ de algo** etw parodieren

parodiador(a) [paroðja'ðor(a)] **I.** *adj* parodierend **II.** *m(f)* Parodist(in) *m(f)*

parodiar [paro'ðjar] *vt* parodieren

paródico, -a [pa'roðiko, -a] *adj* parodistisch

parodista [paro'ðista] *mf* Parodist(in) *m(f)*

parón [pa'ron] *m (paro brusco)* plötzliches Anhalten *nt; (paro prolongado)* langandauernder Stillstand *m*

parpadeante [parpaðe'aṇte] *adj* flackernd, flimmernd

parpadear [parpaðe'ar] *vi* ❶ *(ojos)* blinzeln; **sin ~** *(fig)* ohne mit der Wimper zu zucken ❷ *(luz)* flimmern; *(llama)* flackern

parpadeo [parpa'ðeo] *m* ❶ *(de los ojos)* Blinzeln *nt* ❷ *(de una luz)* Flimmern *nt; (de una llama)* Flackern *nt*

párpado ['parpaðo] *m* (Augen)lid *nt*

parque ['parke] *m* ❶ *(jardín)* Park *m; (infantil)* Spielplatz *m;* **~ de atracciones** Vergnügungspark *m;* **~ natural** Naturschutzgebiet *nt;* **~ nacional** Nationalpark *m;* **~ zoológico** Zoo *m* ❷ *(depósito)* Lager *nt;* **~ de bomberos** Feuerwache *f,* Feuerwehrhaus *nt;* **~ militar** Arsenal *nt* ❸ *(conjunto)* Bestand *m;* **~ industrial** Gewerbepark *m;* **~ de maquinaria** Maschinenpark *m;* **~ móvil** öffentlicher Fuhrpark; **~ de vehículos** Fuhrpark *m* ❹ *(para niños)* Laufstall *m*

parqué [par'ke] *m* Parkett *nt*

parqueadero [parkea'ðero] *m (Am)* Parkplatz *m*

parquear [parke'ar] *vt (Am)* parken

parquedad [parke'ðað] *f* ❶ *(en el gasto)* Sparsamkeit *f; (en el uso)* Genügsamkeit *f* ❷ *(parsimonia)* Zurückhaltung *f;* **habla con ~** er/sie ist wortkarg

parquet [par'ke(t)] *m* Parkett *nt*

parquímetro [par'kimetro] *m* Parkuhr *f*

parra ['parra] *f (vid)* Weinstock *m;* **subirse a la ~** *(enfadarse)* in die Luft gehen; *(darse importancia)* abheben; *(fam: atreverse)* übermütig werden

parrafada [parra'faða] *f* ❶ *(conversación detenida)* eingehendes Gespräch *nt; (conversación confidencial)* vertrauliches Gespräch *nt;* **echar una ~** ein Gespräch unter vier Augen führen ❷ *(monólogo)* Wortschwall *m; (irón)* Predigt *f*

párrafo ['parrafo] *m v.* **parágrafo**

parral [pa'rral] *m* ❶ *(parras)* Spalier *nt; (techo)* Weinlaube *f* ❷ *(viña)* Weinberg *m*

parrampán [parram'pan] *m (Pan)* Angeber *m*

parranda [pa'rraṇda] *f (juerga)* Trubel *m; (de bar en bar)* Kneipentour *f;* **ir de ~** um die Häuser ziehen

parricidio [parriθi'ðjo] *m (padre)* Vatermord *m; (madre)* Muttermord *m; (hijo)* Kindsmord *m*

parrilla [pa'rriʎa] *f* ❶ *(para la brasa)* (Grill)rost *m;* **hacer a la ~** grillen; *(de un horno)* (Ofen)rost *m* ❷ *(establecimiento)* (Grill)restaurant *nt* ❸ (DEP) **~ (de salida)** Startplatz *m* ❹ *(Am:* AUTO) Dachgepäckträger *m*

parrillada [parri'ʎaða] *f* Grillplatte *f;* **~ de pescado/de carne** gegrillte Fisch-/Fleischspezialitäten

párroco ['parroko] **I.** *adj* Gemeinde- **II.** *m* Pfarrer *m*

parroquia [pa'rrokja] *f* ❶ *(territorio, fieles)* Gemeinde *f* ❷ *(iglesia)* (Pfarr)kirche *f* ❸ *(clientela)* (Stamm)kundschaft *f*

parroquial [parro'kjal] *adj* Gemeinde-; **iglesia ~** Pfarrkirche *f*

parroquiano, -a [parro'kjano, -a] **I.** *adj* Gemeinde- **II.** *m, f* ❶ *(feligrés)* Gemeindemitglied *nt* ❷ *(cliente)* Stammkunde, -in *m, f*

parsimonia [parsi'monja] *f* ❶ *(calma)* Ruhe *f; (lentitud)* Trägheit *f;* **con ~** in aller Ruhe ❷ *(en los gastos)* Sparsamkeit *f* ❸ *(prudencia)* Rücksicht *f; (moderación)* Zurückhaltung *f*

parsimonioso, -a [parsimo'njoso, -a] *adj* ❶ *(tranquilo)* ruhig, bedächtig; *(relajado)* träge, schwerfällig ❷ *(ahorrador)* sparsam, genügsam ❸ *(prudente)* rücksichtsvoll; *(moderado)* zurückhaltend

parte[1] ['parte] *f* ❶ *(porción)* Teil *m; (elemento)* (Bestand)teil *m; (de repuesto)* Ersatzteil *nt;* **~ alícuota** Bruchteil *m;* **~ constitutiva** Bestandteil *m;* **~ esencial** wesentlicher Bestandteil; **~ del león** Löwenanteil *m;* **~ del mundo** Erdteil *m;* **una cuarta ~** ein Viertel; **de varias ~s** mehrteilig; **en ~** teilweise; **en gran ~** zu einem großen Teil; **en mayor ~** größtenteils; **~ por ~** Stück für Stück; **por ~s** der Reihe nach; **tomar ~ en algo** an etw *dat* teilnehmen; **tener ~ en algo** an etw *dat* beteiligt sein ❷ *(repartición)* Anteil *m* (**de** +*dat*), Teil *m* (**de** +*gen*); **~ hereditaria** Erbteil *nt;* **dar ~ a alguien en algo** jdn an etw *dat* beteiligen; **llevarse la peor ~** den Kürzeren ziehen; **llevarse la mejor ~** am besten abschneiden ❸ *(lugar)* Ort *m;* **¿a qué ~?** wohin?; **a ninguna ~** nirgendwohin; **en ninguna ~** nirgends; **en cualquier ~** irgendwo; **por todas (las) ~s** überall; **en otra ~** woanders, anderswo; **¿de qué ~ de España es tu familia?** aus welcher Gegend Spaniens stammt deine

P

Familie?; **no llevar a ninguna ~** *(fig)* zu nichts führen; **en todas ~s (se) cuecen habas** *(prov)* das passiert woanders auch; **que no te dé vergüenza, ¡en todas ~s (se) cuecen habas!** schäm dich nicht, das kommt in den besten Familien vor! ④ *(bando, t.* JUR) Partei *f; (en un negocio)* Teilhaber(in) *m(f); (en una discusión)* Gesprächsteilnehmer(in) *m(f);* **~ contratante** Vertragspartner *m;* **~ laboral** Arbeitnehmerseite *f;* **~ pública** Staatsanwalt *m* ⑤ *(lado)* Seite *f;* **~ de delante/de atrás** Vorder-/Rückseite *f;* **dale recuerdos de mi ~** grüß ihn/sie von mir; **somos primos por ~ de mi padre/de mi madre** wir sind Cousins väterlicherseits/mütterlicherseits; **por mi ~ puedes hacer lo que quieras** von mir aus kannst du tun, was du willst; **estar de ~ de alguien** auf jds Seite sein; **ponerse de ~ de alguien** jds Partei ergreifen; **saber de buena ~** aus zuverlässiger Quelle wissen; **me tienes de tu ~** ich bin auf deiner Seite; **de ~ a ~** *(de un lado a otro)* von rechts nach links; *(de arriba a abajo)* von oben nach unten; **por otra ~** and(e)rerseits; *(además)* außerdem ⑥ *(sección)* Teil *m; (tomo)* Band *m; (capítulo)* Kapitel *nt* ⑦ (TEAT, MÚS: *papel*) Part *m; (actor)* Schauspieler(in) *m(f); (cantante)* Sänger(in) *m(f)* ⑧ *pl (genitales)* Geschlechtsteile *ntpl;* **me dio una patada en salva sea la ~** er/sie trat mich in den Allerwertesten ⑨ *(loc)* **no lo tomes [*o* eches] a mala ~** versteh mich nicht falsch; **de primeros de mes a esta ~** seit Beginn dieses Monats; **de unos cuantos días a esta ~** seit einigen Tagen

parte[2] ['parte] *m* ① *(comunicado)* Bericht *m; (telegráfico)* Telegramm *nt; (por radio)* Funkmeldung *f;* **dar ~** Bericht erstatten; **tienes que dar ~ del robo a la policía** du musst den Diebstahl der Polizei melden ② (RADIO, TV) Nachrichten *fpl;* **~ meteorológico** Wetterbericht *m*

parteaguas [parte'aɣwas] *m inv (Cuba)* Wendepunkt *m*

partenaire [parte'ner] *mf* Partner(in) *m(f);* **~ de baile** Tanzpartner(in) *m(f);* **~ de tenis** Tennispartner(in) *m(f)*

partero, -a [par'tero, -a] *m, f* Geburtshelfer(in) *m(f)*

parterre [par'terre] *m* ① *(arriate)* Blumenbeet *nt* ② *(jardín)* Gartenanlage *f*

partible [par'tiβle] *adj* teilbar

partición [parti'θjon] *f* ① *(acción de partir)* Aufteilung *f* (**entre** unter +*dat*) ② (MAT) Division *f*

participación [partiθipa'θjon] *f* ① *(intervención)* Teilnahme *f* (**en** an +*dat*); *(en un negocio)* Beteiligung *f* (**en** an +*dat*); *(en una decisión)* Mitbestimmung *f;* **~ en los beneficios** Gewinnbeteiligung *f* ② *(parte)* Anteil *m* (**en** an +*dat*) ③ *(billete)* (Lotterie)los *nt; (parte que se juega)* (anteiliger) Lotterieeinsatz *m* ④ *(anuncio)* Anzeige *f; (aviso)* Mitteilung *f*

participante [partiθi'pante] *mf (en una acción)* Teilnehmer(in) *m(f)* (**en** an +*dat*); *(en una empresa)* Teilhaber(in) *m(f)*

participar [partiθi'par] **I.** *vi* ① *(tomar parte)* teilnehmen (**en** an +*dat*); **los países participantes** die Teilnehmerländer; **~ en un juego** mitspielen; **participo en tu alegría** ich freue mich mit dir ② *(tener parte)* beteiligt sein (**en** an +*dat*); **~ en una herencia** Miterbe sein **II.** *vt* ① *(comunicar)* mitteilen ② *(tener en común)* teilen (**de** +*akk*); **participamos de la misma opinión** wir sind derselben Meinung

partícipe [par'tiθipe] **I.** *adj* beteiligt **II.** *mf* Beteiligte(r) *mf* (**de** an +*dat*); *(en una empresa)* Teilhaber(in) *m(f);* **hacer a alguien ~ de algo** *(compartir)* etw mit jdm teilen; *(informar)* jdm etw mitteilen

participial [partiθi'pjal] *adj* (LING) partizipial, Partizipial-

participio [parti'θipjo] *m* Partizip *nt;* **~ activo [*o* de presente]** Partizip Präsens; **~ pasivo [*o* de pretérito]** Partizip Perfekt

partícula [par'tikula] *f* ① (*t.* FÍS, QUÍM) Teilchen *nt;* **~ elemental** Elementarteilchen *nt;* **~s de polvo** Staubpartikel *ntpl o fpl* ② (LING) Partikel *f;* **~ prepositiva** Präfix *nt*

particular[1] [partiku'lar] **I.** *adj* ① *(propio)* eigen; *(individual)* individuell; *(típico)* typisch; *(personal)* persönlich; **el sabor ~ del azafrán** der typische Safrangeschmack ② *(raro)* eigenartig ③ *(extraordinario)* besondere(r, s); **caso ~** Sonderfall *m;* **en ~** besonders; **posee un talento ~ para dibujar** er/sie kann außergewöhnlich gut zeichnen ④ *(privado)* privat; **envíamelo a mi domicilio ~** schick es mir an meine Privatadresse ⑤ *(determinado)* bestimmt; **tenemos que concentrarnos en este problema ~** wir müssen uns auf dieses eine Problem konzentrieren **II.** *mf* Privatperson *f*

particular[2] [partiku'lar] *m* Angelegenheit *f*

particularidad [partikulari'ðaᵈ] *f* ① *(especialidad)* Besonderheit *f; (singularidad)* Einzigartigkeit *f; (peculiaridad)* Außergewöhnliche(s) *nt;* **la ~ de este método estriba en que...** das Besondere an diesem Verfahren ist, dass ... ② *(rareza)* Eigenart *f* ③ *(detalle)* Detail *nt; (circunstancia)* Umstand *m;* **las ~es del crimen** die

P

näheren Umstände des Verbrechens ④ *(en el trato)* Vertraulichkeit *f*

particularizar [partikulari'θar] <z → c> **I.** *vt* ① *(explicar)* (detailliert) erläutern ② *(mostrar preferencia)* bevorzugen ③ *(personalizar)* sich konkret beziehen (**en** auf +*akk*) ④ *(distinguir)* charakterisieren; **sus saques particularizan su estilo de jugar** das Besondere an seinem Spiel ist sein Aufschlag **II.** *vi (explicar)* ins Detail gehen

particularmente [partikular'mente] *adv* vor allem

partida [par'tiða] *f* ① *(salida)* Abfahrt *f* ② *(envío)* Sendung *f* ③ (FIN) Posten *m;* **~ doble** doppelte Buchführung ④ *(anotación)* (Register)eintrag *m; (certificado)* Urkunde *f;* **~ de defunción** Sterbeurkunde *f* ⑤ *(juego)* Partie *f;* **jugar una ~ de ajedrez** eine Partie Schach spielen; **jugar una mala ~ a alguien** jdm übel mitspielen ⑥ *(grupo)* Gruppe *f;* (MIL) Truppe *f; (de amigos)* Clique *f; (en un juego)* Mannschaft *f; (excursión)* Partie *f;* **~ de campo** Landpartie *f* ⑦ *(muerte)* Tod *m* ⑧ *(lugar)* Bezirk *m*

partidario, -a [parti'ðarjo, -a] **I.** *adj (parcial)* parteiisch; *(juez)* befangen **II.** *m, f* ① *(seguidor)* Anhänger(in) *m(f); (afiliado)* Mitglied *nt; (de un proyecto, una idea)* Befürworter(in) *m(f);* **ser ~ de algo** etw befürworten ② *(guerrillero)* Partisan(in) *m(f)*

partidismo [parti'ðismo] *m* ① *(parcialidad)* Parteilichkeit *f; (de un juez)* Befangenheit *f; (a favor de un partido)* politische Neigung *f* ② (POL) Parteitreue *f*

partidista [parti'ðista] **I.** *adj* ① *(parcial)* parteiisch; *(juez)* befangen ② *(sometido a la ideología de un partido)* parteitreu; **ser ~** sich an die Parteilinie halten ③ *(relativo a un partido)* parteilich **II.** *mf* Parteianhänger(in) *m(f)*

partido[1] [par'tiðo] *m* ① (POL) Partei *f;* **~ de clase media** Mittelstandspartei *f;* **~ de derecha(s)/de izquierda(s)** Rechts-/Linkspartei *f;* **~ obrero** Arbeiterpartei *f;* **~ pequeño** Splitterpartei *f;* **~ político** politische Partei; **~ popular** Volkspartei *f;* **~ único** Einheitspartei *f* ② *(grupo)* (Interessen)gruppe *f;* **formar ~** sich zusammenschließen; **esta idea tiene mucho ~** diese Idee wird von vielen befürwortet; **el candidato tenía cada vez menos ~** der Kandidat hatte immer weniger Anhänger; **la película tuvo mucho ~ en el extranjero** der Film war im Ausland sehr erfolgreich ③ (DEP: *juego*) Spiel *nt;* **~ amistoso** Freundschaftsspiel *nt* ④ *(equipo)* Mannschaft *f* ⑤ *(para casarse)* Partie *f;* **encontrar un buen ~** eine gute Partie machen ⑥ (ADMIN) Bezirk *m;* **~ judicial** Gerichtsbezirk *m;* **cabeza de ~** Bezirkshauptstadt *f* ⑦ *(determinación)* Stellungnahme *f;* **tomar ~** *(inclinarse)* Partei ergreifen (**a favor de** für +*akk*); *(opinar)* Stellung beziehen; *(decidirse)* sich entscheiden; (MIL) sich freiwillig melden ⑧ *(provecho)* Nutzen *m;* **de esto aún se puede sacar ~** daraus lässt sich noch was machen; **no sacarás ~ de él** er ist ein hoffnungsloser Fall; **saqué ~ del asunto** ich habe von der Sache profitiert ⑨ *(Am: del pelo)* Scheitel *m*

partido, -a[2] [par'tiðo, -a] *adj (liberal)* freigebig

partidor [parti'ðor] *m* Verteiler *m*

partir [par'tir] **I.** *vt* ① *(dividir)* teilen (**en** in +*akk*); (MAT) dividieren (**en** durch +*akk*); **~ por la mitad** halbieren ② *(romper)* zerbrechen; *(en muchas piezas)* zertrümmern; *(madera)* (zer)hacken; *(una nuez)* knacken; **~ el pan** (REL) das Brot brechen; **~ la cabeza a alguien** jdm den Schädel einschlagen ③ (TÉC) spalten ④ *(repartir)* aufteilen; *(clasificar)* klassifizieren ⑤ *(compartir)* teilen ⑥ *(una baraja)* abheben **II.** *vi* ① *(tomar como base)* ausgehen (**de** von +*dat*); **a ~ de ahora** von nun an; **a ~ de mañana** ab morgen; **a ~ de las seis** ab sechs Uhr; **a ~ de entonces** von da an ② *(salir de viaje)* abreisen; *(ponerse en marcha)* losfahren; *(a pie)* losgehen; **partimos de Heidelberg a las cinco** wir sind um fünf in Heidelberg losgefahren **III.** *vr:* **~se** *(rajarse)* zerbrechen; *(cristal)* zersplittern; **~se de risa** sich vor Lachen biegen

partisano, -a [parti'sano, -a] *m, f* Partisan(in) *m(f)*

partitivo, -a [parti'tiβo, -a] *adj* ① (LING) partitiv ② *(que se puede partir)* teilbar; *(que se puede romper)* zerbrechlich

partitura [parti'tura] *f* Partitur *f*

parto ['parto] *m (alumbramiento)* Geburt *f; (de un animal)* Werfen *nt;* **~ prematuro** Frühgeburt *f;* **dolores de ~** Wehen *f pl;* **estar de ~** in den Wehen liegen; **esto es el ~ de los montes** der Berg kreißte und gebar eine Maus

parturienta [partu'rjenta] *f* ① *(que está de parto)* Gebärende *f* ② *(que acaba de parir)* Wöchnerin *f*

parva ['parβa] *f* ① (AGR) Dreschgut *nt* ② *(montón)* Menge *f; (de chiquillos)* Kinderschar *f*

parvada [par'βaða] *f* ① (AGR) Dreschgut *nt* ② *(pollos)* ausgeschlüpftes Gelege *nt* ③ *(multitud)* Menge *f,* Haufen *m* ④ *(Am: bandada)* (Vogel)schwarm *m*

P

parvedad [parβe'ða^ð] *f* ① *(escasez)* Spärlichkeit *f; (pequeñez)* Winzigkeit *f; (poquedad)* Kleinigkeit *f* ② *(para comer)* Happen *m*

parvo, -a ['parβo, -a] *adj (pequeño)* klein; *(escaso)* spärlich

parvulario [parβu'larjo] *m* Kindergarten *m; (educación preescolar)* Vorschule *f*

párvulo, -a ['parβulo, -a] *m, f* Kind *nt* (im Vorschulalter); **escuela de ~s** Vorschule *f;* **clase de ~s** Vorschulklasse *f*

pasa ['pasa] *f (uva seca)* Rosine *f;* **~ de Corinto** Korinthe *f;* **chocolate de ron y ~s** Trauben-Nuss-Schokolade *f;* **estar hecho una ~** *(fam)* verrunzelt sein

pasable [pa'saβle] *adj* passabel

pasacalle [pasa'kaʎe] *m* Marsch *m*

pasada [pa'saða] *f* ① *(paso)* Vorbeigehen *nt;* **hacer varias ~s** mehrmals vorbeigehen; **de ~** im Vorbeigehen; *(fig)* flüchtig; **dar ~ a algo** *(fig)* etw durchgehen lassen ② *(mano)* Durchgang *m; (pintura)* Anstrich *m;* **dar una ~ a algo** etw überarbeiten; **dar otra ~ con agua limpia** nochmals mit klarem Wasser drüberwischen ③ *(fam: comportamiento)* Gemeinheit *f;* **¡vaya (mala) ~!** so eine Gemeinheit!; **hacer una mala ~ a alguien** jdm übel mitspielen ④ *(fam: exageración)* Übertreibung *f* ⑤ *(puntada)* (Heft)stich *m; (costura)* (Heft)naht *f;* **dar unas ~s** heften (a +*akk*) ⑥ *(con la plancha)* **solamente le voy a dar una ~** ich bügle nur leicht drüber ⑦ *(en un juego)* Durchgang *m*

pasadero, -a [pasa'ðero, -a] *adj* ① *(aceptable)* passabel; *(tolerable)* erträglich ② *(transitable)* überquerbar

pasadizo [pasa'ðiθo] *m (pasillo)* Durchgang *m; (entre dos calles)* Passage *f;* **~ secreto** Geheimgang *m*

pasado[1] [pa'saðo] *m* ① *(tiempo, vida, t.* LING) Vergangenheit *f;* **en el ~** früher; **son cosas del ~** das ist Schnee von gestern ② *pl (antepasados)* Vorfahren *mpl*

pasado, -a[2] [pa'saðo, -a] *adj* ① *(de atrás)* vergangen; **el año ~** letztes Jahr; **la conferencia del año ~** die letztjährige Konferenz; **~ mañana** übermorgen; **~s dos meses** nach zwei Monaten; **~ de moda** veraltet; *(vestido)* altmodisch ② *(estropeado)* kaputt; *(fruta)* faul; *(alimentos)* verdorben; *(leche)* sauer; *(mantequilla)* ranzig; *(ropa)* abgetragen; *(flores)* welk; **el yogur está ~ de fecha** das Verfallsdatum des Joghurts ist überschritten ③ *(muy cocido)* übergar; *(verdura)* zerkocht; **¿quieres el filete muy ~?** möchtest du das Steak sehr durchgebraten?; **un huevo ~ por agua** ein weichgekochtes Ei

pasador [pasa'ðor] *m* ① *(alfiler)* (Steck)nadel *f; (imperdible)* Sicherheitsnadel *f; (broche)* Anstecknadel *f; (de corbata)* Krawattennadel *f; (para sujetarlo a la camisa)* Krawattenhalter *m* ② *(para el cabello)* Haarspange *f* ③ *(cerrojo)* (Tür)riegel *m* ④ *(colador)* Sieb *nt* ⑤ *pl (gemelos)* Manschettenknöpfe *mpl*

pasaje [pa'saxe] *m* ① *(paso)* Passieren *nt; (de una calle)* Überquerung *f; (de un territorio)* Durchquerung *f* ② *(derecho)* Wegegeld *nt* ③ *(en barco)* Schiffspassage *f* ④ *(billete de avión)* Flugticket *nt; (de barco)* Schiffsticket *nt; (precio)* Tarif *m* ⑤ *(pasajeros)* Passagiere *mpl* ⑥ *(pasillo)* Durchgang *m;* **~ subterráneo** Unterführung *f* ⑦ *(estrecho)* Meerenge *f*

pasajero, -a [pasa'xero, -a] **I.** *adj* ① *(transitorio)* vorübergehend; *(breve)* kurz(lebig); *(fugaz)* flüchtig; *(perecedero)* vergänglich ② *(calle, plaza)* belebt **II.** *m, f (viajero)* Reisende(r) *mf; (en barco/avión)* Passagier(in) *m(f); (en tren/coche)* Fahrgast *m;* **tren de ~s** Personenzug *m*

pasamanería [pasamane'ria] *f* ① *(obra de pasamanos)* Posamentierarbeit *f* ② *(taller, tienda de pasamanos)* Posamenterie *f* ③ *(oficio)* Posamentierhandwerk *nt*

pasamano(s) [pasa'mano(s)] *m(pl) (barandal)* Handlauf *m; (barandilla)* Geländer *nt*

pasamontañas [pasamon̩'taɲas] *m inv* Kopfschützer *m*

pasante [pa'san̩te] **I.** *adj (viajante)* auf der Durchreise **II.** *mf* ① *(auxiliar)* Assistent(in) *m(f); (de un abogado)* Referendar(in) *m(f);* **~ de pluma** Schreiber(in) *m(f)* ② *(profesor)* Repetitor(in) *m(f)*

pasantía [pasan̩'tia] *f* Assistentenzeit *f,* Praktikantenzeit *f; (de un abogado)* Referendariat *nt*

pasaporte [pasa'porte] *m (para viajar)* (Reise)pass *m;* **~ COVID** CovPass® *f;* COVID-Impfzertifikat *nt;* **dar ~ a alguien** *(despedirlo)* jdm den Laufpass geben *fam; (matarlo)* jdn umlegen *fam*

pasapuré(s) [pasapu're(s)] *m (inv)* Passiersieb *nt*

pasar [pa'sar] **I.** *vi* ① *(por delante)* vorbeigehen; *(en coche)* vorbeifahren; **~ corriendo** vorbeilaufen; **~ desapercibido** unbemerkt bleiben; **~ de largo** *(no detenerse)* nicht anhalten; *(no entrar)* nicht hereinkommen; **pásate un momento por mi casa** komm doch auf einen Sprung zu mir; **dejar ~** *(por delante)* vorbeilassen; **no dejes ~ la oportunidad** lass die Gelegenheit nicht ungenutzt; **el avión pasó por encima del Teide** das Flugzeug flog über den Teide ② *(por un hueco)* durchgehen; *(en coche)* durchfahren; **el sofá no pasa por la puerta** das Sofa passt nicht durch die Tür; **el Ebro pasa por Zaragoza** der Ebro fließt durch Zaragoza; ~ **por una crisis** eine Krise durchleben ③ *(trasladarse)* hinübergehen; *(entrar)* hereinkommen; **me hizo** ~ er/sie bat mich herein; **pasemos al comedor** lass uns doch ins Esszimmer gehen ④ *(acaecer)* passieren; **¿qué pasa?** was ist los?; **¿qué te pasa?** was hast du?; **pase lo que pase** auf jeden Fall; **dejar** ~ **algo** etw zulassen; **lo que pasa es que, ...** es ist Folgendes: ... ⑤ *(acabar)* vorübergehen; **ya ha pasado la tormenta** das Gewitter ist vorbei; **cuando pasen las vacaciones...** nach den Ferien ... ⑥ *(el tiempo)* vergehen; **han pasado dos semanas sin llover** es hat schon seit zwei Wochen nicht mehr geregnet; **lo pasado, pisado** Schwamm drüber ⑦ *(ser trasferido)* übergehen; (MED) sich übertragen ⑧ *(poder existir)* auskommen; **vamos pasando** es geht uns (einigermaßen) gut ⑨ *(aparentar)* durchgehen (**por** als +*nom*); **pasa por nuevo** alle glauben, es sei neu; **podrías** ~ **por alemana** man könnte dich glatt für eine Deutsche halten; **hacerse** ~ **por médico** sich als Arzt ausgeben ⑩ *(cambiar)* übergehen (**a** zu +*dat*); **paso a explicarte porqué** ich erzähle dir jetzt, warum; ~ **a mayores** sich verschlimmern ⑪ *(ser admisible)* durchgehen; **arreglándolo aún puede** ~ wenn du es reparierst, ist es noch brauchbar; ~ **por un control** einer Prüfung standhalten ⑫ *(no jugar)* passen ⑬ *(fam: no necesitar)* verzichten (können) (**de** auf +*akk*); **yo paso de salir** ich möchte nicht ausgehen; **paso de esta película** dieser Film interessiert mich nicht; **pasa de todo** ihm/ihr ist alles egal ⑭ *(loc)* ~ **por alto** auslassen; ~ **por encima de** *(un obstáculo)* überwinden; *(una persona)* übergehen, ignorieren **II.** *vt* ① *(atravesar)* überqueren; *(un territorio)* durchqueren; ~ **el semáforo en rojo** *(a pie)* über eine rote Ampel laufen; *(en coche)* über eine rote Ampel fahren; ~ **el puente** über die Brücke gehen ② *(por un hueco)* (durch)führen; ~ **la tarjeta por la ranura** die Karte durch den Schlitz ziehen; ~ **algo por debajo de la puerta** etw unter der Tür durchschieben ③ *(trasladar)* verlegen; ~ **a limpio** ins Reine schreiben ④ *(dar)* reichen ⑤ *(una temporada)* verbringen; ~ **el invierno en Mallorca** auf Mallorca überwintern; ~**lo bien** sich amüsieren; ~**lo en grande** einen Riesenspaß haben; ~**lo mal** eine schlechte Zeit durchleben; **¡que lo paséis bien!** viel Spaß! ⑥ *(sufrir)* leiden; ~ **hambre** hungern; ~ **frío** frieren; **has pasado mucho** du hast viel durchgemacht; **pasé un mal rato** es ging mir schlecht ⑦ *(trasmitir)* übertragen; *(una película)* vorführen; *(una noticia)* weiterleiten; *(dinero)* überweisen; ~ **un recado** etwas ausrichten; **me has pasado el resfriado** du hast mich mit deiner Erkältung angesteckt; **le paso a la Sra. Ortega** ich verbinde Sie mit Fr. Ortega ⑧ *(sobrepasar)* übertreffen; *(cierta edad)* überschreiten; **he pasado los treinta** ich bin schon über dreißig; **te paso en altura** ich bin größer als du ⑨ *(hacer deslizar)* ~ **la mano por la mesa** mit der Hand über den Tisch streichen; ~ **la aspiradora** Staub saugen ⑩ *(tolerar)* durchgehen lassen ⑪ *(aprobar)* bestehen ⑫ *(omitir)* auslassen ⑬ *(leer sin atención)* überfliegen; *(recitar sin atención)* herunterleiern ⑭ *(repasar)* wiederholen; *(estudiar)* durchgehen ⑮ *(tragar)* (hinunter)schlucken; **no puedo** ~**me la pastilla** ich krieg die Tablette nicht runter ⑯ *(colar)* passieren ⑰ *(la pelota)* abspielen; *(a alguien)* zuspielen ⑱ *(las hojas de un libro)* umblättern ⑲ *(géneros prohibidos)* schmuggeln **III.** *vr:* ~**se** ① *(acabarse)* verstreichen; *(dolor)* nachlassen; **se me han pasado las ganas** ich habe keine Lust mehr; **ya se le** ~**á el enfado** sein/ihr Ärger wird schon verfliegen; ~**se de fecha** das Verfallsdatum überschreiten ② *(exagerar)* übertreiben; ~**se de la raya** über die Stränge schlagen; ~**se de listo** besonders schlau sein wollen; **te has pasado de listo** da hast du dich selbst überlistet; **te has pasado un poco con la sal** du hast etwas zu viel Salz genommen ③ *(por un sitio)* vorbeigehen; **me pasé un rato por casa de mi tía** ich habe kurz bei meiner Tante vorbeigeschaut; **se me pasó por la cabeza que...** es ging mir durch den Kopf, dass ...; **no se te pasará ni por la imaginación** du wirst ja wohl nicht im Traum daran denken; ~**se la mano por el pelo** sich *dat* mit der Hand durch die Haare fahren ④ *(cambiar)* wechseln (**a** zu +*dat*); (MIL) überlaufen (**a** zu +*dat*); **se ha pasado de trabajadora a perezosa** sie ist jetzt nicht mehr fleißig, sondern faul ⑤ *(olvidarse)* entfallen; **se me pasó tu cumpleaños** ich habe deinen Geburtstag vergessen ⑥ *(estropearse)* verderben; *(fruta)* faul werden; *(alimentos)* schlecht werden; *(leche)* sauer werden; *(mantequilla)* ranzig werden; *(flores)* welken; **se ha pasado el arroz** der Reis ist zerkocht ⑦ *(escaparse)* entgehen; **se me pasó la oportunidad** ich verpasste die Chance; **se me pasó el turno** ich merkte nicht, dass ich an der Reihe war ❸ *(loc)* **~se de moda** aus der Mode kommen

pasarela [pasa'rela] *f* ❶ *(para desfiles)* Laufsteg *m* ❷ *(de un barco)* Gangway *f* ❸ *(puente provisional)* Steg *m; (para peatones)* Fußgängerübergang *m*

pasarrato [pasa'rrato] *m (Méx, PRico),* **pasatiempo** [pasa'tjempo] *m (diversión)* Zeitvertreib *m; (hobby)* Freizeitbeschäftigung *f;* **los ~s del periódico** die Rätselecke in der Zeitung

pascana [pas'kana] *f* ❶ *(AmS: etapa de un viaje)* Reiseaufenthalt *m* ❷ *(Arg, Bol, Perú: posada)* Raststätte *f*

Pascua ['paskwa] *f* ❶ *(de resurrección)* Ostern *nt;* **~ de florida, Domingo de ~** Ostersonntag *m;* **mona de ~** ≈ Osterkuchen *m;* **de ~s a Ramos** sehr selten ❷ *(fiesta judía)* Passah(fest) *nt* ❸ *pl (navidad)* Weihnachten *nt;* **dar las ~s** frohe Weihnachten wünschen ❹ *pl (Pentecostés)* Pfingsten *nt* ❺ *(loc)* **¡y santas ~s!** und damit basta!; **santas ~s** wenn es denn sein muss; **estar como una**(**s**) ~(**s**) sich freuen wie ein Schneekönig; **tener cara de ~**(**s**) *(fam)* strahlen wie ein Honigkuchenpferd; **hacer la ~ a alguien** jdm das Leben schwer machen

pase ['pase] *m* ❶ *(desfile)* Modenschau *f* ❷ (DEP) Pass *m* ❸ (CINE) (Film)vorführung *f* ❹ *(en los naipes)* Passen *nt* ❺ *(permiso)* Erlaubnis *f; (licencia)* Lizenz *f;* (MIL) Passierschein *m; (para entrar gratis)* Freikarte *f; (para viajar en tren)* Freifahrkarte *f; (durante un largo periodo)* Dauerkarte *f;* **~ (de trasporte)** Transporterlaubnis *f* ❻ *(Am: pasaporte)* (Reise)pass *m*

paseante [pase'ante] *mf* Spaziergänger(in) *m(f);* **~ (en corte)** *(fam)* Müßiggänger(in) *m(f)*

pasear [pase'ar] **I.** *vt* ❶ *(en coche)* spazieren fahren; *(a pie)* spazieren führen; **~ al perro** mit dem Hund Gassi gehen *fam;* **~ a un caballo** einem Pferd Auslauf verschaffen ❷ *(llevar a todas las partes)* (überall) herumzeigen **II.** *vi, vr:* **~se** ❶ *(a pie)* spazieren gehen; *(en coche)* spazieren fahren; *(a caballo)* ausreiten (**por** in +*dat*) ❷ *(caballo)* traben **III.** *vr:* **~se** ❶ *(discurrir)* **se me pasean miles de ideas por la cabeza** mir schießen tausend Ideen durch den Kopf ❷ *(estar ocioso)* herumhängen

paseo [pa'seo] *m* ❶ *(a pie)* Spaziergang *m; (en coche/barco)* Spazierfahrt *f; (en caballo)* Ausritt *m;* **dar un ~** spazieren gehen; **¡vete a ~!** hau ab!; **mandar a alguien a ~** jdn zum Teufel jagen ❷ *(para pasear)* Promenade *f;* **~ marítimo** Strandpromenade *f* ❸ *(distancia)* Katzensprung *m;* **de aquí al colegio solo hay un ~** von hier bis zur Schule ist es nur ein Katzensprung

pasibilidad [pasiβili'ðaᵈ] *f* Empfindsamkeit *f*

pasillo [pa'siʎo] *m (corredor)* Korridor *m; (entre habitaciones/pisos)* Gang *m*

pasión [pa'sjon] *f* ❶ *(ardor)* Leidenschaft *f;* **~ de ánimo** Sehnsucht *f;* **con ~** leidenschaftlich; **sin ~** nüchtern ❷ *(afecto)* Liebe *f; (preferencia)* Vorliebe *f;* **sentir ~ por el fútbol** passionierter Fußballfan sein ❸ *(padecimiento)* Leiden *nt* ❹ *(de Jesucristo)* Passion *f*

pasional [pasjo'nal] *adj* ❶ *(ardiente)* leidenschaftlich; **crimen ~** Verbrechen aus Leidenschaft ❷ (REL) Passions-

pasionaria [pasjo'narja] *f* ❶ (BOT) Passionsblume *f* ❷ *(flor)* Passionsblüte *f* ❸ *(fruto)* Passionsfrucht *f*

pasito [pa'sito] *adv* ❶ *(sin prisa)* gemächlich, langsam; *(con tiento)* behutsam, sachte ❷ *(en voz baja)* leise

pasividad [pasiβi'ðaᵈ] *f* Passivität *f*

pasivo[1] [pa'siβo] *m* ❶ *(deuda)* Verbindlichkeiten *f pl* ❷ *(en el balance)* Soll *nt* ❸ (LING) Passiv *nt* ❹ *(pensión)* Rente *f*

pasivo, -a[2] [pa'siβo, -a] **I.** *adj* ❶ *(que es objeto, indiferente, inactivo)* passiv ❷ (LING) passivisch; **verbo ~** Verb im Passiv; **voz pasiva** Passiv *nt* ❸ (ECON) **haber ~** Rente *f;* **las clases ~s** die Rentenempfänger **II.** *m, f* Rentenempfänger(in) *m(f)*

pasma ['pasma] *f (fam)* Bullen *m pl*

pasmado, -a [pas'maðo, -a] **I.** *adj (torpe)* tölpelhaft **II.** *m, f* Tölpel *m*

pasmar [pas'mar] **I.** *vt* ❶ *(enfriar)* gefrieren lassen; **la helada ha pasmado las lechugas** die Salatköpfe sind im Frost eingegangen ❷ *(asombrar)* verblüffen; **me has dejado pasmado** ich bin sprachlos; **no te quedes ~** schau nicht so dumm aus der Wäsche ❸ *(enajenar)* begeistern ❹ *(aturdir)* betäuben **II.** *vr:* **~se** ❶ *(helarse)* gefrieren; *(planta)* im Frost eingehen ❷ *(asombrarse)* verblüfft sein ❸ *(quedar fascinado)* begeistert sein (**ante** von +*dat*)

pasmarote [pasma'rote] *m (fam)* Trottel *m*

pasmo ['pasmo] *m* ❶ *(asombro)* Verwunderung *f; (admiración)* Bewunderung *f* ❷ *(objeto)* Erstaunliche(s) *nt;* **ser el ~ de alguien** *(fam: asombrar)* jdn verblüffen; *(enajenar)* jdn begeistern

pasmoso, -a [pas'moso, -a] *adj* unglaublich

pasmuno, -a [pas'muno, -a] *adj (PRico)* chronisch; **tiene una llaga pasmuna** er/

P

sie hat eine schwer heilende (Schürf)wunde

paso ['paso] **I.** *m* ① *(acción de pasar)* Vorbeiziehen *nt; (a pie)* Vorbeischreiten *nt; (en coche)* Vorbeifahren *nt;* **al ~** im Vorübergehen; **me salió al ~ en el pasillo** er/sie hielt mich auf dem Gang an; **ceder el ~** *(a una persona)* vorlassen; *(en el tráfico)* Vorfahrt gewähren *+dat;* **estar de ~** auf der Durchreise sein; **al ~ que come ve la tele** er/sie sieht während des Essens fern; **de ~** *(indirectamente)* nebenbei; **de ~ que vas al centro, puedes llevarme a la estación** wenn du in die Stadt fährst, kannst du mich bei der Gelegenheit am Bahnhof absetzen; **nadie salió al ~ de sus mentiras** keiner gebot seinen/ihren Lügen Einhalt ② *(movimiento)* Schritt *m; (progreso)* Fortschritt *m;* **bailar a ~ de vals** einen Walzer tanzen; **ir al ~** im Schritt gehen; **llevar el ~ al ritmo de una melodía** im Rhythmus einer Melodie marschieren; **marcar el ~** auf der Stelle marschieren; **a cada ~** ständig; **a ~ llano** problemlos; **~ a ~** Schritt für Schritt; **contar los ~s a alguien** jdn auf Schritt und Tritt beobachten; **dar un ~ adelante/atrás** einen Schritt nach vorne/nach hinten machen; **dar un ~ en falso** mit dem Fuß umknicken; *(fig)* einen falschen Schritt machen; **he dado un enorme ~ en mis investigaciones** ich bin in meinen Forschungen einen enormen Schritt vorangekommen ③ *(velocidad)* Tempo *nt;* **a ~s agigantados** im Eilschritt; *(fig)* rapide; **a buen ~** schnell; **a ~ de tortuga** im Schneckentempo; **a este ~ no llegarás** bei diesem Tempo kommst du nie an; **a este ~ no conseguirás nada** *(fig)* auf diese Art (und Weise) erreichst du nichts ④ *(sonido)* Schritt *m; (de un caballo)* Hufschlag *m* ⑤ *(manera de andar)* Gang *m;* **salir de su ~** neue Wege beschreiten ⑥ *(pisada)* Fußabdruck *m; (de un animal)* Spur *f;* **seguir los ~s de alguien** jdn auf Schritt und Tritt verfolgen; *(fig)* in jds Fußstapfen treten; **volver sobre sus ~s** umkehren ⑦ *(distancia)* Schritt *m;* **vive a dos ~s de mi casa** er/sie wohnt gleich bei mir um die Ecke ⑧ *(pasillo)* Durchgang *m; (en el mar)* Straße *f; (entre montañas)* (Berg)pass *m;* **~ de peatones** Fußgängerüberweg *m;* **~ subterráneo** Unterführung *f;* **abrirse ~** sich *dat* Durchgang verschaffen; *(fig)* seinen Weg machen; **esta puerta da ~ al jardín** diese Tür führt in den Garten; **¡prohibido el ~!** *(pasar)* Durchgang verboten!; *(entrar)* kein Zutritt!; **andar en malos ~s** auf Abwege geraten; **con este dinero puedo salir del ~** dieses Geld hilft mir aus der Klemme; **solamente lo has dicho para salir del ~** das hast du nur gesagt, um dich aus der Affäre zu ziehen ⑨ *(para atravesar algo)* Übergang *m;* **~ de cebra** Zebrastreifen *m;* **~ a nivel** (Eisen)bahnübergang *m;* **¡~!** Platz da! ⑩ *(medida)* Schritt *m;* **dar todos los ~s necesarios** die erforderlichen Schritte unternehmen; **no dar ~** nichts unternehmen; **dar un ~ en falso** einen Fauxpas begehen ⑪ *(de un contador)* Zählereinheit *f;* **marcar los ~s** die Einheiten zählen ⑫ *(de un escrito)* Passage *f* **II.** *adv* leise

pasodoble [paso'ðoβle] *m* Paso doble *m*

pasota [pa'sota] **I.** *adj* anarchistisch; *(fig)* cool **II.** *mf* (gesellschaftlicher) Außenseiter, (gesellschaftliche) Außenseiterin *m, f; (fig)* Freak *m;* **ser un ~** *(fig)* über den Dingen stehen

pasotismo [paso'tismo] *m* ① *(movimiento)* No-Future-Bewegung *f* ② *(forma de pensar)* Null-Bock-Mentalität *f*

pasquín [pas'kin] *m* Schmähschrift *f*

password ['paswor[ð]] <passwords> *m* (INFOR) Passwort *nt*

pasta ['pasta] *f* ① *(masa)* Paste *f; (para un pastel)* Teig *m; (para paredes)* Spachtelmasse *f; (para madera, ventanas)* Kitt *m;* **~ de dientes** Zahnpasta *f* ② *(fideos)* Nudeln *fpl; (comida italiana)* Nudelgericht *nt* ③ *(pastelería)* Kleingebäck *nt* ④ *(encuadernación)* Bucheinband *m* ⑤ *(fam: dinero)* Knete *f* ⑥ *(madera)* Holz *nt;* **tener ~ para algo** das Zeug zu etw *dat* haben; **tiene ~ para ser ministro** er ist aus dem Holz, aus dem man Minister macht; **tener buena ~** ein gutmütiges Wesen haben

pastaflora [pasta'flora] *f* (GASTR) *sehr feiner, leichter Teig aus Mehl, Zucker und Eiern;* **ser de ~** *(fam)* ein Weichling sein

pastar [pas'tar] **I.** *vt* weiden lassen **II.** *vi* weiden

paste(u)rizado, -a [paste(u̯)ri'θaðo, -a] *adj* pasteurisiert

paste(u)rizar [paste(u̯)ri'θar] <z → c> *vt* pasteurisieren

pastear [paste'ar] **I.** *vt* ① *(pastar)* auf die Weide treiben, weiden lassen ② *(Perú: espiar)* nachspionieren (**a** *+dat*), nachschnüffeln (**a** *+dat*) *fam* **II.** *vi* weiden, grasen

pastel [pas'tel] *m* ① *(torta)* Kuchen *m,* Torte *f; (bollo)* Gebäckstück *nt; (de carne/pescado)* Pastete *f* ② *(lápiz)* Buntstift *m* ③ *(pintura)* Pastell *nt* ④ *(chapucería)* Pfusch *m* ⑤ *(loc)* **descubrir el ~** Lunte riechen; **vámonos antes de que se descubra el ~** lass uns abhauen, bevor alles auffliegt

P

pastelear [pastele'ar] *vi* ❶ *(contemporizar)* sich einschmeicheln ❷ *(chanchullear)* mauscheln

pasteleo [paste'leo] *m (fam)* Schmeichelei *f*

pastelera [paste'lera] *f v.* **pastelero**

pastelería [pastele'ria] *f* ❶ *(comercio, arte)* Konditorei *f* ❷ *(pasteles)* Backwaren *fpl*

pastelero, -a [paste'lero, -a] *m, f* ❶ *(repostero)* Konditor(in) *m(f)* ❷ *(contemporizador)* Wendehals *m;* **ser un ~** sein Fähnchen nach dem Wind drehen; *(transigir fácilmente)* kein Rückgrat haben

pastelillo [paste'liʎo] *m (dulce)* Gebäckstück *nt; (de carne/pescado)* Pastetchen *nt*

pastiche [pas'titʃe] *m* Plagiat *nt*

pastilla [pas'tiʎa] *f* ❶ *(medicinal)* Tablette *f;* **~ contra el dolor** Schmerztablette *f;* **~ para la garganta** Lutschtablette *f;* **~ para la tos** Hustenbonbon *nt;* **~ efervescente** Brausetablette *f;* **~ de amoníaco** Salmiakpastille *f* ❷ *(dulce)* Bonbon *nt;* **~ de café con leche** Mokkabonbon *nt* ❸ *(trozo)* Stück *nt;* **~ de caldo** Brühwürfel *m;* **~ de chocolate** Tafel Schokolade; **~ de jabón** Stück Seife ❹ *(loc)* **ir a toda ~** *(fam)* einen Affenzahn draufhaben

pastizal [pasti'θal] *m* Weide *f*

pasto ['pasto] *m* ❶ *(pastura)* Weiden *nt* ❷ *(pastizal)* Weide *f* ❸ *(hierba)* Weidegras *nt;* **~ seco** Heu *nt* ❹ *(alimento)* Futter *nt* ❺ *(materia, rumores)* Nahrung *f;* **ser ~ de las llamas** den Flammen zum Opfer fallen; **ser ~ de la murmuración** ein gefundes Fressen für böse Zungen sein ❻ *(loc)* **a todo ~** im Überfluss; **pudimos beber y comer a ~** wir konnten nach Herzenslust essen und trinken; **de ~** für den täglichen Gebrauch; **vino de ~** Tafelwein *m*

pastón [pas'ton] *m* ❶ *aum de* **pasta** *(fam)* **un ~** ein Haufen Geld ❷ *(tierra)* (unfruchtbares) Weideland *nt*

pastor[1] [pas'tor] *m* ❶ (REL) Pastor *m; (obispo)* Bischof *m* ❷ (ZOOL) **~ alemán** Schäferhund *m;* **perro ~** Hirtenhund *m*

pastor(a)[2] [pas'tor(a)] *m(f) (de ganado)* (Vieh)hirt(in) *m(f); (de ovejas)* Schäfer(in) *m(f)*

pastoral [pasto'ral] **I.** *adj* ❶ *(relativo a los prelados)* Bischofs-; **carta ~** Hirtenbrief *m* ❷ *(idílico)* pastoral; **poesía ~** Hirtendichtung *f* **II.** *m* (MÚS, LIT) Pastorale *nt o f*

pastorear [pastore'ar] *vt* ❶ *(cuidar el ganado)* hüten; *(llevarlo a los pastos)* auf die Weide treiben ❷ (REL) (be)hüten ❸ *(AmC: mimar)* verwöhnen ❹ *(Am: atisbar)* beäugen

pastoreo [pasto'reo] *m* Weiden *nt*

pastosidad [pastosi'ðaᵈ] *f* ❶ *(viscosidad)* Geschmeidigkeit *f* ❷ *(pegajosidad)* Klebrigkeit *f; (espesura)* Zähflüssigkeit *f* ❸ *(voz)* voller Klang *m*

pastoso, -a [pas'toso, -a] *adj* ❶ *(blando)* geschmeidig ❷ *(pegajoso)* klebrig; *(espeso)* zäh(flüssig); **lengua pastosa** belegte Zunge ❸ *(voz)* sonor ❹ *(Am: región)* reich an Weidefläche

pata ['pata] *f* ❶ (ANAT: *fam)* Bein *nt; (de un perro)* Pfote *f; (de un gato)* Tatze *f; (de una silla)* Stuhlbein *nt; (de una mesa)* Tischbein *nt;* **~ de gallo** (BOT) Hahnenfuß *m; (dibujo)* Hahnentrittmuster *nt;* **~s de gallo** *(en el rostro)* Krähenfüße *mpl;* **~ de palo** Holzbein *nt;* **mala ~** *(fam)* Pech *nt;* **estirar la ~** *(fam)* den Löffel abgeben; **ir a ~** *(fam)* zu Fuß gehen; **meter la ~** *(cometer una indiscreción)* ins Fettnäpfchen treten; *(intervenir)* dazwischenpfuschen; **he metido la ~** ich habe es verdorben; **~s arriba** durcheinander; **la habitación está ~s arriba** im Zimmer herrscht ein wüstes Durcheinander; **poner todo ~s arriba** alles auf den Kopf stellen; **a la ~ coja** auf einem Bein; **a (la) ~ llana** ungekünstelt; **a cuatro ~s** auf allen Vieren; **poner a alguien de ~s en la calle** jdn an die (frische) Luft setzen ❷ (ZOOL) Ente *f* ❸ *(fam: cojo)* Hinkebein *nt*

patada [pa'taða] *f* ❶ *(contra algo)* (Fuß)tritt *m; (en el suelo)* (Auf)stampfen *nt;* **dar una ~ contra la pared** gegen die Wand treten; **dar ~s en el suelo** auf den Boden stampfen; **romper una puerta a ~s** eine Tür eintreten; **dar la ~ a alguien** jdm den Laufpass geben; **me da cien ~s** er/sie/es geht mir gegen den Strich; **echar a alguien a ~s** jdn hochkant hinauswerfen; **tratar a alguien a ~s** jdn mit Füßen treten; **a ~s** *(fig)* in Hülle und Fülle ❷ *(fam: paso)* Schritt *m; (de un caballo)* Hufschlag *m;* **esto me ha costado muchas ~s** *(fig)* ich habe mich dafür ganz schön abstrampeln müssen ❸ *(huella de un pie)* Fußabdruck *m; (de una pata)* Spur *f*

Patagonia [pata'ɣonja] *f* Patagonien *nt*

patalear [patale'ar] *vi* strampeln; *(en el suelo)* trampeln; **~ de rabia** vor Wut wild auf den Boden stampfen; **está que patalea** er/sie ist außer sich *dat*

pataleo [pata'leo] *m* ❶ *(acción de patalear)* Strampeln *nt; (en el suelo)* Trampeln *nt* ❷ *(ruido)* Getrappel *nt* ❸ *(queja)* Protest *m;* **derecho al ~** Recht auf Widerrede

P

pataleta [pata'leta] *f (fam)* Wutanfall *m*
patán [pa'tan] **I.** *adj* bauernhaft; **ser ~** *(fig)* keine Manieren haben **II.** *m* Bauer *m*
patarata [pata'rata] *f* ① *(tontería)* Unsinn *m,* Schwachsinn *m* ② *(ridiculez)* Albernheit *f; (comportamiento afectado)* (affektiertes) Getue *nt*
pataratero, -a [patara'tero, -a] **I.** *adj* albern, affektiert **II.** *m, f* Schwätzer(in) *m(f),* affektierter Mensch *m*
patas ['patas] *m inv (fam)* Teufel *m*
patasca [pa'taska] *f. (Am)* ① *(Arg:* GASTR) *Gericht aus gekochtem Schweinefleisch mit Mais* ② *(Pan: disputa)* Streit *m*
patata [pa'tata] *f* Kartoffel *f;* **~s bravas** wilde Kartoffeln *fpl (frittierte Kartoffeln mit scharf gewürzter Mayonnaise);* **~s fritas** Pommes frites *pl;* **una bolsa de ~s fritas** eine Tüte (Kartoffel)chips; **no entender ni ~** *(fam: palabra)* kein Wort verstehen; *(ser tonto)* strohdumm sein
patatús [pata'tus] *m inv (fam)* ① *(desmayo)* Ohnmachtsanfall *m;* **le dio un ~** er/sie wurde ohmächtig ② *(síncope)* Zusammenbruch *m;* **me ha dado un ~** ich bin zusammengeklappt
patchwork [patʃ'wor$^{\gamma}$] *m* Patchwork *nt*
paté [pa'te] *m* (GASTR) Leberpastete *f*
pateadura [patea'ðura] *f,* **pateamiento** [patea'mjen̪to] *m* ① *(golpe)* Tritt *m* ② *(pisoteo)* Zertrampeln *nt* ③ *(en el suelo)* Getrampel *nt,* Stampfen *nt; (fig: de rabia)* Toben *nt*
patear [pate'ar] **I.** *vt* ① *(dar golpes)* treten (gegen *+akk*); **~ el estómago a alguien** jdm [*o* jdn] in den Magen treten ② *(pisotear)* zertrampeln ③ *(tratar rudamente)* mit Füßen treten **II.** *vi* ① *(en el suelo)* trampeln; *(estar enfadado)* (vor Wut) außer sich *dat* sein ② *(andar mucho)* viel herumlaufen; **estar pateando todo el día** den ganzen Tag auf Achse sein; **tuve que ~ para tener este éxito** für diesen Erfolg habe ich mich abstrampeln müssen
patentado, -a [paten̪'taðo, -a] *adj* (JUR) patentiert
patentar [paten̪'tar] *vt* ① *(registrar)* patentieren (lassen) ② *(conceder patentes)* genehmigen
patente [pa'ten̪te] **I.** *adj* ① *(visible)* sichtbar ② *(evidente)* eindeutig; **hacer ~** aufzeigen; *(comprobar)* beweisen; *(revelar)* ans Licht bringen **II.** *f* ① *(documento)* Bescheinigung *f; (permiso)* Genehmigung *f;* **~ de comercio** Gewerbeschein *m;* **~ de sanidad** Gesundheitspass *m* ② *(título)* Patent *nt;* **~ de piloto** Pilotenschein *m* ③ (JUR) Patent *nt;* **~ industrial** gewerbliches Patent; **~ pendiente** zum Patent angemeldet; **~ de privilegio** Erfindungspatent *nt;* **solicitar la ~** zum Patent anmelden
patentizar [paten̪ti'θar] <z → c> *vt* offenlegen, (auf)zeigen, beweisen, ans Licht bringen, aufdecken
pateo [pa'teo] *m* ① *(en el suelo)* Getrampel *nt,* Stampfen *nt; (de rabia)* Toben *nt* ② *(abucheo)* Ausbuhen *nt,* Buhrufe *mpl*
patera [pa'tera] *f* kleines Holzboot *nt*
paternal [pater'nal] *adj* väterlich; **amor ~** Vaterliebe *f*
paternalismo [paterna'lismo] *m* ① *(carácter paternal)* Väterlichkeit *f* ② *(actitud protectora)* Bevormundung *f* ③ (POL) Paternalismus *m*
paternidad [paterni'ða^{d}] *f* ① *(relación)* Vaterschaft *f* ② *(calidad)* Väterlichkeit *f* ③ (REL) **Vuestra P~** Euer Hochwürden
paterno, -a [pa'terno, -a] *adj* väterlich, Vater-; **casa paterna** Elternhaus *nt;* **mi abuelo ~** mein Großvater väterlicherseits
patético, -a [pa'tetiko, -a] *adj* ① *(conmovedor)* ergreifend; *(tierno)* rührend; *(manifestando dolor)* leidend ② *(pey: exagerado)* pathetisch
patetismo [pate'tismo] *m sin pl* ① *(que conmueve)* Bewegende(s) *nt,* Ergreifende(s) *nt* ② *(pey: sentimentalidad exagerada)* Pathetik *f*
patibulario, -a [patiβu'larjo, -a] *adj* Furcht erregend, schaurig
patíbulo [pa'tiβulo] *m* Schafott *nt; (horca)* Galgen *m*
paticojo, -a [pati'koxo, -a] **I.** *adj (fam)* hinkend **II.** *m, f (fam)* Hinkebein *nt*
patidifuso, -a [patiði'fuso, -a] *adj* verblüfft; *(de horror)* entsetzt; **me quedé ~** ich war sprachlos
patilla [pa'tiʎa] *f* ① *(de unas gafas)* Bügel *m; (de un madero)* Stift *m* ② *pl (pelo)* Koteletten *pl*
patín [pa'tin] *m* ① *(de hielo)* Schlittschuh *m; (de ruedas)* Rollschuh *m;* **patines en línea** Inlineskates *mpl* ② *(patinete)* Roller *m* ③ *(de vela)* Katamaran *m; (de pedales)* Tretboot *nt* ④ (TÉC) Kufe *f*
pátina ['patina] *f sin pl* Patina *f*
patinador(a) [patina'ðor(a)] **I.** *adj (sobre cuchillas)* gleitend; *(sobre ruedas)* rollend **II.** *m(f) (de hielo)* Schlittschuhläufer(in) *m(f); (sobre ruedas)* Rollschuhläufer(in) *m(f); (artístico sobre hielo)* Eiskunstläufer(in) *m(f); (sobre ruedas)* Rollkunstläufer(in) *m(f); (de velocidad)* Eisschnellläufer(in) *m(f)*
patinaje [pati'naxe] *m* ① *(sobre hielo)* Schlittschuhlaufen *nt; (sobre ruedas)* Rollschuhlaufen *nt;* **~ artístico** *(sobre hielo)*

Eiskunstlauf *m; (sobre ruedas)* Rollkunstlauf *m;* ~ **de velocidad** Eisschnelllauf *m* ❷ *(deslizamiento)* (Aus)rutschen *nt; (de un vehículo)* Schleudern *nt*

patinar [pati'nar] *vi* ❶ *(sobre patines de hielo)* eislaufen; *(sobre patines de ruedas)* Rollschuh laufen ❷ *(deslizarse)* ausrutschen; *(un vehículo)* ins Schleudern geraten ❸ *(equivocarse)* sich *dat* einen Ausrutscher leisten

patinazo [pati'naθo] *m* ❶ *(deslizamiento)* (Aus)rutschen *nt; (de un vehículo)* Schleudern *nt* ❷ *(equivocación, indiscreción)* Ausrutscher *m*

patinete [pati'nete] *m* Roller *m;* ~ **eléctrico** E-Roller *m*

patio ['patjo] *m* ❶ (ARQUIT) Hof *m; (interior)* Innenhof *m; (entre dos casas)* Hinterhof *m;* ~ **de recreo** Schulhof *m* ❷ (TEAT) Parkett *nt*

patiperrear [patiperre'ar] *vi (Chil)* umherstreichen, herumirren

patitieso, -a [pati'tjeso, -a] *adj* ❶ *(paralizado)* steif, starr; **quedarse** ~ **de frío** vor Kälte erstarren ❷ *(sorprendido)* verdutzt, verblüfft; **quedarse** ~ platt [*o* sprachlos] sein

patituerto, -a [pati'twerto, -a] *adj* ❶ *(patas, piernas torcidas)* krummbeinig; **ser** ~ O-Beine haben ❷ *(torcido)* krumm, verbogen

patizambo, -a [pati'θambo, -a] *adj* krummbeinig; **ser** ~ X-Beine haben

pato, -a ['pato, -a] *m, f* ❶ (ZOOL) Ente *f; (macho)* Erpel *m;* **pagar el** ~ der/die Leidtragende sein; **estar hecho un** ~ (**de agua**) klatschnass sein ❷ *(fam: torpe)* Trampel *m o nt*

patochada [pato'ʧaða] *f (tontería)* Unsinn *m;* **decir ~s** albernes Zeug reden

patógeno, -a [pa'toxeno, -a] *adj* (MED) krankheitserregend; **germen** ~ Krankheitserreger *m*

patología [patolo'xia] *f* Pathologie *f*

patológico, -a [pato'loxiko, -a] *adj* (MED) pathologisch; *(fig)* krankhaft

patoso, -a [pa'toso, -a] *adj* ❶ *(soso)* witzlos ❷ *(torpe)* ungeschickt

patraña [pa'traɲa] *f* Lüge *f*

patria ['patrja] *f* Heimat *f;* ~ **adoptiva** Wahlheimat *f;* ~ **celestial** Himmel *m;* **madre** ~ Mutterland *nt; (Am)* Spanien *nt*

patriarca [pa'trjarka] *m* (REL) Patriarch *m*

patriarcado [patrjar'kaðo] *m* (SOCIOL, REL) Patriarchat *nt*

patriarcal [patrjar'kal] **I.** *adj* (*t.* REL) patriarchalisch **II.** *f* (REL) ❶ *(iglesia)* Patriarchalkirche *f* ❷ *(patriarcado)* Patriarchat *nt*

patricio, -a [pa'triθjo, -a] **I.** *adj* patrizisch **II.** *m, f* ❶ *(noble romano)* Patrizier(in) *m(f)* ❷ *(notable)* renommierter Bürger, renommierte Bürgerin *m, f,* Patrizier(in) *m(f) geh*

patrimonial [patrimo'njal] *adj* Erb-; **bien** ~ Erbe *nt*

patrimonio [patri'monjo] *m* ❶ *(herencia)* Erbe *nt;* ~ **cultural** Kulturgut *nt;* ~ **cultural de la humanidad** Weltkulturerbe *nt* ❷ *(riqueza)* Vermögen *nt*

patrio, -a ['patrjo, -a] *adj* ❶ *(relativo a la patria)* Heimat-, vaterländisch ❷ *(relativo al padre)* väterlich

patriota [pa'trjota] **I.** *adj* patriotisch **II.** *mf* ❶ *(que ama a su patria)* Patriot(in) *m(f)* ❷ *(compatriota)* Landsmann, -männin *m, f*

patriotería [patrjote'ria] *f,* **patrioterismo** [patrjote'rismo] *m* Chauvinismus *m,* Nationalismus *m*

patriotero, -a [patrjo'tero, -a] **I.** *adj* chauvinistisch **II.** *m, f* Chauvinist(in) *m(f)*

patriótico, -a [pa'trjotiko, -a] *adj* patriotisch

patriotismo [patrjo'tismo] *m* ❶ *(del patriota)* Patriotismus *m* ❷ *(del patriotero)* Chauvinismus *m*

patrocinador(a) [patroθina'ðor(a)] *m(f)* Schirmherr(in) *m(f);* (DEP) Sponsor(in) *m(f)*

patrocinar [patroθi'nar] *vt* unterstützen; *(apadrinar)* die Schirmherrschaft übernehmen *+gen;* (DEP) sponsern

patrocinio [patro'θinjo] *m* ❶ *(protección)* Unterstützung *f; (cargo)* Schirmherrschaft *f* ❷ (DEP) Sponsoring *nt*

patrón[1] [pa'tron] *m* ❶ *(modelo)* Muster *nt; (de costura)* Schnittmuster *nt* ❷ (FIN) ~ **monetario** Ankerwährung *f*

patrón, -ona[2] [pa'tron, -ona] *m, f* ❶ *(que protege)* Beschützer(in) *m(f)* ❷ *(jefe)* Chef(in) *m(f)* ❸ *(de una casa)* Hausherr(in) *m(f); (de una pensión)* Hauswirt(in) *m(f)* ❹ *(santo)* Schutzheilige(r) *mf*

patronal [patro'nal] **I.** *adj (empresario)* Arbeitgeber-; **cierre** ~ Aussperrung *f* **II.** *f* Arbeitgeberverband *m*

patronato [patro'nato] *m,* **patronazgo** [patro'naθγo] *m* ❶ *(protección)* Schirmherrschaft *f* ❷ (ECON) Arbeitgeberverband *m* ❸ *(fundación)* Wohlfahrtsverband *m* ❹ *(junta directiva)* Vorstand *m*

patrono, -a [pa'trono, -a] *m, f* ❶ *(jefe)* Arbeitgeber(in) *m(f)* ❷ *(de un feudo)* Gutsherr(in) *m(f)* ❸ *(miembro del patronato)* Vorstandsmitglied *nt* ❹ (REL) Schutzheilige(r) *mf*

patrulla [pa'truʎa] *f* (MIL) Patrouille *f; (de policía)* (Polizei)streife *f;* **estoy de** ~ ich bin im Streifendienst; **la policía está de** ~ die Polizei geht auf Streife

patrullaje [patru'ʎaxe] *m* Patrouille *f,* Kontrollgang *m*

patrullar [patru'ʎar] *vi, vt* patrouillieren
patrullero [patru'ʎero] *m* ❶ (MIL: *buque*) Patrouillenboot *nt; (avión)* Flugzeug *nt* für Erkundungsflüge ❷ *(de policía)* Polizeistreife *f*
patucos [pa'tukos] *mpl (para bebés)* Babyschühchen *ntpl; (para mayores)* Bettschuhe *mpl*
paturro, -a [pa'turro, -a] *adj (Col)* pummelig, rundlich
paular [pau̯'lar] *m* ❶ *(pantano)* Sumpf *m,* Morast *m* ❷ *(atolladero)* Pfütze *f,* (Wasser)lache *f*
paulatinamente [pau̯latina'mente] *adv* nach und nach, allmählich, mit der Zeit; **recuperarse ~ de algo** sich allmählich von etw *dat* erholen
paulatino, -a [pau̯la'tino, -a] *adj* (sehr) langsam
paupérrimo, -a [pau̯'perrimo, -a] *adj superl de* **pobre**
pausa ['pau̯sa] *f* Pause *f;* **con ~** langsam
pausado, -a [pau̯'saðo, -a] *adj* langsam
pauta ['pau̯ta] *f* ❶ *(modelo)* Muster *nt* ❷ *(normas)* Grundsatz *m;* **marcar la ~** eine Regel aufstellen ❸ *(falsilla)* Linien *fpl* ❹ *(regla)* Lineal *nt* ❺ *(esquema)* Schema *nt;* (MED) **~ de vacunación** Impfschema *nt;* **haber recibido la ~ de vacunación completa** vollständig geimpft sein
pautado, -a [pau̯'taðo, -a] *adj* liniert; **papel ~** liniertes Papier, Linienpapier *nt*
pava ['paβa] *f* ❶ (ZOOL) *v.* **pavo** ❷ *(fam)* **pelar la ~** *(los enamorados)* turteln ❸ *(Am: olla)* Kessel *m; (tetera)* Teekanne *f* ❹ *(Am: sombrero)* Strohhut *m* ❺ *(And, AmC: flecos)* Fransen *fpl*
pavada [pa'βaða] *f* ❶ *(CSur: disparate)* Blödsinn *m* ❷ *(CSur: poquísimo)* lächerlicher Betrag *m* ❸ *(AmC: mala suerte)* Pech *nt*
pavear [paβe'ar] **I.** *vi* ❶ *(CSur: hacer el tonto)* herumblödeln ❷ *(CSur: pelar la pava)* turteln **II.** *vt* ❶ *(And, CSur: bromear)* verschaukeln ❷ *(And: asesinar)* hinterhältig umbringen
pávido, -a ['paβiðo, -a] *adj (elev)* ❶ *(medroso)* furchtsam ❷ *(tímido)* schüchtern
pavimentación [paβimenta'θjon] *f* ❶ *(con adoquín)* Pflastern *nt; (con asfalto)* Asphaltieren *nt* ❷ *(con losas)* Fliesen *nt*
pavimentar [paβimen'tar] *vt (con adoquín)* pflastern; *(con asfalto)* asphaltieren; *(con losas)* fliesen
pavimento [paβi'mento] *m* ❶ *(recubrimiento: en una casa)* Estrich *m; (en la carretera)* Unterbau *m* ❷ *(material: en una casa)* (Fuß)bodenbelag *m; (en una carretera)* Straßenbelag *m*
pavo, -a ['paβo, -a] **I.** *m, f* ❶ (ZOOL) Truthahn, Pute *m, f;* **~ real** Pfau *m* ❷ *(persona)* Tölpel *m* ❸ *(loc)* **estar en la edad del ~** in den Flegeljahren sein; **comer ~** *(fam)* ein Mauerblümchen sein; **no es moco de ~** *(fam)* das ist kein Kinkerlitzchen; **se me subió el ~** *(fam)* ich wurde putterrot; **ir de ~** *(Am)* schwarzfahren **II.** *adj* tölpelhaft
pavón [pa'βon] *m* (ZOOL) Pfau *m*
pavonada [paβo'naða] *f (fam)* Unternehmung *f;* **darse una ~** etwas unternehmen
pavonado, -a [paβo'naðo, -a] *adj* dunkelblau; *(acero)* blau angelaufen
pavonearse [paβone'arse] *vr* sich aufspielen (**de** mit *+dat*)
pavoneo [paβo'neo] *m* Wichtigtuerei *f fam*
pavor [pa'βor] *m* Entsetzen *nt*
pavorido, -a [paβo'riðo, -a] *adj* sehr verängstigt
pavoroso, -a [paβo'roso, -a] *adj* entsetzlich
payasa [pa'ɟasa] *f v.* **payaso**
payasada [paɟa'saða] *f* Clownerie *f; (pey)* Blödsinn *m*
payaso, -a [pa'ɟaso, -a] *m, f* ❶ *(del circo)* Clown *m* ❷ *(bromista)* Spaßvogel *m;* **¡deja de hacer el ~!** hör auf den Kasper zu spielen!
payé [pa'ɟe] *m (CSur)* ❶ *(brujo)* ≈ Medizinmann *m* ❷ *(brujería)* Hexerei *f* ❸ *(amuleto)* Amulett *nt* ❹ *(poderes sobrenaturales)* übernatürliche Kräfte *fpl* ❺ *(hechizo)* Zauberspruch *m*
payés, -esa [pa'ɟes, -esa] *m, f (reg)* Bauer, Bäuerin *m, f*
payo, -a ['paɟo, -a] **I.** *adj* hinterwäldlerisch **II.** *m, f* ❶ *(campesino ignorante)* Hinterwäldler(in) *m(f)* ❷ Nichtroma(in) *m(f) (aus der Sicht der Roma)*
paz [paθ] *f* Frieden *m; (tratado)* Friedensvertrag *m;* **hacer las paces** sich versöhnen; **no dar ~ a la lengua** ohne Punkt und Komma reden; **estar en ~ con alguien** mit jdm quitt sein; **¡a la ~ de Dios!** Friede sei mit dir!; **¡... y en ~!** ... und Schluss!; **que en ~ descanse** Gott hab ihn/sie selig
pazguatería [paθɣwate'ria] *f* Dummheit *f,* Einfältigkeit *f*
pazguato, -a [paθ'ɣwato, -a] **I.** *adj* dumm **II.** *m, f* Dummkopf *m*
pazo ['paθo] *m* Herrensitz *m*
PC [pe'θe] *m inv abr de* **personal computer** (INFOR) PC *m;* **~ multimedia** Multimedia-PC *m*
P. C. [pe'θe] *m abr de* **Partido Comunista** KP *f*
P. D. [pos'ðata] *abr de* **posdata** PS
PDC [peðe'θe] *m abr de* **Partido Demó-**

P

crata Cristiano *christlich demokratische Partei*

PDP [peðe'pe] *m abr de* **Partido Demócrata Popular** *demokratische Volkspartei*

pe [pe] *f* P *nt;* **de ~ a pa** von A bis Z

peaje [pe'axe] *m* ❶ *(de tránsito)* Transitgebühr *f; (de carretera)* Autobahngebühr *f,* Mautgebühr *f Österr* ❷ *(taquilla)* Maut *f,* Mautstelle *f Österr*

peana [pe'ana] *f (pedestal)* Sockel *m*

peatón, -ona [pea'ton, -ona] *m, f* Fußgänger(in) *m(f)*

peatonal [peato'nal] *adj* Fußgänger-; **zona ~** Fußgängerzone *f*

pebete[1] [pe'βete] *m* ❶ *(varillas ambientadoras)* Räucherstäbchen *nt* ❷ *(mecha)* Zündschnur *f* (an Feuerwerkskörpern) ❸ *(cosa fétida)* Gestank *m*

pebete, -a[2] [pe'βete, -a] *m, f (fam)* Knirps *m*

peca ['peka] *f* Sommersprosse *f*

pecado [pe'kaðo] *m* Sünde *f;* **~ capital** Todsünde *f;* **~ original** Erbsünde *f;* **sin ~** frei von Sünde; *(fig)* makellos; **pagar sus ~s** seine Fehler teuer bezahlen; **sería un ~ rechazarlos** es wäre eine Sünde, sie nicht anzunehmen; **a ~ nuevo, penitencia nueva** *(prov)* auf neue Sünde folgt neue Reue; **¡estos niños de mis ~s!** *(irón fam)* was soll ich mit diesen Kindern nur machen?; **¡ay, José de mis ~s!** *(irón fam)* ach, mein über alles geliebter José!

pecador(a) [peka'ðor(a)] **I.** *adj* sündig **II.** *m(f)* Sünder(in) *m(f)*

pecaminosidad [pekaminosi'ða^{d}] *f* Sünde *f,* Sündhaftigkeit *f*

pecaminoso, -a [pekami'noso, -a] *adj* sündhaft

pecante [pe'kaṇte] **I.** *adj* sündig, sündhaft **II.** *mf* Sünder(in) *m(f)*

pecar [pe'kar] <c → qu> *vi* ❶ (REL: *t. fig)* sündigen ❷ *(errar)* einen Fehler machen ❸ *(por exceso)* **~ por exceso** es übertreiben; **peca por exceso de confianza** er/sie ist zu vertrauensselig; **este no peca de hablador** der redet ja nicht gerade viel

pecera [pe'θera] *f* Fischglas *nt*

pechada [pe'ʧaða] *f* ❶ *(empujón)* Stoß *m* ❷ *(Arg: fam: sablazo)* Anpumpen *nt,* Schnorren *nt*

pechador(a) [peʧa'ðor(a)] *m(f) (Arg: fam)* Schnorrer(in) *m(f)*

pechar [pe'ʧar] *vt* ❶ *(pagar)* zahlen ❷ *(empujar)* stoßen ❸ *(Arg: fam: pedir)* schnorren; **~ a alguien** jdn anpumpen

peche ['peʧe] **I.** *adj (ElSal)* kränklich, schwächlich **II.** *mf (ElSal)* kränkliche Person *f*

pechina [pe'ʧina] *f* ❶ *(concha)* (leere) Muschel *f* ❷ (ARQUIT) (Bogen)zwickel *m*

pecho ['peʧo] *m* ❶ (ANAT) Brust *f;* **dar el ~ al bebé** das Baby stillen; **el bebé toma el ~** das Baby wird gestillt; **a ~ descubierto** *(sin armas)* unbewaffnet; *(fig)* (ganz) offen; **dar el ~ a alguien** *(fig)* jdm die Stirn bieten; **gritar a todo ~** aus vollem Halse schreien; **partirse el ~ por alguien** sich *dat* für jdn ein Bein ausreißen ❷ *(pulmones)* Lunge *f* ❸ *(en la costura)* Oberweite *f* ❹ *(conciencia)* Herz *nt;* **abrir su ~ a alguien** jdm sein Herz ausschütten; **tomarse algo muy a ~** sich *dat* etw sehr zu Herzen nehmen ❺ *(coraje)* Mut *m;* **¡~ al agua!** nur Mut!

pechuga [pe'ʧuɣa] *f* ❶ *(pecho de ave)* Geflügelbrust *f;* **~ de pollo** Hähnchenbrust *f* ❷ *(fam: de mujer)* Dekolletee *nt*

pechugón, -ona [peʧu'ɣon, -ona] **I.** *adj (Am)* ❶ *(descarado)* frech ❷ *(franco)* offen **II.** *m, f (Am: descarado)* freche Person *f*

pecina [pe'θina] *f* ❶ *(estanque de peces)* Fischteich *m,* Fischbecken *nt* ❷ *(cieno)* Schlamm *m* (der sich in Pfützen bildet)

pecoso, -a [pe'koso, -a] *adj* sommersprossig

pectoral [pekto'ral] **I.** *adj* ❶ (ANAT) Brust- ❷ *(contra la tos)* hustenlindernd **II.** *m* (MED) Hustenmittel *nt*

pecuario, -a [pe'kwarjo, -a] *adj* Vieh-

peculiar [peku'ljar] *adj* ❶ *(especial)* besondere(r, s) ❷ *(raro)* sonderbar

peculiaridad [pekuljari'ða^{d}] *f* ❶ *(singularidad)* Besonderheit *f* ❷ *(distintivo)* Eigentümlichkeit *f*

peculiarmente [pekuljar'meṇte] *adv* eigentümlicherweise

peculio [pe'kuljo] *m* Ersparte(s) *nt,* Vermögen *nt*

pecunia [pe'kunja] *f (fam)* Münze *f,* Geld *nt*

pecuniariamente [pekunjarja'meṇte] *adv* geldlich, finanziell

pecuniario, -a [peku'njarjo, -a] *adj* finanziell *(das Bargeld betreffend);* **mi situación pecuniaria no es buena** ich bin im Moment etwas knapp bei Kasse

pedagogía [peðaɣo'xia] *f sin pl* Pädagogik *f*

pedagógico, -a [peða'ɣoxiko, -a] *adj* pädagogisch

pedagogo, -a [peða'ɣoɣo, -a] *m, f* Pädagoge, -in *m, f*

pedal [pe'ðal] *m* Pedal *nt;* **pisar el ~** (AUTO) Gas geben

pedalear [peðale'ar] *vi* (in die Pedale) treten

pedaleo [peða'leo] *m* Radfahren *nt*

pedante [pe'ðaṇte] **I.** *adj* besserwisserisch **II.** *mf* Besserwisser(in) *m(f)*
pedantería [peðaṇte'ria] *f* Besserwisserei *f*
pedazo [pe'ðaθo] *m* ❶ *(parte)* Stück *nt;* ~ **de papel** Papierfetzen *m;* **caerse a ~s** zu Bruch gehen; **estoy que me caigo a ~s** *(fam)* ich bin völlig kaputt; **hacerse ~s** kaputtgehen; **hacer ~s** kaputt machen; *(madera)* in Stücke hacken; *(un pastel)* in Stücke teilen; *(papel)* in Stücke reißen; *(con tijeras)* in Stücke schneiden ❷ *(persona)* ~ **de mi alma** mein Herz; **ser un ~ de pan** sehr gutmütig sein; **¡~ de animal!** *(fam)* du Idiot!; **¡~ de bruto!** *(fam)* du Trampel!; **¡~ de alcornoque!** *(fam)* du Holzkopf!
pederasta [peðe'rasta] *m* Päderast *m*
pedernal [peðer'nal] *m* Feuerstein *m*
pedestal [peðes'tal] *m* ❶ *(cimiento)* Fuß *m;* **tener a alguien en un ~** jdn sehr hoch schätzen ❷ *(apoyo)* Grundlage *f*
pedestre [pe'ðestre] *adj* ❶ *(a pie)* zu Fuß (gehend); **carrera ~** Wettgehen *nt* ❷ *(chabacano)* plump
pedestrismo [peðes'trismo] *m* ❶ *(andando)* Walking *nt,* Schnellgehen *nt* ❷ *(corriendo)* Dauerlauf *m,* Jogging *nt*
pediatra [pe'ðjatra] *mf* Kinderarzt, -ärztin *m, f*
pediatría [peðja'tria] *f sin pl* Kinderheilkunde *f*
pediátrico, -a [pe'ðjatriko, -a] *adj* pädiatrisch; **clínica pediátrica** Kinderklinik *f*
pedicura [peði'kura] *f* Fußpflege *f;* **hacerse la ~** zur Fußpflege gehen
pedicuro, -a [peði'kuro, -a] *m, f* Fußpfleger(in) *m(f)*
pedida [pe'ðiða] *f* ~ **de mano** Heiratsantrag *m*
pedido[1] [pe'ðiðo] *m* (COM: *de un servicio*) Auftrag *m; (de un producto)* Bestellung *f;* ~ **suplementario** Nachbestellung *f;* **enviar sobre ~** auf Bestellung liefern; **a ~** auf Bestellung; **a ~ de** im Auftrag von
pedido, -a[2] [pe'ðiðo, -a] *adj* ❶ *(solicitado)* vorgemerkt; **este anillo ya lo tiene ~ mi nieta** dieser Ring ist schon für meine Enkelin vorgemerkt ❷ *(encargado)* bestellt; **el armario ya está ~** der Schrank ist schon in Auftrag gegeben
pedigrí [peði'ɣri] *m* Stammbaum *m*
pedigüeño, -a [peði'ɣweɲo, -a] **I.** *adj* quengelig **II.** *m, f* Quengler(in) *m(f)*
pedimento [peði'meṇto] *m* ❶ *(petición)* Antrag *m* ❷ (JUR) Klageantrag *m,* Eingabe *f* ❸ *(Méx: permiso)* Bewilligung *f,* Erlaubnis *f*
pedir [pe'ðir] *vt irr* ❶ *(rogar)* bitten; ~ **algo a alguien** jdn um etw bitten; **os pido que hagáis menos ruido** ich bitte euch, etwas leiser zu sein; **al agradecido, más de lo pedido** *(prov)* dem Dankbaren gebührt mehr als er erbittet ❷ *(exigir, cobrar)* verlangen; *(necesitar)* brauchen; *(solicitar)* beantragen; *(demandar)* fordern; ~ **a gritos algo** *(fig)* förmlich nach etw *dat* schreien; **una paella que no hay más que ~** eine sagenhafte Paella ❸ *(encargar)* bestellen ❹ *(para casarse)* ~ **la mano de alguien** um jds Hand anhalten; ~ **en matrimonio a alguien** jdm einen Heiratsantrag machen ❺ *(mendigar)* betteln; ~ **limosna** um eine milde Gabe bitten; **están pidiendo para la Cruz Roja** sie sammeln für das Rote Kreuz; **ni sirvas a quien sirvió, ni pidas a quien pidió** *(prov)* diene keinem, der gedient hat, und bettle bei keinem, der gebettelt hat
pedo ['peðo] *m (vulg)* ❶ *(ventosidad)* Furz *m;* **tirarse un ~** einen fahren lassen *fam* ❷ *(borrachera)* Suff *m fam;* **estar en ~** voll wie eine Haubitze sein *fam;* **ponerse en ~** sich volllaufen lassen *fam*
pedofilia [peðo'filja] *f sin pl* Pädophilie *f*
pedorro, -a [pe'ðorro, -a] *m, f (vulg)* Furzer(in) *m(f) fam*
pedrada [pe'ðraða] *f* ❶ *(lanzar)* Steinwurf *m;* **matar a alguien a ~s** jdn steinigen; **pegar una ~ a alguien** einen Stein nach jdm werfen ❷ *(ofensa)* spitze Bemerkung *f* ❸ *(loc)* **la noticia le sentó como una ~** die Nachricht traf ihn wie ein Schlag; **venir como ~ en ojo de boticario** wie gerufen kommen
pedrea [pe'ðrea] *f* ❶ *(lanzar pedradas)* Steinigung *f* ❷ (METEO) Hagelsturm *m* ❸ *(lotería)* Kleinstlotteriegewinn *m*
pedregal [peðre'ɣal] *m* Schotterplatz *m*
pedregoso, -a [peðre'ɣoso, -a] *adj* steinig
pedrera [pe'ðrera] *f* Steinbruch *m*
pedrería [peðre'ria] *f* Juwelen *ntpl*
pedrisco [pe'ðrisko] *m* (METEO) Hagel *m*
pedrizo, -a [pe'ðriθo, -a] *adj* steinig
pedrusco [pe'ðrusko] *m* ❶ *(piedra)* Steinblock *m* ❷ *(Am) v.* **pedregal**
peeling ['piliŋ] *m* Peeling *nt*
pega ['peɣa] *f* ❶ *(fam: dificultades)* Haken *m;* **poner ~s a alguien** jdn kritisieren ❷ *(pregunta)* Fangfrage *f* ❸ *(falso)* **de ~** falsch ❹ *(CSur, Méx: argot: trabajo)* Job *m*
pegada [pe'ɣaða] *f (CSur)* ❶ *(mentira)* Lüge *f* ❷ *(suerte)* Glückspilz *m*
pegadizo, -a [peɣa'ðiθo, -a] **I.** *adj* ❶ *(pegajoso)* klebrig; *(enfermedad)* ansteckend; **melodía pegadiza** Ohrwurm *m fam*

P

❷ *(postizo)* künstlich ❸ *(gorrón)* schmarotzend **II.** *m, f* Schmarotzer(in) *m(f)*

pegado[1] [pe'ɣaðo] *m* (MED) (Heft)pflaster *nt*

pegado, -a[2] [pe'ɣaðo, -a] *adj* ❶ *(cariñoso)* anhänglich; *(exageradamente)* aufdringlich; **siempre anda ~ a mí** er klebt förmlich an mir ❷ *(argot: asombrado)* **dejar a alguien ~** jdn schockieren ❸ *(argot: sin idea)* **estar ~** auf dem Schlauch stehen ❹ *(junto a)* **~ a esta carta** beiliegend, anbei

pegajoso, -a [peɣa'xoso, -a] *adj* ❶ *(adhesivo)* klebrig ❷ *(pesado)* aufdringlich ❸ (MED) ansteckend

pegamento [peɣa'men̪to] *m* Kleber *m*

pegar [pe'ɣar] <g → gu> **I.** *vt* ❶ *(aglutinar)* kleben; *(madera)* leimen; **~ un sello** eine Briefmarke aufkleben; **no he pegado ni ojo en toda la noche** ich habe die ganze Nacht kein Auge zugetan ❷ *(con hilo/grapa)* heften ❸ *(muebles)* **~ la mesilla a la cama** den Nachttisch nahe an das Bett rücken ❹ *(contagiar)* anstecken ❺ *(fuego)* legen ❻ *(golpear)* schlagen; **~ una paliza a alguien** jdn grün und blau schlagen ❼ *(un grito)* loslassen; *(una patada/bofetada)* verpassen; *(un tiro)* abfeuern; **~ un salto** aufspringen; **~ un susto a alguien** jdm einen Schrecken einjagen ❽ *(Am: argot: tener suerte)* **~la** Schwein haben ❾ *(Méx: atar)* festmachen **II.** *vi* ❶ *(hacer juego)* (gut) zusammenpassen; **te pegan bien los zapatos con el bolso** deine Schuhe passen sehr gut zur Tasche; **esto no pega ni con cola** das passt überhaupt nicht zusammen ❷ *(rozar)* streifen (**en** +*akk*); *(tocar)* stoßen (**en** an +*akk*) ❸ *(golpear)* schlagen (**en** gegen +*akk*) ❹ *(argot: currar)* malochen ❺ *(loc)* **¡cómo pega el sol hoy!** heute ist es ganz schön heiß in der Sonne! **III.** *vr:* **~se** ❶ *(con algo)* sich stoßen (**con** an +*dat*); *(con alguien)* sich schlagen (**con** mit +*dat*); **~se un tortazo en el coche** *(fam)* einen Autounfall bauen ❷ *(quemarse)* anbrennen ❸ *(entrometerse)* sich einmischen (**a** in +*akk*) ❹ *(aficionarse)* sich begeistern (**a** für +*akk*) ❺ *(acompañar siempre)* sich hängen (**a** an +*akk*); **~se a alguien** *(perseguir)* sich an jds Fersen heften; **siempre anda pegado a mí** er hängt an mir wie eine Klette ❻ *(contagiarse)* **finalmente se me pegó el sarampión** schließlich bekam auch ich die Masern ❼ *(fam: loc)* **pegársela a alguien** *(burlarse)* jdn auf den Arm nehmen; **pegársela al marido/a la mujer** fremdgehen; **~se un tiro** sich erschießen; **~se un tiro en la cabeza** sich *dat* eine Kugel durch den Kopf jagen

pegatina [peɣa'tina] *f* Aufkleber *m*

pego ['peɣo] *m* Betrug *m,* Täuschung *f;* **esta pistola de plástico da el ~** diese Plastikpistole sieht täuschend echt aus; **finge saber hablar el italiano y da el ~ a cualquiera** er/sie tut so, als ob er/sie Italienisch sprechen könnte, und jeder nimmt es ihm/ihr ab

pegote [pe'ɣote] *m* ❶ *(emplasto)* Heftpflaster *nt* ❷ *(pey fam: guisote)* Mansch *m* ❸ *(fam: persona)* Schmarotzer *m* ❹ *(fam: chapuza)* Schlamperei *f* ❺ *(loc)* **esa corbata es un ~** *(fam)* diese Krawatte ist völlig daneben; **tirarse ~s** *(argot)* aufschneiden

peinado[1] [pei̯'naðo] *m* Frisur *f;* **hacerse un ~** sich frisieren

peinado, -a[2] [pei̯'naðo, -a] *adj* *(arreglado)* zurechtgemacht; *(relamido)* herausgeputzt

peinador [pei̯na'ðor] *m* ❶ *(para peinar)* Frisierumhang *m;* *(para afeitar)* Rasierumhang *m* ❷ *(tocador)* Frisiertisch *m*

peinar [pei̯'nar] **I.** *vt* ❶ *(desenredar)* kämmen ❷ *(acicalar)* frisieren ❸ *(rastrear)* durchkämmen **II.** *vr:* **~se** sich kämmen

peine ['pei̯ne] *m* *(para peinarse)* Kamm *m;* **¡te vas a enterar de lo que vale un ~!** *(fig)* du wirst deine gerechte Strafe schon noch bekommen!; **¡ya apareció el ~!** *(fig)* jetzt hab ich's!

peineta [pei̯'neta] *f* Zierkamm *m*

p. ej. [por e'xemplo] *abr de* **por ejemplo** z. B.

peje ['pexe] *m* ❶ *(pez)* Fisch *m* ❷ *(astuto)* gewitzter Bursche *m,* Schlauberger *m fam*

pejiguera [pexi'ɣera] *f* *(fam)* Unannehmlichkeiten *f pl*

pekinés[1] [peki'nes] *m* *(perro)* Pekinese *m*

pekinés, -esa[2] [peki'nes, -esa] **I.** *adj* Pekinger **II.** *m, f* Einwohner(in) *m(f)* Pekins

pela ['pela] *f* ❶ *(fam: dinero)* **me debes 1000 ~s** du schuldest mir 1000 Mäuse; **no me queda ni una sola ~** ich habe nicht einen müden Groschen mehr; **no me quedan más ~s** ich habe keine Knete mehr; **~ larga** Geld wie Heu ❷ *(estar pelando)* Schälen *nt*

pelada [pe'laða] *f* ❶ *(rapada)* (sehr kurzer) Haarschnitt *m* ❷ *(CSur: calva)* Glatze *f* ❸ *(Am: error)* Irrtum *m* ❹ *(Am: muerte)* **la P~** der Tod

peladilla [pela'ðiʎa] *f* ❶ *(almendra)* *Mandel mit Zuckerglasur* ❷ *(guijarro)* Kieselstein *m*

pelado[1] [pe'laðo] *m* *(fam: pobretón)* armer Schlucker *m*

P

pelado, -a[2] [pe'laðo, -a] *adj* ① *(rapado)* kahl geschoren ② *(escueto)* einfach ③ *(despojado)* kahl ④ *(fam: números)* glatt; **esto vale las 5000 peladas** das kostet glatte 5000 ⑤ *(Am: fam: sin dinero)* knapp bei Kasse

pelador(a) [pela'ðor(a)] *adj* Schäl-; **cuchillo ~** Schälmesser *nt*

peladura [pela'ðura] *f* ① *(del pelo)* Schneiden *nt; (de frutas)* Schälen *nt* ② *(zona pelada)* kahle Stelle *f* ③ *pl (cáscaras)* Schalen *fpl*

peladuras [pela'ðuras] *fpl (cáscaras)* Schalen *fpl*

pelagatos [pela'ɣatos] *m inv (fam)* armer Teufel *m*

pelaje [pe'laxe] *m* ① *(piel)* Fell *nt* ② *(pey: pinta)* Art *f*

pelambre [pe'lambre] *m o f* ① *(pelo)* Haare *ntpl; (de animales)* Fell *nt; (pelambrera)* Mähne *f* ② *(zona calva)* kahle Stelle *f* ③ *(Am: habladurías)* Gerede *nt*

pelambrera [pelam'brera] *f* ① *(pelo)* Mähne *f* ② *(calvicie)* Kahlköpfigkeit *f*

pelandusca [pelan̪'duska] *f (fam)* Nutte *f*

pelar [pe'lar] **I.** *vt* ① *(pelo)* schneiden; *(rapar)* scheren; *(plumas)* rupfen; *(frutas, verduras)* schälen; *(animales)* häuten ② *(murmurar)* lästern (**a** über +*akk*) ③ *(robar)* bestehlen ④ *(en el juego)* ausnehmen ⑤ *(difícil)* **duro de ~** ein harter Brocken ⑥ *(Am: argot: dar una paliza)* verprügeln ⑦ *(And: argot: morir)* **~la** ins Gras beißen **II.** *vi (fam)* **hace un frío que pela** es ist saukalt **III.** *vr:* **~se** ① *(el pelo)* sich *dat* die Haare schneiden lassen; **ir a ~se** zum Friseur gehen ② *(la piel)* sich schälen ③ *(vulg: masturbarse)* **pelársela** sich *dat* einen runterholen ④ *(fam: loc)* **corre que se las pela** er/sie rennt wie der Teufel; **pelárselas por algo** nach etw *dat* verrückt sein; **pelárselas por hacer algo** alles daransetzen, um etw tun zu können

peldaño [pel̪'daɲo] *m* (Treppen)stufe *f; (escalera portátil)* Sprosse *f*

pelea [pe'lea] *f* ① *(en general)* Streit *m* ② *(lucha: personas)* Schlägerei *f; (animales)* Kampf *m* ③ *(verbal)* Auseinandersetzung *f; (en matrimonio)* Ehekrach *m*

peleador(a) [pelea'ðor(a)] **I.** *adj* ① *(relativo a pelea)* Kampf- ② *(meterse con todos)* streitlustig **II.** *m(f)* ① *(que lucha)* Kämpfer(in) *m(f)* ② *(pendenciero)* Raufbold *m*

pelear [pele'ar] **I.** *vi* ① *(luchar)* kämpfen ② *(discutir)* streiten ③ *(sufrir)* erdulden ④ *(trabajar)* sich abmühen (**por** für +*akk*) ⑤ *(afanarse)* sich bemühen (**con** um +*akk*) **II.** *vr:* **~se** ① *(en general)* sich streiten (**por** um +*akk*) ② *(con violencia)* sich prügeln (**por** um +*akk*) ③ *(enemistarse)* sich zerstreiten

pelechar [pele'ʧar] *vi* ① *(echar pelo)* haaren; *(echar plumas)* sich mausern ② *(fam: recobrar salud, fortuna)* wieder auf die Beine [*o* zu Kräften] kommen, sich aufrappeln

pelele [pe'lele] *m* ① *(muñeco)* (Stroh)puppe *f* ② *(de bebés)* Strampelanzug *m* ③ *(fam: persona)* Hampelmann *m*

peleón[1] [pele'on] *m (fam: vino)* Fusel *m*

peleón, -ona[2] [pele'on, -ona] *adj* kampflustig

peleona [pele'ona] *f* Schlägerei *f,* Rauferei *f*

pélet ['pelet] *m* <-s> *v.* **pellet**

peletería [pelete'ria] *f* ① *(costura)* Kürschnerei *f; (venta)* Pelz(fach)geschäft *nt* ② *(AmC: zapatería)* Schuhgeschäft *nt*

peli ['peli] *f (fam)* Film *m*

peliagudo, -a [pelja'ɣuðo, -a] *adj* ① *(animal)* langhaarig ② *(complicado)* haarig; *(situación)* verzwickt

pelicano [peli'kano] *m,* **pelícano** [pe'likano] *m* Pelikan *m*

película [pe'likula] *f* Film *m;* **~ en blanco y negro** Schwarzweißfilm *m;* **~ de dibujos animados** Zeichentrickfilm *m;* **~ del Oeste** Western *m;* **~ de suspense** Thriller *m;* **~ de terror** Horrorfilm *m;* **~ romántica** Liebesfilm *m;* **de ~** außergewöhnlich; **como de ~** wie im Märchen; **un matrimonio como de ~** eine Bilderbuchehe; **poner en ~** verfilmen; **rodar una ~** einen Film drehen; **¡allá ~s!** mach, was du willst!

peliculón [peliku'lon] *m (fam: película buena)* sehr guter Film *m; (larga y aburrida)* Schinken *m fig; (sentimental)* Schnulze *f*

peligrar [peli'ɣrar] *vi* in Gefahr sein; **~ de hacer algo** Gefahr laufen, etw zu tun; **hacer ~** gefährden

peligro [pe'liɣro] *m* Gefahr *f;* **~ de incendio** Brandgefahr *f;* **puesta en ~** Gefährdung *f;* **correr (un gran) ~** in (großer) Gefahr sein; **correr ~ de hacer algo** Gefahr laufen, etw zu tun; **estar en ~ de muerte** in Lebensgefahr sein; **fuera de ~** außer Gefahr; **poner en ~** gefährden; **poniendo en ~ su propia vida** unter Einsatz des eigenen Lebens

peligrosidad [peliɣrosi'ða^{d}] *f* Gefährlichkeit *f;* **de alta ~** hochgefährlich

peligroso, -a [peli'ɣroso, -a] *adj* gefährlich

pelillo [pe'liʎo] *m (fam: pequeñez)* Bagatelle *f;* **echar ~s a la mar** das Kriegsbeil begraben; **¡~s a la mar!** Schwamm drüber!; **no se para en ~s** er/sie hält sich nicht mit Kleinigkeiten auf

pelirrojo, -a [peli'rroxo, -a] *adj* rothaarig

pella ['peʎa] *f* ① *(masa)* Klumpen *m;* **~ de algodón** Wattebausch *m* ② *(fam: dinero)* Batzen *m* Geld

pelleja [pe'ʎexa] *f* ① *(de animal)* Fell *nt* ② *(fam: persona muy delgada)* Bohnenstange *f;* **ser una ~** nur Haut und Knochen sein ③ *(vulg: prostituta)* Nutte *f fam abw*

pellejo [pe'ʎexo] *m* ① *(de animal)* Fell *nt* ② *(de persona)* Haut *f;* **arriesgarse el ~** Kopf und Kragen riskieren; **para esto yo no daría mi ~** dafür würde ich meinen Kopf nicht hinhalten; **si yo estuviera en tu ~...** ich an deiner Stelle ...; **no caber en su ~** vor Stolz und Zufriedenheit platzen; **pagar con el ~** mit dem Leben bezahlen; **perder el ~** *(fig fam)* ins Gras beißen; **quitar el ~ a alguien** über jdn lästern; **salvar(se) el ~** mit heiler Haut davonkommen; **no tener más que el ~** nur (noch) Haut und Knochen sein ③ *(odre)* Weinschlauch *m* ④ *(fruta)* Haut *f;* *(salchicha)* Pelle *f* ⑤ *(de las uñas)* Nagelhaut *f* ⑥ *(fam: ebrio)* Trinker *m*

pellet ['pelet] *m* <-s> (TÉC: *combustible granulado de madera*) Pellet *nt;* **estufa de ~** Pelletheizung *f*

pellizcar [peʎiθ'kar] <c → qu> **I.** *vt* ① *(repizcar)* kneifen ② *(fam: pizcar algo)* abzwacken; *(comida)* naschen **II.** *vr:* **~se** sich *dat* einklemmen

pellizco [pe'ʎiθko] *m* ① *(pizco)* Kneifen *nt;* **dar un ~ a alguien** jdn kneifen ② *(poquito)* Stückchen *nt;* *(de sal)* Prise *f;* *(de tu bocadillo)* Bissen *m*

P

pelma ['pelma] *m,* **pelmazo** [pel'maθo] *m (fam: pesado)* Nervensäge *f*

pelmacería [pelmaθe'ria] *f* Trägheit *f,* Schwerfälligkeit *f*

pelmazo [pel'maθo] *m (fig fam)* Nervensäge *f,* Quälgeist *m*

pelo ['pelo] *m* ① *(cabello)* Haar *nt;* *(de animal)* Fell *nt;* *(de ave)* Flaum *m;* *(de barba)* Stoppel(n) *f(pl);* **tener el ~ rubio** blondes Haar haben; **tirar el ~** *(perro)* haaren; **por un ~ te caes** *(fig)* um ein Haar wärst du heruntergefallen; **escaparse por un ~** gerade noch entkommen; **agarrarse a un ~** *(fig)* sich an jedem Strohhalm festklammern; **colgado de un ~** *(fig)* am seidenen Faden hängend; **contar algo con ~s y señales** etw haarklein erzählen; **cortar un ~ en el aire** *(cuchillo)* sehr scharf sein; *(listo)* sehr scharfsinnig sein; **estar hasta los ~s** die Nase gestrichen voll haben; **no tener ~s en la lengua** kein Blatt vor den Mund nehmen; **no tocar un ~ (de la ropa) a alguien** jdm kein Haar krümmen; **soltarse el ~** die Haare offen tragen; *(fig)* sagen, was Sache ist; **tomarle el ~ a alguien** jdn auf den Arm nehmen; **no tener (un) ~ de tonto** kein bisschen blöd sein ② *(vello, pelusa)* Härchen *ntpl;* *(de tela/plantas/un bebé)* Flaum *m;* *(de alfombra)* Flor *m* ③ *(loc, fam)* **de ~** betucht; **la gente de medio ~** die kleinen Leute; **luce buen ~** ihm/ihr geht es gut; **a ~** *(la cabeza descubierta)* ohne Kopfbedeckung; *(sin prepararse)* unvorbereitet; **cabalgar a ~** ohne Sattel reiten; **al ~** genau; **todo irá al ~** es wird alles glattgehen; **el traje ha quedado al ~** der Anzug sitzt wie angegossen; **venir al ~** sehr gelegen kommen; **sin venir al ~** völlig unangebracht; **a contra ~** ungelegen; **de ~ en pecho** mutig; **no se mueve ni un ~ de aire** es geht kein bisschen Wind; **no se te ve el ~, ¿por dónde andas?** du lässt dich ja gar nicht mehr blicken, wo steckst du denn?

pelón, -ona [pe'lon, -ona] **I.** *adj* ① *(calvo)* glatzköpfig ② *(rapado)* kurz geschoren **II.** *m, f (fam: pobre)* armer Schlucker *m*

pelota[1] [pe'lota] *f* ① *(balón)* Ball *m;* **echar la ~ a alguien** *(fig)* jdm den Schwarzen Peter zuspielen ② *(esfera, proyectil)* Kugel *f;* **devolver la ~ a alguien** *(argumentar)* den Spieß umdrehen; *(vengarse)* es jdm mit gleicher Münze heimzahlen; **la ~ sigue en el tejado** *(fig)* die Sache ist immer noch ungeklärt ③ *(juego)* Pelota *f* ④ *pl (vulg: testículos)* Eier *ntpl;* **y esto lo hago así porque me sale de las ~s** und das mache ich so, weil es mir passt *fam;* **¡fíjate, que tiene ~s!** Mensch, der/die hat aber Mumm! *fam;* **tocar las ~s** auf die Eier gehen ⑤ *(argot: loc)* **de ~s** geil; **en ~s** splitter(faser)nackt; **dejar a alguien en ~s** *(juego)* jdn völlig ausnehmen; *(ropa)* jdn völlig ausziehen; **pillar a alguien en ~s** *(fig)* jdn unvorbereitet antreffen; **hacer la ~ a alguien** bei jdm schleimen; **¡y esto es así, por ~s!** und das ist und bleibt so, basta!

pelota[2] [pe'lota] *m (fam)* Schleimer *m*

pelotazo [pelo'taθo] *m* ① *(con el pie)* (harter) Schuss *m;* *(tirando)* Wurf *m;* *(con la raqueta)* Schlag *m* ② *(argot: bebida)* harte Mischung *f;* **meterse un ~** sich *dat* einen hinter die Binde gießen

pelotear [pelote'ar] **I.** *vi* ① (DEP) sich einspielen ② *(de un sitio al otro)* hin- und herwerfen **(con** *+akk***)** **II.** *vt (cuentas)* vergleichen

peloteo [pelo'teo] *m* (DEP) Einspielen *nt*

pelotera [pelo'tera] *f (fam)* Auseinandersetzung *f*

pelotilla [pelo'tiʎa] *f (fam)* **hacer la ~ a alguien** sich bei jdm einschmeicheln; **hacer ~s** popeln

pelotillero, -a [peloti'ʎero, -a] **I.** *adj (fam)* schleimig **II.** *m, f (fam)* Schleimer(in) *m(f)*
pelotón [pelo'ton] *m* ① *(enredo)* Wirrwarr *m* ② *(de gente)* Ansammlung *f; (en carreras)* Feld *nt;* (MIL) Trupp *m*
pelotudo, -a [pelo'tuðo, -a] **I.** *adj (CSur: vulg)* saublöd *fam* **II.** *m, f (CSur: vulg)* Vollidiot(in) *m(f)*
peluca [pe'luka] *f* Perücke *f;* **usar ~** eine Perücke tragen
peluche [pe'lutʃe] *m* ① *(tejido)* Plüsch *m* ② *(juguete)* Plüschtier *nt;* **oso ~** Teddybär *m*
pelucón[1] [pelu'kon] *m (And: fam)* hohes Tier *nt*
pelucón, -ona[2] [pelu'kon, -ona] *adj (And: fam)* langhaarig
peludo, -a [pe'luðo, -a] *adj* ① *(peliagudo)* stark behaart; *(con una barba)* bärtig ② *(AmC: fam: difícil)* haarig
peluquear [peluke'ar] **I.** *vt (AmS, CRi, Méx: cortar el pelo)* die Haare schneiden (**a** +*dat*); *(arreglar el pelo)* frisieren **II.** *vr:* **~se** sich *dat* die Haare machen lassen
peluquera [pelu'kera] *f v.* **peluquero**
peluquería [peluke'ria] *f* Friseursalon *m;* **~ de señoras/señores** Damen-/Herrensalon *m;* **ir a la ~** zum Friseur gehen
peluquero, -a [pelu'kero, -a] *m, f* Friseur, -euse *m, f*
peluquín [pelu'kin] *m* Toupet *nt;* **¡ni hablar del ~!** das kommt gar nicht infrage!
pelusa [pe'lusa] *f,* **pelusilla** [pelu'siʎa] *f* ① *(vello)* Flaum *m; (tejido)* Flor *m* ② *(de polvo)* Staubfussel *f* ③ *(fam: celos)* Eifersucht *f;* **sentir ~** eifersüchtig sein ④ *(envidia)* Neid *m;* **sentir ~** neidisch sein
pélvico, -a ['pelβiko, -a] *adj* (ANAT) Becken-; **hueso ~** Beckenknochen *m*
pelvis ['pelβis] *f inv* (ANAT) Becken *nt*
pena ['pena] *f* ① *(tristeza)* Kummer *m;* **ahogar las ~s** seinen Kummer ertränken ② *(lástima)* **ser una ~** schade sein; **¡qué ~!** schade!; **me da mucha ~ el gato** die Katze tut mir unwahrscheinlich leid; **me da mucha ~ el tener que verlo así** es tut mir in der Seele weh, ihn so sehen zu müssen ③ *(sanción)* Strafe *f;* **~ de cadena perpetua** lebenslange Haftstrafe; **~ capital** Todesstrafe *f;* **~ pecuniaria** Geldstrafe *f* ④ *(dificultad)* Mühsal *f;* **pasar las ~s del purgatorio** die Hölle auf Erden durchmachen; **a duras ~s** mit Mühe und Not; *(apenas)* kaum; **sin ~ ni gloria** mittelmäßig; **valer la ~** sich lohnen; **¡allá ~s!** ist mir doch egal! ⑤ *(Am: vergüenza)* Scham *f;* **tener ~** sich schämen ⑥ *(loc)* **so ~ que...** +*subj* es sei denn, ...
penable [pe'naβle] *adj* strafbar
penacho [pe'natʃo] *m* ① *(adorno, t. de aves)* Federbusch *m* ② *(fam: vanidad)* Hochmut *m*
penado, -a [pe'naðo, -a] **I.** *adj* ① *(triste)* betrübt, leidend ② *(difícil)* mühselig, mühsam ③ *(Am: tímido)* schüchtern, verschämt **II.** *m, f* Sträfling *m*
penal [pe'nal] **I.** *adj* (JUR) Straf-; **antecedentes ~es** Vorstrafen *f pl* **II.** *m* ① *(prisión)* Gefängnis *nt* ② *(Am: falta)* Foul *nt* ③ *(penalti)* Elfmeter *m; (en baloncesto)* Freiwurf *m*
penalidad [penali'ða[d]] *f* ① *(molestia)* Strapaze *f* ② *(sanción)* Strafe *f*
penalización [penaliθa'θjon] *f* Bestrafung *f*
penalizar [penali'θar] <z → c> *vt* bestrafen
penalti [pe'nal̦ti] *m* <penaltis> ① *(falta)* Foul *nt;* **área de ~s** Strafraum *m* ② *(sanción)* Elfmeter *m; (en baloncesto)* Freiwurf *m*
penar [pe'nar] **I.** *vt* ① *(castigar)* bestrafen ② *(prever la ley)* unter Strafe stellen **II.** *vi* ① *(padecer)* leiden; **~ de amores** Liebeskummer haben ② *(ansiar)* sich sehnen (**por** nach +*dat*)
penca ['peŋka] *f* ① *(hoja)* Blatt *nt* ② *(Am: borrachera)* **agarrarse una ~** sich betrinken ③ *(And: atractivo)* **una ~ de hombre/de mujer** ein Bild von einem Mann/von einer Frau; **una ~ de casa** ein wunderschönes Haus
pencar [peŋ'kar] <c → qu> **I.** *vi (fam)* schuften, arbeiten wie ein Pferd **II.** *vt* geißeln
penco ['peŋko] *m* ① *(jamelgo)* Klepper *m* ② *(And: fam: atractivo)* **un ~ de hombre/de mujer** ein Bild von einem Mann/von einer Frau ③ *(fam: holgazán)* Faulpelz *m; (inútil)* Nichtsnutz *m; (torpe)* Tollpatsch *m*
pendejada [pen̦de'xaða] *f (Am: fam)* ① *(disparate)* etwas Verrücktes *nt,* etwas Albernes *nt;* **¿cómo se te pudo ocurrir tal ~?** wie konnte dir nur so etwas Verrücktes einfallen? ② *(estupidez)* Dummheit *f* ③ *(acto cobarde)* memmenhaftes [*o* feiges] Verhalten *nt* ④ *(cualidad de cobarde)* Feigheit *f,* Furchtsamkeit *f*
pendejo[1] [pen̦'dexo] *m (fam)* ① *(del pubis)* Schamhaar *nt* ② *(cobarde)* Angsthase *m* ③ *(imbécil)* Idiot *m*
pendejo, -a[2] [pen̦'dexo, -a] **I.** *adj (fam)* ① *(Am: necio)* dumm, einfältig ② *(cobarde)* feige ③ *(And: listo)* schlau, gewitzt **II.** *m, f (sabelotodo)* Besserwisser(in) *m(f),* Neunmalkluge(r) *mf*
pendencia [pen̦'den̦θja] *f* Streit *m;* **armar ~** Streit anfangen

P

pendenciero, -a [peṇdeṇ'θjero, -a] *adj* streitsüchtig

pender [peṇ'der] *vi* ① *(colgar)* hängen (**de/en** an +*dat*); *(cernerse)* schweben (**sobre** über +*dat*) ② (JUR) abhängen (**ante** von +*dat*)

pendiente[1] [peṇ'djeṇte] **I.** *adj* ① *(hacia arriba)* steigend; *(hacia abajo)* fallend ② *(problema, asunto, cuenta)* offen; *(trabajo, pedido)* unerledigt; **una cuenta ~ de pago** eine fällige Rechnung; **quedar ~ una asignatura** ein Fach nicht bestehen ③ *(fam: ocuparse)* **voy a salir un momento, mientras, estate ~ del arroz** ich gehe mal kurz hinaus, pass solange auf den Reis auf; **¡tú estate ~ de lo tuyo!** kümmere du dich um deine Angelegenheiten!; **estar ~ de los labios de alguien** *(estar atento)* an jds Lippen hängen; **de momento, solamente estoy ~ de si me conceden la beca o no** im Augenblick beschäftigt mich nur, ob ich das Stipendium bekomme oder nicht ④ *(depender)* **estamos ~s de lo que digan nuestros padres** wir müssen erst abwarten, wie unsere Eltern entscheiden **II.** *m (de oreja)* Ohrring *m; (de nariz)* Nasenring *m*

pendiente[2] [peṇ'djeṇte] *f* ① *(cuesta)* Abhang *m;* **de mucha ~** sehr steil ② *(del tejado)* Neigung *f*

pendón [peṇ'don] *m (estandarte)* Banner *nt*

pendular [peṇdu'lar] *adj* Pendel-

péndulo ['peṇdulo] *m* Pendel *nt*

pene ['pene] *m* Penis *m*

penetrabilidad [penetraβili'ðaᵈ] *f* Durchdringungsvermögen *nt*

penetración [penetra'θjon] *f* ① *(acción)* Durchdringung *f* ② *(comprensión)* Auffassungsgabe *f; (inteligencia)* Scharfsinn *m*

penetrador(a) [penetra'ðor(a)] *adj* scharfsinnig

penetrante [pene'traṇte] *adj* ① *(profundo)* tiefgehend; *(dolor)* stark ② *(frío)* beißend; *(hedor)* penetrant

penetrar [pene'trar] **I.** *vi* eindringen (**en/entre/por** in +*akk*) **II.** *vt* ① *(luz, sonido, proyectil)* durchdringen; *(mirada)* durchbohren ② *(entender)* verstehen; **~ un misterio** hinter ein Geheimnis kommen; **~ una intención** eine Absicht erkennen; **~ los pensamientos de alguien** jds Gedanken lesen **III.** *vr:* **~se** sich *dat* bewusst werden (**de** über +*akk*)

penicilina [peniθi'lina] *f* Penizillin *nt*

península [pe'ninsula] *f* Halbinsel *f;* **la P~ Ibérica** die Iberische Halbinsel

peninsular [peninsu'lar] *adj* Halbinsel-; **las costas ~es** die Küsten der Halbinsel

penique [pe'nike] *m* Penny *m*

penitencia [peni'teṇθja] *f* ① *(pena)* Sühne *f;* **imponer una ~ a alguien** jdm eine Strafe auferlegen ② (REL) Buße *f;* **hacer ~** Buße tun ③ *(arrepentimiento)* Reue *f*

penitenciaría [peniteṇθja'ria] *f* Strafanstalt *f*

penitenciario, -a [peniteṇ'θjarjo, -a] *adj* ① *(relativo a la penitenciaría)* Gefängnis- ② *(relativo a la penitencia)* Straf-

penitente [peni'teṇte] **I.** *adj* reuig **II.** *mf* (REL) Büßer(in) *m; (que se confiesa)* Beichtende(r) *mf*

penoso, -a [pe'noso, -a] *adj* ① *(arduo)* heikel ② *(dificultoso)* mühselig ③ *(con pena)* traurig ④ *(Am: vergonzoso)* scheu

pensado, -a [pen'saðo, -a] *adj* ① *(reflexionado)* überdacht; **esto está poco ~** das ist nicht wohl überlegt; **lo tengo bien ~** ich habe mir das genau überlegt; **tener ~ hacer algo** vorhaben, etw zu tun; **el día menos ~ volverá** wenn man es am wenigsten erwartet, wird er/sie zurückkommen ② *(persona)* **ser un mal ~** immer gleich das Schlimmste vermuten

pensador(a) [pensa'ðor(a)] **I.** *adj* denkend, überlegend **II.** *m(f)* Denker(in) *m(f)*

pensamiento [pensa'mjeṇto] *m* ① *(acción)* (Nach)denken *nt* ② *(idea)* Idee *f; (intención)* Absicht *f* ③ *(objeto)* Gedanke *m;* **ya el ~ solo me da risa** schon beim bloßen Gedanken daran muss ich lachen ④ *(mente)* Sinn *m;* **tengo un problema en el ~** ein Gedanke beschäftigt mich; **¿cuándo te vino esa idea al ~?** wann fiel dir das ein? ⑤ *(apotegma)* Maxime *f* ⑥ *(contenido)* Thema *nt* ⑦ (BOT) Stiefmütterchen *nt*

pensante [pen'saṇte] **I.** *adj* denkend **II.** *mf* Denker(in) *m(f)*

pensar [pen'sar] <e → ie> **I.** *vi, vt* ① *(proyectar algo en la mente)* denken (**en** an +*akk*); *(considerar)* bedenken; **todo pasa cuando menos se piensa** (**en ello**) alles geschieht, wenn man am wenigsten damit rechnet; **¡ni ~lo!** nicht im Traum!; **¡no quiero ni ~lo!** nicht auszudenken! ② *(reflexionar)* nachdenken; **nos dio mucho que ~ que no hubiera regresado aún** es gab uns zu denken, dass er/sie noch nicht zurück war; **esto es algo para ~lo bien** das ist etwas, was gut überdacht sein muss; **lo hicimos sin ~lo** wir taten es, ohne zu überlegen; **sin ~lo me dio una bofetada** und plötzlich gab er/sie mir eine Ohrfeige; **pensándolo bien** bei genauerer Betrachtung ③ *(concluir)* beschließen **II.** *vi (opinar)* denken; *(suponer)* annehmen; *(imaginarse)* sich *dat* denken können; **pienso**

que deberíamos irnos ich denke wir sollten gehen; ~ **muy mal de alguien** eine schlechte Meinung von jdm haben **III.** *vt* ❶ *(intención)* vorhaben; **pensábamos venir este fin de semana** wir wollten dieses Wochenende kommen; **lo pensó mejor y no lo hizo** er/sie besann sich eines Besseren und tat es nicht ❷ *(inventar, tramar)* sich *dat* ausdenken

pensativo, -a [pensa'tiβo, -a] *adj* nachdenklich

pensión [pen'sjon] *f* ❶ *(paga)* (Alters)rente *f;* ~ **recibida de la empresa** Betriebsrente *f;* ~ **de viudez** Witwenrente *f;* **aún no cobra la** ~ *(no recibe la paga)* er/sie bekommt noch keine Rente bezahlt; *(no tiene la edad)* er/sie ist noch nicht in Rente ❷ *(para huéspedes)* Pension *f* ❸ *(precio por alojamiento)* Kostgeld *nt;* ~ **completa** Vollpension *f;* **media** ~ Halbpension *f*

pensionado[1] [pensjo'naðo] *m* (ENS) Internat *nt*

pensionado, -a[2] [pensjo'naðo, -a] *m, f* *(jubilado)* Rentner(in) *m(f)*

pensionar [pensjo'nar] *vt* pensionieren

pensionista [pensjo'nista] *mf* ❶ *(jubilado)* Rentner(in) *m(f)* ❷ *(huésped)* Pensionsgast *m* ❸ *(alumno)* Internatsschüler(in) *m(f)*

pentagonal [peṇtaɣo'nal] *adj* fünfeckig

pentágono [peṇ'taɣono] *m* Fünfeck *nt*

pentagrama [peṇta'ɣrama] *m* Notenlinien *f pl*

pentámetro [peṇ'tametro] *m* (LIT) Pentameter *m*

pentatlón [peṇtað'lon] *m* Fünfkampf *m*

Pentecostés [peṇtekos'tes] *m* (REL) ❶ *(cristiano)* Pfingsten *nt;* **Pascua de** ~ Pfingstsonntag *m* ❷ *(judío)* Passah(fest) *nt*

penúltima [pe'nuḷtima] *f* (LING) vorletzte Silbe *f*

penúltimo, -a [pe'nuḷtimo, -a] *adj* vorletzte(r, s)

penumbra [pe'numbra] *f* Halbdunkel *nt;* (ASTR) Halbschatten *m*

penumbroso, -a [penum'broso, -a] *adj* halbdunkel

penuria [pe'nurja] *f* ❶ *(escasez)* Mangel *m;* (FIN) Geldmangel *m;* **pasar muchas ~s** viel durchmachen ❷ *(pobreza)* Armut *f*

peña ['peɲa] *f* ❶ *(roca)* Fels(en) *m* ❷ *(grupo)* Zirkel *m;* *(de aficionados)* Fanklub *m;* *(tertulia)* Stammtisch *m;* *(de jóvenes)* Clique *f*

peñasco [pe'ɲasko] *m* *(peña)* Felsblock *m*

peñascoso, -a [peɲas'koso, -a] *adj* felsig

péñola ['peɲola] *f* Schreibfeder *f,* Federkiel *m* *(zum Schreiben)*

peñón [pe'ɲon] *m* ❶ *(peñasco)* Felsblock *m;* **el P~** Gibraltar *nt* ❷ *(monte)* Felsengebirge *nt*

peón [pe'on] *m* ❶ *(obrero)* Hilfsarbeiter *m;* *(jornalero)* Tagelöhner *m;* (AGR) Landarbeiter *m;* *(Méx: aprendiz)* Lehrling *m* ❷ *(en juegos)* Stein *m;* ~ **de ajedrez** Bauer *m* ❸ *(juguete)* Brummkreisel *m*

peonaje [peo'naxe] *m* ❶ (MIL) Infanterie *f* ❷ *(colectivo)* Arbeiterschaft *f*

peonía [peo'nia] *f* ❶ (BOT) Pfingstrose *f* ❷ *(jornal)* Tagewerk *nt*

peonza [pe'oṇθa] *f* *(juguete)* Kreisel *m*

peor [pe'or] *adv o adj compar de* **mal(o)** *(calidad)* schlechter; *(condición)* schlimmer; **en matemáticas soy** ~ **que tú** in Mathematik bin ich schlechter als du; **el** ~ **de la clase** der Schlechteste in der Klasse; **el pequeño es el** ~ **de los dos** der Kleine ist der Schlimmere von beiden; **y verás, será** ~ **aún** und du wirst sehen, es kommt noch schlimmer; **el** ~ **día, verás como te hablará** wenn du es am wenigsten erwartest, wird er/sie dich ansprechen; **en el** ~ **de los casos** schlimmstenfalls; **pero lo** ~ **de todo fue...** aber das Allerschlimmste war ...; **vas de mal en** ~ es wird immer schlimmer mit dir; ~ **es nada** besser als gar nichts

pepa ['pepa] *f* ❶ *(Am: pepita)* Kern *m* ❷ *(And: mentira)* Lügengeschichte *f*

Pepa ['pepa] *f* *(fam)* **¡viva la ~!** *(indiferencia)* mir ist das piepegal; *(regocijo)* Hurra!

pepenado, -a [pepe'naðo, -a] *m, f* *(Guat, Méx)* ❶ *(hijo adoptivo)* Adoptivkind *nt* ❷ *(expósito)* ausgesetztes Kind *nt*

pepenar [pepe'nar] *vt* ❶ *(AmC, Méx: fam: recoger del suelo)* auflesen; *(revolver)* durchwühlen ❷ *(Méx: adoptar)* adoptieren ❸ *(Méx: golpear)* verprügeln; *(hurtar)* stehlen

pepenche [pe'pentʃe] *m* *(Méx)* ❶ *(agregado)* Hausgast *m* ❷ *(mantenido)* Schmarotzer *m*

pepermín [peper'min] *m sin pl* *(Am)* Pfefferminz

pepinillo [pepi'niʎo] *m* Essiggurke *f*

pepino [pe'pino] *m* ❶ *(para ensaladas)* Gurke *f;* **eso me importa un** ~ *(fam)* das ist mir total egal ❷ *(melón)* unreife Honigmelone *f*

pepita [pe'pita] *f* (BOT) Kern *m*

pepito [pe'pito] *m* (GASTR) Schnitzelbrötchen *nt*

pepsina [peβ'sina] *f* Pepsin *nt*

pequén [pe'ken] *m* *(Chil)* ❶ *(lechuza)* kleine, tagaktive Eule; **ser como el** ~ *(tímido)* schüchtern sein; *(cobarde)* feige sein;

P

hacer ~ a alguien jdn hereinlegen ② *(empanada)* Teigtasche *f*
pequeña [pe'keɲa] *adj o f v.* **pequeño**
pequeñajo, -a [peke'ɲaxo, -a] **I.** *adj (fam)* klein **II.** *m, f (fam)* Kleine(r) *mf*
pequeñez [peke'ɲeθ] *f* ① *(tamaño)* Kleinheit *f* ② *(minucia)* Kleinigkeit *f*
pequeño, -a [pe'keɲo, -a] **I.** *adj* klein; *(cuento, falda)* kurz; **es la misma casa, solo que en pequeño** das ist das gleiche Haus, nur kleiner; **ya desde ~ solía venir a este sitio** schon als ich klein war, kam ich hierher **II.** *m, f* Kleine(r) *mf*
pequeñoburgués, -esa [pekeɲoβur'ɣes, -esa] **I.** *adj* kleinbürgerlich **II.** *m, f* Kleinbürger(in) *m(f)*
pequinés[1] [peki'nes] *m* (ZOOL) Pekinese *m*
pequinés, -esa[2] [peki'nes, -esa] **I.** *adj* Pekinger **II.** *m, f* Pekinger(in) *m(f)*
pera ['pera] **I.** *adj* schick; **restaurante ~** Nobelrestaurant *nt;* **niño ~** *Kind aus einer besseren Familie* **II.** *f* ① (BOT) Birne *f;* **pedir ~s al olmo** das Unmögliche verlangen; **eso es la ~** das ist der Gipfel; **poner a alguien las ~s a cuarto** jdn zurechtweisen ② *(barba)* Ziegenbart *m* ③ (TÉC) **~ de goma** Handblasebalg *m* ④ *(vulg: loc)* **hacerse una ~** sich *dat* einen runterholen; **tocarse la ~** Däumchen drehen *fam*
peral [pe'ral] *m* Birnbaum *m*
peralte [pe'ralte] *m* (TÉC) Überhöhung *f*
perca ['perka] *f* Barsch *m*
percance [per'kanθe] *m (contratiempo)* Zwischenfall *m; (por culpa propia)* Missgeschick *nt; (de plan/proyecto)* (Rück)-schlag *m*

P

per capita [per 'kapita] *adv* pro Kopf; **consumo ~** Pro-Kopf-Verbrauch *m*
percatación [perkata'θjon] *f* Bewusstwerdung *f*
percatarse [perka'tarse] *vr (darse cuenta)* merken (**de** *+akk*); *(comprender)* verstehen (**de** *+akk*)
percebe [per'θeβe] *m* ① (ZOOL: *crustáceo*) *essbare Entenmuschel* ② *(fam: tonto)* Dummkopf *m*
percepción [perθeβ'θjon] *f* ① *(acción)* Wahrnehmung *f* ② *(idea)* Gedanke *m; (impresión)* Eindruck *m* ③ (FIN) Erhebung *f*
perceptibilidad [perθeptiβili'ða[ð]] *f* ① *(cualidad)* Wahrnehmbarkeit *f,* Fassbarkeit *f* ② *(capacidad)* Wahrnehmungsfähigkeit *f*
perceptible [perθep'tiβle] *adj* ① *(que puede comprenderse)* fassbar ② (FIN) einziehbar
perceptivo, -a [perθep'tiβo, -a] *adj* perzeptorisch
perceptor(a) [perθep'tor(a)] *m(f)* Bezieher(in) *m(f)*
percha ['pertʃa] *f* ① *(en el armario)* Kleiderbügel *m* ② *(perchero)* Garderobenständer *m; (en la tienda)* Kleiderständer *m;* **vestido de ~** Kleid von der Stange ③ *(AmC: chaqueta)* Sakko *nt* ④ *(argot: tipo)* Körperbau *m*
perchero [per'tʃero] *m* Garderobe *f;* **~ (de pared)** Garderobenhaken *m;* **~ (de pie)** Garderobenständer *m*
percibir [perθi'βir] *vt* ① *(notar)* wahrnehmen ② *(darse cuenta)* sehen ③ *(comprender)* verstehen ④ *(cobrar)* beziehen
percudir [perku'ðir] *vt* ① *(desgastar)* abnutzen, verschleißen, strapazieren ② *(mancharse)* verschmutzen, verdrecken
percusión [perku'sjon] *f* ① *(golpeo)* Erschütterung *f* ② (TÉC) Schlag *m;* **barra de ~** Brecheisen *nt* ③ *(al examinar)* Abklopfen *nt* ④ (MÚS) Percussion *f;* **instrumento de ~** Schlaginstrument *nt*
percusionista [perkusjo'nista] *mf (de bongos, congas)* Perkussionist(in) *m(f); (de batería)* Schlagzeuger(in) *m(f)*
percusor [perku'sor] *m* Schlagbolzen *m*
percutir [perku'tir] *vt* ① (TÉC) schlagen, stoßen ② (MED: *examinar*) perkutieren, abklopfen
perdedor(a) [per'ðeðor(a)] **I.** *adj* Verlierer- **II.** *m(f)* Verlierer(in) *m(f)*
perder [per'ðer] <e → ie> **I.** *vt* ① *(en general)* verlieren; **~ la cuenta** sich verrechnen; **ayúdame a buscar mis gafas, que las he perdido** hilf mir mal suchen, ich habe meine Brille verlegt; **~ terreno** *(fig)* den Anschluss verlieren ② *(malgastar)* vergeuden ③ *(no aprovechar)* **si llego tarde al espectáculo pierdo la entrada** wenn ich zu spät zur Veranstaltung komme, wird meine Eintrittskarte ungültig ④ *(peso)* abnehmen; *(costumbre)* ablegen ⑤ *(oportunidad, tren)* verpassen ⑥ *(ocasionar daños)* zerstören; **el fuego perdió todo el edificio** das Feuer legte das ganze Gebäude in Schutt und Asche; **esa equivocación nos perdió** dieser Fehler wurde uns zum Verhängnis; **el juego le ~á** das Spiel wird ihn noch ins Unglück stürzen; **el régimen lo llevo muy bien, lo que me pierde es ver comer a los demás** die Diät halte ich sehr gut ein, ich werde nur schwach, wenn ich andere essen sehe ⑦ (ENS: *suspender*) **~ el curso** das Schuljahr wiederholen müssen **II.** *vi* ① *(en general)* verlieren; **Portugal perdió por 1 a 2 frente a Italia** Portugal verlor 1 zu 2 gegen Italien; **tener buen ~** ein guter Verlierer sein; **vas a salir perdiendo** du wirst am Ende den Kür-

zeren ziehen; **tener todas las de ~** keine guten Karten haben; **lo echó todo a ~** er/sie verlor alles; **la comida se quemó y todo se echó a ~** das Essen verbrannte und es war nichts mehr zu retten; **cómete esos plátanos que sino se echan a ~** iss diese Bananen, sonst werden sie schlecht ② *(decaer)* einbüßen (**en** an *+dat*); **por mi profesión he perdido mucho en salud** durch meinen Beruf habe ich meine Gesundheit vernachlässigt ③ *(desteñir)* abfärben **III.** *vr:* **~se** ① *(extraviarse)* abhandenkommen; **¿qué se le habrá perdido por allí?** *(fig)* was hat er/sie dort bloß verloren? ② *(por el camino)* sich verlaufen (**en/por** in *+dat*) ③ *(bailando)* aus dem Takt kommen; *(leyendo)* in den Zeilen verrutschen; **~se en palabrerías complicadas** *(hablando)* sich in wilden Verstrickungen verlieren ④ *(desaparecer)* verschwinden ⑤ *(arruinarse)* sich ruinieren (**por** mit *+dat*) ⑥ *(desperdiciarse)* verloren gehen; **se pierde mucha agua por falta de conciencia ecológica** aus mangelndem Umweltbewusstsein wird viel Wasser verschwendet ⑦ *(ocasión)* verpassen; **si no te vienes, tú te lo pierdes** wenn du nicht mitkommst, bist du selbst schuld ⑧ *(extinguirse)* aussterben; **poco a poco la minifalda se va perdiendo** der Minirock wird immer weniger getragen ⑨ *(exceso)* (ganz) verrückt sein (**por** nach *+dat*)

perdición [perði'θjon] *f* ① *(acción, daño)* Verlust *m* ② *(moral)* Ruin *m*

pérdida ['perðiða] *f* Verlust *m;* **~ de cabellos** Haarausfall *m;* **~ de conciencia** Bewusstlosigkeit *f;* **~ de energía** Energieverlust *m;* **~ por fricción** Reibungsverlust *m;* **esto es una ~ de tiempo** das ist reine Zeitverschwendung; **es fácil de encontrar, no tiene ~** es ist leicht zu finden, man kann es gar nicht verfehlen; **el edificio ha sufrido ~s enormes después del incendio** das Gebäude hat nach dem Brand erhebliche Schäden erlitten; **el coche tiene una leve ~ de aceite** der Öltank des Autos leckt leicht

perdidamente [perðiða'mente] *adv* ① *(inútilmente)* vergebens, umsonst ② *(con exceso)* **estar ~ enamorado** bis über beide Ohren verliebt sein

perdidizo, -a [perði'ðiθo, -a] *adj* unauffindbar; **hacer algo ~** *(fam)* etw versteckt halten; **hacerse el ~** sich davonstehlen

perdido, -a [per'ðiðo, -a] **I.** *adj* ① *(que no se encuentra)* verloren; **dar a alguien por ~** jdn für vermisst erklären; **dar algo por ~** die Suche nach etw *dat* aufgeben; *(fig)* etw für verloren geben; **estar ~** in einer ausweglosen Lage sein ② *(vicioso, sin salida)* hoffnungslos; **estar loco ~** *(fam)* vollkommen verrückt sein ③ *(loc, fam: manchar)* **poner algo ~** etw ganz dreckig machen; **ponerse ~ de pintura** sich mit Farbe vollschmieren **II.** *m, f* ① *(fam: vago)* Taugenichts *m; (pobre)* armer Hund *m* ② *(libertino)* Windhund *m* ③ *(fam)* **hacerse el ~** sich rarmachen

perdigón[1] [perði'ɣon] *m* ① *(proyectil de plomo)* Schrotkorn *nt* ② *(perdiz macho)* Feldhuhnmännchen *nt,* Rebhuhnmännchen *nt* (als Lockvogel) ③ *(pollo de perdiz)* Feldhuhnküken *nt,* Rebhuhnküken *nt* ④ *(derrochador)* Verschwender *m* ⑤ *pl (munición)* Schrot *m o nt*

perdigón, -ona[2] [perði'ɣon, -ona] *m, f (fam)* Verlierer(in) *m(f)*

perdiz [per'ðiθ] *f* Rebhuhn *nt;* **ni todos los días ~, ni todos los días Beatriz** nur nicht übertreiben; **... y fueron felices y comieron perdices.** ... und wenn sie nicht gestorben sind, dann leben sie noch heute.

perdón [per'ðon] *m* ① *(absolución)* Verzeihung *f; (de pecados)* Vergebung *f* ② *(indulto)* Begnadigung *f; (gracia)* Gnade *f* ③ *(disculpa)* **¡~!** Entschuldigung!; **¿~?** (wie) bitte?; **¡con ~!** Verzeihung, darf ich?; **no cabe ~** es ist unentschuldbar; **pedir ~ a alguien** jdn um Verzeihung bitten; **y os tengo que decir, con ~ de la mesa, que esto es una porquería** und ich muss euch sagen, bitte verzeiht mir den Ausdruck bei Tisch, dass das hier eine Schweinerei ist

perdonable [perðo'naβle] *adj* verzeihlich, entschuldbar

perdonar [perðo'nar] *vt* ① *(ofensa)* verzeihen; *(pecado)* vergeben; *(pena, deuda)* erlassen; **no te perdono** ich verzeihe dir nicht; **perdona que te interrumpa** entschuldige, dass ich dich unterbreche; **perdona, ¿puedo pasar?** Entschuldigung, darf ich durch?; **perdona pero estás equivocado** es tut mir leid, aber ich glaube, du irrst dich ② *(obligación)* befreien (von *+dat*); **te perdono los 10 euros** ich schenke dir die 10 Euro; **les he perdonado la tarde a mis empleados** ich habe meinen Angestellten den Nachmittag freigegeben ③ *(loc)* **no perdono ningún esfuerzo** ich scheue keine Mühe; **no perdono ningún medio** ich lasse kein Mittel unversucht; **la guerra no perdona a nadie** der Krieg verschont niemanden

perdulario, -a [perðu'larjo, -a] **I.** *adj* ① *(descuidado)* schlampig ② *(vicioso)* lasterhaft **II.** *m, f* Taugenichts *m*

P

perdurabilidad [perðuraβili'ða^{ð}] *f* ① *(durabilidad)* Dauerhaftigkeit *f* ② *(eternidad)* Ewigkeit *f*

perdurable [perðu'raβle] *adj* ① *(duradero)* dauerhaft ② *(eterno)* ewig; **las ~s obras de reparación del puente** die unendlich langen Reparaturarbeiten an der Brücke

perdurar [perðu'rar] *vi* ① *(todavía)* anhalten ② *(indefinidamente)* Bestand haben; **su recuerdo ~á para siempre entre nosotros** er/sie wird uns für immer in Erinnerung bleiben

perecedero, -a [pereθe'ðero, -a] *adj* ① *(pasajero)* vergänglich ② *(alimento)* leicht verderblich

perecer [pere'θer] *irr como crecer* **I.** *vi* ① *(morir)* sterben; *(en accidente/la guerra)* ums Leben kommen; **~ de sed** verdursten ② *(daño, sufrimiento)* leiden (**de** +*akk*) **II.** *vr:* **~se** sich sehnen (**por** nach +*dat*)

peregrinación [pereɣrina'θjon] *f*, **peregrinaje** [pereɣri'naxe] *m* Wallfahrt *f;* **ir en ~** pilgern

peregrinamente [pereɣrina'meṇte] *adv* ① *(de modo raro)* seltsam ② *(con primor)* sorgfältig

peregrinar [pereɣri'nar] *vi* ① (REL) pilgern ② *(viajar: a pie)* (herum)wandern; *(con vehículo)* (herum)reisen; **para matricularme tuve que ~ por ciento de oficinas** für meine Immatrikultion musste ich einen Marsch durch Hunderte von Büros auf mich nehmen

peregrino, -a [pere'ɣrino, -a] **I.** *adj* ① *(extraño)* fremd ② *(raro)* seltsam ③ *(extraordinario)* außerordentlich **II.** *m, f* Pilger(in) *m(f)*

perejil [pere'xil] *m* ① (BOT) Petersilie *f* ② *pl (adornos)* Flitter *m*

perenne [pe'renne] *adj* ① *(perpetuo)* ewig; (BOT) immergrün ② *(constante)* ständig; **ser de ~ buen humor** immer gut gelaunt sein

perennidad [pere^{n}ni'ða^{ð}] *f* ① *(perpetuidad)* Ewigkeit *f*, Unvergänglichkeit *f* ② *(constancia)* Beständigkeit *f*

perentoriedad [pereṇtorje'ða^{ð}] *f* ① *(urgencia)* Dringlichkeit *f* ② *(con decisión)* Beständigkeit *f*

perentorio, -a [pereṇ'torjo, -a] *adj* ① *(urgente)* dringlich ② *(pago)* fällig ③ *(decisión)* endgültig; **plazo ~** Ausschlussfrist *f*

pereza [pe'reθa] *f* ① *(gandulería)* Faulheit *f* ② *(de movimientos)* Trägheit *f;* **me dio ~ ir y me quedé en casa** ich hatte keine Lust zu gehen und blieb zu Hause

perezosa [pere'θosa] *f (Arg, Perú, Urug)* Liegestuhl *m*

perezoso, -a [pere'θoso, -a] *adj* ① *(gandul)* faul ② *(movimiento)* träge ③ *(loc)* **y ni corto ni ~ me soltó un sopapo** und ohne lange darüber nachzudenken, verpasste er/sie mir eine Ohrfeige

perfección [perfe^{ɣ}'θjon] *f* Vollkommenheit *f;* **estilo de gran ~** vollendeter Stil; **hacer algo a la ~** etw perfekt tun

perfeccionamiento [perfe^{ɣ}θjona'mjeṇto] *m* Vervollkommnung *f; (de técnica, sistema)* Perfektionierung *f geh; (profesional)* Fortbildung *f*

perfeccionar [perfe^{ɣ}θjo'nar] *vt* vervollkommnen; *(de técnica, sistema)* perfektionieren

perfeccionismo [perfe^{ɣ}θjo'nismo] *m sin pl* Perfektionismus *m*

perfeccionista [perfe^{ɣ}θjo'nista] **I.** *adj* perfektionistisch **II.** *mf* Perfektionist(in) *m(f)*

perfectamente [perfekta'meṇte] *adv* **sabes ~ que...** du weißt ganz genau, dass ...; **te entiendo ~** ich verstehe dich voll und ganz; **es ~ comprensible** es ist völlig verständlich; **¡~!** in Ordnung!

perfecto[1] [per'fekto] *m* (LING) Perfekt *nt*

perfecto, -a[2] [per'fekto, -a] *adj* ① *ser* perfekt; *(obra, belleza, harmonía)* vollkommen; *(ideal)* ideal; **nadie es ~** nobody is perfect; **habla un alemán ~** er/sie spricht perfekt Deutsch; **un ~ caballero** ein vollendeter Kavalier; **eres un ~ idiota** du bist ein Vollidiot ② *estar* einwandfrei ③ (LING) **pretérito ~** Perfekt *nt*

perfidia [per'fiðja] *f* ① *(deslealtad)* Treulosigkeit *f* ② *(traición)* Verrat *m*

pérfido, -a ['perfiðo, -a] *adj* ① *(desleal)* treulos ② *(traidor)* verräterisch

perfil [per'fil] *m* ① *(de cara, t.* TÉC) Profil *nt;* **~ genético** genetisches Profil; **de ~** im Profil ② *(contorno)* Umriss *m* ③ *(de personalidad/doctrina)* Grundzug *m;* **el ~ del candidato** das Anforderungsprofil des Bewerbers

perfilar [perfi'lar] **I.** *vt* ① *(retocar)* abrunden ② *(sacar perfil)* die Umrisse skizzieren +*gen;* (TÉC) profilieren **II.** *vr:* **~se** ① *(ponerse de perfil)* sich im Profil zeigen ② *(distinguirse)* sich abzeichnen ③ *(fam: aderezarse)* sich herausputzen

perforación [perfora'θjon] *f* ① *(con máquina)* (Durch)bohrung *nt; (de oreja)* Durchstechen *nt; (de otras partes del cuerpo)* Piercing *nt; (de papel)* Lochung *f; (con muchos agujeros)* Durchlöcherung *f* ② *(agujeros, línea)* Perforation *f*

perforadora [perfora'ðora] *f* ① *(taladradora)* Bohrer *m;* **~ de cinta** (INFOR) Streifenlocher *m;* ~ **de fichas** (INFOR) Kartenlocher *m;* ~ **de percusión** Bohrhammer *m* ② *(de oficina)* Locher *m*

perforar [perfo'rar] *vt (con máquina)* (durch)bohren; *(oreja)* durchstechen; *(papel)* lochen; *(con muchos agujeros)* durchlöchern; *(para decorar/para arrancar)* perforieren

perfumador [perfuma'ðor] *m (utensilio)* Parfümzerstäuber *m*

perfumar [perfu'mar] **I.** *vt* parfümieren; **las flores perfuman la habitación** der Blumenduft erfüllt das Zimmer **II.** *vi* duften

perfume [per'fume] *m* ① *(sustancia)* Parfüm *nt* ② *(olor)* Duft *m*

perfumería [perfume'ria] *f* ① *(tienda)* Parfümerie *f* ② *(productos)* Parfümartikel *mpl*

pergamino [perɣa'mino] *m* Pergament *nt;* **libro** (**con encuadernación**) **en** ~ Pergamentband *m;* **familia de ~s** Familie adliger Herkunft

pergeñar [perxe'ɲar] *vt (fam)* skizzieren

pergeño [per'xeɲo] *m* Aussehen *nt,* Erscheinungsbild *nt*

pérgola ['perɣola] *f* Pergola *f*

pericardio [peri'karðjo] *m* (ANAT) Herzbeutel *m*

pericia [pe'riθja] *f* ① *(habilidad)* Geschick *nt* ② *(práctica)* Erfahrung *f*

pericial [peri'θjal] *adj* sachkundig; **informe** ~ Sachverständigengutachten *nt*

periclitar [perikli'tar] *vi* ① *(peligrar)* in Gefahr sein ② *(teoría)* überholt sein; *(sistema, método)* veraltet sein

perico [pe'riko] *m* ① (ZOOL) Sittich *m* ② *(orinal)* Nachttopf *m* ③ *(espárrago)* (großer) Spargel *m* ④ *(argot)* Koks *m*

periferia [peri'ferja] *f* Peripherie *f; (de ciudad)* Stadtrand *m*

periférico[1] [peri'feriko] *m* (INFOR) Peripheriegerät *nt*

periférico, -a[2] [peri'feriko, -a] *adj* peripher(isch); **barrio** ~ Stadtrandviertel *nt*

perifollo [peri'foʎo] *m* ① (BOT) Kerbel *m* ② *(fam: adornos)* Flitter *m*

periforme [peri'forme] *adj (elev)* birnenförmig

perífrasis [pe'rifrasis] *f inv* Umschreibung *f*

perifrástico, -a [peri'frastiko, -a] *adj* umschreibend

perilla [pe'riʎa] *f* ① *(barba)* Kinnbart *m* ② *(loc)* **esto viene de ~s** das kommt wie gerufen

perímetro [pe'rimetro] *m* (MAT) Umfang *m*

perineo [peri'neo] *m* (ANAT) Damm *m*

perinola [peri'nola] *f (peonza)* Kreisel *m*

periodicidad [perjoðiθi'ðaᵈ] *f* Regelmäßigkeit *f*

periódico[1] [pe'rjoðiko] *m (diario)* Zeitung *f;* ~ **digital** digitale Zeitung; ~ **sensacionalista** Boulevardzeitung *f*

periódico, -a[2] [pe'rjoðiko, -a] *adj* regelmäßig; **sistema** ~ (QUÍM) Periodensystem *nt*

periodismo [perjo'ðismo] *m* ① *(profesión)* Journalismus *m* ② *(estudios)* Journalistik *f*

periodista [perjo'ðista] *mf* Journalist(in) *m(f)*

periodístico, -a [perjo'ðistiko, -a] *adj* ① *(de los periodistas)* journalistisch ② *(de los periódicos)* Zeitungs-; **reportaje** ~ Zeitungsbericht *m*

periodización [perjoðiθa'θjon] *f* Periodisierung *f*

periodo [pe'rjoðo] *m,* **período** [pe'rioðo] *m* ① *(tiempo)* Zeitraum *m;* ~ **de doble circulación** Doppelwährungsphase *f;* ~ **productivo** Lebensarbeitszeit *f;* ~ **de prueba** Probezeit *f;* ~ **transitorio** [*o* **de transición**] Übergangszeit *f* ② *(época)* Zeit *f;* ~ **álgido** Höhepunkt *m;* ~ **glacial** Eiszeit *f* ③ *(menstruación, t.* MAT, FÍS, GEO) Periode *f*

periostio [pe'rjostjo] *m* (ANAT) Knochenhaut *f*

peripatético, -a [peripa'tetiko, -a] **I.** *adj* (FILOS) peripatetisch **II.** *m, f* (FILOS) Peripatetiker(in) *m(f)*

peripecia [peri'peθja] *f (incidente)* Zwischenfall *m;* **ha pasado por muchas ~s en esta vida** er/sie hat in seinem/ihrem Leben schon viele Auf und Abs durchlebt

peripuesto, -a [peri'pwesto, -a] *adj (fam)* geschniegelt

periquete [peri'kete] *m* **esto lo hago yo en un** ~ das erledige ich im Handumdrehen; **estoy lista en un** ~ ich bin gleich fertig

periquito [peri'kito] *m* (ZOOL) Wellensittich *m*

periscopio [peris'kopjo] *m* Fernrohr *nt*

perista [pe'rista] *mf* Hehler(in) *m(f)*

peritaje [peri'taxe] *m* ① *(informe)* Gutachten *nt* ② (UNIV) Ingenieurstudium *nt*

peritar [peri'tar] *vt* begutachten

perito, -a [pe'rito, -a] **I.** *adj* sachkundig **II.** *m, f* ① *(experto)* Sachverständige(r) *mf* ② (UNIV) Diplomingenieur(in) *m(f);* ~ **agrónomo** Diplomlandwirt *m;* ~ **mercantil** Diplomkaufmann *m;* **Escuela de P~s** ≈ Fachhochschule *f*

peritoneo [perito'neo] *m* Bauchfell *nt*

peritonitis [perito'nitis] *f inv* (MED) Bauchfellentzündung *f*

P

perjudicado, -a [perxuði'kaðo, -a] *m, f* (JUR) Geschädigte(r) *m(f)*

perjudicador(a) [perxuðika'ðor(a)] **I.** *adj* beeinträchtigend, schädigend **II.** *m(f)* Schädiger(in) *m(f)*

perjudicar [perxuði'kar] <c → qu> **I.** *vt* ① *(causar daño)* schaden *+dat; (objeto)* beschädigen; *(naturaleza)* zerstören; *(proceso, desarrollo)* beeinträchtigen; *(organización)* durcheinanderbringen; **fumar perjudica la salud** Rauchen gefährdet die Gesundheit ② *(causar desventaja)* benachteiligen **II.** *vr:* **~se** sich *dat* (selbst) schaden

perjudicial [perxuði'θjal] *adj* ① *(que causa daño)* schädlich (**a**/**para** für *+akk*); **~ para la salud** gesundheitsschädlich ② *(desventajoso)* nachteilig (**a**/**para** für *+akk*)

perjuicio [per'xwiθjo] *m* ① *(daño)* Schaden *m* (**a** an *+dat*); *(de imagen)* Schädigung *f; (de objeto)* Beschädigung *f; (de naturaleza)* Zerstörung *f; (de libertad)* Beeinträchtigung *f; (de organización)* Durcheinanderbringen *nt;* **causar ~s** Schaden zufügen *+dat;* **sin ~ de que...** *+subj* ungeachtet der Tatsache, dass ... ② *(detrimento)* Nachteil *m;* **ir en ~ de alguien** jdm zum Nachteil gereichen

perjurar [perxu'rar] *vi* ① *(en falso)* einen Meineid leisten ② *(faltar al juramento)* seinen Eid brechen

perjurio [per'xurjo] *m* ① *(en falso)* Meineid *m* ② *(faltar al juramento)* Eidbruch *m*

perjuro, -a [per'xuro, -a] **I.** *adj* ① *(que jura en falso)* meineidig ② *(que falta al juramento)* eidbrüchig **II.** *m, f* Person *f*, die einen Meineid leistet

perla ['perla] *f* Perle *f;* **~ cultivada** Zuchtperle *f;* **eso viene de ~s** das kommt wie gerufen

perlesía [perle'sia] *f* ① *(enfermedad)* Lähmung *f* ② *(debilidad)* Gebrechlichkeit *f*

permanecer [permane'θer] *vi irr como crecer* ① *(estar)* **~ quieto** stehen bleiben; **~ invariable** gleichbleiben ② *(seguir)* **~ dormido** weiterschlafen; **~ sentado** sitzen bleiben

permanencia [perma'nen̩θja] *f* ① *(estancia)* Aufenthalt *m; (duración)* Dauerhaftigkeit *f* ② *(persistencia)* Beständigkeit *f* ③ *(continuación)* Fortdauer *f;* **luchar para lograr la ~ en primera** (DEP) kämpfen, um nicht in die zweite Liga abzusteigen

permanente [perma'nen̩te] **I.** *adj* ständig, permanent; *(relación)* dauerhaft; *(lluvia)* anhaltend; **estado ~** Dauerzustand *m* **II.** *f* Dauerwelle *f*

permeabilidad [permeaβili'ðaᵈ] *f* Durchlässigkeit *f*

permeable [perme'aβle] *adj* durchlässig; **~ al agua** wasserdurchlässig

permisible [permi'siβle] *adj* zulässig

permisión [permi'sjon] *f* Erlaubnis *f*

permisividad [permisiβi'ðaᵈ] *f* Nachgiebigkeit *f; (moral)* Freizügigkeit *f*

permisivo, -a [permi'siβo, -a] *adj* nachgiebig; *(en lo moral)* freizügig

permiso [per'miso] *m* ① *(aprobación, autorización)* Erlaubnis *f;* **~ de residencia/de trabajo** Aufenthalts-/Arbeitserlaubnis *f;* **me dio ~ para hacerlo** er/sie erlaubte mir, es zu tun; **pedir ~ a alguien** jdn um Erlaubnis bitten ② *(licencia)* Genehmigung *f;* **~ de conducir** Führerschein *m;* **~ de trabajo definido/indefinido** befristete/unbefristete Arbeitserlaubnis ③ *(vacaciones)* Urlaub *m;* **pedir ~** Urlaub beantragen; **estar de ~** (MIL) auf Urlaub sein

permitir [permi'tir] **I.** *vt* ① *(consentir)* erlauben; **¿me permite pasar/entrar/salir?** darf ich bitte durch/hinein/hinaus?; **no está permitido fumar** Rauchen ist verboten; **si me permite la expresión** wenn ich mir den Ausdruck erlauben darf ② *(autorizar)* genehmigen ③ *(hacer posible, tolerar)* zulassen; **esta máquina permite trabajar el doble** mit dieser Maschine kann die doppelte Arbeitsleistung erbracht werden; **no permito que me levantes la voz** diesen Ton lasse ich mir nicht gefallen **II.** *vr:* **~se** sich *dat* erlauben

permuta [per'muta] *f* (Aus)tausch *m*

permutación [permuta'θjon] *f* (Aus)tausch *m;* (MAT) Permutation *f*

permutar [permu'tar] *vt* (aus)tauschen

pernera [per'nera] *f* Hosenbein *nt*

pernicioso, -a [perni'θjoso, -a] *adj* schädlich (**para** für *+akk*); *(tumor)* bösartig

pernil [per'nil] *m* ① *(del pantalón)* Hosenbein *nt* ② *(del cerdo)* Keule *f*

perno ['perno] *m (con cabeza)* Bolzen *m; (sin cabeza)* Stift *m*

pernoctación [pernokta'θjon] *f* Übernachtung *f*

pernoctar [pernok'tar] *vi* übernachten

pero ['pero] **I.** *conj* aber; *(sin embargo)* jedoch; **¡~ si todavía es una niña!** sie ist doch noch ein Kind!; **¡~ si ya le conoces!** du kennst ihn doch!; **¿~ qué es lo que quieres?** was willst du eigentlich? **II.** *m (objeción)* Aber *nt;* **el proyecto tiene sus ~s** das Projekt hat so seine Tücken; **sin un ~** ohne Wenn und Aber; **poner ~s a algo** an etw *dat* etwas auszusetzen haben; **¡no hay ~ que valga!** keine Widerrede!; **poner ~s a todo** an allem etwas auszusetzen haben

perol [pe'rol] *m* Kessel *m*
peroné [pero'ne] *m* Wadenbein *nt*
perorar [pero'rar] *vi* ❶ *(dar discurso)* eine Rede halten; *(pey)* salbadern ❷ *(fam: hablar)* palavern ❸ *(pedir)* inständig bitten
perorata [pero'rata] *f (pey)* Tirade *f*
peróxido [pe'roˠsiðo] *m* Peroxid *nt*
perpendicular [perpeṇdiku'lar] **I.** *adj* senkrecht; *(pared)* lotrecht **II.** *f* Senkrechte *f*
perpendicularidad [perpeṇdikulari'ðaᵈ] *f* senkrechte Lage *f*, Senkrechtstellung *f*
perpetración [perpetra'θjon] *f* Begehen *nt*, Begehung *f*
perpetrar [perpe'trar] *vt* begehen
perpetuación [perpetwa'θjon] *f* ❶ *(de recuerdo, memoria)* Bewahrung *f* ❷ *(de situación)* Verewigung *f* ❸ *(de error, mentira)* Aufrechterhaltung *f* ❹ *(de especie)* Fortleben *nt*
perpetuar [perpetu'ar] *<1. pres perpetúo>* **I.** *vt* ❶ *(recuerdo, memoria)* bewahren ❷ *(nombre, situación)* verewigen ❸ *(error, mentira)* aufrechterhalten **II.** *vr:* **~se** fortleben
perpetuidad [perpetwi'ðaᵈ] *f* ❶ *(continuidad)* Beständigkeit *f* ❷ *(eternidad)* Ewigkeit *f;* **a ~** auf ewig; **condenar a ~** zu lebenslänglicher Freiheitsstrafe verurteilen ❸ *(de crédito)* Unkündbarkeit *f*
perpetuo, -a [per'petwo, -a] *adj* ❶ *(incesante)* fortwährend; **nieves perpetuas** ewiger Schnee ❷ *(vitalicio)* lebenslänglich; *(renta)* auf Lebenszeit ❸ *(crédito)* unkündbar
perplejidad [perplexi'ðaᵈ] *f* Verwirrung *f*
perplejo, -a [per'plexo, -a] *adj* verwirrt; **me quedé ~ cuando me lo dijo** ich war wie vor den Kopf geschlagen, als er/sie es mir sagte
perra ['perra] *f* ❶ (ZOOL) Hündin *f* ❷ *(obstinación)* Fimmel *m fam* ❸ *(fam: rabieta)* Wutanfall *m;* **coger una ~** einen Wutanfall bekommen ❹ *(fam: modorra)* Schläfrigkeit *f;* *(pereza)* Faulheit *f* ❺ *(puta)* Hure *f abw* ❻ *(fam: dinero)* Kohle *f;* **no tener una ~** völlig abgebrannt sein ❼ *(fam: borrachera)* Rausch *m*
perramente [perra'meṇte] *adv (fam)* miserabel
perramus [pe'rramus] *m inv (Arg, Bol, Urug: impermeable)* Regenmantel *m*
perrera [pe'rrera] *f (casa)* Hundehütte *f;* *(edificio)* Hundezwinger *m*
perrería [perre'ria] *f (vileza)* Gemeinheit *f*
perrero, -a [pe'rrero, -a] *m, f* Hundefänger(in) *m(f)*
perrito [pe'rrito] *m* **~ caliente** Hotdog *m o nt*
perro[1] ['perro] *m* (ZOOL: *t. pey)* Hund *m;* **~ callejero** Promenadenmischung *f;* **~ faldero** Schoßhund *m;* **~ de lanas** Pudel *m;* **~ lazarillo** Blindenhund *m;* **~ de búsqueda y rescate** Rettungshund *m;* **humor de ~s** Hundslaune *f;* **tiempo de ~s** Hundewetter *nt;* **¡cuidado con el ~!** Vorsicht, bissiger Hund!; **sacar al ~** mit dem Hund Gassi gehen *fam;* **echar los ~s a alguien** jdn fertigmachen; **se llevan como el ~ y el gato** sie sind wie Hund und Katze; **morir como un ~** gottverlassen sterben; **¡venga ya, a otro ~ con ese hueso!** das kannst du deiner Großmutter erzählen!; **ser ~ viejo** ein alter Hase sein; **a ~ flaco todo son pulgas** *(prov)* ein Unglück kommt selten allein; **~ ladrador, poco mordedor** *(prov)* Hunde, die bellen, beißen nicht
perro, -a[2] ['perro, -a] *adj* gemein; **llevar una vida perra** ein Hundeleben führen
perruno, -a [pe'rruno, -a] *adj* Hunde-; **tengo el olfato ~** ich habe ein sehr feines Gespür
persa ['persa] **I.** *adj* persisch; **alfombra ~** Perserteppich *m* **II.** *mf* Perser(in) *m(f)*
persecución [perseku'θjon] *f* Verfolgung *f;* **~ en coche** (Auto)verfolgungsjagd *f*
perseguido, -a [perse'ɣiðo, -a] *m, f* Verfolgte(r) *f(m)*
perseguidor(a) [perseɣi'ðor(a)] **I.** *adj* verfolgend **II.** *m(f)* Verfolger(in) *m(f)*
perseguimiento [perseɣi'mjeṇto] *m v.* **persecución**
perseguir [perse'ɣir] *vt irr como seguir* verfolgen; *(contrato, chica)* hinterherlaufen; **la policía persigue al fugitivo** die Polizei ist hinter dem Ausbrecher her; **me persigue la mala suerte** ich bin vom Pech verfolgt; **me persiguen los remordimientos** mich plagen Gewissensbisse; **el jefe me persigue todo el día** mein Chef sitzt mir den ganzen Tag im Nacken; **¿qué persigues con esto?** was willst du damit erreichen?
perseverancia [perseβe'raṇθja] *f* ❶ *(insistencia)* Beharrlichkeit *f* (**en** bei +*dat*) ❷ *(en trabajo, actividad)* Ausdauer *f* (**en** bei +*dat*) ❸ *(firmeza)* Standhaftigkeit *f*
perseverante [perseβe'raṇte] *adj* ❶ *(insistente)* beharrlich ❷ *(constante)* ausdauernd ❸ *(firme)* standhaft
perseverar [perseβe'rar] *vi* ❶ *(insistir)* beharren (**en** auf +*dat*) ❷ *(mantener)* durchhalten; **~ en algo** bei etw *dat* nicht aufgeben
Persia ['persja] *f* Persien *nt*
persiana [per'sjana] *f* Rollladen *m*

P

pérsico, -a ['persiko, -a] *adj* persisch
persignarse [persiɣ'narse] *vr* sich bekreuzigen
persistencia [persis'ten̪θja] *f* ❶ *(insistencia)* Beharrlichkeit *f* ❷ *(perduración)* Anhalten *nt* ❸ *(en trabajo, actividad)* Ausdauer *f*
persistente [persis'ten̪te] *adj* ❶ *(persona)* beharrlich ❷ *(acción)* anhaltend; *(recuerdo)* bleibend
persistir [persis'tir] *vi* ❶ *(insistir)* beharren (**en** auf +*dat*) ❷ *(perdurar)* anhalten
persona [per'sona] *f* Person *f*; ~ **de contacto** Ansprechpartner *m*; ~ (**non**) **grata** Persona (non) grata; **en** ~ persönlich; **ser buena/mala** ~ ein guter/böser Mensch sein; **había muchas ~s** es waren viele Leute da; **no había ninguna ~ allí** es war niemand da; **se apareció en la ~ de...** er/sie erschien in der Gestalt von ...; **ese es una ~ de cuidado** bei ihm ist Vorsicht geboten
personaje [perso'naxe] *m* ❶ *(personalidad)* Persönlichkeit *f*; ~ **de culto** Kultfigur *f* ❷ (TEAT, LIT) Person *f*
personal[1] [perso'nal] **I.** *adj* persönlich; **datos ~es** Personalien *fpl*; **pronombre ~** Personalpronomen *nt* **II.** *m* ❶ *(plantilla)* Personal *nt*; *(en empresa)* Belegschaft *f*; **~ de a bordo** (AERO) Flugzeugbesatzung *f*; ~ **docente** Lehrkräfte *fpl*; ~ **de tierra** (AERO) Bodenpersonal *nt* ❷ *(fam: gente)* Leute *pl*
personal[2] [perso'nal] *f* (DEP) Foul *nt*
personalidad [personali'ðað] *f* Persönlichkeit *f*
personalizable [personali'θaβle] *adj* (*t.* INFOR) personalisierbar; **productos ~s** (INFOR) personalisierbare Produkte
personalización [personaliθa'θjon] *f* Personalisierung *f*
personalizar [personali'θar] <z → c> *vt* ❶ *(aludir)* namentlich nennen ❷ *(hacer personal)* persönlich gestalten
personalmente [personal'men̪te] *adv* ❶ *(en persona)* persönlich ❷ *(de manera personal)* personenbezogen; **el jefe lleva la empresa demasiado ~** der Chef führt das Unternehmen zu eigenwillig ❸ *(en cuanto a mí)* **~, prefiero la playa a la montaña** ich meinerseits ziehe den Strand den Bergen vor
personarse [perso'narse] *vr* persönlich erscheinen (**en** bei +*dat*); ~ **en juicio** vor Gericht erscheinen; **persónese ante el director** melden Sie sich beim Chef
personero, -a [perso'nero, -a] *m, f (Am)* Vertreter(in) *m(f)*; ~ **oficial** Regierungsvertreter *m*
personificación [personifika'θjon] *f* Verkörperung *f*; *(de cualidades)* Personifizierung *f*
personificar [personifi'kar] <c → qu> *vt* verkörpern; **personifica la maldad** er/sie ist die Bosheit in Person
perspectiva [perspek'tiβa] *f* ❶ *(general)* Perspektive *f*; ~ **narrativa** (LIT) Erzählperspektive *f* ❷ *(vista)* Anblick *m* ❸ *pl (posibilidad)* Aussichten *fpl* ❹ *(distancia)* **aún no disponemos de la ~ adecuada para valorar este periodo** wir haben noch nicht die nötige Distanz, um diese Periode zu beurteilen
perspicacia [perspi'kaθja] *f* Scharfsinn *m*
perspicaz [perspi'kaθ] *adj* ❶ *(vista)* gut ❷ *(persona)* scharfsinnig
perspicuidad [perspikwi'ðað] *f* ❶ *(transparencia)* Durchsichtigkeit *f* ❷ *(de estilo)* Deutlichkeit *f*, Klarheit *f*
perspicuo, -a [pers'pikwo, -a] *adj* ❶ *(transparente)* durchsichtig ❷ *(estilo)* deutlich, klar; **una persona perspicua** ein Mensch, der sich deutlich [*o* klar] ausdrückt
persuadir [perswa'ðir] **I.** *vt* ❶ *(inducir)* überreden; **le ~é para que no haga el viaje** ich werde ihm die Reise ausreden ❷ *(convencer)* überzeugen **II.** *vr*: **~se** sich überzeugen
persuasión [perswa'sjon] *f* ❶ *(acto)* Überredung *f*; **emplear todo su poder de ~** seine ganze Überredungskunst aufbieten ❷ *(convencimiento)* Überzeugung *f*; **tener la ~ de que...** davon überzeugt sein, dass ...
persuasiva [perswa'siβa] *f* Überredungskunst *f*
persuasivo, -a [perswa'siβo, -a] *adj*, **persuasorio, -a** [perswa'sorjo, -a] *adj* überzeugend
pertenecer [pertene'θer] *vi irr como crecer* ❶ *(ser de)* gehören (**a** +*dat*); **esta casa me pertenece** dieses Haus gehört mir; **esta cita pertenece a Hamlet** dieses Zitat stammt aus Hamlet ❷ *(tener obligación)* **a ti te pertenece barrer** du bist für das Fegen zuständig
perteneciente [pertene'θjen̪te] *adj* (da)zugehörig; **los países ~s a la ONU** die Mitglied(s)staaten der UNO; **todo lo ~ al caso** alles, was mit dem Fall zu tun hat; **un cuadro ~ a la colección de Thyssen** ein Gemälde aus der Thyssen-Sammlung
pertenencia [perte'nen̪θja] *f* ❶ *(acción)* Zugehörigkeit *f* ❷ *pl (bienes)* Eigentum *nt* ❸ *pl (accesorios)* Zubehör *nt*
pértiga ['pertiɣa] *f (vara)* lange Stange *f*; (DEP) Stabhochsprungstab *m*; **la ~ del trole**

P

der Stromabnehmer; **salto de ~** Stabhochsprung *m;* **saltar con ~** Stabhochsprung machen

pertiguista [perti'ɣista] *mf* (DEP) Stabhochspringer(in) *m(f)*

pertinacia [perti'naθja] *f* Andauern *nt,* Hartnäckigkeit *f*

pertinaz [perti'naθ] *adj* ❶ *(lluvia, tos)* anhaltend ❷ *(persona)* hartnäckig

pertinente [perti'nente] *adj* ❶ *(oportuno)* angemessen ❷ *(datos, indicación)* sachdienlich; *(pregunta, comentario)* sachbezogen ❸ *(relativo)* **en lo ~ a...** was ... betrifft

pertrechar [pertre'tʃar] **I.** *vt* ausrüsten **II.** *vr:* **~se** *(de alimentos)* sich versorgen (**de/con** mit +*dat*); *(de equipamiento)* sich ausrüsten (**de/con** mit +*dat*)

pertrechos [per'tretʃos] *mpl* Ausrüstung *f;* **~ de guerra** Kriegsausrüstung *f*

perturbable [pertur'βaβle] *adj* leicht aus der Ruhe zu bringen

perturbación [perturβa'θjon] *f* Störung *f;* *(social)* Unruhe *f*

perturbado, -a [pertur'βaðo, -a] **I.** *adj* (PSICO *pey*) psychisch erkrankt **II.** *m, f* ~ (**mental**) Mensch *m* mit psychischer Erkrankung

perturbador(a) [perturβa'ðor(a)] **I.** *adj* ❶ *(noticia)* beunruhigend ❷ *(ruido)* störend **II.** *m(f)* ❶ *(por hacer ruido)* Ruhestörer(in) *m(f)* ❷ *(por alborotar)* Unruhestifter(in) *m(f)*

perturbar [pertur'βar] *vt* stören; *(confundir)* verwirren; *(alterar)* aus der Ruhe bringen

Perú [pe'ru] *m* Peru *nt*

peruano, -a [pe'rwano, -a] **I.** *adj* peruanisch **II.** *m, f* Peruaner(in) *m(f)*

perversidad [perβersi'ðað] *f* ❶ *(maldad)* Bösartigkeit *f* ❷ *(sexual)* Perversität *f*

perversión [perβer'sjon] *f* ❶ *(acción)* Pervertierung *f;* *(de costumbres)* Verfall *m;* **~ de menores** Verführung von Minderjährigen ❷ *(cualidad)* Perversion *f*

perverso, -a [per'βerso, -a] *adj* ❶ *(malo)* böse ❷ *(moral)* verkommen ❸ *(sexual)* pervers

pervertido, -a [perβer'tiβo, -a] **I.** *adj* pervers **II.** *m, f* Perverse(r) *mf*

pervertimiento [perβerti'mjento] *m* Pervertierung *f;* *(de menores)* Verführung *f;* *(de costumbres)* Verfall *m*

pervertir [perβer'tir] *irr como sentir* **I.** *vt* ❶ *(costumbres)* verderben ❷ *(a alguien)* verführen ❸ *(corromper)* pervertieren **II.** *vr:* **~se** ❶ *(en costumbres, ideología)* pervertieren ❷ *(depravarse)* verkommen

pervivir [perβi'βir] *vi* weiterleben

pesa ['pesa] *f* Gewicht *nt;* (DEP) Hantel *f;* **~ del reloj** Uhrgewicht *nt;* **hacer** (**entrenamiento de**) **~s** Krafttraining machen; **levantamiento de ~s** Gewichtheben *nt*

pesacartas [pesa'kartas] *m inv* Briefwaage *f*

pesada [pe'saða] *f* ❶ *(acción de pesar)* Wiegen *nt* ❷ *(cantidad que se pesa)* Wiegemenge *f*

pesadez [pesa'ðeθ] *f* ❶ *(de objeto)* Schwere *f* ❷ *(de movimiento)* Schwerfälligkeit *f* ❸ *(de sueño)* Tiefe *f* ❹ *(de tarea)* Lästigkeit *f* ❺ *(de persona)* Aufdringlichkeit *f* ❻ *(de viaje)* Mühsamkeit *f* ❼ *(de lectura)* Langatmigkeit *f* ❽ *(de dibujo)* Überladung *f*

pesadilla [pesa'ðiʎa] *f* Alptraum *m*

pesado, -a [pe'saðo, -a] *adj* ❶ *(que pesa)* schwer; **tengo la cabeza pesada** ich habe einen schweren Kopf; **tengo el estómago ~** das Essen liegt mir schwer im Magen ❷ *(lento)* schwerfällig ❸ *(molesto)* lästig ❹ *(duro)* mühsam; **hacer un diccionario es ~** ein Wörterbuch zu schreiben ist eine langwierige Angelegenheit ❺ *(aburrido)* langweilig ❻ *(sueño)* bleiern; *(tiempo)* drückend; *(viaje)* lang; *(lectura)* langatmig; *(dibujo)* schnörkelig

pesadumbre [pesa'ðumbre] *f* Kummer *m*

Pésaj ['pesax] *m* Passah *nt*

pésame ['pesame] *m* Beileid *nt;* **dar el ~** sein Beileid aussprechen; **reciba mi más sincero ~ por la muerte de su hermana** zum Tod Ihrer Schwester möchte ich Ihnen mein aufrichtiges Beileid aussprechen

pesar [pe'sar] **I.** *vi* ❶ *(tener peso)* wiegen; **esta caja pesa mucho** diese Kiste ist sehr schwer; **pon encima lo que no pese** stell die leichten Sachen oben drauf ❷ *(cargo, responsabilidad)* (schwer) lasten (auf +*dat*); *(problemas)* belasten +*akk* ❸ *(hipoteca)* lasten (**sobre** auf +*dat*) **II.** *vt* ❶ *(objeto, persona)* wiegen; *(cantidad concreta)* auswiegen; **¿me puede ~ la fruta?** können Sie mir das Obst bitte auswiegen? ❷ *(ventajas)* abwägen ❸ *(disgustar)* **me pesa haberte mentido** ich bedauere es, dich belogen zu haben; **mal que te pese...** ob es dir nun gefällt oder nicht, ...; **pese a quien pese** egal, was es kostet; **pese a que...** obwohl ... **III.** *m* ❶ *(pena)* Kummer *m;* **muy a ~ mío** zu meinem großen Bedauern ❷ *(remordimiento)* Gewissensbisse *mpl* ❸ *(loc)* **a ~ de...** trotz +*gen;* **a ~ de todo lo quiere intentar** er/sie will es trotz allem versuchen

pesario [pe'sarjo] *m* (MED) Pessar *nt;* **~ anticonceptivo** Pessar zur Empfängnisverhütung

P

pesaroso, -a [pesa'roso, -a] *adj* ❶ *(afligido)* traurig; **está ~ por haberlo dicho** er bedauert (es) sehr, es gesagt zu haben ❷ *(disgustado)* verärgert ❸ *(preocupado)* besorgt

pesca ['peska] *f* ❶ *(acción)* Fischfang *m;* **ir de ~** auf Fischfang gehen ❷ *(oficio, industria)* Fischerei *f;* **~ de altura** Hochseefischerei *f;* **~ de bajura** Küstenfischerei *f* ❸ *(captura)* Fang *m*

pescadería [peskaðe'ria] *f (tienda)* Fischgeschäft *nt*

pescadero, -a [peska'ðero, -a] *m, f* Fischhändler(in) *m(f)*

pescadilla [peska'ðiʎa] *f* (junger) Seehecht *m*

pescado [pes'kaðo] *m* Fisch *m;* **~ ahumado** Räucherfisch *m*

pescador(a) [peska'ðor(a)] *m(f) (de caña)* Angler(in) *m(f); (de mar)* Fischer(in) *m(f)*

pescadora [peska'ðora] *f* ❶ *(persona) v.* **pescador** ❷ *(camisa) Hemd mit geschnürtem Ausschnitt*

pescante [pes'kaṇte] *m* ❶ (NÁUT) Davit *m* ❷ *(de carruaje)* Kutschbock *m* ❸ (TEAT) Bühnenmaschine *f* ❹ *(de grúa)* Ausleger *m*

pescar [pes'kar] <c → qu> *vt* ❶ *(con caña)* angeln; *(en barco)* fischen; **ir a ~ sardinas** auf Sardinenfang gehen ❷ *(resfriado)* sich *dat* zuziehen ❸ *(fam: novio)* sich *dat* angeln ❹ *(fam: entender)* kapieren ❺ *(sorprender)* erwischen

pescozón [pesko'θon] *m* Schlag *m* ins Genick

pescuezo [pes'kweθo] *m* Nacken *m;* **retorcer el ~ a alguien** jdm den Hals umdrehen; **sacar el ~** hochnäsig sein; **salvar el ~** den Hals aus der Schlinge ziehen

pese ['pese] *adv* **~ a** trotz *+gen*

pesebre [pe'seβre] *m* Krippe *f; (de Navidad)* Weihnachtskrippe *f*

peseta [pe'seta] *f* (HIST) Pesete *f;* **cambiar la ~** *(fig fam)* kotzen

pesetero, -a [pese'tero, -a] *m, f* Raffke *m fam;* **este comerciante es un ~** dieser Kaufmann denkt nur ans Geld

pesimismo [pesi'mismo] *m sin pl* Pessimismus *m*

pesimista [pesi'mista] **I.** *adj* pessimistisch **II.** *mf* Pessimist(in) *m(f)*

pésimo, -a ['pesimo, -a] *adj* sehr schlecht

peso ['peso] *m* ❶ *(de objeto)* Gewicht *nt;* **coger/perder ~** zu-/abnehmen; **¿qué ~ tiene?** wie viel wiegt es?; **vender a ~** nach Gewicht verkaufen; **comprar a ~ de oro** zu einem überhöhten Preis kaufen; **eso cae de su propio ~** das liegt auf der Hand ❷ *(pesadez)* Schwere *f;* **tener ~ en las piernas** schwere Beine haben ❸ *(importancia)* Bedeutung *f;* **es un gran ~ dentro de la empresa** er/sie ist in der Firma ein großes Tier; **tener una razón de ~** einen gewichtigen Grund haben ❹ *(carga)* Last *f;* **llevar el ~ de algo** die Verantwortung für etw tragen; **me saco un ~ de encima** mir fällt ein Stein vom Herzen ❺ (DEP: *bola*) Kugel *f* ❻ (DEP: *boxeo*) **~ gallo** Bantamgewicht *nt* ❼ *(moneda)* Peso *m*

pespuntar [pespuṇ'tar] *vt* (ab)steppen

pespunte [pes'puṇte] *m* ❶ *(acción)* Steppen *nt* ❷ *(costura)* Steppnaht *f* ❸ *(puntada)* Steppstich *m*

pespuntear [pespuṇte'ar] *vt* (ab)steppen

pesquero[1] [pes'kero] *m* Fischdampfer *m*

pesquero, -a[2] [pes'kero, -a] *adj* Fischer-

pesquis ['peskis] *m sin pl (fam)* Grips *m*

pesquisa[1] [pes'kisa] *f* Nachforschung *f; (de la policía)* Ermittlung *f;* **hacer ~s** Nachforschungen anstellen

pesquisa[2] [pes'kisa] *m (Arg, Ecua, Par)* Geheimpolizist *m*

pesquisar [peski'sar] *vt* ermitteln (in *+dat*)

pesquisidor(a) [peskisi'ðor(a)] *m(f)* Ermittlungsbeamte(r) *f(m),* Ermittlungsbeamtin *f*

pestañ(e)ar [pesta'ɲar/pestaɲe'ar] *vi* blinzeln; **escuchó la sentencia sin ~** er/sie zuckte nicht einmal mit der Wimper, als er/sie das Urteil hörte

pestaña [pes'taɲa] *f* (ANAT) Wimper *f;* **quemarse las ~s** *(fig)* die ganze Nacht büffeln

pestañeo [pesta'ɲeo] *m* Blinzeln *nt*

peste ['peste] *f* ❶ (MED) Pest *f;* **~ bubónica** Beulenpest *f* ❷ *(olor)* Gestank *m;* **aquí hay una ~ increíble** hier stinkt es wie die Pest ❸ *(plaga)* Plage *f* ❹ *(loc)* **echar ~s de alguien** jdn schlechtmachen

pesticida [pesti'θiða] *m* Pestizid *nt*

pestífero, -a [pes'tifero, -a] *adj* ❶ *(fétido)* übel riechend ❷ *(pernicioso)* schädlich

pestilencia [pesti'leṇθja] *f* ❶ (MED) Pest *f* ❷ *(olor)* Gestank *m*

pestilente [pesti'leṇte] *adj v.* **pestífero**

pestillo [pes'tiʎo] *m* ❶ *(de puerta: pasador)* Riegel *m; (tirador)* (Tür)klinke *f;* **echar el ~** die Tür verriegeln ❷ *(de la cerradura)* Falle *f;* **~ de golpe** Schnappschloss *nt*

petaca [pe'taka] *f* ❶ *(para cigarros)* Zigarrenetui *nt; (para tabaco)* Tabakbeutel *m* ❷ *(Am: caja)* Lederkoffer *m; (baúl)* Schrankkoffer *m; (cesto)* (Weiden)korb *m* ❸ *(AmC: joroba)* Buckel *m*

petacón, -ona [peta'kon, -ona] *adj* ❶ *(CSur, Méx, Perú: rechoncho)* pummelig ❷ *(Col: remolón)* schwerfällig ❸ *(Méx: nalgudo)* mit einem dicken Gesäß

P

pétalo ['petalo] *m* Blütenblatt *nt*
petanca [pe'taŋka] *f* Boccia *f o nt*
petaquear [petake'ar] **I.** *vi, vr:* **~se** *(Col: desmayar)* ohnmächtig werden; *(aflojar)* nachlassen **II.** *vt* ① *(Col: embrollar)* verwickeln ② *(Méx: embalar en petacas)* in Koffer packen
petardear [petarðe'ar] *vt* ① *(tirar petardos)* (auf)sprengen ② *(dinero)* sich *dat* borgen *(mit dem Vorsatz, es nicht zurückzugeben)*
petardo [pe'tarðo] *m* ① *(cohete)* Sprengkörper *m; (de fiesta)* Böller *m;* **tirar ~s** böllern ② *(estafa)* Schwindel *m;* **pegar un ~ a alguien** jdn übers Ohr hauen ③ *(loc)* **alguien es un ~** jd ist hässlich wie die Nacht; **algo es un ~** etw ist stinklangweilig
petate [pe'tate] *m* ① *(de soldado)* Gepäck *nt; (de marinero)* Seesack *m;* **liar el ~** *(fig)* sein Bündel schnüren ② *(fam: despreciable)* Schuft *m*
petateada [petate'aða] *f* ① *(Hond: insulto)* Beleidigung *f* ② *(Méx: muerte)* Tod *m*
petatearse [petate'arse] *vr (Méx: morirse)* sterben
petición [peti'θjon] *f* ① *(ruego)* Bitte *f; (formal)* Ersuchen *nt;* **a ~ de...** auf Ersuchen von ...; **¿has hecho ya la ~ de mano?** hast du schon um die Hand deiner Freundin angehalten? ② *(escrito)* Gesuch *nt* ③ *(solicitud)* Antrag *m*
peticionario, -a [petiθjo'narjo, -a] **I.** *adj* antragstellend **II.** *m, f* ① *(solicitante)* Antragsteller(in) *m(f);* **~ de asilo** Asylbewerber(in) *m(f)* ② *(que pide)* Bittsteller(in) *m(f)*
petimetre [peti'metre] *m* Geck *m*
petirrojo [peti'rroxo] *m* Rotkehlchen *nt*
petiso, -a [pe'tiso, -a] **I.** *adj (Arg, Urug)* ① *(pequeño)* klein; *(muy pequeño)* winzig ② *(enano)* kleinwüchsig **II.** *m, f* kleinwüchsige Person *f*
petitorio, -a [peti'torjo, -a] *adj* Bitt-
peto ['peto] *m* ① *(de armadura)* Brustpanzer *m* ② *(de bebé/delantal)* Latz *m*
pétreo, -a ['petreo, -a] *adj* ① *(como piedra)* steinartig ② *(pedregoso)* steinig ③ *(duro)* steinhart
petrificación [petrifika'θjon] *f* Versteinerung *f*
petrificado, -a [petrifi'kaðo, -a] *adj* versteinert, petrifiziert *geh;* **me quedé ~** ich war wie versteinert
petrificar [petrifi'kar] <c → qu> **I.** *vt* ① *(convertir en piedra)* versteinern ② *(a alguien)* erstarren lassen **II.** *vr:* **~se** zu Stein werden
petrodólar [petro'ðolar] *m* Petrodollar *m*
petróleo [pe'troleo] *m* ① *(carburante)* (Erd)öl *nt* ② *(de lámpara)* Petroleum *nt*
petrolero[1] [petro'lero] *m (barco)* (Erd)öl)tanker *m*
petrolero, -a[2] [petro'lero, -a] **I.** *adj* ① *(del carburante)* (Erd)öl- ② *(de la lámpara)* Petroleum- **II.** *m, f (persona)* Brandstifter(in) *m(f)*
petrolífero, -a [petro'lifero, -a] *adj* ölhaltig; **campo ~** (Erd)ölfeld *nt;* **industria petrolífera** (Erd)ölindustrie *f*
petroquímica [petro'kimika] *f sin pl* Petrolchemie *f*
petroquímico, -a [petro'kimiko, -a] *adj* petrolchemisch
petulancia [petu'lan̩θja] *f* ① *(arrogancia)* Arroganz *f* ② *(insolencia)* Unverschämtheit *f*
petulante [petu'lan̩te] *adj* anmaßend, arrogant; *(creído)* selbstgefällig, eingebildet; *(insolente)* unverschämt
petunia [pe'tunja] *f* Petunie *f*
peúco [pe'uko] *m* Babyschuh *m*
peyorativo, -a [peʝora'tiβo, -a] *adj* abwertend
pez[1] [peθ] *m* (ZOOL) Fisch *m;* **~ de agua dulce** Süßwasserfisch *m;* **~ de aguas abisales** Tiefseetier *nt;* **~ globo** Kugelfisch *m;* **~ vela** Fächerfisch *m;* **~ aguja** Hornhecht *m;* **estar como el ~ en el agua** sich pudelwohl fühlen; **estar ~ en español** kein Wort Spanisch sprechen; **ese es un buen ~** der ist ein gerissener Bursche
pez[2] [peθ] *f* ① *(betún)* Pech *nt* ② *(excremento)* Kindspech *nt*
pezón [pe'θon] *m* ① (BOT) Stiel *m* ② *(de mujer)* Brustwarze *f* ③ *(de animal)* Zitze *f*
pezuña [pe'θuɲa] *f* ① *(de león, águila)* Klaue *f; (de caballo, asno)* Huf *m* ② *pl (fam: de persona)* Quanten *pl*
P. H. N. [plan iðro'loxiko naθjo'nal] *abr de* **Plan Hidrológico Nacional** staatlicher Plan *m* zur Wasserversorgung
pi [pi] *f* (MAT) Pi *nt*
piadoso, -a [pja'ðoso, -a] *adj* ① *(misericordioso)* barmherzig; *(bondadoso)* gutherzig ② *(devoto)* fromm
pialar [pja'lar] *vt (Am)* mit dem Lasso einfangen
pianista [pja'nista] *mf* Klavierspieler(in) *m(f); (profesional)* Pianist(in) *m(f)*
piano [pi'ano] **I.** *m* Klavier *nt;* **~ de cola** Flügel *m* **II.** *adv* (MÚS) piano
pianoforte [piano'forte] *m* (MÚS) Klavier *nt*
piar [pi'ar] <*1. pres* pío> *vi* ① *(pollo)* piep(s)en ② *(clamar)* **~ por algo** sich *dat* etw brennend wünschen
piara [pi'ara] *f* Schweineherde *f*

P

piastra [pi'astra] *f* Piaster *m*

PIB [pei'βe] *m abr de* **Producto Interior Bruto** BIP *nt*

pibe, -a ['piβe, -a] *m, f (Arg: chico)* Junge *m; (chica)* Mädchen *nt*

pica ['pika] *f* ① *(lanza)* Lanze *f* ② *(de cartas)* Pik *nt*

picacho [pi'katʃo] *m* Bergspitze *f*

picada [pi'kaða] *f* ① *(de avispa)* Stich *m; (de serpiente)* Biss *m; (de pez)* Anbiss *m* ② *(CSur: tapas)* Häppchen *nt*

picadero [pika'ðero] *m (para adiestrar)* Reitbahn *f; (escuela)* Reitschule *f*

picadillo [pika'ðiʎo] *m (carne picada)* Hackfleisch *nt;* (GASTR) Haschee *nt; (para embutido)* Wurstfüllung *f; (para salchichas)* Brät *nt;* **hacer ~ a alguien** *(fam)* aus jdm Hackfleisch machen

picado[1] [pi'kaðo] *m (de avión)* Sturzflug *m;* **las acciones cayeron en ~** die Aktien fielen ins Bodenlose; **su fama ha caído en ~** sein/ihr Stern ist rapide gesunken

picado, -a[2] [pi'kaðo, -a] *adj* ① *(con picaduras: abrigo)* mottenzerfressen; *(fruta)* angefressen; *(muela)* faul; *(cara)* pockennarbig ② *(con agujeros)* durchlöchert ③ *(mar)* kabbelig ④ *(fam: enfadado)* pikiert

picador [pika'ðor] *m* ① *(adiestrador)* Zureiter(in) *m(f)* ② (TAUR) Pikador *m* ③ (MIN) Hauer *m*

picadura [pika'ðura] *f* ① *(de insecto)* Stich *m; (de serpiente)* Biss *m* ② *(en ropa)* Mottenloch *nt; (en metal)* angefressene Stelle *f* ③ *(tabaco)* Grobschnitt *m* ④ *(caries)* Karies *f*

picajoso, -a [pika'xoso, -a] *adj* empfindlich

picana [pi'kana] *f* ① *(AmS: garrocha)* Lanze *f,* Spieß *m* ② *(AmS: porra)* elektrischer Knüppel *m* ③ *(Chil: vaca)* Rindfleisch *nt* aus der Keule

picante [pi'kan̪te] **I.** *adj* pikant **II.** *m* ① (GASTR) scharf gewürztes Gericht *nt* ② *(de comida)* Schärfe *f* ③ *(de expresión)* Pikanterie *f*

picapica [pika'pika] *f* (**polvos de**) ~ Juckpulver *nt*

picapleitos [pika'pleitos] *m inv* Winkeladvokat *m*

picaporte [pika'porte] *m* ① *(aldaba)* Türklopfer *m* ② *(tirador)* Türklinke *f* ③ *(pestillo)* Riegel *m*

picar [pi'kar] <c → qu> **I.** *vi* ① *(sol, ojos)* brennen ② *(chile, pimienta)* scharf sein ③ *(pez, clientes)* anbeißen *fam* ④ *(de la comida)* kleine Mengen essen ⑤ *(tener picazón)* jucken; **me pica la espalda** es juckt mich am Rücken ⑥ *(avión)* einen Sturzflug machen ⑦ *(puerta)* klopfen (**a** an +*akk*) ⑧ *(loc)* ~ **muy alto** hoch hinaus wollen; **su actitud pica en valiente** sein/ihr Verhalten kann man als mutig bezeichnen **II.** *vt* ① *(con punzón)* stechen ② *(sacar)* ~ **una oliva de la lata** eine Olive aus der Dose picken ③ *(insecto)* stechen; *(serpiente)* beißen ④ *(ave)* picken ⑤ *(desmenuzar)* zerkleinern; **carne picada** Hackfleisch *nt;* **tabaco picado** Grobschnitt *m* ⑥ *(caballo)* die Sporen geben +*dat* ⑦ *(papel, tela)* durchstechen; *(billete)* lochen ⑧ *(ofender)* verletzen; **estar picado con alguien** auf jdn sauer sein; **¿qué mosca te ha picado?** welche Laus ist dir über die Leber gelaufen? ⑨ *(incitar)* anspornen ⑩ (TIPO) eintippen **III.** *vr:* **~se** ① *(metal)* angefressen werden; *(muela)* faul werden; *(ropa)* (von Motten) zerfressen sein; *(vino)* einen Stich bekommen; *(semillas)* unbrauchbar werden ② *(mar)* kabbelig werden ③ *(ofenderse)* gekränkt sein; *(mosquearse)* sich ärgern; **~se por nada** schnell beleidigt sein; **siempre se pica cuando juega** er/sie kann nicht verlieren ④ *(Am: embriagarse)* sich betrinken

picardía [pikar'ðia] *f* ① *(malicia)* Verschmitztheit *f;* **lo dije con ~** ich habe mir meinen Teil gedacht, als ich das sagte ② *(travesura)* Streich *m* ③ *(broma)* Spaß *m*

picaresca [pika'reska] *f* ① (LIT) Schelmenliteratur *f* ② *(hampa)* Gaunertum *nt*

picaresco, -a [pika'resko, -a] *adj* ① (LIT) schelmenhaft; **novela picaresca** Schelmenroman *m* ② *(astuto)* schelmisch ③ *(comentario)* frech

pícaro, -a ['pikaro, -a] **I.** *adj* ① *(granuja)* betrügerisch ② *(astuto)* schelmisch ③ *(comentario)* frech **II.** *m, f (granuja)* Gauner(in) *m(f)*

picarón [pika'ron] *m (Am: buñuelo)* ≈ Krapfen *m*

picatoste [pika'toste] *m* geröstetes Brot *nt*

picazón [pika'θon] *f* ① *(comezón)* Jucken *nt* ② *(disgusto)* Ärger *m*

picha ['pitʃa] *f (vulg)* Schwanz *m fam*

pichi ['pitʃi] *m* ① *(falda)* Trägerrock *m* ② *(CSur: fam: pipí)* Pipi *nt*

pichicata [pitʃi'kata] *f (Arg)* ① *(inyección)* Spritze *f* ② *(medicina)* Medikament *nt* ③ *(droga)* Droge *f*

pichichi [pi'tʃitʃi] *m* (DEP) Torschützenkönig *m*

pichín [pi'tʃin] *m (CSur: fam: pipí)* Pipi *nt*

pichincha [pi'tʃintʃa] *f (Arg)* Schnäppchen *nt*

pichón[1] [pi'tʃon] *m* (ZOOL) junge Taube *f*

pichón, -ona[2] [pi'tʃon, -ona] *m, f (querido)* Schatz *m*

pichoso, -a [pi'tʃoso, -a] *adj* ① *(Col: de ojos llorosos)* mit tränenden Augen ② *(Ven: sucio)* dreckig

pichula [pi'tʃula] *f (Chil: fam: pene)* Pimmel *m*

pichulear [pitʃule'ar] *vt* ① *(Chil: engañar)* betrügen ② *(CSur: negociar)* verschachern

pícnic ['piɣniˠ] *m* Picknick *nt*

pico ['piko] *m* ① *(pájaro)* Specht *m* ② *(del pájaro)* Schnabel *m* ③ *(fig: boca)* Mund *m;* **~ de oro** ausgezeichneter Redner; **tener un buen ~** ein flinkes Mundwerk haben; **¡él de ~ todo lo que quieras!** versprechen tut er viel!; **alguien se fue del ~** jd hat sich verplappert; **¡ese se perderá por el ~!** der wird sich noch um Kopf und Kragen reden! ④ *(herramienta)* Spitzhacke *f* ⑤ *(montaña)* Spitze *f;* **cortado a ~** steil ⑥ *(jarra)* Tülle *f* ⑦ *(loc)* **llegar a las cuatro y ~** um kurz nach vier kommen; **tiene bien cuarenta y ~ de años** er/sie ist längst in den Vierzigern

picor [pi'kor] *m (en la piel)* Jucken *nt; (en la boca)* Brennen *nt*

picota [pi'kota] *f (tortura)* Pranger *m;* **poner en la ~ a alguien** jdn an den Pranger stellen

picotear [pikote'ar] **I.** *vi* ① *(comer)* ≈ knabbern ② *(hablar)* schwatzen **II.** *vt* anpicken **III.** *vr:* **~se** ① *(personas)* sich zanken ② *(pájaros)* schnäbeln

pictografía [piktoɣra'fia] *f* (LING) Bilderschrift *f*

pictórico, -a [pik'toriko, -a] *adj* malerisch; **técnica pictórica** Maltechnik *f*

picudo, -a [pi'kuðo, -a] *adj* ① *(puntiagudo)* spitz; *(anguloso)* kantig ② *(charlatán)* schwatzhaft

pidón, -ona [pi'ðon, -ona] **I.** *adj (fam)* quengelig **II.** *m, f (fam)* Quengler(in) *m(f)*

pie [pje] *m* ① *(extremidad, medida)* Fuß *m;* **~s planos** Plattfüße *mpl;* **¿qué ~ calza Ud.?** welche Schuhgröße haben Sie?; **al ~ del árbol** am Baumstamm; **al ~ de la carta** am Ende des Briefes; **a(l) ~ de (la) obra** auf der Baustelle; **venir a ~** zu Fuß kommen; **a ~ firme** ohne sich von der Stelle zu rühren; **quedarse de ~** stehen bleiben; **estar de ~** stehen; **ponerse de ~** aufstehen; **estar al ~ del cañón** Gewehr bei Fuß stehen; **seguí al ~ de la letra tu consejo** ich bin deinem Rat aufs Wort gefolgt; **buscarle tres ~s al gato** *(daño)* ein Unglück heraufbeschwören; *(complicaciones)* eine Sache schwieriger machen, als sie ist; **caer de ~s** auf die Füße fallen; **ya sabemos de qué ~ cojea** *(fig)* wir kennen seine/ihre Schwächen schon; **con buen ~** fröhlich; **este informe está hecho con los ~s** dieser Bericht ist sehr schlecht gemacht; **hay que andarse con ~s de plomo** man muss sehr vorsichtig sein; **ya tiene un ~ en el hoyo** er/sie steht schon mit einem Bein im Grab; **echar ~ a tierra** aussteigen; **estar en ~ de guerra** auf (dem) Kriegsfuß stehen; **no hacer ~ en una piscina** in einem Schwimmbecken nicht stehen können; **perder ~** den Boden unter den Füßen verlieren; **se marchó del hospital por su propio ~** er/sie konnte laufen, als er/sie das Krankenhaus verließ; **este nació de ~** der ist unter einem günstigen Stern geboren; **hoy no doy ~ con bola** *(fam)* heute kriege ich nichts geregelt; **estoy cansada: no me tengo en ~** ich bin ganz erschöpft: ich kann nicht mehr stehen; **parar los ~** zur Räson bringen; **~s, ¿para qué os quiero?** nichts wie weg hier!; **poner ~s en polvorosa** sich aus dem Staub machen; **no le des ~ para que se queje de ti** liefere ihm/ihr keinen Anlass, sich über dich zu beschweren ② (TIPO) **~ de imprenta** Druckvermerk *m;* **~ de página** Fußzeile *f* ③ *(planta)* Stängel *m; (tronco)* Stamm *m;* **~ de vid** Rebstock *m* ④ *(métrica)* Versfuß *m* ⑤ (TEAT) Stichwort *nt* ⑥ *(trípode)* Stativ *nt* ⑦ *(loc)* **~ de banco** *(fam)* Schnapsidee *f;* **~ de fuerza** *(Am)* Streitkräfte *fpl;* **en ~ de igualdad** gleichberechtigt; **creer a ~ juntillas** ganz fest glauben; **de a ~** normal

piedad [pje'ðaᵈ] *f sin pl* ① (REL) Frömmigkeit *f; (compasión)* Erbarmen *nt;* **¡ten ~ de nosotros!** erbarme dich unser! ② *(loc)* **monte de ~** Pfandhaus *nt*

piedra ['pjeðra] *f* ① (GEO, MED) Stein *m;* **~ angular** *(fig)* Eckstein *m;* **~ filosofal** *(fig)* Stein der Weisen; **~ pómez** Bimsstein *m;* **~ preciosa** Edelstein *m;* **~ de toque** *(fig)* Prüfstein *m;* **cartón ~** Pappmaché *nt;* **edad de ~** Steinzeit *f;* **no te quejes, ¡que menos da una ~!** *(fig)* beklag dich nicht, es hätte auch noch schlimmer kommen können!; **no dejará ~ por mover hasta que lo consiga** *(fig)* er/sie wird alle Hebel in Bewegung setzen, um es zu schaffen; **poner la primera ~** den Grundstein legen; **no quedó ~ sobre ~** kein Stein blieb auf dem anderen; **cuando lo supimos nos quedamos de ~** als wir es erfuhren, waren wir wie versteinert; **tirar la ~ y esconder la mano** nicht für seine Taten einstehen; **tirarse ~s a su propio tejado** sich *dat/akk* ins eigene Fleisch schneiden ② *(granizo)* Hagel *m* ③ *(mechero)* Feuerstein *m*

piel [pjel] *f* ① *(de persona)* Haut *f;* **se me puso la ~ de gallina oyendo su historia**

P

ich bekam eine Gänsehaut, als ich seine/ihre Geschichte hörte; **estos niños son de la ~ del diablo** diese Kinder sind richtige Rabauken; **en esa empresa se dejó la ~** er/sie hat sich in außerordentlichem Maße in dieses Unternehmen eingebracht ② *(de animal)* Pelz *m; (cuero)* Leder *nt* ③ *(de fruta)* Schale *f*

pienso ['pjenso] *m (ganado)* Futter *nt;* **~ completo** Fertigfutter *nt*

piercing ['pirsin] *m v.* **pirsin**

pierna ['pjerna] *f (extremidad)* Bein *nt; (entre la rodilla y el pie)* Unterschenkel *m; (ternera)* Keule *f;* **~ ortopédica** Beinprothese *f;* **estirar las ~s** sich *dat* die Beine vertreten; **con las ~s cruzadas** mit übergeschlagenen Beinen; **dormir a ~ suelta** fest schlafen

pietista [pje'tista] **I.** *adj* pietistisch **II.** *mf* Pietist(in) *m(f)*

pieza ['pjeθa] *f* ① *(pedazo)* Stück *nt; (parte)* Teil *nt; (reproducción)* Exemplar *nt;* **~ de artillería** Geschütz *nt;* **~ de recambio** Ersatzteil *nt;* **~ suelta** Einzelteil *nt;* **un traje de dos ~s** ein zweiteiliges Kostüm; **~ por ~** Stück für Stück; **vender a ~s** nach Stück verkaufen; **¡menuda ~ está hecho ese!** das ist mir ein sauberer Vogel!; **se quedó de una ~ al oírlo** als er/sie es hörte, verschlug es ihm/ihr die Sprache ② *(caza)* Stück *nt* Wild; *(pesca)* Fisch *m* ③ (MÚS, TEAT) Stück *nt* ④ *(damas)* Stein *m; (ajedrez)* Figur *f* ⑤ *(Am: habitación)* Zimmer *nt* ⑥ *(moneda)* Münze *f*

pífano ['pifano] *m* ① *(instrumento)* Pikkoloflöte *f* ② *(músico)* Pikkolospieler *m*

pifia ['pifja] *f* ① *(error)* Fauxpas *m* ② *(And: escarnio)* Hohn *m*

pifiar [pi'fjar] **I.** *vi* ① *(flauta)* unsauber anblasen ② *(billar)* einen Fehlstoß machen **II.** *vt (Arg, And)* verhöhnen

pigmentación [piɣmeṇta'θjon] *f* Pigmentierung *f*

pigmentar [piɣmeṇ'tar] *vt* pigmentieren

pigmento [piɣ'meṇto] *m* (BIOL) Pigment *nt; (pintura)* Farbstoff *m*

pigmeo, -a [piɣ'meo, -a] *m, f* Pygmäe, -in *m, f; (enano)* Zwerg(in) *m(f); (pey)* Knirps *m*

pignorar [piɣno'rar] *vt* verpfänden

pigre ['piɣre] *adj* faul, träge

pija ['pixa] *f (Am: vulg: pene)* Schwanz *m fam*

pijada [pi'xaða] *f (argot: tontería)* Blödsinn *m;* **¡eso son ~s!** das ist doch ausgemachter Blödsinn!

pijama [pi'xama] *m* Schlafanzug *m*

pije ['pixe] *m (Chil: fam: fanfarrón)* Angeber *m*

pijo[1] ['pixo] *m (vulg: pene)* Schwanz *m fam;* **¡y un ~!** verdammte Scheiße!

pijo, -a[2] ['pixo, -a] *m, f (argot)* Yuppie *m*

pijotada [pixo'taða] *f (vulg) v.* **pijada**

pijotero, -a [pixo'tero, -a] *adj* ① *(pey: fastidioso)* lästig ② *(Am: tacaño)* knickerig

pila ['pila] *f* ① *(recipiente)* Becken *nt; (lavadero)* Spülbecken *nt; (fuente)* Brunnenbecken *nt; (bautismal)* Taufbecken *nt;* **nombre de ~** Taufname *m* ② (FÍS) Batterie *f;* **~ reversible** Akku(mulator)batterie *f* ③ *(montón)* Stapel *m;* **una ~ de libros** ein Stapel Bücher ④ (ARQUIT) Brückenpfeiler *m* ⑤ (INFOR) **~ de discos** (Magnetplatten)laufwerk *nt*

pila botón ['pila βo'ton] *f* <pilas botón> *(batería)* Babyzelle *f*

pilar [pi'lar] *m* ① *(camino)* Wegweiser *m* ② *(columna)* Säule *f* ③ *(fuente)* Brunnenbecken *nt* ④ *(apoyo)* Stütze *f*

pilates [pi'lates] *m* <inv> (DEP) Pilates *nt*

pilcha ['pilʧa] *f (CSur: fam)* Klamotten *pl*

píldora ['pil̩dora] *f* Pille *f;* **~ (anticonceptiva)** (Antibaby)pille *f;* **dorar la ~ a alguien** jdm die bittere Pille versüßen; **me tragué la ~** *(fig)* ich habe es geschluckt

pileta [pi'leta] *f (RíoPl)* ① *(de cocina)* Spülbecken *nt* ② *(piscina)* Schwimmbad *nt* ③ *(abrevadero)* Tränke *f*

pillador(a) [piʎa'ðor(a)] **I.** *adj* stehlend **II.** *m(f)* Dieb(in) *m(f)*

pillaje [pi'ʎaxe] *m* Plünderung *f*

pillán [pi'ʎan] *m (Chil)* ① *(demonio)* Teufel *m* ② *(trueno)* Donner *m* ③ *(rayo)* Blitz *m*

pillar [pi'ʎar] *vt* ① *(encontrar)* antreffen; *(en flagrante)* ertappen; **me pillas de buen humor** ich bin heute gut gelaunt; **la noche nos pilló en el monte** die Nacht überraschte uns auf dem Berg; **eso no me pilla de sorpresa** das ist für mich keine Überraschung; **aquí te pillo, aquí te mato** *(fig)* jetzt oder nie; **tu casa nos pilla de camino** dein Haus liegt für uns auf dem Weg; **correos no nos pilla cerca** die Post ist nicht gerade nah für uns ② *(atropellar)* überfahren ③ *(entender)* verstehen ④ *(robar)* rauben ⑤ *(Arg: orinar)* pinkeln *fam*

pillastre [pi'ʎastre] *m (fam)* Gauner *m*

pillería [piʎe'ria] *f* Schurkenstreich *m*

pillín, -ina [pi'ʎin, -ina] *adj* schlau

pillo, -a ['piʎo, -a] **I.** *adj (fam)* schlau **II.** *m, f (fam)* Gauner(in) *m(f)*

pilluelo, -a [pi'ʎwelo, -a] *adj (fam)* schlau

pilón [pi'lon] *m* ① *(lavadero)* (Brunnen)becken *nt; (abrevadero)* Tränke *f* ② *(mortero)* Mörser *m* ③ *(pesa)* Läufer *m* ④ (ARQUIT) Säule *f*

pilosidad [pilosi'ðaᵈ] *f* Behaarung *f*

pilotaje [pilo'taxe] *m* ① *(dirigir)* Steuern *nt* ② *(ciencia)* Lotsenkunde *f* ③ *(tasa)* Lotsengeld *nt* ④ (ARQUIT) Pfahlwerk *nt*
pilotar [pilo'tar] *vt (barco)* lotsen; *(coche, avión)* steuern
pilote [pi'lote] *m* Pfahl *m*
pilotear [pilote'ar] *vt (Am)* ① *(ayudar)* begleiten ② *(patrocinar)* fördern ③ *(Chil: explotar)* ausnutzen
piloto[1] [pi'loto] *m (lámpara)* Warnlampe *f*
piloto[2] [pi'loto] **I.** *mf* ① (NÁUT) Steuermann *m; (práctico)* Lotse, -in *m, f* ② (AERO) Pilot(in) *m(f)*; **poner el ~ automático** den Autopiloten einschalten ③ (AUTO) Fahrer(in) *m(f)*; **~ de carreras** Rennfahrer(in) *m(f)* **II.** *adj (de prueba)* Versuchs-; *(de modelo)* Muster-; **experiencia ~** Pilotversuch *m*
piltrafa [piḷ'trafa] *f* ① *(carne)* schlechtes Fleisch *nt* ② *(persona)* Wrack *nt*
pilucho, -a [pi'luʧo, -a] *adj (Chil)* nackt
pimentero [pimeṇ'tero] *m* ① (BOT) Pfefferstrauch *m* ② *(vasija)* Pfefferstreuer *m*
pimentón [pimeṇ'ton] *m* Paprika *m*
pimienta [pi'mjeṇta] *f* Pfeffer *m*
pimiento [pi'mjeṇto] *m* Paprika *m;* **~ encarnado** roter Paprika; **me importa un ~ lo que él diga** es ist mir vollkommen wurscht, was er sagt
pimpante [pim'paṇte] *adj* elegant; *(lozano)* stramm
pimpollo [pim'poʎo] *m* ① *(capullo)* Rosenknospe *f* ② *(monada)* hübsches Kind *nt;* **estás hecho un ~** du bist wie der junge Frühling ③ *(brote)* Trieb *m*
pimpón [pim'pon] *m* (DEP) Tischtennis *nt*
pin [pin] *m inv* Stift *m*
PIN [pin] *m inv abr de* **personal identification number** *(número personal de identificación)* PIN *f*
pinacoteca [pinako'teka] *f* Pinakothek *f*
pináculo [pi'nakulo] *m* Giebel *m*
pinar [pi'nar] *m* Kiefernwald *m*
pincel [piṇ'θel] *m* Pinsel *m; (de cocina)* Backpinsel *m*
pincelada [piṇθe'laða] *f* Pinselstrich *m;* **dar las últimas ~s** *(fig)* den letzten Schliff geben
pincelar [piṇθe'lar] *vt* (be)malen; *(retratar)* porträtieren
pincha[1] ['pinʧa] *f* ① *(mujer)* Küchenhilfe *f* ② *(espina)* Stachel *m*
pincha[2] ['pinʧa] *mf abr de* **pinchadiscos** DJ *m*
pinchadiscos [pinʧa'ðiskos] *mf inv* Diskjockey *m*
pinchar [pin'ʧar] **I.** *vi* ① *(rueda)* einen Platten haben ② *(fracasar)* versagen; **ese aquí ni pincha ni corta** der hat hier gar nichts zu melden **II.** *vt* ① *(alfiler)* stechen ② *(estimular)* aufreizen; *(mortificar)* kränken ③ *(inyección)* eine Spritze geben *+dat;* **tengo que ir al médico para que me pinche** ich muss zum Arzt und mir eine Spritze geben lassen ④ *(teléfono)* anzapfen **III.** *vr:* **~se** ① *(alfiler)* sich stechen ② *(rueda)* **se nos ha pinchado una rueda** wir haben einen Platten ③ *(insulina)* sich *dat* spritzen ④ *(argot: drogarse)* sich *dat* einen Schuss setzen
pinchazo [pin'ʧaθo] *m* ① *(espina)* Stich *m;* **me dieron unos ~s insoportables en el estómago** ich spürte heftige Stiche im Magen ② *(neumático)* Reifenpanne *f;* **tuvimos un ~ tras la curva** nach der Kurve hatten wir einen Platten
pinche ['pinʧe] *mf* Küchenhilfe *f*
pinchito [pin'ʧito] *m (tapa)* Snack *m; (en un palillo)* Spieß *m*
pincho ['pinʧo] *m* ① *(avispa)* Stachel *m; (rosa)* Dorn *m* ② (GASTR) Snack *m;* **~ moruno** Fleischspieß *m*
pinchudo, -a [pin'ʧuðo, -a] *adj* stachelig
pindonguear [piṇdoŋge'ar] *vi (fam)* sich herumtreiben
pinedo [pi'neðo] *m (AmC)* Kiefernwald *m*
pingajo [piŋ'gaxo] *m (fam)* Fetzen *m*
pingar [piŋ'gar] <g → gu> *vi* ① *(pender, colgar)* herabhängen, herunterhängen ② *(gotear)* (ab)tropfen
pingo ['piŋgo] *m* ① *(fam: harapo)* Fetzen *m* ② *(fam pey: mujer)* Schlampe *f* ③ *(CSur: caballo)* Pferd *nt* ④ *(loc, fam)* **ir de ~** die Zeit vertrödeln; **poner a alguien hecho un ~** jdn ordentlich herunterputzen
pingonear [piŋgone'ar] *vi (fam)* die Zeit vertrödeln
pingorota [piŋgo'rota] *f* Spitze *f,* höchste Stelle *f*
ping-pong [piŋ'poŋ] *m sin pl v.* **pimpón**
pingucho[1] [piŋ'guʧo] *m (Chil: fam: almuerzo ligero)* leichtes Mittagessen *nt*
pingucho, -a[2] [piŋ'guʧo, -a] **I.** *adj (Chil)* erbärmlich **II.** *m, f (Chil)* armer Teufel *m*
pingüe ['piŋgwe] *adj (negocio)* einträglich; **~s beneficios** hohe Gewinne
pingüino [piŋ'gwino] *m* Pinguin *m*
pino ['pino] *m* ① *(árbol, madera)* Kiefer *f;* **~ piñonero** Pinie *f* ② *(loc)* **hacer el ~** (DEP) einen Handstand machen; **vivir en el quinto ~** sehr weit weg wohnen
pinocha [pi'noʧa] *f* ① *(panoja)* Maiskolben *m* ② *(pino)* Kiefernnadel *f*
pinta ['piṇta] *f* ① *(mancha)* Flecken *m; (animal)* Tüpfel *m o nt;* **a ~s** getupft ② *(fam: aspecto)* Aussehen *nt;* **tener ~ de caro** teuer aussehen; **tener buena ~**

(GASTR) lecker aussehen; *(persona)* gut aussehen; **sacar por la ~** am Aussehen erkennen

pintada [piṇ'taða] *f* ① (ZOOL) Perlhuhn *nt* ② *(pared)* Wandkritzelei *f*

pintado, -a [piṇ'taðo, -a] *adj (animal)* gesprenkelt; **papel ~** Tapete *f;* **eso viene como ~** das kommt wie gerufen; **el traje te sienta que ni ~** das Kostüm steht dir ausgezeichnet; **no lo puedo ver ni ~** ich kann ihn nicht ausstehen

pintalabios [piṇta'laβjos] *m inv* Lippenstift *m*

pintamonas [piṇta'monas] *mf inv* schlechter Maler, schlechte Malerin *m, f*

pintar [piṇ'tar] **I.** *vi* ① (ARTE) malen ② *(bolígrafo)* schreiben **II.** *vt* ① *(pared)* (an)streichen; *(con dibujos)* bemalen; **~ de azul** blau (an)streichen; **¡recién pintado!** frisch gestrichen! ② *(cuadro)* malen; **¿qué pinta ese aquí?** *(fig)* was hat der denn hier zu suchen?; **no ~ nada** *(fig: persona)* nichts zu sagen haben; *(asunto)* nicht von Bedeutung sein ③ *(describir)* schildern **III.** *vr:* **~se** sich schminken

pintarrajear [piṇtarraxe'ar] **I.** *vi (fam)* klecksen **II.** *vt (fam)* beklecksen

pintaúñas [piṇta'uɲas] *m* <inv> Nagellack *m*

pintiparado, -a [piṇtipa'raðo, -a] *adj* ① *(adecuado)* sehr gelegen; **eso viene ~** das kommt wie gerufen ② *(parecido)* äußerst ähnlich

pintiparar [piṇtipa'rar] *vt* vergleichen

pinto, -a ['piṇto, -a] *adj* gesprenkelt

pintor(a) [piṇ'tor(a)] *m(f)* Maler(in) *m(f)*

pintoresco, -a [piṇto'resko, -a] *adj* malerisch

pintura [piṇ'tura] *f* ① *(arte)* Malerei *f;* **~ a la aguada** Aquarellmalerei *f;* **~ al óleo** Ölmalerei *f;* **~ rupestre** Höhlenmalerei *f;* **voy a clases de ~** ich habe Malunterricht ② *(cuadro)* Gemälde *nt;* **no lo puedo ver ni en ~** ich kann ihn nicht ausstehen ③ *(color)* Farbe *f; (barniz)* Lack *m;* **caja de ~s** Malkasten *m;* **dar una capa de ~ a algo** etw (über)streichen

pinturero, -a [piṇtu'rero, -a] **I.** *adj* eingebildet **II.** *m, f* eingebildeter Mensch *m*

pinza(s) ['piṇθa(s)] *f(pl)* ① *(tenacilla)* Zange *f; (para la ropa)* Wäscheklammer *f; (para depilar)* Pinzette *f* ② *(costura)* Abnäher *m* ③ *(cangrejo)* Schere *f* ④ *(de cocina)* Küchenzange *f*

pinzamiento [piṇθa'mjeṇto] *m* (MED) Klammern *nt*

pinzar [piṇ'θar] <z → c> *vt* mit der Klemme nehmen

pinzón [piṇ'θon] *m* Fink *m*

piña ['piɲa] *f* ① *(pino)* Kiefernzapfen *m* ② *(fruta)* Ananas *f*

piñata [pi'ɲata] *f* ① *(olla)* Kochtopf *m* ② *(en una fiesta) geschmücktes Tongefäß mit Süßigkeiten für Kinder, das zerschlagen wird*

piñón [pi'ɲon] *m* ① *(pino)* Pinienkern *m;* **estar a partir un ~ con alguien** *(fam)* mit jdm dick befreundet sein ② (TÉC) Zahnrad *nt*

piñonear [piɲone'ar] *vi (irón fam)* ① *(niño)* pubertieren ② *(hombre)* sich Frauen gegenüber wie ein Pubertierender aufführen

piños ['piɲos] *mpl (argot)* Zähne *mpl*

pío[1] [pio] *m* Piepen *nt;* **no decir ni ~** keinen Piep sagen *fam;* **¡~, ~, ~!** put, put, put!

pío, -a[2] [pio, -a] *adj (piadoso)* fromm; *(bondadoso)* gutherzig; **monte ~** berufsgenossenschaftliche Kasse; **obra pía** karitative Stiftung

piocha ['pjoʧa] *adj (Méx: fam: magnífico)* super

piojería [pjoxe'ria] *f sin pl (fam fig)* Elend *nt*

piojo ['pjoxo] *m* Laus *f;* **estar como ~s en costura** eingepfercht sein

piojoso, -a [pjo'xoso, -a] **I.** *adj* ① *(con piojos)* verlaust; *(miserable)* lumpig; *(sucio)* schmutzig ② *(pey: mezquino)* gemein **II.** *m, f (pey)* Bösewicht *m*

piola ['pjola] *f (AmS: cuerda)* Schnur *f*

piolín [pjo'lin] *m (AmS)* Schnur *f*

pionero, -a [pjo'nero, -a] *m, f* Pionier(in) *m(f)*

pipa ['pipa] *f* ① *(fumador)* Pfeife *f;* **preparar la ~** die Pfeife stopfen ② *(tonel)* Weinfässchen *nt* ③ *(fruta)* Kern *m* ④ *(CRi: fam: cabeza)* Rübe *f* ⑤ *(argot: pistola)* Ballermann *m* ⑥ *pl (de girasol)* (geröstete) Sonnenblumenkerne *mpl; (de calabaza)* Kürbiskerne *f* ⑦ *(loc, fam)* **lo pasamos ~** wir haben uns sehr gut amüsiert

pipe ['pipe] *m (AmC: camarada)* Kumpel *m*

pipeta [pi'peta] *f* (QUÍM) Pipette *f*

pipí [pi'pi] *m (fam)* Pipi *nt*

pípila ['pipila] *f (Méx: prostituta)* Prostituierte *f*

pipiolo, -a [pi'pjolo, -a] *m, f* ① *(irón: novato)* Anfänger(in) *m(f)* ② *(Méx: niño)* Kind *nt*

pipón, -ona [pi'pon, -ona] **I.** *adj (Ant, Arg, Ecua: fam: barrigón)* dickbäuchig; *(harto)* pappsatt **II.** *m, f (PRico: fam: niño)* Knirps *m; (niña)* Göre *f*

pique ['pike] *m* ① *(rivalidad)* Groll *m;* **menudo ~ se traían entre ellos** sie waren ziemlich wütend aufeinander ② *(Arg, Par,*

Nic: camino) Schneise *f* ❸ *(loc)* **irse a ~** (NÁUT) sinken; *(plan)* scheitern

piqueta [pi'keta] *f* Spitzhacke *f*

piquete [pi'kete] *m* ❶ *(huelga)* Streikposten *m* ❷ (MIL) Kommando *nt* ❸ *(jalón)* Pflock *m*

pira ['pira] *f (hoguera)* Lagerfeuer *nt;* **~ funeraria** Scheiterhaufen *m*

pirado, -a [pi'raðo, -a] **I.** *adj (argot)* bekloppt **II.** *m, f (argot)* Irre(r) *mf*

piragua [pi'raɣwa] *f* Kanu *nt*

piragüismo [pira'ɣwismo] *m* Kanusport *m*

piramidal [pirami'ðal] *adj* pyramidenförmig

pirámide [pi'ramiðe] *f* Pyramide *f*

piraña [pi'raɲa] *f* Piranha *m*

pirarse [pi'rarse] *vr (argot)* verschwinden; **~ una clase** den Unterricht schwänzen

pirata [pi'rata] **I.** *mf* Pirat(in) *m(f)* **II.** *adj* Raub-; **emisora ~** Piratensender *m*

piratear [pirate'ar] *vi* Seeraub begehen; *(copiar)* Raubdrucke herstellen; **la música pirateada** die raubkopierte Musik

pirateo [pira'teo] *m* Hacking *nt;* **~ de películas** (INFOR) Filmraub *m*

piratería [pirate'ria] *f* Piraterie *f;* **~ informática** (INFOR) Computerpiraterie *f*

pirenaico, -a [pire'nai̯ko, -a] *adj* Pyrenäen-; **el Aneto es el pico ~ más elevado** der (Pico de) Aneto ist der höchste Gipfel der Pyrenäen

pirético, -a [pi'retiko, -a] *adj* (MED) fieberhaft, fiebrig

Pirineos [piri'neos] *mpl* Pyrenäen *pl*

piripi [pi'ripi] *adj (fam)* leicht beschwipst

piromanía [piroma'nia] *f* (MED, PSICO) Pyromanie *f*

pirómano, -a [pi'romano, -a] *m, f* Pyromane, -in *m, f*

piropear [pirope'ar] *vt (fam)* Komplimente machen +*dat*

piropo [pi'ropo] *m* ❶ *(fam: lisonja)* Kompliment *nt;* **echar ~s** Komplimente machen ❷ *(granate)* Pyrop *m*

pirotecnia [piro'teɣnja] *f sin pl* Pyrotechnik *f*

pirrarse [pi'rrarse] *vr (argot)* verrückt sein (**por** nach +*dat*)

pirsin ['pirsin] *m* Piercing *nt;* **hacerse un ~ en el ombligo** sich *dat* den Bauchnabel piercen

pirueta [pi'rweta] *f* Pirouette *f*

piruleta [piru'leta] *f,* **pirulí** [piru'li] *m* <pirulís> Lutscher *m*

pis [pis] *m (fam)* Pipi *nt*

pisa ['pisa] *f* ❶ *(acción de pisar)* Treten *nt* ❷ *(fam: paliza)* Tracht *f* Prügel

pisada [pi'saða] *f* ❶ *(acción)* Tritt *m* ❷ *(huella)* Fußstapfen *m;* **seguir las ~s de alguien** *(fig)* in jds Fußstapfen treten ❸ *(patada)* Fußtritt *m*

pisapapeles [pisapa'peles] *m inv* Briefbeschwerer *m*

pisar [pi'sar] *vt* ❶ *(poner el pie)* treten; **¡no pises las flores!** tritt nicht auf die Blumen!; **me han pisado en el bus** jemand ist mir im Bus auf den Fuß getreten; **ir pisando huevos** *(fig)* wie auf Eiern gehen; **~ los talones a alguien** *(fig)* jdm auf den Fersen folgen; **~ fuerte** *(fig)* selbstbewusst auftreten ❷ *(entrar)* betreten ❸ *(uvas, aceitunas)* keltern; *(tierra)* stampfen ❹ *(humillar)* schikanieren ❺ *(fam: planes)* vereiteln; **con su proyecto me pisan el terreno** mit ihrem Vorhaben kommen sie mir ins Gehege; **me han pisado el tema** sie sind mir mit dem Thema zuvorgekommen

piscicultura [pisθikul'tura] *f* Fischzucht *f*

piscifactoría [pisθifakto'ria] *f* Fischzucht *f;* **~ de truchas** Forellenzucht *f*

piscina [pis'θina] *f* Schwimmbad *nt;* **~ cubierta** Hallenbad *nt;* **~ para niños** Planschbecken *nt;* **~ de competición** Wettkampfbecken *nt*

piscis ['pisθis] *m* (ASTR: *persona*) Fisch *m*

Piscis ['pisθis] *m* (ASTR: *signo*) Fische *mpl*

piscolabis [pisko'laβis] *m inv (fam)* Imbiss *m*

piso ['piso] *m* ❶ *(pavimento)* (Fuß)boden *m;* *(calle)* Pflaster *nt* ❷ *(planta)* Stock *m;* **de dos ~s** zweistöckig ❸ *(zapato, t.* MIN) Sohle *f* ❹ *(vivienda)* Wohnung *f;* **un piso compartido** eine Wohngemeinschaft

pisotear [pisote'ar] *vt* niedertreten; *(fig)* mit Füßen treten

pisotón [piso'ton] *m* Tritt *m;* **dar un ~ a alguien** jdm auf den Fuß treten

pispar [pis'par] *vt (Arg: oír)* belauern; *(observar)* beobachten

pista ['pista] *f* ❶ *(huella, indicio)* Spur *f;* **estar sobre la buena ~** auf der richtigen Spur sein; **seguirle la ~ a alguien** jdn verfolgen ❷ *(circo, t.* AERO, DEP) Piste *f; (de baile)* Tanzfläche *f;* **~ de esquí de fondo** Loipe *f* ❸ *(camino)* Rollbahn *f* ❹ (INFOR) Trackball *m*

pistacho [pis'taʧo] *m* Pistazie *f*

pistilo [pis'tilo] *m* ❶ (BOT) Stempel *m* ❷ *(mortero)* Pistill *nt*

pisto ['pisto] *m* ❶ *(caldo)* Hühnerbrühe *f* ❷ *(fritada)* Gemüsepfanne *f* ❸ *(mezcla)* Mischmasch *m* ❹ *(AmC: dinero)* Geld *nt* ❺ *(loc)* **él se da mucho ~** er ist ein alter Angeber

pistola [pis'tola] *f* ❶ *(arma)* Pistole *f* ❷ *(del pintor)* Spritzpistole *f*

pistolera [pisto'lera] *f* (Pistolen)halfter *m*

P

pistolero, -a [pisto'lero, -a] *m, f* Bandit(in) *m(f)*
pistoletazo [pistole'taθo] *m* (Pistolen)schuss *m*
pistón [pis'ton] *m* ① *(émbolo)* Kolben *m* ② *(arma)* Sprengkapsel *f* ③ (MÚS) Klappe *f*
pistonudo, -a [pisto'nuðo, -a] *adj (argot)* stark
pita ['pita] *f* ① (BOT) Agave *f* ② *(fam: gallina)* Henne *f;* **¡~, ~, ~!** put, put, put!
pitada [pi'taða] *f* ① *(silbidos)* Pfeifen *nt* ② *(bocinazo)* Hupen *nt;* **dar una ~** hupen ③ *(fig: extravagancia)* unangebrachte Bemerkung ④ *(Arg, Perú: calada)* Zug *m (an der Zigarette)* ⑤ *(loc)* **dar una ~** sich im Ton vergreifen
Pitágoras [pi'taɣoras] *m* Pythagoras *m;* **teorema de ~** (MAT) Satz des Pythagoras, pythagoreischer Lehrsatz
pitahaya [pi'taɟa/pita'aɟa] *f Kakteenfrucht*
pitanza [pi'tan̪θa] *f* ① *(alimentos)* Essen *nt;* *(ración)* Ration *f* ② *(precio)* Entgelt *nt*
pitar [pi'tar] **I.** *vt, vi* ① *(tocar)* pfeifen; **me pitan los oídos** ich habe Ohrensausen ② *(pagar)* zahlen ③ *(AmS: fumar)* rauchen ④ *(Chil: engañar)* betrügen **II.** *vi* ① *(fam: funcionar)* gut laufen ② *(loc)* **salir pitando** eilig davonlaufen; **¡con la mitad vas que pitas!** mit der Hälfte hast du mehr als genug!
pitido [pi'tiðo] *m* Pfiff *m*
pitillera [piti'ʎera] *f (estuche)* Zigarettenetui *nt*
pitillo [pi'tiʎo] *m* Zigarette *f*
pitiminí [pitimi'ni] *m* **de ~** unwichtig; **rosa de ~** (BOT) Kletterrose *f*
pitipié [piti'pje] *m (mapa, plano)* Maßstab *m*
pito[1] ['pito] *m* ① *(silbato)* Pfeife *f;* *(claxon)* Hupe *f;* **hacer ~s** (mit den Fingern) schnippen; **por ~s o por flautas no puedes ayudarme** *(fam)* du hast immer einen Grund, weshalb du mir nicht helfen kannst; **tomar a alguien por el ~ del sereno** *(fam)* jdn nicht ernst nehmen; **no me importa un ~** *(fam)* das ist mir schnuppe; **no valer un ~** *(fam)* keinen Pfifferling wert sein ② *(canica)* Murmel *f;* **jugar a los ~s** mit Murmeln spielen ③ *(cigarro)* Zigarette *f* ④ *(fam: pene)* Pimmel *m*
pito, -a[2] ['pito, -a] *adj (fam)* elegant; **iba todo ~** er sah aus wie geleckt
pitón [pi'ton] *m* ① (ZOOL) Pythonschlange *f* ② *(cuerno)* Hornspitze *f;* *(toro)* Horn *nt* ③ *(pitorro)* Schnabel *m*
pitonisa [pito'nisa] *f* Wahrsagerin *f*
pitorrearse [pitorre'arse] *vr (fam)* sich lustig machen (**de** über +*akk*)
pitorreo [pito'rreo] *m (fam)* Spott *m;* **¡esto es un ~!** das ist ja der reine Hohn!
pitorro [pi'torro] *m (fam)* Schnabel *m*
pitote [pi'tote] *m* Durcheinander *nt,* Chaos *nt;* **me importa un ~** *(fam)* das ist mir (völlig) schnuppe
pituco, -a [pi'tuko, -a] **I.** *adj (CSur)* ① *(cursi)* kitschig ② *(muy acicalado)* geschniegelt *fam* ③ *(nuevo rico)* neureich **II.** *m, f (CSur)* ① *(cursi)* Geck *m,* Lackaffe *m fam,* Modepuppe *f fam* ② *(nuevo rico)* Neureiche(r) *f(m)*
pitufo [pi'tufo] *m (fam)* Schlumpf *m*
pituitario, -a [pitwi'tarjo, -a] *adj* schleimig; **glándula pituitaria** Hypophyse *f;* **membrana pituitaria** Nasenschleimhaut *f*
pituso, -a [pi'tuso, -a] *adj* klein, niedlich
pívot ['piβo[t]] *mf* (DEP) mittlerer Angriffsspieler, mittlere Angriffsspielerin *m, f*
pivotar [piβo'tar] *vi* **~ en torno a un asunto** sich um ein Thema drehen
pivote [pi'βote] *m* (TÉC) Zapfen *m*
pixel ['pi[ɣ]sel] *m* Pixel *nt*
pixelar [pi[ɣ]se'lar] *vt* (INFOR) verpixeln
piyama [pi'ɟama] *m (Am)* Schlafanzug *m*
pizarra [pi'θarra] *f* ① *(roca)* Schiefer *m* ② *(encerado)* (Schiefer)tafel *f*
pizarrín [piθa'rrin] *m* Griffel *m*
pizarrón [piθa'rron] *m (Am: encerado)* (Wand)tafel *f*
pizca ['piθka] *f* ① *(fam: poco)* kleines Stück *nt;* **una ~** ein bisschen; **una ~ de sal** eine Prise Salz; **no tienes ni ~ de vergüenza** du schämst dich wohl überhaupt nicht ② *(Méx: cosecha)* Ernte *f*
pizcar [piθ'kar] <c → qu> *vt (Méx)* ernten
pizco ['piθko] *m* ① *(poco)* kleines Stück *nt;* **un ~** ein bisschen ② *(fam: pellizco)* Kneifen *nt*
pizpireta [piθpi'reta] *adj (mujer)* lebhaft
pizza ['pitsa] *f* Pizza *f*
placa ['plaka] *f* ① *(lámina)* Platte *f;* **~ giratoria** Drehscheibe *f* ② *(cartel)* Schild *nt;* **~ conmemorativa** Gedenktafel *f* ③ *(plancha, t.* FOTO, INFOR) Scheibe *f,* Platte *f;* **~ gráfica 16 colores** Grafikkarte 16-farbig; **~ solar fotovoltaica** Sonnenkollektor *m* ④ (AUTO) Nummernschild *nt* ⑤ (MED) **~ dental** Zahnbelag *m* ⑥ *(identificación)* **~ de policía** Polizeiabzeichen *nt*
placebo [pla'θeβo] *m* (MED) Placebo *nt*
pláceme ['plaθeme] *m* Glückwunsch *m,* Gratulation *f*
placenta [pla'θen̪ta] *f* Plazenta *f*
placentero, -a [plaθen̪'tero, -a] *adj* angenehm

placentino, -a [plaθeṇ'tino, -a] **I.** *adj* aus Plasencia **II.** *m, f* Einwohner(in) *m(f)* von Plasencia

placer [pla'θer] **I.** *m* ① *(goce)* Freude *f;* **con sumo ~** mit großem Vergnügen ② *(sexual)* Lust *f;* **casa de ~** Bordell *nt* ③ *(arena)* Sandbank *f* **II.** *vi irr como crecer* gefallen +*dat;* **¡haré lo que me plazca!** ich werde das tun, wozu ich Lust habe!

placero, -a [pla'θero, -a] *m, f (Am: vendedor)* Straßenverkäufer(in) *m(f)*

plácet ['plaθet] *m (formal)* Zustimmung *f,* Plazet *nt;* **dar el ~ a algo** sein Plazet zu etw *dat* geben

placidez [plaθi'ðeθ] *f* Ruhe *f*

plácido, -a ['plaθiðo, -a] *adj* ruhig

placiente [pla'θjeṇte] *adj* angenehm, ansprechend

plácito ['plaθito] *m* Meinung *f,* Ansicht *f*

plafón [pla'fon] *m* Deckenleuchte *f*

plaga ['plaɣa] *f* ① (AGR) Plage *f* ② *(calamidades)* Leid *nt; (lacra)* Geißel *f* ③ *(abundancia)* Überfluss *m* (**de** an +*dat*); **este año hemos tenido una ~ de cerezas** dieses Jahr hatten wir eine Kirschenschwemme

plagado, -a [pla'ɣaðo -a] *adj* voll (**de** mit +*dat*); **el texto estaba ~ de faltas** der Text wimmelte von Fehlern; **la casa está plagada de cucarachas** das Haus ist voller Kakerlaken

plagar [pla'ɣar] <g → gu> **I.** *vt (llenar)* vollstopfen (**de** mit +*dat*); **~on la ciudad de carteles** die Stadt wurde vollkommen zuplakatiert **II.** *vr:* **~se** heimgesucht werden (**de** von +*dat*); **el pueblo se plagó de ratas** das Dorf wurde von einer Rattenplage heimgesucht

plagiar [pla'xjar] *vt* ① *(copiar)* abschreiben ② *(Am: secuestrar)* entführen

plagio ['plaxjo] *m* ① *(copia)* Plagiat *nt* ② *(Am: secuestro)* Entführung *f*

plaguicida [plaɣi'θiða] *m* (AGR) Pflanzenschutzmittel *nt*

plan [plan] *m* ① *(proyecto)* Plan *m;* **~ de emergencia** Notstandsplan *m;* **~ de pensiones privado** (FIN) private Altersvorsorge; **~ de estudios** Lehrplan *m;* **si no tienes ~ para esta noche paso a buscarte** wenn du heute Abend noch nichts vorhast, hole ich dich ab ② *(argot: ligue)* (Liebes)bekanntschaft *f* ③ *(loc)* **esto no es ~** *(argot)* so geht es nicht (weiter); **en ~ de ...** als ...; **está en un ~ que no lo soporto** *(argot)* so, wie er zurzeit drauf ist, ertrage ich ihn nicht

plana ['plana] *f* ① *(folio)* Seite *f;* **a toda ~** ganzseitig; **un artículo en primera ~** ein Artikel auf der ersten Seite ② *(caligrafía)* Schreibübung *f* ③ *(planicie)* Ebene *f* ④ *(loc)* **la ~ mayor del partido** die Parteispitze

plancha ['plantʃa] *f* ① *(lámina)* Platte *f;* (TIPO) Druckplatte *f* ② *(para ropa)* Bügeleisen *nt* ③ (NÁUT) Laufplanke *f* ④ *(fam: desacierto)* Blamage *f;* **hacer** [*o* **tirarse**] **una ~** sich blamieren ⑤ (GASTR) **a la ~** gegrillt

planchado[1] [plan'tʃaðo] *m (acción)* Bügeln *nt; (ropa)* Bügelwäsche *f*

planchado, -a[2] [plan'tʃaðo, -a] *adj* ① *(AmC: acicalado)* geschniegelt *fam* ② *(loc)* **lo dejé ~** *(fam fig)* er war platt

planchar [plan'tʃar] *vt* bügeln

planchazo [plan'tʃaθo] *m* ① *(ropa)* kurzes Bügeln *nt* ② *(desacierto)* Blamage *f*

plancton ['plankton] *m sin pl* Plankton *nt*

planeador [planea'ðor] *m* (AERO) Segelflugzeug *nt*

planeadora [planea'ðora] *f (embarcación) schnelles Boot mit Außenbordmotor*

planeamiento [planea'mjeṇto] *m* Planung *f;* **~ preliminar** Vorplanung *f*

planear [plane'ar] **I.** *vi (ave)* schweben; (AERO) gleiten **II.** *vt* planen

planeo [pla'neo] *m* (AERO) Gleitflug *m*

planeta [pla'neta] *m* (ASTR) Planet *m*

planetario[1] [plane'tarjo] *m* Planetarium *nt*

planetario, -a[2] [plane'tarjo, -a] *adj* Planeten-

planicie [pla'niθje] *f* Ebene *f*

planificación [planifika'θjon] *f* Planung *f;* **~ familiar** Familienplanung *f;* **~ regional** Raumplanung *f*

planificador(a) [planifika'ðor(a)] *m(f)* Planer(in) *m(f);* **~ económico** Wirtschaftsplaner *m*

planificar [planifi'kar] <c → qu> *vt* planen

planilla [pla'niʎa] *f* ① (ECON: *personal*) Belegschaft *f* ② *(impreso)* Formular *nt;* **~ de cálculo** (INFOR) Tabellenkalkulationsprogramm *nt* ③ *(Am: liquidación)* Abrechnung *f*

planisferio [planis'ferjo] *m* Sternkarte *f*

plano[1] ['plano] *m* ① (MAT) Ebene *f;* **~ inclinado** schiefe Ebene ② *(mapa)* Plan *m;* **levantar un ~** einen Plan entwerfen ③ (CINE) **primer ~** Großaufnahme *f;* **en primer ~** *(delante)* im Vordergrund ④ *(loc)* **de ~** durchaus; **aceptó de ~ nuestra propuesta** er/sie nahm unseren Vorschlag ohne Einschränkungen an

plano, -a[2] ['plano, -a] *adj* flach; **superficie plana** Ebene *f*

planta ['plaṇta] *f* ① (BOT) Pflanze *f;* **~ anual** einjährige Pflanze; **~ bulbosa** Zwiebelgewächs *nt;* **~ de interior** Zimmerpflanze *f;* **~ trepadora** Kletterpflanze *f;* **~ medicinal** Arzneipflanze *f;* **~ vivaz**

P

Staude *f* ② *(pie)* Fußsohle *f* ③ *(fábrica)* Anlage *f;* ~ **de abastecimientos de agua** Wasserwerk *nt;* ~ **incineradora** Müllverbrennungsanlage *f;* ~ **industrial** Industrieanlage *f;* ~ **de reciclaje de basuras** Müllaufbereitungsanlage *f;* ~ **siderúrgica** Stahlwerk *nt* ④ *(Am:* ELEC) ~ **de energía atómica/hidráulica** Atomkraft-/Wasserkraftwerk *nt* ⑤ *(piso)* Stockwerk *nt;* ~ **alta/baja** Ober-/Erdgeschoss *nt* ⑥ (ARQUIT) Grundriss *m; (proyecto)* Bauplan *m* ⑦ *(de hospital)* Station; ~ **infantil** Kinderstation *f* ⑧ *(loc)* **tener buena** ~ gut aussehen

plantación [plaṇta'θjon] *f* Pflanzung *f; (finca)* Plantage *f*

plantar [plaṇ'tar] **I.** *vt* ① *(bulbo)* pflanzen; **han plantado el monte** der Berg ist aufgeforstet worden ② *(clavar)* befestigen; ~ **una tienda de campaña** ein Zelt aufschlagen ③ *(fam: tortazo)* versetzen ④ *(fam: cita)* versetzen; **desapareció y me dejó plantado** er/sie verschwand und ließ mich einfach stehen; **dejó plantada a su novia** er ließ seine Freundin sitzen; **lo ~on en la calle** man hat ihn entlassen ⑤ *(abandonar)* aufgeben **II.** *vr:* **~se** ① *(resistirse)* sich widersetzen (**ante** *+dat*) ② *(asno, perro)* nicht von der Stelle wollen ③ *(aparecer)* auftauchen; **se ~on en mi casa en un periquete** sie waren blitzschnell bei mir ④ *(negarse)* sich hartnäckig weigern ⑤ *(en los naipes)* passen; **aquí me planto** ich passe

plante ['plaṇte] *m* Streik *m;* **dar ~ a alguien** jdn sitzen lassen

planteamiento [plaṇtea'mjeṇto] *m* ① *(idea)* Gesichtspunkt *m;* **tu ~ de la cuestión no me parece el adecuado** dein Ansatz scheint mir nicht der richtige zu sein ② (MAT) Ansatz *m*

plantear [plaṇte'ar] **I.** *vt* ① *(asunto, problema)* angehen; **este problema está mal planteado** dieses Problem ist falsch angegangen worden ② *(causar)* verursachen; *(discusión)* auslösen **II.** *vr:* **~se** ① *(reflexionar)* überdenken ② *(cuestión)* aufwerfen; **ahora me planteo la pregunta si...** für mich wirft sich jetzt die Frage auf, ob …

plantel [plaṇ'tel] *m* ① *(vivero)* Baumschule *f* ② *(conjunto)* Gruppe *f* ③ *(Arg: plantilla)* Belegschaft *f*

planteo [plaṇ'teo] *m (Arg)* Protest *m*

plantificación [plaṇtifika'θjon] *f (implantación)* Aufstellung *f,* Errichtung *f*

plantificar [plaṇtifi'kar] <c → qu> **I.** *vt (golpe)* versetzen **II.** *vr:* **~se** auftauchen; **se plantificó allí al poco tiempo** er/sie war in kürzester Zeit da

plantilla [plaṇ'tiʎa] *f* ① *(empleados)* Belegschaft *f;* ~ **de profesores** Lehrerschaft *f* ② *(zapato)* Einlegesohle *f* ③ *(zapatero)* Brandsohle *f* ④ *(patrón)* Schablone *f* ⑤ *(equipo)* Mannschaft *f*

plantío [plaṇ'tio] *m* ① *(plantación)* Pflanzung *f* ② *(terreno)* Garten *m;* (AGR) Plantage *f* ③ *(lo plantado)* Bepflanzung *f*

plantón [plaṇ'ton] *m* ① (AGR) Setzling *m* ② *(loc)* **dar un ~ a alguien** jdn versetzen; **y ahora estoy de ~** jetzt muss ich hier stehen und warten

plañidero, -a [plaɲi'ðero, -a] *adj (lloroso)* weinerlich; *(lastimero)* erbärmlich

plañir [pla'ɲir] <*3. pret* **plañó**> *vi* jammern

plaqué [pla'ke] *m (de oro)* Goldüberzug *m; (de plata)* Silberüberzug *m*

plaqueta [pla'keta] *f* Thrombozyt *m*

plasma ['plasma] *m* Plasma *nt*

plasmación [plasma'θjon] *f* Gestaltung *f; (representación)* Darstellung *f*

plasmar [plas'mar] *vt* ① *(moldear, t. fig)* gestalten ② *(representar)* widerspiegeln

plasta[1] ['plasta] *f (mal hecha)* ≈ Pfusch *m; (desastre)* Katastrophe *f*

plasta[2] ['plasta] *mf (pey)* Nervensäge *f*

plástica ['plastika] *f* Plastik *f*

plasticidad [plastiθi'ða^{d}] *f* Plastizität *f; (fig)* Anschaulichkeit *f*

plástico[1] ['plastiko] *m* Kunststoff *m*

plástico, -a[2] ['plastiko, -a] *adj* ① *(materia)* Plastik-; **papel ~** Plastikfolie *f* ② *(modelable, expresivo)* plastisch; **las artes plásticas** die bildenden Künste

plastificación [plastifika'θjon] *f* ① *(revestimiento)* Einschweißen *nt* in Plastik ② *(con plastificante)* Weichmachen *nt*

plastificar [plastifi'kar] <c → qu> *vt* (in Plastik) einschweißen

plastilina® [plasti'lina] *f* Plastilin® *nt*

plata ['plata] *f* ① *(metal)* Silber *nt;* ~ **labrada** Silber(geschirr) *nt;* ~ **de ley** Feinsilber *nt;* **bodas de ~** Silberhochzeit *f* ② *(moneda)* Silbergeld *nt* ③ *(Am: dinero)* Geld *nt;* **¡adiós mi ~!** *(CSur: fam)* jetzt ist alles verloren! ④ *(loc)* **hablar en ~** Klartext reden

plataforma [plata'forma] *f* ① *(estrado)* Podium *nt* ② *(tranvía)* Plattform *f; (vagón)* Plattformwagen *m;* ~ **de elevación** Hebebühne *f;* ~ **giratoria** Drehscheibe *f* ③ (POL) Forum *nt* ④ (GEO) ~ **continental** Kontinentalsockel *m*

platanero [plata'nero] *m (árbol)* Banane(nstaude) *f*

plátano ['platano] *m* ① *(árbol frondoso)* Platane *f* ② *(árbol frutal tropical)* Bana-

ne(nstaude) *f*; *(fruta)* Banane *f*; ~ **guineo** Kochbanane *f*
platea [pla'tea] *f* Parkett *nt*
plateado, -a [plate'aðo, -a] *adj* silbern
platense [pla'tense] *adj* ① *(de La Plata)* aus La Plata ② *(de Río de La Plata)* aus den Rio-de-la-Plata-Ländern
platería [plate'ria] *f* ① *(tienda)* Juweliergeschäft *nt* ② *(taller)* Silberschmiede *f* ③ *(vajilla)* Silbergeschirr *nt*
platero, -a [pla'tero, -a] *m, f* Silberschmied(in) *m(f)*; *(joyero)* Juwelier(in) *m(f)*
plática ['platika] *f* ① *(conversación)* Unterhaltung *f*; **estar de ~** plaudern ② *(sermón)* Predigt *f*
platicar [plati'kar] <c → qu> *vi (fam)* sich unterhalten
platija [pla'tixa] *f* Flunder *f*
platillo [pla'tiʎo] *m* ① *(de una taza)* Untertasse *f* ② *(balanza)* Waagschale *f* ③ (MÚS) Becken *nt*
platina [pla'tina] *f* ① *(microscopio)* Objekttisch *m* ② (TIPO) Tiegel *m* ③ (INFOR) Platine *f*
platino [pla'tino] *m* ① (QUÍM) Platin *nt* ② *pl* (AUTO) Unterbrecher *mpl*
plato ['plato] *m* ① *(vajilla)* Teller *m*; *(para taza)* Untertasse *f*; **~ llano** Essteller *m*; **~ hondo** Suppenteller *m*; **tiro al ~** (DEP) Tontaubenschießen *nt*; **ahora tengo que pagar los ~s rotos** *(fig)* nun muss ich die Sache auch ausbaden; **tener cara de no haber roto un ~ en la vida** aussehen, als ob man keiner Fliege etwas zuleide tun könnte; **comer en un mismo ~** *(fig)* wie Pech und Schwefel zusammenhalten ② *(comida)* Gericht *nt*; **~ combinado** ≈ Tellergericht *nt*; **~ principal/fuerte** Hauptgericht *nt*; *(fig)* Hauptthema *nt*; **hoy hay ~ único** heute gibt es nur einen Gang; **nos sirvieron tres ~s y postre** uns wurden drei Gänge und Nachtisch serviert ③ *(balanza)* Waagschale *f*
plató [pla'to] *m* (CINE) Kulisse *f*
platón [pla'ton] *m (Am)* Schüssel *f*
platónico, -a [pla'toniko, -a] *adj* platonisch
platudo, -a [pla'tuðo, -a] *adj (Am)* steinreich
plausible [plau̯'siβle] *adj* ① *(loable)* lobenswert ② *(admisible)* plausibel
playa ['plaɟa] *f* ① *(mar)* Strand *m*; **~ nudista** FKK-Strand *m* ② *(Am: espacio)* Gelände *nt*; **~ de estacionamiento** Parkplatz *m*
playback ['plei̯βak] *m* <playbacks> Playback *nt*; *v. t.* **sonido**
playboy [plei̯'βoi̯] *m* <playboys> Playboy *m*
playera [pla'ɟera] *f (Guat, Méx: camiseta)* T-Shirt *nt*
playeras [pla'ɟeras] *fpl (zapatillas)* ≈ Turnschuhe *mpl*
playo, -a ['plaɟo, -a] *adj (CSur)* flach; **plato ~** flacher Teller
plaza ['plaθa] *f* ① *(espacio, t.* COM) Platz *m*; *(de mercado)* Marktplatz *m*; *(de toros)* Arena *f*; **~ de abastos** Markt *m*; **fuimos a la ~ a comprar** wir sind auf den Markt einkaufen gegangen ② *(asiento)* Sitzplatz *m*; *(de garaje/parking)* Stellplatz *m* ③ *(empleo)* Stelle *f* ④ *(en instituciones/viajes)* Platz *m*
plazo ['plaθo] *m* ① *(vencimiento)* Frist *f*; **~ de entrega** Lieferzeit *f*; **~ de preaviso** Kündigungsfrist *f*; **a corto/largo ~** kurz-/langfristig; **fuera del ~** nicht fristgemäß; **en el ~ de un mes** innerhalb eines Monats; **en el banco tengo dos millones a ~ fijo** ich habe auf der Bank zwei Millionen festgelegt; **¿cuándo vence el ~ para la presentación de solicitudes?** wann läuft die Bewerbungsfrist ab? ② *(cantidad)* Rate *f*; **a ~s** auf Raten
plazoleta [plaθo'leta] *f*, **plazuela** [pla'θwela] *f dim de* **plaza**
pleamar [plea'mar] *f* Flut *f*
plebe ['pleβe] *f sin pl* ① (HIST) Plebs *f* ② *(pey: chusma)* Gesindel *nt*
plebeyez [pleβe'ɟeθ] *f* Primitivität *f*
plebeyo, -a [ple'βeɟo, -a] **I.** *adj* ① (*t.* HIST) plebejisch ② *(sin linaje)* bürgerlich ③ *(inculto)* ungebildet; *(grosero)* ungehobelt **II.** *m, f* ① (*t.* HIST) Plebejer(in) *m(f)* ② *(sin linaje)* Bürgerliche(r) *mf* ③ *(grosero)* Grobian *m*
plebiscito [pleβis'θito] *m* Volksbefragung *f*
plegable [ple'ɣaβle] *adj (papel)* faltbar; *(mueble)* zusammenklappbar; **silla ~** Klappstuhl *m*
plegadizo, -a [pleɣa'ðiθo, -a] *adj* (zusammen)klappbar, faltbar; **silla plegadiza** Klappstuhl *m*
plegar [ple'ɣar] *irr como fregar* **I.** *vt* ① *(doblar)* zusammenfalten; *(muebles)* zusammenklappen ② *(imprenta)* falzen **II.** *vr:* **~se** sich fügen
plegaria [ple'ɣarja] *f* Gebet *nt*
pleitear [plei̯te'ar] *vt* (JUR) prozessieren
pleitesía [plei̯te'sia] *f* Huldigung *f*, Verehrung *f*; **rendir ~ a alguien** jdm seine Huldigung darbringen
pleitista [plei̯'tista] *mf* Querulant(in) *m(f)*
pleito ['plei̯to] *m* ① (JUR) Prozess *m* ② *(disputa)* Streit *m*
plenario, -a [ple'narjo, -a] *adj* **asamblea plenaria** Vollversammlung *f*; **sesión plenaria** Plenarsitzung *f*

P

plenilunio [pleni'lunjo] *m sin pl* Vollmond *m*

plenipotenciario, -a [plenipoten'θjarjo, -a] **I.** *adj* bevollmächtigt **II.** *m, f* Bevollmächtigte(r) *f(m)*

plenitud [pleni'tuᵈ] *f* ❶ *(totalidad)* Fülle *f;* **sensación de ~** vollkommene Zufriedenheit ❷ *(apogeo)* Höhepunkt *m;* **en la ~ de sus facultades físicas** auf der Höhe seiner/ihrer körperlichen Fähigkeiten

pleno¹ ['pleno] *m* ❶ Plenum *nt;* **el ayuntamiento en ~** die gesamte Stadtverwaltung ❷ *(en juegos de azar)* Volltreffer *m,* Sechser *m fam*

pleno, -a² ['pleno, -a] *adj* voll; **~ empleo** Vollbeschäftigung *f;* **en el ~ uso de sus facultades mentales** unter Einsatz all seiner/ihrer geistigen Fähigkeiten; **le robaron a plena luz del día** er wurde am helllichten Tag ausgeraubt; **en ~ verano** im Hochsommer

pletórico, -a [ple'toriko, -a] *adj* strotzend (**de** vor +*dat*); **~ de salud** kerngesund

pleura ['pleu̯ra] *f* Brustfell *nt*

plexiglás® [pleˠsi'ɣlas] *m sin pl* Plexiglas® *nt*

pléyade ['pleɟaðe] *f* ❶ (LIT) Pléiade *f* ❷ *(multitud)* **había una ~ de candidatos** es gab eine Menge Bewerber

plica ['plika] *f* versiegelter Umschlag *m*

pliego ['pljeɣo] *m* ❶ *(hoja)* Bogen *m* ❷ *(documento)* Schrift *f;* **~ de cargos** Anklageschrift *f;* **~ de condiciones** Ausschreibungsbedingungen *f pl* ❸ *(libro)* Heft *nt* ❹ *(comunicación)* Postsendung *f*

pliegue ['pljeɣe] *m (doblez, t.* GEO) Falte *f;* **el mantel cae hasta el suelo haciendo ~s** die Tischdecke fällt in Falten bis auf den Boden

plisado [pli'saðo] *m* Plissee *nt*

plisar [pli'sar] *vt* plissieren

plomada [plo'maða] *f (albañilería)* Lot *nt;* **echar la ~** ausloten

plomazo [plo'maθo] *m* ❶ *(fam: pesado)* Nervensäge *f* ❷ *(perdigón)* Schusswunde *f*

plomero [plo'mero] *m* ❶ *(trabajador)* Bleiarbeiter *m; (comerciante)* Bleiwarenhändler *m* ❷ *(reg: fontanero)* Klempner *m*

plomizo, -a [plo'miθo, -a] *adj* ❶ *(color)* bleigrau ❷ *(material)* bleiern

plomo ['plomo] *m* ❶ *(metal)* Blei *nt;* **gasolina sin ~** bleifreies Benzin; **andarse con pies de ~** *(fig)* sehr vorsichtig sein; **caer a ~** der Länge nach hinfallen; **ser un ~** sehr lästig sein ❷ *(plomada)* Bleilot *nt* ❸ *(bala)* Kugel *f* ❹ *pl* (ELEC) Sicherung *f*

pluma ['pluma] *f* ❶ *(ave)* Feder *f;* **cambiar la ~** sich mausern; **quedarse cacareando y sin ~s** trotz eines Misserfolgs noch frohlocken; **vestirse de ~s ajenas** sich mit fremden Federn schmücken ❷ *(escribir)* Feder *f;* **~ estilográfica** Füllfederhalter *m* ❸ *(escritor)* Schriftsteller *m* ❹ *(estilo)* Stil *m*

plumada [plu'maða] *f* Federstrich *m*

plumaje [plu'maxe] *m* ❶ *(ave)* Gefieder *nt* ❷ *(adorno)* Federbusch *m*

plumario, -a [plu'marjo, -a] *m, f (AmC, Méx: pey: periodista)* Schreiberling *m*

plumazo [plu'maθo] *m (trazo)* Federstrich *m;* **suprimieron de un ~ las subvenciones** alle Subventionen wurden auf einmal gestrichen

plúmbeo, -a ['plumbeo, -a] *adj* bleiern; *(pesado)* bleischwer

plumear [plume'ar] *vt (Am: escribir)* schreiben

plumero [plu'mero] *m* ❶ *(limpieza)* Staubwedel *m* ❷ *(plumier)* Griffelkasten *m* ❸ *(adorno)* Federbusch *m* ❹ *(loc)* **a ese se le ve el ~** der ist leicht zu durchschauen

plumier [plu'mjer] *m (caja)* Griffelkasten *m; (estuche)* Federmäppchen *nt*

plumilla [plu'miʎa] *f* Feder *f*

plumín [plu'min] *m* Feder *f (eines Füllfederhalters)*

plumón [plu'mon] *m* ❶ *(ave)* Daune *f* ❷ *(cama)* Federbett *nt*

plural [plu'ral] **I.** *adj* vielfältig; **número ~** Plural *m* **II.** *m* Plural *m;* **~ mayestático** Pluralis majestatis *m*

pluralidad [plurali'ðaᵈ] *f* Vielfältigkeit *f;* **a ~ de votos** mehrheitlich

pluralismo [plura'lismo] *m sin pl* ❶ (FILOS) Pluralismus *m* ❷ *(multiplicidad)* Vielzahl *f*

pluralista [plura'lista] *adj* pluralistisch

pluralizar [plurali'θar] <z → c> *vt* ❶ *(generalizar)* verallgemeinern; **tú cuenta lo que te pasó a ti y no pluralices** erzähl, was dir passiert ist, und sprich nicht im Plural ❷ (LING) die Pluralform bilden (von +*dat*)

plurianual [plurianu'al] *adj* mehrjährig

pluriempleado, -a [pluriemple'aðo, -a] *m, f Person, die mehrere Arbeitsplätze gleichzeitig hat*

pluriempleo [pluriem'pleo] *m* Mehrfachbeschäftigung *f*

plurifamiliar [plurifami'ljar] *adj* Mehrfamilien-

plurilingüe [pluri'liŋgwe] *adj (políglota)* mehrsprachig

pluripartidismo [pluriparti'ðismo] *m* Mehrparteiensystem *nt*

plus [plus] *m (gratificación)* Zulage *f; (ven-*

taja) Vorteil *m;* **de ~** zusätzlich; **~ por trabajar en días festivos** Feiertagszulage *f*

pluscuamperfecto [pluskwamper'fekto] *m* Plusquamperfekt *nt*

plusmarca [plus'marka] *f* (DEP) Rekord *m*

plusmarquista [plusmar'kista] *mf* Rekordhalter(in) *m(f);* **ser el ~ mundial de lanzamiento de jabalina** den Weltrekord im Speerwerfen halten

plusvalía [plusβa'lia] *f sin pl* Mehrwert *m*

plutón [plu'ton] *m* (GEO) Pluton *m*

Plutón [plu'ton] *m* (ASTR) Pluto *m*

plutonio [plu'tonjo] *m* Plutonium *nt*

pluvial [plu'βjal] *adj* Regen-

pluviómetro [plu'βjometro] *m* (METEO) Regenmesser *m*

pluvioso[1] [plu'βjoso] *m* Pluviose *m (fünfter Monat nach der Zeitrechnung der französischen Revolution)*

pluvioso, -a[2] [plu'βjoso, -a] *adj* regnerisch

p.m. [pe'eme] *abr de* **post meridiem** p. m. *(nachmittags)*

P. M. [pe'eme] *f abr de* **policía militar** Militärpolizei *f*

PN ['peso 'neto] *m abr de* **peso neto** Nettogewicht *nt*

PNB [pe(e)ne'be] *m abr de* **producto nacional bruto** BSP *nt*

PNN [pe'nene] *m abr de* **producto nacional neto** Nettosozialprodukt *nt*

PNV [pene'uβe] *m abr de* **Partido Nacionalista Vasco** *Baskische Nationalistische Partei*

p. o. [por 'orðen] *abr de* **por orden** i.A.

poblacho [po'βlatʃo] *m (pey)* Kaff *nt*

población [poβla'θjon] *f* ① *(habitantes)* Bevölkerung *f;* **~ activa** (ECON) erwerbstätige Bevölkerung ② *(localidad)* Ort *m* ③ (BIOL) Population *f*

poblado[1] [po'βlaðo] *m (pueblo)* Dorf *nt; (colonia)* Siedlung *f*

poblado, -a[2] [po'βlaðo, -a] *adj* ① *(habitado)* bewohnt ② *(cejas)* dicht

poblador(a) [poβla'ðor(a)] *m(f) (habitante)* Bewohner(in) *m(f); (colono)* Siedler(in) *m(f)*

poblamiento [poβla'mjen̪to] *m* ① *(acción)* Bevölkern *nt* ② *(asentamiento)* (An)siedlung *f;* **~ urbano** Stadtsiedlung *f*

poblano, -a [po'βlano, -a] **I.** *adj (Am)* ländlich, vom Lande **II.** *m, f* Dorfbewohner(in) *m(f),* Bauer *m,* Bäuerin *f*

poblar [po'βlar] <o → ue> **I.** *vi, vt* ① *(colonizar)* besiedeln ② (BOT) bepflanzen (**de** mit *+dat*); **han poblado el monte de pinos** der Berg ist mit Pinien aufgeforstet worden ③ *(habitar)* bewohnen ④ (ZOOL) **distintas especies pueblan el fondo del mar** verschiedene Arten leben auf dem Meeresgrund **II.** *vr:* **~se** sich füllen; **la costa se pobló rápidamente** die Küste war bald voller Menschen

pobre ['poβre] **I.** *adj* <paupérrimo> arm (**de** an *+dat*); *(desgraciado)* unglücklich; *(humilde)* elend; **¡~ de ti si dices mentiras!** wehe dir, wenn du lügst!; **es una lengua ~ de expresiones** in dieser Sprache gibt es kaum Redewendungen **II.** *mf* Arme(r) *mf; (mendigo)* Bettler(in) *m(f)*

pobretería [poβrete'ria] *f* ① *(tacañería)* Knauserei *f* ② *(pobreza)* Armut *f,* Not *f;* **la ~** die Armen

pobreza [po'βreθa] *f* ① *(necesidad)* Armut *f* ② *(pusilanimidad)* Kleinmütigkeit *f*

pochar [po'tʃar] *vt* pochieren; **huevos pochados** pochierte Eier

pocho, -a ['potʃo, -a] *adj* ① *(fruta)* verdorben ② *(persona)* matt

pochoclo [po'tʃoklo] *m (Arg)* Popcorn *nt*

pocilga [po'θilɣa] *f* Schweinestall *m*

pócima ['poθima] *f,* **poción** [po'θjon] *f* Arznei *f; (pey: brebaje)* Gesöff *nt;* **la ~ mágica** der Zaubertrank

poco[1] ['poko] **I.** *m* ① *(cantidad)* **un ~ de azúcar** ein bisschen Zucker; **acepta el ~ de dinero que te puedo dar** nimm das wenige Geld, das ich dir geben kann; **espera un ~** warte ein wenig ② *pl* wenige; **los ~s que vinieron...** die wenigen, die kamen ...; **es un envidioso como hay ~s** er ist ein Neidhammel wie sonst keiner **II.** *adv* wenig; **escribir ~** wenig schreiben; **es ~ simpático** er ist nicht sehr sympathisch; **nos da ~ más o menos lo mismo** es ist uns relativ egal; **~ a ~** Schritt für Schritt; **~ a ~ dejamos de creerle** allmählich haben wir aufgehört, ihm zu glauben; **a ~ de llegar...** kurz nachdem er gekommen war ...; **~ después** bald darauf; **dentro de ~** bald; **desde hace ~** seit Kurzem; **hace ~** vor Kurzem; **a** [*o* **con**] [*o* **por**] **~ que se esfuerce lo conseguirá** wenn er/sie sich nur ein wenig anstrengt, wird es ihm/ihr gelingen; **por ~ me estrello** beinahe hätte ich einen Unfall gehabt; **tener en ~ a alguien** nicht viel von jdm halten; **y por si fuera ~...** und obendrein ...

poco, -a[2] ['poko, -a] <poquísimo> *adj* wenig, gering; **~s de los presentes lo sabían** nur wenige der Anwesenden wussten es; **aquí hay poca comida para dos personas** das ist zu wenig Essen für zwei Personen; **hay pocas colecciones mejores que esta** es gibt kaum eine bessere Sammlung als diese; **las probabilidades son pocas** die Wahrscheinlichkeit ist gering; **tiene pocas probabilidades de aprobar** er/sie hat wenig Chancen, zu bestehen

poda ['pođa] *f* Beschneiden *nt (von Pflanzen);* ~ **de árboles frutales** Obstbaumschnitt *m*

podadera [pođa'đera] *f (tijeras)* Baumschere *f; (navaja)* Gartenmesser *nt*

podadora [pođa'đora] *f (Méx)* Rasenmäher *m*

podar [po'đar] *vt* beschneiden

podenco [po'đeŋko] *m* (spanischer) Jagdhund *m*

poder [po'đer] **I.** *vi irr* können; **no ~ más de hambre** schrecklichen Hunger haben; **yo a ti te puedo** *(fam)* ich bin stärker als du; **no ~ con el alma** hundemüde sein; **no puedes cogerlo sin permiso** du darfst das nicht unerlaubt nehmen; **no podemos abandonarlo** wir können ihn nicht einfach im Stich lassen; **bien pod(r)ías habérmelo dicho** du hättest mir das sehr wohl sagen können; **bien puede haber aquí un millón de abejas** es ist gut möglich, dass es hier eine Million Bienen gibt; **no puedo verlo todo el día sin hacer nada** ich halte es nicht aus, ihn den ganzen Tag so untätig zu sehen; **no puedo con mi madre** ich komme mit meiner Mutter nicht klar; **la sala se llenó a más no ~** der Saal war zum Bersten voll; **de ~ ser, no dudes que lo hará** wenn er/sie kann, wird er/sie es zweifellos tun; **no pude menos que preguntarle qué hacía por allí** ich konnte nicht umhin, ihn/sie zu fragen, was er/sie dort tat **II.** *vimpers irr* **puede ser que después vuelva** vielleicht komme ich später zurück; **¡puede!** kann sein!; **¿se puede?** darf man (hereinkommen)? **III.** *m* ① *(autoridad, t.* POL) Macht *f;* ~ **absoluto** unumschränkte Macht; ~ **ejecutivo** Exekutive *f;* ~ **judicial** Judikative *f;* ~ **legislativo** Legislative *f;* **los ~es fácticos** die tatsächliche Macht; **los ~es públicos** die Behörden; **la división de ~es** die Gewaltenteilung; **el partido en el ~** die Regierungspartei; **subir al ~** die Macht übernehmen; **los documentos están en ~ del juez** die Dokumente sind in der Gewalt des Richters; **haré todo lo que esté en mi ~** ich werde alles tun, was in meiner Macht steht ② *(autorización)* Vollmacht *f;* ~ **de decisión** Entscheidungsbefugnis *f* ③ *(fuerza)* Kraft *f;* ~ **adquisitivo** (ECON) Kaufkraft *f*

poderío [pođe'rio] *m* ① *(autoridad)* Macht *f* ② *(riqueza)* Reichtum *m* ③ *(fuerza)* Kraft *f*

poderosamente [pođerosa'mente] *adv* gewaltig

poderoso, -a [pođe'roso, -a] *adj* ① *(influyente)* mächtig ② *(rico)* reich ③ *(eficaz)* wirkungsvoll

podio ['pođjo] *m,* **pódium** ['podjun] *m (tarima)* Podium *nt;* (DEP) Podest *nt;* (ARQUIT) Sockel *m*

podólogo, -a [po'đoloɣo, -a] *m, f* Facharzt, -ärztin *m, f* für Fußleiden

podre ['pođre] *f* ① *(putrefacción)* Fäulnis *f* ② *(pus)* Eiter *m*

podredumbre [pođre'đumbre] *f* ① *(putrefacción)* Fäulnis *f* ② *(depravación)* Verkommenheit *f*

podrido, -a [po'đriđo, -a] *adj* faul; *(fig)* verdorben; **estar ~ de dinero** stinkreich sein

podrir [po'đrir] *vt, vr irr v.* **pudrir**

poema [po'ema] *m* Gedicht *nt;* ~ **épico** Epos *nt;* ~ **en prosa** lyrische Prosa; **¡fue todo un ~!** *(gracioso)* das war vielleicht lustig!

poemario [poe'marjo] *m* (LIT) Gedichtsammlung *f*

poesía [poe'sia] *f* ① *(género)* Poesie *f* ② *(poema)* Gedicht *nt;* **libro de ~(s)** Gedichtband *m*

poeta, -isa [po'eta, poe'tisa] *m, f* Dichter(in) *m(f)*

poética [po'etika] *f* Poetik *f*

poético, -a [po'etiko, -a] *adj* dichterisch; *(t. fig)* poetisch; **arte poética** Poetik *f;* **licencia poética** dichterische Freiheit

poetisa [poe'tisa] *f v.* **poeta**

poetizar [poeti'θar] <z → c> *vt* poetisieren

póker ['poker] *m sin pl v.* **póquer**

polaco, -a [po'lako, -a] **I.** *adj* polnisch **II.** *m, f* Pole, -in *m, f*

polaina [po'lai̯na] *f* Gamasche *f*

polar [po'lar] *adj* polar; **círculo ~ ártico/antártico** nördlicher/südlicher Polarkreis

polaridad [polari'đa^đ] *f* (FÍS) Polarität *f; (fig)* Gegensätzlichkeit *f*

polarización [polariθa'θjon] *f* Polarisierung *f*

polarizar [polari'θar] <z → c> *vt* (FÍS) polarisieren; *(fig)* anziehen; **el espectáculo polarizó la atención de los visitantes** das Stück zog die Zuschauer in seinen Bann

polca ['polka] *f* Polka *f*

polea [po'lea] *f* Rolle *f; (roldana)* Seilrolle *f;* **sistema de ~s** Flaschenzug *m*

polémica [po'lemika] *f* Polemik *f*

polémico, -a [po'lemiko, -a] *adj* strittig

polemizar [polemi'θar] <z → c> *vi* polemisieren (**con/contra** gegen +*akk*)

polen ['polen] *m* Pollen *m;* **tengo alergia al ~** ich habe eine Pollenallergie

poleo [po'leo] *m* (BOT) Polei *m;* **menta ~** Poleiminze *f*
polera [po'lera] *f* ① *(Chil: camiseta)* T-Shirt *nt* ② *(Arg: de cuello alto)* Rollkragenpulli *m*
poli ['poli] *f (fam)* Polente *f*
poliamida [polja'miða] *f* Polyamid *nt*
poliarquía [poljar'kia] *f* (POL) Vielherrschaft *f,* Polyarchie *f*
policía[1] [poli'θia] *f* Polizei *f;* **~ antidisturbios** *Spezialeinheit der Polizei gegen Unruhen und Tumulte,* ≈ Bereitschaftspolizei *f;* **~ judicial** Kriminalpolizei *f;* **~ de tráfico** Verkehrspolizei *f;* **~ autónoma** *Polizei der spanischen Autonomien;* **agente de ~** Polizist(in) *m(f);* **coche de ~** Streifenwagen *m;* **comisaría de ~** Polizeiwache *f;* **jefatura de ~** Polizeipräsidium *nt*
policía[2] [poli'θia] *mf* Polizist(in) *m(f);* **perro ~** Polizeihund *m*
policiaco, -a [poli'θjako, -a] *adj,* **policíaco, -a** [poli'θiako, -a] *adj* polizeilich; **Estado ~** Polizeistaat *m;* **película/novela policíaca** Kriminalfilm *m/*-roman *m*
policial [poli'θjal] *adj v.* **policíaco**
policlínica [poli'klinika] *f,* **policlínico** [poli'kliniko] *m* Poliklinik *f*
policromar [polikro'mar] *vt (estatuas, relieves)* mit mehreren Farben versehen
policromo, -a [poli'kromo, -a] *adj,* **polícromo, -a** [po'likromo, -a] *adj* polychrom, vielfarbig, mehrfarbig
polideportivo [poliðepor'tiβo] *m* Sportzentrum *nt*
poliedro [poli'eðro] *m* (MAT) Polyeder *nt*
poliéster [po'ljester] *m* Polyester *m*
poliestireno [poljesti'reno] *m* Styropor® *nt*
polietileno [poljeti'leno] *m* Polyäthylen *nt*
polifacético, -a [polifa'θetiko, -a] *adj* vielseitig
polifonía [polifo'nia] *f sin pl* (MÚS) Polyfonie *f*
poligamia [poli'ɣamja] *f sin pl* Polygamie *f*
poligámico, -a [poli'ɣamiko, -a] *adj* (SOCIOL) die Polygamie betreffend
polígamo, -a [po'liɣamo, -a] *adj* polygam
políglota [po'liɣlota] **I.** *adj* polyglott **II.** *mf* Polyglotte(r) *mf*
polígloto, -a [po'liɣloto, -a] *adj* polyglott, mehrsprachig
poligonal [poliɣo'nal] *adj* vieleckig
polígono [po'liɣono] *m* ① (MAT) Vieleck *nt* ② *(loc)* **~ industrial** Industriegebiet *nt*
polilla [po'liʎa] *f* Motte *f;* **no tener ~ en la lengua** kein Blatt vor den Mund nehmen
polímero [po'limero] *m* (QUÍM) Polymer *nt*
polimorfo, -a [poli'morfo, -a] *adj* vielgestaltig
polinesio, -a [poli'nesjo, -a] **I.** *adj* polynesisch **II.** *m, f* Polynesier(in) *m(f)*
polinizar [polini'θar] <z → c> *vt* (BOT) bestäuben (**con** mit *+dat*)
polinomio [poli'nomjo] *m* (MAT) Polynom *nt*
polinosis [poli'nosis] *f inv* (MED) Pollenallergie *f*
polio ['poljo] *f inv,* **poliomielitis** [poljomje'litis] *f inv* Kinderlähmung *f*
pólipo ['polipo] *m* Polyp *m*
polisarcia [poli'sarθja] *f* (MED) Fettleibigkeit *f*
polisemia [poli'semja] *f sin pl* Polysemie *f*
polisémico, -a [poli'semiko, -a] *adj* (LING) mehrdeutig
polisílabo, -a [poli'silaβo, -a] *adj* mehrsilbig
polisíndeton [poli'sindeton] *m* (LIT) Polysyndeton *nt*
politburó [poliᵗβu'ro] *m* (POL) Politbüro *nt*
politécnico, -a [poli'teɣniko, -a] *adj* polytechnisch
politeísmo [polite'ismo] *m sin pl* (REL) Polytheismus *m,* Vielgötterei *f*
política [po'litika] *f* Politik *f;* **P~ Agraria Común** (UE) Gemeinsame Agrarpolitik; **~ interior/exterior** Innen-/Außenpolitik *f;* **~ del medio ambiente** Umweltpolitik *f;* **~ monetaria** Währungspolitik *f;* **~ pesquera** Fischereipolitik *f;* **~ de privacidad** *(en una página web)* Datenschutzerklärung *f*
políticamente [politika'mente] *adv* politisch; **~ correcto** politisch korrekt
político, -a [po'litiko, -a] **I.** *adj* ① (POL) politisch; **ciencias políticas** Politikwissenschaften *f pl;* **economía política** Volkswirtschaft(slehre) *f* ② *(parentesco)* Schwieger-; **hermano ~** Schwager *m;* **hermana política** Schwägerin *f* **II.** *m, f* Politiker(in) *m(f)*
politiquear [politike'ar] *vi (pey)* ① *(actuar)* in der Politik intrigieren, klüngeln *fam* ② *(hablar)* politisieren
politizar [politi'θar] <z → c> *vt, vr:* **~se** (sich) politisieren
politología [politolo'xia] *f sin pl* Politologie *f*
politólogo, -a [poli'toloɣo, -a] *m, f* Politologe, -in *m, f*
poliuretano [poljure'tano] *m* (QUÍM) Polyurethan *nt*
polivalencia [poliβa'lenθja] *f* Mehrwertigkeit *f*
póliza ['poliθa] *f* ① (JUR) Police *f;* **me he hecho una ~ de seguros** ich habe eine

Versicherungspolice abgeschlossen ② *(sello)* Stempelmarke *f*

polizón [poli'θon] *mf* blinder Passagier *m*

polizonte [poli'θon̩te] *m (pey)* Bulle *m fam*

polla ['poʎa] *f* ① *(gallina)* Junghenne *f;* ~ **de agua** (ZOOL) Blesshuhn *nt* ② *(chica)* junges Mädchen *nt* ③ *(vulg: pene)* Schwanz *m fam* ④ *(Am: carrera)* Pferderennen *nt*

pollear [poʎe'ar] *vi (fam)* in die Pubertät kommen

pollera [po'ʎera] *f* ① *(gallinero)* Hühnerstall *m* ② *(Am: falda)* Rock *m*

pollería [poʎe'ria] *f* Geflügelhandlung *f*

pollerudo [poʎe'ruðo] **I.** *adj (CSur)* ① *(chismoso)* klatschhaft ② *(blando)* weichlich; **niño** ~ Mamasöhnchen *nt;* **hombre** ~ Memme *f* **II.** *m (CSur: pey: clérigo)* Priester *m*

pollina [po'ʎina] *f (PRico, Ven: del pelo)* Pony *m*

pollino, -a [po'ʎino, -a] *m, f* ① *(borrico)* junger Esel, junge Eselin *m, f* ② *(fig: tonto)* Dummkopf *m*

pollito, -a [po'ʎito, -a] *m, f (t. fig)* Küken *nt*

pollo ['poʎo] *m* ① (GASTR) Hähnchen *nt;* ~ **asado** Brathähnchen *nt* ② *(cría)* (Vogel)junge(s) *nt; (de gallina)* junges Huhn *nt;* **sacar ~s** Hühner züchten; **voló el** ~ *(fig)* die Hoffnung ist dahin ③ *(joven)* junger Bursche *m*

polluelo [po'ʎwelo] *m* Küken *nt*

P

polo ['polo] *m* ① (GEO, FÍS, ASTR) Pol *m;* **P~ Ártico** [*o* **Norte**] Nordpol *m;* **P~ Antártico** [*o* **Sur**] Südpol *m;* ~ **industrial** Entwicklungsregion *f* ② (DEP) Polo *nt* ③ *(camiseta)* Polohemd *nt* ④ *(helado)* Eis *nt* am Stiel

polola [po'lola] *f v.* **pololo**

pololear [polole'ar] *vi (AmS)* gehen (**con** mit +*dat*)

pololeo [polo'leo] *m (Chil)* ① *(noviazgo)* Verlobungszeit *f* ② *(trabajito)* Nebenverdienst *m*

pololo, -a [po'lolo, -a] *m, f (And)* Bräutigam *m,* Braut *f*

polonés, -esa [polo'nes, -esa] **I.** *adj* polnisch **II.** *m, f* Pole, -in *m, f*

polonesa [polo'nesa] *f* Polonaise *f*

Polonia [po'lonja] *f* Polen *nt*

poltrón, -ona [pol̩'tron, -ona] *adj* faul, träge

poltrona [pol̩'trona] *f* Lehnstuhl *m*

polución [polu'θjon] *f* ① *(contaminación)* Verschmutzung *f;* ~ **ambiental** Umweltverschmutzung *f* ② *(semen)* Samenerguss *m*

polucionar [poluθjo'nar] *vt* (ECOL) verschmutzen

poluto, -a [po'luto, -a] *adj (elev)* verschmutzt

polvareda [polβa'reða] *f* Staubwolke *f;* **levantar una** ~ *(fig)* viel Staub aufwirbeln

polvera [pol'βera] *f* Puderdose *f*

polvo ['polβo] *m* ① *(limpieza)* Staub *m;* **quitar el** ~ abstauben; **hacer** ~ *(algo)* kaputt machen; *(a alguien)* fertigmachen; **estoy hecho** ~ *(fam)* ich bin fix und fertig; **hacer morder el ~ a alguien** jdn ins Gras beißen lassen; **sacudir a alguien el** ~ *(fig)* jdn verprügeln ② *(sustancia)* Pulver *nt;* **levadura en** ~ Backpulver *nt* ③ *(vulg: coito)* Nummer *f fam;* **echar un** ~ eine Nummer schieben *fam* ④ *pl (cosmética)* Puder *m*

pólvora ['polβora] *f* (Schieß)pulver *nt;* **no haber inventado la** ~ das Pulver auch nicht (gerade) erfunden haben

polvoriento, -a [polβo'rjen̩to, -a] *adj* staubig

polvorín [polβo'rin] *m* Pulverkammer *f;* **estamos sentados sobre un** ~ *(fig)* wir sitzen auf einem Pulverfass

polvorón [polβo'ron] *m* ≈ Schmalzgebäck *nt*

polvoso, -a [pol'βoso, -a] *adj (Am)* staubig

poma ['poma] *f* ① *(manzana)* Apfel *m* ② *(perfume)* Duftlampe *f* ③ *(bola)* Duftkugel *f*

pomada [po'maða] *f* Salbe *f;* ~ **contra mosquitos** Mückenschutzsalbe *f*

pomelo [po'melo] *m* Grapefruit *f*

Pomerania [pome'ranja] *f* Pommern *nt*

pómez ['pomeθ] *f* Bimsstein *m*

pomo ['pomo] *m* ① *(puerta)* Türknauf *m* ② *(poma)* Duftkugel *f; (frasco)* Flakon *m* ③ (BOT) Kernfrucht *f* ④ *(espada)* Knauf *m*

pompa ['pompa] *f* ① *(burbuja)* Blase *f* ② *(esplendor)* Pracht *f; (ostentación)* Pomp *m;* **~s fúnebres** Bestattungsinstitut *nt*

pompis ['pompis] *m inv (fam)* Po(po) *m*

pompo, -a ['pompo, -a] *adj (Col, Ecua: sin filo)* stumpf

pomposo, -a [pom'poso, -a] *adj* pompös; *(grandilocuente)* hochtrabend; *(estilo)* geschwollen

pómulo ['pomulo] *m* Backenknochen *m*

ponchada [pon'ʧaða] *f (CSur: fam)* **una ~ de** ein Haufen +*gen*

ponchar [pon'ʧar] **I.** *vt (perforar)* löchern; *(pinchar)* stechen; ~ **el billete** die Fahrkarte knipsen **II.** *vr:* **~se** *(pincharse)* sich stechen; **se nos ponchó la llanta del coche** wir hatten einen Platten

ponche ['ponʧe] *m* Punsch *m*

poncho[1] ['pontʃo] *m* Poncho *m*

poncho, -a[2] ['pontʃo, -a] *adj (Am)* faul

ponderación [pon̪dera'θjon] *f* ① *(elogio)* Lob *nt* ② *(sopesar)* Abwägen *nt;* **sistema de ~ del voto** (UE) System der Stimmengewichtung; **con ~** vorsichtig ③ *(pesar)* Abwiegen *nt* ④ *(exageración)* Übertreibung *f*

ponderado, -a [pon̪de'raðo, -a] *adj* gewichtet; **media ponderada** gewogenes Mittel

ponderador(a) [pon̪dera'ðor(a)] *adj* abwägend, bedenkend; *(con exageración)* übertreibend

ponderar [pon̪de'rar] *vt* ① *(sopesar)* abwägen ② *(encomiar)* preisen

ponderativo, -a [pon̪dera'tiβo, -a] *adj* ① *(cauteloso)* vorsichtig ② *(que alaba)* rühmend

ponencia [po'nen̪θja] *f* Referat *nt; (informe)* Bericht *m*

ponente [po'nen̪te] *mf* Referent(in) *m(f); (informador)* Berichterstatter(in) *m(f)*

poner [po'ner] *irr* **I.** *vt* ① *(colocar)* stellen; *(horizontalmente)* legen; *(inyección)* geben; *(sellos, etiqueta)* aufkleben; *(tirita®)* auflegen; *(huevos)* legen; **pon el espejo mirando hacia mí** dreh den Spiegel zu mir hin; **pon la ropa en el tendedero** häng die Wäsche auf den Ständer; **¿dónde habré puesto...?** wo habe ich nur ... gelassen?; **lo pongo en tus manos** *(fig)* ich lege es in deine Hände; **eso es querer ~ barreras al campo** *(prov)* das ist eine Zumutung ② *(disponer)* herrichten; *(la mesa)* decken; **~ algo a disposición de alguien** jdm etw zur Verfügung stellen ③ *(encender)* anmachen; **pon el despertador para las cuatro** stell den Wecker auf vier Uhr; **~ en marcha** in Gang bringen ④ *(convertir)* machen; **~ de mal humor a alguien** jdm die Laune verderben; **la noticia me puso de buen humor** die Nachricht versetzte mich in gute Laune; **~ colorado a alguien** jdn verlegen machen; **el sol te pondrá moreno** in der Sonne wirst du braun werden ⑤ *(suponer)* annehmen; **pon que no viene** stell dir mal vor, er/sie kommt nicht; **pongamos que resolvemos el problema en dos días...** nehmen wir mal an, wir lösen dieses Problem in zwei Tagen ...; **pongamos por** [*o* **el**] **caso que no llegue a tiempo** gesetzt den Fall, er/sie kommt nicht rechtzeitig ⑥ *(exponer)* **~ la ropa a secar al sol** die Wäsche zum Trocknen in der Sonne ausbreiten; **~ la leche al fuego** die Milch auf den Herd stellen; **~ en peligro** aufs Spiel setzen ⑦ *(contribuir)* beitragen; *(juego)* setzen; **¿cuánto has puesto tú en el fondo común?** wie viel hast du in die Kasse gezahlt?; **pusimos todo de nuestra parte** wir haben von uns aus alles getan ⑧ *(una expresión)* machen; **~ mala cara** ein böses Gesicht machen ⑨ *(tratar)* behandeln; **~ a alguien a parir** jdn übel beschimpfen; **~ a alguien por las nubes** jdn in den Himmel heben; **~ de idiota** *(pey)* wie einen Trottel behandeln ⑩ *(denominar)* nennen; **le pusieron por** [*o* **de**] **nombre Manolo** sie haben ihn Manolo genannt; **¿qué nombre le van a ~?** welchen Namen soll er/sie bekommen? ⑪ *(espectáculo)* zeigen; **~ en escena** inszenieren; **¿qué ponen hoy en el cine?** was läuft heute im Kino? ⑫ *(imponer)* **hoy nos han puesto muchos deberes** heute haben wir viele Hausaufgaben aufbekommen; **~ una multa** eine Strafe auferlegen; **~ condiciones** Bedingungen stellen ⑬ *(instalar)* einrichten ⑭ *(a trabajar)* **tendré que ~ a mis hijos a trabajar** ich werde meinen Kindern eine Arbeit suchen müssen; **puse a mi hijo de aprendiz de panadero** ich habe meinem Sohn eine Lehrstelle als Bäcker gesucht ⑮ *(añadir)* hinzufügen ⑯ *(escribir)* schreiben; *(un telegrama)* aufgeben; **~ entre comillas** in Anführungszeichen setzen; **~ la firma** unterschreiben; **~ un anuncio** inserieren; **~ por escrito la propuesta** den Vorschlag schwarz auf weiß niederschreiben; **te pongo cuatro letras para decirte que...** ich schreibe dir ein paar Zeilen, um dir zu sagen, dass ... ⑰ *(estar escrito)* stehen ⑱ *(vestido, zapato)* anziehen; *(anillo)* anstecken; *(gafas)* aufsetzen; **le puso el collar al cuello** er/sie legte ihm/ihr die Kette um ⑲ *(teléfono)* verbinden; **me puse al habla con mi amigo** ich setzte mich mit meinem Freund in Verbindung ⑳ *(loc)* **~ aparte** beiseitelegen; **~ atención** aufpassen; **~ en la calle** *(fig)* auf die Straße setzen; **pusieron a diez trabajadores en la calle** zehn Arbeiter sind entlassen worden; **~ (en) claro** klarstellen; **~ algo en conocimiento de alguien** jdn von etw *dat* in Kenntnis setzen; **~ a alguien al corriente de algo** jdn über etw informieren; **~ por delante** vorschieben; **~ al día** auf den neuesten Stand bringen; **~ por encima** bevorzugen; **~ en evidencia** beweisen; **~ el grito en el cielo** sich empören; **~ en movimiento** in Bewegung setzen; **~ peros a algo** Bedenken gegen etw haben; **~ algo en práctica** etw in die Tat umsetzen; **~ algo en tela de juicio** an etw *dat* zweifeln; **~ a la venta** verkaufen **II.** *vr:* **~se**

P

❶ *(vestido, zapato)* sich anziehen; **ponte guapo** mach dich hübsch; **~se de invierno** sich winterlich kleiden; **~se de luto** Trauer tragen; **~se de largo** sich festlich kleiden ❷ (ASTR) untergehen; **el sol se pone por el oeste** die Sonne geht im Westen unter ❸ *(mancharse)* **se pusieron perdidos de barro** sie waren von oben bis unten voller Matsch ❹ *(comenzar)* anfangen; **por la tarde se puso a llover** nachmittags fing es an zu regnen ❺ *(con adjetivo)* werden; **se puso chulo y no nos dejó entrar** er wollte sich aufspielen und ließ uns nicht hinein; **estás en tu casa, ponte cómodo** fühl dich wie zu Hause, mach es dir bequem ❻ *(loc)* **¡no te pongas así que no es para tanto!** stell dich doch nicht so an!; **dile que se ponga al teléfono** sag ihm/ihr, er/sie soll ans Telefon kommen; **~se las botas** bis zum Umfallen essen; **nos pusimos de acuerdo para comprarle un regalo** wir haben uns darauf geeinigt, ein gemeinsames Geschenk zu kaufen; **¡póngase en mi lugar!** versetzen Sie sich in meine Lage!

pongo ['poŋgo] *1. pres de* **poner**

poni ['poni] *m* Pony *nt*

ponible [po'niβle] *adj* (TÉC) tragbar; **dispositivo ~** tragbares Gerät

poniente [po'njeṇte] *m* ❶ *(oeste)* Westen *m* ❷ *(viento)* Westwind *m*

pontevedrés, -esa [poṇteβe'ðres, -esa] **I.** *adj* aus Pontevedra **II.** *m, f* Einwohner(in) *m(f)* von Pontevedra

pontificado [poṇtifi'kaðo] *m* (REL) Pontifikat *nt*

pontificar [poṇtifi'kar] <c → qu> *vi (fig)* dozieren

pontífice [poṇ'tifiθe] *m* (HIST) Pontifex *m;* **Sumo** [*o* **Romano**] **P~** (REL) Pontifex maximus *m*

ponzoña [poṇ'θoɲa] *f* Gift *nt*

ponzoñoso, -a [poṇθo'ɲoso, -a] *adj* giftig; *(fig)* schädlich, verderblich

pool [pul] <pools> *m* (ECON) Pool *m*

pop [pop] **I.** *adj inv* Pop- **II.** *m inv* Popmusik *f*

popa ['popa] *f* ❶ *(barco)* Heck *nt;* **viento en ~** Rückenwind *m;* **a ~** achtern ❷ *(fam: trasero)* Hintern *m*

pope ['pope] *m* (REL) Pope *m*

popoff [po'pof] *adj inv (Méx: fam)* vornehm

popote [po'pote] *m (Méx: paja)* Strohhalm *m*

populachero, -a [popula'ʧero, -a] *adj* primitiv, populistisch

populacho [popu'laʧo] *m* Pöbel *m*

popular [popu'lar] *adj* ❶ *(del pueblo)* volkstümlich; **aire ~** Volkslied *nt* ❷ *(conocido)* populär; *(admirado)* beliebt

popularidad [populari'ðaᵈ] *f* Popularität *f*

popularización [populariθa'θjon] *f* Popularisierung *f*

popularizar [populari'θar] <z → c> **I.** *vt* populär machen; *(extender)* verbreiten **II.** *vr:* **~se** populär werden

popularmente [popular'meṇte] *adv* volkstümlich, populär; **actuar ~** populär handeln; **~ reconocido** von der breiten Masse anerkannt

populismo [popu'lismo] *m sin pl* (POL) Populismus *m*

populista [popu'lista] **I.** *adj* ❶ *(relativo al pueblo)* Volks-; **partido ~** Volkspartei *f* ❷ *(relativo al populismo)* populistisch **II.** *mf* Populist(in) *m(f)*

populoso, -a [popu'loso, -a] *adj* dicht besiedelt

popurrí [popu'rri] *m* Potpourri *nt*

poquedad [poke'ðaᵈ] *f* ❶ *(escasez)* Knappheit *f* ❷ *(pusilanimidad)* Kleinmut *m* ❸ *(insignificancia)* Kleinigkeit *f*

póquer ['poker] *m* Poker *nt o m;* **poner cara de ~** ein Pokerface aufsetzen

poquísimo, -a [po'kisimo, -a] *adj superl de* **poco²**

poquito [po'kito] *adv* wenig; **bébelo ~ a poco, bébelo a ~** trink es Schluck für Schluck

por [por] *prep* ❶ *(lugar: a través de)* durch +*akk;* *(vía)* über +*akk;* *(en)* in +*dat;* **~ aquí** hier entlang; **limpia la botella ~ dentro/fuera** spül die Flasche von innen/außen; **pasé ~ Madrid hace poco** ich war vor Kurzem in Madrid; **adelantar ~ la izquierda** links überholen; **volar ~ encima de los Alpes** über die Alpen fliegen; **ese pueblo está ~ Castilla** das Dorf liegt irgendwo in Kastilien; **la cogió ~ la cintura** er/sie fasste sie um die Taille ❷ *(tiempo)* für +*akk,* um +*akk;* **~ la(s) mañana(s)** morgens; **mañana ~ la mañana** morgen früh; **~ la tarde** nachmittags; **ayer ~ la noche** gestern Abend; **~ noviembre** im November; **~ fin** endlich; **tengo un contrato ~ tres años** ich habe einen Vertrag für drei Jahre ❸ *(a cambio de)* für +*akk;* *(en lugar de)* statt +*gen;* *(sustituyendo a alguien)* anstelle +*gen;* **le cambié el libro ~ el álbum** ich habe das Buch gegen das Album getauscht ❹ *(agente)* von +*dat* ❺ (MAT: *multiplicación*) mal ❻ *(reparto)* pro; **toca a cuatro ~ cabeza** jeder von uns bekommt vier; **el ocho ~ ciento** acht Prozent ❼ *(finalidad)* für +*akk* ❽ *(causa)* wegen +*gen/dat;* *(en cuanto a)* von ... aus; **lo merece ~ los esfuerzos que ha hecho** er/sie hat es ver-

P

dient, weil er/sie sich so bemüht hat; **lo hago ~ ti** ich tue es dir zuliebe; **~ desesperación** aus Verzweiflung; **~ consiguiente** folglich; **~ eso** deshalb; **~ lo que a eso se refiere** was das betrifft; **~ mí que se vayan** meinetwegen können sie gehen; **no te preocupes ~ hacer muchas fotocopias** mach dir keine Sorgen wegen der vielen Fotokopien ⑨ *(preferencia)* für +*akk;* **estoy ~ dejarlo plantado** ich bin kurz davor, ihn sitzen zu lassen; **estar loco ~ alguien** verrückt nach jdm sein ⑩ *(dirección)* **voy (a) ~ tabaco** ich gehe Zigaretten holen ⑪ *(pendiente)* **este pantalón está ~ lavar** diese Hose muss gewaschen werden ⑫ *(aunque)* trotz +*gen;* **~ muy cansado que esté no lo dejará a medias** trotz seiner Müdigkeit wird er es fertig stellen ⑬ *(medio)* per +*akk; (alguien)* durch +*akk;* **poner ~ escrito** aufschreiben; **al ~ mayor** en gros ⑭ *(interrogativo)* **¿~ (qué)?** warum? ⑮ *(final)* **~ que** +*subj* damit; **hizo todo ~ que no viniera** er/sie tat alles, damit er/sie nicht käme; **lo hago ~ si acaso** ich mache es vorsichtshalber ⑯ *(casi)* **~ poco** fast; **~ poco me ahogo** ich wäre beinahe ertrunken

porcelana [porθe'lana] *f* Porzellan *nt;* **~ de Sajonia** Meißner Porzellan

porcentaje [porθen̩'taxe] *m* Prozentsatz *m;* **~ de derechos del autor** Tantiemen *f pl*

porcentual [porθen̩tu'al] *adj* prozentual

porche ['portʃe] *m* ① *(pórtico)* Vorhalle *f* ② *(cobertizo)* Veranda *f*

porcino, -a [por'θino, -a] *adj* Schweine-

porción [por'θjon] *f* Teil *m,* Portion *f*

pordiosear [porðjose'ar] *vi* betteln

pordiosero, -a [porðjo'sero, -a] *m, f* Bettler(in) *m(f)*

porfía [por'fia] *f* Hartnäckigkeit *f;* **a ~** mit großem Eifer

porfiado, -a [por'fjaðo, -a] **I.** *adj* starrköpfig **II.** *m, f* Starrkopf *m*

porfiador(a) [porfja'ðor(a)] **I.** *adj* streitsüchtig **II.** *m(f)* Starrkopf *m*

porfiar [porfi'ar] <*1. pres* porfío> *vi* ① *(insistir)* beharren (**en** auf +*dat*); **porfió en cerrar la puerta** er/sie wollte unbedingt die Tür schließen ② *(disputar)* streiten

pormenor [porme'nor] *m* Einzelheit *f*

pormenorizado, -a [pormenori'θaðo, -a] *adj* detailliert

pormenorizar [pormenori'θar] <z → c> *vt* genau beschreiben

porno ['porno] **I.** *adj inv (fam)* pornografisch **II.** *m (fam)* Porno *m*

pornografía [pornoɣra'fia] *f* Pornografie *f*

pornográfico, -a [porno'ɣrafiko, -a] *adj* pornografisch

poro ['poro] *m* Pore *f*

pororó [poro'ro] *m (CSur: palomitas)* Popcorn *nt*

porosidad [porosi'ðaᵈ] *f* Porosität *f*

poroso, -a [po'roso, -a] *adj* porös

poroto [po'roto] *m (AmS)* Bohne *f; (guiso)* Bohnengericht *nt*

porque ['porke] *conj* ① *(causal)* weil; **lo hizo ~ sí** er/sie tat es aus Eigensinn ② +*subj (final)* damit; **recemos ~ llueva** lasst uns um Regen beten

porqué [por'ke] *m* Grund *m*

porquería [porke'ria] *f (fam)* ① *(suciedad)* Dreck *m* ② *(acto)* Schweinerei *f* ③ *(comida)* Schweinefraß *m* ④ *(cacharro)* Mistding *nt* ⑤ *(pequeñez)* Kleinigkeit *f*

porqueriza [porke'riθa] *f* Schweinestall *m*

porra ['porra] *f* ① *(bastón)* Schlagstock *m* ② *(churro)* gebratenes Spritzgebäck ③ *(loc, fam)* **¡vete a la ~!** scher dich zum Teufel!; **¡~(s)!** verdammt!

porrada [po'rraða] *f* Menge *f,* Unmenge *f;* **dijo una ~ de disparates** er/sie redete nur Unsinn

porrazo [po'rraθo] *m* Schlag *m*

porrero, -a [po'rrero, -a] *m, f (argot)* Kiffer(in) *m(f)*

porreta [po'rreta] *f* **en ~(s)** splitternackt

porrista [po'rrista] *mf (Méx)* Fan *m*

porro ['porro] *m* ① *(argot: canuto)* Joint *m* ② *(puerro)* Lauch *m* ③ *(fam: torpe)* Trampel *m o nt*

porrón [po'rron] *m* Wasserkrug *m*

porsiaca [porsi'aka] *adv (fam)* vorsichtshalber

portaaviones [porta(a)βi'ones] *m inv* Flugzeugträger *m*

portabebés [portaβe'βes] *m inv (pectoral)* Babytragegurt *m; (tipo mochila)* Babytragegestell *nt*

portacontenedores [portakon̩tene'ðores] *m inv* Containerschiff *nt*

portada [por'taða] *f* ① *(fachada)* Portal *nt* ② (TIPO) Titelblatt *nt;* (PREN) Titelseite *f*

portador(a) [porta'ðor(a)] *m(f)* ① *(de gérmenes)* Träger(in) *m(f)* ② (COM) Inhaber(in) *m(f)*

portaequipaje(s) [portaeki'paxe(s)] *m (inv)* ① *(maletero)* Kofferraum *m* ② *(baca, de bicicleta)* Gepäckträger *m* ③ *(tren)* Gepäcknetz *nt*

portafolios [porta'foljos] *m inv* Aktentasche *f*

portal [por'tal] *m* ① *(de un edificio)* Eingangsbereich *m; (soportal)* Vorhalle *f;* **~ de Belén** (REL) Krippe *f* ② (INFOR) Homepage *f*

portalámpara(s) [porta'lampara(s)] *m (inv)* Fassung *f*

P

portalápices [porta'lapiθes] *m* <inv> Stiftehalter *m*

portallaves [porta'ʎaβes] *m inv (Ven)* Schlüsselanhänger *m*

portalón [porta'lon] *m* ❶ (ARQUIT) Tor *nt* ❷ (NÁUT) Fallreeptür *f*

portamaletas [portama'letas] *m inv* (AUTO) Kofferraum *m*

portaminas [porta'minas] *m inv* Druckbleistift *m*, Drehbleistift *m*

portamonedas [portamo'neðas] *m inv* Geldbörse *f*

portante [por'tan̪te] *m* **tomar el ~** *(fam)* verduften; **dar el ~ a alguien** jdn entlassen

portar [por'tar] **I.** *vt (perro)* apportieren **II.** *vr:* **~se** sich benehmen; **~se bien con alguien** jdm gegenüber zuvorkommend sein; **el niño se porta bien/mal** das Kind ist artig/unartig; **~se como un hombre** tapfer sein; **nuestro equipo se ha portado** unsere Mannschaft hat sich glänzend geschlagen

portarretrato(s) [portarre'trato(s)] *m (inv)* Fotorahmen *m*

portarrollos [porta'rroʎos] *m inv* Halter *m;* **~ de papel higiénico** Toilettenpapierhalter *m*

portátil [por'tatil] *adj* tragbar; **máquina de escribir ~** Reiseschreibmaschine *f;* **ordenador ~** Laptop *m*

portavoz[1] [porta'βoθ] *m* ❶ *(periódico)* Organ *nt* ❷ *(bocina)* (Trichter)sprachrohr *nt*

portavoz[2] [porta'βoθ] *mf (persona)* Sprecher(in) *m(f)*

portazo [por'taθo] *m* Zuschlagen *nt* (einer Tür); **dar un ~** die Tür heftig zuschlagen; **despedirse con un ~** die Tür hinter sich *dat* zuschlagen; **darle a alguien un ~ en las narices** *(fam)* jdm die Tür vor der Nase zuschlagen

porte ['porte] *m* ❶ *(trasporte)* Beförderung *f;* **~ aéreo** Luftfracht *f;* **gastos de ~** Frachtspesen *pl;* **a ~ debido** Fracht zahlt Empfänger ❷ *(gastos de trasporte)* Fracht(gebühr) *f* ❸ *(correo)* Porto *nt;* **~ por expreso** Eilzustellgebühr *f;* **~ de un paquete** Paketgebühr *f;* **~ suplementario** Nachporto *nt* ❹ *(buque)* Ladefähigkeit *f;* **buque de gran ~** Seeschiff *nt* ❺ *(aspecto)* Auftreten *nt;* **es un hombre de ~ distinguido** er ist eine vornehme Erscheinung; **mostrar un ~ severo** streng wirken

portear [porte'ar] **I.** *vi (cerrar de golpe)* zuschlagen **II.** *vt* befördern, transportieren **III.** *vr:* **~se** *(aves migratorias)* von einem Ort zum anderen ziehen

portento [por'ten̪to] *m* Wunder *nt* (**de** an +*dat*); **niño ~** Wunderkind *nt;* **un ~ de energía** ein Energiebündel; **admirar un ~** nicht schlecht staunen

portentoso, -a [porten̪'toso, -a] *adj* wunderbar

porteño, -a [por'teɲo, -a] *m, f* ❶ *(Arg)* Einwohner(in) *m(f)* von Buenos Aires ❷ *(Chil)* Einwohner(in) *m(f)* von Valparaiso ❸ *(Col)* Einwohner(in) *m(f)* von Puerto Carreño

porteo [por'teo] *m* Beförderung *f*

portera [por'tera] *f v.* **portero**

portería [porte'ria] *f* ❶ *(cuarto)* Pförtnerloge *f; (casa)* Pförtnerhaus *nt* ❷ *(empleo del portero)* Pförtnerstelle *f* ❸ (DEP) Tor *nt*

portero, -a [por'tero, -a] *m, f* ❶ *(conserje)* Pförtner(in) *m(f);* **~ automático** (Gegen)sprechanlage *f* ❷ *(Arg: administrador)* Hausverwalter(in) *m(f)* ❸ (DEP: *fútbol*) Torwart, -frau *m, f*

portezuela [porte'θwela] *f* ❶ *dim de* **puerta** ❷ *(del coche)* Wagentür *f; (del tren)* Abteiltür *f; (del horno)* Ofentür *f*

pórtico ['portiko] *m* ❶ *(porche)* Säulenhalle *f;* *(galería)* Säulengang *m* ❷ (INFOR) Schnittstelle *f*

portilla [por'tiʎa] *f* (NÁUT) Bullauge *nt*

portillo [por'tiʎo] *m* ❶ *(abertura)* Durchschlupf *m* ❷ *(postigo)* Pförtchen *nt* ❸ *(entre montañas)* Engpass *m* ❹ *(punto débil)* Schwachstelle *f*

portorriqueño, -a [portorri'keɲo, -a] **I.** *adj* puerto-ricanisch **II.** *m, f* Puerto-Ricaner(in) *m(f)*

portuario, -a [por'twarjo, -a] **I.** *adj* Hafen- **II.** *m, f* Hafenarbeiter(in) *m(f)*

Portugal *m* Portugal *nt*

portugués, -esa [portu'ɣes, -esa] **I.** *adj* portugiesisch **II.** *m, f* Portugiese, -in *m, f*

porvenir [porβe'nir] *m* Zukunft *f;* **en el ~ lejano** in ferner Zukunft; **lleno de ~** zukunftsträchtig; **tener el ~ asegurado** eine gesicherte Zukunft haben; **un joven de ~** ein junger Mann, der eine viel versprechende Zukunft vor sich *dat* hat

pos [pos] **I.** *adv* **ir en ~ de algo** hinter etw *dat* hergehen; **ir en ~ de alguien** jdm nachgehen; **van en ~ del éxito** sie laufen dem Erfolg hinterher **II.** *conj (Méx: fam) v.* **pues**

pos(t)data [pos'ðata] *f* Postskriptum *nt*

pos(t)grado [pos'ɣraðo] *m* **de ~** Postgraduierten-

pos(t)guerra [pos'ɣerra] *f* Nachkriegszeit *f*

pos(t)venta [pos'βen̪ta] **I.** *adj* **servicio ~** Kundendienst *m* **II.** *f* Garantiezeit *f*

posada [po'saða] *f* ❶ *(parador)* Raststätte *f; (fonda)* Gasthof *m; (pensión)* Pension *f* ❷ *(hospedaje)* Beherbergung *f;* **dar ~**

a alguien jdn beherbergen; **hacer** ~ einkehren; **pedir** ~ um Unterkunft bitten ③ *(apartamento)* Wohnung *f*

posaderas [posa'ðeras] *f pl (fam)* Hintern *m*

posadero, -a [posa'ðero, -a] *m, f* Gastwirt(in) *m(f)*

posar [po'sar] **I.** *vi* ① *(reposar)* sich ausruhen ② *(modelo)* posieren ③ *(hospedarse)* logieren **II.** *vt* ① *(poner suavemente)* sanft auflegen (**sobre** auf +*akk*) ② *(carga)* absetzen ③ *(mirada)* richten (**sobre** auf +*akk*) **III.** *vr:* **~se** sich setzen; **el sol se posaba en el mar** die Sonne ging über dem Meer unter; **la golondrina se posó en el árbol** die Schwalbe landete auf dem Baum

posavasos [posa'βasos] *m inv* Untersetzer *m (für Gläser)*

posdata [pos'ðata] *f* Postskriptum *nt*

pose ['pose] *f (postura)* Pose *f*

poseedor(a) [pose(e)'ðor(a)] *m(f)* Besitzer(in) *m(f)*

poseer [po'ser/pose'er] *irr como leer* **I.** *vt* besitzen; ~ **bien un idioma** eine Sprache gut beherrschen; ~ **una importante posición social** eine bedeutende gesellschaftliche Stellung einnehmen; ~ **a alguien a la fuerza** jdn vergewaltigen **II.** *vr:* **~se** sich beherrschen

poseído, -a [pose'iðo, -a] **I.** *adj* besessen (**de/por** von +*dat*); ~ **de odio** hasserfüllt; **una chica poseída de su belleza** ein Mädchen, das sich *dat* auf seine Schönheit viel einbildet **II.** *m, f* Besessene(r) *mf;* **gritar como un** ~ wie ein Wahnsinniger schreien

posesión [pose'sjon] *f (propiedad)* Besitz *m;* **estoy en ~ de su atenta carta...** ich habe Ihr freundliches Schreiben erhalten ...

posesionar [posesjo'nar] **I.** *vt* ~ **a alguien de algo** jdm etw überlassen, jdn in Besitz von etw bringen **II.** *vr:* **~se** Besitz ergreifen (**de** von +*dat*)

posesivo, -a [pose'siβo, -a] *adj* ① *(persona)* Besitz ergreifend ② (LING) possessiv; **pronombre** ~ Possessivpronomen *nt*

poseso, -a [po'seso, -a] **I.** *adj* besessen **II.** *m, f* Besessene(r) *mf*

posesor(a) [pose'sor(a)] *m(f)* Besitzer(in) *m(f)*, Inhaber(in) *m(f)*

posibilidad [posiβili'ða^{d}] *f* ① *(lo posible)* Möglichkeit *f;* **tener grandes ~es de éxito** gute Aussichten auf Erfolg haben ② *(aptitud)* Eignung *f;* **tienes ~es de llegar a ser un buen actor** du hast das Zeug zu einem guten Schauspieler ③ *(facultad)* Fähigkeit *f;* **esto está por encima de mis ~es** das übersteigt meine Kräfte ④ *pl (medios económicos)* Vermögen *nt;* **estás viviendo por encima de tus ~es** du lebst über deine Verhältnisse

posibilitar [posiβili'tar] *vt* ermöglichen

posible [po'siβle] **I.** *adj* möglich; **hacer** ~ ermöglichen; **hacer lo ~ para que...** +*subj* sich anstrengen, um zu ... +*inf;* **hacer todo lo** ~ sein Möglichstes tun; **hacer todo lo humanamente** ~ das Menschenmögliche tun; **es ~ que...** +*subj* vielleicht ...; **es muy ~ que...** +*subj* es ist sehr wahrscheinlich, dass ...; **¡no es ~!** das kann nicht wahr sein!; **¿será ~?** soll man es für möglich halten?; **si es** ~ wenn möglich; **en lo** ~ nach Möglichkeit; **lo antes** ~ möglichst bald; **no lo veo** ~ ich sehe keine Möglichkeit **II.** *m* ① *(lo probable)* Mögliche(s) *nt* ② *pl (recursos)* Mittel *nt pl*

posiblemente [posiβle'mente] *adv* möglicherweise, vielleicht

posición [posi'θjon] *f (colocación, postura, t.* MIL) Stellung *f;* ~ **clave** Schlüsselposition *f;* ~ **del cuerpo** Körperhaltung *f;* ~ **del cursor** Cursorposition *f;* **la ~ económica** die wirtschaftlichen Verhältnisse; ~ **de empleado** Angestelltenverhältnis *nt;* **la ~ geográfica** die geografische Lage; **en buena** ~ wirtschaftlich gutgestellt; **de** ~ hoch gestellt, von Rang; **mi ~ ante este asunto...** meine Einstellung zu dieser Frage ...; **tomar** ~ Stellung beziehen

posicionado, -a [posiθjo'naðo, -a] *adj* gestellt, positioniert

posicionamiento [posiθjona'mjento] *m* Positionierung *f*

posicionar [posiθjo'nar] **I.** *vi* Stellung beziehen **II.** *vt* positionieren

pósit ['posit] *m* Haftnotiz *f*, Post-it® *nt*

positivamente [positiβa'mente] *adv* positiv, bestimmt, gewiss; **saber algo** ~ etw absolut sicher wissen

positivista [positi'βista] **I.** *adj* positivistisch **II.** *mf* Positivist(in) *m(f)*

positivo[1] [posi'tiβo] *m* (FOTO) Positiv *nt*

positivo, -a[2] [posi'tiβo, -a] *adj* ① *(afirmativo, favorable, t.* MAT, FÍS) positiv ② *(cierto)* tatsächlich ③ *(seguro)* sicher ④ *(práctico)* sachlich; **un hombre** ~ ein Optimist

positura [posi'tura] *f* Lage *f*, Zustand *m*

posma ['posma] *f (fam)* ① *(pesadez)* Schwerfälligkeit *f*, Trägheit *f* ② *(persona)* Tranfunzel *f*

posmodernidad [posmoðerni'ða^{d}] *f sin pl* Postmoderne *f*

posmoderno, -a [posmo'ðerno, -a] *adj* postmodern

poso ['poso] *m* ① *(sedimento)* Bodensatz *m;* **hasta los ~s** *(fig)* bis zur Neige ② *(descanso)* Ruhe *f*

posología [posolo'xia] *f* (MED) Dosierung *f*
posponer [pospo'ner] *vt irr como poner* ❶ *(postergar)* zurückstellen ❷ *(aplazar)* verschieben
posposición [pospossi'θjon] *f* ❶ *(postergación)* Zurückstellung *f*, Hintanstellung *f geh* ❷ *(aplazamiento)* Verschiebung *f*, Verlegung *f* ❸ (LING) Postposition *f*
pospositivo, -a [posposi'tiβo, -a] *adj* (LING) nachstehend, postpositiv; **preposición pospositiva** nachgestellte Präposition
posta ['posta] *f* ❶ *(munición)* kleinkalibrige Gewehrkugel *f* ❷ *(pedazo de carne)* Fleischstück *nt* ❸ *(letrero conmemorativo)* Gedenktafel *f* ❹ *(loc)* **a ~** absichtlich; **por la ~** in größter Eile, eiligst
postal [pos'tal] **I.** *adj* postalisch, Post-; **una fotografía tamaño ~** ein Foto im Postkartenformat **II.** *f* Postkarte *f*
poste ['poste] *m* ❶ *(pilar)* Pfosten *m;* (ELEC, TEL) Mast *m;* **~ indicador** Wegweiser *m;* **~ kilométrico** Kilometerstein *m;* **dar ~ a alguien** jdn lange warten lassen; **estar hecho un ~** untätig herumstehen; **más serio que un ~** todernst; **no contestar más un ~** überhaupt keine Antwort geben; **oler el ~** Lunte riechen; **ser un ~** *(lerdo)* sehr träge sein; *(fam: sordo)* stocktaub sein ❷ *(castigo)* **dar ~ a alguien** jdn in die Ecke stellen
postear [poste'ar] *vt, vi* (INFOR: *fam)* posten; **se pasa el día posteando selfies** er verbringt den Tag damit, Selfies zu posten
postema [pos'tema] *f (Méx: pus)* Eiter *m*
póster ['poster] *m* Poster *nt o m*
postergación [posterɣa'θjon] *f* ❶ *(aplazamiento)* Verschiebung *f*, Aufschub *m* ❷ *(posposición injusta)* Schlechterstellung *f*, Zurücksetzung *f*, Übergehung *f (bei der Beförderung)*
postergar [poster'ɣar] <g → gu> *vt* ❶ *(aplazar)* verschieben; **~ la fecha** zurückdatieren ❷ *(posponer injustamente)* übergehen; **~ al saber** das Wissen nicht gebührend würdigen; **~ el ascenso de alguien** jdn bei der Beförderung übergehen
posteridad [posteri'ðað] *f* ❶ *(descendencia)* Nachkommenschaft *f* ❷ *(generaciones venideras)* Nachwelt *f* ❸ *(futuro)* Zukunft *f* ❹ *(fama póstuma)* Nachruhm *m;* **pasar a la ~** berühmt werden
posterior [poste'rjor] *adj* ❶ *(de tiempo)* spätere(r, s); **~ a** nach +*dat* ❷ *(de lugar)* hintere(r, s); **~ a alguien** hinter jdm; **la parte ~ de la cabeza** der Hinterkopf; **en la parte ~ del coche está el maletero** im hinteren Teil des Autos befindet sich der Kofferraum
posterioridad [posterjori'ðað] *f* spätere Zeit *f;* **~ de fecha** späteres Datum; **con ~** nachträglich
posteriormente [posterjor'mente] *adv* nachher, nachträglich
postigo [pos'tiɣo] *m* ❶ *(puerta falsa)* Blendtür *f* ❷ *(portillo)* Pförtchen *nt; (puerta pequeña en otra mayor)* kleine Nebentür *f* ❸ *(contraventana)* Fensterladen *m*
postilla [pos'tiʎa] *f* (MED) Schorf *m*, Grind *m*
postín [pos'tin] *m* ❶ *(lujo)* Luxus *m;* **de ~** luxuriös ❷ *(presunción)* Wichtigtuerei *f;* **darse mucho ~** sich aufspielen
postinear [postine'ar] *vi* angeben, sich aufspielen
postinero, -a [posti'nero, -a] *adj (fam)* aufgeblasen
postizo[1] [pos'tiθo] *m* Haarteil *nt*
postizo, -a[2] [pos'tiθo, -a] *adj* künstlich; **cuello ~** Stehkragen *m;* **dentadura postiza** (falsches) Gebiss *nt;* **nombre ~** Spitzname *m;* **ojo ~** Glasauge *nt;* **pelo ~** Perücke *f*
postor(a) [pos'tor(a)] *m(f)* Bieter(in) *m(f);* **mejor ~** Meistbietende(r) *m*
postración [postra'θjon] *f* ❶ *(humillación)* Kniefall *m* ❷ *(por enfermedad)* Entkräftung *f; (por aflicción)* Niedergeschlagenheit *f;* **~ nerviosa** Nervenzusammenbruch *m*
postrado, -a [pos'traðo, -a] *adj* ❶ *(arrodillado)* auf der Erde kniend ❷ *(humillado)* erniedrigt ❸ *(abatido)* kraftlos; **~ de dolor** schmerzgebeugt; **~ en cama** bettlägerig; **quedar ~ por una enfermedad** daniederliegen ❹ *(desanimado)* niedergeschlagen
postrar [pos'trar] **I.** *vt* ❶ *(derribar)* niederwerfen ❷ *(humillar)* demütigen ❸ *(debilitar)* schwächen **II.** *vr:* **~se** ❶ *(arrodillarse)* (sich) niederknien (**ante** vor +*dat*) ❷ *(perder las fuerzas)* zusammenbrechen
postre ['postre] *m* Nachtisch *m;* **servir los ~s** den Nachtisch auftragen; **a (la) ~** *(fig)* letztendlich; **llegar a los ~s** *(fig)* zu spät kommen
postrer [pos'trer] *adj*, **postrero, -a** [pos'trero, -a] *adj* letzte(r, s), hinterste(r, s); **el ~** der Allerletzte
postrero, -a [pos'trero, -a] *adj* letzte(r, s)
postrimería [postrime'ria] *f* ❶ *(personas)* Lebensabend *m*, letzte Lebensjahre *ntpl;* **estar en sus ~s** mit dem Tode ringen ❷ *(tiempo)* letzter Abschnitt *m;* **en las ~s del siglo pasado** gegen Ende des letzten Jahrhunderts
postrimerías [postrime'rias] *fpl* ❶ *(personas)* Lebensabend *m;* **estar en sus ~** mit dem Tode ringen ❷ *(tiempo)* letzter Abschnitt *m;* **en las ~ del siglo pasado** gegen Ende des letzten Jahrhunderts
postulado [postu'laðo] *m* Forderung *f*

P

postulante, **-a** [postu'laṇte, -a] *m, f* ① *(solicitante)* Bewerber(in) *m(f)* ② (REL) Postulant(in) *m(f)* ③ *(colecta)* Sammler(in) *m(f)* von Geldspenden

postular [postu'lar] *vt* ① *(pedir)* bitten (um +*akk*); *(donativos)* sammeln ② *(solicitar)* sich bewerben (um +*akk*)

póstumo, **-a** ['postumo, -a] **I.** *adj* post(h)um; *(hijo)* nachgeboren; **fama póstuma** Nachruhm *m* **II.** *m, f* Nachgeborene(r) *mf*

postura [pos'tura] *f* ① *(colocación)* Stellung *f* ② *(actitud)* Einstellung *f* ③ *(subasta)* Gebot *nt;* ~ **mayor** Meistgebot *nt;* **hacer** ~ bieten ④ *(cantidad)* Einsatz *m* ⑤ *(convenio)* Abkommen *nt* ⑥ *(de las aves)* Gelege *nt; (poner huevos)* Eierlegen *nt* ⑦ (BOT) Setzling *m* ⑧ *(loc)* ~ **del sol** Sonnenuntergang *m*

posverdad [posber'ða^{d}] *f* postfaktische Wahrheit

pota ['pota] *f* (ZOOL) Tintenfisch *m*

potabilizar [potaβili'θar] <z → c> *vt* trinkbar machen

potable [po'taβle] *adj* ① *(bebible)* trinkbar; **agua** ~ Trinkwasser *nt* ② *(fam: aceptable)* annehmbar; **Juan es una persona** ~ Juan ist ganz nett

potaje [po'taxe] *m* ① *(sopa)* (Gemüse)suppe *f; (guiso)* (Gemüse)eintopf *m* ② *(legumbres secas)* Dörrgemüse *nt* ③ *(brebaje)* Gebräu *nt* ④ *(fam: mezcla)* Mischmasch *m*

potasio [po'tasjo] *m* Kalium *nt*

pote ['pote] *m* ① *(de barro)* irdenes Gefäß *nt; (de metal)* Blechbüchse *f; (para plantas)* Blumentopf *m* ② *(para cocinar)* Kochtopf *m* ③ (GASTR) Eintopf ④ *(loc)* **a** ~ in Hülle und Fülle; **darse** ~ sich wichtigmachen

potencia [po'teṇθja] *f* ① *(fuerza)* Kraft *f; (capacidad)* Vermögen *nt;* ~ **de carga** Tragkraft *f;* ~ **explosiva** Sprengkraft *f;* ~ **generativa** Potenz *f;* ~ **imaginativa** Einbildungskraft *f;* ~ **intelectual** geistiges Leistungsvermögen; ~ **mágica** Zauberkraft *f;* ~ **del motor** Motorleistung *f;* ~ **motriz** Antriebsleistung *f;* ~ **visual** Sehvermögen *nt* ② *(poder)* Macht *f;* **gran** ~ Großmacht *f* ③ (INFOR) ~ **de entrada/de salida** Eingangs-/Ausgangsleistung *f* ④ (FILOS) Möglichkeit *f;* **en** ~ potenziell ⑤ (MAT) Potenz *f;* **elevar a ~s** potenzieren

potenciación [poteṇθja'θjon] *f* ① *(incrementación)* Verstärkung *f* ② (MAT) Potenzierung *f*

potenciador(a) [poteṇθja'ðor(a)] *adj* steigernd, verstärkend

potencial [poteṇ'θjal] **I.** *adj* ① *(que tiene potencia)* leistungsstark ② *(posible)* potenziell ③ (LING) **el modo** ~ der Konditional **II.** *m* ① *(poder, capacidad)* Potenzial *nt;* ~ **financiero** Finanzkraft *f* ② (FÍS) Potenzial *nt;* (ELEC) Spannung *f* ③ (LING) Konditional *m*

potencialidad [poteṇθjali'ða^{d}] *f* ① *(posibilidad)* Möglichkeit *f* ② *(máquinas)* Leistungsfähigkeit *f;* ~ **de cómputo** (INFOR) Rechenleistung *f*

potencialización [poteṇθjaliθa'θjon] *f* gesteigerte Wirkung einiger Medikamente bei gleichzeitiger Einnahme anderer Medikamente

potencialmente [poteṇθjal'meṇte] *adv* potenziell

potenciar [poteṇ'θjar] *vt* (ver)stärken

potente [po'teṇte] *adj* ① *(poderoso)* mächtig ② *(eficiente)* leistungsfähig ③ *(sexualidad)* potent

potestad [potes'ta^{d}] *f* Amtsgewalt *f;* ~ **electoral** Wahlberechtigung *f;* ~ **legislativa** Legislative *f;* ~ **reglamentaria** Verordnungsgewalt *f;* **patria** ~ Sorgerecht *nt*

potingue [po'tiŋge] *m (pey)* ① *(bebida)* Gebräu *nt* ② *(fam: cosmético)* Schminke *f;* **darse ~s** sich anmalen

potra ['potra] *f* ① *(yegua joven)* Stut(en)fohlen *nt (bis viereinhalb Jahre),* junge Stute *f* ② (MED: *hernia*) Bruch *m* ③ *(fam)* **tener** ~ Glück haben

potranco, **-a** [po'traŋko, -a] *m, f* Fohlen *nt*

potrear [potre'ar] *vt* ① *(fam: incomodar)* plagen ② *(Am: domar)* zureiten ③ *(Guat, Perú: pegar)* prügeln

potro ['potro] *m* ① (ZOOL) Fohlen *nt* ② (DEP) (Turn)bock *m* ③ *(de tortura)* Folterbank *f;* **tener a alguien en el** ~ *(fig)* jdn auf die Folter spannen ④ *(de herrar)* Notstall *m* ⑤ *(lo que atormenta)* Qual *f*

POUM ['pou̯^{m}] *m abr de* **Partido Obrero de Unificación Marxista** *marxistische Arbeiterpartei*

poza ['poθa] *f (charca)* Pfütze *f*

pozal [po'θal] *m (cubo)* Schöpfeimer *m*

pozo ['poθo] *m* ① *(manantial)* Brunnen *m;* ~ **de garrucha** Ziehbrunnen *m* ② *(hoyo profundo)* Schacht *m;* ~ **de abono líquido** Jauchegrube *f;* ~ **airón** tiefe Grube; ~ **de extracción** Förderschacht *m;* ~ **de lobos** Fallgrube *f;* ~ **negro** Fäkaliengrube *f;* ~ **petrolífero** Ölquelle *f;* ~ **de retrete** Latrine *f;* ~ **séptico** biologische Klärgrube; **caer en un** ~ *(fig)* in Vergessenheit geraten; **ser un** ~ **sin fondo** *(fig)* ein Fass ohne Boden sein; **ser un** ~ **de ciencia** *(fig)* ein unerschöpfliches Wissen haben ③ *(CSur: bache)* Schlagloch *nt*

P

PP [pe'pe] ① *abr de* **Partido Popular** *konservative Partei Spaniens* ② *abr de* **polipropileno** Polypropylen *nt*

p. p. [por po'ðer] *abr de* **por poder** pp.

práctica ['praktika] *f* ① *(experiencia)* Praxis *f;* ~ **en la conducción** Fahrpraxis *f;* **una ~ de muchos años** langjährige Erfahrung; **adquirir** ~ Erfahrung sammeln; **perder la** ~ aus der Übung kommen; **tener ~ en algo** Übung in etw *dat* haben; **la ~ hace al maestro** *(prov)* Übung macht den Meister ② *(ejercitación)* Übung *f* ③ *(ejercicio de algo)* Ausübung *f;* ~ **profesional** Berufsausübung *f* ④ *(cursillo)* Praktikum *nt;* ~ **preprofesional** Berufspraktikum *nt* ⑤ *(realización)* Ausführung *f;* **en la** ~ in der Praxis; **llevar a la** ~ in die Praxis umsetzen; **poner en** ~ realisieren; **poner en ~ una posibilidad** von einer Möglichkeit Gebrauch machen ⑥ *(costumbre)* Brauch *m;* ~ **judicial** Rechtspflege *f;* **la ~ de los negocios** die Geschäftsgepflogenheiten ⑦ *(modo)* Art und Weise *f; (método)* Methode *f;* **la ~ comercial** die Geschäftsmethoden

practicable [prakti'kaβle] *adj* ① *(realizable)* realisierbar, durchführbar ② *(camino)* begehbar; *(calle)* befahrbar ③ *(puerta, ventana)* benutzbar

prácticamente [praktika'mente] *adv* praktisch, so gut wie

practicante [prakti'kante] **I.** *adj* praktizierend; **un católico** ~ ein praktizierender Katholik **II.** *mf* ① *(que practica)* Praktikant(in) *m(f)* ② *(que tiene título para curar sin ser médico)* Heilpraktiker(in) *m(f)* ③ *(farmacia)* Apothekengehilfe, -helferin *m, f*

practicar [prakti'kar] <c → qu> **I.** *vi* ein Praktikum absolvieren **II.** *vt* praktizieren; ~ **deporte** Sport treiben; **estudió medicina, pero no practica** er/sie hat Medizin studiert, übt aber den Beruf nicht aus; ~ **el español** die spanische Sprache sprechen; ~ **una operación** eine Operation durchführen

practicidad [praktiθi'ða$^{\eth}$] *f* Zweckmäßigkeit *f,* Nützlichkeit *f*

práctico[1] ['praktiko] *m* Lotse *m;* ~ **de aeropuerto** Fluglotse *m*

práctico, -a[2] ['praktiko, -a] **I.** *adj* praktisch; *(experimentado)* erfahren **II.** *m, f* Praktiker(in) *m(f)*

pradera [pra'ðera] *f* große Wiese *f*

pradería [praðe'ria] *f* Weideland *nt*

prado ['praðo] *m (para ganado)* Weide *f; (para pasear)* Wiese *f*

Praga ['praɣa] *f* Prag *nt*

pragmática [praɣ'matika] *f* ① (JUR) Verordnung *f,* Gesetzesdekret *nt;* **las ~s (de Cataluña)** *die königlichen Erlasse von 1214 — 1555* ② (LING) Pragmatik *f*

pragmático, -a [praɣ'matiko, -a] **I.** *adj* pragmatisch **II.** *m, f* Pragmatiker(in) *m(f)*

pragmatismo [praɣma'tismo] *m* Pragmatismus *m*

praguense [pra'ɣense] **I.** *adj* Prager **II.** *mf* Prager(in) *m(f)*

praliné [prali'ne] *m* (GASTR) *eine Art Mandelkonfekt mit Karamell*

preacuerdo [prea'kwerðo] *m* Vorvereinbarung *f*

preámbulo [pre'ambulo] *m* Präambel *f;* **sin ~s** *(fig)* ohne Umschweife; **no andarse con ~s** mit der Tür ins Haus fallen; **¡déjese de ~s!** kommen Sie zur Sache!

preaviso [prea'βiso] *m* Voranmeldung *f*

prebenda [pre'βenda] *f* ① (REL) Pfründe *f* ② *(fam: trabajo)* ruhiger Posten *m*

precalentamiento [prekalenta'mjento] *m* Vorwärmung *f;* (DEP) Aufwärmen *nt*

precalentar [prekalen'tar] <e → ie> **I.** *vt* vorwärmen **II.** *vr:* **~se** (DEP) sich aufwärmen

precariedad [prekarje'ða$^{\eth}$] *f* Unsicherheit *f*

precario, -a [pre'karjo, -a] *adj* ① *(de poca estabilidad)* prekär ② (JUR) widerruflich

precarización [prekariθa'θjon] *f* Verschlechterung *f;* **la ~ económica** die Verschlimmerung der wirtschaftlichen Lage

precaución [prekau̯'θjon] *f* Vorsicht *f;* **tomar precauciones** Vorkehrungen treffen

precaver [preka'βer] **I.** *vt (prevenir)* vorbeugen *+dat; (evitar)* verhindern **II.** *vr:* **~se** sich schützen (**de** vor *+dat,* **contra** gegen *+akk*); **hay que ~se de todas las eventualidades** man muss auf alles gefasst sein

precavido, -a [preka'βiðo, -a] *adj* vorsichtig

precedencia [preθe'ðenθja] *f* ① *(prioridad)* Vorrang *m,* Vorzug *m;* **dar ~ a alguien** jdm den Vortritt lassen ② *(superioridad)* Überlegenheit *f*

precedente [preθe'ðente] **I.** *adj* vorhergehende(r, s) **II.** *m* Präzedenzfall *m;* **sentar un** ~ einen Präzedenzfall schaffen; **sin ~s** beispiellos

preceder [preθe'ðer] *vt* ① *(anteceder)* vorausgehen *+dat;* **un banquete precedido de varios discursos** ein Festessen, dem mehrere Reden vorausgehen ② *(tener primacía)* Vorrang haben (**a** vor *+dat*); ~ **en categoría** höhergestellt sein

preceptiva [preθep'tiβa] *f* Grundregeln *fpl*

P

preceptivo, -a [preθep'tiβo, -a] *adj* vorschriftsmäßig
precepto [pre'θepto] *m* ❶ *(mandamiento)* Befehl *m* ❷ *(norma)* Vorschrift *f;* ~ **básico** Grundsatz *m;* ~ **de conducta** Verhaltensregel *f;* ~ **jurídico** Rechtssatz *m;* ~ **de ley** gesetzliche Vorschrift
preceptor(a) [preθep'tor(a)] *m(f)* Lehrer(in) *m(f); (a domicilio)* Hauslehrer(in) *m(f)*
preceptuar [preθeptu'ar] <*1. pres* preceptúo> *vt* vorschreiben
preciado, -a [pre'θjaðo, -a] *adj* ❶ *(estimado)* geschätzt ❷ *(jactancioso)* angeberisch; ~ **de sí mismo** eingebildet
preciarse [pre'θjarse] *vr* sich brüsten (**de** mit +*dat*)
precintado[1] [preθin̩'taðo] *m* Plombierung *f; (aduana)* zollamtliche Verplombung *f*
precintado, -a[2] [preθin̩'taðo, -a] *adj* versiegelt; *(aduana)* verplombt, plombiert
precintar [pre'θin̩tar] *vt* ❶ *(aduana)* plombieren ❷ *(cigarrillos)* banderolieren
precinto [pre'θin̩to] *m (sello)* Siegel *nt;* ~ **de aduana** Zollplombe *f*
precio ['preθjo] *m* Preis *m;* ~ **abordable** erschwinglicher Preis; ~ **alzado** Pauschalbetrag *m;* ~ **astronómico** Wucherpreis *m;* ~ **al consumidor** Verbraucherpreis *m;* ~ **al contado** Nettopreis *m;* ~ **de conversión** Konversionskurse *mpl;* **el ~ de conversión del euro y las respectivas monedas nacionales** die Konversionskurse zwischen dem Euro und den nationalen Währungseinheiten; ~ **de coste** Selbstkostenpreis *m;* ~ **al detalle** Einzelhandelspreis *m;* ~ **de fábrica** Herstellerpreis *m;* ~ **irrisorio** Schleuderpreis *m;* ~ **de liquidación** Räumungspreis *m;* ~ **al por mayor** Mengenpreis *m;* ~ **preferente** Vorzugspreis *m;* ~ **de presentación** Einführungspreis *m;* ~ **al productor** Erzeugerpreis *m;* ~ **prohibitivo** unerschwinglicher Preis; ~ **razonable** angemessener Preis; ~ **recomendado** Preisempfehlung *f;* ~ **de rescate** Lösegeld *nt;* ~ **de salvación** Bergelohn *m;* ~ **solicitado** Preis auf Anfrage; ~ **de tarifa** Listenpreis *m;* ~ **de temporada** saisonbedingter Preis; **~s únicos** Einheitspreise *mpl;* ~ **unitario** Einzelpreis *m;* ~ **de venta al público** Verkaufspreis *m;* **a buen ~** günstig; **a ~ controlado** preisgebunden; **a mitad de ~** zum halben Preis; **a poco ~** billig; **a ~ de oro** sehr teuer; **poner el ~** mit einer Preisangabe versehen; **¿qué ~ tiene el libro?** wie viel kostet das Buch?; **de todos los ~s** in allen Preislagen; **no tener ~** *(fig)* unbezahlbar sein; **al ~ de la salud** auf Kosten der Gesundheit; **querer conseguir algo a cualquier ~** etw um jeden Preis erreichen wollen; **poner ~ a la cabeza de alguien** einen Preis auf jds Kopf aussetzen
preciosamente [preθjosa'men̩te] *adv* herrlich, wunderbar
preciosidad [preθjosi'ða^ð] *f* Kostbarkeit *f;* **este cuadro es una ~** dieses Bild ist sehr kostbar; *(fig)* dieses Bild ist eine Augenweide; **esta chica es una ~** dieses Mädchen ist entzückend
preciosista [preθjo'sista] *adj* preziös, geziert, gekünstelt
precioso, -a [pre'θjoso, -a] *adj* ❶ *(valioso)* kostbar ❷ *(hermoso)* entzückend
precipicio [preθi'piθjo] *m* Abgrund *m;* **estar al borde del ~** *(fig)* am Rande des Abgrunds stehen
precipitación [preθipita'θjon] *f* ❶ *(prisa)* Hast *f;* **con ~** übereilt ❷ (METEO) Niederschlag *m*
precipitadamente [preθipitaða'men̩te] *adv* überstürzt
precipitado[1] [preθipi'taðo] *m* (QUÍM) Präzipitat *nt*
precipitado, -a[2] [preθipi'taðo, -a] *adj* ❶ *(apresurado)* hastig, übereilt, vorschnell ❷ (QUÍM) gefällt
precipitar [preθipi'tar] **I.** *vt* ❶ *(arrojar)* (hinab)stürzen; **lo ~on por la ventana** sie stürzten ihn aus dem Fenster ❷ *(apresurar)* übereilen; *(acelerar)* beschleunigen **II.** *vr:* **~se** ❶ *(arrojarse)* sich (hinab)stürzen (**a** in +*akk,* **por/desde** von +*dat*) ❷ *(atacar)* sich stürzen (**sobre** auf +*akk*) ❸ *(acontecimientos)* sich überstürzen; *(personas)* überstürzt handeln; **¡no se precipite!** nur keine Hast!
precisado, -a [preθi'saðo, -a] *adj* ❶ *(detallado)* detailliert [*o* genau] angegeben ❷ *(necesitado)* benötigt ❸ *(obligado)* gezwungen (**a** zu +*dat*), genötigt (**a** zu +*dat*)
precisamente [preθisa'men̩te] *adv* genau; **¿tiene que ser ~ hoy?** muss es ausgerechnet heute sein?; ~ **por eso** eben deshalb
precisar [preθi'sar] **I.** *vi* unbedingt nötig sein **II.** *vt* ❶ *(determinar)* präzisieren ❷ *(necesitar)* benötigen; **preciso tu ayuda** ich brauche deine Hilfe ❸ *(obligar)* zwingen
precisión [preθi'sjon] *f* ❶ *(exactitud)* Genauigkeit *f;* **aparato de ~** Präzisionsgerät *nt;* ~ **de funcionamiento** Zuverlässigkeit *f;* ~ **de tiro** Treffsicherheit *f;* **hablar con ~** deutlich sprechen ❷ *(determinación)* Bestimmtheit *f* ❸ *(necesidad)* Notwendigkeit *f;* **tener ~ de hacer algo** etw tun müssen

P

preciso, -a [pre'θiso, -a] *adj* ① *(necesario)* notwendig; **es ~ que...** +*subj* es ist notwendig, dass ...; **es ~ que nos veamos** wir müssen uns unbedingt sehen; **si es ~...** falls erforderlich ... ② *(exacto)* genau; *(estilo)* klar; **a la hora precisa** pünktlich
precitado, -a [preθi'taðo, -a] *adj* oben erwähnt, vorher genannt
preclaro, -a [pre'klaro, -a] *adj* berühmt
precocidad [prekoθi'ðaᵈ] *f* ① *(del niño)* Frühreife *f* ② *(de tiempo)* Frühzeitigkeit *f*
precocinado, -a [prekoθi'naðo, -a] *adj* vorgekocht; **plato ~** Fertiggericht *nt*
precognición [prekoɣni'θjon] *f* (PSICO) Vorkenntnis *f*, Präkognition *f*
precolombino, -a [prekolom'bino, -a] *adj* präkolumbisch
preconcebir [prekon̩θe'βir] *vt irr como pedir* bedenken
preconizable [prekoni'θaβle] *adj* anerkennenswert
preconizar [prekoni'θar] <z → c> *vt* ① *(recomendar)* befürworten ② *(encomiar)* lobpreisen
precoz [pre'koθ] *adj* frühreif
precursor(a) [prekur'sor(a)] **I.** *adj* bahnbrechend **II.** *m(f)* Vorläufer(in) *m(f)*
predador(a) [preða'ðor(a)] *m(f)* ① Plünderer, -in *m, f* ② *(animal)* Raubtier *nt*
predecesor(a) [preðeθe'sor(a)] *m(f)* ① *(en el cargo)* Vorgänger(in) *m(f)* ② *(antepasados)* Vorfahr(in) *m(f)*
predecible [preðe'θiβle] *adj* voraussagbar
predecir [preðe'θir] *vt irr como decir* voraussagen
predefinir [preðefi'nir] *vt* (REL) vorbestimmen
predestinación [preðestina'θjon] *f* Vorbestimmung *f*
predestinado, -a [preðesti'naðo, -a] *adj* ① *(elegido)* auserkoren ② *(destino)* vorherbestimmt; **estar ~ al crimen** zum Verbrecher prädestiniert sein
predestinar [preðesti'nar] *vt* vorherbestimmen
predeterminación [preðetermina'θjon] *f* Vorausbestimmung *f*
predeterminar [preðetermi'nar] *vt* vorausbestimmen
prédica ['preðika] *f* Predigt *f*; *(discurso)* Rede *f*
predicación [preðika'θjon] *f* ① *(sermonear)* Predigen *nt* ② *(sermón)* Predigt *f*
predicado [preði'kaðo] *m* (LING) Prädikat *nt*
predicador(a) [preðika'ðor(a)] **I.** *adj* predigend **II.** *m(f)* Prediger(in) *m(f)*
predicamento [preðika'men̩to] *m* ① (FILOS) Kategorie *f*, Begriffsfach *nt* ② *(reputación)* Ruf *m*; **buen ~** Beliebtheit *f*; **estar en gran ~** einen guten Ruf haben
predicar [preði'kar] <c → qu> *vt* ① *(sermonear)* predigen; **~ en desierto** tauben Ohren predigen; **hay que ~ con el ejemplo** man muss mit gutem Beispiel vorangehen; **una cosa es ~ y otra dar trigo** *(prov)* ≈ Reden und Handeln ist zweierlei; **no se puede ~ y andar en la procesión** *(prov)* man kann nicht auf zwei Hochzeiten tanzen ② *(publicar)* verkünden ③ *(elogiar)* überschwänglich loben ④ *(amonestar)* die Leviten lesen +*dat fam*
predicativo, -a [preðika'tiβo, -a] *adj* (LING) prädikativ
predicción [preðiᵞ'θjon] *f* Vorhersage *f*; **~ económica** Wirtschaftsprognose *f*
predilección [preðileᵞ'θjon] *f* Vorliebe *f*
predilecto, -a [preði'lekto, -a] *adj* bevorzugt; **hijo ~** Lieblingskind *nt*; **plato ~** Leibgericht *nt*
predio ['preðjo] *m* ① (JUR) Grundstück *nt*; **~ familiar** Familienbesitz *m*; **~ municipal** kommunales Grundstück ② *(finca)* Gut *nt*, Bauernhof *m*; **~ pequeño** bäuerlicher Kleinbetrieb
predisponer [preðispo'ner] *irr como poner* **I.** *vt* ① *(fijar por anticipado)* im Voraus festlegen; **predispongamos ya la fecha de nuestra próxima reunión** lass uns jetzt schon den Termin unserer nächsten Sitzung festlegen; **venía predispuesto a pelearse** er war auf Streit aus, als er kam ② *(influir)* beeinflussen; **~ a alguien a favor/en contra de alguien** jdn für/gegen jdn einnehmen ③ *(inclinar)* empfänglich machen (**a** für +*akk*); (MED) anfällig machen (**a** für +*akk*) **II.** *vr:* **~se** ① *(prepararse)* sich einstellen (**a** auf +*akk*) ② *(tomar partido)* sich *dat* vorschnell ein Urteil bilden (**respecto a/de** über +*akk*); **~se a favor/en contra de alguien** jdm gegenüber positiv/negativ eingestellt sein
predisposición [preðisposi'θjon] *f* Veranlagung *f*; *(tendencia)* Neigung *f*; (MED) Prädisposition *f*; **~ al crimen** kriminelle Veranlagung; **tener ~ a engordar** zum Dickwerden neigen
predispuesto, -a [preðis'pwesto, -a] **I.** *pp de* **predisponer II.** *adj* ① *ser (sensible)* anfällig; **ser ~ a coger todos los virus** für jegliche Art von Viren empfänglich sein ② *estar (prevenido)* voreingenommen; **estar (mal) ~ contra alguien** jdm gegenüber voreingenommen sein
predominante [preðomi'nan̩te] *adj* vorherrschend
predominar [preðomi'nar] *vi, vt* ① *(prevalecer)* überwiegen; **aquí predo-**

mina el compañerismo bei uns wird Kameradschaft großgeschrieben; **en este parque las palomas predominan en número sobre los gorriones** in diesem Park sind die Tauben den Spatzen zahlenmäßig weit überlegen ❷ *(sobresalir)* überragen ((**sobre**) +*akk*, **en** an +*dat*)

predominio [preðo'minjo] *m* ❶ *(poder)* Vorherrschaft *f* (**en** in +*dat*) ❷ *(preponderancia)* Übergewicht *nt* (**en** an +*dat*) ❸ *(superioridad)* Vorrang *m* (**sobre** vor +*dat*)

preeminencia [pre(e)mi'neṇθja] *f* Vorrang *m*

preeminente [pre(e)mi'neṇte] *adj* vorrangig

preescolar [pre(e)sko'lar] *adj* vorschulisch; **edad ~** Vorschulalter *nt*

preestablecido, -a [pre(e)staβle'θiðo, -a] *adj* bereits festgelegt, im Voraus festgelegt

preestreno [pre(e)s'treno] *m* Voraufführung *f*

preexistente [pre(e)ʸsis'teṇte] *adj* vorher bestehend; (FILOS) präexistent

preexistir [pre(e)ʸsis'tir] *vi* vorher bestehen

prefabricado, -a [prefaβri'kaðo, -a] *adj* vorgefertigt; **casa prefabricada** Fertighaus *nt*

prefacio [pre'faθjo] *m (libro)* Vorwort *nt; (discurso)* Vorrede *f*

prefecto [pre'fekto] *m* Präfekt *m*, Vorsteher *m;* **~ de la policía** Polizeipräfekt *m*

preferencia [prefe'reṇθja] *f* ❶ *(elección, trato)* Bevorzugung *f* (**por** +*gen*); **mostrar ~ por alguien** jdn bevorzugen ❷ *(predilección)* Vorliebe *f* (**por** für +*akk*); **sentir ~ por alguien** eine Vorliebe für jdn haben ❸ *(prioridad)* Vorrang *m;* **~ de paso** Vorfahrt *f;* **precio de ~** Vorzugspreis *m;* **sitio de ~** Rangloge *f;* **tener ~ ante alguien** den Vortritt vor jdm haben; **dar ~** den Vorzug geben; **de ~** vorzugsweise

preferente [prefe'reṇte] *adj* vorrangig; *(urgente)* vordringlich; **acciones ~s** (FIN) Vorzugsaktien *fpl*

preferentemente [preferente'meṇte] *adv* hauptsächlich

preferible [prefe'riβle] *adj* vorzuziehen; **sería ~ que lo hicieras** du solltest es besser tun

preferiblemente [preferiβle'meṇte] *adv* besser

preferido, -a [prefe'riðo, -a] *adj* bevorzugt, Lieblings-

preferir [prefe'rir] *vt irr como sentir* vorziehen; **prefiero que...** +*subj* es ist mir lieber, wenn ...; **prefiero ir a pie** ich gehe lieber zu Fuß

prefigurar [prefiɣu'rar] **I.** *vt* eine erste Vorstellung geben (von +*dat*) **II.** *vr:* **~se** sich *dat* im Voraus denken [*o* ausmalen]

prefijar [prefi'xar] *vt* ❶ *(determinar)* (im Voraus) festsetzen ❷ (LING) präfigieren

prefijo [pre'fixo] *m* ❶ (LING) Präfix *nt* ❷ (TEL) Vorwahl(nummer) *f*

pregón [pre'ɣon] *m* öffentliche Bekanntmachung *f;* **con/sin ~** *(fig)* mit (großem)/ohne (jegliches) Aufsehen

pregonar [preɣo'nar] *vt* ❶ *(en público)* öffentlich ausrufen; **~ una mercancía** eine Ware anpreisen ❷ *(lo que estaba oculto)* ausposaunen *fam;* **~ a los cuatro vientos** *(fam)* an die große Glocke hängen; **~ a tambor batiente** ausplaudern ❸ *(alabar)* öffentlich loben

pregonero, -a [preɣo'nero, -a] *m, f* ❶ *(público)* Ausrufer(in) *m(f); (en el mercado)* Marktschreier(in) *m(f)* ❷ *(fam: chismoso)* Klatschmaul *nt*

pregunta [pre'ɣuṇta] *f* ❶ *(demanda)* Frage *f;* **~ capciosa** Fangfrage *f;* **~ retórica** rhetorische Frage; **hacer ~s capciosas a alguien** jdn aufs Glatteis führen *fam;* **estar a la cuarta ~** schlecht bei Kasse sein; **estrechar a ~s a alguien** jdm Löcher in den Bauch fragen *fam;* **a tal ~ tal respuesta** auf dumme Fragen bekommt man dumme Antworten ❷ *(de datos)* Abfrage *f*

preguntadera [preɣuṇta'ðera] *f* *(Col)* Kreuzverhör *nt*

preguntar [preɣuṇ'tar] **I.** *vt* fragen; **~ la lección** abfragen; **~ a un sospecho** einen Verdächtigen verhören; **~ por alguien** nach jdm fragen; **quien pregunta no yerra** *(prov)* mit Fragen kommt man durch die Welt **II.** *vr:* **~se** sich fragen

preguntón, -ona [preɣuṇ'ton, -ona] *adj* wissbegierig

prehistoria [preis'torja] *f* Vorgeschichte *f*

prehistórico, -a [preis'toriko, -a] *adj* vorgeschichtlich, prähistorisch

preincaico, -a [preiŋ'kai̯ko, -a] *adj* vorinkaisch, Präinka-

preinscribir [preiⁿskri'βir] *vt, vr:* **~se** (sich) voreintragen

prejubilación [prexuβila'θjon] *f* Vorruhestand *m*

prejuicio [pre'xwiθjo] *m* Vorurteil *nt*

prejuzgar [prexuθ'ɣar] <g → gu> *vt* vorschnell beurteilen

prelación [prela'θjon] *f* Vorrang *m*, Priorität *f*

prelado [pre'laðo] *m* Prälat *m*

prelavado [prela'βaðo] *m* Vorwäsche *f*

preliminar [prelimi'nar] *adj* ❶ *(inicial)*

einleitend, Vor- ❷ *(preparatorio)* vorbereitend

preludio [pre'luðjo] *m* ❶ *(principio)* Einleitung *f* ❷ *(composición)* Präludium *nt*

premamá [prema'ma] *adj inv* Umstands-; **vestido ~** Umstandskleid *nt*

prematuro, -a [prema'turo, -a] *adj* ❶ *(persona)* frühreif ❷ *(antes de tiempo)* vorzeitig; *(apresurado)* voreilig; **detección prematura del cáncer** Krebsfrüherkennung *f;* **nacimiento ~** Frühgeburt *f*

premeditación [premeðita'θjon] *f* Vorsatz *m;* **con ~** vorsätzlich

premeditado, -a [premeði'taðo, -a] *adj* wissentlich

premeditar [premeði'tar] *vt (pensar)* sich *dat* vorher überlegen; *(planear)* planen; (JUR) vorsätzlich planen

premiación [premja'θjon] *f (And)* Preisverleihung *f*

premiado, -a [pre'mjaðo, -a] **I.** *adj* preisgekrönt **II.** *m, f* Preisträger(in) *m(f)*

premiar [pre'mjar] *vt* ❶ *(recompensar)* belohnen ❷ *(dar un premio)* prämiieren

première [pre'mjere] *f* (CINE, TEAT) Premiere *f*

premio ['premjo] *m* ❶ *(galardón)* Preis *m;* **~ Nobel (de literatura)** Nobelpreis *m* (für Literatur); **conceder un ~** einen Preis verleihen ❷ *(recompensa)* Belohnung *f;* **~ por hallazgo** Finderlohn *m* ❸ *(remuneración)* Prämie *f;* **~ al ahorro** Sparprämie *f;* **~ de antigüedad** Dienstalterszulage *f;* **~ de constancia** Treueprämie *f;* **~ de natalidad** Mutterschaftsgeld *nt* ❹ *(lotería)* Lotteriegewinn *m;* **el ~ gordo** der Haupttreffer ❺ *(ganador)* Preisträger(in) *m(f);* **García Márquez es ~ Nobel de literatura** García Márquez ist Literaturnobelpreisträger

premioso, -a [pre'mjoso, -a] *adj* ❶ *(ajustado)* eingeengt ❷ *(molesto)* lästig ❸ *(estrecho)* eng, knapp ❹ *(torpe)* schwerfällig ❺ *(estricto)* streng, starr, steif

premisa [pre'misa] *f* ❶ *(condición)* Voraussetzung *f* ❷ *(indicio)* Kennzeichen *nt*

premonición [premoni'θjon] *f (presentimiento)* Vorahnung *f*

premonitorio, -a [premoni'torjo, -a] *adj* vorwarnend; (MED) prämonitorisch

premunir [premu'nir] **I.** *vt (Am)* versorgen (**de** mit +*dat*) **II.** *vr:* **~se** *(Am)* sich eindecken (**de** mit +*dat*)

premura [pre'mura] *f* ❶ *(apuro)* Dringlichkeit *f* ❷ *(prisa)* Eile *f* ❸ *(falta)* Mangel *m* (**de** an +*dat*)

prenatal [prena'tal] *adj* vorgeburtlich

prenda ['preṇda] *f* ❶ *(fianza)* Pfand *nt;* **en ~** als Pfand; **en ~s** als Beweis; **hacer ~** als Pfand einbehalten; **soltar ~** sich verpflichten; **no soltar ~** *(fam)* nichts herauslassen; **a mí no me duelen ~s** es macht mir gar nichts aus ❷ *(pieza)* Kleidungsstück *nt;* **~s interiores** Unterwäsche *f;* **~ protectora** Schutzkleidung *f* ❸ *(cariño)* Schatz *m;* **la ~ de mi corazón** mein Herzallerliebster/meine Herzallerliebste ❹ *(cualidades)* Gabe *f;* **~s del espíritu** Geistesgaben *f pl;* **un hombre de ~s** ein begabter Mensch

prendar [preṇ'dar] **I.** *vt* ❶ *(tomar como prenda)* pfänden ❷ *(ganar el afecto)* für sich gewinnen **II.** *vr:* **~se** sich verlieben (**de** in +*akk*)

prendedor [preṇde'ðor] *m (broche)* Brosche *f; (de corbata)* Krawattennadel *f*

prender [preṇ'der] **I.** *vi (planta)* Wurzeln schlagen; *(medicamentos)* anschlagen; *(ideas)* sich verbreiten; **sus ideas prendieron fácilmente en la juventud** seine/ihre Ideen fanden bei der Jugend sofort Anklang **II.** *vt* ❶ *(sujetar)* befestigen; *(con alfileres)* feststecken; *(con cola)* festkleben; *(en un gancho)* aufhängen; *(el pelo)* hochstecken; *(juntar el pelo)* zusammenbinden; **~ un babero a un niño** einem Kind ein Lätzchen umbinden; **~ un alfiler de corbata** eine Krawattennadel anstecken ❷ *(detener)* festnehmen ❸ *(fuego)* **el coche prendió fuego** das Auto fing Feuer ❹ *(Am: encender)* anzünden; *(luz)* anmachen; **~ un cigarrillo** eine Zigarette anstecken **III.** *vr:* **~se** ❶ *(mujeres)* sich herausputzen; **~se una flor en el ojal** sich *dat* eine Blume ins Knopfloch stecken ❷ *(PRico: emborracharse)* sich betrinken

prendimiento [preṇdi'mjeṇto] *m* ❶ *(captura)* Festnahme *f* ❷ *(Chil: opresión)* Druck *m* ❸ *(Col, Ven: irritación)* Erregung *f*

prensa ['prensa] *f* ❶ *(máquina)* Presse *f;* **~ de uvas** Weinpresse *f* ❷ *(imprenta)* Druckerei *f;* **dar a la ~** in Druck geben; **estar en ~** sich im Druck befinden ❸ (PREN) Presse *f;* **~ amarilla** Sensationspresse *f;* **~ especializada** Fachpresse *f;* **secretario de ~** Pressesprecher *m;* **P~ y Relaciones Públicas** Presse- und Öffentlichkeitsarbeit *f;* **tener buena/mala ~** *(fig)* einen guten/schlechten Ruf haben

prensado[1] [pren'saðo] *m* ❶ *(prensar)* Pressen *nt; (uvas)* Keltern *nt* ❷ *(lustre)* Pressglanz *m*

prensado, -a[2] [pren'saðo, -a] *adj* gepresst; **~ en caliente** warmgepresst; **~ en frío** kaltgepresst

prensar [pren'sar] *vt* pressen; *(uvas)* keltern

P

prensil [pren'sil] *adj* Greif-

preñada [pre'ɲaða] *adj (mujer)* schwanger

preñado, -a [pre'ɲaðo, -a] *adj* ❶ *(animal)* trächtig ❷ *(lleno)* voll (**de** mit +*dat*); **una nube preñada de agua** eine regenschwere Wolke; **una palabra preñada** ein tiefsinniges Wort; ~ **de dificultades** voller Schwierigkeiten; ~ **de emoción** gefühlvoll

preñar [pre'ɲar] *vt* ❶ *(mujer)* schwängern ❷ *(animal)* decken ❸ *(llenar)* füllen

preñez [pre'ɲeθ] *f* ❶ *(de la mujer)* Schwangerschaft *f* ❷ *(del animal)* Trächtigkeit *f* ❸ *(incertidumbre)* Ungewissheit *f; (dificultad)* Schwierigkeit *f*

preocupación [preokupa'θjon] *f* ❶ *(desvelo)* Sorge *f* (**por** um +*akk*, wegen +*gen/dat*); **¡déjate de preocupaciones!** mach dir nicht so viele Gedanken!; **sin preocupaciones** sorglos ❷ *(pesadumbre)* Kummer *m;* **causar preocupaciones a alguien** jdm Kummer bereiten ❸ *(obsesión)* fixe Idee *f;* **tu única ~ es el dinero** du denkst nur ans Geld ❹ *(prejuicio)* Voreingenommenheit *f;* (JUR) Befangenheit *f*

preocupado, -a [preoku'paðo, -a] *adj (inquieto)* besorgt (**por** wegen +*gen/dat*, über +*akk*); **mi padre anda bastante ~** mein Vater macht sich *dat* ziemlich große Sorgen; **tener el espíritu ~ por algo** völlig mit etw *dat* beschäftigt sein

preocupante [preoku'pan̪te] *adj* Besorgnis erregend

preocupar [preoku'par] **I.** *vt* ❶ *(inquietar)* beunruhigen, Sorgen machen +*dat;* **¿por qué preocupas tanto a tus padres?** warum bereitest du deinen Eltern solche Sorgen? ❷ *(prevenir)* einnehmen (**por** für +*akk*, **contra** gegen +*akk*) **II.** *vr:* **~se** ❶ *(inquietarse)* sich *dat* Sorgen machen (**por** um +*akk*, wegen +*gen/dat*); **¡no se preocupe!** seien Sie unbesorgt!; **¡no te preocupes tanto!** mach dir nicht so viele Gedanken! ❷ *(encargarse)* sich kümmern (**de** um +*akk*); **no se preocupa de arreglar el asunto** er/sie hält es nicht für nötig, die Sache in Ordnung zu bringen ❸ *(tener prejuicios)* voreingenommen sein

preordinar [preorði'nar] *vt* (REL) vorausbestimmen

preparación [prepara'θjon] *f* ❶ *(de un asunto)* Vorbereitung *f* ❷ *(de la comida)* Zubereitung *f* ❸ *(de materias primas)* Aufbereitung *f;* ~ **de datos** (INFOR) Datenaufbereitung *f* ❹ *(formación)* Ausbildung *f;* ~ **académica** Hochschulausbildung *f;* ~ **especializada** Fachausbildung *f;* ~ **profesional** Berufsausbildung *f;* **sin ~** ohne Vorbildung ❺ *(farmacéutica)* Präparat *nt*

preparado[1] [prepa'raðo] *m* Präparat *nt;* ~ **listo** Fertigpräparat *nt*

preparado, -a[2] [prepa'raðo, -a] *adj (listo)* bereit; ~ (**para funcionar**) betriebsbereit; **tener ~** bereithalten; ~ **para recepción** empfangsbereit

preparar [prepa'rar] **I.** *vt* ❶ *(disponer)* vorbereiten; *(la comida)* zubereiten; *(materias primas)* aufbereiten; **en esta escuela profesional te preparan bien** auf dieser Berufsschule erhältst du eine gute Ausbildung; **en inglés me prepara una profesora nativa** ich werde von einer Engländerin in Englisch unterrichtet; ~ **un buque para zarpar** ein Schiff klarmachen zum Auslaufen; ~ **el camino** den Weg bahnen; ~ **una casa para vivir en ella** ein Haus herrichten; ~ **un discurso** eine Rede ausarbeiten; ~ **las maletas** die Koffer packen; **ya puedes ~ la maleta** *(fam)* es kann jederzeit losgehen; ~ **la tierra** den Boden bearbeiten ❷ (QUÍM) ansetzen ❸ (INFOR: *datos*) aufbereiten; *(programa)* erstellen ❹ (ANAT) präparieren **II.** *vr:* **~se** sich vorbereiten (**para/a** auf/für +*akk*); **me preparaba a salir, cuando empezó a llover** ich wollte mich gerade zum Gehen fertig machen, da fing es an zu regnen; **se prepara una tormenta** es braut sich ein Unwetter zusammen; **~se para cualquier eventualidad** sich auf alles gefasst machen

preparativo[1] [prepara'tiβo] *m* Vorbereitung *f*

preparativo, -a[2] [prepara'tiβo, -a] *adj* vorbereitend

preparatoria [prepara'torja] *f (Méx) Vorbereitungskurs zur Zulassung zum Hochschulstudium*

preparatorio, -a [prepara'torjo, -a] *adj* vorbereitend; **curso ~** Vorbereitungskurs *m;* **trabajos ~s** Vorarbeiten *fpl*

preponderancia [prepon̪de'ran̪θja] *f* Übergewicht *nt*

preponderante [prepon̪de'ran̪te] *adj* vorherrschend

preponderar [prepon̪de'rar] *vi* überwiegen

preposición [preposi'θjon] *f* Präposition *f*

prepotencia [prepo'ten̪θja] *f* ❶ *(superioridad)* Übermächtigkeit *f* ❷ *(arrogancia)* Arroganz *f*

prepotente [prepo'ten̪te] *adj* ❶ *(superior)* übermächtig ❷ *(arrogante)* überheblich

prepucio [pre'puθjo] *m* (ANAT) Vorhaut *f*

prerrequisito [prerreki'sito] *m* Vorbedingung *f*, Voraussetzung *f*

prerrogativa [prerroɣa'tiβa] *f (privilegio)* Vorrecht *nt*

presa ['presa] *f* ❶ *(acción)* (Ein)fangen *nt;* **las llamas hicieron ~ en la casa** das Haus wurde ein Opfer der Flammen ❷ *(objeto, de caza)* Beute *f;* **hacer una ~** Beute machen; *(un ave)* Beute schlagen; **ser ~ del terror** von Panik ergriffen werden ❸ (ZOOL) **animal de ~** Raubtier *nt* ❹ *(dique: en valle)* Talsperre *f;* *(en río)* Staudamm *m* ❺ *(colmillo)* Fangzahn *m* ❻ *(uña)* Kralle *f* ❼ *(acequia)* Bewässerungskanal *m* ❽ *(de comida)* Stück *nt* ❾ (DEP) Griff *m;* **~ de brazo** *(yudo)* Armhebel *m*

presagiar [presa'xjar] *vt* voraussagen; **estas nubes presagian tormenta** diese Wolken sehen nach Gewitter aus

presagio [pre'saxjo] *m* ❶ *(señal)* Omen *nt* ❷ *(presentimiento)* Vorahnung *f*

présbita ['presβita] **I.** *adj* weitsichtig **II.** *mf* weitsichtiger Mensch *m*

presbiterio [presβi'terjo] *m* Altarraum *m*

prescindible [presθiṇ'diβle] *adj* entbehrlich

prescindir [presθiṇ'dir] *vi* ❶ *(renunciar a)* verzichten (**de** auf +*akk*); **tenemos que ~ del coche** wir müssen ohne Auto auskommen; **no podemos ~ de él** wir kommen ohne ihn nicht zurecht ❷ *(pasar por alto)* übergehen (**de** +*akk*); **han prescindido de mi opinión** sie haben meine Meinung ignoriert ❸ *(no contar)* nicht rechnen (**de** mit +*dat*)

prescribir [preskri'βir] *irr como escribir* **I.** *vi* *(delito)* verjähren **II.** *vt* ❶ *(indicar)* vorschreiben; **prescrito por la ley** gesetzlich vorgeschrieben ❷ (MED) verordnen; *(recetar)* verschreiben

prescripción [preskriβ'θjon] *f* ❶ *(indicación)* Vorschrift *f* ❷ (MED) Verordnung *f;* *(receta)* Rezept *nt* ❸ *(de delito)* Verjährung *f*

prescriptivo, -a [preskrip'tiβo, -a] *adj* ❶ *(indicable)* vorschreibend ❷ *(decretable)* verordnend ❸ *(delito)* Verjährungs-; **plazo ~** Verjährungsfrist *f*

prescrito, -a [pres'krito, -a] *adj* ❶ *(ordenado)* vorgeschrieben ❷ *(extinguido)* verjährt

presea [pre'sea] *f* *(elev)* Juwel *nt,* Schmuckstück *nt*

presencia [pre'seṇθja] *f* ❶ *(asistencia)* Gegenwart *f;* **sin la ~ del ministro** ohne Beisein des Ministers ❷ *(aspecto)* Aussehen *nt;* **buena ~** gepflegtes Äußeres; **tener buena ~** gut aussehen ❸ *(existencia)* **estamos en ~ del aeropuerto más grande de Europa** wir haben den größten Flughafen Europas vor uns; **los vecinos están asustados por la ~ de ladrones** die Nachbarn haben Angst vor den Dieben; **la constante ~ de ese recuerdo no le dejaba dormir** die ständige Erinnerung daran brachte ihn um den Schlaf

presencial [preseṇ'θjal] *adj* **testigo ~** Augenzeuge, -in *m, f*

presenciar [preseṇ'θjar] *vt* ❶ *(asistir)* beiwohnen +*dat;* **10.000 personas ~on el concierto** 10.000 Leute besuchten das Konzert ❷ *(ver)* sehen

presentable [preseṇ'taβle] *adj* **este trabajo está ~** diese Arbeit ist akzeptabel; **este trabajo es ~** diese Arbeit kann man vorzeigen; **ponerse ~** sich zurechtmachen; **vestido así no estás ~** in diesem Aufzug kannst du dich nicht sehen lassen

presentación [preseṇta'θjon] *f* ❶ *(de una novela, t.* TV, RADIO) Präsentation *f;* *(de una máquina/un número artístico)* Vorführung *f;* (TEAT) Inszenierung *f* ❷ *(de instancia/dimisión/trabajo)* Einreichen *nt;* **el plazo de ~ de solicitudes finaliza hoy** die Frist für die Antragstellung läuft heute ab ❸ *(de argumentos)* Vorbringen *nt;* *(de pruebas)* Beibringen *nt;* *(de propuesta)* Unterbreitung *f* ❹ *(de pasaporte/documento)* Vorlage *f;* **a su ~** (**de la letra**) bei Vorlage (des Wechsels) ❺ *(aspecto)* Aussehen *nt;* *(de un libro)* Aufmachung *f* ❻ *(Am: súplica)* Gesuch *nt*

presentador(a) [preseṇta'ðor(a)] *m(f)* *(de programa)* Moderator(in) *m(f);* *(de telediario)* Nachrichtensprecher(in) *m(f)*

presentar [preseṇ'tar] *vt* ❶ *(mostrar)* vorstellen; *(moda)* vorführen ❷ *(ofrecer)* aufweisen; **el viaje presenta dificultades** die Reise birgt Schwierigkeiten in sich; **la ciudad presenta un aspecto de gala** die Stadt zeigt sich in vollem Glanz; **este informe presenta los sucesos de una manera clara** dieser Bericht legt die Geschichte deutlich dar ❸ (TV, RADIO) präsentieren; (TEAT) aufführen; *(presentador)* moderieren ❹ *(instancia, dimisión, trabajo)* einreichen ❺ *(argumentos)* vorbringen; *(pruebas)* beibringen; *(propuesta)* unterbreiten ❻ *(pasaporte, documento)* vorlegen ❼ *(persona)* vorstellen; **te presento a mi marido** darf ich dir meinen Mann vorstellen? ❽ *(candidato)* vorschlagen

presente[1] [pre'seṇte] *m* ❶ *(actualidad)* Gegenwart *f;* **hasta el ~** bis jetzt; **por el ~** augenblicklich ❷ (LING) Präsens *nt* ❸ *(regalo)* Geschenk *nt*

presente[2] [pre'seṇte] **I.** *adj* ❶ *(que está)* anwesend; **¡~!** hier!; **estar ~** dabei sein ❷ *(actual)* gegenwärtig ❸ *(este)* **la ~ edición** diese Ausgabe; **la ~ tesina** die vorliegende Diplomarbeit ❹ *(loc)* **hay que**

P

tener ~ las circunstancias man muss sich *dat* die Umstände vor Augen führen; **por la ~ deseo comunicarle que...** *(en una carta)* hiermit möchte ich Ihnen mitteilen, dass ...; **ten ~ lo que te he dicho** denk daran, was ich dir gesagt habe **II.** *mf (asistente)* Anwesende(r) *mf*

presentimiento [presen̩ti'mjen̩to] *m* Vorahnung *f;* **tengo el ~ de que...** ich habe das Gefühl, dass ...

presentir [presen̩'tir] *vt irr como sentir* vorausahnen; **presiento que mañana lloverá** ich habe das Gefühl, dass es morgen regnen wird

preservación [preserβa'θjon] *f* Schutz *m;* **~ del medio ambiente** Umweltschutz *m*

preservador[1] [preserβa'ðor] *m* (INFOR) **~ de pantalla** Bildschirmschoner *m*

preservador(a)[2] [preserβa'ðor(a)] *adj* schützend (**de/contra** vor +*dat*)

preservar [preser'βar] **I.** *vt* schützen (**de/contra** vor +*dat*) **II.** *vr:* **~se** sich schützen (**de/contra** vor +*dat*)

preservativo [preserβa'tiβo] *m* Präservativ *nt*

presidencia [presi'ðen̩θja] *f* ① *(mandato)* Präsidentschaft *f;* **asumir la ~** das Präsidentenamt antreten; **esta orden viene de ~** dieser Befehl kommt vom Präsidenten selbst ② *(edificio)* Amtssitz *m* des Präsidenten ③ *(de organización/asamblea: conjunto)* Präsidium *nt; (individuo)* Vorsitzende(r) *mf;* **asumir la ~** den Vorsitz übernehmen

presidencial [presiðen̩'θjal] *adj* ① (POL) präsidial, Präsidenten- ② *(de asamblea)* Vorstands-

presidente [presi'ðen̩te] *mf* ① (POL) Präsident(in) *m(f);* **el ~ alemán** der Bundespräsident; **el ~ de Baden-Württemberg** der Ministerpräsident von Baden-Württemberg ② *(de asociación)* Vorsitzende(r) *mf*

presidiario, -a [presi'ðjarjo, -a] *m, f* Häftling *m*

presidio [pre'siðjo] *m* Gefängnis *nt;* **condenar a 20 años de ~** zu 20 Jahren Gefängnis verurteilen

presidir [presi'ðir] *vt* ① *(ocupar presidencia)* den Vorsitz (inne)haben (in +*dat*) ② *(mandar)* leiten ③ *(dominar)* dominieren

presilla [pre'siʎa] *f* Schlaufe *f*

presión [pre'sjon] *f* Druck *m;* **~ arterial** Blutdruck *m;* **~ competitiva** Konkurrenzdruck *m;* **~ fiscal** Steuerbelastung *f;* **~ social** sozialer Zwang; **grupo de ~** Lobby *f;* **zona de altas presiones** (METEO) Hochdruckgebiet *nt;* **cerrar a ~** unter Druck verschließen; **¿a qué ~ llevas las ruedas?** mit welchem Reifendruck fährst du?; **estar bajo ~** unter Druck stehen; **hacer ~ sobre alguien** jdn unter Druck setzen; **no acepto presiones de nadie** ich lasse mich nicht unter Druck setzen; **Arantxa se ha sabido sacar muy bien la ~ de encima con este golpe** Arantxa hat sich mit diesem Schlag aus der Bedrängnis befreit

presionar [presjo'nar] *vt* ① *(apretar)* drücken ② *(coaccionar)* unter Druck setzen

preso, -a ['preso, -a] *m, f* Häftling *m;* **~ político** politischer Gefangener

prestación [presta'θjon] *f* ① *(de ayuda/servicio)* Leistung *f;* **~ por desempleo** Arbeitslosengeld *nt;* **prestaciones en especie** Sachleistungen *fpl;* **~ de servicios** Erbringung von Dienstleistungen; **P~ Social Sustitutoria** Zivildienst *m* ② *pl (de coche)* Extras *ntpl;* **un coche con todas las prestaciones técnicas** ein Auto mit allen technischen Finessen

prestado, -a [pres'taðo, -a] *adj* geliehen, geborgt; **voy de ~, el traje me lo han dejado** der Anzug gehört mir nicht, ich habe ihn mir nur geliehen; **vive de ~ en casa de una amiga** er/sie wohnt umsonst [*o* mietfrei] bei einer Freundin

prestamista [presta'mista] *mf* (Geld)verleiher(in) *m(f); (profesional, contra fianza)* Pfandleiher(in) *m(f); (banco)* Darlehensgeber(in) *m(f)*

préstamo ['prestamo] *m* ① *(acción)* (Aus)leihen *nt* ② *(lo prestado: para exposición)* Leihgabe *f;* (FIN) Darlehen *nt;* **~ hipotecario** Bauspardarlehen *nt;* **~ a interés fijo** Darlehen mit festen Zinssätzen; **la duración de un ~** die Laufzeit eines Darlehens ③ (LING) Lehnwort *nt*

prestancia [pres'tan̩θja] *f* ① *(excelencia)* Vorzüglichkeit *f* ② *(distinción)* Vornehmheit *f*

prestar [pres'tar] **I.** *vt* ① *(dejar)* (aus)leihen, borgen; *(pagando a cambio)* (ver)leihen; **¿me prestas la bici, por favor?** kannst du mir bitte dein Fahrrad (aus)leihen?; **el banco me ha prestado el dinero** die Bank hat mir das Geld geliehen ② *(dedicar)* **~ ayuda/servicios** Hilfe/Dienste leisten; **~ colaboración** mithelfen; **~ apoyo** Unterstützung zusagen ③ *(declaración)* abgeben; *(juramento)* leisten ④ *(silencio)* bewahren; *(paciencia)* aufbringen; *(atención)* schenken; **~ oídos** Aufmerksamkeit schenken **II.** *vi* ① *(dar de sí)* **los zapatos son pequeños pero ya ~án** die Schuhe sind klein, aber sie werden sich schon weiten; **este pantalón presta mucho** diese Hose dehnt sich sehr; **esta cuerda no presta** dieses Seil reicht nicht

P

❷ *(ser útil)* taugen **III.** *vr:* **~se** ❶ *(ofrecerse)* sich anbieten (**para** für +*akk*); **se prestó a ayudarme en la mudanza** er/sie bot mir seine/ihre Hilfe beim Umzug an ❷ *(avenirse)* sich bequemen (**a** zu +*dat*) ❸ *(dar motivo)* verursachen; **tus palabras se prestan a confusión** deine Worte stiften Verwirrung

prestatario, -a [presta'tarjo, -a] *m, f* Darlehensnehmer(in) *m(f)*

presteza [pres'teθa] *f* Schnelligkeit *f; (de ejecución)* Promptheit *f*

prestidigitador(a) [prestiðixita'ðor(a)] *m(f)* Taschenspieler(in) *m(f)*

prestigiar [presti'xjar] *vt* Ansehen verleihen +*dat*

prestigio [pres'tixjo] *m* Ansehen *nt;* **una cuestión de ~** eine Prestigesache; **hoy viene un conferenciante de ~** der heutige Redner gilt als Kapazität auf seinem Gebiet

prestigioso, -a [presti'xjoso, -a] *adj* angesehen; **muy ~** hoch angesehen

presto[1] ['presto] *adv* ❶ *(rápidamente)* schnell ❷ *(al instante)* sofort

presto, -a[2] ['presto, -a] *adj* ❶ *(listo)* bereit ❷ *(rápido)* prompt

presumible [presu'miβle] *adj* vermutlich; **es ~ que...** +*subj* es ist anzunehmen, dass ...

presumido, -a [presu'miðo, -a] *adj* ❶ *(arrogante)* arrogant ❷ *(vanidoso)* eitel

presumir [presu'mir] **I.** *vi* ❶ *(vanagloriarse)* angeben (**de** mit +*dat*) ❷ *(cuidarse)* sich herausputzen; **~ más que una mona** *(fam)* ein Lackaffe/ein Modepüppchen sein **II.** *vt* annehmen

P

presunción [presuṇ'θjon] *f* ❶ *(sospecha)* Annahme *f* ❷ *(petulancia)* Angeberei *f* ❸ *(vanidad)* Einbildung *f*

presunto, -a [pre'suṇto, -a] *adj* ❶ *(supuesto)* vermutlich; **el ~ asesino** der mutmaßliche Mörder ❷ *(equivocadamente)* vermeintlich

presuntuosidad [presuṇtwosi'ðaᵈ] *f* ❶ *(petulancia)* Angeberei *f* ❷ *(vanidad)* Einbildung *f*

presuntuoso, -a [presuṇtu'oso, -a] *adj* eitel

presuponer [presupo'ner] *vt irr como poner* ❶ *(suponer)* voraussetzen ❷ *(calcular)* veranschlagen

presuposición [presuposi'θjon] *f* Voraussetzung *f*

presupuestar [presupwes'tar] *vt* ❶ (POL, ECON) den Haushaltsplan aufstellen (für +*akk*) ❷ *(gastos)* veranschlagen; **~ los gastos en tres millones** die Kosten mit drei Millionen veranschlagen

presupuestario, -a [presupwes'tarjo, -a] *adj (proyecto)* Budget-; *(política, déficit)* Haushalts-; *(razón)* budgetär

presupuesto [presu'pwesto] *m* ❶ (POL, ECON) Haushalt(splan) *m;* **~ anual** Jahresetat *m;* **P~ General del Estado** Staatshaushalt *m;* **la confección del ~** die Aufstellung des Haushaltsplanes ❷ *(cálculo)* (Kosten)voranschlag *m* ❸ *(suposición)* Voraussetzung *f*

presura [pre'sura] *f* ❶ *(opresión)* Bedrängnis *f* ❷ *(prisa)* Eile *f* ❸ *(ahínco)* Eifer *m*

presuroso, -a [presu'roso, -a] *adj* eilig; **iba ~ por la calle** er eilte durch die Straße

pretencioso, -a [preteṇ'θjoso, -a] *adj* eitel

pretender [preteṇ'der] *vt* ❶ *(aspirar a)* streben (nach +*dat*); **~ subir de categoría** eine Beförderung anstreben ❷ *(pedir)* beanspruchen; **¿qué pretendes que haga?** was soll ich tun?; **no puedes ~ que te traten con corrección si...** du kannst nicht verlangen, dass die Leute höflich zu dir sind, wenn ... ❸ *(tener intención)* vorhaben; **no pretendía molestar** ich wollte nicht stören ❹ *(intentar)* versuchen ❺ *(afirmar)* behaupten ❻ *(puesto)* sich bewerben (um +*akk*) ❼ *(cortejar)* werben (um +*akk*)

pretendido, -a [preteṇ'diðo, -a] *adj* angeblich

pretendiente [preteṇ'djeṇte] *m (de trabajo)* Bewerber *m; (de mujer)* Verehrer; *(a la corona)* Thronanwärter *m*

pretensión [preten'sjon] *f* ❶ *(derecho)* Anspruch *m;* **~ económica** Gehaltsforderung *f* ❷ *(ambición)* Ehrgeiz *m; (aspiración)* Streben *nt;* **es una persona con muchas pretensiones** er/sie will hoch hinaus; **es una persona con pocas pretensiones** er/sie gibt sich mit wenig zufrieden; **tener muchas pretensiones laborales** Karriere machen wollen; **tiene la ~ de que vaya con él** er/sie erwartet, dass ich mit ihm gehe ❸ *pl (vanidad)* **tiene pretensiones de actor** er spielt sich als Schauspieler auf ❹ *(solicitud)* Bewerbung *f*

pretérito[1] [pre'terito] *m* (LING) Präteritum *nt*

pretérito, -a[2] [pre'terito, -a] *adj* vergangen

pretextar [pretes'tar] *vt* vorschieben; **pretextó que estaba enfermo** er gab vor krank zu sein; **siempre pretexta algo** er/sie findet immer einen Vorwand

pretexto [pre'testo] *m* Vorwand *m;* **a ~ de...** unter dem Vorwand ...

pretil [pre'til] *m* ❶ *(de puente)* Brüstung *f* ❷ *(Am: atrio)* Vorhalle *f*

pretina [pre'tina] *f* ① *(cinta)* (Hosen)schnalle *f* ② *(de calzoncillos)* Gummizug *m* ③ *(de prenda)* Gürtel *m* ④ *(cintura)* Taille *f*

preuniversitario, -a [preuniβersi'tarjo, -a] *adj* **curso ~** ≈ letztes Schuljahr *nt* (vor dem Abitur)

prevalecer [preβale'θer] *vi irr como crecer* ① *(imponerse)* sich durchsetzen (**entre/sobre** gegenüber +*dat*); **la verdad prevaleció sobre la mentira** die Wahrheit siegte über die Lüge ② *(predominar)* vorherrschen; **en esta ciudad prevalecen los de derechas sobre los de izquierdas** in dieser Stadt gibt es mehr Rechte als Linke ③ *(triunfar)* siegen ④ (BOT) Wurzeln schlagen ⑤ *(prosperar)* gedeihen

prevaleciente [preβale'θjen̩te] *adj (moda)* aktuell; *(costumbre)* weit verbreitet

prevalerse [preβa'lerse] *vr irr como valer* ① *(de alguien)* ausnutzen (**de** +*akk*) ② *(de algo)* sich bedienen (**de** +*gen*)

prevaricación [preβarika'θjon] *f* ① *(del deber)* Pflichtverletzung *f* ② (JUR) Rechtsbeugung *f*

prevaricar [preβari'kar] <c → qu> *vi* ① *(faltar al deber)* die Pflicht verletzen ② (JUR) das Recht beugen

prevención [preβen̩'θjon] *f* ① *(preparativo)* Vorbereitung *f* ② *(precaución)* Vorkehrung *f*; **~ de accidentes** Unfallverhütung *f*; **~ de siniestros** Schadensvorbeugung *f* ③ (MED) Vorbeugung *f*; **~ del cáncer** Krebsvorsorge *f*

prevenido, -a [preβe'niðo, -a] *adj* ① **estar** *(alerta)* **estar ~** auf der Hut sein ② **ser** *(previsor)* vorsichtig; **hombre ~ vale por dos** *(prov)* Vorsicht ist besser als Nachsicht

prevenir [preβe'nir] *irr como venir* **I.** *vt* ① *(preparar)* vorbereiten; **~ las armas** zum Kampf rüsten ② *(proveer)* versorgen (**de** mit +*dat*) ③ *(protegerse de)* vorbeugen +*dat*; *(evitar)* verhindern; **más vale ~ que curar** *(prov)* vorbeugen ist besser als heilen ④ *(advertir)* warnen ⑤ *(predisponer)* **~ a alguien a favor/en contra de alguien** jdn für/gegen jdn einnehmen **II.** *vr:* **~se** ① *(proveerse)* sich versorgen (**de** mit +*dat*), sich versehen (**de** mit +*dat*) ② *(tomar precauciones)* Vorkehrungen treffen ③ *(contra alguien)* feindlich eingestellt sein (**contra** gegenüber +*dat*)

preventivo, -a [preβen̩'tiβo, -a] *adj* vorbeugend; **guerra preventiva** Präventivkrieg *m*; **medida preventiva** Vorbeugungsmaßnahme *f*; **prisión preventiva** Untersuchungshaft *f*

prever [pre'βer] *vt irr como ver* vorhersehen

previdencia [preβi'ðen̩θja] *f* Vorhersehen *nt*; *(visión de futuro)* Weitblick *m*

previo[1] ['preβjo] *m* (TV, CINE) Play-back *nt*

previo, -a[2] ['preβjo, -a] *adj* vorherige(r, s); (**sin**) **~ aviso** (ohne) Vorankündigung; **previa presentación del D.N.I.** bei Vorlage des Personalausweises; **~ pago de la matrícula** gegen eine Einschreibegebühr; **tuve una entrevista previa con él** ich hatte zuvor eine Besprechung mit ihm

previsible [preβi'siβle] *adj* ① *(probable)* voraussichtlich ② *(que se puede prever)* voraussehbar; **dentro de un futuro ~** in absehbarer Zeit; **era ~** das war vorauszusehen

previsión [preβi'sjon] *f* ① *(de prever)* Vorhersage *f*; **~ del tiempo** Wettervorhersage *f*; **las previsiones económicas** die Wirtschaftsprognosen; **esto supera todas las previsiones** das übertrifft alle Erwartungen; **en ~ de...** falls ... ② *(precaución)* Vorsorge *f*; **hay que tener ~ de futuro** man muss für die Zukunft vorsorgen ③ *(cálculo)* Voranschlag *m*

previsor(a) [preβi'sor(a)] *adj* ① *(con visión)* vorausschauend; *(política)* weit blickend ② *(precavido)* vorsorglich

previsto, -a [pre'βisto, -a] *adj* **el éxito estaba ~** der Erfolg war zu erwarten; **todo lo necesario está ~** es ist für alles Notwendige gesorgt

prez [preθ] *m o f (elev)* ① *(honor)* Ehre *f* ② *(gloria)* Ruhm *m*

prietamente [prjeta'men̩te] *adv* eng, dicht gedrängt

prieto, -a ['prjeto, -a] *adj* ① *(apretado)* eng ② *(negro)* schwarz; *(negruzco)* schwärzlich ③ *(tacaño)* geizig

prima ['prima] *f* ① *(pariente)* Kusine *f*; **~ hermana/segunda** Kusine ersten/zweiten Grades ② (FIN) Prämie *f*

primacía [prima'θia] *f* ① *(supremacía)* Vorrangstellung *f*; (MIL, POL) Vormachtstellung *f* ② *(prioridad)* Vorrang *m*

primada [pri'maða] *f (fam)* **no hagas la ~ de comprarte este traje** sei nicht so dumm, dir den Anzug zu kaufen; **me han hecho una ~** man hat mich übers Ohr gehauen

primar [pri'mar] **I.** *vi* **en esta escuela prima el orden** in dieser Schule ist Ordnung das Wichtigste; **aquí priman los enchufes sobre la capacidad personal** hier sind Beziehungen wichtiger als persönliche Fähigkeiten **II.** *vt* eine Prämie bezahlen +*dat*

primario, -a [pri'marjo, -a] *adj* ① *(principal, primero)* primär; **corriente primaria** (ELEC) Primärstrom *m*; **enseñanza prima-**

P

ria Grundschule *f;* **necesidades primarias** Grundbedürfnisse *ntpl* ② *(persona)* simpel

primate [pri'mate] *m* Primat *m*

primavera [prima'βera] **I.** *adj* simpel **II.** *f* ① *(estación)* Frühling *m;* **estar en la ~ de la vida** im Frühling des Lebens stehen ② (BOT) Primel *f* ③ *pl (años)* Lenze *mpl*

primaveral [primaβe'ral] *adj* Frühlings-

primer [pri'mer] *adj v.* **primero, primera**

primera [pri'mera] *f* ① (AUTO) erster Gang *m;* **ir en ~** im ersten Gang fahren ② (FERRO, AERO) **viajar en ~** erster Klasse reisen ③ *(loc)* **de ~** erstklassig; **fue eliminado a las ~s de cambio** er schied bereits nach ein paar Runden aus; **a las ~s de cambio** *(de repente)* plötzlich; **lo hice a la ~** ich habe es auf Anhieb geschafft

primeriza [prime'riθa] *f* Erstgebärende *f*

primerizo, -a [prime'riθo, -a] *m, f (novato)* Neuling *m*

primero[1] [pri'mero] *adv* ① *(en primer lugar)* zuerst; **~..., segundo...** erstens ..., zweitens ...; **~ dice una cosa, luego otra** er/sie sagt einmal hü und einmal hott *fam* ② *(antes)* lieber

primero, -a[2] [pri'mero, -a] **I.** *adj (ante sustantivo masculino: primer)* erste(r, s); **primera calidad** Topqualität *f;* **primera edición** Erstausgabe *f;* **el Primer Ministro** der Premierminister; **primera representación** Uraufführung *f;* **estado ~** ursprünglicher Zustand; **a primera hora** (**de la mañana**) früh morgens; **a ~s de mes** am Monatsanfang; **de primera calidad** erstklassig; **desde un primer momento** von Anfang an; **en primer lugar** zuerst; **ocupar una de las primeras posiciones** einen der vorderen Plätze belegen; **lo ~ es lo ~** immer der Reihe nach; **para mí tú eres lo ~** du kommst für mich an erster Stelle; **lo ~ es ahora la familia** die Familie hat jetzt Vorrang **II.** *m, f* Erste(r) *mf;* **el ~ de la carrera** der Erstplatzierte im Rennen; **el ~ de la clase** der Klassenbeste; **estar entre los ~s** unter den Ersten sein; **eres el ~ en llegar** du bist als Erster angekommen

primicia [pri'miθja] *f* ① *(lo primero)* Erstling *m* ② (PREN, TV, RADIO) Exklusivmeldung *f* ③ *pl (frutos)* **las ~s** die ersten Früchte

primitivamente [primitiβa'mente] *adv* ① *(originariamente)* ursprünglich ② *(de manera primitiva)* primitiv; **comportarse ~** sich ungehobelt benehmen

primitivismo [primiti'βismo] *m* ① *(actitud)* primitives Verhalten *nt* ② (ARTE) Primitivismus *m*

P

primitivo, -a [primi'tiβo, -a] *adj* primitiv; **los habitantes ~s** die Ureinwohner; **lotería primitiva** *(spanisches) Lotto;* **palabra primitiva** (LING) Stammwort *nt*

primo[1] ['primo] *m* ① *(pariente)* Cousin *m;* **~ hermano/segundo** Vetter ersten/zweiten Grades ② *(fam: ingenuo)* Einfaltspinsel *m;* **he hecho el ~: he pagado 50 euros por esto** man hat mich übers Ohr gehauen: ich habe dafür 50 Euro bezahlt; **¡no seas ~!** sei doch kein Dummkopf!

primo, -a[2] ['primo, -a] *adj* ① *(primero)* **materia prima** Rohstoff *m* ② *(primoroso)* geschickt ③ *(excelente)* vortrefflich ④ (MAT) **número ~** Primzahl *f*

primogénito, -a [primo'xenito, -a] **I.** *adj* erstgeboren **II.** *m, f* Erstgeborene(r) *mf*

primogenitor(a) [primoxeni'tor(a)] *m(f)* Erzeuger(in) *m(f),* Vater *m,* Mutter *f*

primor [pri'mor] *m* ① *(habilidad)* Geschicklichkeit *f* ② *(esmero)* Sorgfältigkeit *f;* **hacer algo con ~** etw sorgfältig machen ③ *(cosa)* Meisterwerk *nt* ④ *(loc)* **llueve que es un ~** es regnet in Strömen

primordial [primor'ðjal] *adj* ① *(más importante)* vorrangig; **este asunto es de interés ~** diese Angelegenheit hat Vorrang ② *(fundamental)* wesentlich; **para vivir en Alemania es ~ hablar alemán** um in Deutschland zu leben, muss man unbedingt Deutsch sprechen

primoroso, -a [primo'roso, -a] *adj* ① *(hábil)* geschickt ② *(con esmero)* sorgfältig; **es un bordado ~** das ist eine sauber gearbeitete Stickerei ③ *(excelente)* vortrefflich; **labios ~s** sehr schöne Lippen

prímula ['primula] *f* (BOT) Primel *f*

princesa [prin̩'θesa] *f v.* **príncipe**[2]

principado [prin̩θi'paðo] *m* Fürstentum *nt;* **el P~** Katalonien *nt;* **el P~ de Andorra** Andorra *nt*

principal[1] [prin̩θi'pal] *m* ① *(piso)* erster Stock *m* ② *(edición)* Erstausgabe *f*

principal[2] [prin̩θi'pal] **I.** *adj* ① *(más importante)* hauptsächlich; **el problema ~** das Hauptproblem; **su carrera profesional era lo ~ para él** seine Karriere war für ihn das Wichtigste ② *(esencial)* wesentlich **II.** *mf (de negocio)* Geschäftsinhaber(in) *m(f)*

principalmente [prin̩θipal'men̩te] *adv* hauptsächlich, im Wesentlichen; **se trataba ~ de...** in erster Linie ging es darum, ...; **esta política beneficia ~ a los más necesitados** diese Politik kommt vor allem [*o* insbesond(e)re] den Bedürftigen zugute

príncipe[1] ['prin̩θipe] *adj* **edición ~** Erstausgabe *f*

príncipe, **princesa**[2] ['prin̪θipe, prin̪'θesa] *m, f* ① *(soberano)* Fürst(in) *m(f)* ② *(hijo del rey)* Prinz, Prinzessin *m, f*; **~ heredero** Kronprinz *m;* **la Princesa de Asturias** die spanische Kronprinzessin; **el ~ azul** der Märchenprinz

principesco, **-a** [prin̪θi'pesko, -a] *adj* fürstlich

principiante [prin̪θi'pjan̪te] *mf* Anfänger(in) *m(f)*

principiar [prin̪θi'pjar] *vi, vt* beginnen, anfangen

principio [prin̪'θipjo] *m* ① *(comienzo)* Anfang *m;* **al ~** am Anfang; **ya desde el ~** bereits am Anfang; **desde un ~** von Anfang an; **a ~s de diciembre** Anfang Dezember; **dar ~ a algo** mit etw *dat* anfangen ② *(causa)* Ursache *f; (origen)* Ursprung *m;* **el ~ de la discusión** der Auslöser der Diskussion ③ *(fundamento, t.* FÍS) Prinzip *nt;* **en ~** im Prinzip ④ (QUÍM) Element *nt* ⑤ *pl (de ciencia)* Abriss *m*

pringado, **-a** [priŋ'gaðo, -a] *m, f* **¡calla, ~!** *(pey)* halt die Klappe, du Trottel!

pringar [priŋ'gar] <g → gu> **I.** *vt* ① *(manchar)* beschmieren (**de/con** mit +*dat*) ② *(mojar)* eintauchen (**en** in +*akk*) ③ *(fam: herir)* verwunden ④ *(fam: desacreditar)* runtermachen **II.** *vi* ① *(fam: en negocio)* beteiligt sein (**en** an +*dat*) ② *(fam: trabajar)* schuften ③ *(Am: lloviznar)* nieseln ④ *(fam: morir)* abkratzen **III.** *vr:* **~se** ① *(mancharse)* sich beschmieren (**de/con** mit +*dat*) ② *(en negocio)* beteiligt sein (**en** an +*dat*) ③ *(loc)* **se ha pringado en 20 euros** er/sie hat 20 Euro mitgehen lassen

pringón[1] [priŋ'gon] *m* ① *(acción)* Sichbeschmieren *nt* ② *(mancha)* Fettfleck *m*

pringón, **-ona**[2] [priŋ'gon, -ona] *adj (fam)* dreckig

pringoso, **-a** [priŋ'goso, -a] *adj* schmierig

pringue ['priŋge] *m* ① *(grasa)* Fett *nt* ② *(suciedad)* Schmutz *m* ③ *(loc)* **¿que tienes que repetir el trabajo? ¡vaya ~ tío!** *(fam)* was, du musst die Arbeit nochmal machen? so eine Schweinerei!

prior(a) [pri'or(a)] *m(f)* (REL) Prior(in) *m(f)*

prioridad [prjori'ða[ð]] *f* ① *(anterioridad)* Vorzeitigkeit *f* ② *(urgencia)* Priorität *f;* **de máxima ~** von allerhöchster Dringlichkeit; **dar ~ a un asunto** eine Angelegenheit vorrangig behandeln ③ (AUTO) Vorfahrt *f*

prioritario, **-a** [prjori'tarjo, -a] *adj* vorrangig; **este plan es ~** dieser Plan hat Vorrang

priorizar [prjori'θar] <z → c> **I.** *vi* Prioritäten setzen [*o* festlegen] **II.** *vt* Priorität einräumen +*dat*

prisa ['prisa] *f* Eile *f;* **a toda ~** in aller Eile; **darse prisa** sich beeilen; **de ~** schnell; **de ~ y corriendo** *(con demasiada prisa)* hastig; *(rápidamente)* schleunigst; **no corre ~** es hat Zeit; **¡date ~!** beeil dich!; **meter ~** zur Eile drängen; **tengo ~** ich habe es eilig; **no tengas ~** lass dir Zeit

prisión [pri'sjon] *f* ① *(reclusión)* Haft *f; (de guerra)* Gefangenschaft *f;* **~ celular** Einzelhaft *f;* **~ preventiva** Untersuchungshaft *f* ② *(edificio)* Gefängnis *nt;* **~ de alta seguridad** Hochsicherheitsgefängnis *nt;* **estar en ~** im Gefängnis sitzen

prisionero, **-a** [prisjo'nero, -a] *m, f* Gefangene(r) *mf; (convicto)* Häftling *m;* **hacer ~ a alguien** jdn gefangen nehmen

prisma ['prisma] *m (figura)* Prisma *nt*

prismático, **-a** [pris'matiko, -a] *adj* prismatisch

prismáticos [pris'matikos] *mpl* Fernglas *nt*

prístino, **-a** ['pristino, -a] *adj* ① *(primitivo)* ursprünglich, primitiv ② *(puro)* rein

privacidad [priβaθi'ða[ð]] *f* Privatsphäre *f;* *(en una página web)* Datenschutzerklärung *f*

privación [priβa'θjon] *f* ① *(desposesión)* Entzug *m;* **~ de libertad** (JUR) Freiheitsberaubung *f;* *(cárcel)* Freiheitsentzug *m* ② *(carencia)* Entbehrung *f*

privado[1] [pri'βaðo] *m (de rey)* Günstling *m; (de ministro)* Protegé *m*

privado, **-a**[2] [pri'βaðo, -a] *adj* ① *(reunión, fiesta)* privat; *(sesión)* nicht öffentlich ② *(personal, confidencial)* privat; **vida privada** Privatleben *nt;* **en el trabajo es insoportable, pero en ~...** bei der Arbeit ist er/sie unerträglich, aber privat ...; **quisiera hablar en ~ contigo** ich möchte mit dir unter vier Augen sprechen ③ *(falto)* **~ de...** ohne ...; **~ de flexibilidad** *(cosa)* ungeschmeidig; *(persona)* unflexibel; **~ de inteligencia** beschränkt; **~ de la libertad** inhaftiert; **~ de medios** mittellos

privanza [pri'βan̪θa] *f (de príncipe)* Gunst *f; (de ministro)* Protektion *f*

privar [pri'βar] **I.** *vt* ① *(desposeer)* **~ a alguien del permiso de conducir** jdm die Fahrerlaubnis entziehen; **~ a alguien de libertad** jdn seiner Freiheit berauben; **~ a alguien de un derecho** jdm ein Recht aberkennen; **~ a alguien de un cargo** jdn eines Amtes entheben ② *(prohibir)* verbieten; **no me prives de visitarte** erlaub mir bitte, dich zu besuchen ③ *(gustar)* schwärmen (für +*akk*); **está privado por esa chica** er hat an diesem Mädchen einen Narren gefressen **II.** *vi* ① *(estar de moda)* in Mode sein ② *(influir)* in Gunst stehen (**con** bei +*dat*) **III.** *vr:* **~se** verzichten (**de**

auf +*akk*); **no se privan de nada** es fehlt ihnen an nichts

privativo, -a [priβa'tiβo, -a] *adj (propio)* eigen (**de** +*dat*); **esta facultad es privativa del presidente** dazu ist ausschließlich der Präsident befugt

privatización [priβatiθa'θjon] *f* Privatisierung *f*

privatizar [priβati'θar] <z → c> *vt* privatisieren

privilegiado, -a [priβile'xjaðo, -a] **I.** *adj* privilegiert; **tiene una memoria privilegiada** er/sie hat ein hervorragendes Gedächtnis **II.** *m, f* Privilegierte(r) *f(m)*

privilegiar [priβile'xjar] *vt* privilegieren

privilegio [priβi'lexjo] *m* Privileg *nt;* **~ fiscal** Steuererleichterung *f*

pro [pro] **I.** *m o f* ① *(provecho)* Pro *nt;* **valorar los ~s y los contras** Pro und Kontra abwägen; **en ~ de** zugunsten +*gen;* **campaña en ~ de la erradicación de las pruebas nucleares** Kampagne gegen Atomtests ② *(loc)* **un hombre de ~** ein rechtschaffener Mann **II.** *prep* für +*akk,* pro +*akk*

proa ['proa] *f* (NÁUT) Bug *m;* **poner la ~ en un asunto** eine Sache energisch anpacken; **poner la ~ a alguien** jdm die Stirn bieten

probabilidad [proβaβili'ðað] *f* ① *(verosimilitud)* Wahrscheinlichkeit *f;* **con toda ~** aller Wahrscheinlichkeit nach ② *(posibilidad)* Aussicht *f;* **hay ~es de rescatar los rehenes** es besteht Aussicht auf Befreiung der Geiseln

probable [pro'βaβle] *adj* ① *(verosímil)* wahrscheinlich; **un resultado ~** ein mögliches Ergebnis; **el ~ campeón** der voraussichtliche Sieger ② *(que se puede probar)* nachweisbar

probablemente [proβaβle'mente] *adv* wahrscheinlich

probado, -a [pro'βaðo, -a] *adj* erprobt, bewährt; **hechos ~s** bewiesene Tatsachen

probador [proβa'ðor] *m* Umkleidekabine *f*

probanza [pro'βanθa] *f* (JUR) ① *(averiguación)* Beweisführung *f* ② *(cosa)* Beweis *m*

probar [pro'βar] <o → ue> **I.** *vt* ① *(demostrar)* beweisen; **todavía no está probado que sea culpable** seine/ihre Schuld ist noch nicht erwiesen ② *(experimentar)* ausprobieren; *(aparato)* (aus)testen ③ *(a alguien)* auf die Probe stellen ④ *(vestido)* anprobieren ⑤ (GASTR) probieren; **no he probado nunca una paella** ich habe noch nie Paella gegessen **II.** *vi* ① *(intentar)* versuchen ② *(ser conveniente)* **~ bien/mal** gut/schlecht bekommen

probatorio, -a [proβa'torjo, -a] *adj* Beweis-

probatura [proβa'tura] *f (fam)* Versuch *m;* (TEAT, CINE) Probe *f*

probeta [pro'βeta] *f (tubo)* Reagenzglas *nt;* **~ graduada** Messglas *nt*

problema [pro'βlema] *m* ① *(cuestión)* Frage *f* ② *(dificultad)* Problem *nt;* **~s de adaptación** Anpassungsschwierigkeiten *f pl;* **~ de aritmética** Rechenaufgabe *f;* **~ de liquidez** Liquiditätsengpass *m;* **el planteamiento del ~** die Problemstellung ③ *(ejercicio)* Aufgabe *f*

problemática [proβle'matika] *f* Problematik *f*

problemático, -a [proβle'matiko, -a] *adj* problematisch

probo, -a ['proβo, -a] *adj* ① *(honrado)* rechtschaffen ② *(íntegro)* integer

procacidad [prokaθi'ðað] *f* ① *(insolencia)* Unverschämtheit *f,* Frechheit *f* ② *(grosería)* Grobheit *f*

procaz [pro'kaθ] *adj* ① *(insolente)* unverschämt ② *(grosero)* grob

procedencia [proθe'ðenθja] *f* ① *(origen)* Herkunft *f;* **anunciar la ~ del tren** ankündigen, woher der Zug kommt ② (JUR) Zulässigkeit *f*

procedente [proθe'ðente] *adj* ① *(oportuno)* angebracht ② *(que viene de)* aus; **el tren ~ de Hamburgo con destino a Munich** der Zug von Hamburg nach München ③ (JUR) berechtigt

proceder [proθe'ðer] **I.** *m* ① *(comportamiento)* Verhalten *nt* ② *(actuación)* Vorgehen *nt* **II.** *vi* ① *(familia)* abstammen (**de** von +*dat*); *(de un lugar)* kommen (**de** aus +*dat*); *(idea)* entstehen (**de** aus +*dat*); *(pasión)* herrühren (**de** von +*dat*) ② *(actuar)* verfahren ③ *(ser oportuno)* angebracht sein; **no ~** unangebracht sein; **ahora procede guardar silencio** wir sollten jetzt ganz ruhig sein; **táchese lo que no proceda** Unzutreffendes bitte streichen ④ *(pasar a)* schreiten (**a** zu +*dat*) ⑤ (JUR: *iniciar un proceso*) ein Verfahren einleiten; *(procesar)* prozessieren

procedimiento [proθeði'mjento] *m* ① *(actuación)* Vorgehen *nt;* **¿qué ~ se puede seguir aquí?** wie kann man hier vorgehen? ② *(método)* Verfahren *nt* ③ (JUR) Gerichtsverfahren *nt*

prócer ['proθer] **I.** *adj* bedeutend, herausragend **II.** *m* bedeutende [*o* herausragende] Persönlichkeit *f*

procesado, -a [proθe'saðo, -a] *m, f* Angeklagte(r) *mf*

procesador [proθesa'ðor] *m* Prozessor *m*

procesal [proθe'sal] *adj (costos, actuación)* Prozess-; *(regla, derecho)* Verfahrens-

procesamiento [proθesa'mjen̩to] *m* ① (JUR) Prozessführung *f* ② (INFOR) Verarbeitung *f;* ~ **de datos** Datenverarbeitung *f;* ~ **en línea** Onlineverarbeitung *f*

procesar [proθe'sar] *vt* ① (JUR) prozessieren (**a** gegen +*akk*); **le procesan por violación** er steht wegen Vergewaltigung vor Gericht ② (TÉC) verarbeiten

procesión [proθe'sjon] *f* ① *(marcha)* Marsch *m;* (REL) Prozession *f* ② *(hilera)* Reihe *f; (de personas)* Schlange *f* ③ *(loc)* **permaneció tranquilo aunque la ~ iba por dentro** er blieb ruhig, obwohl es in seinem Innern ganz anders aussah

proceso [pro'θeso] *m* ① *(desarrollo)* Prozess *m,* Vorgang *m;* ~ **de cambio para las transacciones en efectivo** Bargeldumstellung *f;* ~ **de una enfermedad** Krankheitsentwicklung *f* ② *(procedimiento)* Verfahren *nt* ③ (JUR: *causa*) Prozess *m* ④ *(intervalo)* **en el ~ de un mes** innerhalb eines Monats; **en el ~ de esta semana** im Laufe der Woche

proclama [pro'klama] *f* ① *(matrimonial)* Aufgebot *nt* ② *(política)* Aufruf *m*

proclamación [proklama'θjon] *f* Verkündigung *f;* ~ **de la independencia** Unabhängigkeitserklärung *f*

proclamar [prokla'mar] **I.** *vt* ① *(hacer público)* verkünden; ~ **la República** die Republik ausrufen ② *(aclamar)* zujubeln +*dat* ③ *(sentimiento)* offenbaren ④ *(ganador)* ausrufen; **fue proclamado Premio Nobel** er wurde mit dem Nobelpreis ausgezeichnet **II.** *vr* **~se presidente** sich zum Präsidenten erklären; **~se ganador** gewinnen

proclive [pro'kliβe] *adj* geneigt (**a** zu +*dat*)

proclividad [prokliβi'ða^{d}] *f* Neigung *f*

procreación [prokrea'θjon] *f* ① *(engendramiento)* Zeugung *f* ② *(reproducción)* Fortpflanzung *f*

procreador(a) [prokrea'ðor(a)] **I.** *adj* erzeugend **II.** *m(f)* Erzeuger(in) *m(f)*

procrear [prokre'ar] *vt* ① *(engendrar)* zeugen ② *(reproducirse)* sich fortpflanzen

procuración [prokura'θjon] *f* ① *(procura)* Prokura *f,* Vollmacht *f* ② *(procuración)* Prokuration *f,* Geschäftsführung *f*

procurador(a) [prokura'ðor(a)] *m(f)* Bevollmächtigte(r) *mf; (en negocios)* Prokurist(in) *m(f); (en tribunal)* Klagevertreter(in) *m(f)*

procurar [proku'rar] **I.** *vt* ① *(intentar)* versuchen; **procura hacerlo lo mejor que puedas** versuch, dein Bestes zu tun; **procura que no te vean más por aquí** lass dich hier nicht mehr blicken; **procura que no te oigan** pass auf, dass dich niemand hört ② *(proporcionar)* verschaffen **II.** *vr:* **~se** sich *dat* verschaffen, sich *dat* besorgen

prodigalidad [proðiɣali'ða^{d}] *f* ① *(despilfarro)* Verschwendung *f* ② *(abundancia)* Überfluss *m,* Fülle *f*

prodigar [proði'ɣar] <g → gu> **I.** *vt* ① *(malgastar)* verschwenden ② *(dar)* überhäufen (**de** mit +*dat*) **II.** *vr* **se prodigó en toda clase de atenciones con nosotros** er/sie erwies uns allerlei Gefälligkeiten; **se prodigó en elogios hacia él** er/sie lobte ihn überschwänglich; **se prodiga tanto en las explicaciones que nadie la entiende** ihre Erklärungen sind so umständlich, dass niemand sie versteht

prodigio [pro'ðixjo] *m* Wunder *nt;* **niño ~** Wunderkind *nt*

prodigiosidad [proðixjosi'ða^{d}] *f (extraordinario)* Außergewöhnlichkeit *f; (maravilloso)* Wunderbare(s) *nt*

prodigioso, -a [proði'xjoso, -a] *adj* ① *(extraordinario)* außerordentlich ② *(maravilloso)* wunderbar

pródigo, -a ['proðiɣo, -a] *adj* ① *(malgastador)* verschwenderisch ② *(generoso)* großzügig ((**para**) **con** gegenüber +*dat*); **la pródiga naturaleza** die reiche Natur ③ *(loc)* **el hijo ~** der verlorene Sohn

producción [proðu^{y}'θjon] *f* ① *(de frutos)* Hervorbringung *f* ② *(de cereales)* Produktion *f* ③ *(fabricación, t.* CINE) Produktion *f; (cuadro)* Anfertigung *f; (libro)* Herstellung *f;* ~ **en cadena** Fließbandfertigung *f;* ~ **por encargo** Auftragsfertigung *f;* ~ **en masa** Massenproduktion *f;* ~ **a medida** Fertigung nach Maß ④ (JUR: *de pruebas*) Erbringung *f; (de documentos)* Beibringung *f*

producir [proðu'θir] *irr como traducir* **I.** *vt* ① *(frutos)* hervorbringen ② *(fabricar, t.* CINE) produzieren, herstellen; *(energía)* erzeugen; *(cuadro)* anfertigen ③ *(beneficios)* (ein)bringen; *(intereses)* tragen ④ *(alegría)* bereiten; *(aburrimiento)* hervorrufen; *(miedo)* auslösen; *(daño)* zufügen; *(impresión)* machen; ~ **tristeza** traurig stimmen ⑤ (JUR: *pruebas*) erbringen; *(documentos)* beibringen **II.** *vr:* **~se** ① *(fabricarse)* produziert werden ② *(tener lugar)* sich ereignen; **se produjo una crisis** es kam zu einer Krise; **se ha producido una mejora** es ist eine Besserung eingetreten ③ *(ocurrir)* sich ergeben; **cuando se produzca el caso...** wenn der Fall eintritt …

productividad [proðuktiβi'ða^{d}] *f* Produktivität *f; (de máquina)* Leistungsfähigkeit *f; (de mina)* Ergiebigkeit *f; (de negocio)* Einträglichkeit *f; (de tierra)* Fruchtbarkeit *f*

productivo, -a [proðuk'tiβo, -a] *adj* produktiv; *(máquina)* leistungsfähig; *(mina)* ertragreich; *(negocio)* einträglich; *(tierra)* ertragreich

producto [pro'ðukto] *m* ❶ *(objeto, t.* QUÍM, MAT) Produkt *nt,* Erzeugnis *nt;* ~ **abastecido** Zulieferprodukt *nt;* ~ **agrícola** Agrarprodukt *nt;* ~ **alimenticio** Nahrungsmittel *nt;* ~**s alimenticios** Lebensmittel *ntpl;* ~ **de belleza** Kosmetikartikel *m;* ~**s de higiene** Toilettenartikel *mpl;* ~ **estancado** Monopolware *f;* ~**s a granel** Massengüter *ntpl;* ~ **de línea blanca** No-Name--Produkt *nt;* ~ **de marca** Markenartikel *m;* ~**s químicos** Chemikalien *fpl;* ~ **(semi)manufacturado** (Halb)fertigware *f;* ~ **terminado** Fertigprodukt *nt* ❷ *(de un negocio)* Ertrag *m; (de una venta)* Erlös *m;* **P~ Interior Bruto** Bruttoinlandsprodukt *nt;* **P~ Nacional Bruto** Bruttosozialprodukt *nt*

productor(a) [proðuk'tor(a)] **I.** *adj* Produktions-, produzierend **II.** *m(f)* Produzent(in) *m(f)*

productora [proðuk'tora] *f* (CINE) Produktionsfirma *f*

proemio [pro'emjo] *m* Vorwort *nt*

proeza [pro'eθa] *f* Heldentat *f*

profanación [profana'θjon] *f* ❶ *(de templo)* Entweihung *f* ❷ *(de memoria, nombre)* Beschmutzung *f*

profanar [profa'nar] *vt* ❶ *(templo, cementerio)* entweihen ❷ *(memoria, nombre)* beschmutzen

profanidad [profani'ðað] *f* ❶ *(secular)* Weltlichkeit *f,* Profanität *f geh* ❷ *(irreverente)* Respektlosigkeit *f* ❸ *(ignorante)* Unwissenheit *f*

profano, -a [pro'fano, -a] *adj* ❶ *(secular)* weltlich, profan ❷ *(irreverente)* respektlos ❸ *(ignorante)* unerfahren; **soy ~ en esta materia** ich habe von diesem Thema keine Ahnung

profe ['profe] *m (fam)* Prof *m*

profecía [profe'θia] *f* Prophezeiung *f*

proferir [profe'rir] *vt irr como sentir* von sich *dat* geben; *(insulto, grito)* ausstoßen; *(queja)* äußern

profesar [profe'sar] **I.** *vt* ❶ *(oficio)* ausüben ❷ *(admiración)* bekunden ❸ *(religión, doctrina)* sich bekennen (zu +*dat*) ❹ (ENS) lehren **II.** *vi, vr:* ~**se** die Ordensgelübde ablegen

profesión [profe'sjon] *f* ❶ *(empleo)* Beruf *m;* **la ~ más antigua del mundo** das älteste Gewerbe der Welt; **trabajar en una ~ liberal** freiberuflich arbeiten ❷ *(de admiración)* Bekundung *f* ❸ *(de religión, doctrina)* Bekenntnis *nt* (**de** zu +*dat*); ~ **de fe** Glaubensbekenntnis *nt* ❹ *(loc)* **hacer ~ de algo** *(jactarse)* mit etw *dat* prahlen

profesional [profesjo'nal] **I.** *adj* ❶ *(de la profesión)* beruflich; **ética ~** Berufsethos *nt;* **secreto ~** Schweigepflicht *f* ❷ *(no aficionado)* professionell; **deportista ~** Profi *m* ❸ *(académico)* akademisch **II.** *mf* ❶ *(experto, no aficionado)* Profi *m* ❷ *(académico)* Akademiker(in) *m(f)*

profesionalidad [profesjonali'ðað] *f* Professionalität *f*

profesionalismo [profesjona'lismo] *m sin pl* ❶ *(cualidad)* Professionalismus *m* ❷ *(de un trabajo)* Professionalität *f*

profesionalizar [profesjonali'θar] <z → c> *vt* professionalisieren

profesor(a) [profe'sor(a)] *m(f) (no universitario)* Lehrer(in) *m(f); (universitario)* Dozent(in) *m(f); (catedrático)* Professor(in) *m(f);* ~ **agregado** außerordentlicher Professor; ~ **numerario** ordentlicher Professor

profesorado [profeso'raðo] *m* ❶ *(cargo no universitario)* Lehramt *nt* ❷ *(conjunto)* Lehrkörper *m; (en la escuela)* Lehrerschaft *f*

profeta, -isa [pro'feta, profe'tisa] *m, f* Prophet(in) *m(f);* **nadie es ~ en su tierra** der Prophet gilt nichts im eigenen Land(e)

profético, -a [pro'fetiko, -a] *adj* prophetisch

profetizar [profeti'θar] <z → c> *vt* prophezeien

profiláctico, -a [profi'laktiko, -a] *adj* prophylaktisch

profilaxis [profi'laˠsis] *f inv* Prophylaxe *f*

prófugo[1] ['profuɣo] *m* (MIL) Fahnenflüchtige(r) *m*

prófugo, -a[2] ['profuɣo, -a] *m, f* Flüchtige(r) *mf*

profundamente [profuṇda'meṇte] *adv* tief; ~ **ofendido** zutiefst beleidigt; ~ **sentido** tief empfunden; **una persona ~ moral** ein äußerst moralischer Mensch

profundidad [profuṇdi'ðað] *f* Tiefe *f;* **analizar en ~** ergründen; **tener mucha/poca ~** sehr tief/nicht sehr tief sein; **una cueva de cinco metros de ~** eine fünf Meter tiefe Höhle

profundización [profuṇdiθa'θjon] *f* Vertiefung *f*

profundizar [profuṇdi'θar] <z → c> **I.** *vt* vertiefen **II.** *vi* ~ **en algo** etw vertiefen

profundo, -a [pro'fuṇdo, -a] *adj* tief; *(capa, estrato)* tief liegend; *(observación)* tiefsinnig; *(pena)* tief empfunden; *(dificultad)* tief greifend; **psicología profunda** Tiefenpsychologie *f;* **en lo más ~ de mi corazón** im Grunde meines Herzens

profusión [profu'sjon] *f* Fülle *f* (**de** an +*dat*); ~ **de ideas** Ideenreichtum *m;* ~ **de trabajo** Übermaß an Arbeit; **con** ~ **de detalles** detailliert; **hay gran** ~ **de noticias** es gibt viele Neuigkeiten

profuso, -a [pro'fuso, -a] *adj* übermäßig

progenie [pro'xenje] *f* ❶ *(casta)* Geschlecht *nt* ❷ *(clan)* Sippe *f*

progenitor(a) [proxeni'tor(a)] *m(f)* ❶ *(antepasado)* direkter Vorfahr(e), direkte Vorfahrin *m, f* ❷ *(mayor)* Vater, Mutter *m, f;* **los ~es** die Eltern

programa [pro'ɣrama] *m* ❶ (*t.* POL: *plan*) Programm *nt;* ~ **de las clases** (**de la Universidad**) Vorlesungsverzeichnis *nt;* ~ **de estudios** Lehrplan *m;* ~ **de trabajo** Arbeitsplan *m* ❷ (INFOR) Programm *nt;* ~ **antiespía** Anti-Spyware-Programm *nt;* ~ **antivirus** [*o* **cazavirus**] Antivirenprogramm *nt;* ~ **aplicativo** [*o* **de aplicación**] Anwendungsprogramm *nt;* ~ **de ayuda** Hilfsprogramm *nt;* ~ **contaminado** virusverseuchte Software; ~ **de demostración** Demosoftware *f;* ~ **de gráficas** Grafikprogramm *nt;* ~ **de tratamiento de textos** Textverarbeitungsprogramm *nt*

programación [proɣrama'θjon] *f* ❶ *(acción)* Programmierung *f* ❷ (TV, RADIO) Programm *nt*

programador(a) [proɣrama'ðor(a)] *m(f)* Programmierer(in) *m(f)*

programar [proɣra'mar] *vt* programmieren; **la conferencia está programada para el domingo** der Vortrag steht für Sonntag auf dem Programm; **¿qué tienes programado para esta tarde?** was hast du heute Nachmittag vor?

programático, -a [proɣra'matiko, -a] *adj* programmatisch

progre ['proɣre] **I.** *adj (fam)* fortschrittlich; (POL) links; **sus ideas son ~s** er/sie ist links eingestellt **II.** *mf* Progressist(in) *m(f);* (POL) Linke(r) *mf*

progresar [proɣre'sar] *vi* Fortschritte machen (**en** in +*dat*, bei +*dat*); *(enfermedad)* fortschreiten; *(ciencia)* sich weiterentwickeln; ~ **profesionalmente** beruflich vorwärtskommen

progresión [proɣre'sjon] *f* ❶ *(avance)* Fortschreiten *nt* ❷ (MAT) Reihe *f* ❸ (MÚS) Sequenz *f*

progresismo [proɣre'sismo] *m sin pl* Progressismus *m geh*

progresista [proɣre'sista] **I.** *adj* fortschrittlich, progressiv **II.** *mf* Progressist(in) *m(f)*

progresivamente [proɣresiβa'mente] *adv* zunehmend; **recuperarse** ~ sich nach und nach erholen

progresivo, -a [proɣre'siβo, -a] *adj (que progresa)* fortschreitend; *(que aumenta)* zunehmend; (FIN) progressiv; **aspecto** ~ (LING) Verlaufsform *f*

progreso [pro'ɣreso] *m* Fortschritt *m*

prohibición [proi̯βi'θjon] *f* Verbot *nt*

prohibido, -a [proi̯'βiðo, -a] *adj* ~ **fumar** Rauchen verboten; **fruto** ~ verbotene Früchte

prohibir [proi̯'βir] *vt irr* verbieten; **prohibirle algo a alguien** jdm etw verbieten; **en los hospitales prohíben fumar** in Krankenhäusern herrscht Rauchverbot

prohibitivo, -a [proi̯βi'tiβo, -a] *adj,* **prohibitorio, -a** [proi̯βi'torjo, -a] *adj* Verbots-; **a precio** ~ unerschwinglich

prohijar [proi'xar] *irr como airar vt* ❶ *(a alguien)* adoptieren ❷ *(doctrina)* übernehmen

prójimo ['proximo] *m* ❶ *(semejante)* Mitmensch *m;* **amor al** ~ Nächstenliebe *f* ❷ *(pey: sujeto)* Typ *m;* **¡menudo ~ tenemos de vecino!** da haben wir ja einen schönen Nachbarn!

prolapso [pro'laβso] *m* (MED) Vorfall *m,* Prolaps(us) *m;* ~ **del recto** Mastdarmvorfall *m*

prole ['prole] *f* Kinder *ntpl;* **padre con numerosa** ~ Vater einer kinderreichen Familie

prolegómeno [prole'ɣomeno] *m (a un escrito)* Vorbemerkung *f; (al hablar)* Vorrede *f;* **déjate de ~s y ve al grano** *(fam)* spar dir deine (langen) Vorreden und komm zur Sache

proletariado [proleta'rjaðo] *m* Proletariat *nt*

proletario, -a [prole'tarjo, -a] **I.** *adj* proletarisch; **barrio** ~ Arbeiterviertel *nt* **II.** *m, f* Proletarier(in) *m(f);* **tiene modales de** ~ er benimmt sich wie ein Prolet

proliferación [prolifera'θjon] *f* ❶ *(en cantidad)* Vermehrung *f* ❷ *(incontrolada, t.* MED) Wuchern *nt* ❸ *(de armas)* Verbreitung *f;* **tratado de no** ~ **de armas nucleares** Atom(waffen)sperrvertrag *m*

proliferar [prolife'rar] *vi* ❶ *(en cantidad)* sich vermehren ❷ *(incontroladamente, t.* MED) wuchern ❸ *(epidemia, rumor)* um sich greifen

prolífero, -a [pro'lifero, -a] *adj,* **prolífico, -a** [pro'lifiko, -a] *adj* fruchtbar; *(escritor)* äußerst produktiv

prolífico, -a [pro'lifiko, -a] *adj* fruchtbar; *(escritor)* äußerst produktiv

prolijo, -a [pro'lixo, -a] *adj* ❶ *(extenso)* weitschweifig ❷ *(esmerado)* minuziös ❸ *(cargante)* umständlich

prologar [prolo'ɣar] <g → gu> *vt* ein Vorwort schreiben (zu +*dat*); **edición prolo-**

P

gada por... Ausgabe mit einem Vorwort von ...

prólogo ['proloɣo] *m (de libro)* Vorwort *nt;* (TEAT, DEP) Prolog *m*

prolongación [prolоŋga'θjon] *f* Verlängerung *f; (de decisión)* Hinauszögerung *f*

prolongado, -a [proloŋ'gaðo, -a] *adj* länglich

prolongar [proloŋ'gar] <g → gu> **I.** *vt* verlängern; *(decisión)* hinauszögern; *(un estado)* in die Länge ziehen **II.** *vr:* **~se** sich verlängern; *(un estado)* sich in die Länge ziehen; *(reunión)* länger dauern; **la fiesta se prolongó hasta bien entrada la noche** das Fest dauerte bis tief in die Nacht; **las negociaciones se están prolongando demasiado** die Verhandlungen ziehen sich zu sehr in die Länge

promediar [prome'ðjar] **I.** *vt* ① *(repartir)* halbieren ② *(sacar promedio)* den Durchschnitt ermitteln *+gen* **II.** *vi* ① *(mediar)* vermitteln ② *(temporal)* **antes de ~ el año** in der ersten Jahreshälfte; **promediaba el mes cuando...** es war Mitte des Monats, als ...

promedio [pro'meðjo] *m* Durchschnitt *m;* **veo la tele un ~ de dos horas al día** ich sehe jeden Tag durchschnittlich zwei Stunden fern

promesa [pro'mesa] *f* Versprechen *nt;* (REL) Gelübde *nt;* **~ de matrimonio** Verlobung *f;* **el director me ha dado su ~ de que...** der Direktor hat mir zugesagt, dass ...

prometer [prome'ter] **I.** *vt* versprechen; (REL) geloben; **te prometo que lo haré** du kannst dich darauf verlassen, dass ich es tue; **te prometo por mis muertos que...** ich gebe dir mein Ehrenwort, dass ...; **~ el oro y el moro** das Blaue vom Himmel versprechen; **lo prometido es deuda** *(prov)* was man verspricht, muss man auch halten **II.** *vi* **este negocio promete** das ist ein viel versprechendes Geschäft **III.** *vr:* **~se** ① *(novios)* sich verloben ② *(esperar)* sich *dat* versprechen; **prometérselas muy felices** sich *dat* viel versprechen

prometido, -a [prome'tiðo, -a] *m, f* Verlobte(r) *mf*

prominencia [promi'neṇθja] *f* ① *(abultamiento)* hervortretende Stelle *f* ② *(del terreno)* Anhöhe *f* ③ (MED) Auswuchs *m*

prominente [promi'neṇte] *adj* ① *(pómulo)* vorstehend; *(nariz)* vorspringend ② *(persona)* hervorragend

promiscuidad [promiskwi'ðaᵈ] *f* ① *(mezcla)* Mischung *f* ② *(de sexos)* **aboga a favor de la ~ de sexos en las escuelas** er/sie ist für gemischte Schulen ③ *(sexual)* Promiskuität *f*

promiscuo, -a [pro'miskwo, -a] *adj* ① *(pey: mezclado)* gemischt ② *(ambiguo)* zweideutig ③ *(sexualmente)* promiskuitiv

promoción [promo'θjon] *f* ① *(de empresa/alguien)* Förderung *f* ② *(de categoría)* Beförderung *f* ③ *(de producto/película, t.* DEP) Promotion *f* ④ *(de licenciados)* Jahrgang *m*

promocionar [promoθjo'nar] **I.** *vt* ① *(a empresa/alguien)* fördern ② *(de categoría)* befördern ③ *(producto, película)* werben (für *+akk*); **está promocionando su nueva película** er/sie ist auf Promotiontour für seinen/ihren neuen Film **II.** *vi* (DEP) um den Aufstieg spielen

promontorio [promoṇ'torjo] *m* ① *(terreno)* Anhöhe *f; (montes)* Vorgebirge *nt* ② *(de papeles)* Stapel *m*

promotor(a) [promo'tor(a)] *m(f)* ① *(de altercado)* Anstifter(in) *m(f),* Rädelsführer(in) *m(f)* ② *(patrocinador)* Förderer, -in *m, f; (deportivo, artístico)* Promoter(in) *m(f); (de espectáculo)* Veranstalter(in) *m(f)*

promovedor(a) [promoβe'ðor(a)] *m(f)* ① *(de altercado)* Anstifter(in) *m(f)* ② *(patrocinador)* Förderer, -in *m, f*

promover [promo'βer] <o → ue> *vt* ① *(querella)* erheben; *(proceso)* anstrengen; *(recurso)* einlegen ② *(en el cargo)* befördern ③ *(escándalo, aplausos)* auslösen; *(altercado)* anfangen

promulgación [promulɣa'θjon] *f* Verkündung *f; (divulgación)* Verbreitung *f*

promulgador(a) [promulɣa'ðor(a)] **I.** *adj* verkündend **II.** *m(f)* Verkünder(in) *m(f)*

promulgar [promul'ɣar] <g → gu> *vt* verkünden; *(divulgar)* verbreiten

pronombre [pro'nombre] *m* Pronomen *nt*

pronominal [pronomi'nal] *adj* pronominal, Pronominal-; **verbo ~** reflexives Verb

pronosticación [pronostika'θjon] *f* Vorhersage *f*

pronosticar [pronosti'kar] <c → qu> *vt* vorhersagen

pronóstico [pro'nostiko] *m* ① *(predicción)* Voraussage *f;* **~ del tiempo** (METEO) Wettervorhersage *f* ② (ECON, MED) Prognose *f;* (DEP) Tipp *m;* **lesiones de ~ reservado** ziemlich schwere Verletzungen

prontitud [proṇti'tuᵈ] *f* ① *(celeridad)* Schnelligkeit *f; (de ejecución)* Promptheit *f* ② *(de ingenio)* Scharfsinn *m*

pronto[1] ['proṇto] **I.** *adv* ① *(rápido)* prompt ② *(enseguida)* bald; *(inmediatamente)* gleich ③ *(temprano)* früh ④ *(loc)* **al ~** sofort; **de ~** auf einmal; **¡hasta ~!** bis bald!;

por de [*o* **lo**] ~ fürs Erste **II.** *conj* **tan ~ como** sobald; **tan ~ como llegaron/lleguen** sobald sie ankamen/ankommen

pronto, **-a**[2] ['pron̪to, -a] *adj* ① *(rápido)* prompt; *(despierto)* flink; **inteligencia pronta** wache Intelligenz ② *(dispuesto)* bereit; **estar ~** *(CSur)* fertig sein

prontuario [pron̪'twarjo] *m* ① *(resumen)* Abriss *m* ② *(manual)* Handbuch *nt*

pronunciación [pronun̟θja'θjon] *f* ① (LING) Aussprache *f* ② (JUR) Verlesung *f*

pronunciado, **-a** [pronun̟'θjaðo, -a] *adj* ausgesprochen; *(marcado)* ausgeprägt; **arrugas pronunciadas** tiefe Falten; **una curva pronunciada** eine scharfe Kurve; **rasgos ~s** markante (Gesichts)züge

pronunciamiento [pronun̟θja'mjen̪to] *m* ① *(alzamiento)* Putsch *m* ② (JUR) Fällung *f*; **~ judicial** Richterspruch *m*; **~ de sentencia** Urteilsverkündung *f*

pronunciar [pronun̟'θjar] **I.** *vt* ① *(articular)* aussprechen; **~ un brindis por alguien** auf jdn einen Trinkspruch ausbringen; **~ un discurso** eine Rede halten; **~ unas palabras** ein paar Worte sprechen; **~ sentencia** das Urteil verkünden ② *(resaltar)* betonen **II.** *vr:* **~se** ① *(levantarse)* putschen ② *(apoyar)* sich aussprechen ③ *(opinar)* Stellung nehmen (**sobre** zu +*dat*) ④ *(acentuarse)* ausgeprägter werden

propagación [propaɣa'θjon] *f* ① *(multiplicación)* Vermehrung *f*; *(reproducción)* Fortpflanzung *f* ② *(extensión)* Verbreitung *f*; *(trasmisión)* Ausbreitung *f*

propagador(a) [propaɣa'ðor(a)] **I.** *adj* verbreitend **II.** *m(f)* Verbreiter(in) *m(f)*; *(de rumores)* Gerüchtemacher(in) *m(f)*

propaganda [propa'ɣan̪da] *f* ① (MIL, POL) Propaganda *f* ② *(publicidad)* Werbung *f*; *(promoción)* Publicity *f*

propagandístico, **-a** [propaɣan̪'distiko, -a] *adj* propagandistisch; **campaña propagandística** Propagandafeldzug *m*

propagar [propa'ɣar] <g → gu> **I.** *vt* ① *(multiplicar)* vermehren; *(reproducir)* fortpflanzen ② *(extender, divulgar)* verbreiten; **~ un rumor** ein Gerücht in die Welt setzen **II.** *vr:* **~se** ① *(multiplicarse)* sich vermehren; *(reproducirse)* sich fortpflanzen ② *(extenderse, divulgarse)* sich verbreiten; *(incendio, enfermedad)* sich ausbreiten; *(epidemia)* grassieren; *(propalarse)* ruchbar werden ③ *(trasmitirse)* sich übertragen

propalar [propa'lar] **I.** *vt* verbreiten **II.** *vr:* **~se** ruchbar werden

propano [pro'pano] *m* Propan(gas) *nt*

propasar [propa'sar] **I.** *vt* überschreiten **II.** *vr:* **~se** *(extralimitarse)* zu weit gehen; *(excederse)* über das Ziel hinausschießen (**en** bei +*dat*); **~se con alguien** jdm an die Wäsche wollen

propedéutico, **-a** [prope'ðeu̯tiko, -a] *adj* propädeutisch

propensión [propen'sjon] *f* Neigung *f* (**a** zu +*dat*); (MED) Anfälligkeit *f* (**a** für +*akk*); **~ al consumo** Konsumbereitschaft *f*; **tener gran ~ a resfriarse** sich sehr leicht erkälten

propenso, **-a** [pro'penso, -a] *adj (a enfermedades)* anfällig (**a** für +*akk*); *(dispuesto)* bereit (**a** zu +*dat*); **ser ~ a algo** zu etw *dat* neigen

propiamente [propja'men̪te] *adv* eigentlich; *(realmente)* wirklich; *(exactamente)* genau; **~ dicho** genau genommen

propiciación [propiθja'θjon] *f* ① *(reconciliación)* Versöhnung *f*; (REL) Sühnen *nt*, Sühnung *f* ② *(fomento)* Begünstigung *f*, Förderung *f*

propiciador(a) [propiθja'ðor(a)] *m(f)* *(Am: patrocinador)* Sponsor(in) *m(f)*

propiciar [propi'θjar] **I.** *vt* ① *(aplacar)* versöhnen ② *(favorecer)* begünstigen; *(posibilitar)* ermöglichen; **el viento propició la extensión de las llamas** durch den Wind griff der Brand um sich **II.** *vr:* **~se** *(conseguir)* gewinnen; **con sus palabras se propició el respeto de todos** seine Worte verschafften ihm/ihr bei allen Respekt

propiciatorio, **-a** [propiθja'torjo, -a] *adj* Sühn(e)-; **víctima propiciatoria** Sühn(e)opfer *nt*; *(fig)* Sündenbock *m*

propicio, **-a** [pro'piθjo, -a] *adj* ① *(favorable)* günstig; **en el momento ~** im günstigsten Moment ② *(dispuesto)* bereit (**a** zu +*dat*); **mostrarse** (**poco**) **~ a/para...** sich (wenig) geneigt zeigen zu …

propiedad [propje'ða^{d}] *f* ① *(pertenencia)* Eigentum *nt*; *(inmuebles)* Besitz *m*; *(derechos)* Urheberrecht *nt*; **~ exclusiva** Alleinbesitz *m*; **~ horizontal** Wohnungseigentum *nt*; **~ industrial/intelectual** gewerbliches/geistiges Eigentum; **~ (in)mobiliaria** (Im)mobilien *pl*; **~ privada** Privateigentum *nt*; **~ rústica** landwirtschaftlicher Grundbesitz; **un piso de mi ~** eine Eigentumswohnung; **en ~** Eigentums-; **ser ~ de alguien** jdm gehören ② *(cualidad, t.* FÍS) Eigenschaft *f*; **~es** Beschaffenheit *f* ③ *(corrección)* Richtigkeit *f*; *(exactitud)* Genauigkeit *f*; **expresarse con ~** sich treffend ausdrücken

propietario, **-a** [propje'tarjo, -a] **I.** *adj* besitzend **II.** *m, f* Eigentümer(in) *m(f)*; *(terrateniente)* Grundbesitzer(in) *m(f)*; *(casero)* Vermieter(in) *m(f)*

propina [pro'pina] *f* Trinkgeld *nt;* **de ~** *(fig)* obendrein

propinar [propi'nar] *vt (golpes)* versetzen

propio, -a ['propjo, -a] *adj* ① *(de uno mismo)* eigene(r, s); **con la propia mano** eigenhändig; **con sus propias manos** mit eigenen Händen; **entregar en propia mano** persönlich übergeben; **en defensa propia** in Notwehr; **es tu propia culpa** du bist selbst schuld; **lo he visto con mis ~s ojos** ich habe es mit eigenen Augen gesehen; **tengo piso ~** ich habe eine Eigentumswohnung ② *(mismo)* selbst; **lo ~** dasselbe; **el ~ interesado** der Interessent selbst; **al ~ tiempo** zur gleichen Zeit; **nombre ~** (LING) Eigenname *m* ③ *(característico)* eigen(tümlich); **los productos ~s del país** die heimischen Produkte des Landes; **eso (no) es ~ de ti** das passt (nicht) zu dir ④ *(apropiado)* angemessen

proponer [propo'ner] *irr como poner* **I.** *vt* ① *(sugerir, presentar)* vorschlagen (**como** als *+akk,* **para** für *+akk*); **~ un brindis por alguien** auf jdn ein Hoch ausbringen ② *(plantear)* stellen; **~ un acertijo** ein Rätsel aufgeben; **~ una cuestión** eine Frage aufwerfen ③ *(solicitar)* beantragen **II.** *vr:* **~se** sich *dat* vornehmen; *(tener intención)* vorhaben; **¿qué te propones?** was hast du eigentlich vor?

proporción [propor'θjon] *f* ① *(relación)* Verhältnis *nt;* **no guardar ~ con algo** in keinem Verhältnis zu etw *dat* stehen ② *(porcentaje)* Anteil *m* ③ *pl (dimensión)* Ausmaß *nt;* **un accidente de enormes proporciones** ein Unfall größten Ausmaßes

proporcionado, -a [proporθjo'naðo, -a] *adj* proportioniert

proporcional [proporθjo'nal] *adj* proportional; *(relativo)* anteilig; **reparto ~** proportionale Verteilung; **sistema ~** (POL) Verhältniswahlsystem *nt*

proporcionalidad [proporθjonali'ða^{d}] *f* (*t.* MAT) Proportionalität *f*

proporcionar [proporθjo'nar] *vt* ① *(dar proporción)* proportionieren; *(adecuar)* anpassen (**a** an *+akk*) ② *(repartir)* proportional aufteilen ③ *(facilitar)* beschaffen; *(conseguir)* besorgen; *(procurar)* verschaffen; *(crear)* schaffen; *(producir)* bringen; **~ víveres a alguien** jdn mit Lebensmitteln versorgen ④ *(ocasionar)* bewirken; **~ disgustos a alguien** jdm Sorgen bereiten

proposición [proposi'θjon] *f* ① *(propuesta)* Vorschlag *m;* *(solicitud)* Antrag *m;* *(oferta)* Angebot *nt;* **~ de ley** Gesetzesvorlage *f;* **~ de matrimonio** Heiratsantrag *m* ② *(oración)* Satz *m*

propósito [pro'posito] **I.** *m* ① *(intención)* Absicht *f;* *(plan)* Plan *m;* **buenos ~s** gute Vorsätze; **tener el ~ de...** vorhaben zu ... ② *(objetivo)* Ziel *nt* ③ *(loc)* **a ~** *(adrede)* absichtlich; *(adecuado)* angemessen; *(por cierto)* übrigens; **fuera de ~** unangebracht; **¡a ~! tu hermana viene mañana** apropos, deine Schwester kommt morgen **II.** *prep* **a ~ de** über *+akk*

propuesta [pro'pwesta] *f* *(proposición)* Vorschlag *m;* *(solicitud)* Antrag *m;* *(oferta)* Angebot *nt;* *(recomendación)* Empfehlung *f;* *(presentación)* Aufstellung *f;* **~ global** Verhandlungspaket *nt;* **a ~ de alguien** auf jds Antrag hin; **formular una ~** einen Antrag stellen

propugnar [propuɣ'nar] *vt (defender)* verfechten; *(apoyar)* eintreten (für *+akk*); *(promover)* fördern

propulsar [propul'sar] *vt* ① (TÉC) antreiben ② *(fomentar)* fördern

propulsión [propul'sjon] *f* (TÉC) Antrieb *m;* **~ delantera/trasera** (AUTO) Vorderrad-/Hinterradantrieb *m;* **~ a hélice** Propellerantrieb *m;* **~ por reacción** Düsenantrieb *m;* **~ total** (AUTO) Allradantrieb *m*

propulsor [propul'sor] *m* (TÉC) ① *(combustible)* Treibstoff *m* ② *(motor)* Triebwerk *nt;* **~ de hélice** Propellertriebwerk *nt*

prórroga ['prorroɣa] *f* ① *(prolongación)* Verlängerung *f;* (ECON) Stundung *f;* **~ de pago** Zahlungsaufschub *m* ② *(dilatoria)* Aufschub *m;* *(retraso)* Verschiebung *f;* *(aplazamiento)* Verlegung *f;* *(cambio de fecha)* Vertagung *f*

prorrogable [prorro'ɣaβle] *adj* ① *(ampliable)* verlängerungsfähig ② *(aplazable)* verlegbar

prorrogar [prorro'ɣar] <g → gu> *vt* ① *(prolongar)* verlängern; (ECON) stunden ② *(dilatar)* aufschieben; *(retrasar)* verschieben; *(aplazar)* verlegen; *(cambiar de fecha)* vertagen; (JUR) prorogieren

prorrumpir [prorrum'pir] *vi* ① *(salir)* hervorbrechen ② *(estallar)* ausbrechen

prosa ['prosa] *f* Prosa *f;* **texto en ~** Prosatext *m*

prosaico, -a [pro'sai̯ko, -a] *adj* prosaisch

proscribir [proskri'βir] *vt irr como escribir* ächten

proscrito, -a [pros'krito, -a] **I.** *pp de* **proscribir** **II.** *m, f* Geächtete(r) *mf*

prosecución [proseku'θjon] *f* ① *(continuación)* Fortsetzung *f* ② *(de un fin, t.* JUR) Verfolgung *f;* **~ criminal** Strafverfolgung *f*

prosecutor(a) [proseku'tor(a)] *m(f)* (JUR)

öffentlicher Ankläger, öffentliche Anklägerin *m, f*

proseguir [prose'ɣir] *irr como seguir* **I.** *vi (alguien)* weitermachen; (METEO) anhalten; ~ **con** [*o* **en**] **algo** *(mantener)* etw beibehalten; *(continuar con)* etw fortsetzen **II.** *vt* ❶ *(continuar)* fortsetzen ❷ *(un fin)* verfolgen ❸ (JUR) verfolgen; ~ **diligencias** das Strafmaß ermitteln

proselitismo [proseli'tismo] *m* Sendungsbewusstsein *nt*

prosista [pro'sista] *mf* Prosaschriftsteller(in) *m(f)*

prosístico, -a [pro'sistiko, -a] *adj* die Prosa betreffend [*o* gehörend], Prosa-; **texto** ~ Prosatext *m*

prosopopeya [prosopo'peɟa] *f* ❶ (LING, LIT: *personificación*) Personifikation *f,* Prosopopöie *f* ❷ *(fam: afectación)* Aufgeblasenheit *f,* Wichtigtuerei *f*

prospección [prospeˠ'θjon] *f* (MIN) Prospektierung *f;* ~ **petrolífera** Erdölsuche *f;* ~ **de mercado** (ECON) Marktforschung *f*

prospecto [pros'pekto] *m (folleto)* Prospekt *m o nt; (de instrucciones)* Bedienungsanleitung *f; (informativo)* Broschüre *f; (de un medicamento)* Packungsbeilage *f*

prosperar [prospe'rar] *vi* ❶ *(crecer)* gedeihen; *(avanzar)* gut vorankommen; *(florecer)* florieren; *(tener éxito)* Erfolg haben ❷ *(imponerse)* sich einbürgern

prosperidad [prosperi'ðaᵈ] *f (bienestar)* Wohlstand *m;* ~ **económica** Wirtschaftsaufschwung *m*

próspero, -a ['prospero, -a] *adj* ❶ *(feliz)* glücklich; **¡P~ Año Nuevo!** frohes neues Jahr!; *(brindis)* prosit Neujahr! ❷ *(floreciente)* florierend ❸ *(rico)* wohlhabend; *(con éxito)* erfolgreich

próstata ['prostata] *f* Prostata *f*

prosternarse [proster'narse] *vr* sich niederwerfen, sich zu Boden werfen; (REL) prosternieren (**ante** vor +*dat*)

prostíbulo [pros'tiβulo] *m* Bordell *nt*

prostitución [prostitu'θjon] *f* Prostitution *f;* **ejercer la** ~ der Prostitution nachgehen

prostituir [prostitu'ir] *irr como huir* **I.** *vt* auf den Strich schicken **II.** *vr:* **~se** auf den Strich gehen; *(fig)* sich prostituieren; *(denigrarse)* sich erniedrigen

prostituto, -a [prosti'tuto, -a] *m, f* Prostituierte(r) *mf*

protagonismo [protaɣo'nismo] *m* Geltung *f;* **afán de** ~ Geltungssucht *f*

protagonista [protaɣo'nista] **I.** *adj* **la actriz** ~ die Hauptdarstellerin; **el papel** ~ die Hauptrolle **II.** *mf* Hauptperson *f;* (CINE, TEAT) Hauptdarsteller(in) *m(f);* (LIT) (Roman)held(in) *m(f)*

protagonizar [protaɣoni'θar] <z → c> *vt (un papel)* spielen; **un gran actor protagoniza esta película** in diesem Film spielt ein namhafter Schauspieler die Hauptrolle

prótasis ['protasis] *f inv* ❶ (LIT) Exposition *f* ❷ (LING) Einleitung *f,* Vordersatz *m*

protección [proteˠ'θjon] *f* Schutz *m; (recubrimiento)* Abdeckung *f; (apoyo)* Unterstützung *f; (mecenazgo, t.* POL) Protektion *f;* (MIL) Deckung *f; (patrocinio)* Schirmherrschaft *f;* ~ **acústica** Lärmschutz *m;* ~ **antiaérea** Luftschutz *m;* ~ **anticopia** Kopierschutz *m;* ~ **contra incendios** Brandschutz *m;* ~ **a la maternidad** Mutterschutz *m;* ~ **del medio ambiente** Umweltschutz *m;* ~ **de menores** Jugendschutz *m;* ~ **sanitaria** Gesundheitsschutz *m;* ~ **solar** Sonnencreme *f;* **ser de alta** ~ *(crema)* einen hohen Schutzfaktor haben; **poner a alguien bajo** ~ jdn unter Schutz stellen; **tomar a alguien bajo su** ~ jdn in Schutz nehmen

proteccionismo [proteˠθjo'nismo] *m* (ECON) Protektionismus *m;* ~ **económico** Wirtschaftsprotektionismus *m*

proteccionista [proteˠθjo'nista] **I.** *adj* protektionistisch; **política** ~ Schutzzollpolitik *f* **II.** *mf* Protektionist(in) *m(f)*

protector[1] [protek'tor] *m* Schutz *m;* ~ **labial** Lippen(schutz)pomade *f;* ~ **solar** Sonnen(schutz)creme *f*

protector(a)[2] [protek'tor(a)] **I.** *adj* schützend; **casco** ~ Schutzhelm *m;* **sociedad ~a de animales** Tierschutzverein *m* **II.** *m(f) (persona)* Beschützer(in) *m(f); (mecenas)* Gönner(in) *m(f); (proxeneta)* Zuhälter *m;* (POL) Protektor(in) *m(f); (patrocinador)* Schirmherr(in) *m(f)*

protectorado [protekto'raðo] *m* Protektorat *nt*

proteger [prote'xer] <g → j> **I.** *vt* ❶ *(resguardar)* (be)schützen (**de/contra** vor +*dat*) ❷ *(asegurar)* (ab)sichern ❸ (ECOL) unter Naturschutz stellen; *(como mecenas)* fördern ❹ (POL) protegieren **II.** *vr:* **~se** sich schützen (**de/contra** vor +*dat*); **~se los ojos** seine Augen schützen

protegeslip [protexes'lip] *m* <-s> Slipeinlage *f*

protegido, -a [prote'xiðo, -a] **I.** *adj* geschützt; ~ **contra escritura** (INFOR) schreibgeschützt; ~ **contra el uso indebido** missbrauchgeschützt; ~ **por patente** patentgeschützt **II.** *m, f* Protegé *m; (pupilo)* Mündel *nt*

proteína [prote'ina] *f* Protein *nt*

P

prótesis ['protesis] *f inv* Prothese *f;* ~ **auditiva** Hörgerät *nt;* ~ **dental** Zahnprothese *f*
protesta [pro'testa] *f* ① *(queja)* Protest *m* ② (JUR) Einspruch *m* ③ *(aseveración)* Beteuerung *f*
protestante [protes'tante] **I.** *adj* (REL) protestantisch **II.** *mf* (REL) Protestant(in) *m(f)*
protestantismo [protestan'tismo] *m sin pl* ① (REL) Protestantismus *m;* **convertir al** ~ zum Protestantismus bekehren ② *(pey: inconformismo)* Querulantentum *nt*
protestar [protes'tar] **I.** *vi* ① *(oponerse, quejarse)* protestieren ② *(aseverar)* beteuern (**de** +*akk*) **II.** *vt* ① *(confesar)* bekennen ② (JUR) anfechten
protocolar [protoko'lar] **I.** *vt* protokollieren **II.** *adj* protokollarisch
protocolizar [protokoli'θar] <z → c> *vt* protokollieren, zu Protokoll nehmen, notariell beurkunden
protocolo [proto'kolo] *m* Protokoll *nt*
protohistórico, -a [protois'toriko, -a] *adj* urgeschichtlich; *(t. fig)* frühgeschichtlich
protón [pro'ton] *m* Proton *nt*
prototipo [proto'tipo] *m* Prototyp *m*
protuberancia [protuβe'ranθja] *f* Höcker *m; (bulto)* Wulst *m o f; (excrecencia)* Auswuchs *m*
protuberante [protuβe'rante] *adj* hervortretend
provecho [pro'βetʃo] *m* ① *(aprovechamiento)* Nutzen *m; (ventaja)* Vorteil *m; (producto)* Ertrag *m; (beneficio)* Gewinn *m;* **propio** ~ Eigennutz *m;* **de** ~ von Nutzen; **nada de** ~ nichts Brauchbares; **en** ~ **de alguien** zu jds Wohl(e); **sacar** ~ **de algo** aus etw *dat* Nutzen ziehen; **sacar** ~ **de alguien** jdn ausnutzen ② *(progreso)* Fortschritt *m; (mejora)* Besserung *f* ③ *(de alimentos)* Bekömmlichkeit *f;* **¡buen** ~**!** guten Appetit!; **hacer** (**buen**) ~ gut bekommen
provechoso, -a [proβe'tʃoso, -a] *adj* einträglich; *(productivo)* ertragreich; *(útil)* nützlich; *(ventajoso)* vorteilhaft; *(saludable)* gesund; *(digestivo)* bekömmlich
provecto, -a [pro'βekto] *adj* betagt
proveedor[1] [proβe(e)'ðor] *m* (INFOR) Anbieter *m,* Provider *m*
proveedor(a)[2] [proβe(e)'ðor(a)] **I.** *adj* Liefer- **II.** *m(f)* Lieferant(in) *m(f)*
proveer [pro'βer/proβe'er] *irr* **I.** *vi* sorgen (**a** für +*akk*); ~ **a las necesidades de alguien** jdn versorgen; **¡Dios ~á!** der Herrgott wird's schon richten! **II.** *vt* ① *(abastecer)* versorgen (**de** mit +*dat*); *(equipar)* ausstatten (**de** mit +*dat*); *(dotar)* versehen (**de** mit +*dat*); *(suministrar)* beliefern (**de** mit +*dat*) ② *(un puesto)* besetzen; *(conceder)* vergeben ③ (JUR) entscheiden (**sobre** über +*akk*) **III.** *vr:* ~**se** sich eindecken (**de** mit +*dat*)
proveniencia [proβe'njenθja] *f* Herkunft *f,* Ursprung *m*
proveniente [proβe'njente] *adj* **el tren** ~ **de Madrid** der Zug aus Madrid
provenir [proβe'nir] *vi irr como venir* herkommen (**de** von +*dat*); *(proceder)* herrühren (**de** von +*dat*); *(ser originario)* stammen (**de** aus +*dat*)
Provenza [pro'βenθa] *f* Provence *f*
proverbial [proβer'βjal] *adj* sprichwörtlich; *(sabido)* allgemein bekannt
proverbio [pro'βerβjo] *m* Sprichwort *nt; (pensamiento)* Spruch *m*
providencia [proβi'ðenθja] *f* ① *(prevención)* Vorsehung *f* ② *(medida)* Vorsorge *f* ③ (JUR) Verfügung *f; (disposición)* Entscheidung *f;* ~ **ejecutoria** Vollstreckungsbescheid *m*
providencial [proβiðen'θjal] *adj* ① *(de la providencia)* von der Vorsehung bestimmt ② *(oportuno)* angebracht; **su intervención resultó** ~ sein/ihr Eingreifen war ausschlaggebend
providenciar [proβiðen'θjar] *vt* ① *(tomar medidas)* Vorkehrungen treffen (für +*akk*) ② (JUR) verfügen, anordnen
providente [proβi'ðente] *adj* ① *(prudente)* vorsichtig ② *(cuidadoso)* sorgsam, sorgfältig; *(previsor)* vorausschauend
próvido, -a ['proβiðo, -a] *adj* ① *(previsor)* sorgfältig, sorgsam; *(precavido)* vorausschauend ② *(propicio)* günstig; *(productivo)* ertragreich; *(provechoso)* nutzbringend
provincia [pro'βinθja] *f* Provinz *f; (Arg: estado)* (Glied)staat *m;* **ciudad de** ~**s** Kleinstadt *f*
provincial [proβin'θjal] **I.** *adj* Provinz(ial)-; **capital** ~ Provinzhauptstadt *f;* **delegación** ~ Provinzialbehörde *f* **II.** *m* (REL) Provinzial *m*
provincianismo [proβinθja'nismo] *m sin pl (pey)* Provinzialität *f*
provinciano, -a [proβin'θjano, -a] **I.** *adj* provinziell; *(pey)* provinzlerisch **II.** *m, f* Provinzbewohner(in) *m(f); (pey)* Provinzler(in) *m(f)*
provisión [proβi'sjon] *f* ① *(reserva)* Vorrat *m;* **provisiones** Proviant *m* ② *(suministro)* Versorgung *f* ③ *(cobertura)* Deckung *f; (reserva)* Rücklage *f* ④ *(comisión)* Provision *f* ⑤ *(medida)* Vorsichtsmaßnahme *f* ⑥ *(de un cargo)* Besetzung *f* ⑦ (JUR) Anordnung *f*
provisional [proβisjo'nal] *adj* provisorisch;

(temporal) vorläufig; **gobierno ~** Interimsregierung *f;* **medida ~** Übergangslösung *f*

provisionalidad [proβisjonali'ða^{ð}] *f* Vorläufigkeit *f*

provisorio, -a [proβi'sorjo, -a] *adj v.* **provisional**

provisto, -a [pro'βisto, -a] **I.** *pp de* **proveer II.** *adj* ausgestattet (**de** mit *+dat*), versehen (**de** mit *+dat*); (COM) assortiert (**de** mit *+dat*)

provocación [proβoka'θjon] *f* ① *(ataque)* Provokation *f; (instigación)* Anstiftung *f* ② *(causa)* Hervorrufen *nt;* (MED) Auslösen *nt*

provocador^1 [proβoka'ðor] *m* Auslöser *m;* (MED) Erreger *m*

provocador(a)^2 [proβoka'ðor(a)] **I.** *adj* provokant; *(excitante)* aufreizend; (MED) auslösend **II.** *m(f)* (POL) Provokateur(in) *m(f)*

provocar [proβo'kar] <c → qu> **I.** *vt* ① *(incitar)* provozieren; *(irritar)* aufregen; *(excitar)* aufreizen; *(instigar)* anstiften; (POL) aufwiegeln; **¡no me provoques!** geh mir nicht auf die Nerven!; *(advertencia)* ich warne dich! ② *(causar)* provozieren; (MED) auslösen; *(artificialmente)* einleiten; **~ risa a alguien** jdn zum Lachen bringen; **~ lástima a alguien** jds Mitleid erregen; **~ un cambio/una guerra** zu einer Wende/einem Krieg führen; **~ una escena** eine Szene machen; **~ un incendio** einen Brand verursachen **II.** *vi (Am: apetecer)* (**no**) **me provoca** ich habe (keine) Lust

provocativo, -a [proβoka'tiβo, -a] *adj* provokativ; *(excitante)* aufreizend

proxeneta [pro^{ɣ}se'neta] *mf (de prostitutas)* Zuhälter *m; (alcahuete)* Kuppler(in) *m(f)*

próximamente [pro^{ɣ}sima'mente] *adv* demnächst

proximidad [pro^{ɣ}simi'ða^{ð}] *f* ① *(cercanía)* Nähe *f;* **~es** Nachbarschaft *f;* **en las ~es** in der Nähe ② *(parentesco)* Verwandtschaftsgrad *m*

próximo, -a ['pro^{ɣ}simo, -a] *adj* ① *(cercano)* nahe (**a** bei/zu *+dat*); *(local)* nahe gelegen; *(temporal)* nahe bevorstehend; **en fecha próxima** demnächst; **estar ~ a...** drauf und dran sein, zu ... ② *(siguiente)* nächste(r, s); **el ~ año** nächstes Jahr; **el ~ viernes** am nächsten Freitag; **el ~ 3 de octubre** am 3. Oktober diesen Jahres; **la próxima vez** nächstes Mal; **¡hasta la próxima!** bis bald!; **~ al próximo tema** zum nächsten Thema übergehen

proyección [proɟe^{ɣ}'θjon] *f* ① (FÍS, FOTO, CINE) Projektion *f; (sesión)* Vorführung *f; (lanzamiento)* Werfen *nt; (impulso)* Schleudern *nt;* **~ de sombras** Schattenwurf *m* ② *(cartografía)* Projektion *f* ③ (ARQUIT, MAT) Grundriss *m* ④ *(influencia)* Einfluss *m; (orientación)* Orientierung *f;* **una empresa de ~ internacional** eine weltweit orientierte Firma ⑤ *(proyecto)* Planung *f*

proyectable [proɟek'taβle] *adj* **asiento ~** (AERO) Schleudersitz *m*

proyectar [proɟek'tar] **I.** *vt* ① (FÍS, FOTO, CINE) projizieren; *(lanzar)* werfen (**hacia** auf *+akk*); *(impulsar)* schleudern (**hacia** gegen *+akk*); **~ luz/sombra** Licht/Schatten werfen ② *(planear)* planen; *(diseñar)* entwerfen; (TÉC) konstruieren ③ *(proponerse)* vorhaben **II.** *vr:* **~se** ① *(luz, sombra)* fallen (**sobre** auf *+akk*) ② (PSICO) sich projizieren (**en** auf *+akk*) ③ *(orientarse)* sich orientieren

proyectil [proɟek'til] *m* Geschoss *nt;* **~ anticarro** Panzerabwehrgeschoss *nt*

proyecto [pro'ɟekto] *m* Projekt *nt; (proyección)* Planung *f; (borrador)* Entwurf *m; (pormenorizado)* Ausarbeitung *f; (propuesta)* Vorschlag *m;* **~ fin de carrera** (UNIV) Diplomarbeit *f; (en Letras)* Magisterarbeit *f;* **~ de gobierno** Kabinettsentwurf *m;* **~ de ley** Gesetz(es)entwurf *m;* **en ~** geplant; **tener ~s** Pläne haben; **tener algo en ~** etw vorhaben

proyector [proɟek'tor] *m* (FOTO, CINE) Projektor *m; (lanzador)* Werfer *m;* **~ de cine** Filmprojektor *m;* **~ de luz** Scheinwerfer *m;* **~ de luz diurna** Tageslichtprojektor *m*

prudencia [pru'ðenθja] *f* ① *(precaución)* Vorsicht *f; (previsión)* Bedachtsamkeit *f; (cautela)* Behutsamkeit *f* ② *(cordura)* Vernunft *f; (astucia)* Klugheit *f* ③ *(moderación)* Mäßigkeit *f*

prudencial [pruðen'θjal] *adj (razonable)* vernünftig; *(adecuado)* angebracht; *(previsor)* bedachtsam; **una cantidad ~** eine angemessene Menge

prudenciarse [pruðen'θjarse] *vr (AmC, Col, Méx)* ① *(ser prudente)* vorsichtig sein ② *(moderarse)* sich mäßigen ③ *(conservar la calma)* Ruhe bewahren

prudente [pru'ðente] *adj* ① *(precavido)* vorsichtig; *(previsor)* bedacht; *(cauteloso)* behutsam ② *(razonable)* vernünftig; *(avisado)* klug ③ *(adecuado)* angemessen

prueba ['prweβa] *f* ① *(examen)* Prüfung *f; (test)* Test *m; (experimento)* Versuch *m; (comprobación)* Probe *f; (ensayo)* Erprobung *f;* (DEP: *competición*) Wettkampf *m; (de ropa)* Anprobe *f;* (TIPO) Probeabzug *m;* (TÉC) Probelauf *m;* **~ de acceso** Aufnahmeprüfung *f;* **~ de alcoholemia** (Blut)alko-

P

holtest *m;* ~ **de aptitud** Eignungstest *m;* ~ **al azar** Stichprobe *f;* ~ **de azúcar en la sangre** Blutzuckertest *m;* ~ **de embarazo** Schwangerschaftstest *m;* ~ **clasificatoria/eliminatoria** Qualifikations-/Ausscheidungsspiel *nt;* ~ **de colisión** Crashtest *m;* ~ **de degustación** Kostprobe *f; (cata)* Weinprobe *f;* ~ **de fuego** *(fig)* Feuerprobe *f;* ~ **de imprenta** Druckfahne *f;* **~s nucleares** Atomversuche *mpl;* ~ **PCR** PCR-Test *m;* **período de** ~ Probezeit *f;* **poner a** ~ auf die Probe stellen; **someter a** ~ einer Prüfung unterziehen; **sufrir una dura** ~ eine schwere Prüfung durchmachen; **a** ~ **de agua** wasserdicht; **a** ~ **de balas** kugelsicher; **a** ~ **de robo** diebstahlsicher; **a título de** ~ zur Probe; **a toda** ~ voll erprobt; *(fig)* mit allen Wassern gewaschen ② *(testimonio)* Beweis *m; (verificación)* Nachweis *m;* ~ **circunstancial** Indizienbeweis *m;* ~ **documental** Urkundenbeweis *m;* ~ **de paternidad** Vaterschaftsnachweis *m;* **dar ~s de afecto** Zuneigung beweisen; **en** ~ **de nuestro reconocimiento** als Zeichen unserer Anerkennung; **presentar la** ~ den Nachweis erbringen; **ser** ~ **de algo** ein Beweis für etw sein; **tener ~s de que...** beweisen können, dass ...

prurito [pru'rito] *m* ① *(picor)* Juckreiz *m* ② *(afán)* innerer Ansporn *m*

Prusia ['prusja] *f* Preußen *nt*

prusiano, -a [pru'sjano, -a] **I.** *adj* preußisch **II.** *m, f* Preuße, -in *m, f*

P. S. [pos es'kriptun] *abr de* **post scriptum** PS

P

PSA [peese'a] *m abr de* **Partido Socialista Andaluz** *sozialistische andalusische Partei*

(p)seudo- ['seu̯ðo] pseudo-

(p)seudónimo [seu̯'ðonimo] *m* Pseudonym *nt*

(p)sicoanálisis [sikoa'nalisis] *m sin pl* Psychoanalyse *f*

(p)sicoanalista [sikoana'lista] *mf* Psychoanalytiker(in) *m(f)*

(p)sicoanalizar [sikoanali'θar] <z → c> *vt* (MED) psychoanalysieren

(p)sicodélico, -a [siko'ðeliko, -a] *adj* psychedelisch

(p)sicofármaco [siko'farmako] *m* Psychopharmakon *nt*

(p)sicología [sikolo'xia] *f sin pl* ① *(ciencia)* Psychologie *f;* ~ **infantil** Kinderpsychologie *f* ② *(vida anímica)* Psyche *f*

(p)sicológico, -a [sikolo'xiko, -a] *adj* psychologisch; **terror** ~ Psychoterror *m*

(p)sicólogo, -a [si'koloɣo, -a] *m, f* Psychologe, -in *m, f;* **es muy/poco** ~ *(fam)* er ist sehr/wenig einfühlsam

(p)sicópata [si'kopata] *mf* Psychopath(in) *m(f);* ~ **sexual** Triebtäter *m*

(p)sicopatología [sikopatolo'xia] *f* (MED) Psychopathologie *f*

(p)sicosis [si'kosis] *f inv* Psychose *f;* ~ **colectiva** Massenpsychose *f*

(p)sicosomático, -a [sikoso'matiko, -a] *adj* psychosomatisch

(p)sicoterapeuta [sikotera'peu̯ta] *mf* Psychotherapeut(in) *m(f)*

(p)sicoterapéutico, -a [sikotera'peu̯tiko, -a] *adj* (PSICO) psychotherapeutisch

(p)sicoterapia [sikote'rapja] *f* Psychotherapie *f*

(p)sique ['sike] *f* Psyche *f*

(p)siquiatra [si'kjatra] *mf* Psychiater(in) *m(f)*

(p)siquiatría [sikja'tria] *f* Psychiatrie *f*

(p)siquiátrico, -a [si'kjatriko, -a] *adj* psychiatrisch

(p)síquico, -a [si'kiko, -a] *adj* psychisch

(p)siquis ['sikis] *f inv* (PSICO, MED) Psyche *f*

PSOE [pe'soe] *m abr de* **Partido Socialista Obrero Español** *sozialistische spanische Arbeiterpartei*

(p)soriasis [so'rjasis] *f inv* (MED) Schuppenflechte *f,* Psoriasis *f*

PSP [peese'pe] *m abr de* **Partido Socialista Popular** *sozialistische Volkspartei*

pta. [pe'seta] *f* <pt(a)s.> *abr de* **peseta** (HIST) Pesete *f*

pu [pu] *interj (de repugnancia)* bah!, bäh!, igitt!

pu(l)lóver [pu'loβer] *m (Am)* Pullover *m*

púa ['pua] *f* ① *(espina)* Stachel *m* ② *(del peine)* Zinke *f; (pico)* Zacken *m* ③ (MÚS) Plektron *nt*

puaj [pwax] *interj* igitt, pfui

pub [pa^{β}] <pubs> *m* Pub *m o nt*

pubertad [puβer'ta^{ð}] *f* Pubertät *f*

pubescencia [puβes'θen̩θja] *f* ① *(pubertad)* Pubertät *f;* (MED) Pubeszenz *f* ② (BOT) Flaum *m*

púbico, -a ['puβiko, -a] *adj* Scham-; **zona púbica** Schamgegend *f*

pubis ['puβis] *m inv (zona)* Scham(gegend) *f; (hueso)* Schambein *nt*

publicable [puβli'kaβle] *adj* druckfähig, druckreif

publicación [puβlika'θjon] *f* ① *(acción)* Veröffentlichung *f; (anuncio)* Bekanntmachung *f; (proclamación)* Verkündung *f;* (JUR) Offenlegung *f* ② (TIPO: *edición*) Publikation *f; (impreso)* Druckwerk *nt;* ~ **electrónica** *(resultado)* elektronische Publikation; *(proceso)* elektronisches Publizieren; ~ **reciente** Novität *f*

publicador(a) [puβlika'ðor(a)] **I.** *adj* veröffentlichend, herausgebend; **el diario ~ de**

este anuncio die Zeitung, die diese Anzeige veröffentlicht **II.** *m(f)* Veröffentlicher(in) *m(f),* Herausgeber(in) *m(f)*

publicar [puβli'kar] <c → qu> **I.** *vt* veröffentlichen; *(anunciar)* bekannt geben; (JUR) offenlegen; *(proclamar)* verkünden **II.** *vr:* **~se** erscheinen

publicidad [puβliθi'ðað] *f* ❶ *(carácter público)* Öffentlichkeit *f;* **dar ~** bekannt machen; **este programa le ha dado mucha ~** durch diese Sendung ist er/sie sehr bekannt geworden ❷ *(propaganda)* Werbung *f,* Reklame *f; (promoción)* Publicity *f;* **~ disimulada** Schleichwerbung *f;* **~ sobreimpresa** Werbeeinblendung *f;* **~ en TV** Fernsehwerbung *f;* **hacer ~ de algo** für etw werben

publicista [puβli'θista] *mf* ❶ *(profesional de la publicidad)* Werbefachmann, -frau *m, f* ❷ *(periodista de opinión)* Publizist(in) *m(f)*

publicista [puβli'θista] *mf* Publizist(in) *m(f)*

publicitario, -a [puβliθi'tarjo, -a] *adj* Werbe-

público[1] ['puβliko] *m* ❶ *(colectividad)* Öffentlichkeit *f;* **en ~** in aller Öffentlichkeit; **aparecer en ~** öffentlich auftreten; **el gran ~** die breite Masse ❷ *(asistente)* Publikum *nt;* **para todos los ~s** für jeden Geschmack; (CINE) freigegeben ab 6 Jahren; **abierto/cerrado al ~** für den Publikumsverkehr geöffnet/geschlossen; **hoy hay poco ~** heute ist wenig Betrieb

público, -a[2] ['puβliko, -a] *adj* ❶ *(no privado)* öffentlich; *(estatal)* staatlich; **deuda pública** öffentliche Anleihe; **relaciones públicas** Public Relations *pl;* **el sector ~** die öffentliche Hand; **trasporte ~** öffentliche Verkehrsmittel ❷ *(común)* allgemein; **de utilidad pública** gemeinnützig ❸ *(conocido)* allgemein bekannt; **escándalo ~** öffentlicher Skandal; **hacer ~** publik machen; **hacerse ~** bekannt werden; **ser del dominio ~** allgemein bekannt sein

pucha ['putʃa] *interj (CSur: caramba)* **¡la ~!** Donnerwetter!

pucherazo [putʃe'raθo] *m (electoral)* Wahlbetrug *m*

puchero [pu'tʃero] *m* ❶ *(olla)* Kochtopf *m* ❷ (GASTR) ≈ Eintopf *m* ❸ *(fam: alimento)* das tägliche Brot; **hay que ganarse el ~** man muss ja seine Brötchen verdienen ❹ *(loc)* **hacer ~s** eine Schnute ziehen

pucho ['putʃo] *m (Am: resto)* Rest *m; (colilla)* Zigarettenstummel *m*

púdico, -a ['puðiko, -a] *adj v.* **pudoroso**

pudiente [pu'ðjente] *adj* wohlhabend

pudor [pu'ðor] *m* ❶ *(recato)* Sittsamkeit *f;* *(decencia)* Züchtigkeit *f;* *(vergüenza)* Schamhaftigkeit *f* ❷ *(modestia)* Bescheidenheit *f*

pudoroso, -a [puðo'roso, -a] *adj* ❶ *(recatado)* sittsam; *(vergonzoso)* schamhaft; *(decente)* züchtig ❷ *(modesto)* bescheiden

pudridero [puðri'ðero] *m* *(estercolero)* Misthaufen *m; (muladar)* Mistgrube *f; (de cadáveres)* Leichenkammer *f*

pudrir [pu'ðrir] *irr* **I.** *vt* ❶ *(descomponer)* zum Faulen bringen; *(fig)* verderben; **estar podrido de dinero** *(vulg)* vor Geld stinken *fam* ❷ *(fam: molestar)* stinken *+dat* **II.** *vr:* **~se** (ver)faulen; *(descomponerse)* verrotten; *(estropearse)* vergammeln; *(fig)* verderben; **~se en la cárcel** *(argot)* im Knast verschimmeln; **¡ahí te pudras!** *(vulg)* von mir aus kannst du verrecken! *fam*

pueblerino, -a [pweβle'rino, -a] **I.** *adj* dörflich; *(pey)* bäurisch **II.** *m, f* Dorfbewohner(in) *m(f); (pey)* Bauerntölpel *m*

pueblo ['pweβlo] *m* ❶ *(nación)* Volk *nt;* *(tribu)* Volksstamm *m;* **~ llano** Volksmasse *f;* **el ~ bajo** das gemeine Volk; **un hombre del ~** ein Mann aus dem Volke ❷ *(población)* Dorf *nt;* **~ costero** Küstenort *m;* **~ de mala muerte** *(fam)* trostloses Kaff; **~ joven** *(Am)* Slums *pl;* **de ~** Land-; *(pey)* bäurisch

puente ['pwente] *m* ❶ *(construcción)* Brücke *f;* **~ aéreo** Luftbrücke *f;* (AERO) Luftpendelverkehr *m* ❷ *(de las gafas)* Brillensteg *m;* *(de un instrumento)* Steg *m;* **~ dental** (Zahn)brücke *f* ❸ (NÁUT) Brückendeck *nt;* **~ de mando** Kommandobrücke *f;* **~ de maniobras/de paseo** Arbeits-/Promenadendeck *nt* ❹ (ELEC) Überbrückung *f;* **hacer un ~ a un coche** ein Auto kurzschließen; **~ de luces** Lichtleiste *f* ❺ *(loc)* **hacer/tener ~** einen Brückentag machen/haben

puentear [pwente'ar] *vt* (ELEC) überbrücken

puentin(g) ['pwentin] *m* (DEP) Bungeejumping *nt*

puerco, -a ['pwerko, -a] **I.** *adj* ❶ **estar** *(fam: sucio)* saudreckig ❷ **ser** *(indecente)* schweinisch *fam* **II.** *m, f* ❶ *(cerdo)* Schwein *nt; (macho)* Eber *m; (hembra)* Sau *f;* **~ espín** Stachelschwein *nt* ❷ *(fam: persona sucia)* Schlamper, Schlampe *m, f; (obsceno)* Schweinigel *m* ❸ *(fam: canalla)* Schweinehund *m*

puericia [pwe'riθja] *f* Kindheit *f,* Kindesalter *nt*

puericultor(a) [pwerikul'tor(a)] *m(f)* (MED)

P

Kinderkrankenpfleger, -schwester *m, f; (en la guardería)* Kindergärtner(in) *m(f)*

puericultura [pwerikuḷ'tura] *f sin pl* Kinderkrankenpflege *f*

pueril [pwe'ril] *adj* ❶ *(infantil)* kindlich; **edad ~** Kindesalter *nt* ❷ *(inmaduro)* kindisch

puerro ['pwerro] *m* Lauch *m*

puerta ['pwerta] *f* ❶ *(abertura)* Tür *f; (portal)* Pforte *f; (portalón)* Tor *nt; (acceso)* Zugang *m;* **~ de la calle** Haustür *f;* **~ corredera** Schiebetür *f;* **~ cortafuego** Brandschutztür *f;* **~ del maletero** Kofferraumklappe *f;* **~ de servicio** Lieferanteneingang *m;* **~ de socorro** Notausgang *m;* **día de ~s abiertas** Tag der offenen Tür; **quinta ~** (AUTO) Heckklappe *f;* **a la ~ de casa** vor der Haustür; **a ~ abierta** (*t.* JUR) öffentlich; **a ~ cerrada** (*t.* JUR) nicht öffentlich; **a las ~s de la muerte** an der Schwelle des Todes; **enseñar la ~ a alguien** jdm die Tür weisen; **estar a las ~s** *(fig)* vor der Tür stehen; **dar a alguien con la ~ en las narices** jdm die Tür vor der Nase zuschlagen; **de ~s adentro** *(fig)* intern; **ir de ~ en ~** von Haus zu Haus gehen; **cerrar las ~s a alguien** *(fig)* jdm den Weg versperren; **poner a alguien en la ~ (de la calle)** jdn vor die Tür setzen; **por la ~ grande** (TAUR: *t. fig)* mit Glanz und Gloria; **tiene todas las ~s abiertas** *(fig)* ihm/ihr stehen alle Türen offen ❷ (DEP) Tor *nt;* **disparo a ~** Torschuss *m*

puerto ['pwerto] *m* ❶ (NÁUT) Hafen *m; (ciudad)* Hafenstadt *f;* **~ deportivo** Jachthafen *m;* **~ franco** Freihafen *m;* **~ interior** Binnenhafen *m;* **~ marítimo** Seehafen *m;* **~ de matrícula** Heimathafen *m;* **tomar ~** den Hafen anlaufen ❷ *(de montaña)* Bergpass *m* ❸ (INFOR) Schnittstelle *f;* **~ USB** USB-Schnittstelle *f;* **~ para módem** Modemanschluss *m;* **~ serie** serielle Schnittstelle; **~ de trasmisión en paralelo/en serie** Parallel-/Serienschnittstelle *f* ❹ *(refugio)* Zuflucht *f*

Puerto Rico [pwertorri'ko] *m* Puerto Rico *nt*

puertorriqueño, -a [pwertorri'keɲo, -a] **I.** *adj* puerto-ricanisch **II.** *m, f* Puerto-Ricaner(in) *m(f)*

pues [pwes] **I.** *adv* ❶ *(entonces)* dann; *(así que)* also; **Ana quiere conocerte – ~ que venga** Ana möchte dich kennenlernen – dann soll sie kommen; **he vuelto a suspender – ~ estudia más** ich bin schon wieder durchgefallen – dann musst du eben mehr lernen; **~ entonces, nada** dann eben nicht ❷ *(ilativo)* also; **~ bien** also gut; **la consecuencia es, ~, …** daraus folgt also …; **dejémoslo, ~** lassen wir es also lieber sein ❸ *(causal)* nämlich; **estudio alemán – ¡ah, ~ yo también!** ich lerne Deutsch – ach, ich auch!; **yo soy de Salamanca – ~ yo, de Soria** ich komme aus Salamanca – und ich aus Soria; **¿quién es? – ~ no sé** wer ist es? – ich weiß es nicht ❹ *(expletivo)* doch; **¿estuvisteis por fin en Toledo? – ~ no/sí** wart ihr schließlich in Toledo? – nein, doch nicht/ja; **¡~ esto no es nada!** das ist noch gar nichts!; **estoy muy cansado – ~ aún queda mucho camino** ich bin sehr müde – wir haben aber noch eine ziemlich lange Strecke vor uns; **¡qué caro! – ¿sí? ~ a mí me parece barato** wie teuer! – findest du? ich finde es eher billig ❺ *(exclamativo)* **¡~ vaya lata!** so ein Mist!; **¡~ no faltaría más!** das wäre ja noch schöner! ❻ *(interrogativo)* **no voy a salir – ¿~ cómo es eso?** ich gehe nicht aus – wieso das denn?; **¿~ qué quieres?** was willst du denn?; **¿y ~?** ja, und?; **¿~ qué ha pasado?** was ist denn passiert? ❼ *(atenuación)* **¿por qué no viniste a la fiesta? – ~ es que tenía mucho que hacer** warum bist du nicht zur Party gekommen? – tja, ich hatte viel zu tun; **¿nos vemos mañana? – ~ no sé todavía** sehen wir uns morgen? – tja, ich weiß noch nicht ❽ *(insistencia)* **~ así es** so ist es halt; **~ claro** aber klar; **¡vamos ~!** na, los!; **¡~ entonces!** na, dann! **II.** *conj* ❶ *(causal)* **~ no me queda otro remedio, venderé el coche** da mir nichts anderes übrig bleibt, werde ich das Auto verkaufen; **no voy de viaje, ~ no tengo dinero** ich mache keine Reise, denn ich habe kein Geld ❷ *(elev)* **~ que** da

puesta ['pwesta] *f* ❶ *(general)* Stellung *f;* **~ a cero** Nullstellung *f; (calibrar)* Eichung *f;* **~ al día** Aktualisierung *f;* **~ en escena** (TEAT) Inszenierung *f;* **~ en función** Betätigung *f;* **~ en funcionamiento** Inbetriebnahme *f;* **~ en hora** Zeiteinstellung *f;* **~ en libertad** Haftentlassung *f;* **~ en marcha** Inbetriebnahme *f;* (AUTO) Anlassen *nt;* **~ en práctica** Verwirklichung *f;* **~ a punto** Generalrevision *f;* (AUTO) (Urlaubs)check *m* ❷ *(de aves)* Gelege *nt* ❸ *(de sol)* Sonnenuntergang *m* ❹ *(en el juego)* Einsatz *m*

puesto[1] ['pwesto] *m* ❶ *(lugar)* Platz *m; (posición)* Stellung *f;* **~ de información** Auskunftsstelle *f;* **~ de observación** (ASTR) Beobachtungsstation *f;* (MED) Wachstation *f;* **ceder/mantener el ~** (DEP) den Listenplatz verlieren/halten ❷ *(empleo)* (Arbeits)stelle *f; (cargo)* Amt *nt; (posición)* Position *f* ❸ *(tenderete)* (Markt)stand *m;*

P

(feria de muestras) Messestand *m; (chiringuito)* Imbissstand *m;* ~ **de periódicos** Zeitungskiosk *m* ④ (MIL) Posten *m* ⑤ *(guardia)* Wache *f;* ~ **de policía** Polizeiwache *f;* ~ **de socorro** Rettungswache *f* ⑥ *(caza)* Hochsitz *m*

puesto, -a[2] ['pwesto, -a] **I.** *pp de* **poner** **II.** *adj* ① (COM) (frei) ab; ~ **en esta** frei ab hier; ~ **en fábrica** ab Werk ② *(loc)* ~ **al día** auf dem neuesten Stand; **ir muy bien** ~ *(fam)* schick angezogen sein; **tienen el piso muy bien** ~ *(fam)* sie haben die Wohnung sehr gut eingerichtet; **tenerlos muy bien ~s** *(vulg)* ein ganzer Kerl sein *fam;* **estar ~ en un tema** *(fam)* sich in einem Thema auskennen **III.** *conj* ~ **que** da

puf [puf] **I.** *interj* ächz **II.** *m (asiento)* Puff *m*

púgil ['puxil] *m,* **pugilista** [puxi'lista] *m* (DEP) Boxer *m*

pugilismo [puxi'lismo] *m* (DEP) Boxen *nt,* Faustkampf *m*

pugna ['puɣna] *f (lucha)* Kampf *m; (conflicto)* Streit *m*

pugnante [puɣ'nan̩te] *adj* feindlich, gegnerisch

pugnar [puɣ'nar] *vi* ① *(pelear)* streiten; *(fig)* hadern ② *(esforzarse)* ringen (**por** um +*akk*) ③ *(intentar)* kämpfen (**por** um +*akk*)

puja ['puxa] *f* ① *(esfuerzo)* Anstrengung *f* ② *(en una subasta)* höheres Gebot *nt;* ~ **mínima** Mindestgebot *nt*

pujanza [pu'xan̩θa] *f (fuerza)* Kraft *f; (impulso)* Schwung *m; (brío)* Elan *m*

pujar [pu'xar] *vi* ① *(esforzarse)* sich anstrengen; ~ **por** sich bemühen zu ② *(en una subasta)* höher bieten

pujo ['puxo] *m* ① (MED: *de orinar*) Harndrang *m; (de defecar)* Stuhldrang *m* ② *(deseo)* Drang *m;* **sentí ~s de gritar** ich spürte den Drang, zu schreien ③ *(conato)* Fehlschlag *m*

pularda [pu'larða] *f* Poularde *f*

pulcritud [pulkri'tu^ð] *f* ① *(aseo)* Reinlichkeit *f* ② *(cuidado)* Sorgfalt *f; (finura)* Feinheit *f*

pulcro, -a ['pulkro, -a] <pulquérrimo> *adj* ① *(aseado)* reinlich ② *(cuidadoso)* sorgfältig; *(fino)* fein

pulga ['pulɣa] *f* Floh *m;* (INFOR) (Programm)fehler *m;* **tener malas ~s** *(fam)* schnell aus der Haut fahren; **buscar las ~s a alguien** *(fam)* jdn auf die Palme bringen

pulgada [pul'ɣaða] *f (medida)* Zoll *m; (fam: aproximada)* Daumenbreite *f*

pulgar [pul'ɣar] **I.** *adj* **dedo** ~ Daumen *m* **II.** *m* Daumen *m*

Pulgarcito [pulɣar'θito] *m* Däumling *m*

pulgón [pul'ɣon] *m* Blattlaus *f*

pulido[1] [pu'liðo] *m* Polieren *nt; (abrillantado)* Glätten *nt; (esmerilado)* Schliff *m; (con cera)* Bohnern *nt*

pulido, -a[2] [pu'liðo, -a] *adj* ① *(brillante)* blank ② *(fino)* fein; *(estilo)* ausgefeilt

pulidor[1] [puli'ðor] *m* (TÉC) Poliermaschine *f; (con cera)* Bohnermaschine *f; (esmeriladora)* Schleifmaschine *f*

pulidor(a)[2] [puli'ðor(a)] *adj* (TÉC) Polier-

pulimentar [pulimen̩'tar] *vt* polieren; *(alisar)* glätten; *(esmerilar)* schleifen

pulimento [puli'men̩to] *m* ① *v.* **pulido**[1] ② *(sustancia)* Politur *f*

pulir [pu'lir] **I.** *vt* ① *(abrillantar)* polieren; *(suavizar)* glätten; *(esmerilar)* schleifen; *(con cera)* bohnern ② *(perfeccionar)* den letzten Schliff geben +*dat; (refinar)* Schliff verpassen +*dat* **II.** *vr:* **~se** ① *(refinarse)* Schliff bekommen ② *(derrochar)* verschwenden

pulla ['puʎa] *f* Stichelei *f*

pullman ['pulman] *m (Am: coche cama)* Schlafwagen *m*

pulmón [pul'mon] *m* Lunge *f;* ~ **de acero** eiserne Lunge; ~ **acuático** Unterwasseratemgerät *nt;* **a pleno** ~ aus voller Lunge; **enfermo de** ~ lungenkrank; **padecer de los pulmones** es auf der Lunge haben

pulmonar [pulmo'nar] *adj* Lungen-

pulmonía [pulmo'nia] *f* Lungenentzündung *f*

pulóver [pu'loβer] *m (Am: jersey)* Pullover *m*

pulpa ['pulpa] *f* ① (ANAT) Mark *nt;* ~ **cerebral** Gehirnmasse *f;* ~ **dental** Pulpa *f* ② *(de la fruta)* Fruchtfleisch *nt;* ~ **de madera** Holzmasse *f*

pulpejo [pul'pexo] *m* (ANAT) Daumenballen *m; (yema)* Fingerkuppe *f*

pulpería [pulpe'ria] *f (Am: tienda y bar) Kolonialwarenladen mit Ausschank*

púlpito ['pulpito] *m* Kanzel *f*

pulpo ['pulpo] *m* ① (ZOOL) Krake *m;* **como un ~ en un garaje** *(fam)* fehl am Platze ② *(sujeción)* Gepäckspinne *f*

pulposo, -a [pul'poso, -a] *adj* markig; *(carnoso)* fleischig; (MED) pulpös

pulsación [pulsa'θjon] *f* ① (ANAT: *latido*) Pulsschlag *m* ② *(de una tecla)* Tastendruck *m; (mecanografía)* Anschlag *m;* ~ **doble** (INFOR) Überschreiben *nt*

pulsador [pulsa'ðor] *m (tecla)* Taste *f; (botón)* Knopf *m; (conmutador)* Schalter *m*

pulsar [pul'sar] **I.** *vi (latir)* pulsieren **II.** *vt* ① *(oprimir)* drücken; *(teclado)* anschlagen; ~ **el timbre** klingeln ② *(tomar el* *pulso)* den Puls fühlen +*dat;* ~ **la opinión pública** die öffentliche Meinung sondieren

pulsátil [pul'satil] *adj* pulsierend, klopfend

pulsera [pul'sera] *f* Armband *nt;* **reloj de** ~ Armbanduhr *f*

pulsímetro [pul'simetro] *m* (MED) Blutdruckmessgerät *nt*

pulso ['pulso] *m* Puls *m; (fig)* Behutsamkeit *f;* **a** ~ *(sin apoyarse)* freihändig; *(por su propio esfuerzo)* auf eigene Faust; **con** ~ behutsam; **echar un** ~ **a alguien** mit jdm Arm drücken; **tener buen** ~ eine ruhige Hand haben; **tomar el** ~ **a alguien** jdm den Puls fühlen

pulular [pulu'lar] *vi* ① *(brotar)* sprießen ② *(multiplicarse)* wuchern ③ *(bullir)* **los turistas pululaban por la plaza** der Platz wimmelte von Touristen

pulverización [pulβeriθa'θjon] *f* ① *(en polvo)* Pulverisierung *f,* Zermahlung *f* ② *(atomizado)* Zerstäubung *f;* (AGR) Verneblung *f*

pulverizador [pulβeriθa'ðor] *m (aparato)* Sprühgerät *nt; (botella)* Sprühflasche *f; (atomizador)* Zerstäuber *m; (espray)* Sprühdose *f*

pulverizar [pulβeri'θar] <z → c> **I.** *vt* ① *(reducir a polvo)* pulverisieren; *(rallar)* zerreiben; *(moler)* zermahlen ② *(atomizar)* zerstäuben ③ *(fig: aniquilar)* vernichten; *(argumento)* entkräften **II.** *vr:* **~se** zu Staub werden

pum [pun] *interj* bums!; **ni** ~ *(fam)* nicht die Bohne

puma ['puma] *m* Puma *m*

puna ['puna] *f (AmS)* ① *(altiplano)* Puna *f* ② *(malestar)* Höhenkrankheit *f*

punción [puṇ'θjon] *f* Einstich *m*

pundonor [puṇdo'nor] *m* ① *(honorabilidad)* Anständigkeit *f* ② *(honor)* Ehre *f*

pundonoroso, -a [puṇdono'roso, -a] *adj* ① *(honorable)* grundanständig, grundehrlich ② *(obsesionado por su fama)* ehrliebend

pungir [puŋ'xir] <g → j> *vt* ① *(punzar)* stechen ② *(hacer padecer)* quälen

punible [pu'niβle] *adj* strafbar; **no** ~ straffrei

punición [puni'θjon] *f* (JUR) Strafe *f,* Bestrafung *f; (sanción)* Ahndung *f*

punir [pu'nir] *vt* (JUR) (be)strafen; *(sancionar)* ahnden

punitivo, -a [puni'tiβo, -a] *adj* Straf-, strafend

punk [punᵏ] **I.** *adj* **música** ~ Punk(rock) *m* **II.** *mf* Punk *m*

punki ['puŋki] **I.** *adj* punkig **II.** *mf* Punk(er), Punkerin *m, f*

punta ['puṇta] *f* Spitze *f; (pico)* Zacken *m; (extremo)* Ende *nt; (de tierra)* Landzunge *f; (un poco)* Körnchen *nt;* **a** ~ **de navaja/pistola** mit gezücktem Messer/gezogener Pistole; **acabar en** ~ spitz zulaufen; **estar de** ~ **con alguien** mit jdm zerstritten sein; **de** ~ **a** ~ restlos; **de** ~ **en blanco** *(fam)* herausgeputzt; **hora(s)** ~ Stoßzeit *f;* **ponerse de** ~ **con alguien** sich mit jdm anlegen; **se me pusieron los pelos de** ~ die Haare standen mir zu Berge; **sacar** ~ *(afilar)* anspitzen; **lo tenía en la** ~ **de la lengua** es lag mir auf der Zunge

puntada [puṇ'taða] *f (costura)* Nahtstich *m; (pinchazo)* Nadelstich *m; (fig)* Stichelei *f*

puntaje [puṇ'taxe] *m (Am) v.* **puntuación**

puntal [puṇ'tal] *m* ① *(madero)* Balken *m; (fig: apoyo)* Stütze *f* ② *(Am: refrigerio)* Häppchen *nt*

puntapié [puṇta'pje] *m* Fußtritt *m;* **a ~s** mit Fußtritten; **pegar un** ~ **a alguien** jdm einen Tritt versetzen; **tratar a alguien a ~s** *(fig)* jdn mit Füßen treten

puntazo [puṇ'taθo] *m* ① *(pinchazo)* Stich *m;* (TAUR) Hornstoß *m* ② *(pulla)* Stichelei *f* ③ *(argot: muy bien)* **¡eres un ~!** du bist echt eine Wucht!

puntear [puṇte'ar] *vt* ① *(marcar con puntos)* punktieren; *(motear)* tüpfeln ② *(tachar)* abhaken ③ *(dar puntadas)* sticheln (gegen +*akk*) ④ (MÚS) zupfen

puntera [puṇ'tera] *f* ① *(en el zapato)* Schuhspitze *f; (media)* Zehenspitze *f;* ~ **reforzada** verstärkte Spitze ② *(líder)* Spitzenreiterin *f*

puntería [puṇte'ria] *f* ① *(apuntar)* Zielen *nt* ② *(destreza)* Treffsicherheit *f;* **tener buena/mala** ~ ein guter/schlechter Schütze sein

puntero[1] [puṇ'tero] *m (vara)* Zeigestock *m*

puntero, -a[2] [puṇ'tero, -a] **I.** *adj* ① *(con puntería)* treffsicher ② *(sobresaliente)* führend; **el equipo** ~ (DEP) die Spitzenmannschaft **II.** *m, f* Spitzenreiter(in) *m(f)*

puntiagudo, -a [puṇtja'ɣuðo, -a] *adj* spitz

puntilla [puṇ'tiʎa] *f* ① *(encaje)* Spitzenbordüre *f* ② *(marcador)* (Schreib)griffel *m* ③ *(golpe de gracia)* Gnadenstoß *m;* **dar la** ~ **a alguien** *(fig)* jdm den Rest geben ④ *(loc)* **de ~s** auf Zehenspitzen; **andar de ~s** auf Zehenspitzen gehen; **ponerse de ~s** sich auf die Zehenspitzen stellen

puntillo [puṇ'tiʎo] *m* ① *(amor propio)* Ehrpussligkeit *f* ② (MÚS) Verlängerungspunkt *m*

puntilloso, -a [puṇti'ʎoso, -a] *adj* ehrpusselig; *(criticón)* kritt(e)lig; *(descontentadizo)* heikel

punto [ˈpun̪to] *m* ① *(general)* Punkt *m;* ~ **álgido** Höhepunkt *m;* ~ **y aparte** (LING) neuer Absatz; ~ **de arranque** Ausgangspunkt *m;* **¡~ en boca!** Mund zu!; ~ **cardinal** Himmelsrichtung *f;* ~ **cero** Nullpunkt *m;* ~ **clave** Angelpunkt *m;* ~ **y coma** (LING) Semikolon *nt;* **sin ~ de comparación** ohne möglichen Vergleich; ~ **de destino** Bestimmungsort *m;* ~ **de ebullición** Siedepunkt *m;* ~ **de encuentro** Treffpunkt *m;* ~ **de enlace a la red** (INFOR) Network Access Point *m,* Einwahlknoten *m;* ~ **esencial** Schwerpunkt *m;* ~ **final** *(t. fig)* Schlusspunkt *m;* ~ **fuerte** Stärke *f;* ~ **de intersección** Schnittpunkt *m;* ~ **máximo** Höhepunkt *m;* ~ **muerto** (AUTO) Leerlauf *m;* ~ **de referencia** Anhaltspunkt *m;* ~ **y seguido** (LING) Punkt *m* (ohne neuen Absatz); **~s suspensivos** Auslassungspunkte *mpl;* ~ **a tratar** Tagesordnungspunkt *m;* ~ **de venta** Verkaufsstelle *f;* ~ **de vista** Standpunkt *m;* **dos ~s** (LING) Doppelpunkt *m;* **dar el** ~ den letzten Schliff geben +*dat;* **derrotar/ganar por ~s** nach Punkten schlagen/gewinnen; **poner ~ final a algo** den Schlussstrich unter etw ziehen; **poner a** ~ (TÉC) checken; *(ajustar)* justieren; **poner los ~s sobre las íes** *(fig)* Klartext sprechen; **tener a** ~ bereithalten; **al** ~ *(en seguida)* sofort; **hasta tal ~ que...** dermaßen, dass ...; **con ~s y comas** haarklein; **de todo** ~ durchaus; **la una en** ~ Punkt ein Uhr; **en ~ a** bezüglich +*gen;* **hasta cierto** ~ gewissermaßen; **¿hasta qué ~?** inwiefern?; **¡y ~!** und damit basta!; **¡vamos por ~s!** jetzt aber langsam! ② *(calceta)* Stricken *nt;* *(labor)* Strickarbeit *f;* ~ **de media** Stricken *nt;* **de** ~ gestrickt; **chaqueta de** ~ Strickjacke *f;* **hacer** ~ stricken ③ *(puntada)* Stich *m;* ~ **de sutura** Stich *m;* **la herida necesitó diez ~s** die Wunde wurde mit zehn Stichen genäht ④ *(pey: tipo)* Individuum *nt;* **es un ~ filipino** er/sie ist eine miese Kanaille ⑤ *(loc)* **a** ~ *(preparado)* bereit; (GASTR) gar; **a ~ de** kurz davor, zu; **a ~ fijo** bestimmt; **a ~ de nieve** (GASTR) steif geschlagen; **en su** ~ (GASTR) gar; *(fig)* genau richtig

puntuable [pun̪ˈtwaβle] *adj* (DEP) punktrelevant, punktentscheidend; ~ **para el campeonato** für die Meisterschaft relevant

puntuación [pun̪twaˈθjon] *f* ① (LING) Zeichensetzung *f;* **signo de** ~ Satzzeichen *nt* ② *(calificación)* Bewertung *f;* *(escuela)* Benotung *f;* (DEP) Punktzahl *f;* **sistema de** ~ Punktsystem *nt*

puntual [pun̪tuˈal] *adj* ① *(concreto)* punktuell ② *(exacto)* genau ③ *(sin retraso)* pünktlich

puntualidad [pun̪twaliˈðað] *f* Pünktlichkeit *f;* **falta de** ~ Unpünktlichkeit *f*

puntualización [pun̪twaliθaˈθjon] *f* *(detalle)* Einzelangabe *f;* *(precisión)* Präzisierung *f;* *(aclaración)* Klarstellung *f*

puntualizar [pun̪twaliˈθar] <z → c> *vt* *(especificar)* im Einzelnen anführen; *(precisar)* präzisieren; *(aclarar)* klarstellen

puntualmente [pun̪tualˈmen̪te] *adv* pünktlich

puntuar [pun̪tuˈar] <*1. pres* puntúo> *vt* ① *(un escrito)* Satzzeichen setzen (in +*dat*) ② *(conseguir puntos)* punkten ③ *(calificar)* benoten; (DEP) mit Punkten bewerten

punzada [pun̪ˈθaða] *f* *(dolor)* stechender Schmerz *m;* *(en los costados)* Seitenstechen *nt*

punzador(a) [pun̪θaˈðor(a)] *adj* stechend

punzante [pun̪ˈθan̪te] *adj* ① *(puntiagudo)* spitz ② *(mordaz)* bissig

punzar [pun̪ˈθar] <z → c> **I.** *vt* ① *(pinchar)* stechen; *(agujerear)* lochen; *(grabar)* stanzen ② *(conciencia)* nagen (an +*dat*) **II.** *vi* *(doler)* stechen

punzón [pun̪ˈθon] *m* Ahle *f;* *(sello)* Punze *f;* *(cincel)* Stichel *m;* *(taladro)* Bohrmeißel *m;* *(buril)* Griffel *m*

puñado [puˈɲaðo] *m* Handvoll *f;* **a ~s** *(mucho)* haufenweise; **un** ~ *(argot: mucho)* total

puñal [puˈɲal] *m* Dolch *m;* **poner a alguien el ~ al pecho** jdm das Messer an die Kehle setzen

puñalada [puɲaˈlaða] *f* Dolchstoß *m;* *(herida)* Dolchstich *m;* *(fig)* Stoß *m* (ins Herz); **coser a ~s** mit Stichen durchlöchern; **dar una ~ trapera a alguien** *(fig)* jdm in den Rücken fallen

puñeta [puˈɲeta] *f* *(vulg)* ① *(molestia)* **¡(qué) ~(s)!** so ein Scheiß!; **hacer la ~ a alguien** jdm eine schöne Suppe einbrocken *fam;* *(adrede)* jdn schikanieren ② *(bobada)* dummes Zeug *nt fam;* **¡déjate de ~s!** hör mit dem Scheiß auf!; **¿qué ~s estás diciendo?** was redest du da für einen Scheiß?; **en la quinta** ~ am Arsch der Welt ③ *(Am: masturbación)* Wichsen *nt;* **mandar a alguien a hacer ~s** jdn zum Teufel schicken *fam;* **¡vete a hacer ~s!** scher dich zum Teufel! *fam*

puñetazo [puɲeˈtaθo] *m* Faustschlag *m*

puñetero, -a [puɲeˈtero, -a] *adj* *(fam)* verdammt; **el muy ~ no me ayudó** der Scheißkerl hat mir nicht geholfen

puño [ˈpuɲo] *m* ① *(mano)* Faust *f;* ~ **cerrado** geballte Faust; **apretar los ~s** *(fig)* die

Zähne zusammenbeißen; **comerse los ~s** *(fig)* einen Bärenhunger haben; **como un ~** faustgroß; **con el ~ en alto** mit erhobener Faust; **verdades como ~s** die reine Wahrheit; **de su ~ y letra** eigenhändig; **meter a alguien en un ~** jdn in die Enge treiben; **tener a alguien en un ~** jdn unter der Fuchtel haben ② *(puñado)* Hand *f* voll ③ *(mango)* Griff *m; (pomo)* Knauf *m* ④ *(de la ropa)* Manschette *f; (de punto)* Armbund *m; (adorno)* Ärmelbesatz *m;* **~ vuelto** Ärmelaufschlag *m*

pupa ['pupa] *f* ① *(ampolla)* Lippenbläschen *nt; (heridilla)* kleine Wunde *f* ② *(fam: dolor)* Wehweh(chen) *nt;* **¡~!** aua! ③ (ZOOL) Puppe *f*

pupila [pu'pila] *f* (ANAT) Pupille *f;* **tener ~** *(fam)* ausgefuchst sein

pupilaje [pupi'laxe] *m (tutela)* Vormundschaft *f*

pupilo, -a [pu'pilo, -a] *m, f* Mündel *nt*

pupitre [pu'pitre] *m* ① *(escritorio)* (Schreib)pult *nt; (en la escuela)* Schulbank *f* ② (TÉC) Pult *nt;* **~ de control** Schaltpult *nt;* **~ de mezclas** Mischpult *nt*

puramente [pura'mente] *adv* ① *(con pureza)* rein ② *(meramente)* lediglich, bloß; **simple y ~ no es posible** es geht schlicht und einfach nicht

purasangre [pura'saŋgre] **I.** *adj* Vollblut- **II.** *m* Vollblut(pferd) *nt*

puré [pu're] *m* Püree *nt;* **hacer ~** pürieren; *(fig)* zerstampfen; **estar hecho ~** *(fig fam)* fix und fertig sein

pureza [pu'reθa] *f* Reinheit *f; (integridad)* Lauterkeit *f*

purga ['purɣa] *f* ① *(medicamento)* Abführmittel *nt* ② *(eliminación)* Säuberung *f*

purgación [purɣa'θjon] *f* ① (MED) Abführen *nt* ② (TÉC) Ablassen *nt* ③ *pl (fam: blenorragia)* Tripper *m*

purgante [pur'ɣante] **I.** *adj* ① (MED) abführend ② (TÉC) reinigend **II.** *m* ① (MED) Abführmittel *nt* ② (TÉC) Reinigungsmittel *nt*

purgar [pur'ɣar] <g → gu> **I.** *vt* ① *(limpiar)* säubern; *(aguas)* klären; *(fig)* reinigen ② (MED) purgieren ③ *(evacuar)* ablassen ④ *(expiar)* büßen; (JUR) verbüßen **II.** *vr:* **~se** ① *(limpiarse, t. fig)* sich reinigen (**de** von +*dat*) ② (MED) ein Abführmittel einnehmen

purgativo, -a [purɣa'tiβo, -a] *adj* abführend

purgatorio [purɣa'torjo] *m* Fegefeuer *nt*

puridad [puri'ða^{ð}] *f (elev)* ① *(pureza)* Reinheit *f* ② *(secreto)* Geheimnis *nt* ③ *(loc)* **en ~** klar und deutlich, ohne Umschweife

purificación [purifika'θjon] *f* Läuterung *f; (limpieza)* Reinigung *f;* (TÉC) Klärung *f;* (REL) Purifikation *f;* **la P~** Lichtmess

purificador[1] [purifika'ðor] *m* Reiniger *m;* **~ de humos** Rauchfilter *m*

purificador(a)[2] [purifika'ðor(a)] *adj* **planta ~a** Kläranlage *f*

purificante [purifi'kante] *adj* klärend, reinigend; **mascarilla ~** klärende Gesichtsmaske

purificar [purifi'kar] <c → qu> **I.** *vt (limpiar)* reinigen; *(fig)* befreien **II.** *vr:* **~se** sich läutern; *(fig)* sich befreien

purín [pu'rin] *m* (AGR) Jauche *f*

purista [pu'rista] **I.** *adj* puristisch **II.** *mf* Purist(in) *m(f)*

puritanismo [purita'nismo] *m sin pl* (REL) Puritanismus *m; (fig)* Sittenstrenge *f*

puritano, -a [puri'tano, -a] **I.** *adj* puritanisch **II.** *m, f* Puritaner(in) *m(f)*

puro[1] ['puro] *m* Zigarre *f*

puro, -a[2] ['puro, -a] *adj* rein; *(inmaculado)* makellos; *(auténtico)* echt; *(sin mezcla)* pur; *(íntegro)* lauter; **por pura cortesía** aus reiner Höflichkeit; **pura lana** reine Schurwolle; **la pura verdad** die reine Wahrheit; **pura casualidad** purer Zufall; **de ~ miedo** vor lauter Angst; **se cae de ~ bueno/tonto** er ist einfach zu gut/blöd

púrpura ['purpura] **I.** *adj* purpurrot **II.** *f (color)* Purpur *m*

purpurina [purpu'rina] *f* ① *(colorante rojo)* Purpurin *nt* ② *(polvo de metal)* Glitzerstaub *m*

purulento, -a [puru'lento, -a] *adj* eitrig

pus [pus] *m sin pl* Eiter *m*

pusilánime [pusi'lanime] *adj* zaghaft

pusilanimidad [pusilanimi'ða^{ð}] *f* Kleinmut *m,* Zaghaftigkeit *f*

pústula ['pustula] *f* Pustel *f*

puta ['puta] *f (vulg)* Nutte *f fam;* **casa de ~s** Puff *m fam; (fig)* Sauladen *m fam;* **ir de ~s** (herum)huren *fam*

putada [pu'taða] *f (vulg)* Sauerei *f fam;* **hacer una ~ a alguien** jdm übel mitspielen *fam*

putativo, -a [puta'tiβo, -a] *adj* vermeintlich

puteada [pute'aða] *f (CSur: vulg)* Fluch *m;* **dar ~s** fluchen

putear [pute'ar] **I.** *vi (fam: ir de putas)* (herum)huren **II.** *vt (argot: fastidiar)* schikanieren; **me putea tanta gilipollez** der ganze Scheiß geht mir auf den Sack; **estoy puteado** ich bin völlig am Arsch; **¡te han puteado bien!** die haben dich ganz schön angeschmiert!

putero [pu'tero] *m (vulg)* Hurenbock *m*

puticlub [puti'klu^{β}] *m (argot)* Bumslokal *nt*

puto, -a ['puto, -a] *adj (vulg)* verdammt *fam;* **¡de puta madre!** geil! *fam;* **¡qué puta suerte!** so ein Schweineglück! *fam;* **el ~ coche no arranca** das Scheißauto springt nicht an; **ni puta idea** keinen blassen Schimmer *fam;* **las estoy pasando putas** es geht mir völlig dreckig *fam*

putrefacción [putrefaᵞ'θjon] *f* Verrottung *f*

putrefacto, -a [putre'fakto, -a] *adj* verrottet

pútrido, -a ['putriðo, -a] *adj* faul

puya ['puɟa] *f* ❶ *(punta)* Spitze *f* ❷ *(injuria)* Stichelei *f;* **echar una ~ a alguien** gegen jdn sticheln

puzle ['puθle] *m* Puzzle *nt;* **hacer un ~** puzzeln

PVC [peuβe'θe] *m abr de* **polivinilcloruro** PVC *nt*

PVP ['preθjo ðe 'βeṇta (a)l 'puβliko] *m abr de* **precio de venta al público** Ladenverkaufspreis *m*

PYME ['pime] *f pl abr de* **pequeñas y medianas empresas** Klein- und Mittelbetriebe *mpl*

Qq

Q, q [ku] *f* Q, q *nt;* **~ de Quebec** Q wie Quelle

que [ke] **I.** *pron rel* ❶ *(con antecedente)* der/die/das; **la pelota ~ está pinchada** der Ball, der kaputt ist; **la pelota ~ compraste** der Ball, den du gekauft hast; **el rey al ~ sirvo** der König, dem ich diene; **la historia de ~ te hablé** die Geschichte, von der ich dir erzählt habe; **reacciones a las ~ estamos acostumbrados** Reaktionen, an die wir gewöhnt sind; **el proyecto en el ~ trabajo** das Projekt, an dem ich arbeite; **la empresa para la ~ trabajo** die Firma, für die ich arbeite ❷ *(sin antecedente)* **el/la/lo ~...** der(jenige)/die(jenige)/das(jenige), der/die/das ...; **los ~ hayan terminado** diejenigen, die fertig sind; **el ~ quiera, ~ se marche** wer will, kann gehen; **es de los ~...** er gehört zu denen, die ...; **el ~ más y el ~ menos** jeder; **es todo lo ~ sé** das ist alles, was ich weiß; **lo ~ haces** (das,) was du machst; **no sabes lo difícil ~ es** du weiß nicht, wie schwer das ist ❸ *(con preposición)* **de lo ~ habláis** wovon ihr sprecht **II.** *conj* ❶ *(completivo)* dass; **me pidió ~ le ayudara** er/sie bat mich um Hilfe ❷ *(estilo indirecto)* **ha dicho ~...** er/sie hat gesagt, dass ... ❸ *(comparativo)* **más alto ~** größer als; **lo mismo ~** genauso viel wie ❹ *(porque)* denn; **le ayudaré, seguro, ~ se lo he prometido** ich helfe ihm/ihr bestimmt, ich habe es ihm/ihr doch versprochen ❺ *(para que)* **dio órdenes a los trabajadores ~ trabajaran más rápido** er/sie befahl den Arbeitern, schneller zu arbeiten ❻ *(sin que)* **no voy de vacaciones, ~ no me roben** im Urlaub werde ich immer bestohlen ❼ *(de manera que)* **corre ~ vuela** er/sie ist äußerst schnell ❽ *(o, ya)* **~ paguen, ~ no paguen, eso ya se verá** ob sie zahlen oder nicht, werden wir ja sehen ❾ *(y)* **lo hizo él, ~ no yo** er hat es getan, ich nicht ❿ *(frecuentativo)* **y él dale ~ dale con la guitarra** und er spielte unaufhörlich Gitarre ⓫ *(explicativo)* **es ~, hoy no vendré, es ~ estoy cansado** ich komme heute nicht, ich bin nämlich müde; **no es ~ no pueda, es ~ no quiero** nicht, dass ich nicht könnte, aber ich will einfach nicht; **¿es ~ no puedes venir?** kannst du etwa nicht kommen? ⓬ *(enfático)* **¡~ sí/no!** aber ja doch!/nein, auf keinen Fall!; **sí ~ lo haré** ja, ich tue es ganz bestimmt ⓭ *(de duda)* **¿~ no está en casa?** er/sie soll nicht zu Hause sein? ⓮ *(exclamativo)* **¡~ me canso!** ich kann nicht mehr!; **¡~ sea yo el que tenga que hacerlo!** ausgerechnet ich soll es tun! ⓯ *(con verbo)* **hay ~ trabajar más** man muss mehr arbeiten; **tener ~ hacer algo** etw tun müssen; **dar ~ hablar** Anlass zum Gerede geben ⓰ *(loc)* **antes ~** bevor; **por mucho ~ tú digas...** was du auch sagst ...; **a menos ~...** *+subj* es sei denn, ...; **con tal (de) ~...** *+subj* vorausgesetzt, dass ...; **a la ~ llegue** wenn er/sie kommt; **yo ~ tú...** ich an deiner Stelle ...

qué [ke] *adj o pron inter* ❶ *(general)* was; *(cuál)* welche(r, s); *(qué clase de)* was für eine(r, s); **¿por ~?** warum?; **¿en ~ piensas?** woran denkst du?; **¿para ~?** wozu?, wofür?; **¿de ~ hablas?** wovon redest du?; **¿a ~ esperas?** worauf wartest du?; **¿~ día llega?** an welchem Tag kommt er/sie?; **¿~ cerveza tomas?** was für ein Bier trinkst

Q

du?; **¿a ~ vienes?** was suchst du hier?; **¿~ edad tiene?** wie alt ist er/sie?; **según ~ gente no la soporto** bestimmte Leute ertrage ich nicht ② *(exclamativo)* **¡~ alegría!** das freut mich sehr!; **¡~ gracia!** wie witzig!; **¡~ suerte!** welch ein Glück! ③ *(cuán)* **¡~ magnífica vista!** so ein schöner Blick!; **¡mira ~ contento está!** sieh, wie glücklich er ist! ④ *(cuánto)* **¡~ de gente!** wie viele Leute! ⑤ *(loc)* **¿~?** wie bitte?, was? *fam;* **¿~ tal?** wie geht's?; **¿~ tal si...?** wie wär's, wenn ...?; **¿y ~?** na und?; **¿y a mí ~?** was geht mich das an?; **~, ¿vienes o no?** was ist nun, kommst du oder nicht?

quebrada [ke'βraða] *f* ① *(paso)* Pass *m* ② *(hendidura)* Schlucht *f* ③ *(Am: arroyo)* Bach *m*

quebradero [keβra'ðero] *m* **producir ~(s) de cabeza a alguien** jdm Kopfzerbrechen bereiten

quebradizo, -a [keβra'ðiθo, -a] *adj* ① *(objeto)* zerbrechlich ② *(de salud)* kränklich; *(persona mayor)* gebrechlich ③ *(voz)* brüchig

quebrado[1] [ke'βraðo] *m* (MAT) Bruch *m*

quebrado, -a[2] [ke'βraðo, -a] *adj* ① *(empresa)* bankrott ② *(herniado)* an einem Leistenbruch leidend ③ *(terreno)* holp(e)rig ④ *(rostro)* blass

quebradura [keβra'ðura] *f* ① *(cerámica)* Sprung *m; (pared)* Riss *m; (más grande)* Spalte *f* ② (MED) Bruch *m,* Hernie *f* ③ (GEO) Pass *m*

quebrajar [keβra'xar] **I.** *vt* spalten **II.** *vr:* **~se** sich spalten, Risse bekommen

quebrajoso, -a [keβra'xoso, -a] *adj* ① *(frágil)* zerbrechlich ② *(resquebrajado)* rissig

Q

quebrantado, -a [keβran̩'taðo, -a] *adj* ① *(quebrajoso)* rissig ② *(dolorido)* schmerzerfüllt; **tengo las espaldas quebrantadas** mir tut der Rücken weh

quebrantahuesos [keβran̩ta'wesos] *m inv* ① (BOT) Bartgeiger *m* ② *(fam: persona pesada)* Nervensäge *f*

quebrantamiento [keβran̩ta'mjen̩to] *m* ① *(al romper)* Zerbrechen *nt* ② *(al cascar)* Aufknacken *nt* ③ *(al machacar)* Zermalmen *nt* ④ (JUR: *de la ley*) Übertretung *f,* Verstoß *m; (del orden)* Störung *f;* **~ de forma** Formverletzung *f,* Formverstoß *m*

quebrantar [keβran̩'tar] **I.** *vt* ① *(romper)* zerbrechen; *(cascar)* (auf)knacken; *(sello)* aufbrechen; *(machacar)* zermalmen; **~ la prisión** aus dem Gefängnis ausbrechen ② *(ley)* brechen; *(obligación)* nicht nachkommen +*dat; (secreto)* preisgeben ③ *(furia)* schwächen; *(autoridad)* unterminieren; *(salud)* ruinieren **II.** *vr:* **~se** *(estado de salud)* ruiniert sein; *(fuerza)* abnehmen

quebranto [ke'βran̩to] *m* ① *(de romper)* Zerbrechen *nt; (de cascar)* (Auf)knacken *nt; (de machacar)* Zermalmen *nt* ② *(económico)* Zusammenbruch *m* ③ *(moral)* Niedergeschlagenheit *f; (físico)* Erschöpfung *f* ④ *(pena)* Kummer *m*

quebrar [ke'βrar] <e → ie> **I.** *vt* ① *(romper)* zerbrechen ② *(interrumpir)* unterbrechen ③ *(el cuerpo)* beugen ④ *(rostro)* erblassen lassen ⑤ *(ley)* brechen ⑥ *(suavizar)* abschwächen **II.** *vi* ① *(con alguien)* Schluss machen ② *(ceder)* nachlassen ③ (COM) Konkurs machen ④ *(intento)* scheitern ⑤ *(Méx: darse por vencido)* sich geschlagen geben **III.** *vr:* **~se** ① (MED) sich *dat* einen Bruch heben ② *(la voz)* sich überschlagen ③ *(rostro)* erblassen ④ *(cuerpo)* sich beugen; **~se de dolor** sich vor Schmerzen krümmen

quechua ['ketʃwa] **I.** *adj* Quechua- **II.** *mf (persona)* Quechua *mf*

quedada [ke'ðaða] *f (fam: burla)* Spott *m*

quedado, -a [ke'ðaðo, -a] *adj (Arg, Chil)* träge, lustlos

quedar [ke'ðar] **I.** *vi* ① *(permanecer)* bleiben; **los problemas quedan atrás** die Probleme sind gelöst; **¿cuánta gente queda?** wie viele Leute sind noch da?; **~ a deber algo** etw schulden ② *(sobrar)* übrig bleiben; **no nos queda otro remedio que...** uns bleibt nichts anderes übrig als zu ...; **no queda pan** es gibt kein Brot mehr; **no queda ningún ejemplar de este libro** das Buch ist vergriffen ③ *(resultar)* **todo quedó en una simple discusión** am Ende wurde nur noch gestritten; **~ acordado** vereinbart werden; **~ cojo** hinken; **~ eliminado** ausscheiden; **~ fuera de servicio** (ECON) den Betrieb einstellen; **~ en ridículo** sich lächerlich machen ④ *(acordar)* vereinbaren (**en** +*akk*); **¿en qué habéis quedado?** wie seid ihr verblieben?; **quedamos a las 10** wir haben uns um 10 Uhr verabredet; **¿quedamos a las 10?** wollen wir uns um 10 Uhr treffen?; **primero dices una cosa y luego otra, ¿en qué quedamos?** zuerst behauptest du das eine, dann das andere – was ist nun? ⑤ *(estar situado)* liegen; **~ por** [*o* **hacia**] **el norte** im Norden liegen; **~ lejos de algo** weit von etw *dat* entfernt sein ⑥ *(faltar)* **quedan aún 100 km para llegar a casa** es sind immer noch 100 km bis nach Hause; **aún queda mucho por hacer** es gibt noch viel zu tun ⑦ *(terminar)* zu Ende sein; **... y ahí quedó el concierto** ... und das war das Ende des Konzerts ⑧ *(en una subasta)* **el cuadro queda por medio millón de**

euros das Gebot von einer halben Million Euro erhält den Zuschlag ⑨ *(+ por)* ~ **por cobarde** für einen Feigling gehalten werden ⑩ *(loc)* **por mí que no quede** an mir soll es nicht liegen; ~ **bien/mal** einen guten/schlechten Eindruck hinterlassen; ~ **mal en un examen** bei einer Prüfung schlecht abschneiden; ~ **mal con un amigo** sich mit einem Freund entzweien; ~ **como un señor** einen guten Eindruck hinterlassen; ~ **como un idiota** als völliger Idiot dastehen **II.** *vr:* **~se** ① *(permanecer)* bleiben; **~se atrás** zurückbleiben; **~se en blanco** [*o* **in albis**] ein(en) Black-out haben; **~se colgado** *(ordenador)* abstürzen; **durante la tormenta nos quedamos a oscuras** während des Gewitters fiel der Strom aus; **cuando me lo dijo me quedé muda/de piedra** als er/sie es mir sagte, verschlug es mir die Sprache/erstarrte ich vor Schreck ② *(resultar)* **~se ciego** blind werden; **~se viudo** verwitwen; **al freír la carne se ha quedado en nada** nach dem Braten war das Fleisch zusammengeschrumpft ③ *(conservar, adquirir)* **me quedo con el coche pequeño** ich nehme das kleine Auto; **quédate el libro** du kannst das Buch behalten; **~se sin nada** alles verlieren; **entre el mar y la montaña me quedo con el mar** ich ziehe das Meer dem Gebirge vor ④ *(burlarse)* **~se con alguien** jdn an der Nase herumführen

quedito [ke'ðito] *adv* sehr leise

quedo, -a ['keðo, -a] **I.** *adj* ① *(quieto)* ruhig ② *(voz, paso)* leise **II.** *adv* leise

quehacer [kea'θer] *m* Aufgabe *f;* **los ~es de la casa** die Hausarbeit; **dar ~ a alguien** jdm Mühe bereiten

queja ['kexa] *f* Klage *f;* **no tengo ~ de él** ich kann mich über ihn nicht beklagen

quejarse [ke'xarse] *vr* ① *(formular queja)* sich beklagen (**de** über +*akk*); **se queja del frío** er/sie jammert über die Kälte; **¿qué tal te va el negocio? – bien, gracias, no puedo quejarme** wie läuft dein Geschäft? – danke, ich kann nicht klagen ② *(gemir)* stöhnen (**de** über +*akk*)

quejica [ke'xika] **I.** *adj (por dolor)* wehleidig; *(por manera de ser)* nörg(e)lig; **¡no seas ~, hombre!** hör auf zu meckern! **II.** *mf* Jammerlappen *m; (criticón)* Nörgler(in) *m(f)*

quejicoso, -a [kexi'koso, -a] *adj v.* **quejica**

quejido [ke'xiðo] *m* Jammern *nt; (constante)* Gejammer *nt;* ~ **de dolor** Schmerzensschrei *m;* **dar ~s** jammern

quejoso, -a [ke'xoso, -a] *adj* **estar ~ de alguien** sich über jdn beklagen

quejumbrar [kexum'brar] *vi* grundlos klagen, jammern

quejumbroso, -a [kexum'broso, -a] *adj (voz)* kläglich, weinerlich; *(por dolor)* wehleidig

quelite [ke'lite] *m (Méx)* Gemüse *nt*

quema ['kema] *f* ① *(acción)* Verbrennen *nt; (completa)* Niederbrennen *nt* ② *(incendio)* Brand *m; (fuego)* Feuer *nt;* **huir de la ~** *(fig)* die Gefahr meiden

quemado[1] [ke'maðo] *m* verbrannter Wald *m*

quemado, -a[2] [ke'maðo, -a] *adj* verbrannt; **saber a ~** verbrannt [*o* angebrannt] schmecken; **oler a ~** verbrannt riechen; **este político está ~** *(fam)* dieser Politiker ist völlig ausgebrannt; **estar ~ con alguien** *(fam)* mit jdm böse sein

quemador[1] [kema'ðor] *m* ① (TÉC) Brenner *m* ② *(Am: encendedor)* Feuerzeug *nt*

quemador(a)[2] [kema'ðor(a)] *m(f)* Brandstifter(in) *m(f)*

quemadura [kema'ðura] *f* Brandwunde *f; (de sol)* Sonnenbrand *m;* ~ **de primer grado** Verbrennung ersten Grades

quemar [ke'mar] **I.** *vi* brennen; **cuidado, esta sopa quema** Vorsicht, diese Suppe ist heiß **II.** *vt* ① *(objeto)* verbrennen; *(casa: completamente)* niederbrennen; ~ **un bosque** einen Wald in Brand stecken ② *(comida)* anbrennen lassen ③ *(aguardiente)* brennen ④ *(sol)* verbrennen ⑤ *(licor, pimienta)* brennen; **este chili quema la garganta/la lengua** dieser Chili brennt im Hals/auf der Zunge ⑥ *(lejía)* ätzen ⑦ *(planta: calor)* ausdörren; *(planta: frío)* erfrieren lassen ⑧ *(fortuna)* vergeuden ⑨ *(fastidiar)* ärgern ⑩ *(AmC: denunciar)* anzeigen **III.** *vr:* **~se** ① *(arder)* (ver)brennen; **el bosque se quema** der Wald brennt (ab); **me he quemado los cabellos** ich habe mir die Haare versengt ② *(herir)* verbrennen ③ *(comida)* verbrennen; *(ligeramente)* anbrennen ④ *(tener calor)* **me estoy quemando** mir ist sehr heiß ⑤ *(por una pasión)* **~se de amor** vor Liebe vergehen ⑥ *(acertar)* **¡que te quemas!** (ganz) heiß!

quemarropa [kema'rropa] **disparar a ~** aus kürzester Entfernung schießen; **hacer preguntas a ~** rundheraus fragen

quemazón [kema'θon] *f* ① *(quema)* (Ver)brennen *nt* ② *(calor)* große Hitze *f* ③ *(ardor)* **siento una ~ en el estómago** ich verspüre ein Brennen im Magen ④ *(dicho)* spitze Bemerkung *f*

quemo ['kemo] *m (Arg)* Blamage *f*

quena ['kena] *f Flöte der Ureinwohner(innen) Amerikas*

quepo ['kepo] *1. pres de* **caber**

querella [ke'reʎa] *f* ❶ (JUR) Klage *f;* **~ criminal** Anklage *f;* **poner una ~ contra alguien** gegen jdn klagen ❷ *(discordia)* Streit *m*

querellado, -a [kere'ʎaðo,-a] **I.** *adj* (JUR) beklagt **II.** *m, f* (JUR) Beklagte(r) *f(m)*

querellarse [kere'ʎarse] *vr* ❶ *(quejarse)* sich beklagen (**de/por** über +*akk*) ❷ (JUR) klagen

querelloso, -a [kere'ʎoso, -a] *m, f* ❶ (JUR) Kläger(in) *m(f)* ❷ *(quejica)* Nörgler(in) *m(f)*

querencia [ke'reṇθja] *f (aprecio)* Anhänglichkeit *f; (cariño)* Zuneigung *f; (afición)* Vorliebe *f;* **tomar ~ a algo/alguien** etw/jdn lieb gewinnen

querendón, -ona [kereṇ'don,-ona] *adj (Am)* liebevoll, zärtlich

querer [ke'rer] *irr* **I.** *vt* ❶ *(desear)* wollen; *(más suave)* mögen; **como tú quieras** wie du willst [*o* möchtest]; **has ganado – ¿qué más quieres?** du hast gewonnen – was willst du mehr?; **hacer algo queriendo/sin ~** etw mit Absicht/unbeabsichtigt tun; **quisiera tener 20 años menos** ich wäre gern 20 Jahre jünger; **eso es lo que quería decir** genau das meinte ich; **quiero que sepáis que...** ihr sollt wissen, dass ...; **y yo, ¡qué quieres que le haga!** was soll ich denn tun!; **~ es poder** wer will, der kann ❷ *(amar)* gernhaben, mögen; *(más fuerte)* lieben; **te quiero con locura** ich bin ganz verrückt nach dir ❸ *(pedir)* wollen, verlangen ❹ *(requerir)* **estas plantas quieren mucha agua** diese Pflanzen brauchen viel Wasser ❺ *(loc)* **donde quiera que esté** wo immer er/sie auch sein mag; **¡por lo que más quieras, deja ese tema!** ich bitte dich, lass das Thema!; **como quiera que sea** auf jeden Fall **II.** *vimpers* **parece que quiere llover** es sieht (ganz) nach Regen aus **III.** *m* Liebe *f*

querido, -a [ke'riðo, -a] **I.** *adj* lieb **II.** *m, f (amante)* Geliebte(r) *mf; (como vocativo)* Liebling *m*

queroseno [kero'seno] *m* Kerosin *nt*

querubín [keru'βin] *m* ❶ (REL) Cherub *m* ❷ *(niño)* Engelknabe *m*

quesadilla [kesa'ðiʎa] *f* ❶ *(pastel)* Käsekuchen *m* ❷ *(pastelillo)* mit Sirup gefülltes Gebäck ❸ *(Am: tortilla)* gefüllter Maisfladen *m*

quesera [ke'sera] *f (plato)* Käseglocke *f*

quesería [kese'ria] *f* ❶ *(fábrica)* Käserei *f* ❷ *(tienda)* Käseladen *m*

queso ['keso] *m* ❶ (GASTR) Käse *m;* **~ de bola** Edamer Käse; **~ rallado** Reibkäse *m;* **darla con ~ a alguien** jdn reinlegen ❷ *(fam: pie)* Fuß *m;* **te huelen los ~s** du hast Käsefüße

quetzal [keᵈ'θal] *m* (ZOOL) Quetzal *m*

quia [kja] *interj (fam: negación)* auf keinen Fall; *(incredulidad)* ehrlich?, echt?

quicio ['kiθjo] *m* ❶ *(de puerta)* Türangel *f; (de ventana)* Fensterangel *f* ❷ *(loc)* **sacar de ~** auf die Palme bringen; **me saca de ~ ver maltratar a un niño** wenn jemand ein Kind misshandelt, sehe ich einfach rot; **me saca de ~ verla llorar** es macht mich wahnsinnig, sie weinen zu sehen; **no saques las cosas de ~** übertreibe nicht; **en esta casa todo está fuera de ~** in diesem Haus ist alles aus den Fugen geraten

quico ['kiko] *m (fam)* geröstetes Maiskorn *nt*

quídam ['kiðan] *m* ❶ *(fam: cualquiera)* irgendein Mensch *m* ❷ *(pey)* **ser un ~** ein Niemand sein

quiebra ['kjeβra] *f* ❶ (COM) Konkurs *m;* **dar en ~** Konkurs machen ❷ *(hendidura)* Spalte *f; (rotura)* Riss *m* ❸ *(fracaso)* Scheitern *nt; (pérdida)* Verlust *m,* Einbuße *f;* **la ~ de los valores** der Verfall der Werte; **este asunto no tiene ~** diese Sache kann nicht schiefgehen

quiebre ['kjeβre] *m (Chil)* Bruch *m,* Beziehungsbruch *m*

quiebro ['kjeβro] *m* ❶ *(movimiento)* Ausweichen *nt;* **Maradona le hizo un ~ al defensa** Maradona wich dem Verteidiger aus ❷ *(gorgorito)* Trillern *nt*

quien [kjen] *pron rel* ❶ *(con antecedente)* der/die/das, welche(r, s); **el chico de ~...** der Junge, von dem ...; **las chicas con ~es...** die Mädchen, mit denen ... ❷ *(sin antecedente)* der(jenige)/die(jenige)/das(jenige), der/die/das ...; **no hay ~ lo aguante** es ist nicht auszuhalten mit ihm; **hay ~ dice que...** manche sagen, dass ...; **~ opine eso...** wer das meint, ...; **~ más, ~ menos, todos tenemos problemas** jeder hat Probleme, der eine mehr, der andere weniger

quién [kjen] *pron inter* wer; **¿~ es?** *(llama)* wer ist da?; **¿~es son tus padres?** wer sind deine Eltern?; **¿a ~ has visto?** wen hast du gesehen?; **¿a ~ se lo has dado?** wem hast du es gegeben?; **¿~ eres tú para decirme esto?** mit welchem Recht sagst du mir das?; **¿por ~ me tomas?** für wen hältst du mich?; **¡~ tuviera 20 años!** wäre ich doch wieder 20!

quienquiera [kjeŋ'kjera] *pron indef* <quienesquiera> (irgend)wer; **~ que sea que pase** wer auch immer da ist, er/sie soll eintreten

quietismo [kje'tismo] *m sin pl* ❶ *(quietud)* Stille *f,* Ruhe *f* ❷ *(doctrina)* Quietismus *m*

Q

quieto, **-a** [kjeto, -a] *adj* ① *(tranquilo)* ruhig; **no puede estar nunca ~** *(niño)* er kann nicht stillsitzen ② *(parado)* stillstehend; **quedarse ~** sich nicht bewegen; **el asunto está ~** die Sache geht nicht voran

quietud [kje'tuᵈ] *f* ① *(calma)* Ruhe *f* ② *(inmovilidad)* Unbeweglichkeit *f*

quijada [ki'xaða] *f* Kiefer *m*

quijotesco, **-a** [kixo'tesko, -a] *adj* ① *(referido a)* Don Quichotte betreffend ② *(idealista)* weltfremd

quilate [ki'late] *m* Karat *nt;* **de muchos ~s** *(t. fig)* hochkarätig

quilla ['kiʎa] *f* (NÁUT) Kiel *m*

quilo ['kilo] *m* ① *(peso)* Kilo *nt* ② *(loc)* **sudar el ~** *(fam)* sich abrackern

quilogramo [kilo'ɣramo] *m* Kilogramm *nt*

quilombo [ki'lombo] *m* ① *(Chil: burdel)* Puff *m o nt fam* ② *(Ven: choza)* Hütte *f* ③ *(Arg: jaleo)* Durcheinander *nt*

quilometraje [kilome'traxe] *m* ① (AUTO) Kilometerstand *m* ② *(distancia)* Entfernung *f*

quimba ['kimba] *f* ① *(Am: garbo)* Anmut *f* ② *(Am: sandalia)* Sandale *f* ③ *(Col: conflicto)* Auseinandersetzung *f*

quimera [ki'mera] *f* *(ilusión)* Trugbild *nt;* *(aprensión)* fixe Idee *f*

quimérico, **-a** [ki'meriko, -a] *adj* chimärisch; *(fantástico)* fantastisch

química ['kimika] *f* Chemie *f*

químico, **-a** ['kimiko, -a] **I.** *adj* chemisch; **productos ~s** Chemikalien *fpl* **II.** *m, f* Chemiker(in) *m(f)*

quimio ['kimjo] (MED: *fam) abr de* **quimioterapia** Chemo *f*

quimioterapia [kimjote'rapja] *f* (MED) Chemotherapie *f*

quimono [ki'mono] *m* Kimono *m*

quina ['kina] *f* Chinarinde *f;* **ser más malo que la ~** ein übler Bursche sein; **tragar ~** *(fig)* die (bittere) Pille schlucken

quincalla [kiŋ'kaʎa] *f* ① *(objetos)* Eisenwaren *fpl* ② *(adornos)* Flitter(kram) *m*

quince ['kiṇθe] **I.** *adj inv* fünfzehn; **dentro de ~ días** in vierzehn Tagen **II.** *m* Fünfzehn *f; v. t.* **ocho**

quinceañero, **-a** [kiṇθea'ɲero, -a] **I.** *adj* fünfzehnjährig **II.** *m, f* Fünfzehnjährige(r) *mf*

quinceavo, **-a** [kiṇθe'aβo, -a] *adj* fünfzehntel; *v. t.* **octavo**

quincena [kiṇ'θena] *f* *(días)* vierzehn Tage *mpl,* zwei Wochen *fpl*

quincenal [kiṇθe'nal] *adj* vierzehntägig; **revista ~** Halbmonatsschrift *f*

quincuagenario, **-a** [kiŋkwaxe'narjo, -a] **I.** *adj* ① *(de 50 partes)* fünfzigteilig ② *(de 50 años)* fünfzigjährig **II.** *m, f* Fünfzigjährige(r) *mf*

quincuagésimo, **-a** [kiŋkwa'xesimo, -a] **I.** *adj* *(parte)* fünfzigstel; *(numeración)* fünfzigste(r, s); **la quincuagésima parte de...** ein Fünfzigstel von … **II.** *m, f* Fünfzigstel *nt; v. t.* **octogésimo**

quingombó [kiŋgom'bo] *m* (BOT) Okra *f*

quiniela [ki'njela] *f* ① *(juego)* (Fußball)toto *nt;* **jugar a las ~s** im Toto tippen ② *(boleto)* Totoschein *m* ③ *(CSur: lotería)* Lotterie *f*

quinientos, **-as** [ki'njeṇtos, -as] *adj* fünfhundert; *v. t.* **ochocientos**

quinina [ki'nina] *f* Chinin *nt*

quinoa [ki'noa] *f* (BOT, GASTR) Quinoa *f*

quinqué [kiŋ'ke] *m* Petroleumlampe *f*

quinquenal [kiŋke'nal] *adj* fünfjährig; **plan ~** Fünfjahresplan *m*

quinqui ['kiŋki] *mf* *(fam)* Verbrecher(in) *m(f)*

quinta ['kiṇta] *f* ① (MIL) **entrar en ~s** einberufen werden; **ese es de mi ~** er gehört zu meinem Jahrgang ② *(casa)* Landhaus *nt*

quintaesencia [kiṇtae'seṇθja] *f* Quintessenz *f*

quintal [kiṇ'tal] *m* Zentner *m,* Quintal *m* *Österr, Schweiz;* **~ métrico** hundert Kilo

quinteto [kiṇ'teto] *m* (MÚS) Quintett *nt*

quintillizo, **-a** [kiṇti'ʎiθo, -a] *m, f* Fünfling *m*

quinto[1] ['kiṇto] *m* Fünftel *nt*

quinto[2] ['kiṇto] *m* Wehrpflichtige(r) *m*

quinto, **-a** ['kiṇto, -a] *adj* *(parte)* fünftel; *(numeración)* fünfte(r, s); *v. t.* **octavo**

quíntuple ['kiṇtuple] *adj v.* **quíntuplo**

quintuplicar [kiṇtupli'kar] <c → qu> *vt* verfünffachen

quíntuplo, **-a** ['kiṇtuplo, -a] *adj* fünffach; *v. t.* **óctuplo**

quinua[1] ['kinwa] *f* (BOT) Gartenmelde *f*

quinua[2] ['kinwa] *m* Gänsefußgewächs *nt* *(amarantähnliche Getreidesorte aus den Anden)*

quiñar [ki'ɲar] *vt* ① *(Am: con trompo)* den Kreisel tanzen lassen ② *(Am: empujar)* stoßen, schubsen

quiñazo [ki'ɲaθo] *m* ① *(Am: encontronazo)* Zusammenstoß *m* ② *(Am: cachada)* Schlag *m* auf den Kreisel

quiosco ['kjosko] *m* ① *(de jardín)* Pavillon *m* ② *(de periódicos)* Kiosk *m*

quiquiriquí [kikiri'ki] *m* ① *(onomatopeya)* Kikeriki *nt* ② *(persona)* Großmaul *nt*

quirófano [ki'rofano] *m* Operationssaal *m;* **pasar por el ~** operiert werden

quiromancia [kiro'maṇθja] *f* Handlesekunst *f*

quiromasaje [kiroma'saxe] *m* Chiromassage *f*

quirúrgicamente [kirurxika'meṇte] *adv* chirurgisch; **intervenir ~ a alguien** jdn operieren

quirúrgico, -a [ki'rurxiko, -a] *adj* chirurgisch

quirurgo, -a [ki'ruryo, -a] *m, f (elev)* Chirurg(in) *m(f)*

quisicosa [kisi'kosa] *f (fam)* Rätsel *nt*

quisque ['kiske] *pron indef,* **quisqui** ['kiski] *pron indef (vulg)* **cada ~** jeder; **todo ~** alle (Welt); **se lo dijo a todo ~** er/sie hängte es an die große Glocke

quisquilloso, -a [kiski'ʎoso, -a] *adj* ① *(susceptible)* überempfindlich ② *(meticuloso)* pingelig

quiste ['kiste] *m* Zyste *f*

quitaesmalte [kitaes'maḷte] *m* Nagellackentferner *m*

quitagusto [kita'ɣusto] *m (Ecua, Perú: intruso)* Eindringling *m*

quitamanchas [kita'mantʃas] *m inv* Fleck(en)entferner *m*

quitamiedos [kita'mjeðos] *m inv (en carretera)* Leitplanke *f*

quitanieves [kita'njeβes] *f inv* Schneepflug *m*

quitapenas [kita'penas] *m inv (fam)* Alkohol *m*

quitar [ki'tar] **I.** *vt* ① *(piel, funda)* abziehen; *(sombrero, tapa)* abnehmen; *(jersey, zapato)* ausziehen; *(botón)* abtrennen; **~ la mesa** den Tisch abräumen; **una capucha de quita y pon** eine abnehmbare Kapuze ② *(desposeer)* wegnehmen; *(robar)* stehlen; **me lo has quitado de la boca** du hast mir das Wort aus dem Munde genommen; **el café me quita el sueño** wenn ich Kaffee trinke, kann ich nicht schlafen; **ese asunto me quita el sueño** diese Sache raubt mir den Schlaf ③ *(mancha)* entfernen; *(obstáculo)* beseitigen; *(dolor)* abklingen lassen; *(vida)* nehmen ④ *(de plan, horario, texto)* streichen ⑤ *(regla)* abschaffen ⑥ *(apartar)* wegnehmen; *(mueble)* wegstellen; **¡quita!** *(¡no me molestes!)* geh mir aus dem Weg!; *(¡deja eso!)* lass das!; *(¡déjate de tonterías!)* hör auf! ⑦ (MAT) abziehen; **quitando dos** bis auf zwei ⑧ *(loc)* **el médico me ha quitado de fumar** der Arzt hat mir das Rauchen verboten; **ese ni quita ni pone en la empresa** der hat in der Firma nicht viel zu sagen **II.** *vr:* **~se** ① *(anillo)* abziehen; *(barba, sombrero, gafas)* abnehmen; *(jersey, zapatos)* ausziehen; *(vida)* sich *dat* nehmen; **~se de la bebida** sich *dat* das Trinken abgewöhnen ② *(loc)* **~se de encima algo/a alguien** sich *dat* etw/jdn vom Halse schaffen; **quítate de mi vista** geh mir aus dem Weg; **~se años** (**de encima**) sich jünger machen

quizá(s) [ki'θa(s)] *adv* vielleicht; **~ y sin ~** ganz bestimmt

Q

Rr

R, r ['erre] *f* R, r *nt;* ~ **de Ramón** R wie Richard

r(o)uter [rr(o)'uter] *m* (INFOR) Router *m*

rabadilla [rraβa'ðiʎa] *f* (ANAT) Steißbein *nt*

rábano ['rraβano] *m* Rettich *m;* ~ **picante** Meerrettich *m;* **déjame tu coche – ¡y un ~!** *(fam)* leih mir dein Auto – nichts da!; **tu hermano es más listo que tú – ¡y un ~!** *(fam)* dein Bruder ist schlauer als du – von wegen!; **me importa un** ~ *(fam)* das ist mir piepegal; **tomar el ~ por las hojas** *(fam: interpretación)* es völlig missverstehen; *(ejecución)* das Pferd am Schwanz aufzäumen

rabia ['rraβja] *f* ❶ *(hidrofobia)* Tollwut *f* ❷ *(furia)* Wut *f;* **¡qué ~!** wie ärgerlich!; **tener/tomar ~ a alguien** *(enfado)* auf jdn wütend sein/werden; *(manía)* jdn nicht ausstehen können; **me da ~ solamente pensarlo** schon der Gedanke daran macht mich wütend ❸ *(fam)* **con** ~ *(mucho)* maßlos

rabiar [rra'βjar] *vi* ❶ *(padecer rabia: animal)* tollwütig sein; *(persona)* an Tollwut erkrankt sein ❷ *(enfadarse)* vor Wut rasen; **hacer ~ a alguien** jdn bis aufs Blut reizen ❸ *(sufrir)* rasen (**de** vor +*dat*) ❹ *(ansiar)* brennen (**por** auf +*akk*) ❺ *(desear)* erpicht sein (**por** auf +*akk*) ❻ *(loc)* **a** ~ *(mucho)* wahnsinnig; **está que rabia** *(fam: picante)* es ist höllisch scharf

rabieta [rra'βjeta] *f* Wutanfall *m*

rabillo [rra'βiʎo] *m* ❶ *(pedúnculo)* Stängel *m;* *(tallo)* Stiel *m* ❷ *(extremo)* Ende *nt* ❸ *(del ojo)* Augenwinkel *m;* **mirar con** [*o* **por**] **el ~ del ojo** *(con disimulo)* aus den Augenwinkeln betrachten; *(con recelo)* misstrauisch beäugen; *(con desprecio)* schief ansehen ❹ (BOT) Taumellolch *m*

rabino [rra'βino] *m* Rabbiner *m*

rabiosamente [rraβjosa'mente] *adv (fam)* ❶ *(con ira, rabia)* rabiat, voller Zorn; **me gritó** ~ er/sie schrie mich zornig an ❷ *(intensamente)* wahnsinnig, furchtbar; **es ~ guapa** sie ist wahnsinnig hübsch

rabioso, -a [rra'βjoso, -a] *adj* ❶ *(hidrofóbico)* tollwütig ❷ *(furioso)* wütend; *(desconsiderado)* rabiat ❸ *(fam: picante)* höllisch scharf ❹ *(fig: vehemente)* brennend; **un tema de rabiosa actualidad** ein hochaktuelles Thema

rabo ['rraβo] *m* ❶ *(cola)* Schwanz *m;* **salir con el ~ entre las piernas** *(fam fig)* den Schwanz einziehen; **aún queda el ~ por desollar** *(fam fig)* das dicke Ende kommt noch ❷ *(extremo)* Ende *nt* ❸ *(tallo)* Stängel *m* ❹ *(vulg: pene)* Schwanz *m fam*

rabona [rra'βona] *f (fam)* **hacer(se) (la)** ~ die Schule schwänzen, blaumachen

racanear [rrakane'ar] *vi, vt (fam)* knausern; ~ **algo a alguien** mit etw *dat* jdm gegenüber knausern; ~ **dinero a alguien** jdn kurzhalten

racanería [rrakane'ria] *f (fam: acto)* Knauserei *f;* *(carácter)* Knauserigkeit *f*

rácano, -a ['rrakano, -a] *adj* ❶ *(fam: tacaño)* knauserig ❷ *(reg: enclenque)* mick(e)rig ❸ *(fam: gandul)* arbeitsscheu

racha ['rratʃa] *f* ❶ *(de aire)* Windstoß *m* ❷ *(fase)* Phase *f;* **a** [*o* **por**] **~s** phasenweise; **tener buena/mala** ~ eine Glückssträhne/Pechsträhne haben ❸ *(loc)* **arrancar un coche a ~s, dar una ~ a un coche** ein Auto anschieben

racheado, -a [rratʃe'aðo, -a] *adj* stoßartig; **viento** ~ (NÁUT) Bö(e) *f*

racial [rra'θjal] *adj (étnico)* rassisch; **disturbios ~es** Rassenunruhen *f pl*

racimo [rra'θimo] *m* Traube *f;* ~ **de uvas** Traube Weinbeeren

raciocinar [rraθjoθi'nar] *vi (razonar)* rational denken; *(deducir)* schlussfolgern

raciocinio [rraθjo'θinjo] *m (facultad)* rationales Denken *nt;* *(razón)* Vernunft *f;* *(proceso mental)* Gedankenfolge *f*

ración [rra'θjon] *f* ❶ *(tapa)* Portion *f;* **una ~ de patatas fritas** eine Portion Pommes; **una ~ de queso** ein Käseteller ❷ (MIL) Ration *f;* **poner a alguien a media** ~ *(fig)* jdn auf halbe Ration setzen

racional [rraθjo'nal] *adj* rational

racionalidad [rraθjonali'ðað] *f sin pl* ❶ (FILOS, PSICO, MAT) Rationalität *f* ❷ *(lógica)* Rationalität *f;* *(adecuación)* Zweckmäßigkeit *f*

racionalismo [rraθjona'lismo] *m sin pl* (FILOS) Rationalismus *m*

racionalista [rraθjona'lista] **I.** *adj* (FILOS) rationalistisch **II.** *mf* (FILOS) Rationalist(in) *m(f)*

racionalización [rraθjonaliθa'θjon] *f* (ECON, PSICO) Rationalisierung *f*

racionalizar [rraθjonali'θar] <z → c> *vt* rationalisieren

racionamiento [rraθjona'mjento] *m* Rationierung *f*

racionar [rraθjo'nar] *vt* ❶ *(repartir)* in Rationen aufteilen ❷ *(limitar)* rationieren

racismo [rra'θismo] *m sin pl* Rassismus *m*

R

racista [rra'θista] **I.** *adj* rassistisch **II.** *mf* Rassist(in) *m(f)*

radar [rra'ðar] *m* Radar *m o nt;* **por ~** über Radar

radiación [rraðja'θjon] *f* Strahlung *f; (irradiación)* Ausstrahlung *f; (tratamiento)* Bestrahlung *f;* **~ solar** Sonnen(ein)strahlung *f;* **~ ultravioleta** UV-Strahlen *f*

radiactividad [rraðjaktiβi'ða^{ð}] *f* Radioaktivität *f*

radiactivo, -a [rraðjak'tiβo, -a] *adj* radioaktiv

radiador [rraðja'ðor] *m* ❶ *(calefacción)* Heizkörper *m* ❷ (AUTO) Kühler *m*

radial [rra'ðjal] *adj* ❶ *(forma)* strahl(enförm)ig; (TÉC) radial; (BIOL, MAT) radiär; **músculo ~** (ANAT) Speichenmuskel *m* ❷ *(Am:* RADIO) Rundfunk-

radiante [rra'ðjante] *adj (brillante)* glänzend; **~ de alegría/felicidad** freude-/glückstrahlend; **estás ~ con ese vestido** in diesem Kleid siehst du glänzend aus; **está ~ con su nuevo trabajo** er/sie strahlt vor Glück über seine/ihre neue Stelle

radiar [rra'ðjar] **I.** *vi* ❶ *(irradiar)* strahlen ❷ *(emitir)* funken **II.** *vt* ❶ *(irradiar; t.* RADIO) ausstrahlen; **un debate radiado** eine im Rundfunk übertragene Diskussion ❷ (MED) bestrahlen ❸ *(Am: eliminar)* streichen

radical [rraði'kal] **I.** *adj* ❶ *(extremado)* radikal ❷ (*t.* BOT: *de la raíz*) Wurzel- ❸ (MAT) radikal ❹ *(fundamental)* gründlich **II.** *m* ❶ (LING) Stamm *m* ❷ (MAT, QUÍM, PSICO) Radikal *nt* ❸ (MAT: *signo*) Wurzelzeichen *nt* **III.** *mf* (POL) Radikale(r) *mf;* **~ de derecha** Rechtsradikale(r) *mf*

radicalidad [rraðikali'ða^{ð}] *f* Radikalität *f,* radikale Art *f*

radicalismo [rraðika'lismo] *m sin pl* Radikalismus *m*

radicalización [rraðikaliθa'θjon] *f* Radikalisierung *f*

radicalizar [rraðikali'θar] <z → c> **I.** *vt* radikalisieren **II.** *vr:* **~se** ❶ *(extremar)* sich radikalisieren ❷ *(agudizarse)* sich verschärfen

radicar [rraði'kar] <c → qu> **I.** *vi* ❶ (*t.* BOT: *arraigar*) Wurzeln schlagen; *(fig)* wurzeln (**en** in +*dat*); **el problema radica en su comportamiento** das Problem liegt in seinem/ihrem Verhalten ❷ *(estar asentado)* ansässig sein ❸ *(basarse)* beruhen (**en** auf +*dat*); *(consistir)* bestehen (**en** in +*dat*) **II.** *vr:* **~se** *(establecerse)* sich niederlassen

radio[1] ['rraðjo] *f* (RADIO, TEL) ❶ *(radiodifusión)* Rundfunk *m;* **hablar por la ~** im Radio sprechen; **retrasmitir por ~** im Rundfunk übertragen ❷ *(receptor)* Radio(gerät) *nt; (radiotelefonía)* Funk(sprech)gerät *nt;* **~ del coche** Autoradio *nt;* **dirigido por ~** funkgesteuert ❸ *(emisora)* (Radio)sender *m;* **~ pirata** Piratensender *m*

radio[2] ['rraðjo] *m* ❶ (MAT) Radius *m* ❷ *(en la rueda)* (Rad)speiche *f* ❸ (ANAT) Speiche *f* ❹ (QUÍM) Radium *nt* ❺ *(ámbito)* Bereich *m; (esfera)* Kreis *m;* **~ de acción** Aktionsradius *m; (fig)* Wirkungsbereich *m;* **~ de alcance** Reichweite *f;* **~ de atracción** Einzugsgebiet *nt;* **~ visual** Sichtfeld *nt;* **en un ~ de varios kilómetros** im Umkreis von mehreren Kilometern

radioactividad [rraðjoaktiβi'ða^{ð}] *f* Radioaktivität *f*

radioactivo, -a [rraðjoak'tiβo, -a] *adj* radioaktiv

radioaficionado, -a [rraðjoafiθjo'naðo, -a] *m, f* Amateurfunker(in) *m(f)*

radiocomunicación [rraðjokomunika'θjon] *f* ❶ *(radioenlace)* Funk(sprech)verbindung *f* ❷ *(radioconferencia)* Funkgespräch *nt*

radiodespertador [rraðjoðesperta'ðor] *m* Radiowecker *m*

radiodifusión [rraðjoðifu'sjon] *f* Rundfunk *m; (radiotrasmisión)* Rundfunkübertragung *f*

radioemisora [rraðjoemi'sora] *f* (RADIO) (Rund)funksender *m; (estación)* Rundfunkstation *f*

radioescucha [rraðjoes'kutʃa] *mf v.* **radioyente**

radiofonía [rraðjofo'nia] *f* ❶ *(radiodifusión)* Rundfunk *m* ❷ *(radiotelefonía)* Sprechfunk *m*

radiofónico, -a [rraðjo'foniko, -a] *adj* (RADIO, TEL) Radio-; **guion ~** Hörspiel *nt;* **programa ~** *(programación)* Radioprogramm *nt; (emisión)* Rundfunkprogramm *nt*

radiografía [rraðjoɣra'fia] *f* ❶ *(técnica)* Radiografie *f* ❷ *(placa)* Röntgenaufnahme *f*

radiografiar [rraðjoɣrafi'ar] <*1. pres* radiografío> *vt* ❶ (RADIO, TEL) funken ❷ (MED) röntgen

radiología [rraðjolo'xia] *f* (MED) ❶ *(ciencia)* Radiologie *f* ❷ *(aplicación)* Röntgenologie *f;* **servicio de ~** Röntgenabteilung *f*

radiólogo, -a [rra'ðjoloɣo, -a] *m, f* Radiologe, -in *m, f*

radionovela [rraðjono'βela] *f* Radioserie *f*

radiopatrulla [rraðjopa'truʎa] *f* Funkstreife *f*

radioso, -a [rra'ðjoso, -a] *adj (Am) v.* **radiante**

radiotaxi [rraðjo'ta^{ɣ}si] *m* Funktaxi *nt*

radiotecnia [rraðjo'teknja] *f* (RADIO, TEL) Radiotechnik *f*

radiotelecomunicación [rraðjotelekomunika'θjon] *f* (RADIO, TEL) Funkwesen *nt*

radiotelegrafiar [rraðjoteleɣrafi'ar] <*1. pres* radiotelegrafío> *vt* funken

radiotelescopio [rraðjoteles'kopjo] *m* (ASTR, FÍS) Radioteleskop *nt*

radioterapia [rraðjote'rapja] *f* Bestrahlung *f*

radiotrasmisor [rraðjotrasmi'sor] *m* (RADIO, TEL) Funksender *m*

radioyente [rraðjo'ɟeṇte] *mf* (RADIO) Hörer(in) *m(f)*; ~ **clandestino** Schwarzhörer *m*

R. A. E. ['rrae] *f inv abr de* **Real Academia Española** (**de la Lengua**) Spanische Sprachakademie *f*

raer [rra'er] *vt irr* ❶ *(raspar)* (ab)schaben; (MED) ausschaben ❷ *(desgastar)* abscheuern; *(deslucir)* abwetzen

ráfaga ['rrafaɣa] *f* ❶ *(de aire)* Windstoß *m* ❷ *(de lluvia)* (Regen)schauer *m* ❸ *(de luz)* Lichtblitz *m* ❹ *(inspiración)* Erleuchtung *f* ❺ *(de disparos)* Salve *f*

rafia ['rrafja] *f* ❶ (BOT) Raphia(palme) *f* ❷ *(fibra)* Raphiabast *m*

rafting ['rraftiŋ] *m* (DEP) Rafting *nt*

ragú [rra'ɣu] <ragús> *m* Ragout *nt*

raid [rrai̯ᵈ] *m* (AERO, MIL) Überraschungsangriff *m*, Raid *m*

raído, -a [rra'iðo, -a] *adj* abgeschabt, abgetragen, abgewetzt

rail [rrai̯l] *m*, **raíl** [rra'il] *m* Schiene *f*; *(riel)* Laufschiene *f*

raíz [rra'iθ] *f* ❶ (ANAT, BOT: *t. fig)* Wurzel *f*; **de** ~ *(fig)* völlig; **arrancar de** ~ *(fig)* mit Stumpf und Stiel ausrotten; **atajar de** ~ *(fig)* im Keim ersticken; **echar raíces** *(fig)* Wurzeln schlagen; **como si hubiera echado raíces** *(fig)* wie angewurzelt; **tener sus raíces en un lugar** *(fig)* an einem Ort fest verwurzelt sein ❷ *(causa)* Ursache *f*; *(origen)* Ursprung *m*; **a ~ de** als Folge von; **tener su ~ en algo** in etw *dat* begründet liegen ❸ (LING) Stamm *m* ❹ (MAT) Wurzel *f*; ~ **cuadrada/cúbica** Quadrat-/Kubikwurzel *f*; **extraer la ~** die Wurzel ziehen

raizalismo [rrai̯θa'lismo] *m sin pl* *(Col)* Heimatliebe *f*, Heimatverbundenheit *f*

raja ['rraxa] *f* ❶ *(grieta)* Riss *m*; *(resquebrajadura)* Sprung *m*; *(hendedura)* Spalt *m* ❷ *(abertura)* Schlitz *m*; *(separación)* Ritze *f*; *(vulg: vulva)* Möse *f*; *(raja del culo)* Arschritze *f* ❸ *(rodaja)* Scheibe *f*

rajá [rra'xa] <rajaes> *m* Radscha *m*

rajada [rra'xaða] *f* *(fam)* ❶ *(Arg: fuga)* Flucht *f* ❷ *(Méx: cobardía)* Rückzieher *m*

rajado, -a [rra'xaðo, -a] *m, f* *(argot)* jemand, der einen Rückzieher macht oder häufig absagt; **ser un ~** kneifen

rajar [rra'xar] **I.** *vi* ❶ *(pey: hablar mal)* tratschen (**de** über +*akk*) ❷ *(fam: charlar)* quatschen **II.** *vt* ❶ *(cortar)* schneiden (in +*akk*); *(abrir)* (auf)schlitzen; *(hender)* aufspalten; *(quitar)* abschneiden; *(partir)* zerlegen; *(en rajas)* in Scheiben schneiden ❷ *(fam: apuñalar)* einstechen (auf +*akk*) **III.** *vr:* **~se** ❶ *(abrirse)* aufplatzen; *(agrietarse)* aufspringen ❷ *(argot: echarse atrás)* kneifen ❸ *(argot: disculparse)* absagen ❹ *(cortarse)* sich schneiden (in +*akk*)

rajatabla [rraxa'taβla] **a ~** *(estrictamente)* sehr streng; *(exactamente)* haargenau; *(a toda costa)* um jeden Preis

raje ['rraxe] *m* *(Arg)* ❶ *(fam: huída)* Flucht *f*; **al ~** Hals über Kopf; **tomar(se) el ~** die Flucht ergreifen ❷ *(fam: el despedir)* Hinauswurf *m*; **dar el ~ a alguien** jdn hinauswerfen

rajo ['rraxo] *m* ❶ *(AmC: desgarrón)* Riss *m*; *(rotura)* Bruch *m* ❷ *(Chil: barranco)* Schlucht *f* *(in einer Salpetergrube)*

rajón, -ona [rra'xon, -ona] *adj* ❶ *(AmC, Méx: fanfarrón)* angeberisch ❷ *(AmC: ostentoso)* prahlerisch ❸ *(Cuba, Méx: cobarde)* feige ❹ *(Méx: poco fiable)* unzuverlässig

ralea [rra'lea] *f* *(pey)* Gesindel *nt*; **son todos de la misma ~** das ist alles die gleiche Sippschaft

ralear [rrale'ar] *vi* sich lichten, ausfallen

ralentí [rraleṇ'ti] *m sin pl* ❶ (CINE) Zeitlupe *f*; **al ~** *(fig)* im Zeitlupentempo ❷ (AUTO) Leerlauf *m*; **en ~** im Leerlauf

ralentizar [rraleṇti'θar] <z → c> **I.** *vt* verlangsamen; (ECON) abschwächen **II.** *vr:* **~se** sich verlangsamen

rallador [rraʎa'ðor] *m* Raspel *f*

ralladura [rraʎa'ðura] *f* Raspel *m*

rallar [rra'ʎar] *vt* reiben; *(verdura, nueces, chocolate)* raspeln; **pan rallado** Semmelbrösel *pl*

ralo, -a ['rralo, -a] *adj* ❶ *(escaso)* spärlich; *(árboles)* licht; *(cabello)* schütter; *(tejido)* fadenscheinig ❷ *(CSur: insustancial)* fadenscheinig

RAM [rram] *f inv abr de* **Random Access Memory** (INFOR) RAM *nt*; **memoria ~** RAM-Speicher *m*

rama ['rrama] *f* ❶ *(de árbol, t.* BOT, MAT) Ast *m*; *(ramo)* Zweig *m*; **~ florida** Blütenzweig *m*; **~s secas** Reisig *nt*; **algodón en ~** Rohbaumwolle *f*; *(preparado)* Watte *f*; **canela en ~** Zimtstangen *fpl*; **andarse por las ~s** *(rodeos)* um den heißen Brei herumreden; **irse por las ~s** *(desviarse)* abschweifen ② *(ámbito)* Zweig *m; (sector)* Gebiet *nt;* (ECON) Branche *f* ③ *(derivación)* Abzweigung *f* ④ *(parentesco)* Linie *f;* **por la ~ materna/paterna** mütterlicher-/väterlicherseits

ramada [rra'maða] *f (Chil: puesto de feria)* Marktstand *m*

ramadán [rrama'ðan] *m* (REL) Ramadan *m*

ramaje [rra'maxe] *m* Geäst *nt; (follaje)* Gezweig *nt*

ramal [rra'mal] *m* ① *(cabo)* Strang *m* ② *(ramificación)* Abzweigung *f; (de un río)* Seitenarm *m;* (FERRO) Nebenbahn *f*

ramalazo [rrama'laθo] *m* ① *(trallazo)* Hieb *m; (marca)* Striemen *m; (fig: de dolor)* Stechen *nt* ② *(fam: parecido)* Hauch *m;* **tener un ~ a su padre** etwas von seinem Vater haben; **tener un ~ de loco** etwas Verrücktes an sich *dat* haben; **tener ~** *(aire de homosexual)* tuntig sein

rambla ['rrambla] *f (paseo)* Allee *f*

ramera [rra'mera] *f* Hure *f abw*

ramificación [rramifika'θjon] *f* Verzweigung *f*

ramificar [rramifi'kar] <c → qu> **I.** *vt* ausbreiten, verzweigen; **hoy en día es importante ~ las capacidades y los conocimientos** heutzutage ist es wichtig, seine Kompetenzen und Kenntnisse zu erweitern **II.** *vr:* **~se** ① *(dividirse)* sich verästeln, sich verzweigen; **el camino se ramifica allí** der Weg teilt sich hier ② *(extenderse)* sich ausbreiten

ramificarse [rramifi'karse] <c → qu> *vr* sich verzweigen

ramillete [rrami'ʎete] *m* Sträußchen *nt; (para la mesa)* Blumengesteck *nt*

ramo ['rramo] *m* ① *(de flores)* Strauß *m* ② *(de árbol)* Zweig *m* ③ *(ámbito)* Zweig *m; (sector)* Gebiet *nt;* (ECON) Branche *f;* **~ de la construcción** Baugewerbe *nt;* **del ~** vom Fach

R

rampa ['rrampa] *f* ① *(inclinación)* Rampe *f; (en carretera)* Auffahrt *f;* **en ~** am Hang ② *(fam: contracción)* Krampf *m*

ramplón, **-ona** [rram'plon, -ona] *adj* ① *(basto)* grob; *(chapucero)* pfuscherhaft ② *(vulgar)* derb; *(chabacano)* geschmacklos ③ *(simplón)* platt

ramplonería [rramplone'ria] *f* ① *(bastedad)* Grobheit *f; (chapucería)* Pfuscherei *f; (chapuza)* Pfusch *m* ② *(vulgaridad)* Derbheit *f; (chabacanería)* Geschmacklosigkeit *f* ③ *(simplonería)* Plattheit *f*

rana ['rrana] *f* (ZOOL) Frosch *m;* **~ de San Antonio** Laubfrosch *m;* **hombre ~** Froschmann *m;* **el príncipe ~** der Froschkönig; **tener ojos de ~** Glupschaugen haben; **salir ~ a alguien** *(fam)* jdn schwer enttäuschen; **cuando las ~s críen pelo** am Sankt-Nimmerleins-Tag

ranchero, **-a** [rran'tʃero, -a] *m, f* ① (MIL) Feldkoch, -köchin *m, f* ② *(granjero)* Rancher(in) *m(f); (pey)* Bauerntölpel *m* ③ *(colono)* Siedler(in) *m(f)*

rancho ['rrantʃo] *m* ① (*t.* MIL: *comida*) Verpflegung; *(pey: de mala calidad)* Fraß *m;* **hacer el ~** kochen; **hacer ~ aparte** *(fig)* sein eigenes Süppchen kochen ② *(granja)* Ranch *f*

ranciarse [rran̩'θjarse] *vr* ranzig werden

rancio, **-a** ['rran̩θjo, -a] *adj* ① *(antiguo)* uralt; *(pey: anticuado)* altbacken ② *(grasas)* ranzig

rango ['rraŋgo] *m (categoría, puesto)* Rang *m; (ordenación)* Rangordnung *f;* **de primer/segundo ~** erst-/zweitrangig; **según el ~** rangabhängig; **de (alto) ~** hochrangig

rangoso, **-a** [rraŋ'goso, -a] *adj (AmC)* ① *(generoso)* großzügig ② *(ostentoso)* prahlerisch

ranura [rra'nura] *f* Schlitz *m; (muesca)* Nut *f; (junta)* Fuge *f; (fisura)* Ritze *f*

raño ['rraɲo] *m* (ZOOL) *barschartiger Fisch*

rap [rrap] *m* (MÚS) Rap *m*

rapacidad [rrapaθi'ðaᵈ] *f* Raffgier *f*

rapapolvo [rrapa'polβo] *m (fam)* Rüffel *m;* **echar un ~ a alguien** jdn abkanzeln

rapar [rra'par] *vt* ① *(pelo)* stutzen ② *(fam: mangar)* klauen

rapaz[1] [rra'paθ] **I.** *adj (ávido)* raffgierig; *(expoliador)* räuberisch; **ave ~** Greifvogel *m* **II.** *f* Greifvogel *m*

rapaz(a)[2] [rra'paθ(a)] *m(f)* (kleines) Kind *nt; (muchacho)* (kleiner) Junge *m; (niña)* (kleines) Mädchen *nt*

rape ['rrape] *m* ① *(pescado)* Seeteufel *m* ② *(fam: afeitado)* Blitzrasur *f;* **al ~** *(pelo)* kahl geschoren; *(a la orilla)* haarscharf geschnitten

rapé [rra'pe] *m* Schnupftabak *m;* **polvos de ~** Schnupftabak *m*

rapear [rrape'ar] *vi* (MÚS) rappen

rapidez [rrapi'ðeθ] *f* Schnelligkeit *f;* **~ de reflejos** gute Reflexe; **con (gran) ~** rasend schnell

rápido[1] ['rrapiðo] *m* ① *(tren)* Eilzug *m* ② *pl (de un río)* Stromschnelle *f*

rápido, **-a**[2] ['rrapiðo, -a] *adj* ① *(veloz)* schnell ② *(breve)* flüchtig ③ *(corriente)* reißend

rapiña [rra'piɲa] *f* Raub *m; (saqueo)* Plünderung *f;* **animal de ~** Raubtier *nt*

rapiñar [rrapi'ɲar] *vt* rauben; *(saquear)* plündern

rapónchigo [rra'pontʃiɣo] *m* (BOT) Rapunzel *f,* Teufelskralle *f*

raposeo [rrapo'seo] *m* List *f*, Listigkeit *f*

raposo, -a [rra'poso, -a] *m, f* ① *(zorro)* Fuchs, Füchsin *m, f* ② *(astuto)* Schlitzohr *nt*

rapsodia [rraβ'soðja] *f* (LIT, MÚS) Rhapsodie *f*

raptar [rrap'tar] *vt* entführen

rapto ['rrapto] *m* ① *(secuestro)* Entführung *f;* ~ **de un niño** Kindesentführung *f* ② *(arrebato)* Anfall *m;* **en un ~ de celos** in einem Anfall von Eifersucht; **en un ~ de generosidad** in einer Anwandlung von Großzügigkeit

raptor(a) [rrap'tor(a)] *m(f)* Entführer(in) *m(f)*

raqueta [rra'keta] *f* ① (DEP: *pala*) Schläger *m* ② (DEP: *tenista*) Tennisspieler(in) *m(f)* ③ *(para nieve)* Schneeschuh *m* ④ *(del croupier)* Rateau *nt*

raquídeo, -a [rra'kiðeo, -a] *adj* (ANAT) Spinal-; **bulbo ~** verlängertes Rückenmark; (MED) Medulla *f* oblongata

raquítico, -a [rra'kitiko, -a] *adj* ① (MED) rachitisch ② *(fam: enclenque)* mick(e)rig ③ *(débil)* schwächlich

raquitismo [rraki'tismo] *m sin pl* (MED) Rachitis *f*

raramente [rrara'mente] *adv* ① *(casi nunca)* selten ② *(extrañamente)* seltsamerweise

rareza [rra'reθa] *f* ① *(escasez)* Seltenheit *f* ② *(cualidad)* Seltsamkeit *f* ③ *(curiosidad)* Rarität *f* ④ *(peculiaridad)* Eigenartigkeit *f; (manía)* Marotte *f;* **tener sus ~s** *(ser caprichoso)* seine Launen haben

rarífico, -a [rra'rifiko, -a] *adj (Chil)* außergewöhnlich

raro, -a ['rraro, -a] *adj* ① *(extraño, inesperado)* seltsam; **¡(qué) cosa más rara!** (wie) komisch! ② *(inusual)* selten; *(escaso)* rar; **rara vez** selten; **raras personas** (nur) wenige Menschen; **no es ~ que...** *+subj* es kommt nicht selten vor, dass ... ③ (FÍS, QUÍM) dünn; **gases ~s** Edelgase *ntpl*

ras [rras] *m* Höhengleichheit *f;* **a(l) ~ de** auf der Höhe von; **a ~ de agua** auf Wasserhöhe; **a ~ de tierra** ebenerdig; **volar a ~ de suelo** dicht am Boden (entlang)fliegen; **al ~** gestrichen voll

rasante [rra'sante] **I.** *adj* rasant **II.** *f* Gefälle *nt;* **cambio de ~** Gefälle *nt*

rasar [rra'sar] **I.** *vt* ① *(igualar)* abstreichen ② *(rozar)* streifen ③ *(arrasar)* dem Erdboden gleichmachen **II.** *vr:* **~se** *(cielo)* aufklaren

rascacielos [rraska'θjelos] *m inv* Wolkenkratzer *m*

rascador [rraska'ðor] *m* ① (TÉC) Schaber *m; (de desbastar)* Zugmesser *nt; (del carnicero)* Schabglocke *f* ② *(de cerillas)* Reibfläche *f* ③ *(de grano)* Entkörner *m* ④ *(de la cabeza)* Haarnadel *f*

rascadura [rraska'ðura] *f* Kratzen *nt*

rascar [rras'kar] <c → qu> **I.** *vt* ① *(arrascar)* kratzen ② *(raspar)* abkratzen; *(con espátula)* abschaben ③ *(fam irón: instrumento)* **~ la guitarra** auf der Gitarre herumklimpern; **~ el violín** auf der Geige kratzen **II.** *vr:* **~se** ① *(arrascarse)* sich kratzen; **~se la barriga** *(reg: fam fig)* sich auf die faule Haut legen; **~se la faltriquera** *(fam)* das Portmonee zücken; **no tener tiempo ni para ~se** *(fam fig)* keine freie Minute haben ② *(AmS: achisparse)* sich *dat* einen antrinken

rasco, -a ['rrasko, -a] *adj (Chil: fam)* billig, derb

rascuache [rras'kwaʧe] *adj (Méx: fam)* ① *(pobre)* ärmlich ② *(baja calidad)* minderwertig

rasera [rra'sera] *f (espumadera)* Schaumlöffel *m*

rasero [rra'sero] *m* Abstreifer *m* (für ein Maß); **medirlo todo con [*o* por] el mismo ~** alles über einen Kamm scheren

rasgadura [rrasɣa'ðura] *f* Riss *m*

rasgar [rras'ɣar] <g → gu> **I.** *vt* ① *(romper por un lado)* einreißen; *(en dos)* durchreißen; *(en pedazos)* zerreißen; *(abrir)* aufreißen; **ojos rasgados** Schlitzaugen *ntpl* ② *(cortar)* aufschlitzen **II.** *vr:* **~se** ① *(desgarrarse)* reißen ② *(Am: vulg: diñarla)* abkratzen *fam*

rasgo ['rrasɣo] *m* ① *(del rostro)* Gesichtszug *m; (del carácter)* Charakterzug *m* ② *(acción)* Handlung *f;* **un ~ de generosidad** eine großzügige Geste ③ *(trazo)* Linienführung *f;* **a grandes ~s** in großen Zügen

rasgón [rras'ɣon] *m* Riss *m*

rasguear [rrasɣe'ar] **I.** *vi (en la escritura)* (Feder)striche ziehen **II.** *vt* (MÚS) anschlagen

rasguñar [rrasɣu'ɲar] **I.** *vt* ① *(arañar)* zerkratzen; *(herir)* aufkratzen; *(cortar)* aufritzen ② (ARTE) skizzieren **II.** *vr:* **~se** *(arañarse)* sich kratzen; *(herirse)* sich aufkratzen; *(cortarse)* sich aufritzen; *(excoriarse)* sich aufschürfen (**con** an *+dat*)

rasguño [rras'ɣuɲo] *m (arañazo)* Kratzer *m; (rasponazo)* Schramme *f; (excoriación)* Abschürfung *f;* **sin un ~** *(fig)* völlig unversehrt

raso¹ ['rraso] *m* Satin *m*

raso, -a² ['rraso, -a] *adj* ① *(liso)* glatt; *(llano)* flach ② *(cielo)* klar; **al ~** im Freien ③ *(al borde)* randvoll; **una cucharada rasa** ein gestrichener Esslöffel

raspa [ˈrraspa] *f* ❶ *(del pescado)* Gräte *f* ❷ *(del cereal)* Granne *f* ❸ *(Am: ramera)* Straßenhure *f* ❹ *(fam fig: delgado)* dünner Hering *m*
raspadita [rraspaˈdita] *f* *(Arg, Hond, Urug: juego de azar)* Rubbellos *nt*
raspado [rrasˈpaðo] *m* ❶ (TÉC) (Ab)schaben *nt; (limado)* Raspeln *nt* ❷ (MED) Ausschabung *f*
raspador [rraspaˈðor] *m* ❶ *(instrumento)* Schaber *m; (lima)* Raspel *f;* (MED) Kürette *f* ❷ *(de fósforos)* Reibfläche *f*
raspadura [rraspaˈðura] *f* ❶ *(raspado)* Abkratzen *nt; (con espátula)* Abschaben *nt* ❷ *(brizna)* Späne *mpl*
raspar [rrasˈpar] **I.** *vi (ser rasposo)* kratzen; *(en sorteos)* rubbeln **II.** *vt* ❶ *(rascar)* abkratzen ❷ (MED) ausschaben ❸ *(rozar)* streifen ❹ *(Am: fam: mangar)* klauen ❺ *(AmS: fam: abroncar)* anschnauzen **III.** *vr:* **~se** sich aufschürfen (**con** an +*dat*)
raspear [rraspeˈar] **I.** *vi* kratzen **II.** *vt (reprender)* schelten
raspón [rrasˈpon] *m* ❶ *(arañazo)* Schramme *f,* (Ab)schürfung *f,* Kratzer *m* ❷ *(Col: sombrero)* Strohhut *m* der Bauern
rasponazo [rrasponaθo] *m* Schramme *f*
rasposo, -a [rrasˈposo, -a] *adj* rau
rasqueta [rrasˈketa] *f* Schaber *m; (en serigrafía)* Rakel *f*
rasquiña [rrasˈkiɲa] *f* *(Am: comezón)* Juckreiz *m*
rastra [ˈrrastra] *f* ❶ *(rastrillo)* Harke *f* ❷ *(rastro)* Spur *f* ❸ *(loc)* **a ~s** widerwillig; **ir a ~s** *(fam)* sich dahinschleppen; **llevar a ~s** mitschleifen
rastreador(a) [rrastreaˈðor(a)] **I.** *adj* Spuren suchend; **perro ~** Spürhund *m* **II.** *m(f)* Fährtensucher(in) *m(f)*
rastrear [rrastreˈar] **I.** *vt* ❶ *(seguir)* nachspüren +*dat* ❷ *(investigar)* nachforschen +*dat* ❸ *(llevar arrastrando)* schleppen ❹ *(registrar)* durchkämmen ❺ *(minas)* suchen **II.** *vi* ❶ *(investigar)* nachforschen ❷ *(rastrillar)* harken
rastreo [rrasˈtreo] *m* ❶ *(persecución)* Nachspüren *nt* ❷ *(pesquisa)* Nachforschung *f* ❸ *(pesca)* Grundnetzfang *m*
rastrero, -a [rrasˈtrero, -a] *adj* ❶ *(tendido por el suelo)* kriechend; **planta rastrera** Kriechpflanze *f* ❷ *(rastreador)* Spuren suchend; **perro ~** Spürhund *m* ❸ *(pey: servil)* kriecherisch ❹ *(pey: despreciable)* verachtenswert; *(canallesco)* niederträchtig
rastrillar [rrastriˈʎar] *vt* harken
rastrillo [rrasˈtriʎo] *m* ❶ *(herramienta)* Harke *f* ❷ *(mercadillo)* Flohmarkt *m*
rastro [ˈrrastro] *m* ❶ *(indicio, pista)* Spur *f;* **ni ~** keine Spur; **sin dejar (ni) ~** spurlos; **seguir el ~ a** [*o* **de**] **alguien** jdm nachspüren ❷ *(mercadillo)* Flohmarkt *m* ❸ *(herramienta)* Harke *f*
rastrojo [rrasˈtroxo] *m (residuo)* Stoppel *f*
rasurar [rrasuˈrar] **I.** *vt* rasieren **II.** *vr:* **~se** sich rasieren
rata[1] [ˈrrata] *f* (ZOOL) Ratte *f;* **~ de alcantarilla** Kanalratte *f;* **~ de biblioteca** *(fig)* Bücherwurm *m;* **más pobre que las ~s** arm wie eine Kirchenmaus; **escabullirse como una ~** sich davonstehlen
rata[2] [ˈrrata] *mf* ❶ *(descuidero)* Dieb(in) *m(f)* ❷ *(rácano)* Geizkragen *m*
ratear [rrateˈar] **I.** *vi (gatear)* krabbeln **II.** *vt* ❶ *(fam: mangar)* mitgehen lassen ❷ *(fam: racanear)* knausern (mit +*dat*) ❸ *(prorratear)* aufteilen
ratería [rrateˈria] *f* ❶ *(hurto)* (kleiner) Diebstahl *m* ❷ *(racanería)* Knauserei *f*
ratero, -a [rraˈtero, -a] *m, f* Dieb(in) *m(f)*
raticida [rratiˈθiða] *m* Rattengift *nt*
ratificación [rratifikaˈθjon] *f* ❶ (JUR, POL) Ratifizierung *f* ❷ *(confirmación)* Bestätigung *f*
ratificar [rratifiˈkar] <c → qu> **I.** *vt* ❶ (JUR, POL) ratifizieren ❷ *(confirmar)* bestätigen **II.** *vr:* **~se** ❶ (JUR, POL) in Kraft treten ❷ *(reafirmarse)* beharren (**en** auf +*dat*)
ratio [ˈrratjo] *m* Quote *f;* **~ de tesorería** (FIN) Liquiditätsgrad *m*
rato [ˈrrato] *m* Weile *f; (momento)* Augenblick *m;* **a ~s** von Zeit zu Zeit; **a cada ~** immer wieder; **al (poco) ~** (kurz) darauf; **de ~ en ~** ab und zu; **todo el ~** die ganze Zeit; **un buen ~** eine ganze Weile; **en un ~ perdido** in einer Mußestunde; **pasar un buen/mal ~** eine gute/schlechte Zeit verbringen; **pasar el ~** sich *dat* die Zeit vertreiben; **tener para ~** noch viel vor sich *dat* haben; **aún hay para ~** das wird noch dauern; **¡hasta otro ~!** bis zum nächsten Mal!; **un ~ (largo)** *(fam fig)* jede Menge; **me gusta un ~** *(fam)* es gefällt mir unheimlich gut; **es un ~ tonto** *(fam)* er/sie ist so was von blöd
ratón [rraˈton] *m* Maus *f;* **~ (electrónico)** (INFOR) Maus *f;* **~ de biblioteca** *(fig)* Bücherwurm *m*
ratoncito [rratoṇˈθito] *m (Bol)* Blindekuhspiel *nt*
ratonera [rratoˈnera] *f* ❶ *(trampa)* Mausefalle *f; (fig)* Falle *f;* **estar en una ~** *(fig)* in der Falle sitzen; **caer en la ~** *(fig)* in die Falle tappen ❷ *(agujero)* Mauseloch *nt*
raudal [rrau̯ˈðal] *m* Flut *f;* **~ de palabras** Redeschwall *m;* **a ~es** *(fig)* in Hülle und Fülle; **por la ventana entra la luz a ~es** das Licht flutet durchs Fenster
raudo, -a [ˈrrau̯ðo, -a] *adj* rasch

R

rave ['rreị̯f] *m* (MÚS) Rave *m*

ravero, -a [rra'βero, -a] *m, f* (MÚS: *fam)* Raver(in) *m(f)*

raya ['rraɟa] *f* ❶ *(línea)* Strich *m; (sobre la calzada)* Fahrbahnbegrenzung *f; (guion)* Gedankenstrich *m; (de quebrado)* Bruchstrich *m;* **a ~s** strichweise; **pasar(se) de la ~** *(fig)* zu weit gehen; **tener a alguien a ~** jdn im Zaume halten ❷ *(franja)* Streifen *m; (cortafuegos)* Waldschneise *f;* **a ~s** *(estampado)* gestreift ❸ *(del pelo)* Scheitel *m;* **~ al lado/en medio** Seiten-/Mittelscheitel *m;* **hacer la ~** das Haar scheiteln ❹ (ZOOL) Rochen *m* ❺ *(doblez)* (Bügel)falte *f*

rayado [rra'ɟaðo] *m (líneas)* Linierung *f; (plumeado)* Schraffur *f; (rayajo)* Gekritzel *nt*

rayador [rraɟa'ðor] *m (Am:* ZOOL) *eine Art Seeschwalbe*

rayano, -a [rra'ɟano, -a] *adj* angrenzend (**en** an *+akk*)

rayar [rra'ɟar] **I.** *vi* ❶ *(lindar)* (an)grenzen (**con** an *+akk*) ❷ *(asemejarse)* grenzen (**en** an *+akk*) ❸ *(amanecer)* **~ el alba** dämmern; **al ~ el día** bei Tagesanbruch **II.** *vt* ❶ *(marcar con rayas)* linieren; *(plumear)* schraffieren ❷ *(tachar)* (durch)streichen ❸ *(arañar)* verkratzen ❹ *(grabar)* ritzen **III.** *vr:* **~se** einen Kratzer abbekommem

rayo ['rraɟo] *m* ❶ *(de luz)* Strahl *m;* **~ de luna** Mondschein *m* ❷ *(radiación)* **~s infrarrojos** Infrarotstrahlen *mpl;* **~s X** Röntgenstrahlen *mpl;* **emitir ~s** strahlen ❸ *(relámpago)* Blitz *m;* **¡~s (y centellas)!** (Himmel)donnerwetter!; **ha caído un ~ en la torre** ein Blitz hat in den Turm eingeschlagen; **como un ~** *(fig)* blitzschnell; **como tocado por el ~** *(fig)* wie vom Blitz getroffen; **echar ~s y centellas** *(fig)* Gift und Galle speien; **¡mal ~ te parta!** *(fam)* der Teufel soll dich holen!; **que un ~ me parta si no es verdad** *(fam)* mich soll der Schlag treffen, wenn es nicht stimmt ❹ *(infortunio)* (Schicksals)schlag *m* ❺ *(radio)* Speiche *f*

rayuela [rra'ɟwela] *f* ❶ *(sacar piedra)* Himmel und Hölle *nt* ❷ *(tirar monedas)* Münzwurfspiel *nt*

raza ['rraθa] *f* ❶ *(casta)* Rasse *f; (estirpe)* Geschlecht *nt; (pueblo)* Volk *nt;* **de ~** reinrassig; **de ~ blanca/negra** weiß/schwarz ❷ *(temperamento)* Rassigkeit *f;* **de (pura) ~** rassig

razia ['rraθja] *f* Razzia *f*

razón [rra'θon] **I.** *f* ❶ *(discernimiento)* Vernunft *f; (entendimiento)* Verstand *m;* **puesto en ~** vernünftig; **entrar en ~** zur Vernunft kommen; **meter en ~** zur Vernunft bringen; **hacer perder la ~ a alguien** jdn um den Verstand bringen; **privar de la ~ a alguien** jdn seiner Sinne berauben ❷ *(argumento)* Begründung *f; (razonamiento)* Argumentation *f;* **(no) atender a razones** sich (nicht) überzeugen lassen; **ponerse a razones con alguien** sich mit jdm auseinandersetzen; **venirse a razones con alguien** mit jdm übereinkommen ❸ *(motivo)* Grund *m; (justificación)* Berechtigung *f;* **~ de Estado** Staatsräson *f;* **~ de ser** Daseinsberechtigung *f;* **~ de más para...** *+inf,* **~ de más para que...** *+subj* ein Grund mehr, zu ... *+inf;* **la ~ por la que...** der Grund, aus dem ...; **fuera de ~** grundlos; **por ~ de** auf Grund von; **por razones de seguridad** aus Sicherheitsgründen; **por una u otra ~** aus dem einen oder anderen Grund; **tener razones para...** *+inf* Grund haben, zu ... *+inf* ❹ *(acierto)* Recht *nt;* **la ~ de la fuerza** das Recht des Stärkeren; **¡con (mucha) ~!** (völlig) zu Recht!; **sin ~** zu Unrecht; **cargarse de ~** sich völlig im Recht fühlen; **dar la ~ a alguien** jdm Recht geben; **llevar la ~** das Recht auf seiner Seite haben; **tener (mucha) ~** (vollkommen) Recht haben; **en eso (no) tienes ~** da hast du (Un)recht; **me asiste la ~** ich habe das Recht auf meiner Seite; **perder la ~** *(fig)* den Ton verfehlen ❺ *(información)* Auskunft *f; (recado)* Nachricht *f;* **~ aquí** Näheres hier; **dar ~ de alguien** Auskunft über jdn erteilen; **dar ~ de sí** von sich *dat* hören lassen; *(fig)* seinen Mann stehen; **mandar ~ a alguien de algo** jdm etw ausrichten lassen; **pedir ~ de alguien** sich nach jdm erkundigen ❻ (MAT: *proporción*) Verhältnis *nt;* **a ~ de tres por persona** drei pro Kopf; **a ~ del 10%** zu 10 %; **a ~ de 2 euros el kilo** zu 2 Euro pro Kilo; **este coche consume a ~ de seis litros por 100 kilómetros** dieses Auto verbraucht sechs Liter auf 100 Kilometer ❼ (JUR) **~ social** Firma *f* **II.** *prep* **en ~ de** *(en cuanto a)* hinsichtlich *+gen; (a causa de)* aufgrund *+gen*

razonable [rraθo'naβle] *adj* ❶ *(sensato)* vernünftig ❷ *(justo)* angemessen; *(adecuado)* angebracht

razonamiento [rraθona'mjento] *m* ❶ *(pensamientos)* Gedankengang *m; (reflexión)* Überlegung *f* ❷ *(argumentación)* Argumentation *f; (exposición)* Erörterung *f; (fundamentación)* Begründung *f;* **tus ~s no son convincentes** deine Ausführungen sind nicht stichhaltig ❸ *(conversación)* Diskussion *f*

razonar [rraθo'nar] **I.** *vi* ❶ *(pensar)* (nach)denken; *(juzgar)* urteilen; *(reflexionar)* überlegen; *(deducir)* Schlüsse ziehen

R

❷ *(argumentar)* argumentieren ❸ *(conversar)* diskutieren ❹ *(corresponder)* eingehen (**con** auf +*akk*); **es inútil tratar de ~ con él** es bringt nichts, sich mit ihm auseinanderzusetzen **II.** *vt* ❶ *(exponer)* darlegen ❷ *(fundamentar)* begründen

razziar [rra'θjar] *vt* (MIL) verwüsten, plündern

RDA [erreðe'a] *f abr de* **República Democrática Alemana** DDR *f*

RDSI [erreðe(e)se'i] *f abr de* **Red Digital de Servicios Integrados** (INFOR, TEL) ISDN *nt*

re [rre] *m* (MÚS) d, D *nt;* **~ bemol** Des *nt*

reabrir [rrea'βrir] *vt irr como abrir* wieder eröffnen; (JUR) wieder aufnehmen

reacción [rreaᵞ'θjon] *f* Reaktion *f;* **~ en cadena** Kettenreaktion *f;* **~ excesiva** Überreaktion *f;* **avión a ~** Düsenflugzeug *nt*

reaccionar [rreaᵞθjo'nar] *vi* reagieren (**a/ ante** auf +*akk*); *(responder)* antworten (**a** auf +*akk*); *(repercutir)* sich auswirken (**en/sobre** auf +*akk*); *(sobreponerse)* überwinden (**a** +*akk*); *(entrar en calor)* sich aufwärmen; **el cuerpo no reacciona a las pastillas** der Körper spricht nicht auf die Tabletten an

reaccionario, -a [rreaᵞθjo'narjo, -a] **I.** *adj* reaktionär **II.** *m, f* Reaktionär(in) *m(f)*

reacio, -a [rre'aθjo, -a] *adj* abgeneigt (**a** +*dat*); **el pintor era ~ a mostrarse en público** der Maler zeigte sich ungern in der Öffentlichkeit; **es ~ a las fiestas** er geht nur ungern auf Feste

reacondicionamiento [rreakoṇdiθjona'mjeṇto] *m* Neueinrichtung *f,* Wiederherstellung *f*

reacondicionar [rreakoṇdiθjo'nar] *vt* neu einrichten, wiederherstellen

R

reactivación [rreaktiβa'θjon] *f* ❶ (*t.* TÉC, MED) Reaktivierung *f* ❷ (ECON) Wiederaufschwung *m;* **~ económica** Ankurbelung der Wirtschaft; **~ del mercado** Wiederbelebung des Marktes

reactivar [rreakti'βar] *vt* reaktivieren; (ECON) ankurbeln

reactividad [rreaktiβi'ðaᵈ] *f* (BIOL, QUÍM) Reaktionsfähigkeit *f,* Reaktivität *f*

reactivo [rreak'tiβo] *m* Reagens *nt; (indicador)* Indikator *m; (fig)* Auslöser *m*

reactor [rreak'tor] *m* ❶ *(motor)* Reaktor *m;* **~ atómico** [*o* **nuclear**] Atomreaktor *m,* Kernreaktor *m* ❷ *(propulsor)* Düsentriebwerk *nt* ❸ *(avión)* Düsenflugzeug *nt*

reactualizar [rreaktwali'θar] <z → c> *vt* (INFOR) updaten, aktualisieren

readaptación [rreaðapta'θjon] *f* Wiederanpassung *f* (**a** an +*akk*); *(reintegración)* Wiedereingliederung *f* (**a** in +*akk*); **~ profesional** Umschulung *f*

readaptar [rreaðap'tar] **I.** *vt* wieder anpassen (**a** an +*akk*); *(reintegrar)* wieder eingliedern (**a** in +*akk*); *(profesión)* umschulen **II.** *vr:* **~se** sich wieder anpassen (**a** an +*akk*); *(reintegrarse)* sich wieder eingliedern (**a** in +*akk*)

readmisión [rreaðmi'sjon] *f* Wiederzulassung *f; (de despedidos)* Wiedereinstellung *f*

readmitir [rreaðmi'tir] *vt* wieder zulassen; *(despedidos)* wieder einstellen

reafirmación [rreafirma'θjon] *f* erneute Bekräftigung *f*

reafirmar [rreafir'mar] **I.** *vt* ❶ *(apoyar)* bekräftigen ❷ *(poner firme)* stärken; *(la piel)* straffen ❸ *(insistir)* beharren (auf +*dat*) **II.** *vr:* **~se** ❶ *(confirmarse)* sich erneut behaupten (**como** als +*nom*) ❷ *(insistir)* beharren (**en** auf +*dat*)

reagravar [rreaɣra'βar] *vr:* **~se** sich verschlimmern, sich verschärfen

reagrupación [rreaɣrupa'θjon] *f,* **reagrupamiento** [rreaɣrupa'mjeṇto] *m* Neugruppierung *f,* Umgruppierung *f,* Neueinteilung *f;* **~ familiar** Familienzusammenführung *f*

reagrupar [rreaɣru'par] **I.** *vt* umgruppieren; *(redistribuir)* neu einteilen **II.** *vr:* **~se** sich neu gruppieren

reajustar [rreaxus'tar] *vt* ❶ *(adaptar)* neu anpassen; *(reestructurar)* umgestalten; *(reorganizar)* neu gestalten ❷ (TÉC) nachjustieren ❸ (ECON) angleichen

reajuste [rrea'xuste] *m* ❶ *(adaptación)* Neuanpassung *f; (reestructuración)* Umgestaltung *f; (reorganización)* Neugestaltung *f* ❷ (TÉC) Nachjustierung *f* ❸ (ECON) Angleichung *f;* **~ salarial** Lohnausgleich *m*

real [rre'al] **I.** *adj* ❶ *(verdadero)* wirklich; *(verídico)* wahr; *(auténtico)* echt; (MAT) reell; (FILOS) real; (ECON, JUR) Real- ❷ *(del rey)* königlich; **Alteza ~** Königliche Hoheit; **palacio ~** Königspalast *m* ❸ *(espléndido)* prachtvoll **II.** *m* ❶ *(dinero)* Real *m;* **estar sin un ~** *(fam)* keinen roten Heller mehr haben ❷ *(de la feria)* Messplatz *m; (prado)* Festwiese *f*

realce [rre'al̦θe] *m* ❶ *(relieve)* Reliefarbeit *f* ❷ *(esplendor)* Glanz *m; (acento)* Betonung *f;* **dar ~** unterstreichen

realengo, -a [rrea'leŋgo, -a] *adj* ❶ (HIST) der Krone gehörend ❷ *(Am: sin amo)* herrenlos; *(vagabundo)* streunend

realengo [rrea'leŋgo] *m* (HIST) Domäne *f,* königlicher Landbesitz *m*

realeza [rrea'leθa] *f* ❶ *(dignidad)* Königswürde *f* ② *(grandeza)* Herrlichkeit *f;* *(boato)* Pracht *f*

realidad [rreali'ðaᵈ] *f* Realität *f;* *(verdad)* Wahrheit *f;* **ajeno a la ~** wirklichkeitsfremd; **en ~** in Wirklichkeit; **hacer ~** verwirklichen; **hacerse ~** sich verwirklichen; *(cumplirse)* sich erfüllen

realinear [rrealine'ar] **I.** *vt* ① (MIL) wieder aufstellen ② (ECON) angleichen, anpassen **II.** *vr:* **~se** ① (MIL) sich wieder aufstellen ② (POL) sich neu formieren, sich umgruppieren

realismo [rrea'lismo] *m sin pl* ① (ARTE, LIT, FILOS, CINE) Realismus *m;* **~ mágico** (LIT) magischer Realismus ② *(ideología)* Realistik *f* ③ (POL) Royalismus *m*

realista [rrea'lista] **I.** *adj* ① (ARTE, LIT, FILOS, CINE) realistisch ② (POL) royalistisch **II.** *mf* ① (ARTE, LIT, FILOS, CINE) Realist(in) *m(f)* ② (POL) Royalist(in) *m(f)*

realizable [rreali'θaβle] *adj* ① *(practicable)* realisierbar; *(factible)* machbar ② (ECON) verwertbar; **bienes ~s** Vermögensgegenstände *mpl*

realización [rrealiθa'θjon] *f* ① *(materialización)* Verwirklichung *f;* *(cumplimiento)* Erfüllung *f* ② *(ejecución)* Durchführung *f* ③ *(organización)* Gestaltung *f* ④ (ECON) Realisierung *f;* **~ de un pedido** Auftragsabwicklung *f;* **~ de plusvalías** Gewinnmitnahme *f* ⑤ (CINE) Realisation *f;* **asistente de ~** Regieassistent(in) *m(f)*

realizador(a) [rrealiθa'ðor(a)] *m(f)* (CINE, TV) Regisseur(in) *m(f)*

realizar [rreali'θar] <z → c> **I.** *vt* ① *(hacer realidad)* verwirklichen; *(sueños)* erfüllen ② *(efectuar)* durchführen; *(hacer)* unternehmen ③ (ECON) realisieren; *(ganancia, aportaciones)* einbringen ④ (CINE, TV) realisieren ⑤ *(Am: notar)* (be)merken **II.** *vr:* **~se** ① *(desarrollarse)* sich selbst verwirklichen ② *(materializarse)* sich verwirklichen; *(hacerse realidad)* Wirklichkeit werden; *(cumplirse)* in Erfüllung gehen

realmente [rreal'mente] *adv* ① *(en efecto)* wirklich; **esta casa es ~ bonita** dieses Haus ist wirklich schön ② *(verdaderamente)* wahrhaftig ③ *(auténticamente)* echt, wirklich; **el clima en esta región es ~ duro** das Klima in dieser Region ist wirklich hart ④ *(de hecho)* in der Tat, tatsächlich; **parece difícil, pero ~ es muy sencillo** es sieht schwierig aus, aber es ist eigentlich sehr einfach

realquilar [rrealki'lar] *vt* untervermieten; **vivir en una vivienda realquilada** zur Untermiete wohnen

realzar [rreal'θar] <z → c> *vt* ① *(labrar)* herauswölben ② *(acentuar)* betonen; *(subrayar)* unterstreichen

reanimación [rreanima'θjon] *f* Wiederbelebung *f*

reanimar [rreani'mar] **I.** *vt* ① *(reavivar)* wieder beleben ② *(reactivar)* reaktivieren ③ *(animar)* ermutigen **II.** *vr:* **~se** ① *(recuperar el conocimiento)* wieder zu sich *dat* kommen ② *(restablecerse)* wieder aufleben ③ *(animarse)* neuen Mut schöpfen

reanudación [rreanuða'θjon] *f* Wiederaufnahme *f;* **~ de la instancia** (JUR) Aufnahme des Verfahrens

reanudar [rreanu'ðar] *vt* wieder aufnehmen

reapertura [rreaper'tura] *f* Wiedereröffnung *f;* (JUR) Wiederaufnahme *f*

reaprovisionar [rreaproβisjo'nar] **I.** *vt* neu versorgen (**de** mit +*dat*), wieder auffüllen (**de** mit +*dat*) **II.** *vr:* **~se** sich neu eindecken (**de** mit +*dat*); *(combustible)* auftanken

rearme [rre'arme] *m* Wiederbewaffnung *f*

reata [rre'ata] *f* ① *(correa, animales)* Koppel *f;* **una ~ de mulos** eine Koppel Maultiere; **de ~** *(sucesivamente)* der Reihe nach; *(en hilera)* in Reihen ② *(Am: de flores)* Blumenbeet *nt*

reatar [rrea'tar] *vt* ① *(volver a atar)* wieder verknoten ② *(atar apretadamente)* fest verknoten

reavivar [rreaβi'βar] **I.** *vt* wieder beleben **II.** *vr:* **~se** wieder aufleben

rebaba [rre'βaβa] *f* Grat *m*

rebaja [rre'βaxa] *f* ① *(oferta)* Sonderangebot *nt;* **~s de verano** Sommerschlussverkauf *m;* **estar de ~s** heruntergesetzte Waren haben ② *(descuento)* Rabatt *m;* *(reducción)* Preisnachlass *m;* **ya vendrá el tío Paco con la ~** *(fam fig)* irgendeinen Haken wird die Sache schon haben

rebajado, -a [rreβa'xaðo, -a] *adj* ① (COM) **precios ~s** herabgesetzte Preise ② (MIL) **soldado ~** vom Dienst entbundener Soldat

rebajamiento [rreβaxa'mjento] *m* ① *(condescendencia)* Herablassung *f* ② *(humillación)* Herabwürdigung *f*

rebajar [rreβa'xar] **I.** *vt* ① *(abaratar)* reduzieren ② *(humillar)* demütigen ③ *(mitigar)* dämpfen; (*t.* FOTO: *debilitar*) abschwächen; *(disminuir)* mindern ④ *(una bebida)* verdünnen ⑤ *(dispensar)* vom Dienst freistellen ⑥ *(limar)* abfeilen; *(pulir)* abschleifen; *(acepillar)* abhobeln **II.** *vr:* **~se** ① *(humillarse)* sich herabwürdigen ② *(condescender)* sich herablassen (**a** zu +*dat*) ③ *(dispensarse)* sich vom Dienst freistellen lassen

rebanada [rreβa'naða] *f* Scheibe *f*

R

rebanar [rreβa'nar] *vt* ① *(hacer rebanadas)* in Scheiben schneiden ② *(partir)* abschneiden

rebañar [rreβa'ɲar] *vt* ① *(apurar)* auskratzen ② *(pey: recoger)* raffen

rebaño [rre'βaɲo] *m* Herde *f; (fig)* Horde *f*

rebasar [rreβa'sar] *vt* ① *(sobrepasar)* überschreiten; (MIL) stürmen; **~ el límite** *(fig)* über das Ziel hinausschießen; **esto rebasa los límites de mi paciencia** ich bin mit meiner Geduld am Ende ② *(exceder)* übertreffen (**en** um +*akk*)

rebatible [rreβa'tiβle] *adj* ① *(refutable)* anfechtbar, widerlegbar ② *(Am: abatible)* klappbar

rebatir [rreβa'tir] *vt* ① *(discutir)* bestreiten; *(refutar)* widerlegen; *(rechazar)* zurückweisen ② *(repeler)* zurückschlagen ③ *(batir)* klopfen ④ *(abatir)* zusammenklappen

rebeca [rre'βeka] *f* Strickjacke *f*

rebeco [rre'βeko] *m* Gämse *f*

rebelar [rreβe'lar] *vr:* **~se** rebellieren, sich empören, sich auflehnen

rebelarse [rreβe'larse] *vr* rebellieren; *(oponerse)* sich auflehnen

rebelde [rre'βel̩de] **I.** *adj* ① *(indócil)* rebellisch; *(levantisco)* aufsässig; *(fig)* widerspenstig ② *(insurrecto)* aufständisch ③ *(persistente)* hartnäckig ④ *(difícil)* verzwickt ⑤ (JUR) säumig **II.** *mf (indócil, insurrecto)* Rebell(in) *m(f); (revoltoso)* Aufrührer(in) *m(f)*

rebeldía [rreβel̩'dia] *f* ① *(cualidad)* Aufsässigkeit *f; (fig)* Widerspenstigkeit *f* ② *(oposición)* Widerstand *m* ③ *(insubordinación)* Aufsässigkeit *f;* (MIL) Gehorsamsverweigerung *f* ④ (JUR) Nichterscheinen *nt;* **declarar en ~** für säumig erklären; **juzgar en ~** in Abwesenheit verurteilen

rebelión [rreβe'ljon] *f* Rebellion *f; (levantamiento)* Aufstand *m*

reblandecer [rreβlan̩de'θer] *irr como crecer* **I.** *vt* weich machen **II.** *vr:* **~se** weich werden

rebobinar [rreβoβi'nar] *vt (retroceder)* zurückspulen

reborde [rre'βorðe] *m* ① *(acanaladura)* Sicke *f* ② *(rebordeado)* Randverstärkung *f* ③ *(rebaba)* Gussnaht *f*

rebosadero [rreβosa'ðero] *m* Überlauf *m; (en presas)* Überfall *m; (metalurgia)* Steigetrichter *m*

rebosante [rreβo'san̩te] *adj* überfüllt; *(vaso)* randvoll; *(fig)* überquellend (**de** vor +*dat*); **~ de salud** vor Gesundheit strotzend

rebosar [rreβo'sar] *vi* ① *(desbordar)* überlaufen; *(fig)* überquellen (**de** vor +*dat*); **le rebosa el dinero/la soberbia** er/sie strotzt vor Geld/Hochmut; **la gota que hizo ~ el vaso** der Tropfen, der das Fass zum Überlaufen brachte ② *(estar lleno)* wimmeln (**de** vor +*dat*); (**lleno**) **a ~** brechend voll ③ *(abundar)* schwimmen

rebotar [rreβo'tar] **I.** *vi* ① *(botar)* abprallen; *(repetidamente)* hüpfen ② *(chocar)* prallen (**contra/en** gegen/auf +*akk*); **salir rebotado** zurückprallen; *(fig)* hochkant rausfliegen **II.** *vt* ① *(botar)* prellen ② *(fam: enfadar)* verprellen **III.** *vr:* **~se** ① *(vino)* umschlagen ② *(fam: enfadarse)* sauer werden

rebote [rre'βote] *m (bote)* Abprall *m;* (DEP) Abpraller *m; (golpe)* Prellen *nt;* **de ~** *(como resultado)* als indirekte Folge; *(sentimiento)* wieder aufflackernd

rebozado [rreβo'θaðo] *m* (GASTR) Panade *f; (acción)* Panieren *nt*

rebozar [rreβo'θar] <z → c> **I.** *vt* ① *(envolver)* verhüllen ② (GASTR) panieren **II.** *vr:* **~se** sich verhüllen

rebozo [rre'βoθo] *m* ① *(velo)* Verhüllung *f* ② *(pretexto)* Vorwand *m;* **sin ~** aufrichtig

rebozuelo [rreβo'θwelo] *m* (BOT) Pfifferling *m*

rebujo [rre'βuxo] *m* Knäuel *m o nt; (trapos)* Bündel *nt;* **hacer un ~ con la ropa** die Wäsche zu einem Bündel zusammenknäulen

rebullir [rreβu'ʎir] <*3. pret* rebulló> *vi, vr:* **~se** sich bewegen; **sin ~se** ganz ruhig

rebuscar [rreβus'kar] <c → qu> **I.** *vi* herumsuchen **II.** *vt (buscar)* durchsuchen **III.** *vr* **rebuscárselas** *(CSur: defenderse)* sich durchschlagen

rebuznar [rreβuθ'nar] *vi (burro)* iahen

rebuzno [rre'βuθno] *m* Eselsschrei *m*

recabar [rreka'βar] *vt* ① *(obtener)* erhalten (**de** bei/von +*dat*); *(datos)* erheben ② *(pedir)* sich bemühen (um +*akk*)

recadero, -a [rreka'ðero, -a] *m, f* Bote, -in *m, f*

recado [rre'kaðo] *m* ① *(mensaje)* Nachricht *f;* **dar el ~ a alguien** jdm Bescheid geben; **¿puedes darle el siguiente ~?** kannst du ihm/ihr Folgendes ausrichten? ② *(encargo)* Besorgung *f*

recaer [rreka'er] *vi irr como caer* ① *(culpa, herencia)* fallen (**en/sobre** auf +*akk*) ② *(enfermedad)* einen Rückfall erleiden ③ *(delito)* rückfällig werden; **~ en el mismo error una y otra vez** immer wieder in den gleichen Fehler verfallen; **~ en la bebida** wieder anfangen zu trinken

recaída [rreka'iða] *f* Rückfall *m*

recalar [rreka'lar] **I.** *vi* ① (NÁUT) anlaufen (**en** +*akk*) ② *(persona)* erscheinen (**en**

bei/in +*dat*) **II.** *vt* durchtränken **III.** *vr:* **~se** durchtränkt werden

recalcar [rrekal'kar] <c → qu> *vt* ① *(palabras)* betonen ② *(apretar)* zusammenpressen ③ *(llenar)* vollstopfen; **~ la cuba con mosto** das Fass mit Most füllen

recalcitrante [rrekal̥θi'tran̥te] *adj* hartnäckig

recalentamiento [rrekalen̥ta'mjen̥to] *m* Überhitzung *f;* **~ económico** (ECON) Konjunkturüberhitzung *f*

recalentar [rrekalen̥'tar] <e → ie> **I.** *vt* ① *(comida)* aufwärmen ② *(aparato)* überhitzen **II.** *vr:* **~se** *(motor)* heiß laufen

recalificar [rrekalifi'kar] <c → qu> *vt* neu qualifizieren

recámara [rre'kamara] *f* ① *(para ropa)* Kleiderkammer *f* ② *(arma)* Patronenlager *nt*

recambio [rre'kambjo] *m (repuesto)* Ersatz *m; (envase)* Nachfüllpackung *f*

recapacitar [rrekapaθi'tar] **I.** *vt* überdenken **II.** *vi* nachdenken

recapitulación [rrekapitula'θjon] *f* Zusammenfassung *f,* Rekapitulation *f geh*

recapitular [rrekapitu'lar] *vt* zusammenfassen

recarga [rre'karɣa] *f* Nachfüllung *f*

recargable [rrekar'ɣaβle] *adj (pila)* aufladbar; *(pluma, envase)* nachfüllbar

recargar [rrekar'ɣar] <g → gu> *vt* ① *(pila)* aufladen ② *(impuesto)* heraufsetzen ③ *(decorar)* überladen; **el vestido recargado de lazos y botones no se vendió** das Kleid mit den vielen Schleifen und Knöpfen wurde nicht gekauft ④ *(carga)* überladen; **~ de trabajo** mit Arbeit überhäufen

recargo [rre'karɣo] *m* ① *(tasas)* Zuschlag *m; (sobreprecio)* Aufschlag *m;* **llamada sin ~** gebührenfreier Anruf ② *(fiebre)* starker Fieberanfall *m*

recatado, -a [rreka'taðo, -a] *adj* ① *(decoroso)* sittsam; *(modesto)* bescheiden ② *(cauto)* zurückhaltend

recatar [rreka'tar] *vt* verheimlichen

recatear [rrekate'ar] *vt* ① *(regatear)* aushandeln ② *(revender)* weiterverkaufen ③ *(no cumplir)* nicht ausführen [*o* erledigen] wollen, nicht richtig ausführen [*o* erledigen]

recato [rre'kato] *m* ① *(decoro)* Sittsamkeit *f* ② *(cautela)* Zurückhaltung *f; (pudor)* Scheu *f*

recauchutar [rrekau̯tʃu'tar] *vt (llanta)* runderneuern

recaudación [rrekau̯ða'θjon] *f* ① *(cobro)* Einnehmen *nt; (cantidad)* Einnahmen *fpl;* **~ diaria** Tageseinnahmen *fpl* ② *(de impuestos)* Steuererhebung *f; (cantidad)* Steuerbetrag *m*

recaudar [rrekau̯'ðar] *vt (impuestos)* erheben; *(dinero)* einziehen

recaudo [rre'kau̯ðo] *m* ① *(ganancia)* Einnehmen *nt* ② (JUR) Kaution *f* ③ *(loc)* **poner algo a buen ~** etw in Sicherheit bringen

recelar [rreθe'lar] **I.** *vt (temer)* argwöhnen **II.** *vi, vr:* **~se** misstrauen (**de** +*dat*); (**me**) **recelo de mi secretaria** ich traue meiner Sekretärin nicht ganz

recelo [rre'θelo] *m* Argwohn *m;* **mirar con ~** argwöhnisch betrachten

receloso, -a [rreθe'loso, -a] *adj* argwöhnisch; **estar ~ de alguien** jdm misstrauen; **ponerse ~** Argwohn schöpfen; **poner ~ a alguien** jds Argwohn erregen

recensión [rreθen'sjon] *f* Rezension *f*

recepción [rreθeβ'θjon] *f* Empfang *m,* Rezeption *f*

recepcionista [rreθeβθjo'nista] *mf* Empfangschef, -dame *m, f*

receptividad [rreθeptiβi'ðaᵈ] *f* Aufnahmefähigkeit *f;* (MED) Anfälligkeit *f*

receptivo, -a [rreθep'tiβo, -a] *adj* ① *(curioso)* aufmerksam ② (MED) anfällig

receptor[1] [rreθep'tor] *m (radio)* Empfänger *m; (teléfono)* Hörer *m;* **~ digital** Digitalempfänger *m*

receptor(a)[2] [rreθep'tor(a)] *m(f)* ① *(recipiente)* Empfänger(in) *m(f)* ② (JUR) Gerichtsvollzieher(in) *m(f)*

recesión [rreθe'sjon] *f* Rezession *f*

recesivo, -a [rreθe'siβo, -a] *adj* (BIOL: *caracteres*) rezessiv

receso [rre'θeso] *m (Am: vacaciones)* Urlaub *m*

receta [rre'θeta] *f* Rezept *nt;* **con ~ médica** auf Rezept; **venta con ~** rezeptpflichtig

recetar [rreθe'tar] *vt* ① (MED) verordnen ② *(fam: pedir)* bestellen; **~ largo** viele Wünsche haben

recetario [rreθe'tarjo] *m* ① (GASTR) Kochbuch *nt* ② (MED: *libro*) Arzneibuch *nt; (talonario)* Rezeptblock *m; (de un enfermo)* Krankenblatt *nt*

rechazar [rretʃa'θar] <z → c> *vt* zurückweisen; *(denegar, no tolerar)* ablehnen; *(órgano)* abstoßen; **~ de plano las acusaciones** die Anschuldigungen weit von sich *dat* weisen

rechazo [rre'tʃaθo] *m* Zurückweisung *f; (denegación)* Ablehnung *f; (de un órgano)* Abstoßen *nt*

rechiflar [rretʃi'flar] **I.** *vt* auspfeifen **II.** *vr:* **~se** sich lustig machen (**de** über +*akk*)

rechinar [rretʃi'nar] *vi* knarren; **~ los dientes** mit den Zähnen knirschen

rechistar [rretʃis'tar] *vi* (sich) mucksen

rechoncho, -a [rre'tʃontʃo, -a] *adj (fam)* pummelig

rechupete [rretʃu'pete] **de ~** ausgezeichnet; **la tarta estaba de ~** der Kuchen war sehr lecker

reciamente [rreθja'mente] *adv* heftig, stark

recibidor [rreθiβi'ðor] *m* Vorzimmer *nt*

recibimiento [rreθiβi'mjento] *m* ❶ *(acogida)* Empfang *m;* **le dispensaron un ~ multitudinario** sie empfingen ihn/sie mit großer Begeisterung ❷ *(recibidor)* Vorzimmer *nt*

recibir [rreθi'βir] **I.** *vt* ❶ *(tomar)* bekommen, erhalten ❷ *(personas)* empfangen ❸ *(aceptar)* aufnehmen **II.** *vi (médico)* Sprechstunde haben; *(ministro)* Besucher empfangen **III.** *vr:* **~se** die Staatsprüfung bestehen (**de** als +*nom*); *(médico, farmacéutico)* die Approbation erlangen; **~se de abogado** als Anwalt zugelassen werden

recibo [rre'θiβo] *m* ❶ *(de la luz, del agua)* Rechnung *f;* **~ de entrega** Lieferschein *m* ❷ *(de una carta)* Empfang *m* ❸ *(recibidor)* Vorzimmer *nt* ❹ *(loc)* **ser de ~** annehmbar sein; **si llaman, abre tú porque yo no estoy de ~** wenn sie klingeln, mach du auf; ich bin noch nicht fertig

reciclable [rreθi'klaβle] *adj* wiederverwertbar

reciclado[1] [rreθi'klaðo] *m* Recycling *nt,* Wiederverwertung *f*

reciclado, -a[2] [rreθi'klaðo, -a] *adj* recycelt, wiederverwertet

reciclaje [rreθi'klaxe] *m* Recycling *nt;* **~ profesional** *(fig)* Umschulung *f*

reciclar [rreθi'klar] *vt* wiederverwerten

reciedumbre [rreθje'ðumbre] *f* Kraft *f,* Stärke *f*

recién [rre'θjen] *adv* ❶ *(acabado de)* soeben; **~ cocido/pintado** frisch gebacken/gestrichen; **los ~ casados** die Jungvermählten; **el ~ nacido** das Neugeborene ❷ *(Am: en cuanto)* sobald

reciente [rre'θjente] *adj* ❶ *(nuevo)* neu; *(fresco)* frisch ❷ *(que acaba de suceder)* jüngst; **a causa de una enfermedad ~ no puedo moverme** wegen einer Krankheit, die mich vor Kurzem befallen hat, kann ich mich nicht bewegen; **un libro de ~ publicación** ein gerade erschienenes Buch

recientemente [rreθjente'mente] *adv* vor Kurzem

recinto [rre'θinto] *m* Gelände *nt;* **~ fortificado** Festung *f;* **~ universitario** Campus *m*

recio, -a ['rreθjo, -a] **I.** *adj* ❶ *(fuerte)* stark ❷ *(rígido)* hart; **en lo más ~ del invierno** mitten im strengsten Winter ❸ *(raudo)* schnell **II.** *adv* heftig; **hablar ~** laut sprechen

recipiente [rreθi'pjente] *m* Behälter *m;* *(de vidrio/barro)* Gefäß *nt*

reciprocidad [rreθiproθi'ða^ð] *f* Gegenseitigkeit *f*

recíproco, -a [rre'θiproko, -a] *adj* gegenseitig; **... y a la recíproca ...** und umgekehrt

recitación [rreθita'θjon] *f* Rezitation *f*

recitador(a) [rreθita'ðor(a)] **I.** *adj* rezitatorisch **II.** *m(f)* Rezitator(in) *m(f)*

recital [rreθi'tal] *m* (MÚS) Konzert *nt;* (LIT) Dichterlesung *f*

recitar [rreθi'tar] *vt* vortragen; **~ maquinalmente el menú** den Speiseplan herunterrasseln

reclamación [rreklama'θjon] *f* ❶ *(recurso)* Einspruch *m;* *(queja)* Beschwerde *f;* *(de defectos)* Reklamation *f* ❷ *(exigencia)* Forderung *f;* *(de deuda)* Mahnung *f*

reclamar [rrekla'mar] **I.** *vi (protestar)* Einspruch erheben; *(quejarse)* sich beschweren (**por** über +*akk,* **a** bei +*dat*); *(defectos)* reklamieren (**ante** bei +*dat*) **II.** *vt (pedir)* fordern; *(una deuda)* anmahnen; **nos reclama el dinero que nos prestó hace un mes** er/sie verlangt das Geld zurück, das er/sie uns vor einem Monat geliehen hat; **el terrorista es reclamado por la justicia sueca a Italia** die schwedische Justiz verlangt von Italien die Auslieferung des Terroristen; **España reclama Gibraltar a Inglaterra desde hace siglos** seit Jahrhunderten macht Spanien gegenüber England Ansprüche auf Gibraltar geltend

reclame [rre'klame] *m (Arg, Urug)* Reklame *f,* Werbung *f*

reclamo [rre'klamo] *m* ❶ *(caza)* Lockvogel *m;* *(utensilio)* Lockpfeife *f;* *(grito)* Lockruf *m;* **acudir al ~** in die Falle gehen ❷ (COM) Reklame *f*

reclasificar [rreklasifi'kar] <c → qu> *vt* neu einteilen; **~ un puesto de trabajo** eine Arbeitsstelle neu einstufen

reclinable [rrekli'naβle] *adj* verstellbar; **asiento ~** Liegesitz *m*

reclinar [rrekli'nar] **I.** *vt* anlehnen; *(hacia atrás)* zurücklehnen; **reclinó su cabeza contra** [*o* **en**] [*o* **sobre**] **mis hombros** er/sie lehnte seinen/ihren Kopf an meine Schulter **II.** *vr:* **~se** *(inclinarse)* sich (an)lehnen (**contra/en/sobre** an/gegen +*akk*); *(apoyarse)* sich (auf)stützen (**en/sobre** auf +*akk*)

reclinatorio [rreklina'torjo] *m* Betstuhl *m*

recluir [rreklu'ir] *irr como huir* **I.** *vt* einsperren **II.** *vr:* **~se** sich zurückziehen

reclusión [rreklu'sjon] *f* ① (JUR) Haft *f* ② *(aislamiento)* Zurückgezogenheit *f*
recluso, -a [rre'kluso, -a] **I.** *adj (preso)* inhaftiert; **la población reclusa vive en condiciones inhumanas** Häftlinge leben unter unmenschlichen Bedingungen **II.** *m, f* Häftling *m*
recluta [rre'kluta] *mf* Rekrut(in) *m(f)*
reclutamiento [rrekluta'mjento] *m* Rekrutierung *f*
reclutar [rreklu'tar] *vt* rekrutieren
recobrar [rreko'βrar] **I.** *vt* wiederbekommen; ~ **las fuerzas** wieder zu Kräften kommen; ~ **las pérdidas** den Verlust wettmachen; ~ **el sentido** wieder zu sich *dat* kommen; ~ **la vista** das Sehvermögen wiedererlangen; ~ **las ganas de vivir** neuen Lebensmut schöpfen **II.** *vr:* **~se** sich erholen
recochineo [rrekotʃi'neo] *m (fam pey: burla)* Spott *m;* **sin** ~ Spaß beiseite
recodo [rre'koðo] *m (río)* Biegung *f*
recogedor [rrekoxe'ðor] *m* Kehrschaufel *f*
recogepelotas [rrekoxepe'lotas] *mf inv* (DEP: *chico*) Balljunge *m; (chica)* Ballmädchen *nt*
recoger [rreko'xer] <g → j> **I.** *vt* ① *(buscar)* abholen; **te voy a ~ a la estación** ich hole dich vom Bahnhof ab; **recogen las cartas a las ocho** die Briefkästen werden um acht geleert ② *(coger)* einsammeln; *(ordenar)* aufräumen; *(guardar)* wegräumen; ~ **del suelo** vom Boden aufheben; **¡es hora de ~!** Schluss für heute! ③ *(juntar)* sammeln ④ *(cosecha)* ernten; ~ **la fruta de su trabajo** die Früchte seiner Arbeit ernten; **quien siembra vientos, recoge tempestades** *(prov)* wer Wind sät, wird Sturm ernten ⑤ *(acoger)* aufnehmen ⑥ *(arremangar: vestido)* raffen; *(pantalón)* hochziehen ⑦ *(cabello)* hochstecken ⑧ *(enrollar: velas)* einholen; *(cortinas)* zusammenraffen **II.** *vr:* **~se** ① *(a casa)* nach Hause gehen; *(a la cama)* ins Bett gehen ② (REL) sich sammeln
recogida [rreko'xiða] *f (juntar)* Einsammeln *nt; (buscar)* Abholen *nt;* ~ **de basuras** Abfallentsorgung *f;* ~ **de beneficios** (FIN) Gewinnmitnahme *f;* ~ **del correo** Briefkastenleerung *f;* ~ **de equipajes** (AERO) Gepäckausgabe *f*
recogido, -a [rreko'xiðo, -a] *adj* ① *(acogedor)* gemütlich ② *(retirado)* zurückgezogen
recogimiento [rrekoxi'mjento] *m (devoción)* Andacht *f; (retraimiento)* Zurückgezogenheit *f;* **oímos la misa con ~** wir haben andächtig die Messe gehört

recolección [rrekoleʸ'θjon] *f* (AGR) Ernte *f; (periodo)* Erntezeit *f*
recolectar [rrekolek'tar] *vt* ① *(cosas)* sammeln ② *(frutos)* ernten
recolector(a) [rrekolek'tor(a)] **I.** *adj* ① *(de dinero)* (ein)sammelnd ② *(de cosecha)* Ernte- **II.** *m(f)* ① *(de dinero)* Sammler(in) *m(f)* ② *(cosechador)* Pflücker(in) *m(f)*
recoleto[1] [rreko'leto] *m* (in Klausur lebender) Mönch *m*
recoleto, -a[2] [rreko'leto, -a] *adj* zurückgezogen, einsam
recomendable [rrekomen'daβle] *adj* ratsam
recomendación [rrekomenda'θjon] *f* Empfehlung *f;* **con la ayuda de tu ~** auf deine Empfehlungen hin; **por ~ de mi médico** auf Empfehlung meines Arztes; **al ser hijo del alcalde tiene muchas recomendaciones** als Sohn des Bürgermeisters hat er gute Beziehungen
recomendado, -a [rrekomen'daðo, -a] **I.** *adj (precio)* unverbindlich; **precio de venta al público ~** unverbindliche Preisempfehlung **II.** *m, f (enchufado)* Schützling *m*
recomendar [rrekomen'dar] <e → ie> *vt* empfehlen; **nos recomendó no salir de casa** er/sie riet uns, nicht aus dem Haus zu gehen
recomerse [rreko'merse] *vr* sich innerlich verzehren; **~se de envidia** vor Neid platzen; **se recome porque no lo invitaron** er kann es nicht verwinden, dass er nicht eingeladen worden ist
recompensa [rrekom'pensa] *f,* **recompensación** [rrekompensa'θjon] *f* Belohnung *f;* **ofrecer una ~ de 50 euros por algo** eine Belohnung von 50 Euro für etw aussetzen; **¿es esta la ~ a todos mis esfuerzos?** ist das der Dank für (all) meine Mühe?; **en ~** als Belohnung
recompensable [rrekompen'saβle] *adj* ausgleichbar; **lo que has hecho por nosotros es difícilmente ~** was du für uns getan hast, ist kaum angemessen zu belohnen
recompensar [rrekompen'sar] *vt* ① *(a alguien)* belohnen (**de/por** für +*akk*); ~ **de un daño** entschädigen; **fue recompensado por sus gastos** ihm wurden seine Auslagen vergütet ② *(un servicio)* vergüten
recomponer [rrekompo'ner] *vt irr como poner* reparieren
reconcentrar [rrekonθen'trar] **I.** *vt* konzentrieren (**en** auf +*akk*) **II.** *vr:* **~se** sich in Gedanken vertiefen; **~se en algo** sich in etw vertiefen

reconciliación [rrekon̪θilja'θjon] *f* Versöhnung *f;* **darse la mano en señal de ~** sich *dat* die Hand zur Versöhnung reichen

reconciliador(a) [rrekon̪θilja'ðor(a)] *adj* versöhnend, versöhnlich

reconciliar [rrekon̪θi'ljar] **I.** *vt* versöhnen **II.** *vr:* **~se** sich versöhnen

reconcomio [rrekoŋ'komjo] *m sin pl* Groll *m,* Gram *m*

recóndito, -a [rre'kon̪dito, -a] *adj* verborgen; **la casa está en lo más ~ del bosque** das Haus ist tief im Wald verborgen; **en lo más ~ de mi corazón** im Innersten meines Herzens

reconducir [rrekon̪du'θir] *irr como traducir vt* ① *(dirigir)* zurückführen ② (JUR: *un contrato*) verlängern

reconfortante [rrekoɱfor'tan̪te] *adj* Trost bringend

reconfortar [rrekoɱfor'tar] *vt* trösten

reconocer [rrekono'θer] *irr como crecer* **I.** *vt* ① *(identificar)* erkennen; **~ por la voz** an der Stimme erkennen; **el pintor reconoció el cuadro como suyo** der Maler hat das Bild als seins erkannt ② *(admitir)* zugestehen; *(un error)* zugeben; **~ como hijo** als Sohn anerkennen ③ *(examinar)* überprüfen; (MED) untersuchen ④ (POL) anerkennen ⑤ (MIL) aufklären ⑥ *(advertir)* erkennen; **reconociendo que...** in der Erkenntnis, dass ... **II.** *vr:* **~se** ① *(declararse)* sich bekennen; **~se culpable** sich schuldig bekennen ② *(loc)* **no se reconoció a sí misma** sie kannte sich selbst nicht mehr; **no me reconocí en la novela** ich habe mich in dem Roman nicht wiedererkannt

reconocible [rrekono'θiβle] *adj* erkennbar

reconocido, -a [rrekono'θiðo, -a] *adj* *(agradecido)* dankbar

reconocimiento [rrekonoθi'mjen̪to] *m* ① (POL) Anerkennung *f;* **el no ~ de Bosnia-Herzegovina** die Nichtanerkennung von Bosnien-Herzegowina ② *(exploración)* Erkundung *f;* **~ médico** ärztliche Untersuchung; **~ precoz** (MED) Früherkennung *f;* **vuelo de ~** Aufklärungsflug *m* ③ *(gratitud)* Dankbarkeit *f;* **en ~ de mi labor** als Dank für meine Leistungen ④ (INFOR) **~ de errores** Fehlererkennung *f*

reconquista [rrekoŋ'kista] *f* Wiedereroberung *f;* (HIST) die Reconquista

reconquistar [rrekoŋkis'tar] *vt* zurückerobern; *(fig)* wiedergewinnen

reconstitución [rreko^{n}stitu'θjon] *f* Wiederherstellung *f*

reconstituir [rreko^{n}stitu'ir/rreko^{n}sti'twir] *vt irr como huir* ① *(restablecer)* wiederherstellen ② *(rehacer)* rekonstruieren; **~ una escena histórica** eine Szene historisch getreu nachbilden

reconstituyente [rreko^{n}stitu'ɟen̪te] *m* (MED) Kräftigungsmittel *nt*

reconstrucción [rreko^{n}stru^{ɣ}'θjon] *f* ① *(país)* Wiederaufbau *m* ② (JUR) Rekonstruktion *f*

reconstruir [rreko^{n}stru'ir/rreko^{n}s'trwir] *vt irr como huir* ① *(reedificar)* wieder aufbauen ② *(componer)* rekonstruieren; *(completar)* zusammenfügen

recontar [rrekon̪'tar] <o → ue> *vt* ① *(cantidad)* nachzählen; *(votos)* zählen ② *(cuento)* nacherzählen

recontra [rre'kon̪tra] *(Am: fam)* **¡idiota! – ¡que te ~!** Blödmann! – selber Blödmann!

recontrabueno, -a [rrekon̪tra'βweno, -a] *adj (Am: fam)* echt gut

reconvenir [rrekombe'nir] *vt irr como venir* *(reprender)* tadeln (**por** wegen +*gen/dat*)

reconversión [rrekomber'sjon] *f* *(cambio)* Umstellung *f;* *(adaptación)* Anpassung *f;* **~ industrial** Umstrukturierung *f* der Industrie; **~ profesional** Umschulung *f*

reconvertir [rrekomber'tir] *vt irr como sentir* umstellen

Recopa [rre'kopa] *f* (DEP) Pokal *m* der Pokalsieger

recopilación [rrekopila'θjon] *f* Sammlung *f*

recopilar [rrekopi'lar] *vt* zusammenstellen

récord ['rrekor$^{(ð)}$] <récords> *m* Rekord *m*

recordable [rrekor'ðaβle] *adj* erinnerlich, erinnerungswert, erinnerungswürdig

recordar [rrekor'ðar] <o → ue> **I.** *vi, vt* ① *(acordarse)* sich erinnern (an +*akk*) ② *(traer a la memoria, semejar)* erinnern (an +*akk*); **recuérdale a mamá que me traiga el libro** erinnere Mama daran, dass sie mir das Buch mitbringen soll; **este paisaje me recuerda (a) la Toscana** diese Landschaft erinnert mich an die Toskana; **si mal no recuerdo** wenn ich mich recht erinnere **II.** *vi, vr:* **~se** *(Arg, Méx: despertarse)* aufwachen **III.** *vr:* **~se** *(acordarse)* sich erinnern

recordatorio [rrekorða'torjo] *m* ① *(comunión)* Erinnerungskarte *f* zur Kommunion; *(fallecimiento)* Todesanzeige *f* ② *(advertencia)* Mahnung *f* (**de** an +*akk*)

recorrer [rreko'rrer] *vt* ① *(atravesar)* durchqueren; *(viajar por)* bereisen; **~ Europa en bicicleta** mit dem Fahrrad durch Europa reisen ② *(trayecto)* zurücklegen; **recorrimos tres kilómetros a pie** wir sind drei Kilometer zu Fuß gelaufen ③ *(registrar)* durchsuchen; *(terreno)* absuchen

④ *(texto)* überlesen; ~ **con la vista** überfliegen

recorrida [rreko'rriðа] *f (Arg)*, **recorrido** [rreko'rriðo] *m* ① *(trayecto, itinerario)* Strecke *f; (a pie)* Wegstrecke *f; (en coche)* Fahrstrecke *f; (en tren)* Bahnstrecke *f;* **vuelo de corto/largo** ~ Kurz-/Langstreckenflug *m;* **tren de largo** ~ Fernzug *m* ② *(vuelta)* Tour *f;* **su** ~ **por la biblioteca le fue muy útil** sein/ihr Gang durch die Bibliothek war sehr ergiebig

recorrido [rreko'rriðo] *m* ① *(trayecto, itinerario)* Strecke *f; (a pie)* Wegstrecke *f; (en coche)* Fahrstrecke *f;* **vuelo de corto/largo** ~ Kurz-/Langstreckenflug *m* ② *(vuelta)* Tour *f*

recortable [rrekor'taβle] *adj* zum Ausschneiden; **muñeca** ~ Anziehpuppe *f*

recortar [rrekor'tar] **I.** *vt* ① *(figuras)* ausschneiden; *(barba, uñas)* schneiden; *(quitar)* abschneiden ② *(disminuir)* kürzen **II.** *vr:* **~se** sich abzeichnen; **el perfil de las montañas se recorta sobre el horizonte** die Silhouette der Berge zeichnet sich am Horizont ab

recorte [rre'korte] *m* ① *(periódico)* Ausschnitt *m* ② *(rebajamiento)* Kürzung *f* ③ *pl (cortaduras)* Abfall *m;* **~s de papel** Papierschnitzel *mpl o ntpl;* **~s de tela** Stoffreste *mpl*

recoser [rreko'ser] *vt* nachnähen, flicken, ausbessern

recostar [rrekos'tar] <o → ue> **I.** *vt (apoyar)* (auf)stützen (**en/sobre** auf +*akk*); *(inclinar)* (an)lehnen (**contra/en** an/gegen +*akk*); ~ **la espalda contra una columna** sich mit dem Rücken gegen eine Säule lehnen **II.** *vr:* **~se** *(inclinarse)* sich (an)lehnen (**contra/en** an/gegen +*akk*); *(apoyarse)* sich (auf)stützen (**en/sobre** auf +*akk*)

recoveco [rreko'βeko] *m* ① *(escondrijo)* Schlupfwinkel *m* ② *(falta de claridad)* Undurchschaubarkeit *f;* **sin** ~ ehrlich; **persona con** ~ undurchsichtige Person ③ *(vuelta)* Biegung *f*

recreación [rrekrea'θjon] *f* ① *(reproducción)* Nachahmung *f* ② *(diversión)* Zeitvertreib *m*

recrear [rrekre'ar] **I.** *vt* ① *(reproducir)* nachahmen ② *(divertir)* unterhalten **II.** *vr:* **~se** sich zerstreuen; **se recrea contemplando cuadros** er/sie schaut sich *dat* gern Bilder an

recreativo, -a [rrekrea'tiβo, -a] *adj* entspannend; (**salón de juegos**) **~s** Spielhölle *f*

recrecer [rrekre'θer] *irr como crecer* **I.** *vt* vergrößern **II.** *vi* ① *(aumentar)* sich vergrößern ② *(ocurrir de nuevo)* wieder geschehen **III.** *vr:* **~se** *(cobrar bríos)* wieder aufleben

recreo [rre'kreo] *m* (Schul)pause *f;* **de** ~ Freizeit-; **casa de** ~ Wochenendhaus *nt;* **puerto de** ~ Jachthafen *m*

recriminación [rrekrimina'θjon] *f* ① *(reproche)* Vorwurf *m* ② *(acusación)* Beschuldigung *f*

recriminar [rrekrimi'nar] *vt* ① *(reprochar)* Vorwürfe machen +*dat* ② *(acusar)* beschuldigen

recriminatorio, -a [rrekrimina'torjo, -a] *adj (con reproches)* vorwurfsvoll; *(acusando)* beschuldigend

recrudecer [rrekruðe'θer] *vi, vr irr como crecer* **~se** sich verschlimmern; *(conflicto)* sich verschärfen

recrudecimiento [rrekruðeθi'mjen̩to] *m* Verschlimmerung *f; (combate)* Verschärfung *f*

recta ['rrekta] *f* Gerade *f;* **entrar en la** ~ **final** (DEP: *t. fig*) in die Zielgerade einlaufen

rectamente [rrekta'men̩te] *adv (honradamente)* redlich

rectangular [rrektaŋgu'lar] *adj* rechteckig

rectángulo[1] [rrek'taŋgulo] *m* Rechteck *nt*

rectángulo, -a[2] [rrek'taŋgulo, -a] *adj* rechtwinklig

rectificación [rrektifika'θjon] *f (corrección)* Berichtigung *f; (de alguien)* Verbesserung *f*

rectificador[1] [rrektifika'ðor] *m* Gleichrichter *m*

rectificador(a)[2] [rrektifika'ðor(a)] *adj* berichtigend

rectificar [rrektifi'kar] <c → qu> *vt* ① *(corregir)* berichtigen; *(a alguien)* verbessern ② *(carretera)* begradigen

rectilíneo, -a [rrekti'lineo, -a] *adj* ① *(forma)* geradlinig ② *(persona)* streng

rectitud [rrekti'tuᵒ] *f (honradez)* Rechtschaffenheit *f*

recto[1] ['rrekto] *m* (ANAT) Mastdarm *m*

recto, -a[2] ['rrekto, -a] *adj* ① (*t.* MAT: *forma*) gerade; **ángulo** ~ rechter Winkel; **línea recta** Gerade *f* ② *(sin desviarse)* geradewegs; *(dirección)* geradeaus; **siga todo** ~ gehen Sie geradeaus weiter ③ *(honrado)* rechtschaffen

rector(a) [rrek'tor(a)] **I.** *adj* leitend **II.** *m(f)* Rektor(in) *m(f)*

rectorado [rrekto'raðo] *m* Rektorat *nt*

recua ['rrekwa] *f* Herde *f (von Lasttieren);* **con él llegó toda su** ~ **de amigos** *(fam)* mit ihm kam eine ganze Horde von Freunden

recuadro [rre'kwaðro] *m (casilla)* Kästchen *nt*

R

recubrimiento [rrekuβri'mjeṇto] *m* Beschichtung *f*

recubrir [rreku'βrir] *vt irr como abrir* überziehen

recuento [rre'kweṇto] *m* Nachzählung *f;* ~ **de votos** Stimmenauszählung *f*

recuerdo [rre'kwerðo] *m* ❶ *(evocación)* Erinnerung *f;* **en** [*o* **como**] ~ **de nuestro encuentro** zum Andenken an unsere Begegnung; **traer al** ~ ins Gedächtnis rufen; **tener un buen** ~ **de algo** etw in guter Erinnerung haben ❷ *(de un viaje)* Souvenir *nt* ❸ *pl (saludos)* Grüße *mpl;* **dales muchos ~s de mi parte** sag ihnen viele Grüße von mir; **María te manda muchos ~s** María lässt dich herzlich grüßen

recular [rreku'lar] *vi* ❶ *(retroceder)* zurückweichen; *(automóvil)* rückwärtsfahren; *(para aparcar)* (rückwärts) einparken ❷ *(fam: ceder)* nachgeben

recuperable [rrekupe'raβle] *adj* (zu)rückgewinnbar; *(material)* wiederverwertbar; **no** ~ *(estado)* nicht wiederherstellbar; *(material)* nicht wiederverwertbar

recuperación [rrekupera'θjon] *f* ❶ *(recobrar)* Wiedergewinnung *f;* ~ **de datos** (INFOR) Datenwiederherstellung *f* ❷ (ECON) Aufschwung *m;* ~ **de las cotizaciones** Kurserholung *f;* **la** ~ **de los precios** das Wiederanziehen der Preise ❸ *(enfermo)* Genesung *f* ❹ *(materiales)* Recycling *nt* ❺ *(asignatura)* Bestehen *nt;* **examen de** ~ Wiederholungsklausur *f* ❻ *(rescate)* Bergung *f*

recuperar [rrekupe'rar] **I.** *vt* ❶ *(recobrar)* wiedererlangen; (MIL) zurückerobern ❷ *(tiempo)* nachholen ❸ *(papel, hierro)* wiederverwerten ❹ *(rescatar)* bergen ❺ *(asignatura)* (im zweiten Anlauf) bestehen; **mi hijo no recuperó la física en el examen de septiembre** mein Sohn ist bei der Physikprüfung auch im zweiten Anlauf im September durchgefallen **II.** *vr:* **~se** sich erholen

recurrencia [rreku'rreṇθja] *f* (MAT) Rekursion *f*

recurrir [rreku'rrir] *vi* ❶ (JUR) Beschwerde einlegen ❷ *(dirigirse)* sich wenden (**a** an +*akk*); *(acudir)* zurückgreifen (**a** auf +*akk*); ~ **a la justicia** den Rechtsweg beschreiten; ~ **a todos los medios** alle Hebel in Bewegung setzen; **no tener a quien** ~ niemanden haben, an den man sich wenden kann; **si no me pagas ~é a un abogado** wenn du nicht zahlst, werde ich einen Anwalt einschalten

recurso [rre'kurso] *m* ❶ (JUR) ~ (**de apelación**) Berufung *f;* ~ **de amparo** Verfassungsbeschwerde *f;* ~ **de queja** Beschwerde *f;* **interponer un** ~ **contra la sentencia** gegen das Urteil Einspruch erheben ❷ *(remedio)* Hilfe *f;* *(expediente)* Zuflucht *f;* **no me queda otro** ~ **que...** es bleibt mir nichts anderes übrig als ... ❸ *pl (bienes)* Mittel *ntpl;* **familias sin ~s** mittellose Familien ❹ *pl (reservas)* Vorräte *mpl;* **~s naturales** natürliche Ressourcen; **el país cuenta con abundantes ~s minerales** das Land ist reich an Bodenschätzen ❺ *(loc)* **ser una persona de ~s** ein findiger Kopf sein

recusación [rrekusa'θjon] *f* (*t.* JUR) Ablehnung *f*

recusar [rreku'sar] *vt* ablehnen

red [rre^ð] *f* Netz *nt;* ~ **comercial** Vertriebsnetz *nt;* ~ **fluvial** Flussnetz *nt;* ~ **social** soziales Netzwerk; ~ **vial** Straßennetz *nt;* ~ **eléctrica** Stromnetz *nt;* ~ **ferroviaria** Schienennetz *nt;* **echar las ~es** die Netze auswerfen; **han desarticulado una** ~ **de carteristas** sie haben einen Ring von Taschendieben zerschlagen; **caer en la** ~ *(fig)* in die Falle gehen

redacción [rreðaᵞ'θjon] *f* ❶ (ENS) Aufsatz *m* ❷ (PREN) Redaktion *f*

redactar [rreðak'tar] *vt* verfassen; *(documento)* aufsetzen; *(testamento)* abfassen

redactor(a) [rreðak'tor(a)] *m(f)* Verfasser(in) *m(f);* (PREN) Redakteur(in) *m(f)*

redada [rre'ðaða] *f* ❶ *(de la policía)* Razzia *f* ❷ *(pescado, t. fig)* Fischzug *m*

redargüir [rreðar'ɣwir] <gü → gu> *vt* widerlegen; (JUR) anfechten, zurückweisen

redecilla [rreðe'θiʎa] *f (pelo)* Haarnetz *nt;* *(equipaje)* Gepäcknetz *nt*

rededor [rreðe'ðor] *m* **al** [*o* **en**] ~ ringsherum; **al** ~ **de la casa** rings um das Haus

redención [rreðeṇ'θjon] *f* ❶ (REL) Erlösung *f* ❷ *(cautivo)* Befreiung *f* ❸ *(finca)* Ablösung *f*

redentor(a) [rreðeṇ'tor(a)] *m(f)* Erlöser(in) *m(f)*

redicho, -a [rre'ðitʃo, -a] *adj (fam)* affektiert

redil [rre'ðil] *m* Pferch *m;* **volver al** ~ *(fig)* wieder auf den rechten Weg kommen

redimir [rreði'mir] *vt* ❶ (REL) erlösen ❷ *(esclavo)* loskaufen ❸ *(finca)* ablösen

rediós [rre'ðjos] *interj (fam)* oh Gott!, meine Güte!

redistribución [rreðistriβu'θjon] *f* Umverteilung *f*

redistribuir [rreðistri'βwir] *vt irr como huir* umverteilen; ~ **la riqueza** den Wohlstand umverteilen

rédito ['rreðito] *m* Rendite *f*

redituar [rreðitu'ar] <*3. pres* reditúa> *vt* bringen, abwerfen

R

redoblado, **-a** [rreðo'βlaðo, -a] *adj* verdoppelt, verstärkt

redoblar [rreðo'βlar] **I.** *vt* ① *(aumentar)* verdoppeln ② *(clavo)* umbiegen **II.** *vi (tambor)* einen Trommelwirbel schlagen; *(tormenta, t. fig)* heftiger werden

redomado, **-a** [rreðo'maðo, -a] *adj* gerissen

redonda [rre'ðoṇda] *f* ① *(dehesa)* Aue *f;* **en tres kilómetros a la ~** im Umkreis von drei Kilometern ② (MÚS) ganze Note *f*

redondear [rreðoṇde'ar] *vt* (ab)runden; **~ por defecto/por exceso** ab-/aufrunden

redondel [rreðoṇ'del] *m* Kreis *m*

redondela [rreðoṇ'dela] *f* ① *(Arg, Chil: objeto circular)* kreisförmiges Objekt *nt* ② *(Chil: fam: círculo)* Kreis *m*

redondez [rreðoṇ'deθ] *f* Rundung *f;* **en toda la ~ de la Tierra** auf dem ganzen Erdenrund

redondo, **-a** [rre'ðoṇdo, -a] *adj (circular, t.* MAT) rund; *(redondeado)* abgerundet; **mirar con unos ojos ~s como platos** anstarren; **hacer un negocio ~** ein gutes Geschäft machen; **se cayó ~** *(derrumbarse)* er/sie ist der Länge nach hingefallen; *(quedarse mudo)* ihm/ihr blieb die Sprache weg; **negarse en ~** sich rundheraus weigern

reducción [rreðuʸ'θjon] *f* ① *(disminución, t.* QUÍM) Reduktion *f; (de precios, gastos)* Senkung *f; (rebaja)* Rabatt *m; (de personal)* Abbau *m;* **~ de la jornada laboral** Arbeitszeitverkürzung *f* ② (ECON) Kürzung *f;* (JUR) Minderung *f* ③ *(fotografía, dibujo)* Verkleinerung *f* ④ (FÍS, MAT) Reduktion *f;* **~ de quebrados** Bruchkürzung *f;* **tabla de ~** Umrechnungstabelle *f* ⑤ (MED) Einrenken *nt*

reducible [rreðu'θiβle] *adj* reduzierbar; (MAT) zerlegbar

reducido, **-a** [rreðu'θiðo, -a] *adj* klein; *(estrecho)* eng; *(precio)* ermäßigt, niedrig; **a precios ~s** zu herabgesetzten Preisen; **a escala reducida** in verkleinertem Maßstab

reducir [rreðu'θir] *irr como traducir* **I.** *vt* ① *(disminuir, t.* QUÍM) reduzieren; *(personal)* abbauen; *(gastos)* senken; *(precios)* herabsetzen ② *(foto, dibujo)* verkleinern; **~ de escala** in einem kleineren Maßstab wiedergeben ③ *(someter)* unterwerfen; **la policía redujo al agresor** die Polizei überwältigte den Täter ④ *(convertir)* verwandeln (**a** in +*akk*); **el fuego redujo la casa a cenizas** bei dem Feuer brannte das Haus völlig nieder; **~/quedar reducido a escombros** in Schutt und Asche legen/liegen; **~ al absurdo algo** etw ad absurdum führen ⑤ *(limitar)* beschränken (**a** auf +*akk*) ⑥ *(resumir)* zusammenfassen; *(acortar)* kürzen ⑦ (MED) einrenken ⑧ (MAT) umrechnen; **~ al común denominador** *(t. fig)* auf einen gemeinsamen Nenner bringen **II.** *vi* (AUTO) zurückschalten **III.** *vr:* **~se** sich beschränken (**a** auf +*akk*)

reductor[1] [rreðuk'tor] *m* (QUÍM) Reduktionsmittel *nt*

reductor(a)[2] [rreðuk'tor(a)] *adj* reduzierend; (QUÍM) reduktiv, Reduktions-

redundancia [rreðuṇ'daṇθja] *f* Redundanz *f*

redundante [rreðuṇ'daṇte] *adj* überflüssig

redundar [rreðuṇ'dar] *vi* **eso redunda en beneficio nuestro** das liegt in unserem eigenen Interesse; **eso redunda en beneficio de todos** das wirkt sich vorteilhaft für alle aus; **eso ~á en perjuicio vuestro** das wird schlimme Folgen für euch haben

reduplicar [rreðupli'kar] <c → qu> *vt* verdoppeln; (LING) reduplizieren

reedición [rre(e)ði'θjon] *f* Neuauflage *f*

reedificación [rre(e)ðifika'θjon] *f* Wiederaufbau *m*

reedificar [rre(e)ðifi'kar] <c → qu> *vt* wieder aufbauen

reeditar [rre(e)ði'tar] *vt* neu auflegen

reeducar [rre(e)ðu'kar] <c → qu> *vt* heilgymnastisch behandeln

reelaborar [rre(e)laβo'rar] *vt* ① *(producto)* wiederverarbeiten ② *(idea)* neu erfassen, neu gestalten; **tenemos que ~ el proyecto** wir müssen das Projekt neu gestalten

reelección [rre(e)leʸ'θjon] *f* Wiederwahl *f*

reelegir [rre(e)le'xir] *vt irr como elegir* wiederwählen

reembolsar [rre(e)mbol'sar] *vt* zurückerstatten

reembolso [rre(e)m'bolso] *m (devolución)* Rückerstattung *f;* **me enviarán el paquete contra ~** ich bekomme das Paket per Nachnahme geschickt

reemplazar [rre(e)mpla'θar] <z → c> *vt* ersetzen; *(representar)* vertreten

reemplazo [rre(e)m'plaθo] *m* ① *(sustitución)* Austausch *m;* (DEP) Auswechseln *nt* ② *(tropas)* Reserve *f;* **ser del mismo ~** demselben Jahrgang angehören

reencarnación [rre(e)ŋkarna'θjon] *f* Reinkarnation *f*

reencarnar [rre(e)ŋkar'nar] *vi, vr:* **~se** wiedergeboren werden

reencontrar [rre(e)ŋkoṇ'trar] <o → ue> *vt* wiedertreffen

reencuentro [rre(e)ŋ'kweṇtro] *m* ① *(en-*

R

cuentro) Wiedersehen ② *(choque)* Zusammenstoß *m* ③ (MIL) Gefecht *nt*

reenganchar [rre(e)ŋgan'ʧar] **I.** *vt* wieder anwerben **II.** *vr:* **~se** ① (MIL) sich weiter verpflichten ② *(fig: droga)* wieder süchtig werden

reenviar [rre(e)mbi'ar] <*1. pres* reenvío> *vt (al remitente)* zurückschicken (**a** an +*akk*); *(a un nuevo destinatario)* weitersenden (**a** an +*akk*)

reenvío [rre(e)m'bio] *m (al remitente)* Rücksendung *f* (**a** an +*akk*); *(a un destinatario)* Weitersendung *f* (**a** an +*akk*)

reestructuración [rre(e)struktura'θjon] *f* (ECON) Umstrukturierung *f;* **~ financiera** finanzielle Umstrukturierung

reestructurar [rre(e)struktu'rar] *vt* umstrukturieren

reexaminar [rre(e)ʸsami'nar] *vt* überprüfen

reexpedir [rre(e)espe'ðir] *vt irr como pedir (al remitente)* zurückschicken (**a** an +*akk*); *(a un nuevo destinatario)* weitersenden (**a** an +*akk*); **¡reexpídase a manos del destinario!** bitte nachsenden!

refacción [rrefaʸ'θjon] *f* Imbiss *m,* Stärkung *f*

refaccionar [rrefaʸθjo'nar] *vt (Am: edificios)* renovieren, restaurieren

refajo [rre'faxo] *m (de tela gruesa)* Flanellrock *m; (combinación)* Unterrock *m*

referencia [rrefe'ren̩θja] *f* ① *(relación)* Bezug *m; (alusión)* Anspielung *f* (**a** auf +*akk*); *(indicación)* Hinweis *m* (**a** auf +*akk*); **punto de ~** Anhaltspunkt *m;* **con ~ a** bezüglich +*gen;* **hacer una pequeña ~ a alguien** jdn am Rande erwähnen ② *pl (informes)* Referenzen *f pl* ③ *(nota)* (Akten)zeichen *nt;* **nuestra/su ~** *(en un escrito)* unser/Ihr Zeichen ④ *(relato)* Erzählung *f*

R

referendo [rrefe'ren̩do] *m,* **referéndum** [rrefe'ren̩dun] <referéndums> *m (popular)* Volksabstimmung *f; (sindical)* Urabstimmung *m*

referente [rrefe'ren̩te] *adj* bezüglich (**a** +*gen*); (**en lo**) **~ a su queja** mit Bezug auf Ihre Klage

referible [rrefe'riβle] *adj* relevant, erwähnenswert

referir [rrefe'rir] *irr como sentir* **I.** *vt* berichten **II.** *vr:* **~se** sich beziehen (**a** auf +*akk*); **en** [*o* **por**] **lo que se refiere a nuestras relaciones** was unsere Beziehungen betrifft; **no me estaba refiriendo a Ud.** damit habe ich nicht Sie gemeint

refilón [rrefi'lon] **mirar de ~** schräg ansehen; **el sol da en mi ventana de ~** die Sonne scheint nicht direkt in mein Zimmer

refinado, -a [rrefi'naðo, -a] *adj* raffiniert

refinamiento [rrefina'mjen̩to] *m* Raffinesse *f*

refinanciar [rrefinan̩'θjar] *vt* (FIN) refinanzieren; *(créditos)* umschulden; **~ la deuda** die Schulden refinanzieren

refinar [rrefi'nar] **I.** *vt (petróleo, azúcar)* raffinieren; *(grasas)* verfeinern; *(metal)* veredeln **II.** *vr:* **~se** sich *dat* bessere Manieren angewöhnen

refinería [rrefine'ria] *f* Raffinerie *f*

refino, -a [rre'fino, -a] *adj* hochfein

reflectar [rreflek'tar] *vi* (FÍS) reflektieren

reflector[1] [rreflek'tor] *m (foco)* Rückstrahler *m*

reflector(a)[2] [rreflek'tor(a)] *adj* reflektierend

reflejar [rrefle'xar] **I.** *vi, vt* widerspiegeln; **tus palabras reflejan miedo** deine Worte verraten Angst **II.** *vr:* **~se** sich (wider)spiegeln

reflejo[1] [rre'flexo] *m* ① *(luz)* Reflex *m;* **las esmeraldas despiden unos preciosos ~s verdes** Smaragde haben einen wunderschönen grünen Glanz ② *(imagen)* (Wider)spiegelung *f;* **su comportamiento es un fiel ~ de su estado de ánimo** sein/ihr Verhalten spiegelt seinen/ihren Gemütszustand genau wider ③ (MED, PSICO) Reflex *m;* **para ello hay que ser rápido de ~s** dafür braucht man sehr gute Reflexe

reflejo, -a[2] [rre'flexo, -a] *adj* reflektiert; **dolor ~** ausstrahlender Schmerz; **movimiento ~** Reflexbewegung *f*

reflexión [rrefleʸ'sjon] *f* ① *(consideraciones)* Überlegung *f* ② *(rayos)* Reflexion *f*

reflexionar [rrefleʸsjo'nar] *vi, vt* nachdenken (**sobre/en** über +*akk*); **reflexiona bien antes de dar ese paso** überleg es dir gut, bevor du diesen Schritt unternimmst

reflexividad [rrefleʸsiβi'ðaᵈ] *f* (FILOS) Reflexivität *f*

reflexivo, -a [rrefleʸ'siβo, -a] *adj* ① *(sensato)* besonnen; *(reflectante)* nachdenklich ② (LING) reflexiv

reflotar [rreflo'tar] *vt* (*t.* NÁUT) wieder flottmachen

refluir [rreflu'ir] *vi irr como huir* zurückfließen

reflujo [rre'fluxo] *m* Ebbe *f*

refocilarse [rrefoθi'larse] *vr (pey)* sich weiden (**con/en** an +*dat*)

reforestación [rreforesta'θjon] *f* (Wieder)aufforstung *f*

reforestar [rrefores'tar] *vt* (wieder) aufforsten

reforma [rre'forma] *f* ① *(mejora)* Verbesserung *f; (modificación)* Reform *f;* **~ educativa** Schulreform *f;* **~ monetaria** Währungsreform *f;* ~ **del sistema tributario** Steuerreform *f* ② (ARQUIT: *reestructuración*) Umbau *m;* *(renovación)* Renovierung *f;* **hacer una ~ en el cuarto de baño** das Badezimmer renovieren ③ (REL) **R~ Protestante** Reformation *f* ④ *(reparación)* Wiederherstellung *f*

reformación [rreforma'θjon] *f* ① *(mejora)* Verbesserung *f;* *(del comportamiento)* Besserung *f* ② *(modificación)* Reform *f*

reformado, -a [rrefor'maðo, -a] **I.** *adj* ① *(iglesia)* reformiert ② *(protestante)* protestantisch; **religión reformada** Protestantismus *m* **II.** *m, f* ① *(protestante)* Protestant(in) *m(f)* ② *(orden)* reformierter Orden *m* ③ *(miembro de una orden)* Angehörige(r) *f(m)* eines reformierten Ordens

reformador(a) [rreforma'ðor(a)] **I.** *adj* ① *(que mejora)* verbessernd; *(que modifica)* reformerisch, reformatorisch; *(partidario de reformas)* reformfreudig; **propuesta ~a** Verbesserungsvorschlag *m;* **política ~a** Reformpolitik *f* ② (REL) Reformations- **II.** *m(f)* ① *(ejecutor, partidario de reformas)* Reformer(in) *m(f)* ② (REL) Reformator(in) *m(f)*

reformar [rrefor'mar] **I.** *vt* ① *(mejorar)* verbessern; *(modificar)* reformieren; **~ su conducta** sich besser benehmen ② *(a alguien)* umerziehen ③ (ARQUIT: *reestructurar*) umbauen; *(renovar)* renovieren ④ (REL) reformieren ⑤ *(rehacer)* wiederherstellen ⑥ *(deshacer)* auflösen **II.** *vr:* **~se** sich bessern; **~se en el vestir** sich besser kleiden

reformativo, -a [rreforma'tiβo, -a] *adj* reformerisch, Reform-

reformatorio[1] [rreforma'torjo] *m* Erziehungsanstalt *f;* **~ para delincuentes juveniles** Jugendvollzugsanstalt *f*

reformatorio, -a[2] [rreforma'torjo, -a] *adj* *(que mejora)* verbessernd; *(que modifica)* reformerisch

reformismo [rrefor'mismo] *m sin pl* Reformismus *m*

reformista [rrefor'mista] **I.** *adj* *(que reforma)* Reform-; *(partidario de reformas)* reformfreudig; **tendencias ~s** Reformbestrebungen *fpl;* **ser ~** *(ejecutar reformas)* Reformen durchführen; *(ser partidario)* sich für Reformen einsetzen **II.** *mf* Reformer(in) *m(f)*

reforzado, -a [rrefor'θaðo, -a] *adj* verstärkt

reforzamiento [rreforθa'mjen̪to] *m* ① *(de algo)* Verstärkung *f;* *(con vigas)* Verstrebung *f* ② *(de alguien)* Ermutigung *f*

reforzar [rrefor'θar] *irr como forzar* **I.** *vt* ① *(fortalecer)* verstärken; *(con vigas)* verstreben ② *(animar)* ermutigen **II.** *vr:* **~se** Mut fassen

refractar [rrefrak'tar] **I.** *vt* brechen **II.** *vr:* **~se** sich brechen

refractario, -a [rrefrak'tarjo, -a] *adj* ① *(rebelde)* störrisch; **ser ~ a algo** etw ablehnen ② *(inmune)* immun (**a** gegen *+akk*) ③ (QUÍM, FÍS) feuerfest

refrán [rre'fran] *m* Sprichwort *nt*

refranero [rrefra'nero] *m* Sprichwörtersammlung *f*

refregar [rrefre'ɣar] *irr como fregar* **I.** *vt* ① *(frotar)* abreiben; **~ con un cepillo** scheuern; **~ la cacerola con un estropajo, ~ un estropajo por la cacerola** den Topf (mit einem Putzschwamm) blank scheuern ② *(fam: reprochar)* vorhalten; **~ algo a alguien (por las narices)** jdm etw unter die Nase reiben **II.** *vr:* **~se** sich (ab)reiben; **~se los ojos** sich *dat* die Augen reiben; **~se la manga contra la puerta recién pintada** mit dem Ärmel die frisch gestrichene Tür streifen

refrenar [rrefre'nar] **I.** *vt* zügeln **II.** *vr:* **~se** sich zügeln

refrendar [rrefren̪'dar] *vt* ① *(autorizar)* gegenzeichnen ② *(un pasaporte)* mit Sichtvermerk versehen ③ *(aceptar)* zustimmen *+dat*

refrescante [rrefres'kan̪te] *adj* *(que refresca)* kühl; *(a alguien)* erfrischend

refrescar [rrefres'kar] **I.** *vt* ① *(a algo)* abkühlen; *(a alguien)* erfrischen; **el baño me ha refrescado** das Bad war sehr erfrischend ② *(cosas olvidadas)* auffrischen; *(sentimiento)* neu aufleben lassen; **~ la memoria** dem Gedächtnis nachhelfen **II.** *vi* ① *(aire)* abkühlen ② *(dar fresco)* erfrischen; **esta bebida refresca mucho** das ist ein sehr erfrischendes Getränk ③ *(beber)* eine Erfrischung zu sich *dat* nehmen ④ *(reponerse)* sich ausruhen ⑤ *(viento)* auffrischen **III.** *vr:* **~se** ① *(aire, cosa)* (sich) abkühlen; **el día se ha refrescado** es ist kühler geworden ② *(persona: mojarse)* sich abkühlen, sich erfrischen; *(beber)* eine Erfrischung zu sich *dat* nehmen; **voy a ducharme para ~me** ich geh mich mal unter der Dusche abkühlen; **~se con una cerveza** sich mit einem Bier erfrischen ③ *(reponerse)* sich ausruhen ④ *(tomar el fresco)* an die frische Luft gehen ⑤ *(viento)* auffrischen **IV.** *vimpers* **por la tarde refresca** abends kühlt es ab

refresco [rre'fresko] *m* ① *(bebida)* Erfrischung *f;* *(gaseosa, naranjada)* Erfrischungsgetränk *nt* ② *(comidas y bebidas)* Imbiss *m;* *(refrigerio)* Snack *m*

refriega [rre'frjeɣa] *f* ① (MIL) Scharmüt-

R

zel *nt* ❷ *(fam: pelea)* Streit *m; (violenta)* Schlägerei *f*

refrigeración [rrefrixera'θjon] *f* Kühlung *f; (de una habitación)* Klimatisierung *f;* ~ **por aire/agua** Luft-/Wasserkühlung *f*

refrigerador[1] [rrefrixera'ðor] *m* ❶ *(nevera)* Kühlschrank *m; (cámara)* Kühlkammer *f; (instalación)* Kühlanlage *f* ❷ *(de un automóvil)* Kühler *m*

refrigerador(a)[2] [rrefrixera'ðor(a)] *adj* kühlend; **aparato** ~ *(para comestibles)* Kühlanlage *f; (para habitaciones)* Klimaanlage *f*

refrigeradora [rrefrixera'ðora] *f* *(Perú: nevera)* Kühlschrank *m*

refrigerante [rrefrixe'raṇte] **I.** *adj* kühlend, Kühl- **II.** *m* Kühlmittel *nt*

refrigerar [rrefrixe'rar] **I.** *vt (enfriar)* kühlen; *(una habitación)* klimatisieren **II.** *vr:* **~se** ❶ *(enfriarse)* (sich) abkühlen ❷ *(reponer fuerzas)* sich stärken

refrigerio [rrefri'xerjo] *m* Imbiss *m*

refucilo [rrefu'θilo] *m (Arg, Ecua)* Blitz *m*

refuerzo [rre'fwerθo] *m* ❶ *(reforzamiento)* Verstärkung *f; (viga)* Verstrebung *f; (parche)* Flicken *m* ❷ *(ayuda)* Unterstützung *f; (complemento)* Nachschub *m* ❸ *pl* (MIL) Verstärkung *f*

refugiado, -a [rrefu'xjaðo, -a] *m, f* Flüchtling *m*

refugiarse [rrefu'xjarse] *vr (en un lugar)* Zuflucht suchen (**en** in +*dat*); *(de algo)* sich in Sicherheit bringen (**de** vor +*dat*); ~ **en una mentira** zu einer Lüge greifen; **se refugió en mis brazos** er/sie suchte in meinen Armen Trost

refugio [rre'fuxjo] *m* ❶ *(protección, consuelo)* Zuflucht *f* (**de** vor +*dat*) ❷ *(lugar)* Zufluchtsort *m; (construcción)* Schutzhütte *f;* ~ (**montañero**) Berghütte *f* ❸ (MIL) Bunker *m* ❹ *(para mendigos)* Obdachlosenasyl *nt* ❺ *(persona)* Stütze *f* ❻ *(tráfico)* Verkehrsinsel *f*

refulgencia [rreful'xeṇθja] *f* Leuchten *nt*

refulgente [rreful'xeṇte] *adj* leuchtend, strahlend

refulgir [rreful'xir] <g → j> *vi* leuchten

refundición [rrefuṇdi'θjon] *f* Einschmelzung *f,* Umschmelzung *f,* Verschmelzung *f*

refundir [rrefuṇ'dir] **I.** *vt* ❶ *(metal: fundir)* einschmelzen; *(modificar)* umschmelzen ❷ *(revisar)* überarbeiten; *(libro)* neu bearbeiten ❸ *(reunir)* (miteinander) verschmelzen ❹ *(perder)* verlieren **II.** *vr:* **~se** ❶ *(reunirse)* verschmelzen ❷ *(AmC: perderse)* abhandenkommen

refunfuñar [rrefuɱfu'ɲar] *vi* murren

refunfuñón, -ona [rrefuɱfu'ɲon, -ona] **I.** *adj* mürrisch, brummig **II.** *m, f* Brummbär *m*

refutable [rrefu'taβle] *adj* widerlegbar

refutación [rrefuta'θjon] *f* ❶ *(acción, palabras)* Widerlegung *f* ❷ *(argumento)* (Gegen)argument *nt; (prueba)* (Gegen)beweis *m*

refutar [rrefu'tar] *vt* widerlegen

regadera [rreɣa'ðera] *f* ❶ *(recipiente)* Gießkanne *f* ❷ *(reguera)* Bewässerungsgraben *m* ❸ *(loc)* **estar como una ~** *(fam)* spinnen

regadío[1] [rreɣa'ðio] *m* Bewässerungsgelände *nt;* **estos campos son de ~** diese Felder werden (künstlich) bewässert

regadío, -a[2] [rreɣa'ðio, -a] *adj* ❶ *(de riego)* bewässert ❷ *(que se puede regar)* bewässerbar

regaifa [rre'ɣai̯fa] *f* (GASTR) Torte *f*

regalado, -a [rreɣa'laðo, -a] *adj* ❶ *(cómodo)* angenehm; **llevar una vida regalada** ein sorgloses Leben führen ❷ *(barato)* spottbillig; **vender algo a precio ~** etw zu Schleuderpreisen verkaufen ❸ *(delicado)* verweichlicht

regalar [rreɣa'lar] **I.** *vt* ❶ *(obsequiar)* schenken; **en esta tienda regalan la fruta** *(fig)* in diesem Laden ist Obst spottbillig ❷ *(mimar)* verwöhnen ❸ *(deleitar)* ergötzen ❹ *(acariciar)* liebkosen **II.** *vr:* **~se** ❶ *(llevar buena vida)* es sich *dat* gut gehen lassen; **~se la buena vida** ein sorgloses Leben führen ❷ *(proporcionarse)* sich *dat* gönnen (**con** +*akk*) ❸ *(deleitarse)* sich ergötzen (**con** an +*dat*)

regaliz [rreɣa'liθ] *m* ❶ *(golosina)* Lakritze *f* ❷ (BOT) Süßholzstrauch *m*

regalo [rre'ɣalo] *m* ❶ *(obsequio)* Geschenk *nt;* **a este precio el coche es un ~** zu diesem Preis ist der Wagen geschenkt ❷ *(gusto)* Genuss *m;* **~ para la vista** Augenschmaus *m* ❸ *(comodidad)* Komfort *m*

regalón, -ona [rreɣa'lon, -ona] *adj (fam)* verwöhnt

regalonear [rreɣalone'ar] **I.** *vi (Chil: fam: dejarse mimar)* sich verwöhnen lassen **II.** *vt (Arg, Chil: fam: mimar)* verwöhnen

regañadientes [rreɣaɲa'ðjeṇtes] **a ~** zähneknirschend

regañado, -a [rreɣa'ɲaðo, -a] *adj (boca)* schief; *(ojo)* nicht schließend

regañar [rreɣa'ɲar] **I.** *vt (fam)* schimpfen (mit +*dat*) **II.** *vi* ❶ *(reñir)* (sich) streiten; *(dejar de tener trato)* sich zerstreiten; **ha regañado con su novio** *(reñir)* sie hat sich mit ihrem Freund gestritten; *(separarse)* sie hat sich von ihrem Freund getrennt; **estoy regañado con mis vecinos** meine

Nachbarn und ich sind zerstritten ❷ *(refunfuñar)* murren

regañina [rreɣa'ɲina] *f* ❶ *(reprensión)* Schelte *f;* **echar una ~ a alguien** mit jdm schimpfen ❷ *(riña)* Reiberei *f;* **tener una ~ por algo** sich wegen etw *gen/dat* streiten

regaño [rre'ɣaɲo] *m* ❶ *(fam: reprensión)* Schelte *f;* **echar un ~ a alguien** mit jdm schimpfen ❷ *(gesto)* saure Miene *f*

regañón, -ona [rreɣa'ɲon, -ona] **I.** *adj* ❶ *(pendenciero)* streitsüchtig ❷ *(refunfuñón)* mürrisch **II.** *m, f* ❶ *(pendenciero)* Streithahn *m fam* ❷ *(refunfuñón)* Brummbär *m*

regar [rre'ɣar] *vt irr como fregar* ❶ *(con agua: una planta, el jardín)* gießen; *(las calles, el césped)* sprengen; (AGR) bewässern ❷ *(con un líquido)* vollspritzen; *(mojar)* nass machen; *(con algo menudo)* bestreuen; **~ el suelo con arena** Sand auf den Boden streuen; **~ la alfombra con pintura** Farbe auf dem Teppich verschütten; **~ algo con lágrimas** etw mit Tränen benetzen ❸ *(atravesar)* durchfließen

regata [rre'ɣata] *f* (DEP) Regatta *f*

regatear [rreɣate'ar] **I.** *vi* ❶ *(mercadear)* handeln ❷ *(hacer regates)* ausweichen **II.** *vt* ❶ *(debatir)* aushandeln ❷ *(escasear)* geizen (mit +*dat*); **no ~ esfuerzos** keine Mühen scheuen ❸ *(vender)* (wieder) verkaufen

regateo [rreɣa'teo] *m sin pl* Handeln *nt*

regazo [rre'ɣaθo] *m* Schoß *m*

regencia [rre'xeṇθja] *f* ❶ *(gobierno)* Regentschaft *f* ❷ *(dirección)* Leitung *f;* *(de un negocio)* Geschäftsführung *f*

regeneración [rrexenera'θjon] *f* ❶ (*t.* BIOL) Regenerierung *f* ❷ (ELEC) Rückkopplung *f*

regenerador[1] [rrexene'raðor] *m* ❶ *(agente)* Regenerierungsmittel *nt;* **~ del cabello** Haarwuchsmittel *nt* ❷ (TÉC) Regenerator *m*

regenerador(a)[2] [rrexene'raðor(a)] *adj* regenerierend

regenerar [rrexene'rar] **I.** *vt* ❶ *(algo)* regenerieren ❷ *(a alguien)* bessern ❸ (ELEC) rückkoppeln **II.** *vr:* **~se** ❶ *(renovarse)* sich regenerieren; *(cabello)* nachwachsen ❷ *(reformarse)* sich bessern

regentar [rrexeṇ'tar] *vt* ❶ *(dirigir)* leiten ❷ *(ejercer)* innehaben

regente [rre'xeṇte] *mf* ❶ *(que gobierna)* Herrscher(in) *m(f)* ❷ *(que dirige)* Leiter(in) *m(f);* *(un negocio)* Geschäftsführer(in) *m(f)*

reggae ['rreɣe] *m* (MÚS) Reggae *m*

regidor(a) [rrexi'ðor(a)] **I.** *adj* *(que gobierna)* regierend; *(que dirige)* leitend **II.** *m(f)* ❶ *(concejal)* Gemeinderat, -rätin *m, f* ❷ (TEAT) Inspizient(in) *m(f)*

régimen ['rreximen] *m* <regímenes> ❶ *(sistema)* System *nt;* *(reglamentos)* Ordnung *f;* **~ abierto** *(en una prisión)* Freigang *m;* **~ legal de la seguridad social para jubilación e invalidez** gesetzliche Rentenversicherung; **~ de patentes** Patentwesen *nt;* **~ penitenciario** Strafvollzugsrecht *nt* ❷ (POL) Regierungssystem *nt* ❸ *(dieta)* Diät *f;* **~ de adelgazamiento** Schlankheitsdiät *f;* **estar a ~** Diät essen; **poner a ~** auf Diät setzen ❹ *(manera de vivir)* Lebensweise *f;* **llevar un ~ de austeridad** enthaltsam leben ❺ (LING) Rektion *f*

regimiento [rrexi'mjeṇto] *m* Regiment *nt*

regio, -a ['rrexjo, -a] *adj* ❶ *(real)* königlich ❷ *(magnífico)* prächtig

región [rre'xjon] *f* ❶ *(territorio)* Gegend *f,* Gebiet *nt* ❷ *(espacio)* Bereich *m;* *(del cuerpo)* Region *f;* **~ abdominal** Bauchgegend *f;* **~ lumbar** Lende *f*

regional [rrexjo'nal] *adj* regional

regionalismo [rrexjona'lismo] *m sin pl* (*t.* POL, LIT, LING) Regionalismus *m*

regionalizar [rrexjonali'θar] <z → c> *vt* (POL) regionalisieren

regir [rre'xir] *irr como elegir* **I.** *vt* ❶ *(gobernar)* regieren; *(dirigir)* leiten ❷ *(guiar)* lenken; *(ley)* regeln ❸ (LING) regieren **II.** *vi* ❶ *(tener validez)* gelten ❷ *(funcionar)* funktionieren ❸ *(fam: estar cuerdo)* bei Verstand sein; **¡tú no riges!** du tickst wohl nicht richtig! **III.** *vr:* **~se** sich richten (**por** nach +*dat*)

registrador(a) [rrexistra'ðor(a)] **I.** *adj* Registrier- **II.** *m(f)* ❶ *(funcionario)* Registrator(in) *m(f);* **~ de la propiedad** Grundbuchführer(in) *m(f)* ❷ (TÉC) Schreiber *m;* **~ de sonidos** (Ton)aufnahmegerät *nt*

registrar [rrexis'trar] **I.** *vt* ❶ *(examinar)* durchsuchen; **¡a mí que me registren!** *(fig)* ich habe damit nichts zu tun! ❷ *(inscribir)* registrieren; *(una empresa, un patente)* anmelden; **marca registrada** (eingetragene) Schutzmarke *f* ❸ *(incluir)* aufnehmen ❹ *(señalar)* registrieren; *(grabar)* aufzeichnen **II.** *vr:* **~se** ❶ *(inscribirse)* sich einschreiben ❷ *(observarse)* zu verzeichnen sein

registro [rre'xistro] *m* ❶ *(examinación)* Durchsuchung *f;* **~ de la casa** Haus(durch)suchung *f* ❷ *(con un instrumento)* Registrierung *f;* *(grabación)* Aufzeichnung *f* ❸ *(inscripción)* Registrierung *f;* *(inclusión)* Aufnahme *f;* *(de una empresa, una patente)* Anmeldung *f;* *(de*

R

datos) Erfassung *f* ❹ *(nota)* (Register)eintrag *m; (protocolo)* Protokoll *nt;* **~ de entrada/de salida** Eingangs-/Ausgangsvermerk *m;* **~ de inventario** Inventurliste *f* ❺ *(libro)* Register *nt;* **~ de autores** Autorenkatalog *m;* **~ electoral** Wählerverzeichnis *nt;* **~ de entradas/salidas** Eingangs-/Ausgangsbuch *nt;* **~ de la propiedad** Grundbuch *nt* ❻ *(oficina)* Amt *nt; (archivo)* Registratur *f;* **~ civil** Standesamt *nt;* **~ de la propiedad** Grundbuchamt *nt;* **~ de la propiedad industrial** Patentamt *nt* ❼ *(abertura)* Schieber *m* ❽ *(de un mecanismo)* Regler *m* ❾ *(de un libro)* Register *nt* ❿ (MÚS) Register *nt;* **tiene un ~ muy amplio** er/sie hat einen großen Stimmumfang; **tocar todos los ~s** *(fig)* alle Register ziehen

regla ['rreɣla] *f* ❶ *(instrumento)* Lineal *nt;* **~ de cálculo** Rechenschieber *m* ❷ *(norma)* Regel *f;* **~s de exportación** (COM) Ausfuhrbestimmungen *fpl;* **por ~ general** in der Regel; **estar en ~** in Ordnung sein; **poner en ~** regeln; **salir de la ~** zu weit gehen; **ser la ~** üblich sein; **la ~ es que...** *+subj* es ist üblich, dass …; **por qué ~ de tres...** warum in aller Welt …; **la excepción confirma la ~** *(prov)* Ausnahmen bestätigen die Regel ❸ (MAT) **~ de tres** Dreisatz *m;* **las cuatro ~s** die vier Grundrechenarten ❹ *(moderación)* Maß *nt;* **beber con ~** in Maßen trinken ❺ *(menstruación)* Regel *f;* **le viene la ~** sie bekommt ihre Tage

reglable [rre'ɣlaβle] *adj* regelbar, regulierbar

reglado, -a [rre'ɣlaðo, -a] *adj* ❶ *(sujeto a reglas)* geregelt, (durch Regeln) bestimmt [*o* festgesetzt] ❷ *(moderado en comer)* gemäßigt

R

reglaje [rre'ɣlaxe] *m* ❶ *(de un mecanismo)* Regelung *f* ❷ *(del papel)* Linierung *f*

reglamentación [rreɣlamen̪ta'θjon] *f* ❶ *(acción)* Regelung *f; (pey)* Reglementierung *f* ❷ *(reglas)* Vorschriften *fpl; (escrita)* Ordnung *f*

reglamentar [rreɣlamen̪'tar] *vt* regeln; *(con leyes)* gesetzlich regeln; *(pey)* reglementieren

reglamentario, -a [rreɣlamen̪'tarjo, -a] *adj* ❶ *(relativo al reglamento)* Ordnungs- ❷ *(conforme al reglamento)* vorgeschrieben; *(acto, comportamiento)* vorschriftsgemäß

reglamento [rreɣla'men̪to] *m* Vorschriften *fpl; (escrito)* Ordnung *f;* (JUR, ADMIN) Verfügung *f;* (DEP) Reglement *nt; (de una organización)* Statut *nt; (del legislador)* Verordnung *f; (de una empresa)* Betriebsordnung *f;* **~ europeo** EU-Verordnung *f;* **~ (de funcionarios)** Dienstordnung *f;* **~ (interno)** Geschäftsordnung *f;* **~ de tráfico** Straßenverkehrsordnung *f*

reglar [rre'ɣlar] **I.** *vt* ❶ *(reglamentar)* regeln ❷ *(con líneas)* linieren ❸ (TÉC) normen **II.** *vr:* **~se** ❶ *(sujetarse)* sich richten (**por** nach *+dat*) ❷ *(moderarse)* sich beschränken (**a** auf *+akk*)

regocijado, -a [rreɣoθi'xaðo, -a] *adj* fröhlich, vergnügt

regocijar [rreɣoθi'xar] **I.** *vr:* **~se** ❶ *(alegrarse)* sich freuen (**con** über *+akk*) ❷ *(divertirse)* Spaß haben (**con** an *+dat*) **II.** *vt* erfreuen

regocijo [rreɣo'θixo] *m* ❶ *(alegría)* Freude *f; (diversión)* Spaß *m;* **esperar algo con ~** sich auf etw freuen ❷ *(júbilo)* Jubel *m;* **~s públicos** Feierlichkeiten *fpl*

regodearse [rreɣoðe'arse] *vr* ❶ *(gozar)* genießen (**con/en** *+akk*); *(alegrarse)* sich freuen (**con/en** über *+akk*); **se regodea viéndome sufrir** es macht ihm/ihr Spaß, mich leiden zu sehen ❷ *(fam: chacotear)* spaßen

regodeo [rreɣo'ðeo] *m* ❶ *(placer)* Vergnügen *nt* ❷ *(fam: chacoteo)* Spaßen *nt; (burla)* Spaß *m* ❸ *(fam: fiesta)* Fest *nt*

regordete, -a [rreɣor'ðete, -a] *adj* mollig

regresar [rreɣre'sar] **I.** *vi (volver)* zurückkehren **II.** *vt (Méx: devolver)* zurückgeben **III.** *vr:* **~se** *(Am: volver)* zurückkehren

regresión [rreɣre'sjon] *f* Rückgang *m*

regresivo, -a [rreɣre'siβo, -a] *adj* rückläufig

regreso [rre'ɣreso] *m (vuelta)* Rückkehr *f;* (**viaje de**) **~** Rückreise *f;* **estar de ~** zurück sein

regüeldo [rre'ɣweldo] *m (acción)* Rülpsen *nt fam; (efecto)* Rülpser *m fam*

reguero [rre'ɣero] *m* ❶ *(chorro)* Rinnsal *nt* ❷ *(señal)* Spur *f;* **expandirse como un ~ de pólvora** *(fig)* sich wie ein Lauffeuer verbreiten

reguetón [rreɣe'ton] *m* (MÚS) Reggaeton *m (lateinamerikanische Musikrichtung)*

regulable [rreɣu'laβle] *adj* regelbar, einstellbar; **~ en altura** höhenverstellbar

regulación [rreɣula'θjon] *f* ❶ *(reglamentación)* Regelung *f;* **~ administrativa** Verwaltungserlass *m* ❷ (*t.* TÉC: *organización, ajustación*) Regulierung *f; (de un río)* Begradigung *f;* **de ~ automática** selbst regulierend; **~ de la demanda** (ECON) Nachfragesteuerung *f*

regulado, -a [rreɣu'laðo, -a] *adj (reglamentario)* vorschriftsgemäß

regulador [rreɣula'ðor] *m* Regler *m*

regular [rreɣu'lar] **I.** *vt* ❶ (*t.* TÉC: *organizar,* *ajustar*) regulieren; *(el volumen)* einstellen ② *(reglamentar)* regeln ③ *(poner en orden)* in Ordnung bringen **II.** *adj* ① *(conforme a una regla)* regulär; **verbos ~es** regelmäßige Verben; **por lo ~** gewöhnlich; **tu comportamiento no me parece ni medio ~** *(fam)* ich finde dein Verhalten völlig daneben ② *(reglamentado, ordenado)* geregelt ③ *(estable)* konstant ④ *(uniforme)* gleichmäßig ⑤ *(mediano)* durchschnittlich; *(mediocre)* mittelmäßig; *(nota)* befriedigend; **de tamaño ~** mittelgroß **III.** *adv* mittelmäßig

regularidad [rreɣulari'ða^{d}] *f* ① *(conformidad)* Ordnungsmäßigkeit *f* ② *(periodicidad)* Regelmäßigkeit *f;* **con ~** regelmäßig ③ *(uniformidad)* Gleichmäßigkeit *f* ④ *(estabilidad)* Konstanz *f* ⑤ *(medianía)* Durchschnittlichkeit *f; (mediocridad)* Mittelmäßigkeit *f* ⑥ *(puntualidad)* Pünktlichkeit *f*

regularización [rreɣulariθa'θjon] *f* ① *(normalización)* Normalisierung *f* ② (ECON) Saldenbereinigung *f*

regularizar [rreɣulari'θar] <z → c> **I.** *vt (poner en orden)* in Ordnung bringen; *(normalizar)* normalisieren **II.** *vr:* **~se** *(regularse)* in Ordnung kommen; *(normalizarse)* sich normalisieren

regularmente [rreɣular'mente] *adv (ordinariamente)* normalerweise

regulativo, -a [rreɣula'tiβo, -a] *adj* regelnd

regurgitar [rreɣurxi'tar] *vi, vt* erbrechen

regusto [rre'ɣusto] *m (que queda)* Nachgeschmack *m; (secundario)* Beigeschmack *m;* **el cuadro tiene un cierto ~ surrealista** das Bild erinnert an surrealistische Werke

rehabilitación [rreaβilita'θjon] *f* ① (*t.* JUR, MED: *de alguien*) Rehabilitierung *f; (restitución)* Wiedereinsetzung *f* ② *(de una cosa)* Wiederherstellung *f; (de un edificio)* Wiederaufbau *m*

rehabilitar [rreaβili'tar] **I.** *vt* ① (*t.* JUR, MED: *a alguien*) rehabilitieren; *(restituir)* wieder einsetzen ② *(una cosa)* wiederherstellen; *(un edificio)* wieder aufbauen; **~ la memoria** [*o* **la buena fama**] **de alguien** jdn rehabilitieren **II.** *vr:* **~se** sich rehabilitieren

rehacer [rrea'θer] *irr como hacer* **I.** *vt* ① *(volver a hacer)* noch einmal machen; **~ una carta** einen Brief neu schreiben ② *(reconstruir)* wiederherstellen; *(reparar)* reparieren; *(un edificio)* wieder aufbauen; **~ su vida con alguien** einen neuen Anfang mit jdm wagen **II.** *vr:* **~se** *(recuperar las fuerzas)* wieder zu Kräften kommen; *(la salud)* gesund werden; *(la tranquilidad)* die Fassung wiedergewinnen; **~se de una desgracia** sich von einem Schicksalsschlag erholen

rehecho, -a [rre'eʧo, -a] **I.** *pp de* **rehacer** **II.** *adj (robusto)* gedrungen

rehén [rre'en] *m* ① *(persona)* Geisel *f* ② *(cosa)* Unterpfand *nt*

reherir [rre(e)'rir] *irr como sentir vt* zurückweisen

rehogar [rreo'ɣar] <g → gu> *vt* andünsten

rehuir [rreu'ir] *vt irr como huir* ① *(eludir)* (ver)meiden; **~ a alguien** jdm aus dem Weg gehen; **~ una obligación** sich einer Verpflichtung entziehen; **rehuye fregar los platos** er/sie drückt sich vor dem Spülen ② *(rechazar)* verweigern; **rehuye decir la verdad** er/sie weigert sich, die Wahrheit zu sagen

rehundir [rreun̪'dir] *vt* ① *(sumergir)* versenken; *(introducir)* einsenken; **~ una estaca en la tierra** einen Pfahl tief in die Erde einlassen ② *(hacer más hondo)* vertiefen ③ *(gastar)* verschwenden ④ *(fundir)* einschmelzen

rehusar [rreu'sar] *vt* ablehnen; *(el pago)* verweigern; *(una reclamación)* abweisen; **¡rehusado!** Annahme verweigert!; **rehúsa verme** er/sie weigert sich, mich zu sehen

reiki ['rrei̯ki] *m* Reiki *nt*

reimplantar [rreimplan̪'tar] *vt* ① *(introducir)* wieder einführen ② (MED) wieder einpflanzen

reimportar [rreimpor'tar] *vt* wiedereinführen; (ECON) reimportieren

reimpresión [rreimpre'sjon] *f* Nachdruck *m,* Neuauflage *f,* Reprint *m;* **~ pirata** Raubdruck *m*

reimprimir [rreimpri'mir] *vt irr como imprimir* neu auflegen

reina ['rrei̯na] *f* ① *(soberana, la mejor, t.* ZOOL) Königin *f;* **~ madre** Königinmutter *f;* **~ abeja** Bienenkönigin *f* ② *(fam: cariño)* Schatz *m* ③ *(dama)* Dame *f* ④ (BOT) **~ luisa** Melisse *f*

reinado [rrei̯'naðo] *m* ① *(gobierno)* Herrschaft *f; (tiempo)* Regierungszeit *f* ② *(auge)* Blütezeit *f* ③ *(predominio)* Vorherrschaft *f*

reinante [rrei̯'nan̪te] *adj* herrschend

reinar [rrei̯'nar] *vi* ① *(gobernar)* regieren, herrschen ② *(dominar)* vorherrschen ③ *(existir)* herrschen

reincidencia [rreiņθi'ðenθja] *f* Rückfall *m*

reincidente [rreiņθi'ðen̪te] **I.** *adj* rückfällig **II.** *mf* Rückfalltäter(in) *m(f)*

reincidir [rreiņθi'ðir] *vi* ① *(error)* erneut begehen (**en** +*akk*); **~ en un delito** rückfällig werden; **~ siempre en el mismo**

R

error immer wieder in den alten Fehler verfallen ❷ (MED) einen Rückfall erleiden

reincorporar [rreiŋkorpo'rar] **I.** *vt* wieder eingliedern (**a** in +*akk*); ~ **a alguien a un puesto** jdn wieder einstellen; ~ **al servicio** wieder in den Dienst aufnehmen **II.** *vr:* **~se** *(a un territorio/una corporación)* wieder beitreten (**a** +*dat*); *(a un servicio/un empleo)* wieder aufnehmen (**a** +*akk*); **~se al trabajo** wieder arbeiten (gehen)

reiniciar [rreini'θjar] *vi* (noch einmal) von vorn beginnen

reinicio [rrei'niθjo] *m* Neubeginn *m*

reino ['rrei̯no] *m* Reich *nt; (de un monarca)* Königreich *nt;* **R~ Unido** Vereinigtes Königreich; **mi ~ por una silla** ein Himmelreich für einen Stuhl

reinserción [rreinser'θjon] *f* soziale Wiedereingliederung *f; (de un criminal)* Resozialisierung *f*

reinsertar [rreinser'tar] *vt* wieder in die Gesellschaft eingliedern; *(a un criminal)* resozialisieren

reinstalar [rreiⁿsta'lar] *vt* ❶ (TÉC, INFOR) neu installieren ❷ *(en un cargo)* wieder einsetzen (**en** in +*akk*); *(Méx: en el trabajo)* wieder einstellen

reintegrar [rrein̪te'ɣrar] **I.** *vt* ❶ *(reincorporar)* wieder aufnehmen; *(en un cargo)* wieder einsetzen; ~ **a alguien a su puesto de trabajo** jdn wieder einstellen ❷ *(devolver)* zurückgeben; *(dinero)* erstatten; *(desembolsos)* ersetzen **II.** *vr:* **~se** ❶ *(reincorporarse)* sich wieder eingliedern; *(a una organización)* wieder eintreten; **~se al trabajo** wieder arbeiten (gehen) ❷ *(recobrar)* zurückerhalten (**de** +*akk*)

reintegro [rrein̪'teɣro] *m* ❶ *(reintegración)* Wiedereingliederung *f; (en un cargo)* Wiedereinsetzung *f* ❷ *(premio)* **me tocó un ~** ich habe den Einsatz zurückgewonnen ❸ *(pago)* Auszahlung *f; (de la cuenta)* Abhebung *f; (devolución)* Erstattung *f*

reinterpretar [rrein̪terpre'tar] *vt* ❶ *(texto)* neu interpretieren, neu auslegen ❷ (CINE, TEAT) nochmals darstellen; ~ **el papel de Romeo** die Rolle des Romeo erneut spielen

reír [rre'ir] *irr* **I.** *vi* ❶ *(desternillarse)* lachen; **echarse a ~** auflachen; **no me hagas ~** *(fig)* mach dich nicht lächerlich; **me río de tu dinero** *(fig)* ich pfeife auf dein Geld; **el que ríe último ríe mejor** *(prov)* wer zuletzt lacht, lacht am besten ❷ *(sonreír)* lächeln **II.** *vr:* **~se** ❶ *(desternillarse)* lachen (**de** über +*akk*); **~se a carcajadas** aus vollem Hals lachen; **~se en las barbas de alguien** jdm ins Gesicht lachen; **~se hasta de su sombra** über jede Kleinigkeit lachen ❷ *(sonreír)* lächeln ❸ *(burlarse)* sich lustig machen (**de** über +*akk*); *(de alguien t.)* auslachen (**de** +*akk*); *(no tomar en serio)* lachen (**de** über +*akk*) ❹ *(fam: romperse)* kaputtgehen **III.** *vt* belachen, lachen (über +*akk*)

reiteración [rreitera'θjon] *f* Wiederholung *f;* (JUR) Rückfall *m*

reiteradamente [rreiteraða'men̪te] *adv* wiederholt

reiterar [rreite'rar] **I.** *vt* wiederholen; **te reitero las gracias** ich möchte dir nochmals danken; **reiteró su intención de ayudarme** er/sie betonte immer wieder, dass er/sie mir helfen wolle **II.** *vr:* **~se** (sich) wiederholen; **se reiteró en su decisión de dejar de fumar** er/sie betonte immer wieder, dass er/sie das Rauchen aufgeben wolle

reivindicación [rreiβin̪dika'θjon] *f* Forderung *f* (**de** nach +*dat*)

reivindicar [rreiβin̪di'kar] <c → qu> *vt* ❶ *(pedir)* fordern ❷ *(recobrar)* zurückgewinnen ❸ *(una acción)* sich bekennen (zu +*dat*); ~ **un atentado** sich zu einem Attentat bekennen

reivindicativo, -a [rreiβin̪dika'tiβo, -a] *adj* Rückforderungs-, zurückfordernd

reja ['rrexa] *f* ❶ *(barras)* Gitter *nt;* **estar entre ~s** *(fam fig)* hinter Gittern sitzen ❷ *(del arado)* Pflugschar *f* ❸ *(labor)* Umpflügen *nt*

rejego [rre'xeɣo] *adj (AmC, Méx)* ❶ *(indomable)* unbändig, verwildert ❷ *(intratable)* ungenießbar, jähzornig

rejilla [rre'xiʎa] *f (enrejado)* Gitter *nt; (parrilla)* Rost *m; (brasero)* Ofen *m; (tejido)* Geflecht *nt; (para equipaje)* Gepäcknetz *nt*

rejo ['rrexo] *m* ❶ *(punta)* Stachel *m* ❷ (BOT) Wurzelkeim *m* ❸ *(Am: látigo)* Peitsche *f*

rejón [rre'xon] *m (barra)* Lanze *f*

rejuvenecer [rrexuβene'θer] *irr como crecer* **I.** *vt* ❶ *(hacer más joven)* verjüngen; **este peinado te rejuvenece** diese Frisur macht dich jünger ❷ *(modernizar)* modernisieren **II.** *vr:* **~se** jünger aussehen

rejuvenecimiento [rrexuβeneθi'mjen̪to] *m* ❶ *(de alguien, un colectivo)* Verjüngung *f* ❷ *(modernización)* Modernisierung *f*

relación [rrela'θjon] *f* ❶ *(entre cosas/hechos)* Zusammenhang *m;* ~ **entre la causa y el efecto** Kausalzusammenhang *m;* **hacer ~ a** sich beziehen auf +*akk;* **con ~** [*o* **en ~**] **a su escrito** bezüglich Ihres Schreibens ❷ *(entre dos magnitudes)* Verhältnis *nt;* ~ **calidad-precio** Preis-Leistungs-Verhältnis *nt;* **los gastos no guardan ~ con el presupuesto** die

Ausgaben stehen in keinem Verhältnis zum Kostenvoranschlag ③ *(entre personas)* Beziehung *f;* **relaciones públicas** Public Relations *f pl;* **tener relaciones con alguien** Kontakt zu jdm haben; **tener muchas relaciones** *(amigos)* einen großen Bekanntenkreis haben; *(influyentes)* gute Beziehungen haben; **tienen buenas/malas relaciones** sie haben ein gutes/schlechtes Verhältnis (zueinander) ④ *pl (noviazgo)* Verlobung *f;* **han roto sus relaciones** sie haben ihre Verlobung gelöst ⑤ *pl (amorío)* Verhältnis *nt;* **mantienen relaciones** sie haben ein Verhältnis miteinander; **mantener relaciones sexuales con alguien** Geschlechtsverkehr mit jdm haben ⑥ *(relato)* Schilderung *f; (informe)* Bericht *m;* **hacer una ~ de algo** etw schildern; **hacer una ~ detallada de algo** ausführlich über etw berichten ⑦ *(lista)* Verzeichnis *nt*

relacionar [rrelaθjo'nar] **I.** *vt* ① *(poner en relación)* in Zusammenhang bringen ② *(relatar)* schildern **II.** *vr:* **~se** ① *(estar relacionado)* zusammenhängen ② *(iniciar relaciones)* in Beziehung treten (**con** zu *+dat*); *(mantener relaciones)* Kontakt haben (**con** zu *+dat*); **~se mucho** *(tener amigos)* einen großen Bekanntenkreis haben; *(influyentes)* gute Beziehungen haben

relajación [rrelaxa'θjon] *f* ① *(distensión, distracción)* Entspannung *f* ② *(malas costumbres)* Zügellosigkeit *f* ③ *(debilitación)* Erschlaffung *f* ④ *(atenuación)* Lockerung *f;* **~ de la pena** Strafmilderung *f* ⑤ (MED) Verstauchung *f; (de la hernia)* Leistenbruch *m*

relajante [rrela'xan̪te] **I.** *adj* entspannend **II.** *m* (MED) Relaxans *nt*

relajar [rrela'xar] **I.** *vt* ① *(distender, distraer)* entspannen ② *(suavizar)* lockern; *(la pena)* mildern **II.** *vr:* **~se** ① *(distenderse, descansar)* sich entspannen ② *(debilitarse)* erschlaffen ③ *(suavizarse)* lockerer werden ④ *(viciarse)* in schlechte Gewohnheiten verfallen ⑤ *(lesionarse)* sich *dat* verstauchen; *(herniarse)* sich *dat* einen Leistenbruch zuziehen

relamer [rrela'mer] **I.** *vt* ablecken **II.** *vr:* **~se** ① *(los labios)* sich *dat* die Lippen lecken ② *(gozar)* genießen (**con** *+akk*); **~se con un manjar** eine Speise für sein Leben gern essen ③ *(gloriarse)* prahlen (**de** mit *+dat*) ④ *(arreglarse)* sich herausputzen ⑤ *(animal)* sich putzen

relámpago [rre'lampaɣo] *m* Blitz *m;* **ser (veloz como) un ~** schnell wie der Blitz sein

relampaguear [rrelampaɣe'ar] *vi, vimpers* blitzen

relampagueo [rrelampa'ɣeo] *m* Blitzen *nt*

relance [rre'lan̪θe] *m* ① *(Chil: piropo)* Kompliment *nt* ② *(Col)* **de ~** *(al contado)* in bar

relanzar [rrelan̪'θar] <z → c> *vt* ① *(reactivar)* wieder beleben; **~ la economía** die Wirtschaft ankurbeln ② *(rehusar)* ablehnen ③ *(vender)* wieder auf den Markt bringen ④ *(arrojar)* zurückschleudern

relatar [rrela'tar] *vt* schildern

relativa [rrela'tiβa] *f* (LING) Relativsatz *m*

relativamente [rrelatiβa'men̪te] *adv* ① *(en relación con)* bezüglich; **~ a este tema, no sé mucho** zu diesem Thema weiß ich wenig ② *(en términos relativos)* im Verhältnis ③ *(fam: en cierto modo)* relativ, verhältnismäßig; **la solución es ~ simple** die Lösung ist relativ simpel

relatividad [rrelatiβi'ða^{d}] *f sin pl* Relativität *f*

relativismo [rrelati'βismo] *m sin pl* (FILOS) Relativismus *m*

relativización [rrelatiβiθa'θjon] *f* Relativierung *f*

relativizar [rrelatiβi'θar] <z → c> *vt* relativieren

relativo^{1} [rrela'tiβo] *m (pronombre)* Relativpronomen *nt;* **oración de ~** Relativsatz *m*

relativo, -a^{2} [rrela'tiβo, -a] *adj* ① *(referente)* betreffend; **un artículo ~ a...** ein Artikel über ... ② *(dependiente)* relativ; **pronombre ~** Relativpronomen *nt;* **ser ~ a** abhängig sein von *+dat* ③ *(poco)* gering

relato [rre'lato] *m* Schilderung *f,* Bericht *m;* (LIT) Erzählung *f;* **~ corto** Kurzgeschichte *f*

relator(a) [rrela'tor(a)] **I.** *adj* berichtend; *(narrando)* erzählend **II.** *m(f)* Berichtende(r) *f(m),* Erzähler(in) *m(f),* Berichterstatter(in) *m(f)*

relax [rre'la$^{\gamma}$s] *m inv* Entspannung *f;* (MED, PSICO) Relaxation *f*

relé [rre'le] *m* Relais *nt*

releer [rrele'er/rre'ler] *vt irr como leer* nochmals lesen

relegación [rreleɣa'θjon] *f* ① *(apartamiento)* Verbannung *f,* Verweisung *f; (de un país)* Landesverweisung *f* ② *(desprecio)* Übergehung *f,* Missachtung *f*

relegar [rrele'ɣar] <g → gu> *vt (apartar)* verweisen; *(desterrar)* des Landes verweisen; **~ algo a un plano secundario** etw in den Hintergrund drängen; **ser relegado al olvido** in Vergessenheit geraten

relente [rre'len̪te] *f* (Nacht)tau *m*

relevación [rreleβa'θjon] *f* ① *(acentuación)* Hervorhebung *f* ② *(liberación)* Be-

R

freiung *f; (de deudas)* Erlass *m; (de una culpa)* Vergebung *f* ③ *(destitución)* Entlassung *f* ④ (MIL) Ablösung *f*

relevancia [rrele'βan̩θja] *f* Wichtigkeit *f*

relevante [rrele'βan̩te] *adj* ① *(importante)* wichtig ② *(sobresaliente)* herausragend

relevar [rrele'βar] **I.** *vt* ① *(acentuar)* hervorheben ② *(liberar)* befreien; **~ de un juramento** von einem Eid entbinden; **~ a alguien de sus deudas** jdm seine Schulden erlassen; **~ a alguien de sus culpas** jdm seine Sünden vergeben ③ (JUR: *destituir*) entheben; **~ a alguien de un cargo** jdn eines Amtes entheben ④ *(reemplazar)* ersetzen; (MIL, DEP) ablösen **II.** *vr:* **~se** sich abwechseln

relevo [rre'leβo] *m* ① *(reemplazo)* Ablösung *f* ② *(pl) (competición)* Staffel *f;* **carrera de ~s** Staffellauf *m*

relicario [rreli'karjo] *m* ① *(para reliquias)* Reliquiar *nt* ② *(Am: medallón)* Medaillon *nt*

relicto [rre'likto] *m* (BIOL, ECOL) Relikt *nt*

relieve [rre'ljeβe] *m* ① (ARTE, GEO) Relief *nt;* **en bajo ~** vertieft ② *(renombre)* Ansehen *nt;* **de ~** bedeutend ③ *(loc)* **poner de ~** hervorheben

religión [rreli'xjon] *f* ① *(creencia, doctrina)* Religion *f;* **~ reformada** Protestantismus *m;* **sin ~** konfessionslos ② *(virtud)* Frömmigkeit *f* ③ *(orden)* **entrar en ~** ins Kloster gehen

religiosamente [rrelixjosa'men̩te] *adv* ① *(con religiosidad)* religiös; **los monjes oraban ~** die Mönche beteten voll Hingabe ② *(a la perfección)* haargenau; **hizo ~ todo lo que le habían pedido** er/sie tat haargenau alles, worum sie ihn/sie gebeten hatten ③ *(fam: puntual y exactamente)* pünktlich und genau; **pagó ~** er/sie hat pünktlichst gezahlt

R

religiosidad [rrelixjosi'ðað] *f* ① *(observancia)* Religiosität *f* ② *(piedad)* Frömmigkeit *f*

religioso, -a [rreli'xjoso, -a] **I.** *adj* ① *(relativo a una doctrina)* religiös ② *(que cree)* gläubig ③ *(pío)* fromm ④ *(puntual)* pünktlich; *(exacto)* gewissenhaft ⑤ *(relativo a una orden)* Ordens- **II.** *m, f* Mönch, Nonne *m, f*

relimpio, -a [rre'limpjo, -a] *adj (fam)* makellos (sauber); *(que brilla)* blitzblank

relinchar [rrelin'tʃar] *vi* wiehern

relincho [rre'lintʃo] *m* ① *(de un caballo)* Wiehern *nt* ② *(de alguien)* Jauchzer *m*

reliquia [rre'likja] *f* ① *(resto)* Relikt *nt* ② (REL) Reliquie *f* ③ *(achaque)* Beschwerden *f pl*

rellamada [rreʎa'maða] *f* (TEL) Wahlwiederholung *f*

rellano [rre'ʎano] *m (de escalera)* Treppenabsatz *m*

rellena [rre'ʎena] *f (Col, Méx: morcilla)* Wurst *f*

rellenable [rreʎe'naβle] *adj* nachfüllbar

rellenar [rreʎe'nar] **I.** *vt* ① (*t.* GASTR: *llenar*) füllen (**de/con** mit +*dat*); *(una almohada)* ausstopfen; *(un sillón)* polstern; **~ los agujeros de yeso** die Löcher vergipsen ② *(por completo)* ganz vollmachen; *(demasiado)* vollstopfen ③ *(volver a llenar)* nachfüllen, auffüllen ④ *(completar)* ausfüllen ⑤ *(fam: dar de comer)* (mit Essen) vollstopfen **II.** *vi* ① *(llenarse)* sich (an)füllen (**de** mit +*dat*) ② *(fam: comer)* sich vollstopfen (**de** mit +*dat*)

relleno[1] [rre'ʎeno] *m* ① (*t.* GASTR: *material*) Füllung *f* ② *(superfluidad)* Füllsel *nt;* **palabra de ~** Füllwort *nt*

relleno, -a[2] [rre'ʎeno, -a] *adj* ① *(lleno)* gefüllt; *(demasiado)* vollgestopft ② *(fam: gordo)* pummelig

reloj [rre'lox] *m* Uhr *f;* **~ despertador** Wecker *m;* **~ inteligente** Smartwatch *f;* **~ de pulsera** Armbanduhr *f;* **~ de arena** Sanduhr *f;* **~ de pared** Wanduhr *f;* **~ para fichar** Stechuhr *f;* **carrera contra ~** Zeitfahren *nt;* **trabajar contra ~** gegen die Zeit arbeiten; **ser (como) un ~** *(mecanismo)* wie am Schnürchen laufen; *(persona)* auf die Minute pünktlich sein

relojera [rrelo'xera] *f (bolsa)* Uhrtasche *f; (caja)* Uhretui *nt*

relojería [rreloxe'ria] *f* Uhrmacherei *f*

relojero, -a [rrelo'xero, -a] *m, f* Uhrmacher(in) *m(f)*

reluciente [rrelu'θjen̩te] *adj* glänzend; **~ de limpio** blitzblank

relucir [rrelu'θir] *vi irr como lucir* ① *(despedir luz)* leuchten; *(reflejar luz)* glänzen ② *(sobresalir)* glänzen ③ *(loc)* **sacar/salir a ~** zur Sprache bringen/kommen

relumbrante [rrelum'bran̩te] *adj* leuchtend, strahlend, glänzend

relumbrar [rrelum'brar] *vi* ① *(emitir luz)* leuchten, strahlen; *(reflejar)* glänzen ② *(sobresalir)* glänzen

remachado[1] [rrema'tʃaðo] *m* ① *(de dos piezas)* Vernietung *f* ② *(cabeza)* Ende *nt* ③ *(golpear)* Einschlagen *nt; (doblar)* Umschlagen *nt; (aplastar)* Breitschlagen *nt*

remachado, -a[2] [rrema'tʃaðo, -a] *adj* ① *(nariz)* platt ② *(Col: callado)* wortkarg, schweigsam

remachadora [rrematʃa'ðora] *f* Nietmaschine *f*

remachar [rrema'tʃar] **I.** *vt* ① *(golpear)* einhämmern ② *(doblar)* umschlagen; *(aplastar)* breit schlagen ③ *(sujetar)* (ver)nieten ④ *(subrayar)* nochmals betonen; ~ **algo a alguien** jdm etw einhämmern **II.** *vr:* **~se** *(Col)* schweigen

remache [rre'matʃe] *m* ① *(de dos piezas)* Vernietung *f* ② *(clavo)* Niete *f*

remake [rri'mei̯k] *m* (CINE, MÚS, TV) Remake *nt*

remanente [rrema'nen̪te] **I.** *adj* übrig **II.** *m* Rest *m*

remangar [rremaŋ'gar] <g → gu> **I.** *vt* hochkrempeln **II.** *vr:* **~se** ① *(las mangas)* sich *dat* die Ärmel hochkrempeln ② *(fam: decidirse)* sich aufraffen

remanso [rre'manso] *m* *(represa)* angestautes Wasser *nt;* *(agua muerta)* stehendes Gewässer *nt;* ~ **de paz** friedlicher Ort *m*

remar [rre'mar] *vi* *(bogar)* rudern

remarcable [rremar'kaβle] *adj* bemerkenswert, beachtlich

remarcar [rremar'kar] <c → qu> *vt* ① *(volver a marcar: un objeto)* nochmals kennzeichnen; *(un número)* nochmals wählen ② *(hacer notar)* hervorheben ③ *(notar)* bemerken

rematado, -a [rrema'taðo, -a] *adj* vollkommen; **un tonto** ~ ein ausgesprochener Dummkopf

rematar [rrema'tar] **I.** *vt* ① *(concluir)* beenden; *(terminar de hacer)* fertig stellen; **nunca rematas lo que has empezado** du bringst das, was du anfängst, nie zu Ende ② *(de un tiro)* den Gnadenschuss geben +*dat;* *(de una puñalada)* den Gnadenstoß versetzen +*dat* ③ *(una costura)* vernähen ④ *(gastar)* aufbrauchen ⑤ (DEP) aufs Tor schießen ⑥ *(adjudicar)* zuschlagen ⑦ *(vender)* ausverkaufen **II.** *vi* ① (DEP) aufs Tor schießen ② *(terminar)* enden (**en** in +*dat*); **la torre remata en punta** der Turm läuft nach oben spitz zu

remate [rre'mate] *m* ① *(conclusión)* Beendigung *f;* *(de un producto)* Fertigstellung *f;* **dar ~ a un edificio** ein Gebäude fertig stellen ② *(final, extremo)* Abschluss *m;* **poner ~ a un mueble** bei einem Möbelstück eine Abschlussverzierung anbringen ③ *(puñalada)* Gnadenstoß *m;* *(tiro)* Gnadenschuss *m* ④ *(adjudicación)* Zuschlag *m* ⑤ *(oferta)* Höchstgebot *nt* ⑥ (DEP) Abschluss *m* ⑦ *(consumo)* Verbrauch *m;* **dar** ~ aufbrauchen ⑧ *(venta)* Ausverkauf *m* ⑨ *(loc)* **estar loco de** ~ vollkommen verrückt sein; **ser tonto de** ~ ausgesprochen dumm sein; **para** ~ zu allem Unglück; **por** ~ am Ende

remedar [rreme'ðar] *vt* *(imitar)* nachahmen; *(parodiar)* parodieren

remediable [rreme'ðjaβle] *adj* ① *(reparable)* behebbar ② *(evitable)* vermeidbar ③ *(corregible)* verbesserbar

remediar [rreme'ðjar] *vt* ① *(evitar)* vermeiden; *(un perjuicio)* verhindern; **no me cae bien, no puedo ~lo** ich kann mir nicht helfen, er/sie ist mir nicht sympathisch ② *(acabar con, reparar)* beheben; *(compensar)* wiedergutmachen; **llorando no remedias nada** davon, dass du weinst, wird es auch nicht besser; **más vale prevenir que tener que** ~ *(prov)* Vorsicht ist besser als Nachsicht ③ *(corregir)* verbessern ④ *(ayudar)* helfen +*dat*

remedio [rre'meðjo] *m* ① *(arreglo)* Behebung *f;* *(compensación)* Wiedergutmachung *f;* *(corrección)* Verbesserung *f;* **poner ~ a un mal** einem Übel abhelfen; **no hay ~** da ist nichts zu machen; **no llores, ya no tiene ~** weine nicht, da ist nichts mehr zu machen; **eso tiene fácil ~** dem ist leicht abzuhelfen; **tu problema no tiene ~** dein Problem ist nicht zu lösen; **mi hermano no tiene ~** bei meinem Bruder ist alle Mühe umsonst; **sin ~** hoffnungslos; **un idealista sin ~** ein unverbesserlicher Idealist ② *(evitación)* Vermeidung *f;* *(de un perjuicio)* Verhinderung *f;* **sin ~** unvermeidlich; **la crisis no tiene ~** die Krise ist nicht zu vermeiden ③ *(ayuda)* Hilfe *f;* **buscar ~ en sus amigos** bei seinen Freunden Trost suchen; **buscar ~ en la bebida** Zuflucht zum Alkohol nehmen ④ *(medio)* Mittel *nt;* ~ **naturalista** Naturheilmittel *nt;* **no hay/no tenemos más ~ que...** es gibt/uns bleibt keine andere Wahl als …

remembranza [rremem'bran̪θa] *f* Erinnerung *f* (**de** an +*akk*)

rememoración [rrememora'θjon] *f* Erinnerung *f* (**de** an +*akk*)

rememorar [rrememo'rar] *vt* sich erinnern (an +*akk*)

remendado, -a [rremen̪'daðo, -a] *adj* *(con pintas)* gefleckt, gescheckt

remendar [rremen̪'dar] <e → ie> *vt* ① *(reparar)* ausbessern; *(con parches)* flicken; *(zurcir)* stopfen ② *(corregir)* verbessern ③ *(añadir)* hinzufügen; ~ **la salsa con vinagre** der Soße Essig zufügen

remera [rre'mera] *f* ① (ZOOL) Schwungfeder *f* ② *(Arg: camiseta)* T-Shirt *nt*

remero, -a [rre'mero, -a] *m, f* Ruderer, -in *m, f*

remesa [rre'mesa] *f* Sendung *f;* (FIN) Überweisung *f*

remesar [rreme'sar] **I.** *vt* ① *(enviar)* versenden, verschicken ② *(el cabello)* raufen +*dat* **II.** *vr:* **~se** sich *dat* raufen

remiendo [rre'mjen̪do] *m* ① *(reparación)* (notdürftige) Reparatur *f;* *(con parches)*

Flickarbeit *f;* *(zurcidura)* Stopfarbeit *f* ② *(corrección)* Verbesserung *f* ③ *(extra)* Zusatz *m* ④ *(parche)* Flicken *m* ⑤ *(mancha)* Fleck *m*

remilgado, -a [rremil'ɣaðo, -a] *adj* geziert

remilgo [rre'milɣo] *m* Gehabe *nt;* **sin ~s** ohne sich zu zieren; **hacer ~s** sich zieren

reminiscencia [rreminis'θeṇθja] *f* ① *(recuerdo)* (vage) Erinnerung *f* (**de** an +*akk*); **me quedan ~s de mi primera comunión** ich erinnere mich noch vage an meine erste Kommunion ② *(en una obra)* Anklang *m* (**de** an +*akk*); **la ópera tiene ~s wagnerianas** die Oper enthält Anklänge an Wagner ③ *(lo que sobrevive)* Überbleibsel *nt* (**de** aus +*dat*)

remirar [rremi'rar] **I.** *vt* nochmals betrachten, eingehend betrachten; **por más que miro y remiro no encuentro tu libro** so sehr ich auch suche, ich finde dein Buch nicht **II.** *vr:* **~se** ① *(poner cuidado)* umsichtig vorgehen ② *(admirar)* mit Genugtuung betrachten

remisión [rremi'sjon] *f* ① *(de una obligación)* Befreiung *f;* *(de los pecados)* Vergebung *f;* *(de una deuda/una pena)* Erlass *m;* **sin ~** rettungslos ② *(referencia)* Verweis *m* (**a** auf +*akk*) ③ *(atenuación)* Rückgang *m* ④ *(envío)* Versendung *f;* *(a alguien)* Zusendung *f*

remiso, -a [rre'miso, -a] *adj* unwillig, zögerlich; *(lento)* träge; **mostrarse ~ a hacer algo** keine(rlei) Anstalten machen, etw zu tun

remite [rre'mite] *m* Absender *m*

remitente [rremi'teṇte] *mf* Absender(in) *m(f)*

remitir [rremi'tir] **I.** *vt* ① *(enviar)* (ab)senden; (FIN) überweisen; **~ algo a alguien** jdm etw (zu)schicken ② *(referirse)* verweisen (**a** auf +*akk*) ③ *(de una obligación)* befreien; **~ a alguien de una pena/deuda** jdm eine Strafe/Schuld erlassen; **~ a alguien de sus pecados** jdm seine Sünden vergeben ④ *(aplazar)* verschieben; *(un juicio)* vertagen ⑤ *(confiar)* überlassen ⑥ *(ceder)* einstellen **II.** *vi* *(calmarse)* nachlassen **III.** *vr:* **~se** ① *(referirse)* sich beziehen (**a** auf +*akk*) ② *(calmarse)* nachlassen ③ *(confiarse)* sich anvertrauen; **~se al juez** sich der Entscheidung des Richters unterwerfen

remo ['rremo] *m* ① *(pala)* Ruder *nt;* **tomar el ~** *(fig fam)* die Führung übernehmen ② (DEP) Rudern *nt;* **a(l) ~** rudernd; *(fig)* mit Mühe; **a ~ y vela** *(fam)* ruck, zuck; **andar al ~** *(fam fig)* schuften

remoción [rremo'θjon] *f* ① *(eliminación)* Entfernung *f,* Beseitigung *f,* Wegräumen *nt* ② *(agitación)* Aufwühlen *nt,* Umrühren *nt* ③ *(de un asunto)* Aufrühren *nt,* Aufwärmen *nt fam* ④ *(de un cargo)* Absetzung *f,* Amtsenthebung *f*

remodelación [rremoðela'θjon] *f* Umgestaltung *f;* **~ del gabinete** Kabinettsumbildung *f*

remodelar [rremoðe'lar] *vt* umgestalten; *(gobierno)* umbilden

remojar [rremo'xar] **I.** *vt* ① *(mojar)* nass machen; *(humedecer)* anfeuchten; *(empapar)* durchnässen; *(sumergir)* eintauchen; *(ablandar)* einweichen ② *(celebrar)* begießen **II.** *vr:* **~se** *(mojarse)* nass werden; *(bañarse)* (sich) baden

remojo [rre'moxo] *m* ① *(empapamiento)* Durchnässen *nt;* *(sumersión)* Eintauchen *nt;* *(baño)* Bad *nt;* **poner en ~** einweichen ② *(celebración)* Umtrunk *m*

remojón [rremo'xon] *m* *(empapamiento)* Durchnässen *nt;* *(sumersión)* Eintauchen *nt;* *(baño)* Bad *nt;* **como no llevaba paraguas me di un ~** weil ich keinen Schirm dabeihatte, wurde ich bis auf die Haut nass; **darse un ~ en la piscina** im Pool baden

remolacha [rremo'latʃa] *f* Rübe *f*

remolcador[1] [rremolka'ðor] *m* Schlepper *m*

remolcador(a)[2] [rremolka'ðor(a)] *adj* Schlepp-; **grúa ~a** Abschleppwagen *m*

remolcar [rremol'kar] <c → qu> *vt* ① *(arrastrar)* schleppen; *(un vehículo averiado)* abschleppen ② *(convencer)* überreden

remoler [rremo'ler] <o → ue> **I.** *vt* ① *(moler)* (fein) zermahlen ② *(Perú: fastidiar)* nerven; **~ la paciencia de alguien** jds Geduld überstrapazieren **II.** *vi* *(Chil, Perú)* ausgehen, bummeln gehen

remolino [rremo'lino] *m* ① *(movimiento)* Wirbel *m;* *(de agua)* Strudel *m;* **~ de viento** Wirbelwind *m* ② *(pelo)* (Haar)wirbel *m* ③ *(gente)* Gewimmel *nt* ④ *(confusión)* Trubel *m* ⑤ *(fam: persona)* Wirbelwind *m*

remolón, -ona [rremo'lon, -ona] **I.** *adj* faul **II.** *m, f* *(vago)* Faulenzer(in) *m(f);* *(que evita algo)* Drückeberger(in) *m(f) fam;* **hacerse el ~** *(vaguear)* faulenzen; **siempre se hace el ~ a la hora de fregar** er drückt sich immer vor dem Abwasch

remolque [rre'molke] *m* ① *(arrastre)* Schleppen *nt;* *(de un vehículo averiado)* Abschleppen *nt* ② *(vehículo)* Anhänger *m* ③ *(cuerda)* Schlepptau *nt;* *(para averías)* Abschleppseil *nt;* **llevar a ~** im Schlepptau haben; *(un coche averiado)* abschleppen; **hacer algo a ~** *(fig)* etw nur widerwillig tun

remontar [rremoṇ'tar] **I.** *vt* ① *(superar)* überwinden ② *(subir)* hinaufgehen; *(en coche/barco)* hinauffahren; ~ **un río** *(navegar)* flussaufwärts fahren; *(nadar)* flussaufwärts schwimmen ③ *(elevar)* aufsteigen lassen ④ *(la caza)* verscheuchen ⑤ *(el calzado)* besohlen; *(un pantalón)* flicken; *(una silla)* aufpolstern **II.** *vr:* **~se** ① *(volar)* aufsteigen; *(ave)* sich in die Lüfte erheben ② *(gastos)* sich belaufen (**a** auf +*akk*) ③ *(pertenecer, retroceder)* zurückgehen; **la construcción de la iglesia se remonta al siglo pasado** der Bau der Kirche geht ins letzte Jahrhundert zurück; **el discurso se remonta a los orígenes del automóvil** die Rede geht bis zu den Ursprüngen des Automobils zurück

remonte [rre'moṇte] *m* ① *(vuelo)* Aufsteigen *nt; (de un ave)* Emporschwingen *nt* ② *(telesilla)* (Ski)lift *m* ③ *(pelota)* (Variante der) Pelota *f* ④ *(cesta)* (kurzer, flacher) Pelotaschläger *m*

remoquete [rremo'kete] *m* ① *(fam: apodo)* Spitzname *m* ② *(golpe)* Faustschlag *m* ③ *(pulla)* spitze Bemerkung *f,* Stichelei *f* ④ *(fam: galanteo)* Flirten *nt*

rémora ['rremora] *f* ① (ZOOL) Schiffshalter *m* ② *(obstáculo)* Hindernis *nt*

remordimiento [rremorði'mjeṇto] *m* Gewissensbiss *m;* **tener ~s** (**de conciencia**) **por algo** Gewissensbisse wegen etw *gen/dat* haben; **el ~ no lo deja dormir** sein schlechtes Gewissen plagt ihn

remotamente [rremota'meṇte] *adv* ① *(vagamente)* vage ② *(lejos)* weit weg, abgelegen; *(en el tiempo)* vor langer Zeit ③ *(loc)* **ni** ~ nicht im Entferntesten

remoto, -a [rre'moto, -a] *adj* ① *(lejano)* fern; *(hechos)* weit zurückliegend; **en tiempos ~s** in ferner Vergangenheit ② *(improbable)* unwahrscheinlich; **no existe ni la más remota posibilidad** es besteht nicht die geringste Chance; **no tener ni la más remota idea** nicht die blasseste Ahnung haben; **ni por lo más ~** nicht im Entferntesten

remover [rremo'βer] <o → ue> **I.** *vt* ① *(eliminar)* entfernen; *(apartar)* wegräumen; *(dificultades)* aus dem Weg räumen ② *(agitar)* aufwühlen; *(dar vueltas)* umrühren ③ *(activar)* aufrühren ④ *(destituir)* absetzen; ~ **a alguien** (**de un cargo**) jdn eines Amtes entheben **II.** *vi* herumwühlen **III.** *vr:* **~se** ① *(moverse)* sich wälzen ② *(aguas)* in Wallung kommen

remozamiento [rremoθa'mjeṇto] *m* ① *(de algo)* Modernisierung *f* ② *(de alguien)* Verjüngung *f*

remozar [rremo'θar] <z → c> *vt* ① *(algo)* modernisieren ② *(a alguien)* verjüngen

remuda [rre'muða] *f* ① *(reemplazo)* Auswechslung *f;* (MIL) Ablösung *f* ② *(trasplantación)* Umpflanzung *f,* Umsetzen *nt* ③ *(ropa)* (Wäsche)garnitur *f*

remunerable [rremune'raβle] *adj* entgeltlich

remuneración [rremunera'θjon] *f* ① *(pago)* Bezahlung *f,* Vergütung *f; (sueldo)* Lohn *m* ② *(recompensa)* Belohnung *f* ③ *(rendimiento)* Gewinn *m*

remunerar [rremune'rar] *vt* ① *(pagar)* bezahlen; *(un trabajo)* vergüten; ~ **a alguien por un servicio** jdn für eine Dienstleistung entlohnen ② *(recompensar)* belohnen ③ *(rendir)* Gewinn bringen; **este negocio no te va a ~** das wird kein gewinnbringendes Geschäft für dich

remunerativo, -a [rremunera'tiβo, -a] *adj* einträglich

remuneratorio, -a [rremunera'torjo, -a] *adj* entgeltlich

renacentista *adj* Renaissance-; **pintor ~** Renaissancemaler *m*

renacer [rrena'θer] *vi irr como crecer* ① *(volver a nacer)* wiedergeboren werden ② *(regenerarse)* aufleben; **sentirse ~** sich wie neugeboren fühlen

renacimiento [rrenaθi'mjeṇto] *m* ① (FILOS, REL) Wiedergeburt *f* ② *(regeneración)* Aufleben *nt*

Renacimiento [rrenaθi'mjeṇto] *m* (ARTE, HIST, LIT) Renaissance *f*

renacuajo[1] [rrena'kwaxo] *m* (ZOOL) Kaulquappe *f*

renacuajo, -a[2] [rrena'kwaxo, -a] *m, f (pey: chico)* Knirps *m; (chica)* unscheinbares Mädchen *nt*

renal [rre'nal] *adj* Nieren-

Renania [rre'nanja] *f* Rheinland *nt*

Renania del Norte-Westfalia [rre'nanja del 'norte-βes'falja] *f* Nordrhein-Westfalen *nt*

Renania-Palatinado [rre'nanja-palati'naðo] *m* Rheinland-Pfalz *nt*

renano, -a [rre'nano, -a] **I.** *adj* ① *(del Rin)* rheinisch; **provincia renana** Rheinprovinz *f* ② *(de Renania)* rheinländisch **II.** *m, f* Rheinländer(in) *m(f)*

rencilla [rreṇ'θiʎa] *f* Streit *m*

rencor [rreŋ'kor] *m* Groll *m;* **guardar ~ a alguien** (mit) jdm böse sein

rencoroso, -a [rreŋko'roso, -a] *adj* ① *(vengativo)* nachtragend ② *(resentido)* verärgert

rendición [rreṇdi'θjon] *f* ① *(capitulación)* Kapitulation *f* ② *(entrega)* Übergabe *f;* **~ de cuentas** Rechnungslegung *f* ③ *(su-*

R

misión) Hingabe *f* ④ *(utilidad)* Ertrag *m* ⑤ *(fatiga)* Erschöpfung *f* ⑥ *(conquista)* Eroberung *f*

rendidamente [rren̪diða'men̪te] *adv* hingebungsvoll, ergeben; **estar ~ enamorado** hoffnungslos verliebt sein

rendido, -a [rren̪'diðo, -a] *adj* ① *(cansado)* todmüde ② *(sumiso)* ergeben; **cayó ~ ante su belleza** er erlag ihrer Schönheit

rendija [rren̪'dixa] *f* Spalte *f*

rendimiento [rren̪di'mjen̪to] *m* ① *(productividad)* Leistung *f;* (ECON: *máximo*) Kapazität *f;* **a pleno ~** voll ausgelastet ② *(beneficio)* Ertrag *m;* **de gran ~** sehr ertragreich ③ *(cansancio)* Erschöpfung *f* ④ *pl (ingresos)* Einkünfte *fpl* ⑤ *(humildad)* Unterwürfigkeit *f* ⑥ *(obsequiosidad)* Zuvorkommenheit *f*

rendir [rren̪'dir] *irr como pedir* **I.** *vt* ① *(rentar)* einbringen; **~ utilidad** Gewinn bringen; **~ fruto** Früchte tragen; **la inversión ha rendido mucho** die Investition hat sich bezahlt gemacht ② *(trabajar)* leisten; **estas máquinas rinden mucho** diese Maschinen sind sehr leistungsfähig ③ *(tributar)* erweisen; **~ las gracias a alguien** jdm seinen Dank abstatten; **~ importancia a algo** etw *dat* Bedeutung beimessen ④ *(entregar)* abgeben; *(pruebas)* erbringen; *(una confesión)* ablegen; **~ cuentas** abrechnen; *(fig)* Rechenschaft ablegen; **~ un informe** Bericht erstatten; **~ obsequios a alguien** jdn beschenken; **~ la comida** das Essen erbrechen; **~ las armas** kapitulieren ⑤ *(vencer)* besiegen, bezwingen ⑥ *(cansar)* ermüden; **me rindió el sueño** der Schlaf übermannte mich ⑦ *(sustituir)* ablösen **II.** *vr:* **~se** ① *(entregarse)* sich ergeben; **~se al enemigo** vor dem Feind kapitulieren; **~se a la evidencia de algo** etw einsehen; **~se a las razones de alguien** sich von jds Argumenten überzeugen lassen ② *(cansarse)* **~se de cansancio** vor Müdigkeit umfallen

renegado[1] [rrene'ɣaðo] *m (juego de naipes)* Lomber *nt*

renegado, -a[2] [rrene'ɣaðo, -a] **I.** *adj* ① *(religión)* abtrünnig ② *(fam: carácter)* schroff, übellaunig **II.** *m, f* ① *(religión)* Abtrünnige(r) *f(m),* Renegat(in) *m(f)* ② *(fam: carácter)* Miesepeter *m*

renegar [rrene'ɣar] *irr como fregar* **I.** *vi* ① *(protestar)* fluchen (**de** über *+akk*) ② *(renunciar)* sich lossagen; **~ de la fe** vom Glauben abfallen; **~ del partido** aus der Partei austreten **II.** *vt* ① *(negar)* verleugnen ② *(detestar)* verabscheuen

renegociar [rreneɣo'θjar] *vt* neu aushandeln

renegrido, -a [rrene'ɣriðo, -a] *adj* schwärzlich

RENFE ['rreɱfe] *f abr de* **Red Nacional de Ferrocarriles Españoles** *spanische Eisenbahngesellschaft*

renglón [rreŋ'glon] *m* ① *(línea)* Zeile *f;* **a ~ seguido** sofort ② *(partida)* Posten *m*

rengo, -a ['rreŋgo, -a] *adj (CSur: cojo)* hinkend

renguear [rreŋge'ar] *vi (CSur: cojear)* hinken

reniego [rre'njeɣo] *m* ① *(blasfemia)* Gotteslästerung *f,* Blasphemie *f* ② *(taco)* Fluch *m* ③ *(denegación)* Verleugnung *f*

reno ['rreno] *m* Ren(tier) *nt*

renombrado, -a [rrenom'braðo, -a] *adj (célebre)* renommiert, angesehen

renombre [rre'nombre] *m* (guter) Ruf *m;* **una empresa de gran ~** ein namhaftes Unternehmen; **una persona de ~** eine angesehene Person; **adquirir ~** Ruhm erlangen; **gozar de ~** Ruhm genießen

renovable [rreno'βaβle] *adj* erneuerungsfähig

renovación [rrenoβa'θjon] *f* Erneuerung *f;* *(del pasaporte)* Verlängerung *f;* *(de un edificio)* Renovierung *f*

renovar [rreno'βar] <o → ue> *vt* erneuern; *(una casa)* renovieren; *(el pasaporte)* verlängern; *(un país)* reformieren; **~ un pedido** nachbestellen; **~ la pintura** den Anstrich erneuern; **~ la memoria** das Gedächtnis auffrischen; **~ un aviso** eine Mitteilung wiederholen

renquear [rreŋke'ar] *vi (persona)* hinken; *(animal)* lahmen

renta ['rren̪ta] *f* ① *(beneficio)* Ertrag *m;* *(ingresos)* Einkommen *nt;* **~ per capita** Pro-Kopf-Einkommen *nt;* **~s públicas** Staatseinkünfte *fpl* ② *(pensión)* Rente *f;* **~ por incapacidad laboral** Erwerbsunfähigkeitsrente *f;* **~ vitalicia** Rente auf Lebenszeit; **~ de viudez** Witwenrente *f* ③ *(alquiler)* Miete *f;* **en ~** zur Miete; **tomar a ~ un negocio** ein Geschäft pachten

rentabilidad [rren̪taβili'ðaᵈ] *f* Wirtschaftlichkeit *f;* **~ competitiva** Wettbewerbsfähigkeit *f;* **dar una ~ de...** einen Gewinn von ... abwerfen

rentabilizar [rren̪taβili'θar] <z → c> *vt* gewinnbringend bewirtschaften; **~ una finca** ein Gut rentabel bewirtschaften

rentable [rren̪'taβle] *adj* rentabel

rentar [rren̪'tar] **I.** *vt* ① *(beneficio)* einbringen ② *(Am: alquilar)* mieten **II.** *vi* Gewinn bringen; **~ bien** sich rentieren

rentero, -a [rren̪'tero, -a] *m, f* ① *(arrenda-*

tario) Pächter(in) *m(f)* ❷ *(Arg: contribuyente)* Steuerzahler(in) *m(f)*
renuencia [rre'nweṇθja] *f* Widerspenstigkeit *f*
renuncia [rre'nuṇθja] *f* ❶ *(abandono)* Verzicht *m* (**a/de** auf +*akk*); ~ **del cargo** Amtsniederlegung *f;* ~ **al contrato** Rücktritt vom Vertrag; **presentar su** ~ kündigen ❷ *(escrito)* Entlassungsurkunde *f*
renunciación [rrenuṇθja'θjon] *f* (JUR) Verzicht *m,* Entsagung *f*
renunciar [rrenuṇ'θjar] *vi* ❶ *(desistir)* verzichten (**a** auf +*akk*); ~ **al trono** abdanken; ~ **a un cargo** ein Amt niederlegen; ~ **a una herencia** ein Erbe ausschlagen ❷ *(rechazar)* ablehnen (**a** +*akk*)
reñido, -a [rre'ɲiðo, -a] *adj* ❶ *(enojado)* uneins, zerstritten; **estamos ~s** wir haben uns verzankt; **la injusticia está reñida con las ideas democráticas** die Ungerechtigkeit ist mit den demokratischen Prinzipien unvereinbar ❷ *(encarnizado)* heftig, erbittert; **una lucha reñida** ein erbitterter Kampf
reñir [rre'ɲir] *irr como ceñir* **I.** *vi* streiten; **¿has reñido con tu novio?** hast du dich mit deinem Freund gestritten? **II.** *vt* schelten
reo, -a ['rreo, -a] **I.** *adj* schuldig **II.** *m, f (culpado)* Angeklagte(r) *mf; (autor)* Täter(in) *m(f);* ~ **de asesinato** Mörder *m;* ~ **habitual** Gewohnheitsverbrecher *m;* ~ **preventivo** Untersuchungshäftling *m*
reojo [rre'oxo] *m* **mirar de** ~ *(con hostilidad)* schief ansehen; *(con disimulo)* verstohlen ansehen
reorganización [rreorɣaniθa'θjon] *f* Reorganisation *f;* ~ **del gobierno** Regierungsumbildung *f*
reorganizar [rreorɣani'θar] <z → c> *vt* reorganisieren; *(gobierno)* umbilden
repajolero, -a [rrepaxo'lero, -a] *adj (fam)* verdammt, verflucht; **toda tu repajolera vida...** dein ganzes verflixtes Leben …
repanchigarse [rrepanʧi'ɣarse] <g → gu> *vr,* **repantigarse** [rrepaṇti'ɣarse] <g → gu> *vr* sich rekeln
reparable [rrepa'raβle] *adj (arreglable)* reparabel
reparación [rrepara'θjon] *f* ❶ *(arreglo)* Reparatur *f* ❷ *(indemnización)* Entschädigung *f; (enmienda)* Wiedergutmachung *f;* ~ **de perjuicios** Schaden(s)ersatz *m*
reparador[1] [rrepa'raðor] *m* Reparaturwerkstatt *f*
reparador(a)[2] [rrepa'raðor(a)] **I.** *adj* kräftigend, erquickend; **un sueño** ~ ein erquickender Schlaf **II.** *m(f)* ❶ *(que repara)* Reparateur, -euse *m, f* ❷ *(que critica)* Nörgler(in) *m(f)*
reparar [rrepa'rar] **I.** *vt* ❶ *(arreglar)* reparieren; ~ **el daño** den Schaden beheben ❷ *(indemnizar)* ersetzen; *(enmendar)* wiedergutmachen ❸ *(advertir)* merken (**en** +*akk*); *(considerar)* achten (**en** auf +*akk*); **sin** ~ **en gastos** ohne Rücksicht auf die Kosten; **no** ~ **en sacrificios/en gastos** kein Opfer/keine Kosten scheuen ❹ *(recuperar)* ~ **fuerzas** wieder zu Kräften kommen; **con la siesta reparo fuerzas** der Mittagsschlaf gibt mir neue Kraft **II.** *vr:* **~se** sich beherrschen
reparo [rre'paro] *m* ❶ *(arreglo)* Ausbesserung *f* ❷ *(inconveniente)* Bedenken *nt;* **sin** ~ **alguno** ganz ungeniert; **me da** ~ **decírselo** ich scheue mich davor, es ihm/ihr zu sagen ❸ *(objeción)* Einwand *m* (**a** gegen +*akk*); **sin** ~ anstandslos; **no andar con ~s** sich *dat* seiner Sache sicher sein; **poner ~s a algo** Einwände gegen etw haben
repartición [rreparti'θjon] *f* ❶ *v.* **repartimiento** ❷ *(Am: oficina)* Amt *nt*
repartidor(a) [rreparti'ðor(a)] *m(f)* ❶ *(recadero)* Zusteller(in) *m(f),* Bote, -in *m, f;* ~ **de periódicos** Zeitungsausträger(in) *m(f)* ❷ *(en tribunales)* (Geschäfts)verteiler(in) *m(f)*
repartimiento [rreparti'mjeṇto] *m (distribución)* Verteilung *f; (división)* Aufteilung *f*
repartir [rrepar'tir] **I.** *vt* verteilen; *(correos)* zustellen; ~ **leña** *(fig)* Prügel austeilen **II.** *vr:* **~se** ❶ *(colocarse)* sich verteilen ❷ *(dividir)* aufteilen; **~se el mercado** den Markt unter sich aufteilen
reparto [rre'parto] *m* ❶ *(distribución)* Verteilung *f; (división)* Aufteilung *f;* ~ **de contribuciones** Steuerveranlagung *f;* ~ **domiciliario** Hauszustellung *f;* ~ **de equipajes** Gepäckausgabe *f;* ~ **postal** Postzustellung *f* ❷ *(relación)* Verhältnis *nt;* ~ **de poderes** (ECON) Machtverhältnisse *nt pl*
repasar [rrepa'sar] *vt* ❶ *(la ropa)* ausbessern ❷ *(un texto, la lección)* noch einmal durchgehen; **segunda edición repasada y corregida** zweite neu bearbeitete Auflage ❸ *(la cuenta)* nachprüfen ❹ *(un coche)* überholen ❺ *(una carta)* überfliegen
repaso [rre'paso] *m* ❶ *(revisión)* Überarbeitung *f* ❷ *(inspección)* (Über)prüfung *f; (de un coche)* Überholung *f*
repatear [rrepate'ar] *vt (fam)* nerven
repatriación [rrepatrja'θjon] *f* Rückführung *f;* (JUR, POL) Repatriierung *f;* ~ **de divisas** Devisenrückführung *f*

R

repatriar [rrepa'trjar] *vt* in die Heimat zurückschicken

repecho [rre'petʃo] *m* Böschung *f*

repeinar [rrepei̯'nar] **I.** *vt* sorgfältig kämmen; *(pey)* schniegeln **II.** *vr:* **~se** sich sorgfältig kämmen; *(pey)* sich schniegeln

repelencia [rrepe'len̪θja] *f* Abscheu *f*, Ekel *m*

repelente [rrepe'len̪te] **I.** *adj* ① *(rechazador)* abweisend; **~ al agua** Wasser abweisend ② *(repugnante)* abstoßend ③ *(redicho)* besserwisserisch **II.** *mf (sabelotodo)* Besserwisser(in) *m(f)*

repeler [rrepe'ler] *vt* ① *(rechazar)* abweisen; *(un ataque)* abwehren; **los imanes se repelen mutuamente** Magnete stoßen sich gegenseitig ab ② *(repugnar)* anwidern

repelón [rrepe'lon] *m (del pelo)* Ziehen *nt* an den Haaren; **a repelones** *(con dificultad)* mit Mühe und Not

repeluzno [rrepe'luθno] *m (escalofrío)* Schauder *m*

repensado, -a [rrepen'saðo, -a] *adj* durchdacht, überlegt

repente [rre'pen̪te] *m* plötzliche Bewegung *f;* **de ~** plötzlich; **hablar de ~** aus dem Stegreif reden; **tocar de ~** vom Blatt spielen

repentino, -a [rrepen̪'tino, -a] *adj* plötzlich

repentización [rrepen̪tiθa'θjon] *f* Improvisation *f*

repercusión [rreperku'sjon] *f* ① *(efecto)* (Aus)wirkung *f;* **tener gran ~** *(éxito)* großen Anklang finden ② *(del choque)* Rückprall *m*

repercutir [rreperku'tir] *vi* ① *(efecto)* sich auswirken (**en** auf +*akk*); **~ en la salud** der Gesundheit schaden ② *(del choque)* zurückprallen ③ *(eco)* widerhallen

repertorio [rreper'torjo] *m* ① *(lista)* Verzeichnis *nt;* **~ legislativo** Gesetzessammlung *f* ② (*t.* TEAT) Repertoire *nt* (**de** an +*dat*)

repesca [rre'peska] *f (fam)* Wiederholungsprüfung *f*

repetición [rrepeti'θjon] *f* Wiederholung *f;* **~ de orden** Nachbestellung *f;* **fusil de ~** Repetiergewehr *nt;* **en caso de ~** im Wiederholungsfall

repetidamente [rrepetiða'men̪te] *adv* häufig, wiederholt

repetido, -a [rrepe'tiðo, -a] *adj* wiederholt; **repetidas veces** mehrmals; **tengo muchos sellos ~s** ich habe viele Briefmarken doppelt

repetidor[1] [rrepeti'ðor] *m* (TÉC) Verstärker *m*

repetidor(a)[2] [rrepeti'ðor(a)] **I.** *adj* wiederholend **II.** *m(f)* ① *(estudiante)* Wiederholer(in) *m(f)* ② *(profesor)* Repetitor(in) *m(f)*

repetir [rrepe'tir] *irr como pedir* **I.** *vi* ① *(sabor)* aufstoßen; **los ajos repiten mucho** Knoblauch stößt einem immer wieder auf ② *(plato)* **~ de un plato de comida** noch eine Portion essen **II.** *vt* ① *(reiterar)* wiederholen; **~ curso** sitzen bleiben; **~ un pedido de mercancía** Ware nachbestellen ② *(recitar)* aufsagen **III.** *vr:* **~se** sich wiederholen

repetitivo, -a [rrepeti'tiβo, -a] *adj* wiederholbar; (INFOR) rekursiv

repicar [rrepi'kar] <c → qu> **I.** *vi (campanas)* läuten; *(castañuelas)* klappern **II.** *vt* ① *(campanas)* läuten; *(instrumento)* schlagen; **no se puede estar en misa y ~** man kann nicht auf zwei Hochzeiten gleichzeitig tanzen; **ponerse el traje de cuando repican gordo** sich in Schale werfen ② *(despedazar)* klein hacken **III.** *vr:* **~se** sich brüsten (**de** mit +*dat*)

repintar [rrepin̪'tar] **I.** *vt* übermalen **II.** *vr:* **~se** ① *(maquillarse mucho)* sich stark schminken ② (TIPO) abschmieren

repipi [rre'pipi] *adj* etepetete

repique [rre'pike] *m* ① *(de las campanas)* Läuten *nt* ② *(fam: riña)* Streiterei *f*

repiquetear [rrepikete'ar] *vi, vt* läuten; *(castañuelas)* schlagen

repiqueteo [rrepike'teo] *m* Geläute *nt; (castañuelas)* Klappern *nt*

repisa [rre'pisa] *f* Konsole *f;* **~ de chimenea** Kaminsims *m;* **~ de ventana** Fensterbrett *nt,* Fensterbank *f*

replantear [rreplan̪te'ar] *vt* ① *(asunto)* wieder aufwerfen; *(plan)* neu konzipieren ② (ARQUIT) abstecken

replegar [rreple'ɣar] *irr como fregar* **I.** *vt* ① *(doblar)* mehrmals falten ② *(para atrás)* zurückklappen **II.** *vr:* **~se** (MIL) sich zurückziehen

repleto, -a [rre'pleto, -a] *adj* prall gefüllt (**de** mit +*dat*); *(demasiado)* vollgestopft (**de** mit +*dat*); **tener una cartera repleta de billetes** eine Brieftasche voller Geldscheine haben; **el tren está ~** der Zug ist total überfüllt; **estoy ~** ich bin vollkommen satt; **está repleta de energía** sie sprüht vor Energie

réplica ['rreplika] *f* ① *(respuesta)* Antwort *f; (objeción)* Widerrede *f* ② (ARTE) Nachbildung *f*

replicar [rrepli'kar] <c → qu> **I.** *vt* erwidern **II.** *vi* ① *(replicar)* antworten ② *(contradecir)* widersprechen; **obedecer sin ~** ohne Widerspruch gehorchen

replicón, -ona [rrepli'kon, -ona] **I.** *adj*

(fam) frech, schnippisch **II.** *m, f (fam)* Frechdachs *m,* Frechling *m*

repliegue [rre'pljeɣe] *m* ❶ *(dobladura)* Falte *f* ❷ (MIL) Rückzug *m*

repoblación [rrepoβla'θjon] *f* Wiederbevölkerung *f;* ~ **forestal** (Wieder)aufforstung *f*

repoblar [rrepo'βlar] <o → ue> *vt* wieder bevölkern; *(de árboles)* wieder aufforsten

repollo [rre'poʎo] *m* Kohl *m*

reponer [rrepo'ner] *irr como poner* **I.** *vt* ❶ *(volver a poner)* wieder hinstellen; *(teléfono)* auflegen; *(máquina)* wieder in Betrieb setzen; *(en su cargo)* wieder einsetzen ❷ *(reemplazar)* ersetzen ❸ *(completar)* auffüllen ❹ *(replicar)* erwidern ❺ (CINE, TEAT) wieder aufführen **II.** *vr:* **~se** sich erholen

reportaje [rrepor'taxe] *m* Bericht *m;* ~ **gráfico** Bildbericht *m*

reportar [rrepor'tar] **I.** *vt* ❶ *(refrenar)* zurückhalten ❷ *(proporcionar)* einbringen ❸ *(Am: informar)* berichten **II.** *vr:* **~se** sich zusammenreißen

reporte [rre'porte] *m* ❶ *(noticia)* Nachricht *f;* ~ **de enfermedad** Krankenakte *f* ❷ *(Méx: reportaje)* Bericht *m* ❸ *(chisme)* Klatsch *m,* Gerede *nt*

repórter [rre'porter] *m (Am),* **reportero, -a** [rrepor'tero, -a] *m* Reporter(in) *m(f)*

reposabrazos [rreposa'βraθos] *m inv* Armlehne *f*

reposacabezas [rreposaka'βeθas] *m inv* Kopfstütze *f*

reposado, -a [rrepo'saðo, -a] *adj* ruhig, gesetzt; **agua reposada** abgestandenes Wasser

reposapiés [rreposa'pjes] *m inv* Fußstütze *f*

reposar [rrepo'sar] **I.** *vi* (aus)ruhen; **aquí reposan los restos mortales de...** hier ruht in Frieden … **II.** *vt* zur Ruhe bringen; ~ **la comida** Mittagsruhe halten **III.** *vr:* **~se** *(líquidos)* sich (ab)setzen; *(vino)* ablagern

reposera [rrepo'sera] *f (Am: tumbona)* Liegestuhl *m*

reposición [rreposi'θjon] *f* ❶ *(de un objeto)* Ersetzung *f;* ~ **de existencias** Lagerauffüllung *f;* ~ **de maquinaria** Maschinenerneuerung *f* ❷ *(de lugar)* Rückstellung *f;* ~ **al cero** Nullstellung *f* ❸ *(del mercado)* Wiederbelebung *f* ❹ *(de una persona)* Erholung *f* ❺ *(de una situación)* Beruhigung *f* ❻ (TEAT) Neuinszenierung *f*

reposo [rre'poso] *m (tranquilidad)* Ruhe *f; (descanso)* Erholung *f;* ~ **en cama** Bettruhe *f;* **una máquina en** ~ eine Maschine im Stillstand

repostada [rrepos'taða] *f (AmC: contestación)* Retourkutsche *f*

repostaje [rrepos'taxe] *m* (AUTO) Auftanken *nt*

repostar [rrepos'tar] *vt* ❶ *(provisiones)* sich neu versorgen (mit +*dat*) ❷ *(combustible)* auftanken

repostería [rreposte'ria] *f* ❶ *(pastelería, oficio)* Konditorei *f* ❷ *(productos)* Feingebäck *nt* ❸ *(mueble)* Anrichte *f* ❹ (NÁUT) Pantry *f*

repostero, -a [rrepos'tero, -a] *m, f* Konditor(in) *m(f)*

reprender [rrepren̪'der] *vt* tadeln; **~le algo a alguien** jdm etw vorwerfen

reprensión [rrepren'sjon] *f* Tadel *m;* (JUR) Verwarnung *f*

reprensor(a) [rrepren'sor(a)] **I.** *adj* verweisend, tadelnd **II.** *m(f)* Tadler(in) *m(f)*

represalia [rrepre'salja] *f* Repressalie *f;* **en ~ por...** als Vergeltung für …

represar [rrepre'sar] **I.** *vt (agua)* stauen; *(fig)* unterdrücken **II.** *vr:* **~se** sich stauen

representable [rrepresen̪'taβle] *adj* darstellbar

representación [rrepresen̪ta'θjon] *f* ❶ *(substitución, delegación)* Vertretung *f;* ~ **colectiva** Arbeitnehmervertretung *f;* ~ **exclusiva** Alleinvertretung *f;* ~ **mayoritaria** Mehrheitswahl *f;* ~ **proporcional** Verhältniswahl *f;* **por** [*o* **en**] ~ stellvertretend ❷ (TEAT) Aufführung *f* ❸ *(reproducción)* Darstellung *f; (ilustración)* Abbildung *f;* ~ **digital** Digitalanzeige *f* ❹ *(idea)* Begriff *m* ❺ *(autoridad)* Ansehen *nt;* **ser hombre de** ~ eine angesehene Persönlichkeit sein

representante [rrepresen̪'tan̪te] *mf* ❶ *(delegado)* Abgeordnete(r) *mf; (suplente)* Vertreter(in) *m(f);* ~ **especial** Sonderbeauftragte(r) *mf* ❷ *(actor)* Darsteller(in) *m(f)*

representar [rrepresen̪'tar] **I.** *vt* ❶ *(sustituir)* vertreten ❷ *(actuar)* spielen; *(una obra)* aufführen; ~ **el papel de amante** den Liebhaber spielen ❸ *(significar)* bedeuten ❹ *(encarnar, reproducir)* darstellen; *(personificar)* verkörpern; *(ilustrar)* abbilden; ~ **visualmente** (INFOR) auf dem Bildschirm anzeigen ❺ *(aparentar)* aussehen; **representa ser más joven** er/sie sieht jünger aus, als er/sie ist ❻ *(evocar)* schildern **II.** *vr:* **~se** sich *dat* vorstellen

representatividad [rrepresen̪tatiβi'ða[d]] *f* ❶ *(carácter)* repräsentativer Charakter *m* ❷ *(significado)* Aussagekraft *f;* **una obra de gran** ~ ein Werk von hoher Aussagekraft ❸ (JUR) Vertretungsbefugnis *f*

representativo, -a [rrepresen̪ta'tiβo, -a]

R

adj repräsentativ; **gobierno ~** parlamentarische Regierung

represión [rrepre'sjon] *f (contención)* Unterdrückung *f; (limitación)* Beschränkung *f;* **~ de crímenes** Verbrechensbekämpfung *f;* **~ militar** militärische Unterdrückung

represivo, -a [rrepre'siβo, -a] *adj* repressiv

represor(a) [rrepre'sor(a)] **I.** *adj* unterdrückend **II.** *m(f)* Unterdrücker(in) *m(f)*

reprimenda [rrepri'meṇda] *f* Tadel *m; (oficial)* Verweis *m*

reprimido, -a [rrepri'miðo, -a] *adj* ① *(contenido)* unterdrückt ② *(cohibido)* gehemmt

reprimir [rrepri'mir] **I.** *vt* unterdrücken **II.** *vr:* **~se** ① *(contenerse)* sich beherrschen; **~se de hablar** sich mit Worten zurückhalten ② *(cohibirse)* sich verkrampfen

reprobable [rrepro'βaβle] *adj* verwerflich

reprobación [rreproβa'θjon] *f (condenación)* Missbilligung *f; (rechazamiento)* Verwerfung *f*

reprobado, -a [rrepro'βaðo, -a] *adj* ① *(condenado)* verdammt ② *(Am: suspenso en un examen)* nicht bestanden

reprobador(a) [rreproβa'ðor(a)] *adj* tadelnd; **una mirada ~a** ein missbilligender Blick

reprobar [rrepro'βar] <o → ue> *vt* missbilligen

reprobatorio, -a [rreproβa'torjo, -a] *adj* tadelnd

reprochable [rrepro'ʧaβle] *adj* tadelnswert

reprochar [rrepro'ʧar] *vt* vorwerfen

reproche [rre'proʧe] *m* Vorwurf *m;* **en son de ~** in vorwurfsvollem Ton; **hacer ~s a alguien por algo** jdm Vorwürfe wegen etw *gen/dat* machen

R

reproducción [rreproðuˠ'θjon] *f* ① *(procreación)* Fortpflanzung *f;* **~ bovina** Rinderzucht *f* ② *(repetición)* Reproduktion *f; (copia)* Vervielfältigung *f;* **~ (de un libro)** Nachdruck *m;* **~ de un discurso** Wiederholung eines Vortrags ③ *(representación)* Wiedergabe *f;* **~ magnetofónica** Bandaufnahme *f;* **~ radiofónica** Rundfunkübertragung *f*

reproducible [rreproðu'θiβle] *adj* reproduzierbar

reproducir [rreproðu'θir] *irr como traducir* **I.** *vt* ① *(procrear)* fortpflanzen ② *(repetir)* reproduzieren; *(copiar)* vervielfältigen; *(un libro)* nachdrucken ③ *(representar)* wiedergeben; *(imitar)* nachahmen; *(contar)* nacherzählen **II.** *vr:* **~se** sich fortpflanzen

reproductivo, -a [rreproðuk'tiβo, -a] *adj* reproduktiv

reproductor[1] [rreproðuk'tor] *m (aparato)* Wiedergabegerät *nt;* **~ de discos compactos** [*o* **CD**] CD-Player *m;* **~ de MP3** MP3-Player *m*

reproductor(a)[2] [rreproðuk'tor(a)] **I.** *adj* Fortpflanzungs- **II.** *m(f) (animal)* Zuchttier *nt*

reptar [rrep'tar] *vi* kriechen

reptil [rrep'til] *m* Reptil *nt*

república [rre'puβlika] *f* Republik *f;* **~ coronada** konstitutionelle Monarchie; **R~ Dominicana** Dominikanische Republik; **R~ Federal de Alemania** Bundesrepublik Deutschland; **R~ Centroafricana** Zentralafrikanische Republik *f;* **R~ Checa** Tschechische Republik *f;* **R~ del Congo** Republik Kongo *f;* **R~ Democrática del Congo** Demokratische Republik Kongo *f;* **~ miembro** Mitgliedsstaat *m*

republicano, -a [rrepuβli'kano, -a] **I.** *adj* republikanisch **II.** *m, f* Republikaner(in) *m(f)*

repudiable [rrepu'ðjaβle] *adj* verwerflich

repudiar [rrepu'ðjar] *vt* ① *(rechazar)* ablehnen ② *(parientes)* verstoßen

repudio [rre'puðjo] *m* ① *(rechazo)* Ablehnung *f* ② *(de parientes)* Verstoßung *f*

repuesto[1] [rre'pwesto] *m* ① *(pieza)* Ersatzteil *nt* ② *(de alimentos)* Vorrat *m* (**de** an *+dat*)

repuesto, -a[2] [rre'pwesto, -a] *pp de* **reponer**

repugnancia [rrepuɣ'naṇθja] *f* ① *(repulsión)* Abneigung *f* (**a** gegen *+akk*); *(asco)* Ekel *m* (**a** vor *+dat*); **tener ~ al pescado** sich vor Fisch ekeln ② *(resistencia)* Widerwille *m;* **hacer algo con ~** etw widerwillig tun

repugnante [rrepuɣ'naṇte] *adj* ekelhaft

repugnar [rrepuɣ'nar] **I.** *vi* ① *(producir aversión)* abstoßen; *(asquear)* anekeln; **me repugna la carne grasosa** fettes Fleisch finde ich ekelhaft ② *(disgustar)* widerstreben *+dat* **II.** *vt (rehusar)* ablehnen **III.** *vr:* **~se** *(contradecirse)* sich (gegenseitig) ausschließen

repujado[1] [rrepu'xaðo] *m* getriebene Arbeit *f,* Reliefarbeit *f*

repujado, -a[2] [rrepu'xaðo, -a] *adj* getrieben; **cuero ~** gepunztes Leder

repujar [rrepu'xar] *vt (metal)* treiben; *(cuero)* punzen

repulsa [rre'pulsa] *f (rechazo)* Ablehnung *f*

repulsar [rrepul'sar] *vt (persona)* zurückweisen; *(deseo)* abschlagen

repulsión [rrepul'sjon] *f (aversión)* Abneigung *f; (asco)* Ekel *m*
repulsivo, **-a** [rrepul'siβo, -a] *adj* ekelhaft
repuntar [rrepuṇ'tar] **I.** *vi* ① *(AmS: reaparecer)* unverhofft erscheinen ② *(CSur: río)* wieder ansteigen **II.** *vt* ① *(RíoPl: el liderazgo)* wieder aufnehmen ② *(CSur: animales)* zusammentreiben
reputación [rreputa'θjon] *f* Ruf *m;* **mujer de mala ~** Prostituierte *f;* **tener muy buena/mala ~** höchst angesehen/sehr schlecht angesehen sein; **un local con mala ~** ein berüchtigtes Lokal
reputar [rrepu'tar] *vt* ① *(considerar)* halten (**por** für *+akk*) ② *(apreciar)* schätzen
requebrar [rreke'βrar] <e → ie> *vt (a una mujer)* Komplimente machen *+dat*
requemar [rreke'mar] **I.** *vt* ① *(asar bien)* durchbraten; *(demasiado)* anbrennen lassen ② *(plantas)* ausdörren ③ *(doler)* **~ la garganta/la lengua** im Hals/auf der Zunge brennen **II.** *vr:* **~se** ① *(quemarse)* anbrennen ② *(enfadarse)* sich grämen ③ *(de un sentimiento)* sich verzehren (**de** vor *+dat*) ④ *(plantas)* verdorren
requerimiento [rrekeri'mjeṇto] *m* ① *(requisitoria)* Ersuchen *nt* (**de** um *+akk*); *(escrito)* Antrag *m* (**de** auf *+akk*); **~ de información** Anfrage *f;* **a ~ de** auf Verlangen von; **hacer el ~ para la publicación de las proclamas** das Aufgebot bestellen ② *(exigencia)* Anforderung *f* ③ *(aviso)* Aufforderung *f* (**de** zu *+dat*)
requerir [rreke'rir] *vt irr como sentir* ① *(necesitar)* erfordern; **esto requiere toda la atención** hier ist höchste Aufmerksamkeit geboten; **este asunto requiere mucho tiempo** diese Angelegenheit ist sehr zeitraubend ② *(amorosamente)* den Hof machen *+dat;* **~ de amores** Liebeserklärungen machen *+dat* ③ *(intimar)* auffordern; **~ a alguien que...** *+subj* jdn auffordern zu ... *+inf*
requesón [rreke'son] *m* Quark *m*
requetebién [rrekete'βjen] *adv (fam)* super
requetebueno, **-a** [rrekete'βweno, -a] *adj (Am: fam)* echt gut
requetecaro, **-a** [rrekete'karo, -a] *adj (Am: fam)* übermäßig teuer
requiebro [rre'kjeβro] *m* Kompliment *nt*
requilorio [rreki'lorjo] *m (fam)* ① *(palabras)* Umschweife *mpl,* Umstände *mpl* ② *(adornos)* Flitter *m*
requisa [rre'kisa] *f* ① *(inspección)* Inspektion *f* ② *(confiscación)* Beschlagnahme *f*
requisar [rreki'sar] *vt* beschlagnahmen
requisito [rreki'sito] *m (requerimiento)* Anforderung *f; (condición)* Voraussetzung *f;* **~ previo** Vorbedingung *f;* **exigir ciertos ~s** gewisse Anforderungen stellen; **con todos los ~s** *(fam fig)* mit allem Drum und Dran
requisitoria [rrekisi'torja] *f* ① (JUR) Ersuchen *nt* (**de** nach *+dat*); **~ de busca y captura** Steckbrief *m* ② *(Arg)* Haftbefehl *m*
res [rres] *f* ① *(animal)* Vieh *nt;* **~es de matadero** Schlachtvieh *nt* ② *(Am: vaca)* Rind *nt*
resabiado, **-a** [rresa'βjaðo, -a] *adj* ① *(caballo)* störrisch ② *(persona)* misstrauisch
resabiarse [rresa'βjarse] *vr* ① *(disgustarse)* grollen, sich ärgern ② *(deleitarse)* sich laben (**en** an *+dat*)
resabido, **-a** [rresa'βiðo, -a] *adj* ① *(cosa)* wohl bekannt, bestens bekannt; **es un cuento ~** (**por nosotros**) die Geschichte kennen wir schon in- und auswendig ② *(persona)* überklug; *(niño)* altklug
resabio [rre'saβjo] *m* ① *(sabor)* (schlechter) Nachgeschmack *m* ② *(costumbre)* schlechte Angewohnheit *f*
resaca [rre'saka] *f* ① *(fam: malestar)* Kater *m* ② *(olas)* Brandung *f*
resalado, **-a** [rresa'laðo, -a] *adj* anmutig
resaltar [rresal̩'tar] *vi* ① *(rebotar)* zurückprallen ② *(sobresalir)* hervorragen ③ *(desprenderse)* abspringen ④ *(distinguirse)* ins Auge springen; **hacer ~** hervorheben
resalte [rre'sal̩te] *m,* **resalto** [rre'sal̩to] *m (saliente)* Absatz *m*
resarcimiento [rresarθi'mjeṇto] *m* Entschädigung *f;* **~ de daños** Schaden(s)ersatz *m*
resarcir [rresar'θir] <c → z> **I.** *vt* ① *(compensar)* entschädigen (**de** für *+akk*) ② *(reparar)* ausbessern **II.** *vr:* **~se** ① *(de un daño)* sich schadlos halten (**de** für *+akk,* **de** an *+dat*) ② *(de las fatigas)* sich erholen
resbaladizo, **-a** [rresβala'ðiθo, -a] *adj* rutschig
resbalar [rresβa'lar] *vi* rutschen, gleiten; *(sin querer)* ausrutschen; **¡cuidado con no ~!** Vorsicht Glatteis!; **mis palabras le resbalan** meine Worte lassen ihn/sie kalt
resbalón [rresβa'lon] *m* Ausrutscher *m;* **dar un ~** ausrutschen
rescatar [rreska'tar] *vt* ① *(a un prisionero)* befreien; *(con dinero)* auslösen ② *(a un náufrago)* retten ③ *(algo perdido)* wiederfinden ④ *(una deuda)* begleichen ⑤ *(tiempo)* zurückgewinnen; **quisiera ~ mi juventud** ich wäre gerne wieder jung ⑥ *(culpas viejas)* wiedergutmachen ⑦ *(Am: mercancías)* Tauschhandel betreiben (mit *+dat*)
rescate [rres'kate] *m* ① *(de un prisionero)*

Befreiung *f;* *(con dinero)* Auslösung *f* ❷ *(de un náufrago)* Rettung *f* ❸ *(de una prenda)* (Pfand)einlösung *f* ❹ *(recuperación)* Rückkauf *m;* **con facultad de ~** mit Rückkaufrecht ❺ *(dinero para rescatar)* Lösegeld *nt*

rescindible [rresθiṇ'diβle] *adj* aufhebbar, kündbar

rescindir [rresθiṇ'dir] *vt (la ley)* aufheben; *(un contratante)* (auf)kündigen

rescisión [rresθi'sjon] *f (la ley)* Ungültigkeitserklärung; *(un contratante)* Kündigung *f;* **~ de una deuda** Erlöschen einer Schuld

rescoldo [rres'koḷdo] *m* ❶ *(borrajo)* glimmende Asche *f;* **donde candelita hubo, siempre ~ quedó** *(prov)* alte Liebe rostet nicht ❷ *(escrúpulos)* Gewissensbisse *mpl*

rescontrar [rreskoṇ'trar] <o → ue> *vt* (COM) (gegeneinander) aufrechnen

resecar [rrese'kar] <c → qu> *vt (secar mucho)* austrocknen

reseco, -a [rre'seko, -a] *adj* ❶ *(muy seco)* sehr trocken ❷ *(flaco)* (spindel)dürr

resentido, -a [rreseṇ'tiðo, -a] *adj* ❶ *estar (ofendido)* beleidigt ❷ *estar (débil)* angeschlagen ❸ *ser* nachtragend

resentimiento [rreseṇti'mjeṇto] *m* Groll *m*

resentirse [rreseṇ'tirse] *vr irr como sentir* ❶ *(ofenderse)* sich ärgern (**por/de** über +*akk*) ❷ *(sentir dolor)* leiden (**de/con** unter +*dat*); **~ del costado** Seitenstechen haben; **todavía se resiente de las heridas del accidente** die Unvallverletzungen machen ihm/ihr immer noch zu schaffen ❸ *(debilitarse)* nachgeben; *(muros)* bersten; **los edificios se resintieron cuando abrieron el túnel del metro** als der Schacht für die U-Bahn gebaut wurde, bekamen die Gebäude Risse

reseña [rre'seɲa] *f* ❶ *(de un libro)* Rezension *f* ❷ *(de una persona)* (Personen)beschreibung *f* ❸ *(narración)* Bericht *m* ❹ (MIL) Musterung *f*

reseñar [rrese'ɲar] *vt* ❶ *(un libro)* besprechen ❷ *(una persona)* beschreiben ❸ *(resumir)* berichten (über +*akk*) ❹ (MIL) mustern

reserva [rre'serβa] *f* ❶ *(previsión)* Vorrat *m;* (FIN) Reserve *f;* *(fondos)* Rücklage *f;* **~ de equipajes** *(Am)* Gepäckaufbewahrung(sstelle) *f;* **tener algo en ~** etw vorrätig haben ❷ *(de plazas)* Reservierung *f* ❸ *(biológica)* Reservat *nt* ❹ (MIL) Reserve *f;* **pasar a la ~** zur Reserve abgestellt werden ❺ *(discreción)* Zurückhaltung *f;* **guardar la ~** Verschwiegenheit bewahren ❻ *(circunspección)* Vorbehalt *m;* **~ mental** stillschweigender Vorbehalt; **a ~ de que...** +*subj* vorausgesetzt, dass ...; **sin la menor ~** vorbehaltslos

reservación [rreserβa'θjon] *f* ❶ *(de hotel)* Reservierung *f;* **~ anticipada** Vorbestellung *f* ❷ *(guarda)* Aufbewahrung *f* ❸ *(secreto)* Verheimlichung *f*

reservado[1] [rreser'βaðo] *m* ❶ (FERRO) Sonderabteil *nt* ❷ *(habitación)* Nebenzimmer *nt*

reservado, -a[2] [rreser'βaðo, -a] *adj* ❶ *(derecho)* vorbehalten; **quedan ~s todos los derechos** alle Rechte vorbehalten ❷ *(callado)* reserviert ❸ *(confidencial)* vertraulich ❹ *(cauteloso)* vorsichtig

reservar [rreser'βar] **I.** *vt* ❶ *(retener plaza)* reservieren; **~ un asiento** *(ocupar)* einen Sitzplatz belegen; *(para un viaje)* einen Sitzplatz reservieren ❷ *(guardar)* zurückbehalten; *(dinero)* zurücklegen ❸ *(ocultar)* verheimlichen (**de** vor +*dat*) **II.** *vr:* **~se** ❶ *(conservarse)* sich schonen ❷ *(cautelarse)* sich zurückhalten

reservista [rreser'βista] **I.** *adj* (MIL) Reserve- **II.** *mf* (MIL) Reservist(in) *m(f)*

resfriado [rresfri'aðo] *m* Erkältung *f*

resfriadura [rresfrja'ðura] *f* Erkältung *f*

resfriar [rresfri'ar] <*3. pres* **resfría**> **I.** *vi, vt* abkühlen **II.** *vr:* **~se** ❶ *(enfriarse)* abkühlen ❷ (MED) sich erkälten

resfrío [rres'frio] *m (Am)* Erkältung *f*

resguardar [rresɣwar'ðar] **I.** *vt* ❶ *(proteger)* (be)schützen (**de** vor +*dat*) ❷ *(poner en seguridad)* sicherstellen; **~ los derechos** alle Rechte vorbehalten **II.** *vr:* **~se** sich schützen (**de** vor +*dat*); **~se con un muro** hinter einer Mauer Schutz suchen

resguardo [rres'ɣwarðo] *m* ❶ *(protección)* Schutz *m* ❷ *(guardia)* Sicherstellung *f;* **~ de la legalidad** Wahrung der Gesetzlichkeit ❸ *(recibo)* Quittung *f;* **~ de almacén/de entrega** Lager-/Lieferschein *m;* **~ de trasferencia** Überweisungsbeleg *m*

residencia [rresi'ðeṇθja] *f* ❶ *(domicilio)* Wohnsitz *m;* **~ habitual** ständiger Wohnsitz; **cambiar de ~** den Wohnort wechseln ❷ *(estancia)* Aufenthalt *m* ❸ *(casa lujosa)* Residenz *f;* **~ real** Königspalast *m;* **~ señorial** Herrenhaus *nt* ❹ *(internado)* Heim *nt;* *(colegio)* Internat *nt;* **~ de estudiantes** Studentenwohnheim *nt;* **~ de ancianos** Altersheim *nt;* **~ de huérfanos** Waisenhaus *nt* ❺ *(hostal)* Pension *f*

residencial [rresiðeṇ'θjal] **I.** *adj* Wohn- **II.** *m (urbanización)* Wohnanlage *f*

residente [rresi'ðeṇte] **I.** *adj (persona)* wohnhaft; *(por mucho tiempo)* ansässig;

~ **en el lugar** ortsansässig **II.** *mf* Einwohner(in) *m(f)*

residir [rresi'ðir] *vi* ① *(habitar)* wohnen ② *(radicar)* liegen

residual [rresiðu'al] *adj* Rest-, Abfall-

residuo [rre'siðwo] *m* ① *(resto)* Rest *m;* (QUÍM) Rückstand *m* ② *pl (basura)* Abfall *m; (géneros defectuosos)* Ausschuss *m;* **~s de las fábricas** Fabrikabfälle *mpl;* **~s radiactivos** Atommüll *m;* **~s tóxicos** Giftmüll *m*

resignación [rresiɣna'θjon] *f* Resignation *f; (renuncia)* Verzicht *m*

resignar [rresiɣ'nar] **I.** *vt* niederlegen **II.** *vr:* **~se** resignieren; **~se con** [*o* **a**] **algo** sich mit etw *dat* abfinden

resina [rre'sina] *f* Harz *nt*

resinoso, -a [rresi'noso, -a] *adj* harzig

resistencia [rresis'teṇθja] *f* Widerstand *m* (**a** gegen *+akk*); ~ **a la autoridad** Widerstand gegen die Staatsgewalt; ~ **al choque** Stoßfestigkeit *f;* ~ **al frío** Kältebeständigkeit *f;* ~ **al pago** Zahlungsverweigerung *f;* ~ **a la publicidad** Werbemüdigkeit *f;* ~ **a la rotura** Bruchfestigkeit *f;* **carrera de** ~ Dauerlauf *m;* **plato de** ~ Hauptgericht *nt;* **oponer** ~ Widerstand leisten; **formar parte de la** ~ im Widerstand sein; **la** ~ **alemana** die deutschen Widerstandskämpfer

resistente [rresis'teṇte] **I.** *adj* widerstandsfähig (**a** gegen *+akk*); ~ **al calor** hitzebeständig; ~ **a la intemperie** wetterfest; ~ **a la lavadora** waschmaschinenfest; ~ **a la luz** lichtecht; ~ **a la rotura** bruchsicher **II.** *mf* Widerstandskämpfer(in) *m(f)*

resistir [rresis'tir] **I.** *vi, vt* standhalten *+dat;* ~ **a una tentación** einer Versuchung widerstehen; ~ **al enemigo** dem Feind Widerstand leisten; **resistió la enfermedad** er/sie hat die Krankheit überstanden; **¡no resisto más!** ich halte das nicht länger aus!; **no resisto la comida pesada** ich kann schweres Essen nicht vertragen; **no puedo** ~ **a esta persona** ich kann diese Person nicht ausstehen **II.** *vr:* **~se** sich weigern

resistividad [rresistiβi'ðaᵈ] *f* (ELEC) Widerstandsfähigkeit *f*

resollar [rreso'ʎar] *vi* ① *(aspirar)* schnaufen; ~ **comiendo** schlürfen; **beber algo sin** ~ *(fig)* etw in einem Zug austrinken; **trabajar horas y horas sin** ~ *(fig)* pausenlos arbeiten ② *(fam: dar noticia de sí)* von sich *dat* hören lassen

resoluble [rreso'luβle] *adj* (auf)lösbar

resolución [rresolu'θjon] *f* ① *(firmeza)* Entschlossenheit *f* ② *(decisión)* Entschluss *m;* (POL) Resolution *f;* ~ **administrativa** Bescheid *m;* ~ **arbitral** Schiedsspruch *m;* ~ **judicial** Gerichtsentscheidung *f;* **tomar una** ~ einen Beschluss fassen ③ *(solución)* Auflösung *f*

resolutivo[1] [rresolu'tiβo] *m* (MED) Auflösungsmittel *nt*

resolutivo, -a[2] [rresolu'tiβo, -a] *adj* ① *(decisivo)* Entscheidungs- ② (MED) auflösend

resoluto, -a [rreso'luto, -a] *adj* resolut

resolutorio, -a [rresolu'torjo, -a] *adj* aufhebend, auflösend

resolver [rresol'βer] *irr como volver* **I.** *vt* ① *(acordar)* beschließen ② *(solucionar)* lösen; ~ **un problema** ein Problem lösen ③ *(decidir)* beschließen ④ *(disolver)* auflösen **II.** *vr:* **~se** ① *(solucionarse)* sich klären ② *(decidirse)* sich entscheiden ③ *(disolverse)* sich auflösen

resonancia [rreso'naṇθja] *f* ① *(sonido)* Resonanz *f;* **caja de** ~ Resonanzkörper *m* ② *(difusión)* Anklang *m;* **de** ~ **universal** weltbewegend; **este libro no tiene** ~ dieses Buch findet keinen Anklang ③ *(loc)* ~ **magnética** (FÍS) Magnetresonanz *f*

resonante [rreso'naṇte] *adj (importante)* nachhaltig; **con éxito** ~ mit glänzendem Erfolg; **una victoria** ~ ein bedeutender Sieg

resonar [rreso'nar] <o → ue> *vi* (wider)hallen; **los gritos de angustia resuenan todavía en mis oídos** ich höre immer noch die Angstschreie in meinen Ohren; ~ **fuera de las fronteras** *(fig)* über die Grenzen hinweg bekannt werden

resoplar [rreso'plar] *vi* schnauben; ~ **de rabia** vor Wut schnauben

resorte [rre'sorte] *m* Feder *f; (fig)* Triebfeder *f;* **tocar todos los ~s** *(fig)* alle Hebel in Bewegung setzen

respaldar [rrespaḷ'dar] **I.** *vt* ① *(apoyar)* unterstützen ② *(proteger)* decken ③ *(anotar)* auf der Rückseite vermerken **II.** *vr:* **~se** ① *(apoyarse)* sich anlehnen; *(hacia atrás)* sich zurücklehnen; **~se contra la pared** sich an die Wand lehnen; **~se en el sillón** sich im Sessel zurücklehnen ② *(ampararse)* sich *dat* Rückendeckung verschaffen **III.** *m* Rückenlehne *f*

respaldo [rres'paḷdo] *m* ① *(respaldar)* Rückenlehne *f* ② *(reverso)* Rückseite *f;* **en el** ~ auf der Rückseite ③ *(apoyo)* Unterstützung *f; (protección)* Rückendeckung *f*

respectar [rrespek'tar] *vi (verbo defectivo)* betreffen; **por** [*o* **en**] **lo que respecta a él...** was ihn betrifft ...

respectivamente [rrespektiβa'meṇte] *adv* **le hemos regalado ~ un coche** wir haben jedem/jeder ein Auto geschenkt; **Anne y Maite compran la fruta y el**

pan, ~ Anne und Maite kaufen ein, die eine das Obst und die andere das Brot

respectivo, -a [rrespek'tiβo, -a] *adj* betreffende(r, s)

respecto [rres'pekto] *m* Hinsicht *f;* **(con) ~ a** bezüglich *+gen;* **con ~ a eso, al ~** diesbezüglich; **a este ~** in dieser Hinsicht; **al ~ de** im Verhältnis zu *+dat*

respetabilidad [rrespetaβili'ðaᵈ] *f* Achtbarkeit *f*

respetable [rrespe'taβle] *adj* ❶ *(digno de respeto)* achtbar; **persona ~** Respektsperson *f* ❷ *(notable)* beachtlich

respetar [rrespe'tar] *vt* ❶ *(honrar)* respektieren; **hacerse ~** sich *dat* Respekt verschaffen ❷ *(considerar)* Rücksicht nehmen (auf *+akk*) ❸ *(cumplir)* beachten

respeto [rres'peto] *m* ❶ *(veneración)* Respekt *m;* **~ a las leyes** Achtung vor dem Gesetz; **~ a la naturaleza** Ehrfurcht vor der Natur; **~ de un plazo** Einhaltung einer Frist; **falta de ~** Respektlosigkeit *f;* **una persona de ~** eine angesehene Person; **faltar al ~ a alguien** jdm keinen Respekt entgegenbringen; **ofrecer los ~s a alguien** jdm seine Aufwartung machen; **¡mis ~s a su señora!** meine Empfehlungen an Ihre Frau Gemahlin!; **tener mucho ~ a las tormentas** große Angst vor Gewittern haben; **campar por sus ~s** auf seinen eigenen Nutzen bedacht sein ❷ *(loc)* **de ~** Not-

respetuosamente [rrespetwosa'mente] *adv* höflich, hochachtungsvoll

respetuosidad [rrespetwosi'ðaᵈ] *f* Ehrerbietigkeit *f*

respetuoso, -a [rrespetu'oso, -a] *adj* respektvoll; **ser ~ con las leyes** die Gesetze beachten

R

respingar [rrespiŋ'gar] <g → gu> *vi* ❶ *(refunfuñar)* murren ❷ *(animal)* bocken ❸ *(falda)* abstehen

respingo [rres'piŋgo] *m* ❶ *(refunfuño)* Murren *nt* ❷ *(movimiento)* Ruck *m; (animal)* Aufbäumen *nt;* **dar un ~** erschreckt in die Höhe fahren

respingón, -ona [rrespiŋ'gon, -ona] *adj* ❶ *(animal)* bockig ❷ *(levantado)* abstehend; **nariz respingona** Stupsnase *f*

respiración [rrespira'θjon] *f (inhalación)* Atmung *f; (aliento)* Atem *m;* **~ artificial** künstliche Beatmung; **~ boca a boca** Mund-zu-Mund-Beatmung *f;* **hacer la ~ boca a boca a alguien** jdn von Mund zu Mund beatmen; **dificultad de ~** Atemnot *f;* **cortar la ~** *(fig)* den Atem verschlagen

respiradero [rrespira'ðero] *m* ❶ *(abertura)* Luftloch *nt* ❷ *(descanso)* Atempause *f* ❸ *(fam: órganos de respiración)* Atmungsorgane *ntpl*

respirar [rrespi'rar] *vi* atmen; **~ aliviado** erleichtert aufatmen; **~ trabajosamente** nach Luft schnappen; **sin ~** *(fig)* pausenlos; **escuchar sin ~** *(fig)* gespannt zuhören; **¡déjame que respire!** lass mich doch mal verschnaufen!; **no me atrevo a ~ delante de él** in seiner Gegenwart wage ich kaum zu atmen; **ahora sé por donde respira** jetzt weiß ich, wo es bei ihm/ihr langgeht

respiratorio, -a [rrespira'torjo, -a] *adj* Atmungs-; **vías respiratorias** Atemwege *mpl*

respiro [rres'piro] *m* ❶ *(respiración)* Atmen *nt* ❷ *(pausa)* Atempause *f* ❸ *(de alivio)* Seufzer *m*

resplandecer [rresplaṇde'θer] *vi irr como crecer (lucir)* leuchten; *(reflejar)* glänzen; **~ de alegría** vor Glück strahlen; **~ por su inteligencia** durch seine Intelligenz hervorstechen

resplandeciente [rresplaṇde'θjeṇte] *adj* glänzend; **~ de limpio** blitzblank

resplandecimiento [rresplaṇdeθi'mjeṇto] *m* ❶ *(de un cuerpo)* Funkeln *nt,* Glänzen *nt* ❷ *(fig: gloria, lustre)* Glanz *m*

resplandor [rresplaṇ'dor] *m* Glanz *m*

responder [rrespoṇ'der] *vi* ❶ *(contestar)* antworten; **el perro responde por el nombre de...** der Hund hört auf den Namen ... ❷ *(contradecir)* widersprechen *+dat* ❸ *(corresponder)* entsprechen *+dat; (cumplir con)* erfüllen *+akk* ❹ *(ser responsable)* verantwortlich sein (**por** für *+akk*) ❺ *(garantizar)* einstehen (**de/por/con** für *+akk*); *(con dinero)* haften (**de/por/con** für *+akk*); **~ de una deuda** für eine Schuld aufkommen

respondón, -ona [rrespoṇ'don, -ona] **I.** *adj* frech **II.** *m, f* frecher Mensch *m*

responsabilidad [rresponsaβili'ðaᵈ] *f* ❶ *(por un niño)* Verantwortung *f* (**de/por** für *+akk*); **~ propia** Eigenverantwortung *f;* **exigir ~** zur Verantwortung ziehen ❷ *(por un daño)* Haftung *f* (**de/por** für *+akk*); **~ civil** Haftpflicht *f;* **~ del daño** Schaden(s)ersatzpflicht *f;* **incurrir en ~** haftbar gemacht werden; **no acepto la ~** ich komme nicht dafür auf

responsabilizar [rresponsaβili'θar] <z → c> **I.** *vt* verantwortlich machen (**de** für *+akk*) **II.** *vr:* **~se** *(asumir la responsabilidad)* die Verantwortung übernehmen (**de** für *+akk*); *(garantizar)* einstehen (**de** für *+akk*); (JUR) die Haftung übernehmen (**de** für *+akk*)

responsable [rrespon'saβle] **I.** *adj* verantwortlich (**de** für *+akk*); **ser civilmente ~**

persönlich haften **II.** *mf* Verantwortliche(r) *mf*

responso [rres'ponso] *m* ① *(por los difuntos)* Responsorium *nt* ② *(fam: regaño)* Tadel *m*

respuesta [rres'pwesta] *f* Antwort *f* (**a** auf +*akk*); **~ negativa** abschlägige Antwort; **en ~ a su carta del...** in Beantwortung Ihres Schreibens vom ...; **dar la callada por ~** überhaupt nicht antworten; **por toda ~ se encogió de hombros** seine/ihre einzige Antwort war ein Achselzucken

resquebrajadura [rreskeβraxa'ðura] *f* Riss *m*

resquebrajar [rreskeβra'xar] **I.** *vt* spalten **II.** *vr:* **~se** Risse bekommen

resquemar [rreske'mar] **I.** *vi, vt* prickeln, brennen **II.** *vr:* **~se** sich (sehr) ärgern

resquemor [rreske'mor] *m* ① *(escozor)* Prickeln *nt* ② *(resentimiento)* Groll *m*

resquicio [rres'kiθjo] *m* ① *(abertura)* Ritze *f,* Spalt *m* ② *(ocasión)* Ausweg *m;* **~ de esperanza** Hoffnungsschimmer *m*

resta ['rresta] *f* Subtrahieren *nt*

restablecer [rrestaβle'θer] *irr como crecer* **I.** *vt* wiederherstellen **II.** *vr:* **~se** sich erholen

restablecimiento [rrestaβleθi'mjen̩to] *m* ① *(recuperación)* Wiederherstellung *f* ② *(cura)* Genesung *f*

restallar [rresta'ʎar] *vi* knallen; **hacer ~ el látigo** mit der Peitsche knallen

restante [rres'tan̩te] **I.** *adj* restlich; **cantidad ~** Restbetrag *m* **II.** *m* Rest *m*

restañar [rresta'ɲar] *vt (la sangre)* stillen; **~ las heridas** *(fig)* dem Ärger Einhalt gebieten

restar [rres'tar] **I.** *vi* übrig bleiben; **aún restan algunos días para finalizar el año** bis zum Jahresende fehlen noch einige Tage **II.** *vt* abziehen; **~ energías a alguien** jdm Kräfte entziehen; **no ~ un ápice del mérito** nicht im geringsten den Erfolg schmälern; **~se años** sich für jünger ausgeben, als man ist

restauración [rrestau̯ra'θjon] *f* Wiederherstellung *f;* (ARTE) Restauration *f;* **~ de la monarquía** Wiedereinführung der Monarchie

restaurador(a) [rrestau̯ra'ðor(a)] **I.** *adj* wiederherstellend **II.** *m(f)* ① *(que restaura)* Wiederhersteller(in) *m(f);* (ARTE) Restaurator(in) *m(f)* ② *(propietario de restaurante)* Restaurantbesitzer(in) *m(f),* Gastwirt(in) *m(f)*

restaurante [rrestau̯'ran̩te] *m* Restaurant *nt*

restaurar [rrestau̯'rar] *vt* wiederherstellen; (ARTE) restaurieren

restitución [rrestitu'θjon] *f* ① *(devolución)* Rückgabe *f;* (FIN) Erstattung *f* ② *(reposición)* Wiederherstellung *f*

restituir [rrestitu'ir] *irr como huir* **I.** *vt* ① *(devolver)* zurückgeben; (FIN) (zurück)erstatten ② *(restablecer)* wiederherstellen **II.** *vr:* **~se** zurückkehren (**a** an +*akk*)

resto ['rresto] *m (lo que sobra)* Rest *m;* **~s de un buque** Schiffswrack *nt;* **los ~s mortales** die sterblichen Überreste; **lo recordaré el ~ de mis días** ich werde ihn bis ans Ende meiner Tage nicht vergessen

restorán [rresto'ran] *m* Restaurant *nt*

restregar [rrestre'ɣar] *irr como fregar* **I.** *vt* scheuern; **~le a alguien algo por las narices** *(fig)* jdm etw unter die Nase reiben **II.** *vr:* **~se** sich abreiben; **~se los ojos** sich *dat* die Augen reiben

restregón [rrestre'ɣon] *m* Abreibung *f,* (Ab)reiben *nt*

restricción [rrestriᵞ'θjon] *f (limitación)* Beschränkung *f; (recorte)* Kürzung *f;* **~ de la natalidad** Geburtenregelung *f;* **~ mental** stiller Vorbehalt; **sin restricciones** unbeschränkt

restrictivo, -a [rrestrik'tiβo, -a] *adj* einschränkend

restringible [rrestriŋ'xiβle] *adj* einschränkbar, begrenzbar

restringir [rrestriŋ'xir] <g → j> *vt* einschränken (**a** auf +*akk*)

resucitar [rresuθi'tar] **I.** *vi* auferstehen **II.** *vt* ① *(de la muerte)* vom Tode erwecken ② *(un estilo, una moda)* neu beleben

resuello [rre'sweʎo] *m* Keuchen *nt;* **sin ~** außer Atem; **meterle a alguien el ~ en el cuerpo** jdn einschüchtern

resuelto, -a [rre'swel̩to, -a] **I.** *pp de* **resolver** **II.** *adj* resolut

resulta [rre'sul̩ta] *f* ① *(resultado)* Ergebnis *nt* ② *(consecuencia)* Folge *f;* **de ~s de** infolge von

resultado [rresul̩'taðo] *m* Ergebnis *nt,* Resultat *nt;* **~ del reconocimiento** (**médico**) Befund *m;* **dar buen/mal ~** gelingen/misslingen; **tener por ~** zur Folge haben

resultante [rresul̩'tan̩te] **I.** *adj* (FÍS) resultierend; **fuerza ~** resultierende Kraft **II.** *f* (FÍS) Resultante *f,* Resultierende *f*

resultar [rresul̩'tar] *vi* ① *(deducirse)* sich ergeben (**de** aus +*dat*) ② *(surtir)* sein; **~ muerto en un accidente** tödlich verunglücken ③ *(tener éxito)* erfolgreich sein ④ *(comprobarse)* sich erweisen (als +*nom*) ⑤ *(loc)* **~ en beneficio de alguien** zu jds Gunsten verlaufen

resumen [rre'sumen] *m* ① *(sumario)* Zu-

R

sammenfassung *f;* **en ~** kurz und gut ❷ *(extracto)* Auszug *m*
resumir [rresu'mir] **I.** *vt* zusammenfassen **II.** *vr:* **~se** sich beschränken (**en** auf +*akk*)
resurgimiento [rresurxi'mjeṇto] *m* Wiederaufleben *nt*
resurgir [rresur'xir] <g → j> *vi* ❶ *(reaparecer)* wieder erscheinen ❷ *(renacer)* auferstehen ❸ *(revivir)* wieder aufleben
resurrección [rresurreˠ'θjon] *f* ❶ (REL) Auferstehung *f;* **Pascua de R~** Ostern *nt* ❷ *(restablecimiento)* Wiederbelebung *f*
retablo [rre'taβlo] *m* ❶ *(obra arquitectónica)* Retabel *nt* ❷ *(pintura)* *Gemäldegruppe mit biblischen Motiven;* **ser un ~ de dolores** vom Schicksal geschlagen sein ❸ *(drama)* *Theaterstück über ein biblisches Thema*
retador(a) [rreta'ðor(a)] **I.** *adj* herausfordernd **II.** *m(f)* Herausforderer, -in *m, f*
retaguardia [rreta'ɣwarðja] *f* (MIL) Nachhut *f;* **a** [*o* **en**] **~** *(tarde)* verspätet; **a ~ de** *(detrás de)* hinter; **estar a la ~ de algo** *(fig)* auf etw lauern; **quedarse en la ~** *(fig)* im Hintergrund bleiben
retahíla [rreta'ila] *f* Reihe *f;* **soltar la ~** eine Liste runterbeten
retajar [rreta'xar] *vt* ❶ *(en redondo)* rund schneiden ❷ *(alrededor)* ausschneiden ❸ *(circuncidar)* beschneiden
retal [rre'tal] *m* Rest *m*
retama [rre'tama] *f* Ginster *m*
retar [rre'tar] *vt* herausfordern (**a** zu +*dat*)
retardar [rretar'ðar] **I.** *vt* verzögern **II.** *vr:* **~se** sich verzögern; **me he retardado** ich bin in Verzug geraten
retardo [rre'tarðo] *m* Verzögerung *f;* **sufrir un ~** sich verzögern; **tener ~ con algo** mit etw in Verzug sein
retazo [rre'taθo] *m* ❶ *(retal)* Stoffrest *m* ❷ *(fragmento)* Fragment *nt;* *(de conversación)* Bruchstück *nt*
rete ['rrete] *adj* *(Méx: muy)* sehr; **su hija es ~ alta** seine/ihre Tochter ist sehr groß
retemblar [rretem'blar] <e → ie> *vi* beben; **hacer ~** erbeben lassen
retén [rre'ten] *m* Reserve *f*
retención [rreteṇ'θjon] *f* ❶ *(custodia)* Einbehaltung *f;* *(deducción)* Abzug *m;* **~ fiscal** Steuerabzug *m;* **certificado de retenciones** Bescheinigung über einbehaltene Abzüge ❷ *(memorizar)* Behalten *nt* ❸ *(moderación)* Zurückhaltung *f* ❹ *(tráfico)* Stau *m*
retener [rrete'ner] *irr como tener* **I.** *vt* ❶ *(conservar)* zurückhalten; *(el pasaporte)* einbehalten; *(la respiración)* anhalten ❷ *(recordar, detener)* behalten **II.** *vr:* **~se** sich zurückhalten

retentiva [rreteṇ'tiβa] *f* Gedächtnis *nt*
reticencia [rreti'θeṇθja] *f* ❶ *(indirecta)* Anspielung *f;* **andar con ~s** (nur) Andeutungen machen ❷ *(renuencia)* Widerwille *m* ❸ *(reserva)* Vorbehalt *m* (**ante** gegen +*akk*)
reticente [rreti'θeṇte] *adj* zögerlich
retícula [rre'tikula] *f* ❶ *(red)* Netz *nt* ❷ (TIPO) Raster *m*
reticular [rretiku'lar] *adj* netzartig; **bóveda ~** Netzgewölbe *nt*
retículo [rre'tikulo] *m* *(red)* Netz *nt*
retina [rre'tina] *f* Netzhaut *f*
retintín [rretiṇ'tin] *m* ❶ *(son)* Nachklang *m* ❷ *(tonillo)* (ironischer) Unterton *m*
retiración [rretira'θjon] *f* (TIPO) Gegendruck *m*
retirada [rreti'raða] *f* ❶ *(abandono)* Rücktritt *m;* (MIL) Rückzug *m* ❷ *(eliminación)* Beseitigung *f*
retirado, -a [rreti'raðo, -a] **I.** *adj* ❶ *(lejos)* abgelegen ❷ *(jubilado)* pensioniert **II.** *m, f* Pensionär(in) *m(f)*
retirar [rreti'rar] **I.** *vt* ❶ *(apartar)* weglegen; *(tropas)* abziehen; *(dinero)* abheben ❷ *(echar)* verweisen; **~on de la sala a los manifestantes** die Demonstranten wurden des Saales verwiesen ❸ *(recoger)* abholen ❹ *(quitar)* entziehen ❺ *(desdecirse)* zurücknehmen ❻ *(negar)* verweigern ❼ *(jubilar)* in den Ruhestand versetzen **II.** *vr:* **~se** ❶ (*t.* MIL: *abandonar*) sich zurückziehen (**de** aus +*dat*) ❷ *(retroceder)* zurücktreten (**de** von +*dat*) ❸ *(jubilarse)* in den Ruhestand treten
retiro [rre'tiro] *m* ❶ *(pensión)* Pension *f* ❷ *(refugio)* abgelegener Ort *m* ❸ *(retraimiento)* Zurückgezogenheit *f*
reto ['rreto] *m* Herausforderung *f*
retobado, -a [rreto'βaðo, -a] *adj* ❶ *(AmC, Méx, Ecua: respondón)* frech, schnippisch ❷ *(AmC, Cuba, Ecua: indómito)* unbeugsam ❸ *(Arg, Méx, Urug: enconado)* gereizt
retocado [rreto'kaðo] *m* ❶ *(última mano)* Überarbeitung *f* ❷ *(retoque)* Ausbesserung *f* ❸ (FOTO) Retusche *f*
retocar [rreto'kar] <c → qu> *vt* *(repasar)* überarbeiten; *(perfeccionar)* ausbessern; (FOTO) retuschieren
retomar [rreto'mar] *vt* wieder aufnehmen
retoñar [rreto'ɲar] *vi* (BOT) wieder sprießen; *(fig)* wieder auftreten
retoño [rre'toɲo] *m* ❶ *(vástago)* Spross *m* ❷ *(persona)* Sprössling *m*
retoque [rre'toke] *m* ❶ *(corrección)* Ausbesserung *f;* (FOTO) Retusche *f* ❷ (FIN) Bereinigung *f*

R

retorcer [rretor'θer] *irr como cocer* **I.** *vt* ① *(torcer)* verdrehen ② *(enroscar)* winden **II.** *vr:* **~se** ① *(enroscarse)* sich verdrehen ② *(de dolor)* sich winden (**de** vor +*dat*)

retorcido, -a [rretor'θiðo, -a] *adj* ① *(conceptuoso)* geschraubt ② *(maligno)* falsch ③ *(complicado)* **pensar de manera retorcida** um zwei Ecken denken; **¡qué ~!** das ist doppelt gemoppelt!

retorcimiento [rretorθi'mjento] *m* ① *(torcedura)* Verdrehung *f* ② *(vuelta)* Windung *f* ③ *(encorvadura)* Verkrümmung *f*

retórica [rre'torika] *f* Rhetorik *f*

retórico, -a [rre'toriko, -a] **I.** *adj* rhetorisch **II.** *m, f* Rhetoriker(in) *m(f)*

retornable [rretor'naβle] *adj* **botella ~** Mehrwegflasche *f;* **botella no ~** Einwegflasche *f*

retornar [rretor'nar] **I.** *vi* zurückkehren **II.** *vt* ① *(devolver)* zurückgeben ② *(retroceder)* umwenden, umdrehen

retorno [rre'torno] *m* ① *(regreso)* Rückkehr *f* ② *(devolución)* Rückgabe *f*

retorrománico, -a [rretorro'maniko, -a] *adj* (LING) rätoromanisch

retorromano^1 [rretorro'mano] *m (lengua)* Rätoromanisch(e) *nt*

retorromano, -a^2 [rretorro'mano, -a] **I.** *adj* rätoromanisch **II.** *m, f (individuo)* Rätoromane, -in *m, f*

retorta [rre'torta] *f* Retorte *f*

retortijón [rretorti'xon] *m* ① *(ensortijamiento)* Verkrümmung *f* ② *(dolor)* Stechen *nt;* **tengo un ~ de estómago** ich habe Magenkrämpfe

retozar [rreto'θar] <z → c> *vi* ① *(brincar)* tollen ② *(coquetear)* turteln

retozón, -ona [rreto'θon, -ona] *adj* verspielt

retracción [rretra$^{\gamma}$'θjon] *f* ① (JUR) Zurücknahme *f* ② *(retroceso)* Rückkehr *f* ③ *(impedimento)* Verhinderung *f* ④ *(retiro)* Rücktritt *m* ⑤ (MED) Schrumpfung *f*

retractación [rretrakta'θjon] *f* Widerruf *m*

retractar [rretrak'tar] **I.** *vt (desdecirse)* zurücknehmen (**de** +*akk*); (JUR) widerrufen (**de** +*akk*) **II.** *vr:* **~se** widerrufen (**de** +*akk*)

retráctil [rre'traktil] *adj* einziehbar

retraer [rretra'er] *irr como traer* **I.** *vt* ① *(traer)* wiederbringen ② (JUR) zurücknehmen ③ *(impedir)* hindern (**de** an +*dat*) ④ *(encoger)* einziehen **II.** *vr:* **~se** ① *(retirarse)* zurücktreten (**de** von +*dat*) ② *(aislarse)* sich zurückziehen (**a/en** in +*akk*) ③ *(retroceder)* sich zurückversetzen (**a** in +*akk*)

retraído, -a [rretra'iðo, -a] *adj (reservado)* zurückhaltend

retraimiento [rretrai̯'mjento] *m* Zurückhaltung *f*

retranquear [rretraŋke'ar] *vt* (ARQUIT) zurücksetzen

retransmisión [rretra^{n}smi'sjon] *f* Übertragung *f;* **~ deportiva** Sportberichterstattung *f;* **~ en directo** Liveübertragung *f;* **~ por televisión** Fernsehübertragung *f*

retransmitir [rretra^{n}smi'tir] *vt* übertragen

retrasado, -a [rretra'saðo, -a] *adj* ① *(atrasado)* verspätet ② *(anticuado)* rückständig; **~ en tecnología** technologisch rückständig ③ *(no actual)* alt ④ *(subdesarrollado)* **~ mental** mit einer geistigen Behinderung

retrasar [rretra'sar] **I.** *vt* ① *(demorar)* verzögern ② *(el reloj)* zurückstellen **II.** *vi* ① *(el reloj)* nachgehen ② *(no estar al día)* zurückbleiben **III.** *vr:* **~se** sich verspäten

retrasmisión [rretrasmi'sjon] *f* Übertragung *f;* **~ deportiva** Sportberichterstattung *f;* **~ por televisión** Fernsehübertragung *f*

retrasmisor [rretrasmi'sor] *m* (TEL) Nebensender *m*

retrasmitir [rretrasmi'tir] *vt* übertragen

retraso [rre'traso] *m* ① *(demora)* Verspätung *f* ② *(del desarrollo)* Rückständigkeit *f* ③ *(de la deuda)* Verzug *m;* **tener ~ en los pagos** mit den Zahlungen in Verzug sein

retratar [rretra'tar] *vt* porträtieren

retrato [rre'trato] *m* ① *(representación)* Porträt *nt;* (FOTO) Porträtaufnahme *f* ② *(parecido)* Ebenbild *nt;* **ser el vivo ~ de alguien** jdm zum Verwechseln ähnlich sein

retrato robot [rre'trato rro'βo^{t}] <retratos robot> *m* Phantombild *nt*

retrechero, -a [rretre'tʃero, -a] **I.** *adj (fam)* ① *(granuja)* schlitzohrig ② *(atractivo)* attraktiv **II.** *m, f (fam)* ① *(granuja)* Schlitzohr *nt* ② *(atractivo)* attraktive Person *f*

retreparse [rretre'parse] *vr* ① *(referente al cuerpo)* sich zurückbeugen ② *(recostarse)* sich zurücklehnen

retreta [rre'treta] *f* Zapfenstreich *m*

retrete [rre'trete] *m* Toilette *f*

retribución [rretriβu'θjon] *f* Vergütung *f; (sueldo)* Gehalt *nt;* **retribuciones dinerarias** Geldbezüge *pl;* **retribuciones en especie** Sachbezüge *pl*

retribuir [rretriβu'ir] *vt irr como huir* ① *(remunerar)* vergüten ② *(Am: compensar)* sich erkenntlich zeigen (für +*akk*)

retributivo, -a [rretriβu'tiβo, -a] *adj* einträglich

retroactividad [rretroaktiβi'ða^{ð}] *f* Rückwirkung *f*

R

retroactivo, -a [rretroak'tiβo, -a] *adj* rückwirkend
retroalimentación [rretroalimeṇta'θjon] *f* Rückkopplung *f*
retroceder [rretroθe'ðer] *vi* ❶ *(regresar)* zurückgehen ❷ *(desistir)* zurückweichen
retroceso [rretro'θeso] *m* ❶ *(regresión)* Rückgang *m;* ~ **en las negociaciones** Rückschlag bei den Verhandlungen ❷ (MED) Rückfall *m*
retrógrado, -a [rre'troγraðo, -a] **I.** *adj* ❶ *(que retrocede)* retrograd ❷ *(pey: reaccionario)* reaktionär **II.** *m, f* Reaktionär(in) *m(f)*
retropropulsión [rretropropul'sjon] *f* Rückstoßantrieb *m*
retroproyector [rretroproɟek'tor] *m* Overheadprojektor *m*
retrospección [rretrospeᵞ'θjon] *f* Überprüfung *f*
retrospectiva [rretrospek'tiβa] *f* Rückblick *m*
retrospectivo, -a [rretrospek'tiβo, -a] *adj* retrospektiv
retrovirus [rretro'birus] *m inv* Retrovirus *nt*
retrovisor [rretroβi'sor] *m* Rückspiegel *m;* ~ **exterior** Außenspiegel *m;* **mirar por el espejo** ~ in den Rückspiegel schauen
retumbar [rretum'bar] *vi* dröhnen
reuma ['rreu̯ma] *m o f,* **reúma** [rre'uma] *m o f* Rheuma *nt*
reumático, -a [rreu̯'matiko, -a] *adj* rheumatisch
reumatismo [rreu̯ma'tismo] *m sin pl* Rheumatismus *m*
reunificación [rreunifika'θjon] *f* Wiedervereinigung *f*
reunificar [rreunifi'kar] <c → qu> *vt* wiedervereinigen
reunión [rreu'njon] *f* ❶ *(encuentro, asamblea)* Versammlung *f;* ~ **de los trabajadores** Betriebsversammlung *f* ❷ *(conferencia)* Besprechung *f;* **estar en** ~ in einer Besprechung sein; **celebrar una** ~ eine Besprechung abhalten ❸ *(el juntar)* Sammlung *f* ❹ *(grupo, invitados)* Gesellschaft *f*
reunir [rreu'nir] *irr* **I.** *vt* ❶ *(congregar)* versammeln ❷ *(unir)* vereinigen ❸ *(juntar)* sammeln **II.** *vr:* **~se** ❶ *(congregarse)* sich versammeln ❷ *(unir)* sich vereinigen ❸ *(juntarse)* sich sammeln
reusar [rreu̯'sar] *vt* wiederverwenden
reutilizable [rreutili'θaβle] *adj* wiederverwertbar
reutilizar [rreutili'θar] <z → c> *vt* wiederverwerten
reválida [rre'βaliða] *f* ❶ *(confirmación)* Bestätigung *f* ❷ *(examen)* Abschlussprüfung *f*
revalidación [rreβaliða'θjon] *f* Bestätigung *f,* Anerkennung *f*
revalidar [rreβali'ðar] **I.** *vt* bestätigen **II.** *vr:* **~se** anerkannt werden
revaloración [rreβalora'θjon] *f* Neubewertung *f*
revalorización [rreβaloriθa'θjon] *f* Aufwertung *f*
revalorizar [rreβalori'θar] <z → c> *vt* aufwerten
revaluar [rreβalu'ar] <*1. pres* revalúo> *vt* neu bewerten; *(subir el valor)* aufwerten
revancha [rre'βanʧa] *f* ❶ *(desquite)* Revanche *f;* **tomarse la ~ por algo** sich für etw revanchieren ❷ *(venganza)* Vergeltung *f;* **tomarse la** ~ sich rächen
revelación [rreβela'θjon] *f* ❶ *(descubrimiento)* Enthüllung *f* ❷ (REL) Offenbarung *f*
revelado [rreβe'laðo] *m* (FOTO) Entwicklung *f*
revelador[1] [rreβela'ðor] *m* (FOTO) Entwickler *m*
revelador(a)[2] [rreβela'ðor(a)] *adj* aufschlussreich
revelar [rreβe'lar] *vt* ❶ *(dar a conocer)* enthüllen; *(un secreto)* lüften ❷ (FOTO) entwickeln ❸ (REL) offenbaren
revellín [rreβe'ʎin] *m* ❶ *(Cuba: dificultad)* Schwierigkeit *f* ❷ *(loc)* **echar** ~ vor Wut schäumen
revenir [rreβe'nir] *vi, vr irr como venir* **~se** ❶ *(encoger)* schrumpfen ❷ *(agriarse)* sauer werden ❸ *(secarse)* austrocknen
reventa [rre'βeṇta] *f* Wiederverkauf *m*
reventado, -a [rreβeṇ'taðo, -a] *adj* ❶ *(fam: hecho polvo)* kaputt ❷ *(Arg: sinuoso)* heimtückisch
reventar [rreβeṇ'tar] <e → ie> **I.** *vi* ❶ *(romperse)* platzen (**de/por** vor +*dat*); **lleno hasta** ~ zum Bersten voll; **la agonía del pobre, ~ por que no sobre** *(prov)* lieber den Magen verrenkt, als dem Wirt was geschenkt ❷ *(vulg: morir)* verrecken *fam;* **¡que reviente!** soll er/sie doch von mir aus verrecken! *fam* **II.** *vt* ❶ *(romper)* zum Platzen bringen ❷ *(fam: molestar)* nerven **III.** *vr:* **~se** ❶ *(romperse)* platzen ❷ *(vulg: morirse)* verrecken *fam*
reventón [rreβeṇ'ton] *m* (AUTO) **tener un** ~ einen Platten haben
reverberar [rreβerβe'rar] *vi (luz)* reflektiert werden; *(sonido)* widerhallen
reverbero [rreβer'βero] *m* ❶ *(reflejo) v.* **reverberación** ❷ *(farol)* (Straßen)laterne *f;* (AUTO) Scheinwerfer *m* ❸ *(Am: hornillo)* Spirituskocher *m*

reverdecer [rreβerðe'θer] *vi irr como crecer* ❶ *(verdear)* (wieder) ergrünen ❷ *(vigorizar)* erstarken
reverencia [rreβe'ren̦θja] *f* ❶ *(veneración)* Hochachtung *f;* **Su R~** Euer Hochwürden ❷ *(inclinación)* Verbeugung *f*
reverendo, -a [rreβe'ren̦do, -a] **I.** *adj* ehrwürdig **II.** *m, f* Pfarrer(in) *m(f)*
reverente [rreβe'ren̦te] *adj* ehrerbietig
reversibilidad [rreβersiβili'ðaᵈ] *f* Umkehrbarkeit *f*
reversible [rreβer'siβle] *adj* umkehrbar; *(prenda de vestir)* Wende-
reversión [rreβer'sjon] *f* Umkehrung *f*
reverso [rre'βerso] *m (dorso)* Rückseite *f;* **el ~ de la medalla** *(fig)* die Kehrseite der Medaille
revertir [rreβer'tir] *vi irr como sentir* zurückfallen (**a** an +*akk*); **revirtió en su beneficio** es verlief zu seinen/ihren Gunsten
revés [rre'βes] *m* ❶ *(reverso)* Rückseite *f;* **al** [*o* **del**] ~ umgekehrt; **te has puesto el jersey del ~** du hast deinen Pullover linksherum angezogen; **poner a alguien del ~** *(confundir)* jdn durcheinanderbringen; *(poner a caldo)* jdm die Meinung ins Gesicht sagen ❷ *(golpe)* Schlag *m* mit dem Handrücken ❸ (DEP) Rückhand *f* ❹ *(infortunio)* Rückschlag *m;* **~ de fortuna** Schicksalsschlag *m*
revestimiento [rreβesti'mjen̦to] *m* Verkleidung *f* (**con/de** mit +*dat*)
revestir [rreβes'tir] *irr como pedir* **I.** *vt* ❶ *(recubrir)* verkleiden (**con/de** mit +*dat*); **~ de cinc** verzinken ❷ *(tener)* **~ importancia** bedeutungsvoll sein **II.** *vr:* **~se** *(aparentar)* sich wappnen (**con/de** mit +*dat*)
reviejo[1] [rre'βjexo] *m* überalterter Ast
reviejo, -a[2] [rre'βjexo, -a] *adj* uralt
revisable [rreβi'saβle] *adj* überprüfbar
revisar [rreβi'sar] *vt* überprüfen; (TÉC) überholen; *(textos)* überarbeiten; *(edición)* neu bearbeiten
revisión [rreβi'sjon] *f* Überprüfung *f;* (TÉC) Überholung *f;* (JUR, TIPO) Revision *f;* (MED) Untersuchung *f*
revisionismo [rreβisjo'nismo] *m sin pl* Revisionismus *m*
revisor(a) [rreβi'sor(a)] *m(f)* ❶ *(controlador)* Prüfer(in) *m(f);* **~ de cuentas** Buchprüfer *m* ❷ (FERRO) Schaffner(in) *m(f)*
revista [rre'βista] *f* ❶ (PREN) Zeitschrift *f;* **las ~s del corazón** die Regenbogenpresse; **~ electrónica** elektronische Zeitschrift; **~ especializada** Fachzeitschrift *f;* **~ ilustrada** Illustrierte *f* ❷ *(inspección)* Überprüfung *f;* (MIL) Truppenbesichtigung *f;* **pasar ~ a las tropas** die Truppe besichtigen ❸ *(espectáculo)* Revue *f*
revistar [rreβis'tar] *vt* (MIL) besichtigen
revitalizar [rreβitali'θar] <z → c> *vt* stärken; (MED) revitalisieren
revivificar [rreβiβifi'kar] <c → qu> *vt* beleben
revivir [rreβi'βir] **I.** *vi* wieder aufleben, zu neuem Leben erwachen; **el nuevo abono hizo ~ las plantas** das neue Düngemittel ließ die Pflanzen wieder aufleben **II.** *vt* ❶ *(volver a la vida)* zu neuem Leben erwecken ❷ *(evocar)* heraufbeschwören; **~ la pesadilla** den Albtraum noch einmal durchleben; **~ los recuerdos** die Erinnerungen heraufbeschwören
revocable [rreβo'kaβle] *adj* widerrufbar
revocación [rreβoka'θjon] *f (anulación)* Widerruf *m*
revocar [rreβo'kar] <c → qu> **I.** *vt* ❶ *(anular)* widerrufen, aufheben ❷ *(apartar)* abbringen ❸ *(hacer retroceder)* zurückdrängen ❹ *(enlucir)* tünchen **II.** *vi (humo)* abziehen
revolcar [rreβol'kar] *irr como volcar* **I.** *vt* ❶ *(derribar)* zu Boden werfen ❷ *(fam: vencer)* in den Sack stecken ❸ *(fam: suspender)* durchfallen lassen **II.** *vr:* **~se** ❶ *(restregarse)* sich wälzen (**por** auf +*dat*) ❷ *(obstinarse)* sich versteifen (**en** auf +*akk*)
revolcón [rreβol'kon] *m* **dar un ~ a alguien** *(fig)* jdm einen schweren Schlag versetzen
revolotear [rreβolote'ar] *vi* flattern
revoloteo [rreβolo'teo] *m* Flattern *nt*
revoltijo [rreβol̦'tixo] *m* ❶ *(embrollo)* Durcheinander *nt* ❷ *(tripas)* Eingeweide *nt pl*
revoltoso, -a [rreβol̦'toso, -a] **I.** *adj* ❶ *(travieso)* unbändig, ungestüm ❷ *(rebelde)* aufsässig ❸ *(intrincado)* verworren **II.** *m, f* Störenfried *m*
revolución [rreβolu'θjon] *f* ❶ (*t.* POL: *cambio*) Revolution *f* ❷ *(inquietud)* Aufruhr *m* ❸ *(rotación)* Umdrehung *f;* **número de revoluciones** Drehzahl *f* ❹ (ASTR) Umlauf *m*
revolucionar [rreβoluθjo'nar] *vt* ❶ *(amotinar)* aufwiegeln ❷ *(trasformar)* revolutionieren ❸ *(excitar)* in Aufregung versetzen ❹ (TÉC) die Drehzahl erhöhen +*gen*
revolucionario, -a [rreβoluθjo'narjo, -a] **I.** *adj* revolutionär **II.** *m, f* Revolutionär(in) *m(f)*
revoluta [rreβo'luta] *f (AmC) v.* **revolución**
revolver [rreβol'βer] *irr como volver* **I.** *vt* ❶ *(mezclar)* umrühren ❷ *(desordenar)*

R

durcheinanderbringen ❸ *(soliviantar)* aufwühlen ❹ *(investigar)* durchforsten **II.** *vr:* **~se** ❶ *(moverse)* sich wälzen; **se me revuelve el estómago** da dreht sich mir der Magen um ❷ *(enfrentarse)* sich widersetzen (**contra** +*dat*) ❸ *(el tiempo)* umschlagen

revólver [rre'βolβer] *m* Revolver *m*

revuelco [rre'βwelko] *m (golpe)* Schlag *m*

revuelo [rre'βwelo] *m* ❶ *(segundo vuelo)* Rückflug *m;* **de ~** *(fig)* wie im Fluge ❷ *(turbación)* Aufruhr *m;* **causar ~** für Aufruhr sorgen

revuelta [rre'βwel̪ta] *f* ❶ *(tumulto)* Tumult *m* ❷ *(rebelión)* Revolte *f* ❸ *(encorvadura)* Krümmung *f;* **carretera con muchas ~s** kurvenreiche Straße ❹ *(cambio)* Umschwung *m*

revuelto, -a [rre'βwel̪to, -a] **I.** *pp de* **revolver** **II.** *adj* ❶ *(agitado)* aufgewühlt ❷ *(desordenado)* durcheinander ❸ *(tiempo)* wechselhaft ❹ *(irritado)* aufgebracht ❺ *(intrincado)* verworren

revulsar [rreβul'sar] *vt, vi (Méx: vomitar)* sich übergeben, brechen

revulsivo, -a [rreβul'siβo, -a] *adj* (MED) hyperämisierend

rey [rrei̯] *m* König *m;* **los R~es Magos** die Heiligen Drei Könige; **el día de ~es** am Dreikönigsfest; **en tiempo del ~ Perico** anno dazumal; **ni quitar ni poner ~** *(fig)* sich raushalten; **ni ~ ni roque** überhaupt niemand; **no temer ~ ni roque** weder Tod noch Teufel fürchten; **vivir a cuerpo de ~** leben wie Gott in Frankreich

reyerta [rre'ɟerta] *f* heftige Auseinandersetzung *f*

rezagado, -a [rreθa'ɣaðo, -a] *m, f* Nachzügler(in) *m(f)*

rezagar [rreθa'ɣar] <g → gu> **I.** *vt* ❶ *(dejar atrás)* zurücklassen ❷ *(suspender)* aufschieben **II.** *vr:* **~se** zurückbleiben

rezar [rre'θar] <z → c> **I.** *vt* beten (**a** zu +*dat,* **por** für +*akk*); **~ una oración** ein Gebet sprechen **II.** *vi* ❶ *(decir)* lauten ❷ *(corresponder)* passen (**con** zu +*dat*)

rezo ['rreθo] *m* ❶ *(el rezar)* Beten *nt* ❷ *(oración)* Gebet *nt*

rezongar [rreθoŋ'gar] <g → gu> *vi* murren

rezongón, -ona [rreθoŋ'gon, -ona] **I.** *adj (fam)* mürrisch **II.** *m, f (fam)* Brummbär *m*

rezumar [rreθu'mar] **I.** *vi* ❶ *(filtrarse)* (durch)sickern (**por** durch +*akk*); **el sudor le rezumaba por la frente** der Schweiß stand ihm/ihr auf der Stirn ❷ *(rebosar)* strotzen (vor +*dat*) **II.** *vr:* **~se** *(traslucirse)* (durch)sickern

RFA [erre(e)fe'a] *f v.* **República Federal de Alemania** BRD *f*

ría ['rria] *f* ❶ (GEO) Ria *f* ❷ (DEP) Wassergraben *m*

riachuelo [rrja'ʧwelo] *m* Bach *m*

riada [rri'aða] *f* Hochwasser *nt*

ribera [rri'βera] *f (orilla)* Ufer *nt; (tierra)* Uferlandschaft; *(vega)* Aue *f*

ribereño, -a [rriβe'reɲo, -a] **I.** *adj* Ufer-; **carretera ribereña** Uferstraße *f* **II.** *m, f* Uferbewohner(in) *m(f)*

ribete [rri'βete] *m* ❶ *(galón)* Besatz *m* ❷ *(adorno)* Verzierung *f; (de una narración)* Ausschmückung *f* ❸ *pl (indicios)* Züge *mpl*

ribeteado, -a [rriβete'aðo, -a] *adj* ❶ *(con ribetes)* eingesäumt, eingefasst ❷ *(ojos)* entzündet

ribetear [rriβete'ar] *vt* einfassen

ricamente [rrika'men̪te] *adv* ❶ *(con abundancia)* reichlich ❷ *(con placer)* genüsslich

ricino [rri'θino] *m* Rizinus *m*

rico, -a ['rriko, -a] **I.** *adj* ❶ *(acaudalado)* reich; **es muy ~** er ist steinreich ❷ *(sabroso)* lecker; **la comida está muy rica** das Essen schmeckt sehr gut ❸ *(abundante)* reich (**en** an +*dat*) ❹ *(fructífero)* fruchtbar ❺ *(excelente)* prächtig ❻ *(simpático)* reizend **II.** *m, f* ❶ *(rico)* Reiche(r) *mf;* **nuevo ~** Neureiche(r) *m* ❷ *(apelativo)* Schatz *m*

rictus ['rriktus] *m sin pl* Anflug *m*

ricura [rri'kura] *f (fam)* **ser una ~** eine Wucht sein; **¡anda, ~!** auf geht's, mein Schatz!

ridiculez [rriðiku'leθ] *f* ❶ *(lo ridículo, nimiedad)* Lächerlichkeit *f;* **me pagan la ~ de cinco euros** sie zahlen mir lausige fünf Euro ❷ *(tontería)* Unsinn *m*

ridiculizar [rriðikuli'θar] <z → c> *vt* lächerlich machen

ridículo, -a [rri'ðikulo, -a] *adj* ❶ *(risorio)* lächerlich; **poner(se) en ~** (sich) lächerlich machen ❷ *(tacaño)* geizig

riego ['rrjeɣo] *m* Bewässerung *f;* **~ sanguíneo** Durchblutung *f*

riel [rrjel] *m* Schiene *f*

rienda ['rrjen̪da] *f* ❶ *(correa)* Zügel *m;* **a ~ suelta** zügellos; **aflojar las ~s** *(fig)* die Zügel lockern; **dar ~ suelta** *(fig)* die Zügel schießen lassen; **llevar las ~s** *(fig)* die Zügel in der Hand haben; **tirar de la ~** *(fig)* die Zügel anziehen; **tener las ~s del poder** *(fig)* an den Schalthebeln der Macht sitzen ❷ *pl (gobierno)* Führung *f*

riente ['rrjen̪te] *adj* fröhlich, vergnügt

riesgo ['rrjesɣo] *m* Risiko *nt;* **~ cambiario** Wechselkurs-Risiko *nt;* **~ monetario** Währungsrisiko *nt;* **a ~ de que...** *+subj* auf die Gefahr hin, dass …; **a ~ y ventura de...** auf Risiko von …; **por cuenta y ~ propios** auf eigene Gefahr; **asumir un ~** ein Risiko eingehen; **correr el ~ de...** Gefahr laufen, zu …; **estar asegurado a todo ~** (AUTO) vollkaskoversichert sein; **exponer a un ~** in Gefahr bringen; **exponerse a un ~** sich in Gefahr begeben

riesgoso, -a [rrjes'ɣoso, -a] *adj (Am)* ① *(arriesgado)* risikofreudig, gewagt ② *(peligroso)* gefährlich

rifa ['rrifa] *f* ① *(sorteo)* Verlosung *f* ② *(riña)* Streitigkeit *f*

rifar [rri'far] **I.** *vt* verlosen **II.** *vi* (sich) streiten

rifirrafe [rrifi'rrafe] *m (fam)* kleine Auseinandersetzung *f*

rifle ['rrifle] *m* Gewehr *nt*

rigidez [rrixi'ðeθ] *f* ① *(inflexibilidad)* Starrheit *f* ② *(severidad)* Strenge *f*

rígido, -a ['rrixiðo, -a] *adj* ① *(inflexible)* starr ② *(severo)* streng

rigor [rri'ɣor] *m* ① *(severidad)* Strenge *f* ② *(exactitud)* Genauigkeit *f;* **en ~** genau genommen ③ (METEO) **~ del invierno** Strenge des Winters; **~ del verano** Hitze des Sommers ④ *(loc)* **de ~** unerlässlich

rigurosidad [rriɣurosi'ða^{d}] *f* Rigorosität *f*

riguroso, -a [rriɣu'roso, -a] *adj* ① *(severo)* rigoros ② *(exacto)* genau ③ (METEO) extrem

rija ['rrixa] *f (riña)* Streit *m*

rijoso, -a [rri'xoso, -a] *adj* ① *(pendenciero)* streitlustig ② *(lujurioso)* lüstern; *(animal)* brünstig

rilar [rri'lar] *vi* zittern

rima ['rrima] *f* ① (LIT) Reim *m;* **tener ~** sich reimen ② *(montón)* Stapel *m*

rimador(a) [rrima'ðor(a)] **I.** *adj* reimend, Verse schmiedend **II.** *m(f) (irón)* Versemacher(in) *m(f),* Reimer(in) *m(f)*

rimar [rri'mar] **I.** *vi* ① *(versificar)* reimen ② *(tener rima)* sich reimen (**con** auf *+akk*) **II.** *vt* reimen (**con** auf *+akk,* **con** mit *+dat*)

rimbombante [rrimbom'bante] *adj* bombastisch

rímel ['rrimel] *m* Wimperntusche *f*

Rin [rrin] *m* Rhein *m*

rincón [rriŋ'kon] *m* ① *(esquina)* Ecke *f;* **por todos los rincones** *(fig)* überall ② *(escondrijo)* Winkel *m; (tranquilo)* stiller Winkel *m* ③ *(fam: habitación)* Bude *f*

rinconera [rriŋko'nera] *f (armario)* Eckschrank *m; (mesa)* Ecktisch *m*

rinde ['rrinde] *m (Arg)* Ertrag *m,* Nutzen *m*

ring [rriŋ] <rings> *m* (DEP) (Box)ring *m*

rinoceronte [rrinoθe'ronte] *m* Nashorn *nt*

riña ['rriɲa] *f* Streit *m;* **~ de gallos** Hahnenkampf *m*

riñón [rri'ɲon] *m* ① *(órgano)* Niere *f;* **tener piedras en el ~** Nierensteine haben; **costar un ~** eine (schöne) Stange Geld kosten; **tener riñones** *(fig)* Schneid haben; **tener el ~ bien cubierto** *(fig)* gut betucht sein ② *pl (parte de la espalda)* Kreuz *nt* ③ *(centro)* Kern *m*

riñonera [rriɲo'nera] *f* ① *(faja)* Nierengurt *m* ② *(cinturón con bolsa)* Gürteltasche *f*

río ['rrio] *m* Fluss *m,* Strom *m;* **~ abajo** flussabwärts; **~ arriba** flussaufwärts; **pescar en ~ revuelto** *(fig)* im Trüben fischen; **tener un ~ de oro** einen Goldesel haben; **no hay tío pásame el ~** daran kommt man nicht vorbei; **no llegará el agua al ~** *(fig)* so weit wird es nicht kommen

riojano, -a [rrio'xano, -a] **I.** *adj* aus Rioja **II.** *m, f* Einwohner(in) *m(f)* von Rioja

rioplatense [rriopla'tense] **I.** *adj* vom Rio de la Plata **II.** *mf* Person *f* vom Rio de la Plata

ripio ['rripjo] *m* ① *(cascajo)* Bauschutt *m;* **no valer un ~** *(sin valor)* nicht viel wert sein; *(feo)* eher hässlich sein ② *(palabra inútil)* Füllwort *nt;* **meter ~** Füllwörter verwenden; **no perder ~** sich *dat* nichts entgehen lassen

ripioso, -a [rri'pjoso, -a] *adj* ① *(superfluo)* voller Füllwörter ② *(sin valor)* schäbig ③ *(feo)* hässlich

riqueza [rri'keθa] *f* Reichtum *m*

risa [rri'sa] *f* Lachen *nt;* **digno de ~** lächerlich; **mondarse de ~** sich kaputtlachen; **llorar de ~** Tränen lachen; **tener un ataque de ~** einen Lachkrampf haben; **tomar algo a ~** etw nicht ernst nehmen; **no quiero oír ~s a mis espaldas** ich möchte nicht, dass hinter meinem Rücken gelacht wird; **¡qué ~!** (wie) köstlich!; **no estoy para ~s** mir ist nicht zum Lachen zumute

risco ['rrisko] *m* steiler Felsen *m*

risible [rri'siβle] *adj* lustig

risotada [rriso'taða] *f* Gelächter *nt;* **soltar una gran ~** in schallendes Gelächter ausbrechen

ríspido, -a ['rrispiðo, -a] *adj (Am: rudo)* grob, rau

ristra ['rristra] *f* ① *(trenza)* Zopf *m* ② *(fam: sarta)* Reihe *f*

risueño, -a [rri'sweɲo, -a] *adj* ① *(alegre)* heiter ② *(placentero)* behaglich ③ *(próspero)* verheißungsvoll

rítmico, -a ['rri$^{\eth}$miko, -a] *adj* rhythmisch

ritmo ['rri$^{\eth}$mo] *m* Rhythmus *m*

rito ['rrito] *m* Ritual *nt*

ritual [rritu'al] **I.** *adj* rituell **II.** *m* Ritual *nt*

ritualizar [rritwali'θar] <z → c> *vt* ritualisieren

R

rival [rri'βal] **I.** *adj* rivalisierend **II.** *mf* Rivale, -in *m, f*

rivalidad [rriβali'ðaᵈ] *f* Rivalität *f*

rivalizar [rriβali'θar] <z → c> *vi* rivalisieren (**con** mit +*dat,* **por** um +*akk*)

rizado, -a [rri'θaðo, -a] *adj (cabello)* lockig

rizador [rriθa'ðor] *m* Brennschere *f; (bigudí)* Lockenwickler *m;* **~ de pestañas** Wimpernzange *f*

rizar [rri'θar] <z → c> **I.** *vt* ① *(encrespar)* kräuseln ② *(plegar)* fälteln **II.** *vr:* **~se** sich kräuseln

rizo[1] ['rriθo] *m* ① *(mechón)* Locke *f;* **rizar el ~** *(imponerse)* sich durchboxen; *(complicar)* die Sache unnötig komplizieren ② *(terciopelo)* Plüsch *m* ③ (AERO) Looping *m o nt;* **rizar el ~** einen Looping drehen

rizo, -a[2] ['rriθo, -a] *adj* kraus

rizoma [rri'θoma] *m* Wurzelstock *m*

RNE ['rraðjo naθjo'nal de (e)s'paɲa] *f abr de* **Radio Nacional de España** Staatlicher Spanischer Rundfunk *m*

robar [rro'βar] *vt* ① *(hurtar)* stehlen; **me ~on en París** ich wurde in Paris bestohlen; **me robó la novia** *(fam)* er hat mir die Freundin ausgespannt; **esto roba mucho tiempo** das ist sehr zeitaufwendig ② *(un río)* fortspülen ③ *(estafar)* übervorteilen ④ *(en juegos)* ziehen

robellón [rroβe'ʎon] *m* Steinpilz *m*

roble ['rroβle] *m* Eiche *f;* **estar como un ~** (sehr) robust sein

robo ['rroβo] *m* ① *(hurto)* Raub *m;* **~ con homicidio** Raubmord *m;* **~ a mano armada** bewaffneter Raubüberfall ② *(presa)* Beute *f* ③ *(estafa)* Übervorteilung *f*

robot [rro'βoᵗ] <**robots**> *m* Roboter *m;* **~ de cocina** Küchenmaschine *f*

robótica [rro'βotika] *f* Robotertechnik *f*

robustecer [rroβuste'θer] *irr como crecer* **I.** *vt* stärken **II.** *vr:* **~se** sich stärken

robustecimiento [rroβusteθi'mjento] *m* Kräftigung *f,* Stärkung *f*

robusto, -a [rro'busto, -a] *adj* robust

roca ['rroka] *f* ① *(materia)* Gestein *nt;* **ese hombre es una ~** dieser Mann hat ein Herz aus Stein ② *(peña)* Felsen *m*

rocalla [rro'kaʎa] *f* Gesteinsbrocken *mpl*

roce ['rroθe] *m* ① *(fricción)* Reibung *f* ② *(huella)* Streifen *m* ③ *(contacto)* Umgang *m;* **tener mucho ~ con alguien** mit jdm gut bekannt sein ④ *(pelea)* Reiberei *f*

rociar [rroθi'ar] <*3. pres* rocía> **I.** *vimpers* tauen **II.** *vt* ① *(regar)* besprühen ② *(esparcir)* bestreuen (**de/con** mit +*dat*)

rocín [rro'θin] *m* ① *(jamelgo)* Klepper *m abw;* **ir de ~ a ruin** vom Regen in die Traufe kommen ② *(fam: tosco)* Tölpel *m*

rocío [rro'θio] *m* ① *(relente)* Tau *m;* **cae ~** es taut ② *(lluvia)* Sprühregen *m* ③ *(rociada)* Berieselung *f*

rock [rroᵏ] **I.** *adj* Rock-; **grupo de música ~** Rockband *f* **II.** *m* (MÚS) Rock *m*

rockero, -a [rro'kero, -a] **I.** *adj* rockig **II.** *m, f* Rocker, Rockerbraut *m, f*

rococó [rroko'ko] *m sin pl* Rokoko *nt*

rocoso, -a [rro'koso, -a] *adj* felsig; **Montañas Rocosas** Rocky Mountains

rodaballo [rroða'βaʎo] *m* (ZOOL) Steinbutt *m*

rodada [rro'ðaða] *f* Reifenspur *f*

rodado, -a [rro'ðaðo, -a] *adj* ① *(fluido)* eingespielt; **venir ~** *(sin dificultades)* wie geschmiert laufen; *(de perlas)* wie gerufen kommen ② (AUTO) **tráfico ~** Straßenverkehr *m* ③ *(caballo)* gescheckt, scheckig

rodaja [rro'ðaxa] *f* Scheibe *f*

rodaje [rro'ðaxe] *m* ① (CINE) Dreharbeiten *fpl* ② *(rodar)* Einfahren *nt* ③ *(impuesto)* Kraftfahrzeugsteuer *f* ④ *(ruedas)* Räderwerk *nt*

rodapié [rroða'pje] *m* Sockel *m*

rodar [rro'ðar] <o → ue> **I.** *vi* ① *(dar vueltas, moverse sobre ruedas)* rollen; **~ por el suelo** über den Boden rollen; **echarlo todo a ~** *(fig)* alles über Bord werfen ② *(girar sobre el eje)* rotieren ③ *(deslizarse)* (herunter)rollen ④ *(abundar)* in großer Menge vorhanden sein; **antes rodaban más las enfermedades infecciosas** früher traten Infektionskrankheiten häufiger auf ⑤ *(ir)* umherlaufen; **he rodado de tienda en tienda** ich bin von Geschäft zu Geschäft gelaufen **II.** *vt* ① *(hacer dar vueltas)* rollen ② *(película)* drehen ③ *(coche)* einfahren

rodear [rroðe'ar] **I.** *vi* ① *(circunvalar)* einen Umweg machen ② *(divagar)* Umschweife machen **II.** *vt* ① *(cercar)* umgeben (**de** mit +*dat*); **estar rodeado de** umgeben sein von ② *(hacer dar vueltas)* drehen ③ *(un tema)* herumreden (um +*akk*) **III.** *vr:* **~se** sich umgeben (**de** mit +*dat*)

rodeo [rro'ðeo] *m* ① *(desvío)* Umweg *m;* **dar un ~** einen Umweg machen; **conseguir algo con ~s** etw auf Umwegen erreichen ② *(evasiva)* Ausflucht *f;* **sin ~s** ohne Umschweife; **andarse con ~s** um den heißen Brei herumreden; **dejarse de ~s** Klartext reden ③ (DEP) Rodeo *m o nt*

rodilla [rro'ðiʎa] *f* ① (ANAT) Knie *nt;* **de ~s** kniend; **ponerse de ~s** sich hinknien ② *(paño)* Scheuerlappen *m*

rodillera [rroði'ʎera] *f* ① *(protección)*

R

Knieschützer *m,* Knieschoner *m* ② *(del pantalón)* ausgebeulte Knie *nt pl;* **para que no salgan ~s al pantalón** damit sich die Hose am Knie nicht ausbeult

rodillo [rro'ðiʎo] *m* ① (TÉC) Walze *f* ② *(de cocina)* Nudelholz *nt*

rododendro [rroðo'ðen̦dro] *m* (BOT) Rhododendron *m o nt*

rodrigón [rroðri'ɣon] *m* ① *(para plantas)* Rebpfahl *m;* **~ de lúpulo** Hopfenstange *f* ② *(fam: acompañante)* Anstandswauwau *m*

roedor [rroe'ðor] *m* Nagetier *nt*

roer [rro'er] *vt irr* nagen (**a** an +*dat*); **los ratones royeron mi libro** die Mäuse haben mein Buch zerfressen; **~se las uñas** an den Nägeln kauen; **las preocupaciones me roen el alma** die Sorgen nagen an mir

rogación [rroɣa'θjon] *f* Bitte *f;* (REL) Fürbitte *f,* Rogation *f*

rogador(a) [rroɣa'ðor(a)] **I.** *adj* flehend, bittend **II.** *m(f)* Bittende(r) *f(m);* (JUR) Einbringer(in) *m(f) (eines Gesetzes)*

rogar [rro'ɣar] *vt irr como colgar* bitten; (JUR) beantragen; **rogamos nos contesten inmediatamente nuestra carta** wir bitten um sofortige Beantwortung unseres Schreibens; **¡te ruego que me escuches!** hör mir doch bitte zu!; **le gusta hacerse de ~** er/sie lässt sich gerne bitten

rogativa [rroɣa'tiβa] *f* ① *(oración)* Bittgebet *nt* ② *pl (procesión)* Bittprozession *f*

rojillo, -a [rro'xiʎo] *m, f (fam)* Linker(in) *m(f)*

rojizo, -a [rro'xiθo, -a] *adj* rötlich

rojo, -a ['rroxo, -a] *adj (t.* POL) rot; *(persona)* rothaarig; **~ chillón/subido/burdeos** knallrot/tiefrot/weinrot; **al ~ (vivo)** rot glühend; *(fig)* außer sich *dat* vor Wut; **poner ~ a alguien** jdn in Verlegenheit bringen; **ponerse ~** erröten

rol [rrol] *m* ① *(lista)* Verzeichnis *nt;* **~ de pago** Gehaltsstreifen *m* ② *(papel)* Rolle *f;* **desempeñar un ~** eine Rolle spielen

rollista [rro'ʎista] **I.** *adj (pey fam)* lästig, nervtötend **II.** *mf (pey fam)* Langweiler(in) *m(f),* Sprücheklopfer(in) *m(f)*

rollito *m dim de* **rollo: ~ de primavera** (GASTR) Frühlingsrolle *f*

rollizo, -a [rro'ʎiθo, -a] *adj* ① *(robusto)* stramm ② *(cilíndrico)* walzenförmig

rollo ['rroʎo] *m* ① *(de papel, alambre)* Rolle *f;* (FOTO) Rollfilm *m;* **hacer un ~ de algo** etw zusammenrollen ② *(fam: cosa aburrida)* langweilige Sache *f;* **¡qué ~ de película!** so ein langweiliger Film!; **soltar siempre el mismo ~** immer wieder die alte Platte laufen lassen ③ *(argot: tipo de vida)* Lebensweise *f;* *(asunto)* Geschichte *f;* **montarse el ~** sich *dat* sein Leben gestalten; **ir a su ~** nur an sich selbst denken; **tener mucho ~** viel reden; **traerse un mal ~** auf die schiefe Bahn geraten sein; **acaba con el ~, muchacho** mach Schluss damit, Junge; **corta el ~** *(palabrería)* hör auf (mit dem Gequatsche); *(mentiras)* erzähl das deiner Großmutter; **¿de qué va el ~?** worum geht es? ④ *(del cuerpo)* Rettungsring(e) *m(pl) fam* ⑤ (GASTR) Kringel *m;* **este niño está hecho un ~ de manteca** dieses Kind ist gut beisammen

ROM [rrom] *f inv abr de* **Read Only Memory** (INFOR, INFOR) ROM *nt*

romaico[1] [rro'mai̯ko] *m* modernes Griechisch *nt*

romaico, -a[2] [rro'mai̯ko, -a] *adj* griechisch

romana [rro'mana] *f* Schnellwaage *f*

romance [rro'man̦θe] **I.** *adj* romanisch **II.** *m* ① *(aventura, t.* LIT) Romanze *f;* **~ de ciego** Bänkelsängerlied *nt;* **tiene un ~ con la vecina** er hat eine Affäre mit der Nachbarin ② (HIST: *castellano*) Spanisch(e) *nt;* **hablar en ~** *(fig)* klar und verständlich sprechen ③ *pl (monsergas)* Geschwätz *nt;* **solo son ~s** *(excusas)* das sind pure Ausflüchte!

romancero[1] [rroman̦'θero] *m* Romanzensammlung *f; (de romances españoles)* Romanzero *m*

romancero, -a[2] [rroman̦'θero, -a] *m, f* *(que hace romances)* Romanzendichter(in) *m(f); (que canta romances)* Romanzensänger(in) *m(f)*

románico, -a [rro'maniko, -a] *adj* romanisch

romaní [rroma'ni] **I.** *adj* der Roma **II.** *m* Rom, Romni *m, f;* **los ~íes** die Roma

romanista [rroma'nista] *mf* Romanist(in) *m(f)*

romanización [rromaniθa'θjon] *f* (HIST) Romanisierung *f*

romanizar [rromani'θar] <z → c> *vt, vi* romanisieren

romano, -a [rro'mano, -a] **I.** *adj* ① *(de Roma)* römisch ② (REL) römisch-katholisch ③ *(latín)* lateinisch **II.** *m, f (de Roma)* Römer(in) *m(f)*

romanticismo [rroman̦ti'θismo] *m sin pl* Romantik *f*

romántico, -a [rro'man̦tiko, -a] **I.** *adj* romantisch **II.** *m, f* Romantiker(in) *m(f)*

rombal [rrom'bal] *adj* rautenförmig

rombo ['rrombo] *m* Raute *f*

romboide [rrom'boi̯ðe] *m* (MAT) Rhomboid *nt*

romería [rrome'ria] *f* ① *(peregrinaje)* Wallfahrt *f* ② *(fiesta)* Volksfest *nt* ③ *(muchedumbre)* Menschenmenge *f*

romerito [rrome'rito] *m (Méx)* Gemüse *nt*

R

romero[1] [rro'mero] *m* (BOT) Rosmarin *m*
romero, -a[2] [rro'mero, -a] **I.** *adj* pilgernd, Pilger- **II.** *m, f* Pilger(in) *m(f)*
romo, -a ['rromo, -a] *adj* ❶ *(sin punta)* stumpf ❷ *(de nariz pequeña)* stumpfnasig ❸ *(tosco)* plump
rompecabezas [rrompeka'βeθas] *m inv (juego)* Puzzle *nt; (acertijo)* Rätsel *nt*
rompecorazones [rrompekora'θones] *mf inv (fam)* Herzensbrecher(in) *m(f)*
rompehielos [rrompe'ɟelos] *m inv* (NÁUT) Eisbrecher *m*
rompeolas [rrompe'olas] *m inv* Wellenbrecher *m*
romper [rrom'per] *irr* **I.** *vi* ❶ *(las olas)* brechen ❷ *(empezar bruscamente)* (plötzlich) anfangen (**a** zu +*inf*); **~ a llorar** in Tränen ausbrechen ❸ *(el día)* anbrechen; **al ~ el día** bei Tagesanbruch ❹ *(separarse)* sich trennen **II.** *vt* ❶ *(destrozar)* kaputt machen; *(quebrar)* zerbrechen; *(un cristal)* einschlagen; *(un plato)* zerschlagen; *(papel, tela)* zerreißen; *(el pan)* brechen; *(los zapatos)* durchlaufen; *(un terreno)* roden; **~ a martillazos/a golpes** zerhämmern/zerschlagen; **~ doblando** abknicken; **~ una ventana a pedradas** ein Fenster einwerfen; **~ la cara a alguien** *(fam)* jdm den Schädel einschlagen ❷ *(negociaciones, relaciones)* abbrechen; *(contrato, promesa)* brechen; **~ el silencio/el encanto** das Schweigen brechen/den Zauber lösen; **~ el hilo del discurso** das Gespräch unterbrechen; **~ (las) filas** (MIL) wegtreten ❸ *(iniciar)* **~ el fuego** das Feuer eröffnen; **los pájaros rompen vuelo** die Vögel fliegen auf; **una persona de rompe y rasga** ein Draufgänger **III.** *vr:* **~se** ❶ *(hacerse pedazos)* zerbrechen ❷ *(fracturarse)* sich *dat* brechen; **~se la cabeza** *(fig)* sich *dat* den Kopf zerbrechen; **¿qué tripa se te ha roto?** *(fam fig)* warum bist du so schlecht drauf?
rompiente [rrom'pjeņte] *m* natürlicher Wellenbrecher *m*
rompimiento [rrompi'mjeņto] *m* ❶ *(rotura)* Bruch *m*, Abbruch *m* ❷ *(en la pintura)* Durchblick *m;* (TEAT) Vorhang *m* mit Durchblick
ron [rron] *m* Rum *m*
roncamente [rroŋka'meņte] *adv* rüde, barsch, rau; **responder ~** barsch antworten
roncar [rroŋ'kar] <c → qu> *vi (persona)* schnarchen; *(gamo)* röhren; *(viento)* heulen; *(olas)* brausen; *(suelo)* knarren
roncha ['rronʧa] *f* ❶ *(hinchazón)* Schwellung *f; (cardenal)* blauer Fleck *m; (picadura)* Quaddel *f* ❷ *(loncha)* dünne Scheibe *f;* **una ~ de chorizo** eine dünne Scheibe Paprikawurst ❸ *(fam: timo)* Prellerei *f*
ronchar [rron'ʧar] **I.** *vi* ❶ *(crujir)* knacken, krachen ❷ *(producir ronchas)* Beulen verursachen **II.** *vt* knuspern, knabbern
ronco, -a ['rroŋko, -a] *adj (afónico)* heiser; *(áspero)* rau
ronda ['rroņda] *f* ❶ *(de vigilancia)* Streife *f;* **hacer una ~ de inspección por la fábrica** einen Rundgang durch die Fabrik machen ❷ *(de copas)* Runde *f;* **pagar una ~ de vino** eine Runde Wein ausgeben ❸ (POL) Runde *f* ❹ *(jóvenes)* Rondasänger *mpl; (serenata)* (nächtliches) Ständchen *nt;* **andar de ~** *(tocar música)* nächtliche Ständchen bringen; *(buscar aventura)* auf Liebesabenteuer aus sein ❺ *(avenida)* Ringstraße *f*
rondalla [rroņ'daʎa] *f* ❶ *(música)* Straßenmusik *f* ❷ *(conjunto musical)* Straßenmusikanten *mpl*
rondar [rroņ'dar] **I.** *vi* ❶ *(vigilar)* die Runde machen ❷ *(andar paseando de noche)* nachts umherstreifen **II.** *vt* ❶ *(a las mujeres)* den Hof machen +*dat* ❷ *(rodear)* umkreisen; **las mariposas nocturnas rondan la luz** die Nachtfalter umschwärmen das Licht; **lo ronda a todas horas para conseguir el empleo** er/sie ist ständig hinter ihm her, um den Job zu bekommen; **esta mujer anda rondando los setenta años** diese Frau ist um die siebzig
ronquera [rroŋ'kera] *f* Heiserkeit *f*
ronquido [rroŋ'kiðo] *m (de una persona)* Schnarchen *nt; (del viento)* Heulen *nt; (del mar)* Brausen *nt; (de la sierra)* Kreischen *nt; (del suelo)* Knarren *nt; (del gamo)* Röhren *nt*
ronronear [rronrrone'ar] *vi (gato)* schnurren
ronroneo [rronrro'neo] *m (gato)* Schnurren *nt*
ronzar [rroņ'θar] <z → c> **I.** *vi* knacken **II.** *vt (mascar)* knabbern
roña ['rroɲa] *f* ❶ *(sarna de carneros)* Schafräude *f* ❷ *(mugre)* Schmutz *m* ❸ *(mezquindad)* Schäbigkeit *f; (tacañería)* Knauserigkeit *f* ❹ *(orín)* Rost *m*
roñería [rroɲe'ria] *f (mezquindad)* Schäbigkeit *f; (tacañería)* Knauserei *f*
roñoso, -a [rro'ɲoso, -a] *adj* ❶ *(sarnoso)* räudig ❷ *(sucio)* schmutzig ❸ *(oxidado)* verrostet ❹ *(tacaño)* geizig
ropa ['rropa] *f* ❶ *(géneros de tela)* Wäsche *f;* **~ blanca** Kochwäsche *f;* **~ de color** Buntwäsche *f;* **~ delicada** Feinwäsche *f;* **~ (interior)** Unterwäsche *f;* **cambiar la ~ de cama** das Bett frisch beziehen; **¡cuidado que hay ~ tendida!** *(fig)*

R

Achtung: Feind hört mit! ② *(vestidos, traje)* Kleidung *f;* **~s hechas** Konfektionskleidung *f;* **cambiar(se) la ~** (sich) umziehen; **estar en ~s menores** in Unterwäsche dastehen; **poner(se) la ~** (sich) anziehen; **ponerse ~ de abrigo** sich warm anziehen; **ligero de ~** leicht gekleidet; **a quema ~** unvermittelt; **disparar a quema ~** aus unmittelbarer Nähe schießen; **de buena ~** aus gutem Hause; **de poca ~** armselig; **no tocarle la ~ a alguien** jdm nicht zu nahe treten

ropaje ['rro'paxe] *m* ① *(ropas)* Kleidung *f* ② *(ropa elegante)* Robe *f*

ropero [rro'pero] *m* ① *(armario)* Kleiderschrank *m* ② *(asociación benéfica)* Kleidersammelstelle *f*

roque ['rroke] *m* ① *(ajedrez)* Turm *m;* **lo mismo me da rey que ~** *(fig)* es ist mir vollkommen schnuppe *fam* ② *(loc)* **quedarse ~** fest einschlafen

roquefort [rroke'for] <roqueforts> *m* Roquefort *m*

roqueño, -a [rro'keɲo, -a] *adj* ① *(rocoso)* felsig ② *(duro)* steinhart

roquero, -a [rro'kero, -a] **I.** *adj* ① *(de rocas)* Felsen-; **castillo ~** Ritterburg *f* ② (MÚS) Rock- **II.** *m, f* Rocker(in) *m(f)*

rorro ['rrorro] *m (fam)* Baby *nt*

rosa ['rrosa] **I.** *adj* rosa; **~ pálido/antiguo/fucsia** hellrosa/altrosa/pink **II.** *f* (BOT) Rose *f;* **~ de azafrán** Safranblüte *f;* **~ náutica** Windrose *f;* **color de ~** Rosa *nt; (como adjetivo)* rosafarben; **esencia de ~s** Rosenöl *nt;* **tener la piel como una ~** eine Pfirsichhaut haben; **encontrarse como las propias ~s** sich pudelwohl fühlen; **verlo todo color de ~** alles durch die rosarote Brille sehen; **su vida no ha sido ningún camino de ~s** er/sie war nicht auf Rosen gebettet; **no hay ~ sin espinas** *(prov)* keine Rose ohne Dornen

rosáceo, -a [rro'saθeo, -a] *adj* rosig

rosado, -a [rro'saðo, -a] *adj (color)* rosa; **vino ~** Rosé(wein) *m*

rosal [rro'sal] *m* Rosenstock *m*

rosaleda [rrosa'leða] *f* Rosengarten *m*

rosario [rro'sarjo] *m* ① (REL) Rosenkranz *m;* **tener el ~ al cuello y el diablo en el cuerpo** scheinheilig sein; **acabar como el ~ de la aurora** ein böses Ende nehmen ② *(serie)* Reihe *f;* **un ~ de coches/de injurias** eine Autoschlange/eine Flut von Schimpfworten

rosbif [rros'βif] <rosbifs> *m* Roastbeef *nt*

rosca ['rroska] *f* ① (TÉC) Gewinde *nt;* **el tornillo se pasó de ~** das Schraubengewinde ist ausgeleiert; **pasarse de ~** *(fig)* zu weit gehen ② *(forma de espiral)* Windung *f;* **hecho una ~** zusammengerollt; **hacerse ~** *(gato, serpiente)* sich zusammenrollen ③ *(bollo)* Kringel *m; (torta)* Kranz *m;* **~ de Reyes** *(Méx)* Dreikönigskuchen *m;* **no comerse una ~** *(fig)* keinen Erfolg bei Männern/Frauen haben ④ *(loc)* **hacer la ~ a alguien** jdm schmeicheln; **tirarse una ~** bei der Prüfung durchrasseln

rosco ['rrosko] *m (bollo)* Kringel *m;* **~ de viento** ≈ Spritzkuchen *m*

roscón [rros'kon] *m* Kranzkuchen *m;* **~ de Reyes** Dreikönigskuchen *m*

roseta [rro'seta] *f* ① *(rosa pequeña)* Röschen *nt* ② *(parecida a la rosa)* Rosette *f* ③ *pl (palomitas)* Popcorn *nt* ④ *(de la regadera)* (Gießkannen)brause *f*

rosetón [rrose'ton] *m* (ARQUIT) Rosette *f; (en iglesias)* Fensterrose *f*

roso[1] ['rroso] *adj* abgewetzt, abgeschabt; *(sin pelos)* haarlos

roso, -a[2] ['rroso, -a] *adj* rot glühend

rosquilla [rros'kiʎa] *f* Kringel *m;* **venderse como ~s** *(fig)* weggehen wie warme Semmeln

rostizado, -a [rrosti'θaðo, -a] *adj (Méx)* gegrillt

rostro ['rrostro] *m* ① *(cara)* Gesicht *nt;* **echar en ~ algo a alguien** *(fig)* jdm etw vorhalten; **hacer ~ al enemigo** dem Feind die Stirn bieten; **tener mucho ~** sehr dreist sein ② *(pico)* Schnabel *m*

rota ['rrota] *f* (BOT) Rotang *m,* Peddigrohr *nt*

rotación [rrota'θjon] *f* Umdrehung *f;* (FÍS) Rotation *f;* **~ de cultivos** (AGR) Fruchtfolge *f;* **~ del capital** Kapitalumsatz *m;* **~ de mercancías** Warenumschlag *m*

rotar [rro'tar] *vi* rotieren

rotativa [rrota'tiβa] *f* (TIPO) Rotations(druck)maschine *f*

rotativo[1] [rrota'tiβo] *m* Zeitung *f*

rotativo, -a[2] [rrota'tiβo, -a] *adj* rotierend; **impresión rotativa** (TIPO) Rotationsdruck *m*

rotatorio, -a [rrota'torjo, -a] *adj* rotierend

roto[1] ['rroto] *m (desgarrón)* Riss *m; (agujero)* Loch *nt*

roto, -a[2] ['rroto, -a] **I.** *pp de* **romper** **II.** *adj* ① *(despedazado)* kaputt; **un vestido/un florero/un cristal ~** ein zerrissenes Kleid/eine zerbrochene Vase/eine eingeschlagene Scheibe; **no cayó en saco ~** *(fig)* die Mühe war nicht umsonst ② *(andrajoso)* zerlumpt ③ *(licencioso)* ausschweifend ④ *(destrozado)* zerstört

rotonda [rro'tonda] *f* (ARQUIT) Rotunde *f*

rotor [rro'tor] *m* (TÉC) Rotor *m*

R

rotoso, -a [rro'toso, -a] **I.** *adj (Am)* schäbig **II.** *m, f* zerlumpter Mensch *m*
rótula ['rrotula] *f* ❶ (ANAT) Kniescheibe *f* ❷ (TÉC) Kugelgelenk *nt*
rotulación [rrotula'θjon] *f (de letreros)* Beschriftung *f; (de mercancías)* Etikettierung *f*
rotulador [rrotula'ðor] *m* Filzstift *m*
rotular [rrotu'lar] *vt (letreros)* beschriften; *(mercancías)* etikettieren; (CINE) mit Untertiteln versehen
rótulo ['rrotulo] *m* Aufschrift *f; (encabezamiento)* Überschrift *f; (etiqueta)* Etikett *nt; (letrero)* Schild *nt; (anuncio público)* Anschlag *m;* (CINE) Untertitel *m;* ~ **de población** Ortsschild *nt*
rotundamente [rrotun̪da'men̪te] *adv* ❶ *(sin rodeos)* ohne Umschweife, rundheraus ❷ *(terminantemente)* rundweg, entschieden; **negar** ~ strikt ablehnen
rotundidad [rrotun̪di'ða^{ð}] *f* ❶ *(redondez)* Rundung *f* ❷ *(determinación)* Bestimmtheit *f*
rotundo, -a [rro'tun̪do, -a] *adj* ❶ *(terminante)* entschieden, kategorisch; **un éxito** ~ ein durchschlagender Erfolg; **una negativa rotunda** eine glatte Absage ❷ *(lleno y sonoro)* volltönend; **palabras rotundas** gehaltvolle Worte
rotura [rro'tura] *f* Bruch *m*
roturar [rrotu'rar] *vt* (AGR) roden
roza ['rroθa] *f,* **rozado** [rro'θaðo] *m (Arg:* AGR) Rodung *f*
rozadura [rroθa'ðura] *f* Schramme *f; (de la piel)* Hautabschürfung *f*
rozagante [rroθa'ɣan̪te] *adj (elev)* ❶ *(vistoso)* ansehnlich, prächtig ❷ *(ufano)* stolz
rozamiento [rroθa'mjen̪to] *m* ❶ *(fricción)* Reibung *f* ❷ *(roce)* Streifen *nt* ❸ *(desavenencias)* Reibereien *fpl*
rozar [rro'θar] <z → c> **I.** *vi* streifen; **roza (por) los cincuenta** er/sie ist um die fünfzig **II.** *vt* ❶ *(t. fig: tocar ligeramente)* streifen ❷ *(frotar)* reiben ❸ (AGR) roden; *(animales)* abgrasen **III.** *vr:* **~se** ❶ *(restregarse)* sich durchscheuern ❷ *(tropezarse)* stolpern ❸ *(trabarse la lengua)* stammeln ❹ *(relacionarse)* Umgang haben
rte. [rremi'ten̪te] *abr de* **remitente** Abs.
RTVE [erreteuβe'e] *f abr de* **Radio Televisión Española** Spanische Rundfunk- und Fernsehanstalt *f*
ruana ['rrwana] *f (AmS: poncho)* Poncho *m*
Ruanda [ru'anda] *f* Ruanda *nt*
rubeola [rruβe'ola] *f sin pl,* **rubéola** [rru'βeola] *f sin pl* Röteln *pl*
rubí [rru'βi] *m* Rubin *m*
rubia ['rruβja] *f (mujer)* Blondine *f*
rubio, -a ['rruβjo, -a] **I.** *adj* blond **II.** *m, f* Blonde(r) *mf; (mujer)* Blondine *f*
rublo ['rruβlo] *m* Rubel *m*
rubor [rru'βor] *m* ❶ *(color)* Röte *f; (de vergüenza)* Schamröte *f* ❷ *(vergüenza)* Schamhaftigkeit *f;* **lo confieso con el ~ de mi cara** ich gestehe es zu meiner eigenen Schande; **el ~ le quema la cara** sein/ihr Gesicht ist schamrot
ruborizar [rruβori'θar] <z → c> **I.** *vt* zum Erröten bringen **II.** *vr:* **~se** erröten
ruboroso, -a [rruβo'roso, -a] *adj* ❶ *(vergonzoso)* schamhaft ❷ *(ruborizado)* schamrot
rúbrica ['rruβrika] *f* ❶ *(firma)* Namenszeichen *nt; (después del nombre)* (Unterschrifts)schnörkel *m* ❷ *(epígrafe)* Überschrift *f*
rubricar [rruβri'kar] <c → qu> *vt* ❶ *(firmar)* mit dem Namenszeichen versehen; *(ratificar)* unterzeichnen ❷ *(sellar)* besiegeln
rubro ['rruβro] *m (Am)* ❶ *(título)* Überschrift *f,* Titel *m* ❷ (COM: *partida*) Posten *m*
ruco, -a ['rruko, -a] *adj* ❶ *(AmC: caballo)* ausgedient, alt ❷ *(Méx: fam: persona)* uralt, greisenhaft
rúcula ['rrukula] *f* (BOT) Rucola *m*
rudamente [rruða'men̪te] *adv* grob, roh
rudeza [rru'ðeθa] *f* ❶ *(brusquedad)* Grobheit *f* ❷ *(tosquedad)* Plumpheit *f* ❸ *(torpeza)* Ungeschicklichkeit *f*
rudimentario, -a [rruðimen̪'tarjo, -a] *adj* rudimentär
rudimento [rruði'men̪to] *m* ❶ (BIOL: *germen*) Ansatz *m,* Keim *m* ❷ (BIOL: *órgano no desarrollado*) Rudiment *nt* ❸ *pl* Grundbegriffe *mpl;* **los ~s de la gramática** die Grundsätze der Grammatik
rudo, -a ['rruðo, -a] *adj* ❶ *(material)* rau; *(sin trabajar)* roh ❷ *(persona tosca)* plump; *(brusca)* grob; *(torpe)* ungeschickt; *(poco inteligente)* ungebildet ❸ *(penoso)* schwer; *(invierno)* hart
rueca ['rrweka] *f* Spinnrocken *m*
rueda ['rrweða] *f* ❶ *(que gira)* Rad *nt;* ~ **de aspas** Windrad *nt;* ~ **elevadora** Schöpfrad *nt;* ~ **de paletas** Schaufelrad *nt;* ~ **de repuesto/recambio** Ersatzreifen *m;* **vapor de ~s** Raddampfer *m;* **comulgar con ~s de molino** sich *dat* einen Bären aufbinden lassen; **todo marcha sobre ~s** *(fig)* alles läuft wie am Schnürchen; **el pavo hace la** ~ der Pfau schlägt ein Rad; **hacer la** ~ *(fig)* sich aufplustern; **hacer la ~ a una mujer** einer Frau den Hof machen ❷ *(de personas)* Runde *f;* ~ **de prensa** Pressekonferenz *f* ❸ *(rodaja)*

R

Scheibe *f;* **una ~ de salami** eine Scheibe Salami ④ *(orden sucesivo)* Reihenfolge *f*

ruedo ['rrweðo] *m* ① *(contorno)* Umkreis *m* ② *(borde)* Rand *m; (del vestido)* Saum *m* ③ (TAUR) Arena *f;* **echarse al ~** *(fig)* sich ins Abenteuer stürzen ④ *(estera)* (runde) Matte *f*

ruego ['rreɣo] *m* Bitte *f;* **~s y preguntas** (POL) Anfragen im Parlament; **no valen ~s ni súplicas** da hilft kein Bitten und Flehen

rufián [rru'fjan] *m* ① *(chulo)* Zuhälter *m* ② *(granuja)* Gauner *m*

rufo, -a ['rrufo, -a] *adj* ① *(de pelo ensortijado)* krausköpfig ② *(pelirrojo)* rothaarig ③ *(robusto)* stramm ④ *(vistoso)* ansehnlich ⑤ *(fanfarrón)* eingebildet, prahlerisch

rugby ['rru^{ɣ}βi] *m sin pl* (DEP: *del inglés*) Rugby *nt*

rugido [rru'xiðo] *m (del león)* Brüllen *nt; (del viento)* Brausen *nt; (de las tripas)* Knurren *nt*

rugir [rru'xir] <g → j> **I.** *vi (león)* brüllen; *(viento)* brausen; *(estómago)* knurren; **sus tripas rugen** sein/ihr Magen knurrt; **este hombre está que ruge** dieser Mann tobt vor Wut **II.** *vimpers* ruchbar werden

rugosidad [rruɣosi'ða^{d}] *f* Runz(e)ligkeit *f; (arruga)* Runzel *f;* (TÉC) Rauheit *f*

rugoso, -a [rru'ɣoso, -a] *adj* ① *(arrugado)* runz(e)lig ② *(áspero)* rau ③ *(ondulado)* uneben

ruibarbo [rrwi'βarβo] *m* Rhabarber *m*

ruido ['rrwiðo] *m* ① *(sonido)* Geräusch *nt;* (ELEC) Rauschen *nt;* **~s parásitos** Nebengeräusche *ntpl* ② *(estrépito)* Lärm *m;* **nivel de ~** Lärmpegel *m;* **mucho ~ y pocas nueces** *(fig)* viel Lärm um nichts; **hacer ~** *(fig)* Aufsehen erregen; **querer ~** *(fig)* auf Streit aus sein; **quitarse de ~s** *(fig)* sich aus gefährlichen Angelegenheiten heraushalten

ruidoso, -a [rrwi'ðoso, -a] *adj* laut; *(fig)* Aufsehen erregend; **una carcajada ruidosa** ein schallendes Gelächter; **tener un éxito ~** einen durchschlagenden Erfolg haben

ruin [rrwin] *adj* ① *(malvado)* niederträchtig; *(vil)* gemein ② *(tacaño)* knauserig ③ *(enclenque)* mick(e)rig

ruina ['rrwina] *f* ① *(destrucción)* Einsturz *m* ② (ARQUIT) Ruine *f;* **las ~s de un castillo** die Burgruine; **este hombre está hecho una ~** dieser Mann ist nur noch ein Wrack ③ *pl (escombros)* Trümmer *pl;* **convertir una ciudad en ~s** eine Stadt in Schutt und Asche legen; **declarar una casa en ~s** ein Haus für baufällig erklären ④ *(perdición)* Ruin *m;* **causar la ~ de alguien** jdn zugrunde richten; **estar en la ~** ruiniert sein; **salvar a alguien de la ~** jdn vor dem Untergang bewahren

ruindad [rrwiṇ'da^{d}] *f* ① *(maldad)* Gemeinheit *f* ② *(tacañería)* Knauserigkeit *f*

ruinoso, -a [rrwi'noso, -a] *adj* ① *(edificios)* baufällig ② *(perjudicial)* schädlich; (ECON) ruinös

ruiseñor [rrwise'ɲor] *m* Nachtigall *f*

ruleta [rru'leta] *f* ① *(juego)* Roulette *nt* ② (TÉC) Rändelrad *nt*

ruletero, -a [rrule'tero, -a] *m, f (AmC, Méx: conductor)* Taxifahrer(in) *m(f)*

rulo ['rrulo] *m* ① *(del cabello)* Locke *f* ② *(rizador)* Lockenwickler *m* ③ (TÉC) Walze *f*

ruma ['rruma] *f (AmS: montón)* **una ~ de...** ein Haufen … *+gen;* **~s de...** Berge von … *+dat*

Rumania [rru'manja] *f,* **Rumanía** [rruma'nia] *f* Rumänien *nt*

rumano, -a [rru'mano, -a] **I.** *adj* rumänisch **II.** *m, f* Rumäne, -in *m, f*

rumba ['rrumba] *f* Rumba *f*

rumbo ['rrumbo] *m* ① *(dirección)* (Fahrt)richtung *f;* (AERO, NÁUT: *t. fig)* Kurs *m;* **tomar ~ a un puerto** einen Hafen ansteuern; **dar otro ~ a la conversación** dem Gespräch eine neue Wendung geben; **no tengo ~ fijo** ich habe kein bestimmtes Ziel; **la negociación está tomando un ~ favorable** das Geschäft lässt sich gut an; **tomar otro ~** (POL) einen anderen Kurs einschlagen ② *(pompa)* Pracht *f;* **de ~** prunkvoll; **una fiesta con mucho ~** ein pompöses Fest

rumboso, -a [rrum'boso, -a] *adj* ① *(generoso)* großzügig ② *(pomposo)* prunkvoll

rumiante [rru'mjaṇte] *m* Wiederkäuer *m*

rumiar [rru'mjar] *vt* ① *(vacas)* wiederkäuen ② *(fam: cavilar)* nachgrübeln (über *+akk*) ③ *(fam: refunfuñar)* murren

rumión, -ona [rru'mjon, -ona] *adj (fam)* ① *(que cavila)* grüblerisch ② *(refunfuñón)* mürrisch

rumor [rru'mor] *m* ① *(chisme)* Gerücht *nt;* **a título de ~** gerüchteweise; **poner un ~ en circulación** ein Gerücht in die Welt setzen; **corren ~es de que...** es geht das Gerücht, dass … ② *(ruido)* Geräusch *nt; (de las olas)* Brausen *nt; (del viento)* Säuseln *nt; (del bosque)* Rauschen *nt;* **~ de voces** Stimmengewirr *nt*

rumorearse [rrumore'arse] *vr* **se rumorea que...** es geht das Gerücht um, dass …

rumoroso, -a [rrumo'roso, -a] *adj* geräuschvoll; *(olas)* brausend; *(viento)* säuselnd; *(bosque)* rauschend

runrún [rrun'rrun] *m (fam)* ① *(ruido)* Geräusch *nt;* *(murmullo)* Gemurmel *nt* ❷ *(chisme)* Gerücht *nt*

rupestre [rru'pestre] *adj* Felsen-; **pintura ~** Höhlenmalerei *f*

rupia ['rrupja] *f* ❶ *(moneda de Indonesia)* Rupiah *f;* *(de la India y otros)* Rupie *f* ❷ (MED) Hautpustel *f*

ruptura [rrup'tura] *f* Bruch *m;* *(de relaciones)* Abbruch *m*

rural [rru'ral] **I.** *adj* ländlich; **vida ~** Landleben *nt* **II.** *m* ❶ *(Am: t. pey: rústico)* Bauer *m* ❷ *pl (Méx: policía)* Landpolizei *f*

Rusia ['rrusja] *f* Russland *nt*

ruso, -a ['rruso, -a] **I.** *adj* russisch; **ensaladilla rusa** ≈ Kartoffelsalat *m* **II.** *m, f* Russe, -in *m, f*

rústico, -a ['rrustiko, -a] **I.** *adj* ❶ *(campestre)* rustikal; **finca rústica** Bauernhof *m* ❷ *(tosco)* ungeschliffen; **en rústica** (TIPO) ungebunden **II.** *m, f* Bauer, Bäuerin *m, f*

ruta ['rruta] *f* Weg *m;* **~ federal** *(Am)* Bundesstraße *f;* **~ de itinerario** Reiseroute *f;* **~ de vuelo** Flugstrecke *f;* **tienes que cambiar de ~ para aprobar el examen** um die Prüfung zu bestehen, musst du einen anderen Weg einschlagen

rutilante [rruti'lante] *adj* glänzend

rutina [rru'tina] *f* ❶ *(costumbre)* Routine *f;* **~ cotidiana** Alltag *m* ❷ (INFOR) Programm *nt*

rutinario, -a [rruti'narjo, -a] *adj* routinemäßig; **un hombre ~** ein Gewohnheitsmensch

Ss

S, s ['ese] *f* S, s *nt;* **~ de sábado** S wie Siegfried

S. [san] *abr de* **san** St.

S. A. [ese'a] *f* ❶ *abr de* **sociedad anónima** AG *f* ❷ *abr de* **su alteza** I. H.

sábado ['saβaðo] *m* ❶ *(día)* Samstag *m; v. t.* **lunes** ❷ *(judaísmo)* Sabbat *m*

sabana [sa'βana] *f* Savanne *f*

sábana ['saβana] *f* (Bett)laken *nt;* **~ ajustable** Spannbetttuch *nt;* **se me han pegado las ~s** *(fam)* ich habe verschlafen

sabandija [saβan'dixa] *f* ❶ *(insecto)* Ungeziefer *nt* ❷ *(pey: persona)* Schurke, -in *m, f;* **¡qué ~s!** was für ein Gesindel!

sabañón [saβa'ɲon] *m* Frostbeule *f;* **comer como un ~** *(fam pey)* wie ein Scheunendrescher essen

sabático, -a [sa'βatiko, -a] *adj* ❶ *(judaísmo)* Sabbat- ❷ *(universidad)* **un año ~** ≈ ein Forschungsjahr

sabatino, -a [saβa'tino, -a] *adj* Samstag(s)-; *(judaísmo)* Sabbat-

sabedor(a) [saβe'ðor(a)] *adj (informado)* unterrichtet (**de** über +*akk*); **el general era ~ de esos manejos** der General war über diese Intrigen informiert

sabelotodo [saβelo'toðo] *mf inv (fam)* Besserwisser(in) *m(f)*

saber [sa'βer] *irr* **I.** *vt* ❶ *(estar informado)* wissen; **a ~** nämlich; **¡(vete tu) a ~ (si es cierto)!** wer weiß(, ob das stimmt)!; **(al menos) que yo sepa** soweit ich weiß; **~ más que Lepe** *(fam)* ein schlauer Fuchs sein; **¿se puede ~ si...?** darf man fragen, ob ...?; **no ~ ni jota** *(fam)* keine Ahnung haben; **sin ~lo yo** ohne mein Wissen; **¡va a ~ quién soy yo!** er/sie wird mich noch kennenlernen!; **¡no sé ni por dónde ando!** *(fam)* ich weiß nicht, wo mir der Kopf steht!; **¡pues no sé qué te diga!** ich weiß nicht so recht; **tener (un) no sé qué de raro** irgendetwas Seltsames an sich *dat* haben; **se sabe que...** bekanntlich ... ❷ *(habilidad para hacer algo)* können; **él sabe (hablar) ruso** er kann Russisch (sprechen); **no ~(se) la poesía** das Gedicht nicht (auswendig) können ❸ *(nombre)* kennen; **¿sabes mi nombre?** weißt du, wie ich heiße? ❹ *(conocer un arte)* sich auskennen (**(de)** mit/in +*dat*); **~ mucho de literatura** sich in der Literatur gut auskennen ❺ *(noticia)* erfahren (**por** durch +*akk*, aus +*dat*); **lo supe por mi hermano/por el periódico** ich habe es von meinem Bruder/aus der Zeitung erfahren; **la prensa lo hizo ~ anoche** die Presse gab es gestern Abend bekannt **II.** *vi* ❶ *(tener sabor)* schmecken (**a** nach +*dat*); **(me) supo a quemado** es schmeckte verbrannt; **la conferencia me supo a poco** ich hätte mehr von der Konferenz erwartet; **sabe a traición** es riecht nach Verrat; **me supo mal aquella respuesta** die Antwort hat mich geärgert ❷ *(tener noticia)* unterrichtet sein (**de** über +*akk*); **no sé nada de mi hermano** ich habe nichts von meinem Bruder gehört ❸ *(tener la habilidad)* fähig sein; **él no sabe resolver ni los ejerci-**

cios más fáciles er ist nicht einmal fähig, die einfachsten Aufgaben zu lösen **III.** *vr* **esa se las sabe todas** *(fam)* der kann keiner etwas vormachen **IV.** *m sin pl* Wissen *nt;* **el ~ no ocupa lugar** *(prov)* Wissen schadet nie

sabichoso, -a [saβi'tʃoso, -a] *adj (Cuba, PRico)* klug; *(sabiondo)* besserwisserisch

sabidillo, -a [saβi'ðiʎo, -a] *m, f (fam)* Besserwisser(in) *m(f),* Schlauberger(in) *m(f); (niño)* Naseweis *m;* **dárselas de ~** *(pey)* sich für besonders schlau halten

sabido, -a [sa'βiðo, -a] *adj* ① *(conocido)* bekannt; **es cosa sabida** das ist eine altbekannte Tatsache; **dar por ~** als bekannt voraussetzen ② *(leído)* gebildet

sabiduría [saβiðu'ria] *f* ① *(conocimientos)* Wissen *nt; (ciencia)* Wissenschaft *f* ② *(sensatez)* Weisheit *f* ③ *(erudición)* Gelehrsamkeit *f*

sabiendas [sa'βjeṇdas] **a ~** bewusst; **lo hizo a ~ de que me molestaba** er/sie störte mich mit Absicht

sabiente [sa'βjeṇte] *adj* wissend

sabihondo, -a [saβi'oṇdo, -a] *m, f v.* **sabiondo**

sabio, -a ['saβjo, -a] **I.** *adj* weise **II.** *m, f* Weise(r) *mf;* **errar es de ~s** *(prov)* Irren ist menschlich

sabiondo, -a [saβj'oṇdo, -a] *m, f* Besserwisser(in) *m(f); (niño)* Naseweis *m*

sablazo [sa'βlaθo] *m* ① *(golpe)* Säbelhieb *m* ② *(fam)* **dar a alguien un ~** jdn um Geld anpumpen

sable ['saβle] *m* Säbel *m*

sablear [saβle'ar] *vi (fam)* schnorren

sablista [sa'βlista] *mf (fam)* Schmarotzer(in) *m(f)*

sabor [sa'βor] *m* Geschmack *m;* **tener (un) ~ a naranja** nach Orangen schmecken; **de ~ romántico** mit einem Hauch von Romantik; **dejar un mal ~ de boca** einen üblen Nachgeschmack hinterlassen

saborear [saβore'ar] *vt* auskosten

sabotaje [saβo'taxe] *m* Sabotage *f*

sabotear [saβote'ar] *vt* sabotieren; *(plan)* vereiteln

sabroso, -a [sa'βroso, -a] *adj* ① *(sazonado)* schmackhaft ② *(gracioso)* pikant ③ *(salado)* salzig

sabueso, -a [sa'βweso, -a] *m, f* ① *(caza)* Schweißhund *m* ② *(fisgón)* Schnüffler(in) *m(f)*

saburra [sa'βurra] *f* (MED) ① *(de la lengua)* Zungenbelag *m* ② *(del estómago)* Magenverschleimung *f*

saca ['saka] *f* ① *(saco)* großer Sack *m* ② *(extracción)* Entnahme *f* ③ *(exportación)* (Waren)ausfuhr *f* ④ *(copia)* Abschrift *f*

sacacorchos [saka'kortʃos] *m inv* Korkenzieher *m;* **tener que sacar las cosas a alguien con ~** jdm die Worte aus der Nase ziehen müssen

sacamanchas [saka'mantʃas] *m inv* Fleck(en)entferner *m*

sacamuelas [saka'mwelas] *mf inv (pey)* Zahnklempner(in) *m(f); (fig)* Plappermaul *nt*

sacapuntas [saka'puṇtas] *m inv* (Bleistift)spitzer *m*

sacar [sa'kar] <c → qu> **I.** *vt* ① *(de un sitio)* herausnehmen; *(agua)* schöpfen; *(diente, espada)* ziehen; **~ a bailar** zum Tanz auffordern; **~ a alguien de la cama** *(fig)* jdn aus dem Bett jagen; **~ a alguien de la cárcel** jdn aus dem Gefängnis holen; **~ a alguien de quicio** jdn aus dem Häuschen bringen; **~ a pasear** spazieren führen; **¡sácalo del garaje!** hol es aus der Garage!; **¡saca las plantas al balcón!** bring die Pflanzen hinaus auf den Balkon!; **¿de dónde lo has sacado?** wo hast du es her?; **recién sacado del horno** frisch gebacken; **¡te voy a ~ los ojos!** *(fig)* dir werde ich es noch zeigen! ② *(de una situación)* retten; **~ adelante** *(persona, negocio)* vorwärtsbringen; *(niño)* großziehen; *(con esfuerzo)* durchbringen; **~ a alguien del atolladero/de la pobreza** jdm aus der Klemme/aus der Not helfen ③ *(solucionar)* lösen ④ *(reconocer)* erkennen; **lo saqué por sus gafas** ich habe ihn an seiner Brille erkannt ⑤ *(entrada)* lösen ⑥ *(obtener)* erreichen; *(premio)* gewinnen; *(votos)* bekommen; *(información)* entlocken; **~ las consecuencias** Schlussfolgerungen ziehen; **~ provecho de algo** aus etw *dat* Nutzen ziehen; **~ el gordo** das große Los ziehen; **no ~ ni para vivir** kaum genug zum Leben verdienen; **~ a alguien 20 euros** jdn um 20 Euro anpumpen *fam* ⑦ (MIN) fördern ⑧ *(aceite, vino)* auspressen ⑨ *(parte del cuerpo)* herausstrecken ⑩ *(foto)* machen; *(dibujo)* zeichnen; **¡sácame una foto!** fotografier mich mal!; **el pintor te sacó muy bien** der Maler hat dich gut getroffen ⑪ *(mancha)* entfernen ⑫ *(producto)* herausbringen; *(libro)* herausgeben; **~ un apodo a alguien** sich *dat* für jdn einen Spitznamen ausdenken ⑬ *(mostrar)* zeigen; *(desenterrar)* ausgraben; **~ en hombros** auf die Schultern nehmen; **~ a relucir** *(pey)* wieder aufwärmen ⑭ *(ventaja)* **mi hermana me sacó dos minutos** meine Schwester war zwei Minuten schneller als ich ⑮ *(te-*

S

nis) aufschlagen; *(fútbol)* anspielen **II.** *vr* **~se los zapatos** sich *dat* die Schuhe ausziehen; **se sacó una pestaña del ojo** er/sie wischte sich *dat* eine Wimper aus dem Auge

sacarina [saka'rina] *f sin pl* Süßstoff *m*

sacarosa [saka'rosa] *f* (QUÍM) Saccharose *f*

sacerdocio [saθer'ðoθjo] *m sin pl* ① *(ministerio)* Priesteramt *nt* ② *(estado)* Priesterstand *m* ③ *(órdenes)* Priesterweihe *f* ④ *(consagración)* Hingabe *f;* **él se toma la medicina como un ~** er hat sich ganz der Medizin verschrieben

sacerdote [saθer'ðote] *m* Priester *m*

sacerdotisa [saθerðo'tisa] *f* Priesterin *f*

saciable [sa'θjaβle] *adj* stillbar, zu sättigen; **sus deseos son fácilmente ~s** seine/ihre Wünsche sind leicht zu erfüllen

saciado, -a [sa'θjaðo, -a] *adj* satt; (*t.* QUÍM) gesättigt; **estoy ~** ich bin satt

saciar [sa'θjar] **I.** *vt (hambre, curiosidad)* stillen; *(instintos sexuales)* befriedigen **II.** *vr:* **~se** *(t. fig)* satt werden; **me sacié de salchichas** ich habe mich an Würstchen satt gegessen

saciedad [saθje'ðaᵈ] *f sin pl* Sattheit *f;* **repetir hasta la ~** bis zum Überdruss wiederholen

saco ['sako] *m* ① *(bolsa)* Sack *m;* **~ de dormir** Schlafsack *m* ② *(prenda)* Sakko *m o nt* ③ *(bahía)* Einbuchtung *f* ④ *(saqueo)* Plünderung *f;* **entrar a ~** (aus)plündern ⑤ *(loc, fig)* Haufen *m;* **hombre del ~** Buhmann *m;* **echar en ~ roto** *(fig fam)* in den Wind schlagen, dein Ratschlag hat gewirkt; **meter en el mismo ~** *(fig)* in einen Topf werfen

sacralizar [sakrali'θar] <z → c> *vt* ≈ einen sakralen Charakter verleihen; *(persona)* ≈ als heilig verehren

sacramental [sakramen̩'tal] **I.** *adj* ① (REL) sakramental; **auto ~** Sakramentspiel *nt (christliches Theaterstück)* ② *(palabra)* herkömmlich **II.** *f (reg: cofradía)* ≈ Begräbnisbruderschaft *f*

sacramente [sakra'men̩te] *adv* heilig

sacramento [sakra'men̩to] *m* Sakrament *nt;* **el ~ de la Eucaristía** das heilige Abendmahl; **administrar a alguien los últimos ~s** jdm die Sterbesakramente erteilen; **con todos los ~s** *(fig)* in aller Form

sacrificado, -a [sakrifi'kaðo, -a] *adj* opferwillig, selbstlos

sacrificar [sakrifi'kar] <c → qu> **I.** *vt* ① *(ofrecer)* opfern; *(t. fig)* widmen ② *(animal)* schlachten **II.** *vr:* **~se** *(t. fig)* sich (auf)opfern (**por** für +*akk*)

sacrificio [sakri'fiθjo] *m* Opfer *nt;* **el Santo S~** die heilige Messe

sacrilegio [sakri'lexjo] *m* Schändung *f; (fig)* Sakrileg *nt*

sacrílego, -a [sa'kriley̞o, -a] *adj* frevelhaft; **acción sacrílega** Freveltat *f*

sacristán [sakris'tan] *m* Küster *m;* **¡ese es un buen ~!** *(fam)* das ist ein gerissener Kerl!; **los dineros del ~ cantando se vienen y cantando se van** *(prov)* wie gewonnen, so zerronnen

sacristía [sakris'tia] *f (lugar)* Sakristei *f*

sacro, -a ['sakro, -a] *adj* ① *(sagrado)* heilig ② (ANAT) sakral; **hueso ~** Kreuzbein *nt*

sacrosanto, -a [sakro'san̩to, -a] *adj* hochheilig; *(fig)* unantastbar

sacudida [saku'ðiða] *f* Erschütterung *f;* **~ eléctrica** elektrischer Schlag; **~ sísmica** Erdstoß *m;* **el coche pegaba ~s** das Auto wackelte (hin und her); **¡dale una ~ a la alfombra!** klopf den Teppich aus!

sacudido, -a [saku'ðiðo, -a] *adj* ① *(intratable)* störrisch, unzugänglich ② *(atrevido)* kühn

sacudir [saku'ðir] **I.** *vt* schütteln; *(noticia, terremoto)* erschüttern; *(pegar)* verprügeln; *(alfombras)* ausklopfen; **~ el rabo** mit dem Schwanz wedeln; **~ a alguien por los hombros** jdn an den Schultern packen und schütteln; **un estremecimiento le sacudió todo el cuerpo** ein Schauder fuhr ihm/ihr durch den Körper **II.** *vr:* **~se** sich schütteln; **~se la duda** jeden Zweifel von sich *dat* weisen; **~se el yugo** das Joch abschütteln; **~se a alguien de encima** jdn loswerden

sádico, -a ['saðiko, -a] **I.** *adj* sadistisch **II.** *m, f* Sadist(in) *m(f)*

sadismo [sa'ðismo] *m sin pl* Sadismus *m*

sadomasoquismo [saðomaso'kismo] *m sin pl* Sadomasochismus *m*

saeta [sa'eta] *f* ① *(flecha)* Pfeil *m* ② *(reloj)* (Uhr)zeiger *m; (brújula)* Magnetnadel *f*

safari [sa'fari] *m* Safari *f;* **~ fotográfico** Fotosafari *f*

sagacidad [saɣaθi'ðaᵈ] *f sin pl* Scharfsinn *m*

sagaz [sa'ɣaθ] *adj* scharfsinnig

sagitario [saxi'tarjo] *m* (ASTR: *persona*) Schütze *m;* **conozco a pocas (mujeres) ~** ich kenne wenige Frauen, die Schütze sind

Sagitario [saxi'tarjo] *m* (ASTR: *signo*) Schütze *m*

sagrado, -a [sa'ɣraðo, -a] <sacratísimo> *adj* heilig

sagrario [sa'ɣrarjo] *m (para las hostias)* Tabernakel *m*

Sahara [sa'ara] *m* **el ~** die Sahara

Sáhara ['saxara] *m* **el ~** die Sahara; **el ~ español** (HIST) die Spanische Sahara *(seit 1976: Westsahara)*

saharaui [saxa'rawi] *adj* saharauisch

sahariana [saxa'rjana] *f* leichte Tropenjacke *f* (mit Gürtel)
sahumar [sau'mar] *vt* räuchern
sainete [sai̯'nete] *m* (TEAT) Schwank *m*
sajón, -ona [sa'xon, -ona] **I.** *adj* sächsisch **II.** *m, f* Sachse, Sächsin *m, f*
Sajonia [sa'xonja] *f* Sachsen *nt;* **Baja ~** Niedersachsen *nt*
Sajonia-Anhalt [sa'xonja-'aŋxal̥ᵗ] *f* Sachsen-Anhalt *nt*
sal [sal] *f* ❶ *(condimento)* Salz *nt;* **~ común** Speisesalz *nt;* **poner demasiada ~ a algo** etw versalzen; **tener poca ~ en la mollera** *(fig fam)* wenig Grütze im Kopf haben ❷ *pl (perfume)* Riechsalz *nt;* **~es de baño** Badesalz *nt* ❸ *(gracia)* Witz *m; (encanto)* Charme *m;* **la ~ de la vida** die Würze des Lebens ❹ *(Am: mala suerte)* Pech *nt*
sala ['sala] *f* ❶ *(habitación)* Raum *m; (grande)* Saal *m;* **~ de espera** Wartezimmer *nt;* **~ de estar** Wohnzimmer *nt;* **~ de fiestas** Tanzlokal *nt;* **~ de reuniones** Besprechungsraum *m;* **~ de partos** Kreißsaal *m* ❷ (JUR) Kammer *f;* **S~ de lo Civil/Penal** Zivil-/Strafkammer *f*
salado, -a [sa'laðo, -a] *adj* ❶ *(comida)* salzig ❷ *(gracioso)* witzig; *(encantador)* charmant ❸ *(Am: infortunado)* unglücklich
saladura [sala'ðura] *f* Pökeln *nt*
salamandra [sala'man̩dra] *f* (ZOOL) Salamander *m;* **~ acuática** Molch *m*
salamanquesa [salamaŋ'kesa] *f* Gecko *m;* **~ de agua** (Wasser)molch *m*
salame [sa'lame] *m (CSur)* ❶ *(salami)* Salami *f* ❷ *(papanatas)* Trottel *m*
salami [sa'lami] *m* Salami *f*
salar [sa'lar] *vt* ❶ *(condimentar)* salzen; **~ demasiado** versalzen ❷ *(para conservar)* (ein)pökeln ❸ *(Am: echar a perder)* verderben
salarial [sala'rjal] *adj* Lohn-
salario [sa'larjo] *m* Lohn *m;* **~ en especie** Naturallohn *m;* **~ mínimo interprofesional** Mindestlohn *m*
salazón [sala'θon] *m* ❶ *(saladura)* Pökeln *nt* ❷ *pl (carne)* Pökelfleisch *nt; (pescado)* Pökelfisch *m*
salchicha [sal'ʧiʧa] *f* Wurst *f;* **~ asada** Bratwurst *f;* **perro ~** *(fam)* Dackel *m*
salchichón [salʧi'ʧon] *m* ≈ Salami *f*
saldar [sal̥'dar] *vt* ❶ *(cuenta, deuda)* begleichen; **todavía no hemos saldado nuestras diferencias** wir haben unsere Unstimmigkeiten noch nicht beigelegt ❷ *(mercancía)* ausverkaufen; **la tienda salda** das Geschäft macht Räumungsverkauf
saldo ['sal̥do] *m* ❶ *(diferencia)* Saldo *m; (pago)* Zahlung *f;* **~ acreedor** Guthaben *nt;* **~ de cuenta** Kontostand *m* ❷ *pl (rebajas)* Räumungsverkauf *m*
saledizo[1] [sale'ðiθo] *m* (ARQUIT) Stirnbrett *nt*
saledizo, -a[2] [sale'ðiθo, -a] *adj* vorspringend
salero [sa'lero] *m* ❶ *(objeto)* Salzstreuer *m* ❷ *(gracia)* Witz *m; (encanto)* Charme *m*
saleroso, -a [sale'roso, -a] *adj (fam: ingenioso)* witzig; *(encantador)* charmant
salida [sa'liða] *f* ❶ *(puerta)* Ausgang *m;* **~ para coches** Ausfahrt *f;* **~ de emergencia** Notausgang *m;* **a la ~ del teatro** nach der Vorstellung; **callejón sin ~** Sackgasse ❷ *(de un tren)* Abfahrt *f; (de un avión)* Start *m; (de un barco)* Auslaufen *nt* ❸ *(astro)* Aufgang *m;* **~ des sol** Sonnenaufgang *m* ❹ (DEP) Start *m;* **~ nula** Fehlstart *m;* **dar la ~** das Startzeichen geben ❺ (COM) Absatz *m; (partida)* Ausgabe *f;* **este producto no tiene ~** dieses Produkt ist unverkäuflich ❻ *(fam: ocurrencia)* Einfall *m;* **~ de tono** unangebrachte Bemerkung; **¡menuda ~!** was für eine Schnapsidee! ❼ *(pretexto)* Ausrede *f* ❽ *(solución)* Ausweg *m;* **en este asunto no hay ~** diese Sache ist ausweglos ❾ (INFOR) **~ de datos** Datenausgabe *f*
saliente [sa'ljen̩te] *adj* ❶ *(excelente)* hervorragend ❷ *(ojos)* hervorstehend ❸ *(ministro)* scheidend
salina [sa'lina] *f (instalación)* Salzwerk *nt; (mina)* Salzgrube *f*
salinidad [salini'ðaᵈ] *f sin pl* Salzgehalt *m*
salinización [saliniθa'θjon] *f* Versalzung *f;* **~ de las aguas subterráneas** Grundwasserversalzung *f*
salino, -a [sa'lino, -a] *adj (salobre)* salzig
salir [sa'lir] *irr* **I.** *vi* ❶ *(de un sitio)* herauskommen (**de** aus +*dat*); *(ir fuera)* gehen (**de** aus +*akk*) ❷ *(de viaje)* abfahren; *(avión)* starten; **~ del huevo** (aus dem Ei) schlüpfen; **~ pitando** *(fam)* davoneilen; **para ~ de dudas le pregunté directamente** um mir Klarheit zu verschaffen, habe ich ihn/sie direkt gefragt; **~ por peteneras** *(fam)* vom Thema abschweifen ❸ *(aparecer)* erscheinen; *(sol)* aufgehen; *(fuente)* entspringen; *(flores)* sprießen; **~ a la luz** ans Licht kommen; **~ en la tele** ins Fernsehen kommen ❹ *(convertirse)* werden; **salió un buen artista** aus ihm ist ein guter Künstler geworden ❺ *(parecerse)* ähneln (**a** +*dat*); **este niño ha salido a su padre** der Junge kommt ganz nach seinem Vater ❻ (INFOR) verlassen (**de** +*akk*) ❼ (DEP) starten ❽ *(costar)* kosten; **nos sale a 5 euros el metro** es kostet uns 5 Euro pro

S

Meter ⑨ *(loc)* ~ **adelante** (irgendwie) weiterkommen; ~ **con alguien** *(fam)* mit jdm gehen; ~ **a dar una vuelta** spazieren gehen; ~ **mal con alguien** sich mit jdm entzweien **II.** *vr:* **~se** ① *(derramarse)* verlassen; *(líquido)* überlaufen; *(leche)* überkochen; *(vasija)* undicht sein; **~se de la Iglesia** aus der Kirche austreten; **el río se salió** (**de madre**) der Fluss ist über die Ufer getreten ② *(loc)* **~se con la suya** seinen Kopf durchsetzen

salitre [sa'litre] *m* Salpeter *m*

saliva [sa'liβa] *f* Speichel *m;* **gastar ~ en balde** *(fig fam)* sich *dat* den Mund fusselig reden; **tragar ~** *(fig fam)* seinen Ärger hinunterschlucken

salivar [sali'βar] *vi* Speichel bilden

salivazo [sali'βaθo] *m* Spucke *f*

salmantino, -a [salmaṇ'tino, -a] **I.** *adj* aus Salamanca **II.** *m, f* Einwohner(in) *m(f)* von Salamanca

salmo ['salmo] *m* Psalm *m;* **cantarle a alguien el ~** *(fig fam)* jdm die Leviten lesen

salmodiar [salmo'ðjar] **I.** *vi* Psalmen singen **II.** *vt (pey)* (herunter)leiern

salmón [sal'mon] **I.** *adj* lachsfarben **II.** *m* Lachs *m*

salmonelosis [salmone'losis] *f inv* Salmonellenvergiftung *f;* (MED) Salmonellose *f*

salmonete [salmo'nete] *m* Meerbarbe *f*

salmuera [sal'mwera] *f* Lake *f*

salobre [sa'loβre] *adj* salzig

salomónico, -a [salo'moniko, -a] *adj* ① *(sabio)* salomonisch ② (ARQUIT: *columna*) gewunden

salón [sa'lon] *m* ① *(de casa)* Wohnzimmer *nt* ② *(local)* Salon *m;* **~ de baile** Tanzsaal *m;* **~ de belleza** Schönheitssalon *m* ③ *(muebles)* Wohnzimmermöbel *pl* ④ *(feria)* Ausstellung *f*

salpicadero [salpika'ðero] *m* Armaturenbrett *nt*

salpicadura [salpika'ðura] *f* *(acción)* (Be)spritzen *nt;* *(mancha)* (Spritz)fleck *m*

salpicar [salpi'kar] <c → qu> *vt* ① *(rociar)* bespritzen (**con/de** mit +*dat*); *(con pintura)* besprenkeln; **~ la mesa de flores** den Tisch mit Blumen schmücken ② *(manchar)* beschmutzen (**con/de** mit +*dat*) ③ *(con chistes)* würzen

salpicón [salpi'kon] *m v.* **salpicadura**

salpimentar [salpimeṇ'tar] <e → ie> *vt* mit Salz und Pfeffer würzen; *(fig)* würzen (**con/de** mit +*dat*)

salsa ['salsa] *f* ① (GASTR) Soße *f;* *(caldo)* Brühe *f;* **~ mayonesa** Mayonnaise *f;* **~ verde** Petersiliensoße *f;* **la ~ de san Bernardo** *(fig fam)* einen Bärenhunger; **estar en su propia ~** *(fig fam)* in seinem Element sein ② *(gracia)* Reiz *m;* **este libro tiene mucha ~** dieses Buch ist sehr spannend; **esa es la ~ de la vida** *(fam)* das macht das Leben lebenswert ③ (MÚS) Salsa *f*

salsera [sal'sera] *f* Soßenschüssel *f*

saltador[1] [sal̩ta'ðor] *m* *(comba)* Springseil *nt*

saltador(a)[2] [sal̩ta'ðor(a)] **I.** *adj* springend **II.** *m(f)* ① *(atleta)* Springer(in) *m(f);* **~ de altura** Hochspringer *m;* **~ de longitud** Weitspringer *m;* **~ de pértiga** Stabhochspringer *m* ② *(saltimbanqui)* Seiltänzer(in) *m(f)*

saltamontes [sal̩ta'moṇtes] *m inv* Heuschrecke *f*

saltar [sal̩'tar] **I.** *vi* ① *(botar)* springen; *(chispas)* sprühen; **~ por los aires** explodieren; *(fig)* schiefgehen; **~ de alegría** vor Freude in die Luft springen; **~ a la cuerda** seilspringen; **~ en pedazos** in Stücke zerspringen; **los jugadores ~on al terreno de juego** die Spieler liefen auf das Spielfeld ② *(lanzarse)* springen; **~ al agua/a la calle** ins Wasser/auf die Straße springen; **~ con paracaídas** fallschirmspringen ③ *(explotar)* platzen; *(bomba)* explodieren; *(costura)* reißen ④ *(atención)* **eso salta a la vista** das ist offensichtlich ⑤ *(picarse)* (zornig) auffahren ⑥ *(irrumpir)* herausplatzen (**con** mit +*dat*) ⑦ *(trabajo)* eine steile Karriere machen; *(ser destituido)* abgesetzt werden ⑧ *(desprenderse)* abspringen **II.** *vt* ① *(movimiento)* springen (über +*akk*); **andar a la que salta** auf jede günstige Gelegenheit lauern ② *(animal)* decken **III.** *vr:* **~se** ① *(ley, norma)* missachten ② *(línea, párrafo)* überspringen ③ *(desprenderse)* abspringen; **se me saltó un botón** ich habe einen Knopf verloren; **se me ~on las lágrimas** mir kamen die Tränen

saltarín, -ina [sal̩ta'rin, -ina] **I.** *adj* *(saltar)* springend; *(bailar)* tanzend **II.** *m, f* ① *(bailarín)* Tänzer(in) *m(f)* ② *(zarandillo)* Luftikus *m fam*

salteador(a) [sal̩tea'ðor(a)] *m(f)* Straßenräuber(in) *m(f)*

saltear [sal̩te'ar] *vt* ① *(asaltar)* überfallen ② (GASTR) sautieren

saltimbanqui [sal̩tim'baŋki] *m* Gaukler(in) *m(f)*

salto ['sal̩to] *m* ① *(en general)* Sprung *m;* **~ de agua** Wasserfall *m;* *(presa)* Talsperre *f;* **de** [*o* **en**] **un ~** schnell; **apartarse de un ~** beiseitespringen; **dar un ~** aufspringen; *(fig)* rasch vorwärtskommen; **dar ~s de alegría** vor Freude an die Decke springen; **dar un ~ atrás** zurückspringen; **me**

pegó un ~ el corazón mein Herz tat einen Sprung; **moverse a ~s** sich sprunghaft bewegen; **vivir a ~ de mata** *(fig)* mehr schlecht als recht leben ② (INFOR) **~ de página** Seitenumbruch *m* ③ (DEP) Sprung *m;* **~ de altura** Hochsprung *m;* **~ de longitud** Weitsprung *m;* **~ con pértiga** Stabhochsprung *m;* **~ del potro** Bockspringen *nt* ④ *(trabajo)* Beförderung *f* ⑤ *(bata)* **~ de cama** Morgenrock *m*

saltón, -ona [saḷ'ton, -ona] *adj* ① *(saltarín)* springend ② *(sobresaliente)* hervorspringend; **ojos saltones** Glotzaugen *ntpl*

salubre [sa'luβre] *adj* <salubérrimo> *(saludable)* gesund; *(curativo)* heilsam

salubridad [saluβri'ðaᵈ] *f sin pl* Zuträglichkeit *f; (Am: higiene)* Hygiene *f*

salud [sa'luᵈ] *f sin pl (estado físico)* Gesundheit *f;* **¡~!** *(al estornudar)* Gesundheit!; *(saludo)* grüß Gott!; **a la ~ de...** auf das Wohl von ...; **rebosante de ~** kerngesund; **¡~, dinero y amor!** *(fam)* prost!; **curarse en ~** *(fig)* es nicht darauf ankommen lassen; **gastar ~** sich wohl fühlen; **lo juro por la ~ de mis hijos** ich schwöre es bei meiner Seele

saludable [salu'ðaβle] *adj* ① *(sano)* gesund ② *(provechoso)* nützlich

saludar [salu'ðar] *vt (al encontrar)* grüßen; (MIL) salutieren; *(recibir)* begrüßen; *(mandar saludos)* einen Gruß bestellen *+dat;* **le saluda afectuosamente su...** *(formal)* es grüßt Sie herzlich Ihr ...; **he ido a ~ a mis padres** ich bin kurz bei meinen Eltern vorbeigegangen; **estos ya ni se saludan** die reden kein Wort mehr miteinander

saludo [sa'luðo] *m* Gruß *m; (recibimiento)* Begrüßung *f; (carta)* Grußformel *f;* **con un cordial ~** *(formal)* mit herzlichen Grüßen; **¡dele ~s de mi parte!** grüßen Sie ihn/sie von mir!; **tu madre te manda ~s** deine Mutter lässt dich grüßen; **¡muchos ~s a tu hermano de mi parte!** grüße deinen Bruder von mir!

salutación [saluta'θjon] *f* Gruß *m; (recibimiento)* Begrüßung *f; (oración)* Avemaria *nt*

salva ['salβa] *f* Salve *f;* **~ de aplausos** Beifallssturm *m*

salvable [sal'βaβle] *adj* (noch) zu retten

salvación [salβa'θjon] *f* Rettung *f;* (REL) Erlösung *f;* **Ejército de S~** Heilsarmee *f*

salvado [sal'βaðo] *m* Kleie *f*

salvador(a) [salβa'ðor(a)] **I.** *adj* rettend; (REL) erlösend; *(curativo)* heilend **II.** *m(f)* Retter(in) *m(f)*

Salvador [salβa'ðor] *m* ① (GEO) **El ~** El Salvador *nt* ② *(Jesucristo)* **El ~** der Erlöser

salvadoreño, -a [salβaðo'reɲo, -a] **I.** *adj* salvadorianisch **II.** *m, f* Salvadorianer(in) *m(f)*

salvaguardar [salβaɣwar'ðar] *vt* beschützen; *(derechos, intereses)* wahren

salvaguardia [salβa'ɣwarðja] *f* ① *(protección)* Schutz *m; (de intereses)* Wahrung *f* ② (MIL) Geleit *nt* ③ *(salvoconducto)* Geleitbrief *m*

salvajada [salβa'xaða] *f* Gräueltat *f*

salvaje [sal'βaxe] **I.** *adj (planta, animal)* wild; *(persona)* unzivilisiert; *(acto)* grausam **II.** *mf* Wilde(r) *mf; (persona ruda)* Barbar(in) *m(f)*

salvajismo [salβa'xismo] *m sin pl (animal)* Wildheit *f; (gamberrismo)* Vandalismus *m; (crueldad)* Grausamkeit *f*

salvamanteles [salβamaṇ'teles] *m inv* Untersetzer *m*

salvamento [salβa'meṇto] *m* Rettung *f; (accidente, naufragio)* Bergung *f*

salvapantallas [salβapaṇ'taʎas] *m inv* (INFOR) Bildschirmschoner *m*

salvar [sal'βar] **I.** *vt* ① *(peligro)* retten (**de** vor *+dat*); (REL) erlösen; **~ del peligro** aus der Gefahr retten ② *(foso)* überspringen; *(distancia)* zurücklegen; *(obstáculo)* überwinden; **~ las apariencias** den Schein wahren **II.** *vr:* **~se** sich retten (**de** vor *+dat*); (REL) erlöst werden; **~se por los pelos** nur knapp entkommen

salvavidas [salβa'βiðas] *m inv* Rettungsring *m;* **bote ~** Rettungsboot *nt;* **chaleco ~** Schwimmweste *f*

salvedad [salβe'ðaᵈ] *f* ① *(excepción)* Ausnahme *f* ② *(condición)* Vorbehalt *m;* **con la ~ de que...** unter dem Vorbehalt, dass ...

salvia ['salβja] *f* Salbei *m o f*

salvo¹ ['salβo] *prep* außer *+dat;* **~ que** [*o* **si**] **...** *+subj* es sei denn, dass ...; **~ error u omisión** *(formal)* Irrtum bzw. Auslassung vorbehalten; **~ aviso en contrario** *(formal)* vorbehaltlich anders lautender Mitteilungen

salvo, -a² ['salβo, -a] *adj* heil; **poner a ~** in Sicherheit bringen

salvoconducto [salβokoṇ'dukto] *m* Passierschein *m*

samaritano, -a [samari'tano, -a] **I.** *adj* (GEO, REL) samarit(an)isch, aus Samaria **II.** *m, f* Samarit(an)er(in) *m(f);* **el buen ~** der barmherzige Samariter

samba ['samba] *f* (MÚS) Samba *m o f*

sambenito [sambe'nito] *m* Büßerhemd *nt;* **colgar** [*o* **poner**] **el ~ a alguien** jdn abstempeln

Samoa [sa'moa] *f* Samoa *nt*

samovar [samo'βar] *m* Samowar *m*

san [san] *adj v.* **santo**

S

sanable [sa'naβle] *adj* heilbar
sanar [sa'nar] **I.** *vi* gesund werden (**de** von +*dat*) **II.** *vt* heilen
sanatorio [sana'torjo] *m* Sanatorium *nt*
sanción [saṇ'θjon] *f* ❶ *(multa)* Strafe *f;* (ECON) Sanktion *f* ❷ *(ley)* Gesetz *nt* ❸ *(autorización)* Genehmigung *f*
sancionable [saṇθjo'naβle] *adj* strafbar
sancionar [saṇθjo'nar] *vt* ❶ *(castigar)* bestrafen; (ECON: *aplicar sanciones*) Sanktionen verhängen (**a** gegen +*akk*) ❷ *(aprobar)* billigen; (JUR) sanktionieren
sancocho [saŋ'koʧo] *m* ❶ *(AmC, PRico, Ven: lío)* Durcheinander *nt* ❷ *(And, Ven)* ≈ Eintopf *m*
San Cristóbal y Nieves [san kris'toβal i 'njeβes] *m* St. Kitts und Nevis *nt*
sancta ['saṇta] **non** ~ verdorben; **una casa non** ~ ein verruchtes Haus
sandalia [saṇ'dalja] *f* Sandale *f*
sándalo ['saṇdalo] *m* *(árbol)* Sandelbaum *m; (madera)* Sandelholz *nt*
sandez [saṇ'deθ] *f* Dummheit *f;* **no decir más que sandeces** nur Unsinn reden
sandía [saṇ'dia] *f* Wassermelone *f*
sandinista [saṇdi'nista] **I.** *adj* sandinistisch **II.** *mf* Sandinist(in) *m(f) (Mitglied der Frente Sandinista de Liberación Nacional, Nicaragua)*
sandio, -a ['saṇdjo, -a] *adj* einfältig, dumm
sandunguero, -a [saṇduŋ'gero, -a] *adj* *(elegante)* graziös, anmutig, witzig
sándwich ['saŋgwiʧ] *m* Sandwich *m o nt;* **día** ~ *(Arg: fam)* Brückentag *m*
sandwichera [saŋgwi'ʧera] *f* Sandwichmaker *m*
saneado, -a [sane'aðo, -a] *adj* ❶ (ECON: *haber*) lastenfrei ❷ *(edificio)* saniert, renoviert; *(economía)* gesund
saneamiento [sanea'mjeṇto] *m* ❶ (ARQUIT, ECON: *t. fig)* Sanierung *f* ❷ (JUR) Mängelhaftung *f*
sanear [sane'ar] *vt* ❶ (ARQUIT, ECON) sanieren ❷ (JUR) haften (für +*akk*); **~ un vicio** einen Mangel beheben
Sanfermines [saɱfer'mines] *mpl* San-Fermín-Fest *nt (Volksfest in Pamplona am 7. Juli)*
sangradera [saŋgra'ðera] *f* ❶ (MED) Schnäpper *m* ❷ *(recipiente) Gefäß zum Auffangen von Blut* ❸ *(Am: sangría)* Aderlass *m* ❹ *(compuerta)* Abzugsgraben *m*
sangrar [saŋ'grar] **I.** *vi* bluten; **estar sangrando por la nariz** Nasenbluten haben; **estar sangrando** *(fig)* ganz frisch sein **II.** *vt* ❶ (MED) zur Ader lassen; *(cerdo)* abstechen ❷ *(dinero)* schröpfen ❸ *(agua, resina)* abzapfen ❹ (TIPO) einrücken
sangre ['saŋgre] *f* Blut *nt; (linaje)* Abstammung *f; (carácter)* Gemüt *nt;* **a ~ fría** kaltblütig; **de ~ azul** blaublütig; **animales de ~ caliente/fría** Warm-/Kaltblüter *mpl;* (**caballo de**) **pura** ~ Vollblut(pferd) *nt;* **chupar la ~** (**de las venas**) **a alguien** *(fam)* jdn ausnutzen; **conservar la ~ fría** ruhig Blut bewahren; **dar la ~ de sus venas** *(fig)* zu jedem Opfer bereit sein; **hacerse mala** ~ sich *dat* graue Haare wachsen lassen; **le hierve la** ~ er/sie kocht vor Wut; **no llegar la ~ al río** *(fam)* Pack schlägt sich, Pack verträgt sich; **llevar algo en la** ~ etw im Blut haben; **se le sube la ~ a la cabeza** *(fig)* er/sie platzt vor Wut; **tener mala** ~ *(fam)* hundsgemein sein; **la ~ se me heló en las venas** mir erstarrte das Blut in den Adern
sangría [saŋ'gria] *f* ❶ (MED) Aderlass *m;* **una ~ de votos** ein hoher Stimmenverlust; **lo mismo son ~s que ventosas** *(fig fam)* da hilft weder das eine noch das andere ❷ *(brazo)* Armbeuge *f* ❸ *(aguas)* Abzapfung *f* ❹ *(bebida)* Sangria *f*
sangriento, -a [saŋ'grjeṇto, -a] *adj* blutig; *(injusticia)* grausam; **hecho** ~ Bluttat *f*
sangriligero, -a [saŋgrili'xero, -a] *adj* *(AmC)* nett, sympathisch
sánguche ['saŋguʧe] *m* *(Am: fam)* belegtes Brötchen, Sandwich *m o nt*
sanguijuela [saŋgi'xwela] *f* (ZOOL) Blutegel *m; (pey: persona)* Blutsauger *m*
sanguina [saŋ'gina] *f (lápiz)* Rotstift *m; (dibujo)* Rotstiftzeichnung *f*
sanguinario, -a [saŋgi'narjo, -a] *adj (persona, animal)* blutrünstig; *(hecho)* grausam
sanguíneo, -a [saŋ'gineo, -a] *adj* ❶ (MED) Blut-; **rojo** ~ blutrot ❷ *(temperamento)* sanguinisch
sanguinolento, -a [saŋgino'leṇto, -a] *adj* blutig; *(color)* blutrot; *(ojos)* blutunterlaufen
sanidad [sani'ðað] *f sin pl* Gesundheit *f;* ~ **privada** private Gesundheitsvorsorge; ~ (**pública**) (öffentliches) Gesundheitswesen *nt*
sanitario[1] [sani'tarjo] *m (váter)* Toilette *f*
sanitario, -a[2] [sani'tarjo, -a] **I.** *adj* gesundheitlich; *(aparatos, medidas)* sanitär **II.** *m, f* Sanitäter(in) *m(f)*
sano, -a ['sano, -a] *adj* ❶ *(robusto, saludable)* gesund; ~ **de juicio** zurechnungsfähig; **cortar por lo** ~ das Übel an der Wurzel packen; **estar más ~ que una manzana** kerngesund sein; **salir ~ y salvo** mit heiler Haut davonkommen ❷ *(no roto)* heil ❸ *(sincero)* ehrlich
sanseacabó [sanseaka'βo] *interj* *(fam)*

S

Schluss (jetzt); **lo haces así y ~** du machst es so und damit basta!

sansón [san'son] *m (fig)* bärenstarker Mann *m*

santamente [san̪ta'men̪te] *adv* ① *(con santidad)* fromm, heilig ② *(sencillamente)* (schlicht und) einfach

santanderino, -a [san̪tan̪de'rino, -a] **I.** *adj* aus Santander **II.** *m, f* Einwohner(in) *m(f)* von Santander

santero, -a [san̪'tero, -a] **I.** *adj (pey: beato)* frömmelnd; **ese es muy ~** das ist ein Betbruder **II.** *m, f* ① *(pey: beato)* Betbruder, -schwester *m, f* ② *(guardián)* ≈ Kirchendiener(in) *m(f)*

santiaguino, -a [san̪tja'ɣino, -a] **I.** *adj* aus Santiago de Chile **II.** *m, f* Einwohner(in) *m(f)* von Santiago de Chile

santiamén [san̪tja'men] *m* **en un ~** im Nu

santidad [san̪ti'ða^{ð}] *f* Heiligkeit *f*

santificar [san̪tifi'kar] <c → qu> *vt* ① *(consagrar)* heiligen ② *(canonizar)* heiligsprechen ③ *(respetar)* heilighalten

santiguar [san̪ti'ɣwar] <gu → gü> **I.** *vt* ① *(signarse)* segnen ② *(fam: maltratar)* misshandeln **II.** *vr:* **~se** sich bekreuzigen

santo, -a ['san̪to, -a] **I.** *adj* heilig; *(piadoso)* fromm; *(planta)* heilsam; *(inviolable)* unantastbar; **la Santa Sede** der Heilige Stuhl; **campo ~** Friedhof *m;* **Jueves S~** Gründonnerstag *m;* **Semana Santa** Karwoche *f;* **Viernes S~** Karfreitag *m;* **¿qué haces en Semana Santa?** was machst du zu Ostern?; **se pasó todo el ~ día haciendo...** den lieben langen Tag machte er/sie ... **II.** *m, f* ① *(personaje)* Heilige(r) *mf;* **día de Todos los S~s** Allerheiligen *nt;* **se me ha ido el ~ al cielo** ich habe den Faden verloren; **no sé a ~ de qué me dijo eso** ich weiß beim besten Willen nicht, warum er/sie mir das gesagt hat; **¡esta se come los ~s!** *(fig fam)* das ist eine Betschwester!; **hoy tengo el ~ de cara/espalda** heute habe ich richtig Glück/Pech; **yo creía que era llegar y besar el ~** *(fig)* ich habe mir das einfacher vorgestellt; **ese no es ~ de mi devoción** er ist nicht gerade mein Fall; **dormirse como un ~ (bendito)** *(fam)* sofort einschlafen; **ese hace perder la paciencia a un ~** er ist eine richtige Nervensäge; **alzarse con el ~ y la limosna** *(fig fam)* sich *dat* die Rosinen herauspicken; **quedarse para vestir ~s** *(fam: una mujer)* keinen Mann finden; **ser mano de ~** *(fam)* ein wunderbares Mittel sein ② *(fiesta)* Namenstag *m;* **el día de mi ~** an meinem Namenstag ③ *(imagen)* (Heiligen)bild *nt;* **ver los ~s de un libro** sich *dat* die Bilder in einem Buch anschauen

santoral [san̪to'ral] *m* ① *(hagiografía)* Heiligenlegende *f* ② *(calendario)* Verzeichnis *nt* von Heiligennamen ③ (MÚS) Chorbuch *nt*

santuario [san̪tu'arjo] *m* ① *(templo)* Tempel *m; (capilla)* Kapelle *f* ② *(Col: tesoro)* Schatz *m*

santurrón, -ona [san̪tu'rron, -ona] **I.** *adj* frömmelnd; *(hipócrita)* scheinheilig **II.** *m, f* Frömmler(in) *m(f); (hipócrita)* Scheinheilige(r) *mf*

saña ['saɲa] *f* ① *(ira)* Wut *f* ② *(rencor)* Hass *m;* **lo hizo con toda la mala ~** er/sie tat es auf eine ganz gehässige Art

sañudo, -a [sa'ɲuðo, -a] *adj (irritado)* wütend; *(despiadado)* erbarmungslos; *(rencoroso)* nachtragend

sapiencia [sa'pjen̪θja] *f sin pl* ① *(conocimientos)* Wissen *nt* ② *(sensatez)* Weisheit *f*

sapo ['sapo] *m* ① (ZOOL) Kröte *f;* **pisar el ~** *(fam fig)* spät aufstehen; **echar por la boca ~s y culebras** *(fam)* Gift und Galle spucken ② *(persona)* schwerfällige Person *f* ③ *(fam: bicho)* Ungeziefer *nt*

saque ['sake] *m* ① *(fútbol)* Anstoß *m; (tenis)* Aufschlag *m;* **~ de esquina/córner** Eckstoß *m;* **de banda** Einwurf *m* ② *(loc)* **tener buen ~** *(fam: apetito)* einen guten Appetit haben

saquear [sake'ar] *vt* plündern

saqueo [sa'keo] *m* Plünderung *f*

sarampión [saram'pjon] *m sin pl* (MED) Masern *pl*

sarao [sa'rao] *m (fiesta)* Tanzabend *m;* **¡menudo ~ se armó allí!** da war was los!

sarape [sa'rape] *m (Méx)* Poncho *m*

sarasa [sa'rasa] *m (pey)* Tunte *f*

sarcasmo [sar'kasmo] *m sin pl* Sarkasmus *m*

sarcástico, -a [sar'kastiko, -a] *adj* sarkastisch

sarcófago [sar'kofaɣo] *m* Sarkophag *m; (sepulcro)* Steinsarg *m*

sardana [sar'ðana] *f* Sardana *f (katalanischer Volkstanz)*

sardina [sar'ðina] *f* (ZOOL) Sardine *f;* **~s en aceite** Ölsardinen *f pl;* **entierro de la ~** ≈ Aschermittwochstreffen *nt;* **arrimar el ascua a su ~** *(fig)* seine Schäfchen ins Trockene bringen

sardo, -a ['sarðo, -a] **I.** *adj* sardi(ni)sch **II.** *m, f* Sardinier(in) *m(f)*

sardónico, -a [sar'ðoniko, -a] *adj* (MED) sardonisch; *(movimiento)* krampfhaft; *(rostro)* verzerrt; **risa sardónica** sardonisches [*o* hämisches] Lachen

S

sargento [sar'xento] *m* Feldwebel *m*
sargo ['saryo] *m* Weißbrasse *f*
sarmentoso, -a [sarmen'toso, -a] *adj (extremidades)* knochig
sarmiento [sar'mjento] *m (tallo)* Ranke *f*
sarna ['sarna] *f sin pl* Krätze *f; (de los animales)* Räude *f;* **ser más viejo que la ~** *(fam)* steinalt sein; **~ con gusto no pica(, pero mortifica)** *(prov)* was nicht tötet, härtet ab
sarnoso, -a [sar'noso, -a] *adj (persona)* krätzig; *(animal)* räudig
sarpullido [sarpu'ʎiðo] *m (irritación)* Hautausschlag *m*
sarracina [sarra'θina] *f* Schlägerei *f,* Rauferei *f*
Sarre ['sarre] *m* ① *(estado federado)* Saarland *nt* ② *(río)* Saar *f*
sarro ['sarro] *m* ① (MED: *de los dientes*) Zahnstein *m; (en la lengua)* Belag *m* ② *(poso)* Bodensatz *m*
sarta ['sarta] *f* ① *(hilo)* Schnur *f* ② *(serie)* Reihe *f;* **decir una ~ de tonterías** eine Dummheit nach der anderen sagen
sartén [sar'ten] *f* Pfanne *f;* **ella es la que tiene la ~ por el mango** *(fam fig)* sie hat das Heft in der Hand; **saltar de la ~ y dar en las brasas** *(fam)* vom Regen in die Traufe kommen
sastre, -a ['sastre, -a] *m, f* Schneider(in) *m(f);* **traje ~** Kostüm *nt;* **de eso, será lo que tase un ~** *(fam)* das werden wir schon sehen
sastrería [sastre'ria] *f* Schneiderei *f*
Satanás [sata'nas] *m* Satan *m*
satánico, -a [sa'taniko, -a] *adj* teuflisch
satélite [sa'telite] *m* (ASTR, TÉC) Satellit *m;* **(país) ~** Satellitenstaat *m*
satén [sa'ten] *m* Satin *m*
satinar [sati'nar] *vt (papel)* glätten
sátira ['satira] *f* Satire *f*
satírico, -a [sa'tiriko, -a] **I.** *adj* satirisch **II.** *m, f* Satiriker(in) *m(f)*
satirizante [satiri'θante] *adj* spöttisch
satirizar [satiri'θar] <z → c> *vt* spötteln (über +*akk*)
sátiro ['satiro] *m (hombre lascivo)* Lustmolch *m*
satisfacción [satisfaᵞ'θjon] *f* ① *(pago)* Bezahlung *f* ② (REL) Buße *f* ③ *(estado)* Zufriedenheit *f; (alegría)* Freude *f;* **a mi entera ~** zu meiner vollen Zufriedenheit ④ *(de deseos)* Befriedigung *f*
satisfacer [satisfa'θer] *irr como hacer* **I.** *vt* ① *(pagar)* (be)zahlen; **~ la penitencia por sus pecados** für seine Sünden büßen ② *(deseo, curiosidad)* befriedigen; *(hambre)* stillen; *(sed)* löschen; *(demanda)* decken; **~ todos los caprichos de sus hijos** seinen Kindern jeden Wunsch erfüllen ③ *(requisitos)* entsprechen +*dat* ④ *(agravio)* wiedergutmachen **II.** *vr:* **~se** ① *(contentarse)* zufrieden sein ② *(agravio)* sich *dat* Genugtuung verschaffen
satisfactorio, -a [satisfak'torjo, -a] *adj (solución)* befriedigend; **no ser ~** unbefriedigend sein; **resulta ~ comprobar que...** es ist erfreulich, festzustellen, dass …
satisfecho, -a [satis'fetʃo, -a] **I.** *pp de* **satisfacer II.** *adj (contento)* zufrieden; *(exigencias, deseo sexual)* befriedigt; **~ de sí mismo** selbstzufrieden; **estar ~** *(harto)* satt sein
saturación [satura'θjon] *f* Sättigung *f*
saturado, -a [satu'raðo, -a] *adj* (QUÍM, ECON) gesättigt; **un mercado ~** ein gesättigter Markt; **no ~** ungesättigt
saturar [satu'rar] *vt* sättigen
Saturno [sa'turno] *m* (ASTR) Saturn *m*
sauce ['sau̯θe] *m* Weide *f;* **~ llorón** Trauerweide *f*
saúco [sa'uko] *m* Holunder *m*
saudade [sau̯'ðaðe] *f* Sehnsucht *f; (de la patria)* Heimweh *nt*
saudí [sau̯'ði] <saudíes>, **saudita** [sau̯'ðita] **I.** *adj* saudiarabisch; **Arabia S~** Saudiarabien *nt* **II.** *mf* Saudiaraber(in) *m(f)*
sauna ['sau̯na] *f* Sauna *f*
saurio ['sau̯rjo] *m* Schuppenkriechtier *nt;* **los ~s** *(categoría)* die Echsen; *(extinguidos)* die Saurier
savia ['saβja] *f* ① (BOT) Pflanzensaft *m; (de árbol)* Baumsaft *m* ② *(energía)* Kraft *f*
saxo ['saᵞso] *m (fam)* Saxofon *nt*
saxofón [saᵞso'fon] *m* Saxofon *nt*
saxofonista [saᵞsofo'nista] *mf* Saxofonist(in) *m(f)*
saxófono [saᵞ'sofono] *m* Saxofon *nt*
saya ['saɟa] *f (de mujer)* Unterrock *m*
sayo ['saɟo] *m (fam: vestido)* Kleid *nt;* **cortar a alguien un ~** *(fig)* über jdn herziehen
sazón [sa'θon] *f* ① *(condimento)* Würze *f* ② *(madurez)* Reife *f;* **estar en ~** reif sein ③ *(loc)* **a la ~** damals; **en ~** zur rechten Zeit; **fuera de ~** zu einem ungünstigen Zeitpunkt
sazonado, -a [saθo'naðo, -a] *adj* ① *(comida)* schmackhaft ② *(frase)* witzig
sazonar [saθo'nar] *vt* ① *(comida)* würzen ② *(madurar)* reifen lassen
scout [es'kau̯ᵗ] *mf v.* **escultista**
script [es'kripᵗ] <scripts> *m* (CINE) Drehbuch *nt,* Skript *nt*
se [se] *pron pers* ① *(forma reflexiva)* sich ② *(objeto indirecto)* **mi hermana ~ lo prestó a su amiga** meine Schwester hat es ihrer Freundin geliehen ③ *(oración imper-*

S

sonal) man ④ *(oración pasiva)* ~ **confirmó la sentencia** das Urteil wurde bestätigt; ~ **ruega no fumar** bitte nicht rauchen

sé [se] *1. pres de* **saber**

SEBC [ese(e)βe'θe] *m abr de* **Sistema Europeo de Bancos Centrales** (FIN) Europäisches System der Zentralbanken

sebo ['seβo] *m* Fett *nt;* **hacer** ~ *(Arg: fam)* (faul) herumlungern

seboso, -a [se'βoso, -a] *adj* fettig

seca ['seka] *f* ① *(sequía)* Dürre *f; (Am: temporada)* Trockenzeit *f* ② *(banco de arena)* Sandbank *f*

secadero [seka'ðero] *m (local)* Trockenraum *m; (recinto)* Trockenplatz *m*

secado [se'kaðo] *m* Trocknen *nt*

secador [seka'ðor] *m (para la ropa)* Wäscheständer *m; (para las manos)* Trockner *m; (para el pelo)* Trockenhaube *f;* ~ (**de mano**) Föhn *m*

secadora [seka'ðora] *f* (Wäsche)trockner *m*

secano [se'kano] *m* ① *(tierra)* unbewässertes Land *nt;* **cultivo de** ~ Trockenkultur *f;* **ese es de** ~ *(fam)* der zieht das Land dem Meer vor ② *(isleta)* Sandbank *f*

secante[1] [se'kan̩te] **I.** *adj* schneidend; **línea** ~ Sekante *f* **II.** *m* ① *(pintura)* Trockenmittel *nt* ② *(papel)* Löschpapier *nt*

secante[2] [se'kan̩te] *f* (MAT) Sekante *f*

secapelos [seka'pelos] *m inv* Föhn *m,* Haartrockner *m*

secar [se'kar] <c → qu> **I.** *vt* ① *(deshumedecer)* trocknen; **papel secante** Löschpapier *nt* ② *(enjugar)* abtrocknen ③ *(agostar)* austrocknen ④ *(cicatrizar)* abheilen **II.** *vr:* **~se** ① *(deshumedecer)* trocknen ② *(enjugar)* sich abtrocknen ③ *(desecarse)* austrocknen; *(fuente)* versiegen; *(agostarse)* vertrocknen ④ *(curarse)* abheilen ⑤ *(enflaquecer)* abmagern ⑥ *(insensibilizarse)* abstumpfen ⑦ *(estar sediento)* verdursten; **~se de sed** eingehen vor Durst

sección [seᵞ'θjon] *f* ① *(cortadura, dibujo del perfil)* Schnitt *m* ② *(parte)* Teil *m,* Abschnitt *m;* ~ **por** ~ abschnitt(s)weise ③ *(departamento)* Abteilung *f;* ~ **caballeros** Herrenabteilung *f;* ~ **de niños/infantil** Kinderabteilung *f;* ~ **de papelería** Schreibwarenabteilung *f;* ~ **de ropa del hogar** Heimtextilienabteilung *f;* ~ **de señoras** Damenabteilung *f;* ~ **de mercería** Kurzwaren *f*

seccionar [seᵞθjo'nar] *vt* zerteilen

secesión [seθe'sjon] *f (separación)* Abspaltung *f; (fracción de Estado)* Sezession *f*

secesionismo [seθesjo'nismo] *m* (POL) Sezessionismus *m*

seco, -a ['seko, -a] *adj* ① *(sin agua)* trocken; **golpe** ~ dumpfer Schlag; **a secas** nur; **en** ~ plötzlich; **dejar** ~ **a alguien** jdn auf der Stelle umbringen; **estar** ~ großen Durst haben; **quedarse** ~ sterben ② *(desecado)* getrocknet; **frutos ~s** Trockenfrüchte *f pl* ③ *(río)* ausgetrocknet ④ *(marchito)* verwelkt ⑤ *(flaco)* dürr ⑥ *(cicatriz)* abgeheilt ⑦ *(tajante)* trocken ⑧ *(vino)* trocken

secreción [sekre'θjon] *f* ① *(sustancia)* Sekret *nt* ② *(el segregar)* Sekretion *f*

secreta [se'kreta] *f* ① *(oración)* Sekret *f* ② *(sumaria)* verdeckte Ermittlung *f* ③ *(fam: policía)* Zivilstreife *f*

secretar [sekre'tar] *vt* absondern

secretaría [sekreta'ria] *f* ① *(oficina)* Sekretariat *nt* ② *(cargo)* Sekretärsposten *m* ③ *(Am: ministerio)* Ministerium *nt*

secretariado [sekreta'rjaðo] *m* ① *(oficina)* Sekretariat *nt* ② *(cargo)* Sekretärsposten *m* ③ *(carrera)* Sekretärslaufbahn *f*

secretario, -a [sekre'tarjo, -a] *m, f* ① *(de oficina)* Sekretär(in) *m(f);* ~ **con idiomas** Fremdsprachensekretär *m* ② *(Am: ministro)* Minister(in) *m(f)*

secretear [sekrete'ar] *vi (fam)* tuscheln

secreteo [sekre'teo] *m (fam)* Tuschelei *f*

secreter [sekre'ter] *m (mueble)* Sekretär *m*

secretismo [sekre'tismo] *m* Geheimniskrämerei *f*

secreto[1] [se'kreto] *m* ① *(misterio)* Geheimnis *nt;* ~ **profesional** Schweigepflicht *f;* ~ **a voces** offenes Geheimnis; **en** ~ heimlich; **mantener en** ~ geheim halten; **guardar un** ~ ein Geheimnis hüten ② *(receta, método)* Geheimrezept *nt* ③ *(reserva)* Vorsicht *f* ④ *(lugar)* Geheimfach *nt*

secreto, -a[2] [se'kreto, -a] *adj* ① *(oculto)* geheim; **puerta secreta** Geheimtür *f* ② *(callado)* schweigsam

secta ['sekta] *f (grupo)* Sekte *f*

sectario, -a ['sek'tarjo, -a] **I.** *adj* ① *(de secta)* sektiererisch ② *(fanático)* fanatisch **II.** *m, f* ① *(de una secta)* Sektenmitglied *nt* ② *(fanático)* Fanatiker(in) *m(f)*

sector [sek'tor] *m* ① (*t.* MAT) Sektor *m;* ~ **circular** Kreisausschnitt *m;* ~ **económico** Wirtschaftszweig *m;* ~ **hotelero** Hotelgewerbe *nt;* ~ **de la informática** Computerbranche *f;* ~ **de inicialización** (INFOR) Bootsektor *m;* ~ **multimedia** Multimediabereich *m;* ~ **servicios** Dienstleistungssektor *m* ② *(grupo)* Fraktion *f*

sectorial [sekto'rjal] *adj* **huelga** ~ **de los campesinos** Streik im landwirtschaftlichen Bereich

secuaz [se'kwaθ] *mf (pey)* Parteigänger(in) *m(f)*

secuela [se'kwela] *f* Folge *f;* ~ (**de una en-**

S

fermedad) Folgeerscheinung *f;* **dejar ~s** Spuren hinterlassen

secuencia [se'kweṇθja] *f* ① *(serie)* Reihe *f;* ~ **de caracteres** (*t.* INFOR) Zeichenfolge *f* ② (CINE) Sequenz *f* ③ *(orden de las palabras)* Wortstellung *f*

secuencial [sekweṇ'θjal] *adj* sequenziell; ~ **indexado** logisch fortlaufend

secuestrador(a) [sekwestra'ðor(a)] *m(f)* Entführer(in) *m(f)*

secuestrar [sekwes'trar] *vt* ① *(raptar)* entführen ② *(embargar)* beschlagnahmen

secuestro [se'kwestro] *m* ① *(rapto)* Entführung *f* ② *(bienes)* beschlagnahmte Ware *f* ③ *(embargo)* Beschlagnahmung *f*

sécula ['sekula] *(elev)* **in ~ seculórum** für immer und ewig

secular [seku'lar] *adj* säkular

secularización [sekulariθa'θjon] *f* Säkularisation *f*

secularizar [sekulari'θar] <z → c> **I.** *vt* säkularisieren **II.** *vr:* **~se** *sich als Priester in den Laienstand versetzen lassen*

secundar [sekuṇ'dar] *vt* unterstützen

secundario, -a [sekuṇ'darjo, -a] *adj (segundo)* zweitrangig; *(cargo)* untergeordnet; **papel** ~ (CINE, TEAT) Nebenrolle *f;* **esto es** ~ das ist nebensächlich

sed [se^ð] *f* ① *(falta de agua)* Durst *m* ② *(de plantas)* Wasserbedarf *m;* **tener** ~ Wasser brauchen ③ *(afán)* Durst *m* (**de** nach +*dat*); ~ **de amor** Liebesbedürfnis *nt;* ~ **de poder** Machthunger *m*

seda ['seða] *f* ① (ZOOL) Spinnfaden *m* ② *(tela, hilo)* Seide *f;* **de ~ natural** reinseiden; **como una ~** *(tacto)* seidenweich; *(persona)* pflegeleicht; *(sin tropiezos)* wie am Schnürchen ③ *(cerda)* Borste *f*

sedación [seða'θjon] *f (calmar la excitación)* Beruhigung *f; (calmar el dolor)* Schmerzlinderung *f*

S

sedal [se'ðal] *m (para pescar)* Angelschnur *f*

sedante [se'ðaṇte] **I.** *adj* (**de efecto**) ~ schmerzlindernd **II.** *m* Schmerzmittel *nt*

sedar [se'ðar] *vt* lindern

sedativo, -a [seða'tiβo, -a] *adj* schmerzstillend

sede ['seðe] *f (residencia)* Sitz *m;* **la Santa S~** der Heilige Stuhl

sedentario, -a [seðeṇ'tarjo, -a] *adj* sesshaft

sedentarismo [seðeṇta'rismo] *m sin pl* Sesshaftigkeit *f*

sedeño, -a [se'ðeɲo, -a] *adj* ① *(referente a la seda)* seiden ② *(referente a la cerda)* borstig

sedición [seði'θjon] *f* Aufstand *m*

sedicioso, -a [seði'θjoso, -a] **I.** *adj* aufständisch; **acto** ~ Aufstand *m* **II.** *m, f* Aufständische(r) *mf*

sediento, -a [se'ðjeṇto, -a] *adj* durstig (**de** nach +*dat*); ~ **de poder** machthungrig

sedimentación [seðimeṇta'θjon] *f* Ablagerung *f*

sedimentar [seðimeṇ'tar] **I.** *vt (sosegar)* beruhigen **II.** *vr:* **~se** ① *(depositarse)* sich ablagern ② *(sosegarse)* sich beruhigen

sedimento [seði'meṇto] *m* Sediment *nt,* Bodensatz *m*

sedoso, -a [se'ðoso, -a] *adj* seidig

seducción [seðu^ɣ'θjon] *f* ① *(persuasión)* Verführung *f* ② *(tentación)* Verlockung *f*

seducir [seðu'θir] *vt irr como traducir* ① *(persuadir)* verführen ② *(fascinar)* verlocken

seductor(a) [seðuk'tor(a)] **I.** *adj* verführerisch; **artes ~as** Verführungskünste *fpl* **II.** *m(f)* Verführer(in) *m(f)*

sefardí **I.** *adj* sephardisch **II.** *mf* <sefardíes> Spaniole *mf;* **los ~es** die Sephardim

segador(a) [seɣa'ðor(a)] **I.** *adj* Mäh- **II.** *m(f)* Mäher(in) *m(f)*

segadora [seɣa'ðora] *f* Mähmaschine *f*

segar [se'ɣar] *vt irr como fregar* ① *(cortar)* abschneiden; *(hierba)* mähen; ~ **algo en flor** *(fig)* etw im Keim ersticken ② *(frustrar)* zerstören

seglar [se'ɣlar] *adj* weltlich

segmentación [seɣmeṇta'θjon] *f* Segmentation *f;* ~ **del mercado** (ECON) Marktaufteilung *f*

segmentar [seɣmeṇ'tar] *vt* segmentieren

segmento [seɣ'meṇto] *m (parte)* Teil *m;* (MAT) Segment *nt*

segoviano, -a [seɣo'βjano, -a] **I.** *adj* aus Segovia **II.** *m, f* Einwohner(in) *m(f)* von Segovia

segoviense [seɣo'βjense] *adj o mf v.* **segoviano**

segregación [seɣreɣa'θjon] *f* Trennung *f*

segregacionismo [seɣreɣaθjo'nismo] *m sin pl* Doktrin *f* der Segregation

segregar [seɣre'ɣar] <g → gu> *vt* trennen

segueta [se'ɣeta] *f* Laubsäge *f*

seguida [se'ɣiða] *f* (Ab)folge *f,* Reihe *f;* **de ~** ununterbrochen; **en ~** sofort

seguido, -a [se'ɣiðo, -a] *adj* ① *(continuo)* ununterbrochen; **un año ~** ein ganzes Jahr ② *(en línea recta)* geradeaus; **por aquí ~** auf diesem Weg

seguidor(a) [seɣi'ðor(a)] *m(f)* Anhänger(in) *m(f)*

seguimiento [seɣi'mjeṇto] *m (cumplimiento)* Befolgung *f; (persecución)* Verfolgung *f; (sucesión)* Folge *f*

seguir [se'ɣir] *irr* **I.** *vt* ① *(suceder, ser adepto)* folgen +*dat* ② *(perseguir)* verfolgen

③ *(cursar)* ~ **un curso de informática** einen Informatikkurs besuchen ④ *(acompañar)* folgen +*dat* ⑤ *(continuar)* ~ **adelante** weitermachen; **¡que sigas bien!** lass es dir weiterhin gut gehen! **II.** *vi* **sigue por esta calle** geh diese Straße entlang **III.** *vr:* **~se** folgen

según [se'ɣun] **I.** *prep* gemäß +*dat*, laut +*gen/dat;* ~ **eso** demnach; ~ **la ley** laut Gesetz; ~ **tus propias/tu sonrisa** deinen Worten/deinem Lächeln nach **II.** *adv* ① *(como)* wie; ~ **lo convenido** wie vereinbart ② *(mientras)* während; **podemos hablar ~ vamos andando** wir können uns beim Laufen unterhalten ③ *(eventualidad)* ~ (**y como**) je nachdem; ~ **el trabajo iré o no** je nachdem, ob ich viel Arbeit habe, werde ich gehen oder nicht

segunda [se'ɣun̦da] *f* ① (AUTO) zweiter Gang *m* ② *(loc)* **con ~s** mit Hintergedanken

segundero [seɣun̦'dero] *m* Sekundenzeiger *m*

segundo[1] [se'ɣun̦do] *m (tiempo)* Sekunde *f*

segundo, -a[2] [se'ɣun̦do, -a] **I.** *adj* zweite(r, s); **primo ~** Cousin zweiten Grades; **segunda intención** Hintergedanke *m;* **vivir en el ~** im zweiten Stock wohnen **II.** *m, f* Stellvertreter(in) *m(f)*

segundón, -ona [seɣun̦'don, -ona] *m, f* Zweitgeborene(r) *mf*

seguramente [seɣura'men̦te] *adv* ① *(de modo seguro)* mit Sicherheit ② *(probablemente)* sicherlich

seguridad [seɣuri'ðað] *f* ① *(protección)* Sicherheit *f;* **S~ Social** (ADMIN) Sozialversicherungssystem *nt;* **agentes de ~** Sicherheitspolizei *f;* **departamento de ~** Polizeirevier *nt* ② *(certeza)* Sicherheit *f*, Gewissheit *f;* **para mayor ~** sicherheitshalber ③ *(firmeza)* Sicherheit *f;* **habla con mucha ~** er/sie ist sehr sicher im Sprechen ④ *(garantía)* Garantie *f* ⑤ *(confiabilidad)* Zuverlässigkeit *f*

seguro[1] [se'ɣuro] **I.** *m* ① *(contrato)* Versicherung *f;* ~ **médico** Krankenversicherung *f;* ~ **privado** Privatversicherung *f;* ~ **de protección jurídica** Rechtsschutzversicherung *f;* ~ **a riesgo parcial** (AUTO) Teilkaskoversicherung *f;* ~ **a todo riesgo** (AUTO) Vollkaskoversicherung *f* ② *(mecanismo)* Sicherung *f* **II.** *adv* sicher(lich); **a (buen)** [*o* **de**] ~ sicher(lich); **sobre ~** ohne Risiko; **en ~** unbeschadet; **tener ~ algo** (sich *dat*) etw *gen* sicher sein

seguro, -a[2] [se'ɣuro, -a] *adj* ① *(exento de peligro)* sicher ② *(firme)* fest ③ *(sólido)* solide ④ *(convencido)* sicher; ~ **de sí mismo** selbstsicher; **¿estás ~?** bist du (dir) sicher?

seis [sei̯s] **I.** *adj inv* sechs; *v. t.* **ocho II.** *m inv* Sechs *f*

seisavo, -a [sei̯'saβo, -a] *adj* sechstel; *v. t.* **octavo**

seiscientos, -as [sei̯s'θjen̦tos, -as] *adj* sechshundert; *v. t.* **ochocientos**

seísmo [se'ismo] *m* Erdbeben *nt*

selección [seleɣ'θjon] *f* Auswahl *f;* ~ **natural** natürliche Auslese; ~ **nacional de fútbol** Fußballnationalmannschaft *f*

seleccionador(a) [seleɣθjona'ðor(a)] *m(f)* (DEP) Trainer(in) *m(f)*

seleccionar [seleɣθjo'nar] *vt* auswählen

selectividad [selektiβi'ðað] *f* ① *(elección)* Auswahl *f* ② *(selección)* Selektion *f* ③ (UNIV) *Eignungsprüfung für die Aufnahme an einer spanischen Universität*

selectivo, -a [selek'tiβo, -a] *adj* selektiv; **método ~** Auswahlmethode *f*

selecto, -a [se'lekto, -a] *adj* erlesen

selector[1] [selek'tor] *m* Regler *m;* ~ **de cambio de marcha** Schalthebel *m*

selector(a)[2] [selek'tor(a)] *adj* Wähl-

selenio [se'lenjo] *m* (QUÍM) Selen *nt*

selenita[1] [sele'nita] *f* Selenit *m*

selenita[2] [sele'nita] *mf* Mondbewohner(in) *m(f)*

selfi ['selfi] *m (fam)* Selfie *nt; v. t.* **autofoto**

sellado, -a [se'ʎaðo, -a] *adj* ① *(timbrado)* abgestempelt ② *(concluido)* besiegelt ③ *(cerrado)* versiegelt

sellar [se'ʎar] *vt* ① *(timbrar)* stempeln ② *(dejar huella)* Spuren hinterlassen (in/auf +*dat*) ③ *(concluir)* besiegeln ④ *(precintar)* siegeln; *(cerrar)* versiegeln; ~ **los labios** Stillschweigen bewahren

sello ['seʎo] *m* ① *(instrumento, marca)* Stempel *m;* ~ **de garantía** Gütezeichen *nt;* ~ **oficial** Dienststempel *m* ② *(viñeta)* Marke *f;* ~ (**postal**) Briefmarke *f* ③ *(precinto)* Siegel *nt;* **cerrar con un ~** versiegeln ④ *(distintivo)* Kennzeichen *nt;* **esta película lleva el ~ de su director** dieser Film trägt die Handschrift seines Regisseurs ⑤ *(anillo)* Siegelring *m* ⑥ (MED) Oblate *f*

selva ['selβa] *f* Wald *m;* ~ **lluviosa** Regenwald *m;* ~ (**virgen**) Urwald *m*

selvático, -a [sel'βatiko, -a] *adj* ① *(de la selva)* Wald-; *(de jungla)* Urwald- ② *(salvaje)* wild

semáforo [se'maforo] *m* ① *(de circulación)* (Verkehrs)ampel *f* ② *(telégrafo)* Signalmast *m*

semana [se'mana] *f* Woche *f;* **S~ Santa** Karwoche *f;* **fin de ~** Wochenende *nt;* **du-**

S

rante **~s (enteras)** wochenlang; **entre ~** unter der Woche

semanal [sema'nal] *adj* wöchentlich; **revista ~** Wochenzeitschrift *f*

semanario[1] [sema'narjo] *m* Wochenzeitung *f*

semanario, -a[2] [sema'narjo, -a] *adj* Wochen-

semántica [se'man̪tika] *f sin pl* Semantik *f*

semántico, -a [se'man̪tiko, -a] *adj* (LING) semantisch

semblante [sem'blan̪te] *m* ① *(cara)* Gesicht *nt* ② *(expresión)* Gesichtsausdruck *m;* **tener un ~ alegre** einen glücklichen Eindruck machen; **componer el ~** ein ernstes Gesicht machen

semblanza [sem'blan̪θa] *f* ① *(parecido)* Ähnlichkeit *f* ② *(bosquejo biográfico)* Kurzbiografie *f*

sembrado [sem'braðo] *m* Saatfeld *nt*

sembrador(a) [sembra'ðor(a)] *m(f)* Säer(in) *m(f)*

sembrar [sem'brar] <e → ie> *vt* ① *(plantar)* säen ② *(esparcir)* streuen; **~ una calle de flores** eine Straße mit Blumen bestreuen; **~ para el futuro** für die Zukunft vorsorgen; **~ el terror** Angst verbreiten

semejante [seme'xan̪te] **I.** *adj* ① *(similar)* ähnlich ② *(tal)* solch; **~ persona** solch eine Person **II.** *m* Mitmensch *m*

semejanza [seme'xan̪θa] *f (similitud)* Ähnlichkeit *f*

semejar [seme'xar] **I.** *vi* ähneln +*dat* **II.** *vr:* **~se** sich *dat* ähneln; **~se a alguien** jdm ähneln

semejos [se'mexos] *mpl (Col)* **darse ~** sich ähneln

semen ['semen] *m* ① *(espermatozoide)* Sperma *nt* ② *(semilla)* Samen *m*

semental [semen̪'tal] **I.** *adj* ① (AGR) Saat- ② (ZOOL) Zucht-; **caballo ~** Zuchthengst *m* **II.** *m* Zuchttier *nt*

sementar [semen̪'tar] <e → ie> *vt* säen

semestral [semes'tral] *adj* halbjährig; (UNIV) Semester-

semestre [se'mestre] *m* Halbjahr *nt;* (UNIV) Semester *nt*

semiacabado[1] [semiaka'βaðo] *m* (ECON: *producto*) Halbfabrikat *nt,* Halbfertigprodukt *nt*

semiacabado, -a[2] [semiaka'βaðo, -a] *adj* halbfertig

semiautomático, -a [semiau̯to'matiko, -a] *adj* halbautomatisch

semicircular [semiθirku'lar] *adj* halbkreisförmig

semicírculo [semi'θirkulo] *m* (MAT) Halbkreis *m*

semiconductor [semikon̪duk'tor] *m* Halbleiter *m*

semiconsciente [semiko^{n}s'θjen̪te] *adj* halb bei Bewusstsein

semicorchea [semikor'ʧea] *f* (MÚS) Sechzehntelnote *f*

semidesértico, -a [semiðe'sertiko, -a] *adj* ① *(vacío)* halb leer ② *(abandonado)* halb verlassen

semidesnatado, -a [semiðesna'taðo, -a] *adj* halbfett

semidiós, -osa [semi'ðjos, -osa] *m, f* Halbgott, -göttin *m, f*

semidormido, -a [semiðor'miðo, -a] *adj* im Halbschlaf

semielaborado, -a [semielaβo'raðo, -a] *adj* halb fertig

semifinal [semifi'nal] *f* Halbfinale *nt;* **pasar a la ~** das Halbfinale erreichen

semifinalista [semifina'lista] *mf* (DEP) Halbfinalist(in) *m(f)*

semilla [se'miʎa] *f* Samen *m; (fig)* Keim *m*

semillero [semi'ʎero] *m* ① *(sementera)* Saatfeld *nt* ② *(origen)* Keim *m*

seminal [semi'nal] *adj* Samen-

seminario [semi'narjo] *m* ① (ENS, REL) Seminar *nt;* **~ web** (INFOR, ENS) Webinar *nt* ② *(origen)* Keim *m* ③ *(sementera)* Saatfeld *nt*

seminarista [semina'rista] *mf* ① (REL) Seminarist(in) *m(f)* ② (ENS) Seminarteilnehmer(in) *m(f)*

seminuevo, -a [semi'nweβo, -a] *adj* fast neu

semiología [semjolo'xia] *f sin pl* (LING, MED) Semiologie *f*

semioscuridad [semioskuri'ða^{d}] *f* Halbdunkel *nt*

semiótica [se'mjotika] *f sin pl* (LING, MED) Semiotik *f*

semiprecioso, -a [semipre'θjoso, -a] *adj* **piedra semipreciosa** Halbedelstein *m*

semiproducto [semipro'ðukto] *m* Halbfertigware *f*

semirrecto, -a [semi'rrekto, -a] *adj* **ángulo ~** 45°-Winkel *m*

semirremolque [semirre'molke] *m* Sattelanhänger *m*

semiseco, -a [semi'seko, -a] *adj* halbtrocken; *(champán)* demi-sec

semita [se'mita] **I.** *adj* semitisch **II.** *mf* Semit(in) *m(f)*

semítico, -a [se'mitiko, -a] *adj* semitisch

semitismo [semi'tismo] *m sin pl* ① *(referente a las costumbres)* semitische Wesensart *f* ② *(referente al lenguaje)* semitische Spracheigentümlichkeit *f*

semitono [semi'tono] *m* (MÚS) Halbton *m*

sémola ['semola] *f* Grieß *m*

sempiterno, -a [sempi'terno, -a] *adj* immerwährend, ewig
Sena ['sena] *m* Seine *f*
senado [se'naðo] *m* Senat *m*
senador(a) [sena'ðor(a)] *m(f)* Senator(in) *m(f)*
sencillamente [seṇθiʎa'meṇte] *adv* schlichtweg
sencillez [seṇθi'ʎeθ] *f* ① *(simplicidad)* Einfachheit *f* ② *(naturalidad)* Schlichtheit *f* ③ *(sinceridad)* Aufrichtigkeit *f* ④ *(candidez)* Einfältigkeit *f*
sencillo, -a [seṇ'θiʎo, -a] *adj* ① *(simple)* einfach ② *(natural)* schlicht; **gente sencilla** einfache Leute ③ *(sincero)* aufrichtig ④ *(cándido)* einfältig
senda ['seṇda] *f* ① *(camino)* Pfad *m;* ~ **del jardín** Gartenweg *m* ② *(método)* Weg *m*
senderismo [seṇde'rismo] *m* Wandern *nt*
senderista [seṇde'rista] *mf* ① *(caminante)* Wanderer, -in *m, f* ② (POL) *Anhänger der peruanischen Guerrillabewegung 'Sendero Luminoso'*
sendero [seṇ'dero] *m v.* **senda**
sendos, -as ['seṇdos, -as] *adj* **llegamos en ~ coches** wir kamen jeder mit seinem Wagen
Senegal [sene'ɣal] *m* Senegal *m*
senegalés, -esa [seneɣa'les, -esa] **I.** *adj* senegalesisch **II.** *m, f* Senegalese, -in *m, f*
senil [se'nil] *adj* ① *(de la vejez)* Alters- ② *(decrépito)* senil
senilidad [senili'ða^{d}] *f (decrepitud)* Senilität *f*
sénior ['senjor] **I.** *adj* senior **II.** *mf* Senior(in) *m(f)*
seno ['seno] *m* ① *(concavidad)* Vertiefung *f* ② (ANAT, MAT) Sinus *m;* ~ **frontal** Stirnhöhle *f* ③ *(matriz)* Schoß *m* ④ *(pecho)* Brust *f*
sensación [sensa'θjon] *f* ① *(sentimiento)* Gefühl *nt;* ~ **térmica** (METEO) gefühlte Temperatur ② *(novedad)* Sensation *f* ③ *(reacción)* **causar ~** Aufsehen erregen; **de ~** Aufsehen erregend
sensacional [sensaθjo'nal] *adj* sensationell
sensacionalismo [sensaθjona'lismo] *m sin pl* Sensationsgier *f*
sensacionalista [sensaθjona'lista] *adj* sensationslüstern; **prensa ~** Sensationspresse *f*
sensatez [sensa'teθ] *f* Besonnenheit *f*
sensato, -a [sen'sato, -a] *adj* besonnen
sensibilidad [sensiβili'ða^{d}] *f* Sensibilität *f*
sensibilización [sensiβiliθa'θjon] *f* (*t.* FOTO) Sensibilisierung *f*
sensibilizado, -a [sensiβili'θaðo, -a] *adj* sensibilisiert; (FOTO) lichtempfindlich
sensibilizar [sensiβili'θar] <z → c> *vt* sensibilisieren
sensible [sen'siβle] *adj* ① *(sensitivo)* empfindlich (**a** gegen +*akk*); *(impresionable)* sensibel; **~ a los cambios de tiempo** wetterfühlig; **~ a la luz** lichtempfindlich ② *(perceptible)* wahrnehmbar
sensiblemente [sensiβle'meṇte] *adv* ① *(perceptible)* spürbar ② *(doloroso)* schmerzlich
sensiblería [sensiβle'ria] *f* Gefühlsduselei *f*
sensiblero, -a [sensi'βlero, -a] *adj* gefühlsdus(e)lig
sensitiva [sensi'tiβa] *f* Mimose *f*
sensitivo, -a [sensi'tiβo, -a] *adj* ① *(sensorial)* Sinnes-; **tacto ~** Gefühlssinn *m* ② *(sensible)* sensibel ③ *(sensual)* sinnlich
sensor [sen'sor] *m* Sensor *m*
sensorial [senso'rjal] *adj* sensorisch; **órgano ~** Sinnesorgan *nt*
sensorio[1] [sen'sorjo] *m* Bewusstsein *nt*
sensorio, -a[2] [sen'sorjo, -a] *adj v.* **sensorial**
sensual [sensu'al] *adj* sinnlich
sensualidad [senswali'ða^{d}] *f sin pl* Sinnlichkeit *f*
sensualismo [senswa'lismo] *m sin pl* ① *(sensualidad)* Sinnlichkeit *f* ② (FILOS) Sensualismus *m*
sentada [seṇ'taða] *f (protesta)* Sitzstreik *m*
sentadilla [seṇta'ðiʎa] *f (ejercicio de gimnasia)* Kniebeuge *f*
sentado, -a [seṇ'taðo, -a] *adj* ① *(sensato)* besonnen ② *(loc)* **dar algo por ~** etw nicht infrage stellen; **doy por ~ que él acudirá** für mich steht fest, dass er kommt
sentar [seṇ'tar] <e → ie> **I.** *vi* **~ bien/mal** *(comida)* gut/schlecht bekommen; *(vestidos)* gut/schlecht stehen; **~ como un tiro** auf den Magen schlagen **II.** *vt* setzen; **estar sentado** sitzen; **estar bien sentado** *(fig)* gut situiert sein **III.** *vr:* **~se** ① *(asentarse)* sich setzen; **¡siéntese!** nehmen Sie Platz! ② *(establecerse)* sich niederlassen ③ *(estabilizarse)* sich stabilisieren
sentencia [seṇ'teṇθja] *f* ① *(proverbio)* (Sinn)spruch *m* ② (JUR) Urteil *nt;* **dictar ~** das Urteil sprechen
sentenciar [seṇteṇ'θjar] *vt* ① *(decidir)* urteilen (über +*akk*) ② *(condenar)* verurteilen (**a** zu +*dat*)
sentidamente [seṇtiða'meṇte] *adv* ① *(con sentimiento)* mit Gefühl, gefühlvoll ② *(con lamentación)* mit Bedauern
sentido[1] [seṇ'tiðo] *m* ① *(facultad, significado)* Sinn *m;* **~ común** gesunder Menschenverstand; **~ de la vista** Sehsinn *m;* **~ del equilibrio** Gleichgewichtssinn *m;*

S

~ **del gusto** Geschmackssinn *m;* ~ **del oído** Hörsinn *m;* ~ **del olfato** Geruchssinn *m;* ~ **del tacto** Tastsinn *m;* ~ **del deber** Pflichtgefühl *nt;* ~ **del humor** Sinn für Humor; **costar un** ~ sündhaft teuer sein; **estar con los cinco ~s en el asunto** voll bei der Sache sein; **estar sin** ~ bewusstlos sein; **perder el** ~ in Ohnmacht fallen ② *(dirección)* Richtung *f;* **en el ~ de la flecha** in Pfeilrichtung; **en el ~ de las agujas del reloj** im Uhrzeigersinn

sentido, -a[2] [sen̪'tiðo, -a] *adj* ① *(conmovido)* innig ② *(sensible)* empfindlich; **ser muy** ~ keinen Spaß verstehen

sentimental [sen̪timen̪'tal] *adj* sentimental

sentimentalismo [sen̪timen̪ta'lismo] *m* Sentimentalität *f*

sentimentaloide [sen̪timen̪ta'loi̯ðe] *mf (pey)* gefühlsdusliger Mensch *m*

sentimiento [sen̪ti'mjen̪to] *m* ① *(emoción)* Gefühl *nt;* **sin ~s** gefühllos ② *(pena)* Bedauern *nt;* **le acompaño en el** ~ (mein) herzliches Beileid

sentir [sen̪'tir] *irr* **I.** *vt* ① *(percibir)* fühlen; **siento frío** mir ist kalt; **sin** ~ unvermittelt ② *(opinar)* meinen ③ *(lamentar)* bedauern; **lo siento mucho** es tut mir sehr leid; **siento que...** +*subj* schade, dass ... **II.** *vr:* **~se** ① *(estar)* sich fühlen ② *(padecer)* Beschwerden haben (**de** in +*dat*) **III.** *m* ① *(opinión)* Meinung *f;* ~ **popular** öffentliche Meinung; **en mi** ~ meiner Meinung nach ② *(sentimiento)* Gefühl *nt*

seña ['seɲa] *f* ① *(gesto)* Zeichen *nt;* **hacer ~s** winken ② *(particularidad)* Kennzeichen *nt;* **~s mortales** unverwechselbare Kennzeichen; **por más ~s** außerdem ③ *pl (dirección)* Adresse *f*

señal [se'ɲal] *f* ① *(particularidad)* Kennzeichen *nt* ② *(signo)* Zeichen *nt;* ~ **de tráfico** Verkehrszeichen *nt;* **en ~ de** als Zeichen +*gen;* **dar ~es de vida** *(fig)* von sich *dat* hören lassen ③ *(teléfono)* Freizeichen *nt* ④ *(huella)* Spur *f* ⑤ *(cicatriz)* Narbe *f* ⑥ *(adelanto)* Anzahlung *f;* **paga y** ~ Anzahlung *f;* **dejar una** ~ eine Anzahlung leisten

señaladamente [seɲalaða'men̪te] *adv* ① *(expresamente)* ausdrücklich ② *(extraordinariamente)* besonders

señalado, -a [seɲa'laðo, -a] *adj* ① *(famoso)* berühmt ② *(importante)* bedeutend, wichtig ③ *(insigne)* hervorragend

señalamiento [seɲala'mjen̪to] *m* ① *(acción de marcar)* Markierung *f,* Kennzeichnung *f* ② *(acción de fijar)* Festsetzung *f* ③ (JUR) Anberaumung *f*

señalar [seɲa'lar] **I.** *vt* ① *(anunciar)* signalisieren ② *(marcar)* kennzeichnen ③ *(estigmatizar)* brandmarken ④ *(mostrar)* zeigen ⑤ *(indicar)* hinweisen (auf +*akk*) ⑥ *(fijar)* festlegen ⑦ *(firmar)* abzeichnen **II.** *vr:* **~se** sich hervorheben

señalización [seɲaliθa'θjon] *f* Beschilderung *f*

señalizar [seɲali'θar] <z → c> *vt* beschildern

señera [se'ɲera] *f (bandera)* Banner *nt*

señero, -a [se'ɲero, -a] *adj* ① *(levantando la señera)* bannerführend ② *(solitario)* einsam ③ *(único)* einzigartig, unvergleichlich ④ *(importante)* bedeutend, wichtig

señor(a) [se'ɲor(a)] **I.** *adj (fam)* ① *(noble)* vornehm ② *(enorme)* gewaltig; **~a casa** Mordshaus *nt* **II.** *m(f)* ① *(dueño)* Herr(in) *m(f)* (**de** über +*akk*) ② *(hombre)* Mann *m; (mujer)* Frau *f; (dama)* Dame *f;* **~a de compañía** Anstandsdame *f;* **¡~as y ~es!** meine Damen und Herren! ③ *(título)* Herr *m,* Frau *f;* **el ~/la ~a García** Herr/Frau García; **los ~es García** Herr und Frau García; **muy ~ mío: ...** sehr geehrter Herr, ...; **¡no, ~!** keineswegs!; **¡sí, ~!** aber natürlich! ④ (REL) **el S~** der Herr; **nuestra S~a** die Heilige Maria; **descansar en el S~** entschlafen

señorear [seɲore'ar] **I.** *vt* ① *(dominar)* beherrschen ② *(sobresalir)* überragen **II.** *vr:* **~se** sich bemächtigen (**de** +*gen*)

señori(a)l [seɲo'ril/seɲo'rjal] *adj* herrschaftlich; **casa** ~ Herrenhaus *nt*

señoría [seɲo'ria] *f* Herrschaft *f;* **Su S~** Euer Gnaden

señorío [seɲo'rio] *m* ① *(dominio)* Herrschaft *f* ② *(territorio)* herrschaftlicher Besitz *m* ③ *(dignidad)* Würde *f* ④ *(personas)* Herrschaften *pl*

señorita [seɲo'rita] *f* ① *(tratamiento)* Fräulein *nt* ② *(cigarro)* Zigarillo *m o nt*

señorito [seɲo'rito] *m* junger Herr *m*

señuelo [se'ɲwelo] *m* Lockvogel *m; (fig)* Köder *m;* **caer en el** ~ in die Falle gehen

sépalo ['sepalo] *m* (BOT) Kelchblatt *nt*

separable [sepa'raβle] *adj* trennbar

separación [separa'θjon] *f* ① *(desunión)* Trennung *f;* ~ **de poderes** Gewaltenteilung *f* ② *(espacio)* Zwischenraum *m*

separado [sepa'raðo] *adv* **por** ~ getrennt; **contar por** ~ einzeln zählen

separar [sepa'rar] **I.** *vt* ① *(desunir)* trennen (**de** von +*dat*) ② *(apartar)* aussortieren ③ *(destituir)* entlassen (**de** aus +*dat*) **II.** *vr:* **~se** sich trennen (**de** von +*dat*)

separatismo [separa'tismo] *m sin pl* (POL) Separatismus *m*

separatista [separa'tista] **I.** *adj* (POL) separatistisch **II.** *mf* (POL) Separatist(in) *m(f)*

separo [se'paro] *m (Méx: celda)* (Gefängnis)zelle *f*
sepelio [se'peljo] *m* Begräbnis *nt*
sepia ['sepja] *f* Sepia *f;* **de color ~** sepia(braun)
septentrión [septeṇ'trjon] *m* ❶ *(polo ártico)* Nordpol *m* ❷ *(norte)* Norden *m;* **viento ~** Nordwind *m* ❸ *(viento)* Nordwind *m*
septentrional [septeṇtrjo'nal] *adj* nördlich
septicemia [septi'θemja] *f* (MED) Blutvergiftung *f,* Sepsis *f*
septiembre [sep'tjembre] *m* September *m; v. t.* **marzo**
séptimo ['septimo] *m* Siebtel *nt*
séptimo, -a ['septimo, -a] *adj (parte)* siebtel; *(numeración)* siebte(r, s); *v. t.* **octavo**
septuagenario, -a [septwaxe'narjo, -a] **I.** *adj* siebzigjährig **II.** *m, f* Siebzigjährige(r) *mf; v. t.* **octogenario**
septuagésimo, -a [septwa'xesimo, -a] **I.** *adj (parte)* siebzigstel; *(numeración)* siebzigste(r, s); **la septuagésima parte de...** ein Siebzigstel von ... *+dat* **II.** *m, f* Siebzigstel *nt; v. t.* **octogésimo**
séptuplo, -a ['septuplo, -a] *adj* siebenfach; *v. t.* **óctuplo**
sepulcral [sepul'kral] *adj* Grab-; **silencio ~** Grabesstille *f*
sepulcro [se'pulkro] *m* ❶ *(tumba)* Grab *nt;* **ser un ~** *(fig)* verschwiegen wie ein Grab sein ❷ *(relicario)* Schrein *m*
sepultar [sepuḷ'tar] **I.** *vt* ❶ *(inhumar, t. fig)* begraben ❷ *(cubrir)* unter sich *dat* begraben **II.** *vr:* **~se** *(sumergir)* versinken
sepultura [sepuḷ'tura] *f* ❶ *(sepelio)* Begräbnis *nt* ❷ *(tumba)* Grab *nt;* **dar ~ a alguien** jdn zu Grabe tragen; **estar cavando su ~** sich *dat* sein eigenes Grab schaufeln
sepulturero, -a [sepuḷtu'rero, -a] *m, f* Totengräber(in) *m(f)*
sequedad [seke'ðaᵈ] *f* ❶ *(aridez)* Trockenheit *f* ❷ *(descortesía)* Unfreundlichkeit *f;* **con ~** unwirsch
sequía [se'kia] *f* Dürre *f*
séquito ['sekito] *m* Gefolge *nt*
ser [ser] *irr* **I.** *aux* ❶ *(construcción de la pasiva)* **las casas fueron vendidas** die Wohnungen wurden verkauft; **el triunfo fue celebrado** der Sieg wurde gefeiert ❷ *(en frases pasivas)* **es de suponer que vendrán** es ist anzunehmen, dass sie kommen werden; **era de esperar** das war zu erwarten; **es de esperar que...** *+subj* man darf hoffen, dass ... **II.** *vi* ❶ *(absoluto, copulativo, existir, constituir)* sein; **cuatro y cuatro son ocho** vier und vier ist acht; **éramos cuatro** wir waren zu viert; **¿quién es?** *(puerta)* wer ist da?; *(teléfono)* wer ist am Apparat?; **soy Pepe** *(al teléfono)* hier spricht Pepe; **es de noche** es ist Nacht; **son las cuatro** es ist vier Uhr; **el que fue director del teatro** der ehemalige Intendant des Theaters ❷ *(tener lugar)* **el examen es mañana** die Klausur ist morgen; **el concierto es en el pabellón** das Konzert findet in der Sporthalle statt; **eso fue en 2015** das geschah (im Jahre) 2015 ❸ *(costar)* **¿a cuánto es el pollo?** wie viel kostet das Hühnchen?; **¿cuánto es todo?** wie viel macht alles zusammen? ❹ *(estar)* **el cine es en la otra calle** das Kino ist in der anderen Straße ❺ *(convertirse en)* **¿qué quieres ~ de mayor?** was willst du werden, wenn du groß bist?; **¿qué es de él?** was macht er?; **qué ha sido de ella?** was ist aus ihr geworden?; **llegó a ~ ministro** er brachte es bis zum Minister ❻ *(depender)* **todo es que se decida pronto** alles hängt nur davon ab, wie schnell er/sie eine Entscheidung trifft ❼ *(con 'de': posesión)* **¿de quién es esto?** wem gehört das?; **el paquete es de él** das Paket gehört ihm; **el anillo es de plata** der Ring ist aus Silber; **el coche es de color azul** das Auto ist blau; **ser de Suabia** aus Schwaben kommen; **~ de 3 euros** 3 Euro kosten; **es de 30 años** er/sie ist 30 (Jahre alt); **lo que ha hecho es muy de ella** was sie gemacht hat, ist typisch für sie; **esta manera de hablar no es de un catedrático** diese Ausdrucksweise passt nicht zu einem Professor; **es de lo más guay** es ist einfach spitze; **eres de lo que no hay** du bist einzigartig; **es de un cobarde que no veas** er/sie ist schrecklich feige ❽ *(con 'para')* **yo no soy para tutearlo** ich traue mich nicht, ihn zu duzen; **este estilo no es para ti** dieser Stil passt nicht zu dir; **¿para quién es el vino?** wer bekommt den Wein?; **la película no es para niños** der Film ist nicht für Kinder geeignet; **no es para ponerse así** reg dich deshalb nicht so auf; **es como para no hablarte más** ich hätte guten Grund, nicht mehr mit dir zu reden ❾ *(con 'que')* **esto es que no lo has visto bien** wahrscheinlich hast du es nicht richtig gesehen; **es que ahora no puedo** ich kann jetzt nämlich nicht; **si es que merece la pena** wenn es sich überhaupt lohnt; **¡y es que tenía unas ganas de acabarlo!** wie habe ich mir gewünscht, damit fertig zu werden! ❿ *(oraciones enfáticas, interrogativas)* **¡esto es!** *(así se hace)* gut so!; *(así se dice)* gut gesagt!; *(correcto)* richtig!; **¿pero qué es esto?** was soll denn das (sein)?; **¿cómo es eso?** wie ist das möglich?;

S

¡como debe ~! wie es sich gehört!; **¡no puede ~!** das kann doch nicht wahr sein!; **¿no puede ~?** ist es nicht möglich?; **¡eso es cantar!** das nennt man Singen! ⑪ *(en futuro)* **¿~á capaz?** wird er/sie das können?; **¡~á capaz!** der Typ ist echt dreist; **~á lo que ~á** mal sehen, was daraus wird ⑫ *(en infinitivo)* **manera de ~** Wesen *nt;* **razón de ~** Daseinsberechtigung *f;* **a no ~ que...** *+subj* es sei denn, dass ...; **todo puede ~** alles ist möglich; **quizá ganemos el campeonato – todo puede ~** vielleicht gewinnen wir die Meisterschaft – alles ist noch offen; **por lo que pueda ~** für alle Fälle; **con ~ su marido, no puede tragarla** obwohl er ihr Mann ist, kann er sie nicht ausstehen ⑬ *(en indicativo, condicional)* **es más** ja mehr noch; **siendo así** wenn das so ist; **y eso es todo** das wär's; **~ más/menos que alguien** besser/schlechter als jd sein; **es igual** *(no importa)* macht nichts; **yo soy de los que piensan que...** ich gehöre zu denen, die glauben, dass ...; **de no haber sido por ti...** wenn du nicht gewesen wärst ...; **no es lo que tú piensas** es ist nicht so, wie du denkst; **con el carisma que tiene sería un buen líder** (**de un partido**) bei seinem Charisma gäbe er einen guten (Partei)chef ab; **el lema electoral es: ...** die Wahlparole lautet: ... ⑭ *(en subjuntivo)* **si yo fuera tú** wenn ich du wäre; **si no fuera por eso...** wenn das nicht wäre ...; **si por mí fuera** wenn es nach mir ginge; **me tratas como si fuera un niño** du behandelst mich wie ein Kind; **sea lo que sea** wie dem auch sei; **lo que sea ~á** es kommt wie es kommen muss; **hazlo sea como sea** tu es, egal wie; **sea quien sea** egal wer; **dos reales, o sea, 50 céntimos** zwei Reales, das heißt 50 Céntimos; **el color que quieras, pero que no sea rojo** irgendeine Farbe, außer Rot; **cómprame un chupa chups o lo que sea** kauf mir einen Lutscher oder sonst was; **cómprame un chupa chups ni que sea** kauf mir wenigstens einen Lutscher; **por listo que sea...** möge er noch so schlau sein ...; **cualquiera que sea el día** an irgendeinem Tag **III.** *m* ① *(criatura)* Wesen *nt;* **~ vivo** Lebewesen *nt* ② *(esencia)* Wesen *nt* ③ (FILOS) Sein *nt*

serba [ˈserβa] *f* Vogelbeere *f*

serbal [serˈβal] *m* (BOT) Eberesche *f,* Vogelbeerbaum *m*

Serbia [ˈserβja] *f* Serbien *nt*

serbio, -a [ˈserβjo, -a] **I.** *adj* serbisch **II.** *m, f* Serbe, -in *m, f*

serbocroata [serβokroˈata] **I.** *adj* serbokroatisch **II.** *m (lengua)* Serbokroatisch(e) *nt*

serena [seˈrena] *f* ① *(fam: humedad durante la noche)* Nachttau *m* ② (LIT) *eine Art Serenade*

serenar [sereˈnar] **I.** *vt (calmar)* beruhigen **II.** *vi, vr:* **~se** *(calmarse)* sich beruhigen; *(tiempo)* aufklaren

serenata [sereˈnata] *f* Serenade *f*

serenidad [sereniˈðaᵈ] *f sin pl* ① *(sosiego)* Gelassenheit *f* ② *(príncipe)* **Su S~** Seine/Ihre Durchlaucht

sereno[1] [seˈreno] *m* ① *(humedad)* Tau *m;* **al ~** (nachts) im Freien ② *(vigilante)* ≈ Nachtwächter *m*

sereno, -a[2] [seˈreno, -a] *adj* ① *(sosegado)* ruhig ② *(sin nubes)* heiter

serial [seˈrjal] *m* (RADIO, TV) Serie *f;* *(publicación)* Reihe *f*

seriamente [serjaˈmente] *adv* ernst; **tengo que hablar ~ contigo** ich muss ein ernstes Wort mit dir reden

serie [ˈserje] *f* ① *(sucesión)* Serie *f;* **~ de artículos** Produktreihe *f;* **~ televisiva** Fernsehserie *f;* **fuera de ~** herausragend ② *(gran cantidad, t.* MAT) Reihe *f* ③ (DEP) Vorrunde *f*

seriedad [serjeˈðaᵈ] *f sin pl* Ernsthaftigkeit *f*

serigrafía [seriɣraˈfia] *f* (TIPO) Siebdruck *m,* Serigrafie *f*

serio, -a [ˈserjo, -a] *adj* ① *(grave)* ernst(haft) ② *(severo)* streng ③ *(formal)* seriös ④ *(responsable)* verantwortungsbewusst ⑤ *(sin burla)* ernst(haft); **esto va en ~** das ist jetzt ernst gemeint; **¿en ~?** wirklich?

sermón [serˈmon] *m* Predigt *f;* **echar un ~ a alguien** jdm eine Standpauke halten

sermonear [sermoneˈar] **I.** *vi* predigen **II.** *vt (fam)* eine Standpauke halten *+dat*

sermoneo [sermoˈneo] *m (fam)* Strafpredigt *f,* Standpauke *f*

seropositivo, -a [seropositiβo, -a] *adj* HIV-positiv

serpear [serpeˈar] *vi* sich schlängeln

serpenteante [serpenteˈante] *adj* gewunden; **carretera ~** Serpentinenstraße *f*

serpentear [serpenteˈar] *vi* sich schlängeln

serpenteo [serpenˈteo] *m* Serpentine *f*

serpentín [serpenˈtin] *m* ① (QUÍM) Kühlschlange *f* ② *(de armas de fuego)* Zündstift *m;* *(del mosquete)* Luntenschloss *nt* ③ *(piedra)* Serpentin *m*

serpentina [serpenˈtina] *f (de papel)* Luftschlange *f*

serpiente [serˈpjente] *f* Schlange *f;* **~ de**

S

cascabel Klapperschlange *f;* ~ **de vidrio** Blindschleiche *f*

serpollar [serpo'ʎar] *vi* (BOT) austreiben, ausschlagen

serranía [serra'nia] *f* Bergland *nt*

serrano, -a [se'rrano, -a] *adj* Gebirgs-; **jamón** ~ luftgetrockneter Schinken

serrar [se'rrar] <e → ie> *vt* sägen

serrería [serre'ria] *f* Sägewerk *nt*

serrín [se'rrin] *m* Sägemehl *nt*

serrucho [se'rrutʃo] *m* *(sierra)* Fuchsschwanz *m*

servible [ser'βiβle] *adj* brauchbar

servicial [serβi'θjal] *adj* zuvorkommend

servicio [ser'βiθjo] *m* ① *(acción de servir)* Dienst *m;* ~ **de mensajería** Kurierdienst *m;* ~ **civil sustitutorio** Zivildienst *m;* ~ **de información telefónica** Telefonauskunft *f;* ~ **militar** Wehrdienst *m;* ~**s en línea** [*o* **en línea**] (INFOR) Onlinedienste *mpl;* ~ **a domicilio** Lieferservice *m;* ~ **postal express** Eilzustellung *f;* ~ **posventa** Kundendienst *m;* ~ **público** öffentlicher Dienst; **estar de** ~ im Dienst sein; **hacer el** ~ den Wehrdienst ableisten; **hacer un** ~ **a alguien** jdm einen Dienst erweisen; **hacer un flaco** ~ **a alguien** jdm einen Bärendienst erweisen ② *(criados)* Hauspersonal *nt;* **entrada de** ~ Dienstboteneingang *m;* ~ **de habitaciones** *(en hoteles)* Zimmerservice *m* ③ *(culto)* Gottesdienst *m* ④ *(cubierto)* Geschirr *nt;* ~ **de té** Teeservice *nt* ⑤ *(retrete)* Toilette *f* ⑥ (DEP) Aufschlag *m* ⑦ (ECON) Dienstleistung *f* ⑧ (MED) Einlauf *m*

servidor[1] [serβi'ðor] *m* (INFOR) Server *m;* ~ **de correo** Mail Server *m;* ~ **de internet** Internet-Server *m;* ~ **de red** Netzserver *m,* Server im Netzwerk; ~ **web** Webserver *m;* **descargar algo del** ~ etw vom Server herunterladen

servidor(a)[2] [serβi'ðor(a)] *m(f)* *(criado)* Diener(in) *m(f);* **un** ~ **se va a dormir** ich gehe schlafen; **¿quién es el último? –** ~ wer ist der Letzte? – ich

servidumbre [serβi'ðumbre] *f* ① *(personal)* Dienerschaft *f* ② *(esclavitud)* Leibeigenschaft *f* ③ *(trabajo de siervo)* Fron(arbeit) *f* ④ *(sujeción)* Hörigkeit *f* ⑤ (JUR) Dienstbarkeit *f*

servil [ser'βil] **I.** *adj* unterwürfig **II.** *m* Kriecher *m*

servilismo [serβi'lismo] *m* *sin pl* Unterwürfigkeit *f*

servilleta [serβi'ʎeta] *f* Serviette *f;* **doblar la** ~ *(fig fam)* den Löffel abgeben

servilletero [serβiʎe'tero] *m* Serviettenhalter *m; (aro)* Serviettenring *m*

servir [ser'βir] *irr como pedir* **I.** *vi* ① *(ser útil)* nützen; **no sirve de nada** es bringt nichts; **no sirve para nada** das ist für nichts gut ② *(ser soldado/criado)* dienen ③ *(ayudar)* behilflich sein; **¿en qué puedo ~le?** womit kann ich Ihnen dienen?; **¡para ~le!** zu Ihren Diensten! ④ *(atender a alguien)* bedienen ⑤ (DEP) aufschlagen ⑥ *(suministrar)* (aus)liefern ⑦ *(poner en el plato)* auftun ⑧ *(en el vaso)* einschenken **II.** *vr:* ~**se** ① *(utilizar)* sich bedienen (**de** +*gen*) ② *(dignarse)* **sírvase cerrar la ventana** seien Sie so freundlich und schließen Sie bitte das Fenster

servo ['serβo] *m* (AUTO, TÉC) Servomechanismus *m*

servoasistido, -a [serβoasis'tiðo, -a] *adj* Servo-

servodirección [serβoðireʸ'θjon] *f* (AUTO) Servolenkung *f*

servofreno [serβo'freno] *m* (AUTO) Servobremse *f*

servomotor [serβomo'tor] *m* (TÉC) Servomotor *m*

sesada [se'saða] *f* (*t.* GASTR) Hirn *nt*

sésamo ['sesamo] *m* (BOT) Sesam *m;* **¡ábrete, ~!** Sesam, öffne dich!; **barrio** ~ (TV) Sesamstraße *f*

sesenta [se'seṇta] **I.** *adj inv* sechzig **II.** *m* Sechzig *f; v. t.* **ochenta**

sesentavo, -a [seseṇ'taβo, -a] **I.** *adj* sechzigstel **II.** *m, f* Sechzigstel *nt; v. t.* **ochentavo**

sesentena [seseṇ'tena] *f* Einheit *f* von sechzig Stück; (HIST) Schock *nt*

sesentón, -ona [seseṇ'ton, -ona] **I.** *adj* sechzigjährig **II.** *m, f* Sechzigjährige(r) *mf; v. t.* **ochentón**

sesera [se'sera] *f* ① *(cerebro)* Gehirn *nt* ② *(fam: cabeza)* Birne *f; (inteligencia)* Köpfchen *nt*

sesgado, -a [ses'ɣaðo, -a] *adj* ① *(sosegado)* ruhig, gelassen ② *(cortado oblicuamente)* schräg geschnitten ③ *(parcial)* parteiisch, tendenziös; **información sesgada** tendenziöse Information

sesgar [ses'ɣar] <g → gu> *vt* ① *(cortar)* schräg schneiden ② *(torcer)* zur Seite biegen

sesgo ['sesɣo] *m* ① *(oblicuidad)* Schräge *f;* **al** ~ schräg ② *(orientación)* Verlauf *m*

sesión [se'sjon] *f* ① *(reunión)* Sitzung *f;* ~ **a puerta cerrada** nicht öffentliche Sitzung; **abrir/levantar la** ~ die Sitzung eröffnen/schließen ② *(representación)* Vorstellung *f;* ~ **de noche** Spätvorstellung *f* ③ (INFOR) **iniciar la** ~ sich einloggen; **cerrar la** ~ sich ausloggen

seso ['seso] *m* ① (ANAT) Gehirn *nt* ② *(inteligencia)* Verstand *m;* **beber(se) los ~s**

(fig) den Verstand verlieren; **calentarse los ~s** *(fam)* sich *dat* das Hirn zermartern; **tener sorbido el ~ a alguien** *(fam)* jdn voll im Griff haben ③ *pl* (GASTR) Hirn *nt*

sesudo, -a [se'suðo, -a] *adj* ① *(inteligente)* intelligent ② *(sensato)* vernünftig

set [set] *m* <sets> ① (DEP) Satz *m* ② *(conjunto)* Set *nt*

seta ['seta] *f* Pilz *m;* **crecer como ~s** wie Pilze aus dem Boden schießen

setecientos, -as [sete'θjen̦tos, -as] *adj* siebenhundert; *v. t.* **ochocientos**

setenta [se'ten̦ta] **I.** *adj inv* siebzig **II.** *m* Siebzig *f; v. t.* **ochenta**

setentavo, -a [seten̦'taβo, -a] **I.** *adj* siebzigstel **II.** *m, f* Siebzigstel *nt; v. t.* **ochentavo**

setentón, -ona [seten̦'ton, -ona] **I.** *adj* siebzigjährig **II.** *m, f* Siebzigjährige(r) *mf; v. t.* **ochentón**

setiembre [se'tjembre] *m v.* **septiembre**

seto ['seto] *m* Zaun *m;* **~ vivo** Hecke *f*

seudónimo [seu̯'ðonimo] *m* Pseudonym *nt*

Seúl [se'ul] *m* Seoul *nt*

severidad [seβeri'ðaᵈ] *f sin pl* Strenge *f*

severo, -a [se'βero, -a] *adj* streng (**con** zu +*dat*)

sevicia [se'βiθja] *f (elev: crueldad)* Grausamkeit *f; (trato cruel)* Misshandlung *f*

sevillano, -a [seβi'ʎano, -a] **I.** *adj* aus Sevilla **II.** *m, f* Einwohner(in) *m(f)* von Sevilla

sexagenario, -a [seˠsaxe'narjo, -a] **I.** *adj* sechzigjährig **II.** *m, f* Sechzigjährige(r) *mf; v. t.* **octogenario**

sexagésimo[1] [seˠsa'xesimo] *m* ① *(ordinal)* **el ~** der/die/das Sechzigste ② *(partitivo)* Sechzigstel *nt*

sexagésimo, -a[2] [seˠsa'xesimo, -a] *adj* ① *(numeración)* sechzigste(r, s) ② *(parte)* sechzigstel; *v. t.* **octogésimo**[2]

sexi ['seˠsi] *adj inv* sexy

sexismo [seˠ'sismo] *m sin pl* ① *(discriminación)* Sexismus *m* ② *(obsesión)* Sexbesessenheit *f*

sexista [seˠ'sista] **I.** *adj* sexistisch **II.** *mf* Sexist(in) *m(f)*

sexo ['seˠso] *m* ① *(conjunto de individuos, t.* BIOL) Geschlecht *nt* ② *(órganos)* Geschlechtsorgane *ntpl* ③ *(actividad)* Sex *m*

sexología [seˠsolo'xia] *f sin pl* Sexualwissenschaft *f,* Sexologie *f*

sexólogo, -a [seˠ'soloɣo, -a] *m, f* Sexualforscher(in) *m(f),* Sexualwissenschaftler(in) *m(f)*

sex shop [seɣ'ʃop] *m* Sexshop *m*

sextante [ses'tan̦te] *m* Sextant *m*

sexteto [ses'teto] *m* Sextett *nt*

sexto ['sesto] *m* Sechstel *nt*

sexto, -a ['sesto, -a] *adj (parte)* sechstel; *(numeración)* sechste(r, s); *v. t.* **octavo**

sextuplicar [sestupli'kar] <c → qu> *vt, vr:* **~se** (sich) versechsfachen

séxtuplo, -a ['sestuplo, -a] **I.** *adj* sechsfach **II.** *m, f* Sechsfache(s) *nt; v. t.* **óctuplo**

sexual [seˠsu'al] *adj* ① (BIOL) geschlechtlich; **órganos ~es** Geschlechtsorgane *ntpl* ② *(sexualidad)* sexuell, Sexual-

sexualidad [seˠswali'ðaᵈ] *f sin pl* Sexualität *f*

sexy ['seˠsi] *adj inv v.* **sexi**

Seychelles [sei̯'ʧeles] *fpl* Seychellen *pl*

shakesperiano, -a [ʃespi'rjano, -a] *adj* (LIT) shakespearisch; **las obras shakesperianas** die Shakespearschen Werke; **esta obra tiene un toque ~** dieses Stück erinnert an Shakespeare

shock [ʃoᵏ/ʧoᵏ] *m* Schock *m*

shorts [ʃorᵈs] *mpl* Shorts *pl*

show ['ʃou̯] *m* <shows> Show *f*

si [si] **I.** *conj* ① *(condicional)* wenn; **~ acaso** wenn etwa; **~ no** sonst, andernfalls; **por ~...** für den Fall, dass ...; **por ~ acaso** für alle Fälle ② *(en preguntas indirectas)* ob ③ *(en oraciones concesivas)* **~ bien** obwohl ④ *(comparación)* **como ~...** +*subj* als ob ...; **el padre está más nervioso que ~ fuera él mismo a dar a luz** der Vater ist so nervös, als müsste er selbst entbinden ⑤ *(en frases desiderativas)* **¡~ hiciera un poco más de calor!** wenn es nur ein bisschen wärmer wäre! ⑥ *(protesta, sorpresa)* doch; **¡pero ~ ella se está riendo!** aber sie lacht doch! ⑦ *(énfasis)* **fíjate ~ es tonto que...** er ist so einfältig, dass ... **II.** *m* (MÚS) h *nt*

sí [si] **I.** *adv* ja; **¡~, señor!** jawohl, der Herr!; **porque ~** einfach so; **¡(claro) que ~!** aber ja doch!; **creo que ~** ich denke schon; **¡eso ~ que no!** das kommt nicht infrage!; **por ~ o por no** in jedem Fall; **¡~ que está buena la tarta!** Mensch, schmeckt der Kuchen gut! **II.** *pron pers* sich; **a ~ mismo** zu sich *dat;* **de ~** von sich *dat* aus; **dar de ~** genügen; *(tela)* sich weiten; **el tema da mucho de ~** es ist ein sehr umfangreiches Thema; **en** [*o* **de por**] **~** an sich; **estar fuera de ~** außer sich *dat* sein; **hablar entre ~** untereinander reden; **por ~** per se; **mirar por ~** egoistisch sein **III.** *m* Ja *nt;* **dar el ~** Ja sagen; *(casamiento)* das Jawort geben; **tener el ~ de la madre** die Erlaubnis der Mutter haben; **no hay entre ellos ni un ~ ni un no** sie sind sich vollkommen einig

siamés, -esa [sja'mes, -esa] *adj* siamesisch; **gato ~** Siamkatze *f*

sibarita [siβa'rita] **I.** *adj* genusssüchtig **II.** *mf* Genießer(in) *m(f)*

Siberia [si'βerja] *f* Sibirien *nt*

siberiano, -a [siβe'rjano, -a] **I.** *adj* sibirisch **II.** *m, f* Sibir(i)er(in) *m(f)*

sibilino, -a [siβi'lino, -a] *adj* geheimnisvoll

sicario [si'karjo] *m* Killer *m*

Sicilia [si'θilja] *f* Sizilien *nt*

siciliano, -a [siθi'ljano, -a] **I.** *adj* sizilianisch **II.** *m, f* Sizilianer(in) *m(f)*

sicología [sikolo'xia] *f v.* **(p)sicología**

sicológico, -a [siko'loxiko, -a] *adj* seelisch; (PSICO) psychologisch

sicólogo, -a [si'koloɣo, -a] *m, f* (PSICO) Psychologe, -in *m, f*

sicomoro [siko'moro] *m* (BOT) Maulbeerfeigenbaum *m*

sicosis [si'kosis] *f inv* Psychose *f,* Geisteskrankheit *f*

sicoterapeuta [sikotera'peu̯ta] *mf* (MED, PSICO) Psychoterapeuth(in) *m(f)*

sicoterapia [sikote'rapja] *f* Psychotheraphie *f*

sida, SIDA ['siða] *m abr de* **síndrome de inmunodeficiencia adquirida** Aids *nt*

sidecar [siðe'kar] *m* <sidecares> Beiwagen *m*

sideral [siðe'ral] *adj* siderisch; **espacio ~** Weltraum *m*

siderurgia [siðe'rurxja] *f* Eisenindustrie *f*

siderúrgico, -a [siðe'rurxiko, -a] *adj* Eisen-; **productos ~s** Produkte der Eisenindustrie

sidoso, -a [si'ðoso, -a] **I.** *adj (pey)* Aids-; **enfermo ~** Aidskranke(r) *m* **II.** *m, f (pey)* Aidskranke(r) *mf*

sidra ['siðra] *f* Apfelwein *m*

sidrería [siðre'ria] *f* Apfelweinstube *f*

siega ['sjeɣa] *f* ① *(el segar)* Mähen *nt* ② *(tiempo)* Mähzeit *f* ③ *(mieses)* Gemähte(s) *nt*

siembra ['sjembra] *f* ① *(el sembrar)* Aussaat *f* ② *(tiempo)* Saatzeit *f* ③ *(terreno)* Saatfeld *nt*

siempre ['sjempre] *adv* immer; **de ~** seit jeher; **a la hora de ~** zur gewohnten Zeit; **una amistad de ~** eine langjährige Freundschaft; **eso es así desde ~** das war schon immer so; **~ pasa lo mismo** es ist immer das Gleiche; **¡hasta ~!** leb(e) wohl!; **por ~** auf ewig; **por ~ jamás** für immer und ewig; **~** [*o* **y cuando**] **que...** +*subj* vorausgesetzt, dass …

siempreviva [sjempre'βiβa] *f* (BOT) Strohblume *f,* Immortelle *f*

sien [sjen] *f* Schläfe *f*

sierpe ['sjerpe] *f* ① (ZOOL) große Schlange *f;* **tener una lengua de ~** *(fig)* eine böse Zunge haben ② *(persona feroz)* fürchterlicher Mensch *m; (colérica)* zorniger Mensch *m; (fea)* hässlicher Mensch *m*

sierra ['sjerra] *f* ① *(herramienta)* Säge *f;* **~ continua** Bandsäge *f;* **~ mecánica** Motorsäge *f* ② *(lugar)* Sägewerk *nt* ③ (GEO) Gebirgskette *f;* **~ de peñascos cortados** Kammgebirge *nt;* **S~ Leona** Sierra Leone *nt*

siervo, -a ['sjerβo, -a] *m, f* ① *(esclavo)* Sklave, -in *m, f* ② *(servidor)* Diener(in) *m(f)*

siesta ['sjesta] *f* ① *(descanso)* Mittagsschlaf *m; (pausa del mediodía)* Mittagsruhe *f;* **echar** [*o* **dormir**] **la ~** einen Mittagsschlaf halten ② *(hora de calor)* Mittagshitze *f*

siete ['sjete] **I.** *adj inv* sieben; **comer por ~** essen wie ein Scheunendrescher; **pícaro de ~ suelas** *(fam)* Erzgauner *m; v. t.* **ocho** **II.** *m* ① *(número)* Sieben *f; v. t.* **ocho** ② *(fam: rasgón)* Riss *m* ③ *(carpintería)* Schraubstock *m* ④ *(AmS, Méx: vulg: ano)* Arsch *m*

sietemesino, -a [sjeteme'sino, -a] **I.** *adj* **niño ~** Siebenmonatskind *nt* **II.** *m, f* ① *(prematuro)* Siebenmonatskind *nt* ② *(fam: chico presumido)* Milchbart *m*

sífilis ['sifilis] *f inv* (MED) Syphilis *f*

sifón [si'fon] *m* ① *(tubo)* Saugheber *m* ② *(tubería, botella)* Siphon *m* ③ *(soda)* Soda(wasser) *nt*

siga ['siɣa] *f (Chil)* Verfolgung *f;* **estar a la ~ de algo/alguien** hinter etw/jdm her sein

sigilar [sixi'lar] *vt* ① *(ocultar)* verheimlichen ② *(sellar)* versiegeln

sigilo [si'xilo] *m* ① *(discreción)* Verschwiegenheit *f;* **~ profesional** (berufliche) Schweigepflicht *f* ② *(secreto)* Geheimnis *nt;* **~ sacramental** Beichtgeheimnis *nt* ③ *(sello)* Siegel *nt*

sigiloso, -a [sixi'loso, -a] *adj* verschwiegen

sigla ['siɣla] *f* ① *(letra inicial)* Anfangsbuchstabe *m* ② *(rótulo de siglas)* Akronym *nt;* **~ de fabricante** Herstellerzeichen *nt*

siglo ['siɣlo] *m* Jahrhundert *nt;* **S~ de las Luces** Zeitalter der Aufklärung; **Siglo de Oro** Goldenes Zeitalter; **el ~ XX** das 20. Jahrhundert; **por los ~s de los ~s** bis in alle Ewigkeit; **hace un ~ que no te veo** ich habe dich (schon) seit einer Ewigkeit nicht mehr gesehen; **retirarse del ~** sich aus dem weltlichen Leben zurückziehen

sigma ['siɣma] *f* Sigma *nt*

signar [siɣ'nar] **I.** *vt* ① *(marcar)* abzeichnen ② *(firmar)* unterschreiben ③ (REL) bekreuzen **II.** *vr:* **~se** sich bekreuzigen

signatario, -a [siɣna'tarjo, -a] **I.** *adj* unterzeichnend; **poder** ~ (JUR) Unterschriftsvollmacht *f* **II.** *m, f* Unterzeichner(in) *m(f)*

signatura [siɣna'tura] *f* ① *(firma)* Unterschrift *f* ② (TIPO) Signatur *f*

significación [siɣnifika'θjon] *f* Bedeutung *f*

significado [siɣnifi'kaðo] *m* Bedeutung *f*

significante [siɣnifi'kan̩te] **I.** *adj* bezeichnend **II.** *m* (LING) Signifikant *m*

significar [siɣnifi'kar] <c → qu> **I.** *vt, vi* bedeuten; **¿qué significa eso?** was soll das bedeuten? **II.** *vr:* **~se** sich auszeichnen (**por** durch +*akk*)

significativo, -a [siɣnifika'tiβo, -a] *adj* bezeichnend

signo ['siɣno] *m* ① *(señal, t.* LING, MAT) Zeichen *nt;* ~ **de enfermedad** Krankheitssymptom *nt;* ~ **de más/menos** Plus-/Minuszeichen *nt;* ~ **de la multiplicación** Malzeichen *nt;* ~ **de puntuación** Satzzeichen *nt* ② *(escrito)* Schriftzeichen *nt* ③ (ASTR) ~ (**del zodiaco** [*o* **zodíaco**]) Sternzeichen *nt* ④ (LIT: *destino*) Schicksal *nt*

siguiente [si'ɣjen̩te] **I.** *adj* folgende(r, s); **de la ~ manera** folgendermaßen **II.** *mf* Nächste(r) *mf;* **¡el ~!** der Nächste, bitte!

sij [six] *m* Sikh *m*

sílaba ['silaβa] *f* Silbe *f;* ~ **aguda** betonte Silbe; **de dos ~s** zweisilbig

silabación [silaβa'θjon] *f* (LING) Silbentrennung *f*

silabear [silaβe'ar] *vi, vt* in einzelnen Silben aussprechen

silba ['silβa] *f* Auspfeifen *nt*

silbar [sil'βar] *vi, vt* ① *(chiflar)* pfeifen; *(serpiente)* zischen; *(sirena)* heulen ② *(abuchear)* auspfeifen

silbatina [silβa'tina] *f (AmS)* Auspfeifen *nt*

silbato [sil'βato] *m* Pfeife *f*

silbido [sil'βiðo] *m* Pfiff *m; (serpiente)* Zischen *nt; (sirena)* Geheul *nt; (viento)* Pfeifen *nt;* ~ **de los oídos** Ohrensausen *nt*

silbo ['silβo] *m* ① *(silbido)* Pfiff *m* ② *(voz, serpiente)* Zischen *nt; (viento)* Pfeifen *nt*

silenciador [silen̩θja'ðor] *m* Schalldämpfer *m*

silenciar [silen̩'θjar] *vt* ① *(callar)* verschweigen ② *(hacer callar)* zum Schweigen bringen

silencio [si'len̩θjo] *m* ① *(falta de ruido)* Stille *f;* **¡~!** Ruhe! ② *(el callar)* Schweigen *nt;* **en** ~ stillschweigend; **entregar algo al** ~ *(fig)* über etw schweigen; **guardar ~ sobre algo** über etw Stillschweigen bewahren; **imponer** ~ Schweigen gebieten; **pasar algo en** ~ etw unerwähnt lassen; **reducir al** ~ zum Schweigen bringen; **romper el** ~ das Schweigen brechen ③ (MÚS) Pause *f*

silencioso, -a [silen̩'θjoso, -a] *adj* ① *(poco hablador)* schweigsam ② *(callado)* schweigend ③ *(sin ruido)* still; *(motor)* geräuscharm

silente [si'len̩te] *adj* ruhig, gelassen

Silesia [si'lesja] *f* Schlesien *nt*

silesio, -a [si'lesjo, -a] **I.** *adj* schlesisch **II.** *m, f* Schlesier(in) *m(f)*

sílex ['sileˠs] *m inv* Feuerstein *m*

sílfide ['silfiðe] *f* Sylphide *f*

silgado, -a [sil'ɣaðo, -a] *adj (Ecua)* dünn, schlank, dürr, knochig

sílice ['siliθe] *m* (QUÍM) Kieselsäure *f*

silicio [si'liθjo] *m* (QUÍM) Silizium *nt*

silicona [sili'kona] *f* Silikon *nt*

silla ['siʎa] *f* ① *(asiento, t.* REL) Stuhl *m;* ~ **de manos** Sänfte *f;* ~ **plegable** Klappstuhl *m;* ~ **de ruedas** Rollstuhl *m* ② *(montura)* Sattel *m*

sillar [si'ʎar] *m* ① (ARQUIT) Quaderstein *m* ② *(lomo de la caballería) Teil des Reittierrückens, auf dem der Sattel aufliegt*

sillín [si'ʎin] *m* Sattel *m*

sillón [si'ʎon] *m (butaca)* (Arm)sessel *m*

silo ['silo] *m* Silo *m o nt;* ~ **de granos** Getreidesilo *m o nt*

silogismo [silo'xismo] *m* Syllogismus *m*

silueta [si'lweta] *f* Silhouette *f;* **cuidar la ~** auf die Figur achten

siluro [si'luro] *m* (ZOOL) Wels *m;* ~ **eléctrico** Zitterwels *m*

silvestre [sil'βestre] *adj* wild

silvicultura [silβikul̩'tura] *f* ① *(cultivo)* Forstwirtschaft *f* ② *(ciencia)* Forstwissenschaft *f*

sima ['sima] *f* Erdspalte *f*

simbiosis [sim'bjosis] *f inv* (BIOL: *t. fig)* Symbiose *f*

simbólico, -a [sim'boliko, -a] *adj* symbolisch

simbolismo [simbo'lismo] *m* ① *(sistema, significado)* Symbolik *f* ② (ARTE, LIT) Symbolismus *m*

simbolización [simboliθa'θjon] *f* Symbolisierung *f*

simbolizar [simboli'θar] <z → c> *vt* symbolisieren

símbolo ['simbolo] *m* Symbol *nt*

simbología [simbolo'xia] *f sin pl* ① *(estudio)* Symbolkunde *f* ② *(sistema)* Symbolik *f*

simetría [sime'tria] *f* Symmetrie *f*

simétrico, -a [si'metriko, -a] *adj* symmetrisch

simiente [si'mjen̩te] *f* Samen *m*

simiesco, -a [si'mjesko, -a] *adj* affenartig, affenähnlich

símil ['simil] **I.** *adj* ähnlich **II.** *m* Vergleich *m*

similar [simi'lar] *adj* ähnlich

similitud [simili'tuᵈ] *f* Ähnlichkeit *f*

simio ['simjo] *m* Affe *m*

simón [si'mon] *m* ① *(coche)* Mietkutsche *f* ② *(cochero)* Lohnkutscher *m*

simpatía [simpa'tia] *f* ① *(agrado)* Sympathie *f;* **sentir ~ por algo** etw *dat* wohlwollend gegenüberstehen; **tener ~ por alguien** für jdn Sympathie empfinden ② *(carácter)* sympathisches Wesen *nt*

simpático, -a [sim'patiko, -a] *adj* sympathisch

simpatizante [simpati'θan̩te] *mf* Sympathisant(in) *m(f)*

simpatizar [simpati'θar] <z → c> *vi* sympathisieren

simple ['simple] <simplísimo *o* simplicísimo> **I.** *adj* ① *(sencillo)* einfach ② *(fácil)* leicht, einfach ③ *(mero)* bloß; **a ~ vista** mit bloßem Auge ④ *(mentecato)* einfältig **II.** *m* ① *(persona)* einfältige Person *f* ② *(tenis)* Einzel *nt*

simplemente [simple'men̩te] *adv* nur, schlicht und einfach

simpleza [sim'pleθa] *f* ① *(bobería)* Einfältigkeit *f* ② *(tontería)* Dummheit *f* ③ *(insignificancia)* Kleinigkeit *f*

simplicidad [simpliθi'ðaᵈ] *f sin pl* ① *(sencillez)* Einfachheit *f* ② *(ingenuidad)* Naivität *f*

simplicísimo, -a [simpli'θisimo, -a] *adj superl de* **simple**

simplificación [simplifika'θjon] *f* ① *(hacer simple)* Vereinfachung *f* ② (MAT) Kürzen *nt*

simplificador(a) [simplifika'ðor(a)] *adj* vereinfachend

simplificar [simplifi'kar] <c → qu> *vt* ① *(facilitar)* vereinfachen ② (MAT) kürzen

simplismo [sim'plismo] *m* grobe Vereinfachung *f*

simplón, -ona [sim'plon, -ona] **I.** *adj (fam)* einfältig **II.** *m, f (fam)* Einfaltspinsel *m*

simposio [sim'posjo] *m* Symposium *nt*

simulación [simula'θjon] *f* Vortäuschung *f*

simulacro [simu'lakro] *m* ① *(apariencia)* Trugbild *nt* ② *(acción simulada)* Übung *f*

simulador[1] [simula'ðor] *m* (TÉC) Simulator *m;* **~ de vuelo** (AERO) Flugsimulator *m*

simulador(a)[2] [simula'ðor(a)] *m(f)* Simulant(in) *m(f)*

simular [simu'lar] *vt* vortäuschen

simultanear [simul̩tane'ar] *vt* gleichzeitig tun

simultaneidad [simul̩tanei̯'ðaᵈ] *f sin pl* Gleichzeitigkeit *f*

simultáneo, -a [simul̩'taneo, -a] *adj* gleichzeitig; **interpretación simultánea** Simultandolmetschen *nt*

sin [sin] **I.** *prep* ohne +*akk;* **~ dormir** ohne zu schlafen; **~ querer** ungewollt; *(mala intención)* ohne Absicht; **~ más** ohne Weiteres; **~ más ni más** mir nichts, dir nichts **II.** *adv* **~ embargo** trotzdem

sinagoga [sina'ɣoɣa] *f* Synagoge *f*

sincerarse [sin̩θe'rarse] *vr* sich aussprechen (**ante** bei +*dat*)

sinceridad [sin̩θeri'ðaᵈ] *f* Aufrichtigkeit *f;* **con toda ~** in aller Offenheit

sincero, -a [sin̩'θero, -a] *adj* aufrichtig

síncope ['siŋkope] *m* (LING, MED, MÚS) Synkope *f*

sincronía [siŋkro'nia] *f sin pl* ① *(simultaneidad)* Gleichzeitigkeit *f* ② (LING) Synchronie *f*

sincrónico, -a [siŋ'kroniko, -a] *adj* synchron

sincronización [siŋkroniθa'θjon] *f* Synchronisation *f;* **~ de semáforos** grüne Welle

sincronizador(a) [siŋkroniθa'ðor(a)] **I.** *adj* synchronisierend **II.** *m(f)* Synchronsprecher(in) *m(f)*

sincronizar [siŋkroni'θar] <z → c> *vt* synchronisieren

sindéresis [sin̩'deresis] *f inv (elev)* Vernunft *f*

sindical [sin̩di'kal] *adj* Gewerkschafts-

sindicalismo [sin̩dika'lismo] *m* ① *(movimiento)* Gewerkschaftsbewegung *f* ② *(doctrina)* Syndikalismus *m*

sindicalista [sin̩dika'lista] **I.** *adj (sindical)* gewerkschaftlich **II.** *mf (miembro)* Gewerkschaft(l)er(in) *m(f)*

sindicar [sin̩di'kar] <c → qu> **I.** *vt* ① *(organizar)* gewerkschaftlich organisieren ② *(delatar)* verraten ③ *(poner bajo sospecha)* verdächtigen **II.** *vr:* **~se** einer Gewerkschaft beitreten

sindicato [sin̩di'kato] *m* Gewerkschaft *f*

síndico ['sin̩diko] *m* ① *(administrador de la quiebra)* Konkursverwalter *m* ② *(representante)* gewählter Vertreter *m*

síndrome ['sin̩drome] *m* Syndrom *nt;* **~ de abstinencia** Entzugserscheinungen *fpl;* **~ de cansancio crónico** Burn-out(-Syndrom) *nt,* Burnout(-Syndrom) *nt,* **~ de Down** Downsyndrom *nt*

sine die ['sine 'ðie] auf unbestimmte Zeit

sinergia [si'nerxja] *f* Synergie *f*

sinestesia [sines'tesja] *f* (LIT, PSICO) Synästhesie *f*

sinfín [siɱ'fin] *m* Unmenge *f* (**de** an/von +*dat,* **de** +*gen*)

sinfonía [siɱfo'nia] *f* Sinfonie *f*

S

sinfónico, -a [siɱ'foniko, -a] *adj* **orquesta sinfónica** Sinfonieorchester *nt*
Singapur [siŋga'pur] *m* Singapur *nt*
singladura [siŋgla'ðura] *f* ① (NÁUT: *jornada*) Schiffstagesreise *f* ② (NÁUT: *intervalo de veinticuatro horas*) Etmal *nt* ③ *(rumbo)* Kurs *m*
singular [siŋgu'lar] **I.** *adj* ① *(único)* einzeln; **ejemplar ~** Einzelexemplar *nt* ② *(excepcional)* einzigartig; **en ~** insbesondere **II.** *m* (LING) Einzahl *f*; **¡habla en ~!** *(fig)* sprich nur für dich!
singularidad [siŋgulari'ða^{d}] *f* ① *(unicidad)* Einmaligkeit *f* ② *(excepcionalidad)* Einzigartigkeit *f* ③ *(distinción)* Besonderheit *f*
singularizar [siŋgulari'θar] <z → c> **I.** *vt* *(particularizar)* herausheben **II.** *vr:* **~se** sich hervorheben
singularmente [siŋgular'meṇte] *adv* besonders
sinhueso [sin'weso] *f* *(fam)* Zunge *f*; **soltar** [*o* **sacar a pasear**] **la ~** schwatzen
siniestra [si'njestra] *f* ① *(mano)* linke Hand *f* ② *(del escudo)* linke Seite *f*
siniestrado, -a [sinjes'traðo, -a] **I.** *adj* verunglückt **II.** *m, f* Opfer *nt* *(eines Unglücks)*, Katastrophengeschädigte(r) *f(m)*
siniestro[1] [si'njestro] *m* *(accidente)* Unfall *m*; *(catástrofe)* Unglück *nt*
siniestro, -a[2] [si'njestro, -a] *adj* ① *(izquierdo)* linke(r, s); **a diestra y siniestra** kreuz und quer ② *(maligno)* böse ③ *(funesto)* unheilvoll
sinnúmero [sin'numero] *m sin pl* Unzahl *f* (**de** an/von +*dat*, **de** +*gen*)
sino ['sino] **I.** *m* Schicksal *nt* **II.** *conj* ① *(al contrario)* sondern ② *(solamente)* **no espero ~ que me creas** ich hoffe nur, dass du mir glaubst ③ *(excepto)* außer +*dat*
sinonimia [sino'nimja] *f* (LING) Synonymie *f*
sinónimo[1] [si'nonimo] *m* Synonym *nt*
sinónimo, -a[2] [si'nonimo, -a] *adj* synonym
sinopsis [si'noβsis] *f inv* ① *(resumen)* Zusammenfassung *f* ② *(esquema)* Diagramm *nt*
sinóptico, -a [si'noptiko, -a] *adj* *(resumido)* zusammenfassend; *(esquemático)* schematisch
sin papeles [sinpa'peles] *mf* *(fam)* Illegale(r) *f(m)*
sinrazón [sinrra'θon] *f* Unrecht *nt*
sinsabor [sinsa'βor] *m* ① *(insipidez)* Fadheit *f* ② *(disgusto)* Verdruss *m*
sinsentido [sinseṇ'tiðo] *m* Unsinn *m*
sinsu(b)stancia [sinsu(β)s'taṇθja] *mf* *(fam)* oberflächliche Person *f*

S

sintáctico, -a [siṇ'taktiko, -a] *adj* syntaktisch
sintagmático, -a [siṇtaɣ'matiko, -a] *adj* (LING) syntagmatisch
sintaxis [siṇ'ta^{ɣ}sis] *f inv* Syntax *f*
síntesis ['siṇtesis] *f inv* Synthese *f*; **en ~** kurzum
sintético, -a [siṇ'tetiko, -a] *adj* synthetisch
sintetizador [siṇtetiθa'ðor] *m* (MÚS) Synthesizer *m*
sintetizar [siṇteti'θar] <z → c> *vt* ① (QUÍM) synthetisieren ② *(resumir)* zusammenfassen
síntoma ['siṇtoma] *m* Symptom *nt*
sintomático, -a [siṇto'matiko, -a] *adj* symptomatisch
sintomatología [siṇtomatolo'xia] *f* Symptomatik *f*
sintonía [siṇto'nia] *f* ① *(adecuación)* Abstimmung *f* ② *(señal sonora)* Jingle *m* ③ *(loc)* **estar en ~** (**con alguien**) (mit jdm) auf der gleichen Wellenlänge liegen
sintonización [siṇtoniθa'θjon] *f* (ELEC, RADIO, TV) Abstimmung *f*
sintonizador [siṇtoniθa'ðor] *m* (ELEC, RADIO, TV) Tuner *m*
sintonizar [siṇtoni'θar] <z → c> **I.** *vt* abstimmen; **~ una emisora** einen Sender einstellen **II.** *vi* übereinstimmen
sinuosidad [sinwosi'ða^{d}] *f* ① *(curvación)* Krümmung *f* ② *(concavidad)* Einbuchtung *f*
sinuoso, -a [sinu'oso, -a] *adj* ① *(curvado)* kurvig ② *(montañoso)* bergig ③ *(retorcido)* heimtückisch
sinusitis [sinu'sitis] *f inv* (MED) (Nasen)nebenhöhlenentzündung *f*
sinusoide [sinu'soi̯ðe] *f* (MAT) Sinuskurve *f*
sinvergonzonería [simberɣoṇθone'ria] *f* Unverschämtheit *f*
sinvergüenza [simber'ɣweṇθa] **I.** *adj* unverschämt **II.** *mf* unverschämte Person *f*
sionismo [sjo'nismo] *m sin pl* Zionismus *m*
siquiatra [si'kjatra] *mf* Psychiater(in) *m(f)*
síquico, -a ['sikiko, -a] *adj v.* (**p**)**síquico**
siquiera [si'kjera] **I.** *adv* wenigstens; **ni ~** nicht einmal **II.** *conj* +*subj* auch wenn
sirena [si'rena] *f* Sirene *f*
sirgar [sir'ɣar] <g → gu> *vt* (NÁUT) treideln
Siria ['sirja] *f* Syrien *nt*
sirio, -a ['sirjo, -a] **I.** *adj* syrisch **II.** *m, f* Syr(i)er(in) *m(f)*
siroco [si'roko] *m* (METEO) Schirokko *m*
sirope [si'rope] *m* *(AmC, Col: jarabe)* Sirup *m*
sirviente [sir'βjeṇte] *mf* *(criado)* Bedienstete(r) *mf*; *(servidor)* Diener(in) *m(f)*

sisa ['sisa] *f* ① *(corte)* (Arm)ausschnitt *m* ② *(dinero)* geklautes Geld *nt fam*
sisar [si'sar] *vt* ① *(cortar una sisa)* den (Arm)ausschnitt schneiden (in +*akk*) ② *(hurtar)* klauen *fam*
sisear [sise'ar] *vt* auszischen
siseo [si'seo] *m* Zischen *nt*
sisirisco [sisi'risko] *m (Méx)* ① *(ano)* After *m* ② *(miedo)* Angst *f*
sismar [sis'mar] *vi (Urug: cavilar)* nachdenken
sísmico, -a ['sismiko, -a] *adj* seismisch
sismo ['sismo] *m* Erdbeben *nt*
sismografía [sismoɣra'fia] *f* (GEO) Seismografie *f*
sismógrafo [sis'moɣrafo] *m* Seismograf *m*
sismológico, -a [sismo'loxiko, -a] *adj* seismologisch
sistema [sis'tema] *m* ① *(principio, plan)* System *nt;* ~ **de prevención** Schutzsystem *nt* ② *(dispositivo)* ~ **de alarma** Alarmanlage *f;* ~ **antibloqueo de frenos** (AUTO) Antiblockiersystem *nt* ③ (INFOR) ~ **operativo** Betriebssystem *nt* ④ (QUÍM) ~ **periódico** Periodensystem *nt* ⑤ (ASTR) ~ **planetario** Planetensystem *nt;* ~ **solar** Sonnensystem *nt* ⑥ (ANAT) ~ **circulatorio** Herz-Kreislauf-System *nt;* ~ **nervioso** Nervensystem *nt;* ~ **respiratorio** Atmungssystem *nt;* ~ **urinario** Harnsystem *nt* ⑦ *(loc)* **por** ~ grundsätzlich
sistemática [siste'matika] *f* (*t.* BIOL) Systematik *f*
sistemático, -a [siste'matiko, -a] *adj* systematisch
sistematizar [sistemati'θar] <z → c> *vt* systematisieren
sístole ['sistole] *f* (LIT, MED) Systole *f*
sitiado, -a [si'tjaðo, -a] I. *adj* belagert; **ciudad sitiada** belagerte Stadt II. *m, f* Belagerte(r) *f(m)*
sitiador(a) [sitja'ðor(a)] I. *adj* belagernd II. *m(f)* Belagerer, -in *m, f*
sitial [si'tjal] *m* Ehrenstuhl *m*
sitiar [si'tjar] *vt* belagern; *(fig)* in die Enge treiben
sitio ['sitjo] *m* ① *(espacio)* Platz *m;* ~ **de veraneo** Urlaubsort *m;* **en cualquier** ~ irgendwo; **en ningún** ~ nirgends; **en todos los ~s** überall; **guardar el** ~ **a alguien** jdm einen Platz freihalten; **hacer** ~ Platz machen; **ocupar mucho** ~ viel Platz beanspruchen; **poner a alguien en su** ~ *(fig)* jdm den Kopf waschen; **quedarse en su** ~ *(fig)* auf der Stelle tot sein ② (MIL) Belagerung *f*
sito, -a ['sito, -a] *adj* gelegen
situación [sitwa'θjon] *f* ① *(ubicación)* Lage *f* ② *(estado)* Situation *f;* **estar en** ~ **desahogada** wohlhabend sein
situado, -a [situ'aðo, -a] *adj* gelegen; **estar** ~ liegen; **estar bien** ~ *(trabajo)* gut situiert sein
situar [situ'ar] <*1. pres* sitúo> I. *vt* *(colocar)* stellen; *(emplazar)* platzieren II. *vr:* **~se** ① *(ponerse en un lugar)* sich stellen ② *(abrirse paso)* eine gehobene Position erreichen ③ (DEP) sich platzieren
skateboarding [eskei̯t'βoarðiŋ] *m* Skateboardfahren *nt*
sketch [es'ketʃ] *m* Sketsch *m*
ski [es'qui] *m* (DEP) Ski *m*
S. L. [ese'ele] *f abr de* **Sociedad Limitada** (ECON, JUR) GmbH *f*
slang [es'laŋ] *m* (LING) Slang *m*
slip [es'lip] *m* <slips> Slip *m*
slogan [es'loɣan] *m* <slogans> Slogan *m*
SME [ese(e)me'e] *m abr de* **Sistema Monetario Europeo** EWS *nt*
smog [es'moɣ] *m sin pl* Smog *m;* ~ **electrónico** Elektrosmog *m*
SMS [ese(e)me'ese] *m abr de* **Short Message Service** (TEL: *servicio de mensajes cortos*) SMS *f;* **enviar un (mensaje)** ~ **(a alguien)** (jdm) eine SMS(-Nachricht) senden, (jdm) simsen *fam*
snowboard [esnou'βoar] *m* Snowboard *nt*
snowboarder [esnou'βoarðer] *mf* Snowboardfahrer(in) *m(f)*
so [so] I. *interj* brr! II. *prep* unter +*dat;* ~ **pena de...** sonst droht die Strafe, dass ...; ~ **pretexto de que...** unter dem Vorwand, dass ... III. *m (fam)* **¡~ imbécil!** du Idiot!
SO [suðo'este] *abr de* **sudoeste** SW
soba ['soβa] *f (fam)* ① *(manoseo)* Fummelei *f* ② *(zurra)* Tracht *f* Prügel
sobaco [so'βako] *m* Achsel(höhle) *f*
sobado[1] [so'βaðo] *m* Schmalzgebäck *nt*
sobado, -a[2] [so'βaðo, -a] *adj* ① *(objetos)* abgenutzt ② *(papel)* abgegriffen ③ *(tema)* abgedroschen
sobajar [soβa'xar] *vt* ① *(manosear con fuerza)* durchkneten ② *(Méx: humillar)* erniedrigen
sobaquera [soβa'kera] *f* ① *(en vestidos)* *nicht geschlossene Naht im Bereich der Achselhöhle* ② *(refuerzo)* *Stoffeinlage zur Verstärkung im Bereich der Achselhöhle* ③ *(protección contra el sudor)* Armblatt *nt*
sobaquina [soβa'kina] *f* Achselgeruch *m*
sobar [so'βar] *vt* ① *(manosear)* betasten ② *(ablandar)* durchkneten ③ *(pegar)* prügeln ④ *(molestar)* belästigen
soberanamente [soβerana'mente] *adv*

(extremadamente) äußerst; **divertirse ~** sich köstlich amüsieren

soberanía [soβera'nia] *f* ❶ (POL) Souveränität *f;* **~ territorial** Gebietshoheit *f* ❷ *(majestad)* Erhabenheit *f*

soberano, -a [soβe'rano, -a] **I.** *adj* ❶ (POL) souverän ❷ *(excelente)* erhaben ❸ *(fam: enorme)* gewaltig **II.** *m, f (monarca)* Herrscher(in) *m(f); (príncipe)* Fürst(in) *m(f)*

soberbia [so'βerβja] *f* ❶ *(orgullo)* Hochmut *m* ❷ *(suntuosidad)* Pracht *f* ❸ *(ira)* Jähzorn *m*

soberbio, -a [so'βerβjo, -a] *adj* ❶ *(orgulloso)* hochmütig ❷ *(suntuoso)* prächtig ❸ *(fam: enorme)* gewaltig

sobón, -ona [so'βon, -ona] *adj* ❶ *(impertinente)* plump-vertraulich ❷ *(fam: vago)* arbeitsscheu

sobornable [soβor'naβle] *adj* bestechlich

sobornar [soβor'nar] *vt* bestechen

soborno [so'βorno] *m* ❶ *(acción)* Bestechung *f* ❷ *(dinero)* Bestechungsgeld *nt; (regalo)* Bestechungsgeschenk *nt*

sobra ['soβra] *f* ❶ *(exceso)* Überfluss *m;* **de ~** *(en abundancia)* im Überfluss; *(inútilmente)* überflüssig; **saber algo de ~** etw nur zu gut wissen ❷ *pl (desperdicios)* Abfall *m; (restos)* Reste *mpl*

sobrado[1] [so'βraðo] **I.** *m* Dachboden *m* **II.** *adv* zur Genüge

sobrado, -a[2] [so'βraðo, -a] *adj* ❶ *(demasiado)* übermäßig viel; **estar ~ de algo** etw in Hülle und Fülle haben ❷ *(atrevido)* kühn ❸ *(rico)* wohlhabend, vermögend

sobrante [so'βrante] **I.** *adj* ❶ *(que sobra)* übrig; (COM, FIN) überschüssig ❷ *(de más)* überflüssig **II.** *m (que sobra)* Übriggebliebene(s) *nt; (superávit)* Überschuss *m; (saldo)* Saldo *m*

sobrar [so'βrar] *vi* ❶ *(quedar)* übrig bleiben; **nos sobra bastante tiempo** uns bleibt noch genügend Zeit ❷ *(abundar)* zu viel sein; **me sobran cinco kilos** ich habe fünf Kilo zu viel; **aquí sobran las palabras** hier wäre jedes Wort zu viel ❸ *(estar de más)* überflüssig sein; *(molestar)* stören; **creo que sobras aquí** ich glaube, du bist hier fehl am Platz

sobre ['soβre] **I.** *m* ❶ *(para una carta)* (Brief)umschlag *m;* **~ monedero** Geldbrief *m;* **~ de ventanilla** Fensterbriefumschlag *m;* **un ~ de levadura** ein Päckchen Backpulver ❷ *(fam: cama)* Bett *nt;* **irse al ~** in die Falle gehen **II.** *prep* ❶ *(local: encima de)* auf +*dat; (por encima de)* über +*dat* ❷ *(poner, movimiento)* auf +*akk;* **deja el periódico ~ la mesa** leg die Zeitung auf den Tisch; **marchar ~ la ciudad** bis in die Stadt vordringen ❸ *(cantidad aproximada)* **pesar ~ los cien kilos** (so) um die hundert Kilo wiegen ❹ *(aproximación temporal)* **llegar ~ las tres** (so) gegen drei Uhr (an)kommen; **irse de vacaciones ~ el 20** (so) um den 20. (herum) in Urlaub fahren ❺ *(tema, asunto)* über +*akk;* **~ ello** darüber ❻ *(reiteración)* über +*akk;* **le caía lágrima ~ lágrima** er/sie war in Tränen aufgelöst ❼ *(además de)* außer +*dat* ❽ *(vigilar)* **estar ~ alguien** jdn kontrollieren ❾ *(superioridad)* **el boxeador triunfó ~ su adversario** der Boxer besiegte seinen Gegner; **destacar ~ alguien por su estatura** größer als jd sein ❿ *(porcentajes)* von +*dat;* **tres ~ cien** drei von hundert ⓫ (FIN) **un préstamo ~ una casa** ein Darlehen auf ein Haus; **préstame cien euros ~ este anillo** leih mir hundert Euro für diesen Ring

sobre(e)ntender [soβre(e)nten'der] <e → ie> **I.** *vt* zwischen den Zeilen lesen, ableiten, erraten; **sobre(e)ntendemos que...** wir setzen voraus, dass ...; **de todo ello sobre(e)ntendemos que...** aus all(e)dem schließen wir, dass ... **II.** *vr:* **~se** sich von selbst verstehen; **aquí se sobre(e)ntiende que...** das impliziert hier gleichzeitig, dass ...

sobre(e)stimar [soβre(e)sti'mar] *vt* überschätzen

sobre(e)xcitar [soβre(e)sθi'tar] **I.** *vt* ❶ *(un órgano)* überreizen ❷ (ELEC: *micrófono*) übersteuern **II.** *vr:* **~se** sich übermäßig aufregen

sobreabundancia [soβreaβun'danθja] *f* Überfluss *m* (**de** an +*dat*)

sobreabundar [soβreaβun'dar] *vi* im Überfluss vorhanden sein

sobreactuar [soβreaktu'ar] *vi* überreagieren, übertreiben

sobrealimentación [soβrealimenta'θjon] *f* Überernährung *f*

sobrealimentar [soβrealimen'tar] *vt* überernähren; *(animales)* überfüttern

sobreañadir [soβreaɲa'ðir] *vt* hinzufügen, ergänzen

sobrecama [soβre'kama] *f* Tagesdecke *f*

sobrecarga [soβre'karɣa] *f (de peso)* Überbelastung *f; (de tareas)* Überlastung *f*

sobrecargar [soβre'karɣar] **I.** *vt (por peso)* überladen; *(por esfuerzo)* überbeanspruchen **II.** *vr:* **~se** sich übernehmen; **~se de trabajo** sich *dat* zu viel Arbeit aufbürden

sobrecargo [soβre'karɣo] *m* ❶ *(de precio)* Mehrpreis *m,* Aufpreis *m* ❷ (NÁUT: *oficial*) Ladungsoffizier *m,* Superkargo *m*

sobrecogedor(a) [soβrekoxe'ðor(a)] *adj* ❶ *(sorprendente)* überraschend ❷ *(espantoso)* erschreckend

S

sobrecoger [soβre'koxer] **I.** *vt* ❶ *(sorprender)* überraschen ❷ *(espantar)* erschrecken **II.** *vr:* **~se** ❶ *(asustarse)* sich erschrecken ❷ *(sorprenderse)* erstaunt sein

sobrecubierta [soβre'kuβjerta] *f* Überdecke *f; (de libro)* Schutzumschlag *m*

sobredicho, -a [soβre'ðitʃo, -a] *adj* oben genannt

sobredosis [soβre'ðosis] *f inv* Überdosis *f*

sobreentender [soβre(e)nten'der] <e → ie> **I.** *vt* ❶ *(adivinar)* zwischen den Zeilen lesen; **de todo ello sobreentendemos que...** aus all(e)dem schließen wir, dass ... ❷ *(presuponer)* voraussetzen **II.** *vr:* **~se** *(ser evidente)* sich von selbst verstehen; **aquí queda sobreentendido que...** *(implicado)* das impliziert hier gleichzeitig, dass ...

sobreesdrújulo, -a [soβre(e)s'druxulo, -a] *adj (palabra) auf der viertletzten Silbe betont*

sobreestimar [soβre(e)sti'mar] *vt* überschätzen

sobreexceder [soβre(e)sθe'ðer] **I.** *vt* übertreffen **II.** *vr:* **~se** ausschweifen

sobreexcitar [soβre(e)sθi'tar] **I.** *vt (órgano)* überreizen **II.** *vr:* **~se** sich übermäßig aufregen

sobreexpuesto, -a [soβre(e)s'pwesto, -a] *adj* ❶ (FOTO) überbelichtet ❷ *(arriba mencionado)* oben erwähnt [*o* genannt]

sobrefaz [soβre'faθ] *f* Oberfläche *f*

sobregirar [soβrexi'rar] *vt (saldo deudor)* überziehen; **~ la cuenta** das Konto überziehen

sobrehilado [soβrei'laðo] *m* ❶ *(acción)* Heften *nt* ❷ *(puntada)* Heftstich *m*

sobrehilar [soβrei'lar] *vt* heften

sobrehumano, -a [soβreu'mano, -a] *adj* übermenschlich

sobrelleno, -a [soβre'ʎeno, -a] *adj* übervoll, prallvoll

sobrellevar [soβreʎe'βar] *vt* ❶ *(aguantar)* ertragen; **~ mal** schwernehmen; **~ bien** mit Fassung tragen ❷ *(peso)* **~ algo a alguien** jdm etw abnehmen

sobremanera [soβrema'nera] *adv* außerordentlich

sobremesa [soβre'mesa] *f* ❶ *(mantel)* Tischtuch *nt* ❷ *(postre)* Nachtisch *m* ❸ *(loc)* **de ~** *(después)* nach dem Essen; **conversación de ~** Tischgespräch *nt;* **programa de ~** (TV) (Nach)mittagsprogramm *nt;* **estar de ~** nach dem Essen noch (gemütlich) bei Tisch sitzen

sobrenadar [soβrena'ðar] *vi* (auf der Oberfläche) schwimmen

sobrenatural [soβrenatu'ral] *adj* ❶ *(preternatural)* übernatürlich; **ciencias ~es** Okkultismus *m;* **la vida ~** das Leben nach dem Tod ❷ *(extraordinario)* unglaublich

sobrenombre [soβre'nombre] *m* ❶ *(calificativo)* Beiname *m* ❷ *(apodo)* Spitzname *m*

sobrentender [soβrenten'der] <e → ie> *vt, vr v.* **sobreentender**

sobreparto [soβre'parto] *m* Wochenbett *nt;* **dolores de ~** Nachwehen *fpl;* **morir de ~** im Wochenbett sterben

sobrepasar [soβrepa'sar] *vt* ❶ *(en cantidad)* übersteigen; *(límite)* überschreiten; **~ su ámbito de responsabilidades** seine Befugnisse überschreiten ❷ *(aventajar)* übertreffen; *(un récord, el mejor)* schlagen ❸ *(adelantar)* überholen

sobrepeso [soβre'peso] *m* Übergewicht *nt*

sobreponer [soβrepo'ner] *irr como poner* **I.** *vt* ❶ *(encima de algo)* obenauf legen, obenauf stellen; *(cubierta)* legen; *(funda)* überziehen; *(bordado)* aufsetzen; *(añadir)* hinzugeben ❷ *(en consideración/rango/autoridad)* stellen (**a** über +*akk*); *(anteponer)* den Vorzug geben +*dat;* **~ a alguien a todos los demás** jdn über alle anderen stellen **II.** *vr:* **~se** ❶ *(calmarse)* sich beherrschen ❷ *(al enemigo, a una enfermedad)* besiegen; *(al miedo, a un susto)* überwinden

sobreprecio [soβre'preθjo] *m* Aufpreis *m*

sobrepujar [soβrepu'xar] *vt* übertreffen (**en** in +*dat*)

sobresaliente [soβresa'ljente] **I.** *adj* ❶ *(excelente)* hervorragend ❷ (ENS: *nota*) sehr gut **II.** *m* (ENS: *nota*) Sehr gut *nt*

sobresalir [soβresa'lir] *vi irr como salir* ❶ *(por tamaño/estatura, t.* ARQUIT) herausragen (**de** aus +*dat*) ❷ *(distinguirse)* sich abheben (**entre/por/de** von +*dat*) ❸ *(ser excelente)* sich auszeichnen (**en** durch +*akk*)

sobresaltar [soβresal'tar] **I.** *vi* hervorstechen **II.** *vt* erschrecken **III.** *vr:* **~se** (sich) erschrecken (**con/de** bei +*dat*)

sobresalto [soβre'salto] *m (susto)* Schrecken *m; (turbación)* Bestürzung *f;* **con ~** bestürzt; **de ~** plötzlich

sobrescrito [soβres'krito] *m* ❶ *(señas)* Adresse *f* ❷ *(indicación)* Aufschrift *f*

sobresdrújulo, -a [soβres'ðruxulo, -a] *adj v.* **sobreesdrújulo**

sobreseer [soβrese'er] *irr como leer* **I.** *vt* (JUR) einstellen, vertagen; *(interrumpir)* aussetzen, unterbrechen **II.** *vi* aufgeben, verzichten (**de/en** auf +*akk*), zurücktreten (**de/en** von +*dat*); **~ los pagos** die Zahlungen einstellen

sobreseimiento [soβresei̯'mjento] *m*

S

(JUR: *fin*) Einstellung *f;* *(aplazamiento)* Aufschub *m;* *(interrupción)* Aussetzung *f;* *(renuncia)* Verzicht *m* (**de/en** auf +*akk*)

sobrestante [soβres'tante] *m* ❶ *(capataz)* Polier *m,* Aufseher *m* ❷ *(gerente)* Leiter *m*

sobrestimar [soβresti'mar] *vt* überschätzen

sobresueldo [soβre'sweldo] *m* Gehaltszulage *f*

sobretasa [soβre'tasa] *f* *(suplemento)* Zuschlag *m;* ~ **por retraso** Säumniszuschlag *m*

sobretodo [soβre'toðo] *m* (Über)mantel *m*

sobrevalorar [soβreβalo'rar] *vt* überbewerten

sobrevenir [soβreβe'nir] *vi irr como venir* *(epidemia)* (plötzlich) aufkommen; *(desgracia, guerra)* hereinbrechen; *(tormenta)* losbrechen

sobreviviente [soβreβi'βjente] *mf* Überlebende(r) *mf*

sobrevivir [soβreβi'βir] *vi (a acontecimientos/alguien)* überleben (**a** +*akk*); *(después de cierta fecha)* weiterleben; **pero ella sigue sobreviviendo en mi recuerdo** aber sie lebt in meiner Erinnerung fort

sobrevolar [soβreβo'lar] <o → ue> *vt* überfliegen

sobrexceder [soβresθe'ðer] *vt, vr v.* **sobreexceder**

sobrexcitar [soβresθi'tar] *vt, vr v.* **sobreexcitar**

sobriedad [soβrje'ðað] *f sin pl* ❶ *(sin comer/beber)* Nüchternheit *f* ❷ *(moderación)* Genügsamkeit *f* ❸ *(prudencia)* Besonnenheit *f* ❹ *(estilo)* Schlichtheit *f*

sobrino, -a [so'βrino, -a] *m, f* Neffe *m,* Nichte *f*

sobrio, -a ['soβrjo, -a] *adj* ❶ *(en ayunas, no borracho)* nüchtern ❷ *(moderado)* genügsam ❸ *(prudente)* besonnen; ~ **de palabras** wortkarg ❹ *(estilo)* nüchtern

S

socaire [so'kai̯re] *m* (NÁUT) **al** ~ im Windschatten; **al** ~ **de** *(fig)* im Schutz +*gen,* unter dem Vorwand +*gen;* **escaparon al** ~ **de la oscuridad** sie entkamen im Schutz der Dunkelheit

socaliña [soka'liɲa] *f* ❶ *(astucia)* List *f,* Tücke *f* ❷ *(estafa)* Schwindelei *f,* Täuschung *f,* Gaunerei *f*

socarrón, -ona [soka'rron, -ona] **I.** *adj* ❶ *(sarcástico)* spöttisch ❷ *(astuto)* durchtrieben **II.** *m, f* ❶ *(pícaro)* Schelm *m* ❷ *(taimado)* verschlagene Person *f*

socarronería [sokarrone'ria] *f* List *f,* Tücke *f*

socavar [soka'βar] *vt* untergraben

socavón [soka'βon] *m* ❶ (MIN) Stollen *m* ❷ *(en el suelo)* Schlagloch *nt*

sociabilidad [soθjaβili'ðað] *f sin pl* ❶ *(en la convivencia)* Geselligkeit *f;* *(afabilidad)* Gemeinschaftssinn *m* ❷ *(capacidad de comunicación)* Kontaktfreudigkeit *f* ❸ *(compañerismo)* Kameradschaftlichkeit *f*

sociable [so'θjaβle] *adj* ❶ *(tratable)* gesellig; *(que no discute)* verträglich ❷ *(comunicativo)* kontaktfreudig ❸ *(afable)* kameradschaftlich

social [so'θjal] *adj* ❶ *(relativo a la sociedad)* gesellschaftlich; *(a la convivencia)* sozial ❷ *(por parte del estado)* **asistencia** ~ Sozialhilfe *f;* **asistente** ~ Sozialarbeiter *m;* **Estado S~** Wohlfahrtsstaat *m* ❸ (JUR, ECON) gesellschaftlich, Gesellschafts-

socialcristiano, -a [soθjalkris'tjano, -a] *adj* christlich-sozial

socialdemocracia [soθjaldemo'kraθja] *f* (POL) Sozialdemokratie *f*

socialdemócrata [soθjalde'mokrata] **I.** *adj* sozialdemokratisch **II.** *mf* Sozialdemokrat(in) *m(f)*

socialdemocrático, -a [soθjaldemo'kratiko, -a] *adj* (POL) sozialdemokratisch

socialismo [soθja'lismo] *m sin pl* Sozialismus *m*

socialista [soθja'lista] **I.** *adj* sozialistisch **II.** *mf* Sozialist(in) *m(f)*

socialización [soθjaliθa'θjon] *f* Verstaatlichung *f*

socializar [soθjali'θar] <z → c> *vt* verstaatlichen

sociata [so'θjata] *mf (pey fam)* Sozialist(in) *m(f)*

sociedad [soθje'ðað] *f* ❶ *(población, humanidad)* Gesellschaft *f;* ~ **del bienestar** Wohlstandsgesellschaft *f* ❷ *(trato)* Gesellschaft *f;* **la** ~ **con la que tratas** der Umgang, den du hast ❸ *(empresa)* Gesellschaft *f;* ~ **anónima** Aktiengesellschaft *f;* ~ **mediática** Mediengesellschaft *f* ❹ *(asociación)* Verein *m;* **la S~ de Jesús** der Jesuitenorden ❺ (JUR) ~ **conyugal** Ehegemeinschaft *f* ❻ *(mundo elegante)* Gesellschaft *f;* **la buena** [*o* **alta**] ~ die High Society

socio, -a ['soθjo, -a] *m, f* ❶ *(de una asociación)* Mitglied *nt* ❷ *(en sociedad comercial)* Gesellschafter(in) *m(f);* ~ **comercial** Handelspartner *m* ❸ *(argot: compañero)* Kumpel *m*

sociocultural [soθjokultu'ral] *adj* soziokulturell

socioeconómico, -a [soθjoeko'nomiko, -a] *adj* sozioökonomisch

sociolingüística [soθjoliŋ'gwistika] *f sin pl* (LING) Soziolinguistik *f*

sociología [soθjolo'xia] *f sin pl* Soziologie *f*

sociológico, **-a** [soθjo'loxiko, -a] *adj* soziologisch
sociólogo, **-a** [so'θjoloɣo, -a] *m, f* Soziologe, -in *m, f*
sociopolítico, **-a** [soθjopo'litiko, -a] *adj* gesellschaftspolitisch
socorrer [soko'rrer] *vt* helfen *+dat;* **~ a alguien con algo** jdm mit etw *dat* aushelfen
socorrido, **-a** [soko'rriðo, -a] *adj* ❶ *(útil)* hilfreich ❷ *(que ayuda)* hilfsbereit ❸ *(comprobado)* (alt)bewährt ❹ *(común)* alltäglich; *(trillado)* abgedroschen
socorrismo [soko'rrismo] *m sin pl* Rettungsdienst *m*
socorrista [soko'rrista] *mf (de playas)* Rettungsschwimmer(in) *m(f); (en piscinas)* Bademeister(in) *m(f)*
socorro [so'korro] *m* ❶ *(ayuda)* Hilfe *f; (salvamento)* Rettung *f;* **pedir ~** um Hilfe rufen ❷ *(dinero)* Vorschuss *m*
soda ['soða] *f (bebida)* Sodawasser *nt*
sodio ['soðjo] *m* Natrium *nt*
sodomita [soðo'mita] **I.** *adj* sodomitisch **II.** *mf* ❶ *(de Sodoma)* Sodomit(in) *m(f)* ❷ *(pey)* Homosexuelle(r) *f(m)*
sodomizar [soðomi'θar] <z → c> *vi* sodomieren
soez [so'eθ] *adj* obszön
sofá [so'fa] <sofás> *m* Sofa *nt*
sofá cama [so'fa 'kama] <sofás cama> *m* Schlafsofa *nt*
sofisma [so'fisma] *m* Sophisma *nt*
sofisticación [sofistika'θjon] *f* ❶ *(razonamiento)* Sophisterei *f* ❷ *(exceso de artificio)* Getue *nt,* Ziererei *f* ❸ *(de un mecanismo)* Präzision *f*
sofisticado, **-a** [sofisti'kaðo, -a] *adj* ❶ *(afectado)* gekünstelt ❷ (TÉC) hoch entwickelt
sofisticar [sofisti'kar] <c → qu> *vt* ❶ *(palabras)* verfälschen, verdrehen ❷ *(refinar excesivamente)* erkünsteln; **sofistica demasiado su forma de escribir** sein/ihr Schreibstil ist zu gekünstelt
soflama [so'flama] *f* ❶ *(llama)* kleine Flamme *f* ❷ *(discurso ardoroso)* Hetzrede *f* ❸ *(rubor)* Schamröte *f* ❹ *(zalamería)* Schöntuerei *f,* Schönred(n)erei *f*
soflamar [sofla'mar] **I.** *vt* ❶ *(fingir)* schöntun, schönreden ❷ *(abochornar con reproches)* tief beschämen, beschimpfen ❸ *(chamuscar)* ansengen; *(plumaje)* absengen; *(comida)* anbrennen **II.** *vr:* **~se** anbrennen
sofocación [sofoka'θjon] *f* ❶ *(sofoco)* Atemnot *f,* Erstickung *f;* (MED) Hitzewallung *f* ❷ *(bochorno)* Beschämung *f*
sofocado, **-a** [sofo'kaðo, -a] *adj* **estar ~** außer Atem sein
sofocante [sofo'kaṇte] *adj* ❶ *(asfixiante)* beklemmend; *(ambiente, aire)* stickig; **hace un calor ~** es ist unerträglich schwül ❷ *(avergonzante)* beschämend
sofocar [sofo'kar] <c → qu> **I.** *vt* ❶ *(asfixiar)* ersticken ❷ *(impedir que progrese)* hemmen; *(fuego)* ersticken; *(revolución)* im Keim ersticken; *(epidemia)* unterdrücken ❸ *(avergonzar)* beschämen ❹ *(enojar)* aufregen *fam* **II.** *vr:* **~se** ❶ *(ahogarse)* keine Luft (mehr) bekommen ❷ *(sonrojar)* sich schämen ❸ *(excitarse)* sich aufregen; *(enojarse)* aufbrausen
sofoco [so'foko] *m* ❶ *(ahogo)* Atemnot *f; (después de un esfuerzo)* Kurzatmigkeit *f* ❷ *(excitación)* Aufregung *f* ❸ *(calor)* Hitzewallung *f*
sofocón [sofo'kon] *m (fam)* ❶ *(enojo)* (Riesen)ärger *m* ❷ *(excitación)* Wut *f*
sofreír [sofre'ir] *vt irr como reír* anbraten
sofrito [so'frito] *m* (GASTR) *Soße aus in Öl angebratenen Zwiebeln oder Tomaten zum Würzen von Speisen*
sóftbol ['softβol] *m* (DEP) Softball *m*
software ['sofʷwer] *m sin pl* (INFOR) Software *f;* **~ de dictado** Diktatsoftware *f;* **~ de dominio público** Shareware *f;* **~ de control remoto** Fernsteuerungssoftware *f;* **~ de navegación** Navigationssoftware *f;* **~ libre** freie Software
soga ['soɣa] *f* Seil *nt;* **dar ~** das Seil langsam laufen lassen; **dar ~ a alguien** *(fig)* jdn einfach reden lassen; *(burlarse)* sich über jdn lustig machen; **Pedro está con la ~ al cuello** *(fig)* Pedro steht das Wasser bis zum Hals
soja ['soxa] *f* (BOT) Soja *f;* **semilla de ~** Sojabohne *f;* **~ trasgénica** Gensoja *nt*
sojuzgar [soxuθ'ɣar] <g → gu> *vt* unterwerfen
sol [sol] *m* ❶ *(astro)* Sonne *f; (luz)* Sonnenschein *m;* **al ~ puesto** im Morgengrauen; **de ~ a ~** von (früh)morgens bis (spät)abends; **día de ~** sonniger Tag; **ponerse al ~** *(tumbarse)* sich in die Sonne legen; *(sentarse)* sich in die Sonne setzen; **tomar el ~** sich sonnen; **hoy hace ~** heute scheint die Sonne; **no dejar a alguien ni a ~ ni a sombra** nicht von jds Seite weichen; **arrimarse al ~ que más calienta** *(fig)* ein Trittbrettfahrer sein ❷ (GASTR) **~ y sombra** *Mixgetränk aus Anis und Weinbrand* ❸ *(moneda)* Sol *m* ❹ *(fam: alabanza)* Goldstück *nt* ❺ (MÚS) g, G *nt;* **~ mayor** G-Dur *nt*
solador(a) [sola'ðor(a)] *m(f)* Bodenleger(in) *m(f),* Fliesenleger(in) *m(f)*
solamente [sola'meṇte] *adv* ❶ *(únicamente)* nur ❷ *(expresamente)* einzig und allein

S

solana [so'lana] *f* ① *(en edificios)* Südseite *f;* *(en montañas)* Südhang *m* ② *(galería)* Wintergarten *m*
solanera [sola'nera] *f* ① *(exceso de sol)* brütende Sonne *f* ② (MED: *quemadura*) Sonnenbrand *m;* *(insolación)* Sonnenstich *m*
solano [so'lano] *m* Ostwind *m*
solapa [so'lapa] *f* ① *(chaqueta)* Revers *nt o m* ② *(libro)* Klappe *f* ③ *(pretexto)* Vorwand *m*
solapamiento [solapa'mjeṇto] *m* ① *(solapo)* Überlappung *f* ② *(en las llagas)* Höhlung *f (in einer Wunde bei Tieren)*
solapar [sola'par] **I.** *vi* sich überlappen **II.** *vt* ① *(cubrir)* überlappen ② *(chaqueta, vestido)* umschlagen ③ *(disimular)* vertuschen
solapo [so'lapo] *m* ① *(de las tejas)* Überdeckung *f,* Überlappung *f;* **a ~** *(fam)* verstohlen, heimlich ② *(sopapo)* Ohrfeige *f*
solar [so'lar] **I.** *adj* Sonnen-; **plexo ~** Solarplexus *m;* **sistema ~** (ASTR) Sonnensystem *nt* **II.** *m* ① *(terreno)* Grundstück *nt;* **~ para edificaciones** Baugrundstück *nt* ② *(casa)* Stammsitz *m* ③ *(linaje)* Abstammung *f;* **venir del ~ de...** aus dem Hause der ... kommen ④ *(AmC: patio)* Innenhof *m* **III.** *vt* <o → ue> ① *(pavimentar)* fliesen ② *(calzado)* besohlen
solariego, -a [sola'rjeɣo, -a] **I.** *adj* ① *(de linaje noble)* adelig ② *(propiedad)* Stamm-; **casa solariega** Stammsitz *m* **II.** *m, f* ① *(noble)* Gutsherr(in) *m(f)* ② *(propiedad)* Stammgut *nt*
solárium [so'lariun] *m* <solarios> Solarium *nt*
solaz [so'laθ] *m* ① *(recreo)* Erholung *f* ② *(esparcimiento)* Vergnügung *f*
solazar [sola'θar] <z → c> **I.** *vt* ① *(recrear)* erfrischen ② *(divertir)* erheitern; *(entretener)* zerstreuen **II.** *vr:* **~se** ① *(recrearse)* sich erholen ② *(divertirse)* sich vergnügen; *(entretenerse)* sich zerstreuen
soldada [sol̦'daða] *f (salario)* Lohn *m;* (MIL) Sold *m*
soldado, -a [sol̦'daðo, -a] *m, f* ① (MIL) Soldat(in) *m(f)* ② *(defensor)* Befürworter(in) *m(f)*
soldador [sol̦da'ðor] *m* Lötkolben *m*
soldadura [sol̦da'ðura] *f* (TÉC) ① *(trabajo)* Schweißarbeit(en) *f(pl)* ② *(punto de unión)* Schweißnaht *f*
soldar [sol̦'dar] <o → ue> **I.** *vt (con metal fundido)* löten; *(unir)* zusammenlöten; *(solo mediante el calor)* schweißen; *(unir)* verschweißen; *(con pegamento)* zusammenkleben **II.** *vr:* **~se** *(herida)* verheilen; *(huesos)* zusammenwachsen
soleado, -a [sole'aðo, -a] *adj* sonnig
solear [sole'ar] **I.** *vt* in die Sonne legen/stellen; *(blanquear)* bleichen **II.** *vr:* **~se** sich sonnen
soledad [sole'ðað] *f* Einsamkeit *f*
solemne [so'lemne] *adj* ① *(ceremonioso)* feierlich; **discurso ~** Festrede *f* ② *(mentira)* ungeheuer; *(error)* gewaltig
solemnidad [solemni'ðað] *f* ① *(cualidad)* Feierlichkeit *f* ② (REL: *festividad*) Fest *nt* ③ *pl (formalidades)* Förmlichkeiten *fpl*
solemnizar [solemni'θar] <z → c> *vt* feierlich begehen
soler [so'ler] <o → ue> *vi* **~ hacer** gewöhnlich tun; **en España se suelen celebrar los santos** in Spanien ist es üblich, den Namenstag zu feiern; **suele ocurrir que...** es kommt oft vor, dass ...
solera [so'lera] *f* ① *(puntal)* Stützbalken *m* ② *(del molino)* Mühlstein *m* ③ *(del vino)* Bodensatz *m* ④ *(abolengo)* Tradition *f;* **un país de ~ celta** ein Land mit keltischer Tradition; **con mucha ~** traditionsreich
soleta [so'leta] *f* ① *(tela)* Stoffstück *nt* zum Flicken der Strumpfsohle ② *(fam: mujer)* dreiste Frau *f* ③ *(loc)* **dar ~ a alguien** jdn hinauswerfen; **tomar ~** [*o* **apretar de ~**] *(fam)* verduften, sich aus dem Staub machen
solfa ['solfa] *f* ① (MÚS: *signos*) Noten *fpl;* *(arte de solfear)* Solfeggieren *nt;* *(melodía)* Melodie *f;* **estar (escrito) en ~** völlig unleserlich sein ② *(fam: zurra)* Tracht *f* Prügel ③ *(loc)* **poner algo en ~** *(ridiculizar)* etw lächerlich machen; *(con arte y orden)* etw sehr ordentlich machen
solfear [solfe'ar] *vt* ① (MÚS) solfeggieren ② *(pegar)* verprügeln ③ *(fam: reprender)* anmotzen
solfeo [sol'feo] *m* ① (MÚS: *acción*) Solfeggieren *nt;* *(fragmento)* Solfeggio *nt* ② *(fam: zurra)* Tracht *f* Prügel
solicitación [soliθita'θjon] *f* ① *(petición)* Bitte *f* ② *(para un trabajo)* Bewerbung *f*
solicitante [soliθi'taṇte] *mf* ① *(de una petición)* Antragsteller(in) *m(f);* **~ de asilo** Asylbewerber(in) *m(f)* ② *(para un trabajo)* Bewerber(in) *m(f)*
solicitar [soliθi'tar] *vt* ① *(pedir)* bitten (um +*akk*); *(gestionar)* beantragen; *(un trabajo)* sich bewerben (um +*akk*); **~ un médico** nach einem Arzt verlangen ② *(compañía, amor, atención)* werben (um +*akk*); **~ la mano de una mujer** um die Hand einer Frau anhalten; **te solicitan en todas partes** du bist heiß begehrt
solícito, -a [so'liθito, -a] *adj (diligente)* fleißig; *(cuidadoso)* sorgfältig
solicitud [soliθi'tuð] *f* ① *(diligencia)*

S

Fleiß *m; (cuidado)* Gewissenhaftigkeit *f* ❷ *(petición)* Bitte *f; (formal)* Antrag *m;* **~ de empleo** Bewerbung *f*

solidaridad [soliðari'ðaᵈ] *f sin pl* Solidarität *f;* **por ~ con** aus Solidarität mit *+dat*

solidario, -a [soli'ðarjo, -a] *adj* solidarisch; **hacerse ~ de alguien** für jdn eintreten

solidarizarse [soliðari'θarse] <z → c> *vr* sich solidarisieren; **me solidarizo con tu opinión** ich teile deine Meinung

solidez [soli'ðeθ] *f* Festigkeit *f; (estabilidad)* Haltbarkeit *f*

solidificación [soliðifika'θjon] *f* (FÍS) Verfestigung *f*

solidificar [soliðifi'kar] <c → qu> **I.** *vt* fest werden lassen; *(fig)* festigen **II.** *vr:* **~se** sich verfestigen

sólido¹ ['soliðo] *m* ❶ (FÍS) fester Körper *m* ❷ *(geometría)* Körper *m*

sólido, -a² ['soliðo, -a] *adj* (*t.* FÍS) fest; *(material, construcción)* stabil; *(colores)* farbecht; *(ingreso)* sicher; *(precios)* stabil; *(voz)* nachdrücklich

soliloquio [soli'lokjo] *m* Selbstgespräch *nt;* (TEAT) Monolog *m*

solista [so'lista] *mf* Solist(in) *m(f)*

solitaria [soli'tarja] *f* Bandwurm *m*

solitario¹ [soli'tarjo] *m* ❶ *(diamante)* Solitär *m* ❷ *(cartas)* Patience *f*

solitario, -a² [soli'tarjo, -a] **I.** *adj* ❶ *(sin compañía)* allein; *(abandonado)* einsam; **en ~** im Alleingang ❷ *(lugar)* einsam **II.** *m, f* Einsiedler(in) *m(f)*

sólito, -a ['solito, -a] *adj* gewöhnlich, üblich, gewohnt

soliviantado, -a [soliβjan̩'taðo, -a] *adj* gehetzt, unruhig

soliviantar [soliβjan̩'tar] *vt* ❶ *(incitar)* aufwiegeln ❷ *(enojar)* verärgern ❸ *(encandilar)* Flausen in den Kopf setzen *+dat* ❹ *(inquietar)* aufregen; **los celos le tienen soliviantado** er ist krank vor Eifersucht

soliviar [soli'βjar] **I.** *vt* ❶ *(alzar)* hochheben ❷ *(Arg: fam: hurtar)* klauen **II.** *vr:* **~se** sich halb aufrichten

solla ['soʎa] *f* (ZOOL) Rotzunge *f,* Scholle *f*

sollozar [soʎo'θar] <z → c> *vi* schluchzen

sollozo [so'ʎoθo] *m* Schluchzen *nt*

solo¹ ['solo] *m* ❶ *(baile, t.* MÚS) Solo *nt* ❷ *(cartas)* Patience *f*

solo, -a² ['solo, -a] *adj* ❶ *(sin compañía)* allein; *(sin familia)* alleinstehend; *(solitario)* einsam; **a solas** ganz allein; **por sí ~** von selber; **lo hace como ella sola** sie macht es wie nur sie allein es kann ❷ *(único)* einzig; **ni una sola vez** nicht ein einziges Mal ❸ *(sin añadir nada)* allein; *(café)* schwarz; **comer el pan ~** das Brot ohne Aufstrich essen

solo³ ['solo] *adv,* **sólo** ['solo] *adv* ❶ *(únicamente)* nur; **solo que...** es ist nur so, dass ...; **tan solo** wenigstens; **aunque solo sean 10 minutos de deporte al día...** (auch) mit nur 10 Minuten Sport am Tag ... ❷ *(exckusivamente)* einzig und allein

solomillo [solo'miʎo] *m* Filet *nt*

solsticio [sols'tiθjo] *m* Sonnenwende *f*

soltar [sol̩'tar] *irr* **I.** *vt* ❶ *(dejar de sujetar)* loslassen; *(liberar)* freilassen; *(dejar caer)* fallen lassen ❷ *(nudo)* lösen; *(quitar las ligaduras)* losbinden ❸ *(para independizarse)* loslassen ❹ *(expresión, grito)* loslassen; *(tacos)* ausstoßen; **~ una carcajada** laut loslachen ❺ *(paliza)* verpassen; *(tiro)* abfeuern; **~ una bofetada a alguien** jdm eine runterhauen ❻ *(puesto)* aufgeben ❼ *(lágrimas)* vergießen ❽ (AUTO: *embrague*) kommen lassen; *(frenos)* lösen; *(cinturón)* abschnallen ❾ *(gases)* **~ un pedo** *(fam)* einen fahren lassen ❿ *(fam: dinero)* ausgeben; **~ la mosca** ein paar Kröten springen lassen **II.** *vr:* **~se** ❶ *(liberarse)* sich befreien; *(de unas ataduras)* sich losmachen; **~se de la mano** sich von der Hand losreißen ❷ *(un nudo/lazo/tiro)* sich lösen ❸ *(al hablar)* sich gehenlassen; *(una palabra, expresión)* herausrutschen; **se me soltó la lengua** ich redete zu viel ❹ *(desenvoltura)* sicher werden; **~se a hacer algo** allmählich anfangen, etw zu tun ❺ *(para independizarse)* sich lösen

soltería [sol̩te'ria] *f* Ledigenstand *m,* Ehelosigkeit *f*

soltero, -a [sol̩'tero, -a] **I.** *adj* ledig **II.** *m, f* Junggeselle, -in *m, f;* **apellido de soltera** Mädchenname *m;* **de solteras solíamos salir mucho** als wir noch unverheiratet waren, gingen wir viel aus

solterón, -ona [sol̩te'ron, -ona] *m, f* alter Junggeselle, alte Junggesellin *m, f; (pey: mujer)* alte Jungfer *f*

soltura [sol̩'tura] *f* Gewandtheit *f; (de forma relajada)* Ungezwungenheit *f; (al hablar)* Redegewandtheit *f*

solubilidad [soluβili'ðaᵈ] *f* Löslichkeit *f*

soluble [so'luβle] *adj* ❶ *(líquido)* löslich; **~ en agua** wasserlöslich ❷ *(problema)* lösbar

solución [solu'θjon] *f* ❶ *(líquido)* Lösung *f;* **~ anticongelante** Frostschutzmittel *nt* ❷ *(de un problema)* Lösung *f;* **no tener ~** unlösbar sein; *(situación)* ausweglos sein; **no hay más ~** man kann nichts weiter tun; **proponer una ~** eine Lösung vorschlagen ❸ *(interrupción)* **~ de continuidad** Unterbrechung *f*

solucionar [soluθjo'nar] *vt* lösen

S

solvencia [sol'βeṇθja] *f* ❶ (FIN) Zahlungsfähigkeit *f* ❷ *(responsabilidad)* Vertrauenswürdigkeit *f;* ~ **moral** Charakter *m;* **de toda ~ moral** hochanständig
solventar [solβeṇ'tar] *vt* ❶ *(problema)* lösen; *(asunto)* erledigen; *(desavenencia)* beilegen ❷ *(deuda, cuenta)* begleichen
solvente [sol'βeṇte] **I.** *adj* ❶ (FIN) zahlungsfähig ❷ *(sin deudas)* schuldenfrei ❸ *(reputación)* redlich **II.** *m* (QUÍM) Lösungsmittel *nt*
somalí [soma'li] <somalíes> *mf* Somalier(in) *m(f)*
Somalia [so'malja] *f* Somalia *nt*
somatén [soma'ten] *m* ❶ *(milicia)* Bürgerwehr *f,* Miliz *f* ❷ *(disturbio)* Aufruhr *m,* Unruhe *f,* Tumult *m*
somático, -a [so'matiko, -a] *adj* somatisch, körperlich
somatizar [somati'θar] <z → c> *vt* (PSICO) somatisieren
sombra ['sombra] *f* ❶ *(proyección)* Schatten *m;* **~s chinescas** Schattentheater *nt;* **~ de ojos** *(producto cosmético)* Lidschatten *m;* **hacer ~** Schatten werfen; **hacer ~ a alguien** *(fig)* jdn in den Schatten stellen; **dar (una) buena ~** viel Schatten spenden; **sentarse a la ~ de un árbol** sich in den Schatten eines Baumes setzen; **quita de ahí que me haces ~** verschwinde da, du stehst mir in der Sonne; **esta persona se ha convertido en mi ~** diese Person verfolgt mich überallhin; **no ver más que ~s a su alrededor** immer nur schwarzsehen; **no fiarse ni de su (propia) ~** niemandem über den Weg trauen; **no es ~ de lo que era** er/sie ist nur noch der Schatten seiner/ihrer selbst ❷ *pl (oscuridad)* Dunkelheit *f* ❸ *(clandestinidad)* **trabajar en la ~** schwarzarbeiten ❹ (ARTE) Schattierung *f* ❺ *(cantidad mínima)* Schimmer *m;* **esto no tiene la más mínima ~ de verdad** da ist absolut nichts Wahres dran; **una ~ de tristeza** ein Anflug von Traurigkeit ❻ *(de un difunto)* Geist *m* ❼ *(defecto)* dunkler Fleck *m* ❽ *(fam: cárcel)* **a la ~** im Knast; **poner a la ~** einlochen ❾ *(loc)* **ni por ~** nicht im Traum; **adiós, ¡y vete por la ~!** *(fam)* tschüs, und pass auf dich auf!; **tener buena ~** *(tener chiste)* geistreich sein; *(ser simpático)* sympathisch sein; *(tener suerte)* Glück haben; **tener mala ~** *(tener mala suerte)* ein Pechvogel sein; *(ser antipático)* unsympathisch sein
sombreado [sombre'aðo] *m* Schattierung *f*
sombrear [sombre'ar] *vt* ❶ *(dar sombra)* Schatten werfen (auf +*akk*); *(a alguien)* Schatten spenden +*dat;* **~ los ojos** Lidschatten auftragen ❷ (ARTE) schattieren
sombrerería [sombrere'ria] *f* ❶ *(venta)* Hutgeschäft *nt* ❷ *(fabricación)* Hutmacherei *f*
sombrerero, -a [sombre'rero, -a] *m, f* Hutmacher(in) *m(f)*
sombrerete [sombre'rete] *m* ❶ *(irón: pequeño)* Hütchen *nt* ❷ (BOT: *setas*) Hut *m* ❸ *(para cubrir)* Haube *f;* *(de chimenea)* Schornsteinaufsatz *m*
sombrero [som'brero] *m (prenda, t.* BOT*)* Hut *m;* **~ de copa** Zylinder *m;* **quitarse el ~ ante algo** den Hut vor etw *dat* ziehen
sombrilla [som'briʎa] *f* Sonnenschirm *m*
sombrío, -a [som'brio, -a] *adj* ❶ *(en la sombra)* schattig; *(oscuro)* dunkel ❷ *(triste)* düster; *(pesimista)* schwermütig
somero, -a [so'mero, -a] *adj* ❶ *(aguas)* seicht ❷ *(superficial)* oberflächlich; *(vago)* vage
someter [some'ter] **I.** *vt* ❶ *(dominar)* unterwerfen; *(subyugar)* unterjochen; **~ la voluntad** den Willen brechen ❷ *(a una acción/un tratamiento)* unterziehen (**a** +*dat*); *(a efectos)* aussetzen (**a** +*dat*) ❸ *(plano, proyecto, ideas, oferta)* unterbreiten +*dat* ❹ *(encomendar)* **el asunto es sometido a los Tribunales** das Gericht hat über die Angelegenheit zu befinden ❺ *(subordinar)* unterordnen; **todo está sometido a tu decisión** alles hängt von deiner Entscheidung ab **II.** *vr:* **~se** ❶ *(en una lucha)* sich ergeben ❷ *(a una acción/un tratamiento)* sich unterziehen (**a** +*dat*) ❸ *(a una decisión/opinión)* sich beugen (**a** +*dat*); **~se a las órdenes/a la voluntad de alguien** sich jds Anordnungen/Willen fügen
sometimiento [someti'mjeṇto] *m* ❶ *(subyugación)* Unterwerfung *f,* Fügung *f,* Beugung *f* ❷ *(presentación)* Vorlegung *f,* Unterbreitung *f*
somier [so'mjer] <somieres> *m (de la cama)* (Sprungfeder)rahmen *m*
somnífero[1] [som'nifero] *m* Schlafmittel *nt*
somnífero, -a[2] [som'nifero, -a] *adj* einschläfernd
somnolencia [somno'leṇθja] *f (sueño)* Schläfrigkeit *f*
somnoliento, -a [somno'ljeṇto, -a] *adj (con sueño)* schläfrig; *(al despertarse)* verschlafen
somorgujo [somor'ɣuxo] *m,* **somormujo** [somor'muxo] *m* (ZOOL) Taucher *m*
somos ['somos] *1. pres pl de* **ser**
son [son] **I.** *m* ❶ *(sonido)* Klang *m;* **bailar al ~ de una guitarra** zum Klang einer Gitarre tanzen ❷ *(rumor, voz)* Ge-

S

rücht *nt;* **corre el ~ de que...** es geht das Gerücht um, dass ... ③ *(loc)* **¿a ~ de qué?, ¿a qué ~?** warum?; **bailar al ~ que le tocan** *(fam)* nach der Pfeife anderer tanzen; **hacer algo a su ~** etw auf seine Art machen; **venir en ~ de paz** in friedlicher Absicht kommen; **en ~ de broma** als Witz; **sin ~** grundlos; **sin ton ni ~** völlig grundlos; **hablar sin ton ni ~** zusammenhangloses Zeug reden **II.** *3. pres pl de* **ser**

sonada [so'naða] *f* **hacer una ~** einen Skandal provozieren, Aufsehen erregen

sonado, -a [so'naðo, -a] *adj* ① *(corriente)* geläufig; *(famoso)* bekannt; *(escandaloso)* Aufsehen erregend; *(sensacional)* sensationell ② *(loc, fam)* **estar ~** nicht richtig ticken

sonajero [sona'xero] *m* Rassel *f*

sonambulismo [sonambu'lismo] *m sin pl* Schlafwandeln *nt*

sonámbulo, -a [so'nambulo, -a] **I.** *adj* schlafwandlerisch **II.** *m, f* Schlafwandler(in) *m(f)*

sonante [so'nan̪te] *adj* **dinero contante y ~** Bargeld *nt*

sonar [so'nar] <o → ue> **I.** *vi* ① *(hacer ruido: timbre, teléfono)* klingeln; *(campanas)* läuten; *(instrumento)* erklingen; **me suenan las tripas** mir knurrt der Magen ② *(tener cierto sonido, parecerse, t.* LING, MÚS) klingen; **~ a algo** wie etw klingen; **~ a hueco** hohl klingen; **esto me suena** das kommt mir bekannt vor; (**tal y**) **como suena** *(lo digo)* genauso, wie ich es sage ③ *(loc)* **lo que sea ~á** was geschehen muss, das soll geschehen **II.** *vt* ① *(instrumento)* spielen ② *(la nariz)* schnäuzen; **~le la nariz a un niño** einem Kind die Nase putzen **III.** *vr:* **~se** sich schnäuzen **IV.** *vimpers* (**se**) **suena que...** es heißt, dass ...

sonata [so'nata] *f* Sonate *f*

sonda ['son̪da] *f* ① *(acción)* Sondieren *nt* ② *(catéter)* Sonde *f* ③ (NÁUT) Lot *nt;* **~ acústica** Echolot *nt*

sondar [son̪'dar] *vt* ① (MED) sondieren ② (NÁUT) (aus)loten ③ *(explorar)* erkunden

sondear [son̪de'ar] *vt* ① (MIN) Probebohrungen machen (von *+dat*) ② *(fam: intención)* unter die Lupe nehmen

sondeo [son̪'deo] *m* ① (MED) Sondierung *f* ② (MIN) (Probe)bohrungen *fpl* ③ (NÁUT) (Aus)loten *nt* ④ *(averiguación)* Erforschung *f;* **~ de mercado** (ECON) Marktforschung *f*

soneto [so'neto] *m* Sonett *nt*

songa-songa ['soŋga-'soŋga] *(AmC, Chil, Ecua)* **a la ~** klammheimlich

songo, -a ['soŋgo, -a] *adj (Col, Méx)* ① *(tonto)* blöd ② *(taimado)* hinterlistig

sonido [so'niðo] *m* ① *(ruido)* Ton *m* ② *(manera de sonar, t.* MÚS) Klang *m* ③ *(fonema)* Laut *m* ④ (FÍS) Schall *m* ⑤ (RADIO) Ton *m;* **~ estereofónico** Stereoton *m*

sonoridad [sonori'ðað] *f* ① *(características, t.* MÚS) Klang *m; (agradable)* Wohlklang *m* ② (LING) Stimmhaftigkeit *f*

sonorización [sonoriθa'θjon] *f* (*t.* CINE) Vertonung *f*

sonorizar [sonori'θar] <z → c> *vt* ① (CINE) vertonen ② (LING) stimmhaft aussprechen

sonoro, -a [so'noro, -a] *adj* ① *(que puede sonar)* klingend; *(acústico)* akustisch; *(bóveda)* (wider)hallend ② *(fuerte)* laut; *(agradable)* wohlklingend; **una voz sonora/poco sonora** eine kräftige/leise Stimme ③ (LING) stimmhaft ④ (FÍS) Schall- ⑤ (CINE) **banda sonora** Soundtrack *m;* **película sonora** Tonfilm *m*

sonreír [sonrre'ir] *irr como reír* **I.** *vi, vr:* **~se** *(reír levemente)* lächeln; *(fugazmente)* schmunzeln; **~ a alguien** jdn anlächeln; **~ maliciosamente** grinsen; **~ de felicidad** vor Glück strahlen **II.** *vi (la vida, la suerte)* lachen; **le sonríe la fortuna** das Glück ist auf seiner/ihrer Seite

sonriente [son'rri̯en̪te] *adj* ① *(sonriéndose)* lächelnd ② *(contentísimo)* strahlend, heiter, fröhlich

sonrisa [son'rrisa] *f (leve)* Lächeln *nt; (fugaz)* Schmunzeln *nt; (maliciosa)* Grinsen *nt*

sonrojar [sonrro'xar] **I.** *vt* erröten lassen **II.** *vr:* **~se** erröten

sonrojo [son'rroxo] *m* ① *(acción)* Erröten *nt* ② *(rubor)* Schamröte *f* ③ *(causa)* Beschämung *f*

sonrosado, -a [sonrro'saðo, -a] *adj* rosig, rosa(farben); *(mejillas)* rotbackig

sonrosar [sonrro'sar] **I.** *vt* rot werden lassen **II.** *vr:* **~se** rot werden

sonsacar [sonsa'kar] <c → qu> *vt* ① *(indagar)* herausbekommen (**a** aus *+dat*); *(secreto)* entlocken ② *(empleado)* abwerben

sonsear [sonse'ar] *vi (CSur: tontear)* blödeln

sonso, -a ['sonso, -a] *m, f (CSur: tonto)* Dumme(r) *mf*

sonsonete [sonso'nete] *m* ① *(golpecitos)* Klopfen *nt; (lluvia)* Prasseln *nt* ② *(de mofa)* spöttischer Unterton *m* ③ *(monotonía)* Leiern *nt*

soñación [soɲa'θjon] *f* **¡ni por ~!** nie im Leben!

soñado, -a [so'ɲaðo, -a] *adj (con que se sueña)* erträumt; **el hombre ~** der Traummann

S

soñador(a) [soɲa'ðor(a)] **I.** *adj* träumerisch **II.** *m(f)* Träumer(in) *m(f)*

soñar [so'ɲar] <o → ue> *vi, vt* träumen (**con** von +*dat*); ~ **despierto** tagträumen; **¡ni ~lo!** nie im Leben!; **siempre he soñado con ser médico** mein Traum war schon immer, Arzt zu werden; **sueño con volver a verte** ich wünsche mir sehnlichst, dich wiederzusehen

soñera [so'ɲera] *f* ① *(fam: ganas de dormir)* (große) Müdigkeit *f;* **¡qué ~ tenía anoche!** war ich müde gestern Abend! ② *(sueño pesado)* Tiefschlaf *m,* tiefer Schlaf *m*

soñolencia [soɲo'leṇθja] *f* ① *(sueño)* Schläfrigkeit *f;* *(al despertarse)* Benommenheit *f* ② (MED) Somnolenz *f*

soñoliento, -a [soɲo'ljeṇto, -a] *adj* schläfrig

sopa ['sopa] *f* ① *(caldo)* Suppe *f* ② *pl (pan)* eingetunktes Brot *nt* ③ *(loc, fam)* **comer la** [*o* **andar a la**] **~ boba** auf Kosten anderer leben; **estar ~** sehr erkältet sein; **como una ~, hecho una ~** *(mojado)* völlig durchnässt; **poner a alguien como la ~ de Pascua** jdm ordentlich die Leviten lesen; **ver hasta en la ~** ständig und überall antreffen; **ese os da ~s con honda a todos vosotros** der steckt euch alle in die Tasche

sopapear [sopape'ar] *vt* ① *(fam: abofetear)* ohrfeigen ② *(maltratar)* misshandeln; *(insultar)* beleidigen

sopapo [so'papo] *m* ① *(puñetazo)* Fausthieb *m* ② *(fam: bofetada)* Ohrfeige *f;* **te voy a dar un ~** ich knall dir gleich eine!

sopear [sope'ar] *vt* ① *v.* **sopar** ② *(hollar)* treten (auf +*akk*), betreten ③ *(despreciar)* mit Füßen treten

sopera [so'pera] *f* Suppenschüssel *f*

sopero, -a [so'pero, -a] **I.** *adj* Suppen-; **ser muy ~** sehr gerne Suppe essen **II.** *m, f* Suppenfreund *m*

sopesar [sope'sar] *vt* (in der Hand) wiegen; *(fig)* abwägen

sopetón [sope'ton] *m* Schlag *m;* **de ~** völlig unvermittelt

soplado[1] [so'plaðo] *m (de vidrio)* Blasen *nt*

soplado, -a[2] [so'plaðo, -a] *adj* ① *ser (limpio)* sehr gepflegt; *(pulcro)* peinlich sauber ② *ser (engreído)* eingebildet, arrogant ③ *(vidrio)* geblasen; **~ a boca** mundgeblasen

soplagaitas [sopla'ɣai̯tas] *m inv (fam)* Blödmann *m*

soplar [so'plar] **I.** *vi* blasen; *(viento)* wehen; *(poco viento)* gehen; **¡sopla!** sag bloß! **II.** *vt* ① *(con la boca)* blasen; *(apartar)* wegblasen; *(velas)* ausblasen; *(hinchar)* aufblasen; *(fuego)* anfachen; **soplado a boca** mundgeblasen ② *(en un examen)* vorsagen; (TEAT) soufflieren ③ *(delatar)* verraten; *(entre alumnos)* verpetzen ④ *(fam: hurtar)* klauen; *(cobrar)* abknöpfen ⑤ *(golpe)* verpassen ⑥ *(loc)* **hoy no te sopla la musa** heute wirst du nicht von der Muse geküsst **III.** *vr:* **~se** *(fam)* ① *(comer)* verdrücken; *(beber)* hinunterstürzen ② *(engreírse)* sich aufblasen

soplete [so'plete] *m* Gebläse *nt;* **~ soldador** Schweißbrenner *m*

soplido [so'pliðo] *m* ① *(acción)* Blasen *nt,* Pusten *nt* ② *(de viento)* Winden *nt,* Wehen *nt; (leve)* Hauch *m*

soplo ['soplo] *m* ① *(acción)* Blasen *nt;* **apagar las velas de un ~** alle Kerzen auf einmal ausblasen ② *(viento leve)* Hauch *m;* **~ de viento** Windstoß *m* ③ *(tiempo)* **como un ~** in Windeseile ④ *(denuncia)* Hinweis *m* ⑤ *(sonido)* Pfeifen *nt*

soplón, -ona [so'plon, -ona] *m, f* Verräter(in) *m(f); (entre alumnos)* Petze *f*

soponcio [so'poṇθjo] *m* ① *(desmayo)* Ohnmacht *f* ② *(mareo)* Schwindelanfall *m*

sopor [so'por] *m* Schläfrigkeit *f;* (MED) Sopor *m*

soporífero[1] [sopo'rifero] *m* Schlafmittel *nt*

soporífero, -a[2] [sopo'rifero, -a] *adj* ① *(que da sueño)* einschläfernd; *(té)* schlaffördernd ② *(aburrido)* langweilig

soportable [sopor'taβle] *adj* erträglich

soportal [sopor'tal] *m* ① *(entrada)* überdachter (Haus)eingang *m* ② *(porche)* Säulengang *m*

soportar [sopor'tar] *vt* ① *(sostener)* halten ② *(aguantar)* ertragen, aushalten

soporte [so'porte] *m (apoyo, t. fig)* Stütze *f;* *(pilar)* Träger *m;* *(de madera)* Balken *m;* **~ para bicicletas** Fahrradständer *m;* **~ de información** Datenträger *m*

soprano[1] [so'prano] *m (voz)* Sopran *m*

soprano[2] [so'prano] *mf* Sopranist(in) *m(f)*

soquete [so'kete] *m (Am: calcetín)* Socke *f*

sor [sor] *f* (Ordens)schwester *f*

sorber [sor'βer] *vt* ① *(con los labios)* schlürfen; *(por una pajita)* trinken; *(por la nariz)* einziehen; *(tabaco)* schnupfen; (MED) inhalieren ② *(empaparse de)* aufsaugen ③ *(escuchar)* in sich aufsaugen

sorbete [sor'βete] *m* Sorbet(t) *m o nt*

sorbo ['sorβo] *m (cantidad, trago)* Schluck *m;* **beber a ~s** in kleinen Schlucken trinken; **tomar de un ~** in einem Schluck trinken; **échame otro ~** schenk mir noch ein bisschen nach

S

sordera [sor'ðera] *f* ① *(privación)* Taubheit *f* ② *(disminución)* Schwerhörigkeit *f*
sordez [sor'ðeθ] *f* (LING) Stummheit *f*
sordidez [sorði'ðeθ] *f* ① *(suciedad)* Schäbigkeit *f* ② *(obscenidad)* Obszönität *f* ③ *(avaricia)* Geiz *m,* Knickerigkeit *f* ④ *(mezquindad)* Gemeinheit *f*
sórdido, -a ['sorðiðo, -a] *adj* ① *(sucio)* schäbig, schmutzig, dreckig ② *(obsceno)* obszön, schmutzig, dreckig ③ *(mezquino)* gemein
sordina [sor'ðina] *f* ① (MÚS) Sordine *f,* Sordino *m* ② *(sigilosamente)* **con ~** heimlich, still und leise
sordo, -a ['sorðo, -a] **I.** *adj* ① *(que no oye)* taub; **~ de un oído** auf einem Ohr taub; **hacer oídos ~s** sich taub stellen; **~ como una tapia** stocktaub ② *(que oye mal)* schwerhörig ③ *(algo que no hace ruido)* leise; **a sordas, a lo ~, a la sorda** still und leise ④ *(de timbre oscuro)* dumpf ⑤ *(que no presta atención)* sich taub stellend ⑥ *(sentimiento, pasión)* still ⑦ (LING) stumm **II.** *m, f* ① *(que no oye)* Taube(r) *mf;* **hacerse el ~** sich taub stellen; **predicar a los ~s** tauben Ohren predigen ② *(que oye mal)* Schwerhörige(r) *mf*
sordomudez [sorðomu'ðeθ] *f sin pl* Taubstummheit *f*
sordomudo, -a [sorðo'muðo, -a] **I.** *adj* taubstumm **II.** *m, f* Taubstumme(r) *mf*
soriano, -a [so'rjano, -a] **I.** *adj* aus Soria **II.** *m, f* Einwohner(in) *m(f)* von Soria
sorna ['sorna] *f* ① *(al obrar)* Schwerfälligkeit *f* ② *(al hablar)* Spott *m*
soroche [so'rotʃe] *m (Am: malestar de las alturas)* Höhenkrankheit *f*
sorprendente [sorpreṇ'deṇte] *adj* ① *(inesperado)* überraschend; *(desarrollo, evolución)* ungeahnt; *(asombroso)* erstaunlich; **es ~ que...** +*subj* es ist erstaunlich, dass … ② *(que salta a la vista)* auffallend; **poseer una estatura ~** auffallend groß sein ③ *(extraordinario)* außergewöhnlich; **no es ~ que...** +*subj* es ist nicht (weiter) verwunderlich, dass …
sorprender [sorpreṇ'der] **I.** *vt* ① *(coger desprevenido)* überraschen; *(asombrar)* erstaunen, verblüffen; *(extrañar)* wundern; **estar sorprendido** überrascht sein; **no me ~ía que viniera** es würde mich nicht wundern, wenn er/sie käme; **durante un momento me quedé sorprendida** ich stutzte einen Augenblick lang ② *(descubrir algo)* entdecken ③ *(pillar)* erwischen ④ (MIL: *atacar*) überfallen **II.** *vr:* **~se** *(no esperar)* überrascht sein; *(asombrarse)* erstaunt sein (**de** über +*akk*); *(extrañarse)* sich wundern; *(dudar)* stutzen
sorpresa [sor'presa] *f* ① *(acción)* Überraschen *nt;* **coger a alguien de** [*o* **por**] **~** jdn überraschen ② *(efecto)* Überraschung *f; (asombro)* Erstaunen *nt; (extrañeza)* Verwunderung *f* ③ *(regalo, noticia)* Überraschung *f*
sorpresivo, -a [sorpre'siβo, -a] *adj (Am)* ① *(sorprendente)* überraschend, erstaunlich ② *(imprevisto)* unerwartet ③ *(repentino)* plötzlich
sortear [sorte'ar] *vt* ① *(decidir)* auslosen; *(destino)* losen; *(rifar)* verlosen ② *(esquivar)* ausweichen +*dat*
sorteo [sor'teo] *m* ① *(decisión)* Auslosen *nt; (rifa)* Verlosung *f; (lotería)* Ziehung *f* ② *(esquivación)* Umgehung *f*
sortija [sor'tixa] *f* ① *(joya)* Ring *m; (con sello)* Siegelring *m* ② *(rizo)* (Haar)locke *f*
sortilegio [sorti'lexjo] *m* ① *(brujería)* Hexerei *f;* **hacer ~** zaubern ② *(vaticinio)* Wahrsagung *f;* **hacer ~** wahrsagen
sosa ['sosa] *f* ① (QUÍM) Soda *f o nt,* Natriumkarbonat *nt* ② (BOT) Salzkraut *nt*
sosaina [so'sai̯na] **I.** *adj (fam)* fade, langweilig **II.** *mf (fam)* Langweiler(in) *m(f),* Schlaftablette *f,* Schlafmütze *f*
sosegado, -a [sose'ɣaðo, -a] *adj* ① *(apacible)* friedfertig ② *(tranquilo)* ruhig
sosegar [sose'ɣar] *irr como fregar* **I.** *vt (calmar)* beruhigen **II.** *vi, vr:* **~se** *(descansar)* zur Ruhe kommen **III.** *vr:* **~se** *(calmarse)* sich beruhigen
soseras [so'seras] *mf inv (fam)* Langweiler(in) *m(f)*
sosería [sose'ria] *f* Fadheit *f;* **esto es una ~** hier ist absolut nichts los
sosia ['sosja] *m* Doppelgänger *m*
sosiego [so'sjeɣo] *m* Ruhe *f;* **hacer algo con ~** etw in aller Ruhe machen
soslayar [sosla'ɟar] *vt* ① *(objeto)* schräg halten ② *(evitar)* ausweichen +*dat; (encuentro)* vermeiden
soslayo, -a [sos'laɟo, -a] *adj* schräg; **mirar a alguien de ~** jdn aus den Augenwinkeln betrachten; **pasar de ~ por la casa de la abuela** im Vorbeigehen bei der Oma reinschauen; **pasar por un tema de** [*o* **al**] **~** ein Thema streifen
soso, -a ['soso, -a] *adj* ① *(sin sal)* ungesalzen; *(sin sabor)* fade ② *(persona)* fade
sospecha [sos'petʃa] *f* ① *(suposición)* Vermutung *f* ② *(desconfianza)* Misstrauen *nt* ③ *(de un crimen)* Verdacht *m; (contra alguien concreto)* Verdächtigung *f;* **bajo ~ de asesinato** unter Mordverdacht
sospechar [sospe'tʃar] **I.** *vt* ① *(creer posible)* vermuten; **¡ya lo sospechaba!** das hatte ich mir schon gedacht! ② *(recelar)* befürchten **II.** *vi* verdächtigen (**de** +*akk*)

S

sospechoso, -a [sospe'tʃoso, -a] **I.** *adj* verdächtig; **me resulta ~ que...** +*subj* es kommt mir verdächtig vor, dass … **II.** *m, f* Verdächtige(r) *mf*
sostén [sos'ten] *m* ① *(apoyo, t. fig)* Stütze *f;* **pilar de ~** Stützpfeiler *m* ② *(prenda)* BH *m* ③ *(de familia)* Unterhalt *m; (alimentos)* Nahrung *f*
sostener [soste'ner] *irr como tener* **I.** *vt* ① *(sujetar)* (fest)halten; **esta cuerda sostiene la pata de la mesa** an diesem Seil ist das Tischbein festgemacht ② *(aguantar)* halten; *(por debajo)* tragen; *(por debajo, por los lados)* stützen ③ *(afirmar)* behaupten; *(idea, teoría)* vertreten ④ *(persona)* unterstützen ⑤ *(lucha)* bestehen; *(tren de vida)* durchhalten; *(velocidad, posición)* beibehalten; **~ una larga conversación** ein langes Gespräch führen **II.** *vr:* **~se** ① *(sujetarse)* sich festhalten ② *(aguantarse)* sich halten ③ *(en pie)* sich aufrecht halten; *(sobre agua, en el aire)* sich halten ④ *(económicamente)* **apenas me puedo ~** ich kann kaum meinen Lebensunterhalt bestreiten ⑤ *(en opinión)* beharren (**en** auf/bei +*dat*)
sostenibilidad [sostensiβili'ðað] *f* Nachhaltigkeit *f*
sostenible [soste'niβle] *adj* nachhaltig
sostenido[1] [soste'niðo] *m* (MÚS) Kreuz *nt,* Erhöhungszeichen *nt;* **poner un ~** erhöhen
sostenido, -a[2] [soste'niðo, -a] *adj* ① *(esfuerzo)* ausdauernd ② (MÚS) erhöht; **fa ~** Fis *nt*
sostenimiento [sosteni'mjen̩to] *m* ① *(acción)* Halten *nt* ② *(apoyo)* Halt *m* ③ *(manutención)* Unterhalt *m* ④ *(mantenimiento)* Aufrechterhaltung *f*
sota ['sota] *f (naipe)* ≈ Bube *m*
sotana [so'tana] *f* Soutane *f*
sótano ['sotano] *m* ① *(piso)* Untergeschoss *nt* ② *(habitación)* Keller *m*
sotavento [sota'βen̩to] *m* Lee *f o nt*
soterrado, -a [sote'rraðo, -a] *adj* ① *(bajo tierra)* vergraben ② *(sentimiento)* verborgen, heimlich
soterrar [sote'rrar] <e → ie> *vt* ① *(enterrar)* vergraben ② *(esconder)* verstecken; *(sentimientos)* verbergen
sotreta [so'treta] *adj (Arg, Bol, Urug)* ① *(caballo)* störrisch ② *(holgazán)* faul; *(no fiable)* unzuverlässig
soturno, -a [so'turno, -a] *adj (Ven: taciturno)* verschlossen
soufflé [su'fle] *m v.* **suflé**
soul [sou̯l] *m* (MÚS) Soul *m*
soviet ['soβje^{t}] *m* Sowjet *m*
soviético, -a [so'βjetiko, -a] **I.** *adj* sowjetisch **II.** *m, f* Sowjetbürger(in) *m(f)*
soy [soi̯] *1. pres de* **ser**
spaguetti [espa'ɣeti] *mpl* Spaghetti *pl*
spinning® [es'piniŋ] *m* (DEP) Spinning® *nt*
split [es'pli^{t}] <splits> *m* (ECON, FIN) Splitting *nt*
sponsor [es'ponsor] *mf* Sponsor(in) *m(f);* **hacer de ~** sponsern
spot [es'po^{t}] *m* <spots> ① *(anuncio)* (Werbe)spot *m* ② *(foco de luz)* Spot *m,* Spotlight *nt*
spray [es'prai̯] *m* <sprays> *v.* **espray**
sprint [es'prin̩^{t}] *m v.* **esprín**
squash [es'kwaʃ] *m sin pl* Squash *nt*
Sr. [se'ɲor] *abr de* **señor** H.; *(en direcciones)* Hrn.
Sra. [se'ɲora] *abr de* **señora** Fr.
Srta. [seɲo'rita] *f abr de* **señorita** Frl.
Sta. ['san̩ta] *f abr de* **santa** St.
stand [es'tan] *m* <stands> (Messe)stand *m*
stand by [es'tand bai] *m* (INFOR) (**funcionamiento) en ~** Stand-by-Betrieb *m;* **en ~** im Stand-by-Betrieb
standing [es'tan̩'diŋ] *m sin pl* ① *(lujo)* Luxus *m;* **pisos de alto ~** Luxuswohnungen *fpl* ② *(posición social)* Standing *nt,* Ansehen *nt*
stick [es'ti^{k}] *m* ① (DEP) Schläger *m* ② *(desodorante)* Deostift *m*
Sto. ['san̩to] *abr de* **santo** St.
stop [es'top] *m* ① *(parada)* Stopp *m* ② *(señal)* Stoppschild *nt*
streaming ['strimiŋ] *m* (INFOR) Livestream *m,* Streaming *nt;* **ver un vídeo en ~** sich *dat* ein Video per Livestream [*o* per Streaming] ansehen
stress [es'tres] *m sin pl* Stress *m*
su [su] *adj (de él)* sein(e); *(de ella)* ihr(e); **~ familia** seine/ihre Familie
Suabia ['swaβja] *f* Schwaben *nt*
suabo, -a ['swaβo, -a] **I.** *adj* schwäbisch **II.** *m, f* Schwabe, Schwäbin *m, f*
suampo ['swampo] *m (AmC: ciénaga)* Sumpf *m*
suave [su'aβe] *adj* ① *(superficie)* glatt; *(piel)* zart; *(jersey, cepillo, cabello, droga)* weich; *(masaje)* sanft; *(viento, noche)* mild; *(sopa, salsa)* sämig ② *(aterrizaje)* sanft; *(contacto)* sacht; *(curva, subida)* sanft; *(temperatura, tabaco)* mild ③ *(carácter)* sanft; *(maneras)* geschliffen; *(palabras)* freundlich
suavidad [swaβi'ða^{ð}] *f sin pl* ① *(de superficie)* Glätte *f; (de piel)* Zartheit *f; (de jersey/cepillo)* Weichheit *f; (de masaje)* Sanftheit *f; (de viento/noche/temperatura)* Milde *f; (de sopa)* Sämigkeit *f* ② *(de*

aterrizaje/caricia/curva/subida) Sanftheit *f* ③ *(de carácter)* Sanftheit *f; (de palabras)* Freundlichkeit *f*

suavizante [swaβi'θan̪te] **I.** *adj* **crema ~** Hautcreme *f* **II.** *m* ① *(para la ropa)* Weichspüler *m* ② *(para el cabello)* Spülung *f*

suavizar [swaβi'θar] <z → c> *vt* ① *(hacer suave)* weicher machen; *(pelo, piel)* geschmeidiger machen; *(superficie)* glätten; *(navaja)* schärfen ② *(expresión, posición)* mildern; *(situación)* entspannen ③ *(persona)* besänftigen ④ *(recorrido, trabajo)* erleichtern; *(velocidad)* reduzieren

suavizar(se) [swaβi'θar(se)] <z → c> *vt* ① *(hacer suave)* weicher machen, geschmeidiger machen ② *(expresión, posición)* mildern; **la situación en el país se ha suavizado** die Lage im Land hat sich entspannt ③ *(persona)* besänftigen, beschwichtigen ④ *(recorrido, trabajo)* erleichtern; *(velocidad)* mindern, reduzieren

Suazilandia [swaθi'lan̪dja] *f* Swasiland *nt*

suba ['suβa] *f (Arg: alza)* Steigerung *f,* Steigen *nt*

subacuático, -a [suβa'kwatiko, -a] *adj* Unterwasser-

subalimentación [suβalimen̪ta'θjon] *f* Unterernährung *f*

subalimentado, -a [suβalimen̪'taðo, -a] *adj* unterernährt

subalterno, -a [suβal̪'terno, -a] **I.** *adj* untergeben **II.** *m, f (empleado)* Untergebene(r) *mf*

subarrendar [suβarren̪'dar] <e → ie> *vt (ceder: piso)* untervermieten; *(finca)* unterverpachten

subarriendo [suβa'rrjen̪do] *m (cesión: de piso)* Untervermietung *f; (de finca)* Unterverpachtung *f*

subasta [su'βasta] *f* ① *(venta)* Versteigerung *f;* **~ forzada** Zwangsversteigerung *f;* **sacar a ~ pública** öffentlich versteigern ② *(de plaza pública)* Ausschreibung *f*

subastador(a) [suβasta'ðor(a)] *m(f)* Auktionator(in) *m(f)*

subastar [suβas'tar] *vt* ① *(vender)* versteigern ② *(plaza pública)* ausschreiben

subcampeón, -ona [suβkampe'on, -ona] *m, f* Vizemeister(in) *m(f);* **~ mundial** Vizeweltmeister *m*

subcampeonato [suβkampeo'nato] *m* Vizemeisterschaft *f;* **ha ganado el ~** er/sie ist Vizemeister(in) geworden

subconsciencia [suβko^{n}s'θjen̪θja] *f* Unterbewusstsein *nt*

subconsciente [suβko^{n}s'θjen̪te] *adj* unterbewusst

subcontinente [suβkon̪ti'nen̪te] *m* Subkontinent *m*

subcontratar [suβkon̪tra'tar] **I.** *vt* an einen Subunternehmer vergeben **II.** *vi* einen Subunternehmer verpflichten

subcultura [suβkul̪'tura] *f* Subkultur *f*

subcutáneo, -a [suβku'taneo, -a] *adj* subkutan

subdelegado, -a [suβðele'ɣaðo, -a] *m, f* Unterbevollmächtigte(r) *mf;* (POL) stellvertretender Delegierter *m,* stellvertretende Delegierte *f*

subdesarrollado, -a [suβðesarro'ʎaðo, -a] *adj* unterentwickelt

subdesarrollo [suβðesa'rroʎo] *m* Unterentwicklung *f*

subdirector(a) [suβðirek'tor(a)] *m(f)* stellvertretender Direktor, stellvertretende Direktorin *m, f*

súbdito, -a ['suβðito, -a] *m, f* ① *(sometido)* Untertan(in) *m(f)* ② (POL) Staatsbürger(in) *m(f)*

subdividir [suβðiβi'ðir] *vt* unterteilen

subdivisión [suβðiβi'sjon] *f* Unterteilung *f*

subempleo [suβem'pleo] *m* Unterbeschäftigung *f*

subestimar [suβesti'mar] **I.** *vt* unterschätzen **II.** *vr:* **~se** sich unterschätzen

subexponer [suβespo'ner] *vt irr como poner* (FOTO) unterbelichten

subfusil [suβfu'sil] *m* automatische Handfeuerwaffe *f*

subgravedad [suβɣraβe'ða^{ð}] *f* (FÍS) Schwerelosigkeit *f*

subida [su'βiða] *f* ① *(de una calle)* Steigung *f; (de un río)* Anstieg *m* ② *(cuesta)* Steigung *f;* **la calle hace ~** die Straße steigt an ③ *(de precios/temperaturas/costes: acción)* Steigerung *f; (efecto)* Anstieg *m* ④ *(en coche, teleférico)* Auffahrt *f* ⑤ (POL) **~ al poder** Machtergreifung *f;* **~ al trono** Thronbesteigung *f*

subido, -a [su'βiðo, -a] *adj* ① *(color)* intensiv; *(olor)* scharf; **rojo/blanco ~** knallrot/schneeweiß ② *(fam: persona)* arrogant, eingebildet; **me lo dijo en un tono ~** er/sie sagte es (zu) mir in einem überheblichen Ton ③ *(precio)* überhöht

subir [su'βir] **I.** *vi* ① *(ascender: calle, cuesta)* ansteigen; *(humo)* aufsteigen; *(sol, pastel)* aufgehen; *(globo)* hochsteigen; *(río)* ansteigen; **~ a la cima** zum Gipfel aufsteigen; **~ a primera** (DEP) in die erste Liga aufsteigen; **la marea ha subido** es ist Flut ② *(andando)* hochgehen; *(en ascensor)* hochfahren; **sube a por tus cosas** geh hoch und hol deine Sachen ③ *(aumentar)* steigen (**en** um +*akk*); **la gasolina ha subido** das Benzin ist teurer geworden ④ *(montar: coche, metro)* einsteigen (**a** in

+*akk*); *(caballo, globo, bici)* aufsteigen (**a** auf +*akk*); *(árbol)* klettern (**a** auf +*akk*) **II.** *vt* ① *(precio)* erhöhen; **hacer ~ los precios** die Preise hochtreiben ② *(música)* lauter stellen; *(voz)* erheben ③ *(andando)* hinauflaufen; *(en coche)* hinauffahren; *(montaña)* besteigen ④ *(poner más alto: brazos)* heben; *(cortina, persiana)* hochziehen; *(cuello de abrigo)* hochschlagen; *(cabeza)* hochhalten; *(pesas)* stemmen; **~ a un niño en brazos** ein Kind auf den Arm nehmen ⑤ *(llevar)* hinauftragen; **~ al tercer piso** in den dritten Stock hinauftragen ⑥ *(pared)* hochziehen **III.** *vr:* **~se** ① *(al tren, coche, a un globo)* einsteigen (**en** in +*akk*); *(a una bici)* aufsteigen (**en** auf +*akk*); *(a un árbol)* klettern (**a** auf +*akk*); *(a una silla)* steigen (**a** auf +*akk*) ② *(loc)* **se me ha subido el vino a la cabeza** der Wein ist mir zu Kopf gestiegen; **~se a las barbas de alguien** *(fam)* jdm auf der Nase herumtanzen; **se me han subido los colores a la cabeza** ich bin schamrot geworden

súbito[1] ['suβito] *adv* plötzlich; **de ~** *(repentinamente)* plötzlich; *(inesperadamente)* unerwartet(erweise)

súbito, -a[2] ['suβito, -a] *adj* ① *(repentino)* plötzlich ② *(inesperado)* unerwartet ③ *(carácter, genio)* hitzig

subjetividad [suβxetiβi'ða^{ð}] *f sin pl* Subjektivität *f*

subjetivizar [suβxetiβi'θar] <z → c> *vt* subjektivieren

subjetivo, -a [suβxe'tiβo, -a] *adj* subjektiv

subjuntivo [suβxuṇ'tiβo] *m* Konjunktiv *m*

sublevación [suβleβa'θjon] *f* Aufstand *m*

sublevar [suβle'βar] **I.** *vt* ① *(amotinar)* aufwiegeln ② *(irritar)* sehr ärgern **II.** *vr:* **~se** sich auflehnen

sublimar [suβli'mar] *vt* ① *(a alguien)* verherrlichen ② (PSICO, QUÍM) sublimieren

sublime [su'βlime] *adj* erhaben

sublimidad [suβlimi'ða^{ð}] *f sin pl* Erhabenheit *f*

subliminal [suβlimi'nal] *adj* unterschwellig

submarinismo [su^{β}mari'nismo/su^{m}mari'nismo] *m sin pl* Tauchsport *m;* **hacer ~** tauchen

submarinista [su^{β}mari'nista/su^{m}mari'nista] *mf* (Sport)taucher(in) *m(f)*

submarino[1] [su^{β}ma'rino/su^{m}ma'rino] *m* U-Boot *nt*

submarino, -a[2] [su^{β}ma'rino, -a/su^{m}ma'rino, -a] *adj* Unterwasser-; *(vida)* unterseeisch

submenú [su^{β}me'nu/su^{m}me'nu] *m* (INFOR) Untermenü *nt*

submúltiplo[1] [su^{β}'muḷtiplo/su^{m}'muḷtiplo] *m* (MAT) Faktor *m*

submúltiplo, -a[2] [su^{β}'muḷtiplo, -a/su^{m}'muḷtiplo, -a] *adj* (MAT) in einer anderen Zahl mehrfach enthalten

subnormal [suβnor'mal] **I.** *adj* geistig behindert **II.** *mf (persona)* Person *f* mit geistiger Behinderung; **¡eres un ~!** *(pey)* du bist ja nicht ganz richtig im Kopf!

suboficial [suβofi'θjal] *m* (MIL) Unteroffizier *m*

suborden [suβ'orðen] *m* (BIOL) Unterordnung *f,* Untergattung *f*

subordinación [suβorðina'θjon] *f* Unterordnung *f; (obediencia)* Gehorsam *m*

subordinado, -a [suβorði'naðo, -a] **I.** *adj* ① *(en el trabajo)* untergeben ② (LING) **oración subordinada** Nebensatz *m* **II.** *m, f (en el trabajo)* Untergebene(r) *mf*

subordinar [suβorði'nar] *vt* unterordnen

subproducto [suβpro'ðukto] *m* Nebenprodukt *nt*

subrayado [suβrra'ɟaðo] *m* Unterstreichung *f*

subrayar [suβrra'ɟar] *vt* ① *(con raya)* unterstreichen ② *(recalcar)* betonen

subrepticio, -a [suβrrep'tiθjo, -a] *adj* ① *(pey: obtenido)* erschlichen ② *(a escondidas)* heimlich

subrogación [suβrroɣa'θjon] *f* ① (JUR: *temporal*) Vertretung *f; (definitiva)* Ersatz *m* ② (JUR) Surrogation *f*

subrogar [suβrro'ɣar] <g → gu> *vt* (JUR: *temporalmente*) vertreten; *(definitivamente)* ersetzen; *(cosa)* austauschen

subsanación [suβsana'θjon] *f (de un defecto)* Behebung *f; (de un error)* Wiedergutmachung *f*

subsanar [suβsa'nar] *vt* ① *(falta)* hinwegsehen (über +*akk*) ② *(error)* wiedergutmachen; *(defecto)* beheben; *(mal)* abhelfen +*dat* ③ *(dificultad)* überwinden

subscribir [su^{β}skri'βir] *vt, vr irr como escribir v.* **suscribir**

subscripción [su^{β}skriβ'θjon] *f v.* **suscripción**

subscriptor(a) [su^{β}skrip'tor(a)] *m(f) v.* **suscriptor**

subsecretario, -a [suβsekre'tarjo, -a] *m, f* ① (POL) Staatssekretär(in) *m(f)* ② *(en oficina)* stellvertretender Sekretär, stellvertretende Sekretärin *m, f*

subseguir [suβse'ɣir] *irr como seguir vi, vr:* **~se** ① *(seguir)* unmittelbar folgen (**a** auf +*akk*) ② *(deducirse)* sich ergeben (**de** aus +*dat*)

subsidiar [suβsi'ðjar] *vt* unterstützen

subsidiario, -a [suβsi'ðjarjo, -a] *adj* ① *(de subsidio)* unterstützend; **órgano ~** *(insti-*

tución) Hilfsorgan *nt* ❷ *(secundario)* sekundär

subsidio [suβ'siðjo] *m* Beihilfe *f;* ~ **de desempleo** [*o* **paro**] Arbeitslosengeld *nt*

subsiguiente [suβsi'ɣjen̩te] *adj* nachfolgend

subsistencia [suβsis'ten̩θja] *f* ❶ *(hecho)* Existenz *f* ❷ *pl (alimentos)* Nahrung *f* ❸ *(material)* Lebensunterhalt *m*

subsistente [suβsis'ten̩te] *adj (existente)* bestehend

subsistir [suβsis'tir] *vi* ❶ *(vivir)* leben ❷ *(perdurar)* anhalten; *(creencia)* fortbestehen; *(empresa)* weiterbestehen

substancia [su$^{(\beta)}$s'tan̩θja] *f v.* **sustancia**

substancioso, -a [su$^{\beta}$stan̩'θjoso, -a] *adj v.* **sustancioso**

substantivo [su$^{(\beta)}$stan̩'tiβo] *adj o m v.* **sustantivo**

substitución [su$^{(\beta)}$stitu'θjon] *f v.* **sustitución**

substraer [su$^{(\beta)}$stra'er] *vt irr como traer v.* **sustraer**

substrato [su$^{\beta}$s'trato] *m* Substrat *nt*

subsuelo [suβ'swelo] *m* Untergrund *m;* **riquezas del ~** Bodenschätze *mpl*

subsumir [suβsu'mir] *vt* ❶ *(en una categoría)* unterordnen (**en** +*dat*), einordnen (**en** unter +*dat*), subsumieren (**en** unter +*dat*) *geh* ❷ *(en un tema)* zusammenfassen (**en** unter +*dat*), subsumieren (**en** unter +*dat*) *geh*

subteniente [suβte'njen̩te] *m* (MIL) Leutnant *m*

subterfugio [suβter'fuxjo] *m (evasiva)* Ausrede *f; (pretexto)* Vorwand *m*

subterráneo, -a [suβte'rraneo, -a] *adj* unterirdisch

subtitular [suβtitu'lar] *vt* untertiteln; **película subtitulada en alemán** Film mit deutschen Untertiteln

subtítulo [suβ'titulo] *m* Untertitel *m*

subtropical [suβtropi'kal] *adj* subtropisch

suburbano, -a [suβur'βano, -a] *adj (teatro, cine)* Vorstadt-; *(barrio)* vorstädtisch; **línea suburbana** Vorortbahn *f*

suburbial [suβur'βjal] *adj (teatro, cine)* Vorstadt-; *(barrio, distrito)* vorstädtisch

suburbio [su'βurβjo] *m* ❶ *(alrededores)* Vorstadt *f;* **vivir en los ~s de París** am Stadtrand von Paris wohnen ❷ *(barrio)* Vorort *m*

subvención [suββen̩'θjon] *f* Zuschuss *m;* (POL) Subvention *f*

subvencionar [suββen̩θjo'nar] *vt* finanziell unterstützen; (POL) subventionieren; (ADMIN) bezuschussen

subvenir [suββe'nir] *irr como venir vi* ~ **a las necesidades de alguien** jdn unterstützen; ~ **a los gastos** die Kosten tragen [*o* bestreiten]

subversión [suββer'sjon] *f* Umsturz *m*

subversivo, -a [suββer'siβo, -a] *adj* umstürzlerisch

subyacente [suβɟa'θen̩te] *adj* ❶ *(capa)* tiefer liegend ❷ *(problema)* zugrunde liegend

subyacer [suβɟa'θer] *vi irr como yacer* ❶ *(estar debajo)* darunterliegen ❷ *(problema)* zugrunde liegen

subyugador(a) [suβɟuɣa'ðor(a)] *adj* ❶ *(que oprime)* unterwerfend ❷ *(sugestionador)* bezaubernd, faszinierend; **tiene un carácter ~** er/sie hat ein einnehmendes Wesen

subyugar [suβɟu'ɣar] <g → gu> *vt* ❶ *(oprimir)* unterwerfen ❷ *(sugestionar)* bezaubern

succión [su$^{\gamma}$'θjon] *f* Saugen *nt;* **efecto de ~** Saugwirkung *f*

succionar [su$^{\gamma}$θjo'nar] *vt* (ein)saugen; *(tierra, esponja)* aufsaugen

sucedáneo[1] [suθe'ðaneo] *m* Ersatz *m*

sucedáneo, -a[2] [suθe'ðaneo, -a] *adj* Ersatz-

suceder [suθe'ðer] **I.** *vi* ❶ *(seguir)* folgen (**a** auf +*akk*) ❷ *(en cargo)* nachfolgen; ~ **al rey** die Thronfolge antreten ❸ *(heredar)* beerben +*akk* **II.** *vt* geschehen; **¿qué sucede?** was ist los?; **por lo que pueda ~** für alle Fälle; **suceda lo que suceda** komme, was wolle; **lo más que puede ~ es que...** +*subj* im schlimmsten Fall ...; **sucede que...** die Sache ist die, dass ...

sucedido [suθe'ðiðo] *m (fam)* Ereignis *nt;* **después del ~...** nach dem, was geschehen ist ...

sucesión [suθe'sjon] *f* ❶ *(acción)* Folge *f* ❷ *(serie)* Aufeinanderfolge *f* ❸ *(en el cargo)* Nachfolge *f; (de título)* Erbfolge *f; (del trono)* Thronfolge *f* ❹ *(herencia)* Erbe *nt* ❺ *(descendencia)* Nachkommenschaft *f*

sucesivo, -a [suθe'siβo, -a] *adj* (aufeinander) folgend; **en lo ~** von nun an; **hicimos el examen en dos días ~s** wir hatten zwei Tage hintereinander Prüfung

suceso [su'θeso] *m* ❶ *(hecho)* Ereignis *nt; (repentino)* Vorfall *m* ❷ *(trascurso)* Verlauf *m*

sucesor(a) [suθe'sor(a)] *m(f)* ❶ *(a un cargo)* Nachfolger(in) *m(f); (al trono)* Thronfolger(in) *m(f)* ❷ *(heredero)* Erbe, -in *m, f*

sucesorio, -a [suθe'sorjo, -a] *adj* Nachfolge-; **comunidad sucesoria** Erbengemeinschaft *f*

suche ['sutʃe] **I.** *adj (Ven: agrio)* säuerlich

S

II. *m* *(Chil)* ❶ *(subalterno)* Untergebene(r) *m* ❷ *(rufián)* Gauner *m*

suciedad [suθje'ðaᵈ] *f* ❶ *(cualidad)* Schmutzigkeit *f* ❷ *(porquería)* Schmutz *m* ❸ *(jugada)* Gemeinheit *f*

sucinto, -a [su'θin̪to, -a] *adj* kurz

sucio[1] ['suθjo] *adv* **jugar ~** unfair spielen

sucio, -a[2] ['suθjo, -a] *adj* schmutzig; *(que se mancha fácilmente)* schmutzempfindlich; *(jugado)* unfair; **tengo los apuntes en ~** ich habe die Notizen nur ins Unreine geschrieben; **hacer el trabajo ~** die Drecksarbeit machen

suculencia [suku'len̪θja] *f* ❶ *(de sabroso)* Schmackhaftigkeit *f* ❷ *(valor nutritivo)* Nahrhaftigkeit *f* ❸ *(jugosidad)* Saftigkeit *f*

suculento, -a [suku'len̪to, -a] *adj* ❶ *(sabroso)* schmackhaft ❷ *(nutritivo)* nahrhaft ❸ *(jugoso)* saftig

sucumbir [sukum'bir] *vi* ❶ *(rendirse)* erliegen +*dat;* (JUR) unterliegen +*dat;* **Andy Roddick sucumbió ante Rafael Nadal** Andy Roddick wurde von Rafael Nadal geschlagen ❷ *(morir)* ums Leben kommen

sucursal [sukur'sal] *f* ❶ *(de empresa)* Niederlassung *f;* *(de banco/negocio)* Filiale *f* ❷ *(negociado)* Geschäftsstelle *f*

sudaca [su'ðaka] *mf (pey fam)* Lateinamerikaner(in) *m(f)*

sudadera [suða'ðera] *f* ❶ (DEP) Sweatshirt *nt;* *(con capucha)* Kapuzenpullover *m;* **darse una ~** aus allen Poren schwitzen ❷ *(para caballería)* Sattelunterlage *f*

sudado, -a [su'ðaðo, -a] *adj* verschwitzt; *(rostro)* schweißbedeckt

Sudáfrica [su'ðafrika] *f* Südafrika *nt*

sudafricano, -a [suðafri'kano, -a] **I.** *adj* südafrikanisch **II.** *m, f* Südafrikaner(in) *m(f)*

Sudamérica [suða'merika] *f* Südamerika *nt*

S

sudamericano, -a [suðameri'kano, -a] **I.** *adj* südamerikanisch **II.** *m, f* Südamerikaner(in) *m(f)*

Sudán [su'ðan] *m* Sudan *nt;* **~ del Sur** Südsudan *m*

sudanés, -esa [suða'nes, -esa] **I.** *adj* sudanesisch **II.** *m, f* Sudanese, -in *m, f*

sudar [su'ðar] **I.** *vi, vt* schwitzen; **me sudan los pies** ich schwitze an den Füßen; **estoy sudando a chorros** ich bin schweißgebadet **II.** *vi (fam: trabajar)* sich abrackern **III.** *vt* ❶ *(camisa)* verschwitzen; **~ la gota gorda** Blut und Wasser schwitzen ❷ *(conseguir)* **gano mucho pero lo sudo** ich verdiene zwar viel, muss aber auch schwer dafür schuften

sudeste [su'ðeste] *m* Südosten *m*

sudoeste [suðo'este] *m* Südwesten *m*

sudoku [su'ðoku] *m* Sudoku *nt*

sudor [su'ðor] *m (de la piel)* Schweiß *m;* **con el ~ de mi frente** im Schweiße meines Angesichts

sudoración [suðora'θjon] *f* Schwitzen *nt*

sudoriento, -a [suðo'rjen̪to, -a] *adj* ❶ *(que suda)* schwitzend ❷ *(sudado)* schweißnass, verschwitzt

sudorífico [suðo'rifiko] *m* (MED) schweißtreibendes Mittel *nt,* Diaphoretikum *nt*

sudoroso, -a [suðo'roso, -a] *adj* schweißbedeckt

sudsudeste [suðsu'ðeste] *m* Südsüdosten *m;* (METEO) Südsüdost *m*

sudsudoeste [suðsuðo'este] *m* Südsüdwesten *m;* (METEO) Südsüdwest *m*

Suecia ['sweθja] *f* Schweden *nt*

sueco, -a ['sweko, -a] **I.** *adj* schwedisch **II.** *m, f* Schwede, -in *m, f;* **hacerse el ~** sich dumm stellen

suegro, -a ['sweɣro, -a] *m, f* Schwiegervater, Schwiegermutter *m, f;* **los ~s** die Schwiegereltern

suela ['swela] *f* ❶ *(del zapato)* (Schuh)sohle *f;* **echar las medias ~s** die Schuhe besohlen (lassen); **tú no me llegas a la ~ del zapato** du kannst mir nicht das Wasser reichen ❷ *(loc, fam)* **es un tonto de siete ~s** er ist saudumm

sueldo ['swel̪do] *m (por horas)* Lohn *m;* *(de empleado)* Gehalt *nt;* *(de funcionario)* Bezüge *mpl;* (MIL) Sold *m;* **~ fijo** Fixum *nt;* **¿qué ~ ganas?** wie viel verdienst du?

suelo ['swelo] *m* ❶ *(de la tierra)* (Erd)boden *m;* **~ natal** Heimat *f;* **poner una maleta en el ~** einen Koffer abstellen; **dar consigo en el ~** hinfallen; **besar el ~** auf die Nase fallen; **está muy hondo, no toco (el) ~** es ist sehr tief, ich komme nicht auf den Grund; **no toca con los pies en el ~ de contento** *(fig)* er kriegt sich vor Freude kaum ein ❷ *(de casa)* (Fuß)boden *m* ❸ *(terreno)* Grundstück *nt;* **~ edificable** Bauland *nt* ❹ *(de vasija)* Boden *m* ❺ *(poso)* Bodensatz *m* ❻ (DEP) Bodenturnen *nt;* **ejercicios de ~** Bodenübungen *fpl* ❼ *(loc)* **estar por los ~s** *(deprimido)* am Boden zerstört sein; **poner por el ~** durch den Schmutz ziehen; **no te dejes arrastrar por el ~** *(fig)* lass dich nicht so schlechtmachen; **el plan se ha venido al ~** der Plan ist ins Wasser gefallen; **los pisos están por los ~s** *(fam)* die Wohnungen sind äußerst günstig

suelto[1] ['swel̪to] *m* ❶ *(dinero)* Kleingeld *nt* ❷ *(artículo)* Kurznachricht *f*

suelto, -a[2] ['swel̪to, -a] *adj* ❶ *(desenganchado: tornillo, arroz, lana)* locker ❷ *(de-*

satado: cordón, pelo) lose; *(broche)* offen; *(perro)* frei laufend ③ *(no sujeto: hojas)* lose; **dinero** ~ Kleingeld *nt;* **un prisionero anda** ~ ein Gefangener läuft frei herum ④ *(separado)* einzeln; **pieza suelta** Einzelteil *nt* ⑤ *(vestido)* weit ⑥ *(incontrolado)* **tener la lengua suelta** ein loses Mundwerk haben ⑦ *(estilo)* gewandt; *(lenguaje)* flüssig; **dibujar con mano suelta** sehr geschickt zeichnen ⑧ *(no envasado)* lose ⑨ *(fam: no agarrotado)* locker; **eso lo hago yo fácil y** ~ das schaffe ich locker ⑩ *(loc)* **voy** ~ **de vientre** ich habe Durchfall

sueño ['sweɲo] *m* ① *(acto de dormir)* Schlaf *m;* **me cogió el** ~ der Schlaf überkam mich; **descabezar** [*o* **echarse**] **un** ~ ein Nickerchen machen; **entre ~s** im Halbschlaf ② *(ganas de dormir)* Müdigkeit *f;* **tener** ~ müde sein; **caerse de** ~ vor Müdigkeit fast umfallen; **quitar el** ~ den Schlaf rauben ③ *(fantasía)* Traum *m;* **ni en** [*o* **por**] **~s haces tú eso** das schaffst du im Traum nicht; **un coche que es un** ~ ein Traumauto; **los ~s, ~s son** *(prov)* Träume sind Schäume

suero ['swero] *m* ① *(de leche)* Molke *f* ② (MED) Serum *nt*

suerte ['swerte] *f* ① *(fortuna)* Glück *nt;* **¡buena ~!** viel Glück!; **tener buena/mala** ~ Glück/Pech haben; **por** ~ zum Glück; **probar** ~ sein Glück versuchen; **ser cuestión de** ~ Glückssache sein; **tener una** ~ **loca** ein Glückspilz sein; **dentro de la desgracia aún has tenido** ~ du hast Glück im Unglück gehabt ② *(destino)* Schicksal *nt;* **echar algo a ~(s)** etw durch Los entscheiden; **¿quién sabe la ~ que te espera?** wer weiß, was noch auf dich zukommt? ③ *(casualidad)* Zufall *m* ④ *(manera)* Weise *f;* **de ~ que...** sodass ...; **de esta** ~ so ⑤ *(tipo)* Sorte *f;* **tratar con toda ~ de gente** mit allen möglichen Menschen verkehren ⑥ *(condición)* Situation *f*

suertero, -a [swer'tero, -a] **I.** *adj (Ecua, Hond, Perú)* glücklich, vom Glück begünstigt **II.** *m, f (Perú)* Lotterielosverkäufer(in) *m(f)*

suertudo, -a [swer'tuðo, -a] *adj (vulg)* glücklich; **ser un** ~ ein Glückspilz sein

suéter ['sweter] *m* Pullover *m*

suficiencia [sufi'θjeṇθja] *f* ① *(lo bastante)* Hinlänglichkeit *f* ② *(presunción)* Einbildung *f;* **decir con aires de** ~ in einem anmaßenden Ton sagen ③ *(pedantería)* Pedanterie *f* ④ *(aptitud)* Eignung *f*

suficiente [sufi'θjeṇte] **I.** *adj* ① *(bastante)* genug, ausreichend; **ser** ~ genügen; ~ **que conozco eso yo** das kenne ich zur Genüge ② *(presumido)* eingebildet ③ *(pedante)* pedantisch **II.** *m* (ENS: *nota*) Note *f* ,ausreichend'

sufijación [sufixa'θjon] *f* (LING) Suffixbildung *f*

sufijo [su'fixo] *m* Suffix *nt*

suflé [su'fle] *m* (GASTR) Soufflé *nt*

sufragar [sufra'ɣar] <g → gu> **I.** *vt* ① *(ayudar)* unterstützen ② *(costear: gastos)* bestreiten; *(tasa)* entrichten; *(beca)* finanzieren; *(vicios)* bezahlen **II.** *vi (Am: votar)* stimmen (**por** für +*akk*)

sufragio [su'fraxjo] *m* ① *(voto)* Stimme *f* ② *(derecho)* Wahlrecht *nt;* ~ **universal** allgemeines Wahlrecht ③ *(sistema)* Wahlsystem *nt;* ~ (**universal**) **directo** (allgemeine) Direktwahl *f* ④ (REL) Fürbitte *f*

sufrible [su'friβle] *adj* erträglich

sufrido, -a [su'friðo, -a] *adj* ① *(persona)* ergeben; **eres demasiado** ~ du lässt dir zu viel gefallen ② *(color)* gedeckt; **una tela sufrida** ein strapazierfähiger Stoff ③ *(marido)* zu nachsichtig

sufridor[1] [sufri'ðor] *m (Col, Ven: sudadero)* Woilach *m*

sufridor(a)[2] [sufri'ðor(a)] *m(f) (persona)* Leidende(r) *mf*

sufrimiento [sufri'mjeṇto] *m* ① *(acción)* Leiden *nt* ② *(moral)* Leid *nt;* *(físico)* Schmerz *m*

sufrir [su'frir] *vt* ① *(aguantar)* ertragen; *(peso)* tragen; *(a alguien)* ausstehen können ② *(padecer)* erleiden; *(enfermedad)* leiden (**de** an +*dat*); ~ **de celos** krank vor Eifersucht sein; ~ **de la espalda** Rückenschmerzen haben; ~ **persecuciones** Verfolgungen ausgesetzt sein; ~ **quejas** Klagen über sich ergehen lassen; ~ **las consecuencias** unter den Folgen leiden ③ *(experimentar: cambio, recaída, derrota)* erleiden; *(examen)* ablegen; *(desengaño)* erleben; *(accidente)* haben; *(pena)* büßen; ~ **una operación** sich einer Operation unterziehen

sugerencia [suxe'reṇθja] *f* ① *(inspiración)* Anregung *f* ② *(propuesta)* Vorschlag *m* ③ *(recomendación)* Empfehlung *f*

sugerente [suxe'reṇte] *adj* anregend; **una imagen** ~ ein Bild, das die Fantasie anregt

sugerir [suxe'rir] *vt irr como sentir* ① *(inspirar)* anregen ② *(proponer)* vorschlagen ③ *(insinuar)* andeuten ④ *(evocar)* heraufbeschwören

sugestión [suxes'tjon] *f* ① *(inspiración)* Anregung *f* ② *(propuesta)* Vorschlag *m* ③ *(de sugestionar)* Suggestion *f*

S

sugestionable [suxestjo'naβle] *adj* beeinflussbar, suggestibel *geh*

sugestionar [suxestjo'nar] **I.** *vt* ❶ *(ideas)* suggerieren ❷ *(dominar)* beeinflussen **II.** *vr:* **~se** Autosuggestion praktizieren

sugestivo, -a [suxes'tiβo, -a] *adj* ❶ *(que sugiere)* anregend ❷ *(que influencia)* beeinflussend ❸ *(plan)* verlockend

suich [switʃ] *m (Méx: botón)* Schalter *m; (de un coche)* Anlasser *m*

suicida [swi'θiða] **I.** *adj* selbstmörderisch **II.** *mf* Selbstmörder(in) *m(f)*

suicidarse [swiθi'ðarse] *vr* sich umbringen

suicidio [swi'θiðjo] *m* Selbstmord *m;* **~ asistido** Beihilfe *f* zum Selbstmord

suite [swit] *f* Suite *f*

Suiza ['swiθa] *f* Schweiz *f*

suizo[1] ['swiθo] *m* (GASTR) heiße Schokolade *f* mit Sahne

suizo, -a[2] ['swiθo, -a] **I.** *adj* schweizerisch; **chocolate ~** Schweizer Schokolade **II.** *m, f* Schweizer(in) *m(f)*

sujeción [suxe'θjon] *f* ❶ *(dominio)* Beherrschung *f; (sometimiento)* Unterwerfung *f; (dependencia)* Abhängigkeit *f* ❷ *(agarre)* Festhalten *nt* ❸ *(aseguramiento)* Befestigung *f* ❹ *(a un convenio/una promesa)* Gebundenheit *f*

sujetador [suxeta'ðor] *m* ❶ *(sostén)* BH *m;* **~ de deporte** Sport-BH *m;* **~ de lactancia** Still-BH, m ❷ *(del bikini)* (Bikini)oberteil *nt*

sujetapapeles [suxetapa'peles] *m inv* Büroklammer *f*

sujetar [suxe'tar] **I.** *vt* ❶ *(dominar)* beherrschen ❷ *(someter)* unterwerfen ❸ *(agarrar)* festhalten (**por** an +*dat*) ❹ *(asegurar)* befestigen; *(pelo)* feststecken; *(con clavos)* festnageln; *(con tornillos)* festschrauben **II.** *vr:* **~se** ❶ *(agarrarse)* sich festhalten (**a** an +*dat*) ❷ *(a reglamento)* sich halten (**a** an +*akk*)

sujeto[1] [su'xeto] *m* ❶ *(tema)* Thema *nt* ❷ *(pey: individuo)* Subjekt *nt*

sujeto, -a[2] [su'xeto, -a] *adj (expuesto a)* verpflichtet (**a** zu +*dat*); *(a revisión/restricciones)* unterworfen (**a** +*dat*); **~ a comprobación/aduana** nachweis-/zollpflichtig; **~ a la inflación** inflationsanfällig; **estar ~ a fluctuaciones** Schwankungen ausgesetzt sein

sulfatar [sulfa'tar] *vt* (AGR) sulfat(is)ieren

sulfato [sul'fato] *m* Sulfat *nt*

sulfurar [sulfu'rar] **I.** *vt* ❶ *(con azufre)* schwefeln ❷ *(exasperar)* wütend machen (**por** mit +*dat*) **II.** *vr* **~se por algo/alguien** über etw/auf jdn wütend sein

sulfúrico, -a [sul'furiko, -a] *adj* Schwefel-

sulfuro [sul'furo] *m* Schwefel *m*

sulfuroso, -a [sulfu'roso, -a] *adj* ❶ *(del azufre)* schweflig ❷ *(que lo contiene)* schwefelhaltig; **ácido ~** schweflige Säure

sultán, -ana [sul'tan, -ana] *m, f* Sultan(in) *m(f)*

suma ['suma] *f* ❶ (MAT: *acción*) Addition *f; (resultado)* Summe *f;* **~ y sigue** *(fig fam)* und so weiter und so fort ❷ *(cantidad)* Summe *f* ❸ *(esencia)* Essenz *f* ❹ *(loc)* **en ~** kurz und gut

sumamente [suma'mente] *adv* äußerst

sumando [su'mando] *m* (MAT) Summand *m*

sumar [su'mar] **I.** *vt* ❶ (MAT) addieren ❷ *(una obra)* zusammenfassen; *(hechos)* summieren **II.** *vr:* **~se** *(a una manifestación/una idea)* sich anschließen (**a** +*dat*); *(a una discusión)* sich beteiligen (**a** an +*dat*)

sumario[1] [su'marjo] *m* ❶ (JUR) Ermittlungsverfahren *nt* ❷ *(resumen)* Zusammenfassung *f; (de hechos)* Sammlung *f*

sumario, -a[2] [su'marjo, -a] *adj* ❶ *(explicación)* kurzgefasst ❷ (JUR) **juicio ~** Schnellverfahren *nt*

sumergible [sumer'xiβle] **I.** *adj* ❶ *(reloj)* wasserdicht ❷ *(submarino)* tauchfähig **II.** *m* Tauchboot *nt*

sumergir [sumer'xir] <g → j> **I.** *vt* (ein)tauchen **II.** *vr:* **~se** versinken

sumidero [sumi'ðero] *m (rejilla)* Abflussgitter *nt; (de la calle)* Gully *m o nt*

suministrable [suminis'traβle] *adj* (COM) lieferbar

suministrador[1] [suministra'ðor] *m* (COM) Zulieferer *m*

suministrador(a)[2] [suministra'ðor(a)] **I.** *adj* Liefer- **II.** *m(f) (persona)* Lieferant(in) *m(f); (empresa)* Lieferfirma *f*

suministrar [suminis'trar] *vt* ❶ *(datos, información, t.* COM) liefern ❷ *(abastecer)* versorgen ❸ *(facilitar)* beschaffen

suministro [sumi'nistro] *m* ❶ *(de datos, información, t.* COM) Lieferung *f;* **~ de informaciones** Auskunfterteilung *f* ❷ *(abastecimiento)* Versorgung *f;* **~ de calorías** Kalorienzufuhr *f*

sumir [su'mir] **I.** *vt (hundir)* (ein)tauchen; **~ en la miseria a alguien** jdn ins Elend stürzen **II.** *vr:* **~se** versinken

sumisión [sumi'sjon] *f* ❶ *(acción)* Unterwerfung *f* ❷ *(carácter)* Unterwürfigkeit *f* ❸ *(obediencia)* Gehorsamkeit *f*

sumiso, -a [su'miso, -a] *adj* ❶ *(que se somete)* unterwürfig ❷ *(que no rechista)* gehorsam

sumo, -a ['sumo, -a] *adj* ❶ *(más alto)* höchste(r, s); **a lo ~** höchstens; **en grado ~** hochgradig ❷ *(mayor)* größte(r, s)

S

sunami [su'nami] *m v.* **tsunami**

sungo, -a ['suŋgo, -a] *adj (Col: de raza negra)* schwarz; **dejar ~ a alguien** jdn beleidigen

suntuario, -a [sun̪tu'arjo, -a] *adj* Luxus-

suntuosidad [sun̪twosi'ðað] *f* ① *(lujo)* Luxus *m* ② *(opulencia)* Üppigkeit *f* ③ *(aparatosidad)* Prunk *m*

suntuoso, -a [sun̪tu'oso, -a] *adj* ① *(lujoso)* luxuriös ② *(opulento)* üppig ③ *(aparatoso)* aufwendig

supeditación [supeðita'θjon] *f* ① *(sometimiento)* Unterwerfung *f* ② *(subordinación)* Unterordnung *f* ③ *(a una condición)* Abhängigkeit *f*

supeditar [supeði'tar] **I.** *vt* ① *(someter)* unterwerfen ② *(subordinar)* unterordnen ③ *(condicionar)* abhängig machen (**a** von +*dat*) **II.** *vr:* **~se** sich unterordnen

súper[1] ['super] **I.** *adj (fam)* super **II.** *m* Supermarkt *m*

súper[2] ['super] *f* Super(benzin) *nt*

superable [supe'raβle] *adj* ① *(récord)* verbesserbar ② *(situación)* überwindbar

superabundancia [superaβun̪'dan̪θja] *f* *(en cantidad)* Überfluss *m* (**de** an +*dat*); *(en diversidad)* Überfülle *f* (**de** von +*dat*)

superabundante [superaβun̪'dan̪te] *adj* **~ en...** *(positivo)* reich an ...; *(negativo)* mit übermäßig viel ...

superación [supera'θjon] *f* ① *(de récord)* Verbesserung *f* ② *(de situación)* Überwindung *f*

superalimento [superali'men̪to] *m* Superfood *nt*

superar [supe'rar] **I.** *vt* ① *(sobrepasar: a alguien)* übertreffen; *(límite)* überschreiten; *(récord)* brechen; **~ todo lo que se había visto hasta ahora** alles bisher Dagewesene in den Schatten stellen ② *(prueba)* bestehen ③ *(situación)* überwinden **II.** *vr:* **~se** sich selbst übertreffen

superávit [supe'raβit] *m* <superávit(s)> Überschuss *m*

superchería [supertʃe'ria] *f (engaño)* Betrug *m; (mentira)* Lüge *f*

superconductor[1] [superkon̪duk'tor] *m* (ELEC) Supraleiter *m*

superconductor(a)[2] [superkon̪duk'tor(a)] *adj* (ELEC) supraleitend

supercopa [super'kopa] *f* (DEP) Supercup *m*

superdotado, -a [superðo'taðo, -a] *adj* hochbegabt

superestrella [superes'treʎa] *f* Superstar *m*

superestructura [superestruk'tura] *f* ① (NÁUT) Aufbauten *pl* ② (ECON) Überbau *m*

superficial [superfi'θjal] *adj* oberflächlich; *(detalle)* äußerlich; **efecto ~** Oberflächenwirkung *f*

superficialidad [superfiθjali'ðað] *f* Oberflächlichkeit *f*

superficie [super'fiθje] *f* ① *(parte externa)* Oberfläche *f;* **~ cultivable** Anbaufläche *f;* **salir a la ~** *(submarino)* auftauchen; *(minero)* auffahren; *(fig)* zum Vorschein kommen ② (MAT) Fläche *f; (área)* Flächeninhalt *m* ③ *(apariencia)* äußerer Eindruck *m*

superfluo, -a [su'perflwo, -a] *adj* überflüssig; *(gastos)* unnötig

superhombre [super'ombre] *m* Übermensch *m*

superíndice [super'in̪diθe] *m* (INFOR) hochgestelltes Zeichen *nt*

superintendente [superin̪ten̪'den̪te] *mf* Leiter(in) *m(f); (de policía)* Hauptkommissar(in) *m(f)*

superior[1] [supe'rjor] *adj* ① *(más alto)* obere(r, s) *m;* **el curso ~ de un río** der Oberlauf eines Flusses; **el piso ~ al mío** die Wohnung über mir ② *(en calidad)* besser; *(en rango)* höher; *(en inteligencia/fuerza)* überlegen ③ *(excelente)* hervorragend; **mujer ~** Superfrau *f*

superior(a)[2] [supe'rjor(a)] *m(f)* ① (REL) Obere(r), -in *m,f* ② *(jefe)* Vorgesetzte(r) *mf*

superioridad [superjori'ðað] *f (ventaja)* Überlegenheit *f* (**sobre** über +*akk*); **hablar con un tono de ~** in einem anmaßendem Ton sprechen

superlativo[1] [superla'tiβo] *m* (LING) Superlativ *m*

superlativo, -a[2] [superla'tiβo, -a] *adj* überragend; (LING) superlativisch

superlujo [super'luxo] *m* Spitzenqualität *f*

supermercado [supermer'kaðo] *m* Supermarkt *m*

supermodelo [supermo'ðelo] *mf* Topmodel *nt*

superpetrolero [superpetro'lero] *m* Supertanker *m*

superpoblación [superpoβla'θjon] *f* Übervölkerung *f*

superpoblado, -a [superpo'βlaðo, -a] *adj* über(be)völkert

superponer [superpo'ner] *vt irr como poner* ① *(dos cosas)* aufeinanderlegen; **~ algo a algo** etw auf etw legen ② *(dar prioridad)* Vorrang geben +*dat*

superposición [superposi'θjon] *f* Übereinanderlagerung *f*

superpotencia [superpo'ten̪θja] *f* Großmacht *f*

superproducción [superproðuᵞ'θjon] *f* ① (COM) Überproduktion *f* ② (CINE) Mammutproduktion *f*

S

supersensible [supersen'siβle] *adj* ① *(aparato)* hochempfindlich ② *(carácter)* hochsensibel, überempfindlich
supersónico, -a [super'soniko, -a] *adj* Überschall-
superstición [supersti'θjon] *f* Aberglaube *m*
supersticioso, -a [supersti'θjoso, -a] *adj* abergläubisch
supérstite [su'perstite] **I.** *adj* (JUR) überlebend, hinterblieben **II.** *mf* (JUR) Überlebende(r) *f(m)*, Hinterbliebene(r) *f(m)*
supervalorar [superβalo'rar] *vt* überbewerten
superventas [super'βen̩tas] *m inv* Verkaufsschlager *m; (libro)* Bestseller *m*
supervisar [superβi'sar] *vt* beaufsichtigen; *(en un examen)* Aufsicht führen (über +*akk*)
supervisión [superβi'sjon] *f* ① *(vigilancia)* Beaufsichtigung *f* ② *(en examen)* Aufsicht *f*
supervisor(a) [superβi'sor(a)] *m(f)* Aufseher(in) *m(f); (funcionario)* Aufsichtsbeamte(r) *m*, -beamtin *f*
supervivencia [superβi'βen̩θja] *f* Überleben *nt*
superviviente [superβi'βjen̩te] **I.** *adj* überlebend **II.** *mf* Überlebende(r) *mf*
superyó [super'ɟo] *m* (PSICO) Überich *nt*
supino, -a [su'pino, -a] *adj* ① *(posición)* auf dem Rücken (liegend) ② *(excesivo)* **ignorancia supina** völlige Unwissenheit
suplantación [suplan̩ta'θjon] *f* ① *(en el trabajo)* unbefugte Vertretung *f* ② *(de escrito)* Fälschung *f*
suplantar [suplan̩'tar] *vt* ① *(en el trabajo)* unbefugt vertreten ② *(escrito)* fälschen
suplementario, -a [suplemen̩'tarjo, -a] *adj* ergänzend; **tomo ~** Ergänzungsband *m*
suplemento [suple'men̩to] *m* ① *(complemento)* Ergänzung *f* ② *(tomo)* Ergänzungsband *m* ③ *(de periódico)* Beilage *f* ④ *(precio)* Aufpreis *m; (del tren)* Zuschlag *m; (plus)* Zulage *f;* **~ por turnos** Schichtzulage *f*
suplencia [su'plen̩θja] *f* Vertretung *f*
suplente [su'plen̩te] **I.** *adj* vertretend; **maestro ~** Aushilfslehrer *m* **II.** *mf* Vertretung *f;* (DEP) Ersatzspieler(in) *m(f)*
supletorio[1] [suple'torjo] *m* (TEL) Nebenanschluss *m*
supletorio, -a[2] [suple'torjo, -a] *adj* zusätzlich
súplica ['suplika] *f* Flehen *nt; (escrito)* Bittgesuch *nt*
suplicación [suplika'θjon] *f* ① *(ruego)* inständige Bitte *f*, Flehen *nt* ② (JUR) Einspruch *m*
suplicante [supli'kan̩te] **I.** *adj* flehentlich, flehend **II.** *mf* Bittsteller(in) *m(f)*
suplicar [supli'kar] <c → qu> *vt* ① *(rogar)* anflehen; *(algo)* inständig bitten (um +*akk*); **~ de rodillas** auf Knien anflehen ② (JUR) Einspruch einlegen (gegen +*akk*)
suplicio [su'pliθjo] *m* ① *(tortura)* Folter *f* ② *(tormento)* Qual *f;* **el viaje fue un ~** die Reise war eine einzige Strapaze
suplir [su'plir] *vt* ① *(completar)* ergänzen ② *(sustituir)* ersetzen; **~ el bolígrafo por un lápiz** einen Bleistift statt eines Kugelschreibers benutzen ③ *(en el trabajo)* vertreten
supo ['supo] *3. pret de* **saber**
suponer [supo'ner] *vt irr como poner* ① *(dar por sentado)* annehmen; **vamos a ~ que...** nehmen wir an, dass ...; **se supone que...** es ist anzunehmen, dass ...; **suponiendo que...** in der Annahme, dass ...; **supongamos que...** wenn wir davon ausgehen, dass ...; **dar algo por supuesto** etw für selbstverständlich halten ② *(figurar)* annehmen; **supongo que vendrás, ¿no? – supongo que sí** ich nehme an, du kommst, oder? – wahrscheinlich schon; **no supongo que...** +*subj* ich glaube nicht, dass ...; **puedes ~ que...** du kannst sicher sein, dass ...; **¿estás suponiendo que...?** willst du damit andeuten, dass ...? ③ *(atribuir)* **le supongo unos 40 años** ich schätze ihn/sie auf etwa vierzig; **no le suponía tan fuerte** ich habe ihn nicht für so stark gehalten ④ *(significar)* bedeuten; *(demostrar)* beweisen; **~ un duro golpe para alguien** ein harter Schlag für jdn sein; **esto me supone 100 euros al mes** das kostet mich monatlich 100 Euro; **no ~ molestia alguna** keine Mühe bereiten
suposición [suposi'θjon] *f* Annahme *f*, Vermutung *f; (presunción)* Mutmaßung *f*
supositorio [suposi'torjo] *m* (MED) Zäpfchen *nt*
supremacía [suprema'θia] *f (superioridad)* Überlegenheit *f; (política, económica)* Vorherrschaft *f; (prioridad)* Vorrang *m*
supremo, -a [su'premo, -a] *adj (altísimo)* höchste(r, s); *(fig)* äußerste(r, s); **el instante ~** der Höhepunkt
supresión [supre'sjon] *f* ① *(eliminación)* Abschaffung *f; (de fronteras)* Abbau *m; (de obstáculos)* Beseitigung *f; (de una regla)* Aufhebung *f* ② *(omisión)* Streichung *f*
supresor [supre'sor] *m* **~ de interferencias** (ELEC) Entstörer *m*
suprimir [supri'mir] *vt* ① *(poner fin)* ab-

schaffen; *(fronteras)* abbauen; *(controles, obstáculos, amenaza)* beseitigen; *(regla)* aufheben ② *(omitir)* streichen ③ *(silenciar)* verschweigen

supuesto[1] [su'pwesto] *m* Annahme *f*

supuesto, -a[2] [su'pwesto, -a] *adj (ladrón, asesino)* mutmaßlich; *(testigo, nombre)* angeblich; *(causa)* vermutlich; **por ~** selbstverständlich; **dar algo por ~** etw für selbstverständlich halten

supurar [supu'rar] *vi* eitern

sur[1] [sur] *m* ① (METEO, NÁUT) Süd *m;* **el ~ de España** Südspanien *nt* ② *(viento)* Südwind *m*

Sur[2] [sur] *m* ① *(punto cardinal)* Süden *m* ② *(Polo Antártico)* Südpol *m*

surafricano, -a [surafri'kano, -a] **I.** *adj* südafrikanisch **II.** *m, f* Südafrikaner(in) *m(f)*

suramericano, -a [surameri'kano, -a] **I.** *adj* südamerikanisch **II.** *m, f* Südamerikaner(in) *m(f)*

surcar [sur'kar] <c → qu> *vt* ① *(tierra)* (durch)furchen ② *(mar)* **~ el mar** durch das Meer gleiten

surco ['surko] *m* ① *(en tierra)* Furche *f* ② *(arruga)* Falte *f* ③ *(en disco)* Rille *f*

sureste [sur'este] *m* Südosten *m*

surf [surf] *m sin pl* Surfing *nt;* **hacer ~** surfen

surfear [surfe'ar] *vi* (INFOR) surfen

surfista [sur'fista] *mf* Surfer(in) *m(f)*

surgimiento [surxi'mjeṇto] *m (de dificultades, de una disputa)* Aufkommen *nt; (de una persona, de un fantasma)* Auftauchen *nt*

surgir [sur'xir] <g → j> *vi* ① *(agua)* herausquellen ② *(aparecer: dificultades)* aufkommen; *(posibilidad)* sich ergeben; *(pregunta)* sich stellen; *(persona)* auftauchen ③ *(edificio)* emporragen

suricato [suri'kato] *m* (ZOOL) Erdmännchen *nt,* Surikate *f*

Surinam [suri'nam] *m* Suriname *nt*

suroeste [suro'este] *m* Südwesten *m*

surrealismo [surrea'lismo] *m sin pl* (ARTE) Surrealismus *m*

surrealista [surrea'lista] **I.** *adj* surrealistisch **II.** *mf* Surrealist(in) *m(f)*

surtida [sur'tiða] *f* ① *(de los sitiados)* Ausfall *m* (der Belagerten) ② *(puerta falsa)* Schlupfpforte *f,* Geheimpforte *f*

surtido[1] [sur'tiðo] *m* Sortiment *nt*

surtido, -a[2] [sur'tiðo, -a] *adj* ① *(mezclado)* gemischt; **galletas surtidas** Keksmischung *f* ② *(variado)* sortiert

surtidor [surti'ðor] *m* ① *(chorro)* Fontäne *f; (fuente)* Springbrunnen *m* ② *(de gasolina)* Zapfsäule *f*

surtir [sur'tir] **I.** *vt* ① *(proveer)* versorgen (**de** mit +*dat*) ② *(loc)* **~ efecto** *(palabras)* Wirkung haben; *(medicamento)* wirken **II.** *vi* herausquellen **III.** *vr:* **~se** sich versorgen (**de** mit +*dat*)

sus [sus] *interj* auf geht's

susceptibilidad [susθeptiβili'ðaᵈ] *f (sensibilidad)* (Über)empfindlichkeit *f;* (MED) Anfälligkeit *f*

susceptible [susθep'tiβle] *adj* ① *(cosa)* **~ de mejora** verbesserungsfähig; **materiales ~s de ser reutilizados** wiederverwendbare Stoffe ② *(persona: sensible)* (über)empfindlich; *(irritable)* reizbar

suscitación [susθita'θjon] *f* Erweckung *f,* Verursachung *f,* Heraufbeschwörung *f,* Anstiftung *f*

suscitar [susθi'tar] *vt (sospecha)* (er)wecken; *(discusión)* auslösen; *(escándalo)* verursachen; *(odio)* schüren; *(comentarios)* provozieren; *(problema)* schaffen; *(discordia)* entfachen; *(conflicto)* anstiften; *(antipatías, curiosidad)* hervorrufen

suscri(p)tor(a) [suskri(p)'tor(a)] *m(f)* ① *(firmante)* Unterzeichner(in) *m(f),* Unterzeichnende(r) *f(m)* ② (FIN: *de acciones*) Zeichner(in) *m(f)* ③ *(de una revista)* Abonnent(in) *m(f)*

suscribir [suskri'βir] *irr como escribir* **I.** *vt* ① *(escrito)* unterschreiben ② *(opinión)* teilen ③ *(acciones)* zeichnen **II.** *vr* **~se a una revista** eine Zeitschrift abonnieren

suscripción [suskriβ'θjon] *f* ① *(firma)* Unterzeichnung *f* ② *(de acciones)* Zeichnung *f* ③ *(a una revista)* Abonnement *nt*

suscriptor(a) [suskrip'tor(a)] *m(f)* ① *(firmante)* Unterzeichner(in) *m(f)* ② *(de acciones)* Zeichner(in) *m(f)* ③ *(de una revista)* Abonnent(in) *m(f)*

sushi ['suʃi] *m* Sushi *nt*

susodicho, -a [suso'ðitʃo, -a] *adj (dicho arriba)* oben genannt; *(dicho antes)* zuvor erwähnt

suspender [suspeṇ'der] *vt* ① *(tener en el aire)* aufhängen (**de** an +*dat*) ② *(trabajador)* suspendieren; *(deportista)* sperren ③ *(en un examen)* durchfallen lassen; **he suspendido matemáticas** ich bin in Mathe durchgefallen ④ *(interrumpir: sesión)* unterbrechen; *(tratamiento)* aussetzen; *(embargo)* aufheben; **~ las disputas** den Streit beenden; **se ha suspendido la función de esta noche** die heutige Nachtvorstellung fällt aus ⑤ *(embelesar)* bezaubern

suspense [sus'pense] *m* Spannung *f;* **una película de ~** ein spannender Film

suspensión [suspen'sjon] *f* ① (TÉC) Aufhängung *f;* (AUTO) Federung *f* ② *(laboral)* Suspendierung *f;* (DEP) Sperre *f* ③ *(inte-*

S

rrupción: de sesión) Unterbrechung *f; (de tratamiento)* Aussetzung *f; (de disputas)* Beendigung *f; (de producción)* Einstellung *f; (de embargo)* Aufhebung *f;* ~ **de armas** Waffenruhe *f;* ~ **de la pena** Strafaussetzung *f*

suspensivo, -a [suspen'siβo, -a] *adj* **puntos ~s** Auslassungspunkte *mpl*

suspenso[1] [sus'penso] *m* ① (ENS) **sacar un ~** durchfallen ② *(Am) v.* **suspense**

suspenso, -a[2] [sus'penso, -a] *adj (perplejo)* erstaunt

suspensores [suspen'sores] *mpl (Am: tiradores)* Hosenträger *mpl*

suspicacia [suspi'kaθja] *f* ① *(cualidad)* Misstrauen *nt* ② *(actitud)* misstrauisches Wesen *nt*

suspicaz [suspi'kaθ] *adj* misstrauisch

suspirado, -a [suspi'raðo, -a] *adj* ersehnt; **muy ~** heiß ersehnt

suspirar [suspi'rar] *vi* ① *(dar suspiros)* seufzen ② *(anhelar)* sich sehnen (**por** nach +*dat*)

suspiro [sus'piro] *m (de persona)* Seufzer *m; (del viento)* Säuseln *nt*

sustancia [sus'taṇθja] *f* ① *(materia, esencia)* Substanz *f;* ~ **activa** Wirkstoff *m;* **la ~ gris** (ANAT) die graue Substanz; ~ **nociva** Schadstoff *m;* **este ensayo no tiene ~** dieses Essay ist gehaltlos ② *(de alimentos)* Nährwert *m* ③ *(juicio)* **un fundamento sin ~** eine fadenscheinige Begründung; **decir cosas sin ~** Unsinn reden; **un comentario sin ~** eine überflüssige Bemerkung ④ *(loc)* **en ~** kurz und gut

sustancial [sustaṇ'θjal] *adj* ① *(esencial)* wesentlich; *(fundamental)* grundlegend ② *(comida)* nahrhaft ③ *(libro)* gehaltvoll

sustanciar [sustaṇ'θjar] *vt* ① *(resumir)* begründen ② (JUR) ~ **un proceso** einen Prozess betreiben

sustancioso, -a [sustaṇ'θjoso, -a] *adj* ① *(comida)* nahrhaft ② *(libro)* gehaltvoll

sustantivo[1] [sustaṇ'tiβo] *m* Substantiv *nt*

sustantivo, -a[2] [sustaṇ'tiβo, -a] *adj* ① *(esencial)* wesentlich; *(fundamental)* grundlegend ② (LING) substantivisch

sustentable [susteṇ'taβle] *adj* vertretbar, haltbar

sustentación [susteṇta'θjon] *f* ① *(soporte)* Stütze *f,* Träger *m* ② *(de familia)* Unterhalt *m* ③ (AERO) Auftrieb *m*

sustentar [susteṇ'tar] **I.** *vt* ① *(una cosa)* halten; *(columna)* stützen ② *(esperanza)* aufrechterhalten ③ *(familia)* unterhalten **II.** *vr:* **~se** ① *(alimentarse)* sich ernähren (**con/de** von +*dat*) ② *(aguantarse)* sich stützen (**en** auf +*akk*)

sustento [sus'teṇto] *m* ① *(mantenimiento)* (Lebens)unterhalt *m* ② *(apoyo)* Stütze *f*

sustitución [sustitu'θjon] *f* Ersatz *m; (temporal de alguien)* Vertretung *f*

sustituible [sustitu'iβle] *adj* ersetzbar

sustituir [sustitu'ir] *vt irr como huir* ① *(algo)* ersetzen ② (DEP) auswechseln ③ *(a alguien: temporalmente)* vertreten; *(definitivamente)* ersetzen

sustitutivo[1] [sustitu'tiβo] *m* Ersatz *m*

sustitutivo, -a[2] [sustitu'tiβo, -a] *adj* Ersatz-

sustituto, -a [susti'tuto, -a] *m, f* Vertreter(in) *m(f)*

susto ['susto] *m* Schreck(en) *m;* **poner cara de ~** ein erschrockenes Gesicht machen; **dar un ~** einen Schreck einjagen; **pegarse un ~** erschrecken; **pegarle un ~ a alguien** jdn erschrecken; **no ganar para ~s** keinen Augenblick Ruhe haben

sustracción [sustraγ'θjon] *f* ① (MAT) Subtraktion *f* ② *(robo)* Entwendung *f; (malversación)* Unterschlagung *f* ③ *(privación)* Entziehung *f* ④ *(separación)* Trennung *f*

sustraer [sustra'er] *irr como traer* **I.** *vt* ① *(restar)* abziehen ② *(robar)* stehlen ③ *(privar)* entziehen ④ *(separar)* trennen **II.** *vr* **~se de algo** sich etw *dat* entziehen; **~se de los periodistas** den Journalisten aus dem Wege gehen

sustrato [sus'trato] *m* Substrat *nt*

susurrante [susu'rraṇte] *adj* ① *(hablando: bajo)* flüsternd, wispernd; *(no claro)* murmelnd ② *(viento)* säuselnd, rauschend

susurrar [susu'rrar] **I.** *vi* ① *(hablar bajo)* flüstern; *(no claro)* murmeln; **~ algo a alguien** jdm etw zuflüstern ② *(viento)* rauschen **II.** *vr:* **~se** umgehen **III.** *vimpers* **se susurra que...** man munkelt, dass ...

susurro [su'surro] *m* ① *(al hablar: bajo)* Flüstern *nt; (no claro)* Murmeln *nt* ② *(del viento)* Rauschen *nt*

sutil [su'til] *adj* ① *(velo, hilo)* fein; *(rebanada)* dünn ② *(sabor)* fein; *(aroma)* zart ③ *(diferencia, ironía)* subtil; *(jugada, sistema)* raffiniert ④ *(persona)* spitzfindig

sutileza [suti'leθa] *f,* **sutilidad** [sutili'ðad] *f* ① *(de velo/hilo)* Feinheit *f* ② *(de sabor)* Feinheit *f; (de aroma)* Zartheit *f* ③ *(de diferencia, ironía)* Subtilität *f; (de jugada, sistema)* Raffiniertheit *f* ④ *(de persona)* Spitzfindigkeit *f*

sutilizar [sutili'θar] <z → c> *vt* ① *(hacer sutil)* verfeinern ② *(diferencia)* nuancieren; *(jugada)* verbessern ③ *(discurrir)* austüfteln

sutura [su'tura] *f* Naht *f;* **punto de ~** Stich *m*

suturar [sutu'rar] *vt* (ver)nähen

suyo, **-a** ['suɟo, -a] *adj o pron (de él)* seine(r); *(de ella, ellos, ellas)* ihre(r); *(de usted, ustedes)* Ihre(r); **el regalo es ~** das Geschenk ist von ihm/ihr; **este encendedor es ~** dieses Feuerzeug gehört ihm/ihr; **siempre habla de los ~s** er/sie redet immer von seiner/ihrer Familie; **~ afectísimo...** hochachtungsvoll, Ihr ...; **darle a alguien lo ~** jdm geben, was er verdient; **ya ha hecho otra de las suyas** *(fam)* er/sie hat schon wieder was Schönes angerichtet; **leer 'Fausto' tiene lo ~** *(es difícil)* ‚Faust' zu lesen hat es in sich; *(es interesante)* ‚Faust' zu lesen hat etwas für sich; **el problema es ya de ~ difícil de resolver** das Problem an sich ist schon schwer lösbar; **hacerse ~ a alguien** jdn für sich gewinnen; **hacer suyas las quejas de los alumnos** sich den Beschwerden der Schüler anschließen; **Albert es muy ~** Albert ist sehr eigen; **eso es muy ~** das ist typisch für ihn/sie; **ir a lo ~** eigene Wege gehen

SWIFT [suift] *m inv* (FIN) *abr de* **Society for Worldwide Interbank Financial Telecommunication** SWIFT *m*

T t

T, t [te] *f* T, t *nt;* **~ de Tarragona** T wie Theodor

taba ['taβa] *f* ① (ANAT) Sprungbein *nt;* **menear las ~s** *(fam: andar deprisa)* schnell laufen; *(ir ajetreado)* alle Hände voll zu tun haben ② *pl (juego) Kinderspiel, bei dem ein Knöchel geworfen wird*

tabacalero, **-a** [taβaka'lero, -a] **I.** *adj* Tabak(s)- **II.** *m, f* Tabakpflanzer(in) *m(f)*

tabaco [ta'βako] *m* ① *(planta, producto)* Tabak *m;* **de color ~** tabakbraun; **~ negro/rubio** schwarzer/heller Tabak ② *(cigarrillo)* Zigarette *f; (cigarro)* Zigarre *f;* **¿tienes ~?** hast du Zigaretten?

tabalear [taβale'ar] **I.** *vt, vr:* **~se** schaukeln, (sich) hin und her bewegen **II.** *vi* mit den Fingern trommeln

tábano ['taβano] *m* ① (ZOOL) Bremse *f* ② *(persona)* Nervensäge *f fam*

tabaquera [taβa'kera] *f* Tabakdose *f*

tabaquismo [taβa'kismo] *m sin pl* chronische Nikotinvergiftung *f*

tabardo [ta'βarðo] *m* Mantel *m*

tabarra [ta'βarra] *f* Plage *f;* **dar la ~** nerven

taberna [ta'βerna] *f* Kneipe *f*

tabernero, **-a** [taβer'nero, -a] *m, f* Wirt(in) *m(f)*

tabicar [taβi'kar] <c → qu> **I.** *vt* zumauern **II.** *vr:* **~se** verstopfen

tabique [ta'βike] *m* Trennwand *f;* **~ nasal** Nasenscheidewand *f*

tabla ['taβla] *f* ① *(pieza plana)* Brett *nt;* **~ de cocina** Schneidebrett *nt;* **~ de planchar** Bügelbrett *nt;* **ser la única ~ de salvación** *(fig)* die einzige Rettung sein ② *(en libros)* Inhaltsverzeichnis *nt* ③ *(lista)* Tabelle *f; (cuadro)* Tafel *f;* **las T~s de la Ley** die Gesetzestafeln; **decir la ~** das Einmaleins aufsagen ④ *(en vestidos)* Plisseefalte *f* ⑤ (GASTR) **~ de quesos** Käseteller *m* ⑥ *(pintura)* Tafelbild *nt* ⑦ (AGR: *para plantas*) Beet *nt; (más extensión)* Feld *nt* ⑧ *pl (ajedrez)* Remis *nt* ⑨ (DEP) **~ de surf** Surfbrett *nt;* **~ de snowboard** Snowboard *nt* ⑩ *pl* (TEAT) Bühne *f* ⑪ *pl (experiencia)* **un político con muchas ~s** ein Politiker mit großer Erfahrung ⑫ *(loc)* **a raja ~** koste es, was es wolle; **hacer ~ rasa de algo** mit etw *dat* Tabula rasa machen

tablado [ta'βlaðo] *m* ① *(suelo)* Holzboden *m* ② *(entarimado)* Podium *nt* ③ *(del escenario)* Bühne *f*

tablao [ta'βlao] *m* ① *(escenario)* Bühne *f* ② *(local)* Flamencolokal *nt*

tablear [taβle'ar] *vt* ① *(madero)* in Bretter schneiden ② *(tela)* plissieren ③ *(terreno)* in Beete unterteilen ④ *(tierra)* einebnen

tablero [ta'βlero] *m* ① *(de madera)* Holztafel *f;* **~ de anuncios** Schwarzes Brett ② *(pizarra)* Tafel *f* ③ (DEP) **~ de ajedrez/damas** Schach-/Damebrett *nt* ④ *(de mesa)* Tischplatte *f* ⑤ (AUTO) Armaturenbrett *nt* ⑥ *(ábaco)* Rechenbrett *nt*

tablet ['taβlet] <tablets> *m o f* (INFOR) *v.* **tableta**

tableta [ta'βleta] *f* ① (MED) Tablette *f* ② *(de chocolate)* Tafel *f* ③ (INFOR) Tablet *nt*

tabletear [taβlete'ar] *vi (puerta)* klappern; *(máquina)* rattern

tableteo [taβle'teo] *m (de puerta, ventana)* Klappern *nt; (de metralleta, perforadora)* Knattern *nt*

tablilla [ta'βliʎa] *f* ① *(listón)* kleines

Brett *nt* ❷ *(de anuncios)* (kleines) Schwarzes Brett *nt* ❸ *(para escribir)* Schreibtafel *f*

tabloide [ta'βloi̯ðe] *m (Am)* Boulevardzeitung *f*

tablón [ta'βlon] *m* ❶ *(de andamio)* Brett *nt;* ~ **de anuncios** Schwarzes Brett ❷ *(borrachera)* Rausch *m* ❸ *(Am: para plantas)* Beet *nt; (más grande)* Feld *nt*

tabú [ta'βu] *m* <tabúes> Tabu *nt*

tabulación [taβula'θjon] *f* ❶ *(con tabuladores)* Tabulierung *f* ❷ (INFOR) Tabellierung *f;* ~ **cruzada** Kreuztabelle *f*

tabulador [taβula'ðor] *m (tecla)* Tabulator *m*

tabular [taβu'lar] *vt (listar)* tabellieren

taburete [taβu'rete] *m (sin respaldo)* Hocker *m; (con respaldo)* Stuhl *m*

tacada [ta'kaða] *f* ❶ *(golpe)* Stoß *m;* **de una** ~ auf einmal ❷ *(carambolas)* Punkte *mpl*

tacañear [takaɲe'ar] *vi* knausern

tacañería [takaɲe'ria] *f* Knauserigkeit *f*

tacaño, -a [ta'kaɲo, -a] **I.** *adj* knauserig **II.** *m, f* Geizhals *m*

tacha ['tatʃa] *f* ❶ *(defecto)* Fehler *m;* **sin** ~ fehlerlos ❷ *(tachuela)* Tapeziernagel *m*

tachadura [tatʃa'ðura] *f* ❶ *(acción)* Streichung *f* ❷ *(tachón)* Strich *m*

tachar [ta'tʃar] *vt* ❶ *(rayar)* (durch)streichen ❷ *(atribuir)* bezeichnen (**de** als +*akk*)

tacho ['tatʃo] *m (Am)* ❶ *(vasija)* Kessel *m* ❷ *(hojalata)* Blech *nt* ❸ *(cubo)* Mülleimer *m*

tachón [ta'tʃon] *m* ❶ *(borrón)* Strich *m* ❷ *(tachuela)* Tapeziernagel *m*

tachonar [tatʃo'nar] *vt* ❶ *(clavetear)* mit Tapeziernägeln befestigen ❷ *(adornar)* verzieren (**de/con** mit +*dat*)

tachuela [ta'tʃwela] *f* Tapeziernagel *m*

tácito, -a ['taθito, -a] *adj* stillschweigend

taciturno, -a [taθi'turno, -a] *adj* ❶ *(callado)* schweigsam ❷ *(melancólico)* niedergeschlagen

taco ['tako] *m* ❶ *(pedazo)* Block *m;* **~s de salida** Startblöcke *mpl* ❷ *(de arma)* Pfropf *m* ❸ *(de billar)* Queue *nt* ❹ *(de bota)* Stollen *m;* ~ **de rosca** Schraubenstollen *m* ❺ *(de papel)* Block *m; (calendario)* Kalenderblock *m* ❻ *(fam: de jamón)* Würfel *m; (de vino)* Schluck *m* Wein; *(bocado)* Happen *m* ❼ (TÉC) Dübel *m* ❽ *(fam: palabrota)* Schimpfwort *nt;* **decir** [*o* **soltar**] **~s** fluchen ❾ *(fam: lío)* Durcheinander *nt;* **dejar hecho un** ~ verwirren ❿ *(Am: tacón)* Absatz *m* ⓫ *pl (fam: años)* Jahre *ntpl*

tacón [ta'kon] *m* Absatz *m;* ~ **de aguja** *(fam)* Pfennigabsatz *m*

taconear [takone'ar] **I.** *vi* ❶ *(suelo)* aufstampfen ❷ *(arrogantemente)* stolzieren **II.** *vr* **~se todas las oficinas** alle Büros ablaufen

taconeo [tako'neo] *m* Aufstampfen *nt*

táctica ['taktika] *f* Taktik *f;* **ir con** ~ taktisch vorgehen

táctico, -a ['taktiko, -a] **I.** *adj* taktisch **II.** *m, f* Taktiker(in) *m(f)*

táctil ['taktil] *adj* Tast-

tacto ['takto] *m* ❶ *(sentido)* Tastsinn *m;* **ser áspero al** ~ sich rau anfühlen ❷ *(contacto)* Berührung *f* ❸ *(habilidad)* Takt *m;* **no tener** ~ taktlos sein

tacuche [ta'kutʃe] *m (Méx)* ❶ *(bulto)* Bündel *nt* ❷ *(traje)* Anzug *m* ❸ *(cosa sin valor)* wertloses Zeug *nt* ❹ *(persona despreciable)* Kretin *m*

taekwondo [tai̯'kwondo] *m* (DEP) Taekwondo *nt*

tafetán [tafe'tan] *m (tela)* Taft *m*

tafilete [tafi'lete] *m* Saffian *m*

tahona [ta'ona] *f (panadería)* Bäckerei *f*

tahonero, -a [tao'nero, -a] *m, f* Bäcker(in) *m(f)*

taichi [tai'tʃi] *m* Tai-Chi *nt*

taifa ['tai̯fa] *f* ❶ *(bando)* Bande *f* ❷ *(chusma)* Gesindel *nt* ❸ (HIST) **los reinos de Taifas** die Taifas *(Teilreiche im islamischen Spanien)*

taiga ['tai̯ɣa] *f* Taiga *f*

tailandés, -esa [tai̯lan'des, -esa] **I.** *adj* thailändisch **II.** *m, f* Thailänder(in) *m(f)*

Tailandia [tai̯'landja] *f* Thailand *nt*

taima ['tai̯ma] *f (Chil)* ❶ *(emperramiento)* Hartnäckigkeit *f* ❷ *(pertinacia)* Ausdauer *f*

taimado, -a [tai̯'maðo, -a] *adj (maligno)* verschlagen

Taiwán [tai̯'wan] *m* Taiwan *nt*

taiwanés, -esa [tai̯wa'nes, -esa] **I.** *adj* taiwanisch **II.** *m, f* Taiwaner(in) *m(f)*

tajada [ta'xaða] *f* ❶ *(porción)* Scheibe *f;* **sacar ~ de algo** von etw *dat* profitieren ❷ *(fam: ronquera)* **tener una** ~ einen Frosch im Hals haben ❸ *(fam: borrachera)* Rausch *m*

tajadera [taxa'ðera] *f* ❶ *(cuchilla)* Wiegemesser *nt* ❷ *(trozo de madera)* (Hack)klotz *m* ❸ *(cortafrío)* Hartmeißel *m*

tajante [ta'xante] *adj* ❶ *(respuesta)* kategorisch; *(actitud)* unnachgiebig; *(medidas)* drastisch ❷ *(absoluto)* völlig ❸ *(cortante)* scharf

tajar [ta'xar] *vt* (durch)schneiden

tajo ['taxo] *m* ❶ *(corte)* Schnitt *m;* **darse un ~ en el dedo** sich *dat/akk* in den Finger schneiden ❷ (GEO) Steilwand *f* ❸ *(filo)* Schneide *f* ❹ *(trabajo)* Arbeit *f;* **ir al** ~ arbeiten gehen ❺ *(de carnicero)* Hackblock *m; (para decapitar)* Richtblock *m*

tal [tal] **I.** *adj* ❶ *(igual)* so; **~ día hace un año** heute vor einem Jahr; **en ~ caso** in so einem Fall; **no digas ~ cosa** sag so etwas nicht; **no he dicho nunca ~ cosa** das habe ich nie gesagt ❷ *(tanto)* so; **la distancia es ~ que...** die Entfernung ist so groß, dass ... ❸ *(cierto)* gewiss **II.** *pron* ❶ *(alguien)* **~ habrá que piense así** es gibt sicher jemanden, der so denkt; **el ~** der Dings; **~ o cual** irgendjemand; **¡ese es otro que ~!** das ist auch so einer! ❷ *(cosa)* **no haré ~** ich mache so etwas nicht; **¡no hay ~!** das ist nicht wahr!; **hablar de ~ y cual** von diesem und jenem reden; **... y ~** *(enumeración)* ... und dergleichen **III.** *adv* ❶ *(así)* so ❷ *(de la misma manera)* genauso; **es ~ cual lo buscaba** das ist genau das, wonach ich gesucht habe; **son ~ para cual** sie sind einer wie der andere; **estar ~ cual** sich nicht verändert haben; **~ y como** genauso wie ❸ *(cómo)* **¿qué ~ (te va)?** wie geht's (dir)?; **¿qué ~ el viaje?** wie war die Reise?; **¿qué ~ te lo has pasado?** wie war's?; **¿qué ~ si tomamos una copa?** wie wär's mit einem Drink?; **~ y como están las cosas** so wie die Dinge stehen **IV.** *conj* **con ~ de...** *+inf,* **con ~ de que...** *+subj (mientras)* wenn nur ...; *(condición)* vorausgesetzt, dass...

tala ['tala] *f* ❶ *(de árboles)* Fällen *nt* ❷ *(destrucción)* Verwüstung *f*

taladradora [talaðra'ðora] *f* Bohrmaschine *f; (sin cable)* Akkubohrer *m*

taladrar [tala'ðrar] *vt* ❶ *(con taladro)* durchbohren ❷ *(oídos)* durchdringen

taladro [ta'laðro] *m* Bohrer *m*

talanquera [talaŋ'kera] *f* ❶ *(valla de defensa)* Schutzwehr *f* ❷ *(seguridad y defensa)* Zuflucht *f,* Zufluchtsort *m;* **hablar de** [*o* **desde**] **la ~** *(fam)* aus sicherer Entfernung kommentieren

talante [ta'lante] *m* ❶ *(modo)* Art *f* ❷ *(humor)* Laune *f;* **de buen/mal ~** gut/schlecht gelaunt ❸ *(gana)* **de buen ~** gerne

talar [ta'lar] **I.** *adj* **túnica ~** Talar *m* **II.** *vt* ❶ *(árboles)* fällen ❷ *(destruir)* verwüsten

talco ['talko] *m* ❶ *(mineral)* Talk *m* ❷ *(polvos)* Puder *m o nt*

talega [ta'leɣa] *f* ❶ *(bolsa)* Beutel *m* ❷ *(fam: dinero)* Kohle *f*

talego [ta'leɣo] *m* ❶ *(talega)* Beutel *m* ❷ *(fam: persona)* Brocken *m* ❸ *(argot: cárcel)* Knast *m*

talento [ta'lento] *m (capacidad)* Talent *nt;* **de gran ~** hochbegabt; **tener ~ para los idiomas** sprachbegabt sein

talentoso, -a [talen'toso, -a] *adj* begabt

Talgo ['talɣo] *m inv abr de* **Tren Articulado Ligero Goicoechea Oriol** Talgo *m (spanischer Intercityzug)*

talibán [tali'βan] *m* Taliban *m*

talibán, -ana [tali'βan, -ana] *adj* Taliban-; **régimen ~** Talibanregime *nt*

talión [ta'ljon] *m* Talion *f;* **la ley del ~** Talionslehre *f*

talismán [talis'man] *m* Talisman *m*

talla ['taʎa] *f* ❶ *(de diamante)* Schliff *m* ❷ *(en madera)* Schnitzerei *f; (en piedra)* Meißelung *f* ❸ *(estatura)* Körpergröße *f;* **¿qué ~ haces?** wir groß bist du?; **ser de poca ~** klein sein; **no dar la ~** (MIL) wehrdienstuntauglich sein; *(fig)* der Situation nicht gewachsen sein ❹ *(medidor)* Messstab *m* ❺ *(de vestido)* (Konfektions)größe *f;* **un pantalón de la ~ 42** eine Hose in Größe 42 ❻ *(moral, intelectual)* Format *nt*

tallar [ta'ʎar] *vt* ❶ *(diamante)* schleifen ❷ *(madera)* schnitzen; *(en piedra)* meißeln ❸ *(la estatura)* messen ❹ *(en juego)* Bankhalter sein

tallarín [taʎa'rin] *m* Bandnudel *f*

talle ['taʎe] *m* ❶ *(cintura, del vestido)* Taille *f* ❷ *(figura)* Figur *f*

taller [ta'ʎer] *m* ❶ (TÉC) Werkstatt *f;* **~ artesanal** Handwerksbetrieb *m* ❷ *(seminario)* Workshop *m* ❸ *(estudio)* Atelier *nt*

tallo ['taʎo] *m* ❶ (BOT) Stiel *m* ❷ *(renuevo)* Schössling *m* ❸ *(germen)* Keim *m*

talludo, -a [ta'ʎuðo, -a] *adj* ❶ (BOT) langstielig ❷ *(mayor)* betagt ❸ *(espigado)* hochgeschossen

talmente [tal'mente] *adv* ❶ *(exactamente tal)* genau so; **~ ocurrió** (genau)so geschah es; **su habitación es ~ una pocilga** sein/ihr Zimmer ist ein regelrechter Schweinestall ❷ *(fam: fórmula de asentimiento)* ganz genau; **canta como un jilguero — ~ (así)** er/sie singt wie eine Nachtigall — (ganz) genau

talón [ta'lon] *m* ❶ *(del pie/zapato/calcetín)* Ferse *f;* **pisar a alguien los talones** *(fam: perseguir)* jdm auf den Fersen sein; *(emular)* mit jdm wetteifern ❷ *(cheque)* Scheck *m;* **hazme un ~ de 500 euros** stell mir einen Scheck über 500 Euro aus ❸ *(resguardo)* Abholschein *m; (recibo)* Quittung *f*

talonario [talo'narjo] *m* ❶ *(de cheques)* Scheckheft *nt* ❷ *(de recibos)* Quittungsheft *nt*

talud [ta'luᵈ] *m* Böschung *f*

tamango [ta'maŋgo] *m (CSur: calzado)* Schuhwerk *nt*

tamañamente [tamaɲa'mente] *adv* ❶ *(de tal manera)* derart, dermaßen ❷ *(tanto cuanto)* ebenso viel wie

tamaño[1] [ta'maɲo] *m* ❶ *(medida)* Größe *f;*

T

de ~ natural lebensgroß; **¿de qué ~ es?** wie groß ist es? ❷ *(formato)* Format *nt;* **en ~ grande** großformatig

tamaño, -a[2] [ta'maɲo, -a] *adj* ❶ *(grande)* groß ❷ *(pequeño)* klein ❸ *(semejante)* so; **tamaña tontería** so eine Dummheit

tamarindo [tama'rin̩do] *m* (BOT) Tamarinde *f*

tambache [tam'batʃe] *m (Méx: fam)* Haufen *m*

tambaleante [tambale'an̩te] *adj (trapecista, árbol)* schwankend; *(por cansancio)* taumelnd; *(borracho)* torkelnd; *(monarquía)* wankend

tambalear [tambale'ar] *vi, vr:* **~se** schwanken; *(fig)* ins Wanken geraten; **después de la operación se le tambaleaban las piernas** nach der Operation war er/sie sehr schwach auf den Beinen

tambaleo [tamba'leo] *m* ❶ *(de trapecista, árbol)* Schwanken *nt; (por cansancio)* Taumeln *nt; (de torre)* Wanken *nt* ❷ *(de monarquía)* Wanken *nt geh*

tambarria [tam'barrja] *f (Am: holgorio)* Rummel *m; (Perú: fiesta)* Fest *nt*

también [tam'bjen] *adv* auch

tambo ['tambo] *m (Am: vaquería)* Molkerei *f*

tambor [tam'bor] *m* ❶ *(cilindro, instrumento)* Trommel *f;* **tocar el ~** trommeln; **proclamar algo a ~ batiente** für etw die Trommel rühren ❷ *(músico)* Trommler(in) *m(f)* ❸ (ANAT) Trommelfell *nt*

tamboril [tambo'ril] *m* Handtrommel *f*

tamborilear [tamborile'ar] *vi* ❶ *(tocar)* die Handtrommel spielen ❷ *(con dedos)* (mit den Fingern) trommeln

tamborilero, -a [tambori'lero, -a] *m, f* Handtrommelspieler(in) *m(f)*

tamborín [tambo'rin] *m* (MÚS) Tamburin *nt*

Támesis ['tamesis] *m* **el ~** die Themse

tamiz [ta'miθ] *m* Sieb *nt;* **pasar por el ~** sieben

tamizar [tami'θar] <z → c> *vt* sieben; *(fig)* aussieben

tampoco [tam'poko] *adv* auch nicht; **ni puedo ni ~ quiero** ich kann und will nicht

tampón [tam'pon] *m* ❶ *(de tinta)* Stempelkissen *nt* ❷ *(para la mujer)* Tampon *m*

tamtam [tan̩'tan] *m* (MÚS) Tamtam *nt*

tamuga [ta'muɣa] *f (AmC: fardo)* Bündel *nt; (talego)* Sack *m*

tan [tan] *adv* so; **~ ... como ...** so ...wie ...; **~ es así que no he podido hacerlo** um es kurz zu machen: ich konnte es nicht tun; **de ~ simpático me resulta insoportable** er ist so sympathisch, dass ich ihn kaum ertrage; **~ siquiera una vez** wenigstens einmal; **ni ~ siquiera** nicht einmal

tanatorio [tana'torjo] *m* Leichenhalle *f*

tanda ['tan̩da] *f* ❶ *(turno)* Reihe *f;* **estar en la ~** anstehen; **¿me puedes guardar la ~?** kannst du für mich anstehen? ❷ *(serie)* Reihe *f;* **por ~s** reihenweise; **en ~s de ocho** *(en filas)* in Achterreihen; *(en grupos)* in Achtergruppen; **~ de palos** Tracht Prügel ❸ *(de trabajo, capa)* Schicht *f* ❹ *(trabajo)* Arbeit *f,* Job *m fam*

tándem ['tan̩den] *m* Tandem *nt*

tanga ['taŋga] *m* Tanga *m*

tangencial [taŋxen̩'θjal] *adj* tangential (**a** an +*dat*); *(fuerza, presión)* Tangential-; *(distancia)* Tangenten-

tangente [taŋ'xen̩te] *f* Tangente *f;* **salirse** [*o* **irse**] **por la ~** *(fig)* einer Frage aus dem Wege gehen

tangible [taŋ'xiβle] *adj* berührbar; *(fig)* handfest

tango ['taŋgo] *m* Tango *m*

tano, -a ['tano, -a] **I.** *adj (Arg, Urug: fam: italiano)* italienisch **II.** *m, f (Arg, Urug: fam: italiano)* Italiener(in) *m(f)*

tanque ['taŋke] *m* ❶ (MIL) Panzer *m* ❷ *(cisterna)* Tank *m* ❸ *(vehículo)* Tankwagen *m* ❹ *(fam: de cerveza)* Halbe *f* ❺ *(vulg: gordo)* Brocken *m fam* ❻ *(Am: estanque)* Teich *m*

tanqueta [taŋ'keta] *f* (MIL) (Transport)panzer *m*

tantear [tan̩te'ar] *vt* ❶ *(calcular: cantidad)* (grob) berechnen; *(tamaño, volumen)* (grob) ausmessen; *(a ojo)* (ab)schätzen; *(precio)* überschlagen ❷ *(probar)* prüfen; *(sondear a alguien)* vorfühlen (bei +*dat*); **~ el terreno** *(fig)* die Lage sondieren ❸ *(dibujo)* skizzieren ❹ (DEP: *puntos*) erzielen; *(goles)* schießen

tanteo [tan̩'teo] *m* ❶ *(cálculo: cantidad)* (grobe) Berechnung *f; (de tamaño, volumen)* (grobe) Ausmessung *f; (a ojo)* (Ab)schätzung *f; (de precio)* Überschlag *m;* **al** [*o* **por**] **~** ungefähr ❷ *(sondeo)* Sondierung *f* ❸ (DEP: *de puntos*) Punktestand *m; (de goles)* Spielstand *m;* **~ final** Endergebnis *nt*

tanto[1] ['tan̩to] **I.** *m* ❶ *(cantidad)* bestimmte Menge *f;* (COM) Teilbeitrag *m;* **~ alzado** Pauschalpreis *m;* **~ por ciento** Prozentsatz *m;* **me pagan a ~ la hora** ich bekomme so viel die Stunde; **costar otro ~** genauso viel kosten ❷ *(punto)* Punkt *m; (gol)* Tor *nt* ❸ *(loc)* **apuntarse un ~ a favor** einen Pluspunkt erzielen; **estar al ~ de algo** über etw auf dem Laufenden sein; **estar un ~ harto de algo** von etw *dat* die Nase ziemlich voll haben **II.** *adv* ❶ *(de tal* *modo)* so (sehr); **no es para ~** so schlimm ist es nun auch wieder nicht; **pensé que vendrías; ~ es así que no salí de casa** ich dachte, du würdest kommen, und blieb deshalb zu Hause ② *(en tal cantidad)* so viel; **no me das ni ~ así de pena** du tust mir nicht im Geringsten leid ③ *(de duración)* so lange; **tu respuesta tardó ~ que...** deine Antwort kam so spät, dass ... ④ *(comparativo)* (genau)so viel; **~ mejor/peor** umso besser/schlechter; **~ como** *(+ subst)* genau(so) wie; **eso era ~ como no decir nada** das hieß so gut wie gar nichts; **~ cuanto necesito para vivir** alles, was ich zum Leben brauche; **~ si llueve como si no...** egal, ob es regnet oder nicht, ... ⑤ *(loc)* **entre ~** währenddessen, inzwischen; **por (lo) ~** also; **~... como...** sowohl ..., als auch ...; **¡ni ~ ni tan calvo!** lass uns mal nicht so übertreiben!; **por lo ~ mejor callar** also, besser nichts sagen; **en ~ (que)** *+subj (mientras)* solange

tanto, -a² ['taṇto, -a] **I.** *adj* ① *(comparativo)* so viel; **no tengo ~s años como tú** ich bin nicht so alt wie du ② *(tal cantidad, ponderativo)* so viel; **tantas posibilidades** so viele Möglichkeiten; **¡hace ~ tiempo!** es ist so lange her!; **¡hace ~ tiempo que no te veo!** ich habe dich so lange nicht mehr gesehen!; **~ gusto en conocerle** ich habe mich sehr gefreut, Sie kennenzulernen; **¿a qué se debe tanta risa?** worüber wird hier so gelacht? ③ *pl (número indefinido)* **en mil novecientos ochenta y ~s** irgendwann in den Achtzigerjahren; **estamos a ~s de enero** wir haben den soundsovielten Januar; **tener 40 y ~s años** über vierzig sein; **venir a las tantas** *(fam)* sehr spät kommen **II.** *pron dem* **~s** so viele; **coge ~s como quieras** nimm, so viel du möchtest; **no llego a ~** da bin ich überfordert; **no me imaginaba que iba a llegar a ~** ich habe nicht geglaubt, dass es so weit kommen würde; **jamás podré llegar a ~** ich werde es nie so weit bringen

Tanzania [taṇ'θanja] *f* Tansania *nt*

tanzano, -a [taṇ'θano, -a] **I.** *adj* tansanisch **II.** *m, f* Tansanier(in) *m(f)*

tañedor(a) [taɲe'ðor(a)] *m(f)* (MÚS: *de guitarra*) Gitarrenspieler(in) *m(f)*; *(de piano)* Klavierspieler(in) *m(f)*

tañer [ta'ɲer] *<3. pret* tañó*>* **I.** *vt* ① *(instrumento)* spielen ② *(campanas)* läuten **II.** *vi* (mit den Fingern) trommeln

tañido [ta'ɲiðo] *m* Klang *m*

taoísmo [tao'ismo] *m sin pl* Taoismus *m*

tapa ['tapa] *f* ① *(cubierta)* Deckel *m*; **~ de rosca** Schraubverschluss *m*; **libro de ~s duras** Hardcover *nt*; **levantarle a alguien la ~ de los sesos** jdm eine Kugel durch den Kopf jagen ② *(de zapato)* Absatz *m* ③ (GASTR) Häppchen *nt*; **una ~ de aceitunas** eine Portion Oliven

tapacubos [tapa'kuβos] *m inv* (AUTO) Radkappe *f*, Achskappe *f*

tapada [ta'paða] *f* ① *(Col)* Zudecken *nt*, Abdecken *nt* ② (HIST) *schwarzer Schleier der Limeñas (Peru) im 18. und 19. Jahrhundert*

tapadera [tapa'ðera] *f* ① *(de vasija)* Deckel *m* ② *(negocio)* Tarnung *f*

tapadillo [tapa'ðiʎo] *m* **de ~** heimlich

tapado¹ [ta'paðo] *m (AmS: abrigo)* Mantel *m*

tapado, -a² [ta'paðo, -a] *adj (Am: animal)* einfarbig

tapadura [tapa'ðura] *f* Zudecken *nt*

tapajuntas [tapa'xuṇtas] *m inv* (Ab)deckleiste *f*

tapar [ta'par] **I.** *vt* ① *(cuerpo)* bedecken; *(cazuela, en cama)* zudecken ② *(puerta)* zumauern; *(desagüe)* verstopfen; *(agujero)* zustopfen; *(botella)* verschließen ③ *(vista)* **¿te tapo?** versperre ich dir die Sicht?; **la pared nos tapa el viento** die Wand schützt uns gegen den Wind ④ *(ocultar)* verheimlichen **II.** *vr:* **~se** ① *(con ropa)* sich einpacken *fam*; *(en cama)* sich zudecken; *(completamente)* (sich) einmummen; *(con velo)* sich verschleiern ② *(oídos, ojos)* sich *dat* zuhalten; **~se la cara** sich *dat* die Hände vor das Gesicht halten

tapear [tape'ar] *vi (fam)* durch Tapa-Bars ziehen

táper ['taper] *m* Tupperdose® *f*; *(para bocadillos)* Butterbrotdose *f*

tapete [ta'pete] *m* Tischdecke *f*; **~ verde** *(fig)* Spieltisch *m*; **estar sobre el ~** *(fig)* zur Diskussion stehen; **poner sobre el ~** *(fig)* zur Sprache bringen

tapia ['tapja] *f* Lehmwand *f*; *(de jardín)* Gartenmauer *f*; **estar más sordo que una ~** stocktaub sein

tapiar [ta'pjar] *vt* ① *(cerrar)* zumauern ② *(rodear)* ummauern

tapicería [tapiθe'ria] *f* ① *(tapices)* Wandteppiche *mpl* ② *(tienda: de tapices)* Teppichgeschäft *nt*; *(de muebles, t. taller)* Polsterei *f* ③ *(arte)* Gobelinstickerei *f* ④ *(tela)* Polsterstoff *m*; **muebles de ~** Polstermöbel *ntpl*

tapicero, -a [tapi'θero, -a] *m, f* ① *(de sillones)* Polsterer, -in *m, f* ② *(de paredes)* Tapezierer(in) *m(f)*

tapir [ta'pir] *m* (ZOOL) Tapir *m*

tapiz [ta'piθ] *m* Wandteppich *m*; *(con dibujos)* Gobelin *m*

tapizar [tapi'θar] <z → c> *vt (muebles)* (mit Stoff) beziehen; *(acolchar)* polstern

tapón [ta'pon] *m* ① *(obturador)* Verschluss *m; (cilindro, de fregadero)* Stöpsel *m; (de corcho)* Korken *m; (de cuba)* Spund *m;* (AUTO) Tankdeckel *m* ② *(persona)* pummeliger Mensch *m* ③ (MED) Tampon *m; (para el oído)* Ohrstöpsel *m* ④ *(cerumen)* Wachspfropf *m* ⑤ *(de tráfico)* Stau *m*

taponamiento [tapona'mjeṇto] *m* ① *(tapón)* Verschließen *nt,* Zustöpseln *nt,* Verstöpseln *nt; (con cemento)* Zustopfen *nt; (con espátula)* Zuspachteln *nt* ② (MED) Tamponade *f,* Tamponieren *nt*

taponar [tapo'nar] *vt* ① *(cerrar)* verschließen; *(con corcho)* verkorken; *(de plástico)* zustöpseln; *(cuba)* verspunden; *(con espátula)* zuspachteln; *(desagüe)* verstopfen ② *(herida)* tamponieren

tapujarse [tapu'xarse] *vr (fam)* sich vermummen, sich verhüllen

tapujo [ta'puxo] *m* ① *(embozo)* Kragen *m* ② *(fam: disimulo)* Verhüllung *f;* **andar con ~s** *(obrar)* heimlichtun; **no andarse con ~s** *(hablar)* kein Blatt vor den Mund nehmen

taquear [take'ar] **I.** *vi (Am)* ① *(jugar)* Billard spielen ② *(arma)* schießen ③ *(llenar)* vollstopfen **II.** *vr:* **~se** *(Am)* sich vollstopfen

taquicardia [taki'karðja] *f* Herzjagen *nt;* (MED) Tachykardie *f*

taquigrafía [takiɣra'fia] *f* Stenografie *f*

taquigrafiar [takiɣrafi'ar] <*1. pres* taquigrafío> *vt* stenografieren

taquilla [ta'kiʎa] *f* ① *(armario)* Schließfach *nt; (archivador)* Fach *nt* ② (TEAT, CINE, DEP) Kasse *f;* (FERRO) (Fahrkarten)schalter *m; (de apuestas)* Wettannahme *f;* **éxito de ~** Kassenerfolg *m* ③ *(recaudación)* Einnahmen *fpl*

taquillaje [taki'ʎaxe] *m* ① *(entradas)* Eintrittskarten *fpl* ② *(recaudaciones)* Einnahmen *fpl (aus Eintrittskarten)*

taquillero, -a [taki'ʎero, -a] **I.** *adj* **artista ~/película taquillera** Kassenmagnet *m* **II.** *m, f* (FERRO) Schalterbeamte(r) *m,* -beamtin *f;* (TEAT, CINE) Kartenverkäufer(in) *m(f)*

tara ['tara] *f (defecto)* Mangel *m*

tarabilla [tara'βiʎa] *f* ① *(fam: parlanchín)* Quasselstrippe *f;* **hablar como una ~ descompuesta** wie ein Wasserfall reden ② *(palabra)* Geplapper *nt* ③ *(de ventana)* (Fenster)riegel *m*

tarado, -a [ta'raðo, -a] **I.** *adj* ① *(objeto)* schadhaft ② *(alocado)* verrückt; *(imbécil)* doof **II.** *m, f (loco)* Spinner(in) *m(f)*

tarambana [taram'bana] *mf (fam)* Spinner(in) *m(f)*

tarántula [ta'raṇtula] *f* Tarantel *f*

tarar [ta'rar] *vt* (COM) tarieren

tarará [tara'ra] *m v.* **tararí**

tararear [tarare'ar] *vt* trällern; *(con labios cerrados)* summen

tararí [tara'ri] *m* ① *(de trompeta)* Schmettern *nt* ② *(loc)* **estar ~** einen Rausch haben

tarascón [taras'kon] *m (AmS: mordedura)* Biss *m; (herida)* Bisswunde *f*

tardanza [tar'ðaṇθa] *f* Verspätung *f;* **perdona la ~ en escribirte** verzeih mir, dass ich dir so spät schreibe

tardar [tar'ðar] *vi* ① *(emplear tiempo)* brauchen; **a más ~** spätestens; **sin ~** unverzüglich; **no tardo nada** ich brauche nicht lange ② *(demasiado tiempo)* **~ en llegar** zu spät kommen; (FERRO) mit Verspätung eintreffen; **~ en responder** mit der Antwort zögern; **~án mucho en arreglarlo** es wird lange dauern, bis es repariert ist; **no ~é en volver** ich bin bald wieder da; **¡no tardes!** komm bald zurück!

tarde ['tarðe] **I.** *f* ① *(primeras horas)* Nachmittag *m;* **por la ~** nachmittags; **¡buenas ~s!** guten Tag! ② *(últimas horas)* Abend *m;* **¡buenas ~s!** guten Abend!; (**todos**) **los viernes por la ~** jeden Freitagabend **II.** *adv* spät; **~ o temprano** früher oder später; **de ~ en ~** von Zeit zu Zeit; **se me hace ~** ich bin spät dran; **más vale ~ que nunca** *(prov)* besser spät als nie

tardío, -a [tar'ðio, -a] *adj* ① *(atrasado)* spät; **es un consejo ~** dieser Rat kommt zu spät ② *(lento)* langsam ③ *(vulg: sordo)* schwerhörig

tardo, -a ['tarðo, -a] *adj* langsam; *(fig)* begriffsstutzig; **~ de oído** schwerhörig

tardón, -ona [tar'ðon, -ona] **I.** *adj* ① *(lento)* langsam ② *(tonto)* begriffsstutzig **II.** *m, f* ① *(lento)* Trödler(in) *m(f) fam;* **es un ~** er verspätet sich immer ② *(tardo)* Spätzünder *m fam*

tarea [ta'rea] *f* ① *(faena)* Aufgabe *f* ② *(trabajo)* Arbeit *f;* **~s de la casa** Hausarbeit *f* ③ *pl* (ENS) Hausaufgaben *fpl*

tarifa [ta'rifa] *f* Tarif; **~ especial** Sondertarif *m;* **~ plana** Internet-Flatrate *f*

tarima [ta'rima] *f* Podium *nt*

tarjeta [tar'xeta] *f* ① Karte *f;* **~ postal** Postkarte *f,* Karte *f;* **~ de visita** Visitenkarte *f;* **~ de embarque** (AERO) Bordkarte *f* ② (INFOR, TEL) **~ gráfica** [*o* **de gráficos**] Grafikkarte *f;* **~ de memoria** Speicherkarte *f;* **~ de sonido** Soundkarte *f;* **~ SIM** SIM-Karte *f* ③ (FIN) **~ prepago** (*t.* TEL) Prepaidkarte *f;* ~ **de crédito** Kreditkarte *f;* ~ **aestro®** EC-Karte *f*

tarjetero [tarxe'tero] *m* Geldbörse *f*

tarot [ta'ro^t] *m* Tarot *nt o m*

tarraconense [tarrako'nense] **I.** *adj* aus Tarragona **II.** *mf* Einwohner(in) *m(f)* von Tarragona

tarrina [ta'rrina] *f* kleiner Behälter *m;* ~ **de helado** Eisbecher *m*

tarro ['tarro] *m* ❶ *(envase)* Becher *m; (de cristal)* Glas *nt* ❷ *(fam: cabeza)* Schädel *m;* **comer el ~ a alguien** auf jdn einschwätzen

tarta ['tarta] *f* Torte *f*

tartaja [tar'taxa] *adj o mf v.* **tartajoso**

tartajear [tartaxe'ar] *vi* stottern

tartajoso, -a [tarta'xoso, -a] **I.** *adj* stotternd, stammelnd **II.** *m, f* Stotterer, -in *m, f*

tartamudear [tartamuđe'ar] *vi* stottern

tartamudeo [tartamu'ðeo] *m* Stottern *nt*

tartamudez [tartamu'ðeθ] *f* Stottern *nt; (por nervios)* Stammeln *nt*

tartamudo, -a [tarta'muđo, -a] **I.** *adj* stott(e)rig **II.** *m, f* Stotterer, -in *m, f*

tartán [tar'tan] *m* ❶ *(tela)* Schottenstoff *m* ❷ (DEP: ®) Tartan® *m*

tartana [tar'tana] *f* ❶ (HIST: *carro*) Kremser *m (offener Wagen)* ❷ *(pey: coche)* Vehikel *nt;* **este coche es una ~** dieses Auto ist eine Schrottkarre

tártaro¹ ['tartaro] *m* ❶ (QUÍM) Weinstein *m* ❷ *(sarro)* Zahnstein *m* ❸ *(elev: infierno)* Tartaros *m* ❹ *(lengua)* Tartarisch(e) *nt*

tártaro, -a² ['tartaro, -a] **I.** *adj* tartarisch; **bistec ~** Tartarbeefsteak *nt;* **salsa tártara** Tartarensoße *f* **II.** *m, f* Tartar(in) *m(f)*

tartera [tar'tera] *f* ❶ *(para tartas)* Kuchenform *f* ❷ *(fiambrera)* Frischhaltebox *f*

tarugo [ta'ruɣo] *m* ❶ *(trozo)* Klotz *m* ❷ *(clavija)* Pflock *m* ❸ *(pan)* Brotkanten *m* ❹ *(persona)* Trottel *m*

tarumba [ta'rumba] *adj (fam)* **estar ~** durcheinander sein; **volver a alguien ~** jdn verrückt machen

tasa ['tasa] *f* ❶ *(valoración)* Schätzung *f* ❷ *(precio)* Preis *m; (derechos)* Gebühr *f; (de impuesto)* Satz *m* ❸ *(de joya)* Schätzwert *m* ❹ *(porcentaje)* Rate *f;* ~ **de desempleo** Arbeitslosenquote *f;* ~ **de interés** Zinssatz *m;* ~ **de nacimiento** Geburtenrate *f*

tasación [tasa'θjon] *f* ❶ *(de producto)* Festlegung *f* des Preises; *(de impuesto)* Veranlagung *f* ❷ *(de joya)* Schätzung *f*

tasador(a) [tasa'ðor(a)] *m(f)* Schätzer(in) *m(f);* **perito ~** Taxator *m*

tasar [ta'sar] *vt* ❶ *(precio)* den Preis festsetzen (für +*akk*); *(impuesto)* besteuern ❷ *(valorar)* schätzen (**en** auf +*akk*); *(trabajo)* berechnen; ~ **en exceso** überbewerten ❸ *(tabaco, comida)* dosieren; *(libertad)* einschränken

tasca ['taska] *f (taberna)* Kneipe *f*

tata¹ ['tata] *f (fam)* Kindermädchen *nt*

tata² ['tata] *m (Am: papá)* Vati *m*

tatarabuelo, -a [tatara'βwelo, -a] *m, f* Ururgroßvater, Ururgroßmutter *m, f*

tataranieto, -a [tatara'njeto, -a] *m, f* Ururenkel(in) *m(f)*

tate ['tate] *interj* ❶ *(cuidado)* aufgepasst! ❷ *(despacito)* sachte! ❸ *(sorpresa)* (ach) du meine Güte!

tatuaje [tatu'axe] *m* Tätowierung *f*

tatuar [tatu'ar] <*1. pres* tatúo> *vt* tätowieren

taurino, -a [tau̯'rino, -a] *adj* ❶ *(del toro)* Stier- ❷ *(de la corrida)* Stierkampf-

tauro ['tau̯ro] *m* (ASTR: *persona*) Stier *m;* **soy de ~** ich bin (ein) Stier

Tauro ['tau̯ro] *m* (ASTR: *signo*) Stier *m*

tauromaquia [tau̯ro'makja] *f sin pl* Stierkampfkunst *f*

tautología [tau̯tolo'xia] *f* Tautologie *f*

taxativo, -a [taˠsa'tiβo, -a] *adj* beschränkend; *(categórico)* kategorisch

taxi ['taˠsi] *m* Taxi *nt*

taxidermista [taˠsiđer'mista] *mf* Taxidermist(in) *m(f)*

taxímetro [taˠ'simetro] *m* Taxameter *m o nt*

taxista [taˠ'sista] *mf* Taxifahrer(in) *m(f)*

taxonomía [taˠsono'mia] *f sin pl* (BIOL) Taxonomie *f*

Tayikistán [taʎikis'tan] *m* Tadschikistan *nt*

taza ['taθa] *f* ❶ *(de café)* Tasse *f;* **una ~ de café** *(con café)* eine Tasse Kaffee; *(para el café)* eine Kaffeetasse ❷ *(del váter)* Klobecken *nt,* Kloschüssel *f* ❸ *(de fuente)* Becken *nt*

tazón [ta'θon] *m* Schale *f*

TDT¹ [teđe'te] *m inv abr de* **sintonizador de Televisión Digital Terrestre** *(fam)* DVB-T Receiver *m*

TDT² [teđe'te] *f inv abr de* **Televisión Digital Terrestre** DVB-T *nt*

te [te] **I.** *f* T *nt* **II.** *pron pers* ❶ *(objeto directo)* dich; **¡míra~!** schau dich mal an! ❷ *(objeto indirecto)* dir **III.** *pron refl* ~ **vistes** du ziehst dich an; ~ **levantas** du stehst auf; **¿~ has lavado los dientes?** hast du dir die Zähne geputzt?

té [te] *m* Tee *m;* ~ **a la menta** Minztee *m;* ~ **helado** Eistee *m;* **dar a alguien el ~** *(fig)* jdm auf die Nerven gehen

tea ['tea] *f* ❶ *(astillas)* Kienspan *m; (antorcha)* Kienfackel *f* ❷ *(fam: borrachera)* Rausch *m*

teatral [tea'tral] *adj* Theater-; *(efecto, ex-*

T

periencia, autor) Bühnen-; *(fig)* theatralisch

teatralidad [teatrali'ðaᵈ] *f* Theatralik *f*

teatrero, -a [tea'trero, -a] *adj (fam)* theatralisch, pathetisch

teatro [te'atro] *m* ❶ (TEAT: *t. fig)* Theater *nt;* **obra de ~** Theaterstück *nt;* (LIT) Schauspiel *nt;* **el ~ de Calderón** Calderons Dramen; **hacer ~** *(t. fig)* Theater spielen; *(exagerar)* Theater machen ❷ *(escenario)* Schauplatz *m*

tebeo [te'βeo] *m* Comic(heft) *nt;* **esto está más visto que el ~** *(fam)* das ist ein alter Hut

teca ['teka] *f* Teak *nt*

techado [te'ʧaðo] *m* Dach *nt*

techador(a) [teʧa'ðor(a)] *m(f)* Dachdecker(in) *m(f)*

techar [te'ʧar] *vt* überdachen

techo ['teʧo] *m* ❶ *(de habitación)* (Zimmer)decke *f* ❷ *(de casa)* Dach *nt;* **vivir bajo el mismo ~** unter einem Dach leben ❸ *(tope)* Limit *nt; (de evolución)* Höhepunkt *m*

techumbre [te'ʧumbre] *f* ❶ *(techo)* Dach *nt* ❷ *(estructura)* Dachkonstruktion *f*

tecla ['tekla] *f* ❶ *(de piano, ordenador)* Taste *f;* **~ Enter** Eingabetaste *f,* Enter-Taste *f;* **~ de bloqueo de mayúsculas** Feststelltaste *f;* **~ de control** Steuerungstaste *f;* **~ de escape** Escapetaste *f;* **~ de mayúsculas** Umschalttaste *f;* **~ de tabulación** Tabulatortaste *f;* **~ suprimir en retroceso** Rücklöschtaste *f;* **~ de función** Funktionstaste *f;* **tocar una ~** *(piano)* eine Taste anschlagen; *(ordenador)* eine Taste drücken; **dar en la ~** *(fam fig)* den richtigen Dreh finden; **hay que tocar muchas ~s para averiguar eso** man muss alle Register ziehen, um das herauszufinden ❷ *(materia)* heikles Thema *nt*

teclado [te'klaðo] *m* Tastatur *f;* **tocar los ~s en un grupo** als Keyboarder in einer Band spielen

teclear [tekle'ar] *vi* ❶ *(piano)* die Tasten anschlagen; *(ordenador)* tippen ❷ *(dedos)* mit den Fingern trommeln (auf +*akk*)

teclista [te'klista] *mf* Keyboardspieler(in) *m(f)*

técnica ['teɣnika] *f* Technik *f*

tecnicismo [teɣni'θismo] *m* Fachausdruck *m*

técnico, -a ['teɣniko, -a] **I.** *adj* ❶ *(de la técnica)* technisch ❷ *(de especialidad)* fachlich; **término ~** Fachausdruck *m* **II.** *m, f (especialista)* Fachmann, -frau *m, f;* (TÉC) Techniker(in) *m(f)*

tecno ['teɣno] *m* (MÚS) Technomusik *f*

tecnocracia [teɣno'kraθja] *f* Technokratie *f*

tecnócrata [teɣ'nokrata] **I.** *adj* technokratisch **II.** *mf* Technokrat(in) *m(f)*

tecnocrático, -a [teɣno'kratiko, -a] *adj* technokratisch

tecnología [teɣnolo'xia] *f* ❶ (TÉC, ECON) Technologie *f;* **~ punta** Spitzentechnologie *f* ❷ *(técnica)* Technik *f*

tecnológico, -a [teɣno'loxiko, -a] *adj* ❶ (TÉC) Technologie-; *(desarrollo)* technologisch; **parque ~** Technologiepark ❷ *(técnico)* technisch

tecnologizar [teɣnoloxi'θar] <z → c> *vt* technifizieren

tecnólogo, -a [teɣ'noloɣo, -a] *m, f* (TÉC) Technologe, -in *m, f*

tecolote [teko'lote] *m (AmC, Méx: búho)* Uhu *m*

tedio ['teðjo] *m* ❶ *(aburrimiento)* Langeweile *f;* **eso me produce ~** das langweilt mich ❷ *(hastío)* Überdruss *m*

tedioso, -a [te'ðjoso, -a] *adj* langweilig

tee [ti] *m (golf)* Tee *nt*

teflón® [te'flon] *m* Teflon® *nt*

teja ['texa] *f* ❶ *(del tejado)* Dachziegel *m* ❷ *(sombrero)* Priesterhut *m* ❸ *(loc)* **pagar a toca ~** bar auf den Tisch zahlen; **de ~s abajo** hier auf der Erde; **de ~s arriba** überirdisch

tejadillo [texa'ðiʎo] *m (de apisonadora, t.* ARQUIT) Wetterdach *nt*

tejado [te'xaðo] *m* Dach *nt;* **empezar la casa por el ~** *(fig)* das Pferd von hinten aufzäumen; **la pelota sigue en el ~** *(fig)* die Sache ist noch nicht entschieden; **tirar piedras sobre su propio ~** *(fig)* sich *dat/akk* ins eigene Fleisch schneiden; **quien tiene el ~ de vidrio, no tire piedras al de su vecino** *(prov)* wer im Glashaus sitzt, soll nicht mit Steinen werfen

tejano, -a [te'xano, -a] **I.** *adj* ❶ *(de Tejas)* texanisch ❷ *(ropa)* Jeans-; **pantalón ~** Jeans(hose) *f* **II.** *m, f* Texaner(in) *m(f)*

tejanos [te'xanos] *mpl (pantalones)* Jeans *f pl*

tejar [te'xar] **I.** *vt* decken **II.** *m* Ziegelei *f*

tejaván [texa'βan] *m (Am)* ❶ *(cobertizo)* Vordach *nt* ❷ *(corredor)* Korridor *m* ❸ *(alero)* Dachtraufe *f* ❹ *(casa)* Hütte *f* mit Ziegeldach

tejedor(a) [texe'ðor(a)] *m(f)* Weber(in) *m(f)*

tejedura [texe'ðura] *f* ❶ *(acción)* Weben *nt* ❷ *(de hilos)* Gewebe *nt*

tejeduría [texeðu'ria] *f* ❶ *(arte)* Webkunst *f* ❷ *(taller)* Weberei *f*

tejemaneje [texema'nexe] *m (fam)* ❶ *(actividad)* reges Treiben *nt;* **traerse un**

~ **increíble con los papeles** geschäftig mit den Papieren herumhantieren ② *(intriga)* Machenschaften *fpl*

tejer [te'xer] *vt* ① *(tela)* weben; ~ **y destejer** *(fig)* schalten und walten ② *(cestos, trenzas)* flechten ③ (ZOOL) spinnen ④ *(intrigas, plan)* schmieden

tejido [te'xiðo] *m* ① *(textura, t.* ANAT) Gewebe *nt* ② *(tela)* Stoff *m;* **los ~s** die Textilien

tejo ['texo] *m* ① *(disco)* Stück *nt* Dachziegel; **tirar los ~s a alguien** *(fam)* jdm Avancen machen ② (BOT) Eibe *f*

tejón [te'xon] *m* Dachs *m*

tejuelo [te'xwelo] *m* (TIPO) Signatur *f*

tela ['tela] *f* ① *(tejido)* Stoff *m;* ~ **de araña** Spinnennetz *nt;* ~ **metálica** Maschendraht *m;* ~ **de punto** Trikot *m o nt* ② *(en leche)* Haut *f* ③ *(fam: asunto)* Thema *nt;* **hay ~ para rato** [*o* **marinera**] *(para discutir)* der Gesprächsstoff ist bei Weitem nicht erschöpft; *(para trabajar)* es ist noch (unheimlich) viel zu erledigen; **este asunto trae ~** es steckt einiges hinter dieser Sache; **este problema tiene ~** dies ist ein äußerst heikles Problem ④ *(lienzo)* Leinwand *f;* **una ~ de Barceló** ein Gemälde von Barceló ⑤ *(fam: dinero)* Kohle *f* ⑥ *(loc)* **llegar a las ~s del corazón** unter die Haut gehen; **poner algo en ~ de juicio** *(dudar)* etw infrage [*o* in Frage] stellen; *(tener reparos)* Bedenken gegen etw äußern

telar [te'lar] *m (máquina)* Webstuhl *m*

telaraña [tela'raɲa] *f (de araña)* Spinnennetz *nt;* **mirar las ~s** *(fig)* zerstreut sein; **tener ~s en los ojos** *(fig)* verblendet sein

tele ['tele] *f abr de* **televisión** *(fam)* **ver la ~** Fernsehen gucken

teleadicto, -a [telea'ðikto, -a] *adj* fernsehsüchtig

telearrastre [telea'rrastre] *m* (DEP) Schlepplift *m*

telebanco [tele'βaŋko] *m,* **telebanking** [tele'βaŋkiŋ] *m* (INFOR, TEL) Telebanking *nt*

telebasura [teleβa'sura] *f (fam)* Fernsehmüll *m*

telecabina [teleka'βina] *f* Seilbahn *f*

telecomando [teleko'maṇdo] *m (de televisor)* Fernbedienung *f; (de una puerta)* Fernsteuerung *f*

telecomedia [teleko'meðja] *f* ① *(serie)* Fernsehserie *f* ② *(película)* Fernsehfilm *m*

telecompra [tele'kompra] *f* (INFOR) Teleshopping *nt*

telecomunicación [telekomunika'θjon] *f* ① *(sistema)* Telekommunikation *f,* Nachrichtentechnik *f;* **ingeniero de Telecomunicaciones** Nachrichtentechniker *m* ② *pl (empresa)* Fernmeldewesen *nt*

teleconferencia [telekoɱfe'reṇθja] *f* (INFOR) Telekonferenz *f*

telecontrol [telekoṇ'trol] *m* Fernsteuerung *f,* Fernbedienung *f*

telediario [teleði'arjo] *m* (Fernseh)nachrichten *fpl*

teledirigir [telediri'xir] <g → j> *vt* fernsteuern

teleférico [tele'feriko] *m* (Draht)seilbahn *f*

telefilm [tele'filᵐ] *m* <telefilm(e)s> Fernsehfilm *m*

telefonazo [telefo'naθo] *m (fam)* Anruf *m;* **dar un ~ a alguien** jdn kurz anrufen

telefonear [telefone'ar] **I.** *vt* ① *(comunicar)* telefonisch mitteilen ② *(fam: a alguien)* anrufen **II.** *vi* telefonieren

telefonía [telefo'nia] *f* Fernmeldewesen *nt;* ~ **móvil** Mobilfunk *m*

Telefónica [tele'fonika] **la ~** *die spanische Telefongesellschaft*

telefónico, -a [tele'foniko, -a] *adj* ① *(de teléfono)* telefonisch; **cabina telefónica** Telefonzelle *f;* **guía telefónica** Telefonbuch *nt;* **llamada telefónica** Anruf *m* ② *(de telefonía)* Fernmelde-

telefonista [telefo'nista] *mf* Telefonist(in) *m(f)*

teléfono [te'lefono] *m* ① *(sistema, aparato)* Telefon *nt;* ~ **inteligente** Smartphone *nt;* ~ **público** öffentliches Telefon; ~ **de tarjeta** Kartentelefon *nt;* **por ~** telefonisch; **hablar por ~** telefonieren; **llamar por ~** anrufen ② *(número)* Telefonnummer *f* ③ *pl (compañía)* Telefongesellschaft *f*

telegrama [tele'ɣrama] *m* Telegramm *nt*

teleguiado, -a [teleɣi'aðo, -a] *adj* (TÉC) ferngelenkt, ferngesteuert

telele [te'lele] *m (fam)* Anfall *m;* **como me digas que no, me da un ~** wenn du Nein sagst, kriege ich einen Anfall

telemando [tele'maṇdo] *m* Fernsteuerung *f; (de la televisión)* Fernbedienung *f*

telemárquetin [tele'marketiŋ] *m* Telemarketing *nt*

telemática [tele'matika] *f* Datenfernübertragung *f*

telemetría [teleme'tria] *f* (TÉC) Telemetrie *f*

telenovela [teleno'βela] *f* Seifenoper *f*

telenque [te'leŋke] **I.** *adj* ① *(Chil: tembIón)* zitt(e)rig; *(enfermizo)* kränklich ② *(ElSal: torcido)* krumm **II.** *m (Guat: cachivache)* Sonderling *m*

teleobjetivo [teleoβxe'tiβo] *m* Teleobjektiv *nt*

telepatía [telepa'tia] *f sin pl* Telepathie *f*
telepático, -a [tele'patiko, -a] *adj* telepathisch
telepredicador(a) [telepreðika'ðor(a)] *m(f)* Fernsehprediger(in) *m(f)*
teleprompter® [tele'promter] *m* Teleprompter® *m*
telequinesia [teleki'nesja] *f sin pl* Telekinese *f*
telerruta [tele'rruta] *f* (**servicio de**) ~ *telefonischer Verkehrsmeldedienst*
telescópico, -a [teles'kopiko, -a] *adj* teleskopisch
telescopio [teles'kopjo] *m* Teleskop *nt*
teleserie [tele'serje] *f* (TV) Fernsehserie *f*
telesilla [tele'siʎa] *f* Sessellift *m*
telespectador(a) [telespekta'ðor(a)] *m(f)* Fernsehzuschauer(in) *m(f)*
telesquí [teles'ki] *m* (Ski)lift *m*
teletexto [tele'testo] *m* Videotext *m*
teletienda [tele'tjen̩da] *f* Teleshopping *nt*
teletipo [tele'tipo] *m* Fernschreiber *m*
teletrabajo [teletra'βaxo] *m* Tele(heim)arbeit *f*
televidente [teleβi'ðen̩te] *mf v.* **telespectador**
televisado, -a [teleβi'saðo, -a] *adj* (TV) im Fernsehen übertragen
televisar [teleβi'sar] *vt* senden; *(en directo)* übertragen
televisión [teleβi'sjon] *f* ❶ *(sistema, organización)* Fernsehen *nt;* ~ **digital** digitales Fernsehen; **T~ Digital Terrestre** terrestrisches Digitalfernsehen; ~ **de pago** Pay-TV *nt;* ~ **en abierto** Free-TV *nt;* ~ **por cable** Kabelfernsehen *nt;* ~ **por satélite** Satellitenfernsehen *nt* ❷ *(fam: televisor)* Fernseher *m;* ~ **en color** Farbfernseher *m*
televisivo, -a [teleβi'siβo, -a] *adj* ❶ *(relativo a)* Fernseh-; **programa** ~ Fernsehsendung *f* ❷ *(apto para)* fürs Fernsehen geeignet
televisor [teleβi'sor] *m* Fernsehgerät *nt*
televisual [teleβi'swal] *adj* (TV) *v.* **televisivo**
telón [te'lon] *m* Vorhang *m;* **el ~ de acero** der eiserne Vorhang; ~ **de fondo** Hintergrund *m*
telonero, -a [telo'nero, -a] **I.** *adj (artista)* das Vorprogramm bestreitend; *(boxeador)* den Vorkampf bestreitend **II.** *m, f (artista, boxeador, orador) Künstler, Boxer oder Redner, der das Vorprogramm bestreitet*
tema ['tema] *m* (*t.* MÚS, LIT) Thema *nt;* **cada loco con su** ~ jedem Tierchen sein Pläsierchen; **ese es el ~ de mi sermón** *(fig)* (das ist) meine Rede

T

temario [te'marjo] *m* Themenkreis *m*
temática [te'matika] *f* Thematik *f*
temático, -a [te'matiko, -a] *adj* thematisch
temblar [tem'blar] <e → ie> *vi* zittern; ~ **de miedo** vor Angst zittern; ~ **por alguien** um jdn zittern; **te tiemblan las carnes** du zitterst wie Espenlaub; **dejar temblando** *(comer)* fast ganz aufessen; *(beber)* fast leer trinken
tembleque [tem'bleke] *m (fam)* ❶ *(temblor)* Zittern *nt;* **me dio un** ~ ich fing (plötzlich) an zu zittern ❷ *(persona)* zitt(e)riger Mensch *m*
temblequear [tembleke'ar] *vi (fam)* zitt(e)rig sein
temblón[1] [tem'blon] *m* ❶ (BOT) (**álamo**) ~ Zitterpappel *f* ❷ (ZOOL) Zitterrochen *m*
temblón, -ona[2] [tem'blon, -ona] *adj (fam)* zitt(e)rig
temblor [tem'blor] *m (tembleque)* Zittern *nt; (escalofrío)* Schauder *m;* ~ **de frío** Schüttelfrost *m;* ~ (**de tierra**) Erdbeben *nt*
tembloroso, -a [temblo'roso, -a] *adj* zitt(e)rig
temer [te'mer] **I.** *vt* ❶ *(sentir temor)* fürchten ❷ *(sospechar)* (be)fürchten **II.** *vi* sich fürchten; ~ **por alguien** um jdn bangen **III.** *vr:* **~se** (be)fürchten
temerario, -a [teme'rarjo, -a] *adj* ❶ *(imprudente)* waghalsig ❷ *(sin fundamento)* unüberlegt
temeridad [temeri'ðaᵈ] *f sin pl* ❶ *(imprudencia)* Waghalsigkeit *f;* ~ **manifiesta** (JUR) grobe Fahrlässigkeit ❷ *(insensatez)* unüberlegte Handlung *f*
temeroso, -a [teme'roso, -a] *adj* ❶ *(medroso)* ängstlich; ~ **de Dios** gottesfürchtig; ~ **de que...** +*subj* aus Angst davor, dass … ❷ *(temible)* Furcht erregend
temible [te'miβle] *adj* Furcht erregend
temor [te'mor] *m* ❶ *(miedo)* Furcht *f* (**a/de** vor +*dat*); **por ~ a lo que diga la gente** aus Angst vor dem, was die Leute sagen ❷ *(sospecha)* Befürchtung *f*
témpano ['tempano] *m* ❶ *(pedazo)* Scheibe *f; (de hielo)* (Eis)scholle *f; (de tocino)* Speckscheibe *f;* **quedarse como un** ~ starr vor Kälte sein; **tener las manos como un** ~ eiskalte Hände haben ❷ *(tambor)* Pauke *f; (piel)* Trommelfell *nt*
témpera ['tempera] *f* ❶ *(pintura)* Tempera(farbe) *f* ❷ *(obra)* Temperamalerei *f*
temperación [tempera'θjon] *f* ❶ *(moderación)* Mäßigung *f;* (MED) Milderung *f* ❷ *(Am: cambio)* Klimawechsel *m*
temperamental [temperamen̩'tal] *adj* ❶ *(del temperamento)* Temperaments-;

característica ~ Charaktereigenschaft *f* ❷ *(persona)* temperamentvoll
temperamento [tempera'meṇto] *m (carácter, vivacidad)* Temperament *nt;* **tener mucho** ~ sehr temperamentvoll sein
temperar [tempe'rar] **I.** *vt* mäßigen; (MED) mildern **II.** *vr:* **~se** sich mäßigen
temperatura [tempera'tura] *f* Temperatur *f; (de una persona)* Körpertemperatur *f; (fiebre)* Fieber *nt;* **el niño tiene mucha** ~ der Kleine hat hohes Fieber; **tengo algo de** ~ ich habe (erhöhte) Temperatur
tempestad [tempes'taᵈ] *f (tormenta)* Gewitter *nt; (marejada)* Sturm *m; (agitación)* Aufruhr *f;* ~ **de aplausos** Beifallssturm *m;* ~ **de injurias** Flut von Beschimpfungen; ~ **de silbidos** Pfeifkonzert *nt;* **levantar ~es** Unruhe stiften; **levantar una** ~ **de protestas** einen Proteststurm auslösen
tempestivo, -a [tempes'tiβo, -a] *adj (elev)* gelegen, zeitlich günstig
tempestuoso, -a [tempestu'oso, -a] *adj* stürmisch; *(ambiente)* geladen
templadamente [templaða'meṇte] *adv* mäßig, in Maßen
templado, -a [tem'plaðo, -a] *adj* ❶ *(tibio)* lau(warm) ❷ *(temperado)* mild ❸ *(moderado)* maßvoll; **ser** ~ **en la bebida** nur wenig trinken ❹ *(sereno)* ruhig ❺ *(valiente)* mutig ❻ *(fam: bebido)* beschwipst; **estar** ~ einen Schwips haben
templanza [tem'plaṇθa] *f* ❶ *(moderación)* Enthaltsamkeit *f* ❷ *(clima, temperatura)* Milde *f*
templar [tem'plar] **I.** *vt* ❶ *(moderar)* mäßigen; *(suavizar)* lindern; *(calmar)* beruhigen ❷ *(calentar)* (auf)wärmen ❸ (MÚS) stimmen; ~ **a alguien la gaita** jdn zurechtweisen ❹ *(apretar)* anziehen ❺ *(mezclar)* verdünnen ❻ *(acero)* härten **II.** *vr:* **~se** ❶ *(moderarse)* sich mäßigen (**en** bei/in +*dat*) ❷ *(calentarse)* wärmer werden; *(enfriarse)* abkühlen ❸ *(Am: enamorarse)* sich verlieben ❹ *(Col, Perú: emborracharse)* sich betrinken
temple ['temple] *m* ❶ *(valentía)* Mut *m* ❷ *(carácter)* Gemüt *nt; (humor)* Laune *f;* **estar de buen/mal** ~ gut/schlecht gelaunt sein ❸ *(temperatura)* Temperatur *f; (tiempo)* Wetter *nt* ❹ *(del acero: proceso)* Härtung *f; (dureza)* Härtegrad *m* ❺ (MÚS) Stimmen *nt* ❻ (ARTE) Temperafarbe *f*
templete [tem'plete] *m (armazón)* Schrein *m*
templo ['templo] *m* Tempel *m;* **una verdad como un** ~ *(fam)* eine unumstößliche Wahrheit
tempo ['tempo] *m* Tempo *nt*
temporada [tempo'raða] *f (tiempo)* Zeit *f; (época)* Saison *f;* ~ **alta** Hauptsaison *f;* ~ **baja** *(anterior)* Vorsaison *f; (posterior)* Nachsaison *f;* **fruta de** ~ Obst der Jahreszeit; **llevo una** ~ **que salgo poco** in letzter Zeit bin ich wenig ausgegangen
temporal [tempo'ral] **I.** *adj* ❶ *(relativo al tiempo)* zeitlich ❷ *(no permanente)* vorübergehend; *(no eterno)* vergänglich; **contrato** ~ Zeitvertrag *m* ❸ *(secular)* weltlich ❹ (ANAT) **hueso** ~ Schläfenbein *nt* **II.** *m* ❶ *(tormenta)* Gewitter *nt; (marejada)* Sturm *m;* **capear el** ~ *(fig)* Schwierigkeiten meistern ❷ (ANAT) Schläfenbein *nt*
temporalidad [temporali'ðaᵈ] *f* ❶ *(limitación)* Befristung *f; (transitoriedad)* Vergänglichkeit *f* ❷ (REL) Weltlichkeit *f* ❸ *pl* (REL) Einkünfte *f pl* der Geistlichen
temporalmente [temporal'meṇte] *adv* vorübergehend, zeitweilig
temporario, -a [tempo'rarjo, -a] *adj (Am)* zeitweilig
temporero, -a [tempo'rero, -a] **I.** *adj* Aushilfs-; **trabajador** ~ Aushilfe *f* **II.** *m, f* Aushilfe *f;* (AGR) Saisonarbeiter(in) *m(f)*
temporizador [temporiθa'ðor] *m* (ELEC) Zeitschalter *m,* Timer *m*
temporizar [tempori'θar] <z → c> *vi* ❶ *(contemporizar)* sich anpassen (**con** +*akk*), Zugeständnisse machen (**con** +*dat*); ~ **con alguien** sich jds Meinung anschließen ❷ *(por pasar el tiempo)* die Zeit totschlagen
tempranero, -a [tempra'nero, -a] **I.** *adj* ❶ *(anticipado)* vorzeitig; *(fruta)* frühreif ❷ *(madrugador)* **ser** ~ ein Frühaufsteher sein; **¡qué** ~ **estás hoy!** heute bist du aber schon früh auf den Beinen! **II.** *m, f* Frühaufsteher(in) *m(f)*
temprano[1] [tem'prano] *adv* ❶ *(a primera hora)* früh; ~ **por la mañana** frühmorgens ❷ *(antes)* vorzeitig; **llegar (demasiado)** ~ zu früh sein
temprano, -a[2] [tem'prano, -a] *adj* früh; **a edad temprana** in jungen Jahren
tenacidad [tenaθi'ðaᵈ] *f sin pl* ❶ *(persona)* Hartnäckigkeit *f; (porfía)* Sturheit *f* ❷ *(material)* Widerstandsfähigkeit *f* ❸ *(dolor, mancha)* Hartnäckigkeit *f*
tenacillas [tena'θiʎas] *f pl* Zange *f; (para rizar)* Lockenschere *f; (para depilar)* Pinzette *f*
tenaz [te'naθ] *adj* ❶ *(perseverante)* beharrlich; *(cabezota)* stur; **ser** ~ **en sus decisiones** sich nicht von seinen Entscheidungen abbringen lassen ❷ *(resistente)* robust ❸ *(persistente)* hartnäckig; *(niebla)* dicht
tenaza(s) [te'naθa(s)] *f(pl)* Zange *f;* **no me pudieron sacar la verdad ni con ~s**

T

es war unmöglich, die Wahrheit aus mir herauszubekommen; **no les podemos sacar el reloj ni con ~s** was wir auch tun, sie rücken die Uhr nicht raus

tenca ['teŋka] *f* Schleie *f*

tencha ['tenʧa] *f (Guat: cárcel)* Gefängnis *nt*

tendal [teṇ'dal] *m (toldo)* Sonnendach *nt*

tendear [teṇde'ar] *vi (Méx)* bummeln

tendedero [teṇde'ðero] *m* ① *(lugar)* Trockenplatz *m* ② *(armazón)* Wäscheständer *m; (cuerdas)* Wäscheleine *f*

tendencia [teṇ'deṇθja] *f* ① *(inclinación)* Neigung *f* (**a** zu +*dat*); **tener ~ a algo** zu etw *dat* neigen ② *(dirección)* Tendenz *f;* **~ alcista** Aufwärtstrend *m;* **~ al alza/a la baja** steigende/rückläufige Tendenz; **las últimas ~s de la moda** die aktuellen Modetrends ③ *(aspiración)* Streben *nt* (**a** nach +*dat*); **~s autonomistas** Autonomiebestreben *nt*

tendencioso, -a [teṇdeṇ'θjoso, -a] *adj (pey)* tendenziös

tendente [teṇ'deṇte] *adj* zielend (**a** auf +*akk*), tendierend (**a** nach +*dat*)

tender [teṇ'der] <e → ie> **I.** *vt* ① *(desdoblar, esparcir)* ausbreiten (**sobre** auf +*dat*); **~ la cama** *(Am)* das Bett machen; **~ la mesa** *(Am)* den Tisch decken ② *(tumbar)* hinlegen (**sobre/en** auf +*akk*); *(de golpe)* zu Boden strecken ③ *(colocar: ropa)* aufhängen; *(cuerda)* spannen; *(puente)* schlagen; *(línea, vía)* verlegen ④ *(aproximar)* reichen; **~ la mano a alguien** *(fig)* jdm helfen **II.** *vi* ① *(tirar)* tendieren; **tu cabello tiende a rojizo** deine Haarfarbe geht ins Rötliche ② *(inclinarse)* neigen (**a** zu +*dat*); **tiendo a salir poco** ich gehe nur ungern aus ③ (MAT) gehen (**a** gegen +*akk*) ④ *(aspirar)* streben (**a** nach +*dat*); *(estar dirigido)* abzielen (**a** auf +*akk*) **III.** *vr:* **~se** ① *(tumbarse)* sich hinlegen (**sobre/en** auf +*akk*) ② *(abandonarse)* nachlässig werden

tenderete [teṇde'rete] *m* (COM) Stand *m*

tendero, -a [teṇ'dero, -a] *m, f* ① *(dueño)* Ladenbesitzer(in) *m(f)* ② *(dependiente)* Verkäufer(in) *m(f)*

tendidamente [teṇdiða'meṇte] *adv* ausführlich, weitschweifig; **explicar algo larga y ~** etw lang und breit erklären

tendido[1] [teṇ'diðo] *m* ① *(de un cable)* Verlegen *nt* ② *(cables)* Leitungen *fpl* ③ *(ropa)* (zum Trocknen aufgehängte) Wäsche *f* ④ (TAUR) Sperrsitze *mpl* ⑤ *(Am: de la cama)* Bettwäsche *f*

tendido, -a[2] [teṇ'diðo, -a] *adj (galope)* gestreckt; **largo y ~** ausführlich

tendinitis [teṇdi'nitis] *f inv* (MED) Sehnenentzündung *f*

tendón [teṇ'don] *m* Sehne *f*

tenducho [teṇ'duʧo] *m (pey)* (schäbiger) Kramladen *m*

tenebrosidad [teneβrosi'ðaᵈ] *f* ① *(de un lugar)* Finsternis *f* ② *(del porvenir)* Düsterkeit *f* ③ *(de palabras, hechos)* Rätselhaftigkeit *f*

tenebroso, -a [tene'βroso, -a] *adj (oscuro, t. fig)* finster; *(tétrico)* düster

tenedor[1] [tene'ðor] *m (para comer)* Gabel *f*

tenedor(a)[2] [tene'ðor(a)] *m(f)* ① *(propietario)* Inhaber(in) *m(f);* **~ de tierras** Pächter *m* ② (FIN) **~ de libros** Buchhalter *m*

tenencia [te'neṇθja] *f* (JUR) Besitz *m;* **~ ilícita de armas** unerlaubter Waffenbesitz

tener [te'ner] *irr* **I.** *vt* ① *(poseer, disfrutar, sentir, padecer)* haben; **~ los ojos azules** blaue Augen haben; **~ 29 años** 29 (Jahre alt) sein; **~ poco de tonto** alles andere als dumm sein; **no ~ nada de especial** nichts Besonderes sein; **¿(con que) esas tenemos?** so ist das also!; **~la tomada con alguien** *(fam)* jdn auf dem Kieker haben; **no ~las todas consigo** schlechte Karten haben; **no ~ nada que perder** nichts zu verlieren haben; **no ~ precio** unbezahlbar sein; **~ cariño a alguien** jdn lieb haben; **~ la culpa de algo** an etw *dat* schuld sein; **¿tienes frío?** ist dir kalt?; **le tengo lástima** er/sie tut mir leid; **~ sueño** müde sein ② *(considerar)* halten (**por** für +*akk*); **~ a alguien en menos/mucho** wenig/viel von jdm halten; **ten por seguro que...** du kannst dich darauf verlassen, dass ...; **tengo para mí que...** ich persönlich glaube, dass ... ③ *(guardar)* aufbewahren ④ *(contener)* beinhalten; **el frasco ya no tiene miel** es ist kein Honig mehr im Glas ⑤ *(coger)* nehmen ⑥ *(sujetar)* festhalten; **~ a alguien por el brazo** jdn am Arm festhalten ⑦ *(recibir)* bekommen; **ha tenido un niño** sie hat ein Kind gekriegt ⑧ *(hacer sentir)* **me tienes preocupada** ich mache mir deinetwegen Sorgen; **me tienes loca** du machst mich ganz verrückt; **me tienes hasta las narices** *(fam)* ich habe die Nase voll von dir; **la tengo hasta las narices con mis preguntas** *(fam)* sie hat die Nase voll von meinen Fragen ⑨ *(cumplir)* **~ su palabra** sein Wort halten ⑩ *(loc)* **~ cuidado** vorsichtig sein; **me tiene sin cuidado** das ist mir egal; **~ prisa** es eilig haben; **~ en cuenta** berücksichtigen; **~ presente algo** sich *dat* etw vor Augen halten **II.** *vr:* **~se** ① *(considerarse)* sich halten (**por** für +*akk*); **~se en mucho** viel auf sich halten ② *(sostenerse)* sich halten; **~se de pie** stehen (bleiben); **~se firme** aufrecht stehen (bleiben); *(fig)* standhaft bleiben; **estoy que no me tengo** ich bin todmüde ❸ *(dominarse)* sich beherrschen ❹ *(atenerse)* sich halten (**a** an +*akk*) **III.** *aux* ❶ *(con participio concordante)* ~ **pensado hacer algo** vorhaben etw zu tun; **ya tengo comprado todo** ich habe schon alles gekauft; **me lo tenía callado** ich habe kein Sterbenswort gesagt; **ya me lo tenía pensado** das habe ich mir bereits gedacht ❷ *(obligación, necesidad)* ~ **que** müssen; ~ **mucho que hacer** viel zu tun haben; **¿qué tiene que ver esto conmigo?** was hat das mit mir zu tun?

Tenerife [tene'rife] *m* Teneriffa *nt*

tenia ['tenja] *f* (ZOOL) Bandwurm *m*

tenida [te'niđa] *f (Chil)* Kleidung *f; (traje)* Anzug *m; (uniforme)* Uniform *f*

teniente [te'njeṇte] **I.** *adj* ❶ *(fam: sordo)* schwerhörig ❷ *(inmaduro)* unreif **II.** *m* (MIL) Leutnant *m;* ~ **coronel** Oberstleutnant *m*

tenis ['tenis] *m sin pl* Tennis *nt*

tenista [te'nista] *mf* Tennisspieler(in) *m(f)*

tenor [te'nor] *m* ❶ *(contenido, t.* MÚS) Tenor *m;* **a este** ~ in diesem Stil; **a** ~ **de** gemäß +*dat* ❷ *(constitución)* Beschaffenheit *f*

tenorio [te'norjo] *m* Don Juan *m*

tensar [ten'sar] *vt* straffen

tensiómetro [ten'sjometro] *m* (FÍS) Tensometer *nt,* Dehnungsmesser *m*

tensión [ten'sjon] *f* ❶ (FÍS) Spannung *f* ❷ *(estado: cosa)* Gespanntheit *f; (cuerda, piel)* Straffheit *f; (nervios, músculos)* Anspannung *f; (impaciencia)* Spannung *f;* **película de** ~ Thriller *m;* **estar en** ~ *(nervioso)* sehr angespannt sein; *(impaciente)* gespannt sein ❸ (MED) ~ **arterial** Blutdruck *m* ❹ *pl (conflicto)* Spannungen *fpl*

tenso, -a ['tenso, -a] *adj (cosa, situación)* gespannt; *(cuerda, piel)* straff; *(músculos, nervios)* angespannt; *(impaciente)* gespannt

tensor [ten'sor] *m* ❶ *(mecanismo)* Spanner *m* ❷ *(para hacer gimnasia)* Expander *m* ❸ *(músculo)* Spannmuskel *m;* (MED) Tensor *m* ❹ (MAT) Tensor *m*

tentación [teṇta'θjon] *f* Versuchung *f;* **me dan tentaciones de...** ich bin versucht zu …

tentáculo [teṇ'takulo] *m* Fangarm *m*

tentador(a) [teṇta'đor(a)] **I.** *adj* verführerisch **II.** *m(f)* Verführer(in) *m(f)*

tentar [teṇ'tar] <e → ie> *vt* ❶ *(palpar)* betasten; *(reconocer)* ertasten ❷ *(atraer)* (ver)locken; *(seducir)* verführen (**a** zu +*dat*); **no me tientes** führe mich nicht in Versuchung

tentativa [teṇta'tiβa] *f* Versuch *m;* ~ **de robo** versuchter Diebstahl

tentempié [teṇtem'pje] *m (fam: refrigerio)* Snack *m*

tentetieso [teṇte'tjeso] *m* Stehaufmännchen *nt*

tenue ['tenwe] *adj* ❶ *(delgado)* dünn; *(delicado)* fein ❷ *(sutil)* zart; *(débil)* schwach; **luz** ~ Dämmerlicht *nt* ❸ *(sencillo)* schlicht

tenuidad [tenwi'đa^đ] *f* ❶ *(de una tela)* Feinheit *f* ❷ *(de colores)* Zartheit *f; (de la luz)* Schwäche *f* ❸ *(del estilo)* Schlichtheit *f* ❹ *(pequeñez)* Kleinigkeit *f*

teñido [te'ɲiđo] *m* ❶ *(acción)* Färben *nt* ❷ *(efecto)* Färbung *f*

teñir [te'ɲir] *vt, vr irr como ceñir* ~**se** (sich) färben; ~(**se**) **de rojo** (sich) rot färben; ~**se el cabello de negro** sich *dat* die Haare schwarz färben; ~ **de tristeza** mit Trauer erfüllen

teocracia [teo'kraθja] *f* Theokratie *f*

teología [teolo'xia] *f* Theologie *f*

teólogo, -a [te'oloɣo, -a] **I.** *adj* theologisch **II.** *m, f* Theologe, -in *m, f; (estudiante)* Theologiestudent(in) *m(f)*

teorema [teo'rema] *m* Lehrsatz *m*

teorético, -a [teo'retiko, -a] *adj* theoretisch

teoría [teo'ria] *f* Theorie *f;* ~ **de los colores** Farbenlehre *f;* **en** ~ theoretisch

teórica [te'orika] *f* Theorie *f*

teórico, -a [te'oriko, -a] **I.** *adj* theoretisch **II.** *m, f* Theoretiker(in) *m(f)*

teorizar [teori'θar] <z → c> **I.** *vt* theoretisch behandeln **II.** *vi* theoretisieren

tequiar [te'kjar] *vt (AmC: perjudicar)* benachteiligen

tequila [te'kila] *m* (GASTR) Tequila *m*

tequio ['tekjo] *m (AmC, Méx)* ❶ *(molestia)* Belästigung *f* ❷ *(daño)* Schaden *m*

tequioso, -a [te'kjoso, -a] *adj (AmC)* ❶ *(travieso)* frech; *(niño)* ungezogen ❷ *(molesto)* lästig

TER [ter] *m inv abr de* **Tren Español Rápido** TER *m (spanischer IC)*

terapeuta [tera'peu̯ta] *mf* Therapeut(in) *m(f)*

terapéutica [tera'peu̯tika] *f* Therapeutik *f*

terapéutico, -a [tera'peu̯tiko, -a] *adj* therapeutisch

terapia [te'rapja] *f* Therapie *f*

tercer [ter'θer] *adj v.* **tercero**

tercera [ter'θera] *f* ❶ (AUTO) dritter Gang *m* ❷ (MÚS) Terz *f* ❸ (FERRO) dritte Klasse *f*

tercería [terθe'ria] *f (mediación)* Vermittlung *f*

tercermundismo [terθermuṇ'dismo] *m sin pl* ❶ *(subdesarrollo)* Unterentwicklung *f* ② *(problemática)* Dritte-Welt-Problematik *f*

tercermundista [terθermuṇ'dista] *adj* Dritte-Welt-

Tercer Mundo [ter'θer 'muṇdo] *m sin pl* Dritte Welt *f*

tercero [ter'θero] **I.** *m* ① (*t.* JUR) Dritte(r) *m* ② *(alcahuete)* Kuppler *m,* Vermittler(in) *m(f)* **II.** *adv* drittens

tercero, -a [ter'θero, -a] *adj (delante de un sustantivo masculino: tercer)* dritte(r, s); **terceras personas** Dritte *pl;* **en tercer lugar** drittens; **a la tercera va la vencida** *(prov)* aller guten Dinge sind drei; *v. t.* **octavo**

terceto [ter'θeto] *m* Terzett *nt*

tercia ['terθja] *f* (REL) Terz *f*

terciado, -a [ter'θjaðo, -a] *adj* ① *(dividido)* dreigeteilt ② *(con un tercio gastado)* zu einem Drittel verbraucht ③ *(de menor calidad)* **azúcar ~** brauner Zucker *m*

terciar [ter'θjar] **I.** *vt* ① *(dividir)* dritteln ② *(atravesar)* (quer) umhängen ③ *(la carga)* gleichmäßig verteilen ④ *(Am: aguar)* panschen **II.** *vi* ① *(intervenir)* eingreifen ② *(mediar)* vermitteln (**con** bei +*dat*) ③ *(participar)* mitmachen (**en** bei +*dat*); **~ en un juego** mitspielen **III.** *vr, vimpers:* **~se** ① *(ocasión)* sich ergeben; **si se tercia** wenn es sich ergibt; **prepararse por lo que se pueda ~** für alle Fälle gerüstet sein ② *(ponerse)* sich *dat* (quer) umhängen

terciario [ter'θjarjo] *m* (GEO) Tertiär *nt*

terciario, -a [ter'θjarjo, -a] *adj* (*t.* GEO) tertiär

tercio ['terθjo] *m* ① *(parte)* Drittel *nt; v. t.* **octavo** ② *(loc)* **hacer buen/mal ~ a alguien** jdm einen guten/schlechten Dienst erweisen

terciopelo [terθjo'pelo] *m* Samt *m;* **de ~** samten

terco, -a ['terko, -a] **I.** *adj* ① *(persona)* stur ② *(niño)* trotzig ③ *(animal)* störrisch ④ *(cosa)* steif **II.** *m, f* Dickkopf *m*

T

tere ['tere] *adj (Col)* ① *(llorón)* weinerlich ② *(enclenque)* schwächlich

tereque [te'reke] *m (Col, RDom, PRico, Ven: cachivache)* Gerümpel *nt*

tergal® [ter'ɣal] *m* Tergal® *nt*

tergiversar [terxiβer'sar] *vt (hechos)* verfälschen; *(la verdad)* verdrehen; *(palabras)* falsch wiedergeben

termal [ter'mal] *adj* thermal; **aguas ~es** Thermalquelle *f*

termalismo [terma'lismo] *m* therapeutische Nutzung *f* der Thermalquellen; **~ social** *von der öffentlichen Gesundheitskasse bezuschusster Kururlaub*

termas ['termas] *f pl (baños)* Thermalbad *nt; (de los romanos)* Thermen *f pl*

térmico, -a ['termiko, -a] *adj* thermisch; **central térmica** Wärmekraftwerk *nt*

terminación [termina'θjon] *f* ① *(acción)* Beendung *f; (de un proyecto)* Abschluss *m; (producción)* Fertigstellung *f; (de un plazo)* Ablauf *m* ② *(final)* Ende *nt; (borde)* Abschluss *m*

terminado [termi'naðo] *m* Verarbeitung *f*

terminal[1] [termi'nal] **I.** *adj* End-; **parte ~** Schlussteil *m;* **un enfermo ~** ein sich im Endstadium befindender Kranker **II.** *m* (INFOR) Terminal *nt;* **~ de autoembarque** Check-in-Automat *m;* **~ de cobro con tarjeta** Chipkartenterminal *nt*

terminal[2] [termi'nal] *f* ① *(estación)* Endstation *f;* (FERRO) Endbahnhof *m* ② *(de (aero)puerto)* Terminal *m o nt;* **~ aérea** Flughafenterminal *m o nt*

terminante [termi'naṇte] *adj* ① *(claro)* eindeutig ② *(definitivo)* endgültig

terminar [termi'nar] **I.** *vt* ① *(finalizar)* beenden; *(proyecto)* abschließen; **¿cuándo terminas?** wann bist du fertig? ② *(producir)* fertig stellen; **¿cuándo van a ~ el puerto?** wann wird der Hafen fertig gestellt?; **estar bien terminado** sorgfältig verarbeitet sein ③ *(consumir)* aufbrauchen; *(beber)* austrinken; *(comer)* aufessen **II.** *vi* ① *(tener fin)* enden; *(plazo, contrato)* ablaufen; **~ en punta** spitz zulaufen; **¿cuándo termina la película?** wann ist der Film zu Ende?; **la escuela termina a las dos** die Schule ist um zwei aus ② *(acercarse al final)* zu Ende gehen; **ya termina la película** der Film ist bald zu Ende ③ *(poner fin)* aufhören ④ *(destruir)* vernichten (**con** +*akk*); **el tabaco va a ~ contigo** das Rauchen macht dich noch kaputt ⑤ *(de hacer algo)* **~ de construir** fertig stellen; **~ de hacer/coser/comer** fertig machen/nähen/essen; **cuando termines de comer...** wenn du mit dem Essen fertig bist, ... ⑥ *(separarse)* Schluss machen ⑦ *(llegar a)* **~ por hacer algo** schließlich etw tun; **terminaron peleándose** am Ende stritten sie sich ⑧ *(haber hecho)* **~ de hacer algo** gerade etwas getan haben ⑨ (DEP) ins Ziel kommen **III.** *vr:* **~se** ① *(aproximarse al final)* zu Ende gehen ② *(no haber más)* ausgehen; **se me está terminando la paciencia** ich bin bald mit meiner Geduld am Ende

término ['termino] *m* ① *(fin)* Ende *nt;* **me bajé en el ~** ich stieg an der Endstation aus; **he llegado al ~ de mi paciencia** ich bin mit meiner Geduld am Ende; **dar ~ a algo** etw beenden; **llevar a ~** zu Ende bringen; **poner ~ a algo** etw *dat* ein Ende machen; **sin ~** endlos ② *(plazo)* Zeitraum *m;* **en el ~ de quince días** innerhalb von zwei Wochen ③ *(linde)* Grenze *f* ④ (ADMIN) Bezirk *m;* **~ municipal** Gemeindebezirk *m* ⑤ *(vocablo)* Ausdruck *m; (especial)* Terminus *m;* **en buenos ~s** gelinde gesagt; **en otros ~s** mit anderen Worten; **contestar en malos ~s** barsch antworten ⑥ *(parte)* Teil *m* ⑦ *pl (de un contrato)* Bestimmungen *fpl;* **~s y condiciones generales** (JUR) allgemeine Geschäftsbedingungen ⑧ *(loc)* **~ medio** Durchschnitt *m;* **por ~ medio** durchschnittlich; **en primer ~** an erster Stelle; **en último ~** letztendlich; **estar en buenos/malos ~s** sich gut/schlecht verstehen; **separarse en buenos/malos ~s** gütlich/im Streit auseinandergehen

terminología [terminolo'xia] *f* Fachwortschatz *m*

terminológico, -a [termino'loxiko, -a] *adj* fachsprachlich; **diccionario ~** Fachwörterbuch *nt*

termita [ter'mita] *f* (ZOOL) Termite *f*

termitero [termi'tero] *m* (ZOOL) Termitenhügel *m*

termo ['termo] *m* Thermosflasche® *f*

termodinámica [termoði'namika] *f* (FÍS) Thermodynamik *f*

termología [termolo'xia] *f* (FÍS) Wärmelehre *f*

termómetro [ter'mometro] *m* Thermometer *nt;* **~ clínico** Fieberthermometer *nt*

termonuclear [termonukle'ar] *adj* (FÍS) thermonuklear

termorregulación [termorreɣula'θjon] *f* (BIOL, TÉC) Wärmeregelung *f*

termostato [termos'tato] *m,* **termóstato** [ter'mostato] *m* Thermostat *m,* Temperaturregler *m*

termotecnia [termo'teɣnja] *f* Wärmetechnik *f*

terna ['terna] *f (candidatos)* Kandidatenliste *f (mit drei Vorschlägen)*

ternario, -a [ter'narjo, -a] *adj* Dreier-; *(de tres unidades)* dreiteilig

terne ['terne] **I.** *adj* ① *(fam: bravucón)* großmäulig ② *(fam: cabezota)* stur ③ *(recio)* kräftig **II.** *m (fam: bravucón)* Großmaul *nt*

ternejo, -a [ter'nexo, -a] *adj (Ecua, Perú: persona)* kraftvoll, energisch

ternera [ter'nera] *f (carne)* Kalbfleisch *nt*

ternero, -a [ter'nero, -a] *m, f* Kalb *nt*

ternilla [ter'niʎa] *f* Knorpel *m*

terno ['terno] *m* ① *(conjunto)* Dreiheit *f* ② *(traje)* dreiteiliger Anzug *m* ③ *(juramento)* Kraftausdruck *m;* **echar ~s** fluchen

ternura [ter'nura] *f* ① *(cariño)* Zärtlichkeit *f* ② *(dulzura)* Lieblichkeit *f* ③ *(blandura, delicadeza, suavidad, sensibilidad)* Zartheit *f* ④ *(Chil, Ecua, Guat: inmadurez)* Unreife *f*

terquedad [terke'ðað] *f* ① *(testarudez)* Sturheit *f* ② *(porfía)* Rechthaberei *f* ③ *(de un niño)* Trotz *m* ④ *(de un animal)* Störrischkeit *f*

terracota [terra'kota] *f* Terrakotta *f*

terrado [te'rraðo] *m* (Flach)dach *nt; (terraza)* (Dach)terrasse *f*

terral [te'rral] **I.** *adj* **viento ~** Landwind *m* **II.** *m* (METEO) Landwind *m*

Terranova [terra'noβa] *f* Neufundland *nt*

terraplén [terra'plen] *m* ① *(montón)* (Erd)aufschüttung *f; (protección)* (Erd)wall *m* ② *(desnivel)* Damm *m;* **~ de un ferrocarril** Bahndamm *m*

terráqueo, -a [te'rrakeo, -a] **I.** *adj* Erd-; **globo ~** Erdkugel *f* **II.** *m, f* Erdbewohner(in) *m(f)*

terrario [te'rrarjo] *m* Terrarium *nt*

terrateniente [terrate'njente] *mf* Großgrundbesitzer(in) *m(f)*

terraza [te'rraθa] *f (jardín, terrado)* Terrasse *f; (balcón)* Balkon *m*

terremoto [terre'moto] *m* Erdbeben *nt*

terrenal [terre'nal] *adj* irdisch; **paraíso ~** Paradies auf Erden

terreno[1] [te'rreno] *m* ① *(suelo)* (Erd)boden *m;* (GEO) Formation *f;* **~ arcilloso** Tonboden *m* ② *(espacio)* Gelände *nt; (parcela)* Grundstück *nt; (campo)* Feld *nt;* (DEP) Spielfeld *nt;* **~ edificable** Bauland *nt;* **vehículo todo ~** Geländefahrzeug *nt* ③ *(esfera)* Gebiet *nt;* **~ desconocido** Neuland *nt;* **está en su propio ~** er/sie kennt sich auf diesem Gebiet aus ④ *(loc)* **sobre el ~** an Ort und Stelle; **explorar el ~** *(fig)* das Terrain sondieren; **ganar/perder ~** an Boden gewinnen/verlieren; **minar el ~ a alguien** *(fig)* jdm Fallstricke legen; **preparar el ~ para las negociaciones** das Terrain für die Verhandlungen vorbereiten

terreno, -a[2] [te'rreno, -a] *adj* irdisch

térreo, -a ['terreo, -a] *adj (de tierra)* erdig; *(parecido a la tierra)* erdartig; **de color ~** erdfarben

terrera [te'rrera] *f* (ZOOL) Lerche *f*

terrero[1] [te'rrero] *m* Haufen *m;* (MIN) Halde *f*

terrero, -a[2] [te'rrero, -a] *adj* ① *(de/para la tierra)* Erd-; **casa terrera** *(PRico)* einstöckiges Haus ② *(bajo, humilde)* niedrig

terrestre [te'rrestre] **I.** *adj* ① *(de la Tierra)* Erd-; **globo ~** Erdkugel *f* ② *(en la tierra)* Land-; **animal ~** Landlebewesen *nt;* **trasporte ~** Beförderung auf dem Landweg

T

③ *(terrenal)* irdisch **II.** *mf* Erdbewohner(in) *m(f)*

terrible [te'rriβle] *adj* schrecklich; **hace un frío** ~ es ist schrecklich kalt; **tener un hambre** ~ furchtbar hungrig sein

terriblemente [terriβle'mente] *adv* schrecklich, furchtbar; **está ~ resfriado** er ist furchtbar erkältet

terrícola [te'rrikola] **I.** *adj (terrestre)* Erd-; **animales ~s** Landlebewesen *ntpl* **II.** *mf* Erdbewohner(in) *m(f)*; **marcianos y ~s** Marsmenschen und Erdbewohner

territorial [territo'rjal] *adj* ① (GEO, POL) territorial; **división** ~ Gebietsteilung *f* ② (ZOOL) Revier-

territorio [terri'torjo] *m* ① *(región)* Gebiet *nt;* (POL) Territorium *nt;* (JUR) Bezirk *m;* ~ **jurisdiccional** Gerichtsbezirk *m* ② (ZOOL) Revier *nt*

terrón [te'rron] *m* ① *(masa)* Klumpen *m;* ~ (**de azúcar**) Stück Zucker; ~ (**de tierra**) Erdklumpen *m;* **azúcar de** ~ Würfelzucker *m* ② *(pl) (fam: campo)* Scholle *f*

terror [te'rror] *m* ① *(miedo)* (panische) Angst *f;* **película de** ~ Horrorfilm *m;* **las arañas me dan** ~ ich habe panische Angst vor Spinnen; **me domina el** ~ ich bin von großer Angst geplagt ② *(que provoca miedo)* Schrecken *m* ③ (POL) Terror *m;* **reino de** ~ Terrorherrschaft *f*

terrorífico, -a [terro'rifiko, -a] *adj* schrecklich

terrorismo [terro'rismo] *m sin pl* ① *(lucha)* Terrorismus *m* ② *(dominación)* Terrorisierung *f*

terrorista [terro'rista] **I.** *adj* terroristisch; **organización** ~ Terrororganisation *f* **II.** *mf* Terrorist(in) *m(f)*

terroso, -a [te'rroso, -a] *adj* erdig; *(color)* erdfarben

terruño [te'rruɲo] *m* ① *(trozo)* (Erd)scholle *f* ② *(comarca)* Gegend *f;* *(patria)* Heimat *f* ③ *(terreno)* Grundstück *nt;* (AGR) Scholle *f*

T

terso, -a ['terso, -a] *adj* ① *(liso)* glatt; *(tirante)* straff ② *(limpio)* sauber; *(trasparente)* klar; *(brillante)* glänzend ③ *(sencillo)* klar; *(fluido)* flüssig

tersura [ter'sura] *f* ① *(lisura)* Glätte *f;* *(tirantez)* Straffheit *f* ② *(limpieza)* Sauberkeit *f;* *(trasparencia)* Klarheit *f;* *(brillo)* Glanz *m* ③ *(sencillez)* Klarheit *f;* *(fluidez)* Flüssigkeit *f*

tertulia [ter'tulja] *f* ① *(reunión)* Treffen *nt;* *(para conversar)* (Gesprächs)kreis *m;* *(en un bar)* Stammtisch *m;* ~ **literaria** literarischer Zirkel ② *(para jugar)* Spielsaal *m*

tertuliano, -a [tertu'ljano, -a] *m, f* Teilnehmer(in) *m(f)* an einem Gesprächskreis

tertuliar [tertu'ljar] *vi (Am)* plaudern

tesina [te'sina] *f* Diplomarbeit *f;* *(en Letras)* Magisterarbeit *f*

tesis ['tesis] *f inv* ① *(proposición)* These *f* ② *(doctoral)* Dissertation *f*

tesitura [tesi'tura] *f* ① *(disposición)* Stimmung *f* ② (MÚS) Stimmlage *f*

teso, -a ['teso, -a] *adj* ① *(tieso)* steif, starr ② (ARQUIT) **lima tesa** Dachgrat *m,* Dachecke *f*

tesón [te'son] *m* Beharrlichkeit *f;* **trabajar con** ~ hart arbeiten

tesonero, -a [teso'nero, -a] *adj (Am)* ① *(perseverante)* beharrlich ② *(tenaz)* zielstrebig

tesorería [tesore'ria] *f* ① *(cargo)* Schatzmeisteramt *nt* ② *(despacho, t.* FIN) Kasse *f*

tesorero, -a [teso'rero, -a] *m, f* Schatzmeister(in) *m(f)*

tesoro [te'soro] *m* ① *(de gran valor)* Schatz *m;* **ser un ~ de una persona** ein wunderbarer Mensch sein; **valer un ~** Gold wert sein ② *(fortuna)* Vermögen *nt;* ~ (**público**) Fiskus *m* ③ *(cariño)* Schatz *m*

test [tesᵗ] *m inv* Test *m*

testa ['testa] *f* ① *(cabeza)* Haupt *nt;* ~ **dura** Dickkopf *m;* ~ **de ferro** Strohmann *m* ② *(frente)* Vorderseite *f* ③ *(fam: sensatez)* Köpfchen *nt*

testador(a) [testa'ðor(a)] *m(f)* Erblasser(in) *m(f)*

testaferro [testa'ferro] *m* Strohmann *m*

testamento [testa'mento] *m* Testament *nt;* ~ **abierto** öffentliches Testament; **hacer** ~ sein Testament machen

testar [tes'tar] *vi* sein Testament machen

testarudez [testaru'ðeθ] *f* ① *(cualidad)* Dickköpfigkeit *f* ② *(acción)* stures Verhalten *nt*

testarudo, -a [testa'ruðo, -a] **I.** *adj* dickköpfig **II.** *m, f* Dickkopf *m*

testear [teste'ar] *vt (Arg, Chil: someter a prueba)* testen

testera [tes'tera] *f* ① *(de la cabeza)* Stirn *f* ② *(parte)* Vorderseite *f;* *(fachada)* Fassade *f*

testículo [tes'tikulo] *m* Hoden *m*

testificación [testifika'θjon] *f* ① *(declaración)* Erklärung *f;* *(de un testigo)* (Zeugen)aussage *f* ② *(afirmación)* Bezeugung *f;* *(documento)* Bescheinigung *f,* Nachweis *m* ③ *(prueba)* Beweis *m,* Zeugnis *nt*

testificar [testifi'kar] <c → qu> **I.** *vt* ① *(declarar)* erklären; *(testigo)* aussagen ② *(afirmar: testigo)* bezeugen; *(documento)* bescheinigen ③ *(demostrar)* beweisen **II.** *vi* (als Zeuge) aussagen

testigo[1] [tes'tiɣo] *mf* (*t.* JUR) Zeuge, -in *m, f;* ~ **de cargo/de descargo** Belastungs-/

Entlastungszeuge *m;* ~ **de matrimonio** Trauzeuge *m;* ~ **ocular** Augenzeuge *m;* **fui ~ del accidente** ich habe den Unfall gesehen; **examinar ~s** Zeugen vernehmen; **poner a alguien por ~** sich auf jdn berufen

testigo² [tes'tiɣo] *m (prueba)* Zeugnis *nt;* **ser ~ de algo** von etw *dat* zeugen

testimonial [testimo'njal] *adj* ❶ *(que afirma)* Zeugen-; **declaración ~** Zeugenaussage *f* ❷ *(que prueba)* Beweis-

testimoniar [testimo'njar] **I.** *vt* ❶ *(declarar)* aussagen ❷ *(afirmar)* bezeugen ❸ *(dar muestra)* bekunden ❹ *(probar)* beweisen **II.** *vi* (als Zeuge) aussagen

testimonio [testi'monjo] *m* ❶ *(declaración)* Aussage *f;* **dar ~** aussagen ❷ *(afirmación)* Bezeugung *f* ❸ *(muestra)* Bekundung *f* ❹ *(prueba)* Beweis *m*

testosterona [testoste'rona] *f* (BIOL) Testosteron *nt*

testuz [tes'tuθ] *m o f* ❶ *(frente)* Stirn *f* ❷ *(nuca)* Nacken *m*

teta ['teta] *f* ❶ *(pecho)* Brust *f;* **niño de ~** Säugling *m;* **dar la ~** stillen; **quitar la ~** abstillen ❷ *(ubre)* Euter *m* ❸ *(pezón: mujer)* Brustwarze *f; (animal)* Zitze *f*

tétano(s) ['tetano(s)] *m (inv)* Wundstarrkrampf *m*

tetar [te'tar] *vt (personas)* stillen, die Brust geben +*dat; (animales)* säugen

tetera [te'tera] *f* ❶ *(para té)* Teekanne *f* ❷ *(Am: tetilla)* Sauger *m* ❸ *(Am) v.* **tetero**

tetero [te'tero] *m (Am)* (Saug)flasche *f*

tetilla [te'tiʎa] *f* ❶ *(biberón)* Sauger *m* ❷ *(animal)* Zitze *f*

tetina [te'tina] *f (tetilla del biberón)* Sauger *m*

tetona [te'tona] *adj (fam)* vollbusig

tetrabrik® [tetra'βrik] *m* Tetra Pak® *m*

tetraedro [tetra'eðro] *m* (MAT) Tetraeder *nt*

tetragonal [tetraɣo'nal] *adj* (MAT) ❶ *(forma)* viereckig, tetragonal ❷ *(relativo al tetrágono)* Virecks-

tetrapléjico, -a [tetra'plexiko, -a] *adj* (MED) an Armen und Beinen gelähmt

tétrico, -a ['tetriko, -a] *adj* düster; **estar de un humor ~** niedergeschlagen sein

tetuda [te'tuða] *adj (pey)* vollbusig

teutón, -ona [teu̯'ton, -ona] **I.** *adj* teutonisch **II.** *m, f* Teutone, -in *m, f*

textil [tes'til] **I.** *adj* textil; **planta ~** Faserpflanze *f* **II.** *m* (Textil)faser *f*

texto ['testo] *m* Text *m; (pasaje)* Textstelle *f;* **(libro de) ~** Schulbuch *nt*

textual [testu'al] *adj* ❶ *(relativo al texto)* textuell; *(escrito)* schriftlich ❷ *(conforme al texto)* textgemäß; *(literal)* wörtlich; *(exacto)* genau; **con las palabras ~es** (wort)wörtlich

textura [tes'tura] *f* ❶ *(acción)* Weben *nt* ❷ *(tejido)* Gewebe *nt* ❸ *(estructura)* Struktur *f;* (GEO, QUÍM) Textur *f*

tez [teθ] *f* (Gesichts)haut *f;* **de ~ morena** dunkelhäutig

ti [ti] *pron pers* **a ~** *(objeto directo)* dich; *(indirecto)* dir; **de ~** von dir; **de ~ para mí** unter uns gesagt; **para ~** für dich; **por ~** deinetwegen

tía ['tia] *f* ❶ *(pariente, señora)* Tante *f;* **¡(cuéntaselo a) tu ~!** *(fam)* das kannst du deiner Großmutter erzählen!; **no hay tu ~** *(fam)* da ist nichts zu machen ❷ *(fam: mujer)* Frau *f; (pey)* Tante *f;* **¡qué ~ más buena!** so ein Klasseweib!; **vaya ~ más tonta** so eine blöde Kuh ❸ *(fam: ramera)* Nutte *f* ❹ *(fam: tratamiento)* **pero ~, ¿qué te pasa, ~?** Mensch, was ist denn mit dir los?

tiara [ti'ara] *f* Tiara *f*

tiberio [ti'βerjo] *m (fam)* Krach *m,* Radau *m*

Tíbet ['tiβet] *m* Tibet *nt*

tibetano, -a [tiβe'tano, -a] **I.** *adj* tibetisch **II.** *m, f* Tibeter(in) *m(f)*

tibia ['tiβja] *f* (ANAT) Schienbein *nt*

tibiarse [ti'βjarse] *vr (AmC, Ven: irritarse)* böse werden

tibiera [ti'βjera] *f (Ven)* ❶ *(molestia)* Belästigung *f* ❷ *(fastidio)* Ärger *m*

tibieza [ti'βjeθa] *f* Lauheit *f*

tibio, -a ['tiβjo, -a] *adj* ❶ *(temperatura)* lau(warm) ❷ *(carácter, sentimiento)* lau ❸ *(Am: fam: enfadado)* sauer ❹ *(loc)* **ponerse ~** sich *dat* den Bauch vollschlagen; **poner ~ a alguien** jdn fertigmachen; *(hablar mal)* kein gutes Haar an jdm lassen

tiburón [tiβu'ron] *m* Hai(fisch) *m;* **~ blanco** weißer Hai

tic [tiᵏ] **I.** *interj* tick **II.** *m* <tics> Tick *m*

tictac [tik'tak] **I.** *interj* ticktack; **hacer ~** ticken **II.** *m sin pl* Ticken *nt*

tie-break ['tai̯-'brei̯k] *m* (DEP) Tiebreak *m o nt*

tiemple ['tjemple] *m (Chil)* ❶ *(amor)* Liebe *f* ❷ *(pasión)* Leidenschaft *f*

tiempo ['tjempo] *m* ❶ *(momento, duración, periodo)* Zeit *f;* **~ libre** Freizeit *f;* **a/de ~ completo** Vollzeit-; **a/de ~ parcial** (in) Teilzeit-, (in) Vollzeit-; **~ de pago** Zahlungsfrist *f;* **los buenos ~s** die gute alte Zeit; **a ~** rechtzeitig; **a su ~** zu gegebener Zeit; **todo a su ~** alles zu seiner Zeit; **al (mismo) ~, a un ~** gleichzeitig; **al ~ que...** während ...; **antes de ~** vorzeitig; **llegar antes de ~** zu früh kommen; **andando el ~** im Laufe der Zeit; **con ~** früh-

T

zeitig; **llegué a la estación con ~** ich war früh genug am Bahnhof; **hazlo con ~** lass dir Zeit; **de ~ en ~** von Zeit zu Zeit; **desde hace mucho ~** seit Langem; **durante cierto ~** eine Zeit lang; **en ~s** früher; **en ~s de Franco** zu Francos Zeiten; **en mis ~s** zu meiner Zeit; **el ~ pasa volando** die Zeit vergeht wie im Fluge; **amanecerán ~s mejores** es kommen auch mal bessere Zeiten; **dar ~ al ~** abwarten; **este problema ya viene de ~** dieses Problem besteht schon seit geraumer Zeit; **hace ~ que...** es ist schon lange (Zeit) her, dass ...; **hace ~ que no voy al cine** ich war schon lange nicht mehr im Kino; **hacer ~** sich *dat* die Zeit vertreiben; **hay ~** wir haben genug Zeit; **matar el ~** die Zeit totschlagen; **mucho/demasiado ~** *(adverbial)* lange/zu lange; **perder el ~** die Zeit vergeuden; **sin perder ~** unverzüglich; **si me da ~...** wenn ich Zeit habe, ...; **ya es ~ que...** *+subj* es wird Zeit, dass ...; **el ~ es oro** *(prov)* Zeit ist Geld ② *(época)* Zeit *f;* *(estación)* Jahreszeit *f* ③ (METEO) Wetter *nt;* **chaqueta de entre~** Übergangsjacke *f;* **cerveza del ~** ungekühltes Bier; **el ~ amenaza lluvia** es sieht nach Regen aus; **hoy hace mal ~** heute ist schlechtes Wetter; **a(l) mal ~ buena cara** *(prov)* gute Miene zum bösen Spiel ④ (LING) Tempus *nt;* **~ presente** Präsens *nt* ⑤ *(edad)* Alter *nt;* **¿cuánto ~ tiene el niño?** wie alt ist das Kind? ⑥ (DEP) **(medio) ~** Halbzeit *f;* **~ muerto** Auszeit *f* ⑦ *(velocidad,* MÚS) Tempo *nt;* (TÉC) Takt *m;* **motor de dos ~s** Zweitakter *m*

tienda ['tje̦nda] *f* ① *(establecimiento)* Laden *m;* **~ de comestibles** Lebensmittelgeschäft *nt;* **~ ecológica** Ökoladen *m* ② *(alojamiento)* **~ (de campaña)** Zelt *nt*

tienta ['tje̦nta] *f* ① (MED) Sonde *f* ② *(astucia)* Schlauheit *f* ③ *(loc)* **andar a ~s** *(fig)* im Dunkeln tappen

tiento ['tje̦nto] *m* ① *(acción)* Betasten *nt;* **a ~** tastend ② *(prueba)* Probieren *nt;* **darle un ~ a la botella** *(fam)* einen Schluck aus der Flasche nehmen ③ *(examinación)* Untersuchung *f;* **dar un ~** prüfen ④ *(tacto)* Behutsamkeit *f;* *(cautela)* Vorsicht *f;* **con ~** behutsam; *(cuidado)* vorsichtig ⑤ *(de un ciego)* Blindenstock *m* ⑥ *(tentáculo)* Fangarm *m* ⑦ *(pulso)* Ruhe *f;* **con ~** mit ruhiger Hand

tierno, -a ['tjerno, -a] **I.** *adj* ① *(blando)* zart; *(pan, dulces)* mürb(e) ② *(suave, delicado, sensible)* zart; **a la tierna edad de...** im zarten Alter von ...; **a tierna edad** als Kind; **desde mi más tierna edad...** von Kindesbeinen an ...; **en mi más tierna niñez** in meiner frühesten Kindheit ③ *(cariñoso)* zärtlich ④ *(Chil, Ecua, Guat: inmaduro)* unreif **II.** *m, f* *(Guat, Nic)* Säugling *m*

tierra ['tjerra] *f* ① *(materia, superficie, planeta)* Erde *f;* **~ vegetal** Komposterde *f;* **toma de ~** (ELEC) Erdung *f;* **bajo ~** (MIN) unter Tage; **echar ~ a algo** *(fig)* etw vertuschen; **estar bajo ~** unter der Erde liegen; **caer por ~** *(fig)* den Bach runtergehen *fam;* **dar en ~** stürzen; **echar por ~** zu Boden werfen; *(fig)* zunichtemachen; **me falta ~** *(fig)* mir fehlt die nötige Sicherheit; **¡trágame, ~!** ich würde (vor Scham) am liebsten in den (Erd)boden versinken!; **parece que se lo ha tragado la ~** er scheint wie vom Erdboden verschwunden ② *(firme)* (Fest)land *nt;* **~ adentro** landeinwärts; **poner ~ por medio** das Weite suchen; **tomar ~** (AERO) landen; (NÁUT) anlegen; **como no lleguemos pronto a la estación, nos vamos a quedar en ~** wenn wir nicht bald am Bahnhof sind, verpassen wir unseren Zug ③ *(región)* Gegend *f;* **T~ Santa** Heiliges Land; **~ (natal)** Heimat *f* ④ *(hacienda)* Land *nt;* **~ de labor** Ackerland *nt;* **~ de pastos** Weideland *nt;* **poseer ~s** Land besitzen

tierral [tje'rral] *m* *(Am: polvareda)* Staubwolke *f*

tieso[1] ['tjeso] *adv* kräftig

tieso, -a[2] ['tjeso, -a] *adj* ① *(rígido)* steif; **dejar ~ a alguien** *(fam)* jdn kaltmachen; **quedarse ~** *(de frío)* vor Kälte erstarren; *(miedo)* vor Angst erstarren; *(morirse)* sterben; *(dormirse)* einschlafen ② *(erguido)* aufrecht; *(orejas)* gespitzt ③ *(terco)* stur; **tenérselas tiesas** nicht nachgeben ④ *(serio)* steif ⑤ *(engreído)* arrogant; **no te pongas ~** jetzt werd bloß nicht unverschämt ⑥ *(tirante)* straff ⑦ *(valiente)* mutig ⑧ *(robusto)* kräftig; *(sano)* fit

tiesto ['tjesto] *m* Blumentopf *m*

tiesura [tje'sura] *f* ① *(rigidez)* Steifheit *f,* Starrheit *f* ② *(seriedad)* Förmlichkeit *f*

tifón [ti'fon] *m* ① *(huracán)* Taifun *m* ② *(tromba)* Wasserhose *f*

tifus ['tifus] *m inv* Typhus *m*

tigre(sa)[1] ['tiɣre, ti'ɣresa] *m(f)* ① (ZOOL) Tiger(in) *m(f)* ② *(persona)* Ungeheuer *nt*

tigre, -a[2] ['tiɣre, -a] *m, f* *(Am)* Jaguar *m*

tijera [ti'xera] *f* ① *(pl)* *(utensilio, con esta forma)* Schere *f;* **silla de ~** Klappstuhl *m;* **echar ~ a algo** *(fam)* etw abschneiden ② *(persona)* Lästermaul *nt fam* ③ (DEP) Schere *f*

tijereta [tixe'reta] *f* (ZOOL) Ohrwurm *m*

tijeretada [tixere'taða] *f*, **tijeretazo** [tixere'taθo] *m* Schnitt *m* mit der Schere

tijeretear [tixerete'ar] I. *vt* herumschnippeln (an +*dat*) II. *vi* ❶ *(cortar)* herumschnippeln ❷ *(fam: entrometerse)* sich einmischen

tila ['tila] *f* ❶ *(tilo)* Linde *f* ❷ *(flor)* Lindenblüte *f* ❸ *(té)* Lindenblütentee *m*

tildar [til̩'dar] *vt* ❶ *(con acento)* mit Akzent versehen ❷ *(la ñ)* mit Tilde versehen ❸ *(a alguien)* bezeichnen (**de** als +*akk*) ❹ *(tachar)* durchstreichen

tilde ['til̩de] *f* ❶ *(acento)* Akzent *m* ❷ *(de la ñ)* Tilde *f* ❸ *(tacha)* Makel *m* ❹ *(cosa mínima)* Kleinigkeit *f*

tiliches [ti'litʃes] *mpl (AmC, Méx: trastos)* Gerümpel *nt*

tilico, -a [ti'liko, -a] *adj (Bol, Méx)* schwächlich, kränklich

tilín [ti'lin] *m sin pl* ❶ *(sonido)* Klingeln *nt;* **¡~!** klingeling! ❷ *(loc)* **hacer ~** gefallen; **el pastel no me hace ~** der Kuchen schmeckt mir nicht besonders

tilingo, -a [ti'liŋgo, -a] *adj* ❶ *(CSur, Méx: atolondrado)* leichtsinnig ❷ *(Arg alt pey)* schwachsinnig *alt pej*

tilo ['tilo] *m* Linde *f*

timador(a) [tima'ðor(a)] *m(f)* Betrüger(in) *m(f)*

timar [ti'mar] I. *vt* ❶ *(estafar)* ergaunern ❷ *(engañar)* betrügen; *(mentir)* beschwindeln II. *vr:* **~se** *(hacerse guiños)* sich *dat* zuzwinkern; *(tontear)* turteln

timba ['timba] *f (fam)* ❶ *(partida)* Spiel *nt* ❷ *(lugar)* Spielhölle *f* ❸ *(Am: barriga)* Bauch *m*

timbal [tim'bal] *m* ❶ (MÚS) Trommel *f; (grande)* Pauke *f* ❷ (GASTR) Pastete *f*

timbalero, -a [timba'lero, -a] *m, f* (MÚS) Paukenschläger(in) *m(f)*

timbrar [tim'brar] *vt (pegar)* mit einer Marke versehen; *(estampar)* (ab)stempeln

timbrazo [tim'braθo] *m* Klingeln *nt*

timbre ['timbre] *m* ❶ *(aparato)* Klingel *f;* **han tocado el ~** es hat geklingelt ❷ *(sonido, t.* MÚS) Timbre *nt* ❸ *(sello que se pega)* Marke *f; (que se estampa)* Stempel *m* ❹ *(acción)* Verdienst *nt;* **~ de gloria** Ruhmestat *f;* **ser un ~ de gloria para alguien** jdm zur Ehre gereichen

timidez [timi'ðeθ] *f* Schüchternheit *f*

tímido, -a ['timiðo, -a] *adj* schüchtern

timo ['timo] *m* ❶ *(fraude)* Betrug *m;* **dar un ~ de 10 euros a alguien** jdn um 10 Euro prellen ❷ *(glándula)* Thymusdrüse *f*

timón [ti'mon] *m* Steuer *nt;* **llevar el ~ de una empresa** *(fam)* ein Unternehmen leiten

timonear [timone'ar] I. *vi* (NÁUT, AERO) steuern II. *vt (fam: dirigir)* leiten

timonel [timo'nel] *mf* Steuermann, -frau *m, f*

timorato, -a [timo'rato, -a] *adj* ❶ *(de Dios)* gottesfürchtig; *(pey)* prüde ❷ *(tímido)* zaghaft

Timor Oriental [ti'mor orjen̩'tal] *m* Osttimor *nt*

tímpano ['timpano] *m* ❶ (ANAT: *membrana*) Trommelfell *nt* ❷ *(instrumento)* Pauke *f*

tina ['tina] *f* Kübel *m; (Am: bañera)* Badewanne *f*

tinaja [ti'naxa] *f* Tonkrug *m*

tincar [tiŋ'kar] <c → qu> *vt* ❶ *(Chil: presentir)* vermuten, ahnen ❷ *(Arg, Chil: bola, pelota)* anschneiden

tinción [tin̩'θjon] *f (acción)* Färben *nt; (resultado)* Färbung *f*

tinerfeño, -a [tiner'feɲo, -a] I. *adj* aus Teneriffa II. *m, f* Einwohner(in) *m(f)* Teneriffas

tinga ['tiŋga] *f (Méx: alboroto)* Remmidemmi *nt fam*

tinglado [tiŋ'glaðo] *m* ❶ *(cobertizo)* Schuppen *m* ❷ *(artimaña)* Intrige *f* ❸ *(fam: lío)* Durcheinander *nt* ❹ *(tablado)* Bretterbühne *f*

tiniebla [ti'njeβla] *f* Finsternis *f;* **estar en ~s sobre algo** *(fig)* keine Ahnung von etw *dat* haben

tino ['tino] *m* ❶ *(puntería)* Treffsicherheit *f* ❷ *(destreza)* Geschicklichkeit *f* ❸ *(moderación)* Mäßigkeit *f;* **a buen ~** nach Gefühl; **sin ~** ohne Maß und Ziel; **estar a ~** gelegen sein; **sacar de ~ a alguien** jdn aus der Fassung bringen ❹ *(tina)* Kübel *m*

tinoso, -a [ti'noso, -a] *adj (Col, Ven)* geschickt, gewandt

tinta ['tin̩ta] *f* ❶ *(para escribir)* Tinte *f;* **~ china** Tusche *f;* **~ de imprenta** Druckfarbe *f;* **a dos ~s** zweifarbig; **saber algo de buena ~** etw aus guter Quelle haben; **sudar ~** sich abmühen; **recargar las ~s** es übertreiben; **sobre este asunto han corrido ríos de ~** über dieses Thema ist viel Tinte verschrieben worden ❷ *(color)* Farbton *m;* **ser medias ~s** weder Fisch noch Fleisch sein

tintar [tin̩'tar] *vt* färben

tinte ['tin̩te] *m* ❶ *(teñidura)* Färben *nt* ❷ *(colorante)* Färbemittel *nt* ❸ *(tintorería)* Reinigung *f* ❹ *(matiz)* Färbung *f; (apariencia)* (An)schein *m;* **un cierto ~ de ironía** ein leichter Anflug von Ironie; **tus palabras tenían un cierto ~ de alegría** in deinen Worten schwang Freude mit

tintero [tin̩'tero] *m* Tintenfass *nt;* **de-**

T

jar(se) algo en el ~ *(fig)* etw nicht erwähnen

tintin(e)ar [tin̪ti'nar/tin̪tine'ar] *vi* klingeln

tintineo [tin̪ti'neo] *m* Klingeln *nt*

tinto, -a ['tin̪to, -a] *adj (rojo oscuro)* weinrot; *(uvas)* rot; **vino ~** Rotwein *m*

tintorería [tin̪tore'ria] *f* (chemische) Reinigung *f*

tintorero, -a [tin̪to'rero, -a] *m, f* Färber(in) *m(f)*

tintorro [tin̪'torro] *m (fam)* (schlechter) Rotwein *m*

tintura [tin̪'tura] *f* ① *(tinte)* Färben *nt* ② *(colorante)* Färbemittel *nt* ③ *(maquillaje)* Schminke *f* ④ (MED) Tinktur *f*

tiña ['tiɲa] *f* ① (MED) Grind *m* ② *(fam: miseria)* Schäbigkeit *f*

tiñoso, -a [ti'ɲoso, -a] *adj* ① (MED) grindig ② *(fam: mísero)* schäbig

tío, -a ['tio, -a] *m, f* ① *(pariente)* Onkel, Tante *m, f;* **tener un ~ en América** einen reichen Onkel haben ② *(fam: hombre)* Kerl *m;* **¡oye ~ !** Mensch!; **ser un ~ bueno** stark aussehen

tiovivo [tio'βiβo] *m* Karussell *nt;* **dar más vueltas que un ~** von Pontius zu Pilatus laufen

tip [tip] *m (Méx)* Tipp *m,* Hinweis *m*

tipejo [ti'pexo] *m (pey)* seltsamer Vogel *m*

típico, -a ['tipiko, -a] *adj* typisch (**de** für +*akk*)

tipificar [tipifi'kar] <c → qu> *vt* typisieren

tipismo [ti'pismo] *m* Eigenartigkeit *f*

tipo¹ ['tipo] *m* ① *(modelo)* Modell *nt* ② *(muestra)* Muster *nt; (espécimen)* Typ(us) *m* ③ *(cuerpo)* Körperbau *m;* **tener buen ~** eine gute Figur haben; **arriesgar el ~** *(fam)* sein Leben aufs Spiel setzen; **mover el ~** *(fam)* tanzen ④ *(clase)* Art *f* ⑤ (FIN) Satz *m;* **~ de cambio** Wechselkurs *m;* **~ de conversión** Umrechnungskurs *m;* **~ de interés** Zinssatz *m* ⑥ (TIPO) Drucktype *f;* **~ de letra** (INFOR) Schriftart *f*

tipo, -a² ['tipo, -a] *m, f (fam)* Mann, Frau *m, f; (pey)* Type *f*

tipografía [tipoɣra'fia] *f* ① *(impresión)* Hochdruck *m* ② *(taller)* Druckerei *f*

tipográfico, -a [tipo'ɣrafiko, -a] *adj* typografisch

tipógrafo¹ [ti'poɣrafo] *m (máquina)* Typograf *m*

tipógrafo, -a² [ti'poɣrafo, -a] *m, f (persona)* Drucker(in) *m(f)*

tipología [tipolo'xia] *f* ① *(clasificación)* Typenlehre *f* ② (PSICO: *de personalidades*) Typologie *f*

tipológico, -a [tipo'loxiko, -a] *adj* typologisch

tique ['tike] *m* Ticket *nt; (de viaje)* Fahrschein *m; (de espectáculos)* Eintrittskarte *f; (de compra)* Kassenzettel *m*

tiquear [tike'ar] *vt* ① *(AmC, PRico: chequear)* überprüfen ② *(Chil: perforar)* lochen

tíquet ['tike^t] *m* <tíquets> *v.* **tique**

tiquismiquis¹ [tikis'mikis] *mpl* ① *(remilgo)* übertriebene Bedenken *ntpl* ② *(ñoñería)* Getue *nt*

tiquismiquis² [tikis'mikis] *mf inv (remilgado)* umständlicher Mensch *m*

tira ['tira] *f* ① *(banda)* Band *nt,* Streifen *m;* **hacer ~s algo** etw zerreißen ② *(argot: mucho)* **esto me ha gustado la ~** das hat mir super gefallen

tirabuzón [tiraβu'θon] *m* ① *(rizo)* (Korkenzieher)locke *f* ② *(sacacorchos)* Korkenzieher *m*

tirachinas [tira'ʧinas] *m inv* Gummischleuder *f*

tirada [ti'raða] *f* ① *(edición)* Auflage *f;* **de una ~** *(fig)* auf einen Streich ② *(distancia)* Entfernung *f*

tirado, -a [ti'raðo, -a] **I.** *adj* ① *estar (fam: barato)* spottbillig ② *ser (pey: descuidado)* schlampig ③ *estar (fam: fácil)* kinderleicht **II.** *m, f (argot)* Penner(in) *m(f)*

tirador¹ [tira'ðor] *m* ① *(agarradero)* Griff *m* ② *(cordón)* Klingelzug *m* ③ *(tirachinas)* Schleuder *f*

tirador(a)² [tira'ðor(a)] *m(f) (disparador)* Schütze, -in *m, f*

tiraje [ti'raxe] *m* (TIPO) ① *(impresión)* Druck *m* ② *(edición)* Auflage *f*

tiralevitas [tirale'βitas] *mf inv* Schmeichler(in) *m(f)*

tiramisú [tirami'su] *m* Tiramisu *nt*

tiranía [tira'nia] *f* Tyrannei *f;* **someterse a la ~ de la moda** sich dem Diktat der Mode unterwerfen

tiránico, -a [ti'raniko, -a] *adj* tyrannisch

tiranizar [tirani'θar] <z → c> *vt* tyrannisieren

tirano, -a [ti'rano, -a] **I.** *adj* tyrannisch **II.** *m, f* Tyrann(in) *m(f)*

tirante [ti'ran̪te] **I.** *adj* ① *(tieso)* straff; **el pantalón me está ~** die Hose kneift ② *(conflictivo)* gespannt; **estar ~ con alguien** eine gespannte Beziehung zu jdm haben **II.** *m* ① *(cinta, travesaño)* Träger *m;* **~s (elásticos)** Hosenträger *mpl* ② *(de caballería)* Strang *m*

tirantez [tiran̪'teθ] *f* ① *(tensión)* Spannung *f* ② *(extensión)* Längsausdehnung *f*

tirar [ti'rar] **I.** *vi* ① *(arrastrar)* ziehen (**de** an +*dat*); **tira y afloja** Tauziehen *nt;* **a todo ~** höchstens; **~ de la lengua a alguien** jdm die Würmer aus der Nase ziehen ② *(atraer)* anziehen; **no me tiran los libros** ich mache mir nichts aus Büchern ③ *(sacar)* hervorziehen (**de** +*akk*) ④ *(chimenea, t.* AUTO) ziehen ⑤ *(colores)* ~ **a rojo** ins Rote spielen ⑥ *(vestidos)* **esta camisa me tira de los hombros** diese Bluse spannt an den Schultern ⑦ *(querer lograr)* ~ **para director** Direktor werden wollen ⑧ *(parecerse)* ähneln (**a** +*dat*) ⑨ *(torcer)* abbiegen; **aquí cada uno tira por su lado** hier trennen sich unsere Wege ⑩ *(disparar)* schießen (**a** auf +*akk*); ~ **al blanco** das Ziel treffen ⑪ *(loc)* **¿cómo estás? – voy tirando** wie geht's? – es geht so **II.** *vt* ① *(lanzar)* werfen; ~ **piedras a alguien** mit Steinen nach jdm werfen ② *(malgastar)* verschwenden ③ *(desechar)* wegwerfen ④ *(disparar)* schießen; *(bombas)* abwerfen; *(cohetes)* abfeuern ⑤ *(derribar)* zu Boden werfen; *(árbol)* fällen; *(edificio)* abreißen ⑥ *(trazar)* ziehen ⑦ *(imprimir)* drucken ⑧ *(extender)* spannen ⑨ (FOTO) schießen ⑩ *(loc)* ~ **un mordisco** beißen; ~ **un pellizco** kneifen **III.** *vr:* **~se** ① *(lanzarse)* sich stürzen (**a** in +*akk*, **sobre** auf +*akk*) ② *(echarse)* sich hinlegen (**en** auf +*akk*) ③ *(fam: pasar)* verbringen; **~se una hora esperando** eine ganze Stunde warten ④ *(acometer)* (los)stürzen (**a** in +*akk*, **sobre** auf +*akk*) ⑤ *(vulg: copular)* **~se a alguien** es mit jdm treiben *fam*

tirita [ti'rita] *f (de Tirita®)* (Heft)pflaster *nt*

tiritar [tiri'tar] *vi* frösteln (**de** vor +*dat*); **se me ha quedado la cuenta del banco tiritando** mein Bankkonto ist fast leer

tiritón [tiri'ton] *m* Schauder *m;* **dar tiritones** frösteln

tiro ['tiro] *m* ① *(lanzamiento)* Wurf *m;* ~ **a portería** Torwurf *m;* **estar a un ~ de piedra** einen Steinwurf entfernt sein ② *(disparo)* Schuss *m;* ~ **al aire** Warnschuss *m;* **barraca de ~ al blanco** Schießbude *f;* ~ **con arco** (DEP) Bogenschießen *nt;* **a ~** in Schussweite; *(fig)* erreichbar; **a ~ limpio** mit Waffengewalt; **dar un ~** einen Schuss abgeben; **¡que le den un ~!** verrecken soll er/sie!; **darse un ~** sich *dat* eine Kugel durch den Kopf jagen; *(argot: heroína)* sich *dat* einen Schuss setzen; **no van por ahí los ~s** *(fam)* die Sache verhält sich anders; **me salió el ~ por la culata** *(fam)* der Schuss ging nach hinten los ③ *(munición)* Schuss *m* ④ *(daño)* Einschuss *m* ⑤ *(alcance)* Reichweite *f* ⑥ *(arrastre)* Ziehen *nt* ⑦ *(caballerías)* Gespann *nt* ⑧ *(arreos)* Zuggurt *m;* **poner el ~ a los caballos** die Pferde anspannen ⑨ *(corriente de aire)* Zug *m* ⑩ *(loc)* **de ~s largos** piekfein; **ni a ~s** nicht um alles in der Welt; **sentar como un ~** *(comida)* schlecht bekommen +*dat; (noticia)* umhauen +*akk*

tiroides [ti'roi̯ðes] **I.** *adj inv* **glándula ~** Schilddrüse *f* **II.** *m inv* (MED) Schilddrüse *f*

Tirol *m* Tirol *nt*

tirolés, -esa [tiro'les, -esa] **I.** *adj* tirol(er)isch **II.** *m, f* Tiroler(in) *m(f)*

tirón [ti'ron] *m (acción)* Zerren *nt; (efecto)* Ruck *m;* **de un ~** *(bruscamente)* mit einem Ruck; *(de una vez)* in einem Zug; **no lo sacan de aquí ni a dos tirones** ihn bringen keine zehn Pferde von hier weg

tirotear [tirote'ar] **I.** *vt* beschießen **II.** *vr:* **~se** ① *(disparar)* sich gegenseitig beschießen ② *(disputar)* sich herumstreiten

tiroteo [tiro'teo] *m* Schießerei *f*

tirria ['tirrja] *f (fam)* Voreingenommenheit *f;* **tener ~ a alguien** jdm gegenüber voreingenommen sein

tisana [ti'sana] *f* Heilkräutertee *m*

tísico, -a ['tisiko, -a] **I.** *adj* (MED) schwindsüchtig **II.** *m, f* Schwindsüchtige(r) *mf*

tisis ['tisis] *f inv* Schwindsucht *f*

tisú [ti'su] *m* Lamé *m*

titán [ti'tan] *m* Titan *m*

titánico, -a [ti'taniko, -a] *adj* titanisch

titanio [ti'tanjo] *m* (QUÍM) Titan *nt*

titeo [ti'teo] *m (Arg, Bol, Urug)* ① *(burla)* Spott *m* ② *(tomadura de pelo)* Veralberung *f;* **tomar a alguien para el ~** jdn aufziehen

títere ['titere] *m* ① *(muñeco)* Handpuppe *f; (t. fig: marioneta)* Marionette *f;* **no dejar ~ con cabeza** alles kurz und klein schlagen ② *(tipejo)* Trottel *m* ③ *pl (espectáculo)* Puppentheater *nt*

titilación [titila'θjon] *f* ① *(temblor)* Zittern *nt* ② *(centelleo)* Funkeln *nt*

titilar [titi'lar] *vi* ① *(temblar)* zittern ② *(centellear)* funkeln

titipuchal [titipu'ʧal] *m (Méx: fam: tropel)* Schar *f,* Haufen *m,* Menge *f*

titiritero, -a [titiri'tero, -a] *m, f* ① *(titerista)* Puppenspieler(in) *m(f)* ② *(acróbata)* Seiltänzer(in) *m(f)*

tito, -a ['tito, -a] *m, f (fam) dim de* **tío**

titubeante [tituβe'an̩te] *adj* zögernd, schwankend

titubear [tituβe'ar] *vi* ① *(vacilar)* schwanken; *(fig)* zögern ② *(balbucear)* stammeln

titubeo [titu'βeo] *m* ① *(vacilación)* Schwanken *nt; (fig)* Zögern *nt;* **deja a un lado tus ~s** zaudere nicht länger ② *(balbuceo)* Stammeln *nt*

titulación [titula'θjon] *f (denominación)* Betitelung *f; (académica)* akademischer Titel *m*

titulado, -a [titu'laðo, -a] **I.** *adj* diplomiert

II. *m, f* Titelträger(in) *m(f)*; ~ **universitario** Hochschulabsolvent *m*

titular[1] [titu'lar] **I.** *m* Überschrift *f*; **aparecer en los ~es** Schlagzeilen machen; **ocupar los ~es** die Schlagzeilen beherrschen **II.** *vt (poner título)* betiteln; **el libro se titula...** das Buch trägt den Titel ... **III.** *vr:* **~se** einen akademischen Grad erwerben

titular[2] [titu'lar] **I.** *adj* **médico ~** leitender Arzt; **profesor ~** außerordentlicher Professor **II.** *mf* Inhaber(in) *m(f)*; **~ de acciones** Aktionär(in) *m(f)*

titularidad [titulari'ðaᵈ] *f* Berechtigung *f*; **~ sucesoria** Erbberechtigung *f*

título ['titulo] *m* 1 *(rótulo, dignidad)* Titel *m*; **tu composición no lleva ~** dein Aufsatz hat keine Überschrift 2 *(diploma, t.* UNIV) Diplom *nt*; **~ universitario** Hochschulabschluss *m*; **~ de grado** Bachelor *m* 3 *(motivo)* Grund *m*; **¿a ~ de qué hace Ud. eso?** aus welchem Grund machen Sie das?; **a justo ~** mit vollem Recht 4 *(en calidad de)* **a ~ de** als; **a ~ de devolución** mit der Bitte um Rückgabe; **a ~ gratuito** unentgeltlich; **a ~ de prueba** versuchsweise 5 *(valor comercial)* Wertpapier *nt*

tiza ['tiθa] *f* Kreide *f*

tiznar [tiθ'nar] **I.** *vt* 1 *(ennegrecer)* schwärzen 2 *(desacreditar)* anschwärzen **II.** *vr:* **~se** *(entiznarse)* verrußen

tizne ['tiθne] *m o f (hollín)* Ruß *m*

tiznón [tiθ'non] *m* Rußfleck *m*

tizón [ti'θon] *m* 1 *(palo)* halb verbranntes Holzscheit *nt*; **más negro que un ~** kohlrabenschwarz 2 *(deshonra)* dunkler Punkt *m*

TNT [te(e)ne'te] *m abr de* **trinitrotolueno** TNT *nt*

toalla [to'aʎa] *f* Handtuch *nt*; **arrojar la ~** *(fig)* das Handtuch werfen

toallero [toa'ʎero] *m* Handtuchhalter *m*

toallita [toa'ʎita] *f (desmaquillante)* Abschminktuch *nt*; *(húmeda)* Feuchttuch *nt*

toba ['toβa] *f* 1 *(piedra)* Stein *m* 2 *(sarro)* Zahnstein *m* 3 *(capa)* Belag *m*

tobera [to'βera] *f* Düse *f*

tobillera [toβi'ʎera] *f* Stützverband *m (am Knöchel)*

tobillo [to'βiʎo] *m* (Fuß)knöchel *m*

tobo ['toβo] *m (Ven: cubo)* Eimer *m*

tobogán [toβo'ɣan] *m* 1 *(trineo)* (Rodel)schlitten *m* 2 *(pista)* Rodelbahn *f* 3 *(deslizadero)* Rutschbahn *f*

toca ['toka] *f* Haube *f*

tocadiscos [toka'ðiskos] *m inv* Plattenspieler *m*

tocado[1] [to'kaðo] *m* 1 *(peinado)* Frisur *f* 2 *(complemento)* Kopfschmuck *m*

tocado, -a[2] [to'kaðo, -a] *adj* 1 *(perturbado)* verrückt; **estar ~ (de la cabeza)** nicht recht bei Verstand sein 2 *(lesionado)* angeschlagen 3 *(medio podrido)* angefault 4 *(cubierto en la cabeza)* **ir ~ de un sombrero** einen Hut tragen

tocador[1] [toka'ðor] *m* 1 *(mueble)* Toilettentisch *m* 2 *(habitación)* Toilette *f* 3 *(estuche)* Kulturbeutel *m*

tocador(a)[2] [toka'ðor(a)] *m(f)* (MÚS) **~ de guitarra** Gitarrenspieler *m*

tocamiento [toka'mjento] *m* 1 *(toque)* Berührung *f* 2 *(llamamiento)* Berufung *f*

tocante [to'kante] *adj* **~ a** in Bezug auf +*akk*

tocar [to'kar] <c → qu> **I.** *vt* 1 *(contacto)* berühren; **¡tócala!** schlag ein!; **¡toca madera!** klopf auf Holz!; **no ~ ni un pelo a alguien** jdm kein Haar krümmen; **~ un tema** ein Thema streifen; **¡mejor no toquemos el tema!** lassen wir das Thema lieber!; **~ de cerca algo** *(fig)* sich mit etw *dat* auskennen 2 (MÚS) spielen; *(campana)* läuten; *(tambor)* schlagen; **~ la bocina** hupen; **~ alarma** Alarm schlagen; **~ a fuego** Feueralarm auslösen; **~ a misa** zur Messe läuten; **~ a muerto** die Totenglocke läuten; **~ todos los registros** alle Register ziehen; **~ el timbre** klingeln 3 *(modificar)* (ver)ändern 4 *(chocar)* leicht anstoßen (**en** an +*dat*) 5 *(afectar)* betreffen; **~ en el corazón** zu Herzen gehen 6 *(peinar)* frisieren **II.** *vi* 1 *(corresponder)* zustehen; **te toca jugar** du bist dran; **hoy me toca salir** heute habe ich Ausgang 2 *(obligación)* **me toca barrer el patio todas las mañanas** es ist meine Aufgabe, jeden Morgen den Hof zu kehren 3 *(llegar el momento oportuno)* an der Zeit sein; **toca ir a la compra** es ist an der Zeit, einkaufen zu gehen 4 *(caer en suerte)* entfallen (**a** auf +*akk*) 5 *(estar muy cerca)* hart an der Grenze sein (**en** zu +*dat*) 6 *(ser parientes)* verwandt sein (**a** mit +*dat*) **III.** *vr:* **~se** 1 *(estar en contacto)* sich berühren; **los extremos se tocan** *(prov)* Gegensätze ziehen sich an 2 *(peinarse)* sich frisieren 3 *(cubrirse la cabeza)* **~se con un sombrero** einen Hut aufsetzen; **~se con un pañuelo** sich *dat* ein Tuch um den Kopf binden 4 *(loc)* **tocárselas** *(fam)* Reißaus nehmen

tocata [to'kata] *f* 1 (MÚS) Tokkata *f* 2 *(paliza)* Tracht *f* Prügel

tocateja [toka'texa] **a ~** in bar

tocayo, -a [to'kaɟo, -a] *m, f* Namensvetter(in) *m(f)*

tocho[1] ['toʧo] *m* 1 *(hierro)* Eisenblock *m* 2 *(fam: libro)* Schinken *m*

T

tocho, **-a**[2] ['toʧo, -a] *adj* ❶ *(tosco)* ungehobelt ❷ *(necio)* einfältig

tocino [to'θino] *m* ❶ *(lardo)* Speck *m;* **confundir la velocidad con el ~** die Begriffe durcheinanderwerfen ❷ *(reg: cerdo)* Schwein *nt*

tocólogo, **-a** [to'koloɣo, -a] *m, f* Geburtshelfer(in) *m(f)*

tocón [to'kon] *m* (BOT) (Baum)stumpf *m*

todavía [toða'βia] *adv* ❶ *(aún)* noch; **~ no** noch nicht ❷ *(sin embargo)* trotzdem

todo[1] ['toðo] **I.** *pron indef* alles; **~ lo que** [*o* **cuanto**] **...** alles, was ...; (**o**) **~ o nada** (entweder) alles oder nichts; **ante** [*o* **sobre**] **~** vor allem; **antes que ~** zuallererst; **después de ~** *(fam)* letztendlich; **en ~ y por ~** in jeder Hinsicht; **y ~** sogar; **me invitó a comer y ~** er/sie hat mich sogar zum Essen eingeladen **II.** *adv (fam)* ganz, völlig **III.** *m sin pl* ❶ *(la totalidad)* Ganze(s) *nt;* **del ~** ganz und gar; **no del ~** nicht ganz; **jugarse el ~ por el ~** aufs Ganze gehen; **ser el ~** die Hauptperson sein ❷ *(de charada)* Lösungswort *nt*

todo, **-a**[2] ['toðo, -a] *adj indef* ❶ *(entero)* ganz; **toda la familia** die ganze Familie; **toda España** ganz Spanien; **~ el mundo** jedermann; **a toda prisa** in aller Eile ❷ *(cada)* jede(r, s); **a toda costa** um jeden Preis; **toda precaución es poca** man kann nicht vorsichtig genug sein ❸ *pl* alle; **día de T~s los Santos** Allerheiligen *nt;* **~s los niños** alle Kinder; **~s y cada uno** alle samt und sonders; **a todas horas** zu jeder Tages- und Nachtzeit; **en todas partes** überall; **de ~s modos** auf alle Fälle; **de todas todas** so oder so ❹ *(intensificación)* **su cara es toda nariz** sein/ihr Gesicht besteht nur aus Nase; **ser ~ nervios** ein einziges Nervenbündel sein

todopoderoso, **-a** [toðopoðe'roso, -a] *adj* allmächtig

todoterreno [toðote'rreno] **I.** *adj inv* geländegängig **II.** *m* (AUTO) Geländefahrzeug *nt;* **ser un ~** *(fig)* überall einsatzfähig sein

toga ['toɣa] *f* Talar *m; (romana)* Toga *f*

Togo ['toɣo] *m* Togo *nt*

togolés, **-esa** [toɣo'les, -esa] **I.** *adj* togoisch **II.** *m, f* Togoer(in) *m(f)*

toldo ['to̞ldo] *m* ❶ *(marquesina)* Sonnendach *nt; (en el balcón)* Markise *f* ❷ *(de carro)* Wagenplane *f* ❸ *(engreimiento)* Dünkel *m*

tole ['tole] *m* ❶ *(bulla)* Tumult *m* ❷ *(rumor)* Gerede *nt* ❸ *(loc)* **tomar** [*o* **agarrar**] **el ~** *(fam)* verduften, die Kurve kratzen

toledano, **-a** [tole'ðano, -a] **I.** *adj* aus Toledo; **noche toledana** *(fig)* schlaflose Nacht **II.** *m, f* Einwohner(in) *m(f)* Toledos

tolerabilidad [toleraβili'ðaᵈ] *f* Erträglichkeit *f*

tolerable [tole'raβle] *adj* ❶ *(soportable)* erträglich ❷ *(aceptable)* tolerierbar

tolerado, **-a** [tole'raðo, -a] *adj (película)* jugendfrei

tolerancia [tole'ran̦θja] *f* ❶ *(indulgencia)* Toleranz *f* ❷ *(resistencia)* Widerstandsfähigkeit *f*

tolerante [tole'ran̦te] *adj* tolerant

tolerar [tole'rar] *vt* ❶ *(soportar)* ertragen; *(alimentos, medicinas)* vertragen ❷ *(permitir)* dulden ❸ *(aceptar)* tolerieren

tolete [to'lete] *m* ❶ *(Am: garrote)* Schlagstock *m* ❷ *(Col, Cuba: trozo)* Brocken *m*

tolondro[1] [to'lon̦dro] *m* Beule *f* (am Kopf)

tolondro, **-a**[2] [to'lon̦dro, -a] *adj* unbesonnen, gedankenlos

toma ['toma] *f* ❶ *(adquisición)* Nehmen *nt;* **~ de conciencia** Bewusstwerdung *f;* **~ de decisiones** Entscheidungsfindung *f;* **~ de poder** Machtergreifung *f;* **~ de posesión** Amtsübernahme *f;* **~ de rehenes** Geiselnahme *f* ❷ *(conquista)* Einnahme *f;* **~ por asalto** Erstürmung *f* ❸ *(dosis)* Dosis *f* ❹ (TÉC) Anschluss *m;* **~ eléctrica** Stromanschluss *m;* **~ de tierra** Erd(ungs)leitung *f* ❺ *(grabación)* Aufnahme *f*

tomacorriente [tomako'rrjen̦te] *m (Am: colector)* Stromabnehmer *m*

tomadura [toma'ðura] *f* Nehmen *nt;* **~ de pelo** Scherz *m*

tomar [to'mar] **I.** *vt* ❶ *(coger)* nehmen; *(préstamo)* aufnehmen; *(aliento, fuerzas)* schöpfen; **~ las armas** zu den Waffen greifen; **~ una decisión** eine Entscheidung treffen; **~ medidas** Maßnahmen ergreifen; **~ el sol** sich sonnen; **toma buena nota de lo que te digo ahora** merk dir gut, was ich dir jetzt sage ❷ *(comer, beber)* zu sich *dat* nehmen; **~ café** Kaffee trinken ❸ *(interpretar)* auffassen; **~ a la ligera** auf die leichte Schulter nehmen; **~ a mal** übel nehmen; **~ muy a pecho** sehr schwernehmen; **~ a risa** als Scherz auffassen; **~ en serio** ernst nehmen; **~ a alguien por ladrón** jdn für einen Dieb halten ❹ *(adquirir)* erwerben; **~ conciencia de algo** sich *dat* einer Sache bewusst werden ❺ *(sentir)* empfinden; **~ cariño/odio a alguien** jdn lieb gewinnen/jdn hassen; **~ confianza a alguien** zu jdm Vertrauen fassen; **~ aborrecimiento a algo** etw verabscheuen ❻ *(conquistar)* einnehmen ❼ *(copiar)* übernehmen ❽ *(contratar)* einstellen; **~ un abogado** sich *dat* einen Anwalt nehmen ❾ *(alquilar)* mieten ❿ *(hacerse cargo)* übernehmen; **~ sobre sí** auf sich

T

nehmen ⑪ *(quitar)* wegnehmen ⑫ *(fotografiar, filmar)* aufnehmen ⑬ *(sobrevenir)* überkommen ⑭ *(llevar)* mitnehmen ⑮ *(calcular)* messen ⑯ *(Am: emborracharse)* **~la** sich betrinken ⑰ (ZOOL: *copular*) decken; **¡vete a ~ por culo!** *(vulg)* leck mich am Arsch! ⑱ *(loc)* **¡toma!** sieh mal an!; **haberla tomado con algo/alguien** es auf etw/jdn abgesehen haben; **~ las de Villadiego** *(fam)* Reißaus nehmen **II.** *vi* abbiegen; **~ por la derecha** nach rechts abbiegen **III.** *vr:* **~se** ① *(coger)* sich *dat* nehmen; **~se libertades** sich *dat* Freiheiten herausnehmen; **~se unas vacaciones** sich *dat* ein paar Tage Urlaub nehmen ② *(comer, beber)* zu sich *dat* nehmen; **me he tomado un vaso de leche** ich habe ein Glas Milch getrunken ③ *(cubrirse de)* **~se de moho** anlaufen; **~se de orín** rostig werden; **~se de polvo** verstauben ④ *(Am: emborracharse)* **tomársela** sich betrinken ⑤ *(loc)* **¡tómate esa!** das hat gesessen!

tomate [to'mate] *m* ① *(planta)* Tomate *f;* **ponerse rojo como un ~** knallrot werden; **poner a alguien el culo como un ~** *(fam)* jdm gehörig den Hintern versohlen ② *(fam: agujero)* Kartoffel *f* ③ *(fam: jaleo)* Durcheinander *nt*

tomatera [toma'tera] *f* Tomate *f*

tomavistas[1] [toma'βistas] *m inv (cámara)* Filmkamera *f*

tomavistas[2] [toma'βistas] *mf inv (operador)* Kameramann, -frau *m, f*

tómbola ['tombola] *f* Tombola *f*

tomillo [to'miʎo] *m* Thymian *m*

tomo ['tomo] *m* ① *(volumen)* Band *m;* **de cuatro ~s** vierbändig ② *(loc)* **de ~ y lomo** *(fam)* mordsmäßig

tomografía [tomoɣra'fia] *f* (MED) Tomografie *f;* **~ axial computarizada** Computertomografie *f;* **~ por resonancia magnética** Kernspintomografie *f*

ton [ton] *(fam)* **sin ~ ni son** völlig grundlos

tonada [to'naða] *f* ① *(canción)* Lied *nt* ② *(melodía)* Weise *f,* Melodie *f* ③ *(Am: tonillo)* Tonfall *m*

tonal [to'nal] *adj* (MÚS) Ton-; **altura ~** Tonhöhe *f*

tonalidad [tonali'ða^{d}] *f* ① (LING) Tonfall *m* ② (MÚS) Tonart *f* ③ (ARTE) Schattierung *f*

tonel [to'nel] *m* ① *(barril)* Fass *nt* ② *(fam: persona gorda)* Tonne *f*

tonelada [tone'laða] *f (peso)* Tonne *f*

tonelaje [tone'laxe] *m* ① *(capacidad)* Tonnage *f* ② *(peso)* Ladegewicht *nt*

tóner ['toner] *m* (INFOR) Toner *m*

tonga ['toŋga] *f* ① *(Col: tarea)* Aufgabe *f; (dormida)* Schlaf *m* ② *(Col, Perú: bebida)* aus Stechapfel hergestelltes Getränk ③ *(Ecua: merienda)* Pausenbrot *nt,* Vesperbrot *nt südd*

Tonga ['toŋga] *f* Tonga *nt*

tongo ['toŋgo] *m* (DEP) illegale Absprache *f*

tónica ['tonika] *f* ① (MÚS) Grundton *m* ② *(bebida)* Tonic(water) *nt* ③ *(tono general)* Grundstimmung *f*

tonicidad [toniθi'ða^{d}] *f* (MED) Spannungszustand *m*

tónico[1] ['toniko] *m* ① (MED) Tonikum *nt* ② *(para el rostro)* Gesichtswasser *nt; (para el cabello)* Haarwasser *nt*

tónico, -a[2] ['toniko, -a] *adj* ① (LING) betont ② (MÚS) tonisch; **nota tónica** Grundton *m* ③ (MED) stärkend

tonificación [tonifika'θjon] *f* Stärkung *f,* Kräftigung *f;* **~ muscular** Stärkung [*o* Kräftigung] der Muskeln

tonificador(a) [tonifika'ðor(a)] *adj* stärkend

tonificar [tonifi'kar] <c → qu> *vt* stärken

tonillo [to'niʎo] *m* ① *(deje)* Tonfall *m* ② *(habla monótona)* monotoner Tonfall *m* ③ *(retintín)* spöttischer Unterton *m*

tono ['tono] *m* ① *(altura)* Tonlage *f;* **~ agudo/grave** hohe/tiefe Tonlage ② *(señal)* Ton *m;* **~ de marcar** (TEL) Freizeichen *nt* ③ *(intensidad)* Lautstärke *f;* **bajar el ~** die Lautstärke dämpfen ④ *(deje, estilo, grado de color)* Ton *m;* **en ~ de reproche** in vorwurfsvollem Ton; **bajar el ~** seinen Ton mäßigen; **dar el ~** den Ton angeben; **darse ~** sich wichtigmachen; **estar a ~ con algo** mit etw *dat* harmonieren; **subirse de ~** sich aufs hohe Ross setzen ⑤ *(atmósfera)* Stimmung *f* ⑥ *(maneras)* **el buen ~** der gute Ton; **de buen ~** höflich; **de mal ~** unhöflich ⑦ (MED) Tonus *m* ⑧ (MÚS: *modo*) Tonart *f;* **~ mayor/menor** Dur-/Molltonart *f*

tontada [toṇ'taða] *f* Dummheit *f*

tontaina [toṇ'taịna] *mf (fam)* Dummkopf *m*

tontamente [toṇta'meṇte] *adv* dumm; **se dejó engañar ~** er/sie ließ sich ganz dumm hereinlegen

tontear [toṇte'ar] *vi* ① *(bobear)* (herum)albern ② *(fam)* flirten

tontera [toṇ'tera] *f* Dummheit *f*

tontería [toṇte'ria] *f* ① *(memez)* Dummheit *f* ② *(nadería)* Lappalie *f*

tonto, -a ['toṇto, -a] **I.** *adj* dumm; **ser más ~ que Picio** *(fam)* dümmer sein, als die Polizei erlaubt; **hacer algo a tontas y a locas** etw aufs Geratewohl tun; **ponerse ~** *(fam)* sich *dat* ganz schön was einbilden **II.** *m, f* Dummkopf *m*

tontorrón, -ona [tonto'rron, -ona] *adj (fam)* dämlich

toña ['toɲa] *f* ① *(juego)* Kinderspiel ② *(fam: golpe)* Schlag *m* ③ *(fam: paliza)* Prügel *mpl*

top [toᵖ] *m* <tops> kurzes Top *nt;* ~ **de tirantes** kurzes Trägertop

topacio [to'paθjo] *m* Topas *m*

topar [to'par] **I.** *vi* ① *(chocar)* zusammenstoßen (**con** mit +*dat*), stoßen (**contra/en** gegen +*akk*) ② *(hallar)* stoßen (**con** auf +*akk*) ③ *(consistir)* bestehen (**en** in +*dat*) ④ *(fam: salir bien)* klappen; **por si topa** für alle Fälle ⑤ *(en el juego)* mithalten **II.** *vt* ① *(chocar)* stoßen (an +*akk*) ② *(hallar: algo)* stoßen (auf +*akk*); *(a alguien)* treffen (**a** +*akk*) **III.** *vr:* **~se** ① *(chocar)* zusammenstoßen ② *(encontrar)* zufällig treffen (**con** +*akk*)

tope ['tope] **I.** *adj* Höchst- **II.** *m* ① *(extremo)* Spitze *f;* **estar hasta el** ~ *(lleno)* überfüllt sein; *(harto)* die Nase voll haben; **estoy a ~ de trabajo** ich stecke bis zum Hals in Arbeit ② *(parachoques)* Puffer *m;* (AUTO) Stoßstange *f* ③ *(para impedir un movimiento)* Anschlag *m; (puerta)* Türstopper *m* ④ *(obstáculo)* Hindernis *nt* ⑤ *(riña)* Zusammenstoß *m*

topetada [tope'taða] *f* Zusammenstoß *m*

topetar [tope'tar] *vi, vt* (mit den Hörnern) stoßen

topetazo [tope'taθo] *m* Zusammenstoß *m*

tópico¹ ['topiko] *m* ① *(lugar común)* Gemeinplatz *m* ② *(estereotipo)* Klischee *nt* ③ (MED) Medikament *nt* zur äußerlichen Anwendung

tópico, -a² ['topiko, -a] *adj* ① *(trivial)* banal ② *(local)* örtlich ③ (MED) topisch; **de uso** ~ zur äußerlichen Anwendung

topless ['toβles] *m* **en** ~ oben ohne

topo ['topo] *m* ① *(roedor, espía)* Maulwurf *m;* **ser un** ~ *(fam)* blind wie ein Maulwurf sein ② *(persona torpe)* Tölpel *m*

topocho, -a [to'potʃo, -a] *adj (Ven)* pummelig, rundlich

topografía [topoγra'fia] *f* Topografie *f*

topográfico, -a [topo'γrafiko, -a] *adj* topografisch

topógrafo, -a [to'poγrafo, -a] *m, f* Topograf(in) *m(f)*

toponimia [topo'nimja] *f sin pl* Ortsnamenkunde *f*

topónimo [to'ponimo] *m* Ortsname *m*

toposo, -a [to'poso, -a] *adj (Ven)* ① *(entrometido)* zudringlich ② *(pedante)* eingebildet

toque ['toke] *m* ① *(roce)* Berührung *f* ② *(golpe)* Klopfen *nt;* **dar un ~ en la puerta** an die Tür klopfen ③ *(sonido)* ~ **de atención** Warnsignal *nt;* ~ **de campanas** Glockengeläut(e) *nt;* ~ **de queda** Ausgangssperre *f;* ~ **de tambor** Trommelschlag *m* ④ *(advertencia)* Hinweis *m* ⑤ *(matiz)* Hauch *m* ⑥ *(modificación)* kleinere Veränderung *f;* **dar los últimos ~s a algo** etw *dat* den letzten Schliff geben ⑦ *(pincelada)* leichter Pinselstrich *m* ⑧ *(ensayo)* Prüfen *nt;* **piedra de** ~ Probierstein *m* ⑨ *(lo principal)* Knackpunkt *m fam* ⑩ *(aplicación medicinal)* Betupfen *nt*

toquetear [tokete'ar] *vt (fam)* befummeln

toqueteo [toke'teo] *m (fam)* Befummeln *nt*

toquilla [to'kiʎa] *f (pañuelo)* Schultertuch *nt*

tórax ['toraˠs] *m inv* Brustkorb *m*

torbellino [torβe'ʎino] *m* Wirbel *m;* **ser un** ~ ein richtiger Wirbelwind sein

torcaz [tor'kaθ] *adj* **paloma** ~ Ringeltaube *f*

torcedura [torθe'ðura] *f* ① *(encorvamiento)* Biegen *nt* ② *(dislocación)* Zerrung *f* ③ *(desvío)* Umlenkung *f* ④ *(vino)* Tresterwein *m*

torcer [tor'θer] *irr como cocer* **I.** *vi* abbiegen; ~ **a la izquierda** nach links abbiegen **II.** *vt* ① *(encorvar)* biegen ② *(dar vueltas, desviar)* (ver)drehen; ~ **el cuello a alguien** jdm den Hals umdrehen; ~ **las intenciones de alguien** jdn von seinen Vorsätzen abbringen; ~ **las manos** die Hände ringen; ~ **la vista** schielen ③ *(referente al gesto)* ~ **el gesto** das Gesicht verziehen **III.** *vr:* **~se** ① *(encorvarse)* sich biegen ② *(dislocarse)* sich *dat* zerren; **me he torcido el pie** ich bin mit dem Fuß umgeknickt ③ *(corromperse)* auf Abwege geraten; *(fracasar)* scheitern ④ *(agriarse)* sauer werden

torcida [tor'θiða] *f* Docht *m*

torcido, -a [tor'θiðo, -a] *adj* ① *(ladeado)* schief ② *(encorvado)* krumm ③ *(artero)* unaufrichtig

tordo¹ ['torðo] *m* Drossel *f*

tordo, -a² ['torðo, -a] **I.** *adj* ① *(color)* **yegua torda** Grauschimmelstute *f* ② *(torpe)* unbeholfen **II.** *m, f* Grauschimmel *m*

torear [tore'ar] **I.** *vi (lidiar)* mit Stieren kämpfen **II.** *vt* ① *(lidiar)* kämpfen (mit +*dat*) ② *(evitar)* geschickt aus dem Wege gehen +*dat* ③ *(engañar)* etwas vormachen +*dat* ④ *(tomar el pelo)* hänseln

toreo [to'reo] *m* ① *(tauromaquia)* Stierkampfkunst *f* ② *(lidia)* Stierkampf *m* ③ *(burla)* Hänselei *f*

torera [to'rera] *f* Bolero *m*

T

torero, **-a** [to'rero, -a] **I.** *adj (fam)* Stierkampf-; **valor** ~ Mut eines Stierkämpfers **II.** *m, f* Stierkämpfer(in) *m(f)*; **saltarse algo a la torera** sich um etw nicht scheren

tormenta [tor'meṇta] *f* ❶ *(temporal, t. fig)* Gewitter *nt* ❷ *(agitación)* Sturm *m*; **una ~ de celos** ein Eifersuchtsanfall

tormento [tor'meṇto] *m* ❶ *(castigo)* Folter *f*; **potro de ~** Folterbank *f*; **dar ~ a alguien** jdn foltern ❷ *(congoja)* Qual *f*

tormentoso, **-a** [tormeṇ'toso, -a] *adj* stürmisch

torna ['torna] *f* ❶ *(devolución)* Rückgabe *f* ❷ *(regreso)* Rückkehr *f* ❸ *(loc)* **se vuelven las ~s** das Blatt wendet sich

tornadizo, **-a** [torna'ðiθo, -a] *adj* wetterwendisch

tornado [tor'naðo] *m* Wirbelsturm *m*

tornar [tor'nar] **I.** *vi* zurückkehren; **~ en sí** wieder zu sich *dat* kommen; **~ a hacer algo** etw wieder tun **II.** *vt* ❶ *(devolver)* zurückgeben ❷ *(cambiar)* verwandeln; **~ triste** traurig machen **III.** *vr:* **~se** sich verwandeln; **~se gris** grau werden

tornasol [torna'sol] *m* ❶ *(girasol)* Sonnenblume *f* ❷ *(reflejo)* Schillern *nt* ❸ (QUÍM) Lackmus *nt o m*

torneado[1] [torne'aðo] *m (de metales)* Drehen *nt*; *(de madera)* Drechseln *nt*

torneado, **-a**[2] [torne'aðo, -a] *adj* ❶ *(metal)* gedreht; *(madera)* gedrechselt ❷ *(de curvas suaves)* mit sanften Rundungen; **brazos ~s** weich gerundete Arme; **un talle bien ~** eine wohlgeformte Taille

tornear [torne'ar] **I.** *vi* ❶ *(dar vueltas)* sich drehen ❷ *(en un torneo)* an einem Turnier teilnehmen ❸ *(cavilar)* seine Gedanken kreisen lassen **II.** *vt (metal)* drehen; *(madera)* drechseln

torneo [tor'neo] *m* Turnier *nt*

tornero, **-a** [tor'nero, -a] *m, f (de metal)* Dreher(in) *m(f)*; *(de madera)* Drechsler(in) *m(f)*

T

tornillo [tor'niʎo] *m* ❶ *(clavo con rosca)* Schraube *f*; **apretar un ~** eine Schraube anziehen; **apretar los ~s a alguien** *(fig)* jdm die Daumenschrauben anlegen; **te falta un ~** bei dir ist eine Schraube locker ❷ *(fam: deserción)* Fahnenflucht *f* ❸ *(abrazadera)* Schraubzwinge *f*

torniquete [torni'kete] *m (puerta)* Drehkreuz *nt*

torniscón [tornis'kon] *m (fam)* ❶ *(bofetón)* Ohrfeige *f* ❷ *(pellizco)* Kneifen *nt*, Zwicken *nt*

torno ['torno] *m* ❶ *(máquina)* Drehbank *f*; *(para madera)* Drechslerbank *f*; *(de alfarero)* Drehscheibe *f* ❷ *(cabrestante)* Winde *f* ❸ *(giro)* Runde *f* ❹ *(freno)* Handbremse *f* ❺ *(de un río)* (Fluss)biegung *f* ❻ *(loc)* **en ~ a** um ... herum; **en ~ a ese tema** zu diesem Thema

toro ['toro] *m* ❶ *(animal)* Stier *m*; **coger el ~ por los cuernos** *(fig)* den Stier bei den Hörnern packen; **¡otro ~!** *(fig)* Themawechsel! ❷ *pl (toreo)* Stierkampf *m*; **ver los ~s desde las barreras** *(fig)* das Geschehen aus sicherer Entfernung verfolgen ❸ *(hombre)* kräftiger Mann *m*

toronjil [toroŋ'xil] *m* (Zitronen)melisse *f*

torpe ['torpe] *adj* ❶ *(pesado)* schwerfällig ❷ *(inhábil)* ungeschickt ❸ *(obsceno)* unzüchtig

torpedear [torpeðe'ar] *vt* torpedieren

torpedero [torpe'ðero] *m* Torpedoboot *nt*

torpedo [tor'peðo] *m* Torpedo *m*

torpeza [tor'peθa] *f* ❶ *(pesadez)* Schwerfälligkeit *f* ❷ *(inhabilidad)* Ungeschicklichkeit *f* ❸ *(obscenidad)* Unzüchtigkeit *f* ❹ *(tontería)* Dummheit *f*

torrar [to'rrar] *vt* rösten

torre ['torre] *f* Turm *m*; **~ de alta tensión** Hochspannungsmast *m*; **~ de viento** *(fig)* Luftschloss *nt*

torrefacción [torrefaᵞ'θjon] *f* Röstung *f*

torrefacto, **-a** [torre'fakto, -a] *adj* geröstet

torreja [to'rrexa] *f (Am:* GASTR) ≈ armer Ritter *m*

torrencial [torreṇ'θjal] *adj* **lluvia ~** sintflutartiger Regen

torrente [to'rreṇte] *m* ❶ *(corriente)* Sturzbach *m* ❷ *(multitud)* Schwall *m*

torreón [torre'on] *m* Festungsturm *m*

torreta [to'rreta] *f* (MIL) Geschützturm *m*

torrezno [to'rreθno] *m* gebratene Speckscheibe *f*

tórrido, **-a** ['torriðo, -a] *adj (elev)* heiß

torrija [to'rrixa] *f* (GASTR) ≈ armer Ritter *m*

torsión [tor'sjon] *f (desviación)* Drall *m*; **~ hacia la izquierda** Linksdrall *m*

torso ['torso] *m* Rumpf *m*; (ARTE) Torso *m*

torta ['torta] *f* ❶ *(pastel)* Kuchen *m*; *(Am)* Torte *f*; **no saber ni ~** *(fam)* keinen blassen Schimmer haben; **ser ~s y pan pintado** *(fam)* halb so schlimm sein ❷ *(fam: bofetada)* Ohrfeige *f*; *(golpe)* Schlag *m*; **darse una ~** sich stoßen ❸ *(fam: borrachera)* Rausch *m*

tortazo [tor'taθo] *m (fam)* ❶ *(bofetada)* Ohrfeige *f* ❷ *(choque)* Stoß *m*; **darse un ~** sich heftig stoßen

tortícolis [tor'tikolis] *m o f inv* (MED) steifer Hals *m*

tortilla [tor'tiʎa] *f* ❶ *(de huevos)* Omelett(e) *nt*; **~ española** [*o* **de patata**] Kartoffelomelett(e) *nt*; **hacer ~ a alguien** jdn zusammenschlagen; **hacer ~ algo** etw kurz und klein schlagen; **se ha vuelto la ~** das Blatt hat sich gewendet ② *(Am: de harina)* Maisfladen *m*

tortillera [torti'ʎera] *m (vulg)* Lesbe *f fam*

tórtola ['tortola] *f* Turteltaube *f*

tortolito, -a [torto'lito, -a] *adj (fam)* ① *(atortolado)* verliebt ② *(sin experiencia)* unerfahren

tórtolo ['tortolo] *m* ① *(ave)* Turteltauber(ich) *m* ② *(hombre)* Verliebte(r) *m* ③ *pl (enamorados)* Turteltauben *f pl*

tortuga [tor'tuɣa] *f* Schildkröte *f;* **a paso de ~** im Schneckentempo

tortuoso, -a [tortu'oso, -a] *adj* ① *(sinuoso)* geschlängelt ② *(astuto)* verschlagen

tortura [tor'tura] *f (suplicio)* Folter *f;* **sufrir ~s** gefoltert werden

torturador(a) [tortura'ðor(a)] **I.** *adj* qualvoll **II.** *m(f)* Folterer *m*

torturar [tortu'rar] *vt* foltern

torunda [to'runda] *f* (MED) Tupfer *m*

torvo, -a ['torβo, -a] *adj* wild; *(mirada)* finster

torzal [tor'θal] *m* Zwirn *m*

tos [tos] *f* Husten *m;* **~ ferina** Keuchhusten *m*

tosco, -a ['tosko, -a] *adj* grob

toser [to'ser] *vi* husten; **no hay quien te tosa** niemand kann es mit dir aufnehmen

tosquedad [toske'ðaᵈ] *f* Ungeschliffenheit *f*

tostada [tos'taða] *f* Toast *m;* **olerse la ~** *(fam)* den Braten riechen; **pegar una ~ a alguien** *(fam)* jdm eins auswischen

tostadero [tosta'ðero] *m* Rösterei *f*

tostado, -a [tos'taðo, -a] *adj (café)* geröstet; *(pan)* getoastet; *(piel)* gebräunt

tostador [tosta'ðor] *m,* **tostadora** [tosta'ðora] *f* Toaster *m*

tostar [tos'tar] <o → ue> **I.** *vt* ① *(torrar)* rösten; *(pan)* toasten ② *(curtir)* bräunen **II.** *vr:* **~se** sich bräunen

tostón [tos'ton] *m* ① *(de pan)* Croûton *m* ② *(cochinillo)* gebratenes Spanferkel *nt* ③ *(persona pesada)* Klette *f;* *(molesta)* Nervensäge *f*

total [to'tal] **I.** *adj* total; **importe ~** Gesamtbetrag *m;* **en ~** insgesamt **II.** *m* (MAT) (Gesamt)summe *f* **III.** *adv* also

totalidad [totali'ðaᵈ] *f sin pl* Gesamtheit *f;* **en su ~** in vollem Umfang

totalitario, -a [totali'tarjo, -a] *adj* ① *(completo)* umfassend ② *(dictatorial)* totalitär

totalitarismo [totalita'rismo] *m sin pl* Totalitarismus *m*

totalizar [totali'θar] <z → c> *vt* zusammenzählen

totalmente [total'mente] *adv* völlig

toxicidad [toˠsiθi'ðaᵈ] *f sin pl* (MED) Toxizität *f*

tóxico[1] ['toˠsiko] *m* Giftstoff *m*

tóxico, -a[2] ['toˠsiko, -a] *adj* giftig

toxicodependencia [toˠsikoðepen'denθja] *f* (MED) Drogenabhängigkeit *f,* Drogensucht *f*

toxicomanía [toˠsikoma'nia] *f sin pl* Rauschgiftsucht *f*

toxicómano, -a [toˠsi'komano, -a] **I.** *adj* rauschgiftsüchtig **II.** *m, f* Rauschgiftsüchtige(r) *mf*

toxina [toˠ'sina] *f* (MED) Toxin *nt*

tozudez [toθu'ðeθ] *f* Halsstarrigkeit *f,* Dickköpfigkeit *f*

tozudo, -a [to'θuðo, -a] **I.** *adj* dickköpfig **II.** *m, f* Dickkopf *m*

trans [trans] *adj inv* (SOCIOL: *fam) abr de* **transgénero, -a** trans, transgender

tra(n)satlántico[1] [tra(n)sað'lantiko] *m* Passagierdampfer *m*

tra(n)satlántico, -a[2] [tra(n)sað'lantiko, -a] *adj* überseeisch; **barco ~** Passagierdampfer *m*

tra(n)sbordador [tra(n)sβorða'ðor] *m* ① (NÁUT) Fähre *f* ② (AERO) Raumfähre *f*

tra(n)sbordar [tra(n)sβor'ðar] **I.** *vt* ① *(por río)* übersetzen (**a** auf +*akk*) ② *(mercancías)* umladen (**a** in/auf +*akk*); *(en grandes cantidades)* umschlagen; *(entre barcos)* umschiffen **II.** *vi* umsteigen

tra(n)sbordo [tra(n)s'βorðo] *m* ① *(por río)* Übersetzen *nt* ② *(mercancías)* Umladung *f;* *(grandes cantidades)* Umschlag *m;* *(entre barcos)* Umschiffung *f* ③ *(de tren)* Umsteigen *nt;* **hacer ~** umsteigen

tra(n)scribir [tra(n)skri'βir] *vt irr como escribir* ① *(copiar)* abschreiben ② *(trasliterar, t.* MÚS) transkribieren

tra(n)scripción [tra(n)skriβ'θjon] *f* ① *(copia: acción)* Abschreiben *nt;* *(efecto)* Abschrift *f* ② *(trasliteración: acción)* Transkribieren *nt;* *(efecto)* Transkription *f;* **~ fonética** phonetische Umschrift ③ (MÚS) Transkription *f*

tra(n)scurrir [tra(n)sku'rrir] *vi (el tiempo)* vergehen

tra(n)scurso [tra(n)s'kurso] *m* Verlauf *m;* **en el ~ del día** im Laufe des Tages

tra(n)sferencia [tra(n)sfe'renθja] *f* ① *(traslado)* Verlegung *f* ② (FIN) Überweisung *f;* **a través de una ~ de orden permanente** per Dauerauftrag ③ *(de propiedad)* Übertragung *f* ④ (INFOR) Transfer *m;* **~ de datos** Datenübertragung *f*

tra(n)sferible [tra(n)sfe'riβle] *adj* ① *(trasladable)* verlegbar ② *(posponible)* verlegbar, verschiebbar ③ *(propiedad)* übertragbar

tra(n)sferir [tra(n)sfe'rir] *vt irr como sentir* ① *(trasladar)* verlegen (**a** nach +*dat*) ② *(posponer)* verlegen ③ (FIN) überweisen (**a** auf +*akk*, an +*akk*) ④ *(propiedad, derecho)* übertragen (**a** auf +*akk*)

tra(n)sfiguración [tra(n)sfiɣura'θjon] *f* ① *(transformación)* Verwandlung *f* ② (REL) Verklärung *f*, Transfiguration *f*

tra(n)sfigurar [tra(n)sfiɣu'rar] *vt* ① *(transformar)* verwandeln ② (REL) verklären

tra(n)sfinito, -a [tra(n)sfi'nito, -a] *adj* (MAT) unendlich, transfinit

tra(n)sformable [tra(n)sfor'maβle] *adj* veränderbar

tra(n)sformación [tra(n)sforma'θjon] *f* Verwandlung *f*; *(de costumbres)* Veränderung *f*

tra(n)sformador [tra(n)sforma'ðor] *m* (ELEC) Transformator *m*

tra(n)sformar [tra(n)sfor'mar] *vt* verwandeln; *(costumbres)* verändern; **desde el accidente está trasformado** seit dem Unfall ist er wie umgewandelt

tra(n)sfronterizo, -a [tra(n)sfronte'riθo, -a] *adj* grenzüberschreitend, grenzübergreifend

trá(n)sfuga ['tra(n)sfuɣa] *mf* ① (MIL) Überläufer(in) *m(f)* ② (POL) Abtrünnige(r) *mf*

tra(n)sfusión [tra(n)sfu'sjon] *f* ① *(de líquido)* Umfüllung *f* ② (MED) (Blut)transfusion *f*

transgénero, -a [trans'xenero] *adj inv* (SOCIOL) transgender; **personas ~** transgender Personen

tra(n)sgénico, -a [tra(n)s'xeniko, -a] *adj* (MED) transgen

tra(n)sgredir [tra(n)sɣre'ðir] *vt irr como abolir (ley)* übertreten; *(orden)* verstoßen (gegen +*akk*)

tra(n)sgresión [tra(n)sɣre'sjon] *f (ley)* Übertretung *f*; *(orden)* Verstoß *m*

T

tra(n)slúcido, -a [tra(n)s'luθiðo, -a] *adj* durchscheinend

tra(n)smigración [tra(n)smiɣra'θjon] *f* ① *(de personas)* Auswanderung *f* ② (REL) **la ~ de las almas** die Seelenwanderung

tra(n)smigrar [tra(n)smi'ɣrar] *vi* ① *(personas)* auswandern ② (REL: *las almas*) wandern

tra(n)smisible [tra(n)smi'siβle] *adj* übertragbar; *(herencia)* vererblich

tra(n)smisión [tra(n)smi'sjon] *f* ① *(de noticia)* Übermitt(e)lung *f*; **~ de datos** (INFOR) Datenübertragung *f* ② (TV, RADIO, INFOR) Übertragung *f* ③ *(enfermedad)* Übertragung *f* ④ (TÉC) Übertragung *f*; *(mecanismo)* Transmission *f*; *(propulsión)* Antrieb *m*; (AUTO) Getriebe *nt* ⑤ (FÍS) Leitung *f* ⑥ *(por herencia)* Vererbung *f*

tra(n)smisor[1] [tra(n)mi'sor] *m* (TÉC) Sender *m*

tra(n)smisor(a)[2] [tra(n)smi'sor(a)] *adj* **estación ~a** Sender *m*

tra(n)smitir [tra(n)smi'tir] *vt* ① *(noticia)* übermitteln ② (TV, RADIO, TÉC) übertragen ③ *(enfermedad)* übertragen ④ *(por herencia)* vererben ⑤ (FÍS) leiten

tra(n)smutable [tra(n)smu'taβle] *adj* umwandelbar, verwandelbar; (QUÍM) transmutierbar

tra(n)smutación [tra(n)smuta'θjon] *f* Umwandlung *f*, Verwandlung *f*; (QUÍM) Transmutierung *f*

tra(n)smutar [tra(n)smu'tar] *vt* umwandeln

tra(n)sparencia [tra(n)spa'renθja] *f* ① *(calidad)* Durchsichtigkeit *f* ② *(de intención)* Durchschaubarkeit *f* ③ (FOTO) Dia(positiv) *nt* ④ *(para un proyector)* Folie *f*

tra(n)sparentar [tra(n)sparen'tar] **I.** *vt* durchscheinen lassen **II.** *vi, vr:* **~se** *(ser trasparente)* durchsichtig sein **III.** *vr:* **~se** *(dejarse ver/adivinar)* durchscheinen

tra(n)sparente [tra(n)spa'rente] **I.** *adj* ① *(material)* durchsichtig ② *(intenciones)* durchschaubar **II.** *m* Transparent *nt*

tra(n)spiración [tra(n)spira'θjon] *f (persona)* Schweißabsonderung *f*

tra(n)spirar [tra(n)spi'rar] *vi* ① *(persona)* schwitzen ② (BOT) Wasser ausdünsten

tra(n)sponer [tra(n)spo'ner] *irr como poner* **I.** *vt (persona)* umsetzen; *(cosa)* umstellen; *(trasplantar)* umpflanzen **II.** *vr:* **~se** ① *(persona)* sich verstecken ② *(sol)* untergehen ③ *(dormirse)* einschlafen

tra(n)sportable [tra(n)spor'taβle] *adj* ① *(movible)* transportierbar, transportabel, fahrbar ② *(peso, caja)* tragbar

tra(n)sportar [tra(n)spor'tar] **I.** *vt (trasladar)* bringen; *(en brazos)* tragen; *(en un vehículo)* befördern; **~ por barco** verschiffen **II.** *vr:* **~se** entzückt sein

tra(n)sporte [tra(n)s'porte] *m* ① (COM) Transport *m*; *(de personas, t.* TÉC) Beförderung *f*; **~ aéreo/marítimo** Beförderung per Flugzeug/Schiff; **~ por carretera** Beförderung per LKW; **compañía de ~s** Spedition *f* ② *(vehículo)* **~s públicos** öffentliche Verkehrsmittel *ntpl*; **¿qué ~ utilizas para ir a la ciudad?** wie fährst du in die Stadt? ③ *pl (conjunto)* Verkehrswesen *nt* ④ *(exaltación)* Entzückung *f*

tra(n)sportista [tra(n)spor'tista] *mf (empresa, agente)* Spediteur *m*

tra(n)sposición [tra(n)sposi'θjon] *f* ① *(de persona)* Umsetzung *f; (de cosa)* Umstellen *nt* ② *(trasplante)* Umpflanzung *f* ③ (LING, MÚS) Transposition *f*

tra(n)spuesto, -a [tra(n)s'pwesto, -a] **I.** *pp de* **tra(n)sponer** **II.** *adj* **quedarse ~** einschlafen

tra(n)sversal [tra(n)sβer'sal] *adj (atravesado, perpendicular)* quer; **calle ~** Querstraße *f*

tra(n)sverso, -a [tra(n)s'βerso, -a] *adj v.* **tra(n)sversal**

tra(n)svestido [tra(n)sβes'tiðo] *m* Transvestit *m*

traba ['traβa] *f* ① *(trabamiento)* Verbindung *f* ② *(cuerda)* Fessel *f* ③ *(obstáculo)* Hindernis *nt*

trabado, -a [tra'βaðo, -a] *adj* ① *(coherente)* zusammenhängend, kohärent ② *(nervudo)* stämmig

trabadura [traβa'ðura] *f* Verbindung *f*

trabajado, -a [traβa'xaðo, -a] *adj* ① *(cansado)* erschöpft, abgearbeitet ② *(realizado con esmero)* ausgefeilt

trabajador(a) [traβaxa'ðor(a)] **I.** *adj* fleißig **II.** *m(f)* Arbeiter(in) *m(f)*

trabajar [traβa'xar] **I.** *vi* arbeiten; **~ de vendedora** als Verkäuferin arbeiten; **en edad de ~** im arbeitsfähigen Alter **II.** *vt* ① *(tratar)* bearbeiten; *(caballo)* zureiten ② *(inquietar)* zu schaffen machen *+dat* **III.** *vr:* **~se** sich bemühen

trabajo [tra'βaxo] *m* Arbeit *f;* **~ en cadena** Fließbandarbeit *f;* **~ a destajo** Akkordarbeit *f;* **~ doméstico** Hausarbeit *f;* **~ estacional** Saisonarbeit *f;* **~s forzados** Zwangsarbeit *f;* **puesto de ~** Arbeitsplatz *m;* **~ temporal** Zeitarbeit *f;* **~ escrito** *(para clase)* Klassenarbeit *f; (en a la universidad)* Hausarbeit *f;* **con/sin ~** mit Mühe/mühelos; **costar ~** Mühe kosten; **tomarse el ~ de hacer algo** sich *dat* die Mühe machen, etw zu tun

trabajoso, -a [traβa'xoso, -a] *adj* mühsam

trabalenguas [traβa'leŋgwas] *m inv* Zungenbrecher *m*

trabar [tra'βar] **I.** *vt* ① *(juntar)* verbinden ② *(coger)* ergreifen ③ *(atar)* fesseln ④ *(impedir)* behindern ⑤ *(espesar)* andicken ⑥ *(comenzar)* beginnen; *(contactos)* knüpfen ⑦ *(embargar bienes)* beschlagnahmen **II.** *vi* greifen **III.** *vr:* **~se** sich verheddern; **~se la lengua** stottern

trabazón [traβa'θon] *f* ① *(enlace)* Verbindung *f* ② *(el espesar)* Eindickung *f*

trabilla [tra'βiʎa] *f* Schlaufe *f; (en la pernera)* Steg *m*

trabucar [traβu'kar] <c → qu> **I.** *vt* durcheinanderbringen **II.** *vr:* **~se** sich versprechen, sich verschreiben

trabuco [tra'βuko] *m* ① *(arma de fuego)* Stutzen *m* ② *(catapulta)* Steinschleuder *f,* Katapult *m o nt*

trácala ['trakala] *f* ① *(Ecua: multitud)* Menge *f* ② *(Méx, PRico: fullería)* Mogelei *f* ③ *(Méx: persona tramposa)* Betrüger *m*

tracción [traˠ'θjon] *f* ① *(tirar)* Ziehen *nt* ② *(accionar)* Antrieb *m;* **~ a cuatro ruedas** Allradantrieb *m;* **~ delantera/trasera** Vorderrad-/Hinterradantrieb *m*

tractor [trak'tor] *m* Traktor *m*

tractorista [trakto'rista] *mf* Traktorfahrer(in) *m(f)*

tradición [traði'θjon] *f* Tradition *f*

tradicional [traðiθjo'nal] *adj* traditionell

tradicionalista [traðiθjona'lista] **I.** *adj* traditionalistisch **II.** *mf* Traditionalist(in) *m(f)*

traducción [traðuˠ'θjon] *f* Übersetzung *f;* **~ al/del inglés** Übersetzung ins Englische/aus dem Englischen

traducir [traðu'θir] *vt irr* übersetzen

traductor(a) [traðuk'tor(a)] **I.** *adj* Übersetzungs- **II.** *m(f)* Übersetzer(in) *m(f)*

traer [tra'er] *irr* **I.** *vt* ① *(llevar: a alguien)* bringen; *(consigo)* bei sich *dat* haben; *(vestido)* anhaben; **tengo una carta para ti – trae** ich habe einen Brief für dich – gib ihn her; **¿has traído la carta?** hast du den Brief mitgebracht?; **lo traigo en la cartera** ich habe es im Geldbeutel ② *(ir a por)* holen ③ *(atraer)* anziehen ④ *(ocasionar)* mit sich bringen ⑤ *(más adjetivo)* **~ convencido** überzeugt sein; **~ preocupado a alguien** jdm Sorgen machen; **~ frito a alguien** *(fam)* jdn den letzten Nerv kosten; **esta mujer me trae perdido** diese Frau macht mich verrückt ⑥ *(más sustantivo)* **~ retraso** mit Verspätung kommen; **~ prisa** es eilig haben; **~ hambre** Hunger haben; **traes cara de palo** *(fam)* was ziehst denn du für ein Gesicht! ⑦ *(tener pendiente)* **~ un pleito con alguien** gegen jdn prozessieren ⑧ *(razones, ejemplos)* anführen ⑨ *(más 'a')* **~ a colación** zur Sprache bringen; **~ a cuento** aufs Tapet bringen; **~ a alguien a razones** jdn zur Vernunft bringen; **~ a la memoria** ins Gedächtnis rufen ⑩ *(loc)* **~ a alguien arrastra(n)do** jdn strapazieren; **¿qué te trae por aquí?** was führt dich hierher?; **el jefe me trae de aquí para allí todo el día** der Chef lässt mich keine Minute in Ruhe; **esto me trae sin cuidado** das ist mir egal **II.** *vr:* **~se** ① *(llevar a cabo)* **~se algo entre manos** etw laufen haben ② *(vestirse)* **~se bien** sich gut kleiden ③ *(loc)* **este examen se las trae**

T

diese Prüfung hat es in sich; **hace un frío que se las trae** es ist bitterkalt

trafagar [trafa'ɣar] <g → gu> *vi* ① *(traficar)* handeln ② *(correr mundo)* in der Welt herumziehen

tráfago ['trafaɣo] *m* ① *(trabajo)* Schufterei *f* ② *(tráfico)* Verkehr *m* ③ *(ajetreo)* Betrieb *m*

traficante [trafi'kan̩te] *mf* Händler(in) *m(f); (de drogas)* Dealer(in) *m(f); (de asilados/coches)* Schlepper(in) *m(f),* Schleuser(in) *m(f)*

traficar [trafi'kar] <c → qu> *vi* handeln (**en** mit +*dat*); *(con drogas)* dealen (**con/en** mit +*dat*); *(con asilados)* schleppen (**con/en** +*akk*)

tráfico ['trafiko] *m* ① (COM) Handel *m; (de drogas)* Drogenhandel *m; (de asilados/coches)* Schlepperei *f;* **~ de contrabando** Schmuggel *m;* **~ de influencias** Vetternwirtschaft *f* ② *(de vehículos)* Verkehr *m;* **~ por carretera** Straßenverkehr *m*

trafulcar [traful'kar] <c → qu> *vt* verwechseln, durcheinanderbringen

tragaderas [traɣa'ðeras] *f pl* ① *(faringe)* Rachen *m;* **tener buenas ~** *(fam)* ein Vielfraß sein ② *(fam: credulidad)* **tener ~** leichtgläubig sein ③ *(fam: tolerancia)* **tener buenas/malas ~** tolerant/intolerant sein

tragadero [traɣa'ðero] *m* ① *(faringe)* Schlund *m* ② *(orificio)* Abfluss *m;* **~ de basuras** Müllschlucker *m*

tragaldabas [traɣal̩'daβas] *mf inv* Vielfraß *m fam*

tragaluz [traɣa'luθ] *m (grande)* Dachfenster *nt; (pequeño)* Fensterluke *f*

tragaperras [traɣa'perras] *f inv* Münzautomat *m; (de juego)* Spielautomat *m*

tragar [tra'ɣar] <g → gu> **I.** *vt, vr:* **~se** ① *(comida, bebida, crítica)* (hinunter)schlucken; *(historia, mentira)* schlucken; **tuve que ~me el enfado** ich musste meinen Ärger hinunterschlucken; **ese se lo traga todo** *(fig)* der lässt sich *dat* alles aufbinden ② *(devorar; t. fig)* verschlingen; **¡trágame tierra!** ich möchte vor Scham am liebsten im Erdboden versinken! **II.** *vt* ① *(soportar)* **no ~ a alguien** jdn nicht ausstehen können ② *(consumir)* verbrauchen; *(absorber)* absorbieren

tragedia [tra'xeðja] *f* Tragödie *f*

trágico, -a ['traxiko, -a] **I.** *adj* tragisch; **no te pongas ~** stell dich nicht so an **II.** *m, f* ① (TEAT) Tragödiendarsteller(in) *m(f)* ② (LIT) Tragödiendichter(in) *m(f)*

tragicomedia [traxiko'meðja] *f* ① *(de suceso)* Tragikomik *f* ② (LIT, TEAT) Tragikomödie *f*

tragicómico, -a [traxi'komiko, -a] *adj* tragikomisch

trago ['traɣo] *m* ① *(de bebida)* Schluck *m;* **a ~s** schluckweise; **a ~s largos** in langen Zügen; **de un ~** in einem Zug ② *(bebida)* Drink *m;* **tomar un ~ de más** *(fam)* einen über den Durst trinken ③ *(vicio)* Trinken *nt,* Trunksucht *f* ④ *(experiencia)* bitteres Erlebnis *nt*

tragón, -ona [tra'ɣon, -ona] *m, f (fam)* Vielfraß *m*

traición [trai̯'θjon] *f* Verrat *m;* **matar a ~** hinterrücks ermorden

traicionar [trai̯θjo'nar] *vt* verraten; *(adulterio)* betrügen; **la memoria me traiciona** mein Gedächtnis lässt mich im Stich

traicionero, -a [trai̯θjo'nero, -a] **I.** *adj (persona)* verräterisch; *(acción)* heimtückisch; *(memoria)* trügerisch; *(animal)* tückisch **II.** *m, f* Verräter(in) *m(f)*

traído, -a [tra'iðo, -a] *adj* abgetragen, abgelaufen, abgescheuert; **un asunto muy ~ y llevado** ein abgedroschenes Thema

traidor(a) [trai̯'ðor(a)] **I.** *adj* verräterisch; *(falso)* falsch **II.** *m(f)* Verräter(in) *m(f)*

traigo ['trai̯ɣo] *1. pres de* **traer**

tráiler ['trai̯ler] *m* ① *(de camión)* Trailer *m,* Sattelschlepper *m* ② (CINE) Trailer *m*

traílla [tra'iʎa] *f* ① *(correa)* (Hunde)leine *f* ② *(dos perros)* Meute *f*

traje ['traxe] *m* ① *(vestidura)* Kleidung *f;* **~ de baño** Badeanzug *m;* **~ de luces** Toreroanzug *m* ② *(de hombre)* Anzug *m;* **~ de etiqueta** Galaanzug *m;* **~ hecho a la medida** Maßanzug *m;* **~ de confección** Anzug von der Stange ③ *(de mujer)* Kleid *nt;* **~ de noche** Abendkleid *nt;* **~ (de) chaqueta** Schneiderkostüm *nt* ④ *(popular)* Tracht *f* ⑤ *(de época)* Kostüm *nt*

trajeado, -a [traxe'aðo, -a] *adj* **ir bien/mal ~** gut/schlecht gekleidet sein

trajear [traxe'ar] **I.** *vt* (ein)kleiden **II.** *vr:* **~se** sich (ein)kleiden

trajín [tra'xin] *m* ① *(de mercancías)* Transport *m* ② *(ajetreo)* geschäftiges Treiben *nt;* **el ~ de la ciudad** das Gewühl in der Stadt; **había un gran ~** es herrschte reger Betrieb

trajinante [traxi'nan̩te] *m* ① *(comerciante)* Händler *m* ② *(zascandil)* unruhiger Mensch *m*

trajinar [traxi'nar] **I.** *vt* befördern **II.** *vi* herumhantieren; **llevo todo el día trajinando** ich war heute sehr beschäftigt

tralla ['traʎa] *f* ① *(cuerda)* Peitschenschnur *f* ② *(látigo)* Peitsche *f*

trallazo [tra'ʎaθo] *m* ① *(latigazo: ruido)* Peitschenknall *m; (golpe)* Peitschenhieb *m* ② *(represión)* Standpauke *f fam*

T

trama ['trama] *f* ① *(de hilos)* Schuss *m* ② (LIT) Handlung *f* ③ *(intriga)* Intrige *f*

tramar [tra'mar] *vt* ① *(traición)* anzetteln; *(intriga, plan)* schmieden; **¿qué estarán tramando?** was führen sie nur im Schilde?; **aquí se está tramando algo** hier ist etwas im Gange ② *(tejidos)* (ein)schießen

tramitación [tramita'θjon] *f* ① *(de negocio)* Abwicklung *f* ② *(de asunto)* amtliche Erledigung ③ *(de expediente)* Bearbeitung *f;* **gastos de ~** Bearbeitungsgebühren *fpl;* **mi pasaporte está en ~** mein Pass ist in Bearbeitung

tramitar [trami'tar] *vt* ① *(asunto)* erledigen; *(negocio)* abwickeln; **está tramitando el divorcio** er/sie hat die Scheidung eingereicht ② *(expediente)* bearbeiten

trámite ['tramite] *m* ① *(diligencias)* **~ burocrático** Verfahrensweg *m;* **pasar por todos los ~s** alle Instanzen durchlaufen ② *(formalidad)* Formalität *f;* **el asunto está en ~** die Angelegenheit wird gerade bearbeitet; **esto es puro ~** das ist eine reine Routineangelegenheit; **¿has hecho los ~s para el pasaporte?** hast du schon deinen Pass beantragt?

tramo ['tramo] *m* ① *(de camino)* Abschnitt *m;* (FERRO) Streckenabschnitt *m* ② *(de escalera)* Treppenabschnitt *m*

tramontana [tramoṇ'tana] *f* ① *(viento)* Nordwind *m* ② *(vanidad)* Eitelkeit *f*

tramoya [tra'moʝa] *f* ① (TEAT) Bühnenmaschinerie *f* ② *(engaño)* Schwindel *m,* Betrug *m*

trampa ['trampa] *f* ① *(para personas, animales)* Falle *f;* **poner una ~ a un animal/a alguien** einem Tier/jdm eine Falle stellen; **caer en la ~** *(animal)* in die Falle gehen; *(persona)* hereinfallen ② *(trampilla)* Falltür *f* ③ *(del mostrador)* (Ladentisch)klappe *f* ④ *(engaño)* Schwindel *m;* *(en los juegos)* Mogelei *f fam;* **hacer ~** *(engañar)* schwindeln; *(jugando)* mogeln; *(en el deporte)* tricksen; **sin ~ ni cartón** ohne Tricks; **hecha la ley hecha la ~** *(prov)* jedes Gesetz hat sein Hintertürchen ⑤ *(fam: deuda)* Schuld *f*

trampear [trampe'ar] *vi* ① *(fam: estafar)* betrügen ② *(de penuria)* sich *dat* in der Not zu helfen wissen ③ *(ir tirando)* sich durchschlagen

trampero [tram'pero] *m* Trapper *m*

trampilla [tram'piʎa] *f* ① *(en habitación)* Falltür *f* ② *(portezuela)* Klappe *f* ③ (AUTO) Sonnendach *nt*

trampolín [trampo'lin] *m* *(de piscina)* Sprungbrett *nt;* *(de gimnasia)* Trampolin *nt;* *(de esquí)* (Sprung)schanze *f*

tramposo, -a [tram'poso, -a] **I.** *adj* betrügerisch **II.** *m, f* ① *(estafador)* Betrüger(in) *m(f)* ② *(en los juegos)* Falschspieler(in) *m(f)*

tranca ['traŋka] *f* ① *(palo)* Knüppel *m;* *(de la puerta)* Türriegel *m* ② *(fam: borrachera)* Rausch *m* ③ *(loc)* **a ~s y barrancas** *(fam)* mit Müh und Not

trancar [traŋ'kar] <c → qu> *vt* ① *(puerta: con tranca)* verriegeln; *(con objetos)* versperren ② *(dar trancos)* mit großen Schritten gehen

trancazo [traŋ'kaθo] *m* ① *(golpe)* Knüppelschlag *m* ② *(fam: gripe)* Grippe *f*

trance ['traṇθe] *m* ① *(momento)* **pasar un ~ difícil** Schweres durchmachen ② *(hipnótico)* Trance *f* ③ *(loc)* **estar en ~ de hacer algo** gerade dabei sein, etw zu tun; **estar en ~ de muerte** im Sterben liegen; **querer hacer algo a todo ~** etw unbedingt machen wollen

tranco ['traŋko] *m* ① *(paso)* großer Schritt *m;* **andar a ~s** mit großen Schritten gehen; **subir una escalera a ~s** eine Treppe hinauffliegen ② *(umbral)* Schwelle *f* ③ *(loc)* **a ~s** hastig

tranqui ['traŋki] *adj* *(fam)* **¡oye, ~!** reg dich wieder ab!

tranquilamente [traŋkila'meṇte] *adv* in Ruhe

tranquilidad [traŋkili'ðaᵈ] *f* *(calma, serenidad)* Ruhe *f;* *(de mar)* Stille *f;* *(autocontrol)* Gelassenheit *f;* *(despreocupación)* Unbekümmertheit *f;* **~ de conciencia** Seelenruhe *f;* **con mucha ~** seelenruhig; **trabajar con ~** ungestört arbeiten; **debo decirte para tu ~ que...** ich muss dir zu deiner Beruhigung sagen, dass ...

tranquilizador(a) [traŋkiliθa'ðor(a)] *adj* beruhigend

tranquilizante [traŋkili'θaṇte] *m* Beruhigungsmittel *nt*

tranquilizar [traŋkili'θar] <z → c> **I.** *vt* beruhigen; *(con palabras)* beschwichtigen **II.** *vr:* **~se** sich beruhigen

tranquilla [traŋ'kiʎa] *f* ① *(pasador)* Riegel *m* ② *(para desorientar)* Fallstrick *m*

tranquillo [traŋ'kiʎo] *m* **cogerle el ~ a algo** bei etw *dat* den Dreh heraushaben

tranquilo, -a [traŋ'kilo, -a] *adj* ① *(no agitado)* ruhig; *(mar)* still; **¡déjame ~!** lass mich in Ruhe!; **mientras no te digan nada, tú ~** solange sie nichts zu dir sagen, kannst du ruhig weitermachen ② *(persona: serena)* ruhig; *(con autocontrol)* gelassen; *(despreocupada)* unbekümmert; **tú ~, que no pasará nada** sei ruhig unbesorgt, es wird nichts geschehen

transacción [transak'θjon] *f* ① (JUR) Ver-

T

gleich *m;* (POL) Kompromiss *m* ② (COM) Geschäft *nt;* (FIN) Transaktion *f*

transar [tran'sar] *vi (Am: transigir)* Kompromisse eingehen

transeúnte [transe'un̩te] **I.** *adj* vorübergehend; *(habitante)* nicht ortsansässig **II.** *mf* ① *(peatón)* Passant(in) *m(f)* ② *(habitante)* **los ~s** die Leute, die nicht ortsansässig sind

transexual [transeˠsu'al] **I.** *adj* transsexuell **II.** *mf* Transsexuelle(r) *f(m)*

transición [transi'θjon] *f* Übergang *m*

transido, -a [tran'siðo, -a] *adj (elev)* **~ de dolor/pena** von Schmerz/Kummer gequält [*o* geplagt]

transigencia [transi'xen̩θja] *f* ① *(condescendencia)* Nachgiebigkeit *f* ② *(tolerancia)* Toleranz *f* ③ (POL) Kompromissbereitschaft *f*

transigente [transi'xen̩te] *adj* ① *(condescendiente)* nachgiebig ② *(tolerante)* tolerant ③ (POL) kompromissbereit

transigir [transi'xir] <g → j> *vi* ① *(ceder)* nachgeben *+dat* ② *(tolerar)* dulden (**con** *+akk*) ③ (POL) einen Kompromiss finden; (JUR) sich vergleichen (**sobre** hinsichtlich *+gen*)

Transilvania [transil'βanja] *f* Siebenbürgen *nt;* (HIST) Transsilvanien *nt*

transistor [transis'tor] *m* Transistor *m*

transitable [transi'taβle] *adj (en coche)* befahrbar; *(a pie)* begehbar

transitar [transi'tar] *vi (en coche)* fahren (**por** auf *+dat*); *(por un túnel)* durchfahren (**por** *+akk*); *(a pie)* entlanggehen (**por** *+akk*); **una calle muy transitada** eine viel befahrene Straße; **nadie transitaba por la calle** es war kein Mensch auf der Straße

transitivo, -a [transi'tiβo, -a] *adj* (LING) transitiv

tránsito ['transito] *m* ① *(circulación)* Verkehr *m;* **de mucho ~** verkehrsreich; **el ~ por esta calle es algo complicado** durch diese Straße zu fahren ist ziemlich kompliziert ② *(de personas)* Durchreise *f;* (COM) Transit *m*

transitorio, -a [transi'torjo, -a] *adj* ① *(temporal)* vorübergehend; *(ley, periodo, disposición)* Übergangs- ② *(pasajero)* vergänglich

transponer [traⁿspo'ner] *irr como poner* **I.** *vt* ① *(persona)* umsetzen; *(cosa)* umstellen ② *(trasplantar)* umpflanzen **II.** *vr:* **~se** ① *(persona)* sich verstecken ② *(sol)* untergehen ③ *(dormirse)* einschlafen, einnicken

transportador [transporta'ðor] *m (círculo graduado)* Winkelmesser *m*

transubstanciación [transu⁽ᵝ⁾stan̩θja'θjon] *f* (REL) Transsubstantiation *f*

tranvía [tram'bia] *m* Straßenbahn *f*

trapa[1] ['trapa] *m o f* ① *(de los pies)* Getrampel *nt* ② *(vocerío)* Geschrei *nt*

trapa[2] ['trapa] *f* (REL) Trapistenorden *m*

trapacear [trapaθe'ar] *vi* betrügen, schwindeln

trapacería [trapaθe'ria] *f* Betrug *m*

trapajoso, -a [trapa'xoso, -a] *adj* ① *(en el vestir)* schäbig ② *(en el hablar)* **tener una lengua trapajosa** nuscheln

trápala[1] ['trapala] *f* ① *(de gente)* Geschrei *nt* ② *(de caballo)* Trappeln *nt,* Getrappel *nt* ③ *(fam: embuste)* Betrug *m,* Schwindel *m*

trápala[2] ['trapala] *m (fam)* Geschwätzigkeit *f*

trápala[3] ['trapala] *mf* ① *(trapacero)* Gauner(in) *m(f)* ② *(parlanchín)* Schwätzer(in) *m(f)*

trapatiesta [trapa'tjesta] *f* ① *(fam: riña: verbal)* Krach *m; (con puñetazos)* Schlägerei *f* ② *(fam: jaleo)* Radau *m*

trapaza [tra'paθa] *f* Schwindelei *f,* Betrug *m*

trapear [trape'ar] *vt (Am: limpiar)* wischen

trapecio [tra'peθjo] *m* ① *(de circo, t.* MAT) Trapez *nt* ② (ANAT) Trapezmuskel *m*

trapecista [trape'θista] *mf* Trapezkünstler(in) *m(f)*

trapero, -a [tra'pero, -a] *m, f* Lumpensammler(in) *m(f)*

trapichear [trapiʧe'ar] *vi* ① *(fam: enredos)* krumme Sachen machen; *(intrigar)* intrigieren; *(con artimañas)* tricksen; **~ en los negocios** krumme Geschäfte machen ② *(comerciar)* Kleinhandel treiben

trapicheo [trapi'ʧeo] *m (fam)* ① *(enredo)* krumme Sache *f; (negocio)* krummes Geschäft *nt* ② *(intriga)* Intrige(n) *f(pl); (artimaña)* List *f;* **ha habido ~s en las elecciones** bei den Wahlen wurde getrickst

trapío [tra'pio] *m* Grazie *f,* Anmut *f*

trapisonda [trapi'son̩da] *f* ① *(riña, alboroto)* Krach *m* ② *(intriga)* Intrige *f*

trapo ['trapo] *m* ① *(tela)* Lumpen *m* ② *(para limpiar)* Lappen *m;* **pasar el ~ por algo** etw mit einem Tuch abwischen ③ *pl (fam: vestidos)* Klamotten *pl* ④ (NÁUT) Segel *nt;* **a todo ~** mit vollen Segeln; **el coche iba a todo ~** *(fam)* das Auto hatte einen Affenzahn drauf; **poner la música a todo ~** *(fam)* die Musik auf volle Lautstärke stellen ⑤ (TEAT) (Bühnen)vorhang *m* ⑥ *(loc, fam)* **poner a alguien como un ~** jdn durch den Schmutz ziehen; **sacar los ~s sucios a relucir** schmutzige Wäsche (vor anderen Leuten) waschen; **soltar el ~**

(reír) losplatzen; *(llorar)* in Tränen ausbrechen; **estar hecho un ~** fix und fertig sein

tráquea ['trakea] *f* Luftröhre *f*

traquetear [trakete'ar] **I.** *vi (chapa, vajilla)* klappern; *(motor, ametralladora)* rattern; *(sillas, carro)* poltern **II.** *vt* schütteln

traqueteo [trake'teo] *m* Krach *m; (chapa, vajilla)* Geklapper *nt; (ametralladora, motor)* Rattern *nt; (de sillas, carro)* Poltern *nt*

tras [tras] **I.** *prep* ❶ *(temporal)* nach +*dat* ❷ *(espacial: detrás de)* hinter +*dat; (orden)* nach +*dat;* **voy ~ tuyo** *(en la cola)* ich bin nach dir dran; *(en el coche)* ich fahre dir nach; **ir ~ alguien** *(perseguir)* hinter jdm her sein ❸ *(con movimiento)* hinter +*akk;* **ponerse uno ~ otro** sich hintereinander aufstellen ❹ *(además de)* außer +*dat;* **~ de ser de pésima calidad es caro** es ist nicht nur von miserabler Qualität, sondern dazu auch noch teuer **II.** *m (fam)* Hintern *m* **III.** *interj* **¡~ ~!** klopf, klopf!

trasañejo, -a [trasa'ɲexo, -a] *adj* ❶ *(muy añejo)* sehr alt ❷ *(tresañejo)* über drei Jahre alt

trasbordar [trasβor'ðar] *vt, vi v.* **tra(n)sbordar**

trascendencia [trasθeṇ'deṇθja] *f (importancia)* Bedeutung *f;* **no tener ~** unbedeutend sein; **un incidente sin más ~** ein Vorfall ohne schlimmere Folgen

trascendental [trasθeṇdeṇ'tal] *adj* ❶ *(importante)* von großer Bedeutung [*o* Tragweite] ❷ (FILOS) transzendent(al)

trascendente [trasθeṇ'deṇte] *adj* transzendent

trascender [trasθeṇ'der] <e → ie> *vi* ❶ *(hecho, noticia)* durchsickern ❷ *(efecto, consecuencias)* sich auswirken (**a** auf +*akk*) ❸ *(ir más allá)* hinausgehen (**de** über +*akk*) ❹ *(olor)* durchdringen

trascordarse [traskor'ðarse] <o → ue> *vr* vergessen, verwechseln

trascurrir [trasku'rrir] *vi v.* **tra(n)scurrir**

trasegar [trase'ɣar] *vt irr como fregar* ❶ *(objetos: desordenar)* durcheinanderbringen; *(cambiar)* umstellen ❷ *(líquidos)* umfüllen; *(de garrafa a botella)* abfüllen ❸ *(alcohol)* (viel) trinken

trasera [tra'sera] *f* Rückseite *f*

trasero[1] [tra'sero] *m (fam)* Hintern *m*

trasero, -a[2] [tra'sero, -a] *adj* hintere(r, s); **asiento ~** Rücksitz *m;* **luz trasera** Rücklicht *nt;* **parte trasera** Hinterseite *f;* **propulsión trasera** Heckantrieb *m;* **rueda trasera** Hinterrad *nt*

trasferir [trasfe'rir] *vt irr como sentir v.* **tra(n)sferir**

trasfigurar [trasfiɣu'rar] *vt* verwandeln

trasfondo [tras'foṇdo] *m* Hintergrund *m*

trasguear [trasɣe'ar] *vi* spuken; *(enredar)* Unfug anstellen

trasiego [tra'sjeɣo] *m* ❶ *(de objetos: desorden)* Durcheinander *nt* ❷ *(cambio)* Umstellung *f* ❸ *(de líquidos)* Umfüllen *nt; (a botella)* Abfüllung *f*

traslación [trasla'θjon] *f* ❶ *(de cosas)* Umstellen *nt; (de cuerpo)* Überführung *f; (de tropa)* Verlegung *f* ❷ *(traducción)* Übersetzung *f* (**a** in +*akk,* **de** aus +*dat*)

trasladar [trasla'ðar] **I.** *vt* ❶ *(cosas)* umstellen; *(cuerpo)* überführen; *(tropa, tienda)* verlegen; *(prisionero: a otra prisión)* verlegen; *(a otra comisaría)* überstellen ❷ *(funcionario)* versetzen (**a** in +*akk,* nach +*dat*) ❸ *(fecha)* verschieben (**a** auf +*akk*) ❹ *(traducir)* übersetzen (**a** in +*akk*) ❺ *(idea, obra)* **~ al papel** zu Papier bringen; **~ a la pantalla** verfilmen ❻ *(orden, medida)* übertragen (**a** auf +*akk*) ❼ *(escrito)* kopieren **II.** *vr:* **~se** ❶ *(ir a)* sich begeben; **~se en coche** mit dem Auto fahren ❷ *(mudarse)* umziehen (**a** nach +*dat*)

traslado [tras'laðo] *m* ❶ *(de cosas)* Umstellen *nt; (cuerpo)* Überführung *f; (tropa)* Verlegung *f; (prisionero: de prisión)* Verlegung *f; (de comisaría)* Überstellung *f* ❷ *(de funcionario)* Versetzung *f* ❸ *(de fecha)* Verschiebung *f* ❹ *(mudanza)* Umzug *m* ❺ *(copia)* Kopie *f* ❻ *(de orden, medida)* Übertragung *f*

traslucir [traslu'θir] *irr como lucir* **I.** *vt (cara)* widerspiegeln; **dejar ~ algo** *(alguien)* etw andeuten **II.** *vr:* **~se** ❶ *(ser traslúcido)* lichtdurchlässig sein ❷ *(verse, notarse)* durchschimmern ❸ *(hecho, intención)* durchschaubar sein

trasluz [tras'luθ] *m* Schein *m;* **mirar al ~** gegen das Licht betrachten

trasmano [tras'mano] **no puedo cogerlo, me pilla a ~** ich komme nicht ran, es ist zu weit weg; **su casa cae tan a ~ que apenas lo visito** sein Haus ist so abgelegen, dass ich ihn kaum besuche

trasmigrar [trasmi'ɣrar] *vi v.* **tra(n)smigrar**

trasmisión [trasmi'sjon] *f v.* **tra(n)smisión**

trasmitir [trasmi'tir] *vt v.* **tra(n)smitir**

trasmutar [trasmu'tar] *vt* umwandeln

trasnochada [trasno'ʧaða] *f* ❶ *(vela)* schlaflose Nacht *f* ❷ *(vigilancia)* Nachtwache *f* ❸ *(noche anterior)* vergangene Nacht *f*

trasnochado, -a [trasno'ʧaðo, -a] *adj* ❶ *(comida)* verdorben ❷ *(idea, plan)* überholt ❸ *(persona)* übernächtigt

trasnochador(a) [trasnotʃa'ðor(a)] *m(f)* Nachtschwärmer(in) *m(f)*
trasnochar [trasno'tʃar] **I.** *vi* ① *(no dormir)* nicht schlafen gehen; *(ir de juerga)* die ganze Nacht durchmachen; *(trabajando)* die Nacht zum Tage machen ② *(acostarse tarde)* spät schlafen gehen ③ *(pernoctar)* übernachten **II.** *vt* überschlafen
trasoír [traso'ir] *irr como oír vt* falsch verstehen, sich verhören
traspapelar [traspape'lar] **I.** *vt* verlegen **II.** *vr:* **~se** verloren gehen
trasparentar(se) [trasparen̪'tar(se)] *vt, vr v.* **tra(n)sparentar**
traspasable [traspa'saβle] *adj* übertragbar
traspasar [traspa'sar] *vt* ① *(atravesar: arma)* durchbohren; *(rayos)* durchdringen; *(líquido)* durchsickern; *(calle, río)* überqueren ② *(pasar a)* übertragen (**a** auf +*akk*); (FIN) überweisen (**a** auf +*akk*) ③ *(sentidos)* **~ el corazón** das Herz zerreißen ④ *(límite)* hinausgehen (über +*akk*); *(ley)* überschreiten
traspaso [tras'paso] *m* ① *(de arma)* Durchbohrung *f; (de rayos)* Durchdringung *f; (de líquido)* Durchsickern *nt; (de calle, río)* Überquerung *f* ② *(de piso, negocio)* Übertragung *f; (dinero)* Abstandssumme *f* ③ *(de límite)* Überschreitung *f*
traspié(s) [tras'pje(s)] *m (inv)* Stolpern *nt; (fig)* Ausrutscher *m;* **dar un ~** *(tropezar)* stolpern; *(resbalar)* ausgleiten; *(meter la pata)* ins Fettnäpfchen treten; *(en sociedad)* einen Fauxpas begehen
trasplantable [trasplan̪'taβle] *adj* verpflanzbar, transplantierbar
trasplantar [trasplan̪'tar] **I.** *vt* ① *(planta)* umpflanzen ② *(personas)* umsiedeln ③ (MED) transplantieren **II.** *vr:* **~se** umsiedeln
trasplante [tras'plan̪te] *m* ① *(de plantas)* Umpflanzung *f* ② *(de persona)* Umsiedlung *f* ③ (MED) Transplantation *f*
trasportar(se) [traspor'tar(se)] *vt, vr v.* **tra(n)sportar**
trasquilado, -a [traski'laðo, -a] *adj* übel zugerichtet; **salir ~ de algo** bei etw schlecht wegkommen
trasquilar [traski'lar] *vt* ① *(persona)* stutzen ② *(animal)* scheren ③ *(fam: cosa)* schmälern
trasroscarse [trasrros'karse] <c → qu> *vr* ① *(rosca)* auleiern ② *(fam fig)* zu weit gehen, es zu weit treiben
trast(r)abillar [trast(r)aβi'ʎar] *vi* ① *(dar traspiés)* stolpern ② *(tambalear)* taumeln ③ *(tartamudear)* stottern
trastabillar [trastaβi'ʎar] *vi (dar tropezones)* stolpern
trastada [tras'taða] *f* ① *(fam: travesura)* Streich *m;* **hacerle una ~ a alguien** jdm einen Streich spielen ② *(mala pasada)* übler Streich *m*
trastazo [tras'taθo] *m (fam)* heftiger Schlag *m;* **pegarse un ~** sich *dat* den Kopf anschlagen; **pegarse un ~ contra algo** gegen etw knallen
traste ['traste] *m* ① *(de guitarra)* Bund *m* ② *(Am: trasto)* Gerümpel *nt* ③ *(loc)* **irse al ~** ins Wasser fallen; **dar al ~ con algo** etw kaputt machen *fam*
trastear [traste'ar] **I.** *vt* **~ a alguien** *(fam)* jdn nach seiner Pfeife tanzen lassen **II.** *vi (trastos)* umräumen
trastero, -a [tras'tero, -a] *adj* **cuarto ~** Abstellkammer *f;* **~ de alquiler** Mietlager *nt,* Self-Storage-Box *f*
trastienda [tras'tjen̪da] *f* ① *(de tienda)* Hinterzimmer *nt* ② *(fam: astucia)* **tener mucha ~** raffiniert sein
trasto ['trasto] *m* ① *(mueble)* Möbelstück *nt; (utensilio)* Haushaltsgerät *nt;* **tirarse los ~s por la cabeza** sich in die Haare kriegen ② *pl (herramientas)* Ausrüstung *f* ③ *pl (para tirar)* Gerümpel *nt* ④ *(persona)* **mi hijo es un ~** mein Sohn ist ein Tunichtgut; **tratar como un ~** wie ein Stück Dreck behandeln
trastocar [trasto'kar] <c → qu> **I.** *vt* in Unordnung bringen **II.** *vr:* **~se** den Verstand verlieren
trastornado, -a [trastor'naðo, -a] *adj (confundido)* durcheinander; *(sicológicamente)* verwirrt; *(loco)* verrückt
trastornar [trastor'nar] **I.** *vt* ① *(cosa)* durcheinanderbringen; *(de arriba abajo)* auf den Kopf stellen ② *(orden, plan, ideas)* zunichtemachen; *(orden público)* stören ③ *(sicológicamente)* aus dem Gleichgewicht bringen; *(por amor)* verrückt machen; **la muerte de su marido la trastornó** der Tod ihres Mannes hat sie stark mitgenommen ④ *(encantar)* **me trastornan los coches** ich bin verrückt nach Autos **II.** *vr:* **~se** den Verstand verlieren
trastorno [tras'torno] *m* ① *(desorden)* Durcheinander *nt* ② *(del orden público)* Störung *f;* **~s políticos** politische Unruhen; **ocasionar ~s** Unannehmlichkeiten verursachen ③ *(sicológicamente)* Verwirrung *f* ④ (MED) Störung *f;* **~s estomacales** Magenbeschwerden *fpl*
trastrocar [trastro'kar] <c → qu> *vt* ① *(el orden)* durcheinanderbringen ② *(de sitio)* vertauschen ③ *(el sentido)* verdrehen ④ *(el estado)* umwandeln
trastrueque [tras'trweke] *m* ① *(de orden)* Durcheinander *nt* ② *(de sitio)* Vertau-

T

schen *nt* ❸ *(de sentido)* Verdrehung *f* ❹ *(del estado)* Umwandlung *f*

trasuntar [trasuṇ'tar] *vt* ❶ *(escrito)* abschreiben, kopieren ❷ *(compendiar)* zusammenfassen

trasunto [tra'suṇto] *m* ❶ *(escrito)* Kopie *f* ❷ *(imitación)* Abbild *nt;* **ser un ~ de algo** *(reflectar)* etw widerspiegeln

trasvasar [trasβa'sar] *vt* ❶ *(líquido)* umfüllen, umgießen, abfüllen ❷ *(río)* umleiten

trasvase [tras'βase] *m* ❶ *(líquido)* Umfüllung *f,* Umgießung *f,* Abfüllung *f* ❷ *(río)* Umleitung *f*

trasver [tras'βer] *irr como ver vt* ❶ *(distinguir)* ausmachen, erkennen ❷ *(ver a través)* hindurchsehen, hindurchschauen ❸ *(ver mal)* schlecht erkennen

tratable [tra'taβle] *adj* umgänglich

tratado [tra'taðo] *m* ❶ (*t.* POL) Vertrag *m;* **T~ de Amsterdam** Vertrag von Amsterdam; **~ europeo** EU-Vertrag *m;* **~ de no agresión** Nichtangriffspakt *m;* **~ comercial** Handelsabkommen *nt* ❷ *(científico)* Abhandlung *f* (**de** über +*akk*)

tratamiento [trata'mjeṇto] *m* ❶ *(de asunto, t.* MED, QUÍM) Behandlung *f* ❷ *(elaboración, t.* INFOR) Verarbeitung *f;* **~ de agua potable** Trinkwasseraufbereitung *f;* **~ de textos** Textverarbeitung *f* ❸ *(de cortesía)* Anrede *f;* **el ~ de Ud.** das Siezen; **¿qué ~ se le da a un cardenal?** wie spricht man einen Kardinal an?

tratante [tra'taṇte] *mf* Händler(in) *m(f)*

tratar [tra'tar] **I.** *vt* ❶ *(manejar, portarse)* behandeln; **no es una persona fácil de ~** der Umgang mit ihm/ihr ist keineswegs leicht ❷ (MED, QUÍM) behandeln ❸ *(elaborar, t.* INFOR) verarbeiten; *(agua, minerales)* aufbereiten ❹ *(dar tratamiento)* anreden; **~ de tú/usted** duzen/siezen; **~ a alguien de loco** jdn als verrückt bezeichnen ❺ *(tema, asunto)* behandeln **II.** *vi* ❶ *(libro, película)* handeln (**de/sobre** von +*dat*) ❷ *(intentar)* versuchen; **trata de concentrarte** versuche, dich zu konzentrieren ❸ *(con alguien)* verkehren ❹ (COM) handeln (**en** mit +*dat*) **III.** *vr:* **~se** ❶ *(tener trato)* miteinander verkehren; **no me trato con él** ich habe keinen Kontakt zu ihm ❷ *(ser cuestión de)* sich handeln (**de** um +*akk*); **¿de qué se trata?** worum geht es?; **tratándose de ti...** in deinem Fall ...

trato ['trato] *m* ❶ *(manejo, comportamiento)* Behandlung *f;* **malos ~s** Misshandlungen *fpl;* **recibir un buen ~** gut behandelt werden ❷ *(contacto)* Umgang *m;* **~ carnal** Geschlechtsverkehr *m;* **tener ~ de gentes** gut mit Menschen umgehen können; **romper el ~ con alguien** den Kontakt zu jdm abbrechen; **no querer ~s con alguien** mit jdm nichts zu tun haben wollen; **es una señora de un ~ exquisito** sie ist eine Dame mit gepflegten Umgangsformen ❸ *(pacto)* Abmachung *f;* *(negocio)* Geschäft *nt;* **cerrar un ~ con alguien** mit jdm zu einer Einigung kommen; **entrar en ~s con alguien** mit jdm Geschäfte machen; **¡~ hecho!** abgemacht!

trauma ['trau̯ma] *m* Trauma *nt*

traumático, -a [trau̯'matiko, -a] *adj* traumatisch

traumatismo [trau̯ma'tismo] *m* Verletzung *f;* (MED) Trauma *nt*

traumatizar [trau̯mati'θar] <z → c> *vt* (MED, PSICO) traumatisieren

traumatología [trau̯matolo'xia] *f sin pl* (MED) Traumatologie *f*

traumatólogo, -a [trau̯ma'toloγo, -a] *m, f* Traumatologe, -in *m, f*

través [tra'βes] **I.** *m* ❶ *(inclinación)* Neigung *f* ❷ *(contratiempo)* Missgeschick *nt* ❸ *(loc)* **colocar de ~** quer stellen; **dar al ~ con algo** etw zunichtemachen; **mirar de ~** schief ansehen **II.** *prep* **a ~ de** *(de un lugar)* quer über +*akk;* *(de la radio)* über +*akk*

travesaño [traβe'saɲo] *m* ❶ (ARQUIT) Querbalken *m* ❷ (DEP) Querlatte *f* ❸ *(de una escalera)* Sprosse *f*

travesía [traβe'sia] *f* ❶ *(por aire)* Flugreise *f;* *(por mar)* Überfahrt *f* ❷ *(distancia)* Entfernung *f* ❸ *(calle)* Querstraße *f*

travesti [tra'βesti] *mf,* **travestí** [traβes'ti] *mf,* **travestido, -a** [traβes'tiðo, -a] *m* Transvestit *m*

travestismo [traβes'tismo] *m sin pl* Transvesti(ti)smus *m*

travesura [traβe'sura] *f (fuerte)* Streich *m*

traviesa [tra'βjesa] *f* ❶ (FERRO) Schwelle *f* ❷ *(de poste)* Querbalken *m*

travieso, -a [tra'βjeso, -a] *adj* ❶ *(de través)* quer; **correr a campo ~** querfeldein laufen ❷ *(niño)* ungezogen ❸ *(adulto)* scharfsinnig

trayecto [tra'ɟekto] *m (trecho)* Strecke *f;* *(ruta)* Weg *m*

trayectoria [traɟek'torja] *f* ❶ *(de cuerpo)* (Flug)bahn *f;* **~ de la Luna** Mondbahn *f* ❷ *(profesional)* Werdegang *m*

traza ['traθa] *f* ❶ *(plan, t.* ARQUIT) Plan *m* ❷ *(habilidad)* Geschick *nt;* **tener ~ para escribir** Talent zum Schreiben haben; **tener ~ para hablar** redegewandt sein ❸ *(aspecto)* Aussehen *nt;* **por las ~s** dem Aussehen nach; **lleva todas las ~s de acabar mal** das scheint kein gutes Ende zu nehmen

trazado[1] [tra'θaðo] *m* ❶ *(de plan, t.* ARQUIT)

T

Plan *m* ❷ *(recorrido)* Strecke *f;* (FERRO) Trasse *f* ❸ *(dirección)* Verlauf *m*

trazado, -a[2] [tra'θaðo, -a] *adj* **bien ~** wohlgeformt; **mal ~** missgestaltet

trazador[1] [traθa'ðor] *m* ❶ (QUÍM) Isotopenindikator *m* ❷ (INFOR) **~ de gráficos** Plotter *m;* **~ plano** Flachbettplotter *m*

trazador(a)[2] [traθa'ðor(a)] *m(f)* Planer(in) *m(f)*

trazar [tra'θar] <z → c> *vt* ❶ *(líneas)* ziehen; *(esquemáticamente)* skizzieren; *(dibujos)* zeichnen ❷ *(plan, t.* ARQUIT) entwerfen ❸ *(describir)* umreißen

trazo ['traθo] *m* ❶ *(de boli, lápiz)* Strich *m;* **dibujar al ~** skizzieren ❷ *(de escritura)* Schriftzug *m* ❸ *(dibujo)* Skizze *f* ❹ *(de la cara)* Falte *f*

trebejo [tre'βexo] *m* Gerät *nt;* **~s de pesca** Angelausrüstung *f*

trébol ['treβol] *m* ❶ *(planta)* Klee *m;* *(hoja)* Kleeblatt *nt* ❷ *(cartas)* Kreuz *nt*

trece ['treθe] **I.** *adj inv* dreizehn; **seguir en sus ~** dabei bleiben **II.** *m* Dreizehn *f; v. t.* **ocho**

treceavo [treθe'aβo] *m* Dreizehntel *nt*

treceavo, -a [treθe'aβo, -a] *adj* dreizehntel; *v. t.* **octavo**

trecho ['tretʃo] *m* ❶ *(recorrido)* Strecke *f* ❷ *(trozo)* Stück *nt;* **a ~s..., a ~s...** teils ..., teils ...; **a ~s** hier und da; **hacer algo a ~s** etw mit Unterbrechungen tun; **el jersey lo he hecho a ~s** ich habe mal hier, mal dort an dem Pulli gestrickt

trefilar [trefi'lar] *vt* (TÉC: *alambre*) ziehen

tregua ['treɣwa] *f* ❶ (MIL) Waffenstillstand *m* ❷ *(discurso)* (Ruhe)pause *f;* **dar ~s** *(dolor)* kommen und gehen

treinta ['treinta] **I.** *adj inv* dreißig **II.** *m* Dreißig *f; v. t.* **ochenta**

treintañero, -a [treinta'ɲero, -a] **I.** *adj* dreißigjährig **II.** *m, f* Dreißigjährige(r) *mf*

treintavo, -a [treinta'βo, -a] *adj* dreißigstel; *v. t.* **ochentavo**

treintena [trein'tena] *f* ❶ *(treinta unidades)* **una ~** dreißig Stück; **una ~ de años** dreißig Jahre ❷ *(parte)* Dreißigstel *nt*

trekking ['trekiŋ] *m* (DEP) Trekking *nt*

tremebundo, -a [treme'βundo, -a] *adj* schrecklich

tremendamente [tremenda'mente] *adv* schrecklich; **~ aburrido** schrecklich langweilig, langweilig ohne Ende *fam*

tremendismo [tremen'dismo] *m sin pl* (ARTE, LIT) Tremendismo *m (schockierender Realismus)*

tremendista [tremen'dista] *adj* schockierend; **eres un ~** du siehst nur das Grausamste an allem

tremendo, -a [tre'mendo, -a] *adj* ❶ *(temible)* schrecklich ❷ *(enorme)* riesig ❸ *(niño)* ungezogen ❹ *(respetable)* ansehnlich ❺ *(loc)* **querer conseguir algo por la tremenda** etw auf Biegen oder Brechen erreichen wollen; **siempre te tomas las cosas a la tremenda** du nimmst immer alles so schwer

trementina [tremen'tina] *f* Terpentin *nt*

tremolar [tremo'lar] *vi* wehen

tremolina [tremo'lina] *f* ❶ *(del viento)* Brausen *nt* ❷ *(bulla)* Lärm *m,* Krach *m*

trémulo, -a ['tremulo, -a] *adj (elev)* zitternd; *(luz)* flackernd

tren [tren] *m* ❶ (FERRO) Zug *m;* **~ interurbano** Intercity(zug) *m;* **~ de juguete** Spielzeugeisenbahn *f;* **~ rápido** D-Zug *m;* **~ de alta velocidad** Hochgeschwindigkeitszug *m;* **~ de mercancías** Güterzug *m* ❷ (AERO) **~ de aterrizaje delantero** Bugfahrwerk *nt;* **~ de aterrizaje (principal)** Fahrwerk *nt* ❸ (TÉC) **~ de lavado** Autowaschanlage *f* ❹ *(lujo)* **~ de vida** Lebensstandard *m;* **llevar un gran ~ de vida** auf großem Fuß leben ❺ *(loc)* **imponer un fuerte ~ en la carrera** das Rennen schnell machen; **perder el último ~** *(fig)* den Anschluss verpassen; **estar como un ~** *(fam: persona)* umwerfend sein; **hay sangría como para parar un ~** es gibt jede Menge Sangria

trena ['trena] *f (fam)* Knast *m*

trenca ['treŋka] *f (abrigo)* Anorak *m*

trenza ['trenθa] *f* ❶ *(de pelo)* Zopf *m* ❷ *(de cintas)* Flechte *f*

trenzado [tren'θaðo] *m* ❶ *(de pelo)* Zopf *m;* *(de cintas)* Flechte *f;* (TÉC) Geflecht *nt* ❷ *(de bailarín)* Entrechat *m*

trenzar [tren'θar] <z → c> *vt* flechten

trepa ['trepa] *f (astucia)* Trick *m*

trepado[1] [tre'paðo] *m* ❶ *(de vestido)* Besatz *m* ❷ *(de sello)* Perforation *f*

trepado, -a[2] [tre'paðo, -a] *adj* ❶ *(postura)* zurückgelehnt ❷ *(animal)* kräftig

trepador(a) [trepa'ðor(a)] **I.** *adj* **planta ~a** Kletterpflanze *f* **II.** *m(f) (arribista)* Emporkömmling *m*

trepanar [trepa'nar] *vt* (MED) trepanieren

trepar [tre'par] **I.** *vi, vt* ❶ *(al árbol)* (hinauf)klettern (**a** auf +*akk*) ❷ *(planta)* hochklettern **II.** *vt* durchbohren

trepidante [trepi'ðante] *adj* bebend; *(fig)* spannungsreich

trepidar [trepi'ðar] *vi* ❶ *(temblar)* beben ❷ *(Am: vacilar)* zögern

treque ['treke] *adj (Ven)* ❶ *(ingenioso)* scharfsinnig ❷ *(chistoso)* witzig

tres [tres] **I.** *adj inv* drei; **esta traducción no me sale ni a la de ~** das kann ich im Leben nie übersetzen; **esto es así como ~**

y dos son cinco das ist so sicher wie das Amen in der Kirche **II.** *m inv* Drei *f; v. t.* **ocho**

trescientos, **-as** [tres'θjentos, -as] *adj* dreihundert; *v. t.* **ochocientos**

tresillo [tre'siʎo] *m (mueble)* Couchgarnitur *f*

treta ['treta] *f* Trick *m*

Tréveris ['treβeris] *m* Trier *nt*

tría ['tria] *f* Auswahl *f*

triangulado, **-a** [triaŋgu'laðo, -a] *adj* in dreieckiger Form

triangular [triaŋgu'lar] *adj* dreieckig

triángulo [tri'aŋɣulo] *m* ❶ *(figura)* Dreieck *nt* ❷ (MÚS) Triangel *m* ❸ *(sentimental)* Dreiecksbeziehung *f*

triar [tri'ar] <*1. pres* trío> *vt* (aus)wählen

triatlón [triaᵈ'lon] *m* (DEP) Triathlon *nt*

tribal [tri'βal] *adj* Stammes-

tribu ['triβu] *f* Stamm *m;* ~ **urbana** (SOCIOL) Gang *f,* Jugendbande *f*

tribulación [triβula'θjon] *f* ❶ *(pena)* Kummer *m* ❷ *(sufrimiento)* Leiden *nt* ❸ *(adversidad)* Widrigkeit *f*

tribuna [tri'βuna] *f* ❶ *(en parlamento)* Rednerpult *nt* ❷ *(en desfile/estadio)* Tribüne *f* ❸ (JUR) ~ **de jurados** Geschworenenbank *f*

tribunal [triβu'nal] *m* ❶ (JUR) Gericht *nt;* **T~ Constitucional** Verfassungsgericht *nt;* **T~ Europeo de Cuentas** Europäischer Rechnungshof; **T~ de Justicia Europeo** Europäischer Gerichtshof; ~ **(de lo) penal** Strafgericht *nt;* **T~ Supremo** Oberster Gerichtshof; **llevar a los ~es** verklagen ❷ *(comisión)* ~ **examinador** Prüfungsausschuss *m*

tribuno [tri'βuno] *m* (HIST) (Volks)tribun *m*

tributación [triβuta'θjon] *f* ❶ *(acción)* Besteuerung *f* ❷ *(tributo)* Steuer *f;* ~ **por utilidades** Einkommenssteuer *f* ❸ *(sistema)* Steuersystem *nt*

tributar [triβu'tar] *vt* ❶ *(impuestos)* zahlen ❷ *(honor)* erweisen; *(respeto)* zollen; ~ **un homenaje a alguien** jdm huldigen

tributario, **-a** [triβu'tarjo, -a] *adj* Steuer-; *(imponible)* besteuerbar; **agencia tributaria** Finanzamt *nt*

tributo [tri'βuto] *m* ❶ *(impuesto)* Steuer *f* ❷ *(homenaje)* Tribut *m;* **pagar** ~ Tribut zollen

tríceps ['triθeβs] *m inv* (ANAT) Trizeps *m*

triciclo [tri'θiklo] *m* Dreirad *nt*

tricolor [triko'lor] *adj* dreifarbig

tricota [tri'kota] *f (Am: chaqueta)* Strickjacke *f*

tricotar [triko'tar] *vt* stricken

tridente [tri'ðente] *m* Dreizack *m*

tridimensional [triðimensjo'nal] *adj* dreidimensional

trienal [trie'nal] *adj* ❶ *(duración)* dreijährig ❷ *(cada 3 años)* dreijährlich

trienio [tri'enjo] *m* Dauer *f* von drei Jahren

trifásico[1] [tri'fasiko] *m (argot)* Vitamin B *nt fam,* Beziehungen *f pl*

trifásico, **-a**[2] [tri'fasiko, -a] *adj* (ELEC, FÍS) Dreiphasen-; **corriente trifásica** Dreiphasenstrom *m,* Drehstrom *m*

trifulca [tri'fulka] *f (fam)* Streit *m*

trigal [tri'ɣal] *m* Weizenfeld *nt*

trigésimo, **-a** [tri'xesimo, -a] **I.** *adj (parte)* dreißigstel; *(numeración)* dreißigste(r, s); **la trigésima parte de...** ein Dreißigstel von ... **II.** *m, f* Dreißigstel *nt; v. t.* **octogésimo**

trigo ['triɣo] *m* (BOT) ❶ *(planta)* Weizen *m* ❷ *(grano)* Weizenkorn *nt;* **no ser ~ limpio** *(fig)* nicht ganz einwandfrei sein

trígono ['triɣono] *m* ❶ (ANAT) Trigonum *nt* ❷ (ASTR) Trigon *nt* ❸ (GEO) Trigon *nt,* Dreieck *nt*

trigonometría [triɣonome'tria] *f* Trigonometrie *f,* Dreiecksberechnung *f*

trigueño, **-a** [tri'ɣeɲo, -a] **I.** *adj* bräunlich; *(pelo)* dunkelblond; *(piel)* goldbraun; *(Am: persona)* mit dunkler Hautfarbe **II.** *m, f (Am)* Mensch *m* mit dunkler Hautfarbe

trilla ['triʎa] *f* ❶ *(acción)* Dreschen *nt* ❷ *(época)* Dreschzeit *f* ❸ *(Am: argot: paliza)* Tracht *f* Prügel ❹ *(trillo)* Dreschmaschine *f*

trillado, **-a** [tri'ʎaðo, -a] *adj (fam: asunto)* abgedroschen

trilladora [triʎa'ðora] *f* (AGR) Dreschmaschine *f*

trillar [tri'ʎar] *vt* ❶ *(grano)* dreschen ❷ *(usar)* abnutzen ❸ *(Am: argot: golpear)* verdreschen

trillizo, **-a** [tri'ʎiθo, -a] **I.** *adj* Drillings-; **hermana trilliza** Drillingsschwester *f* **II.** *m, f* Drilling *m*

trillón [tri'ʎon] *m* Trillion *f*

trilogía [trilo'xia] *f* (LIT, TEAT) Trilogie *f*

trimestral [trimes'tral] *adj* ❶ *(duración)* dreimonatig ❷ *(cada tres meses)* vierteljährlich

trimestre [tri'mestre] *m* ❶ *(período)* Vierteljahr *nt* ❷ *(paga)* Vierteljahreszahlung *f; (alquiler)* Vierteljahresmiete *f*

trinar [tri'nar] *vi* ❶ *(persona)* trillern; *(pájaro)* zwitschern ❷ *(fam: rabiar)* **está que trina** er/sie ist auf 180

trinca ['triŋka] *f* ❶ *(tres)* Dreiergruppe *f* ❷ *(And, CSur: pandilla)* Bande *f* ❸ *(Am: argot: embriaguez)* Rausch *m* ❹ *(CSur: canicas)* Murmel *f*

trincar [triŋ'kar] <c → qu> **I.** *vt* ❶ *(con*

T

cuerdas) festbinden ② *(detener)* festnehmen ③ *(romper)* zerbrechen; *(papel)* zerreißen ④ *(argot: robar)* klauen ⑤ *(argot: matar)* umbringen ⑥ *(Am: apretar)* quetschen **II.** *vr:* **~se** *(argot: emborracharse)* sich volllaufen lassen

trinchar [trin'ʧar] *vt* transchieren

trinchera [trin'ʧera] *f* ① (MIL) Schützengraben *m;* **guerra de ~s** Stellungskrieg *m* ② *(gabardina)* Trenchcoat *m*

trineo [tri'neo] *m* Schlitten *m*

trinidad [trini'ða^{ð}] *f* Dreifaltigkeit *f*

Trinidad y Tobago [trini'ða^{ð} i to'βago] *f* Trinidad und Tobago *nt*

trino[1] ['trino] *m* ① *(tararear)* Trillern *nt* ② *(pájaro)* Zwitschern *nt,* Trällern *nt*

trino, -a[2] ['trino, -a] *adj* dreifach, dreigeteilt

trinquete [triŋ'kete] *m* ① (TÉC) Sperrmechanismus *m* ② *(mástil)* Fockmast *m*

trinquis ['triŋkis] *m inv (fam)* Schluck *m (eines alkoholischen Getränks)*

trío ['trio] *m* Trio *nt*

tripa ['tripa] *f* ① *(intestino)* Darm *m* ② *pl (vísceras)* Eingeweide *nt pl; (comestibles)* Innereien *f pl;* **echar las ~s** *(fam: vomitar)* sich übergeben; **hacer de ~s corazón** *(fam)* Mut fassen; **¿qué ~ se te ha roto?** *(fam)* was ist denn jetzt schon wieder?; **me suenan las ~s** mir knurrt der Magen; **quitarle las ~s a un pez** einen Fisch ausnehmen; **se me revuelven las ~s** mir dreht sich der Magen um; **¡te voy a sacar las ~s!** *(fam)* ich drehe dir den Hals um!; **tener malas ~s** *(fam)* grausam sein ③ *(vientre)* Bauch *m;* **echar ~** *(fam)* einen Bauch bekommen; **llenar(se) la ~** *(fam)* sich *dat* den Bauch vollschlagen; **estar con ~** *(embarazada)* schwanger sein; **dejar con ~** *(argot)* schwängern ④ *pl (interior)* Innere(s) *nt; (de fruta)* Herz *nt*

triple ['triple] **I.** *adj* dreifach; *(de tres capas)* dreilagig **II.** *m (cantidad)* Dreifache(s) *nt;* **ser el ~ de grande** dreimal so groß sein

triplicado, -a [tripli'kaðo, -a] *adj* verdreifacht; **por ~** *(acta)* in dreifacher Ausfertigung

triplicar [tripli'kar] <c → qu> **I.** *vt* verdreifachen **II.** *vr:* **~se** sich verdreifachen

trípode ['tripoðe] *m* (FOTO) Stativ *nt*

tripón, -ona [tri'pon, -ona] **I.** *adj (fam)* dickbäuchig **II.** *m, f* ① *(Méx: fam)* kleiner Junge *m,* kleines Mädchen *nt;* **los tripones** die Kinder ② *(fam: persona gorda)* Dickbauch *m,* Fettbauch *m abw*

tríptico ['triptiko, -a] *m* ① (ARTE: *para el altar*) Triptychon *nt* ② *(tratado, composición)* dreiteiliger Schein *m*

tripudo, -a [tri'puðo, -a] **I.** *adj (fam)* dickbäuchig **II.** *m, f* Dickbauch *m*

tripulación [tripula'θjon] *f (avión, barco)* Crew *f*

tripulante [tripu'lan̦te] *mf* Besatzungsmitglied *nt*

tripular [tripu'lar] *vt* ① *(proveer de tripulación)* bemannen ② *(conducir: coche)* lenken; *(avión, barco)* steuern

tripulina [tripu'lina] *f (Chil)* Durcheinander *nt,* Tohuwabohu *nt*

trique ['trike] *m (fam)* Knall *m;* **a cada ~** jeden Augenblick

triquiñuela [triki'ɲwela] *f* Trick *m*

triquitraque [triki'trake] *m* ① *(ruido)* Geklirre *nt* ② *(tira)* Platzpatronenstreifen *m*

tris [tris] *m inv* Knall *m;* **en un ~** im Handumdrehen; **estar en un ~ de hacer algo** drauf und dran sein, etw zu tun; **por un ~** um ein Haar

trisca ['triska] *f* ① *(crujido)* Knacken *nt* ② *(jaleo)* Lärm *m* ③ *(AmC: mofa)* Witz *m*

triscar [tris'kar] <c → qu> **I.** *vi* ① *(patalear)* stampfen ② *(jugar)* herumtollen; *(travesuras)* Streiche spielen **II.** *vt* ① *(mezclar)* vermengen ② *(confundir)* durcheinanderbringen ③ *(AmC: mofar)* Witze reißen (**a** über +*akk*)

triste ['triste] *adj* traurig; *(mustio, pálido)* trist; *(descolorido)* fade; *(paisaje)* öde; *(flor)* welk; **un ~ sueldo** ein jämmerliches Einkommen; **aún no he comido ni un ~ bocadillo** ich habe noch nicht mal ein einfaches Brötchen gegessen; **aún no he ganado ni un ~ euro** ich habe noch nicht einen müden Euro verdient; **es ~ que no podamos ir** es ist schade, dass wir nicht hingehen können

tristeza [tris'teθa] *f* Traurigkeit *f*

tristón, -ona [tris'ton, -ona] *adj* ein wenig traurig, schwermütig, trübsinnig; **estar ~** etwas bedrückt sein

tristura [tris'tura] *f (Am)* Traurigkeit *f*

tritón [tri'ton] *m* Molch *m*

triturado, -a [tritu'raðo, -a] *adj (hecho puré)* püriert; *(molido)* zermahlt; *(desmenuzado)* zerkleinert

trituradora [tritura'ðora] *f* (TÉC) Brecher *m; (de la cocina)* Reibemühle *f;* **~ de carne** Fleischwolf *m;* **~ de forraje** Häckselmaschine *f;* **~ de papel** Reißwolf *m*

triturar [tritu'rar] *vt* ① *(desmenuzar)* zerkleinern; *(moler)* zermahlen; *(al masticar)* zerkauen ② *(maltratar)* zermalmen; *(destruir)* vernichten ③ *(criticar)* durch die Mangel drehen

triunfador(a) [trjumfa'ðor(a)] **I.** *adj* Triumph- **II.** *m(f)* Sieger(in) *m(f)*

triunfal [trjuŋ'fal] *adj* triumphal; **canto ~** Siegeslied *nt*
triunfalismo [trjuɱfa'lismo] *m sin pl* übertriebener Optimismus *m*, Euphorie *f*
triunfalista [trjuɱfa'lista] **I.** *adj* übertrieben optimistisch, euphorisch, siegessicher **II.** *mf* übertriebener Optimist *m*, übertriebene Optimistin *f*
triunfante [trjuɱ'fan̪te] *adj* triumphierend
triunfar [trjuɱ'far] *vi* ① *(en general)* siegen (**de/sobre** über +*akk*); *(tener éxito)* Erfolg haben ② *(exultar)* jubeln (**de** über +*akk*) ③ *(naipes)* Trumpf sein; *(jugar un triunfo)* trumpfen; **triunfan corazones** Herz ist Trumpf
triunfo ['trjuɱfo] *m* ① *(victoria)* Sieg *m*; *(éxito)* Erfolg *m*; **arco del ~** Triumphbogen *m*; **costar un ~** viel Mühe kosten ② *(naipe)* Trumpf *m*
trivial [tri'βjal] *adj* trivial
trivialidad [triβjali'ðaᵈ] *f* ① *(cualidad)* Trivialität *f* ② *(dicho)* Plattitüde *f*
trivializar [triβjali'θar] <z → c> *vt* ① *(restar importancia)* herunterspielen ② *(simplificar)* zu stark vereinfachen
triza ['triθa] *f* Stück *nt*; **estar hecho ~s** fix und fertig sein; **hacer ~s** in Stücke schlagen; *(papel)* zerreißen; *(película)* verreißen; **hacerse ~s** völlig kaputtgehen; *(jarrón)* in tausend Stücke zerbrechen; **hacer ~s a alguien** jdn fertigmachen
trizar [tri'θar] <z → c> *vt* zerreißen, in Fetzen/Stücke reißen, in Stücke reißen
troca ['troka] *f* *(Méx: camión de carga)* Lastwagen *m*
trocar [tro'kar] *irr como volcar* **I.** *vt* ① *(cambiar)* tauschen (**por** gegen +*akk*); *(palabras)* austauschen ② *(dinero)* wechseln (**en** in +*akk*) ③ *(confundir)* verwechseln ④ *(vomitar)* sich übergeben ⑤ *(CSur: vender)* verkaufen **II.** *vr:* **~se** *(cambiar)* sich verändern; *(trasformarse)* sich verwandeln
trocear [troθe'ar] *vt* zerstückeln
trocha ['trotʃa] *f* ① *(senda)* Pfad *m*; *(atajo)* Abkürzung *f* ② *(Am:* FERRO*)* Spurweite *f*
trofeo [tro'feo] *m* ① *(señal)* Trophäe *f*; **~ de guerra** Kriegsbeute *f* ② *(victoria)* Sieg *m*; *(éxito)* Erfolg *m*
troglodita [troɣlo'ðita] *mf* ① (HIST: *que vive en cavernas*) Höhlenmensch *m* ② *(rudo, grosero)* Barbar *m* ③ *(huraño)* Eigenbrötler(in) *m(f)*, Einzelgänger(in) *m(f)* ④ *(glotón)* Vielfraß *m*; *(más fino)* Gourmand *m*
troglodítico, -a [troɣlo'ðitiko, -a] *adj* ① (HIST: *relativo al que vive en cavernas*) Höhlenbewohner- ② *(rudo)* barbarisch, roh ③ *(huraño)* eigenbrötlerisch, ungesellig
trola ['trola] *f* *(fam: mentira)* Lüge *f*
trole ['trole] *m* (ELEC) Stromabnehmer *m*
trolero, -a [tro'lero, -a] *m, f* Lügner(in) *m(f)*, Schwindler(in) *m(f)*
tromba ['tromba] *f* (METEO) **~ (de agua)** Wasserhose *f*; **~ (terrestre)** Wirbelwind *m*; **en ~** heftig
trombo ['trombo] *m* (MED) Blutgerinnsel *nt*, Thrombus *m*
trombón [trom'bon] *m* (MÚS) ① *(instrumento)* Posaune *f* ② *(músico)* Posaunist(in) *m(f)*
trombosis [trom'bosis] *f inv* Thrombose *f*
trompa[1] ['trompa] *f* ① (ZOOL: *elefante*) Rüssel *m*; *(insectos)* Saugrüssel *m*; **~ de Falopio** Eileiter *m* ② *(fam: nariz)* Zinken *m* ③ *(Am: fam: labios)* (volle) Lippen *f pl*; **¡cierra la ~!** halt den Schnabel! ④ (MÚS: *instrumento*) Horn *nt* ⑤ *(peonza)* Brummkreisel *m* ⑥ (METEO) *v.* **tromba** ⑦ *(fam: borrachera)* Rausch *m*; **coger una ~** sich *dat* einen hinter die Binde kippen; **estar ~** einen in der Kanne haben
trompa[2] ['trompa] *mf* ① *(músico)* Hornist(in) *m(f)* ② *(CSur: fam: patrón)* Boss *m*
trompada [trom'paða] *f*, **trompazo** [trom'paθo] *m* *(porrazo)* (heftiger) Schlag *m*; *(choque)* Zusammenstoß *m*; *(puñetazo)* Fausthieb *m*
trompear [trompe'ar] **I.** *vt* *(Am: fam)* schlagen **II.** *vr:* **~se** *(fam)* ① *(emborracharse)* sich betrinken ② *(Am: pelearse)* sich prügeln
trompeta[1] [trom'peta] *f* *(instrumento)* Trompete *f*
trompeta[2] [trom'peta] *mf* *(músico)* Trompeter(in) *m(f)*
trompetazo [trompe'taθo] *m* ① *(de trompeta)* Trompetengeschmetter *nt* ② *v.* **trompada**
trompetista [trompe'tista] *mf* Trompetenspieler(in) *m(f)*
trompicar [trompi'kar] <c → qu> *vi* straucheln
trompicón [trompi'kon] *m* ① *(tropezón)* Straucheln *nt*; **a trompicones** stoßweise ② *(AmC: puñetazo)* Fausthieb *m*
trompis ['trompis] *m inv* *(Arg, Urug: trompada)* Hieb *m*, Schlag *m*
trompo ['trompo] *m* Brummkreisel *m*; **ponerse como un ~** *(fam: comiendo)* sich *dat* den Bauch vollschlagen; *(bebiendo)* sich volllaufen lassen
trona ['trona] *f* (MIN) Trona *f*, natürliche Soda *f*
tronada [tro'naða] *f* Gewitter *nt*
tronado, -a [tro'naðo, -a] *adj* ① *(desgastado)* alt, abgenutzt, verbraucht, heruntergekommen ② *(fam: loc)* **estar ~** *(loco)* nicht

ganz richtig ticken, verrückt sein; *(arruinado)* abgebrannt sein, ohne einen Cent in der Tasche sein

tronar [tro'nar] <o → ue> **I.** *vimpers* (METEO) donnern **II.** *vi* ❶ *(ruido)* donnern; *(gritar)* brüllen ❷ *(oponerse)* wettern **III.** *vt (Méx: fusilar)* erschießen

troncal [troŋ'kal] *adj* ❶ *(del tronco)* Stamm- ❷ *(principal)* Haupt-; **asignatura ~** (ENS) Hauptfach *nt;* **idea ~** Hauptidee *f;* **línea ~** *(Am:* FERRO) Hauptlinie *f*

troncha ['tronʧa] *f (Arg, Chil, Perú: lonja)* Scheibe *f*

tronchado[1] [tron'ʧaðo] *m (Méx)* Goldmine *f,* gutes Geschäft *nt*

tronchado, -a[2] [tron'ʧaðo, -a] *adj (And: lisiado)* verkrüppelt; *(achacoso)* gebrechlich

tronchar [tron'ʧar] **I.** *vt* ❶ *(tronco)* entwurzeln; *(rama)* abbrechen ❷ *(vida)* beenden; *(esperanzas)* zerschlagen **II.** *vr:* **~se** zerbrechen; **~se de risa** *(fam)* sich totlachen

troncho ['tronʧo] *m* ❶ (BOT) Stiel *m; (de hortaliza)* Strunk *m* ❷ *(CSur: trozo)* Stück *nt*

tronco ['troŋko] *m* ❶ *(árbol)* Stamm *m; (flor)* Stiel *m; (hortaliza)* Strunk *m; (de un árbol talado)* Stumpf *m; (leño)* Scheit *nt;* **dormir como un ~** wie ein Stein schlafen ❷ (ANAT: *cuerpo*) Rumpf *m;* **~ cerebral** Hirnstamm *m* ❸ *(de familia)* Abstammung *f* ❹ *(amigo)* Kumpel *m* ❺ *(conducto)* Ast *m*

tronera[1] [tro'nera] *f* ❶ *(ventana)* Luke *f; (en el tejado)* Dachluke *f* ❷ (MIL) (Schieß)scharte *f* ❸ *(billar)* Loch *nt* ❹ *(Méx: chimenea)* Kamin *m*

tronera[2] [tro'nera] *mf (tarambana)* Windhund *m*

trono ['trono] *m (asiento)* Thron *m;* **subir al ~** den Thron besteigen; **sucesor al ~** Thronfolger *m*

tronzado [tron̪'θaðo] *m* ❶ *(división)* Zerstückeln *nt* ❷ *(rotura)* Zerbrechen *nt* ❸ *(cortar)* Kleinschneiden *nt*

tronzar [tron̪'θar] <z → c> *vt* ❶ *(dividir)* (zer)stückeln, teilen ❷ *(romper)* (zer)brechen ❸ *(cansar)* zermürben, weichmachen

tropa ['tropa] *f* ❶ *(multitud)* Schar *f; (pey: grupo)* Meute *f;* **en ~** scharenweise ❷ (MIL) Truppe *f*

tropecientos, -as [trope'θjen̪tos, -as] *adj (fam)* zig; **hace ~ años** vor tausenden von Jahren; **te he dicho tropecientas veces que no toques mis cosas** ich habe dir schon zigmal [*o* tausend Mal] gesagt, dass du nicht an meine Sachen gehen sollst

tropel [tro'pel] *m* ❶ *(mucha gente)* Getümmel *nt;* **en ~** scharenweise ❷ *(prisa)* Hast *f* ❸ *(desorden)* Wirrwarr *m*

tropelía [trope'lia] *f* ❶ *(prisa)* Hast *f* ❷ *(abuso de autoridad)* Amtsmissbrauch *m; (acto violento)* Gewalttat *f*

tropezar [trope'θar] *irr como empezar* **I.** *vi* ❶ *(con los pies)* stolpern (**en/contra** über +*akk*) ❷ *(reñir)* aneinandergeraten ❸ *(cometer un error)* stolpern (**en/contra** über +*akk*); *(moralmente)* einen Fehltritt begehen ❹ *(topar)* stoßen (**con** auf +*akk*) **II.** *vr:* **~se** *(encontrarse)* stoßen (**con** auf +*akk*)

tropezón [trope'θon] *m* ❶ *(acción)* Stolpern *nt;* **dar un ~** stolpern; **a tropezones** stoßweise; *(fig)* mit Ach und Krach ❷ *(error)* Fehltritt *m; (moralmente)* Ausrutscher *m* ❸ *(persona)* Tollpatsch *m* ❹ *(en sopas, legumbres)* Fleischeinlage *f*

tropical [tropi'kal] *adj* (GEO) tropisch; **clima ~** Tropenklima *nt*

trópico ['tropiko] *m* **~s** (GEO) Tropen *pl;* **~ de Cáncer/de Capricornio** Wendekreis *m* des Krebses/des Steinbocks; **pasar los ~s** *(AmC: fig)* schwere Zeiten durchmachen

tropiezo [tro'pjeθo] *m* ❶ *(en el camino)* Hindernis *nt;* **dar un ~** stolpern ❷ *(error)* Fehltritt *m; (moralmente)* Ausrutscher *m* ❸ *(desgracia)* Unglück *nt; (en el amor)* Enttäuschung *f* ❹ *(discusión)* Meinungsverschiedenheit *f*

tropilla [tro'piʎa] *f (CSur)* Gruppe *f*

troposfera [tropos'fera] *f sin pl* (METEO) Troposphäre *f*

troquel [tro'kel] *m* Stempel *m*

troquelar [troke'lar] *vt* prägen

trotamundos [trota'mun̪dos] *mf inv* Globetrotter *m,* Weltenbummler(in) *m(f)*

trotar [tro'tar] *vi* ❶ *(caballos)* traben; *(jinete)* Trab reiten ❷ *(con prisas)* auf Trab sein

trote ['trote] *m* ❶ *(caballos)* Trab *m;* **ir al ~** traben ❷ *(con prisa)* Hin und Her *nt;* **a(l) ~** schnell ❸ *(ropa)* **para todo ~** zum Alltagsgebrauch; **ser de mucho ~** sehr strapazierfähig sein ❹ *(loc)* **meterse en malos ~s** sich in dunkle Angelegenheiten verwickeln; **es demasiado viejo, ya no está para estos ~s** *(prisas)* er ist schon zu alt, er kann nicht mehr so schnell; *(emociones)* er ist schon zu alt, er darf sich nicht so sehr aufregen

trova ['troβa] *f (verso)* Vers *m; (poema)* Gedicht *nt; (canción)* Minne(ge)sang *m*

trovador [troβa'ðor] *m* Minnesänger *m*

trovar [tro'βar] *vi* Verse dichten, Verse schmieden

trozo ['troθo] *m* Stück *nt;* **a ~s** in Stücken

trucar [tru'kar] <c → qu> *vi (billar)* (die Kugel) versenken

trucha ['trutʃa] *f* ① (ZOOL: *pez*) Forelle *f;* ~ **de río** Bachforelle *f* ② *(AmC:* COM: *caseta)* Stand *m*

trucho, -a ['trutʃo, -a] *adj (Arg, Col)* arglistig, heimtückisch

truco ['truko] *m* ① *(trampa)* Trick *m;* **esto tiene** ~ da ist ein Trick dabei; **ese tiene muchos ~s** der hat viele Tricks auf Lager; **coger el** ~ den Dreh heraushaben; **el ~ del almendruco** *(fam)* Trick 17 ② *pl (billar)* (Pool)billard *nt*

truculencia [truku'lenθja] *f* ① *(crueldad)* Grausamkeit *f,* Brutalität *f* ② *(dramatismo)* Gruseleffekt *m*

truculento, -a [truku'lento, -a] *adj* ① *(cruel)* grausam ② *(terrible)* schrecklich

trueno ['trweno] *m* ① *(ruido)* Donner *m* ② *(fam: juerguista)* Nachtschwärmer *m; (alborotador)* Unruhestifter *m;* **ir de** ~ einen draufmachen ③ *(And: argot: pistola)* Schießeisen *nt*

trueque ['trweke] *m* Austausch *m;* (COM: *sin dinero*) Tauschhandel *m;* **a** ~ **de** im Tausch gegen +*akk*

trufa ['trufa] *f* ① *(dulce, t.* BOT: *hongo)* Trüffel *m* ② *(mentira)* Lüge *f; (embuste)* Betrug *m; (fanfarronada)* Aufschneiderei *f*

trufar [tru'far] **I.** *vi (mentir)* schwindeln; *(engañar)* betrügen; *(fanfarronear)* aufschneiden **II.** *vt (rellenar)* mit Trüffeln füllen

truhan [tru'an] *m (estafador)* Gauner *m; (charlatán)* Scharlatan *m*

trulla ['truʎa] *f* ① *(bulla)* Lärm *m,* Radau *m* ② *(llana de albañil)* Maurerkelle *f*

trullo ['truʎo] *m (argot)* Knast *m*

truncado, -a [truŋ'kaðo, -a] *adj* ① *(cilindro, cono)* verkürzt; **cono** ~ Kegelstumpf *m* ② *(incompleto)* unvollständig ③ *(mutilado)* verstümmelt ④ *(frustrado)* ruiniert

truncar [truŋ'kar] <c → qu> *vt* ① *(cortar)* wegschneiden; *(la cabeza)* enthaupten; *(una extremidad)* verstümmeln ② *(texto)* verkürzen; *(significado)* verstümmeln; *(cita)* entstellen ③ *(desarrollo)* stoppen; *(esperanzas, ilusiones)* zunichtemachen

trunco, -a ['truŋko, -a] *adj* ① *(frase, texto)* verkürzt, entstellt, verstümmelt, unvollständig ② *(ilusiones)* ruiniert ③ *(cuerpo sin cabeza)* enthauptet, geköpft, verstümmelt

trusa ['trusa] *f (Méx, Perú: bragas)* Schlüpfer *m*

tsunami [tsu'nami] *m* Tsunami *m*

tu [tu] *adj pos* dein(e); ~ **padre/blusa/libro** dein Vater/deine Bluse/dein Buch; ~**s hermanos/hermanas** deine Brüder/Schwestern

tú [tu] *pron pers 2. sg* du; **yo que** ~ ich an deiner Stelle; **tratar de** ~ duzen

tuba ['tuβa] *f* Tuba *f*

tubérculo [tu'βerkulo] *m* ① (BOT) Knolle *f* ② *(bulto, t.* MED) Knoten *m*

tuberculosis [tuβerku'losis] *f inv* Tuberkulose *f*

tubería [tuβe'ria] *f* ① *(tubo)* Rohr *nt* ② *(conjunto)* Rohre *ntpl*

Tubinga [tu'βiŋga] *f* Tübingen *nt*

tubo ['tuβo] *m* ① *(para fluidos/gases)* Rohr *nt;* ~ **de chimenea** Ofenrohr *nt;* ~ **digestivo** Verdauungstrakt *m;* ~ **de ensayo** Reagenzglas *nt;* ~ **de escape** (AUTO) Auspuff *m;* ~ **de respiración** Luftröhre *f;* **tienes que pasar por el** ~ *(fig)* da musst du durch ② (RADIO, TV) Röhre *f* ③ *(recipiente)* Tube *f* ④ *(Am:* TEL: *auricular)* Hörer *m* ⑤ *(argot: metro)* U-Bahn *f*

tubular [tuβu'lar] **I.** *adj* rohrförmig **II.** *m (prenda)* Rollkragenpulli *m*

tucán [tu'kan] *m* Tukan *m*

tuerca ['twerka] *f* (Schrauben)mutter *f;* ~ **mariposa** Flügelmutter *f*

tuerto, -a ['twerto, -a] **I.** *adj* ① *(de un ojo)* einäugig ② *(torcido)* krumm **II.** *m, f* Einäugige(r) *mf*

tuétano ['twetano] *m* ① *(médula)* (Knochen)mark *nt* ② *(corazón, esencia)* Innere(s) *nt,* Innerste(s) *nt;* **hasta los ~s** durch und durch; **enamorado hasta los ~s** bis über beide Ohren verliebt; **llegar al ~ de un asunto** einer Sache auf den Grund gehen

tufarada [tufa'raða] *f* Gestank *m;* **¡qué ~ a cerveza echaba!** der/die hatte aber eine Bierfahne!

tufillo [tu'fiʎo] *m* Hauch *m; (de la cocina)* leckerer Küchengeruch *m*

tufo ['tufo] *m* ① *(vapor)* Dampf *m* ② *(olor malo)* Gestank *m; (de cuerpo)* Körpergeruch *m; (halitosis)* Mundgeruch *m; (a alcohol)* Fahne *f* ③ *(rizo)* Locke *f* ④ *pl (vanidad)* Hochmut *m*

tugurio [tu'ɣurjo] *m* ① *(chabola)* Barracke *f; (cuartucho)* Loch *nt* ② *pl (barrio)* Slumviertel *nt*

tuición [twi'θjon] *f* (JUR) ① *(guarda)* Schutz *m* ② *(defensa)* Verteidigung *f*

tuit [twit] *m* Tweet *m*

tuitear [twite'ar] *vi* (INFOR) twittern

tul [tul] *m* Tüll *m*

tulenco, -a [tu'leŋko, -a] *adj (AmC)* lahm, verkrüppelt

tulipa [tu'lipa] *f* Lampenschirm *m*

tulipán [tuli'pan] *m* Tulpe *f*

tullido, -a [tu'ʎiðo, -a] **I.** *adj (persona)* gelähmt; *(pey)* verkrüppelt; *(brazo)* lahm **II.** *m, f* Gelähmte(r) *mf*

tullir [tu'ʎir] <*3. pret* tulló> *vt* ❶ *(maltratar)* misshandeln ❷ *(herir)* verletzen; *(lisiar)* verstümmeln; **te voy a ~ a palos** ich schlage dich windelweich ❸ *(paralizar)* lähmen ❹ *(agotar)* ermüden

tumba ['tumba] *f* ❶ *(sepulcro)* Grab *nt;* **ser (como) una ~** *(callado)* schweigsam wie ein Grab sein; **llevar a alguien a la ~** jdn ins Grab bringen; **hablar a ~ abierta** offen reden; **lanzarse a ~ abierta en algo** sich Hals über Kopf in etw stürzen; **tu abuelo se revolvería en su ~** dein Großvater würde sich im Grabe umdrehen ❷ *(voltereta)* Purzelbaum *m* ❸ *(Am: tala)* Abholzung *f; (claro)* Lichtung *f*

tumbado[1] [tum'baðo] *m (Col, Ecua)* niedrige Zimmerdecke *f*

tumbado, -a[2] [tum'baðo, -a] *adj (baúl, coche)* gewölbt

tumbar [tum'bar] **I.** *vt* ❶ *(tirar)* niederwerfen; *(pegando)* niederschlagen; *(fam: matar)* umnieten; **estar tumbado** liegen ❷ (ENS: *fam: suspender)* durchrasseln lassen ❸ *(fam: perturbar, impresionar)* umhauen ❹ *(Am: árboles)* abholzen; *(tierra)* roden ❺ *(vulg: copular)* flachlegen *fam* **II.** *vr:* **~se** ❶ *(acostarse)* sich hinlegen; **~se en la cama** sich auf das Bett legen ❷ *(desistir)* aufgeben ❸ *(fam: en el trabajo)* sich *dat* einen faulen Lenz machen

tumbo ['tumbo] *m* ❶ *(caída)* Sturz *m* ❷ *(vaivén)* Taumeln *nt;* **dar un ~** taumeln; **ir por la vida dando ~s** im Leben immer wieder auf die Nase fallen ❸ *(voltereta)* Purzelbaum *m*

tumbón, -ona [tum'bon, -ona] **I.** *adj* faul **II.** *m, f* Faulpelz *m*

tumbona [tum'bona] *f* Liegestuhl *m*

tumefacción [tumefaᵞ'θjon] *f* Schwellung *f*

tumefacto, -a [tume'fakto, -a] *adj* (MED) geschwollen

T

túmido, -a ['tumiðo, -a] *adj (elev)* geschwollen

tumor [tu'mor] *m* Tumor *m*

tumoral [tumo'ral] *adj* (MED) Tumor-

túmulo ['tumulo] *m* ❶ *(monumento)* Grabmal *nt* ❷ *(elevación)* Grabhügel *m*

tumulto [tu'mul̦to] *m* Tumult *m*

tumultuoso, -a [tumul̦tu'oso, -a] *adj* ❶ *(rebelde)* aufrührerisch, rebellisch ❷ *(alborotado)* Unruhe stiftend, lärmend ❸ *(sin orden)* durcheinander

tuna ['tuna] *f* ❶ (MÚS) Studentenkapelle *f* ❷ *(vida picaresca)* Müßiggang *m;* **correr la ~** dem Müßiggang frönen

tunante [tu'nan̦te] *m v.* **tuno**

tunco[1] ['tuŋko] *m (Hond, Méx)* Schwein *nt*

tunco, -a[2] ['tuŋko, -a] *adj (Guat, Hond, Méx)* verkrüppelt

tunda ['tun̦da] *f* ❶ *(paliza)* Tracht *f* Prügel ❷ *(esfuerzo)* Anstrengung *f* ❸ *(de paños)* Scheren *nt*

tundir [tun̦'dir] *vt* ❶ *(pegar)* schlagen ❷ *(paños)* scheren ❸ *(hierba)* mähen

tundra ['tun̦dra] *f* Tundra *f*

tunecino, -a [tune'θino, -a] **I.** *adj* tunesisch **II.** *m, f* Tunesier(in) *m(f)*

túnel ['tunel] *m* Tunnel *m;* **~ aerodinámico** Windkanal *m;* **~ de lavado** Waschstraße *f*

Túnez ['tuneθ] *m* ❶ *(país)* Tunesien *nt* ❷ *(capital)* Tunis *nt*

túnica ['tunika] *f* ❶ *(vestidura)* Tunika *f* ❷ *(membrana)* Membran *f*

tuno, -a ['tuno, -a] **I.** *adj* ❶ *(astuto)* schlau ❷ *(pícaro)* frech **II.** *m, f* ❶ *(truhan)* Gauner *m* ❷ *(astuto)* schlauer Fuchs *m fam* ❸ *(niño)* Frechdachs *m*

tuntún [tun̦'tun] *m* **al (buen) ~** aufs Geratewohl; **juzgar al buen ~** voreilige Schlüsse ziehen

tupé [tu'pe] *m* ❶ *(cabello)* Toupet *nt* ❷ *(frescura)* Frechheit *f*

tupido, -a [tu'piðo, -a] **I.** *adj* ❶ *(denso)* dicht ❷ *(Am: obstruido)* verstopft ❸ *(Méx: frecuente)* weit verbreitet ❹ *(con tesón)* hartnäckig **II.** *adv (a menudo)* häufig

tupir [tu'pir] **I.** *vt* ❶ *(apretar)* zusammendrücken; *(tapar agujeros)* abdichten ❷ *(obstruir)* verstopfen **II.** *vr:* **~se** ❶ *(comer mucho)* sich *dat* den Bauch vollschlagen *fam; (beber mucho)* sich *dat* einen antrinken *fam* ❷ *(Am: obstruirse)* verstopfen

turba ['turβa] *f* ❶ *(materia)* Torf *m* ❷ *v.* **turbamulta**

turbación [turβa'θjon] *f* ❶ *(disturbio)* Störung *f* ❷ *(alarma)* Unruhe *f* ❸ *(vergüenza)* Scham *f* ❹ *(confusión)* Verwirrung *f*

turbado, -a [tur'βaðo, -a] *adj* ❶ *(disturbado)* gestört ❷ *(alarmado)* beunruhigt ❸ *(avergonzado)* verschämt ❹ *(confuso)* verwirrt; *(un asunto)* verworren

turbador(a) [turβa'ðor(a)] *adj* ❶ *(disturbador)* störend ❷ *(alarmante)* beunruhigend, bestürzend ❸ *(avergonzante)* beschämend ❹ *(desconcertante)* verwirrend

turbamulta [turβa'mul̦ta] *f* Menschenmenge *f; (pey)* Pöbel *m*

turbante [tur'βan̦te] *m* Turban *m*

turbar [tur'βar] **I.** *vt* ❶ *(disturbar)* stören ❷ *(alarmar)* beunruhigen ❸ *(avergonzar)* beschämen ❹ *(desconcertar)* verwirren ❺ *(agua)* trüben **II.** *vr:* **~se** ❶ *(ser disturbado)* sich gestört fühlen ❷ *(alarmarse)* sich aufregen ❸ *(avergonzarse)* sich schämen ❹ *(desconcertarse)* durcheinanderkommen ❺ *(agua)* trüb werden

turbiedad [turβje'ðaᵈ] *f* ❶ *(líquido)* Trübe *f* ❷ *(asunto)* Verworrenheit *f*, Durcheinander *nt; (sin trasparencia)* Undurchsichtigkeit *f* ❸ *(pey: carácter)* Zweifelhaftigkeit *f*

turbina [tur'βina] *f* Turbine *f*

turbio, -a ['turβjo, -a] *adj (líquido)* trübe; *(asunto)* verworren; *(sin trasparencia, carácter)* undurchsichtig; *(negocio)* schmutzig; *(vista)* getrübt

turbión [tur'βjon] *m* ❶ *(aguacero)* Regenschauer *m; (devastador)* Wolkenbruch *m* ❷ *(todo a la vez)* Schwall *m;* ~ **de balas** Kugelhagel *m*

turbo ['turβo] *adj* **motor** ~ Turbomotor *m*

turborreactor [turβorreak'tor] *m* (AERO, TÉC) Turbojet *m*

turbulencia [turβu'leṇθja] *f* ❶ *(agua, aire)* Turbulenz *f* ❷ *(alboroto)* Unruhe *f; (confusión)* Verwirrung *f* ❸ *(sin trasparencia)* Trübung *f*

turbulento, -a [turβu'leṇto, -a] *adj* ❶ *(agua, aire)* turbulent ❷ *(alborotado)* unruhig; *(confuso)* wirr ❸ *(rebelde)* aufsässig ❹ *(turbio)* trübe

turca ['turka] *f (fam)* Rausch *m*, Besoffenheit *f*

turco, -a ['turko, -a] **I.** *adj* türkisch **II.** *m, f* Türke, -in *m, f;* **cabeza de** ~ *(fig)* Sündenbock *m*

turgente [tur'xeṇte] *adj* ❶ *(hinchado)* geschwollen ❷ *(abultado)* massiv; *(pechos)* üppig

Turingia [tu'riŋxja] *f* Thüringen *nt*

turismo [tu'rismo] *m* ❶ *(viajar)* Tourismus *m;* ~ **de masas** Massentourismus *m;* ~ **rural** [*o* **verde**] Ferien auf dem Bauernhof; ~ **sostenible** nachhaltiger Tourismus; **industria del** ~ Tourismusbranche *f;* **oficina de** ~ Fremdenverkehrsamt *nt;* **hacer** ~ als Tourist reisen ❷ (AUTO) Personenwagen *m*

turista [tu'rista] *mf* Tourist(in) *m(f)*

turístico, -a [tu'ristiko, -a] *adj* touristisch; **viaje** ~ Urlaubsreise *f;* **guía turística** Reiseführer *m*

Turkmenistán [turkmenis'tan] *m* Turkmenistan *nt*

turmalina [turma'lina] *f* (GEO) Turmalin *m*

turnar [tur'nar] *vi, vr:* **~se** sich abwechseln

turné [tur'ne] *f* Tournee *f;* (TEAT) Gastspielreise *f*

turno ['turno] *m* ❶ *(en la fábrica)* Schicht *f;* **cambio de** ~ Schichtablösung *f;* **estar de** ~ Dienst haben; **trabajar por ~s** Schicht arbeiten ❷ *(orden)* Reihenfolge *f;* **a** [*o* **por**] **~s** abwechselnd; **es tu** ~ du bist an der Reihe

turón [tu'ron] *m* Iltis *m*

turquesa¹ [tur'kesa] **I.** *adj* türkis **II.** *m (color)* Türkis *nt*

turquesa² [tur'kesa] *f (piedra)* Türkis *m*

Turquía [tur'kia] *f* Türkei *f*

turrón [tu'rron] *m harte oder weiche Nuss-, Mandel- oder Nugathonigtafeln als Weihnachtsspezialität*

turulato, -a [turu'lato, -a] *adj* verblüfft; **dejar a alguien** ~ jdn verblüffen

tururú [turu'ru] **I.** *adj* verrückt; **estar** ~ verrückt sein **II.** *interj* **y ¡~!** ätsch!

tuso, -a ['tuso, -a] *adj* ❶ *(Col, PRico: pelón)* kahl, geschoren ❷ *(Col, Ven: picado de viruelas)* pockennarbig ❸ *(PRico: rabón)* schwanzlos

tute ['tute] *m Kartenspiel;* **darse un** ~ sich abmühen

tutear [tute'ar] **I.** *vt* duzen **II.** *vr:* **~se** sich duzen

tutela [tu'tela] *f* ❶ *(cargo)* Vormundschaft *f* (**de** über *+akk*); **poner bajo la** ~ **de alguien** unter jds Vormundschaft stellen ❷ *(amparo)* Schutz *m;* **estar bajo la** ~ **de alguien** unter jds Schutz stehen

tutelaje [tute'laxe] *m (CSur, Guat, Méx) v.* **tutela**

tutelar [tute'lar] **I.** *adj* ❶ (JUR) vormundschaftlich; **juez** ~ Vormundschaftsrichter *m* ❷ *(protector)* schützend **II.** *vt* ❶ *(ejercer la tutela)* die Vormundschaft haben (über *+akk*) ❷ *(proteger)* schützen ❸ *(velar)* beaufsichtigen

tuteo [tu'teo] *m* Duzen *nt*

tutiplén [tuti'plen] *adv (fam)* **a** ~ reichlich; **comer a** ~ essen wie ein Scheunendrescher

tutor(a) [tu'tor(a)] *m(f)* ❶ (JUR) Vormund *m* ❷ *(protector)* (Be)schützer(in) *m(f)* ❸ *(profesor)* Privatlehrer(in) *m(f)* ❹ (ENS, UNIV) Tutor(in) *m(f); (de doctorado)* Doktorvater, Doktormutter *m, f*

tutoría [tuto'ria] *f* ❶ (JUR) Vormundschaft *f* ❷ (UNIV) Sprechstunde *f*

Tuvalu [tu'βalu] *m* Tuvalu *nt*

tuyo, -a ['tuɟo, -a] *pron pos* ❶ *(propiedad)* **el perro es** ~ der Hund gehört dir; **la botella/la casa es tuya** das ist deine Flasche/dein Haus; **¡ya es ~!** du hast es geschafft! ❷ *(tras artículo)* **el ~/la tuya/lo** ~ deine(r, s); **mi coche está roto, vamos en el** ~ mein Auto ist kaputt, fahren wir mit deinem; **los ~s** deine; *(parientes)* deine Angehörigen; **esta es la tuya** *(fam fig)* das ist die Gelegenheit für dich; **una de las tuyas** *(travesura)* einer von deinen Streichen ❸ *(tras sustantivo)* dein(e), von dir;

T

una amiga tuya eine Freundin von dir; **es culpa tuya** es ist deine Schuld
TV [te'uβe] *f abr de* **televisión** TV *nt;* ~ **digital** digitales Fernsehen
TVE [teuβe'e] *f abr de* **Televisión Española** *staatlicher spanischer Fernsehsender*
tweet ['twit] *m* (INFOR) Tweet *m o nt*
twit(t)ear [twite'ar] *vi (Am:* INFOR) twittern

Uu

U, u [u] *f* <úes> U, u *nt;* ~ **de Uruguay** U wie Ulrich
u [u] *conj* oder; **uno ~ otro** der eine oder der andere
ubicación [uβika'θjon] *f* ❶ *(lugar)* Stelle *f; (de una empresa)* Sitz *m* ❷ *(situación)* Lage *f* ❸ *(Am: colocación)* Platzierung *f*
ubicar [uβi'kar] <c → qu> **I.** *vi* sich befinden **II.** *vt (Am: situar)* platzieren; *(guardar)* unterbringen **III.** *vr:* **~se** sich befinden
ubicuidad [uβikwi'ða^{ð}] *f sin pl* Allgegenwart *f*
ubicuo, -a [u'βikwo, -a] *adj* allgegenwärtig
ubre ['uβre] *f (de la vaca)* Euter *nt; (de otros mamíferos)* Zitze *f*
UC [u'θe] *f abr de* **Unión de Consumidores** ≈ Verbraucherverband *m*
UCD [uθe'ðe] *f abr de* **Unión de Centro Democrático** Union *f* des Demokratischen Zentrums *(Partei der Mitte Spaniens, die in der Übergangszeit zur Demokratie Spanien regierte)*
UCI ['uθi] *f inv* ❶ (MED) *abr de* **unidad de cuidados intensivos** Intensivstation *f* ❷ (DEP) *abr de* **Unión Ciclista Internacional** Internationaler Radsportverband *m*
Ucrania [u'kranja] *f* Ukraine *f*
ucraniano[1] [ukra'njano] *m (lengua)* Ukrainisch(e) *nt*
ucrani(an)o, -a[2] [ukra'nj(an)o, -a] **I.** *adj* ukrainisch **II.** *m, f* Ukrainer(in) *m(f)*
ucranio, -a ['ukranjo, -a] **I.** *adj* ukrainisch **II.** *m, f* Ukrainer(in) *m(f)*
Ud(s). [us'te^{ð}(es)] *abr de* **usted(es)** Sie
UE [u'e] *f abr de* **Unión Europea** (ECON, POL) EU *f*
UEME [ue'eme'e] *f abr de* **Unión Económica y Monetaria Europea** (UE, FIN) EWWU *f*
uf [uf] *interj* ❶ *(de asco)* i!, igitt(igitt)! ❷ *(de fastidio)* Mensch!
ufanarse [ufa'narse] *vr* prahlen (**con/de** mit +*dat*)
ufanía [ufa'nia] *f* ❶ *(orgullo)* Stolz *m* ❷ *(engreimiento)* Einbildung *f; (arrogancia)* Hochnäsigkeit *f* ❸ *(satisfacción)* Zufriedenheit *f*
ufano, -a [u'fano, -a] *adj* ❶ *(orgulloso)* stolz ❷ *(engreído)* eingebildet; *(arrogante)* hochnäsig ❸ *(satisfecho)* zufrieden (**de** mit +*dat*); **va muy ~ con su nueva moto** er ist sehr stolz auf sein neues Motorrad ❹ *(planta)* üppig, kräftig
ufología [ufolo'xia] *f sin pl* Ufologie *f*
Uganda [u'ɣanda] *f* Uganda *nt*
ugandés, -esa [uɣan'des, -esa] **I.** *adj* ugandisch **II.** *m, f* Ugander(in) *m(f)*
UGT [uxe'te] *f abr de* **Unión General de Trabajadores** sozialistische Gewerkschaft *f* Spaniens
ujier [u'xjer] *m* ❶ *(de un tribunal)* Gerichtsdiener *m* ❷ *(de un palacio)* Saaldiener *m*
újule ['uxule] *interj (Méx: fam)* ❶ *(¡vaya!)* Mannomann! ❷ *(¡huy!)* aua, autsch
úlcera ['ulθera] *f* Geschwür *nt*
ulceración [ulθera'θjon] *f* (MED) Geschwürbildung *f*
ulcerar [ulθe'rar] **I.** *vt* ein Geschwür verursachen (an/in +*dat*) **II.** *vr:* **~se** geschwürig werden
Ulises [u'lises] *m* Odysseus *m*
ulterior [ulte'rjor] *adj (posterior)* spätere(r, s); *(más)* weitere(r, s)
ulteriormente [ulterjor'mente] *adv* nachher, später, danach
ultimación [ultima'θjon] *f* Abschluss *m; (de una obra)* Fertigstellung *f*
últimamente [ultima'mente] *adv* ❶ *(recientemente)* in letzter Zeit ❷ *(hace poco)* neulich ❸ *(por último)* schließlich
ultimar [ulti'mar] *vt* ❶ *(proyecto, acuerdo)* abschließen; *(obra)* fertig stellen ❷ *(Am: matar)* umbringen
ultimátum [ulti'matun] *m sin pl* Ultimatum *nt;* **dar el ~ a alguien** jdm ein Ultimatum stellen
último, -a ['ultimo, -a] *adj* ❶ *(en orden)* letzte(r, s); **el ~ de cada mes** am jeweils Letzten des Monats; **a ~s de mes** gegen Monatsende; **soy el ~ de la clase** ich bin der Schlechteste in der Klasse; **fue el ~ en firmar** er unterzeichnete als Letzter; **siempre llega el ~** er kommt immer zuletzt; **por última vez** zum letzten Mal; **hacia la**

última parte la película mejora gegen Ende wird der Film besser; **la última moda** die neueste Mode; **unos estudian ciencias, otros letras. Los ~s...** die einen studieren Naturwissenschaften, die anderen Geisteswissenschaften. Letztere ... ② *(espacio)* **la última fila** die hintere Reihe; **en el ~ piso** im obersten Stock; **ocupar la última posición de la tabla** am Tabellenende stehen; **el ~ rincón del mundo** wo sich Hase und Fuchs gute Nacht sagen ③ *(loc)* **por ~** schließlich; **en ~ término** letzten Endes; **no en ~ término** nicht zuletzt; **en ~ caso** schlimmstenfalls; **estar en las últimas** *(muriéndose)* in den letzten Zügen liegen; *(arruinado)* am Ende sein; **¡es lo ~!** das ist doch wirklich das Letzte!

ultra ['uḷtra] **I.** *adj* rechtsextremistisch; *(radical)* rechtsradikal **II.** *mf* Rechtsextremist(in) *m(f); (radical)* Rechtsradikale(r) *mf* **III.** *adv* außerdem

ultracongelado, -a [uḷtrakoŋxe'laðo, -a] *adj* tiefgefroren, tiefgekühlt

ultraconservador(a) [uḷtrakonserβa'ðor(a)] *adj* erzkonservativ

ultraderecha [uḷtraðe'retʃa] *f inv* extreme Rechte *f*

ultraderechista [uḷtraðere'tʃista] **I.** *adj* rechtsradikal **II.** *mf* Rechtsextremist(in) *m(f); (activo y más violento)* Rechtsradikale(r) *f(m)*

ultrafino, -a [uḷtra'fino, -a] *adj* hauchdünn

ultraizquierda [uḷtraiθ'kjerða] *f inv* extreme Linke *f*

ultrajar [uḷtra'xar] *vt* ① *(insultar)* beleidigen; *(monumento)* schänden; **~ de palabra** beschimpfen ② *(humillar)* demütigen ③ *(ajar)* zerknautschen

ultraje [uḷ'traxe] *m* Beleidigung *f;* **~ a la bandera** Schändung der Flagge

ultramar [uḷtra'mar] *m sin pl* Übersee *f*

ultramarino, -a [uḷtrama'rino, -a] *adj* überseeisch

ultramarinos [uḷtrama'rinos] *mpl* ① *(tienda)* Lebensmittelgeschäft *nt* ② *(víveres)* Lebensmittel *ntpl*

ultramoderno, -a [uḷtramo'ðerno, -a] *adj* hochmodern

ultranza [uḷ'tranθa] ① *(a muerte)* **defender algo a ~** etw bis aufs Äußerste verteidigen; **luchar a ~** auf Leben und Tod kämpfen ② *(resueltamente)* **ser de izquierda a ~** ein radikaler Linker sein; **ser un ecologista a ~** ein überzeugter Umweltschützer sein

ultraportátil [uḷtrapor'tatil] *m* (INFOR) Ultrabook *nt*

ultrarrápido, -a [uḷtra'rrapiðo, -a] *adj* sehr schnell; **tren ~** Hochgeschwindigkeitszug *m*

ultrasecreto, -a [uḷtrase'kreto, -a] *adj* streng geheim

ultrasensible [uḷtrasen'siβle] *adj* überempfindlich

ultrasónico, -a [uḷtra'soniko, -a] *adj* Ultraschall-

ultrasonido [uḷtraso'niðo] *m sin pl* Ultraschall *m*

ultratumba [uḷtra'tumba] *f sin pl* Jenseits *nt*

ultravioleta [uḷtraβjo'leta] *adj inv* ultraviolett; **rayos ~** UV-Strahlen *mpl*

ulular [ulu'lar] *vi* ① *(animal)* heulen; *(perro)* jaulen ② *(persona)* schreien ③ *(viento)* heulen

umbilical [umbili'kal] *adj* Nabel-

umbral [um'bral] *m* ① *(de puerta)* (Tür)schwelle *f;* **atravesar los ~es de una casa** über die Schwelle treten ② *(principio)* Anfang *m* ③ (ECON) **~ de rentabilidad** Gewinnschwelle *f;* **país ~** Schwellenland *nt*

umbrío, -a [um'brio, -a] *adj* schattig

umbroso, -a [um'broso, -a] *adj* ① *(con sombra)* schattig ② *(que causa sombra)* Schatten spendend

un, una [un, 'una] <unos, -as> **I.** *art indet* ① *(no determinado)* ein(e); **un perro/puente/niño** ein Hund/eine Brücke/ein Kind; **una mujer/mesa/chica** eine Frau/ein Tisch/ein Mädchen; **¡tiene una jeta!** er/sie ist dermaßen unverschämt! ② *pl (algunos)* einige, ein paar ③ *pl (aproximadamente)* **unos 100 euros** ungefähr 100 Euro **II.** *adj v.* **uno**

unánime [u'nanime] *adj* ① *(opinión)* einmütig ② *(decisión)* einstimmig

unánimemente [unanime'meṇte] *adv* einstimmig

unanimidad [unanimi'ðað] *f* ① *(de opinión)* Einmütigkeit *f* ② *(de decisión)* Einstimmigkeit *f;* **aprobar algo por ~** etw einstimmig beschließen

unción [uṇ'θjon] *f* ① (MED) Einsalbung *f* ② (REL) Salbung *f* ③ *(extremaunción)* Letzte Ölung *f*

uncir [uṇ'θir] <c → z> *vt* (ins Joch) einspannen

unco ['uŋko] *m (Perú)* Hemd *nt*

undécimo [uṇ'deθimo] **I.** *m* Elftel *nt* **II.** *adv* **en ~ lugar** elftens

undécimo, -a [uṇ'deθimo, -a] *adj (parte)* elftel; *(numeración)* elfte(r, s); *v. t.* **octavo**

UNESCO [u'nesko] *f abr de* **United Nations Educational, Scientific and Cultural Organization** UNESCO *f*

U

ungir [uŋ'xir] <g → j> *vt* ① *(con aceite)* einölen, einreiben ② (REL) salben

ungüento [uŋ'gwen̩to] *m* ① (MED) Salbe *f* ② *(remedio)* Balsam *m*

ungular [uŋgu'lar] *adj* (ANAT) Nagel-

únicamente [unika'men̩te] *adv* nur

unicameral [unikame'ral] *adj* Einkammer-

UNICEF [uni'θef] *f abr de* **United Nations International Children's Emergency Fund** UNICEF *f*

unicelular [uniθelu'lar] *adj* einzellig

unicidad [uniθi'ða^{ð}] *f* Einzigartigkeit *f*

único, -a ['uniko, -a] *adj* ① *(solo)* einzig; **calle de dirección única** Einbahnstraße *f;* **heredero ~** Alleinerbe *m;* **hijo ~** Einzelkind *nt;* **hoy hay plato ~** heute gibt es nur einen (einzigen) Gang ② *(extraordinario)* einzigartig, einmalig

unicolor [uniko'lor] *adj* einfarbig, uni

unicornio [uni'kornjo] *m* Einhorn *nt*

unidad [uni'ða^{ð}] *f* ① *(entidad, medida, t.* MIL) Einheit *f;* **~ familiar** Haushalt *m* ② (MAT) Einer *m* ③ *(de organización)* Abteilung *f* ④ *(de hospital)* Station *f;* **U~ de Cuidados Intensivos** Intensivstation *f* ⑤ (LIT) Einheitlichkeit *f* ⑥ (TÉC: *aparato*) Anlage *f;* **~ de control** Steuergerät *nt;* **~ externa de disco duro** (INFOR) externes Festplattenlaufwerk; **~ móvil** (TV, RADIO) Ü-Wagen *m*

unidimensional [uniðimensjo'nal] *adj* eindimensional

unidireccional [uniðire^{ɣ}θjo'nal] *adj (de una dirección)* in einer Richtung verlaufend; (ELEC) einseitig

unido, -a [u'niðo, -a] *adj (frente, equipo)* geschlossen; *(nación, partido)* geeint; **estamos muy ~s** wir stehen uns sehr nahe

unifamiliar [unifami'ljar] *adj* **casa ~** Einfamilienhaus *nt*

unificación [unifika'θjon] *f* ① *(unión)* Vereinigung *f;* **la ~ política** die politische Einigung ② *(uniformización)* Vereinheitlichung *f*

unificador(a) [unifika'ðor(a)] *adj* vereinigend, vereinheitlichend

unificar [unifi'kar] <c → qu> *vt* ① *(pueblos)* verein(ig)en; *(esfuerzos)* vereinen; **~ posiciones** verschiedene Standpunkte in Einklang bringen ② *(uniformar)* vereinheitlichen

uniformado, -a [unifor'maðo, -a] *m, f* Uniformierte(r) *mf*

uniformar [unifor'mar] *vt* ① *(hacer unitario)* vereinheitlichen; *(impreso)* standardisieren ② *(vestir)* uniformieren; **ir uniformado** Uniform tragen

uniforme [uni'forme] **I.** *adj (igual)* einheitlich; *(de la misma forma)* gleichförmig; *(calor, movimiento)* gleichmäßig **II.** *m* Uniform *f;* **vestir de ~** Uniform tragen

uniformemente [uniforme'men̩te] *adv* ① *(de la misma forma)* gleichförmig ② (FÍS) **movimiento ~ acelerado** gleichmäßig beschleunigte Bewegung

uniformidad [uniformi'ða^{ð}] *f (constancia)* Einheitlichkeit *f; (similaridad)* Gleichförmigkeit *f; (de calor, movimiento)* Gleichmäßigkeit *f*

uniformizar [uniformi'θar] <z → c> *vt* vereinheitlichen; *(mezclar)* vermischen

unilateral [unilate'ral] *adj (visión)* einseitig; (POL) unilateral

unilateralidad [unilaterali'ða^{ð}] *f* Einseitigkeit *f*

unión [u'njon] *f* ① *(de dos elementos, t.* TÉC) Verbindung *f;* **no hay muchos puntos de ~ entre nosotros** uns verbindet nicht viel ② *(territorial)* Vereinigung *f;* (ECON) Zusammenschluss *m;* **en ~ con** zusammen mit ③ *(matrimonio)* Heirat *f;* **~ civil** eingetragene Lebenspartnerschaft ④ (COM) Verband *m* ⑤ (POL) Union *f;* **U~ Económica y Monetaria** (**Europea**) (Europäische) Wirtschafts- und Währungsunion; **U~ Europea** Europäische Union; **~ monetaria** Währungsunion *f* ⑥ *(armonía)* Einigkeit *f;* **la ~ hace la fuerza** *(prov)* Einigkeit macht stark

unionista [unjo'nista] **I.** *adj* unionistisch **II.** *mf* Unionist(in) *m(f)*

unipersonal [uniperso'nal] *adj* ① *(de una persona)* Einpersonen-; *(individual)* individuell ② (LING) unpersönlich

unir [u'nir] **I.** *vt* ① *(dos elementos, t.* TÉC) verbinden ② *(territorios, familia)* verein(ig)en; **nos une una gran amistad** uns verbindet eine enge Freundschaft ③ *(ingredientes)* verrühren ④ *(esfuerzos)* vereinen **II.** *vr:* **~se** *(territorios)* sich vereinigen; (ECON) sich zusammenschließen; *(dos personas)* sich zusammentun; **~se en matrimonio** heiraten

unisex [uni'se^{ɣ}s] *adj* unisex; **moda ~** Mode für Mann und Frau; **peluquería ~** Damen- und Herrensalon *m*

unísono[1] [u'nisono] *m* (MÚS) Unisono *nt;* **protestaron al ~** sie klagten einstimmig; **trabajar al ~** harmonisch zusammenarbeiten; **actuar al ~** in Übereinstimmung handeln

unísono, -a[2] [u'nisono, -a] *adj* ① *(de un solo tono)* unisono ② *(de una sola voz)* einstimmig

unitario, -a [uni'tarjo, -a] *adj* einheitlich; **escuela unitaria** Einheitsschule *f*

universal [uniβer'sal] *adj* ① *(del universo)* universal; **receptor ~** (RADIO) Weltempfänger *m* ② *(del mundo)* Welt-; **de renombre ~** weltberühmt ③ *(general, amplio)* universell; **regla ~** allgemeingültige Regel; **persona de educación ~** universell gebildeter Mensch ④ (TÉC: *tractor*) Allzweck-; *(máquina)* Mehrzweck-; **detergente ~** Allzweckreiniger *m*

universalidad [uniβersali'ða^d] *f (de regla)* Allgemeingültigkeit *f*

universalismo [uniβersa'lismo] *m sin pl* Universalismus *m*

universalización [uniβersaliθa'θjon] *f* Universalisierung *f*

universalizar [uniβersali'θar] <z → c> *vt* verallgemeinern

universalmente [uniβersal'meṇte] *adv* ① *(en todo el mundo)* ~ **conocido** weltberühmt ② *(generalmente)* allgemein

universidad [uniβersi'ða^d] *f* Universität *f;* **U~ Popular** ≈ Volkshochschule *f;* **ir a la ~** auf die Universität gehen; **¿a qué ~ vas?** an welcher Universität bist du?

universitario, -a [uniβersi'tarjo, -a] **I.** *adj* Universitäts-; **catedrático ~** Professor *m;* **profesor ~** Dozent *m;* **tener estudios ~s** ein Hochschulstudium abgeschlossen haben **II.** *m, f* Student(in) *m(f)*

universo [uni'βerso] *m (cosmos)* Universum *nt*

unívoco, -a [u'niβoko, -a] *adj* eindeutig

uno[1] ['uno] *m* Eins *f*

uno, -a[2] ['uno, -a] **I.** *adj* ① *(número)* eins; **a la una** *(hora)* um eins; **¡(a la) una, (a las) dos y (a las) tres!** eins, zwei, drei!; **fila ~** erste Reihe ② *(único)* **solo hay una calle** es gibt nur eine einzige Straße **II.** *pron indef* ① *(alguno)* eine(r, s); **cada ~** jeder; **~s cuantos** einige; **~..., el otro...** der eine ..., der andere ...; **~ de tantos** einer von vielen; **aquí hay ~ que pregunta por ti** da ist jemand, der nach dir fragt; **una de dos, o... o...** eins von beiden, entweder ... oder ...; **una que otra vez** dann und wann ② *pl (algunos)* einige ③ *(indeterminado)* man ④ *(loc)* **cantar a una** zusammen singen; **luchar todos a una** Schulter an Schulter kämpfen; **de ~ en ~** einzeln, Stück für Stück; **me ha dejado pero me he quedado el piso, lo ~ por lo otro** er/sie hat mich verlassen, aber ich behalte die Wohnung, damit sind wir quitt; **no acierto una** *(fig)* alles läuft bei mir schief

unt(u)oso, -a [uṇ'toso, -a/uṇtu'oso, -a] *adj* ① *(pingüe)* schmierig ② *(jabón)* schlüpfrig ③ *(pegajoso)* klebrig

untado, -a [uṇ'taðo, -a] *adj (Arg, Chil)* betrunken

untar [uṇ'tar] **I.** *vt* ① *(con mantequilla)* bestreichen ② *(mojar)* eintauchen ③ *(con grasa)* (ein)fetten; *(con aceite)* (ein)ölen; *(el cuerpo)* eincremen ④ *(sobornar)* bestechen, schmieren *fam* **II.** *vr:* **~se** ① *(mancharse)* sich beschmieren ② *(con crema)* sich eincremen ③ *(dinero)* sich bereichern (**con** an +*dat*)

unto ['uṇto] *m* ① *(grasa)* Schmiermittel *nt* ② (MED) Salbe *f* ③ *(Chil: betún)* Schuhcreme *f*

untuosidad [uṇtwosi'ða^d] *f* ① *(de grasa)* Schmierigkeit *f* ② *(del jabón)* Schlüpfrigkeit *f* ③ *(pegajosidad)* Klebrigkeit *f*

untura [uṇ'tura] *f* ① (MED) Salbe *f* ② *(grasa)* Schmiermittel *nt*

uña ['uɲa] *f* ① *(de persona)* Nagel *m; (de gato)* Kralle *f;* **~s de los pies** Zehennägel *mpl;* **hacerse las ~s** die Nägel maniküren (lassen); **comerse las ~s** an den Nägeln kauen; *(fig)* wüten ② *(pezuña)* Huf *m* ③ *(del alacrán)* Stachel *m* ④ *(de instrumento)* Haken *m* ⑤ *(de planta)* (gebogener) Stachel *m* ⑥ (TÉC: *muesca*) Kerbe *f; (saliente)* Klaue *f* ⑦ *(loc)* **afilar(se) las ~s** sich geistig anstrengen; **estar de ~s con alguien** mit jdm auf (dem) Kriegsfuß stehen; **dejarse las ~s en el trabajo** sich abrackern; **ser largo de ~s** *(fig)* ein Langfinger sein; **ser ~ y carne** ein Herz und eine Seele sein; **defenderse con ~s y dientes** sich mit Händen und Füßen wehren

uñada [u'ɲaða] *f* ① *(arañazo)* Kratzer *m,* Schramme *f* ② *(señal)* Markierung *f* mit dem Nagel

uñero [u'ɲero] *m (inflamación)* Nagelbettentzündung *f*

upa ['upa] **I.** *interj* auf!, hoch!; **llevar a ~ (un niño)** (ein Kind) tragen **II.** *adj (Ecua, Perú: tonto)* dumm

upar [u'par] *vt* hochheben

Urales [u'rales] *mpl* Ural *m*

uranio [u'ranjo] *m* (QUÍM) Uran *nt*

Urano [u'rano] *m* (ASTR) Uranus *m*

urbanidad [urβani'ða^d] *f* Höflichkeit *f*

urbanismo [urβa'nismo] *m (planificación)* Stadtplanung *f*

urbanístico, -a [urβa'nistiko, -a] *adj* städtebaulich; **plan ~** Bebauungsplan *m*

urbanizable [urβani'θaβle] *adj* bebaubar

urbanización [urβaniθa'θjon] *f* ① *(acción)* Bebauung *f* ② *(de casas)* (Wohn)siedlung *f*

urbanizar [urβani'θar] <z → c> **I.** *vt* bebauen **II.** *vt, vr:* **~se** verstädtern

urbano[1] [ur'βano] *m* Verkehrspolizist *m*

urbano, -a[2] [ur'βano, -a] *adj* ① *(de la ciudad)* städtisch; **conferencia urbana** (TEL) Ortsgespräch *nt;* **un hombre ~** ein Stadtmensch; **planificación urbana** Stadtplanung *f* ② *(cortés)* höflich

U

urbe ['urβe] *f* Großstadt *f*
urdir [ur'ðir] *vt (conspiración)* anzetteln; ~ **intrigas** Intrigen spinnen
urea [u'rea] *f* (MED) Harnstoff *m*
uréter [u'reter] *m* (ANAT) Harnleiter *m*
uretra [u'retra] *f* Harnröhre *f*
urgencia [ur'xeṇθja] *f* ❶ *(cualidad)* Dringlichkeit *f* ❷ *(caso)* Notfall *m;* **llamada de** ~ Notruf *m;* **en caso de** ~ im Notfall; **tratar algo con la debida** ~ etw mit der notwendigen Eile behandeln ❸ *pl (en hospital)* Notaufnahme *f;* **servicio de ~s** *(en ambulatorio)* Bereitschaftsdienst *m;* **médico de ~s** Notarzt *m*
urgente [ur'xeṇte] *adj* dringend; *(carta, telegrama, pedido)* Eil-; **¿es ~?** eilt es?
urgir [ur'xir] <g → j> *vi* eilen
urinario[1] [uri'narjo] *m* Pissoir *nt*
urinario, -a[2] [uri'narjo, -a] *adj* Urin-; **aparato** ~ (MED) Harnwege *mpl*
urna ['urna] *f* ❶ *(para cenizas, t.* POL) Urne *f;* **acudir a las ~s** zur Wahl gehen ❷ *(caja de cristal)* Glaskasten *m*
urogallo [uro'ɣaʎo] *m* Auerhahn *m*
urología [urolo'xia] *f sin pl* Urologie *f*
urólogo, -a [u'roloɣo, -a] *m, f* Urologe, -in *m, f*
urraca [u'rraka] *f* ❶ (ZOOL) Elster *f* ❷ *(cotorra)* Quasselstrippe *f;* **hablar más que una** ~ reden wie ein Wasserfall
URSS [urrs] *f abr de* **Unión de Repúblicas Socialistas Soviéticas** UdSSR *f*
urticante [urti'kaṇte] *adj* brennend
urticaria [urti'karja] *f* (MED) Nesselausschlag *m*
Uruguay [uru'ɣwai̯] *m* Uruguay *nt*
uruguayo, -a [uru'ɣwaɟo, -a] **I.** *adj* uruguayisch **II.** *m, f* Uruguayer(in) *m(f)*
usado, -a [u'saðo, -a] *adj (libro)* zerlesen; *(vestido)* abgetragen; *(esterilla)* abgetreten; *(sello)* (ab)gestempelt; *(expresión)* abgedroschen; *(coche)* gebraucht
usanza [u'saṇθa] *f* Brauch *m*
usar [u'sar] **I.** *vt* ❶ *(utilizar)* benutzen, gebrauchen; *(palabra, libro)* verwenden; *(labia, persuasión)* aufwenden; *(razón)* walten lassen; *(máquina)* einsetzen; *(técnica, fuerza)* anwenden; *(ropa, gafas)* tragen; *(derecho)* geltend machen; **tuve que** ~ (**de**) **mis influencias** ich musste meine Beziehungen spielen lassen ❷ *(cargo, oficio)* ausüben ❸ *(soler)* **usa nadar en esta piscina** er/sie geht gewöhnlich in dieses Schwimmbad **II.** *vr:* **~se** ❶ *(utilizar)* benutzt [*o* gebraucht] werden; **esta palabra ya no se usa** dieser Ausdruck ist nicht mehr gebräuchlich ❷ *(ropa)* in Mode sein
usina [u'sina] *f (Am: de gas)* Gaswerk *nt; (de electricidad)* Elektrizitätswerk *nt*

U

uso ['uso] *m* ❶ *(utilización)* Benutzung *f,* Gebrauch *m; (de palabras, libros)* Verwendung *f; (de labia, persuasión)* Aufwendung *f; (de técnica, fuerza)* Anwendung *f;* ~ **ilegal** Missbrauch *m;* **de ~ externo** zur äußerlichen Anwendung; **hacer ~ de algo** etw benutzen; **hacer ~ de la palabra** das Wort ergreifen; **una expresión de ~ corriente** ein geläufiger Ausdruck; **tener muchos ~s** vielseitig verwendbar sein; **en buen** ~ *(fam)* in gutem Zustand; **desde que tengo ~ de razón...** seit meiner frühesten Kindheit ...; **estar en pleno ~ de sus facultades** voll zurechnungsfähig sein ❷ *(moda)* Mode *f* ❸ *(costumbre)* Brauch *m;* **métodos al** ~ übliche Methoden; **estar en/fuera de** ~ üblich/unüblich sein
usted [us'teᵈ] *pron* Sie; **~es** *(en España)* Sie; *(Am: vosotros)* ihr; **tratar de ~ a alguien** jdn siezen; **¡gracias! – ¡a ~!** danke! – ich habe zu danken!
usual [usu'al] *adj* ❶ *(de siempre)* üblich ❷ *(común)* gebräuchlich ❸ *(tradicional)* herkömmlich
usuario, -a [usu'arjo, -a] *m, f* Benutzer(in) *m(f);* (INFOR) Anwender(in) *m(f)*
usufructo [usu'frukto] *m* (JUR) Nießbrauch *m*
usura [u'sura] *f* Wucher *m;* **pagar con ~ un favor** sich mehr als angemessen für einen Gefallen revanchieren
usurero, -a [usu'rero, -a] *m, f* Wucherer, -in *m, f*
usurpación [usurpa'θjon] *f* widerrechtliche Anmaßung *f;* ~ **de atribuciones** Amtsanmaßung *f*
usurpador(a) [usurpa'ðor(a)] **I.** *adj* usurpatorisch **II.** *m(f)* Usurpator(in) *m(f)*
usurpar [usur'par] *vt* an sich reißen; *(derecho)* sich *dat* anmaßen
utensilio [uten'siljo] *m* Gerät *nt; (herramienta)* Werkzeug *nt;* **~s de pintor** Malutensilien *pl*
uterino, -a [ute'rino, -a] *adj* (ANAT) Gebärmutter-; (MED) uterin; **furor** ~ Nymphomanie *f;* **hermano** ~ Halbbruder mütterlicherseits
útero ['utero] *m* Gebärmutter *f*
útil ['util] **I.** *adj* ❶ *(objeto)* nützlich, brauchbar; **¿en qué puedo serle ~?** wie kann ich Ihnen behilflich sein? ❷ *(persona)* geeignet; **ser declarado** ~ (MIL) für (wehrdienst)tauglich befunden werden ❸ *(ayuda)* wertvoll ❹ *(inversión)* nutzbringend ❺ *(loc)* **día** ~ Arbeitstag *m* **II.** *mpl* Geräte *ntpl*
utilería [utile'ria] *f* (TEAT) Requisiten *fpl*
utilidad [utili'ðaᵈ] *f* ❶ *(de objeto)* Brauch-

barkeit *f,* Nützlichkeit *f;* **ser de** ~ nützlich sein ② *(de persona)* Tauglichkeit *f* ③ *(de inversión)* Nutzen *m* ④ (INFOR) Hilfsprogramm *nt*
utilitario[1] [utili'tarjo] *m* Nutzfahrzeug *nt*
utilitario, -a[2] [utili'tarjo, -a] *adj (persona, punto de vista)* utilitaristisch; *(objetivo)* utilitär; **pensamiento** ~ Nützlichkeitsdenken *nt*
utilitarismo [utilita'rismo] *m* (FILOS) Utilitarismus *m*
utilizable [utili'θaβle] *adj* benutzbar; *(terreno)* nutzbar; *(calle)* befahrbar; *(restos)* verwertbar
utilización [utiliθa'θjon] *f* Benutzung *f,* Gebrauch *m; (de un derecho)* Inanspruchnahme *f; (de una persona)* Ausnutzung *f; (de restos)* Verwertung *f*
utilizar [utili'θar] <z → c> *vt, vr:* **~se** benutzen, gebrauchen; *(derecho, hospitalidad)* in Anspruch nehmen; *(tiempo)* nutzen; *(a alguien)* ausnutzen; *(terreno, instalación)* nutzbar machen; *(restos)* verwerten
utillaje [uti'ʎaxe] *m* Ausrüstung *f*
utopía [uto'pia] *f* Utopie *f*
utópico, -a [u'topiko, -a] *adj* utopisch
uva ['uβa] *f* Traube *f;* ~ **pasa** Rosine *f;* **estar de mala** ~ schlecht gelaunt sein; **tener mala** ~ übel gesinnt sein; **de ~s a peras** alle Jubeljahre (mal)
uve ['uβe] *f* V *nt;* ~ **doble** W *nt*
UVI ['uβi] *f inv abr de* **Unidad de Vigilancia Intensiva** Intensivstation *f*
úvula ['uβula] *f* Zäpfchen *nt*
uvular [uβu'lar] *adj* ① *(de la úvula)* Zäpfchen- ② (LING) uvular
Uzbekistán [uθβekis'tan] *m* Usbekistan *nt*
uzbeko, -a [uθ'βeko, -a] **I.** *adj* usbekisch **II.** *m, f* Usbeke, -in *m, f*
Uzbequistán [uθβekis'tan] *m* Usbekistan

V v

V, v ['uβe] *f* V, v *nt;* ~ **de Valencia** V wie Viktor
vaca ['baka] *f* ① (ZOOL) Kuh *f;* ~ **marina** Seekuh *f;* ~ **de San Antón** Marienkäfer *m;* **síndrome de las ~s locas** Rinderwahnsinn *m;* **~s gordas/flacas** *(fig)* gute/schlechte Zeiten ② *(carne)* Rindfleisch *nt* ③ *(cuero)* Rind(s)leder *nt*
vacaciones [baka'θjones] *f pl (del trabajo)* Urlaub *m; (de la escuela)* Ferien *pl;* **estar de** ~ im Urlaub sein; **irse de ~ a Tenerife** auf Teneriffa Urlaub machen
vacante [ba'kaṇte] **I.** *adj* frei **II.** *f* freie Stelle *f*
vacar [ba'kar] <c → qu> *vi* ① *(cargo: quedar vacante)* frei werden; *(estar vacante)* unbesetzt sein ② *(alguien)* vorübergehend aussetzen
vaciado [baθi'aðo] *m* ① *(molde)* Abguss *m* ② *(ahuecamiento)* Entleeren *nt*
vaciar [baθi'ar] <*1. pres* vacío> *vt* ① *(dejar vacío)* leeren; *(habitación, mueble)* ausräumen; *(dejar sin gente)* räumen; ~ **con bomba de agua** leer pumpen ② *(verter)* ausleeren ③ *(hueco)* aushöhlen ④ *(escultura)* gießen ⑤ *(afilar)* schleifen
vaciedad [baθje'ða^ð] *f sin pl (fig)* Albernheit *f*
vacilación [baθila'θjon] *f (duda)* Zögern *nt; (irresolución)* Unschlüssigkeit *f;* **sin vacilaciones** ohne zu zögern
vacilante [baθi'laṇte] *adj (indeciso)* unschlüssig; *(no firme)* wackelig; *(voz)* zittrig; *(pasos)* unsicher
vacilar [baθi'lar] *vi* ① *(balancearse)* schwanken; *(borracho)* taumeln; *(llama)* flackern ② *(dudar)* zögern ③ *(argot: tomar el pelo)* an der Nase herumführen; **no me vaciles** erzähl mir keine Märchen
vacile [ba'θile] *m (argot)* ① *(broma)* Scherz *m* ② *(persona)* Scherzbold *m*
vacilón, -ona [baθi'lon, -ona] **I.** *adj (argot)* neckisch **II.** *m, f* Scherzbold *m;* **ser un** ~ immer zu Scherzen aufgelegt sein
vacío[1] [ba'θio] *m sin pl* ① *(espacio, ausencia)* Leere *f;* (FÍS) Vakuum *nt; (hueco)* Lücke *f; (abismo)* Abgrund *m;* ~ **legal** Gesetzeslücke *f;* ~ **de poder** Machtvakuum *nt;* **hacer el** ~ (FÍS) ein Vakuum herstellen; **hacer el ~ a alguien** jdm aus dem Weg gehen; **la propuesta cayó en el** ~ der Vorschlag fand keinen Anklang ② (ANAT) Weiche *f*
vacío, -a[2] [ba'θio, -a] *adj* ① *(sin contenido, gente)* leer; *(hueco)* hohl; **envasado al** ~ vakuumverpackt; **peso en** ~ Leergewicht *nt;* **volví de** ~ *(fig)* ich kam zurück, ohne etwas erreicht zu haben ② *(insustancial)* inhaltslos; *(superficial)* oberflächlich

vacuidad [bakwi'ðað] *f sin pl* Leere *f*
vacuna [ba'kuna] *f* ❶ *(substancia)* Impfstoff *m;* ~ **anticolérica** Choleraimpfstoff *m* ❷ *(vacunación)* Impfung *f;* ~ **antirrábica** Tollwutimpfung *f;* **eso te servirá de** ~ *(fig)* das wird dir eine Lehre sein ❸ *(de las vacas)* Kuhpocken *f pl*
vacunación [bakuna'θjon] *f* Impfung *f;* **cartilla de** ~ Impfpass *m*
vacunar [baku'nar] **I.** *vt* impfen **II.** *vr:* **~se** sich impfen lassen
vacuno[1] [ba'kuno] *m* Rind *nt*
vacuno, -a[2] [ba'kuno, -a] *adj* Rind(er)-; (**carne de**) ~ Rindfleisch *nt;* **ganado** ~ Rinder *nt pl*
vacuo, -a ['bakwo, -a] *adj* leer
vadeable [baðe'aβle] *adj* ❶ *(río)* seicht ❷ *(dificultad)* überwindbar
vadear [baðe'ar] *vt* ❶ *(río)* durchwaten ❷ *(dificultad)* überwinden
vado ['baðo] *m* ❶ *(río)* Furt *f;* **tentar el** ~ das Wasser ausloten ❷ *(loc)* ~ **permanente** Halteverbot *nt*
vagabundo, -a [baɣa'βun̩do, -a] **I.** *adj* vagabundierend; *(perro)* streunend; *(fig)* rastlos **II.** *m, f* Landstreicher(in) *m(f)*
vagamente [baɣa'men̩te] *adv* vage, verschwommen; **recuerdo ~ su cara** ich erinnere mich vage an sein/ihr Gesicht
vagancia [ba'ɣan̩θja] *f sin pl* Faulheit *f*
vagante [ba'ɣan̩te] *adj* schweifend, frei herumlaufend
vagar [ba'ɣar] **I.** *vi* <g → gu> ❶ *(vagabundear)* vagabundieren; *(errar)* umherirren ❷ *(descansar)* faulenzen **II.** *m* Muße *f*
vagina [ba'xina] *f* Scheide *f*
vaginal [baxi'nal] *adj* (ANAT) vaginal; **tiene una infección** ~ sie hat eine Scheideninfektion
vago, -a ['baɣo, -a] **I.** *adj* ❶ *(perezoso)* faul ❷ *(impreciso)* vage ❸ *(vagante)* vagabundierend; *(errante)* umherirrend **II.** *m, f* ❶ *(vagabundo)* Landstreicher(in) *m(f)* ❷ *(holgazán)* Faulpelz *m;* **hacer el** ~ faulenzen
vagón [ba'ɣon] *m* Wagen *m; (mercancías t.)* Waggon *m;* ~ **cisterna** Tankwagen *m;* ~ **restaurante** Speisewagen *m*
vagoneta [baɣo'neta] *f* (*t.* MIN) Lore *f*
vaguada [ba'ɣwaða] *f* (Tal)sohle *f*
vaguear [baɣe'ar] *vi* ❶ *(holgazanear)* faulenzen ❷ *(vagar)* sich herumtreiben
vaguedad [baɣe'ðað] *f* ❶ *(imprecisión)* Unklarheit *f* ❷ *(palabras)* vages Gerede *nt*
vaharada [ba(a)'raða] *f* ❶ *(aliento)* Atem *m,* Hauch *m* ❷ *(vapor)* (Dunst)wolke *f*
vahído [ba'iðo] *m* Ohnmacht *f;* **me dio un** ~ mir wurde schwind(e)lig

V

vaho ['bao] *m* ❶ *(vapor)* Dampf *m* ❷ *(aliento)* Atem *m* ❸ *pl* Inhalation *f*
vaina[1] ['bai̯na] *f* ❶ *(de la espada)* Scheide *f* ❷ (BOT) Hülse *f*
vaina[2] ['bai̯na] *m (pey)* Idiot *m*
vainilla [bai̯'niʎa] *f* Vanille *f;* ~ **azucarada** Vanillezucker *m*
vaivén [bai̯'βen] *m (horizontal)* Hin und Her *nt; (vertical)* Auf und Ab *nt; (balanceo)* Wiegen *nt; (sacudida)* Rütteln *nt*
vajilla [ba'xiʎa] *f* Geschirr *nt*
vale ['bale] *m* Gutschein *m;* (FIN) Gutschrift *f*
valedero, -a [bale'ðero, -a] *adj (válido)* gültig; *(vigente)* geltend; **ser ~ por seis meses** sechs Monate gültig sein
valedor(a) [bale'ðor(a)] *m(f) (que protege)* Beschützer(in) *m(f); (que favorece)* Gönner(in) *m(f)*
valedura [bale'ðura] *f* ❶ *(Col, Cuba: en un juego) Geschenk des Gewinners an den Verlierer oder an Zuschauer* ❷ *(Méx: favor)* Gefallen *m,* Hilfe *f*
valemadrista [balema'ðrista] **I.** *adj (Méx: fam)* ❶ *(apático)* apathisch, teilnahmslos ❷ *(cínico)* zynisch **II.** *mf (Méx: fam)* ❶ *(persona apática)* apathischer Mensch *m* ❷ *(persona cínica)* Zyniker(in) *m(f)*
valencia [ba'len̩θja] *f* Valenz *f*
valenciana [balen̩'θjana] *f* ❶ *(CSur: encaje)* feine Spitze *f* ❷ *(Méx: del pantalón)* Hosenumschlag *m*
valenciano, -a [balen̩'θjano, -a] **I.** *adj* aus Valencia **II.** *m, f* Valencianer(in) *m(f)*
valentía [balen̩'tia] *f* ❶ *(valor)* Mut *m* ❷ *(hazaña)* Heldentat *f*
valentón, -ona [balen̩'ton, -ona] **I.** *adj (pey)* angeberisch **II.** *m, f (pey)* Großmaul *nt*
valer [ba'ler] *irr* **I.** *vt* ❶ *(costar)* kosten; **vale tanto oro como pesa** *(fig: cosa)* es ist sein Gewicht in Gold wert; *(persona)* er/sie ist ein Goldstück ❷ *(funcionar)* nutzen; **esta vez no te valdrán tus excusas** diesmal werden dir deine Entschuldigungen nichts nützen; **yo no sé para qué vale este trasto** ich weiß nicht, wofür dieses Ding gut sein soll ❸ *(equivaler)* entsprechen *+dat* ❹ *(producir)* einbringen ❺ *(proteger)* (be)schützen; **¡válgame Dios!** (ach) du meine Güte! ❻ *(loc)* **¡vale!** in Ordnung!; **¡vale ya!** jetzt ist's (aber) genug!; **... valga la expresión** ... wenn ich das so sagen darf; **vale la pena ver la película** es lohnt sich, den Film anzuschauen; **vale más que te olvides de él** am besten vergisst du ihn; **hacer ~ sus derechos** seine Rechte gel-

tend machen; **más vale un pájaro en mano que ciento volando** *(prov)* besser ein Spatz in der Hand als eine Taube auf dem Dach; **más vale tarde que nunca** *(prov)* besser spät als nie **II.** *vi* ① *(ropa)* passen ② *(tener validez)* gültig sein; **no ~** ungültig sein ③ *(tener mérito)* (etwas) taugen; **~ poco/nada** wenig/nichts taugen ④ *(estar permitido)* erlaubt sein; **¡eso no vale!** das gilt nicht! **III.** *vr:* **~se** ① *(servirse)* zurückgreifen (**de** auf +*akk*); **~se de los servicios de alguien** jds Dienste in Anspruch nehmen; **~se de sus contactos** seine Beziehungen spielen lassen ② *(desenvolverse)* zurechtkommen; **ya no poder ~se** nicht mehr alleine zurechtkommen

valeriana [bale'rjana] *f* Baldrian *m*

valeroso, -a [bale'roso, -a] *adj* mutig

valetudinario, -a [baletuði'narjo, -a] *adj* kränklich, gebrechlich

valía [ba'lia] *f sin pl* Wert *m*

validación [baliða'θjon] *f* ① *(acción de validar)* Gültigmachung *f* ② *(validez)* Gültigkeit *f*

validar [bali'ðar] *vt* gültig machen

validez [bali'ðeθ] *f sin pl* Gültigkeit *f;* **periodo de ~** Geltungsdauer *f;* **dar ~ a algo** etw *dat* Gültigkeit verleihen; **tener ~** gültig sein; *(ley)* in Kraft sein; **no tener ~** ungültig sein; *(ley)* außer Kraft sein

valido [ba'liðo] *m* (POL) Günstling *m;* (HIST) Favorit *m (des Königs)*

válido, -a ['baliðo, -a] *adj* gültig; **no ser ~** ungültig sein

valiente [ba'ljen̥te] *adj* mutig; **¡~ amigo tienes que...!** *(irón)* ein schöner Freund ist das, der ...!

valija [ba'lixa] *f* Handkoffer *m; (del cartero)* Posttasche *f*

valimiento [bali'mjen̥to] *m sin pl* Schutz *m,* Gunst *f*

valioso, -a [ba'ljoso, -a] *adj* wertvoll

valla ['baʎa] *f* ① *(tapia)* Zaun *m; (barrera)* Absperrung *f; (defensa)* Schutzwall *m* ② *(publicitaria)* Plakatwand *f* ③ (DEP) Hürde *f*

valladar [baʎa'ðar] *m* ① *(cerca)* Wall *m,* Umzäunung *f* ② *(elev: dificultad)* Hindernis *nt*

vallado [ba'ʎaðo] *m* Zaun *m*

vallar [ba'ʎar] *vt* einzäunen; **~ con un muro** mit einer Mauer umgeben

valle ['baʎe] *m* Tal *nt;* **~ de lágrimas** Jammertal *nt*

vallisoletano, -a [baʎisole'tano, -a] **I.** *adj* aus Valladolid **II.** *m, f* Einwohner(in) *m(f)* Valladolids

vallunco, -a [ba'ʎuŋko, -a] *adj (AmC)* ① *(rústico)* ländlich ② *(campesino)* bäuerlich

valón¹ [ba'lon] *m (dialecto)* Wallonisch(e) *nt*

valón, -ona² [ba'lon, -ona] **I.** *adj* wallonisch **II.** *m, f* Wallone, -in *m, f*

valor [ba'lor] *m* ① *(valentía)* Mut *m;* **~ cívico** Zivilcourage *f;* **armarse de ~** Mut fassen ② *(desvergüenza)* Frechheit *f* ③ *(valía, t.* COM, MÚS) Wert *m; (cuantía)* Geldbetrag *m; (significado)* Bedeutung *f;* **~ actual** Istwert *m;* **~ nutritivo** Nährwert *m* ④ *pl* (FIN) Wertpapiere *ntpl;* **~es bursátiles** Börsenpapiere *ntpl;* **~es declarados** Wertsendung *f*

valoración [balora'θjon] *f* Bewertung *f; (del precio)* Schätzung *f; (análisis)* Auswertung *f*

valorar [balo'rar] *vt* schätzen (**en** auf +*akk*); **valoro muchísimo tu generosidad** ich weiß deine Großzügigkeit sehr zu schätzen

valorización [baloriθa'θjon] *f v.* **valoración**

valorizar [balori'θar] <z → c> *vt v.* **valorar**

vals [bals] *m* (MÚS) Walzer *m*

valse ['balse] *m (Am) v.* **vals**

valuar [balu'ar] <*1. pres* valúo> *vt* schätzen

valva ['balβa] *f* Schale *f*

válvula ['balβula] *f* ① (ANAT) Klappe *f* ② (TÉC) Ventil *nt*

vampiresa [bampi'resa] *f* Vamp *m;* **~ de seguridad** Sicherheitsventil *nt*

vampirismo [bampi'rismo] *m* ① *(creencia)* Vampirglauben *m* ② *(codicia excesiva)* übertriebene Habsucht *f*

vampiro [bam'piro] *m* Vampir *m; (fig)* Blutsauger *m*

vanagloria [bana'ɣlorja] *f sin pl* Eitelkeit *f*

vanagloriarse [banaɣlo'rjarse] *vr* prahlen (**de** mit +*dat*)

vanaglorioso, -a [banaɣlo'rjoso, -a] *adj* eingebildet

vanamente [bana'men̥te] *adv* vergeblich

vandálico, -a [ban̥'daliko, -a] *adj* wandalisch; **los hinchas cometieron actos ~s** die Fans führten sich auf wie die Wandalen

vandalismo [ban̥da'lismo] *m sin pl* Vandalismus *m*

vándalo, -a ['ban̥dalo, -a] **I.** *adj* vandalisch **II.** *m, f* Vandale, -in *m, f*

vanguardia [baŋ'gwarðja] *f* ① (MIL) Vorhut *f* ② *(movimiento)* Avantgarde *f;* (POL) Vorkämpfer *mpl;* **de ~** avantgardistisch

vanguardismo [baŋgwar'ðismo] *m sin pl* Avantgardismus *m*

vanguardista [baŋgwar'ðista] **I.** *adj* avantgardistisch **II.** *mf* Avantgardist(in) *m(f); (fig)* Pionier(in) *m(f)*

V

vanidad [bani'ða^{d}] *f* ① *(presunción)* Eitelkeit *f* ② *(caducidad)* Vergänglichkeit *f*
vanidoso, -a [bani'ðoso, -a] *adj* eingebildet
vano[1] ['bano] *m* (ARQUIT) Öffnung *f*
vano, -a[2] ['bano, -a] *adj* ① *(ineficaz)* vergeblich ② *(infundado)* unbegründet; **es una vana ilusión** das ist nur eine Illusion
vánova ['banoβa] *f (Arg)* Bettdecke *f*
Vanuatu [ba'nwatu] *m* Vanuatu *nt*
vapeador [bapea'ðor] *m (dispositivo electrónico para vapear)* E-Zigarette *f*, Dampfer *m*
vapear [bape'ar] *vi (inhalar vapor de un dispositivo electrónico)* vapen, dampfen; **líquido para** ~ Liquid *m*
vapeo [ba'peo] *m (acción de vapear)* Dampfen *nt,* Vapen *nt;* **tienda de** ~ Dampfladen *m*
vapor [ba'por] *m (vaho)* Dampf *m;* ~ **de agua** Wasserdampf *m;* (**barco de**) ~ Dampfer *m;* **cocer al** ~ dünsten
vaporar [bapo'rar] **I.** *vt* verdunsten [*o* verdampfen] lassen **II.** *vr:* **~se** verdunsten, verdampfen
vaporeta [bapo'reta] *f (fam)* Dampfreiniger *m;* ~ **spiradora** *(fam)* Dampfsauger *m*
vaporización [baporiθa'θjon] *f* ① *(evaporación)* Verdampfung *f* ② *(pulverización)* Zerstäubung *f*
vaporizador [baporiθa'ðor] *m (perfume)* Zerstäuber *m*
vaporizar [bapori'θar] <z → c> **I.** *vt* ① *(evaporar)* verdunsten (lassen) ② *(perfume)* zerstäuben **II.** *vr:* **~se** verdunsten
vaporoso, -a [bapo'roso, -a] *adj* ① *(tela)* leicht, luftig ② *(humeante)* dampfend
vapulear [bapule'ar] *vt* ① *(zurrar)* prügeln; *(zarandear)* schütteln ② *(criticar)* scharf kritisieren
vapuleo [bapu'leo] *m* Tracht *f* Prügel
vaquería [bake'ria] *f (explotación)* Kuhstall *m; (lechería)* Milchverkaufsstelle *f*
vaquero, -a [ba'kero, -a] **I.** *adj* Viehhirten- **II.** *m, f* Viehhirt(in) *m(f); (norteamericano)* Cowboy *m; (sudamericano)* Gaucho *m*
vaquero(s) [ba'kero(s)] *m(pl)* Jeans *f(pl)*
vaqueta [ba'keta] *f* Rind(s)leder *nt*
vaquetón, -ona [bake'ton, -ona] *adj (Méx)* ① *(fam: flojo)* schlaff, energielos ② *(vago)* faul ③ *(descarado)* dreist, verwegen
vaquilla [ba'kiʎa] *f* junge Kuh *f (anderthalb bis zwei Jahre alt);* **suelta de ~s** Stierkampf mit Jungtieren
vara ['bara] *f* ① *(rama)* Rute *f; (palo)* Stab *m* ② *(medida)* Elle *f;* **meterse en camisa de once ~s** *(fig)* sich in fremde Angelegenheiten mischen ③ (ADMIN) Stab *m;* **tener alta** ~ einflussreich sein; **doblar la ~ de la justicia** das Recht beugen
varadero [bara'ðero] *m* Stapel *m*
varado, -a [ba'raðo, -a] *adj (anclado)* verankert
varal [ba'ral] *m* Stange *f; (de un carro)* Deichsel *f*
varapalo [bara'palo] *m* ① *(rapapolvo)* Schimpfkanonade *f* ② *(golpe)* Schlag *m; (paliza)* Tracht *f* Prügel; **dar un ~ a alguien** jdn verprügeln ③ *(palo)* Stock *m*
varar [ba'rar] **I.** *vi* ① *(encallar)* stranden; *(fig)* stecken bleiben ② *(Am: coche)* eine Panne haben **II.** *vt* an Land ziehen
varear [bare'ar] *vt* ① *(fruta)* (vom Baum) abschlagen ② *(lana)* klopfen
varec [ba'rek] *m* (BOT: *zostera*) Seegras *nt; (algas)* Tang *m*
variabilidad [barjaβili'ða^{d}] *f* Veränderlichkeit *f*
variable [ba'rjaβle] **I.** *adj* veränderlich; *(carácter)* unstet **II.** *f* (MAT) Variable *f*
variación [barja'θjon] *f* ① (MAT, MÚS) Variation *f* ② *(cambio)* (Ver)änderung *f; (oscilación)* Schwankung *f*
variado, -a [ba'rjaðo, -a] *adj (no siempre igual)* abwechslungsreich; *(distinto)* verschieden, unterschiedlich; *(colores)* bunt
variante [ba'rjante] *f* ① *(variedad)* Variante *f; (versión)* Version *f* ② *(diferencia)* Unterschied *m* ③ *(carretera)* Umgehungsstraße *f*
variar [bari'ar] <*1. pres* varío> **I.** *vi* ① *(modificarse)* wechseln; (*t.* MÚS) variieren ② *(ser distinto)* sich unterscheiden ③ *(cambiar)* ändern; ~ **de comida** abwechslungsreich kochen; ~ **de peinado** die Haare anders tragen **II.** *vt* ① *(cambiar)* (ver)ändern ② *(dar variedad)* variieren; **y para ~...** und zur Abwechslung ...
varicela [bari'θela] *f sin pl* Windpocken *pl*
variedad [barje'ða^{d}] *f* ① *(clase)* Sorte *f* ② *(pluralidad)* Vielfalt *f;* **una gran ~ de ofertas** ein breites Angebot; **en la ~ está el gusto** Abwechslung muss sein ③ *pl (espectáculo)* Varieté *nt*
variedades [barje'ðaðes] *fpl (espectáculo)* Varieté *nt*
varilla [ba'riʎa] *f* ① *dim de* **vara** ② *(de un paraguas)* Schirmstab *m; (de un abanico)* Fächerstab *m* ③ (AUTO) ~ **del aceite** Ölmessstab *m*
vario, -a ['barjo, -a] *adj* ① *(diferente)* verschieden ② *pl (algunos)* einige; **varias veces** mehrmals
variopinto, -a [barjo'pinto, -a] *adj* ① *(de colores)* bunt ② *(mezclado)* gemischt
varita [ba'rita] *f dim de* **vara: la ~ mágica** der Zauberstab
variz [ba'riθ] *f* Krampfader *f*
varón [ba'ron] *m* ① *(hombre)* Mann *m; (niño)* Junge *m* ② (NÁUT) Ruderkette *f*

varonil [baro'nil] *adj* männlich; **voz ~** Männerstimme *f*
Varsovia [bar'soβja] *f* Warschau *nt*
vasallaje [basa'ʎaxe] *m* (HIST: *sujeción*) Lehnspflicht *f; (señorío)* Lehnsherrschaft *f; (fig: servidumbre)* Knechtschaft *f*
vasallo, -a [ba'saʎo, -a] *m, f* Vasall *m*
vasco, -a ['basko, -a] **I.** *adj* baskisch; **País V~** Baskenland *nt* **II.** *m, f* Baske, -in *m, f*
Vascongadas [baskoŋ'gaðas] *fpl* ≈ Baskenland *nt*
vascongado, -a [baskoŋ'gaðo, -a] **I.** *adj* baskisch **II.** *m, f* Baske, -in *m, f*
vascuence [bas'kweṇθe] *m* ❶ *(lengua)* Baskisch(e) *nt* ❷ *(fam: ininteligible)* Chinesisch *nt*
vascular [basku'lar] *adj* (ANAT) Gefäß-; **sistema ~** Gefäßsystem *nt*
vaselina [base'lina] *f* Vaseline *f*
vasera [ba'sera] *f* ❶ *(estantería)* Glasregal *nt* ❷ *(bandeja)* Tablett *nt (des Wasserträgers)*
vasija [ba'sixa] *f (recipiente)* Gefäß *nt*
vaso ['baso] *m* ❶ *(recipiente)* Glas *nt;* **~ de papel** (Papp)becher *m;* **un ~ de agua** ein Glas Wasser; **~ medidor** Messbecher *m* ❷ (ANAT) Gefäß *nt*
vástago ['bastaɣo] *m* ❶ (BOT) Trieb *m* ❷ *(fig: hijo)* Sohn *m* ❸ (TÉC) Schaft *m*
vastedad [baste'ðað] *f sin pl* Weite *f,* Ausdehnung *f*
vasto, -a ['basto, -a] *adj* weit; *(saber)* umfassend; *(conocimientos)* weit reichend
vate ['bate] *m* ❶ *(adivino)* Wahrsager *m* ❷ *(elev: poeta)* Dichter *m*
váter ['bater] *m* WC *nt*
vaticano, -a [bati'kano, -a] *adj* vatikanisch
Vaticano [bati'kano] *m* Vatikan *m;* **la ciudad del ~** die Vatikanstadt
vaticinar [batiθi'nar] *vt* prophezeien
vaticinio [bati'θinjo] *m* Prophezeiung *f*
vatio ['batjo] *m* Watt *nt;* **una bombilla de 100 ~s** eine 100-Watt-Glühbirne
vaya ['baja] **I.** *interj* **¡~!** na so was!; **¡~ coche!** was für ein Auto! **II.** *1., 3. subj pres irr de* **ir**
Vd. [us'teð] *pron pers abr de* **usted** Sie
vda. ['bjuða] *abr de* **viuda** Wwe.
V. E. ['bwestra esθe'leṇθja] *abr de* **Vuestra Excelencia** S. E.
vecinal [beθi'nal] *adj* Gemeinde-
vecindad [beθiṇ'dað] *f* Nachbarschaft *f;* **chisme de ~** *(fam)* Klatsch *m*
vecindario [beθiṇ'darjo] *m* ❶ *(vecindad)* Nachbarn *mpl; (ciudadanos)* Bürger *mpl; (comunidad)* Gemeinde *f* ❷ *(padrón)* Melderegister *nt*
vecino, -a [be'θino, -a] **I.** *adj* benachbart (**de** mit +*dat*); *(cercano)* nahe; **pueblo ~** Nachbardorf *nt* **II.** *m, f* ❶ *(que vive cerca)* Nachbar(in) *m(f);* **hijo de ~** *(fam)* jedermann ❷ *(habitante)* Bewohner(in) *m(f);* **José García, ~ de Villavieja** José García, wohnhaft in Villavieja
vector [bek'tor] *m* Vektor *m*
vectorial [bekto'rjal] *adj* (MAT) vektoriell; **cálculo ~** Vektorrechnung *f*
veda ['beða] *f (prohibición)* Verbot *nt; (temporada)* Schonzeit *f;* **levantar la ~ de animales de caza** Wild zum Abschuss freigeben
vedado [be'ðaðo] *m* Sperrgebiet *nt;* **~ de caza** Jagdrevier *nt*
vedar [be'ðar] *vt* verbieten
vega ['beɣa] *f* ❶ *(de un río)* (Fluss)aue *f* ❷ *(Cuba: tabacal)* Tabakpflanzung *f* ❸ *(Chil: terreno pantanoso)* Sumpfgebiet *nt*
vegano, -a [be'ɣano, -a] **I.** *adj* vegan; **alimentos ~s/alimentación vegana** vegane Lebensmittel/vegane Ernährung **II.** *m, f* Veganer(in) *m(f)*
vegetación [bexeta'θjon] *f* ❶ (BOT) Vegetation *f* ❷ *pl* (ANAT) Wucherungen *fpl*
vegetal [bexe'tal] **I.** *adj* pflanzlich; **aceite ~** Pflanzenöl *nt;* **carbón ~** Holzkohle *f* **II.** *m* (BOT) Pflanze *f*
vegetar [bexe'tar] *vi* ❶ (BOT) wachsen ❷ *(enfermo)* dahinvegetieren ❸ *(pey: persona)* vegetieren
vegetarianismo [bexetarja'nismo] *m sin pl* Vegetarismus *m*
vegetariano, -a [bexeta'rjano, -a] **I.** *adj* vegetarisch **II.** *m, f* Vegetarier(in) *m(f)*
vegetativo, -a [bexeta'tiβo, -a] *adj* ❶ (BOT) pflanzlich ❷ (MED) vegetativ; **sistema nervioso ~** vegetatives Nervensystem
vehemencia [be(e)'meṇθja] *f sin pl* ❶ *(ímpetu)* Nachdruck *m* ❷ *(entusiasmo)* Begeisterung *f*
vehemente [be(e)'meṇte] *adj* ❶ *(impetuoso)* vehement ❷ *(ardiente)* leidenschaftlich ❸ *(persona)* gefühlsbetont
vehicular [beiku'lar] *vt* ❶ *(conducir)* fahren, lenken ❷ *(difundir)* verbreiten ❸ *(transmitir)* übertragen ❹ *(comunicar)* übermitteln
vehículo [be'ikulo] *m* ❶ *(trasporte)* Fahrzeug *nt;* **~ industrial** Nutzfahrzeug *nt;* **~ de motor** Kraftfahrzeug *nt* ❷ *(medio)* Mittel *nt;* (MED) Überträger *m*
veinte ['beiṇte] *adj inv* zwanzig; *v. t.* **ochenta**
veintena [beiṇ'tena] *f (unidades)* zwanzig Stück *nt; (años)* zwanzig Jahre *ntpl; (días)* zwanzig Tage *mpl;* **una ~ de** zwanzig; *(aproximadamente)* um die zwanzig
veinticinco [beiṇti'θiŋko] **I.** *adj* fünfund-

V

zwanzig **II.** *m* Fünfundzwanzig *f; v. t.* **ochenta**

veinticuatro [beiṇti'kwatro] **I.** *adj* vierundzwanzig **II.** *m* Vierundzwanzig *f; v. t.* **ochenta**

veintidós [beiṇti'ðos] **I.** *adj* zweiundzwanzig **II.** *m* Zweiundzwanzig *f; v. t.* **ochenta**

veintinueve [beiṇti'nweβe] **I.** *adj* neunundzwanzig **II.** *m* Neunundzwanzig *f; v. t.* **ochenta**

veintiocho [beiṇti'otʃo] **I.** *adj* achtundzwanzig **II.** *m* Achtundzwanzig *f; v. t.* **ochenta**

veintiséis [beiṇti'seis] **I.** *adj* sechsundzwanzig **II.** *m* Sechsundzwanzig *f; v. t.* **ochenta**

veintisiete [beiṇti'sjete] **I.** *adj* siebenundzwanzig **II.** *m* Siebenundzwanzig *f; v. t.* **ochenta**

veintitantos [beiṇti'taṇtos] *adj inv* über zwanzig

veintitrés [beiṇti'tres] **I.** *adj* dreiundzwanzig **II.** *m* Dreiundzwanzig *f; v. t.* **ochenta**

veintiuno, -a [beiṇ'tjuno, -a] *adj (delante de un sustantivo: veintiún)* einundzwanzig; **el ~ de abril** der/am 21. April; *v. t.* **ochenta**

vejación [bexa'θjon] *f,* **vejamen** [be'xamen] *m* Schikane *f*

vejar [be'xar] *vt* schikanieren

vejatorio, -a [bexa'torjo, -a] *adj* demütigend

vejestorio, -a [bexes'torjo, -a] *m, f (pey)* alter Knacker, alte Frau *m, f*

vejete [be'xete] *m (fam)* Alte(r) *m*

vejez [be'xeθ] *f sin pl (ancianidad)* Alter *nt; (envejecimiento)* Altern *nt;* **pasar su ~ en Mallorca** seinen Lebensabend auf Mallorca verbringen; **a la ~, viruelas** *(prov)* Alter schützt vor Torheit nicht

vejiga [be'xiɣa] *f* Blase *f;* **se me levantaron ~s en los pies** ich hatte Blasen an den Füßen

vela ['bela] *f* ① *(luz)* Kerze *f;* **estaba derecho como una ~** *(fig)* er stand kerzengerade; **se está acabando la ~** die Kerze geht aus; **¿a ti quién te ha dado ~ en este entierro?** *(fig)* wer hat dich hierher bestellt?; **estar a dos ~s** *(fig)* arm wie eine Kirchenmaus sein; **poner una ~ a San Miguel y otra al diablo** auf zwei Hochzeiten zugleich tanzen ② (NÁUT) Segel *nt;* **~ cuadra** Quersegel *nt;* **~ mayor** Großsegel *nt;* **alzar ~s** Segel setzen; *(fig)* sich davonmachen; **a toda ~** mit vollen Segeln; *(fig)* mit vollem Einsatz; **ser un aficionado a la ~** gern segeln gehen; **recoger ~s** *(fig)* zurückweichen ③ *(loc)* **pasar la noche en ~** die ganze Nacht kein Auge zutun

velada [be'laða] *f* Abend *m;* (LIT, MÚS, TEAT) Soiree *f*

velado, -a [be'laðo, -a] **I.** *adj* (FOTO) verschleiert; **con voz velada** mit von Trauer umflorter Stimme **II.** *m, f* Ehemann, -frau *m, f*

velador [bela'ðor] *m* ① *(mesita)* (rundes) Tischchen *nt (mit nur einem Fuß)* ② *(candelero)* Leuchter *m*

veladora [bela'ðora] *f (Am: vela)* Kerze *f*

velamen [be'lamen] *m* (NÁUT) Segelwerk *nt*

velar [be'lar] **I.** *vi* ① *(no dormir)* wachen; *(trabajar)* nachts arbeiten; *(estudiar)* nachts lernen ② *(cuidar)* wachen (**por** über +*akk*); **~ bien por sus intereses** seine Interessen vertreten **II.** *vt* ① *(vigilar)* bewachen; **~ al enfermo** am Krankenbett wachen; **~ a un muerto** Totenwache halten ② *(cubrir, ocultar)* verschleiern **III.** *vr:* **~se** sich verschleiern

velatorio [bela'torjo] *m* Totenwache *f*

velcro® ['belkro] *m* Klettverschluss *m*

veleidad [belei'ðaᵈ] *f* Wankelmut *m*

velero [be'lero] *m* Segelschiff *nt*

veleta¹ [be'leta] *f (banderilla)* Windfahne *f*

veleta² [be'leta] *mf (persona)* wankelmütiger Mensch *m*

vello ['beʎo] *m sin pl* ① *(corporal)* (Körper)behaarung *f;* **~ de las axilas** Achselhaare *ntpl* ② (BOT) Flaumhaar *nt*

vellocino [beʎo'θino] *m* Vlies *nt,* Schaffell *nt;* **el ~ de oro** das Goldene Vlies

vellón [be'ʎon] *m (piel)* Vlies *nt*

vellosidad [beʎosi'ðaᵈ] *f sin pl* (Körper)haare *ntpl*

velloso, -a [be'ʎoso, -a] *adj* behaart

velludo, -a [be'ʎuðo, -a] *adj* stark behaart

velo *m (tela, prenda)* **~ islámico** Kopftuch *nt*

velo ['belo] *m* ① *(tela, prenda)* Schleier *m;* **(des)correr el ~** *(fig)* den Schleier lüften; **corramos un tupido ~ sobre esa cuestión** lasst uns über all dies nicht mehr sprechen ② (ANAT) **~ del paladar** Gaumensegel *nt*

velocidad [beloθi'ðaᵈ] *f* ① (*t.* FÍS, INFOR) Geschwindigkeit *f;* **~ de crucero** Reisegeschwindigkeit *f;* **~ de trasferencia** [*o* **de trasmisión**] **de datos** (INFOR) Datenübertragungsrate *f,* Datentransferrate *f;* **exceso de ~** überhöhte Geschwindigkeit; **a toda ~** *(fam)* sehr schnell ② *(marcha)* Gang *m;* **cambio de ~es** Gangschaltung *f*

velocímetro [belo'θimetro] *m* Tachometer *m o nt*

velocípedo [belo'θipeðo] *m* Veloziped *nt,* Fahrrad *nt*

V

velocista [belo'θista] *mf* (DEP) Sprinter(in) *m(f)*
velódromo [be'loðromo] *m* Radrennbahn *f*
veloz [be'loθ] *adj* schnell; *(ágil)* flink; **raudo y ~** rasch
vena ['bena] *f* ❶ (ANAT) Ader *f,* Vene *f;* **~ yugular** Drosselvene *f* ❷ (BOT) Blattader *f* ❸ *(filón)* Erzader *f;* **~ de agua** Wasserader *f* ❹ *(inspiración)* Ader *f*
venado [be'naðo] *m (ciervo)* Hirsch *m; (caza mayor)* Hochwild *nt*
venal [be'nal] *adj* ❶ (ANAT) Ader- ❷ *(vendible)* käuflich ❸ *(sobornable)* bestechlich
venalidad [benali'ða^ð] *f sin pl* Bestechlichkeit *f*
venático, -a [be'natiko, -a] *adj* ❶ *(loco)* verrückt ❷ *(caprichoso)* launisch
vencedor(a) [beṇθe'ðor(a)] **I.** *adj* siegreich; **equipo ~** Siegermannschaft *f* **II.** *m(f)* Sieger(in) *m(f)*
vencejo [beṇ'θexo] *m* (ZOOL) Mauersegler *m*
vencer [beṇ'θer] <c → z> **I.** *vi* ❶ *(derrotar)* siegen; *(ganar)* gewinnen ❷ *(plazo)* ablaufen; *(cheque)* fällig werden **II.** *vt* ❶ *(enemigos)* besiegen; *(ganar)* schlagen; **¡no te dejes ~!** lass dich nicht unterkriegen!; **a la tercera va la vencida** *(prov)* aller guten Dinge sind drei ❷ *(obstáculo, sueño)* überwinden; *(dificultad)* meistern; **me venció el sueño** ich wurde vom Schlaf übermannt ❸ *(peso)* zu schwer sein (für *+akk*) **III.** *vr:* **~se** sich beherrschen
vencible [beṇ'θiβle] *adj* besiegbar
vencida [beṇ'θiða] *f* Sieg *m;* **a la tercera va la ~** *(prov)* aller guten Dinge sind drei
vencido, -a [beṇ'θiðo, -a] **I.** *adj* ❶ *(derrotado)* besiegt; **lo volvieron a suspender pero él no se da por ~** er ist wieder durchgefallen, aber er gibt sich nicht geschlagen ❷ (COM) fällig; **crédito ~** fälliger Kredit; **crédito no ~** laufender Kredit **II.** *m, f* Besiegte(r) *f(m)*
vencimiento [beṇθi'mjeṇto] *m* (COM) Fälligkeit *f*
venda ['beṇda] *f* (MED) Binde *f;* **tener una ~ en los ojos** die Augen verbunden haben; *(fig)* mit Blindheit geschlagen sein
vendaje [beṇ'daxe] *m* Verband *m*
vendar [beṇ'dar] *vt* verbinden
vendaval [beṇda'βal] *m (del sur)* Südwind *m; (del suroeste)* Südwestwind *m; (huracán)* Sturm *m*
vendedor(a) [beṇde'ðor(a)] *m(f)* Verkäufer(in) *m(f); (comerciante)* Händler(in) *m(f);* **~ ambulante** Straßenhändler *m;* **~ a domicilio** Vertreter *m*
vender [beṇ'der] **I.** *vt* verkaufen (**por/en/a** für *+akk*); *(bebidas)* ausschenken **II.** *vr:* **~se** ❶ (COM) verkauft werden; **se vende** zu verkaufen; **se ha vendido todo** es ist alles ausverkauft; **~se como rosquillas** *(fig)* wie warme Semmeln weggehen; **~se muy caro** *(fig)* sich sehr bitten lassen ❷ *(alguien)* sich verkaufen
vendetta [beṇ'deta] *f* Vendetta *f,* Blutrache *f*
vendimia [beṇ'dimja] *f* Weinlese *f*
vendimiador(a) [beṇdimja'ðor(a)] *m(f)* Arbeiter(in) *m(f)* bei der Weinlese
vendimiar [beṇdi'mjar] *vt* (ver)lesen
Venecia [be'neθja] *f* Venedig *nt*
veneciano, -a [bene'θjano, -a] **I.** *adj* venezianisch **II.** *m, f* Venezianer(in) *m(f)*
veneno [be'neno] *m* Gift *nt*
venenoso, -a [bene'noso, -a] *adj* giftig; **serpiente venenosa** Giftschlange *f*
venera [be'nera] *f* ❶ *(concha)* Jakobsmuschel *f,* Pilgermuschel *f* ❷ *(insignia)* Ritterkreuz *nt;* **no se te caerá la ~** *(fig)* es wird dir kein Zacken aus der Krone fallen ❸ *(manantial)* Wasserquelle *f*
venerable [bene'raβle] *adj* ehrwürdig
veneración [benera'θjon] *f sin pl (adoración)* Verehrung *f; (respeto)* Ehrfurcht *f*
venerar [bene'rar] *vt* verehren
venéreo, -a [be'nereo, -a] *adj* Geschlechts-
venero [be'nero] *m* ❶ *(manantial)* Wasserquelle *f; (fig)* Quelle *f* ❷ *(yacimiento)* Erzader *f,* Flöz *nt*
venezolano, -a [beneθo'lano, -a] **I.** *adj* venezolanisch **II.** *m, f* Venezolaner(in) *m(f)*
Venezuela [bene'θwela] *f* Venezuela *nt*
vengador(a) [beŋga'ðor(a)] **I.** *adj (que se venga)* rächend; *(propenso a)* rachsüchtig **II.** *m(f)* Rächer(in) *m(f)*
venganza [beŋ'gaṇθa] *f* Rache *f;* **deseo de ~** Rachgier *f*
vengar [beŋ'gar] <g → gu> **I.** *vt* rächen; **~ la muerte de alguien** jdn rächen **II.** *vr:* **~se** sich rächen (**por** für *+akk,* **en** an *+dat*)
vengativo, -a [beŋga'tiβo, -a] *adj* ❶ *(vengador)* rachsüchtig ❷ *(rencoroso)* nachtragend
venia ['benja] *f sin pl* Erlaubnis *f*
venial [be'njal] *adj (pecado)* lässlich
venida [be'niða] *f* ❶ *(llegada)* Ankunft *f; (vuelta)* Rückkehr *f* ❷ *(de un río)* Hochwasser *nt*
venidero, -a [beni'ðero, -a] *adj* kommend
venir [be'nir] *irr* **I.** *vi* ❶ *(trasladarse)* kommen; *(llegar)* ankommen; **vengo (a) por la leche** ich komme die Milch holen; **el que venga detrás, que arree** *(fig)* nach mir

V

die Sündflut ② *(ocurrir)* geschehen; **vino la guerra** es gab Krieg ③ *(proceder)* herkommen; **el dinero me viene de mi padre** ich habe das Geld von meinem Vater; **~ de una familia muy rica** aus einer sehr reichen Familie stammen ④ *(idea, ganas)* überkommen; **me vinieron ganas de reír** ich verspürte Lust, zu lachen; **no sé porqué me vino eso a la memoria** ich weiß nicht, warum mir das eingefallen ist ⑤ *(tiempo)* kommen; *(seguir)* folgen; **el mes que viene** nächsten Monat; **ya viene la primavera** nun fängt schon der Frühling an ⑥ *(figurar)* stehen ⑦ *(prenda)* passen ⑧ *(aproximadamente)* **vienen a ser unos 20 euros para cada uno** das wären also ungefähr 20 Euro für jeden ⑨ *(elev: servir para)* **aquel suceso vino a turbar nuestra tranquilidad** jenes Ereignis hat unsere Ruhe gestört ⑩ *(terminar por)* **vino a dar con sus huesos en la cárcel** *(fam)* und schließlich landete er/sie im Gefängnis; **~ a querer decir que...** in etwa sagen wollen, dass ... ⑪ *(persistir)* bereits tun; **ya te lo vengo advirtiendo hace mucho tiempo** ich warne dich schon seit längerer Zeit (davor) ⑫ *(loc)* **a mí eso ni me va ni me viene** das ist mir ganz egal; **¿a qué viene ahora hacerme esos reproches?** was soll das, mir jetzt Vorwürfe zu machen?; **el dinero me viene muy bien** das Geld kommt mir wie gerufen; **es una familia venida a menos** die Familie ist ziemlich verarmt; **por motivos que no vienen aquí al caso** aus Gründen, die hier nicht weiter erwähnt werden müssen; **¿te viene bien mañana después de comer?** passt es dir morgen nach dem Mittagessen?; **me viene mal darte la clase por la tarde** es ist für mich ungünstig, dich nachmittags zu unterrichten; **¡venga esa mano!** schlag ein!; **ahora no me vengas con cuentos chinos** komm mir jetzt nicht mit Märchen **II.** *vr:* **~se** ① *(ir a)* kommen ② *(hundirse)* **~se abajo** einstürzen; *(fig)* scheitern

venta ['beṇta] *f* ① (COM) Verkauf *m;* *(de vino)* Ausschank *m;* **~ callejera** Straßenverkauf *m;* **~ a domicilio** Haus-zu-Haus-Verkauf *m;* **precio de ~ al público** Verkaufspreis *m;* **volumen de ~s** Umsatz *m;* **en ~** zu verkaufen; **estar a la** [*o* **en**] **~** zum Verkauf stehen; **poner a la** [*o* **en**] **~** verkaufen ② *(posada)* Gasthof *m*

ventada [beṇ'taða] *f* Windstoß *m*

ventaja [beṇ'taxa] *f* *(beneficio, superioridad)* Vorteil *m;* (DEP) Vorsprung *m;* **~ competitiva** Wettbewerbsvorteil *m;* **sacar ~ de la debilidad del contrincante** die Schwächen des Gegners ausnutzen; **tener ~ sobre alguien** jdm gegenüber im Vorteil sein; **dar 300 metros de ~** 300 Meter Vorsprung geben

ventajista [beṇta'xista] *adj* skrupellos

ventajoso, -a [beṇta'xoso, -a] *adj* vorteilhaft; *(negocio)* einträglich

ventana [beṇ'tana] *f* ① *(abertura)* Fenster *nt;* **~ corrediza** Schiebefenster *nt;* **~ de doble cristal** Doppelfenster *nt;* **echar la casa por la ~** sich in Unkosten stürzen ② (ANAT) **~ de la nariz** Nasenloch *nt*

ventanal [beṇta'nal] *m* (großes) Fenster *nt*

ventanilla [beṇta'niʎa] *f* Fenster *nt;* **sobre con ~** Fensterbriefumschlag *m;* *(taquilla)* Schalter *m*

ventear [beṇte'ar] **I.** *vt* ① *(olfatear)* wittern; *(fig)* aufspüren ② *(airear)* lüften **II.** *vi* *(fig)* herumschnüffeln **III.** *vimpers* **ventea** es ist windig

ventilación [beṇtila'θjon] *f* Lüftung *f*

ventilador [beṇtila'ðor] *m* Ventilator *m;* (AUTO) Gebläse *nt*

ventilar [beṇti'lar] *vt, vr:* **~se** ① *(airear)* lüften ② *(persona)* einen klaren Kopf bekommen ③ *(resolver)* erörtern

ventisca [beṇ'tiska] *f* Schneetreiben *nt*

ventiscar [beṇtis'kar] <c → qu> *vimpers* schneien und stürmen

ventisquero [beṇtis'kero] *m* ① *(de un monte) Stelle eines Berges, die Schneestürmen am stärksten ausgesetzt ist* ② *(glaciar)* Gletscher *m*

ventolera [beṇto'lera] *f* ① *(viento)* Windstoß *m* ② *(juguete)* Windmühle *f* ③ *(loc)* **le ha dado la ~ de...** er/sie hat sich *dat* in den Kopf gesetzt zu ...

ventorrillo [beṇto'rriʎo] *m* Gasthaus *nt* *(an der Straße außerhalb der Stadt)*

ventosa [beṇ'tosa] *f* ① *(objeto, t.* ZOOL) Saugnapf *m* ② *(abertura)* Entlüftungsventil *nt*

ventosear [beṇtose'ar] *vi* Blähungen haben

ventosidad [beṇtosi'ðaᵈ] *f* Blähung *f;* **~es** Winde *mpl*

ventoso, -a [beṇ'toso, -a] *adj* windig

ventral [beṇ'tral] *adj* Bauch-

ventricular [beṇtriku'lar] *adj* (ANAT) ventrikular

ventrículo [beṇ'trikulo] *m* Kammer *f;* *(del corazón)* Herzkammer *f;* *(del cerebro)* Gehirnkammer *f;* *(estómago)* Magengrube *f*

ventrílocuo, -a [beṇ'trilokwo, -a] *m, f* Bauchredner(in) *m(f)*

ventrudo, -a [beṇ'truðo, -a] *adj* dickbäuchig

ventura [beṇ'tura] *f* Glück *nt;* **mala ~**

Pech *nt;* **a la** (**buena**) ~ auf gut Glück; **echar la buena ~ a alguien** jdm wahrsagen; **por ~** mit viel Glück; **probar ~** sein Glück versuchen; **viene ~ a quien la procura** *(prov)* hilf dir selbst, dann hilft dir Gott

venturero, -a [beṇtu'rero, -a] **I.** *adj* ① *(casual)* zufällig ② *(irregular)* unregelmäßig **II.** *m, f* Abenteurer(in) *m(f)*

venturoso, -a [beṇtu'roso, -a] *adj* glücklich

venus ['benus] *f* Schönheit *f,* schöne Frau *f*

Venus[1] ['benus] *f (diosa)* Venus *f*

Venus[2] ['benus] *m* (ASTR) Venus *f*

venusiano, -a [benu'sjano, -a] *adj* wunderschön, betörend

veo veo ['beo 'βeo] *m* **jugar a yo ~** ‚ich sehe was, was du nicht siehst' spielen

ver [ber] *irr* **I.** *vi, vt* ① *(con los ojos)* sehen; **llegar a ~ la paz** den Frieden erleben; **no se ve ni torta** man sieht die Hand nicht vor den Augen; **tengo un sueño que no veo** ich bin so müde, dass mir die Augen zufallen; **véase la página dos** siehe Seite zwei; **¡que se vean los forzudos!** na los, die Starken vor!; **lo nunca visto** das noch nie Dagewesene; **¡habráse visto!** nicht zu glauben!; **a ~** lass/lasst mal sehen; **si no lo veo, no lo creo** das hätte ich nie und nimmer für möglich gehalten; **~ y creer** erst sehen, dann glauben ② *(con la inteligencia)* (ein)sehen; **a mi modo de ~** meiner Ansicht nach; **¿no ves que...?** siehst du denn nicht, dass ...?; **quiero hacerte ~ esto** ich möchte dir das deutlich machen; **veo bien que te cases** ich finde es gut, dass du heiratest; **ya lo veo** jetzt sehe ich es auch ein ③ *(observar)* anschauen; *(documentos, información)* durchsehen ④ *(visitar)* besuchen; *(encontrarse)* sehen; **es de ~** *(fam)* das muss man gesehen haben ⑤ *(comprobar)* nachschauen ⑥ *(algo desagradable)* befürchten; **te veo venir** ich weiß, was du vorhast; **veo que hoy me tocará a mí** ich sehe es schon kommen, dass ich heute dran bin ⑦ *(tema, asunto)* behandeln; **..., como vimos ayer en la conferencia** wie wir gestern im Vortrag gehört haben, ... ⑧ (JUR: *causa*) verhandeln ⑨ *(relación)* **tener que ~ con algo** mit etw *dat* zu tun haben ⑩ *(duda)* **eso está por ~** das bleibt abzuwarten; **estoy por ~ si me dan el crédito** es bleibt abzuwarten, ob sie mir den Kredit gewähren; **habrá que ~ si eso es verdad** ob das stimmt, wird sich erst noch herausstellen ⑪ *(intentar)* **~é de hablarle** ich werde mal schauen, ob ich ihn sprechen kann ⑫ *(loc)* **a ~ cómo lo hacemos** mal sehen, wie wir das machen können; **¡a ~, escuchadme todos!** hey, hört mal alle her!; **a ~, venga** also, komm schon; **bueno, ya ~emos** nun, das sehen wir dann; **¡hay que ~!** das gibt's doch gar nicht!; **luego ya ~emos** danach werden wir schon weitersehen; **veamos, ...** schauen wir mal, ...; **¡~ás!** na warte!; **~ás como al final te engaña** du wirst schon sehen, dass er/sie dich letztendlich doch hereinlegt; **~emos, ...** nun, ...; **~ y callar** den Mund halten; **no veas lo contenta que se puso** du kannst dir nicht vorstellen, wie sehr sie sich freute; **no haberlas visto nunca más gordas** es noch nie so schwer gehabt haben; **¡para que veas!** so, da hast du's!; **no veas la que se armó allí** du glaubst gar nicht, was da los war; **hay que ~ lo tranquilo que es** es ist kaum zu glauben, wie ruhig er ist **II.** *vr:* **~se** ① *(encontrarse)* sich sehen ② *(estado)* sich fühlen; **~se apurado** sich in Schwierigkeiten befinden; **~se enfermo** erkranken; **~se negro** große Schwierigkeiten haben; **~se pobre** verarmen ③ *(imaginarse)* sehen; **me lo estoy viendo de médico** ich sehe ihn schon als Arzt vor mir ④ *(parecer)* **se ve que no tienen tiempo** sie haben scheinbar keine Zeit ⑤ *(Am: tener aspecto)* aussehen **III.** *m* ① *(aspecto)* Aussehen *nt;* **tener buen ~** gut aussehen ② *(opinión)* Ansicht *f;* **a mi ~** meiner Ansicht nach

vera ['bera] *f* ① *(orilla)* Rand *m;* **~ de un río** Ufer *nt* ② *(lado)* Seite *f;* **a la ~ de** neben

veracidad [beraθi'ðaᵈ] *f* Wahrhaftigkeit *f;* *(de una declaración)* Richtigkeit *f*

veraneante [berane'aṇte] *mf* Sommerurlauber(in) *m(f)*

veranear [berane'ar] *vi* **~ en Ibiza** den Sommer(urlaub) auf Ibiza verbringen; **estar veraneando en Marruecos** in Marokko Urlaub machen

veraneo [bera'neo] *m* Sommerurlaub *m;* **lugar de ~** Urlaubsort *m;* **estar de ~** im Urlaub sein; **estar de ~ en la sierra** in der Sierra Urlaub machen

veraniego, -a [bera'njeɣo, -a] *adj* sommerlich; **tiempo ~** Sommerwetter *nt*

verano [be'rano] *m* Sommer *m*

veras ['beras] *f (verdad)* Wahrheit *f;* **de ~** *(de verdad)* wirklich; *(en serio)* im Ernst; **esto va de ~** jetzt mal im Ernst

veraz [be'raθ] *adj* ① *(hechos)* wahr ② *(persona)* wahrheitsliebend

verba ['berβa] *f* Geschwätzigkeit *f,* Redseligkeit *f;* **tiene mucha ~** er/sie ist sehr geschwätzig [*o* redselig]

verbal [ber'βal] *adj* ① *(del verbo)* verbal;

V

frase ~ Verbalphrase *f* ② *(oral)* mündlich ③ *(del sentido)* wörtlich

verbalizar [berβali'θar] <z → c> *vt (expresar)* in Worte fassen

verbena [ber'βena] *f* ① *(fiesta)* Fest *nt; (feria)* Jahrmarkt *m* ② (BOT) Eisenkraut *nt*

verbigracia [berβi'ɣraθja] *adv* zum Beispiel

verbo ['berβo] *m* ① *(expresa acción)* Verb *nt;* ~ **auxiliar** Hilfsverb *nt* ② *(palabra)* Wort *nt*

verborrea [berβo'rrea] *f,* **verbosidad** [berβosi'ða^{d}] *f* ① *(locuacidad)* Redseligkeit *f; (pey)* Geschwätzigkeit *f* ② *(palabras)* Wortschwall *m*

verbosidad [berβosi'ða^{d}] *f* ① *(locuacidad)* Geschwätzigkeit *f,* Redseligkeit *f* ② *(palabras)* Wortschwall *m*

verboso, -a [ber'βoso, -a] *adj* geschwätzig, redselig

verdad [ber'ða^{d}] *f* Wahrheit *f;* ~ **de Perogrullo** Binsenweisheit *f;* **a la** ~ in Wahrheit; **bien es** ~ **que...** es stimmt zwar, dass ...; **bueno, a decir ~, ...** nun, ehrlich gesagt, ...; **¡de ~!** (das stimmt) wirklich!; **¡es ~!** stimmt!; **faltar a la** ~ nicht die Wahrheit sagen; **hay una parte de** ~ **en esto** da ist (et)was Wahres dran; **la** ~ **lisa y llana** die volle Wahrheit; **pues la ~, no lo sé** ehrlich gesagt, weiß ich es nicht; **ser** ~ wahr sein; **si bien es** ~ **que...** obwohl es zwar stimmt, dass ...; **un héroe de** ~ ein wahrhafter Held; **¿~?** stimmt's?; **¿~ que no fuiste tú?** du warst es doch nicht, oder?; **~es como puños** knallharte Tatsachen; **la** ~ **es que hace frío** Tatsache ist, dass es kalt ist; **decirle cuatro ~es a alguien** jdm die Meinung sagen

verdaderamente [berðaðera'mente] *adv* wirklich

verdadero, -a [berða'ðero, -a] *adj* ① *(cierto)* wahr ② *(real)* echt ③ *(persona)* wahrheitsliebend

verde ['berðe] **I.** *adj* ① *(color, t.* POL) grün; ~ **oliva** olivgrün ② (BOT: *no maduro*) unreif; *(no seco)* frisch; **segar la hierba en** ~ das Gras mähen während es noch grün ist; **estar** ~ *(principiante)* ein Grünschnabel sein; *(inocente)* noch feucht hinter den Ohren sein; **estar a las ~s y a las maduras** auf gute wie auf schlechte Zeiten vorbereitet sein ③ *(chistes, canciones)* unanständig ④ *(personas)* lüstern; **viejo** ~ Lustmolch *m* ⑤ *(loc)* **poner** ~ **a alguien** *(fam)* jdn herunterputzen; **estar** ~ **de envidia** grün und gelb vor Neid sein **II.** *m* ① *(color)* Grün *nt* ② *(hierba)* Gras *nt; (pienso)* Grünfutter *nt* ③ *(del árbol)* Blattwerk *nt* ④ *(CSur: pasto)* Weide *f* ⑤ *(CSur: mate)* Mate(tee) *m* ⑥ *(CSur: ensalada)* grüner Salat *m* ⑦ *(AmC, Méx: campo)* (Stück) Land *nt* ⑧ *(loc)* **darse un** ~ **de algo** *(fam: hartarse)* sich *dat* mit etw *dat* gehörig den Bauch vollschlagen; **darse un** ~ **de conciertos** Dutzende von Konzerten besuchen

verdear [berðe'ar] *vi* ① *(mostrarse verde)* grün sein ② *(tirar a verde)* einen Grünstich haben ③ *v.* **verdecer** ④ *(CSur: beber)* Mate(tee) trinken

verdecer [berðe'θer] *vi irr como crecer* (er)grünen

verdemar [berðe'mar] **I.** *adj* seegrün, meergrün **II.** *m* Seegrün *nt,* Meergrün *nt*

verdete [ber'ðete] *m* ① *(del cobre)* Grünspan *m* ② *(para tintar) hellgrüner Farbstoff*

verdiblanco, -a [berði'βlaŋko, -a] *adj* blassgrün

verdín [ber'ðin] *m* ① *(del cobre)* Grünspan *m* ② *(verde)* erstes Grün *nt* ③ *(musgo)* Moosschicht *f*

verdor [ber'ðor] *m* ① (BOT) (Pflanzen)grün *nt* ② *(juventud)* Jugend *f*

verdoso, -a [ber'ðoso, -a] *adj* grünlich

verdugo [ber'ðuɣo] *m* ① *(de ejecuciones)* Scharfrichter *m* ② *(tirano)* Tyrann *m; (atormentador)* Peiniger *m* ③ *(tormento)* Pein *f* ④ *(látigo)* Peitsche *f* ⑤ *(hematoma)* Strieme *f* ⑥ (BOT) Trieb *m*

verdugón [berðu'ɣon] *m* ① *(hematoma)* Strieme *f* ② (BOT) Trieb *m*

verdulera [berðu'lera] *f (pey)* ordinäres Weibsstück *nt*

verdulería [berðule'ria] *f* Gemüseladen *m*

verdulero, -a [berðu'lero, -a] *m, f* Gemüsehändler(in) *m(f)*

verdura [ber'ðura] *f* ① *(hortalizas)* Gemüse *nt* ② *(verdor)* Grün *nt* ③ *(obscenidad)* Unanständigkeit *f*

verecundia [bere'kundja] *f* Scham *f,* Scheu *f,* Schüchternheit *f*

verecundo, -a [bere'kundo, -a] *adj* scheu, schüchtern

vereda [be'reða] *f* ① *(sendero)* Pfad *m;* **entrar en** ~ *(cumplir)* seinen Verpflichtungen nachkommen; *(vida ordenada)* ein geregeltes Leben führen; **ir por la** ~ *(fig)* auf dem richtigen Weg sein; **hacer entrar en** ~ **a alguien** jdn auf den richtigen Weg bringen ② *(Am: acera)* Gehsteig *m*

veredicto [bere'ðikto] *m* (JUR) Urteil *nt;* ~ **de culpabilidad** Schuldspruch *m;* ~ **de inculpabilidad** Freispruch *m*

verga ['berɣa] *f* ① *(vara)* Stange *f* ② (ANAT) Glied *nt*

vergajo [ber'ɣaxo] *m* ① *(verga del toro)* Ochsenziemer *m* ② *(vulg: pene)*

Schwanz *m* ③ *(látigo)* Peitsche *f* ④ *(And: vulg: cerdo)* Schweinehund *m*

vergel [ber'xel] *m* Garten *m*

vergonzante [berɣoṇ'θaṇte] *adj* ① *(acción)* schändlich ② *(persona)* schamhaft

vergonzoso, -a [berɣoṇ'θoso, -a] *adj* ① *(persona)* schamhaft; *(tímido)* schüchtern ② *(acción)* schändlich

vergüenza [ber'ɣweṇθa] *f* ① *(rubor)* Scham *f;* **se me cae la cara de ~** ich schäme mich in Grund und Boden; **me da ~** es ist mir peinlich; **¿no te da ~?** schämst du dich (denn) nicht?; **pasar ~** sich schämen; **¡qué ~!** (mein Gott) wie peinlich! ② *(pundonor)* Anstand *m;* **perder la ~** sich gehen lassen; **perder la ~ ante alguien** jdm gegenüber unverschämt werden; **tener poca ~** unverschämt sein ③ *(persona, acción)* Schande *f; (escándalo)* Skandal *m;* **sacar a alguien a la ~ (pública)** jdn an den Pranger stellen ④ *(cortedad)* Schüchternheit *f; (sexual)* Schamhaftigkeit *f;* **le da ~ al hablar** er/sie wird beim Reden ganz verlegen ⑤ *pl* (ANAT) Geschlechtsteile *ntpl*

vericueto [beri'kweto] *m* unwegsame Strecke *f*

verídico, -a [be'riðiko, -a] *adj* ① *(verdadero)* wahr ② *(muy probable)* sehr wahrscheinlich ③ *(sincero)* wahrheitsliebend

verificable [berifi'kaβle] *adj* ① *(controlable)* (über)prüfbar, (nach)prüfbar, kontrollierbar ② *(probable)* nachweisbar, beweisbar

verificación [berifika'θjon] *f* ① *(inspección)* (Über)prüfung *f; (test)* Test *m* ② *(prueba)* Beweis *m* ③ *(realización)* Durchführung *f* ④ *(de una profecía)* Eintreten *nt*

verificar [berifi'kar] <c → qu> **I.** *vt* ① *(comprobar)* beweisen ② *(controlar)* (über)prüfen ③ *(realizar)* durchführen; *(ceremonia)* vornehmen **II.** *vr:* **~se** ① *(acto solemne)* stattfinden ② *(una profecía)* eintreten; *(deseos)* sich erfüllen; *(temores)* sich bewahrheiten

verija [be'rixa] *f* ① (ANAT: *genitales*) Intimbereich *m* ② *(Am:* ANAT: *de un caballo)* Flanke *f*

verismo [be'rismo] *m sin pl* ① *(realismo)* Wahrhaftigkeit *f,* Realismus *m* ② (ARTE, CINE, LIT) Verismus *m,* Naturalismus *m,* Verismo *m*

verja ['berxa] *f (rejas)* Gitter *nt; (cerca)* Zaun *m; (puerta)* Gatter *nt*

vermú [ber'mu] *m,* **vermut** [ber'mu] *m* <vermús> ① *(licor)* Wermut *m* ② *(And, CSur:* TEAT) Nachmittagsvorstellung *f*

vernáculo, -a [ber'nakulo, -a] *adj* einheimisch; **lengua vernácula** Landessprache *f*

verosímil [bero'simil] *adj* ① *(probable)* wahrscheinlich ② *(creíble)* glaubwürdig

verosimilitud [berosimili'tuᵈ] *f* Wahrscheinlichkeit *f*

verraco [be'rrako] *m* ① *(para procrear)* Zuchteber *m* ② *(AmC: jabalí)* Wildschwein *nt*

verraquear [berrake'ar] *vi (fam)* ① *(gruñir)* knurren, murren ② *(llorar)* heulen, plärren

verruga [be'rruɣa] *f* Warze *f; (fig)* Plage *f*

verrugoso, -a [berru'ɣoso, -a] *adj* ① *(con verrugas)* warzig ② *(parecido)* warzenartig

versado, -a [ber'saðo, -a] *adj* versiert, bewandert, erfahren

versalita [bersa'lita] **I.** *adj* **letra ~** Kapitälchen *nt* **II.** *f* Kapitälchen *nt*

versar [ber'sar] *vi* ① *(tratar)* handeln (**sobre** von *+dat*); **la conferencia ~á sobre las vacunas** der Vortrag wird das Thema Impfungen behandeln ② *(dar vueltas)* sich drehen ③ *(AmC: escribir)* dichten ④ *(AmC: charlar)* sich unterhalten ⑤ *(Méx: bromear)* witzeln

versátil [ber'satil] *adj* ① *(que se vuelve)* (um)drehbar; *(que se dobla)* faltbar ② *(persona)* wankelmütig

versatilidad [bersatili'ðaᵈ] *f* ① *(inconstancia)* Wankelmut *m* ② *(flexibilidad)* Flexibilität *f*

versículo [ber'sikulo] *m* ① (REL) Bibelspruch *m* ② *(poema)* Vers *m*

versificación [bersifika'θjon] *f (trasformación)* Versifikation *f; (composición)* Versdichtung *f*

versificar [bersifi'kar] <c → qu> **I.** *vt* in Verse bringen **II.** *vi* Verse schreiben

versión *f* (CINE) **~ original (sin subtítulos)** Originalfassung *f* (ohne Untertitel); **~ original subtitulada** [*o* **con subtítulos**] Originalfassung *f* mit Untertiteln

versión [ber'sjon] *f* ① *(interpretación)* Version *f; (descripción)* Darstellung *f;* **~ resumida** Kurzfassung *f* ② *(traducción)* Übersetzung *f*

verso ['berso] *m* ① *(palabras)* Vers *m;* **~ libre** Blankvers *m;* **en ~s** in Versform ② *(género)* Versdichtung *f* ③ *(poema)* Gedicht *nt*

vértebra ['berteβra] *f* Wirbel *m;* **~ cervical** Halswirbel *m;* **~ lumbar** Lendenwirbel *m*

vertebración [berteβra'θjon] *f* ① *(soporte)* Stütze *f,* Halt *m* ② *(estructura)* Grundstruktur *f,* Grundgerüst *nt*

vertebrado [berte'βraðo] *m* Wirbeltier *nt*

vertebral [berte'βral] *adj* Wirbel-; **columna ~** Wirbelsäule *f*

V

vertebrar [berte'βrar] *vt* ❶ *(apoyar)* stützen ❷ *(estructurar)* strukturieren
vertedero [berte'ðero] *m* *(escombrero)* Mülldeponie *f;* *(no autorizado)* Müllkippe *f;* ~ **ilegal** wilde Müllkippe
verter [ber'ter] <e → ie> **I.** *vt* ❶ *(vaciar)* schütten; *(líquido)* gießen; *(sin querer)* verschütten; *(recipiente)* ausleeren; *(basura)* abladen; ~ **el café en las tazas** Kaffee einschenken ❷ *(traducir)* übersetzen ❸ *(ideas, conceptos)* einbringen **II.** *vi* fließen
vertical [berti'kal] **I.** *adj* senkrecht **II.** *f* Senkrechte *f*
verticalidad [bertikali'ðað] *f* ❶ *(posición)* vertikale Position *f,* vertikale Stellung *f* ❷ *(dirección)* vertikale Richtung *f,* vertikaler Verlauf *m*
vértice ['bertiθe] *m* Scheitel *m*
verticidad [bertiθi'ðað] *f* (FÍS) ❶ *(capacidad de girar)* Drehbarkeit *f* ❷ *(capacidad de moverse)* Beweglichkeit *f* (in alle Richtungen)
vertido [ber'tiðo] *m* ❶ *(al echar, descargar)* Ausleeren *nt* ❷ *pl* *(residuos)* Abfälle *mpl*
vertiente [ber'tjente] *f* ❶ *(declive)* Abhang *m;* *(lado)* Seite *f* ❷ *(aspecto)* Aspekt *m;* *(punto de vista)* Ansicht *f* ❸ *(And, CSur, Méx: fuente)* Springbrunnen *m*
vertiginoso, -a [bertixi'noso, -a] *adj* ❶ *(que marea)* Schwindel erregend ❷ *(velocidad)* rasend
vértigo ['bertiγo] *m* ❶ *(mareo)* Schwindelgefühl *nt;* *(por las alturas)* Höhenangst *f;* **causar** ~(**s**) Schwindel erregen ❷ *(desmayo)* Ohnmachtsanfall *m* ❸ *(frenesí)* Rausch *m;* *(locura)* Wahnsinn *m* ❹ *(loc)* **de** ~ *(jaleo)* ohrenbetäubend; *(increíble)* unglaublich; *(fantástico)* fantastisch; *(rápidamente)* rasend schnell
vesania [be'sanja] *f* ❶ *(locura)* Wahnsinn *m,* Irrsinn *m* ❷ *(ira)* Zorn *m,* Wut *f*
vesánico, -a [be'saniko, -a] **I.** *adj* ❶ *(loco)* wahnsinnig, irrsinnig ❷ *(colérico)* rasend vor Wut, cholerisch **II.** *m, f* ❶ *(loco)* Wahnsinnige(r) *f(m),* Irrsinnige(r) *f(m)* ❷ *(colérico)* Choleriker(in) *m(f)*
vesícula [be'sikula] *f* Blase *f;* ~ **biliar** Gallenblase *f;* ~ **seminal** Samenbläschen *nt;* *(en la epidermis)* Bläschen *nt*
vespa® ['bespa] *f* *(moto)* Vespa® *f*
vespertino, -a [besper'tino, -a] *adj* Abend-, abendlich
vespino [bes'pino] *m* Mofa *nt*
vesre ['besrre] *m* *(Arg: fam)* *Jargon, bei dem Silben oder ganze Wörter verstellt werden;* **al** ~ seitenverkehrt
vestíbulo [bes'tiβulo] *m* *(de un piso)* (Haus)flur *m;* *(de un hotel)* Empfangshalle *f;* (TEAT) Foyer *nt;* *(atrio)* Atrium *nt*
vestido [bes'tiðo] *m* ❶ *(prenda)* Kleidungsstück *nt;* *(de mujer)* Kleid *nt* ❷ *(ropa)* Kleidung *f*
vestidor [besti'ðor] *m* Ankleideraum *m*
vestidura [besti'ðura] *f* ❶ *(ropa)* Kleidung *f* ❷ *pl* (REL) Gewand *nt*
vestigio [bes'tixjo] *m* ❶ *(huella)* Spur *f* ❷ *(señal)* Anzeichen *nt*
vestimenta [besti'menta] *f* Kleidung *f*
vestir [bes'tir] *irr como pedir* **I.** *vt* ❶ *(cuerpo, persona)* (be)kleiden; *(estatua, pared)* bedecken; *(adornar)* schmücken; **estar vestido de pirata** *(disfrazado)* als Pirat verkleidet sein; ~ **a alguien con un abrigo** jdn in einen Mantel hüllen ❷ *(llevar)* tragen; *(ponerse)* anziehen ❸ *(confeccionar)* (ein)kleiden; **¿qué sastre le viste?** welcher Schneider arbeitet für Sie? ❹ *(expresión)* ~ **el rostro de seriedad** ein ernstes Gesicht machen **II.** *vi* ❶ *(persona)* sich kleiden; ~ **de blanco** sich (in) Weiß kleiden; ~ **de uniforme** Uniform tragen; **el mismo que viste y calza** *(fig)* eben der; ~ **siempre muy bien** immer sehr gut angezogen sein ❷ *(loc)* **de** ~ *(elegante)* elegant; *(para una ocasión)* angebracht **III.** *vr:* ~**se** ❶ *(la ropa)* sich anziehen; *(cubrirse)* sich bedecken (**de** mit +*dat*); ~**se a la moda** sich modisch kleiden; ~**se de azul** Blau tragen; **los árboles se visten de verde** die Bäume werden grün; **los campos se visten de blanco** die Felder sind schneebedeckt; ~**se en Milán** *(comprar)* sich in Mailand einkleiden ❷ *(estado de ánimo)* ~**se de cierta actitud** eine bestimmte Haltung einnehmen; ~**se de severidad** ein strenges Gesicht machen
vestón [bes'ton] *m* *(Chil: saco)* Jacke *f*
vestuario [bes'twarjo] *m* ❶ *(conjunto)* Garderobe *f* ❷ *(cuarto,* TEAT) Garderobe *f;* (DEP) Umkleidekabine *f*
veta ['beta] *f* ❶ (MIN) (Erz)ader *f* ❷ *(en madera, mármol)* Maser *f*
vetar [be'tar] *vt* sein Veto einlegen (gegen +*akk*)
veteado[1] [bete'aðo] *m* ❶ *(de la madera, piedra)* Maserung *f* ❷ *(del mármol)* Marmorierung *f*
veteado, -a[2] [bete'aðo, -a] *adj* ❶ *(madera, piedra)* gemasert ❷ *(como el mármol)* marmoriert
vetear [bete'ar] *vt* ❶ *(como la madera)* masern ❷ *(como el mármol)* marmorieren
veteranía [betera'nia] *f* ❶ *(en una empresa)* lange Betriebszugehörigkeit *f* ❷ *(estatus)* Veteranenstatus *m*

veterano[1] [bete'rano] *m* (MIL) Veteran *m*

veterano, -a[2] [bete'rano, -a] **I.** *adj* ① (MIL) altgedient ② *(experimentado)* erfahren **II.** *m, f* ① *(en una empresa)* langjähriger Mitarbeiter, langjährige Mitarbeiterin *m, f* ② *(experto)* Experte, -in *m, f*

veterinaria [beteri'narja] *f sin pl* Tiermedizin *f*

veterinario, -a [beteri'narjo, -a] *m, f* Tierarzt, -ärztin *m, f*

veto ['beto] *m* Veto *nt;* **(inter)poner (su) ~ a algo** sein Veto gegen etw einlegen

vetustez [betus'teθ] *f* ① *(edad)* hohes Alter *nt* ② *(cosa)* Alter *nt; (pey)* Antiquiertheit *f*

vetusto, -a [be'tusto, -a] *adj* ① *(persona)* greis, betagt ② *(cosa)* sehr alt; *(pey)* antiquiert, altertümlich

vez [beθ] *f* ① *(acto repetido)* Mal *nt;* **a la ~** gleichzeitig; **a** [*o* **algunas**] **veces** manchmal; **alguna que otra ~** gelegentlich; **cada ~ me gusta menos** es gefällt mir immer weniger; **cada ~ que..** jedes Mal, wenn ...; **de una ~** *(en un solo acto)* mit einem Mal; *(sin interrupción)* auf einmal; *(definitivamente)* endgültig; **de ~ en cuando** ab und zu; **dilo otra ~** sag es noch einmal; **acabemos de una ~** lass es uns ein für alle Mal hinter uns bringen; **por primera ~** zum ersten Mal; **aquella ~** damals; **esta ~** diesmal; **alguna ~** einmal; **muchas veces** oft; **otra ~ será** dann eben ein anderes Mal; **pocas veces, rara ~** selten; **tal ~** vielleicht; **una y otra ~** immer wieder; **una ~ que haya terminado, ...** wenn ich erst einmal fertig bin, ...; **érase una ~...** es war einmal ... ② *(con número)* Mal *nt;* **una ~** ein Mal; **una y mil veces** hunderttausend Mal; **3 veces 9** (MAT) 3 mal 9; **repetidas veces** öfter(s); **de una ~ por todas** ein für allemal; **dos veces más que** doppelt so viel wie; **una ~ al año no hace daño** *(prov)* ein Mal ist kein Mal ③ *(turno)* **cuando llegue mi ~** wenn ich an der Reihe bin; **él a su ~ no respondió** er seinerseits antwortete nicht; **en ~ de** (an)statt; **hacer las veces de algo** als etw dienen; **hacer las veces de alguien** an jds Stelle treten; **ceder la ~ en una cola** in einer Schlange seinen Platz abtreten

vía ['bia] *f* ① *(camino)* Weg *m; (calle)* Straße *f;* **~ aérea** *(correos)* Luftpost *f;* **V~ láctea** Milchstraße *f;* **~ pública** Bürgersteig *m;* **por ~ aérea** auf dem Luftwege; *(correos)* per Luftpost; **¡~ libre!** Platz da! ② *(ruta)* via; **a Madrid ~ Paris** nach Madrid via Paris ③ *(carril)* Spur *f;* (FERRO) Gleis *nt;* **~ férrea** Eisenbahn *f;* **por ~ férrea** auf dem Schienenweg; **~ muerta** Abstellgleis *nt;* **de ~ estrecha** schmalspurig; *(fig)* mies; **de ~ única** eingleisig ④ (ANAT) Röhre *f;* **~s digestivas** Verdauungstrakt *m;* **~s respiratorias** Luftröhre *f;* **~s urinarias** Harnröhre *f;* **por ~ oral** oral ⑤ *(procedimiento)* Weg *m;* **por ~ judicial** auf dem Rechtsweg ⑥ (INFOR) Pfad *m* ⑦ *(loc)* **país en ~s de desarrollo** Entwicklungsland *nt;* **en ~s de recuperación** auf dem Wege der Genesung

viabilidad [bjaβili'ða^{d}] *f* ① *(vida)* Lebensfähigkeit *f* ② *(factibilidad)* Durchführbarkeit *f;* **estudio de ~** Durchführbarkeitsstudie *f*

viabilizar [bjaβili'θar] <z → c> *vt* ① *(para vivir)* lebensfähig machen ② *(para caminar)* begehbar machen; *(para coches)* befahrbar machen ③ *(posibilitar)* möglich machen, ermöglichen

viable *adj* ① *(sano)* lebensfähig ② *(factible)* machbar ③ *(camino)* gangbar, begehbar; *(para coches)* befahrbar

viacrucis [bia'kruθis] *m inv* ① (REL: *camino*) Kreuzweg *m,* Leidensweg *m* (Christi) ② *(sufrimiento)* Leidensweg *m,* Qual *f*

viada [bi'aða] *f (And)* Geschwindigkeit *f*

viaducto [bja'ðukto] *m* Viadukt *m o nt;* (FERRO) Bahnbrücke *f*

viajante [bja'xante] *mf* Reisende(r) *mf;* (COM) Handelsreisende(r) *mf*

viajar [bja'xar] *vi* reisen; **~ por Italia** durch Italien reisen; **~ en avión** fliegen

viaje [bi'axe] *m* ① *(general)* Reise *f;* **~ astral** Astralreise *f;* **~ de novios** Hochzeitsreise *f;* **estar de ~** verreist sein; **irse de ~** verreisen; **salir de ~** abreisen ② *(carga)* Fuhre *f; (recorrido)* Fahrt *f;* **un ~ de leña** eine Fuhre Holz; **hacer la mudanza en cinco ~s** für den Umzug fünf Fahrten machen; **de un ~** *(AmC: fig)* in einem Aufwasch ③ *(argot: drogas)* Trip *m*

viajero, -a [bja'xero, -a] **I.** *adj* reisend; (ZOOL) Wander-; **ave viajera** Zugvogel *m* **II.** *m, f* Reisende(r) *mf; (pasajero)* Passagier(in) *m(f);* **~ diario** Pendler *m*

vial [bi'al] **I.** *adj (caminos)* Wege-; (FERRO) Schienen-; *(tráfico)* Verkehrs-; **circulación ~** Straßenverkehr *m;* **(poca) fluidez ~** (hohes) Verkehrsaufkommen *nt;* **reglamento ~** Straßenverkehrsordnung *f* **II.** *m* Allee *f*

vianda [bi'anda] *f (alimento)* Nahrung *f; (comida)* Speise *f*

viandante [bjan'dante] *mf (peatón)* Fußgänger(in) *m(f)*

viaraza [bja'raθa] *f (Am: rapto de ira)* Wutanfall *m;* **me dio la ~** ich tobte vor Wut

viario, -a [bi'arjo, -a] *adj* Wege-; *(de carre-*

teras) Straßen-; (FERRO) Schienen-; **red viaria** (FERRO) Schienennetz *nt; (de carreteras)* Straßennetz *nt*

viático [bi'atiko] *m* ❶ (REL) Viatikum *nt* ❷ *(alimentos)* Proviant *m* ❸ *(subvención)* Reisespesen *pl*

víbora ['biβora] *f* ❶ (ZOOL) Viper *f* ❷ *(pey: persona)* (falsche) Schlange *f*

vibración [biβra'θjon] *f* ❶ *(vaivén)* Vibration *f;* **buenas vibraciones** *(fam)* gutes Feeling *nt* ❷ *(temblor)* Zittern *nt* ❸ *(agitación)* (leichte) Erschütterung *f*

vibrador [biβra'ðor] *m* Vibrator *m*

vibrante [bi'βraṇte] *adj* ❶ *(sonoro)* kraftvoll ❷ *(entusiasta)* schwungvoll

vibrar [bi'βrar] **I.** *vi* ❶ *(oscilar)* vibrieren ❷ *(voz)* zittern **II.** *vt* ❶ *(agitar)* rütteln ❷ (LING) rollen

vibratorio, -a [biβra'torjo, -a] *adj* ❶ *(que vibra)* vibrierend, schwingend, Schwingungs- ❷ *(que tiembla)* bebend, zitternd

viburno [bi'βurno] *m* (BOT) Schneeball *m,* Viburnum *nt*

vicaría [bika'ria] *f* (REL) Vikariat *nt*

vicario [bi'karjo] *m* Vikar *m*

vicecanciller [biθekaṇθi'ʎer] *m* (POL) Vizekanzler *m*

vicedirector(a) [biθeðirek'tor(a)] *m(f)* stellvertretender Direktor, stellvertretende Direktorin *m, f*

vicenal [biθe'nal] *adj* ❶ *(que dura)* zwanzigjährig ❷ *(que se repite)* sich alle 20 Jahre ereignend

vicepresidente, -a [biθepresi'ðeṇte, -a] *m, f* (POL) Vizepräsident(in) *m(f); (en juntas)* stellvertretender Vorsitzender *m,* stellvertretende Vorsitzende *f*

vicerrector(a) [biθerrek'tor(a)] *m(f)* ❶ (UNIV) Prorektor(in) *m(f)* ❷ (ENS) Konrektor(in) *m(f)*

vicesecretario, -a [biθesekre'tarjo, -a] *m, f* stellvertrende(r) Geschäftsführer(in) *m(f)*

viceversa [biθe'βersa] *adv* umgekehrt

vichar [bi'ʧar] *vt (Arg, Urug)* ❶ *(espiar)* ausspionieren ❷ *(ver)* sehen ❸ *(buscar con la mirada)* spähen (nach +*dat*)

vichear [biʧe'ar] *vt (Arg)* ausspionieren (**a** +*akk*), (heimlich) beobachten (**a** +*akk*), nachspionieren (**a** +*dat*)

viciado, -a [bi'θjaðo, -a] *adj (aire)* stickig

viciar [bi'θjar] **I.** *vt* ❶ *(anular)* annullieren ❷ *(falsear)* verfälschen; *(deformar)* entstellen **II.** *vr:* **~se** ❶ *(costumbres)* verkommen; *(persona)* verderben ❷ *(ser adicto)* süchtig sein (**con** nach +*dat*); **haberse viciado con la televisión** fernsehsüchtig sein ❸ *(deformarse)* sich verformen; *(romperse)* defekt sein

vicio ['biθjo] *m* ❶ *(mala costumbre)* Laster *nt; (adicción)* Sucht *f;* **el ~ de siempre** das alte Laster; **hacer algo por ~** etw aus reiner Gewohnheit tun; **no poder quitarse el ~ de fumar** sich *dat* das Rauchen nicht abgewöhnen können; **tener el ~ de comerse las uñas** die schlechte Angewohnheit haben, an den Nägeln zu kauen ❷ *(objeto)* Defekt *m* ❸ (JUR: *error*) Fehler *m; (en un documento)* Formfehler *m* ❹ *(capricho)* Laune *f;* **le concedes demasiados ~s a ese niño** du bist zu nachgiebig mit dem Kind; **quejarse de ~** ewig unzufrieden sein ❺ (BOT) **tener mucho ~** wuchern

viciosamente [biθjosa'meṇte] *adv* ❶ *(de costumbre)* gewohnheitsmäßig; *(de mala costumbre)* lasterhaft ❷ (BOT: *crecimiento*) üppig

vicioso, -a [bi'θjoso, -a] **I.** *adj* ❶ *(carácter)* verdorben ❷ *(que produce vicio)* lasterhaft ❸ *(defecto)* defekt ❹ *(niño)* verwöhnt ❺ (BOT) üppig **II.** *m, f* **en lo que respecta a la bebida es un ~** er ist ein Gewohnheitstrinker

vicisitud [biθisi'tu^ð] *f* ❶ *(acontecimiento)* Ereignis *nt; (desgracia)* Unglück *nt* ❷ *(cambio)* Wende *f* ❸ *pl (alternancia)* Auf und Ab *nt*

víctima ['biktima] *f* Opfer *nt; (afectado)* Betroffene(r) *mf;* **ser ~ de un fraude** Opfer eines Betrugs werden

victimar [bikti'mar] *vt (Am)* ❶ *(herir)* verwunden ❷ *(matar)* töten

victimario, -a [bikti'marjo, -a] *m, f* ❶ *(el que daña)* Verantwortliche(r) *f(m),* Verursacher(in) *m(f)* ❷ *(Am: el que mata)* Mörder(in) *m(f)*

victoria [bik'torja] *f* Sieg *m;* **~ por puntos** Sieg nach Punkten; **cantar ~** sich eines Sieges rühmen

victorioso, -a [bikto'rjoso, -a] *adj* siegreich

vid [bi^ð] *f* ❶ *(parra)* Weinstock *m* ❷ *(uva)* (Wein)rebe *f*

vida ['biða] *f* ❶ *(existencia, actividad)* Leben *nt;* **~ cotidiana** Alltag *m;* **~ íntima** Privatleben *nt;* **~ perra** Hundeleben *nt;* **¿cómo te va la ~?** wie geht's dir?; **complicarse la ~** sich *dat* das Leben schwer machen; **darse la ~ padre** sich *dat* ein schönes Leben machen; **dejarse la ~ en algo** sein ganzes Leben etw *dat* widmen; **¡en ~!** nie im Leben!; **estar aún con ~** noch am Leben sein; **estar entre la ~ y la muerte** in Lebensgefahr schweben; **este material es de corta ~** dieses Material ist kurzlebig; **hacer por la ~** *(fam)* essen; **hacer ~ marital** eheähnlich zusammenleben; **llevar una ~ miserable** ein küm-

V

merliches Dasein fristen; **me va la ~ en este asunto** diese Angelegenheit ist lebenswichtig für mich; **partir de esta ~** sterben; **pasarse la ~ haciendo algo** die ganze Zeit damit verbringen, etw zu tun; **perder la ~** ums Leben kommen; **¿qué es de tu ~?** was gibt's Neues bei dir?; **quitarle la ~ a alguien** jdn töten; **quitarse la ~** sich *dat* das Leben nehmen; **salir con ~** mit dem Leben davonkommen; **de por ~** zu Lebzeiten ❷ *(sustento)* Lebensunterhalt *m;* **buscarse la ~** sich durchschlagen ❸ *(biografía)* Lebensgeschichte *f;* **de toda la ~** schon immer; **la ~ y milagros de alguien** jds ganzes Leben ❹ *(placer)* Wohltat *f;* **este sol es ~** dieser Sonnenschein ist eine wahre Wohltat ❺ *(alegría)* Lebensfreude *f* ❻ *(cariño)* **¡mi ~!** (mein) Schatz! ❼ *(prostituta)* **mujer de la ~** Dirne *f;* **hacer la ~** *(argot)* auf den Strich gehen

vide ['biðe] siehe

videncia [bi'ðeṇθja] *f* (Hell)sehen *nt*

vidente [bi'ðeṇte] *mf* (Hell)seher(in) *m(f)*

vídeo ['biðeo] *m* ❶ *(aparato)* Videorekorder *m;* **cámara de ~** Videokamera *f* ❷ *(película)* Video *nt;* **grabar un ~** ein Video aufnehmen

videocámara [biðeo'kamara] *f* Videokamera *f*

videoclip [biðeo'kli^{p}] *m* <videoclips> Videoclip *m*

videoclub [biðeo'klu^{β}] *m* <videoclubs *o* videoclubes> Videoklub *m*

videoconferencia [biðeokoɱfe'reṇθja] *f* (INFOR) Videokonferenz *f*

videoconsola [biðeokon'sola] *f* Videokonsole *f*

videojuego [biðeo'xweɣo] *m* Videospiel *nt*

videopiratería [biðeopirate'ria] *f* Videopiraterie *f*

videoteca [biðeo'teka] *f* Videothek *f*

vidriar [bi'ðrjar] **I.** *vt (loza)* glasieren **II.** *vr:* **~se** ❶ *(hacerse trasparente)* glasig werden ❷ *(asunto)* heikel werden

vidriera [bi'ðrjera] *f* ❶ *(ventana)* Fenster *nt;* **puerta ~** Glastür *f* ❷ *(Am: escaparate)* Schaufenster *nt*

vidriería [biðrje'ria] *f* ❶ *(taller: fabricación)* Glashütte *f;* *(con caña de soplador)* Glasbläserei *f* ❷ *(tienda)* Glasgeschäft *nt* ❸ *(productos)* Glaswaren *f pl*

vidriero, **-a** [bi'ðrjero, -a] *m, f* ❶ *(soplador)* Glasbläser(in) *m(f)* ❷ *(que coloca vidrios)* Glaser(in) *m(f)*

vidrio ['biðrjo] *m* ❶ *(material)* Glas *nt;* **~ de color** Buntglas *nt;* **~ opalino** Milchglas *nt;* **~ reciclable** Altglas *nt;* **pagar los ~s rotos** *(fam fig)* die Suppe auslöffeln; **¡~!** *(frágil)* zerbrechlich!; *(cristal)* Achtung Glas! ❷ *(placa)* (Glas)scheibe *f;* *(de una ventana)* Fensterscheibe *f* ❸ *(objeto)* Glasarbeit *f;* *(productos)* Glaswaren *f pl*

vidrioso, **-a** [bi'ðrjoso, -a] *adj* ❶ *(como vidrio)* gläsern; *(mirada)* starr ❷ *(trasparente)* glasig; **ojos ~s** glasige Augen ❸ *(frágil)* zerbrechlich ❹ *(superficie)* glatt ❺ *(persona)* empfindlich ❻ *(asunto)* heikel

viejales [bje'xales] *m inv (fam)* alter Knacker *m*

viejera [bje'xera] *f (PRico)* ❶ *(vejez)* Alter *nt* ❷ *(cosa inservible)* altes Zeug *nt*

viejo, **-a** ['bjexo, -a] **I.** *adj* alt; *(usado)* gebraucht; *(gastado)* abgenutzt; *(ropa)* abgetragen; **Noche Vieja** Silvester *nt;* **tan ~ como Canalillo** *(fam)* uralt **II.** *m, f* Alte(r) *mf*

Viena ['bjena] *f* Wien *nt*

vienés, **-esa** [bje'nes, -esa] **I.** *adj* wienerisch **II.** *m, f* Wiener(in) *m(f)*

viento ['bjeṇto] *m* ❶ *(corriente)* Wind *m;* **~ ascendente** Aufwind *m;* **~ de cola** Rückenwind *m;* **~ de frente** Gegenwind *m;* **~ huracanado** (Wirbel)sturm *m;* **instrumento de ~** Blasinstrument *nt;* **hace ~** es ist windig; **beber los ~s por algo** *(desearlo)* sich *dat* etw innigst wünschen; **como el ~** in Windeseile; *(fig)* trotz aller Schwierigkeiten und Widrigkeiten; **corren malos ~s para...** *(fig)* es ist ein ungünstiger Augenblick um ...; **corre un poquito de ~** es weht ein leichter Wind; **un pequeño soplo de ~** ein Lüftchen; **estar lleno de ~** *(vacío)* leer sein; *(vanidoso)* aufgeblasen sein; **el negocio va ~ en popa** das Geschäft läuft bestens ❷ (NÁUT: *rumbo*) Kurs *m;* *(dirección)* Himmelsrichtung *f;* **a los cuatro ~s** in alle (vier Himmels)richtungen; **pregonar algo a los cuatro ~s** etw an die große Glocke hängen ❸ *(fam: irse)* **tomar ~** sich verziehen; **¡vete a tomar ~!** *(argot)* verpiss dich! ❹ *(olor)* Witterung *f;* *(olfato)* Spürsinn *m;* **me da el ~ que...** ich vermute, dass ... ❺ *(AmC:* MED*)* Rheumatismus *m* ❻ *(fam: loc)* **echar a alguien con ~ fresco** jdn hochkant hinauswerfen

vientre ['bjeṇtre] *m* ❶ *(abdomen)* Unterleib *m;* **hacer de ~** Stuhlgang haben; **regir bien el ~** regelmäßigen Stuhlgang haben ❷ *(barriga)* Bauch *m* ❸ *(matriz)* Mutterleib *m* ❹ *(interior)* Innere(s) *nt*

viernes ['bjernes] *m inv* Freitag *m;* **V~ Santo** Karfreitag *m;* **la semana que no tenga ~** am Sankt-Nimmerleins-Tag; *v. t.* **lunes**

Vietnam [bje^{ð}'nan] *m* Vietnam *nt*

V

vietnamita [bjeᵈna'mita] **I.** *adj* vietnamesisch **II.** *mf* Vietnamese, -in *m, f*
viga ['biɣa] *f (de madera)* Balken *m; (de metal)* Träger *m*
vigencia [bi'xen̪θja] *f* Gültigkeit *f;* **estar en ~** in Kraft sein; **entrar en ~** in Kraft treten; **perder ~** ungültig werden
vigente [bi'xen̪te] *adj* gültig
vigésimo, -a [bi'xesimo, -a] **I.** *adj (parte)* zwanzigstel; *(numeración)* zwanzigste(r, s); **la vigésima parte de...** ein Zwanzigstel von ... **II.** *m, f* Zwanzigstel *nt; v. t.* **octogésimo**
vigía[1] [bi'xia] *f* Wach(t)turm *m*
vigía[2] [bi'xia] *mf* Wach(t)posten *m*
vigilancia [bixi'lan̪θja] *f* ① *(cuidado)* Wachsamkeit *f* ② *(observación)* Überwachung *f; (servicio)* Aufsicht *f;* **tener a alguien bajo ~** jdn überwachen
vigilante [bixi'lan̪te] **I.** *adj (despierto)* wachsam; *(en alerta)* vorsichtig **II.** *mf* ① *(guardián)* Wächter(in) *m(f); (de cárcel)* Aufseher(in) *m(f); (en tienda)* Kaufhausdetektiv(in) *m(f); (en museo)* Aufsichtsperson *f;* **~ nocturno** Nachtwächter *m;* **~ de seguridad** Wachmann *m* ② *(CSur: policía)* Polizist(in) *m(f)*
vigilar [bixi'lar] **I.** *vt* überwachen; *(niños)* beaufsichtigen **II.** *vi* achten (**por/sobre** auf +*akk*)
vigilia [bi'xilja] *f* ① *(en el trabajo)* Nachtdienst *m* ② *(víspera)* Vorabend *m* ③ *(sin comer)* Fasten *nt; (comida)* fleischlose Kost *f;* **día de ~** Fastentag *m;* **comer de ~** fasten ④ *(no dormir)* Wachen *nt* ⑤ *(falta de sueño)* Schlaflosigkeit *f*
vigor [bi'ɣor] *m* ① *(fuerza)* Kraft *f; (espiritual)* Stärke *f; (energía)* Energie *f;* **con ~** kraftvoll; **sin ~** kraftlos ② *(vitalidad)* Vitalität *f; (empuje)* Antrieb *m* ③ *(al hablar)* Nachdruck *m* ④ *(vigencia)* Gültigkeit *f;* **entrar en ~** in Kraft treten; **poner en ~** in Kraft setzen
vigorización [biɣoriθa'θjon] *f* ① *(revitalizando)* Kräftigung *f,* Stärkung *f,* Revitalisierung *f,* Belebung *f* ② *(dando impulso)* Motivierung *f*
vigorizador(a) [biɣoriθa'ðor(a)] *adj* ① *(que fortalece)* stärkend, kräftigend; (MED) tonisch ② *(que revitaliza)* belebend ③ *(que anima)* motivierend ④ *(que da firmeza)* festigend
vigorizar [biɣori'θar] <z → c> *vt* ① *(fortalecer)* stärken ② *(revitalizar)* beleben ③ *(animar)* motivieren ④ *(dar firmeza)* festigen
vigoroso, -a [biɣo'roso, -a] *adj* ① *(fuerte)* stark; *(resistente)* robust ② *(animado)* motiviert; *(vital)* vital ③ *(protesta)* energisch

vigués, -esa [bi'ɣes, -esa] **I.** *adj* aus Vigo **II.** *m, f* Einwohner(in) *m(f)* von Vigo
VIH [uβei'atʃe] *m sin pl abr de* **virus de inmunodeficiencia humana** HIV *nt*
vil [bil] *adj (malo)* gemein; *(bajo)* niederträchtig; *(infame)* verwerflich
vileza [bi'leθa] *f* Gemeinheit *f*
vilipendiar [bilipen̪'djar] *vt* ① *(despreciar)* verachten; *(tratar)* geringschätzig behandeln ② *(denunciar)* verleumden
vilipendio [bili'pen̪djo] *m* ① *(desprecio)* Verachtung *f,* Geringschätzung *f* ② *(difamación)* Verunglimpfung *f,* Verleumdung *f*
vilipendioso, -a [bilipen̪'djoso, -a] *adj* ① *(con desprecio)* verächtlich, geringschätzig, herabwürdigend ② *(difamatorio)* verunglimpfend, verleumderisch
villa ['biʎa] *f* ① *(casa)* Villa *f* ② *(población)* Kleinstadt *f*
villancico [biʎan̪'θiko] *m* ~ (**de Navidad**) Weihnachtslied *nt*
villanesco, -a [biʎa'nesko, -a] *adj (estilo)* rustikal, Bauern-; *(pey: comportamiento)* bäurisch, Bauern-
villanía [biʎa'nia] *f* ① *(bajeza)* Gemeinheit *f* ② *(expresión)* Unanständigkeit *f*
villano, -a [bi'ʎano, -a] **I.** *adj* ① *(bajo)* gemein ② *(rústico)* bäurisch; *(expresión)* ordinär **II.** *m, f (pey: grosero)* Bauer *m*
villorrio [bi'ʎorrjo] *m (fam pey)* Kaff *nt*
vilo ['bilo] *adv* **en ~** in der Schwebe; *(fig)* unruhig; **tener en ~** auf die Folter spannen; **estar en ~** gespannt sein
vinagre [bi'naɣre] *m* ① *(condimento)* Essig *m* ② *(persona)* Griesgram *m*
vinagrera [bina'ɣrera] *f* ① *(recipiente)* Essigflasche *f* ② *pl (para la mesa)* Menage *f* ③ *(Am:* MED*: ardor)* Sodbrennen *nt*
vinagreta [bina'ɣreta] *f* Vinaigrette *f*
vincha ['bintʃa] *f (AmS: cinta)* Haarband *nt*
vinculación [biŋkula'θjon] *f* (Ver)bindung *f*
vinculante [biŋku'lan̪te] *adj* ① *(que une)* (ver)bindend ② *(obligatorio)* verpflichtend
vincular [biŋku'lar] *vt* ① *(ligar)* binden (**a/con** an +*akk*); *(unir)* verbinden ② *(obligar)* verpflichten
vínculo *m* (INFOR) Link *m*
vínculo ['biŋkulo] *m* ① *(unión)* (Ver)bindung *f;* **el ~ conyugal** das Band der Ehe; **~s familiares** Familienbande *pl;* **~s naturales** Blutsverwandtschaft *f;* **los ~s con el extranjero** die Beziehungen mit dem Ausland ② *(obligación)* Verpflichtung *f*
vindicación [bin̪dika'θjon] *f* ① *(venganza)* Rache *f,* Vergeltung *f* ② *(defensa)* Verteidigung *f* ③ *(justificación)* Rechtfertigung *f*
vindicar [bin̪di'kar] <c → qu> *vt* ① *(vengar)* rächen, vergelten ② *(defender)* vertei-

V

digen ❸ *(justificar)* rechtfertigen ❹ (JUR: *reivindicar*) zurückfordern

vindicativo, -a [biṇdika'tiβo, -a] *adj (elev)* rachsüchtig; **discurso ~** ehrenrettende Rede, Verteidigungsrede *f*

vindicta [biṇ'dikta] *f* Rache *f*

vinícola [bi'nikola] **I.** *adj* Wein-; *(cultivo)* Weinbau- **II.** *mf* Winzer(in) *m(f)*

vinicultor(a) [binikuḷ'tor(a)] *m(f)* Winzer(in) *m(f)*

vinicultura [binikuḷ'tura] *f* Weinbau *m*

vino ['bino] *m* Wein *m;* **~ caliente** Glühwein *m;* **~ de mesa** Tafelwein *m;* **~ de Jerez** Sherry *m;* **~ moscatel** Muskateller *m;* **~ de Oporto** Portwein *m;* **~ peleón** Fusel *m;* **~ rosado** Rosé(wein) *m;* **~ tinto** Rotwein *m;* **~ blanco** Weißwein *m;* **echar agua al ~** *(fig)* von einer Behauptung Abstand nehmen; **tener buen/mal ~** von Wein lustig/aggressiv werden

viña ['biɲa] *f* ❶ *(monte)* Weinberg *m;* **ser una ~** *(fig)* eine Goldgrube sein; **tener una ~ con algo** sich *dat* an etw *dat* eine goldene Nase verdienen; **de todo hay en la ~ del Señor** *(prov)* es gibt nichts, was es nicht gibt ❷ *(planta)* Weinstock *m*

viñedo [bi'ɲeðo] *m* ❶ *(monte)* Weinberg *m* ❷ *(planta)* Weinstock *m*

viñeta [bi'ɲeta] *f* ❶ *(dibujo)* Vignette *f* ❷ *(emblema)* Emblem *nt*

viola ['bjola] *f* ❶ *(instrumento)* Bratsche *f* ❷ (BOT) Veilchen *nt*

violáceo, -a [bjo'laθeo, -a] *adj* veilchenblau

violación [bjola'θjon] *f* ❶ *(infracción)* Verletzung *f; (de una ley)* Verstoß *m* (**de** gegen +*akk*); **~ de contrato** Vertragsbruch *m* ❷ *(de una mujer)* Vergewaltigung *f* ❸ *(invasión)* Überfall *m* ❹ *(de sepulturas)* Schändung *f*

violar [bjo'lar] *vt* ❶ *(mujer)* vergewaltigen ❷ *(sepulturas)* schänden ❸ *(ley, principio)* verstoßen (gegen +*akk*); *(contrato)* brechen

violencia [bjo'leṇθja] *f* ❶ *(condición)* Gewalt *f; (fuerza)* Wucht *f;* **no ~** Gewaltlosigkeit *f;* **con ~** gewaltsam; **sin ~** gewaltlos; *(manifestación)* gewaltfrei; **costarle ~ a alguien** jdn Überwindung kosten; **hacer ~ a alguien** jdn zwingen ❷ *(acción)* Gewalttätigkeit *f*

violentar [bjoleṇ'tar] **I.** *vt* ❶ *(obligar)* zwingen; *(sexualmente)* vergewaltigen ❷ *(puerta)* auftreten; *(cajón)* aufbrechen ❸ *(una casa)* einbrechen (in +*akk*); *(un banco)* überfallen ❹ *(principio)* verletzen ❺ *(al interpretar)* entstellen **II.** *vr:* **~se** *(obligarse)* sich zwingen

violento, -a [bjo'leṇto, -a] *adj* ❶ *(impetuoso)* gewaltig; *(esfuerzo)* mächtig; *(discusión)* heftig; *(temperamento)* stürmisch ❷ *(brutal)* brutal; *(con violencia)* gewaltsam; **acto ~** Gewalttat *f* ❸ *(persona)* aufbrausend ❹ *(postura)* unnatürlich ❺ *(acto)* gezwungen; *(cohibido)* gehemmt; *(duro)* hart; **me es muy ~ tener que aceptarlo** es geht mir (gehörig) gegen den Strich, es akzeptieren zu müssen; **me resulta ~ decirle que no** es fällt mir sehr schwer, es ihm/ihr abzuschlagen ❻ *(tergiversado)* entstellt ❼ *(Am: de repente)* plötzlich

violeta [bjo'leta] **I.** *adj* violett **II.** *f* (BOT) Veilchen *nt*

violín [bjo'lin] *m (instrumento)* Geige *f*

violinista [bjoli'nista] *mf* Geiger(in) *m(f)*

violón [bjo'lon] *m (instrumento)* Bassgeige *f;* **tocar el ~** *(fig)* Blödsinn reden

violoncelista [bjoloṇθe'lista] *mf* Cellist(in) *m(f)*

violoncelo [bjoloṇ'θelo] *m* (MÚS) Violoncello *nt*

violonchelo [bjolon'tʃelo] *m* (MÚS) *v.* **violoncelo**

viraje [bi'raxe] *m* ❶ *(giro)* Wendung *f; (curva)* Kurve *f;* **~ en horquilla** Haarnadelkurve *f;* **hacer** [*o* **dar**] **un ~** eine Kurve nehmen ❷ *(cambio)* Wende *f; (de opinión)* Umschwung *m; (de dirección)* Kurswechsel *m*

virar [bi'rar] **I.** *vi* ❶ *(girar)* wenden; *(curva)* eine Kurve nehmen; **~ en redondo** *(t. fig)* eine Kehrtwende machen; **la grúa viró a la izquierda** der Kran schwenkte nach links (aus) ❷ *(cambiar)* sich ändern; *(de opinión)* umschwenken **II.** *vt* ❶ *(girar)* wenden ❷ *(el volante)* herumreißen

virgen ['birxen] **I.** *adj* jungfräulich; *(fig)* rein; *(cinta)* unbespielt; *(tierras)* unbebaut **II.** *f* (REL) **la V~** die Jungfrau; **la Santísima V~ María** die Heilige Jungfrau Maria; **¡Santísima V~!** *(fam)* Heilige Mutter Gottes!; **ser de la V~ del puño** geizig sein; **ser un viva la V~** ein Faulpelz sein

virginal [birxi'nal] *adj (inmaculado)* unberührt; *(puro)* rein

virginidad [birxini'ðað] *f sin pl* Jungfräulichkeit *f*

virgo ['birɣo] *m* (ASTR: *persona*) Jungfrau *f*

Virgo ['birɣo] *m* (ASTR: *signo*) Jungfrau *f*

virguería [birɣe'ria] *f* ❶ *(de gran perfección)* Feinarbeit *f* ❷ *(pey: adorno)* Firlefanz *m;* **hacer ~s con algo** Fingerspitzengefühl haben für etw

virguero, -a [bir'ɣero, -a] *adj* ❶ *(fam: excelente)* super, hervorragend ❷ *(elegante)* elegant, schick ❸ *(delicado)* fein gearbeitet ❹ *(hábil)* mit Fingerspitzengefühl, geschickt

vírico, -a ['biriko, -a] *adj* (MED) Virus-; **infección vírica** Virusinfektion *f*

viril [bi'ril] *adj* ① *(masculino)* männlich; **edad** ~ Mannesalter *nt* ② *(enérgico)* mannhaft

virilidad [birili'ða^{ð}] *f sin pl* ① *(masculinidad)* Männlichkeit *f* ② *(energía)* Entschlossenheit *f* ③ *(potencia)* Manneskraft *f* ④ *(edad)* Mannesalter *nt*

viringo, -a [bi'riŋgo, -a] *adj (Col)* nackt, entblößt; *(sin pelo)* kahl(köpfig)

virola [bi'rola] *f* Zwinge *f*

virreina [bi'rrei̯na] *f* Vizekönigin *f*

virreinato [birrei̯'nato] *m* ① *(terreno)* Vizekönigreich *nt,* Vizekönigtum *nt* ② *(temporada)* Regierungszeit *f (eines Vizekönigs)*

virrey, -reina [bi'rrei̯, -na] *m, f* Vizekönig(in) *m(f)*

virtual [birtu'al] *adj* virtuell

virtualidad [birtwali'ða^{ð}] *f* Virtualität *f,* Wirkungskraft *f*

virtualmente [birtual'men̩te] *adj* ① *(en potencia)* virtuell, potenziell ② *(implícitamente)* mit einbegriffen, implizit ③ *(tácitamente)* stillschweigend

virtud [bir'tu^{ð}] *f* ① *(en las personas)* Tugend *f* ② *(poder)* Fähigkeit *f;* **tener la ~ de aliviar** eine lindernde Wirkung haben ③ *(loc)* **en ~ de** aufgrund *+gen*

virtuosismo [birtwo'sismo] *m sin pl* Virtuosität *f*

virtuoso, -a [birtu'oso, -a] *adj* ① *(con gran habilidad)* virtuos ② *(lleno de virtudes)* tugendhaft ③ *(que alivia)* wirksam

viruela [bi'rwela] *f* (MED) ① *(enfermedad)* Pocken *pl;* **~ loca** Windpocken *pl* ② *(pústula)* Pocke *f;* **picado de ~s** pockennarbig; **señales de (la) ~** Pockennarben *f pl*

virulé [biru'le] *f* **a la ~** *(fam: persona)* nicht ganz dicht; *(estropeado)* nicht in Ordnung; *(torcido)* schief; **poner a alguien un ojo a la ~** jdm ein Veilchen schlagen

virulencia [biru'len̩θja] *f* ① (MED) Virulenz *f* ② *(malignidad)* Bösartigkeit *f* ③ *(violencia)* Heftigkeit *f;* *(urgencia)* Dringlichkeit *f*

virulento, -a [biru'len̩to, -a] *adj* ① (MED) ansteckend ② *(maligno)* bösartig

virus ['birus] *m* (MED) Virus *nt o m*

viruta [bi'ruta] *f* Span *m;* **un ~s** *(fam irón: carpintero)* ein Schreiner

vis [bis] *f* **~ cómica** Witz *m*

visa ['bisa] *m o f (Am),* **visado** [bi'saðo] *m* Visum *nt;* **~ de entrada/de salida** Einreise-/Ausreisevisum *nt*

visaje [bi'saxe] *m (mueca)* Grimasse *f;* **hacer ~s** Grimassen schneiden

visar [bi'sar] *vt (pasaporte)* mit einem Visum versehen

víscera ['bisθera] *f* Eingeweide *nt*

visceral [bisθe'ral] *adj* ① *(de las vísceras)* Eingeweide-; (MED) viszeral ② *(irracional)* irrational; **odio ~** blinder Hass

viscosa [bis'kosa] *f* Viskose *f*

viscosidad [biskosi'ða^{ð}] *f* ① *(consistencia)* Zähflüssigkeit *f* ② *(mucosidad)* Schleim *m*

viscoso, -a [bis'koso, -a] *adj* ① *(espeso)* zäh(flüssig) ② *(glutinoso)* schleimig; *(blando)* glibberig

visera [bi'sera] *f* ① (HIST, MIL) Visier *nt* ② *(de una gorra)* Schirm *m*

visibilidad [bisiβili'ða^{ð}] *f (cualidad)* Sichtbarkeit *f;* *(distancia)* Sichtverhältnisse *nt pl*

visibilizar [bisiβili'θar] *vt* <z → c> sichtbar machen

visible [bi'siβle] *adj* ① *(perceptible)* sichtbar ② *(obvio)* offensichtlich ③ *(persona)* auffällig ④ *(fam: presentable)* vorzeigbar

visigodo, -a I. *adj* (HIST) westgotisch **II.** *m, f* (HIST) Westgote, -in *m, f*

visillo [bi'siʎo] *m* Gardine *f*

visión [bi'sjon] *f* ① *(vista)* Sicht *f* ② *(aptitud)* Sehvermögen *nt;* **perder la ~ de un ojo** die Sehkraft eines Auges verlieren ③ *(aparición)* Vision *f;* **ver visiones** *(fig)* Gespenster sehen; **me quedé (como) viendo visiones** *(fig)* ich traute meinen Augen nicht ④ *(punto de vista)* Sichtweise *f;* **~ de conjunto** Überblick *m;* **~ del mundo** Weltanschauung *f* ⑤ *(fam pey: mamarracho)* Vogelscheuche *f;* **ir hecho una ~** schauderhaft aussehen

visionar [bisjo'nar] *vt* ① *(creer)* sich einbilden ② (CINE, TV) betrachten; *(crítico)* eingehend betrachten

visionario, -a [bisjo'narjo, -a] **I.** *adj* ① *(con imaginación)* visionär ② *(adivinatorio)* seherisch ③ *(soñador)* wirklichkeitsfremd; *(pey)* spinnig **II.** *m, f* ① *(con imaginación)* Visionär(in) *m(f)* ② *(adivinador)* Seher(in) *m(f)* ③ *(soñador)* Traumtänzer(in) *m(f);* *(pey)* Fantast(in) *m(f)*

visita [bi'sita] *f* ① *(visitante)* Besucher(in) *m(f)* ② *(acción)* Besuch *m;* *(a un museo, una ciudad)* Besichtigung *f;* **~ del médico** Visite *f;* **~ guiada** Führung *f;* **~ oficial** (POL) Staatsbesuch *m;* **~ virtual** virtuelle Tour; **estar de ~ en casa de alguien** bei jdm zu Besuch sein; **ir de ~** jdn besuchen gehen; **rendir ~ a alguien** jdm einen Besuch abstatten; **tener (a alguien de) ~** (jdn zu) Besuch haben

visitador(a) [bisita'ðor(a)] **I.** *adj* ① *(que visita)* besuchend, Gast- ② *(propenso a)* besuchfreudig **II.** *m(f)* ① *(visitante)* Besucher(in) *m(f)* ❷ (JUR) Inspektor(in) *m(f)*, Aufsichtsbeamte(r) *f(m)*, Aufsichtsbeamtin *f*

visitante [bisi'tante] **I.** *adj* besuchend; **comisión ~** Gastkommission *f* **II.** *mf* Besucher(in) *m(f)*

visitar [bisi'tar] *vt* besuchen; (MED) Visite machen (bei *+dat*); (ADMIN, JUR) inspizieren; *(una ciudad, un museo)* besichtigen

visitero, -a [bisi'tero, -a] *adj (pey)* aufdringlich

vislumbrar [bislum'brar] *vt* ❶ *(ver)* durchschimmern sehen ❷ *(conjeturar)* erahnen

vislumbre [bis'lumbre] *f* ❶ *(resplandor)* Schimmer *m* ❷ *(idea)* Ahnung *f;* **no tener ni la más leve ~ de algo** keinen blassen Schimmer von etw *dat* haben

viso ['biso] *m* ❶ *(resplandor)* Schimmer *m; (aspecto)* Anschein *m;* **esto tiene ~s de no acabar nunca** das scheint kein Ende nehmen zu wollen; **tiene ~s de llover** es sieht nach Regen aus ❷ *(irisación)* Schillern *nt;* **hacer ~s** schillern

visón [bi'son] *m* Nerz *m*

visor [bi'sor] *m* ❶ (MIL) Visier *nt;* **~ de luz infrarroja** Infrarotsichtgerät *nt* ❷ (FOTO) Sucher *m*

víspera ['bispera] *f (noche anterior)* Vorabend *m; (día anterior)* Vortag *m;* **en ~s de** kurz vor *+dat;* **estar en ~s de hacer algo** im Begriff sein, etw zu tun

vista ['bista] *f* ❶ *(visión)* Sicht *f; (capacidad)* Sehvermögen *nt; (mirada)* Blick *m;* **~ de lince** Adleraugen *ntpl;* **aguzar la ~** den Blick schärfen; **al/fuera del alcance de la ~** in/außer Sicht(weite); **a la ~** *(al parecer)* anscheinend; *(visible)* offensichtlich; *(previsible)* absehbar; **a la ~ de todos** vor aller Augen; **a la ~ está** sieht ganz so aus; **alzar/bajar la ~** den Blick heben/senken; **apartar la ~** wegschauen; **no apartar la ~ de alguien** jdn unaufhörlich anschauen; **a primera ~** auf den ersten Blick; **a simple ~** mit dem bloßen Auge; *(fig)* auf einen Blick; **comerse a alguien con la ~** jdn mit den Augen verschlingen; **con la ~ puesta en algo** den Blick auf etw gerichtet; **con ~s a...** im Hinblick auf ... *+akk;* **corto de ~** kurzsichtig; **dejar vagar la ~** den Blick schweifen lassen; **dirigir la ~ a algo** den Blick auf etw richten; **a Paco no hay quien le eche la ~ encima** Paco ist völlig von der Bildfläche verschwunden; **de ~** vom Sehen; **en vista de que...** angesichts der Tatsache, dass ...; **está a la ~ quién va a ganar** es ist abzusehen, wer gewinnen wird; **¡fuera de mi ~!** geh mir aus den Augen!; **hacer la ~ gorda** ein Auge zudrücken; **¡hasta la ~!** auf Wiedersehen!; **hasta donde alcanza la ~** so weit das Auge reicht; **nublar la ~** den Blick trüben; **se me nubla la ~** *(desmayo)* mir wird schwarz vor den Augen; **no perder de ~** nicht aus den Augen lassen; **pagadero a la ~** (COM) zahlbar bei Sicht; **perder de ~** aus den Augen verlieren; **quedar a la ~** zum Vorschein kommen; **saltar a la ~** ins Auge springen; **tener buena ~** gute Augen haben; **volver la ~ (atrás)** zurückblicken; **tener ~** *(fig)* ein Schlitzohr sein ❷ *(panorama)* Aussicht *f;* **~ panorámica** Panoramablick *m; (mirador)* Aussichtspunkt *m;* **con ~s al mar** mit Blick auf das Meer ❸ *(imagen, perspectiva)* Ansicht *f;* (FOTO) Aufnahme *f;* **~ aérea** Luftaufnahme *f;* (ARQUIT) Aufsicht *f;* **~ general** Gesamtbild *nt;* **~ de pájaro** Vogelperspektive *f;* **a ~ de pájaro** aus der Vogelperspektive ❹ *(aspecto)* Aussehen *nt;* **tener buena ~** gut aussehen ❺ (JUR) Verhandlung *f;* **~ oral** Hauptverhandlung *f*

vistazo [bis'taθo] *m* (flüchtiger) Blick *m;* **de un ~** mit einem Blick; **echar un ~ a algo** einen Blick auf etw werfen; **voy a dar un ~** ich gehe mal nachschauen

visto, -a ['bisto, -a] **I.** *pp de* **ver** **II.** *adj* ❶ *(considerado)* angesehen ❷ *(anticuado)* veraltet; **está muy ~** *(fig)* das ist Schnee von gestern ❸ (JUR) **~ para sentencia** hauptverhandlungsfähig ❹ (ADMIN, JUR) gesehen und genehmigt ❺ *(loc)* **el pastel desapareció ~ y no ~** ehe man es sich versah, war der Kuchen weg; **está ~ que no puede ser de otra forma** offensichtlich kann es nicht anders sein; **este abrigo está muy ~** diesen Mantel trägt wirklich Hinz und Kunz; **nunca ~** nie dagewesen; *(inaudito)* unerhört; **por lo ~** allem Anschein nach **III.** *conj* **~ que...** angesichts der Tatsache, dass ...

visto bueno ['bisto 'βweno] *m* (ADMIN, JUR) Sichtvermerk *m;* **dar el ~ a algo** *(fig)* sein Plazet zu etw *dat* geben

vistosidad [bistosi'ðaᵈ] *f (atractivo)* Ansehnlichkeit *f; (hermosura)* Pracht *f*

vistoso, -a [bis'toso, -a] *adj (atractivo)* ansehnlich; *(llamativo)* auffällig; *(hermoso)* prächtig

visual [bi'swal] **I.** *adj* visuell; **campo ~** Gesichtsfeld *nt* **II.** *f* Augenlinie *f*

visualidad [biswali'ðaᵈ] *f (elev)* angenehmer Anblick *m*

visualización [biswaliθa'θjon] *f* Veranschaulichung *f; (display, t.* INFOR) Anzeige *f;* **~ por cristal líquido** LCD-Anzeige *f;* **~ por diodo luminoso** LED-Anzeige *f*

visualizador [biswaliθa'ðor] *m* (INFOR) Display *nt,* Browser *m*

visualizar [biswali'θar] <z → c> *vt* ❶ *(representar)* veranschaulichen ❷ *(Am: divisar)* erblicken ❸ (INFOR) anzeigen
vital [bi'tal] *adj* ❶ (*t.* MED) vital, Lebens-; **constantes ~es** Vitalfunktionen *f;* **fuerza ~** Lebenskraft *f* ❷ *(necesario)* lebenswichtig ❸ *(vivaz)* vital
vitalicio, -a [bita'liθjo, -a] *adj* (ADMIN, FIN) auf Lebenszeit; **renta vitalicia** Leibrente *f;* **seguro ~** Lebensversicherung *f*
vitalidad [bitali'ða^{d}] *f sin pl* ❶ *(importancia)* (lebenswichtige) Bedeutung *f* ❷ *(energía)* Vitalität *f; (alegría de vivir)* Lebensfreude *f*
vitalismo [bita'lismo] *m sin pl* (FILOS) Vitalismus *m*
vitalizador(a) [bitaliθa'ðor(a)] *adj,* **vitalizante** [bitali'θan̩te] *adj* vitalisierend; *(vivificante)* belebend; *(fortalecedor)* Kraft spendend, kräftigend
vitalizar [bitali'θar] <z → c> *vt (vivificar)* beleben; *(fortalecer)* kräftigen
vitamina [bita'mina] *f* Vitamin *nt;* **pobre en ~s** vitaminarm; **rico en ~s** vitaminreich
vitaminar [bitami'nar] *vt* mit Vitaminen anreichern
vitamínico, -a [bita'miniko, -a] *adj* (MED) Vitamin-; **complejo ~** Vitaminpräparat *nt*
vitícola [bi'tikola] *adj* Weinbau-
viticultor(a) [bitikul̩'tor(a)] *m(f)* Winzer(in) *m(f)*
viticultura [bitikul̩'tura] *f* Weinbau *m*
vitivinicultor(a) [bitiβinikul̩'tor(a)] *m(f)* (AGR) Winzer(in) *m(f)*
vítor ['bitor] *m* Hochruf *m;* **prorrumpir en ~es** in Hochrufe ausbrechen
vitorear [bitore'ar] *vt* hochleben lassen
vitoriano, -a [bito'rjano, -a] **I.** *adj* aus Vitoria **II.** *m, f* Einwohner(in) *m(f)* von Vitoria
vitral [bi'tral] *m* (ornamentales) Kirchenfenster *nt*
vítreo, -a ['bitreo, -a] *adj* ❶ *(de vidrio)* gläsern, Glas- ❷ *(similar al vidrio)* glasartig; *(vidrioso)* glasig
vitrina [bi'trina] *f* Vitrine *f; (Am: escaparate)* Schaufenster *nt*
vituallas [bi'twaʎas] *fpl* (MIL) Proviant *m*
vituperable [bitupe'raβle] *adj* verwerflich, tadelnswert, verachtenswert
vituperación [bitupera'θjon] *f (reprobación)* Verwerfung *f; (censura)* Tadel *m,* Rüge *f*
vituperar [bitupe'rar] *vt (reprobar)* verwerfen; *(censurar)* tadeln
vituperio [bitu'perjo] *m (censura)* Tadel *m; (injuria)* Beleidigung *f*
viudedad [bjuðe'ða^{d}] *f* ❶ *v.* **viudez** ❷ *(pensión)* Witwenrente *f*
viudez [bju'ðeθ] *f (de la mujer)* Witwenstand *m; (del hombre)* Witwerstand *m*
viudo, -a ['bjuðo, -a] **I.** *adj* verwitwet; **quedarse ~** verwitwen **II.** *m, f* Witwer, Witwe *m, f*
viva ['biβa] **I.** *interj* hoch (soll er/sie leben)!; **¡~ el rey!** es lebe der König!; **¡~n los novios!** ein Hoch dem Brautpaar! **II.** *m* Hochruf *m;* **dar ~s a alguien** jdm zujubeln; **recibir con ~s** unter Hochrufen empfangen
vivacidad [biβaθi'ða^{d}] *f sin pl* ❶ *(viveza)* Lebhaftigkeit *f* ❷ *(energía)* Lebenskraft *f* ❸ *(movilidad)* Regsamkeit *f; (agilidad)* Rührigkeit *f* ❹ *(agudeza)* Aufgewecktheit *f*
vivales [bi'βales] *m inv* gerissener Bursche *m*
vivamente [biβa'men̩te] *adv* ❶ *(con eficacia)* scharfsinnig ❷ *(con propiedad)* treffend
vivaracho, -a [biβa'ratʃo, -a] *adj* ❶ *(vivo)* lebhaft ❷ *(despierto)* aufgeweckt
vivaz [bi'βaθ] *adj* ❶ (BOT) mehrjährig; *(perenne)* immergrün ❷ *(vivaracho)* lebhaft ❸ *(enérgico)* voller Lebenskraft ❹ *(despierto)* aufgeweckt
vivencia [bi'βen̩θja] *f* Erlebnis *nt*
vivenciar [biβen̩'θjar] *vt* (FILOS, PSICO) erleben
víveres ['biβeres] *mpl* Lebensmittel *ntpl;* (MIL) Proviant *m*
vivero [bi'βero] *m* ❶ *(de plantas)* Gärtnerei *f; (de árboles)* Baumschule *f* ❷ *(de peces)* Zuchtteich *m; (en un restaurante)* Bassin *nt*
viveza [bi'βeθa] *f* ❶ *(celeridad)* Behändigkeit *f; (agilidad)* Regsamkeit *f* ❷ *(energía)* Lebendigkeit *f* ❸ *(agudeza)* Aufgewecktheit *f* ❹ *(de colores)* Leuchtkraft *f*
vívido, -a ['biβiðo, -a] *adj* lebendig
vividor(a) [biβi'ðor(a)] *m(f)* Lebemann, -frau *m, f; (pey)* Windhund *m; (gorrón)* Nassauer *m*
vivienda [bi'βjen̩da] *f* ❶ *(piso)* Wohnung *f; (casa)* Wohnhaus *nt; (residencia)* Wohnsitz *m;* **sin ~** obdachlos; **el problema de la ~** das Wohnungsproblem ❷ *(Am: modo de vida)* Lebensweise *f*
viviente [bi'βjen̩te] *adj* lebend, lebendig; **seres ~s** Lebewesen *ntpl;* **ni alma ~** *(fig)* keine Menschenseele
vivificador(a) [biβifika'ðor(a)] *adj,* **vivificante** [biβifi'kan̩te] *adj* ❶ *(vitalizante)* belebend, anregend, vitalisierend ❷ *(fortalecedor)* Kraft spendend
vivificar [biβifi'kar] <c → qu> *vt* ❶ *(vitalizar)* beleben ❷ *(animar)* Kraft spenden +*dat*

vivíparo, **-a** [bi'βiparo, -a] *adj* (BIOL) lebend gebärend, vivipar

vivir [bi'βir] **I.** *vi* ① *(estar vivo)* leben; ~ **al día** in den Tag hineinleben; ~ **a lo grande** auf großem Fuß leben; ~ **como un rey** wie Gott in Frankreich leben; ~ **de rentas** *(fig)* vom Ruhm seiner Vergangenheit zehren; **¡~ para ver!** *(asombro)* wer hätte das gedacht!; *(confianza)* das wird sich noch zeigen!; **no dejar ~ a alguien** jdm das Leben zur Hölle machen; **no ~ de preocupación** vor Sorgen fast umkommen ② *(habitar)* wohnen ③ *(durar)* überdauern; *(perdurar)* fortleben **II.** *vt* erleben; *(experiencias negativas)* durchmachen; ~ **su (propia) vida** sein (eigenes) Leben führen **III.** *m* Leben *nt; (modo de vida)* Lebensweise *f;* **de mal ~** anrüchig

vivo[1] ['biβo] *m* ① *(borde)* Rand *m* ② *(tira)* Biese *f*

vivo, **-a**[2] ['biβo, -a] **I.** *adj* ① *(viviente)* lebend(ig); **cal viva** ungelöschter Kalk; **ser ~** Lebewesen *nt;* **a fuego ~** (GASTR) bei starker Hitze; **a lágrima viva** tränenüberströmt; **a lo ~** bei lebendigem Leibe; **al rojo ~** blutrot; **a viva fuerza** mit Gewalt; **de viva voz** persönlich; **en carne viva** wund; **en ~** (MÚS) live; **estar ~** am Leben sein; **herir en lo más ~** *(fig)* tief verletzen; **tener el ~ deseo de que** *+subj* den lebhaften Wunsch haben, dass … ② *(vivaz)* lebhaft ③ *(enérgico)* heftig; **de genio ~** (leicht) aufbrausend ④ *(color)* leuchtend ⑤ *(actual)* frisch; *(presente)* präsent; *(duradero)* beständig ⑥ *(vívido)* lebendig ⑦ *(avispado)* aufgeweckt; *(pey)* gerissen **II.** *m, f* ① *(ser viviente)* Lebende(r) *mf* ② *(zorro)* schlauer Fuchs *m*

vizcaíno, **-a** [biθka'ino, -a] **I.** *adj* aus Biscaya **II.** *m, f* Einwohner(in) *m(f)* Biscayas

Vizcaya [biθ'kaɟa] *f* Biscaya *nt*

V. O. [ber'sjon orixi'nal] *abr de* **versión original** O. F.

vocablo [bo'kaβlo] *m* Vokabel *f*

vocabulario [bokaβu'larjo] *m* ① *(léxico)* Wortschatz *m;* ~ **especializado** Fachwortschatz *m;* **tener un buen ~** einen breiten Wortschatz haben ② *(lista)* Glossar *nt*

vocación [boka'θjon] *f* Berufung *f;* **por ~** aus Berufung; **~ artística** künstlerische Ader; **por ~** aus Berufung; **sentir ~** sich berufen fühlen; **tener ~** berufen sein

vocal[1] [bo'kal] **I.** *adj* (MÚS) vokal **II.** *f* (LING) Vokal *m,* Selbstlaut *m*

vocal[2] [bo'kal] *mf* Mitglied *nt; (portavoz)* Wortführer(in) *m(f)*

vocálico, **-a** [bo'kaliko, -a] *adj* (LING) vokalisch, Vokal-; **cambio ~** Vokalwechsel *m,* Ablaut *m;* **sistema ~** Vokalsystem *nt;* **sonido ~** Selbstlaut *m*

vocalista [boka'lista] *mf* (MÚS) Vokalist(in) *m(f)*

voceador(a) [boθea'ðor(a)] **I.** *adj* schreiend **II.** *m(f)* ① *(pregonero)* Ausrufer(in) *m(f)* ② *(Am: de periódicos)* Zeitungsverkäufer(in) *m(f)*

vocear [boθe'ar] **I.** *vi* schreien; *(enfadado)* zetern **II.** *vt* ① *(manifestar)* herausschreien ② *(llamar)* rufen ③ *(pregonar)* ausrufen ④ *(divulgar)* ausposaunen ⑤ *(aclamar)* zujubeln *+dat* ⑥ *(presumir)* angeben (mit *+dat*)

voceras [bo'θeras] *m inv (fam: bocazas)* Großmaul *nt*

vocerío [boθe'rio] *m (griterío)* Geschrei *nt; (discusión)* Gezeter *nt*

vocero, **-a** [bo'θero, -a] *m, f (Am: portavoz)* Sprecher(in) *m(f)*

vociferar [boθife'rar] **I.** *vi* brüllen **II.** *vt* ① *(gritar)* herausschreien ② *(pey: proclamar)* ausposaunen

vocinglero, **-a** [boθiŋ'glero, -a] *adj (pey)* brüllend; **ser ~** ein Schreihals sein

vodka ['boθka] *m o f* Wodka *m*

voladizo [bola'ðiθo] *m (saledizo)* Vorsprung *m;* (ARQUIT) Auskragung *f*

volado, **-a** [bo'laðo, -a] *adj* ① (ARQUIT) vorspringend ② *(fam: loco)* übergeschnappt ③ *(Am: ausente)* abwesend; *(enamorado)* verschossen *fam* ④ *(CSur)* ~ **de genio** *(fam)* leicht entzündlich ⑤ *(inquieto)* aufgewühlt

volador(a) [bola'ðor(a)] *adj* fliegend; **aparato ~** Fluggerät *nt*

voladura [bola'ðura] *f* Sprengung *f*

volandas [bo'landas] *f pl* **en ~** *(en el aire)* in der Luft (schwebend); *(deprisa)* im Nu; **llevar en ~** mit sich *dat* fortreißen

volandero, **-a** [bolan'dero, -a] *adj* ① *(volantón)* flügge ② *(móvil)* beweglich ③ *(fig: inquieto)* flatterhaft

volante [bo'lante] **I.** *adj (móvil)* beweglich; **rueda ~** Schwungrad *nt* **II.** *m* ① (AUTO) Lenkrad *nt;* **ir al ~** am Steuer sitzen; **ponerse al ~** sich ans Steuer setzen ② (TÉC) Schwungrad *nt; (manual)* Handrad *nt;* ~ **de maniobra** Schaltrad *nt* ③ *(del reloj)* Unruh *f* ④ *(adorno)* Volant *m* ⑤ *(escrito)* Flugblatt *nt* ⑥ (MED) Überweisungsschein *m* ⑦ (DEP) Federball *m* ⑧ *(Am: conductor)* Autofahrer(in) *m(f);* (DEP) Rennfahrer(in) *m(f)*

volantín [bolan'tin] *m* ① *(sedal)* Wurfangelschnur *f* ② *(Am: cometa)* Drachen *m* ③ *(Am: voltereta)* Überschlag *m; (acrobacia)* Salto *m*

volar [bo'lar] <o → ue> **I.** *vi* ① *(en el aire)*

fliegen; **echar a ~** losfliegen; **el tiempo vuela** die Zeit vergeht wie im Fluge ❷ *(desaparecer)* verschwinden; **el dinero ha volado** das Geld ist weg ❸ *(apresurarse)* eilen; **¡voy volando!** ich fliege!; **~ a** *+inf* sich beeilen zu *+inf* ❹ *(argot: con drogas)* high sein **II.** *vt* ❶ *(hacer explotar)* sprengen ❷ *(enfadar)* aufregen ❸ *(hacer volar)* fliegen lassen; *(ave)* aufscheuchen; **hacer ~ una cometa** einen Drachen steigen lassen ❹ (TIPO) hochstellen ❺ *(AmC: loc, fam)* **~ diente** *(comer)* futtern; **~ lengua** *(hablar)* schwatzen; **~ pata** *(caminar)* sich *dat* die Beine vertreten **III.** *vr:* **~se** ❶ *(huir)* entfliegen ❷ *(desaparecer)* sich davonmachen ❸ *(Am: enfadarse)* sich aufregen

volatería [bolate'ria] *f (pájaros)* Geflügel *nt*

volátil [bo'latil] **I.** *adj* ❶ *(volador)* fliegend ❷ (QUÍM) flüchtig ❸ *(inconstante)* flatterhaft **II.** *m* Federvieh *nt*

volatilidad [bolatili'ðaᵟ] *f* ❶ (QUÍM) Flüchtigkeit *f* ❷ *(inconstancia)* Flatterhaftigkeit *f*

volatilización [bolatiliθa'θjon] *f* (QUÍM) Verflüchtigung *f*

volatilizar [bolatili'θar] <z → c> **I.** *vt* (QUÍM) verflüchtigen **II.** *vr:* **~se** (QUÍM) sich verflüchtigen; *(fig)* sich in Luft auflösen

volcán [bol'kan] *m* ❶ (GEO) Vulkan *m* ❷ *(Am: fig: montón)* Berg *m*

volcánico, -a [bol'kaniko, -a] *adj* ❶ (GEO) vulkanisch ❷ *(ardiente)* feurig

volcar [bol'kar] *irr* **I.** *vi* *(tumbarse)* (um)kippen; *(caer)* umfallen; (AERO) kippen **II.** *vt* ❶ *(hacer caer)* umwerfen; *(verter)* auskippen ❷ *(dar la vuelta)* umdrehen **III.** *vr:* **~se** ❶ *(darse la vuelta)* (um)kippen; *(caer)* umfallen; *(dar una voltereta)* sich überschlagen ❷ *(esforzarse)* sich bemühen; **~se con alguien en atenciones/amabilidad** jdm gegenüber extrem aufmerksam/überaus liebenswürdig sein; **~se en** [*o* **con**] **alguien** sich *dat* für jdn ein Bein ausreißen

volea [bo'lea] *f v.* **voleo**

volear [bole'ar] *vi, vt (tenis)* volley schlagen; *(fútbol)* volley schießen

voleibol [bolei̯'βol] *m* Volleyball *m*

voleiplaya [bolei̯'plaʝa] *m* Strandvolleyball *m*

voleo [bo'leo] *m* (DEP) Volley *m;* **a ~** volley; *(fig)* massenhaft; *(descuidadamente)* aufs Geratewohl

vóley-playa ['bolei̯-'plaʝa] *m* (DEP) Beachvolleyball *m*

volframio [bol'framjo] *m* (QUÍM) Wolfram *nt*

volován [bolo'βan] <volovanes> *m* (GASTR) Vol-au-Vent *m*

volquete [bol'kete] *m* Kipplore *f; (camión)* Kippwagen *m*

voltaje [bol̦'taxe] *m* Spannung *f*

voltario, -a [bol̦'tarjo, -a] *adj (Chil)* ❶ *(malgastador)* verschwenderisch, freigebig ❷ *(obstinado)* eigensinnig, starrköpfig

voltear [bol̦te'ar] **I.** *vi* ❶ *(dar vueltas: persona)* sich herumwälzen; *(cosa)* sich drehen ❷ *(volcar)* sich überschlagen ❸ *(Am: torcer)* abbiegen; *(girarse)* sich umdrehen; **~ a** *+inf* wieder *+inf* ❹ *(Am: pasear)* spazieren gehen **II.** *vt* ❶ *(invertir)* umdrehen; *(volver del revés)* umstülpen ❷ *(hacer girar)* zum Drehen bringen; **~ las campanas** die Glocken läuten ❸ *(Am: volcar)* umkippen; *(volver)* (um)drehen; **~ la espalda a alguien** jdm den Rücken zudrehen ❹ *(Am: lanzar al aire)* in die Luft werfen; *(el lazo)* schwingen **III.** *vr:* **~se** ❶ *(dar vueltas)* sich drehen; *(volcar)* sich überschlagen ❷ *(Am: volcar)* umkippen; *(darse la vuelta)* sich umdrehen

voltejear [bol̦texe'ar] *vt* ❶ *(voltear)* umdrehen ❷ *(mover)* durch Drehen [*o* Kippen] fortbewegen

voltereta [bol̦te'reta] *f* ❶ *(cabriola)* Purzelbaum *m; (en el aire)* Salto *m;* **dar una ~** einen Purzelbaum schlagen; *(en el aire)* einen Salto machen ❷ *(vuelco)* Umschwung *m*

voltio ['bol̦tjo] *m* Volt *nt*

volubilidad [boluβili'ðaᵟ] *f* ❶ (QUÍM) Flüchtigkeit *f* ❷ *(inconstancia)* Unbeständigkeit *f,* Unstetigkeit *f; (imprevisibilidad)* Unberechenbarkeit *f*

voluble [bo'luβle] *adj* ❶ (QUÍM) flüchtig ❷ *(inconstante)* unbeständig; *(imprevisible)* unberechenbar ❸ (BOT) Schling-

volumen [bo'lumen] *m* ❶ *(tamaño)* Umfang *m;* (*t.* FÍS, MAT) Volumen *nt; (cabida)* Fassungsvermögen *nt; (cantidad)* (Gesamt)menge *f; (del pelo)* Fülle *f;* **~ de ventas** Umsatz *m;* **de gran ~** von großem Umfang ❷ *(de sonido)* Lautstärke *f;* **a todo ~** sehr laut; **poner la música a todo ~** die Musik voll aufdrehen ❸ *(tomo)* Band *m;* **en dos/varios volúmenes** zwei-/mehrbändig

voluminoso, -a [bolumi'noso, -a] *adj* voluminös; *(poco manejable)* sperrig; *(grueso)* umfangreich; *(corpulento)* korpulent

voluntad [bolun̦'tad] *f* ❶ *(intención)* Wille *m; (fuerza de voluntad)* Willenskraft *f;* (JUR) Vorsatz *m;* **~ de vivir** Lebenswille *m;* **buena ~** Gutwilligkeit *f;* **mala ~** Böswilligkeit *f;* **a ~** nach Belieben; **con buena ~** aus gutem Willen; **con mucha/poca ~** willig/

unwillig; **contra su ~** widerwillig; **de última ~** letztwillig; **hacer su santa ~** seinen Willen durchsetzen; **poner ~ en algo** mit seinem ganzen Willen hinter etw *dat* stehen; **por propia ~** freiwillig; **quitar a alguien la ~ de algo** jdn von etw *dat* abbringen; **tener mucha/poca ~** einen starken/schwachen Willen haben ② *(cariño)* Zuneigung *f;* **dar la ~** eine kleine Zuwendung geben; **ganarse la ~ de alguien** jdn für sich gewinnen; **tener (mucha) ~ a alguien** jdm (sehr) zugeneigt sein

voluntariado [boluṇta'rjaðo] *m* ① (MIL) freiwilliger Dienst *m* ② *(social)* freiwillige Arbeit *f,* freiwilliger sozialer Dienst *m*

voluntariedad [boluṇtarje'ðaᵈ] *f* ① *(carácter voluntario)* Freiwilligkeit *f;* (JUR) Wille *m* ② *(arbitrariedad)* Willkür *f* ③ *(fuerza de voluntad)* Willenskraft *f; (perseverancia)* Zielstrebigkeit *f*

voluntario, -a [boluṇ'tarjo, -a] **I.** *adj* ① *(libre)* freiwillig ② *(arbitrario)* willkürlich **II.** *m, f* Freiwillige(r) *mf;* **ofrecerse ~ para algo** sich für etw freiwillig melden

voluntarioso, -a [boluṇta'rjoso, -a] *adj* willensstark; *(perseverante)* zielstrebig; *(caprichoso)* eigenwillig

voluntarismo [boluṇta'rismo] *m sin pl* (FILOS) Voluntarismus *m*

voluptuosidad [boluptwosi'ðaᵈ] *f* ① *(pasión)* Wollust *f* ② *(sensualidad)* Sinnlichkeit *f*

voluptuoso, -a [boluptu'oso, -a] *adj* ① *(apasionado)* wollüstig ② *(sensual)* sinnlich

volver [bol'βer] *irr* **I.** *vi* ① *(dar la vuelta)* umdrehen; **~ atrás** umkehren ② *(regresar)* zurückkehren; **~ a casa** heimkehren; **al ~ a casa me acosté** als ich nach Hause kam, ging ich schlafen; **al ~ compra el pan** kauf auf dem Rückweg Brot; **al ~ me llamó** nach seiner/ihrer Rückkehr rief er/sie mich an; **he vuelto por la autopista** ich bin auf der Autobahn zurückgefahren; **~ en sí** wieder zu sich *dat* kommen; **~ sobre sí** in sich gehen; **volviendo al tema** um auf das Thema zurückzukommen ③ *(repetir)* **~ a** +*inf* wieder +*inf;* **he vuelto a cometer el mismo error** ich habe schon wieder denselben Fehler begangen; **he vuelto a casarme** ich habe wieder geheiratet **II.** *vt* ① *(dar la vuelta)* umdrehen; **~ la espalda a alguien** *(t. fig)* jdm den Rücken zukehren; **~ la vista a algo** den Blick auf etw richten ② *(poner del revés)* wenden; *(manga)* umkrempeln ③ *(trasformar)* verwandeln (in +*akk*); **~ furioso** wild machen; **~ a su estado original** in den ursprünglichen Zustand zurückbringen ④ *(devolver)* zurückgeben; **~ algo a su sitio** etw (an seinen Platz) zurückstellen **III.** *vr:* **~se** ① *(darse la vuelta)* sich umdrehen (**a/hacia** nach +*dat*) ② *(dirigirse)* sich wenden (**a/hacia** an +*akk*); **~se contra alguien** sich gegen jdn wenden; **~se (para) atrás** umkehren; *(fig)* einen Rückzieher machen; **no tengo dónde ~me** ich habe niemanden, an den ich mich wenden kann ③ *(regresar)* zurückkehren ④ *(convertirse)* sich verwandeln (in +*akk*); *(ponerse)* werden; **~se viejo/rico** alt/reich werden

vomitar [bomi'tar] **I.** *vi* sich übergeben; **es para ~** *(argot)* es ist zum Kotzen; **este salchichón me da ganas de ~** von dieser Salami wird mir ganz übel; **me dan ganas de ~** mir ist schlecht **II.** *vt* erbrechen; *(fig)* spucken; *(insultos)* ausstoßen; *(sangre)* speien

vomitivo, -a [bomi'tiβo, -a] *adj* ① (MED) Brechreiz erregend ② *(argot: asqueroso)* ekelhaft; **ese es ~** der Typ ist ein echter Kotzbrocken

vómito ['bomito] *m (acción)* Erbrechen *nt; (lo vomitado)* Erbrochene(s) *nt;* **~ de sangre** Blutsturz *m;* **provocar ~s a alguien** jdn zum Erbrechen bringen

voracidad [boraθi'ðaᵈ] *f (ganas)* Gelüste *nt geh; (pey)* Essgier *f; (pey: glotonería)* Gefräßigkeit *f;* (MED) Vorazität *f;* **la ~ de las llamas** die alles verzehrenden Flammen

vorágine [bo'raxine] *f* ① *(remolino)* Strudel *m* ② *(confusión)* Trubel *m*

voraz [bo'raθ] *adj (pey: glotón)* gefräßig; *(hambriento)* heißhungrig; *(t. fig: devorador)* alles verzehrend; **apetito ~** Heißhunger *m*

vórtice ['bortiθe] *m (de agua)* Strudel *m; (de un ciclón)* Auge *nt* eines Wirbelsturms

vos [bos] *pron pers* ① (HIST: *usted*) Ihr *pl* ② *(Am: tú)* du ③ *(Am: con preposición)* **esto es para ~** das ist für dich; **voy con ~** ich komme mit dir

vosear [bose'ar] *vt mit ‚vos' anstatt ‚tú' duzen (üblich in Argentinien)*

vosotros, -as [bo'sotros, -as] *pron pers* ① *(sujeto)* ihr ② *(tras preposición)* euch

votación [bota'θjon] *f* Abstimmung *f;* **~ a mano alzada** Abstimmung durch Handzeichen; **someter algo a ~** über etw abstimmen (lassen)

votante [bo'taṇte] *mf* Abstimmende(r) *mf*

votar [bo'tar] **I.** *vi* ① *(decidir)* abstimmen; *(elegir)* stimmen (**a/por** für +*akk*) ② (REL) ein Gelöbnis ablegen ③ *(maldecir)* fluchen; **¡voto a tal!** verflucht! **II.** *vt* ① *(decidir)* abstimmen (über +*akk*); *(elegir)* stimmen

V

(für +*akk*); ~ **una ley/un presupuesto** ein Gesetz/einen Haushalt verabschieden ❷ (REL) geloben

voto ['boto] *m* ❶ (POL: *opinión*) Stimme *f;* *(acción)* Abstimmung *f;* ~ **afirmativo** [*o* **a favor**] Jastimme *f;* ~ **en blanco** Abgabe eines leeren Stimmzettels; ~ **de censura** Misstrauensvotum *nt;* ~ **por correo** Briefwahl *f;* ~ **negativo** [*o* **en contra**] Neinstimme *f;* **derecho a** ~ Stimmrecht *nt;* **dar su** ~ **a algo** für etw stimmen; **emitir su** ~ seine Stimme abgeben; **tener** (**derecho a**) ~ stimmberechtigt sein; **acción sin** ~ (FIN) Aktie ohne Stimmrecht ❷ (REL: *promesa*) Gelübde *nt;* **hacer ~s por** +*inf,* **hacer ~s por que...** +*subj (t. fig)* beten, dass ...

voy [boi̯] *1. pres de* **ir**

voyeurista [bwaɟe'rista] *adj* voyeuristisch

vóytelas ['boi̯telas] *interj (Méx: fam)* ja, so was!, unglaublich!

voz [boθ] *f* ❶ *(sonido, expresión, facultad, voto)* Stimme *f;* ~ **afeminada** Fistelstimme *f;* ~ **aguardentosa** Stimme wie ein Reibeisen; ~ **cantante** Solostimme *f;* ~ **de mando** Kommando *nt;* **a dos/cuatro voces** (MÚS) zwei-/vierstimmig; **aclarar la** ~ sich räuspern; **ahuecar la** ~ seine Stimme anheben; **levantar/bajar la** ~ lauter/leiser sprechen; **levantar la** ~ **a alguien** gegen jdn die Stimme erheben; **a media** ~ halblaut; **correr la** ~ **de algo** etw weitersagen; **de viva** ~ persönlich; **hablar en** ~ **alta/baja** laut/leise sprechen; **hacer oír su** ~ Gehör finden; **leer en** ~ **alta** vorlesen; **llevar la** ~ **cantante** *(fig)* den Ton angeben; **no tener ni** ~ **ni voto** nicht mitreden dürfen; *(fig)* nichts zu melden haben; **se me quebró la** ~ mir versagte die Stimme; *(fig)* es verschlug mir die Sprache; **tener** ~ **en algo** bei etw *dat* Mitspracherecht haben; *(fig)* bei etw *dat* ein Wörtchen mitzureden haben ❷ *(grito)* Ruf *m;* **voces** Geschrei *nt;* **a voces** schreiend; **a** ~ **en cuello** lauthals; **dar una** ~ **a alguien** jdm zurufen; **dar voces** schreien; **dar la** ~ **de alarma** Alarm schreien; **pegar** (**cuatro**) **voces** laut werden; **pedir algo a voces** nach etw *dat* schreien ❸ *(sonido)* Klang *m* ❹ *(rumor)* Gerücht *nt;* **corre la** ~ **de que te casas** man munkelt, dass du heiratest ❺ *(vocablo)* Wort *nt;* ~ **técnica** Fachterminus *m;* **de viva** ~ mündlich ❻ *(del verbo)* ~ **activa/pasiva** Aktiv *nt*/ Passiv *nt*

vudú [bu'ðu] *m sin pl* Wodu *m*

vuelco ['bwelko] *m (tumbo)* Umkippen *nt;* *(voltereta)* Überschlag *m;* *(cambio)* Umschwung *m;* **dar un** ~ sich überschlagen; *(fig)* eine Kehrtwendung machen; **me dio un** ~ **el corazón** mir blieb das Herz stehen

vuelo ['bwelo] *m* ❶ *(en el aire)* Flug *m;* ~ **acrobático** Kunstflug *m;* ~ **en globo** Ballonfahrt *f;* ~ **sin motor** Segelflug *m;* ~ **nacional/internacional** Inland-/Auslandflug *m;* ~ **rasante** Tiefflug *m;* ~ **regular** Linienflug *m;* **levantar el** ~ emporfliegen; **al** ~ in der Luft; *(fig)* im Fluge; **cogerlas al** ~ *(fig)* im Nu kapieren; **cortar los ~s a alguien** jdm die Flügel stutzen; **de altos ~s** großspurig; **oír el** ~ **de una mosca** *(fig)* eine Stecknadel fallen hören; **tomar** ~ *(fig)* auffliegen ❷ *(de la ropa)* Weite *f;* **falda de** ~ weiter Rock

vuelta ['bwel̪ta] *f* ❶ *(giro)* (Um)drehung *f;* ~ **de campana** (AUTO) Überschlagen *nt;* **andar a ~s con algo** *(fam)* sich mit etw *dat* herumschlagen; **buscar las ~s a alguien** jdn übers Ohr hauen; **dar la** ~ wenden; *(poner cabeza abajo)* auf den Kopf stellen; *(llave)* herumdrehen; **dar muchas ~s a algo** *(fig)* sich *dat* über etw den Kopf zerbrechen; **darle cien ~s a alguien** *(fig)* jdm haushoch überlegen sein; **darse la** ~ sich umdrehen; *(de campana)* sich überschlagen; **dar ~s a algo** etw drehen; **dar**(**se**) **media** ~ sich umdrehen; **dar**(**se**) **una** ~ spazieren gehen; **no tiene** ~ **de hoja** *(fig)* so ist es nun mal; **poner a alguien de** ~ **y media** an jdm kein gutes Haar lassen ❷ *(regreso)* Rückkehr *f;* *(viaje)* Rückfahrt *f;* ~ **atrás** Umkehr *f;* *(fig)* Rückzieher *m;* (CINE) Rückblende *f;* **a la** ~ **pasaremos por vuestra casa** auf dem Rückweg werden wir bei euch vorbeischauen; **a la** ~ **empezaré a trabajar** nach meiner Rückkehr werde ich anfangen zu arbeiten; **de** ~ **a casa** auf dem Rückweg nach Hause; **estar de** ~ zurück(gekehrt) sein; **estar de** ~ **de todo** *(fig)* ein alter Hase sein ❸ *(curva)* Biegung *f;* **dar ~s y revueltas** sehr kurvenreich sein ❹ *(dinero)* Wechselgeld *nt;* **dar la** ~ herausgeben ❺ *(cambio)* Wende *f;* **la vida da muchas ~s** erstens kommt es anders, und zweitens als man denkt; **¡las ~s que da la vida!** das Leben ist ein einziges Auf und Ab! ❻ (DEP) Runde *f;* ~ **ciclista** Tour *f* ❼ (POL) Wahlgang *m* ❽ *(devolución)* Rückgabe *f* ❾ *(reverso)* Rückseite *f* ❿ *(de la ropa)* Aufschlag *m* ⓫ *(del tejido)* Reihe *f* ⓬ *(loc)* **a** ~ **de correo** postwendend; **a la** ~ **de** *(lugar)* um +*akk;* *(tiempo)* nach +*dat*

vuelto[1] ['bwel̪to] *m (Am: cambio)* Wechselgeld *nt;* **dar el** ~ herausgeben

vuelto, -a[2] ['bwel̪to, -a] *pp de* **volver**

vuestra *f* ❶ *(ocasión, oportunidad)* **esta**

V

es la ~ *(fam)* das ist die Gelegenheit für euch ② *(loc)* **siempre os salís con la** ~ ihr erreicht immer, was ihr wollt; **no hagáis otra de las ~s** heckt nicht schon wieder etwas aus!

vuestro, -a ['bwestro, -a] **I.** *adj* euer, eu(e)re; ~ **coche** euer Auto; **vuestra hija** eure Tochter; **~s vecinos** eure Nachbarn **II.** *pron pos* ① *(de vuestra propiedad)* euer(e); **¿es ~?** gehört es euch? ② *(tras artículo)* **el ~/la vuestra/lo ~** eure(r, s); **los ~s** eure; *(parientes)* eure Angehörigen; **mi radio no funciona, ¿me dejáis la vuestra?** mein Radio geht nicht, leiht ihr mir eures?; **esta es la vuestra** *(fam)* das ist die Gelegenheit für euch ③ *(tras sustantivo)* eure(r), von euch; **un amigo** ~ ein Freund von euch; (**no**) **es culpa vuestra** es ist (nicht) eure Schuld

vulcanismo [bulka'nismo] *m* (GEO) Vulkanismus *m*

vulcanizar [bulkani'θar] <z → c> *vt* (TÉC) vulkanisieren

vulcanología [bulkanolo'xia] *f sin pl* (GEO) Vulkanologie *f*

vulgar [bul'ɣar] *adj* ① *(común)* gemein; *(ordinario)* gewöhnlich ② *(pey: ordinario)* vulgär ③ *(bajo)* niedrig ④ *(ramplón)* platt

vulgaridad [bulɣari'ða^{d}] *f* ① *(normalidad)* Gewöhnlichkeit *f* ② *(pey: grosería)* Derbheit *f* ③ *(ramplonería)* Plattheit *f*

vulgarismo [bulɣa'rismo] *m* (LING) Vulgarismus *m*

vulgarización [bulɣariθa'θjon] *f* Vereinfachung *f*, gemeinverständliche Darstellung *f*, Popularisierung *f*, Vulgarisierung *f geh*

vulgarizar [bulɣari'θar] <z → c> **I.** *vt* ① *(simplificar)* vereinfachen ② *(popularizar)* popularisieren **II.** *vr:* **~se** ① *(pey: persona)* vulgär werden ② *(trivializarse)* abflachen ③ *(popularizarse)* populär werden

vulgarmente [bulɣar'mente] *adv* ① *(de manera vulgar)* vulgär ② *(comúnmente)* gemeinhin, für gewöhnlich

vulgo ['bulɣo] *m* ① *(mayoría)* breite Allgemeinheit *f; (pey: masa)* Masse *f* ② *(pueblo, profanos)* gemeines Volk *nt*

vulnerabilidad [bulneraβili'ða^{d}] *f* Verletzlichkeit *f; (de la salud, de máquinas)* Anfälligkeit *f*

vulnerable [bulne'raβle] *adj* verletzlich

vulneración [bulnera'θjon] *f* Verletzung *f*

vulnerar [bulne'rar] *vt* verletzen

vulpino, -a [bul'pino, -a] *adj (elev)* schlau, durchtrieben

vulva ['bulβa] *f* Schamgegend *f;* **labios de la** ~ Schamlippen *f pl*

Ww

W, **w** ['uβe 'ðoβle] *f* W, w *nt;* **~ de Washington** W wie Wilhelm

wakeboarding [ɣwei̯k'boarðiŋ] *m* (DEP) Wakeboarden *nt*

walkie-talkie ['walki 'talki] *m* Walkie-Talkie *nt*

wampa ['wampa] *f (Méx: ciénaga)* Sumpf *m*

wáter ['bater] *m,* **wáter closet** ['bater 'kloseᵗ] *m* Toilette *f*

waterpolista [baterpo'lista] *mf* Wasserballer(in) *m(f)*

waterpolo [bater'polo] *m* Wasserball *m*

watt [baᵗ] *m* Watt *nt*

W. C. ['uβe θe] *m abr de* **wáter closet** WC *nt*

web [ueb] <webs> *m o f* (INFOR) Web *nt;* **~ corporativa** Firmenwebsite *f*

webinario [weβi'narjo] *m* (INFOR, ENS) Webinar *nt*

wellness ['welnes] *m* Wellness *f;* **hotel (con) ~** Wellnesshotel *nt*

western ['western] *m* (CINE) Western *m*

westfaliano, **-a** [besfa'ljano, -a] *adj* westfälisch

whisky ['wiski] *m (escocés)* Whisky *m; (americano, irlandés)* Whiskey *m*

wifi ['wifi] *m o f* WLAN *nt*

windsurf ['winᵈsurf] *m* ❶ (DEP) (Wind)surfen *nt* ❷ *(tabla)* Surfbrett *nt*

windsurfing [win̪ᵈ'surfiŋ] *m sin pl* (Wind)surfen *nt*

windsurfista [win̪ᵈsur'fista] *mf* (Wind)surfer(in) *m(f)*

wok [gwok] *m* Wok *m*

wolframio [bol'framjo] *m* Wolfram *nt*

World Wide Web *f sin pl* (INFOR) World Wide Web *nt*

wrap [grap] *m* (GASTR) Wrap *m*

www *abr de* **World Wide Web** (INFOR) WWW *nt*

Xx

X, **x** ['ekis] *f* ❶ *(letra)* X, x *nt;* **~ de xilófono** X wie Xanthippe; **rayos ~** Röntgenstrahlen *mpl;* **en (forma de) ~** x-förmig ❷ (MAT) x; **~ veces** x-mal ❸ *(fig: indeterminado)* x-beliebig ❹ *(numeración romana)* X

xenofobia [seno'foβja] *f* Fremdenfeindlichkeit *f*

xenófobo, **-a** [se'nofoβo, -a] *adj* fremdenfeindlich

xenón [se'non] *m* (QUÍM) Xenon *nt*

xerocopiar [seroko'pjar] *vt* xerokopieren

xerografiar [seroɣra'fjar] <*1. pres* xerografío> *vt* xerografieren

xilófono [si'lofono] *m* Xylofon *nt*

xilografía [siloɣra'fia] *f* Holzschnitt *m*

xirgo, **-a** ['sirɣo, -a] *adj (Méx)* ❶ *(desaseado)* schlampig ❷ *(hirsuto)* zottelig

Xunta ['ʃun̪ta] *f* (POL) **la ~ (de Galicia)** *galicisches Regierungsorgan*

Y y

Y, y [ɟe] *f* Y, y *nt;* **~ de yegua** Y wie Ypsilon; **~ griega** Ypsilon *nt*

y [i] *conj* und; **¿~ qué?** na und?; **días ~ días** tagelang; **me voy de vacaciones – ¿~ tu trabajo?** ich mache Urlaub – und was ist mit deiner Arbeit?; **¿~ tu marido(, qué tal)?** wie geht es deinem Mann?; **¿~ mi monedero? – en el coche** wo ist denn mein Geldbeutel? – im Auto; **¿~ este paquete? – de mis padres** von wem ist dieses Paket? – von meinen Eltern; **¿~ esta chaqueta? – de mi madre** wem gehört diese Jacke? – meiner Mutter; **~ eso que** obwohl

ya [ɟa] **I.** *adv* ① *(en el pasado)* schon; **~ es hora de que cambies** es wird (höchste) Zeit, dass du dich änderst ② *(pronto)* gleich, sofort; **¡~ voy!** ich komme schon!; **~ verás** du wirst schon (noch) sehen ③ *(ahora)* jetzt; **~ falta poco para Navidades** bald ist Weihnachten ④ *(negación)* **~ no fumo** ich rauche nicht mehr; **no ~** [*o* **~ no**] **... sino...** nicht nur ..., sondern auch ... ⑤ *(afirmación)* ja; **~, ~** jaja, soso; **¡ah ~!** ach so!; **¡anda ~!** ach was!; **¡pues ~!** aber klar doch! **II.** *conj* ① *(porque)* **~ que** da, weil ② *(aprovechando que)* **~ que estás aquí...** wenn du schon hier bist, ...; **~ que lo mencionas...** weil du gerade davon anfängst, ... ③ *(o)* **~ por..., ~ por...** mal wegen ..., mal wegen ... **III.** *interj* ach so!

yac [ɟak] *m* (ZOOL) *v.* **yak**

yacaré [ɟaka're] *m* (ZOOL) Kaiman *m*

yacer [ɟa'θer] *vi irr* ① *(estar echado)* liegen ② *(estar enterrado)* ruhen ③ *(acostarse)* schlafen ④ *(estar)* sich befinden

yacija [ɟa'θixa] *f* ① *(pey: cama)* (Nacht)lager *nt* ② *(sepultura)* Grabstätte *f*

yacimiento [ɟaθi'mjen̩to] *m* (GEO, MIN) Vorkommen *nt; (capa)* Flöz *nt*

yacuzzi [ɟa'kusi] *m (de Jacuzzi®)* Whirlpool® *m*

yaguré [ɟaɣu're] *m (Am: ZOOL)* Stinktier *nt,* Skunk *m*

yak [ɟak] *m* Jak *nt*

yang [ɟaŋ] *m* (FILOS) Yang *nt*

yanqui ['ɟaŋki] **I.** *adj* (nord)amerikanisch **II.** *mf* (US-)Amerikaner(in) *m(f)*

yantar [ɟan̩'tar] **I.** *vt (elev)* essen; *(al mediodía)* zu Mittag essen **II.** *m (elev)* Essen *nt*

yapa ['ɟapa] *f (Am)* ① *(a un precio)* Zuschlag *m* ② *(objeto)* Zugabe *f;* **de ~** zudem

yarda ['ɟarða] *f* Yard *nt*

yate ['ɟate] *m* Jacht *f;* **~ a motor** Motorjacht *f*

yayo, -a ['ɟaɟo, -a] *m, f (fam)* Opa, Oma *m, f*

yaz [ɟaθ] *m* Jazz *m*

yazco ['ɟaθko], **yazgo** ['ɟaθɣo] *1. pres de* **yacer**

ye [ɟe] *f* Ypsilon *nt*

yedra ['ɟeðra] *f* Efeu *m*

yegua ['ɟeɣwa] *f* ① (ZOOL) Stute *f* ② *(AmC: colilla)* Zigarettenstummel *m*

yeguada [ɟe'ɣwaða] *f* Pferdeherde *f*

yelmo ['ɟelmo] *m* Helm *m*

yema ['ɟema] *f* ① *(de un huevo)* Eigelb *nt,* (Ei)dotter *m o nt* ② *(de un dedo)* Fingerkuppe *f* ③ (GASTR) Eierkonfekt *nt* ④ (BOT) Knospe *f* ⑤ *(centro)* Mitte *f;* **en la ~ del invierno** im tiefsten Winter; **dar en la ~** *(fig fam)* den Nagel auf den Kopf treffen ⑥ *(parte mejor)* Beste(s) *nt*

Yemen ['ɟemen] *m* Jemen *m*

yemení [ɟeme'ni], **yemenita** [ɟeme'nita] **I.** *adj* jemenitisch **II.** *mf* Jemenit(in) *m(f)*

yen [ɟen] <yenes> *m* Yen *m*

yendo ['ɟen̩do] *ger de* **ir**

yerba ['ɟerβa] *f* ① *(planta)* Kraut *nt;* **~ mate** *(RíoPl)* Matepflanze *f; (producto)* Mate(tee) *m* ② *(césped)* Gras *nt; (pasto)* Gras *nt; (seco)* Heu *nt*

yerbear [ɟerβe'ar] *vi (Am)* Mate(tee) trinken

yergo ['ɟerɣo] *1. pres de* **erguir**

yermo[1] ['ɟermo] *m* ① *(terreno)* Einöde *f* ② (AGR) Brachfeld *nt,* Brache *f*

yermo, -a[2] ['ɟermo, -a] *adj* ① *(inhabitado)* unbewohnt ② (AGR) brach(liegend); **dejar ~** brachlegen

yerno ['ɟerno] *m* Schwiegersohn *m*

yerro ['ɟerro] *m (equivocación)* Irrtum *m; (falta)* Fehler *m*

yerto, -a ['ɟerto, -a] *adj* starr; **quedar ~ (de un susto)** (vor Schreck) erstarren

yesca ['ɟeska] *f* Zunder *m*

yesería [ɟese'ria] *f* ① *(fábrica)* Gipswerk *nt* ② *(comercio)* Gipshandel *m*

yesero, -a [ɟe'sero, -a] **I.** *adj* Gips- **II.** *m, f* Gipser(in) *m(f); (decorador)* Stuckateur(in) *m(f)*

yeso ['ɟeso] *m (material)* Gips *m;* **de ~** gipsern; **dar de ~ una pared** eine Wand verputzen

yesquero [ɟes'kero] *m* (Zunder)feuerzeug *nt*

yeta ['ɟeta] *f (Arg, Urug)* Pech *nt*

yeyé [ɟe'ɟe] *adj (fam)* **hoy vas muy ~** heute bist du aber flippig angezogen

Yibuti [ɟi'buti] *m* Dschibuti *nt*

yidis ['ɟiðis] *m* Jiddisch(e) *nt*
yin [ɟin] *m* (FILOS) Yin *nt*
yo [ɟo] **I.** *pron pers* ich; ~ **que tú...** ich an deiner Stelle ...; **esto queda entre tú y ~** das bleibt unter uns **II.** *m* (*t.* PSICO) Ich *nt*
yod [ɟo^{ð}] *f* (LING) Jot *nt*
yodado, -a [ɟo'ðaðo, -a] *adj (con yodo)* jodhaltig; *(añadido)* jodiert
yodo ['ɟoðo] *m* Jod *nt*
yoga ['ɟoɣa] *m* Yoga *nt o m*
yoguista [ɟo'ɣista] **I.** *adj* Yoga- **II.** *mf* Yoga-Anhänger(in) *m(f)*
yogur ['ɟoɣur] <yogures> *m* ❶ (GASTR) Joghurt *m;* ~ **de fruta** Früchtejoghurt *m* ❷ *(argot: genio)* **estar de mal ~** schlecht drauf sein; **tener muy mal ~** gemein sein
yogurtera [ɟoɣur'tera] *f* ❶ *(máquina)* Jog(h)urtbereiter *f* ❷ *(argot: coche)* Polizeiauto *nt*
yolo ['ɟolo] *m (Méx: fam: corazón)* Herz *nt;* **¡~ mío!** mein Schatz!
yonqui ['ɟoŋki] *mf (argot)* Junkie *m*
yóquey ['xokeɟ] *m* Jockey *m*
youtuber [ɟu'tuβer] *mf v.* **youtubero**
youtubero, -a [ɟutu'βero, -a] *m, f* Youtuber(in) *m(f)*
yoyo *m,* **yoyó** *m* Jo-Jo *nt*
yoyoba [ɟo'ɟoβa] *f sin pl* (BOT) Jojoba *f;* **aceite de ~** Jojobaöl *nt*
yuan [xwan] *m* Yuan *m*
yuca ['ɟuka] *f (palma)* Yucca(palme) *f*
yudo ['ɟuðo] *m* Judo *nt*
yudoca [ɟu'ðoka] *mf* (DEP) Judoka *mf*
yugo ['ɟuɣo] *m* ❶ *(dominio, t.* AGR) Joch *nt;* **someterse al ~** sich unterwerfen ❷ *(de la campana)* Glockenstuhl *m*
Yugoslavia [ɟuɣos'laβja] *f* (HIST) Jugoslawien *nt*
yugoslavo, -a [ɟuɣos'laβo, -a] **I.** *adj* (HIST) jugoslawisch **II.** *m, f* (HIST) Jugoslawe, -in *m, f*
yugular [ɟuɣu'lar] **I.** *vt* ❶ *(decapitar)* köpfen ❷ *(detener)* zum Stillstand bringen; *(acabar)* unterbinden **II.** *adj* Hals-
yunque ['ɟuŋke] *m (para forjar, t.* ANAT) Amboss *m*
yunta ['ɟun̪ta] *f* ❶ *(par)* Gespann *nt,* Joch *nt* ❷ *pl (PRico, Urug, Ven)* Paar *nt* Manschettenknöpfe
yuppy ['ɟupi] *mf* Yuppie *m*
yurro ['ɟurro] *m (CRi: manantial)* Quelle *f; (arroyuelo)* Bächlein *nt*
yute ['ɟute] *m* Jute *f*
yuxtaponer [ɟustapo'ner] *irr como poner* **I.** *vt (a otra cosa)* stellen (**a** neben +*akk*); *(dos cosas)* nebeneinanderstellen **II.** *vr:* **~se** hinzukommen (**a** zu +*dat*)
yuxtaposición [ɟustaposi'θjon] *f (acción)* Nebeneinanderstellen *nt; (efecto)* Nebeneinanderliegen *nt;* (LING, GEO) Juxtaposition *f*
yuxtapuesto, -a [ɟusta'pwesto, -a] *adj* nebeneinanderliegend; (LING) aneinandergereiht
yuyal [ɟu'ɟal] *m (CSur)* Gebüsch *nt*
yuyo ['ɟuɟo] *m* ❶ *(CSur: yerbajo)* Unkraut *nt* ❷ *pl (Col, Ecua: condimento)* Gewürzkräuter *ntpl* ❸ *pl (Perú: verdura)* Gemüse *nt* ❹ *(AmC: ampolla)* Blase *f*

Y

Zz

Z, z ['θeta] *f* Z, z *nt;* ~ **de Zaragoza** Z wie Zeppelin

zabuir [θa'βwir] *vi (Col, PRico: zambullir)* eintauchen

zacate [θa'kate] *m (Am: paja)* Stroh *nt*

zacatón, -ona [θaka'ton, -ona] *m, f (Méx: fam)* Feigling *m,* Hasenfuß *m*

zafacoca [θafa'koka] *f (AmC, AmS)* Streit *m,* Auseinandersetzung *f*

zafacón [θafa'kon] *m (PRico, RDom: cubo de la basura)* Abfalleimer *m*

zafado, -a [θa'faðo, -a] *adj (Arg: descarado)* frech

zafadura [θafa'ðura] *f (Am: luxación)* Ausrenkung *f*

zafaduría [θafaðu'ria] *f (Arg, Urug)* Frechheit *f,* Unverschämtheit *f*

zafar [θa'far] **I.** *vt* (NÁUT) klarmachen **II.** *vr:* **~se** ① *(de una persona)* loswerden (**de** +*akk*) ② *(de un compromiso)* sich drücken (**de** vor +*dat*) ③ (TÉC: *correa*) abgehen ④ *(Am: dislocarse)* sich *dat* ausrenken

zafarrancho [θafa'rranʧo] *m* ① (NÁUT) Klarmachen *nt* ② *(fam: limpieza)* Großreinemachen *nt* ③ *(fam: riña)* Zank *m* ④ *(fam: destrozo)* Verwüstung *f*

zafio, -a ['θafjo, -a] *adj* ① *(grosero)* ordinär ② *(tosco)* ungehobelt, ungeschliffen

zafiro [θa'firo] *m* Saphir *m*

zafo[1] ['θafo] *adv (Am: salvo)* abgesehen von +*dat,* bis auf +*akk*

zafo, -a[2] ['θafo, -a] *adj* heil; **salir ~** ungeschoren davonkommen

zafra ['θafra] *f* ① *(cosecha)* Zuckerrohrernte *f* ② *(fabricación)* Zuckerherstellung *f* ③ *(tiempo)* Zuckerrohrsaison *f* ④ *(jarra)* Ölkrug *m*

zaga ['θaɣa] *f* ① *(parte posterior)* hinterer Teil *m;* **ir a la ~ de alguien** hinter jdm hergehen; **el vicepresidente no le va a la ~ al presidente** der Vizepräsident steht dem Präsidenten in nichts nach ② (DEP) Verteidigung *f*

zagal(a) [θa'ɣal(a)] *m(f) (muchacho)* Junge *m; (muchacha)* Mädchen *nt*

zaguán [θa'ɣwan] *m* ① *(vestíbulo)* Diele *f* ② *(exterior)* Vorhalle *f*

zaguero[1] [θa'ɣero] *m* (DEP: *en pelota*) Deckungsspieler *m; (en fútbol)* Verteidiger *m*

zaguero, -a[2] [θa'ɣero, -a] *adj* hintere(r, s)

zahareño, -a [θa(a)'reɲo, -a] *adj* spröde

zaherimiento [θaeri'mjeṇto] *m* ① *(reprimenda)* Tadel *m,* Rüge *f* ② *(mortificación)* Kränkung *f*

zaherir [θae'rir] *irr como sentir vt* ① *(reprender)* tadeln, rügen ② *(mortificar)* kränken

zahorí [θao'ri] <zahoríes> *m* ① *(vidente)* Hellseher(in) *m(f)* ② *(perspicaz)* Gedankenleser(in) *m(f)*

zaino, -a ['θai̯no, -a] *adj* ① *(persona)* hinterlistig; **mirar a lo ~** verstohlen ansehen ② *(res)* schwarz; *(caballo)* dunkelbraun

Zaire ['θai̯re] *m* Zaire *nt*

zaireño, -a [θai̯'reɲo, -a] **I.** *adj* zairisch **II.** *m, f* Zairer(in) *m(f)*

zalagarda [θala'ɣarða] *f* ① *(emboscada)* Hinterhalt *m* ② *(escaramuza)* Scharmützel *nt* ③ *(lazo)* Schlinge *f,* Falle *f* ④ *(fam: astucia maliciosa)* Durchtriebenheit *f*

zalamería [θalame'ria] *f* Schmeichelei *f*

zalamero, -a [θala'mero, -a] **I.** *adj* schmeichlerisch **II.** *m, f* Schmeichler(in) *m(f)*

zalema [θa'lema] *f* ① *(reverencia)* Verbeugung *f* ② *(zalamería)* Schmeichelei *f*

zamacuco, -a [θama'kuko, -a] *m, f (fam)* ① *(persona torpe)* Trottel *m,* Dummkopf *m* ② *(persona que finge ser torpe)* Schlitzohr *nt,* Schlauberger *m*

zamarra [θa'marra] *f* ① *(de pastor)* Hirtenjacke *f (aus Schaffell)* ② *(chaqueta)* pelzgefütterte Jacke *f* ③ *(piel)* Schaffell *nt*

zamarrear [θamarre'ar] *vt* ① *(una presa)* herumzerren ② *(a alguien)* anrempeln, schubsen

zamarro [θa'marro] *m* ① *(chaqueta)* pelzgefütterte Jacke *f* ② *(piel)* Schaffell *nt* ③ *(rústico)* Rüpel *m* ④ *(bribón)* Gauner *m* ⑤ *pl (Am: pantalones)* Reiterhosen *f pl*

zamba ['θamba] *f* (MÚS) Samba *f*

Zambeze [θam'beθe] *m* Sambesi *m*

Zambia ['θambja] *f* Sambia *nt*

zambiano, -a [θam'bjano, -a] **I.** *adj* sambisch **II.** *m, f* Sambier(in) *m(f)*

zambo, -a ['θambo, -a] *adj (piernas)* X-beinig

zambomba [θam'bomba] **I.** *f* (MÚS) Stabreibtrommel *f* **II.** *interj* meine Güte

zambombazo [θambom'baθo] *m (fam)* ① *(porrazo)* Schlag *m* ② *(explosión)* Knall *m*

zambombo [θam'bombo] *m (fam)* Rüpel *m*

zambra ['θambra] *f* ① *(bulla)* Trubel *m* ② *(riña)* Radau *m*

zambullida [θambu'ʎiða] *f* ① *(en el agua)* Untertauchen *nt* ② *(de cabeza)* Kopf-

Z

sprung *m;* **darse una ~** einen Kopfsprung machen

zambullir [θambuˈʎir] <*3. pret* zambulló> **I.** *vt* eintauchen **II.** *vr:* **~se** ① *(en el agua)* (ein)tauchen ② *(en un asunto)* sich stürzen ③ *(ocultarse)* sich verstecken; *(cubrirse)* sich einmummen *fam*

zamorano, **-a** [θamoˈrano, -a] **I.** *adj* aus Zamora **II.** *m, f* Einwohner(in) *m(f)* von Zamora

zampabollos [θampaˈβoʎos] *mf inv (fam)* Vielfraß *m*

zampar [θamˈpar] **I.** *vt* ① *(ocultar)* rasch wegstecken ② *(comer)* verschlingen ③ *(tirar)* (hin)werfen **II.** *vr:* **~se** ① *(en un lugar)* plötzlich auftauchen ② *(comer)* verschlingen ③ *(pey: invitarse)* reinplatzen

zampatortas [θampaˈtortas] *mf inv (fam)* Vielfraß *m*

zampón, **-ona** [θamˈpon, -ona] **I.** *adj (fam)* gefräßig **II.** *m, f (fam)* Vielfraß *m*

zampoña [θamˈpoɲa] *f* Panflöte *f*

zamuro [θaˈmuro] *m (Ven: buitre)* Geier *m*

zanahoria [θanaˈorja] *f* Mohrrübe *f,* Karotte *f*

zanca [ˈθaŋka] *f* ① *(del ave)* Vogelbein *nt* ② *(fam: del hombre)* langes Bein *nt*

zancada [θaŋˈkaða] *f* langer Schritt *m;* **dar ~s** große Schritte machen; **se recorrió la ciudad en dos ~s** er/sie besichtigte die Stadt in ein paar Minuten

zancadilla [θaŋkaˈðiʎa] *f* **poner la ~ a alguien** jdm ein Bein stellen; *(fig)* jdm das Leben schwer machen

zancajo [θaŋˈkaxo] *m* ① *(calcáneo)* Fersenbein *nt* ② *(pie)* Ferse *f;* *(zapato)* Absatz *m*

zanco [ˈθaŋko] *m* Stelze *f*

zancón, **-ona** [θaŋˈkon, -ona] *adj* ① *(zancudo)* langbeinig ② *(Col, Guat, Méx: demasiado corto)* zu kurz; **traje ~** zu kurzer Anzug

zancudas [θaŋˈkuðas] *fpl* Stelzvögel *mpl*

zancudo[1] [θaŋˈkuðo] *m (Am)* Moskito *m*

zancudo, **-a**[2] [θaŋˈkuðo, -a] *adj* langbeinig

zanganada [θaŋgaˈnaða] *f (fam)* Frechheit *f;* *(torpeza)* Ungeschicktheit *f*

zanganear [θaŋganeˈar] *vi (fam)* faulenzen

zángano [ˈθaŋgano] *m* ① *(vago, t.* ZOOL*)* Drohne *f* ② *(torpe)* Tollpatsch *m*

zangarriana [θaŋgaˈrrjana] *f* ① *(abatimiento)* Niedergeschlagenheit *f* ② *(achaque)* leichte Krankheit *f*

zangolotear [θaŋgoloteˈar] **I.** *vi (fam)* herumbummeln **II.** *vt (fam)* schütteln, rütteln **III.** *vr:* **~se** *(ventana)* locker [*o* lose] sein

zangón [θaŋˈgon] *m (fam)* Nichtstuer *m*

zanguango, **-a** [θaŋˈgwaŋgo, -a] **I.** *adj (fam)* faul, träge **II.** *m, f (fam)* Faulpelz *m,* Faulenzer(in) *m(f)*

zanja [ˈθaŋxa] *f* ① *(excavación)* Graben *m* ② *(Am: arroyada)* Flusstal *nt*

zanjar [θaŋˈxar] *vt* ① *(abrir zanjas)* Gräben ziehen ② *(asunto)* lösen; *(disputa)* beilegen

zanquilargo, **-a** [θaŋkiˈlarɣo, -a] *adj (fam)* langbeinig

zanquivano, **-a** [θaŋkiˈβano, -a] *adj (fam)* storchbeinig

[ˈθapa] *f* ① *(pala)* Spaten *m;* **labor de ~** *(fig)* heimtückisches Vorgehen ② *(fam: zapatilla deportiva)* Sneaker *m*

zapa [ˈθapa] *f (pala)* Spaten *m;* **labor de ~** *(fig)* heimtückisches Vorgehen

zapador [θapaˈðor] *m* (MIL: *que cava zanjas*) Sappeur *m;* *(que construye puentes, etc.)* Pionier *m*

zapallo [θaˈpaʎo] *m* ① *(Am: calabaza)* Kürbis *m* ② *(Arg, Chil: chiripa)* Glück *nt*

zapar [θaˈpar] *vi (cavar)* graben

zapata [θaˈpata] *f* (AUTO) Bremsschuh *m*

zapateado [θapateˈaðo] *m* ① *(baile)* Zapateado *m* ② *(de la vela)* (heftiges) Flackern *nt*

zapatear [θapateˈar] **I.** *vt* ① *(golpear)* mit einem Schuh schlagen ② *(bailando)* mit dem Fuß (auf)stampfen **II.** *vi (velas)* (heftig) flackern

zapatería [θapateˈria] *f* ① *(tienda)* Schuhgeschäft *nt* ② *(fábrica)* Schuhfabrik *f* ③ *(taller)* Schuhmacherwerkstatt *f* ④ *(oficio)* Schuhmacherei *f*

zapatero, **-a** [θapaˈtero, -a] **I.** *adj* eingeschrumpft **II.** *m, f* Schuhmacher(in) *m(f);* **~ a tus zapatos** *(prov)* Schuster bleib bei deinen Leisten

zapatilla [θapaˈtiʎa] *f* ① *(para casa)* Hausschuh *m* ② *(de deporte)* Turnschuh *m;* **~s de clavos** Spikes *mpl;* **~s de tenis** Tennisschuhe *mpl*

zapato [θaˈpato] *m* Schuh *m;* **~ de tacón** Pumps *m;* **tú no me llegas a la suela del ~** *(fig fam)* du kannst mir nicht das Wasser reichen

zape [ˈθape] *interj* ① *(animal)* husch ② *(peligro)* du meine Güte

zapear [θapeˈar] *vt* ① *(espantar)* verscheuchen ② (TV: *fam)* zappen

zapeo [θaˈpeo] *m* (TV: *fam)* Zappen *nt*

zar [θar] *m* Zar *m*

zaragata [θaraˈɣata] *f* ① *(alboroto)* Aufruhr *m,* Tumult *m* ② *pl (zalamerías)* schmeichelnde Worte *ntpl*

zaragate [θaraˈɣate] *m (AmC, Perú, Ven)* Gauner *m,* Schnüffler *m*

zaragatear [θaraɣateˈar] *vi* ① *(alborotar)*

toben, lärmen ② *(con zalamerías)* schmeicheln
zaragozano, **-a** [θaraɣo'θano, -a] **I.** *adj* aus Zaragoza **II.** *m, f* Einwohner(in) *m(f)* von Zaragoza
zaramullo [θara'muʎo] *m* *(Perú, Ven)* Schurke *m*
zarandajas [θaraṇ'daxas] *f pl* Kleinigkeiten *f pl*
zarandear [θaraṇde'ar] **I.** *vt* ① *(cribar)* sieben ② *(sacudir: cosa)* schütteln; *(persona)* schubsen ③ *(ajetrear)* schikanieren ④ *(Am: ridiculizar)* bloßstellen **II.** *vr:* **~se** ① *(ajetrearse)* sich plagen ② *(burlarse)* sich lustig machen (**de** über +*akk*)
zarandeo [θaraṇ'deo] *m* ① *(cribado)* Sieben *nt* ② *(sacudida)* Rütteln *nt*
zarandillo [θaraṇ'diʎo] *m* ① *(criba)* kleines Sieb *nt* ② *(niño)* Zappelphilipp *m*
zarcillo [θar'θiʎo] *m* ① *(pendiente)* Ohrring *m* ② (BOT) Ranke *f*
zarco, **-a** ['θarko, -a] *adj* hellblau
zarina [θa'rina] *f* Zarin *f*
zarismo [θa'rismo] *m* *sin pl* (POL) Zarismus *m*
zarpa ['θarpa] *f* ① *(barco)* Auslaufen *nt* ② *(del león)* Pranke *f;* *(fam: del hombre)* Pfote *f;* **echar la ~** *(animal)* mit den Pranken zuschlagen; *(persona)* mit Gewalt zupacken
zarpar [θar'par] *vi* *(barco)* auslaufen
zarpazo [θar'paθo] *m* Prankenhieb *m*
zarrapastroso, **-a** [θarrapas'troso, -a] *adj* *(fam)* schlampig
zarza ['θarθa] *f* Dornbusch *m*
zarzal [θar'θal] *m* (BOT) Dorngestrüpp *nt*
zarzamora [θarθa'mora] *f* (BOT) Brombeere *f*
zarzaparrilla [θarθapa'rriʎa] *f* (BOT) Sarsaparille *f*
zarzarrosa [θarθa'rrosa] *f* (BOT) Blüte *f* der Heckenrose
zarzuela [θar'θwela] *f* (MÚS) Zarzuela *f*
zas [θas] *interj* ① *(de rapidez)* zack ② *(de golpe)* peng
zascandil [θaskaṇ'dil] *m* *(fam)* ① *(chismoso)* Klatschmaul *nt* ② *(entrometido)* Schnüffler *m*
zascandilear [θaskaṇdile'ar] *vi* *(fam)* ① *(chismorrear)* klatschen ② *(entrometerse)* herumschnüffeln
zen [θen] *m* (REL) Zen *nt*
zepelín [θepe'lin] *m* Zeppelin *m*
zeta ['θeta] *f* Z *nt*
zigzag [θi$^{\gamma}$'θa$^{\gamma}$] *m* <zigzagues *o* zigzags> Zickzack *m*
zigzagueante [θi$^{\gamma}$θaɣe'aṇte] *adj* Zickzack-, zickzackförmig
zigzaguear [θi$^{\gamma}$θaɣe'ar] *vi* zickzacken
Zimbabue [θim'ba$^{\beta}$we] *m* Simbabwe *nt*
zimbabuo, **-a** [θim'ba$^{\beta}$wo, -a] **I.** *adj* simbabwisch **II.** *m, f* Simbabwer(in) *m(f)*
zinc [θiŋ] *m* <cines *o* zines> Zink *nt;* **óxido de ~** Zinkoxid *nt*
zíper ['θiper] *m* *(Méx: cremallera)* Reißverschluss *m*
zipizape [θipi'θape] *m* *(fam: riña)* Radau *m;* *(con golpes)* Schlägerei *f*
zócalo ['θokalo] *m* Sockel *m*
zoco ['θoko] *m* ① *(mercado)* (arabischer) Marktplatz *m* ② *(zócalo)* Sockel *m*
zodiaco [θo'djako] *m,* **zodíaco** [θo'ðiako] *m* Tierkreis *m;* **signos del ~** Tierkreiszeichen *nt pl,* Sternzeichen *nt pl*
zombi ['θombi] *m* ① *(muerto)* Zombie *m* ② *(atontado)* **estar ~** völlig benommen sein
zona ['θona] *f* ① *(general, t.* POL, GEO, METEO) Zone *f;* *(terreno)* Gebiet *nt;* *(área)* Bereich *m;* **~ azul** blaue Zone, Kurzparkzone *f;* **~ de ensanche** erschlossenes Baugebiet; **~ franca** Zollfreigebiet *nt;* **~ de influencia** Einflussbereich *m;* **~ peatonal** Fußgängerzone *f;* **~ urbana** Stadtgebiet *nt;* **~ verde** Grünzone *f;* **~ comercial** Einkaufsviertel *nt,* Geschäftsviertel *nt;* **~ industrial** Industriegebiet *nt;* **~ residencial** Wohngebiet *nt;* **~ sin cobertura** (TEL) Funkloch *nt* ② (DEP: *baloncesto: área*) Freiwurfraum *m;* *(defensa)* Raumdeckung *f;* *(falta)* Dreisekundenfehler *m*
zoncera [θoṇ'θera] *f* *(Am),* **zoncería** [θoṇθe'ria] *f* *(tontería)* Albernheit *f*
zonzo, **-a** ['θoṇθo, -a] *adj* ① *(aburrido)* langweilig, fade ② *(Am: tonto)* dumm
zoo ['θoo] *m* Zoo *m*
zoofilia [θo(o)'filja] *f* übertriebene Tierliebe *f*
zoófilo, **-a** [θo'ofilo, -a] **I.** *adj* tierliebend **II.** *m, f* Tierfreund(in) *m(f)*
zoología [θo(o)lo'xia] *f* *sin pl* Zoologie *f*
zoológico, **-a** [θo(o)'loxiko, -a] *adj* zoologisch; **parque ~** Zoo *m*
zoólogo, **-a** [θo'oloɣo, -a] *m, f* Zoologe, -in *m, f*
zoom [θum] *m* *v.* **zum**
zopenco, **-a** [θo'peŋko, -a] **I.** *adj* dumm, doof *fam* **II.** *m, f* Trottel *m*
zopilote [θopi'lote] *m* (ZOOL) Geier *m*
zopo, **-a** ['θopo, -a] *adj* verkrüppelt
zoquete [θo'kete] *m* ① *(madera)* Holzklotz *m* ② *(tarugo)* Dummkopf *m*
zorra ['θorra] *f* ① (ZOOL) Füchsin *f* ② *(astuta)* gerissene Frau *f* ③ *(fam: prostituta)* Hure *f abw* ④ *(fam: borrachera)* Rausch *m*
zorrear [θorre'ar] *vi* ① *(hacerse el zorro)* gerissen vorgehen ② *(Chil, Urug: cazar zorros)* auf Fuchsjagd gehen ③ *(dedicarse*

a la prostitución) auf den Strich gehen *fam* ❹ *(tratar con prostitutas)* mit Prostituierten verkehren

zorrera [θo'rrera] *f* ❶ *(de zorros)* Fuchsbau *m,* Fuchshöhle *f* ❷ *(habitación)* miefiger Raum *m* ❸ *(modorra)* Schläfrigkeit *f*

zorrería [θorre'ria] *f* Schläue *f*

zorrero, -a [θo'rrero, -a] *adj* schlau, gewitzt

zorrillo [θo'rriʎo] *m (Am: mofeta)* Stinktier *nt*

zorro ['θorro] *m* ❶ (ZOOL) Fuchs *m* ❷ *(piel)* Fuchsfell *nt* ❸ *(fam: astuto)* (schlauer) Fuchs *m* ❹ *(loc, fam)* **hacerse el ~** sich dumm stellen; **estar hecho unos ~s** fix und fertig sein; **poner a alguien hecho unos ~s** jdn heruntermachen

zorzal [θor'θal] *m* ❶ (ZOOL) Drossel *f* ❷ *(listo)* schlauer Mensch *m* ❸ *(Am: papanatas)* Trottel *m*

zote ['θote] **I.** *adj* schwer von Begriff **II.** *mf* Dummkopf *m*

zozobra [θo'θoβra] *f* ❶ *(de embarcación)* Kentern *nt* ❷ *(de proyecto)* Scheitern *nt*

zozobrar [θoθo'brar] **I.** *vi* ❶ *(barco)* kentern ❷ *(plan)* scheitern ❸ *(persona)* sich ängstigen **II.** *vt* ❶ *(barco)* zum Kentern bringen ❷ *(plan)* zunichtemachen

zueco ['θweko] *m* Clog *m*

zulo ['θulo] *m Waffenlager oder Versteck einer terroristischen Gruppe*

zum [θum] *m* (FOTO) Zoom(objektiv) *nt;* **utilizar el ~** zoomen

zumba ['θumba] *f* ❶ *(cencerro)* Kuhglocke *f* ❷ *(juguete)* Knarre *f* ❸ *(burla)* Neckerei *f* ❹ *(Am: paliza)* Tracht *f* Prügel

zumbado, -a [θum'baðo, -a] *adj* **estar ~** *(fam)* spinnen

zumbador [θumba'ðor] *m* (ELEC) Summer *m*

zumbar [θum'bar] **I.** *vi* ❶ *(abejorro, máquina)* summen; **salir zumbando** davoneilen ❷ *(oídos)* dröhnen **II.** *vt* ❶ *(golpe)* versetzen ❷ *(Am: arrojar)* (weg)schmeißen; *(expulsar)* (raus)schmeißen ❸ *(guasear)* necken **III.** *vr:* **~se** sich lustig machen (**de** über +*akk*)

zumbido [θum'biðo] *m* ❶ *(ruido)* Summen *nt;* **~ de los oídos** Ohrensausen *nt* ❷ *(fam: golpe)* Schlag *m*

zumbón, -ona [θum'bon, -ona] *m, f (fam)* Spaßvogel *m*

zumo ['θumo] *m* ❶ *(de frutas)* Saft *m* ❷ *(fig: utilidad)* Nutzen *m;* **sacar ~ de algo** Nutzen aus etw *dat* ziehen

zupay [θu'pai̯] *m (Am: demonio)* Teufel *m*

zuque ['θuke] *m* ❶ *(Col: golpe)* Schlag *m* ❷ *(Méx: fam)* **estar ~** pleite sein

zurcir [θur'θir] <c → z> *vt* ❶ *(agujero)* stopfen; *(siete)* zunähen ❷ *(loc)* **¡que te zurzan!** *(fam)* du kannst mich mal!

zurda ['θurða] *f* linke Hand *f;* **hacer algo a ~s** etw mit der linken Hand machen

zurdo, -a ['θurðo, -a] **I.** *adj* linkshändig **II.** *m, f* Linkshänder(in) *m(f)*

zurra ['θurra] *f* ❶ *(de la piel)* Gerben *nt* ❷ *(paliza)* Tracht *f* Prügel; **dar una ~ a alguien** jdn verprügeln

zurrapa [θu'rrapa] *f* ❶ *(poso)* Bodensatz *m* ❷ *(fam: cosa)* Abscheulichkeit *f; (persona)* verachtenswerter Mensch *m*

zurraposo, -a [θurra'poso, -a] *adj* trübe

zurrar [θu'rrar] *vt* ❶ *(pieles)* gerben ❷ *(fam: apalizar)* versohlen ❸ *(fam: criticar)* heruntermachen

zurriagazo [θurrja'ɣaθo] *m* ❶ *(latigazo)* Peitschenhieb *m* ❷ *(desgracia)* Unglück *nt* ❸ *(desdén)* Verachtung *f*

zurriago [θu'rrjaɣo] *m (látigo)* Peitsche *f*

zurribanda [θurri'βaṇda] *f (fam)* ❶ *(tunda)* Tracht *f* Prügel ❷ *(riña)* Streiterei *f*

zurullo [θu'ruʎo] *m (fam)* ❶ *(grumo)* Klumpen *m* ❷ *(excremento)* Haufen *m*

zutano, -a [θu'tano, -a] *m, f* **fulano y ~** Hinz und Kunz; **fulano y ~ se han casado** der und die Soundso haben geheiratet

Z

Aa

A, a [aː] *nt* <-, -> ❶ *(Buchstabe)* A, a *f;* **~ wie Anton** A de Antonio; **das ~ und O einer Sache** *(fam)* lo esencial de una cosa; **von ~ bis Z** *(fam)* de cabo a rabo ❷ (MUS) la *m*

a *Abk. von* **Ar** a

A ❶ *Abk. von* **Ampere** A ❷ *Abk. von* **Autobahn** autopista *f*

à *präp +akk* a… (cada uno); **10 Stück ~ drei Euro** 10 unidades a tres euros cada una

Aa *nt <-, ohne pl> (fam: Kindersprache)* caca *f;* **~ machen** hacer caca

AA ❶ (POL) *Abk. von* **Auswärtiges Amt** Ministerio *m* de Asuntos Exteriores ❷ *Abk. von* **Anonyme Alkoholiker** Alcohólicos *mpl* Anónimos

Aachen ['aːxən] *nt* <-s> Aquisgrán *m*

Aal [aːl] *m* <-(e)s, -e> anguila *f*

aalen *vr:* **sich ~** *(fam)* repantingarse; **sich in der Sonne ~** tumbarse al sol

aalglatt *adj (abw)* escurridizo

a.a.O *Abk. von* **am angegebenen Ort, am aufgeführten Ort** ib(íd).

Aargau ['aːɐgaʊ] *m* <-s> *(Kanton der Schweiz)* Argovia *f*

Aas[1] [aːs, *pl* 'aːzə] *nt* <-es, -e> *(Tierleiche)* carroña *f*

Aas[2] [aːs, *pl:* 'ɛːzə] *nt* <-es, Äser> *(fam: Luder)* mal bicho *m*

Aasfresser *m* <-s, -> carroñero *m*

Aasgeier *m (a. fig, abw)* buitre *m*

ab [ap] **I.** *präp +dat* ❶ *(räumlich)* desde; **~ Hamburg** desde Hamburgo; **~ Werk** (COM) salida de fábrica ❷ *(zeitlich)* desde, a partir de; **~ dem 28. November** a partir del 28 de noviembre; **~ wann?** ¿desde cuándo?; **~ sofort** desde ya ❸ *(ebenso viel und mehr)* a partir de, de… en adelante; **Kinder ~ 12 Jahren** niños de 12 años en adelante **II.** *adv* ❶ *(räumlich)* **die dritte Straße rechts ~** hay que torcer la tercera calle a la derecha; **Stuttgart ~ 8.30 Uhr** *(Bus-, Bahnabfahrtszeit)* salida de Stuttgart a las 8.30 horas ❷ *(zeitlich)* **~ und zu** de vez en cuando ❸ *(Wend)* **~ sein** *(fam: abgelöst)* haberse caído; *(erschöpft)* estar hecho polvo

Abakus ['aːbakʊs] *m* <-, -> (MATH) ábaco *m*

ab|ändern *vt* modificar, cambiar

Abänderung *f* modificación *f,* cambio *m*

Abänderungsantrag *m* <-(e)s, -träge> solicitud *f* de modificación; (POL) enmienda *f;* **einen ~ stellen** presentar una enmienda

abänderungsfähig *adj* modificable

ab|arbeiten I. *vt (Pensum)* terminar; **eine Schuld ~** pagar una deuda trabajando **II.** *vr:* **sich ~** matarse trabajando

Abart *f* variedad *f*

abartig *adj* ❶ *(anormal)* anormal; *(pervers)* pervertido ❷ *(fam: verrückt)* loco

Abbau *m ohne pl* ❶ *(Auseinandernehmen)* desmontaje *m* ❷ *(Reduzierung)* disminución *f,* reducción *f* ❸ *(von Ängsten)* superación *f* ❹ (CHEM) desintegración *f* ❺ (BERGB) explotación *f* ❻ (MED: *Verfall*) debilitamiento *m; (Knochen)* descalcificación *f*

abbaubar *adj* (CHEM) degradable; **biologisch ~** biodegradable

ab|bauen I. *vi (Kräfte einbüßen)* debilitarse **II.** *vt* ❶ *(zerlegen)* desmontar ❷ *(verringern)* disminuir; *(Steuern, Personal)* reducir ❸ *(Ängste)* superar ❹ (CHEM) descomponer ❺ (BERGB) explotar ❻ (MED) desgastar

Abbauprodukt *nt* (CHEM) producto *m* de desintegración

ab|beißen *irr* **I.** *vi* morder; **beiß mal ab!** ¡prueba! **II.** *vt* morder; **ich beiße mir lieber die Zunge ab, als …** prefiero morir que…

ab|beizen *vt* tratar con decapante

Abbeizmittel *nt* <-s, -> decapante *m*

ab|bekommen* *vt irr* ❶ *(Schaden, Teil)* recibir, llevarse; **das Auto hat ganz schön was ~** el coche se dio un buen golpe ❷ *(entfernen können)* lograr quitar

ab|bestellen* *vt* anular; *(Telefon)* dar de baja

ab|bezahlen* *vt* (**in Raten**) **~** pagar a plazos

ab|biegen *irr* **I.** *vi sein (Richtung ändern)* torcer; *(beim Fahren)* girar, voltear *Am;* **nach rechts/links ~** doblar a la derecha/a la izquierda **II.** *vt (krümmen)* torcer

Abbiegespur *f* carril *m* de giro

Abbiegung *f* <-, -en> *(einer Straße)* desviación *f*

Abbild *nt* reproducción *f,* copia *f*

ab|bilden *vt* reproducir; (MATH) proyectar; **er ist in der Zeitschrift abgebildet** hay una foto suya en el periódico

Abbildung *f* <-en> ❶ *(das Abbilden)* reproducción *f,* copia *f* ❷ *(Bild)* ilustración *f,* lámina *f* ❸ (MATH) proyección *f*

ab|binden *irr* **I.** *vi* (ARCHIT) fraguar **II.** *vt*

① *(losbinden)* desatar ② (MED) comprimir (con ligadura) ③ (GASTR: *Soße*) espesar
Abbitte *f* <-, *ohne pl*> *(geh)* **bei jdm wegen etw ~ leisten** presentar sus excusas a alguien por algo, disculparse con alguien por algo
ab|blasen *vt irr* ① *(Staub)* quitar soplando ② *(fam: absagen)* suspender
ab|blättern *vi sein* desconcharse
ab|blenden *vi* ① (FOTO) diafragmar ② (AUTO) bajar las luces
Abblendlicht *nt ohne pl* (AUTO) luz *f* de cruce
ab|blitzen *vi sein (fam)* **jdn ~ lassen** darle calabazas a alguien
ab|blocken *vt* bloquear; *(Angriff)* rechazar; *(Vorhaben)* impedir
ab|brechen *irr* **I.** *vi sein* ① *(Stück)* romperse ② *(unvermittelt aufhören)* interrumpirse **II.** *vt* ① *(Zweig)* romper ② *(Gebäude)* derribar ③ *(Gespräch)* interrumpir ④ (INFOR: *Programm*) cerrar
ab|bremsen *vi, vt* frenar
ab|brennen *irr* **I.** *vi sein* quemarse **II.** *vt* quemar
ab|bringen *vt irr* desviar (**von** de), apartar (**von** de); **ich lasse mich von meiner Meinung nicht ~** nada ni nadie me hará cambiar de opinión
ab|bröckeln *vi sein (Mauer)* desmenuzarse; *(Verputz)* desconcharse
Abbruch[1] *m* <-(e)s, *ohne pl*> *(zerlegen)* desmontaje *m; (Lager)* levantamiento *m; (Haus)* derribo *m;* **das tut der Sache keinen ~** *(fam)* esto no perjudica la cosa para nada
Abbruch[2] *m* <-(e)s, -brüche> ① *(Beendigung)* ruptura *f; (Wettkampf, Spiel)* suspensión *f* ② (INFOR) cancelación *f,* abort *m*
abbruchreif *adj* (en estado) ruinoso
ab|buchen *vt* (FIN) cargar (en cuenta)
Abbuchung *f* (FIN) adeudo *m*
Abbuchungsverfahren *nt* (FIN) domiciliación *f* de recibos
ab|bürsten *vt* cepillar
ab|büßen *vt* ① *(Strafe)* cumplir ② (REL) expiar
Abc [abe'tse:] *nt* <-, -> ① *(Alphabet)* abecedario *m;* **etw nach dem ~ ordnen** poner algo por orden alfabético ② *(Grundwissen)* abecé *m*
ab|checken *vt (kontrollieren)* controlar, chequear *Am*
Abc-Schütze *m* alumno, -a *m, f* de primer grado
ABC-Waffen *fpl* armas *fpl* atómicas, biológicas y químicas
ab|danken *vi (König)* abdicar; *(Minister)* dimitir
Abdankung *f* <-en> *(König)* abdicación *f; (Minister)* dimisión *f*
Abdeckcreme *f (Kosmetik)* corrector *m* (facial)
ab|decken *vt* ① *(wegnehmen)* quitar ② *(freimachen)* destapar; *(Tisch)* quitar; *(Haus)* destejar ③ *(bedecken)* tapar ④ *(Thema)* cubrir ⑤ (FIN: *Schulden*) saldar; *(Risiko)* cubrir
Abdeckung *f* <-en> cubierta *f*
ab|dichten *vt (isolieren)* aislar (**gegen** contra); *(gegen Lärm)* insonorizar; *(gegen Wasser)* impermeabilizar
Abdichtung *f (Isolierung)* aislamiento *m; (gegen Lärm)* insonorización *f; (gegen Feuchtigkeit)* impermeabilización *f*
ab|drängen *vt* ① *(beiseitedrängen)* apartar (a empellones) ② (SPORT: *wegdrängen*) apartar
ab|drehen **I.** *vt* ① *(ausschalten)* apagar; *(zudrehen)* cerrar ② *(abwenden)* apartar **II.** *vi haben o sein (den Kurs wechseln)* girar (**nach** a), virar (**nach** a) **III.** *vr:* **sich ~** volverse; **er/sie drehte sich ab** volvió la espalda
ab|driften *vi sein* perder el rumbo; (NAUT) abatir; *(abtreiben)* ir a la deriva; **nach rechts ~** desviarse a la derecha; **in den Suff ~** *(fam)* caer en la bebida
Abdruck[1] *m* <-(e)s, -e> *(a. Vorgang)* reproducción *f; (Kopie)* copia *f*
Abdruck[2] *m* <-(e)s, -drücke> impresión *f; (in etwas Weichem)* impronta *f; (Spur)* huella *f; (Abguss)* molde *m*
ab|drucken *vt* imprimir; *(veröffentlichen)* publicar
ab|drücken **I.** *vi (schießen)* apretar el gatillo **II.** *vt* ① *(nachbilden)* moldear ② (MED: *Arterie*) estrangular ③ *(fam)* **Geld ~** soltar la gallina **III.** *vr:* **sich ~** marcarse
ab|dunkeln *vt* oscurecer; *(Farbe)* matar *fam*
abduschen **I.** *vt* duchar **II.** *vr:* **sich ~** ducharse, tomar una ducha
ab|ebben *vi sein (Wut)* aplacarse; *(Erregung)* sosegarse; *(Lärm)* ir disminuyendo
Abend ['a:bənt] *m* <-s, -e> ① *(bis gegen 20 oder 21 Uhr)* tarde *f; (ab etwa 20 oder 21 Uhr)* noche *f;* **Heiliger ~** Nochebuena *f;* **am frühen ~** a última hora de la tarde; **am selben ~** la misma tarde [*o* noche]; **am ~ des 23. März** la tarde [*o* noche] del 23 de marzo; **gegen ~** al atardecer; **~ für ~** todas las tardes [*o* noches]; **eines ~s** una tarde [*o* noche]; **heute/gestern/morgen ~** hoy/ayer/mañana por la tarde [*o* por la noche]; **es wird ~** atardece; **zu ~ essen** cenar; **guten ~!** ¡buenas tardes [*o* noches]!; **es ist noch nicht aller Ta-**

A

ge ~ todavía puede pasar de todo ❷ *(Veranstaltung)* velada *f;* **bunter** ~ velada con programa variado
Abendandacht *f* misa *f* vespertina
Abendbrot *nt* cena *f;* ~ **essen** cenar
Abenddämmerung *f* crepúsculo *m* (vespertino), nochecita *f Am*
Abendessen *nt* cena *f*
abendfüllend *adj* que dura toda la noche
Abendgymnasium *nt* <-s, -gymnasien> (instituto *m*) nocturno *m*
Abendkasse *f* taquilla *f,* boletería *f Am*
Abendkleid *nt* traje *m* de noche
Abendkleidung *f* <-, -en> ropa *f* de fiesta [*o* de gala]; *(Kleid)* vestido *m* de noche, traje *m* de noche; *(Anzug)* traje *m* de gala
Abendkurs *m* curso *m* nocturno
Abendland *nt* Occidente *m*
abendländisch *adj* occidental
abendlich *adj* vespertino; **zu ~er Stunde** por la tarde
Abendmahl *nt* ❶ (REL: *Sakrament*) Eucaristía *f* ❷ (REL: *Empfang des Sakraments*) comunión *f*
Abendprogramm *nt* (FILM, TV) sesión *f* de noche; **welcher Film läuft heute im ~?** ¿qué película ponen hoy en la sesión de noche?
Abendrot *nt* crepúsculo *m*
abends ['a:bənts] *adv (bis gegen 20 oder 21 Uhr)* por la tarde; *(ab etwa 20 oder 21 Uhr)* por la noche; **um acht Uhr** ~ a las ocho de la tarde; **spät** ~ muy de noche; **dienstags** ~ el martes por la tarde [*o* la noche]
Abendschule *f* colegio *m* nocturno
Abendsonne *f ohne pl* sol *m* poniente
Abendstern *m* lucero *m* vespertino
Abendstunde *f* anochecer *m;* **in den frühen ~n** al caer la tarde
Abendvorstellung *f* (THEAT) función *f* de noche; (FILM) sesión *f* de noche
Abenteuer ['a:bəntɔɪɐ] *nt* <-s, -> ❶ *(Wagnis)* aventura *f* ❷ *(Liebesaffäre)* aventura *f* (amorosa)
abenteuerlich *adj* ❶ *(abenteuerlustig)* aventurero ❷ *(unwahrscheinlich)* fantástico ❸ *(riskant)* arriesgado; **das ist ja ~!** ¡eso sí que es aventurado!
Abenteuerlust *f ohne pl* espíritu *m* aventurero, afán *m* de aventuras
abenteuerlustig *adj* aventurero
Abenteuerroman *m* novela *f* de aventuras
Abenteuerspielplatz *m* parque *m* de aventuras
Abenteurer(in) ['a:bəntɔɪrɐ] *m(f)* <-s, -; -nen> aventurero, -a *m, f*
aber ['a:bɐ] **I.** *konj* pero, sin embargo **II.** *(Verstärkungspartikel)* bueno, pero; **~, ~, meine Herren!** ¡bueno, bueno, señores!; ~ **so setzen Sie sich doch!** ¡pero siéntese!; ~ **ja!** ¡claro que sí! **III.** *adv* ~ **und abermals** una y otra vez
Aber *nt* <-s, - *fam:* -s> pero *m;* **kein ~!** ¡y no hay peros que valgan!
Aberglaube(n) *m* superstición *f*
abergläubisch *adj* supersticioso
ab|erkennen* *vt irr* (JUR) **jdm Rechte** ~ privar a alguien de derechos
Aberkennung *f* <-en> (JUR) desposeimiento *m,* privación *f*
abermals ['a:bɐma:ls] *adv* otra vez
ab|ernten *vt* cosechar por completo
abertausend *adj inv (geh)* miles (de); **tausend und** ~ miles y miles (de)
Abertausende *pl (geh)* miles *mpl* (**von** de)
aberwitzig *adj* demente; *(Vorhaben)* absurdo
abfahrbereit *adj s.* **abfahrtbereit**
ab|fahren *irr* **I.** *vi sein (wegfahren)* salir; **auf den Typ fahre ich ab** este tío me alucina; **sie ließ ihn** ~ lo mandó a paseo **II.** *vt haben o sein (Strecke)* recorrer
Abfahrt *f* <-en> ❶ *(Zug)* salida *f* ❷ *(Abreise)* partida *f* ❸ (SPORT) descenso *m* ❹ *(Autobahnabfahrt)* salida *f*
Abfahrt(s)zeit *f* hora *f* de partida
abfahrtbereit *adj* dispuesto para salir
Abfahrtslauf *m* (SPORT) descenso *m*
Abfall[1] *m* <-(e)s, *ohne pl*> ❶ *(Lossagung)* apostasía *f* ❷ *(Abnahme)* disminución *f*
Abfall[2] *m* <-(e)s, -fälle> *(Müll)* basura *f,* desecho *m;* **radioaktiver** ~ residuos radi(o)activos
Abfallaufbereitung *f* tratamiento *m* de los residuos
Abfallbehälter *m* contenedor *m* de residuos
Abfallbeseitigung *f ohne pl* eliminación *f* de residuos
Abfalldeponie *f* <-, -n> vertedero *m* de residuos
Abfalleimer *m* cubo *m* de la basura
ab|fallen *irr vi sein* ❶ *(herunterfallen)* caerse; **alle Furcht fiel von ihm ab** sus temores se desvanecieron ❷ *(Gelände)* descender ❸ *(fam: übrig bleiben)* sobrar ❹ *(von einer Partei)* abandonar (**von**) ❺ *(von seinem Glauben)* apostatar (**von** de), renegar (**von** de) ❻ (SPORT) rendir menos (que de costumbre)
Abfallentsorgung *f* recogida *f* de basura; **getrennte** ~ recogida selectiva de basura
Abfallhaufen *m* montón *m* de basura
abfällig *adj (Bemerkung)* despectivo; *(Kritik)* adverso; **sich ~ über jdn äußern** hablar despectivamente de alguien

Abfallindustrie *f* <-, -n> industria *f* de residuos sólidos
Abfallprodukt *nt* producto *m* secundario
Abfallsortierung *f* clasificación *f* de los residuos
Abfallstoffe *mpl* residuos *mpl,* desechos *mpl*
Abfalltonne *f* cubo *m* de basura
Abfallvermeidung *f* contención *f* de la producción de residuos
Abfallverwertung *f* aprovechamiento *m* de residuos
Abfallwirtschaft *f ohne pl* reciclaje *m,* reciclado *m*
ab|fangen *irr vt* ❶ *(Brief)* interceptar ❷ (ARCHIT) apuntalar ❸ *(unter Kontrolle bringen)* lograr dominar ❹ (SPORT: *Gegner*) alcanzar; *(Ball)* interceptar
Abfangjäger *m* (MIL) caza *m* interceptor
ab|färben *vi* desteñir; **auf jdn ~** *(fig)* contagiar a alguien
ab|fassen *vt* redactar
Abfassung *f* <-, -en> redacción *f,* composición *f*
ab|faulen *vi sein* pudrirse
ab|federn *vt* ❶ (TECH) equipar de un amortiguador ❷ *(Stoß)* amortiguar
ab|feiern *vt (fam: Arbeitszeit)* librar por horas extras
ab|fertigen *vt* ❶ *(Waren)* despachar ❷ *(bedienen)* atender ❸ *(fam: unfreundlich behandeln)* atender muy mal
Abfertigung *f* <-en> ❶ *(von Waren)* expedición *f* ❷ *(Bedienung, Abfertigungsstelle)* despacho *m*
Abfertigungshalle *f* (AERO) terminal *f*
Abfertigungsschalter *m* (AERO) mostrador *m* de facturación
ab|feuern *vt (Rakete)* lanzar; *(Schuss)* disparar
ab|finden *irr* **I.** *vt* compensar, indemnizar; **mit leeren Versprechungen ~** engañar con promesas vanas **II.** *vr:* **sich ~** ❶ *(sich einigen)* llegar a un acuerdo ❷ *(sich zufriedengeben)* conformarse
Abfindung *f* <-en> ❶ *(Entschädigung)* indemnización *f* ❷ *(Ausgleich)* compensación *f*
ab|flachen I. *vi sein* ❶ *(flacher werden)* reducirse ❷ *(Unterhaltung)* perder nivel **II.** *vt* aplanar **III.** *vr:* **sich ~** disminuir
Abflachung *f* <-, -en> ❶ *(abgeflachte Form)* aplanamiento *m; (Böschung)* declive *m,* pendiente *f,* talud *m; (Wall)* escarpa *f,* escarpadura *f* ❷ *(das Abflachen)* allanamiento *m,* nivelación *f* ❸ *(Sinken)* reducción *f,* descenso *m*
ab|flauen ['apflaʊən] *vi sein* ❶ *(Wind)* calmarse ❷ *(Konjunktur)* retroceder
ab|fliegen *irr vi sein (Vögel)* echarse a volar; *(Flugzeug, Person)* salir
ab|fließen *irr vi sein (Wasser, Geld)* salir
Abflug *m* <-(e)s, -flüge> (AERO) salida *f*
abflugbereit *adj* (AERO) dispuesto para despegar
Abflughalle *f* (AERO) terminal *f* de salidas
Abflugzeit *f* (AERO) hora *f* de despegue
Abfluss *m* <-es, -flüsse> *(Rohr)* desagüe *m; (Wassermenge)* caudal *m;* **den reibungslosen ~ des Verkehrs behindern** impedir la circulación fluida en las carreteras
Abflussreiniger *m* (producto *m*) desatascador *m*
Abflussrinne *f (Haus)* canalón *m; (Straße)* cuneta *f*
Abflussrohr *nt* cañería *f* de desagüe
Abfolge *f* <-n> sucesión *f; (Takt)* ritmo *m*
Abfrage *f* <-n> (INFOR: *von Daten*) consulta *f*
ab|fragen *vt* ❶ *(prüfen)* preguntar ❷ (INFOR: *Daten*) consultar
abfrieren *irr* **I.** *vi sein* helarse **II.** *vt (fam)* congelarse, helarse; **ich fror mir einen ab** *(fam)* me quedé hecho un cubito [*o* un témpano]
Abfuhr ['apfuːɐ] *f* <-en> ❶ *(Abtransport)* tra(n)sporte *m; (von Müll)* recogida *f* ❷ *(Zurückweisung)* negativa *f;* **jdm eine ~ erteilen** dar calabazas a alguien ❸ (SPORT) derrota *f*
ab|führen I. *vi* (MED) tener un efecto purgante; **etw zum A~ verschreiben** recetar algo como laxante **II.** *vt* ❶ *(Verbrecher)* llevar detenido ❷ *(Geld)* pagar (**an** a) ❸ *(a. fig: ableiten)* apartar (**von** de), desviar (**von** de)
abführend I. *adj* purgante; (MED) eferente **II.** *adv* con efecto purgante; **~ wirken** tener un efecto purgante
Abführmittel *nt* laxante *m*
Abführtee *m* infusión *f* purgante
Abführung *f* <-en> ❶ *(Festnahme)* detención *f* ❷ (FIN: *Steuer*) pago *m,* liquidación *f* ❸ *(Ableitung)* desviación *f*
ab|füllen I. *vt* ❶ *(Flüssigkeiten)* trasegar (**in** a); *(in Flaschen)* embotellar; *(in Gefäße)* envasar; *(in Säcke)* ensacar ❷ *(fam: betrunken machen)* emborrachar **II.** *vr:* **sich ~** *(fam)* emborracharse
Abfüllung *f* <-, -en> (proceso *m* de) embotellado *m*
Abgabe[1] *f ohne pl (Einreichung, Stimmabgabe)* entrega *f*
Abgabe[2] *f* <-n> ❶ *(Steuer)* impuesto *m;* **öffentliche ~n** impuestos *mpl;* **~n erheben/entrichten** cobrar/pagar impuestos

2 *(von Wärme, einer Erklärung)* emisión *f* 3 *(Verkauf)* venta *f*

abgabenfrei *adj* (FIN) libre de impuestos

Abgabenordnung *f* <-, -en> (FIN) ley *f* general tributaria

abgabenpflichtig *adj* (FIN) sujeto a impuestos

Abgabetermin *m* fecha *f* de entrega

Abgang *m* <-(e)s, *ohne pl*> 1 *(Fortgehen)* salida *f*, partida *f*; (THEAT) mutis *m inv* 2 *(Absendung)* despacho *m*, salida *f* 3 (MED: *Absonderung*) secreción *f*; *(Fehlgeburt)* aborto *m* (involuntario) 4 (COM: *Absatz*) venta *f*; ~ **finden** tener salida

Abgänger(in) *m(f)* *(formal)* niño, -a *m, f* que deja los estudios

Abgangszeugnis *nt* (SCH) *certificado para alguien que deja los estudios*

Abgas *nt* <-es, -e> (gas *m* de) escape *m*

Abgas(sonder)untersuchung *f* (AUTO) control *m* de los gases de combustión *(obligatoria al pasar la inspección técnica de vehículos)*

abgasarm *adj* (AUTO) pobre en gases de escape

abgasfrei *adj* sin gases de escape; **eine ~e Anlage** una instalación sin gases de combustión

Abgaskatalysator *m* (AUTO) catalizador *m* de gas de escape

Abgasuntersuchung *f* <-, -en> (AUTO) *s.* **Abgas(sonder)untersuchung**

ab|geben *irr* **I.** *vt* 1 *(zur Aufbewahrung)* depositar 2 *(verkaufen)* vender 3 *(Schuss)* disparar 4 *(Meinung, Erklärung)* dar; *(Urteil, Stimme)* emitir 5 *(Wärme)* irradiar 6 *(teilen)* dar una parte (**von** de); **er hat mir die Hälfte abgegeben** me ha dado la mitad 7 *(überlassen)* ceder 8 (SPORT: *Punkte*) perder; *(Ball)* entregar 9 *(fam: Aussehen)* ofrecer **II.** *vr:* **sich ~** *(abw: sich einlassen)* tener trato; **mit diesen Leuten geben wir uns nicht ab** no queremos tener trato con esa gente

abgebrannt **I.** *pp von* **abbrennen** **II.** *adj* *(fam: pleite)* sin blanca

abgebrochen **I.** *pp von* **abbrechen** **II.** *adj* 1 *(ohne Abschluss beendet)* abandonado, interrumpido; **ein ~es Studium** una carrera no terminada 2 *(fam: ohne Abschluss)* sin haber terminado la carrera

abgebrüht *adj* *(fam: unempfindlich)* curado de espantos

abgedroschen *adj* *(fam)* trillado

abgefahren *adj* *(sl: cool, schräg)* enrollado

abgefeimt ['apgəfaɪmt] *adj* *(abw: Gauner)* taimado, astuto; *(Methode)* refinado

abgefuckt ['apgəfakt] *adj* *(vulg)* jodido

abgegriffen *pp von* **abgreifen**

abgehackt **I.** *adj* 1 *(Stil)* entrecortado 2 *(Bewegungen)* brusco **II.** *adv* a trompicones

abgehangen *pp von* **abhängen**[1]

abgehärmt ['apgəhɛrmt] *adj* afligido, acongojado

ab|gehen *irr* **I.** *vi sein* 1 *(sich entfernen)* marchar(se); *(Zug)* partir, salir; (THEAT) hacer mutis; **von der Schule ~** dejar la escuela 2 *(Farbe)* irse; *(Knopf)* caerse; *(Schuss)* dispararse 3 *(fehlen)* faltar; **sich** *dat* **nichts ~ lassen** no privarse de nada 4 *(abweichen)* **nicht von seinen Grundsätzen ~** insistir en sus principios 5 *(verlaufen)* **alles ging gut ab** todo salió bien 6 *(sl: los sein)* **hier geht es ab!** ¡menuda marcha hay aquí! 7 *(vulg)* **ihm ging einer ab** se corrió **II.** *vt* *(Grundstück)* recorrer (para inspeccionar)

abgehoben *pp von* **abheben**

abgekartet *adj* *(fam)* amañado

abgeklärt [a'pgəklɛːɐt] *adj* *(ausgeglichen)* sereno

abgelagert *adj* 1 (GEO) sedimentado 2 *(Wein)* almacenado; *(Zigarre)* (bien) seco; *(Holz)* curado; (**gut**) **~er Wein** vino añejo

abgelegen *adj* distante

abgeneigt *adj* contrario; **etw/jdm ~ sein** ser contrario a algo/alguien; (**nicht**) **~ sein, etw zu tun** (no) tener inconveniente en hacer algo

Abgeordnete(r) *mf* <-n, -n; -n> *(im Parlament)* diputado, -a *m, f*, legislador(a) *m(f)* *Am;* *(Vertreter)* delegado, -a *m, f*

Abgeordnetenhaus *nt* Congreso *m*, Cámara *f* de los Diputados

Abgeordnetensitz *m* escaño *m*

abgerissen **I.** *pp von* **abreißen** **II.** *adj* 1 *(zerlumpt)* andrajoso 2 *(unzusammenhängend)* deslavazado

Abgesandte(r) *mf* <-n, -n; -n> enviado, -a *m, f*

Abgesang *m* <-(e)s, -sänge> *(geh)* 1 *(letztes Werk)* canto *m* de cisne 2 *(Ausklang)* colofón *m*, remate *m*

abgeschieden ['apgəʃiːdən] **I.** *pp von* **abscheiden** **II.** *adj* *(geh)* 1 *(entlegen)* retirado; *(einsam)* solitario 2 *(verstorben)* fallecido

Abgeschiedenheit *f ohne pl* aislamiento *m*

abgeschlagen **I.** *pp von* **abschlagen** **II.** *adj* 1 (SPORT) de los últimos; *(Partei)* sin peso 2 *(reg: erschöpft)* rendido 3 *(Geschirr)* desportillado

abgeschlossen **I.** *pp von* **abschließen** **II.** *adj* 1 *(verschlossen)* cerrado 2 *(isoliert)* aislado 3 *(vollendet)* acabado

Abgeschlossenheit *f* <-, *ohne pl*> ① *(Isoliertheit)* aislamiento *m* ② *(Weltabgeschiedenheit)* retiro *m;* **er verbrachte seine letzten Lebensjahre in völliger ~** pasó su últimos años en el más absoluto retiro

abgeschmackt ['apgəʃmakt] *adj* de mal gusto

abgeschnitten *pp von* **abschneiden**

abgesehen *pp von* **absehen**

abgespannt *adj* fatigado; **er sieht ~ aus** parece fatigado

abgestanden ['apgəʃtandən] **I.** *pp von* **abstehen II.** *adj* ① *(Wasser)* reposado; *(Bier)* insípido ② *(fig)* manido

abgestorben ['apgəʃtɔrbən] *pp von* **absterben**

abgetragen *pp von* **abtragen**

abgetreten *pp von* **abtreten**

abgewetzt *adj (Stoff)* gastado

ab|gewinnen* *irr vt* ① *(Geld)* ganar ② *(finden)* sacar ③ *(Gefallen finden)* **ich kann dieser Sache nichts ~** esto no me hace (ninguna) gracia

abgewogen *pp von* **abwägen, abwiegen**

ab|gewöhnen* *vt* deshabituar (de), desacostumbrar (de); **jdm etw ~** quitar a alguien la costumbre de algo; **sich** *dat* **etw ~** perder la costumbre de hacer algo; **ich muss mir das Rauchen ~** tengo que dejar de fumar

abgewrackt *adj* ① *(Schiff)* desguazado ② *(abw fam: Haus)* desvencijado; *(Typ)* depauperado; **ein ~er Künstler** un artista hundido en la miseria

abgezehrt *adj (Gesicht)* demacrado; *(Körper)* enflaquecido

abgezockt *(fam)* **I.** *pp von* **abzocken II.** *adj (kaltschnäuzig, routiniert)* curtido

ab|gießen *irr vt (Wasser)* verter; **die Nudeln ~** escurrir la pasta

Abgleich *m* <-(e)s, -e> comparación *f*

ab|gleiten *irr vi sein (geh)* ① *(abrutschen)* resbalar ② *(abschweifen)* desviarse; *(Gedanken)* divagar ③ *(fig: absinken)* hundirse ④ *(abprallen)* rebotar; **er ließ die Vorwürfe einfach an sich ~** le resbalaban los reproches

Abgott *m* <-(e)s, -götter> ídolo *m*

abgöttisch ['apgœtɪʃ] *adv* con idolatría; **jdn ~ lieben** idolatrar a alguien

ab|grasen *vt* ① *(Weide)* comer la hierba (de); **das Thema ist abgegrast** *(fam)* el tema está agotado ② *(fam: systematisch absuchen)* recorrer

ab|greifen *irr vt* ① *(betasten)* sobar ② (MED: *abtasten*) palpar ③ *(abnutzen)* (des)gastar tocando

ab|grenzen I. *vt (begrenzen)* delimitar; *(abtrennen)* separar (**gegen/von** de) **II.** *vr:* **sich ~** diferenciarse (**von** de); *(sich distanzieren)* distanciarse (**von** de)

Abgrenzung *f* <-en> (de)limitación *f; (eines Feldes)* demarcación *f*

Abgrund *m* <-(e)s, -gründe> precipicio *m; (a. fig)* abismo *m*

abgrundhässlich *adj (fam)* feo como el demonio

abgrundtief *adj* enorme

ab|gucken I. *vi (sl)* copiar; **bei jdm ~** copiar de alguien **II.** *vt (fam)* **etw bei jdm ~** copiar algo de alguien

Abguss *m* <-es, -güsse> ① (KUNST) vaciado *m* ② *(Gussstück)* (pieza *f* de) fundición *f*

ab|hacken *vt* cortar

ab|haken *vt* ① *(loshaken)* descolgar, soltar ② *(markieren)* marcar (con una cruz); *(in einer Liste)* puntear; *(fig: als erledigt ansehen)* dar por resuelto

ab|halten *irr vt* ① *(fernhalten)* mantener a distancia ② *(hindern)* impedir; **jdn davon ~, etw zu tun** impedir a alguien que haga algo; **lass dich nicht ~!** *(fam: beirren)* ¡tú sigue (a lo tuyo)! ③ *(Sitzung)* celebrar; **ein Seminar ~** organizar un seminario ④ *(Unterricht)* dar

abhanden|kommen [ap'handən-] *irr vi sein* extraviarse, refundirse *AmC*

Abhandlung *f* <-en> tratamiento *m* (de); *(Essay)* tratado *m* (**über** sobre)

Abhang *m* <-(e)s, -hänge> pendiente *f,* guindo *m Guat*

ab|hängen[1] *irr vi* ① *(angewiesen sein)* depender (**von** de); **das hängt ganz davon ab** depende de las circunstancias ② (GASTR: *Fleisch*) manir

ab|hängen[2] *vt* ① *(Bild)* descolgar; *(Decke)* bajar ② *(abkoppeln)* desenganchar ③ *(fam: abschütteln)* **jdn ~** quitarse a alguien de encima

abhängig *adj* dependiente; **ich mache das von der Bedingung ~, dass …** eso dependerá de si…

Abhängige(r) *mf* <-n, -n; -n> adicto, -a *m, f* (**von** a)

Abhängigkeit *f* <-en> dependencia *f* (**von** de); *(Sucht)* adicción *f* (**von** a); **gegenseitige ~** interdependencia *f*

Abhängigkeitsverhältnis *nt* relación *f* de dependencia

ab|härten I. *vi* robustecer el cuerpo (**gegen** contra/frente a) **II.** *vt* endurecer; *(Körper)* fortalecer (**gegen** contra/frente a) **III.** *vr:* **sich ~** endurecerse; *(Körper)* fortalecerse (**gegen** contra/frente a)

Abhärtung *f* <-en> endurecimiento *m* (**gegen** contra/frente a); *(des Körpers)* fortalecimiento *m* (**gegen** contra/frente a), robustecimiento *m* (**gegen** contra/frente a)

ab|hauen[1] <haut ab, haute ab, abgehauen> *vi sein (fam: verschwinden)* largarse; **hau ab!** ¡lárgate!

ab|hauen[2] <haut ab, hieb *o* haute *fam:* ab, abgehauen> *vt (abschlagen)* cortar; *(Baum)* talar; *(Putz)* quitar

ab|heben *irr* **I.** *vi* ❶ (AERO) despegar, decolar *AmS* ❷ *(fig: realitätsfremd werden)* apartarse de la realidad ❸ *(hinweisen)* aludir (**auf** a) **II.** *vt* ❶ *(herunternehmen)* quitar; *(Deckel)* destapar; *(Telefonhörer)* descolgar; *(Karten)* cortar; *(Masche)* pasar ❷ (FIN: *Geld*) retirar **III.** *vr:* **sich ~** ❶ *(sich ablösen)* levantarse ❷ *(optisch hervortreten)* recortarse (**von/gegen** sobre) ❸ *(unterscheiden)* destacar (**von** entre), destacarse (**von** de/de entre)

Abhebung *f* <-, -en> (FIN) reintegro *m*

ab|heften *vt (Schriftstücke)* archivar, failear *Am*

ab|heilen *vi* curarse; *(Wunde)* cerrarse

ab|helfen *irr vi* poner remedio (a); **dem ist leicht abzuhelfen** tiene fácil remedio

ab|hetzen *vr:* **sich ~** ajetrearse; **völlig abgehetzt sein** estar hecho polvo

Abhilfe *f ohne pl* remedio *m;* **einer Situation ~ schaffen** poner remedio a una situación; **für ~ sorgen** proporcionar remedio

abholbereit *adj* listo para recoger

ab|holen *vt* recoger; *(fam fig: verhaften)* trincar

Abholmarkt *m* mercado *m* de recogida

Abholpreis *m* precio *m* de recogida

Abholung *f* <-, -en> recogida *f;* **zahlbar bei ~** (WIRTSCH) a pagar al recogerlo

ab|holzen *vt* ❶ *(Bäume)* talar, tumbar *Am* ❷ *(Gebiet)* deforestar

Abholzung *f* <-en> ❶ *(Bäume)* tala *f* ❷ *(Waldgebiet)* deforestación *f*

Abhöranlage *f* dispositivo *m* de escucha

ab|hören *vt* ❶ *(Gelerntes)* repasar ❷ (MED) auscultar ❸ *(Anrufbeantworter)* escuchar ❹ *(Telefonleitung)* interceptar, pinchar *fam*

abhörsicher *adj* antiescucha *inv*

ab|hungern **I.** *vt* adelgazar **II.** *vr:* **sich ~** pasar hambre

Abi ['abi:] *nt* <-s, -s> *(fam)* bachillerato *m; (Prüfung)* examen *m* final de bachillerato *(equivalente a las pruebas de Selectividad)*

Abitur [abi'tu:ɐ] *nt* <-s, -e> bachillerato *m; (Prüfung)* examen *m* final de bachillerato *(equivalente a las pruebas de Selectividad);* **das ~ machen/bestehen** hacer/aprobar la selectividad

Abiturfeier *f* <-, -n> *fiesta tras el examen final de enseñanza media*

Abiturient(in) [abituri'ɛnt] *m(f)* <-en, -en; -nen> preuniversitario, -a *m, f,* bachiller *mf Am*

Abiturjahrgang *m* ≈ clase *m* de 2° de bachillerato

Abiturklasse *f* ❶ *(Schüler)* ≈ (clase *m* de) 2° de bachillerato *m* ❷ *(Stufe)* ≈ (nivel *m* de) 2° de bachillerato *m*

Abiturprüfung *f* examen *m* final de bachillerato

Abiturzeugnis *nt* título *m* de bachiller

Abk. *Abk. von* **Abkürzung** abr.

abkanzeln *vt (fam)* sermonear

ab|kapseln **I.** *vt* aislar **II.** *vr:* **sich ~** enquistarse; *(fig)* aislarse

ab|kassieren* *vt (fam)* cobrar; **die Getränke/den Gast ~** cobrar las bebidas/al cliente; **er hat beim Poker richtig abkassiert** en la partida de póquer hizo su agosto

ab|kauen *vt* comer; **sich** *dat* **die Fingernägel ~** morderse las uñas

ab|kaufen *vt* ❶ *(Ware)* **jdm etw ~** comprar algo a alguien ❷ *(fam: glauben)* tragarse; **das kaufe ich dir nicht ab!** ¡eso no me lo trago!

Abkehr ['apke:ɐ] *f* <-, *ohne pl*> alejamiento *m* (**von** de), abandono *m* (**von** de)

ab|kehren **I.** *vt* ❶ *(abwenden)* apartar ❷ *(abfegen)* barrer **II.** *vr:* **sich ~** *(sich abwenden)* apartarse

ab|kippen **I.** *vi* caer, volcarse **II.** *vt* ❶ *(fallen lassen)* bajar ❷ *(abladen)* descargar, volcar; *(Müll)* verter

ab|klappern *vt (fam)* recorrer

ab|klären *vt* aclarar

Abklatsch *m* <-(e)s, -e> (KUNST) copia *f; (fig, abw)* mala copia *f,* plagio *m*

ab|klemmen *vt* ❶ (TECH) desconectar ❷ (MED: *Ader*) estrangular

ab|klingen *irr vi sein* decrecer; *(Lärm)* disminuir; *(Fieber)* ceder, bajar; *(Begeisterung)* reducirse

ab|klopfen *vt* ❶ *(säubern)* sacudir ❷ (MED) percutir ❸ *(kritisch betrachten)* examinar (**auf** en busca de)

ab|knallen *vt (fam abw)* matar a tiros

ab|knicken **I.** *vi sein* ❶ *(Zweig)* doblarse, troncharse ❷ *(Straße)* girar **II.** *vt* ❶ *(abbrechen)* cortar ❷ *(umknicken)* doblar, tronchar

ab|knöpfen *vt* ❶ *(Angeknöpftes)* desabotonar ❷ *(fam: Geld)* sacar; **jdm Geld ~** dar un sablazo a alguien

ab|knutschen **I.** *vt (fam)* comer(se) a besos; *(abw)* besuquear **II.** *vr:* **sich ~** *(abw)* besuquearse

A

ab|kochen *vt* ① *(kochen)* hervir ② *(keimfrei machen)* esterilizar

abkommandieren* *vt* (MIL: *zu einer anderen Einheit*) destinar, enviar; *(zu einem bestimmtem Dienst)* destacar

ab|kommen *irr vi sein* ① *(abweichen)* perderse; **wir kamen vom Weg ab** nos perdimos; **vom Thema ~** irse por las ramas ② *(aufgeben)* dejar (**von**), abandonar (**von**); *(sich entfernen)* alejarse (**von** de); **von seiner Meinung ~** cambiar de opinión ③ *(aus der Mode kommen)* pasarse de moda

Abkommen *nt* <-s, -> convenio *m,* acuerdo *m*

abkömmlich ['apkœmlɪç] *adj* disponible

Abkömmling ['apkœmlɪŋ] *m* <-s, -e> ① (*a.* JUR: *Nachkomme*) descendiente *mf* ② *(iron fam: Sprössling)* vástago *m,* hijo *m*

ab|können *irr vt (nordd: mögen)* llevarse bien (con); *(vertragen)* soportar

ab|koppeln I. *vt (Fahrzeug)* desenganchar; *(Raumfähre)* separar II. *vr:* **sich ~** *(fam: Organisation)* descolgarse

ab|kratzen I. *vi sein (fam: sterben)* estirar la pata, rasgarse *Am* II. *vt (entfernen)* rascar

ab|kriegen *vt (fam)* ① *(erhalten)* llevarse su parte (de) ② *(erleiden)* sufrir; **er hat ganz schön was abgekriegt** ha recibido lo suyo ③ *(entfernen)* conseguir quitar

ab|kühlen I. *vr:* **sich ~** ① *(kühler werden)* enfriarse; *(Wetter)* refrescar; *(Beziehungen)* enfriarse; *(Leidenschaft)* calmarse ② *(sich erfrischen)* refrescarse II. *vt (Speisen)* (poner a) enfriar

Abkühlung *f* <-en> enfriamiento *m;* (TECH) refrigeración *f; (Wetter)* descenso *m* de las temperaturas; **sich** *dat* **eine ~ verschaffen** refrescarse

Abkunft ['apkʊnft] *f ohne pl (geh: Herkunft)* origen *m; (Abstammung)* ascendencia *f;* **er ist slawischer ~** es de origen eslavo

abkupfern *vt (fam: abschreiben)* plagiar; *(nachahmen)* copiar, imitar

ab|kürzen *vt* acortar; *(Weg)* atajar; *(Besuch, Verfahren)* abreviar; **„Jahrhundert" wird durch „Jh." abgekürzt** "Jh." es la abreviatura de "Jahrhundert"

Abkürzung *f* <-en> ① *(Weg)* atajo *m,* trilla *f AmC;* **eine ~ nehmen** tomar un atajo ② *(von Verfahren)* abreviación *f,* reducción *f* ③ (LING) abreviatura *f*

Abkürzungsverzeichnis *nt* <-ses, -se> índice *m* de abreviaturas

ab|küssen *vt* besuquear

ab|laden *irr vt* ① *(Fahrzeug, Schiff)* descargar; *(Fracht)* desembarcar; *(Müll)* verter; *(Kisten)* sacar (**von** de); *(fig: Ärger)* descargar ② *(Arbeit, Schuld)* cargar (**auf** sobre)

Ablage *f* <-n> ① *(Archiv, Vorrichtung)* archivo *m* ② *(Schweiz: Annahmestelle)* despacho *m* de lotería

Ablagekorb *m* <-(e)s, -körbe> bandeja *f* (para documentos)

ab|lagern I. *vi (Wein)* añejarse; *(Holz, Tabak)* curarse; **abgelagerter Wein** vino añejo II. *vt* almacenar III. *vr:* **sich ~** *(sich absetzen)* posarse; (MED, GEO) sedimentarse

Ablagerung *f* <-en> ① (GEO, MED: *Vorgang*) sedimentación *f; (Material)* depósito *m,* sedimento *m* ② (GASTR: *Wein*) poso *m*

Ablagetisch *m* mesita *f* (auxiliar)

ab|lassen *irr* I. *vi (nicht weiterverfolgen)* desistir (**von** de), abandonar (**von**); **er lässt nicht von seinem Vorhaben ab** no desiste de sus propósitos II. *vt* ① *(Flüssigkeit)* dejar salir; *(Dampf)* purgar; *(Wasser)* desaguar; *(Behälter)* vaciar ② *(fam: nicht aufsetzen/anlegen)* no poner(se) ③ *(ermäßigen)* **jdm etwas vom Preis ~** rebajar algo el precio a alguien

Ablauf *m* <-(e)s, -läufe> ① *(Verlauf)* (tras)curso *m,* desarrollo *m* ② *(einer Frist, Gültigkeit)* vencimiento *m,* expiración *f;* **nach ~ von zwei Stunden** al cabo de dos horas ③ *(Abflussrohr)* desagüe *m* ④ (GEO: *See*) canal *m* de vaciado

ab|laufen *irr sein* I. *vi* ① *(Flüssigkeit)* escurrirse; *(abfließen)* desaguar ② *(Film, Tonband)* desenrollarse ③ *(stehen bleiben)* pararse ④ *(Pass)* caducar ⑤ *(Frist)* finalizar; **die Frist ist abgelaufen** el plazo ha expirado ⑥ *(verlaufen)* tra(n)scurrir; **ist alles gut abgelaufen?** ¿ha ido todo bien? II. *vt* ① *(Schuhe)* (des)gastar ② *(Strecke, Stadt)* recorrer (**nach** en busca de)

Ableben *nt* <-s, *ohne pl*> *(geh)* defunción *f*

ab|lecken *vt* lamer

ab|legen I. *vi (Schiff)* zarpar II. *vt* ① *(ausziehen)* quitarse, sacarse *Am;* **bitte, legen Sie ab!** ¡quítese el abrigo, por favor! ② *(Gewohnheit)* quitarse; **Vorurteile ~** deshacerse de prejuicios ③ *(hinlegen)* depositar; *(Akten)* archivar, failear *AmC; (Karten)* descartarse (de) ④ *(Eid, Geständnis)* hacer, prestar; **über etw Rechenschaft ~** rendir cuentas de algo; **eine Prüfung ~** dar un examen (**in** en), examinarse (**in** en) *Am*

Ableger *m* <-s, -> ① (BOT) esqueje *m* ② (WIRTSCH) sucursal *f*

ab|lehnen *vt* ① *(zurückweisen)* rechazar; **er lehnte es ab, uns zu helfen** se negó a ayudarnos ② (JUR: *Gesuch*) denegar; *(Zeugen)* recusar

ablehnend *adj* negativo; **etw** *dat* **eher ~ gegenüberstehen** no estar mucho por algo

Ablehnung *f* <-en> ① *(Verweigerung)* negativa *f; (Zurückweisung)* rechazo *m; (von Anträgen)* denegación *f,* rechazo *m;* (JUR) recusación *f* ② *(Missbilligung)* rechazo *m,* repudio *m;* **er stieß bei ihnen auf ~** lo rechazaron

ab|leisten *vt (Wehrdienst)* cumplir

ab|leiten **I.** *vt* ① *(umlenken)* desviar ② (*a.* MATH: *herleiten*) derivar (**aus** de) **II.** *vr:* **sich ~** (LING) derivarse (**aus/von** de)

Ableitung *f* <-en> (MATH) derivación *f;* (LING) derivado *m*

ab|lenken **I.** *vi (ausweichen)* desviarse (**von** de) **II.** *vt* ① (PHYS: *Strahlen*) desviar ② *(abbringen)* distraer (**von** de)

Ablenkung *f* <-en> ① *(Richtungsänderung)* desviación *f* ② *(Zerstreuung)* distracción *f;* **sich** *dat* **~ verschaffen** distraerse

Ablenkungsmanöver *nt* maniobra *f* de distracción

ab|lesen *irr* **I.** *vt (vorlesen)* leer **II.** *vi* ① *(lesen)* **vom Blatt ~** leer la hoja; **den Zähler ~** leer el contador ② *(erkennen)* notarse (**von** en); **das konnte man ihr vom Gesicht ~** eso se le notaba en la cara

ab|lichten *vt* ① *(fotokopieren)* fotocopiar ② *(fotografieren)* fotografiar

ab|liefern *vt* entregar

Ablöse *f* <-, -n> (SPORT: *fam)* traspaso *m*

ab|lösen **I.** *vt* ① *(abmachen)* quitar; *(Aufgeklebtes)* despegar ② *(Wachposten)* relevar; *(bei der Arbeit)* reemplazar ③ *(Hypothek)* amortizar; *(Schuld)* pagar **II.** *vr:* **sich ~** ① *(abgehen)* desprenderse ② *(sich abwechseln)* alternarse

Ablösesumme *f* (SPORT) traspaso *m*

Ablösung *f* <-en> ① *(das Sichablösen)* desprendimiento *m* ② *(Wechsel mit anderen)* relevo *m* ③ *(aus dem Amt)* reemplazo *m,* su(b)stitución *f* ④ (FIN) amortización *f*

ab|luchsen ['aplʊksən] *vt (fam: Geld)* sacar; *(Geheimnis)* sonsacar

Abluft *f* <-, *ohne pl*> (TECH: *Kernkraftwerk*) aire *m* de salida; *(Heizungsraum)* tiro *m*

ABM [a:be:'ʔɛm] *f* <-(s)> (WIRTSCH) *Abk. von* **Arbeitsbeschaffungsmaßnahme** *plan de fomento de empleo*

ab|machen *vt* ① *(fam: entfernen)* quitar; *(Aufgeklebtes)* despegar ② *(vereinbaren)* acordar; *(Termin, Preis)* fijar; **wir haben abgemacht, dass ...** hemos quedado en que...; **abgemacht!** ¡de acuerdo! ③ *(fam: ableisten)* cumplir

Abmachung *f* <-en> acuerdo *m;* (*a.* POL, WIRTSCH) convenio *m;* **mit jdm eine ~ treffen** llegar a un acuerdo con alguien

ab|magern **I.** *vi sein* adelgazar; **bis auf die Knochen abgemagert sein** estar en los huesos **II.** *vt* reducir

Abmagerungskur *f* cura *f* de adelgazamiento

Abmahnung *f* <-en> sanción *f*

ab|malen *vt (abzeichnen)* pintar; *(porträtieren)* retratar; *(kopieren)* copiar

Abmarsch *m* <-(e)s, -märsche> (MIL) salida *f,* marcha *f;* **~!** ¡en marcha!

ab|melden *vt* darse de baja (**bei** en); *(Zeitung)* anular la suscripción; **sich polizeilich ~** dar parte a la policía (de su salida); **das Telefon ~** darse de baja del teléfono

Abmeldung *f* <-en> baja *f; (einer Zeitung)* anulación *f* de la suscripción; *(von der Schule)* aviso *m* de baja; *(beim Einwohnermeldeamt)* aviso *m* de cambio de residencia

ab|messen *irr vt* ① *(ausmessen)* medir ② *(abschätzen)* calcular

Abmessung *f* <-en> medida *f,* dimensión *f*

ab|montieren* *vt* desmontar

ABM-Stelle *f* (WIRTSCH) *puesto de trabajo proporcionado por el Plan de Fomento de Empleo*

ab|mühen *vr:* **sich ~** esforzarse mucho

ab|murksen ['apmʊrksən] *vt (fam)* **jdn ~** cargarse a alguien

ab|nabeln **I.** *vt (Neugeborenes)* cortar el cordón umbilical (a) **II.** *vr:* **sich ~** *(fam: sich lösen)* librarse; *(sich unabhängig machen)* independizarse

ab|nagen *vt* roer

Abnahme *f* <-n> ① *(das Entfernen)* desmontaje *m;* (MED) amputación *f* ② *(Herunternahme)* descenso *m* ③ *(Verminderung)* disminución *f,* descenso *m* ④ *(Kauf)* compra *f;* **bei ~ von 100 Stück** con la compra de 100 unidades; **~ finden** (WIRTSCH) tener salida ⑤ *(einer Parade)* revista *f; (eines Autos)* inspección *f*

ab|nehmen *irr* **I.** *vi* ① *(Macht, Kräfte)* declinar; *(Interesse)* disminuir; *(Geschwindigkeit)* bajar; *(Mond)* menguar ② *(Gewicht verlieren)* adelgazar ③ (TEL) descolgar; **es nimmt keiner ab** no contesta nadie **II.** *vt* ① *(Hut, Bart)* quitar(se); (MED) amputar; *(Blut)* sacar; *(abkaufen)* comprar; *(wegnehmen)* quitar; *(im Spiel)* sacar; *(abverlangen)* pedir; *(Maschen)* menguar ② *(übernehmen)* coger; **jdm eine Arbeit ~** librar a alguien de un trabajo ③ *(entgegennehmen)* coger; *(Eid)* tomar; *(Beichte)* escuchar; **jdm**

das Versprechen ~, zu … hacer prometer a alguien que… ❹ *(Gebäude, Fahrzeug)* inspeccionar; *(Prüfung)* realizar; (MIL) pasar revista (a) ❺ *(fam: glauben)* creer

Abnehmer(in) *m(f)* <-s, -; -nen> comprador(a) *m(f)*, cliente *mf;* **~ finden** encontrar compradores

Abneigung *f* <-en> antipatía *f* (**gegen** hacia), rechazo *m* (**gegen** hacia/contra)

abnormal ['---] *adj* anormal, anómalo

ab|nötigen *vt (geh)* imponer; **er nötigt mir Respekt ab** me impone respeto

ab|nutzen I. *vt* (des)gastar; *(strapazieren)* deteriorar **II.** *vr:* **sich ~** desgastarse, deteriorarse

Abnutzung *f* <-en> desgaste *m,* deterioro *m*

Abo ['abo] *nt* <-s, -s> *(fam)* suscripción *f*

Abonnement [abɔn(ə)'mã:] *nt* <-s, -s> *(Zeitung)* suscripción *f; (Konzertkarten)* abono *m;* **ein ~ für etw haben** estar suscrito a algo; **ein ~ abbestellen** anular la suscripción

Abonnent(in) [abɔ'nɛnt] *m(f)* <-en, -en; -nen> suscriptor(a) *m(f),* abonado, -a *m, f*

abonnieren* [abɔ'ni:rən] *vt* suscribirse (a)

ab|ordnen *vt* delegar

Abordnung *f* <-en> delegación *f,* comisión *f*

Abort [a'bɔrt] *m* <-(e)s, -e> ❶ (MED) aborto *m* ❷ *(Toilette)* retrete *m,* servicio *m*

ab|passen *vt* aguardar; **den richtigen Augenblick ~** aguardar el momento oportuno; **jdn ~** salir al paso de alguien

abpausen *vt* calcar

abperlen *vi sein* gotear (**an** por)

ab|pfeifen *irr vt* (SPORT) **das Spiel ~** pitar el fin del partido

Abpfiff *m* <-(e)s, -e> (SPORT) pitada *f* final

ab|plagen *vr:* **sich ~** afanarse (**mit** en), agobiarse (**mit** con)

Abprall *m* <-(e)s, -e> rebote *m*

ab|prallen *vi sein (Ball)* rebotar; **die Kritik prallte an ihr ab** la crítica le resbaló

ab|pumpen *vt* ❶ *(Öl, Wasser)* extraer ❷ *(fam: pumpen)* sablear

ab|putzen *vt* limpiar

ab|quälen *vr:* **sich ~** desriñonarse; **sich** *dat* **ein Lächeln ~** esforzarse por sonreír

ab|rackern *vr:* **sich ~** *(fam)* matarse a trabajar

Abrakadabra ['a:braka'da:bra] *nt* <-s, *ohne pl> (Zauberwort)* abracadabra *m*

ab|rasieren* *vt* afeitar; *(fam: zerstören)* arrasar

ab|raten *irr vi* **jdm von etw ~** desaconsejar algo a alguien

ab|räumen *vt* recoger; *(Teller)* retirar; (SPORT: *Kegel*) derribar; **den Tisch ~** recoger la mesa

ab|reagieren* **I.** *vt (Ärger)* descargar (**an** en), desahogar (**an** contra) **II.** *vr:* **sich ~** desfogarse

ab|rechnen I. *vi* ❶ *((Schluss)rechnung)* echar la cuenta ❷ *(zur Rechenschaft ziehen)* ajustar las cuentas; **mit ihm werde ich noch ~!** ¡ya le ajustaré las cuentas! **II.** *vt (abziehen)* descontar

Abrechnung *f* <-en> ❶ *(Abzug)* descuento *m* ❷ *(Bilanz)* cuenta *f,* planilla *f Am;* **die ~ machen** hacer las cuentas ❸ *(Rache)* ajuste *m* de cuentas

Abrede *f ohne pl* **etw in ~ stellen** negar algo

ab|regen *vr:* **sich ~** *(fam)* calmarse

ab|reiben *irr vt* ❶ *(Schmutz)* quitar frotando; *(Schuhe, Hände)* limpiar frotando ❷ *(trockenreiben)* secar (frotando) ❸ *(mit dem Reibeisen)* rallar

Abreibung *f* <-en> ❶ (*a.* MED) fricción *f* ❷ *(fam: Prügel)* paliza *f,* trilla *f Am;* **eine ~ kriegen/verpassen** recibir/dar una paliza

Abreise *f* <-n> salida *f,* partida *f*

ab|reisen *vi sein* salir (**nach** para), partir (**nach** para)

ab|reißen *irr* **I.** *vi sein* ❶ *(sich lösen)* arrancarse; *(abspringen)* saltar ❷ *(unterbrochen werden)* cortarse **II.** *vt* ❶ *(Papier, Heftpflaster)* arrancar ❷ *(Gebäude)* derribar ❸ *(fam: abnutzen)* destrozar

Abreißkalender *m* almanaque *m*

ab|richten *vt* amaestrar

Abrieg(e)lung *f* <-en> cierre *m; (Riegel)* cerrojo *m;* (MIL) cerco *m; (von Straßen)* control *m; (durch die Polizei)* cordón *m*

ab|riegeln *vt* ❶ *(Tür)* echar el cerrojo (de) ❷ (MIL: *Gebiet*) cercar; *(Straße)* cortar

ab|ringen *irr vt (Zugeständnis)* arrancar; **sich** *dat* **ein Lächeln ~** forzar una sonrisa

Abriss[1] *m* <-es, *ohne pl> (Abbruch)* derribo *m*

Abriss[2] *m* <-es, -e> ❶ *(von Eintrittskarten)* resguardo *m* (de control de entrada) ❷ *(Übersicht)* resumen *m,* compendio *m*

Abrissparty *f fiesta antes de un derribo o una reforma*

ab|rücken I. *vi sein* ❶ *(wegrücken)* apartarse (**von** de); **von einer Meinung ~** cambiar de opinión ❷ (MIL) retirarse **II.** *vt (wegschieben)* correr

Abruf *m* <-(e)s, *ohne pl>* ❶ *(abrufbar sein)* **auf ~ zur Verfügung stehen** estar disponible ❷ (INFOR) demanda *f*

abrufbar *adj (verfügbar)* disponible; *(erreichbar)* accesible, localizable; **~e Daten**

(INFOR) datos recuperables; **~es Wissen** conocimientos activos
abrufbereit *adj* ① *(Menschen)* a disposición ② (INFOR) recuperable
ab|rufen *irr vt* ① *(wegrufen)* llamar ② (INFOR: *Daten*) pedir
ab|runden *vt* ① *(rund machen, a.* MATH) redondear ② *(ausgewogener machen)* completar
abrupt [apˈrʊpt] *adj* abrupto; *(unerwartet)* inesperado; *(plötzlich)* repentino
ab|rüsten *vi* desarmar
Abrüstung *f ohne pl* desarme *m*
Abrüstungsverhandlungen *fpl* negociaciones *fpl* de desarme
ab|rutschen *vi sein* resbalar(se); *(fig)* hundirse (**in** en)
Abs. ① *Abk. von* **Absender** Rte. ② *Abk. von* **Absatz** párrafo *m*
ABS [aːbeːˈɛs] *nt* <-> (AUTO) *Abk. von* **Antiblockiersystem** ABS *m*
ab|sacken *vi sein (fam)* ① *(sinken)* descender; *(Boden)* hundirse; *(Blutdruck)* bajar de golpe; *(Flugzeug)* perder altura; (FIN) caer; *(nachlassen)* disminuir (**in** en), bajar (**in** en) ② *(fig: herunterkommen)* hundirse
Absage [ˈapzaːgə] *f* <-n> (respuesta *f*) negativa *f;* **jdm eine ~ erteilen** dar una negativa a alguien
ab|sagen I. *vi* excusarse; **jdm ~** anular una cita con alguien **II.** *vt (Treffen)* anular; *(Vorstellung)* suspender
ab|sägen *vt* ① *(Ast)* (a)serrar ② *(fam: kündigen)* echar; (POL) defenestrar
ab|sahnen I. *vi (fam)* hacer su agosto **II.** *vt (fam: Profit)* forrarse (con)
ab|satteln *vi, vt* desensillar
Absatz *m* <-es, -sätze> ① *(am Schuh)* tacón *m,* taco *m Am;* **auf dem ~ kehrtmachen** *(fig)* dar media vuelta y marcharse ② *(im Text)* párrafo *m;* (**neuer**) **~** *(beim Diktieren)* punto y aparte; **kein ~** *(beim Diktieren)* punto y seguido ③ *(Treppe)* descansillo *m,* tramo *m* ④ *(Verkauf)* venta *f;* **großen ~ finden** tener mucha salida
Absatzflaute *f* (WIRTSCH) estancamiento *m* de las ventas
Absatzgebiet *nt* (WIRTSCH) zona *f* de venta
Absatzmarkt *m* (WIRTSCH) mercado *m* de consumo
Absatzsteigerung *f* <-, -en> (WIRTSCH) incremento *m* de las (cifras de) ventas, alza *f* en el mercado
absatzweise *adv* por párrafos, párrafo a [*o* por] párrafo
ab|saugen *vt* aspirar; **Fett ~** absorber la grasa
ab|schaben *vt* raer
ab|schaffen *vt* ① *(aufheben)* abolir; *(Gesetz)* derogar ② *(fortgeben)* deshacerse (de)
Abschaffung *f* <-en> abolición *f;* (JUR) derogación *f*
ab|schalten I. *vi (fam)* ① *(unaufmerksam werden)* desconectar ② *(sich entspannen)* relajarse **II.** *vt (ausmachen)* apagar
Abschaltung *f* <-, -en> desconexión *f,* interrupción *f;* **die ~ der Maschinen erfolgte automatisch** las máquinas se desconectaron automáticamente
ab|schätzen *vt* ① *(taxieren)* calcular; (COM) tasar ② *(beurteilen)* valorar
abschätzig [ˈapʃɛtsɪç] *adj* despectivo
Abschätzung *f* <-, -en> ① *(Taxierung)* cálculo *m* (aproximado); (COM) tasación *f* ② *(Bewertung)* valoración *f*
ab|schauen I. *vi (fam)* **bei jdm ~** copiar de alguien **II.** *vt (fam)* **etw von jdm ~** copiar algo de alguien
Abschaum *m* <-(e)s, *ohne pl> (abw)* **der ~ der Menschheit** la escoria de la humanidad
ab|scheiden *irr* **I.** *vi sein (geh)* fallecer **II.** *vt* desprender; (MED) supurar **III.** *vr:* **sich ~** *(geh)* separarse (**von** de)
Abscheu *m o f* <-(e)s, *ohne pl> (Widerwille)* repugnancia *f; (Ekel)* asco *m;* **vor jdm/etw ~ haben** tener asco de alguien/algo; **jds ~ erregen** repeler a alguien
abscheulich [apˈʃɔɪlɪç] *adj* ① *(ekelhaft)* repugnante ② *(verwerflich)* abominable ③ *(fam: unangenehm viel)* horrible
Abscheulichkeit *f* <-en> *(Tat, Bemerkung)* atrocidad *f;* **was erzählst du mir immer für ~en!** ¡qué asquerosidades me cuentas!
ab|schicken *vt* enviar
Abschiebehaft *f ohne pl* (POL) detención *f* previa a la expulsión
ab|schieben *irr* **I.** *vi sein (fam: weggehen)* largarse **II.** *vt* ① *(abrücken)* apartar (**von** de); *(Schuld)* achacar (**auf** a); *(Verantwortung)* cargar (**auf** a) ② *(ausweisen)* expulsar ③ *(loswerden)* deshacerse (de)
Abschiebepraxis *f* <-, *ohne pl>* (POL) prácticas *fpl* de expulsión
Abschiebung *f* <-en> expulsión *f*
Abschiebungshaft [ˈapʃiːbʊŋshaft] *f* <-, *ohne pl>* (POL) detención *f* previa a la expulsión
Abschied [ˈapʃiːt] *m* <-(e)s, -e> ① *(Trennung)* despedida *f;* **von jdm ~ nehmen** despedirse de alguien ② *(aus dem Amt)* retiro *m; (Abdankung)* dimisión *f*
Abschiedsbrief *m (fam)* carta *f* de despedida
Abschiedsfeier *f* fiesta *f* de despedida

A

Abschiedsgruß *m* fórmula *f* de despedida
Abschiedskuss *m* beso *m* de despedida
Abschiedsschmerz *m* <-es, *ohne pl*> *(geh)* dolor *m* de la separación [*o* de la despedida]
ab|schießen *irr vt* ❶ *(Geschoss)* disparar; *(Rakete)* lanzar ❷ *(Wild)* cazar; *(Mensch)* pegar un tiro (a) ❸ *(Flugzeug)* derribar; *(Panzer)* destruir ❹ *(fam: entlassen)* despachar
ab|schirmen *vt* ❶ *(schützen)* proteger (**gegen** de/contra) ❷ *(Licht)* matizar
Abschirmung *f* <-en> ❶ *(einer Gefahr)* protección *f* (**gegen** de/contra) ❷ *(des Lichtes)* matización *f*
ab|schlachten *vt* ❶ *(Tiere)* matar ❷ *(grausam töten)* matar brutalmente; *(viele Menschen)* masacrar
ab|schlaffen **I.** *vi sein (fam)* cansarse, desmadejarse **II.** *vt* cansar, desmadejar
Abschlag *m* <-(e)s, -schläge> ❶ (SPORT) saque *m* de puerta ❷ (FIN, WIRTSCH: *Preisnachlass*) descuento *m; (Rate)* plazo *m; (Vorschuss)* adelanto *m;* **etw auf ~ kaufen** comprar algo a plazos
ab|schlagen *irr vt* ❶ (SPORT) sacar (de puerta) ❷ *(Baum)* talar ❸ (MIL) repeler ❹ *(ablehnen)* rechazar; **jdm eine Bitte ~** negarle a alguien un favor
abschlägig ['apʃlɛ:gɪç] *adj (formal)* negativo; **jdm eine ~e Antwort geben** dar a alguien una respuesta negativa
ab|schleifen *irr* **I.** *vt* rebajar; *(entfernen)* quitar lijando; *(Edelsteine)* tallar; *(Kristall)* biselar **II.** *vr:* **sich ~** desgastarse; *(a. fig)* suavizarse
Abschleppdienst *m* servicio *m* de remolque
ab|schleppen *vt* ❶ *(Auto)* remolcar ❷ *(fam: Person)* arrastrar
Abschleppfahrzeug *nt* (AUTO) (coche *m*) grúa *f*
Abschleppseil *nt* cuerda *f* de remolcar
Abschleppwagen *m* grúa *f*
ab|schließen *irr* **I.** *vi* ❶ *(mit Schlüssel)* cerrar con llave ❷ *(zum Schluss kommen)* concluir; **mit jdm ~** romper con alguien ❸ *(Abschluss bilden)* cerrar **II.** *vt* ❶ *(Tür)* cerrar con llave ❷ *(beenden)* concluir; *(Studium)* terminar; *(Tagung)* clausurar ❸ *(vereinbaren)* acordar; *(Geschäft)* concertar; *(Vertrag)* cerrar ❹ (FIN: *Bücher*) hacer balance (de); *(Konto)* saldar ❺ (COM: *Geschäftsjahr*) cerrar **III.** *vr:* **sich ~** *(sich isolieren)* aislarse (**von** de)
abschließend ['apʃli:sənt] **I.** *adj* último **II.** *adv* por último
Abschluss *m* <-es, -schlüsse> ❶ *(Verschluss)* cierre *m* ❷ *(Ende)* conclusión *f,* término *m;* **zum ~ kommen** terminar; **etw zum ~ bringen** concluir algo ❸ *(Examen)* diploma *m,* título *m* ❹ *(eines Vertrags, einer Wette)* cierre *m* ❺ (COM) transacción *f,* operación *f*
Abschlussball *m* baile *m* de despedida
Abschlussbericht *m* <-(e)s, -e> informe *m* final
Abschlussklasse *f* <-, -n> ❶ *(Schüler)* promoción *f* ❷ *(Stufe)* último curso *m*
Abschlussprüfung *f* examen *m* final
Abschlusszeugnis *nt* diploma *m; (nach acht Schuljahren)* título *m* de graduado escolar; *(Abitur)* título *m* de bachiller
ab|schmecken *vt* ❶ *(kosten)* probar ❷ (GASTR: *verfeinern*) sazonar
abschmettern *vt (fam)* rechazar, descartar
ab|schminken **I.** *vt* desmaquillar; **das kannst du dir ~!** *(fig)* ¡eso ya te lo puedes quitar de la cabeza! **II.** *vr:* **sich ~** desmaquillarse
ab|schmirgeln *vt (glätten)* esmerilar, pulir; *(entfernen)* quitar lijando
ab|schnallen **I.** *vi (fam)* ❶ *(abschalten)* desconectar ❷ *(fassungslos sein)* quedarse de una pieza; **da schnallste ab!** *(fam)* ¡si no lo veo, no lo creo! **II.** *vt (abnehmen)* desabrochar **III.** *vr:* **sich ~** *(Gurt lösen)* desabrocharse
ab|schneiden *irr* **I.** *vi* ❶ *(Weg)* acortar ❷ *(Ergebnis erzielen)* **gut/schlecht ~** tener/no tener éxito; **bei einer Prüfung gut/schlecht ~** sacar buena/mala nota en un examen **II.** *vt* ❶ *(abtrennen)* cortar ❷ *(absperren)* cortar, acordonar ❸ *(abkürzen)* acortar; **jdm das Wort ~** interrumpir a alguien ❹ *(isolieren)* aislar; **von der Außenwelt abgeschnitten sein** estar incomunicado
Abschnitt *m* <-(e)s, -e> ❶ *(im Text)* párrafo *m* ❷ *(eines Gebietes)* sector *m* ❸ *(Zeitspanne)* lapso *m,* etapa *f* ❹ *(Wertmarke)* cupón *m; (eines Formulars)* resguardo *m; (bei Eintrittskarten)* resguardo *m* (de control de entrada) ❺ (MATH) segmento *m*
abschnüren *vt* cortar; *(a. fig)* estrangular
ab|schöpfen *vt* ❶ *(obere Schicht)* quitar ❷ *(Gewinn)* retirar
Abschöpfung *f* <-, -en> (WIRTSCH) gravamen *m*
ab|schotten ['apʃɔtən] **I.** *vt* ❶ (NAUT) cerrar con mamparos ❷ *(isolieren)* aislar (**von** de) **II.** *vr:* **sich ~** aislarse (**von** de)
ab|schrauben *vt* desatornillar
ab|schrecken *vt* ❶ *(entmutigen)* desanimar; *(einschüchtern)* intimidar ❷ *(Nudeln)* pasar por agua fría ❸ (TECH) enfriar bruscamente; *(Eisen)* templar

abschreckend *adj* intimidatorio; *(warnend)* disuasorio

Abschreckung *f* <-en> intimidación *f*; **nukleare ~** intimidación nuclear

ab|schreiben *irr vt* ❶ *(kopieren)* copiar (**von** de) ❷ (WIRTSCH) amortizar ❸ *(fam: verloren geben)* dar por perdido; **ich hatte ihn längst abgeschrieben** hacía tiempo que le había borrado de mi lista

Abschreiber(in) *m(f)* <-s, -; -, -nen> (SCH: *fam)* copión, -ona *m, f*

Abschreibung *f* <-en> (WIRTSCH) ❶ *(steuerliche Absetzung)* deducción *f* ❷ *(Wertverminderung)* desvalorización *f*

Abschrift *f* <-en> copia *f*

ab|schuppen I. *vt* desescamar **II.** *vr:* **sich ~** *(Haut)* exfoliarse; *(Farbe)* desconcharse

ab|schürfen *vt* despellejar; (MED) excoriar

Abschürfung *f* <-en> (MED) excoriación *f*

Abschuss *m* <-es, -schüsse> ❶ *(einer Waffe)* disparo *m* ❷ *(einer Rakete)* lanzamiento *m* ❸ *(eines Flugzeugs)* derribo *m* ❹ *(bei der Jagd)* derribo *m*; **Tiere zum ~ freigeben** levantar la veda de animales

abschüssig ['apʃʏsɪç] *adj (Gelände)* empinado; *(Küste)* escarpado

Abschussliste *f (fig)* lista *f* negra; **auf der ~ stehen** estar en la lista negra

Abschussrampe *f* plataforma *f* de lanzamiento

ab|schütteln *vt* ❶ *(entfernen)* sacudir (**von** de) ❷ *(Person)* librarse (de); **die Müdigkeit ~** sacudir(se) la pereza

ab|schütten *vt* tirar; **die gekochten Kartoffeln ~** escurrir las patatas cocidas

ab|schwächen I. *vt* ❶ *(Wirkung)* debilitar ❷ *(Eindruck, Formulierung)* atenuar ❸ *(Stoß)* amortiguar **II.** *vr:* **sich ~** debilitarse

Abschwächung *f* <-, -en> debilitamiento *m*

ab|schwatzen *vt (fam)* sacar; *(Geld, Geheimnis)* sonsacar

ab|schweifen ['apʃvaɪfən] *vi sein* ❶ *(geh: vom Weg)* desviarse (**von** de) ❷ *(Gedanke)* divagar (**von** de)

Abschweifung *f* <-, -en> digresión *f*, divagación *f*

ab|schwellen *irr vi sein* ❶ *(Geschwulst)* deshincharse; **der Finger ist abgeschwollen** la inflamación del dedo ha bajado ❷ *(Lärm)* disminuir

ab|schwören *irr vi* ❶ *(dem Glauben)* abjurar (+*dat* de) ❷ *(dem Alkohol)* renunciar (+*dat* a)

ab|segnen *vt (fam)* dar el visto bueno (a)

absehbar *adj* previsible; **in ~er Zeit** en breve

ab|sehen *irr* **I.** *vi* descontar (**von** de); *(verzichten)* prescindir (**von** de); *(nicht berücksichtigen)* no tener en cuenta (**von**); **von einer Strafe ~** prescindir de un castigo; **abgesehen von ...** a excepción de...; **abgesehen davon** aparte de eso; **abgesehen davon, dass ...** aparte de que... **II.** *vt* ❶ *(lernen)* fijarse; **jdm etw ~** fijarse en cómo hace alguien algo ❷ *(voraussehen)* prever; **es ist abzusehen, dass ...** es de prever que... ❸ *(im Auge haben)* pretender; **es auf jdn abgesehen haben** *(gern haben wollen)* pretender conseguir a alguien; *(schikanieren)* tomarla con alguien

ab|seilen *vr:* **sich ~** ❶ (SPORT) descender en rapel ❷ *(fam: verschwinden)* esfumarse

Abseilen *nt* (SPORT) descenso *m* en rapel

abseits ['apzaɪts] **I.** *präp +gen* lejos de **II.** *adv* ❶ *(fern)* alejado ❷ (SPORT) fuera de juego

Abseits *nt* <-, *ohne pl*> (SPORT) fuera *m* de juego

ab|senden *irr vt (Paket, Telegramm)* enviar; *(Waren)* expedir

Absender(in) *m(f)* <-s, -; -nen> remitente *mf*; *(Absenderadresse)* remite *m*; (COM) expedidor(a) *m(f)*

absenken I. *vt (Grundwassser)* bajar de nivel **II.** *vr:* **sich ~** descender

ab|servieren* *vt* ❶ *(Geschirr, Tisch)* quitar ❷ *(fam: kaltstellen)* marginar; *(entlassen)* echar a la calle ❸ *(fam: ermorden)* eliminar

absetzbar *adj* ❶ (FIN) deducible ❷ *(verkäuflich)* vendible

ab|setzen I. *vt* ❶ *(Hut, Brille)* quitarse ❷ *(hinstellen)* poner (**auf** en); (GEO) depositar ❸ *(Feder)* levantar (del papel); *(Gewehr)* descansar; *(Glas)* posar ❹ *(den Reiter abwerfen)* derribar ❺ *(aussteigen lassen)* dejar (**an/in** en) ❻ *(Minister)* destituir; *(Beamte)* deponer ❼ *(absagen)* suspender; *(Theaterstück)* quitar del cartel ❽ (COM) vender ❾ (FIN) deducir (**von** de); **von der Steuer ~** deducir [*o* desgravar] de los impuestos ❿ (MED: *Behandlung*) abandonar; *(Medikament)* dejar de tomar **II.** *vr:* **sich ~** ❶ *(sich niederschlagen)* acumularse; *(in Flüssigkeiten)* depositarse ❷ *(fam: verschwinden)* escaparse ❸ *(sich unterscheiden)* destacarse (**von/gegen** de (entre)) ❹ (SPORT) ir a la cabeza ❺ (MIL) retirarse

Absetzung *f* <-, -en> ❶ *(Amtsenthebung)* destitución *f*, suspensión *f*; *(eines Herrschers)* derrocamiento *m*; *(eines Königs)* destronamiento *m* ❷ *(einer Veranstaltung)* suspensión *f* ❸ *(von der Steuer)* deducción *f*

A

ab|sichern I. *vt* *(Unfallstelle)* asegurar II. *vr:* **sich ~** *(sich schützen)* asegurarse
Absicht *f* <-en> intención *f,* propósito *m;* *(Ziel)* objetivo *m;* **gute/böse ~en haben** tener buenas/malas intenciones; **etw mit/ohne ~ tun** hacer algo a propósito/sin querer; **es war ~** fue con intención; **das war nicht meine ~** no era mi intención; **er hat die ~, zu verreisen** tiene la intención de salir de viaje; **in der ~, etw zu tun** con el propósito de hacer algo
absichtlich I. *adj* intencionado II. *adv* a propósito, adifés *Ven;* **das hast du ~ getan** lo has hecho a propósito
ab|sinken *irr vi sein* *(Niveau)* descender; *(Schiff)* hundirse
ab|sitzen *irr* I. *vi sein* *(vom Pferd)* desmontar II. *vt* *(fam: Strafe, Dienstzeit)* cumplir
absolut [apzo'lu:t] I. *adj* absoluto II. *adv* absolutamente; *(in negativen Sätzen)* en absoluto; **das ist ~ unmöglich** es de todo punto imposible; **~ nichts** nada en absoluto
Absolution [apzolu'tsjo:n] *f* <-en> (REL) absolución *f*
Absolutismus [apzolu'tɪsmʊs] *m* <-, *ohne pl*> absolutismo *m*
absolutistisch [apzolu'tɪstɪʃ] *adj* absolutista
Absolvent(in) [apzɔl'vɛnt] *m(f)* <-en, -en; -nen> *(vor dem Examen)* examinando, -a *m, f;* *(nach dem Examen)* exalumno, -a *m, f*
absolvieren* [apzɔl'vi:rən] *vt* ① *(Schule, Studium)* terminar; *(Prüfung)* aprobar; *(ableisten)* cumplir ② (REL) absolver
absonderlich [ap'zɔndɐlɪç] *adj* raro, singular
Absonderlichkeit *f* <-en> singularidad *f,* particularidad *f;* *(Geschehnis)* hecho *m* curioso
ab|sondern I. *vt* ① *(Kranke)* separar; *(Häftlinge)* incomunicar ② *(ausscheiden)* segregar; *(Sekret)* secretar II. *vr:* **sich ~** apartarse (**von** de)
Absonderung ['apzɔndərʊŋ] *f* <-en> ① *(Isolierung)* separación *f,* aislamiento *m* ② (BIOL, MED: *Vorgang*) segregación *f;* *(Sekret)* secreción *f*
absorbieren* [apzɔr'bi:rən] *vt* *(a. fig)* absorber
Absorption *f* <-, *ohne pl*> absorción *f*
ab|spalten I. *vt* escindir; (CHEM) disociar II. *vr:* **sich ~** escindirse (**von** de)
Abspann *m* <-(e)s, -e> (FILM, TV) créditos *mpl*
ab|specken ['apʃpɛkən] *vi* *(fam)* adelgazar
ab|speichern *vt* (INFOR) almacenar (**auf** en)
ab|speisen *vt* *(fam)* despachar; **jdn mit leeren Versprechungen ~** despachar a alguien con promesas vacías
abspenstig ['apʃpɛnstɪç] *adj* **jdm etw ~ machen** mangar algo a alguien
ab|sperren *vt* ① *(Gebiet)* bloquear; *(Straße)* cortar ② *(Österr, südd: abschließen)* cerrar (con llave)
Absperrung *f* <-en> ① *(das Absperren)* bloqueo *m;* *(von Straßen)* corte *m* de carreteras ② *(Gitter)* reja *f;* *(Sperre)* barrera *f*
ab|spielen I. *vt* ① *(Schallplatte)* poner ② *(vom (Noten)blatt)* tocar sin preparación ③ (SPORT) pasar II. *vr:* **sich ~** ocurrir
Absprache *f* <-n> acuerdo *m;* **nach vorheriger/ohne vorherige ~** según/sin acuerdo previo; **eine ~ treffen** llegar a un acuerdo
ab|sprechen *irr vt* ① *(vereinbaren)* acordar ② *(aberkennen)* privar (de), negar
ab|springen *irr vi sein* ① *(herunterspringen)* saltar (**von** de), arrojarse (**von** de); (SPORT) coger impulso ② *(Fahrradkette)* soltarse; *(Lack)* saltar ③ *(fam: zurückziehen)* abandonar (**von**), retirarse (**von** de); *(Teilnehmer)* irse (**von** de); *(Vertragspartner)* volverse atrás
Absprung *m* <-(e)s, -sprünge> salto *m;* *(Fallschirmspringen)* salto *m* (en paracaídas), descenso *m;* *(vom Turngerät)* salida *f;* **den ~ schaffen/verpassen** *(fam fig)* aprovechar/dejar pasar el momento adecuado
ab|spülen *vt* *(Geschirr)* fregar; *(Schmutz)* limpiar
ab|stammen *vi* descender (**von** de), proceder (**von** de)
Abstammung *f ohne pl* ① *(Herkunft)* ascendencia *f,* origen *m* ② *(Geschlecht)* linaje *m* ③ (BIOL, LING) origen *m,* procedencia *f*
Abstand *m* <-(e)s, -stände> ① *(räumlich)* distancia *f* ② *(zeitlich)* distancia *f,* intervalo *m;* **in regelmäßigen Abständen** a intervalos regulares ③ *(Distanz)* distancia *f;* **von etw ~ gewinnen** *(fig)* cobrar distancia de algo; **davon ~ nehmen, etw zu tun** *(geh)* renunciar a hacer algo ④ *(Unterschied)* diferencia *f;* *(im Sport)* ventaja *f;* **mit großem ~ führen** tener gran ventaja ⑤ *(fam: Abfindung)* indemnización *f*
Abstandssumme *f* <-, -n> indemnización *f,* compensación *f*
ab|statten ['apʃtatən] *vt* *(geh)* **jdm einen Besuch ~** rendir visita a alguien
ab|stauben ['apʃtaʊbən] *vt* ① *(putzen)* desempolvar, quitar el polvo (a) ② *(fam: nicht verdienen)* sacar (sin merecerlo); *(schnorren)* gorronear
ab|stechen *irr* I. *vi* *(sich abheben)* contras-

tar (**von** con) **II.** *vt* ① *(Tier)* degollar; *(sl: Menschen)* rajar ② *(Torf, Rasen)* cortar

Abstecher *m* <-s, -> ① *(Ausflug)* excursión *f* ② *(Umweg)* vuelta *f*

ab|stecken *vt* ① *(mit Pfählen)* jalonar; *(Grenze)* demarcar ② *(Saum)* marcar con alfileres ③ *(Ziel)* definir

ab|stehen *irr vi (herausragen)* destacarse; **~de Ohren** orejas de soplillo

Absteige ['apʃtaɪgə] *f* <-n> *(fam abw)* pensión *f* de mala muerte

ab|steigen *irr vi sein* ① *(abwärtsgehen)* ir hacia abajo; **auf dem ~den Ast sein** *(fam)* ir de capa caída ② *(vom Pferd, Fahrrad)* desmontar (**von** de), bajar (**von** de) ③ *(übernachten)* **in einer Pension ~** parar en una pensión ④ (SPORT) descender

Absteiger *m* <-s, -> (SPORT) equipo *m* que desciende

ab|stellen *vt* ① *(hinstellen)* colocar, poner; *(deponieren)* dejar ② *(parken)* aparcar ③ *(Wasser)* cerrar; *(Strom)* cortar; *(ausmachen)* apagar, parar ④ *(abkommandieren)* destinar, enviar (**für** a)

Abstellgleis *nt* apartadero *m,* vía *f* de depósito

Abstellkammer *f,* **Abstellraum** *m* (cuarto *m*) trastero *m*

ab|stempeln *vt* ① *(Briefe, Urkunden)* sellar; *(Briefmarken)* matasellar ② *(bezeichnen)* tildar (**als/zu** de)

ab|sterben *irr vi sein* ① *(Zellen, Blätter)* morirse ② *(Glieder)* entumecerse

Abstieg ['apʃti:k] *m* <-(e)s, -e> bajada *f,* descenso *m; (Abhang)* pendiente *f; (Niedergang)* descenso *m;* (SPORT) descenso *m* a la categoría inferior

ab|stillen *vi, vt* destetar

ab|stimmen **I.** *vi (Stimme abgeben)* votar (**über** sobre); **über etw ~ lassen** someter algo a votación **II.** *vt (harmonisieren)* ajustar (**auf** a), compaginar (**auf** con); **sich mit jdm ~** ponerse de acuerdo con alguien

Abstimmung *f* <-en> ① *(Wahl)* votación *f;* **geheime ~** votación secreta; **zur ~ bringen** someter a votación ② *(Absprache)* coordinación *f,* armonización *f*

Abstimmungsergebnis *nt* <-ses, -se> (*a.* POL) resultado(s) *m(pl)* de la votación

abstinent [apsti'nɛnt] *adj* abstinente, temperante *Am*

Abstinenz [apsti'nɛnts] *f ohne pl* abstinencia *f*

Abstinenzler(in) *m(f)* <-s, -; -nen> abstinente *mf,* temperante *mf Am*

Abstoß *m* <-es, -stöße> ① (SPORT) saque *m* de puerta ② *(Stoß)* empujón *m*

ab|stoßen *irr* **I.** *vt* ① *(Boot)* alejar (**von** de) ② (MED: *Organ*) rechazar ③ *(verkaufen)* deshacerse (de) ④ *(beschädigen)* desportillar ⑤ *(anekeln)* asquear **II.** *vi (abstoßend sein)* repugnar

abstoßend *adj (ekelig)* repugnante

Abstoßung *f* <-, -en> (MED) rechazo *m*

ab|stottern *vt (fam)* pagar a plazos

abstrahieren* [apstra'hi:rən] **I.** *vi (geh)* hacer abstracción (**von** de) **II.** *vt* abstraer (**aus** de)

abstrakt [ap'strakt] *adj* abstracto

Abstraktion *f* <-en> abstracción *f*

ab|streifen *vt* ① *(entfernen)* quitar ② *(Vorurteile)* deshacerse (de); *(Unarten)* quitarse ③ *(absuchen)* inspeccionar

ab|streiten *irr vt* negar

Abstrich *m* <-(e)s, -e> ① *(Kürzung)* reducción *f; (Preise)* rebaja *f;* **wir müssen ~e machen** tenemos que reducir gastos ② (MED) frotis *m inv*

abstrus [ap'stru:s] *adj* abstruso

ab|stufen *vt* ① *(stufenförmig machen)* escalonar ② *(Farben)* matizar ③ *(im Lohn herabsetzen)* bajar de categoría

Abstufung *f* <-en> ① *(des Lohnes)* descenso *m* de categoría salarial ② (FIN: *Staffelung*) clasificación *f* ③ *(Schattierung)* matización *f*

ab|stumpfen ['apʃtʊmpfən] **I.** *vi sein (fig)* embrutecerse; *(Gefühl)* embotarse **II.** *vt* truncar; *(fig)* embrutecer

Absturz *m* <-es, -stürze> ① *(Fall)* caída *f* ② (INFOR) fallo *m* general

ab|stürzen *vi sein* ① *(Flugzeug)* estrellarse; *(Bergsteiger)* caer ② *(steil abfallen)* caer en picado ③ (INFOR: *Programm*) producirse un error de tipo general (en); **mein Computer ist abgestürzt** *(fam)* se me ha quedado colgado el ordenador

ab|stützen **I.** *vt* apoyar **II.** *vr:* **sich ~** apoyarse

ab|suchen *vt* buscar por todas partes; *(Gelände)* batir

absurd [ap'zʊrt] *adj* absurdo

Absurdität [apzʊrdi'tɛ:t] *f* <-en> absurdo *m; (Unsinn)* disparate *m*

Abszess [aps'tsɛs] *m* <-es, -e> (MED) absceso *m*

Abt, Äbtissin [apt] *m, f* <-(e)s, Äbte; -nen> abad(esa) *m(f)*

ab|tasten *vt* ① *(befühlen)* tentar; (MED) palpar; *(bei einer Durchsuchung)* registrar ② (INFOR) leer

ab|tauen **I.** *vt* ① *(Kühlschrank)* descongelar ② *(Eis)* derretir **II.** *vi* deshelarse

Äbte *pl von* **Abt**

Abtei [ap'taɪ] *f* <-en> abadía *f*

Abteil [ap'taɪl] *nt* <-(e)s, -e> compartim(i)ento *m*

A

ab|teilen *vt* ① *(Raum)* dividir ② *(abtrennen)* separar

Abteilung [-'--] *f* <-en> ① *(Abtrennung)* división *f* ② *(im Betrieb, Kaufhaus)* sección *f; (im Museum)* sala *f; (im Krankenhaus)* unidad *f* ③ (MIL) destacamento *m*

Abteilungsleiter(in) *m(f)* jefe, -a *m, f* de sección

ab|tippen *vt (fam)* pasar a máquina

Äbtissin [ɛp'tɪsɪn] *f* <-nen> *s.* **Abt**

ab|töten *vt* matar

ab|tragen *irr vt* ① *(Gelände)* aplanar ② *(Mauer)* derribar ③ *(Kleidung)* (des)gastar ④ *(geh: Schulden)* ir pagando ⑤ *(geh)* **die Teller ~** retirar los platos

abträglich ['aptrɛ:glɪç] *adj (geh)* perjudicial

ab|transportieren* *vt* ① *(Güter)* tra(n)sportar ② *(Person)* evacuar

ab|treiben *irr* **I.** *vi* ① *sein (Boot)* derivar; *(Flugzeug)* desviarse del rumbo ② *(Schwangerschaft abbrechen)* abortar **II.** *vt* ① *(weglenken)* arrastrar, apartar ② *(Schwangerschaft abbrechen)* abortar

Abtreibung *f* <-en> aborto *m*

Abtreibungspille *f* píldora *f* abortiva

ab|trennen *vt* ① *(Angenähtes)* descoser ② *(abteilen)* separar

Abtrennung *f* <-, -en> *(Abteilen)* división *f; (trennende Vorrichtung)* separación *f*

ab|treten *irr* **I.** *vi sein* ① (MIL) romper filas ② (THEAT) retirarse (**von** de) **II.** *vt* ① *(abnutzen: Teppich)* gastar; *(Absätze)* desgastar ② *(überlassen)* ceder; *(Geschäft)* traspasar ③ *(säubern)* limpiar

Abtreter *m* <-s, -> *(fam)* felpudo *m*

Abtretung *f* <-en> cesión *f*, traspaso *m*

ab|trocknen *vt* secar

ab|tropfen *vi sein* escurrir

Abtropfsieb *nt* colador *m*

abtrünnig ['aptrʏnɪç] *adj* ① (REL) renegado; **dem Glauben ~ werden** apostatar de la fe ② (POL) disidente

Abtrünnige(r) *mf* <-n, -n; -n> ① (REL) apóstata *mf* ② (POL) disidente *mf*

ab|tun *irr vt* ① *(fam: Kleidung, Brille)* quitarse ② *(zurückweisen)* rechazar; **etw als belanglos ~** minimizar algo; **etw mit einem Achselzucken ~** rechazar algo encogiéndose de hombros

ab|tupfen *vt* ① *(Wunde)* taponar ② *(Stirn, Tränen)* secar, empapar

abturnen ['aptœrnən] *vi (sl)* ser un coñazo

Abverkauf *m* <-(e)s, -käufe> *(Österr: wegen Aufgabe des Geschäfts)* (venta *f* por) liquidación *f; (am Ende der Saison)* rebajas *fpl*

ab|verlangen* *vt* exigir (con descaro); **jdm etw ~** exigir algo a alguien

ab|wägen ['apvɛ:gən] <wägt ab, wog ab, abgewogen> *vt* ponderar, sopesar

Abwägung *f* <-, -en> ponderación *f*

ab|wählen *vt* ① *(Politiker)* anular la elección (de) ② (SCH: *Fach*) no elegir

ab|wälzen *vt (Schuld)* echar (**auf** a); *(Arbeit)* descargar (**auf** en)

ab|wandeln *vt* modificar

ab|wandern *vi sein* emigrar

Abwandlung *f* <-, -en> modificación *f*, variación *f*

Abwärme *f* <-, *ohne pl*> (TECH) calor *m* de escape [*o* residual], polución *f* térmica

Abwart(in) *m(f)* <-s, -e; -, -nen> *(Schweiz: Hausmeister)* portero, -a *m, f*

ab|warten *vt, vi* esperar; **die Ergebnisse ~** esperar los resultados

abwärts ['apvɛrts] *adv* hacia abajo

abwärtskompatibel *adj* (INFOR) compatible hacia abajo

Abwärtstrend *m* tendencia *f* descendente

Abwasch ['apvaʃ] *m* <-(e)s, *ohne pl*> *(fam)* ① *(Abspülen)* fregado *m* de la vajilla; **den ~ machen** fregar ② *(Geschirr)* vajilla *f* por fregar

abwaschbar *adj* lavable

ab|waschen *irr* **I.** *vi* fregar **II.** *vt* ① *(Geschirr)* fregar ② *(Schmutz)* limpiar

Abwasser *nt* <-s, -wässer> aguas *fpl* residuales

Abwasseraufbereitung *f* tratamiento *m* de las aguas residuales

Abwasserkanal *m* alcantarilla *f*, acequia *f Méx*

Abwasserreinigung *f* depuración *f* de aguas (residuales)

Abwasserrohr *nt* conducto *m* de aguas residuales

Abwechs(e)lung *f* <-en> cambio *m*; **zur ~** para variar

ab|wechseln *vi, vr:* **sich ~** alternar(se); *(Personen)* turnarse

abwechselnd *adv* alternativamente, por turnos; **sie passten ~ auf die Kinder auf** se turnaban para cuidar a los niños

abwechslungshalber ['apvɛksluŋshalbɐ] *adv* para variar

abwechslungslos **I.** *adj* ① *(immer gleich)* poco variado; *(ereignislos)* monótono ② *(langweilig)* aburrido; **ein ~es Programm** un programa aburrido **II.** *adv* sin variación

abwechslungsreich *adj* variado; *(ereignisreich)* rico en impresiones

abwegig ['apve:gɪç] *adj* desacertado

Abwegigkeit *f* <-, -en> desacierto *m*

Abwehr [a'pve:ɐ] *f ohne pl (Verteidigung)* defensa *f; (Abstoßung)* rechazo *m*

ab|wehren **I.** *vi* rehusar **II.** *vt* ① *(fernhal-*

ten) mantener a distancia; *(Krankheitserreger)* protegerse (de) ❷ *(ablehnen, a.* MIL) rechazar; *(Verdacht)* descartar ❸ (SPORT) despejar

Abwehrkräfte *fpl* (MED) defensas *fpl* (del organismo)

Abwehrmaßnahme *f* <-, -n> medida *f* de defensa

Abwehrreaktion *f* (PSYCH, MED) reacción *f* de defensa

Abwehrspieler(in) *m(f)* (SPORT) defensa *mf*

Abwehrsystem *nt* <-s, -e> (MED) sistema *m* profiláctico

ab|weichen *irr vi sein* ❶ *(vom Kurs, Thema)* desviarse (**von** de) ❷ *(sich unterscheiden)* divergir (**von** de); *(Meinung)* discrepar

abweichend *adj* divergente; **~e Meinungen** opiniones discrepantes

Abweichung *f* <-en> ❶ *(das Abweichen)* desviación *f* ❷ (TECH) anomalía *f*, irregularidad *f* ❸ *(Differenz)* divergencia *f*

ab|weisen *irr vt* ❶ *(Antrag)* rechazar; *(Anklage)* refutar ❷ *(wegschicken)* no recibir

abweisend *adj (ablehnend)* negativo; *(zurückweisend)* reservado

Abweisung *f* <-, -en> rechazo *m*

ab|wenden *irr* **I.** *vt* ❶ *(Blick)* apartar (**von** de), volver ❷ *(Gefahr)* evitar **II.** *vr:* **sich ~** *(sich wegdrehen)* apartarse (**von** de), volverse

ab|werben *irr vt* (WIRTSCH) quitar; **der Konkurrenz Mitarbeiter ~** hacerse con los colaboradores de la competencia

ab|werfen *irr* **I.** *vt* ❶ *(Reiter)* derribar; *(Latte)* tirar; *(Geweih)* echar; *(Blätter)* perder; *(Bomben)* lanzar ❷ *(Gewinn)* rendir ❸ *(Karten)* echar **II.** *vi* (SPORT: *vom Tor*) hacer un saque de puerta

ab|werten *vt* ❶ (FIN) devaluar ❷ *(herabsetzen)* despreciar, quitar valor (a)

abwertend *adj (negativ)* peyorativo; *(verächtlich)* despectivo

Abwertung *f* <-en> (FIN) devaluación *f*

abwesend ['apve:zənt] *adj* ❶ *(nicht zugegen)* ausente ❷ *(zerstreut)* distraído

Abwesende(r) *mf* <-n, -n; -n, -n> ausente *mf*

Abwesenheit *f* <-en> ❶ *(körperlich)* ausencia *f* ❷ *(geistig)* distracción *f*

Abwesenheitsnotiz *f (E-Mail)* mensaje *m* de [*o* en] ausencia

ab|wickeln *vt* ❶ *(Knäuel)* deshacer; *(Garn)* desenrollar ❷ *(Geschäft)* llevar a cabo

Abwicklung *f* <-, -en> (WIRTSCH) liquidación *f*, realización *f*

ab|wiegen *irr vt* pesar

ab|wimmeln *vt (fam: Arbeit)* quitarse de encima; *(Besucher)* deshacerse (de)

ab|winken *irr vi* hacer un gesto negativo con la mano

ab|wischen *vt* ❶ *(Staub, Schmutz)* limpiar; **wisch dir den Mund mit der Serviette gut ab!** ¡límpiate bien con la servilleta! ❷ *(Tisch)* limpiar, pasar con una bayeta ❸ *(abtrocknen)* secar, enjugar *elev*

abwracken *vt (verschrotten)* desguazar

Abwurf *m* <-(e)s, -würfe> ❶ *(von Bomben)* lanzamiento *m* ❷ (SPORT) saque *m*

ab|würgen *vt (fam)* ❶ *(Diskussion, Streik)* ahogar, reprimir ❷ *(Motor)* ahogar

ab|zahlen *vt* pagar; *(in Raten)* pagar a plazos

ab|zählen *vt* contar; **das kannst du dir doch an fünf Fingern ~!** *(fam)* ¡eso lo ve hasta un ciego!

Abzählreim *m* <-(e)s, -e> *cancioncilla para elegir a algo o a alguien, p. ej. "Pinto, pinto, colorito…"*

Abzahlung *f* <-en> ❶ *(Ratenzahlung)* pago *m* a plazos; **etw auf ~ kaufen** comprar algo a plazos ❷ *(Rückzahlung)* importe *m* total

abzapfen ['aptsapfən] *vt* sacar

Abzeichen *nt* <-s, -> ❶ (MIL) condecoración *f* ❷ *(Anstecknadel)* distintivo *m*

ab|zeichnen **I.** *vt* ❶ *(kopieren)* copiar ❷ *(signieren)* firmar **II.** *vr:* **sich ~** ❶ *(sich abheben)* destacarse (**auf** de), perfilarse (**auf** sobre) ❷ *(deutlich werden)* perfilarse

Abziehbild *nt* calcomanía *f*

ab|ziehen *irr* **I.** *vi* ❶ *(Rauch)* salir(se); *(Gewitter)* alejarse ❷ *(Truppen, Zugvögel)* irse ❸ *(fam: weggehen)* largarse **II.** *vt* ❶ *(wegnehmen)* sacar (**von** de); *(entfernen)* quitar (**von** de); **das Bett ~** quitar las sábanas ❷ *(Tier)* despellejar ❸ (FOTO, TYPO) sacar copias (de) ❹ (MATH) restar ❺ *(vom Lohn, Preis)* deducir (**von** de), descontar (**von** de) ❻ (MIL) retirar ❼ *(Schweiz: ausziehen)* desnudar **III.** *vr:* **sich ~** *(Schweiz: sich ausziehen)* desnudarse

ab|zielen *vi (Bemerkung)* referirse (**auf** a); *(anstreben)* tener como meta (**auf**)

Abzocke *f ohne pl (abw fam)* abuso *m*, clavada *f*

ab|zocken *vt (sl: im Spiel)* desplumar

Abzug *m* <-(e)s, -züge> ❶ (MIL) retirada *f*, salida *f* ❷ *(Lohnabzug)* retención *f*; **nach ~ der Kosten** deducidos los gastos ❸ (CHEM) abductor *m* ❹ (FOTO) copia *f* ❺ *(am Gewehr)* gatillo *m* ❻ *(Luft, Kamin)* tiro *m*

abzüglich ['aptsy:klɪç] *präp +gen* descontando; **~ der Kosten** previa deducción de los costes

abzugsfähig *adj* (FIN) deducible, desgravable

A

Abzugshaube *f* campana *f* extractora
Abzugskanal *m* canal *m* de desagüe
Abzugsrohr *nt* tubo de salida *m*
ab|zweigen I. *vi sein* desviarse (**von** de, **zu** hacia) **II.** *vt (Geld)* apartar
Abzweigung *f* <-en> cruce *m*
Accessoire [aksɛso'aːɐ] *nt* <-s, -s> accesorio *m*
Acetat [atse'taːt] *nt* <-s, -e> *s.* **Azetat**
Aceton [atse'toːn] *nt* <-s, *ohne pl*> (CHEM) acetona *f*
ach [ax] *interj* ah; ~ **was!** ¿qué dices?; ~ **ja!** ¡ah, claro (que sí)!; ~ **so!** ¡ah, eso es otra cosa!; **~, du lieber Himmel!** ¡ay, Dios mío!; ~ **nee!** ¡no me digas!
Ach *nt* <-s, -(s)> *(fam)* **mit ~ und Krach** a trancas y barrancas
Achillesferse [a'xɪlɛsfɛrzə] *f* <-, -n> talón *m* de Aquiles
Achillessehne *f* (ANAT) tendón *m* de Aquiles
Achse ['aksə] *f* <-n> (TECH, POL, MATH) eje *m*; **sich um die eigene ~ drehen** girar sobre su propio eje; **immer auf ~ sein** *(fam)* estar siempre fuera
Achsel ['aksəl] *f* <-n> ❶ *(Achselhöhle)* axila *f* ❷ *(Schulter)* hombro *m*; **mit den ~n zucken** encogerse de hombros
Achselhaare *ntpl* vello *m* de la axila
Achselhöhle *f* axila *f*, sobaco *m*
Achselzucken *nt* encogimiento *m* de hombros
achselzuckend I. *adj* que solamente se encoge de hombros; *(gleichgültig)* indiferente **II.** *adv* encogiéndose de hombros; *(gleichgültig)* con indiferencia
Achsenbruch *m* (TECH) rotura *m* del eje
Achsenmächte ['ksənmɛçtə] *fpl* (HIST) potencias *fpl* del Eje *(Alemania, Italia y Japón)*
acht [axt] *adj inv* ocho; **es ist gleich ~ (Uhr)** van a ser las ocho (horas); **alle ~ Tage** cada ocho días; **mit ~ (Jahren)** a los ocho años; **um/gegen ~ (Uhr)** a las/sobre las ocho (horas); **zu je ~** de a ocho; **zu ~** de ocho en ocho; **in ~ Tagen** dentro de ocho días; **vor ~ Tagen** hace ocho días; **heute in ~ Tagen** de hoy en ocho días; **morgen in ~ Tagen** mañana en ocho días
Acht[1] [axt] *f* <-en> *(Zahl)* ocho *m*
Acht[2] *f ohne pl* ❶ *(Aufmerksamkeit)* atención *f*; **etw außer aller ~ lassen** prescindir de algo; **sich (vor jdm) in ~ nehmen** cuidarse (de alguien); **~ geben** prestar atención; *s. a.* **achtgeben** ❷ (HIST) proscripción *f*
achtbar *adj* respetable
achte(r, s) *adj* octavo; **der ~ Dezember** el ocho de diciembre; **am ~n Dezember** el ocho de diciembre; **wir treffen uns Sonntag, den ~n Dezember** nos veremos el domingo, ocho de diciembre; **im ~n Stock** en el octavo piso; **das ~ Mal** la octava vez; **Heinrich der A~** Enrique VIII; **jeden ~n Tag** cada ocho días; **du bist der A~, der mich das fragt** eres la octava persona que me pregunta eso
Achteck *nt* octógono *m*, octágono *m*
achteckig *adj* octógono, octágono; **der Grundriss des Baptisteriums ist ~** la planta del baptisterio es octágona
achteinhalb ['axtʔaɪn'halp] *adj inv* ocho y medio; **bis dorthin sind es ~ Kilometer** faltan ocho kilómetros y medio
achtel *adj inv* octavo; **ein ~ Zentner** la octava parte de un quintal
Achtel ['axtəl] *nt* <-s, -> octavo, -a *m, f*, octava parte *f*
Achtelfinale *nt* (SPORT) octavos *mpl* de final
Achtelnote *f* (MUS) corchea *f*
achten ['axtən] **I.** *vi* ❶ *(beachten)* atender (**auf** a), cuidar (**auf** de); *(auf den Weg)* fijarse (**auf** en), prestar atención (**auf** a); **sie achtet darauf, dass ...** se cuida de que... +*subj* ❷ *(beaufsichtigen)* cuidar (**auf** de) **II.** *vt* ❶ *(schätzen)* estimar; *(Ansichten)* respetar ❷ *(befolgen)* observar
ächten ['ɛçtən] *vt* (HIST) proscribir; *(verbannen)* desterrar; *(fig: ausstoßen)* aislar
achtens ['axtəns] *adv* en octavo lugar; *(bei einer Aufzählung)* octavo; **... und ~ gilt es, in Zukunft über neue Maßnahmen nachzudenken** ... y octavo, es necesario reflexionar en lo sucesivo sobre nuevas medidas
achtenswert *adj* apreciable, digno de atención
Achterbahn *f* montaña *f* rusa
achterlei *adj inv* de ocho clases diferentes, ocho clases (diferentes) de; **es standen ~ Sorten Käse auf dem Tisch** en la mesa había ocho clases diferentes de quesos; **auf ~ Weise** de ocho formas diferentes
achtern *adv* (NAUT) a popa, hacia popa
achtfach I. *adj* óctuplo; **die ~e Menge** ocho veces la cantidad; **der Antrag muss in ~er Ausfertigung zugesandt werden** hay que mandar ocho copias de la candidatura **II.** *adv* ocho veces
achtgeben *irreg vi* prestar atención (**auf** a); *(auf Personen/die Gesundheit)* cuidar (**auf** de); **gib acht!** ¡cuidado!; **gib acht, wohin du trittst!** ¡ten cuidado de dónde pisas!; **gib auf dich acht!** ¡cuídate!
achthundert ['-'--] *adj inv* ochocientos; **dieser Baum ist mehr als ~ Jahre alt** este árbol tiene más de ochocientos años

achtjährig ['axtjɛːrɪç] *adj (acht Jahre alt)* de ocho años; *(acht Jahre dauernd)* de ocho años de duración

achtkantig *adj* octogonal; **jdn ~ hinauswerfen** *(fam)* echar a alguien con cajas destempladas

achtlos *adj* ① *(sorglos)* descuidado ② *(zerstreut)* distraído ③ *(rücksichtslos)* desconsiderado ④ *(unbesonnen)* despreocupado; **~ mit etw umgehen** tratar algo con descuido

Achtlosigkeit *f ohne pl* descuido *m,* dejadez *f; (Unbesonnenheit)* despreocupación *f*

achtmal *adv* ocho veces; **~ so viel(e)** ocho veces más; **~ täglich** ocho veces al día; **ich war schon ~ in Madrid** ya he estado ocho veces en Madrid

achtsam *adj (geh)* ① *(aufmerksam)* atento ② *(sorgfältig)* cuidadoso

Achtsamkeit *f ohne pl* cuidado *m,* atención *f*

Achtstundentag ['-'---] *m* jornada *f* (laboral) de ocho horas

achttägig *adj* de ocho días; **ein ~er Aufenthalt im Ausland** una estancia de ocho días en el extranjero

achttausend ['-'--] *adj inv* ocho mil; **dieser Stein ist ~ Jahre alt** esta piedra tiene ocho mil años

Achtundsechziger(in) ['--'---] *m(f)* <-s, -; -nen> sesentaiochista *mf (participante en el mayo del 68)*

Achtung ['axtʊŋ] *f ohne pl* ① *(Aufmerksamkeit)* atención *f;* **~ Stufe!** ¡cuidado con el escalón!; **~, fertig, los!** ¡preparados, listos, ya! ② *(Wertschätzung)* respeto *m* (**vor** a); **sich** *dat* **~ verschaffen** hacerse respetar

Ächtung ['ɛçtʊŋ] *f* <-en> (HIST) proscripción *f; (Verbannung)* destierro *m; (fig: Verdammung)* aislamiento *m*

achtzehn *adj inv* dieciocho; **wann wirst du ~?** ¿cuándo cumples los 18?; **der Film ist erst ab ~ (freigegeben)** la película no es autorizada para menores de dieciocho años; *s. a.* **acht**[1]

achtzehnte(r, s) *adj* decimoctavo; **morgen ist der ~ Mai** mañana es el dieciocho de mayo

achtzig ['axtsɪç] *adj inv* ochenta; **mit ~ (Stundenkilometern) fahren** ir a ochenta (por hora); **etwa ~ (Jahre alt)** sobre los ochenta (años); **mit ~ (Jahren)** a los [*o* con] ochenta (años); **über/unter ~** más de/menos de ochenta; **jdn auf ~ bringen** *(fam)* poner a alguien a cien; **die ~er Jahre** los años ochenta

achtziger ['axtsɪgɐ] *adj inv (1980 bis 1989)* de los ochenta, de la década de los ochenta; **sie wurde Anfang der ~ Jahre geboren** nació a comienzos de los ochenta

Achtziger *m* <-s, -> ① *(Wein)* cosecha *f* del ochenta, vino *m* de la añada del ochenta ② **in den ~n sein** ser un octogenario, ser un ochentón *fam*

Achtzigerjahre *ntpl* **die ~** [*o* **achtziger Jahre**] la década de los ochenta

achtzigjährig ['axtsɪçjɛːrɪç] *adj (80 Jahre alt)* octogenario, de ochenta años; *(80 Jahre dauernd)* de ochenta años de duración; *s. a.* **achtjährig**

Achtzigjährige(r) ['axtsɪçjɛːrɪgə, 'axtsɪçjɛːrɪgɐ] *mf* <-n, -n; -n, -n> octogenario, -a *m, f;* **als ~/~r** con ochenta años

achtzigste(r, s) *adj* octogésimo; **heute ist ihr ~r Geburtstag** hoy es su octogésimo aniversario

achtzigstel ['axtsɪçstl] *adj* ochentavo; *s. a.* **achtel**

ächzen ['ɛçtsən] *vi* ① *(Person)* gemir (**vor** de) ② *(Bretter, Gebälk)* crujir

Acker ['akɐ] *m* <-s, Äcker> campo *m*

Ackerbau *m ohne pl* agricultura *f*

Ackerbohne *f* haba *f*

Ackerland *nt ohne pl* tierra *f* de labor, tierras *f pl* de labranza

ackern *vi* ① (AGR) arar ② *(fam: arbeiten)* trabajar duramente

Ackersalat *m* (BOT) rapónchigo *m,* ruiponce *m*

Acre ['ekɐ] *m* <-(e)s, -(e)s> *(Flächenmaß)* acre *m*

Acryl [a'kryːl] *nt* <-s, *ohne pl*> (CHEM) fibra *f* acrílica

Acrylfarbe *f* colorante *m* acrílico

Acryllack *m* pintura *f* acrílica

Action ['ɛktʃən] *f ohne pl* acción *f*

Actionfilm *m* película *f* de acción

a.d. *Abk. von* **an der: Frankfurt a.d. Oder** Francfort del Oder

ad absurdum [at ap'zʊrdʊm] **etw ~ führen** reducir algo al absurdo

ADAC [aːdeːʔaː'tseː] *m* <-> *Abk. von* **Allgemeiner Deutscher Automobil-Club** *Automóvil Club de Alemania*

ad acta [at 'akta] **etw ~ legen** dar carpetazo a algo

Adamsapfel ['aːdamsapfəl] *m* nuez *f* de Adán

Adamskostüm *nt (fam)* **im ~** en pelotas

Adaptation [adapta'tsjoːn] *f* <-en> (*a.* FILM, LIT) adaptación *f*

Adapter [a'daptɐ] *m* <-s, -> adaptador *m*

adaptieren* [adap'tiːrən] **I.** *vt* ① (FILM, LIT) adaptar (**für** a) ② *(Österr: herrichten)* habilitar **II.** *vr:* **sich ~** adaptarse (**an** a)

Adaption *f* <-, -en> *s.* **Adaptation**

A

adäquat [adɛ'kva:t] *adj* adecuado

addieren* [a'di:rən] *vt* sumar (**zu** a)

Addition [adi'tsjo:n] *f* <-en> adición *f* (**zu** a)

Additiv [adi'ti:f] *nt* <-s, -e> (CHEM) aditivo *m;* **bleihaltige ~e** aditivos conteniendo plomo

ade [a'de:] *interj (reg)* adiós; **jdm ~ sagen** decir(le) adiós a alguien

Adel ['a:dəl] *m* <-s, *ohne pl*> ① *(Klasse, Stand)* nobleza *f*, aristocracia *f;* **von ~ sein** tener abolengo ② *(Titel)* título *m* de nobleza

adelig ['a:dəlɪç] *adj* noble

Adelige(r) *mf* <-n, -n; -n> noble *mf*, aristócrata *mf*

adeln ['a:dəln] *vt* ennoblecer

Adelstitel *m* título *m* nobiliario

Ader ['a:dɐ] *f* <-n> ① *(Blutgefäß)* vena *f* ② *(Anlage)* vena *f;* **eine künstlerische ~ haben** tener dotes artísticas ③ *(von Gestein, Holz)* veta *f; (Blatt)* nervio *m*

Aderlass *m* <-es, -lässe> sangría *f*, sangradera *f Am*

ad hoc [at hɔk] ad hoc

adieu [a'djø:] *interj (reg)* adiós; **jdm ~ sagen** despedirse de alguien

Adjektiv ['atjɛkti:f] *nt* <-s, -e> (LING) adjetivo *m*

adjektivisch *adj* (LING) adjetivo

adjustieren* *vt* (TECH) ajustar

Adler ['a:dlɐ] *m* <-s, -> águila *f; (Jungtier)* aguilucho *m*

Adlerauge *nt (fig)* vista *f* de águila; **~n haben** tener vista de lince

Adlernase *f* nariz *f* aguileña

adlig ['a:dlɪç] *adj s.* **adelig**

Adlige(r) *mf* <-n, -n; -n> *s.* **Adelige(r)**

Administration [atminɪstra'tsjo:n] *f* <-en> ① *(Verwaltung)* administración *f* ② *(Schweiz: einer Firma)* gestión *f*

administrativ [atminɪstra'ti:f] *adj* administrativo

Administrator [atminɪs'tra:to:ɐ] *m* <-s, -en> (INFOR) administrador *m*

Admiral[1] [atmi'ra:l] *m* <-s, -e> (ZOOL) vanesa *f* atlanta

Admiral(in)[2] [atmi'ra:l] *m(f)* <-s, -e *o* -äle; -nen> (MIL) almirante *mf*

Admiralität [atmirali'tɛ:t] *f* <-, -en> (JUR, MIL) almirantazgo *m*

adoptieren* [adɔp'ti:rən] *vt* adoptar

Adoption [adɔp'tsjo:n] *f* <-en> adopción *f*

Adoptiveltern *pl* padres *mpl* adoptivos

Adoptivkind *nt* hijo, -a *m, f* adoptivo , -a

Adrenalin [adrena'li:n] *nt* <-s, *ohne pl*> (MED) adrenalina *f*

Adrenalinstoß *m* (MED) descarga *f* de adrenalina

Adressat(in) [adrɛ'sa:t] *m(f)* <-en, -en; -nen> destinatario, -a *m, f*

Adressbuch *nt* directorio *m*

Adresse [a'drɛsə] *f* <-n> ① *(Anschrift)* dirección *f*, señas *fpl;* **an der falschen ~ sein** *(fam)* haberse equivocado de persona; **die erste ~ für Weine** la mejor tienda para comprar vinos ② (INFOR) dirección *f*

Adressenliste *f* <-, -n> lista *f* de direcciones

Adressfeld *nt* <-es, -er> (INFOR) campo *m* de direcciones

adressieren* *vt* ① *(Postsendung)* poner la dirección ② *(richten)* dirigir (**an** a)

Adressierung *f* <-, -en> (INFOR) direccionamiento *m*

adrett [a'drɛt] *adj* atildado

Adria ['a:dria] *f* Adriático *m*

adriatisch *adj* adriático; **A~es Meer** mar Adriático

adstringierend *adj* (MED) astringente

A-Dur *nt* <-, *ohne pl*> (MUS) la *m* mayor

Advent [at'vɛnt] *m* <-(e)s, -e> Adviento *m*

Adventskalender *m* calendario *m* de Adviento

Adventskranz *m* corona *f* de Adviento

Adventszeit *f* (tiempo *m* de) adviento *m*

Adverb [at'vɛrp] *nt* <-s, -verbien> (LING) adverbio *m*

adverbial [atvɛr'bja:l] *adj* (LING) adverbial; **~e Ergänzung** complemento circunstancial

Adverbialsatz *m* oración *f* adverbial

Advokat(in) [atvo'ka:t] *m(f)* <-en, -en; -nen> *(reg: Anwalt)* abogado, -a *m, f*

Advokatur *f ohne pl (Schweiz: Amt eines Anwalts)* abogacía *f*

Aerobic [ɛə'rɔbɪk] *nt* <-s, *ohne pl*> aeróbic *m*, gimnasia *f* aeróbica

Aerodynamik [aerody'na:mɪk] *f* (PHYS) aerodinámica *f*

aerodynamisch [aerody'na:mɪʃ] **I.** *adj* ① (PHYS) aerodinámico; **die ~en Gesetze** las leyes de la aerodinámica ② *(windschnittig)* de forma aerodinámica **II.** *adv (windschnittig)* de manera aerodinámica

Aerosol [aero'zo:l] *nt* <-s, -e> aerosol *m*

Affäre [a'fɛ:rə] *f* <-n> ① *(Skandal)* affaire *m;* **sich mit etw aus der ~ ziehen** salir del apuro con algo; **in eine ~ verwickelt sein** estar envuelto en un affaire; **das ist doch keine ~** eso no es nada ② *(Liebesabenteuer)* aventura *f* amorosa

Affe ['afə] *m* <-n, -n> mono *m;* **mich laust der ~** *(fam)* eso me deja patitieso; **einen ~n (sitzen) haben** *(fig)* tener una mona

Affekt *m* <-(e)s, -e> arrebato *m* (pasional); **im ~ handeln** (JUR, PSYCH) actuar impulsado por un arrebato pasional

Affekthandlung *f* (JUR, PSYCH) delito *m* pasional

affektiert *adj (abw)* afectado

affenartig *adj (fam: affenähnlich)* simiesco; **mit ~er Geschwindigkeit fahren** *(fam)* ir a toda mecha

affengeil *adj (sl)* de puta madre

Affenhitze *f (fam)* calor *m* infernal

Affenmensch *m* <-en, -en> (BIOL) hombre mono *m*, homínido *m*

Affentempo *nt (fam)* velocidad *f* loca; **in einem ~** a toda mecha

Affentheater *nt (fam)* escándalo *m*

Affiche *f* <-n> *(Schweiz: Plakat)* cartel *m*

affig *adj (fam)* afectado

Äffin *f* <-nen> mona *f*

Affinität [afini'tɛːt] *f* <-, -en> *(geh)* afinidad *f*

affirmativ [afɪrma'tiːf] *adj* afirmativo

Affront [a'frõ] *m* <-s, -s> *(geh)* afrenta *f* (**gegen** para), ofensa *f* (**gegen** a/para)

Afghane, -in [af'gaːnə] *m, f* <-n, -n; -nen> *(Person)* afgano, -a *m, f*

afghanisch *adj* afgano

Afghanistan [af'gaːnɪstaːn] *nt* <-s> Afganistán *m*

Afrika ['a(ː)frika] *nt* <-s> África *f*

Afrikaans [afri'kaːns] *nt* <-, *ohne pl*> *(Sprache)* afrikaans *m*

Afrikaner(in) [afri'kaːnɐ] *m(f)* <-s, -; -nen> africano, -a *m, f*

afrikanisch *adj* africano

Afrikanische Union *f* Unión Africana *f*

Afroamerikaner(in) ['aːfroʔameri'kaːnɐ] *m(f)* afroamericano, -a *m, f*

afroamerikanisch *adj* afroamericano

Afrolook *m* look *m* afro

After ['aftɐ] *m* <-s, -> (ANAT) ano *m*

Aftershave [aːftɐ'ʃɛɪf] *nt* <-(s), -s> aftershave *m*

AG [aː'geː] *f* <(-s)> ❶ *Abk. von* **Aktiengesellschaft** S.A. *f* ❷ *Abk. von* **Arbeitsgruppe** grupo *m* de trabajo ❸ *Abk. von* **Arbeitsgemeinschaft** cooperativa *f* laboral

Ägäis [ɛ'gɛːɪs] *f* Egeo *m*

Agar-Agar ['a(ː)gaːɐ'a(ː)gaːɐ] *m o nt* <-s, *ohne pl*> Agar-Agar *m*

Agave [a'gaːvə] *f* <-n> (BOT) agave *m o f*, maguey *m Am*, metl *m Méx*

Agent(in) [a'gɛnt] *m(f)* <-en, -en; -nen> agente *mf*; *(Spion)* espía *mf*

Agentin *f* <-, -nen> *s.* **Agent**

Agentur *f* <-en> agencia *f*; **~ für Arbeit** oficina *f* de empleo

Agglomeration [aglomera'tsjoːn] *f* <-en> ❶ *(geh: Anhäufung)* aglomeración *f* ❷ *(Schweiz: Ballungsraum)* aglomeración *f* urbana

Aggregat [agre'gaːt] *nt* <-(e)s, -e> ❶ (TECH) grupo *m* ❷ (WIRTSCH) agregado *m*

Aggregatzustand *m* <-(e)s, -stände> (CHEM) estado *m* de agregación; **flüssiger/fester/gasförmiger ~** estado de agregación líquido/sólido/gaseoso

Aggression [agrɛ'sjoːn] *f* <-en> ❶ *(Angriff)* agresión *f* ❷ *(Angriffslust)* agresividad *f*

aggressiv *adj* ❶ *(streitsüchtig)* agresivo ❷ *(zerstörend)* corrosivo

Aggressivität *f* <-en> ❶ (PSYCH) agresividad *f* ❷ *(aggressive Handlung)* agresión *f*, ataque *m*

Aggressor [a'grɛsoːɐ] *m* <-s, -en> (JUR, POL) agresor *m*, país *m* agresor

agieren* [a'giːrən] *vi* actuar (**als** de/como)

agil [a'giːl] *adj* ágil; *(geschickt)* mañoso

Agitation [agita'tsjoːn] *f* <-en> (POL) agitación *f* (política), propaganda *f*; **~ treiben** provocar los ánimos

Agitator(in) [agi'taːtoːɐ] *m(f)* <-s, -en; -nen> (POL) agitador(a) *m(f)*

Agnostizismus *m* <-, *ohne pl*> (PHILOS) agnosticismo *m*

Agonie [ago'niː] *f* <-n> *(geh, a.* MED*)* agonía *f*

Agrarland *nt* <-(e)s, *ohne pl*> *(landwirtschaftliche Nutzfläche)* terreno *m* agrícola

Agrarmarkt *m* mercado *m* de productos agrarios

Agrarpolitik *f* política *f* agraria; **Gemeinsame ~** (EU) Política agraria común

Agrarreform *f* reforma *f* agraria

Agrarwirtschaft *f ohne pl* economía *f* agrícola

Agrarwissenschaft *f* (AGR) agronomía *f*

Ägypten [ɛ'gʏptən] *nt* <-s> Egipto *m*

Ägypter(in) *m(f)* <-s, -; -nen> egipcio, -a *m, f*

ägyptisch *adj* egipcio

ah *interj* ah

Ah *Abk. von* **Amperestunde** Ah

aha [a'ha(ː)] *interj* ajá, ya

Aha-Erlebnis *nt* (PSYCH) revelación *f*

ahnden ['aːndən] *vt* castigar

ähneln ['ɛːnəln] *vi* **jdm ~** parecerse a alguien

ahnen ['aːnən] *vt* ❶ *(voraussehen)* prever; *(vorausfühlen)* presentir; **nichts Böses ~** no presentir nada malo ❷ *(vermuten)* sospechar; *(schwach erkennen)* vislumbrar; **sie lachten nichts ~d** se reían sin sospechar nada; **so etwas habe ich doch geahnt** ya me figuraba algo semejante

Ahnen *mpl* antepasados *mpl*

A

Ahnenforschung *f ohne pl* genealogía *f*
Ahnengalerie *f* <-, -n> galería *f* de antepasados
Ahnentafel *f* <-, -n> tabla *f* genealógica
ähnlich ['ɛːnlɪç] *adj* parecido, semejante; **bei ~er Gelegenheit** en semejantes circunstancias
Ähnlichkeit *f* <-en> semejanza *f*, parecido *m;* **mit jdm/etw große ~ haben** tener mucho parecido con alguien/algo
ähnlich|sehen *irr vi (fam)* **das sieht ihm ähnlich!** ¡seguro que es una de las suyas!
Ahnung *f* <-en> ❶ *(Vorgefühl)* presentimiento *m;* **ich habe so eine ~, als ob es heute passiert** tengo el presentimiento de que va a pasar hoy ❷ *(Wissen)* idea *f;* **keine ~ von etw haben** no tener ni idea de algo; **keine ~!** ¡ni idea!
ahnungslos I. *adj* ❶ *(nichts ahnend)* desprevenido ❷ *(unwissend)* ignorante; **ich war völlig ~** no tenía ni (la menor) idea II. *adv (nichts ahnend)* sin sospechar nada
Ahnungslosigkeit *f* <-, *ohne pl*> ignorancia *f;* **die ~ einiger Bürger in politischen Angelegenheiten ist bedrückend** es preocupante el desconocimiento de parte de los ciudadanos en cuestiones políticas
Ahorn ['aːhɔrn] *m* <-s, -e> *(Baum, Holz)* arce *m*
Ahornsirup *m* sirope *m* de arce, jarabe *m* de arce
Ähre ['ɛːrə] *f* <-n> espiga *f*
Aids [ɛɪts] *nt* <-, *ohne pl*> (MED) sida *m*
Aidserreger *m* (MED) agente *m* patógeno del sida
Aidshilfe *f* ❶ (MED) ayuda *f* contra el sida ❷ *(Organisation)* organización *f* de lucha contra el sida
aidsinfiziert *adj* (MED) portador del (virus) VIH, infectado por el virus del sida
Aidsinfizierte(r) *mf* (MED) persona *f* infectada por el virus del sida
aidskrank *adj* enfermo de sida
Aidskranke(r) *mf* enfermo, -a *m, f* de sida
Aidstest *m* prueba *f* de VIH *o* del sida
Aidsübertragung *f* contagio *m* con el virus VIH *o* del sida
Aidsvirus *nt* virus *m* de VIH *o* del sida
Aikido *nt* <-, *ohne pl*> (SPORT) aikido *m*
Airbag ['ɛɐbɛːk] *m* <-s, -s> (AUTO) airbag *m*, bolsa *f* de aire
Airbus *m* (AERO) aerobús *m*
Airline ['ɛːɐ̯lain] *f* <-, -s> *(Fluglinie)* compañía *f* aérea
Ajatollah *m* <-(s), -s> (REL, POL) ayatola *m*
Akademie [akade'miː] *f* <-n> academia *f*
Akademiker(in) [aka'deːmikɐ] *m(f)* <-s, -; -nen> académico, -a *m, f*, profesionista *mf Méx*
akademisch *adj* académico
Akazie [a'kaːtsiə] *f* <-n> acacia *f*
akklimatisieren* [aklimati'ziːrən] *vr:* **sich ~** aclimatarse (**an** a)
Akklimatisierung *f ohne pl* aclimatación *f* (**an** a)
Akkord [a'kɔrt] *m* <-(e)s, -e> ❶ (WIRTSCH) destajo *m;* **im ~ arbeiten** trabajar a destajo ❷ (MUS) acorde *m*
Akkordarbeit *f* (WIRTSCH) trabajo *m* a destajo
Akkordarbeiter(in) *m(f)* (WIRTSCH) trabajador(a) *m(f)* a destajo
Akkordeon [a'kɔrdeɔn] *nt* <-s, -s> acordeón *m*
Akkreditierung *f* <-, -en> (POL) acreditación *f* (**bei** ante), credenciales *fpl* (**bei** ante)
Akkreditiv *nt* <-s, -e> (COM, FIN) crédito *m* documentario
Akku ['akuː] *m* <-s, -s> acumulador *m*
Akkubohrer *m* taladradora *f* sin cable [*o* inalámbrica]
Akkumulation *f* <-, -en> (*a.* GEO, MED) acumulación *f*
akkurat [aku'raːt] *adj (sorgfältig)* meticuloso; *(genau)* exacto
Akkusativ ['akuzatiːf] *m* <-s, -e> (LING) acusativo *m*
Akkusativobjekt *nt* (LING) complemento *m* directo
Akne ['aːknə] *f* <-n> (MED) acné *m*
Akribie [akri'biː] *f* <-, *ohne pl*> *(geh)* meticulosidad *f*, minuciosidad *f*
akribisch [a'kriːbɪʃ] *adj (geh)* meticuloso
Akrobat(in) [akro'baːt] *m(f)* <-en, -en; -nen> acróbata *mf*
Akrobatik *f ohne pl* acrobacia *f*
Akrobatin *f* <-nen> *s.* **Akrobat**
akrobatisch *adj* acrobático
Akronym [akro'nyːm] *nt* <-s, -e> (LING) sigla *f*, acrónimo *m*
Akt[1] [akt] *m* <-(e)s, -e> ❶ *(Handlung, Zeremonie)* acto *m;* **ein ~ der Verzweiflung** un acto de desesperación; **das ist doch kein ~** *(fam)* no es gran cosa ❷ (THEAT) acto *m* ❸ (JUR) acción *f* judicial, actuación *f* judicial ❹ (KUNST) desnudo *m* ❺ *(im Zirkus)* prueba *f*, número *m* ❻ *(Geschlechtsakt)* acto *m* carnal
Akt[2] *m* <-(e)s, -en> *(Österr) s.* **Akte**
Aktaufnahme *f* <-, -n> (FOTO) foto(grafía) *f* de un desnudo
Akte ['aktə] *f* <-n> *(Dokumentation)* acta *f; (in der Verwaltung)* dossier *m*, expediente *m;* **etw zu den ~n legen** *(fig)* dar carpetazo a algo

Aktenkoffer *m* maletín *m* (para documentos)
aktenkundig *adj* que consta en acta
Aktenmappe *f* <-, -n> cartera *f* para documentos, portafolios *m inv*
Aktennotiz *f* <-, -en> apunte *m,* nota *f* de acta(s)
Aktenordner *m* archivador *m*
Aktenschrank *m* (armario *m*) archivador *m*
Aktentasche *f* portafolios *m inv,* cartera *f*
Aktenvermerk *m* <-(e)s, -e> apunte *m,* nota *f* de un acta
Aktenvernichter *m* máquina *f* destructora de documentos
Aktenzeichen *nt* número *m* de registro
Aktfoto *nt* foto *f* de desnudo
Aktfotografie *f* <-, *ohne pl*> fotografía *f* de desnudos
Aktie ['aktsjə] *f* <-n> (FIN) acción *f;* **die ~n steigen/fallen** las acciones suben/bajan
Aktienfonds *m* (FIN) fondo *m* de acciones
Aktiengeschäft *nt* (FIN) negociación *f* de acciones
Aktiengesellschaft *f* (FIN) sociedad *f* anónima
Aktienindex *m* (FIN) índice *m* de las cotizaciones de (las) acciones
Aktienkurs *m* (FIN) cotización *f* de (las) acciones
Aktienmarkt *m* mercado *m* de acciones
Aktion [ak'tsjo:n] *f* <-en> ❶ *(Kampagne)* acción *f;* (COM) promoción *f* ❷ *(das Agieren)* acción *f;* **in ~ sein/treten** estar/entrar en acción
Aktionär(in) *m(f)* <-s, -e; -nen> accionista *mf*
Aktionismus *m* <-, *ohne pl*> accionismo *m;* **blinder ~** accionismo ciego
Aktionspreis *m* precio *m* de acción
Aktionsradius *m* radio *m* de acción
aktiv [ak'ti:f] *adj* ❶ (*a.* LING) activo ❷ (MIL) en activo
Aktiv ['akti:f] *nt* <-s, *ohne pl*> (LING) voz *f* activa
Aktiva [ak'ti:va] *pl* (FIN, WIRTSCH) activo *m*
aktivieren [akti'vi:rən] *vt* (*a.* CHEM) activar
aktivieren* [akti'vi:rən] *vt* ❶ *(mobilisieren)* activar ❷ (CHEM, INFOR) activar
Aktivierung *f* <-en> (*a.* CHEM) activación *f*
Aktivist(in) *m(f)* <-en, -en; -nen> activista *mf*
Aktivität *f* <-en> actividad *f*
Aktivkohle *f* <-, *ohne pl*> (CHEM) carbón *m* activo [*o* de uso enológico]
Aktivurlaub *m* vacaciones *fpl* activas
Aktmalerei *f* (KUNST) desnudo *m*
Aktmodell *nt* (KUNST) modelo *mf (para pintar desnudos)*
aktualisieren* [aktuali'zi:rən] *vt* actualizar
Aktualisierung *f* <-en> actualización *f*
Aktualität [aktuali'tɛ:t] *f ohne pl* actualidad *f*
Aktuar(in) [aktu'a:ɐ] *m(f)* <-s, -e; -, -nen> *(Schweiz: Schriftführer)* secretario, -a *m, f*
aktuell [aktu'ɛl] *adj* actual, de actualidad
Aktzeichnung *f* (KUNST) desnudo *m*
Akupressur [akuprɛ'su:ɐ] *f* <-en> (MED) acupresión *f*
Akupunkteur(in) [akupʊŋk'tø:ɐ, *pl:* akupʊŋk'tø:rə] *m(f)* <-s, -e; -, -nen> (MED) (médico, -a *m, f*) acupuntor(a) *m*
akupunktieren* [akupʊŋk'ti:rən] *vi, vt* hacer acupuntura (a)
Akupunktur [akupʊŋk'tu:ɐ] *f* <-en> (MED) acupuntura *f*
Akustik [a'kʊstɪk] *f ohne pl* (*a.* PHYS) acústica *f*
akustisch *adj* acústico
akut [a'ku:t] *adj* ❶ *(aktuell)* agudo; *(hochaktuell)* candente ❷ (MED) grave; *(konkrete Krankheit)* agudo
AKW [a:ka:'ve:] *nt* <-s, -s> *Abk. von* **Atomkraftwerk** central *f* nuclear
Akzent [ak'tsɛnt] *m* <-(e)s, -e> (*a.* LING) acento *m* (**auf** en); **den ~ auf etw legen** poner el acento en algo; **~e setzen** *(fig)* marcar la pauta
akzentfrei *adj* sin acento
akzentuieren* *vt (geh)* acentuar
akzeptabel [aktsɛp'ta:bəl] *adj* aceptable
Akzeptanz [aktsɛp'tants] *f ohne pl* aceptación *f*
akzeptieren* *vt* aceptar
Alabaster [ala'bastɐ] *m* <-s, -> alabastro *m*
Alarm [a'larm] *m* <-(e)s, -e> alarma *f;* **falscher ~** falsa alarma; **~ auslösen** provocar alarma; **~ schlagen** *(a. fig)* tocar la alarma
Alarmanlage *f* sistema *m* de alarma
Alarmbereitschaft *f ohne pl* estado *m* de alerta; **in ~ sein** estar en (estado de) alerta
alarmieren* *vt* alarmar
Alarmknopf *m* <-(e)s, -knöpfe> botón *m* de alarma
Alarmsignal *nt* señal *f* de alarma
Alarmstufe *f* grado *m* de alarma; **~ Rot** alerta roja
Alarmzustand *m* <-(e)s, -stände> estado *m* de alerta; **jdn in (den) ~ versetzen** poner a alguien en estado de alerta
Alaska [a'laska] *nt* <-s> Alaska *f*
Alb [alp] *m* <-(e)s, -en> *(Nachtmahr)* fantasma *m* (nocturno)
Albaner(in) [al'ba:nɐ] *m(f)* <-s, -; -nen> albanés, -esa *m, f*
Albanien [al'ba:niən] *nt* <-s> Albania *f*
albanisch *adj* albanés

A

Albatros ['albatrɔs] *m* <-, -se> albatros *m inv*

Alben *pl von* **Album**

albern¹ ['albɐn] *adj (abw)* tonto; *(kindisch)* pueril; **sich ~ benehmen** hacer el bobo

albern² *vi (abw)* tontear

Albernheit *f* <-en> *(abw)* sandez *f*, tontería *f*, pendejada *f Am; (kindisches Benehmen)* puerilidad *f*

Albino [al'biːno] *m* <-s, -s> albino *m*

Albtraum *m s.* **Alptraum**

Album ['albʊm, *pl:* 'albən] *nt* <-s, Alben> álbum *m*

Alchimie [alçi'miː] *f ohne pl* alquimia *f*

Alchimist(in) [alçi'mɪst] *m(f)* <-en, -en; -, -nen> alquimista *mf*

Aldehyd [alde'hyːt] *m* <-s, -e> (CHEM) aldehído *m*

al dente [al'dɛnte] *adj* (GASTR) al dente; **die Spaghetti ~ kochen** cocer los espagueti al dente

Alemanne, -in [alə'manə] *m, f* <-n, -n; -, -nen> alemánico, -a *m, f*, alamán, -ana *m, f*

alemannisch [alə'manɪʃ] *adj* alemánico

Alge ['algə] *f* <-n> alga *f*

Algebra ['algebra] *f ohne pl* (MATH) álgebra *f*

algebraisch [--'--] *adj* (MATH) algebraico, algébrico

Algenpest *f* marea *f* de algas

Algerien [al'geːriən] *nt* <-s> Argelia *f*

Algerier(in) *m(f)* <-s, -; -nen> argelino, -a *m, f*

algerisch *adj* argelino

Algier ['alʒiːɐ] *nt* <-s> Argel *m*

Algorithmus [algo'rɪtmʊs] *m* <-, Algorithmen> (MATH, INFOR) algoritmo *m*

alias ['aːlias] *adv* alias

Alibi ['aːlibi] *nt* <-s, -s> coartada *f*

Alibifunktion *f (fig)* coartada *f*

Alien ['ɛɪliən] *m* <-, -s> alien *m*, extraterrestre *mf*

Alimente [ali'mɛntə] *pl* manutención *f*

Alkali [al'kaːli] *nt* <-s, -en> (CHEM) álcali *m*

alkalisch [al'kaːlɪʃ] *adj* (CHEM) alcalino, básico; **~ reagieren** reaccionar como una base

Alkohol ['alkohoːl] *m* <-s, -e> alcohol *m*

Alkoholeinfluss *m ohne pl* efectos *mpl* del alcohol; **unter ~ stehen** estar alcoholizado

Alkoholeinwirkung *f ohne pl* influencia *f* del alcohol; **unter ~ stehen** estar alcoholizado

Alkoholfahne *f (fam)* aliento *m* a vino, tufillo *m* a vino

alkoholfrei *adj* sin alcohol

Alkoholgehalt *m* graduación *f* alcohólica, grado *m* alcohólico

Alkoholgenuss *m ohne pl* consumo *m* de alcohol; **übermäßiger ~ schadet der Gesundheit** el abuso del alcohol perjudica la salud

alkoholhaltig *adj* alcohólico

Alkoholiker(in) [alko'hoːlikɐ] *m(f)* <-s, -; -nen> alcohólico, -a *m, f*

alkoholisch [--'--] *adj* alcohólico; **~e Getränke** bebidas alcohólicas

alkoholisiert *adj* alcoholizado; **in ~em Zustand** bajo los efectos del alcohol

Alkoholismus *m* <-, *ohne pl*> alcoholismo *m*

Alkoholkonsum *m* consumo *m* de alcohol

alkoholkrank *adj* alcoholizado

Alkoholmissbrauch *m* abuso *m* del alcohol

Alkoholpegel *m* nivel *m* de alcoholemia

Alkoholspiegel *m* nivel *m* de alcohol en la sangre

alkoholsüchtig *adj* alcohólico; **~ sein** estar alcoholizado

Alkoholsünder(in) *m(f) (fam) conductor o conductora imprudente por culpa del alcohol*

Alkoholtest *m* prueba *f* de alcoholemia

Alkoholverbot *nt* prohibición *f* de (consumición de) alcohol

Alkoholvergiftung *f* (MED) intoxicación *f* etílica

Alkoholwirkung *f* efecto *m* alcohólico

all [al] *pron indef* todo; **~ die Mühe** todo el esfuerzo; **nach ~ dem Geschehenen** después de todo lo sucedido; *s. a.* **alle(r, s)**

All [al] *nt* <-s, *ohne pl*> universo *m*, espacio *m*

all(e)dem I. *pron* todo (ello); **zu ~ kommt noch, dass ...** y a todo esto se añade además que...; **aus ~ werde ich nicht schlau** no me aclaro con todo esto; **sie will trotz ~ weitermachen** quiere continuar a pesar de todo **II.** *adv* **trotz ~** a pesar de todo

allabendlich [al'aːbəntlɪç] *adj* de cada tarde [*o* noche]

Allah ['ala] *m* <-s, *ohne pl*> (REL) Alá *m*, Dios *m*

alle ['alə] *adv (fam)* **es ist ~** se acabó; **ich bin total ~** estoy hecho polvo

alle(r, s) *pron indef* ① *sg* todo; **wer war ~s da?** ¿quiénes estaban?; **~s, was du willst** todo lo que quieras; **ist das ~s?** ¿eso es todo?; **~s in ~m** *(insgesamt)* en total; *(kurzum)* en resumen; **was es nicht ~s gibt!** ¡hay de todo en este mundo!; **~s auf einmal** todo de una vez; **~s Gute!** ¡mis mejores deseos!; **~s Mög-**

liche de todo; **vor ~m** sobre [*o* ante] todo; **was soll das ~s?** ¿qué significa todo esto?; **in ~r Frühe** de madrugada; **mit ~r Deutlichkeit** con toda claridad ② *pl* todos; **es waren ~ da** estaban todos; **~, die …** todos los que…; **~ auf einmal** todos a la vez; **~ beide/drei** los dos/tres; **~ zehn Minuten** cada diez minutos; **auf ~ Fälle** de todos modos; *(so oder so)* sea como sea; **für ~ Zeiten** para siempre

Allee [a'leː, *pl:* a'leːən] *f* <-n> avenida *f*, carrera *f Am*

Allegorie [alego'riː] *f* <-, -n> (LIT) alegoría *f*

allegorisch *adj* (LIT) alegórico

allein [a'laɪn] **I.** *adj* ① *(getrennt, für sich)* solo, a solas; **kann ich dich einen Augenblick ~ sprechen?** ¿te puedo hablar un momento a solas? ② *(ohne Hilfe)* solo; **er macht das ganz ~** lo hace completamente solo ③ *(einsam)* solo; **ich bin so oft ~** estoy tantas veces solo **II.** *adv (nur)* solo, solamente; **sie ist ~ erziehend** es madre *f* soltera; **er ist ~ erziehend** es padre *m* soltero; **du ~ bist schuld daran** solamente tú tienes la culpa; **nicht ~ …, sondern auch …** no solo… sino también…; **einzig und ~** únicamente; **~ schon die Vorstellung macht mir Angst** me da miedo solo imaginarlo **III.** *konj (geh)* pero, sin embargo

alleine [a'laɪnə] *adj o adv (fam) s.* **allein**

Alleinerbe, -in *m, f* heredero, -a *m, f* único , -a

alleinerziehend *adj* monoparental; **sie ist ~** es madre *f* soltera; **er ist ~** es padre *m* soltero

Alleinerziehende(r) *mf (Vater)* padre *m* soltero; *(Mutter)* madre *f* soltera

Alleingang *m* (SPORT) incursión *f* a solas; **im ~** a solas

alleingelassen *adj* **er fühlte sich oft ~** a menudo se sentía abandonado

Alleinherrschaft *f* autocracia *f*

Alleinherrscher(in) *m(f)* autócrata *mf*

alleinig *adj* solo, único

Alleinsein *nt* <-s, *ohne pl*> soledad *f*

alleinstehend *adj* soltero

Alleinstehende(r) *mf* <-n, -n; -n, -n> soltero, -a *m, f*

Alleinunterhalter(in) *m(f)* animador(a) *m(f)*

Alleinvertretung *f* (WIRTSCH) representación *f* en exclusividad

Alleinvertrieb *m ohne pl* (COM) distribución *f* exclusiva

allemal ['alə'maːl] *adv* siempre; **ein für ~** de una vez para siempre

allenfalls ['alən'fals] *adv* en el mejor de los casos

allenthalben *adv* por todas partes, por doquier

allerbeste(r, s) *adj* mejor (de todos); **meine ~ Freundin** mi mejor amiga; **es wäre am ~n, wenn …** lo mejor sería, que… +*subj*

allerdings ['alɐ'dɪŋs] *adv* ① *(einschränkend)* no obstante ② *(bekräftigend)* naturalmente; **bist du selbst da gewesen? – ~!** ¿has estado en persona? – ¡ya lo creo!

allererste(r, s) *adj* primero (de todos)

allerfrühestens *adv* lo más pronto

Allergen [alɛr'geːn] *nt* <-s, -e> (MED) alérgeno *m*

Allergie [alɛr'giː] *f* <-n> (MED) alergia *f* (**gegen** a)

Allergietest *m* test *m* de alergia

Allergiker(in) [a'lɛrgikɐ] *m(f)* <-s, -; -nen> (MED) alérgico, -a *m, f*

allergisch *adj* alérgico (**gegen** a)

Allergologe, -in [alɛrgo'loːgə] *m, f* <-n, -n; -, -nen> (MED) alergólogo, -a *m, f*

allerhand ['--'-] *adj inv (fam)* ① *(ziemlich viel)* **das ist ~ Geld** eso es bastante dinero ② *(allerlei)* de toda clase; **dort gab es ~ Leute** allí había gente de todo tipo

Allerheiligen [--'---] *nt* <-, *ohne pl*> (Día *m* de) Todos los Santos

allerhöchste(r,s) *adj superl von* **hoch** ① *(Höhe)* más alto, mayor ② *(Rang)* más alto; **es wird ~ Zeit, dass …** ya es hora de que… +*subj;* **der A~** (REL) el Altísimo

allerlei ['alɐ'laɪ] *adj inv* **~ Tiere** animales de todas clases; **es wird ~ geredet** se dice de todo

Allerlei *nt* <-s, -s> mezcolanza *f*; **Leipziger ~** (GASTR) revuelto de Leipzig *(plato de verdura mixta)*

allerletzte(r, s) *adj* último (de todos); **das ist das A~!** ¡esto es lo último!

allerliebste(r, s) *adj* más querido; **mir wäre am ~n, wenn …** lo que más me gustaría sería que…

allermeiste(r, s) *adj* **die ~n Menschen** la mayor parte [*o* la mayoría] de la gente; **am ~n** sobre todo

allerneuste(r, s) *adj* más nuevo; **auf dem ~n Stand sein** estar (muy) al día

Allerseelen [--'--] *nt* <-, *ohne pl*> día *m* de Difuntos

allerseits ['alɐ'zaɪts] *adv (von allen)* por todo el mundo; **guten Abend ~!** ¡buenas tardes a todo el mundo!

allerspätestens ['--'---] *adv* a más tardar, como tarde

allerwenigste(r, s) *adj* la minoría de; **das ist doch das A~** eso es lo mínimo

A

Allerwerteste(r) ['--'---] *m* <-n, -n> *(fam iron)* trasero *m*

allesamt ['--'-] *adv* todos juntos

Allesfresser ['----] *m* <-s, -> (ZOOL) omnívoro *m*

Alleskleber ['----] *m* pegamento *m* universal, pegalotodo *m fam*

allg. *Abk. von* **allgemein** general

Allgäu ['algɔɪ] *nt* <-s> Algoia *f*

allgegenwärtig ['-----] *adj* omnipresente

allgemein ['algə'maɪn] **I.** *adj* ① *(Kenntnisse)* general ② *(alle betreffend)* universal; *(allen gemeinsam)* común; **dies stößt auf ~e Ablehnung** eso choca con el rechazo general; **im A~en** en general **II.** *adv* en general; (**ganz**) **~ gesprochen** hablando en general; **~ gültig** universal; **~ üblich/verbreitet** generalizado; **~ verständlich** comprensible para todos; **es ist ~ bekannt, dass ...** es de todos sabido que...; *s. a.* **allgemeingültig**

Allgemeinbefinden [--'----] *nt* (MED) estado *m* de salud

allgemeinbildend [--'---] *adj* de cultura general; (SCH) de formación universal

Allgemeinbildung [--'---] *f* cultura *f* general

allgemeingültig [--'---] *adj* universal

Allgemeingültigkeit *f* universalidad *f*, validez *f* universal

Allgemeinheit [--'--] *f ohne pl* público *m*, opinión *f* pública; **im Interesse der ~** para el interés general

Allgemeininteresse *nt (Interesse der Allgemeinheit)* interés *m* general

Allgemeinmedizin [--'----] *f ohne pl* medicina *f* general

Allgemeinmediziner(in) *m(f)* <-s, -; -, -nen> (MED) médico, -a *mf* general

Allgemeinwissen *nt* conocimientos *mpl* generales

Allgemeinwohl [--'--] *nt* bienestar *m* público

Allgemeinzustand *m* (*a.* MED) estado *m* general; **ihr ~ hat sich verschlechtert** su estado general ha empeorado

Allheilmittel [al'haɪl-] *nt* panacea *f*, curalotodo *m fam*

Allianz [ali'an(t)s] *f* <-en> alianza *f*

Alligator [ali'ga:to:ɐ] *m* <-s, -en> aligator *m*, caimán *m*

alliiert [ali'i:ɐt] *adj* aliado

Alliierte(r) *mf* <-n, -n; -n> aliado, -a *m, f*; **die ~n** los aliados

All-inclusive-Urlaub [ɔ:lɪn'klu:sɪfu:ɐlaup] *m* <-(e)s, -e> pack *m* de vacaciones

Alliteration [alitera'tsjo:n] *f* <-, -en> (LIT) aliteración *f*

alljährlich [-'--] **I.** *adj* de todos los años, anual **II.** *adv* todos los años, cada año

Allmacht *f ohne pl* omnipotencia *f*

allmächtig [-'--] *adj* omnipotente; **~er Gott!** *(fam)* ¡Dios mío!

Allmächtige(r) [al'mɛçtɪgə, al'mɛçtɪgɐ] *m* <-n, *ohne pl*> **der ~** el Todopoderoso, Dios Omnipotente; **~r!** ¡Dios mío!, ¡Dios todopoderoso!

allmählich [al'mɛ:lɪç] **I.** *adj* paulatino **II.** *adv* poco a poco; **es wird ~ Zeit!** *(iron)* ¡ya va siendo hora!

allnächtlich ['al'nɛçtlɪç] *adj* de cada noche; **~e Ruhestörungen** ruidos nocturnos continuados

Allradantrieb ['----] *m* (AUTO) tracción *f* a las cuatro ruedas

allseitig ['alzaɪtɪç] *adj* universal, general

allseits *adv* en todas partes

Alltag ['alta:k] *m ohne pl* ① *(Tagesablauf)* día *m* normal ② *(geh: tägliches Einerlei)* vida *f* cotidiana; *(Routine)* rutina *f* (diaria)

alltäglich [-'--] *adj* ① *(jeden Tag)* diario ② *(gewöhnlich)* banal

alltags ['--] *adv* en días laborables

Alltagskleidung *f* ropa *f* de diario

Alltagstrott *m* <-s, *ohne pl*> monotonía *f* de la rutina diaria

Allüren [a'ly:rən] *pl* caprichos *mpl*; **~ haben** ser un caprichoso

Allwetterreifen *m* (AUTO) *neumático (adecuado) para todas las estaciones del año*

allwissend ['-'--] *adj* omnisciente

Allwissenheit [-'---] *f ohne pl* (REL, PHILOS) omnisciencia *f*

allzu ['--] *adv* demasiado; **~ gern** encantado; **~ häufig** con mucha frecuencia; **~ sehr** demasiado; **~ viel** demasiado; **das ist mir ~ blöd** esto me resulta demasiado tonto; **das mag er ~ gern** eso le encanta; **das mag sie nicht ~ gern** eso no le hace demasiada gracia

Allzweckhalle *f* salón *m* de actos

Allzweckreiniger *m* limpiador *m* general

Alm [alm] *f* <-en> pasto *m* de alta montaña

Almanach ['almanax] *m* <-s, -e> almanaque *m*

Almosen ['almo:zən] *nt* <-s, -> limosna *f*

Aloe ['a:loe] *f* <-, -n> (BOT) áloe *m*

Alpaka [al'paka] *nt* <-s, -s> alpaca *f*

Alpdruck ['alpdrʊk] *m* <-(e)s, -drücke> pesadilla *f*

Alpen ['alpən] *pl* Alpes *mpl*

Alpenland[1] *nt* <-(e)s, -länder> (GEO: *in den Alpen liegendes Land*) estado *m* alpino, país *m* alpino

Alpenland[2] *nt* <-(e)s, *ohne pl*> (GEO: *Ge-*

biet der Alpen) zona *f* alpina, región *f* alpina

Alpenpass *m* puerto *m* alpino

Alpenveilchen *nt* ciclamen *m,* ciclamino *m*

Alpenvorland *nt* región *f* subalpina

Alphabet [alfa'beːt] *nt* <-(e)s, -e> alfabeto *m,* abecedario *m*

alphabetisch *adj* alfabético; **~e Reihenfolge** orden alfabético; **~ geordnet** clasificado por orden alfabético

alphabetisieren* *vt* ① *(lesen lehren)* alfabetizar ② *(alphabetisch ordnen)* poner en orden alfabético, alfabetizar

Alphabetisierung *f* <-, -en> ① *(alphabetisch ordnen)* ordenación *f* alfabética ② *(Beseitigung des Analphabetentums)* alfabetización *f;* **eine Kampagne zur ~ der Bevölkerung** una campaña de alfabetización de la población

alphanumerisch [alfanu'meːrɪʃ] *adj* (INFOR) alfanumérico

Alphastrahlen *mpl* (PHYS) rayos *mpl* alfa

alpin [al'piːn] *adj* alpino

Alpinismus [alpi'nɪsmʊs] *m* <-, *ohne pl*> (SPORT) alpinismo *m*

Alpinist(in) [alpi'nɪst] *m(f)* <-en, -en; -, -nen> (SPORT) alpinista *mf,* montañero, -a *m, f*

Alptraum *m* pesadilla *f*

als [als] *konj* ① *(gleichzeitig)* (justo) cuando, al *+inf;* **~ der Krieg ausbrach, ...** al estallar la guerra...; **gerade ~ wir losgehen wollten, begann es zu regnen** justo cuando íbamos a salir, empezó a llover ② *(vorzeitig, nachzeitig)* cuando ③ *(als ob)* como si, que; **es sieht nicht so aus, ~ würden wir das Spiel verlieren** no parece que vayamos a perder el partido; **er sprach so klug, ~ ob er das studiert hätte** habló como si fuera un bachiller; **er ist zu anständig, ~ dass er so etwas tun könnte** es demasiado correcto como para hacer una cosa así ④ *(bei Vergleichen)* que; **ich bin klüger ~ vorher** soy más listo que antes ⑤ *(in der Eigenschaft)* como, de; **er kam ~ Freund zu uns** vino como amigo (a nuestra casa); **~ Belohnung waren 1.000 Euro ausgesetzt** fijaron 1.000 euros de recompensa

alsbald [-'-] *adv* inmediatamente

alsbaldig [als'baldɪç] *adj (formal)* inmediato

also ['alzo] **I.** *adv* ① *(folglich)* así, por consiguiente; **das heißt ~, dass ...** entonces esto quiere decir que...; **hier bist du ~!** ¡así que estás aquí! ② *(das heißt)* o sea **II.** *(Partikel)* bueno; **~, so was!** ¡bueno, mira tú!; **na ~!** ¡(pues) entonces!

Alsterwasser ['alstɐ-] *nt* (GASTR) ≈ clara *f (cerveza con limonada o gaseosa)*

alt [alt] *adj* <älter, am ältesten> ① *(auf das Alter bezogen)* viejo; *(bejahrt)* anciano; **A~ und Jung** viejos y jóvenes; **wie ~ bist du?** ¿cuántos años tienes?; **ich bin 17 Jahre ~** tengo 17 años; **er war erst wenige Tage ~** no tenía más que unos días; **sie ist doppelt so ~ wie ich** me dobla la edad; **hier siehst du aber ~ aus** *(fam fig)* con este asunto vas a acabar muy mal ② *(gebraucht)* usado; **zum ~en Eisen gehören** ser de la vieja guardia ③ *(lange bestehend)* viejo; **ein ~er Freund von mir** un viejo amigo mío; **das A~e Testament** el Antiguo Testamento; **die A~e Welt** el viejo continente; **es bleibt alles beim A~en** todo sigue igual; **das Buch befindet sich am ~en Platz** el libro se encuentra en el sitio donde estaba antes ④ *(klassisch)* clásico ⑤ *(ehemalig)* antiguo; **seine ~en Schüler** sus antiguos alumnos

Alt[1] *m* <-s, *ohne pl*> (MUS) contralto *mf*

Alt[2] *nt* <-s, -> *(Altbier)* cerveza *f* negra

Altar [al'taːɐ, *pl:* al'tɛːrə] *m* <-s, Altäre> altar *m*

Altarraum *m* presbiterio *m*

altbacken ['---] *adj* ① *(Brot)* de ayer ② *(abw: altmodisch)* anticuado

Altbau *m* <-(e)s, -ten> edificio *m* antiguo

Altbauwohnung *f* apartamento *m* en un edificio antiguo

altbekannt ['--'-] *adj* bien conocido; **das ist doch ~** eso ya se sabía

altbewährt ['--'-] *adj* probado

Altbier *nt* cerveza *f* negra

altdeutsch *adj (Möbel, Stil)* alemán antiguo *(s. XV–XVI)*

Alte(r) ['altɐ] *mf* <-n, -n; -n> ① *(alter Mensch)* anciano, -a *m, f; (abw)* viejo, -a *m, f* ② *(fam: Vater, Mutter)* viejo, -a *m, f* ③ *(fam abw: Ehemann, -frau)* viejo, -a *m, f* ④ *(fam: Vorgesetzter)* patrón, -ona *m, f*

alteingesessen *adj* arraigado

Alteisen *nt* chatarra *f*

Altenheim *nt* residencia *f* de ancianos

Altenhilfe *f* asistencia *f* a los ancianos

Altenpflege *f* cuidados *mpl* a ancianos

Altenpflegeheim *nt* residencia *f* asistida de ancianos

Altenpfleger(in) *m(f)* cuidador(a) *m(f)* de ancianos

Altenwohnheim *nt* residencia *f* de ancianos

Alter *nt* <-s, *ohne pl*> ① *(Lebensabschnitt)* vejez *f;* **im ~** en la vejez ② *(Anzahl der Jahre)* edad *f;* **im ~ von drei Jahren** a la edad de tres años; **ein Herr**

mittleren ~s un señor de mediana edad; **er ist in deinem ~** es de tu edad

älter ['ɛltɐ] *adj kompar von* **alt**

altern ['altɐn] *vi sein* envejecer

alternativ *adj* alternativo

Alternative *f* <-n> alternativa *f*

Alternative(r) *mf* <-n, -n; -n, -n> *practicante de una forma de vida alternativa*

Alternativenergie *f* energía alternativa *f*

Alternativreisende(r) *mf* viajero, -a *m, f* alternativo , -a

alters *adv* **von ~ her** *(geh)* desde hace mucho tiempo

Altersarmut *f* pobreza *f* entre los ancianos

altersbedingt *adj* debido a la edad

Altersbeschwerden *fpl* achaques *mpl*

Altersbezüge *mpl* pensiones *fpl*

Alterserscheinung *f* síntoma *m* de vejez

Altersgenosse, -in *m, f* coetáneo, -a *m, f*

Altersgrenze *f* límite *m* de edad; *(Rentenalter)* edad *f* de jubilación

Altersgründe *mpl* **er kann aus ~n nicht teilnehmen** por causa de su (avanzada) edad no puede participar

Altersgruppe *f* grupo *m* de personas de la misma edad; **die Kinder gehören alle der gleichen ~ an** los niños tienen todos la misma edad

Altersheilkunde *f ohne pl* geriatría *f*

Altersheim *nt* residencia *f* de ancianos

Altersklasse *f* (SPORT) categoría *f* por edades

Alterspyramide *f* pirámide *f* de edades

Altersrente *f* pensión *f* de ancianidad, jubilación *f*

Altersruhegeld *nt* renta *f* de jubilación

altersschwach *adj* ❶ *(Person)* decrépito ❷ *(Gegenstand)* acabado

Altersschwäche *f ohne pl* decrepitud *f*

Alterssitz *m* <-es, -e> (lugar *m* de) retiro *m*

altersspezifisch *adj* propio [*o* específico] de la edad

Altersstufe *f* edad *f*

Altersteilzeit *f ohne pl tipo de jubilación anticipada que permite reducir la jornada laboral (adaptando tambieén el sueldo) a los trabajadores de más de 55 años*

Altersunterschied *m* diferencia *f* de edad

Altersversicherung *f* seguro *m* (de previsión) para la vejez, fondo *m* de pensiones

Altersversorgung *f* pensión *f* de ancianidad, jubilación *f*

Altersvorsorge *f* plan *m* de pensiones; **private ~** plan *m* de pensiones privado

Altertum ['altɐtu:m] *nt* <-s, *ohne pl*> antigüedad *f*

Altertümer *pl* antigüedades *fpl*, reliquias *fpl pey*

altertümlich ['altɐty:mlɪç] **I.** *adj* ❶ *(alt)* antiguo ❷ *(veraltet)* anticuado **II.** *adv* a la antigua

Altertumswert *m ohne pl* valor *m* por la antigüedad

Alterung *f ohne pl* envejecimiento *m*

Alterungsprozess *m* proceso *m* de envejecimiento

älteste(r, s) *adj superl von* **alt**

Älteste(r) *mf* <-n, -n; -n> mayor *mf*

Ältestenrat *m* ❶ (JUR) consejo *m* de representantes de los partidos ❷ (POL) parlamento *m*, junta *f* de portavoces

Altflöte *f* <-, -n> (MUS) flauta *f* dulce contralto

Altglas *nt ohne pl* (botellas *fpl* de) vidrio *m* reciclable

Altglascontainer *m* contenedor *m* de vidrio reciclable

altgriechisch *adj* griego clásico [*o* antiguo]

althergebracht ['-'---] *adj* tradicional

Althochdeutsch ['---] *nt* antiguo alto alemán *m*

Altkleidersammlung ['-'----] *f* recogida *f* de ropas usadas

altklug *adj* sabi(h)ondo

Altlast *f* (ÖKOL) ❶ *(gefährliche Rückstände)* residuos *mpl* ❷ *(verseuchte Fläche)* zona *f* contaminada

ältlich ['ɛltlɪç] *adj* avejentado

Altmaterial *nt* (TECH) material *m* viejo; *(noch brauchbar)* material *m* reciclable

Altmeister(in) *m(f)* (SPORT) antiguo, -a campeón , -ona *m*

Altmetall *nt* chatarra *f*

altmodisch *adj* chapado a la antigua

Altöl *nt* aceites *mpl* usados

Altpapier *nt ohne pl* papel *m* reciclable

Altpapiercontainer *m* contenedor *m* de [*o* para] papel (usado)

Altpapiersammlung *f* recogida *f* de papel reciclable

altsprachlich *adj* relativo a las lenguas clásicas; **~es Gymnasium** *instituto de enseñanza media especializado en lenguas clásicas*

Altstadt *f* barrio *m* antiguo, casco *m* antiguo

Altstimme *f* (MUS) voz *f* de contralto

Altweiberfastnacht [-'----] *f* *(reg)* jueves *m* gordo

Altweibersommer [-'----] *m* veranillo *m* de San Miguel, veranillo *m* de San Juan *Am*

Alu ['a:lu] *nt* <-(s), *ohne pl*> (CHEM, TECH) *Abk. von* **Aluminium** aluminio *m*

Alufolie ['a:lufo:liə] *f* papel *m* de aluminio

Aluminium [alu'mi:niʊm] *nt* <-s, *ohne pl*> (CHEM) aluminio *m*

Aluminiumfolie *f* papel *m* de aluminio

Alzheimer [a'ltshaɪmɐ] *m* <*ohne pl*> *(fam)* enfermedad *f* de Alzheimer
Alzheimerkrankheit *f ohne pl* enfermedad *f* de Alzheimer
am [am] **I.** *(Superlativbildung)* **Lothar fährt ~ schnellsten** Lothar es el que más rápido conduce **II.** = **an dem** *s.* **an III.** *(fam: Verlaufsform)* **ich bin ~ Arbeiten** estoy trabajando
Amalgam [amal'gaːm] *nt* <-s, -e> *(fig a.* CHEM) amalgama *f*
Amateur(in) [ama'tøːɐ] *m(f)* <-(e)s, -e; -nen> ❶ *(Nichtfachmann)* aficionado, -a *m, f,* diletante *mf* ❷ *(abw: Dilettant)* chapucero, -a *m, f*
amateurhaft *adj* aficionado; **das ist ~ gemacht!** *(fam)* ¡menuda chapucilla!
Amateurliga *f* (SPORT) liga *f* de aficionados
Amateurmannschaft *f* (SPORT) equipo amateur *m*
Amateursport *m ohne pl* deporte amateur *m*
Amazone [ama'tsoːnə] *f* <-, -n> amazona *f*
Amazonien [ama'tsoːniən] *nt* <-s> *(Amazonasbecken)* Amazonia *f,* Amazonía *f*
Ambiente [am'biɛntə] *nt* <*ohne pl*> *(geh)* ambiente *m*
Ambition [ambi'tsjoːn] *f* <-en> ambición *f*
ambitioniert [ambitsjo'niːɐt] *adj* ambicioso
ambivalent [ambiva'lɛnt] *adj* ambivalente
Amboss ['ambɔs] *m* <-es, -e> (TECH, MED) yunque *m*
ambulant [ambu'lant] *adj* ambulante; (MED) ambulatorio; **~e Behandlung** tratamiento ambulatorio; **~e Patient** paciente ambulante; **jdn ~ behandeln** tratar a alguien en régimen ambulatorio
Ambulanz [ambu'lants] *f* <-en> (MED) ambulatorio *m*
Ameise ['aːmaɪzə] *f* <-n> hormiga *f*
Ameisenbär *m* oso *m* hormiguero
Ameisenhaufen *m* hormiguero *m*
Ameisensäure *f ohne pl* (CHEM) ácido *m* fórmico
amen ['aːmən] *adv* amén; **zu allem ja und ~ sagen** *(fam)* decir amén a todo
Amen *nt* <-s, -> amén *m;* **das ist so sicher wie das ~ in der Kirche** esto es tan cierto como que dos y dos son cuatro
American Football [ə'mɛrikən 'fʊtbɔːl] *m* <- -(s), *ohne pl*> (SPORT) fútbol *m* americano
Amerika [a'meːrika] *nt* <-s> América *f*
Amerikaner(in) [ameri'kaːnɐ] *m(f)* <-s, -; -nen> americano, -a *m, f*
amerikanisch *adj* americano
Amerikanistik [amerika'nɪstɪk] *f* <-, *ohne pl*> americanística *f,* Filología *f* (Norte)americana
Amethyst [ame'tʏst] *m* <-(e)s, -e> amatista *f*
Ami ['ami] *m* <-s, -s> *(fam)* yanqui *mf*
Aminosäure [a'minozɔɪrə] *f* (CHEM) aminoácido *m*
Ammann ['aman, *pl:* 'amɛnɐ] *m* <-(e)s, -männer> *(Schweiz: Landammann)* presidente *m* del consejo cantonal; *(Gemeindeammann)* presidente *m* del concejo municipal; *(Vollstreckungsbeamter)* funcionario ejecutivo *m*
Amme ['amə] *f* <-n> nodriza *f,* ñaña *f Chil*
Ammenmärchen *nt (fam)* cuento *m* de viejas
Ammoniak [amo'njak] *nt* <-s, *ohne pl*> (CHEM) amoníaco *m*
Amnesie [amne'ziː] *f* <-n> (MED) amnesia *f*
Amnestie [amnɛs'tiː] *f* <-n> (JUR, POL) amnistía *f*
amnestieren* [amnɛs'tiːrən] *vt* (JUR, POL) amnistiar
Amnesty International ['ɛmnɛstɪ ɪntə'nɛʃnəl] *f* <- -> Amnistía *f* Internacional
Amöbe [a'møːbə] *f* <-n> ameba *f*
Amok ['aːmɔk] *m* <-s, *ohne pl*> **~ laufen/fahren** *ir enloquecido, destruyendo o matando*
Amoklauf *m* <-(e)s, -läufe> amok *m (ataque de locura con impulsos homicidas)*
Amokläufer(in) *m(f)* loco, -a *m, f* homicida
a-Moll *nt* <-, *ohne pl*> (MUS) la *m* menor
amoralisch ['amoraːlɪʃ] *adj* amoral
Amortisation [amɔrtiza'tsjoːn] *f* <-en> (WIRTSCH) amortización *f*
amortisieren* [amɔrti'ziːrən] **I.** *vt* (WIRTSCH: *Schuld*) amortizar **II.** *vr:* **sich ~** *(Investition)* amortizarse
amourös [amu'røːs] *adj (geh)* amoroso
Ampel ['ampəl] *f* <-n> ❶ *(Verkehrsampel)* semáforo *m* ❷ *(Blumenampel)* maceta *f* colgante
Ampere [am'peːɐ] *nt* <-(s), -> (PHYS) amperio *m*
Amperemeter [--'--] *nt* (PHYS) amperímetro *m*
Amphetamin [amfeta'miːn] *nt* <-s, -e> (CHEM) anfetamina *f*
Amphibie [am'fiːbiə] *f* <-n> (ZOOL) anfibio *m*
amphibisch *adj* anfibio
Amphitheater *nt* anfiteatro *m*
Amplitude [ampli'tuːdə] *f* <-, -n> (MATH, PHYS) amplitud *f*
Ampulle [am'pʊlə] *f* <-n> ampolla *f*

Amputation [amputa'tsjo:n] *f* <-en> (MED) amputación *f*
amputieren* [ampu'ti:rən] *vt* (MED) amputar
Amputierte(r) *mf* <-n, -n; -n, -n> (MED) tullido, -a *m, f*
Amsel ['amzəl] *f* <-n> mirlo *m*
Amt [amt, *pl:* 'ɛmtɐ] *nt* <-(e)s, Ämter> ① *(offizielle Stellung)* cargo *m;* **ein hohes ~** un alto cargo; **im ~ sein** estar en funciones; **sein ~ niederlegen** dimitir de su cargo ② *(übernommene Aufgabe)* obligaciones *f pl;* **seines ~es walten** atender a sus obligaciones ③ *(Behörde, Gebäude)* departamento *m;* **Auswärtiges ~** (POL) Ministerio de Asuntos Exteriores; **von ~s wegen** prescrito (por la autoridad) ④ (TEL) central *f* telefónica
amtieren* *vi* estar en funciones; *(vorübergehend)* actuar (**als** de)
amtlich *adj* ① *(behördlich)* oficial; **~es Kennzeichen** matrícula *f* ② *(glaubwürdig)* (de fuente) oficial
Amtsantritt *m* entrada *f* en funciones; (*a.* POL) asunción *f* del mando
Amtsarzt, -ärztin *m, f* médico, -a *m, f* oficial
Amtsblatt *nt* (*a.* POL) boletín *m* oficial; **~ der Stadt Heidelberg** boletín *m* de la ciudad de Heidelberg
Amtsdeutsch *nt (abw)* jerga *f* administrativa
Amtseid *m* jura *f* del cargo
Amtseinführung *f* <-, -en> investidura *f*
Amtsenthebung *f* <-, -en>, **Amtsführung** *f ohne pl* actuación *f*
Amtsgeheimnis *nt* secreto *m* profesional
Amtsgericht *nt* juzgado *m* de primera instancia e instrucción, juzgado *m* municipal
Amtsgeschäfte *nt pl* asuntos *m pl* oficiales, funciones *f pl*
Amtshandlung *f* acto *m* oficial
Amtshilfe *f* <-, -n> ayuda *f* administrativa, mutuo auxilio *m* entre autoridades
Amtsinhaber(in) *m(f)* (persona *f* en un) cargo *m*
Amtskollege, -in *m, f* homólogo, -a *m, f*
Amtsmissbrauch *m* (*a.* JUR) prevaricación *f*
Amtsniederlegung *f* dimisión *f,* renuncia *f* a un cargo
Amtsperiode *f* mandato *m,* legislatura *f;* **eine ~ von fünf Jahren** un mandato de cinco años
Amtsrichter(in) *m(f)* juez *mf* de primera instancia
Amtssprache *f* ① *(Verwaltungsjargon)* jerga *f* administrativa ② *(offizielle Landessprache)* idioma *m* oficial; (EU) lengua *f* oficial
Amtsträger(in) *m(f)* <-s, -; -, -nen> titular *mf* de un cargo, titular *mf* de un cargo
Amtsweg *m* vía *f* oficial; **den ~ beschreiten** hacer los trámites oficiales
Amtszeichen *nt* <-s, -> (TEL) señal *f* (de marcar)
Amtszeit *f* (duración *f* de un) cargo *m*
Amulett [amu'lɛt] *nt* <-(e)s, -e> amuleto *m,* payé *m CSur*
amüsant [amy'zant] *adj* ① *(unterhaltsam)* entretenido ② *(lustig)* divertido
amüsieren* [amy'zi:rən] **I.** *vt* divertir **II.** *vr:* **sich ~** ① *(sich vergnügen)* divertirse ② *(sich lustig machen)* burlarse (**über** de)
Amüsierviertel *nt* barrio *m* de diversiones; *(Rotlichtviertel)* barrio *m* bajo
an [an] **I.** *präp +dat* ① *(nahe bei)* en, junto a; **~ der Ecke** en la esquina; **~ der gleichen Stelle** en el mismo lugar; **am Fenster sitzen** estar sentado junto a la ventana; **er geht ~ mir vorbei** pasa por mi lado; **Tür ~ Tür wohnen** vivir puerta con puerta ② *(geografisch gelegen)* (a orillas) de; **Frankfurt ~ der Oder/am Main** Francfort del Oder/del Meno ③ *(zeitlich)* a; **am Abend** por la tarde; **am Anfang** al principio; **am 29. November 2016** el 29 de noviembre de 2016 ④ *(weitere Verwendungen)* **reich ~ Nährstoffen** rico en sustancias nutritivas; **das Entscheidende ~ der Sache ist, dass ...** lo decisivo del asunto es que...; **das gefällt mir nicht ~ ihm** esto no me acaba de gustar de él; **es ist ~ dir, etw zu tun** está en tu mano (el) hacer algo **II.** *präp +akk* ① *(in Richtung auf)* a, contra; **sich ~ die Wand lehnen** apoyarse contra la pared; **er trat ~s Fenster** fue hacia la ventana; **~ die Arbeit!** ¡al trabajo! ② *(für)* a, para; **ein Brief ~ seinen Sohn** una carta a su hijo; **ich habe eine Frage ~ dich** tengo una pregunta que hacerte; **~ (und für) sich** de por sí ③ *(ungefähr)* aproximadamente, unos; **sie verdient ~ die 2.000 Euro** cobra unos 2.000 euros **III.** *adv* ① *(beginnend)* **von ... ~** a partir de...; **von hier ~** a partir de aquí; **von Anfang ~** desde el [*o* un] principio ② *(bei Ankunftszeiten)* a; **Münster ~: 12.40 Uhr** llegada a Münster a las 12.40 ③ *(eingeschaltet)* encendido; **~ sein** *(fam: Licht)* estar encendido; *(Motor)* estar en marcha; *(Radio)* estar puesto
Anabolikum *nt* <-s, Anabolika> (MED, CHEM) anabolizante *m*
Anachronismus [anakro'nɪsmʊs] *m* <-, Anachronismen> *(geh)* anacronismo *m*
anachronistisch *adj (geh)* anacrónico

Anakonda [ana'kɔnda] *f* <-, -s> (ZOOL) anaconda *f*
anal [a'na:l] *adj* (MED, PSYCH) anal
analog [ana'lo:k] *adj* análogo; (INFOR) analógico
Analogie [analo'gi:] *f* <-n> analogía *f*
Analogkamera *f* cámara *f* analógica
Analphabet(in) ['analfabe:t, ---'-] *m(f)* <-en, -en; -nen> analfabeto, -a *m, f*
Analphabetentum *nt* <-s, *ohne pl*> analfabetismo *m*
Analphabetin *f* <-nen> *s.* **Analphabet**
Analphabetismus *m* <*ohne pl*> analfabetismo *m*
Analyse [ana'ly:zə] *f* <-n> análisis *m inv*
analysieren* [analy'zi:rən] *vt* analizar
Analytiker(in) [ana'ly:tikɐ] *m(f)* <-s, -; -, -nen> analista *mf*
analytisch *adj* analítico
Anämie [anɛ'mi:] *f* <-n> (MED) anemia *f*
Ananas ['ananas] *f* <-(se)> piña *f,* ananá(s) *m Am*
Ananasguave *f* (BOT) guayaba *f* de Brasil
Anarchie [anar'çi:] *f* <-n> anarquía *f*
anarchisch [a'narçɪʃ] *adj* anárquico; **hier herrschen ~e Zustände** aquí reina la anarquía
Anarchismus [anar'çɪsmʊs] *m* <*ohne pl*> anarquismo *m*
Anarchist(in) *m(f)* <-en, -en; -nen> anarquista *mf*
anarchistisch *adj* anarquista
Anästhesie [anɛste'zi:] *f* <-n> (MED) anestesia *f*
Anästhesist(in) [anɛste'zɪst] *m(f)* <-en, -en; -, -nen> (MED) anestesista *mf*
Anatomie [anato'mi:] *f ohne pl* anatomía *f*
anatomisch [ana'to:mɪʃ] *adj* anatómico
an|baggern ['anbagɐn] *vt (sl)* **jdn ~** entrarle a alguien
an|bahnen **I.** *vt (anknüpfen)* iniciar **II.** *vr:* **sich ~** iniciarse
an|bändeln ['anbɛndəln] *vi (fam)* ① *(Liebesbeziehung)* ligar ② *(Streit)* meterse
Anbau[1] *m* <-(e)s, -ten> ampliación *f; (Nebengebäude)* anexo *m*
Anbau[2] *m* <-s, *ohne pl*> *(von Nutzpflanzen)* cultivo *m;* **aus (kontrolliert-) biologischem/konventionellem ~** de cultivo biológico (controlado)/convencional
an|bauen *vt* ① *(Gebäude)* ampliar (**an**) ② *(Gemüse)* cultivar
Anbaufläche *f* (AGR) superficie *f* de cultivo
Anbaugebiet *nt* (AGR) zona *f* de cultivo
anbei [-'-] *adv (formal)* adjunto
an|beißen *irr* **I.** *vi* ① *(Fisch)* picar ② *(fam: Person)* aceptar **II.** *vt (Brot)* morder (en), dar un mordisco (a); **er sieht zum A~ aus** *(fam)* está para comérselo
anbelangen* ['anbəlaŋən] *vt* **was das/mich anbelangt ...** en cuanto a esto/a mí...
an|bellen *vt* ladrar (a)
an|beraumen* ['anbəraʊmən] *vt (formal: Sitzung)* convocar; *(Termin)* fijar
an|beten *vt* ① (REL) venerar ② *(Personen)* adorar
Anbetracht ['anbətraxt] **in ~** *+gen* en vista de; **in ~ dessen, dass ...** considerando que...
Anbetung *f* <-, -en> (REL) adoración *f*
an|biedern *vr:* **sich ~** congraciarse (**bei** con), hacerse el simpático (**bei** con)
an|bieten *irr* **I.** *vt* ① *(Kaffee, Hilfe)* ofrecer ② *(Waren)* ofertar ③ *(vorschlagen)* proponer **II.** *vr:* **sich ~** ① *(zur Verfügung stellen)* ofrecerse (**als** como/de, **zu** a/para), brindarse (**zu** a); **sie bietet sich als Vermittlerin an** se ofrece como mediadora; **sie bot sich an, ihm zu helfen** se brindó a ayudarle ② *(geeignet sein)* ser apropiado
Anbieter *m* <-s, -> (WIRTSCH) vendedor *m; (Ausschreibung)* licitador *m*
an|binden *irr vt* atar (a), ligar (a); *(Boot)* amarrar (a); *(mit einer Kette)* encadenar (a); **kurz angebunden** *(fig)* seco
Anbindung *f* <-, -en> enlace *m,* conexión *f*
Anblick[1] *m* <-(e)s, *ohne pl*> *(das Anblicken)* vista *f;* **beim ersten ~** a primera vista
Anblick[2] *m* <-(e)s, -e> *(Aussehen)* aspecto *m*
an|blicken *vt* mirar; *(betrachten)* contemplar; *(flüchtig)* echar un vistazo (a)
an|brechen *irr* **I.** *vi sein (geh: Epoche)* empezar; *(Tag)* rayar; *(Nacht)* entrar **II.** *vt* ① *(Vorrat)* empezar; *(Packung)* abrir ② *(teilweise brechen)* romper en parte
an|brennen *irr* **I.** *vi sein (Speisen)* quemarse; **angebrannt riechen/schmecken** oler a/saber a quemado **II.** *vt (anzünden)* encender, prender fuego (a)
an|bringen *irr vt* ① *(herbeibringen)* traer ② *(befestigen)* colocar; *(installieren)* instalar ③ *(äußern)* mencionar; *(Beschwerde)* presentar; *(Gründe)* alegar; *(Änderungen)* hacer
Anbruch *m* <-(e)s, *ohne pl*> principio *m,* comienzo *m;* **bei ~ der Nacht** al caer la noche; **bei ~ der Dunkelheit** al anochecer
an|brüllen *vt* gritar (a), echar una bronca (a)
Anchovis [an'ʃo:vɪs] *f* <-> anchoa *f*

A

Andacht[1] ['andaxt] *f* <-en> *(Gottesdienst)* misa *f,* oficio *m* divino

Andacht[2] *f ohne pl (Versenkung)* recogimiento *m*

andächtig ['andɛçtɪç] *adj* ① (REL) devoto ② *(konzentriert)* atento

Andalusien [anda'lu:ziən] *nt* <-s> Andalucía *f*

Andalusier(in) *m(f)* <-s, -; -nen> andaluz(a) *m(f)*

andalusisch *adj* andaluz

an|dauern *vi* durar; *(weitergehen)* seguir

andauernd *adj* continuo

Anden ['andən] *pl* Andes *mpl*

Andenken[1] *nt* <-s, *ohne pl*> *(Erinnerung)* recuerdo *m* (**an** de), memoria *f* (**de** an); **zum ~ an jdn** en conmemoración de alguien

Andenken[2] *nt* <-s, -> *(Souvenir)* recuerdo *m*

andere(r, s) *pron indef* ① *(verschieden)* otro; **mit ~n Worten** con otras palabras; **das ist etw ~s** es otra cosa; **zum einen ..., zum ~n ...** por una parte..., por la otra...; **ich bin ~r Meinung** soy de otra opinión; **alle ~n** todos los demás; **es blieb mir nichts ~s übrig** no tuve otro remedio; **unter ~m** entre otras cosas; **der eine oder ~** el uno o el otro; **der eine ..., der ~ ...** el uno..., el otro...; **es kam eins zum ~n** lo uno trajo lo otro; **jemand ~s** otra persona; **einer nach dem ~n** uno tras otro; **eins nach dem ~n** una cosa tras otra ② *(folgend)* siguiente; **von einem Tag auf den ~n** de la noche a la mañana; **am ~n Tag** al día siguiente

anderenfalls, andernfalls *adv* en caso contrario, en otro caso

anderenorts, andernorts *adv (geh)* en otro lugar

andererseits, andrerseits *adv* por otro lado, por otra parte; **einerseits ..., ~ ...** por una parte..., por otra,...

andermal *adv* **ein ~** en otra ocasión

ändern ['ɛndɐn] **I.** *vt* cambiar; **daran lässt sich nichts ~** esto no se puede cambiar; **seine Meinung ~** cambiar de opinión **II.** *vr:* **sich ~** cambiar

anders ['andɐs] *adv* de otra manera (**als** que), de otro modo (**als** que); *(unterschiedlich)* distinto (**als** a/de); *(im Gegensatz)* al contrario (**als** que); **~ ausgedrückt** dicho de otra manera; **~ denkend** de otra opinión; **~ Denkender** persona de diferente parecer; **~ gläubig** que tiene otras creencias; **sie sieht ~ aus als ihre Schwester** tiene otro aspecto que su hermana; **ich habe es nicht ~ erwartet** no había esperado otra cosa; **so und nicht ~** así y de ningún otro modo; **es geht nicht ~** no se puede hacer de otro modo; **ich habe es mir ~ überlegt** cambié de opinión; **wie sollte es auch ~ sein?** no podía haber sido de otra manera; **~ als sein Bruder, ...** al contrario que su hermano,...

andersartig *adj* distinto

andersdenkend *adj s.* **anders**

Andersdenkende(r) *mf* persona *f* de diferente parecer

andersfarbig *adj* de otro color; *(Rasse)* de otra raza

andersgläubig *adj* que tiene otras creencias

Andersgläubige(r) *mf* <-n, -n; -n, -n> (REL) heterodoxo, -a *m, f*

andersherum *adv* al revés

anderslautend *adj s.* **anders**

andersrum ['andɐsrʊm] *adj o adv (fam) s.* **andersherum**

anderswo ['--(')-] *adv* en (cualquier) otra parte

anderswoher ['---(')-] *adv* de (cualquier) otra parte

anderswohin ['---(')-] *adv* a (cualquier) otra parte

anderthalb ['andɐt'halp] *adj inv* uno y medio

Änderung ['ɛndərʊŋ] *f* <-en> ① *(Umgestaltung)* modificación *f* ② *(Wechsel)* cambio *m*

Änderungsantrag *m* (POL) enmienda *f*

Änderungsschneider(in) *m(f)* modista *mf* de arreglos

Änderungsschneiderei *f* <-, -en> sastrería *f* de arreglos

Änderungsvorschlag *m* propuesta *f* de enmienda

anderweitig ['----] *adj* ① *(sonstig)* otro ② *(an anderer Stelle)* en otra parte

an|deuten **I.** *vt* ① *(Wunsch)* indicar ② *(kurz erwähnen)* aludir (a); *(zu verstehen geben)* dar a entender; *(anspielen)* insinuar ③ *(skizzieren)* esbozar **II.** *vr:* **sich ~** vislumbrarse

Andeutung *f* <-en> ① *(Anspielung)* alusión *f;* **~en über etw machen** hacer alusiones respecto a algo ② *(Anzeichen)* asomo *m,* indicio *m*

andeutungsweise *adv* indirectamente

andocken *vi* acoplar

Andorra [an'dɔra] *nt* <-s> Andorra *f*

Andorraner(in) *m(f)* <-s, -; -nen> andorrano, -a *m, f*

andorranisch *adj* andorrano

Andrang *m* <-(e)s, *ohne pl*> ① *(Gedränge)* aglomeración *f* de gente, gentío *m* ② *(Zuströmen)* afluencia *f* (**auf** a)

andre(r, s) ['andrə, 'andrɐ, 'andrəs] *pron indef s.* **andere(r, s)**

an|drehen *vt* ① *(Wasser, Heizung)* abrir; *(Licht, Radio)* encender; *(Maschine)* poner en marcha ② *(festdrehen)* apretar ③ *(Wend)* **jdm etw ~** *(fam)* endosar algo a alguien

andrerseits *adv s.* **and(e)rerseits**

an|drohen *vt* **jdm etw ~** amenazar a alguien con algo

Androhung *f* <-, -en> amenaza *f;* **~ von Gewalt** amenaza de uso de fuerza

an|ecken ['anʔɛkən] *vi sein (fam)* meter la pata

an|eignen *vr:* **sich** *dat* **~** ① *(nehmen)* apropiarse (de), adueñarse (de); *(widerrechtlich)* usurpar; *(Gebiet)* anexionar ② *(Wissen)* adquirir; *(Meinung)* adoptar; *(Gewohnheit)* contraer

Aneignung *f* <-, -en> (JUR) apropiación *f;* **widerrechtliche ~** apropiación indebida

aneinander [--'--] *adv* el uno al otro; **~ denken** pensar el uno en el otro

aneinander|fügen *vt* unir

aneinandergeraten* *irr vi sein* reñir, tener un altercado; *(handgreiflich)* llegar a las manos

aneinandergrenzen *vi* limitar (uno con otro); *(Länder)* ser países limítrofes, tener fronteras comunes; *(Grundstücke)* ser fincas colindantes [*o* contiguas]

aneinander|reihen **I.** *vt* colocar pegados unos a los otros **II.** *vr* **sich ~** sucederse

Anekdote [anɛk'do:tə] *f* <-n> anécdota *f*

an|ekeln *vt* repugnar, dar asco (a)

Anemone [ane'mo:nə] *f* <-n> anémona *f*

anerkannt **I.** *pp von* **anerkennen** **II.** *adj (angesehen, unbestritten)* reconocido

an|erkennen* *irr vt* ① *(akzeptieren)* aceptar; *(Schuld)* confesar ② *(öffentlich bestätigen)* reconocer; *(gesetzlich)* legitimar; *(Vaterschaft)* reconocer

anerkennend *adj* de reconocimiento; **ein ~es Lächeln** una sonrisa aprobatoria

anerkennenswert **I.** *adj* loable **II.** *adv* encomiablemente

Anerkennung *f ohne pl* ① *(Würdigung)* reconocimiento *m,* aprobación *f;* **~ finden** hallar aprobación ② *(Abschlüsse)* homologación *f*

an|erziehen* *irr vt* inculcar

an|fachen ['anfaxən] *vt (geh)* ① *(Feuer)* atizar ② *(Leidenschaft)* avivar

an|fahren *irr* **I.** *vi sein* ① *(starten)* arrancar ② *(sich nähern)* acercarse (en un vehículo) **II.** *vt* ① *(heranschaffen)* acarrear ② *(ansteuern)* parar (en); *(Hafen)* arribar (a); **sie fuhren München an** se dirigieron a Múnich ③ *(anstoßen)* chocar (contra); *(Person)* atropellar ④ *(schelten)* increpar ⑤ (TECH: *Maschine*) poner en marcha

Anfahrt *f* <-en> ① *(Strecke)* trayecto *m,* recorrido *m* para ir [*o* venir] ② *(Zeit)* tiempo *m* para ir [*o* venir]

Anfall *m* <-(e)s, -fälle> (MED) ataque *m;* **in einem ~ von Zorn** en un ataque de cólera

an|fallen *irr* **I.** *vi sein (sich ergeben)* producirse; *(Probleme)* presentarse **II.** *vt (angreifen)* atacar

anfällig ['anfɛlɪç] *adj* propenso (**für** a), predispuesto (**für** a); *(schwächlich)* achacoso

Anfälligkeit *f ohne pl* ① (MED) propensión *f* (**für** a), predisposición *f* (**für** a) ② (TECH) mala calidad *f*

Anfang ['anfaŋ] *m* <-(e)s, -fänge> comienzo *m,* principio *m;* **am ~ des Jahres** a principios del año; **~ nächster Woche** a principios de la próxima semana; **er ist ~ fünfzig** tiene poco más de cincuenta (años); **den ~ machen** comenzar; **einen neuen ~ machen** empezar de nuevo; **von ~ an** desde un principio; **das ist der ~ vom Ende** es el principio del fin; **von ~ bis Ende** de principio a fin; **aller ~ ist schwer** *(prov)* el primer paso es el que cuesta

an|fangen *irr* **I.** *vi (beginnen)* empezar, comenzar; **das fängt ja gut an!** ¡vaya comienzo!; **klein ~** empezar desde abajo **II.** *vt* ① *(beginnen)* empezar (**mit** con/por, **zu** a); *(plötzlich)* echarse (**zu** a), romper (**zu** a); *(einleiten)* iniciar; *(Gespräch)* entablar; **es fing an zu regnen** empezó a llover ② *(machen)* hacer; **was sollen wir jetzt nur ~?** pero, ¿qué hacemos ahora?; **damit kann ich nichts ~** no me sirve para nada

Anfänger(in) *m(f)* <-s, -; -nen> principiante *mf*

Anfängerkurs *m* curso *m* para principiantes

anfänglich ['anfɛŋlɪç] *adj* primero, inicial; **nach ~em Zögern/~en Schwierigkeiten** tras los titubeos/las dificultades iniciales

anfangs ['anfaŋs] **I.** *präp +gen (fam)* a principios de; **~ des Monats** a principios de mes **II.** *adv* al principio

Anfangsbuchstabe *m* (letra *f*) inicial *f*

Anfangsschwierigkeit *f* dificultad *f* inicial

Anfangsstadium *nt* fase *f* inicial

Anfangszeit *f* ① *(anfängliche Zeit)* comienzos *mpl* ② *(Beginn einer Veranstaltung)* hora *f* de comienzo

an|fassen **I.** *vi (mithelfen)* ayudar **II.** *vt* ① *(berühren)* tocar; *(greifen)* tomar, coger; *(stärker)* agarrar ② *(behandeln)* tratar;

A

(Problem) enfocar; **jdn hart ~** tratar a alguien con dureza; **du hast die Sache verkehrt angefasst** has enfocado mal el asunto **III.** *vr:* **sich ~** ① *(bei der Hand nehmen)* cogerse de la mano ② *(sich anfühlen)* **der Stoff fasst sich wie Seide an** el tejido tiene un tacto como de seda

an|fauchen *vt* ① *(Katze)* bufar ② *(zurechtweisen)* echar una bronca (a)

anfechtbar ['anfɛçtbaːɐ] *adj* ① *(Testament, Urteil)* impugnable ② *(Behauptung)* refutable

an|fechten *irr vt* ① *(bestreiten)* refutar; *(Urteil, Testament)* impugnar; *(Recht)* disputar; *(Berufung einlegen)* recurrir (de/contra) ② *(geh: bekümmern)* inquietar

Anfechtung *f* <-, -en> (JUR) impugnación *f* (de/contra)

Anfeindung *f* <-, -en> acoso *m* público, hostigamiento *m*

an|fertigen *vt* ① *(machen)* hacer ② *(herstellen)* fabricar; *(Kleidung)* confeccionar ③ *(Schriftstück)* redactar

Anfertigung *f* <-en> fabricación *f;* *(Schneider)* confección *f;* *(Schreiben)* redacción *f*

an|feuchten ['anfɔɪçtən] *vt* humedecer; *(stärker)* mojar

an|feuern *vt (anheizen)* encender; *(anspornen)* enardecer

an|flehen *vt* implorar; (REL) impetrar

an|fliegen *irr* **I.** *vi sein (herankommen)* acercarse (volando) **II.** *vt (ansteuern)* dirigirse (a), acercarse (a); *(zur Zwischenlandung)* hacer escala (en)

Anflug *m* <-(e)s, -flüge> ① (AERO) vuelo *m* de aproximación ② *(Andeutung)* asomo *m* (**von** de), deje *m* (**von** de); **ein ~ von Heiterkeit** un asomo de alegría

an|fordern *vt* pedir; *(stärker)* reclamar, exigir

Anforderung *f* <-en> ① *(das Anfordern)* demanda *f* ② *(Anspruch)* exigencia *f,* requisito *m;* **den ~en nicht entsprechen** no reunir los requisitos

Anfrage *f* <-n> pregunta *f* (**bei** a); (POL) interpelación *f;* **auf ~** a petición (**von** de)

an|fragen *vi* preguntar (**bei** a), pedir informes (**bei** a); (POL) interpelar

an|freunden *vr:* **sich ~** ① *(Freundschaft schließen)* trabar amistad (**mit** con), amistarse *CSur;* *(enger)* intimar (**mit** con) ② *(sich gewöhnen)* familiarizarse (**mit** con), acostumbrarse (**mit** a)

an|fügen ['anfyːgən] *vt* ① *(bemerken)* añadir (**an** a) ② *(beilegen)* juntar

an|fühlen *vr* **sich hart/weich ~** ser duro/blando al tacto; **der Stoff fühlt sich gut an** el tejido tiene un buen tacto

Anfuhr ['anfuːɐ] *f ohne pl* tra(n)sporte *m;* *(mit LKW)* camionaje *m*

an|führen *vt* ① *(vorangehen)* encabezar ② *(leiten)* dirigir ③ *(vorbringen)* aducir ④ *(zitieren)* citar

Anführer(in) *m(f)* <-s, -; -nen> jefe, -a *m, f;* (POL) líder *mf;* *(einer Bande)* cabecilla *mf*

Anführungsstrich *m* comilla *f;* **~e unten/oben** abrir/cerrar comillas

Anführungszeichen *nt s.* **Anführungsstrich**

Angabe[1] *f* <-n> ① *(Information)* indicación *f,* dato *m;* **~n zur Person** datos personales; **nähere ~n zu etw machen** describir algo más detalladamente ② (SPORT: *Aufschlag*) saque *m*

Angabe[2] *f ohne pl (Prahlerei)* fanfarronería *f,* chulería *f*

an|gaffen *vt (fam abw)* mirar de hito en hito [*o* sin pestañear]

an|geben *irr* **I.** *vi* ① *(fam: prahlen)* fanfarronear (**mit** de), palanganear *Am* ② (SPORT) sacar ③ *(beim Kartenspiel)* jugar primero **II.** *vt* ① *(nennen)* indicar; *(mitteilen)* decir; *(im Einzelnen)* detallar; *(Gründe)* alegar ② *(Richtung)* determinar ③ *(anzeigen)* denunciar; *(melden)* declarar

Angeber(in) *m(f)* <-s, -; -nen> *(fam)* fanfarrón, -ona *m, f,* chévere *mf AmS;* *(Aufschneider)* chulo, -a *m, f*

Angeberei *f* <-en> *(fam)* fanfarronada *f;* *(Aufschneiderei)* chulería *f*

Angeberin *f* <-nen> *(fam) s.* **Angeber**

angeberisch *adj (fam)* fanfarrón

Angebetete(r) *mf* <-n, -n; -n, -n> *(iron: Geliebte(r))* amado, -a *m, f*

angeblich ['angeːplɪç, -'--] **I.** *adj* supuesto **II.** *adv* según dicen

angeboren *adj* de nacimiento

Angebot *nt* <-(e)s, -e> ① *(Vorschlag)* ofrecimiento *m,* oferta *f* ② (WIRTSCH) oferta *f;* **~ und Nachfrage** oferta y demanda ③ *(Auswahl)* surtido *m*

angebracht ['angəbraxt] **I.** *pp von* **anbringen** **II.** *adj (passend)* oportuno; *(ratsam)* recomendable

angebunden *pp von* **anbinden**

angegossen ['angəgɔsən] *adj (fam)* **etw passt wie ~** algo queda que ni pintado

angegriffen *pp von* **angreifen**

angeheiratet ['angəhaɪraːtət] *adj* emparentado por matrimonio, político; **mein ~er Onkel** mi tío político

angeheitert ['angəhaɪtɐt] *adj* achispado

an|gehen *irr* **I.** *vi sein* ① *(fam: beginnen)* empezar ② *(fam: Licht)* encenderse ③ *(bekämpfen)* luchar (**gegen** contra); *(sich widersetzen)* oponerse (**gegen** a) ④ *(vertretbar sein)* **es geht nicht an, dass ...** no puede ser que… *+subj* **II.** *vt* ❶ *(angreifen)* arremeter (contra), atacar ❷ *(in Angriff nehmen)* acometer ❸ *(betreffen)* afectar; **das geht ihn gar nichts an** eso le importa un comino; **was deine Frage angeht, …** con respecto a tu pregunta…

angehende(r, s) *adj* futuro

an|gehören* *vi* pertenecer (a), ser (de); *(als Mitglied)* ser miembro (de)

Angehörige(r) *mf* <-n, -n; -n> ❶ *(der Familie)* pariente *mf* ❷ *(Mitglied)* miembro *m*

Angeklagte(r) *mf* <-n, -n; -n> acusado, -a *m, f*

Angel ['aŋəl] *f* <-n> ❶ *(für Fischfang)* caña *f* de pescar ❷ *(Türscharnier)* gozne *m;* **zwischen Tür und ~** *(fam)* deprisa y corriendo

Angelausrüstung *f* equipamiento *m* de pesca

Angelegenheit *f* <-en> asunto *m,* cuestión *f;* **das ist meine ~** esto es asunto mío; **sich in fremde ~en mischen** meterse en asuntos ajenos

angelernt *adj* ❶ *(Wissen)* aprendido ❷ *(Arbeiter)* especialista

Angelgerät *nt* útiles *mpl* de pesca

Angelhaken *m* anzuelo *m*

angeln ['aŋəln] **I.** *vi, vt (Fische)* pescar (con caña) **II.** *vr:* **sich** *dat* **~** *(fam: erwischen)* pescar; **sich** *dat* **einen Mann ~** pescar marido

Angelpunkt *m* piedra *f* angular; **der Dreh- und ~ einer Sache sein** ser el punto crucial de una cosa

Angelrute *f* caña *f* de pescar

Angelsachse, -sächsin *m, f* <-n, -n; -, -nen> anglosajón, -ona *m, f*

angelsächsisch *adj* anglosajón

Angelschein *m* licencia *f* de pesca

Angelschnur *f* sedal *m*

angemessen *adj* adecuado; *(Preis)* razonable; *(ausreichend)* suficiente; **etw für ~ halten** considerar algo adecuado

Angemessenheit *f* <-, *ohne pl*> ❶ *(angemessene Entsprechung)* (justa) proporción *f* ❷ *(passende Art)* adecuación *f;* **er achtete sehr auf die ~ seiner Worte** tuvo mucho cuidado de emplear las palabras adecuadas

angenehm ['angəne:m] *adj* agradable; *(Unterhaltung)* ameno; *(Mensch)* simpático; **es wäre mir ~, wenn …** me gustaría mucho que… *+subj;* **~!** *(bei einer Begrüßung)* ¡encantado!; **~en Aufenthalt!** ¡feliz estancia!

angenommen *pp von* **annehmen**

angepasst ['angəpast] *adj (Person)* conformista

Angepasstheit *f* <-, *ohne pl*> conformismo *m*

angeregt ['angəre:kt] *adj* animado; **sich ~ unterhalten** tener una conversación animada

angesagt ['angəza:kt] *adj (fam)* anunciado; **heute ist Regen ~** para hoy han anunciado lluvia

angeschlagen **I.** *pp von* **anschlagen** **II.** *adj (erschöpft)* agotado; **seine Gesundheit ist ~** su salud está quebrantada

angeschmutzt ['angəʃmʊtst] *adj* ligeramente sucio

angesehen **I.** *pp von* **ansehen** **II.** *adj* estimado

Angesicht *nt* <-(e)s, -er> *(geh)* cara *f,* rostro *m;* **von ~ zu ~** cara a cara

angesichts *präp +gen (geh)* ❶ *(beim Anblick)* ante, al ver ❷ *(hinsichtlich)* en vista de, ante; **~ der Tatsache, dass …** en vista del hecho de que…

angespannt ['angəʃpant] *adj* ❶ *(Lage, Muskeln)* tenso ❷ *(intensiv)* intenso

angestammt ['angəʃtamt] *adj* hereditario

angestaubt ['angəʃtaʊpt] *adj* empolvado; *(fam fig)* anticuado; **~e Ansichten** ideas pasadas de moda

Angestellte(r) *mf* <-n, -n; -n> empleado, -a *m, f*

Angestelltenverhältnis *nt* **im ~ stehen** estar empleado

angestrengt ['angəʃtrɛŋt] *adv* **~ über etw nachdenken** pensar intensamente en algo

angetan ['angəta:n] **I.** *pp von* **antun** **II.** *adj* **von jdm ~ sein** sentir mucha simpatía por alguien; **von etw ~ sein** estar encantado con algo

angetrunken **I.** *pp von* **antrinken** **II.** *adj* achispado

angewandt ['angəvant] *pp von* **anwenden**

angewiesen ['angəvi:zən] **I.** *pp von* **anweisen** **II.** *adj* **auf jdn/etw ~ sein** depender de alguien/algo

an|gewöhnen* *vt* **jdm etw ~** acostumbrar alguien a algo; **sich** *dat* **etw ~** acostumbrarse a algo

Angewohnheit *f* <-en> costumbre *f* (adquirida)

angewurzelt *adj* **wie ~ stehen bleiben** quedarse de piedra

angezeigt *adj (geh)* conveniente; **es schien ihm ~, zu gehen** estimó conveniente irse

Angina [aŋ'gi:na] *f* <Anginen> anginas *fpl;* **eine ~ haben** tener (las) anginas

an|gleichen *irr vt* ❶ *(vereinheitlichen)* igualar ❷ *(anpassen)* adaptar (**an** a), ajus-

A

tar (**an** a); *(Gehälter)* reajustar (**an** a); **sich jdm/etw ~** adaptarse a alguien/a algo

Angleichung *f* <-en> ❶ *(Gehalt, Gesetz)* equiparación *f* (**an** a) ❷ *(gegenseitig)* armonización *f*

Angler(in) ['aŋlɐ] *m(f)* <-s, -; -nen> pescador(a) *m(f)* de caña

Anglerweste *f* chaleco *m* de pesca

an|gliedern *vt* ❶ *(an eine Organisation)* asociar (**an** a); *(hinzufügen)* añadir (**an** a) ❷ *(Gebiet)* anexionar (**an** a)

Angliederung *f* <-en> incorporación *f* (**an** a); (POL) anexión *f* (**an** a)

anglikanisch [aŋgli'ka:nɪʃ] *adj* (REL) anglicano

Anglist(in) *m(f)* <-en, -en; -, -nen> (LING) angli(ci)sta *mf*

Anglistik [aŋ'glɪstɪk] *f ohne pl* filología *f* inglesa

Anglizismus *m* <Anglizismen> (LING) anglicismo *m*

an|glotzen *vt (fam abw)* mirar boquiabierto

Angola [aŋ'go:la] *nt* <-s> Angola *f*

Angolaner(in) *m(f)* <-s, -; -, -nen> angoleño, -a *m, f*

angolanisch *adj* angoleño

Angorawolle *f* <-, -n> lana *f* de Angora, angora *f*

angreifbar *adj* atacable

an|greifen *irr vt* ❶ (MIL, SPORT) atacar; *(überfallen)* asaltar; *(tätlich)* agredir ❷ *(kritisieren)* atacar ❸ *(schwächen)* debilitar; *(ermüden)* cansar; *(Gesundheit)* perjudicar; *(psychisch)* emocionar ❹ (CHEM) corroer ❺ *(Vorräte)* empezar a consumir; *(Ersparnisse)* empezar a gastar

Angreifer(in) *m(f)* <-s, -; -nen> agresor(a) *m(f)*, asaltante *mf; (Angriffsspieler)* atacante *mf*

an|grenzen *vi* limitar (**an** con), (co)lindar (**an** con)

angrenzend *adj* contiguo; *(Grundstück)* colindante

Angriff *m* <-(e)s, -e> (*a.* MIL, SPORT) ataque *m; (Überfall)* asalto *m;* **etw in ~ nehmen** *(fig)* emprender algo

Angriffsfläche *f* superficie *f* de ataque; **keine ~ bieten** ser inexpugnable

angriffslustig *adj* agresivo

Angriffsspieler(in) *m(f)* (SPORT) jugador(a) *m(f)* de ataque

Angriffsziel *nt* <-(e)s, -e> objetivo *m* (de ataque)

an|grinsen *vt* mirar sonriendo irónicamente

angst **mir ist ~** (**und bange**) me muero de miedo

Angst [aŋst, *pl:* 'ɛŋstə] *f* <Ängste> miedo *m* (**vor** a/de), julepe *m Am; (schwächer)* temor *m* (**vor** a/de); *(stärker)* espanto *m;* **vor jdm/vor etw ~ haben** tener miedo de alguien/a algo; **sie bekam ~** cogió miedo; **keine ~!** ¡no tengas miedo!; **jdm ~ einjagen** meterle miedo a alguien; **sie hat ~, dass ...** tiene miedo de que... +*subj*

Angsthase *m (fam)* miedica *mf,* gallina *mf*

ängstigen ['ɛŋstɪgən] **I.** *vt (Angst einjagen)* amedrentar; *(beunruhigen)* inquietar **II.** *vr:* **sich ~** ❶ *(Angst haben)* tener miedo (**vor** a/de) ❷ *(sich sorgen)* inquietarse (**um** por)

ängstlich ['ɛŋstlɪç] *adj* ❶ *(verängstigt)* miedoso; *(schüchtern)* apocado; **ein ~es Gesicht machen** poner cara de miedo ❷ *(besorgt)* preocupado

Ängstlichkeit *f ohne pl* pusilanimidad *f,* apocamiento *m*

Angstmacherei [--'-] *f (abw)* alarmismo *m*

Angstschrei *m* <-(e)s, -e> grito *m* de miedo [*o* de terror], chillido *m*

Angstschweiß *m* sudor *m* frío

angstvoll *adj* temeroso

an|gucken *vt (fam)* mirar; **sich** *dat* **etw ~** mirar algo

an|gurten *vr:* **sich ~** (AUTO) ponerse el cinturón de seguridad

an|haben *irr vt* ❶ *(Kleidung)* llevar (puesto) ❷ *(Schaden zufügen)* **jdm/etw nichts ~ können** no poder hacerle nada a alguien/a algo

an|halten *irr* **I.** *vi* ❶ *(andauern)* durar; *(weitergehen)* seguir ❷ *(stoppen)* parar(se) ❸ *(werben)* solicitar; **um jds Hand ~** pedir la mano de alguien **II.** *vt* ❶ *(Fahrzeug, Uhr)* parar; *(Atem)* contener; *(Ton)* sostener ❷ *(anleiten)* animar (**zu** a), incitar (**zu** a)

anhaltend *adj* constante, continuo

Anhalter(in) *m(f)* <-s, -; -nen> auto(e)stopista *mf;* **per ~ fahren** ir a dedo

Anhaltspunkt *m* punto *m* de referencia; *(Indiz)* indicio *m*

anhand [an'hant] *präp +gen* mediante

Anhang *m* <-(e)s, -hänge> apéndice *m*

an|hängen *irr* **I.** *vi* ❶ *(anhaften)* colgar (de); **das schlechte Image hing ihm noch lange an** el sambenito le quedó colgado por mucho tiempo ❷ *(zugehören)* seguir **II.** *vt* ❶ *(aufhängen)* colgar (**an** de/en); **jdm etw ~** *(fam)* colgar (el sambenito de) algo a alguien ❷ *(ankuppeln)* enganchar (**an** a) ❸ *(anfügen)* añadir (**an** a)

Anhänger[1] *m* <-s, -> ❶ (AUTO) remolque *m,* acoplado *m RíoPl* ❷ *(Schmuckstück)* colgante *m* ❸ *(für Koffer)* etiqueta *f*

Anhänger(in)[2] *m(f)* <-s, -; -nen> *(Person)*

seguidor(a) *m(f)*, adepto, -a *m, f;* (SPORT) aficionado, -a *m, f*

Anhängerkupplung *f* (AUTO) enganche *m* del remolque

Anhängerschaft *f* <-en> (SPORT) aficionados *mpl; (einer Doktrin)* seguidores *mpl*

anhängig *adj* (JUR) pendiente; **der Prozess ist ~** el juicio está pendiente

anhänglich *adj* apegado

Anhänglichkeit *f ohne pl* apego *m*

Anhängsel ['anhɛŋzəl] *nt* <-s, -> ① *(an einer Kette)* colgante *m* ② *(fam abw)* apéndice *m*

an|hauchen *vt (atmen)* alentar; *(Dampf)* echar vaho (a); **eine Scheibe ~** echar vaho a un cristal

an|hauen *irr vt (fam)* **jdn** (**um Geld**) **~** dar un sablazo a alguien

an|häufen I. *vt* acumular **II.** *vr:* **sich ~** acumularse; *(Menschen)* aglomerarse

Anhäufung *f* <-, -en> acumulación *f*, acopio *m*, apacheta *f AmS*

an|heben *irr vt* ① *(hochheben)* levantar ② *(erhöhen)* aumentar

an|heften *vt* fijar (**an** a/en), pegar (**an** a/en); *(mit Heftklammern)* grapar; *(mit einem Faden)* hilvanar

anheim|fallen [an'haɪm-] *irr vi sein (geh)* **etw** *dat* **~** ser víctima de algo

an|heuern ['anhɔɪɐn] **I.** *vi* (NAUT) enrolarse (**auf** en) **II.** *vt (anwerben)* enrolar

Anhieb ['anhi:p] *m ohne pl* **auf ~** *(fam)* al primer intento

an|himmeln ['anhɪməln] *vt (fam)* adorar; *(mit Blicken)* comer con los ojos

Anhöhe *f* <-n> elevación *f*, alto *m*

an|hören *vt* ① *(Gehör schenken)* escuchar; **das hört sich gut an** esto suena bien ② (JUR) oír

Anhörung *f* <-en> (JUR, EU) comparecencia *f; (Experten)* consulta *f;* **nach ~ der Parteien** oídas las partes

Animateur(in) [anima'tø:ɐ] *m(f)* <-s, -e; -nen> animador(a) *m(f)*

Animation [anima'tsjo:n] *f* <-, -en> ① *(Tourismus)* programa *m* de actividades *(en club de vacaciones)* ② (FILM) animación *f*

Animierdame [ani'mi:ɐ-] *f* camarera *f* del descorche

animieren* [ani'mi:rən] *vt* animar (**zu** a)

Anion ['anio:n] *nt* <-s, -en> (CHEM, PHYS) anión *m*

Anis [a'ni:s, 'a:nɪs] *m* <-(es), -e> anís *m*

an|kämpfen *vi* luchar (**gegen** contra)

Ankauf *m* <-(e)s, -käufe> compra *f*, adquisición *f*

an|kaufen *vt* comprar, adquirir

Anker ['aŋkɐ] *m* <-s, -> (NAUT) ancla *f;* **den ~** (**aus**)**werfen/lichten** echar/levar anclas

ankern ['aŋkɐn] *vi* (NAUT) anclar

Ankerplatz *m* (NAUT) ancladero *m*

Ankerwährung *f* (WIRTSCH) patrón *m* monetario

an|ketten *vt* encadenar (**an** a)

Anklage *f* <-n> (JUR) acusación *f* (fiscal); *(Anklagevertretung)* acusación *f;* **~ gegen jdn erheben** acusar a alguien; **unter ~ stehen** estar acusado

Anklagebank *f* banco *m* de los acusados, banquillo *m;* **auf der ~ sitzen** estar en el banquillo

Anklageerhebung *f* (JUR) procesamiento *m*

an|klagen *vt* ① (JUR) acusar (**wegen** de) ② *(Missstände)* denunciar ③ *(beschuldigen)* incriminar

anklagend *adj* de denuncia

Anklagepunkt *m* (JUR) cargo *m*

Ankläger(in) *m(f)* <-s, -; -nen> (JUR) acusador(a) *m(f)*

Anklageschrift *f* (JUR) escrito *m* de acusación

Anklagevertreter(in) *m(f)* (JUR) procurador(a) *m(f)* de los tribunales, representante *mf* de la acusación

Anklang *m* <-(e)s, -klänge> ① *(Zustimmung)* resonancia *f;* **bei jdm ~ finden** hallar resonancia en alguien; **großen ~ finden** tener éxito ② *(Ähnlichkeit)* reminiscencia *f;* **Anklänge an Wagner/an die Romantik** reminiscencias wagnerianas/románticas

an|kleben *vt* pegar (**an** a/en), fijar (**an** a/en)

Ankleidekabine *f* cabina *f* de baño

an|kleiden I. *vt (geh)* vestir **II.** *vr:* **sich ~** *(geh)* vestirse

Ankleideraum *m (Warenhaus, a.* THEAT) probador *m;* (SPORT) vestuario *m*

an|klicken *vt* pinchar; (INFOR) hacer clic

an|klopfen *vi* ① *(anpochen)* llamar (a la puerta) ② *(fam: bitten)* preguntar (**um** por)

an|knabbern *vt* roer

an|knipsen *vt (fam)* encender

anknoten *vt* anudar (**an** a)

an|knüpfen I. *vt* ① *(anknoten)* atar (**an** a) ② *(Gespräch)* entablar **II.** *vi* **an etw ~** fundarse en algo; *(fortführen)* continuar (algo)

an|kommen *irr vi sein* ① *(eintreffen)* llegar (**in/bei/auf** a); *(Schiff)* arribar (**in** a) ② *(fam: sich wenden)* **jdm mit etw ~** irle a alguien con algo ③ *(fam: Resonanz finden)* gustar; **er kommt bei seinen Schülern gut an** tiene buena acogida entre los alumnos ④ *(abhängen)* depender (**auf** de); **es kommt darauf an, ob ...** depende de

A

A

si...; **ich würde es nicht darauf ~ lassen** *(fam)* yo no esperaría sentado ❺ *(wichtig sein)* ser importante; **es kommt darauf an, dass ...** es importante que... *+subj* ❻ *(sich durchsetzen)* **gegen jdn ~** imponerse a alguien

Ankömmling ['ankœmlɪŋ] *m* <-s, -e> recién llegado, -a *m, f*

ankoppeln *vt* ❶ *(Eisenbahnwaggon, Raumschiff)* acoplar (**an** *+akk* a) ❷ *(Anhänger)* enganchar (**an** *+akk* a)

an|kotzen *vt (vulg: anekeln)* dar asco (a)

an|kreiden ['ankraɪdən] *vt* **jdm etw ~** tomar a mal algo a alguien

an|kreuzen *vt* marcar con una cruz

an|kündigen **I.** *vt* anunciar **II.** *vr:* **sich ~** anunciarse; *(beginnen)* comenzar, empezar; *(spürbar sein)* hacerse sentir

Ankündigung *f* <-en> anuncio *m; (Plakat)* cartel *m; (schriftlich)* notificación *f*

Ankunft ['ankʊnft] *f ohne pl* llegada *f; (Schiff)* arribada *f*

Ankunftshalle *f* sala *f* de llegadas

Ankunftszeit *f* hora *f* de llegada

Ankurb(e)lung *f* <-en> (WIRTSCH) fomento *m*

an|kurbeln *vt* ❶ (TECH) poner en marcha ❷ *(in Schwung bringen)* estimular; *(Wirtschaft)* fomentar

an|lächeln *vt* mirar sonriendo; **jdn ~** sonreír a alguien

an|lachen *vt* mirar riendo; **sich** *dat* **jdn ~** *(fam)* pescar a alguien

Anlage *f* <-n> ❶ *(Veranlagung)* disposición *f* (**zu** para); (MED) predisposición *f* (**zu** a); *(Begabung)* talento *m* (**zu** para) ❷ *(Bau)* construcción *f; (Park)* jardín *m,* parque *m; (Sportplatz)* polideportivo *m;* **sanitäre ~n** instalaciones sanitarias ❸ (TECH) dispositivo *m; (Industrieanlage)* planta *f; (Stereoanlage)* equipo *m* ❹ (WIRTSCH) inversión *f* ❺ *(Beilage)* anejo *m,* anexo *m,* suplemento *m;* **in der ~ erhalten Sie ...** adjunto le remitimos...

Anlageberater(in) *m(f)* <-s, -; -, -nen> (FIN, WIRTSCH) consejero, -a *m, f* en inversiones, asesor(a) *m(f)* de inversiones

anlagern *vr:* **sich ~** (CHEM) adicionarse (**an** a), combinarse (**an** con)

Anlagevermögen *nt* (FIN, WIRTSCH) activo *m* fijo

an|langen **I.** *vi sein (eintreffen)* llegar (**an/zu** a) **II.** *vt* ❶ *(betreffen)* concernir; **was mich/diese Sache anlangt, ...** en lo que se refiere a mí/a esto... ❷ *(reg: anfassen)* tocar

Anlass ['anlas, *pl:* 'anlɛsə] *m* <-es, -lässe> ❶ *(Grund)* motivo *m* (**zu** para), razón *f* (**zu** para); *(Ursache)* causa *f* (**zu** de); **das gibt ~ zur Sorge** esto es motivo de preocupación ❷ *(Gelegenheit)* ocasión *f;* **bei diesem ~** aprovechando la ocasión; **ein willkommener ~** una buena ocasión; **jdm ~ geben, zu ...** dar a alguien la ocasión de...

an|lassen *irr* **I.** *vt* ❶ *(Motor)* poner en marcha; *(Wagen)* arrancar ❷ *(Licht, Radio)* dejar encendido ❸ *(fam: Kleidung)* dejar puesto; **du kannst deine Schuhe ruhig ~** puedes dejarte los zapatos puestos **II.** *vr:* **sich ~** *(fam: sich entwickeln)* presentarse; *(positiv)* prometer (éxito)

Anlasser *m* <-s, -> (AUTO) motor *m* de arranque

anlässlich ['anlɛslɪç] *präp +gen* con motivo de

an|lasten ['anlastən] *vt* **jdm etw ~** imputar algo a alguien

Anlauf *m* <-(e)s, -läufe> ❶ (SPORT) carrerilla *f;* **~ nehmen** tomar carrerilla ❷ *(Versuch)* intento *m*

an|laufen *irr* **I.** *vi sein* ❶ *(angelaufen kommen)* llegar corriendo ❷ *(beginnen)* empezar; *(Film)* estrenarse; *(Motor)* ponerse en marcha ❸ *(sich verfärben: Silber)* deslucirse; **rot ~** enrojecer; **blau ~** amoratarse ❹ *(beschlagen)* empañarse ❺ (SPORT) tomar la salida **II.** *vt* (NAUT) **einen Hafen ~** tocar en un puerto

Anlaufstelle *f* (ADMIN) sección *f* de coordinación

Anlaut *m* <-(e)s, -e> (LING) sonido *m* inicial

an|legen **I.** *vi (landen)* atracar **II.** *vt* ❶ *(Maßstab)* aplicar; *(Spielstein)* colocar; **letzte Hand ~** dar los últimos toques ❷ *(anlehnen)* poner; *(Leiter)* apoyar; *(Gewehr)* encarar ❸ *(geh: anziehen)* ponerse ❹ *(einrichten)* instalar; *(Garten)* plantar; *(Straße)* trazar; *(gründen)* fundar; *(bauen)* construir; *(Akte)* abrir; *(Vorräte)* almacenar; *(Liste)* hacer ❺ *(investieren)* invertir (**in** en) ❻ *(bezahlen)* pagar ❼ *(absehen)* **du legst es wohl auf einen Streit mit mir an** me parece que te empeñas en reñir conmigo ❽ *(ausrichten)* **der Film ist auf drei Stunden angelegt** la película dura tres horas ❾ *(anbringen)* **jdm einen Verband ~** aplicar una venda a alguien **III.** *vr:* **sich ~** *(streiten)* pelearse

Anlegeplatz *m* (NAUT) atracadero *m*

Anleger(in) *m(f)* (FIN) inversor(a) *m(f)*

Anlegestelle *f* (NAUT) *s.* **Anlegeplatz**

an|lehnen **I.** *vt (Tür)* entornar; *(aufstützen)* apoyar (**an** en/contra) **II.** *vr:* **sich ~** *(sich abstützen)* apoyarse (**an** en); **sich an etw/jdn ~** *(a. fig)* apoyarse en algo/alguien; *(zum Vorbild nehmen)* imitar algo/a alguien

Anlehnung *f* <-en> apoyo *m*
anlehnungsbedürftig *adj* necesitado de afecto; **unsere Katze ist heute sehr ~** nuestra gata está hoy muy mimosa
an|leiern ['anlaɪɐn] *vt (fam)* montar; **wer hat das angeleiert?** ¿quién ha organizado esto?
Anleihe ['anlaɪə] *f* <-n> ① (FIN) empréstito *m*, préstamo *m* ② *(von Ideen)* inspiración *f*
an|leiten *vt* ① *(unterweisen)* iniciar ② *(lehren)* instruir
Anleitung *f* <-en> ① *(Vorgang)* dirección *f;* **unter ~ (von)** bajo la dirección (de) ② *(Text)* instrucciones *fpl; (Lehrbuch)* manual *m*
an|lernen *vt* instruir
an|lesen *irr vt* ① *(den Anfang lesen)* iniciar la lectura (de) ② *(sich aneignen)* **sich** *dat* **seine Kenntnisse ~** adquirir sus conocimientos a través de la lectura
anleuchten *vt* enfocar
an|liefern *vt* (COM) suministrar
Anlieferung *f* (COM) entrega *f*, suministro *m*
an|liegen *irr vi* ① *(fam: anstehen)* estar por hacer; **was liegt heute an?** ¿qué hay que hacer hoy? ② *(sich anschmiegen)* ajustarse
Anliegen *nt* <-s, -> *(Wunsch)* deseo *m; (Bitte)* petición *f*
anliegend *adj* ① *(benachbart)* adyacente ② *(beigefügt)* adjunto ③ *(Kleidung)* ceñido
Anlieger *m* <-s, -; -nen> vecino *m*
an|locken *vt* atraer
anlöten *vt* soldar (**an** a)
an|lügen *irr vt* mentir (a)
Anm. *Abk. von* **Anmerkung** nota *f*
Anmache *f ohne pl (sl)* ① *(Flirt)* ligue *m* ② *(Anrede)* piropo *m (fórmula para ligar)*
an|machen *vt* ① *(einschalten)* encender ② *(Mörtel)* amasar ③ (GASTR: *Salat*) aderezar ④ *(fam: anbändeln)* ligar (con) ⑤ *(anbringen)* fijar (**an** a/en) ⑥ *(reizen)* atraer
an|malen *vt* pintar
an|maßen ['anma:sən] *vr:* **sich** *dat* **~** permitirse; *(Rechte)* arrogarse; *(Fähigkeiten)* atribuirse
anmaßend ['anma:sənt] *adj* arrogante
Anmaßung *f* <-en> ① *(unberechtigter Anspruch)* arrogación *f* ② *(Überheblichkeit)* arrogancia *f*
Anmeldeformular *nt* impreso *m* de inscripción
Anmeldefrist *f* <-, -en> plazo *m* de inscripción [*o* de admisión]
Anmeldegebühr *f* tasas *fpl* de inscripción
an|melden I. *vt* ① *(ankündigen)* anunciar; **Konkurs ~** declararse en quiebra ② *(Fahrzeug, an einer Schule)* matricular; **ein Ferngespräch ~** pedir conferencia ③ *(Ansprüche)* presentar **II.** *vr:* **sich ~** matricularse; *(Wohnsitz)* empadronarse
anmeldepflichtig *adj* sujeto a registro
Anmeldeschluss *m* <-es, *ohne pl*> cierre *m* del plazo de inscripción
Anmeldung *f* <-en> ① *(Ankündigung)* aviso *m* ② *(Schule)* matrícula *f; (Kurs)* inscripción *f; (Patent)* registro *m* ③ *(fam: Rezeption)* recepción *f*
an|merken *vt* ① *(notieren)* señalar ② *(ergänzend bemerken)* decir, añadir ③ *(bemerken)* notar; **ich ließ mir nichts ~** procuré que no se me notase nada
Anmerkung *f* <-en> ① *(kurze Bemerkung)* observación *f*, advertencia *f* ② *(Fußnote)* nota *f* a pie de página; **~ des Übersetzers** nota del traductor ③ *(Kommentar)* comentario *m*
anmieten *vt (geh)* alquilar
an|motzen *vt (fam)* criticar
Anmut ['anmu:t] *f ohne pl (geh)* gracia *f*, quimba *f Am; (der Landschaft)* amenidad *f*
anmutig *adj (geh: Wesen, Landschaft)* encantador; *(Bewegung)* garboso
an|nähen *vt* coser (**an** a)
an|nähern I. *vt* acercar (**an** a) **II.** *vr:* **sich ~** acercarse (**an** a)
annähernd ['annɛ:ɐnt] **I.** *adj (ungefähr)* aproximado **II.** *adv* más o menos, alrededor de
Annäherung *f* <-en> aproximación *f; (an einen Menschen)* acercamiento *m*
Annäherungsversuch *m* tentativa *f* de acercamiento; *(aufdringlich)* insinuación *f*
annäherungsweise *adv* aproximadamente
Annäherungswert *m* valor *m* aproximativo
Annahme ['anna:mə] *f* <-n> ① *(Vermutung)* suposición *f;* **in der ~, dass ...** suponiendo que...; **ich bin der ~, dass ...** supongo que... ② *(das Annehmen)* recibo *m; (eines Briefs)* admisión *f; (eines Gesetzes)* aceptación *f* ③ *(Annahmestelle)* recepción *f*
Annahmefrist *f* <-, -en> plazo *m* de admisión
Annahmestelle *f* ① *(Lotto)* despacho *m* de billetes ② *(Schrott)* depósito *m* de entrega ③ *(für Aufträge, Filme)* despacho *m* de entrega
Annalen [a'na:lən] *pl* anales *mpl;* **in die ~ eingehen** pasar a los anales
annehmbar *adj* aceptable; *(zulässig)* admisible; *(Preis)* aceptable
an|nehmen *irr* **I.** *vt* ① *(entgegennehmen)* recibir; **das kann ich doch nicht ~** no puedo aceptar eso ② *(Auftrag)* aceptar;

A

(Rat) seguir; *(Antrag)* acceder (a) ③ *(Urteil)* aprobar ④ *(Religion, Meinung, Kind)* adoptar; *(Gewohnheit)* contraer; *(Umfang)* adquirir; **etw nimmt Gestalt an** algo va tomando forma; **nimm doch endlich Vernunft an!** ¡entra en razón de una vez! ⑤ *(vermuten)* suponer, asumir *Am;* **das nehme ich nicht an** no lo creo; **ich nehme an, dass …** supongo que…; **angenommen, dass …** en el caso de que… *+subj* **II.** *vr* **sich jds ~** cuidar de alguien; **sich etw** *gen* **~** encargarse de algo

Annehmlichkeit *f* <-en> amenidad *f; (Vorteil)* ventaja *f*

annektieren* [anɛk'tiːrən] *vt* anexionar

Annexion [anɛ'ksjoːn] *f* <-, -en> anexión *f*

anno *adv,* **Anno** *adv* en el año; **es war Winter, ~ 1941, als …** era invierno del año 1941 cuando…; **von ~ dazumal** del tiempo de Maricastaña

Annonce [a'nõsə] *f* <-n> anuncio *m,* aviso *m Am*

annoncieren* [anõ'siːrən] **I.** *vi (inserieren)* poner un anuncio **II.** *vt (Stelle, Hochzeit)* anunciar

annullieren* [anʊ'liːrən] *vt* anular

Annullierung *f* <-, -en> (JUR) anulación *f; (Gesetz)* derogación *f; (Urteil)* casación *f; (Vertrag)* revocación *f*

Anode [a'noːdə] *f* <-n> (PHYS) ánodo *m*

an|öden ['anøːdən] *vt (fam)* aburrir

anomal ['anomaːl, --'-] *adj* anómalo

Anomalie [anoma'liː] *f* <-n> anomalía *f*

anonym [ano'nyːm] *adj* anónimo; **~ bleiben** quedar(se) en el anonimato

Anonymität *f ohne pl* anonimato *m*

Anorak ['anorak] *m* <-s, -s> anorak *m*

an|ordnen *vt* ① *(befehlen)* ordenar ② *(aufstellen)* colocar; *(mit System)* ordenar

Anordnung *f* <-en> ① *(Befehl)* orden *f;* **auf jds ~** por orden de alguien ② *(Ordnung)* orden *m; (Aufstellung)* colocación *f; (Verteilung)* distribución *f*

Anorexie [anorɛ'ksiː] *f* <-, -n> (MED) anorexia *f*

anorganisch ['anɔrgaːnɪʃ] *adj* inorgánico

anormal ['anɔrmaːl] *adj* anormal

an|packen **I.** *vi (helfen)* ayudar, echar una mano **II.** *vt* ① *(anfassen)* agarrar, coger ② *(handhaben)* abordar; **eine Arbeit richtig/falsch ~** abordar un trabajo correctamente/erróneamente ③ *(fam: behandeln)* tratar

an|passen **I.** *vt* adaptar (**an** a) **II.** *vr:* **sich ~** amoldarse (**an** a)

Anpassung *f* <-en> ① (WIRTSCH: *Produktion, Verfahren*) ajuste *m* (**an** a), adaptación *f* (**an** a) ② *(Gehalt, Rente)* actualización *f* ③ *(Angleichung)* (re)ajuste *m*

anpassungsfähig *adj* adaptable (**an** a), flexible

Anpassungsfähigkeit *f* adaptabilidad *f,* flexibilidad *f*

Anpassungsschwierigkeiten *fpl* dificultades *fpl* de adaptación

an|peilen *vt* ① (NAUT) dirigirse (a/hacia) ② (TEL) interceptar ③ *(bessere Position)* estar resuelto a conseguir ④ *(jdn)* tener la mirada puesta (en)

an|pfeifen *irr* **I.** *vi, vt* (SPORT) dar el pitido inicial (de) **II.** *vt (fam)* abroncar

Anpfiff *m* <-(e)s, -e> ① (SPORT) pitido *m* inicial ② *(fam: Tadel)* bronca *f*

an|pflanzen *vt* plantar; *(Nutzpflanzen)* cultivar

an|pflaumen *vt (fam)* echar una bronca

an|pirschen *vr:* **sich ~** acercarse sigilosamente

an|pöbeln *vt (fam)* molestar

an|prangern ['anpraŋɐn] *vt* denunciar

an|preisen *irr vt* ① *(empfehlen)* recomendar ② *(loben)* elogiar

Anprobe *f* <-n> prueba *f*

an|probieren *vt* probar(se)

an|pumpen *vt (fam)* **jdn um 100 Euro ~** dar a alguien un sablazo de 100 euros

an|quatschen *vt (fam)* abordar

anraten *irr vt* aconsejar, recomendar; **auf A~ des Arztes** por [*o* siguiendo el] consejo del médico

an|rechnen *vt* ① *(in Rechnung stellen)* facturar ② *(gutschreiben)* abonar (**auf** en) ③ *(Studienzeiten)* convalidar (**auf** con) ④ *(schätzen)* valorar; **ich rechne es ihm hoch an, dass er mir geholfen hat** valoro muchísimo el que me haya ayudado

Anrechnung *f* <-, -en> (FIN, WIRTSCH) abono *m*

Anrecht *nt* <-(e)s, -e> derecho *m* (**auf** a)

Anrede *f* <-n> tratamiento *m; (im Brief)* encabezamiento *m*

an|reden *vt* hablar (a), dirigir la palabra (a); **jdn mit Du/mit Sie ~** tratar a alguien de tú/de Ud.

an|regen **I.** *vi (beleben)* estimular **II.** *vt* ① *(Appetit, Kreislauf)* excitar, estimular ② *(vorschlagen)* proponer, sugerir

anregend *adj (Tee, Kaffee)* excitante; (*a.* MED) estimulante; *(Gespräch)* sugestivo

Anregung[1] *f* <-en> *(Vorschlag)* sugerencia *f,* propuesta *f; (Inspiration)* inspiración *f;* **auf jds ~** por sugerencia de alguien

Anregung[2] *f ohne pl (Belebung)* estímulo *m*

an|reichern ['ənraɪçɐrn] *vt* (*a.* CHEM) enriquecer

Anreicherung *f* <-, -en> (*a.* CHEM) enriquecimiento *f*

Anreise *f* <-n> ❶ *(Anfahrt)* viaje *m* de ida ❷ *(Ankunft)* llegada *f*

an|reisen *vi sein* llegar; **mit dem Zug ~** llegar en tren

Anreiz *m* <-es, -e> estímulo *m,* aliciente *m; (finanziell)* incentivo *m*

an|rempeln ['anrɛmpəln] *vt (fam)* empujar

an|rennen *irr* **I.** *vi sein* ❶ *(herbeieilen)* llegar corriendo ❷ *(anstürmen)* arremeter (**gegen** contra) ❸ *(ankämpfen)* luchar (**gegen** contra); **gegen den Wind ~** correr con el viento en contra **II.** *vt (fam: anstoßen)* chocar (**an** con/contra), golpear (**an** con/contra)

Anrichte ['anrɪçtə] *f* <-n> aparador *m,* bufete *m*

an|richten *vt* ❶ *(garnieren)* aderezar ❷ *(servieren)* servir; **es ist angerichtet** *(geh)* está servido ❸ *(verursachen)* causar; **was hast du denn da wieder angerichtet?** ¡ya has vuelto a armar una buena!

anrüchig ['anrʏçɪç] *adj* de mala fama, sospechoso

anrücken **I.** *vi sein (Truppen, Polizei)* avanzar **II.** *vt (Möbel)* aproximar (**an** a), acercar (**an** a)

Anruf *m* <-(e)s, -e> ❶ *(laute Anrede)* llamada *f; (Appell)* llamado *m,* llamamiento *m* ❷ (TEL) llamada *f*

Anrufbeantworter *m* <-s, -> contestador *m* automático

an|rufen *irr vt* ❶ *(laut anreden)* llamar ❷ *(bitten)* pedir (a); *(flehend)* implorar (a), invocar; (JUR) acudir (a); **das Gericht ~** acudir a los tribunales ❸ *(telefonieren)* llamar (por teléfono)

Anrufer(in) *m(f)* <-s, -; -nen> persona *f* que hace una llamada (telefónica)

an|rühren *vt* ❶ *(berühren)* tocar ❷ *(zu sich nehmen)* probar; **du hast das Essen kaum angerührt** apenas has probado la comida ❸ *(Teig)* amasar

ans [ans] = **an das** *s.* **an**

Ansage ['anza:gə] *f* <-n> anuncio *m;* (TV) presentación *f;* **die ~ machen** hacer la presentación

an|sagen **I.** *vt (ankündigen)* anunciar; (TV) presentar **II.** *vr:* **sich ~** anunciarse

Ansager(in) *m(f)* <-s, -; -nen> (RADIO) locutor(a) *m(f);* (TV) presentador(a) *m(f)*

an|sammeln **I.** *vt* amontonar; *(Reichtümer)* atesorar **II.** *vr:* **sich ~** amontonarse

Ansammlung *f* <-en> aglomeración *f*

ansässig ['anzɛsɪç] *adj (Person)* domiciliado; *(Firma)* establecido

Ansatz *m* <-es, -sätze> ❶ (TECH) prolongación *f* ❷ *(Ablagerung)* depósito *m,* sedimento *m* ❸ *(Anzeichen)* comienzo *m,* principio *m;* **im ~** en una primera fase

Ansatzpunkt *m* punto *m* de partida

ansatzweise *adv* **er hat es ~ verstanden** ha empezado a entenderlo; **das Problem konnte nur ~ gelöst werden** el problema no se pudo solucionar completamente

an|saufen *irr vt (fam)* **sich** *dat* **einen ~** pillarse un pedo

an|schaffen **I.** *vt (kaufen)* comprar(se), adquirir **II.** *vi (fam: Prostituierte)* prostituirse; **~ gehen** hacer la calle

Anschaffung *f* <-en> compra *f,* adquisición *f;* **~en machen** hacer compras

Anschaffungskosten *pl* costes *mpl* de compra

an|schalten *vt* ❶ *(Licht, Fernseher)* encender ❷ *(Atomkraftwerk)* poner en funcionamiento

an|schauen *vt* mirar

anschaulich *adj* plástico; **etw ~ machen** ilustrar algo

Anschaulichkeit *f ohne pl* ❶ *(Beispiel, Vortrag)* claridad *f* ❷ *(Beschreibung)* plasticidad *f*

Anschauung *f* <-en> ❶ *(Vorstellung)* concepto *m,* idea *f;* **etw aus eigener ~ wissen** saber algo por experiencia propia ❷ *(Ansicht)* opinión *f,* parecer *m;* **nach meiner ~** según mi parecer

Anschauungsmaterial *nt* material *m* ilustrativo

Anschein *m* <-(e)s, *ohne pl*> apariencia *f; (Eindruck)* impresión *f;* **allem ~ nach** según todas las apariencias

anscheinend *adv* al parecer

an|scheißen *irr vt (fam)* ❶ *(betrügen)* timar ❷ *(beschimpfen)* echar una bronca

an|schicken *vr* **sich ~, etw zu tun** *(geh)* disponerse a hacer algo

an|schieben *irr vt* empujar

an|schießen *irr* **I.** *vi sein (heranrasen)* llegar como una bala **II.** *vt (verletzen)* herir de un tiro

Anschiss *m* <-es, -e> *(fam)* bronca *f;* **einen ~ bekommen** ganarse una bronca

Anschlag *m* <-(e)s, -schläge> ❶ *(Plakat)* cartel *m,* anuncio *m* ❷ *(Überfall)* atentado *m* (**auf** contra); **einen ~ auf jdn verüben** atentar contra alguien; **einem ~ zum Opfer fallen** ser víctima de un atentado ❸ (FIN, WIRTSCH) cálculo *m* ❹ *(am Klavier, an der Schreibmaschine)* pulsación *f* ❺ (TECH) tope *m;* **bis zum ~** hasta el tope ❻ (MIL) posición *f* de tiro

Anschlagbrett *nt* tablón *m* de anuncios

an|schlagen *irr* **I.** *vi* ❶ *sein (anprallen)* chocar (**an** contra) ❷ *(Tabletten)* surtir efecto ❸ (SPORT) tocar la meta ❹ *(Laut ge-*

ben: Hund) ladrar; *(Vogel)* cantar ⑤ *(fam: dick machen)* (hacer) engordar II. *vt* ① *(Plakat)* fijar (**an** a/en) ② *(beschädigen)* romper ③ *(Taste)* pulsar ④ (MUS: *Akkord*) tocar; *(Melodie)* entonar ⑤ *(Fass)* espitar

an|schleichen *irr vr:* **sich ~** acercarse sigilosamente (**an** a)

an|schleppen *vt* ① *(fam: mitbringen)* traerse; **wen hat dein Bruder denn schon wieder angeschleppt?** ¿a quién se ha vuelto a traer tu hermano? ② *(mühsam herbeibringen)* acarrear, cargar (con)

an|schließen *irr* I. *vt* ① *(festmachen)* sujetar (**an** a) ② *(Waschmaschine, Telefon)* conectar (**an** a) ③ *(Bemerkung)* añadir (**an** a) II. *vr:* **sich ~** ① *(sich zugesellen)* unirse (**an** a), juntarse (**an** con) ② *(folgen)* seguir (**an** a) ③ *(beipflichten)* adherirse (a), mostrarse de acuerdo (con)

anschließend I. *adj (folgend)* posterior II. *adv* a continuación

Anschluss *m* <-es, -schlüsse> ① *(an eine Partei)* adhesión *f* (**an** a), afiliación *f* (**an** a); (POL) unión *f* (**an** a) ② *(an ein Netz)* conexión *f* (**an** con); (TEL) comunicación *f* (**an** con) ③ *(Verkehr)* enlace *m,* entronque *m AmC* ④ *(Kontakt)* compañía *f;* **~ suchen/finden** buscar/encontrar compañía; **im ~ an …** a continuación de…

an|schmiegen ['anʃmiːgən] *vr:* **sich ~** *(Person)* arrimarse cariñosamente (**an** a)

anschmiegsam *adj (Person)* tierno

an|schnallen I. *vt (festbinden)* sujetar II. *vr:* **sich ~** *(Auto, Flugzeug)* ponerse el cinturón de seguridad

Anschnallpflicht *f ohne pl* uso *m* obligatorio del cinturón de seguridad

an|schnauzen *vt (fam)* echar una bronca

an|schneiden *irr vt* ① *(Brot)* cortar ② *(Thema)* abordar ③ *(Kurve)* cortar en diagonal ④ (SPORT: *Ball*) jugar con efecto

an|schrauben *vt* atornillar (**an** a/en)

an|schreiben *irr vt* ① *(nicht sofort bezahlen)* comprar al fiado ② *(Person)* escribir (a) ③ *(an eine Tafel)* escribir (**an** en)

an|schreien *irr vt* gritar (a), levantar la voz (a)

Anschrift *f* <-en> dirección *f,* señas *f pl*

an|schuldigen ['anʃʊldɪgən] *vt (geh)* acusar (**wegen** de), inculpar (**wegen** en)

Anschuldigung *f* <-en> acusación *f,* inculpación *f*

an|schwärzen ['anʃvɛrtsən] *vt (fam abw)* hablar mal (de, **bei** a)

an|schweigen *irr vt* no hablar; **sie schweigen sich schon seit 2 Wochen an** desde hace dos semanas no se cruzan una palabra

an|schwellen *irr vi sein* ① *(Körperteil)* hincharse ② *(Lärm)* crecer

an|schwemmen *vt* acarrear

an|schwindeln *vt (fam)* engañar

an|sehen *irr vt* ① *(betrachten)* mirar; *(prüfend)* examinar; *(Film)* (ir a) ver; *(besichtigen)* visitar; **ich kann das nicht länger mit ~** no puedo soportarlo más ② *(erachten)* considerar; **ich sehe es als meine Pflicht an** lo considero mi deber ③ *(anmerken)* notar; **man sieht dir dein Alter nicht an** no aparentas la edad que tienes

Ansehen *nt* <-s, *ohne pl*> ① *(Anschein)* apariencia *f;* **dem ~ nach zu urteilen** a juzgar por las apariencias ② *(Achtung)* reputación *f;* **großes ~ genießen** gozar de buena reputación

ansehnlich ['anzeːnlɪç] *adj* ① *(beträchtlich)* considerable ② *(gutaussehend)* vistoso

an|seilen *vt* encordar

an|sengen ['anzɛŋən] *vt* chamuscar

an|setzen I. *vi* ① *(beginnen)* comenzar (**zu** a); **die Maschine setzt zur Landung an** el avión inicia el aterrizaje ② *(anbrennen)* pegarse II. *vt* ① *(in Position bringen)* poner, colocar ② *(Glas)* llevarse a los labios ③ *(bilden)* echar; **Fett ~** *(fam)* echar carnes ④ *(vorbereiten)* preparar ⑤ *(Termin, Kosten)* fijar (**für** para) ⑥ *(auf eine Spur)* poner bajo la pista (**auf** de)

Ansicht *f* <-en> ① *(Meinung)* opinión *f* (**über** sobre); **sie vertritt/teilt die ~, dass …** sostiene/comparte la opinión de que…; **meiner ~ nach** en mi opinión; **ich bin ganz ihrer ~** soy de su misma opinión ② *(Abbildung)* vista *f* ③ *(Blick)* vista *f;* **zur ~** como muestra

Ansichtskarte *f* (tarjeta *f*) postal *f*

Ansichtssache *f* cuestión *f* de pareceres

Ansied(e)lung *f* <-en> asentamiento *m*

an|siedeln I. *vt* ① *(Menschen)* asentar ② *(Tierart)* introducir II. *vr:* **sich ~** establecerse

Ansiedler(in) *m(f)* <-s, -; -, -nen> colono *m,* poblador(a) *m(f)*

ansonsten [an'zɔnstən] *adv* ① *(im Übrigen)* por lo demás ② *(andernfalls)* en caso contrario; *(wenn nicht)* si no

an|spannen *vt* ① *(Pferde)* enganchar ② *(Seil)* tensar ③ *(Muskeln)* contraer

Anspannung *f* <-en> tensión *f*

Anspiel *nt* <-(e)s, -e> (SPORT: *beim Fußball*) saque *m;* *(bei Spielen)* apertura *f* del juego

an|spielen I. *vi (hinweisen)* aludir (**auf** a), referirse (**auf** a) II. *vt* ① (SPORT) pasar la pelota (a) ② (MUS: *Instrument*) probar; *(Melodie)* empezar a tocar

Anspielung *f* <-en> alusión *f* (**auf** a), insinuación *f* (**auf** sobre)

an|spitzen *vt* afilar; **den Bleistift ~** sacar punta al lápiz

Ansporn ['anʃpɔrn] *m* <-(e)s, *ohne pl*> estímulo *m,* acicate *m*

an|spornen *vt* ❶ *(anfeuern)* estimular (**zu** a), incitar (**zu** a) ❷ *(Pferd)* espolear, picar

Ansprache *f* <-n> discurso *m* (**an** a/ante); *(kurz)* alocución *f* (**an** a/ante); *(feierlich)* arenga *f* (**an** a/ante)

ansprechbar *adj (Kranker)* capaz de reaccionar; **nicht ~ sein** *(fam)* estar de mal humor

an|sprechen *irr* **I.** *vi* (MED) reaccionar (**auf** a) **II.** *vt* ❶ *(erwähnen)* mencionar; *(Thema)* abordar ❷ *(eine Gruppe)* dirigirse (a), dirigir la palabra (a); **jdn ~** hablar a alguien ❸ *(gefallen)* gustar (a); *(anrühren)* llegar (a)

ansprechend *adj* agradable, grato; *(Person)* atractivo, simpático

Ansprechpartner(in) *m(f)* persona *f* a contactar

an|springen *irr* **I.** *vi sein* ❶ *(Motor)* arrancar ❷ *(fam: reagieren)* aceptar **II.** *vt (anfallen)* embestir

Anspruch *m* <-(e)s, -sprüche> ❶ *(Anrecht)* derecho *m* (**auf** a); *(Forderung)* pretensión *f* (**auf** sobre) ❷ *(Anforderung)* exigencia *f* (**auf** de); **hohe Ansprüche an jdn stellen** ser muy exigente con alguien; **den Ansprüchen gerecht werden** satisfacer las exigencias; **etw in ~ nehmen** hacer uso de algo; **das nimmt sehr viel Zeit in ~** eso exige mucho tiempo; **er ist sehr in ~ genommen** está muy ocupado

anspruchslos *adj* poco exigente; *(bescheiden)* modesto; *(belanglos)* intrascendente

Anspruchslosigkeit *f ohne pl* ❶ *(anspruchsloses Wesen)* modestia *f,* sencillez *f* ❷ *(Trivialität)* trivialidad *f; (Belanglosigkeit)* intra(n)scendencia *f*

anspruchsvoll *adj* exigente

an|spucken *vt* escupir (a)

an|stacheln ['anʃtaxəln] *vt* incitar (**zu** a), pinchar (**zu** a) *fam*

Anstalt ['anʃtalt] *f* <-en> ❶ *(Einrichtung)* establecimiento *m,* institución *f* ❷ *(fam: Psychiatrie)* centro *m* (p)siquiátrico ❸ *pl (Vorbereitungen)* preparativos *mpl;* **er machte keine ~en, zu gehen** no dio muestras de irse; **~en zu etw treffen** hacer preparativos para algo

Anstand *m* <-(e)s, *ohne pl*> decencia *f,* buenos modales *mpl*

anständig ['anʃtɛndɪç] **I.** *adj* ❶ *(sittsam)* decente; *(ehrlich)* honrado, honesto; *(einwandfrei)* correcto ❷ *(fam: zufrieden stellend)* aceptable; **das sieht ganz ~ aus** esto tiene un aspecto bastante aceptable; **sie wird ~ bezahlt** le pagan bien ❸ *(fam: ziemlich)* considerable; **eine ~e Tracht Prügel bekommen** llevarse una buena paliza **II.** *adv* ❶ *(korrekt)* como es debido ❷ *(fam: ziemlich)* bastante; **~ draufzahlen müssen** tener que pagar bastante más

anständigerweise *adv* decentemente; **sie hat ~ geschwiegen** ha callado por decencia

Anständigkeit *f ohne pl* decencia *f,* decoro *m*

anstandshalber *adv* por decencia, por decoro

anstandslos *adv* sin más, sin objeción alguna

an|starren *vt* mirar fijamente, clavar los ojos (en)

anstatt [an'ʃtat] **I.** *präp +gen* en vez de, en lugar de **II.** *konj* **~ etw zu tun** en vez de hacer algo

an|stauen *vr:* **sich ~** estancarse, acumularse

an|stechen *irr vt* pinchar; *(Fass)* espitar

an|stecken **I.** *vt* ❶ *(befestigen)* poner ❷ *(reg: anzünden)* prender fuego (a); *(Zigarette)* encender ❸ *(infizieren, a. fig)* **jdn mit etw ~** contagiarle algo a alguien **II.** *vr:* **sich ~** contagiarse; **ich habe mich bei ihr angesteckt** ella me ha contagiado

ansteckend *adj* contagioso

Anstecker *m* <-s, -> alfiler *m; (Button)* pin *m*

Anstecknadel *f* ❶ *(Schmuck)* aguja *f* ❷ *(Plakette)* distintivo *m*

Ansteckung *f* <-en> (MED) contagio *m*

Ansteckungsgefahr *f* peligro *m* de contagio

an|stehen *irr vi* ❶ *(Arbeit, Problem)* quedar por hacer ❷ *(Termin)* estar fijado ❸ *(Schlange stehen)* hacer cola

an|steigen *irr vi sein* ❶ *(aufwärtsführen)* subir; **steil ~d** empinado ❷ *(Preis, Temperatur)* subir

anstelle [an'ʃtɛlə] *präp +gen* en lugar de; *s. a.* **Stelle 1**.

an|stellen **I.** *vt* ❶ *(Maschine)* poner en marcha ❷ *(Fernseher)* encender ❸ *(beschäftigen)* contratar ❹ *(anlehnen)* colocar (**an** contra) ❺ *(vornehmen)* efectuar, realizar; **Vermutungen ~** hacer conjeturas ❻ *(fam: fertigbringen)* arreglárselas (con); **ich weiß nicht, wie ich es ~ soll** no sé cómo arreglármelas ❼ *(fam: anrichten)* hacer; **was hast du da wieder angestellt?** ¿qué has hecho ahora? **II.** *vr:* **sich ~** ❶ *(fam: sich verhalten)* obrar; **sich dumm ~** hacer el tonto ❷ *(fam: sich zieren)* hacer melindres; **stell dich nicht so**

A

an! ¡déjate de comedias! ③ *(in einer Schlange)* ponerse a la cola
Anstellung *f* <-en> ① *(das Anstellen)* contratación *f* ② *(Stelle)* empleo *m*
an|steuern *vt* ① (NAUT) poner rumbo (a), navegar (hacia) ② *(Ziel)* poner la mira (en)
Anstich *m* <-(e)s, -e> ① *(eines Fasses)* acción *f* de espitar ② *(erster Ausschank)* primer trago *m* (de un barril)
Anstieg[1] ['anʃtiːk] *m* <-(e)s, -e> *(Aufstieg)* ascenso *m,* ascensión *f*
Anstieg[2] *m* <-(e)s, *ohne pl*> ① *(Steigung)* pendiente *f* ② *(Zunahme)* subida *f*
an|stiften *vt* ① *(Unheil)* causar, provocar ② *(Verschwörung)* tramar
Anstifter(in) *m(f)* <-s, -; -nen> *(Straftat)* inductor(a) *m(f); (Verschwörung)* instigador(a) *m(f)*
Anstiftung *f* <-en> instigación *f,* inducción *f*
an|stimmen *vt (Lied)* entonar
Anstoß *m* <-es, -stöße> ① *(Ruck)* empujón *m* ② *(Impuls)* iniciativa *f,* impulso *m* ③ (SPORT) saque *m* ④ *(geh: Ärgernis)* molestia *f,* disgusto *m;* ~ **erregen bei jdm** causar escándalo a alguien; **an etw ~ nehmen** escandalizarse por algo
an|stoßen *irr* **I.** *vi* ① *sein (gegenstoßen)* golpearse (**an** en/contra) ② *(mit den Gläsern)* brindar (**auf** por) ③ (SPORT) sacar, hacer el saque inicial **II.** *vt (Stoß geben)* empujar
Anstößer(in) ['anʃtøːsɐ] *m(f)* <-s, -; -, -nen> *(Schweiz: Anwohner: eines Hauses)* vecino, -a *m, f; (eines Landes)* habitante *mf*
anstößig ['anʃtøːsɪç] *adj* indecente, escandaloso
an|strahlen *vt* ① *(anleuchten)* alumbrar; (FILM, THEAT) enfocar ② *(strahlend ansehen)* mirar con ojos radiantes
an|streben *vt* pretender, aspirar (a)
an|streichen *irr vt* ① *(mit Farbe)* pintar; **etw gelb** ~ pintar algo de amarillo ② *(Fehler)* señalar
Anstreicher(in) *m(f)* <-s, -; -nen> pintor(a) *m(f); (abw: Maler)* pintor(a) *m(f)* de brocha gorda
an|strengen ['anʃtrɛŋən] **I.** *vi (ermüden)* cansar, fatigar **II.** *vt* ① *(Verstand)* aguzar; *(Gehör)* afinar ② (JUR: *Verfahren)* poner, presentar; **eine Klage** ~ proceder (judicialmente) **III.** *vr:* **sich** ~ *(sich bemühen)* esforzarse
anstrengend *adj (körperlich)* duro, agotador, cansador *Arg; (geistig)* laborioso, trabajoso
Anstrengung *f* <-en> esfuerzo *m*
Anstrich[1] *m* <-(e)s, -e> *(Farbe)* pintura *f*
Anstrich[2] *m* <-(e)s, *ohne pl*> ① *(das Anstreichen)* pintura *f* ② *(Anschein)* aire(s) *m(pl),* toque *m*
Ansturm *m* <-(e)s, -stürme> ① *(Angriff)* asalto *m* (**auf** a) ② *(Andrang)* concurrencia *f; (von Kunden)* afluencia *f*
Antagonist(in) [antago'nɪst] *m(f)* <-en, -en; -nen> antagonista *mf*
Antarktis [ant'arktɪs] *f* Antártida *f*
antarktisch *adj* antártico
an|tasten *vt* ① *(Ehre)* ofender; *(Rechte)* usurpar ② *(Geld)* empezar a gastar
Anteil *m* <-(e)s, -e> ① *(Teil)* parte *f* ② *(Beteiligung)* participación *f* ③ *(Interesse)* interés *m* ④ *(Mitgefühl)* compasión *f;* **an etw ~ nehmen** compartir algo
anteilig ['antaɪlɪç] *adj* proporcional
Anteilnahme ['antaɪlnaːmə] *f ohne pl* ① *(Beteiligung)* participación *f* (**an** en) ② *(Mitgefühl)* interés *m* (**an** por) ③ *(Beileid)* pésame *m*
Antenne [an'tɛnə] *f* <-n> (TEL, ZOOL) antena *f*
Anthologie [antolo'giː] *f* <-, -n> (LIT) antología *f*
Anthrazit [antra'tsiːt] *m* <-s, -e> antracita *f*
Anthropologe, -in [antropo'loːgə] *m, f* <-n, -n; -, -nen> antropólogo, -a *m, f*
Anthropologie [antropolo'giː] *f ohne pl* antropología *f*
Anthroposophie [antropozo'fiː] *f ohne pl* antroposofía *f*
anthroposophisch *adj* antroposófico
Antialkoholiker(in) [antiʔalko'hoːlikɐ] *m(f)* antialcohólico, -a *m, f*
antialkoholisch *adj* antialcohólico
antiamerikanisch *adj* antiamericano
antiautoritär *adj* antiautoritario
Antibabypille *f* píldora *f* anticonceptiva
antibakteriell *adj* antibacterial
Antibiotikum [antibi'oːtikʊm] *nt* <-s, Antibiotika> (MED) antibiótico *m*
Antiblockiersystem *nt* <-s, -e> (AUTO) sistema *m* antibloqueo de frenos, frenos *mpl* antibloqueo [*o* ABS]
Antidepressivum [antidepre'siːvʊm] *nt* <-s, -depressiva> (MED) antidepresivo *m*
Antifaltencreme [--'---] *f* crema *f* antiarrugas
Antifaschismus [---'--, '-----] *m ohne pl* antifascismo *m*
Antifaschist(in) *m(f)* <-en, -en; -, -nen> antifascista *mf*
antifaschistisch *adj* antifascista
Antigua und Barbuda [an'tiːgua ʊnt bar'buːda] *nt* <-s> Antigua y Barbuda *f*
antihaftbeschichtet *adj* (con recubrimiento) antiadherente

Antiheld ['---] *m* antihéroe *m*
antik [an'ti:k] *adj* antiguo
Antike [an'ti:kə] *f ohne pl* Antigüedad *f*
antiklerikal [----'-, '-----] *adj* anticlerical
Antikörper ['----] *m* <-s, -> (MED) anticuerpo *m*
Antikriegskundgebung *f* <-, -en> manifestación *f* en contra de la guerra
Antillen [an'tɪlən] *pl* Antillas *fpl*
Antilope [anti'lo:pə] *f* <-n> antílope *m*
Antioxidans *nt* <-, -oxidantien> (MED) antioxidante *m*
Antipathie [antipa'ti:] *f* <-n> *(geh)* antipatía *f*
an|tippen *vt* ① *(Person)* tocar ② *(Thema)* tocar, abordar
Antiquar(in) [anti'kva:ɐ, *pl:* anti'kva:rə] *m(f)* <-s, -e; -, -nen> librero, -a *m, f* de libros antiguos
Antiquariat [antikvari'a:t] *nt* <-(e)s, -e> librería *f* de viejo; **modernes ~** librería de ocasión
antiquarisch *adj (Druckwerke)* de segunda mano, usado
antiquiert *adj (abw)* anticuado
Antiquität *f* <-en> antigüedad *f*
Antiquitätengeschäft *nt* tienda *f* de antigüedades
Antiquitätenhändler(in) *m(f)* anticuario, -a *m, f*
Antiraucherkampagne *f* campaña *f* antitabaco
Antisemit(in) *m(f)* <-en, -en; -nen> antisemita *mf*
antisemitisch *adj* antisemita
Antisemitismus [antizemi'tɪsmʊs] *m* <-, *ohne pl*> antisemitismo *m*
Antiseptikum [anti'zɛptikʊm] *nt* <-s, -septika> (MED) antiséptico *m*
antiseptisch [anti'zɛptɪʃ] *adj* (MED) antiséptico
antistatisch [--'--] *adj* (PHYS) antiestático
Antiterroreinheit [--'----] *f* unidad *f* antiterrorista
Antiterrorkampf *m* lucha *f* antiterrorista
Antiterrorpolizei *f ohne pl* policía *f* antiterrorista [*o* antidisturbios]
Antithese ['----, --'--] *f* <-, -n> (PHILOS) antítesis *f inv*
Antivirenprogramm [anti'vi:rən-] *nt* (INFOR) programa *m* antivirus [*o* cazavirus]
antizyklisch [anti'tsy:klɪʃ] *adj* anticíclico
an|törnen ['antœrnən] *vt (sl)* dar marcha (a), enrollar, molar; **die Musik törnt mich an** la música me da marcha
Antrag ['antra:k, *pl:* 'antrɛ:gə] *m* <-(e)s, -träge> ① *(an eine Behörde)* solicitud *f* (**auf** de); **einen ~ auf etw stellen** presentar una solicitud de algo ② *(Formular)* (formulario *m* de) solicitud *f* ③ (POL) moción *f* (**auf** de) ④ *(Heiratsantrag)* propuesta *f* de matrimonio
Antragsformular *nt* (formulario *m* de) solicitud *f; (Vordruck)* (modelo *m* de) instancia *f*
Antragsteller(in) *m(f)* <-s, -; -nen> solicitante *mf;* (POL) autor(a) *m(f)* de una moción
an|treffen *irr vt* encontrar(se), localizar
an|treiben *irr* **I.** *vi sein (anschwimmen)* llegar flotando **II.** *vt* ① (TECH: *vorwärtstreiben*) impulsar, propulsar ② *(anschwemmen)* arrojar, acarrear ③ *(veranlassen)* incitar (**zu** a), julepear *Col;* **sie trieb ihn zur Eile an** le metió prisa
an|treten *irr* **I.** *vi sein* ① (MIL) formarse; **in Zweierreihen ~** formar filas de a dos; **zum Dienst ~** empezar el servicio ② (SPORT) enfrentarse (**gegen** a/con) **II.** *vt* ① *(Reise)* emprender ② *(Strafe)* (empezar a) cumplir ③ *(Erbe)* recibir ④ *(Stelle)* incorporarse (a) ⑤ *(Amt)* asumir
Antrieb *m* <-(e)s, -e> ① (TECH) tracción *f,* propulsión *f* ② *(Impuls)* estímulo *m,* acicate *m;* **aus eigenem ~** por iniciativa propia
Antriebskraft *f* (TECH) fuerza *f* motriz; *(fig)* motor *m*
antriebsschwach *adj* (PSYCH: *passiv*) carente de empuje
Antriebswelle *f* (TECH) árbol *m* de accionamiento
an|trinken *irr vt* **sich** *dat* **etw ~** *(fam)* coger algo (por medio de la bebida); **sich** *dat* **Mut ~** coger valor bebiendo
Antritt *m* <-(e)s, *ohne pl*> ① *(Beginn)* comienzo *m* ② *(eines Amtes)* toma *f* de posesión; *(einer Erbschaft)* adición *f; (der Regierung)* acceso *m* al poder; *(einer Stellung)* comienzo *m*
Antrittsrede *f* <-, -n> discurso *m* inaugural
Antrittsvorlesung *f* <-, -en> (UNIV) discurso *m* inaugural de un catedrático
an|tun *irr* **I.** *vt (zufügen)* **jdm etw ~** hacer(le) algo a alguien; **tu mir das nicht an!** *(fam)* ¡no me hagas eso!; **das werde ich mir nicht ~** no pienso pasar por eso; **sich** *dat* **etwas ~** atentar contra la propia vida **II.** *vi (Sympathie erregen)* encantar; **diese Gegend hat es ihm angetan** esta región le ha encantado
anturnen ['antœrnən] *vt s.* **antörnen**
Antwerpen [ant'vɛrpən] *nt* <-s> Amberes *m*
Antwort ['antvɔrt] *f* <-en> respuesta *f* (**auf** a); *(brieflich)* contestación *f* (**auf** a); **keine ~ bekommen** no recibir respuesta; **jdm Rede und ~ stehen** rendir cuentas a

alguien; **um ~ wird gebeten** se agradecerá respuesta

Antwortbrief *m* <-(e)s, -e> (carta *f* de) respuesta *f,* contestación *f*

antworten ['antvɔrtən] *vt* responder (**auf** a); *(brieflich)* contestar (**auf** a); **jdm auf einen Brief ~** contestar la carta de alguien

Antwortschein *m* cupón respuesta *m;* **internationaler ~** cupón respuesta internacional

Antwortschreiben *nt* (escrito *m* de) respuesta *f,* (escrito *m* de) contestación *f*

Anus ['a:nʊs] *m* <-, Ani> (ANAT) ano *m*

an|vertrauen* **I.** *vt* ① *(überlassen)* confiar, encomendar ② *(vertraulich erzählen)* confiar, revelar **II.** *vr:* **sich ~** *(sich offenbaren)* confiarse

an|visieren* ['anvizi:rən] *vt* ① *(anstreben)* poner la mira (en) ② (MIL) visar

an|wachsen *irr vi sein* ① *(Wurzeln schlagen)* echar raíces ② (MED: *Knochen*) crecer; *(Haut)* adherirse ③ *(zunehmen)* crecer, aumentar

Anwalt, -wältin ['anvalt, *pl:* 'anvɛltə] *m, f* <-(e)s, -wälte; -nen> ① (JUR) abogado, -a *m, f;* **sich** *dat* **einen ~ nehmen** recurrir a un abogado ② *(Fürsprecher)* defensor(a) *m(f)*

Anwaltsbüro *nt* bufete *m*

Anwaltschaft *f* <-en> (JUR) ① *(Vertretung eines Klienten)* defensa *f* ② *(Gesamtheit der Anwälte)* abogacía *f*

Anwaltskammer *f* <-, -n> colegio *m* de abogados

Anwaltskanzlei *f* bufete *m*

Anwaltspraxis *f* <-, -praxen> (JUR) bufete *m* de abogado, despacho *m* de abogado

Anwandlung *f* <-en> capricho *m; (von Furcht)* arrebato *m*

anwärmen *vt* calentar

Anwärter(in) *m(f)* <-s, -; -nen> candidato, -a *m, f* (**auf** a); *(Verehrer)* pretendiente *mf*

an|weisen *irr vt* ① *(anleiten)* instruir ② (FIN) girar ③ *(zuweisen)* señalar, indicar ④ *(beauftragen)* encargar

Anweisung *f* <-en> ① *(Befehl)* orden *f* ② *(Gebrauchsanweisung)* instrucciones *fpl* de uso ③ (FIN) giro *m,* tra(n)sferencia *f*

anwendbar *adj* aplicable (**in** en, **auf** a)

an|wenden *irr vt* ① *(Technik, Heilmittel)* aplicar ② *(List, Gewalt)* recurrir (a)

Anwender(in) *m(f)* <-s, -; -nen> usuario, -a *m, f*

anwenderfreundlich *adj* fácil para el usuario; (INFOR) amigable

anwenderorientiert *adj* adaptado a las necesidades del usuario

Anwendung *f* <-en> ① *(das Anwenden)* uso *m,* aplicación *f;* **zur ~ kommen** aplicarse ② (MED) aplicación *f*

an|werben *irr vt (Soldaten)* alistar, reclutar; *(Arbeitskräfte)* contratar

Anwesen ['anve:zən] *nt* <-s, -> propiedad *f,* mansión *f*

anwesend *adj* presente; *(bei einer Veranstaltung)* asistente; **bei einer Sitzung ~ sein** asistir a una reunión

Anwesende(r) *mf* <-n, -n; -n> presente *mf;* **die hier ~n** los aquí presentes

Anwesenheit *f ohne pl* ① *(von Personen)* presencia *f; (bei einer Veranstaltung)* asistencia *f;* **in jds ~** en presencia de alguien ② *(Vorhandensein)* existencia *f*

Anwesenheitsliste *f* lista *f* de asistencia

Anwesenheitspflicht *f ohne pl* asistencia *f* obligatoria; **bei diesem Seminar herrscht ~** la asistencia a este seminario es obligatoria

an|widern ['anvi:dɐn] *vt (abw)* dar asco (a)

anwinkeln *vt* doblar (en forma de ángulo)

Anwohner(in) *m(f)* <-s, -; -nen> vecino, -a *m, f*

Anwohnerparkplatz *m* <-es, -plätze> aparcamiento *m* reservado para los vecinos de la zona

Anzahl *f ohne pl* número *m; (Menge)* cantidad *f*

an|zahlen *vt* pagar el primer plazo (de)

Anzahlung *f* <-en> ① *(Rate)* primer plazo *m* ② *(Teilbetrag)* depósito *m*

an|zapfen *vt* ① *(Fass)* espitar ② *(fam: Leitung)* interceptar

Anzeichen *nt* <-s, -> señal *f;* (MED) síntoma *m*

Anzeige ['antsaɪgə] *f* <-n> ① *(Inserat)* anuncio *m,* aviso *m Am; (bei Tod)* esquela *f* ② (JUR) denuncia *f,* denuncio *m And;* **~ erstatten** formular una denuncia ③ (TECH) indicador *m;* (SPORT) marcador *m* ④ (INFOR) visualización *f,* despliegue *m*

Anzeigeerstatter(in) *m(f)* denunciante *mf*

an|zeigen *vt* ① (JUR) denunciar ② *(in einer Zeitung)* publicar (en un periódico) ③ *(ankündigen)* indicar, señalar ④ (INFOR) visualizar, indicar

Anzeigenblatt *nt* hoja *f* de anuncios

Anzeigenteil *m* sección *f* de anuncios

Anzeiger *m* <-s, -> ① *(Zeitung)* periódico *m* de provincias ② *(Gerät)* indicador *m*

Anzeigetafel *f* panel *m* de anuncios; (TECH) panel *m* indicador; (SPORT) marcador *m*

an|zetteln *vt (abw)* urdir, tramar

an|ziehen *irr* **I.** *vi* ① *(in Bewegung setzen)* arrancar ② *(sich erhöhen)* ir subiendo **II.** *vt* ① *(ankleiden)* vestir ② *(Kleidungsstück)* poner ③ *(Beine)* encoger, encogerse (de) ❹ *(festziehen)* apretar ❺ *(aufsaugen)* absorber ❻ *(Anziehungskraft ausüben)* atraer **III.** *vr:* **sich ~** vestirse; **sich warm ~** *(a. fig)* abrigarse; **ich ziehe mir den Mantel an** me pongo el abrigo

anziehend *adj (ansprechend)* atractivo; *(sympathisch)* simpático

Anziehung *f* <-en> atracción *f*

Anziehungskraft[1] *f* (PHYS) fuerza *f* de atracción; *(Schwerkraft)* gravitación *f*

Anziehungskraft[2] *f ohne pl (Attraktivität)* atracción *f*

Anzug[1] *m* <-(e)s, -züge> *(Kleidung)* traje *m,* percha *f AmC*

Anzug[2] *m* <-(e)s, *ohne pl*> **ein Gewitter ist im ~** está a punto de caer una tormenta

anzüglich ['antsy:klɪç] *adj* ❶ *(frech)* mordaz, ofensivo ❷ *(zweideutig)* picante

an|zünden *vt (Zigarette)* encender; *(Gebäude)* prender fuego (a)

Anzünder *m* <-s, -> *(fam)* encendedor *m*

an|zweifeln *vt* dudar (de), poner en duda

AOK [a:ʔo:'ka:] *f Abk. von* **Allgemeine Ortskrankenkasse** Caja *f* Local de Enfermedad *(seguro de enfermedad obligatorio)*

AOL (INFOR) *Abk. von* **America Online** AOL

Aorta [a'ɔrta] *f* <-, Aorten> (ANAT) aorta *f*

apart [a'part] *adj* atractivo

Apartheid [a'pa:ɐthaɪt] *f ohne pl* apartheid *m*

Apartment [a'partmənt] *nt* <-s, -s> apartamento *m,* departamento *m Am*

Apathie [apa'ti:] *f* <-n> apatía *f*

apathisch [a'pa:tɪʃ] *adj* apático

Aperitif [aperi'ti:f] *m* <-s, -s *o* -e> aperitivo *m,* copetín *m Méx*

Apfel ['apfəl, *pl:* 'ɛpfəl] *m* <-s, Äpfel> manzana *f;* **in den sauren ~ beißen** *(fam fig)* hacer de tripas corazón; **der ~ fällt nicht weit vom Stamm** *(prov)* el hijo de la rata ratones mata

Apfelbaum *m* manzano *m*

Apfelkuchen *m* pastel *m* de manzana

Apfelmost *m* <-(e)s, -e> mosto *m* de manzana fermentado

Apfelmus *nt* <-es, *ohne pl*> ≈ compota *f* de manzana

Apfelsaft *m* zumo *m* de manzana, jugo *m* de manzana *Am*

Apfelschorle *f zumo de manzana con agua mineral con gas*

Apfelsine [apfəl'zi:nə] *f* <-n> naranja *f*

Apfelstrudel *m rollo de manzana con canela que se toma caliente o frío*

Apfeltasche *f* pastelito *m* relleno de manzana

Apfelwein *m* vino *m* de manzana, sidra *f*

Aphorismus [afo'rɪsmʊs] *m* <-, Aphorismen> aforismo *m*

Aphrodisiakum [afrodi'zi:akʊm] *nt* <-s, Aphrodisiaka> afrodisiaco *m,* afrodisíaco *m*

apodiktisch [apo'dɪktɪʃ] *(geh)* **I.** *adj* apodíctico **II.** *adv* apodícticamente

Apokalypse [apoka'lʏpsə] *f* <-, *ohne pl*> apocalipsis *m*

Apostel [a'pɔstəl] *m* <-s, -> (REL) apóstol *m*

Apostroph [apo'stro:f] *nt* <-s, -e> (LING) apóstrofo *m*

Apotheke [apo'te:kə] *f* <-n> farmacia *f*

apothekenpflichtig *adj* de venta exclusiva en farmacias

Apotheker(in) [--'--] *m(f)* <-s, -; -nen> farmacéutico, -a *m, f*

App [ɛp] *f o nt* <-, -s> (INFOR) *Abk. von* **Applikation** aplicación *f,* apli *f,* app *f*

Apparat [apa'ra:t] *m* <-(e)s, -e> aparato *m;* **am ~!** *(Telefon)* ¡al habla!

Apparatur [apara'tu:ɐ] *f* <-en> conjunto *m* de aparatos, equipo *m* técnico

Appartement [apartə'mã:] *nt* <-s, -s> apartamento *m,* departamento *m Am*

Appell [a'pɛl] *m* <-s, -e> ❶ *(Aufruf)* llamamiento *m;* **einen ~ an jdn richten** hacer un llamamiento a alguien ❷ (MIL) llamada *f*

appellieren* *vi* hacer un llamamiento (**an** a), apelar (**an** a)

Appetit [ape'ti:t] *m* <-(e)s, *ohne pl*> apetito *m* (**auf** de), antojo *m Méx;* **Guten ~!** ¡Buen provecho!, ¡Que aproveche!; **jdm den ~ verderben** quitar(le) a alguien el apetito; **worauf haben Sie ~?** ¿qué le apetece?

appetitanregend *adj* estimulador del apetito

appetitlich *adj* apetitoso, sabroso

Appetitlosigkeit *f ohne pl* inapetencia *f*

Appetitzügler [ape'ti:ttsy:glɐ] *m* <-s, -> (MED) inhibidor *m* del apetito

applaudieren* [aplaʊ'di:rən] *vi* aplaudir

Applaus [a'plaʊs] *m* <-es, -e> *(Lob)* aplauso(s) *m(pl)*

Applikation [aplika'tsjo:n] *f* <-, -en> aplicación *f*

apportieren* [apor'ti:rən] *vi, vt (Hund)* cobrar

Apposition [apozi'tsjo:n] *f* <-, -en> (LING) aposición *f*

Après-Ski *nt* <-, *ohne pl*> après-ski *m*

Aprikose [apri'ko:zə] *f* <-n> albaricoque *m,* damasco *m Am*

April [a'prɪl] *m* <-(s), -e> abril *m;* **jdn in den ~ schicken** *(fam fig)* gastar(le) una inocentada a alguien; *s. a.* **März**

Aprilscherz *m* inocentada *f*

A

Aprilwetter *nt* tiempo *m* tornadizo
a priori [aː priˈoːri] *adv (geh)* a priori
apropos [aproˈpoː] *adv (geh: übrigens)* por cierto; **~ Weihnachten, was wünscht du dir denn?** hablando de Navidades, ¿qué es lo que quieres?
Aquädukt [akvɛˈdʊkt] *m o nt* <-(e)s, -e> acueducto *m*
Aquamarin [akvamaˈriːn] *m* <-s, -e> aguamarina *f*
Aquaplaning [akvaˈplaːnɪŋ] *nt* <-(s), *ohne pl*> (AUTO) acuaplaneo *m*, acuaplaning *m*, aquaplaning *m*
Aquarell [akvaˈrɛl] *nt* <-s, -e> acuarela *f*
Aquarellfarbe *f* <-, -n> acuarela *f*
Aquarellmalerei[1] *f* <-, -en> (KUNST: *Bild*) acuarela *f*
Aquarellmalerei[2] *f* <-, *ohne pl*> (KUNST: *das Malen*) (pintura *f* a la) acuarela *f*
Aquarium [aˈkvaːriʊm] *nt* <-s, Aquarien> acuario *m*
Äquator [ɛˈkvaːtoːɐ] *m* <-s, *ohne pl*> (GEO) ecuador *m*
äquatorial *adj* (GEO) ecuatorial
Äquatorialguinea *nt* <-s> Guinea *f* Ecuatorial
äquivalent [ɛkvivaˈlɛnt] *adj* equivalente
Äquivalent [ɛkvivaˈlɛnt] *nt* <-(e)s, -e> *(geh, a.* MATH, LING*)* equivalente *m;* **für dieses Wort gibt es im Deutschen kein ~** para esta palabra no existe equivalente en alemán
Äquivalenz *f* <-, -en> *(geh, a.* MATH, LING*)* equivalencia *f*
Ar [aːɐ] *nt o m* <-s, -e> área *f*
Ära [ˈɛːra] *f* <Ären> era *f*, época *f*
Araber(in) [ˈarabɐ] *m(f)* <-s, -; -nen> árabe *mf*
Arabeske [araˈbɛskə] *f* <-, -n> (KUNST, MUS) arabesco *m*
Arabien [aˈraːbiən] *nt* <-s> Arabia *f*
arabisch *adj* árabe
Arabisch *nt* <-(s), *ohne pl*>, **Arabische** *nt* <-n, *ohne pl*> árabe *m*
Arabische Liga *f* Liga Árabe *f*
Arabisches Meer *nt* mar Arábigo *m*
aragonesisch [aragoˈneːzɪʃ] *adj* aragonés
Aragonien [araˈgoːniən] *nt* <-s> Aragón *m*
Aragonier(in) *m(f)* <-s, -; -nen> aragonés, -esa *m, f*
Arbeit [ˈarbaɪt] *f* <-en> ① *(Tätigkeit)* trabajo *m; (Feldarbeit, Handarbeit)* labor *f; (Arbeitsplatz)* empleo *m;* **an die ~ gehen** empezar a trabajar; **sich an die ~ machen** poner manos a la obra; **etw ist in ~** algo está en marcha; **viel ~ haben** tener mucho trabajo; **bei der ~ sein** estar trabajando; **einer ~ nachgehen** dedicarse a un trabajo; **zur ~ gehen** ir al trabajo; **keine ~ haben** no tener trabajo; **sich ~ suchend melden** buscar un trabajo (en la oficina de desempleo) ② *(Mühe)* trabajo *m; (Anstrengung)* esfuerzo *m;* **etw macht/kostet viel ~** algo da/cuesta mucho trabajo ③ *(Schule, Uni)* trabajo *m; (Prüfung)* examen *m;* **eine ~ schreiben** escribir un examen
arbeiten [ˈarbaɪtən] **I.** *vi* ① *(tätig sein)* trabajar; **er arbeitet als Rechtsanwalt/in einer Firma** trabaja como abogado/en una empresa; **die ~de Bevölkerung** la población activa; **die Zeit arbeitet für/gegen uns** el tiempo está a nuestro favor/en contra de nosotros ② *(Maschine)* funcionar ③ *(Holz)* alabearse **II.** *vt (herstellen)* hacer, producir **III.** *vr* **sich nach oben ~** *(fig)* abrirse camino hacia los puestos más altos; **sich kaputt ~** *(fam)* matarse trabajando
Arbeiter(in) [ˈarbaɪtɐ] *m(f)* <-s, -; -nen> trabajador(a) *m(f); (Stand)* obrero, -a *m, f*, obrador(a) *m(f) Am*
Arbeiterbewegung *f ohne pl* (POL) movimiento *m* obrero
Arbeiterfamilie *f* familia *f* obrera
Arbeitergewerkschaft *f* <-, -en> sindicato *m* obrero [*o* de trabajadores]
Arbeiterin *f* <-nen> *s.* **Arbeiter**
Arbeiterpartei *f* (POL) partido *m* obrero; **Sozialistische ~** Partido Socialista de los Trabajadores
Arbeiterschaft *f ohne pl* obreros *mpl*, clase *f* obrera, faena *f Chil*
Arbeiterviertel *nt* barrio *m* obrero
Arbeiterwohlfahrt *f* asociación *f* de asistencia social para trabajadores
Arbeitgeber(in) [ˈarbaɪtgeːbɐ] *m(f)* <-s, -; -nen> patrón, -ona *m, f*, empleador(a) *m(f) Am; (Unternehmer)* empresario, -a *m, f*
Arbeitgeberanteil *m* cuota *f* patronal
Arbeitgeberin *f* <-nen> *s.* **Arbeitgeber**
Arbeitgeberverband *m* federación *f* patronal
Arbeitnehmer(in) [ˈarbaɪtneːmɐ] *m(f)* <-s, -; -nen> ① *(Angestellter)* empleado, -a *m, f*, asalariado, -a *m, f* ② *(Arbeiter)* trabajador(a) *m(f)*
Arbeitnehmeranteil *m* cuota *f* obrera
Arbeitnehmerin *f* <-nen> *s.* **Arbeitnehmer**
Arbeitsablauf *m* desarrollo *m* del trabajo
arbeitsam [ˈarbaɪtszaːm] *adj* trabajador
Arbeitsamt *nt* (HIST) oficina *f* de empleo
Arbeitsatmosphäre *f* <-, -n> ambiente *m* de trabajo [*o* laboral]
Arbeitsaufwand *m* cantidad *f* de trabajo;

das erfordert einen hohen ~ esto requiere mucho trabajo

arbeitsaufwendig *adj*, **arbeitsaufwändig** *adj* trabajoso

Arbeitsausfall *m* pérdida *f* de horas de trabajo

Arbeitsbedingungen *fpl* condiciones *fpl* de trabajo

Arbeitsbeginn *m* <-(e)s, *ohne pl*> comienzo *m* de la jornada (laboral), comienzo *m* del trabajo

Arbeitsbeschaffungsmaßnahme *f plan de fomento de empleo*

Arbeitsbiene *f* ① (ZOOL) abeja *f* obrera ② *(fam a. abw: fleißige Person)* hormiguita *f*; **ach, Mädel, so eine ~!** *(iron)* ¡ay, chica, qué hacendosa!

Arbeitseifer *m* ganas *fpl* de trabajar

Arbeitsentgelt *nt* remuneración *f*, salario *m*

Arbeitserlaubnis *f* permiso *m* de trabajo

Arbeitserleichterung *f* facilitación *f* del trabajo

Arbeitsessen *nt (nachmittags)* comida *f* de trabajo

arbeitsfähig *adj* en condiciones de trabajar

Arbeitsfläche *f* encimera *f*; **die Einbauküche hat eine ~ aus Marmor** la cocina empotrada tiene una encimera de mármol

Arbeitsgang *m* fase *f* de trabajo

Arbeitsgemeinschaft *f* colectivo *m* (de trabajo)

Arbeitsgericht *nt* (JUR) Magistratura *f* laboral [*o* de(l) trabajo]

Arbeitsgruppe *f* grupo *m* de trabajo

arbeitsintensiv *adj* costoso, de mucho trabajo

Arbeitskleidung *f* ropa *f* de trabajo

Arbeitsklima *nt* ambiente *m* laboral

Arbeitskollege, -in *m, f* compañero, -a *m, f* de trabajo, colega *mf*

Arbeitskraft[1] *f* <-kräfte> *(Personal)* mano *f* de obra

Arbeitskraft[2] *f ohne pl (Leistungskraft)* capacidad *f* productiva

Arbeitskreis *m* <-es, -e> grupo *m* de trabajo

Arbeitslager *nt* campo *m* de trabajos forzados

Arbeitsleben *nt ohne pl (Erwerbsleben)* vida *f* de trabajo

Arbeitsleistung *f* <-, -en> rendimiento *m* (laboral), productividad *f*

Arbeitslohn *m* salario *m*

arbeitslos *adj* parado, sin trabajo

Arbeitslose(r) *mf* <-n, -n; -n> parado, -a *m, f*, cesante *mf Am*

Arbeitslosengeld *nt* subsidio *m* de desempleo [*o* de paro]

Arbeitslosenhilfe *f ohne pl* ayuda *f* a los parados

Arbeitslosenquote *f* tasa *f* de desempleo, índice *m* de paro

Arbeitslosenunterstützung *f s.* **Arbeitslosengeld**

Arbeitslosenversicherung *f ohne pl* seguro *m* de desempleo

Arbeitslosenzahl *f* número *m* de desempleados

Arbeitslosigkeit *f ohne pl* desempleo *m*, paro *m*, cesantía *f Am*

Arbeitsmarkt *m* mercado *m* de trabajo [*o* laboral]

Arbeitsmaterial *nt* material *m* de trabajo

Arbeitsminister(in) *m(f)* ministro, -a *m, f* de trabajo

Arbeitsmittel *nt* <-s, -> instrumento *m* de trabajo; *(Werkstoff)* material *m* de trabajo

Arbeitsmoral *f* moral *f* de trabajo; **was ist denn das für eine ~?** pero, ¿qué moral de trabajo es esta?

Arbeitsniederlegung *f* huelga *f*, paro *m*

Arbeitsoberfläche *f* (INFOR) escritorio *m*

Arbeitsort *m* lugar *m* de trabajo; **sein ~ ist 35 km von seinem Wohnort entfernt** trabaja a 35 kms. de su lugar de residencia

Arbeitspensum *nt* <-s, -pensen *o* -pensa> volumen *m* de trabajo

Arbeitsplan *m* plan *m* de trabajo; **was steht heute auf unserem ~?** *(a. fig)* ¿qué tenemos hoy en el programa?

Arbeitsplatte *f* superficie *f* de trabajo

Arbeitsplatz *m* ① *(Platz)* lugar *m* de trabajo ② *(Arbeitsstätte)* trabajo *m* ③ *(Stelle)* puesto *m* de trabajo

Arbeitsplatzbeschaffungsmaßnahme *f* creación *f* de empleo

Arbeitsplatz-Gifte *ntpl* tóxicos *mpl* en el puesto de trabajo

Arbeitsrecht *nt ohne pl* Derecho *m* Laboral

arbeitsreich *adj* muy ocupado

Arbeitsrhythmus *m* <-, -rhythmen> ritmo *m* de trabajo

Arbeitsrichter(in) *m(f)* juez *mf* de trabajo

arbeitsscheu *adj* gandul

Arbeitsschutz *m ohne pl* protección *f* laboral

Arbeitsspeicher *m* (INFOR) memoria *f* de trabajo [*o* con acceso inmediato]

Arbeitsstelle *f* puesto *m* de trabajo

Arbeitsstunde *f* hora *f* de trabajo

Arbeitssuche *f ohne pl* búsqueda *f* de trabajo

Arbeitstag *m* jornada *f* (de trabajo); *(Montag bis Freitag)* día *m* laboral

Arbeitsteilung *f ohne pl* división *f* del trabajo

A

Arbeitstier *nt* ① (ZOOL) acémila *f* ② *(fig, a. abw: persona)* mula *f;* **der schafft wie ein ~** *(fam)* ese trabaja como una mula

Arbeitstitel *m* <-s, -> título *m* provisional

arbeitsuchend *adj s.* **Arbeit 1.**

Arbeitsuchende(r) *mf* <-n, -n; -n> demandante *mf* de trabajo

arbeitsunfähig *adj* ① *(krank)* enfermo ② *(behindert)* inválido

Arbeitsunfähigkeit *f* incapacidad *f* laboral

Arbeitsunfähigkeitsbescheinigung *f* certificado *m* de incapacidad laboral

Arbeitsunfall *m* accidente *m* laboral

Arbeitsverhältnis *nt* relación *f* jurídica entre patrono y obrero; **in einem ~ stehen** tener un contrato laboral

Arbeitsvermittlung *f* tramitación *f* de trabajo

Arbeitsvertrag *m* contrato *m* de trabajo

Arbeitsverweigerung *f* negativa *f* a trabajar

Arbeitsweise *f* ① *(Mensch)* modo *m* de trabajar ② *(Maschine)* sistema *m* de funcionamiento

Arbeitswelt *f* mundo *m* laboral

arbeitswillig *adj* dispuesto a trabajar; *(beim Streik)* antihuelguista

Arbeitswoche *f* semana *f* laboral

arbeitswütig *adj* afanoso

Arbeitszeit *f* horario *m* de trabajo; *(Öffnungszeiten)* horas *f pl* de oficina; **verkürzte ~** jornada reducida

Arbeitszeitverkürzung *f* reducción *f* de jornada

Arbeitszeugnis *nt* certificado *m* de trabajo

Arbeitszimmer *nt* cuarto *m* de trabajo; *(Büro)* despacho *m*

archaisch [ar'ça:ɪʃ] *adj* arcaico

Archaismus [arça'ɪsmʊs, *pl:* arça'ɪsmən] *m* <-, Archaismen> (LING, KUNST) arcaísmo *m;* **in dem Text finden sich einige Archaismen** en el texto aparecen algunos arcaísmos

Archäologe, -in [arçɛo'lo:gə] *m, f* <-n, -n; -nen> arqueólogo, -a *m, f*

Archäologie [arçɛolo'gi:] *f ohne pl* arqueología *f*

Archäologin *f* <-nen> *s.* **Archäologe**

archäologisch *adj* arqueológico

Arche ['arçə] *f* <-n> arca *f;* **die ~ Noah** el arca de Noé

Architekt(in) [arçi'tɛkt] *m(f)* <-en, -en; -nen> arquitecto, -a *m, f*

Architektenbüro *nt* <-s, -s> ① *(Konstruktionsraum)* estudio *m* de arquitecto ② *(Firma)* gabinete *m* de arquitectura

architektonisch [arçitɛk'to:nɪʃ] *adj* arquitectónico

Architektur *f ohne pl* arquitectura *f*

Archiv [ar'çi:f] *nt* <-s, -e> archivo *m*

Archivar(in) [arçi'va:ɐ] *m(f)* <-s, -e; -nen> archivero, -a *m, f*

archivieren* *vt* archivar

ARD [a:ʔɛr'de:] *f Abk. von* **Arbeitsgemeinschaft der öffentlich-rechtlichen Rundfunkanstalten der Bundesrepublik Deutschland** Organización *f* de la Radiotelevisión Pública de Alemania *(primera cadena de televisión)*

Areal [are'a:l] *nt* <-s, -e> ① *(Fläche)* área *f* ② *(Bezirk)* distrito *m*

Ären *pl von* **Ära**

Arena [a're:na, *pl:* a're:nən] *f* <Arenen> ① *(Kampfplatz)* arena *f* ② *(Stierkampfarena)* plaza *f* de toros ③ *(Zirkus)* pista *f*

arg [ark] <ärger, am ärgsten> **I.** *adj (reg)* ① *(schlimm)* malo; **der ärgste Feind** el peor enemigo; **etw liegt im A~en** *(geh)* algo va por mal camino; **etw noch ärger machen** empeorar algo aún más; **jdm ~ mitspielen** jugar una mala pasada a alguien ② *(ernst)* grave; **in ~e Verlegenheit kommen** verse en un grave apuro **II.** *adv (reg: sehr)* muy, mucho; **es hat mir nicht so ~ gefallen** no me ha gustado demasiado

Argentinien [argɛn'ti:niən] *nt* <-s> Argentina *f*

Argentinier(in) *m(f)* <-s, -; -nen> argentino, -a *m, f*

argentinisch *adj* argentino

ärger *adj kompar von* **arg**

Ärger ['ɛrgɐ] *m* <-s, *ohne pl*> ① *(Unmut)* fastidio *m,* disgusto *m,* boche *m Chil, Perú* ② *(Zorn)* enojo *m,* bronca *f Am* ③ *(Wut)* rabia *f;* **seinen ~ hinunterschlucken** *(fam fig)* tragarse el enfado ④ *(Schwierigkeiten)* dificultades *f pl;* **~ bekommen** llevarse una bronca; **es gab ~** hubo problemas; **mit jdm ~ haben** tener problemas con alguien; **jdm ~ machen** poner dificultades a alguien

ärgerlich *adj* ① *(verärgert)* enfadado; **über jdn/über etw ~ sein** estar enfadado con alguien/por algo ② *(erbost)* indignado, enojado ③ *(unerfreulich)* desagradable, molesto, chocante *Am*

ärgern ['ɛrgɐn] **I.** *vt (ärgerlich machen)* fastidiar, molestar, embromar *Am* **II.** *vr:* **sich ~** *(böse werden)* enfadarse (**über** por); **ich habe mich sehr über dich geärgert** me he enfadado muchísimo por tu culpa

Ärgernis[1] *nt* <-ses, -se> *(Ärger)* fastidio *m,* volado *m Méx*

Ärgernis[2] *nt* <-ses, *ohne pl*> *(Anstoß)* escándalo *m;* **Erregung öffentlichen ~ses** (JUR) provocación de escándalo público

A

Arglist *f ohne pl* ① *(geh: Heimtücke)* malicia *f; (geh: Hinterlist)* astucia *f,* maña *f* ② (JUR) dolo *m*
arglistig *adj* ① *(gemein)* malicioso; *(verschlagen)* astuto ② (JUR) doloso
arglos *adj* sin malicia, de buena fe; *(naiv)* ingenuo, inocente
Arglosigkeit *f* <-, *ohne pl*> *(Ahnungslosigkeit)* falta *f* de malicia, ingenuidad *f; (Naivität)* candor *m,* candidez *f*
ärgste(r, s) *adj superl von* **arg**
Argument [argu'mɛnt] *nt* <-(e)s, -e> argumento *m,* alegato *m Perú*
Argumentation [argumɛnta'tsjo:n] *f* <-en> argumentación *f*
argumentativ *adj* argumentativo
argumentieren* *vi* argumentar (**für** en pro de, **gegen** contra)
Argwohn ['arkvo:n] *m* <-(e)s, *ohne pl*> *(geh)* sospecha *f,* suspicacia *f; (Misstrauen)* recelo *m,* desconfianza *f;* **jds ~ erregen** despertar la desconfianza de alguien
argwöhnen ['arkvø:nən] *vt (geh)* recelar
argwöhnisch I. *adj (geh)* desconfiado, receloso **II.** *adv (geh)* con recelo
Arie ['a:riə] *f* <-n> aria *f*
Arier(in) ['a:riɐ] *m(f)* <-s, -; -nen> ario, -a *m, f*
arisch ['a:rɪʃ] *adj* ario
Aristokrat(in) [arɪsto'kra:t] *m(f)* <-en, -en; -nen> aristócrata *mf*
Aristokratie [arɪstokra'ti:] *f* <-n> aristocracia *f*
Aristokratin *f* <-nen> *s.* **Aristokrat**
aristokratisch *adj* aristocrático
Arithmetik [arɪt'me:tɪk] *f ohne pl* (MATH) aritmética *f*
arithmetisch *adj* (MATH) aritmético
Arkade [ar'ka:də] *f* <-n> arcada *f*
Arktis ['arktɪs] *f* Ártico *m,* regiones *f pl* árticas
arktisch *adj* ártico
arm [arm] *adj* <ärmer, am ärmsten> ① *(bedürftig)* pobre, necesitado; *(mittellos)* sin recursos ② *(bedauernswert)* pobre; **ein ~er Irrer** un pobre imbécil; **du Ärmste!** ¡pobrecita de ti!; **er ist ~ dran** *(fam)* le van mal las cosas
Arm *m* <-(e)s, -e> ① *(Körperteil)* brazo *m;* **er nahm sie in den ~** la tomó en sus brazos; **sich** *dat* **in den ~en liegen** estar abrazados (el uno al otro); **jdn auf den ~ nehmen** *(fam)* tomar el pelo a alguien; **jdm unter die ~e greifen** echar una mano a alguien; **jdn mit offenen ~en aufnehmen** recibir a alguien con los brazos abiertos; **~ in ~ gehen** ir del brazo; **jds verlängerter ~ sein** *(fig)* ser el brazo derecho de alguien ② (TECH) brazo *m* ③ *(eines Flusses)* brazo *m* ④ *(Ärmel)* manga *f*
Armada [ar'ma:da] *f* <-, -s *o* Armaden> armada *f*
Armaturenbrett *nt* cuadro *m* de mandos
Armband *nt* pulsera *f,* brazalete *m; (einer Uhr)* correa *f*
Armbanduhr *f* reloj *m* de pulsera
Armbeuge ['armbɔɪgə] *f* (ANAT) pliegue *m* del codo
Armbinde *f* ① *(als Kennzeichen)* brazal *m* ② *(Tragetuch)* cabestrillo *m*
Armbrust *f* <-, -e *o* -brüste> ballesta *f*
Arme(r) *mf* <-n, -n; -n, -n> ① *(bedürftig)* pobre *mf;* **die ~n** los pobres ② *(bedauernswert)* **ich ~!** ¡pobre de mí!; **du ~r!** ¡pobre (de ti)!
Armee [ar'me:, *pl:* ar'me:ən] *f* <-n> ejército *m*
Ärmel ['ɛrməl] *m* <-s, -> manga *f;* **die ~ hochkrempeln** *(a. fig)* arremangarse; **etw aus dem ~ schütteln** *(fam)* sacarse algo de la manga
Ärmelkanal *m* Canal *m* de la Mancha
ärmellos *adj* sin mangas
Armenhaus *nt* asilo *m* de pobres
Armenien [ar'me:niən] *nt* <-s> Armenia *f*
Armenier(in) *m(f)* <-s, -; -nen> armenio, -a *m, f*
armenisch *adj* armenio
Armenviertel *nt* barrio *m* (de gente) pobre
ärmer *adj kompar von* **arm**
Armlehne *f (am Sessel)* brazo *m; (im Auto)* reposabrazos *m inv*
Armleuchter *m* ① *(Kerzenhalter)* candelabro *m; (Kronleuchter)* araña *f* ② *(fam abw: Dummkopf)* imbécil *mf*
ärmlich ['ɛrmlɪç] *adj* ① *(arm)* pobre, humilde ② *(elend)* miserable, mísero
Armreif *m* <-(e)s, -e>, **Armreifen** *m* <-s, -> brazalete *m*
armselig ['armse:lɪç] *adj* ① *s.* **ärmlich** ② *(unbedeutend)* insignificante
Armsessel *m* sillón *m* de brazos
ärmste(r, s) *adj superl von* **arm**
Armut ['armu:t] *f ohne pl* pobreza *f,* indigencia *f,* prángana *f Méx, PRico*
Armutsgrenze *f* umbral *m* de pobreza
Armutszeugnis *nt* muestra *f* de incapacidad
Armvoll *m s.* **Arm**
Arnika ['arnika] *f* <-, -s> (BOT) árnica *f*
Aroma [a'ro:ma, *pl:* a'ro:mas, a'ro:mən, a'ro:mata] *nt* <-s, -s *o* Aromen *o* Aromata> aroma *m*
Aromastoff *m* sustancia *f* aromática
Aromata *pl von* **Aroma**
Aromatherapie *f* aromaterapia *f*
aromatisch [aro'ma:tɪʃ] *adj* aromático

A

aromatisieren* *vt* (CHEM) aromatizar
Aromen *pl von* **Aroma**
Arrangement [arɑ̃ʒəˈmɑ̃ː] *nt* <-s, -s> ① *(Übereinkommen)* acuerdo *m* ② (MUS: *Anordnung*) arreglo *m*
arrangieren* [arɑ̃ˈʒiːrən] I. *vt* ① *(organisieren)* organizar ② *(zusammenstellen)* combinar ③ (MUS) arreglar II. *vr:* **sich ~** *(sich einigen)* llegar a un acuerdo
Arrest [aˈrɛst] *m* <-(e)s, -e> ① (JUR) arresto *m* ② *(Beschlagnahmung)* confiscación *f*
arretieren* [areˈtiːrən] *vt* (TECH) bloquear
arrogant [aroˈgant] *adj* arrogante
Arroganz *f ohne pl* arrogancia *f*
Arsch [arʃ, *pl:* ˈɛrʃə] *m* <-(e)s, Ärsche> *(vulg)* culo *m*, orto *m CSur;* **du ~!** ¡hijo de puta!; **jdm in den ~ kriechen** lamer el culo a alguien; **jdm geht etw am ~ vorbei** a alguien le importa algo una mierda; **leck mich am ~!** ¡que te den por culo!; **am ~ der Welt** *(fam)* en el quinto coño
Arschkriecher *m* <-s, -> *(vulg abw)* lameculos *mf inv*
Arschloch *nt (vulg)* ① *(Körperteil)* ojo *m* del culo ② *(Schimpfwort)* cabrón, -ona *m, f*, orto *m CSur*
Arsen [arˈzeːn] *nt* <-s, *ohne pl*> (CHEM) arsénico *m*
Arsenal [arzeˈnaːl] *nt* <-s, -e> arsenal *m*
Art. (*a.* JUR) *Abk. von* **Artikel** art.
Art[1] [art] *f* <-en> ① *(Klasse)* clase *f*, tipo *m* ② (BIOL) especie *f;* **eine vom Aussterben bedrohte ~** una especie amenazada de extinción ③ *(Weise)* modo *m;* **~ und Weise** modo (y manera); **auf diese ~** de este modo; **nach ~ des Hauses** de la casa
Art[2] *f ohne pl (Wesensart)* carácter *m*, naturaleza *f;* **das ist nun mal meine ~** yo soy así
Art déco [ar deˈko] *m o nt* <- -, *ohne pl*> (KUNST) Art Deco *m*
Artefakt [arteˈfakt] *nt* <-(e)s, -e> (*a.* ELEK, MED) artefacto *m*
Artenreichtum *m ohne pl* riqueza *f* de especies
Artenschutz *m* protección *f* de especies (en peligro de extinción)
Artenschutzabkommen *nt* (ÖKOL) acuerdo *m* para la protección de especies (en peligro de extinción)
Artensterben *nt* extinción *f* de las especies
Artenvielfalt *f* diversidad *f* de especies
Arterhaltung *f* (BIOL) conservación *f* de las especies
Arterie [arˈteːriə] *f* <-n> (MED) arteria *f*
arteriell [arteriˈɛl] *adj* (MED) arterial
Arterienverkalkung *f (fam)* arterio(e)sclerosis *f inv*
Arteriosklerose *f* <-, -n> (MED) arterio(e)sclerosis *f inv*
artfremd *adj* (BIOL) de otra especie
Artgenosse, -in *m, f* congénere *mf*
artgerecht *adj* acorde con la especie; **~e Tierhaltung** *(von Haustieren)* mantenimiento de los animales adaptado a las características de su especie; *(von Nutztieren)* ganadería biológica
Arthritis [arˈtriːtɪs] *f* <-, Arthritiden> (MED) artritis *f inv*
Arthrose [arˈtroːzə] *f* <-, -n> (MED) artrosis *f inv*
artig [ˈartɪç] *adj* obediente; **jetzt sei aber ~!** ¡ahora sé obediente!
Artikel [arˈtiːkəl, arˈtɪkəl] *m* <-s, -> (LING, PUBL, JUR) artículo *m*
Artikulation [artikulaˈtsjoːn] *f* <-en> articulación *f*
artikulieren* [artikuˈliːrən] I. *vt (Laut, Gedanken)* articular II. *vr:* **sich ~** *(ausdrücken)* expresarse
Artillerie [artɪləˈriː] *f* <-n> (MIL) artillería *f*
Artillerist [ˈartɪlərɪst, artɪləˈrɪst] *m* <-en, -en> (MIL) artillero *m*
Artischocke [artiˈʃɔkə] *f* <-n> alcachofa *f*, alcaucil *m Arg*
Artist(in) [arˈtɪst] *m(f)* <-en, -en; -nen> ① *(im Varieté, Zirkus)* artista *mf* ② *(Akrobat)* acróbata *mf*
artistisch *adj* artístico
artverwandt *adj* afín
Arznei [artsˈnaɪ] *f* <-en> medicamento *m*
Arzneibuch *nt* farmacopea *f*, recetario *m*
Arzneimittel *nt* medicamento *m*
Arzneimittelgesetz *nt* <-es, -e> (JUR) legislación *f* sobre medicamentos
Arzneimittelhersteller *m* fabricante *m* de productos farmacéuticos
Arzneimittelmissbrauch *m* abuso *m* de medicamentos
Arzneipflanze *f* <-, -n> planta *f* medicinal
Arzt, Ärztin [artst, *pl:* ˈɛrtstə] *m, f* <-es, Ärzte; -nen> médico, -a *m, f*, doctor(a) *m(f);* **praktischer ~** médico (de medicina) general; **zum ~ gehen** ir al médico
Arztbesuch *m* visita *f* médica
Ärztekammer *f* colegio *m* de médicos
Ärzteschaft *f ohne pl* cuerpo *m* médico
Arzthelfer(in) *m(f)* asistente *mf* médico, -a
Ärztin [ˈɛrtstɪn] *f* <-nen> *s.* **Arzt**
ärztlich *adj* médico; **~es Attest** certificado médico
Arztpraxis *f* consulta *f* médica
As [as] *nt* <-, -> (MUS) la *m* bemol
Asbest [asˈbɛst] *m* <-(e)s, -e> amianto *m*
aschblond [ˈaʃblɔnt] *adj* rubio ceniza

Asche ['aʃə] *f ohne pl* ceniza *f*
Aschenbahn *f* pista *f* de ceniza
Aschenbecher *m* cenicero *m*
Aschenputtel ['aʃənpʊtəl] *nt* <-s, -> cenicienta *f*
Ascher ['aʃɐ] *m* <-s, -> cenicero *m*
Aschermittwoch [-'--] *m* miércoles *m* de ceniza
aschfahl ['-'-] *adj* ceniciento, de color ceniza
aschgrau *adj* gris ceniza
ASCII-Code *m* (INFOR) código *m* ASCII
Aserbaidschan [azɛrbaɪ'dʒa:n] *nt* <-s> Azerbaiyán *m*
asexuell ['aseksuɛl] *adj* asexual
Asiat(in) *m(f)* <-en, -en; -nen> asiático, -a *m, f*
asiatisch *adj* asiático
Asien ['a:ziən] *nt* <-s> Asia *f*
Askese [as'ke:zə] *f ohne pl* ascetismo *m*, ascética *f*
Asket(in) [as'ke:t] *m(f)* <-en, -en; -nen> asceta *mf*
asketisch *adj* ascético
asozial ['azotsia:l] *adj* asocial; *(rücksichtslos)* incívico
Asoziale(r) *mf* <-n, -n; -n, -n> *(abw)* asocial *mf*
Aspekt [as'pɛkt] *m* <-(e)s, -e> aspecto *m*; **unter diesem ~** bajo ese aspecto
Asphalt [as'falt] *m* <-(e)s, -e> asfalto *m*, asfaltado *m Am*
Asphaltdecke *f* firme *m*, (pavimento *m* de) asfalto *m*, capa *f* asfáltica
asphaltieren* *vt* asfaltar
Aspik [as'pi:k, 'aspɪk] *m* <-s, -e> (GASTR) gelatina *f* (de carne)
Aspirin® *nt* <-s, -> aspirina® *f*
aß [a:s] *3. imp von* **essen**
Ass *nt* <-es, -e> as *m*
Assel ['asəl] *f* <-n> cochinilla *f*
Assimilation *f* <-en> (*a.* BIOL: *geh)* asimilación *f* (**an** a)
assimilieren* [asimi'li:rən] *vt* (*a.* BIOL: *geh)* asimilar
Assimilierung *f* <-, -en> *(geh, a.* BIOL) asimilación *f*
Assistent(in) [asɪs'tɛnt] *m(f)* <-en, -en; -nen> asistente *mf*
Assistenz [asɪs'tɛnts] *f* <-, -en> asistencia *f* (**bei** en); **unter jds ~** con la asistencia de alguien
Assistenzarzt, -ärztin *m, f* médico, -a *m, f* asistente
assistieren* *vi* asistir (**bei** en)
Assoziation [asotsia'tsjo:n] *f* <-en> asociación *f*
assoziieren* [asotsi'i:rən] *vt* asociar
Ast [ast, *pl:* 'ɛstə] *m* <-(e)s, Äste> ❶ *(vom Baum)* rama *f* ❷ *(im Holz)* nudo *m*
Aster ['astɐ] *f* <-n> áster *f*
Asteroid *m* <-en, -en> (ASTR) asteroide *m*
Astgabel *f* horcadura *f*
Ästhet(in) [ɛs'te:t] *m(f)* <-en, -en; -nen> esteta *mf*
Ästhetik *f ohne pl* estética *f*
Ästhetin *f* <-nen> *s.* **Ästhet**
ästhetisch *adj* estético
Asthma ['astma] *nt* <-s, *ohne pl*> (MED) asma *m o f*
Asthmatiker(in) *m(f)* <-s, -; -nen> (MED) asmático, -a *m, f*
asthmatisch [ast'ma:tɪʃ] *adj* (MED) asmático
astrein *adj (fam)* ❶ *(sehr schön)* genial ❷ *(moralisch einwandfrei)* **die Sache ist nicht ganz ~** aquí hay gato encerrado
Astrologe, -in [astro'lo:gə] *m, f* <-n, -n; -nen> astrólogo, -a *m, f*
Astrologie *f ohne pl* astrología *f*
Astrologin *f* <-nen> *s.* **Astrologe**
astrologisch *adj* astrológico
Astronaut(in) [astro'naut] *m(f)* <-en, -en; -nen> astronauta *mf*
Astronom(in) [astro'no:m] *m(f)* <-en, -en; -nen> astrónomo, -a *m, f*
Astronomie *f ohne pl* astronomía *f*
Astronomin *f* <-nen> *s.* **Astronom**
astronomisch *adj (a. fig)* astronómico
Astrophysik [astrofy'zi:k] *f* <-, *ohne pl*> astrofísica *f*
ASU *f Abk. von* **Abgassonderuntersuchung** control *m* de los gases de combustión
Asyl [a'zy:l] *nt* <-(e)s, -e> asilo *m*
Asylant(in) [azy'lant] *m(f)* <-en, -en; -nen> *(abw) s.* **Flüchtling**
Asylantenwohnheim *nt (abw)* residencia *f* de asilados
Asylantrag *m* solicitud *f* de asilo
Asylbewerber(in) *m(f)* solicitante *mf* de asilo
Asylrecht *nt ohne pl* derecho *m* de asilo
Asylsuchende(r) *mf* <-n, -n; -n> peticionario *m* de asilo
Asymmetrie [azʏme'tri:] *f* <-n> (*a.* MATH) asimetría *f*
asymmetrisch ['azʏme:trɪʃ] *adj* (*a.* MATH) asimétrico
asynchron ['azʏnkro:n] *adj* asincrónico
Aszendent [astsɛn'dɛnt] *m* <-en, -en> (ASTR) ascendente *m*
at[1] (PHYS: *alt) Abk. von* **technische Atmosphäre** at.
at[2] [ɛt] (INFOR) arroba *f*
Atelier [atə'lje:] *nt* <-s, -s> estudio *m*
Atem ['a:təm] *m* <-s, *ohne pl*> aliento *m*; *(Atmung)* respiración *f*; **den ~ anhalten**

A

A

contener la respiración; **wieder zu ~ kommen** recuperar el aliento; **~ holen** tomar aliento; **jdn in ~ halten** tener a alguien en vilo; **außer ~ sein** estar sin aliento; **das verschlägt mir den ~** eso me deja sin palabras
atemberaubend *adj* ① *(beeindruckend)* impresionante ② *(spannend)* emocionante ③ *(sensationell)* sensacional
Atembeschwerden *fpl* trastornos *mpl* respiratorios
atemlos *adj* ① *(außer Atem)* sin aliento, jadeante ② *(gespannt)* absorto; **~ lauschen** escuchar sin parpadear
Atemlosigkeit *f* <-, *ohne pl*> apnea *f*
Atemnot *f ohne pl* asfixia *f*, ahogo *m*; (MED) apnea *f*
Atempause *f* ① *(zum Atmen)* pausa *f* respiratoria ② *(Ruhepause)* descanso *m*
Atemschutzmaske *f* <-, -n> mascarilla *f* antigás, máscara *f* antigás
Atemstillstand *m* paro *m* respiratorio
Atemwege *mpl* vías *fpl* respiratorias
Atemwegserkrankung *f* (MED) enfermedad *f* de las vías respiratorias
Atemzug *m* respiración *f*; **im selben ~** de un aliento
Atheismus [ate'ɪsmʊs] *m* <-, *ohne pl*> ateísmo *m*
Atheist(in) *m(f)* <-en, -en; -nen> ateo, -a *m, f*
atheistisch *adj* ateo
Athen [a'te:n] *nt* <-s> Atenas *m*
Äther ['ɛ:tɐ] *m* <-s, *ohne pl*> (CHEM) éter *m*
ätherisch [ɛ'te:rɪʃ] *adj* etéreo; **~e Öle** aceites etéreos
Äthiopien [ɛti'o:piən] *nt* <-s> Etiopía *f*
Äthiopier(in) *m(f)* <-s, -; -nen> etíope *mf*
äthiopisch *adj* etíope
Athlet(in) [at'le:t] *m(f)* <-en, -en; -nen> atleta *mf*
athletisch *adj* atlético
Atlanten *pl von* **Atlas**
Atlantik [at'lantɪk] *m* <-s> Atlántico *m*
atlantisch *adj* atlántico; **der A~e Ozean** el océano Atlántico
Atlas ['atlas, *pl:* at'lantən] *m* <-(ses), Atlanten> atlas *m*
atmen ['a:tmən] *vi, vt* respirar
Atmen *nt* <-s, *ohne pl*> respiración *f*; **das ~ durch die Nase fällt mir schwer** me resulta difícil respirar por la nariz
Atmosphäre [atmo'sfɛ:rə] *f* <-n> ① *(Lufthülle der Erde)* atmósfera *f* ② *(Stimmung)* ambiente *m*
atmosphärisch *adj* atmosférico
Atmung ['a:tmʊŋ] *f ohne pl* respiración *f*
atmungsaktiv *adj* tra(n)spirable
Atmungssystem *nt* sistema *m* respiratorio
Ätna ['ɛtna] *m* <-s> Etna *m*
Atoll [a'tɔl] *nt* <-s, -e> atolón *m*
Atom [a'to:m] *nt* <-s, -e> átomo *m*
Atomangriff *m* ataque *m* nuclear
atomar [ato'ma:ɐ] *adj* nuclear, atómico; **~e Rüstung/Bedrohung** armamento/amenaza nuclear; **~e Waffen** armas nucleares
Atombombe *f* bomba *f* atómica
Atombunker *m* refugio *m* atómico
Atomenergie *f ohne pl* energía *f* nuclear
Atomexplosion *f* explosión *f* atómica
Atomgegner(in) *m(f)* antinuclear *mf*, opositor(a) *m(f)* a la energía nuclear
Atomindustrie *f* (WIRTSCH) industria *f* atómica
atomisieren* *vt* atomizar
Atomkern *m* núcleo *m* atómico
Atomkraft *f ohne pl* energía *f* nuclear
Atomkraftwerk *nt* central *f* nuclear
Atomkrieg *m* guerra *f* nuclear
Atommacht *f* potencia *f* atómica
Atommüll *m* residuos *mpl* radi(o)activos
Atommüllendlager *nt* depósito *m* definitivo de residuos radi(o)activos
Atommülllagerung *f* almacenaje *m* de residuos radi(o)activos
Atomphysik *f* física *f* atómica
Atomrakete *f* misil *m* nuclear
Atomreaktor *m* reactor *m* nuclear [*o* atómico]
Atomspaltung *f* (PHYS) fisión *f* nuclear
Atomsperrvertrag *m* <-(e)s, *ohne pl*> (POL) tratado *m* de no proliferación de armas atómicas
Atomsprengkopf *m* (MIL) cabeza *f* atómica
Atomtest *m* prueba *f* nuclear
Atomteststopp *m* stop *m* a las pruebas nucleares
Atomwaffe *f* arma *f* atómica [*o* nuclear]
atomwaffenfrei *adj* desnuclearizado; **~e Zone** zona desnuclearizada
Atomwaffensperrvertrag *m ohne pl* (POL) *s.* **Atomsperrvertrag**
Atomzeitalter *nt* era *f* atómica
Atomzerfall *m* (PHYS) desintegración *f* atómica
atonal ['atona:l] *adj* (MUS) atonal
Atrium ['a:triʊm] *nt* <-s, Atrien> (ARCHIT) atrio *m*, pretil *m Am*
ätsch [ɛ:tʃ] *interj (fam)* toma ya, chúpate esa
Attacke [a'takə] *f* <-n> ① *(Angriff)* agresión *f* (**auf/gegen** contra), ataque *m* (**auf/gegen** contra) ② (MED) ataque *m*, acceso *m*
attackieren* *vt* atacar
Attentat ['atənta:t] *nt* <-(e)s, -e> atenta-

do *m* (**auf** contra); **ein ~ auf jdn verüben** atentar contra (la vida de) alguien

Attentäter(in) ['atəntɛːtɐ, --'--] *m(f)* <-s, -; -nen> autor(a) *m(f)* del atentado

Attest [a'tɛst] *m* <-(e)s, -e> *(ärztliches)* certificado *m* médico

attestieren* *vt* atestar, certificar

Attraktion[1] [atrak'tsjoːn] *f* <-en> *(Glanznummer)* atracción *f*

Attraktion[2] *f ohne pl (Anziehung)* atractivo *m*

attraktiv [atrak'tiːf] *adj* atractivo

Attraktivität [atraktivi'tɛːt] *f ohne pl* atractivo *m*

Attrappe [a'trapə] *f* <-n> objeto *m* de imitación [*o* de pega]

Attribut [atri'buːt] *nt* <-(e)s, -e> (*a.* LING) atributo *m*

attributiv [atribu'tiːf, '----] *adj* (LING) atributivo

atypisch ['atyːpɪʃ, -'--] *adj* atípico (**für** de)

ätzen ['ɛtsən] *vi, vt* ① (CHEM) corroer ② (MED) cauterizar

ätzend *adj* ① *(Lauge)* cáustico; *(Säure)* corrosivo ② *(sl: furchtbar)* horrible; *(nervtötend)* cabreante

au [aʊ] *interj* ① *(Schmerz)* ay ② *(Begeisterung)* ay, uau; **~ ja!** ¡uau, sí!

AU (AUTO) *Abk. von* **Abgasuntersuchung** control *m* de los gases de combustión

aua ['aʊa] *interj* ay

Aubergine [obɛr'ʒiːnə] *f* <-n> berenjena *f*

auch [aʊx] *adv* ① *(ebenfalls)* también; **~ nicht** tampoco; **~ gut** bien también; **ich ~** yo también; **~ das noch!** ¡lo que faltaba! ② *(sogar)* incluso, ni siquiera; **ohne ~ nur zu fragen** sin ni siquiera preguntar; **~ wenn es regnen sollte** incluso si lloviese ③ *(tatsächlich)* en efecto, de hecho; **das hat ~ niemand behauptet** de hecho nadie lo ha dicho ④ *(außerdem)* además, también; **~ wäre es falsch, zu glauben, dass ...** además sería erróneo pensar que... *+subj;* **so was aber ~!** ¡qué cosas!; **wozu ~?** ¿para qué, realmente?; **wo ~ immer** dondequiera que (sea); **wie es ~ sei** sea como sea; **solange ich ~ wartete ...** por más que esperé...

Audienz [aʊdi'ɛnts] *f* <-en> audiencia *f*

audiovisuell [aʊdiovizu'ɛl] *adj* audiovisual

Auditorium [aʊdi'toːriʊm] *nt* <-s, Auditorien> ① *(Räumlichkeit)* auditorio *m* ② *(geh: Zuhörer)* auditorio *m*

Aue ['aʊə] *f* <-, -n> ① *(geh: Gelände)* vega *f* ② *(reg: Insel)* isla *f*

Auerhahn ['aʊɐhaːn] *m* (ZOOL) urogallo *m*, gallo *m* silvestre

Auerochse *m* uro *m*

auf [aʊf] **I.** *präp +dat* ① *(oben darauf)* sobre, encima de, en; **~ dem Tisch** encima de la mesa; **~ dem Boden** en el suelo; **ich habe es ~ einem Bild gesehen** lo he visto en una foto ② *(darauf befindlich)* en; **~ Mallorca** en Mallorca; **~ der Straße** en la calle ③ *(drinnen)* en; **~ der Bank/der Post/dem Polizeirevier** en el banco/Correos/la comisaría de policía; **~ dem Land(e)** en el campo; **~ meinem Konto** en mi cuenta ④ *(während)* durante; **~ Reisen** de viaje; **~ der Flucht** durante la fuga; **~ der Geburtstagsfeier** en la fiesta de cumpleaños **II.** *präp +akk* ① *(nach oben)* a, en; **~ einen Berg steigen** subir a un monte; **sie setzte sich ~ die Bank** se sentó en el banco ② *(hin zu)* a, hacia; **sich ~ den Weg machen** ponerse en camino; **ich muss noch ~ die Post** tengo que ir todavía a Correos; **~ die Erde fallen** caer al suelo; **~s Land ziehen** irse a vivir al campo; **er kam ~ mich zu** vino hacia mí ③ *(zeitlich)* **~ einmal** de repente; **Heiligabend fällt ~ einen Dienstag** Nochebuena cae en martes; **~ lange Sicht** a la larga; **die Sitzung wurde ~ morgen verschoben** la conferencia se aplazó a mañana; **bleib doch noch ~ eine Tasse Kaffee** quédate a tomar una taza de café; **~s Neue** de nuevo ④ *(in einer bestimmten Art)* de; **~ diese Weise** de esta manera; **~ gut Glück** a la buena de Dios ⑤ *(infolge)* **~ seinen Rat (hin)** siguiendo su consejo; **..., ~ Grund dessen ...** por cuyo motivo ⑥ *(im Hinblick auf)* **~ Kosten von ...** a cuenta de...; **~ dein Wohl!** ¡a tu salud!; **~ eigene Gefahr** por propia cuenta y riesgo **III.** *adv* ① *(hinauf)* arriba; **~ und ab** arriba y abajo; **er ist ~ und davon** *(fam)* puso pies en polvorosa ② *(fam: nicht im Bett)* **~ sein** estar levantado ③ *(offen, geöffnet)* abierto ④ *(aufwärts)* arriba; **~!** ¡arriba!; **~ geht's!** ¡vamos!

Auf *nt* **das ~ und Ab** *(Bewegung)* las subidas y bajadas; *(Wechsel)* el altibajo

auf|arbeiten *vt* ① *(erledigen)* acabar ② *(erneuern)* modificar, renovar ③ *(bewältigen)* superar

auf|atmen *vi* tomar aire, respirar hondamente

aufbacken *irr vt* retostar

auf|bahren ['aʊfbaːrən] *vt* **einen Toten ~** velar a un muerto

Aufbau[1] *m* <-(e)s, -ten> *(das Aufgebaute)* construcción *f* adicional

Aufbau[2] *m* <-(e)s, *ohne pl*> ① *(Tätigkeit)* construcción *f*, montaje *m*; *(Schaffung)* creación *f* ② *(Gliederung)* estructura *f* ③ (INFOR, TEL: *Leitung, Grafik*) formato *m*

auf|bauen **I.** *vt* ① *(errichten)* construir, edificar; *(Zelt)* montar ② *(anordnen)* colocar, disponer ③ *(Institution, Industrie)* erigir, fundar ④ *(Armee, Geschäft)* crear ⑤ *(Land)* desarrollar ⑥ *(gliedern)* estructurar ⑦ *(aufmuntern)* animar ⑧ *(sich stützen)* basarse (**auf** en) ⑨ *(fördern)* promocionar **II.** *vr:* **sich** ~ ① *(sich bilden, entstehen)* formarse ② *(fam: sich hinstellen)* ponerse (**vor** ante/delante de), plantarse (**vor** ante/delante de)

Aufbaukurs *m (Oberstufe)* curso *m* superior; *(Spezialisierung)* curso *m* de especialización

auf|bäumen ['aʊfbɔɪmən] *vr:* **sich** ~ ① *(Pferd)* encabritarse, bellaquearse *Am* ② *(sich auflehnen)* rebelarse (**gegen** contra)

auf|bauschen ['aʊfbaʊʃən] *vt* ① *(aufblähen)* inflar ② *(übertreiben)* exagerar

Aufbaustudium *nt* <-s, *ohne pl*> (UNIV: *auf vorangegangenes Studium*) estudios *mpl* de pos(t)grado; *(auf eine Ausbildung)* estudios *mpl* preparatorios

auf|begehren* *vi* rebelarse (**gegen** contra)

auf|behalten* *irr vt (fam)* dejar puesto

auf|bekommen* *irr vt (fam)* ① *(öffnen können)* lograr abrir ② *(Aufgabe)* tener que hacer

auf|bereiten* *vt* ① *(Trinkwasser)* purificar, depurar; *(behandeln)* tratar ② *(Rohstoffe)* preparar, procesar ③ *(Daten)* elaborar

Aufbereitung *f* <-en> ① *(von Trinkwasser)* purificación *f*, depuración *f*; *(Behandlung)* tratamiento *m* ② *(von Rohstoffen)* preparación *f*, elaboración *f* ③ *(von Daten)* elaboración *f*

auf|bessern *vt* ① *(Gehalt)* aumentar ② *(Kenntnisse)* perfeccionar

Aufbesserung *f* <-, -en> mejora *f*; *(Gehalt, Zulage)* aumento *m*, subida *f*

auf|bewahren* *vt* guardar; *(Lebensmittel)* conservar

Aufbewahrung *f ohne pl* ① *(das Aufbewahren)* conservación *f* ② *(Bewachen)* custodia *f* ③ *(Ort)* depósito *m*; *(für Garderobe)* guardarropa *m*; *(für Gepäck)* consigna *f*

Aufbewahrungsort *m* <-(e)s, -e> depósito *m*

auf|bieten *irr vt* ① *(einsetzen)* emplear ② *(Brautpaar)* amonestar

auf|binden *irr vt* ① *(Schnürsenkel)* desatar ② *(Schleife)* soltar ③ *(fam: weismachen)* **jdm einen Bären** ~ contar a alguien un cuento chino

auf|blähen **I.** *vt (aufschwellen)* inflar **II.** *vr:* **sich** ~ ① *(Segel)* inflarse ② *(abw: sich großtun)* engreírse

aufblasbar *adj* hinchable

auf|blasen *irr* **I.** *vt (mit Luft)* hinchar, inflar **II.** *vr:* **sich** ~ *(fam: sich wichtigtun)* hincharse

auf|bleiben *irr vi sein* ① *(Person)* no acostarse, quedarse levantado ② *(Geschäft, Tür)* quedar abierto

auf|blenden *vi* ① (AUTO) poner las luces largas ② (FILM, FOTO) abrir el diafragma

auf|blicken *vi* ① *(hochschauen)* alzar la vista (**zu** hacia) ② *(bewundernd)* admirar (**zu** a)

auf|blitzen *vi* ① *(aufleuchten)* encenderse [*o* iluminarse] de pronto ② *sein (Idee)* ocurrirse (**in** a)

auf|blühen *vi sein* ① *(Blumen)* abrirse ② *(sich entfalten)* florecer, prosperar

aufbohren *vt* abrir con un taladro, agujerear

auf|brauchen *vt* consumir

auf|brausen *vi sein (wütend werden)* encolerizarse

aufbrausend *adj (Temperament)* colérico; *(stürmisch)* tempestuoso; **mit ~em Beifall** con una atronadora ovación

auf|brechen *irr* **I.** *vi sein* ① *(Knospen)* abrirse ② *(weggehen)* marcharse **II.** *vt* ① *(Straßendecke)* abrir ② *(Schloss, Auto)* forzar

auf|brezeln *vr:* **sich** ~ *(fam)* ponerse guapo

auf|bringen *irr vt* ① *(Geld, Geduld)* reunir; **sie brachte nicht den Mut auf, es ihm zu sagen** no reunió el valor suficiente para decírselo ② *(in Wut bringen)* enfurecer ③ *(Gerücht)* hacer correr

Aufbruch[1] *m* <-(e)s, -brüche> *(geh: geistiges Erwachen)* resurgimiento *m*, auge *m*

Aufbruch[2] *m* <-(e)s, *ohne pl*> *(Abreise)* partida *f*, salida *f*

Aufbruchsstimmung *f ohne pl (vor dem Aufbrechen)* nerviosismo *m*; *(vor einer Erneuerung)* excitación *f*

auf|brühen *vt (Tee, Kaffee)* hacer, preparar

auf|brummen *vt (fam)* **jdm etw** ~ endilgar algo a alguien

auf|bürden ['aʊfbʏrdən] *vt (geh)* cargar (con); **jdm etw** ~ cargarle algo a alguien

auf|decken *vt* ① *(Zusammenhänge)* descubrir ② *(Bett)* abrir ③ *(Karten)* enseñar ④ *(Topf)* destapar ⑤ *(enthüllen)* revelar

auf|donnern *vr:* **sich** ~ *(fam abw)* emperejilarse

auf|drängen **I.** *vt (aufzwingen)* imponer **II.** *vr:* **sich** ~ ① *(Gedanke)* imponerse ② *(zudringlich sein)* importunar, agobiar

auf|drehen **I.** *vi* ① *(fam: beschleunigen)* acelerar ② *(fam: in Stimmung kommen)* ponerse a tono **II.** *vt* ① *(fam: Wasserhahn)* abrir ② *(Schraubverschluss)* desenroscar

❸ *(Schraube)* aflojar ❹ *(fam: Radio)* subir el volumen (de)
aufdringlich ['aʊfdrɪŋlɪç] *adj (Person)* pesado, molesto; *(Geruch)* intenso
Aufdringlichkeit *f* <-en> *(einer Person)* importunidad *f; (eines Geruchs)* intensidad *f*
aufdröseln *vt (fam)* desenredar; *(a. fig)* desenmarañar
Aufdruck *m* <-(e)s, -e> impresión *f; (von Firmen)* membrete *m*
auf|drücken *vt* ❶ *(Tür)* abrir ❷ *(Pickel)* apretar ❸ *(aufprägen)* estampar
aufeinander [aʊfaɪ'nandɐ] *adv* ❶ *(räumlich)* uno encima del otro ❷ *(zeitlich)* uno tras otro; ~ **folgen** sucederse; ~ **folgend** consecutivo ❸ *(gegen)* uno contra el otro
aufeinander|folgen *vi sein* sucederse
aufeinanderfolgend *adj s.* **aufeinander 2.**
aufeinanderprallen *vi sein* chocar (uno con otro), entrechocar
Aufenthalt ['aʊfənthalt] *m* <-(e)s, -e> ❶ *(kurze Anwesenheit)* estancia *f* ❷ *(kurze Unterbrechung)* parada *f* ❸ *(Wohnort)* domicilio *m*, residencia *f*
Aufenthaltsdauer *f* <-, *ohne pl*> (duración *f* de la) estancia *f*, tiempo *m* de permanencia, estadía *f*
Aufenthaltserlaubnis *f* permiso *m* de residencia
Aufenthaltsgenehmigung *f* permiso *m* de residencia
Aufenthaltsort *m* paradero *m; (ständiger)* lugar *m* de residencia
Aufenthaltsraum *m* sala *f* de descanso; *(Warteraum)* sala *f* de espera
Aufenthaltsrecht *nt* (JUR) derecho *m* de permanencia
auf|erlegen* *vt (geh)* ❶ *(Strafe)* imponer, inflingir ❷ *(Steuern)* gravar (con)
auf|erstehen* *irr vi sein* (REL) resucitar
Auferstehung *f* <-en> (REL) resurrección *f*
auf|essen *irr* **I.** *vi* comer(se) todo **II.** *vt* comerse
auf|fahren *irr* **I.** *vi sein* ❶ *(aufprallen)* chocar (**auf** contra) ❷ *(dicht anschließen)* acercarse ❸ *(aufschrecken)* levantarse sobresaltado ❹ *(wütend werden)* encolerizarse ❺ (MIL) ponerse en posición **II.** *vt (fam: Speisen)* poner en la mesa
Auffahrt *f* <-en> ❶ *(das Hinauffahren)* subida *f* ❷ *(Zufahrt)* entrada *f; (Rampe)* rampa *f* de acceso; *(zur Autobahn)* acceso *m* a la autopista
Auffahrunfall ['aʊffa:ɐʔʊnfal] *m* choque *m* frontal
auf|fallen *irr vi sein* llamar la atención; *(bemerkt werden)* notarse; **unangenehm ~** causar mala impresión
auffallend *adj (auffällig)* vistoso, llamativo; *(beeindruckend)* espectacular; *(sonderbar)* raro
auffällig ['aʊffɛlɪç] *adj* ❶ *(prunkvoll)* ostentoso ❷ *(außergewöhnlich)* extraño, que llama la atención ❸ *(Farben)* llamativo
auffalten *vt* desdoblar
auf|fangen *irr vt* ❶ *(Ball)* recoger ❷ *(Gesprächsfetzen)* pillar ❸ *(Schlag)* parar ❹ *(Stoß, Aufprall)* amortiguar ❺ *(Flüssigkeit)* recoger ❻ *(negative Auswirkungen)* mitigar
Auffanglager *nt* campo *m* de acogida
auf|fassen *vt* ❶ *(auslegen)* interpretar ❷ *(begreifen)* entender
Auffassung *f* <-en> ❶ *(Ansicht)* opinión *f*, parecer *m*; **er ist der ~, dass ...** opina que... ❷ *(Deutung)* interpretación *f*
Auffassungsgabe *f ohne pl* entendimiento *m*
auffindbar *adj* localizable; **meine Brille ist nicht ~** no puedo encontrar mis gafas
auf|finden *irr vt* encontrar
auf|fliegen *irr vi sein* ❶ *(Vogel)* echarse a volar ❷ *(Tür)* abrirse de golpe ❸ *(fam: scheitern)* irse a pique
auf|fordern *vt* ❶ *(bitten)* pedir (a), requerir (**zu** para); **er forderte sie zum Tanz auf** la sacó a bailar ❷ *(befehlen)* mandar (a), exigir (a/de) ❸ *(ermuntern)* animar
Aufforderung *f* <-en> ❶ *(freundlich)* invitación *f* (**zu** a); *(stärker)* requerimiento *m* (**zu** de) ❷ *(streng)* exhortación *f* (**zu** a) ❸ *(Befehl)* mandato *m* (**zu** de), exigencia *f* (**zu** de)
auf|forsten ['aʊffɔrstən] *vt* repoblar
auf|fressen *irr vt (Futter)* comer(se)
auf|frischen I. *vi (Wind)* soplar más fuerte **II.** *vt* ❶ *(Farbe)* renovar ❷ *(Kenntnisse)* refrescar ❸ *(Impfung)* renovar
auf|führen I. *vt* ❶ *(Theaterstück, Oper)* representar ❷ *(darlegen)* presentar; *(Zeugen)* nombrar; *(Beispiele)* dar **II.** *vr:* **sich ~** *(sich benehmen)* (com)portarse
Aufführung *f* <-en> (THEAT) representación *f*; (FILM) proyección *f*; (MUS) actuación *f*
auf|füllen *vt* ❶ *(Behälter)* rellenar (**mit** de/con) ❷ *(Flüssigkeit)* echar ❸ *(Vorräte)* reponer
Aufgabe ['aʊfga:bə] *f* <-n> ❶ *(Auftrag)* tarea *f*; *(Pflicht)* obligación *f*, deber *m* ❷ *(Hausaufgaben)* deberes *mpl*; *(Übung)* ejercicio *m*; (MATH) problema *m* ❸ *(Aufhören)* cese *m*; *(eines Geschäftes)* liquidación *f* ❹ (MIL) rendición *f*; (SPORT) retirada *f* ❺ *(Verzicht)* abandono *m* (**von** de) ❻ *(von*

Gepäck) facturación *f; (eines Pakets)* expedición *f; (einer Anzeige)* inserción *f*

auf|gabeln *vt (fam)* pescar, pillar

Aufgabenbereich *m*, **Aufgabengebiet** *nt* área *f* de actividades

Aufgabenheft *nt* (SCH) cuaderno *m* de los deberes

Aufgabenstellung *f* <-, -en> formulación *f (de preguntas, ejercicios)*

Aufgabenverteilung *f* <-, -en> reparto *m* de tareas

Aufgang *m* <-(e)s, -gänge> ① *(eines Gestirns)* salida *f* ② *(Aufstieg)* subida *f* (**zu** a); *(Zugang)* acceso *m* (**zu** a); *(Treppe)* escalera *f* (**zu** a)

auf|geben *irr* **I.** *vi (sich geschlagen geben)* darse por vencido, rendirse **II.** *vt* ① *(Paket, Telegramm)* expedir; *(Koffer)* facturar; *(Anzeige)* poner ② *(Widerstand)* abandonar; *(Hoffnung)* perder; *(Beruf)* dejar

aufgeblasen **I.** *pp von* **aufblasen** **II.** *adj (fam)* arrogante; *(angeberisch)* fanfarrón, engreído

Aufgebot *nt* <-(e)s, -e> ① *(Anzahl)* cantidad *f* ② *(Heiratsankündigung)* publicación *f* de las amonestaciones

aufgebracht **I.** *pp von* **aufbringen** **II.** *adj (wütend)* enojado, furioso

aufgedreht *adj (fam: lebhaft)* pasado de rosca

aufgedunsen ['aʊfgədʊnzən] *adj (Körper)* abotargado, abultado; *(Gesicht)* hinchado

auf|gehen *irr vi sein* ① *(Gestirn)* salir ② *(Tür, Vorhang, Reißverschluss)* abrirse; *(Armband)* desabrocharse ③ *(Saat)* brotar, salir ④ *(Rechnung)* no dejar resto ⑤ *(Hefeteig)* subir ⑥ *(Wend)* **in der Arbeit ~** vivir solamente para el trabajo

aufgehoben *pp von* **aufheben**

auf|geilen **I.** *vt (fam)* poner caliente **II.** *vr:* **sich ~** *(fam)* ponerse caliente (**an** con)

aufgeklärt ['aʊfgəklɛːɐt] *adj* (PHILOS) ilustrado

aufgekratzt *adj (fam: lebhaft)* pasado de rosca

aufgelegt ['aʊfgəleːkt] *adj* **gut/schlecht ~ sein** estar de buen/mal humor

aufgelöst ['aʊfgəløːst] *adj* ① *(verwirrt)* confuso; *(außer sich)* fuera de sí ② *(erschöpft)* agotado; *(benommen)* deshecho

aufgeräumt ['aʊfgərɔɪmt] *adj (gut gelaunt)* de buen humor, alegre

aufgeregt ['aʊfgəreːkt] *adj* excitado, agitado; *(nervös)* nervioso

aufgeschlossen ['aʊfgəʃlɔsən] **I.** *pp von* **aufschließen** **II.** *adj (offen)* abierto; *(aufnahmefähig)* receptivo; *(mitteilsam)* comunicativo; *(zugänglich)* accesible; **~ für etw sein** ser receptivo a algo; **etw** *dat* **~ gegenüberstehen** estar abierto a algo

Aufgeschlossenheit *f ohne pl (Aufnahmefähigkeit)* receptividad *f; (Mitteilsamkeit)* comunicabilidad *f*

aufgeschmissen ['aʊfgəʃmɪsən] *adj (fam)* **ohne sie sind wir völlig ~** sin ella estamos perdidos

aufgesetzt *adj (Verhalten)* forzado; **seine Anteilnahme wirkt völlig ~** su condolencia resulta totalmente falsa

aufgeweckt ['aʊfgəvɛkt] *adj (geistig)* despierto, bagre *AmC; (Kind)* avispado

Aufgewecktheit *f* <-, *ohne pl*> viveza *f;* **dank seiner ~ bekam er gleich mit, was da faul war** gracias a ser despabilado se enteró enseguida de lo que andaba mal

auf|gießen *irr vt* ① *(Tee, Kaffee)* hacer ② *(Wasser)* echar

auf|gliedern *vt* (sub)dividir; (*a.* WIRTSCH) desglosar

auf|greifen *irr vt* ① *(Idee)* retomar ② *(festnehmen)* capturar, aprehender

aufgrund [aʊf'grʊnt] *präp +gen* a causa de, por; *s. a.* **Grund**[2]

Aufguss *m* <-es, -güsse> ① *(Lösung)* infusión *f* ② *(Sauna)* humidificación *f; (fig, abw: Abklatsch)* refrito *m*

auf|haben *irr* **I.** *vi (Geschäfte)* estar abierto **II.** *vt* ① *(Hut, Brille)* tener puesto ② *(fam: Schulaufgaben)* tener que hacer

auf|halsen ['aʊfhalzən] *vt (fam)* **jdm etw ~** endosar algo a alguien

auf|halten *irr* **I.** *vt* ① *(zurückhalten)* detener; *(Entwicklung)* impedir; *(Verkehr)* parar ② *(stören)* molestar; *(bei der Arbeit)* no dejar trabajar ③ *(Tür)* mantener abierto **II.** *vr:* **sich ~** ① *(bleiben)* quedarse; *(wohnen)* encontrarse ② *(Zeit verschwenden)* demorarse, dilatarse *Am*

auf|hängen **I.** *vi (Telefongespräch beenden)* colgar **II.** *vt* ① *(Bild, Mantel, Telefonhörer)* colgar (**an** de/en); *(Wäsche)* tender ② *(töten)* colgar **III.** *vr:* **sich ~** ahorcarse

Aufhänger *m* <-s, -> ① *(für Kleider)* cinta *f* ② *(Anlass)* motivo *m*

Aufhängung *f* <-, -en> (AUTO) suspensión *f*

auf|heben *irr vt* ① *(aufbewahren)* guardar; **gut aufgehoben sein** estar en buenas manos ② *(Gesetz)* derogar, anular; *(Urteil)* revocar ③ *(Verbot, Sitzung)* levantar ④ *(vom Boden)* recoger (**von** de) ⑤ *(ausgleichen)* compensar; *(Wirkung)* neutralizar

Aufheben *nt ohne pl (geh)* **viel ~(s) von etw machen** meter mucho ruido a propósito de algo

Aufhebung *f* <-en> ① *(Abschaffung)* abolición *f,* supresión *f* ❷ *(Beendigung)* levantamiento *m; (eines Streiks)* desconvocatoria *f; (einer Wirkung)* neutralización *f* ❸ (JUR: *eines Urteils*) revocación *f; (eines Gesetzes)* debrogación *f*

auf|heitern ['aʊfhaɪtɐn] **I.** *vt (Person)* animar **II.** *vr:* **sich ~** *(Himmel)* despejarse

Aufheiterung *f* <-en> ❶ (METEO) despejo *m* ❷ *(Erheiterung)* animación *f*

auf|hellen I. *vt (Haar)* aclarar **II.** *vr:* **sich ~** ❶ *(Gesicht)* alegrarse ❷ *(Himmel)* despejarse

Aufhellung *f* <-, -en> ❶ *(der Haare)* aclaramiento *m* ❷ *(von etw Ungeklärtem)* esclarecimiento *m* ❸ (METEO) tiempo *m* despejado

auf|hetzen *vt* ❶ *(aufwiegeln)* incitar (**gegen** contra), ahuchar *Col, Méx* ❷ *(aufstacheln)* instigar (**zu** a), incitar (**zu** a)

Aufhetzung *f* <-, -en> **~ zum Rassenhass** incitación *f* al racismo

auf|holen I. *vi* (SPORT) ganar terreno **II.** *vt* ❶ *(Verspätung, Lernstoff)* recuperar ❷ *(Anker)* levar

Aufholjagd *f* <-, *ohne pl*> ❶ (SPORT) persecución *f* ❷ *(fig)* esfuerzo *m* por recortar diferencias

auf|horchen *vi* aguzar los oídos; **diese Nachricht ließ alle ~** esta noticia les llamó la atención a todos

auf|hören *vi* terminar; **hör doch endlich auf!** ¡déjalo ya!; **da hört sich doch alles auf!** *(fam)* ¡es el colmo!

Aufkauf *m* <-(e)s, -käufe> absorción *f,* acopio *m*

auf|kaufen *vt* acaparar

aufklappbar *adj* (des)plegable

auf|klappen *vt (Koffer, Buch)* abrir; *(hochschlagen)* levantar

auf|klären I. *vt* ❶ *(Missverständnis, Irrtum)* clarificar, poner en claro; *(Verbrechen)* esclarecer ❷ *(belehren)* informar (**über** de/sobre); *(sexuell)* instruir en el terreno sexual ❸ (MIL) explorar **II.** *vr:* **sich ~** ❶ *(Fall, Rätsel)* resolverse ❷ *(Himmel)* despejarse

Aufklärer *m* <-s, -> (MIL) avión *m* de reconocimiento

Aufklärung[1] *f* <-en> ❶ *(völlige Klärung)* aclaración *f,* esclarecimiento *m; (Fall, Verbrechen)* resolución *f* ❷ (MIL) exploración *f*

Aufklärung[2] *f ohne pl* ❶ (PHILOS) Ilustración *f* ❷ *(Belehrung)* instrucción *f* (**über** de/sobre); **sexuelle ~** educación sexual

Aufklärungsbedarf *m* necesidad *f* de aclaración

Aufklärungsflugzeug *nt* (MIL) *s.* **Aufklärer**

Aufklärungskampagne *f* campaña *f* informativa

auf|klatschen *vt (sl: verprügeln)* **jdn ~** darle una paliza a alguien

auf|kleben *vt* pegar (**auf** a/en)

Aufkleber *m* <-s, -> adhesivo *m,* pegatina *f fam*

auf|knöpfen *vt* desabotonar, desabrochar

aufknüpfen I. *vt* ❶ *(erhängen)* ahorcar (**an** de/en), colgar (**an** de/en) ❷ *(aufknoten)* deshacer **II.** *vr:* **sich ~** ahorcarse (**an** de/en), colgarse (**an** de/en)

auf|kochen I. *vi sein* romper a hervir **II.** *vt* ❶ *(zum Kochen bringen)* llevar a ebullición ❷ *(kurz kochen)* dar un hervor (a)

auf|kommen *irr vi sein* ❶ *(entstehen)* surgir, aparecer; *(Gewitter, Wind)* levantarse; **keine Zweifel ~ lassen** no dejar lugar a dudas ❷ *(sich ausbreiten)* propagarse ❸ *(bezahlen)* pagar (**für**); *(unterhalten)* mantener (**für**); **sie muss für ihren Mann ~** tiene que mantener a su marido ❹ *(haften)* responder (**für** de) ❺ *(landen)* aterrizar

Aufkommen *nt* <-s, -> ❶ (METEO) formación *f* ❷ *(von Schadstoffen)* propagación *f; (von Verkehr)* formación *f*

auf|kratzen *vt (Wunde)* abrir (al rascarla); **nachts hat er sich (die Wunde) wieder aufgekratzt** por la noche se ha abierto otra vez la herida

auf|kreischen *vi* lanzar un chillido; *(fig: Bremse, Maschine)* chirriar (de repente)

auf|krempeln *vt* arremangar(se)

auf|kreuzen *vi sein (fam)* aparecer (**in/bei** en/por)

auf|kriegen *vt (fam) s.* **aufbekommen**

auf|lachen *vi* echarse a reír

auf|laden *irr* **I.** *vt* ❶ *(Batterie)* recargar ❷ *(Ladegut)* cargar ❸ *(fam: aufbürden)* **jdm etw ~** cargar a alguien con algo **II.** *vr:* **sich ~** *(sich elektrisch laden)* cargarse

Auflage *f* <-n> ❶ *(eines Buchs)* edición *f; (einer Zeitung)* tirada *f* ❷ *(Bedingung)* condición *f;* **mit der ~, dass ...** a condición de que... +*subj;* **es wurde ihm zur ~ gemacht, sein Haus nicht zu verlassen** se le puso la condición de que no abandonara su casa ❸ *(Überzug)* capa *f,* recubrimiento *f*

auf|lassen *irr vt (fam)* ❶ *(Tür)* dejar abierto ❷ *(Mütze, Brille)* dejar puesto

auf|lauern *vi* **jdm ~** acechar a alguien

Auflauf *m* <-(e)s, -läufe> ❶ *(Menschenauflauf)* gentío *m* ❷ *(Speise)* gratinado *m*

auf|laufen *irr vi sein* ❶ *(Zinsen)* acumularse ❷ (NAUT) encallar

Auflaufform *f* <-, -en> molde *m* para horno

auf|leben *vi sein* ① *(Mensch)* despabilar(se) ② *(Bräuche)* reavivarse
auf|legen **I.** *vi (Telefongespräch beenden)* colgar **II.** *vt* ① *(Tischdecke, Schallplatte)* poner ② *(Kompresse, Make-up)* aplicar ③ *(Hörer)* colgar ④ *(Buch)* editar; **neu ~** reeditar
auf|lehnen *vr:* **sich ~** sublevarse (**gegen** contra), alzarse *Am*
auf|lesen *irr vt* recoger (**von** de)
auf|leuchten *vi* destellar; *(Blitz)* fulgurar; *(Augen)* iluminarse
auf|listen ['aʊflɪstən] *vt* listar
Auflistung *f* <-, -en> ① *(Auflisten)* alistamiento *m; (Liste)* lista *f* ② (INFOR) listado *m*
auf|lockern **I.** *vt* ① *(Boden)* ahuecar ② *(Programm)* variar ③ *(Atmosphäre)* relajar **II.** *vr:* **sich ~** *(Bewölkung)* despejarse, aclararse
Auflockerung *f* <-en> ① *(Boden)* mullimiento *m* ② *(Unterricht, Muskeln)* relajación *f* ③ *(Bewölkung)* despejo *m*
auflösbar *adj* (*a.* CHEM) (di)soluble
auf|lösen **I.** *vt* ① *(Pulver)* disolver ② (MATH) reducir ③ *(Haushalt)* liquidar; *(Versammlung)* disolver; *(Ehe)* anular; *(Verlobung)* deshacer; *(Demonstration)* dispersar; *(Konto)* cancelar ④ *(Schwierigkeiten, Rätsel)* resolver; *(Widerspruch)* clarificar **II.** *vr:* **sich ~** ① *(Nebel)* disiparse ② *(Menschenmenge)* disolverse ③ *(in Flüssigkeit)* disolverse ④ *(sich zersetzen)* descomponerse (**in** en)
Auflösung *f* <-en> ① *(eines Vertrags, einer Einrichtung, des Nebels)* disolución *f* ② *(Zerlegung)* desintegración *f* ③ *(Lösung)* (re)solución *f* ④ *(Bildqualität, a.* INFOR) definición *f*
auf|machen **I.** *vi (fam: Geschäfte, Banken)* abrir **II.** *vt (fam)* ① *(Tür, Geschenk)* abrir; *(Haarknoten)* soltar; *(Knoten)* deshacer ② *(gründen)* poner ③ (PUBL: *gestalten*) componer; *(darstellen)* representar **III.** *vr:* **sich ~** *(aufbrechen)* irse (**zu** a)
Aufmacher *m* <-s, -> (PUBL) titular *m* principal; *(Thema)* tema *m* central
Aufmachung *f* <-en> presentación *f*
Aufmarsch *m* (MIL) concentración *f; (Parade)* desfile *m*
aufmarschieren* *vi sein* (MIL) concentrarse, desplegarse; *(zur Parade)* desfilar
aufmerksam ['aʊfmɛrkza:m] *adj* ① *(konzentriert)* atento; *(wachsam)* alerta; **jdn auf jdn/etw ~ machen** llamar la atención de alguien sobre alguien/algo; **~ zuhören** escuchar con atención ② *(höflich)* atento, cortés; **vielen Dank, sehr ~ von Ihnen!** ¡muchas gracias, es Ud. muy amable!
Aufmerksamkeit *f* <-en> ① *(Wachsamkeit)* atención *f;* **darf ich um Ihre ~ bitten!** ruego su atención ② *(Zuvorkommenheit)* amabilidad *f; (Geschenk)* obsequio *m*
auf|mischen *vt (sl: verprügeln)* sacudir
auf|möbeln *vt (fam)* ① *(aufmuntern)* levantar la moral ② *(beleben)* animar
aufmotzen *vt (fam)* dar más vistosidad [*o* efecto] (a)
auf|mucken *vi (fam)* respingar; *(mit Verneinung)* (re)chistar
auf|muntern ['aʊfmʊntən] *vt (fam)* reconfortar; *(ermutigen)* animar
aufmunternd **I.** *adj (ermunternd)* reconfortante; **ein ~er Blick** una mirada reconfortante **II.** *adv (ermunternd)* de ánimo; **jdm ~ zulächeln** sonreír a alguien para darle ánimos
Aufmunterung *f* <-, -en> ① *(Aufheiterung)* animación *f* ② *(Ermutigung)* estímulo *m,* aliento *m* ③ *(Belebung)* **zur ~** para animar(se), para recuperar fuerzas
aufmüpfig ['aʊfmʏpfɪç] *adj (fam)* gruñón
aufnähen *vt* coser encima (**auf** de); *(Verzierung, Taschen)* aplicar (**auf** a)
Aufnahme ['aʊfna:mə] *f* <-n> ① *(Empfang)* recibimiento *m,* acogida *f; (Beherbergung)* alojamiento *m; (Empfangsraum im Krankenhaus)* recepción *f* ② *(Zulassung)* admisión *f* (**in** en); *(in eine Schule, Partei)* ingreso *m* (**in** en) ③ *(Eingliederung)* incorporación *f* (**in** en) ④ *(auf Tonband)* grabación *f;* (FOTO) foto *f;* (FILM) toma *f* ⑤ *(Beginn)* comienzo *m;* **die ~ von diplomatischen Beziehungen** el establecimiento de relaciones diplomáticas
aufnahmefähig *adj* receptivo
Aufnahmefähigkeit *f ohne pl* capacidad *f* de absorción, receptividad *f*
Aufnahmegebühr *f* cuota *f* de ingreso
Aufnahmelager *nt* <-s, -> campo *m* de acogida
Aufnahmeprüfung *f* prueba *f* de acceso
Aufnahmestudio *nt* estudio *m* de grabación
Aufnahmetaste *f* tecla *f* de grabación
auf|nehmen *irr vt* ① *(beginnen)* comenzar, iniciar; *(Verhandlungen)* entablar; **ein Gespräch wieder ~** reanudar una conversación ② *(Gedanke)* retomar ③ *(aufsaugen)* absorber; *(Nahrung)* ingerir; *(geistig)* comprender ④ *(Kredit)* pedir ⑤ *(hochnehmen)* recoger (**von** de) ⑥ *(auf Tonband)* grabar (**auf** en) ⑦ *(empfangen)* acoger; *(über Nacht)* hospedar; *(im Krankenhaus)* ingresar (**in** en); *(im Verein)* admitir (**in** en); **wieder aufgenommen werden** ser readmitido ⑧ *(sich messen)* **es mit jdm/etw ~ können** (poder) medirse con alguien/algo

auf|nötigen *vt* obligar a aceptar
auf|opfern *vr:* **sich ~** sacrificarse (**für** por)
aufopfernd *adj s.* **aufopferungsvoll**
aufopferungsvoll *adj* abnegado
auf|passen *vi* ① *(aufmerksam sein)* tener cuidado; **aufgepasst!** ¡atención! ② *(beaufsichtigen)* cuidar
Aufpasser(in) *m(f)* <-s, -; -nen> *(abw)* ① *(Spitzel)* confidente *mf* ② *(Wächter)* guardián, -ana *m, f*
auf|peitschen *vt* ① *(Meer)* picar ② *(Menschen, Sinne)* excitar
auf|peppen ['aʊfpɛpən] *vt (fam)* dar(le) un toque
auf|platzen *vi sein (Naht)* reventar; *(Wunde)* abrirse
auf|plustern ['aʊfplu:stɐn] **I.** *vt (Gefieder)* ahuecar **II.** *vr:* **sich ~** *(Vogel)* hincharse; *(abw: Mensch)* pavonearse
aufpolieren* *vt (Möbel)* abrillantar, sacar brillo (a); *(fam: Kenntnisse)* refrescar; **jds Image ~** mejorar la imagen pública de alguien
Aufprall ['aʊfpral] *m* <-(e)s, -e> choque *m* (**auf** con/contra/en); *(Ball)* bote *m* (**auf** en/contra)
auf|prallen *vi sein* chocar (**auf** con/contra/en), rebotar (**auf** en/contra)
Aufpreis *m* <-es, -e> recargo *m,* sobreprecio *m;* **gegen ~** pagando un sobreprecio
auf|probieren* *vt* probarse; **am besten, Sie probieren den Hut einmal auf** lo mejor es que se pruebe el sombrero
auf|pumpen *vt* inflar
auf|putschen *vt (abw)* ① *(erregen)* excitar ② *(aufhetzen)* acalorar
Aufputschmittel *nt* estimulante *m*
auf|quellen *irr vi sein* hincharse
auf|raffen **I.** *vt (aufheben)* recoger (**von** de) **II.** *vr:* **sich ~** ① *(sich entschließen)* animarse (**zu** a) ② *(mühsam aufstehen)* levantarse a duras penas
auf|ragen ['aʊfra:gən] *vi* elevarse
auf|rappeln ['aʊfrapəln] *vr:* **sich ~** *(fam)* ① *(sich überwinden)* sacar fuerzas de flaqueza ② *(nach Krankheit)* reanimarse
auf|räumen **I.** *vi* ① *(ordnen)* ordenar ② *(beenden)* **mit etw ~** acabar con algo **II.** *vt (Schreibtisch etc.)* arreglar; **das Zimmer ~** recoger la habitación
Aufräumungsarbeiten *fpl* trabajos *mpl* de descombro
aufrecht ['aʊfrɛçt] *adj* ① *(gerade)* erguido ② *(ehrlich)* íntegro, correcto
aufrecht|erhalten* *irr vt* mantener
Aufrechterhaltung *f ohne pl* mantenimiento *m*
auf|regen **I.** *vt (erregen)* alterar; *(ärgern)* irritar; *(empören)* exaltar; *(stärker)* exasperar **II.** *vr:* **sich ~** alterarse (**über** por), excitarse (**über** por), volarse *Am; (sich ärgern)* irritarse (**über** por); *(sich empören)* exaltarse (**über** por); *(stärker)* exasperarse (**über** por)
aufregend *adj* excitante
Aufregung *f* <-en> excitación *f,* agitación *f,* batifondo *m CSur; (Sorge)* zozobra *f*
aufreibend *adj (zermürbend)* agotador
auf|reihen **I.** *vt (Dinge)* colocar en fila **II.** *vr:* **sich ~** *(Personen)* ponerse en fila
auf|reißen *irr* **I.** *vi sein (Naht)* romperse **II.** *vt* ① *(Tür, Fenster)* abrir de un golpe ② *(durch Reißen öffnen)* rasgar ③ *(beschädigen)* romper, desgarrar ④ *(Straße)* abrir ⑤ *(fam: anmachen)* **jdn ~** pescar a alguien
auf|reizen *vt* provocar
aufreizend *adj* provocador; *(erregend)* excitante
auf|richten **I.** *vt* ① *(gerade stellen)* enderezar, poner derecho ② *(seelisch)* fortalecer **II.** *vr:* **sich ~** ① *(hinsetzen)* enderezarse ② *(hinstellen)* ponerse de pie
aufrichtig *adj* sincero
Aufrichtigkeit *f ohne pl* sinceridad *f*
auf|rollen **I.** *vt* ① *(zusammenrollen)* enrollar ② *(auseinanderrollen)* desenrollar ③ *(Prozess, Problem)* desarrollar, retomar **II.** *vr:* **sich ~** enrollarse
auf|rücken *vi sein* ① *(zusammenrücken)* correrse ② *(befördert werden)* ascender (**zu** a)
Aufruf *m* <-(e)s, -e> ① *(das Aufrufen)* llamamiento *m,* llamada *f* ② (INFOR) llamada *f* ③ *(öffentlicher Appell)* llamamiento *m* (**zu** a); *(zum Streik)* convocatoria *f* (**zu** de)
auf|rufen *irr vt* ① *(Schüler, Zeugen)* llamar ② (INFOR: *Programm*) acceder (a) ③ *(auffordern)* llamar (**zu** a); **zum Streik ~** convocar una huelga
Aufruhr ['aʊfru:ɐ] *m* <-(e)s, *ohne pl*> ① *(Revolte)* rebelión *f; (Tumult)* tumulto *m* ② *(Erregung)* agitación *f,* irritación *f*
Aufrührer(in) ['aʊfry:rɐ] *m(f)* <-s, -; -, -nen> rebelde *mf,* insurrecto, -a *m, f*
aufrührerisch *adj* insurrecto
auf|runden *vt* redondear
auf|rüsten *vt* ① (MIL) rearmar ② (TECH: *Computer*) armar
Aufrüstung *f* <-en> rearme *m*
auf|rütteln *vt* sacudir (**aus** de); *(fig)* arrancar (**aus** de)
aufs [aʊfs] *(fam)* = **auf das** *s.* **auf**
auf|sagen *vt* decir (de memoria); *(Gedicht)* recitar
auf|sammeln *vt* recoger
aufsässig ['aʊfzɛsɪç] *adj* rebelde
Aufsässigkeit *f* <-, *ohne pl*> ① *(Hartnä-*

A

ckigkeit) testarudez *f* ② *(rebellische Art)* rebeldía *f*

Aufsatz *m* <-es, -sätze> ① *(in der Schule)* redacción *f*; *(Abhandlung)* artículo *m* ② *(Aufbau)* elemento *m* sobrepuesto

Aufsatzthema *nt* <-s, -themen> (SCH) tema *m* de redacción [*o* de composición]

auf|saugen *vt (Flüssigkeit)* absorber, chupar

auf|schauen *vi* alzar la vista (**zu** hacia)

aufschäumen I. *vi haben o sein* espumar, hacer espuma **II.** *vt (Kunststoff)* esponjar (en forma de espuma); *(Milch)* espumar

auf|scheuchen *vt* espantar

auf|schichten *vt* apilar

auf|schieben *irr vt* ① *(öffnen)* abrir (empujando), correr ② *(verzögern)* aplazar

Aufschlag *m* <-(e)s, -schläge> ① *(das Aufschlagen)* golpe *m* (**auf** contra/en), choque *m* ② (SPORT) saque *m* ③ *(Verteuerung)* subida *f*, aumento *m*; *(Zuschlag)* suplemento *m* (**auf** sobre), recargo *m* (**auf** con/contra/en) ④ *(an Kleidung)* vuelta *f*

auf|schlagen *irr* **I.** *vi* ① *sein (anschlagen)* dar (**auf** contra/en) ② (SPORT) sacar **II.** *vt* ① *(Buch, Augen)* abrir; *(Bettdecke)* quitar; *(Ei)* romper ② *(Zelt)* montar ③ *(verletzen)* abrirse; **ich habe mir das Knie aufgeschlagen** me he abierto la rodilla ④ (COM: *hinzurechnen*) añadir (**auf** a)

auf|schließen *irr* **I.** *vi* (SPORT) avanzar **II.** *vt (öffnen)* abrir (con llave)

auf|schlitzen ['aʊfʃlɪtsən] *vt* abrir (con cuchillo)

Aufschluss *m* <-es, -schlüsse> información *f*; *(Erklärung)* explicación *f*; **jdm ~ über etw geben** dar información a alguien acerca de algo

auf|schlüsseln ['aʊfʃlʏsəln] *vt* repartir

aufschlussreich *adj* revelador; *(lehrreich)* instructivo

auf|schnappen *vt (fam)* coger al vuelo

auf|schneiden *irr* **I.** *vi (fam abw: prahlen)* fanfarronear, blofear *AmC, Méx* **II.** *vt* ① *(Verpackung)* cortar; *(Geschwür)* abrir ② *(Braten)* trinchar; *(Torte)* cortar

Aufschneider(in) *m(f)* <-s, -; -nen> fanfarrón, -ona *m, f*, blofista *m AmC*

Aufschnitt *m* <-(e)s, *ohne pl*> fiambre *m*, embutido *m*

auf|schnüren *vt* desatar

auf|schrauben *vt* ① *(öffnen: Gefäß)* abrir; *(Deckel)* desenroscar ② *(befestigen: Schild)* atornillar

auf|schrecken[1] <schreckt *o* schrickt auf, schreckte *o* schrak auf, aufgeschreckt> *vi sein* **aus dem Schlaf ~** despertarse sobresaltado

auf|schrecken[2] *vt* espantar, asustar

Aufschrei *m* <-(e)s, -e> grito *m*

auf|schreiben *irr vt* ① *(notieren)* apuntar ② *(verordnen)* recetar

auf|schreien *irr vi* gritar

Aufschrift *f* <-en> ① *(Etikett)* etiqueta *f* ② *(Beschriftung)* inscripción *f*

Aufschub *m* <-(e)s, -schübe> *(Verzögerung)* demora *f*; *(Verschiebung)* aplazamiento *m*; *(einer Frist)* prórroga *f*

aufschürfen *vt* **sich** *dat* **die Haut ~** rozarse [*o* levantarse] la piel; **sich** *dat* **das Knie ~** rozarse la rodilla

auf|schütten *vt (Wasser)* echar; *(Sand)* amontonar, acumular; *(Damm)* construir, levantar (acumulando tierra)

auf|schwatzen *vt* endilgar, endosar

Aufschwung *m* <-(e)s, -schwünge> ① *(innerer Antrieb)* impulso *m* ② (WIRTSCH) auge *m* ③ (SPORT) elevación *f*

auf|sehen *irr vi* ① *(hochschauen)* alzar la vista (**zu** hacia) ② *(bewundernd)* admirar (**zu** a)

Aufsehen *nt* <-s, *ohne pl*> sensación *f*; *(negativ)* escándalo *m*; **~ erregend** llamativo; *(negativ)* escandaloso

aufsehenerregend *adj s.* **Aufsehen**

Aufseher(in) *m(f)* <-s, -; -nen> ① *(Wächter)* vigilante *mf* ② *(über Arbeiter)* capataz(a) *m(f)* ③ *(in Museen)* celador(a) *m(f)*

aufseiten *adv* **~** [*o* **auf Seiten**] **der Schwächeren** de parte de los más débiles; *s. a.* **Seite 1**.

auf|setzen I. *vi (Flugzeug)* aterrizar **II.** *vt* ① *(Essen)* poner al fuego ② *(Brille, Hut)* ponerse; **eine unfreundliche Miene ~** poner cara de disgusto ③ *(Fuß)* pisar (**auf** en) ④ *(Text)* redactar; *(Urkunde)* extender ⑤ *(daraufbauen)* agregar (**auf** a) ⑥ *(aufnähen)* coser (**auf** sobre), aplicar (**auf** a) **III.** *vr:* **sich ~** *(sich aufrichten)* incorporarse, sentarse

Aufsicht[1] *f ohne pl* ① *(Überwachung)* vigilancia *f*; **unter ~ stehen** estar bajo vigilancia ② *(Kontrolle)* control *m*, inspección *f*

Aufsicht[2] *f* <-en> ① *(Leitung)* dirección *f* ② *(Person)* vigilante *mf* ③ *(Draufsicht: Perspektive)* vista *f* en planta

Aufsichtführende(r) *mf* controlador(a) *m(f)*, vigilante *mf*

Aufsichtspersonal *nt* <-s, *ohne pl*> personal *m* de vigilancia

Aufsichtspflicht *f ohne pl* (JUR) deber *m* de vigilancia

Aufsichtsrat *m* consejo *m* de administración

auf|sitzen *irr vi sein* ① *(aufsteigen)* montar (**auf** en) ② *(hereinfallen)* **einem Betrüger ~** dejarse engañar por un estafador

aufspalten I. *vt* ① *(teilen)* escindir, dividir

❷ *(zerlegen: Stück Holz)* partir; *(Eiweiß)* separar; *(Zelle, Atom)* dividir **II.** *vr:* **sich ~** dividirse, escindirse

Aufspaltung *f* <-, -en> ❶ desintegración *f* ❷ *(Partei, Verein)* división *f* ❸ *(Atom)* fisión *f* ❹ *(Zelle)* división *f* ❺ (CHEM) desdoblamiento *m*

auf|spannen *vt (Schirm)* abrir; *(Saite)* poner

auf|sparen *vt (Geld)* ahorrar; *(Vorräte)* dejar para más adelante

auf|sperren *vt* ❶ *(fam: weit öffnen)* abrir de par en par ❷ *(südd, Österr: aufschließen)* abrir con llave

auf|spielen **I.** *vi (zum Tanz)* tocar **II.** *vr:* **sich ~** *(fam: angeben)* darse (mucho) tono

auf|spießen *vt* ❶ *(mit der Gabel)* pinchar; *(auf einen Spieß)* ensartar ❷ *(auf Hörner)* empitonar; *(Stier)* coger

auf|springen *irr vi sein* ❶ *(hochspringen)* saltar; *(vom Sitz)* levantarse de repente; *(Ball)* botar ❷ *(sich plötzlich öffnen)* abrirse de golpe ❸ *(auf ein Fahrzeug)* saltar (**auf** a) ❹ *(Haut)* agrietarse; *(Knospen)* abrirse

aufsprühen *vt* ❶ *(Farbe, Lack)* aplicar con spray (**auf** sobre) ❷ *(Parolen)* hacer una pintada (**auf** en)

auf|spüren *vt* detectar

auf|stacheln ['aʊfʃtaxəln] *vt* ❶ *(aufwiegeln)* incitar (**zu** a) ❷ *(anspornen)* pinchar (**zu** para), estimular (**zu** a)

Aufstand *m* <-(e)s, -stände> levantamiento *m*, sublevación *f*

aufständisch ['aʊfʃtɛndɪʃ] *adj* sedicioso

Aufständische(r) *mf* <-n, -n; -n> (POL) insurrecto, -a *m, f*, rebelde *mf*

auf|stapeln *vt* apilar

auf|stauen **I.** *vt (Fluss)* embalsar **II.** *vr:* **sich ~** acumularse; *(Wasser)* estancarse

Aufsteckblitz *m* (FOTO) flash *m* desmontable

auf|stehen *irr vi* ❶ *sein (sich erheben)* ponerse de pie; *(morgens aus dem Bett)* levantarse ❷ *(offen stehen)* estar abierto

auf|steigen *irr vi sein* ❶ *(Nebel, Rauch)* subir; *(Gewitter)* levantarse; *(Flugzeug)* tomar altura; *(Ballon)* ascender ❷ *(beruflich)* ascender (**zu** a); (SPORT) pasar a una categoría superior, ascender (**in** a) ❸ *(auf ein Pferd, Fahrrad)* montar(se) (**auf** en) ❹ *(Gedanken)* ocurrir; *(Bedenken)* surgir

Aufsteiger[1] *m* <-s, -> (SPORT) equipo *m* ascendido

Aufsteiger(in)[2] *m(f)* <-s, -> *(fam)* trepa *mf*

auf|stellen **I.** *vt* ❶ *(aufbauen)* poner, colocar; *(Denkmal)* erigir; *(Zelt)* montar; *(Maschine)* instalar; *(in einer Reihe)* alinear ❷ *(aufrichten)* levantar ❸ *(Mannschaft)* alinear; *(Regierung, Truppen)* formar; *(Liste, Bilanz)* hacer ❹ *(Kandidat)* designar ❺ *(Rekord, Regel)* establecer; *(Theorie)* formular; *(Bedingung)* fijar; *(Plan)* trazar **II.** *vr:* **sich ~** *(sich postieren)* apostarse, ponerse; *(in einer Reihe)* ponerse en fila

Aufstellung *f* <-en> ❶ *(Regel, Plan)* establecimiento *m; (Schild, Denkmal)* colocación *f; (Maschine)* instalación *f* ❷ *(Mannschaftsaufstellung)* alineación *f* ❸ *(Truppenaufstellung)* formación *f* ❹ *(Kandidaten)* designación *f* ❺ *(Liste)* relación *f*, lista *f; (Tabelle)* tabla *f*

Aufstieg ['aʊfʃtiːk] *m* <-(e)s, -e> ❶ *(das Aufsteigen)* ascenso *m; (eines Ballons)* ascensión *f; (beim Bergsteigen)* escalada *f* ❷ *(Weg)* subida *f* ❸ *(beruflich, sportlich)* ascenso *m*

Aufstiegschance *f* oportunidad *f* de ascenso

auf|stöbern ['aʊfʃtøːbɐn] *vt* ❶ *(Wild)* levantar, rastrear ❷ *(entdecken)* descubrir, encontrar

auf|stocken ['aʊfʃtɔkən] *vt* ❶ *(Vorräte)* aumentar ❷ *(Kapital)* ampliar (**um** con), aumentar (**um** en) ❸ *(Gebäude)* añadir un piso (a)

auf|stoßen *irr* **I.** *vi* ❶ *(rülpsen)* eructar ❷ *sein (fam: missfallen)* molestar ❸ *(hart aufsetzen)* golpear (**auf** contra/en) **II.** *vt* ❶ *(öffnen)* abrir de un empujón ❷ *(verletzen)* **ich habe mir den Ellbogen aufgestoßen** me he dado un golpe en el codo

aufstrebend *adj (fig)* floreciente, con un gran empuje

Aufstrich *m* <-(e)s, -e> *lo que se unta en el pan;* **was möchtest du als ~?** ¿qué te pongo en el pan?

auf|stützen **I.** *vt (Ellbogen, Kopf)* apoyar (**auf** en/sobre) **II.** *vr:* **sich ~** apoyarse (**auf** en/sobre)

auf|suchen *vt (Bekannte)* ir a ver; *(Arzt)* consultar

auftakeln ['aʊftaːkəln] **I.** *vt* (NAUT) aparejar **II.** *vr:* **sich ~** *(fam abw)* emperifollarse, emperejilarse

Auftakt *m* <-(e)s, -e> ❶ *(Beginn)* comienzo *m* ❷ (MUS) anacrusa *f*

auf|tanken *vt* ❶ *(Auto, Flugzeug)* repostar (combustible) ❷ *(fig: sammeln)* tomar

auf|tauchen *vi sein* ❶ *(Taucher, U-Boot)* emerger, salir a la superficie ❷ *(Person)* presentarse; *(Gegenstand)* aparecer ❸ *(Zweifel)* surgir

auf|tauen **I.** *vi sein* ❶ *(Eis, Schnee)* derretirse; *(Fluss, See)* deshelarse ❷ *(gesprächig werden)* soltarse **II.** *vt* descongelar

auf|teilen *vt* ❶ *(verteilen)* repartir (**unter**

A

entre, **an** a) ② *(unterteilen)* dividir (**in** en, **nach** según)

Aufteilung *f* <-en> ① *(Verteilung)* distribución *f* ② *(Unterteilung)* división *f*

auf|tischen ['aʊftɪʃən] *vt* ① *(Speisen)* servir ② *(fam abw)* **jdm Lügen ~** *(fam fig)* meter una bola a alguien

Auftrag ['aʊftraːk, *pl:* 'aʊftrɛːgə] *m* <-(e)s, -träge> ① *(Anweisung)* orden *f;* **einen ~ erteilen** dar una orden; **im ~ von ...** por orden de... ② *(Bestellung)* pedido *m,* encargo *m;* **etw in ~ geben** encomendar algo ③ *(Aufgabe)* misión *f,* comisión *f* ④ *(Farbe)* mano *f,* capa *f*

auf|tragen *irr* **I.** *vt* ① *(geh: servieren)* servir ② *(Salbe, Make-up)* darse (**auf** en), ponerse (**auf** en); **Farbe ~** pintar; **dick ~** *(fam fig)* cargar las tintas ③ *(Kleidung)* gastar ④ *(beauftragen)* encargar **II.** *vi (Kleidungsstück)* hacer gordo

Auftraggeber(in) *m(f)* <-s, -; -nen> comitente *mf,* mandante *mf; (Kunde)* cliente *mf*

Auftragsabwicklung *f* (WIRTSCH) ejecución *f* de un pedido

Auftragsarbeit *f* <-, -en> encargo *m*

Auftragsbestand *m* (WIRTSCH) cartera *f* de pedidos

Auftragsbestätigung *f* (WIRTSCH) confirmación *f* de un pedido

Auftragseingang *m* (WIRTSCH) entrada *f* de pedidos

Auftragserledigung *f ohne pl* (WIRTSCH) ejecución *f* de un pedido

Auftragsfertigung *f ohne pl* (WIRTSCH) producción *f* por encargo

Auftragslage *f* (COM) situación *f* de pedidos

auf|treiben *irr vt (fam)* encontrar; *(Geld)* reunir

auf|trennen *vt* deshacer, descoser

auf|treten *irr* **I.** *vi sein* ① *(mit den Füßen)* pisar ② *(erscheinen)* presentarse; *(Schauspieler)* actuar; **er tritt als Zeuge auf** declara como testigo ③ *(sich benehmen)* comportarse; **sicher ~** actuar con aplomo ④ *(sich zeigen)* surgir, aparecer **II.** *vt (öffnen)* abrir a patadas

Auftreten *nt* <-s, *ohne pl*> ① *(Erscheinung)* aparición *f; (Schauspieler)* actuación *f* ② *(Benehmen)* conducta *f;* **ein sicheres ~ haben** tener aplomo

Auftrieb *m* <-(e)s, *ohne pl*> ① (PHYS) fuerza *f* ascensional ② *(Schwung)* ánimo(s) *m(pl),* estímulo *m*

Auftritt *m* <-(e)s, -e> ① (THEAT: *Auftreten*) salida *f* a escena, entrada *f* en escena; *(Vorstellung)* actuación *f* ② *(Streit)* escena *f*

auf|trumpfen *vi* demostrar su superioridad

auf|tun **I.** *vt (fam: entdecken)* descubrir **II.** *vr:* **sich ~** *(geh)* ① *(sich öffnen)* abrirse ② *(sich darbieten)* ofrecerse, presentarse

auftürmen ['aʊftʏrmən] **I.** *vt* amontonar, apilar **II.** *vr:* **sich ~** amontonarse

auf|wachen *vi sein* despertar(se) (**aus** de)

Aufwachraum *m* (MED) sala *f* de reanimación

auf|wachsen *irr vi sein* criarse

auf|wallen ['aʊfvalən] *vi sein (a. fig)* hervir

Aufwand ['aʊfvant] *m* <-(e)s, *ohne pl*> ① *(Einsatz)* esfuerzo *m* ② *(Prunk)* pompa *f,* suntuosidad *f;* **viel ~ mit etw treiben** hacer mucha ceremonia con algo ③ *(Kosten)* gastos *mpl*

aufwändig *adj s.* **aufwendig**

Aufwandsentschädigung *f* reembolso *m* de los gastos

auf|wärmen **I.** *vt* ① *(Essen)* recalentar ② *(Erinnerungen)* rememorar **II.** *vr:* **sich ~** ① (SPORT) calentar, hacer un precalentamiento ② *(sich wärmen)* calentarse

aufwärts ['aʊfvɛrts] *adv* (hacia) arriba; **von einem bestimmten Betrag ~** a partir de una determinada cantidad

aufwärtskompatibel *adj* (INFOR) compatible hacia arriba

Aufwärtstrend *m* tendencia *f* ascendente

Aufwasch *m* <-(e)s, *ohne pl*> ① *(Teller)* platos *mpl* (sucios), cacharros *mpl* (sucios) ② *(fig: Aktion)* **alles in einem ~ erledigen** [*o* **machen**] matar dos pájaros de un tiro; **das ist ein** [*o* **geht in einem**] **~** esto se hace con el mismo esfuerzo

auf|wecken *vt* despertar

auf|weichen ['aʊfvaɪçən] **I.** *vi sein (weich werden)* reblandecer **II.** *vt (Boden, Brot)* ablandar, reblandecer

auf|weisen ['aʊfvaɪzən] *irr vt* ① *(erkennen lassen)* mostrar, tener ② *(aufzeigen)* presentar, exponer

auf|wenden *irr vt (Zeit)* dedicar, invertir; *(Kraft)* poner; *(Energie, Geld)* emplear, gastar

aufwendig *adj (kostspielig)* costoso; *(luxuriös)* lujoso

Aufwendung *f* <-, -en> ① *(das Aufwenden)* **unter ~ aller verfügbaren Mittel** empleando todos los medios disponibles ② *pl (Kosten)* **betriebliche/einmalige ~en** gastos empresariales/extraordinarios

auf|werfen *irr vt* ① *(Damm)* levantar ② *(Tür)* abrir bruscamente ③ *(Probleme)* plantear

auf|werten *vt* ① *(Währung)* revalorizar ② *(Ansehen)* mejorar

Aufwertung *f* <-en> revalorización *f*

auf|wickeln *vt* devanar

auf|wiegeln ['aʊfviːgəln] *vt* incitar (**gegen** contra, **zu** a); *(Truppen)* amotinar, sublevar
auf|wiegen *irr vt* contrapesar; *(ausgleichen)* compensar
Aufwind *m* <-(e)s, -e> ❶ (METEO) corriente *f* ascendente, viento *m* ascendente ❷ *(fig: Auftrieb)* impulso *m,* estímulo *m*
auf|wirbeln *vt* arremolinar; **viel Staub ~** *(a. fig)* levantar una gran polvareda
auf|wischen *vt* ❶ *(Raum)* fregar ❷ *(Flüssigkeit)* limpiar (con un trapo)
auf|wühlen *vt* ❶ *(Erde)* (re)mover, escarbar; *(Meer)* agitar ❷ *(erregen)* emocionar
auf|zählen *vt* enumerar; *(einzeln)* detallar
Aufzählung *f* <-en> enumeración *f,* relación *f; (Liste)* lista *f*
auf|zäumen ['aʊftsɔɪmən] *vt* embridar
auf|zeichnen *vt* ❶ *(Plan, Muster)* dibujar, trazar ❷ *(Sendung)* grabar
Aufzeichnung *f* <-en> ❶ *pl (Notizen)* apuntes *mpl* ❷ *(Bild-, Tonaufnahme)* grabación *f*
auf|zeigen *vt (geh: darlegen)* mostrar; *(klarmachen)* demostrar, evidenciar
auf|ziehen *irr* **I.** *vi sein* ❶ *(Gewitter)* levantarse ❷ (MIL: *Truppen*) desplegarse **II.** *vt* ❶ *(hochziehen)* subir, levantar; *(Flagge)* izar ❷ *(öffnen)* abrir (tirando); *(Vorhang)* descorrer; *(Schleife)* deshacer ❸ *(Uhr)* dar cuerda (a) ❹ *(Kind, Tier)* criar; *(Pflanze)* cultivar ❺ *(fam: organisieren)* organizar, montar ❻ *(Foto)* fijar (**auf** en); *(Saiten)* poner (**auf** a) ❼ *(Spritze, Serum)* preparar ❽ *(fam: verspotten)* **jdn ~** tomar el pelo a alguien
Aufzucht *f ohne pl* ❶ *(von Tieren)* crianza *f* ❷ *(von Pflanzen)* cultivo *m*
Aufzug *m* <-(e)s, -züge> ❶ *(das Aufmarschieren)* despliegue *m; (das Herankommen)* acercamiento *m,* llegada *f* ❷ *(Lift)* ascensor *m,* elevador *m AmC; (für Lasten)* montacargas *m inv* ❸ *(abw: Kleidung)* pinta *f* ❹ (THEAT) escena *f,* acto *m*
auf|zwingen *irr vt* **jdm etw ~** imponer algo a alguien
Augapfel *m* globo *m* ocular [*o* del ojo]; **etw wie seinen ~ hüten** guardar algo como la niña de sus ojos
Auge ['aʊgə] *nt* <-s, -n> ❶ *(Sehorgan)* ojo *m; (Sehvermögen)* vista *f;* **~ in ~ mit jdm** cara a cara con alguien; **vor aller ~n** a la vista de todos; **ein blaues ~ haben** tener un ojo a la funerala; **mit bloßem ~** a simple vista; **große ~n machen** *(fam)* poner ojos como platos; **die ~n offen halten** mantener los ojos abiertos; **jdm die ~n öffnen** *(fig)* abrir a alguien los ojos; **sich** *dat* **etw vor ~n führen** *(fig)* tener algo presente; **etw ins ~ fassen** *(fig)* proponerse hacer algo; **etw im ~ haben** *(fig)* tener la intención de hacer algo; **beide ~n zudrücken** *(fig)* hacer la vista gorda; **so weit das ~ reicht** hasta donde alcanza la vista; **sie traute ihren ~n nicht** no daba crédito a sus ojos; **jdn nicht aus den ~n lassen** no quitar a alguien los ojos de encima; **jdn unter vier ~n sprechen** hablar a alguien a solas; **etw springt ins ~** *(fig)* algo salta a la vista; **ins ~ gehen** *(fam fig)* acabar mal; **ich habe die ganze Nacht kein ~ zugetan** *(fig)* no he pegado ojo en toda la noche; **mir wurde schwarz vor ~n** perdí el sentido; **das passt wie die Faust aufs ~** *(fam)* viene como a un Santo Cristo un par de pistolas; **jdm schöne ~n machen** *(fam)* poner ojitos a alguien; **mit einem blauen ~ davonkommen** *(fam fig)* salir bien parado; **aus den ~n, aus dem Sinn** *(prov)* ojos que no ven, corazón que no siente ❷ *(beim Würfel)* punto *m* ❸ *(Fettauge)* ojo *m* ❹ *(einer Kartoffel)* grillo *m* ❺ *(eines Taifuns)* ojo *m*
Augenarzt, -ärztin *m, f* oculista *mf*
Augenaufschlag *m* mirada *f*
Augenblick *m* momento *m,* instante *m;* **er wird jeden ~ hier eintreffen** llegará de un momento a otro
augenblicklich **I.** *adj* ❶ *(gegenwärtig)* momentáneo, actual ❷ *(unverzüglich)* inmediato **II.** *adv (gegenwärtig)* de [*o* por el] momento
Augenbraue ['aʊgənbraʊə] *f* ceja *f;* **die ~n hochziehen** arquear las cejas
Augenentzündung *f* inflamación *f* de los ojos
augenfällig ['aʊgənfɛlɪç] *adj* obvio, manifiesto
Augenfarbe *f* color *m* de los ojos
Augenheilkunde ['aʊgənhaɪlkʊndə] *f* (MED) oftalmología *f*
Augenhöhe *f ohne pl* **in ~** a la altura de los ojos
Augenhöhle *f* órbita *f* ocular, cuenca *f* del ojo
Augenklappe *f* anteojera *f*
Augenlicht *nt ohne pl (geh)* vista *f*
Augenlid *m* párpado *m*
Augenmaß *nt ohne pl* sentido *m* de la proporción
Augenmerk ['aʊgənmɛrk] *nt ohne pl* **sein ~ auf etw/jdn richten** fijar la atención en algo/alguien
Augenoptiker(in) *m(f)* óptico, -a *m, f*
Augenringe *mpl* ojeras *fpl*
Augenschein *m* <-(e)s, *ohne pl*> *(geh)* vista *f; (Anschein)* apariencia *f;* **etw in ~ nehmen** examinar algo

A

A

augenscheinlich I. *adj* evidente, patente II. *adv* por lo visto
Augentropfen *mpl* (MED) colirio *m*
Augenweide *f ohne pl* deleite *m* para los ojos
Augenwinkel *m* rabillo *m* del ojo; **jdn aus den ~n anschauen** mirar a alguien por el rabillo del ojo
Augenwischerei [aʊgənvɪʃə'raɪ] *f* <-en> patraña *f*
Augenzeuge, -in *m, f* testigo *mf* ocular
Augenzwinkern *nt* guiño *m*
augenzwinkernd *adv* guiñando un ojo; **sie sahen sich ~ an** se hicieron un guiño
August [aʊ'gʊst] *m* <-(e)s, -e> agosto *m; s. a.* **März**
Augustinermönch *m* augustino *m*
Auktion [aʊk'tsjo:n] *f* <-en> subasta *f,* remate *m Am*
Auktionator(in) [aʊktsjo'na:to:ɐ] *m(f)* <-s, -en; -nen> subastador(a) *m(f)*
Aula ['aʊla] *f* <Aulen> salón *m* de actos; *(einer Universität)* paraninfo *m*
Aupairmädchen *nt,* **Au-pair-Mädchen** *nt* au pair *f*
Aura ['aʊra] *f ohne pl (geh)* aura *f*
Aureole [aʊre'o:lə] *f* <-, -n> aureola *f*
aus [aʊs] I. *präp +dat* ❶ *(heraus)* de, por; **er sah ~ dem Fenster** miró por la ventana; **~ der Flasche trinken** beber de la botella; **~ der Mode kommen** pasar de moda; **~ dem Gleichgewicht kommen** perder el equilibrio ❷ *(herkommend von)* de; **er ist ~ Leipzig** es de Leipzig ❸ *(beschaffen)* de; **~ Glas** de cristal ❹ *(mittels)* de, por; **~ Erfahrung** por experiencia; **~ dem Gedächtnis** de memoria ❺ *(infolge von)* de, por; **~ Angst** por miedo; **~ dem (einfachen) Grunde, dass ...** por el (simple y sencillo) motivo de que...; **~ diesem Anlass** por este motivo II. *adv* ❶ *(fam: vorbei)* **das Spiel ist ~** el partido ha terminado; **zwischen ihnen ist es ~** han cortado; **~ und vorbei** se acabó ❷ *(ausgeschaltet)* apagado; **Licht ~!** ¡apaguen la luz! ❸ (SPORT) fuera; **der Ball war ~** la pelota fue fuera de juego ❹ *(Wend)* **~ sein** *(fam: sich vergnügen)* haber salido; *(zu Ende sein)* haberse acabado; **auf etw ~ sein** ir detrás de algo; **von hier ~** desde aquí; **von sich** *dat* **~** por iniciativa propia; **von mir ~** *(fam: okay)* por mí
Aus *nt* <-, *ohne pl*> ❶ (SPORT) fuera *m* de banda ❷ *(Ende)* final *m*
aus|arbeiten *vt (Plan)* elaborar; *(Vortrag)* redactar
Ausarbeitung *f* <-, -en> elaboración *f; (einer Theorie)* formulación *f; (schriftlich)* redacción *f*
aus|arten ['aʊsartən] *vi sein* degenerar (**in** en)
aus|atmen *vi, vt* espirar
aus|baden *vt (fam)* **es ~ müssen** tener que pagar los platos rotos
Ausbau *m* <-(e)s, *ohne pl*> ❶ *(Erweiterung)* ampliación *f* ❷ *(Abbau)* desmontaje *m* ❸ *(Intensivierung)* intensificación *f*
aus|bauen *vt* ❶ *(herausmontieren)* desmontar, sacar ❷ *(Gebäude, Organisation)* ampliar; *(verbreitern)* ensanchar ❸ *(weiterentwickeln)* desarrollar; *(vertiefen)* intensificar
ausbaufähig *adj* ampliable; *(weiterentwickelbar)* desarrollable
aus|beißen *irr vt* **sich** *dat* **einen Zahn ~** romperse un diente (al morder); **ich habe mir daran die Zähne ausgebissen** *(fig)* me dejé los cuernos en ello
aus|bessern *vt* reparar; *(Kleidung)* arreglar; *(flicken)* remendar
Ausbesserung *f* <-en> reparación *f;* (FOTO) retoque *m*
aus|beulen *vt* ❶ *(Ärmel, Hose)* deformar ❷ *(Kotflügel)* desabollar
Ausbeute *f ohne pl* ❶ *(Ertrag)* producto *m,* rendimiento *m* ❷ (WIRTSCH) beneficio *m*
aus|beuten *vt* explotar
Ausbeuter(in) *m(f)* <-s, -; -nen> *(abw)* explotador(a) *m(f),* negrero, -a *m, f CSur*
Ausbeutung *f ohne pl* explotación *f*
aus|bezahlen* *vt (Geld)* pagar
aus|bilden I. *vt* ❶ *(Lehrling)* formar ❷ *(Fähigkeiten, Stimme)* desarrollar, cultivar II. *vr:* **sich ~** *(entstehen)* desarrollarse, formarse
Ausbilder(in) *m(f)* <-s, -; -nen> instructor(a) *m(f)*
Ausbildung *f* <-en> *(beruflich)* formación *f* profesional
Ausbildungsbeihilfe *f* ayuda *f* (estatal) durante la formación profesional
Ausbildungsberuf *m* <-(e)s, -e> profesión *f*
Ausbildungsbetrieb *m* <-(e)s, -e> *empresa que contrata jóvenes en período de formación*
Ausbildungsdauer *f* <-, *ohne pl*> duración *f* del período de formación profesional
Ausbildungsförderung *f* <-, -en> fomento *m* de la formación profesional
Ausbildungsplatz *m* puesto *m* de aprendizaje
Ausbildungsstätte *f* centro *m* de enseñanza
Ausbildungsvertrag *m* contrato *m* de formación profesional

aus|blasen *irr vt* apagar (de un soplo); **die Kerze ~** soplar la vela

aus|bleiben *irr vi sein* ① *(nicht eintreten)* no haber, no darse ② *(fernbleiben)* no venir, no aparecer

aus|blenden I. *vt (Musik)* quitar; *(Ton)* suprimir; (FILM: *Szene*) hacer un fundido **II.** *vr:* **sich ~** (TV, RADIO) desconectarse (**aus** de), salirse de la emisión

Ausblick *m* <-(e)s, -e> ① *(in die Ferne)* vista *f* (**auf** de) ② *(in die Zukunft)* perspectiva *f* (**auf** de)

ausbooten ['aʊsbo:tən] *vt (fam: aus einer Stellung)* poner de patitas en la calle; *(aus einer Position)* quitar de en medio

aus|borgen I. *vt (reg: verleihen)* prestar **II.** *vr* **sich** *dat* **etw ~** *(reg: sich ausleihen)* tomar prestado algo

aus|brechen *irr vi sein* ① *(Sturm)* estallar; *(Krieg)* estallar, declararse; *(Streik)* producirse; *(Vulkan)* entrar en erupción; *(Feuer, Epidemie)* declararse ② *(sich befreien)* escapar(se) (**aus** de) ③ *(Gefühl zeigen)* prorrumpir (**in** en), estallar (**in** en); **in Tränen ~** romper a llorar

Ausbrecher(in) *m(f)* <-s, -; -nen> *(fam: Gefangener)* fugitivo, -a *m, f*

aus|breiten I. *vt* ① *(Landkarte)* abrir; *(Decke)* extender ② *(Arme)* extender; *(Flügel)* desplegar ③ *(einzelne Gegenstände)* exponer, presentar; **sein Leben vor jdm ~** *(fig)* contarle a alguien toda su vida **II.** *vr:* **sich ~** ① *(Nachricht, Feuer)* propagarse ② *(sich erstrecken)* extenderse

Ausbreitung *f* <-en> ① *(Nachricht, Feuer)* propagación *f*; *(Rassismus)* expansión *f* ② *(Größe)* ampliación *f* ③ *(eines Plans, Details)* exposición *f*

aus|brennen *irr vi sein* ① *(Feuer)* extinguirse ② *(Gebäude, Auto)* abrasarse

Ausbruch *m* <-(e)s, -brüche> ① *(Flucht)* evasión *f* (**aus** de), fuga *f* (**aus** de) ② *(Beginn)* comienzo *m*; **zum ~ kommen** declararse ③ *(Eruption)* erupción *f*; *(Gefühlsentladung)* arrebato *m*

aus|brüten *vt* ① *(Eier)* incubar, empollar ② *(fam: Plan)* urdir, tramar

aus|büchsen *vi sein (fam: ausreißen)* largarse, pirárselas

Ausbuchtung ['aʊsbʊxtʊŋ] *f* <-, -en> convexidad *f*

aus|bügeln *vt (fam)* arreglar

ausbuhen ['aʊsbu:ən] *vt (fam)* abuchear

aus|bürgern ['aʊsbʏrgɐn] *vt* expatriar, desterrar

Ausbürgerung *f* <-en> expatriación *f*, destierro *m*

aus|bürsten *vt* cepillar; **sich** *dat* **die Haare ~** cepillarse el pelo

aus|checken *vi (im Hotel etc.)* registrar la entrada/salida

Ausdauer *f ohne pl (Beharrlichkeit)* constancia *f*, perseverancia *f*; *(körperlich)* resistencia *f*; *(anhaltender Fleiß)* tesón *m*; *(Geduld)* paciencia *f*; *(Zähigkeit)* tenacidad *f*

ausdauernd *adj (beharrlich)* perseverante, constante

ausdehnbar *adj* extensible

aus|dehnen I. *vt* ① *(dehnen)* ensanchar ② *(erweitern)* ampliar ③ *(verlängern)* prolongar **II.** *vr:* **sich ~** ① *(größer werden)* dilatarse, extenderse ② *(zeitlich)* prolongarse

Ausdehnung *f* <-en> ① *(Größe, Umfang)* extensión *f* ② *(Erweiterung, a. physikalisch)* expansión *f*; *(des Umfangs)* ampliación *f*; *(Dehnung)* dilatación *f*

aus|denken *irr vt* ① *(überlegen)* concebir ② *(vorstellen, erfinden)* imaginar, inventar

aus|diskutieren* *vt* discutir hasta llegar a un acuerdo

aus|drehen *vt* ① *(Licht, Radio)* apagar ② *(Gas, Wasserhahn)* cerrar

Ausdruck[1] *m* <-(e)s, -drücke> *(Wort)* término *m*, palabra *f*; *(Wendung)* expresión *f*, giro *m*; **sich im ~ vergreifen** equivocarse de tono

Ausdruck[2] *m* <-(e)s, -e> (*a.* INFOR, TYPO) impreso *m*

Ausdruck[3] *m* <-(e)s, *ohne pl*> ① *(Stil)* expresión *f* ② *(Bekundung)* manifestación *f*, expresión *f*; **etw zum ~ bringen** expresar algo

aus|drucken *vt* (*a.* INFOR, TYPO) imprimir

aus|drücken I. *vt* ① *(Schwamm)* estrujar; *(Frucht)* exprimir ② *(Zigarette)* apagar ③ *(äußern)* expresar **II.** *vr:* **sich ~** *(sich äußern)* expresarse

ausdrücklich ['aʊsdrʏklɪç, -'--] *adj* expreso, explícito; *(Verbot)* categórico

ausdruckslos *adj* inexpresivo

ausdrucksvoll *adj* expresivo, lleno de expresividad

Ausdrucksweise *f* forma *f* de expresión

ausdünnen ['aʊsdʏnən] *vt* ① *(reduzieren)* reducir ② *(lichten)* aclarar; *(Obstbaum)* podar; *(Haare)* rebajar

Ausdünstung *f* <-, -en> ① *(das Ausdünsten)* evaporación *f* ② *(vom Körper)* tra(n)spiración *f* ③ *(Geruch)* olor *m*

auseinander [aʊsaɪ'nandɐ] *adv* separadamente; **die beiden sind ein Jahr ~** *(vom Alter her)* se llevan un año

auseinander|brechen *irr* **I.** *vt haben* romper **II.** *vi sein* romperse; *(Partei)* dividirse

auseinander|bringen *irr vt (fam: trennen)* separar; *(entzweien)* enemistar

auseinander|fallen *irr vi sein* caerse en pedazos; *(Familie, Partei)* desintegrarse

auseinander|falten *vt* desdoblar

auseinander|gehen *irr vi sein* ❶ *(sich trennen)* separarse ❷ *(sich verzweigen)* bifurcarse; *(Meinungen)* discrepar, diferir ❸ *(fam: kaputtgehen)* romperse ❹ *(fam: dick werden)* echar carnes

auseinander|halten *irr vt* distinguir

auseinander|nehmen *irr vt (Motor)* desmontar; *(Radio)* desarmar

auseinander|schreiben *irr vt* **dieses Wort schreibt man auseinander** esta palabra se escribe separada

auseinander|setzen **I.** *vt (erklären)* explicar **II.** *vr* **sich mit etw ~** *(beschäftigen)* ocuparse de algo; *(streiten)* discutir algo

Auseinandersetzung *f* <-en> ❶ *(Beschäftigung)* análisis *m inv* (**mit** de) ❷ *(Diskussion)* discusión *f* (**über** acerca de), disputa *f* (**über** acerca de), quimba *f Col* ❸ *(Streit)* conflicto *m*

auserkoren ['aʊsɛɐko:rən] *adj (geh)* elegido; **er ist von Gott dazu ~, uns zu erlösen** ha sido elegido por Dios para redimirnos

auserlesen ['aʊsɛɐle:zən] *adj (geh)* selecto

aus|erwählen* ['aʊsɛɐvɛ:lən] *vt (geh)* elegir

Auserwählte(r) *mf* <-n, -n; -n, -n> *(geh)* elegido, -a *m, f*

ausfahrbar ['aʊsfa:ɐba:ɐ] *adj* (TECH) replegable; *(Antenne)* extensible

aus|fahren *irr* **I.** *vi sein (hinausfahren)* salir; *(Schiff)* zarpar **II.** *vt* ❶ *(verteilen)* repartir ❷ *(spazieren fahren)* pasear ❸ (TECH) desplegar; **das Fahrgestell ~** desplegar el tren de aterrizaje

Ausfahrt *f* <-en> salida *f;* **bitte die ~ freihalten!** ¡por favor, dejar la salida libre!

Ausfall[1] *m* <-(e)s, *ohne pl*> ❶ *(Haare, Zähne)* caída *f* ❷ *(Maschine)* avería *f*

Ausfall[2] *m* <-(e)s, -fälle> ❶ (MIL) ataque *m* ❷ *(Veranstaltung)* suspensión *f; (Verdienst)* pérdida *f,* merma *f*

aus|fallen *irr vi sein* ❶ *(herausfallen)* caerse ❷ *(nicht stattfinden)* no tener lugar, suspenderse; **die Schule fällt aus** no hay clase ❸ *(durch Krankheit)* estar de baja ❹ *(nicht funktionieren)* fallar ❺ *(beschaffen sein)* resultar, quedar

ausfällen *vt* ❶ (CHEM) precipitar ❷ *(Schweiz: verhängen)* imponer, infligir

ausfallend *adj* ❶ *(grob)* agresivo ❷ *(beleidigend)* insultante, grosero

Ausfallschritt *m (Fitness,* SPORT*)* posición *f* de estocada

Ausfallstraße *f* carretera *f* de salida

aus|fechten *irr vt* combatir hasta el fin

aus|fegen *vt (reg: Raum)* barrer; *(Schmutz)* recoger

aus|feilen *vt (Text)* pulir, perfeccionar

aus|fertigen *vt (Pass)* expedir; *(Dokument)* extender; *(Zahlungsanweisungen)* librar

Ausfertigung *f* <-en> ❶ *(Vorgang)* redacción *f; (amtlich)* despacho *m* ❷ *(Schriftstück)* documento *m; (zweite)* copia *f;* **in doppelter ~** por duplicado

ausfindig ['aʊsfɪndɪç] *adv* **jdn/etw ~ machen** localizar a alguien/algo

aus|fließen *irr vi sein* derramarse

aus|flippen ['aʊsflɪpən] *vi sein (fam)* ❶ *(durch Drogen)* fliparse ❷ *(durchdrehen)* flipar

Ausflucht ['aʊsflʊxt, *pl:* 'aʊsflʏçtə] *f* <-flüchte> excusa *f*

Ausflug *m* <-(e)s, -flüge> excursión *f*

Ausflügler(in) ['aʊsfly:klɐ] *m(f)* <-s, -; -nen> excursionista *mf*

Ausflugslokal *nt* merendero *m*

Ausflugsziel *nt* destino *m* (de una excursión)

Ausfluss *m* <-es, -flüsse> ❶ *(das Auslaufen)* salida *f* ❷ *(Abfluss)* desagüe *m* ❸ (MED) flujo *m*

aus|formulieren* *vt* formular (con todo detalle); *(Text)* redactar

aus|fragen *vt* **jdn** (**über etw**) **~** interrogar a alguien (sobre algo)

aus|fransen ['aʊsfranzən] *vi sein* deshilacharse

aus|fressen *irr vt (fam)* **etw ~** hacer algo malo

Ausfuhr ['aʊsfu:ɐ] *f* <-en> (COM) exportación *f*

ausführbar *adj* ❶ *(machbar)* realizable, factible ❷ *(exportierbar)* exportable ❸ (INFOR) **eine ~e Datei** un archivo ejecutable

Ausfuhrbestimmungen *fpl* (COM) reglamentos *mpl* de exportación

aus|führen *vt* ❶ *(spazieren führen)* llevar de paseo ❷ *(exportieren)* exportar ❸ *(durchführen)* llevar a cabo; *(Auftrag)* ejecutar, cumplir; *(Verbrechen)* cometer ❹ (SPORT: *Ecke*) sacar; *(Schuss)* efectuar ❺ *(erklären)* exponer, explicar; *(im Einzelnen)* detallar

Ausführende(r) *mf* <-n, -n; -n, -n> (THEAT) intérprete *mf*

ausführlich ['aʊsfy:ɐlɪç, -'--] **I.** *adj* detallado **II.** *adv* con todo detalle

Ausführlichkeit [-'---] *f ohne pl* detalle *m;* **in aller ~** con todo detalle

Ausführung *f* <-en> ❶ *(das Realisieren)* realización *f,* ejecución *f; (Befehl, Auftrag)* cumplimiento *m; (Verbrechen)* perpetración *f;* **zur ~ gelangen** llevarse a cabo ❷ (SPORT) ejecución *f* ❸ *(Typ)* modelo *m,*

tipo *m* ❹ *pl (Darlegung)* declaraciones *fpl*, explicaciones *fpl*; *(Vortrag)* intervención *f*
Ausfuhrzoll *m* (COM) derechos *mpl* de exportación
aus|füllen *vt* ❶ *(Loch)* llenar ❷ *(Formular)* (re)llenar, cumplimentar ❸ *(befriedigen)* satisfacer
Ausgabe[1] *f ohne pl* ❶ *(das Verteilen)* distribución *f*; *(von Waren)* entrega *f* ❷ *(von Banknoten)* emisión *f*
Ausgabe[2] *f* <-n> ❶ *(Ausgabestelle)* despacho *m* ❷ *(eines Buches)* edición *f*; *(Zeitschrift)* número *m* ❸ (TV: *Sendung*) emisión *f* ❹ (INFOR) salida *f* ❺ *pl (Kosten)* gastos *mpl*
Ausgabegerät *nt* (INFOR) dispositivo *m* de salida
Ausgang[1] *m* <-(e)s, -gänge> ❶ *(Tür)* (puerta *f* de) salida *f* ❷ *(an einem Organ)* boca *f* ❸ *(Spaziergang)* paseo *m* ❹ *(freier Tag)* (día *m* de) salida *f*; **~ haben** tener permiso de salida
Ausgang[2] *m* <-(e)s, *ohne pl*> ❶ *(Ergebnis)* resultado *m*, desenlace *m*; *(erfolgreich)* éxito *m* ❷ *(Anfang)* origen *m*, punto *m* de partida
Ausgangsbasis *f* <-, -basen> punto *m* de partida
Ausgangsprodukt *nt* <-(e)s, -e> producto *m* básico
Ausgangspunkt *m* punto *m* de partida
Ausgangssperre *f* toque *m* de queda
ausgebaut *adj* amplio, (ampliamente) desarrollado
aus|geben *irr* **I.** *vt* ❶ *(austeilen)* distribuir; *(Fahrkarten)* expender; **einen ~** *(fam)* invitar (a una ronda) ❷ (INFOR) imprimir ❸ (FIN: *Aktien*) emitir ❹ *(Befehl, Parole)* dar ❺ *(Geld)* gastar (**für** en) **II.** *vr*: **sich ~** *(so tun als ob)* hacerse pasar (**als/für** por)
ausgebrannt ['aʊsgəbrant] **I.** *pp von* **ausbrennen II.** *adj (körperlich erschöpft)* rendido; *(geistig erschöpft)* saturado
ausgebucht ['aʊsgəbu:xt] *adj* completo
ausgebufft ['aʊsgəbʊft] *adj (fam: trickreich)* mañoso; *(abw)* taimado
ausgedehnt *adj* ❶ *(zeitlich)* amplio, extenso ❷ *(räumlich)* extenso, vasto
ausgefallen I. *pp von* **ausfallen II.** *adj (ungewöhnlich)* extravagante
ausgeglichen ['aʊsgəglɪçən] **I.** *pp von* **ausgleichen II.** *adj* equilibrado
Ausgeglichenheit *f ohne pl* equilibrio *m*
aus|gehen *irr vi sein* ❶ *(weggehen)* salir ❷ *(erlöschen)* apagarse ❸ *(Haare, Zähne)* caerse ❹ *(abzweigen)* salir (**von** de) ❺ *(seinen Ursprung nehmen)* partir (**von** de), basarse (**von** en); **wir können davon ~, dass ...** podemos partir de la base de que... ❻ *(enden)* salir, acabar; **leer ~** irse con las manos vacías ❼ *(zu Ende gehen)* acabarse
ausgehend *adj (endend)* de finales, de las postrimerías
ausgehungert *adj (hungrig)* hambriento; *(Hunger leidend)* famélico
ausgeklügelt ['aʊsgəkly:gəlt] *adj (fam)* ingenioso, bien pensado
ausgekocht *adj (fam abw)* cuco, taimado
ausgelassen I. *pp von* **auslassen II.** *adj* muy alegre; *(Kind)* travieso, retozón
Ausgelassenheit *f ohne pl (auf einem Fest)* alegría *f*; *(der Stimmung)* desenfado *m*
ausgemacht *adj* ❶ *(abgemacht)* convenido, acordado; *(entschieden)* decidido ❷ *(vollkommen)* de remate, redomado
ausgemergelt ['aʊsgəmɛrgəlt] *adj* demacrado
ausgenommen ['aʊsgənɔmən] **I.** *pp von* **ausnehmen II.** *präp +akk* a excepción de; **Anwesende ~** a excepción de los presentes **III.** *konj* **~, dass ...** a no ser que... *+subj*
ausgepowert [aʊsgə'paʊɐt] *adj (fam)* agotado
ausgeprägt *adj (deutlich)* pronunciado, marcado
ausgerechnet ['--'--] *adv (fam)* precisamente, justamente; **muss das ~ heute sein?** ¿tiene que ser precisamente hoy?
ausgeschlafen I. *pp von* **ausschlafen II.** *adj (fam)* (d)espabilado
ausgeschlossen ['aʊsgəʃlɔsən] **I.** *pp von* **ausschließen II.** *adj (unmöglich)* imposible; **es ist nicht ~, dass ...** no se excluye que... *+subj*
ausgeschnitten ['aʊsgəʃnɪtən] **I.** *pp von* **ausschneiden II.** *adj (dekolletiert)* escotado
ausgesprochen ['aʊsgəʃprɔxən] **I.** *pp von* **aussprechen II.** *adj (ausgeprägt)* pronunciado, marcado; *(offensichtlich)* manifiesto, patente **III.** *adv (sehr)* realmente
ausgestorben ['aʊsgəʃtɔrbən] **I.** *pp von* **aussterben II.** *adj* ❶ *(Volk, Pflanzen, Tiere)* extinguido ❷ *(Ort)* desierto
ausgesucht ['aʊsgəzu:xt] *adj* ❶ *(hervorragend)* selecto, escogido ❷ *(ausgesprochen)* pronunciado
ausgewachsen I. *pp von* **auswachsen II.** *adj* ❶ *(voll entwickelt)* formado, desarrollado; *(erwachsen)* adulto ❷ *(vollkommen)* puro, de tomo y lomo
ausgewählt *adj* escogido, selecto
ausgewiesen I. *pp von* **ausweisen II.** *adj (anerkannt)* reconocido
ausgewogen ['aʊsgəvo:gən] **I.** *pp von*

A

A

auswiegen II. *adj* *(ausgeglichen)* armonioso, equilibrado
Ausgewogenheit *f* <-, *ohne pl*> equilibrio *m*
ausgezeichnet ['----, '-'--] *adj* *(hervorragend)* excelente, magnífico
ausgiebig ['aʊsgi:bɪç] I. *adj* abundante; *(Essen)* opulento; **einen ~en Mittagsschlaf halten** echarse una larga siesta II. *adv* con abundancia
aus|gießen *irr vt* ① *(Gefäß)* vaciar ② *(Flüssigkeit)* echar ③ *(verschütten)* derramar, verter
Ausgleich ['aʊsglaɪç] *m* <-(e)s, *ohne pl*> compensación *f* (**für** por); *(Entschädigung)* indemnización (**für** por); (SPORT) empate *m;* **als ~ für etw** como compensación por algo
aus|gleichen *irr* I. *vi* (SPORT) igualar, empatar II. *vt* ① *(Unterschiede)* nivelar ② (FIN) saldar, liquidar ③ *(Konflikt)* equilibrar ④ *(Mangel)* compensar III. *vr:* **sich ~** compensarse
Ausgleichstor *nt* (SPORT) gol *m* del empate
ausgliedern *vt* ① *(herausnehmen)* excluir; *(beseitigen)* eliminar, suprimir ② *(nicht behandeln)* omitir
aus|graben *irr vt* ① *(Altertümer, Schätze)* desenterrar ② *(Vergessenes)* desempolvar
Ausgrabung *f* <-en> ① *(das Ausgraben)* excavación *f* ② *(Fundstätte, Fund)* excavación *f* arqueológica
Ausgrabungsstätte *f* sitio *m* arqueológico
aus|grenzen *vt* excluir
Ausgrenzung *f* <*ohne pl*> marginación *f* (**aus** de)
Ausguck ['aʊsgʊk] *m* <-(e)s, -e> (NAUT) puesto *m* de observación
aus|gucken *vt* *(fam: aussuchen)* **sich** *dat* **etw/jdn ~** escoger algo/a alguien
Ausguss *m* <-es, -güsse> ① *(Becken)* pila *f* ② *(reg: Tülle)* pitorro *m*
aus|haben *irr* I. *vi* *(fam: Schluss haben)* terminar II. *vt* *(fam)* ① *(Kleidung)* haberse quitado ② *(Buch)* haber terminado (de leer)
aus|halten *irr* I. *vi* *(durchhalten)* aguantar II. *vt* ① *(ertragen)* soportar, aguantar; **das ist ja nicht auszuhalten!** ¡esto es insoportable! ② *(standhalten)* resistir ③ *(fam abw: Lebensunterhalt bezahlen)* mantener, sostener
aus|handeln *vt* regatear; *(Vertrag, Löhne)* negociar
aus|händigen ['aʊshɛndɪgən] *vt* ① *(Preis)* hacer entrega (de) ② *(Urkunde, Geld, Schreiben)* entregar
Aushang *m* <-(e)s, -hänge> anuncio *m,* aviso *m Am*
aus|hängen[1] *irr vi* *(aufgehängt sein)* estar colgado (en el tablón de anuncios)
aus|hängen[2] *vt* ① *(aufhängen)* publicar, hacer público ② *(Tür, Fenster)* desquiciar
Aushängeschild *nt* rótulo *m*
aus|harren ['aʊsharən] *vi* *(geh)* perseverar, aguantar
aus|hauchen *vt* *(geh: Atem, Rauch)* expirar, exhalar
aushebeln *vt* *(zunichtemachen)* invalidar, anular
aus|heben *irr vt* ① *(Graben)* excavar ② *(Verbrechernest)* descubrir ③ *(Schweiz: Truppen, Rekruten)* reclutar
aus|hecken ['aʊshɛkən] *vt* *(fam)* tramar, maquinar
aus|helfen *irr vi* ayudar; **sie half ihm mit Werkzeug aus** le ayudó aportando herramientas
aus|heulen *vr:* **sich ~** *(fam)* desahogarse (llorando) (**bei** con)
Aushilfe *f* <-n> ① *(das Aushelfen)* ayuda *f* ② *(Person)* auxiliar *mf,* suplente *mf*
Aushilfskraft *f* temporero, -a *m, f*
Aushilfspersonal *nt ohne pl* personal *m* temporal
aushilfsweise *adv* temporalmente
aus|höhlen *vt* ① *(hohlmachen)* ahuecar ② *(schwächen)* minar
Aushöhlung *f* <-, *ohne pl*> *(a. fig: das Aushöhlen)* socava *f,* socavamiento *m*
aus|holen *vi* ① *(Schwung)* tomar impulso (**zu** para); **mit dem Arm ~** levantar el brazo (para golpear) ② *(zurückgreifen)* divagar; **bei einer Erzählung weit ~** empezar con Adán y Eva
aus|horchen *vt* tantear
aus|kehren *vt* *(reg)* *s.* **ausfegen**
aus|kennen *irr vr:* **sich ~** conocer bien; *(in einem Fach)* estar versado (**in/mit** en); **damit kenne ich mich gar nicht aus** de eso no entiendo nada
aus|kippen *vt* verter
aus|klammern *vt* dejar de lado
Ausklang *m* <-(e)s, -klänge> *(geh: Ende)* final *m*
ausklappbar *adj* plegable; *(Platte)* abatible
aus|klappen *vt* plegar; *(Platte)* abatir
aus|kleiden I. *vt* ① *(geh: entkleiden)* desvestir ② *(Raum, Wand)* revestir (**mit** de); *(mit Holz)* entarimar II. *vr:* **sich ~** desvestirse
aus|klingen *irr vi sein* ① *(Tag, Fest)* terminar ② *(Ton)* acabar de sonar
aus|klopfen *vt* *(Teppich)* sacudir
aus|klügeln ['aʊskly:gəln] *vt* idear
aus|knipsen *vt* *(fam)* apagar
aus|knobeln *vt* *(fam: ausklügeln)* discurrir;

wir haben einen guten Plan ausgeknobelt hemos ideado un buen plan

aus|kommen *irr vi sein* ❶ *(sich vertragen)* entenderse; **wir kommen gut miteinander aus** nos llevamos bien; **mit ihm kann man nicht ~** no hay quien le aguante ❷ *(mit etw zurechtkommen)* arreglarse; *(ausreichend haben)* alcanzar

Auskommen *nt* <-s, *ohne pl*> *(Einkommen)* ingresos *mpl,* sustento *m;* **sein ~ haben** arreglárselas para vivir; **sein ~ finden** sacarse lo suficiente para vivir

auskömmlich ['aʊskœmlɪç] **I.** *adj* ❶ *(ausreichend)* suficiente ❷ *(verträglich)* agradable; **meine Arbeitskollegin ist ein ~er Mensch** mi compañera es una persona agradable **II.** *adv (bequem)* holgadamente; **von seinem Gehalt konnte er ~ leben** podía vivir holgadamente con su sueldo

aus|kosten *vt (geh)* disfrutar (de)

aus|kotzen I. *vt (fam)* ❶ *(erbrechen)* potar ❷ *(aussprechen)* desembuchar; **ein Problem ~** despachar un problema **II.** *vr:* **sich ~** *(fam: erbrechen)* cambiar la peseta; **ich habe mich bei meinem Chef ausgekotzt** *(fig)* le he soltado todo a mi jefe

aus|kramen *vt (fam)* desenterrar

aus|kratzen *vt* rascar; *(Speisereste)* rebañar; **jdm die Augen ~** sacar(le) los ojos a alguien

aus|kriegen *vt (fam: ausziehen können)* conseguir quitarse; **kriegst du die Skistiefel alleine aus?** ¿te puedes quitar las botas de esquiar sin ayuda?

aus|kugeln *vt* dislocar, zafar *Am*

auskühlen I. *vi sein (abkühlen)* perder temperatura; *(Unterkühlung erleiden)* sufrir hipotermia; *(Raum)* enfriarse **II.** *vt* enfriar, refrigerar

aus|kundschaften ['aʊskʊntʃaftən] *vt* indagar; *(Gegend)* explorar

Auskunft ['aʊskʊnft, *pl:* 'aʊskʏnftə] *f* <-künfte> ❶ *(Information)* información *f;* *(über eine Person)* referencias *fpl* (**über** de); **jdm (eine) ~ geben** proporcionar a alguien (una) información ❷ *(Auskunftsstelle)* información *f*

aus|kuppeln *vi* (AUTO) desembragar

aus|kurieren* **I.** *vt (fam)* curar (completamente) **II.** *vr:* **sich ~** *(fam)* curarse (completamente)

aus|lachen *vt* reírse (de), burlarse (de)

aus|laden *irr vt* ❶ *(Fracht, Fahrzeug)* descargar ❷ *(Einladung zurücknehmen)* **jdn ~** retirar a alguien la invitación

Auslage *f* <-n> ❶ *(von Waren)* exposición *f,* muestra *f* ❷ *(Schaufenster)* escaparate *m,* vidriera *f Am* ❸ *pl (Geldbetrag)* desembolso *m*

auslagern *vt* ❶ *(an einen anderen Ort bringen)* poner a salvo [*o* en lugar seguro] ❷ *(aus dem Lager herausnehmen)* sacar del almacén, desalmacenar ❸ (INFOR) permutar, tapar

Auslagerung *f* <-, -en> ❶ *(an einen sicheren Ort)* traslado *m* a un lugar seguro ❷ (INFOR: *Daten, Dateien*) permuta *f*

Ausland *nt* <-(e)s, *ohne pl*> (país *m*) extranjero *m*

Ausländer(in) *m(f)* <-s, -; -nen> extranjero, -a *m, f*

Ausländerbeauftrage(r) *mf* encargado, -a *m, f* de asuntos de inmigración

ausländerfeindlich *adj* xenófobo

Ausländerfeindlichkeit *f ohne pl* xenofobia *f*

Ausländerin *f* <-nen> *s.* **Ausländer**

Ausländerpolitik *f* política *f* de extranjería

ausländisch *adj* extranjero

Auslandsaufenthalt *m* estancia *f* en el extranjero

Auslandsbeziehungen *fpl* (POL) relaciones *fpl* con el extranjero; **die ~ zu einem Land abbrechen** romper las relaciones con un país

Auslandsflug *m* vuelo *m* al extranjero

Auslandsgespräch *nt* (TEL) conferencia *f* internacional

Auslandskorrespondent(in) *m(f)* corresponsal *mf* en el extranjero

Auslandsreise *f* viaje *m* al extranjero

Auslandsschuld *f* deuda *f* exterior

Auslandssemester *nt* <-s, -> (UNIV) semestre *m* de estudios en el extranjero, semestre *m* en una universidad extranjera

Auslandsvertretung *f* ❶ (WIRTSCH) filial *f* en el extranjero ❷ (POL) representación *f* en el extranjero

aus|lassen *irr* **I.** *vt* ❶ *(Wort)* omitir ❷ *(Butter)* derretir ❸ *(fam: Radio, Licht)* dejar apagado ❹ *(abreagieren)* descargar (**an** sobre), desahogarse (**an** con) **II.** *vr:* **sich ~** *(sich mitteilen)* manifestarse (**über** sobre); *(lästern)* criticar (**über**); **er hat sich nicht näher darüber ausgelassen** no entró en detalles

Auslassung *f* <-en> ❶ *(Weggelassenes)* omisión *f,* supresión *f* ❷ *pl (abw: Äußerungen)* comentarios *mpl*

Auslassungspunkte *mpl* (LING) puntos *mpl* suspensivos

aus|lasten *vt* ❶ *(Maschine)* utilizar a pleno rendimiento ❷ *(Person)* ocupar en su totalidad

Auslauf *m* <-(e)s, -läufe> ❶ *(Ausfluss)* derrame *m* ❷ *(der Tiere)* corral *m*

aus|laufen *irr vi sein* ❶ *(Flüssigkeit)* derramarse; *(Gefäß)* vaciarse ❷ *(in See stechen)* zarpar ③ *(aufhören)* terminar; *(Vertrag)* expirar

Ausläufer *m* <-s, -> (GEO) estribación *f*

Auslaufmodell *nt* <-s, -e> (WIRTSCH) modelo *m* fuera de producción

aus|laugen *vt (Nährstoffe entziehen)* dejar sin sustancias nutritivas; *(erschöpfen)* agotar

Auslaut *m* <-(e)s, -e> (LING) sonido *m* final; **im** ~ a final de la palabra

aus|leben *vr:* **sich** ~ gozar de la vida, vivir la vida

aus|leeren *vt* ① *(Gefäß)* vaciar ② *(Flüssigkeit)* echar, verter

aus|legen *vt* ① *(Köder)* poner ② *(Leitungen, Kabel)* tender ③ *(Waren im Schaufenster)* exponer ④ *(Geld)* adelantar ⑤ *(auskleiden)* revestir (**mit** con/de) ⑥ *(bedecken)* cubrir (**mit** de/con); *(mit Teppich)* enmoquetar, alfombrar ⑦ *(Worte, Text)* interpretar

Ausleger *m* <-s, -> (TECH) saliente *m;* (NAUT: *am Ruderboot*) escálamo *m; (Kufe)* batanga *f*

Auslegung *f* <-en> interpretación *f*

aus|leiern I. *vi sein (fam)* dar(se) de sí; *(Gewinde)* pasarse de rosca **II.** *vt (fam)* deformar; *(Gewinde)* pasar de rosca

Ausleihe ['aʊslaɪə] *f* <-n> ① *(das Ausleihen)* préstamo *m* ② *(Raum)* sección *f* de préstamos

aus|leihen *irr vt (verleihen)* prestar; *(sich borgen)* tomar prestado; **jdm etw** ~ prestar algo a alguien

aus|lernen *vi* terminar el aprendizaje; **man lernt nie aus** siempre se aprende algo nuevo

Auslese ['aʊsle:zə] *f* <-n> ① *(Auswahl)* selección *f* ② *(Wein)* vino *m* de uvas escogidas

aus|lesen *irr vt* ① *(Buch)* terminar (de leer) ② *(aussondern)* separar; *(entfernen)* sacar ③ (INFOR) seleccionar

ausleuchten *vt* iluminar, alumbrar

aus|liefern *vt* entregar; (JUR) extraditar; **ich bin ihr völlig ausgeliefert** *(fam)* estoy en sus manos

Auslieferung *f* <-en> entrega *f;* (JUR) extradición *f*

aus|liegen *irr vi* ① *(Zeitschriften)* estar a disposición (de los lectores) ② *(Schlingen, Netze)* estar expuesto

aus|loben *vt* **etw für etw** ~ ofrecer algo como recompensa por algo

aus|löffeln *vt* sacar a cucharadas; **die Suppe** ~ comerse la sopa (a cucharadas)

aus|loggen ['aʊslɔgən] *vr:* **sich** ~ (INFOR) desconectarse

aus|löschen *vt* ① *(Licht)* apagar; *(Feuer)* extinguir ② *(Schrift, Spuren)* borrar ③ *(geh: Menschenleben)* apagar, extinguir

aus|losen ['aʊslo:zən] *vt* rifar, sortear

aus|lösen *vt* ① *(Schuss)* disparar ② *(hervorrufen)* producir, provocar ③ *(befreien)* rescatar, pagar el rescate (de/por)

Auslöser *m* <-s, -> ① (TECH) mecanismo *m* de disparo ② *(Anlass)* (factor *m*) desencadenante *m* (**für** de)

Auslosung *f* <-en> sorteo *m*

Auslösung *f* <-, -en> *(Entschädigung)* indemnización *f*

ausloten ['aʊslo:tən] *vt (a. fig)* sondear

aus|machen *vt* ① *(fam: Radio, Licht, Feuer)* apagar ② *(vereinbaren)* concertar ③ *(klären)* resolver, arreglar ④ *(erkennen)* divisar ⑤ *(darstellen)* constituir; **ihm fehlt alles, was einen Wissenschaftler ausmacht** le falta todo aquello que constituye un científico ⑥ *(betragen)* elevarse (a) ⑦ *(bedeuten)* importar; **macht es Ihnen etwas aus, wenn …?** ¿le importa que…? +*subj*

aus|malen I. *vt (mit Farbe)* pintar (**mit** de), colorear (**mit** de) **II.** *vr* **sich** *dat* **etw** ~ *(fig: sich vorstellen)* imaginarse algo

Ausmaß *nt* <-es, -e> ① *(räumlich)* dimensión *f,* extensión *f* ② *(Grad, Umfang)* dimensión *f;* **bis zu einem gewissen** ~ hasta (un) cierto punto; **in großem** ~ a gran escala

aus|merzen ['aʊsmɛrtsən] *vt* ① *(Ungeziefer)* exterminar, eliminar ② *(Fehler)* subsanar ③ *(Missstände)* eliminar

aus|messen *irr vt* medir, tomar la medida (de)

aus|misten *vt* ① *(Stall)* sacar el estiércol (de) ② *(fam: Schrank, Zimmer)* poner en orden

aus|mustern *vt* ① *(aussortieren)* desechar ② (MIL) declarar inútil

Ausnahme *f* <-n> excepción *f;* **eine** ~ **machen** hacer una excepción; **mit** ~ **von …** a excepción de…; **ohne** ~ sin excepción

Ausnahmeerscheinung *f* <-, -en> excepción *f*

Ausnahmefall *m* caso *m* excepcional, excepción *f*

Ausnahmezustand *m* estado *m* de excepción

ausnahmslos *adj* sin excepción

ausnahmsweise ['----, '--'--] *adv* excepcionalmente, como excepción

aus|nehmen *irr* **I.** *vt* ① *(Fisch)* limpiar ② *(Kaninchen, Geflügel)* destripar ③ *(ausschließen)* exceptuar (**von** de) ④ *(fam abw: Geld abnehmen)* desplumar, desvalijar **II.** *vr:* **sich** ~ *(geh: wirken)* hacer efecto

ausnehmend *adv (geh)* extraordinariamente
aus|nüchtern *vi* desemborracharse *fam;* **hast du schon ausgenüchtert?** ¿ya se te ha pasado la borrachera?
Ausnüchterungszelle *f* celda *f* para desemborracharse
aus|nutzen *vt* ① *(Gelegenheit, Situation)* aprovechar, sacar provecho de ② *(Stellung, Notlage)* aprovecharse (de)
Ausnutzung *f <-, ohne pl>*, **Ausnützung** *f <-, ohne pl> (reg)* explotación *f;* *(Stellung, Notlage)* provecho *m* sin escrúpulos
aus|packen **I.** *vt* ① *(Koffer)* deshacer ② *(Geschenk)* abrir, desenvolver ③ *(Waren, Paket)* desembalar, abrir **II.** *vi (fam: erzählen, verraten)* cantar, irse de la lengua
aus|peitschen *vt* azotar, latiguear *Am*
aus|pfeifen *irr vt* abuchear, silbar
aus|plaudern *vt* divulgar
aus|plündern *vt* ① *(Dorf, Laden)* saquear ② *(fam: Kühlschrank)* vaciar
aus|posaunen* *vt (fam)* pregonar, decir a los cuatro vientos
aus|pressen *vt (Saft)* extraer; *(Frucht)* exprimir
aus|probieren* *vt* probar
Auspuff ['aʊspʊf] *m <-(e)s, -e>* (AUTO) escape *m*
Auspuffrohr *nt* (AUTO) tubo *m* de escape
Auspufftopf *m* (AUTO) silenciador *m* de escape
aus|pumpen *vt* ① *(Wasser)* bombear; *(leeren)* vaciar bombeando; **völlig ausgepumpt sein** *(fam fig)* estar hecho polvo ② *(fam: ausleihen)* prestar
auspusten *vt (fam: ausblasen)* apagar soplando
aus|quartieren* ['aʊskvartiːrən] *vt* desalojar
aus|quetschen *vt* ① *(Frucht)* exprimir, estrujar ② *(fam: ausfragen)* acosar a preguntas
aus|radieren* *vt* ① *(Geschriebenes)* borrar ② *(abw: zerstören)* destruir, arrasar
aus|rangieren* ['aʊsraŋʒiːrən] *vt (fam)* desechar
aus|rasten *vi sein* ① (TECH) soltarse, desclavarse ② *(fam: zornig werden)* enfurecerse
aus|rauben *vt* desvalijar
aus|räumen *vt* ① *(Schrank)* vaciar; *(Bücher)* sacar; *(Zimmer)* desamueblar ② *(Missverständnis)* arreglar ③ *(Schwierigkeit)* allanar ④ *(Zweifel)* disipar
aus|rechnen *vt (Summe)* calcular
Ausrede *f <-n>* excusa *f;* *(Vorwand)* pretexto *m;* *(Ausflüchte)* evasiva *f*
aus|reden **I.** *vi (zu Ende reden)* acabar de hablar **II.** *vt (umstimmen)* **jdm etw ~** disuadir a alguien de algo **III.** *vr:* **sich ~** *(Österr: sich aussprechen)* desahogarse
aus|reichen *vt* bastar, ser suficiente
ausreichend *adj* ① *(genug)* bastante, suficiente ② *(Schulnote)* suficiente
Ausreise *f <-n>* salida *f* (**aus** de)
Ausreiseantrag *m* solicitud *f* de salida
Ausreisegenehmigung *f* permiso *m* de salida
aus|reisen *vi sein* salir (**aus** de)
aus|reißen *irr* **I.** *vi sein* ① *(abreißen)* arrancarse ② *(fam: weglaufen)* huir, escapar(se) **II.** *vt (entfernen)* arrancar
Ausreißer(in) *m(f) <-s, -; -nen> (fam)* fugitivo, -a *m, f*
aus|reiten *irr vi* salir a caballo
ausreizen *vt* ① *(Karten)* pujar al máximo ② *(Möglichkeit, Thema)* agotar
aus|renken ['aʊsrɛŋkən] *vt* dislocar, zafar *Am*
aus|richten **I.** *vt* ① *(Nachricht)* dar; **soll ich ihr etwas ~?** ¿quiere que le dé algún recado? ② *(einstellen)* ajustar (a), adaptar (**auf** a) ③ *(erreichen)* conseguir; **ich konnte bei ihm nichts ~** no pude conseguir nada de él ④ *(veranstalten)* organizar **II.** *vr:* **sich ~** orientarse (**auf** a/hacia)
Ausrichtung *f ohne pl* ① *(Sicheinstellen)* ajuste *m* (**auf** a) ② *(Veranstalten)* organización *f* ③ *(Orientierung)* orientación *f*
Ausritt *m <-(e)s, -e>* paseo *m* a caballo
aus|rollen *vt* ① *(Teppich)* desenrollar ② *(Teig)* extender con el rodillo
aus|rotten ['aʊsrɔtən] *vt* ① *(Tiere, Volk)* exterminar ② *(Unsitte)* erradicar
Ausrottung *f <-en>* ① *(Tiere, Volk)* exterminación *f* ② *(Unsitte)* erradicación *f*
aus|rücken **I.** *vi sein* ① (MIL) salir (del cuartel), marcharse ② *(Feuerwehr)* salir ③ *(fam: ausreißen)* escapar(se) **II.** *vt* (TYPO) sangrar
Ausruf *m <-(e)s, -e>* exclamación *f*
aus|rufen *irr vt* ① *(rufend nennen)* llamar; *(Abflug, Abfahrt)* anunciar (por altavoz) ② *(Streik)* convocar ③ *(Notstand, Republik)* proclamar
Ausrufezeichen *nt* signo *m* de exclamación, (signo *m* de) admiración *f*
Ausrufungszeichen *nt*, **Ausrufzeichen** *nt <-s, -> (Schweiz) s.* **Ausrufezeichen**
aus|ruhen *vi, vr:* **sich ~** descansar (**von** de), reposar
aus|rüsten *vt* ① *(Person)* equipar (**mit** de/con), abastecer (**mit** de/con) ② *(Flugzeug, Expedition)* equipar, dotar
Ausrüstung *f <-en>* equipo *m*
aus|rutschen *vi sein* resbalar

A

Ausrutscher *m* <-s, -> *(fam: Fauxpas)* desliz *m*

Aussaat *f* <-en> ① *(Aussäen)* siembra *f* ② *(Saatgut)* semillas *f pl*

aus|säen *vt* sembrar

Aussage ['aʊszaːgə] *f* <-n> ① (JUR) declaración *f;* **eine ~ machen** prestar declaración; **die ~ verweigern** negarse a declarar ② *(Inhalt)* mensaje *m;* (LING) enunciado *m*

Aussagekraft *f* <-, *ohne pl*> fuerza *f* expresiva

aussagekräftig *adj* (de gran valor) informativo

aus|sagen **I.** *vi* (JUR) declarar **II.** *vt (ausdrücken)* expresar

aussägen *vt* cortar con la sierra

Aussagesatz *m* (LING) oración *f* enunciativa

Aussätzige(r) *mf* <-n, -n; -n> *(a. fig)* leproso, -a *m, f*

aus|saugen *vt (Frucht, Wunde)* chupar; *(Kolonie)* explotar

aus|schalten *vt* ① *(Motor, Licht)* apagar ② *(Konkurrenz, Gegner)* eliminar

Ausschaltung *f* <-, -en> ① (TECH) desconexión *f* ② *(Eliminierung)* eliminación *f;* **die ~ der Konkurrenz/eines Gegners** la eliminación de la competencia/de un contrario

Ausschank ['aʊsʃaŋk] *m* <-(e)s, *ohne pl*> *(Tätigkeit)* despacho *m* de bebidas

Ausschau *f ohne pl* **nach jdm/etw** *dat* **~ halten** buscar a alguien/algo con la vista

aus|schauen *vi* ① *(Ausschau halten)* buscar con la vista (**nach**) ② *(südd, Österr: Eindruck erwecken)* parecer

aus|scheiden *irr* **I.** *vi sein* ① *(aus einem Amt, einer Firma)* dimitir (**aus** de), retirarse (**aus** de) ② *(aus einem Club)* darse de baja (**aus** de/en) ③ (SPORT) ser eliminado (**aus** de) ④ *(Bewerber)* no entrar en consideración ⑤ *(Möglichkeit)* quedar excluido **II.** *vt* ① (MED) segregar ② *(aussondern)* excluir

Ausscheidung *f* <-en> ① (MED) excreción *f* ② (SPORT) eliminatoria *f*

Ausscheidungskampf *m* (SPORT) eliminatoria *f*

Ausscheidungsspiel *nt* (SPORT) encuentro *m* eliminatorio

aus|schenken *vt* ① *(gießen)* echar ② *(im Lokal)* vender

aus|scheren ['aʊsʃeːrən] *vi sein* salirse (de la fila)

aus|schimpfen *vt* reprender, reñir

aus|schlachten *vt (fam)* ① *(Fahrzeug)* desguazar ② *(ausnutzen)* sacar provecho (de)

aus|schlafen *irr* **I.** *vi, vr:* **sich ~** dormir a su gusto **II.** *vt* **seinen Rausch ~** dormir la mona

Ausschlag *m* <-(e)s, -schläge> ① (MED) erupción *f* cutánea ② *(der Waage)* caída *f;* *(des Pendels)* oscilación *f;* *(der Magnetnadel)* desviación *f;* **den ~ geben** ser decisivo

aus|schlagen *irr* **I.** *vi* ① *(Pferd)* cocear ② *haben o sein (Baum)* brotar, retoñar ③ *haben o sein (Zeiger)* oscilar; *(Kompassnadel)* desviarse **II.** *vt* ① *(Angebot)* rehusar ② *(Zahn)* partir ③ *(mit Stoff)* forrar (**mit** de/con), revestir (**mit** de/con)

ausschlaggebend *adj* decisivo (**für** para)

aus|schließen *irr vt* ① *(Zweifel, Irrtum)* descartar; **es ist nicht auszuschließen, dass …** no se puede descartar la posibilidad de que… *+subj* ② *(im Widerspruch stehen)* excluir; **das eine schließt das andere nicht aus** lo uno no excluye lo otro ③ (JUR: *Öffentlichkeit*) excluir ④ *(aus einer Gemeinschaft)* expulsar (**aus** de)

ausschließlich **I.** *adj (alleinig)* exclusivo **II.** *adv* únicamente; *(nur)* solo, solamente **III.** *präp +gen* con exclusión de, excluido

aus|schlüpfen *vi sein* salir del huevo

Ausschluss *m* <-es, -schlüsse> exclusión *f* (**aus** de); (SPORT) descalificación *f;* **unter ~ der Öffentlichkeit** (JUR) a puerta cerrada

aus|schmücken *vt* ① *(Raum)* adornar, decorar ② *(Geschichte)* adornar, embellecer

aus|schneiden *irr vt* ① *(Bild)* recortar (**aus** de) ② *(Büsche)* podar

Ausschnitt *m* <-(e)s, -e> ① *(Teil)* parte *f,* fragmento *m* ② *(aus einem Film)* escena *f* ③ (MATH) sector *m* ④ *(bei Kleidung)* escote *m* ⑤ *(aus einer Zeitung)* recorte *m*

aus|schöpfen *vt* ① *(Flüssigkeit)* sacar, extraer ② *(Gefäß)* vaciar ③ *(Möglichkeiten)* aprovechar; *(Reserven)* agotar

aus|schreiben *irr vt* ① *(Wort)* escribir entero; *(Zahl)* escribir en letra ② *(Wettbewerb, Wahlen)* convocar; *(Stelle)* sacar a concurso ③ *(Rechnung)* hacer; *(Scheck)* extender

Ausschreibung *f* <-en> convocatoria *f;* *(von Stellen)* concurso *m*

Ausschuss[1] *m* <-es, -schüsse> *(Komitee)* comisión *f*

Ausschuss[2] *m* <-es, *ohne pl*> *(minderwertige Ware)* desecho *m*

aus|schütteln *vt* sacudir

aus|schütten *vt* ① *(Flüssigkeit)* verter, derramar ② *(Gefäß)* vaciar; **jdm sein Herz ~** *(fig)* abrir su corazón a alguien ③ *(Dividende)* repartir

Ausschüttung *f* <-en> (FIN) reparto *m*

ausschwärmen *vi sein (Bienen)* salir en enjambres; *(Soldaten)* dispersarse

ausschweifen *vi sein* divagar; **seine Fantasie ~ lassen** dejar rienda suelta a la fantasía

ausschweifend ['aʊsʃvaɪfənt] *adj* ❶ *(Leben)* libertino, disoluto ❷ *(Fantasie)* desenfrenado

Ausschweifung *f* <-en> desenfreno *m*

aus|schweigen *irr vr:* **sich ~** guardar silencio (**über** sobre)

ausschwemmen *vt (Giftstoffe)* despedir; *(Gold)* limpiar con agua

aus|schwenken *vt* ❶ *(Kran)* girar hacia fuera; **nach links ~** girar a la izquierda ❷ *(Wäsche)* aclarar

aus|schwitzen *vt* sudar

aus|sehen *irr vi* parecer, tener aspecto (**nach** de); **gut ~** tener buen aspecto; *(Sache)* ser bonito; *(Person)* estar guapo; **gut ~d** bien parecido; **es sieht nach Regen aus** parece que va a llover; **wie sieht's aus?** *(fam)* ¿qué tal van las cosas?; **es sieht so au, als ob ...** parece como si... *+subj;* **er sieht aus wie sein Vater** se parece a su padre

Aussehen *nt* <-s, *ohne pl*> aspecto *m*

außen ['aʊsən] *adv* fuera; **von ~** por fuera; **den Schein nach ~ hin wahren** guardar las apariencias; **~ vor sein** quedar fuera

Außenantenne *f* <-, -n> antena *f* exterior

Außenbezirk *m* barrio *m* periférico, extrarradio *m*

Außenbordmotor *m* motor *m* fuera borda

aus|senden *irr vt* ❶ *(Expedition, Boten)* enviar ❷ *(Strahlen, Signale)* emitir

Außendienst *m* <-(e)s, *ohne pl*> servicio *m* externo

Außendienstmitarbeiter(in) *m(f)* colaborador(a) *m(f)* en el servicio exterior

Außenhandel *m* (COM) comercio *m* exterior

Außenminister(in) *m(f)* (POL) ministro, -a *m, f* de Asuntos Exteriores, canciller *m Am*

Außenministerium *nt* (POL) Ministerio *m* de Asuntos Exteriores, cancillería *f Am*

Außenpolitik *f* (POL) política *f* exterior

außenpolitisch *adj* (POL) referente a la política exterior

Außenseite *f* (parte *f*) exterior *m*

Außenseiter(in) *m(f)* <-s, -; -nen> marginado, -a *m, f;* (SPORT) outsider *mf*

Außenspiegel *m* (AUTO) espejo *m* retrovisor exterior

Außenstände *mpl* (WIRTSCH, FIN) atrasos *mpl*

Außenstehende(r) *mf* <-n, -n; -n> persona *f* ajena, profano, -a *m, f*

Außenstelle *f* agencia *f*

Außenstürmer(in) *m(f)* (SPORT) extremo, -a *m, f* delantero , -a

Außentank *m* tanque *m* exterior

Außentasche *f* <-, -n> bolsillo *m* exterior

Außentemperatur *f* temperatura *f* exterior

Außenwand *f* <-, -wände> pared *f* exterior, muro *m* exterior

Außenwelt *f ohne pl* mundo *m* exterior

Außenzelt *nt* tienda *f* de campaña para el exterior

außer ['aʊsɐ] **I.** *präp +dat* ❶ *(räumlich)* fuera de; **~ Sicht sein** no ser visible; **~ Haus** fuera de casa ❷ *(Zustand)* fuera de; **~ Betrieb/Gefahr** fuera de servicio/de peligro; **~ Dienst sein** estar retirado; **~ Atem** sin aliento; **sie war ~ sich vor Freude** estaba fuera de sí de alegría ❸ *(ausschließlich)* excepto, a excepción de ❹ *(abgesehen von)* aparte de **II.** *präp +gen (räumlich)* fuera de; **~ Landes** fuera del país **III.** *konj* excepto, a excepción de; **~ dass** excepto que *+subj;* **~ wenn** excepto si

außerberuflich *adj* extraprofesional

außerdem ['aʊsɐde:m, --'-] *adv* además, aparte

außerdienstlich *adj* extraoficial

äußere(r, s) *adj* exterior, externo

Äußere(s) *nt* <-n, *ohne pl*> aspecto *m; (Gesicht, Körper)* físico *m*

außerehelich ['aʊsɐʔe:əlɪç] *adj* ❶ *(Beziehung)* extramatrimonial ❷ *(Kind)* natural, ilegítimo

außereuropäisch *adj* extraeuropeo

außergerichtlich *adj* (JUR) extrajudicial

außergewöhnlich *adj* excepcional; *(ungewöhnlich)* desacostumbrado

außerhalb **I.** *präp +gen* fuera de; **~ der Stadt** fuera de la ciudad **II.** *adv* fuera; **wir wohnen ~** vivimos en las afueras

außerirdisch *adj* extraterrestre

äußerlich ['ɔɪsɐlɪç] *adj* ❶ *(außen)* externo; **nur ~ anwenden** *(Aufschrift auf Medikamenten)* solo para uso externo; **rein ~ betrachtet** visto solamente por fuera ❷ *(oberflächlich)* superficial ❸ *(scheinbar)* aparente

Äußerlichkeit *f* <-en> apariencia *f*

äußern ['ɔɪsɐn] **I.** *vt* expresar; **seine Meinung ~** dar su opinión **II.** *vr:* **sich ~** ❶ *(seine Meinung sagen)* pronunciarse ❷ *(sich zeigen)* mostrarse

außerordentlich **I.** *adj* extraordinario, excepcional **II.** *adv (sehr)* sumamente, mucho; **etw ~ schätzen** apreciar algo extraordinariamente

außerorts *adv (Schweiz, Österr)* en las afueras

A

außerparlamentarisch *adj* extraparlamentario

außerplanmäßig *adj* extraordinario, fuera de norma

außerschulisch *adj* (SCH) extraescolar

äußerst ['ɔɪsɐst] *adv* muy, extraordinariamente

außerstande [aʊsɐ'ʃtandə] *adv* **~ sein, etw zu tun** no estar en condiciones de hacer algo; *s. a.* **Stand**[1]

äußerste(r, s) *adj* ① *(weit entfernt)* extremo; **am ~n Ende der Stadt** en el límite de la ciudad ② *(größtmöglich)* máximo, sumo

Äußerste(s) *nt* **jdm das ~ abverlangen** exigir lo máximo de alguien; **sein ~s geben** dar el máximo de sí; **auf das ~** [*o* **äußerste**] **gefasst sein** estar preparado para lo peor

äußerstenfalls ['ɔɪsɐstən'fals] *adv* a lo sumo

Äußerung ['ɔɪsərʊŋ] *f* <-en> declaración *f; (Bemerkung)* observación *f*

aus|setzen I. *vi* ① *(Atmung, Herz)* cesar ② *(unterbrechen)* interrumpirse; **zwei Runden ~** pasar dos turnos; **ohne auszusetzen** sin parar **II.** *vt* ① *(Tier)* abandonar ② (JUR: *Verhandlung*) aplazar; **die Strafe wurde zur Bewährung ausgesetzt** le concedieron remisión condicional de la pena ③ *(bemängeln)* criticar, poner reparos (a) ④ *(Belohnung)* ofrecer; *(Preis)* fijar ⑤ *(preisgeben)* **jdn etw** *dat* **~** exponer a alguien a algo

Aussetzer *m* <-s, -> *(fam)* **einen ~ haben** quedarse en blanco

Aussetzung *f* <-, -en> (*a.* JUR: *eines Verfahrens*) suspensión *f*

Aussicht *f* <-en> ① *(Blick)* vista *f* (**auf** de), panorama *m* (**auf** de) ② *(Zukunftsmöglichkeit)* perspectiva *f* (**auf** de), esperanza *f* (**auf** de); **etw in ~ haben** tener algo en perspectiva; **etw hat ~ auf Erfolg** algo tiene probabilidad de éxito; **jdm etw in ~ stellen** prometer algo a alguien; **gute ~en haben** tener buenas perspectivas

aussichtslos *adj* sin esperanza; *(verzweifelt)* desesperado; *(unnütz)* inútil

Aussichtslosigkeit *f ohne pl* falta *f* de perspectivas

Aussichtsplattform *f* mirador *m*

Aussichtspunkt *m* mirador *m*

aussichtsreich *adj* prometedor

Aussichtsturm *m* mirador *m*

aus|sieben I. *vt* ① *(mit einem Sieb)* colar; **Klumpen aus der Soße ~** colar la salsa (para quitar los grumos) ② *(durch Auswahl)* cribar **II.** *vi* hacer una criba; **bei der Zwischenprüfung wird ausgesiebt** el examen de diplomatura es una criba

aus|siedeln *vt* evacuar

Aussiedler(in) *m(f)* <-s, -; -nen> expatriado, -a *m, f*

aus|sitzen *irr vt (fam)* dejar pasar

aus|söhnen ['auszø:nən] *vr:* **sich ~** (re)conciliarse

Aussöhnung *f* <-en> reconciliación *f*

aus|sondern *vt* apartar

aus|sortieren* *vt* desechar, separar

aus|spannen I. *vi (sich erholen)* descansar **II.** *vt* ① *(Netz)* (ex)tender ② *(Pferde)* desenganchar ③ *(fam)* **jdm den Freund ~** quitar(le) a alguien el novio

Aussparung *f* <-, -en> boquete *m,* brecha *f*

ausspeien *irr* **I.** *vi* escupir (**vor** de) **II.** *vt (Lava, Qualm)* arrojar, escupir

aus|sperren I. *vt* ① *(aus der Wohnung)* cerrar la puerta (a, **aus** de) ② *(Arbeiter)* dejar en la calle mediante un cierre **II.** *vr:* **sich ~** *(aus der Wohnung)* quedarse fuera sin llaves (**aus** de)

Aussperrung *f* <-en> cierre *m,* lockout *m*

aus|spielen I. *vt* ① *(Karte)* jugar ② (SPORT: *Gegenspieler*) regatear ③ *(aufwiegeln)* **jdn gegen jdn ~** aprovecharse de la rivalidad entre dos personas **II.** *vi (beim Kartenspiel)* salir

aus|spionieren* *vt* espiar

Aussprache *f* <-n> ① *(Artikulation)* pronunciación *f* ② *(Akzent)* acento *m* ③ *(Unterredung)* discusión *f,* debate *m;* **eine ~ mit jdm haben** hablar francamente con alguien

aus|sprechen *irr* **I.** *vi (zu Ende sprechen)* terminar (la frase) **II.** *vt* ① *(Wörter, Laute)* pronunciar ② *(Lob, Verdächtigung)* expresar; **sie sprachen der Regierung ihr Vertrauen aus** expresaron su confianza al gobierno ③ *(Verbot)* notificar **III.** *vr:* **sich ~** ① *(sein Herz ausschütten)* desahogarse (**bei** con) ② *(befürworten)* abogar (**für** por)

Ausspruch *m* <-(e)s, -sprüche> dicho *m,* frase *f* ingeniosa

aus|spucken *vi, vt* escupir

aus|spülen *vt* enjuagar

aus|staffieren* ['aʊsʃtafi:rən] *vt* ataviar (**mit** con/de), proveer (**mit** de)

Ausstand *m* <-(e)s, *ohne pl*> ① *(Streik)* huelga *f* ② *(Schweiz: Ausscheiden)* retirada *f* (**aus** de); **seinen ~ geben** celebrar su despedida del trabajo

aus|statten ['aʊsʃtatən] *vt* proveer (**mit** de), dotar (**mit** con/de)

Ausstattung *f* <-en> ① *(mit Geräten)* equipo *m* ② *(eines Buches)* presentación *f*

aus|stechen *irr vt* ① *(Unkraut)* extraer (con una pala); *(Auge)* vaciar ② *(übertreffen)* aventajar

Ausstechform *f* (GASTR) cortapastas *m inv*

aus|stehen *irr* **I.** *vi (fehlen)* faltar, estar pendiente **II.** *vt (ertragen)* aguantar, soportar; **ich kann ihn nicht ~** no le soporto

aus|steigen *irr vi sein* ① *(aus einem Fahrzeug)* bajar (**aus** de) ② *(fam: aufhören)* retirarse (**aus** de), abandonar (**aus**)

Aussteiger(in) *m(f)* <-s, -; -, -nen> *(fam) persona que ha dejado su oficio y entorno para estar libre de presiones sociales*

aus|stellen *vt* ① *(Waren, Bilder)* exhibir, exponer ② *(Bescheinigung, Zeugnis)* expedir; *(Scheck)* extender (**über** por) ③ *(Gerät)* apagar

Aussteller(in) *m(f)* <-s, -; -nen> ① *(bei Ausstellungen)* expositor(a) *m(f)* ② *(von Urkunden)* otorgante *mf* ③ *(von Wechseln)* librador(a) *m(f)*

Ausstellung *f* <-en> ① *(Veranstaltung)* exposición *f* ② *(von Schriftstücken)* expedición *f* ③ *(von Schecks)* extensión *f* (**über** por)

Ausstellungsstück *nt* objeto *m* expuesto

aus|sterben *irr vi sein (Pflanze, Tierart, Sprache)* desaparecer; *(Brauch)* perderse, caer en desuso; **wie ausgestorben** *(Ort)* desierto

Aussterben *nt* <-s, *ohne pl*> **vom ~ bedroht** en vías de extinción

Aussteuer *f ohne pl* ajuar *m*, canastilla *f Arg, PRico; (Geld)* dote *f*

Ausstieg ['aʊsʃtiːk] *m* <-(e)s, -e> ① *(das Heraussteigen)* bajada *f* ② *(Ausgang)* salida *f* ③ *(fam: Beendigung)* abandono *m*

aus|stopfen *vt* rellenar; *(Tier)* disecar

Ausstoß *m* <-es, *ohne pl*> ① (WIRTSCH) producción *f* ② *(Abgase)* expulsión *f*

aus|stoßen *irr vt* ① *(Atem, Abgase)* expulsar; *(Dampf, Rauchwolken)* expeler; *(Lava)* arrojar ② *(Seufzer)* lanzar ③ *(produzieren)* producir ④ *(ausschließen)* expulsar (**aus** de)

aus|strahlen *vt* ① *(Licht, Wärme)* emitir; *(Ruhe, Heiterkeit)* irradiar ② (RADIO) emitir, radiar; (TV) televisar

Ausstrahlung *f* <-en> ① (RADIO, TV) emisión *f* ② *(Charisma)* carisma *m*

aus|strecken **I.** *vt (Beine)* estirar **II.** *vr:* **sich ~** estirarse

aus|streichen *irr vt (durchstreichen)* borrar, tachar

aus|streuen *vt* esparcir, dispersar; *(Gerüchte)* difundir

aus|strömen **I.** *vi sein (Wasser)* derramarse; *(Gas, Dampf)* escaparse, salir **II.** *vt (Duft)* despedir, exhalar; *(Wärme)* despedir

aus|suchen *vt* escoger, elegir

Austausch *m* <-(e)s, *ohne pl*> (inter)cambio *m;* **im ~ für etw** a cambio de algo

austauschbar *adj* (inter)cambiable; *(ersetzbar)* su(b)stituible

aus|tauschen **I.** *vt* ① *(auswechseln)* cambiar ② *(Erfahrungen, Erinnerungen)* intercambiar ③ *(Schüler)* intercambiar; *(Gefangene)* canjear **II.** *vr* **sich untereinander/mit jdm ~** cambiar impresiones uno con otro/con alguien

Austauschklasse *m* clase de intercambio *f*

Austauschschüler(in) *m(f)* alumno, -a *m, f* de intercambio *(dentro de un convenio internacional)*

aus|teilen *vt* repartir (**an** a, **unter** entre); *(Ohrfeige, Karten)* dar, repartir

Auster ['aʊstɐ] *f* <-n> ostra *f*

Austernpilz *m* champiñón *m* chino

aus|toben *vr:* **sich ~** *(Kinder)* desfogarse; *(beim Spielen)* jugar a lo loco

aus|tragen *irr vt* ① *(Briefe)* repartir ② *(Konflikt)* poner en claro ③ *(Wend)* **ein Kind ~** (decidir) tener el niño

Australian Football [ɔs'trɪljən 'futboːl] *m* <-s, *ohne pl*> (SPORT) fútbol *m* australiano

Australien [aʊs'traːliən] *nt* <-s> Australia *f*

Australier(in) *m(f)* <-s, -; -nen> australiano, -a *m, f*

australisch *adj* australiano

aus|treiben *irr* **I.** *vt* ① *(Vieh)* sacar a pastar ② *(Teufel)* exorcizar ③ *(Blüten)* echar ④ *(abgewöhnen)* **jdm etw ~** quitar a alguien algo de la cabeza **II.** *vi (Pflanze)* echar hojas

Austreibung *f* <-en> ① *(von Menschen)* expulsión *f* ② *(vom Teufel)* exorcismo *m*

aus|treten *irr* **I.** *vi sein* ① *(Gas)* escaparse (**aus** por); *(Blut)* salir(se) (**aus** de) ② *(aus der Kirche, Partei)* salir (**aus** de); *(aus einem Verein)* darse de baja (**aus** en) ③ *(fam: zur Toilette gehen)* ir al servicio, ir al váter **II.** *vt* ① *(Treppenstufen)* gastar; *(Schuhe)* (des)gastar ② *(Feuer)* apagar con los pies; *(Zigarette)* pisar

aus|tricksen ['aʊstrɪksən] *vt (fam)* engañar

aus|trinken *irr vi, vt* terminar(se) de beber

Austritt *m* <-(e)s, -e> ① *(aus einer Organisation)* abandono *m*, dimisión *f* ② *(von Flüssigkeit)* salida *f; (von Gas)* escape *m*

aus|trocknen **I.** *vi sein* (re)secarse **II.** *vt* secar

aus|tüfteln ['aʊstʏftəln] *vt (fam)* idear

aus|üben *vt* ① *(Beruf, Macht)* ejercer; *(Amt)* desempeñar ② *(Druck, Einfluss)* ejercer (**auf** sobre)

A

Ausübung *f ohne pl* ① *(Beruf)* ejercicio *m* ② *(Dienst, Pflicht)* cumplimiento *m*
aus|ufern *vi sein (Gewässer)* desbordarse; *(Diskussion)* salirse del tema
Ausverkauf *m* <-(e)s, -käufe> rebajas *fpl*
ausverkauft *adj* agotado
aus|wachsen I. *vi sein (groß werden)* alcanzar el pleno desarrollo II. *vr:* **sich** ~ *(ausarten)* degenerar (**zu** en)
Auswahl[1] *f ohne pl (Wahl)* selección *f;* **die (freie) ~ haben** poder escoger a su gusto; **zur ~** a escoger
Auswahl[2] *f* <-en> ① *(Angebot)* surtido *m* ② (SPORT) selección *f*
aus|wählen *vt* elegir (**aus** de), escoger (**unter** de/entre)
Auswahlmenü *nt* (INFOR) menú *m* de opciones
Auswahlspieler(in) *m(f)* (SPORT) (jugador(a) *m(f)*) seleccionado, -a *m, f*
Auswahlverfahren *nt* proceso *m* de selección
auswalzen *vt* laminar
Auswanderer, -in *m, f* <-s, -; -nen> emigrante *mf*
aus|wandern *vi sein* emigrar (**aus** de, **nach** a)
Auswanderung *f* <-en> emigración *f* (**aus** de, **nach** a)
auswärtig ['aʊsvɛrtɪç] *adj* ① *(nicht einheimisch)* forastero, de fuera; *(ausländisch)* extranjero ② *(das Ausland betreffend)* exterior; **der ~e Dienst** el servicio exterior
auswärts ['aʊsvɛrts] *adv* ① *(nach außen)* hacia fuera ② *(nicht zu Hause)* fuera (de casa); **von ~** de fuera
Auswärtsspiel *nt* (SPORT) partido *m* fuera de casa
aus|waschen *irr vt* lavar, limpiar; (GEO) erosionar
Auswaschung *f* <-, -en> (GEO) erosión *f*
Auswechs(e)lung *f* <-en> cambio *m;* (TECH) (re)cambio *m*
Auswechselbank *f* (SPORT) banquillo *m* (de jugadores)
auswechselbar *adj* (inter)cambiable
Auswechsellinie *f* (SPORT) línea *f* de cambios
aus|wechseln *vt* cambiar; (TECH) (re)cambiar
Auswechselspieler(in) *m(f)* (SPORT) jugador(a) *m(f)* reserva
Ausweg *m* <-(e)s, -e> salida *f* (**aus** de), solución *f* (**aus** para)
ausweglos *adj* sin salida, sin solución; *(verzweifelt)* desesperado
Ausweglosigkeit *f* <-, *ohne pl*> falta *f* de salida; **die ~ der Situation** lo irremediable de la situación
aus|weichen *irr vi sein* **jdm ~** hacer sitio a alguien; **etw** *dat* ~ *(fig)* evitar algo; **eine ~de Antwort geben** responder con una evasiva; **auf etw anderes ~** decidirse por otra cosa
Ausweichmanöver *nt* ① (AUTO) maniobra *f* de elusión ② *(fam: Ausflüchte)* evasiva *f*
ausweiden *vt* destripar
aus|weinen *vr:* **sich ~** desahogarse (llorando); **sich bei jdm ~** desahogarse con alguien
Ausweis ['aʊsvaɪs] *m* <-es, -e> documento *m,* cartilla *f Am;* *(Studentenausweis)* carné *m* de estudiante; *(Personalausweis)* documento *m* nacional de identidad
aus|weisen ['aʊsvaɪzən] *irr* I. *vt* ① *(fortschicken)* expulsar (**aus** de) ② *(identifizieren)* identificar (**als** como/de), probar la identidad (**als** de/como) II. *vr:* **sich ~** *(Ausweis zeigen)* identificarse
Ausweiskontrolle *f* control *m* de pasaportes
Ausweispapiere *ntpl* documentación *f*
Ausweisung *f* <-en> (POL) expulsión *f*
aus|weiten I. *vt (vergrößern)* ampliar II. *vr:* **sich ~** ① *(weiter werden)* ensancharse, ampliarse ② *(sich auswachsen)* llegar a convertirse (**zu** en)
Ausweitung *f* <-en> ① *(Ausdehnung)* ensanchamiento *m;* **die ~ der Handelsbeziehungen** la ampliación de los contratos comerciales ② *(Auswachsen)* aumento *m;* **eine ~ der Unruhen soll verhindert werden** se ha de evitar que los disturbios vayan a más
auswendig ['aʊsvɛndɪç] *adv* de memoria; **etw ~ können** saberse algo de memoria
Auswendiglernen *nt ohne pl* memorización *f*
aus|werfen *irr vt* ① *(Anker, Netz)* echar; **die Angel ~** lanzar la caña ② *(geh: Blut, Schleim)* escupir ③ *(produzieren)* fabricar, producir ④ (INFOR: *Daten*) emitir, arrojar
aus|werten *vt* ① *(analysieren)* analizar ② *(verwerten)* utilizar
Auswertung *f* <-en> ① *(Bewertung)* evaluación *f,* análisis *m inv* ② *(Verwertung)* utilización *f*
aus|wickeln *vt* desenvolver
aus|wiegen *irr vt* pesar
aus|wirken *vr:* **sich ~** repercutir (**auf** en)
Auswirkung *f* <-en> repercusión *f* (**auf** en), consecuencia *f* (**auf** en/para)
aus|wischen *vt* ① *(Staub)* quitar ② *(Glas, Schrank)* limpiar ③ *(Wend)* **jdm eins ~** *(fam)* jugar(le) a alguien una mala pasada
aus|wringen ['aʊsvrɪŋən] *irr vt* escurrir, retorcer
Auswuchs ['aʊsvu:ks, *pl:* 'aʊsvy:ksə] *m*

<-es, -wüchse> ❶ (MED) excrecencia *f; (Geschwulst)* tumor *m* ❷ *pl (Übersteigerung)* aberración *f*

auswuchten *vt* (TECH) compensar

Auswurf[1] *m* <-(e)s, *ohne pl*> *(das Auswerfen)* expulsión *f*

Auswurf[2] *m* <-(e)s, -würfe> (MED) esputo *m*

aus|zahlen I. *vt* pagar **II.** *vr:* **sich ~** merecer la pena

aus|zählen *vt* ❶ *(Stimmen)* escrutar ❷ *(beim Boxen)* contar al límite

Auszahlung *f* <-en> pago *m*

Auszählung *f* <-, -en> escrutinio *m,* recuento *m*

aus|zeichnen I. *vt* ❶ *(kennzeichnen, a. Waren)* marcar ❷ *(hervorheben)* distinguir ❸ *(ehren)* honrar **II.** *vr:* **sich ~** destacarse (**durch** por)

Auszeichnung *f* <-en> ❶ *(Ehrung)* distinción *f;* (SCH) matrícula *f* de honor; **mit ~** con mención honorífica ❷ (MIL) condecoración *f,* distinción *f*

Auszeit *f* (SPORT) tiempo *m* muerto

ausziehbar *adj* extensible

aus|ziehen *irr* **I.** *vi sein (Wohnung räumen)* mudarse, cambiar(se) de casa **II.** *vt* ❶ *(Kleidung ablegen)* quitar; *(entkleiden)* desnudarse ❷ *(Tisch)* alargar **III.** *vr:* **sich ~** *(Kleidung)* desnudarse, quitarse la ropa, encuerarse *Am*

Ausziehtisch *m* mesa *f* extensible

Auszubildende(r) *mf* <-n, -n; -n> aprendiz(a) *m(f)*

Auszug *m* <-(e)s, -züge> ❶ *(aus der Wohnung)* mudanza *f* (**aus** de) ❷ *(Weggang)* **der ~ aus Ägypten** el éxodo de Egipto ❸ *(Extrakt)* extracto *m* ❹ *(aus einem Buch)* fragmento *m,* extracto *m*

auszugsweise *adv* en extracto; *(zusammengefasst)* en resumen

autark [aʊ'tark] *adj* autárquico

Autarkie *f* <-n> autarquía *f*

authentisch [aʊ'tɛntɪʃ] *adj* auténtico

Authentizität [aʊtɛntitsi'tɛ:t] *f ohne pl* autenticidad *f*

Autismus [aʊ'tɪsmʊs] *m* <-, *ohne pl*> (MED) autismo *m*

autistisch *adj* ❶ *(den Autismus betreffend)* autista, autístico ❷ *(an Autismus leidend)* autista

Auto ['aʊto] *nt* <-s, -s> coche *m,* auto *m Am;* **mit dem ~ fahren** ir en coche

Autoatlas *m* mapa *m* de carreteras

Autobahn *f* autopista *f*

Autobahnausfahrt *f* salida *f* de la autopista

Autobahndreieck *nt* cruce *m* de autopista

Autobahngebühr *f* peaje *m*

Autobahnkreuz *nt* cruce *m* de autopista

Autobahnraststätte *f* área *f* de servicio

Autobatterie *f* batería *f* de coche

Autobiografie [aʊtobiogra'fi:] *f* <-n> autobiografía *f*

autobiografisch *adj* autobiográfico

Autobombe *f (sl)* coche bomba *m*

Autobus ['aʊtobʊs] *m* autobús *m*

Autodidakt(in) [autodi'dakt] *m(f)* <-en, -en; -nen> autodidacta *mf*

autodidaktisch *adj* autodidáctico

Autodieb(in) *m(f)* ladrón, -ona *m, f* de coches

Autodiebstahl *m* <-(e)s, -stähle> robo *m* de automóviles

Autofähre *f* tra(n)sbordador *m* para coches, ferri *m* para coches

Autofahrer(in) *m(f)* conductor(a) *m(f),* automovilista *mf,* volante *mf Am*

Autofahrt *f* viaje *m* en coche, paseo *m* en auto

autogen [aʊto'ge:n] *adj* ❶ (TECH) autógeno ❷ (MED) **~es/Autogenes Training** técnica *f* de autorrelajación

Autogramm [aʊto'gram] *nt* <-s, -e> autógrafo *m*

Autohändler(in) *m(f)* vendedor(a) *m(f)* de automóviles

Autokino *nt* autocine *m*

Autoknacker(in) ['aʊtoknakɐ] *m(f) (fam)* ratero, -a *m, f* de coches

Autokrat(in) [aʊto'kra:t] *m(f)* <-en, -en; -nen> autócrata *mf*

Autokratie [aʊtokra'ti:] *f* <-n> autocracia *f*

Autokratin *f* <-nen> *s.* **Autokrat**

autokratisch *adj* autocrático

Automat [aʊto'ma:t] *m* <-en, -en> autómata *m; (Getränke-, Tabakautomat)* distribuidor *m* automático, máquina *f fam; (Geldautomat)* cajero *m* (automático)

Automatik [aʊto'ma:tɪk] *f* <-en> (TECH) automatismo *m;* **ein Fotoapparat mit ~** una cámara fotográfica automática

Automatikgetriebe *nt* (AUTO) cambio *m* automático

Automatikschaltung *f* (AUTO) tra(n)smisión *f* automática

Automatiktür *f* puerta *f* automática

automatisch *adj* automático

automatisieren* *vt* automatizar

Automatisierung *f* <-en> automatización *f*

Automechaniker(in) *m(f)* mecánico, -a *m, f* de coches

Automobil [aʊtomo'bi:l] *nt* <-s, -e> automóvil *m*

Automobilindustrie *f* industria *f* del automóvil

A

autonom [aʊtoˈnoːm] *adj* autónomo; **~e Region** comunidad *f* autónoma
Autonome(r) *mf* <-n, -n; -n> autonomista *mf*
Autonomie [aʊtonoˈmiː] *f* <-n> autonomía *f*
Autonummer *f* matrícula *f* del coche
Autopilot *m* (TECH) piloto *m* automático
Autopsie [autɔˈpsiː] *f* <-n> (MED) autopsia *f*
Autor(in) [ˈaʊtoːɐ] *m(f)* <-s, -en; -nen> autor(a) *m(f)*
Autoradio *nt* autorradio *f*
Autoreifen *m* neumático *m* del coche, caucho *m Col, Ven*
Autorennen *nt* carrera *f* de coches [*o* de automóviles]
Autorin [aʊˈtoːrɪn] *f* <-nen> *s.* **Autor**
autorisieren* *vt* autorizar (**zu** para/a)
autoritär [aʊtoriˈtɛːɐ] *adj* autoritario
Autorität *f* <-en> autoridad *f*
Autoschlange *f* caravana *f* de coches
Autoschlüssel *m* llave *f* del coche
Autoskooter [ˈaʊtoskuːtɐ] *m* <-s, -> autochoque *m*
Autostunde *f* hora *f* de coche
Autosuggestion [aʊtozʊgɛsˈtjoːn] *f ohne pl* autosugestión *f*
autosuggestiv *adj (Methode, Techniken)* autosugestivo
Autotelefon *nt* teléfono *m* de automóvil
Autotransporter *m* tráiler *m* para coches
Autotür *f* puerta *f* del coche
Autounfall *m* accidente *m* de automóvil
Autoverkehr *m ohne pl* tráfico *m* rodado
Autoverleih *m* alquiler *m* de coches, establo *m Cuba*
Autovermietung *f* alquiler *m* de coches
Autowerkstatt *f* taller *m* de coches
Autowrack *nt* coche *m* para desguazar
autsch [aʊtʃ] *interj* ay
Avancen [aˈvɑ̃ːsə] *fpl* **jdm ~ machen** *(sexuell)* abordar a alguien, tirar los tejos a alguien *fam; (geschäftlich)* dirigirse a alguien, ir al encuentro de alguien
Avantgarde [avɑ̃ˈgardə] *f* <-n> vanguardia *f*
avantgardistisch [avɑ̃garˈdɪstɪʃ] *adj* vanguardista, de vanguardia
Aversion [avɛrˈzjoːn] *f* <-en> aversión *f* (**gegen** contra)
Avocado [avoˈkaːdo] *f* <-s> aguacate *m*, palta *f Am*, ahuacatl *m Méx*
Axt [akst, *pl:* ˈɛkstə] *f* <Äxte> hacha *f*
Ayurveda [ajurˈveːda] *m* <-, *ohne pl*> (medicina *f*) ayurveda *m*
Azalee [atsaˈleːə] *f* <-n> azalea *f*
Azetat [atseˈtaːt] *nt* <-s, -e> (CHEM) acetato *m*
Azoren [aˈtsoːrən] *pl* **die ~** las Azores
Azteke, -in [atsˈteːkə] *m, f* <-n, -n; -nen> azteca *mf*
aztekisch [atsˈteːkɪʃ] *adj* azteca
Azubi [aˈtsuːbi] *mf* <-s, -s; -s> *(fam) Abk. von* **Auszubildende(r)** aprendiz(a) *m(f)*
azurblau [aˈtsuːɐblaʊ] *adj* azul celeste

Bb

B, b [beː] *nt* <-, -> ① *(Buchstabe)* B, b *f;* ~ **wie Berta** B de Barcelona ② (MUS: *Ton*) si *m* bemol ③ (MUS: *Erniedrigungszeichen*) bemol *m*
B *f Abk. von* **Bundesstraße** *(in Deutschland)* carretera *f* federal; *(in Spanien)* ≈ N *f*
babbeln I. *vi (reg)* ① *(Baby)* balbucear ② *(abw: schwatzen)* parlotear **II.** *vt (reg: reden)* decir; **sie babbelt ununterbrochen Unsinn** se pasa el día soltando tonterías
Baby ['beːbi, 'bɛɪbi] *nt* <-s, -s> bebé *m*
Babyartikel *f* productos *mpl* para bebés
Babyausstattung *f* canastilla *f*
Babydecke *f* mantita *f* (para bebés)
Babyfäustling *m* manopla *f*
Babyfon® ['beːbifoːn] *nt* vigilabebés *m inv*
Babyschlafsack *m* saco *m* de dormir (para bebés)
babysitten ['beːbisɪtən] *vi (fam)* hacer de babysitter
Babysitter(in) *m(f)* <-s, -; -nen> babysitter *mf,* canguro *mf*
Babyspeck *m (fam)* redondez *f* de recién nacido
Babytragetasche *f* portabebés *m inv*
Bach [bax, *pl:* 'bɛçə] *m* <-(e)s, Bäche> arroyo *m,* quebrada *f Am*
Bachelor ['bɛtʃələ] <-(s) -s> *m (Hochschulabschluss)* bachelor *m*
Bachforelle *f* (ZOOL) trucha *f* (de río)
Bachstelze *f* <-n> (ZOOL) lavandera *f*
Backblech *nt* bandeja *f* de horno
Backbord ['bakbɔrt] *nt* <-(e)s, *ohne pl*> (NAUT, AERO) babor *m*
backbord(s) *adv* (NAUT, AERO) a babor
Backe ['bakə] *f* <-n> ① *(fam: Wange)* carrillo *m; (Pausbacke)* moflete *m* ② *(fam: Hinterbacke)* moflete *m* ③ (TECH: *einer Bremse*) zapata *f; (eines Schraubstocks)* mandíbula *f*
backen ['bakən] <backt *o* bäckt, backte, gebacken> **I.** *vi (gar werden)* cocer **II.** *vt (Brot, Kuchen)* hacer (en el horno)
Backenknochen *m* pómulo *m*
Backenzahn *m* muela *f*
Bäcker(in) ['bɛkɐ] *m(f)* <-s, -; -nen> ① *(Person)* panadero, -a *m, f* ② *(Geschäft)* panadería *f*
Bäckerei *f* <-en> panadería *f*
Bäckerin *f* <-nen> *s.* **Bäcker**
Bäckerladen *m* panadería(-bollería) *f*
Bäckermeister(in) *m(f)* maestro, -a *m, f* panadero , -a
backfertig *adj* (GASTR) listo para hornear
Backfisch *m* ① (GASTR) pescad(it)o *m* frito ② *(junges Mädchen)* pollita *f*
Backform *f* molde *m* de horno
Backgammon *nt* <-s, *ohne pl*> *(Spiel)* backgammon *m*
Backmischung *f* preparado *m* para un pastel
Backofen *m* horno *m*
Backpacker(in) ['bɛkpɛkɐ] *m(f)* <-s, -; -nen> mochilero, -a *m, f*
Backpapier *nt ohne pl* papel *m* de estraza
Backpfeife *f (reg)* bofetada *f,* torta *f*
Backpflaume *f* ciruela *f* seca [*o* pasa]
Backpinsel *m* pincel *m* de cocina
Backpulver *nt* levadura *f* en polvo
Backslash ['bɛkslɛʃ] *m* <-s, -s> (INFOR) barra *f* inversa, barra *f* de directorio *(en MS-DOS)*
Backstein *m* ladrillo *m*
Backstube *f* horno *m* de pan, tahona *f*
bäckt [bɛkt] *3. präs von* **backen**
Backup [bɛk'ʔap] *nt* <-s, -s> (INFOR) backup *m*
Backwaren *fpl* productos *mpl* de panificación y pastelería
Backzeit *f* tiempo *m* de cocción (en el horno)
Bad [baːt, *pl:* 'bɛːdɐ] *nt* <-(e)s, Bäder> ① *(das Baden)* baño *m,* bañada *f Am;* **ein ~ nehmen** tomar un baño ② *(Badewasser)* (agua *m* para el) baño *m;* **sich ein ~ einlassen** prepararse un baño ③ *(Badezimmer)* (cuarto *m* de) baño *m,* lavatorio *m Am* ④ *(Heilbad, Seebad)* balneario *m* ⑤ (CHEM) baño *m*
Badeanzug *m* traje *m* de baño, mallas *fpl Am*
Badegast *m* bañista *mf*
Badehandtuch *nt* toalla *f* de baño
Badehose *f* bañador *m,* entrepierna *f Chil*
Badekappe *f* gorro *m* de baño
Badelatschen *mpl (fam)* chancletas *fpl*
Bademantel *m* albornoz *m*
Badematte *f* alfombrilla *f* de baño
Bademeister(in) *m(f)* bañero, -a *m, f*
Bademütze *f* <-, -n> gorro *m* de baño
baden ['baːdən] **I.** *vi* ① *(schwimmen)* bañarse ② *(ein Bad nehmen)* tomar un baño **II.** *vt (waschen)* bañar
Baden ['baːdən] *nt* <-s> Baden *m*
Badenixe *f* <-, -n> ondina *f,* belleza *f* en bikini
Baden-Württemberg *nt* <-s> Baden-Wurtemberg *m*
Badeort *m (Seebad)* lugar *m* de vacaciones *(en la costa); (Kurort)* balneario *m*

B

Badesaison *f* temporada *f* de baño
Badesalz *nt* sales *f pl* de baño
Badeschuhe *mpl* chancletas *f pl* de baño
Badestrand *m* <-(e)s, -strände> playa *f*
Badetuch *nt* toalla *f* de baño
Badewanne *f* bañera *f,* bañadera *f Am*
Badewasser *nt* <-s, *ohne pl*> agua *f* para el baño
Badewetter *nt* <-s, *ohne pl*> tiempo *m* para bañarse
Badezimmer *nt* cuarto *m* de baño, lavatorio *m Am*
Badezusatz *m* <-es, -sätze> *(Badesalz)* sales *f pl* de baño; *(Badeschaum)* baño *m* de espuma
Badminton ['bɛtmɪntən] *nt* <-, *ohne pl*> (SPORT) bádminton *m*
Badmintonplatz *m* (SPORT) cancha *f* de bádminton
Badmintonschläger *m* (SPORT) raqueta *f* de bádminton
baff [baf] *adj (fam)* ~ **sein** quedar(se) boquiabierto
Bafög ['ba:føːk], **BAföG** *nt* <-(s)> *Abk. von* **Bundesausbildungsförderungsgesetz** Ley *f* Federal de Promoción de la Enseñanza *(crédito oficial a estudiantes para sufragar los estudios)*
Bagatelldelikt *nt* (JUR) delito *m* leve
Bagatelle [baga'tɛlə] *f* <-n> bagatela *f*
bagatellisieren* *vt* quitar importancia (a)
Bagatellschaden *m* daño *m* insignificante; (JUR) siniestro *m* leve
Bagel ['bɛɪgəl] *m* <-s, -s> bag(u)el *m,* bei(u)el *m*
Bagger ['bagɐ] *m* <-s, -> excavadora *f*
baggern *vi* ❶ *(graben)* excavar, dragar ❷ *(Volleyball)* rematar
Baggersee *m* lago *m* (artificial)
Baguette [ba'gɛt] *nt* <-s, -s> barra *f* de pan *(blanco, estilo francés)*
Bahamas [ba'ha:mas] *pl* **die** ~ las Bahamas
Bahn [ba:n] *f* <-en> ❶ *(Weg)* camino *m,* paso *m;* **freie ~ haben** tener vía libre; **etw verläuft in gewohnten ~en** algo sigue su ritmo normal; **auf die schiefe ~ geraten** ir por mal camino ❷ *(Zug)* tren *m; (Eisenbahn)* ferrocarril *m;* **mit der ~ fahren** ir en tren ❸ *(aus Stoff)* tira *f* ❹ (SPORT) calle *f,* vía *f* ❺ (ASTR: *von Planeten*) órbita *f* ❻ *(einer Rakete)* trayectoria *f*
Bahnbeamte(r) *m,* **-beamtin** *f* (empleado, -a *m, f*) ferroviario, -a *m, f*
bahnbrechend *adj* revolucionario
Bahncard® *f* <-s> *tarjeta anual con cuya adquisición se obtiene una reducción en todos los trenes alemanes*
Bahndamm *m* terraplén *m* de vías férreas
bahnen ['ba:nən] *vt (Weg)* abrir; **jdm den Weg ~** *(fig)* preparar(le) el camino a alguien
Bahnfahrt *f* viaje *m* en tren
Bahngleis *nt* raíl *m,* vía *f*
Bahnhof *m* estación *f* (de ferrocarril)
Bahnhofshalle *f* vestíbulo *m* de la estación
Bahnhofsvorsteher(in) *m(f)* jefe, -a *m, f* de estación
Bahnlinie *f* línea *f* ferroviaria
Bahnschranke *f* barrera *f* de un paso a nivel
Bahnsteig ['ba:nʃtaɪk] *m* <-(e)s, -e> andén *m*
Bahnübergang *m* paso *m* a nivel
Bahnverbindung *f* comunicación *f* ferroviaria
Bahnwärter(in) *m(f)* guardabarros *mf inv*
Bahrain [ba'raɪn] *nt* <-s> Baréin *m*
Bahre ['ba:rə] *f* <-n> ❶ *(Trage)* parihuela *f; (Liege)* camilla *f* ❷ *(für Tote)* féretro *m*
Baht [ba:t] *m* <-, -> *(Währung)* baht *m* (tailandés)
Bai [baɪ] *f* <-en> bahía *f*
Baiser [bɛ'ze:] *nt* <-s, -s> (GASTR) merengue *m*
Baisse ['bɛ:s(ə)] *f* <-n> (FIN) baja *f,* caída *f;* **auf ~ spekulieren** jugar a la baja
Bajonett [bajo'nɛt] *nt* <-(e)s, -e> bayoneta *f*
Bakterie [bak'te:riə] *f* <-n> (BIOL, MED) bacteria *f*
bakteriell *adj* (BIOL, MED) bacterial, bactérico
bakteriologisch *adj* bacteriológico
Balance [ba'lã:s(ə)] *f* <-n> equilibrio *m*
Balanceakt *m* <-(e)s, -e> juego *m* de equilibrio
balancieren* **I.** *vi sein* hacer equilibrios **II.** *vt (im Gleichgewicht halten)* equilibrar
bald [balt] <eher, am ehesten> *adv* ❶ *(in Kürze)* pronto, en breve; **so ~ wie möglich** cuanto antes; ~ **darauf** poco después; **bis ~!** ¡hasta pronto! ❷ *(fam: beinahe)* casi, por poco; **ich wäre ~ hingefallen** por poco me caigo ❸ *(einmal)* ~ **regnete es, ~ schien die Sonne** tan pronto llovía como salía el sol
Baldachin ['baldaxi:n] *m* <-s, -e> ❶ *(Schutzdach)* baldaquín *m,* baldaquino *m; (Betthimmel)* dosel *m* ❷ *(bei Prozessionen)* palio *m*
baldig ['baldɪç] *adj* pronto
baldigst ['baldɪkst] *adv,* **baldmöglichst** *adv* lo antes posible
Baldrian ['baldria:n] *m* <-s, -e> valeriana *f*
Balearen [bale'a:rən] *pl* **die** ~ las Baleares
Balg[1] [balk, *pl:* 'bɛlgə] *m* <-(e)s, Bälge>

① *(Fell)* piel *f,* pellejo *m* ② *(Blasebalg)* fuelle *m*

Balg[2] [balk, *pl:* 'bɛlgɐ] *m o nt* <-(e)s, Bälger> *(fam abw: Kind)* diablillo *m,* concho *m CSur*

balgen ['balgən] *vr:* **sich ~** pelearse (**um** por)

Balgerei *f* <-en> pelea *f*

Balkan ['balka:n] *m* <-s> **der ~** los Balcanes; **auf dem ~** en los Balcanes

Balkanländer *ntpl* países *mpl* balcánicos

Balken ['balkən] *m* <-s, -> ① *(aus Holz, Stahl)* viga *f* ② (SPORT: *Schwebebalken*) barra *f* de equilibrio ③ (TYPO: *dicker Strich*) raya *f*

Balkendiagramm *nt* <-s, -e> (INFOR) diagrama *m* de barras

Balkenwaage *f* balanza *f* (de brazos)

Balkon [bal'kɔŋ, bal'ko:n] *m* <-s, -e *o* -s> ① (ARCHIT) balcón *m* ② (THEAT) palco *m*

Balkonpflanze *f* planta *f* de balcón

Balkontür *f* puerta *f* del balcón

Ball [bal, *pl:* 'bɛlə] *m* <-(e)s, Bälle> ① (SPORT) pelota *f,* balón *m;* **~ spielen** jugar a la pelota; **am ~ bleiben** *(fam)* no perder de vista ② *(Tanzveranstaltung)* baile *m*

Ballade [ba'la:də] *f* <-n> balada *f;* (LIT) romance *m*

Ballast ['balast, -'-] *m* <-(e)s, -e> (*a.* NAUT, AERO) carga *f*

Ballaststoffe [-'---] *mpl* (MED) fibras *fpl* vegetales

ballen ['balən] **I.** *vt (Faust)* apretar, empuñar *Chil;* **die Hand zur Faust ~** cerrar los puños **II.** *vr:* **sich ~** ① *(Menschenmenge)* aglomerarse ② *(Wolken)* acumularse ③ *(Verkehr)* concentrarse

Ballen *m* <-s, -> ① *(Stoffballen)* paca *f* ② *(an Hand-, Fußflächen)* pulpejo *m* ③ *(einer Pflanze)* cepellón *m*

Ballerina [balə'ri:na] *f* <Ballerinen> bailarina *f*

ballern ['balɐn] **I.** *vi (fam: mehrmals schießen)* tirotear, abalear *Am* **II.** *vt (fam)* **jdm eine ~** sacudir(le) una bofetada a alguien

Ballett [ba'lɛt] *nt* <-(e)s, -e> ballet *m*

Balletttänzer(in) *m(f)* bailarín, -ina *m, f* de ballet

Ballistik [ba'lɪstɪk] *f* <-, *ohne pl*> (PHYS) balística *f*

Balljunge *m* (SPORT) recogepelotas *m inv*

Ballkleid *nt* traje *m* de fiesta

Ballon [ba'lɔŋ, ba'lo:n] *m* <-s, -s *o* -e> ① (AERO) globo *m* ② *(Glasbehälter)* balón *m* ③ *(fam: Kopf)* coco *m*

Ballonfahrt *f* viaje *m* en globo

Ballsaal *m* salón *m* de baile

Ballspiel *nt* juego *m* de pelota

Ballung ['balʊŋ] *f* <-en> aglomeración *f*

Ballungsgebiet *nt* zona *f* de aglomeración

Ballungsraum *m* zona *f* de aglomeración

Ballungszentrum *nt* (centro *m* de) aglomeración *f;* **städtisches ~** megaciudad *f*

Balsam ['balza:m] *m* <-s, *ohne pl*> bálsamo *m*

Balte, -in ['baltə] *m, f* <-n, -n; -nen> báltico, -a *m, f*

Baltikum ['baltikʊm] *nt* <-s> países *mpl* bálticos

Baltin ['baltɪn] *f* <-nen> *s.* **Balte**

baltisch *adj* báltico

Balustrade [balʊs'tra:də] *f* <-n> balaustrada *f*

Balz [balts] *f* <-, *ohne pl*> (ZOOL) celo *m (de ciertas aves);* **in die ~ treten** entrar en celo; **auf die ~ gehen** *(Jagd)* ir a la caza de aves en celo

balzen ['baltsən] *vi* estar en (época de) celo

Bambus ['bambʊs] *m* <-(ses), -se> bambú *m*

Bambusrohr *nt* caña *f* de bambú

Bambussprossen *fpl* (GASTR) brotes *mpl* tiernos de bambú

Bammel ['baməl] *m* <-s, *ohne pl*> *(fam)* miedo *m*

banal [ba'na:l] *adj* banal

banalisieren* *vt (geh)* trivializar

Banalität [banali'tɛ:t] *f* <-en> banalidad *f*

Banane [ba'na:nə] *f* <-n> plátano *m,* banana *f Am*

Bananenschale *f* <-, -n> cáscara *f* de plátano, cáscara *f* de banana *Am*

Banause [ba'naʊzə] *m* <-n, -n> *(abw)* inculto, -a *m, f*

band [bant] *3. imp von* **binden**

Band[1] [bɛnt] *f* <-s> *(Musikgruppe)* grupo *m; (in Kennerkreisen)* banda *f*

Band[2] [bant, *pl:* 'bɛndə] *m* <-(e)s, Bände> *(Buch)* tomo *m,* volumen *m;* **dein Gesicht spricht Bände** *(fam)* tu cara lo dice todo

Band[3] [bant, *pl:* 'bɛndɐ] *nt* <-(e)s, Bänder> ① *(aus Stoff)* cinta *f,* lazo *m; (Auszeichnung)* banda *f* ② *(Fließband)* cadena *f* de fabricación; **am ~ arbeiten** trabajar en la cadena de montaje; **am laufenden ~** *(fam)* continuamente ③ (TECH: *Tonband*) cinta *f* magnetofónica; *(Maßband)* cinta *f* métrica; *(Klebeband)* cinta *f* adhesiva; **ich habe dir aufs ~ gesprochen** *(fam)* te dejé un mensaje (en el contestador) ④ *(am Gelenk)* ligamento *m* ⑤ *(Frequenzbereich)* banda *f* de frecuencia

Bandage [ban'da:ʒə] *f* <-n> vendaje *m*

bandagieren* [banda'ʒi:rən] *vt* vendar

Bandbreite *f* ① (RADIO) anchura *f* de banda

B

② *(fig: Vielfalt)* diversidad *f* ③ (FIN) margen *m o f* de fluctuación

Bande ['bandə] *f* <-n> ① *(abw: Gruppe)* banda *f,* trinca *f And, CSur* ② *(Umrandung)* banda *f*

Bändel ['bɛndl] *m o nt* <-s, -> *(südd, Schweiz)* ① *(Schnürsenkel)* cordón *m* de zapatos ② *(Bändchen)* cintita *f* ③ **jdn am ~ haben** *(fam)* hacer de alguien lo que se quiere

Bandenkriminalität *f* <-, *ohne pl*> criminalidad *f* callejera organizada

Banderole [bandə'ro:lə] *f* <-n> precinto *m*

Bänderriss ['bɛndɐrɪs] *m* (MED) rotura *f* de ligamentos

bändigen ['bɛndɪgən] *vt* ① *(Tier)* domar; *(Mensch)* calmar ② *(Gefühle)* refrenar

Bandit(in) [ban'di:t] *m(f)* <-en, -en; -nen> bandido, -a *m, f*

Bandmaß *nt* cinta *f* métrica

Bandnudel *f* tallarín *m*

Bandscheibe *f* (MED) disco *m* intervertebral

Bandscheibenvorfall *m* <-(e)s, -fälle> (MED) hernia *f* discal

Bandschleifer *m* (TECH) lijadora *f* de banda

Bandwurm *m* tenia *f*

bang(e) *adj (reg)* miedoso; **es ist mir ~ (zumute)** tengo miedo

Bange *f ohne pl (reg)* temor *m* (**vor** a), miedo *m* (**vor** de/a)

bangen ['baŋən] **I.** *vi (geh)* ① *(Angst haben)* tener miedo (**vor** a) ② *(sich sorgen)* temer (**um** por) **II.** *vt (geh)* temer **III.** *vunpers* **mir bangt davor** lo temo

Bangladesch [baŋgla'dɛʃ] *nt* <-s> Bangladesh *m*

Bank[1] [baŋk, *pl:* 'bɛŋkə] *f* <Bänke> ① *(Sitzbank)* banco *m;* (SPORT) banquillo *m;* **durch die ~** sin excepción; **etw auf die lange ~ schieben** dar largas a algo ② *(Sandbank)* banco *m* de arena

Bank[2] [baŋk, *pl:* 'baŋkən] *f* <-en> ① *(Kreditinstitut)* banco *m* ② *(beim Spiel)* banca *f;* **die ~ sprengen** saltar la banca

Bankangestellte(r) *mf* empleado, -a *m, f* de banco

Bankautomat *m* cajero *m* automático

Bankdirektor(in) *m(f)* <-s, -en; -, -nen> director(a) *m(f)* de banco, jefe, -a *m, f* de banco

Bankensektor <-s, -en> *m* sector *m* bancario

Bankenviertel *nt* <-s, -> barrio *m* financiero, centro *m* bursátil

Banker ['bɛŋkɐ] *m* <-s, -; -nen> (WIRTSCH) banquero *m*

Bankett [baŋ'kɛt] *nt* <-(e)s, -e> festín *m,* banquete *m*

Bankfiliale *f* <-, -n> (FIN) filial *f* de banco, sucursal *f* de banco

Bankgeheimnis *nt* secreto *m* bancario

Bankgeschäft *nt* <-(e)s, -e> negocio *m* bancario; *(Transaktion)* transacción *f* bancaria

Bankier [baŋ'kje:] *m* <-s, -s> banquero, -a *m, f*

Bankkauffrau *f* empleada *f* titulada bancaria

Bankkaufmann *m* empleado *m* titulado bancario

Bankkonto *nt* cuenta *f* bancaria

Bankkredit *m* crédito *m* bancario

Bankleitzahl *m* código *m* de entidad financiera

Banknote *f* billete *m* de banco

Bankraub *m* robo *m* de banco

Bankräuber(in) *m(f)* atracador(a) *m(f)* de bancos

bankrott [baŋk'rɔt] *adj* en bancarrota, en quiebra

Bankrott *m* <-(e)s, -e> bancarrota *f,* quiebra *f;* **~ machen** ir a la quiebra

Bankschließfach *nt* casilla *f* bancaria

Banküberfall *m* atraco *m* a un banco

Bankverbindung *f* cuenta *f* bancaria

Bankvollmacht *f* <-, -en> autorización *f* bancaria

Bann [ban] *m* <-(e)s, -e> ① (REL) excomunión *f* ② *(geh: Zauber)* encantamiento *m,* hechizo *m;* **jdn in seinen ~ ziehen** cautivar a alguien; **in jds ~ geraten** estar hechizado por alguien

bannen ['banən] *vt* ① *(Gefahr, Geister)* conjurar ② *(Zuschauer)* cautivar ③ *(festhalten)* dejar inmóvil (como por encanto) (**auf** en); **wie gebannt zuhören** escuchar como hechizado ④ *(den Bann aussprechen)* excomulgar

Banner ['banɐ] *nt* <-s, -> estandarte *m*

Bannmeile *f* <-, -n> zona *f* de protección *(alrededor del edificio parlamentario)*

bar [ba:ɐ] *adj* ① (FIN) en efectivo; **etw (in) ~ bezahlen** pagar algo al contado ② *(geh: rein)* puro, verdadero; **das ist ~er Unsinn/Zufall** esto es pura sandez/coincidencia

Bar[1] [ba:ɐ] *f* <-s> ① *(Lokal)* bar *m; (Nachtlokal)* boite *f,* club *m* nocturno ② *(Theke)* barra *f*

Bar[2] *nt* <-s, -s> (PHYS) bar(o) *m*

Bär(in) [bɛ:ɐ] *m(f)* <-en, -en; -nen> oso, -a *m, f;* **jdm einen ~en aufbinden** *(fig fam)* contar a alguien un cuento chino

Baracke [ba'rakə] *f* <-n> barraca *f,* chabola *f*

Barbados [bar'baːdɔs, 'barbadɔs] *nt* <-> Barbados

Barbar(in) [bar'baːɐ] *m(f)* <-en, -en; -nen> bárbaro, -a *m, f*

Barbarei [barba'raɪ] *f* <-en> barbarie *f*

Barbarin *f* <-nen> *s.* **Barbar**

barbarisch *adj* bárbaro

Barbe ['barbə] *f* <-n> (GASTR, ZOOL) barbo *m*

bärbeißig *adj (fam: Mensch)* gruñón; *(Miene)* arisco

Barcode ['baːkoːt] *m* <-s, -s> (INFOR) código *m* de barras

Bardame *f* camarera *f* de un club nocturno

Bärendienst ['bɛːrən-] *m* **jdm einen ~ erweisen** hacer un flaco servicio a alguien

Bärenhunger *m (fam)* hambre *f* canina; **einen ~ haben** tener un hambre de lobo

Bärenklau *m* <-, *ohne pl*> (BOT) acanto *m*

bärenstark ['--'-] *adj (fam)* fuerte como un toro

Barett [ba'rɛt] *nt* <-(e)s, -e *o* -s> boina *f; (Geistlicher)* birreta *f; (Richter, Professor)* birrete *m*

barfuß *adj* descalzo

barg [bark] *3. imp von* **bergen**

Bargeld *nt* dinero *m* al contado

bargeldlos *adj* por cheque, por transacción; **~er Zahlungsverkehr** pagos por giro o cheque

Barhocker *m* taburete *m* de bar

Bärin ['bɛːrɪn] *f* <-nen> *s.* **Bär**

Barista [ba'rɪsta] *m* <-(s), -s> barista *mf*

Bariton ['baːritɔn, *pl:* 'baːritoːnə] *m* <-s, -e> (MUS) barítono *m*

Barium ['baːriʊm] *nt* <-s, *ohne pl*> (CHEM) bario *m*

Barkauf *m* compra *f* al contado

Barke ['barkə] *f* <-n> barca *f*

Barkeeper ['baːɐkiːpɐ] *m* <-s, -> barman *m*

Barmann *m* <-(e)s, -männer> barman *m*

barmherzig [barm'hɛrtsɪç] *adj* misericordioso, caritativo

Barmherzigkeit *f ohne pl* misericordia *f*

Barmixer *m* <-s, -> barman *m*

barock *adj* barroco

Barock [ba'rɔk] *m o nt* <-s, *ohne pl*> barroco *m*

Barometer [baro'meːtɐ] *nt* <-s, -> barómetro *m*

Barometerstand *m* <-(e)s, -stände> presión *f* barométrica, nivel *m* barométrico

Baron(in) [ba'roːn] *m(f)* <-s, -e; -nen> barón, -onesa *m, f*

Barren ['barən] *m* <-s, -> ❶ *(Metall)* barra *f* ❷ (SPORT) (barras *fpl*) paralelas *fpl*

Barriere [ba'rjeːrə] *f* <-n> barrera *f*

barrierefrei *adj* sin barreras

Barrierefreiheit *f kein pl* accesibilidad *f* (universal)

Barrikade [bari'kaːdə] *f* <-n> barricada *f*; **für etw auf die ~n gehen** *(fig)* luchar por algo

barsch [barʃ] *adj* rudo, áspero

Barsch [barʃ] *m* <-(e)s, -e> (ZOOL, GASTR) perca *f*

Barscheck *m* cheque *m* abierto

barst [barst] *3. imp von* **bersten**

Bart [baːɐt, *pl:* 'bɛrtə] *m* <-(e)s, Bärte> ❶ *(bei Männern)* barba *f*; **sich einen ~ wachsen lassen** dejarse crecer la barba; **etw in den ~ murmeln** *(fam)* murmurar algo entre dientes; **jdm um den ~ gehen** *(fam)* hacer la pelotilla a alguien ❷ *(Katze, Robbe)* bigote(s) *m(pl)* ❸ (TECH: *Schlüsselbart*) paletón *m*

Barthaar *nt* <-(e)s, -e> ❶ *(Haar des Bartes)* pelo *m* de la barba ❷ (ZOOL: *Schnurrhaare*) (pelo *m* del) bigote *m*

bärtig ['bɛrtɪç, 'bɛːɐtɪç] *adj* barbudo

bartlos *adj* sin barba

Bartstoppeln *fpl* cañones *mpl* de la barba

Bartwuchs *m* <-es, *ohne pl*> barba *f*

Barzahlung *f* pago *m* al contado

Bas(e)ler(in) *m(f)* <-s, -; -nen> habitante *mf* de Basilea

Basar [ba'zaːɐ] *m* <-s, -e> bazar *m*

Base ['baːzə] *f* <-n> ❶ *(südd: Cousine)* prima *f* ❷ *(Schweiz: Tante)* tía *f* ❸ (CHEM) base *f*

Baseball[1] *m* <-s, *ohne pl*> (SPORT: *Spiel*) béisbol *m*; **~ spielen** jugar al béisbol

Baseball[2] *m* <-s, -s> (SPORT: *Ball*) pelota *f* de béisbol

Baseballhandschuh *m* (SPORT) guante *m* de béisbol

Baseballschläger *m* <-s, -> (SPORT) bate *m* de béisbol

Basel ['baːzəl] *nt* <-s> Basilea *f*

Basen *pl von* **Base, Basis**

basieren* [ba'ziːrən] *vi* basarse (**auf** en), fundarse (**auf** en)

Basilika [ba'ziːlika, *pl:* ba'ziːlikən] *f* <Basiliken> basílica *f*

Basilikum [ba'ziːlikʊm] *nt* <-s, *ohne pl*> albahaca *f*

Basis ['baːzɪs] *f* <Basen> ❶ *(Grundlage)* base *f* ❷ (ARCHIT, POL, MATH) base *f* ❸ (MIL) base *f* militar

basisch *adj* (CHEM) básico

Basislager *nt* <-s, -> campamento *m* base

Basisstation *f* <-, -en> ❶ *(Expedition)* base *f* ❷ *(Telefon)* central *f*

Basiswissen *nt* <-s, *ohne pl*> conocimientos *mpl* básicos

Baske, -in ['baskə] *m, f* <-n, -n; -nen> vasco, -a *m, f*

B

Baskenland *nt* <-(e)s> País *m* Vasco, Euskadi *m*
Baskenmütze *f* chapela *f*, boina *f* vasca
Basketball[1] ['ba:skətbal] *m* <-(e)s, *ohne pl*> *(Sportart)* baloncesto *m*
Basketball[2] *m* <-(e)s, -bälle> *(Ball)* pelota *f* de baloncesto
Basketballkorb *m* <-(e)s, -körbe> canasta *f*
Baskin *f* <-nen> *s.* **Baske**
baskisch *adj* vasco; *(Sprache)* vascuence, euskera
Basmatireis [bas'ma:ti-] *m* arroz *m* basmati
Bass [bas, *pl:* 'bɛsə] *m* <-es, Bässe> ① *(Stimmlage, Sänger)* bajo *m* ② *(Instrument)* contrabajo *m*; *(elektrisch verstärkt)* bajo *m*
Bassgitarre *f* <-, -n> (MUS) bajo *m*
Bassin [ba'sɛ̃:] *nt* <-s, -s> depósito *m* de agua
Bassist(in) [ba'sɪst] *m(f)* <-en, -en; -nen> ① *(Sänger)* bajo *m* ② *(Bassspieler)* contrabajo *mf*; *(elektrisch verstärkt)* bajo *mf*
Bassschlüssel *m* (MUS) clave *f* de fa
Bassstimme *f* <-, -n> (MUS) voz *f* de bajo
Bast [bast] *m* <-(e)s, -e> rafia *f*
basta ['basta] *interj* basta; **du kommst, (und damit) ~!** ¡vienes, y no se hable más!
Bastard ['bastart] *m* <-(e)s, -e> bastardo *m*; (BIOL) híbrido *m*
basteln ['bastəln] **I.** *vi* ① *(handarbeiten)* hacer trabajos manuales; *(heimwerken)* dedicarse al bricolaje ② *(reparieren)* (intentar) arreglar (**an**) **II.** *vt* hacer (a mano)
Basteln *nt* <-s, *ohne pl*> trabajo *m* manual
Bastion [bas'tjo:n] *f* <-en> bastión *m*
Bastler(in) ['bastlɐ] *m(f)* <-s, -; -nen> aficionado, -a *m, f* a las manualidades
Bastmatte *f* <-, -n> estera *f* de pleitas [*o* de rafias]
bat [ba:t] *3. imp von* **bitten**
Bataillon [batal'jo:n] *nt* <-s, -e> (MIL) batallón *m*
Batik ['ba:tɪk] *f* <-en> batik *m (método de teñir tejidos)*
Batist [ba'tɪst] *m* <-(e)s, -e> batista *f*
Batterie [batə'ri:] *f* <-n> ① *(Stromspeicher)* pila *f* ② (AUTO, MIL) batería *f* ③ *(fam: Anzahl)* pila *f*; **eine ganze ~ (von) Maßnahmen** una artillería de medidas
Batteriebetrieb *m* <-(e)s, *ohne pl*> (ELEK) alimentación *f* a pilas
batteriebetrieben *adj* accionado por batería; **ein ~es Radiogerät** una radio a pilas
Batzen ['batsən] *m* <-s, -> *(Klumpen)* grumo *m*; *(Brocken)* pedazo *m*; **ein schöner ~ Geld** *(fam)* un dineral

Bau[1] [baʊ] *m* <-(e)s, *ohne pl*> ① *(das Bauen)* construcción *f*; *(von Gebäuden)* edificación *f*; **sich im ~ befinden** estar en construcción ② *(fam: Baustelle)* construcción *f*, obra *f*; **auf dem ~ arbeiten** trabajar en la construcción ③ *(sl: Gefängnis)* chirona *f* ④ *(Konstitution)* constitución *f*
Bau[2] *m* <-(e)s, Bauten> *(Gebäude)* edificio *m*
Bau[3] *m* <-(e)s, -e> *(Erdhöhle)* madriguera *f*
Bauabschnitt *m* tramo *m* en construcción
Bauamt *nt* oficina *f* de obras y construcciones
Bauarbeiten *fpl* obras *fpl* de construcción
Bauarbeiter(in) *m(f)* obrero, -a *m, f* de la construcción
Bauch [baʊx, *pl:* 'bɔɪçə] *m* <-(e)s, Bäuche> ① *(bei Mensch, Tier)* vientre *m*, barriga *f*, tripa *f fam*, timba *f Am*; **mein Vater hat einen ~ bekommen** mi padre ha echado barriga; **sich** *dat* **den ~ mit etw vollschlagen** *(fam)* darse una panzada de algo; **etw aus dem ~ heraus entscheiden** *(fam fig)* decidir algo por intuición ② *(bei Flasche, Vase)* vientre *m*, panza *f*; *(bei Schiff, Flugzeug)* casco *m*
Bauchdecke *f* <-, -n> (ANAT) pared *f* abdominal
Bauchfell *nt* (ANAT) peritoneo *m*
Bauchhöhle *f* (ANAT) cavidad *f* abdominal
bauchig ['baʊxɪç] *adj* barrigudo; *(Gefäß)* abombado
Bauchladen *m* buhonería *f*
Bauchlandung *f* (AERO) aterrizaje *m* ventral
Bauchmuskel *m* músculo *m* abdominal
Bauchmuskeln *mpl* (ANAT) músculos *mpl* abdominales
Bauchnabel *m* ombligo *m*
Bauchredner(in) *m(f)* ventrílocuo, -a *m, f*
Bauchschmerzen *mpl* dolores *mpl* de barriga
Bauchspeck *m* (GASTR) panceta *f*
Bauchspeicheldrüse *f* páncreas *m inv*
Bauchtanz *m* danza *f* oriental
Bauchtänzerin *f* danzarina *f* oriental
Bauchweh *nt* <-s, *ohne pl*> *(fam)* dolor *m* de barriga
Baudenkmal *nt* monumento *m* conmemorativo
bauen ['baʊən] **I.** *vt* ① *(errichten)* construir; *(Gebäude)* edificar; *(Nest)* hacer ② *(fam: verursachen)* hacer; *(Unfall)* tener; **da hast du Mist gebaut** *(fam)* has metido la pata **II.** *vi* ① *(vertrauen)* confiar (**auf** en) ② *(sich verlassen)* contar (**auf** con)
Bauer[1] *m o nt* <-s, -> *(Vogelkäfig)* jaula *f*

Bauer, **Bäuerin**[2] ['baʊɐ] *m, f* <-n *o* -s, -; -nen> ❶ *(Landwirt)* agricultor(a) *m(f)*; *(Landarbeiter)* labrador(a) *m(f)*, campesino, -a *m, f*, concho, -a *m, f AmC* ❷ *(abw: ungebildeter Mensch)* paleto, -a *m, f*, rural *mf Am* ❸ *(Schachfigur)* peón *m* ❹ *(Spielkarte)* ≈ sota *f*

Bäuerchen ['bɔɪɐçən] *nt* <-s, -> *(fam)* regüeldo *m*, eructo *m*; **ein ~ machen** soltar un eructo

Bäuerin ['bɔɪərɪn] *f* <-nen> *s.* **Bauer**[2]

bäuerlich *adj* campesino, jíbaro *Am; (abw)* rústico

Bauernhaus *nt* casa *f* de labranza

Bauernhof *m* granja *f*

Bauernregel *f* almanaque *m* campesino

bauernschlau *adj* astuto

baufällig *adj* ruinoso, en ruina

Baufirma *f* empresa *f* constructora

Baugenehmigung *f* permiso *m* de edificación

Baugerüst *nt* andamio *m*

Baugesellschaft *f* empresa *f* constructora

Baugewerbe *nt ohne pl* ramo *m* de la construcción

Baugrube *f* zanja *f* (de una obra)

Baugrundstück *nt* solar *m*

Bauhaus *nt* <-es, *ohne pl*> (ARCHIT, KUNST) (estilo *m*) Bauhaus *m*

Bauherr(in) *m(f)* propietario, -a *m, f*

Bauholz *nt* madera *f* de construcción

Bauingenieur(in) *m(f)* ingeniero, -a *m, f* civil

Baujahr *nt* ❶ *(von Gebäuden)* año *m* de construcción ❷ *(von Fahrzeugen)* año *m* de fabricación

Baukasten *m* juego *m* de construcción (con cubos)

Bauklotz *m* cubo *m* aplicable; **Bauklötze staunen** *(fam)* quedarse atónito

Bauland *nt ohne pl* terreno *m* de edificación

Baulärm *m* ruido *m* provocado por la construcción

Bauleiter(in) *m(f)* director(a) *m(f)* de la obra

Bauleitung *f* <-, -en> ❶ *(Aufsicht)* dirección *f* de las obras; *(Büro)* oficina *f* de (dirección de) obras ❷ *(Bauleiter)* aparejador(a) *m(f)*

baulich *adj* arquitectónico; **~e Veränderungen vornehmen** realizar cambios arquitectónicos

Baulöwe *m* <-n, -n> *(fam abw) constructor sin escrúpulos*

Baum [baʊm, *pl:* 'bɔɪmə] *m* <-(e)s, Bäume> ❶ (BOT) árbol *m*; **stark wie ein ~** *(fam fig)* fuerte como un roble; **Bäume ausreißen können** *(fam fig)* rebosar de vitalidad ❷ (INFOR: *Struktur*) árbol *m*

Baumarkt *m* mercado *m* de materiales para la construcción

Baumaschine *f* <-, -n> máquina *f* de construcción

Baumaterial *nt* material *m* de construcción

Baumbestand *m* <-(e)s, -stände> arbolado *m*

Baumblüte *f* (BOT) florecimiento *m*, trama *f*

Baumeister(in) *m(f)* *(Erbauer)* constructor(a) *m(f)*; *(Beruf)* arquitecto, -a *m, f* técnico , -a

baumeln ['baʊməln] *vi (fam)* bambolearse

Baumgrenze *f* límite *m* de la arboleda

Baumkrone *f* copa *f*

Baumrinde *f* corteza *f*

Baumschule *f* plantel *m*, semillero *m*

Baumstamm *m* tronco *m*

Baumsterben *nt* muerte *f* de los bosques

Baumstruktur *f* (INFOR) estructura *f* en árbol

Baumstumpf *m* tocón *m*; *(Ballen)* cepellón *m*

Baumwipfel *m* cima *f* de un árbol

Baumwolle *f ohne pl* algodón *m*

Bauordnung *f* (ADMIN) ordenanza *f* de construcciones

Bauplan *m* ❶ *(Entwurf)* plan *m* de ejecución de las obras ❷ *(Bauvorhaben)* proyecto *m* de construcción

Bauplanung *f* <-, -en> planificación *f* de construcciones

Bauplatz *m* solar *m*

Baureihe *f* <-, -n> serie *f* (de construcción)

Bauruine *f (fam)* construcción *f* sin terminar

Bausch [baʊʃ] *m* <-(e)s, -e *o* Bäusche> *(Watte)* pelota *f* (de algodón); **in ~ und Bogen** a bulto

bauschig *adj* ❶ *(weich, füllig)* mullido ❷ *(weit, gewölbt)* abombado

Bauschutt *m* escombros *mpl*

bausparen *vi* ahorrar para vivienda

Bausparkasse *f* caja *f* de ahorro(s) para la construcción

Bausparvertrag *m* cuenta vivienda *f*

Baustein *m* ❶ (ARCHIT) piedra *f* de construcción ❷ *(Bestandteil)* componente *m*; **elektronischer ~** (INFOR) chip *m*

Baustelle *f* obras *f pl*; **Betreten der ~ verboten!** ¡prohibida la entrada a toda persona ajena a las obras!

Baustil *m* (ARCHIT) estilo *m* arquitectónico

Baustoff *m* ❶ *(Baumaterial)* material *m* de construcción ❷ (BIOL) sustancia *f* orgánica

B

Baustopp *m* <-s, -s> interrupción *f* de las obras; **einen ~ verhängen** prohibir las obras
Bausubstanz *f ohne pl* estructura *f* (del edificio)
Bauteil *nt (Teil zum Bauen)* elemento *m; (Teil einer Maschine)* componente *m* (de una máquina)
Bauten [ˈbaʊtən] *pl von* **Bau²**
Bauunternehmen *nt* compañía *f* de construcciones
Bauunternehmer(in) *m(f)* contratista *mf* de obras
Bauvorhaben *nt* proyecto *m* de construcción
Bauweise *f* método *m* constructivo; *(Stil)* estilo *m*
Bauwerk *nt* edificio *m,* construcción *f*
Bauxit [baʊˈksiːt] *m* <-s, -e> bauxita *f*
bay(e)risch *adj* bávaro
Bayer(in) [ˈbaɪɐ] *m(f)* <-n, -n; -nen> bávaro, -a *m, f*
Bayern [ˈbaɪɐn] *nt* <-s> Baviera *f*
bayrisch *adj s.* **bay(e)risch**
Bazillus [baˈtsɪlʊs] *m* <-, Bazillen> bacilo *m*
Bd. *Abk. von* **Band** t., vol.
B-Dur *nt* <-s, *ohne pl*> (MUS) si *m* bemol mayor
beabsichtigen* *vt* tener la intención (de); **das war nicht beabsichtigt!** ¡no fue intencionado!
beachten* *vt* ① *(Aufmerksamkeit schenken)* prestar atención (a); *(Rat)* seguir; **nicht ~** pasar por alto ② *(Vorschrift)* cumplir (con) ③ *(berücksichtigen)* tener en cuenta, considerar ④ *(bemerken)* fijarse (en)
beachtenswert *adj* notable
beachtlich *adj* ① *(beträchtlich)* considerable ② *(wichtig)* importante
Beachtung *f ohne pl* atención *f; (der Gesetze)* observancia *f;* **etw** *dat* **(keine) ~ schenken** (no) hacer caso a algo
Beachvolleyball [ˈbiːtʃ-] *m* <-(e)s, -bälle> ① *ohne pl (Spiel)* volleyplaya *m* ② *(Ball)* pelota *f* de volleyplaya
Beamer [ˈbiːmɐ] *m* <-s, -> proyector *m*
Beamte(r) *m* <-n, -n; -n>, **Beamtin** *f* <-nen> funcionario, -a *m, f* del Estado; **richterlicher ~r** oficial de justicia; **ein hoher ~r** un alto funcionario del Estado
Beamtenbeleidigung *f* desacato *m* a la autoridad
Beamtenlaufbahn *f* <-, -en> (ADMIN) carrera *f* de funcionario
Beamtentum *nt* <-s, *ohne pl*> funcionariado *m*
Beamtenverhältnis *nt* **im ~ stehen** tener calidad de funcionario
beamtet *adj* empleado como funcionario
Beamtin *f* <-nen> *s.* **Beamte(r)**
beängstigen* [bəˈʔɛŋstɪgən] *vt* atemorizar, dar miedo
beängstigend *adj* alarmante
beanspruchen* [bəˈʔanʃprʊxən] *vt* ① *(fordern)* exigir, reclamar ② *(Zeit, Platz)* exigir, requerir ③ *(Hilfe)* recurrir (a) ④ *(Geduld)* poner a prueba; *(Maschine)* usar; *(Person)* ocupar
Beanspruchung *f* <-en> ① *(das Inanspruchnehmen)* utilización *f; (Benutzung)* empleo *m* ② *(eines Menschen)* exigencia *f* ③ *(Abnutzung)* desgaste *m*
beanstanden* *vt* poner reparos (a), objetar
Beanstandung *f* <-en> objeción *f,* reparo *m*
beantragen* *vt* solicitar
beantworten* [bəˈʔantvɔrtən] *vt* responder; *(Brief)* contestar
Beantwortung *f* <-en> respuesta *f;* **in ~ Ihres Schreibens vom …** en respuesta a su carta del…
bearbeiten* *vt* ① *(behandeln)* tratar, trabajar; *(Stein)* labrar; *(Rohstoffe)* elaborar ② *(sich befassen mit)* ocuparse (de); *(Fall, Antrag)* tramitar ③ *(Musikstück)* tra(n)scribir; *(Thema)* trabajar; *(Text)* revisar; *(für den Film)* adaptar ④ *(schlagen)* pegar ⑤ *(fam: einreden)* **jdn ~** tratar de persuadir a alguien
Bearbeiter(in) *m(f)* <-s, -; -nen> ① *(Sachbearbeiter)* encargado, -a *m, f* ② *(Text)* autor(a) *m(f),* corrector(a) *m(f);* (MUS) arreglista *mf,* adaptador(a) *m(f)*
Bearbeitung *f* <-en> ① *(das Bearbeiten)* (trabajo *m* de) elaboración *f; (Buch)* revisión *f;* **etw ist in ~** algo está en tramitación ② *(überarbeitete Fassung)* adaptación *f* ③ (MUS) tra(n)scripción *f*
Bearbeitungsdauer *f* <-, *ohne pl*> *(eines Antrags)* tiempo *m* de tramitación; *(eines Produktes)* tiempo *m* de elaboración
Bearbeitungsgebühr *f* (ADMIN) tarifa *f* de tramitación
beargwöhnen* [bəˈʔarkvøːnən] *vt (geh)* sospechar (de), desconfiar (de)
Beat [biːt] *m* <-(s), *ohne pl*> (MUS) beat *m*
beatmen* *vt* (MED) practicar la respiración artificial
Beatmung *f* <-, -en> (MED) **(künstliche) ~** respiración *f* artificial; *(mit Beatmungsgeräten)* respiración *f* asistida
beaufsichtigen* *vt* ① *(Schüler)* vigilar ② *(Arbeit, Bau)* controlar, supervisar
Beaufsichtigung *f* <-, -en> vigilancia *f,* supervisión *f;* **unter ~** bajo custodia; **ihm wurde die ~ der Kinder übertragen** se le encargó la custodia de los niños

beauftragen* *vt* encargar, encomendar; **jdn mit etw ~** encomendar algo a alguien

Beauftragte(r) *mf* <-n, -n; -n> encargado, -a *m, f,* comisionado, -a *m, f*

bebaubar *adj* cultivable

bebauen* *vt* ① *(mit Gebäuden)* edificar (en); *(verstädtern)* urbanizar ② *(Acker)* cultivar

Bebauung *f* <-en> edificación *f,* urbanización *f*

Bebauungsplan *m* plan *m* de urbanización

beben ['be:bən] *vi* temblar

Beben *nt* <-s, -> seísmo *m,* terremoto *m*

bebildern* *vt* ilustrar

Bebilderung *f* <-, -en> ① *(das Bebildern)* ilustración *f* ② *(die Bilder)* ilustraciones *f pl*

Becher ['bɛçɐ] *m* <-s, -> vaso *m; (Joghurtbecher)* tarrina *f*

bechern ['bɛçɐn] *vi (fam)* empinar el codo

Becken ['bɛkən] *nt* <-s, -> ① *(Waschbecken)* lavabo *m; (Spülbecken)* pila *f; (Schwimmbecken)* piscina *f* ② (ANAT) pelvis *f inv* ③ (MUS) platillos *m pl* ④ (GEO) cuenca *f*

Beckenknochen *m* hueso *m* ilíaco

bedacht [bə'daxt] *adj (umsichtig)* cuidadoso; *(überlegt)* deliberado; **~ handeln** actuar premeditadamente; **darauf ~ sein, dass ...** cuidar de que *+subj*

Bedacht *m ohne pl (geh)* **etw mit ~ tun** *(überlegt)* hacer algo deliberadamente; *(vorsichtig)* hacer algo con cuidado

bedächtig [bə'dɛçtɪç] *adj* ① *(langsam)* mesurado, lento ② *(vorsichtig)* prudente

bedachtsam *adj (geh)* prudente, discreto

bedanken* *vr* **sich bei jdm für etw ~** dar las gracias a alguien por algo

Bedarf [bə'darf] *m* <-(e)s, *ohne pl*> ① *(Bedürfnis)* necesidad *f,* falta *f;* **bei ~** cuando sea necesario; **(je) nach ~** según las necesidades; **danke, kein ~!** *(fam)* ¡gracias, no me interesa! ② (COM) demanda *f,* necesidad *f;* **den ~ an etw decken** satisfacer la demanda de algo

Bedarfshaltestelle *f* parada *f* discrecional

bedauerlich [bə'daʊɐlɪç] *adj* lamentable, lastimoso

bedauerlicherweise [-'----'--] *adv* lamentablemente

bedauern* [bə'daʊɐn] *vt* ① *(Verlust)* lamentar; **wir ~, Ihnen mitteilen zu müssen, dass ...** lamentamos tener que comunicarle(s) que...; **bedaure!** ¡lo lamento! ② *(Mensch)* compadecer (a)

Bedauern *nt* <-s, *ohne pl*> pesar *m; (für einen Menschen)* compasión *f;* **zu meinem größten ~ ...** muy a pesar mío...

bedauernd I. *adj* compasivo, de compasión II. *adv* compasivamente, con compasión

bedauernswert *adj* ① *(Sache)* lamentable ② *(Mensch)* digno de lástima

bedauernswürdig *adj (geh)* ① *(Sache)* deplorable ② *(Mensch)* digno de lástima

bedecken* *vt* cubrir (**mit** de/con)

bedeckt *adj (Himmel)* encapotado

Bedeckung *f* <-, -en> ① *(das Bedecken)* cobertura *f* ② *(das Bedeckende)* cubierta *f; (Schutz)* abrigo *m* ③ (MIL) escolta *f*

bedenken* *irr vt* ① *(überlegen)* pensar(se) ② *(beachten)* considerar, tener en cuenta; **wenn man es recht bedenkt** considerándolo bien; **zu ~ geben, dass ...** señalar que...

Bedenken[1] *nt* <-s, *ohne pl*> *(das Überlegen)* reflexión *f;* **nach kurzem ~** después de una breve reflexión

Bedenken[2] *nt pl (Zweifel)* duda *f; (Einwand)* reparo *m;* **ohne ~** sin reparos

bedenkenlos *adj* ① *(ohne zu zögern)* sin vacilar; **da kannst du ~ hingehen** no dudes en pasarte por allí ② *(ohne Überlegung)* irreflexivo ③ *(skrupellos)* sin escrúpulos

bedenkenswert *adj* digno de consideración; **dein Vorschlag ist ~** tu propuesta merece ser tomada en cuenta

bedenklich *adj* ① *(zweifelhaft)* dudoso, sospechoso ② *(Besorgnis erregend)* preocupante ③ *(besorgt)* preocupado

Bedenkzeit *f ohne pl* tiempo *m* de reflexión

bedeuten* *vt* ① *(bezeichnen, meinen)* significar, querer decir; **das hat nichts zu ~** no quiere decir nada ② *(wichtig sein)* significar ③ *(geh: zu verstehen geben)* dar a entender

bedeutend I. *adj* ① *(wichtig)* importante ② *(bemerkenswert)* notable, notorio ③ *(bedeutsam)* significativo ④ *(beachtlich)* considerable II. *adv (beträchtlich)* bastante, notoriamente

bedeutsam *adj (wichtig)* importante; *(viel sagend)* significativo

Bedeutung[1] *f* <-en> *(Sinn)* significado *m,* sentido *m;* **in übertragener/wörtlicher ~** en sentido figurado/literal

Bedeutung[2] *f ohne pl (Wichtigkeit)* importancia *f;* **etw ist von ~** algo es de importancia

bedeutungslos *adj* insignificante

Bedeutungslosigkeit *f ohne pl* insignificancia *f*

bedeutungsvoll *adj s.* **bedeutsam**

Bedeutungswandel *m* (LING) cambio *m* semántico

bedienen* I. *vt* ① *(im Geschäft)* atender;

B

(im Restaurant) servir; **werden Sie schon bedient?** ¿ya le atienden?; **damit ist er noch gut bedient** *(fam)* con ello puede darse por satisfecho; **ich bin bedient!** *(fam)* ¡estoy servido! ② *(beim Kartenspiel)* servir ③ *(Maschinen)* manejar ④ (FIN: *Schulden*) saldar **II.** *vr:* **sich ~** *(geh: benutzen)* **sich einer Sache ~** servirse de algo; **~ Sie sich!** ¡sírvase usted mismo!

bedienerfreundlich *adj* de fácil manejo

Bedienstete(r) *mf* <-n, -n; -n> ① (ADMIN: *Beschäftigter*) empleado, -a *m, f; (Beamter)* funcionario, -a *m, f* ② *(Dienstbote)* sirviente *mf*

Bedienung[1] *f* <-en> *(Kellner)* camarero, -a *m, f;* **hallo, ~!** ¡(oiga,) camarero!

Bedienung[2] *f ohne pl* ① *(eines Gastes)* servicio *m* ② *(eines Gerätes)* manejo *m*

Bedienungsanleitung *f* instrucciones *fpl* de manejo

Bedienungsfehler *m* fallo *m* operacional

Bedienungshinweise *mpl* instrucciones *fpl* de manejo

bedingen* [bəˈdɪŋən] **I.** *vt* ① *(bewirken)* causar, producir; *(bestimmen)* condicionar ② *(voraussetzen)* suponer ③ *(erfordern)* requerir **II.** *vr:* **sich ~** condicionarse

bedingt I. *adj* ① *(von Bedingungen abhängig)* relativo; *(beschränkt)* limitado; **~ durch ...** debido a... ② (JUR) condicionado **II.** *adv* ① *(teilweise)* **das ist nur ~ richtig** esto solo es correcto hasta cierto punto ② (JUR) a condición

Bedingung *f* <-en> ① *(Voraussetzung)* condición *f;* **etw zur ~ machen** poner algo como condición; **unter der ~, dass ...** a condición de que... +*subj;* **unter keiner ~ werde ich das tun** no lo haré por nada del mundo ② *(Forderung)* condiciones *fpl;* **~en stellen** poner condiciones ③ *pl (Umstände)* condiciones *fpl;* **unter erschwerten ~en arbeiten** trabajar bajo condiciones difíciles

bedingungslos *adj* sin condiciones

Bedingungssatz *m* (LING) oración *f* condicional

bedrängen* *vt* ① *(Gegner)* acosar ② *(belästigen)* importunar

Bedrängnis *f* <-se> *(geh)* apuro *m;* **in ~ geraten** verse en un apuro; **jdn in ~ bringen** poner a alguien en un apuro

bedrohen* *vt* amenazar

bedrohlich *adj* amenazante, amenazador

Bedrohung *f* <-en> amenaza *f*

bedrucken* *vt* estampar (**mit** con)

bedrücken* *vt* oprimir

bedrückend *adj* opresivo; *(beklemmend)* oprimente

bedrückt *adj* deprimido, apolismado *Méx, Ven*

Beduine, -in [beduˈiːnə] *m, f* <-n, -n; -nen> beduino, -a *m, f*

bedürfen* *irr vi (geh)* necesitar (de), requerir (de); **das bedarf keiner weiteren Erklärung** eso no requiere (de) más explicaciones

Bedürfnis *nt* <-ses, -se> necesidad *f;* **ein ~ verspüren, etw zu tun** sentir la necesidad de hacer algo; **jds ~se befriedigen** satisfacer las necesidades de alguien

bedürfnislos *adj* sin necesidades; *(bescheiden)* modesto

bedürftig *adj* menesteroso, necesitado

Bedürftigkeit *f* <-, *ohne pl*> indigencia *f*

Beefsteak [ˈbiːfsteːk] *nt* bistec *m*

beehren* **I.** *vt (geh)* honrar; **jdn mit einem Besuch ~** conceder a alguien el honor de su visita **II.** *vr* **sich ~, etw zu tun** tener el honor de hacer algo

beeiden* [bəˈʔaɪdən] *vt (Aussage)* jurar

beeilen* *vr:* **sich ~** darse prisa, apurarse *Am*

Beeilung *f* <-, *ohne pl*> **los, ~!** *(fam)* ¡venga, deprisa!

beeindrucken* *vt* impresionar

beeindruckend *adj* impresionante

beeinflussbar [bəˈʔaɪnflʊsbaːɐ] *adj (Person)* influenciable

beeinflussen* [bəˈʔaɪnflʊsən] *vt* influir (en/sobre), ejercer una influencia (sobre)

Beeinflussung *f* <-en> influjo *m*

beeinträchtigen* [bəˈʔaɪntrɛçtɪgən] *vt* ① *(vermindern)* disminuir ② *(stören)* dañar, perjudicar

Beeinträchtigung *f* <-en> perjuicio *m; (Verminderung)* merma *f;* **~ der Fahrtüchtigkeit** reducción del buen estado de marcha

Beelzebub [beˈɛltsəbuːp, ˈbeːltsəbuːp] *m* **den Teufel mit dem ~ austreiben** combatir el fuego con el fuego

beenden* *vt* acabar (con), terminar (con); (INFOR) terminar; **die Sitzung ~** finalizar la reunión

Beendigung *f ohne pl* término *m,* fin *m;* **nach ~ des Kurses** al finalizar el curso

beengen* [bəˈɛŋən] *vt (Kleidung)* apretar; *(Umgebung)* cohibir; **beengt wohnen** vivir estrechos; **sich beengt fühlen** sentirse cohibido

Beengtheit *f* <-, *ohne pl*> estrechez *f*

beerben* *vt* heredar

beerdigen* [bəˈʔeːɐdɪgən] *vt* enterrar

Beerdigung *f* <-en> entierro *m*

Beerdigungsfeier *f* funerales *mpl*

Beerdigungsinstitut *nt* funeraria *f*

Beere [ˈbeːrə] *f* <-n> baya *f*

Beet [beːt] *nt* <-(e)s, -e> *(mit Gemüse)* bancal *m,* cantero *m Am; (mit Blumen)* arriate *m,* macizo *m*
Beete *f* <-n> *s.* **Bete**
befähigen* [bəˈfɛːɪɡən] *vt* capacitar (**zu** para); **er ist dazu befähigt** está capacitado para ello
befähigt *adj* capacitado
Befähigung *f* <-en> ① *(Fähigkeit)* capacidad *f; (Qualifikation)* cualificación *f;* **dazu fehlt ihr die ~** para ello no está capacitada ② *(Begabung)* talento *m*
Befähigungsnachweis *m (formal)* certificado *m* de aptitud
befahl *3. imp von* **befehlen**
befahrbar *adj* transitable
befahren* *irr vt* circular (por); *(Schiff)* navegar (por); **die Strecke wird wenig/stark ~** este trecho está poco/muy transitado
Befall *m* <-(e)s, *ohne pl*> ataque *m; (mit Schädlingen)* plaga *f*
befallen* *irr vt* ① *(geh: Angst)* invadir ② *(geh: Krankheit)* acometer; *(Hunger, Müdigkeit)* entrar ③ *(Schädlinge)* infestar
befangen *adj* ① *(schüchtern)* tímido; *(gehemmt)* apocado, inhibido ② (JUR) parcial
Befangenheit *f ohne pl* ① *(Schüchternheit)* timidez *f; (Gehemmtsein)* apocamiento *m* ② (JUR) parcialidad *f*
befassen* **I.** *vr:* **sich ~** ① *(Angelegenheit)* ocuparse (**mit** de), dedicarse (**mit** a) ② *(handeln von)* tratar (**mit** de) **II.** *vt (beauftragen)* encargar (**mit** de)
Befehl [bəˈfeːl] *m* <-(e)s, -e> orden *f;* (MIL) mando *m;* (INFOR) orden *f,* comando *m;* **einen ~ ausführen** (*a.* INFOR) ejecutar una orden; **den ~ geben, zu ...** dar la orden de...; **auf jds ~ handeln** actuar por orden de alguien; **~ von oben** órdenes superiores; **zu ~!** ¡a sus órdenes!
befehlen <befiehlt, befahl, befohlen> *vi, vt* mandar, ordenar; **er hat befohlen, dass ...** ha ordenado que... *+subj*
befehligen* *vt* (MIL) mandar, capitanear
Befehlsdatei *f* (INFOR) archivo *m* de instrucción [*o* comando]
Befehlsform *f* (LING) modo *m* imperativo
befehlsgemäß *adv* con respecto a las órdenes
Befehlsgewalt *f ohne pl* mando *m* (**über** de)
Befehlshaber(in) *m(f)* <-s, -; -nen> (MIL) comandante *mf,* capitán *mf*
Befehlsleiste *f* (INFOR) barra *f* de instrucciones
Befehlston *m* tono *m* imperioso; **ich verbitte mir diesen ~!** ¡no tolero ese tono de ordeno y mando! *fam*
Befehlsverweigerung *f* (MIL) desobediencia *f* a una orden
Befehlszeile *f* (INFOR) línea *f* de programación
befestigen* *vt* ① *(Haken)* sujetar (**an** a), empatar *CRi* ② *(Straße)* reforzar ③ (MIL) fortificar
Befestigung *f* <-en> ① *(einer Straße, eines Dammes)* refuerzo *m* ② (MIL) fortificación *f,* cota *f Fili* ③ *(Vorrichtung)* fijación *f* (de un dispositivo)
befeuchten* *vt* humedecer
Befeuerung *f* <-, -en> ① (NAUT) balizamiento *m* luminoso ② (AERO) señalización *f* con balizas luminosas
befiehlt [bəˈfiːlt] *3. präs von* **befehlen**
befinden* *irr* **I.** *vr:* **sich ~** encontrarse; *(sein)* estar; **meine Wohnung befindet sich im zweiten Stock** mi apartamento está en el segundo piso; **sich auf dem Weg der Besserung ~** encontrarse en vías de mejora **II.** *vi (entscheiden)* decidir (**über** sobre) **III.** *vt (geh: erachten)* considerar (**für**); **jdn für schuldig ~** declarar culpable a alguien
Befinden *nt* <-s, *ohne pl*> ① *(Gesundheitszustand)* (estado *m* de) salud *f* ② *(geh: Meinung)* parecer *m*
befindlich [bəˈfɪntlɪç] *adj (Ort, Zustand)* situado, existente; **ein in Haft ~er Mann** un hombre en prisión
Befindlichkeit *f* <-en> estado *m* de ánimo [*o* de salud]
befingern* *vt (fam)* toquetear; *(sexuell)* meter mano
beflecken* *vt* ① *(mit Flecken)* manchar ② *(geh: entehren)* deshonrar; **jds Ehre/Ruf ~** manchar el honor/el nombre de alguien
beflissen [bəˈflɪsən] *adj* aplicado; *(hilfsbereit)* servicial
beflügeln* *vt (geh)* hacer volar; **die Angst beflügelte seine Schritte** el miedo aligeraba sus pasos
befohlen [bəˈfoːlən] *pp von* **befehlen**
befolgen* *vt (Befehl)* cumplir; *(Ratschlag)* seguir; *(Gesetz)* obedecer
Befolgung *f* <-, *ohne pl*> observación *f*
befördern* *vt* ① *(Waren)* tra(n)sportar; **jdn an die frische Luft ~** *(fam)* mandar a alguien a tomar viento fresco ② *(im Beruf)* ascender (**zu** a); **sie wurde zur Abteilungsleiterin befördert** ascendió a directora de sección
Beförderung *f* <-en> ① *(Transport)* tra(n)sporte *m* ② *(beruflich)* ascenso *m*
Beförderungsmittel *nt* medio *m* de tra(n)sporte

B

befrachten* *vt* ① *(beladen)* cargar (**mit** con) ② *(geh: Rede)* cargar (**mit** de)
Befrachter(in) *m(f)* <-s, -; -, -nen> (WIRTSCH) fletador(a) *m(f)*
befragen* *vt* interrogar; *(Arzt, Karten)* consultar (**wegen** por)
Befragte(r) *mf* <-n, -n; -n> interrogado, -a *m, f*
Befragung *f* <-en> ① (JUR) interrogatorio *m* ② *(Umfrage)* encuesta *f*
befreien* **I.** *vt* ① *(Volk)* liberar (**aus/von** de); **jdn aus einer schwierigen Lage ~** sacar a alguien de un aprieto ② *(Gefangene)* poner en libertad, liberar (**aus/von** de) ③ *(freistellen)* liberar (**von** de), dispensar (**von** de); *(vom Militärdienst)* eximir ④ *(von Schmerzen, Angst)* liberar (**von** de), quitar (**von** de); **ein ~des Lachen** una risa abierta ⑤ *(von Schmutz)* limpiar **II.** *vr:* **sich ~** ① *(Volk)* liberarse ② *(entkommen)* escaparse, evadirse
Befreier(in) *m(f)* <-s, -; -nen> libertador(a) *m(f)*
Befreiung *f* <-en> ① *(eines Landes, Menschen)* liberación *f;* **etw als ~ empfinden** considerar algo como una liberación; **die ~ der Frau** la emancipación de la mujer ② *(von einer Pflicht)* exención (**von** de)
Befreiungskampf *m* <-es, -kämpfe> lucha *f* por la libertad (política)
Befreiungsschlag *m* (SPORT) golpe *m* de castigo; (POL) golpe *m* de liberación
befremden* [bəˈfrɛmdən] *vt* extrañar; **es befremdet mich, dass ...** me extraña que... *+subj*
Befremden *nt* <-s, *ohne pl*> asombro *m,* extrañeza *f*
befremdend *adj* sorprendente
befremdlich *adj (geh)* extraño; *(erstaunlich)* sorprendente; *(ungewöhnlich)* insólito
befreunden* [bəˈfrɔɪndən] *vr* **sich mit jdm ~** hacerse amigo de alguien
befreundet *adj* amigo (**mit** de); **sie sind (eng) ~** son amigos (íntimos); **mit jdm ~ sein** ser amigo de alguien; **ein ~es Paar** una pareja amiga
befrieden* [bəˈfriːdən] *vt* (POL: *Land, geh)* pacificar, llevar la paz a
befriedigen* [bəˈfriːdɪgən] **I.** *vt* satisfacer **II.** *vr:* **sich ~** *(masturbieren)* masturbarse
befriedigend *adj* satisfactorio; *(Schulnote)* ≈ bien
Befriedigung *f* <-en> satisfacción *f;* **sie stellte mit ~ fest, dass ...** comprobó con satisfacción que...
befristen* *vt* fijar un plazo (para), limitar (**auf** a/hasta)
befristet *adj* limitado; **jdn ~ einstellen** contratar a alguien por un plazo limitado
Befristung *f* <-en> limitación *f*
befruchten* *vt* ① (BIOL) fecundar; *(Blüten)* polinizar ② *(geh: geistig anregen)* fructificar
Befruchtung *f* <-en> (BIOL) fecundación *f;* **künstliche ~** inseminación artificial
Befugnis [bəˈfuːknɪs] *f* <-se> autorización *f;* **keine ~ zu etw haben** no estar autorizado para algo
befugt *adj* **zu etw (nicht) ~ sein** (no) estar autorizado para hacer algo
befühlen* *vt* palpar, tocar
befummeln* *vt (fam: betasten)* toquetear; *(abw)* sobar; *(sexuell)* meter mano
Befund *m* <-(e)s, -e> (MED) diagnóstico *m;* **ohne ~** sin diagnóstico
befunden *pp von* **befinden**
befürchten* *vt* temer; **es ist zu ~, dass ...** es de temer que... *+subj*
Befürchtung *f* <-en> temor *m; (Vermutung)* sospecha *f;* **die ~ haben, dass ...** sospechar que...
befürworten* [bəˈfyːɐvɔrtən] *vt (dafür sein)* aprobar, defender; *(empfehlen)* recomendar
Befürworter(in) *m(f)* <-s, -; -nen> defensor(a) *m(f),* adicto, -a *m, f CSur*
begabt [bəˈgaːpt] *adj* dotado; **hoch ~** muy inteligente; *(Wunderkind)* superdotado; **durchschnittlich/vielseitig ~ sein** tener un talento medio/polifacético
Begabtenförderung *f* <-, -en> ① *(Verfahren)* fomento *m* de alumnos dotados ② *(Geld)* beca *f* para alumnos dotados
Begabung [bəˈgaːbʊŋ] *f* <-en> ① *(Anlage)* talento *m,* dotes *f pl* ② *(begabter Mensch)* talento *m*
begangen *pp von* **begehen**
begann [bəˈgan] *3. imp von* **beginnen**
begatten* *vt, vr:* **sich ~** (ZOOL) aparear(se)
Begattung *f* <-, -en> (ZOOL) apareamiento *m*
begeben* *irr* **I.** *vr:* **sich ~** *(geh)* ① *(stattfinden)* ocurrir ② *(beginnen)* empezar (**an** a); **sich an die Arbeit ~** ponerse a trabajar ③ *(gehen)* dirigirse (**zu/in** a), irse (**zu/in** a); **sich zu Bett ~** irse a la cama; **sich in ärztliche Behandlung ~** ponerse bajo tratamiento médico; **sich auf den Heimweg ~** dirigirse a casa; **sich in Gefahr ~** ponerse en peligro **II.** *vt* (FIN: *Wertpapiere*) emitir
Begebenheit *f* <-en> suceso *m,* acontecimiento *m*
begegnen* [bəˈgeːgnən] *vi sein* ① *(treffen)* **jdm ~** encontrarse a alguien; **einander ~** encontrarse ② *(stoßen auf)* **etw**

dat ~ encontrarse con algo ❸ *(widerfahren)* suceder, pasar; **so etwas ist mir ja noch nie begegnet!** ¡en mi vida (no) me pasó semejante cosa! ❹ *(geh: behandeln)* tratar; **man begegnete ihr mit Achtung** la trataban con respeto

Begegnung *f* <-en> (*a.* SPORT) encuentro *m*

begehbar *adj* transitable

begehen* *irr vt* ❶ *(Weg)* transitar (por); **eine Baustelle ~** entrar en una obra ❷ *(Fehler)* cometer; **Selbstmord ~** suicidarse; **ein Verbrechen/einen Mord ~** cometer un crimen/un asesinato ❸ *(geh: Jubiläum)* celebrar

begehren* [bəˈgeːrən] *vt (geh)* ❶ *(wünschen)* ansiar, anhelar; *(habgierig)* codiciar; *(sexuell)* desear ❷ *(fordern)* pedir, solicitar

Begehren *nt* <-s, *ohne pl*> *(geh)* ansia *f*, anhelo *m; (Wunsch)* deseo *m*

begehrenswert *adj* deseable

begehrlich *adj (geh: heftig wünschend)* ansioso

Begehrlichkeit *f* <-, -en> *(geh)* ❶ *(Verlangen)* avidez *f; (Gier)* codicia *f* ❷ *(Wunsch)* deseo *m*

begehrt *adj (Person, Freundschaft, Ware)* solicitado; *(Ferienort)* popular

begeistern* [bəˈgaɪstɐn] **I.** *vt* entusiasmar (**für** por), apasionar (**für** por/con) **II.** *vr:* **sich ~** entusiasmarse (**für** por/con), apasionarse (**für** por)

begeistert *adj* entusiasmado (**von** con/por); **~er Beifall** aplausos entusiasmados

Begeisterung *f ohne pl* entusiasmo *m* (**für** por); **in ~ geraten** entusiasmarse; **etw mit ~ tun** hacer algo con entusiasmo

begeisterungsfähig *adj* entusiasta

Begeisterungssturm *m* <-(e)s, -stürme> estallido *m* de entusiasmo, entusiasmo *m* desbordante; **ein ~ brach los** estalló el entusiasmo

Begierde [bəˈgiːɐdə] *f* <-n> ansias *fpl* (**nach** de), avidez *f* (**nach** de)

begierig *adj* ávido (**auf** de), ansioso (**auf** de/por)

begießen* *irr vt* ❶ *(Pflanzen)* regar ❷ *(fam: feiern)* celebrar con una copa

Beginn [bəˈgɪn] *m* <-(e)s, *ohne pl*> comienzo *m*, inicio *m;* **zu ~** al inicio

beginnen <beginnt, begann, begonnen> **I.** *vi* comenzar (a), empezar (a); **es beginnt zu regnen** comienza a llover **II.** *vt* comenzar, empezar

beginnend *adj* (*a.* MED) incipiente; **es könnte sich um eine ~e Infektion handeln** podría tratarse de un principio de infección; **im ~en 20. Jahrhundert** en el entrante siglo XX

beglaubigen* [bəˈglaʊbɪgən] *vt* ❶ *(Urkunde)* certificar (de); *(Kopie)* compulsar ❷ *(Diplomaten)* acreditar

Beglaubigung *f* <-en> ❶ *(Schriftstück)* certificación *f; (einer Kopie)* autentificación *f* ❷ (POL) acreditación *f*

begleichen* *irr vt (geh)* saldar

Begleichung *f* <-, -en> *(einer Schuld, einer Rechnung)* liquidación *f*

begleiten* *vt* (*a.* MUS) acompañar

Begleiter(in) *m(f)* <-s, -; -nen> acompañante *mf; (Gefährte)* compañero, -a *m, f*

Begleiterscheinung *f* efecto *m* secundario

Begleitmusik *f* música *f* de acompañamiento

Begleitperson *f* acompañante *mf*, compañía *f*

Begleitschein *m* <-(e)s, -e> documento *m* adjunto; *(bei Warensendungen)* declaración *f* de contenido

Begleitschreiben *nt* <-s, -> (COM) carta *f* adjunta

Begleitumstände *mpl* (JUR) circunstancias *fpl* concomitantes

Begleitung *f* <-en> ❶ (*a.* MUS) acompañamiento *m;* **sie kam in ~ eines Freundes** vino acompañada de un amigo ❷ *(Begleiter)* acompañante *mf; (Gefolge)* séquito *m*

beglichen *pp von* **begleichen**

beglücken* *vt (geh)* deleitar (**mit** con), satisfacer (**mit** con); **ein ~des Gefühl** una sensación satisfactoria

beglückt **I.** *adj* alegre **II.** *adv* con alegría

beglückwünschen* *vt* felicitar (**zu** por); **er beglückwünschte sie zum Geburtstag/zur bestandenen Prüfung** la felicitó por su cumpleaños/por haber aprobado el examen

begnadet [bəˈgnaːdət] *adj* altamente dotado

begnadigen* *vt* indultar

Begnadigung *f* <-en> (POL) amnistía *f*

begnügen* [bəˈgnyːgən] *vr:* **sich ~** conformarse (**mit** con)

Begonie [beˈgoːniə] *f* <-n> (BOT) begonia *f*

begonnen [bəˈgɔnən] *pp von* **beginnen**

begossen *pp von* **begießen**

begraben* *irr vt* ❶ *(Tote)* enterrar ❷ *(verschütten)* sepultar ❸ *(Streit)* poner fin (a); *(Hoffnung)* renunciar (a); **lass uns unseren Streit ~** echemos tierra a nuestra disputa

Begräbnis [bəˈgrɛːpnɪs] *nt* <-ses, -se> entierro *m*, ancuviña *f Chil*

B

begradigen* [bəˈgraːdɪgən] *vt (Fluss)* encauzar; *(Straße)* rectificar
Begradigung *f* <-, -en> rectificación *f*
begreifbar *adj* comprensible; **wie kann ich es dir ~ machen?** ¿cómo puedo hacértelo entender?
begreifen* *irr* I. *vt* comprender; **es ist einfach nicht zu ~, dass ...** es sencillamente inconcebible que... +*subj* II. *vr:* **sich ~** *(sich auffassen)* considerarse (**als**); **er begreift sich als Experte** se considera un experto
begreiflich *adj* comprensible; **es ist einfach nicht ~, wie er so etwas tun konnte** es sencillamente incomprensible cómo pudo hacer algo parecido
begreiflicherweise [-ˈ---ˈ--] *adv* comprensiblemente
begrenzen* *vt* ① *(Gebiet)* delimitar ② *(beschränken)* limitar (**auf** a)
begrenzt *adj* limitado; **er hat einen ~en Horizont** tiene unos horizontes muy limitados
Begrenztheit *f* <-en> *(Möglichkeiten)* restricción *f*, limitación *f*
Begrenzung *f* <-en> ① *(das Begrenzen)* limitación *f*, restricción *f* ② *(Grenze)* límite *m*
Begriff *m* <-(e)s, -e> ① *(Ausdruck)* concepto *m* ② *(Vorstellung)* idea *f*, noción *f*; **sich** *dat* **einen ~ von etw machen** hacerse una idea de algo; **du machst dir keinen ~ davon, was heute los war** no te puedes imaginar lo que pasó hoy; **für meine ~e** en mi opinión; **das ist mir ein ~** me suena; **im ~ sein, etw zu tun** estar a punto de hacer algo; **schwer von ~ sein** *(fam)* ser corto de mollera
begriffen I. *pp von* **begreifen** II. *adj* con intención (**zu** de); **die Gäste sind im Aufbruch ~** los invitados están a punto de marcharse
begrifflich *adj* conceptual
begriffsstutzig *adj* tardo (en comprender)
Begriffsvermögen *nt ohne pl* facultad *f* de comprensión
begründen* *vt* ① *(Gründe aufführen)* justificar; **wie willst du das ~?** ¿cómo lo quieres justificar?; **womit willst du das ~?** ¿en qué lo quieres basar? ② *(gründen)* fundar; **wohl begründet** *(geh)* (muy) bien fundado
Begründer(in) *m(f)* <-s, -; -nen> iniciador(a) *m(f)*, fundador(a) *m(f)*
begründet *adj* (*a.* JUR) fundado; **in etw** *dat* **~ liegen** fundarse en algo; **ich habe den ~en Verdacht, dass ...** tengo la fundada sospecha de que...
Begründung *f* <-en> ① *(Grund)* motivo *m*, causa *f* ② *(Gründung)* fundación *f*
begrünen* *vt* ajardinar
begrüßen* *vt* ① *(Gast)* saludar; **ich würde mich sehr freuen, Sie bei mir ~ zu dürfen** estaría encantado de poder recibirle en mi casa ② *(Vorschlag)* celebrar; **wir ~ es sehr, dass ...** celebramos mucho que... +*subj;* **ich würde es ~, wenn ...** celebraría que... +*subj*
begrüßenswert *adj* plausible; **es ist ~, dass ...** celebramos que... +*subj*
Begrüßung *f* <-en> saludo *m; (Empfang)* recibimiento *m*
begünstigen* [bəˈgʏnstɪgən] *vt* ① *(förderlich sein)* favorecer; **er war vom Schicksal begünstigt** era un hombre de suerte ② (JUR: *Verbrechen*) encubrir ③ *(bevorzugen)* favorecer, privilegiar
Begünstigte(r) *mf* <-n, -n; -n, -n> beneficiario, -a *m, f*
Begünstigung *f* <-en> ① *(Förderung)* favorecimiento *m* ② (JUR) encubrimiento *m* ③ *(Bevorzugung)* trato *m* preferente
begutachten* *vt* emitir un dictamen (sobre)
Begutachtung *f* <-en> dictamen *m; (Untersuchung)* inspección *f*
begütert [bəˈgyːtɐt] *adj* acaudalado, adinerado
begütigend I. *adj* apaciguador II. *adv* apaciguadoramente; **~ auf jdn einreden** apaciguar a alguien con palabras
behaart [bəˈhaːɐt] *adj* peludo, velludo
Behaarung *f* <-en> vellosidad *f*, pelo *m; (Tiere)* pelaje *m*
behäbig [bəˈhɛːbɪç] *adj (beleibt)* corpulento; *(phlegmatisch)* indolente
behaftet [bəˈhaftət] *adj* **mit etw** *dat* **~ sein** tener algo; **mit einem Mangel ~ sein** tener un defecto
behagen* [bəˈhaːgən] *vi* **etw behagt jdm** algo agrada a alguien
Behagen *nt* <-s, *ohne pl*> gusto *m*, satisfacción *f*
behaglich [bəˈhaːklɪç] *adj* ① *(Wärme)* agradable ② *(bequem)* cómodo, confortable; *(Leben)* desahogado, placentero
Behaglichkeit *f ohne pl* confort *m*, comodidad *f*
behalten* *irr vt* ① *(nicht wegwerfen)* conservar, guardar ② *(Glanz, gute Laune, Wert)* mantener; *(Geheimnis)* guardar; **die Nerven ~** no perder los nervios ③ *(sich merken)* retener (en la cabeza) ④ *(nicht abgeben)* quedarse (con); *(Hut)* dejar puesto; **der Kranke kann nichts bei sich ~** el enfermo no puede retener alimento alguno; **~ Sie (doch) Platz!** ¡no se levante!; **er**

muss immer seinen Willen ~ siempre quiere salirse con la suya
Behälter [bəˈhɛltɐ] *m* <-s, -> ❶ *(Gefäß)* recipiente *m* ❷ *(Container)* contenedor *m*
Behältnis [bəˈhɛltnɪs] *nt* <-ses, -se> ❶ *(Gefäß)* recipiente *m* ❷ *(Container)* contenedor *m*
behämmert [bəˈhɛmɐt] *adj (fam)* idiota, lelo
behänd(e) *adj (flink)* ágil; *(gewandt)* hábil
behandeln* *vt* ❶ *(Mensch, Thema, Material)* tratar (**mit** con); **das Gericht behandelt heute den Fall X gegen Y** el tribunal se ocupa hoy del caso X contra Y; **er behandelt sie gut/schlecht** la trata bien/mal ❷ *(Krankheit)* tratar; *(heilen)* curar
Behandlung *f* <-en> ❶ *(Umgang)* trato *m* ❷ *(Therapie)* tratamiento *m; (Betreuung)* asistencia *f* médica; **ambulante/stationäre ~** tratamiento ambulatorio/hospitalario; **bei wem sind Sie in ~?** ¿con quién está usted en tratamiento? ❸ *(eines Themas)* tratamiento *m* ❹ (TECH) tratamiento *m*
Behandlungsfehler *m* <-s, -> error *m* de tratamiento
Behandlungskosten *pl* costes *mpl* del tratamiento
Behandlungsmethode *f* método *m* terapéutico
Behandlungsraum *m*, **Behandlungszimmer** *nt* sala *f* de curas
behängen* **I.** *vt* decorar (**mit** con) **II.** *vr:* **sich ~** *(fam abw)* llenarse (**mit** de)
beharren* [bəˈharən] *vi* insistir (**auf** en); **er beharrte darauf, dass ...** insistía en que...; **er muss aber auch immer bei seiner Meinung ~** pero es que siempre tiene que aferrarse a su opinión
beharrlich *adj (nachdrücklich)* insistente; *(standhaft)* constante, perseverante
Beharrlichkeit *f ohne pl* ❶ *(Standhaftigkeit)* constancia *f*, perseverancia *f* ❷ *(Nachdruck)* insistencia *f*
behaupten* [bəˈhaʊptən] **I.** *vt* ❶ *(These)* afirmar; **es wird** (**von ihm**) **behauptet, dass ...** se dice (de él) que... ❷ *(Platz, Stelle)* defender **II.** *vr:* **sich ~** ❶ *(sich durchsetzen)* afirmarse; **sich gegen jdn ~** vencer a alguien ❷ *(Preise)* mantenerse firme
Behauptung *f* <-en> afirmación *f;* **eine ~ aufstellen** sostener una afirmación
Behausung [bəˈhaʊzʊŋ] *f* <-en> *(geh)* morada *f*
beheben* *irr vt* ❶ *(beseitigen)* eliminar; *(Missstand)* remediar; *(Schaden)* reparar ❷ *(Österr: abheben)* retirar
beheimatet [bəˈhaɪmaːtət] *adj* ❶ *(gebürtig)* oriundo (**in** de), natural (**in** de) ❷ *(wohnhaft)* establecido (**in** en)
beheizbar *adj* **das Wohnzimmer ist nicht ~** no hay calefacción en la sala de estar
beheizen* *vt* calentar
Behelf [bəˈhɛlf] *m* <-(e)s, -e> recurso *m,* solución *f* de emergencia
behelfen* *irr vr:* **sich ~** defenderse (**mit** con, **ohne** sin), arreglárselas (**mit** con, **ohne** sin) *fam*
behelfsmäßig *adj* provisorio, provisional
behelligen* [bəˈhɛlɪgən] *vt* molestar (**mit** con)
beherbergen* [bəˈhɛrbɛrgən] *vt* alojar
Beherbergung *f* <-, *ohne pl*> hospedaje *m*
beherrschen* **I.** *vt* ❶ *(Macht haben)* dominar; *(regieren)* gobernar ❷ *(zügeln)* controlar, dominar ❸ *(Handwerk, Sprache, Instrument)* conocer a fondo, dominar; *(Situation)* ser dueño (de), dominar **II.** *vr:* **sich ~** *(sich zügeln)* contenerse, dominarse
beherrscht *adj* controlado
Beherrschung *f ohne pl* ❶ *(Selbstbeherrschung)* autocontrol *m;* **die ~ verlieren** perder el control ❷ *(Wissen, Können)* dominio *m*
beherzigen* [bəˈhɛrtsɪgən] *vt* tomar en consideración
beherzt [bəˈhɛrtst] *adj* resuelto, audaz
Beherztheit *f* <-, *ohne pl*> valentía *f*
behilflich *adj* **jdm** (**bei etw**) **~ sein** ayudar(le) a alguien (en algo)
behindern* *vt* ❶ *(stören)* molestar, estorbar (**bei** en); *(Verkehr)* impedir; *(Sicht)* dificultar ❷ *(verhindern)* entorpecer
behindert *adj (körperlich)* discapacitado; *(geistig)* retrasado
Behinderte(r) *mf* <-n, -n; -n> discapacitado, -a *m, f,* persona *f* con discapacidad
behindertengerecht *adj* acondicionado para personas con discapacidad
Behindertenparkplatz *m* aparcamiento *m* para discapacitados
Behinderung *f* <-en> ❶ *(des Verkehrs)* impedimento *m; (einer Sache)* estorbo *m* ❷ (MED) discapacidad *f*
behoben *pp von* **beheben**
beholfen *pp von* **behelfen**
Behörde [bəˈhøːɐdə] *f* <-n> ❶ *(Amt)* autoridad *f* ❷ *(Gebäude)* administración *f*
Behördengang *m* <-(e)s, -gänge> visita *f* a un organismo oficial
behördlich [bəˈhøːɐtlɪç] *adj* oficial
behüten* *vt (schützen)* proteger (**vor** de); **Gott behüte!** ¡no lo quiera Dios!, ¡Dios nos libre!

behutsam [bəˈhuːtzaːm] I. *adj (sorgsam)* cuidadoso, concienzudo; *(rücksichtsvoll)* atento II. *adv* con cautela, con precaución

Behutsamkeit *f ohne pl* prudencia *f,* precaución *f*

bei [baɪ] *präp +dat* ① *(in der Nähe von)* cerca de, junto a; **in Unna ~ Dortmund** en Unna cerca de Dortmund; **die Schlacht ~ Leipzig** la batalla de Leipzig; **dicht ~ der Fabrik** junto a la fábrica; **ich saß ~ ihm** estuve sentado a su lado; **~ Tisch** a la mesa; **~m Bäcker** en la panadería ② *(für Firmen)* en; **sie arbeitet ~ der Bahn** trabaja en la compañía ferroviaria ③ *(für Wohnbereich)* en casa de, con; **wir sind ~ Susanne zum Abendessen eingeladen** estamos invitados a cenar en casa de Susanne; **er wohnt ~ seinen Eltern** vive con sus padres ④ *(an sich tragend)* encima; **ich habe kein Geld ~ mir** no llevo dinero encima ⑤ *(während)* durante, en; **~ der Arbeit** durante el trabajo; **~ Nacht** durante la noche; **Vorsicht ~m Aussteigen!** ¡cuidado al bajar!; **~ Gelegenheit** en alguna ocasión; **~m Lesen des Artikels** al leer el artículo; **~ näherer Betrachtung** en un examen más detallado ⑥ *(jemanden betreffend)* **das kommt oft ~ ihm vor** esto le sucede a menudo; **~ Kräften sein** estar robusto; **du bist nicht recht ~ Trost** *(fam)* no estás en tus cabales ⑦ *(mit)* con; **~ offenem Fenster schlafen** dormir con la ventana abierta; **~ seinen Fähigkeiten** con sus aptitudes ⑧ *(falls)* en caso de; **~ Nebel** en caso de niebla; **„~ Feuer Scheibe einschlagen"** "en caso de incendio, rómpase el cristal"

bei|behalten* *irr vt* mantener, conservar

Beiblatt *nt* <-(e)s, -blätter> hoja *f* adjunta

Beiboot *nt* (NAUT) bote *m* de servicio

bei|bringen *irr vt* ① *(beschaffen)* aportar ② *(lehren)* enseñar; **jdm etw ~** enseñar algo a alguien ③ *(mitteilen)* decir, comunicar ④ *(zufügen)* **jdm etw ~** causar algo a alguien

Beichte [ˈbaɪçtə] *f* <-n> (*a.* REL) confesión *f*

beichten *vi, vt* confesar(se)

Beichtgeheimnis *nt* (REL) secreto *m* de confesión

Beichtstuhl *m* (REL) confes(i)onario *m*

Beichtvater *m* (REL) confesor *m*

beide [ˈbaɪdə] *adj* los dos, ambos; **ihr habt ~ Recht** los/las dos tenéis razón; **wie geht es euch ~n?** ¿como estáis vosotros dos?; **alle ~** ambos, los dos; **keiner von ~n** ninguno de los dos; **ihre ~n Schwestern** sus dos hermanas; **~ Mal** en ambas ocasiones

beiderlei [ˈbaɪdəlaɪ, ˈ--ˈ-] *adj inv* de los dos, de ambos; **~ Geschlechts** de ambos sexos

beiderseitig *adj* de ambas partes; *(gegenseitig)* recíproco, mutuo; **in ~em Einvernehmen** de mutuo acuerdo

beiderseits I. *präp +gen* a ambos lados de; **~ des Rheins** a ambos lados del Rhin II. *adv* de ambas partes; *(gegenseitig)* mutuamente, recíprocamente; **sie haben ~ versprochen, nichts zu sagen** ambos/ambas prometieron no decir nada por su parte

beidhändig *adj* ambidextro, ambidiestro; (*a.* SPORT) con ambas manos; **eine ~e Rückhand** *(Tennis)* un revés con las dos manos

beidseitig [ˈbaɪtzaɪtɪç] *adj* de doble lado; (MED) de doble cara; **zur ~en Zufriedenheit** para satisfacción de ambas partes

beidseits *präp (südd, Schweiz) s.* **beiderseits**

beieinander [--ˈ--] *adv* junto, reunido

Beifahrer(in) *m(f)* <-s, -; -nen> acompañante *mf,* copiloto *mf*

Beifahrerseite *f* parte *f* del copiloto

Beifahrersitz *m* asiento *m* de copiloto

Beifall *m* <-(e)s, *ohne pl*> ① *(Applaus)* ovación *f; (Akklamation)* aclamación *f;* **jdm ~ spenden** conceder una ovación a alguien ② *(Zustimmung)* aprobación *f,* favor *m;* **jds ~ finden** lograr la aprobación de alguien; **~ klatschen** aplaudir

beifällig [ˈbaɪfɛlɪç] *adj* aprobatorio; **~ nicken** hacer un gesto aprobatorio con la cabeza

Beifallssturm *m* salva *f* de aplausos

bei|fügen *vt* ① *(Unterlagen)* incluir, adosar *Am* ② *(dazusagen)* añadir

Beigabe *f* <-n> añadido *m*

beige [beːʃ] *adj* beige

Beige *f* <-, -n> *(Schweiz, südd: Stapel)* montón *m; (Stoß)* pelo *m*

bei|geben *irr* I. *vi (geh: sich fügen)* doblegarse, someterse (a); **klein ~** ceder II. *vt (geh: hinzufügen)* **etw** *dat* **etw ~** añadir algo a algo

Beigeschmack *m* <-(e)s, *ohne pl*> gustillo *m*

Beiheft *nt* <-(e)s, -e> suplemento *m*

Beihilfe[1] *f* <-n> *(finanzielle Unterstützung)* ayuda *f* (económica), subsidio *m; (zum Studium)* beca *f*

Beihilfe[2] *f ohne pl* (JUR) complicidad *f;* **~ zum Mord** complicidad en el asesinato

bei|kommen *irr vi sein* ① *(zu fassen bekommen)* **jdm ~** coger a alguien; **ihr ist einfach nicht beizukommen** no hay modo de acercarse a ella ② *(bewältigen)* **etw** *dat* **~** resolver algo

Beil [baɪl] *nt* <-(e)s, -e> ❶ *(Axt)* hacha *f* ❷ *(Fallbeil)* guillotina *f*

Beilage *f* <-n> ❶ (PUBL) suplemento *m* ❷ (GASTR) guarnición *f*

Beilagensalat *m* ensalada *f* de guarnición

beiläufig ['baɪlɔɪfɪç] **I.** *adj (Frage)* casual **II.** *adv* de paso; ~ **gesagt** dicho sea de paso

bei|legen *vt* ❶ *(aus der Welt schaffen)* poner fin (a), concluir ❷ *(hinzulegen)* adjuntar, adosar *Am;* **er legte dem Brief ein Foto bei** adjuntó una foto a la carta ❸ *(zuschreiben)* conceder, otorgar; **etw** *dat* **Gewicht/Wert** ~ otorgarle peso/valor a algo

Beilegung *f* <-en> ~ **eines Konflikts** arreglo *m* de un conflicto

beileibe [baɪ'laɪbə] *adv* ~ **nicht** en ningún caso

Beileid *nt* <-(e)s, *ohne pl*> pésame *m;* **mein aufrichtiges** ~ mi más sincero pésame; **jdm sein** ~ **ausdrücken** dar el pésame a alguien

Beileidsbekundung *f* <-, -en> expresión *f* de condolencia

Beileidskarte *f* tarjeta *f* de condolencia

bei|liegen *irr vi* estar incluido

beiliegend *adj* adjunto

beim [baɪm] = **bei dem** *s.* **bei**

bei|mengen *vt* añadir

bei|messen *irr vt* atribuir, conceder

bei|mischen *vt* añadir, agregar

Bein [baɪn] *nt* <-(e)s, -e> ❶ *(Körperteil)* pierna *f;* **die ~e übereinanderschlagen** cruzar las piernas; **er stellt ihm ein** ~ le pone la zancadilla; **sich** *dat* **(k)ein** ~ **ausreißen** *(fam fig)* (no) matarse trabajando; **mit einem** ~ **im Grab stehen** *(fam fig)* estar con un pie en la tumba; **sich** *dat* **die ~e in den Bauch stehen** *(fam fig)* estar de plantón; **mit beiden ~en im Leben stehen** *(fam fig)* tener los pies en el suelo; **jdm ~e machen** *(fam fig)* echar a alguien; **die ~e in die Hand nehmen** *(fam fig)* salir disparado; **etw auf die ~e stellen** *(fam fig)* montar algo; **er ist schon wieder auf den ~en** *(fam)* ya se ha recuperado totalmente ❷ *(eines Tieres, Stuhls)* pata *f* ❸ *(geh: Knochen)* hueso *m;* **etw geht jdm durch Mark und** ~ *(fam)* algo le parte el alma a alguien

beinah(e) *adv* casi, por poco

Beiname *m* <-ns, -n> sobrenombre *m*

Beinbruch *m* fractura *f* de la pierna; **das ist (doch) kein ~!** *(fam)* ¡no es para tanto!; **Hals- und ~!** ¡(buena) suerte!

beinhalten* [bə'ɪnhaltən] *vt* incluir, contener

Beinprothese *f* (MED) prótesis *f inv* de la pierna, pierna *f* artificial

Beinschiene *f* ❶ (MED) férula *f* (para una pierna) ❷ (SPORT) espinillera *f* ❸ (HIST) greba *f*

Beipackzettel *m* hoja *f* de instrucciones

bei|pflichten ['baɪpflɪçtən] *vi* **jdm** ~ secundar a alguien; **einem Vorhaben** ~ apoyar un proyecto

Beirat ['baɪraːt] *m* consejo *m* consultivo

Beiried *nt* <-(e)s, -e> *(Österr)* rosbif *m*

beirren* [bə'ɪrən] *vt* desconcertar, confundir; **lass dich dadurch nicht ~!** ¡no te dejes confundir por eso!

Beirut [baɪ'ruːt, '--] *nt* <-s> Beirut *m*

beisammen [baɪ'zamən] *adv* ❶ *(zusammen)* juntos, reunidos ❷ *(in guter Verfassung)* ~ **sein** *(körperlich)* estar fuerte; *(geistig)* estar cuerdo; **er ist noch gut** ~ aún está en sus cabales

Beisammensein *nt* <-s, *ohne pl*> reunión *f*

Beischlaf *m* <-(e)s, *ohne pl*> *(geh)* coito *m;* (JUR) cohabitación *f;* **außerehelicher** ~ adulterio *m*

Beisein ['baɪzaɪn] *nt* **in/ohne jds** ~ en presencia/sin la presencia de alguien

beiseite [baɪ'zaɪtə] *adv* a un lado, aparte; **Spaß ~!** ¡bromas aparte!

beiseitegehen *irr vi sein* irse a un lado

beiseite|legen *vt* **Geld** ~ ahorrar dinero

beiseite|nehmen *irr vt* **jdn** ~ hablar a solas con alguien

bei|setzen *vt (geh)* inhumar

Beisetzung *f* <-en> *(geh)* inhumación *f*

Beisitzer(in) *m(f)* <-s, -; -nen> ❶ *(am Gericht)* asesor(a) *m(f)* ❷ *(eines Ausschusses)* vocal *mf*

Beispiel *nt* <-(e)s, -e> ejemplo *m;* **(wie) zum** ~ (como) por ejemplo; **jdm ein** ~ **geben** dar ejemplo a alguien; **an ihm kannst du dir ein** ~ **nehmen** puedes tomar ejemplo de él; **mit gutem** ~ **vorangehen** predicar con el ejemplo

beispielhaft *adj* ejemplar, modelo

beispiellos *adj* sin precedente; *(unerhört)* inaudito; *(unvergleichbar)* sin igual, sin par

beispielsweise *adv* por ejemplo

beißen ['baɪsən] <beißt, biss, gebissen> **I.** *vi, vt (zubeißen)* morder; **in den Apfel** ~ morder la manzana; **ich habe mir auf die Zunge gebissen** me mordí la lengua; **nichts zu** ~ **haben** *(fam)* no tener nada que llevarse a la boca **II.** *vi (Geruch, Geschmack)* picar; **der Rauch beißt in den Augen** me pican los ojos del humo **III.** *vr:* **sich** ~ *(fam: Farben)* desentonar, no armonizar

beißend *adj (Geschmack)* picante, mordaz; *(Geruch, Qualm)* fuerte, picante; *(Spott)* mordaz, agudo

Beißzange *f* tenazas *fpl*

Beistand *m* <-(e)s, -stände> ① *(geh: Hilfe)* ayuda *f; (Unterstützung)* apoyo *m;* **jdm ~ leisten** prestar ayuda a alguien ② (JUR) asistencia *f; (Beratung)* asesoramiento *m;* **rechtlicher ~** asistencia jurídica

bei|stehen *irr vi* **jdm ~** apoyar a alguien, ayudar a alguien

Beistellschrank *m* armario *m* auxiliar, armarito *m*

bei|steuern *vt* contribuir con (**zu** a)

bei|stimmen *vi* aprobar

Beistrich *m* <-(e)s, -e> *(Österr: Komma)* coma *f*

Beitrag ['baɪtraːk] *m* <-(e)s, -träge> ① *(Anteil, Mitwirkung)* contribución *f;* **seinen ~ zu etw leisten** contribuir a algo ② *(Geldbetrag)* cuota *f* ③ *(Aufsatz, Artikel)* artículo *m*

bei|tragen *irr vt* contribuir (**zu** a), ayudar (**zu** a)

beitragsfrei *adj* libre de contribuciones

beitragspflichtig *adj* sujeto a pago

Beitragssatz *m* <-es, -sätze> (FIN) cuota *f*

Beitragsstaffelung *f* escalonamiento *m* de las cuotas

Beitragszahler(in) *m(f)* contribuyente *mf*

Beitragszahlung *f* contribución *f;* **~en an die Sozialversicherung** cotizaciones a la Seguridad Social

bei|treten *irr vi sein* ① *(einem Pakt)* adherirse (a) ② *(einer Organisation)* ingresar (en); *(einer Partei)* afiliarse (a)

Beitritt *m* <-(e)s, -e> adhesión *f* (**zu** a), ingreso *m* (**zu** en); *(zu einer Partei)* afiliación *f* (**zu** a); **seinen ~ erklären** ingresar

Beitrittserklärung *f* declaración *f* de ingreso

Beiwagen *m* <-s, -> sidecar *m*

Beiwerk *nt* <-(e)s, -e> *(geh)* accesorio *m*

bei|wohnen *vi (geh)* asistir (a), presenciar

Beize ['baɪtsə] *f* <-n> ① *(für Metall)* decapante *m; (für Textilien)* mordiente *m* ② *(für Holz)* barniz *m* ③ *(zum Gerben)* adobo *m* ④ (GASTR) escabeche *m*

beizeiten [baɪ'tsaɪtən] *adv* a tiempo

beizen ['baɪtsən] *vt* ① *(Metall)* decapar; *(Textilien)* tratar con mordiente ② *(Holz)* barnizar ③ (GASTR) adobar, escabechar

bejahen* [bə'jaːən] *vt* ① *(Frage)* contestar afirmativamente ② *(Leben, Vorschlag)* decir que sí (a)

bejahend *adj* afirmativo

bejahrt [bə'jaːɐt] *adj (geh)* entrado en años

Bejahung *f* <-, -en> ① *(Antwort)* respuesta *f* afirmativa ② *(Befürwortung)* aceptación *f*

bejammern* *vt* lamentar

bejammernswert *adj* lamentable, deplorable

bejubeln* *vt* ovacionar, vitorear

bekämpfen* *vt* combatir

Bekämpfung *f* <-en> lucha *f* (**von** contra)

bekannt [bə'kant] **I.** *pp von* **bekennen II.** *adj* ① *(Person)* conocido; *(Sache)* conocido; **~ geben** dar a conocer; *(veröffentlichen)* hacer público; **~ machen** hacer saber; *(öffentlich)* publicar, (llegar a) conocerse; **wohl ~** *(geh)* muy [*o* bien] conocido; **das ist uns wohl ~** lo conocemos muy bien; **als ~ voraussetzen** dar por sabido; **das kommt mir ~ vor** me suena de algo; **darf ich Sie mit Herrn X ~ machen?** ¿puedo presentarle al señor X? ② *(berühmt)* famoso (**für** por)

Bekannte(r) *mf* <-n, -n; -n> conocido, -a *m, f*

Bekanntenkreis *m* (círculo *m* de) conocidos *mpl*

bekanntermaßen *adv s.* **bekanntlich**

Bekanntgabe *f* <-n> notificación *f; (in einer Zeitung)* publicación *f*

bekanntgeben *irr vt s.* **bekannt II. 1.**

Bekanntheit *f ohne pl* popularidad *f;* **ein Name von großer ~** un nombre muy popular; **die ~ von Fakten** el conocimiento de los hechos

Bekanntheitsgrad *m* (grado *m* de) familiaridad *f;* **einen hohen/niedrigen ~ haben** tener mucha/poca familiaridad

bekanntlich *adv* como es sabido

bekanntmachen *vt s.* **bekannt II. 1.**

Bekanntmachung *f* <-en> ① *(Veröffentlichung)* publicación *f; (eines Gesetzes)* promulgación *f* ② *(amtlicher Anschlag)* edicto *m,* bando *m*

Bekanntschaft *f* <-en> ① *(persönliche Beziehung)* amistad *f;* **jds ~ machen** conocer a alguien ② *(Bekannter)* conocido, -a *m, f*

bekehren* **I.** *vt* ① (REL) convertir (**zu** a) ② *(zu einer Ansicht)* hacer adoptar **II.** *vr:* **sich ~** convertirse (**zu** a)

Bekehrung *f* <-en> (REL) conversión *f*

bekennen* *irr* **I.** *vt (zugeben)* reconocer; *(Attentat)* reivindicar; **Farbe ~** *(fam)* quitarse la careta **II.** *vr:* **sich ~** ① *(eintreten für)* declararse (**zu** en favor de) ② *(einstehen für)* confesar, declararse; **ich bekenne mich schuldig** me confieso culpable

Bekennerbrief *m* <-(e)s, -e>, **Bekennerschreiben** *nt* carta *f* de reivindicación

Bekennerschreiben *nt* <-s, -> *s.* **Bekennerbrief**

Bekenntnis *nt* <-ses, -se> (*a.* REL) confesión *f; (Erklärung)* declaración *f* (**zu** en favor de)

bekieken* *vt (nordd)* contemplar

beklagen* **I.** *vt (Unglück, Schaden)* lamentar II. vr: sich ~ lamentarse (über de); (sich beschweren) quejarse (über de); ich kann mich nicht ~ no me puedo quejar

beklagenswert adj lamentable, deplorable

Beklagte(r) mf <-n, -n; -n> (JUR) demandado, -a m, f

beklatschen* vt (applaudieren) aplaudir

beklauen* vt (fam) robar; jdn ~ mangar a alguien

bekleckern* I. vt (fam) manchar (mit con/de); (beschmieren) pringar (mit con/de) II. vr: sich ~ mancharse (mit de), pringarse (mit de); er hat sich nicht gerade mit Ruhm bekleckert (iron) no se ha cubierto de gloria precisamente

bekleiden* vt ① (geh: Amt, Rang) ocupar ② (anziehen) vestir; leicht bekleidet con ropa ligera ③ (bedecken) revestir (mit de)

Bekleidung[1] f ohne pl (eines Amtes) ejercicio m (de cargo)

Bekleidung[2] f <-en> ① (Kleidung) ropa f ② (Bedeckung) revestimiento m

beklemmend adj angustioso; (bedrückend) oprimente

Beklemmung f <-en> agobio m, angustia f, prendimiento m Chil; (physisch) opresión f

beklommen [bəˈklɔmən] adj agobiado; (bedrückt) abatido

Beklommenheit f <-en> opresión f, angustia f

bekloppt [bəˈklɔpt] adj (fam) como una cabra [o una chota]; ~ sein estar pirado

Bekloppte(r) mf <-n, -n; -n, -n> (fam) loco, -a m, f

beknackt adj (fam) ido, alelado

beknien* vt (fam) pedir de rodillas

bekochen* vt cocinar; am Wochenende bekocht mich mein Mann el fin de semana cocina mi marido para mí

bekommen* irr I. vt ① (erhalten) recibir; (Recht, Einblick) obtener, conseguir; was ~ Sie (dafür)? ¿cuánto le debo?; sie bekommt 20 Euro (für) die Stunde le pagan 20 euros la hora; etw zu essen ~ recibir algo de comer; ich habe es geschenkt ~ me lo han regalado; eine Ohrfeige ~ recibir una bofetada; er bekam ein Jahr Gefängnis le cayó un año de cárcel ② (Zug) coger, alcanzar, pillar argot; wenn ich ihn zu fassen bekomme como le coja ③ (Krankheit) contraer; (Komplexe) desarrollar; (Zähne) echar, salir; ein Kind ~ tener un hijo; er bekommt graue Haare le salen canas; er bekommt eine Glatze se está quedando calvo; wir ~ anderes Wetter tendremos un cambio de tiempo; er bekam Hunger/Angst le entró hambre/miedo; er bekam Lust, schwimmen zu gehen le entraron ganas de ir a nadar; ich bekomme ihn nicht dazu, mir zu helfen no consigo que me ayude II. vi ① (bedient werden) estar atendido; ~ Sie es schon? ¿ya le atienden? ② sein (Speisen) jdm gut/schlecht ~ sentar(le) bien/mal a alguien; wohl bekomm's! ¡que aproveche!

bekömmlich [bəˈkœmlɪç] adj (Speisen) leicht ~ fácil de digerir, ligero; schwer ~ indigesto

Bekömmlichkeit f <-, ohne pl> (GASTR) digestibilidad f; zur besseren ~ para digerir mejor

beköstigen* [bəˈkœstɪgən] vt alimentar

bekräftigen* vt confirmar, afirmar

Bekräftigung f <-en> apoyo m, confirmación f

bekränzen* [bəˈkrɛntsən] vt coronar (mit de), enguirnaldar

bekreuzigen* vr: sich ~ santiguarse

bekriegen* vt hacer la guerra (a); (bekämpfen) combatir, luchar (contra)

bekritzeln* vt garabatear (en)

bekümmern* vt (besorgt machen) preocupar; (beunruhigen) intranquilizar

bekümmert adj (besorgt) preocupado (über por); (betrübt) afligido (über por)

bekunden* [bəˈkʊndən] vt ① (geh: Absicht, Mitgefühl) mostrar, manifestar ② (JUR: bezeugen) testificar

Bekundung f <-, -en> manifestación f

belächeln* vt mofarse (de)

beladen* irr I. vt cargar (mit de/con) II. vr: sich ~ cargar (mit con), cargarse (mit de)

Belag [bəˈlaːk, pl: bəˈlɛːgə] m <-(e)s, -läge> (Zungenbelag) saburra f; (Zahnbelag) sarro m; (Straßen-, Fußbodenbelag) pavimento m; (Bremsbelag) revestimiento m

Belagerer, -in [bəˈlaːgərɐ] m, f <-s, -; -nen> sitiador(a) m(f)

belagern* [bəˈlaːgɐn] vt ① (MIL) sitiar, cercar ② (fam: sich drängen) rodear, acorralar

Belagerung f <-en> (MIL) sitio m

Belagerungszustand m (JUR) estado m de sitio

belämmert [bəˈlɛmɐt] adj (fam) ① (verlegen) confuso; (eingeschüchtert) intimidado ② (scheußlich) horrible; (abstoßend) repugnante

Belang [bəˈlaŋ] m <-(e)s, ohne pl> (Bedeutung) importancia f; etw ist von/ohne ~ für jdn/etw algo es de/carece de importancia para alguien/algo

belangen* vt (JUR) demandar judicialmente

belanglos adj sin importancia

Belanglosigkeit f <-en> insignificancia f; über ~en sprechen hablar de naderías

belassen* *irr vt* dejar; **wir wollen es dabei** ~ dejémoslo así
belastbar *adj* ❶ *(Material)* resistente; **eine bis zu zehn Tonnen ~e Brücke** un puente con una capacidad de carga de diez toneladas ❷ *(Mensch)* fuerte, resistente; **die Umwelt ist nicht weiter** ~ no se puede sobrecargar más el medio ambiente
Belastbarkeit *f ohne pl* (capacidad *f* de) resistencia *f*, aguante *m fam*
belasten* **I.** *vt* ❶ (JUR: *beschuldigen*) imputar, incriminar; **~des Material** material incriminatorio ❷ *(mit Gewicht)* cargar ❸ *(bedrücken)* pesar; *(nervlich)* agobiar ❹ (ÖKOL) contaminar ❺ (FIN: *Grundstück*) hipotecar; *(Konto)* debitar **II.** *vr:* **sich** ~ ❶ (JUR) endeudarse, empeñarse ❷ *(sich aufbürden)* **sich mit etw** ~ cargarse de algo
belästigen* [bəˈlɛstɪgən] *vt* molestar (**mit** con)
Belästigung *f* <-en> molestia *f*, odiosidad *f Am;* **sexuelle** ~ acoso sexual
Belastung [bəˈlastʊŋ] *f* <-en> ❶ (PSYCH) carga *f* ❷ (JUR) cargo *m* ❸ (ÖKOL) perjuicio *m* para el medio ambiente ❹ (MED: *Kreislauf, Organ*) sobrecarga *f* ❺ (FIN) carga *f*
Belastungsgrenze *f* <-, -n> (TECH) límite *m* de carga
Belastungsprobe *f* ❶ (TECH: *Material, Brücke*) prueba *f* de carga ❷ (MED) prueba *f* de esfuerzo ❸ *(Ehe, Koalition)* prueba *f* de resistencia
Belastungszeuge, -in *m, f* (JUR) testigo *mf* de cargo
belaubt [bəˈlaʊpt] *adj* cubierto de hojas
belauern* *vt* acechar
belaufen* *irr vr:* **sich** ~ elevarse (**auf** a), ascender (**auf** a)
belauschen* *vt* escuchar; *(spionieren)* espiar
beleben* **I.** *vt* estimular, reanimar, vitalizar *Am;* **wieder** ~ *(Wirtschaft)* reactivar **II.** *vr:* **sich** ~ *(Straße)* animarse, cobrar vida
belebend *adj* estimulante; *(stärker)* excitante
belebt *adj* ❶ *(lebendig)* animado ❷ *(Straße)* concurrido
Belebung *f* <-en> vivificación *f*
Beleg [bəˈleːk] *m* <-(e)s, -e> ❶ *(Quittung)* recibo *m* ❷ *(Beweis)* prueba *f*
belegen* *vt* ❶ *(Platz)* reservar, ocupar ❷ *(Seminar)* inscribirse (en) ❸ (SPORT) ocupar; **er belegte den zweiten Platz** ocupó el segundo puesto ❹ *(Behauptung)* documentar ❺ *(Brot, Fußboden)* cubrir (**mit** con) ❻ *(mit Zoll, Bußgeld)* cargar (**mit** de/con), gravar (**mit** con)
Belegexemplar *nt (Zeitschrift, Buch)* original *m*
Belegschaft *f* <-en> personal *m*, plantel *m Arg*
belegt *adj* ❶ *(Hotel)* completo; *(Zimmer, Platz)* ocupado ❷ *(Stimme)* **~e Stimme** voz tomada ❸ *(Brot)* untado; **~es Brötchen** bocadillo ❹ *(Zunge)* saburroso
Belegung *f* <-, -en> ❶ *(Telefon)* ocupación *f*; *(Platz, Stelle)* reserva *f* ❷ *(Nachweis)* justificación *f*
belehren* *vt* instruir (**über** sobre)
belehrend *adj* instructivo
Belehrung *f* <-en> ❶ *(Erklärung)* instrucción *f* ❷ *(Zurechtweisung)* reprimenda *f* ❸ (JUR) informe *m*
beleibt [bəˈlaɪpt] *adj* corpulento
Beleibtheit *f* <-, *ohne pl*> *(geh)* corpulencia *f*; *(krankhaft)* obesidad *f*
beleidigen* [bəˈlaɪdɪgən] *vt* ofender, insultar
beleidigend *adj* ofensivo
Beleidigung *f* <-en> ofensa *f*, insulto *m*
beleihen* *irr vt (Haus)* hipotecar; *(Wertpapiere)* pignorar
belesen *adj (Person)* leído, culto
Belesenheit *f* <-, *ohne pl*> erudición *f*
beleuchten* *vt* ❶ *(mit Licht)* iluminar, alumbrar ❷ *(Frage)* analizar
Beleuchtung *f* <-en> iluminación *f*, luz *f*
Beleuchtungstechnik *f* <-, -en> luminotecnia *f*
Belgien [ˈbɛlgiən] *nt* <-s> Bélgica *f*
Belgier(in) *m(f)* <-s, -; -nen> belga *mf*
belgisch *adj* belga
Belgrad [ˈbɛlgraːt] *nt* <-s> Belgrado *m*
belichten* *vt* (FOTO) exponer (a la luz)
Belichtung *f* <-en> (FOTO) exposición *f*
Belichtungsmesser *m* fotómetro *m*
Belichtungszeit *f* tiempo *m* de exposición
belieben* **I.** *vi (geh)* desear; **wann es Ihnen beliebt** cuando Ud. guste **II.** *vunpers* **es beliebte ihm, bei uns vorbeizukommen** le entraron deseos de pasar a visitarnos
Belieben *nt* <-s, *ohne pl*> voluntad *f*, gusto *m;* **nach** ~ al gusto
beliebig I. *adj* cualquiera; **jede ~e Arbeit annehmen** aceptar cualquier trabajo; **in ~er Reihenfolge** por el orden que se desee **II.** *adv* a gusto, a voluntad
beliebt *adj (Person)* estimado, apreciado; *(Ware)* solicitado; *(Thema)* popular; **sich ~ machen** hacerse querer
Beliebtheit *f ohne pl* popularidad *f* (**bei** entre); **jd/etw erfreut sich großer** ~ alguien/algo goza de gran popularidad
beliefern* *vt* suministrar, abastecer (**mit** con)
Belieferung *f* <-en> suministro *m*, entrega *f*

Belize [be'liːs, be'liːθe] *nt* <-s> Belize *m*

bellen ['bɛlən] *vi* ladrar

bellend *adj* ladrador; **mit ~er Stimme** con voz chillona

Belletristik [bɛle'trɪstɪk] *f ohne pl* bellas letras *fpl*

belletristisch *adj* literario

Belobigung *f* <-, -en> elogio *m;* **jdm eine ~ aussprechen** dedicar unas palabras de elogio a alguien

belogen *pp von* **belügen**

belohnen* *vt* recompensar (**für** por); *(mit einem Preis)* premiar (**für** por)

Belohnung *f* <-en> recompensa *f; (Preis)* premio *m;* **eine ~ aussetzen** ofrecer una recompensa

belüften* *vt* airear; **dieses Zimmer ist schlecht belüftet** esta habitación está mal ventilada

Belüftung *f* <-en> ventilación *f*

belügen* *irr vt* mentir

belustigen* **I.** *vt (zum Lachen bringen)* divertir **II.** *vr:* **sich ~** *(geh: sich lustig machen)* reírse (**über** de)

Belustigung *f ohne pl (Erheiterung)* divertimiento *m;* **der öffentlichen ~ dienen** servir de público regocijo

bemächtigen* [bə'mɛçtɪgən] *vr (geh)* **sich etw** *gen* **/jds ~** apoderarse de algo/alguien

bemalen* **I.** *vt* pintar **II.** *vr:* **sich ~** pintarse

Bemalung *f* <-en> pintura *f; (Graffiti)* pintada *f; (Kriegsbemalung)* pintura *f* (de guerra)

bemängeln* [bə'mɛŋəln] *vt* censurar, criticar

bemannt [bə'mant] *adj (Raumschiff)* tripulado

bemerkbar *adj* perceptible; **sich ~ machen** hacerse notar; *(durch Gesten)* atraer la atención

bemerken* *vt* ① *(wahrnehmen)* notar, darse cuenta (de) ② *(äußern)* decir, observar; *(erwähnen)* mencionar; **nebenbei bemerkt** dicho sea de paso

bemerkenswert *adj* notable

Bemerkung *f* <-en> comentario *m,* observación *f*

bemessen* *irr* **I.** *vt (messen)* medir, calcular; **meine Zeit ist knapp ~** estoy corto de tiempo **II.** *vr:* **sich ~** *(sich bestimmen)* tasarse (**nach** de acuerdo con)

Bemessungsgrundlage *f* base *f* de cálculo

bemitleiden* [bə'mɪtlaɪdən] *vt* compadecer; **sich selbst ~** autocompadecerse

bemitleidenswert *adj* deplorable

bemühen* [bə'myːən] **I.** *vr:* **sich ~** *(sich Mühe geben)* esforzarse (**um** por), esmerarse (**um** por); **bitte ~ Sie sich nicht!** ¡por favor, no se moleste!; **sich um etw ~** esforzarse para conseguir algo; **sich um jdn ~** esforzarse por alguien; **wärst du so freundlich, dich zu mir zu ~?** ¿serías tan amable de pasarte por mi casa? **II.** *vt (geh: bitten)* pedir; *(benutzen)* servirse (de); **er bemühte sie zu sich** le pidió que fuera a verle

Bemühen *nt* <-s, *ohne pl*> *(geh)* empeño *m;* **jds ~** (**um jdn/etw**) los esfuerzos de alguien (por alguien/algo)

bemüht *adj* aplicado; **~ sein, etw zu tun** poner empeño [*o* aplicarse] en hacer algo; **um eine gute Note ~ sein** esforzarse por [*o* para] conseguir una buena nota; **um jdn ~ sein** esforzarse por [*o* para] alcanzar la simpatía de alguien

Bemühung *f* <-en> ① *(Anstrengung)* molestia *f* ② *pl (Dienstleistungen)* diligencia *f*

bemuttern* [bə'mʊtɐn] *vt* mimar

benachbart [bə'naxbaːɐt] *adj* vecino

benachrichtigen* [bə'naːxrɪçtɪgən] *vt* informar (**von** de), avisar (**von** de)

Benachrichtigung *f* <-en> aviso *m; (offiziell)* parte *m; (Warnung)* advertencia *f*

benachteiligen* [bə'naːxtaɪlɪgən] *vt* perjudicar, discriminar (**wegen** por)

Benachteiligte(r) *mf* perjudicado, -a *m, f*

Benachteiligung *f* <-en> perjuicio *m,* discriminación *f*

benannt *pp von* **benennen**

benebeln* *vt (fam)* nublar; *(verwirren)* ofuscar; *(Alkohol)* embriagar; **ein ~der Duft durchzog den Raum** un perfume embriagador cruzó la sala

benebelt *adj (fam)* mareado; *(vom Alkohol)* achispado

Benediktiner(in) [benedɪk'tiːnɐ] *m(f)* <-s, -; -, -nen> benedictino, -a *m, f*

Benefizkonzert [bene'fiːts-] *nt* concierto *m* de beneficencia

benehmen* *irr vr:* **sich ~** (com)portarse (**wie** como); **benimm dich!** ¡pórtate bien!

Benehmen *nt* <-s, *ohne pl*> ① *(Verhalten)* comportamiento *m* ② *(Manieren)* modales *mpl;* **kein ~ haben** no tener modales

beneiden* [bə'naɪdən] *vt* envidiar (**um** por); **er ist nicht zu ~** no es de envidiar; **ich beneide dich um dein Glück** envidio tu suerte

beneidenswert *adj* envidiable

Beneluxländer *ntpl* (POL) (Estados *mpl* del) Benelux *m*

benennen* *irr vt* ① *(Namen geben)* nombrar, poner nombre (**nach** de) ② *(Kandidaten)* designar

Benennung *f* <-en> nombramiento *m*

benetzen* *vt (geh)* humedecer
Bengel ['bɛŋəl] *m* <-s, -(s)> *(fam)* ① *(frecher Bursche)* granujilla *m* ② *(kleiner Junge)* chaval *m,* pendejo *m CSur*
Benimm [bə'nɪm] *m* <-s, *ohne pl*> *(fam)* modales *mpl;* **der Kerl hat einfach keinen ~!** ¡este tipo no tiene modales!
Benimmregeln *fpl* reglas *fpl* de comportamiento
Benin [be'ni:n] *nt* <-s> Benín *m*
Benjamin *m* <-s, -e> *(fam: Jüngster)* benjamín *m*
benommen [bə'nɔmən] I. *pp von* **benehmen** II. *adj* aturdido (**von** por), abombado (**von** por) *AmS*
Benommenheit *f ohne pl* estupor *m; (Ohnmacht)* vahído *m*
benoten* *vt* calificar, poner nota
benötigen* [bə'nø:tɪgən] *vt* necesitar
Benotung *f* <-, -en> (SCH) calificación *f,* nota *f;* **eine gute/schlechte ~ erhalten** recibir buenas/malas calificaciones
benutzbar *adj* utilizable; **nur einmal ~** de un solo uso; **kaum noch ~** apenas aprovechable; **der Weg war nach dem Regen nicht mehr ~** el camino quedó intransitable tras la lluvia
benutzen* *vt* ① *(gebrauchen)* usar; *(verwenden)* emplear; *(Zug, Bus)* tomar ② *(ausnutzen)* aprovechar; **er benutzte die Gelegenheit, um zu fliehen** aprovechó la ocasión para escapar; **etw als Vorwand ~** poner algo como excusa; **ich fühle mich (von ihr) benutzt** me siento utilizado (por ella)
benützen* *vt (reg) s.* **benutzen**
Benutzer(in) *m(f)* <-s, -; -nen> (*a.* INFOR) usuario, -a *m, f*
benutzerdefiniert [-'--defini:ɐt] *adj* (INFOR) definido por el usuario
benutzerfreundlich *adj* de fácil manejo para el usuario
Benutzerfreundlichkeit *f ohne pl* facilidad *f* en el manejo
Benutzerhandbuch *nt* (INFOR) manual *m* de usuarios
Benutzerin *f* <-nen>, **Benützerin** *f* <-nen> *s.* **Benutzer**
Benutzerkonto *nt* (INFOR) cuenta *f* de usuario
Benutzername *m* (INFOR) nombre *m* de usuario
Benutzeroberfläche *f* (INFOR) superficie *f* de utilización
Benutzerrechte *ntpl* (INFOR) derechos *mpl* de usuario
Benutzerschnittstelle *f* (INFOR) interfaz *f* de usuario
Benutzung *f* <-en> uso *m,* empleo *m;* **etw in ~ haben/nehmen** tener/tomar algo en uso
Benutzungsgebühr *f* tasa *f* de utilización; *(für Straßen)* peaje *m*
Benzin [bɛn'tsi:n] *nt* <-s, -e> gasolina *f,* nafta *f CSur*
Benzinkanister *m* bidón *m* de gasolina
Benzinpumpe *f* (AUTO) bomba *f* de gasolina
Benzintank *m* (AUTO) tanque *m* de gasolina
Benzinuhr *f* (AUTO) indicador *m* del nivel de gasolina
Benzinverbrauch *m* (AUTO) consumo *m* de gasolina
Benzol [bɛn'tso:l] *nt* <-s, -e> (CHEM) benzol *m*
beobachtbar *adj* observable; *(wahrnehmbar)* apreciable; **(nicht) mit bloßem Auge ~** (no) apreciable a simple vista
beobachten* [bə'ʔo:baxtən] *vt* ① *(betrachten)* observar ② *(überwachen)* vigilar ③ *(bemerken)* observar (**an** en), notar (**an** en)
Beobachter(in) *m(f)* <-s, -; -nen> observador(a) *m(f)*
Beobachtung *f* <-en> observación *f;* **~en anstellen** hacer observaciones
Beobachtungsgabe *f* capacidad *f* de observación; **sie hat eine gute ~** tiene buenas dotes de observación
Beobachtungsposten *m* ① *(Person)* centinela *mf;* **der Kommissar hat drei ~ aufgestellt** el comisario ha apostado a tres vigilantes ② *(Standort)* puesto *m* de observación
Beobachtungsstation *f* (MED) estación *f* de vigilancia
beordern* *vt* ordenar
bepacken* *vt* cargar (**mit** con)
bepflanzen* *vt* plantar (**mit** de)
Bepflanzung *f* <-, -en> plantación *f*
bepinkeln* *vt (fam)* mear
bepinseln* *vt* dar pinceladas; *(fam: Wände)* pintar con brocha
bequatschen* *vt (fam)* ① *(besprechen)* conversar ② *(überreden)* convencer, persuadir
bequem [bə'kve:m] *adj* ① *(Möbel)* cómodo; **machen Sie es sich ~!** ¡póngase cómodo! ② *(abw: Person)* comodón
bequemen* *vr:* **sich ~** *(geh abw)* dignarse (**zu** a)
Bequemlichkeit[1] *f* <-en> *(Komfort)* comodidad *f*
Bequemlichkeit[2] *f ohne pl (Trägheit)* pereza *f;* **aus (purer) ~** por (pura) pereza
berappen* [bə'rapən] *vt, vi (fam: Zeche, Steuer)* soltar la pasta *fam*
beraten* *irr* I. *vt* ① *(Rat geben)* aconsejar;

(fachlich) asesorar ❷ *(besprechen)* deliberar (**über** sobre), discutir **II.** *vr:* **sich ~** *(sich besprechen)* asesorarse (**mit** con), consultarse (**mit** con)
beratend *adj* consultivo
Berater(in) *m(f)* <-s, -; -nen> consejero, -a *m, f,* asesor(a) *m(f)*
beratschlagen* [-ˈ---] *vi, vt* aconsejar
Beratung *f* <-en> ❶ *(Ratschlag)* consejo *m; (fachlich)* asesoramiento *m* ❷ *(Besprechung)* deliberación *f*
Beratungsstelle *f* consultorio *m*
berauben* *vt* robar; *(eines Rechtes)* privar (de)
berauschen* **I.** *vt (geh: Alkohol, Droge)* embriagar **II.** *vr:* **sich ~** *(geh: sich betrinken)* embriagarse (**an** con); *(fig)* extasiarse (**an** ante)
berauschend *adj (Alkohol, Droge)* embriagador; **diese Aussichten sind nicht gerade ~** las perspectivas no son precisamente muy risueñas
Berber[1] *m* <-s, -> *(Teppich)* alfombra *f* berberisca
Berber(in)[2] [ˈbɛrbɐ] *m(f)* <-s, -; -nen> ❶ *(Volk)* beréber [*o* bereber] *mf,* berberisco, -a *m, f* ❷ *(fam: Nichtsesshafte)* vagabundo, -a *m, f*
Berberteppich *m* alfombra *f* berberisca
berechenbar [bəˈrɛçənbaːɐ] *adj (Kosten)* calculable; *(Verhalten)* previsible
berechnen* *vt* ❶ *(Preis, Zinsen, Entfernung)* calcular ❷ *(kalkulieren)* calcular, evaluar ❸ *(in Rechnung stellen)* cobrar (**für** por)
berechnend *adj (abw)* calculador
Berechnung *f* <-en> ❶ *(von Kosten)* cálculo *m* ❷ *(abw: Eigennutz)* interés *m;* **etw aus ~ tun** hacer algo en su propio interés
Berechnungsgrundlage *f* <-, -n> (WIRTSCH) base *f* de calculación
berechtigen* [bəˈrɛçtɪgən] *vt* autorizar (**zu** para); **das berechtigt zu der Annahme, dass ...** esto nos permite suponer que...; **berechtigt sein, etw zu tun** tener derecho a hacer algo
berechtigt *adj* ❶ *(befugt)* autorizado (**zu** para) ❷ *(Zweifel)* fundado
berechtigterweise [-ˈ---ˈ--] *adv* justificadamente, de manera justificada
Berechtigung *f ohne pl* ❶ *(Recht)* derecho *m* (**zu** a); *(Befugnis)* autorización *f* (**zu** para); *(Befähigung)* habilitación *f* (**zu** para) ❷ *(Rechtmäßigkeit)* legitimidad *f*
bereden* **I.** *vt* ❶ *(besprechen)* hablar (**mit** con) ❷ *(überreden)* persuadir (de) **II.** *vr:* **sich ~** *(beraten)* hablar
Beredsamkeit *f ohne pl* elocuencia *f*
beredt [bəˈreːt] *adj (Person)* elocuente
Bereich [bəˈraɪç] *m* <-(e)s, -e> ❶ *(Gebiet)* zona *f,* área *f;* **das liegt (nicht) im ~ des Möglichen** esto (no) está dentro de lo posible ❷ *(Sachgebiet)* terreno *m,* sector *m* ❸ *(Zuständigkeit)* competencia *f*
bereichern* **I.** *vt (vergrößern)* enriquecer (**mit** con) **II.** *vr:* **sich ~** *(Gewinn machen)* enriquecerse (**an** con)
Bereicherung *f* <-en> enriquecimiento *m*
Bereifung *f* <-en> (AUTO) neumáticos *mpl*
bereinigen* *vt (Missverständnis)* aclarar; *(Angelegenheit)* arreglar
Bereinigung *f* <-, -en> ❶ *(Missverständnis)* aclaración *f* ❷ *(Text, Statistik)* retoque *m*
bereisen* *vt* viajar (por); (*a.* COM) recorrer
bereit [bəˈraɪt] *adj* ❶ *(fertig)* preparado (**zu/für** para) ❷ *(gewillt)* dispuesto (**zu** para/a *+inf*)*;* **sich ~ erklären, etw zu tun** mostrarse dispuesto a hacer algo
bereiten* *vt* ❶ *(Speisen, Bad)* preparar ❷ *(Überraschung, Ärger)* dar, causar; *(Schwierigkeiten)* crear; *(Empfang)* dispensar; **das bereitet mir großes Vergnügen** esto me causa un gran placer; **etw** *dat* **ein Ende ~** poner fin a algo
bereit|halten *irr* **I.** *vt* tener preparado **II.** *vr:* **sich ~** estar a disposición
bereit|legen *vt* preparar, disponer
bereit|liegen *irr vi* estar preparado, estar listo
bereit|machen *vt, vr:* **sich ~** preparar(se) (**für** para)
bereits [bəˈraɪts] *adv* ya
Bereitschaft *f* <-en> disposición *f;* **in ~ sein** (MIL) estar en alerta; **~ haben** *(Arzt)* estar de servicio; *(Apotheke)* estar de guardia
Bereitschaftsarzt, -ärztin *m, f* médico, -a *m, f* de guardia
Bereitschaftsdienst *m* servicio *m* de urgencia; **~ haben** estar de guardia
bereit|stehen *irr vi* estar preparado, estar listo
bereit|stellen *vt* ❶ *(vorbereiten)* preparar ❷ *(zur Verfügung stellen)* poner a disposición
Bereitstellung *f* <-en> puesta *f* a disposición; **~ von Kapital** provisión de capital
bereitwillig **I.** *adj* solícito **II.** *adv* de buena gana
Bereitwilligkeit *f* <-en> buena voluntad *f*
bereuen* [bəˈrɔɪən] *vt* arrepentirse (de)
Berg [bɛrk] *m* <-(e)s, -e> ❶ *(Erhebung)* monte *m,* montaña *f;* **in die ~e fahren** ir a la montaña; **jdm stehen die Haare zu ~e** *(fig fam)* se le ponen los pelos de punta a alguien; **heute bin ich nicht auf dem ~** *(fig*

B

fam) hoy no estoy muy católico; (**noch nicht**) **über den ~ sein** *(fig fam)* (no) haber superado (aún) las dificultades; **längst über alle ~e sein** *(fig fam)* haber puesto pies en polvorosa; **mit etw hinter dem ~ halten** *(fig fam)* ocultar algo; **~e versetzen** (**können**) *(fig fam)* (poder) mover montañas ❷ *(Menge)* montón *m,* volcán *m Am*

bergab [bɛrk'ʔap] *adv* cuesta abajo; **~ gehen** *(Weg)* ir cuesta abajo; *(Geschäft)* ir de mal en peor; **es geht ~ mit ihm** *(fam)* va de mal en peor

Bergarbeiter(in) *m(f)* minero, -a *m, f*

bergauf [bɛrk'ʔaʊf] *adv* cuesta arriba; **es geht steil ~** es una subida empinada; **langsam geht es wieder ~ mit ihm** *(fam)* se va recuperando poco a poco

Bergbahn *f* ferrocarril *m* de montaña

Bergbau *m* <-(e)s, *ohne pl*> minería *f*

Bergbewohner(in) *m(f)* montañero, -a *m, f*

bergen ['bɛrgən] <birgt, barg, geborgen> *vt* ❶ *(retten)* rescatar ❷ *(geh: enthalten)* albergar, contener; *(verbergen)* esconder ❸ *(schützen)* proteger (**vor** de)

Bergführer(in) *m(f)* <-s, -; -nen> guía *mf* (de montaña)

Berggipfel *m* cima *f,* pico *m*

Berghang *m* ladera *f* de montaña

Berghütte *f* refugio *m* (de montaña)

bergig *adj* montañoso

Bergkette *f* cadena *f* montañosa; *(Gebirge)* sierra *f*

Bergland *nt* <-(e)s, -länder> montaña *f*

Bergmann *m* (BERGB) minero, -a *m, f*

Bergmassiv *nt* <-s, -e> (GEO) macizo *m* montañoso, macizo *m* de montañas

Bergpredigt *f ohne pl* (REL) Sermón *m* de la Montaña

Bergrücken *m* cresta *f* (de la montaña)

Bergrutsch *m* desprendimiento *m*

Bergspitze *f* cima *f*

Bergstation *f* estación *f* de montaña

Bergsteigen *nt* <-s, *ohne pl*> alpinismo *m,* montañismo *m,* andinismo *m Am*

Bergsteiger(in) *m(f)* <-s, -; -nen> alpinista *mf,* andinista *mf Am*

Bergstraße *f* <-, -n> (GEO) ruta *f* por la montaña

Bergtour *f* excursión *f* por la montaña

Berg-und-Tal-Bahn [--'--] *f* <-, -en> montaña *f* rusa

Berg-und-Tal-Fahrt [--'--] *f viaje lleno de subidas y bajadas*

Bergung ['bɛrgʊŋ] *f* <-en> salvamento *m,* rescate *m*

Bergungsmannschaft *f* equipo *m* de salvamento

Bergwacht *f ohne pl* servicio *m* de salvamento de montaña

Bergwand *f* peña *f*

Bergwanderung *f* caminata *f* por la montaña

Bergwerk *nt* (BERGB) mina *f*

Bericht [bə'rɪçt] *m* <-(e)s, -e> informe *m;* (TV, RADIO) reportaje *m;* (MIL, MED) parte *m;* **jdm über etw ~ erstatten** informar a alguien sobre algo

berichten* *vi, vt* ❶ *(informieren)* informar (**über** sobre/de), reportar (**über** sobre/de) *Am* ❷ *(erzählen)* narrar, contar (**von** de) ❸ *(mitteilen)* comunicar, informar; **uns wird soeben berichtet, dass ...** nos acaban de informar de que...

Berichterstatter(in) *m(f)* <-s, -; -nen> reportero, -a *m, f*

Berichterstattung *f* información *f*

berichtigen* [bə'rɪçtɪgən] *vt* rectificar, corregir

Berichtigung *f* <-en> rectificación *f*

berieseln* *vt* rociar; **sich mit Musik ~ lassen** *(fam fig)* bañarse en música

beritten [bə'rɪtən] *adj* montado, a caballo

Berlin [bɛr'li:n] *nt* <-s> Berlín *m*

Berliner(in) [bɛr'li:nɐ] *m(f)* <-s, -; -nen> berlinés, -esa *m, f*

berlinerisch *adj (fam)* berlinés

Bermudadreieck *nt* Triángulo *m* de las Bermudas

Bermudas [bɛr'mu:das] *pl* ❶ *(Inselgruppe)* Islas *f pl* Bermudas ❷ *(Hose)* bermudas *m pl o f pl*

Bermudashorts [bɛr'mu:da'ʃɔ:ɐts] *pl* bermudas *m pl o f pl*

Bern [bɛrn] *nt* <-s> Berna *f*

Berner(in) *m(f)* <-s, -; -nen> habitante *mf* de Berna

Bernhardiner [bɛrnhar'di:nɐ] *m* <-s, -> ❶ *(Mönch)* (monje *m*) bernardino *m* ❷ *(Hund)* (perro *m*) san bernardo *m*

Bernstein ['bɛrnʃtaɪn] *m* <-(e)s, -e> ámbar *m*

bernsteinfarben *adj* de color ámbar

bersten ['bɛrsten] <birst, barst, geborsten> *vi sein (a. fig)* estallar; **zum B~ voll sein** estar lleno a reventar; **vor Zorn ~** estallar en ira

berüchtigt [bə'rʏçtɪçt] *adj* de mala fama

berücksichtigen* [bə'rʏkzɪçtɪgən] *vt* tener en cuenta; **man muss dabei ~, dass ...** en esto hay que tener en cuenta que...

Berücksichtigung *f ohne pl* consideración *f;* **unter ~ aller Umstände** considerando todas las circunstancias

Beruf [bə'ru:f] *m* <-(e)s, -e> profesión *f;*

er ist Bäcker von ~ es panadero de profesión; **von ~s wegen** profesionalmente

berufen[1] *adj* competente; **sich zu etw ~ fühlen** sentirse designado para algo; **sich ~ fühlen zu helfen** sentirse llamado a ayudar

berufen*[2] *irr* **I.** *vt* ① *(ernennen)* nombrar; *(in ein Amt)* designar; **sie haben ihn zum Minister ~** lo han nombrado ministro ② *(beschwören)* conjurar **II.** *vr:* **sich ~** *(sich stützen)* remitirse (**auf** a)

beruflich *adj* profesional; **ihr ~er Werdegang** su carrera profesional; **was macht er ~?** ¿a qué se dedica profesionalmente?

Berufsarmee *f* (MIL) ejército *m* profesional

Berufsausbildung *f* formación *f* profesional

Berufsaussichten *fpl* perspectivas *fpl* profesionales

Berufsausübung *f ohne pl* ejercicio *m* de la profesión

berufsbedingt *adj* debido a la profesión

Berufsberater(in) *m(f)* asesor(a) *m(f)* de orientación profesional

Berufsberatung *f* orientación *f* profesional

Berufsbezeichnung *f* denominación *f* de la profesión

berufsbezogen I. *adj* ① *(orientiert)* orientado a la práctica profesional; **~er Unterricht** una clase orientada a la práctica profesional ② *(zusammenhängend)* relacionado con el ejercicio de la profesión **II.** *adv* enfocado a la práctica profesional

Berufsbild *nt* configuración *f* de una profesión

Berufseinstieg *m* iniciación *f* profesional

berufserfahren *adj* con experiencia profesional

Berufserfahrung *f* experiencia *f* profesional

Berufsethos *nt* <-, *ohne pl*> ética *f* del oficio

Berufsfachschule *f* escuela *f* de formación profesional

berufsfremd *adj* extraño a la profesión; **er übt eine ~e Tätigkeit aus** ejerce una actividad ajena a su profesión

Berufsgeheimnis *nt* secreto *m* profesional

Berufsgenossenschaft *f* cooperativa *f* para la prevención y el seguro de accidentes laborales

Berufsgruppe *f* grupo *m* de profesionales

Berufskleidung *f* ropa *f* de trabajo

Berufskrankheit *f* enfermedad *f* causada por el trabajo

Berufsleben *nt ohne pl* vida *f* profesional; **noch im ~ stehen** estar todavía en activo

berufsmäßig *adj* profesional; **etw ~ betreiben** dedicarse profesionalmente a algo

Berufspraxis *f ohne pl* práctica *f* en la profesión

Berufsrisiko *nt* riesgo *m* profesional

Berufsschule *f* escuela *f* de formación profesional

Berufsschüler(in) *m(f)* alumno, -a *m, f* de formación profesional

Berufssoldat(in) *m(f)* (MIL) soldado *m* profesional

Berufssportler(in) *m(f)* deportista *mf* profesional

Berufsstand *m* gremio *m*

berufstätig *adj* **~ sein** trabajar; **halbtags ~ sein** trabajar media jornada

Berufstätige(r) *mf* <-n, -n; -n> empleado, -a *m, f,* activo, -a *m, f*

Berufstätigkeit *f ohne pl* actividad *f* profesional

berufsunabhängig *adj* interprofesional; **~er Mindestlohn** salario mínimo interprofesional

berufsunfähig *adj* incapacitado profesionalmente

Berufsunfähigkeit *f* incapacidad *f* profesional

Berufsverband *m* asociación *f* de profesionales

Berufsverbot *nt* inhabilitación *f* profesional

Berufsverkehr *m* tráfico *m* en las horas punta

Berufswahl *f ohne pl* elección *f* de la profesión

Berufszweig *m* <-(e)s, -e> rama *f* profesional

Berufung [bəˈruːfʊŋ] *f* <-en> ① *(Befähigung, innerer Auftrag)* vocación *f* ② *(Ernennung)* nombramiento *m* ③ (JUR) apelación *f;* **er legte gegen das Urteil ~ ein** apeló contra la sentencia; **in die ~ gehen** interponer un recurso de apelación

beruhen* *vi* basarse (**auf** en); **unser Vertrauen beruht auf Gegenseitigkeit** nuestra confianza es mutua; **etw auf sich ~ lassen** dejar las cosas como están

beruhigen* [bəˈruːɪgən] **I.** *vt* tranquilizar, calmar **II.** *vr:* **sich ~** *(Mensch, Tier)* tranquilizarse, calmarse; *(Meer)* calmarse, sosegarse; *(Sturm)* ceder; *(Lage)* estabilizarse

beruhigend I. *adj* ① *(ruhig machend)* tranquilizador; *(entspannend)* relajante; **~e Worte** palabras tranquilizadoras ② *(Arznei)* calmante; *(gegen Nervosität)* tranquilizante; **ich gebe Ihnen eine ~e Spritze** le voy a poner una inyección sedante **II.** *adv* ① *(entlastend)* tranquilizadoramente; **auf jdn ~ einsprechen** hablar tranqui-

B

B

lizadoramente con alguien ❷ *(Arznei)* con efectos calmantes; ~ **wirken** tener efectos calmantes

beruhigt I. *adj* tranquilizado; **dann bin ich ~!** ¡me quedo tranquilo! II. *adv* con tranquilidad; **jetzt kannst du ~ einschlafen!** ¡ahora ya puedes dormirte tranquilo!

Beruhigung *f* <-en> apaciguamiento *m; (der Lage)* estabilización *f;* **zu Ihrer ~ kann ich sagen …** para su tranquilidad le puedo decir…

Beruhigungsmittel *nt* tranquilizante *m,* calmante *m*

Beruhigungsspritze *f* <-, -n> (MED) inyección *f* sedante

berühmt [bəˈryːmt] *adj* famoso (**für** por); **über Nacht ~ werden** hacerse famoso de la noche a la mañana; **deine Leistungen waren nicht gerade ~** *(fam abw)* lo que hiciste no fue nada del otro mundo

berühmt-berüchtigt *adj* tristemente célebre

Berühmtheit[1] *f ohne pl (das Berühmtsein)* fama *f*

Berühmtheit[2] *f* <-en> (FILM) estrella *f;* (SPORT) as *m*

berühren* *vt* ❶ *(anfassen)* tocar; *(streifen)* rozar ❷ *(betreffen, bewegen)* conmover ❸ *(Thema)* mencionar, tocar de pasada

Berührung *f* <-en> ❶ *(das Anfassen)* toque *m; (Streifen)* roce *m* ❷ *(Kontakt)* contacto *m;* **mit etw** *dat* **/jdm in ~ kommen** entrar en contacto con algo/alguien

Berührungsangst *f* (PSYCH) hafefobia *f*

Berührungsbildschirm *m* <-(e)s, -e> (INFOR, TECH) pantalla *f* sensorial

Berührungspunkt *m* punto *m* de contacto

Beryllium [beˈrʏliʊm] *nt* <-s, *ohne pl*> (CHEM) berilio *m*

besagen* *vt* ❶ *(ausdrücken)* (querer) decir ❷ *(bedeuten)* significar; **das hat nichts zu ~** esto no significa nada

besagte(r, s) *adj* antes mencionado, susodicho

besaiten* *vt* poner cuerdas (a); **zart besaitet sein** *(Person)* ser sensible

besamen* *vt* inseminar

Besamung *f* <-, -en> inseminación *f;* **künstliche ~** inseminación artificial

besänftigen* [bəˈzɛnftɪgən] *vt* calmar, tranquilizar

besänftigend *adj (beruhigend)* apaciguante; (MED: *schmerzlindernd*) calmante

Besänftigung *f* <-en> apaciguamiento *m*

Besatz *m* <-es, -sätze> *(Borte)* ribete *m*

Besatzer(in) *m(f)* <-s, -; -, -nen> *(abw)* invasor(a) *m(f),* ocupante *mf*

Besatzung *f* <-en> ❶ *(Garnison)* guarnición *f; (Truppen)* tropas *f pl* de ocupación ❷ (NAUT, AERO) tripulación *f*

Besatzungsarmee *f* (MIL) ejército *m* de ocupación

Besatzungsmacht *f* potencia *f* ocupante

Besatzungstruppen *f pl* (MIL) tropas *f pl* de ocupación

Besatzungszone *f* (MIL) zona *f* de ocupación

besaufen* *irr vr:* **sich ~** *(fam)* emborracharse

Besäufnis [bəˈzɔɪfnɪs] *nt* <-ses, -se> *(fam)* borrachera *f,* bebedera *f Méx*

besäuselt *adj (fam)* achispado

beschädigen* *vt* deteriorar, dañar

Beschädigung *f* <-en> deterioro *m; (leicht)* desperfecto *m*

beschaffen[1] *adj* **gut/schlecht ~ sein** estar en buenas/malas condiciones; **so ~ sein, dass …** estar hecho de manera que…

beschaffen*[2] *vt* procurar, proporcionar

Beschaffenheit *f ohne pl (Zustand)* estado *m,* calidad *f; (Art)* naturaleza *f; (Zusammensetzung)* composición *f*

Beschaffung *f ohne pl* provisión *f,* aprovisionamiento *m*

Beschaffungskriminalität *f* <-, *ohne pl*> (JUR) criminalidad *f* relacionada con la consecución de drogas

beschäftigen* [bəˈʃɛftɪgən] I. *vt* ❶ *(einstellen)* emplear ❷ *(mit einer Aufgabe)* ocupar (**mit** en/con); *(mit einem Spiel)* entretener (**mit** con) ❸ *(gedanklich)* preocupar II. *vr:* **sich ~** *(sich befassen)* dedicarse (**mit** a)

beschäftigt *adj* ❶ *(befasst)* ocupado (**mit** con), atareado; **viel ~** muy ocupado ❷ *(angestellt)* empleado (**bei** en)

Beschäftigte(r) *mf* <-n, -n; -n, -n> empleado, -a *m, f;* **nicht ständig ~r** trabajador eventual

Beschäftigung *f* <-en> ❶ *(Tätigkeit)* ocupación *f,* actividad *f* ❷ *(geistige Auseinandersetzung)* dedicación *f* (**mit** a) ❸ *(Beruf)* trabajo *m; (Anstellung)* empleo *m*

beschäftigungslos *adj* desempleado, parado

Beschäftigungsmaßnahme *f* (WIRTSCH) medida *f* ocupacional

Beschäftigungstherapie *f* (MED) ergoterapia *f,* terapia *f* ocupacional; **das ist die reinste ~!** *(fam)* ¡esto es matar el tiempo!

beschämen* *vt* avergonzar; *(demütigen)* humillar; **das beschämt mich sehr** me avergüenza mucho

beschämend *adj* vergonzoso; *(demütigend)* humillante

beschämt *adj* avergonzado, escurrido *Méx, PRico; (gedemütigt)* humillado

Beschämung *f* <-, -en> vergüenza *f*
beschatten* *vt* vigilar
Beschattung *f* <-en> (ADMIN, MIL) vigilancia *f* (secreta), observación *f* (secreta)
beschauen* *vt (reg)* mirar; *(genau)* examinar
beschaulich *adj (ruhig)* tranquilo; *(friedlich)* apacible
Beschaulichkeit *f ohne pl* tranquilidad *f*
Bescheid [bəˈʃaɪt] *m* <-(e)s, -e> *(Auskunft)* información *f; (Nachricht)* aviso *m; (Antwort)* respuesta *f;* ~ **sagen, dass .../ob ...** avisar que.../si...; **Sie bekommen ~** le informaremos; **er weiß gut ~** está bien informado; **damit du ~ weißt!** ¡para que te enteres!
bescheiden[1] *adj* ① *(anspruchslos)* modesto, humilde; **in ~en Verhältnissen leben** vivir modestamente ② *(einfach)* sencillo ③ *(fam: schlecht)* asqueroso
bescheiden*[2] *irr* **I.** *vt* (ADMIN: *mitteilen*) comunicar; **das Gesuch wurde abschlägig beschieden** la petición fue rechazada **II.** *vr:* **sich ~** *(geh: sich begnügen)* darse por satisfecho (**mit** con)
Bescheidenheit *f ohne pl* modestia *f,* humildad *f;* **nur keine falsche ~!** ¡todo, menos falsa modestia!
bescheinigen* [bəˈʃaɪnɪgən] *vt* certificar, atestar; **den Empfang von etw ~** acusar recibo de algo
Bescheinigung *f* <-en> ① *(Vorgang)* certificación *f* ② *(Schriftstück)* certificado *m*
bescheißen* *irr vt (fam)* clavar, estafar
beschenken* *vt* regalar, obsequiar (**mit** con)
Beschenkte(r) *mf* <-n, -n; -n, -n> (JUR) donatario, -a *m, f*
bescheren* [bəˈʃeːrən] *vt* regalar
Bescherung *f* <-en> ① *(zu Weihnachten)* reparto *m* de regalos ② *(fam iron: Missgeschick)* sorpresa *f* desagradable; **das ist ja eine schöne ~!** ¡maldita la gracia!
bescheuert [bəˈʃɔɪɐt] *adj (fam)* como una cabra; **eine ~e Situation** una situación sin pies ni cabeza
beschichten* *vt* (TECH) revestir (**mit** de)
Beschichtung *f* <-en> (TECH) recubrimiento *m*
beschieden *pp von* **bescheiden**[2]
beschießen* *irr vt* tirotear, balear *AmS;* (PHYS: *Atomkern*) bombardear
beschildern* *vt* señalizar
Beschilderung *f* <-en> (AUTO) señalización *f*
beschimpfen* *vt* insultar
Beschimpfung *f* <-en> insulto *m*
Beschiss [bəˈʃɪs] *m* <-es, *ohne pl*> *(fam)* timo *m;* **das ist ja ~!** ¡qué timo!
beschissen [bəˈʃɪsən] **I.** *pp von* **bescheißen** **II.** *adj (fam)* hecho un asco; **so ein ~es Wetter!** ¡qué tiempo más asqueroso!; **gestern ging es mir ~** ayer estaba hecho una mierda
Beschlag *m* <-(e)s, -schläge> ① *(Metallstück)* herraje *m* ② *(Hufeisen)* herradura *f* ③ *(auf Glas)* empaño *m;* **jdn/etw in ~ nehmen** acaparar a alguien/algo; **etw mit ~ belegen** monopolizar algo
beschlagen[1] *adj (fam)* entendido (**in** en), versado (**in** en)
beschlagen*[2] *irr* **I.** *vi sein (Glas)* empañarse; *(Metall)* perder brillo **II.** *vt* ① *(Möbel)* guarnecer ② *(Huftiere)* herrar
Beschlagnahme [bəˈʃlaːknaːmə] *f* incautación *f*
beschlagnahmen* *vt* ① (JUR: *Vermögen*) confiscar ② *(fam: in Anspruch nehmen)* retener, apropiarse (de)
Beschlagnahmung *f* <-en> (JUR, ADMIN) confiscación *f*
beschleichen* *irr vt (geh: Gefühle)* apoderarse (de)
beschleunigen* [bəˈʃlɔɪnɪgən] **I.** *vi* acelerar **II.** *vt* ① *(Tempo)* acelerar; **den Schritt ~** acelerar el paso ② *(Entwicklung)* activar **III.** *vr:* **sich ~** *(Tempo)* aumentar
Beschleunigung *f* <-en> aceleración *f*
beschlichen *pp von* **beschleichen**
beschließen* *irr vt* ① *(entscheiden)* decidir; *(gemeinsam)* acordar ② *(beenden)* terminar
beschlossen **I.** *pp von* **beschließen** **II.** *adj* **etw liegt** [*o* **ist**] **in etw** *dat* **~** algo está comprendido [*o* contenido] en algo
Beschluss *m* <-es, -schlüsse> decisión *f,* resolución *f;* **einen ~ fassen** tomar una decisión
beschlussfähig *adj* (JUR, POL) capacitado para tomar acuerdos
beschlussunfähig *adj* (JUR) sin reunir (el) quórum
beschmieren* *vt* ① *(Brot)* untar, empavonar *Am* ② *(Kleidung, Person)* ensuciar; *(mit Fett)* pringar; *(mit Dreck)* enlodar ③ *(abw: vollschreiben)* garabatear
beschmutzen* *vt* manchar (**mit** de), ensuciar (**mit** de)
Beschmutzung *f* <-, -en> ensuciamiento *m*
beschneiden* *irr vt* ① *(stutzen)* cortar; *(Bäume)* podar ② *(Ausgaben, Löhne)* reducir, recortar; *(Freiheit)* limitar ③ (MED) circuncidar
Beschneidung *f* <-en> ① (BOT) poda *f* ② *(von Rechten, Ausgaben)* reducción *f,* recorte *m* ③ (MED) circuncisión *f*

B

beschnitten I. *pp von* **beschneiden** II. *adj* (MED) circunciso
beschnüffeln* *vt (a. fig)* husmear, olfatear
beschnuppern* *vt* olfatear, olisquear
beschönigen* [bəˈʃøːnɪgən] *vt* disimular
Beschönigung *f* <-, -en> encubrimiento *m;* **ohne ~ der Tatsachen** sin encubrir los hechos
beschossen *pp von* **beschießen**
beschränken* [bəˈʃrɛŋkən] I. *vt* limitar (**auf** a) II. *vr:* **sich ~** limitarse (**auf** a)
beschränkt *adj* ❶ *(eingeschränkt)* limitado, escaso ❷ *(abw: dumm)* de pocas luces ❸ *(engstirnig)* limitado
Beschränktheit *f* <-, *ohne pl*> ❶ *(die Begrenztheit)* limitación *f* ❷ *(mangelnde Intelligenz)* limitación *f* ❸ *(Engstirnigkeit)* estrechez *f* de miras
Beschränkung *f* <-en> restricción *f* (**auf** a), limitación *f* (**auf** a)
beschreiben* *irr vt* ❶ *(darstellen)* describir ❷ *(vollführen)* describir, ejecutar ❸ *(vollschreiben)* escribir (en)
Beschreibung *f* <-en> ❶ *(Darstellung)* descripción *f* ❷ *(Gebrauchsanleitung)* instrucciones *fpl* de uso
beschreiten* *irr vt (geh)* seguir
beschrieben *pp von* **beschreiben**
beschriften* [bəˈʃrɪftən] *vt* rotular; *(mit Etikett)* etiquetar
Beschriftung *f* <-en> rótulo *m; (Aufschrift)* inscripción *f; (mit Etikett)* etiquetado *m*
beschritten *pp von* **beschreiten**
beschuldigen* [bəˈʃʊldɪgən] *vt* acusar, inculpar; **er wurde des Diebstahls beschuldigt** fue acusado de robo
Beschuldigte(r) *mf* <-n, -n; -n> (JUR) acusado, -a *m, f*
Beschuldigung *f* <-en> acusación *f*
Beschuss *m* <-es, *ohne pl*> ❶ (MIL) fuego *m,* ametrallamiento *m;* **jdn unter ~ nehmen** *(a. fig)* apuntar contra alguien; **unter ~ geraten** *(fam)* ser blanco de críticas ❷ (PHYS: *durch Neutronen*) bombardeo *m*
beschützen* *vt* proteger (**vor** de/contra)
Beschützer(in) *m(f)* <-s, -; -nen> protector(a) *m(f)*
beschwatzen* *vt (fam)* ❶ *(überreden)* engatusar (**zu** para que *+subj*) ❷ *(Thema)* charlar (sobre)
Beschwerde [bəˈʃveːɐdə] *f* <-n> ❶ *pl* (MED) molestia *f* ❷ *(Klage)* queja *f,* protesta *f;* **~ einlegen/einreichen** elevar/formular una protesta
beschwerdefrei *adj* (MED) sin molestias
beschweren* [bəˈʃveːrən] I. *vt* poner un peso; *(Briefe)* poner un pisapapeles II. *vr:* **sich ~** *(sich beklagen)* quejarse (**über** de); *(protestieren)* protestar (**über** contra)
beschwerlich *adj (mühsam)* pesado; *(lästig)* molesto
beschwichtigen* [bəˈʃvɪçtɪgən] *vt* tranquilizar, calmar
beschwichtigend I. *adj* apaciguador II. *adv* en tono conciliador; **~ auf jdn einreden** mantener con alguien una conversación conciliadora
Beschwichtigung *f* <-, -en> apaciguamiento *m,* aplacamiento *m*
beschwindeln* *vt (fam: belügen)* mentir; *(betrügen)* engañar, embaucar
beschwingt [bəˈʃvɪŋt] *adj* animado, alegre; **mit ~en Schritten** con paso ligero
beschwipsen* *vr:* **sich ~** achisparse
beschwipst [bəˈʃvɪpst] *adj (fam)* achispado, abombado *Chil*
beschwören* *irr vt* ❶ *(beeiden)* jurar ❷ *(anflehen)* suplicar, implorar ❸ *(Erinnerung)* evocar ❹ *(bannen)* conjurar
beseelen* *vt* animar, alentar
beseitigen* [bəˈzaɪtɪgən] *vt* ❶ *(Schmutz, Gegenstand)* quitar; *(Verdacht)* eliminar; *(Schaden)* reparar; *(Zweifel)* disipar ❷ *(fam: umbringen)* eliminar
Beseitigung *f* <-en> ❶ *(das Entfernen)* eliminación *f; (von Schaden)* arreglo *m* ❷ *(Ermordung)* eliminación *f*
Besen [ˈbeːzən] *m* <-s, -> escoba *f;* **ich fresse einen ~, wenn das stimmt** *(fam)* ¡juro en chino si es verdad!
Besenkammer *f* <-, -n> cuarto *m* de la limpieza
besenrein *adj* barrido
Besenstiel *m* mango *m* de la escoba
besessen [bəˈzɛsən] I. *pp von* **besitzen** II. *adj (von einer Idee)* obsesionado (**von** con), poseído (**von** por); **wie vom Teufel ~** como un endemoniado
Besessene(r) *mf* <-n, -n; -n, -n> (REL: *vom Teufel*) endemoniado, -a *m, f;* **wie eine ~** como una posesa
Besessenheit *f ohne pl* obsesión *f,* posesión *f*
besetzen* *vt* ❶ *(Sitzplatz, Stelle, a.* MIL) ocupar; **besetzt!** ¡ocupado!; **es ist besetzt** (TEL) está comunicando ❷ *(Haus)* okupar *argot* ❸ *(Amt)* cubrir (**mit** con); *(Rolle)* repartir (los papeles) ❹ *(verzieren)* (re)cubrir (**mit** de)
Besetztzeichen *nt* (TEL) señal *f* de ocupado
Besetzung *f* <-en> ❶ *(Zustand)* ocupación *f* ❷ *(einer Stelle)* provisión *f* ❸ (THEAT) reparto *m* ❹ (SPORT) alineación *f; (Mannschaft)* equipo *m*

besichtigen* [bəˈzɪçtɪgən] *vt (Wohnung)* examinar; *(Stadt)* visitar

Besichtigung *f* <-en> ① *(von Sehenswürdigkeiten)* visita *f* ② *(Begutachtung)* inspección *f*

Besied(e)lung *f* <-en> (*a.* GEO) colonización *f*

besiedeln* *vt* poblar, colonizar

besiegeln* *vt* sellar; **damit war ihr Schicksal besiegelt** con esto firmó su propia sentencia

besiegen* *vt* ① *(Gegner)* vencer, derrotar ② *(Müdigkeit)* vencer; *(Schwierigkeiten)* superar

Besiegte(r) *mf* <-n, -n; -n> vencido, -a *m, f*

besinnen* *irr vr:* **sich ~** ① *(überlegen)* reflexionar; **sie besann sich eines Besseren** cambió de opinión ② *(sich erinnern)* acordarse (**auf** de), recordar

besinnlich *adj* contemplativo; *(nachdenklich)* pensativo

Besinnung *f ohne pl* ① *(Verstand)* juicio *m;* **die ~ verlieren** perder el juicio ② *(Nachdenken)* reflexión *f*

besinnungslos *adj* sin conocimiento

Besinnungslosigkeit *f ohne pl* (MED) desmayo *m*

Besitz *m* <-es, *ohne pl*> posesión *f; (Eigentum)* propiedad *f; (Güter)* bienes *mpl; (von Waffen)* tenencia *f;* **von etw ~ ergreifen** tomar posesión de algo

Besitzanspruch *m* (JUR) reclamación *f* de posesión; **~ auf etw haben** tener el derecho a los bienes

besitzanzeigend *adj* (LING) posesivo; **~es Pronomen** pronombre posesivo

besitzen* *irr vt* poseer, tener

besitzend *adj (begütert)* acomodado, adinerado; **die ~e Klasse** la clase acomodada

Besitzer(in) *m(f)* <-s, -; -nen> *(von Immobilien)* dueño, -a *m, f,* propietario, -a *m, f; (von Aktien, Werten)* tenedor(a) *m(f)*

besitzergreifend *adj* posesivo

Besitzergreifung *f* toma *f* de posesión; **widerrechtliche ~** usurpación *f*

Besitzerin *f* <-nen> *s.* **Besitzer**

besitzlos *adj* sin bienes

Besitztum *nt* <-s, -tümer> ① *(Eigentum)* propiedades *fpl* ② *(Landgut)* finca *f*

Besitzverhältnisse *ntpl* distribución *f* de las propiedades

besoffen [bəˈzɔfən] **I.** *pp von* **besaufen** **II.** *adj (fam)* como una cuba, jumo *Am*

Besoffene(r) *mf* <-n, -n; -n, -n> *(fam)* borracho, -a *m, f*

besohlen* [bəˈzoːlən] *vt* poner suelas

besolden* [bəˈzɔldən] *vt* pagar el sueldo

Besoldung *f* <-en> *(das Besolden)* soldada *f; (das Gehalt)* sueldo *m*

besondere(r, s) *adj* ① *(speziell)* especial, particular; **im B~n** en particular; **nichts B~s** nada de particular ② *(eigentümlich)* singular, peculiar ③ *(außergewöhnlich)* extraordinario

Besonderheit *f* <-en> ① *(Eigentümlichkeit)* peculiaridad *f,* singularidad *f* ② *(Kennzeichen)* particularidad *f*

besonders [bəˈzɔndɐs] *adv* ① *(außerordentlich)* particularmente, especialmente; **wie geht es dir? – nicht ~** ¿cómo estás? – regular; **ich finde das nicht ~ lustig** no lo encuentro especialmente divertido ② *(vor allem)* especialmente, en particular

besonnen [bəˈzɔnən] **I.** *pp von* **besinnen** **II.** *adj* sensato, juicioso; *(vorsichtig)* prudente; *(rücksichtsvoll)* considerado

Besonnenheit *f ohne pl* buen juicio *m; (Verständigkeit)* sensatez *f; (Vorsicht)* prudencia *f*

besorgen* *vt* ① *(beschaffen)* proporcionar, conseguir; *(kaufen)* comprar ② *(erledigen)* despachar

Besorgnis [bəˈzɔrknɪs] *f* <-se> preocupación *f,* inquietud *f*

besorgniserregend *adj* preocupante; **höchst ~** muy preocupante

besorgt [bəˈzɔrkt] *adj* preocupado (**über/wegen** por)

Besorgung[1] *f* <-en> *(Einkauf)* compra *f;* **~en machen** hacer compras

Besorgung[2] *f ohne pl (von Geschäften)* despacho *m*

bespannen* *vt (mit Stoff)* revestir (**mit** de); *(mit Saiten)* encordar (**mit** de)

Bespannung[1] *f* <-, -en> *(Stoff als Überzug)* revestimiento *m;* (MUS, SPORT: *Saiten*) cuerdas *fpl*

Bespannung[2] *f* <-, *ohne pl*> *(das Bespannen: mit Stoff)* revestimiento *m;* (MUS, SPORT) encordadura *f*

bespaßen *vt (fam)* entretener

bespielbar *adj* ① (RADIO, TV) que se puede grabar; **eine CD-ROM ist nicht ~** en un CD-ROM no se puede grabar ② (SPORT) apto para el juego; **ein gut ~er Rasen** un césped en condiciones para jugar

bespielen* *vt* ① *(Kassette)* registrar ② *(Sportplatz)* jugar (en)

bespitzeln* *vt* espiar

besprechen* *irr* **I.** *vt* ① *(Angelegenheit)* hablar (de), discutir; **wie besprochen** según lo convenido ② *(Film, Buch)* reseñar ③ *(Tonband)* grabar **II.** *vr:* **sich ~** *(sich beraten)* conversar (**mit** con)

Besprechung *f* <-en> ① *(Unterredung)* conferencia *f; (Sitzung)* reunión *f; (Ge-*

B

B

spräch) entrevista *f* ② *(Rezension)* reseña *f,* crítica *f*
Besprechungstisch *m* mesa *f* (de la sala) de reuniones
Besprechungszimmer *nt* <-s, -> sala *f* de juntas
bespritzen* *vt (nass machen)* mojar (**mit** con); *(schmutzig machen)* salpicar (**mit** de)
besprochen *pp von* **besprechen**
besser ['bɛsɐ] *adj kompar von* **gut** mejor (**als** que); ~ **Verdienende** persona mejor remunerada; **jdn eines B~en belehren** abrirle los ojos a alguien; **hast du nichts B~es zu tun?** *(fam)* ¿no tienes nada mejor que hacer?; **das gefällt mir** ~ eso me gusta más; ~ **gehen** estar mejor; ~ **werden** mejorar; **alles** ~ **wissen** saberlo todo mejor; **es kommt noch** ~ ahora viene algo mejor; **das ist auch** ~ **so** es mejor así; ~ **gesagt** mejor dicho
Bessergestellte(r) *mf* <-n, -n; -n, -n> (persona *f*) pudiente *mf*
bessern **I.** *vt (besser machen)* mejorar **II.** *vr:* **sich** ~ *(moralisch)* cambiar (de vida), componerse *Am; (Wetter)* mejorar(se)
Besserung *f ohne pl* mejora *f; (gesundheitlich)* mejoría *f,* restablecimiento *m;* **er befindet sich auf dem Wege der** ~ se encuentra en vías de restablecimiento; **gute ~!** ¡que se mejore!, ¡que te mejores!
Besserverdienende(r) *mf* <-n, -n; -n> persona *f* mejor remunerada
Besserwisser(in) *m(f)* <-s, -; -nen> sabelotodo *mf,* pendejo, -a *m, f CSur*
Besserwisserei *f* <-, *ohne pl*> *(abw)* sabihondez *f*
Besserwisserin *f* <-nen> *s.* **Besserwisser**
besserwisserisch **I.** *adj (abw)* sabihondo; **ich habe seine ~e Art endgültig satt!** ¡estoy más que harto de su pedantería! **II.** *adv (abw)* con pedantería; **er tut immer so ~!** ¡se comporta siempre de un modo tan pedante!
Bestand[1] [bə'ʃtant] *m* <-(e)s, *ohne pl*> *(Bestehen)* existencia *f; (Fortdauer)* duración *f,* continuidad *f;* ~ **haben** perdurar
Bestand[2] *m* <-(e)s, -stände> *(Vorrat)* existencias *fpl* (**an** en); *(Kassenbestand)* efectivo *m* en caja
bestanden **I.** *pp von* **bestehen** **II.** *adj* (SCH, UNIV) aprobado
beständig *adj* ① *(dauernd)* permanente, continuo ② *(Material)* consistente, resistente (**gegen** a/contra); *(gegen Hitze)* refractario ③ *(Wetter)* estable
Beständigkeit *f ohne pl* ① *(Dauerhaftigkeit)* duración *f,* continuidad *f* ② *(Ausdauer)* constancia *f* ③ *(von Material)* resistencia *f*
Bestandsaufnahme *f* inventario *m* de las existencias
Bestandteil *m* <-(e)s, -e> componente *m; (Einzelteil)* parte *f;* **etw löst sich in seine ~e auf** algo se descompone; **etw in seine ~e zerlegen** desmontar algo
bestärken* *vt* reforzar, fortalecer; *(unterstützen)* consolidar; **das hat mich in meinem Verdacht bestärkt, dass ...** esto ha reforzado mi sospecha de que...
Bestärkung *f* <-en> ① *(Unterstützung)* apoyo *m* ② *(Verstärkung: eines Zweifels, Verdachts)* confirmación *f,* reafirmación *f*
bestätigen* [bə'ʃtɛːtɪgən] *vt* ① *(These, Urteil)* confirmar, probar ② *(amtlich)* certificar; **hiermit wird bestätigt, dass ...** por la presente se certifica que... ③ *(anerkennen)* ratificar, revalidar; **jdn im Amt** ~ ratificar a alguien en el cargo
Bestätigung *f* <-en> ① *(einer These)* confirmación *f* ② *(Bescheinigung)* certificado *m; (Empfangsbestätigung)* (acuse *m* de) recibo *m*
bestatten* [bə'ʃtatən] *vt (geh)* dar sepultura
Bestattung *f* <-en> *(geh)* sepelio *m,* ancuviña *f Chil*
Bestattungsunternehmen *nt* funeraria *f*
bestäuben* [bə'ʃtɔɪbən] *vt* (BIOL) polinizar
Bestäubung *f* <-en> (BOT) polinización *f*
bestaunen* *vt* contemplar con asombro
beste(r, s) *adj superl von* **gut** mejor, óptimo; **ich will nur dein B~s** solamente deseo lo mejor para ti; **sein B~s geben** dar lo mejor de sí mismo; **ich werde mein B~s tun** haré todo lo que pueda; **der/die/das erste B~** el primero/la primera/lo primero que se presente; **etw zum B~n geben** contar algo; **in den ~n Jahren sein** estar en sus mejores años; **mit den ~n Wünschen** con los mejores deseos; **ich halte es für das B~, wenn wir gehen** considero que lo mejor es que nos vayamos; **wir wollen das B~ hoffen** esperemos lo mejor
bestechen* *irr* **I.** *vt (mit Geld)* sobornar; *(Beamte)* cohechar, corromper **II.** *vi (beeindrucken)* impresionar (**durch** por), convencer (**durch** por)
bestechend *adj (durch Schönheit)* cautivador; **das ist ein ~es Angebot** es una oferta tentadora
bestechlich [bə'ʃtɛçlɪç] *adj* sobornable, corruptible
Bestechlichkeit *f* <-, *ohne pl*> corruptibilidad *f,* venalidad *f*

Bestechung *f* <-en> soborno *m,* corrupción *f,* acomodo *m Am; (von Beamten)* cohecho *m*

Bestechungsgeld *nt* soborno *m,* mordido *m Am*

Bestechungsversuch *m* intento *m* de soborno

Besteck [bəˈʃtɛk] *nt* <-(e)s, -e> ① *(Essbesteck)* cubiertos *mpl;* **silbernes ~** cubertería de plata ② (MED) instrumental *m* ③ (NAUT) estima *f*

Besteckkasten *m* <-s, -kästen> estuche *f* de la cubertería

bestehen* *irr* **I.** *vi* ① *(existieren)* existir; **es besteht keine Möglichkeit** no existe ninguna posibilidad; **~ bleiben** mantenerse ② *(sich zusammensetzen)* constar (**aus** de), consistir (**in** en); **unsere Artikel ~ alle aus natürlichen Materialien** todos nuestros productos están hechos de materiales naturales; **worin besteht das Problem?** ¿en qué consiste el problema? ③ *(beharren)* insistir (**auf** en), empeñarse (**auf** en) **II.** *vt* ① *(Prüfung)* aprobar; **nicht ~** suspender ② *(Gefahr, Krise)* superar

Bestehen *nt* <-s, *ohne pl*> ① *(Vorhandensein)* existencia *f;* **seit ~ der Firma** desde la fundación de la empresa ② *(einer Prüfung)* aprobado *m*

bestehend *adj* ① *(geltend)* vigente; **sich an ~e Gesetze/Vorschriften halten** atenerse a las leyes/disposiciones vigentes ② *(existierend)* existente; **die ~e Gesellschaftsordnung** el orden social existente

bestehlen* *irr vt* robar; **jdn um 100 Euro ~** robar a alguien 100 euros

besteigen* *irr vt* subir (a); **den Thron ~** subir al trono

Besteigung *f* <-, -en> ① *(Berg)* escalada *f* (a) ② *(Thron)* subida *f* (a)

bestellen* *vt* ① *(Essen, Waren)* pedir; **haben Sie schon bestellt?** ¿ya han pedido? ② *(kommen lassen)* hacer venir, llamar; *(mit Termin)* citar; **dastehen wie bestellt und nicht abgeholt** estar plantado como un pasmarote ③ *(reservieren)* reservar ④ *(ausrichten)* **jdm Grüße ~** dar(le) recuerdos a alguien; **sie lässt ~, dass ...** ha dado recado de que... ⑤ *(Acker)* labrar, cultivar ⑥ *(ernennen)* nombrar

Bestellkarte *f* cupón *m* de pedido

Bestellnummer *f* número *m* de pedido

Bestellschein *m* hoja *f* de pedido

Bestellung *f* <-en> *(Auftrag)* encargo *m; (bestellte Ware)* pedido *m;* **eine ~ aufgeben** hacer un pedido

Bestellzettel *m* hoja *f* de pedido

bestenfalls *adv* en el mejor de los casos; *(höchstens)* como mucho

bestens [ˈbɛstəns] *adv* estupendamente

besteuerbar *adj* (WIRTSCH) imponible

besteuern* *vt* (WIRTSCH) gravar (con impuestos)

Besteuerung *f* <-en> (WIRTSCH) imposición *f*

Bestform *f ohne pl* (SPORT) mejor forma *f*

bestialisch [bɛsˈtjaːlɪʃ] *adj* bestial

Bestialität [bɛstjaliˈtɛːt] *f* <-en> bestialidad *f*

besticken* *vt* bordar

Bestie[1] [ˈbɛstjə] *f* <-n> bestia *f,* fiera *f*

Bestie[2] [ˈbɛsti] *mf* <-s, -s> *(fam)* mejor amigo, -a *m, f*

bestimmbar *adj* precisable; *(beschreibbar)* definible; *(erkennbar)* reconocible; *(Krankheit)* diagnosticable

bestimmen* **I.** *vi* ① *(entscheiden)* decidir; *(befehlen)* mandar; **du hast hier nichts zu ~** tú aquí no tienes ni voz ni voto ② *(verfügen)* disponer (**über** de) **II.** *vt* ① *(Termin, Preis)* determinar, fijar ② *(Stadtbild, Epoche)* caracterizar ③ *(ernennen)* nombrar ④ *(ausersehen)* destinar (**für/zu** para); **wir waren füreinander bestimmt** estábamos destinados el uno para el otro ⑤ *(Begriff)* definir; *(festlegen)* determinar; *(zuordnen)* clasificar ⑥ (CHEM) analizar, determinar

bestimmend *adj (entscheidend)* determinante; **für jdn/etw ~ sein** ser determinante para alguien/algo

bestimmt **I.** *adj* ① *(feststehend)* determinado; *(sicher)* seguro, concreto; **niemand weiß etwas B~es** nadie sabe nada concreto ② *(entschieden)* decidido, impositivo *CSur;* **höflich, aber ~** amable pero decidido **II.** *adv (sicherlich)* seguro, seguramente

Bestimmtheit *f ohne pl* ① *(Gewissheit)* certeza *f;* **das kann ich nicht mit ~ sagen** no lo puedo decir con certeza ② *(Entschiedenheit)* resolución *f,* firmeza *f*

Bestimmung *f* <-en> ① *(Festsetzung)* fijación *f* ② *(Vorschrift)* disposición *f;* **gesetzliche ~en** disposiciones oficiales; **nach den geltenden ~en** según las disposiciones vigentes ③ *(eines Begriffes)* definición *f;* (LING) complemento *m* ④ (CHEM) análisis *m inv* ⑤ *(Schicksal)* destino *m*

Bestimmungsbahnhof *m* estación *f* de destino

Bestimmungshafen *m* puerto *m* de destino

Bestimmungsort *m* lugar *m* de destino

Bestimmungswort *nt* (LING) determinante *m*

Bestleistung *f* (SPORT) mejor marca *f*

bestmögliche(r, s) *adj* el mejor posible;

B

sein B~s tun hacer todo lo que está al alcance de su mano

Best.-Nr. *Abk. von* **Bestellnummer** número *m* de pedido

bestochen *pp von* **bestechen**

bestrafen* *vt* castigar (**mit** con, **wegen** por); *(mit Geld)* imponer una multa

Bestrafung *f* <-en> castigo *m,* sanción *f*

bestrahlen* *vt* ① *(beleuchten)* iluminar, alumbrar ② (MED) radiar

Bestrahlung *f* <-en> ① *(Bühne)* iluminación *f* ② (MED) radiación *f; (mit Röntgenstrahlen)* tratamiento *m* con rayos X

Bestreben *nt* <-s, *ohne pl*> empeño *m,* afán *m;* **das ~ haben, etw zu tun** empeñarse en hacer algo

bestrebt [bəˈʃtreːpt] *adj* afanado, esforzado; **wir sind ~, unser Bestmögliches zu tun** nos esforzamos por hacer todo cuanto esté en nuestras manos

Bestrebung *f* <-, -en> aspiración *f*

bestreichen* *irr vt (mit Butter)* untar (**mit** con); *(mit Farbe)* cubrir (**mit** con)

bestreiken* *vt* boicotear (con huelgas)

bestreiten* *irr vt* ① *(abstreiten)* negar, refutar ② *(Unterhalt)* cargar con; **sie bestreitet ihren Unterhalt selbst** se mantiene por su propia cuenta ③ *(Gespräch)* mantener, llevar

bestreuen* *vt* espolvorear (**mit** con)

bestrichen *pp von* **bestreichen**

bestritten *pp von* **bestreiten**

Bestseller [ˈbɛstsɛlɐ] *m* <-s, -> superventas *m*

Bestsellerautor(in) *m(f)* <-s, -en; -, -nen> autor(a) *m(f)* de best-sellers

Bestsellerliste *f* lista *f* de los libros más vendidos [*o* de best-sellers]

bestücken* [bəˈʃtʏkən] *vt* abastecer (**mit** de/con), equipar (**mit** de/con)

bestürmen* *vt* ① *(Festung)* asaltar ② *(bedrängen)* asediar (**mit** con), acosar (**mit** con); **jdn mit Fragen ~** asediar a alguien a preguntas

bestürzt [bəˈʃtʏrtst] *adj* atónito; *(verblüfft)* desconcertado

Bestürzung *f ohne pl (Fassungslosigkeit)* consternación *f; (Schrecken)* sobresalto *m*

Bestzeit *f* (SPORT) mejor tiempo *m;* **er lief seine persönliche ~** batió su propio récord

Besuch [bəˈzuːx] *m* <-(e)s, -e> ① *(das Besuchen)* visita *f; (der Schule)* asistencia *f;* **jdm einen ~ abstatten** hacer una visita a alguien; **bei jdm zu ~ sein** estar de visita en casa de alguien ② *(Person)* visita *f;* **~ haben/bekommen** tener/recibir visita

besuchen* *vt* ① *(Person, Ort)* visitar, ir a ver ② *(Veranstaltung)* asistir (a); **gut besucht** muy concurrido; **eine Schule ~** ir a un colegio

Besucher(in) *m(f)* <-s, -; -nen> visitante *mf*

Besucherparkplatz *m* <-es, -plätze> aparcamiento *m* para visitantes

Besucherzahl *f* <-, -en> número *m* de visitantes

Besuchszeit *f* hora *f* de visita, horario *m* de visita

besudeln* [bəˈzuːdəln] *vt* ① *(beschmieren)* ensuciar (**mit** +*dat* de/con), manchar (**mit** +*dat* de/con); *(abw)* embadurnar (**mit** +*dat* de/con), pringar (**mit** +*dat* de/con) *fam* ② *(herabwürdigen)* manchar; **jds Namen/Ehre ~** manchar el nombre/el honor de alguien

Beta [ˈbeːta] *nt* <-(s), -s> *(griechischer Buchstabe)* beta *f*

Betablocker [ˈbeːtablɔkɐ] *m* <-s, -> (MED) betabloqueante *m*

betagt [bəˈtaːkt] *adj (geh)* de avanzada edad

betasten* *vt* palpar

betätigen* [bəˈtɛːtɪgən] **I.** *vt (Hebel, Maschine)* accionar, poner en funcionamiento **II.** *vr (tätig sein)* **sich politisch ~** dedicarse a la política; **sich als Künstlerin/Sportler ~** trabajar como artista/deportista

Betätigung[1] *f ohne pl (einer Maschine)* puesta *f* en marcha

Betätigung[2] *f* <-en> *(Tätigkeit)* actividad *f,* función *f*

Betätigungsfeld *nt* campo *m* de actividades

betatschen* *vt (fam abw)* sobar; *(sexuell)* meter mano

betäuben* [bəˈtɔɪbən] *vt* ensordecer; (MED) anestesiar; *(Schmerz)* mitigar, aliviar; *(benommen machen)* aturdir; **ein ~der Duft** un perfume embriagador; **er betäubte seinen Kummer mit Alkohol** ahogó sus penas en alcohol

Betäubung *f* <-en> ① (MED) anestesia *f;* **örtliche ~** anestesia local ② *(Benommenheit)* aturdimiento *m*

Betäubungsmittel *nt* anestésico *m; (a. Rauschgift)* narcótico *m*

Bete [ˈbeːtə] *f* <-n> **Rote ~** remolacha *f* (colorada), betarraga *f Am*

beteiligen* [bəˈtaɪlɪgən] **I.** *vt (teilhaben lassen)* hacer participar (**an/bei** en) **II.** *vr:* **sich ~** *(teilnehmen)* participar (**an** en); *(sich einsetzen)* implicarse (**an** en); *(finanziell)* contribuir (**an** a)

beteiligt *adj* ① *(Plan, Unfall)* implicado (**an** en) ② *(Konzern, Umsatz)* partícipe, participante; **sie ist mit 49 % an seiner Firma ~** participa en su empresa con un 49%

Beteiligte(r) *mf* <-n, -n; -n> participante *mf; (an Verbrechen)* implicado, -a *m, f;* (JUR) parte *f* interesada

Beteiligung *f* <-en> ❶ *(an einer Veranstaltung)* participación *f; (Mitwirken)* colaboración *f; (Einsatz)* implicación *f;* **eine schwache ~** poca concurrencia ❷ (COM) participación *f* ❸ (JUR) implicación *f*

beten ['be:tən] *vi, vt* rezar (**für** por, **um** por, **zu** a)

beteuern* [bə'tɔɪɐn] *vt* proclamar, reiterar

betiteln* *vt* titular (**als** de)

Beton [be'tɔŋ] *m* <-s, -s *Österr:* -e> hormigón *m,* concreto *m Am*

Betonbau *m* <-(e)s, -bauten> (ARCHIT: *Gebäude*) edificio *m* de hormigón, construcción *f* de hormigón

betonen* [bə'to:nən] *vt* ❶ *(Silbe, Note)* acentuar; **auf der zweiten Silbe ~** acentuar en la segunda sílaba ❷ *(nachdrücklich)* subrayar; *(hervorheben)* poner de relieve

betonieren* [beto'ni:rən] *vt* hormigonar

Betonklotz *m (abw)* mole *f* de cemento

Betonmischer *m* <-s, -> (TECH) mezcladora *f* de hormigón

Betonmischmaschine *f* mezcladora *f* de hormigón

betont [bə'to:nt] *adj* marcado, manifiesto

Betonung *f* <-en> ❶ *(Akzent)* acento *m* (prosódico), acentuación *f* ❷ *(einer Tatsache)* insistencia *f*

betören* [bə'tø:rən] *vt (geh)* ❶ *(entzücken)* fascinar, perturbar ❷ *(verführen)* seducir, embriagar

betörend *adj* embriagador; *(faszinierend)* fascinador; **ein ~er Duft lag in der Luft** en el aire flotaba un perfume embriagador

betr. (COM) *Abk. von* **betrifft, betreffs, betreffend** respecto a

Betr. (COM) *Abk. von* **Betreff** asunto *m*

Betracht [bə'traxt] *m* **etw in ~ ziehen** tomar algo en consideración; **etw außer ~ lassen** dejar algo de lado; (**nicht**) **in ~ kommen** (no) entrar en consideración

betrachten* *vt* ❶ *(anschauen)* contemplar; *(genau)* examinar; **genau betrachtet** mirándolo bien; **etw aus der Nähe ~** examinar algo de cerca ❷ *(einschätzen)* considerar (**als** como)

Betrachter(in) *m(f)* <-s, -; -nen> observador(a) *m(f)*

beträchtlich [bə'trɛçtlɪç] *adj* considerable

Betrachtung[1] *f ohne pl (eines Bildes)* contemplación *f;* **bei näherer/flüchtiger ~** mirándolo de cerca/por encima

Betrachtung[2] *f* <-en> *(Überlegung)* reflexión *f;* **philosophische ~en anstellen** hacer reflexiones filosóficas

Betrachtungsweise *f* visión *f*

Betrag [bə'tra:k, *pl:* bə'trɛ:gə] *m* <-(e)s, -träge> importe *m; (Gesamtbetrag)* total *m;* **~ dankend erhalten** importe recibido, pagado, cobrado

betragen* *irr* **I.** *vi (sich belaufen auf)* ascender (a); *(Rechnung)* elevarse (a) **II.** *vr:* **sich ~** *(sich benehmen)* comportarse

Betragen *nt* <-s, *ohne pl*> comportamiento *m*

betrauen* *vi* encomendar, confiar; **jdn mit etw ~** encomendar algo a alguien

betrauern* *vt* deplorar

Betreff [bə'trɛf] *m* <-(e)s, -e> *(Briefkopf)* asunto *m*

betreffen* *irr vt* ❶ *(angehen)* concernir, referirse (a); **was mich betrifft ...** en lo que a mí se refiere... ❷ *(seelisch)* afectar

betreffend *adj* respectivo, en cuestión; **der oder die B~e möge sich bitte melden** que se presente la persona en cuestión; **unser letztes Schreiben ~ ...** respecto a nuestro último escrito...

Betreffende(r) *mf* <-n, -n; -n, -n> persona *f* en cuestión

betreffs *präp +gen* en relación a

betreiben* *irr vt* ❶ *(Studien, Politik)* dedicarse (a) ❷ (SPORT) practicar ❸ *(Handwerk)* ejercer ❹ *(Geschäft)* regentar ❺ (JUR) **einen Prozess ~** seguir una causa ❻ *(Angelegenheit)* gestionar; **auf jds B~ hin** por iniciativa de alguien

Betreiber(in) *m(f)* <-s, -; -nen> *(Firma, Träger)* explotador(a) *m(f)*

betreten[1] *adj (verlegen)* turbado, cortado *fam;* **es herrschte ~es Schweigen** reinaba un silencio embarazoso

betreten*[2] *irr vt (Raum, Gebäude)* entrar (en); *(Rasen)* pisar; *(Podium)* subir (a); *(Spielfeld)* hacer su entrada (en); **B~ verboten!** ¡prohibida la entrada!

betreuen* [bə'trɔɪən] *vt (Kranke)* cuidar; *(Reisegruppe)* acompañar; **ein Projekt ~** dirigir un proyecto

Betreuer(in) *m(f)* <-s, -; -nen> tutor(a) *m(f); (Assistent)* asistente *mf; (Berater)* asesor(a) *m(f)*

Betreuung *f ohne pl* asistencia *f;* (SCH, UNIV) tutoría *f*

Betrieb[1] *m* <-(e)s, -e> ❶ *(Unternehmen)* empresa *f; (handwerklich)* taller *m* ❷ *(Belegschaft)* personal *m*

Betrieb[2] *m* <-(e)s, *ohne pl*> ❶ *(Tätigkeit)* marcha *f,* funcionamiento *m;* **in ~ sein** estar en funcionamiento; **etw in ~ nehmen** poner algo en marcha; **etw außer ~ setzen** poner algo fuera de servicio ❷ *(fam: Treiben)* tumulto *m*

betrieblich *adj* empresarial

B

betriebsam *adj* activo
Betriebsamkeit *f* <-en> actividad *f*
Betriebsangehörige(r) *mf* miembro *m* de la empresa
Betriebsanleitung *f* instrucciones *fpl* de servicio
Betriebsart *f* (INFOR) modo *m* de operación
Betriebsarzt, -ärztin *m, f* médico, -a *m, f* de empresa
Betriebsausflug *m* excursión *f* con la empresa
betriebsbedingt *adj* relativo a la empresa
betriebsbereit *adj* (TECH) listo para el servicio
betriebseigen *adj* perteneciente a la empresa
Betriebsfähigkeit *f ohne pl* estado *m* de funcionamiento
Betriebsfehler *m* (INFOR) error *m* de operación
Betriebsferien *pl* vacaciones *fpl* colectivas de la empresa
betriebsfertig *adj* listo para la puesta en marcha
Betriebsgeheimnis *nt* secreto *m* empresarial [*o* de producción]
Betriebsgelände *nt* <-s, -> terreno *m* de la empresa
betriebsintern *adj* interno (de la empresa)
Betriebskapital *nt* <-(e)s, -e> (WIRTSCH) capital *m* de explotación [*o* circulante]
Betriebsklima *nt* ambiente *m* en la empresa
Betriebskosten *pl* gastos *mpl* de producción
Betriebskrankenkasse *f* caja *f* de enfermedad de empresa
Betriebsleiter(in) *m(f)* director(a) *m(f)* gerente de la empresa
Betriebsleitung *f* dirección *f* de una empresa
Betriebsordnung *f* régimen *m* interior (de una empresa)
Betriebsprüfung *f* (WIRTSCH) revisión *f* (de empresa)
Betriebsrat[1] *m* <-(e)s, -räte> *(Organ)* comité *m* de empresa
Betriebsrat, -rätin[2] *m, f* <-(e)s, -räte; -nen> *(Mitglied)* representante *mf* del comité de empresa
Betriebsrente *f* pensión *f* recibida de la empresa
Betriebsschluss *m ohne pl* fin *m* de la jornada laboral; **nach ~** después del trabajo
Betriebsstörung *f* (TECH) perturbación *f* en el funcionamiento
Betriebssystem *nt* (INFOR) sistema *m* operativo
Betriebsunfall *m* accidente *m* de trabajo
Betriebsvereinbarung *f* acuerdo *m* empresarial
Betriebsverfassungsgesetz *nt ohne pl* ley *f* de régimen de empresa
Betriebswirt(in) *m(f)* (técnico, -a *m, f*) economista *mf*
Betriebswirtschaft *f ohne pl* ciencias *fpl* empresariales
Betriebswirtschaftslehre *f ohne pl* economía *f* industrial
Betriebszugehörigkeit *f ohne pl* **Dauer der ~** antigüedad *f* (en la empresa)
betrinken* *irr vr:* **sich ~** emborracharse, jalarse *Am*
betroffen [bəˈtrɔfən] **I.** *pp von* **betreffen II.** *adj* ① *(von Maßnahmen)* afectado (**von** por) ② *(bestürzt)* consternado
Betroffene(r) *mf* <-n, -n; -n> afectado, -a *m, f*
Betroffenheit *f ohne pl* consternación *f*
betrogen *pp von* **betrügen**
betrüben* *vt* afligir
betrüblich [bəˈtry:plɪç] *adj* triste
betrübt *adj (geh)* afligido (**über** de/por); **tief ~** profundamente afligido
Betrug [bəˈtru:k] *m* <-(e)s, *ohne pl*> engaño *m;* (JUR) fraude *m; (beim Spiel)* trampa *f*
betrügen* [bəˈtry:gən] *irr* **I.** *vt* engañar, morder *Am;* **sich um etw betrogen fühlen/sehen** sentirse/verse decepcionado por algo; **jahrelang betrog sie ihn mit ihrem Zahnarzt** durante años lo engañaba con su dentista **II.** *vr:* **sich (selbst) ~** engañarse (a sí mismo)
Betrüger(in) *m(f)* <-s, -; -nen> estafador(a) *m(f); (beim Spiel)* tramposo, -a *m, f*
Betrügerei *f* <-en> estafa *f,* fraude *m*
Betrügerin *f* <-nen> *s.* **Betrüger**
betrügerisch *adj* fraudulento, dañero *Ven*
betrunken [bəˈtrʊŋkən] **I.** *pp von* **betrinken II.** *adj* borracho, bolo *Am*
Betrunkene(r) *mf* <-n, -n; -n> borracho, -a *m, f,* bolo, -a *m, f Am*
Betrunkenheit *f* <-, *ohne pl*> embriaguez *f*
Bett [bɛt] *nt* <-(e)s, -en> ① *(Möbelstück)* cama *f;* **das ~ machen** hacer la cama; **im ~ liegen** estar en (la) cama; **ans ~ gefesselt sein** estar postrado en cama; **ins** [*o* **zu**] **~ gehen** ir(se) a la cama; **das ~ hüten müssen** tener que guardar cama; **mit jdm ins ~ gehen** *(fam)* acostarse con alguien; **an jds ~ sitzen** estar sentado junto al lecho de alguien; **er macht ins ~** *(fam)* se mea en la cama; **sich ins gemachte ~ legen** *(fig)* encontrárselo todo hecho ② *(Flussbett)* cauce *m,* lecho *m* ③ *(Federbett)* edredón *m*

Bettbezug *m* funda *f* de edredón

Bettcouch *f* sofá cama *m*

Bettdecke *f* ① *(Tagesdecke)* colcha *f* ② *(Federbett)* edredón *m*

bettelarm ['--'-] *adj* pobre como una rata

Bettelei *f* <-en> *(abw)* pordiosería *f*

Bettelmönch *m* fraile *m* mendicante

betteln *vi* pedir limosna, mendigar

betten *vt (geh)* recostar; **jdn zur letzten Ruhe ~** sepultar a alguien

Bettflasche *f (südd: Wärmflasche)* botella *f* de agua caliente

Bettgestell *nt* armadura *f* de cama

Betthupferl ['bɛthʊpfɐl] *nt* <-s, -> *(reg) dulce que se da a los niños antes de acostarse*

Bettkante *f* borde *m* de la cama

bettlägerig ['bɛtlɛːgərɪç] *adj* postrado en cama

Bettlaken *nt* sábana *f*

Bettlektüre *f* lectura *f* entretenida *(para antes de dormir)*

Bettler(in) ['bɛtlɐ] *m(f)* <-s, -; -nen> mendigo, -a *m, f*

Bettnässer(in) *m(f)* <-s, -; -nen> *(fam)* meón, -ona *m, f (niño o niña que sufre de incontinencia nocturna de orina)*

bettreif *adj (fam)* con ganas de irse a dormir

Bettruhe *f* reposo *m* en cama

Bettsofa *nt* <-s, -s> sofá-cama *m;* **das ~ ausziehen** abrir el sofá-cama

Betttuch ['bɛttuːx] *nt* sábana *f*

Bettvorlage *f* <-, -n>, **Bettvorleger** ['bɛtvoːɐleːgɐ] *m* <-s, -> alfombrilla *f* (de cama)

Bettvorleger ['bɛtvoːɐleːgɐ] *m* alfombrilla *f* (de cama)

Bettwäsche *f* ropa *f* de cama, sábanas *f pl,* cobija *f Am*

Bettzeug *nt (fam)* ropa *f* de cama, sábanas *f pl*

betucht [bə'tuːxt] *adj (fam)* adinerado, fondeado *Am;* **gut ~ sein** estar forrado (de dinero)

betulich [bə'tuːlɪç] *adj (hilfsbereit)* solícito; *(abw)* exageradamente atento

Beuge ['bɔɪgə] *f* <-, -n> ① (ANAT: *des Beines*) flexión *f* de la pierna ② (SPORT) **in die ~ gehen** flexionar el cuerpo

beugen ['bɔɪgən] **I.** *vt* ① *(Arm)* doblar; **den Kopf ~** inclinar la cabeza; **vor Kummer gebeugt sein** estar postrado por las penas ② *(Recht)* violar ③ (LING: *Verb*) conjugar; *(Substantiv)* declinar **II.** *vr:* **sich ~** ① *(sich neigen)* inclinarse (**über** sobre); **er beugte sich leicht nach vorn/zu mir** se inclinó ligeramente hacia delante/hacia mí ② *(sich fügen)* someterse (a)

Beugung *f* <-en> ① (ANAT, LING) flexión *f* ② (PHYS: *Licht*) difracción *f*

Beule ['bɔɪlə] *f* <-n> ① *(Verletzung)* chichón *m* ② *(Delle)* abolladura *f* ③ (MED) buba *f*

beunruhigen* [bə'ʔʊnruːɪgən] **I.** *vt* inquietar **II.** *vr:* **sich ~** preocuparse (**über** de), inquietarse (**über** con/por), indigestarse (**über** con/de/por) *Am*

beunruhigend *adj* inquietante

Beunruhigung *f* <-en> inquietud *f*

beurkunden* *vt* dar fe (de), documentar

Beurkundung *f* <-, -en> ① *(das Beurkunden)* certificación *f* notarial ② *(Urkunde)* documento *f*

beurlauben* *vt* ① *(Urlaub geben)* conceder vacaciones; (MIL) dar permiso ② *(von Amtspflichten)* dar licencia; **beurlaubt sein** tener licencia ③ (UNIV) **sich ~ lassen** tomarse un semestre libre

Beurlaubung *f* <-en> excedencia *f*

beurteilen* *vt* juzgar; *(schätzen)* valorar, estimar

Beurteilung *f* <-en> ① *(Einschätzung)* juicio *m,* apreciación *f* ② *(Gutachten)* dictamen *m*

Beute ['bɔɪtə] *f ohne pl* ① *(Fang)* botín *m; (eines Tieres)* presa *f;* **reiche ~ machen** *(fam)* sacar un buen botín ② *(geh: Opfer)* víctima *f;* **leichte ~ für jdn sein** ser una víctima fácil para alguien

Beutel ['bɔɪtəl] *m* <-s, -> ① *(Behältnis)* bolsa *f* ② (ZOOL: *des Kängurus*) marsupio *m,* bolsa *f* ③ *(fam: Geldbeutel)* monedero *m*

beuteln **I.** *vt* ① *(Österr, südd: schütteln)* sacudir ② *(Österr, südd: mitnehmen)* estremecer; **vom Leben gebeutelt, zog er sich immer mehr zurück** castigado por la vida, vivía cada vez más apartado ③ *(reg: ausnehmen)* limpiar; **die haben dich aber ganz schön gebeutelt** esos te han limpiado todo el dinero **II.** *vi (sich ausbeulen)* dar(se) de sí

Beuteltier *nt* (ZOOL) marsupial *m*

bevölkern* [bə'fœlkɐn] *vt* poblar; **ein dicht/dünn bevölkertes Gebiet** una zona densamente/poco poblada

Bevölkerung *f* <-en> población *f;* **die einheimische/ländliche ~** la población nacional/rural

Bevölkerungsdichte *f ohne pl* densidad *f* de (la) población

Bevölkerungsexplosion *f* explosión *f* demográfica

Bevölkerungsgruppe *f* población *f*

Bevölkerungsrückgang *m* regresión *f* de la población

Bevölkerungsschicht *f* nivel *m* social

B

Bevölkerungswachstum *nt* <-s, *ohne pl*> crecimiento *m* demográfico

Bevölkerungszahl *f* población *f*, número *m* de habitantes

Bevölkerungszuwachs *m* aumento *m* de (la) población

bevollmächtigen* [bəˈfɔlmɛçtɪɡən] *vt* apoderar (**zu** a), autorizar (**zu** para), capacitar (**zu** para) *Am*

Bevollmächtigte(r) *mf* <-n, -n; -n> mandatario, -a *m, f*, capacitado, -a *m, f Am*

Bevollmächtigung *f* <-en> autorización *f*, capacitación *f Am*

bevor [bəˈfoːɐ] *konj* antes de *+inf*, antes de que *+subj;* **gieß bitte die Blumen, ~ du gehst** por favor, riega las plantas antes de irte; **ich will mit dem Essen fertig sein, ~ sie kommen** quiero haber terminado con la comida antes de que lleguen

bevormunden* [bəˈfɔːɐmʊndən] *vt* poner bajo tutela

Bevormundung *f* <-en> tutela *f*

bevor|stehen *irr vi* ser inminente; **der ~de Krieg** la guerra inminente; **es steht uns noch sehr viel Arbeit bevor** aún nos queda mucho trabajo por delante; **die Wahlen stehen unmittelbar bevor** las elecciones están muy próximas

bevorzugen* [bəˈfoːɐtsuːɡən] *vt* preferir, favorecer

bevorzugt **I.** *adj* ❶ *(privilegiert)* favorecido; **eine ~e Behandlung** un trato de favor ❷ *(beliebteste)* preferido **II.** *adv* preferentemente; *(privilegiert)* de favor; **jdn ~ behandeln** dar a alguien un trato de favor

Bevorzugung *f* <-en> preferencia *f*

bewachen* *vt* vigilar, custodiar

Bewacher(in) *m(f)* <-s, -; -, -nen> ❶ *(Wächter)* vigilante *mf* ❷ (SPORT: *Deckungsspieler*) marcador(a) *m(f)*

bewachsen [bəˈvaksən] *adj* cubierto (**mit** de)

Bewachung *f* <-en> ❶ *(das Bewachen)* custodia *f*, vigilancia *f* ❷ *(Wache)* guardia *f*

bewaffnen* [bəˈvafnən] *vt* armar (**mit** con); **bewaffnete Auseinandersetzung** enfrentamiento *m* armado; **er war bis an die Zähne bewaffnet** estaba armado hasta los dientes

Bewaffnung *f* <-en> ❶ *(Vorgang)* armamento *m* ❷ *(Waffen)* armas *f pl*

bewahren* [bəˈvaːrən] *vt* ❶ *(beschützen)* proteger (**vor** de); **Gott bewahre!** ¡Dios me [*o* nos] libre! ❷ *(Stillschweigen)* guardar; *(in Erinnerung)* recordar; **bitte ~ Sie Ruhe!** ¡guarde(n) calma, por favor!; **seine gute Laune ~** conservar su buen humor ❸ *(geh: aufbewahren)* guardar

bewähren* [bəˈvɛːrən] *vr:* **sich ~** *(Person)* acreditarse; *(Sache)* dar buen resultado

bewahrheiten* [bəˈvaːɐhaɪtən] *vr:* **sich ~** confirmarse

bewährt [bəˈvɛːɐt] *adj* acreditado; *(Mittel, Methode)* probado

Bewahrung *f* <-, *ohne pl*> ❶ *(Erhaltung)* preservación *f* ❷ *(Aufbewahrung)* custodia *f*

Bewährung *f* <-en> prueba *f*; (JUR) libertad *f* condicional; **er bekam drei Jahre mit/ohne ~** le condenaron a tres años con/sin libertad condicional

Bewährungsfrist *f* (JUR) período *m* de prueba

Bewährungshelfer(in) *m(f)* asistente *mf* durante el plazo de prueba

Bewährungsprobe *f* prueba *f*

bewaldet [bəˈvaldət] *adj* boscoso

bewältigen* [bəˈvɛltɪɡən] *vt (Problem)* vencer, superar; *(Aufgabe)* llevar a cabo

Bewältigung *f* <-en> *(eines Problems, Erlebnisses)* superación *f*; *(einer Aufgabe)* (re)solución *f*; **sie arbeitete an der ~ dieser Erlebnisse** se esforzaba por superar aquellas experiencias

bewandert [bəˈvandɐt] *adj* experto (**in** en)

Bewandtnis [bəˈvantnɪs] *f* <-se> motivo *m*, explicación *f*; **damit hat es folgende ~** el caso es el siguiente

bewässern* [bəˈvɛsɐn] *vt* regar

Bewässerung *f* <-en> riego *m*; (AGR) irrigación *f*

Bewässerungsgraben *m* acequia *f*, apancle *m Méx*

Bewässerungskanal *m* canal *m* de riego

bewegen[1] [bəˈveːɡən] <bewegt, bewog, bewogen> *vt (veranlassen)* inducir (**zu** a), mover (**zu** a); **was hat dich dazu bewogen?** ¿qué te movió a hacerlo?

bewegen*[2] **I.** *vt* ❶ *(Arm, Lippen)* mover; *(in Gang setzen)* poner en marcha; **er konnte den Koffer kaum von der Stelle ~** casi no podía mover del lugar la maleta ❷ *(innerlich)* conmover, emocionar **II.** *vr:* **sich ~** ❶ *(Fahrzeug, Person)* moverse; **endlich bewegt sich etwas!** ¡por fin ocurre algo! ❷ *(schwanken)* variar (**um** en), oscilar (**um** alrededor de, **zwischen** entre); **die Preise ~ sich um die 100 Euro** los precios se sitúan sobre los 100 euros ❸ *(Erde, Sonne)* girar (**um** alrededor de)

Beweggrund *m* motivo *m*

beweglich [bəˈveːklɪç] *adj* ❶ *(flexibel)* móvil; *(geistig)* flexible; **sie ist geistig noch sehr ~** todavía tiene la mente muy viva ❷ *(bewegbar)* movible; **~e Habe** bienes muebles

Beweglichkeit *f ohne pl* ❶ *(geistige Wen-*

digkeit) flexibilidad *f* ❷ *(bewegliche Beschaffenheit)* movilidad *f* ❸ *(Mobilität)* libertad *f* de movimiento

bewegt [bəˈveːkt] *adj* ❶ *(See, Wasser)* agitado ❷ *(fig: Person)* conmovido; *(Leben, Zeiten)* turbulento; **tief ~** profundamente conmovido

Bewegung *f* <-en> ❶ (*a.* POL) movimiento *m;* **etw in ~ bringen** poner algo en marcha; **sich** *dat* **~ verschaffen** hacer ejercicio; **keine ~!** ¡que nadie se mueva!; **in ~ sein** estar en movimiento; **alle Hebel in ~ setzen** tocar todos los resortes ❷ *(Anteilnahme)* emoción *f*

Bewegungsablauf *m* trascurso *m* del movimiento

Bewegungsarmut *f* (MED) pobreza *f* cinética

Bewegungsfreiheit *f ohne pl* libertad *f* de acción; *(Platz)* libertad *f* de movimiento

bewegungslos *adj* inmóvil

Bewegungslosigkeit *f* *<-, ohne pl>* inmovilidad *f;* **zur (völligen) ~ erstarren** quedar (completamente) inmóvil

Bewegungsmangel *m ohne pl* falta *f* de movimiento

Bewegungsmelder *m* <-s, -> avisador *m* de movimientos

bewegungsunfähig *adj* incapaz de moverse

beweihräuchern* [bəˈvaɪrɔɪçɐn] **I.** *vt* ❶ *(mit Weihrauch umgehen)* incensar *pey fam* ❷ *(verherrlichen)* ensalzar (excesivamente) **II.** *vr* **sich selbst ~** *(fam abw)* ensalzarse

beweinen* *vt* llorar (a/por)

Beweis [bəˈvaɪs] *m* <-es, -e> prueba *f;* **aus Mangel an ~en** por falta de pruebas; **als ~** como prueba; **etw unter ~ stellen** dar prueba de algo; **den ~ antreten/erheben** presentar/administrar pruebas

Beweisaufnahme *f* (JUR) registro *m* de pruebas

beweisbar *adj* probable, demostrable

beweisen* *irr vt* probar, demostrar (de); **man konnte ihm die Tat nicht ~** no se pudo demostrar que hubiera sido él

Beweisführung *f* <-en> (JUR) argumentación *f*

Beweisgegenstand *m* <-(e)s, -stände> (JUR) documento *m* probatorio, instrumento *m* de prueba

Beweiskraft *f ohne pl* (JUR) fuerza *f* probatoria

beweiskräftig *adj* concluyente

Beweislage *f* (JUR) situación *f* probatoria

Beweismaterial *nt* material *m* de prueba

Beweismittel *nt* <-s, -> (JUR) medio *m* de prueba [*o* probatorio], prueba *f*

Beweisstück *nt* (JUR) pieza *f* justificativa

bewenden *vi* **es bei etw ~ lassen** darse por satisfecho con algo

bewerben* *irr* **I.** *vr:* **sich ~** solicitar (**um** a/para, **bei** en); **sich um eine Stelle ~** solicitar un puesto de trabajo, postular *Am;* **sich als Sekretärin ~** solicitar un puesto de secretaria **II.** *vt (Produkt)* promocionar

Bewerber(in) *m(f)* <-s, -; -nen> solicitante *mf; (um eine Stelle)* aspirante *mf*

Bewerbung *f* <-en> solicitud *f;* **eine schriftliche ~** una solicitud por escrito

Bewerbungsformular *nt* <-s, -e> impreso *m* de solicitud (de trabajo)

Bewerbungsgespräch *nt* entrevista *f* personal

Bewerbungsmappe *f* carpeta *f* de solicitud

Bewerbungsschreiben *nt* solicitud *f* de trabajo

Bewerbungsunterlagen *fpl* papeles *mpl* para una solicitud (de trabajo)

Bewerbungsverfahren *nt* (ADMIN) tramitación *f* de solicitudes

bewerfen* *irr vt* arrojar (**mit**); **jdn mit Schmutz ~** *(fig)* vilipendiar a alguien

bewerkstelligen* [bəˈvɛrkʃtɛlɪgən] *vt* realizar, efectuar

bewerten* *vt* evaluar, valorar; *(Arbeit)* calificar

Bewertung *f* <-en> evaluación *f; (einer Arbeit)* calificación *f;* (SPORT) puntuación *f*

Bewertungsmaßstab *m* escala *f* de valoración

bewiesen *pp von* **beweisen**

bewilligen* [bəˈvɪlɪgən] *vt* autorizar; *(Kredit)* conceder; *(Antrag)* aprobar

Bewilligung *f* <-en> concesión *f; (eines Antrags)* aprobación *f*

bewirken* *vt* ❶ *(verursachen)* provocar, causar ❷ *(erreichen)* conseguir

bewirten* [bəˈvɪrtən] *vt* atender, festinar *Am;* **wir wurden fürstlich bewirtet** nos trataron a cuerpo de rey

bewirtschaften* *vt* ❶ *(Gaststätte, Hof)* administrar ❷ *(Acker)* cultivar ❸ *(kontrollieren)* controlar

Bewirtung *f* <-en> *(das Bewirten)* agasajo *m*

bewog [bəˈvoːk] *3. imp von* **bewegen**[1]

bewogen [bəˈvoːgən] *pp von* **bewegen**[1]

bewohnbar *adj* habitable

bewohnen* *vt* habitar

Bewohner(in) *m(f)* <-s, -; -nen> habitante *mf*

bewölken* [bəˈvœlkən] *vr:* **sich ~** nublarse; *(mit dunklen Wolken)* encapotarse

bewölkt *adj* nublado, nuboso

Bewölkung *f ohne pl* nubosidad *f*

B

beworben *pp von* **bewerben**
beworfen *pp von* **bewerfen**
Bewunderer, -in *m, f* <-s, -; -nen> admirador(a) *m(f)*
bewundern* *vt* admirar (**wegen** por)
bewundernswert, **bewundernswürdig** *adj* admirable
Bewunderung *f ohne pl* admiración *f;* **voller ~** lleno de admiración
bewusst [bəˈvʊst] **I.** *adj* ① *(wissend)* consciente; (**sich** *dat*) **~ machen** concienciar(se); **sich** *dat* **etw** *gen* **~ sein/werden** ser consciente/tomar conciencia de algo; **ich bin mir keiner Schuld ~** no me siento culpable; **es war ihm ~, dass ...** era consciente de que... ② *(besagt)* consabido, en cuestión; **es war an jenem ~en Tag** ocurrió aquel día en cuestión ③ *(absichtlich)* intencionado **II.** *adv* ① *(absichtlich)* a propósito ② *(überlegt)* conscientemente
bewusstlos *adj* sin conocimiento; **~ werden** perder el conocimiento
Bewusstlosigkeit *f ohne pl* pérdida *f* del conocimiento; *(Ohnmacht)* desmayo *m*
Bewusstsein *nt* <-s, *ohne pl*> conciencia *f,* conocimiento *m;* **mir ist erst jetzt zu(m) ~ gekommen, dass ...** ahora mismo me he dado cuenta de que...; **sich** *dat* **etw ins ~ rufen** traer algo a la memoria; **das ~ verlieren** perder el conocimiento; **wieder zu ~ kommen** recobrar el conocimiento
Bewusstseinserweiterung *f* <-, -en> (PSYCH) ampliación *f* de los conocimientos sobre sí mismo, ampliación *f* de la conciencia
bezahlbar *adj* pagadero, pagable
bezahlen* *vt* pagar; **gut bezahlt** bien pagado; **hoch bezahlt** muy bien remunerado; **sich (nicht) bezahlt machen** (no) valer la pena
Bezahlfernsehen *nt ohne pl* televisión *f* de pago
Bezahlung *f ohne pl* ① *(einer Rechnung)* pago *m* ② *(Lohn)* paga *f; (Vergütung)* remuneración *f;* **gegen ~** por dinero
bezähmen* **I.** *vt (Hunger, Neugier)* dominar, contener **II.** *vr:* **sich ~** *(sich zurückhalten)* dominarse, contenerse
bezaubern* *vt* fascinar (**durch** por); **ein ~des Mädchen** una chica encantadora
bezeichnen* *vt* ① *(beschreiben)* describir ② *(nennen)* designar (**als** como); *(benennen)* denominar (**als** como); **wie bezeichnet man es, wenn ...?** ¿cómo se dice cuando...?
bezeichnend *adj* típico (**für** de), característico (**für** de)
bezeichnenderweise *adv* significativamente
Bezeichnung *f* <-en> denominación *f*
bezeugen* [bəˈtsɔɪgən] *vt* atestiguar; (JUR) testificar; **er konnte ~, dass ...** pudo atestiguar que...
bezichtigen* [bəˈtsɪçtɪgən] *vt* acusar; **jdn ~, etw zu tun** acusar a alguien de hacer algo
beziehen* *irr* **I.** *vt* ① *(überziehen)* revestir (**mit** de); *(Bett)* poner ropa limpia (a) ② *(Wohnung, Haus)* instalarse (en) ③ *(Einkommen)* cobrar; **Prügel ~** *(fam)* recibir una paliza ④ *(kaufen)* adquirir; *(Zeitung)* estar suscrito (a) ⑤ *(in Beziehung setzen)* relacionar (**auf** con), referir (**auf** a); **diese Bemerkung brauchst du nicht auf dich zu ~** no tienes que darte por aludido por esta observación ⑥ *(Posten)* ocupar **II.** *vr:* **sich ~** ① *(Himmel)* nublarse; *(mit dunklen Wolken)* encapotarse ② *(sich berufen)* referirse (**auf** a)
Bezieher(in) *m(f)* <-s, -; -nen> *(Einkommen)* beneficiario, -a *m, f; (Zeitung)* su(b)scriptor(a) *m(f); (Ware)* comprador(a) *m(f)*
Beziehung *f* <-en> ① *pl (Kontakt)* relación *f;* **gute ~en haben** tener buenas relaciones; **seine ~en spielen lassen** *(fam)* tocar todos los resortes; **diplomatische ~en** relaciones diplomáticas ② *(Hinsicht)* aspecto *m;* **er hat in mancher/jeder ~ Recht** tiene razón en algunos/en todos los aspectos ③ *(Verhältnis)* relación *f* (**zwischen** entre); *(Liebesbeziehung)* relación *f* amorosa; **in ~ stehen zu etw** estar relacionado con algo; **zwei Dinge zueinander in ~ setzen** relacionar una cosa con otra; **eine ~ eingehen** empezar una relación; **er hat keine ~ zur Literatur** no le dice nada la literatura
beziehungslos *adj* sin relación
beziehungsweise *konj* ① *(genauer gesagt)* por lo menos, mejor dicho ② *(oder, und)* respectivamente; **die Karten zu 50 ~ zu 30 Euro sind schon ausverkauft** las entradas a 50 y 30 euros respectivamente ya se agotaron
beziffern* [bəˈtsɪfɐn] **I.** *vt (schätzen)* cifrar (**auf** en) **II.** *vr:* **sich ~** *(sich belaufen)* cifrarse (**auf** en)
Bezirk [bəˈtsɪrk] *m* <-(e)s, -e> ① *(Gebiet)* comarca *f* ② *(Stadtbezirk)* barrio *m* ③ (ADMIN) distrito *m*
bezirzen* [bəˈtsɪrtsən] *vt (fam)* embelesar
bezogen *pp von* **beziehen**
Bezug[1] [bəˈtsuːk] *m* <-(e)s, -züge> ① *(Überzug)* funda *f* ② *pl (Gehalt)* sueldo *m*

Bezug[2] *m* <-(e)s, *ohne pl*> ❶ *(Kauf)* adquisición *f;* *(von Zeitschriften)* suscripción *f* ❷ *(Beziehung nehmen)* referencia *f;* **in ~ auf** (con) respecto a; **mit ~ auf Ihr Schreiben vom …** con referencia a su carta del…; **auf etw ~ nehmen** remitirse a algo; **den ~ zu etw herstellen** establecer la relación hacia algo

bezüglich [bəˈtsyːklɪç] **I.** *adj* al respecto; **alle darauf ~en Fragen** todas las cuestiones al respecto **II.** *präp +gen* en relación a, respecto a; **~ Ihres Schreibens vom …** en relación a su escrito del…

Bezugnahme [bəˈtsuːknaːmə] *f* <-n> **unter ~ auf** con referencia a

bezugsberechtigt *adj* beneficiario; **für etw ~ sein** ser beneficiario de algo

bezugsfertig *adj (Haus)* llave en mano

Bezugsperson *f* persona *f* de referencia

Bezugsquelle *f* (WIRTSCH) suministradores *mpl*

bezuschussen* [bəˈtsuːʃʊsən] *vt* conceder una subvención

bezwecken* [bəˈtsvɛkən] *vt* perseguir; **was willst du damit ~?** ¿qué persigues con esto?

bezweifeln* *vt* poner en duda, dudar

bezwingen* *irr vt* vencer; *(zügeln)* dominar; *(besiegen)* derrotar

bezwungen *pp von* **bezwingen**

BGB [beːgeːˈbeː] *nt* <-, *ohne pl*> (JUR) *Abk. von* **Bürgerliches Gesetzbuch** Código *m* Civil

BGH [beːgeːˈhaː] *m* <-, *ohne pl*> (JUR) *Abk. von* **Bundesgerichtshof** Tribunal *m* Federal Supremo

BH [beːˈhaː] *m* <-s, -s> *(fam) Abk. von* **Büstenhalter** sujetador *m,* brasier *m Am*

Bhagwan *m* <-s, *ohne pl*> Bhagwan *m*

Bhf. *Abk. von* **Bahnhof** estación *f* de ferrocarril

Bhutan [ˈbuːtan] *nt* <-s> Bután *m*

bi [biː] *adj (fam)* bisexual

Biathlon [ˈbiːatlɔn] *nt* <-s, -s> (SPORT) biatlón *m*

bibbern [ˈbɪbɐn] *vi (fam)* tiritar

Bibel [ˈbiːbəl] *f* <-n> Biblia *f*

bibelfest *adj* versado en la Biblia

Bibelspruch *m* frase *f* bíblica

Bibelvers *m* <-es, -e> (REL) versículo *m* de la Biblia

Biber [ˈbiːbɐ] *m* <-s, -> *(Tier, Pelz)* castor *m*

Biberratte *f* coipo *m,* coipú *m*

Bibliografie [bibliograˈfiː] *f* <-n> bibliografía *f*

bibliografisch *adj* bibliográfico

Bibliothek [biblioˈteːk] *f* <-en> biblioteca *f*

Bibliothekar(in) [biblioteˈkaːɐ] *m(f)* <-s, -e; -nen> bibliotecario, -a *m, f*

Bibliotheksausweis *m* carné *m* de la biblioteca

biblisch [ˈbiːblɪs] *adj* bíblico; **ein ~es Alter haben** tener una edad bíblica

BIC [ˈbɪk] *m* <-(s), -(s)> *Abk. von* **Business Identifier Code** *(internationale Bankleitzahl,* FIN) BIC *m*

Bidet [biˈdeː] *nt* <-s, -s> bidé *m*

bidirektional [bidirektsjoˈnaːl] *adj* (INFOR, TEL) bidireccional

bieder [ˈbiːdɐ] *adj (abw)* conservador

Biedermann *m (abw)* burgués *m*

biegen [ˈbiːgən] <biegt, bog, gebogen> **I.** *vi sein (Kurve machen)* torcer; *(mit dem Auto)* girar; **um die Ecke ~** doblar la esquina; **auf B~ und Brechen** *(fam)* a toda costa **II.** *vt* ❶ *(Zweige, Glieder)* doblar ❷ *(Österr: flektieren)* declinar **III.** *vr:* **sich ~** *(krumm werden)* doblarse; **sie bog sich vor Lachen** *(fam)* se partió de (la) risa

biegsam *adj* flexible

Biegsamkeit *f ohne pl* flexibilidad *f*

Biegung *f* <-en> curvatura *f;* *(Kurve)* curva *f*

Biene [ˈbiːnə] *f* <-n> abeja *f,* colmena *f Méx*

Bienenhonig *m* miel *f* de abejas

Bienenkönigin *f* abeja *f* reina

Bienenkorb *m* <-(e)s, -körbe> colmena *f*

Bienenschwarm *m* enjambre *m*

Bienenstand *m* colmenar *m*

Bienenstich *m* ❶ *(Verletzung)* picadura *f* de abeja ❷ (GASTR) *pastel relleno con crema de vainilla y recubierto de una capa de almendras, mantequilla y azúcar*

Bienenstock *m* colmena *f*

Bienenwabe *f* panal *m*

Bienenwachs *nt* cera *f* de abejas

Bienenzucht *f ohne pl* apicultura *f*

Bier [biːɐ] *nt* <-(e)s, -e> cerveza *f;* **alkoholfreies ~** cerveza sin; **dunkles/helles ~** cerveza rubia/negra; **das ist nicht mein ~** *(fig fam)* eso no es asunto mío

Bierbauch *m (fam)* panza *f*

Bierbrauerei *f* fábrica *f* de cerveza

Bierdeckel *m* posavasos *m inv* de cartón

Bierdose *f* lata *f* de cerveza

bierernst [ˈ-ˈ-] *adj (fam)* exageradamente serio

Bierfass *nt* barril *m* de cerveza

Bierflasche *f* botella *f* de cerveza

Biergarten *m* cervecería *f* al aire libre

Bierglas *nt* vaso *m* para cerveza

Bierkasten *m* <-s, -kästen> caja *f* de cerveza

Bierkrug *m* jarra *f* de cerveza

B

Bierleiche *f* persona *f* borracha hasta la inconsciencia
Bierschaum *m ohne pl* espuma *f* de la cerveza
Bierzelt *nt tienda en la que se vende y bebe cerveza en las romerías*
Biest [biːst] *nt* <-(e)s, -er> *(fam)* ❶ *(Tier)* bicho *m; (abw)* bestia *f* ❷ *(Mensch)* mal bicho *m*
biestig *adj* infame
bieten [biːtən] <bietet, bot, geboten> I. *vt* ❶ *(Anblick, Gelegenheit)* ofrecer, presentar; **sie boten ein trauriges Bild** ofrecían un triste aspecto; **das lasse ich mir nicht ~** esto no se lo permito a nadie; **jdm die Stirn ~** hacer frente a alguien ❷ *(anbieten)* ofrecer (**für** para) II. *vi (bei Versteigerung)* pujar, dar; **wer bietet mehr?** ¿quién da más? III. *vr:* **sich ~** *(sich anbieten)* presentarse; **bei der nächsten sich ~den Gelegenheit** en la próxima ocasión que se presente
Bieter(in) *m(f)* <-s, -; -, -nen> postor(a) *m(f)*
Bigamie [bigaˈmiː] *f* <-n> bigamia *f*
bigott [biˈgɔt] *adj (fromm)* beato; *(scheinheilig)* mojigato
Bikini [biˈkiːni] *m* <-s, -s> biquini *m*
Bilanz [biˈlants] *f* <-en> (*a.* WIRTSCH) balance *m;* **eine ~ aufstellen** confeccionar un balance; **die ~ ziehen** hacer (el) balance; **~ machen** revisar el dinero que se tiene en mano
Bilanzaufstellung *f* (WIRTSCH) formación *f* del balance
Bilanzbuchhalter(in) *m(f)* (WIRTSCH) contable *mf* de balances
Bilanzbuchhaltung *f* <-, -en> (WIRTSCH) contabilidad *f* de balances
bilateral [ˈbiːlateraːl, ---ˈ-] *adj* bilateral
Bild [bɪlt] *nt* <-(e)s, -er> ❶ *(Gemälde)* cuadro *m,* pintura *f; (Abbildung)* ilustración *f; (beim Kartenspiel)* figura *f; (im Spiegel)* imagen *f;* **ein ~ von einem Mann/einer Frau** una belleza escultural; **ein ~ für die Götter** *(fam)* una escena graciosísima; **ein ~ des Jammers bieten** ofrecer un aspecto desolador ❷ (TV) imagen *f;* (FOTO) foto *f;* **ein ~ machen** sacar una foto ❸ *(Vorstellung)* idea *f;* **sich** *dat* **ein ~ von etw machen** hacerse una idea de algo ❹ *(Ansicht)* aspecto *m* ❺ *(Metapher)* metáfora *f* ❻ *(auf dem Laufenden)* **im ~e sein** estar al corriente; **jdn ins ~ setzen über etw** poner al corriente a alguien sobre algo
Bildarchiv *nt* (PUBL) archivo *m* fotográfico
Bildauflösung *f* (TV) definición *f* de la imagen
Bildband *m* libro *m* con fotos
Bildbearbeitung *f* (INFOR) edición *f* de imágenes
Bildbericht *m* (PUBL) reportaje *m* gráfico
Bildbeschreibung *f* <-, -en> descripción *f* de una imagen
Bilddatei *f* (INFOR) fichero *m* gráfico
bilden [ˈbɪldən] I. *vt* ❶ *(Menschen)* educar ❷ *(formen)* formar; *(künstlerisch)* modelar; **~de Kunst** artes plásticas; **sich** *dat* **eine Meinung über etw ~** formarse una opinión sobre algo ❸ *(Regierung)* formar, crear; *(Mannschaft)* integrar, formar ❹ *(Höhepunkt, Ausnahme)* ser, constituir II. *vr:* **sich ~** ❶ *(entstehen)* formarse ❷ *(lernen)* educarse, formarse
Bilderbogen [ˈbɪldɐ-] *m* hoja *f* con dibujos
Bilderbuch *nt* libro *m* de dibujos; **ein Wetter wie im ~** un tiempo de película
Bildergalerie *f* pinacoteca *f*
Bilderrahmen *m* marco *m* para cuadros; **digitaler ~** marco digital
Bilderrätsel *nt* jeroglífico *m*
Bildfläche *f* plano *m* de la imagen; **auf der ~ erscheinen** *(fam)* aparecer en pantalla; **von der ~ verschwinden** *(fam)* desaparecer del mapa
bildhaft *adj* plástico, gráfico
Bildhauer(in) [ˈbɪlthaʊɐ] *m(f)* <-s, -; -nen> escultor(a) *m(f)*
Bildhauerei *f ohne pl* escultura *f*
Bildhauerin *f* <-nen> *s.* **Bildhauer**
Bildhauerkunst *f ohne pl* (arte *m* de la) escultura *f*
bildhübsch [ˈ-ˈ-] *adj* precioso, guapísimo
bildlich *adj* ❶ *(Darstellung)* gráfico, plástico ❷ *(Sinn)* figurado; *(Ausdruck)* metafórico
Bildmaterial *nt* <-s, -ien> ❶ *(Bilder zur Illustrierung)* material *m* ilustrativo ❷ (PUBL) material *m* gráfico
Bildnis [ˈbɪltnɪs] *nt* <-ses, -se> *(geh)* imagen *f; (Foto)* retrato *m*
Bildqualität *f* (TV) calidad *f* de la imagen
Bildröhre *f* (TV) tubo *m* de imagen
Bildschärfe *f* (TV) nitidez *f* de la imagen
Bildschirm *m* (*a.* INFOR) pantalla *f; (Monitor)* monitor *m*
Bildschirmarbeit *f* (INFOR, TEL) trabajo *m* frente a un monitor
Bildschirmschoner *m* (INFOR) salvapantallas *m inv*
Bildschirmtext *m ohne pl* (TEL, INFOR) teletexto *m*
bildschön [ˈ-ˈ-] *adj* bellísimo, hermosísimo
Bildstörung *f* (TV) interrupción *f* de la imagen
Bildtelefon *nt* (TEL) videoteléfono *m*
Bildung [ˈbɪldʊŋ] *f ohne pl* ❶ *(Schaffung)*

creación *f; (Gründung)* fundación *f; (Gestaltung)* formación *f,* constitución *f* ② *(Erziehung)* educación *f; (Allgemeinwissen)* formación *f,* cultura *f;* **höhere ~** formación superior

Bildungseinrichtung *f* centro *m* de enseñanza

Bildungsgut *nt* patrimonio *m* cultural

Bildungslücke *f* laguna *f* cultural

Bildungsniveau *nt* nivel *m* de educación

Bildungsnotstand *m* estado *m* de emergencia de la educación

Bildungspolitik *f* (POL) política *f* educativa

Bildungsreform *f* (POL) reforma *f* educativa

Bildungsreise *f* viaje *m* de estudios y de formación

Bildungssystem *nt* (POL) sistema *m* de educación

Bildungsurlaub *m* vacaciones *fpl* de formación

Bildungsweg *m* vía *f* de formación; **auf dem zweiten ~** en vía subsidiaria de formación

Bildungswesen *nt ohne pl* sistema *m* educativo

Bildwörterbuch *nt* diccionario *m* gráfico

Bildzuschrift *f* carta *f* con foto *(como respuesta a un anuncio)*

bilingual ['biːlɪnguaːl, ---'-] *adj* bilingüe

Billard ['bɪljart] *nt* <-s, *ohne pl*> billar *m;* **~ spielen** jugar al billar, taquear *Am*

Billardkugel *f* bola *f* de billar

Billardstock *m* taco *m*

Billardtisch *m* (mesa *f* de) billar *m*

Billett [bɪl'jɛt] *nt* <-(e)s, -e *o* -s> ① *(Schweiz: Fahr- oder Eintrittskarte)* billete *m* ② *(Österr: Brief)* esquela *f,* billete *m*

Billiarde [bɪ'ljardə] *f* <-n> mil billones *mpl*

billig ['bɪlɪç] *adj* ① *(preiswert)* barato; **~ abzugeben** se vende barato; **~ davonkommen** *(fam)* salir bien parado ② *(abw: minderwertig)* barato; *(Ausrede)* poco convincente; **das ist ein ~er Trost** es poco consuelo

Billiganbieter *m* oferente *m* de mercancías a bajo precio

Billigarbeiter(in) *m(f)* (WIRTSCH) mano *f* de obra barata

billigen ['bɪlɪgən] *vt* aprobar; **etw stillschweigend ~** admitir algo tácitamente

Billigflieger *m (fam)* compañía *f* aérea barata

Billigflug *m* vuelo *m* chárter

Billigpreis *m* (WIRTSCH) bajo precio *m;* **zu ~en verkaufen** vender a bajo precio

Billigprodukt *nt* producto *m* barato

Billigung *f ohne pl* aprobación *f;* **jds ~ finden** contar con la aprobación de alguien

Billigware *f* producto *m* rebajado

Billigwaren *fpl* (WIRTSCH) mercancías *fpl* baratas

Billion [bɪ'ljoːn] *f* <-en> billón *m*

Bimbam ['bɪm'bam] *m* (**ach**) **du heiliger ~!** ¡(ay) Dios mío!

bimmeln *vi (fam: Glocke)* repicar; *(Telefon)* sonar

Bimsstein *m* piedra *f* pómez, pumita *f*

bin [bɪn] *1. präs von* **sein**

binär [bi'nɛːɐ] *adj* (MATH, INFOR, SOZIOL) binario

Binde ['bɪndə] *f* <-n> ① *(Verband)* venda *f* ② *(Armschlinge)* cabestrillo *m* ③ *(Monatsbinde)* compresa *f* ④ *(Wend)* **sich** *dat* **einen hinter die ~ kippen** *(fam fig)* empinar el codo

Bindegewebe *nt* tejido *m* conjuntivo

Bindeglied *nt* vínculo *m; (einer Kette)* eslabón *m*

Bindehaut *f* (MED) conjuntiva *f*

Bindehautentzündung *f* (MED) conjuntivitis *f inv*

Bindemittel *nt* aglutinante *m*

binden ['bɪndən] <bindet, band, gebunden> **I.** *vt* ① *(zusammenbinden)* atar; *(Strauß)* hacer; *(Buch)* encuadernar; **mir sind die Hände gebunden** *(fig)* tengo las manos atadas ② *(befestigen)* sujetar; *(Krawatte)* anudar ③ (GASTR) espesar ④ *(verpflichten)* comprometer, vincular; **eine ~de Zusage** una promesa vinculante ⑤ (CHEM, PHYS) ligar, fijar ⑥ *(Laute)* rimar **II.** *vr:* **sich ~** *(sich verpflichten)* vincularse (**an** a), comprometerse (**an** a)

bindend *adj* ① *(fig)* vinculante (**für** para) ② *(Leim)* aglutinante ③ (JUR) vinculatorio

Bindestrich *m* guion *m*

Bindewort *nt* (LING) conjunción *f*

Bindfaden *m* cordón *m;* **es regnet Bindfäden** *(fig)* llueve a cántaros

Bindung ['bɪndʊŋ] *f* <-en> ① *(Partnerschaft)* relación *f; (feste Beziehung)* compromiso *m* ② *(an Heimat, Person)* apego *m* ③ *(am Ski)* fijación *f* ④ (CHEM) enlace *m*

binnen ['bɪnən] *präp +dat o geh: +gen* en (el trascurso de); (COM) en el término de; **~ Kurzem** [*o* **kurzem**] en breve; **~ einiger Stunden** en algunas horas

Binnengewässer *nt* aguas *fpl* continentales

Binnenhafen *m* puerto *m* fluvial

Binnenhandel *m ohne pl* comercio *m* interior

Binnenland *nt* <-(e)s, -länder> país *m* sin acceso al mar

Binnenmarkt *m* mercado *m* interior; **Europäischer ~** mercado único europeo
Binnenmeer *nt* mar *m* interior
Binnenschifffahrt *f* navegación *f* fluvial
Binnensee *m* lago *m* (continental)
Binnenverkehr *m* <-s, *ohne pl*> tráfico *m* interior
binokular [binoku'la:ɐ] *adj* binocular
binomisch [bi'no:mɪʃ] *adj* (MATH) binomial; **~e Formel** fórmula binomial
Binse ['bɪnzə] *f* <-n> junco *m;* **etw geht in die ~n** *(fam)* algo se echa a perder
Binsenweisheit *f* perogrullada *f*
Bioabfall *m* basura *f* orgánica
bioaktiv [bioʔak'ti:f] *adj* (ÖKOL) biológicamente activo
Biobaumwolle *f* bioalgodón *m*
Biochemie [bioçe'mi:] *f* (CHEM) bioquímica *f*
Biochemiker(in) *m(f)* (CHEM) bioquímico, -a *m, f*
biochemisch *adj* (CHEM) bioquímico
Biodiversität *f* <-, *ohne pl*> biodiversidad *f*
biodynamisch [---'--] *adj* biodinámico
Bioenergie *f* bioenergía *f*
Bioethik ['----] *f ohne pl* (PHILOS) bioética *f*
Biogas ['---] *nt* (ÖKOL) biogas *m*
Biograf(in) [bio'gra:f] *m(f)* <-en, -en; -, -nen> biógrafo, -a *m, f*
Biografie [biogra'fi:] *f* <-n> biografía *f*
biografisch *adj* biográfico
Biokost ['---] *f* alimentación *f* biológica
Bioladen ['----] *m (fam)* tienda *f* de productos naturales
Biolandbau *m ohne pl* agricultura *f* ecológica
Biologe, -in [bio'lo:gə] *m, f* <-n, -n; -nen> biólogo, -a *m, f*
Biologie [biolo'gi:] *f ohne pl* biología *f*
Biologin *f* <-nen> *s.* **Biologe**
biologisch *adj* biológico; **~ abbaubar** biodegradable
Biomasse ['----] *f* <-, *ohne pl*> (BIOL) biomasa *f*
Biomechanik *f* biomecánica *f*
Biometrie [biome'tri:] *f* <-, *ohne pl*> (AGR, BIOL, MED) biometría *f*
biometrisch [bio'me:trɪʃ] *adj* biométrico; **~e Daten** datos biométricos
Biomüll ['---] *m* (ÖKOL) basura *f* orgánica, compost *m*
Biophysik [---'-] *f* (PHYS) biofísica *f*
Bioprodukt *nt* producto *m* biológico [*o* ecológico], bioproducto *m*
Biopsie [biɔ'psi:] *f* <-, -n> (MED) biopsia *f*
Biorhythmus ['----] *m* (BIOL) biorritmo *m*
Biosphäre [--'--] *f ohne pl* (GEO, BIOL) biosfera *f*
Biosynthese *f* biosíntesis *f inv*
Biotechnik ['----] *f ohne pl* (MED, BIOL) biotecnología *f*
Biotechnologie ['------, -----'-] *f* (BIOL) biotecnología *f*
Biotonne ['----] *f* (ÖKOL) contenedor *m* para la basura orgánica
Biotop [bio'to:p] *nt o m* <-s, -e> (BIOL) biotopo *m*
Biotreibstoff ['----] *m* (ÖKOL) biocarburante *m*
BIP [be:ʔi:'pe:] *nt* <-, *ohne pl*> (WIRTSCH) *Abk. von* **Bruttoinlandsprodukt** PIB *m*
Bipolarität [bipolari'tɛ:t] *f ohne pl* bipolaridad *f*
Birdie ['bə:di] *nt* <-s, -s> (SPORT: *beim Golf*) birdi(e) *m*
birgt [bɪrkt] *3. präs von* **bergen**
Birke ['bɪrkə] *f* <-n> (BOT) abedul *m*
Birkhuhn *nt* (ZOOL) gallo *m* lira
Birnbaum *m* peral *m*
Birne ['bɪrnə] *f* <-n> ① *(Frucht)* pera *f* ② *(Glühbirne)* bombilla *f* ③ *(fam: Kopf)* coco *m*
birnenförmig *adj* en forma de pera, periforme
Birnenmelone *f* (GASTR) pepino *m* dulce
birst [bɪrst] *3. präs von* **bersten**
bis [bɪs] **I.** *präp +akk* ① *(räumlich, zeitlich)* hasta; **von ... ~ ...** de... a..., desde... hasta...; **~ wohin fahren Sie?** ¿hasta dónde va Ud.?; **~ Seite 30** hasta la página 30; **ich habe ~ drei Uhr gewartet** esperé hasta las tres; **von Freitag ~ Sonntag** de viernes a domingo; **von 9 ~ 11 Uhr** de 9 a 11; **~ morgen/Montag!** ¡hasta mañana/el lunes!; **~ bald/später!** ¡hasta pronto/luego!; **~ jetzt** hasta ahora; **~ dahin** hasta ahí; **noch fünf Minuten ~ zur Pause** faltan cinco minutos para el intermedio; **Jugendliche ~ zu 18 Jahren** jóvenes hasta los 18 años ② *(außer)* **~ auf** excepto, aparte de; **~ auf ihren Bruder waren alle da** aparte de su hermano estaban todos ③ *(nicht mehr als)* **~ zu** como máximo, hasta; **~ zu 50.000 Menschen passen in das Stadion** en el estadio caben como máximo 50.000 personas ④ *(Zahlenangabe)* de... a..., entre... y...; **das kostet zwei- ~ dreihundert Euro** cuesta entre dos(cientos) y trescientos euros; **drei ~ vier Tage** de tres a cuatro días **II.** *konj (bis zu einem Zeitpunkt)* hasta *+inf,* hasta que *+subj;* **ich sage lieber nichts, ~ ich ihn persönlich kennen lerne** prefiero no decir nada hasta conocerlo personalmente; **ich warte, ~ er zurückkommt** espero hasta que vuelva **III.** *adv* (MUS) bis

Bisam ['bi:zam] *m* <-s, -e *o* -s> ① *(Moschus)* almizcle *m* ② *(Pelz)* castor *m*
Bisamratte *f* rata *f* almizclera
Bischof, **Bischöfin** ['bɪʃɔf, *pl:* 'bɪʃø:fə] *m, f* <-s, Bischöfe; -nen> obispo, -a *m, f*
bischöflich *adj* obispal, episcopal
Bischofsamt *nt* (REL) obispado *m*
Bischofssitz *m* sede *f* episcopal
Bischofsstab *m* (REL) báculo *m* pastoral
bisexuell ['bi:sɛksuɛl, 'bi:zɛksuɛl] *adj* bisexual
bisher [bɪs'he:ɐ] *adv* hasta ahora
bisherige(r, s) *adj* antecedente, anterior; **der ~ Minister** el ex-ministro; **sein ~s Verhalten** su comportamiento hasta ese momento
Biskaya [bɪs'ka:ja] *f* golfo *m* de Vizcaya
Biskuit [bɪs'kvi:t] *nt o m* <-(e)s, -e *o* -s> bizcocho *m*
Biskuitrolle *f* ≈ brazo *m* de gitano *(pastel de bizcocho, enrollado y relleno)*
Biskuitteig *m* <-(e)s, -e> (GASTR) masa *f* de bizcocho
bislang [bɪs'laŋ] *adv s.* **bisher**
Bismarckhering ['bɪsmark-] *m* (GASTR) arenque *m* (sin espinas) en escabeche
Bison ['bi:zɔn] *m* <-s, -s> bisonte *m*
biss [bɪs] *3. imp von* **beißen**
Biss [bɪs] *m* <-es, -e> ① *(das Zubeißen)* mordisco *m* ② *(Bisswunde)* mordedura *f*
bisschen ['bɪsçən] *adj inv* **ein ~** un poco, un poquito; **ein kleines ~** un poquitín; **ich habe kein ~ Zeit für dich** no tengo nada de tiempo para ti; **nicht ein ~ mehr** ni una pizca más; **es geht mir kein ~ besser** no me encuentro ni un poquito mejor; **das ist ein ~ wenig** es muy poco; **ach du liebes ~!** ¡ay, Dios mío!
Bissen ['bɪsən] *m* <-s, -> bocado *m*
bissig *adj (Hund)* mordedor; *(Bemerkung)* mordaz
Bissigkeit[1] *f* <-, -en> *(bissige Bemerkung)* sarcasmo *m*, ironía *f*
Bissigkeit[2] *f* <-, *ohne pl*> ① *(Sarkasmus)* mordacidad *f* ② *(eines Hundes)* propensión *f* a morder
Bisswunde *f (von einer Schlange)* mordedura *f; (von einem Hund)* mordisco *m*
bist [bɪst] *2. präs von* **sein**
Bistum ['bɪstu:m, *pl:* 'bɪsty:mɐ] *nt* <-s, Bistümer> obispado *m*
bisweilen [bɪs'vaɪlən] *adv* de vez en cuando, a veces
Bit [bɪt] *nt* <-(s), -(s)> (INFOR) bit *m*
bitte *adv* por favor; **~ sehr!**, **~ schön!** *(anbietend)* ¡tome!; *(auf Dank)* ¡de nada!; **Entschuldigung! – ~!** ¡perdone! – ¡no ha sido nada!; (**wie**) **~?** ¿cómo dice?; **ja, ~?** ¿diga?; **~ nach Ihnen!** ¡por favor, Ud. primero!; **zahlen ~!** ¡por favor, la cuenta!; **na ~!** ¿lo ves?; **~, wie du willst** bueno, como quieras
Bitte *f* <-n> ruego *m; (Ersuchen)* solicitud *f*, aplicación *f Am;* **auf ihre ~ hin** a su ruego; **ich habe eine große ~ an dich** quisiera pedirte un favor muy grande; **ich habe nur die eine ~, dass ...** quiero pedirte únicamente que... *+subj*
bitten ['bɪtən] <bittet, bat, gebeten> *vt* ① *(Wunsch äußern)* pedir, rogar; **er bat um Geduld/Verzeihung** pidió paciencia/disculpas; **es wird gebeten, nicht zu rauchen** se ruega no fumar; **wenn ich ~ darf** si me permite; **er lässt sich nicht lange ~** no se hace de rogar; **ich muss doch sehr ~!** ¡pero por favor!; **darum möchte ich gebeten haben** *(geh)* eso se sobreentiende; **darf ich um Aufmerksamkeit ~** ruego que presten atención ② *(auffordern)* hacer pasar; *(als Gast)* invitar; **darf ich Sie in mein Büro ~?** ¿quiere pasar a mi despacho, por favor?; **ich lasse ~** que entre ③ *(anflehen)* suplicar
bitter ['bɪtɐ] *adj* ① *(Geschmack, Wahrheit, Klage)* amargo ② *(Kälte)* intenso, fuerte; *(Unrecht)* grande; **~e Armut** extremada pobreza; **es ist mir ~er Ernst** estoy hablando muy en serio; **sich** *dat* **~e Vorwürfe machen** hacerse vivos reproches; **etw ~ bereuen** arrepentirse amargamente de algo; **etw ~ nötig haben** estar necesitadísimo de algo
bitterböse ['--'--] *adj* furioso, muy enojado
bitterernst ['--'-] *adj* totalmente serio
bitterkalt ['--'-] *adj* friísimo, terriblemente frío
Bitterkeit *f ohne pl* ① *(Geschmack)* amargor *m* ② *(Verbitterung)* amargura *f*
bitterlich **I.** *adj* amargo; *(Beigeschmack)* amarguillo **II.** *adv* **~ weinen** llorar amargamente; *(Kind)* llorar a moco tendido
bittersüß ['--'-] *adj* dulceamargo; *(süßsauer)* agridulce
Bittschrift *f* <-, -en> petición *f*, solicitud *f* escrita
Bittsteller(in) *m(f)* <-s, -; -nen> peticionario, -a *m, f*
Bitumen [bi'tu:mən] *nt* <-s, - *o* Bitumina> (CHEM) betún *m*
Biwak ['bi:vak] *nt* <-s, -s *o* -e> vivac *m*
bizarr [bi'tsar] *adj (seltsam)* raro; *(wunderlich)* extravagante, estrafalario
Bizeps ['bi:tsɛps] *m* <-(es), -e> bíceps *m inv*
BKA [be:ka:'ʔa:] *nt* <-, *ohne pl*> *Abk. von* **Bundeskriminalamt** Oficina *f* Federal de Investigación Criminal

B

Blabla [bla'bla:] *nt* <-s, *ohne pl*> *(fam)* blablá *m*
Blackout [blɛk'ʔaʊt, '--] *nt o m* <-(s), -s>, **Black-out** *nt o m* <-(s), -s> ① (MED: *Gedächtnislücke*) laguna *f*; *(Gedächtnisverlust)* pérdida *f* de memoria; **ein ~ haben** quedarse en blanco ② *(Stromausfall)* apagón *m*
blähen ['blɛ:ən] **I.** *vt* hinchar **II.** *vr:* **sich ~** hincharse **III.** *vi* (MED) provocar gases
Blähung *f* <-en> flato *m*, gases *mpl fam*
blamabel [bla'ma:bəl] *adj* vergonzoso
Blamage [bla'ma:ʒə] *f* <-n> plancha *f fam*
blamieren* **I.** *vt* poner en ridículo **II.** *vr:* **sich ~** hacer el ridículo
blanchieren* [blã'ʃi:rən] *vt* (GASTR) escaldar
blank [blaŋk] *adj* ① *(glänzend)* reluciente; **~ polierte Möbel** muebles pulidos [*o* lustrados]; **~ polierte Schuhe** zapatos lustrados [*o* brillantes]; **~ gewetzte Ärmel** mangas (des)gastadas [*o* rozadas] ② *(unbedeckt)* desnudo; **ich bin völlig ~** *(fam)* estoy sin blanca; **auf dem ~en Boden schlafen** dormir en el suelo raso ③ *(rein)* puro; **das ist ~er Unsinn** eso es un solemne disparate
blanko ['blaŋko] *adv* ① *(unbedruckt)* blanco ② *(ohne Eintrag)* en blanco; **einen Scheck ~ ausstellen** extender un cheque en blanco
Blankoscheck ['blaŋko-] *m* cheque *m* en blanco
Blankovollmacht *f* carta *f* blanca
blankpoliert *adj s.* **blank**
Blase [bla:zə] *f* <-n> ① *(Luftblase)* burbuja *f* ② *(auf der Haut)* ampolla *f*, yuyo *m AmC* ③ (ANAT: *Harnblase*) vejiga *f*
Blasebalg *m* fuelle *m*
blasen ['bla:zən] <bläst, blies, geblasen> **I.** *vi* *(Wind)* soplar **II.** *vt* ① *(Glas)* soplar ② (MUS) tocar (un instrumento de viento) ③ *(fam)* **jdm was ~** *(jdm die Meinung sagen)* decirle cuatro verdades a alguien ④ *(vulg)* **jdm einen ~** mamársela a alguien
Blasenentzündung *f* (MED) cistitis *f inv*
Blasenschwäche *f* <-, -n> (MED) incontinencia *f* de orina
Bläser(in) ['blɛ:zɐ] *m(f)* <-s, -; -nen> músico, -a *m, f* *(que toca un instrumento de viento)*
blasiert [bla'zi:ɐt] *adj (abw)* altanero, engreído
Blasinstrument ['bla:s-] *nt* instrumento *m* de viento
Blaskapelle *f* (MUS) orquesta *f* de instrumentos de viento
Blasmusik *f ohne pl* música *f* de instrumentos de viento
Blasorchester *nt* <-s, -> orquesta *f* de (instrumentos de) viento
Blasphemie [blasfe'mi:] *f* <-n> blasfemia *f*
Blasrohr *nt (Waffe)* cerbatana *f*; *(Düse)* tobera *f*
blass [blas] *adj* pálido, niste *Nic*; *(weißlich)* blanquecino; **~ werden** palidecer; **keinen ~en Schimmer von etw haben** *(fam)* no tener ni idea de algo
Blässe ['blɛsə] *f ohne pl* palidez *f*
blässlich *adj* paliducho
bläst [blɛ:st] *3. präs von* **blasen**
Blatt [blat, *pl:* 'blɛtɐ] *nt* <-(e)s, Blätter> ① (BOT) hoja *f*; **kein ~ vor den Mund nehmen** *(fam fig)* no tener pelos en la lengua ② *(Papier)* hoja *f*; *(Buchseite)* página *f*; *(Zeitung)* periódico *m*; *(Zeitschrift)* revista *f*; **lose Blätter** hojas sueltas; **das steht auf einem anderen ~** *(fam)* eso es harina de otro costal; **ein unbeschriebenes ~ sein** *(fam fig)* ser una persona sin antecedentes; **vom ~ spielen/singen** repentizar/cantar a primera vista ③ *(Spielkarten)* carta *f*; **ein gutes ~ (auf der Hand) haben** tener un buen juego ④ *(von einer Säge)* hoja *f* ⑤ *(an Ruder, Propeller)* pala *f*
Blättchen ['blɛtçən] *nt* <-s, -> *(Zigarettenpapier)* papelillo *m*
blättern ['blɛtɐn] *vi* hojear; **in einem Buch ~** hojear un libro
Blätterteig *m* hojaldre *m*, hojuela *f Cuba, Guat*
Blätterteiggebäck *nt* pastas *f pl* de hojaldre, dulce *m* de hojaldre
Blattgold *nt* (KUNST) oro *m* batido, pan *m* de oro
Blattgrün *nt ohne pl* (BOT) clorofila *f*
Blattlaus *f* (ZOOL) pulgón *m*
Blattpflanze *f* (BOT) planta *f* de hojas
Blattsalat *m* (GASTR) lechuga *f*
Blattspinat *m* <-(e)s, *ohne pl*> espinaca *f* entera (sin triturar)
Blattwerk *nt ohne pl* (BOT) follaje *m*
blau [blaʊ] *adj* ① *(Farbe)* azul; *(Lippen)* amoratado; **~es Auge** ojo morado; **~er Fleck** moratón *m*; **du wirst noch dein ~es Wunder erleben** *(fam)* te vas a llevar la sorpresa de tu vida ② *(fam: betrunken)* borracho, jumo *Am*
Blau *nt* <-s, -> azul *m*
Blaualge *f* <-, -n> alga *f* azul
blauäugig ['blaʊʔɔɪgɪç] *adj* ① *(mit blauen Augen)* de ojos azules ② *(leichtgläubig)* confiado
Blaubeere *f* arándano *m*
blaublütig *adj* de sangre azul; **~ sein** tener sangre azul
Blaue ['blaʊə] *nt* <-n> azul *m*; **das ~ vom**

Himmel versprechen *(fam)* prometer el oro y el moro; **eine Fahrt ins ~ machen** *(fam)* hacer un viaje al azar; **ins ~ hinein reden** *(fam)* hablar sin ton ni son

blaugrau *adj* gris azulado

blaugrün *adj* verde azulado

Blauhelm *m (UNO-Soldat)* casco *m* azul

Blaukraut *nt ohne pl (südd, Österr: Rotkohl)* (col *f*) lombarda *f*

bläulich ['blɔɪlɪç] *adj* azulado

Blaulicht *nt* sirena *f*

blau|machen *vi (fam: Schule)* fumarse la clase; *(Arbeit)* no ir al trabajo

Blaumann *m (fam: Arbeitsanzug)* mono *m* azul

Blaumeise *f* (ZOOL) herrerillo *m*

Blaupause *f* <-, -n> fotocalco *m* azul, cianotipo *m*

blaurot *adj* amoratado; **~ anlaufen** amoratarse

Blausäure *f ohne pl* (CHEM) ácido *m* cianhídrico

Blauschimmelkäse *m* (GASTR) queso *m* azul

blauschwarz *adj* negro azulado

Blauwal *m* (ZOOL) ballena *f* azul

Blazer ['ble:zɐ, 'blɛɪzɐ] *m* <-s, -> blazer *m*

Blech[1] [blɛç] *nt* <-(e)s, *ohne pl*> *(fam: Unsinn)* disparates *mpl*, tontería *f*

Blech[2] *nt* <-(e)s, -e> ❶ *(Metallplatte)* chapa *f* de metal; *(Weißblech)* (hoja)lata *f* ❷ *(Backblech)* bandeja *f* del horno

Blechbläser(in) *m(f)* <-s, -; -, -nen> (MUS) instrumentista *mf* de metal

Blechblasinstrument *nt* instrumento *m* de metal

Blechbüchse *f* <-, -n>, **Blechdose** *f* lata *f*

blechen ['blɛçən] *vi, vt (fam)* apoquinar

blechern ['blɛçɐn] *adj* ❶ *(Material)* de hojalata ❷ *(Klang)* metálico

Blechinstrument *nt* (MUS) instrumento *m* de metal

Blechmusik *f (abw)* charanga *f*

Blechschaden *m* (AUTO) daños *mpl* de carrocería

Blei [blaɪ] *nt* <-(e)s, *ohne pl*> (CHEM) plomo *m*; **es liegt mir wie ~ im Magen** me ha caído como una piedra en el estómago; *(fig)* tengo un gran pesar sobre mí

Bleibe ['blaɪbə] *f* <-n> alojamiento *m*

bleiben ['blaɪbən] <bleibt, blieb, geblieben> *vi sein* ❶ *(nicht weggehen)* quedarse; **~ Sie am Apparat!** ¡no cuelgue!; **hängen ~** *(an einem Ort)* quedarse; *(Wissen)* quedar en la memoria; *(Schüler)* suspender; **an etw hängen ~** *(kleben)* pegarse en algo; *(sich verhaken)* engancharse en algo; **wo bleibt er nur so lange?** ¿dónde se ha metido todo este rato?; **das bleibt unter uns!** ¡esto queda entre nosotros!; **sieh zu, wo du bleibst!** ¡apáñatelas como puedas! ❷ *(nicht ändern)* mantener(se); *(beharren)* perseverar; **gleich ~** no cambiar; **gleich ~d** constante; *(beständig)* permanente; **er bleibt bei seiner Behauptung, dass ...** mantiene su afirmación de que...; **es bleibt dabei** no hay cambios; **hier ist alles beim Alten geblieben** aquí sigue todo como antes; **die Frage blieb unbeantwortet** la pregunta quedó sin respuesta; **er ist derselbe geblieben** no ha cambiado; **er ist und bleibt ein Ganove** ha sido y es un bandido; **am Leben ~** quedar con vida; **liegen ~** *(Person)* quedarse tumbado; *(nicht verkauft werden)* no venderse; *(Auto)* quedar tirado; *(Arbeit)* quedar sin hacer; **offen ~** *(Tür, Fenster)* quedar abierto; **~ Sie doch sitzen!** ¡quédese sentado!; **stehen ~** quedarse de pie; *(anhalten)* detenerse; **stecken ~** *(festsitzen)* quedar fijo; *(im Schlamm)* quedar atascado; *(fam: beim Sprechen)* atascarse ❸ *(anhalten)* seguir, continuar; **das bleibt abzuwarten** hay que esperar; **es bleibt mir nichts weiter zu tun, als ...** no me queda otro remedio que...

bleibend *adj* duradero, persistente; **von ~em Wert** de valor duradero

Bleiberecht *nt* <-(e)s, *ohne pl*> (POL) derecho *m* de permanencia

bleich [blaɪç] *adj* pálido

bleichen I. *vt (Wäsche)* blanquear; *(entfärben)* desteñir; *(Haare)* oxigenar **II.** *vi (seine Farbe verlieren)* desteñirse

Bleichmittel *nt* descolorante *m*

bleiern ['blaɪɐn] *adj* ❶ *(Material)* de plomo ❷ *(Langeweile)* pesado ❸ *(geh: bleifarben)* plomizo

bleifrei *adj* sin plomo; **Super ~** gasolina súper sin plomo

Bleigießen *nt* <-s, *ohne pl*> *costumbre en la Nochevieja de derretir plomo, echarlo en agua fría y pronosticar el porvenir de las formas resultantes*

bleihaltig *adj* plomífero

Bleikristall *nt ohne pl* cristal *m* de Bohemia

bleischwer *adj* pesado como el plomo

Bleistift *m* lápiz *m*

Bleistiftspitzer *m* afilalápices *m inv*

Bleistiftzeichnung *f* dibujo *m* a lápiz

Bleivergiftung *f* (MED) intoxicación *f* causada por plomo

Blende ['blɛndə] *f* <-n> ❶ *(Lichtschutz)* pantalla *f* ❷ (FOTO) diafragma *m* ❸ *(an Fassaden: Tür)* puerta *f* ciega; *(Fenster)* ventana *f* ciega; *(an Kleidung)* tira *f* de tela (de adorno)

blenden ['blɛndən] **I.** *vi (Licht, Sonne)* cegar **II.** *vt* ❶ *(beeindrucken)* impresionar, deslumbrar ❷ *(blind machen)* cegar

blendend *adj* ❶ *(großartig)* estupendo; **sich ~ amüsieren/unterhalten** entretenerse/divertirse estupendamente ❷ *(strahlend)* deslumbrante, cegador; **~ weiß** blanco deslumbrante

blendfrei *adj* (TECH) antideslumbrante

Blessur [blɛ'suːɐ] *f* <-, -en> *(geh)* herida *f*

Blick[1] [blɪk] *m* <-(e)s, -e> *(Hinsehen, Ausdruck)* mirada *f*; *(kurz)* vistazo *m*; **alles auf einen ~** todo de una sola mirada; **einen ~ auf etw werfen** echar un vistazo a algo; **einen guten ~ für etw haben** tener buen ojo para algo; **keinen ~ für etw haben** no entender de algo; **auf den ersten ~** a primera vista; **jdn keines ~es würdigen** hacer caso omiso de alguien; **sie erwiderte seine ~e** le devolvió la mirada

Blick[2] *m* <-(e)s, *ohne pl*> *(Aussicht)* vista *f*, panorama *m*; **mit ~ auf den Dom** con vistas a la catedral

blicken ['blɪkən] *vi* mirar; **weit ~d** previsor; *(scharfsinnig)* clarividente; **sich ~ lassen** aparecer

Blickfang *m* <-(e)s, -fänge> centro *m* de atención

Blickfeld *nt* campo *m* visual

Blickkontakt *m* contacto *m* visual

Blickpunkt *m* centro *m* de interés; *(Gesichtspunkt)* punto *m* de vista

Blickrichtung *f* <-, -en> ❶ *(des Blicks)* dirección *f*; **in ~ (nach) Süden** en dirección sur ❷ *(Aspekt)* perspectiva *f*; **die ~ wechseln** cambiar de perspectiva

Blickwinkel *m* punto *m* de vista

blieb [bliːp] *3. imp von* **bleiben**

blies [bliːs] *3. imp von* **blasen**

blind [blɪnt] *adj* ❶ *(a. fig: ohne Sehvermögen)* ciego; **~ werden** perder la vista; **auf einem Auge ~** tuerto; **~er Gehorsam** obediencia ciega; **jdm ~ vertrauen** confiar en alguien ciegamente; **~ vor Wut** ciego de ira; **~ vor Eifersucht/Hass** cegado por los celos/el odio ❷ *(maßlos)* desmedido, sin límites ❸ *(Spiegel)* empañado

Blindbewerbung *f* solicitud *f* enviada a ciegas

Blinddarm *m* (ANAT) apéndice *m*

Blinddarmentzündung *f* apendicitis *f inv*

Blind Date [blaɪnt dɛɪt] *nt* <- -(s), - -s> cita *f* a ciegas

Blinde(r) *mf* <-n, -n; -n> ciego, -a *m, f*

Blindekuh ['---] *f ohne pl* **~ spielen** jugar a la gallina ciega

Blindenhund *m* (perro *m*) lazarillo *m*

Blindenschrift *f ohne pl* (alfabeto *m*) Braille *m*

Blindenstock *m* tiento *m*, bastón *m* (para ciegos)

Blindflug *m* vuelo *m* sin visibilidad

Blindgänger ['blɪntgɛŋɐ] *m* <-s, -> ❶ *(Geschoss)* proyectil *m* sin estallar ❷ *(fam: Versager)* fracasado *m*

blindgläubig **I.** *adj* llevado por una fe ciega **II.** *adv* con fe ciega; **~ führten sie seine Befehle aus** ejecutaron sus órdenes con una fe ciega

Blindheit *f ohne pl* ceguera *f*; **mit ~ geschlagen sein** tener una venda en los ojos

blindlings ['blɪntlɪŋs] *adv (unvorsichtig)* sin precaución; *(unüberlegt)* a ciegas; *(ins Ungewisse)* al azar

Blindschleiche ['blɪntʃlaɪçə] *f* <-n> lución *m*

blindwütig *adj* rabioso

blinken ['blɪŋkən] *vi* ❶ *(funkeln)* fulgurar; *(Stern)* centellear ❷ *(Blinkzeichen geben)* destellar ❸ (AUTO) poner el intermitente

Blinker *m* <-s, -> (AUTO) intermitente *m*; *(zum Angeln)* cebo *m* metálico destellante

Blinkerhebel *m* (AUTO) palanca *f* del intermitente

Blinklicht *nt* (luz *f*) intermitente *m*

Blinkzeichen *nt* señal *f* (luminosa) intermitente; **~ geben** dar el intermitente

blinzeln ['blɪntsəln] *vi* parpadear

Blitz [blɪts] *m* <-es, -e> ❶ (PHYS, METEO) rayo *m*; *(zwischen Wolken)* relámpago *m*; **die Nachricht schlug wie ein ~ ein** *(fam fig)* la noticia cayó como un rayo; **wie vom ~ getroffen** *(fam fig)* como tocado por el rayo ❷ (FOTO) flash *m*

Blitzableiter *m* pararrayos *m inv*

blitzartig *adj* fulminante

blitzblank ['-'-] *adj* reluciente, resplandeciente

blitzen *vi* ❶ *(strahlen)* brillar, relucir ❷ *(beim Gewitter)* relampaguear; **es blitzt und donnert** hay truenos y relámpagos

Blitzgerät *nt* (FOTO) flash *m*

blitzgescheit *adj (fam)* agudo

Blitzkarriere *f* carrera *f* fulgurante

Blitzkrieg *m* guerra *f* relámpago

Blitzlicht *nt* (FOTO) flash *m*

Blitzlichtgewitter *nt* <-s, -> *(fam)* lluvia *f* de flashes

blitzsauber ['-'--] *adj (fam)* limpio como una patena

Blitzschlag *m* rayo *m*

blitzschnell ['-'-] *adj (fam)* (rápido) como un rayo

Block[1] [blɔk, *pl:* blœkə] *m* <-(e)s, Blöcke> ❶ *(Stein)* bloque *m* ❷ (POL) bloque *m*

Block[2] m <-(e)s, -s o Blöcke> ① (Häuserblock) manzana f, bloque m ② (Schreibblock) bloc m

Blockade [blɔ'ka:də] f <-n> bloqueo m

Blockbuchstabe m letra f de imprenta

Blockdiagramm nt (INFOR) diagrama m de bloques

blocken vi, vt (SPORT) blocar

Blockflöte f flauta f dulce

blockfrei adj (POL) no alineado

Blockhaus nt casa f de troncos

Blockhütte f cabaña f de madera

blockieren* [blɔ'ki:rən] I. vi (Räder, Bremsen) bloquear II. vt (Zugang, Verkehr) cerrar, bloquear

Blocksatz m ohne pl (TYPO) composición f en forma de bloque

Blockschokolade f ≈ chocolate m a la piedra

Blockschrift f ohne pl letra f de imprenta

Blockunterricht m <-(e)s, ohne pl> enseñanza f en bloque

blöd(e) adj (fam) ① (dumm) tonto, apantallado Méx ② (unangenehm) fastidioso; **lass dich nicht ~ anmachen!** (fam) ¡no te dejes enrollar mal!

Blödelei[1] f <-en> (fam: Bemerkung) sandez f, chorrada f

Blödelei[2] f ohne pl (fam: das Blödeln) hacer el chorra m; **lass endlich diese ~!** ¡deja de hacer el chorra de una vez!

blödeln ['blø:dəln] vi hacer el tonto

blöderweise ['blø:dɐ'vaɪzə] adj desgraciadamente

Blödheit f <-en> estupidez f, tontería f

Blödmann m imbécil m; (Schimpfwort) gilipollas m inv

Blödsinn m <-(e)s, ohne pl> (fam) disparate m, tontería f, pavada f CSur; **mach keinen ~!** ¡no hagas tonterías!

blödsinnig adj ① (schwachsinnig) imbécil ② (fam: blöd) idiota

Blog [blɔg] nt o m <-s, -s> (INFOR) Abk. von **Weblog** blog m, bitácora f

bloggen ['blɔgən] vi (INFOR) bloguear

Blogger(in) ['blɔgɐ] m(f) <-s, -> (INFOR) blogger mf

blöken ['blø:kən] vi balar

blond [blɔnt] adj rubio

Blonde(r) mf <-n, -n; -n, -n> rubio, -a m, f

blondieren* vt teñir de rubio

Blondine [blɔn'di:nə] f <-n> rubia f

bloß [blo:s] I. adj ① (unbedeckt) descubierto; (nackt) desnudo ② (nichts als) puro, mero; **mit ~em Auge** a simple vista; **der ~e Gedanke macht mich nervös** solamente pensar en ello, me pone nervioso; **aus ~er Neugier** por pura curiosidad II. adv (fam: nur) únicamente, solo; **lass das ~!** ¡no se te ocurra meterte en eso!; **was hast du ~?** ¿pero qué te pasa?; **sag ~!** ¡no me digas!

Blöße ['blø:sə] f <-n> ① (geh: Nacktheit) desnudez f ② (Schwachstelle) punto m débil; **sich eine ~ geben** mostrar su punto débil

bloß|legen vt descubrir; (enthüllen) sacar a la luz

bloß|stellen I. vt (Person) desenmascarar, zarandear Am II. vr: **sich ~** exponerse

Blouson [blu'zɔ̃:] m o nt <-(s), -s> cazadora f

Blowjob ['bloʊdʒɔp] m <-s, -s> (fam: Fellatio) mamada f

blubbern ['blʊbɐn] vi (fam) burbujear

Bluejeans ['blu:'dʒi:ns] f pl vaquero(s) m(pl), tejano(s) m(pl)

Blues [blu:s] m <-, -> (MUS) blues m inv

Bluetooth-Headset® ['blu:tu:ð'hɛtsɛt] nt (TECH) auricular m bluetooth®

Bluff [blʊf] m <-s, -s> (abw) fanfarronada f, bolazo m RíoPl

bluffen ['blʊfən, 'blœfən] vi (abw) fanfarronear, blofear AmC, Méx

blühen ['bly:ən] vi ① (Pflanzen) florecer, florear Am ② (Geschäft) prosperar, florear Am ③ (fam: bevorstehen) suceder; **das kann mir auch noch ~** esto también me puede suceder a mí

blühend ['bly:ənt] adj ① (Pflanze, Sprache) florido; (Frau) fresco; (Gesichtsfarbe) saludable ② (Geschäft, Stadt) próspero; (Fantasie) exuberante; **sie starb im ~en Alter** murió en la flor de la vida

Blume ['blu:mə] f <-n> ① (BOT) flor f; **~n pflanzen/pflücken/säen** plantar/coger/sembrar flores; **er hat es ihr durch die ~ gesagt** le soltó una indirecta ② (von Wein) buqué m, aroma m ③ (auf Bier) espuma f

Blumenbeet nt arriate m, macizo m de flores

Blumenerde f <-, -n> tierra f para plantas, su(b)strato m vegetal

Blumengeschäft nt floristería f, tienda f de flores

Blumenhändler(in) m(f) florista mf

Blumenkasten m jardinera f, macetero m Am

Blumenkelle f (für Gartenarbeit) trasplantador m

Blumenkohl m coliflor f

Blumenladen m floristería f

Blumenmädchen nt <-s, -> florista f

Blumenständer m macetero m

Blumenstrauß m ramo m de flores, maceta f Chil

Blumentopf m maceta f, tiesto m

Blumenvase f florero m

Blumenwiese *f* prado *m* de flores
blumig ['blu:mɪç] *adj* ❶ *(Wein)* con buqué ❷ *(Stil)* florido; *(abw)* amanerado
Bluse ['blu:zə] *f* <-n> blusa *f*
Blut [blu:t] *nt* <-(e)s, *ohne pl*> sangre *f*; **blaues ~ haben** tener sangre azul; **jdm ~ abnehmen** sacar sangre a alguien; **ruhig ~ bewahren** guardar la sangre fría; **~ vergießen** derramar sangre; **jdn bis aufs ~ reizen** *(fam)* pudrirle [*o* quemarle] la sangre a alguien; **etw liegt jdm im ~** alguien lleva algo en la sangre; **~ und Wasser schwitzen** *(fam)* sudar la gota gorda; **jdm gefriert das ~ in den Adern** *(fig)* a alguien se le hiela la sangre en las venas; **er hat ~ geleckt** *(fam)* ha tomado gusto
Blutabnahme *f* extracción *f* de sangre
Blutalkohol *m ohne pl* contenido de alcohol en la sangre *m*
blutarm *adj* (MED) anémico
Blutbad *nt* derramamiento *m* de sangre
Blutbahn *f* (ANAT) sistema *m* circulatorio; *(Adern)* vasos *m pl* sanguíneos
Blutbank *f* (MED) banco *m* de sangre
Blutbild *nt* (MED) cuadro *m* sanguíneo
Blutdruck *m ohne pl* (MED) tensión *f* arterial; **hohen/niedrigen ~ haben** tener la tensión alta/baja; **den ~ messen** tomar/medir la tensión (arterial)
Blutdruckmesser *m* (MED) tonómetro *m*
Blutdruckmessgerät *nt* (MED) esfigmomanómetro *m*
blutdrucksenkend *adj* hipotensor; **Knoblauch enthält eine ~e Substanz** el ajo contiene una sustancia hipotensora
Blüte[1] ['bly:tə] *f* <-n> ❶ (BOT) flor *f* ❷ *(fam: Banknote)* billete *m* falso
Blüte[2] *f ohne pl* ❶ *(das Blühen)* floración *f*; **in voller ~ stehen** estar en plena floración ❷ *(Wohlstand)* prosperidad *f*, florecimiento *m* ❸ *(Höhepunkt)* florecimiento *m*, apogeo *m*
Blutegel ['blu:tʔe:gəl] *m* sanguijuela *f*
bluten ['blu:tən] *vi* sangrar; **mir blutet das Herz** *(fig)* se me rompe el corazón
Blütenblatt *nt* (BOT) pétalo *m*
Blütenknospe *f* <-, -n> (BOT) capullo *m* (de flor), botón *m*
Blütenstand *m* <-(e)s, -stände> (BOT) inflorescencia *f*
Blütenstaub *m* (BOT) polen *m*
Blutentnahme *f* <-, -n> (MED) extracción *f* de sangre
blütenweiß *adj* blanquísimo
Blütenzweig *m* rama *f* florida
Bluter(in) ['blu:tɐ] *m(f)* <-s, -; -nen> (MED) hemofílico, -a *m, f*
Bluterguss ['blu:tʔɛɐgʊs] *m* (MED) derrame *m* sanguíneo
Bluterin *f* <-nen> *s.* **Bluter**
Bluterkrankheit ['blu:tɐ-] *f* (MED) hemofilia *f*
Blütezeit *f* floración *f*; *(fig)* apogeo *m*
Blutfleck *m* mancha *f* de sangre
Blutgefäß *nt* (ANAT) vaso *m* sanguíneo
Blutgerinnsel *nt* (MED) coágulo *m* de sangre
Blutgerinnung *f* (MED) coagulación *f* de la sangre
Blutgruppe *f* (MED) grupo *m* sanguíneo
Blutgruppenbestimmung *f* (MED) determinación *f* del grupo sanguíneo
Bluthochdruck *m* (MED) hipertensión *f* arterial
Bluthund *m* <-(e)s, -e> perro *m* de presa
blutig *adj* ❶ *(blutbefleckt)* ensangrentado ❷ *(Kampf)* sangriento ❸ *(verstärkend)* muy, mucho; **ein ~er Anfänger** un novato
blutjung ['-'-] *adj* muy joven
Blutkonserve *f* (MED) conserva *f* de sangre
Blutkörperchen ['blu:tkœrpɐçən] *nt* <-s, -> (MED) glóbulo *m* de sangre, hematocito *m*
Blutkrebs *m* (MED) leucemia *f*
Blutkreislauf *m* (MED) circulación *f* sanguínea
Blutlache *f* <-, -n> charco *m* de sangre
blutleer *adj* exangüe, desangrado
Blutorange *f* sanguina *f*
Blutplasma *nt* (MED) plasma *m* sanguíneo
Blutplättchen ['blu:tplɛtçən] *nt* <-s, -> (MED) trombocito *m*
Blutprobe *f* (MED) prueba *f* de sangre
Blutrache *f* vendetta *f*
blutrot ['-'-] *adj* rojo vivo
blutrünstig ['blu:trʏnstɪç] *adj* sangriento
Blutsauger *m* ❶ *(Tier)* sanguijuela *f* ❷ *(abw: Mensch)* sanguijuela *f*, vampiro *m*
Blutsbruder *m* amigo *m* íntimo *(con el que la amistad se selló con sangre)*
Blutspende *f* (MED) donación *f* de sangre
Blutspender(in) *m(f)* donante *mf* de sangre
Blutspur *f* <-, -en> huella *f* de sangre
blutstillend *adj* hemostático
Blutstropfen *m* (MED) gota *f* de sangre
Blutsturz *m* (MED) hemorragia *f*
blutsverwandt *adj* consanguíneo
Blutsverwandte(r) *mf* pariente *mf* consanguíneo , -a
Bluttat ['blu:tta:t] *f* acto *m* cruento; *(Mord)* asesinato *m*
Bluttransfusion *f* (MED) tra(n)sfusión *f* de sangre
blutüberströmt ['blu:ty:bɐ(')strø:mt] *adj* bañado en sangre
Blutübertragung *f* (MED) tra(n)sfusión *f* de sangre

Blutung *f* <-en> hemorragia *f;* **die monatliche ~** la menstruación
blutunterlaufen ['blu:tʊntɐ(')laʊfən] *adj* inyectado en sangre
Bluntuntersuchung *f* (MED) análisis *m inv* de sangre
Blutvergießen *nt* <-s, *ohne pl*> *(geh)* derramamiento *m* de sangre
Blutvergiftung *f* (MED) intoxicación *f* de la sangre
Blutverlust *m* (MED) pérdida *f* de sangre
Blutwäsche *f* (MED) depuración *f* de la sangre
Blutwurst *f* (GASTR) morcilla *f*
Blutzucker *m ohne pl* (MED) glucemia *f*
Blutzuckerspiegel *m* (MED) nivel *m* de azúcar en la sangre; **einen hohen ~ haben** tener el azúcar muy alto
Blutzuckerwert *m* (MED) nivel *m* de azúcar en la sangre
BLZ [be:ʔɛl'tsɛt] (FIN) *Abk. von* **Bankleitzahl** código *m* de identificación bancaria
b-Moll *nt* <-s, *ohne pl*> (MUS) si *m* bemol menor
B-Movie ['be:'mu:vi] *nt* <-s, -s> película *f* B
BMX-Rad [be:ʔɛm'ʔɪksra:t] *nt* bicicleta *f* BMX
BND [be:ʔɛn'de:] *m* <-, *ohne pl*> *Abk. von* **Bundesnachrichtendienst** servicio *m* secreto de la República Federal de Alemania
Bö [bø:] *f* <-en> racha *f*
Boa ['bo:a] *f* <-s> (*a.* ZOOL) boa *f*
Bob [bɔp] *m* <-s, -s> bob(sleigh) *m*
Bobbahn *f* (SPORT) pista *f* de bobsleigh
Bobfrisur *f* corte *m* bob
Bobsport *m ohne pl* bob *m*
Bock [bɔk, *pl:* 'bœkə] *m* <-(e)s, Böcke> ① (ZOOL) macho *m; (Ziegenbock)* macho *m* cabrío; **einen ~ schießen** *(fig)* meter la pata ② *(fam: Mensch)* tío *m,* tipo *m;* **er ist ein sturer ~** es un tío tozudo ③ *(fam: Lust)* gana(s) *f(pl)* (**auf** de) ④ (SPORT) potro *m* ⑤ *(Gestell)* caballete *m* ⑥ *(Hebebock)* cabria *f;* (AUTO) gato *m*
Bockbier *nt* cerveza *f* fuerte
bocken *vi* ① *(Kind, Tier)* ponerse terco ② *(Motor)* andar a trancas y barrancas
bockig *adj* tozudo, cabezota
Bockshorn ['bɔkshɔrn] *nt ohne pl (fam)* **jdn ins ~ jagen** intimidar a alguien
Bockspringen *nt* <-s, *ohne pl*> (SPORT) salto *m* de potro
Bockwurst *f* salchicha *f* cocida
Boden ['bo:dən, *pl:* 'bø:dən] *m* <-s, Böden> ① *(Erdboden)* tierra *f; (Fußboden)* suelo *m; (Gelände)* terreno *m;* **auf italienischem ~** en territorio italiano; **zu ~ fallen** caer al suelo; **an ~ gewinnen** ganar terreno; **(wieder) festen ~ unter den Füßen haben** *(fig)* (volver a) tener el porvenir asegurado; **den ~ unter den Füßen verlieren** perder pie; **jdm den ~ unter den Füßen wegziehen** privar a alguien de su base existencial; **am ~ zerstört sein** estar con el ánimo por los suelos ② *(von Gefäß, Meer)* fondo *m* ③ *(Dachboden)* desván *m; (Dachwohnung)* ático *m* ④ *(Grundlage)* base *f,* fundamento *m;* **auf dem ~ der Tatsachen stehen** estar con los pies en el suelo ⑤ *(eines Regals)* balda *f*
Bodenbelag *m* pavimento *m*
Bodenbelastung *f* contaminación *f* del suelo
Bodenerosion *f* (ÖKOL) erosión *f* del suelo
Bodenfrost *m* helada *f* del suelo
Bodenhaftung *f* (AUTO) adherencia *f* de las ruedas al suelo
bodenlos *adj* ① *(tief)* sin fondo ② *(fam: unerhört)* increíble; **eine ~e Frechheit** una desfachatez sin nombre
Bodenpersonal *nt* (AERO) personal *m* de tierra
Bodenprobe *f* <-, -n> (AGR) prueba *f* del suelo
Bodenreform *f* (JUR) reforma *f* agraria
Bodensatz *m* poso *m,* sedimento *m*
Bodenschätze *mpl* riquezas *fpl* naturales
Bodensee *m* <-s> lago *m* de Constanza
bodenständig *adj* arraigado
Bodenstreitkräfte *fpl* (MIL) infantería *f*
Bodenturnen *nt* <-s, *ohne pl*> (SPORT) gimnasia *f* de suelo
Body ['bɔdi] *m* <-s, -s> *(Kleidungsstück)* bodi *m*
Bodyboarden *nt* (SPORT) bodyboarding *m*
Bodybuilding ['bɔdibɪldɪŋ] *nt* <-s, *ohne pl*> culturismo *m,* bodybuilding *m*
Bodyguard ['bɔdiga:ɐt] *m* guardaespaldas *m inv*
Body-Mass-Index ['bɔdimæsɪndɛks] *m* <-(es), -Indizes> índice *m* de masa corporal
Bodypainting *nt* <-s, ->, **Body-Painting** ['bɔdipe:ntɪŋ] *nt* <-s, -> (KUNST) body painting *m,* arte *m* de decorar el cuerpo
Böe ['bø:ə] *f* <-n> ráfaga *f,* racha *f*
bog [bo:k] *3. imp von* **biegen**
Bogen ['bo:gən, *pl:* 'bø:gən] *m* <-s, - *südd, Österr:* Bögen> ① *(Kurve)* curva *f;* **einen großen ~ um jdn/etw machen** *(fam)* evitar a alguien/algo; **er hat den ~ raus** *(fam)* ya sabe por dónde van los tiros; **jdn in hohem ~ hinauswerfen** *(fam)* mandar a alguien a freír espárragos ② *(Sportgerät)* arco *m;* **den ~ überspannen** *(fam)* ir demasiado lejos ③ (ARCHIT,

MUS, MATH) arco *m* ④ *(Blatt Papier)* hoja *f*, pliego *m*
bogenförmig ['boːgənfœrmɪç] *adj* arqueado
Bogengang *m* (ARCHIT) arcada *f*
Bogenschießen *nt ohne pl* (SPORT) tiro *m* de arco
Bogenschütze, -in *m, f* (SPORT) arquero, -a *m, f*
Bogey ['boːgi] *nt* <-s, -s> (SPORT: *beim Golf*) uno *m* sobre par
Boheme [bo'eːm, bo'ɛːm] *f* <-, *ohne pl*> *(geh)* bohemia *f*
Bohemien [boe'mjɛ̃ː] *m* <-s, -s> *(geh)* bohemio *m*
Böhme, -in ['bøːmə] *m, f* <-n, -n; -, -nen> bohemio, -a *m, f*
Böhmen ['bøːmən] *nt* <-s> Bohemia *f*
böhmisch ['bøːmɪʃ] *adj* bohemio; **das sind ~e Dörfer für mich** *(fam)* esto me suena a chino
Bohne ['boːnə] *f* <-n> ① (BOT) judía *f*, poroto *m AmS;* **grüne ~n** judías verdes, ejotes *mpl AmC;* **schwarze ~** judía negra ② *(Kaffeebohne)* grano *m* de café; **nicht die ~!** *(fam)* ¡ni pizca!
Bohneneintopf *m* potaje *m* de judías
Bohnenkaffee *m* café *m* en grano
Bohnenstange *f* rodrigón *m*
bohnern ['boːnɐn] *vi, vt* encerar
Bohnerwachs *nt* cera *f* para el piso
bohren ['boːrən] **I.** *vt* ① *(Loch)* perforar, hacer; *(Brunnen)* (ex)cavar; **ein Loch ~** hacer un agujero ② *(mit Bohrer in Material)* taladrar, barrenar; **in der Nase ~** meterse el dedo en la nariz; **~de Zweifel** dudas atormentadoras **II.** *vi* ① *(fam: fragen)* insistir ② *(Öl, Wasser)* buscar (**nach**) ③ *(Zahnarzt)* taladrar **III.** *vr* **sich in etw ~** penetrar en algo
bohrend *adj* **ein ~er Schmerz** un dolor lacerante; **~e Zweifel** dudas atormentadoras
Bohrer *m* <-s, -> taladro *m*, barrena *f*
Bohrinsel ['boːɐʔɪnzəl] *f* plataforma *f* de sondeo
Bohrloch *nt* agujero *m* de perforación; *(für Erdöl)* pozo *m* de sondeo
Bohrmaschine *f* taladradora *f*
Bohrturm *m* castillete *m* de sondeo
Bohrung *f* <-en> ① *(das Bohren)* perforación *f* ② *(Bohrloch)* agujero *m* de perforación
böig ['bøːɪç] *adj* racheado
Boiler ['bɔɪlɐ] *m* <-s, -> calentador *m* (de agua), calefón *m Arg*
Boje ['boːjə] *f* <-n> (NAUT) boya *f*
Bolero [bo'leːro] *m* <-s, -s> ① *(Tanz)* bolero *m* ② *(Jäckchen)* torera *f*
Bolivianer(in) [boli'vjaːnɐ] *m(f)* <-s, -; -nen> boliviano, -a *m, f*
bolivianisch *adj* boliviano
Bolivien [bo'liːviən] *nt* <-s> Bolivia *f*
Bollwerk ['bɔlvɛrk] *nt* <-(e)s, -e> ① (NAUT) muelle *m* ② *(fig: Festung)* baluarte *m*
Bolschewismus [bɔlʃe'vɪsmʊs] *m* <-, *ohne pl*> bolchevismo *m*
Bolschewist(in) *m(f)* <-en, -en; -, -nen> bolchevique *mf*
bolschewistisch *adj* bolchevique
Bolzen ['bɔltsən] *m* <-s, -> perno *m*, clavija *f*
Bombardement [bɔmbardə'mãː] *nt* <-s, -s *Schweiz:* -e> (MIL) bombardeo *m*
bombardieren* [bɔmbar'diːrən] *vt* ① (MIL) bombardear ② *(fam: überhäufen)* acribillar (**mit** a)
Bombardierung *f* <-en> ① (MIL) bombardeo *m;* **die Stadt hielt der schweren ~ stand** la ciudad resistió el intenso bombardeo ② *(fam: Überhäufung)* bombardeo *m* (**mit** de); **eine ~ mit Fragen/Vorwürfen** un bombardeo de preguntas/de reproches
bombastisch [bɔm'bastɪʃ] *adj (abw)* rimbombante
Bombe ['bɔmbə] *f* <-n> bomba *f;* **eine ~ legen** poner una bomba
Bombenalarm *m* alarma *f* de bombardeo
Bombenangriff *m* (MIL) bombardeo *m*
Bombenanschlag *m* (MIL) atentado *m* con bomba(s)
Bombenattentat *nt* atentado *m* con bomba
Bombendrohung *f* amenaza *f* de bomba; **die Polizei erhielt telefonisch eine ~** la policía recibió una amenaza telefónica de bomba
Bombenerfolg ['---'-] *m (fam)* éxito *m* rotundo
Bombengeschäft ['---'-] *nt (fam)* negocio *m* redondo
bombensicher ['--'--] *adj* ① (TECH) a prueba de bomba; *(fig)* infalible ② *(fam)* totalmente seguro
Bombenstimmung ['--'--] *f ohne pl (fam)* ambiente *m* fantástico
Bomber ['bɔmbɐ] *m* <-s, -> (MIL) bombardero *m*
bombig *adj (fam)* fantástico, magnífico
Bommel ['bɔməl] *f* <-, -n> *m* <-s, -> *(reg: Troddel)* borla *f*
Bon [bɔŋ, bõː] *m* <-s, -s> ① *(Gutschein)* vale *m* ② *(Kassenzettel)* tique *m*
Bonbon [bɔŋ'bɔŋ, bõ'bõː] *m o nt* <-s, -s> caramelo *m*
bongen ['bɔŋən] *vt* ① *(fam: an der Kasse)* registrar, marcar ② *(fam: versprechen)* **das ist gebongt!** ¡hecho!

Bongotrommel *f* <-, -n> bongó *m*

Bonität [boniˈtɛːt] *f* <-, -en> (FIN) solvencia *f*, calidad *f* de solvente

Bonn [bɔn] *nt* <-s> Bonn *m*

Bonsai [ˈbɔnzaɪ] *m* <-(s), -s> bonsái *m*

Bonus [ˈboːnʊs] *m* <- *o* Bonusses, - *o* Bonusse *o* Boni> (COM) gratificación *f*

Bonze [ˈbɔntsə] *m* <-n, -n> *(abw)* cacique *m*

Bonzokratie *f* <-, -n> *(abw)* caciquismo *m*, caudillaje *m Arg, Chil, Perú*

Boom [buːm] *m* <-s, -s> bum *m*, boom *m*

boomen [ˈbuːmən] *vi* (WIRTSCH: *fam: Geschäft)* prosperar; *(Literatur, Mode)* experimentar un auge

Boot [boːt] *nt* <-(e)s, -e> barca *f*; **wir sitzen alle im gleichen ~** *(fam)* todos tiramos de una cuerda

booten [ˈbuːtən] *vt* (INFOR) inicializar

Bootsfahrt *f* viaje *m* en barca

Bootsflüchtling *m* balsero, -a *m, f*

Bootshaus *nt* casa *f* guardabotes

Bootsmann *m* <-(e)s, -leute> (NAUT) contramaestre *m*

Bootsrumpf *m* casco *m* (del barco)

Bootssteg *m* <-(e)s, -e> (NAUT) embarcadero *m*, amarradero *m*

Bootsverleih *m* alquiler *m* de barcas

Bor [boːɐ] *nt* <-s, *ohne pl*> (CHEM) boro *m*

Bord[1] [bɔrt] *m* <-(e)s, *ohne pl*> (NAUT) borda *f*; *(äußerlich)* bordo *m*; **an ~** a bordo; **alle Mann an ~!** ¡todos a bordo!; **über ~ gehen** caer por la borda; **von ~ gehen** desembarcar; **an ~ gehen** embarcarse; **alle Bedenken über ~ werfen** olvidarse de todas las dudas

Bord[2] *nt* <-(e)s, -e> ❶ *(Wandbrett)* estante *m* ❷ *(Schweiz: Rand, Böschung)* borde *m*

Bordcomputer *m* ordenador *m* de a bordo

Bordell [bɔrˈdɛl] *nt* <-s, -e> burdel *m*

Bordkarte *f* (AERO) tarjeta *f* de embarque

Bordpersonal *nt* (AERO) tripulación *f*

Bordstein *m* bordillo *m*, cordón *m CSur*

Bordsteinkante *f* bordillo *m*

Bordüre [bɔrˈdyːrə] *f* <-n> *(Stoff)* ribete *m*

borgen [ˈbɔrgən] *vt* ❶ *(ausleihen)* tomar prestado ❷ *(verleihen)* prestar

Borke [ˈbɔrkə] *f* <-n> *(nordd)* ❶ *(Rinde)* corteza *f* ❷ *(Kruste einer Wunde)* costra *f*

Borkenkäfer *m* escarabajo *m* de la corteza

borniert [bɔrˈniːɐt] *adj (abw)* estrecho de miras

Börse [ˈbœrzə] *f* <-n> (FIN) bolsa *f*

Börsenbericht *m* (FIN) informe *m* bursátil

börsenfähig *adj* cotizable en bolsa

Börsengang *m* cotización *f* en bolsa

Börsengeschäft *nt* operación *f* bursátil

Börsenhandel *m ohne pl* contratación *f* bursátil

Börsenkrach *m* (FIN) caída *f* de la bolsa

Börsenkurs *m* (FIN) cotización *f* bursátil

Börsenmakler(in) *m(f)* corredor(a) *m(f)* de bolsa

börsennotiert *adj* (FIN: *Firma*) que cotiza en bolsa

Börsennotierung *f* <-, -en> cotización *f* bursátil

Börsenpapiere *ntpl* valores *f* bursátiles *pl*

Börsenschluss *m* <-es, *ohne pl*> (FIN) cierre *m* de bolsa, clausura *f* de bolsa

Börsenspekulant(in) *m(f)* (FIN) especulador(a) *m(f)* de bolsa

Börsenstart *m* (FIN) inicio *m* de la cotización bursátil

Borste [ˈbɔrstə] *f* <-n> (ZOOL: *künstlich*) cerda *f*

borstig *adj* hirsuto

Borte [ˈbɔrtə] *f* <-n> ribete *m*

bösartig [ˈbøːsʔaːɐtɪç] *adj* ❶ *(Mensch, Tier)* malo, malvado, canijo *Am*; *(Bemerkung)* malicioso ❷ *(Krankheit)* pernicioso; *(Geschwulst)* maligno; *(Fieber, Husten)* fuerte

Bösartigkeit *f* <-, *ohne pl*> ❶ *(Bosheit)* maldad *f* ❷ (MED) malignidad *f*

Böschung [ˈbœʃʊŋ] *f* <-en> ❶ *(an der Straße)* terraplén *m* ❷ *(Abhang)* declive *m*

böse [ˈbøːzə] **I.** *adj* ❶ *(schlecht)* malo; *(Kind)* maleducado ❷ *(unangenehm)* malo; **ein ~s Erwachen geben** una gran desilusión; **das wird ~ Folgen haben** eso tendrá graves consecuencias ❸ *(verärgert)* enfadado (**auf/mit** con), enojado (**auf/mit** con); **im B~n auseinandergehen** separarse por las malas; **ich bin** (**mit**) **ihm** [*o* **auf ihn**] **~** estoy enojado con él **II.** *adv* mal; **es wird ~ enden** eso terminará mal; **das sieht ~ aus** eso tiene mal aspecto

Böse *m* <-n, *ohne pl*> **der ~** *(geh: Teufel)* el Maligno

Bösewicht [ˈbøːzəvɪçt] *m* <-(e)s, -e *o* -er> bribón *m*, malvado *m*

boshaft [ˈboːshaft] *adj* malvado

Bosheit *f* <-en> maldad *f*, malicia *f*

Bosnien [ˈbɔsniən] *nt* <-s> Bosnia *f*

Bosnien-Herzegowina *nt* <-s> Bosnia-Herzegovina *f*

Bosnier(in) [ˈbɔsniɐ] *m(f)* <-s, -; -nen> bosnio, -a *m, f*

bosnisch [ˈbɔnɪʃ] *adj* bosnio

Bosporus [ˈbɔspɔrʊs] *m* <-> Bósforo *m*

Boss [bɔs] *m* <-es, -e> jefe *m*, trompa *m CSur: fam*

böswillig **I.** *adj* malévolo **II.** *adv* con mala intención

Böswilligkeit *f* <-en> malevolencia *f*

Bot [bɔt] *m* <-s, -s> (INFOR) bot *m*
bot [boːt] *3. imp von* **bieten**
Botanik [boˈtaːnɪk] *f ohne pl* botánica *f*
Botaniker(in) [boˈtaːnikɐ] *m(f)* <-s, -; -, -nen> botánico, -a *m, f*
botanisch *adj* botánico
Bote, -in [ˈboːtə] *m, f* <-n, -n; -nen> recadero, -a *m, f*
Botengang *m* recado *m*
Botin [ˈboːtɪn] *f* <-nen> *s.* **Bote**
Botschaft [ˈboːtʃaft] *f* <-en> ① *(geh: Nachricht)* mensaje *m* ② (POL) embajada *f*
Botschafter(in) *m(f)* <-s, -; -nen> (POL) embajador(a) *m(f)*
Botswana [bɔˈtsvaːna] *nt* <-s> Botsuana *m*
Bottich [ˈbɔtɪç] *m* <-(e)s, -e> cuba *f,* tina *f*
Bouclé [buˈkleː] *nt* <-s, -s> *hilo con nudos (para labores de punto)*
Bouillon [bʊlˈjɔŋ, bʊlˈjõː] *f* <-s> (GASTR, MED) caldo *m*
Boule [buːl] *nt o f* <-(s), *ohne pl*> (SPORT) boule *m*
Boulevard [buləˈvaːɐ] *m* <-s, -s> bulevar *m*
Boulevardblatt *nt* <-(e)s, -blätter> *s.* **Boulevardzeitung**
Boulevardpresse *f ohne pl* prensa *f* sensacionalista [*o* amarilla]
Boulevardzeitung *f* periódico *m* sensacionalista
Boutique [buˈtiːk] *f* <-n> tienda *f* de ropa de moda, boutique *f*
Bowle [ˈboːlə] *f* <-n> (GASTR) ponche *m* *(bebida hecha de vino, champán, azúcar y frutas)*
Bowling [ˈboːlɪŋ, ˈbɔʊlɪŋ] *nt* <-s, *ohne pl*> bowling *m*
Bowlingkugel *f* <-, -n> bola *f* para jugar a los bolos
Box [bɔks] *f* <-en> ① *(für Pferde, Rennwagen)* box *m* ② *(Lautsprecher)* bafle *m* ③ *(Behälter)* caja *f*
boxen [ˈbɔksən] **I.** *vi* (SPORT) boxear **II.** *vt (schlagen)* pegar **III.** *vr* **sich gegenseitig ~** boxearse
Boxen *nt* <-s, *ohne pl*> (SPORT) boxeo *m*
Boxer[1] *m (Hund)* bóxer *m*
Boxer(in)[2] *m(f)* <-s, -; -nen> *(Sportler)* boxeador(a) *m(f)*
Boxernase *f* nariz *f* de boxeador
Boxershorts *pl,* **Boxer-Shorts** *pl* shorts *mpl*
Boxhandschuh *m* guante *m* de boxeo
Boxkampf *m* combate *m* de boxeo, box *m* *Am*
Boxring *m* <-(e)s, -e> (SPORT) ring *m*
Boxsport *m* <-(e)s, *ohne pl*> (SPORT) pugilismo *m,* boxeo *m*
Boykott [bɔɪˈkɔt] *m* <-(e)s, -e *o* -s> boicot *m*
boykottieren* *vt* boicotear
brabbeln [ˈbrabəln] *vt (fam)* mascullar
brach [braːx] **I.** *3. imp von* **brechen** **II.** *adj* yermo
brachial [braˈxjaːl] *adj (geh: Gewalt)* brutal, violento
Brachland *nt* <-(e)s, *ohne pl*> (AGR) barbecho *m*
brach|liegen *irr vi* ① *(Acker)* estar en barbecho ② *(Talent)* estar desaprovechado
brachte [ˈbraxtə] *3. imp von* **bringen**
Braindrain [ˈbrɛɪndrɛɪn] *m* <-s, *ohne pl*> fuga *f* de cerebros
Brainstorming [ˈbrɛɪnstɔːmɪŋ] *nt* <-s, *ohne pl*> brainstorming *m*
Branche [ˈbrãːʃə] *f* <-n> ramo *m*
Branchenbuch *nt* guía *f* sectorial
Branchenführer *m* <-s, -> (WIRTSCH) directorio *m* comercial
Branchenindex *m* <-(es), -indizes *o* -e> índice *m* de actividades
branchenüblich *adj* (WIRTSCH) habitual [*o* usual] en el ramo
Branchenverzeichnis *nt* (TEL) páginas *fpl* amarillas
Brand[1] [brant, *pl:* ˈbrɛndə] *m* <-(e)s, Brände> *(Feuer)* fuego *m,* incendio *m;* **etw in ~ setzen/stecken** pegar/prender fuego a algo; **in ~ geraten** (empezar a) arder
Brand[2] *m* <-(e)s, *ohne pl*> ① *(fam: Durst)* sed *f* abrasadora ② (MED) gangrena *f*
brandaktuell [ˈ---ˈ-] *adj* de gran actualidad
Brandanschlag *m* atentado *m* de incendio
Brandbekämpfung *f* lucha *f* contra incendios
Brandblase *f* ampolla *f* de quemadura
Brandbombe *f* bomba *f* incendiaria
brandeilig [ˈ-ˈ--] *adj (fam)* urgentísimo
branden [ˈbrandən] *vi (geh: Wellen)* romper (**an/gegen** contra)
Brandenburg [ˈbrandənbʊrk] *nt* <-s> Brandeburgo *m*
Brandfleck *m* quemadura *f*
Brandgefahr *f* peligro *m* de incendio
Brandkatastrophe *f* catástrofe *f* causada por un incendio
brandmarken [ˈbrantmarkən] *vt* denunciar públicamente
Brandmauer *f* cortafuego *m*
brandneu [ˈ-ˈ-] *adj (fam)* novísimo, flamante
Brandopfer *nt* víctima *f* de un incedio
Brandrodung *f* desmonte *m* por incendio
Brandschaden *m* daño *m* causado por un incendio

Brandschutz *m* protección *f* contra incendios
Brandstifter(in) *m(f)* incendiario, -a *m, f*
Brandstiftung *f* incendio *m* provocado
Brandung ['brandʊŋ] *f* <-en> oleaje *m*
Brandwunde *f* quemadura *f*
Brandzeichen *nt* marca *f* de fuego, hierra *f Am*
brannte ['brantə] *3. imp von* **brennen**
Branntwein *m* aguardiente *m*
Brasilianer(in) [brazi'lja:nɐ] *m(f)* <-s, -; -nen> brasileño, -a *m, f*
brasilianisch *adj* brasileño
Brasilien [bra'zi:liən] *nt* <-s> Brasil *m*
brät [brɛ:t] *3. präs von* **braten**
Brät [brɛ:t] *nt* <-s, *ohne pl*> *(reg:* GASTR) ≈ picadillo *m (relleno para salchichas)*
Bratapfel *m* manzana *f* asada
braten ['bra:tən] <brät, briet, gebraten> *vt* asar; *(in der Pfanne)* freír
Braten *m* <-s, -> asado *m*
Bratengabel *f* tenedor *m* de trinchar
Bratensaft *m* jugo *m* del asado
Bratensoße *f* salsa *f* del asado
Bratenwender *m* <-s, -> paleta *f*
Brathähnchen *nt* pollo *m* asado
Brathendl ['bra:thɛnd(ə)l] *nt* <-s, -n> *(Österr, südd)* pollo *m* asado
Brathering *m* arenque *m* frito
Brathuhn *nt* <-(e)s, -hühner> (GASTR) gallina *f* asada
Bratkartoffeln *fpl patatas cocidas y después salteadas con cebolla y especias*
Bratpfanne *f* sartén *f*
Bratsche ['bra:tʃə] *f* <-n> (MUS) viola *f*
Bratspieß *m* asador *m*
Bratwurst *f* salchicha *f* frita
Brauch [braʊx, *pl:* 'brɔɪçə] *m* <-(e)s, Bräuche> costumbre *f*, uso *m*
brauchbar *adj* ① *(nützlich)* útil ② *(geeignet)* apropiado; *(Schüler)* capaz
brauchen ['braʊxən] *vt* ① *(benötigen)* necesitar; *(Zeit)* llevar; **wie lange brauchst du dafür** [*o* **dazu**]**?** ¿cuánto tiempo necesitas para esto? ② *(fam: gebrauchen)* utilizar, emplear; **kannst du die Sachen ~?** ¿te sirven estas cosas? ③ *(verbrauchen)* gastar, consumir ④ *(müssen)* hacer falta (**zu** *+inf*, **dass** que *+subj*), ser necesario (**zu** *+inf*, **dass** que *+subj*); **du brauchst nicht gleich zu schreien** no es necesario que te pongas a chillar enseguida; **ich brauche heute nicht zu arbeiten** hoy no tengo que trabajar
Brauchtum *nt* <-s, -tümer> costumbres *fpl*
Braue ['braʊə] *f* <-n> ceja *f*
brauen ['braʊən] *vt* ① *(Bier)* hacer ② *(fam: Kaffee)* preparar
Brauer(in) *m(f)* <-s, -; -nen> cervecero, -a *m, f*
Brauerei *f* <-en> cervecería *f*, fábrica *f* de cerveza
Brauerin *f* <-nen> *s.* **Brauer**
Brauhaus *nt s.* **Brauerei**
Braumeister(in) *m(f)* maestro, -a *m, f* cervecero , -a
braun [braʊn] *adj* ① *(Farbe)* marrón, pancho *Chil*; *(Haare)* castaño; *(Augen)* marrón; *(Teint)* moreno; **~ gebrannt** bronceado; **~ werden** ponerse moreno ② *(abw: nationalsozialistisch)* nazi
Braun *nt* <-s, -> marrón *m*
braunäugig ['braʊnʔɔɪgɪç] *adj* de ojos oscuros [*o* marrones]
Braunbär *m* oso *m* pardo
Bräune ['brɔɪnə] *f ohne pl* bronceado *m*
bräunen **I.** *vt* ① *(Körper)* broncear ② (GASTR) dorar **II.** *vr:* **sich ~** *(sich sonnen)* broncearse
braungebrannt *adj s.* **braun 1.**
Braunkohle *f ohne pl* lignito *m*
bräunlich *adj* pardusco, pardo
Braunschweig ['braʊnʃvaɪk] *nt* <-s> Brunswick *m*
Bräunung *f* <-, -en> bronceado *m*, (color *m*) tostado *m*
Brause ['braʊzə] *f* <-n> ① *(Dusche)* ducha *f* ② *(Limonade)* (limonada *f*) gaseosa *f*
brausen *vi* ① *(Wind)* bramar; **~der Beifall** aplauso cerrado ② *sein (rasen)* ir a toda velocidad
Brausepulver *nt* polvos *mpl* efervescentes
Brausetablette *f* pastilla *f* efervescente
Braut [braʊt, *pl:* 'brɔɪtə] *f* <Bräute> novia *f*
Bräutigam ['brɔɪtigam] *m* <-s, -e> novio *m*
Brautjungfer *f* doncella *f* de honor
Brautkleid *nt* traje *m* de novia
Brautkranz *m* corona *f* de la novia *(equivalente a la corona de azahar, pero tejida con mirto)*
Brautpaar *nt (verlobt)* novios *mpl; (verheiratet)* pareja *f* de recién casados
Brautschleier *m* <-s, -> velo *m* de novia
brav [bra:f] *adj* ① *(Kind, Tier)* bueno; *(gut erzogen)* bien educado ② *(Kleidung)* serio; *(fade)* soso
bravo ['bra:vo] *interj* bravo, bien
Bravour [bra'vu:ɐ] *f ohne pl* ① *(Tapferkeit)* bravura *f* ② *(Brillanz)* brillantez *f*; **etw mit ~ bestehen** pasar [*o* acabar] algo con brillantez
bravourös [bravu'rø:s] *adj* brillante
BRD [be:ʔɛr'de:] *f* (POL) *Abk. von* **Bundesrepublik Deutschland** RFA *f*

Breakdance ['brɛɪkdɛːns] *m* <-(s), *ohne pl*> (MUS) breakdance *m*

Brechdurchfall *m* (MED) cólera *m* nostras

Brecheisen *nt* palanqueta *f*

brechen ['brɛçən] <bricht, brach, gebrochen> **I.** *vi* ① *sein (zerbrechen)* romperse; **mir bricht das Herz** *(fig)* se me parte el corazón; **auf Biegen und B~** a toda costa ② *(Freundschaft)* romper (**mit** con) ③ *(fam: erbrechen)* vomitar **II.** *vt* ① *(durchbrechen)* romper, partir; **in Stücke ~** romper en pedazos; **sich** *dat* **einen Arm/ein Bein ~** romperse un brazo/una pierna; **den Waffenstillstand ~** romper el alto el fuego; **das Eis ~** *(fig)* romper el hielo ② *(Widerstand)* romper; *(Rekord)* batir ③ *(nicht einhalten)* violar, quebrantar; *(Gesetz)* infringir; *(Streik)* boicotear; **die Ehe ~** cometer adulterio; **sein Wort ~** faltar a su palabra ④ *(Wellen)* romper; *(Licht)* refractar ⑤ *(geh: Blume)* arrancar **III.** *vr:* **sich ~** ① *(Licht)* refractarse ② *(Wellen)* romperse

Brechmittel *nt* vomitivo *m*

Brechreiz *m* náuseas *fpl*

Brechstange *f* palanqueta *f;* **eine Tür mit einer ~ aufbrechen** apalancar una puerta hasta forzarla

Brechung *f* <-en> ① (MED) fractura *f* ② (PHYS) refracción *f*

Brei [braɪ] *m* <-(e)s, -e> *(für Kinder)* papilla *f; (Kartoffelbrei)* puré *m;* **jdn zu ~ schlagen** *(fam)* moler a alguien a palos; **um den heißen ~ herumreden** *(fam)* andarse con rodeos

breiig ['braɪɪç] *adj* pastoso

breit [braɪt] *adj* ancho; *(ausgedehnt)* amplio; **etw weit und ~ verkünden** pregonar algo a los cuatro vientos; **der Fluss ist 20 m ~** el río tiene 20 m de ancho; **die ~e Öffentlichkeit** el gran público; **~ sein** *(reg: fam)* estar borracho

breitbeinig *adj* despatarrado

Breite ['braɪtə] *f* <-n> ancho *m,* anchura *f; (Ausdehnung)* extensión *f;* (GEO) latitud *f;* **geografische ~** latitud geográfica; **in voller ~** extensamente; **in die ~ gehen** *(fam)* engordar

Breitengrad *m* (GEO) grado *m* de latitud

Breitenkreis *m* (GEO) paralelo *m*

Breitensport *m* <-(e)s, *ohne pl*> (SPORT) deporte *m* de masas [*o* popular]

breit|machen *vr:* **sich ~** *(fam)* ① *(sich ausbreiten)* extenderse ② *(Platz beanspruchen)* acomodarse ③ *(sich niederlassen)* instalarse

breit|schlagen *irr vt (fam)* engatusar; **du hast dich schon wieder von ihm ~ lassen** te has vuelto a dejar engatusar por él

breitschult(e)rig *adj* ancho de hombros

Breitseite *f (breitere Seite)* lado *m* (más) ancho; (NAUT) costado *m*

breit|treten *irr vt (fam: Thema)* tratar detallada y repetidamente; *(Nichtigkeiten)* dar más importancia de lo necesario

Breitwand *f* (FILM) cinemascope *m*

Bremen ['breːmən] *nt* Bremen *m,* Brema *f anticuado*

Bremer(in) ['breːmɐ] *m(f)* <-s, -; -nen> habitante *mf* de Bremen

Bremsbacke *f* (AUTO) zapata *f* de freno

Bremsbelag *m* (AUTO) forro *m* de(l) freno

Bremse ['brɛmzə] *f* <-n> ① (AUTO) freno *m* ② (ZOOL) tábano *m*

bremsen *vi, vt* ① *(Fahrzeug)* frenar; **scharf ~** frenar con fuerza ② *(fam: Entwicklung)* refrenar; **er ist nicht zu ~** no hay quien le pare

Bremsflüssigkeit *f* (AUTO) líquido *m* de frenos

Bremsflüssigkeitsbehälter *m* depósito *m* del líquido de frenos

Bremshebel *m* palanca *f* de freno

Bremsklotz *m* <-es, -klötze> zapata *f* de freno, almohadilla *f* de freno

Bremsleuchte *f* luz *f* de freno

Bremslicht *nt* luz *f* de freno

Bremspedal *nt* pedal *m* de freno

Bremsspur *f* huella *f* de frenado

Bremsung *f* <-en> frenado *m*

Bremsvorrichtung *f* dispositivo *m* de freno

Bremsweg *m* distancia *f* de frenado

brennbar *adj* combustible; *(leicht entzündbar)* inflamable

Brennelement *nt* elemento *m* combustible

brennen ['brɛnən] <brennt, brannte, gebrannt> **I.** *vi* ① *(Feuer)* arder; *(Material)* quemarse, arder; *(Zigarette, Licht)* estar encendido; **es brennt!** ¡hay un incendio!; **lichterloh ~** arder en llamas; **wo brennt's denn?** *(fam)* ¿cuál es el problema?; **darauf ~, etw zu tun** morirse por hacer algo ② *(Wunde)* arder; *(Augen)* escocer; *(Gewürz)* picar ③ *(Sonne)* quemar **II.** *vt* ① *(Ziegel)* cocer ② *(Schnaps)* destilar ③ *(Kaffee)* tostar

brennend *adj* ① *(Holz)* ardiente; *(in Flammen)* en llamas ② *(Schmerz)* agudo ③ *(Frage)* candente; *(Interesse)* vivo; **das interessiert mich ~** me interesa vivamente

Brenner *m* <-s, -> quemador *m*

Brennerei *f* <-en> destilería *f*

Brennglas *nt* vidrio *m* ustorio

Brennholz *nt ohne pl* leña *f*

Brennnessel ['brɛnnɛsəl] *f* <-n> ortiga *f*

Brennpunkt *m* ❶ (PHYS) foco *m* ❷ *(Mittelpunkt)* centro *m,* primer plano *m;* **im ~ stehen** figurar en el primer plano
Brennspiritus *m* alcohol *m* para quemar
Brennstab *m* (PHYS) barra *f* de combustible nuclear
Brennstoff *m* combustible *m;* **fossiler ~** combustible fósil; **rauchfreier ~** material combustible sin humo
Brennweite *f* (PHYS, FOTO) distancia *f* focal
Brennwert *m* <-(e)s, -e> valor *m* calorífico; **physiologischer ~** poder calorífico fisiológico
brenzlig ['brɛntslɪç] *adj (fam)* crítico, delicado
Bresche ['brɛʃə] *f* <-n> brecha *f;* **eine ~ schlagen** abrir una brecha
Bretagne [bre'tanjə] *f* Bretaña *f*
Bretone, -in [bre'to:nə] *m, f* bretón, -ona *m, f*
bretonisch *adj* bretón
Brett [brɛt] *nt* <-(e)s, -er> ❶ *(aus Holz)* tabla *f;* **schwarzes** [*o* **Schwarzes**] **~** cartelera *f;* *(Schaukasten)* tablón de anuncios; **ein ~ vor dem Kopf haben** *(fam)* no ver más allá de sus narices ❷ *(Spielbrett)* tablero *m* ❸ *pl* *(Skier)* esquí(e)s *mpl*
brettern *vi sein (fam)* conducir como un loco; **mit dem Motorrad durch die Gegend ~** ir con la moto por ahí a toda pastilla
Bretterzaun *m* valla *f*
Brettspiel *nt* juego *m* de tablero
Brexit <-s> ['brɛksɪt] *m kein pl* (POL) brexit *m*
Brezel ['bre:tsəl] *f* <-n> *rosquilla salada típica del sur de Alemania*
bricht [brɪçt] *3. präs von* **brechen**
Bridge [brɪtʃ] *nt* <-, *ohne pl*> bridge *m*
Brief [bri:f] *m* <-(e)s, -e> carta *f;* **ein offener/versiegelter ~** una carta abierta/lacrada; **einen ~ zustellen/aufgeben** entregar/enviar una carta
Briefbeschwerer ['bri:fbəʃve:rɐ] *m* <-s, -> pisapapeles *m inv*
Briefbogen *m* pliego *m* de papel de cartas
Briefbombe *f* carta *f* bomba, carta bomba *f*
Briefdrucksache *f* (envío *m* de) impresos *mpl;* **als ~ versenden** enviar como impresos
briefen *vt (eine Zusammenfassung geben)* informar brevemente [*o* resumidamente]
Brieffreund(in) *m(f)* amigo, -a *m, f* por correspondencia
Briefgeheimnis *nt ohne pl* secreto *m* postal
Briefing ['bri:fɪŋ] *nt* <-s, -s> ❶ (MIL) breve conferencia *f* sobre la situación ❷ *(Informationsgespräch)* briefing *m*
Briefkasten *m* buzón *m;* **elektronischer ~** buzón *m* electrónico
Briefkastenfirma *f* empresa *f* buzón, compañía *f* fantasma
Briefkopf *m* membrete *m*
brieflich *adj* por carta, por escrito
Briefmarke *f* sello *m,* estampilla *f Am*
Briefmarkenautomat *m* expendedor *m* de sellos de correo
Briefmarkensammler(in) *m(f)* filatelista *mf*
Briefmarkensammlung *f* colección *f* de sellos de correo [*o* de estampillas]
Brieföffner *m* abrecartas *m inv*
Briefpapier *nt* papel *m* de cartas
Briefpartner(in) *m(f)* correspondiente *mf*
Briefporto *nt* <-s, -s *o* -porti> franqueo *m*
Brieftasche *f* cartera *f,* billetera *f AmC, Arg, Chil*
Brieftaube *f* paloma *f* mensajera
Briefträger(in) *m(f)* <-s, -; -nen> cartero, -a *m, f*
Briefumschlag *m* sobre *m,* cierro *m Chil*
Briefwaage *f* pesacartas *m inv*
Briefwahl *f* voto *m* por correo
Briefwechsel *m* correspondencia *f,* carteo *m;* **in ~ mit jdm stehen** cartearse con alguien
briet [bri:t] *3. imp von* **braten**
Brigade [bri'ga:də] *f* <-n> (MIL) brigada *f*
Brikett [bri'kɛt] *nt* <-s, -s> briqueta *f*
brillant [brɪl'jant] *adj* excelente, magnífico
Brillant [brɪl'jant] *m* <-en, -en> brillante *m*
Brillanz [brɪl'jants] *f ohne pl* brillantez *f*
Brille ['brɪlə] *f* <-n> *(Augenglas)* gafas *fpl,* anteojos *mpl Am;* **etw durch eine rosarote/schwarze ~ sehen** ver algo de color de rosa/negro
Brillenetui *nt* estuche *m* para gafas
Brillengestell *nt* montura *f* de las gafas
Brillenglas *nt* cristal *m* de gafas
Brillenputztuch *nt* paño *m* de las gafas
Brillenträger(in) *m(f)* <-s, -; -nen> persona *f* que lleva gafas
Brimborium [brɪm'bo:riʊm] *nt* <-s, *ohne pl*> *(abw fam)* ❶ *(Drumherum)* historias *fpl* ❷ *(Aufheben)* montaje *m;* **ein ~ um etw machen** hacer un mundo de algo
bringen ['brɪŋən] <**bringt, brachte, gebracht**> *vt* ❶ *(herbringen)* traer; *(hinbringen)* llevar; *(befördern)* tra(n)sportar; *(begleiten)* acompañar; **das Essen auf den Tisch ~** poner la comida en la mesa; **etw in Ordnung ~** poner algo en orden; **jdn vor Gericht ~** llevar a alguien a juicio; **Ärger ~** traer problemas; **Glück ~** traer

buena suerte; **jdn in Verlegenheit ~** poner a alguien en un apuro; **etw an den Tag ~** revelar algo; **jdn auf die Palme ~** *(fam)* enfurecer a alguien; **jdn auf Touren ~** acuciar a alguien; **jdn aus dem Konzept ~** confundir a alguien; **etw zur Sprache ~** hablar de algo; **etw zu Papier ~** anotar algo; **etw auf den Markt ~** lanzar algo al mercado; **ein Kind zur Welt ~** dar a luz un niño; **es zu etwas ~** hacer carrera; **etw an sich ~** apoderarse de algo; **etw mit sich ~** traer algo consigo; **etw hinter sich ~** conseguir terminar algo; **sie wollen sie unbedingt unter die Haube ~** la quieren casar a toda costa; **seine Schäfchen ins Trockene ~** *(fig)* llevar el agua a su molino; **jdn um die Ecke ~** *(fam)* cargarse a alguien ❷ *(Ertrag, Gewinn)* rendir; **das bringt's!** *(fam)* ¡esto es!; **was bringt das?** ¿qué se consigue con esto?; **das bringt doch überhaupt nichts!** esto no conduce a nada ❸ *(fam: veröffentlichen)* traer, publicar; *(Wetterbericht, Nachrichten)* emitir ❹ *(wegnehmen)* quitar **(um)**; **jdn ums Leben ~** matar a alguien; **jdn um den Verstand** volver loco a alguien ❺ *(bekommen)* conseguir **(zu** *+inf***)**; **jdn zum Lachen ~** hacer reír a alguien; **etw nicht übers Herz ~** no ser capaz de hacer algo; **du bringst mich nicht dazu, das zu tun** no vas a conseguir que lo haga

brisant [bri'zant] *adj* explosivo; **ein ~es Thema** un tema explosivo

Brisanz[1] [bri'zants] *f ohne pl (Aktualität)* actualidad *f*

Brisanz[2] *f* <-en> *(Sprengkraft)* fuerza *f* explosiva

Brise ['bri:zə] *f* <-n> brisa *f*

Britannien [bri'tanjən] *nt* <-s> Gran Bretaña *f*

Brite, -in ['brɪtə, 'bri:tə] *m, f* <-n, -n; -nen> británico, -a *m, f*

britisch ['brɪtɪʃ] *adj* británico

bröckelig *adj* quebradizo, deleznable

bröckeln ['brœkəln] *vi sein (Steine)* desmoronarse; *(Putz, Lehm)* desmoronar; *(Brot)* desmigajarse

Brocken ['brɔkən] *m* <-s, -> trozo *m,* pedazo *m;* **ein paar ~ Spanisch verstehen** entender un poco de español; **die Prüfung ist ein harter ~ für ihn** el examen es muy duro para él

brodeln ['bro:dəln] *vi* ❶ *(Wasser)* hervir a borbotones ❷ *(Österr: fam: trödeln)* obrar con cachaza

Brokat [bro'ka:t] *m* <-(e)s, -e> brocado *m*

Broker(in) ['bro:kɐ] *m(f)* <-s, -; -nen> (FIN) bróker *mf*

Brokkoli ['brɔkoli] *pl* brécol *m,* bróculi *m*

Brom [bro:m] *nt* <-s, *ohne pl*> (CHEM) bromo *m*

Brombeere ['brɔmbe:rə] *f* <-n> (zarza)mora *f*

Brombeerstrauch *m* zarzal *m*

bronchial [brɔnçi'a:l] *adj* (MED) bronquial

Bronchialkatarr *m,* **Bronchialkatarrh** *m* (MED) catarro *m* bronquial

Bronchie ['brɔnçiə] *f* <-n> (ANAT) bronquio *m*

Bronchitis [brɔn'çi:tɪs] *f* <Bronchitiden> (MED) bronquitis *f inv*

Bronchopneumonie [brɔnçopnɔɪmo'ni:] *f* (MED) bronquioneumonía *f*

Bronze ['brõ:sə] *f* <-n> bronce *m*

bronzefarben *adj* bronceado

Bronzemedaille *f* (SPORT) medalla *f* de bronce

Bronzer ['brɔnsɐ] *m* <-s, -> bronceador *m*

Bronzezeit *f ohne pl* Edad *f* del Bronce

Brosche ['brɔʃə] *f* <-n> broche *m*

broschiert [brɔ'ʃi:ɐt] *adj (flexibel eingebunden)* (encuadernado) en rústica

Broschüre [brɔ'ʃy:rə] *f* <-n> folleto *m*

Brösel ['brø:zəl] *m* <-s, -> miga *f*

Brot [bro:t] *nt* <-(e)s, -e> pan *m;* **ein Laib ~** un pan; **sich** *dat* **sein ~ verdienen** ganarse el pan

Brotaufstrich *m todo cuanto se puede untar en el pan*

Brotbelag *m ohne pl fiambre, queso, chocolate… para poner en el pan*

Brötchen ['brø:tçən] *nt* <-s, -> panecillo *m;* **belegte ~** bocadillos *mpl;* **kleine ~ backen** *(fig)* conformarse con poco

Brötchengeber(in) *m(f)* <-s, -; -nen> *(fam)* patrono, -a *m, f*

Broteinheit *f* (MED) unidad *f* alimenticia

Broterwerb *m* sustento *m;* **etw zum ~ betreiben** dedicarse a un negocio para ganar el pan

Brotkasten *m* panera *f*

Brotkorb *m* cesta *f* del pan

Brotkrümel *m* miga *f* de pan, borona *f Am*

Brotkruste *f* corteza *f* de pan

brotlos *adj* **eine ~e Kunst** una profesión poco lucrativa

Brotmaschine *f* máquina *f* de cortar pan

Brotmesser *nt* cuchillo *m* del pan

Brotschneidemaschine *f* máquina *f* de cortar pan

Brotteller *m* plato *m* del pan

Brotzeit *f (reg)* hora *m* del bocadillo; **~ machen** hacer una pausa para comer un bocadillo

Browser ['braʊzɐ] *m* <-s, -> (INFOR, TEL) browser *m,* navegador *m,* visualizador *m;* **~ für das Internet** explorador de internet

Bruch [brʊx, *pl:* 'brʏçə] *m* <-(e)s, Brüche> ① *(das Zerbrechen)* rotura *f*, fractura *f*; **zu ~ gehen** hacerse añicos; **ihre Ehe ging in die Brüche** su matrimonio fracasó ② *(Zerbrochenes)* despojos *mpl* ③ (MED: *Knochen*) fractura *f*; *(Eingeweide)* hernia *f*; **sich** *dat* **einen ~ heben** herniarse, quebrarse ④ (MATH) fracción *f* ⑤ *(eines Verhältnisses, Vertrages)* ruptura *f*; *(Gesetz)* infracción *f*; *(Eid)* perjurio *m*; *(Vertrauen)* indiscreción *f*, abuso *m* de confianza

Bruchbude *f (fam abw)* ruina *f*

bruchfest *adj* irrompible

brüchig ['brʏçɪç] *adj* ① *(Gestein)* quebradizo; *(Glas)* frágil ② *(Stoff, Stimme)* cascado

Bruchlandung *f* aterrizaje *m* forzoso

Bruchrechnen *nt* (MATH) cálculo *m* de fracciones

Bruchrechnung *f* (MATH) cálculo *m* de fracciones

Bruchstelle *f* (punto *m* de) rotura *f*; *(eines Knochens)* (punto *m* de) fractura *f*

Bruchstrich *m* <-(e)s, -e> (MATH) línea *f* de quebrado, raya *f*

Bruchstück *nt* fragmento *m*, trozo *m*

bruchstückhaft *adj* fragmentario

Bruchteil *m* fracción *f*; **im ~ einer Sekunde** en una fracción de segundo

Bruchzahl *f* (MATH) número *m* fraccionario

Brücke ['brʏkə] *f* <-n> ① (ARCHIT, MED, SPORT, NAUT) puente *m*; **alle ~n hinter sich abbrechen** *(fig)* quemar las naves ② *(Teppich)* alfombra *f* corta

Brückenbogen *m* arco *m* de puente

Brückenpfeiler *m* <-s, -> pilar *m* de puente, pila *f*

Brückentag *m* (día *m* de) puente *m*; **da nehme ich mir den ~ frei** voy a hacer puente

Bruder ['bru:dɐ, *pl:* 'bry:dɐ] *m* <-s, Brüder> ① *(Verwandter)* hermano *m*; **mein großer/kleiner ~** mi hermano mayor/menor ② *(Ordensbruder)* fraile *m*; *(vor dem Namen)* fray *m* ③ *(fam abw: Kerl)* tipo *m*

brüderlich *adj* fraterno, fraternal

Brüderlichkeit *f ohne pl* hermandad *f*

Brudermord *m* fratricidio *m*

Brudermörder(in) *m(f)* fratricida *mf*

Bruderschaft *f* <-en> hermandad *f*; (REL) congregación *f*

Brüderschaft *f ohne pl* relación *f* amistosa; **mit jdm ~ trinken** ofrecerle el tuteo a alguien *(tomando una copa)*

Brügge ['brʏgə] *nt* <-s> Brujas *f*

Brühe ['bry:ə] *f* <-n> ① (GASTR) caldo *m* ② *(abw: Schmutzwasser)* agua *f* sucia

brühen *vt* (GASTR) escaldar

brühwarm ['-'-] *adj* **jdm eine Nachricht ~ weitererzählen** *(fam)* ir con la noticia fresca a alguien

Brühwürfel *m* pastilla *f* para caldo, cubito *m* de caldo

brüllen ['brʏlən] *vi* ① *(Stier)* bramar; *(Raubtier)* rugir; *(Kalb)* berrear ② *(Mensch)* gritar, vociferar

Brummbär *m (fam)* gruñón *m*

brummeln *vi* **etw vor sich hin ~** refunfuñar algo

brummen ['brʊmən] **I.** *vi* ① *(Bär, Mensch)* gruñir; *(Fliege, Motor)* zumbar; **mir brummt der Schädel** tengo la cabeza como un bombo ② *(fam: in Haft sein)* estar en chirona **II.** *vt* refunfuñar

Brummer *m* <-s, -> *(fam)* ① *(Fliege)* moscardón *m* ② *(LKW)* camión *m* pesado

Brummschädel *m (fam)* dolor *m* de cabeza

Brunch [brantʃ] *m* <-(e)s, -(e)s *o* -e> brunch *m (combinación entre desayuno y almuerzo)*

brunchen ['brantʃən] *vi combinar el desayuno con el almuerzo*

Brunei [bru:'naɪ] *nt* <-s> Brunéi *m*

brünett [bry'nɛt] *adj (Mensch)* moreno, morocho *CSur*

Brunft [brʊnft] *f* <-, Brünfte> (época *f* de) celo *m*; **in der ~ sein** estar en celo

Brunftzeit *f* época *f* de celo

Brunnen ['brʊnən] *m* <-s, -> ① *(Schöpfbrunnen)* pozo *m*, cachimba *f Urug* ② *(Springbrunnen)* fuente *f* ③ *(Heilquelle)* fuente *f*

Brunnenbecken *nt* pilón *m* de la fuente

Brunnenkresse *f* berro *m* de fuente

Brunst [brʊnst, *pl:* 'brʏnstə] *f* <Brünste> (época *f* de) celo *m*

brünstig ['brʏnstɪç] *adj* en celo, alunado *CRi*

Brunstzeit *f* época *f* de celo

brüsk [brʏsk] *adj* brusco; *(unhöflich)* descortés

brüskieren* *vt* ofender, tratar con brusquedad

Brüssel ['brʏsəl] *nt* <-s> Bruselas *f*

Brüsseler *adj inv* bruselense; **~ Spitzen** encajes de Bruselas

Brust [brʊst, *pl:* 'brʏstə] *f* <Brüste> pecho *m*; *(Busen)* seno *m*, casco *m Perú*; *(Geflügelbrust)* pechuga *f*; **mit (vor Stolz) geschwellter ~** lleno de orgullo; **jdn an die ~ drücken** estrechar a alguien contra el pecho; **aus voller ~ singen** cantar a pleno pulmón; **dem Säugling die ~ geben** dar el pecho al bebé

Brustbein *nt* (ANAT) esternón *m*

Brustbeutel *m monedero colgado del cuello*

brüsten ['brʏstən] *vr:* **sich ~** *(abw)* presumir (**mit** de)

Brustfell *nt* (ANAT) pleura *f*

Brustkasten *m* (ANAT) tórax *m inv*

Brustkorb *m* (ANAT) tórax *m inv*

Brustkrebs *m* cáncer *m* de mama

Brustmuskel *m* (ANAT) músculo *m* pectoral

Brustschwimmen *nt* (SPORT) estilo *m* braza

Brustschwimmer(in) *m(f)* (SPORT) nadador(a) *m(f)* de braza; **sie ist ~in** su especialidad es la braza

Brusttasche *f* bolsillo *m* interior

Brustumfang *m* ancho *m* del pecho

Brüstung ['brʏstʊŋ] *f* <-en> ❶ *(Balkonbrüstung)* pretil *m* ❷ *(Fensterbrüstung)* antepecho *m*

Brustwarze *f (bei Frauen)* pezón *m; (bei Männern)* tetilla *f*

Brut[1] ['bru:t] *f* <-en> ❶ *(das Brüten)* incubación *f* ❷ *(Vogeljunge)* nidada *f; (Fische)* freza *f*

Brut[2] *f ohne pl (abw: Gesindel)* gentuza *f*

brutal [bru'ta:l] *adj* brutal

Brutalität [brutali'tɛ:t] *f* <-en> brutalidad *f*

Brutapparat *m* (AGR, MED) incubadora *f*

brüten ['bry:tən] *vi* ❶ *(Vögel)* empollar ❷ *(geh: Sonne)* quemar; **~de Hitze** calor aplastante ❸ *(nachgrübeln)* meditar (**über** sobre), reflexionar (**über** sobre)

Brüter *m* <-s, -> (PHYS) reactor *m* (reproductor); **schneller** [*o* **Schneller**] **~** reactor rápido

Bruthitze *f* <-, *ohne pl*> *(fam)* calor *m* achicharrante, chicharrina *f*

Brutkasten *m* (MED) incubadora *f*

Brutpflege *f* <-, *ohne pl*> (ZOOL) cuidados *mpl* de reproducción

Brutstätte *f* lugar *m* de incubación

brutto ['brʊto] *adv* bruto

Bruttoeinkommen *nt* (WIRTSCH) ingresos *mpl* brutos

Bruttogehalt *nt* (WIRTSCH) sueldo *m* bruto

Bruttogewinn *m* (WIRTSCH) ganancia *f* bruta

Bruttoinlandsprodukt *nt* (WIRTSCH) producto *m* interior bruto

Bruttolohn *m* (WIRTSCH) salario *m* bruto

Bruttopreis *m* <-es, -e> precio *m* bruto

Bruttosozialprodukt *nt* (WIRTSCH) producto *m* nacional bruto

Brutzeit *f* tiempo *m* de reproducción

brutzeln ['brʊtsəln] **I.** *vi* freírse **II.** *vt (fam)* freír

B-Säule ['be:-] *f* (AUTO) pilar *m* B

BSE [be:ʔɛs'ʔe:] *Abk. von* **Bovine Spongiforme Encephalopathie** (**Rinderwahnsinn**) encefalopatía *f* espongiforme bovina

BSP [be:ʔɛs'pe:] *nt* <-, *ohne pl*> (WIRTSCH) *Abk. von* **Bruttosozialprodukt** PNB *m*

Btx [be:te:'ʔɪks] *nt* <-, *ohne pl*> (TEL, INFOR) *Abk. von* **Bildschirmtext** videotexto *m*

Bub [bu:p] *m* <-en, -en> *(südd, Österr, Schweiz)* niño *m,* chico *m*

Bube ['bu:bə] *m* <-n, -n> *(Spielkarte)* sota *f*

Buch [bu:x, *pl:* 'by:çɐ] *nt* <-(e)s, Bücher> ❶ (LIT) libro *m;* **gebundenes ~** libro de tapa dura; *(Drehbuch)* guion *m;* **ein Gentleman wie er im ~e steht** un caballero como Dios manda; **er ist ein ~ mit sieben Siegeln für mich** es un enigma para mí; **das ~ der Bücher** la Biblia; **er redet wie ein ~** *(fam)* habla como un libro; **das Goldene ~ der Stadt** el libro de oro de la ciudad ❷ (FIN) libro(s) *m(pl);* **über etw ~ führen** llevar la contabilidad de algo; **etw schlägt zu ~e** *(fig)* algo tiene consecuencias

Buchbesprechung *f* <-, -en> recensión *f,* reseña *f*

Buchbinder(in) *m(f)* <-s, -; -nen> encuadernador(a) *m(f),* empastador(a) *m(f) Am*

Buchbinderei *f* <-en> taller *m* de encuadernación

Buchbinderin *f* <-nen> *s.* **Buchbinder**

Buchdeckel *m* tapa *f,* cubierta *f* de un libro

Buchdruck *m ohne pl* tipografía *f*

Buchdrucker(in) *m(f)* <-s, -; -nen> tipógrafo, -a *m, f*

Buchdruckerei[1] *f (Betrieb)* taller *m* de tipografía

Buchdruckerei[2] *f ohne pl (das Buchdrucken)* tipografía *f*

Buchdruckerkunst *f ohne pl* artes *fpl* gráficas

Buche ['bu:xə] *f* <-n> haya *f*

Buchecker ['bu:xʔɛkɐ] *f* <-n> hayuco *m*

buchen ['bu:xən] *vt* ❶ *(Reise, Platz)* reservar ❷ (COM) contabilizar ❸ *(fig)* **das kannst du als Erfolg für dich ~** puedes apuntarte un tanto

Bücherbrett *nt* estante *m*

Bücherbus *m* bibliobús *m*

Bücherei *f* <-en> biblioteca *f*

Bücherregal *nt* estantería *f* de libros

Bücherschrank *m* biblioteca *f*

Büchersendung *f* envío *m* de libros

Bücherwand *f* librería *f*

Bücherwurm *m (fam)* ratón *m* de biblioteca

Buchfink *m* pinzón *m*

Buchführung *f* <-en> (COM) contabilidad *f*

Buchhalter(in) *m(f)* <-s, -; -nen> (COM) contable *mf*

buchhalterisch *adj* (COM) relativo a la contabilidad

Buchhaltung *f ohne pl* (COM) contabilidad *f*

Buchhandel *m* librería(s) *f(pl);* **im ~ erhältlich** de venta en librerías

Buchhändler(in) *m(f)* librero, -a *m, f*

Buchhandlung *f* librería *f*

Buchladen *m* librería *f,* tienda *f* de libros

Buchmacher(in) *m(f)* <-s, -; -nen> corredor(a) *m(f)* de apuestas

Buchmesse *f* feria *f* del libro

Buchprüfer(in) *m(f)* revisor(a) *m(f)* de cuentas

Buchprüfung *f* <-, -en> revisión *f* de cuentas

Buchrücken *m* lomo *m* del libro

Buchsbaum ['bʊksbaʊm] *m* boj *m*

Buchse ['bʊksə] *f* <-n> ① (TECH) cojinete *m* ② (ELEK) enchufe *m*

Büchse ['bʏksə] *f* <-n> ① *(Behälter)* bote *m* ② *(Konservendose)* lata *f* ③ *(fam: Sammelbüchse)* hucha *f* ④ *(Gewehr)* escopeta *f*

Büchsenmilch *f* <-, *ohne pl*> leche *f* condensada [*o* enlatada]

Büchsenöffner *m* abrelatas *m inv*

Buchstabe ['buːxʃtaːbə] *m* <-n(s), -n> letra *f;* **nach dem ~n des Gesetzes** según lo que dice la ley

buchstabieren* [buːxʃta'biːrən] *vi, vt* deletrear

buchstäblich ['buːxʃtɛːplɪç] *adj* literal, textual; **ich war ~ in Schweiß gebadet** estaba literalmente empapado en sudor

Buchstütze *f* atril *m*

Bucht [bʊxt] *f* <-en> (GEO) bahía *f; (Meeresbusen)* golfo *m*

Buchumschlag *m* <-(e)s, -schläge> sobrecubierta *f*

Buchung ['buːxʊŋ] *f* <-en> ① (FIN) asiento *m* ② *(Reservierung)* reserva *f*

Buchungsbeleg *m* <-(e)s, -e> (FIN) documento *m* contable, comprobante *m* de asientos

Buchungsnummer *f* número *m* de reserva, número *m* de reservación *Am*

buchungstechnisch *adj* **aus ~en Gründen** por motivos contables

Buchweizen *m* alforfón *m*

Buchwert *m* <-(e)s, -e> (FIN, COM) valor *m* contable [*o* según libros]

Buckel ['bʊkəl] *m* <-s, -> ① *(fam: Rücken)* espalda *f,* chepa *f fam;* **er kann mir den ~ runterrutschen** *(fam fig)* se puede ir a freír espárragos; **seine 80 Jahre auf dem ~ haben** *(fam fig)* tener 80 años a cuestas ② (ANAT) joroba *f*

buckelig *adj (Mensch)* jorobado, cheposo *fam*

Buckelige(r) *mf* <-n, -n; -n> jorobado, -a *m, f*

buckeln *vi (fam)* ① *(Katze)* encorvarse ② *(abw: unterwürfig sein)* someterse (**vor** a); *(fig)* humillarse (**vor** ante)

bücken ['bʏkən] *vr:* **sich ~** *(nach unten)* agacharse; *(nach vorne)* inclinarse; **sich nach etw ~** agacharse para recoger algo

bucklig *adj s.* **buckelig**

Bucklige(r) *mf* <-n, -n; -n> *s.* **Buckelige(r)**

Bückling *m* <-s, -e> ① *(Fisch)* arenque *m* ahumado ② *(fam: Verbeugung)* reverencia *f*

Budapest ['buːdapɛst] *nt* <-s> Budapest *m*

buddeln ['bʊdəln] *vt (fam)* cavar

Buddha ['bʊda] *m* <-s, -s> (REL, KUNST) Buda *m*

Buddhismus [bʊ'dɪsmʊs] *m* <-, *ohne pl*> budismo *m*

Buddhist(in) *m(f)* <-en, -en; -nen> budista *mf*

buddhistisch *adj* budista

Bude ['buːdə] *f* <-n> ① *(Kiosk)* chiringuito *m,* trucha *f AmC* ② *(fam abw: Laden)* tenducho *m* ③ *(fam: Zimmer)* habitación *f,* cuarto *m;* **Leben in die ~ bringen** *(fam)* animar el ambiente

Budget [by'dʒeː, bʏ'dʒeː] *nt* <-s, -s> (POL, COM) presupuesto *m*

Bufdi ['bʊfdi] *m* <-s, *kein pl*> *(fam) Akr. von* **Bundesfreiwilligendienst**

Büfett [bʏ'fɛt, bʏ'feː] *nt* <-(e)s, -e *o* -s> ① *(Anrichte)* bufé *m;* **kaltes ~** bufé frío ② *(Theke)* mostrador *m*

Büffel ['bʏfəl] *m* <-s, -> búfalo *m*

büffeln ['bʏfəln] *vi, vt (fam)* empollar, chapar

Buffett *nt* <-s, -s>, **Büffett** *nt* <-s, -s> *(Österr, Schweiz) s.* **Büfett**

Bug[1] [buːk] *m* <-(e)s, -e> ① (NAUT) proa *f* ② (AERO) morro *m*

Bug[2] *m* <-s, -s> (INFOR) defecto *m*

Bügel ['byːgəl] *m* <-s, -> ① *(Kleiderbügel)* percha *f* ② *(Griff)* manija *f,* asa *f* ③ *(Brillenbügel)* patilla *f* ④ *(Steigbügel)* estribo *m* ⑤ *(Geldbörse, Reisetasche)* estribo *m* ⑥ *(Gewehr)* fiador *m* ⑦ *(am Schlepplift)* estribo *m*

Bügelbrett *nt* tabla *f* de planchar

Bügeleisen *nt* plancha *f*

Bügelfalte *f* raya *f* del pantalón

bügelfrei *adj* no necesita plancha

bügeln *vi, vt* (**glatt**) ~ planchar

Bügelsäge *f* sierra *f* de arco [*o* de metales]

Bugfahrwerk *nt* (AERO) tren *m* de aterrizaje delantero

Buggy ['bagi] *m* <-s, -s> *(Kinderwagen)* cochecito *m*

Bugwulst *m* <-(e)s, -wülste> (NAUT) reborde *m* de proa

buh [bu:] *interj* fuera

buhen ['bu:ən] *vi (fam)* abuchear

buhlen ['bu:lən] *vi (geh abw)* luchar (**um** por)

Buhmann ['bu:man] *m (fam)* oveja *f* negra

Bühne ['by:nə] *f* <-n> ① (THEAT) escenario *m;* **etw über die ~ bringen** *(fam)* llevar algo a cabo; **etw geht gut über die ~** *(fam)* algo se resuelve sin problemas ② *(Schauspielhaus)* teatro *m* ③ *(Hebebühne)* plataforma *f* elevadora

Bühnenarbeiter(in) *m(f)* tramoyista *mf*

Bühnenbild *nt* decorado *m,* escenografía *f*

Bühnenbildner(in) ['by:nənbɪltnɐ] *m(f)* escenógrafo, -a *m, f*

bühnenreif *adj* maduro para ser puesto en escena; **dein Auftritt war wirklich ~** *(iron)* tu actuación ha sido realmente digna de ser puesta en escena

Bühnenstück *nt* pieza *f* de teatro

bühnenwirksam *adj* con gran efecto teatral

Buhruf ['bu:ru:f] *m* abucheo *m*

buk *(alt) 3. imp von* **backen**

Bukarest ['bu:karɛst] *nt* <-s> Bucarest *m*

Bukett [bu'kɛt] *nt* <-(e)s, -e *o* -s> ① *(geh: Blumenstrauß)* ramo *m* ② *(von Wein)* buqué *m*

Bulette [bu'lɛtə] *f* <-n> *(reg)* albóndiga *f*

Bulgare, -in [bʊl'ga:rə] *m, f* <-n, -n; -nen> búlgaro, -a *m, f*

Bulgarien [bʊl'ga:riən] *nt* <-s> Bulgaria *f*

Bulgarin *f* <-nen> *s.* **Bulgare**

bulgarisch *adj* búlgaro

Bulgur [bʊl'gu:ɐ] *m* <-s, *ohne pl*> (GASTR) bulgur *m*

Bulimie [buli'mi:] *f* <-, *ohne pl*> (MED) bulimia *f*

Bullauge ['bʊlʔaʊgə] *nt* <-s, -n> (NAUT) portilla *f*

Bulldogge *f* <-n> (ZOOL) bulldog *m,* perro *m* de presa

Bulldozer ['bʊldo:zɐ] *m* <-s, -> buldócer *m*

Bulle ['bʊlə] *m* <-n, -n> ① *(Rind)* toro *m* ② *(fam abw: Mann)* tiarrón *m* ③ *(fam abw: Polizist)* madero *m*

Bullenhitze ['-'--] *f (fam)* calor *m* sofocante

Bulletin [bʏl'tɛ̃:] *nt* <-s, -s> boletín *m*

bullig *adj (fam)* ① *(gedrungen)* fornido ② *(Hitze)* sofocante

Bumerang ['bʊmərаŋ, 'bu:mərаŋ] *m* <-s, -s *o* -e> bumerán *m*

Bumerangeffekt *m* efecto *m* bumerang

Bummel ['bʊməl] *m* <-s, -> *(fam)* vuelta *f;* **einen kleinen ~ durch die Stadt machen** dar una vuelta por la ciudad

Bummelei *f* <-en> *(fam)* ① *(Trödelei)* lentitud *f* ② *(Faulenzerei)* holgazanería *f*

bummeln *vi* ① *sein (fam: spazieren gehen)* dar una vuelta, remoler *Chil, Perú* ② *(fam abw: trödeln)* remolonear

Bummelstreik *m* huelga *f* de celo

Bummelzug *m (fam) tren que para en todas las estaciones*

bums [bʊms] *interj* zas, cataplún

bumsen ['bʊmzən] *vi* ① *sein (anprallen)* darse (**gegen** contra) ② *(schlagen, klopfen)* dar (**gegen** contra) ③ *(dumpf dröhnen)* **an der Ecke hat es gebumst** *(fam)* hubo un accidente en la esquina ④ *(vulg: Geschlechtsverkehr haben)* follar, coger *Am*

Bumslokal *nt (fam abw)* puticlub *m*

Bund[1] [bʊnt, *pl:* 'bʏndə] *m* <-(e)s, Bünde> ① *(Vereinigung)* unión *f; (Pakt)* alianza *f;* **den ~ fürs Leben schließen** *(geh)* casarse; **mit jdm im ~e sein** estar aliado con alguien ② *(an Hosen)* pretina *f*

Bund[2] [bʊnt] *m* <-(e)s, -e> *(Karotten)* manojo *m*

Bund[3] *m* <-(e)s, *ohne pl*> ① (POL) Estado *m* federal, confederación *f;* **~ und Länder** el Estado federal y los Länder ② *(fam: Bundeswehr)* mili *f*

BUND [be:ʔu:ʔɛn'de:] *m* <-, *ohne pl*> (ÖKOL) *Abk. von* **Bund für Umwelt und Naturschutz Deutschland** Liga *f* Alemana para la Protección del Medio Ambiente y de la Naturaleza

Bündchen ['bʏntçən] *nt* <-s, -> *(Ärmel)* puño *m; (Halsausschnitt)* cuello *m*

Bündel ['bʏndəl] *nt* <-s, -> ① *(Packen)* lío *m; (Ballen)* fardo *m; (von Holz, Stroh)* haz *m;* **ein ~ an Maßnahmen** un paquete de medidas; **jeder hat sein ~ zu tragen** cada uno tiene que cargar con lo suyo ② *(von Akten)* legajo *m* ③ *(Geldscheine)* fajo *m*

bündeln *vt* ① *(zusammenschnüren)* hacer fardos (de); *(Stroh)* agavillar ② *(Strahlen)* enfocar

bündelweise *adv* en manojos; *(Geld)* en fajos; **Radieschen werden ~ angeboten** los rabanitos se venden en manojos; **er holte ~ Banknoten aus der Tasche** se sacó del bolsillo fajos de billetes

Bundesagentur *f* agencia *f* federal

Bundesamt *nt* <-(e)s, -ämter> (ADMIN) oficina *f* federal

Bundesanstalt *f* instituto *m* federal; **die ~ für Arbeit** el instituto federal (para mediación) del trabajo

Bundesanwalt, -anwältin *m, f* <-(e)s, -wälte; -, -nen> ① *(Deutschland)* fiscal *mf* federal ② *(Schweiz)* fiscal *mf* de la confederación helvética

Bundesausbildungsförderungsgesetz *nt* (JUR) Ley *f* Federal de Promoción de la Enseñanza *(crédito oficial a estudiantes para sufragar los estudios)*

Bundesbahn *f* (HIST) Ferrocarriles *mpl* Federales

Bundesbank *f ohne pl* (ADMIN, FIN) Banco *m* Federal

Bundesbehörde *f* <-, -n> (ADMIN) autoridad *f* federal

Bundesbürger(in) *m(f)* ciudadano, -a *m, f* de la República Federal de Alemania

Bundesebene *f* <-, -n> nivel *m* federal; **auf ~** en el plano federal

Bundesfinanzhof [---'--] *m* <-(e)s, -höfe> (ADMIN) Tribunal *m* Federal Fiscal

Bundesgebiet *nt ohne pl* territorio *m* federal

Bundesgenosse *m* (POL) confederado *m*, aliado *m*

Bundesgericht *nt (Schweiz:* ADMIN, JUR) Tribunal *m* de la Confederación Helvética

Bundesgerichtshof [---'--] *m ohne pl* (ADMIN, JUR) Tribunal *m* Federal Supremo

Bundesgrenzschutz *m* (ADMIN) policía *f* de fronteras de la República Federal de Alemania

Bundeshauptstadt *f* (ADMIN) capital *f* federal

Bundeshaus *nt* ① *(Bundestagsgebäude)* edificio *m* del Bundestag ② *(Schweiz)* lugar *m* de reunión del consejo federal

Bundesinnenminister(in) [--'----] *m(f)* (ADMIN) ministro, -a *m, f* de asuntos interiores

Bundeskanzler(in) *m(f)* (ADMIN) canciller *mf* federal

Bundeskanzleramt *nt* (ADMIN) Cancillería *f* Federal

Bundesland *nt* (ADMIN) estado *m* federado, land *m*

Bundesliga ['bʊndəsliːga] *f* (SPORT) primera división *f*

Bundesminister(in) *m(f)* (ADMIN) ministro, -a *m, f* federal

Bundesministerium *nt* (ADMIN) ministerio *m* federal

Bundesnachrichtendienst *m servicio secreto de la República Federal de Alemania*

Bundespost *f* (HIST) Correos *mpl* Federales

Bundespräsident(in) *m(f)* (ADMIN) ① *(in Deutschland)* Presidente, -a *m, f* de la República Federal de Alemania; *(in Österreich)* Presidente, -a *m, f* de la República ② *(Vorsitzender des Bundesrates in der Schweiz)* Presidente, -a *m, f* de la Confederación

Bundesrat *m ohne pl* (ADMIN) ① *(in Deutschland)* Bundesrat *m*, Cámara *f* Alta de la República Federal; *(in Österreich)* Cámara *f* de Representantes ② *(zentrale Regierung in der Schweiz)* Consejo *m* Federal

Bundesrechnungshof *m* <-(e)s, *ohne pl*> Tribunal *m* Federal de Cuentas

Bundesrecht *nt ohne pl* derecho *m* federal

Bundesregierung *f* (ADMIN) gobierno *m* federal

Bundesrepublik *f ohne pl* (ADMIN) **~ Deutschland** República Federal de Alemania

Bundesstaat *m* (ADMIN) ① *(Mitgliedsstaat in einem Bund)* estado *m* (con)federado [*o* federal] ② *(Staatenbund)* confederación *f*

Bundesstraße *f* carretera *f* federal; *(in Spanien)* ≈ carretera *f* nacional

Bundestag *m ohne pl* (ADMIN) Cámara *f* Baja del Parlamento alemán, Bundestag *m*

Bundestagsabgeordnete(r) *mf* diputado, -a *m, f* en el Bundestag

Bundestagsfraktion *f* <-, -en> (ADMIN, POL) grupo *m* de la Asamblea Federal

Bundestagspräsident(in) *m(f)* Presidente, -a *m, f* del Bundestag

Bundestagswahl *f* (ADMIN) elección *f* al Parlamento alemán

Bundestrainer(in) *m(f)* (SPORT) entrenador(a) *m(f)* de la selección nacional

Bundesverdienstkreuz [---'--] *nt* (ADMIN) Cruz *f* Federal del Mérito

Bundesverfassungsgericht [---'----] *nt ohne pl* (ADMIN, JUR) Tribunal *m* Constitucional Federal

Bundesversammlung *f ohne pl* (ADMIN) Asamblea *f* Federal

Bundeswehr *f ohne pl* (MIL) ejército *m* de la República Federal de Alemania

bundesweit *adj* en todo el territorio federal

Bundfalte *f* <-, -n> pinza *f*

Bundfaltenhose *f* pantalón *m* de pinzas

bündig ['bʏndɪç] *adj* ① *(kurz)* conciso; *(bestimmt)* preciso; **kurz und ~** sin rodeos ② *(überzeugend)* convincente

Bündnis [bʏntnɪs] *nt* <-ses, -se> (POL) alianza *f*

Bündnisgrüne(r) *mf* (POL) partidario, -a *m, f* de Los Verdes

Bündnispartner(in) *m(f)* aliado, -a *m, f*

Bundweite *f* talla *f* de cintura

Bungalow ['bʊŋgalo] *m* <-s, -s> bungaló *m*, bóngalo *m Am*

B

Bungeejumping ['bandʒidʒampɪŋ] *nt* <-s, *ohne pl*>, **Bungeespringen** ['bandʒiʃprɪŋən] *nt* <-s, *ohne pl*> salto *m* elástico, puenting *m*

Bunker ['bʊnkɐ] *m* <-s, -> búnker *m*

bunkern *vt* almacenar

Bunsenbrenner ['bʊnzənbrɛnɐ] *m* (TECH) mechero *m* de Bunsen

bunt [bʊnt] *adj* ① *(mehrfarbig)* de varios colores; ~ **kariert** de cuadros multicolores; **er ist bekannt wie ein ~er Hund** *(fam)* está más visto que el tebeo ② *(abwechslungsreich)* ~ **gemischt** variado; **eine ~e Menge** una multitud abigarrada; **das wird ein ~er Abend** será una noche muy variada; **ein ~es Durcheinander** una mezcla ③ *(wirr)* desordenado; **jetzt wird's mir aber zu ~!** *(fam)* ¡eso pasa de castaño oscuro!

buntgemischt *adj s.* **bunt 2.**

Buntspecht *m* pico *m* picapinos

Buntstift *m* lápiz *m* de color

Buntwäsche *f ohne pl* ropa *f* de color

Bürde ['bʏrdə] *f* <-n> *(geh)* carga *f*

Bure, -in ['buːrə] *m, f* bóer *mf*

Burg [bʊrk] *f* <-en> castillo *m*

Bürge, -in ['bʏrgə] *m, f* <-n, -n; -nen> fiador(a) *m(f)*

bürgen *vi* garantizar, avalar; **ich bürge für ihn** respondo de él

Bürger(in) ['bʏrgɐ] *m(f)* <-s, -; -nen> ① *(Staatsbürger)* ciudadano, -a *m, f* ② *(Einwohner)* habitante *mf* ③ *(Bourgeois)* burgués, -esa *m, f*

Bürgerbegehren *nt* petición *f* cívica

Bürgerbewegung *f* movimiento *m* ciudadano [*o* cívico]

bürgerfern *adj* alejado de los ciudadanos

Bürgerhaus *nt* <-es, -häuser> *(Gemeindehaus)* asociación *f* de vecinos, centro *m* cultural

Bürgerinitiative *f* iniciativa *f* ciudadana

Bürgerkrieg *m* guerra *f* civil

bürgerkriegsähnlich *adj* similar a una guerra civil, de preguerra civil

bürgerlich *adj* ① *(Schicht, Einstellung)* burgués ② (JUR) civil; **das B~e Gesetzbuch** el Código Civil

Bürgerliche(r) *mf* <-n, -n; -n, -n> burgués, -esa *m, f*; **er ist Graf, seine Frau eine ~** él es conde, su mujer burguesa

Bürgermeister(in) *m(f)* alcalde(sa) *m(f)*, regente *mf Méx*

bürgernah *adj* cerca del pueblo

Bürgernähe *f* <-, *ohne pl*> proximidad *f* al pueblo

Bürgerrecht *nt* derecho *m* civil

Bürgerrechtler(in) *m(f)* <-s, -; -nen> defensor(a) *m(f)* de los derechos humanos y civiles

Bürgerrechtsbewegung *f* movimiento *m* por los derechos civiles

Bürgerschaft *f ohne pl* ciudadanía *f*; *(Bevölkerung)* población *f*

Bürgersteig ['bʏrgɐʃtaɪk] *m* <-(e)s, -e> acera *f*, vereda *f Am*

Bürgertum *nt* <-(e)s, *ohne pl*> burguesía *f*

Bürgin ['bʏrgɪn] *f* <-nen> *s.* **Bürge**

Burgruine *f* <-, -n> castillo *m* en ruinas

Bürgschaft ['bʏrkʃaft] *f* <-en> ① (JUR) aval *m*, garantía *f*; **für jdn eine ~ leisten** hacerse garante de alguien ② *(Betrag)* fianza *f*

Burgund [bʊr'gʊnt] *nt* <-s> Borgoña *f*

Burgunder[1] *m* <-s, -> *(Wein)* borgoña *m*

Burgunder(in)[2] *m(f)* <-s, -; -, -nen> *(Einwohner)* borgoñón, -ona *m, f*

Burgverlies *nt* <-es, -e> mazmorra *f*

Burkina Faso [bʊr'kiːna 'faːzo] *nt* <- -s> Burkina Faso *f*; **aus ~** burkinés

burlesk [bʊr'lɛsk] *adj* burlesco, jocoso

Büro [by'roː] *nt* <-s, -s> oficina *f*, archivo *m Col*

Büroangestellte(r) *mf* empleado, -a *m, f* de oficina, oficinista *mf*

Büroarbeit *f* trabajo *m* de oficina

Bürobedarf *m* material *m* de oficina

Bürogebäude *nt* edificio *m* de oficinas

Bürohaus *nt* edificio *m* de oficinas

Bürohengst *m (abw)* chupatintas *m inv*

Bürokauffrau *f* administrativa *f*

Bürokaufmann *m* administrativo *m*

Büroklammer *f* sujetapapeles *m inv*, ataché *m AmC*

Bürokraft *f* <-, -kräfte> oficinista *mf*

Bürokrat(in) [byro'kraːt] *m(f)* <-en, -en; -nen> *(abw)* burócrata *mf*

Bürokratie [byrokra'tiː] *f ohne pl* burocracia *f*, oficialismo *m Arg*

Bürokratin *f* <-nen> *s.* **Bürokrat**

bürokratisch *adj* burocrático, oficialista *Am*

Bürokratismus *m* <-, *ohne pl*> *(abw)* burocratismo *m*

Büromaterial *nt* material *m* de oficina

Bürostuhl *m* silla *f* de oficina [*o* de escritorio]

Bürostunden *fpl* horas *fpl* de despacho

Bursche ['bʊrʃə] *m* <-n, -n> chico *m*, chaval *m*

Burschenschaft *f* <-en> *(Studentenverbindung)* asociación *f* de estudiantes

burschikos [bʊrʃi'koːs] *adj (Person)* campechano; *(ungezwungen)* desenvuelto

Bürste ['bʏrstə] *f* <-n> cepillo *m*

bürsten *vt* cepillar; **sich** *dat* **die Haare ~** cepillarse el pelo
Burundi [bu'rʊndi] *nt* <-s> Burundi *m*
Bus [bʊs] *m* <-ses, -se> ① *(Fahrzeug)* bus *m,* guagua *f Cuba, PRico* ② (INFOR) conductor *m* común
Busbahnhof *m* estación *f* de autobuses
Busch [bʊʃ, *pl:* 'bʏʃə] *m* <-(e)s, Büsche> ① *(Strauch)* arbusto *m,* mata *f;* **hier ist etwas im ~** *(fam)* aquí hay gato encerrado; **sich in die Büsche schlagen** *(fam)* desaparecer a la chita callando; **mit etw hinterm ~ halten** *(fam)* callar algo ② *(in den Tropen)* selva *f* ③ *(Federbusch)* penacho *m*
Büschel ['bʏʃəl] *nt* <-s, -> *(Gras, Heu)* haz *m; (Haare)* mechón *m*
büschelweise *adv (Gras, Heu)* en haces; *(Haare)* a mechones; **die Haare sind ihm ~ ausgegangen** el pelo se le cayó a mechones
Buschfeuer *nt* <-s, -> incendio *m* en la selva (tropical)
buschig *adj* peludo
Buschmann *m* bosquimano *m*
Buschmesser *nt* machete *m,* colín *m AmC, Ant*
Buschwerk *nt* <-(e)s, *ohne pl*> maleza *f*
Busen ['bu:zən] *m* <-s, -> seno *m; (Brust)* pecho *m*
Busenfreund(in) *m(f)* amigo, -a *m, f* íntimo , -a
Busfahrer(in) *m(f)* conductor(a) *m(f)* de autobús
Bushaltestelle *f* parada *f* de autobuses
Businessclass ['bɪznɪs kla:s] *f* <- -, *ohne pl*> (AERO) business class *m,* clase *f* ejecutiva
Businessklasse *f* (AERO) clase *f* business [*o* preferente]
Buslinie *f* línea *f* de autobuses
Bussard ['bʊsart] *m* <-s, -e> águila *f* ratonera
Buße ['bu:sə] *f* <-n> ① (REL) penitencia *f;* **~ tun** hacer penitencia ② *(a. Schweiz:* JUR*)* multa *f*
büßen ['by:sən] *vt* ① (REL) expiar ② *(Tat)* pagar; **das wirst du mir ~** esto me lo vas a pagar ③ *(Schweiz: mit Geldbuße belegen)* multar
Büßer(in) *m(f)* <-s, -; -nen> (REL) penitente, -a *m, f*
Busserl ['bʊsɐl] *nt* <-s, -(n)> *(südd, Österr)* beso *m*
Bußgeld ['bu:s-] *nt* (JUR) multa *f*
Bußgeldbescheid *m* (JUR) aviso *m* de multa
Bussi ['bʊsi] *nt* <-s, -s> *(fam)* besito *m*
Bußtag *m* (REL) día *m* de penitencia; **Buß- und Bettag** día de ayuno
Büste ['bʏstə] *f* <-n> busto *m*
Büstenhalter *m* <-s, -> sostén *m,* corpiño *m CSur*
Busverbindung *f* enlace *m* de autobús; **auf dem Land sind die ~en nicht gut** en el campo no hay un buen servicio de autobuses
Butan [bu'ta:n] *nt* <-s, -e> (CHEM) butano *m*
Butangas *nt ohne pl* gas *m* butano
Butt [bʊt] *m* <-(e)s, -e> *(Scholle)* platija *f; (Steinbutt)* rodaballo *m*
Bütte ['bʏtə] *f* <-n> tina *f*
Büttenrede *f (reg)* discurso *m* carnavalesco
Butter ['bʊtɐ] *f ohne pl* mantequilla *f;* **es ist alles in ~** *(fam)* todo está en orden; **er gönnt ihm nicht die ~ auf dem Brot** le envidia todo
Butterblume *f* (BOT) botón *m* de oro
Butterbrot *nt* (rebanada *f* de) pan *m* con mantequilla; **etw für ein ~ bekommen** *(fam)* recibir algo por un pedazo de pan; **für ein ~ arbeiten** *(fam)* trabajar por un pedazo de pan
Butterbrotdose *f* táper *m* para el bocadillo
Butterbrotpapier *nt* papel *m* pergamino
Buttercreme *f* <-, -s> (GASTR) crema *f* de mantequilla
Butterdose *f* mantequillera *f*
Butterkeks *m* <-es, -e> galleta *f* de mantequilla
Buttermilch *f* leche *f* batida
Buttersäure *f* <-, -n> (CHEM) ácido *m* butírico
butterweich ['--'-] *adj (Frucht)* como manteca; *(Metall, Plastik)* muy dúctil; *(Landung)* muy suave
Button ['batən] *m* <-s, -s> insignia *f*
Butzenscheibe ['bʊtsən-] *f vidrio abombado en el centro con el que se construyen ventanas emplomadas*
BVG [be:faʊ'ge:] *nt* <-, *ohne pl*> (JUR) *Abk. von* **Bundesverfassungsgericht** Tribunal *m* Constitucional Federal
b.w. *Abk. von* **bitte wenden** continúa al dorso
BWL [be:ve:'ʔɛl] *Abk. von* **Betriebswirtschaftslehre** teoría *f* de la empresa, economía *f* industrial
Bypass ['baɪpa:s] *m* <-(es), -pässe> (MED) bypass *m inv*
Byte [baɪt] *nt* <-s, -s> (INFOR) byte *m*
byzantinisch [bytsan'ti:nɪʃ] *adj* (HIST) bizantino
bzw. *Abk. von* **beziehungsweise** o sea, respectivamente

Cc

C

C, c [tseː] *nt* <-, -> ❶ *(Buchstabe)* C, c *f;* ~ **wie Cäsar** C de Carmen ❷ (MUS) do *m*

ca. *Abk. von* **circa** cerca de, aproximadamente

Cabrio ['kaːbrio] *nt* <-s, -s>, **Cabriolet** [kabrio'leː] *nt* <-s, -s> cabriolé *m,* descapotable *m*

Cache ['kaʃ] *m* <-, *ohne pl*> (INFOR) caché *m*

Caddie ['kɛdi] *m* <-s, -s> *(Mensch)* cadi *m; (Wagen)* carrito *m* de golf

Cadmium ['katmiʊm] *nt* <-s, *ohne pl*> (CHEM) cadmio *m*

Café [ka'feː] *nt* <-s, -s> café *m*

Cafeteria [kafete'riːa] *f* <Cafeterien> cafetería *f*

cal *Abk. von* **Kalorie** cal

Calcium ['kaltsiʊm] *nt* <-s, *ohne pl*> (CHEM) calcio *m*

Callboy ['kɔːlbɔɪ] *m* <-s, -s> prostituto, m, call boy *m*

Callcenter ['koːlsɛntɐ] *nt* <-s, -> call center *m,* centralita *f* de márquetin telefónico

Callgirl ['kɔːlgœːl] *nt* <-s, -s> prostituta *f,* call girl *f*

Calvinismus [kalvi'nɪsmʊs] *m* <-, *ohne pl*> (REL) calvinismo *m*

Camcorder ['kɛmkɔrdɐ] *m* <-s, -> camcórder *m*

Camembert ['kamãbɛːɐ, 'kaməmbeːɐ] *m* <-s, -s> (GASTR) queso *m* camembert

Camion [ka'mjõ] *m* <-s, -s> *(Schweiz)* camión *m*

Camp [kɛmp] *nt* <-s, -s> campamento *m*

campen ['kɛmpən] *vi* (a)campar, hacer campin(g)

campieren* *vi* acampar

Camping ['kɛmpɪŋ] *nt* <-s, *ohne pl*> campin(g) *m*

Campingausrüstung *f* equipo *m* de campin(g)

Campingbus *m* caravana *f*

Campingplatz *m* campin(g) *m*

Campingstuhl *m* silla *f* de camping

Campingtoilette *f* inodoro *m* para campin(g)

Campus ['kampʊs] *m* <-, -> (UNIV) campus *m inv*

Canasta [ka'nasta] *nt* <-s, *ohne pl*> *(Kartenspiel)* canasta *f*

Cannabidiol [kanabɪ'djioːl] *nt* <-s, -e> cannabidiol *m*

Cannabis ['kanabɪs] *m* <-, *ohne pl*> (BOT) cáñamo *m; (sl: Haschisch)* hachís *m inv*

Cannelloni *pl* (GASTR) canelones *mpl*

Cañon ['kanjɔn] *m* <-s, -s> (GEO) cañón *m*

Cape [kɛɪp] *nt* <-s, -s> capa *f*

Capoeira [ka'poeːra] *f* <-, *ohne pl*> (SPORT) capoeira *f*

Cappuccino [kapu'tʃiːno] *m* <-(s), -(s)> capuchino *m*

Caravan ['karavan] *m* <-s, -s> ❶ *(Kombiwagen)* vehículo *m* compacto de carga, pick-up *m* ❷ *(Wohnwagen)* caravana *f*

Carport ['kaːɐpɔːt] *m* <-s, -s> aparcamiento *m* cubierto al aire libre

Carsharing ['kaːɐʃɛːrɪŋ] *nt* <-(s), *ohne pl*> carsharing *m,* coche *m* compartido

Cartoon ['kaːɐtuːn] *m* <-(s), -s> ❶ *(Karikatur)* caricatura *f* ❷ *(Bildgeschichte)* historieta *f* de dibujos animados

Casanova [kaza'nɔːva] *m* <-s, -s> casanova *m*

Cashewkern *m* anacardo *m*

Cashewnuss ['kɛʃunʊs] *f* <-, -nüsse> anacardo *m*

Cashflow ['kɛʃflɔʊ] *m* <-s, *ohne pl*> (WIRTSCH) cash-flow *m*

Casino [ka'ziːno] *nt* <-s, -s> casino *m*

Cäsium ['tsɛːziʊm] *nt* <-s, *ohne pl*> (CHEM) cesio *m*

Castingshow ['kaːstɪŋʃoː] *f* <-, -s> programa *m* basado en un castin

Catering ['kɛɪtərɪŋ] *nt* <-s, *ohne pl*> (GASTR) cáterin *m,* abastecimiento *m*

Cateringservice *m* <-, -s> (GASTR) cáterin *m,* servicio *m* de comidas preparadas

Cayennepfeffer [ka'jɛn-] *m* pimienta *f* de Cayena, ají *m AmS, Ant*

CBD [tseːbeː'deː] *nt Abk. von* **Cannabidiol** CBD *m*

CBD-Öl *nt* aceite *m* de CBD

CB-Funk *m* citizen band *f*

CD [tseː'deː] *f* <-(s)> *Abk. von* **Compact Disk** CD *m inv*

CD-Brenner *m* <-s, -> grabador *m* de CD, (re)grabadora *f* de compacts

CD-Laufwerk *nt* (INFOR) unidad *f* de CD, reproductor *m* de CD

CD-Player *m* <-s, -> compact disc *m*

CD-ROM *f* <-(s)> (INFOR) CD-ROM *m,* cederrón *m*

CD-ROM-Laufwerk *nt* (INFOR) lector *m* de CD-ROM, reproductor *m* de CD-ROM

CD-Spieler *m s.* **CD-Player**

CDU [tseːdeː'ʔuː] *f Abk. von* **Christlich Demokratische Union** (**Deutschlands**) partido *m* de la Unión Cristiano Demócrata de Alemania

C-Dur *nt* <-, *ohne pl*> (MUS) do *m* mayor

Cellist(in) [tʃɛ'lɪst] *m(f)* <-en, -en; -nen> violonc(h)elista *mf*

Cello ['tʃɛlo, *pl:* 'tʃɛli, 'tʃɛlos] *nt* <-s, -s *o* Celli> violonc(h)elo *m*

Cellophan® [tsɛlo'faːn] *nt* <-s, *ohne pl*> celofán® *m*

Celsius ['tsɛlziʊs] **30 Grad ~** 30 grados centígrados

Cembalo ['tʃɛmbalo, *pl:* 'tʃɛmbali, tʃɛmbalos] *nt* <-s, -s *o* Cembali> clavecín *m*

Cent [sɛnt] *m* <-(s), -(s)> *(Dollar)* centavo *m; (Euro)* céntimo *m;* **ich habe keinen ~ dabei** estoy sin un duro; **das ist keinen ~ wert** esto no vale un duro

Ces [tsɛs] *nt* <-, -> (MUS) do *m* bemol

Ceylon ['tsaɪlɔn] *nt* <-s> (HIST) Ceilán *m*

Cha-Cha-Cha ['tʃa'tʃa'tʃa] *m* <-(s), -s> chachachá *m*

Chalet [ʃa'leː, ʃa'lɛ] *nt* <-s, -s> *(Schweiz)* chalé *m*

Chamäleon [ka'mɛːleɔn] *nt* <-s, -s> (ZOOL: *a. fig)* camaleón *m*

Champagner [ʃam'panjɐ] *m* <-s, -> champán *m*

Champignon ['ʃampɪnjɔŋ] *m* <-s, -s> champiñón *m*

Champion ['tʃɛmpjən] *m* <-s, -s> (SPORT) campeón, -ona *m, f*

Chance ['ʃãːs(ə)] *f* <-n> ❶ *(Gelegenheit)* oportunidad *f* (**zu** de), ocasión *f* (**zu** de); **eine ~ wahrnehmen** aprovechar una ocasión; **ich gebe dir noch eine letzte ~** aún te doy una última oportunidad ❷ *(Aussicht)* perspectiva *f* (**auf/zu** de); *(Möglichkeit)* posibilidad *f* (**auf/zu** de); **sich** *dat* **gute ~n ausrechnen** contar con buenas posibilidades; **~n auf einen Gewinn** perspectivas de ganar; **~n bei jdm haben** *(fam)* tener buenas posibilidades con alguien

Chancengleichheit *f ohne pl* igualdad *f* de oportunidades

chancenlos *adj (ohne Aussichten)* sin perspectivas; *(ohne Möglichkeiten)* sin posibilidades

Chanson [ʃã'sõː] *nt* <-s, -s> canción *f*

Chansonsänger(in) *m(f)* cantante *mf* de canción francesa

Chaos ['kaːɔs] *nt* <-, *ohne pl*> caos *m inv,* desorden *m;* **Ordnung in das ~ bringen** poner orden en el caos; **auf der Straße herrscht ein ziemliches ~** en la calle hay una gran confusión; **ein ~ im Kopf haben** tener un bollo mental *fam*

Chaot(in) [ka'oːt] *m(f)* <-en, -en; -nen> ❶ *(unbeherrschter Mensch)* persona *f* caótica ❷ *(abw: Radikaler)* extremista *mf*

chaotisch [ka'oːtɪʃ] *adj* caótico; *(unordentlich)* desordenado; **es geht ~ zu** es un caos

Charakter [ka'raktɐ, *pl:* karak'teːrə] *m* <-s, -e> carácter *m;* **er hat ~** tiene carácter; **sie sind ganz gegensätzliche ~e** son de naturaleza totalmente contraria; **die Unterredung hatte vertraulichen ~** la conversación ha sido de carácter confidencial

Charakterdarsteller(in) *m(f)* <-s, -; -, -nen> (FILM, THEAT) característico, -a *m, f*

Charaktereigenschaft *f* rasgo *m* de carácter

Charakterfehler *m* <-s, -> defecto *m* (de carácter)

charakterfest *adj* de carácter firme

charakterisieren* [karakteri'ziːrən] *vt* caracterizar (**als** de); **dieser Film charakterisiert das 18. Jahrhundert** esta película caracteriza el siglo XVIII; **Stress und Lärm ~ das Stadtleben** el estrés y el ruido caracterizan la vida en las ciudades

Charakterisierung *f* <-en> caracterización *f*

Charakteristik [karakte'rɪstɪk] *f* <-en> característica *f*

Charakteristikum [karakte'rɪstɪkʊm] *nt* <-s, Charakteristika> *(geh)* rasgo *m* característico, característica *f*

charakteristisch *adj* característico (**für** de); *(typisch)* típico (**für** de)

charakterlich *adj* de carácter; **er hat einige ~e Schwächen** tiene algunos defectos de carácter

charakterlos *adj* sin carácter

Charakterlosigkeit[1] *f* <-, -en> *(schändliche Tat)* canallada *f,* vileza *f*

Charakterlosigkeit[2] *f* <-, *ohne pl*> *(Niedertracht)* falta *f* de escrúpulos, bajeza *f*

Charakterschwäche *f* debilidad *f* de carácter

Charakterschwein *nt (fam)* cerdo *m*

Charakterstärke *f* fuerza *f* de carácter

Charakterzug *m* rasgo *m* de carácter

Charisma ['kaːrɪsma] *nt* <-s, -ta *o* Charismen> (*a.* REL) carisma *m*

Charismatiker(in) *m(f)* <-s, -; -, -nen> (*a.* REL) persona *f* carismática

charismatisch *adj* carismático; **~e Ausstrahlung** poder carismático

Charleston ['tʃarlstn] *m* <-, -s> charlestón *m*

charmant [ʃar'mant] *adj* encantador

Charme [ʃarm] *m* <-s, *ohne pl*> encanto *m;* **seinen ganzen ~ aufbieten** servirse de todo su encanto

Charmeur [ʃar'møːɐ] *m* <-s, -e> lisonjero *m*

Charta ['karta] *f* <-s> (POL) carta *f* constitucional

Charterer ['tʃartərɐ] *m* <-s, -> (WIRTSCH) fletador *m*

Charterflug *m* (AERO) (vuelo *m*) chárter *m*

C

Charterfluggesellschaft *f* (AERO) compañía *f* aérea de chárters
Charterflugzeug *nt* (AERO) (avión *m*) chárter *m*
Chartermaschine *f* (AERO) (avión *m*) chárter *m*
chartern ['tʃa:ɐtɐn] *vt* fletar
Charts ['tʃa:ɐts] *pl* (MUS) (listas *fpl* de) superventas *mpl;* (**ganz oben**) **in den ~ sein** estar en los primeros puestos de los superventas
Chassis [ʃa'si:] *nt* <-, -> ① (AUTO) chasis *m inv* ② (ELEK) placa *f* de base
Chat [tʃɛt] *m* <-s, -s> (INFOR, TEL: *sl)* charla *f,* chat *m*
chatten ['tʃɛtən] *vi* (INFOR) (**mit jdm**) ~ chatear (con alguien)
Chauffeur(in) [ʃɔ'fø:ɐ] *m(f)* <-s, -e; -nen> chófer *mf*
chauffieren* *vt* conducir
Chauvi ['ʃo:vi] *m* <-s, -s> *(fam)* machista *m*
Chauvinismus [ʃovi'nɪsmʊs] *m* <-, *ohne pl> (abw)* ① *(Nationalismus)* chovinismo *m* ② *(Sexismus)* machismo *m*
Chauvinist *m* <-en, -en> *(abw: Sexist)* machista *m*
chauvinistisch *adj (abw)* ① *(nationalistisch)* chovinista ② *(frauenfeindlich)* machista
checken ['tʃɛkən] *vt* ① *(überprüfen)* revisar, chequear *Am* ② *(fam: kapieren)* captar ③ *(Eishockey)* empujar
Check-in *m o nt* <-s, -s> (AERO) facturación *f;* **um 15.00 Uhr beginnt der ~** a las tres se empieza a facturar (el equipaje)
Check-in-Automat *m* (AERO) terminal *f* de autoembarque
Check-in-Schalter *m* (AERO) mostrador *m* de embarque
Checkliste *f* ① *(Notizzettel)* recordatorio *m* ② (AERO) lista *f* de embarque
Check-up *m* <-s, -s> (MED) chequeo *m*
Chef(in) [ʃɛf] *m(f)* <-s, -s; -nen> jefe, -a *m, f*
Chefarzt, -ärztin *m, f* (MED: *eines Krankenhauses*) director(a) *m(f); (einer Station)* médico, -a *m, f* jefe
Chefetage *f* departamento *m* de ejecutivos
Chefin *f* <-nen> *s.* **Chef**
Chefkoch, -köchin *m, f* <-(e)s, -köche; -, -nen> cocinero, -a *m, f* jefe, jefe, -a, -a *m, f* de cocina
Chefredakteur(in) *m(f)* redactor(a) *m(f)* jefe
Chefredaktion *f* <-, -en> ① *(Aufgabe)* dirección *f,* cargo *m* de redactor jefe ② *(Büro)* despacho *m* del director [*o* del redactor jefe]
Chefsache *f* <-, -n> *(fam)* **diese Angelegenheit ist ~** la responsabilidad de esta cuestión la tiene el jefe
Chefsekretär(in) *m(f)* secretario, -a *m, f* de dirección
chem. *Abk. von* **chemisch** químico
Chemie [çe'mi:] *f ohne pl* química *f*
Chemiefaser *f* fibra *f* sintética
Chemiekonzern *m* empresa *f* multinacional química
Chemikalie [çemi'ka:liə] *f* <-n> sustancia *f* química
Chemikalienhandschuh *m guante protector para el manejo de sustancias químicas*
Chemiker(in) ['çe:mikɐ] *m(f)* <-s, -; -nen> químico, -a *m, f*
chemisch *adj* químico; **~e Reinigung** limpieza en seco
Chemotherapie [çemotera'pi:] *f* (MED) quimioterapia *f*
Cherimoya [tʃeri'mo:ja] *f* <-, -s> chirimoya *f*
Cherub ['çe:rʊp, 'ke:rʊp, *pl:* 'ke:rubi:m, çeru'bi:nən] *m* <-s, Cherubim *o* Cherubinen> (REL) querubín *m*
chic [ʃɪk] *adj* elegante, paquete *Arg;* **sich ~ machen** vestirse elegantemente; **es gilt als ~, in dieses Lokal zu gehen** está de moda ir a este local
Chicorée [ʃiko're:] *m* <-s, *ohne pl> f ohne pl* achicoria *f* (amarga)
Chiffon *m* <-s, -s> gasa *f* tra(n)sparente
Chiffre ['ʃɪfrə] *f* <-n> cifra *f*
chiffrieren* [ʃɪ'fri:rən] *vt* cifrar
Chile ['çi:le, 'tʃi:le] *nt* <-s> Chile *m*
Chilene, -in [çi'le:nə] *m, f* <-n, -n; -nen> chileno, -a *m, f*
chilenisch *adj* chileno
Chili ['tʃili] *m* <-s, *ohne pl>* (GASTR: *Pfefferschote*) chile *m,* chili *m Méx; (Pfeffersoße)* ají *m*
Chili-Sauce *f* (GASTR) chilmole *m*
Chilischote *f* chile *m,* ají *m*
chillig ['tʃɪlɪç] *adj* ① *(fam: erholsam, entspannend)* relajante ② *(fam: entspannt, unaufgeregt)* de relax, calmado
China ['çi:na] *nt* <-s> China *f*
Chinakohl *m* col *f* rizada
Chinarestaurant *nt* restaurante *m* chino
Chinese, -in [çi'ne:zə] *m, f* <-n, -n; -nen> chino, -a *m, f*
chinesisch *adj* chino
Chinesisch *nt* <-(s), *ohne pl>*, **Chinesische** *nt* <-n, *ohne pl>* chino *m*
Chinin [çi'ni:n] *nt* <-s, *ohne pl>* (MED) quinina *f*
Chip [tʃɪp] *m* <-s, -s> ① *(Spielmarke)* ficha *f* ② *pl (gebackene Kartoffelscheiben)* patatas *fpl* fritas ③ (INFOR) chip *m*

Chipkarte *f* (INFOR) tarjeta *f* chip
Chipkartenleser ['tʃɪp-] *m* lector *m* de tarjetas chip
Chipkartenterminal *nt* terminal *f* [*o* dispositivo *m*] de cobro con tarjeta
Chirurg(in) [çi'rʊrk] *m(f)* <-en, -en; -nen> cirujano, -a *m, f*
Chirurgie[1] [çirʊr'giː] *f ohne pl (Fach)* cirugía *f*
Chirurgie[2] *f* <-n> *(Abteilung)* sección *f* de cirugía
Chirurgin *f* <-nen> *s.* **Chirurg**
chirurgisch *adj* quirúrgico
Chlor [kloːɐ] *nt* <-s, *ohne pl*> (CHEM) cloro *m*
Chlorid *nt* <-(e)s, -e> (CHEM) cloruro *m*
chlorieren [klo'riːrən] *vt* (*a.* CHEM) clorar
chlorig *adj* clorado
Chloroform [kloro'fɔrm] *nt* <-s, *ohne pl*> (CHEM) cloroformo *m*
Chlorophyll [kloro'fʏl] *nt* <-s, *ohne pl*> (BOT) clorofila *f*
Choke [tʃoːk] *m* <-s, -s> (AUTO) aire *m,* estárter *m;* **den ~ ziehen** sacar el aire
Cholera ['koːlera, 'kɔləra] *f ohne pl* (MED) cólera *m*
Choleriker(in) [ko'leːrikɐ] *m(f)* <-s, -; -, -nen> colérico, -a *m, f*
cholerisch *adj* colérico, furioso
Cholesterin [kolɛste'riːn] *nt* <-s, *ohne pl*> (MED) colesterol *m*
Chor [koːɐ, *pl:* 'køːrə] *m* <-(e)s, Chöre> (MUS, ARCHIT) coro *m;* **im ~ sprechen/singen** hablar/cantar a coro
Choral [ko'raːl, *pl:* ko'rɛːlə] *m* <-s, Choräle> (MUS) cántico *m,* (composición *f*) coral *m*
Choreograf(in) [koreo'graːf] *m(f)* <-en, -en; -nen> coreógrafo, -a *m, f*
Choreografie [koreogra'fiː] *f* <-n> coreografía *f*
Choreografin *f* <-nen> *s.* **Choreograf**
choreografisch *adj* coreográfico
Chorgesang *m* (MUS) canto *m* a coro
Chorknabe *m* (MUS) niño *m* de coro
Chorleiter(in) *m(f)* (MUS) director(a) *m(f)* de coro
Chorsänger(in) *m(f)* (MUS) corista *mf*
Chose ['ʃoːzə] *f* <-n> *(fam)* ① *(Angelegenheit)* asunto *m* ② *(Dinge)* chismes *mpl;* **die ganze ~** todos los trastos
Chr. *Abk. von* **Christus**, **Christi** Cristo *m*
Christ(in) [krɪst] *m(f)* <-en, -en; -nen> cristiano, -a *m, f*
Christbaum *m* árbol *m* de Navidad
Christdemokrat(in) *m(f)* demócratacristiano, -a *m, f*
Christenheit *f* <-, *ohne pl*> cristiandad *f*
Christentum *nt* <-s, *ohne pl*> cristianismo *m*
Christi *gen von* **Christus: vor ~ Geburt** antes de Cristo
Christianisierung [krɪstjani'ziːrʊŋ] *f* <-, -en> cristianización *f*
Christin *f* <-nen> *s.* **Christ**
Christkind *nt ohne pl* niño *m* Jesús
christlich *adj* cristiano
Christmesse *f* <-n>, **Christmette** ['krɪstmɛtə] *f* <-n> (REL) misa *f* de(l) gallo
Christus ['krɪstʊs] *m* <Christi> Cristo *m;* **vor ~** antes de Cristo
Chrom [kroːm] *nt* <-s, *ohne pl*> (CHEM) cromo *m*
Chromatik [kro'maːtɪk] *f* <-, *ohne pl*> (MUS, PHYS) cromática *f*
chromatisch *adj* (PHYS, MUS) cromático
Chromosom [kromo'zoːm] *nt* <-s, -en> (BIOL) cromosoma *m*
Chronik ['kroːnɪk] *f* <-en> crónica *f*
chronisch *adj* crónico, pasmuno *PRico*
Chronist(in) [kro'nɪst] *m(f)* <-en, -en; -nen> cronista *mf*
Chronologie [kronolo'giː] *f* <-n> cronología *f*
chronologisch [krono'loːgɪʃ] *adj* cronológico; **in ~er Reihenfolge** por orden cronológico
Chronometer *m* <-s, -> (TECH) cronómetro *m*
Chrysantheme [kryzan'teːmə] *f* <-n> crisantemo *m*
CIA *m o f* <-, *ohne pl*> *Abk. von* **Central Intelligence Agency** CIA *f*
Cidre ['siːdɐ] *m* <-s, *ohne pl*> sidra *f*
circa ['tsɪrka] *adv* cerca de, aproximadamente; **~ drei Stunden/150 Euro** tres horas/150 euros aproximadamente; **~ ein km** cerca de un km
Cis [tsɪs] *nt* <-, -> (MUS) do *m* sostenido
City ['sɪti] *f* <-s> centro *m* económico y financiero (de una ciudad)
cl *Abk. von* **Zentiliter** cl
Clan *m* <-s, -s> clan *m*
clean [kliːn] *adj (sl: nicht mehr drogenabhängig)* **~ werden** desengancharse
Clementine [klemɛn'tiːnə] *f* <-n> clementina *f*
clever ['klɛvɐ] *adj (fam)* hábil y astuto
Clinch [klɪntʃ] *m* <-(e)s, *ohne pl*> *(fam)* disputa *f;* **mit jdm im ~ liegen** *(fam)* andar a la greña con alguien
Clip [klɪp] *m* <-s, -s> ① *(Schmuck)* clip *m* ② *(Verschluss)* cierre *m* ③ *(Videoclip)* videoclip *m*
Clique ['klɪkə] *f* <-n> ① *(Freunde)* pandilla *f,* percha *f Méx* ② *(abw: in der Politik)* camarilla *f*

C

Cliquenwirtschaft *f ohne pl (abw)* nepotismo *m*
Clou [klu:] *m* <-s, -s> *(fam)* atracción *f* principal; **das war der ~** eso fue lo mejor
Clown [klaʊn] *m* <-s, -s> payaso *m,* clown *m;* **den ~ spielen** *(fam)* hacer el payaso
Club [klʊp] *m* <-s, -s> club *m*
cm *Abk. von* **Zentimeter** cm
c-Moll *nt* <-, *ohne pl*> (MUS) do *m* menor
Co (CHEM) *Abk. von* **Kobalt** Co
Co. *Abk. von* **Kompanie** Cía.
CO_2-Ausstoß *m* emisión *f* de dióxido de carbono
CO_2-Bilanz *f* huella *f* de carbono
CO_2-Emission *f* emisión *f* de dióxido de carbono
Coach [koʊtʃ] *m* <-(s), -s> entrenador(a) *m(f)*
Coca ['ko:ka] *f* <-(s)>, *nt* <-(s), -(s)>, **Coca-Cola®** *f* <-(s)> *nt* <-(s), -(s)> refresco *m* de cola
Cockpit ['kɔkpɪt] *nt* <-s, -s> (AERO, AUTO) cabina *f* de pilotaje
Cocktail ['kɔktɛɪl] *m* <-s, -s> *(Party)* cóctel *m; (Getränk)* cóctel *m,* copetín *m Arg*
Cocktailbar *f* coctelería *f*
Cocktailkleid *nt* <-(e)s, -er> vestido *m* de cóctel
Cocktailparty *f* <-, -s> cóctel *m*
Cocktailshaker [-'ʃɛɪkɐ] *m* <-s, -> coctelera *f*
Code [ko:t] *m* <-s, -s> código *m*
Codex[1] ['ko:dɛks] *m* <-es, -e *o* Codizes> (HIST) códice *m*
Codex[2] *m* <-es, -e> ❶ (JUR) código *m* ❷ *(alte Handschriften)* códice *m*
codieren* [ko'di:rən] *vt* ❶ (TECH) cifrar ❷ (LING) codificar
Codierung *f* <-en> codificación *f*
Cognac® *m* <-s, -s> coñac *m*
Cola ['ko:la] *f* <-(s)> *nt* <-(s), -(s)> *(fam)* (refresco *m* de) cola *f*
Collage [kɔ'la:ʒə] *f* <-n> colage *m*
College *nt* <-(s), -s> (SCH, UNIV) instituto *m*
Collier [kɔ'lje:] *nt* <-s, -s> collar *m*
Colt® [kɔlt] *m* <-s, -s> revólver *m*
Comeback [kam'bɛk] *nt* <-(s), -s>, **Come-back** *nt* <-(s), -s> vuelta *f,* regreso *m;* **sie feiert ihr ~** está celebrando sus nuevos éxitos
Comic ['kɔmɪk] *m* <-s, -s> cómic *m,* cartón *m Am*
Comicfigur *f* <-, en> figura *f* de cómic
Comicheft *nt* cómic *m,* tebeo *m*
Coming-out [kamɪŋ'aʊt] *nt* <-(s), -s> revelación *f;* **sein ~ haben** revelarse al público
Commonwealth ['kɔmənwɛlθ] *nt* <-, *ohne pl*> (POL) Commonwealth *f*
Community [kɔ'mju:niti] *f* <-, -s> (INFOR) comunidad *f* internauta
Compact Disc *f* <- -s> disco *m* compacto, compact disc *m*
Compact-Flash-Karte [kɔm'pɛktflɛʃ-] *f* (TECH) tarjeta *f* flash compacta
Compiler [kɔm'paɪlɐ] *m* <-s, -> (INFOR) compilador *m*
Computer [kɔm'pju:tɐ] *m* <-s, -> ordenador *m,* computador *m,* computadora *f Am;* **auf ~ umstellen** informatizar
computeranimiert *adj* (INFOR) animado por ordenador
Computerfehler *m* error *m* de ordenador
Computerfreak *m* <-s, -s> *(fam)* aficionado, -a *m, f* a la informática
Computergehäuse *nt* carcasa *f* del ordenador
computergesteuert *adj* controlado por ordenador
computergestützt *adj* informatizado, asistido por ordenador; **~es Lernen** enseñanza asistida por ordenador
Computergrafik *f* gráfica *f* (del ordenador), gráfico *m* (del ordenador)
computerisieren* *vt* (INFOR) computerizar
Computerkriminalität *f ohne pl* cibercriminalidad *f*
computerlesbar *adj* legible para el ordenador
Computerlinguistik *f* procesamiento *m* lingüístico de datos
computern* *vi (fam)* trabajar con (el) ordenador
Computerprogramm *nt* programa *m* de ordenador
Computerraum *m* sala *f* de ordenadores
Computerspiel *nt* juego *m* de ordenador
Computerspieler(in) *m(f)* jugador(a) *m(f)* de juegos de ordenador
Computersystem *nt* (INFOR) sistema *m* de ordenadores
Computertomografie *f* (MED) tomografía *f* computerizada
computerunterstützt *adj* asistido por ordenadores
Computervirus *m* (INFOR) virus *m inv* informático
Comtesse [kɔm'tɛs] *f* <-n> condesa *f*
Concierge [kõ'sjɛrʒ] *mf* <-, -s *o* -n; -, -s *o* -n> conserje *mf*
Conférencier [kõferã'sje:] *m* <-s, -s> presentador(a) *m(f),* animador(a) *m(f)*
Consulting [kɔn'saltɪŋ] *nt* <-s, *ohne pl*> (WIRTSCH) consulting *m,* asesoría *f*
Consultingfirma *f* (WIRTSCH) empresa *f* de consulting
Container [kɔn'te:nɐ] *m* <-s, -> contenedor *m,* container *m*

Containerhafen *m* (WIRTSCH) terminal *f* de carga

Containerlager *nt* almacén *m* de contenedores

Containerschiff *nt* portacontenedores *m inv*

Contergan® [kɔntɛrˈgaːn] *nt* <-s, *ohne pl*> talidomida *f*

Contergankind *nt* (HIST, *pej fam*) *niño con una discapacidad congénita por tomar la madre el medicamento Contergan® durante el embarazo*

Controlling [kɔnˈtrɔʊlɪŋ] *nt* <-s, *ohne pl*> (WIRTSCH) controlling *m;* **straffes ~** control rígido de la empresa

cool [kuːl] *adj (fam)* tranqui

Copilot(in) [ˈkoːpiloːt] *m(f)* copiloto *mf*

Copyright [ˈkɔpiraɪt] *nt* <-s, -s> copyright *m*

Copyshop [ˈkɔpiʃɔp] *m* <-s, -s> copistería *f*, tienda *f* de fotocopias

Cord [kɔrt] *m* <-(e)s, -e *o* -s> pana *f*

Cordjeans [ˈkɔrtdʒiːns] *fpl* vaqueros *mpl* de pana

Cordon bleu [kɔrdõˈbløː] *nt* <- -, -s -s> (GASTR) cordon bleu *m*

Cornflakes [ˈkɔːnflɛɪks] *pl* cereales *mpl*

Cornichon [kɔrniˈʃõː] *nt* <-s, -s> (GASTR) pepinillo *m*

Coronapandemie *f* <-, -n> (MED) pandemia *f* de corona

Coronavirus *nt o m* <-, -viren> (MED) coronavirus *m*

Corpus Delicti [ˈkɔrpʊs deˈlɪkti] *nt* <- -, Corpora Delicti> (JUR) cuerpo *m* del delito

Cortison [kɔrtiˈzoːn] *nt* <-s, *ohne pl*> (MED) cortisona *f*

Costa Rica [ˈkɔsta ˈriːka] *nt* <- -s> Costa Rica *f*

Costa-Ricaner(in) [kɔstariˈkaːnɐ] *m(f)* <-s, -; -nen> costarricense *mf*, costarriqueño, -a *m, f*

costa-ricanisch *adj* costarricense, costarriqueño

Couch [kaʊtʃ] *f* <-s *o* -en> diván *m*

Couchgarnitur *f* tresillo *m*

Couchtisch *m* mesilla *f* de tresillo

Countdown [ˈkaʊntˈdaʊn] *m* <-s, -s>, **Count-down** *m* <-s, -s> cuenta *f* atrás; **der ~ läuft** ha empezado la cuenta atrás

Countrymusik [ˈkantri-] *f* (MUS) música *f* country

Coup [kuː] *m* <-s, -s> golpe *m;* **einen ~ landen** dar el golpe

Coupé [kuˈpeː] *nt* <-s, -s> ① (AUTO) cupé *m* ② *(Österr: Zugabteil)* compartimiento *m*

Coupon [kuˈpõː] *m* <-s, -s> ① *(Beleg)* resguardo *m* ② (FIN) cupón *m* ③ *(Stoffabschnitt)* retal *m*

Courage [kʊˈraːʒə] *f ohne pl (fam)* valor *m;* **dazu fehlt ihm die ~** para eso le falta el valor

couragiert [kuraˈʒiːɐt] *adj* valiente

Courtage [kʊrˈtaːʒə] *f* <-, -n> (FIN) derechos *mpl* de mediación

Couscous [ˈkʊskʊs] *m o nt* <-, -> (GASTR) cuscús *m*

Cousin, Cousine [kuˈzɛ̃ː] *m, f* <-s, -s; -n> primo, -a *m, f*

Cover [ˈkavɐ] *nt* <-s, -> *(Schallplatte, Buch, Zeitschrift)* portada *f*

Covergirl *nt* <-s, -s> chica *f* de portada (de revista)

Coverversion *f* (MUS) coverversion *f*

Covid [ˈkoːvɪt] *nt*, **COVID-19** *nt Abk. von* **Coronavirus Disease 2019** Covid *m*, COVID-19 *m*

CovPass® [ˈkɔfpas] *f* <-, *ohne pl*> (TECH, MED) pasaporte *m* COVID

Cowboy [ˈkaʊbɔɪ] *m* <-s, -s> cowboy *m*, vaquero *m*

Coyote [koˈjoːtə] *m* <-n, -n> coyote *m*

Crack[1] [krɛk] *m* <-s, -s> *(Sportler)* deportista *mf* de primera

Crack[2] [krɛk] *nt* <-s, *ohne pl*> *(Rauschgift)* crack *m*

cracken [ˈkrɛkn̩] *vt* ① (CHEM: *Schweröle spalten, in Leichtöle (Benzin) umwandeln*) craquear ② (INFOR: *in fremde Computersysteme eindringen*) crackear

Cracker *m* <-s, -(s)> cracker *m*

Crashkurs [ˈkrɛʃkʊrs] *m (Schnellkurs)* cursillo *m* intensivo

Creme *f* <-s> (*a.* GASTR) crema *f*

Crème [kreːm] *f* <-, -s> **~ fraîche** nata fresca; **die ~ de la ~** *(geh)* la flor y nata

Crème brûlée [kreːm bryˈleː] *f* <- -, -s -s> (GASTR) ≈ crema *f* catalana

cremefarben *adj* de color crema

Cremetorte *f* (GASTR) tarta *f* de crema

cremig [ˈkreːmɪç] *adj* cremoso

Crêpe[1] [krɛp] *f* <-s> (GASTR) crepe *f*, panqueque *m Am*

Crêpe[2] *m* <-s, -> *(Stoff)* crespón *m;* **~ de Chine** crespón de China

Crew [kruː] *f* <-s> (NAUT, AERO) tripulación *f*

Croissant [kroaˈsõː] *nt* <-s, -s> cruasán *m*, medialuna *f Am*

Crosstrainer [krɔs-] *m* (SPORT) bicicleta *f* elíptica, cross trainer *m*

Croupier [kruˈpjeː] *m* <-s, -s> crupier *m*

Crowdsurfing [ˈkraʊdsœːfɪŋ] *nt* <-s, *ohne pl*> (SPORT) crowd surfing *m*

Crux [krʊks] *f* <-, *ohne pl*> *(geh)* ① *(Kummer)* cruz *f;* **es ist eine ~ mit dir!** ¡qué cruz tengo contigo! ② *(Problem)* problema *m;* **die ~ bei der Sache ist, dass …** el problema del asunto es que…

C-Schlüssel *m* (MUS) clave *f* de do
CSU [tseːʔɛsˈʔuː] *f Abk. von* **Christlich Soziale Union** (**Deutschlands**) partido *m* de la Unión Social Cristiana de Alemania
cum tempore *adv* (UNIV) un cuarto de hora (académico) más tarde
Cup [kap] *m* <-s, -s> (SPORT) copa *f*
Cupido [kuˈpiːdo] *m* <-s> cupido *m*
Curling [ˈkøːlɪŋ] *nt* <-s, *ohne pl*> (SPORT) curling *m (deporte de invierno de procedencia escocesa)*
Curriculum [kʊˈriːkulʊm] *nt* <-s, Curricula> *(geh: Lehrplan)* plan *m* de estudios, currículo *m*
Curry [ˈkœri] *m o nt* <-s, -s> curry *m*
Currypulver *nt* curry *m* en polvo
Currywurst [ˈkœrivʊrst] *f* salchicha *f* con salsa de curry
Cursor [ˈkœːzɐ] *m* <-s, -s> (INFOR) cursor *m*
Cursorposition *f* <-, -en> (INFOR) posición *f* del cursor
cutten [ˈkatn] *vt* (FILM, RADIO, TV) montar; **die einzelnen Szenen müssen richtig gecuttet werden** hay que hacer el montaje correcto de cada una de las escenas
Cutter(in) [ˈkatɐ] *m(f)* <-s, -; -nen> montador(a) *m(f)*
CVJM [tseːvaʊjɔtˈʔɛm] *m Abk. von* **Christlicher Verein Junger Menschen** Asociación *f* de Jóvenes Cristianos
CVP [tseːfaʊˈpeː] *f* (POL: *in der Schweiz*) *Abk. von* **Christlichdemokratische Volkspartei** partido *m* Popular Cristiano Demócrata
Cyan [tsyˈaːn] *nt* <-s, *ohne pl*> (azul *m*) cian *m*
Cyberangriff [ˈsaɪbɐangrɪf] *m* ciberataque *m*
Cybercafé [ˈsaɪbɐkafeː] *nt* ciberbar *m*
Cybersex [ˈsaɪbɐsɛks] *m* cibersexo *m*, sexo *m* virtual
Cyberspace [ˈsaɪbɐspɛɪs] *m* <-, *ohne pl*> (INFOR) ciberespacio *m*

Dd

D, d [deː] *nt* <-, -> ❶ *(Buchstabe)* D, d *f*; ~ **wie Dora** D de Dolores ❷ (MUS) re *m*
da [daː] **I.** *adv* ❶ *(dort)* allí, allá; *(hier)* ahí, aquí; ~ **draußen** allí fuera; ~ **kommt er** allí viene; **~, wo …** allí donde…; ~ **drüben** allí enfrente; ~ **oben/unten** aquí arriba/abajo; **gehen sie ~ herum** vaya por allí; **~ ist/sind …** aquí hay…; **gibst du mir bitte mal das Buch? – ~!** por favor, ¿me das el libro? – ¡aquí tienes! ❷ *(zeitlich)* entonces; **es ist zwei Jahre her, ~ haben sie die Kirche restauriert** han pasado dos años desde que restauraron la iglesia; **als ich das machte, ~ …** mientras estaba haciendo esto…; **~ fällt mir gerade ein, …** a todo esto se me acaba de ocurrir que…; **von ~ an** desde entonces ❸ *(in diesem Falle)* en este caso; **~ haben Sie aber nicht Recht** pero en este caso Ud. no tiene razón; **und ~ wagst du es noch, zu kommen?** ¿y después de todo esto aún te atreves a venir? ❹ *(vorhanden)* **~ sein** estar presente; *(vorrätig)* haber; **es ist niemand ~** no hay nadie; **ich bin gleich wieder ~** vuelvo enseguida; **war Thomas gestern ~** ¿estuvo Thomas ayer?; **ist noch Milch ~?** ¿queda leche todavía?; **das stellt alles ~ Gewesene in den Schatten** esto es algo que no tiene precedentes; **~ ist er** aquí está ❺ *(zur Verfügung)* **~ sein für jdn** estar a disposición de alguien; **er ist immer für mich ~** siempre está ahí cuando lo necesito **II.** *konj* ❶ *(weil)* ya que, como; **es geht nicht, ~ die Zeit nicht reicht** no se puede hacer, ya que no llega el tiempo ❷ *(geh: als, wenn)* cuando; **sehnsüchtig erwartet er die Stunde, ~ sie bei ihm sein wird** ansiosamente espera la hora en la que ella estará junto a él
da|behalten* *irr vt* quedarse (con); **jdn ~** retener a alguien; **sie haben sie in der Klinik gleich ~** la ingresaron en la clínica en el acto
dabei [daˈbaɪ, ˈdaːbaɪ] *adv* ❶ *(örtlich)* incluido; **sind die Lösungen ~?** ¿trae las soluciones incluidas? ❷ *(währenddessen)* al mismo tiempo; **er arbeitete und hörte ~ Radio** trabajaba y escuchaba la radio al mismo tiempo; **sie fühlt sich wohl ~** se siente a gusto haciendo esto ❸ *(bei dieser Sache)* en esto, en ello; **ich bleibe ~, dass …** mantengo que…; **wichtig ~ ist, dass …** lo importante en esto es que… +*subj;* **was hast du dir denn ~ gedacht?** ¿qué te imaginaste con esto?; **~ darf man nicht vergessen, dass …** en ello no se puede olvidar que… ❹ *(außerdem)* además; *(gleichzeitig)* a la vez; **sie ist reich und ~ bescheiden** es rica y a la vez modesta ❺ *(obgleich)* aunque; **er ist traurig, ~ hat er gar keinen Grund dazu** está tris-

te sin tener motivo para estarlo ❻ *(Wend)* **bei etw ~ sein** *(anwesend sein)* asistir a algo; *(mitmachen)* participar en algo; **~ sein, etw zu tun** estar haciendo algo

dabei|bleiben *irr vi (Tätigkeit)* continuar (**bei** con); *(Mitgliedschaft)* permanecer (**bei** en)

dabei|haben *irr vt (Gegenstand)* tener consigo; **jdn bei etw ~ wollen** querer que alguien esté presente en [*o* durante] algo

dabei|stehen *irr vi* estar (ahí)

da|bleiben *irr vi sein* quedarse (ahí)

da capo [da 'ka:po] *adv* ❶ *(Zugabe)* bis; **~ spielen** tocar un bis, bisar; **~!** ¡otra! ❷ (MUS) bis, da capo

Dach [dax, *pl:* 'dɛçɐ] *nt* <-(e)s, Dächer> techo *m; (Ziegeldach)* tejado *m;* (AUTO) cubierta *f;* **unterm ~ wohnen** vivir en la buhardilla; **etw unter ~ und Fach bringen** *(fam fig)* rematar algo; **ein ~ über dem Kopf haben** *(fam fig)* tener una vivienda; **mit jdm unter einem ~ wohnen** *(fam fig)* vivir bajo un mismo techo con alguien; **eins aufs ~ kriegen** *(fam fig)* recibir una reprimenda; **jdm aufs ~ steigen** *(fam fig)* decir a alguien cuatro verdades

Dachboden *m* desván *m*

Dachdecker(in) *m(f)* <-s, -; -nen> tejedor(a) *m(f)*

Dachfenster *nt* tragaluz *m*

Dachfirst *m* <-(e)s, -e> caballete *m* del tejado

Dachgarten *m* azotea *f* jardín

Dachgaube *f* ventana *f* abuhardillada

Dachgepäckträger *m* (AUTO) baca *f,* portaequipajes *m inv*

Dachgeschoss *nt* ático *m*

Dachkammer *f* guardilla *f*

Dachlatte *f* <-, -n> (ARCHIT) listón *m* del tejado

Dachlawine *f nieve que se cae del tejado de una casa*

Dachluke *f* tragaluz *m,* claraboya *f*

Dachorganisation *f* organización *f* central

Dachpappe *f* <-, -n> (ARCHIT) tela *f* asfáltica

Dachrinne *f* canalón *m*

Dachs [daks] *m* <-es, -e> tejón *m*

Dachschaden *m ohne pl* **einen ~ haben** *(fam)* no estar bien de la cabeza

Dachschräge *f* <-, -n> vertiente *f* del tejado; *(innen)* inclinación *f* del techo

Dachstube *f (reg) s.* **Dachkammer**

Dachstuhl *m* entramado *m* del tejado

dachte ['daxtə] *3. imp von* **denken**

Dachterrasse *f* azotea *f*

Dachverband *m* federación *f* central, holding *m*

Dachwohnung *f* ático *m*

Dachziegel *m* teja *f*

Dachzimmer *nt s.* **Dachkammer**

Dackel ['dakəl] *m* <-s, -> perro *m* salchicha

Dadaismus [dada'ɪsmʊs] *m* <-, *ohne pl*> (KUNST) dadaísmo *m*

dadurch ['da:dʊrç] *adv* ❶ *(örtlich)* por allí, por ahí ❷ *(auf diese Weise)* con ello, de esta manera; **~, dass ...** dado que...

dafür ['da:fy:ɐ, da'fy:ɐ] *adv* ❶ *(für das)* de esto, para esto; **wir haben kein Geld ~** no tenemos dinero para esto; **der Grund ~ ist, dass ...** la razón de esto es que...; **ich bin ~** estoy a favor; **alles spricht ~** todo está a favor ❷ *(zum Ausgleich)* en cambio; **in Englisch ist sie schlecht, ~ ist sie gut in Mathematik** es mala en inglés, pero en cambio sabe mucho de matemáticas ❸ *(im Hinblick darauf)* teniendo en cuenta que; **~, dass er so klein ist, spielt er ganz gut Basketball** teniendo en cuenta lo bajo que es, juega muy bien al baloncesto ❹ *(weil)* por algo, para algo; **sie kannte sich in Grammatik aus, ~ war sie ja Linguistin** sabía mucho de gramática, por algo era lingüista

dafür|können *irr vt* **etwas/nichts ~** tener/no tener la culpa; **ich kann nichts dafür** no es culpa mía

dagegen ['da:ge:gən, da'ge:gən] *adv* ❶ *(räumlich)* contra ello ❷ *(ablehnend)* en contra; **haben Sie was ~, wenn ich rauche?** ¿le molesta si fumo?; **~ ist nichts einzuwenden** no tengo nada en contra; **wer ist dafür und wer ~, dass ...?** ¿quién está a favor y quién en contra de que...? *+subj* ❸ *(als Gegenmaßnahme)* contra; **es gibt kein Mittel ~** contra eso no hay remedio ❹ *(verglichen mit)* en comparación; *(im Gegensatz)* en cambio; **es war dort unglaublich kalt, der Winter hier ist nichts ~** allí hacía un frío increíble, en comparación con eso el invierno aquí no es nada

dagegen|halten *irr vt* objetar; **da kann man nichts ~** no hay nada que oponer

da|haben *irr vt* ❶ *(fam: vorrätig)* tener; **haben wir genug Getränke für die Party da?** ¿tenemos suficientes bebidas para la fiesta? ❷ *(zu Besuch, im Haus)* tener (en casa); **wir haben heute Abend Freunde (zum Abendessen) da** esta noche tenemos amigos en casa (para cenar)

daheim [da'haɪm] *adv (südd)* en casa; **bei uns ~** en nuestra casa

Daheim *nt* <-s, *ohne pl*> *(südd, Österr, Schweiz)* hogar *m;* **mein/euer ~** mi/vuestra casa

daher ['da:he:ɐ, da'he:ɐ] *adv* ❶ *(von dorther)* de ahí; **das kommt ~, dass ...** esto viene de que... ❷ *(deshalb)* por eso; **von ~**

de ahí que +*subj;* **er hat viel gelesen, ~ weiß er das** ha leído mucho, por eso lo sabe

dahergelaufene(r, s) *adj (abw)* cualquiera

daher|reden *vi, vt (fam)* hablar sin ton ni son; **red doch nicht so blöd daher!** ¡no digas tantos disparates!

dahin ['da:hɪn, da'hɪn] *adv* ① *(an diesen Ort)* allí, ahí; **~ gehe ich nie wieder** allí no vuelvo nunca más ② *(in diese Richtung)* hacia allí, hacia ahí; **seine Bemühungen gehen ~, dass ...** todos sus esfuerzos van encaminados a... +*inf;* **~ gehend, dass** en el sentido de que ③ *(so weit)* a tal extremo, a tal punto; **es ist ~ gekommen, dass ...** se ha llegado a tal punto que...; **er wird es ~ bringen, dass ...** va a llegar a tal extremo que... ④ *(zeitlich)* **bis ~** hasta entonces ⑤ *(Wend)* **~ sein** estar perdido

dahingestellt [-'---] *adj* indeciso; **etw bleibt ~** algo está en tela de juicio; **lassen wir es ~ (sein), ob ...** nos abstenemos de decidir si...

dahin|sagen [-'---] *vt* **etw nur so ~** no decir algo en serio

dahinscheiden *irr vi sein (geh)* finar, fallecer

dahin|schleppen [-'---] *vr:* **sich ~** *(Mensch)* arrastrarse; *(Zeit)* no pasar; *(Verhandlungen)* no avanzar

dahinten [da'hɪntən] *adv* allí atrás, allá atrás

dahinter [da'hɪntɐ] *adv* detrás; **da ist nichts ~** *(fam fig)* eso no tiene fondo

dahinter|kommen *irr vi sein (fam: herausfinden)* averiguar; *(verstehen)* caer en la cuenta

dahinter|stecken *vi (fam)* **es wird vermutet, dass die Mafia dahintersteckt** se supone que la Mafia tiene algo que ver con eso; **er redet viel, aber es steckt nichts dahinter** habla mucho, pero todo es paja; **da steckt doch was dahinter** aquí hay gato encerrado

dahinterstehen *irr vi (unterstützen)* apoyar

dahin|vegetieren* *vi* vegetar

Dahlie ['da:liə] *f* <-n> (BOT) dalia *f*

da|lassen *irr vt (fam)* dejar; *(hier)* dejar aquí; *(dort)* dejar allí

dalli ['dali] *adv (fam)* dale; **jetzt aber ~!** ¡vamos, de prisa!

Dalmatien [dal'ma:tsiən] *nt* <-s> Dalmacia *f*

Dalmatiner [dalma'ti:nɐ] *m* <-s, -> (perro *m*) dálmata *m*

damalige(r, s) *adj* de entonces, de aquel tiempo

damals ['da:ma:ls] *adv* entonces, en aquel tiempo; **seit ~** desde entonces; **~, als ...** en aquel tiempo, cuando...

Damast [da'mast] *m* <-(e)s, -e> damasco *m* de seda

Dame[1] ['da:mə] *f ohne pl (Brettspiel)* juego *m* de damas

Dame[2] *f* <-n> ① *(Frau)* señora *f;* **meine ~n und Herren** señoras y señores; **die ~ des Hauses** el ama (de la casa) ② *(im Schach, beim Damespiel, Spielkarte)* dama *f*

Damebrett *nt* tablero *m* de damas

Damenbinde *f* compresa *f*

damenhaft *adj* mujeril

Damenmode *f* moda *f* femenina

Damensitz *m ohne pl* silla *f* de amazona, galápago *m Hond, Perú, Ven;* **im ~ reiten** montar a mujeriegas

Damentoilette *f* lavabo *m* para señoras

Damenwahl *f ohne pl baile en el cual son las mujeres las que sacan a bailar a los hombres*

Damespiel *nt* juego *m* de damas

Damestein *m* peón *m*

Damhirsch ['damhɪrʃ] *m* (ZOOL) gamo *m*

damisch ['da:mɪʃ] *adj (südd, Österr)* ① *(fam: dumm)* tonto, baboso *Am* ② *(fam: schwindlig)* atolondrado

damit ['da:mɪt, da'mɪt] **I.** *adv* con ello; **was soll ich ~?** ¿qué hago yo con esto?; **~ befasse ich mich nicht** no me ocupo de esto; **es fing ~ an, dass ...** empezó con que...; **weg ~!** ¡fuera con esto!; **hör ~ auf!** ¡deja eso!; **ich bin ~ zufrieden, dass ...** estoy contento de que... +*subj* **II.** *konj* para +*inf,* para que +*subj*

dämlich ['dɛ:mlɪç] *adj (fam)* tonto, baboso *Am*

Dämlichkeit[1] *f* <-, -en> *(fam abw: Handlung)* tontería *f,* bobada *f*

Dämlichkeit[2] *f* <-, *ohne pl> (fam abw: Art, Verhalten)* tontería *f,* estupidez *f*

Damm [dam, *pl:* 'dɛmə] *m* <-(e)s, Dämme> ① *(Bahn-, Straßendamm)* terraplén *m;* **wieder auf dem ~ sein** *(fam fig)* sentirse bien de nuevo ② *(Deich)* dique *m* ③ (ANAT) perineo *m*

dämmen *vt* ① *(geh: aufstauen)* estancar ② (TECH: *Schall*) absorber

dämmerig *adj* crepuscular; **es wird ~** *(morgens)* amanece; *(abends)* atardece

Dämmerlicht ['dɛmɐ-] *nt ohne pl* penumbra *f*

dämmern ['dɛmɐn] **I.** *vi* ① *(anbrechen)* **der Abend dämmert** cae el día; **der Morgen dämmert** apunta el día ② *(fam: bewusst werden)* darse cuenta; **es dämmert ihm, dass ...** se está dando cuenta de

que… **II.** *vunpers* **es dämmert** *(morgens)* amanece; *(abends)* atardece
Dämmerung [ˈdɛmərʊŋ] *f* <-en> crepúsculo *m; (Abenddämmerung)* ocaso *m; (Morgendämmerung)* alba *f;* **in der ~** en el crepúsculo
dämmrig *adj s.* **dämmerig**
Dämmung *f* <-, -en> ① (TECH: *Wärme, Kälte*) aislamiento *m; (Schall)* insonorización *f* ② *(geh: Aufstauung)* represa *f*
Dämon [ˈdɛːmɔn, *pl:* dɛˈmoːnən] *m* <-s, -en> demonio *m*
dämonisch *adj* endemoniado
Dampf [dampf, *pl:* ˈdɛmpfə] *m* <-(e)s, Dämpfe> vapor *m;* **unter ~ stehen** *(fam)* estar bajo presión; **jdm ~ machen** *(fam)* meter prisa a alguien; **~ ablassen** *(fam fig)* desahogarse
Dampfbad *nt* baño *m* de vapor
Dampfbügeleisen *nt* plancha *f* de vapor
Dampfdruck *m* presión *f* del vapor
dampfen [ˈdampfən] *vi* ① *(Speisen)* echar humo, humear ② *sein (fahren)* salir echando humo ③ *(fam: E-Zigarette rauchen)* vapear
dämpfen [ˈdɛmpfən] *vt* ① (GASTR) cocinar al vapor ② *(Licht)* atenuar; *(Lärm)* rebajar; *(Schall, Stoß)* amortiguar; *(Stimme)* bajar ③ *(Ärger)* calmar; *(Schmerzen)* mitigar
Dampfer [ˈdampfɐ] *m* <-s, -> buque *m* de vapor; **auf dem falschen/richtigen ~ sein** *(fam fig)* estar equivocado/en lo cierto
Dämpfer [ˈdɛmpfɐ] *m* <-s, -> (MUS) sordina *f;* **einen ~ bekommen** *(fam)* llevarse un chasco
Dampfgarer [ˈgaːrɐ] *m* vaporera *f* eléctrica
Dampfkessel *m* (TECH) caldera *f* de vapor
Dampfkochtopf *m* olla *f* a presión
Dampfkraftwerk *nt* (TECH) central *f* termoeléctrica
Dampfladen *m (fam)* tienda *f* de vapeo
Dampflok(omotive) *f* (EISENB) locomotora *f* de vapor
Dampfmaschine *f* (TECH) máquina *f* de vapor
Dampfnudel *f* (GASTR) *bollo de masa de levadura hecho al vapor y con una costra de sal*
Dampfreiniger *m* limpiadora *f* a [*o* de] vapor, vaporeta *f fam*
Dampfsauger *m* aspirador *m* a [*o* de] vapor, vaporeta *f* spiradora *fam*
Dampfschiff *nt* (NAUT) buque *m* de vapor
Dampfstrahler *m* limpiadora *f* de chorro de vapor
Dampfturbine *f* (TECH) turbina *f* a vapor
Dämpfung *f* <-, -en> ① *(Abschwächung)* reducción *f; (Schall)* amortiguamiento *m* ② (WIRTSCH: *Inflation, Nachfrage*) reducción *f; (Konjunktur)* debilitamiento *m*
Dampfwalze *f* apisonadora *f* de vapor
danach [ˈdaːnaːx, daˈnaːx] *adv* ① *(zeitlich)* después; *(später)* más tarde; *(anschließend)* a continuación; **~ bin ich dran** después me toca a mí ② *(räumlich)* después, detrás; **sie griff ~** lo cogió ③ *(dementsprechend)* como corresponde; **es sieht ganz ~ aus, als ob …** tiene todo el aspecto como si… *+subj;* **richte dich bitte ~!** ¡compórtate de acuerdo con eso!
Däne, -in [ˈdɛːnə] *m, f* <-n, -n; -nen> danés, -esa *m, f*
daneben [daˈneːbən, ˈdaːneːbən] *adv* ① *(räumlich)* al lado; **links/rechts ~** al lado a la izquierda/derecha; **im Haus ~** en la casa de al lado ② *(verglichen mit)* por el contrario ③ *(außerdem)* además; *(gleichzeitig)* al mismo tiempo ④ *(Wend)* **~ sein** *(fam: verwirrt sein)* estar atontado
daneben|benehmen* *irr vr:* **sich ~** *(fam)* meter la pata
daneben|gehen [-ˈ----] *irr vi sein* ① *(Schuss)* errar el blanco ② *(fam: scheitern)* irse al traste, chingarse *Am*
daneben|liegen *irr vi (fam)* estar equivocado
danebentippen *vi* **da hast du danebengetippt** has hecho una mala apuesta
Dänemark [ˈdɛːnəmark] *nt* <-s> Dinamarca *f*
Dänin *f* <-nen> *s.* **Däne**
dänisch *adj* danés
Dänisch *nt* <-(s), *ohne pl*>, **Dänische** *nt* <-n, *ohne pl*> danés *m,* lengua *f* danesa
dank [daŋk] *präp +gen/dat* gracias a, merced a
Dank *m* <-(e)s, *ohne pl*> gracias *fpl;* **besten ~!** ¡muchas gracias!; **das ist nun der ~ dafür** así me lo pagan; **zum ~ für …** en recompensa de…; **jdm ~ schulden** quedar agradecido a alguien; **ich bin Ihnen zu ~ verpflichtet** le estoy agradecido
dankbar *adj* ① *(Mensch)* agradecido; **ich bin Ihnen sehr ~** se lo agradezco mucho ② *(Aufgabe)* satisfactorio ③ *(fam: strapazierfähig)* resistente
Dankbarkeit *f ohne pl* agradecimiento *m,* gratitud *f*
danke *interj* gracias; **~ schön/vielmals!** ¡muchas/muchísimas gracias!; **nein, ~!** no ¡gracias!
danken **I.** *vi (Dank aussprechen)* dar las gracias (**für** por), agradecer (**für**); **wir ~ für die Einladung** agradecemos la invitación; **~d annehmen/ablehnen** aceptar/rechazar agradecido; **nichts zu ~!** ¡no hay de qué! **II.** *vt* agradecer; **die ganze Mühe**

dankt dir keiner nadie te agradece el esfuerzo

dankenswert *adj* digno de agradecimiento

Dankeschön *nt* <-s, *ohne pl*> gracias *fpl;* **ein herzliches ~ sagen** dar las gracias de corazón

Danksagung *f* <-en> agradecimiento *m*

Dankschreiben *nt* carta *f* de agradecimiento

dann [dan] *adv* ① *(danach)* luego; *(später)* más tarde; *(Zeitpunkt)* entonces; **~ und wann** de vez en cuando; **und was ~?** ¿y entonces qué?; **bis ~!** ¡hasta luego! ② *(zu dem Zeitpunkt)* en aquel momento; **das Telefon klingelt immer ~, wenn ich gerade dusche** el teléfono suena siempre cuando me estoy duchando ③ *(außerdem)* además ④ *(unter diesen Umständen)* entonces; **~ eben nicht!** ¡entonces no!; **selbst ~, wenn ...** incluso si... (+*subj*); **wenn nicht er, wer ~?** ¿si no él, quién entonces?

daran [da'ran, 'da:ran] *adv* ① *(räumlich)* al lado, por allí; **nahe ~** muy cerca; **wir kommen häufig ~ vorbei** pasamos muchas veces por allí; **du kannst dich ~ lehnen** puedes apoyarte en esto ② *(zeitlich)* **im Anschluss ~** a continuación; **er war nahe ~, das zu tun** estuvo a punto de hacerlo ③ *(an dieses, an diesem)* en esto; **ich muss immer ~ denken** pienso continuamente en esto; **~ wird sich nichts ändern** esto no cambiará; **er ist ~ schuld** él tiene la culpa (de esto)

daran|gehen [-'---] *irr vi sein* ponerse (**zu** a)

daran|machen [-'---] *vr:* **sich ~** *(fam)* ponerse (**zu** a)

daran|setzen [-'---] **I.** *vt (einsetzen)* hacer; **du musst alles ~, um ...** tienes que hacer todo lo posible para... **II.** *vr:* **sich ~** *(fam: in Angriff nehmen)* ponerse (**zu** a)

darauf ['da:raʊf, da'raʊf] *adv* ① *(räumlich)* encima; **im Zimmer stand ein Tisch, ~ lagen Bücher** en la habitación había una mesa con libros encima ② *(zeitlich)* después; **bald ~** poco después; **am ~ folgenden Tag** al día siguiente; **~ sagte er ...** a lo que dijo... ③ *(deshalb)* por lo que, en consecuencia ④ *(auf dieses)* **ich bin stolz ~, dass ...** estoy orgulloso de que... (+*subj*); **sich ~ verlassen, dass ...** contar con que... (+*subj*); **das kommt ~ an** depende; **lasst uns ~ anstoßen** brindemos por ello

darauffolgende(r, s) *adj s.* **darauf 2.**

daraufhin ['---] *adv* ① *(danach)* a continuación ② *(infolgedessen)* en consecuencia, a lo cual

daraus ['da:raʊs, da'raʊs] *adv* de ello; **~ folgt, dass ...** de esto se deduce que...; **ich mache mir nichts ~** *(fam)* esto me importa un comino

dar|bieten ['da:ɐbi:tən] *irr* **I.** *vt (geh: vorführen)* (re)presentar **II.** *vr:* **sich ~** *(geh: Gelegenheit)* presentarse; *(sich anbieten)* ofrecerse

Darbietung *f* <-en> ① *(geh: das Darbieten)* presentación *f* ② *(Darstellung)* representación *f; (Vorstellung)* función *f*

darf [darf] *3. präs von* **dürfen**

darin ['da:rɪn, da'rɪn] *adv* ① *(räumlich)* dentro ② *(in dieser Beziehung)* en esto, en eso; **~ ist er ganz groß** es un experto en esto; **wir stimmen ~ überein, dass ...** estamos de acuerdo en que...

dar|legen ['da:ɐle:gən] *vt* ① *(Plan, Ansichten)* explicar ② *(Gründe)* exponer

Darlegung *f* <-, -en> exposición *f;* **die ausführliche ~ der Ergebnisse** la exposición detallada de los resultados

Darlehen ['da:ɐle:ən] *nt* <-s, -> préstamo *m,* avío *m Cuba, Chil, Perú;* **ein ~ aufnehmen/gewähren** tomar/conceder un préstamo

Darlehensgeber(in) *m(f)* (FIN) prestamista *mf*

Darlehensnehmer(in) *m(f)* (FIN) prestatario, -a *m, f*

Darlehenssumme *f* <-, -n> (FIN) importe *m* del préstamo, suma *f* del préstamo

Darm [darm, *pl:* 'dɛrmə] *m* <-(e)s, Därme> intestino *m*

Darmflora *f* <-, *ohne pl*> (MED) flora *f* intestinal

Darmgrippe *f* (MED) gripe *f* intestinal

Darminfektion *f* (MED) infección *f* intestinal

Darmsaite *f* (MUS, SPORT) cuerda *f* de tripa

Darmverschluss *m* <-es, -schlüsse> (MED) oclusión *f* intestinal

darstellbar *adj* representable, descriptible

dar|stellen ['da:ɐʃtɛlən] **I.** *vt* ① *(schildern)* exponer, presentar; *(beschreiben)* describir; *(schematisch)* esquematizar; *(durch Symbole)* simbolizar ② *(abbilden)* representar ③ (THEAT) hacer el papel (de) ④ *(bedeuten)* significar **II.** *vr:* **sich ~** *(zeigen)* plantearse; **so wie sich mir die Sache darstellt** tal como se me plantea el asunto

Darsteller(in) *m(f)* <-s, -; -nen> actor, actriz *m, f*

darstellerisch **I.** *adj* (THEAT, FILM) interpretativo **II.** *adv* (THEAT, FILM) desde el punto de vista interpretativo

Darstellung *f* <-en> ① (THEAT: *Wiedergabe*) representación *f* ② *(Schilderung)* exposición *f; (Beschreibung)* descripción *f*

Darts [da:ɐts] *nt* <-, *ohne pl*> dardos *mpl*

darüber ['da:rybɐ, da'ry:bɐ] *adv* ① *(räumlich)* encima; **die Wohnung ~ steht leer** la vivienda de arriba está vacía ② *(mehr)* más; **~ hinaus möchte ich noch bemerken, dass …** además quisiera resaltar que… ③ *(zeitlich)* en esto, mientras tanto; **~ verging die Zeit** en esto se nos pasó el tiempo ④ *(über eine Angelegenheit)* de esto, sobre esto; **er hat sich ~ beschwert** se quejó de esto; **~ nachdenken** pensarlo
darüber|stehen *irr vi (fig)* estar por encima
darum ['da:rʊm, da'rʊm] *adv* ① *(deshalb)* por eso; **sie hat es nur ~ getan, weil …** solamente lo hizo porque…; **warum? – ~!** ¿por qué? – ¡porque sí! ② *(räumlich)* en torno a, alrededor ③ *(um diese Angelegenheit)* **es handelt sich ~, dass …** se trata de que…; **red nicht lange ~ herum!** ¡no te vayas por otro camino!; **~ geht es mir gar nicht** no es eso lo que me importa; **ich bitte dich ~** te lo pido
darunter ['da:rʊntɐ, da'rʊntɐ] *adv* ① *(räumlich)* debajo; **die Wohnung ~ steht leer** la vivienda de abajo está vacía ② *(weniger)* menos ③ *(dabei)* entre ellos; **es waren viele Kinder ~** había muchos niños entre ellos ④ *(unter dieser Angelegenheit)* **er litt ~, dass …** le apesadumbraba el que… *+subj;* **was versteht man ~?** ¿qué quiere decir esto?
Darwinismus [darvi'nɪsmʊs] *m* <-, *ohne pl*> (BIOL) darwinismo *m*
das [das] *art best o pron dem o pron rel s.* **der, die, das**
da|sein *irr vi sein s.* **da I. 4., I. 5.**
Dasein ['da:zaɪn] *nt* <-s, *ohne pl*> ① *(Vorhandensein)* existencia *f* ② *(Leben)* vida *f* ③ *(Anwesenheit)* presencia *f*
Daseinsberechtigung *f (von Personen)* derecho *m* de vivir; *(von Dingen)* razón *f* de ser
da|sitzen *irr vi* estar sentado
dasjenige ['dasje:nɪgə] *pron dem s.* **derjenige, diejenige, dasjenige**
dass [das] *konj* que; **bis ~** hasta que *+subj;* **ohne ~** sin que *+subj;* **so ~** de modo que (*+subj*); **so …, ~ …** tan(to)… que…; **~ er nicht zur Hilfe kam, ist nicht zu entschuldigen** el que no viniera a ayudar no tiene disculpa; **es begann damit, ~ …** empezó con que…; **~ du mir pünktlich nach Hause kommst!** ¡que vuelvas pronto a casa!
dasselbe [das'zɛlbə] *pron dem s.* **derselbe, dieselbe, dasselbe**
da|stehen *irr vi* ① *(örtlich)* estar allí (de pie) ② *(in einer Situation)* estar; **gut/schlecht ~** *(Geschäft)* marchar bien/mal; **er steht gut da** está en una buena posición
Datei [da'taɪ] *f* <-en> (INFOR) fichero *m,* archivo *m*
Dateiname *m* (INFOR) nombre *m* del fichero
Dateisystem *nt* <-s, -e> (INFOR) sistema *m* de archivos
Daten ['da:tən] *pl* ① *pl von* **Datum** ② *(Angaben, a.* INFOR) datos *mpl*
Datenabgleich *m* cruce *m* de datos
Datenaustausch *m ohne pl* (INFOR) intercambio *m* de datos
Datenautobahn *f* (INFOR, TEL) autopista *f* de datos
Datenbank *f* (INFOR) banco *m* de datos
Datenbestand *m* (INFOR) datos *mpl* existentes; **den ~ aktualisieren** actualizar los datos
Dateneingabe *f* (INFOR) entrada *f* de datos
Datenerfassung *f* (INFOR) registro *m* de datos
Datenfernübertragung *f* (INFOR, TEL) tra(n)smisión *f* de datos
Datenfluss *m* <-es, -flüsse> (INFOR) flujo *m* de datos
Datenformat *nt* (INFOR) formato *m* de datos
Dateninfobahn ['da:tənɪnfoba:n] *f* (INFOR) autopista *f* de la información
Datenklau *m ohne pl* (INFOR: *fam)* robo *m* de datos
Datenkomprimierung *f* (INFOR) compresión *f* de datos
Datenkonvertierung *f* (INFOR) conversión *f* de datos
Datenmissbrauch *m* (INFOR) abuso *m* de datos informáticos
Datenmüll *m ohne pl* datos *mpl* inservibles
Datenpflege *f* (INFOR) mantenimiento *m* de datos
Datenpiraterie *f* piratería *f* digital
Datenschutz *m* (JUR) protección *f* de datos
Datenschutzbeauftragte(r) *mf* encargado, -a *m, f* de la protección de datos
Datenschützer(in) *m(f) (fam) s.* **Datenschutzbeauftragte(r)**
Datenschutzerklärung *f (auf einer Internetseite)* política *f* de privacidad
Datenschutzgesetz *nt* <-es, -e> (JUR) ley *f* de protección de datos
Datensicherheit *f* <-, *ohne pl*> (INFOR) seguridad *f* de datos
Datensicherung *f ohne pl* (INFOR) aseguramiento *m* de datos
Datenspeicher *m* (INFOR) memoria *f* de datos
Datenträger *m* <-s, -> (INFOR) soporte *m* de datos
Datentypist(in) *m(f)* <-en, -en; -nen>

(INFOR) operador(a) *m(f)* de un terminal (de datos)

Datenübertragung *f* (INFOR) tra(n)smisión *f* de datos

Datenverarbeitung *f* (INFOR) tratamiento *m* de datos; **elektronische ~** tratamiento electrónico de datos

Datenwiederherstellung *f ohne pl* (INFOR) recuperación *f* de datos

datieren* [da'ti:rən] **I.** *vt* fechar, datar; **datiert sein auf …** llevar fecha de… **II.** *vi* datar (**aus** de)

Dativ ['da:ti:f] *m* <-s, -e> (LING) dativo *m*

Dativobjekt *nt* (LING) complemento *m* indirecto

dato ['da:to] *adv* **bis ~** hasta la fecha (de hoy)

Datscha ['datʃa] *f* <-, Datschen> dacha *f*

Dattel ['datəl] *f* <-n> (BOT, GASTR) dátil *m*

Datum ['da:tʊm] *nt* <-s, Daten> fecha *f*; **das Werk ist jüngeren ~s** la obra es de fecha reciente; **welches ~ haben wir heute?** ¿a qué fecha estamos hoy?; **mit ~ vom 10. Oktober** con fecha del 10 de octubre; **~ des Poststempels** fecha del matasellos

Datumsanzeige *f* <-, -n> (INFOR) fecha *f* en pantalla

Datumsgrenze *f* <-, -n> línea *f* de cambio de fecha

Dauer ['daʊɐ] *f ohne pl* duración *f*; *(Zeitspanne)* período *m*; **für die ~ eines Jahres** por un período de un año; **das war nicht von ~** esto no duró mucho; **auf die ~** a la larga

Dauerarbeitslose(r) *mf* parado, -a *m, f* de larga duración

Dauerarbeitslosigkeit *f* paro *m* de larga duración

Dauerauftrag *m* (FIN) orden *f* permanente

Dauerbrenner *m* ① *(Ofen)* estufa *f* de combustión lenta ② *(fam: Erfolg)* éxito *m* permanente

Dauerfrost *m* helada *f* persistente

Dauergast *m* <-(e)s, -gäste> ① *(Stammgast)* cliente *mf* fijo, -a ② *(im Hotel)* huésped *mf* fijo, -a, residente *mf* fijo, -a; **sich (bei jdm) als ~ einrichten** quedarse a vivir (en casa de alguien)

dauerhaft *adj* duradero; *(beständig)* permanente

Dauerhaftigkeit *f* <-, *ohne pl*> ① *(Beständigkeit)* estabilidad *f* ② *(Haltbarkeit)* durabilidad *f*

Dauerkarte *f* (billete *m* de) abono *m*

Dauerlauf *m* (SPORT) carrera *f* de resistencia

Dauerlutscher *m* <-s, -> chupachup(s) *m inv*

dauern ['daʊɐn] **I.** *vi* durar; *(lange)* tardar; **das dauert und dauert** tarda horas y horas; **das dauert wieder!** ¡cómo tarda!; **das dauert mir zu lange** tarda demasiado; **wie lange dauert es denn noch?** ¿cuánto tiempo más va durar eso?; **es dauerte nicht lange, bis sie zurückkehrte** no tardó en volver; **die Verhandlungen ~ schon drei Tage** las negociaciones duran ya tres días **II.** *vt (geh: leidtun)* dar pena

dauernd ['daʊɐnt] *adv* a cada momento; *(unaufhörlich)* sin cesar

dauernde(r, s) *adj* constante; *(ständig)* permanente

Dauerparker(in) *m(f) persona que aparca su coche por tiempo prolongado en un sitio determinado*

Dauerregen *m* <-s, *ohne pl*> (METEO) lluvia *f* continua

Dauerstellung *f* empleo *m* fijo

Dauerton *m* <-(e)s, -töne> (TEL, ELEK) tono *m* continuo

Dauerwelle *f* permanente *f*

Dauerzustand *m* estado *m* permanente

Daumen ['daʊmən] *m* <-s, -> (dedo *m*) pulgar *m*; **am ~ lutschen** chupar el dedo; **jdm die ~ drücken** *(fam)* desearle suerte a alguien

Daumennagel *m* <-s, -nägel> (ANAT) uña *f* del pulgar

Daumenschraube *f* <-, -n> empulgueras *fpl*; **jdm (die) ~n anlegen** [*o* **ansetzen**] apretar(le) a alguien las tuercas [*o* las clavijas]

Däumling ['dɔɪmlɪŋ] *m* <-s, *ohne pl*> *(winzige Märchengestalt)* Pulgarcito *m*

Daune ['daʊnə] *f* <-n> plumón *m*

Daunendecke *f* edredón *m*

Daviscup *m* <-s, *ohne pl*> (SPORT) copa *f* Davis

davon ['da:fɔn, da'fɔn] *adv* ① *(räumlich)* de aquí, de allí; **nicht weit ~** no muy lejos de aquí; **einige Meter ~ entfernt** a unos metros de aquí; **er ist auf und ~** tomó las de Villadiego ② *(Anteil)* de esto; **die Hälfte ~** la mitad de esto ③ *(damit)* de esto; **~ kann man eine Suppe kochen** de esto se puede preparar una sopa ④ *(Angelegenheit)* de ello, de esto; **hast du dich ~ erholt?** ¿te has recuperado de ello?; **das hängt ~ ab, ob …** esto depende de si…; **was habe ich denn ~?** ¿qué saco yo de esto? ⑤ *(dadurch)* **~ kannst du krank werden** con eso te puedes enfermar; **ich bin ~ aufgewacht** me desperté por eso; **das kommt ~, dass …** esto viene de que…

davoneilen [-'---] *vi sein (geh)* salir corriendo

davon|fliegen [-'---] *irr vi* alzar el vuelo, echar a volar
davon|gehen *irr vi sein* marcharse
davon|jagen **I.** *vi sein (sich entfernen)* salir pitando **II.** *vt (vertreiben)* echar
davon|kommen *irr vi sein* librarse; *(mit dem Leben)* salvarse; **mit einem blauen Auge ~** *(fig)* salir sin mayores perjuicios; **mit dem Schrecken ~** llevarse (solamente) un susto; **du kommst mir nicht ungeschoren davon** no te vas a librar (del castigo)
davon|laufen *irr vi sein* ① *(weglaufen)* echar a correr; *(fliehen)* huir ② *(fam: verlassen)* escaparse; **von zu Hause** [*o* **zuhause**] **~** escaparse de casa
davon|machen *vr:* **sich ~** *(fam)* largarse
davon|schleichen *irr* **I.** *vi sein* escurrirse; **bedrückt ist er davongeschlichen** se escabulló abatido de allí **II.** *vr:* **sich ~** escurrirse; **sich auf leisen Sohlen ~** irse de puntillas
davon|stehlen *irr vr:* **sich ~** *(geh)* escabullirse
davon|tragen *irr vt* ① *(Dinge)* llevarse ② *(geh: Sieg)* conseguir ③ *(Verletzungen)* sufrir
davonziehen *irr vi sein (weggehen)* partir, marcharse
davor ['da:fo:ɐ, da'fo:ɐ] *adv* ① *(räumlich)* delante ② *(zeitlich)* antes; **kurz ~** poco antes ③ *(im Hinblick auf)* de esto, de ello; **er hat mich ~ gewarnt** me previno acerca de esto; **sie hat keine Angst ~** esto no le da miedo
davorstehen *irr vi* estar (plantado) delante
dazu ['da:tsu, da'tsu:] *adv* ① *(räumlich)* a esto; **wozu gehört das? – ~** ¿a qué pertenece esto? – a esto ② *(außerdem)* además; **noch ~, wo ...** y además porque... ③ *(dafür)* para esto, para eso; **ich brauche ~ einen Hammer** para esto me hace falta un martillo; **er/das ist ~ da, um ...** él/esto está para...; **ich habe keine Lust ~** no tengo ganas ④ *(darüber)* al respecto; **was meinst du ~?** ¿qué opinas al respecto? ⑤ *(Wend)* **das führt ~, das ...** esto lleva a que... *+subj;* **wie komme ich denn ~?** *(warum bekomme ich das?)* ¿de dónde me viene eso?; *(warum sollte ich es tun?)* ¿porqué (diablos) lo voy a hacer?
dazu|geben [-'---] *irr vt* añadir (**zu** a)
dazu|gehören* *vi* formar parte (**zu** de); **das gehört eben auch dazu** esto también forma parte del asunto; **es gehört schon einiges dazu** se requiere cierta valentía para hacerlo
dazugehörige(r, s) *adj* correspondiente
dazu|gesellen* *vr:* **sich ~** unirse (**zu** a)
dazu|kommen *irr vi sein* ① *(ankommen)* llegar (en el momento en que) ② *(hinzugefügt werden)* agregarse (**zu** a); **dazu kommt noch, dass er gelogen hat** y a esto hay que añadir que mintió
dazu|lernen *vt* aprender (algo nuevo)
dazu|rechnen *vt* añadir
dazu|setzen **I.** *vt* ① *(zu jdm setzen)* sentar al lado; **darf ich meine Tochter ~?** ¿puedo sentar a mi hija a su lado? ② *(dazuschreiben)* añadir; **möchtest du auf dieser Karte einen Gruß ~?** ¿quieres añadir un saludo en la postal? **II.** *vr:* **sich ~** sentarse al lado
dazu|tun *irr vt* añadir
Dazutun [-'--] *nt* **ohne sein ~** sin su ayuda
dazwischen ['da:tsvɪʃən, da'tsvɪʃən] *adv* ① *(räumlich)* en medio ② *(zeitlich)* en medio, de por medio; **es liegen einige Jahre ~** hay un par de años de por medio
dazwischen|funken [-'----] *vi (fam)* interrumpir
dazwischen|kommen *irr vi sein* ① *(hineinreichen)* caber; **mit der Hand komme ich dazwischen** me cabe la mano ② *(Ereignis)* ocurrir; *(Problem, Aufgabe)* surgir; **mir ist leider etwas dazwischengekommen** desgraciadamente me ha surgido un imprevisto
dazwischen|reden *vi* interrumpir
dazwischenrufen *irr vi* interrumpir
dazwischen|treten *irr vi* imponerse; *(eingreifen)* intervenir
dB [de:'be:] *Abk. von* **Dezibel** dB
DB [de:'be:] *f Abk. von* **Deutsche Bahn** Ferrocarriles *mpl* Alemanes
DDR [de:de:'ʔɛr] *f* (HIST) *Abk. von* **Deutsche Demokratische Republik** RDA *f*
D-Dur *nt* <-, *ohne pl*> (MUS) re *m* mayor
deaktivieren* [de:ʔakti'vi:rən] *vt* desactivar
Deal ['di:l] *m* <-s, -s> *(sl)* acuerdo *m; (Geschäft)* negocio *m*
dealen ['di:lən] *vi* traficar
Dealer(in) *m(f)* <-s, -; -nen> *(Drogendealer)* traficante *mf* de droga(s), camello *m fam*
Debakel [de'ba:kəl] *nt* <-s, -> *(geh)* desastre *m*
Debatte [de'batə] *f* <-n> (*a.* POL) debate *m;* **etw zur ~ stellen** poner algo a debate; **was steht zur ~?** ¿qué tenemos en el programa?
debattieren* *vi, vt* debatir (**über** sobre)
Debüt [de'by:] *nt* <-s, -s> estreno *m,* debut *m;* **sein ~ geben** hacer su debut
Debütant(in) [deby'tant] *m(f)* <-en, -en; -, -nen> debutante *mf*
dechiffrieren* [deʃɪ'fri:rən] *vt* descifrar

D

D

Deck [dɛk] *nt* <-(e)s, -s> (NAUT) cubierta *f*; **alle Mann an ~!** ¡todo el mundo a cubierta!

Deckblatt *nt* ① (PUBL: *Titelblatt*) portada *f* ② (BOT) bráctea *f*

Decke ['dɛkə] *f* <-n> ① *(Wolldecke)* manta *f* (de lana); *(Bettdecke)* manta *f*, cobertor *m*; *(Tagesdecke)* colcha *f*; *(Pferdedecke)* manta *f* (para caballerías); **mit jdm unter einer ~ stecken** *(fam fig)* hacer causa común con alguien ② *(Tischdecke)* mantel *m* ③ *(Zimmerdecke)* techo *m*; **an die ~ gehen** *(fam fig)* subirse a la parra; **jdm fällt die ~ auf den Kopf** *(fam fig)* a alguien se le cae la casa encima ④ *(Asphaltdecke)* pavimento *m* (de asfalto) ⑤ *(Mantel eines Autoreifens)* cubierta *f*

Deckel ['dɛkəl] *m* <-s, -> ① *(von Gefäßen)* tapa *f*, tapadera *f* ② *(Buchdeckel)* tapa *f* ③ *(fam: Hut)* sombrero *m*; **eins auf den ~ kriegen** *(fam fig)* llevarse una bronca

decken ['dɛkən] **I.** *vt* ① *(bedecken)* cubrir; *(zudecken)* tapar; **ein Tuch über etw ~** cubrir algo con un paño ② *(Bedarf)* cubrir; *(Nachfrage)* satisfacer ③ *(Tisch)* poner; **den Tisch ~** poner la mesa ④ (SPORT) marcar ⑤ *(ein Verbrechen)* cubrir ⑥ (FIN: *Scheck*) cubrir; **der Scheck ist nicht gedeckt** el cheque no está cubierto ⑦ (ZOOL: *weibliche Tiere*) cubrir; *(Stuten)* acaballar **II.** *vr:* **sich ~** *(übereinstimmen)* coincidir

Deckenlampe *f* <-, -n> lámpara *f* de techo; *(direkt angebracht)* plafón *m*

Deckfarbe *f* <-, -n> ① *(Wandfarbe)* pintura *f* que cubre bien ② *(Wasserfarbe)* témpera *f*

Deckflügel *m* (ZOOL) élitro *m*

Deckmantel *m* pretexto *m*; **unter dem ~ …** +*gen* bajo pretexto de…

Deckname *m* nombre *m* falso

Deckung ['dɛkʊŋ] *f ohne pl* ① (MIL) defensa *f*; **jdm ~ geben** cubrir a alguien; **in ~ gehen** ponerse a cubierto ② *(eines Verbrechers)* encubrimiento *m* ③ *(von Bedarf, Scheck)* cobertura *f* ④ *(Übereinstimmung)* armonía *f*; **unterschiedliche Standpunkte zur ~ bringen** armonizar diferentes puntos de vista ⑤ (SPORT: *der Spieler*) marcaje *m*; *(Verteidigung)* defensa *f*

deckungsgleich *adj* congruente

Deckweiß *nt* (KUNST) blanco *m* opaco

Decoder [de'ko:dɐ] *m* <-s, -> (INFOR, TV) descodificador *m*

decodieren* [deko'di:rən] *vt* (INFOR) descodificar

deduktiv [dedʊk'ti:f] *adj* deductivo

de facto [de: 'fakto] *adv* de facto

Defätist(in) [defɛ'tɪst] *m(f)* <-en, -en; -, -nen> *(geh)* derrotista *mf*

defätistisch *adj (geh)* derrotista

defekt [de'fɛkt] *adj* defectuoso; *(nicht funktionstüchtig)* averiado

Defekt *m* <-(e)s, -e> ① (TECH) avería *f* ② (MED) defecto *m*

defensiv [defɛn'zi:f] *adj* defensivo

Defensive [defɛn'zi:və] *f* <-n> defensiva *f*; **in die ~ gehen** ponerse a la defensiva

Defibrillator [defibrɪ'la:to:ɐ] *m* <-s, -en> (MED) desfibrilador *m*

definierbar [defi'ni:ɐba:ɐ] *adj* definible; **etw ist nicht ~** (MATH) algo no puede ser definido

definieren* [defi'ni:rən] *vt* definir

Definition [defini'tsjo:n] *f* <-en> definición *f*

definitiv [defini'ti:f] *adj* definitivo

Defizit ['de:fitsɪt] *nt* <-s, -e> ① (WIRTSCH) déficit *m inv* ② *(Mangel)* falta *f* (**an** de); **die Partei hat ein ~ an Popularität** el partido carece de popularidad

defizitär [defitsi'tɛ:ɐ] **I.** *adj* (*a.* WIRTSCH) deficitario **II.** *adv* (WIRTSCH: *Entwicklung eines Geschäfts*) deficitariamente

Deflation [defla'tsjo:n] *f* <-en> (WIRTSCH) deflación *f*

deflationär *adj* (WIRTSCH) deflacionario, deflacionista

Deformation *f* <-, -en> deformación *f*

deformieren* [defɔr'mi:rən] *vt* deformar

deftig ['dɛftɪç] *adj* ① *(Essen: kräftig)* fuerte; *(nahrhaft)* substancioso ② *(Spaß)* fuerte; *(anzüglich)* verde

Degen ['de:gən] *m* <-s, -> espada *f*

Degeneration *f* <-, -en> (*a.* BIOL, MED) degeneración *f*

degradieren* [degra'di:rən] *vt* (*a.* MIL) degradar (**zu** a)

Degradierung *f* <-, -en> degradación *f*

dehnbar ['de:nba:ɐ] *adj* ① *(Material)* elástico; *(in die Länge)* extensible; (PHYS) dilatable ② *(Begriff)* vago

Dehnbarkeit *f* <-, *ohne pl*> ① *(eines Materials)* elasticidad *f*; *(eines Metalls)* ductilidad *f* ② *(eines Begriffs)* sentido *m* amplio

dehnen ['de:nən] **I.** *vt* ① *(Material)* estirar; (PHYS) dilatar; (MED: *Bänder*) extender ② *(Laute)* alargar **II.** *vr:* **sich ~** ① *(weiter werden)* ensancharse ② *(sich recken)* estirarse ③ *(lange dauern)* dilatarse

Dehnung *f* <-, -en> ① *(das Dehnen)* alargamiento *m*; *(Erweiterung)* extensión *f*; *(durch Ziehen)* estiramiento *m* ② (MED: *Weitung*) dilatación *f*; *(in der Länge)* elongación *f*

Dehydrierung *f* <-, -en> (CHEM) deshidrogenación *f*

Deich [daɪç] *m* <-(e)s, -e> dique *m*
Deichsel ['daɪksəl] *f* <-n> lanza *f*
deichseln *vt (fam)* arreglar; **ich werde das schon ~** ya lo arreglaré
dein, deine, dein [daɪn] *pron poss (adjektivisch)* tu, tus *pl;* **~ Mantel/Buch** tu abrigo/libro; **~e Freunde/Eltern** tus amigos/padres; **viele Grüße, ~ Peter** muchos saludos, Peter; **du rauchst wohl auch so ~e drei Schachteln am Tag** tú también te fumarás unos tres paquetes al día
deine(r, s) *pron poss (substantivisch)* (el) tuyo *m,* (la) tuya *f,* (los) tuyos *mpl,* (las) tuyas *fpl;* **der Wagen in der Einfahrt, ist das ~r?** el coche que está en la entrada, ¿es tuyo?; *s. a.* **dein, deine, dein**
deiner *pron pers gen von* **du** de ti; **wir werden stets ~ gedenken** *(geh)* siempre pensaremos en ti
deinerseits ['daɪnɐzaɪts] *adv* de tu parte
deinesgleichen ['daɪnəs'glaɪçən] *pron indef* de tu condición, tus semejantes; **~ kenne ich schon allzu gut** a los de tu calaña los conozco muy bien
deinetwegen *adv* por ti; *(negativ)* por tu culpa
deinetwillen ['daɪnət'vɪlən] *adv* **um ~** en consideración a ti, por ti
deinige ['daɪnɪgə] *pron poss* **der/die/das ~** *geh für* **deine(r, s)** el tuyo/la tuya; **die ~n** los tuyos, las tuyas
deins *pron poss s.* **deine(r, s)**
deinstallieren *vt* (INFOR) desinstalar; **ein Programm ~** desinstalar un programa
Déjà-vu-Erlebnis [deʒa'vyː-] *nt* (PSYCH) sensación *f* de haber vivido una situación ya una vez
Dekade [de'kaːdə] *f* <-n> década *f*
dekadent [deka'dɛnt] *adj* decadente
Dekadenz *f ohne pl* decadencia *f;* (LIT) decadentismo *m*
Dekagramm [deka'gram] *nt* <-s, -e> decagramo *m*
Dekan[1] [de'kaːn] *m* <-s, -e> (REL) deán *m*
Dekan(in)[2] [de'kaːn] *m(f)* <-s, -e; -nen> (UNIV) decano, -a *m, f*
Dekanat [deka'naːt] *nt* <-(e)s, -e> (UNIV, REL) decanato *m*
Dekanin *f* <-nen> *s.* **Dekan[2]**
Deklaration [deklara'tsjoːn] *f* <-, -en> declaración *f*
deklarieren* [dekla'riːrən] *vt* declarar
Deklination [deklina'tsjoːn] *f* <-en> (*a.* LING) declinación *f*
deklinieren* [dekli'niːrən] *vt* (LING) declinar
dekodieren* [deko'diːrən] *vt* (INFOR) descodificar
Dekolleté *nt* <-s, -s>, **Dekolletee** [dekɔl'teː] *nt* <-s, -s> escote *m*
Dekor [de'koːɐ] *m o nt* <-s, -s *o* -e> decoración *f*
Dekorateur(in) [dekora'tøːɐ] *m(f)* <-s, -e; -nen> decorador(a) *m(f)*
Dekoration [dekora'tsjoːn] *f* <-en> decoración *f*
dekorativ [dekora'tiːf] *adj* decorativo
dekorieren* [deko'riːrən] *vt* decorar
Dekret [de'kreːt] *nt* <-(e)s, -e> decreto *m*
Delegation [delega'tsjoːn] *f* <-en> delegación *f*
delegieren* [dele'giːrən] *vt* delegar (**an** en)
Delegierte(r) *mf* <-n, -n; -n> delegado, -a *m, f*
Delfin [dɛl'fiːn] *m* <-s, -e> (ZOOL) delfín *m,* bufeo *m Ant, Hond, Méx*
Delfinschwimmen *nt ohne pl* (SPORT) estilo *m* mariposa
delikat [deli'kaːt] *adj (geh)* 1 *(wohlschmeckend)* delicioso; *(auserlesen)* exquisito 2 *(heikel)* delicado
Delikatesse [delika'tɛsə] *f* <-n> 1 *(Leckerbissen)* exquisitez *f* 2 *(geh: Zartgefühl)* delicadeza *f*
Delikatessengeschäft *nt* tienda *f* de exquisiteces
Delikt [de'lɪkt] *nt* <-(e)s, -e> (JUR) delito *m,* felonía *f Am*
Delinquent(in) [delɪŋ'kvɛnt] *m(f)* <-en, -en; -nen> *(geh)* delincuente *mf*
Delirium [de'liːriʊm] *nt* <-s, Delirien> delirio *m*
Delle ['dɛlə] *f* <-n> *(reg)* abolladura *f*
Delta[1] ['dɛlta] *nt* <-s, -s *o* Delten> (GEO) delta *m*
Delta[2] *nt* <-(s), -s> *(griechischer Buchstabe)* delta *f*
Deltamuskel *m* (ANAT) deltoides *m inv*
Delten *pl von* **Delta[1]**
dem [de(ː)m] *art best o pron dem o pron rel dat von* **der, das** *s.* **der, die, das**
Demagoge, -in [dema'goːgə] *m, f* <-n, -n; -nen> *(abw)* demagogo, -a *m, f*
Demagogie [demago'giː] *f* <-n> *(abw)* demagogia *f*
Demagogin *f* <-nen> *s.* **Demagoge**
demagogisch *adj (abw)* demagógico
Demarkationslinie [demarka'tsjoːns-] *f* (POL, MIL) línea *f* de demarcación
demaskieren* [demas'kiːrən] *vt* desenmascarar
Dementi [de'mɛnti] *nt* <-s, -s> mentís *m inv*
dementieren* *vt* desmentir
dementsprechend ['deːmʔɛnt'ʃprɛçənt] **I.** *adj* correspondiente **II.** *adv* conforme a,

por consiguiente; **sie wurden ~ behandelt** los trataron conforme a lo ocurrido; **~ war sie als Erste zu Hause** [*o* **zuhause**] por consiguiente fue la primera en llegar a casa

Demenz [de'mɛnts] *f* <-, -en> (MED) demencia *f*

D

demgegenüber ['---'--] *adv* por el contrario; **sie behauptete ~, dass ...** afirmó por el contrario que...

demgemäß ['de:mgəmɛ:s] *adj o adv s.* **dementsprechend**

Demission [demɪ'sjo:n] *f* <-en> (POL: *Rücktritt*) demisión *f*

demnach ['--] *adv* por lo tanto; **es ist ~ unmöglich, dass ...** por lo tanto es imposible que... *+subj*

demnächst [de:m'nɛ:kst] *adv* próximamente, dentro de poco

Demo ['de:mo] *f* <-s> *(fam)* mani *f*

Demograf(in) *m(f)* <-en, -en; -, -nen> demógrafo, -a *m, f*

Demografie [demogra'fi:] *f* <-, -n> demografía *f*

demografisch *adj* demográfico

Demokrat(in) [demo'kra:t] *m(f)* <-en, -en; -nen> demócrata *mf*

Demokratie [demokra'ti:] *f* <-n> democracia *f*

Demokratin *f* <-nen> *s.* **Demokrat**

demokratisch [demo'kra:tɪʃ] *adj* democrático; *(Person)* demócrata

Demokratische Republik Kongo *f* República *f* Democrática del Congo

demokratisieren* [demokrati'zi:rən] *vt* democratizar

Demokratisierung *f* <-en> democratización *f*

demolieren* [demo'li:rən] *vt* demoler

Demonstrant(in) [demɔn'strant] *m(f)* <-en, -en; -nen> manifestante *mf*

Demonstration [demɔnstra'tsjo:n] *f* <-en> ❶ *(Protestmarsch)* manifestación *f* (**für** a favor de, **gegen** en contra de) ❷ *(geh: Bekundung)* demostración *f*

Demonstrationsrecht *nt ohne pl* derecho *m* de manifestación

demonstrativ [demɔnstra'ti:f] **I.** *adj* demostrativo **II.** *adv* ostensivamente

Demonstrativpronomen *nt* (LING) pronombre *m* demostrativo

demonstrieren* **I.** *vi (protestieren)* manifestarse (**für** a favor de, **gegen** en contra de) **II.** *vt (bekunden)* demostrar

Demontage [demɔn'ta:ʒə] *f* <-, -n> ❶ *(von Industrieanlagen)* desmantelamiento *m* ❷ *(von Maschinen)* desarme *m* ❸ *(fig)* destrucción *f*; *(von Sozialleistungen)* recorte(s) *m(pl)*

demontieren* *vt* desmontar, desarmar

demoralisieren* [demorali'zi:rən] *vt* desmoralizar

Demoskopie[1] [demosko'pi:] *f* <-, *ohne pl*> *(Verfahren)* demoscopia *f*

Demoskopie[2] *f* <-, -n> *(Umfrage)* sondeo *m* de la opinión pública

demotivieren* *vt* (PSYCH: *geh)* desmotivar

demotiviert *adj* (PSYCH) desmotivado

demselben *pron dem dat von* **derselbe, dasselbe** *s.* **derselbe, dieselbe, dasselbe**

Demut ['de:mu:t] *f ohne pl* humildad *f*; **in ~** con humildad

demütig ['de:my:tɪç] *adj* humilde; *(unterwürfig)* sumiso

demütigen *vt* humillar

Demütigung *f* <-en> humillación *f*

demzufolge ['--'--] *adv (folglich)* por lo tanto, por consiguiente

den *art best o pron dem o pron rel akk von* **der,** *dat von pl* **die** *s.* **der, die, das**

denaturieren* [denatu'ri:rən] *vt* (CHEM) desnaturalizar

denen *pron dem o pron rel dat von pl* **die** *s.* **der, die, das**

Den Haag *nt* <- -s> La Haya *f*

Denkanstoß *m* estímulo *m* para reflexionar

Denkaufgabe *f* <-, -n> problema *m* de lógica

denkbar I. *adj* posible **II.** *adv (sehr)* sumamente; **ein ~ günstiges Angebot** una oferta sumamente favorable

denken ['dɛŋkən] <denkt, dachte, gedacht> **I.** *vi* ❶ *(überlegen)* pensar (**an** en, **über/von** de); *(logisch)* razonar; **laut ~** *(fam)* pensar en voz alta; **das gibt mir zu ~** esto me da que pensar; **solange ich ~ kann** hasta donde mi memoria alcanza; **ich denke nicht daran, dass zu tun!** ¡no pienso hacerlo!; **ich darf gar nicht daran ~** no quiero ni pensarlo; **wie denkst du darüber?** ¿qué piensas tú de eso? ❷ *(sich erinnern)* acordarse (**an** de), recordar (**an**); **denk daran!** ¡recuérdalo!; **wenn ich so an früher denke** al recordar los tiempos pasados ❸ *(annehmen)* pensar, suponer; **wer hätte das gedacht** quién lo hubiera pensado; **man sollte ~, dass ...** debería suponerse que...; **ich denke schon** creo que sí; **denkste!** *(fam)* ¡y un jamón!; **wo ~ Sie hin!** ¿qué se ha figurado Ud.? ❹ *(wollen)* querer; **ganz wie Sie ~** como Ud. quiera **II.** *vt (sich vorstellen)* imaginarse, figurarse; **was denkst du gerade?** ¿qué estás pensando?; **das hätte ich nicht von ihm gedacht!** ¡no me hubiera imaginado esto de él!; **wie hast du dir das**

gedacht? ¿cómo te lo has figurado?; **das kann ich mir ~** ya me lo imagino; **das hast du dir wohl so gedacht!** ¡eso te gustaría!; **ich habe mir nichts Böses dabei gedacht** no lo hice con mala intención; **für jdn/etw gedacht sein** ser para alguien/algo

Denken *nt* <-s, *ohne pl*> ① *(Nachdenken)* reflexión *f* ② *(logisches Denken)* raciocinio *m;* **positives ~** pensamiento positivo

Denker(in) *m(f)* <-s, -; -nen> pensador(a) *m(f)*

denkfaul *adj* lerdo

Denkfehler *m* error *m* de lógica

Denkmal ['dɛŋkma:l] *nt* <-s, -mäler *o* -e> monumento *m;* **jdm ein ~ setzen** erigir un monumento a alguien

Denkmal(s)schutz *m ohne pl* protección *f* de monumentos; **unter ~ stehen** ser declarado monumento nacional; **etw unter ~ stellen** declarar algo monumento nacional

Denkmalschutz *m* <-es, *ohne pl*> protección *f* de monumentos [*o* del patrimonio nacional]; **etw unter ~ stellen** declarar algo monumento nacional; **unter ~ stehen** ser declarado monumento nacional

Denkpause *f* <-, -n> pausa *f* para reflexionar; **eine ~ einlegen** hacer una pausa para la reflexión

Denkschrift *f* <-, -en> memorándum *m,* memoria *f*

Denksport *m* <-(e)s, *ohne pl*> resolución *f* de problemas lógicos

Denksportaufgabe *f* <-, -n> rompecabezas *m inv*

Denkvermögen *nt* <-s, *ohne pl*> ① *(Intelligenz)* capacidad *f* intelectual ② *(Konzentration)* capacidad *f* de pensar, capacidad *f* de concentración

Denkweise *f* modo *m* de pensar

denkwürdig *adj* memorable

Denkzettel *m* lección *f;* **jdm einen ~ verpassen** dar a alguien una lección

denn [dɛn] **I.** *part* pues; **was ist ~ passiert?** ¿qué ha pasado, pues?; **warum/wo ~?** pues ¿por qué/dónde?; **wieso ~ nicht?** ¡cómo que no!; **kannst du ~ nicht aufpassen?** ¿pero no puedes prestar atención?; **geschweige ~** y menos **II.** *konj* ① *(weil)* pues, porque; **ich wollte gehen, ~ es wurde schon dunkel** quería irme, pues se estaba haciendo de noche; **es sei ~, dass ...** a no ser que... *+subj* ② *(geh: als)* que; **mehr ~ je** más que nunca

dennoch ['dɛnɔx] *adv* a pesar de todo, no obstante

denselben *pron dem o pron dem akk von* **derselbe**, *dat von* **dieselben** *s.* **derselbe, dieselbe, dasselbe**

Denunziant(in) [denʊn'tsjant] *m(f)* <-en, -en; -nen> *(abw)* denunciante *mf*

Denunziation *f* <-, -en> *(abw)* denuncia *f*

denunzieren* [denʊn'tsi:rən] *vt (abw)* denunciar, batir *CSur*

Deo ['de:o] *nt* <-s, -s>, **Deodorant** [deodo'rant] *nt* <-s, -e *o* -s> desodorante *m*

deodorierend **I.** *adj* desodorante **II.** *adv* con acción desodorante; **~ wirken** desodorizar

Deoroller *m* desodorante *m* de bola

Deospray *nt* desodorante *m* atomizador

Departement [departə'mã:] *nt* <-s, -s> (ADMIN: *Frankreich, Schweiz*) departamento *m*

Deponie [depo'ni:] *f* <-n> vertedero *m*

deponieren* *vt* depositar

Deportation [depɔrta'tsjo:n] *f* <-, -en> deportación *f*

deportieren* [depɔr'ti:rən] *vt* deportar

Deportierte(r) *mf* <-n, -n; -n, -n> deportado, -a *m, f*

Depot [de'po:] *nt* <-s, -s> ① *(für Waren, Wertsachen)* depósito *m* ② *(Fahrzeugpark)* terminal *m* ③ (GASTR: *bei Wein*) bodega *f* ④ *(Schweiz: Flaschenpfand)* fianza *f* para el casco

Depp [dɛp] *m* <-en *o* -s, -e(n)> *(abw)* tonto, -a *m, f*

Depression [deprɛ'sjo:n] *f* <-en> (PSYCH, WIRTSCH, GEO) depresión *f*

depressiv *adj* ① *(Stimmung)* depresivo ② (WIRTSCH) recesivo

deprimieren* [depri'mi:rən] *vt* deprimir

Deputierte(r) *mf* <-n, -n; -n> (POL) diputado, -a *m, f*

der *art best o pron dem gen/dat von* **die**, *gen von pl* **die** *s.* **der, die, das**

der, die, das [de:ɐ, di:, das] <die> **I.** *art best* el *m,* la *f,* los *mpl,* las *fpl* **II.** *pron dem* ① *(adjektivisch: hier)* este, -a *m,* estos *mpl,* estas *fpl; (da)* ese, -a *m,* esos *mpl,* esas *fpl;* **das Kind dort** aquel niño ② *(substantivisch)* este, -a *m,* esto *nt,* estos *mpl,* estas *fpl;* **was ist das?** ¿qué es eso?; **das hier/da** esto (de aquí)/eso (de ahí); **~/die dort** el/la de allí; **das bin ich** este soy yo; **~ mit dem Koffer** ese de la maleta; **ist das Ihr Auto?** ¿es (este) su coche?; **wie dem auch sei** sea como sea; **ich bin mir dessen bewusst** soy consciente de esto; **nach dem, was ich gehört habe** según lo que me han dicho; *s. a.* **diese(r, s), jene(r, s), derjenige** **III.** *pron rel* que, quien, quienes *pl,* el/la cual, los/las cuales *pl;* **der Mensch, ~ das getan hat** la persona que lo ha hecho; **der Mann, bei dem er**

wohnt el hombre con quien [*o* con el cual] vive; **der Nachbar, dessen Hund so oft bellt** el vecino cuyo perro ladra tan a menudo

derart ['--] *adv* de tal manera, tanto; **~, dass …** de tal manera que…

derartig I. *adj* de este tipo, semejante **II.** *adv* de tal manera, tanto; **er schnarchte ~, dass …** roncaba de tal manera que…

derb [dɛrp] *adj* ❶ *(kräftig)* recio ❷ *(stabil)* sólido ❸ *(Ausdruck)* vulgar ❹ *(Person)* grosero, pelado *Méx*

Derbheit[1] *f* <-, -en> *(derbe Äußerung)* grosería *f*, rudeza *f*

Derbheit[2] *f* <-, *ohne pl*> *(derbes Wesen)* ordinariez *f*

Derby ['dɛrbi] *nt* <-s, -s> (SPORT) derbi *m*

deregulieren* *vt (Markt, Arbeitsverhältnisse)* desregular

Deregulierung [de-] *f* <-, -en> (FIN) desregulación *f*

deren ['deːrən] *pron dem o pron rel gen von* **die** *s.* **der, die, das**

derentwillen ['deːrənt'vɪlən] *adv* **um ~** *(ihr zuliebe)* por ella; *(ihnen zuliebe)* por ellos

derer ['deːrɐ] *pron dem gen von pl* **die** *s.* **der, die, das**

dergestalt ['---] *adv (geh)* de tal manera; **~, dass …** de tal manera que…

dergleichen ['-'--] *pron dem inv* semejante, parecido; **und ~ mehr** y más cosas parecidas

Derivat *nt* <-(e)s, -e> (BIOL, CHEM, LING) derivado *m*

derjenige, diejenige, dasjenige ['deːɐjeːnɪgə, 'diːjeːnɪgə, 'dasjeːnɪgə] <diejenigen> *pron dem (hier)* el *m*, la *f*, lo *nt*; *(weiter entfernt)* aquel *m*, aquella *f*, aquello *nt*; **~, der am lautesten schreit** el que más alto grita; **~ Schüler, der das getan hat** aquel alumno que lo haya hecho; **ist das ~, welcher …?** *(fam)* ¿es aquel que…?

derjenigen *pron dem dat/gen von* **diejenige**, *gen von* **diejenigen** *s.* **derjenige, diejenige, dasjenige**

derlei ['deːɐ'laɪ] *pron dem inv s.* **dergleichen**

dermaßen ['deːɐ'maːsən] *adv* tanto, de tal modo; **~, dass …** de tal modo que…; **die Freude war ~ groß** la alegría fue tan grande

Dermatologe, -in *m, f* <-n, -n; -, -nen> (MED) dermatólogo, -a *m, f*

Dermatologie [dɛrmatolo'giː] *f* <-, *ohne pl*> (MED) dermatología *f*

derselbe, dieselbe, dasselbe [deːr'zɛlbə, diː'zɛlbə, das'zɛlbə] <dieselben> *pron dem* el mismo, la misma, lo mismo (**wie** que); **er ist immer noch ganz ~** es el mismo de siempre; **das ist doch ein und dasselbe** pero si es exactamente lo mismo

derweil(en) I. *adv* mientras tanto, entretanto **II.** *konj* mientras (que)

derzeit ['--] *adv* actualmente; **die ~ beste Methode** el mejor método actualmente

derzeitig *adj* actual; **der ~e Regierungschef** el actual jefe de gobierno

des [dɛs] *art best gen von* **der, das** *s.* **der, die, das**

Des [dɛs] *nt* <-, *ohne pl*> (MUS) re *m* bemol

Desaster [de'zastɐ] *nt* <-s, -> desastre *m*

desensibilisieren* [de-] *vt* (MED) desensibilizar

Deserteur(in) [dezɛr'tøːɐ] *m(f)* <-s, -e; -, -nen> desertor(a) *m(f)*

desertieren* *vi haben o sein* desertar

Desertifikation [dezɛrtifika'tsjoːn] *f* <-, -en> (GEO) desertificación *f*

Desertion [dezɛr'tsjoːn] *f* <-, -en> (MIL) deserción *f*

desgleichen [dɛs'glaɪçən] *adv* asimismo, igualmente

deshalb ['--] *adv* por eso; **ich habe das ~ getan, weil …** lo hice porque…; **~ frage ich ja** por eso pregunto; **gerade ~** por eso mismo

Design [di'zaɪn] *nt* <-s, -s> diseño *m*

Designer(in) *m(f)* <-s, -; -, -nen> diseñador(a) *m(f)*

Designerin *f* <-, -nen> *s.* **Designer**

Designermode *f* moda *f* de diseñador

designiert [dezi'gniːɐt] *adj* designado

Desillusionierung *f* <-, -en> desilusión *f*

Desinfektion [dezɪnfɛk'tsjoːn] *f* <-, -en> desinfección *f*

Desinfektionsmittel *nt* desinfectante *m*

desinfizieren* *vt* desinfectar

Desinfizierung *f* <-, -en> desinfección *f*

Desinformation ['dɛs-] *f* <-, -en> desinformación *f*

Desinteresse ['dɛsʔɪntərɛsə] *nt* <-s, *ohne pl*> desinterés *m* (**an/für** por)

desinteressiert ['dɛsʔɪntərɛsiːɐt] *adj* desinteresado (**an/für** por)

Desktop ['dɛsktɔp] *m* <-s, -s> (INFOR) ordenador *m* de escritorio

Desktop-Computer *m* (INFOR) ordenador *m* de sobremesa, computadora *f* de sobremesa

Desktop-Publishing *nt* <-, *ohne pl*>, **Desktoppublishing** ['dɛsktɔp 'pablɪʃɪŋ] *nt* <-, *ohne pl*> (INFOR, TYPO) tratamiento *m* de texto avanzado

desolat [dezo'laːt] *adj* desolador, desastroso

desorientiert *adj* desorientado, desubicado *Am*
Despot(in) [dɛs'po:t] *m(f)* <-en, -en; -nen> déspota *mf*
despotisch *adj* despótico
desselben [-'--] *pron dem gen von* **derselbe, dasselbe** *s.* **derselbe, dieselbe, dasselbe**
dessen ['dɛsən] *pron dem o pron rel gen von* **der, das** *s.* **der, die, das**
dessentwillen ['dɛsənt'vɪlən] *adv* **um ~** por cuya causa
Dessert [dɛ'sɛ:ɐ] *nt* <-s, -s> postre *m*
Dessertlöffel *m* cucharilla *f* de postre
Dessertteller *m* <-s, -> plato *m* de postre
Dessous [dɛ'su:] *nt* <-, -> ropa *f* interior
destabilisieren* [de-] *vt* desestabilizar
Destillation [dɛstɪla'tsjo:n] *f* <-, -en> (CHEM) destilación *f*
destillieren* [dɛstɪ'li:rən] *vt* (CHEM) destilar
desto ['dɛsto] *konj* (tanto) más, tanto; **~ besser!** ¡tanto mejor!; **je mehr … ~ mehr …** cuanto más… (tanto) más…; **je früher, ~ besser** cuanto antes, mejor
destruktiv [destrʊk'ti:f, '---] *adj* destructivo
deswegen ['dɛs've:gən] *adv s.* **deshalb**
Detail [de'taɪ, de'ta:j] *nt* <-s, -s> detalle *m;* **ins ~ gehen** entrar en detalles
Detailfrage *f* <-, -n> cuestión *f* detallada, pregunta *f* en detalle
detailliert [deta'ji:rt] **I.** *adj* detallado **II.** *adv* en detalles, con pormenores
Detektiv(in) [detɛk'ti:f] *m(f)* <-s, -e; -nen> detective *mf*
Detektivbüro *nt* agencia *f* de detectives
Detektivroman *m* (LIT) novela *f* detectivesca
Detektor [de'tɛktoɐ, *pl:* detɛk'to:rən] *m* <-s, -en> ❶ (TECH) detector *m* ❷ *(im Funkwesen)* receptor *m* de galena
Detonation [detona'tsjo:n] *f* <-en> detonación *f*
detonieren* *vi sein* detonar
deuten ['dɔɪtən] **I.** *vi* ❶ *(zeigen)* señalar (**auf**) ❷ *(hinweisen)* indicar (**auf**); **alles deutet darauf hin, dass …** todo indica que… **II.** *vt (Text)* interpretar; *(Sterne)* leer (en)
deutlich ['dɔɪtlɪç] **I.** *adj* ❶ *(klar)* claro; *(Handschrift)* legible; **jdm etw ~ machen** explicar algo a alguien; **jdm etw klar und ~ sagen** decir algo a alguien clara e inteligiblemente ❷ *(eindeutig)* obvio; **es wurde ~, dass …** fue obvio que… **II.** *adv (spürbar)* bastante; **hier ist es ~ kälter** aquí hace bastante más frío
Deutlichkeit *f ohne pl* ❶ *(Klarheit)* claridad *f* ❷ *(Nachdruck)* franqueza *f;* **etw mit aller ~ sagen** decir algo con toda franqueza
deutsch [dɔɪtʃ] *adj* alemán
Deutsch *nt* <-, *ohne pl*> alemán *m;* **~ sprechen/lernen** hablar/aprender alemán; **etw ins ~e/aus dem ~en übersetzen** traducir algo al alemán/del alemán; **wir haben uns auf ~ unterhalten** conversamos en alemán; **auf gut ~ gesagt** dicho llanamente
Deutsche(r) *mf* <-n, -n; -n> alemán, -ana *m, f*
deutschfeindlich *adj* germanófobo; **eine ~e Haltung einnehmen** adoptar una actitud antialemana
deutschfreundlich *adj* germanófilo; **~e Äußerungen von sich** *dat* **geben** expresar opiniones proalemanas
Deutschland *nt* <-s> Alemania *f;* **das vereinte/vereinigte ~** la Alemania unida/reunificada
Deutschlandlied *nt* <-(e)s, *ohne pl*> himno *m* nacional de la República Federal de Alemania
Deutschlehrer(in) *m(f)* (SCH) profesor(a) *m(f)* de alemán
deutschsprachig ['dɔɪtʃʃpra:xɪç] *adj* de habla alemana
deutschstämmig ['dɔɪtʃʃtɛmɪç] *adj* de origen alemán
Deutschtürke, -türkin *m, f* <-n, -n; -, -nen> alemán, -ana *m, f* turco
Deutung *f* <-en> interpretación *f*
Devise [de'vi:zə] *f* <-n> ❶ *(Wahlspruch)* lema *m* ❷ *pl (Währung)* divisas *f pl*
Devisenbörse *f* (FIN) bolsa *f* de divisas
Devisengeschäft *nt* <-(e)s, -e> (WIRTSCH) operación *f* en divisas
Devisenhandel *m* (FIN) comercio *m* de divisas
Devisenhändler(in) *m(f)* (WIRTSCH) cambista *mf*
Devisenkurs *m* (FIN) tipo *m* de cambio
Devisenmarkt *m* <-(e)s, -märkte> (FIN) mercado *m* de divisas
devot [de'vo:t] *adj (geh abw)* sumiso, servil
Dezember [de'tsɛmbɐ] *m* <-(s), -> diciembre *m;* *s. a.* **März**
dezent [de'tsɛnt] *adj* ❶ *(taktvoll)* decente ❷ *(Farbe)* discreto
dezentral *adj* descentralizado
dezentralisieren* [de-] *vt* descentralizar
Dezentralisierung *f* <-, -en> descentralización *f*
Dezernat [detsɛr'na:t] *nt* <-(e)s, -e> negociado *m*
Dezernent(in) [detsɛr'nɛnt] *m(f)* <-en, -en; -nen> jefe, -a *m, f* de negociado

Dezibel ['de:tsibɛl, detsi'bɛl] *nt* <-s, -> (PHYS) decibel *m*

Dezigramm [detsi'gram, 'de:tsigram] *nt nach Zahlen:* decigramo *m*

Deziliter ['de:tsili:tɐ, detsi'li:tɐ] *m o nt* <-s, -> decilitro *m*

dezimal [detsi'ma:l] *adj* decimal

Dezimalbruch *m* (MATH) fracción *f* decimal

Dezimalpunkt *m* (MATH) punto *m* decimal, coma *f* decimal

Dezimalrechnung *f* <-, *ohne pl*> (MATH) cálculo *m* decimal

Dezimalstelle *f* (MATH) parte *f* decimal

Dezimalsystem *nt ohne pl* (MATH) sistema *m* decimal

Dezimalzahl *f* (MATH) número *m* decimal

Dezimeter ['de:tsime:tɐ, detsi'me:tɐ] *m o nt* <-s, -> decímetro *m*

dezimieren* [detsi'mi:rən] *vt* diezmar

DFÜ [de:ʔɛfʔy:] *f* (INFOR, TEL) *Abk. von* **Datenfernübertragung** tra(n)smisión *f* de datos

DGB [de:ge:'be:] *m* <-> *Abk. von* **Deutscher Gewerkschaftsbund** Confederación *f* de los Sindicatos Alemanes

d.h. *Abk. von* **das heißt** o sea, esto es

Dia ['di:a] *nt* <-s, -s> diapositiva *f*

Diabetes [dia'be:tɛs] *m* <-, *ohne pl*> (MED) diabetes *f inv*

Diabetiker(in) [dia'be:tikɐ] *m(f)* <-s, -; -nen> (MED) diabético, -a *m, f*

diabolisch [dia'bo:lɪʃ] *adj* (*geh*) diabólico

Diadem [dia'de:m] *nt* <-s, -e> diadema *f*

Diagnose [dia'gno:zə] *f* <-n> (MED, PSYCH) diagnóstico *m;* **eine ~ stellen** establecer/hacer un diagnóstico

Diagnosezentrum *nt* (MED) centro *m* de diagnóstico precoz

Diagnostik [dia'gnɔstɪk] *f* <-, *ohne pl*> (MED) diagnosis *f inv*

diagnostizieren* [diagnɔsti'tsi:rən] *vt* diagnosticar

diagonal [diago'na:l] *adj* diagonal

Diagonale *f* <-n> línea *f* diagonal

Diagramm [dia'gram] *nt* <-s, -e> diagrama *m*

Diakon[1] [dia'ko:n] *m* <-s *o* -en, -e *o* -en> (*katholisch, orthodox, anglikanisch*) diácono *m*

Diakon(in)[2] *m(f)* <-s *o* -en, -e *o* -en; -nen> (*evangelisch*) hermano, -a *m, f* de la caridad

Diakonie *f ohne pl* (REL) diaconía *f*

Diakonin *f* <-nen> *s.* **Diakon**[2]

Diakonissin *f* <-nen> diaconisa *f*

Dialekt [dia'lɛkt] *m* <-(e)s, -e> dialecto *m*

dialektal *adj* (LING) dialectal

Dialektik *f ohne pl* (PHILOS) dialéctica *f*

dialektisch [dia'lɛktɪʃ] *adj* ① (PHILOS) dialéctico ② (LING) dialectal

Dialog [dia'lo:k] *m* <-(e)s, -e> (*a.* INFOR) diálogo *m*

Dialogfenster *nt* (INFOR) ventana *f* de diálogo

Dialyse [dia'ly:zə] *f* <-, -n> (MED) hemodiálisis *f inv*

Diamant [dia'mant] *m* <-en, -en> diamante *m*

diamanten [dia'mantən] *adj* ① (*aus Diamant gearbeitet*) de diamante ② (*mit Diamanten besetzt*) con diamantes; **ein ~er Ring** un anillo de diamantes

diametral [diame'tra:l] *adj* diametral

Diaphragma [dia'fragma] *nt* <-s, Diaphragmen *o* -s> (MED: *Verhütungsmittel*) diafragma *m*

Diaprojektor ['-----] *m* (FOTO) proyector *m* de diapositivas

Diät [di'ɛ:t] *f* <-en> ① (*Abmagerungskur*) dieta *f*, régimen *m;* **streng ~ leben** seguir un régimen estricto; **eine ~ machen** hacer una dieta; **jdn auf ~ setzen** poner a alguien a dieta ② *pl* (POL) dietas *f pl*

diätetisch *adj* (*a.* MED) dietético

Diätkost *f* <-, *ohne pl*> (*a.* MED) comida *f* de régimen

dich [dɪç] **I.** *pron pers akk von* **du** te; (*betont*) a ti (te); (*mit Präposition*) ti; **ich sehe ~ nachher** luego te veo; **~ wollte ich fragen** a ti quería preguntarte; **es geht um ~** se trata de ti; **pass auf ~ auf!** ¡cuídate! **II.** *pron refl akk von* **du** te; **benimm ~!** ¡compórtate!

dicht [dɪçt] **I.** *adj* ① (*Wald, Verkehr, Nebel*) denso; (*Haar*) tupido; **~ gedrängt** apretado ② (*undurchlässig*) hermético; (*wasserdicht*) impermeable ③ (*fam: geschlossen*) cerrado ④ (*Wend*) **nicht ganz ~ sein** (*fam fig*) no estar muy bien de la cabeza **II.** *adv* ① (*nahe*) **~ an** [*o* **bei**] cerca de; **~ an ~ stehen** estar uno junto al otro; **~ davor/daneben** justo delante/al lado ② **~ besiedelt** [*o* **bevölkert**] densamente poblado; **~ bewölkt** (METEO) anubarrado

dichtbesiedelt *adj s.* **dicht II. 2.**

dichtbewölkt ['-'-] *adj s.* **dicht II. 2.**

Dichte *f* <-n> (*a.* PHYS) densidad *f*

dichten ['dɪçtən] *vi, vt* ① (*verfassen*) componer ② (*Leck*) tapar

Dichter(in) *m(f)* <-s, -; -nen> poeta, poetisa *m, f*

dichterisch *adj* poético

Dichterlesung *f* <-, -en> (LIT) recital *m* de poesía

dichtgedrängt *adj s.* **dicht I. 3.**

dicht|halten *irr vi* (*fam*) callarse; **er hat nicht dichtgehalten** se ha ido de la lengua

dicht|machen *vi, vt (fam: Laden, Fabrik)* cerrar; *(Grenze, Strecke)* bloquear
Dichtstoff *m* material *m* de sellado
Dichtung *f* <-en> ❶ *(Gattung)* poesía *f* ❷ *(Gedicht)* poema *m* ❸ (TECH) junta *f*
Dichtungsmasse *f* (TECH) masilla *f* para juntas
dick [dɪk] *adj* ❶ *(von großer Masse)* gordo; *(beleibt)* grueso; *(umfangreich)* voluminoso; **~ werden** engordar; **ein ~es Fell haben** *(fig)* ser duro de pellejo; **~ auftragen** *(fam abw: übertreiben)* exagerar ❷ *(fam: geschwollen)* hinchado ❸ *(Flüssigkeit)* espeso; *(Qualm, Nebel)* denso; **es herrscht ~e Luft** *(fam fig)* está la atmósfera cargada; **das ist ein ~er Hund!** *(fam fig)* ¡eso sí que es fuerte!; **sie sind ~ befreundet** *(fam)* son íntimos amigos
dickbäuchig ['dɪkbɔɪçɪç] *adj* barrigudo, pipón *Ant, Arg, Ecua: fam*
Dickdarm *m* (ANAT) intestino *m* grueso
Dicke ['dɪkə] *f* <-n> *(von Feststoffen)* grosor *m; (von Flüssigkeiten)* espesor *m*
Dickerchen ['dɪkɐçən] *nt* <-s, -> *(fam)* gordito, -a *m, f*
dickfellig ['dɪkfɛlɪç] *adj (fam: unempfindlich)* insensible; *(gleichgültig)* indiferente
dickflüssig *adj* espeso
Dickhäuter ['dɪkhɔɪtɐ] *m* <-s, -> *(Tier)* paquidermo *m; (fam: Mensch)* persona *f* insensible
Dickicht ['dɪkɪçt] *nt* <-s, -e> maleza *f*
Dickkopf *m (fam: Mensch)* cabezota *mf;* **einen ~ haben** ser un cabezota
dickköpfig *adj (fam)* cabezota
dicklich *adj* gordezuelo
dicklippig *adj* befo, bembudo *Am*
Dickmilch *f ohne pl* cuajada *f*
Dickschädel *m s.* **Dickkopf**
Dickwanst *m (fam abw)* panzudo, -a *m, f*
Didaktik [di'daktɪk] *f ohne pl* didáctica *f*
didaktisch *adj* didáctico
die [di(:)] *art best o pron dem o pron rel s.* **der, die, das**
Dieb(in) [di:p, 'di:bɪn] *m(f)* <-(e)s, -e; -nen> ladrón, -ona *m, f,* chorro, -a *m, f CSur: fam;* **haltet den ~!** ¡al ladrón!
Diebesbande *f (abw)* banda *m* de ladrones
Diebesgut ['di:bəsgu:t] *nt ohne pl* botín *m*
Diebesnest *nt* nido *m* de ladrones, guarida *f* de ladrones
diebisch *adj* ❶ *(Mensch)* ladrón ❷ *(Vergnügen)* enorme
Diebstahl *m* <-(e)s, -stähle> robo *m*
diejenige(n) *pron dem s.* **derjenige, diejenige, dasjenige**
Diele ['di:lə] *f* <-n> ❶ *(Brett)* tabla *f* del suelo ❷ *(Vorraum)* vestíbulo *m*

dienen ['di:nən] *vi* ❶ *(nützlich sein)* servir (**zu** para, **als** de); **das dient einem guten Zweck** esto es para una buena causa; **damit ist mir nicht gedient** esto no me sirve de ayuda; **womit kann ich ~?** ¿en qué puedo servirle?; **ich weiß nicht, wozu das ~ soll** no sé de qué sirve eso ❷ (MIL) hacer el servicio militar
Diener[1] *m* <-s, -> *(fam: Verbeugung)* reverencia *f*
Diener(in)[2] *m(f)* <-s, -; -nen> criado, -a *m, f; (Hausangestellte)* sirviente, -a *m, f,* mucamo, -a *m, f Am*
dienern ['di:nɐn] *vi (abw)* ❶ *(sich ständig verbeugen)* hacer reverencias (**vor** ante) ❷ *(sich unterwürfig verhalten)* hacer la pelota (**vor** a) *fam*
Dienerschaft *f* <-en> criados *mpl; (Hausangestellte)* servidumbre *f*
dienlich *adj* útil; **jdm/etw ~ sein** ser útil a alguien/algo
Dienst [di:nst] *m* <-(e)s, -e> servicio *m; (Amt)* función *f; (Aufgabe)* oficio *m; (Arbeitsschicht)* turno *m;* (MIL) retirado *m;* **öffentlicher ~** servicio público; **außer ~** jubilado; **zum ~ gehen** ir al trabajo; **~ haben** estar de servicio; **~ habend** (MIL) de servicio; *(Arzt)* de turno; **den ~ antreten** *(Schicht)* empezar el turno; *(Amt)* entrar en funciones; **den ~ quittieren** dimitir del cargo; **in jds ~en stehen** estar al servicio de alguien; **jdm einen schlechten ~ erweisen** hacerle a alguien un flaco favor; **sich in den ~ einer Sache stellen** ponerse al servicio de una causa; **seine Beine versagten ihm den ~** ya no pudo mantenerse de pie
Dienstag ['di:nsta:k] *m* <-(e)s, -e> martes *m; s. a.* **Montag**
Dienstagabend *m* noche *f* del martes, martes *m* por la noche; *s. a.* **Montagabend**
dienstagabends *adv* los martes por la noche
dienstags *adv* los martes
Dienstalter *nt* <-s, *ohne pl*> antigüedad *f* (laboral), años *mpl* de servicio
Dienstantritt *m ohne pl* entrada *f* en funciones; **bei/nach ~** al/tras entrar en funciones
Dienstanweisung *f* instrucción *f*
Dienstaufsicht *f* <-, -en> (JUR) inspección *f* jerárquica, vigilancia *f* oficial
dienstbeflissen *adj* solícito, dispuesto
dienstbereit *adj* de guardia; **~ sein** tener turno de guardia
Dienstbereitschaft *f ohne pl (für den Notfall)* servicio *m* de urgencia; **Arzt/Apotheke in ~** médico/farmacia de guardia; **~ haben** tener guardia

Dienstbote, -in *m, f* doméstico, -a *m, f*

Dienstboteneingang *m* entrada *f* de servicio

dienstfrei *adj* libre

Dienstgeheimnis *nt* secreto *m* profesional

Dienstgrad *m* (MIL) grado *m*

Dienstgürtel *m* cinturón *m* reglamentario

diensthabend ['di:nstha:bənt] *adj s.* **Dienst**

Dienstkleidung *f* <-, -en> uniforme *m* de servicio, ropa *f* de servicio; **in ~** de uniforme

Dienstleistung *f* (prestación *f* de) servicio *m*

Dienstleistungsbetrieb *m* empresa *f* de servicios

Dienstleistungsgewerbe *nt* (industria *f* del) sector *m* terciario

Dienstleistungssektor *m* sector *m* servicios

dienstlich *adj* oficial; **~ unterwegs sein** estar de viaje por razones de trabajo

Dienstmädchen *nt* criada *f*, muchacha *f* *Am*, china *f* *And, CSur*

Dienstplan *m* (*a.* MIL) horario *f* de servicio; **einen ~ aufstellen** establecer un horario de servicio

Dienstprogramm *nt* <-s, -e> (INFOR) utilidad *f*

Dienstreise *f* viaje *m* de trabajo

Dienstschluss *m ohne pl* hora *f* de cierre

Dienststelle *f* departamento *m;* **die zuständige ~** el departamento correspondiente

Dienststempel *m* (ADMIN) sello *m* oficial, estampilla *f* oficial *Am*

diensttauglich *adj* (MIL) apto para el servicio

dienstuntauglich *adj* (MIL) exento por incapacidad, inútil para el servicio; **~ sein/werden** ser/quedar inútil

Dienstverhältnis *nt* relación *f* de servicio *(entre el funcionario y la autoridad para la que trabaja)*

Dienstvertrag *m* <-(e)s, -träge> (JUR) contrato *m* de servicios

Dienstvorschrift *f* (ADMIN, MIL) instrucción *f*

Dienstwagen *m* coche *m* de servicio

Dienstweg *m* trámite *m* oficial

Dienstwohnung *f* vivienda *f* de servicio

Dienstzeit *f* ① *(Arbeitszeit)* horario *m* de trabajo ② *(Amtsdauer)* años *mpl* de servicio

dies [di:s] *pron dem s.* **diese(r, s)**

diesbezüglich ['----] **I.** *adj* correspondiente **II.** *adv* en relación a esto

diese(r, s) <diese> *pron dem* ① *(adjektivisch)* este *m,* esta *f; (weiter entfernt)* ese *m,* esa *f;* **Anfang ~s Jahres** a principios de este año ② *(substantivisch)* este *m,* esta *f,* esto *nt; (weiter entfernt)* ese *m,* esa *f,* eso *nt;* **~r hier** este de aquí; **dies und das** esto y lo otro; **~s und jenes** esto y aquello

Diesel[1] ['di:zəl] *m* <-s, *ohne pl*> *(fam)* gasoil *m*

Diesel[2] *m* <-(s), -> *(fam: Motor, Auto)* diesel *m*

dieselbe(n) *pron dem s.* **derselbe, dieselbe, dasselbe**

Diesellok *f* <-, -s>, **Diesellokomotive** *f* <-, -n> locomotora *f* Diesel

Dieselmotor *m* motor *m* diesel

Dieselöl *nt* gasóleo *m*

diesig ['di:zɪç] *adj* brumoso

diesjährige(r, s) *adj* de este año

diesmal *adv* esta vez

diesseitig *adj* de este lado; **die ~e Welt** este mundo

diesseits ['di:szaɪts] **I.** *präp +gen* a este lado de; *(bei Flüssen)* a esta orilla de **II.** *adv* a este lado

Diesseits *nt* <-, *ohne pl*> este mundo *m*

Dietrich ['di:trɪç] *m* <-s, -e> (TECH) ganzúa *f*

diffamieren* [dɪfa'mi:rən] *vt* difamar, calumniar; **eine ~de Hetzkampagne** una campaña difamatoria

Diffamierung *f* <-, -en> difamación *f*

Differential [dɪfərɛn'tsja:l] *nt* <-s, -e> *s.* **Differenzial**

Differenz [dɪfə'rɛnts] *f* <-en> ① *(Unterschied)* diferencia *f;* (COM) déficit *m inv* ② *(Streit)* disputa *f*

Differenzbetrag *m* <-(e)s, -träge> (FIN) diferencia *f*

Differenzial [dɪfərɛn'tsja:l] *nt* <-s, -e> (MATH) diferencial *f*

Differenzialrechnung *f* (MATH) cálculo *m* diferencial

differenzieren* *vt, vi* (*a.* MATH) diferenciar

differenziert *adj* *(geh: fein unterscheidend)* detallado

Differenzierung *f* <-, -en> (*a.* BIOL, MATH) diferenciación *f*

diffus [dɪ'fu:s] *adj* difuso

Diffusion [dɪfu'zjo:n] *f* <-, -en> (CHEM, PHYS) difusión *f*

digital [digi'ta:l] *adj* digital; **~es Fernsehen** televisión digital; **~er Bilderrahmen** marco digital

Digitalempfänger *m* (TV) receptor *m* digital

digitalisieren* *vt* (INFOR) digitalizar

Digitalkamera *f* cámara *f* digital

Diktat [dɪk'ta:t] *nt* <-(e)s, -e> ① *(Nachschrift)* dictado *m;* **nach ~ schreiben** escribir al dictado ② *(Befehl)* imposición *f;* (POL) tratado *m* impuesto

Diktator(in) [dɪk'taːtoːɐ] *m(f)* <-s, -en; -nen> dictador(a) *m(f)*

diktatorisch *adj* dictatorial

Diktatur [dɪkta'tuːɐ] *f* <-en> dictadura *f*

diktieren* *vt* ① *(Text)* dictar ② *(geh: aufzwingen)* imponer

Diktiergerät *nt* dictáfono *m*

Dildo ['dɪldo] *m* <-s, -s> *(Kunstpenis)* consolador *m*

Dilemma [di'lɛma] *nt* <-s, -s *o* Dilemmata> dilema *m*

Dilettant(in) [dilɛ'tant] *m(f)* <-en, -en; -nen> ① *(Laie)* diletante *mf* ② *(abw: Stümper)* chapucero, -a *m, f*

dilettantisch *adj* ① *(laienhaft)* diletante ② *(abw: stümperhaft)* chapucero

Dill [dɪl] *m* <-s, -e> eneldo *m*

Dimension [dimɛn'zjoːn] *f* <-en> dimensión *f*

Dimmer ['dɪmɐ] *m* <-s, -> interruptor *m* con regulador de voltaje

DIN [diːn, dɪn] *f Abk. von* **Deutsche Industrie-Norm(en)** normas *f pl* DIN

Dinar [di'naːɐ] *m* <-s, -e> dinar *m*

DIN-Format *nt* <-(e)s, -e> formato *m* DIN *(según el Instituto de Normalización Alemán)*

Ding[1] [dɪŋ] *nt* <-(e)s, -e> ① *(Gegenstand)* objeto *m; (Sache)* cosa *f;* **aller guten ~e sind drei** *(prov)* a la tercera va la vencida ② *(Angelegenheit)* asunto *m;* **vor allen ~en** sobre todo; **guter ~e sein** *(geh)* tener buen humor; **das geht nicht mit rechten ~en zu** aquí hay gato encerrado; **das ist ein ~ der Unmöglichkeit** es algo imposible; **so wie die ~e liegen …** tal y como están las cosas…

Ding[2] *nt* <-(e)s, -er> *(fam: unbestimmte Sache)* cosa *f;* **krumme ~er** negocios turbios; **ein junges ~** una jovencilla inocente

dingfest *adj* **jdn ~ machen** arrestar a alguien

Dings[1] [dɪŋs] *mf* <-, *ohne pl> (fam: Person)* fulano, -a *m, f*

Dings[2] *nt* <-, *ohne pl> (fam: Sache)* cosa *f*

Dingsbums ['dɪŋsbʊms] *nt* <-, *ohne pl> s.* **Dings**

Dingsda[1] ['dɪŋsdaː] *mf* <-, *ohne pl> s.* **Dings**

Dingsda[2] ['dɪŋsdaː] *nt* <-, *ohne pl> s.* **Dings**

Dinkel *m* <-s, -> (BOT) espelta *f,* escanda *f*

Dinosaurier [dino'zaʊriɐ] *m* <-s, -> dinosaurio *m*

Diode [di'oːdə] *f* <-n> (ELEK) diodo *m*

Dioptrie [diɔp'triː, *pl:* diɔp'triːən] *f* <-n> *(Optik)* dioptría *f*

Dioxid *nt* <-s, -e> (CHEM) dióxido *m*

Dioxin [diɔ'ksiːn] *nt* <-s, *ohne pl>* (CHEM) dioxina *f*

Diözese [diø'tseːzə] *f* <-, -n> (REL, ADMIN) diócesis *f*

Dip *m* <-s, -s> (GASTR) salsa *f*

Diphtherie [dɪfte'riː] *f* <-n> (MED) difteria *f*

Diphthong [dɪf'tɔŋ] *m* <-s, -e> (LING) diptongo *m*

Dipl. *Abk. von* **Diplom** diplomado *m*

Dipl.-Ing. *Abk. von* **Diplomingenieur(in)** ingeniero, -a *m, f* diplomado , -a

Diplom [di'ploːm] *nt* <-s, -e> diploma *m;* **sein ~ machen (in etw)** licenciarse (en algo)

Diplomarbeit *f* tesina *f*

Diplomat(in) [diplo'maːt] *m(f)* <-en, -en; -nen> diplomático, -a *m, f*

Diplomatenlaufbahn *f* carrera *f* diplomática

Diplomatie [diploma'tiː] *f ohne pl* diplomacia *f*

Diplomatin *f* <-nen> *s.* **Diplomat**

diplomatisch *adj* diplomático; **~e Beziehungen zu … unterhalten** mantener relaciones diplomáticas con…

diplomiert *adj* diplomado; *(Universitätszeugnis)* licenciado; **~e Chemikerin** licenciada en (Ciencias) Químicas

Diplomingenieur(in) *m(f)* ingeniero, -a *m, f* diplomado , -a

Diplomkaufmann *m* perito *m* mercantil

dippen *vt* **etw (in etw** *akk***) ~** *((in eine Soße) tunken)* untar algo (en algo)

dir [diːɐ] **I.** *pron pers dat von* **du** te; *(betont)* a ti (te); *(mit Präposition)* ti; **ich habe ~ etwas mitgebracht** te he traído una cosa; **~ verrate ich nicht, was ich vorhabe!** ¡a ti no te contaré mis planes!; **hinter/vor/unter/über ~** detrás de/delante de/debajo de/encima de ti; **ein Freund von ~** un amigo tuyo **II.** *pron refl dat von* **du** te; **was hast du ~ gekauft?** ¿qué te has comprado?

direkt [di'rɛkt] **I.** *adj* ① *(ohne Umweg, unmittelbar)* directo; *(Frage)* sin rodeos; **~e Rede** (LING) estilo directo; **~ am Bahnhof** en la misma estación; **~ vor dem Haus** justo delante de la casa ② *(unverzüglich)* inmediato **II.** *adv* ① *(ohne Umweg)* derecho; **die Straße führt ~ ins Zentrum** la calle lleva directamente al centro; **~ übertragen** (RADIO, TV) tra(n)smitir en directo ② *(unverzüglich)* enseguida, directamente ③ *(fam: ausgesprochen)* realmente; **das ist ja ~ gefährlich, was du machst** es realmente peligroso lo que haces

D

Direktbank *f* (FIN) banco *m* directo, banco *m* por internet
Direktbanking [di'rɛktbɛŋkɪŋ] *nt* <-s, *ohne pl*> banca *f* directa
Direktflug *m* <-(e)s, -flüge> (AERO) vuelo *m* directo
Direktion [dirɛk'tsjo:n] *f* <-en> ❶ *(Leitung)* dirección *f* ❷ *(Schweiz: kantonales Ministerium)* departamento *m* cantonal
Direktmandat *nt* <-(e)s, -e> mandato *m* directo
Direktor(in) *m(f)* <-s, -en; -nen> director(a) *m(f)*
Direktorium [dirɛk'to:riʊm, *pl:* dirɛk'to:riən] *nt* <-s, Direktorien> directorio *m*
Direktrice [dirɛk'tri:sə] *f* <-n> sastra-directriz *f*
Direktübertragung *f* tra(n)smisión *f* en directo
Direktverbindung *f* (EISENB, AERO) comunicación *f* directa
Direktzugriff *m* (INFOR) acceso *m* directo
Dirigent(in) [diri'gɛnt] *m(f)* <-en, -en; -nen> (*a.* MUS) director(a) *m(f)* de orquesta
Dirigentenpult *nt* podio (del director) *m*
dirigieren* *vt* (*a.* MUS) dirigir
Dirigismus [diri'gɪsmʊs] *m* <-, *ohne pl*> (POL) dirigismo *m*
Dirndl ['dɪrnd(ə)l] *nt* <-s, -> *(österreichisch)* traje *m* tradicional tirolés; *(bayrisch)* vestido *m* tradicional bávaro
Dirndlkleid ['dɪrnd(ə)l-] *nt* traje *m* tradicional tirolés
Dirne ['dɪrnə] *f* <-n> prostituta *f*
Disco *f* <-s> disco *f*
Discounter [dɪs'kauntɐ] *m* <-s, -> (ECON) tienda *f* de descuento
Disharmonie [dɪsharmo'ni:, *pl:* dɪsharmo'ni:ən] *f* disonancia *f*
disharmonisch [dɪshar'mo:nɪʃ] *adj* (*a.* MUS) disonante
Diskette [dɪs'kɛtə] *f* <-n> (INFOR) disquete *m*
Diskjockey ['dɪskdʒɔki] *m* pinchadiscos *mf inv*, disyóquey *mf*
Disko ['dɪsko] *f* <-s> disco *f*
Diskont [dɪs'kɔnt] *m* <-s, -e> (FIN) descuento *m*
Diskontsatz *m* (FIN) tipo *m* de descuento
Diskothek [dɪsko'te:k] *f* <-en> discoteca *f*
diskreditieren* [dɪskredi'ti:rən] *vt (geh)* desacreditar
Diskrepanz [dɪskre'pants] *f* <-en> discrepancia *f*
diskret [dɪs'kre:t] *adj* discreto
Diskretion [dɪskre'tsjo:n] *f ohne pl* discreción *f;* (WIRTSCH) confidencialidad *f*
diskriminieren* [dɪskrimi'ni:rən] *vt* discriminar
diskriminierend *adj* discriminatorio
Diskriminierung *f* <-en> discriminación *f*
Diskurs [dɪs'kʊrs] *m* <-es, -e> *(geh: Erörterung)* disertación *f*, charla *f; (Vortrag)* discurso *m;* (LING: *sprachliche Äußerung*) discurso *m;* **wissenschaftlicher ~** disertación científica
Diskus ['dɪskʊs] *m* <- *o* -ses, -se *o* Disken> (SPORT) disco *m*
Diskussion [dɪskʊ'sjo:n] *f* <-en> discusión *f*, argumento *m Am;* **ein Thema zur ~ stellen** poner un tema a debate
Diskussionsbeitrag *m* <-(e)s, -träge> intervención *f* en un debate
Diskussionsrunde *f* mesa *f* redonda
Diskuswerfen *nt* <-s, *ohne pl*> (SPORT) lanzamiento *m* de disco
Diskuswerfer(in) *m(f)* (SPORT) lanzador(a) *m(f)* de disco
diskutabel [dɪsku'ta:bəl] *adj* discutible; **die Idee halte ich durchaus für ~** según mi opinión, esta idea merece ser discutida
diskutieren* [dɪsku'ti:rən] *vi, vt* discutir (**über** de/sobre)
Dispens [dɪs'pɛns] *m* <-es, -e> dispensa *f*
Dispersion [dɪspɛr'zjo:n] *f* <-, -en> (CHEM, PHYS) dispersión *f*
Dispersionsfarbe *f* pintura *f* de dispersión
Display [dɪs'plɛɪ] *nt* <-s, -s> (INFOR) display *m*
Dispokredit ['dɪspokredi:t] *m* <-(e)s, -e> *(fam) s.* **Dispositionskredit**
disponieren* [dɪspo'ni:rən] *vi (geh)* disponer (**über** de)
Disposition [dɪspozi'tsjo:n] *f* <-en> *(geh)* ❶ *(Verwendung)* disposición *f;* (**jdm**) **zur ~ stehen** estar a disposición (de alguien) ❷ *(Planung)* planes *mpl* ❸ (MED: *Anlage*) predisposición *f*
Dispositionskredit *m* (FIN) crédito *m* disponible
Disput [dɪs'pu:t] *m* <-(e)s, -e> *(geh)* disputa *f*
Disqualifikation [dɪskvalifika'tsjo:n] *f* <-en> (*a.* SPORT) descalificación *f*
disqualifizieren* [dɪskvalifi'tsi:rən] *vt* (*a.* SPORT) descalificar
Disqualifizierung *f* <-, -en> *(geh)* descalificación *f*
Dissertation [dɪsɛrta'tsjo:n] *f* <-en> tesis *f inv* doctoral
Dissident(in) [dɪsi'dɛnt] *m(f)* <-en, -en; -nen> disidente *mf*
dissonant [dɪso'nant] *adj* (MUS) disonante
Dissonanz [dɪso'nants] *f* <-en> (*a.* MUS) disonancia *f*

Distanz [dɪs'tants] *f* <-en> distancia *f;* ~ **wahren** guardar las distancias
distanzieren* *vr:* **sich** ~ distanciarse
distanziert I. *adj (geh)* distante; ~ **sein** ser distante II. *adv (geh)* de manera distante; **sie verhält sich** ~ se comporta de un modo distante
Distel ['dɪstəl] *f* <-n> (BOT) cardo *m*
Distelfink *m* <-en, -en> (ZOOL) jilguero *m*
distinguiert [dɪstɪŋ'giːɐt] *adj (geh)* distinguido
Distrikt [dɪs'trɪkt] *m* <-(e)s, -e> distrito *m*
Disziplin [dɪstsi'pliːn] *f* <-en> disciplina *f*
disziplinarisch [dɪstsipli'naːrɪʃ] *adj* disciplinario
Disziplinarverfahren *nt* (ADMIN) procedimiento *m* disciplinario
disziplinieren* [dɪstsipli'niːrən] *vt* disciplinar
diszipliniert *adj* disciplinado
disziplinlos *adj* indisciplinado
Disziplinlosigkeit *f ohne pl (Eigenschaft)* falta *f* de disciplina
dito ['diːto] *adv (fam)* ídem, también
Diva ['diːva] *f* <-s *o* Diven> diva *f*
Divergenz *f* <-en> (*a.* MATH) divergencia *f*
divergieren* [divɛr'giːrən] *vi* (*a.* MATH) divergir
divers(e) *adj (geh)* ❶ *(mehrere)* diverso ❷ *(verschiedene)* diferente; ~**er Ansicht sein** tener una opinión diferente
Diversifikation [divɛrzifika'tsjoːn] *f* <-, -en> (WIRTSCH) diversificación *f*
Diversität *f* <-, *ohne pl*> *(geh)* diversidad *f*
Diversity *f* [daɪ'vœːɐ̯sɪtɪ] <-, *ohne pl*> (SOZIOL) diversidad *f*
Dividend [divi'dɛnt] *m* <-en, -en> (MATH) dividendo *m*
Dividende [divi'dɛndə] *f* <-n> (FIN, WIRTSCH) dividendo *m;* **eine** ~ **ausschütten** repartir un dividendo
dividieren* *vt* (MATH) dividir (**durch** por)
Division [divi'zjoːn] *f* <-en> (MATH, MIL) división *f* (**durch** por)
Divisor [di'viːzoːɐ] *m* <-s, -en> (MATH) divisor *m*
DJ ['diːdʒɛɪ] *m* <-(s), -s> disyóquey *m*
DKP [deːkaː'peː] *f Abk. von* **Deutsche Kommunistische Partei** Partido *m* Comunista Alemán
dm *Abk. von* **Dezimeter** dm
d-Moll *nt* (MUS) re *m* menor
DNA-Spur [deːʔɛn'ʔaːʃpuːɐ] *f* <-, -en> huella *f* genética
DNA-Test *m* test *m* [*o* prueba *f*] de ADN
D-Netz *nt* (TEL: *europaweites Mobilfunknetz*) sistema *m* de comunicación móvil europeo
DNS [deːʔɛn'ʔɛs] *f Abk. von* **Desoxyribonukleinsäure** A.D.N. *m*
doch [dɔx] I. *adv* ❶ *(dennoch)* sin embargo, a pesar de todo; **er hatte** ~ **Recht** a pesar de todo tenía razón ❷ *(aber)* pero; **du weißt** ~**, wie ich das meine** pero ya sabes qué quiero decir; **das habe ich mir** ~ **gedacht** ya me lo había imaginado ❸ *(denn)* pues; **er sagte nichts, wusste er** ~**, dass sie Recht hatte** no dijo nada pues sabía que ella tenía razón ❹ *(Antwort)* sí, claro que sí; **kommst du nicht mit? –** ~**!** ¿no vienes? – ¡pues claro que sí! ❺ *(Betonung)* sí que…; **es schmeckt** ~ sí que está bueno II. *part* ❶ *(verstärkend)* pero, pues; **das ist** ~ **die Höhe!** ¡esto sí que es el colmo!; **nehmen Sie** ~ **Platz!** ¡pero tome asiento!; **du hast** ~ **nicht etwa …?** ¿no habrás…?; **wie hieß er** ~ **gleich?** ¿cómo se llamaba? ❷ *(auffordernd)* **gib** ~ **mal her!** ¡dámelo de una vez!; **soll er** ~**!** ¡que lo haga si quiere! ❸ *(Zustimmung fordernd)* ¿verdad?; **hier darf man** ~ **rauchen?** aquí se puede fumar, ¿verdad? III. *konj (aber)* pero; **ich würde es gern tun,** ~ **ich traue mich nicht** me gustaría hacerlo pero no me atrevo
Docht [dɔxt] *m* <-(e)s, -e> mecha *f*
Dock [dɔk] *nt* <-(e)s, -s> dique *m;* **das Schiff liegt im** ~ el barco se encuentra en dique
Dogge ['dɔgə] *f* <-n> (perro *m*) dogo *m*
Dogma ['dɔgma] *nt* <-s, Dogmen> dogma *m*
dogmatisch *adj* dogmático
Dogmen *pl von* **Dogma**
Dohle ['doːlə] *f* <-n> (ZOOL) grajilla *f*
Doktor(in) ['dɔktoːɐ] *m(f)* <-s, -en; -nen> doctor(a) *m(f);* (*a.* MED) médico, -a *m, f;* **Herr/Frau** ~ doctor/doctora; **sie ist** ~ **der Philosophie** es doctora en filosofía; **den** ~ **machen** hacer el doctorado
Doktorand(in) [dɔkto'rant] *m(f)* <-en, -en; -nen> doctorando, -a *m, f*
Doktorarbeit *f* tesis *f inv* doctoral
Doktorin *f* <-nen> *s.* **Doktor**
Doktortitel *m* doctorado *m;* **den** ~ **erwerben** doctorarse
Doktorvater *m* (UNIV) director *m* de tesis
Doktorwürde *f* (UNIV) *s.* **Doktortitel**
Doktrin [dɔk'triːn] *f* <-en> doctrina *f*
Dokument [doku'mɛnt] *nt* <-(e)s, -e> documento *m*
Dokumentarfilm *m* (película *f*) documental *m*
dokumentarisch *adj* documental
Dokumentation [dokumɛnta'tsjoːn] *f* <-en> documentación *f*

dokumentieren* *vt* documentar

Dolch [dɔlç] *m* <-(e)s, -e> puñal *m*

Dolchstoß *m* puñalada *f*

doll [dɔl] **I.** *adj (fam)* ❶ *(unglaublich)* increíble ❷ *(großartig)* fantástico, fenomenal **II.** *adv (fam: sehr)* mucho, enormemente

Dollar ['dɔlaːɐ] *m* <-(s), -s> dólar *m*

Dollarkurs *m* (FIN) cotización *f* del dólar

dolmetschen ['dɔlmɛtʃən] **I.** *vi* hacer de intérprete **II.** *vt* traducir (oralmente)

Dolmetscher(in) *m(f)* <-s, -; -nen> intérprete *mf*

Dolomiten [dolo'miːtən] *pl* **die ~** los Dolomitas

Dom [doːm] *m* <-(e)s, -e> *(Kathedrale)* catedral *f*

Domäne [do'mɛːnə] *f* <-n> ❶ *(Staatsgut)* finca *f* estatal ❷ *(Betätigungsfeld)* esfera *f*; *(Spezialgebiet)* especialidad *f*

dominant [domi'nant] *adj* dominante

Dominante *f* <-n> (MUS) dominante *f*

Dominanz [domi'nants] *f* <-en> (*a.* BIOL) dominancia *f*

Dominica [dɔ'miːnika] *nt* <-s> Dominica *f*

dominieren* **I.** *vi (vorherrschen)* (pre)dominar **II.** *vt (beherrschen)* dominar

Dominikaner(in) [domini'kaːnɐ] *m(f)* <-s, -; -, -nen> (REL) dominico, -a *m, f*

dominikanisch [domini'kaːnɪʃ] *adj* (REL) dominicano; **der ~e Orden** la Orden de los Dominicos

Dominikanische Republik *f* República *f* Dominicana

Domino ['doːmino] *nt* <-s, -s> dominó *m*

Dominostein *m* ❶ *(Spielstein)* ficha *f* de dominó ❷ (GASTR) *dulce navideño compuesto de capas de pan de especias, mazapán y gelatina de frutas, bañado en chocolate*

Domizil [domi'tsiːl] *nt* <-s, -e> *(geh)* domicilio *m*

Domkapitel *nt* (REL) cabildo *m* (de catedral)

Dompfaff ['doːmpfaf] *m* <-s *o* -en, -en> (ZOOL) pardillo *m*

Dompteur, -euse [dɔmp'tøːɐ] *m, f* <-s, -e; -n> domador(a) *m(f)*

Donau ['doːnaʊ] *f* **die ~** el Danubio

Döner ['døːnɐ] *m* <-s, -> (GASTR) kebab *m*

Donner ['dɔnɐ] *m* <-s, -> trueno *m*, pillán *m Chil;* **wie vom ~ gerührt** atónito

donnern ['dɔnɐn] **I.** *vunpers* (METEO) tronar; **es donnert** truena **II.** *vi (lärmen)* retumbar

Donnerschlag *m* (estampido *m* del) trueno

Donnerstag ['dɔnɐstaːk] *m* <-(e)s, -e> jueves *m; s. a.* **Montag**

Donnerstagabend *m* noche *f* del jueves; *s. a.* **Montagabend**

donnerstagabends *adv* los jueves por la noche

donnerstags *adv* los jueves

Donnerwetter ['-'--] *nt* <-s, -> *(fam)* bronca *f;* **zum ~!** ¡diablos!; **~, das ist eine Leistung!** ¡caramba, vaya rendimiento!

Donut ['doʊnat] *m* <-s, -s> (GASTR) donut *m*

doof [doːf] <doofer *o* döfer, am doofsten *o* döfsten> *adj (fam abw)* tonto, estúpido, upa *Ecua, Perú;* **so was D~es!** ¡qué estupidez!; **unser ~er Englischlehrer** el estúpido de nuestro profesor de inglés

Doofheit[1] *f* <-en> *(abw fam: Handlung)* bobada *f; (stärker)* estupidez *f*

Doofheit[2] *f ohne pl (abw fam: Art)* bobería *f; (stärker)* estupidez *f*

Doofmann *m* <-(e)s, -männer> *(fam)* tonto *m*, estúpido *m*

Dope [doːp] *nt* <-s, *ohne pl*> *(sl: Haschisch)* chocolate *m*

dopen ['doːpən] **I.** *vt* (SPORT) dopar **II.** *vi, vr:* **sich ~** (SPORT) doparse

Doping ['doːpɪŋ] *nt* <-s, -s> (SPORT) dopaje *m*

Dopingfall *m* caso *m* de dopaje

Dopingkontrolle *f* (SPORT) control *m* antidopaje

Doppel ['dɔpəl] *nt* <-s, -> ❶ *(Kopie)* copia *f; (Duplikat)* duplicado *m* ❷ (SPORT) dobles *mpl;* **gemischtes ~** dobles mixtos

Doppelagent(in) *m(f)* espía *mf* doble

Doppelbelastung *f* doble carga *f*

Doppelbett *nt* cama *f* de matrimonio

Doppeldecker *m* <-s, -> ❶ (AERO) biplano *m* ❷ *(fam: Bus)* ómnibus *m* de dos pisos

doppeldeutig ['dɔpəldɔɪtɪç] *adj* ambiguo, equívoco

Doppeldeutigkeit[1] *f (Äußerung)* doble sentido *m;* **der Text ist voll von ~en** el texto rebosa de palabras con doble sentido

Doppeldeutigkeit[2] *f ohne pl (Sinn)* ambigüedad *f;* **die ~ einer Aussage/eines Orakels** la ambigüedad de una afirmación/de un oráculo

Doppelfehler *m* <-s, -> *(Tennis)* doble falta *f*

Doppelfenster *nt* ventana *f* de doble hoja

Doppelgänger(in) *m(f)* <-s, -; -nen> doble *mf*

Doppelglasfenster *nt* (ARCHIT) ventana *f* de doble cristal

doppelgleisig *adj* (EISENB) de vía doble; **~ fahren** *(fig)* maniobrar en dos sentidos

Doppelhaus *nt* dos casas *fpl* adosadas

Doppelhaushälfte *f* ≈ (chalé *m*) adosado *m*

Doppelkinn *nt* papada *f*

Doppelklick *m* (INFOR) doble clic *m*
doppelklicken *vt* (INFOR) hacer doble clic
Doppelkopf *m* <-(e)s, *ohne pl*> *(Kartenspiel) juego de cartas parecido al tresillo*
Doppelleben *nt* doble vida *f;* **ein ~ führen** llevar una doble vida
Doppelmoral *f ohne pl* doble moral *f*
Doppelname *m* nombre *m* compuesto
Doppelpass *m* <-es, -pässe> (SPORT) pared *f*
Doppelpunkt *m* dos puntos *mpl*
Doppelrolle *f* <-, -n> (FILM, THEAT) doble papel *m*
doppelseitig *adj* ① *(auf einer Doppelseite)* en dos páginas, a doble página ② (MED: *beidseitig*) doble; **~e Lähmung** hemiplejía bilateral ③ *(mit zwei Seiten)* de dos caras; **eine ~e Jacke** una chaqueta reversible
Doppelstecker *m* (ELEK) enchufe *m* doble
Doppelstunde *f* (SCH) dos horas *fpl*
doppelt ['dɔpəlt] **I.** *adj* doble; **in ~er Ausführung** por duplicado; **ich bin ~ so alt wie Hans** le doblo la edad a Hans; **auf das D~ steigen** duplicarse; **um das D~ erhöhen** doblar; **mit jdm ein ~es Spiel treiben** hacer doble juego con alguien **II.** *adv* repetido, dos veces; **die Briefmarke habe ich ~** tengo este sello repetido; **~ so viel** el doble; **~ sehen** ver doble; **alles ~ und dreifach sagen müssen** tener que repetir todo treinta mil veces; **~ genäht hält besser!** *(prov)* lo que abunda no daña
Doppelverdiener(in) *m(f)* ① *(Einzelperson)* persona *f* con dos sueldos ② *pl (Paar)* matrimonio *m* con dos sueldos
Doppelwährungsphase *f* (FIN) período *m* de doble circulación
Doppelzentner *m* quintal *m* métrico
Doppelzimmer *nt* habitación *f* doble
doppelzüngig ['dɔpəltsʏŋɪç] *adj* falso
Doppelzüngigkeit *f* <-, *ohne pl*> falsedad *f,* doblez *f*
Dorf [dɔrf, *pl:* 'dœrfɐ] *nt* <-(e)s, Dörfer> pueblo *m,* aldea *f;* **das olympische ~** la ciudad olímpica; **auf dem ~ wohnen** vivir en el pueblo; **vom ~ kommen** ser de pueblo
Dorfbewohner(in) *m(f)* aldeano, -a *m, f,* pueblerino, -a *m, f*
Dorfjugend *f* <-, *ohne pl*> juventud *f* rural [*o* lugareña]
dörflich *adj* ① *(des Dorfes)* del pueblo ② *(ländlich)* rural; **sie wuchs in einem ~en Milieu auf** creció en un entorno rural
Dorfplatz *m* <-es, -plätze> plaza *f* del pueblo
Dorfschaft *f* <-en> *(Schweiz)* aldea *f,* pueblo *m*
Dorftrottel *m* tonto, -a *m, f* del pueblo
Dorn[1] [dɔrn] *m* <-(e)s, -en> (BOT) espina *f;* **er war dem Chef schon lange ein ~ im Auge** *(fig)* hace tiempo que el jefe se sentía disgustado por él
Dorn[2] *m* <-(e)s, -e> (TECH: *Metallstift*) espiga *m; (Werkzeug)* mandril *m; (zum Lochen)* punzón *m*
Dornbusch *m* zarzal *m*
Dornenhecke *f* <-, -n> zarza *f,* seto *m* espinoso
Dornenkrone *f* corona *f* de espinas
dornig *adj* espinoso
Dornröschen [dɔrn'rø:sçən] *nt* <-s, *ohne pl*> la Bella Durmiente *f*
dörren ['dœrən] *vt* secar
Dörrfleisch *nt ohne pl* tocino *m* entreverado
Dörrobst *nt* (GASTR) frutos *mpl* secos
dorsal [dɔr'za:l] *adj* (MED, LING) dorsal
Dorsch [dɔrʃ] *m* <-(e)s, -e> (ZOOL) abadejo *m*
dort [dɔrt] *adv* allí, allá; **der Mann ~** el hombre allá; **~ oben/hinten** allí arriba/atrás; **ich komme gerade von ~** justamente vengo de allí
dorther ['-'-] *adv* de allí; **von ~** de allí
dorthin ['-'-] *adv* hasta allí, hacia ahí
dorthinaus ['--'-] *adv* por allí; **bis ~** *(fam)* hasta el no va más
dorthinein ['--'-] *adv* allí dentro
dortige(r, s) *adj* de allí
Dose ['do:zə] *f* <-n> ① *(mit Keksen)* caja *f; (Bier)* bote *m; (Konservendose)* lata *f* ② *(Steckdose)* enchufe *m*
Dosen *pl von* **Dosis**
dösen ['dø:zən] *vi (fam)* dormitar
Dosenbier *nt* cerveza *f* en lata
Dosenfisch *m* pescado *m* en lata
Dosenmilch *f* leche *f* condensada
Dosenöffner *m* abrelatas *m inv*
Dosensuppe *f* <-, -n> (GASTR) sopa *f* de lata [*o* enlatada]
dosieren* [do'zi:rən] *vt* dosificar
Dosierkapsel *f* cápsula *f*
Dosierung[1] *f ohne pl (das Dosieren)* dosificación *f*
Dosierung[2] *f* <-en> *(Dosis)* dosis *f inv*
Dosis ['do:zɪs, *pl:* 'do:zən] *f* <Dosen> dosis *f inv*
Dossier [dɔ'sje:] *nt* <-s, -s> expediente *m*
Dotation [dota'tsjo:n] *f* <-, -en> *(geh)* dotación *f,* donación *f*
Dotcom-Unternehmen ['dɔtkɔm-] *nt* (INFOR: *sl)* empresa *f* puntocom
dotieren* [do'ti:rən] *vt* dotar (**mit** con/de); **gut dotiert** *(Stellung)* bien remunerado
Dotter ['dɔtɐ] *m o nt* <-s, -> yema *f*
doubeln ['du:bəln] *vi, vt* (FILM) hacer de doble (en un filme)

Double ['du:b(ə)l] *nt* <-s, -s> (FILM) doble *m*

Doughnut ['doʊnat] *m* <-s, -s> (GASTR) donut *m*

Download ['daʊnlɔʊt] *nt* <-(s), -s> (INFOR) carga *f* descendente [*o* por teleproceso], download *m (trasferencia de un ordenador a otro)*

downloadbar *adj* (INFOR) descargable

downloaden ['daʊnlɔʊdən] *vt* (INFOR) descargar, bajar

Downsyndrom ['daʊnzʏndro:m] *nt ohne pl* (MED) síndrome *m* de Down

Dozent(in) [do'tsɛnt] *m(f)* <-en, -en; -nen> profesor(a) *m(f)* universitario, -a

dozieren* [do'tsi:rən] *vi* dar clases (magistrales) (**über** sobre)

dpa [de:pe:'ʔa:] *f Abk. von* **Deutsche Presse-Agentur** Agencia *f* de Prensa Alemana

Dr. *mf* <Dres.> *Abk. von* **Doktor** doctor(a) *m(f)*; **Herr/Frau ~ Müller** doctor/doctora Müller

Drache ['draxə] *m* <-n, -n> dragón *m*

Drachen *m* <-s, -> ① *(aus Papier)* cometa *f*, volantín *m Am;* **~ steigen lassen** echar (a volar) cometas ② *(fam abw: zänkische Frau)* furia *f*

Drachenfliegen *nt ohne pl* (SPORT) vuelo *m* en ala delta

Drachenflieger(in) *m(f)* (SPORT) deportista *mf* de ala delta

Dragee [dra'ʒe:] *nt* <-s, -s>, **Dragée** *nt* <-s, -s> (MED) gragea *f*

Draht [dra:t, *pl:* 'drɛ:tə] *m* <-(e)s, Drähte> alambre *m*, hilo *m* metálico; **einen ~ zu jdm haben** *(fam)* simpatizar con alguien; **auf ~ sein** *(fam)* estar en buena forma

Drahtbürste *f* cepillo *m* de púas de metal

Drahtgitter *nt* alambrado *m*

drahtig *adj (Figur)* vigoroso

drahtlos *adj* inalámbrico

Drahtseil *nt* cable *m* metálico

Drahtseilakt *m* <-(e)s, -e> ① *(Zirkus)* número *m* en la cuerda floja ② *(fig: gewagtes Unterfangen)* empresa *f* peligrosa

Drahtseilbahn *f* teleférico *m*

Drahtzieher(in) *m(f)* <-s, -; -nen> instigador(a) *m(f)*

Drainage [drɛ'na:ʒə] *f* <-, -n> (MED, TECH) drenaje *m*

drakonisch [dra'ko:nɪʃ] *adj* draconiano

drall [dral] *adj (Person)* robusto; *(Körperteil)* regordete

Drall *m* <-(e)s, *ohne pl*> (PHYS) rotación *f* sobre el propio eje; **einen ~ nach rechts haben** desviarse a la derecha

Drama ['dra:ma, *pl:* 'dra:mən] *nt* <-s, Dramen> tragedia *f*, drama *m*

Dramatik [dra'ma:tɪk] *f* <-, *ohne pl*> ① (LIT) poesía *f* dramática ② *(Spannung)* dramatismo *m*

Dramatiker(in) [dra'ma:tikɐ] *m(f)* <-s, -; -nen> autor(a) *m(f)* dramático, -a

dramatisch *adj* (*a.* THEAT, LIT) dramático

dramatisieren* *vt* ① *(Roman)* adaptar a la escena ② *(aufbauschen)* dramatizar

Dramatisierung *f* <-, -en> dramatización *f*

Dramaturg(in) [drama'tʊrk] *m(f)* <-en, -en; -nen> (*a.* THEAT) asesor(a) *m(f)* artístico, -a

Dramaturgie [dramatʊr'gi:] *f* <-n> (*a.* THEAT) dramaturgia *f*, dramática *f*

Dramaturgin *f* <-nen> *s.* **Dramaturg**

dramaturgisch [drama'tʊrgɪʃ] *adj* dramatúrgico

Dramen *pl von* **Drama**

dran [dran] *adv (fam)* **du bist ~** es tu turno; **jetzt ist er ~** ahora le toca a él; **sind Sie noch ~?** *(Telefon)* ¿todavía está en la línea?; **er ist schlecht/gut ~** le va mal/bien; **früh/spät ~ sein** tener/no tener tiempo; **ich bin spät ~** ya no tengo tiempo; **da ist was ~** hay algo de verdad en ello; **an dem Radio ist alles ~, was man braucht** la radio tiene todo lo que se necesita; *s. a.* **daran**

Dränage [drɛ'na:ʒə] *f* <-, -n> (MED, TECH) drenaje *m*

dran|bleiben *irr vi sein (fam)* ① *(verfolgen)* no soltar (**an**), seguir la pista (**an** de) ② *(Telefon)* no colgar (**an**)

drang [draŋ] *3. imp von* **dringen**

Drang [draŋ] *m* <-(e)s, *ohne pl*> ① *(Trieb)* impulso *m*; *(Sehnsucht)* ansia *f* (**nach/zu** de); **aus innerem ~** por un impulso instintivo; **einen plötzlichen ~ nach etw verspüren** desear algo ardientemente ② *(Zwang)* apremio *m*

dran|gehen *irr vi sein (fam: in Angriff nehmen)* emprender (**an**)

Drängelei [drɛŋə'laɪ] *f* <-en> *(abw)* ① *(Schubsen)* apretujones *mpl* ② *(Bettelei)* ruegos *mpl* continuos y molestos

drängeln ['drɛŋəln] *vi, vt (fam)* ① *(schieben)* empujar; **nur nicht ~!** ¡no empujen! ② *(betteln)* apremiar

drängen ['drɛŋən] **I.** *vi* ① *(eilen)* urgir, correr prisa; **es drängt nicht** no corre prisa ② *(schieben)* empujar ③ *(fordern)* insistir (**auf** en); **er drängt zur Eile** mete prisa **II.** *vt* ① *(schieben)* empujar; *(durch die Menge)* abrirse paso ② *(antreiben)* apremiar (**zu** para que +*subj*) **III.** *vr:* **sich ~** apiñarse

Drängen *nt* <-s, *ohne pl*> apremio *m;* **auf jds ~** (**hin**) a ruegos de alguien
drängend *adj* ❶ *(Fragen, Probleme)* inaplazable, perentorio ❷ *(Tonfall, Stimme)* insistente
drangsalieren* [draŋza'liːrən] *vt (abw)* torturar
dran|halten *irr* **I.** *vt (fam: zum Vergleich)* acercar (para comparar) **II.** *vr:* **sich ~** *(sich beeilen)* apurarse, apresurarse
dran|hängen *irr* **I.** *vt (fam: an etw befestigen)* colgar (**an** en); *(verlängern)* prolongar (por); **wir können an unseren Urlaub noch eine Woche ~** podemos prolongar nuestras vacaciones por una semana **II.** *vi (fam: an etw hängen)* tener cariño [*o* apego] (**an** a) **III.** *vr:* **sich ~** *(fam: verfolgen)* perseguir (**an**)
dran|kommen *irr vi sein (fam)* ❶ *(an die Reihe kommen)* tocar; **du kommst als Nächste dran** ahora te toca a ti ❷ (SCH: *aufgerufen werden*) ser llamado para decir la lección ❸ *(abgefragt werden)* tocar; **welches Thema kommt denn dran?** ¿qué tema toca hoy? ❹ *(erreichen)* alcanzar
dran|kriegen *vt (fam)* **jdn** (**schön**) **~** *(zu einer Leistung)* no dejar que alguien escurra el bulto; *(reinlegen)* jugársela a alguien
dran|lassen *irr vt (fam)* dejar puesto (**an** en)
dran|nehmen *irr vt (fam: Schüler)* preguntar; *(Kunden, Patienten)* atender
dran|setzen *vt* ❶ *(einsetzen)* arriesgar; **ich werde alles ~ um ...** haré todo lo posible para... ❷ *(beschäftigen)* ocupar; **da kann ich den Lehrling ~** esto se lo dejo hacer al aprendiz
drastisch ['drastɪʃ] *adj* drástico
drauf ['draʊf] *adv (fam)* **gut/schlecht ~ sein** estar de buenas/de mala leche; **wie ist der denn ~?** ¿a este qué mosca le picó?; **~ und dran sein, zu ...** estar a punto de...
drauf|bekommen* *irr vt (fam)* ❶ *(auf etw bekommen)* conseguir poner (**auf** a) ❷ *(Wend)* **eins ~** *(einen Klaps bekommen)* recibir un cachete; *(ausgeschimpft werden)* recibir una reprimenda
Draufgänger(in) ['draʊfgɛŋɐ] *m(f)* <-s, -; -nen> atrevido, -a *m, f*
draufgängerisch ['draʊfgɛŋərɪʃ] *adj* arrojado
drauf|gehen *irr vi sein (fam)* ❶ *(sterben)* palmarla ❷ *(Geld)* volar ❸ *(Sache)* romperse
drauf|haben *irr vt (fam)* **etw ~** tener idea (de algo)
drauf|hauen *irr vi (fam)* dar porrazos (**auf** a); **einen ~** juerguearse
drauf|kommen *irr vi sein (sich einfallen lassen)* **ich komme nicht drauf!** ¡no se me ocurre!
drauf|kriegen *vi (fam)* **eins ~** caerle a alguien una bronca
drauf|lassen *irr vt (fam)* dejar puesto (**auf** en)
drauf|legen *vt (fam)* ❶ *(Betrag)* añadir (**auf** a) ❷ *(hinlegen)* poner encima (**auf** de)
drauflos [-'-] *adv* sin darle más vueltas
drauflos|arbeiten *vi (fam)* ponerse a trabajar sin plan previo
drauflos|gehen *irr vi sein (fam)* echar a andar sin rumbo fijo
drauflos|reden *vi (fam: unüberlegt)* hablar sin pensar; *(ohne Scheu)* hablar sin cortarse
drauflos|schlagen *irr vi (fam)* liarse a golpes
drauf|machen *vt (fam)* **einen ~** correrse una juerga
draufsatteln *vt* (POL: *sl*) añadir; *(Geld)* dar [*o* conceder] adicionalmente; *(Bemerkung)* soltar (a bocajarro)
Draufsicht *f* <-en> vista *f* de arriba; *(Zeichnung)* proyección *f* horizontal
drauf|stehen *irr vi (fam)* ❶ *(auf etw stehen)* estar (puesto) encima (**auf** de); *(Mensch, Tier)* estar (subido) encima (**auf** de); **aua, du stehst genau auf meinem Fuß drauf!** ¡ay, me estás pisando el pie! ❷ *(geschrieben stehen)* estar puesto (**auf** en); **was steht auf dem Zettel drauf?** ¿qué pone en la nota?
drauf|stoßen *irr* **I.** *vi sein (fam)* llegar directamente (**auf** a), darse de narices (**auf** con) **II.** *vt haben (fam)* **jdn auf etw ~** servir algo en bandeja (de plata) a alguien
drauf|zahlen **I.** *vi (fam)* pagar más **II.** *vt (fam)* añadir
draus [draʊs] *adv (fam) s.* **daraus**
draußen ['draʊsən] *adv* ❶ *(außerhalb)* fuera; *(im Freien)* al aire libre; **nach ~** hacia fuera; **von ~** de fuera ❷ *(weit entfernt)* lejos (de aquí); **~ auf dem Lande** allá en el campo
drechseln ['drɛksəln] *vi, vt* tornear
Drechsler(in) ['drɛkslɐ] *m(f)* <-s, -; -nen> tornero, -a *m, f*
Dreck [drɛk] *m* <-(e)s, *ohne pl*> ❶ *(fam: Schmutz)* suciedad *f; (Schlamm)* lodo *m; (Abfall)* basura *f;* **jdn wie den letzten ~ behandeln** *(fam)* tratar a alguien como a un perro, basurear a alguien *Arg, Urug;* **er hat ~ am Stecken** *(fig)* tiene las manos sucias; **jdn in den ~ ziehen** *(fam fig)* poner verde a alguien ❷ *(abw fam: Kleinigkeit)*

D

asuntillo *m;* **sich einen ~ um etw kümmern** importarle algo a alguien un comino; **die Nase in jeden ~ stecken** meter las narices en todas partes; **das geht dich einen ~ an** eso no te importa para nada

Dreckarbeit *f (abw) s.* **Drecksarbeit**

dreckig *adj (fam)* ❶ *(schmutzig)* sucio, pichoso *Ven;* **sich ~ machen** ensuciarse ❷ *(unanständig)* obsceno ❸ *(Wend)* **es geht mir ~** estoy fatal

Drecksack *m (fam abw)* tipo *m* asqueroso

Drecksarbeit *f (abw: die dreckig macht)* trabajo *m* sucio; *(die verabscheut wird)* trabajo *m* asqueroso

Drecksau *f (vulg)* cerdo, -a *m, f*

Dreckschleuder *f* <-, -n> *(abw fam: Umweltverschmutzer)* persona *f* (o cosa) contaminadora [*o* contaminante]

Dreckschwein *nt* <-s, -e> *(vulg)* cerdo, -a *m, f*

Dreckspatz *m (fam a. abw)* marrano, -a *m, f*

Dreh [dreː] *m* <-(e)s, -s *o* -e> *(fam)* truco *m;* **den ~ heraushaben** conocer el truco

Dreharbeiten *fpl* (FILM) rodaje *m*

Drehbank *f* torno *m*

drehbar *adj* giratorio

Drehbewegung *f* movimiento *m* rotatorio; **eine ~ machen** hacer un movimiento giratorio

Drehbuch *nt* guion *m*

Drehbuchautor(in) *m(f)* guionista *mf*

Drehbühne *f* tarima *f* giratoria; (THEAT) escenario *m* giratorio

drehen ['dreːən] **I.** *vt* ❶ *(um die Achse)* girar; *(Schraube)* enroscar; **den Kopf ~** volver la cabeza; **das Radio leiser ~** *(fam)* bajar la radio; **wie man es auch dreht und wendet** por más vueltas que se le dé ❷ *(Strick)* torcer; *(Faden)* hilar; *(Pillen)* fabricar; *(Zigarette)* liar ❸ (FILM) rodar ❹ *(fam abw: aussehen lassen)* influir (en); **vielleicht können wir die Sache so ~, dass ...** tal vez podamos influir en el asunto de manera que... *+subj* **II.** *vi* ❶ *(Wind)* cambiar; *(Schiff)* virar; *(Auto)* dar la vuelta ❷ *(am Schalter, Steuerrad)* girar (**an**) **III.** *vr:* **sich ~** ❶ *(rotieren)* girar, dar vueltas; **mir dreht sich alles im Kopf** la cabeza me da vueltas; **er drehte sich auf den Rücken** se puso boca arriba ❷ *(betreffen)* girar (**um** en torno a)

Dreher(in) *m(f)* <-s, -; -nen> tornero, -a *m, f*

Drehkran *m* <-(e)s, -e *o* -kräne> grúa *f* giratoria

Drehkreuz *nt* torniquete *m*

Drehleiter *f* <-, -n> escalera *f* giratoria

Drehmoment *nt* <-(e)s, -e> (PHYS, AUTO) momento *m* de giro

Drehorgel *f* organillo *m*

Drehort *m* (FILM) lugar *m* de rodaje

Drehpause *f* <-, -n> (FILM) pausa *f* en el rodaje, descanso *m* del rodaje

Drehpunkt *m* centro *m* de rotación

Drehscheibe *f* ❶ (EISENB) placa *f* giratoria ❷ *(des Töpfers)* torno *m*

Drehstrom *m* (ELEK) corriente *f* trifásica

Drehstuhl *m* silla *f* giratoria

Drehtür *f* puerta *f* giratoria

Drehung *f* <-en> giro *m; (Umdrehung)* vuelta *f; (um die Achse)* rotación *f;* **eine ~ um 180 Grad** un giro de 180 grados

Drehwurm *m* **einen ~ kriegen** marearse

Drehzahl *f* número *m* de revoluciones

Drehzahlmesser *m* cuentarrevoluciones *m inv*

drei [draɪ] *adj inv* tres; **~ Viertel** tres cuartos; **es ist ~ viertel zwei** *(südd)* son las dos menos cuarto; **er tut so, als könne er nicht bis ~ zählen** *(fam)* hace como si ni supiera contar hasta diez; **aller guten Dinge sind ~** *(prov)* a la tercera va la vencida; *s. a.* **acht**[1]

Drei *f* <-en> tres *m; (Schulnote)* bien *m*

dreidimensional ['draɪdimɛnzjonaːl] *adj* tridimensional

Dreieck ['draɪʔɛk] *nt* <-(e)s, -e> triángulo *m*

dreieckig *adj* triangular

Dreiecksbeziehung *f* triángulo *m* amoroso

Dreiecksverhältnis *nt* ménage *m* à trois

dreieinhalb [draɪʔaɪn'halp] *adj inv* tres y medio

dreierlei ['draɪɐ'laɪ] *adj inv* de tres clases diferentes, tres clases (diferentes) de; *s. a.* **achterlei**

dreifach ['draɪfax] **I.** *adj* triple; **in ~er Ausfertigung** por triplicado **II.** *adv* tres veces; *s. a.* **achtfach**

Dreifaltigkeit [draɪ'faltɪçkaɪt] *f ohne pl* (REL) Trinidad *f*

Dreifuß *m (Schemel, Gestell)* trípode *m; (Gerät zum Kochen)* trébede *f*

Dreigestirn *nt* <-(e)s, -e> (ASTR) tres astros *mpl; (Dreiergruppe)* trinca *f*

dreihundert ['-'--] *adj inv* trescientos; *s. a.* **achthundert**

dreijährig *adj* trienal

Dreikampf *m* (SPORT) triatlón *m*

Dreikäsehoch [-'---] *m* <-s, -s> *(fam)* taponcito *m*

Dreiklang *m* <-(e)s, -klänge> (MUS) trítono *m*

Dreikönige [-'---] *pl* **nach ~** después de Reyes

Dreikönigsfest *nt* (REL) festividad *f* de los Reyes Magos, día *m* de Reyes *fam*
Dreikönigstag *m* (REL) día *m* de Reyes; **in Spanien bekommen die Kinder am ~ Geschenke** en España los niños reciben regalos el día de Reyes
Dreiländereck [-ˈ---] *nt ohne pl* punto *m* de encuentro de las fronteras de tres países
dreimal *adv* tres veces; **~ darfst du raten** *(fam)* ¿por qué preguntas si ya lo sabes?; *s. a.* **achtmal**
drein|blicken *vi* **finster ~** poner mala cara
drein|reden *vi (fam)* meterse (**in** en); **jdm während einer Rede ~** meterse [*o* meter baza] en el discurso de alguien
drein|schauen *vi s.* **dreinblicken**
Dreiphasenstrom [-ˈ---] *m ohne pl* (ELEK) corriente *f* trifásica
Dreirad *nt* ① *(für Kinder)* triciclo *m* ② *(Lieferwagen)* camioneta *f* de tres ruedas
Dreisatz *m* (MATH) regla *f* de tres
Dreisprung *m* <-(e)s, -sprünge> (SPORT) triple salto *m*
dreispurig *adj* de tres carriles
dreißig [ˈdraɪsɪç] *adj inv* treinta; *s. a.* **achtzig**
dreißiger *adj inv* ① *(1930 bis 1939)* de los treinta ② *(von 1930)* del (año) treinta; *s. a.* **achtziger**
Dreißiger *m* <-s, -> ① *(Wein)* vino *m* (de la cosecha) del treinta ② *(Wend)* **in den ~n sein** andar por los treinta y tantos
Dreißigerjahre *ntpl* **die ~** los (años) treinta
dreißigjährig [ˈdraɪsɪçjɛːrɪç] *adj* de treinta años; **der D~e Krieg** la Guerra de los Treinta Años
Dreißigjährige(r) *mf* treintañero, -a *m, f*
dreißigste(r, s) *adj* trigésimo; *s. a.* **achtzigste(r, s)**
Dreißigstel *nt* <-s, -> treintavo *m*; *s. a.* **Achtel**
dreist [draɪst] *adj (unverschämt)* descarado; *(frech)* fresco
dreistellig *adj* de tres cifras
Dreistigkeit [ˈdraɪstɪçkaɪt] *f* <-en> impertinencia *f*, insolencia *f*
dreistufig *adj* de tres etapas
Dreitagebart [-ˈ---] *m* <-(e)s, -bärte> barba *f* de tres días
dreitägig *adj* de tres días (de duración); **an einer ~en Exkursion teilnehmen** participar en una excursión de tres días
dreitausend [-ˈ--] *adj inv* tres mil; *s. a.* **achttausend**
dreiteilig *adj (Service)* de tres piezas; *(Fernsehserie)* de tres capítulos
dreiundzwanzig *adj inv* veintitrés
dreiviertellang *adj (Rock, Hose)* de tres cuartos
Dreiviertelstunde [ˈdraɪvɪrtəlˈʃtʊndə] *f* tres cuartos *mpl* de hora; **in einer ~** en tres cuartos de hora
Dreivierteltakt [-ˈ---] *m ohne pl* (MUS) compás *m* de tres por cuatro
Dreizack [ˈdraɪtsak] *m* <-(e)s, -e> *(Stab mit drei Zinken)* tridente *m*
dreizehn [ˈ--] *adj inv* trece; **jetzt schlägt's aber ~** *(fam)* esto es el colmo; *s. a.* **acht**[1]
dreizehnte(r, s) *adj* decimotercero; *s. a.* **achte(r, s)**
Dreizimmerwohnung [-ˈ----] *f* piso *m* de tres habitaciones
dreschen <drischt, drosch, gedroschen> *vt* ① *(Getreide)* trillar; **Phrasen ~** *(fam)* hablar con clichés ② *(verprügeln)* zurrar
Dreschmaschine *f* (AGR) trilladora *f*
Dresden [ˈdreːsdən] *nt* <-s> Dresde *m*
dressieren* [drɛˈsiːrən] *vt (Tier)* adiestrar
Dressing *nt* <-s, -s> (GASTR) aliño *m*
Dressur [drɛˈsuːɐ] *f* <-en> adiestramiento *m*
Dressurreiten *nt ohne pl* hipismo *m* de adiestramiento
dribbeln [ˈdrɪbəln] *vi* (SPORT) driblar
Dribbling [ˈdrɪblɪŋ] *nt* <-s, -s> (SPORT) regate *m*, dribling *m*
driften [ˈdrɪftən] *vi sein* (*a.* NAUT) derivar (**nach** hacia)
Drill [drɪl] *m* <-(e)s, *ohne pl*> (MIL) entrenamiento *m*
drillen [ˈdrɪlən] *vt* ① (TECH) taladrar ② (MIL) instruir (**auf** en)
Drilling [ˈdrɪlɪŋ] *m* <-s, -e> *(Kind)* trillizo *m*
drin [drɪn] *adv (fam)* dentro; **es ist noch alles ~** *(fig)* todavía todo está dentro de lo posible; **das ist nicht ~** *(fig)* esto no está previsto; *s. a.* **darin**
dringen [ˈdrɪŋən] <dringt, drang, gedrungen> *vi* ① *sein* **durch etw ~** atravesar algo; **in etw ~** penetrar en algo; **aus etw ~** *(Flüssigkeit, Gas)* salir de algo; *(Geräusch)* venir de algo; **in jdn ~** asediar a alguien; **bis zu etw ~** penetrar hasta algo; **an die Öffentlichkeit ~** trascender al público ② *(verlangen)* **auf etw ~** insistir en algo
dringend *adj* ① *(eilig)* urgente ② *(nachdrücklich)* enérgico; **~ davon abraten, etw zu tun** desaconsejar seriamente de hacer algo; **~ verdächtig** altamente sospechoso
dringlich *adj* urgente
Dringlichkeit *f* <-en> urgencia *f*
drin|hängen *irr vi (fam)* **mit ~** *(ebenfalls*

beteiligt sein) estar alguien (metido) en el ajo

Drink [drɪnk] *m* <-s, -s> trago *m*

drinnen ['drɪnən] *adv* dentro; **~ und draußen** dentro y fuera; **ich gehe nach ~** voy adentro

drin|stecken *vi (fam)* ① *(beschäftigt sein)* estar (muy) metido (**in** en) ② *(investiert sein)* costar; **da steckt eine Menge Arbeit drin** ha costado mucho trabajo ③ *(verwickelt sein)* estar metido (**in** en)

drin|stehen *irr vi Österr, Schweiz, südd: sein (fam: in Raum)* estar (**in** en); *(in Buch)* poner (**in** en), decir (**in** en)

drischt [drɪʃt] *3. präs von* **dreschen**

dritt [drɪt] *adv* **zu ~** los tres

dritte(r, s) *adj* tercero; **D~ Welt** tercer mundo; *s. a.* **achte(r, s)**

Dritte(r) *mf* <-n, -n; -n, -n> tercero, -a *m, f;* **zugunsten eines ~n** a favor de un tercero

drittel *adj inv* tercio; *s. a.* **achtel**

Drittel ['drɪtəl] *nt* <-s, -> tercio *m,* tercera parte *f; s. a.* **Achtel**

dritteln *vt* dividir en tres partes

drittens ['drɪtəns] *adv* en tercer lugar; *(bei Aufzählung)* tercero; *s. a.* **achtens**

Dritte-Welt-Laden *m negocio que vende productos de los países del tercer mundo*

Dritte-Welt-Land ['--'--] *nt* país *m* tercermundista

drittklassig *adj (abw)* malo; *(Beschaffenheit)* de mala calidad

Drittländer *ntpl* (EU) países *mpl* terceros

Drittstaaten *mpl* (EU) países *mpl* terceros

DRK [de:ʔɛr'ka:] *nt* <-> *Abk. von* **Deutsches Rotes Kreuz** Cruz *f* Roja Alemana

droben ['dro:bən] *adv (geh)* arriba; **da ~** ahí arriba

Droge ['dro:gə] *f* <-n> droga *f,* pichicata *f Arg;* **synthetische ~** droga sintética; **~n nehmen** tomar drogas, drogarse

dröge ['drø:gə] *adj (nordd: trocken)* seco, poco jugoso; *(langweilig)* monótono

drogenabhängig *adj* drogadicto

Drogenabhängige(r) *mf* drogadicto, -a *m, f*

Drogenabhängigkeit *f ohne pl* drogadicción *f*

Drogenbekämpfung *f* lucha *f* contra la droga

Drogenfahnder(in) *m(f)* <-s, -; -, -nen> policía *mf* de narcóticos

Drogenhandel *m* narcotráfico *m*

Drogenkonsum *m* consumo *m* de drogas

Drogenmissbrauch *m* abuso *m* de drogas

Drogensucht *f s.* **Drogenabhängigkeit**

drogensüchtig *adj s.* **drogenabhängig**

Drogensüchtige(r) *mf s.* **Drogenabhängige(r)**

Drogenszene *f* ambiente *m* de las drogas

Drogentote(r) *mf* víctima *f* de drogas

Drogerie [drogə'ri:] *f* <-n> droguería *f*

Drogist(in) *m(f)* <-en, -en; -nen> droguero, -a *m, f*

Drohbrief *m* carta *f* conminatoria

drohen ['dro:ən] *vi* ① *(einschüchtern)* amenazar; **sie drohte ihm mit der Polizei** le amenazaba con llamar a la policía ② *(bevorstehen)* amenazar, ser inminente; **ihm droht Gefängnis** la condena es inminente ③ *(zu befürchten sein)* **er drohte einzuschlafen** era de temer que se durmiera

drohend *adj* ① *(Gebärde)* amenazador ② *(Gefahr)* inminente

Drohmittel *nt* medio *m* de coacción

Drohne ['dro:nə] *f* <-n> (ZOOL) zángano *m*

dröhnen ['drø:nən] *vi (Geräusch)* retumbar; *(Schritte)* resonar; *(Ohren)* zumbar; **mir dröhnt der Kopf** tengo la cabeza como un bombo

Drohung ['dro:ʊŋ] *f* <-en> amenaza *f*

drollig ['drɔlɪç] *adj* ① *(Geschichte)* gracioso ② *(Kind)* salado

Dromedar ['dro:meda:ɐ, drome'da:ɐ] *nt* <-s, -e> (ZOOL) dromedario *m*

Drops [drɔps] *m* <-, -> caramelo *m* ácido

drosch [drɔʃ] *3. imp von* **dreschen**

Drossel ['drɔsəl] *f* <-n> (ZOOL) tordo *m*

drosseln ['drɔsəln] *vt* bajar; *(Tempo)* moderar; *(Inflation)* frenar; *(Ausgaben)* reducir

Drosselung *f* <-, -en> ① (WIRTSCH) disminución *f;* **die Regierung erwägt eine ~ der Importe** el gobierno sopesa una reducción de las importaciones ② (TECH) estrangulación *f*

drüben ['dry:bən] *adv* al otro lado, enfrente; **hier/da ~** aquí/allá enfrente

drüber ['dry:bɐ] *adv (fam) s.* **darüber**

Druck[1] [drʊk] *m* <-(e)s, *ohne pl*> ① *(das Drücken)* presión *f; (Beklemmung)* opresión *m;* **durch einen ~ auf den Knopf** pulsando el botón ② *(Zwang)* estrés *m;* **~ hinter etw machen** meter prisa a un asunto; **unter ~ stehen** estar en pleno estrés; **jdn unter ~ setzen** presionar a alguien ③ *(das Drucken)* impresión *f;* **in ~ gehen** ser imprimido

Druck[2] *m* <-(e)s, Drücke> ① (PHYS) presión *f* ② *(sl: Schuss Rauschgift)* pinchazo *m*

Druck[3] *m* <-(e)s, -e> (KUNST) grabado *m*

Druckabfall *m ohne pl* (PHYS) descenso *m* de presión

Druckausgleich *m ohne pl* (PHYS) compensación *f* de presión
Druckbehälter *m* recipiente *m* a presión
Druckbleistift *m* portaminas *m inv*
Druckbuchstabe *m* letra *f* de imprenta
Drückeberger(in) ['drʏkəbɛrgɐ] *m(f)* <-s, -; -nen> *(fam abw)* gandul(a) *m(f)*
druckempfindlich *adj* sensible a la presión
drucken ['drʊkən] *vt* (TYPO) imprimir (**auf** en); **klein gedruckt** impreso en letras pequeñas; **das klein Gedruckte** la letra pequeña
drücken ['drʏkən] **I.** *vt* ❶ *(pressen)* apretar, trincar *Am; (Schalter)* pulsar; **jdm die Hand ~** estrecharle la mano a alguien; **jdm etw in die Hand ~** dar algo a alguien ❷ *(wegschieben)* empujar, apartar; **er drückte sie zur Seite** la empujó a un lado; **„~"** *(an einer Tür)* "empujar" ❸ *(Kleidung)* apretar ❹ *(umarmen)* apretar entre los brazos ❺ *(Preise)* bajar **II.** *vi (Kleidung, Last)* apretar; *(Hitze)* pesar; **das trübe Wetter drückt auf die Stimmung** el tiempo nubloso agobia **III.** *vr:* **sich ~** *(fam)* escaquearse (**vor** de); **sie hat sich vor der** [*o* **um die**] **Arbeit gedrückt** se ha escaqueado del trabajo
drückend *adj (Sorgen, Last)* abrumador; *(Wetter)* bochornoso; *(Hitze)* agobiante
Drucker[1] *m* <-s, -> (INFOR) impresora *f*
Drucker(in)[2] *m(f)* <-s, -; -nen> impresor(a) *m(f); (Buchdrucker)* tipógrafo, -a *m, f*
Drücker *m* <-s, -> ❶ *(Klinke)* picaporte *m* ❷ *(Türdrücker)* portero *m* automático ❸ *(am Gewehr)* gatillo *m;* **am ~ sitzen** *(fam)* tener la decisión en la propia mano; **auf den letzten ~** *(fam)* en el último momento
Druckerei *f* <-en> imprenta *f; (für Bücher)* tipografía *f*
Druckerin *f* <-nen> *s.* **Drucker[2]**
Druckerlaubnis *f* permiso *m* de impresión
Druckerschwärze ['drʊkɐʃvɛrtsə] *f* (TYPO) tinta *f* de imprenta
Druckertreiber *m* <-s, -> (INFOR) controlador *m* de impresora
Druckfahne *f* <-, -n> (TYPO) galerada *f*
Druckfarbe *f* (TYPO) tinta *f* de impresión
Druckfehler *m* (TYPO) errata *f*
druckfertig *adj* listo para imprimir
druckfrisch *adj* (TYPO) recién impreso
Druckkabine *f* <-, -n> (AERO) cabina *f* presurizada
Druckknopf *m* (TECH) botón *m* pulsador
Drucklegung *f* <-, -en> impresión *f*
Druckluft *f ohne pl* (PHYS) aire *m* presión
Druckluftflasche *f* botella *f* de aire comprimido
Druckmesser *m* (PHYS) manómetro *m*
Druckmittel *nt (Maßnahme)* medida *f* de presión
Druckplatte *f* (TYPO) plancha *f*
druckreif *adj* listo para la imprenta
Drucksache *f* (*a.* TYPO) impreso *m*
Druckschrift *f* (TYPO) letra *f* de imprenta
drucksen ['drʊksən] *vi (fam)* titubear, hacerse el remolón
Druckstelle *f* huella *f* de presión
Drucktaste *f* pulsador *m*
Druckverband *m* (MED) vendaje *m* compresivo
Druckwelle *f* (PHYS) onda *f* expansiva; *(bei einer Explosion)* onda *f* explosiva
Druckwerk *nt* obra *f* impresa
Druide [dru'iːdə] *m* <-n, -n> (HIST) druida *m*
drum [drʊm] *adv (fam)* **sei's ~** sea; **mit allem D~ und Dran** con pelos y señales; *s. a.* **darum**
Drumherum [--'-] *nt* <-s, *ohne pl*> *(fam)* **das ganze ~** todo lo que hace parte
drunten ['drʊntən] *adv (südd, Österr)* abajo
drunter ['drʊntɐ] *adv (fam)* **es ging alles ~ und drüber** estaba todo revuelto; *s. a.* **darunter**
Drüse ['dryːzə] *f* <-n> glándula *f*
Dschibuti [dʒi'buːti] *nt* <-s> Yibuti *m*
Dschungel ['dʒʊŋəl] *m* <-s, -> jungla *f*
dt. *Abk. von* **deutsch** alemán
DTP [deːteː'peː] *nt* (INFOR) *Abk. von* **Desktoppublishing** tratamiento *m* de texto avanzado
dtsch. *Abk. von* **deutsch** al.
Dtzd. *Abk. von* **Dutzend** docena *f*
du [duː] *pron pers 2. sg* tú; **bist ~ es?** ¿eres tú?; **wenn ich ~ wäre** yo que tú
Du *nt* <-(s), -(s)> tú *m;* **jdm das ~ anbieten** ofrecerle el tuteo a alguien; **mit jdm per ~ sein** tutear a alguien
dual [du'aːl] *adj* binario, dual
Dualsystem *nt* (*a.* MATH) sistema *m* binario
Dübel ['dyːbəl] *m* <-s, -> taco *m*
dubios [du'bjoːs] *adj* dudoso
ducken ['dʊkən] **I.** *vt (abw: demütigen)* humillar **II.** *vr:* **sich ~** ❶ *(sich bücken)* agacharse; *(niederkauern)* agazaparse ❷ *(unterwürfig sein)* doblegarse
Duckmäuser ['dʊkmɔɪzɐ] *m* <-s, -> *(fam)* acoquinado, -a *m, f*
dudeln ['duːdəln] *vi (fam)* ❶ (RADIO) sonar ❷ *(musizieren)* tocar un instrumento
Dudelsack ['duːdəlzak] *m* gaita *f*
Duell [du'ɛl] *nt* <-s, -e> ❶ *(mit Waffen)* duelo *m;* **jdn zum ~ fordern** retar a alguien a duelo ❷ (SPORT) competición *f*
duellieren* *vr:* **sich ~** batirse en duelo
Duett [du'ɛt] *nt* <-(e)s, -e> (MUS) dueto *m*

D

Duft [dʊft, *pl:* 'dʏftə] *m* <-(e)s, Düfte> olor *m; (angenehm)* aroma *m; (unangenehm)* hedor *m*
dufte *adj (reg: fam)* guay
duften ['dʊftən] *vi* oler (**nach** a)
duftend *adj* oloroso; *(parfümiert)* perfumado
duftig *adj* vaporoso
Duftmarke *f* <-, -n> *(von Tieren)* marcación *f* del territorio con sustancias aromáticas
Duftnote *f* <-, -n> aroma *m*
Duftöl *nt* <-(e)s, -e> aceite *m* aromático
Duftstoff *m* sustancia *f* aromática
Duftwolke *f* <-, -en> *(iron: Parfüm)* nube *f* de perfume
dulden ['dʊldən] *vt* ❶ *(zulassen)* tolerar; *(Widerspruch)* admitir; **die Sache duldet keinen Aufschub** el asunto no admite prórroga ❷ *(geh: ertragen)* soportar
duldsam [dʊltza:m] *adj (nachsichtig)* indulgente (**gegen** con/para/para con); *(tolerant)* tolerante (**gegen** con)
Duldsamkeit *f* <-, *ohne pl*> ❶ *(Toleranz)* tolerancia *f; (Nachsichtigkeit)* indulgencia *f* ❷ *(Geduld)* paciencia *f*
dumm [dʊm] *adj* <dümmer, am dümmsten> ❶ *(einfältig)* tonto, estúpido, pendejo *Am,* aciguatado *Ant, Méx,* upa *Ecua, Perú;* **~es Zeug reden** decir disparates; **sich ~ anstellen** hacerse el tonto; **ein ~es Gesicht machen** *(fam)* poner cara de bobo; **das ist gar nicht so ~** no es ninguna tontería; **jdn für ~ verkaufen** *(fam)* tratar a alguien como un tonto ❷ *(unwissend)* ignorante ❸ *(unangenehm)* fastidioso; **jdm ~ kommen** *(fam)* fastidiar a alguien; **so etwas D~es!** ¡qué fastidio!
Dumme(r) *mf* <-n, -n; -n, -n> *(fam)* tonto, -a *m, f;* **einen ~n finden** encontrar un tonto; **der ~ sein** ser el tonto
dümmer ['dʏmɐ] *adj kompar von* **dumm**
dummerweise *adv* desafortunadamente
Dummheit[1] *f ohne pl (Mangel an Intelligenz)* estupidez *f; (Unwissenheit)* ignorancia *f*
Dummheit[2] *f* <-en> *(Handlung)* tontería *f,* estupidez *f,* pendejada *f Am*
Dummkopf *m (abw)* tonto, -a *m, f,* estúpido, -a *m, f,* merlo *m Am*
dümmlich ['dʏmlɪç] *adj* poco inteligente
dümmste(r, s) ['dʏmstə, -tɐ, -təs] *adj superl von* **dumm**
Dummy[1] ['dami] *m* <-s, -s *o* Dummies> *(Crashtest-Puppe)* muñeca *f* hinchable
Dummy[2] *m o nt* <-s, -s *o* Dummies> *(Werbeattrappe, Schaupackung)* muestra *f*
dümpeln ['dʏmpəln] *vi* (NAUT) cabecear
dumpf [dʊmpf] *adj* ❶ *(Geräusch)* sordo ❷ *(stumpfsinnig)* apático ❸ *(Ahnung)* vago; *(Schmerz)* sordo ❹ *(muffig)* enmohecido
Dumpfbacke *f (fam)* tonto, -a *m, f,* zonzo, -a *m, f Am*
Dumping ['dampɪŋ] *nt* <-s, *ohne pl*> (WIRTSCH) dumpin(g) *m,* competencia *f* desleal de precios
Dumpingpreis *m* (WIRTSCH) precio *m* de dumpin(g)
Düne ['dy:nə] *f* <-n> duna *f*
Dung [dʊŋ] *m* <-(e)s, *ohne pl*> estiércol *m*
Düngemittel *nt* abono *m; (künstlich)* fertilizante *m*
düngen ['dʏŋən] *vt* abonar, fertilizar
Dünger ['dʏŋɐ] *m* <-s, -> abono *m; (künstlich)* fertilizante *m*
Düngung *f* <-, -en> abono *m*
Dunk [daŋk] *m* <-s, -s> (SPORT: *Wurf beim Basketball*) mate *m*
dunkel ['dʊŋkəl] *adj* ❶ *(finster)* oscuro; **es wird ~** está oscureciendo; **im D~n** a oscuras; **im D~n tappen** andar a tientas ❷ *(Farbe)* oscuro ❸ *(Ton)* bajo; *(Stimme)* grave ❹ *(unbestimmt)* vago; **sich ~ an etw erinnern** acordarse vagamente de algo; **etw liegt noch im D~n** algo está por aclarar ❺ *(rätselhaft)* misterioso ❻ *(abw: zwielichtig)* oscuro; *(verdächtig)* sospechoso; **eine dunkle Vergangenheit haben** tener un pasado oscuro
Dunkel *nt* <-s, *ohne pl*> *(a. fig)* oscuridad *f*
dunkelblau *adj* azul oscuro
Dunkelblau *nt* azul *m* marino
dunkelblond *adj* rubio oscuro
dunkelgrün *adj* verde oscuro
dunkelhaarig *adj* moreno
dunkelhäutig ['dʊnkəlhɔɪtɪç] *adj* moreno
Dunkelheit *f ohne pl* oscuridad *f;* **bei Einbruch der ~** al anochecer
Dunkelkammer *f* (FOTO) laboratorio *m*
dunkelrot *adj* rojo oscuro
Dunkelziffer *f* cifra *f* negra
Dünkirchen ['dy:nkɪrçən] *nt* <-s> Dunkerque *m*
dünn [dʏn] *adj* ❶ *(Ast, Scheibe)* fino; **ein ~es Buch** un librito ❷ *(schlank)* delgado; *(mager)* flaco; **sie ist sehr ~ geworden** ha adelgazado mucho ❸ *(spärlich)* escaso; *(Haar)* ralo; **~ besiedelt** [*o* **bevölkert**] poco poblado; **Butter ~ auftragen** poner un poco de mantequilla ❹ *(fein, zart)* fino; *(Stimme)* débil ❺ *(Suppe)* aguado; *(Kaffee)* flojo
dünnbesiedelt, **dünnbevölkert** *adj s.* **dünn 3.**
Dünndarm *m* (ANAT) intestino *m* delgado

dünnflüssig *adj* (muy) fluido

dünnhäutig ['dʏnhɔɪtɪç] *adj (Haut)* de piel fina; *(Mensch)* sensible

dünn|machen *vr:* **sich ~** *(fam)* pirarse; **da kommen die Bullen, ich mach mich lieber dünn!** ¡ahí vienen los maderos, mejor será que me pire!

Dünnpfiff *m* <-(e)s, *ohne pl*> *(fam)* cagalera *f*

Dünnschiss *m* <-es, *ohne pl*> *(fam)* cagalera *f*

dünnwandig *adj* de paredes finas

Dunst[1] [dʊnst, *pl:* 'dʏnstə] *m* <-(e)s, Dünste> *(Dampf)* vapor *m; (Ausdünstung)* vaho *m; (Rauch)* humo *m*

Dunst[2] *m* <-(e)s, *ohne pl*> *(Nebel)* neblina *f*

Dunstabzugshaube *f* campana *f* extractora de humos

dünsten ['dʏnstən] *vt* (GASTR) rehogar

Dunstglocke *f* smog *m*

dunstig ['dʊnstɪç] *adj* ① *(neblig)* nebuloso ② *(verräuchert)* cargado de humo

Dunstkreis *m (geh: jds Umgebung)* ambiente *m*

Dunstwolke *f (Ausdünstung)* vaharada *f; (Rauchwolke)* humareda *f*

Duo ['du:o] *nt* <-s, -s> (MUS) dúo *m*

düpieren* [dy'pi:rən] *vt (geh)* embaucar, burlar

Duplikat [dupli'ka:t] *nt* <-(e)s, -e> duplicado *m*

Dur [du:ɐ] *nt* <-, *ohne pl*> (MUS) tono *m* mayor

durch [dʊrç] **I.** *präp +akk* ① *(örtlich)* por, a través de; **~ eine Straße gehen** ir por una calle; **~ das Fenster schauen** mirar por la ventana ② *(mittels)* por (medio de); **~ Zufall** por casualidad ③ *(infolge von)* a causa de, por; **~ das viele Rauchen** por fumar tanto ④ *(zeitlich)* durante; **die ganze Nacht ~** durante toda la noche ⑤ *(teilen)* por; (MATH) dividido por; **~ drei teilen** dividir por tres ⑥ *(Agens)* por; **das Fahrzeug wird ~ Motoren getrieben** el vehículo es impulsado por motores **II.** *adv (fam)* **es ist schon drei Uhr ~** ya son las tres pasadas; **der Zug ist gerade ~** el tren acaba de pasar; **das Fleisch ist ~** la carne está a punto; **die Sohle ist ~** la suela está gastada; **~ und ~** completamente

durch|ackern I. *vt (fam)* estudiar(se) enterito [*o* de cabo a rabo] **II.** *vr:* **sich ~** *(fam)* currarse (**durch**)

durch|arbeiten I. *vt (Buch)* estudiar a fondo **II.** *vi (ohne Pause)* trabajar sin descanso **III.** *vr:* **sich ~** *(Haufen Arbeit)* vencer (**durch**), acabar (**durch**); *(Dschungel)* abrirse paso (**durch** por/a través de)

durch|atmen *vi* respirar hondo

durchaus ['--, -'-] *adv* ① *(völlig)* absolutamente; **~ nicht** en absoluto; **das ist ~ nicht leicht** no es nada fácil ② *(unbedingt)* de todas formas

durch|beißen *irr* **I.** *vt (zerbeißen)* partir con los dientes **II.** *vr:* **sich ~** *(fam: Widerstände überwinden)* abrirse paso (**durch** por/a través de)

durch|bekommen* *irr vt (fam)* ① *(entzweimachen)* (conseguir) partir; **das Seil bekommst du mit der Schere nicht durch** no puedes cortar esa cuerda con las tijeras ② *(durch Öffnung)* (conseguir) meter ③ *(durch Kontrolle)* (conseguir) pasar ④ *(durch eine Prüfung)* hacer pasar

durch|biegen *irr vr:* **sich ~** *(Brett)* doblarse

durch|blättern *vt* hojear

Durchblick *m* <-(e)s, -e> *(fam: Überblick)* visión *f* de conjunto; **den ~ haben** estar al corriente

durch|blicken *vi* ① *(durchschauen)* mirar (**durch** por) ② *(fam: verstehen)* entender; **etw ~ lassen** *(andeuten)* dejar entrever algo; *(zu verstehen geben)* dar algo a entender

durchbluten* *vt* irrigar; **gut durchblutet werden** tener buena circulación

Durchblutung *f* <-en> riego *m* sanguíneo

Durchblutungsstörung *f* trastorno *m* circulatorio

durchbohren*[1] *vt (durchdringen)* atravesar; **von Kugeln durchbohrt** acribillado a balas

durch|bohren[2] *vt (Loch bohren)* taladrar

durch|boxen I. *vt (fam: durchsetzen)* imponer **II.** *vr:* **sich ~** *(fam)* ① *(sich durchsetzen)* imponerse ② *(einen Weg bahnen)* abrirse paso (**durch** por)

durch|braten *irr vt* (GASTR) asar bien; *(in der Pfanne)* freír bien

durchbrechen*[1] *irr vt* ① *(durchdringen)* romper; *(Hindernis)* derribar ② *(Prinzip)* quebrantar

durch|brechen[2] *irr* **I.** *vi sein* ① *(entzweigehen)* romperse ② *(Zähne, Sonne)* salir ③ *(Hass, Wut)* manifestarse **II.** *vt (zerbrechen)* romper

durch|brennen *irr vi sein* ① *(Birne, Sicherung)* fundirse ② *(fam: ausreißen)* escaparse

durch|bringen *irr vt* ① *(Kranke)* curar ② *(Prüfling)* **jdn ~** conseguir que apruebe alguien ③ *(ernähren)* sustentar; *(Kinder)* sacar adelante ④ *(vergeuden)* derrochar

durchbrochen I. *pp von* **durchbrechen**[1] **II.** *adj (Spitze)* quebrado

Durchbruch ['--] *m* <-(e)s, -brüche>

① *(eines Zahns)* aparición *f;* *(des Blinddarms)* rotura *f* ② (MIL) irrupción *f* ③ *(Erfolg)* éxito *m;* **jdm/etw zum ~ verhelfen** fomentar el éxito de alguien/algo ④ *(Stelle)* brecha *f*

durch|checken *vt* ① (AERO: *bis zum Zielort abfertigen*) facturar hasta el destino ② *(fam: Patient)* chequear; *(Liste)* repasar

durchdacht *pp von* **durchdenken**

durchdenken* *irr vt* examinar a fondo; **wohl durchdacht** *(geh)* (muy) bien reflexionado

durch|diskutieren* *vt* discutir a fondo

durch|dränge(l)n *vr:* **sich ~** *(fam)* abrirse paso (a empujones)

durch|drehen I. *vi* ① *sein (Räder)* derrapar ② *haben o sein (fam: die Nerven verlieren)* volverse loco **II.** *vt* **das Fleisch durch den Wolf ~** pasar la carne por la máquina de picar

durchdringen*[1] *irr vt* ① *(durchstoßen)* atravesar; *(Flüssigkeit)* penetrar, atravesar ② *(erfüllen)* llenar; *(in seinen Bann schlagen)* obsesionar; **er ist von der Idee durchdrungen, dass ...** está obsesionado con la idea que...

durch|dringen[2] *irr vi sein* ① *(Flüssigkeit, Kälte)* atravesar, penetrar; *(Gerücht)* trascender; *(Sonne)* salir; **die Nachricht ist bis zu uns durchgedrungen** la noticia ha trascendido hasta nosotros ② *(hingelangen)* llegar (**bis zu** a)

durchdringend *adj (Kälte, Geruch)* penetrante; *(Schrei)* estridente

Durchdringung *f* <-, *ohne pl*> penetración *f* (de)

durch|drücken *vt* ① *(Knie)* estirar ② *(fam: durchsetzen)* imponer ③ *(durch ein Sieb)* pasar (**durch** por)

durchdrungen *pp von* **durchdringen[1]**

durch|dürfen *irr vi (fam)* poder pasar; **darf ich bitte mal durch?** ¿puedo pasar, por favor?

durcheinander [dʊrçʔaɪˈnandɐ] *adv (unordentlich)* revuelto, mezclado; *(verwirrt)* confuso

Durcheinander ['----] *nt* <-s, *ohne pl*> ① *(Unordnung)* desorden *m,* despelote *m Am* ② *(Verwirrung)* confusión *f*

durcheinander|bringen *irr vt* ① *(in Unordnung bringen)* revolver ② *(verwechseln)* confundir ③ *(verwirren)* desconcertar

durcheinander|geraten* *irr vi sein* ① *(in Unordnung geraten)* desordenarse, entreverarse *Am* ② *(in Verwirrung geraten)* desorientarse, desconcertarse

durcheinanderkommen *irr vi sein (fam) s.* **durcheinandergeraten**

durcheinander|reden *vi* hablar todos a la vez

durcheinanderwerfen *irr vt (fam)* ① *(unordentlich hinwerfen)* tirar por ahí ② *(verwechseln)* confundir

durchexerzieren* *vt (fam)* practicar de principio a fin

durchfahren*[1] *irr vt* ① *(bereisen)* recorrer ② *(durchqueren)* atravesar; *(Meer)* surcar ③ *(durchzucken)* **ein Schreck durchfuhr ihn** se estremeció del susto

durch|fahren[2] *irr vi sein* ① *(ohne Pause)* no parar; **die ganze Nacht ~** conducir sin parar durante toda la noche; **bis zur nächsten Ampel ~** seguir hasta el próximo semáforo ② *(durchqueren)* pasar (**durch** por)

Durchfahrt ['--] *f* <-en> paso *m;* *(das Durchfahren)* pasaje *m;* **~ freihalten!** ¡prohibido aparcar!; **~ verboten!** ¡se prohíbe el paso!; **auf der ~ sein** estar de paso

Durchfahrtsstraße *f* calle *f* de tránsito

Durchfall *m* <-(e)s, *ohne pl*> (MED) diarrea *f,* obradera *f Col, Guat, Pan*

durch|fallen *irr vi sein* ① *(durch ein Loch)* caer (**durch** por) ② *(fam: keinen Erfolg haben)* fracasar ③ *(durch eine Prüfung)* suspender (**durch**)

durchfechten *irr* **I.** *vt (sich einsetzen)* defender (con éxito) **II.** *vr* **sich (im Leben) ~** abrirse paso (en la vida), luchar por salir adelante (en la vida)

durch|feiern *vi (fam: ohne Pause feiern)* festejar sin parar

durch|finden *irr vr:* **sich ~** ① *(zum Ziel)* encontrar (**zu**) ② *(sich zurechtfinden)* **bei diesem Durcheinander finde ich mich nicht mehr durch** en medio de este desorden no sé por donde empezar

durch|fliegen *irr vi sein* ① *(ohne Pause)* volar sin hacer escala ② *(durch Wolken)* atravesar (volando) (**durch**) ③ *(fam: bei einer Prüfung)* catear (**in**)

durchfließen*[1] *irr vt* pasar (por)

durch|fließen[2] *irr vi sein* pasar (**durch** por), correr (**durch** por)

durchflossen *pp von* **durchfließen[1]**

Durchfluss *m* (TECH: *Öffnung*) paso *m;* *(durchfließende Menge)* circulación *f*

durchforschen* *vt* ① *(wissenschaftlich)* investigar a fondo ② *(Taschen)* registrar ③ *(Land)* explorar a fondo

durch|fragen *vr:* **sich ~** abrirse camino a preguntas

durch|fressen *irr vr:* **sich ~** ① *(Korrosion)* corroer (**durch**) ② *(Nagetier, Ungeziefer)* atravesar royendo (**durch**) ③ *(fam: schmarotzen)* **sich ~** vivir de gorra

durchführbar *adj* realizable

durch|führen I. *vi (Weg)* llevar (**durch** por); *(verlaufen)* ir (**durch** por) II. *vt* ① *(ausführen)* llevar a cabo, implementar *Am; (verwirklichen)* realizar ② *(veranstalten)* efectuar ③ *(geleiten)* guiar (**durch** por)

Durchführung *f* <-en> ejecución *f; (Verwirklichung)* realización *f;* **zur ~ gelangen** llevarse a cabo

durch|füttern *vt (fam)* dar de comer (a)

Durchgang[1] *m* <-(e)s, *ohne pl*> *(das Durchgehen)* paso *m;* **~ verboten!** ¡prohibido el paso!

Durchgang[2] *m* <-(e)s, -gänge> ① *(Weg)* pasaje *m,* paso *m;* **den ~ versperren** cortar el paso ② *(einer Wahl, eines Wettkampfs)* vuelta *f*

durchgängig I. *adj* general II. *adv* en general

Durchgangsstraße *f* carretera *f* de tránsito

durch|geben *irr vt* dar (**durch** por); *(übermitteln)* tra(n)smitir (**durch** por)

durchgefroren *adj* completamente helado

durch|gehen *irr sein* I. *vi* ① *(durch Tür)* pasar (**durch** por); **der Zug geht durch** es un tren directo ② *(Gesetz, Antrag)* ser aprobado ③ *(toleriert werden)* ser tolerado; **wir lassen das nicht länger ~** ya no lo toleramos más ④ *(weglaufen)* escaparse; *(Pferd)* desbocarse, disparar *Am* ⑤ *(gehalten werden für)* pasar (**für** por) ⑥ *(fam: dazwischenpassen)* caber (**durch/unter** por) II. *vt (Text: prüfen)* examinar; *(überarbeiten)* revisar

durchgehend *adj (Zug)* directo; *(Öffnungszeiten)* continuo; **~ geöffnet** horario continuo

durchgeknallt *adj (fam: übergeschnappt)* tocado

durch|greifen *irr vi* ① *(einschreiten)* intervenir (enérgicamente) ② *(mit der Hand)* pasar la mano (**durch** por)

durchgreifend *adj* radical

durch|gucken *vi (fam)* mirar (**durch** por)

durch|haben *irr vt (fam)* ① *(durchgelesen haben)* haber acabado (de leer); **gibst du mir das Buch, wenn du es durchhast?** ¿me das el libro cuando lo hayas acabado? ② *(durchgearbeitet haben)* haber acabado (de estudiar) ③ *(durchtrennt haben)* **mit einer Kettensäge hat man einen Ast schnell durch** con una sierra mecánica se corta rápidamente una rama

durch|halten *irr vi, vt* aguantar

Durchhalteparole *f* <-, -n> *(abw)* palabras *fpl* de aliento [*o* de ánimo]; (MIL) consignas *fpl* de aliento [*o* de ánimo]

Durchhaltevermögen *nt* capacidad *f* de resistencia

durch|hängen *irr vi* ① *(Seil)* combarse ② *(fam: erschlafft sein)* estar fatigado; *(deprimiert sein)* estar desanimado

Durchhänger *m* <-s, -> *(fam)* mala racha *f*

durch|hauen <haut durch, hieb *o* haute durch, durchgehauen> I. *vt* ① *(durch Schlagen zerteilen)* partir a golpes; *(durchschneiden)* cortar; **mit einem einzigen Schlag haute er das Brett durch** con un solo golpe partió la tabla ② *(fam: verprügeln)* dar una paliza II. *vr:* **sich ~** abrirse paso (**durch** por/a través de)

durch|helfen *irr vi* ① *(durch eine Öffnung)* ayudar a pasar (**durch** por) ② *(durch eine Notlage)* ayudar a sobrevivir (**durch** en); **ihr Onkel half ihr durch die schwierige Zeit durch** su tío la ayudó a pasar los tiempos difíciles

durchkämmen*[1] *vt (Gelände)* registrar (a fondo)

durch|kämmen[2] *vt (Haare)* peinar

durch|kämpfen I. *vt (durchsetzen)* lograr imponer; **sein Recht/einen Anspruch ~** hacer valer su derecho/una reclamación II. *vr:* **sich ~** ① *(a. fig: sich einen Weg bahnen)* abrirse paso; **wir müssen uns bis zur nächsten Stadt ~** tenemos que conseguir llegar a la próxima ciudad ② *(sich behaupten)* abrirse paso (luchando); **sich im Leben ~** abrirse paso en la vida ③ *(sich entschließen)* decidirse (tras una lucha interior) (**zu** a); **ich kann mich einfach nicht dazu ~** no logro decidirme a hacerlo

durch|kauen *vt* ① *(essen)* masticar bien ② *(fam: besprechen)* dar vueltas; **wir haben das doch bereits tausendmal durchgekaut!** ¡pero si ya le hemos dado mil vueltas a esto!

durch|kommen *irr vi sein* ① *(durch einen Ort, die Menge)* pasar (**durch** por) ② *(fam: bei einer Prüfung)* aprobar; *(Antrag)* ser aprobado ③ *(durchpassen)* caber (**durch** por) ④ *(fam: überleben)* salvarse ⑤ *(Erfolg haben)* tener éxito (**mit** con); **damit kommst du bei mir nicht durch** *(fam)* con esto no logras nada conmigo

durch|können *irr vi (fam) s.* **durchdürfen**

durchkreuzen* *vt* cruzar; *(Pläne)* contrariar

durch|kriechen *irr vi sein* arrastrarse (**durch** por/a través de)

durch|kriegen *vt (fam) s.* **durchbekommen**

durch|lassen *irr vt* ① *(Person, Licht)* dejar pasar ② *(fam: Taten)* dejar pasar; *(tolerie-*

ren) tolerar; **das kann ich ihm nicht ~** *(fam)* no se lo puedo tolerar

durchlässig ['dʊrçlɛsɪç] *adj (für Flüssigkeiten)* permeable; *(für Licht)* tra(n)slúcido

Durchlässigkeit *f* <-, *ohne pl*> porosidad *f;* **wegen ihrer ~ sind Sandböden sehr trocken** debido a su gran porosidad los suelos arenosos son muy secos

D

Durchlauf *m* ❶ (INFOR) ejecución *f* ❷ (SPORT) vuelta *f*

durchlaufen[*1] *irr vt* ❶ *(Strecke)* recorrer ❷ *(absolvieren: Schule)* ir (a); *(Lehre)* hacer

durch|laufen[2] *irr* **I.** *vi sein* ❶ *(durch Tür, Ort)* pasar (corriendo) (**durch** por) ❷ *(ohne Unterbrechung)* correr (sin pausa) ❸ *(Flüssigkeit)* colarse; *(durchsickern)* filtrarse **II.** *vt (Schuhe)* (des)gastar

durchlaufend *adj* continuo, corrido; **ein ~es Geländer** una barandilla corrida; **ein ~es Sims** una cornisa continua

Durchlauferhitzer ['-----] *m* <-s, -> calentador *m*

durchleben* *vt* vivir, pasar

durchleiden* *irr vt (geh)* sufrir, pasar

durch|lesen *irr vt* leer

durchleuchten* *vt* ❶ *(Licht)* alumbrar ❷ (MED) examinar con rayos X ❸ *(Angelegenheit)* analizar

durchlitten *pp von* **durchleiden**

durch|lüften *vt, vi* ventilar

durch|machen **I.** *vi (fam)* ❶ *(durcharbeiten)* trabajar sin descanso ❷ *(durchfeiern)* festejar sin descanso **II.** *vt (fam)* ❶ *(erleiden)* sufrir ❷ *(Kurs)* seguir

durch|marschieren* *vi sein* pasar (**durch** por)

Durchmesser *m* <-s, -> (MATH) diámetro *m;* **ein Meter im ~** un metro de diámetro

durchmischen* *vt (Teig, Brei)* entremezclar

durch|mogeln *vr:* **sich ~** *(fam abw)* apañarse

durch|müssen *irr vi (fam)* ❶ *(durchgelangen)* pasar (**durch** por); **wir mussten durch das Kriegsgebiet durch** tuvimos que pasar por la zona en guerra ❷ *(durchmachen)* pasar (**durch** por)

durchnässen* *vt* empapar, ensopar *Am;* **ich bin völlig durchnässt** estoy calado hasta los huesos

durch|nehmen *irr vt (Lektion, Thema)* estudiar, tratar

durch|nummerieren* *vt* numerar

durchorganisieren* *vt* organizar hasta el más mínimo detalle

durch|pausen ['dʊrçpaʊzən] *vt* calcar

durch|probieren* *vt (testen)* probar uno a uno

durchqueren* [dʊrç'kveːrən] *vt* atravesar

durch|rasseln *vi sein (fam: bei einer Prüfung)* suspender

durch|rechnen *vt* calcular detalladamente

durch|regnen *vunpers* ❶ *(den ganzen Tag)* no cesar de llover ❷ *(durch etw)* entrar agua (**durch** por); **es regnet durchs Dach durch** tenemos una gotera en el techo

Durchreiche ['dʊrçraɪçə] *f* <-, -n> ventanilla *f* pasaplatos

durchreichen *vt (geben)* dar, pasar

Durchreise ['---] *f* tránsito *m* (**durch** por); **auf der ~ sein** estar de paso

durchreisen[*1] *vt* recorrer

durch|reisen[2] *vi sein* pasar sin detenerse (**durch** por)

Durchreisende(r) *mf* pasajero, -a *m, f* en tránsito

durch|reißen *irr* **I.** *vi sein* romperse, desgarrarse **II.** *vt* romper, desgarrar

durch|ringen *irr vr:* **sich ~** decidirse finalmente (**zu** a); **sich zu einem Entschluss ~** llegar a tomar una decisión

durch|rosten *vi sein* oxidarse (por completo)

durch|rufen *irr vi (fam: anrufen)* telefonear

durch|rühren *vt* mezclar bien

durchrutschen *vi sein* pasar (**durch** por), deslizarse (**durch** a través)

durch|rütteln *vt* sacudir bien

durchs [dʊrçs] = **durch das** *s.* **durch**

Durchsage ['dʊrçzaːgə] *f* <-n> aviso *m; (Mitteilung)* comunicado *m*

durch|sagen *vt* anunciar; *(im Radio)* tra(n)smitir

durch|sägen *vt* serrar

durchschaubar [-'--] *adj (verständlich)* comprensible; **ein schwer/leicht ~er Mensch** una persona difícil/fácil de comprender

durchschauen[*1] *vt* **jds Absichten** [*o* **jdn**] **~** descubrir(le) a alguien el juego

durch|schauen[2] *vi, vt (reg) s.* **durchsehen**

durch|scheinen *irr vi* ❶ *(Licht)* filtrarse (**durch** por) ❷ *(Schrift, Muster)* tra(n)sparentarse

durchscheinend *adj* tra(n)slúcido, tra(n)sluciente; *(transparent)* tra(n)sparente; **~ sein** tra(n)sparentar

durchscheuern *vt* rozar, gastar con el roce; *(Haut)* desollarse

durch|schieben *irr vt* deslizar (**durch** por, **unter** por debajo de)

durchschimmern *vi* ❶ *(Sonne)* filtrarse (**durch** por) ❷ *(Schrift)* tra(n)sparentarse

❸ *(fig: Zufriedenheit, Misstrauen)* manifestarse
durch|schlafen *irr vi* dormir sin despertarse
Durchschlag ['--] *m* <-(e)s, -schläge> ❶ *(Kopie)* copia *f* ❷ *(Sieb)* colador *m*
durchschlagen[*1] *irr vt* romper, atravesar
durch|schlagen[2] *irr* **I.** *vi sein* ❶ *(Sicherung)* fundirse ❷ *(Feuchtigkeit)* filtrarse ❸ *(Eigenschaft)* salir **II.** *vt* ❶ *(entzweischlagen)* partir (en dos) ❷ *(durch ein Sieb)* pasar (**durch** por) ❸ *(Wand)* abrir **III.** *vr:* **sich** ~ *(durchkommen)* ir tirando, rebuscárselas *Arg, Chil, Par*
durchschlagend *adj (Beweis)* irrefutable; *(Erfolg)* arrollador; *(Sieg)* aplastante; *(Maßnahme)* eficaz; *(Argument)* contundente
Durchschlagpapier *nt* papel *m* carbón
Durchschlagskraft *f (Geschoss)* fuerza *f* de percusión; *(Argument)* eficacia *f*
durch|schlängeln ['dʊrçʃlɛŋəln] *vr:* **sich** ~ abrirse paso (**durch** a través de); *(fig)* mantenerse a flote
durch|schleusen *vt* ❶ *(Schiff)* hacer pasar por una esclusa ❷ *(durch eine Kontrolle)* infiltrar (**durch** por), colar (**durch** por)
Durchschlupf *m* abertura *f*, portillo *m*
durchschneiden[*1] *irr vt* ❶ *(geh: Meer)* surcar ❷ *(mit einem Messer)* cortar ❸ *(Schrei)* romper
durch|schneiden[2] *irr vt* cortar; **er schnitt das Blatt in der Mitte durch** cortó la hoja por la mitad
Durchschnitt ['dʊrçʃnɪt] *m* <-(e)s, -e> promedio *m;* **im** ~ por término medio; **über/unter dem ~ liegen** estar por encima/por debajo del promedio
durchschnittlich ['dʊrçʃnɪtlɪç] **I.** *adj* ❶ *(im Durchschnitt)* medio ❷ *(mittelmäßig)* mediano ❸ *(gewöhnlich)* corriente **II.** *adv* por término medio; **er arbeitet ~ acht Stunden am Tag** por término medio trabaja ocho horas al día
Durchschnittsalter *nt* promedio *m* de edad
Durchschnittsbürger(in) *m(f)* ciudadano, -a *m, f* medio , -a
Durchschnittseinkommen *nt* ingreso(s) *m(pl)* medio(s)
Durchschnittsgeschwindigkeit *f* velocidad *f* media
Durchschnittsmensch *m* persona *f* adocenada
Durchschnittsverbrauch *m* <-(e)s, *ohne pl*> consumo *m* medio
Durchschrift *f* copia *f*
durch|schütteln *vt (Kissen, Person)* sacudir (bien); *(Mischung)* agitar (bien)
durch|schwitzen *vt* empapar de sudor
durch|sehen *irr* **I.** *vi (hindurchschauen)* mirar (**durch** por) **II.** *vt* ❶ *(überprüfen)* revisar ❷ *(durchblättern)* hojear
durchsetzen[*1] *vt (mit Fehlern)* (entre)mezclar (**mit** con/de)
durch|setzen[2] **I.** *vt (verwirklichen)* realizar; *(erreichen)* lograr; *(Willen)* imponer; **sie muss immer ihren Kopf ~** siempre quiere salirse con la suya **II.** *vr:* **sich** ~ *(Person, Trend)* imponerse; **du musst dich gegen ihn ~** tienes que imponerte a él
Durchsetzungsvermögen *nt* capacidad *f* de imponerse
Durchsicht *f ohne pl* revisión *f;* **zur ~** para revisión
durchsichtig *adj* ❶ *(Material)* tra(n)sparente ❷ *(Lügen)* manifiesto
Durchsichtigkeit *f* <-, *ohne pl*> tra(n)sparencia *f*
durch|sickern *vi sein* ❶ *(Nachricht)* trascender ❷ *(Flüssigkeit)* filtrarse (**durch** por/a través de)
durchsieben[*1] *vt (fam: mit Schüssen durchlöchern)* acribillar a balazos
durchsieben[2] *vt (Sand, Mehl)* tamizar; *(Tee)* colar, filtrar; *(Bewerber)* seleccionar, entresacar
durch|spielen *vt* reconstruir; *(simulieren)* simular
durch|sprechen *irr vt* discutir punto por punto
durchspülen *vt (Mund, Wäsche)* enjuagar
durchstarten *vi sein (Flugzeug)* elevarse de nuevo; *(Auto)* arrancar a toda velocidad; *(fam fig)* ponerse en marcha
durchstechen[*] *irr vt* perforar
durch|stehen *irr vt* ❶ *(Prüfung, Krankheit)* aguantar ❷ *(Qualen)* sufrir
durch|steigen *irr vi sein* ❶ *(durch eine Öffnung)* pasar (**durch** por) ❷ *(fam: begreifen)* entender (**durch**); *(sich zurechtfinden)* aclararse; **da steigt ja kein Mensch durch** esto no lo entiende nadie
durch|stellen *vi, vt (verbinden)* comunicar; **einen Moment noch, ich stelle Sie durch** un momento, ahora le comunico
durchstöbern[*] *vt (fam: durchsuchen)* registrar
durchstoßen[*1] *irr vt (stoßend durchdringen)* penetrar
durch|stoßen[2] *irr* **I.** *vi sein* (MIL) avanzar (**zu** hasta) **II.** *vt (Gegenstand)* atravesar (**durch** por)
durchstreichen[*1] *vt (geh) s.* **durchstreifen**
durch|streichen[2] *irr vt* tachar
durchstreifen[*] *vt* ❶ *(wandern)* vagar (por); *(ablaufen)* recorrer ❷ *(Polizei)* rastrear

D

durchströmen* *vt (geh: Gefühl, Energie)* invadir

durchsuchen* [dʊrçˈzuːxən] *vt* ❶ *(Person)* cachear ❷ *(Gebäude, Gepäck)* registrar

Durchsuchung [-ˈ--] *f* <-en> ❶ *(von Personen)* cacheo *m* ❷ *(von Gebäuden)* registro *m*

Durchsuchungsbefehl *m* (JUR) auto *m* de allanamiento

durchtrainiert *adj* bien entrenado

durchtrennen* *vt*, **durchtrennen** *vt (durchschneiden)* cortar, separar

durch|treten *irr* **I.** *vi sein* ❶ *(Gas, Flüssigkeit)* salir (**durch** por) ❷ *(fam: hineingehen)* pasar **II.** *vt (Pedal)* pisar a fondo

durchtrieben [dʊrçˈtriːbən] *adj* astuto

durchwachsen [dʊrçˈvaksən] *adj* ❶ *(Speck)* entreverado ❷ *(fam: mittelmäßig)* mediocre

Durchwahl *f ohne pl* (TEL) ❶ *(Möglichkeit)* comunicación *f* automática, discado *m* directo *Am* ❷ *(fam: Durchwahlnummer)* número *m* directo

durch|wählen *vi* (TEL) marcar directamente

Durchwahlnummer *f* <-, -n> (TEL) número *m* de marcado directo

durchweg [ˈ--, -ˈ-] *adv* sin excepción, en su totalidad

durchweichen *vi sein* empaparse, ablandarse

durchwühlen*[1] *vt* ❶ *(Erde)* revolver ❷ *(Gepäck)* revolver (en); *(durchsuchen)* registrar

durch|wühlen[2] **I.** *vt (Zimmer, Haus)* poner patas arriba **II.** *vr:* **sich ~** *(fam: sich durcharbeiten)* abrirse paso (**durch** por entre)

durch|wurschteln, **durch|wursteln** *vr:* **sich ~** *(fam)* ir tirando

durch|zählen **I.** *vi (abzählen)* hacer un recuento **II.** *vt (zählen)* contar

durchzappen *vi (fam)* zapear

durchzechen* *vt (fam)* correrse una juerga

durchziehen*[1] *irr vt* ❶ *(Land)* recorrer; *(durchqueren)* atravesar ❷ *(sich erstrecken)* extenderse (por)

durch|ziehen[2] *irr* **I.** *vt* ❶ *(hindurchziehen)* hacer pasar (**durch** por) ❷ *(fam: beenden)* acabar **II.** *vi sein (durchqueren)* atravesar, pasar (**durch** por)

durchzucken* *vt* ❶ *(Blitz)* cruzar ❷ *(Gedanke)* venir (**a**)

Durchzug[1] *m* <-(e)s, -züge> *(das Durchqueren)* paso *m*

Durchzug[2] *m* <-(e)s, *ohne pl*> *(Luftzug)* corriente *f* de aire

dürfen[1] [ˈdʏrfən] <darf, durfte, dürfen> *vt Modalverb* ❶ *(Erlaubnis haben)* poder, tener permiso (de/para); **darf ich etwas fragen?** ¿puedo preguntar una cosa?; **darf man hier rauchen?** ¿está permitido fumar aquí?; **wenn ich bitten darf** si me permite/permiten; **ich darf wohl sagen, dass ...** se me permitirá decir que... ❷ *(sollen)* deber, poder; **was darf es sein?** ¿qué desea?; **du darfst ihm das nicht übel nehmen** no debes tomárselo a mal; **das darf doch nicht wahr sein!** ¡no puede ser cierto!; **das dürfte wohl das Beste sein** esto sería lo mejor

dürfen[2] [ˈdʏrfən] <darf, durfte, gedurft> *vi* poder, tener permiso; **ich habe nicht gedurft** no me han dejado

dürftig [ˈdʏrftɪç] *adj* ❶ *(Unterkunft)* pobre, mísero; *(Gehalt)* miserable ❷ *(Beweis, Kenntnisse)* insuficiente; *(Beleuchtung)* débil

Dürftigkeit *f* <-, *ohne pl*> ❶ mezquindad *f; (Verhältnisse, Ausstattung)* pobreza *f; (Einkommen)* escasez *f* ❷ *(abw: Kenntnisse, Beweise)* insuficiencia *f*

dürr [dʏr] *adj* ❶ *(vertrocknet)* seco ❷ *(Boden)* árido ❸ *(mager)* flaco

Dürre [ˈdʏrə] *f* <-n> aridez *f; (Trockenheit)* sequía *f*

Durst [dʊrst] *m* <-(e)s, *ohne pl*> sed *f;* **ich habe ~** tengo sed; **seinen ~ löschen/stillen** apagar/calmar su sed; **einen über den ~ trinken** *(fam)* beber más de la cuenta

dursten *vi (geh)* estar sediento

dürsten [ˈdʏrstən] *vunpers, vi (geh)* ❶ *(Verlangen haben)* estar sediento (**nach** de) ❷ *(Durst haben)* tener sed; **mich dürstet** tengo sed

Durstgefühl *nt* <-(e)s, -e> sensación *f* de sed

durstig *adj* sediento (**nach** de); **~ sein** tener sed

durstlöschend *adj*, **durststillend** *adj* que apaga la sed

Durststrecke *f* período *m* difícil

Dusche [ˈduːʃə, ˈdʊʃə] *f* <-n> ducha *f,* regadera *f Col, Méx,* lluvia *f Chil, Arg, Nic;* **unter die ~ gehen** ir a ducharse; **eine ~ nehmen** tomar una ducha

duschen [ˈduːʃən, ˈdʊʃən] **I.** *vi, vr:* **sich ~** duchar(se) **II.** *vt* duchar

Duschgel [ˈduːʃgeːl] *nt* gel *m* de ducha

Duschkabine *f* cabina *f* de ducha

Duschkopf *m* cabeza *f* [*o* alcachofa *f*] de la ducha

Duschschwamm *m* esponja *f*

Duschvorhang *m* cortina *f* de ducha

Düse [ˈdyːzə] *f* <-n> *(beim Flugzeug)* tobera *f; (Rohrstück)* boquilla *f*

Dusel [ˈduːzəl] *m* <-s, *ohne pl*> *(fam: Glück)* suerte *f*

düsen *vi sein (fam)* ir a toda mecha

Düsenantrieb *m* propulsión *f* reacción; **mit ~** con turbopropulsor
Düsenflugzeug *nt* avión *m* a reacción
Düsenjäger *m* (MIL) cazarreactor *m*
Düsentriebwerk *nt* (TECH) turborreactor *m*, motor *m* de reacción *Am*
Dussel ['dʊsəl] *m* <-s, -> *(fam)* zoquete *m; (Tollpatsch)* torpón, -ona *m, f;* **so ein ~!** ¡qué atolondrado!
dusselig *adj*, **dusslig** *adj (fam)* ❶ *(einfältig)* simple; *(dumm)* bobo ❷ *(reg: benommen)* atontado
düster ['dy:stɐ] *adj* ❶ *(dunkel)* oscuro ❷ *(Ort)* sombrío; *(Zukunft)* negro ❸ *(Wesen)* melancólico; *(Stimmung)* tétrico
Düsterkeit *f* <-, *ohne pl*> ❶ *(Dunkelheit)* oscuridad *f; (Finsterkeit)* lobreguez *f* ❷ *(Schwermütigkeit)* melancolía *f;* **die ~ seiner Miene** su gesto sombrío
Dutt [dʊt] *m* <-(e)s, -s *o* -e> *(reg: Haarknoten)* moño *m*
Duty-free-Laden ['dju:ti'fri:-] *m* tienda *f* libre de impuestos, duty free *m fam*
Duty-free-Shop ['dju:ti'fri:ʃɔp] *m* <-s, -s> tienda *f* libre de impuestos
Dutzend ['dʊtsənt] *nt* <-s, -e> docena *f;* **ein halbes ~** media docena; **~e** [*o* **dutzende**] **von Büchern** montones de libros
dutzendfach I. *adj* una y mil veces **II.** *adv* a docenas
dutzendmal *adv* docenas de veces
dutzendweise *adv* ❶ *(im Dutzend)* por docenas ❷ *(fam: in Mengen)* a docenas
duzen ['du:tsən] **I.** *vt* tutear; **ich duze sie** la tuteo **II.** *vr:* **sich ~** tutearse; **ich duze mich mit ihm** me tuteo con él
DV [de:'faʊ] *f* (INFOR) *Abk. von* **Datenverarbeitung** procesamiento *m* de datos
DVB-T *nt* <-, *ohne pl*> *Abk. von* **Digital Video Broadcasting-Terrestrial** TDT *f*
DVD [de:faʊ'de:] *f* <-, -s> (INFOR) *Abk. von* **digital versatile disk** DVD *m inv*
DVD-Brenner *m* <-s, -> regrabadora *f* de DVD
DVD-Laufwerk *nt* <-(e)s, -e> (INFOR) unidad *f* de DVD, reproductor *m* de DVD
DVD-Player [de:faʊ'de:-] *m* <-s, -> lector *m* de DVD
Dynamik [dy'na:mɪk] *f ohne pl* (*a.* PHYS) dinámica *f*
dynamisch *adj* (*a.* PHYS) dinámico
Dynamisierung *f* <-, -en> dinamización *f*
Dynamit [dyna'mi:t, dyna'mɪt] *nt* <-s, *ohne pl*> dinamita *f*
Dynamo ['dy:namo] *m* <-s, -s> dinamo *f*, dínamo *f*
Dynastie [dynas'ti:] *f* <-n> dinastía *f*
D-Zug *m* tren *m* rápido

D

Ee

E

E, e [eː] *nt* <-, -> ① *(Buchstabe)* E, e *f;* ~ **wie Emil** E de España ② (MUS) mi *m*

Eau de Cologne [oː də koˈlɔnjə] *nt o f* <- -, Eaux de Cologne> agua *f* de colonia

E-Auto [ˈeː-] *nt* <-s, -s> *Abk. von* **Elektroauto** automóvil *m* eléctrico

Ebbe [ˈɛbə] *f* <-n> marea *f* baja, bajamar *f;* **es ist ~** la marea está baja

eben [ˈeːbən] **I.** *adj* ① *(flach)* llano ② *(glatt)* liso **II.** *adv* ① *(in diesem Augenblick)* en este momento; **ich wollte dich ~ anrufen** estaba a punto de llamarte por teléfono ② *(gerade vorhin)* hace un momento; **sie sind ~ angekommen** acaban de llegar ③ *(kurz)* un momento; **hilfst du mir ~ mal?** ¿me ayudas un momento? ④ *(knapp)* justo; **mit seinem Lohn kommt er so ~ aus** su sueldo le alcanza justo ⑤ *(nun mal)* **~!** ¡justamente!; **das ist ~ so** esto es así; **er ist ~ ein Idiot** es que es un idiota; **gut, dann ~ nicht** bien, pues entonces nada

Ebenbild *nt* fiel retrato *m*

ebenbürtig [ˈeːbənbʏrtɪç] *adj* igual; **sie ist ihm an Ausdauer ~** es igual de perseverante que él

ebenda [ˈeːbənˈdaː] *adv (in Verweisen)* íbidem; *(geh: genau dort)* allí mismo

ebendarum [ˈeːbəndaˈrʊm] *adv* por esto

ebendas [ˈ--ˈ-] *pron dem s.* **ebender, ebendie, ebendas**

ebender, ebendie, ebendas <ebendie> *pron dem (genau der/die/das)* precisamente él/ella/eso

ebendeshalb [ˈ---ˈ-] *adv s.* **ebendarum**

ebendeswegen [ˈ---ˈ--] *adv s.* **ebendarum**

ebendie [ˈ--ˈ-] *pron dem s.* **ebender, ebendie, ebendas**

ebendiese(r, s) *pron dem (geh: genau dieser/diese/dieses: adjektivisch)* precisamente es(t)e/es(t)a; *(substantivisch)* precisamente es(t)e/es(t)a/es(t)o

Ebene [ˈeːbənə] *f* <-n> ① *(Flachland)* llanura *f* ② *(Niveau)* nivel *m* ③ (MATH) plano *m*

ebenerdig [ˈeːbənʔeːɐdɪç] *adj* a ras de suelo; *(Wohnung)* de planta baja

ebenfalls *adv* igualmente, asimismo

Ebenholz [ˈeːbən-] *nt* (madera *f* de) ébano *m*

Ebenmaß *nt* <-es, -e> ① *(harmonisches Verhältnis)* armonía *f* ② (TECH) proporción *f*

ebenmäßig *adj* proporcionado

ebenso [ˈ---] *adv* igualmente, del mismo modo; ~ **wie** así como; ~ **gern** de igual manera; ~ **gern wie** igual que; ~ **gut** de igual manera; ~ **gut wie** igual (de bien) que; ~ **lang(e) wie** tan largo como; ~ **oft wie** con la misma frecuencia que; ~ **schön wie** tan bonito como; ~ **sehr** indistintamente; ~ **sehr wie** tanto como; ~ **viel wie** tanto como; ~ **wenig wie** tan poco como

Eber [ˈeːbɐ] *m* <-s, -> cerdo *m* macho

E-Bike [ˈiːbaɪk] *nt* <-s, -s> *Abk. von* **electric bike** bicicleta *f* eléctrica

ebnen [ˈeːbnən] *vt* allanar

E-Book [ˈiːbʊk] *nt* <-s, -s> (INFOR) *Abk. von* **electronic book** libro *m* electrónico [*o* digital], ciberlibro *m*

E-Book-Reader [ˈiːbʊkˈriːdɐ] *m* <-s, -> (INFOR) lector *m* de libros electrónicos [*o* digitales]

E-Business [ˈiː-bɪznɪs] *nt ohne pl* (INFOR) comercio *m* electrónico

EC [eːˈtseː] *m* <-(s), -s> ① (EISENB) *Abk. von* **Eurocity(zug)** Eurocity *m* ② (FIN) *Abk. von* **Eurocheque** eurocheque *m*

E-Cash *nt ohne pl* (FIN) dinero *m* electrónico, moneda *f* electrónica

echauffieren* [eʃɔˈfiːrən] *vr:* **sich ~** acalorarse (**über** por)

Echo [ˈɛço] *nt* <-s, -s> eco *m;* **sein Vorschlag fand ein lebhaftes ~** su propuesta tuvo un gran eco

Echolot *nt* (NAUT) sonar *m*

Echse [ˈɛksə] *f* <-n> (ZOOL) lagarto *m*

echt [ɛçt] **I.** *adj* ① *(Dokument, Geldschein)* auténtico; *(Haar, Perle)* natural; *(Kunstwerk)* original; *(Farbe)* sólido; ~ **golden** de oro legítimo ② *(Freundschaft, Problem)* auténtico ③ *(typisch)* típico **II.** *adv (fam)* realmente; **~?** ¿de verdad?

Echtheit *f ohne pl* ① *(von Dokument)* autenticidad *f* ② *(von Gefühlen)* pureza *f* ③ *(von Farben)* solidez *f*

Echtzeit *f* (INFOR) tiempo *m* real

Eck [ɛk] *nt* <-(e)s, -e> ① *(Österr, südd: Ecke)* esquina *f;* **über ~** en triángulo ② (SPORT: *des Tores*) ángulo *m*

EC-Karte *f* (FIN) tarjeta *f* para eurocheques

Eckball *m* (SPORT) saque *m* de esquina, córner *m*

Eckbank *f* <-, -bänke> banco *m* (de) rinconera

Eckdaten *ntpl* datos *mpl* de referencia

Ecke [ˈɛkə] *f* <-n> ① *(außen)* esquina *f;* **er wohnt gleich um die ~** vive a la vuelta de la esquina; **jdn um die ~ bringen** *(fam)* cargarse a alguien; **an allen ~n und Enden wird gespart** se ahorra en todas partes ② *(innen)* rincón *m;* **sich nicht in**

eine bestimmte ~ stellen lassen no dejarse encajonar ❸ (SPORT) córner *m* ❹ *(reg: Gegend)* parte *f*

Eckhaus *nt* casa *f* que hace esquina

eckig *adj* ❶ *(Gegenstand)* cuadrado; *(Gesicht)* anguloso ❷ *(Bewegungen)* brusco

Eckpfeiler *m* (ARCHIT) pilastra *f* angular; *(eines Bogens)* estribo *m*

Eckschrank *m* rinconera *f*

Eckstoß *m* (SPORT) córner *m*

Eckzahn *m* colmillo *m*

ECOFIN-Rat *m ohne pl* consejo *m* ECOFIN

Economyklasse *f ohne pl* (AERO) clase *f* económica

Ecstasy ['ɛkstəsi] *nt* <-s, *ohne pl*> *(Droge)* éxtasis *m inv*

Ecu, ECU *m* <-(s), -(s)> (FIN) *Abk. von* **European Currency Unit** (**europäische Währungseinheit**) ECU *m*, ecu *m*

Ecuador [ekua'doːɐ] *nt* <-s> Ecuador *m*

Ecuadorianer(in) [ekuadori'aːnɐ] *m(f)* <-s, -; -nen> ecuatoriano, -a *m, f*

ecuadorianisch *adj* ecuatoriano

Edamer ['eːdamɐ] *m* <-s, -> (GASTR) queso *m* Edamer

edel ['eːdəl] *adj* ❶ *(Tier)* de pura raza ❷ *(geh: Mensch, Tat)* noble ❸ *(Stein)* precioso; *(Holz)* noble

Edelfrau *f* (HIST) noble *f*

Edelgas *nt* (CHEM) gas *m* noble

Edelmann *m* <-(e)s, -leute> (HIST) noble *m*

Edelmetall *nt* metal *m* noble

Edelmut *m (geh)* generosidad *f*, nobleza *f*, distinción *f*

edelmütig ['eːdəlmyːtɪç] *adj* generoso

Edelstahl *m* acero *m* fino

Edelstein *m* piedra *f* preciosa

Edeltanne *f* (BOT) abeto *m* blanco

Edelweiß *nt* <-(es), -e> (BOT) leontopodio *m*

Eden ['eːdən] *nt* <-s, *ohne pl*> *(geh)* edén *m*; **der Garten ~** el Jardín del Edén

Edikt [e'dɪkt] *nt* <-(e)s, -e> (HIST) edicto *m*

editieren* [edi'tiːrən] *vt* (INFOR) editar

Edition [edi'tsjoːn] *f* <-en> edición *f*

Editor[1] *m* <-s, -en> (INFOR) editor *m*

Editor(in)[2] ['eːditoːɐ] *m(f)* <-s, -en; -nen> (PUBL) editor(a) *m(f)*

editorisch [edi'toːrɪʃ] *adj* editorial

E-Dur *nt* <-, *ohne pl*> (MUS) mi *m* mayor

EDV [eːdeː'faʊ] *f ohne pl* (INFOR) *Abk. von* **elektronische Datenverarbeitung** proceso *m* electrónico de datos

EDV-Branche *f* <-, -n> sector *m* del procesamiento electrónico de datos

EDV-gestützt *adj* (INFOR) asistido por ordenador

Efeu ['eːfɔɪ] *m* <-s, *ohne pl*> (BOT) hiedra *f*

Effeff [ɛf'ʔɛf] *(fam)* **etw aus dem ~ können** saber algo al dedillo

Effekt [ɛ'fɛkt] *m* <-(e)s, -e> efecto *m*; *(Ergebnis)* resultado *m*

Effekthascherei *f* <-, -en> *(abw)* efectismo *m*

effektiv [ɛfɛk'tiːf] *adj* ❶ *(wirksam)* efectivo ❷ *(tatsächlich)* real, definitivo

Effektivität [ɛfɛktivi'tɛːt] *f* <-, *ohne pl*> efectividad *f*, eficacia *f*

effektvoll *adj* de gran efecto

effizient [ɛfi'tsjɛnt] *adj (geh)* eficiente

Effizienz [ɛfi'tsjɛnts] *f* <-, -en> *(geh)* eficiencia *f*

EG [eː'geː] *f Abk. von* **Europäische Gemeinschaft** CE *f*

egal [e'gaːl] *adj* igual; **das ist mir ganz ~** *(fam)* me da lo mismo; **~ wie** *(fam)* sea como sea; **~ wer** *(fam)* sea quien sea; **~ was** *(fam)* sea lo que sea

Egge ['ɛgə] *f* <-n> grada *f*, rastra *f*

Ego ['eːgo] *nt* <-s, -s> (PSYCH) ego *m*

Egoismus [ego'ɪsmʊs] *m* <-, *ohne pl*> egoísmo *m*

Egoist(in) *m(f)* <-en, -en; -nen> egoísta *mf*, gorrón, -ona *m, f AmC*

egoistisch *adj* egoísta

Egomane, -in [ego'maːnə] *m, f* <-n, -n; -, -nen> ególatra *mf*

Egotrip *m* <-s, -s> *(fam)* egocentrismo *m*; **auf dem ~ sein** comportarse egocéntricamente

egozentrisch *adj* egocéntrico

EG-Staat *m* estado *m* comunitario

eh [eː] **I.** *konj s.* **ehe II.** *adv* ❶ *(schon immer)* **seit ~ und je** desde siempre ❷ *(Österr, südd: fam: sowieso)* de todas formas **III.** *interj (fam)* eh

ehe ['eːə] *konj* antes de *+inf*, antes de que *+subj*; **~ ich es vergesse** antes de que se me olvide

Ehe *f* <-n> matrimonio *m*; **gleichgeschlechtliche ~** matrimonio *m* homosexual; **~ ohne Trauschein** pareja de hecho; **meine Kinder aus erster ~** los hijos de mi primer matrimonio; **in wilder ~ leben** vivir amancebados; **mit jdm die ~ schließen** contraer matrimonio con alguien; **die ~ brechen** cometer adulterio

eheähnlich *adj* (JUR) similar al matrimonio; **~e Gemeinschaft** cohabitación como marido y mujer

Eheberatung *f* <-, -en> orientación *f* matrimonial, consulta *f* matrimonial

Ehebett *nt* lecho *m* matrimonial; *(Doppelbett)* cama *f* de matrimonio

Ehebrecher(in) *m(f)* <-s, -; -nen> adúltero, -a *m, f*

ehebrecherisch *adj* adúltero
Ehebruch *m* adulterio *m;* ~ **begehen** cometer adulterio
Ehefrau *f* esposa *f,* mujer *f*
Ehegatte, -in *m, f (geh)* esposo, -a *m, f;* (JUR) cónyuge *mf*
Ehegatten-Splitting *nt* <-s, *ohne pl*> partición *f* de los impuestos entre cónyuges *(pagando cada uno de ellos solamente la mitad del impuesto sobre la renta)*

E

Ehegattin *f s.* **Ehegatte**
Eheglück *nt ohne pl* felicidad *f* matrimonial
Ehehindernis *nt* (JUR) impedimento *m* matrimonial
Ehekrach *m* disputa *f* matrimonial
Ehekrise *f* <-, -n> crisis *f inv* matrimonial
Eheleben *nt ohne pl* vida *f* matrimonial
Eheleute *pl* cónyuges *mpl*
ehelich *adj* matrimonial; (JUR) conyugal; *(Kind)* legítimo; **nicht** ~ ilegítimo
ehelichen ['eːəlɪçən] *vt* contraer matrimonio (con)
ehelos *adj* soltero
ehemalige(r, s) *adj* antiguo, ex-
ehemals ['eːəmaːls] *adv* antiguamente, antes
Ehemann *m* esposo *m,* marido *m*
Ehepaar *nt* matrimonio *m*
Ehepartner(in) *m(f)* pareja *f,* cónyuge *mf*
eher ['eːɐ] *adv kompar von* **bald** ① *(früher)* antes (**als** que), más temprano; **ich komme nicht ~ als bis ...** no vengo antes de que... *+subj* ② *(lieber)* antes (**als** que); **ich würde ~ zu Fuß gehen als den Bus zu nehmen** preferiría ir andando antes que tomar el autobús ③ *(vielmehr)* más bien
Ehering *m* alianza *f*
Ehescheidung *f* (JUR) divorcio *m*
Eheschließung *f* casamiento *m*
ehest ['eːəst] *adv (Österr: baldigst)* lo antes posible
eheste(r, s) ['eːəstə, -tɐ, -təs] *adj (wahrscheinlichster)* el/la más probable
ehesten *superl von* **bald: am ~** *(frühestmöglich)* lo más pronto posible; *(am wahrscheinlichsten)* lo más probable; *(am liebsten)* lo más preferible
ehestens ['eːəstəns] *adv (frühestens)* lo antes posible
Eheverkündigung *f (Schweiz: Aufgebot)* amonestación *f* matrimonial
Ehevermittlung *f* tramitación *f* matrimonial
Eheversprechen *nt* promesa *f* de matrimonio
Ehevertrag *m* (JUR) contrato *m* matrimonial; **einen ~ machen** concertar un contrato matrimonial
ehrbar ['eːɐbaːɐ] *adj* honorable; *(achtbar)* respetable; *(ehrlich)* honrado
Ehrbegriff *m* <-(e)s, -e> concepto *m* del honor
Ehre ['eːrə] *f* <-n> honor *m; (Ruhm)* honra *f;* **das Werk macht ihm alle ~** la obra le honra; **auf ~ und Gewissen** por mi palabra y honor; **dir zu ~n** para honrarte; **es ist mir eine große ~, Sie kennenzulernen** es un gran honor para mí conocerle; **mit wem habe ich die ~?** ¿con quién tengo el honor?; **etw in ~n halten** honrar algo; **jdm die letzte ~ erweisen** rendirle a alguien el último homenaje; **wir geben uns die ~, zu ...** nos permitimos...; **was verschafft mir die ~?** ¿a qué debo el honor (de esta visita)?
ehren *vt* honrar; *(achten)* respetar; **sehr geehrte Damen und Herren** distinguidos señores y señoras; *(Briefanrede)* muy señores míos; **ich fühle mich sehr geehrt** me siento muy honrado
Ehrenamt *nt* cargo *m* honorífico
ehrenamtlich *adj* honorífico
Ehrenbürger(in) *m(f)* ciudadano, -a *m, f* de honor
Ehrendoktor *m* doctor *m* honoris causa
Ehrendoktorwürde *f* <-, -n> (UNIV) (título *m* de) doctor(a) *m(f)* honoris causa
Ehrengast *m* invitado, -a *m, f* de honor
ehrenhaft *adj* honorable
Ehrenhaftigkeit *f* <-, *ohne pl*> honorabilidad *f,* honradez *f*
Ehrenlegion *f* <-, -en> Legión *f* de Honor
Ehrenmal *nt* monumento *m* conmemorativo
Ehrenmann *m* hombre *m* de honor
Ehrenmitglied *nt* <-(e)s, -er> miembro *m* honorífico [*o* de honor]
Ehrenplatz *m* puesto *m* de honor
Ehrenpreis *nt* (BOT) verónica *f*
Ehrenrettung *f* salvación *f* del honor; **zu seiner ~ muss ich einräumen, dass ...** debo reconocer en su favor que...
Ehrenrunde *f* (SPORT) vuelta *f* de honor; **eine ~ drehen** *(die Schulklasse wiederholen)* tener que repetir el curso
Ehrensache *f* cuestión *f* de honor
Ehrentag *m* día *m* memorable
Ehrenurkunde *f* diploma *m* de honor
ehrenvoll *adj* honroso
ehrenwert *adj* honorable
Ehrenwort *nt* palabra *f* de honor
ehrerbietig ['eːɐʔɛɐbiːtɪç] *adj* respetuoso

Ehrfurcht *f (Achtung)* profundo respeto *m* (**vor** hacia); *(Verehrung)* veneración *f* (**vor** por); **vor etw** *dat* **~ haben** respetar algo; **~ gebietend** que impone respeto
ehrfurchtgebietend *adj s.* **Ehrfurcht**
ehrfürchtig ['eːɐfʏrçtiç] *adj*, **ehrfurchtsvoll** *adj* respetuoso
Ehrgefühl *nt ohne pl* sentimiento *m* del honor
Ehrgeiz *m* ambición *f*
ehrgeizig *adj* ambicioso
ehrlich *adj* honrado; *(aufrichtig)* sincero; **er meint es ~ mit uns** obra de buena fe con nosotros; **~ gesagt** a decir verdad; **ich war krank, ~** *(fam)* estuve enfermo, de verdad; **wir haben ~ geteilt** compartimos honradamente
ehrlicherweise ['---'--] *adv* honradamente; *(aufrichtigerweise)* sinceramente
Ehrlichkeit *f ohne pl* honradez *f; (Aufrichtigkeit)* sinceridad *f*
ehrlos *adj* deshonrado
Ehrung ['eːrʊŋ] *f* <-en> homenaje *m* (a)
ehrwürdig *adj* venerable; *(achtbar)* respetable
Ei [aɪ] *nt* <-(e)s, -er> ❶ *(Vogel-, Hühnerei)* huevo *m*, blanquillo *m Guat, Méx;* **ein hartes/weiches ~** un huevo duro/pasado por agua; **wie aus dem ~ gepellt** *(fam)* de punta en blanco; **jdn wie ein rohes ~ behandeln** *(fig)* tratar a alguien con guante de seda; **sich** *dat* **gleichen wie ein ~ dem anderen** parecerse como dos gotas de agua ❷ *(Keimzelle)* óvulo *m* ❸ *pl (vulg: Hoden)* huevos *mpl* ❹ *pl (fam: Geld)* pelas *fpl*
Eibe ['aɪbə] *f* <-n> tejo *m*
Eichamt ['aɪçʔamt] *nt* oficina *f* de pesos y medidas
Eiche ['aɪçə] *f* <-n> roble *m*
Eichel ['aɪçəl] *f* <-n> ❶ (BOT) bellota *f* ❷ (ANAT) glande *m*
eichen ['aɪçən] *vt (Maße)* contrastar; *(Instrumente)* calibrar; *(Fässer)* marcar; *(Messglas)* graduar
Eichhörnchen *nt* (ZOOL) ardilla *f*
Eichmaß *nt* (TECH) medida *f* de contraste
Eichung *f* <-, -en> contraste *m*
Eid [aɪt] *m* <-(e)s, -e> juramento *m;* **an ~es statt erklären** (JUR) declarar bajo juramento; **unter ~ stehen** estar bajo juramento; **einen ~ ablegen** prestar juramento
Eidbruch *m* perjurio *m;* **einen ~ begehen** cometer perjurio
eidbrüchig *adj* perjuro; **~ werden** perjurar
Eidechse ['aɪdɛksə] *f* <-n> (ZOOL) lagarto *m*, iguana *f Am*
Eidesformel ['aɪdəsfɔrməl] *f* <-, -n> (JUR) fórmula *f* de juramento
eidesstattlich *adj* (JUR) jurado; **~e Erklärung** declaración jurada; **etw ~ erklären** declarar algo bajo juramento
Eidgenosse, -in *m, f* confederado, -a *m, f; (Schweizer Bürger)* suizo, -a *m, f*
Eidgenossenschaft *f* confederación *f;* **Schweizerische ~** Confederación Helvética
Eidgenossin *f s.* **Eidgenosse**
eidgenössisch *adj (schweizerisch)* suizo; *(im Gegensatz zu kantonal)* confederado
eidlich I. *adj* jurado **II.** *adv* bajo juramento
Eidotter ['aɪdɔtɐ] *nt o m* yema *f* de huevo
Eierbecher *m* huevero *m*
Eierkarton *m* cartón *m* de huevos
Eierkocher *m* <-s, -> hervidor *m* para huevos
Eierkuchen *m (Pfannkuchen)* ≈ torta *f* (de huevo); *(Omelett)* tortilla *f* francesa; *(süß)* crepe *f*
Eierlikör *m* licor *m* de huevo
Eierlöffel *m* <-s, -> cucharilla *f* para huevos
eiern ['aɪɐn] *vi (fam)* ❶ *sein (Person)* tambalearse ❷ *(Sache)* **das Rad eiert** la rueda está torcida
Eierschale *f* cáscara *f* de huevo
Eierschwamm *m* <-(e)s, -schwämme>, **Eierschwammerl** *nt* <-s, -n> *(Österr)* cantarela *f*
Eierstock *m* (ANAT) ovario *m*
Eieruhr *f* reloj *m* de arena *(para medir el tiempo de cocción de los huevos)*
Eifer ['aɪfɐ] *m* <-s, *ohne pl*> afán *m; (Streben)* empeño *m;* **im ~ des Gefechts** en el calor de la disputa
eifern ['aɪfɐn] *vi* ❶ *(geh: streben)* ambicionar (**nach**) ❷ *(schmähen)* clamar (**gegen** contra)
Eifersucht *f ohne pl* celos *mpl;* **aus ~** por celos
eifersüchtig *adj* celoso (**auf** de); **jdn ~ machen** poner celoso a alguien; **auf jdn ~ sein** tener celos de alguien
Eiffelturm ['aɪfəl-] *m* torre *f* Eiffel
eiförmig ['aɪfœrmɪç] *adj* ovoide, ovalado
eifrig ['aɪfrɪç] **I.** *adj* apasionado; *(emsig)* diligente; *(fleißig)* aplicado **II.** *adv* con empeño
Eigelb *nt* <-(e)s, -e, *nach Zahlen:* -> yema *f*
eigen ['aɪgən] *adj* ❶ *(zugehörig)* propio; **etw mit ~en Augen gesehen haben** haber visto algo con sus propios ojos; **etw sein E~ nennen** *(geh)* declarar algo de su propiedad; **in ~er Person** personalmente ❷ *(persönlich)* propio; *(unabhängig)* inde-

E

pendiente; *(gesondert)* aparte; **eine ~e Meinung haben** tener una opinión propia; **sein ~er Herr sein** ser independiente ③ *(charakteristisch)* característico (de); *(typisch)* típico (de); **mit dem ihm ~en Zynismus** con el cinismo que le caracteriza ④ *(wunderlich)* raro

Eigenart[1] *f ohne pl (Eigentümlichkeit)* particularidad *f*

Eigenart[2] *f* ① *(Besonderheit)* singularidad *f* ② *(Wesenszug)* característica *f*

eigenartig *adj* raro

Eigenbedarf *m (an Gütern)* consumo *m* propio; *(einer Wohnung)* necesidad *f* propia

Eigenbrötler(in) ['aɪgənbrø:tlɐ] *m(f)* <-s, -; -nen> *(abw)* tipo, -a *m, f* raro , -a

eigenbrötlerisch *adj* solitario

Eigendynamik *f* dinámica *f* propia

Eigenfinanzierung *f* (FIN) autofinanciación *f*

eigenhändig ['aɪgənhɛndɪç] **I.** *adj (Unterschrift)* de su puño y letra; *(Testament)* (h)ológrafo **II.** *adv* con sus propias manos

Eigenheim *nt* casa *f* propia

Eigenheit *f* <-en> *s.* **Eigenart**[2]

Eigeninitiative *f* iniciativa *f* propia

Eigenkapital *nt* (FIN) capital *m* propio

Eigenleben *nt* <-s, *ohne pl*> *(selbstständige Existenz)* vida *f* independiente

Eigenleistung *f* <-, -en> ① *(Geleistetes)* mérito *m* personal ② *(Beitrag)* contribución *f* propia

Eigenlob *nt* <-(e)s, -e> alabanza *f* propia, autoalabanza *f;* ~ **stinkt!** *(fam)* ¡la alabanza propia envilece!

eigenmächtig I. *adj* arbitrario **II.** *adv* por cuenta propia; ~ **handeln** obrar por cuenta propia

Eigenname *m* nombre *m* propio

Eigennutz ['aɪgənnʊts] *m* <-es, *ohne pl*> interés *m* personal

eigennützig ['aɪgənnʏtsɪç] **I.** *adj* interesado; *(egoistisch)* egoísta **II.** *adv* por interés

Eigenproduktion *f* <-, -en> producción *f* propia

Eigenregie ['aignreʒi:] *f* <-, *ohne pl*> **in** ~ por cuenta propia, por decisión propia

eigens ['aɪgəns] *adv* expresamente

Eigenschaft *f* <-en> cualidad *f; (Merkmal)* característica *f;* **in seiner ~ als Vorsitzender** en su calidad de presidente

Eigenschaftswort *nt* adjetivo *m*

Eigensinn *m ohne pl* testarudez *f*

eigensinnig *adj* testarudo

eigenständig *adj* independiente

Eigenständigkeit *f ohne pl* independencia *f*

eigentlich ['aɪgəntlɪç] **I.** *adj* ① *(wirklich)* verdadero; *(eigen)* propio; **sein ~er Name lautet ...** su verdadero nombre es... ② *(ursprünglich)* original **II.** *adv (tatsächlich)* en realidad; *(ehrlich gesagt)* a decir verdad; *(im Grunde genommen)* en el fondo; **was willst du ~?** ¿qué es lo que quieres en realidad?

Eigentor *nt* <-(e)s, -e> (SPORT) gol *m* en propia puerta

Eigentum *nt* <-s, *ohne pl*> propiedad *f;* **geistiges** ~ propiedad intelectual

Eigentümer(in) ['aɪgənty:mɐ] *m(f)* <-s, -; -nen> propietario, -a *m, f*

eigentümlich *adj* ① *(charakteristisch)* característico; *(typisch)* típico ② *(sonderbar)* curioso

Eigentümlichkeit[1] *f* <-en> *(Charakteristikum)* característica *f*

Eigentümlichkeit[2] *f ohne pl (Sonderbarkeit)* particularidad *f*

Eigentumsrecht *nt* derecho *m* de propiedad

Eigentumswohnung *f* piso *m* propio, condominio *m Am*

eigenverantwortlich I. *adj* de responsabilidad propia **II.** *adv* por propia cuenta (y riesgo); ~ **handeln** obrar por cuenta propia

Eigenverantwortung *f ohne pl* responsabilidad *f* propia; **etw in ~ tun** hacer algo bajo su propia responsabilidad

eigenwillig *adj* ① *(egoistisch)* egoísta ② *(sonderbar)* particular; *(unkonventionell)* original ③ *(eigensinnig)* caprichoso ④ *(störrisch)* testarudo

Eigenwilligkeit *f* <-, *ohne pl*> ① *(Ichbezogenheit)* egoísmo *m* ② *(unkonventionelle Art)* falta *f* de convencionalidad, originalidad *f* ③ *(Eigensinn)* carácter *m* caprichoso ④ *(Störrischkeit)* testarudez *f,* obstinación *f,* porfía *f Am*

eignen ['aɪgnən] *vr* **sich für etw** [*o* **zu etw** *dat*] ~ *(Person)* reunir las cualidades necesarias para algo; *(Sache)* prestarse para algo, ser apropiado para algo

Eigner(in) *m(f)* <-s, -; -, -nen> propietario, -a *m, f*

Eignung *f ohne pl* aptitud *f*

Eignungsprüfung *f* <-, -en>, **Eignungstest** *m* <-(e)s, -s *o* -e> examen *m* de aptitud, prueba *f* de aptitud

Eignungstest *m* prueba *f* de aptitud

Eiland ['aɪlant, *pl:* 'aɪlandə] *nt* <-(e)s, -e> *(geh)* isla *f*

Eilbote, -in *m, f* mensajero, -a *m, f;* **per** ~ exprés

Eilbrief *m* carta *f* urgente

Eile ['aɪlə] *f ohne pl (Hast)* prisa *f,* apuro *m Am; (Dringlichkeit)* urgencia *f;* **in ~ sein** tener prisa, estar apurado *Am;* **das hat**

keine ~ eso no corre prisa; **in aller** ~ a toda prisa
Eileiter *m* <-s, -> (ANAT) trompa *f* (de Falopio)
eilen ['aɪlən] *vi* ① *(dringend sein)* correr prisa; **eilt!** ¡urgente!; **damit eilt es nicht** esto no corre prisa ② *sein (Mensch)* ir corriendo (**zu** a); *(sich beeilen)* apresurarse; **jdm zu Hilfe** ~ acudir corriendo en socorro de alguien
eilig ['aɪlɪç] *adj* ① *(schnell)* rápido, apurado *Am;* **es** ~ **haben** tener prisa, estar apurado *Am* ② *(dringend)* urgente
Eilmeldung *f* comunicación *f* urgente
Eilsendung *f (Brief)* carta *f* urgente; *(Päckchen)* paquete *m* urgente
Eiltempo *nt* a toda velocidad; **etw im** ~ **erledigen** hacer algo a toda velocidad
Eilzug *m* (tren *m*) expreso *m*
Eilzustellung *f* entrega *f* exprés
Eimer ['aɪmɐ] *m* <-s, -> cubo *m;* **im** ~ **sein** *(fig)* haberse ido al traste
ein [aɪn] *adv* **E~/Aus** *(auf Geräten)* on/off; **bei jdm** ~ **und aus gehen** entrar como Pedro por su casa; **nicht mehr** ~ **noch aus wissen** estar totalmente desconcertado
ein, eine, ein I. *adj (Zahlwort)* un, una; **das kostet ~en Euro** cuesta un euro; **es ist** ~ **Uhr** es la una; **sie ist sein E~ und Alles** ella lo es todo para él; **das ist doch** ~ **und dasselbe** pero si es exactamente lo mismo; ~ **für allemal** de una vez por todas; **in ~em fort** de un tirón **II.** *art unbest* un, una; **~es Tages** un día; **was für ~e Hitze!** ¡qué calor!
Einakter ['aɪnʔaktɐ] *m* <-s, -> pieza *f* (de teatro) en un acto
einander [aɪ'nandɐ] *pron refl* el uno al otro, mutuamente; *(wechselseitig)* recíprocamente; **sie helfen** ~ se ayudan mutuamente; **zwei** ~ **widersprechende Aussagen** dos declaraciones contradictorias
ein|arbeiten I. *vt* ① *(Mitarbeiter)* iniciar (**in** en) ② *(einfügen)* introducir (**in** en) **II.** *vr:* **sich** ~ integrarse (**in** en)
Einarbeitungszeit *f* <-, -en> período *m* de adaptación
einarmig *adj* manco
ein|äschern ['aɪnʔɛʃɐn] *vt (Leichnam)* incinerar
ein|atmen I. *vi* respirar **II.** *vt* inspirar; (MED) inhalar
einäugig ['aɪnʔɔɪgɪç] *adj* tuerto
Einbahnstraße *f* calle *f* de sentido único
ein|balsamieren* *vt (Leiche)* embalsamar
Einband *m* <-(e)s, -bände> encuadernación *f*
einbändig ['aɪnbɛndɪç] *adj* en [*o* de] un tomo
Einbau[1] ['aɪnbaʊ] *m* <-(e)s, *ohne pl*> *(Montage)* montaje *m; (Installation)* instalación *f*
Einbau[2] *m* <-(e)s, -ten> *(Teil)* módulos *mpl*
ein|bauen *vt* ① *(hineinmontieren)* montar (**in** en); *(eingliedern)* incorporar (**in** en); *(installieren)* instalar (**in** en) ② *(einfügen)* insertar (**in** en)
Einbauküche *f* cocina *f* de módulos (intercambiables)
Einbaum *m* canoa *f*
Einbaumöbel *ntpl* muebles *mpl* empotrados
Einbauschrank *m* armario *m* empotrado
ein|behalten* *irr vt* retener
Einbehaltung *f* <-, -en> retención *f*
ein|berufen* ['aɪnbəru:fən] *irr vt* ① *(Versammlung)* convocar (**zu** a) ② (MIL) llamar a filas
Einberufene(r) *mf* <-n, -n; -n, -n> (MIL) recluta *mf*
Einberufung *f* <-en> ① *(einer Versammlung)* convocatoria *f* (**zu** a) ② (MIL) llamamiento *m* a filas
Einberufungsbescheid *m* (MIL) notificación *f* del llamamiento a filas
einbetonieren* *vt* empotrar en hormigón (a)
ein|betten *vt* intercalar (**in** en)
Einbettzimmer *nt* habitación *f* de una cama
ein|beziehen* *irr vt* incluir (**in** en)
Einbeziehung *f* <-, *ohne pl*> inclusión *f;* **die** ~ **des Publikums in die Aufführung war neuartig** la participación del público en la representación fue una novedad; **unter** ~ **von …** teniendo en cuenta…
ein|biegen *irr vi sein* doblar; *(beim Fahren)* girar; **nach links** ~ doblar a la izquierda
ein|bilden *vr:* **sich** ~ ① *(sich vorstellen)* **sich** *dat* **etw** ~ imaginarse algo; **was bildest du dir eigentlich ein?** *(fam)* ¿qué te crees? ② *(stolz sein)* **sich** *dat* **etwas** ~ **auf** estar orgulloso de
Einbildung[1] *f* <-en> *(Trugbild)* ilusión *f,* quimera *f*
Einbildung[2] *f ohne pl* ① *(Vorstellung)* imaginación *f* ② *(Überheblichkeit)* presunción *f*
Einbildungskraft *f ohne pl* (poder *m* de) imaginación *f*
ein|binden *irr vt* ① *(Buch)* encuadernar ② *(einbeziehen)* incluir (**in** en)
Einbindung *f* <-, -en> integración *f*
einbläuen ['aɪnblɔɪən] *vt* inculcar

ein|blenden **I.** *vt (Musik)* intercalar (**in** en) **II.** *vr:* **sich ~** (TV, RADIO) conectar (**in** con)

Einblendung *f* <-, -en> (FILM, TV, RADIO) ① *(das Einblenden)* inserción *f* ② *(eingeblendeter Teil)* espacio *m* insertado, fundido *m*

Einblick *m* <-(e)s, -e> ① *(Aussicht)* vista *f* ② *(prüfendes Einsehen)* inspección *f;* **jdm ~ in etw gewähren** permitir a alguien que se entere de algo ③ *(Einsicht)* idea *f;* **einen ~ in etw gewinnen** formarse una idea de algo

ein|brechen *irr vi* ① *sein (stürzen)* hundirse; **sie ist auf dem Eis eingebrochen** se hundió en el hielo ② *sein (Dunkelheit)* irrumpir ③ *haben o sein (eindringen)* entrar a robar

Einbrecher(in) *m(f)* <-s, -; -nen> ladrón, -ona *m, f*

ein|bringen *irr* **I.** *vt* ① *(Ernte)* recolectar ② *(Gewinn)* rendir; *(Zinsen)* producir; *(Werte)* aportar (**in** a) ③ *(Antrag)* presentar; *(Vorschläge, Ideen)* aportar (**in** a) **II.** *vr:* **sich ~** participar (**in** en)

ein|brocken ['aɪnbrɔkən] *vt (fam)* **jdm etwas ~** meter a alguien en un lío

Einbruch *m* <-(e)s, -brüche> ① *(in Gebäude)* robo *m* ② *(Beginn)* comienzo *m;* **bei ~ der Dämmerung** a la caída de la tarde ③ *(Einsturz)* derrumbamiento *m; (des Bodens)* hundimiento *m* ④ *(Niederlage)* derrota *f*

ein|buchten ['aɪnbʊxtən] *vt (fam)* encarcelar

Einbuchtung *f* <-, -en> ensenada *f*

ein|buddeln **I.** *vt (fam)* enterrar **II.** *vr:* **sich ~** *(fam)* enterrarse

ein|bürgern **I.** *vt* ① *(Person)* naturalizar ② *(Tiere, Pflanzen)* aclimatar ③ *(Brauch)* introducir **II.** *vr:* **sich ~** *(Brauch, Fremdwort)* generalizarse

Einbürgerung *f* <-en> nacionalización *f*

Einbürgerungsantrag *m* (POL) demanda *f* de nacionalización

Einbuße *f* <-n> pérdida *f;* **~n an etw** *dat* **erleiden** sufrir pérdidas de algo

ein|büßen *vt* perder (**an** parte de)

Eincentstück [-'--] *nt* moneda *f* de un céntimo (de euro)

ein|checken **I.** *vi* (AERO: *Passagiere*) embarcar; *(im Hotel etc.)* registrar la entrada/salida **II.** *vt* (AERO: *Gepäck*) embarcar

ein|cremen ['aɪnkre:mən] **I.** *vt* aplicar [*o* dar] crema (en) **II.** *vr:* **sich ~** darse crema

ein|dämmen *vt* ① *(beschränken)* restringir ② *(Fluss)* encauzar

ein|decken **I.** *vt (fam: überhäufen)* colmar (**mit** de), llenar (**mit** de) **II.** *vr:* **sich ~** *(versorgen)* aprovisionarse (**mit** de), premunirse (**mit** de) *Am*

eindeutig ['aɪndɔɪtɪç] *adj* ① *(unmissverständlich)* inequívoco ② *(deutlich)* claro

Eindeutigkeit *f* <-, *ohne pl*> ① *(Unmissverständlichkeit)* claridad *f* ② *(Unzweifelhaftigkeit)* evidencia *f*

ein|deutschen *vt* alemanizar

ein|dicken **I.** *vt* (GASTR: *sämiger machen*) (dejar) espesar, amelcochar *Arg, Méx, Par* **II.** *vi sein (zähflüssiger werden)* espesar

eindimensional ['aɪndimɛnzjona:l] *adj* unidimensional

ein|dösen *vi sein (fam)* adormecerse

ein|dringen ['aɪndrɪŋən] *irr vi sein* penetrar (**in** en), entrar (**in** en/a); (MIL) invadir (**in**); **auf jdn ~** amenazar a alguien

eindringlich **I.** *adj* insistente **II.** *adv* con insistencia

Eindringlichkeit *f* <-, *ohne pl*> insistencia *f;* **er warnte ihn mit großer ~ vor den Folgen** le advirtió muy enérgicamente de las consecuencias

Eindringling *m* <-s, -e> intruso, -a *m, f,* quitagusto *m Ecua, Perú*

Eindruck *m* <-(e)s, -drücke> ① *(Wirkung)* impresión *f;* **ich habe den ~, dass ...** tengo la impresión de que...; **den ~ erwecken, dass ...** dar la impresión de que...; **~ (auf jdn) machen** impresionar (a alguien) ② *(Druckstelle)* impresión *f; (Spur)* huella *f*

ein|drücken *vt (Blech)* abollar; *(Scheibe)* romper

eindrücklich *adj (Schweiz)* impresionante

eindrucksvoll *adj* impresionante

eine ['aɪnə] **I.** *adj o art unbest s.* **ein, eine, ein** **II.** *pron indef s.* **eine(r, s)**

eine(r, s) *pron indef* uno, una; **weder der ~ noch der andere** ni el uno ni el otro; **das ~ sag' ich dir ...** *(fam)* te digo una cosa...

ein|ebnen *vt* nivelar; *(Gelände)* allanar

eineiig ['aɪn'ʔaɪɪç] *adj* univitelino; **~e Zwillinge** gemelos (univitelinos)

eineinhalb ['aɪnʔaɪn'halp] *adj inv* uno y medio; **es hat ~ Stunden gedauert** ha durado hora y media

eineinhalbmal *adv* uno y medio; **er verdient ~ so viel wie sie** él gana la mitad más que ella

ein|engen *vt* ① *(Kleidung)* apretar ② *(beschränken)* coartar; *(einschränken)* limitar

Einengung *f* <-, -en> ① *(Bedrängung)* acoso *m* ② *(Beschränkung)* limitación *f*

einer **I.** *art unbest gen/dat von* **eine** *s.* **ein, eine, ein** **II.** *pron indef gen/dat von* **eine** *s.* **eine(r, s)**

Einer *m* <-s, -> ① (MATH) unidad *f* ② (SPORT) esquife *m*
einerlei *adj inv* ① *(gleichgültig)* igual; **das ist mir ganz ~** me es igual ② *(gleichartig)* de la misma clase; *s. a.* **achterlei**
Einerlei ['aɪnɐ'laɪ] *nt* <-s, *ohne pl*> monotonía *f*
einerseits *adv* por una parte, por un lado; **~ bin ich neugierig, andererseits habe ich Angst davor** por una parte tengo curiosidad, por la otra tengo miedo
Eineurostück *nt* moneda *f* de un euro
einfach ['aɪnfax] **I.** *adj* ① *(nur einmal)* simple; **eine ~e Fahrkarte** un billete de ida ② *(leicht)* fácil; **du machst es dir zu ~** te lo haces demasiado fácil ③ *(schlicht)* modesto, sencillo **II.** *adv* simplemente; **es klappt ~ nicht** sencillamente no funciona; **du kannst doch nicht ~ verschwinden** no puedes irte así como así
Einfachheit *f ohne pl* simplicidad *f;* *(Schlichtheit)* sencillez *f;* **der ~ halber** para simplificar
ein|fädeln ['aɪnfɛːdəln] **I.** *vt* ① *(Nadel)* enhebrar ② *(fam: anbahnen)* urdir **II.** *vr:* **sich ~** *(im Verkehr)* integrarse (**in** en)
ein|fahren *irr* **I.** *vi sein (Zug, Schiff)* entrar (**in** a/en) **II.** *vt* ① *(beschädigen)* derribar ② *(Ernte, Fahrwerk)* recoger ③ *(Auto)* rodar **III.** *vr:* **sich ~** *(sich einspielen)* normalizarse
Einfahrt[1] *f ohne pl (eines Zuges)* entrada *f* (**in** a/en); *(Ankunft)* llegada *f* (**in** a)
Einfahrt[2] *f* <-en> *(Weg)* entrada *f;* **~ freihalten!** ¡prohibido estacionar!
Einfall *m* <-(e)s, -fälle> ① *(Idee)* idea *f,* ocurrencia *f* ② *(von Licht)* incidencia *f* ③ (MIL) invasión *f* (**in**)
ein|fallen *irr vi sein* ① *(in den Sinn kommen)* ocurrir; **was fällt Ihnen ein!** ¡qué se cree Ud.!; **du musst dir etwas ~ lassen** tienes que pensar algo ② *(in Erinnerung kommen)* venir a la memoria ③ *(zusammenstürzen)* derrumbarse ④ *(Gesicht, Wangen)* hundirse ⑤ (MIL) invadir (**in** en) ⑥ *(einstimmen)* acompañar (**in**) ⑦ *(Licht)* entrar
einfallslos *adj* sin imaginación; *(langweilig)* aburrido
Einfallslosigkeit *f* <-, *ohne pl*> ① *(Ideenlosigkeit)* falta *f* de ideas ② *(Langweiligkeit)* sosería *f*
einfallsreich *adj* ocurrente
Einfallsreichtum *m ohne pl* riqueza *f* de ideas
Einfallswinkel *m* <-s, -> (PHYS) ángulo *m* de incidencia
Einfalt ['aɪnfalt] *f ohne pl (Naivität)* ingenuidad *f;* *(Dummheit)* simpleza *f*
einfältig ['aɪnfɛltɪç] *adj* ① *(töricht)* simple; *(Dummkopf)* mentecato, pendejo *Am* ② *(naiv)* ingenuo
Einfaltspinsel *m (fam abw)* panoli *mf,* guanaco, -a *m, f Am*
Einfamilienhaus *nt* casa *f* unifamiliar
ein|fangen *irr vt (Tier, Verbrecher)* atrapar; **sich** *dat* **eine Ohrfeige/Erkältung ~** *(fam)* ganarse una bofetada/pillar un resfriado
einfärben *vt* teñir
einfarbig *adj* unicolor; *(Tier)* tapado *Am*
ein|fassen *vt* ① *(Gebiet)* limitar ② *(mit Borte)* orlar ③ *(Edelstein)* engastar
ein|fetten *vt* engrasar
ein|finden *irr vr:* **sich ~** presentarse (**in** en)
einflechten *irr vt (Band)* trenzar; *(Bemerkung)* intercalar
ein|fließen *irr vi sein (Gelder)* entrar; *(Kaltluft)* entrar; **~ lassen, dass …** decir de pasada que…
ein|flößen *vt* ① *(Medizin)* administrar ② *(Bewunderung)* causar; *(Furcht)* infundir; *(Vertrauen)* inspirar
Einflugschneise ['aɪnfluːkʃnaɪzə] *f* (AERO) corredor *m* de entrada
Einfluss *m* <-es, -flüsse> ① *(Einwirkung)* influencia *f* (**auf** sobre); **einen guten ~ auf jdn ausüben** ejercer una buena influencia sobre alguien ② *(Wirkung)* efecto *m;* **unter dem ~ von Alkohol stehen** estar bajo los efectos del alcohol ③ *(Ansehen)* prestigio *m*
Einflussnahme ['aɪnflʊsnaːmə] *f* <-, -n> influencia *f* (**auf** sobre)
einflussreich *adj* influyente, cogotudo *AmC, Ant*
einflüstern *vt* ① *(abw: suggerieren)* **jdm etw ~** insinuarle algo a alguien ② *(flüsternd vorsagen)* decir al oído
ein|fordern *vt (geh)* reclamar
einförmig ['aɪnfœrmɪç] *adj* uniforme; *(monoton)* monótono
ein|frieden ['aɪnfriːdən] *vt (mit Mauer)* cercar; *(mit Grenzstein)* acotar
ein|frieren *irr* **I.** *vi sein (Wasserrohr)* congelarse **II.** *vt (Lebensmittel, Löhne)* congelar; **das E~ der Gehälter** la congelación salarial
ein|fügen **I.** *vt* ① *(einarbeiten)* insertar (**in** en) ② *(bemerken)* añadir (**in** a) ③ (INFOR) intercalar **II.** *vr:* **sich ~** *(anpassen)* adaptarse (**in** a); *(sich integrieren)* integrarse (**in** en)
Einfügetaste *f* (INFOR) tecla *f* de inserción
ein|fühlen *vr:* **sich ~** *(in eine Situation)* compenetrarse (**in** con); *(in einen Menschen)* identificarse (**in** con)

einfühlsam *adj* *(Mensch)* comprensivo; *(Worte)* sugestivo

Einfühlungsvermögen *nt* sensibilidad *f*

Einfuhr ['aɪnfuːɐ] *f* <-en> importación *f*

ein|führen *vt* ① *(anleiten)* iniciar (**in** en) ② *(hineinschieben)* introducir (**in** en) ③ (COM) importar (**nach** a) ④ *(bekannt machen)* presentar (**bei** a) ⑤ *(etw Neues)* introducir (**in** en); *(Ware)* lanzar (**in** a); *(System)* establecer (**in** en) ⑥ *(Wend)* **wieder ~** *(Brauch)* restablecer

Einfuhrgenehmigung *f* permiso *m* de importación

Einfuhrsperre *f* (COM) prohibición *f* de las importaciones

Einführung *f* <-en> ① *(Hineinschieben)* introducción *f* ② *(von Maßnahmen)* adopción *f*; *(von Steuern)* imposición *f* ③ *(Anleitung)* introducción *f* ④ *(Vorstellung)* presentación *f*

Einfuhrverbot *nt* prohibición *f* de importación

Einfuhrzoll *m* (COM) derechos *mpl* de importación

einfüllen *vt* echar (**in** en)

Eingabe *f* <-n> ① *(Antrag)* petición *f*, solicitud *f* ② (INFOR) entrada *f* de datos

Eingabeaufforderung *f* <-, -en> (INFOR) instrucción *f* de entrada

Eingabefeld *nt* (INFOR) campo *m* de entradas

Eingabetaste *f* (INFOR) tecla *f* de entrada

Eingang[1] *m* <-(e)s, -gänge> ① *(Tür)* entrada *f* ② *pl* *(Geld)* entradas *fpl*; *(Post)* correspondencia *f*

Eingang[2] *m* <-(e)s, *ohne pl*> *(von Post)* llegada *f*; *(von Geld)* entrada *f*

eingängig ['aɪngɛŋɪç] *adj* *(Erklärung)* clara; *(Melodie)* pegadizo

eingangs ['aɪngaŋs] **I.** *präp* +*gen* al principio de **II.** *adv* al principio

Eingangshalle *f* vestíbulo *m*

ein|geben *irr* *vt* ① (INFOR) introducir (**in** en) ② *(Arznei)* administrar ③ *(geh: Idee)* sugerir

eingebildet *adj* *(abw)* ① *(hochmütig)* presuntuoso; *(eitel)* presumido, facistol *Am*; *(anmaßend)* engreído ② *(nicht wirklich)* imaginario

eingeboren *adj* indígena

Eingeborene(r) *mf* <-n, -n; -n> indígena *mf*

Eingebung ['aɪngeːbʊŋ] *f* <-en> *(geh)* inspiración *f*

eingefahren *adj* arraigado

eingefallen *adj* enflaquecido; **~e Wangen** mejillas hundidas

eingefleischt ['aɪngəflaɪʃt] *adj* arraigado; **ein ~er Junggeselle** un solterón empedernido

ein|gehen *irr sein* **I.** *vi* ① *(sich auseinandersetzen)* ocuparse (**auf** de); **auf diese Frage gehe ich später näher ein** me ocuparé de esta pregunta más adelante ② *(zustimmen)* aceptar (**auf**); **auf einen Vorschlag ~** aceptar una propuesta ③ *(Post)* llegar ④ *(Kleidung)* encoger ⑤ *(fam: sterben)* morir(se); *(Betrieb)* cerrar ⑥ *(fam: verstehen)* entrar; **es geht mir nicht ein, dass ...** no me entra que... +*subj* ⑦ *(Wend)* **in die Geschichte ~** pasar a la historia **II.** *vt* ① *(Vertrag)* ultimar ② *(Risiko)* correr; **ich gehe jede Wette ein, dass er gewinnt** apuesto lo que sea a que gana él ③ *(Ehe)* contraer

eingehend *adj* *(ausführlich)* exhaustivo; *(in allen Einzelheiten)* detallado

Eingemachte(s) *nt* <-n, *ohne pl*> confituras *fpl*; **ans ~ gehen** *(fam fig)* ir al grano

eingeschnappt *adj* *(fam abw)* mosqueado

eingeschränkt ['aɪngəʃrɛnkt] *adj* limitado; **~ leben** vivir modestamente

eingeschrieben *adj* *(Brief)* certificado

eingespannt *adj* *(beschäftigt)* ocupado

eingespielt *adj* **aufeinander ~ sein** entenderse bien

Eingeständnis *nt* <-ses, -se> confesión *f*

ein|gestehen* *irr* *vt* confesar; *(zugeben)* admitir

eingestellt *adj* **auf etw ~ sein** estar preparado para (hacer) algo; **ich bin nicht auf Besuch ~** no estoy preparado para recibir visita; **mein ganzes Leben ist auf die Kinder ~** toda mi vida gira alrededor de los niños

eingetragen *adj* *(Mitglied)* inscrito; *(Verein)* registrado

Eingeweide ['aɪngəvaɪdə] *ntpl* vísceras *fpl*

Eingeweihte(r) *mf* <-n, -n; -n> iniciado, -a *m, f*

ein|gewöhnen* *vr*: **sich ~** acostumbrarse (**in** a)

Eingewöhnung *f ohne pl* adaptación *f*

ein|gießen *irr* *vt* echar (**in** en)

eingleisig ['aɪnglaɪzɪç] *adj* de una sola vía

ein|gliedern *vt* incorporar (**in** a); *(integrieren)* integrar (**in** en)

Eingliederung *f* <-en> *(Sozialisierung)* (re)integración *f* (**in** en); (ADMIN: *Behörden, besetzte Gebiete*) integración *f* (**in** en)

ein|graben *irr* **I.** *vt* *(vergraben)* enterrar (**in** en) **II.** *vr*: **sich ~** *(Tier)* esconderse bajo tierra; **etw gräbt sich ins Gedächtnis ein** *(fig)* algo se graba en la memoria

ein|gravieren* *vt* grabar (**in** en)

ein|greifen *irr vi* ① *(Einfluss nehmen)* intervenir (**in** en) ② (TECH) engranar (**in** en)
ein|grenzen *vt (Problem)* delimitar
Eingriff *m* <-(e)s, -e> ① (MED) intervención *f* ② *(Übergriff)* intromisión *f* (**in** en)
ein|haken I. *vi (fam: in Gespräch)* intervenir II. *vt (befestigen)* enganchar (**in** en) III. *vr* **sich bei jdm ~** tomar a alguien de brazo
Einhalt *(geh)* **jdm/etw** *dat* **~ gebieten** poner coto a alguien/a algo
ein|halten *irr* I. *vt (Termin)* atenerse (a); *(Bedingung)* respetar; *(Versprechen)* cumplir (con); *(Richtung, Diät)* seguir; *(Abstand)* mantener II. *vi (geh: aufhören)* parar; **mit der Arbeit ~** parar de trabajar
Einhaltung *f ohne pl* cumplimiento *m*
einhämmern *vi* ① *(einschlagen)* **auf etw/jdn ~** golpear algo/a alguien, dar golpes a algo/a alguien ② *(fig)* **auf jdn ~** retumbar en los oídos de alguien
ein|handeln *vr (fam)* **sich** *dat* **etw ~** recibir algo
einhändig ['aɪnhɛndɪç] *adj* manco, con una sola mano
ein|hängen I. *vi (Hörer)* colgar II. *vt (Tür, Fenster)* enquiciar III. *vr* **sich bei jdm ~** tomar a alguien de brazo
ein|heften *vt* archivar
einheimisch ['aɪnhaɪmɪʃ] *adj (Bevölkerung, Pflanzen)* autóctono, nativo *Am; (Produkt)* nacional
Einheimische(r) *mf* <-n, -n; -n> autóctono, -a *m, f,* nativo, -a *m, f Am*
Einheit ['aɪnhaɪt] *f* <-en> (*a.* MIL) unidad *f;* (TEL) paso *m* de contador
einheitlich *adj* ① *(in sich geschlossen)* unitario; *(homogen)* uniforme ② *(genormt)* estandarizado
Einheitlichkeit *f <-, ohne pl>* ① *(Gleichheit)* uniformidad *f* ② *(Geschlossenheit)* unidad *f*
Einheitsliste *f* (POL) lista *f* única
Einheitspreis *m* precio *m* único
Einheitstarif *m* (WIRTSCH) tarifa *f* única
Einheitswährung *f* (FIN, POL) moneda *f* unitaria
ein|heizen I. *vi (fam: mahnen)* **jdm ~** cantar(le) a alguien las cuarenta II. *vt (Ofen, Zimmer)* calentar
einhellig ['aɪnhɛlɪç] I. *adj* unánime II. *adv* por unanimidad
ein|holen *vt* ① *(erreichen)* alcanzar ② *(wettmachen)* recuperar ③ *(Netz)* recoger; *(Fahne, Segel)* arriar ④ *(Auskunft)* pedir ⑤ *(fam: einkaufen)* comprar
Einhorn *nt* <-(e)s, -hörner> unicornio *m*
ein|hüllen *vt* envolver (**in** en/con)
einhundert ['-'--] *adj inv* cien; *s. a.* **achthundert**
einig ['aɪnɪç] *adj* ① *(geeint)* unido ② *(einer Meinung)* acorde; **sich** *dat* **über etw ~ sein/werden** estar/ponerse de acuerdo sobre algo
einige(r, s) *pron indef* algún *m,* alguno, -a *m, f,* algunos *mpl,* algunas *fpl;* **in ~n Tagen** dentro de algunos días; **nach ~r Zeit** después de algún tiempo; **in ~r Entfernung** a cierta distancia; **~ glaubten, dass ...** algunos pensaron que...; **das wird ~s kosten** esto va costar bastante
einigen ['aɪnɪgən] I. *vt (einig machen)* unificar; *(aussöhnen)* conciliar II. *vr:* **sich ~** llegar a un acuerdo (**über** sobre)
einigermaßen ['aɪnɪgɐ'maːsən] *adv* hasta cierto punto; *(ziemlich)* bastante
Einigkeit *f ohne pl* unidad *f; (Übereinstimmung)* concordia *f,* conformidad *f;* **in diesem Punkt herrschte ~** hubo conformidad sobre este punto
Einigung *f* <-en> ① *(Übereinstimmung)* acuerdo *m; (Versöhnung)* conciliación *f;* **zu einer ~ kommen** llegar a un acuerdo ② *(Vereinigung)* unificación *f*
ein|impfen *vt (fam)* **jdm etw ~** inculcar algo a alguien
ein|jagen *vt* dar, meter; **jdm Angst ~** meterle miedo a alguien
einjährig ['aɪnjɛːrɪç] *adj* ① *(Kind, Kurs)* de un año ② *(Pflanze)* anual
ein|kalkulieren* *vt* contar (con)
ein|kassieren* *vt* ① *(Geld)* cobrar ② *(fam: festnehmen)* detener ③ *(fam: wegnehmen)* mangar
Einkauf *m* <-(e)s, -käufe> *(Kauf)* compra *f;* **Einkäufe machen** hacer compras
ein|kaufen I. *vi, vt (Waren)* comprar; **~ gehen** ir de compras II. *vr:* **sich ~** *(Teilhaber werden)* adquirir una parte (**in** de)
Einkäufer(in) *m(f)* <-s, -; -nen> comprador(a) *m(f)*
Einkaufsbummel *m* vuelta *f* por las tiendas; **einen ~ machen** ir de tiendas
Einkaufskorb *m* cesta *f* de la compra
Einkaufsliste *f* lista *f* de la compra
Einkaufspassage *f* galería *f* comercial
Einkaufspreis *m* precio *m* de compra
Einkaufsstraße *f* calle *f* comercial
Einkaufstasche *f* bolsa *f* de la compra
Einkaufstüte *f* bolsa *f* de la compra
Einkaufsviertel *nt* zona *f* comercial
Einkaufswagen *m* carrito *m* de la compra
Einkaufszeile *f* calle *f* comercial; *(Hauptеinkaufsstraße)* calle *f* principal
Einkaufszentrum *nt* centro *m* comercial; **virtuelles ~** centro comercial virtual
Einkaufszettel *m* lista *f* de la compra

E

E

Einkehr *f* <-, *ohne pl*> *(geh: Selbstbesinnung)* reflexión *f*, examen *m* de conciencia; **jdn zur ~ bringen** hacer reflexionar a alguien; **~ halten** reflexionar sobre uno mismo, hacer un examen de conciencia

ein|kehren *vi sein* ❶ *(geh: Ruhe)* llegar ❷ *(in Gasthof)* ir a tomar algo

Einkerbung ['aɪnkɛrbʊŋ] *f* <-, -en> *(am Stock)* incisión *f*; *(in Baustamm)* muesca *f*

einklagbar *adj* demandable

ein|klagen *vt* (JUR) demandar

ein|klammern *vt* poner entre paréntesis

Einklang *m* <-(e)s, *ohne pl*> ❶ (MUS) unisonancia *f* ❷ *(geh: Harmonie)* armonía *f*; **in ~ mit etw** *dat* **stehen** armonizar con algo

ein|kleben *vt* pegar (**in** en)

ein|kleiden *vt* ❶ *(Person)* vestir ❷ *(Rekruten)* equipar

ein|klemmen *vt* pillar; **sich den Finger in der Tür ~** pillarse el dedo con la puerta

einklinken I. *vt* cerrar; **den Gurt in das Schloss ~** abrochar el cinturón II. *vr*: **sich ~** (*a.* INFOR) engancharse; **sich in ein Gespräch ~** intervenir en una conversación; **sich in ein Geschäft ~** meterse en un negocio

einknicken *vi sein (nachgeben)* ceder

ein|kochen I. *vi sein (Soße)* espesarse (al fuego) II. *vt (Obst)* confitar

Einkommen *nt* <-s, -> sueldo *m*; *(Einkünfte)* ingresos *mpl*

Einkommensgrenze *f* (WIRTSCH) límite *m* de ingresos

Einkommensgruppe *f* categoría *f* salarial

einkommensschwach *adj* (WIRTSCH) de pocos ingresos

einkommensstark *adj* (WIRTSCH) de ingresos altos

Einkommen(s)steuer *f* impuesto *m* sobre la renta

ein|kreisen *vt* cercar, rodear

Einkreisung *f* <-, -en> cerco *m*; **langsam kamen wir zur ~ des Problems** poco a poco íbamos llegando al meollo del problema

ein|kriegen *vr*: **sich ~** *(fam)* dominarse; **sie kriegte sich vor Lachen gar nicht mehr ein** no consiguió contener su risa

Einkünfte ['aɪnkʏnftə] *pl* ingresos *mpl*

ein|laden *irr vt* ❶ *(Gäste)* invitar (**zu** a) ❷ *(Ladung)* cargar (**in** en)

einladend *adj (verlockend)* tentador; *(verführerisch)* seductor

Einladung *f* <-en> invitación *f* (**zu** a)

Einladungskarte *f* <-, -n>, **Einladungsschreiben** *nt* <-s, -> invitación *f* por escrito

Einlage *f* <-n> ❶ *(im Schuh)* plantilla *f* ortopédica ❷ *(Zahneinlage)* empaste *m* provisional ❸ *(Slipeinlage)* salvaslip *m* ❹ *(in der Zeitung)* suplemento *m* ❺ (THEAT) actuación *f* estelar ❻ (FIN: *Spareinlage*) depósito *m*; *(Kapitaleinlage)* inversión *f*

ein|lagern *vt* almacenar

Einlagerung *f* <-, -en> ❶ *(das Einlagern)* almacenamiento *m* ❷ (BERGB) depósito *m*

Einlass ['aɪnlas] *m* <-es, *ohne pl*> entrada *f*; *(Zutritt)* admisión *f*; **sich** *dat* **~ in etw verschaffen** ser admitido en un lugar

ein|lassen *irr* I. *vt* ❶ *(hereinlassen)* dejar entrar (**in** en); **sich** *dat* **ein Bad ~** prepararse un baño ❷ *(zulassen)* admitir ❸ *(einpassen)* empotrar (**in** en) II. *vr*: **sich ~** ❶ *(Umgang pflegen)* mezclarse (**mit** con) ❷ *(mitmachen)* comprometerse (**auf** a); **ich lasse mich auf keine Diskussion ein** no quiero discutir el tema para nada

Einlauf *m* <-(e)s, -läufe> ❶ (MED) lavativa *f* ❷ (SPORT) llegada *f* (a la línea de meta)

ein|laufen *irr* I. *vi sein* ❶ *(Schiff, a.* SPORT) entrar (**in** en/a); *(Zug)* llegar (**in** a) ❷ *(Kleidung)* encoger II. *vt (Schuhe)* adaptar al pie III. *vr*: **sich ~** (SPORT) hacer ejercicios de precalentamiento

einläuten *vt* anunciar (con toque de campanas)

ein|leben *vr*: **sich ~** aclimatarse (**in** a)

ein|legen *vt* ❶ *(hineintun)* meter; *(Film)* poner ❷ (FIN) depositar ❸ *(Berufung, Protest)* interponer; *(Pause)* intercalar; **ein gutes Wort für jdn ~** hablar en favor de alguien ❹ *(Haare)* marcar ❺ (GASTR) macerar; *(marinieren)* marinar; *(in Tunke)* adobar; *(in Essig)* escabechar ❻ (KUNST: *intarsieren*) incrustar

Einleger(in) *m(f)* <-s, -; -, -nen> (FIN) depositante *mf*

Einlegesohle *f* plantilla *f*

ein|leiten *vt* ❶ *(beginnen)* comenzar; **die entsprechenden Schritte ~, um zu ...** hacer las gestiones correspondientes para... ❷ *(vorbereiten)* preparar; *(Geburt)* provocar; *(Verhandlungen)* entablar; *(Prozess, Untersuchung)* instruir ❸ *(Flüssigkeit)* verter (**in** en/a)

einleitend I. *adj* preliminar; *(einführend)* introductorio II. *adv* **~ möchte ich erwähnen, dass ...** para empezar quisiera mencionar que...

Einleitung *f* <-en> ❶ *(eines Textes, im Buch)* introducción *f* ❷ *(Eröffnung)* comienzo *m*

ein|lenken *vi (nachgeben)* ceder

einlesen *irr* I. *vt* (INFOR) leer II. *vr*: **sich ~** *(in ein Thema)* familiarizarse (**in** con), meterse (**in** en) *fam*

ein|leuchten *vi* ser obvio; **das will mir nicht ~** esto no me convence
einleuchtend *adj (offensichtlich)* obvio, evidente; *(überzeugend)* convincente
ein|liefern *vt* entregar; *(Person)* ingresar (**in** en)
Einlieferung *f* <-en> entrega *f; (ins Krankenhaus)* ingreso *m* (**in** en); *(ins Gefängnis)* entrada *f* (**in** en)
Einlieferungsschein *m* albarán *m* de entrega; *(Post)* resguardo *m*
ein|lochen *vt* ❶ *(fam: inhaftieren)* enchironar ❷ *(Golfball)* meter en el hoyo
ein|loggen ['aɪnlɔgən] *vr:* **sich ~** (INFOR) entrar (**in** en), conectarse
ein|lösen *vt* ❶ *(Pfand)* desempeñar ❷ *(Scheck)* cobrar; *(Gutschein)* canjear ❸ *(geh: Versprechen)* cumplir
Einlösung *f* <-, -en> ❶ *(eines Schecks)* cobro *m* ❷ *(eines Pfands)* desempeño *m* ❸ *(eines Versprechens)* cumplimiento *m*
ein|machen *vt* ❶ *(Obst)* confitar ❷ *(in Essig)* poner en vinagre
Einmachglas *nt* tarro *m* para conservas
einmal ['aɪnma:l] *adv* ❶ *(ein Mal)* una vez; **noch ~** otra vez; **~ eins ist eins** uno por uno es uno; **auf ~** de repente; **~ ist keinmal** una vez no cuenta; **ich möchte erst ~ hierbleiben** por ahora quiero quedarme aquí ❷ *(früher)* antes; **es war ~ …** érase una vez… ❸ *(irgendwann)* un día ❹ *(verstärkend)* **er hat sie nicht ~ besucht** ni siquiera la fue a visitar; **das ist nun ~ so** ¡qué se le va a hacer!; **wieder ~** nuevamente
Einmaleins [aɪnma:l'ʔaɪns] *nt* <-, *ohne pl>* tabla *f* de multiplicar
einmalig ['---, -'--] *adj* ❶ *(außergewöhnlich)* excepcional ❷ *(einzigartig)* único
Einmaligkeit *f* <-, *ohne pl>* unicidad *f*, carácter *m* único
Einmalspritze *f* jeringuilla *f* de un solo uso
Einmarsch *m* <-(e)s, -märsche> entrada *f* (**in** en); (MIL) ocupación *f* (**in** de)
ein|marschieren* *vi sein* ❶ *(hineingehen)* entrar (**in** en) ❷ *(gewaltsam)* invadir (**in**)
einmassieren* *vt* aplicar (dando un masaje) (**in** en); *(Creme, Sonnenöl)* poner (**in** en)
Einmeterbrett [-'---] *nt* <-(e)s, -er> (SPORT) trampolín *m* de un metro
ein|mischen *vr:* **sich ~** (entro)meterse (**in** en)
Einmischung *f* <-en> intromisión *f*
einmotorig ['aɪnmoto:rɪç] *adj* (AERO) monomotor
ein|münden *vi haben o sein* desembocar
Einmündung *f* <-en> (*a.* GEO) desembocadura *f*
einmütig ['aɪnmy:tɪç] **I.** *adj* unánime **II.** *adv* por unanimidad
Einmütigkeit *f* <-, *ohne pl>* unanimidad *f*
Einnahme[1] ['aɪnna:mə] *f ohne pl* (MIL, MED) toma *f*
Einnahme[2] *f* <-n> *(Geld)* ingresos *mpl*
Einnahmequelle *f* fuente *f* de ingresos
ein|nehmen *irr vt* ❶ *(Geld)* cobrar; *(Steuern)* recaudar ❷ *(Arznei, Mahlzeit)* tomar ❸ *(Standpunkt)* adoptar; *(Stellung, Posten)* ocupar; **seinen Platz ~** tomar asiento ❹ *(erobern)* tomar ❺ *(beanspruchen)* ocupar ❻ *(Wend)* **jdn für sich ~** ganarse las simpatías de alguien; **von sich** *dat* **/jdm eingenommen sein** tener un alto concepto de sí mismo/de alguien
einnehmend *adj* simpático; **sie hat etwas sehr E~es** es una mujer que tiene gancho
ein|nicken *vi sein (fam)* echar una cabezada
ein|nisten *vr:* **sich ~** anidar; *(abw: Person)* apalancarse (**bei** en casa de)
Einöde ['aɪnʔø:də] *f* <-n> soledad *f; (Wüste)* desierto *m*
ein|ordnen I. *vt* ordenar; *(in Regal)* poner en su sitio; *(in Gruppen)* clasificar; *(einfügen)* meter (**in** en) **II.** *vr:* **sich ~** ❶ *(sich unterordnen)* integrarse (**in** en) ❷ (AUTO) situarse en un carril; **sich links/falsch ~** situarse en el carril de la izquierda/equivocarse de carril
ein|packen I. *vt* ❶ *(Koffer)* meter (**in** en); *(in Papier)* envolver (**in** en); *(zum Versand)* empaquetar ❷ *(fam: warm anziehen)* abrigar **II.** *vi (fam fig)* **dann können wir ~** en este caso apaga y vámonos
ein|parken *vt, vi* aparcar
ein|passen *vt (einsetzen)* encajar (**in** en); *(passend machen)* ajustar (**in** a)
ein|pendeln *vr:* **sich ~** estabilizarse
ein|pferchen ['aɪnpfɛrçən] *vt (Vieh)* acorralar
ein|pflanzen *vt* ❶ *(Pflanze)* plantar ❷ (MED) implantar
ein|planen *vt* tener en cuenta (con); **das war nicht eingeplant** no contábamos con eso
ein|prägen I. *vt (ins Bewusstsein)* inculcar; **sich** *dat* **etw ~** grabarse algo en la memoria **II.** *vr:* **sich ~** *(Eindruck hinterlassen)* grabarse
einprägsam ['aɪnprɛ:kza:m] *adj* fácil de retener; *(Melodie)* pegadizo
einprogrammieren* *vt* (INFOR) programar
ein|prügeln I. *vi (fam)* **auf jdn ~** golpear a alguien **II.** *vt (fam)* **jdm etw ~** hacerle entrar algo a alguien a base de bastonazos
ein|quartieren* ['aɪnkvarti:rən] **I.** *vt*

E

❶ (MIL) acuartelar ❷ *(unterbringen)* alojar (**bei** en casa de) II. *vr:* **sich ~** hospedarse (**bei** en casa de)

Einrad *nt* (SPORT) monorrueda *f*

ein|rahmen *vt* enmarcar

ein|rasten *vi sein* encajar

ein|räumen *vt* ❶ *(Bücher)* guardar (**in** en); *(Wohnung)* amueblar ❷ *(zugestehen)* admitir; *(Kredit)* conceder

ein|rechnen *vt* incluir (en una cuenta); **ihn** (**mit**) **eingerechnet** él incluido

ein|reden I. *vi* **auf jdn ~** tratar de convencer a alguien II. *vt* **jdm etw ~** hacer creer algo a alguien; **sich** *dat* **etw ~** meterse algo en la cabeza

Einreibemittel *nt* linimento *m*

ein|reiben *irr vt* aplicar (en); *(mit Sonnenöl)* poner; **jdn mit etw** *dat* **~** dar a alguien fricciones con algo

Einreibung *f* <-, -en> fricción *f*

ein|reichen *vt* *(Unterlagen)* presentar; *(übergeben)* entregar; *(Scheidung)* pedir

ein|reihen I. *vt* incluir (**in** en) II. *vr:* **sich ~** unirse (**in** a)

Einreise *f* entrada *f*

Einreisegenehmigung *f* permiso *m* de entrada

ein|reisen *vi sein* entrar (**in/nach** en)

Einreiseverbot *nt* prohibición *f* de entrada en un país

Einreisevisum *nt* visado *m* de entrada

ein|reißen *irr* I. *vi sein* ❶ *(Papier)* romperse ❷ *(Übel)* echar raíces; **so etwas darf man erst gar nicht ~ lassen** no debe permitirse que una cosa así se generalice II. *vt* ❶ *(Papier)* rasgar ❷ *(Haus)* derribar

ein|renken ['aɪnrɛŋkən] *vt* ❶ (MED) componer ❷ *(fam: in Ordnung bringen)* arreglar

ein|rennen *irr vt* ❶ *(Tor)* derribar ❷ *(fam: sich anstoßen)* **sich** *dat* **etw ~** golpearse algo (**an** con)

ein|richten I. *vt* ❶ *(gründen)* crear, fundar; *(Konto)* abrir ❷ *(Wohnung)* equipar; *(möblieren)* amueblar ❸ *(einstellen)* ajustar (**auf** a) ❹ *(arrangieren)* arreglar; *(Termin)* organizar ❺ (MED) reducir II. *vr:* **sich ~** *(sich anpassen)* acomodarse (**auf** a); *(sich einstellen)* prepararse (**auf** para)

Einrichtung[1] *f* <-en> ❶ *(Mobiliar)* mobiliario *m;* *(Ausrüstung)* equipamiento *m* ❷ *(Institution)* institución *f* ❸ *(Anlage)* instalación *f*

Einrichtung[2] *f ohne pl* *(Gründung)* fundación *f;* *(einer Verkehrslinie)* apertura *f;* **für die ~ eines Kontos** para abrir una cuenta

einritzen *vt* grabar (**in** en)

ein|rollen I. *vt* enrollar II. *vr:* **sich ~** enrollarse

ein|rosten *vi sein* ❶ *(Schraube)* oxidarse ❷ *(fam: Knochen)* entumecerse ❸ *(fam: geistig)* anquilosarse

ein|rücken I. *vi sein* (MIL) ❶ *(einmarschieren)* entrar (**in** en) ❷ *(eingezogen werden)* ser llamado a filas II. *vt* ❶ (TYPO, INFOR) sangrar ❷ *(Anzeige)* insertar

eins [aɪns] *adj inv* ❶ *(Zahl)* uno; **Punkt ~** primer punto; *s. a.* **acht**[1] ❷ *(Uhrzeit)* **sie kam um** (**Punkt**) **~** vino a la una (en punto); *s. a.* **acht**[1] ❸ *(verbunden)* **sie fühlen sich ~ miteinander** están totalmente de acuerdo el uno con el otro ❹ *(einerlei)* **das ist ~** *(fam)* da lo mismo

Eins *f* <-en> uno *m;* *(Schulnote)* sobresaliente *m*

einsam ['aɪnza:m] *adj* ❶ *(allein)* solo; *(verlassen)* abandonado; **sich ~ fühlen** sentirse solo ❷ *(abgelegen)* aislado; **~e Spitze sein** ser genial ❸ *(menschenleer)* desierto

Einsamkeit *f ohne pl* soledad *f*

ein|sammeln *vt* recoger; *(Spenden)* recaudar

Einsatz[1] *m* <-es, -sätze> ❶ *(Teil)* pieza *f* insertada ❷ *(Geld)* apuesta *f* ❸ (MUS) entrada *f* ❹ (MIL) (entrada *f* en) acción *f*

Einsatz[2] *m* <-es, *ohne pl*> ❶ *(von Polizei)* movilización *f;* (SPORT) alineación *f;* **im ~** en acción; **zum ~ kommen** entrar en acción ❷ *(Engagement)* esfuerzo *m;* **unter ~ seines Lebens** arriesgando su vida

Einsatzbefehl *m* orden *f* de entrada en acción; **den ~ geben** dar la orden de entrar en acción

einsatzbereit *adj* listo; (TECH) dispuesto para funcionar; (MIL) listo para el combate

Einsatzbereitschaft *f ohne pl* disponibilidad *f*

einsatzfähig *adj* (SPORT, MIL) listo, disponible; *(Maschine, Gerät)* que se puede usar

Einsatzkommando *nt* <-s, -s> **mobiles ~** comando *m* móvil

Einsatzkraft *f* *(bei Polizei, Rettungsdienst)* miembro *mf* de una unidad

Einsatzleiter(in) *m(f)* <-s, -; -, -nen> jefe, -a *m, f* de operaciones

Einsatztruppe *f* (MIL) tropa *f* de intervención

Einsatzwagen *m* <-s, -> *(der Polizei)* coche *m* celular

ein|saugen *irr vt* *(Luft)* aspirar; *(Flüssigkeit)* absorber, chupar

ein|scannen ['aɪnskɛnən] *vt* (INFOR) escanear

ein|schalten I. *vt* ❶ *(Radio)* poner; *(Maschine)* poner en marcha; *(Licht)* encender, prender *Am* ❷ *(hinzuziehen)* recurrir (a) II. *vr:* **sich ~** ❶ *(angehen)* ponerse en funcionamiento; *(Licht)* encenderse ❷ *(sich einmischen)* intervenir (**in** en)

Einschaltquote *f* (RADIO, TV) índice *m* de audiencia

ein|schärfen *vt* inculcar

ein|schätzen *vt* valorar; **wie ich die Lage einschätze** tal como yo veo la situación; **etw/jdn hoch** ~ estimar algo/a alguien en mucho

Einschätzung *f* <-en> ① *(Meinung)* parecer *m* ② *(Bewertung)* evaluación *f;* **nach meiner** ~ según mis estimaciones

ein|schenken *vt* servir

ein|schicken *vt* enviar (**an** a)

ein|schieben *irr vt* ① *(hineinschieben)* meter (**in** en) ② *(einfügen)* intercalar (**in** en)

Einschienenbahn *f* <-, -en> monorraíl *m,* monocarril *m*

ein|schiffen I. *vt* embarcar II. *vr:* **sich** ~ embarcarse (**nach** para)

einschl. *Abk. von* **einschließlich** inclusive

ein|schlafen *irr vi sein* ① *(Person, Gliedmaßen)* dormirse ② *(Freundschaft)* entibiarse

ein|schläfern ['aɪnʃlɛːfɐn] *vt* ① *(zum Schlafen bringen)* adormecer ② *(narkotisieren)* narcotizar ③ *(Tier)* matar

einschläfernd *adj* ① *(Geräusch)* adormecedor; *(Substanz)* soporífero ② (MED) somnífero

Einschlag *m* <-(e)s, -schläge> ① *(eines Geschosses, Blitzes)* impacto *m* ② *(Anteil)* matiz *m*

ein|schlagen *irr* I. *vi* ① *(Blitz, Bombe)* caer; *(Geschoss)* hacer impacto; **auf jdn** ~ golpear a alguien ② *(Anklang finden)* tener eco; **das hat wie eine Bombe eingeschlagen** esto cayó como una bomba ③ *(Lenkrad)* girar el volante II. *vt* ① *(Tür)* romper; *(Zähne)* partir; *(Schädel)* romper ② *(Nagel)* clavar (**in** en) ③ *(einwickeln)* envolver (**in** en) ④ *(Lenkrad)* girar ⑤ *(Richtung)* tomar ⑥ *(Stoff)* doblar

einschlägig ['aɪnʃlɛːgɪç] *adj* correspondiente; **~e Literatur** bibliografía especializada

ein|schleichen *irr vr:* **sich** ~ *(Person)* entrar a hurtadillas (**in** en); *(unbemerkt eindringen)* colarse (**in** en); *(Verdacht)* surgir (**in** en); *(Fehler)* escaparse (**in** en)

einschleimen *vr (abw fam)* **sich** (**bei jdm**) ~ babosear (a alguien)

ein|schleppen *vt* ① *(Krankheit)* introducir ② (NAUT) remolcar

einschleusen *vt (Agenten)* infiltrar; *(Drogen)* introducir clandestinamente

ein|schließen *irr* I. *vt* ① *(einsperren)* encerrar (**in** en); *(Gegenstand)* guardar bajo llave ② *(umgeben)* rodear; *(umzäunen)* cercar ③ *(mit einbeziehen)* incluir (**in** en) II. *vr:* **sich** ~ encerrarse

einschließlich ['---] I. *präp +gen/dat* inclusive, incluido; ~ **Frank** incluido Frank; ~ **Büchern und Briefen** libros y cartas inclusive II. *adv* inclusive, incluido; **geöffnet vom 3. bis 8. Mai** ~ abierto del 3 al 8 de mayo inclusive; **bis Nr. 50** ~ hasta el n.º 50 incluido

einschlummern *vi sein (geh)* ① *(einschlafen)* dormirse ② *(sterben)* morir, pasar a mejor vida

ein|schmeicheln *vr:* **sich** ~ engatusar (**bei** a) *fam*

einschmeichelnd *adj* insinuante

ein|schmieren I. *vt (fam: mit Fett)* untar (**mit** con) II. *vr* **sich** (**mit Creme**) ~ *(fam)* darse crema

einschmuggeln *vt* introducir de contrabando (**in** en)

ein|schnappen *vi sein* ① *(Tür)* encajar ② *(fam abw: beleidigt sein)* mosquearse

ein|schneiden *irr* I. *vi (in Haut)* clavarse (**in** en) II. *vt (schneiden)* cortar

einschneidend *adj* incisivo; *(drastisch)* drástico

einschneien *vi sein* cubrirse de nieve; **eingeschneit sein** *(festsitzen)* quedar bloqueado por la nieve

Einschnitt *m* <-(e)s, -e> ① *(Schnitt)* corte *m;* (MED) incisión *f* ② *(im Leben)* hito *m*

ein|schränken ['aɪnʃrɛŋkən] I. *vt* restringir; *(reduzieren)* reducir; *(Freiheit)* coartar; **dem kann ich nur eingeschränkt zustimmen** solamente lo puedo aceptar con reservas II. *vr:* **sich** ~ *(sparsam leben)* economizar

einschränkend *adj* restrictivo, limitativo

Einschränkung *f* <-en> ① *(Verringerung)* reducción *f;* *(von Rechten)* limitación *f* ② *(das Einsparen)* restricción *f* ③ *(Vorbehalt)* reserva *f;* **ohne/mit** ~ sin/con reservas

Einschreibebrief *m* carta *f* certificada

ein|schreiben *irr* I. *vt (eintragen)* apuntar (**in** en); *(in Liste)* inscribir (**in** en) II. *vr:* **sich** ~ (SCH, UNIV) matricularse (**in** en)

Einschreiben *nt* <-s, -> certificado *m;* **etw per ~ schicken** mandar algo certificado

Einschreibung *f* <-en> inscripción *f;* (SCH, UNIV) matrícula *f*

ein|schreiten *irr vi sein* intervenir

Einschub *m* <-(e)s, -schübe> inserción *f,* intercalación *f*

ein|schüchtern *vt* intimidar

Einschüchterung *f* <-, -en> intimidación *f;* **zur** ~ para intimidar

E

ein|schulen *vt* escolarizar
Einschulung *f* <-, -en> escolarización *f*
Einschuss *m* <-es, -schüsse> *(von Geschoss)* impacto *m*
ein|schweißen *vt (in Folie)* plastificar; (TECH) soldar
einschwören *irr vt* obligar por juramento (**auf** a); **eine eingeschworene Gemeinschaft** una comunidad cerrada [*o* unida]
Einsegnung *f* <-, -en> (REL) ❶ *(Konfirmation)* confirmación *f* ❷ *(Weihe)* bendición *f*
einsehbar *adj (Gelände, Raum)* visible
ein|sehen *irr vt* ❶ *(Raum)* ver ❷ *(Schriftstücke)* echar un vistazo (a); *(prüfen)* examinar ❸ *(verstehen)* comprender; *(Irrtum, Notwendigkeit)* reconocer; **ich sehe nicht ein, warum ich das tun soll** no veo por qué he de hacerlo; (**k**)**ein E~** (**für jdn/etw**) **haben** (no) mostrar comprensión (por alguien/algo)
ein|seifen *vt (mit Seife)* enjabonar; *(mit Schnee)* restregar (con nieve)
einseitig ['aɪnzaɪtɪç] *adj* ❶ (POL) unilateral; *(nur eine Person betreffend)* unipersonal ❷ *(Muster, Lähmung)* de un lado ❸ *(parteiisch)* parcial; **eine ~e Sicht der Dinge** una visión unilateral del asunto ❹ *(Ernährung)* incompleto
Einseitigkeit *f* <-en> parcialidad *f; (der Ernährung)* desequilibrio *m*
ein|senden *irr vt* enviar (**an** a), remitir (**an** a)
Einsender(in) *m(f)* <-s, -; -nen> remitente *mf*
Einsendeschluss *m ohne pl* plazo *m* de envío
einsetzbar *adj* utilizable
ein|setzen I. *vi (beginnen)* empezar II. *vt* ❶ *(einfügen)* colocar (**in** en); *(Pflanze)* plantar (**in** en) ❷ *(ernennen)* designar; *(als Erben)* instituir; *(in ein Amt)* instalar (**in** en); *(Ausschuss)* constituir; **wieder ~** reinstalar ❸ *(Hilfsmittel, Maschine)* emplear; *(Bus, Zug)* poner ❹ *(Polizei)* movilizar ❺ *(Geld)* poner en juego; *(Leben)* jugarse III. *vr:* **sich ~** *(sich anstrengen)* emplearse a fondo; **sich für etw/jdn ~** interceder a favor de algo/alguien
Einsetzung *f* <-, -en> *(in Amt)* investidura *f; (von Erben)* institución *f; (von Kommission)* constitución *f*
Einsicht[1] *f ohne pl (in Akten)* vista *f* (**in** de); *(Einsichtnahme)* inspección *f* (**in** de); **jdm ~ in etw gewähren** permitir a alguien el examen de algo
Einsicht[2] *f* <-en> ❶ *(Verständnis)* comprensión *f; (Vernunft)* razón *f* ❷ *(Erkenntnis)* **ich bin zu der ~ gekommen, dass ...** he llegado a la conclusión de que...; **neue ~en gewinnen** obtener nuevos conocimientos
einsichtig *adj* ❶ *(vernünftig)* razonable; *(verständnisvoll)* comprensivo ❷ *(verständlich)* comprensible; *(überzeugend)* convincente
Einsiedler(in) *m(f)* <-s, -; -nen> eremita *mf*
einsilbig ['aɪnzɪlbɪç] *adj* ❶ (LING) monosilábico ❷ *(wortkarg)* seco, de pocas palabras
Einsilbigkeit *f* <-, *ohne pl*> taciturnidad *f*
ein|sinken *irr vi sein* hundirse (**in** en)
einsitzen *irr vi* (JUR: *im Gefängnis sein*) cumplir condena
ein|sortieren* *vt* ordenar (**in** en)
ein|spannen *vt* ❶ *(Blatt)* introducir (**in** en); *(Werkstück)* sujetar ❷ *(Zugtiere)* uncir ❸ *(fam: arbeiten lassen)* hacer trabajar; **er hat ihn für seine Zwecke eingespannt** se ha valido de él para sus propios fines
ein|sparen *vt* ahorrar
Einsparung *f* <-en> economía *f; (Verminderung)* reducción *f*
einspeichern *vt* (INFOR) almacenar (**in** en), introducir (**in** en)
einspeisen *vt* ❶ (TECH) alimentar ❷ (INFOR) ingresar, introducir
ein|sperren *vt* ❶ *(einschließen)* encerrar (**in** en) ❷ *(fam: ins Gefängnis)* meter en chirona
ein|spielen I. *vt* ❶ (FILM, THEAT: *Geld*) rentar ❷ (RADIO, TV: *Beitrag*) intercalar II. *vr:* **sich ~** ❶ (MUS, SPORT) ejercitarse ❷ *(zur Gewohnheit werden)* normalizarse ❸ *(gut zusammenwirken)* compenetrarse
einsprachig *adj (Wörterbuch)* monolingüe
ein|springen *irr vi sein* **für jdn ~** reemplazar a alguien
Einspritzmotor *m* (AUTO) motor *m* de inyección
Einspruch *m* <-(e)s, -sprüche> ❶ *(Protest)* protesta *f* ❷ (POL) veto *m* ❸ (JUR) recurso *m* (**bei** ante); **~ erheben** protestar; **~ einlegen** interponer recurso; **einem ~ stattgeben** admitir (el) recurso
einspurig ['aɪnʃpuːrɪç] *adj* ❶ *(Eisenbahn)* de una sola vía; *(Straße)* de un solo carril ❷ *(abw: Denken)* de ideas fijas
einst ['aɪnst] *adv (geh)* ❶ *(früher)* antiguamente ❷ *(zukünftig)* algún día
Einstand[1] *m* <-(e)s, -stände> *(Arbeitsstelle)* ingreso *m;* **seinen ~ geben** celebrar su ingreso
Einstand[2] *m ohne pl* (SPORT: *Tennis*) empate *m*
ein|stecken *vt* ❶ *(hineinstecken)* meter (**in** en); *(Stecker)* enchufar ❷ *(mitnehmen)* llevar ❸ *(fam: Brief)* echar ❹ *(fam:*

überlegen sein) superar ⑤ *(ertragen)* tragar(se)
ein|stehen *irr vi* ① *(verantworten)* hacerse responsable (**für** de) ② *(sich verbürgen)* **für etw/jdn ~** garantizar algo/responder de alguien
ein|steigen *irr vi sein* ① *(in Fahrzeug)* subir (**in** a) ② *(fam: sich beteiligen)* contribuir (**mit** con) ③ *(anfangen)* entrar (**in** en); **er ist in die Politik eingestiegen** se ha metido en política
einstellbar *adj (Sitz)* ajustable; *(Temperatur, Zeit)* graduable
ein|stellen **I.** *vt* ① *(hineinstellen)* poner (**in** en) ② *(anstellen)* contratar, conchabar *Am* ③ *(beenden)* parar; *(Kämpfe, Zahlung, Arbeit)* suspender; (JUR: *Verfahren*) sobreseer; **die Arbeit ~** dejar de trabajar; **das Feuer ~** dar el alto el fuego ④ *(regulieren)* ajustar; *(Sender)* sintonizar; (FOTO) enfocar ⑤ (SPORT: *Rekord*) igualar **II.** *vr:* **sich ~** ① *(erscheinen)* aparecer; *(Folgen)* hacerse sentir; *(Personen)* acudir ② *(sich richten nach)* adaptarse (**auf** a) ③ *(sich vorbereiten)* prepararse (**auf** para)
einstellig *adj* de una cifra
Einstellung *f* <-en> ① *(Anstellung)* contratación *f* ② *(Beendigung)* suspensión *f* ③ (JUR: *Verfahren*) sobreseimiento *m* ④ *(Regulierung)* ajuste *m* ⑤ (FILM) enfoque *m* ⑥ *(Gesinnung)* opinión *f*
Einstellungen *fpl* (INFOR) ajustes *mpl*
Einstellungsgespräch *nt* entrevista *f* de trabajo
Einstellungstermin *m* <-(e)s, -e> fecha *f* de inicio (de un trabajo)
Einstich *m* <-(e)s, -e> pinchazo *m*
Einstieg ['aɪnʃtiːk] *m* <-(e)s, -e> ① *(das Einsteigen)* entrada *f* (**in** en); *(in den Zug)* subida *f* (**in** a) ② *(in ein Thema)* acceso *m* (**in** a)
Einstiegsdroge *f* <-, -n> primera droga *f* *(que lleva a una posterior adicción)*
einstige(r, s) *adj* anterior
ein|stimmen **I.** *vi* (MUS) unir su voz (**in** a) **II.** *vt* ① *(Instrument)* afinar ② *(vorbereiten)* preparar (**auf** para)
einstimmig **I.** *adj* ① (MUS) unísono ② *(ohne Gegenstimme)* unánime **II.** *adv* ① (MUS) al unísono ② *(ohne Gegenstimme)* por unanimidad
Einstimmigkeit *f* <-, *ohne pl*> unanimidad *f*
Einstimmung *f* **zur ~ auf etw** como preparación de cara a algo, para crear ambiente de cara a algo
einstöckig [aɪnʃtœkɪç] *adj* de un piso
ein|streuen *vt* esparcir; *(Bemerkungen)* entremezclar
ein|studieren *vt (Rolle, Antwort)* estudiar
ein|stufen *vt* clasificar (**in** en), encasillar (**in** en)
Einstufung *f* <-, -en> clasificación *f*
einstündig ['aɪnʃtʏndɪç] *adj* de una hora
Einsturz *m* <-es, -stürze> derrumbamiento *m*
ein|stürzen *vi sein (Gebäude)* derrumbarse; *(Dach)* hundirse; **auf jdn ~** *(Ereignisse)* precipitarse sobre alguien
Einsturzgefahr *f ohne pl* peligro *m* de derrumbamiento
einstweilen ['aɪnst'vaɪlən] *adv* ① *(im Moment)* por el momento, por ahora ② *(unterdessen)* mientras tanto
einstweilig ['aɪnst'vaɪlɪç] *adj* temporal; *(provisorisch)* provisional
eintägig ['aɪntɛːgɪç] *adj* de un día
Eintagsfliege ['----] *f* ① (ZOOL) efímera *f* ② *(fam: kurzer Erfolg)* flor *f* de un día
ein|tauchen **I.** *vi sein (untertauchen)* sumergirse (**in** en) **II.** *vt* sumergir (**in** en); *(eintunken)* mojar (**in** en)
ein|tauschen *vt* cambiar (**gegen** por)
eintausend ['-'--] *adj inv* mil; *s. a.* **achttausend**
ein|teilen *vt* ① *(untergliedern)* dividir (**in** en); *(in Klassen)* clasificar (**in** en) ② *(für Aufgabe)* asignar (**zu**); **er wurde zum Nachtdienst eingeteilt** le asignaron el turno de noche ③ *(Geld, Arbeit, Zeit)* repartir
Einteiler *m* <-s, -> (SPORT) traje *m* de baño (de una sola pieza)
einteilig *adj* de una pieza
Einteilung *f* <-en> ① *(Untergliederung)* división *f*; *(Einsortierung)* clasificación *f* ② *(von Vorräten)* organización *f*; *(Verteilung)* reparto *m* ③ *(für Arbeit)* designación *f*
ein|tippen *vt (in Computer, Kasse)* entrar (**in** en)
eintönig ['aɪntøːnɪç] *adj* monótono
Eintönigkeit *f ohne pl* monotonía *f*
Eintopf *m* <-(e)s, -töpfe> (GASTR) potaje *m*, hervido *m AmS*
Eintracht ['aɪntraxt] *f ohne pl* concordia *f*
einträchtig ['aɪntrɛçtɪç] **I.** *adj* concorde **II.** *adv* en armonía
Eintrag ['aɪntraːk, *pl:* 'aɪntrɛːgə] *m* <-(e)s, -träge> ① *(in Liste)* inscripción *f*; *(im Wörterbuch)* entrada *f* ② *(Vermerk)* nota *f*
ein|tragen *irr* **I.** *vt* ① *(einschreiben)* apuntar (**in** en); *(in eine Liste)* inscribir (**in** en); *(einzeichnen)* marcar (**in** en) ② (ADMIN) registrar; **eingetragener Verein** asociación registrada ③ *(Gewinn)* producir; *(Kritik)* originar **II.** *vr:* **sich ~** inscribirse (**in** en)
einträglich ['aɪntrɛːklɪç] *adj* lucrativo

Eintragung *f* <-en> ❶ *(das Eintragen)* inscripción *f;* (ADMIN) registro *m* ❷ *(Vermerk)* nota *f*
ein|treffen *irr vi sein* ❶ *(ankommen)* llegar (**in** a) ❷ *(sich bewahrheiten)* hacerse realidad; *(in Erfüllung gehen)* cumplirse
ein|treiben *irr vt* ❶ *(Schulden)* cobrar; *(Steuern)* recaudar ❷ *(hineinschlagen)* clavar (**in** en)
Eintreibung *f* <-, -en> cobro *m*
ein|treten *irr* **I.** *vi sein* ❶ *(hineingehen)* entrar (**in** a/en) ❷ *(Ereignis)* suceder, ocurrir ❸ *(Mitglied werden)* ingresar (**in** en) ❹ *(sich einsetzen)* abogar (**für** por) **II.** *vt (zertrümmern)* derribar a patadas
ein|trichtern *vt (fam)* **jdm etw ~** meter algo a alguien con cuchara
Eintritt *m* <-(e)s, -e> ❶ *(in Zimmer)* entrada *f* ❷ *(in Armee)* incorporación *f; (in Verein)* ingreso *m* ❸ *(Beginn)* comienzo *m* ❹ *(Eintrittsgebühr)* entrada *f;* **~ frei!** ¡entrada libre!
Eintrittsbedingung *f* requisito *m* de admisión
Eintrittsgeld *nt* entrada *f*
Eintrittskarte *f* entrada *f,* boleto *m Am*
Eintrittspreis *m* precio *m* de entrada
eintrocknen *vi sein* secarse
ein|trudeln *vi sein (fam)* aparecer
ein|tunken *vt (reg)* mojar (**in** en)
ein|üben *vt* practicar; (THEAT, MUS) ensayar
ein|verleiben* ['aɪnfɛɐlaɪbən] *vr:* **sich** *dat* **~** ❶ *(Besitz)* apropiarse (de) ❷ *(Speisen)* comerse
Einvernehmen ['aɪnfɛɐne:mən] *nt* <-s, *ohne pl*> acuerdo *m; (Einigkeit)* conformidad *f;* **im ~ mit jdm** de acuerdo con alguien
einvernehmlich *adj (Übereinkunft)* de común acuerdo
einverstanden ['aɪnfɛɐʃtandən] *adj* de acuerdo (**mit** con), conforme (**mit** con); **~!** ¡de acuerdo!, ¡aceptado! *Am;* **sich mit etw** *dat* **~ erklären** declararse conforme con algo
Einverständnis ['aɪnfɛɐʃtɛntnɪs] *nt* <-ses, -se> ❶ *(Billigung)* conformidad *f; (Einigkeit)* acuerdo *m;* **in gegenseitigem ~** de mutuo acuerdo ❷ *(Übereinstimmung)* consentimiento *m*
Einverständniserklärung *f* <-, -en> declaración *f* de mutua conformidad
Einwaage *f* <-, -n> (COM: *Reingewicht*) peso *m* neto; *(Gewichtsverlust)* pérdida *f* de peso
Einwand ['aɪnvant, *pl:* 'aɪnvɛndə] *m* <-(e)s, -wände> objeción *f* (**gegen** a); *(Bedenken)* reparo *m* (**gegen** a); **Einwände gegen etw erheben** poner reparos a algo
Einwanderer, -wanderin *m, f* <-s, -; -nen> inmigrante *mf*
ein|wandern *vi sein* inmigrar
Einwanderung *f* <-en> inmigración *f*
Einwanderungspolitik *f* política *f* de inmigración
Einwanderungszahl *f* cifra *f* de inmigración
einwandfrei *adj* ❶ *(fehlerlos)* correcto ❷ *(tadellos)* impecable ❸ *(eindeutig)* claro; **es steht ~ fest, dass ...** está claro que...
Einwandrerin ['aɪnvandrərɪn] *f* <-nen> *s.* **Einwanderer**
einwärts ['aɪnvɛrts] *adv* hacia dentro
ein|wechseln *vt* cambiar (**gegen** por)
Einwegflasche *f* botella *f* no retornable
Einwegkamera *f* (FOTO) cámara *f* de un solo uso
Einwegrasierer *m* maquinilla *f* de afeitar de un solo uso
Einwegspritze *f* jeringuilla *f* desechable
Einwegverpackung *f* embalaje *m* de un solo uso
ein|weichen *vt* poner en remojo, ensopar *AmS*
ein|weihen *vt* ❶ *(eröffnen)* inaugurar ❷ *(fam: erstmalig benutzen)* estrenar ❸ *(vertraut machen)* poner al corriente (**in** de); **sie ist eingeweiht** está al corriente
Einweihung *f* <-en> ❶ *(Eröffnung)* inauguración *f* ❷ *(in Geheimnis)* revelación *f* (**in** de)
Einweihungsfeier *f* fiesta *f* de inauguración
ein|weisen *irr vt* ❶ *(in Tätigkeit)* instruir (**in** en) ❷ *(Fahrzeug)* dirigir (**in** a) ❸ *(ins Krankenhaus)* hospitalizar
Einweisung *f* <-, -en> ❶ *(in Krankenhaus, Anstalt)* internamiento *m; (Krankenhaus)* hospitalización *f* ❷ *(in Tätigkeit)* instrucción *f*
ein|wenden *irr vt* objetar (**gegen** a); *(entgegenhalten)* oponer (**gegen** a); **dagegen lässt sich nichts ~** no hay nada que objetar a esto
ein|werfen *irr vt* ❶ *(Brief)* echar (**in** en); **einen Brief ~** tirar una carta al buzón; *(Geld)* introducir (**in** en) ❷ *(zertrümmern)* destrozar; *(Scheibe)* romper ❸ *(bemerken)* mencionar ❹ (SPORT) sacar de banda
einwertig ['aɪnve:ɐtɪç] *adj* (CHEM) monovalente
ein|wickeln *vt* ❶ *(einpacken)* envolver (**in** en) ❷ *(fam: überreden)* embaucar
ein|willigen ['aɪnvɪlɪgən] *vi* consentir (**in** en)

Einwilligung *f* <-en> consentimiento *m* (**in** para)

ein|wirken *vi* actuar (**auf** sobre); *(beeinflussen)* influir (**auf** en)

Einwirkung *f* <-en> influencia *f* (**auf** en/sobre)

Einwohner(in) *m(f)* <-s, -; -nen> habitante *mf*

Einwohnermeldeamt ['---'---] *nt* oficina *f* de empadronamiento

Einwohnerzahl *f* número *m* de habitantes

Einwurf *m* <-(e)s, -würfe> ① *(das Hineinwerfen)* inserción *f* ② *(Bemerkung)* observación *f* ③ *(für Münzen)* ranura *f* ④ (SPORT) saque *m* de banda

Einzahl *f* <-en> (LING) (número *m*) singular *m*

ein|zahlen *vt* pagar (**auf** a); *(überweisen)* ingresar (**auf** en), enterar *Col, Méx, CRi;* **Geld aufs Konto ~** ingresar dinero en la cuenta

Einzahlung *f* <-en> pago *m* (**auf** a); *(Überweisung)* ingreso *m* (**auf** en)

Einzahlungsbeleg *m* <-(e)s, -e> recibo *m* de pago [*o* de ingreso]

ein|zäunen ['aɪntsɔɪnən] *vt* cercar, vallar

ein|zeichnen *vt* marcar

Einzel ['aɪntsəl] *nt* <-s, -> (SPORT) (partido *m*) individual *m*

Einzelbett *nt* cama *f* individual

Einzelblatteinzug *m* (INFOR) alimentador *m* de hojas sueltas

Einzelfahrschein *m* billete *m* sencillo

Einzelfall *m* <-(e)s, -fälle> ① *(konkreter Fall)* caso *m* particular ② *(Ausnahme)* caso *m* especial

Einzelfrage *f* pregunta *f* concreta

Einzelgänger(in) ['aɪntsəlgɛŋɐ] *m(f)* <-s, -; -nen> solitario, -a *m, f*

Einzelhaft *f* detención *f* en régimen de incomunicación

Einzelhandel *m* comercio *m* al por menor

Einzelhandelspreis *m* precio *m* minorista

Einzelhändler(in) *m(f)* minorista *mf*

Einzelhaus *nt* casa *f* independiente

Einzelheit *f* <-en> ① *(einzelnes Teil)* elemento *m* ② *(Detail)* detalle *m;* **in allen ~en** con pelos y señales

Einzelkabine *f* <-, -n> (NAUT) camarote *m* individual

Einzelkind *nt* hijo, -a *m, f* único , -a

einzellig ['aɪntsɛlɪç] *adj* (BIOL) unicelular

einzeln ['aɪntsəln] *adv* uno por uno; *(getrennt)* por separado; **~ aufführen** enumerar uno por uno; **etw im E~en besprechen** discutir algo detalladamente

einzelne(r, s) *adj* ① *(allein)* único, solo; **jeder/jede E~** cada uno/una; **jede ~ Schülerin** cada una de las alumnas ② *(verschieden)* diferente; **die ~n Teile** las diferentes partes ③ *(speziell)* particular ④ *(separat)* separado ⑤ *pl (einige)* algunos

Einzelperson *f* persona *f* sola

Einzelstück *nt* pieza *f* única

Einzelteil *nt* elemento *m; (Bestandteil)* componente *m;* **etw in seine ~e zerlegen** desmontar algo en todos sus componentes

Einzelzimmer *nt* habitación *f* individual

einziehbar *adj* ① *(Schulden)* cobrable; *(Steuern)* recaudable ② *(konfiszierbar)* confiscable; *(Führerschein)* retirable ③ *(Fühler, Krallen)* retráctil

ein|ziehen *irr* **I.** *vi sein* ① *(beziehen)* instalarse (**in** en) ② *(Einzug halten)* entrar (**in** a/en) ③ *(Creme)* ser absorbido (**in** por); *(Flüssigkeit)* penetrar (**in** en) **II.** *vt* ① *(Segel, Flagge)* arriar; *(Fahrgestell)* replegar; *(Kopf)* bajar; *(Bauch)* meter; *(Bein)* recoger; *(Fühler, Krallen)* retraer; *(Papier)* sangrar ② *(Schulden)* cobrar; *(Steuern)* recaudar ③ *(beschlagnahmen)* confiscar; *(Führerschein, Geld)* retirar ④ *(Wand)* levantar; *(Decke)* construir; *(Balken)* poner ⑤ *(Rekruten)* llamar a filas ⑥ *(Erkundigungen)* pedir

einzig ['aɪntsɪç] *adj* único, solo; **~ und allein** únicamente; **das ist das ~ Wahre** esta es la única verdad; **ein ~es Mal** una sola vez

einzigartig *adj* único

Einzigartigkeit *f ohne pl* unicidad *f*

Einzug *m* <-(e)s, -züge> ① *(von Steuern)* recaudación *f* ② *(das Hineingehen)* entrada *f* (**in** en); *(ins Parlament)* ingreso *m* (**in** en); **beim ~ in die neue Wohnung** al instalarse en el nuevo piso ③ *(Papier)* sangría *f*

Einzugsbereich *m* <-(e)s, -e> área *f* de influencia

Einzugsermächtigung *f* <-, -en> (FIN) domiciliación *f* bancaria

Einzugsgebiet *nt* ① *(Einzugsbereich)* cuenca *f* de captación ② (GEO) área *f* útil

Eis [aɪs] *nt* <-es, *ohne pl*> ① *(gefrorenes Wasser)* hielo *m;* **etw auf ~ legen** *(fig)* suspender algo; **das ~ brechen** *(fig)* romper el hielo ② *(Speiseeis)* helado *m;* **ein ~ am Stiel** un polo, una paleta *AmC, Méx*

Eisbahn *f* pista *f* de patinaje sobre hielo

Eisbär *m* oso *m* polar

Eisbecher *m* copa *f* de helado

Eisbein *nt* lacón *m*

Eisberg *m* iceberg *m*

Eisbergsalat *m* (GASTR) lechuga *f* iceberg

Eisblume *f* escarcha *f* en forma de flor (en las ventanas)

Eisbrecher *m* rompehielos *m inv*

Eischnee *m* (GASTR) clara *f* a punto de nieve

Eiscreme *f* helado *m*

Eisdecke *f* <-, -n> capa *f* de hielo

Eisdiele *f* heladería *f*

Eisen ['aɪzən] *nt* <-s, -> hierro *m,* fierro *m Am;* **zwei ~ im Feuer haben** *(fam fig)* encender una vela a Dios y otra al diablo; **zum alten ~ gehören** *(fam fig)* ser de la vieja guardia; **ein heißes ~ anfassen** *(fig)* tocar un tema delicado; **man muss das ~ schmieden, solange es heiß ist** *(prov)* al hierro caliente, batir de repente

Eisenbahn *f* ferrocarril *m,* carril *m Chil*

Eisenbahnbrücke *f* <-, -n> ① *(für die Eisenbahn)* puente *m* de ferrocarril ② *(für Fußgänger)* puente *m* peatonal

Eisenbahner(in) *m(f)* <-s, -; -nen> ferroviario, -a *m, f*

Eisenbahnnetz *nt* red *f* ferroviaria

Eisenbahntunnel *m* túnel *m* del tren

Eisenbahnüberführung *f* paso *m* elevado de un tren

Eisenbahnunterführung *f* paso *m* inferior de un tren

Eisenbahnwagen *m* vagón *m*

Eisenerz *nt* mineral *m* de hierro

Eisengitter *nt* <-s, -> rejilla *f* de hierro

eisenhaltig ['aɪzənhaltɪç] *adj (Flüssigkeit)* ferruginoso; *(Feststoff)* ferroso

Eisenmangel *m* falta *f* de hierro

Eisenoxid *nt* <-(e)s, -e>, **Eisenoxyd** *nt* <-(e)s, -e> (CHEM) óxido *m* de hierro

Eisenstange *f* <-, -n> vara *f* de hierro, varilla *f* de hierro

Eisenwaren *fpl* utensilios *mpl* de ferretería

Eisenwarenhändler(in) *m(f)* ferretero, -a *m, f*

Eisenwarenhandlung *f* ferretería *f,* abarrotería *f Am*

eisern ['aɪzɐn] *adj* ① *(aus Eisen)* de hierro, férreo ② *(unnachgiebig)* rígido; **~e Disziplin** disciplina férrea ③ *(Wend)* **~e Reserve** última reserva

Eisfach *nt* congelador *m* (del frigorífico)

Eisfläche *f* superficie *f* helada

eisfrei *adj* libre de hielo(s)

eisgekühlt *adj* helado

Eisglätte *f* hielo *m*

Eisheiligen *mpl* **die (drei) ~** *fechas — en el norte de Alemania del 11 al 13 de mayo y en el sur del 12 al 15 — hasta las cuales son esperables bruscos descensos de temperatura*

Eishockey ['aɪshɔki] *nt* (SPORT) jóquey *m* sobre hielo, hockey *m* sobre hielo

eisig ['aɪzɪç] *adj (Wasser)* helado; *(Kälte, a. fig)* glacial

Eiskaffee *m* café *m* frío con helado y nata montada

eiskalt ['-'-] **I.** *adj (a. fig)* helado **II.** *adv* con frialdad; **jdm ~ die Meinung sagen** *(fam)* decirle cuatro verdades a alguien

Eiskratzer *m* <-s, -> espátula *f* de rascar hielo

Eiskristall *m* <-s, -e> cristal *m* de hielo

Eiskunstlauf *m* <-(e)s, *ohne pl*> (SPORT) patinaje *m* artístico (sobre hielo)

Eiskunstläufer(in) *m(f)* (SPORT) patinador(a) *m(f)* artístico, -a sobre hielo

eis|laufen *irr vi sein* patinar sobre hielo

Eisläufer(in) *m(f)* <-s, -; -nen> patinador(a) *m(f)* sobre hielo

Eislutscher *m* polo *m* (de hielo)

Eismaschine *f* heladora *f*

Eispickel *m* <-s, -> picahielo *m*

Eisportionierer [-pɔrtsjo'niːrɐ] *m* porcionador *m* para helado

Eisprung *m* (ZOOL, MED) ovulación *f*

Eisregen *m* (METEO) lluvia *f* helada

Eisschnelllauf *m* <-(e)s, *ohne pl*> (SPORT) patinaje *m* de velocidad

Eisschokolade *f* chocolate *m* helado

Eisscholle *f* témpano *m* de hielo

Eisschrank *m* frigorífico *m*

Eissport *m* <-(e)s, *ohne pl*> deportes *mpl* sobre hielo

Eisstadion *nt* <-s, -stadien> (SPORT) pista *f* de hielo

Eistee *m* té *m* helado

Eisverkäufer(in) *m(f)* <-s, -; -, -nen> heladero, -a *m, f,* piragüero, -a *m, f PRico*

Eisvogel *m* martín *m* pescador

Eiswaffel *f* galleta *f* de helado, barquilla *f PRico, RDom*

Eiswürfel *m* cubito *m* de hielo

Eiszapfen *m* carámbano *m*

Eiszeit *f* era *f* glacial

eitel ['aɪtəl] *adj* vanidoso, vano

Eitelkeit *f* <-en> vanidad *f*

Eiter ['aɪtɐ] *m* <-s, *ohne pl*> pus *m,* postema *f Méx,* maleza *f Arg, Chil*

eiterig *adj* purulento

eitern ['aɪtɐn] *vi* supurar

Eiterpickel *m* <-s, -> (MED) pústula *f*

eitrig *adj* purulento

Eiweiß *nt* <-es, -e, *nach Zahlen:* -> ① *(vom Ei)* clara *f* ② (CHEM) albúmina *f* ③ (BIOL) proteína *f*

Eizelle *f* óvulo *m*

Ejakulat [ejaku'laːt] *nt* <-(e)s, -e> esperma *m* (eyaculado)

Ejakulation [ejakula'tsjoːn] *f* <-en> eyaculación *f*

ejakulieren* [ejaku'liːrən] *vi* eyacular

Ekel[1] ['eːkəl] *m* <-s, *ohne pl*> asco (**vor** a); *(Widerwille)* repugnancia *f* (**vor** a/de);

~ **erregen** dar asco; ~ **erregend** asqueroso, bascoso *Ecua, Col*
Ekel[2] *nt* <-s, -> *(fam: Person)* asqueroso, -a *m, f*
ekelerregend *adj s.* **Ekel**[1]
ekelhaft *adj,* **ekelig** *adj* asqueroso, bascoso *Ecua, Col*
ekeln I. *vr* **er ekelt sich vor Ratten** las ratas le dan asco **II.** *vunpers* **es ekelt mich davor** me da asco
EKG [eːkaːˈgeː] *nt* <-s, -s> (MED) *Abk. von* **Elektrokardiogramm** electrocardiograma *m*
Eklat [eˈklaː] *m* <-s, -s> escándalo *m*
eklatant [eklaˈtant] *adj* ① *(offensichtlich)* evidente ② *(Aufsehen erregend)* sensacional
eklig *adj s.* **ekelig**
Eklipse [ɛkˈlɪpsə, eˈklɪpsə] *f* <-n> (ASTR) eclipse *m*
Ekstase [ɛkˈstaːzə] *f* <-n> éxtasis *m inv*
Ekzem [ɛkˈtseːm] *nt* <-s, -e> (MED) eczema *m*
E-Ladestation *f* (AUTO) estación *m* de carga
Elan [eˈlaːn] *m* <-s, *ohne pl*> *(geh)* ímpetu *m*
elastisch [eˈlastɪʃ] *adj* elástico
Elastizität [elastitsiˈtɛːt] *f* <-en> elasticidad *f*
Elbe [ˈɛlbə] *f (Fluss)* Elba *m*
Elch [ɛlç] *m* <-(e)s, -e> (ZOOL) alce *m*
Electronic Banking [ɛləkˈtrɔnɪk ˈbɛŋkɪŋ] *nt* <- -s, *ohne pl*> (FIN) banco *m* informatizado
Electronic Cash [ɛləkˈtrɔnɪk kɛʃ] *nt* <- -s, *ohne pl*> (FIN) efectivo *m* electrónico, moneda *f* electrónica
Electronic Publishing [ɛləkˈtrɔnɪk ˈpablɪʃɪŋ] *nt* <- -s, *ohne pl*> (PUBL) autoedición *f* electrónica
Elefant [eleˈfant] *m* <-en, -en> elefante *m*
elegant [eleˈgant] *adj* elegante
Eleganz *f ohne pl* elegancia *f*
elektrifizieren* [elɛktrifiˈtsiːrən] *vt* electrificar
Elektrik [eˈlɛktrɪk] *f* <-en> sistema *m* eléctrico
Elektriker(in) [eˈlɛktrikɐ] *m(f)* <-s, -; -nen> electricista *mf*
elektrisch [eˈlɛktrɪʃ] *adj* eléctrico
elektrisieren* [elɛktriˈziːrən] *vt (a. fig)* electrizar
Elektrizität [elɛktritsiˈtɛːt] *f ohne pl* electricidad *f*
Elektrizitätswerk *nt* central *f* eléctrica, usina *f Am*
Elektroauto *nt* coche *m* eléctrico
Elektrobohrer *m* taladradora *f,* taladro *m* eléctrico
Elektrochemie *f ohne pl* electroquímica *f*
Elektrode [elɛkˈtroːdə] *f* <-n> electrodo *m*
Elektrofachmarkt *m* tienda *f* de electrónica
Elektrofahrrad *nt* bicicleta *f* eléctrica
Elektrogerät *nt* aparato *m* eléctrico; *(Haushaltsgerät)* electrodoméstico *m*
Elektrogeschäft *nt* tienda *f* de electrodomésticos
Elektrogrill *m* parrilla *f* eléctrica
Elektroherd *m* cocina *f* eléctrica
Elektroingenieur(in) *m(f)* ingeniero, -a *m, f* electrotécnico , -a
Elektroinstallateur(in) *m(f)* electricista *mf*
Elektrokardiogramm [------ˈ-] *nt* <-s, -e> (MED) electrocardiograma *m*
Elektrolyse [elɛktroˈlyːzə] *f* <-, -n> (PHYS, CHEM) electrólisis *f inv*
Elektrolyt [elɛktroˈlyːt] *m* <-en, -e(n)> (CHEM) electrólito *m,* electrolito *m*
Elektromagnet [-ˈ----] *m* electroimán *m*
elektromagnetisch [-ˈ---ˈ--] *adj* electromagnético
Elektromotor [-ˈ----] *m* (TECH) electromotor *m*
Elektron [ˈeːlɛktrɔn, elɛkˈtroːn] *nt* <-s, -en> (PHYS) electrón *m*
Elektronenmikroskop *nt* microscopio *m* electrónico
Elektronik [elɛkˈtroːnɪk] *f ohne pl* electrónica *f*
elektronisch [elɛkˈtroːnɪʃ] *adj* electrónico; **~es Banking** banking electrónico; **~es Geld** dinero electrónico; **~e Publikation** publicación electrónica; **~e Unterschrift** firma electrónica; **~er Zahlungsverkehr** movimiento de pagos electrónico [*o* computerizado]; **~e Zeitschrift** revista electrónica en internet
Elektrorasierer *m* maquina *f* de afeitar
Elektroschock *m* (MED) electrochoque *m*
Elektrosmog *m* electrosmog *m*
Elektrostatik *f ohne pl* (PHYS) electrostática *f*
elektrostatisch [elɛktroˈʃtatɪʃ] *adj* electro(e)stático
Elektrotankstelle *f* (AUTO) electrolinera *f*
Elektrotechnik *f ohne pl* electrotécnica *f,* electrotecnia *f*
Elektrotechniker(in) *m(f)* electrotécnico *mf*
Element [eleˈmɛnt] *nt* <-(e)s, -e> elemento *m*
elementar [elemɛnˈtaːɐ] *adj* elemental; *(grundlegend)* fundamental
Elementarteilchen *nt* (PHYS) partícula *f* elemental
elend *adj* ① *(armselig)* miserable ② *(abw: gemein)* vil, miserable ③ *(krank)* enfermizo

E

Elend ['eːlɛnt] *nt* <-(e)s, *ohne pl*> miseria *f*; **das heulende ~ haben** *(fam)* estar depre
elendig ['eːlɛndɪç, *nachdrücklich:* 'eː'lɛndɪç] *adj (reg) s.* **elend**
Elendsviertel *nt* barrio *m* de chabolas, barrio *m* joven *Am*
elf [ɛlf] *adj inv* once; *s. a.* **acht**[1]
Elf *f* <-en> *(Zahl, Fußballmannschaft)* once *m*
Elfe ['ɛlfə] *f* <-n> sílfide *f*
Elfenbein ['ɛlfənbaɪn] *nt* <-(e)s, *ohne pl*> marfil *m*
elfenbeinern *adj* de marfil
elfenbeinfarben *adj* de color marfil
Elfenbeinküste *f* Costa *f* de Marfil
Elfer *m* <-s, -> (SPORT: *sl)* penalti *m*
Elfmeter [ɛlf'meːtɐ] *m* <-s, -> (SPORT) penalti *m*
Elfmeterpunkt *m* (SPORT) punto *m* de penalty
Elfmeterschießen *nt* (SPORT) tanda *f* de penaltis
elfte(r, s) *adj* undécimo; *s. a.* **achte(r, s)**
elftel *adj inv* onceavo; *s. a.* **achtel**
elftens *adv* en undécimo lugar; *(bei einer Aufzählung)* undécimo; *s. a.* **achtens**
eliminieren* [elimi'niːrən] *vt* eliminar
Eliminierung *f* <-, -en> *(a. fig)* eliminación *f*
elitär [eli'tɛːɐ] *adj* elitista
Elite [e'liːtə] *f* <-n> élite *f*
Eliteeinheit, Elitetruppe *f* (MIL) tropa *f* de elite
Eliteuniversität *f* universidad *f* de élite
Elixier [elɪ'ksiːɐ] *nt* <-s, -e> elixir *m*
Ellbogen ['ɛl-] *m* <-s, -> codo *m;* **die ~ aufstützen** apoyar los codos
Ellbogengesellschaft *f* sociedad *f* caracterizada por la ley de la selva
Elle ['ɛlə] *f* <-n> ❶ (MED) cúbito *m* ❷ *(Maß)* yarda *f*
Ellenbogen ['ɛlən-] *m* <-s, -> *s.* **Ellbogen**
Ellenbogengesellschaft *f s.* **Ellbogengesellschaft**
ellenlang *adj (fam)* larguísimo
Ellipse [ɛ'lɪpsə] *f* <-n> ❶ (MATH) elipse *f* ❷ (LING) elipsis *f inv*
elliptisch [ɛ'lɪptɪʃ] *adj* (MATH, LING) elíptico
E-Lok *f* <-s> (EISENB) *Abk. von* **elektrische Lokomotive** locomotora *f* eléctrica
eloquent [elo'kvɛnt] *adj (geh)* elocuente
Eloquenz [elo'kvɛnts] *f* <-, *ohne pl*> *(geh)* elocuencia *f*
El Salvador [ɛl zalva'doːɐ] *nt* <- -s> El Salvador *m*
Elsass ['ɛlzas] *nt* <-(es)> Alsacia *f*
Elsässer(in) ['ɛlzɛsɐ] *m(f)* <-s, -; -nen> alsaciano, -a *m, f*
elsässisch ['ɛlzɛsɪʃ] *adj* alsaciano
Elsass-Lothringen *nt* <-s> Alsacia-Lorena *f*
Elster ['ɛlstɐ] *f* <-n> (ZOOL) urraca *f*
elterlich ['ɛltɐlɪç] *adj* paterno, de los padres
Eltern ['ɛltɐn] *pl* padres *mpl*
Elternabend *m* reunión *f* de padres de alumnos
Elternbeirat *m* <-(e)s, -räte> asociación *f* de padres de alumnos
Elternhaus *nt* casa *f* paterna
elternlos *adj* sin padres, huérfano
Elternsprechtag *m* <-(e)s, -e> día *m* de consulta de padres de alumnos y maestros
Elternteil *m* progenitor(a) *m(f);* **ein ~** uno de los padres
Elternzeit *f* excedencia *f* por paternidad/maternidad
Email [e'maɪ] *nt* <-s, -s> esmalte *m*
E-Mail *f* <-s> (INFOR) correo *m* electrónico, e-mail *m;* **eine Nachricht per ~ verschicken** [*o* **übermitteln**] enviar [*o* tra(n)smitir] una noticia por correo electrónico
E-Mail-Adresse *f* dirección *f* de correo electrónico, dirección *f* electrónica
Emaillack *m* barniz *m* esmalte
Emaille [e'maljə, e'maɪ] *f* <-n> *s.* **Email**
emaillieren* [emal'jiːrən, ema'jiːrən] *vt* esmaltar
E-Mail-Programm *nt* (INFOR, TEL) programa *m* de e-mail
Emanze [e'mantsə] *f* <-n> *(fam abw)* feminista *f*
Emanzipation [emantsipa'tsjoːn] *f* <-en> emancipación *f*
Emanzipationsbewegung *f* <-, -en> (SOZIOL, POL) movimiento *m* de liberación [*o* de emancipación] (de la mujer)
emanzipieren* *vr:* **sich ~** emanciparse (**von** de)
emanzipiert *adj* emancipado
Embargo [ɛm'bargo] *nt* <-s, -s> embargo *m*
Emblem [ɛm'bleːm] *nt* <-s, -e *o* Emblemata> emblema *m*
Embolie [ɛmbo'liː] *f* <-n> (MED) embolia *f*
Embryo ['ɛmbryo] *m* <-s, -nen *o* -s> (MED, BIOL) embrión *m*
embryonal *adj* (MED, BIOL) embrional
Embryonen *pl von* **Embryo**
emeritieren* [emeri'tiːrən] *vt* (UNIV) declarar emérito, jubilar
Emigrant(in) [emi'grant] *m(f)* <-en, -en; -nen> *(aus politischen Gründen)* emigrado, -a *m, f; (aus wirtschaftlichen Gründen)* emigrante *mf*
Emigration [emigra'tsjoːn] *f* <-en> emigración *f*
emigrieren* *vi sein* emigrar

Eminenz *f* <-, -en> (REL) eminencia *f;* **Seine/Eure ~** su Eminencia
Emir [e'mi:ɐ] *m* <-s, -e> emir *m*
Emirat [emi'ra:t] *nt* <-(e)s, -e> emirato *m;* **Vereinigte Arabische ~e** Emiratos Arabes Unidos
Emission [emɪ'sjo:n] *f* <-en> (FIN, PHYS) emisión *f*
emittieren* [emɪ'ti:rən] *vt* (ÖKOL: *Abgase, Schadstoffe*) emitir
Emmentaler ['ɛmənta:lɐ] *m* <-s, -> (GASTR) queso *m* emmental
Emoji <-s, -s> [e'mo:dʒi] *nt* (INFOR) emoyi [*o* emoji] *m*
e-Moll *nt* <-, *ohne pl*> (MUS) mi *m* menor
Emoticon [e'mo:tikon] *nt* <-s, -s> (INFOR) emoticón *m*
Emotion [emo'tsjo:n] *f* <-en> emoción *f*
emotional [emotsjo'na:l] *adj* emocional
emotionsgeladen *adj* emotivo; *(Atmosphäre)* cargado; *(Diskussion)* emocional
emotionslos *adj* insensible
empfahl [ɛm'pfa:l] *3. imp von* **empfehlen**
empfand [ɛm'pfant] *3. imp von* **empfinden**
Empfang [ɛm'pfaŋ, *pl:* ɛm'pfɛŋə] *m* <-(e)s, -fänge> ① *(im Hotel)* recepción *f* ② (TECH, RADIO, TV) recepción *f; (eines Mobiltelefons)* **~ haben** tener cobertura ③ *(von Waren)* **etw in ~ nehmen** recibir algo; **den ~ bestätigen** acusar recibo ④ *(Feier)* recepción *f* ⑤ *(Begrüßung)* recibimiento *m; (Aufnahme)* acogida *f*
empfangen <empfängt, empfing, empfangen> *vt* ① *(Waren, a.* RADIO, TV) recibir ② *(Gast)* recibir; *(aufnehmen)* acoger
Empfänger¹ *m* <-s, -> (RADIO, TV) (aparato *m*) receptor *m*
Empfänger(in)² [ɛm'pfɛŋɐ] *m(f)* <-s, -; -nen> receptor(a) *m(f); (von Post)* destinatario, -a *m, f; (einer Summe)* perceptor(a) *m(f); (einer Unterstützung)* beneficiario, -a *m, f; (von Waren)* consignatario, -a *m, f;* **~ unbekannt/verzogen** destinatario desconocido/ausente sin señas
Empfängerin *f* <-, -nen> *s.* **Empfänger²**
empfänglich *adj* sensible (**für** a)
Empfängnis *f ohne pl* concepción *f*
empfängnisverhütend *adj* anticonceptivo
Empfängnisverhütung *f* anticoncepción *f*
Empfangsbescheinigung *f* acuse *m* de recibo
Empfangsbestätigung *f* acuse *m* de recibo
Empfangschef(in) *m(f)* jefe, -a *m, f* de recepción
Empfangsdame *f* recepcionista *f*
empfängt [ɛm'pfɛŋt] *3. präs von* **empfangen**
empfehlen [ɛm'pfe:lən] <empfiehlt, empfahl, empfohlen> I. *vt (raten)* recomendar II. *vr:* **sich ~** ① *(geh: sich verabschieden)* despedirse ② *(geeignet sein)* ser apto (**als/für** para); **es empfiehlt sich, das zu tun** conviene hacerlo
empfehlenswert *adj* recomendable
Empfehlung *f* <-en> ① *(Fürsprache)* recomendación *f;* **auf ~ von jdm** por recomendación de alguien ② *(geh: Gruß)* saludo *m* respetuoso; **mit den besten ~en** con mis mejores saludos
Empfehlungsschreiben *nt* carta *f* de recomendación
empfiehlt [ɛm'pfi:lt] *3. präs von* **empfehlen**
empfinden [ɛm'pfɪndən] <empfindet, empfand, empfunden> *vt* sentir
Empfinden *nt* <-s, *ohne pl*> *(Gespür)* sensación *f;* **jds ~ nach** según (la opinión de) alguien; **die Frisur ist für mein ~ etwas zu lang** a mí me parece que el peinado es demasiado largo
empfindlich [ɛm'pfɪntlɪç] *adj* ① *(Person, Gerät)* sensible (**gegen** a); *(krankheitsanfällig, zerbrechlich)* delicado ② *(reizbar)* susceptible; **jdn an seiner ~en Stelle treffen** tocar a alguien en su punto débil; **sei nicht so ~!** ¡no seas tan susceptible! ③ *(Kälte)* penetrante ④ *(Verlust)* doloroso
Empfindlichkeit *f ohne pl* ① *(Feinfühligkeit)* sensibilidad *f* ② *(Reizbarkeit)* susceptibilidad *f* ③ *(Anfälligkeit)* propensión *f* (**gegen** a)
empfindsam [ɛm'pfɪntza:m] *adj* sensible
Empfindung *f* <-en> ① *(Wahrnehmung)* sensación *f* ② *(Gefühl)* sentimiento *m*
empfing [ɛm'pfɪŋ] *3. imp von* **empfangen**
empfohlen [ɛm'pfo:lən] *pp von* **empfehlen**
empfunden [ɛm'pfʊndən] *pp von* **empfinden**
Emphase [ɛm'fa:zə] *f* <-, -n> *(geh)* énfasis *m inv*
emphatisch [ɛm'fa:tɪʃ] *adj (geh)* enfático
empirisch [ɛm'pi:rɪʃ] *adj (geh)* empírico; **~e Forschung** investigación empírica
empor [ɛm'po:ɐ] *adv (geh)* hacia arriba
empor|arbeiten *vr:* **sich ~** *(geh)* ascender (**zu** a)
Empore [ɛm'po:rə] *f* <-n> galería *f*
empören* [ɛm'pø:rən] I. *vt* indignar; **ich bin empört** estoy indignado II. *vr:* **sich ~** ① *(sich aufregen)* indignarse (**über** por) ② *(sich auflehnen)* sublevarse (**gegen** contra)

empörend *adj* indignante; *(skandalös)* escandaloso
Emporkömmling [ɛm'poːɐkœmlɪŋ] *m* <-s, -e> *(abw)* advenedizo, -a *m, f,* arribista *mf*
empor|ragen *vi (geh)* sobresalir
empor|steigen *irr* **I.** *vi sein (Rauch)* subir; *(Zweifel)* aparecer (**in** en) **II.** *vt sein (Stufen)* subir

E

empört [ɛm'pøːɐt] *adj* indignado
Empörung[1] [ɛm'pøːrʊŋ] *f ohne pl (Entrüstung)* indignación *f* (**über jdn** con alguien, **über etw** por algo)
Empörung[2] *f* <-en> *(Aufstand)* sublevación *f* (**gegen** contra)
emsig ['ɛmzɪç] *adj* laborioso; *(unermüdlich)* asiduo
Emu ['eːmu] *m* <-s, -s> (ZOOL) emú *m*
Emulsion [emʊl'zjoːn] *f* <-, -en> (*a.* CHEM) emulsión *f*
E-Musik *f ohne pl* (MUS) música *f* culta
Endabrechnung *f* (FIN) saldo *m* final
Endbahnhof *m s.* **Endstation**
Endbetrag *m* <-(e)s, -träge> total *m,* montante *m*
Ende[1] ['ɛndə] *nt ohne pl* ❶ *(Endpunkt)* final *m; (Abschluss)* término *m; (Film, Buch)* fin *m;* **bis ans ~ der Welt** hasta el fin del mundo ❷ *(zeitlich)* fin *m;* **~ des Jahres** a fines de año; **~ Mai** a fines de mayo ❸ *(Wend)* **zu ~** finalizado; **der Film ist zu ~** la película se ha acabado; **ein Buch zu ~ lesen** terminar de leer un libro; **der Tag geht zu ~** el día llega a su fin; **er ist ~ vierzig** tiene los cuarenta largos; **am ~ sein** *(fam)* estar en las últimas; **letzten ~s** al fin y al cabo; **bis zum bitteren ~** hasta el triste final; **ein gutes/böses ~ nehmen** acabar bien/mal; **am ~ seiner Kräfte sein** estar al límite de sus fuerzas; **etw** *dat* **ein ~ machen** *(geh)* poner fin a algo; **kein ~ finden** no acabar nunca; **kein ~ absehen** no ver el final; **seinem ~ zugehen** irse acabando; **das dicke ~ kommt noch** *(fam)* aún queda el rabo por desollar; **~ gut, alles gut!** *(prov)* bien está lo que bien acaba
Ende[2] *nt* <-s, -n> *(Endstück)* extremo *m; (Geweihspitze)* punta *f;* **am vorderen/hinteren ~ der Reihe** en el extremo superior/inferior de la hilera; **am anderen ~ der Stadt** en el otro extremo de la ciudad
Endeffekt *m* resultado *m;* **im ~** al fin y al cabo
endemisch [ɛn'deːmɪʃ] *adj* (BIOL, MED, ZOOL) endémico
enden ['ɛndən] *vi* terminar, acabar; *(Frist)* vencer; **nicht ~ wollender Beifall** aplauso ininterrumpido; **wie wird das mit ihm ~?** ¿cómo va a acabar lo suyo?
Endergebnis *nt* resultado *m* final
Endgerät *nt* (INFOR) dispositivo *m* de salida
endgültig *adj* definitivo; **jetzt ist ~ Schluss** ahora se acabó definitivamente
Endgültigkeit *f ohne pl* carácter *m* definitivo
Endhaltestelle *f* estación *f* final
Endivie [ɛn'diːviə] *f* <-n> escarola *f*
Endiviensalat *m* ensalada *f* de escarola
Endkampf *m* (SPORT) final *f*
end|lagern *vt* depositar [*o* almacenar] (definitivamente)
Endlagerstätte *f* lugar *m* de almacenamiento definitivo
endlich ['ɛntlɪç] **I.** *adj* ❶ *(begrenzt)* limitado ❷ (MATH) finito **II.** *adv* por fin; *(schließlich)* finalmente; **hör ~ damit auf!** ¡deja eso de una vez!
endlos *adj* inacabable; *(unbegrenzt)* ilimitado
Endlosigkeit *f ohne pl (räumlich)* infinito *m; (zeitlich)* eternidad *f*
Endlospapier *nt* (INFOR) papel *m* continuo
Endorphin [ɛndɔr'fiːn] *nt* <-s, -e> (MED) endorfina *f*
Endoskop [ɛndo'skoːp] *nt* <-s, -e> (MED) endoscopio *m*
Endoskopie [ɛndosko'piː] *f* <-, -n> (MED) endoscopia *f*
Endphase *f* fase *f* final
Endprodukt *nt* producto *m* final
Endrunde *f* (SPORT) finalísima *f*
Endsilbe *f* (LING) última sílaba *f*
Endspiel *nt* (SPORT) final *f*
Endspurt *m* <-(e)s, -s *o* -e> (SPORT) esprín *m* final
Endstadium *nt* última fase *f*
Endstation *f* (estación *f*) terminal *f*
Endsumme *f* suma *f* total
Endung *f* <-en> (LING) desinencia *f*
Endverbraucher(in) *m(f)* consumidor(a) *m(f)* final
Endzeit *f* <-, *ohne pl*> (REL) final *m* de los tiempos
Endzeitstimmung *f* <-, -en> estado *m* de ánimo apocalíptico
Endziffer *f* última cifra *f*
Energie [enɛr'giː] *f* <-n> energía *f;* **alternative ~n** energías alternativas; **erneuerbare ~n** energías renovables; **~ sparen** ahorrar energía
Energiebedarf *m* demanda *f* energética
Energiebilanz *f* <-, -en> balance *m* energético [*o* de la energía]
Energiedrink *m* <-s, -s> bebida *f* energética

Energiehaushalt *m* <-(e)s, -e> *(des Körpers)* equilibrio *m* energético
Energiekrise *f* (ÖKOL, ECON) crisis *f inv* energética
Energiepolitik *f* <-, -en> política *f* energética
Energiequelle *f* fuente *f* energética
Energiesparen *nt ohne pl* ahorro *m* de energía
energiesparend *adj* que ahorra energía
Energiesparlampe *f* lámpara *f* que ahorra energía
Energiesparmaßnahme *f* (WIRTSCH, ÖKOL) medida *f* para ahorrar energía
Energieträger *m* fuente *f* energética; **fossiler ~** portador fósil de energía
Energieverbrauch *m* consumo *m* de energía
Energieverlust *m* pérdida *f* de energía
Energieverschwendung *f* despilfarro *m* de energía
Energieversorgung *f* abastecimiento *m* de energía
Energiewende *f* cambio *m* de modelo energético, cambio energético *fam*
Energiezufuhr *f ohne pl* alimentación *f* (de energía)
energisch [e'nɛrgɪʃ] *adj* enérgico; *(entschlossen)* decidido
eng [ɛŋ] **I.** *adj* ① *(Straße)* estrecho ② *(Kleidung)* ajustado; **~ anliegend** *(Kleid)* ceñido; **sich** *dat* **ein Kleid ~er machen** estrecharse un vestido ③ *(dicht)* denso; *(gedrängt)* apretado ④ *(eingeschränkt)* estricto; *(begrenzt)* limitado; **im ~eren Sinne** en sentido estricto; **in die ~ere Wahl kommen** llegar a la última selección ⑤ *(Beziehung)* íntimo; **~ befreundet sein** ser íntimos amigos **II.** *adv* **~ anliegend** *(Kleid)* muy ajustado; **~ befreundet sein** ser íntimos amigos; **sie sitzen ~ beieinander** están sentados muy juntos; **sieh das doch nicht so ~** no seas tan estricto
Engagement[1] [ãgaʒə'mã:] *nt ohne pl* compromiso *m; (Begeisterung)* entusiasmo *m*
Engagement[2] *nt* <-s, -s> (THEAT) contrata *f*
engagieren* [ãga'ʒi:rən] **I.** *vt (Künstler)* contratar **II.** *vr:* **sich ~** comprometerse (**in** en); *(sich einsetzen)* intervenir (**für** a favor de); **er hat sich dafür engagiert, dass ...** intervino a favor de que... +*subj*
engagiert *adj* comprometido
enganliegend ['ɛŋʔanli:gənt] *adj s.* **eng II.**
engbefreundet *adj s.* **eng II.**
Enge ['ɛŋə] *f ohne pl (räumlich)* estrechez *f;* **jdn in die ~ treiben** poner a alguien entre la espada y la pared
Engel ['ɛŋəl] *m* <-s, -> ángel *m*
engherzig *adj* mezquino
England ['ɛŋlant] *nt* <-s> Inglaterra *f*
Engländer(in) ['ɛŋlɛndɐ] *m(f)* <-s, -; -nen> inglés, -esa *m, f*
englisch ['ɛŋlɪʃ] *adj* inglés
Englisch *nt* <-(s), *ohne pl*>, **Englische** *nt* <-n, *ohne pl*> inglés *m;* **sprechen Sie ~?** ¿habla inglés?
engmaschig *adj* de malla estrecha
Engpass *m* ① *(Stelle)* paso *m* estrecho; *(eines Flusses)* pongo *m Ecua, Perú* ② *(in Versorgung)* dificultades *f pl*
engstirnig *adj (abw)* estrecho de miras
Engstirnigkeit *f* <-, *ohne pl*> estrechez *f* de miras
Enkel(in) ['ɛŋkəl] *m(f)* <-s, -; -nen> nieto, -a *m, f*
Enkelkind *nt* nieto, -a *m, f*
Enkelsohn *m* nieto *m*
Enkeltochter *f* nieta *f*
Enklave [ɛn'kla:və] *f* <-, -n> enclave *m*
enorm [e'nɔrm] *adj* enorme
Ensemble [ã'sã:bəl] *nt* <-s, -s> ① (THEAT) compañía *f* de teatro; (MUS) orquesta *f* ② *(Kleidungsstück)* conjunto *m*
entarten* [ɛnt'ʔartən] *vi sein* degenerar
Entartung[1] *f* <-, -en> *(Erscheinungsform)* degeneración *f*
Entartung[2] *f* <-, *ohne pl*> *(Abweichen von der Norm)* depravación *f*
entbehren* [ɛnt'be:rən] **I.** *vt* ① *(geh: vermissen)* echar de menos ② *(verzichten)* prescindir (de) **II.** *vi (geh: fehlen)* carecer (+*gen* de)
entbehrlich [ɛnt'be:ɐlɪç] *adj* prescindible; *(überflüssig)* superfluo
Entbehrung *f* <-en> privación *f*
entbinden* *irr* **I.** *vi (gebären)* dar a luz, acostar *AmC, Méx* **II.** *vt* ① *(von einer Pflicht)* eximir (**von** de) ② *(Frau)* asistir en el parto
Entbindung *f* <-en> (MED) parto *m*
Entbindungsstation *f* (MED) sala *f* de maternidad
entblättern* **I.** *vt* desfoliar **II.** *vr:* **sich ~** ① *(Blätter verlieren)* perder las hojas ② *(fig fam)* desnudarse
entblößen* [ɛnt'blø:sən] **I.** *vt (Körperteil)* descubrir **II.** *vr:* **sich ~** *(sich ausziehen)* desnudarse
entbrennen* *irr vi sein (geh: Kampf, Streit)* desencadenarse
entbunden *pp von* **entbinden**
entdecken* *vt* ① *(Unbekanntes)* descubrir ② *(finden)* encontrar, hallar
Entdecker(in) *m(f)* <-s, -; -nen> descubridor(a) *m(f)*
Entdeckung *f* <-en> descubrimiento *m;*

E

die ~ Amerikas el descubrimiento de América

Entdeckungsreise *f* viaje *m* de exploración

Ente ['ɛntə] *f* <-n> ① (ZOOL) pato *m* ② *(Zeitungsente)* camelo *m,* borrego *m Am* ③ (AUTO) dos caballos *m inv*

entehren* [ɛnt'ʔeːrən] *vt* deshonrar; *(herabwürdigen)* desprestigiar

enteignen* [ɛnt'ʔaɪgnən] *vt* expropiar

Enteignung *f* <-en> expropiación *f*

enterben* *vt* desheredar

Enterhaken *m* <-s, -> (HIST, NAUT) arpeo *m*

Enterich ['ɛntərɪç] *m* <-s, -e> pato *m* macho

entern ['ɛntɐn] *vt* abordar

Entertainer(in) ['ɛntɐteːnɐ, 'ɛntɐtɛɪnɐ] *m(f)* <-s, -; -nen> animador(a) *m(f)*

Enter-Taste *f* (INFOR) tecla *f* return

entfachen* [ɛnt'faxən] *vt (geh)* ① *(Feuer)* atizar ② *(Leidenschaft, Hass)* encender; *(Krieg)* provocar

entfahren* *irr vi sein (Worte)* escaparse

entfallen* *irr vi sein* ① *(wegfallen)* suprimirse ② *(erhalten)* tocar; *(zukommen)* corresponder; **auf die Losnummer 113 ~ 100.000 Euro** al número 113 le corresponden 100.000 euros ③ *(geh: entgleiten)* escaparse ④ *(vergessen)* olvidarse

entfalten* I. *vt* ① *(Serviette)* desdoblar ② *(Gedankengang)* explicar ③ *(Talent)* revelar; *(beweisen)* mostrar II. *vr:* **sich ~** ① *(Knospe, Fallschirm)* abrirse ② *(Fähigkeiten)* desarrollar(se)

Entfaltung *f* <-en> desarrollo *m*

entfärben* *vt* desteñir

entfernen* [ɛnt'fɛrnən] I. *vt* ① *(Schmutz)* quitar (**aus** de) ② (MED) extirpar ③ *(abbringen)* alejar II. *vr:* **sich ~** ① *(weggehen)* alejarse; *(verlassen)* irse; **die Schritte entfernten sich langsam** los pasos se alejaron lentamente ② *(vom Thema)* alejarse; *(abkommen)* apartarse

entfernt [ɛnt'fɛrnt] *adj* ① *(fern)* distante; *(abgelegen)* alejado; **300 Meter von hier ~** a 300 metros de aquí; **nicht im E~esten** en absoluto ② *(weitläufig)* lejano; **er ist ~ mit mir verwandt** es un pariente lejano ③ *(Ähnlichkeit)* vago

Entfernung *f* <-en> ① *(Abstand)* distancia *f;* **aus der ~** de lejos ② *(Wegnahme)* eliminación *f; (aus dem Amt)* destitución *f*

entfesseln* *vt* desencadenar, desatar

entflammbar [ɛnt'flambaːɐ] *adj* inflamable

entflammen* I. *vi sein* ① *(Streit)* desencadenarse ② *(sich begeistern)* apasionarse (**für** por) II. *vt (Hass, Liebe)* provocar III. *vr:* **sich ~** *(Gas)* inflamarse

entfliehen* *irr vi sein* huir (**aus** de); **entflohene Sträflinge** presos fugados

entflohen *pp von* **entfliehen**

entfremden* [ɛnt'frɛmdən] *vt* ① *(Person)* distanciar; **etw seinem Zweck ~** hacer mal uso de algo ② (PHILOS) alienar

Entfremdung *f* <-en> ① *(Abstand)* distancia *f* ② (PHILOS) alienación *f*

entfreunden (INFOR: *fam)* I. *vr* **sich ~** *(von einem virtuellen Freund)* borrar [*o* eliminar] una amistad **er hat mich auf Twitter® entfreundet** me ha eliminado [*o* borrado] de su Twitter® II. *vt (eine virtuelle Freundschaft beenden)* borrar [*o* eliminar] una amistad

entführen* *vt* secuestrar, plagiar *Am*

Entführer(in) *m(f)* <-s, -; -nen> secuestrador(a) *m(f)*

Entführung *f* <-en> secuestro *m,* rapto *m,* plagio *m Am;* **~ durch Außerirdische** abducción *f*

entgegen [ɛnt'geːgən] I. *adv* ① *(Richtung)* en la dirección (de); **der Zukunft ~** hacia el futuro ② *(zuwider)* en contra II. *präp +dat (im Gegensatz)* en oposición a, en contra de

entgegen|bringen *irr vt (Interesse)* mostrar

entgegen|fahren *irr vi sein* **jdm ~** ir (en coche) en dirección hacia alguien; **jdm entgegengefahren kommen** llegar (en coche) de la dirección contraria

entgegen|fiebern *vi* esperar con gran impaciencia

entgegen|gehen *irr vi sein (einer Person)* avanzar (hacia); **dem Ende ~** ir terminando

entgegengesetzt *adj* ① *(gegenteilig)* contrario; **in ~er Richtung** en sentido contrario; **am ~en Ende der Stadt** en el otro extremo de la ciudad ② *(widersprechend)* contradictorio

entgegen|halten *irr vt* ① *(darbieten)* ofrecer; *(entgegenstrecken)* extender; **jdm die Hand ~** *(a. fig)* tender la mano a alguien ② *(einwenden)* oponer

entgegen|kommen *irr vi sein* ① *(sich nähern: Person)* salir al encuentro (de); *(Fahrzeug)* venir de frente ② *(nachgeben)* hacer concesiones ③ *(entsprechen)* convenir

Entgegenkommen *nt* <-s, *ohne pl*> ① *(Haltung)* buena voluntad *f* ② *(Zugeständnis)* deferencia *f*

entgegenkommend *adj* ① *(gefällig)* complaciente; *(zuvorkommend)* servicial ② *(aufmerksam)* atento ③ *(Fahrzeug)* en sentido opuesto

entgegen|laufen *irr vi sein* ① *(zulaufen)*

jdm ~ ir corriendo al encuentro de alguien ② *(im Gegensatz stehen)* **etw** *dat* ~ ser contrario a algo

entgegen|nehmen *irr vt (Waren)* recibir; *(Aufgabe)* hacerse cargo (de)

entgegen|schlagen *irr vi sein* **jdm** ~ ir en dirección hacia alguien; **aus dem Keller schlug ihr eisige Kälte entgegen** notaba un frío helado que venía del sótano

entgegen|sehen *irr vi* aguardar

entgegen|setzen *vt* oponer (a)

entgegen|stehen *irr vi* ① *(hinderlich sein)* obstaculizar ② *(im Gegensatz stehen)* oponerse (a); **dem steht nichts entgegen** no hay inconvenientes

entgegen|stellen *vr* **sich jdm/etw** *dat* ~ *(sich in den Weg stellen)* oponerse a alguien/a algo

entgegen|steuern *vi* **einer Sache** *dat* ~ *(Entwicklung, Trend)* contrarrestar el efecto de una cosa

entgegen|treten *irr vi sein* **jdm** ~ ir hacia alguien

entgegen|wirken *vi* contrarrestar

entgegnen* [ɛnt'ge:gnən] *vt* contestar; *(schärfer)* replicar

Entgegnung *f* <-, -en> respuesta *f*, contestación *f*; *(Erwiderung)* réplica *f*

entgehen* *irr vi sein* ① *(einer Strafe)* escapar(se) (+*dat* a) ② *(unbemerkt bleiben)* escaparse ③ *(Wend)* **sich** *dat* **etw** (**nicht**) ~ **lassen** (no) perderse algo

entgeistert [ɛnt'gaɪstɐt] *adj* atónito

Entgelt [ɛnt'gɛlt] *nt* <-(e)s, -e> ① *(Bezahlung)* retribución *f*; **ohne/gegen** ~ gratis/pagando ② *(Entschädigung)* indemnización *f* ③ *(Gebühr)* tasa *f*

entgiften* *vt* desintoxicar; *(reinigen)* purificar

Entgiftung *f* <-, -en> ① *(von Abgasen)* descontaminación *f* ② (MED: *des Körpers*) desintoxicación *f*

entgleisen* [ɛnt'glaɪzən] *vi sein* ① *(Zug)* descarrilar, desrielar *Am* ② *(Mensch)* salirse de tono

Entgleisung *f* <-en> ① *(eines Zuges)* descarrilamiento *m* ② *(des Benehmens)* desliz *m*

entgleiten* *irr vi sein (geh)* escurrirse; **jdm entgleitet die Kontrolle über etw** alguien pierde el control sobre algo

entglitten *pp von* **entgleiten**

enthaaren* [ɛnt'ha:rən] **I.** *vt* depilar **II.** *vr:* **sich** ~ depilarse

Enthaarung *f* <-en> depilación *f*

Enthaarungscreme *f* crema *f* depilatoria

Enthaarungsmittel *nt* <-s, -> depilatorio *m*

enthalten* *irr* **I.** *vt (beinhalten)* contener; *(einschließen)* incluir; **Frühstück ist im Preis** ~ el desayuno está incluido en el precio **II.** *vr:* **sich** ~ *(geh, a.* POL) abstenerse (de); *(verzichten)* contener; **sie enthielt sich** (**der Stimme**) se abstuvo (en la votación)

enthaltsam [ɛnt'haltza:m] *adj* abstinente; *(vom Alkohol)* abstemio; *(sexuell)* continente

Enthaltsamkeit *f ohne pl* abstinencia *f*; *(sexuell)* continencia *f*

Enthaltung *f* <-en> abstención *f*

enthärten* *vt (Wasser)* rebajar el grado hidrométrico

enthaupten* [ɛnt'haʊptən] *vt* decapitar

Enthauptung *f* <-, -en> decapitación *f*

entheben* *irr vi (geh)* **jdn seines Amtes** ~ suspender a alguien de su cargo

enthemmt *adj (Person)* desinhibido

enthoben *pp von* **entheben**

enthüllen* *vt* ① *(Denkmal)* descubrir ② *(geh: Geheimnis)* revelar; *(Skandal)* destapar

Enthüllung *f* <-en> ① *(von Denkmal)* inauguración *f* ② *(von Geheimnis)* revelación *f*

Enthüllungsjournalismus *m* periodismo *m* de investigación

Enthusiasmus [ɛntuzi'asmʊs] *m* <-, *ohne pl*> entusiasmo *m*

enthusiastisch I. *adj* entusiasta **II.** *adv* con entusiasmo

entjungfern* *vt* desvirgar; (MED) desflorar

Entjungferung *f* <-, -en> desfloración *f*

entkalken* *vt* descalcificar

entkeimen* *vt* purificar, depurar

entkernen* *vt* ① *(Kirschen)* deshuesar; *(Wassermelone)* quitar las pepitas (a/de) ② (ARCHIT) hacer más espacioso (quitando edificios)

entkleiden* **I.** *vt (geh)* desvestir **II.** *vr:* **sich** ~ *(geh)* desvestirse

entknoten* *vt* desanudar

entkoffeiniert [ɛntkɔfei'ni:ɐt] *adj* descafeinado

Entkolonialisierung *f* <-, -en> (POL) descolonización *f*

entkommen* *irr vi sein* escaparse (**aus** de); *(fliehen)* huir (**aus** de); **jdm** ~ escapar(se) de alguien

Entkommen *nt ohne pl* huida *f*; **es gibt kein** ~ no hay posibilidad de huida; **aus der Lage gab es kein** ~ no había salida a la situación

entkorken* *vt* descorchar

entkräften* [ɛnt'krɛftən] *vt* ① *(Person)* debilitar ② *(Verdacht)* anular; *(Behauptung)* invalidar

Entkräftung *f* <-, -en> ① *(von Person)* de-

E

bilitamiento *m* ② *(eines Verdachts)* nulidad *f*, anulación *f*

entkrampfen* **I.** *vt* ① *(lockern: Muskeln)* desagarrotar, distender ② *(entspannen)* relajar **II.** *vr:* **sich ~** ① *(Körper, Muskel)* desagarrotarse, desacalambrarse ② *(Situation)* normalizarse; *(Atmosphäre)* relajarse

entladen* *irr* **I.** *vt (LKW, Schiff)* descargar **II.** *vr:* **sich ~** *(Batterie, Zorn)* descargarse

Entladung *f* <-, -en> (*a.* ELEK) descarga *f*

entlang [ɛntˈlaŋ] **I.** *präp +gen/dat* a lo largo de; **~ des Weges** [*o* **dem Weg**] a lo largo del camino **II.** *präp +akk* a lo largo de; **die Wand ~** a lo largo de la pared **III.** *adv* **am Fluss ~** a lo largo del río; **hier ~** (siguiendo) por aquí

entlang|fahren *irr* **I.** *vi sein* **an etw** *dat* **~** pasar a lo largo de algo **II.** *vt sein (Straße)* seguir

entlang|gehen *irr* **I.** *vi sein* **an etw** *dat* **~** caminar a lo largo de algo **II.** *vt sein (Straße)* pasar (por); *(folgen)* seguir

entlarven* [ɛntˈlarfən] *vt* descubrir

entlassen* *irr vt* ① *(kündigen)* despedir, fletar *Arg, Chil, Urug;* **er wurde fristlos ~** fue despedido sin previo aviso ② *(aus Krankenhaus)* dar de alta; *(aus Gefängnis)* soltar; *(aus Armee)* licenciar; *(aus Schule)* dejar; *(aus Vertrag)* librar

Entlassung *f* <-en> ① *(aus Arbeitsverhältnis)* despido *m* ② *(aus Gefängnis)* excarcelación *f*

entlasten* *vt* ① *(Balken, Achse)* descargar; *(Telefonleitung, Verkehr)* descongestionar; *(Person, Gewissen)* aliviar; **er sollte den Chef etwas ~** tendría que quitar trabajo al jefe ② *(Angeklagte)* exculpar

Entlastung *f* <-en> ① (JUR) exculpación *f* ② *(des Verkehrsaufkommens)* descongestión *f*

Entlastungsmaterial *nt* <-s, -ien> (JUR) hechos *mpl* justificativos

Entlastungszeuge, -in *m, f* testigo *mf* de descargo

entlaufen* *irr vi sein (Mensch)* escaparse; *(Tier)* extraviarse

entlausen* *vt* despiojar

entledigen* [ɛntˈleːdɪgən] *vr (geh)* **sich etw** *gen* **~** deshacerse de algo; *(einer Verpflichtung)* librarse de algo

entleeren* *vt* vaciar

Entleerung *f* <-, -en> ① *(Container, Gefäß)* vaciado *m; (von Sinn)* pérdida *f* de significado ② *(Blase, Darm)* evacuación *f*

entlegen [ɛntˈleːgən] *adj (entfernt)* distante; *(abgelegen)* retirado

Entlehnung *f* <-, -en> (LING: *Lehnwort*) préstamo *m*

entleihen* *irr vt* tomar prestado

Entleiher(in) *m(f)* <-s, -; -, -nen> prestatario, -a *m, f*

entliehen *pp von* **entleihen**

entlocken* *vt* **jdm etw ~** arrebatar algo a alguien

entlohnen* *vt* remunerar

entlüften* *vt* (TECH: *Bremsleitung*) ventilar; *(Heizung)* purgar

Entlüftung *f* <-, -en> ventilación *f*

entmachten* [ɛntˈmaxtən] *vt* derrocar

entmilitarisieren* *vt* desmilitarizar

Entmilitarisierung *f* <-, -en> desmilitarización *f*

entmündigen* [ɛntˈmʏndɪgən] *vt* poner bajo tutela

Entmündigung *f* <-en> incapacitación *f*

entmutigen* [ɛntˈmuːtɪgən] *vt* desanimar

Entmutigung *f* <-, -en> abatamiento *m*

Entnahme [ɛntˈnaːmə] *f* <-n> toma *f*

Entnazifizierung [ɛntnatsifiˈtsiːrʊŋ] *f* <-, -en> (HIST, POL) desnazificación *f*

entnehmen* *irr vt* ① *(herausnehmen)* tomar, sacar ② *(folgern)* deducir; **ich entnahm seiner Äußerung, dass ...** deduje de su observación que...

entnervt *adj (Blick)* tenso; *(Mensch)* nervioso; **ich bin völlig ~!** ¡estoy hasta las narices!

entnommen *pp von* **entnehmen**

entpuppen* [ɛntpʊpən] *vr:* **sich ~** descubrirse (**als** como); **er hat sich als Betrüger entpuppt** resultó ser un estafador

entrahmt *adj* desnatado, descremado

entreißen* *irr vt* ① *(wegreißen)* **jdm etw ~** arrancar algo a alguien ② *(geh: retten)* **jdn einer Gefahr ~** salvar a alguien de un peligro

entrichten* *vt* abonar, pagar

entrinnen* *irr vi sein (geh: sich retten)* salvarse (+*dat* de); *(entfliehen)* escaparse (+*dat* de)

Entrinnen *nt* <-s, *ohne pl*> salvación *f;* **es gibt kein ~** no hay escapatoria

entrissen *pp von* **entreißen**

entronnen *pp von* **entrinnen**

entrückt [ɛntˈrʏkt] *adj (Mensch)* ensimismado; *(Blick)* extasiado

entrümpeln* [ɛntˈrʏmpəln] *vt* quitar los trastos viejos (de)

Entrümpelung *f* <-, -en> eliminación *f* de trastos

entrüsten* [ɛntˈrʏstən] **I.** *vt* indignar **II.** *vr:* **sich ~** indignarse (**über** por)

entrüstet *adj* indignado (**über** por)

Entrüstung *f* <-en> indignación *f* (**über** por); *(Ärger)* enojo *m* (**über** por/contra)

entsaften* [ɛntˈzaftən] *vt* extraer el jugo (de); *(Zitrusfrüchte)* exprimir

Entsafter *m* <-s, -> exprimidor *m*

entsagen* *vi (geh)* abstenerse (+*dat* de); *(verzichten)* renunciar (+*dat* a)
entsalzen* *vt* desalar
Entsalzungsanlage *f* planta *f* desalinizadora
entsandt *pp von* **entsenden**
entschädigen* *vt* indemnizar (**für** por)
Entschädigung *f* <-en> indemnización *f* (**für** por)
entschärfen* *vt* ❶ *(Bombe)* desactivar ❷ *(Streit, Krise)* apaciguar
Entscheid [ɛntˈʃaɪt] *m* <-(e)s, -e> *s.* **Entscheidung**
entscheiden* *irr* **I.** *vi, vt (bestimmen)* decidir (**über** sobre); **ich habe das nicht zu ~** no lo decido yo **II.** *vi* (JUR) dictar una sentencia **III.** *vr:* **sich ~** decidirse (**für** por, **gegen** en contra de)
entscheidend *adj* decisivo; *(wichtig)* crucial; **im ~en Augenblick** en el momento decisivo
Entscheidung *f* <-en> decisión *f;* (JUR) fallo *m;* **eine ~ treffen/fällen** tomar/adoptar una decisión; **vor einer ~ stehen** estar a las puertas de una decisión
Entscheidungsbefugnis *f* poder *m* decisorio; **jdm ~ erteilen** conceder a alguien poder decisorio
Entscheidungsfreiheit *f* <-, *ohne pl*> libertad *f* de decisión
entscheidungsfreudig *adj* decidido
entschieden [ɛntˈʃiːdən] **I.** *pp von* **entscheiden II.** *adj (entschlossen)* decidido, impositivo *CSur; (nachdrücklich)* rotundo
Entschiedenheit *f* <-en> firmeza *f;* **etw mit aller ~ zurückweisen** rechazar algo categóricamente
entschlacken* *vt* (MED) desintoxicar
Entschlackung *f* <-, -en> (MED) depuración *f*
entschließen* *irr vr:* **sich ~** decidirse (**zu** a); **sich anders ~** cambiar de opinión
entschlossen [ɛntˈʃlɔsən] **I.** *pp von* **entschließen II.** *adj* decidido, abicado *CSur;* **kurz ~** sin vacilar; **fest ~** absolutamente decidido; **sie war zu allem ~** estaba dispuesta a todo
Entschlossenheit *f ohne pl* resolución *f;* *(Entschiedenheit)* firmeza *f*
Entschluss *m* <-es, -schlüsse> decisión *f;* **einen ~ fassen** tomar una decisión
entschlüsseln* *vt* descifrar
entschlussfreudig *adj* decidido
Entschlusskraft *f* <-, *ohne pl*> firmeza *f,* energía *f,* capacidad *f* de decisión
entschuldbar *adj* disculpable, perdonable
entschuldigen* [ɛntˈʃʊldɪgən] **I.** *vt* ❶ *(verzeihen)* disculpar, perdonar; *(rechtfertigen)* justificar; **~ Sie bitte!** ¡disculpe Ud., por favor! ❷ *(um Verzeihung bitten)* disculpar (**bei** ante, **für** por); *(rechtfertigen)* justificar (**bei** ante); **meine Frau lässt sich ~** mi mujer pide disculpas por no haber podido venir **II.** *vr:* **sich ~** disculparse (**für** por, **bei** ante)
Entschuldigung *f* <-en> disculpa *f; (Vorwand)* pretexto *m; (Bescheinigung für die Schule)* justificante *m;* **~!** ¡perdón!; **jdn für etw um ~ bitten** pedir disculpas a alguien por algo; **was haben Sie zu Ihrer ~ vorzubringen?** ¿qué puede aducir en su defensa?
entsenden* *irr vt (geh)* enviar
entsetzen* *vt* horrorizar; **ich war völlig entsetzt** me quedé totalmente horrorizado
Entsetzen *nt* <-s, *ohne pl*> horror *m*
entsetzlich [ɛntˈzɛtslɪç] **I.** *adj* horrible **II.** *adv (fam: sehr)* terriblemente; **~ viel Geld** un dineral terrible
entsetzt [ɛntˈzɛtst] *adj* horrorizado (**über** por); **ich bin ~!** ¡estoy horrorizado!
entsichern* *vt (Waffe)* quitar el seguro (a/de)
entsinnen* [ɛntˈzɪnən] *irr vr* **sich (jds) ~** recordar (a alguien)
entsonnen *pp von* **entsinnen**
entsorgen* *vt (Müll)* eliminar; *(Fabrik)* eliminar los desechos (de)
Entsorgung [ɛntˈzɔrgʊŋ] *f* <-en> eliminación *f* de desechos
Entsorgungsbetrieb *m* <-(e)s, -e> empresa *f* eliminadora de basuras
entspannen* **I.** *vt* ❶ *(Körper)* relajar ❷ *(Lage)* calmar **II.** *vr:* **sich ~** ❶ *(Mensch)* relajarse; *(sich ausruhen)* descansar ❷ *(Lage)* normalizarse ❸ *(Muskeln)* relajarse
Entspannung *f* <-en> ❶ *(von Mensch)* relajación *f* ❷ (POL) distensión *f*
Entspannungspolitik *f* política *f* de distensión
Entspannungsübung *f* <-, -en> ejercicio *m* de relajación
entsprechen* *irr vi* ❶ *(übereinstimmen)* corresponder (+*dat* a); **das entspricht nicht den Tatsachen** esto no corresponde a los hechos ❷ *(Bitte)* acceder (+*dat* a); *(Anforderungen)* satisfacer (+*dat*)
entsprechend **I.** *adj* ❶ *(übereinstimmend)* correspondiente; *(sinngemäß)* análogo; *(jeweilig)* respectivo ❷ *(angemessen)* adecuado; *(gleichwertig)* acorde (con) **II.** *adv* debidamente; *(angemessen)* adecuadamente **III.** *präp +dat* según, conforme a
Entsprechung *f* <-en> *(Übereinstimmung)* correspondencia *f; (Analogie)* analogía *f; (Äquivalent)* equivalente *m*
entspringen* *irr vi sein* ❶ *(Fluss)* nacer (**in** en) ❷ *(herrühren)* resultar (+*dat* de)

entsprungen *pp von* **entspringen**
entstammen* *vi sein* proceder (+*dat* de); *(einer Familie)* descender (+*dat* de)
entstanden *pp von* **entstehen**
entstehen* *irr vi sein* ① *(Gerücht)* surgir (**aus** de); *(Streit)* originarse (**aus** de); *(Gebäude)* construirse; *(Feuer)* producirse; **es werden für Sie keine Kosten daraus** ~ a Ud. no le producirá gasto alguno; **für den entstandenen Schaden** por el daño ocasionado; **die Sache ist im E~ begriffen** el asunto está en pañales ② *(sich herleiten)* derivarse (**aus** de)
Entstehung *f* <-en> ① *(Ursprung)* origen *m; (Anfang)* comienzo *m* ② *(das Werden)* formación *f*
Entstehungsgeschichte *f* génesis *f inv*
entstellen* *vt* ① *(verunstalten)* desfigurar; **bis zur Unkenntlichkeit entstellt** totalmente desfigurado ② *(Text, Sinn)* tergiversar
entstören* *vt* (RADIO, TEL, TECH) eliminar las interferencias (de)
Entstörungsstelle *f* <-, -n> (TEL) servicio *m* de averías telefónicas
enttarnen* *vt* desenmascarar
enttäuschen* *vt* decepcionar; *(desillusionieren)* desilusionar; *(Hoffnung)* frustrar; **ich muss Sie leider** ~ desgraciadamente tengo que desilusionarle
enttäuschend *adj* decepcionante
enttäuscht *adj* decepcionado; *(desillusioniert)* desilusionado
Enttäuschung *f* <-en> decepción *f; (Desillusion)* desilusión *f;* **jdm eine ~ bereiten** desilusionar a alguien
entthronen* *vt (geh)* destronar
entwaffnen* [ɛnt'vafnən] *vt (a. fig)* desarmar
entwaffnend *adj (fig)* encantador
Entwaffnung *f* <-, -en> desarme *m*
Entwaldung *f* <-, -en> (ÖKOL) deforestación *f*
entwarnen* *vi* avisar del cese de la alarma
Entwarnung *f* <-en> cese *m* de alarma
Entwäss(e)rung *f* <-en> (*a.* MED) drenaje *m; (Dehydratation)* deshidratación *f*
entwässern* [ɛnt'vɛsɐn] *vt (Gelände)* drenar; (MED) drenar; *(dehydratisieren)* deshidratar
Entwässerung *f* <-, -en> ① *(von Moor, Gelände)* drenaje *m* ② *(Kanalisation)* desagüe *m* ③ (MED) drenaje *m; (Dehydratation)* deshidratación *f*
Entwässerungsgraben *m* zanja *f* de drenaje
entweder ['ɛntveːdɐ, -'--] *konj* ~ ... **oder ...** o (bien)... o...
entweichen* *irr vi sein (Person, Gas)* escapar (**aus** de)
entweihen* *vt* profanar
entwenden* *vt (geh)* sustraer; *(stehlen)* robar
entwerfen* *irr vt* ① *(in Gedanken)* proyectar; *(zeichnerisch)* diseñar; *(Plan)* trazar ② *(schriftlich)* hacer un borrador (de)
entwerten* *vt* ① *(Fahrschein)* cancelar ② *(im Wert mindern)* devaluar
Entwertung *f* <-en> ① *(Wertminderung)* devaluación *f* ② *(von Fahrkarten)* cancelación *f,* picado *m fam*
entwichen *pp von* **entweichen**
entwickeln* **I.** *vt* ① *(Theorie)* desarrollar ② (FOTO) revelar **II.** *vr:* **sich** ~ desarrollarse (**aus** de); *(sich fortentwickeln)* evolucionar (**aus** de); *(Rauch)* producirse; **sich zu etw** *dat* ~ tra(n)sformarse en algo
Entwickler *m* <-s, -> (FOTO) revelador *m*
Entwicklung *f* <-en> ① *(Wachstum)* desarrollo *m; (Fortentwicklung)* evolución *f;* **sich in der ~ befinden** estar en estado de desarrollo ② *(von Rauch)* formación *f* ③ *(einer Theorie)* desarrollo *m* ④ (FOTO) revelado *m* ⑤ *(neues Produkt)* desarrollo *m; (Herstellung)* creación *f*
Entwicklungshelfer(in) *m(f)* voluntario, -a *m, f* en los países en (vías de) desarrollo
Entwicklungshilfe *f ohne pl* ayuda *f* al desarrollo
Entwicklungsland *nt* país *m* en (vías de) desarrollo
Entwicklungsstufe *f* grado *m* de desarrollo
entwirren* [ɛnt'vɪrən] *vt (geh)* ① *(Fäden)* desenredar ② *(Unklarheiten)* aclarar
entwischen* [ɛnt'vɪʃən] *vi sein (fam)* escapar(se)
entwöhnen* [ɛnt'vøːnən] *vt* ① *(Säugling)* destetar ② *(geh: abbringen)* deshabituar
entworfen *pp von* **entwerfen**
entwürdigen* *vt* humillar
entwürdigend *adj* humillante
Entwürdigung *f* <-, -en> humillación *f*
Entwurf *m* <-(e)s, -würfe> ① *(Konzept)* borrador *m,* machote *m Am; (Projekt)* proyecto *m* ② *(Zeichnung)* diseño *m* ③ *(Skizze)* bosquejo *m*
entwurzeln* *vt* arrancar de raíz; *(Mensch)* desarraigar
Entwurzelung *f* <-, -en> desarraigo *m*
entzaubern* *vt* desencantar
entziehen* *irr* **I.** *vt* ① *(Erlaubnis)* quitar; *(Wort, Führerschein)* retirar ② *(Nährstoffe)* extraer ③ *(Hand)* quitar **II.** *vr:* **sich** ~ ① *(einer Verpflichtung)* sustraerse (a) ② *(einer Person)* rehuir; *(einer Umarmung)* evitar ③ *(verborgen bleiben)* esca-

parse (a); **das entzieht sich meiner Kenntnis** esto se escapa a mi conocimiento **III.** *vi (fam: Süchtige)* desintoxicarse

Entziehung *f* <-, -en> ❶ *(Wegnahme)* privación *f;* ~ **des Grundbesitzes** desposeimiento *m* ❷ *(Entziehungskur)* desintoxicación *f*

Entziehungsanstalt *f* centro *m* de desintoxicación

Entziehungskur *f* cura *f* de desintoxicación

entziffern* [ɛnt'tsɪfɐn] *vt* descifrar

Entzifferung *f* <-, -en> descifre *m*

entzogen *pp von* **entziehen**

entzücken* *vt* encantar; *(begeistern)* entusiasmar

Entzücken [ɛn'tsʏkən] *nt* <-s, *ohne pl*> *(geh)* encanto *m;* **jdn in ~ versetzen** encantar a alguien

entzückend *adj* encantador

Entzug *m* <-(e)s, *ohne pl*> ❶ *(von Rauschgift)* desintoxicación *f;* **einen ~ machen** estar desintoxicándose ❷ *(des Führerscheins)* retirada *f; (von Unterstützung)* supresión *f* ❸ *(von Flüssigkeit)* extracción *f*

Entzugserscheinung *f* síntoma *m* de abstinencia

entzündbar [ɛnt'tsʏntbaːɐ] *adj* inflamable

entzünden* **I.** *vr:* **sich ~** ❶ *(Feuer fangen)* incendiarse ❷ (MED) inflamarse ❸ *(hervorgerufen werden)* producirse (**an** por) **II.** *vt (geh: Feuer, Kerze, Leidenschaft)* encender

entzündet *adj* inflamado

entzündlich *adj* ❶ (MED: *entzündet*) inflamado; *(zu entzünden)* inflamatorio ❷ *(Brennstoff)* inflamable

Entzündung *f* <-en> (MED) inflamación *f*

entzündungshemmend *adj* (MED) antiinflamatorio; ~ **wirken** bajar la inflamación

Entzündungsherd *m* <-(e)s, -e> (MED) foco *m* inflamatorio

entzwei [ɛnt'tsvaɪ] *adj inv* ❶ *(kaputt)* roto ❷ *(gespalten)* partido

entzweien* **I.** *vt (Freunde)* enemistar **II.** *vr:* **sich ~** *(uneins werden)* enemistarse (**mit** con)

entzwei|gehen *irr vi sein* romperse (en pedazos)

Enzian ['ɛntsiaːn] *m* <-s, -e> ❶ (BOT) genciana *f* ❷ *(Schnaps)* licor *m* de genciana

Enzyklopädie [ɛntsyklopɛ'diː] *f* <-n> enciclopedia *f*

enzyklopädisch [ɛntsyklo'pɛːdɪʃ] *adj* enciclopédico

Enzym [ɛn'tsyːm] *nt* <-s, -e> enzima *f*

Epidemie [epide'miː] *f* <-n> epidemia *f*

Epik ['eːpɪk] *f* <-, *ohne pl*> (LIT) épica *f*

Epilepsie [epilɛ'psiː] *f* <-n> (MED) epilepsia *f*

Epileptiker(in) [epi'lɛptikɐ] *m(f)* <-s, -; -nen> epiléptico, -a *m, f*

epileptisch [epi'lɛptɪʃ] *adj* epiléptico

Epilog [epi'loːk] *m* <-s, -e> epílogo *m*

episch ['eːpɪʃ] *adj* épico

Episode [epi'zoːdə] *f* <-n> episodio *m*

Epistel [e'pɪstəl] *f* <-, -n> epístola *f*

Epizentrum [epi'tsɛntrʊm] *nt* (GEO) epicentro *m*

Epoche [e'pɔxə] *f* <-n> época *f*

Epos ['eːpɔs] *nt* <-, Epen> (LIT) epopeya *f*

er [eːɐ] *pron pers 3. sg m* él; **da ist ~ ja!** ¡allí viene!; **wenn ich ~ wäre** si yo fuera él

erachten* [ɛɐ'ʔaxtən] *vt (geh)* considerar (**für/als**); *(schätzen)* estimar (**für/als** como)

Erachten *nt* <-s, *ohne pl*> **meines ~s** en mi opinión

erahnen* *vt* entrever; *(erraten)* adivinar

erarbeiten* *vt* ❶ *(erstellen)* elaborar ❷ *(erlangen)* **sich** *dat* ~ *(Position)* lograr; *(Wissen)* adquirir

Erbanlage *f* (BIOL) factor *m* hereditario

Erbanspruch *m* <-(e)s, -sprüche> derecho *m* a la herencia

erbarmen* [ɛɐ'barmən] *vr* **sich** (**jds**) ~ compadecerse (de alguien)

Erbarmen [ɛɐ'barmən] *nt* <-s, *ohne pl*> compasión *f;* **mit jdm ~ haben** compadecerse de alguien

erbarmenswert *adj* lastimoso, lastimero

erbärmlich [ɛɐ'bɛrmlɪç] *adj* ❶ *(elend)* miserable, pingucho *Chil; (jämmerlich)* lamentable ❷ *(schlecht)* espantoso; **es tat ~ weh** dolió espantosamente ❸ *(gemein)* infame

erbarmungslos *adj* despiadado

erbauen* **I.** *vt* ❶ *(Gebäude)* construir ❷ *(geh: erfreuen)* deleitar **II.** *vr:* **sich ~** *(geh: erfreuen)* encontrar placer (**an** en)

erbaulich *adj (Literatur)* edificante

Erbauung *f* <-en> edificación *f*

erbberechtigt *adj* (JUR) ~ **sein** tener derecho a herencia

Erbe[1] *nt* <-s, *ohne pl*> herencia *f;* **das ~ antreten** tomar posesión de la herencia

Erbe, -in[2] ['ɛrbə] *m, f* <-n, -n; -nen> heredero, -a *m, f;* **jdn als ~n einsetzen** constituir heredero a alguien

erbeben* [-'--] *vi sein* temblar

erben ['ɛrbən] *vi, vt* heredar (**von** de)

Erbengemeinschaft *f* (JUR) comunidad *f* sucesoria

erbeuten* [ɛɐ'bɔɪtən] *vt* apresar; (MIL) tomar como botín

Erbfaktor *m* (BIOL) factor *m* hereditario

Erbfehler *m* (BIOL) defecto *m* hereditario, vicio *m* hereditario
Erbfeind(in) *m(f)* <-(e)s, -e; -, -nen> *(Volk)* enemigo *m* histórico; *(Gegner)* enemigo *m* jurado
Erbfolge *f* sucesión *f*
Erbgut *nt* <-(e)s, *ohne pl*> (BIOL) patrimonio *m* hereditario, herencia *f*
Erbin ['ɛrbɪn] *f* <-nen> *s.* **Erbe²**

E

erbitten* *irr vt (geh)* **etw von jdm ~** solicitar algo a alguien, pedir algo a alguien
erbittert *adj (Kampf, Diskussion)* enconado
Erbitterung *f ohne pl* exasperación *f*
Erbkrankheit *f* enfermedad *f* hereditaria
erblassen* *vi sein* palidecer (**vor** de)
erblich ['ɛrplɪç] *adj* hereditario
erblicken* *vt (geh)* ver; *(in der Ferne)* divisar, visualizar *Am*
erblinden* *vi sein* quedarse ciego
Erblindung *f* <-en> pérdida *f* de la vista
erblühen* *vi sein* florecer; *(Blüte)* abrirse
erbost [ɛɐ'bo:st] *adj (geh)* furioso (**über** por)
erbracht *pp von* **erbringen**
erbrechen* *irr* **I.** *vi* vomitar, debocar *Arg, Bol;* **bis zum E~** *(fam)* hasta la saciedad **II.** *vt (geh: Siegel)* romper; *(Schloss)* forzar
Erbrecht *nt* (JUR) derecho *m* de sucesión
erbringen* *irr vt (Gewinne)* producir; *(Beweise)* aducir
Erbrochene(s) *nt* <-n, *ohne pl*> vómito *m*
Erbschaft *f* <-en> herencia *f;* **eine ~ machen** heredar
Erbschein *m* (JUR) declaración *f* de herederos
Erbschleicher(in) *m(f)* <-s, -; -, -nen> heredípeta *mf*
Erbse ['ɛrpsə] *f* <-n> guisante *m,* arveja *f Am*
Erbsensuppe *f* (GASTR) sopa *f* de guisantes
Erbstück *nt* herencia *f,* objeto *m* heredado
Erbsünde *f* (REL) pecado *m* original
Erbteil *nt o m* (JUR) parte *f* hereditaria
Erdachse ['e:ɐtʔaksə] *f ohne pl* eje *m* terrestre
erdacht *pp von* **erdenken**
Erdanziehung *f ohne pl* gravedad *f*
Erdapfel *m (Österr, südd: Kartoffel)* patata *f,* papa *f Am*
Erdatmosphäre *f ohne pl* atmósfera *f* terrestre
Erdball *m ohne pl* globo *m* terrestre
Erdbeben *nt* terremoto *m*
Erdbebenherd *m* (GEO) hipocentro *m*
erdbebensicher *adj* a prueba de terremotos, antisísmico
Erdbeere *f* fresa *f*
erdbeerfarben *adj* (de color) fresa
Erdbewohner(in) *m(f)* habitante *mf* de la Tierra
Erdboden *m ohne pl* tierra *f,* suelo *m;* **wie vom ~ verschluckt** como si se lo/la hubiera tragado la tierra; **eine Stadt dem ~ gleich machen** no dejar piedra sobre piedra
Erde¹ ['e:ɐdə] *f ohne pl* ❶ *(Welt)* tierra *f;* **auf der ~** en la tierra ❷ *(Boden)* suelo *m,* tierra *f;* **auf die ~ fallen** caer al suelo; **unter der ~** subterráneo
Erde² *f* <-n> ❶ *(Erdreich)* tierra *f;* **jdn unter die ~ bringen** *(fam)* causar la muerte de alguien ❷ (ELEK) toma *f* de tierra
erden *vt* (ELEK) colocar una toma de tierra (en)
Erdenbürger(in) *m(f)* <-s, -; -, -nen> **ein neuer** [*o* **kleiner**] **~** *(iron)* un recién nacido
erdenken* *irr vt* imaginar; *(ausdenken)* idear; *(erfinden)* inventar
erdenklich *adj* concebible; *(vorstellbar)* imaginable; **sich** *dat* **alle ~e Mühe geben** hacer todo lo posible
Erderwärmung *f ohne pl* (ÖKOL) calentamiento *m* de la tierra; **zunehmende ~** calentamiento progresivo de la tierra
Erdgas *nt* gas *m* natural
Erdgasleitung *f* tubería *f* de gas
Erdgeschoss *nt* planta *f* baja
Erdhalbkugel *f* (GEO: *Hemisphäre*) hemisferio *m*
erdichten* *vt (geh)* inventar
erdig ['e:ɐdɪç] *adj* ❶ *(erdhaltig)* terroso ❷ *(Geschmack, Geruch)* a tierra
Erdinnere(s) *nt* <-n, *ohne pl*> interior *m* de la tierra
Erdkern *m* (GEO) núcleo *m* terrestre; **äußerer/innerer ~** núcleo terrestre externo/interno
Erdklumpen *m* terrón *m*
Erdkruste *f ohne pl* corteza *f* terrestre
Erdkugel *f ohne pl* globo *m* terráqueo
Erdkunde *f ohne pl* geografía *f*
Erdmännchen [-mɛnçən] *nt* (ZOOL) suricato *m*
Erdmantel *m ohne pl* (GEO) manto *m* terrestre
Erdnuss *f* cacahuete *m*
Erdnussbutter *f* mantequilla *f* de cacahuete
Erdoberfläche *f ohne pl* superficie *f* terrestre
Erdöl *nt* petróleo *m,* canfín *m AmC;* (WIRTSCH) crudo *m*
Erdreich *nt* tierra *f*
erdreisten* [ɛɐ'draɪstən] *vr:* **sich ~** *(geh)* tener la desfachatez (**zu** de)
erdröhnen* *vi sein* retumbar

erdrosseln* *vt* estrangular
erdrücken* *vt* ❶ *(zu Tode)* aplastar ❷ *(Sorgen)* abrumar; **~de Beweise** pruebas contundentes
Erdrutsch ['eːɐtrʊtʃ] *m* desprendimiento *m* de tierras
Erdschicht *f* <-, -en> ❶ *(eine Schicht Erde)* capa *f* de tierra ❷ (GEO: *Ablagerungsschicht*) estrato *m*
Erdspalte *f* grieta *f*
Erdstoß *m* seísmo *m*
Erdteil *m* continente *m*
erdulden* *vt* aguantar; *(aushalten)* soportar
Erdumdrehung *f* rotación *f* de la tierra
Erdumfang *m* <-(e)s, -fänge> circunferencia *f* de la tierra
Erdumlaufbahn *f* órbita *f* de la tierra
Erdung ['eːɐdʊŋ] *f* <-, -en> (ELEK) toma *f* de tierra
Erdwärme *f ohne pl* geotermia *f*
Erdwärmeenergie *f ohne pl* energía *f* geotérmica
E-Reader ['iːriːdɐ] *m* <-s, -> (INFOR) lector *m* de libros electrónicos [*o* digitales]
ereignen* [ɛɐ'ʔaɪgnən] *vr:* **sich ~** suceder, ocurrir
Ereignis *nt* <-ses, -se> acontecimiento *m;* **ein freudiges ~** un fausto acontecimiento
ereignislos *adj* sin incidentes
ereignisreich *adj* rico en acontecimientos; *(bewegt)* movido
ereilen* *vt (geh)* alcanzar, sorprender
Erektion [erɛk'tsjoːn] *f* <-en> erección *f*
Eremit(in) [ere'miːt] *m(f)* <-en, -en; -nen> eremita *mf*
erfahren[1] **I.** *pp von* **erfahren**[2] **II.** *adj* experimentado; *(auf einem Fachgebiet)* entendido (**in** en)
erfahren*[2] *irr vt* ❶ *(Nachricht)* (llegar a) saber, enterarse (de); **wir haben ~, dass ...** supimos que... ❷ *(geh: erleben)* experimentar; *(durchleben)* vivir; *(Leid)* padecer
Erfahrenheit *f <-, ohne pl> (geh)* experiencia *f*
Erfahrung *f* <-en> experiencia *f; (praktische)* práctica *f;* **aus** (**eigener**) **~** por experiencia (propia); **die ~ machen, dass ...** comprobar que...; **etw in ~ bringen** enterarse de algo
Erfahrungsaustausch *m* intercambio *m* de experiencias
erfahrungsgemäß *adv* por experiencia; **~ ist es ...** según muestra la experiencia,...
Erfahrungswert *m* valor *m* empírico
erfassen* *vt* ❶ *(mit Händen)* agarrar ❷ *(mitreißen)* arrastrar; **er wurde von einem Auto erfasst** fue arrastrado por un coche ❸ *(Angst)* sobrevenir ❹ *(begreifen)* concebir; *(verstehen)* comprender ❺ *(registrieren)* registrar; *(Daten)* meter ❻ *(einbeziehen)* incluir; *(berücksichtigen)* considerar
Erfassung *f* <-en> ❶ *(das Verstehen)* comprensión *f* ❷ *(das Registrieren)* registro *m; (von Bewohnern)* empadronamiento *m;* (MIL) alistamiento *m* ❸ (INFOR: *von Daten*) registro *m*
erfinden* *irr vt* inventar
Erfinder(in) *m(f)* <-s, -; -nen> inventor(a) *m(f)*
Erfindergeist *m ohne pl* ingenio *m*
erfinderisch *adj* ingenioso
Erfindung *f* <-en> invención *f; (Produkt)* invento *m;* **eine ~ machen** inventar algo
Erfolg [ɛɐ'fɔlk] *m* <-(e)s, -e> éxito *m; (Ergebnis)* resultado *m; (Folge)* consecuencia *f; (Wirkung)* efecto *m;* **~ versprechend** prometedor; **ein voller ~** un éxito completo; **mit dem ~, dass ...** con el efecto de que...; **von ~ gekrönt** coronado por el éxito
erfolgen* *vi sein (geschehen)* suceder; *(stattfinden)* realizarse; *(Zahlung, Beitritt)* efectuarse; **die Antwort erfolgte sofort** contestaron en seguida
erfolglos I. *adj* infructuoso; *(nutzlos)* ineficaz **II.** *adv* sin éxito; *(vergeblich)* en vano
Erfolglosigkeit *f ohne pl* fracaso *m*
erfolgreich I. *adj (Person)* triunfante; *(Maßnahme)* eficaz **II.** *adv* con éxito
Erfolgsbilanz *f* <-, -en> balance *m* de resultados [*o* de éxitos]
Erfolgsdenken *nt* <-s, *ohne pl*> manera *f* de pensar orientada hacia el éxito
Erfolgserlebnis *nt* (sensación *f* de) éxito *m*
Erfolgsmensch *m* <-en, -en> triunfador(a) *m(f)*
Erfolgsrezept *nt* receta *f* para el éxito
erfolgversprechend *adj* prometedor; **höchst ~e Maßnahmen** medidas muy prometedoras
erforderlich [ɛɐ'fɔrdɐlɪç] *adj* necesario; **unbedingt ~** indispensable; **es ist ~, dass ...** es necesario que... *+subj*
erfordern* *vt* requerir
Erfordernis *nt* <-ses, -se> necesidad *f; (Voraussetzung)* requisito *m*
erforschen* *vt* investigar; *(Weltraum)* explorar; *(Meinung)* sondear
Erforschung *f* <-en> investigación *f; (von Land)* exploración *f; (von Meinung)* sondeo *m*
erfragen* *vt* preguntar; *(ausfindig machen)* averiguar
erfreuen* **I.** *vt (Freude bereiten)* alegrar;

E

E

sehr erfreut! ¡encantado!; **über jdn/etw erfreut sein** alegrarse por alguien/por algo **II.** *vr:* **sich ~** ❶ *(sich freuen)* alegrarse (**an** ante) ❷ *(geh: genießen)* gozar (de)

erfreulich *adj* agradable; *(Nachricht)* grato; *(befriedigend)* satisfactorio

erfreulicherweise [-ˈ---ˈ--] *adv* afortunadamente

erfrieren* *irr vi sein* ❶ *(Person, Tier)* morir(se) de frío ❷ *(Körperteil)* congelarse; *(Pflanze)* helarse

Erfrierung *f* <-, -en> congelación *f*

erfrischen* **I.** *vi, vt* refrescar **II.** *vr:* **sich ~** refrescarse

erfrischend *adj (Brise, Getränk)* refrescante; *(Naivität)* encantador

Erfrischung *f* <-en> ❶ *(das Erfrischen)* refrigeración *f* ❷ *(Getränk)* refresco *m*, fresco *m Am*

Erfrischungsgetränk *nt* refresco *m*

Erfrischungstuch *nt* toallita *f* refrescante

erfroren *pp von* **erfrieren**

erfüllen* **I.** *vt* ❶ *(aus-, anfüllen)* llenar (**mit** de) ❷ *(Bedingung)* cumplir (con); *(Versprechen)* cumplir; *(Wunsch)* corresponder (a); *(Erwartungen)* satisfacer; *(Aufgabe)* desempeñar, implementar *Am;* **das Gerät erfüllt seinen Zweck** el aparato cumple con su cometido **II.** *vr:* **sich ~** *(wahr werden)* realizarse

Erfüllung *f* <-en> ❶ *(Befriedigung)* satisfacción *f* ❷ *(einer Aufgabe)* desempeño *m; (eines Vertrages, einer Pflicht)* cumplimiento *m; (eines Planes)* realización *f;* **in ~ gehen** cumplirse

Erfüllungsort *m* (JUR) lugar *m* de cumplimiento

erfunden *pp von* **erfinden**

ergangen *pp von* **ergehen**

ergänzen* [ɛɐˈgɛntsən] **I.** *vt (vervollständigen)* complementar; *(hinzufügen)* añadir **II.** *vr:* **sich ~** *(zusammenpassen)* complementarse

ergänzend **I.** *adj* adicional; **erlauben Sie mir eine ~e Bemerkung** permítame añadir algo **II.** *adv* **ich möchte ~ darauf hinweisen, dass ...** quisiera señalar, además, que...

Ergänzung *f* <-en> ❶ *(Vervollständigung)* complemento *m* ❷ *(Zusatz)* añadidura *f;* **zur ~ sei noch gesagt, dass ...** añádase a esto que... ❸ (LING) complemento *m*

ergattern* [ɛɐˈgatɐn] *vt (fam)* pescar

ergeben[1] **I.** *pp von* **ergeben**[2] **II.** *adj* ❶ *(untertänig)* sumiso; *(demütig)* devoto ❷ *(treu)* leal

ergeben*[2] *irr* **I.** *vt (Ergebnis)* dar como resultado; (MATH) dar por resultado; *(Bilanz)* arrojar; *(Untersuchungen)* demostrar **II.** *vr:* **sich ~** ❶ *(kapitulieren)* rendirse ❷ *(sich herausstellen)* producirse; *(Schwierigkeit)* surgir ❸ *(folgen)* resultar (**aus** de); *(sich ableiten)* deducirse (**aus** de); **daraus ergibt sich, dass ...** de esto resulta que... ❹ *(sich hingeben)* **sich etw** *dat* **/jdm ~** entregarse a algo/a alguien

Ergebenheit *f ohne pl* ❶ *(Anhänglichkeit)* afección *f* ❷ *(Treue)* lealtad *f* ❸ *(Fügsamkeit)* devoción *f*

Ergebnis [ɛɐˈgeːpnɪs] *nt* <-ses, -se> resultado *m; (Folge)* consecuencia *f;* **wir sind zu dem ~ gekommen, dass ...** hemos llegado a la conclusión de que...

ergebnislos *adj* sin resultado

ergebnisorientiert *adj* orientado hacia el resultado [*o* los resultados]

ergehen* *irr* **I.** *vi sein (geh: Gesetz)* publicarse; *(Einladung)* ser enviado **II.** *vunpers sein (geschehen)* **ihr ist es dort gut/schlecht ergangen** le ha ido bien/mal allí; **etw über sich ~ lassen** soportar algo **III.** *vr:* **sich ~** *(äußern)* explayarse (**in** sobre)

ergiebig [ɛɐˈgiːbɪç] *adj* productivo; *(Geschäft)* lucrativo; *(Boden)* fértil

Ergiebigkeit *f* <-, *ohne pl*> eficacia *f;* **ein Waschmittel mit verbesserter ~** un detergente con mayor rendimiento

ergießen* *irr vr:* **sich ~** derramarse (**auf** por, **über** sobre); *(münden)* desembocar (**in** en); *(ins Meer)* desaguar (**in** en)

ergo [ˈɛrgo] *adv (also)* ergo

Ergometer [ɛrgoˈmeːtɐ] *nt* <-s, -> (MED) ergómetro *m*

Ergonomie [ɛrgonoˈmiː] *f ohne pl* ergonomía *f*

ergonomisch [ɛrgoˈnoːmɪʃ] *adj* ergonómico

ergossen *pp von* **ergießen**

Ergotherapie *f* <-, -n> ergoterapia *f*

ergötzen* [ɛɐˈgœtsən] **I.** *vt (geh: vergnügen)* divertir **II.** *vr:* **sich ~** divertirse (**an** en/con)

ergrauen* [ɛɐˈgraʊən] *vi sein* encanecer

ergreifen* *irr vt* ❶ *(fassen)* coger; *(Furcht, Ahnung)* acometer; *(Maßnahmen, Partei)* tomar; *(Gelegenheit)* aprovechar; **sie ergriff das Wort** tomó la palabra ❷ *(festnehmen)* detener ❸ *(erschüttern)* conmover

ergreifend *adj* conmovedor, emocionante

ergriffen [ɛɐˈgrɪfən] **I.** *pp von* **ergreifen** **II.** *adj* conmovido, emocionado

Ergriffenheit *f* <-, *ohne pl*> (profunda) emoción *f;* **er stand stumm vor ~** se quedó sin palabras de la emoción

ergründen* *vt* averiguar

Erguss [ɛɐˈgʊs, *pl:* ɛɐˈgʏsə] *m* <-es, -güsse> ❶ (MED) derrame *m* ❷ *(abw: Re-*

deschwall) verborrea *f* ❸ *(Samenerguss)* eyaculación *f*

erhaben [ɛɐ'haːbən] *adj* ❶ *(erhöht)* elevado ❷ *(überlegen)* por encima (**über** de); **über jeden Verdacht ~ sein** estar por encima de cualquier sospecha ❸ *(feierlich)* sublime

Erhabenheit *f ohne pl* elevación *f; (Feierlichkeit)* sublimidad *f*

Erhalt *m* <-(e)s, *ohne pl*> *(formal)* ❶ *(Empfang)* recibo *m* ❷ *(Instandhaltung)* mantenimiento *m*

erhalten* *irr vt* ❶ *(bekommen)* recibir; *(Genehmigung)* obtener; *(Gehalt)* cobrar; *(Geldstrafe)* recibir ❷ *(bewahren)* conservar; *(aufrechterhalten)* mantener; **jdn am Leben ~** mantener a alguien con vida; **etw ist gut ~** algo está bien conservado

erhältlich [ɛɐ'hɛltlɪç] *adj* conseguible; *(käuflich)* en venta

Erhaltung *f ohne pl* conservación *f; (Unterhaltung)* mantenimiento *m*

erhängen* **I.** *vt* ahorcar **II.** *vr:* **sich ~** ahorcarse

erhärten* *vt* ❶ *(Material)* endurecer ❷ *(Vermutung)* confirmar

erheben* *irr* **I.** *vt* ❶ *(hochheben)* alzar; *(aufrichten)* erguir; **er erhob sein Glas** alzó su vaso; **ein ~der Augenblick** un momento edificante ❷ *(Steuern)* imponer; *(Eintritt)* cobrar ❸ *(Geschrei, Protest)* levantar; **die Stimme ~** *(geh)* levantar la voz ❹ *(Daten)* hacer constar ❺ *(Einwände)* poner (**gegen** a); *(Forderungen)* formular **II.** *vr:* **sich ~** ❶ *(aufstehen)* levantarse; *(sich aufrecht halten)* erguirse ❷ *(Flugzeug, Vogel)* emprender el vuelo ❸ *(geh: Sturm)* levantarse; *(Frage)* plantearse ❹ *(sich auflehnen)* sublevarse (**gegen** contra)

erhebend *adj (geh)* edificante; **ein ~er Augenblick** un momento edificante

erheblich [ɛɐ'heːplɪç] *adj* notable; *(wichtig)* importante; **~ besser** mucho mejor

Erhebung *f* <-en> ❶ *(Anhöhe)* elevación *f; (Hügel)* colina *f* ❷ *(Aufstand)* sublevación *f* ❸ (FIN: *von Abgaben*) cobro *m* ❹ *(Umfrage)* sondeo *m*

erheitern* [ɛɐ'haɪtɐn] **I.** *vt (geh)* regocijar **II.** *vr:* **sich ~** *(geh)* regocijarse

erhellen* **I.** *vt* ❶ *(Raum)* iluminar ❷ *(Zusammenhänge)* aclarar **II.** *vr:* **sich ~** ❶ *(Himmel)* despejarse ❷ *(Gesicht)* iluminarse

Erhellung *f* <-, -en> aclaración *f*

erhitzen* [ɛɐ'hɪtsən] **I.** *vt* ❶ *(Speisen)* calentar ❷ *(erregen)* excitar **II.** *vr:* **sich ~** ❶ *(Speisen)* calentarse ❷ *(sich erregen)* excitarse

erhoben *pp von* **erheben**

erhoffen* *vt* esperar

erhöhen* [ɛɐ'høːən] **I.** *vt* ❶ *(Mauer)* elevar (**um** en) ❷ *(Spannung)* aumentar ❸ *(Geschwindigkeit)* aumentar; *(Preis)* subir; **den Preis auf vier Euro/um vier Euro ~** subir el precio a cuatro euros/en cuatro euros ❹ (MUS: *um einen Halbton*) elevar en un semitono **II.** *vr:* **sich ~** *(Gehalt, Spannung)* aumentar

erhöht *adj (Wert, Blutdruck)* alto

Erhöhung *f* <-en> ❶ *(einer Mauer)* elevación *f* ❷ *(der Preise, Geschwindigkeit)* aumento *m*

erholen* *vr:* **sich ~** ❶ *(ausspannen)* reponerse (**von** de); *(von Krankheit)* restablecerse (**von** de) ❷ (COM) recuperarse

erholsam [ɛɐ'hoːlzaːm] *adj* tranquilo

Erholung *f ohne pl* ❶ *(Ruhe)* descanso *m* ❷ *(Genesung)* restablecimiento *m*

Erholungsgebiet *nt* zona *f* de descanso

Erholungskur *f* <-, -en> cura *f* de reposo

Erholungsort *m* lugar *m* de reposo

Erholungspause *f* <-, -n> descanso *m,* pausa *f* de descanso

Erholungsurlaub *m* <-(e)s, -e> vacaciones *fpl* (de reposo)

Erholungswert *m* (ÖKOL) valor *m* recreativo

erhören* *vt (geh: Bitte)* atender

erinnern* [ɛɐ'ʔɪnɐn] **I.** *vi, vt* recordar (**an** a); **ich sollte dich daran ~, dass ...** te tenía que recordar que... **II.** *vr:* **sich ~** acordarse (**an** de); *(an weit zurückliegendes)* recordar (**an**); **soweit ich mich ~ kann** por lo que yo recuerdo

Erinnerung *f* <-en> ❶ *(Gedächtnis)* memoria *f;* **etw in guter ~ behalten** guardar buena memoria de algo ❷ *(Zurückdenken)* recuerdo *m* (**an** de) ❸ *(Mahnung)* advertencia *f* ❹ *(Andenken)* recuerdo *m;* **zur ~ an jdn** en recuerdo de alguien

Erinnerungsvermögen *nt* <-s, *ohne pl*> memoria *f*

Eritrea [eri'treːa] *nt* <-s> Eritrea *f*

erkälten* [ɛr'kɛltən] *vr:* **sich ~** resfriarse, afluxionarse *Col, Cuba*

erkältet *adj* resfriado

Erkältung *f* <-en> resfriado *m;* **eine ~ bekommen** resfriarse, afluxionarse *Col, Cuba*

erkannt *pp von* **erkennen**

erkaufen* *vt* pagar (por)

erkennbar *adj* reconocible (**an** por); *(wahrnehmbar)* perceptible

erkennen* *irr* **I.** *vt* ❶ *(wahrnehmen)* ver; *(ausmachen)* distinguir ❷ *(identifizieren)* reconocer (**an** por); **sich zu ~ geben** identificarse ❸ *(Irrtum)* reconocer **II.** *vi* (JUR) condenar (**auf** a)

erkenntlich [ɛɐ̯ˈkɛntlɪç] *adj* **sich (bei jdm) ~ zeigen** mostrarse agradecido (a alguien)

Erkenntnis *f* <-se> conocimiento(s) *m(pl)*; *(Einsicht)* comprensión *f*; **zu der ~ kommen, dass ...** llegar a la conclusión de que...

Erkennungsmelodie *f* (MUS) sintonía *f*

Erkennungszeichen *nt* contraseña *f*

E

Erker [ˈɛrkɐ] *m* <-s, -> saledizo *m*, voladizo *m*

Erkerfenster *nt* ventana *f* de saledizo

erklärbar [ɛɐ̯ˈklɛːɐbaːɐ̯] *adj* explicable

erklären* **I.** *vt* ❶ *(erläutern)* explicar; *(deuten)* interpretar ❷ *(Krieg)* declarar; *(Rücktritt)* presentar; **jdn für schuldig/vermisst/tot ~** declarar a alguien culpable/desaparecido/muerto; **etw für ungültig ~** declarar algo no válido **II.** *vr:* **sich ~** ❶ *(folgen)* explicarse (**aus** por) ❷ *(sagen)* manifestarse (**für** a favor de, **gegen** contra); **sich einverstanden ~** manifestarse de acuerdo

erklärend **I.** *adj* explicativo; **einige ~e Worte sprechen** decir unas palabras aclaratorias **II.** *adv* **... fügte sie ~ hinzu** ... añadió a modo de aclaración

erklärt *adj (Gegner, Favorit)* declarado

Erklärung *f* <-en> ❶ *(Erläuterung)* explicación *f*; *(Deutung)* interpretación *f*; *(Grund)* motivo *m* ❷ *(Verlautbarung)* declaración *f*; **eine ~ abgeben** prestar declaración

erklimmen [ɛɐ̯ˈklɪmən] <erklimmt, erklomm, erklommen> *vt (geh)* escalar

erklingen* *irr vi sein* sonar

erklungen *pp von* **erklingen**

erkranken* *vi sein* enfermar (**an** de)

Erkrankung *f* <-en> enfermedad *f*

erkunden* [ɛɐ̯ˈkʊndən] *vt (Geheimnis)* averiguar; *(Lage)* sondear; *(Gelände)* explorar

erkundigen* [ɛɐ̯ˈkʊndɪgən] *vr:* **sich ~** informarse (**nach/über** sobre); *(nach dem Weg)* preguntar (**nach/über** por)

Erkundigung *f* <-, -en> investigación *f*, información *f*; **~en (über jdn/etw) einziehen** informarse (sobre alguien/algo)

Erkundung *f* <-en> exploración *f*

erlangen* [ɛɐ̯ˈlaŋən] *vt (bekommen)* obtener; *(erreichen)* alcanzar

Erlass [ɛɐ̯ˈlas] *m* <-es, -e> ❶ *(Verfügung)* orden *f*; *(eines Gesetzes)* promulgación *f* ❷ *(von Schulden)* condonación *f* ❸ *(einer Strafe)* remisión *f*

erlassen* *irr vt* ❶ *(Gesetz, Haftbefehl)* promulgar; *(Amnestie)* declarar ❷ *(befreien von)* **jdm etw ~** *(Pflicht)* eximir a alguien de algo; *(Strafe, Schulden)* condonar algo a alguien

Erlassung *f* <-, -en> condonación *f*

erlauben* [ɛɐ̯ˈlaʊbən] *vt* permitir; *(behördlich)* autorizar; **~ Sie mal!** *(fam)* ¡pero qué se ha creído!; **sich** *dat* **etw ~** permitirse algo; **wenn ich mir die Bemerkung ~ darf** si se me permite la observación

Erlaubnis *f* <-se> permiso *m*; *(behördlich)* autorización *f*; **jdn um ~ bitten** pedir permiso a alguien

erläutern* [ɛɐ̯ˈlɔɪtɐn] *vt* explicar

Erläuterung *f* <-en> explicación *f*; *(Kommentar)* comentario *m*

Erle [ˈɛrlə] *f* <-n> (BOT) aliso *m*

erleben* *vt* ❶ *(Freude)* vivir; *(Niederlage)* sufrir; *(Enttäuschung)* llevarse ❷ *(miterleben)* vivir; **wenn du das tust, kannst du was ~** *(fam)* si lo haces te vas a acordar ❸ *(kennenlernen)* ver; **so habe ich ihn noch nie erlebt** nunca le he visto así

Erlebnis *nt* <-ses, -se> vivencia *f*; *(Erfahrung)* experiencia *f*; *(Ereignis)* acontecimiento *m*

erledigen* [ɛɐ̯ˈleːdɪgən] **I.** *vt* ❶ *(Auftrag)* hacer; *(Angelegenheit)* resolver; **ich habe noch etwas zu ~** aún tengo que hacer algo; **die Sache ist für mich erledigt** para mí el asunto está concluido ❷ *(sl: töten)* liquidar; *(ruinieren)* arruinar **II.** *vr:* **sich ~** arreglarse

erledigt [ɛɐ̯ˈleːdɪçt] *adj (fam)* cansado; **ich bin völlig ~** estoy hecho polvo

Erledigung[1] *f* <-en> *(Besorgung)* compra *f*; **~en machen** hacer compras

Erledigung[2] *f ohne pl (das Erledigen)* arreglo *m*; *(Abwicklung)* tramitación *f*

erlegen[1] *pp von* **erliegen**

erlegen*[2] [ɛɐ̯ˈleːgən] *vt (geh)* matar

erleichtern* [ɛɐ̯ˈlaɪçtɐn] *vt* aliviar; *(um Gewicht)* aligerar; *(Arbeit, Verständnis)* facilitar; **sein Herz ~** desahogarse; **erleichtert atmete er auf** respiró con alivio; **die Nachricht erleichterte ihn** la noticia lo alivió; **jdn um 100 Euro ~** *(fam)* mangarle a alguien 100 euros

Erleichterung *f ohne pl* alivio *m*; **zu meiner großen ~** para mi gran alivio

erleiden* *irr vt (Schmerzen)* soportar; *(Niederlage)* sufrir

erlernbar *adj* que se puede aprender; **leicht/schwer ~ sein** ser fácil/difícil de aprender

erlernen* *vt* aprender

erlesen *adj* selecto

erleuchten* *vt* iluminar

Erleuchtung *f* <-en> iluminación *f*; *(Inspiration)* inspiración *f*

erliegen* *irr vi sein (einer Versuchung)* sucumbir (+*dat* a); *(einem Irrtum)* caer (+*dat* en); **zum E~ kommen** quedar paralizado

erlischt *3. präs von* **erlöschen**

erlitten *pp von* **erleiden**

Erlös [ɛɐ̯ˈløːs] *m* <-es, -e> ingreso *m; (für wohltätige Zwecke)* beneficio *m*

erlosch *3. imp von* **erlöschen**

erloschen *pp von* **erlöschen**

erlöschen <erlischt, erlosch, erloschen> *vi sein* ① *(Vulkan)* extinguirse ② *(Anspruch)* prescribir; *(Interesse)* desaparecer

Erlöschen *nt* <-s, *ohne pl*> ① *(Flamme, Vulkan)* extinción *f* ② *(Anspruch)* expiración *f*

erlösen* *vt* librar (**von** de); (REL) redimir

erlösend I. *adj* aliviante **II.** *adv* que procura alivio

Erlöser *m* <-s, -> ① *(Retter)* salvador *m* ② (REL) Salvador *m*

Erlösung *f* <-en> *(Rettung)* salvación *f; (Befreiung)* liberación *f;* (REL) redención *f*

ermächtigen* [ɛɐ̯ˈmɛçtɪgən] *vt* autorizar (**zu** para)

Ermächtigung *f* <-en> (JUR) autorización *f* (**zu** para)

ermahnen* *vt* exhortar (**zu** a); *(tadeln)* reprender; *(warnen)* advertir

Ermahnung *f* <-en> exhortación *f; (Warnung)* advertencia *f*

ermäßigen* [ɛɐ̯ˈmɛːsɪgən] *vt* reducir

Ermäßigung *f* <-en> ① *(Senkung)* reducción *f* ② *(Preisnachlass)* rebaja *f*

ermattet *adj* cansado

ermessen* *irr vt* juzgar; *(schätzen)* evaluar

Ermessen *nt* <-s, *ohne pl*> parecer *m,* juicio *m;* **nach menschlichem ~** según el parecer común; **in jds ~ liegen** quedar al libre albedrío de alguien

Ermessensfrage *f* cuestión *f* de libre albedrío

Ermessensspielraum *m* (JUR) margen *m* de evaluación

ermitteln* [ɛɐ̯ˈmɪtəln] **I.** *vi* (JUR) proseguir las diligencias (**gegen** contra) **II.** *vt* ① *(Täter)* averiguar ② *(Sieger)* determinar ③ (MATH) calcular

Ermittler(in) *m(f)* <-s, -; -, -nen> informante *mf; (Detektiv)* detective *mf,* agente *mf* de la policía

Ermittlung *f* <-en> ① *(polizeilich)* pesquisa *f* ② *(Feststellung)* descubrimiento *m*

Ermittlungsrichter(in) *m(f)* <-s, -; -, -nen> (JUR) juez(a) *m(f)* instructor(a)

Ermittlungsverfahren *nt* (JUR) sumario *m*

ermöglichen* [ɛɐ̯ˈmøːklɪçən] *vt* hacer posible, posibilitar

ermorden* *vt* asesinar

Ermordete(r) *mf* <-n, -n; -n, -n> asesinado, -a *m, f;* (JUR) interfecto, -a *m, f*

Ermordung *f* <-en> asesinato *m*

ermüden* [ɛɐ̯ˈmyːdən] **I.** *vi sein* ① *(Person)* cansarse ② (TECH) fatigarse **II.** *vt (Person)* cansar

ermüdend *adj* fatigoso, cansador *Arg*

Ermüdung *f* <-en> cansancio *m;* (*a.* TECH) fatiga *f*

ermuntern* [ɛɐ̯ˈmʊntɐn] *vt* estimular (**zu** a); *(aufmuntern)* animar (**zu** a)

Ermunterung *f* <-en> ① *(das Ermuntern)* **zu jds ~** para levantarle el ánimo a alguien ② *(ermunternde Worte)* palabras *fpl* de ánimo

ermutigen* [ɛɐ̯ˈmuːtɪgən] *vt* alentar (**zu** a)

ermutigend I. *adj* que anima; **danke für deine ~en Worte** gracias por tus palabras de ánimo **II.** *adv* para animar; **er nickte ihr ~ zu** le hizo una seña para darle ánimos

Ermutigung *f* <-en> ánimo(s) *m(pl);* **er sprach einige Worte der ~** pronunció unas palabras de aliento

ernähren* **I.** *vt* ① *(mit Nahrung)* alimentar ② *(sorgen für)* mantener; *(unterhalten)* sustentar **II.** *vr:* **sich ~** alimentarse (**von** de)

Ernährer(in) *m(f)* <-s, -; -nen> sustentador(a) *m(f)* de la familia

Ernährung *f ohne pl* ① *(Nahrung)* alimentación *f* ② *(Unterhalt)* sustento *m*

Ernährungsweise *f* dieta *f*

Ernährungswissenschaft *f ohne pl* ciencia *f* de la nutrición

Ernährungswissenschaftler(in) *m(f)* experto, -a *m, f* en nutrición, nutricionista *mf*

ernannt *pp von* **ernennen**

ernennen* *irr vt* nombrar; *(für ein Amt)* designar; **selbst ernannt** autodesignado

Ernennung *f* <-en> nombramiento *m* (**zu** para); *(für ein Amt)* designación *f* (**zu** para)

erneuerbar [ɛɐ̯ˈnɔɪɐbaːɐ̯] *adj* renovable; **~e Energiequellen** fuentes de energía renovables

erneuern* [ɛɐ̯ˈnɔɪɐn] *vt* ① *(Vertrag)* renovar; *(Maschinenteil)* cambiar ② *(Gebäude)* restaurar ③ *(Freundschaft)* reavivar; *(Beziehungen)* reanudar

Erneuerung *f* <-, -en> ① *(Verlängerung der Gültigkeit)* renovación *f* ② *(das Auswechseln)* cambio *m* ③ *(Renovierung, Restaurierung)* renovación *f; (Gebäude)* restauración *f;* **~ der Heizung** la instalación de una nueva calefacción ④ *(Wandel)* cambio *m,* renovación *f; (Kräfte)* reavivamiento *m,* revivificación *f*

erneuerungsfähig *adj* susceptible de renovación

erneut [ɛɐ̯ˈnɔɪt] *adv* de nuevo

erniedrigen* [ɛɐ'niːdrɪgən] **I.** *vt* ① *(demütigen)* humillar ② *(Druck)* disminuir; *(Preise)* bajar ③ (MUS) abemolar **II.** *vr:* **sich ~** humillarse (**vor** ante); *(sich herabwürdigen)* rebajarse (**vor** ante), achicarse (**vor** ante) *Am*

Erniedrigung *f* <-en> ① *(Demütigung)* humillación *f* ② (MUS) abemolado *m*

ernst [ɛrnst] *adj* ① *(Mensch)* serio; *(Absicht)* firme; **jdn/etw ~ nehmen** tomar a alguien/algo en serio; **etw ~ meinen** decir algo en serio ② *(Lage, Krankheit)* grave ③ *(feierlich)* solemne

Ernst *m* <-es, *ohne pl*> ① *(Strenge)* severidad *f* ② *(ernster Wille)* seriedad *f;* **das ist mein voller ~** *(fam)* lo digo muy en serio; **im ~** en serio; **allen ~es** con toda seriedad ③ *(Gewichtigkeit)* gravedad *f*

Ernstfall *m* caso *m* de urgencia

ernstgemeint *adj s.* **ernst 1.**

ernsthaft *adj* ① *(Verletzung)* grave ② *(Miene, Angebot)* serio

Ernsthaftigkeit *f ohne pl* seriedad *f*

ernstlich I. *adj* ① *(Bedenken)* serio; *(Gefahr)* grave ② *(Absicht)* firme **II.** *adv* ① *(ermahnen)* en serio ② *(krank sein)* gravemente

Ernte ['ɛrntə] *f* <-n> ① *(Vorgang)* recolección *f;* *(von Mais)* pizca *f Méx* ② *(das Geerntete)* cosecha *f*

Erntedankfest [-ˈ--] *nt* Día *m* de Acción de Gracias

Ernteertrag *m* <-(e)s, -träge> cosecha *f*

ernten ['ɛrntən] *vt (a. fig)* cosechar; *(Mais)* pizcar *Méx*

ernüchtern* [ɛɐ'nʏçtɐn] *vt* ① *(Betrunkene)* desembriagar ② *(enttäuschen)* desilusionar

Ernüchterung *f* <-en> desilusión *f*

Eroberer, -in [ɛɐ'ʔoːbərɐ] *m, f* <-s, -; -nen> conquistador(a) *m(f)*

erobern* [ɛɐ'ʔoːbɐn] *vt (a. fig)* conquistar

Eroberung *f* <-en> conquista *f*

eröffnen* **I.** *vt* ① *(Konto, Geschäft)* abrir; *(einweihen)* inaugurar; *(Verhandlung)* dar comienzo (a) ② *(Testament)* leer ③ (JUR: *Verfahren*) establecer ④ (MIL: *Angriff*) abrir ⑤ *(mitteilen)* **jdm etw ~** comunicar algo a alguien **II.** *vr:* **sich ~** *(Perspektiven)* abrirse

Eröffnung *f* <-en> ① *(Öffnung)* apertura *f;* *(Einweihung)* inauguración *f* ② *(Mitteilung)* confidencia *f*

Eröffnungsansprache *f* <-, -n> discurso *m* inaugural

erogen [ero'geːn] *adj* erógeno; **~e Zone** zona erógena

E-Roller ['eː-] *m* patinete *m* eléctrico

erörtern* [ɛɐ'œrtɐn] *vt* discutir, debatir

Erörterung *f* <-en> ① *(das Erörtern)* discusión *f* ② *(Text)* comentario *m*

Erosion [ero'zjoːn] *f* <-en> (GEO) erosión *f*

Erotik [e'roːtɪk] *f ohne pl* erotismo *m*

erotisch *adj* erótico

Erpel ['ɛrpəl] *m* <-s, -> pato *m* macho

erpicht [ɛɐ'pɪçt] *adj* **auf etw ~ sein** estar ansioso por algo

erpressen* *vt* ① *(Person)* chantajear (**mit** con) ② *(Lösegeld, Geständnis)* extorsionar

Erpresser(in) *m(f)* <-s, -; -nen> chantajista *mf,* extorsionista *mf*

Erpresserbrief *m* <-(e)s, -e> carta *f* de chantaje

erpresserisch *adj* extorsionista

Erpressung *f* <-en> chantaje *m*

Erpressungsversuch *m* (JUR) intento *m* de extorsión

erproben* *vt* probar

erprobt *adj* probado; **das Gerät ist noch nicht ~** el aparato no ha sido probado todavía; **er ist in solchen Dingen ~** tiene experiencia en esas cosas

erquicken* [ɛɐ'kvɪkən] *vt (geh)* fortalecer, reanimar

erraten* [ɛɐ'raːtən] *irr vt* adivinar

errechnen* *vt* calcular

erregbar [ɛɐ'reːkbaːɐ] *adj* irritable; *(sexuell)* excitable

Erregbarkeit *f* <-, *ohne pl*> susceptibilidad *f*

erregen* [ɛɐ'reːgən] **I.** *vt* ① *(emotional, sexuell)* excitar ② *(hervorrufen)* provocar; *(Interesse)* despertar; *(Ärger)* desatar ③ *(Fantasie)* estimular **II.** *vr:* **sich ~** excitarse (**über** con); *(Gemüter)* acalorarse

Erreger *m* <-s, -> (MED) germen *m* patógeno

Erregung *f* <-en> excitación *f,* prendimiento *m Col, Ven*

erreichbar *adj* alcanzable; *(Ort)* accesible

erreichen* *vt* ① *(Person)* localizar ② *(Zug, Alter)* alcanzar; *(Ort)* llegar (a) ③ *(erlangen)* conseguir; *(zustande bringen)* lograr

Erreichung *f* <-, *ohne pl*> consecución *f;* **bei ~ des 60. Lebensjahres kann man sich vorzeitig pensionieren lassen** cuando se cumplen 60 años se puede pedir la jubilación anticipada

errichten* *vt* ① *(Gebäude)* levantar; *(bauen)* construir; *(Denkmal)* erigir ② *(gründen)* establecer

Errichtung *f* <-, -en> ① *(Erbauung: Haus)* construcción *f* ② *(Aufstellung: Barrikaden)* levantamiento *m* ③ *(Gründung)* establecimiento *m*

erringen* *irr vt* conseguir; *(Erfolg)* obtener

erröten* [ɛɐ'røːtən] *vi sein* sonrojarse

errungen *pp von* **erringen**

Errungenschaft [ɛɐ'rʊŋənʃaft] *f* <-en>

logro *m; (Eroberung)* conquista *f; (der Technik)* adelanto *m*

Ersatz [ɛɐ'zats] *m* <-es, *ohne pl*> ❶ *(Auswechselung)* su(b)stitución *f* ❷ *(Entschädigung)* indemnización *f; (Belohnung)* recompensa *f*

Ersatzbefriedigung *f* <-, -en> (PSYCH) satisfacción *f* sustitutoria, compensación *f*

Ersatzdienst *m* prestación *f* su(b)stitutoria

Ersatzmann *m* suplente *m;* (SPORT) reserva *m*

Ersatzreifen *m* rueda *f* de recambio

Ersatzschlüssel *m* <-s, -> llave *m* de repuesto

Ersatzspieler(in) *m(f)* reserva *mf,* suplente *mf*

Ersatzteil *nt* (pieza *f* de) repuesto *m*

ersatzweise [ɛɐ'zatsvaɪzə] *adv* como alternativa

ersaufen* *irr vi sein (fam)* ahogarse, morir ahogado

erschaffen* *irr vt (geh)* crear

Erschaffung *f ohne pl (geh)* creación *f*

erschaudern* *vi sein (geh)* sentir un escalofrío

erscheinen* *irr vi sein* ❶ *(sichtbar werden)* aparecer ❷ *(sich einfinden)* presentarse ❸ *(Buch)* publicarse ❹ *(sich darstellen, scheinen)* parecer; **es erscheint mir wünschenswert, dass ...** me parece conveniente que... +*subj*

Erscheinen *nt* <-s, *ohne pl*> ❶ *(Gäste)* asistencia *f* ❷ *(das Sichtbarwerden)* aparición *f* ❸ *(Buch)* publicación *f*

Erscheinung *f* <-en> ❶ *(Tatsache)* fenómeno *m;* **in ~ treten** manifestarse ❷ *(Gestalt)* figura *f; (äußere)* apariencia *f;* **seiner äußeren ~ nach** según su apariencia ❸ *(Vision)* visión *f; (Gespenst)* aparición *f*

Erscheinungsbild *nt* imagen *f; (Aussehen)* aspecto *m*

Erscheinungsjahr *nt* año *m* de publicación

erschießen* *irr vt* matar de un tiro, balear *AmS,* tronar *Méx; (hinrichten)* fusilar

Erschießung *f* <-en> ejecución *f; (Hinrichtung)* fusilamiento *m*

erschlaffen* [ɛɐ'ʃlafən] *vi sein (Muskeln)* relajarse

erschlagen[1] **I.** *pp von* **erschlagen**[2] **II.** *adj (fam)* ❶ *(erschöpft)* hecho polvo ❷ *(fassungslos)* atónito

erschlagen*[2] *irr vt* matar a golpes

erschließen* *irr vt* ❶ *(Land)* explotar; *(Märkte)* abrir; *(Baugelände)* urbanizar ❷ *(folgern)* deducir

Erschließung *f* <-en> ❶ *(von Bodenschätzen)* aprovechamiento *m* ❷ *(von Märkten)* apertura *f* ❸ *(von Baugelände)* urbanización *f*

erschlossen *pp von* **erschließen**

erschöpfen* **I.** *vt* ❶ *(verbrauchen)* gastar; *(aufbrauchen)* agotar ❷ *(ermüden)* cansar ❸ *(Thema)* tratar exhaustivamente **II.** *vr:* **sich ~** ❶ *(Gesprächsstoff)* agotarse ❷ *(beschränkt sein)* reducirse (**in** a)

erschöpfend *adj* agotador; **ein Thema ~ behandeln** tratar un tema a fondo

Erschöpfung *f* <-en> agotamiento *m*

erschossen *pp von* **erschießen**

erschrak *3. imp von* **erschrecken**[2], **erschrecken**[3]

erschrecken*[1] *vt* asustar

erschrecken[2] <erschrickt, erschrak, erschrocken> *vi sein* asustarse (**über/vor** de)

erschrecken[3] <erschreckt *o* erschrickt, erschreckte *o* erschrak, erschreckt *o* erschrocken> *vr:* **sich ~** *(fam)* asustarse (**über/vor** de)

Erschrecken *nt* <-s, *ohne pl*> terror *m*

erschreckend *adj* alarmante; *(Angst einflößend)* espantoso

erschrickt *3. präs von* **erschrecken**[2], **erschrecken**[3]

erschrocken [ɛɐ'ʃrɔkən] **I.** *pp von* **erschrecken**[2], **erschrecken**[3] **II.** *adj* asustado

erschüttern* [ɛɐ'ʃʏtɐn] *vt* ❶ *(Erdbeben, Explosion)* hacer temblar ❷ *(Glauben, Gesundheit)* quebrantar; *(Vertrauen)* poner en duda ❸ *(Nachricht)* conmover (profundamente); *(stärker)* conmocionar

erschütternd *adj* conmovedor

erschüttert *adj* conmovido

Erschütterung *f* <-en> ❶ *(Beben)* sacudida *f* ❷ *(Ergriffenheit)* conmoción *f*

erschweren* [ɛɐ'ʃveːrən] *vt* dificultar; **unter erschwerten Bedingungen** bajo condiciones difíciles

erschwerend **I.** *adj* agravante; **~e Umstände** circunstancias agravantes **II.** *adv* **~ kommt hinzu, dass ...** por si fuera poco...

erschwinglich [ɛɐ'ʃvɪŋlɪç] *adj* asequible

ersehen* *irr vt* sacar (**aus** de); *(folgern)* deducir (**aus** de)

ersetzbar *adj* su(b)stituible; **jeder Mensch ist ~** cualquier persona es su(b)stituible

ersetzen* *vt* ❶ *(Teil)* reemplazar (**durch** por); *(Person)* su(b)stituir (**durch** por) ❷ *(auswechseln)* cambiar (**durch** por) ❸ *(Ausgaben)* re(e)mbolsar ❹ (*a.* FIN: *Verlust*) indemnizar (**durch** por); **jdm einen Schaden ~** indemnizar a alguien por un daño

E

ersichtlich [ɛɐ'zɪçtlɪç] *adj* evidente; **ohne ~en Grund** sin motivo aparente; **hieraus ist ~, dass ...** de aquí se deduce que...

ersparen* *vt* ① *(Ärger)* evitar, ahorrar; **ihr bleibt aber auch nichts erspart** *(fam)* a ella le toca todo ② *(Geld)* ahorrar

Ersparnis *f* <-se> ahorro *m* (**an** de)

Ersparte(s) *nt* <-n, *ohne pl*> (FIN) ahorros *mpl*

erst [e:ɐst] **I.** *adv* ① *(zuerst)* primero; *(an erster Stelle)* en primer lugar ② *(zu Beginn)* al principio ③ *(nicht früher als)* no hasta; **er kam ~ gestern** no vino hasta ayer ④ *(nur)* solo, solamente **II.** *part* **da ging's ~ richtig los** entonces empezó la fiesta de verdad; **gerade ~** ahora mismo; **~ gestern fragte sie ...** ayer mismo preguntó...; **jetzt ~ recht!** ¡ahora más que nunca!; **wenn sie ~ weg sind** cuando hayan partido

erstarken* [ɛɐ'ʃtarkən] *vi sein* fortalecer(se)

erstarren* *vi sein* ① *(vor Kälte)* helarse ② *(Lava)* solidificar(se); *(Wasser)* helarse ③ *(vor Schreck)* quedarse de piedra; *(Blut)* helarse

erstatten* [ɛɐ'ʃtatən] *vt (Kosten)* reembolsar

Erstattung *f* <-en> *(Rückzahlung)* reembolso *m; (Rückgabe)* restitución *f*

Erstaufführung *f* (THEAT) estreno *m*

Erstauflage *f* <-, -n> (PUBL) primera edición *f*, primera tirada *f*

erstaunen* **I.** *vi sein* sorprenderse, quedar asombrado (**über** de/por) **II.** *vt* sorprender

Erstaunen *nt* <-s, *ohne pl*> *(Verwunderung)* asombro *m; (Überraschung)* sorpresa *f; (Befremden)* extrañeza *f*; **zu meinem größten ~** para mi gran sorpresa

erstaunlich *adj (verwunderlich)* asombroso; *(überraschend)* sorprendente, sorpresivo *Am; (bewundernswert)* admirable

erstaunlicherweise [-'---'--] *adv* sorprendentemente

erstaunt I. *adj* de sorpresa; **~ sein** estar sorprendido (**über** por) **II.** *adv* sorprendido; **~ sah sie ihn an** le miraba sorprendida

Erstausgabe *f* primera edición *f*

Erstausstrahlung *f* <-, -en> (TV, RADIO) primer programa *m*, primera emisión *f*

erstbeste(r, s) *adj* **die ~ Gelegenheit** la primera ocasión (que se presente); **der/die/das E~** el primero/la primera/lo primero (que aparezca)

erste(r, s) *adj* primero; **als E~s muss ich sagen ...** primero tengo que decir...; **das ~ Mal** la primera vez; **zum ~n Mal** por primera vez; **fürs E~** de momento; **~/Erste Hilfe, ~e** [*o* **Erste**] **Hilfe** primeros auxilios; **~ Klasse** primera clase; *s. a.* **achte(r, s)**

erstechen* *irr vt* acuchillar, carnear *Méx*

Erste-Hilfe-Kasten *m* (MED) botiquín *m* (de primeros auxilios)

Erste-Hilfe-Kurs *m* curso *m* de primeros auxilios

ersteigern* *vt* comprar en subasta

Erste-Klasse-Abteil *nt* <-(e)s, -e> (EISENB) departamento *m* de primera clase

erstellen* *vt* ① *(bauen)* edificar ② *(Gutachten)* hacer; *(erarbeiten)* elaborar ③ (INFOR) crear; **neu ~** recrear

erstens ['e:ɐstəns] *adv* en primer lugar; *(bei Aufzählung)* primero; *s. a.* **achtens**

erster ['e:ɐstɐ] *adj s.* **erste(r, s)**

erstere(r, s) *adj (erstgenannt)* primero; **der/die/das E~** el primero/la primera/lo primero

erstes *adj s.* **erste(r, s)**

Erstgebärende *f* primípara *f*

erstgeboren ['e:ɐstgəbo:rən] *adj* primogénito

erstgenannt ['e:ɐstgənant] *adj* primero, citado en primer lugar

ersticken* [ɛɐ'ʃtɪkən] **I.** *vi sein (Person)* ahogarse, asfixiarse **II.** *vt* ① *(töten)* ahogar, asfixiar ② *(Aufruhr)* sofocar ③ *(Feuer)* extinguir

Erstickung *f* <-en> (MED) asfixia *f*

erstklassig ['e:ɐstklasɪç] *adj* ① *(ausgezeichnet)* excelente, chévere *Am* ② (SPORT) de primera categoría

Erstklässler(in) *m(f)* <-s, -; -, -nen> *(südd, Schweiz)* alumno, -a *m, f* de la primera clase (de la escuela primaria)

Erstkommunion *f* (REL) Primera Comunión *f*

Erstling ['e:ɐstlɪŋ] *m* <-s, -e> ① (KUNST, FILM) opera prima *f* ② *(erstgeborenes Kind)* primer hijo *m*, primera hija *f*

Erstlingswerk *nt* <-(e)s, -e> primera obra *f*

erstmalig ['e:ɐstma:lɪç] **I.** *adj* primero **II.** *adv* por primera vez

erstmals ['e:ɐstma:ls] *adv* por primera vez

erstochen *pp von* **erstechen**

erstrahlen* *vi sein (geh)* brillar, resplandecer

erstrangig ['e:ɐstraŋɪç] *adj* de primera clase; (FIN) preferente

erstreben* *vt (geh)* ambicionar; *(eine Stellung)* aspirar (a)

erstrebenswert *adj* que vale la pena

erstrecken* *vr:* **sich ~** ① *(betreffen)* referirse (**auf** a) ② *(räumlich)* extenderse (**über** por) ③ *(zeitlich)* durar (**über**)

erstunken [ɛɐ'ʃtʊŋkən] *adj (fam)* **das ist ~ und erlogen** eso es una solemne mentira

ersuchen* *vt* **jdn um etw ~** pedir algo a alguien, solicitar algo a alguien

ertappen* *vt* pillar; *(überraschen)* sorprender; **jdn auf frischer Tat ~** sorprender a alguien en flagrante

erteilen* *vt (Erlaubnis)* conceder; *(Rat)* dar; *(Unterricht, Befehl)* impartir; **sie erteilte ihm das Wort** le concedió la palabra

ertönen* [ɛɐ'tø:nən] *vi sein* sonar

Ertrag [ɛɐ'tra:k, *pl:* ɛɐ'trɛ:gə] *m* <-(e)s, -träge> ① *(Produktmenge)* rendimiento *m* ② *(Gewinn)* beneficio *m,* ganancia *f* ③ (AGR) cosecha *f;* **~ abwerfen** producir una cosecha

ertragen* *irr vt* soportar; *(aushalten)* aguantar

erträglich [ɛɐ'trɛ:klɪç] *adj* ① *(zu ertragen)* soportable, aguantable ② *(fam: recht gut)* pasable

ertragreich *adj* productivo

ertränken* *vt* ahogar

erträumen* *vt* soñar (con)

ertrinken* *irr vi sein* ahogarse, morir ahogado

ertrunken *pp von* **ertrinken**

erübrigen* [ɛɐ'y:brɪgən] **I.** *vt* ① *(übrig behalten)* ahorrar ② *(haben)* tener **II.** *vr:* **sich ~** *(unnötig sein)* sobrar; *(überflüssig sein)* ser superfluo; **das hat sich jetzt alles erübrigt** esto resulta superfluo ahora

Eruption [erʊp'tsjo:n] *f* <-, -en> (GEO, MED) erupción *f*

erwachen* *vi sein (geh)* despertar; **das wird ein böses E~ geben** va a ser un duro despertar

Erwachen *nt* <-s, *ohne pl*> *(geh)* despertar *m;* **das war ein böses ~** *(fig)* fue una sorpresa desagradable

erwachsen[1] [ɛɐ'vaksən] **I.** *pp von* **erwachsen**[2] **II.** *adj* adulto

erwachsen*[2] *irr vi sein (entstehen)* crecer; *(hervorgehen)* surgir (**aus** de)

Erwachsene(r) *mf* <-n, -n; -n> adulto, -a *m, f*

Erwachsenenbildung *f* educación *f* de adultos

erwägen [ɛɐ'vɛ:gən] <erwägt, erwog, erwogen> *vt* considerar

Erwägung *f* <-en> consideración *f;* **etw in ~ ziehen** tomar algo en consideración

erwähnen* [ɛɐ'vɛ:nən] *vt* mencionar; **unten erwähnt** abajo citado

erwähnenswert *adj* digno de mención; **~ wäre noch, dass ...** aún habría que mencionar que...

Erwähnung *f* <-en> mención *f*

erwärmen* **I.** *vt* calentar **II.** *vr:* **sich ~** ① *(warm werden)* calentarse ② *(sich begeistern)* entusiasmarse (**für** con)

Erwärmung *f* <-en> calentamiento *m*

erwarten* *vt* ① *(warten, hoffen)* esperar; **sie kann es kaum noch ~** casi no puede aguardar; **das war zu ~** esto era de esperar ② *(verlangen)* exigir ③ *(erhoffen)* esperar; **er erwartet von uns, dass wir gehorchen** espera de nosotros que le obedezcamos; **es wurde wider E~ ein schöner Tag** al contrario de lo que parecía hizo un día agradable

Erwartung *f* <-en> expectativa *f; (Hoffnung)* esperanza *f;* **den ~en entsprechen** ser conforme a lo esperado

erwartungsgemäß *adv* según lo esperado

Erwartungshaltung *f* esperanza *f*

erwartungsvoll **I.** *adj* ilusionado **II.** *adv* lleno de expectación

erwecken* *vt* ① *(geh: aufwecken)* despertar ② *(hervorrufen)* producir; *(Zweifel)* dar lugar (a); *(Vertrauen)* inspirar; **Vertrauen ~d** que inspira confianza; **das erweckte den Anschein, als ob ...** esto produjo la impresión como si... *+subj*

erweichen* [ɛɐ'vaɪçən] *vt* ablandar

erweisen* [ɛɐ'vaɪzən] *irr* **I.** *vt* ① *(nachweisen)* comprobar, confirmar; **es gilt als erwiesen, dass ...** se da por confirmado el hecho de que... *+subj* ② *(Gefallen)* hacer; *(Dankbarkeit)* mostrar **II.** *vr:* **sich ~** *(sich zeigen)* demostrar; *(sich herausstellen)* resultar; **sie hat sich als sehr zuverlässig erwiesen** ha demostrado ser de fiar

erweiterbar *adj* (INFOR) ampliable, expandible

erweitern* [ɛɐ'vaɪtɐn] **I.** *vt* ① *(Anlage, Kenntnisse)* ampliar; *(Straße)* ensanchar (**um** en) ② *(vermehren)* aumentar (**um** en) **II.** *vr:* **sich ~** ampliarse (**um** en); *(Straße)* ensancharse; *(Blutgefäße, Pupille)* dilatarse

Erweiterung *f* <-en> ① *(Anlage, Kenntnisse)* ampliación *f* ② *(Kapazität)* aumento *m* ③ *(Pupillen, Gefäße)* dilatación *f* ④ (INFOR) ampliación *f*

Erwerb [ɛɐ'vɛrp] *m* <-(e)s, -e> ① *(Kauf)* compra *f; (Anschaffung)* adquisición *f* ② *(Verdienst)* ganancia *f* ③ *(Arbeit)* trabajo *m*

erwerben* *irr vt* ① *(Waren, Kenntnisse)* adquirir; **etw käuflich ~** comprar algo ② *(Anerkennung)* ganarse

erwerbsfähig *adj* capaz de ejercer una profesión

erwerbslos *adj* parado, cesante *Am*

Erwerbslose(r) *mf* <-n, -n; -n, -n> parado, -a *m, f,* desempleado, -a *m, f,* cesante *mf Am*

Erwerbslosigkeit *f* <-, *ohne pl*> desempleo *m*

erwerbstätig *adj* activo; ~ **sein** estar en activo

Erwerbstätige(r) [ɛɐ'vɛrpstɛ:tɪgɐ] *mf* asalariado, -a *m, f*

Erwerbstätigkeit *f* actividad *f* remunerada

erwerbsunfähig *adj* incapaz de ejercer una profesión

Erwerbsunfähigkeit *f <-, ohne pl>* incapacidad *f* laboral

Erwerbsunfähigkeitsrente *f* renta *f* por incapacidad laboral

erwidern* [ɛɐ'vi:dɐn] *vt* ① *(antworten)* contestar (**auf** a); *(entgegnen)* replicar (**auf** a) ② *(Gruß, Besuch)* devolver

Erwiderung *f* <-en> ① *(Antwort)* respuesta *f* ② *(von Gefühlen)* reciprocidad *f*

erwiesen *pp von* **erweisen**

erwiesenermaßen [ɛɐ'vi:zənɐ'ma:sən] *adv* como ha sido comprobado

erwirtschaften* *vt* producir

erwischen* *vt (fam)* ① *(ergreifen)* pescar; **es muss ausgerechnet immer mich** ~ es que siempre me tiene que tocar a mí ② *(ertappen)* pillar, acapillar *Méx*

erwog [ɛɐ'vo:k] *3. imp von* **erwägen**

erwogen [ɛɐ'vo:gən] *pp von* **erwägen**

erworben [ɛɐ'vɔrbən] **I.** *pp von* **erwerben** **II.** *adj* adquirido

erwünscht [ɛɐ'vʏnʃt] *adj* deseado; **Spanischkenntnisse** ~ se requieren conocimientos de español

erwürgen* [ɛɐ'vʏrgən] *vt* estrangular

Erz [e:ɐts, ɛrts] *nt* <-es, -e> mineral *m*

erzählen* *vt* contar, narrar; **etw wieder** ~ recontar algo; **mir kannst du nichts** ~ *(fam)* a mí no me puedes engañar

Erzähler(in) *m(f)* <-s, -; -nen> narrador(a) *m(f)*

Erzählliteratur *f* literatura *f* narrativa

Erzählperspektive *f* perspectiva *f* narrativa

Erzählung *f* <-en> ① (LIT) narración *f* ② *(Bericht)* relato *m*

Erzbischof, -bischöfin ['ɛrts-] *m, f* arzobispo *mf*

Erzbistum ['ɛrtsbɪstu:m] *nt* <-s, -tümer>, **Erzdiözese** *f* <-, -n> (REL) arzobispado *m*

Erzengel *m* arcángel *m*

erzeugen* *vt* ① *(herstellen)* producir; *(fertigen)* fabricar; (CHEM, PHYS) generar ② *(hervorrufen)* provocar

Erzeuger(in) *m(f)* <-s, -; -nen> ① (BIOL) progenitor(a) *m(f)* ② (AGR) productor(a) *m(f)*

Erzeugergemeinschaft *f* (WIRTSCH) agrupación *f* de productores

Erzeugerpreis *m* precio *m* de fábrica

Erzeugnis *nt* <-ses, -se> producto *m*

Erzeugung *f* <-en> producción *f*

Erzfeind(in) ['ɛrts-] *m(f)* enemigo, -a *m, f* mortal

Erzgebirge ['e:ɐts-, 'ɛrts-] *nt* <-s, *ohne pl*> Montes *mpl* Metálicos

Erzherzog(in) ['ɛrts-] *m(f)* (HIST) archiduque(sa) *m(f)*

erziehbar *adj* educable; **schwer** ~ difícil de educar

erziehen* *irr vt* educar (**zu** para)

Erzieher(in) *m(f)* <-s, -; -nen> educador(a) *m(f)*; *(Kindergärtner)* maestro, -a *m, f* de un jardín de infancia, educador(a) *m(f)* de párvulos *Am*

erzieherisch *adj* educador

Erziehung *f ohne pl* educación *f*

Erziehungsanstalt *f* correccional *m*

erziehungsberechtigt *adj* titular de la patria potestad

Erziehungsberechtigte(r) *mf* titular *mf* de la patria potestad

Erziehungsgeld *nt ohne pl ayuda familiar por hijos*

Erziehungsjahr *nt (Mutter)* baja *f* de un año por maternidad; *(Vater)* baja *f* de un año por paternidad

Erziehungsurlaub *m (Mutter)* baja *f* por maternidad; *(Vater)* baja *f* por paternidad

Erziehungswesen *nt* <-s, *ohne pl*> instrucción *f* pública, educación *f*

Erziehungswissenschaft *f ohne pl* pedagogía *f*

erzielen* *vt* obtener; *(Tor)* marcar; **eine Einigung** ~ llegar a un acuerdo

erzkonservativ *adj* ultraconservador

erzürnen* [ɛɐ'tsʏrnən] *vt (geh: zornig machen)* irritar, encolerizar

erzwingen* *irr vt* conseguir por la fuerza; *(Entscheidung)* forzar

erzwungen *pp von* **erzwingen**

es [ɛs] **I.** *pron pers 3. sg nt* ① *nom* ello; *(Mensch)* él, ella; ~ **ist sehr hübsch** es muy bonito ② *akk* lo; **ich weiß** ~ **nicht** no lo sé **II.** *(unpers)* ~ **gibt nichts mehr zu tun** no hay nada más que hacer; **ihr wurde** ~ **schlecht** se puso mala; ~ **freut mich, dass ...** me alegra que... +*subj;* ~ **wurde getanzt** se bailó; ~ **ist vier Uhr** son las cuatro; ~ **hat geläutet** ha sonado el timbre; ~ **regnet** llueve; **ich bin** ~ soy yo

Es *nt* <-,-> (MUS) mi *m* bemol

Escapetaste [ɪs'keɪp-] *f* (INFOR) tecla *f* Escape

Esche ['ɛʃə] *f* <-n> (BOT) fresno *m*

Esel(in) ['e:zəl] *m(f)* <-s, -; -nen> ① (ZOOL) burro, -a *m, f* ② *(fam: Mensch)* estúpido, -a *m, f*

Eselsbrücke *f (fam fig)* regla *f* mnemotécnica

Eselsohr *nt (fam fig)* doblez *m*
Eskalation [ɛskala'tsjoːn] *f* <-en> escalada *f;* (POL) escalación *f*
eskalieren* [ɛska'liːrən] *vi sein* agravarse
Eskapade [ɛska'paːdə] *f* <-n> aventura *f*
Eskimo ['ɛskimo] *m* <-s, -s> esquimal *m*
Eskimofrau *f* esquimal *f*
Eskorte [ɛs'kɔrtə] *f* <-n> escolta *f*
Esoterik [ezo'teːrɪk] *f ohne pl* esoterismo *m*
esoterisch *adj* esotérico
Espe ['ɛspe] *f* <-n> (BOT) álamo *m* temblón
Espresso [ɛs'prɛso] *m* <-(s), -s *o* Espressi, *nach Zahlen:* -> café *m* solo
Espressomaschine *f* máquina *f* (de café) expreso
Esprit [ɛs'priː] *m* <-s, *ohne pl*> ingenio *m*
Essay ['ɛse, 'ɛsɛɪ] *m o nt* <-s, -s> (LIT) ensayo *m*
Essayist(in) [ɛse'ɪst] *m(f)* <-en, -en; -, -nen> (LIT) ensayista *mf*
essbar ['ɛsbaːɐ] *adj* comestible
Essbesteck *nt* <-(e)s, -e> cubertería *f* de mesa
essen ['ɛsən] <isst, aß, gegessen> *vi, vt* comer; **zu Mittag/Abend ~** almorzar/cenar; **~ gehen** ir a comer (a un restaurante); **das ist gegessen!** *(fam)* ¡ya está!
Essen *nt* <-s, -> comida *f; (Gericht)* plato *m*
Essen(s)ausgabe *f (Schalter)* mostrador *m* (de reparto) de comidas
Essen(s)marke *f* bono *m* para (la) comida, ficha *f* para (la) comida
Essenszeit *f (mittags)* hora *f* de comer; *(abends)* hora *f* de cenar
essentiell [ɛsɛn'tsjɛl] *adj s.* **essenziell**
Essenz [ɛ'sɛnts] *f* <-en> esencia *f*
essenziell [ɛsɛn'tsjɛl] *adj* esencial
Essgeschirr *nt* <-(e)s, *ohne pl*> vajilla *f*
Essgewohnheiten *fpl* hábitos *mpl* alimentarios
Essig ['ɛsɪç] *m* <-s, -e> vinagre *m*
Essigessenz *f* <-, -en> (GASTR) esencia *f* de vinagre
Essiggurke *f* pepinillo *m* en vinagre
Essigsäure *f* <-, *ohne pl*> ácido *m* acético
Esskastanie *f* castaña *f*
Esskultur *f* <-, -en> gastronomía *f*
Esslöffel *m* cuchara *f;* **ein ~ Mehl** una cucharada de harina
Essstörung *f* (MED) trastorno *m* en los hábitos alimentarios
Esstisch *m* mesa *f* de comedor
Esszimmer *nt* comedor *m*
Este, -in ['eːstə] *m, f* <-n, -n; -nen> estonio, -a *m, f*
Estland ['ɛstlant] *nt* <-s> Estonia *f*
estnisch ['ɛstnɪʃ] *adj* estonio
Estragon ['ɛstragɔn] *m* <-s, *ohne pl*> estragón *m*
Estrich ['ɛstrɪç] *m* <-s, -e> pavimento *m*
ESZB [eːʔɛstsɛt'beː] *nt* <-(s), *ohne pl*> *Abk. von* **Europäisches System der Zentralbanken** SEBC *m*
etablieren* [eta'bliːrən] **I.** *vt* establecer **II.** *vr:* **sich ~** establecerse
etabliert *adj* establecido
Etage [e'taːʒə] *f* <-n> piso *m*
Etagenbett *nt* litera *f*
Etagenwohnung *f* apartamento *m*
Etappe [e'tapə] *f* <-n> ① (*a.* SPORT: *räumlich, zeitlich*) etapa *f* ② (MIL) retaguardia *f*
Etappensieg *m* <-(e)s, -e> (SPORT) victoria *f* de una etapa; *(fig: Teilerfolg)* victoria *f* parcial
Etat [e'taː] *m* <-s, -s> presupuesto *m*
etc. [eːteː'tseː] *Abk. von* **et cetera** etc.
etepetete ['eːtəpə'teːtə] *adj inv (fam)* de mírame y no me toques
Ethik ['eːtɪk] *f ohne pl* ética *f*
Ethikunterricht *m ohne pl* (SCH) clase *f* de ética
ethisch *adj* ético
ethnisch ['ɛtnɪʃ] *adj* étnico
Ethnografie [ɛtnogra'fiː] *f* <-, -n> etnografía *f*
Ethnologie [ɛtnolo'giː] *f ohne pl* etnología *f*
Ethos ['eːtɔs] *nt* <-, *ohne pl*> ética *f*
Etikett [eti'kɛt] *nt* <-(e)s, -e(n)> etiqueta *f,* rótulo *m*
Etikette [eti'kɛtə] *f* <-n> etiqueta *f*
etikettieren* *vt* ① *(Dosen, Flaschen)* etiquetar ② *(fig: betiteln)* tachar (**als** de)
etliche(r, s) *pron indef (geh)* algunos *mpl,* algunas *fpl;* **~ unter den Zuschauern** algunos espectadores; **er ist um ~s älter als ich** es bastante mayor que yo
Etui [ɛt'viː, ety'iː] *nt* <-s, -s> estuche *m*
etwa ['ɛtva] **I.** *adv* ① *(ungefähr)* aproximadamente ② *(beispielsweise)* por ejemplo; **wie ~ in diesem Fall** como por ejemplo en este caso ③ *(Schweiz: ab und zu)* de vez en cuando **II.** *part (vielleicht)* quizá, tal vez; **willst du ~ schon gehen?** ¿es que te quieres ir ya?; **du willst doch nicht ~ behaupten, dass …?** ¿no querrás decir que…?; **… oder ~ nicht?** …, ¿o acaso no?
etwaige(r, s) *adj* eventual
etwas ['ɛtvas] *pron indef* algo; *(ein bisschen)* un poco; **hast du noch ~ Geld?** ¿te queda algo de dinero?; **ohne ~ zu sagen** sin decir nada; **das ist ~ anderes** esto es otra cosa; **sie hat ~ mit ihm** *(fam)* está liada con él; **die Sache hat ~ für sich** el asunto tiene algo

Etwas *nt ohne pl* algo; **sie hat das gewisse ~** tiene un no sé qué

Etymologie [etymolo'gi:] *f* <-n> etimología *f*

etymologisch [etymo'lo:gɪʃ] *adj* etimológico

EU [e:'ʔu:] *f Abk. von* **Europäische Union** UE *f*

EU-Außenminister *m* ministro, -a *m, f* de política exterior de la UE

EU-Beitritt *m* ingreso *m* en la UE

EU-Bürger(in) *m(f)* ciudadano, -a *m, f* de la UE

euch [ɔɪç] **I.** *pron pers mfpl dat/akk von* **ihr** os; *(betont)* a vosotros/vosotras… (os); *(mit Präposition)* vosotros/vosotras; **wie habt ihr ~ in China verständigt?** ¿cómo os habéis entendido en China?; **~ würde es gefallen** a vosotros/vosotras os gustaría; **Blumen für ~!** ¡flores para vosotros/vosotras!; **ein Freund von ~** un amigo vuestro; **gehören ~ die Räder?** ¿son vuestras las bicis? **II.** *pron refl mfpl dat/akk von* **ihr** os; **setzt ~!** ¡sentaos!

Eucharistie [ɔɪçarɪs'ti:] *f* <-, -n> (REL) eucaristía *f*

euer ['ɔɪɐ] *pron pers pl gen von* **ihr** de vosotros/vosotras

euer, euere, euer *pron poss (adjektivisch)* vuestro, -a *m, f,* vuestros *mpl,* vuestras *fpl;* **~ Sohn** vuestro hijo; **eure Wohnung/Freunde/Blumen** vuestro piso/vuestros amigos/vuestras flores

euere(r, s) *pron poss (substantivisch)* (el) vuestro *m,* (la) vuestra *f,* (los) vuestros *mpl,* (las) vuestras *fpl;* **das große Stück ist eures** [*o* **euers**] el trozo grande es (el) vuestro; *s. a.* **euer, euere, euer**

Eugenik [ɔɪ'ge:nɪk] *f* <-, *ohne pl*> (MED) eugenesia *f*

EU-Gipfel *m* <-s, -> cumbre *f* comunitaria

Eukalyptus [ɔɪka'lʏptʊs] *m* <-, Eukalypten *o* -> (BOT) eucalipto *m*

EU-Kommissar(in) *m(f)* <-s, -e; -, -nen> (POL) comisario, -a *m, f* de la UE

EU-Kommission *f ohne pl* Comisión *f* de la UE

EU-Land *nt* país *m* comunitario

Eule ['ɔɪlə] *f* <-n> (ZOOL) lechuza *f*

EU-Ministerrat *m ohne pl* Consejo *m* de Ministros de la UE

EU-Mitgliedsland *nt* país *m* miembro de la UE

EU-Norm *f* <-, -en> Norma *f* de la UE

Eunuch [ɔɪ'nu:x] *m* <-en, -en> eunuco *m*

EU-Osterweiterung *f ohne pl* ampliación *f* comunitaria al Este

Euphemismus [ɔɪfe'mɪsmʊs] *m* <-, Euphemismen> eufemismo *m*

Euphorie [ɔɪfo'ri:] *f* <-n> euforia *f*

euphorisch [ɔɪ'fo:rɪʃ] *adj* eufórico

Euratom [ɔɪra'to:m] *f Abk. von* **Europäische Atomgemeinschaft** Euratom *m*

eure(r, s) *pron poss o pron pers s.* **euer**

eurer ['ɔɪrɐ] *pron poss o pron pers s.* **euer**

eurerseits ['ɔɪrezaɪts] *adv* por vuestra parte

eures ['ɔɪrəs] *pron poss o pron pers s.* **euer**

euresgleichen ['--'--] *pron indef* de vuestra condición

euretwegen ['ɔɪrətve:gən] *adv* por vosotros; *(negativ)* por vuestra culpa

euretwillen ['ɔɪrətvɪlən] *adv* **um ~** por vosotros

eurige(r, s) *pron poss geh für* **eu(e)re(r, s): der/die/das ~** el vuestro/la vuestra; **die ~n** los vuestros/las vuestras

Euro ['ɔɪro] *m* <-(s), -(s)> (EU) euro *m;* **die Einführung des ~** la introducción del euro; **die Festsetzung des Wertes des ~** la fijación del valor del euro

Eurobanknote *f* billete *m* de euro

Eurobond *m* eurobono *m*

Eurocent *m* <-(s), -(s)> céntimo *m* de euro

Eurocheque *m* eurocheque *m*

Eurocityzug [ɔɪro'sɪtitsu:k] *m* (EISENB) Eurocity *m (tren equivalente al Intercity que cubre también recorridos fuera de Alemania)*

Euro-Einführungsgesetz *nt* ley *f* de introducción del euro

Eurokrat(in) *m(f)* <-en, -en; -, -nen> (POL) eurócrata *mf*

Eurokrise *f* crisis *f* del euro

Euromarkt *m ohne pl* euromercado *m*

Europa [ɔɪ'ro:pa] *nt* <-s> Europa *f*

Europaabgeordnete(r) *mf* eurodiputado, -a *m, f*

Europacup [ɔɪ'ro:pakap] *m* <-s, -s> (SPORT) copa *f* de Europa

Europäer(in) [ɔɪro'pɛ:ɐ] *m(f)* <-s, -; -nen> europeo, -a *m, f*

europäisch *adj* europeo; **E~er Binnenmarkt** Mercado único europeo; **E~er Rechnungshof** Tribunal Europeo de Cuentas; **E~es System der Zentralbanken** Sistema Europeo de Bancos Centrales; **E~e Union** Unión Europea; **E~e Währungseinheit** unificación monetaria europea; **E~es Währungssystem** Sistema Monetario Europeo; **E~e Wirtschafts- und Währungsunion** Unión Económica y Monetaria Europea; **E~e Zentralbank** Banco Central Europeo

europäisieren [ɔɪro:pɛi'zi:rən] *vt* (POL) europeizar

Europäisierung *f ohne pl* (POL) europeización *f*

europakritisch *adj* euroescéptico
Europameister(in) *m(f)* (SPORT) campeón, -ona *m, f* de Europa
Europameisterschaft *f* (SPORT) campeonato *m* de Europa
Europaparlament *nt ohne pl* Parlamento *m* Europeo
Europapokal *m* (SPORT) copa *f* de Europa
Europarat *m ohne pl* Consejo *m* de Europa
Eurorettungsschirm *m* (POL) fondo *m* [*o* paraguas *m*] de rescate europeo
Euroskeptiker(in) *m(f)* (POL) euroscéptico, -a *m, f*
Eurotunnel *m ohne pl* eurotúnel *m*
Eurovision [---'-] *f ohne pl* Eurovisión *f*
Euro-Währung *f* (EU) moneda *f* europea
Eurozone *f* <-, *ohne pl*> eurozona *f*, zona *f* euro
Euter ['ɔɪtɐ] *m* <-s, -> ubre *f*
Euthanasie [ɔɪtana'ziː] *f ohne pl* eutanasia *f*
EU-Verfassung *f* constitución *f* europea
EU-Verordnung *f* (EU) reglamento *m* europeo, decreto (ley) *m* europeo
EU-Vertrag *m* (EU) tratado *m* de la Unión Europea
ev. (REL) *Abk. von* **evangelisch** protestante
e.V., E.V. *Abk. von* **eingetragener Verein** sociedad *f* registrada
evakuieren* [evaku'iːrən] *vt* evacuar
Evakuierung *f* <-en> evacuación *f*
evangelisch [evaŋ'geːlɪʃ] *adj* evangélico, protestante
Evangelisierung *f* <-, *ohne pl*> evangelización *f*
Evangelist [evaŋge'lɪst] *m* <-en, -en> (REL) evangelista *m*
Evangelium [evaŋ'geːliʊm] *nt* <-s, Evangelien> evangelio *m*
Event [i'vɛnt] *m o nt* <-s, -s> *(fam)* evento *m*
Eventualität [evɛntuali'tɛːt] *f* <-en> eventualidad *f*
eventuell [evɛntu'ɛl] *adj* eventual
evident [evi'dɛnt] *adj (geh)* evidente
Evolution [evolu'tsjoːn] *f* <-en> evolución *f*
Evolutionstheorie *f* <-, -n> (BIOL) teoría *f* de la evolución
evtl. *Abk. von* **eventuell** eventual
E-Werk *nt Abk. von* **Elektrizitätswerk** central *f* eléctrica
EWG [eːveː'geː] *f* <-, *ohne pl*> (HIST) *Abk. von* **Europäische Wirtschaftsgemeinschaft** CEE *f*
EWI [eːveː'ʔiː] *nt* <-s, *ohne pl*> (EU) *Abk. von* **Europäisches Währungsinstitut** IME *m*
ewig ['eːvɪç] *adj* ① *(unendlich)* eterno; **für immer und ~** para siempre jamás ② *(fam: ständig)* continuo; *(endlos)* infinito; **das dauert ja ~ (und drei Tage)** esto dura una eternidad
Ewiggestrige(r) ['eːvɪçgɛstrɪgɐ] *mf* <-n, -n; -n, -n> persona *f* que vive anclada en el pasado
Ewigkeit *f* <-en> eternidad *f*; **bis in alle ~** *(fam)* para siempre
EWS [eːveː'ʔɛs] *nt* <-, *ohne pl*> (EU) *Abk. von* **Europäisches Währungssystem** SME *m*
EWU [eːveː'ʔuː] *f* <-, *ohne pl*> (EU) *Abk. von* **Europäische Währungsunion** UME *f*
EWWU [eːveːveː'ʔuː] *f ohne pl* (EU) *Abk. von* **Europäische Wirtschafts- und Währungsunion** UEME *f*
EWWU-Teilnehmerland *nt*, **EWWU-Teilnehmerstaat** *m* país *m* miembro de la UEME
ex [ɛks] *adv (fam)* **etw auf ~ trinken** beber algo de un trago
Ex *mf* <-, -; -> *(fam)* ex *mf*
exakt [ɛ'ksakt] *adj* exacto; *(Uhrzeit)* en punto; *(sorgfältig)* esmerado
Exaktheit *f* <-, *ohne pl*> ① *(Genauigkeit)* exactitud *f*; *(Darstellung)* rigor *m* ② *(Sorgfalt)* precisión *f*
Examen [ɛ'ksaːmən, *pl:* ɛ'ksaːmina] *nt* <-s, - *o* Examina> examen *m*; **~ machen** examinarse
Examenskandidat(in) *m(f)* <-en, -en; -, -nen> candidato, -a *m, f* al examen final (de carrera)
Examina *pl von* **Examen**
examinieren* [ɛksami'niːrən] *vt* ① *(untersuchen)* investigar, examinar ② *(prüfen)* examinar (**in** de, **über** sobre)
exekutieren* [ɛkseku'tiːrən] *vt* ejecutar
Exekution [ɛkseku'tsjoːn] *f* <-en> ejecución *f*
Exekutive [ɛkseku'tiːvə] *f* <-n> (JUR, POL) ejecutivo *m*
Exekutivgewalt *f* (POL) poder *m* ejecutivo
Exemplar [ɛksɛm'plaːɐ] *nt* <-s, -e> ejemplar *m*
exemplarisch [ɛksɛm'plaːrɪʃ] *adj (geh)* ejemplar
exerzieren* [ɛksɛr'tsiːrən] *vi* (MIL) hacer maniobras
Exhibitionismus [ɛkshibitsjo'nɪsmʊs] *m* <-, *ohne pl*> exhibicionismo *m*
Exhibitionist(in) *m(f)* <-en, -en; -nen> exhibicionista *mf*
exhumieren* [ɛkshu'miːrən] *vt* exhumar
Exhumierung *f* <-, -en> exhumación *f*
Exil [ɛ'ksiːl] *nt* <-s, -e> exilio *m*; **ins ~ gehen** exiliarse

E

existent [ɛskɪs'tɛnt] *adj* existente
Existentialismus [ɛksɪstɛntsja'lɪsmʊs] *m* <-, *ohne pl*> *s.* **Existenzialismus**
existentiell [ɛksɪstɛn'tsjɛl] *adj s.* **existenziell**
Existenz[1] [ɛksɪs'tɛnts] *f ohne pl (Dasein)* existencia *f*
Existenz[2] *f* <-en> ❶ *(berufliche Stellung)* sustento *m;* **sich** *dat* **eine ~ aufbauen** montar un negocio ❷ *(abw: Mensch)* individuo *m;* **eine gescheiterte ~** un fracaso (de persona)
Existenzangst *f* angustia *f* existencial
Existenzberechtigung *f* autojustificación *f*
Existenzgründer(in) *m(f)* <-s, -; -, -nen> fundador(a) *m(f)* de un negocio
Existenzgrundlage *f* base *f* de vida
Existenzgründung *f* acción *f* de crearse una posición (para ganarse el sustento)
Existenzialismus [ɛksɪstɛntsja'lɪsmʊs] *m* <-, *ohne pl*> (PHILOS) existencialismo *m*
existenziell *adj* existencial
Existenzminimum *nt* mínimo *m* vital
Existenzsicherung *f* <-, *ohne pl*> aseguramiento *m* de los medios de vida [*o* del sustento]
existieren* [ɛksɪs'tiːrən] *vi* ❶ *(vorhanden sein)* existir ❷ *(auskommen)* vivir (**von** de)
Exitus ['ɛksitʊs] *m* <-, *ohne pl*> (MED) muerte *f*
exklusiv [ɛksklu'ziːf] *adj* exclusivo
Exklusivität *f* <-, *ohne pl*> *(geh)* exclusividad *f*
Exklusivrecht *nt* (JUR) derecho *m* exclusivo
Exklusivvertrag *m* (COM) contrato *m* de exclusividad
Exkommunikation *f* <-, -en> (REL) excomunión *f*
exkommunizieren* *vt* (REL) excomulgar
Exkremente [ɛkskre'mɛntə] *ntpl (geh)* excrementos *mpl,* defecaciones *fpl*
Exkurs [ɛks'kʊrs] *m* <-es, -e> excurso *m*
Exkursion [ɛkskʊr'zjoːn] *f* <-en> excursión *f*
Exmatrikulation [ɛksmatrikula'tsjoːn] *f* <-en> exmatriculación *f*
exmatrikulieren* *vt* borrar de la matrícula (de estudiantes)
Exodus ['ɛksodʊs] *m* <-, -se> *(geh: Auszug)* éxodo *m*
exorbitant [ɛksɔrbi'tant] *adj (geh)* exorbitante
Exot(in) [ɛ'ksoːt] *m(f)* <-en, -en; -nen> ❶ *(Tier)* animal *m* exótico; *(Pflanze)* planta *f* exótica; *(Mensch)* persona *f* de un país exótico ❷ *(fam: kauziger Typ)* bicho *m* raro
exotisch [ɛ'ksoːtɪʃ] *adj* exótico
expandieren* [ɛkspan'diːrən] *vi* (COM) expandir; (PHYS) dilatarse
Expansion [ɛkspan'zjoːn] *f* <-en> (*a.* POL, WIRTSCH) expansión *f*
Expedition [ɛkspedi'tsjoːn] *f* <-en> expedición *f*
Experiment [ɛksperi'mɛnt] *nt* <-(e)s, -e> experimento *m*
experimentell [ɛksperimen'tɛl] *adj* experimental
experimentieren* *vi* experimentar (**mit** con)
Experte, -in [ɛks'pɛrtə] *m, f* <-n, -n; -nen> experto, -a *m, f; (Sachkundige)* perito, -a *m, f*
Expertin *f* <-nen> *s.* **Experte**
Expertise [ɛkspɛr'tiːzə] *f* <-n> peritaje *m*
explizit [ɛkspli'tsiːt] *adj* explícito
explodieren* [ɛksplo'diːrən] *vi sein* ❶ *(Bombe, a. fig)* explotar ❷ *(Preise, Kosten)* dispararse; *(Bevölkerungszahl)* explotar
Explosion [ɛksplo'zjoːn] *f* <-en> *(a. fig)* explosión *f*
explosionsartig *adj* ❶ *(einer Explosion ähnlich)* como una explosión ❷ *(rapide)* rápido
Explosionsgefahr *f* peligro *m* de explosión
explosiv [ɛksplo'ziːf] *adj* explosivo
Explosiv *m* <-s, -e>, **Explosivlaut** *m* <-(e)s, -e> (LING) explosiva *f*
Exponat [ɛkspo'naːt] *nt* <-(e)s, -e> (KUNST) obra *f* expuesta
Exponent [ɛkspo'nɛnt] *m* <-en, -en> (MATH) exponente *m*
Export [ɛks'pɔrt] *m* <-(e)s, -e> (*a.* INFOR) exportación *f*
Exporteur(in) [ɛkspɔr'tøːɐ, *pl:* ɛkspɔr'tøːrə] *m(f)* <-s, -e; -nen> exportador(a) *m(f)*
Exportfirma *f* casa *f* exportadora, empresa *f* exportadora
Exportgeschäft *nt* negocio *m* de exportación
Exporthandel *m ohne pl* comercio *m* exportador
exportieren* [ɛkspɔr'tiːrən] *vt* (*a.* INFOR) exportar
Exportschlager *m* <-s, -> producto *m* de gran exportación
Express [ɛks'prɛs] *m* <-es, *ohne pl*> (tren *m*) expreso *m;* **per ~** urgente
Expressionismus [ɛksprɛsjo'nɪsmʊs] *m* <-, *ohne pl*> (KUNST, MUS, LIT) expresionismo *m*
Expressionist(in) [ɛksprɛsio'nɪst] *m(f)* <-en, -en; -, -nen> (KUNST, LIT, MUS) expresionista *mf*

expressionistisch *adj* (KUNST, MUS, LIT) expresionista
expressiv [ɛksprɛ'siːf] *adj* expresivo
exquisit [ɛkskvi'ziːt] *adj* exquisito
extensiv [ɛkstɛn'ziːf] *adj* extensivo
extern [ɛks'tɛrn] *adj* externo
Externe(r) *mf* <-n, -n; -n, -n> (SCH) (alumno, -a *m, f*) externo , -a *m, f*
extra ['ɛkstra] **I.** *adj inv (fam)* ❶ *(zusätzlich)* adicional; **eine ~ Belohnung** una recompensa adicional ❷ *(gesondert)* aparte, separado; **auf einem ~ Blatt** en hoja aparte **II.** *adv* ❶ *(gesondert)* aparte, separado ❷ *(zusätzlich)* extra ❸ *(eigens)* especialmente; **das hast du ~ gemacht** *(fam)* esto lo has hecho a propósito
Extra *nt* <-s, -s> extra *m*
Extrablatt *nt* edición *f* extra
Extrakt [ɛks'trakt] *m o nt* <-(e)s, -e> extracto *m,* esencia *f*
extravagant ['ɛkstravagant, ---'-] *adj* extravagante
Extravaganz ['ɛkstravagants, ---'-] *f* <-en> extravagancia *f*
extravertiert [ɛkstravɛr'tiːɐt] *adj* (PSYCH) *s.* **extrovertiert**
Extrawurst *f (fam)* **Mensch, du kriegst immer eine ~!** ¡chico, a ti hay que echarte de comer aparte!
extrem [ɛks'treːm] **I.** *adj* extremo **II.** *adv* en extremo
Extrem *nt* <-s, -e> extremo *m*
Extremfall *m* <-(e)s, -fälle> caso *m* extremo; **im ~** en último extremo
Extremismus [ɛkstre'mɪsmʊs] *m* <-, Extremismen> (POL) extremismo *m*
Extremist(in) *m(f)* <-en, -en; -nen> extremista *mf,* ultra *mf fam*
extremistisch *adj* extremista, ultra
Extremitäten [ɛkstremi'tɛːtən] *f pl* extremidades *f pl*
Extremsportart *f* deporte *m* de alto riesgo
extrovertiert [ɛkstrovɛr'tiːɐt] *adj* extravertido, extrovertido
exzellent [ɛkstsɛ'lɛnt] *adj* excelente
Exzellenz [ɛkstsɛ'lɛnts] *f* <-en> Excelencia *f;* (**Euer**) **~** (Su) Excelencia
exzentrisch [ɛks'tsɛntrɪʃ] *adj* (*a.* MATH) excéntrico
exzerpieren* [ɛkstsɛr'piːrən] *vt (geh)* extractar
Exzerpt [ɛks'tsɛrpt] *nt* <-(e)s, -e> *(geh)* extracto *m*
Exzess [ɛks'tsɛs] *m* <-es, -e> exceso *m;* **etw bis zum ~ treiben** excederse en algo
exzessiv [--'-] *adj (geh)* excesivo
Eyeliner ['aɪlaɪnɐ] *m* <-s, -> delineador *m* de ojos
EZB [eːtsɛt'beː] *f ohne pl* (EU) *Abk. von* **Europäische Zentralbank** Banco *m* Central Europeo
E-Zigarette ['eː-] *f* vapeador *m*
EZU [eːtsɛt'ʔuː] *f ohne pl* (POL, WIRTSCH) *Abk. von* **Europäische Zahlungsunion** UEP *f*
E-Zug *m* (EISENB) *Abk. von* **Eilzug** (tren *m*) expreso *m*

E

Ff

F, f [ɛf] *nt* <-, -> ① *(Buchstabe)* F, f *f;* ~ **wie Friedrich** F de Francia ② (MUS) fa *m*

f. ① *Abk. von* **folgende** (**Seite**) y (página) siguiente ② *Abk. von* **für** para

Fa. *Abk. von* **Firma** firma *f,* casa *f*

Fabel ['fa:bəl] *f* <-n> fábula *f*

fabelhaft *adj* fabuloso, formidable, fain *Am*

Fabeltier *nt* animal *m* fabuloso

Fabelwesen *nt* <-s, -> ser *m* fabuloso

Fabrik [fa'bri:k] *f* <-en> fábrica *f*

Fabrikabfälle *mpl* residuos *mpl* de las fábricas

Fabrikanlage *f* planta *f*

Fabrikant(in) [fabri'kant] *m(f)* <-en, -en; -nen> fabricante *mf*

Fabrikarbeiter(in) *m(f)* obrero, -a *m, f* de fábrica

Fabrikat [fabri'ka:t] *nt* <-(e)s, -e> producto *m*

Fabrikation [fabrika'tsjo:n] *f* <-en> fabricación *f*

Fabrikgelände *nt* terreno *m* de la fábrica

Fabrikhalle *f* <-, -n> (WIRTSCH) nave *f* industrial

fabrikneu *adj* (totalmente) nuevo; *(fam)* flamante

fabrizieren* [fabri'tsi:rən] *vt (fam)* fabricar, hacer

fabulieren* [fabu'li:rən] *vi* ① *(erzählen)* contar cuentos ② *(lügen)* contar cuentos (chinos)

Facebook® <-[s]> ['fɛɪsbʊk] *nt kein pl* (INFOR) Facebook® *m*

facebooken ['fɛɪsbʊkn̩] *vi* (INFOR) conectarse a Facebook®, facebookear

Facelifting ['feɪslɪftɪŋ] *nt* <-s, -s> ① (MED) operación *f* de cirugía estética, estiramiento *m* facial ② *(Verschönerungsaktion)* remozamiento *m;* **dieses Gebäude braucht dringend ein** ~ este edificio necesita ser remozado urgentemente

Facette [fa'sɛtə] *f* <-n> faceta *f*

Facettenauge *nt* <-s, -n> (ZOOL) ojo *m* compuesto

Fach [fax, *pl:* 'fɛçɐ] *nt* <-(e)s, Fächer> ① *(in einer Tasche)* bolsillo *m; (im Schrank)* casilla *f; (Schublade)* cajón *m; (Postfach)* casilla *f* ② *(Berufszweig)* ramo *m; (Wissensgebiet)* campo *m; (Unterrichtsfach)* materia *f,* asignatura *f;* **vom ~ sein** ser del ramo

Facharbeiter(in) *m(f)* obrero, -a *m, f* cualificado , -a

Facharzt, -ärztin *m, f* (médico, -a *m, f*) especialista *mf*

fachärztlich *adj o adv* por un especialista

Fachausdruck *m* término *m* técnico

Fachbereich *m* ① *(Fachgebiet)* especialidad *f* ② (UNIV) facultad *f*

Fachbuch *nt* libro *m* técnico

fächeln ['fɛçəln] **I.** *vt* abanicar **II.** *vr:* **sich ~** abanicarse

Fächer[1] ['fɛçɐ] *m* <-s, -> abanico *m*

Fächer[2] *pl von* **Fach**

Fachfrau *f* especialista *f,* experta *f*

fachfremd *adj* lego en la materia, ajeno al ramo

Fachgebiet *nt* especialidad *f*

fachgerecht **I.** *adj (Ausführung)* profesional **II.** *adv* de manera profesional

Fachgeschäft *nt* tienda *f* especializada (**für** en)

Fachgruppe *f* <-, -n> ① *(Fachleute)* grupo *m* de especialistas, comisión *f* de expertos ② *(Studenten)* grupo *m* de trabajo especializado

Fachhandel *m* comercio *m* especializado

Fachhändler(in) *m(f)* comerciante *mf* especializado , -a

Fachhochschulabschluss *m* ≈ Diplomado *m*

Fachhochschule *f* escuela *f* técnica superior; **~ für Ernährungswissenschaften** escuela superior de ciencias de la alimentación

Fachidiot(in) *m(f) (abw)* especialista *mf (limitado, -a a su campo laboral)*

Fachjargon *m* <-s, -s> jerga *f* de los expertos

Fachkenntnisse *fpl* conocimientos *mpl* técnicos

Fachkraft *f* experto, -a *m, f,* especialista *mf*

fachkundig ['faxkʊndɪç] *adj* competente

Fachlehrer(in) *m(f)* (SCH) profesor(a) *m(f)* de una especialidad

Fachleute *pl von* **Fachmann**

fachlich *adj* profesional, técnico; **dafür ist er ~ nicht qualifiziert** para ello no está cualificado

Fachliteratur *f ohne pl* literatura *f* técnica

Fachmann *m* <-(e)s, -leute *o* -männer> especialista *m,* experto *m*

fachmännisch ['faxmɛnɪʃ] *adj* competente, profesional

Fachmesse *f* <-, -n> feria *f* especializada

Fachpresse *f ohne pl* prensa *f* especializada

Fachrichtung *f* rama *f,* especialización *f* (académica); **die ~ Physik an der Uni-**

versität Köln la facultad de física de la universidad de Colonia

Fachschaft *f* <-, -en> ❶ (UNIV) organización *f* estudiantil, junta *f* de estudiantes ❷ *(Berufsgruppe)* organización *f* profesional

Fachschule *f* instituto *m* de formación profesional

fachsimpeln ['-zɪmpəln] *vi (fam)* hablar de asuntos profesionales

Fachsprache *f* lenguaje *m* técnico

fachsprachlich I. *adj* del [*o* en] lenguaje técnico II. *adv* en términos técnicos

Fachtext *m* <-(e)s, -e> texto *m* especializado [*o* técnico]

Fachwerk *nt* <-(e)s, -e> entramado *m*

Fachwerkhaus *nt* casa *f* de paredes entramadas

Fachwissen *nt s.* **Fachkenntnisse**

Fachwort *nt* término *m* técnico

Fachzeitschrift *f* revista *f* especializada

Fackel ['fakəl] *f* <-n> antorcha *f*

fackeln *vi (fam)* vacilar, titubear; **da wird nicht lange gefackelt** ahí no se andan con contemplaciones

Fackelzug *m* procesión *f* de antorchas

fad(e) *adj (abw)* ❶ *(Speise)* soso ❷ *(langweilig)* aburrido

Faden ['fa:dən, *pl:* 'fɛ:dən] *m* <-s, Fäden> ❶ *(Nähfaden)* hilo *m;* **der rote ~** *(fig)* el hilo conductor; **die Fäden in der Hand halten** *(fig)* tener la sartén por el mango; **sein Schicksal hängt am seidenen ~** *(fig)* su vida pende de un hilo; **den ~ verlieren** *(fig)* perder el hilo; **nach Strich und ~** *(fig fam)* totalmente ❷ (MED) punto *m*

Fadenkreuz *nt* <-es, -e> (TECH) retícula *f;* **ins ~ geraten** *(fig)* ser blanco de las críticas [*o* acusaciones]

fadenscheinig ['fa:dənʃaɪnɪç] *adj (abw: Argument)* poco convincente

Fagott [fa'gɔt] *nt* <-(e)s, -e> fagot *m*

Fagottbläser(in) *m(f)* (MUS) fagot(ista) *mf*

Fagottist(in) [fagɔ'tɪst] *m(f)* <-en, -en; -, -nen> (MUS) *s.* **Fagottbläser**

fähig ['fɛ:ɪç] *adj* ❶ *(imstande)* capaz (**zu** de); **zu allem ~ sein** ser capaz de todo ❷ *(begabt)* inteligente ❸ *(geschickt)* hábil ❹ *(befähigt)* cualificado (**zu** para) ❺ *(geeignet)* idóneo (**zu** para)

Fähigkeit[1] *f ohne pl (das Imstandesein)* capacidad *f* (**zu** para); *(Geschicklichkeit)* habilidad *f* (**zu** para)

Fähigkeit[2] *f* <-en> *(Begabung)* talento *m; (geistig)* facultad *f*

fahl [fa:l] *adj (Farbe)* pálido; *(Gesichtsfarbe)* lívido; *(Licht)* mortecino

fahnden ['fa:ndən] *vi* **nach etw** *dat* / **jdm ~** buscar algo/a alguien

Fahndung *f* <-en> búsqueda *f* (**nach** de)

Fahndungsliste *f* lista *f* de personas buscadas

Fahne[1] ['fa:nə] *f* <-n> ❶ *(Flagge)* bandera *f;* (NAUT) pabellón *m;* **mit fliegenden ~n** con las banderas desplegadas ❷ (TYPO) galerada *f*

Fahne[2] *f ohne pl (fam: Atem)* tufo *m* a alcohol; **eine ~ haben** apestar a alcohol

Fahneneid *m* (MIL) jura *f* de la bandera

Fahnenflucht *f ohne pl* (MIL) deserción *f*

fahnenflüchtig *adj* (MIL) desertor; **~ werden** desertar

Fahnenflüchtige(r) *mf* (MIL) desertor(a) *m(f); (Wehrpflichtiger)* prófugo *m*

Fahnenmast *m,* **Fahnenstange** *f* asta *f* de la bandera

Fahnenträger(in) *m(f)* abanderado, -a *m, f*

Fahrausweis *m* ❶ *(Fahrkarte)* billete *m,* boleto *m Am* ❷ *(Schweiz: Führerschein)* carné *m* de conducir

Fahrbahn *f* vía *f;* **von der ~ abkommen** salirse de la carretera

Fähre ['fɛ:rə] *f* <-n> tra(n)sbordador *m,* ferri *m*

fahren ['fa:rən] <fährt, fuhr, gefahren> I. *vi sein* ❶ *(losfahren)* salir; **der Zug fährt in 5 Minuten** el tren sale dentro de 5 minutos ❷ *(sich fortbewegen)* ir (**mit** en); *(Fahrzeug)* estar en marcha; **mit dem Motorrad ~** ir en moto; **Rollschuh ~** patinar; **Ski ~** esquiar; **Karussell ~** montar(se) en el tiovivo; **geradeaus ~** seguir recto ❸ *(verkehren)* circular; **die Züge ~ nicht am Wochenende** los trenes no circulan los fines de semana ❹ *(reisen)* ir (**nach** a) ❺ *(berühren)* **sie fuhr ihm durch die Haare** le pasó la mano por el pelo ❻ *(fam: zurechtkommen)* llevarse bien; **er ist mit ihm immer gut ge~** siempre se ha llevado bien con él ❼ *(durchzucken)* **der Schreck fuhr ihm in die Glieder** el susto le atravesó de parte a parte II. *vt* ❶ *haben o sein (Straße, Umleitung)* ir (por) ❷ *(befördern)* tra(n)sportar; *(Personen)* llevar; **ich fahre dich nach Hause** te llevo a casa ❸ *(steuern)* conducir, manejar *Am;* **lass mich ~** déjame conducir a mí ❹ (SPORT) **ein Rennen ~** participar en una carrera (de automóviles); **eine gute Zeit ~** conseguir buenos resultados en una carrera

Fahrenheit ['fa:rənhaɪt] (PHYS) **20 Grad ~** 20 grados Fahrenheit

Fahrer(in) ['fa:rɐ] *m(f)* <-s, -; -nen> *(Auto-, Busfahrer)* conductor(a) *m(f); (Chauffeur)* chófer *mf; (Motorradfahrer)* motociclista *mf; (Fahrradfahrer)* ciclista *mf*

F

F

Fahrerflucht *f ohne pl huida del lugar del accidente (y omisión de socorro);* ~ **begehen** huir del lugar del accidente
Fahrerin *f* <-nen> *s.* **Fahrer**
Fahrerlaubnis *f (formal)* ① *(Genehmigung)* permiso *m* de conducir ② *(Führerschein)* carné *m* de conducir
Fahrersitz *m* (AUTO, EISENB) asiento *m* del conductor
Fahrgast *m* pasajero, -a *m, f*
Fahrgeld *nt ohne pl* precio *m* del billete, tarifa *f*
Fahrgemeinschaft *f grupo de personas que se agrupan para ir al trabajo en un solo vehículo, para economizar gasolina y cuidar del medio ambiente*
Fahrgestell *nt* ① (AUTO) chasis *m inv* ② (AERO) tren *m* de aterrizaje
fahrig ['fa:rɪç] *adj* ① *(unruhig)* inquieto ② *(zerstreut)* distraído
Fahrkarte *f* billete *m,* boleto *m Am;* **eine ~ hin und zurück** un billete de ida y vuelta
Fahrkartenautomat *m* distribuidor *m* automático de billetes
Fahrkartenschalter *m* ventanilla *f* de venta de billetes, despacho *m* de billetes
fahrlässig ['fa:ɐlɛsɪç] *adj* descuidado; *(nachlässig)* negligente; **~e Tötung** (JUR) homicidio imprudente
Fahrlässigkeit *f* <-en> descuido *m; (Nachlässigkeit)* negligencia *f;* (JUR) imprudencia *f*
Fahrlehrer(in) *m(f)* profesor(a) *m(f)* de autoescuela
Fährmann ['fɛ:ɐ-] *m* <-(e)s, -männer *o* -leute> barquero *m*
Fahrplan *m* horario *m*
fahrplanmäßig *adj* conforme al horario previsto
Fahrpreis *m* precio *m* del trayecto
Fahrprüfung *f* (examen *m*) práctico *m* de conducir
Fahrrad ['fa:ɐra:t] *nt* bicicleta *f,* ciclo *m Cuba*
Fahrradfahrer(in) *m(f)* ciclista *mf*
Fahrradhelm *m* casco *m* (protector)
Fahrradkette *f* cadena *f* de la bicicleta
Fahrradkorb *m* cesta *f* (de la bicicleta)
Fahrradkurier *m* mensajero, -a *m, f* exprés en bicicleta
Fahrradschloss *nt* candado *m* (para la bicicleta)
Fahrradständer *m* aparcamiento *m* para bicicletas
Fahrradweg *m* carril *m* para bicicletas
Fahrschein *m s.* **Fahrkarte**
Fahrscheinautomat *m* distribuidor *m* automático de billetes
Fahrscheinentwerter *m* <-s, -> máquina *f* canceladora de billetes
Fährschiff *nt s.* **Fähre**
Fahrschule *f* autoescuela *f*
Fahrschüler(in) *m(f)* persona *f* que está sacando el permiso de conducir
Fahrspur *f* (AUTO) vía *f*
Fahrstil *m* estilo *m* de conducción
Fahrstuhl *m* ascensor *m; (für Lasten)* montacargas *m inv*
Fahrstunde *f* clase *f* de conducir
Fahrt [fa:ɐt] *f* <-en> ① *(Reise)* viaje *m; (Ausflug)* excursión *f; (Strecke)* trayecto *m;* **auf der ~** durante el viaje; **eine ~ antreten** irse de viaje; **gute ~!** ¡buen viaje!; **freie ~ haben** tener el paso libre ② *(Geschwindigkeit)* velocidad *f;* **in voller ~** a toda velocidad; **er kommt richtig in ~** *(fam fig)* se está animando
fährt [fɛ:ɐt] *3. präs von* **fahren**
Fahrtdauer *f* <-, *ohne pl*> duración *f* del viaje [*o* del recorrido]
Fährte ['fɛ:ɐtə] *f* <-n> rastro *m,* pista *f;* **jdn auf die richtige ~ bringen** *(fig)* poner a alguien sobre la buena pista
Fahrtenbuch *nt* (AUTO) libro *m* de ruta
Fahrtenschreiber *m* <-s, -> (AUTO) tacógrafo *m*
Fahrtkosten *pl* gastos *mpl* de viaje
Fahrtrichtung *f* sentido *m* de marcha; **in ~ Süden** en dirección al Sur
fahrtüchtig *adj* ① *(Person)* capaz de conducir ② *(Fahrzeug)* en buen estado
Fahrtwind *m (Gegenwind)* viento *m* en contra
Fahrverbot *nt* retirada *f* del permiso de conducir
Fahrwasser *nt ohne pl* aguas *fpl* navegables; *(Durchfahrt)* canal *m* de navegación
Fahrweise *f* <-, -n> *s.* **Fahrstil**
Fahrwerk *nt* (AERO) tren *m* de aterrizaje
Fahrzeit *f* duración *f* del trayecto; **nach einer ~ von drei Stunden** después de tres horas de viaje
Fahrzeug *nt* <-(e)s, -e> vehículo *m*
Fahrzeugbrief *m* permiso *m* de circulación
Fahrzeughalter(in) *m(f)* titular *mf* del vehículo
Fahrzeugpapiere *ntpl* documentación *f* del vehículo, papeles *mpl* del coche *fam*
Fahrzeugschein *m* documentación *f* del vehículo
Fahrziel *nt* destino *m*
Faible ['fɛɪbəl] *nt* <-s, -s> *(geh)* afición *f* (**für** a); *(Neigung)* inclinación *f* (**für** por)
fair [fɛ:ɐ] *adj (anständig)* correcto; *(gerecht)* justo; (SPORT) limpio

Fairness ['fɛːɐnɛs] *f ohne pl* comportamiento *m* leal; (SPORT) juego *m* limpio

Fairway ['fɛːɐwɛɪ] *nt* <-s, -s> (SPORT: *Spielbahn beim Golf*) pista *f*

Fäkalien [fɛ'kaːliən] *f pl (formal)* heces *f pl*, excrementos *m pl*

Fake [feɪk] *m* <-s, -s> *(fam: Fälschung)* falsificación *f*

faken ['feɪkn̩] *vt (fam)* fingir

Fakir [fa'kiːɐ] *m* <-s, -e> faquir *m*

Faksimile [fak'ziːmile] *nt* <-s, -s> facsímil *m*

Fakt ['fakt] *m o nt* <-(e)s, -en *o* -s> hecho *m;* **das ist ~** esto es un hecho

Fakten ['faktən] *pl von* **Faktum**

faktisch ['faktɪʃ] **I.** *adj* real **II.** *adv* de hecho

Faktor ['faktoːɐ] *m* <-s, -en> *(Umstand, a.* MATH) factor *m*

Faktum ['faktʊm] *nt* <-s, Fakten> hecho *m;* **sich auf die Fakten stützen** basarse en los hechos

Fakultät [fakʊl'tɛːt] *f* <-en> ① (UNIV) facultad *f* ② (MATH) factorial *f*

fakultativ [fakʊlta'tiːf] *adj (geh)* facultativo

Falke ['falkə] *m* <-n, -n> halcón *m*

Falkner(in) ['falknɐ] *m(f)* <-s, -; -, -nen> halconero, -a *m, f*

Fall[1] [fal] *m* <-(e)s, *ohne pl*> *(das Fallen, a.* PHYS) caída *f;* **zu ~ kommen** *(fig)* fracasar

Fall[2] [fal, *pl:* 'fɛlə] *m* <-(e)s, Fälle> ① *(Umstand, a.* MED, LING, JUR) caso *m;* **für den ~, dass ...** en caso de que... *+subj;* **gesetzt den ~, dass ...** pongamos por caso que... *+subj;* **auf gar keinen ~** de ninguna manera; **auf jeden ~** en cualquier caso; **im schlimmsten/günstigsten ~** en el peor/mejor de los casos; **er ist ein hoffnungsloser ~** es un caso perdido; **in diesem ~** en este caso; **von ~ zu ~** caso por caso; **auf alle Fälle** de todas maneras; **für alle Fälle** por si acaso ② (JUR: *Rechtssache*) causa *f*

Fallbeil *nt* guillotina *f*

Falle ['falə] *f* <-n> ① *(Hinterhalt, Fanggerät)* trampa *f;* **in der ~ sitzen** haber caído en la trampa; **jdm eine ~ stellen** tender(le) a alguien una trampa ② *(Schweiz: Türklinke)* picaporte *m* ③ *(fam: Bett)* catre *m*

fallen ['falən] <fällt, fiel, gefallen> *vi sein* ① *(hinabfallen, sich stürzen, a.* MIL) caer; **~ lassen** *(Dinge)* dejar caer; *(Masche)* dejar escapar; *(Plan)* abandonar; *(Person)* abandonar (en la estacada); **es fällt Schnee** nieva; **es fällt Regen** llueve; **sie fiel in tiefen Schlaf** cayó en un profundo sueño; **jdm um den Hals ~** echar(le) los brazos al cuello a alguien; **er fiel ihr ins Wort** la interrumpió; **sie ist nicht auf den Mund ge~** *(fam fig)* tiene buenas salidas; **sie ist nicht auf den Kopf ge~** *(fam fig)* no tiene un pelo de tonta ② *(sinken)* bajar, descender; **die Temperatur ist um 10 Grad ge~** la temperatura descendió 10 grados; **im Preis ~** bajar de precio ③ *(sich richten, treffen)* recaer (**auf** sobre, **an** en); **die Wahl fiel auf ihn** salió elegido él ④ *(erfasst werden)* entrar (**in/unter** en); **das fällt auch in diese Kategorie** esto también entra en esta categoría ⑤ *(Licht)* penetrar ⑥ *(Entscheidung)* ser tomado; *(Urteil)* ser fallado ⑦ *(verlauten)* **eine Bemerkung ~ lassen** dejar caer un comentario; **sein Name ist nicht ge~** su nombre no fue mencionado ⑧ *(sich ereignen)* **kurz danach fiel das Tor zum 3:0** poco después se produjo el gol del 3 a 0; **sein Geburtstag fällt auf einen Montag** su cumpleaños cae en lunes; **es fielen drei Schüsse** se oyeron tres disparos

fällen ['fɛlən] *vt* ① *(Baum, Holz)* talar, tumbar *Am* ② *(Entscheidung)* tomar; **ein Urteil über jdn ~** juzgar a alguien ③ (MATH: *Lot*) trazar; **das Lot auf einer Geraden ~** trazar la perpendicular sobre una recta

Fallgeschwindigkeit *f* (PHYS) velocidad *f* de caída

Fallgrube *f* trampa *f*, hoyo *m*

fällig ['fɛlɪç] *adj* ① (FIN: *Zinsen*) pagadero, vencido; **morgen wird die Zahlung ~** mañana se cumple el plazo; **am** [*o* **zum**] **20. Oktober ~ sein** vencer el 20 de octubre ② *(notwendig)* necesario

Fälligkeit *f* <-en> (FIN) vencimiento *m;* **bei/nach/vor ~** al/después del/antes del vencimiento

Fallobst *nt* frutas *f pl* caídas (del árbol)

Fallout *m* <-s, -s> precipitación *f* radi(o)activa

falls [fals] *konj* en caso de que *+subj*, si

Fallschirm *m* paracaídas *m inv;* **mit dem ~ abspringen** lanzarse en paracaídas

Fallschirmjäger(in) *m(f)* (MIL) paracaidista *mf*

Fallschirmspringen *nt* <-s, *ohne pl*> paracaidismo *m*

Fallschirmspringer(in) *m(f)* <-s, -; -nen> paracaidista *mf*

Fallstudie *f* estudio *m* científico (de un caso concreto)

fällt [fɛlt] *3. präs von* **fallen**

Falltür *f* trampilla *f;* (NAUT) escotilla *f*

Fällung *f* <-, -en> ① *(eines Baumes)* tala *f* ② *(eines Urteils, Schiedsspruchs)* pronunciamiento *m* ③ (CHEM: *eines Stoffes*) precipitación *f*

falsch [falʃ] **I.** *adj* ① *(verkehrt)* equivocado, erróneo; **~er Alarm** falsa alarma; **bei jdm**

an den F~en geraten equivocarse con alguien; **etw in den ~en Hals bekommen** malentender algo y tomarlo a mal ❷ *(gefälscht)* falsificado; *(Schmuck)* falso; *(Zähne)* postizo ❸ *(unpassend)* erróneo, falso ❹ *(hinterhältig)* falso; **~e Versprechungen machen** hacer promesas en vano **II.** *adv* mal; **Sie sind ~ verbunden** (TEL) se ha equivocado Ud. de número; **das hast du ~ verstanden** lo has entendido mal; **das hat er ~ aufgefasst** esto le ha sentado mal *fam;* **~ parken** aparcar en lugar prohibido; **da sind Sie hier ~** se ha equivocado Ud. de lugar

Falschaussage *f* (JUR) falso testimonio *m*

fälschen ['fɛlʃən] *vt* falsificar

Fälscher(in) *m(f)* <-s, -; -nen> falsificador(a) *m(f)*

Falschfahrer(in) *m(f)* conductor(a) *m(f)* suicida

Falschgeld *nt* dinero *m* falso

Falschgeldherstellung *f ohne pl (Geldscheine)* falsificación *f* de billetes

Falschheit *f* <-en> falsedad *f; (Hinterhältigkeit)* alevosía *f*

fälschlich ['fɛlʃlɪç] *adj* erróneo, equivocado; **~ beschuldigt werden** ser culpado injustamente

fälschlicherweise ['---'--] *adv* ❶ *(irrtümlicherweise)* por error ❷ *(zu Unrecht)* injustamente

falsch|liegen *irr vi* **damit liegst du falsch** estás equivocado

Falschmeldung *f* noticia *f* errónea, borrego *m Am*

Falschmünzer(in) ['falʃmʏntsɐ] *m(f)* <-s, -; -nen> (JUR) falsificador(a) *m(f)* de monedas

Falschparker ['falʃparkɐ] *m* <-s, -> persona *f* que aparca en zona prohibida

Falschspieler(in) *m(f)* tahúr, -ura *m, f*

Fälschung ['fɛlʃʊŋ] *f* <-en> falsificación *f*

fälschungssicher *adj* que no se puede falsificar; **ein ~er Ausweis** un documento de identificación infalsificable

Falsett [fal'zɛt] *nt* <-(e)s, -e> (MUS) falsete *m*

Faltblatt *nt* folleto *m*

Faltboot *nt* <-(e)s, -e> bote *m* hinchable

Falte ['faltə] *f* <-n> ❶ *(in Stoff, Papier)* pliegue *m;* **etw in ~n legen** doblar algo; **~n werfen** hacer pliegues ❷ *(in der Haut)* arruga *f;* **die Stirn in ~n legen** fruncir el ceño

falten ['faltən] *vt* ❶ *(Papier)* doblar; *(Stoff)* plegar ❷ *(Hände)* juntar

Faltenrock *m* falda *f* plisada

Falter ['faltɐ] *m* <-s, -> (ZOOL) mariposa *f*

faltig *adj* ❶ *(Gesicht)* arrugado ❷ *(Stoff)* con muchos pliegues; *(zerknittert)* arrugado

Faltprospekt *m* <-(e)s, -e> folleto *m*

falzen ['faltsən] *vt* ❶ *(Papier)* plegar ❷ *(Holz)* ensamblar

Fam. *Abk. von* **Familie** familia *f*

familiär [fami'ljɛːɐ] *adj* familiar

Familie [fa'miːljə] *f* <-n> familia *f;* **eine ~ gründen** fundar un hogar; **das liegt in der ~** es cosa de familia; **das kommt in den besten ~n vor** *(fig)* en todos los sitios cuecen habas

Familienangehörige(r) *mf* familiar *mf,* pariente *mf*

Familienbesitz *m* patrimonio *m* familiar; **in ~ sein** ser propiedad familiar

Familienbetrieb *m* establecimiento *m* de explotación familiar

Familienfeier *f* fiesta *f* familiar

Familienfest *nt* <-(e)s, -e> fiesta *f* familiar, reunión *f* familiar

Familienkreis *m* familia *f,* seno *m* de la familia; **im engsten ~** *(privat)* en la más estricta intimidad

Familienleben *nt ohne pl* vida *f* familiar

Familienmitglied *nt* miembro *m* de la familia

Familienname *m* apellido *m*

Familienoberhaupt *nt* cabeza *f* de familia

Familienplanung *f ohne pl* planificación *f* familiar

Familienstand *m ohne pl* estado *m* civil

Familienunternehmen *nt* <-s, -> empresa *f* familiar

Familienvater *m* padre *m* de familia

Familienverhältnisse *ntpl* situación *f* familiar

Fan [fɛn, fɛːn] *m* <-s, -s> fan *mf; (Fußballfan)* hincha *mf*

Fanatiker(in) [fa'naːtikɐ] *m(f)* <-s, -; -nen> fanático, -a *m, f*

fanatisch [fa'naːtɪʃ] *adj* fanático

Fanatismus [fana'tɪsmʊs] *m* <-, *ohne pl*> fanatismo *m*

Fanclub *m* club *m* de fans

fand [fant] *3. imp von* **finden**

Fanfare [fan'faːrə] *f* <-n> clarín *m*

Fang [faŋ] *m* <-(e)s, *ohne pl*> ❶ *(von Vierbeinern)* caza *f; (von Fischen)* pesca *f* ❷ *(Beute)* presa *f; (Fische)* redada *f;* **einen guten ~ machen** hacer una buena presa

Fangarm *m* tentáculo *m*

Fänge ['fɛŋə] *mpl (Fangarme)* tentáculos *mpl; (Krallen)* garras *fpl; (Reißzähne)* colmillos *mpl;* **in jds ~ geraten** *(fam)* caer en manos de alguien

fangen ['faŋən] <fängt, fing, gefangen> **I.** *vt* ❶ *(Ball)* coger, agarrar *Am;* **jdn durch Versprechungen ~** ganarse a alguien con promesas; **du wirst dir gleich eine ~** *(fam fig)* te vas a ganar una bofetada ② *(Tier)* cazar; *(Fisch)* pescar ③ *(Verbrecher)* apresar, coger **II.** *vr:* **sich ~** *(Gleichgewicht wiederfinden)* mantener el equilibrio; *(seelisch)* dominarse

Fangflotte *f* (NAUT) flota *f* de pesca

Fangfrage *f* pregunta *f* capciosa

Fangnetz *nt* red *f* de pesca

Fangschaltung *f* (TEL) dispositivo *m* de intercepción

fängt [fɛŋt] *3. präs von* **fangen**

Fangzahn *m* colmillo *m*

Fanklub *m* club *m* de fans

Fantasie [fanta'ziː] *f* <-n> fantasía *f;* *(Vorstellungskraft)* imaginación *f;* **seine ~ spielen lassen** echar su imaginación a volar

Fantasiegebilde *nt* <-s, -> fantasía *f,* quimera *f*

fantasielos *adj* sin imaginación

Fantasielosigkeit *f* <-, *ohne pl*> falta *f* de imaginación

fantasieren* [fanta'ziːrən] *vi* fantasear; *(träumen)* soñar (**von** con); (MED) delirar

fantasievoll *adj* con mucha imaginación

Fantast(in) [fan'tast] *m(f)* <-en, -en; -nen> *(abw)* soñador(a) *m(f)*

Fantastin *f* <-nen> *s.* **Fantast**

fantastisch *adj* ① *(nicht realistisch)* fantástico ② *(fam: großartig)* fantástico, estupendo; *(unglaublich)* increíble

Fantasy [fanta'ziː] *f* <-, *ohne pl*> Fantasy *f*

Fantasyfilm [fanta'ziː-] *m* película *f* fantástica

Fantasyroman [fanta'ziː-] *m* novela *f* fantástica

FAQ *f pl* (INFOR) *Abk. von* **Frequently Asked Questions** FAQ *f pl*

Farb(en)kasten *m* caja *f* de colores

Farb(en)lehre *f* (KUNST, PHYS) teoría *f* de los colores

Farbband *nt* cinta *f* mecanográfica

Farbdruck *m* (TYPO) impresión *f* en color

Farbe ['farbə] *f* <-n> ① *(Farbton)* color *m;* *(Teint)* tez *f;* **~ bekommen** ponerse moreno ② *(zum Anstreichen)* pintura *f* ③ *(zum Färben)* tinte *m* ④ *(Spielkartenfarbe)* palo *m;* **~ bekennen** *(fig)* quitarse la careta

farbecht *adj* (de color) sólido

Färbemittel *nt* tinte *m,* (sustancia *f*) colorante *m*

färben ['fɛrbən] **I.** *vi* *(abfärben)* desteñir **II.** *vt* *(Stoff, Haare)* teñir; **rot ~** teñir de rojo **III.** *vr:* **sich ~** *(Laub, Himmel)* teñirse (de); **die Pflaumen ~ sich schon** las ciruelas están tomando color

farbenblind *adj* daltónico

Farbenblindheit *f* <-, *ohne pl*> daltonismo *m*

farbenfreudig, farbenfroh *adj* de rico colorido, abigarrado

Farbenpracht *f* riqueza *f* de colores

farbenprächtig *adj (geh)* de gran colorido, de vivos colores

Farbenspiel *nt* juego *m* de colores

Färber(in) ['fɛrbɐ] *m(f)* <-s, -; -nen> tintorero, -a *m, f*

Färberei *f* <-en> tintorería *f,* batán *m Chil*

Färberin *f* <-nen> *s.* **Färber**

Farbfernsehen *nt* televisión *f* en color

Farbfilm *m* (FILM) película *f* en color; (FOTO) carrete *m* de color

Farbfoto *nt* foto *f* en color

farbig ['farbɪç] *adj* ① *(bunt)* de [*o* en] color ② *(abw Hautfarbe)* de color, trigueño *Am* ③ *(lebhaft)* pintoresco, vivo

Farbige(r) *mf* <-n, -n; -n> *abw* ciudadano, -a *m, f* de color, trigueño, -a *m, f Am*

Farbkasten *m s.* **Farb(en)kasten**

Farbkopierer *m* (foto)copiadora *f* en color

farblich **I.** *adj* relativo a los colores **II.** *adv* de los colores; **Rock und Bluse waren ~ nicht aufeinander abgestimmt** el color de la falda no armonizaba [*o* no hacía juego] con el de la blusa

farblos *adj* ① *(ohne Farbe)* descolorido; *(blass)* pálido; *(Lack)* tra(n)sparente ② *(langweilig)* aburrido

Farbmonitor *m* monitor *m* en color

Farbpalette *f* (*a.* INFOR, TYPO) paleta *f* de colores

Farbroller *m* rodillo *m* (para pintar)

Farbscanner *m* escáner *m* de [*o* en] color

Farbskala *f* gama *f* de colores

Farbstift *m* lápiz *m* de color

Farbstoff *m* colorante *m*

Farbton *m* matiz *m* (de color), tono *m*

Färbung ['fɛrbʊŋ] *f* <-en> ① *(das Färben)* teñido *m* ② *(Tönung)* matiz *m,* tinte *m* ③ (POL) tendencia *f* política

Farce [fars] *f* <-n> (THEAT) farsa *f*

Farm [farm] *f* <-en> finca *f,* hacienda *f Am*

Farmer(in) *m(f)* <-s, -; -nen> ganadero, -a *m, f,* ranchero, -a *m, f Am,* estanciero, -a *m, f Am*

Farn [farn] *m* <-(e)s, -e>, **Farnkraut** *nt* helecho *m*

Fasan [fa'zaːn] *m* <-s, -e *o* -en> faisán *m*

Fasching ['faʃɪŋ] *m* <-s, -s *o* -e> *(Österr, südd)* carnaval *m*

Faschingsdienstag ['faʃɪŋs-, --'--] *m* martes *m* de carnaval

Faschismus [fa'ʃɪsmʊs] *m* <-, *ohne pl*> (POL) fascismo *m*

Faschist(in) [fa'ʃɪst] *m(f)* <-en, -en; -nen> fascista *mf*
faschistisch *adj* fascista
faseln ['faːzəln] **I.** *vi (fam abw)* decir tonterías (**von/über** de), desvariar **II.** *vt (fam abw)* **dummes Zeug ~** decir tonterías
Faser ['faːzɐ] *f* <-n> fibra *f*
faserig *adj* ① *(voller Fasern)* fibroso ② *(zerfasert)* deshilachado
Fasnacht ['fasnaxt] *f* <-, *ohne pl*> *(reg) s.* **Fastnacht**
fasrig *adj s.* **faserig**
Fass [fas, *pl:* 'fɛsɐ] *nt* <-es, Fässer> barril *m; (größer)* tonel *m; (kleiner)* cuba *f; (für Chemikalien)* bidón *m;* **Bier vom ~** cerveza de barril; **ein ~ ohne Boden** *(fig)* un pozo sin fondo; **voll wie ein ~ sein** *(fam fig)* estar borracho como una cuba; **das schlägt dem ~ den Boden aus** eso pasa de castaño oscuro
Fassade [fa'saːdə] *f* <-n> fachada *f*
fassbar *adj* concreto; *(verständlich)* comprensible
Fassbier *nt* cerveza *f* de barril
fassen ['fasən] **I.** *vt* ① *(ergreifen)* coger, agarrar *Am;* **jdn bei der Hand ~** tomar a alguien de la mano; **sich an den Kopf ~** *(fam)* llevarse las manos a la cabeza ② *(festnehmen)* detener ③ *(aufnehmen)* tener capacidad (para) ④ *(Vertrauen)* coger; **Mut ~** armarse de valor ⑤ *(Vorsatz, Entschluss)* tomar; **ich kann keinen klaren Gedanken ~** no puedo pensar con claridad; **etw ins Auge ~** tomar algo en consideración ⑥ *(begreifen)* comprender, entender; **es ist nicht zu ~!** ¡es increíble! ⑦ *(Edelstein)* engastar; *(Bild)* enmarcar ⑧ *(ausdrücken)* expresar (**in** con) **II.** *vr:* **sich ~** *(sich beruhigen)* calmarse
Fassette *f* <-n> *s.* **Facette**
Fasson [fa'sõː] *f* <-s> *(normale Form)* forma *f; (Machart)* hechura *f*
Fassung[1] ['fasʊŋ] *f* <-en> ① *(eines Edelsteins)* engaste *m; (Brille)* montura *f* ② *(Glühbirne)* portalámparas *m inv* ③ *(Text, Buch)* versión *f*
Fassung[2] *f ohne pl (Beherrschung)* serenidad *f;* **die ~ verlieren/bewahren** perder/guardar calma; **etw mit ~ tragen** llevar algo con serenidad; **jdn aus der ~ bringen** sacar de quicio a alguien; **völlig außer ~ geraten** salirse completamente de sus casillas
Fassungskraft *f ohne pl* capacidad *f* de comprensión
fassungslos *adj* desconcertado; *(perplex)* perplejo; *(außer sich)* fuera de sí; *(verwirrt)* confuso
Fassungslosigkeit *f ohne pl* perplejidad *f*
Fassungsvermögen *nt* ① *(Auffassungsgabe)* capacidad *f* de comprensión ② *(räumlich)* capacidad *f*
fast [fast] *adv* casi; **~ nie** casi nunca; **~ nichts** casi nada; **~ alle** casi todos
fasten ['fastən] *vi* ayunar
Fastenkur *f* régimen *m* (alimenticio)
Fastenzeit *f* período *m* de ayuno; *(im Christentum)* cuaresma *f*
Fastfood *nt* <-, -(s)> comida *f* rápida, fast food *m o f inv*
Fastnacht *f ohne pl* carnaval *m*
Faszination [fatsina'tsjoːn] *f ohne pl* fascinación *f*
faszinieren* [fastsi'niːrən] *vt* fascinar
faszinierend *adj* fascinante
fatal [fa'taːl] *adj* fatal
Fatalismus [fata'lɪsmʊs] *m* <-, *ohne pl*> fatalismo *m*
Fatalist(in) [fata'lɪst] *m(f)* <-en, -en; -, -nen> fatalista *mf*
Fata Morgana ['faːta mɔr'gaːna] *f* <- -s *o* Morganen> espejismo *m*
fauchen ['faʊxən] *vi* ① *(Katze)* bufar ② *(abw: Mensch)* refunfuñar
faul [faʊl] *adj* ① *(verdorben)* podrido; *(verwesend)* putrefacto; *(Zahn)* cariado ② *(träge)* perezoso, bausán *Am;* **sich auf die ~e Haut legen** *(fig)* tumbarse a la bartola ③ *(fam abw: zweifelhaft)* sospechoso; **an der Sache ist was ~** aquí hay gato encerrado; **eine ~e Ausrede** una excusa ridícula ④ (FIN: *Kunde, Kredit*) moroso
Fäule ['fɔɪlə] *f ohne pl (geh)* putrefacción *f*
faulen ['faʊlən] *vi haben o sein* pudrirse; *(Zahn)* cariarse
faulenzen ['faʊlɛntsən] *vi* holgazanear, achancharse *AmS*
Faulenzer(in) *m(f)* <-s, -; -nen> holgazán, -ana *m, f,* vago, -a *m, f,* manganzón, -ona *m, f Am*
Faulenzerei *f ohne pl* holgazanería *f*
Faulenzerin *f* <-nen> *s.* **Faulenzer**
Faulgas *nt* <-es, -e> biogás *m*
Faulheit *f ohne pl* pereza *f;* **aus ~ etw nicht tun** no hacer algo por pereza
faulig *adj* podrido; *(Obst)* picado
Fäulnis ['fɔɪlnɪs] *f ohne pl* podredumbre *f*
Faulpelz *m (fam abw)* perezoso, -a *m, f,* vago, -a *m, f*
Faultier *nt* ① (ZOOL) perezoso *m,* aí *m Arg, Par* ② *(fam: Faulpelz)* vago, -a *m, f*
Faun *m* <-(e)s, -e> fauno *m*
Fauna ['faʊna] *f* <Faunen> fauna *f*
Faust [faʊst, *pl:* 'fɔɪstə] *f* <Fäuste> puño *m;* **die ~ ballen** cerrar el puño; **auf eigene ~ handeln** actuar por su propia cuenta; **das passt wie die ~ aufs Auge** *(fam)* eso no pega ni con cola

Fäustchen ['fɔɪstçən] *nt* <-s, -> **sich** *dat* **ins ~ lachen** reírse taimadamente
faustdick ['-'-] *adj (fam)* **es ~ hinter den Ohren haben** no haber nacido ayer; **eine ~e Lüge** una mentira como una casa
Fäustel ['fɔɪstl] *m* <-s, -> mazo *m*, mallo *m*
faustgroß *adj* grande como un puño
Fausthandschuh *m* manopla *f*
Fäustling ['fɔɪstlɪŋ] *m* <-s, -e> manopla *f*
Faustpfand *nt* <-(e)s, -pfänder> prenda *f*
Faustregel *f* regla *f* general
Faustschlag *m* puñetazo *m*, impacto *m Am*
Fauxpas [fo'pa] *m* <-, -> metedura *f* de pata, falta *f* de tacto; **einen ~ begehen** meter la pata
favorisieren* [favori'ziːrən] *vt* ❶ *(bevorzugen)* favorecer, preferir ❷ (SPORT) considerar (como) favorito (a)
Favorit(in) [favo'riːt] *m(f)* <-en, -en; -nen> favorito, -a *m, f*
Fax ['faks] *nt* <-, -(e)> (TEL) fax *m inv*
faxen I. *vi* (TEL) mandar un fax **II.** *vt* (TEL) mandar por fax, faxear
Faxen ['faksən] *f pl (fam)* aspavientos *m pl*, payasadas *f pl*; **mach bloß keine ~!** ¡déjate de bromas!
Faxgerät *nt* <-(e)s, -e> (TEL) fax *m*
Fazit ['faːtsɪt] *nt* <-s, -s> *(Ergebnis)* resultado *m*; *(Schlussfolgerung)* conclusión *f*; **das ~ aus etw ziehen** sacar las conclusiones de algo
FBI [ɛfbi'ʔaɪ] *m o nt Abk. von* **Federal Bureau of Investigation** FBI *m*
FC [ɛf'tseː] *m* <-(s)> (SPORT) *Abk. von* **Fußballclub** C.F. *m*
FCKW [ɛftseːkaː'veː] *nt Abk. von* **Fluorchlorkohlenwasserstoff** CFC *m*
FCKW-frei *adj* sin CFC
FDP [ɛfdeː'peː] *f* ❶ *(Deutschland) Abk. von* **Freie Demokratische Partei** Partido *m* Demócrata Liberal (de Alemania) ❷ *(Schweiz) Abk. von* **Freisinnig-Demokratische Partei** Partido *m* Demócrata Liberal (de Suiza)
F-Dur *nt* <-, *ohne pl*> (MUS) fa *m* mayor
Feature ['fiːtʃɐ] *nt* <-s, -s> ❶ (TV: *Sendung*) reportaje *m*, documental *m* ❷ *(Merkmal)* rasgo *m*, característica *f*
Feber ['feːbɐ] *m* <-s, -> *(Österr) s.* **Februar**
Februar ['feːbruaːɐ] *m* <-(s), -e> febrero *m*; *s. a.* **März**
fechten ['fɛçtən] <ficht, focht, gefochten> *vi* ❶ (SPORT) practicar la esgrima ❷ *(kämpfen)* luchar (**gegen** contra)
Fechten *nt* <-s, *ohne pl*> (SPORT) esgrima *f*
Fechter(in) *m(f)* <-s, -; -nen> esgrimidor(a) *m(f)*
Feder ['feːdɐ] *f* <-n> ❶ *(eines Vogels)* pluma *f*; **~n lassen** *(fam fig)* salir perjudicado; **in den ~n liegen** *(fam)* estar en la cama; **sich mit fremden ~n schmücken** *(fig)* adornarse con los méritos de otros ❷ *(Schreibgerät)* pluma *f* ❸ (TECH) resorte *m*; *(Sprungfeder)* muelle *m*
Federball[1] *m* <-(e)s, *ohne pl*> (SPORT) bádminton *m*
Federball[2] *m* <-(e)s, -bälle> *(Ball)* pelota *f* de bádminton
Federbett *nt* edredón *m*, plumón *m*
federführend *adj* responsable; *(kompetent)* competente
Federgewicht *nt ohne pl* peso *m* pluma
Federkleid *nt* (ZOOL) plumaje *m*
federleicht ['--'-] *adj* ligero como una pluma
Federlesen *nt* **um etw nicht viel ~(s) machen** tratar un asunto sin mucha ceremonia
Federmäppchen *nt* (SCH) portaplumas *m inv*
federn I. *vi (schwingen)* ser elástico **II.** *vt* ❶ (AUTO) equipar con una suspensión ❷ *(rupfen)* desplumar
federnd *adj* elástico; *(Gang)* ligero
Federstrich *m* plumada *f*; **mit einem ~** *(kurzerhand)* de un plumazo
Federung *f* <-en> ❶ *(bei Möbeln)* muelles *m pl* ❷ (AUTO) suspensión *f*
Federvieh *nt (fam)* volatería *f*
Federweiße(r) *m* <-n, -n> (GASTR) vino *m* joven
Federzeichnung *f* dibujo *m* a pluma
Fee [feː, *pl:* 'feːən] *f* <-n> hada *f*
Feedback *nt* <-s, -s> feedback *m*
Feeling ['fiːlɪŋ] *nt* <-s, -s> filin *m* (**für** por); **gutes ~** buenas vibraciones
Fegefeuer ['feːgə-] *nt ohne pl* (REL) purgatorio *m*
fegen ['feːgən] **I.** *vi* ❶ *(kehren)* barrer; *(Schweiz: feucht wischen)* fregar ❷ *sein (rasen)* ir a toda mecha; *(Wind)* soplar con fuerza **II.** *vt* ❶ *(Zimmer, Straße)* barrer; *(Schweiz: feucht wischen)* fregar ❷ *(Schornstein)* deshollinar
Fehde ['feːdə] *f* <-n> querella *f*
fehl [feːl] *adv* **~ am Platz sein** *(Person)* estar de más; *(Bemerkung)* no venir al caso
Fehlalarm *m* falsa alarma *f*
Fehlanzeige *f (fam)* resultado *m* negativo; **hast du sie gefunden? – nein, ~!** ¿la encontraste? – no, falsa alarma
fehlbar *adj* ❶ *(nicht gegen Fehler gefeit)* falible ❷ *(Schweiz:* JUR: *schuldig)* culpable
Fehlbesetzung *f* (FILM, THEAT) mal reparto *m* de papeles
Fehlbetrag *m* déficit *m inv*

Fehlbildung *f* <-, -en> (BIOL) formación *f* defectuosa
Fehldiagnose *f* diagnóstico *m* erróneo
Fehleinschätzung *f* estimación *f* falsa
fehlen ['feːlən] **I.** *vi* ❶ *(abwesend sein)* faltar, estar ausente ❷ *(nicht vorhanden sein, mangeln)* faltar; **es fehlte nicht viel, und …** no faltó mucho para que… +*subj* ❸ *(vermisst werden)* ser echado de menos; **du hast mir sehr gefehlt** te he echado mucho de menos; **das hat uns gerade noch gefehlt!** *(fam)* ¡lo que nos faltaba! ❹ *(gesundheitlich)* pasar; **was fehlt dir?** ¿qué te pasa? ❺ *(geh)* **weit gefehlt!** ¡nada al derecho! **II.** *vunpers* faltar; **es fehlt an allen Ecken und Kanten** falta de todo; **es soll ihr an nichts ~** *(geh)* que no le falte de nada
Fehlentscheidung *f* decisión *f* equivocada
Fehler ['feːlɐ] *m* <-s, -> ❶ *(Irrtum)* error *m*, falta *f*; *(Tippfehler)* errata *f*; **einen ~ machen** cometer un error ❷ *(Mangel)* defecto *m* ❸ *(Schuld)* culpa *f*; **das war nicht dein ~** no fue culpa tuya
Fehlererkennung *f ohne pl* (INFOR) detección *f* de errores
fehlerfrei *adj* correcto, sin faltas; *(makellos)* perfecto, impecable
fehlerhaft *adj* ❶ *(kaputt)* defectuoso ❷ *(falsch)* incorrecto
fehlerlos *adj s.* **fehlerfrei**
Fehlermeldung *f* (INFOR) aviso *m* de error
Fehlerquelle *f* fuente *f* de errores
Fehlerquote *f* cuota *f* de errores
Fehlfarbe *f* ❶ *(im Kartenspiel)* fallo *m* ❷ *(Zigarre)* puro *m (con las hojas o capas exteriores descoloridas)*
Fehlfunktion *f* <-, -en> (TECH) mal funcionamiento *m*
Fehlgeburt *f* aborto *m* involuntario; **eine ~ haben** abortar involuntariamente
fehl|gehen *irr vi sein (geh)* equivocarse; **in einer Annahme ~** no acertar al suponer algo
Fehlgriff *m* medida *f* equivocada
Fehlinformation *f* falsa información *f*
Fehlinvestition *f* (WIRTSCH) inversión *f* equivocada
Fehlkalkulation *f* <-, -en> cálculo *m* equivocado, error *m* en el cálculo
Fehlkonstruktion *f (abw)* construcción *f* defectuosa
Fehlpass *m* <-es, -pässe> (SPORT) pase *m* errado
Fehlschlag *m (Misserfolg)* fracaso *m*
fehl|schlagen *irr vi sein* fracasar
Fehlstart *m* (TECH, SPORT) salida *f* nula
Fehltritt *m* paso *m* en falso
Fehlurteil *nt* sentencia *f* equivocada
Fehlverhalten *nt* comportamiento *m* incorrecto
Fehlzündung *f* (TECH) encendido *m* defectuoso
Feier ['faɪɐ] *f* <-n> ❶ *(Fest)* fiesta *f*; **zur ~ des Tages** para celebrar el día ❷ *(Zeremonie)* festividad *f*, acto *m* solemne
Feierabend *m* fin *m* del trabajo; *(von Geschäften)* hora *f* de cierre; **am ~** después del trabajo; **~ haben** salir del trabajo
feierlich *adj* solemne; *(förmlich)* formal; **das ist schon nicht mehr ~** *(fam)* esto ya pasa de castaño oscuro
Feierlichkeit *f* <-en> *(Fest)* acto *m* solemne; *(feierlich sein)* solemnidad *f*
feiern ['faɪɐn] **I.** *vt* ❶ *(Party, Weihnachten)* celebrar ❷ *(umjubeln)* elogiar, aplaudir **II.** *vi* estar de fiesta
Feierstunde *f* acto *m* solemne
Feiertag *m* día *m* festivo
feiertags *adv* los festivos; **sonn- und ~** domingos y festivos
Feiertagszulage *f* plus *m* por trabajar en días festivos
feig(e) *adj (abw: ohne Mut)* cobarde, flojo *Am*
Feige ['faɪgə] *f* <-n> higo *m*
Feigenbaum *m* (BOT) higuera *f*
Feigenblatt *nt* (BOT) hoja *f* de higuera
Feigheit ['faɪkhaɪt] *f ohne pl* cobardía *f*, pendejada *f Am: fam*
Feigling ['faɪklɪŋ] *m* <-s, -e> *(abw)* cobarde *mf*, gallina *mf*, naco *m AmC*
Feile ['faɪlə] *f* <-n> lima *f*
feilen ['faɪlən] *vt* limar; *(vervollkommnen)* retocar
feilschen ['faɪlʃən] *vi (abw)* regatear **(um)**
fein [faɪn] *adj* ❶ *(zart)* fino; *(empfindlich)* delicado; *(Strich)* delgado; *(Gewebe)* fino ❷ *(Sand, Staub, Regen)* menudo; *(Nebel)* poco espesa ❸ *(exquisit)* exquisito; *(erlesen)* selecto; **dieser Wein ist vom F~sten** este es un vino selecto ❹ *(feinsinnig, vornehm)* fino; *(elegant)* elegante ❺ *(genau)* preciso; **~ säuberlich** nítidamente; **eine ~e Nase haben** tener un olfato muy fino ❻ *(fam: erfreulich, anständig)* bueno; **~!** ¡maravilloso!; **~, dass du wieder da bist** qué bien que ya hayas vuelto ❼ *(Wend)* **er ist jetzt ~ heraus** le han salido bien las cosas; **ein ~er Kerl** un gran tipo
Feinabstimmung *f* <-, -en> (TECH) ajuste *m* fino [*o* preciso]; (RADIO) sintonización *f* exacta
Feinarbeit *f* trabajo *m* de precisión
Feinbäckerei *f* pastelería *f*
Feind(in) [faɪnt] *m(f)* <-(e)s, -e; -nen>

enemigo, -a *m, f;* **sich** *dat* **jdn zum ~ machen** enemistarse con alguien
Feindbild *nt concepto de lo que consideramos enemigo*
Feindin *f* <-nen> *s.* **Feind**
feindlich *adj* enemigo, hostil
Feindschaft *f ohne pl* enemistad *f*
feindselig ['-ze:lɪç] *adj* hostil
Feindseligkeit *f ohne pl* hostilidad *f*
feinfühlig *adj* sensible, delicado
Feingefühl *nt ohne pl* tacto *m,* sensibilidad *f*
feinglied(e)rig *adj* grácil, fino
Feingold *nt ohne pl* oro *m* de ley
Feinheit[1] *f ohne pl* ❶ *(Beschaffenheit, Qualität)* finura *f* ❷ *(Vornehmheit)* distinción *f*
Feinheit[2] *f* <-en> ❶ *(Nuance)* detalle *m* ❷ *(Subtilität)* sutileza *f*
feinkörnig *adj* de grano fino
Feinkost *f ohne pl* (GASTR) exquisiteces *f pl*
Feinkostgeschäft *nt* tienda *f* de ultramarinos de primera calidad
feinmaschig *adj* de malla fina
Feinmechanik *f ohne pl* (TECH) mecánica *f* de precisión
Feinmechaniker(in) *m(f)* mecánico *mf* de precisión
Feinschmecker(in) *m(f)* <-s, -; -nen> gastrónomo *mf,* gourmet *mf*
Feinsilber *nt ohne pl* plata *f* de ley
feinsinnig ['faɪnzɪnɪç] *adj* sensible, refinado
Feinstaub *m* <-(e)s, -e> material *m* particulado
Feinstaubbelastung *f* (ÖKOL) carga *f* de material particulado
Feinstaubplakette *f* (AUTO) etiqueta *f* sobre emisión de partículas
Feinwäsche *f* ropa *f* delicada
Feinwaschmittel *nt* detergente *m* suave
feist [faɪst] *adj* gordo, obeso
feixen ['faɪksən] *vi* reír sarcásticamente
Feld [fɛlt] *nt* <-(e)s, -er> ❶ *(Acker, Bereich)* campo *m,* tablón *m Am;* **auf freiem ~** en pleno campo; **das ist ein weites ~** *(fig)* ese es un tema que da mucho de sí ❷ (MIL) campo *m* de batalla; **das ~ räumen** dejar el campo libre ❸ *(auf einem Spielbrett, Formular)* casilla *f; (auf dem Schachbrett)* escaque *m* ❹ (INFOR: *Teil des Datensatzes*) campo *m* ❺ (SPORT: *Spielfeld*) terreno *m* de juego ❻ (ELEK) campo *m*
Feldarbeit *f* (AGR) faena *f*
Feldbett *nt* somier *m* plegable; (MIL) cama *f* de campaña
Feldblume *f* (BOT) flor *f* campestre
Feldflasche *f* cantimplora *f*
Feldherr *m* comandante *m* (en jefe); *(Stratege)* estratega *m*
Feldjäger[1] *mpl* (MIL: *Truppe*) policía *f* militar
Feldjäger(in)[2] *m(f)* (MIL) policía *mf* militar
Feldküche *f* (MIL) cocina *f* de campo
Feldlazarett *nt* (MIL) hospital *m* de primera sangre
Feldmarschall *m* (MIL) mariscal *m* de campo
Feldmaus *f* (ZOOL) ratón *m* de campo
Feldpost *f* (MIL) correo *m* militar
Feldsalat *m* ruiponce *m*
Feldspieler(in) *m(f)* (SPORT) jugador(a) *m(f)* de campo
Feldstecher ['fɛltʃtɛçɐ] *m* <-s, -> prismáticos *m pl*
Feldstudie *f* <-, -n> estudio *m* de campo
Feldwebel ['fɛltve:bəl] *m* <-s, -> sargento *m* (mayor)
Feldweg *m* camino *m* vecinal
Feldzug *m* <-(e)s, -züge> *(a. fig)* campaña *f;* (MIL) expedición *f* militar; **einen ~ gegen etw/jdn unternehmen** lanzar una campaña contra algo/alguien
Felge ['fɛlgə] *f* <-n> ❶ *(vom Rad)* llanta *f* ❷ (SPORT) molinete *m*
Felgenbremse *f* <-, -n> freno *m* de la llanta
Fell [fɛl] *nt* <-(e)s, -e> piel *f,* pellejo *m;* **ein dickes ~ haben** *(fam fig)* tener una coraza en lugar de piel; **jdm das ~ über die Ohren ziehen** *(fam fig)* engañar a alguien
Fels[1] [fɛls] *m* <-ens, -en> *(geh: Felsen)* roca *f; (größer)* peñasco *m*
Fels[2] *m* <-, *ohne pl*> *(Gestein)* roca *f*
Felsblock *m* roca *f*
Felsen ['fɛlzən] *m* <-s, -> *s.* **Fels**
felsenfest ['--'-] *adj* firme; **ich bin ~ davon überzeugt, dass ...** estoy firmemente convencido de que...
Felsgestein *nt* roca *f*
felsig ['fɛlzɪç] *adj* ❶ *(mit Felsen)* rocoso ❷ *(aus Felsgestein)* rocoso
Felsmassiv *nt* <-s, -e> macizo *m* rocoso
Felsspalte *f* grieta *f* (entre las rocas)
Felsvorsprung *m* <-(e)s, -sprünge> saliente *m* de una roca
Felswand *f* pared *f* de una roca
feminin [femi'ni:n] *adj* femenino
Femininum [femi'ni:nʊm, '----] *nt* <-s, Feminina> femenino *m*
Feminismus [femi'nɪsmʊs] *m* <-, *ohne pl*> feminismo *m*
Feminist(in) [femi'nɪst] *m(f)* <-en, -en; -nen> feminista *mf*
feministisch *adj* feminista
Fenchel ['fɛnçəl] *m* <-s, -> hinojo *m*
Fenster ['fɛnstɐ] *nt* <-s, -> ❶ *(in Gebäu-*

den, a. INFOR) ventana *f; (an Fahrzeugen)* ventanilla *f;* **zum ~ hinausschauen** mirar por la ventana; **jd ist weg vom ~** *(fig)* alguien ha desaparecido del panorama ❷ *(eines Briefumschlags)* ventanilla *f*

Fensterbank *f,* **Fensterbrett** *nt* antepecho *m*

Fensterflügel *m* hoja *f* de la ventana

Fensterglas *nt* <-es, *ohne pl*> vidrio *m,* cristal *m*

Fensterheber ['fɛnstɐhe:bɐ] *m* <-s, -> (AUTO) elevalunas *m inv;* **elektrischer ~** elevalunas automático

Fensterkitt *m* <-(e)s, -e> masilla *f* (de cristalero)

Fensterladen *m* contraventana *f*

Fensterleder *nt* <-s, -> gamuza *f*

fensterln ['fɛnstɐln] *vi (südd, Österr)* pelar la pava *(colarse el amante en la habitación de su amada por la ventana)*

fensterlos *adj* sin ventanas

Fensterplatz *m* asiento *m* de ventanilla

Fensterputzer(in) *m(f)* <-s, -; -nen> limpiador(a) *m(f)* de cristales

Fensterrahmen *m* marco *m* de la ventana

Fensterscheibe *f* vidrio *m,* cristal *m; (Auto, Schaufenster)* luna *f*

Ferien ['fe:riən] *pl* vacaciones *fpl;* **die großen ~** las vacaciones de verano; **in die ~ fahren** ir(se) de vacaciones; **~ machen/haben** estar de/tener vacaciones

Feriendorf *nt* urbanización *f* turística

Feriengast *m* turista *mf*

Ferienhaus *nt* chalé *m* para las vacaciones

Ferienkurs *m* curso *m* de vacaciones

Ferienlager *nt* campamento *m* de vacaciones

Ferienort *m* centro *m* turístico

Ferienreise *f* <-, -n> viaje *m* turístico

Ferientag *m* día *m* de vacaciones

Ferienwohnung *f* apartamento *m* para las vacaciones

Ferienzeit *f ohne pl* (época *f* de) vacaciones *fpl*

Ferkel ['fɛrkəl] *nt* <-s, -> ❶ (ZOOL) lechón *m* ❷ *(fam: Mensch)* cochino, -a *m, f*

Ferkelei *f* <-en> *(fam abw)* cochinada *f*

fern [fɛrn] **I.** *adj (räumlich, zeitlich)* lejano; **der F~e Osten** el Extremo Oriente **II.** *adv* lejos; **von ~** de lejos; **~ von hier** lejos de aquí

Fernbedienung *f* mando *m* a distancia

fern|bleiben *irr vi sein (geh)* no asistir (a)

Fernbus *m* autocar *m* (de línea), autobús *m* de largo recorrido

Ferne ['fɛrnə] *f ohne pl (räumlich, zeitlich)* lejanía *f,* distancia *f;* **aus der ~ betrachtet** visto de lejos; **in weiter ~ liegen** estar lejos

ferner ['fɛrnɐ] **I.** *konj (außerdem)* aparte de eso, además **II.** *adv (künftig)* en adelante

Fernfahrer(in) *m(f)* camionero, -a *m, f*

Fernflug *m* (AERO) vuelo *m* de (larga) distancia

Ferngespräch *nt (Inland)* llamada *f* interurbana; *(Ausland)* llamada *f* internacional

ferngesteuert ['fɛrngəʃtɔɪɐt] *adj* teledirigido

Fernglas *nt* prismáticos *mpl*

fern|halten *irr vt, vr* **(sich) von etw/jdm ~** *(geh)* mantener(se) alejado de algo/alguien; **etw** *dat* **~ stehen** *(geh)* sentir desapego hacia algo

Fernheizung *f* (sistema *m* de) calefacción *f* a distancia

Fernkopierer *m* (TEL) telefax *m inv,* telecopiadora *f*

Fernlastzug *m* (AUTO) tráiler *m*

Fernleitung *f* línea *f* a gran distancia

fern|lenken *vt* teledirigir

Fernlenkung *f* <-en> telemando *m*

Fernlicht *nt ohne pl* (AUTO) luz *f* larga [*o* de carretera]

fern|liegen *irr vi* **etwas liegt jdm fern** alguien no quiere algo en absoluto; **es liegt mir fern, zu …** no tengo la intención de…

Fernmeldeamt *nt* (TEL) central *f* telefónica

Fernmeldesatellit *m* (TEL) satélite *m* para telecomunicaciones

Fernmeldetechnik *f ohne pl* (TEL) técnica *f* de telecomunicaciones

Fernmeldewesen *nt ohne pl* (TEL) telecomunicaciones *fpl*

fernmündlich *adj* (TEL) por teléfono

Fernost [fɛrn'ʔɔst] *m* Extremo Oriente *m*

fernöstlich ['-'--] *adj* del Extremo Oriente

Fernrohr *nt* telescopio *m*

Fernsehansager(in) *m(f)* locutor(a) *m(f)* de televisión

Fernsehansprache *f* discurso *m* televisivo

Fernsehanstalt *f* cadena *f* de televisión

Fernsehantenne *f* antena *f* de televisión

Fernsehapparat *m* televisor *m*

Fernsehbank *f* banco *m* de televisión

Fernsehbericht *m* informe *m* televisivo

Fernsehbild *nt ohne pl* imagen *f*

fern|sehen *irr vi* ver la tele(visión)

Fernsehen *nt* <-s, *ohne pl*> televisión *f;* **im ~ übertragen** televisar, trasmitir por televisión

Fernseher *m* <-s, -> *(fam: Gerät)* tele *f*

Fernsehfilm *m* película *f* de televisión

Fernsehgebühr *f* impuesto *m* por el uso de un televisor

Fernsehgerät *nt* televisor *m*
Fernsehinterview *nt* entrevista *f* en televisión
Fernsehkamera *f* cámara *f* de televisión
Fernsehnachrichten *fpl* (TV) noticias *fpl* de la televisión
Fernsehprogramm *nt* programa *m* de televisión
Fernsehsender *m* canal *m* de televisión
Fernsehsendung *f* emisión *f* de televisión
Fernsehserie *f* serie *f* de televisión
Fernsehstudio *nt* <-s, -s> (TV) estudio *m* de televisión
Fernsehturm *m* torre *f* de televisión, pirulí *m fam*
Fernsehübertragung *f* retra(n)smisión *f* televisiva
Fernsehwerbung *f ohne pl* publicidad *f* en la televisión
Fernsehzeitschrift *f* revista *f* de televisión
Fernsehzuschauer(in) *m(f)* telespectador(a) *m(f)*
Fernsicht *f* vista *f* panorámica
fern|stehen *irr vi* **einem Plan ~** distanciarse de un plan; **jdm ~** no tener relación con alguien
fern|steuern *vt* teledirigir
Fernsteuerung *f* telemando *m*
Fernstraße *f* (AUTO) ≈ carretera *f* nacional
Fernstudium *nt* carrera *f* a distancia
Fernuniversität *f* universidad *f* a distancia
Fernverkehr *m* ① *(Eisenbahn)* servicio *m* de largo recorrido; *(Auto)* tráfico *m* interurbano ② *(Telefon)* servicio *m* interurbano
Fernwärme *f* sistema *m* de calefacción a distancia
Fernweh ['fɛrnveː] *nt* <-(e)s, *ohne pl*> *(geh)* nostalgia *f* de países lejanos
Fernziel *nt (fig)* objetivo *m* a largo plazo
Fernzug *m* <-(e)s, -züge> tren *m* de largo recorrido
Ferse ['fɛrzə] *f* <-n> *(a. am Strumpf)* talón *m;* **jdm (dicht) auf den ~n sein** ir pisando los talones a alguien
Fersenbein *nt* (ANAT) calcáneo *m*
fertig ['fɛrtɪç] *adj* ① *(beendet)* terminado, acabado; *(vollendet)* listo; **halb ~** a medio hacer; **das Essen ist ~** la comida está lista; **mit dir bin ich endgültig ~** *(fam)* no quiero tener nada más que ver contigo; **etw ~ bekommen** [*o* **bringen**] *(fam: vollenden)* terminar algo; **etw ~ machen** *(beenden)* acabar [*o* finalizar] algo; **etw ~ stellen** concluir algo; **wirst du rechtzeitig ~?** ¿acabarás a tiempo?; **mit jdm ~ werden** *(fam)* arreglárselas con alguien; **sieh zu, wie du damit ~ wirst** *(fam fig)* arréglatelas como puedas ② *(bereit)* listo (**zu** para), preparado (**zu** para); (**sich**) **~ machen** *(fam)* arreglar(se), preparar(se); **auf die Plätze, ~, los!** ¡preparados, listos, ya! ③ *(fam: erschöpft)* rendido; **mit den Nerven ~ sein** tener los nervios destrozados; **ich bin völlig** [*o* **fix und**] **~** estoy hecho polvo
Fertigbau *m* <-(e)s, -ten>, **Fertigbauweise** *f* <-, *ohne pl*> construcción *f* prefabricada
fertig|bekommen* *irr vt (fam: vollenden)* terminar
fertig|bringen *irr vt* ① *(vollenden)* terminar ② *(übers Herz bringen)* **der bringt es nicht fertig, ihm das zu sagen** no es capaz de decírselo
fertigen ['fɛrtɪgən] *vt* elaborar, fabricar
Fertiggericht *nt* plato *m* precocinado
Fertighaus *nt* casa *f* prefabricada
Fertigkeit *f* <-en> ① *(Geschicklichkeit)* habilidad *f,* destreza *f* ② *pl (Fähigkeit)* aptitudes *fpl; (Kenntnis)* conocimientos *mpl*
fertig|machen **I.** *vt, vr* (**sich**) **~** *(zurechtmachen)* arreglar(se), preparar(se) **II.** *vt* **jdn ~** *(fam: zermürben)* acabar con alguien
Fertignahrung *f* comida *f* precocinada
Fertigprodukt *nt* (WIRTSCH) producto *m* elaborado [*o* manufacturado]
fertigstellen *vt s.* **fertig 1.**
Fertigstellung *f* conclusión *f*
Fertigung *f* <-en> fabricación *f,* producción *f*
Fertigungsstandort *m* (WIRTSCH) lugar *m* de producción
fertigwerden *irr vi sein s.* **fertig 1.**
Fes [fɛs] *nt* <-, -> (MUS) fa *m* bemol
fesch [fɛʃ] *adj* ① *(fam: schick)* elegante; *(hübsch)* guapo ② *(Österr: nett)* amable
Fessel ['fɛsəl] *f* <-n> ① *(zum Festbinden)* atadura *f; (Kette)* cadena *f,* hierros *mpl;* **jdm ~n anlegen** poner a alguien los grilletes ② (ANAT: *vom Pferd*) espolón *m* ③ (ANAT: *beim Menschen*) empeine *m* (del pie)
fesseln ['fɛsəln] *vt* ① *(festbinden)* atar; *(an den Händen)* maniatar; **jdn an Händen und Füßen ~** atar a alguien de manos y pies; **ans Bett gefesselt sein** *(fig)* tener que guardar cama ② *(faszinieren)* fascinar
fesselnd *adj (faszinierend: Bericht, Erzählung)* fascinante; *(Mensch)* atractivo, cautivador
fest *adj* ① *(kompakt)* sólido; *(hart)* duro ② *(stabil)* robusto ③ *(stark, kräftig)* fuerte; **die Tür ~ schließen** cerrar la puerta con fuerza; **~ schlafen** dormir profundamente

④ *(unerschütterlich)* firme; **sie ist ~ entschlossen** está firmemente decidida; **sich** *dat* **etw ~ vornehmen** tener la firme intención de hacer algo; **etw ~ versprechen** prometer algo solemnemente ⑤ *(ständig)* fijo; *(dauerhaft)* permanente, constante; **~ angestellt** con empleo fijo; **einen ~en Wohnsitz haben** tener un domicilio fijo; **es gibt dafür keine ~en Regeln** para esto no existen reglas fijas; **er ist in ~en Händen** *(fam)* tiene novia

Fest [fɛst] *nt* <-(e)s, -e> fiesta *f*, pachanga *f* *Am: fam;* **Frohes ~!** ¡Felices Fiestas!

Festakt *m* acto *m* solemne

festangestellt *adj s.* **fest 5.**

Festangestellte(r) *mf* empleado, -a *m, f* fijo , -a

Festansprache *f* <-, -n> *s.* **Festrede**

Festanstellung *f* contrato *m* indefinido, empleo *m* fijo

fest|beißen *irr vr:* **sich ~** ① *(Hund)* **sich an der Beute ~** morder y no soltar la presa ② *(nicht weiterkommen)* atascarse (**an** en)

Festbeleuchtung *f* <-, -en> iluminación *f* para la(s) fiesta(s); *(fam iron)* iluminación *f* exagerada, demasiadas luces *f pl* encendidas

fest|binden *irr vt* atar (**an** a), pegar *Méx*

feste *adv (fam: nach Kräften: feiern)* de lo lindo; *(arbeiten, mithelfen)* de firme

Festessen *nt* banquete *m*

fest|fahren *irr vr:* **sich ~** ① *(stecken bleiben)* atascarse (**in** en); *(Schiff)* embarrancar ② *(Verhandlungen)* estancarse

Festgeld *nt* (FIN) depósito *m* a término [*o* a plazo fijo]

Festgeldkonto *nt* (FIN) cuenta *f* de depósito a término

fest|haken I. *vt* enganchar (**an** en), sujetar (**an** en) **II.** *vr:* **sich ~** engancharse, quedarse enredado

Festhalle *f* salón *m* de fiestas

fest|halten *irr* **I.** *vi* aferrarse (**an** a); **er hält an seiner Meinung fest** no da su brazo a torcer **II.** *vt* ① *(halten)* sujetar ② *(zurückhalten)* detener ③ *(aufzeichnen)* retener; *(mit Kamera)* fotografiar; *(mit Tonband)* grabar **III.** *vr:* **sich ~** sujetarse (**an** en/a), agarrarse (**an** a)

festigen ['fɛstɪgən] **I.** *vt* reforzar, consolidar; **ein gefestigter Charakter** un carácter estable **II.** *vr:* **sich ~** reforzarse, consolidarse

Festiger *m* <-s, -> *(Haarfestiger)* fijador *m* (para el pelo)

Festigkeit *f ohne pl* ① *(Widerstandsfähigkeit)* solidez *f;* *(Stabilität)* estabilidad *f* ② *(Entschlossenheit)* firmeza *f* ③ *(Standhaftigkeit)* perseverancia *f*

Festigung *f* <-, -en> consolidación *f*

Festival ['fɛstivəl] *nt* <-s, -s> festival *m*

fest|klammern I. *vt* sujetar (con pinzas); **die Wäsche (an der Leine) ~** sujetar [*o* tender] la ropa (en la cuerda) con pinzas **II.** *vr:* **sich ~** agarrarse (**an** a/en)

fest|kleben I. *vi sein* estar pegado (**an** en/a) **II.** *vt* pegar (**an** a/en)

festkochend *adj* para cocer; **~e Kartoffeln** patatas para ensaladilla

Festkörper *m* <-s, -> (PHYS) cuerpo *m* sólido

Festland[1] *nt* <-(e)s, -länder> *(Kontinent)* continente *m*

Festland[2] *nt* <-(e)s, *ohne pl*> *(im Gegensatz zum Meer)* tierra *f* firme

fest|legen I. *vt* ① *(bestimmen)* fijar, establecer ② (FIN) invertir a plazo fijo ③ *(verpflichten)* comprometer (**auf** a) **II.** *vr:* **sich ~** *(sich binden)* comprometerse (**auf** a)

Festlegung *f* <-, -en> establecimiento *m*

festlich ['fɛstlɪç] *adj* de fiesta; *(feierlich)* solemne, ceremonioso; **~ geschmückt** decorado de fiesta; **etw ~ begehen** celebrar algo

Festlichkeit *f* <-en> festividad *f*, acto *m* solemne

fest|liegen *irr vi* ① *(bestimmt sein)* estar fijado; **der Termin liegt nun fest** la fecha ya está fijada ② (NAUT) embarrancar ③ (FIN) estar inactivo

fest|machen I. *vi* (NAUT) amarrar **II.** *vt* ① *(vereinbaren)* concertar ② *(befestigen)* fijar (**an** en/a), sujetar (**an** en/a)

fest|nageln *vt* ① *(Bretter)* clavar (**an** a/en) ② *(fam: festlegen)* comprometer (**an** a)

Festnahme ['fɛstna:mə] *f* <-n> detención *f;* **vorläufige ~** detención provisional

fest|nehmen *irr vt* detener; **jdn vorläufig ~** detener provisionalmente a alguien

Festplatte *f* (INFOR) disco *m* duro; **etw auf der ~ abspeichern** grabar algo en el disco duro

Festplattenlaufwerk *nt* (INFOR) unidad *f* del disco duro

Festplatz *m* recinto *m* ferial

Festpreis *m* (WIRTSCH) precio *m* fijo

Festrede *f* discurso *m* solemne

Festsaal *m* salón *m* de fiestas

fest|schnallen *vr:* **sich ~** amarrar el cinturón

fest|schrauben *vt* apretar los tornillos

Festschrift *f* escrito homenaje *m*

fest|setzen I. *vt* ① *(bestimmen)* fijar ② *(festnehmen)* arrestar, encarcelar **II.** *vr:* **sich ~** ① *(Schmutz)* pegarse (**auf** a, **in** en) ② *(Gedanke)* arraigarse

fest|sitzen *irr vi* ① *(befestigt sein)* estar

fijo, estar bien sujeto ② *(Schmutz)* estar pegado (**auf** a) ③ *(Fahrzeug)* estar atascado (**in** en); *(Schiff)* estar encallado; *(Person)* no poder moverse (del sitio)

Festspiele *ntpl* festival *m*

Festspielhaus *nt* gran teatro *m* (apropiado para festivales)

fest|stehen *irr vi* ① *(festgelegt sein)* estar decidido ② *(sicher sein)* ser seguro; **fest steht, dass ...** lo que es seguro es que...

fest|stellen *vt* ① *(arretieren)* fijar ② *(ermitteln)* averiguar; *(Personalien)* tomar; *(Krankheit)* diagnosticar; **das wird sich ~ lassen** eso ya se averiguará ③ *(bemerken)* notar ④ *(sagen)* manifestar

Feststelltaste *f* tecla *f* fijadora

Feststellung *f* ① *(Ermittlung)* averiguación *f* ② *(Konstatierung)* comprobación *f;* *(Beobachtung)* observación *f;* **die ~ machen, dass ...** comprobar que... ③ *(Aussage)* declaración *f*

Festtafel *f* <-, -n> *(geh)* mesa *f* del banquete

Festtag *m* día *m* festivo

festtreten *irr vt* pisar

Festung ['fɛstʊŋ] *f* <-en> fortaleza *f*

festverzinslich ['fɛstfɛɐtsɪnslɪç] *adj* (FIN) a renta fija

Festwiese *f s.* **Festplatz**

Festzelt *nt* carpa *f;* *(auf einem Volksfest)* entoldado *m*

festziehen *irr vt* asegurar, fijar

Festzug *m* <-(e)s, -züge> desfile *m*

festzurren *vt* amarrar

Feta ['fe:ta] *m* <-s, *ohne pl*> (GASTR) (queso *m*) feta *m*

Fete ['fe:tə, 'fɛ:tə] *f* <-n> *(fam)* guateque *m,* fiesta *f*

Fetisch ['fe:tɪʃ] *m* <-(e)s, -e> fetiche *m*

Fetischismus *m* <-, *ohne pl*> fetichismo *m*

Fetischist(in) *m(f)* <-en, -en; -nen> fetichista *mf*

fett *adj* ① *(Speisen)* graso; **~ essen** comer comidas grasas ② *(Mensch)* gordo ③ *(ertragreich)* abundante; **~e Beute machen** *(fig fam)* conseguir un gran botín ④ (TYPO) en negrilla; **~ gedruckt** (impreso) en negrilla

Fett *nt* <-(e)s, -e> grasa *f;* **sein ~ abkriegen** *(fam)* recibir su merecido; **~ ansetzen** *(fam)* echar tripa

fettarm *adj* pobre en grasas

Fettauge *nt* ojo *m* de grasa

Fettdruck *m ohne pl* (TYPO) impresión *f* en negrilla

fetten I. *vi* ser grasiento **II.** *vt* engrasar

Fettfleck *m* mancha *f* de grasa

fettgedruckt ['fɛtgədrʊkt] *adj s.* **fett 4.**

Fettgehalt *m* contenido *m* en grasa

Fettgewebe *nt ohne pl* (ANAT, MED) tejido *m* adiposo

fettig *adj* graso, grasiento; *(schmierig)* pringoso

fettleibig ['fɛtlaɪbɪç] *adj* obeso

Fettleibigkeit *f* <-, *ohne pl*> obesidad *f,* gordura *f*

fettlöslich *adj* soluble en grasa

Fettnäpfchen ['fɛtnɛpfçən] *nt* <-s, -> *(fam)* **ins ~ treten** meter la pata

Fettpolster *nt* (ANAT) panículo *m*

Fettsäure *f* ácido *m* graso

Fettschicht *f* capa *f* de grasa; (ANAT) panículo *m* adiposo

Fettsucht *f ohne pl* (MED) obesidad *f,* adiposis *f inv*

fetttriefend *adj* chorreante de grasa

Fettwanst ['fɛtvanst] *m (fam abw)* barrigón, -ona *m, f*

Fetus ['fe:tʊs] *m* <-(ses), - *o* Feten> (MED) feto *m*

fetzen I. *vi (fam)* ① *(abreißen)* arrancar (**von** de) ② *(Musik)* molar **II.** *vr:* **sich ~** *(fam: sich streiten)* pelearse

Fetzen ['fɛtsən] *m* <-s, -> ① *(Stoff)* jirón *m;* *(Papier)* pedazo *m,* jirón *m;* **er riss es in ~** lo hizo trizas ② *(Teil eines Gesprächs)* pedazo *m*

fetzig *adj (fam: Musik)* marchoso

feucht [fɔɪçt] *adj* húmedo; **~ werden** humedecerse; **eine ~e Aussprache haben** *(fam)* escupir al hablar

feuchtfröhlich *adj (fam)* alegre y animado; **eine ~e Party** una fiesta con buen ambiente y con bebidas (alcohólicas)

Feuchtgebiet *nt* zona *f* húmeda

Feuchtigkeit *f ohne pl* humedad *f*

feuchtigkeitsbeständig *adj* resistente a la humedad

Feuchtigkeitscreme *f* crema *f* hidratante

Feuchtigkeitsgehalt *m* grado *m* de humedad

Feuchtigkeitslotion *f* loción *f* hidratante

feuchtkalt ['-'-] *adj* de frío húmedo

Feuchttuch *nt* toallita *f* húmeda (de usar y tirar)

feuchtwarm ['-'-] *adj* de calor húmedo; *(schwül)* bochornoso

feudal [fɔɪ'da:l] *adj* ① (POL) feudal ② *(fam: prächtig)* bien, elegante

Feudalherrschaft *f ohne pl* feudalismo *m*

Feudalismus [fɔɪda'lɪsmʊs] *m* <-, *ohne pl*> feudalismo *m*

Feuer[1] ['fɔɪɐ] *nt* <-s, *ohne pl*> ① (MIL) fuego *m;* **das ~ eröffnen** abrir fuego; **das ~ einstellen** cesar el fuego ② *(Temperament)* **dieses Pferd hat viel ~** este caballo tiene mucho temperamento

Feuer[2] *nt* <-s, -> ① *(vom Menschen kontrolliert)* fuego *m;* **das olympische ~** la llama olímpica; **~ speiend** *(Drache, Vulkan)* que escupe fuego; **haben Sie ~?** ¿tiene fuego?; **jdm ~ geben** dar fuego a alguien; **mit dem ~ spielen** *(fig)* jugar con fuego; **für jdn/etw seine Hand ins ~ legen** poner la mano en el fuego por alguien/algo; **jdm ~ unterm Hintern machen** *(fam)* meter prisa a alguien ② *(Brand)* fuego *m,* incendio *m;* **~ an etwas legen** incendiar algo; **~ und Flamme für etw sein** *(fam)* entusiasmarse por algo; **für jdn durchs ~ gehen** dejarse matar por alguien; **~ fangen** *(in Brand geraten)* incendiarse; *(sich begeistern)* entusiasmarse; **gebranntes Kind scheut das ~** *(prov)* gato escaldado del agua fría huye

Feueralarm *m* alarma *f* de incendio

Feueranzünder *m* encendedor *m*

Feuerbefehl *m* (MIL) orden *f* de fuego

feuerbeständig *adj* resistente al fuego

Feuerbestattung *f* cremación *f,* incineración *f*

Feuereifer *m* celo *m,* fervor *m;* **etw mit ~ betreiben** hacer algo con mucho entusiasmo

feuerfest *adj* a prueba de fuego; *(beständig)* resistente al fuego; (PHYS, CHEM) incombustible; *(Stein)* refractario

Feuergefahr *f* peligro *m* de incendio

feuergefährlich *adj* inflamable

Feuergefecht *nt* (MIL) tiroteo *m*

Feuerholz *nt* <-es, *ohne pl*> leña *f*

Feuerleiter *f* ① *(am Haus)* escalera *f* de incendios ② *(der Feuerwehr)* escalera *f* de bomberos

Feuerlöscher *m* <-s, -> extintor *m* de incendios

Feuermelder *m* <-s, -> teléfono *m* para avisar a los bomberos

feuern I. *vi* ① *(schießen)* disparar ② *(heizen)* calentar **II.** *vt* ① *(einheizen)* calentar ② *(fam: entlassen)* despedir con cajas destempladas ③ *(fam: hinschleudern)* tirar ④ *(fam)* **jdm eine ~** pegarle a alguien una bofetada

Feuerpause *f* (MIL) alto *m* el fuego

Feuerprobe *f* prueba *f* del fuego

feuerrot ['--'-] *adj* rojo encendido; **er wurde ~** se puso más colorado que un tomate

Feuersbrunst ['fɔɪɐsbrʊnst] *f* <-, -brünste> *(geh)* incendio *m,* fuego *m*

Feuerschlucker(in) *m(f)* <-s, -; -nen> hombre *m* tragafuegos, mujer *f* tragafuegos

feuersicher *adj* ① *(feuerfest)* resistente al fuego ② *(geschützt)* protegido contra el fuego

Feuerstein *m (Gesteinsart)* pedernal *m; (im Feuerzeug)* piedra *f* de mechero

Feuerstelle *f (am Herd)* fogón *m,* brasero *m Am*

Feuertreppe *f* <-, -n> escalera *f* de incendios

Feuertür *f* <-, -en> puerta *f* de incendios, escape *m* de incendios

Feuerung *f ohne pl* fuego *m*

Feuerversicherung *f* seguro *m* contra incendios

Feuerwache *f* puesto *m* de bomberos

Feuerwaffe *f* arma *f* de fuego

Feuerwehr ['fɔɪɐveːɐ] *f* <-en> ① *(Institution)* cuerpo *m* de bomberos ② *(fam: Feuerwehreinheit)* bomberos *mpl*

Feuerwehrauto *nt* coche *m* de los bomberos; *(groß)* camión *m* de los bomberos

Feuerwehrfahrzeug *nt* coche *m* de bomberos

Feuerwehrfrau *f* bombera *f*

Feuerwehrhelm *m* casco *m* de bombero

Feuerwehrleiter *f* escalera *f* de bomberos

Feuerwehrmann *m* <-(e)s, -männer *o* -leute> bombero *m*

Feuerwehrschlauch *m* manguera *f* de incendios

Feuerwehrschutzjacke *f* parka *f* de intervención

Feuerwerk *nt* fuegos *mpl* artificiales

Feuerwerkskörper *m (Rakete)* cohete *m; (Knallkörper)* petardo *m*

Feuerzange *f* tenazas *fpl*

Feuerzangenbowle *f* (GASTR) *ponche con un pilón de azúcar rociado con ron para encenderlo*

Feuerzeug *nt* <-(e)s, -e> encendedor *m,* mechero *m*

Feuerzeuggas *nt* <-es, -e> gas *m* para encendedores

Feuilleton [fœjə'tõː] *nt* <-s, -s> ① *(Zeitungsteil)* suplemento *m* cultural ② *(Artikel)* artículo *m* para el suplemento cultural

feurig ['fɔɪrɪç] *adj* ① *(temperamentvoll)* impetuoso; *(leidenschaftlich)* apasionado ② *(Rede)* vehemente ③ *(Auge)* centelleante

ff. *Abk. von* **folgende** (**Seiten**) y (páginas) siguientes

FH [ɛf'haː] *f* <-s> *Abk. von* **Fachhochschule** escuela *f* técnica superior

Fiaker ['fjakɐ] *m* <-s, -> *(Österr)* ① *(Kutsche)* coche *m* de alquiler, (coche *m*) simón *m* ② *(Kutscher)* (cochero *m*) simón *m*

Fiasko ['fjasko] *nt* <-s, -s> fracaso *m*

Fibel ['fiːbəl] *f* <-, -n> ① *(Schul~)* abecedario *m* ② *(Lehrbuch)* manual *m*

Fiber ['fiːbɐ] *f* <-, -n> (MED, BIOL) fibra *f*

ficht [fɪçt] *3. präs von* **fechten**
Fichte ['fɪçtə] *f* <-n> abeto *m* rojo
Fick [fɪk] *m* <-s, -s> *(vulg)* follaje *m*, polvo *m*
fick(e)rig *adj (reg: fam)* inquieto, nervioso
ficken ['fɪkən] *vi, vt (vulg)* joder, coger *Am*
fidel [fi'de:l] *adj (fam)* alegre
Fidschi ['fɪtʃi] *nt* <-s> Fidji *f pl*
Fidschiinseln ['fɪtʃiʔɪnzəln] *f pl* Islas *f pl* Fidji
fieb(e)rig *adj* febril
Fieber ['fi:bɐ] *nt* <-s, -> fiebre *f*; **(40 Grad) ~ haben** tener (40 grados de) fiebre
fieberfrei *adj* sin fiebre
fieberhaft *adj* febril; **wir haben ~ nach ihm gesucht** lo hemos buscado como locos
fieberkrank *adj* calenturiento
Fieberkurve *f* curva *f* de (la) temperatura
Fiebermittel *nt* (MED) medicamento *m* contra la fiebre
fiebern *vi* ① *(Fieber haben)* tener fiebre ② *(verlangen)* temblar de ansiedad (**nach** por)
fiebersenkend *adj* antipirético
Fieberthermometer *nt* termómetro *m*
fiebrig *adj s.* **fieb(e)rig**
Fiedel ['fi:dəl] *f* <-n> (MUS) violín *m*
fiedeln *vi, vt (abw)* rascar (un violín)
fiel [fi:l] *3. imp von* **fallen**
fiepen ['fi:pən] *vi* ① *(Jägersprache)* agamitar ② *(Hund, Vogel)* gemir, gimotear ③ *(Alarm, Fernseher)* chirriar
fies [fi:s] *adj (fam)* ① *(abstoßend)* repugnante ② *(charakterlich)* asqueroso; *(lästig)* pesado
Fiesling ['fi:slɪŋ] *m* <-s, -e> *(fam abw)* tipo *m* asqueroso
Fifa, **FIFA** *f* <-, *ohne pl*> *Abk. von* **Fédération Internationale de Football Association** FIFA *f*
fifty-fifty ['fɪfti'fɪfti] *adv (fam)* **~ machen** hacer mitad y mitad
Figur [fi'gu:ɐ] *f* <-en> ① *(Gestalt)* figura *f*; **auf seine ~ achten** cuidar la línea; **er machte eine gute ~** causó una buena impresión ② *(Persönlichkeit, a.* LIT) personaje *m* ③ *(Spielstein)* pieza *f* ④ *(Abbildung)* ilustración *f*
figurativ [figura'ti:f] *adj* figurado; (KUNST) figurativo
figürlich [fi'gy:ɐlɪç] *adj* ① *(figurmäßig)* en cuanto a la figura ② *(figurativ)* figurado, metafórico, figurativo
Fiktion [fɪk'tsjo:n] *f* <-en> ficción *f*
fiktiv [fɪk'ti:f] *adj* ficticio
Filet [fi'le:] *nt* <-s, -s> (GASTR) filete *m*
Filetsteak *nt* (GASTR) solomillo *m*, bife *m* de lomo *Arg*
Filiale [fi'lja:lə] *f* <-n> sucursal *f*
Filialleiter(in) *m(f)* jefe, -a *m, f* de sucursal
filigran *adj* de filigrana
Filigranarbeit *f* filigrana *f*
Film[1] [fɪlm] *m* <-(e)s, -e> ① *(dünne Schicht)* película *f* ② (FOTO) carrete *m* ③ (TV) película *f*, filme *m*; **in einen ~ gehen** ir a ver una película; **einen ~ drehen** rodar una película; **einen ~ vorführen/anschauen** proyectar/ver una película
Film[2] *m* <-(e)s, *ohne pl*> *(Branche)* cine *m*; **sie ist beim ~** trabaja en el cine
Filmarchiv *nt* archivo *m* de películas
Filmatelier *nt* estudio *m* cinematográfico
Filmaufnahme *f* toma *f*
Filmdiva *f* <-, -diven> (FILM) estrella *f* de cine [*o* de la pantalla]
Filmemacher(in) *m(f)* <-s, -; -nen> director(a) *m(f)* de cine
filmen ['fɪlmən] *vi, vt* rodar (una película), filmar
Filmfestival *nt*, **Filmfestspiele** *nt pl* festival *m* de cine
Filmgeschäft *nt ohne pl* industria *f* cinematográfica
Filmindustrie *f* industria *f* cinematográfica
filmisch *adj* cinematográfico
Filmkamera *f* cámara *f* de cine
Filmkritiker(in) *m(f)* crítico, -a *m, f* cinematográfico , -a
Filmkunst *f ohne pl* cinematografía *f*
Filmmusik *f* banda *f* sonora (de una película)
Filmplakat *nt* cartel *m* (de una película)
Filmproduzent(in) *m(f)* productor(a) *m(f)* cinematográfico , -a
Filmprojektor *m* proyector *m* de cine
Filmregisseur(in) *m(f)* director(a) *m(f)* de cine
Filmriss *m* ① (TV) corte *m* de la película ② *(Black-out)* fallo *m* repentino de la memoria; **ich hatte einen ~** *(fam)* me quedé en blanco, me falló la memoria
Filmrolle *f* ① *(Part)* papel *m* en una película ② *(Spule)* rollo *m* de película
Filmschauspieler(in) *m(f)* actor *m* de cine, actriz *f* de cine
Filmspule *f* bobina *f* cinematográfica
Filmstar *m* estrella *f* de cine
Filmstudio *nt* estudio *m* cinematográfico
Filmverleih *m* distribuidora *f* cinematográfica
Filmvorführer(in) *m(f)* <-s, -; -nen> operador(a) *m(f)* de cine
Filmvorführung *f* presentación *f* de película
Filmzensur *f ohne pl* censura *f* de películas
Filter ['fɪltɐ] *m* <-s, -> filtro *m*

Filteranlage *f* (TECH) instalación *f* de filtraje
Filterkaffee *m ohne pl* café *m* de filtro
filtern *vt* filtrar
Filterpapier *nt* (papel *m* de) filtro *m*
Filtertüte *f* filtro *m*
Filterzigarette *f* cigarrillo *m* con filtro
Filtrat [fɪlˈtraːt] *nt* <-(e)s, -e> (TECH) filtrado *m*
Filtration [fɪltraˈtsjoːn] *f* <-, -en> (TECH) filtrado *m*
filtrieren* [fɪlˈtriːrən] *vt* (TECH) filtrar
Filz [fɪlts] *m* <-es, -e> ❶ *(Gewebe)* fieltro *m* ❷ (POL) nepotismo *m*
filzen [ˈfɪltsən] **I.** *vi (Wolle)* apelmazarse **II.** *vt (fam)* ❶ *(durchsuchen)* registrar, cachear ❷ *(bestehlen)* dejar limpio
Filzhut *m* sombrero *m* de fieltro, callampa *f Chil*
filzig *adj* ❶ *(samtig: Blatt)* afelpado ❷ *(verfilzt: Haar)* enmarañado
Filzlaus *f* ladilla *f*
Filzpantoffel *m* pantufla *f* de fieltro
Filzstift *m* rotulador *m*
Fimmel [ˈfɪməl] *m* <-s, -> *(fam abw)* manía *f*; *(fixe Idee)* idea *f* fija
final *adj (geh)* final; **Krebs im ~en Stadium** cáncer terminal
Finale [fiˈnaːlə] *nt* <-s, -> final *f*; (SPORT *a.*) finalísima *f*; **ins ~ kommen** llegar a la final
Finalsatz *m* (LING) oración *f* final
Finanzamt [fiˈnants-] *nt* Delegación *f* de Hacienda, impositiva *f Am*
Finanzausgleich *m* compensación *f* financiera, ajuste *m* financiero
Finanzbeamte(r) *m*, **-beamtin** *f* agente *mf* fiscal
Finanzberater(in) *m(f)* asesor(a) *m(f)* fiscal y financiero , -a
Finanzbericht *m* <-(e)s, -e> informe *m* financiero
Finanzblase *f* burbuja *f* financiera
Finanzbuchhalter(in) *m(f)* <-s, -; -, -nen> contable *mf* financiero, -a
Finanzen [fiˈnantsən] *pl* finanzas *fpl*
Finanzexperte, -in *m, f* experto, -a *m, f* financiero , -a
Finanzhoheit *f ohne pl* (JUR) soberanía *f* financiera
finanziell [finanˈtsjɛl] *adj* financiero, económico
finanzierbar *adj* financiable
finanzieren* [finanˈtsiːrən] *vt* financiar
Finanzierung *f* <-en> financiación *f*
Finanzinstitut *nt* instituto *m* financiero
finanzkräftig *adj* con capacidad financiera
Finanzlage *f* situación *f* financiera
Finanzmarkt *m* mercado *m* financiero
Finanzminister(in) *m(f)* ministro, -a *m, f* de Hacienda
Finanzministerium *nt* ministerio *m* de Hacienda
Finanzpolitik *f* (*a.* WIRTSCH) política *f* financiera
finanzschwach *adj* sin capacidad económica
Finanzspritze *f* <-, -n> apoyo *m* financiero
finanzstark *adj s.* **finanzkräftig**
Finanzverwaltung *f* administración *f* financiera
Finanzwesen *nt ohne pl* hacienda *f*
Findelkind [ˈfɪndəlkɪnt] *nt* expósito, -a *m, f*
finden [ˈfɪndən] <findet, fand, gefunden> **I.** *vt* ❶ *(allgemein)* encontrar; *(unvermutet)* dar con; **er war nirgends zu ~** no lo encontramos en ninguna parte; **ihr Haus ist gut/schlecht zu ~** su casa es fácil/difícil de encontrar; **Anklang ~** encontrar aprobación; **Beachtung ~** recibir atención; **ich muss zu mir selbst ~** necesito un momento de tranquilidad; **sie fand keine Ruhe** no halló reposo; **sie findet Freude an der Arbeit** le gusta su trabajo; **ich finde nichts Schlimmes dabei** no encuentro nada de malo en ello; **kein Ende ~** no acabar nunca; **Verwendung ~** poder ser utilizado; **wer sucht, der findet** *(prov)* quién busca encuentra ❷ *(meinen)* opinar; **ich finde, dass ...** opino que...; **ich finde es gut, dass ...** me parece bien que... *+subj* **II.** *vr:* **sich ~** ❶ *(zum Vorschein kommen)* aparecer; **der Schlüssel wird sich schon (wieder) ~** ya aparecerá la llave ❷ *(in Ordnung kommen)* arreglarse; **das wird sich alles ~** todo se arreglará
Finder(in) *m(f)* persona *f* que encuentra algo
Finderlohn *m ohne pl* gratificación *f*
findig *adj* ingenioso, listo
Findling [ˈfɪntlɪŋ] *m* <-s, -e> (GEO) roca *f* errática
Finesse[1] [fiˈnɛsə] *f* <-, *ohne pl*> *(geh: Schlauheit)* finura *f*
Finesse[2] *f* <-, -n> *(geh)* ❶ *(Detail)* detalle *m* ❷ *(Trick)* truco *m*; **mit allen ~n** con todo tipo de artimañas
fing [fɪŋ] *3. imp von* **fangen**
Finger [ˈfɪŋɐ] *m* <-s, -> dedo *m*; **der kleine ~** el (dedo) meñique; **mit dem ~ auf jdn zeigen** señalar con el dedo a alguien; **jdm auf die ~ klopfen** *(fam fig)* echar a alguien un rapapolvo; **das kann man sich doch an den (fünf) ~n abzählen!** *(fam)* ¡es evidente!; **~ weg!** ¡no lo toques!; **er hat überall die ~ drin** *(fam fig)* mete sus

narices en todo; **da solltest du lieber die ~ von lassen** *(fam fig)* será mejor que no te metas en esto; **jdm (genau) auf die ~ schauen** *(fig)* controlar a alguien; **jdn in die ~ bekommen** coger a alguien; **sich** *dat* **etw aus den ~n saugen** sacarse algo de la manga; **jdn um den ~ wickeln** *(fam)* ganarse a alguien; **sich** *dat* **die ~ nach etw lecken** *(fam)* morirse de ganas por obtener algo; *(beim Essen)* chuparse los dedos por algo; **keinen ~ krumm machen** *(fam)* no dar ni golpe

Fingerabdruck *m* huella *f* digital, impresión *f* dactilar; **genetischer ~** característica genética

Fingerbreit *m* **keinen ~ nachgeben** no ceder ni un ápice

Fingerfarbe *f* pintura *f* para pintar con los dedos

fingerfertig *adj* hábil, mañoso

Fingerfertigkeit *f ohne pl* habilidad *f* manual

Fingerhandschuh *m* guante *m*

Fingerhut *m* ❶ *(beim Nähen)* dedal *m* ❷ (BOT) dedalera *f*

Fingerknöchel *m* nudillo *m*

Fingerknochen *m* falange *f*

Fingerkuppe *f* yema *f* (del dedo)

fingern I. *vi* manosear (**an**) **II.** *vt (fam)* hurgar

Fingernagel *m* uña *f*

Fingerspitze *f* punta *f* del dedo

Fingerspitzengefühl *nt ohne pl* tacto *m; (Diplomatie)* diplomacia *f*

Fingerzeig ['fɪŋɐtsaɪk] *m* <-s, -e> señal *f*

fingieren* [fɪŋ'giːrən] *vt* fingir

Fink [fɪŋk] *m* <-en, -en> (ZOOL) pinzón *m*

Finne, -in ['fɪnə] *m, f* <-n, -n; -nen> finlandés, -esa *m, f*

finnisch *adj* finlandés

Finnisch *nt* <-(s), *ohne pl*>, **Finnische** *nt* <-n, *ohne pl*> finlandés *m*

Finnland ['fɪnlant] *nt* <-s> Finlandia *f*

finster ['fɪnstɐ] *adj* ❶ *(dunkel)* oscuro; *(düster)* tenebroso; **es sieht ~ aus** tiene muy mal aspecto; **im F~n tappen** andar a tientas ❷ *(anrüchig)* dudoso ❸ *(mürrisch)* huraño, ceñudo

Finsternis *f* <-se> oscuridad *f*

Finte ['fɪntə] *f* <-n> ❶ *(Vorwand)* artimaña *f* ❷ (SPORT) finta *f*

Firlefanz ['fɪrləfants] *m* <-es, *ohne pl*> *(fam: Krempel)* cachivache *m*

Firma ['fɪrma, *pl:* 'fɪrmən] *f* <Firmen> empresa *f; (Fabrik)* fábrica *f*

Firmament [fɪrma'mɛnt] *nt* <-(e)s, *ohne pl*> *(geh)* firmamento *m*

firmen ['fɪrmən] *vt* (REL) confirmar

Firmen *pl von* **Firma**

Firmenchef(in) *m(f)* jefe, -a *m, f* de una empresa

firmeneigen *adj* perteneciente a la empresa

Firmeninhaber(in) *m(f)* titular *mf* de una empresa

firmenintern *adj* interno de la firma

Firmenname *m* nombre *m* comercial

Firmensitz *m* <-es, -e> (JUR, WIRTSCH) sede *f* social, domicilio *m* comercial

Firmenwagen *m* coche *m* de la empresa

Firmenzeichen *nt* marca *f* de una fábrica

Firmling ['fɪrmlɪŋ] *m* <-s, -e> (REL) confirmando, -a *m, f*

Firmung ['fɪrmʊŋ] *f* <-en> (REL) confirmación *f*

Firn [fɪrn] *m* <-(e)s, *ohne pl*> ❶ *(Schnee)* nieve *f* endurecida ❷ *(Gletscher)* ventisquero *m*

Firnis ['fɪrnɪs] *m* <-ses, -se> barniz *m*

First [fɪrst] *m* <-(e)s, -e> ❶ *(Dach)* caballete *m* ❷ *(Gipfel)* cumbre *f*

Fis [fɪs] *nt* <-, -> (MUS) fa *m* sostenido

Fisch [fɪʃ] *m* <-(e)s, -e> ❶ (ZOOL) pez *m; (Ware, Gericht)* pescado *m;* **stumm sein wie ein ~** no decir esta boca es mía; **sich wie ein ~ im Wasser fühlen** sentirse como pez en el agua; **das ist weder ~ noch Fleisch** *(fam fig)* esto está a medias; **das sind kleine ~e für mich** *(fam)* eso está chupado; **ein dicker ~ sein** *(fam fig)* ser un pez gordo ❷ (ASTR: *Person*) piscis *mf inv* ❸ **~e** (ASTR: *Zeichen*) Piscis *m*

Fischauge *nt* ❶ (ZOOL) ojo *m* del pez ❷ (FOTO) ojo *m* de pez

Fischbestand *m* <-(e)s, -stände> existencia *f* de peces

fischen *vi, vt* pescar; **im Trüben ~** pescar en río revuelto

Fischer(in) *m(f)* <-s, -; -nen> pescador(a) *m(f)*

Fischerboot *nt* barco *m* pesquero

Fischerdorf *nt* pueblo *m* que vive de la pesca

Fischerei *f ohne pl* pesca *f*

Fischereihafen *m* puerto *m* pesquero

Fischerin *f* <-nen> *s.* **Fischer**

Fischernetz *nt* red *f* para pescar

Fischfang *m* pesca *f;* **auf ~ gehen** ir de pesca

Fischfilet *nt* (GASTR) filete *m* de pescado, lomo *m* de pescado

Fischgeschäft *nt* pescadería *f*

Fischgräte *f* <-, -n> espina *f* de pescado

Fischgrätenmuster *nt* dibujo *m* de espiga

Fischgründe *mpl* caladero *m*

Fischhändler(in) *m(f)* pescadero, -a *m, f*

Fischkonserve *f* <-, -n> conserva *f* de pescado

Fischkutter *m* cúter *m* pesquero

Fischmehl *nt* harina *f* de pescado
Fischreiher *m* (ZOOL) garza *f* real, cenicienta *f*
Fischrogen *m* <-s, -> (ZOOL) huevas *fpl* de pescado; **Kaviar ist gesalzener ~ des Störs** el caviar es la hueva salpresa del esturión
Fischschwarm *m* banco *m* de peces, cardume(n) *m*
Fischstäbchen ['fɪʃʃtɛːpçən] *nt* (GASTR) barrita *f* de pescado
Fischsteak *nt* (GASTR) filete *m* de pescado
Fischsterben *nt* mortandad *f* piscícola
Fischsuppe *f* sopa *f* de pescado
Fischtheke *f* mostrador *m* de la pescadería
Fischzucht *f ohne pl* piscicultura *f*
fiskalisch [fɪs'kaːlɪʃ] *adj* fiscal
Fiskalpakt [fɪs'kaːl-] *m* (POL) pacto *m* fiscal; **europäischer ~** pacto fiscal europeo
Fiskus ['fɪskʊs] *m* <-, *ohne pl*> Hacienda *f*, fisco *m*
Fisolen [fi'zoːlən] *fpl* *(Österr: grüne Bohnen)* judías *fpl*, frijoles *mpl Am*
fit [fɪt] *adj* en (buena) forma
Fitness ['fɪtnɛs] *f ohne pl* buena forma *f*
Fitnessball *m* (SPORT) pelota *f* de fitness [*o* para hacer gimnasia]
Fitnesscenter ['fɪtnɛssɛntɐ] *nt* <-s, -> gimnasio *m*
Fitnessraum *m* (SPORT) gimnasio *m*, sala *f* de fitness
Fitnessstudio *nt* gimnasio *m*
Fitnesstraining *nt* <-s, -s> (SPORT) práctica *f* deportiva, entrenamiento *m*
Fittich ['fɪtɪç] *m* <-(e)s, -e> *(geh)* ala *f*; **jdn unter seine ~e nehmen** ocuparse de alguien
fix [fɪks] *adj* ① *(Gehalt, Kosten)* fijo; **eine ~e Idee** una obsesión ② *(fam: schnell)* rápido; *(gewandt)* vivo ③ *(völlig erschöpft)* **~ und fertig sein** estar para el arrastre; **jdn ~ und fertig machen** hacer polvo a alguien ④ *(reg: abw: bei Verstand)* **nicht ganz ~ sein** no estar en su (sano) juicio
Fixa *pl von* **Fixum**
fixen ['fɪksən] *vi (sl)* pincharse
Fixer(in) *m(f)* <-s, -; -nen> *(sl)* drogadicto, -a *m, f*
fixieren* [fɪ'ksiːrən] *vt* ① (*a.* FOTO) fijar (**an** a/en) ② *(schriftlich festhalten)* concertar; **jdn ~** clavar los ojos en alguien; **auf etw fixiert sein** (PSYCH) depender emocionalmente de algo
Fixiermittel [fɪ'ksiːɐ-] *nt* (TECH) agente *m* de fijación
Fixierung *f* <-en> fijación *f*
Fixkosten *pl* costes *mpl* fijos
Fixpunkt *m* punto *m* fijo
Fixstern *m* <-(e)s, -e> (ASTR) estrella *f* fija
Fixum ['fɪksʊm, *pl:* 'fɪksa] *nt* <-s, Fixa> sueldo *m* fijo
Fjord [fjɔrt] *m* <-(e)s, -e> fiordo *m*
FKK [ɛfkaː'kaː] *Abk. von* **Freikörperkultur** nudismo *m*
FKK-Strand *m* playa *f* nudista
flach [flax] *adj* ① *(eben)* llano, plano; **mit der ~en Hand** con la palma de la mano; **auf dem ~en Land** en el campo ② *(niedrig)* bajo, playo *CSur*; *(Gewässer)* poco profundo; *(Teller)* llano ③ *(abw: oberflächlich)* banal
Flachbildschirm *m* (INFOR, TV) pantalla *f* plana
Flachdach *nt* tejado *m* plano
Flachdruck *m* (TYPO) impresión *f* plana
Fläche ['flɛçə] *f* <-n> ① *(Gebiet)* superficie *f*; *(Bauwesen)* terreno *m* ② (MATH: *Grundfläche*) plano *m*; *(eines Würfels)* cara *f*
Flächenbrand *m* incendio *m* de rápida propagación
flächendeckend *adj* que cubre totalmente un campo determinado
Flächeninhalt *m* (MATH) área *f*
Flächenmaß *nt* (MATH) medida *f* de superficie
flach|fallen *irr vi sein (fam)* suspenderse
flächig ['flɛçɪç] *adj* llano, plano
Flachland *nt ohne pl* llanura *f*
flach|legen I. *vt (fam: hinstrecken)* echar al suelo **II.** *vr:* **sich ~** *(fam)* echarse un rato a dormir
flach|liegen *irr vi (fam: krank sein)* estar enfermo
Flachmann *m (fam)* petaca *f*
Flachrennen *nt* (SPORT: *Pferderennen*) turf *m*
Flachs [flaks] *m* <-es, *ohne pl*> ① (BOT) lino *m* ② *(fam: Spaß)* burla *f*
flachsblond ['--] *adj* rubio platino
flachsen ['flaksən] *vi (fam)* bromear
flackern ['flakɐn] *vi* ① *(Feuer)* llamear ② *(Licht)* centellear
Fladen ['flaːdən] *m* <-s, -> ① *(Pfannkuchen)* filloa *f* ② *(Kuhdung)* boñigo *m*
Fladenbrot *nt* pan *m* árabe
Flagge ['flagə] *f* <-n> bandera *f*; **das Schiff fährt unter spanischer ~** el barco navega con pabellón español
flaggen *vi* **halbmast ~** ondear la bandera a media asta
Flaggschiff ['flak-] *nt* (MIL) buque *m* insignia
Flair [flɛːɐ] *nt o m* <-s, *ohne pl*> *(von Menschen)* encanto *m*, aire *m*; *(von Sachen)* atmósfera *f*
Flak [flak] *f* <-, -(s)> (MIL) *Abk. von* **Flugzeugabwehrkanone** cañón *m* antiaéreo

Flakon [fla'kõ:] *m o nt* <-s, -s> *(geh)* frasco *m*
flambieren* [flam'bi:rən] *vt* flamear
Flame, -in ['fla:mə] *m, f* <-n, -n; -nen> flamenco, -a *m, f*
Flämin ['flɛ:mɪn] *f* <-nen> flamenca *f*
Flamingo [fla'mɪŋgo] *m* <-s, -s> (ZOOL) flamenco *m*
flämisch ['flɛ:mɪʃ] *adj* flamenco
Flämisch *nt* <-(s), *ohne pl*>, **Flämische** *nt* <-n, *ohne pl*> flamenco *m*
Flamme ['flamə] *f* <-n> ❶ *(vom Feuer)* llama *f;* **in ~n aufgehen** arder; **in ~n stehen** estar en llamas ❷ *(Gasflamme)* fuego *m;* **etw auf kleiner ~ kochen** cocinar algo a fuego lento ❸ *(am Gasherd)* fogón *m* de gas
flammend *adj (Inferno)* ardiente; *(Worte, Blicke)* apasionado
Flammenmeer *nt* <-(e)s, -e> *(geh)* mar *m* de llamas
Flammenwerfer *m* <-s, -> (MIL) lanzallamas *m inv*
Flandern ['flandɐn] *nt* <-s> Flandes *m*
Flanell [fla'nɛl] *m* <-s, -e> franela *f*
flanieren* [fla'ni:rən] *vi haben o sein* callejear
Flanke ['flaŋkə] *f* <-n> ❶ (ANAT) flanco *m;* *(Pferd)* ijada *f,* verija *f Am* ❷ (MIL) flanco *m* ❸ (SPORT: *Sprung*) volteo *m;* *(Pass)* entrega *f,* pase *m*
flanken *vi* (SPORT) centrar
flankieren* *vt* acompañar, flanquear
Flansch [flanʃ] *m* <-(e)s, -e> (TECH) brida *f*
flapsig ['flapsɪç] *adj (fam)* fresco
Fläschchen *nt* <-s, -> *(Babyfläschchen)* biberón *m*
Flasche ['flaʃə] *f* <-n> ❶ *(Gefäß)* botella *f;* *(für Babys)* biberón *m,* mamadera *f Am;* **aus der ~ trinken** beber de la botella; **zur ~ greifen** *(fig)* darse a la bebida ❷ *(fam: Versager)* cero *m* a la izquierda
Flaschenbier *nt* cerveza *f* en botella(s)
Flaschengärung *f* fermentación *f* en botella
Flaschenhals *m* gollete *m*
Flaschennahrung *f* alimento *m* para biberones
Flaschenöffner *m* abrebotellas *m inv*
Flaschenpfand *nt* (precio *m* del) envase *m*
Flaschenpost *f* botella *f* arrojada al mar (con un mensaje)
Flaschenzug *m* <-(e)s, -züge> sistema *m* de poleas
Flaschner(in) ['flaʃnɐ] *m(f)* <-s, -; -nen> *(südd, Schweiz)* fontanero, -a *m, f,* plomero, -a *m, f*
Flatrate ['flɛtreɪt] *f* <-, -s> (INFOR) tarifa *f* plana
flatterhaft *adj (abw)* veleidoso
Flatterhaftigkeit *f* <-, *ohne pl*> veleidad *f,* inconstancia *f*
flattern ['flatɐn] *vi* ❶ *sein (Tier)* revolotear ❷ *(Hände)* temblar ❸ *sein (Fahne)* ondear; *(Papier)* revolotear
Flattersatz *m ohne pl* (TYPO) composición *f* a pedazos
flau [flaʊ] *adj* ❶ *(schwach)* débil; **mir ist ~ im Magen** me mareo ❷ (FIN) flojo
Flaum [flaʊm] *m* <-(e)s, *ohne pl*> ❶ *(Federn)* plumón *m* ❷ *(Härchen)* pelusilla *f;* *(Bartwuchs)* bozo *m*
flaumig ['flaʊmɪç] *adj* plumoso, velloso; **das Gefieder der jungen Vögel ist noch ganz ~** las plumas de los pájaros jóvenes están aún totalmente cubiertas de pelusa
Flausch [flaʊʃ] *m* <-(e)s, -e> flojel *m*
Flauschdecke *f* manta *f*
flauschig *adj* blando, suave
Flaute ['flaʊtə] *f* <-n> ❶ (NAUT) calma *f* chicha ❷ (FIN) periodo *m* de crisis; **es herrscht absolute ~** el negocio está paralizado ❸ *(Wend)* **die Party war eine ~** *(fam)* la fiesta fue un chasco
Flechte ['flɛçtə] *f* <-n> ❶ (BOT) liquen *m* ❷ (MED) herpes *m o f*
flechten ['flɛçtən] <flicht, flocht, geflochten> *vt* tejer; *(Haare)* trenzar; **einen Blumenkranz ~** hacer una corona de flores
Fleck [flɛk] *m* <-(e)s, -e> ❶ *(Schmutz-, Farbfleck)* mancha *f;* **ein blauer ~** un moratón ❷ *(fam: Stelle)* lugar *m,* sitio *m;* **nicht vom ~ kommen** no avanzar; **das Herz auf dem rechten ~ haben** tener el corazón en su sitio
Fleckchen *nt* <-s, -> *(Gegend)* lugar *m*
Flecken ['flɛkən] *m* <-s, -> ❶ *(Schmutz-, Farbflecken)* mancha *f* ❷ *(Dorf)* pueblo *m*
Fleckenentferner *m* quitamanchas *m inv*
fleckenlos *adj* sin manchas
fleckig ['flɛkɪç] *adj* con manchas; *(Obst)* picado; *(Tierfell)* a pintas
Fledermaus ['fle:dɐmaʊs] *f* murciélago *m*
Fleece *nt* <-, *ohne pl*> fleece *m*
Flegel ['fle:gəl] *m* <-s, -> *(abw)* grosero, -a *m, f*
flegelhaft *adj (abw: Benehmen)* grosero; *(Kind)* mal educado
Flegeljahre *ntpl* edad *f* del pavo
flehen ['fle:ən] *vi* implorar, suplicar; **um Gnade ~** implorar el perdón
flehentlich ['fle:əntlɪç] *adv (geh)* encarecidamente; **jdn ~ bitten** rogar encarecidamente a alguien
Fleisch [flaɪʃ] *nt* <-(e)s, *ohne pl*> carne *f;* *(Fruchtfleisch)* pulpa *f;* **~ fressend** carnívoro; **vom ~ fallen** *(fam)* quedarse en los huesos; **sich** *dat/akk* **ins eigene ~**

F

schneiden *(fig)* echar piedras contra el propio tejado

Fleischbrühe *f* caldo *m* de carne

Fleischer(in) *m(f)* <-s, -; -nen> carnicero, -a *m, f*

Fleischerei *f* <-en> carnicería *f*

Fleischerin *f* <-nen> *s.* **Fleischer**

Fleischermesser *nt* <-s, -> cuchillo *m* de carnicero

Fleischesser(in) *m(f)* <-s, -; -, -nen> persona *f* que come carne

fleischfarben *adj* color carne

Fleischfresser *m* (ZOOL) carnívoro *m*

Fleischhauer(in) *m(f)* *(Österr)* carnicero, -a *m, f*

fleischig *adj* carnoso; *(Frucht)* pulposo; *(Person)* rollizo

Fleischkäse *m* queso *m* de cerdo

Fleischklopfer *m* ablandador *m*

Fleischkloß *m* (GASTR) albóndiga *f*

Fleischklößchen ['flaɪʃklø:sçən] *nt* albóndiga *f*

fleischlich *adj* ① *(Kost)* cárnico, de carne ② *(Begierde)* carnal

fleischlos *adj (Nahrung)* sin carne, vegetariano; ~ **essen** alimentarse de vegetales

Fleischpastete *f* (GASTR) paté *m* de carne

Fleischspieß *m* pincho *m* moruno, anticucho *m Perú*

Fleischtheke *f* mostrador *m* de la carnicería

Fleischtomate *f* tomate *m* de ensalada

Fleischvergiftung *f* (MED) intoxicación *f* (por consumo) de carne

Fleischwaren *fpl* carne *f*, productos *mpl* cárnicos

Fleischwolf *m* <-(e)s, -wölfe> máquina *f* de picar carne

Fleischwunde *f* herida *f* profunda

Fleischwurst *f* embutido *m*

Fleiß [flaɪs] *m* <-es, *ohne pl*> aplicación *f*; *(Eifer)* empeño *m*; **ohne ~ kein Preis** *(prov)* no hay atajo sin trabajo

fleißig **I.** *adj* ① *(arbeitsam)* aplicado ② *(fam: regelmäßig)* regular **II.** *adv* ① *(arbeitsam)* con empeño ② *(fam: regelmäßig)* a menudo

flennen ['flɛnən] *vi (fam abw)* llorar

fletschen ['flɛtʃən] *vt* **die Zähne ~** regañar los dientes

flexibel [flɛ'ksi:bəl] *adj* flexible

flexibilisieren* [flɛksibili'zi:rən] *vt* flexibilizar

Flexibilisierung *f* <-, -en> flexibilización *f*

Flexibilität [flɛksibili'tɛ:t] *f ohne pl* flexibilidad *f*

Flexion [flɛ'ksjo:n] *f* <-en> (LING) flexión *f*

Flexitarier(in) <-s, -(nen)> [flɛksi'ta:ri̯ɐ] *m(f)* flexitariano, -a *m, f*

flicht [flɪçt] *3. präs von* **flechten**

Flickarbeit *f* remiendo *m*

flicken ['flɪkən] *vt (Reifen)* echar parches (a); *(Kleidung)* remendar

Flicken *m* <-s, -> remiendo *m*

Flickenteppich *m* <-s, -e> alfombrilla *f* de retazos

Flickwerk *nt* <-(e)s, *ohne pl*> *(abw)* chapuza *f*

Flickzeug *nt (allgemein)* estuche *m* de reparación; *(Fahrrad, Reifen)* caja *f* de parches; *(Nähzeug)* avíos *mpl* de coser

Flieder ['fli:dɐ] *m* <-s, -> (BOT) lila *f*

fliederfarben *adj* (color) lila

Fliege ['fli:gə] *f* <-n> ① (ZOOL) mosca *f*; **er tut keiner ~ was zuleide** [*o* **zu Leide**] no es capaz de hacerle daño ni a una mosca; **zwei ~n mit einer Klappe schlagen** *(fam)* matar dos pájaros de un tiro; **die ~ machen** *(fam)* largarse ② *(Krawatte)* pajarita *f*

fliegen ['fli:gən] <fliegt, flog, geflogen> **I.** *vi sein* ① *(Tier, Flugzeug)* volar; *(Person)* ir en avión; **wann fliegt die nächste Maschine?** ¿cuándo sale el próximo avión?; **wie lange fliegt man von Wien nach Buenos Aires?** ¿cuánto tiempo tarda el vuelo de Viena a Buenos Aires? ② *(Ball, Stein)* volar; *(geworfen werden)* ser lanzado; **der Ball flog über das Tor** la pelota voló por encima de la portería; **in die Luft ~** estallar por los aires; **sie flog ihm um den Hals** se le echó al cuello ③ *(fam: hinausgeworfen werden)* **ich bin geflogen** me han echado ④ *(fam: durchfallen)* **durchs Examen ~** cargar el examen ⑤ *(fam: angezogen werden)* pirrarse (**auf** por); **er fliegt auf neue Autos** se pirra por coches nuevos **II.** *vt* ① *(Flugzeug)* pilotar ② *(Güter, Passagiere)* tra(n)sportar por aire ③ *(Route)* cubrir

fliegend *adj* volante; **in ~er Eile** volando; **~e Händler** vendedores *mpl* ambulantes; **der F~e Holländer** *(Sage)* el holandés errante; *(Oper)* el buque fantasma

Fliegenfänger *m* <-s, -> atrapamoscas *m inv*

Fliegenfischen *nt* <-s, *ohne pl*> pesca *f* con mosca

Fliegengewicht *nt* peso *m* mosca

Fliegengitter *nt* alambrera *f*

Fliegenklatsche ['fli:gənklatʃə] *f* matamoscas *m inv*

Fliegenpilz *m* amanita *f* muscaria

Flieger ['fli:gɐ] *m* <-s, -> ① *(Pilot)* piloto *m* ② *(fam: Flugzeug)* avión *m*

Fliegeralarm *m* alarma *f* aérea

Fliegerin *f* <-, -nen> *s.* **Flieger**

fliehen ['fli:ən] <flieht, floh, geflohen> *vi sein* huir (**vor** de); *(aus dem Gefängnis)* escaparse (**aus** de); **zu jdm ~** refugiarse en casa de alguien

Fliehkraft *f* (PHYS) fuerza *f* centrífuga

Fliese ['fli:zə] *f* <-n> *(aus Stein)* baldosa *f; (Kachel)* azulejo *m*

fliesen ['fli:zn] *vt (Fußboden)* (em)baldosar; *(Wand)* cubrir con azulejos, azulejar

Fliesenleger(in) *m(f)* <-s, -; -nen> solador(a) *m(f)*, embaldosador(a) *m(f)*

Fließband *nt* cadena *f* de fabricación; **am ~ arbeiten** trabajar en la cadena; **wie am ~** en cadena

Fließbandarbeit *f* trabajo *m* en cadena (de fabricación)

Fließbandfertigung *f ohne pl* fabricación *f* en cadena

fließen ['fli:sən] <fließt, floss, geflossen> *vi sein (Fluss, Gelder, Spenden, Verkehr)* fluir; *(Tränen)* correr; *(herausfließen)* salir; **die Elbe fließt in die Nordsee** el Elba desemboca en el mar del Norte; **der Sekt floss in Strömen** el champán corrió a litros; **es ist genug Blut geflossen** ya se ha derramado bastante sangre

fließend **I.** *adj* ① *(Wasser)* corriente; **~er Verkehr** tráfico fluido ② *(Grenze, Übergang)* difuso **II.** *adv* con fluidez; **sie spricht ~ Katalanisch** habla catalán con fluidez

Fließhecklimousine *f* (AUTO) berlina *f* de dos volúmenes

flimmerfrei *adj (Bildschirm)* sin centelleo

Flimmerkiste *f (fam abw)* tele *f*, caja *f* tonta

flimmern ['flɪmɐn] *vi* brillar, relucir; *(Sterne)* centellear; **es flimmert mir vor den Augen** se me va la vista

flink [flɪŋk] *adj* ① *(lebhaft)* despabilado ② *(schnell)* rápido ③ *(geschickt)* hábil

Flinte ['flɪntə] *f* <-n> escopeta *f*; **die ~ ins Korn werfen** *(fam fig)* arrojar la toalla

Flip-Flop® ['flɪpflɔp] *m* <-s, -s> *meist pl* chancleta *f*

Flipper ['flɪpɐ] *m* <-s, -> *(fam)* flipper *m*, flíper *m*

flippern *vi (fam)* jugar al flipper

flippig ['flɪpɪç] *adj (fam)* pasota

Flirt [flɪrt, flœrt] *m* <-s, -s> ligue *m*

flirten ['flɪrtən, 'flœrtən] *vi* flirtear

Flittchen ['flɪtçən] *nt* <-s, -> *(fam abw)* mujerzuela *f*

Flitter[1] ['flɪtɐ] *m* <-s, -> *(Paillette)* lentejuela *f*

Flitter[2] *m* <-s, *ohne pl*> *(abw: Tand)* oropel *m*

Flitterwochen *fpl* luna *f* de miel

flitzen ['flɪtsən] *vi sein (fam)* ir pitando

Flitzer *m* <-s, -> *(fam)* coche *m* deportivo

flocht [flɔxt] *3. imp von* **flechten**

Flocke ['flɔkə] *f* <-n> copo *m*

flockig *adj* coposo

flog [flo:k] *3. imp von* **fliegen**

floh [flo:] *3. imp von* **fliehen**

Floh [flo:, *pl:* 'flø:ə] *m* <-(e)s, Flöhe> ① (ZOOL) pulga *f*; **jdm einen ~ ins Ohr setzen** *(fam)* ponerle a alguien la mosca detrás de la oreja; **die Flöhe husten hören** *(fam)* sentir crecer la hierba ② *pl (fam: Geld)* pelas *fpl*

Flohmarkt *m* rastro *m*, mercadillo *m*

Flohzirkus *m* <-, -se> exhibición *f* de pulgas amaestradas

Flop [flɔp] *m* <-s, -s> fracaso *m*

Floppy Disk *f* <-s> (INFOR) disco *m* flexible

Flor [flo:ɐ] *m* <-s, -e *o* Flöre> *(dünnes Gewebe)* velo *m*, crespón *m; (Teppich, Samt)* velludillo *m*

Flora ['flo:ra, *pl:* 'flo:rən] *f* <Floren> flora *f*

Florentiner *m* <-s, -> ① (GASTR) "florentina" *f (torta por una parte cubierta de chocolate y por la otra de almendras troceadas)* ② *(Strohhut)* sombrero *m* de paja ancho de alas

florentinisch *adj* florentino

Florenz [flo'rɛnts] *nt* <-> Florencia *f*

Florett [flo'rɛt] *nt* <-(e)s, -e> florete *m*; **~ fechten** practicar esgrima de florete

florieren* [flo'ri:rən] *vi* florecer, prosperar

Florist(in) [flo'rɪst] *m(f)* <-en, -en; -nen> florista *mf*

Floskel ['flɔskəl] *f* <-n> fórmula *f* de cortesía

floss [flɔs] *3. imp von* **fließen**

Floß [flo:s, *pl:* 'flø:sə] *nt* <-es, Flöße> balsa *f*

Flosse ['flɔsə] *f* <-n> ① *(vom Fisch, Taucher)* aleta *f* ② (NAUT) orza *f* fija ③ *(fam: Hand)* mano *f*

Flößer(in) *m(f)* <-s, -; -, -nen> almadiero, -a *m, f*

Flöte ['flø:tə] *f* <-n> ① (MUS) flauta *f* ② *(Sektglas)* copa *f* de champán

flöten **I.** *vi* ① *(Flöte spielen)* tocar la flauta; *(Vogel, Mensch)* gorjear ② *(fam: verloren gehen)* **~ gehen** irse al traste **II.** *vt (auf der Flöte spielen)* tocar con la flauta; *(pfeifen)* silbar

Flötenspiel *nt* <-(e)s, *ohne pl*> (MUS) música *f* de flauta

Flötenspieler(in) *m(f)* flautista *mf*

Flötist(in) [flø'tɪst] *m(f)* <-en, -en; -nen> (MUS) flautista *mf*

flott [flɔt] *adj* ① *(fam: rasch)* rápido; **aber ein bisschen ~!** ¡date prisa! ② *(fam: Person)* atractivo; *(Kleidung)* de moda;

(Musik) marchoso ③ *(lebenslustig)* alegre ④ *(einsatzbereit)* a punto; (NAUT) a flote

Flotte ['flɔtə] *f* <-n> flota *f*

Flottenstützpunkt *m* (MIL) base *f* naval

flott|machen *vt* ① *(Schiff)* desencallar ② *(fam: Fahrzeug)* poner a punto

Flöz [fløːts] *nt* <-es, -e> (BERGB) filón *m*

Fluch [fluːx, *pl:* 'flyːçə] *m* <-(e)s, Flüche> ① *(Verwünschung)* maldición *f*; **einen ~ ausstoßen** lanzar una maldición ② *(Schimpfwort)* taco *m*

fluchen ['fluːxən] *vi* soltar tacos; **auf** [*o* **über**] **etw ~** maldecir algo

Flucht[1] [flʊxt] *f ohne pl (das Fliehen)* huida *f* (**aus/vor** de), fuga *f* (**aus** de); **vor jdm/etw** *dat* **die ~ ergreifen** huir de alguien/algo; **jdn in die ~ schlagen** hacer que alguien emprenda la huida; **auf der ~ sein** andar fugitivo, andar de agache *Col;* **die ~ nach vorn antreten** emprender una huida hacia delante

Flucht[2] *f* <-en> ① (ARCHIT) punto *m* de fuga ② *(geh: Zimmerflucht)* serie *f* de habitaciones

fluchtartig **I.** *adj* precipitado **II.** *adv* de prisa y corriendo

Fluchtauto *nt* coche *m* utilizado en la huida

flüchten ['flʏçtən] **I.** *vi sein* huir (**aus/vor** de), fugarse (**aus** de); *(aus dem Gefängnis)* evadirse (**aus** de) **II.** *vr:* **sich ~** *(Schutz suchen)* refugiarse (**in** en); **sich in den Alkohol ~** refugiarse en la bebida

Fluchtgefahr *f ohne pl* peligro *m* de fuga

Fluchthelfer(in) *m(f) persona que ayuda a alguien a huir*

Fluchthilfe *f* ayuda *f* para huir

flüchtig ['flʏçtɪç] *adj* ① *(flüchtend)* fugitivo ② *(kurz)* rápido; **einen ~en Blick auf jdn/etw werfen** echar un vistazo a alguien/algo ③ *(oberflächlich)* superficial; **etw ~ lesen** leer algo por encima ④ (CHEM) volátil

Flüchtige(r) *mf* <-n, -n; -n, -n> fugitivo, -a *m, f*

Flüchtigkeit *f ohne pl* ① *(Oberflächlichkeit)* superficialidad *f* ② *(Ungenauigkeit)* imprecisión *f* ③ (CHEM) volatilidad *f* ④ *(Flüchtigkeitsfehler)* descuido *m,* olvido *m*

Flüchtigkeitsfehler *m* descuido *m,* olvido *m*

Flüchtling *m* <-s, -e> refugiado, -a *m, f,* corrido, -a *m, f And;* **politischer ~** refugiado político

Flüchtlingslager *nt* campo *m* de refugiados

Fluchtversuch *m* tentativa *f* de evasión

Fluchtweg *m* ① *(Verbrecher)* camino *m* de fuga ② *(in Schulen, Firmen)* lugar *m* destinado a la huida en caso de fuego

Flug [fluːk, *pl:* 'flyːgə] *m* <-(e)s, Flüge> vuelo *m;* **die Zeit verging wie im ~(e)** el tiempo pasó volando

Flugabwehr *f* (MIL) defensa *f* antiaérea

Flugabwehrrakete *f* (MIL) cohete *m* antiaéreo

Flugangst *f* miedo *m* a volar

Flugbahn *f* trayectoria *f*

Flugbegleiter(in) *m(f)* auxiliar *mf* de vuelo

Flugblatt *nt* octavilla *f,* volante *m*

Flugdatenschreiber *m* <-s, -> (AERO) caja *f* negra

Flugdauer *f* duración *f* del vuelo

Flügel ['flyːgəl] *m* <-s, -> ① *(eines Vogels, Flugzeugs)* ala *f;* **mit den ~n schlagen** batir las alas, aletear; **etw verleiht jdm ~** *(fig)* algo da alas a alguien; **jdm die ~ stutzen** *(fig)* cortar las alas a alguien ② *(von Gebäude, Truppe, Spielfeld, Partei)* ala *f* ③ *(einer Windmühle)* aspa *f; (eines Propellers)* pala *f* ④ *(Fenster-, Türflügel)* hoja *f* ⑤ (MUS) piano *m* de cola; **auf dem ~ spielen** tocar el piano

Flügelmutter *f* <-n> tuerca *f* de mariposa

Flügeltür *f* puerta *f* de dos hojas

Fluggast *m* pasajero, -a *m, f* de un avión

Fluggastbrücke *f* pasarela *f* de acceso

Fluggasttreppe *f* escalerilla *f* para pasajeros

flügge ['flʏgə] *adj* ① *(Vogel)* volantón ② *(fam: Kind)* **~ werden** independizarse

Fluggerät *nt* <-(e)s, -e> (AERO: *Luftfahrzeug*) aparato *m* volador, artefacto *m* volador

Fluggeschwindigkeit *f* velocidad *f* de vuelo

Fluggesellschaft *f* compañía *f* aérea

Flughafen *m* aeropuerto *m;* **auf dem ~** en el aeropuerto

Flughöhe *f* altura *f* de vuelo

Flugkapitän *m* comandante *mf* (de un avión)

Flugkörper *m* misil *m*

Fluglärm *m ohne pl* ruido *m* de aviones

Fluglehrer(in) *m(f)* instructor(a) *m(f)* de vuelo

Fluglinie *f* línea *f* aérea

Fluglotse, -in *m, f* controlador(a) *m(f)* aéreo , -a

Flugnummer *f* <-, -n> número *m* de vuelo

Flugobjekt *nt* objeto *m* volante

Flugpersonal *nt ohne pl* personal *m* de vuelo

Flugplan *m* horario *m* de vuelos

Flugplatz *m* aeródromo *m*
Flugreise *f* viaje *m* en avión
flugs [flu:ks] *adv (geh)* en seguida
Flugschein *m* ① *(Lizenz)* carné *m* de piloto ② *(Flugticket)* billete *m* de avión, pasaje *m* de avión *Am*
Flugschneise *f* corredor *m* aéreo
Flugschreiber *m* <-s, -> registrador *m* de datos de vuelo
Flugsicherheit *f* <-, *ohne pl*> (AERO) seguridad *f* de vuelo
Flugsicherung *f* protección *f* de vuelo
Flugsicherungsdienst *m* (AERO) servicio *m* de control aéreo
Flugsimulator *m* simulador *m* de vuelos
Flugsteig *m* <-(e)s, -e> (AERO) puerta *f*
Flugstunde *f* <-, -n> ① *(Zeit)* hora *f* de vuelo ② *(Unterricht)* clase *f* de aviación
flugtauglich *adj* apto para el vuelo
Flugticket *nt* billete *m* de avión, pasaje *m* de avión *Am*
Flugverbindung *f* (AERO) línea *f* aérea
Flugverbot *nt* prohibición *f* de vuelo
Flugverkehr *m* tráfico *m* aéreo
Flugzeit *f* duración *f* del vuelo
Flugzettel *m* <-s, -> *(Österr) s.* **Flugblatt**
Flugzeug ['flu:ktsɔɪk] *nt* <-(e)s, -e> avión *m;* **mit dem/im/per ~** en/en el/por avión
Flugzeugabsturz *m* accidente *m* de aviación
Flugzeugbau *m ohne pl* construcción *f* aeronáutica
Flugzeugbesatzung *f* tripulación *f*
Flugzeugentführung *f* secuestro *m* de un avión
Flugzeugträger *m* portaaviones *m inv*
Flugzeugtür *f* puerta *f* del avión
Flugzeugtyp *m* <-s, -en> (AERO) tipo *m* de avión, clase *f* de avión
Flugzeugunglück *nt* accidente *m* aéreo
Flugzeugwrack *nt* <-(e)s, -s> escombros *mpl* de avión
Flugziel *nt* destino *m* (de vuelo)
Fluktuation [flʊktua'tsjo:n] *f* <-en> fluctuación *f*
fluktuieren* [flʊktu'i:rən] *vi* fluctuar
Flunder ['flʊndɐ] *f* <-n> (ZOOL) platija *f*
flunkern ['flʊŋkɐn] *vi (fam)* contar una trola
Fluor ['flu:oɐ] *nt* <-s, *ohne pl*> (CHEM) flúor *m*
Fluorchlorkohlenwasserstoff *m* (CHEM) hidrocarburo *m* fluoroclorado
Fluoreszenz [fluorɛs'tsɛnts] *f* <-, *ohne pl*> fluorescencia *f*
fluoreszieren* [fluorɛs'tsi:rən] *vi* brillar
fluoreszierend *adj* (CHEM) fluorescente
Fluorid [fluo'ri:t] *nt* <-(e)s, -e> fluoruro *m*
Flur[1] [flu:ɐ] *m* <-(e)s, -e> *(im Haus)* pasillo *m*
Flur[2] *f* <-en> *(geh: Land)* campo *m*, campiña *f;* **Feld und ~** los campos
Flurbereinigung *f* <-en> concentración *f* parcelaria
Flurschaden *m* daño *m* de las cosechas
Fluss[1] [flʊs, *pl:* 'flʏsə] *m* <-es, Flüsse> *(Gewässer)* río *m*
Fluss[2] *m* <-es, *ohne pl*> *(das Fließen)* flujo *m; (Verlauf)* curso *m;* **in ~ kommen** ponerse en marcha
flussabwärts [-'--] *adv* río abajo
Flussarm *m* brazo *m* de río; *(Zufluss)* afluente *m*
flussaufwärts [-'--] *adv* río arriba
Flussbett *nt* cauce *m*
Flussdiagramm *nt* (INFOR) diagrama *m* de flujo
flüssig ['flʏsɪç] *adj* ① *(nicht fest)* líquido; **~ machen** licuefacer ② *(Stil, Verkehr)* fluido ③ *(Kapital)* disponible; **ich bin im Moment nicht ~** *(fam)* de momento no tengo capital disponible
Flüssiggas *nt* gas *m* licuado (de petróleo)
Flüssigkeit[1] *f* <-en> *(Stoff)* líquido *m*
Flüssigkeit[2] *f ohne pl (Zustand)* fluidez *f*
Flüssigkristallanzeige *f* (INFOR) pantalla *f* de cristal líquido
Flüssigseife *f* <-, -n> jabón *m* líquido
Flusskrebs *m* cangrejo *m* de río, jaiba *f Am*
Flusslauf *m* <-(e)s, -läufe> curso *m* de un río
Flussmündung *f* desembocadura *f* (de un río), bocana *f Am*
Flusspferd *nt* hipopótamo *m*
Flussufer *nt* orilla *f* de un río
flüstern ['flʏstɐn] *vi, vt* susurrar, cuchichear; **das kann ich dir ~** *(fam)* puedes confiar en ello; **dem werde ich was ~** *(fam)* a este le voy a cantar las cuarenta
Flüsterpropaganda *f ohne pl* propaganda *f* clandestina
Flüsterton *m ohne pl* voz *f* baja; **im ~ reden** hablar en voz baja
Flüstertüte *f* <-, -n> *(fam iron)* megáfono *m*
Flut[1] [flu:t] *f ohne pl (im Gezeitenwechsel)* marea *f* alta, pleamar *f;* **es ist ~** hay marea alta; **die ~ geht zurück** la marea está bajando
Flut[2] *f* <-en> ① *(geh: Wassermassen)* raudal *m; (Wellen)* olas *fpl* ② *(Menge)* aluvión *m;* **eine ~ von Briefen** una montaña de cartas
fluten I. *vi sein (geh: Wasser, Licht)* inundar **II.** *vt* (NAUT) anegar
Flutkatastrophe *f* inundación *f*

Flutlicht *nt ohne pl* iluminación *f* con proyectores
flutschen ['flʊtʃən] *vi sein (fam)* ① *(Tätigkeit)* ir a las mil maravillas ② *(Gegenstand)* **aus der Hand ~** resbalarse de la mano
Flutwelle *f* ola *f* de pleamar
Flyer ['flaiɐ̯] *m* <-s, -> *(Handzettel)* volante *m,* panfleto *m*
f-Moll *nt* <-, *ohne pl*> (MUS) fa *m* menor
focht [fɔxt] *3. imp von* **fechten**
Fock [fɔk] *f* <-, -en> (NAUT) trinquete *m*
Fockmast *m* (NAUT) (palo *m* de) trinquete *m*
Föderalismus [fødera'lɪsmʊs] *m* <-, *ohne pl*> (POL) federalismo *m*
föderalistisch *adj* (POL) federalista
Föderation [fødera'tsjo:n] *f* <-en> (POL) federación *f*
föderativ [fødera'ti:f] *adj* (ADMIN, POL) federativo
fohlen ['fo:lən] *vi* (ZOOL) parir un potro
Fohlen ['fo:lən] *nt* <-s, -> potro *m*
Föhn [fø:n] *m* <-(e)s, -e> ① (METEO) *viento cálido al norte y sur de los Alpes* ② *(Haartrockner)* secador *m* de pelo
föhnen ['fø:nən] *vt* secar (con el secador)
Fokus ['fo:kʊs] *m* <-, -se> *(Brennpunkt)* foco *m; (Krankheitsherd)* foco *m* (infeccioso)
Folge ['fɔlgə] *f* <-n> ① *(Wirkung)* consecuencia *f; (Ergebnis)* resultado *m;* **dies hatte zur ~, dass ...** esto tuvo como consecuencia que... *+subj;* **sie muss die ~n tragen** tiene que cargar con las consecuencias; **an den ~n einer Krankheit sterben** morir de enfermedad; **einem Befehl ~ leisten** *(formal)* cumplir una orden ② (RADIO, TV) capítulo *m; (Zeitung)* número *m* ③ *(Aufeinanderfolge)* serie *f;* **in rascher ~** sucesivamente
Folgeerscheinung *f* consecuencia *f;* (MED) secuela *f*
folgen ['fɔlgən] *vi* ① *sein (nachgehen)* seguir; **können Sie mir ~?** ¿me comprende?; **er folgte ihrem Rat** siguió su consejo ② *sein (zeitlich)* seguir, continuar; **Fortsetzung folgt** continuará; **wie folgt** como sigue ③ *sein (sich ergeben)* deducirse (**aus** de); **daraus folgt, dass ...** de ahí se deduce que... ④ *(gehorchen)* obedecer
folgend *adj* siguiente; **es handelt sich um F~es** se trata de lo siguiente; **im F~en** a continuación, en lo sucesivo
folgendermaßen ['fɔlgəndɐ(')ma:sən] *adv* de la siguiente manera
folgenlos *adj* sin consecuencias
folgenschwer *adj* de graves consecuencias
folgerichtig *adj* consecuente
Folgerichtigkeit *f* <-, *ohne pl*> consecuencia *f*
folgern ['fɔlgɐn] *vt* deducir (**aus** de), sacar la conclusión (**aus** de)
Folgerung *f* <-en> conclusión *f* (**aus** de), deducción *f* (**aus** de)
Folgesatz *m* (LING) oración *f* consecutiva
Folgezeit *f ohne pl* porvenir *m;* **in der ~** en lo sucesivo
folglich ['fɔlklɪç] *adv* en consecuencia, por lo tanto
folgsam ['fɔlkza:m] *adj* obediente; *(gefügig)* dócil
Folgsamkeit *f* <-, *ohne pl*> ① *(Gehorsamkeit)* obediencia *f* ② *(Unterwerfung)* sumisión *f*
Folie ['fo:liə] *f* <-n> ① *(Plastikfolie)* plástico *m (para alimentos, etc.); (aus Metall)* lámina *f* ② *(für Overheadprojektor)* tra(n)sparencia *f; (für Bildschirmpräsentation)* plantilla *f,* diapositiva *f*
Folklore [fɔlk'lo:rə] *f ohne pl* folclore *m*
folkloristisch [fɔlklo'rɪstɪʃ] *adj* folclórico
Follikel [fɔ'li:kəl] *m* <-s, -> (BIOL, MED) folículo *m*
Folter ['fɔltɐ] *f* <-n> tortura *f;* **jdn auf die ~ spannen** *(fig)* tener a alguien en vilo
Folterbank *f* caballete *m* de tortura
Folterer *m* <-s, -> torturador *m*
Folterinstrument *nt* <-(e)s, -e> instrumento *m* de tortura
Folterkammer *f* cámara *f* de tortura
Folterknecht *m* <-(e)s, -e> torturador(a) *m(f)*
foltern *vt* torturar
Folterung *f* <-en> tortura *f*
Fön® *m* <-(e)s, -e> secador *m* de pelo
Fond [fõ:] *m* <-s, -s> (GASTR) caldo *m* concentrado
Fonds [fõ:(s)] *m* <-, -> ① *(Geldreserve)* fondo *m* ② *pl* (FIN: *Schuldverschreibung*) obligación *f*
Fondsmanager(in) *m(f)* (WIRTSCH, FIN) gestor(a) *m(f)* de fondos de inversión
Fondue [fõ'dy:] *nt* <-s, -s> (GASTR) fondue *f*
Font [fɔnt] *m* <-s, -s> (INFOR, TYPO) grupo *m* de caracteres
Fontäne [fɔn'tɛ:nə] *f* <-n> ① *(Wasserstrahl)* surtidor *m* ② *(Springbrunnen)* fuente *f*
Food Court ['futkɔ:t] *m* <- -s, - -s> *(Gastronomiebereich in einem Einkaufszentrum)* zona *f* de bares (y restaurantes)
Football ['futbɔ:l] *m* <-s, *ohne pl*> (SPORT) fútbol *m* americano
foppen ['fɔpən] *vt* tomar el pelo (a)
forcieren* [fɔr'si:rən] *vt* ① *(steigern)* aumentar ② *(erzwingen)* forzar

forciert *adj (geh: Lächeln)* forzado; *(Höflichkeit)* falto de naturalidad
Förderband *nt* (TECH) cinta *f* tra(n)sportadora
Förderer, -in *m, f* <-s, -; -nen> patrocinador(a) *m(f);* (LIT, KUNST) mecenas *mf inv*
Fördergelder *pl* (ADMIN) fondos *mpl* de desarrollo
Förderkorb *m* (BERGB) jaula *f* de extracción
förderlich *adj* conveniente (para), favorable (a)
Fördermittel *ntpl* (WIRTSCH) subvenciones *fpl*
fordern ['fɔrdɐn] *vt* ❶ *(verlangen)* exigir (**von** de); **der Unfall forderte fünf Menschenleben** el accidente costó la vida a cinco personas ❷ *(Leistung)* exigir ❸ *(Rechte)* reivindicar
fördern ['fœrdɐn] *vt* ❶ *(Bodenschätze)* extraer ❷ *(unterstützen)* promover, pilotear *Am; (Künstler)* patrocinar; *(Talent)* activar; *(Umsatz)* potenciar, impulsar; *(begünstigen)* favorecer
fordernd *adj (Haltung, Beruf)* exigente
Förderschacht *m* (BERGB) pozo *m* de extracción
Förderstufe *f* <-, -n> (SCH) *quinto y sexto cursos de la educación primaria alemana -correspondientes al Tercer Ciclo de la española- que sirven de orientación para decidir luego el camino a seguir: bien el Gymnasium, bien la Realschule, etc.*
Förderturm *m* (BERGB) torre *f* de extracción
Forderung *f* <-en> ❶ *(Anspruch)* exigencia *f;* **hohe ~en an etw/jdn stellen** ser muy exigente con algo/alguien ❷ (FIN, WIRTSCH: *Betrag*) deuda *f* ❸ *(von Rechten)* reivindicación *f*
Förderung *f* <-en> ❶ *(von Bodenschätzen)* extracción *f* ❷ *(Unterstützung)* promoción *f; (finanziell)* subsidio *m*
Förderunterricht *m* (SCH) curso *m* de refuerzo
Forelle [fo'rɛlə] *f* <-n> trucha *f;* ~ **blau** (GASTR) trucha cocida
Foren *pl von* **Forum**
Form[1] [fɔrm] *f* <-en> ❶ *(Gestalt)* forma *f;* **etw in ~ bringen** dar forma a algo; **aus der ~ geraten** deformarse; **das Projekt nimmt feste ~en an** el proyecto se está concretando ❷ *(Art und Weise)* manera *f,* forma *f* ❸ *(Back-, Gießform)* molde *m* ❹ *(Umgangsform)* formas *fpl,* modales *mpl;* **die ~ wahren** guardar las formas; **der ~ halber** por mor a las formalidades; **in aller ~** en debida forma
Form[2] *f ohne pl (Kondition)* forma *f;* **in ~ kommen/sein** ponerse/estar en forma
formal [fɔr'ma:l] *adj* formal
Formaldehyd ['fɔrmʔaldehy:t] *nt* <-s, *ohne pl*> (CHEM) formaldehido *m*
Formalie [fɔr'ma:ljə] *f* <-, -n> formalidad *f*
Formalität [fɔrmali'tɛ:t] *f* <-en> formalidad *f*
Format[1] [fɔr'ma:t] *nt* <-(e)s, -e> *(Größe)* formato *m;* **im DIN-A4-~** en formato DIN A4
Format[2] *nt* <-(e)s, *ohne pl*> ❶ *(Persönlichkeit)* personalidad *f;* **sie hat ~** tiene personalidad ❷ *(Niveau)* nivel *m; (Bedeutung)* importancia *f*
formatieren* [fɔrma'ti:rən] *vt* (INFOR) formatear
Formatierung *f* <-en> (INFOR) formateo *m*
Formation [fɔrma'tsjo:n] *f* <-en> formación *f*
formbar *adj* moldeable
Formbarkeit *f* <-, *ohne pl*> plasticidad *f*
formbeständig *adj* de forma estable
Formblatt *nt* (hoja *f* del) formulario *m*
Formel ['fɔrməl] *f* <-n> (*a.* MATH, CHEM) fórmula *f; (Redewendung)* modismo *m;* **etw auf eine ~ bringen** *(fig)* resumir algo
Formel 1® *f* (SPORT) Fórmula 1® *f*
Formel-1-Pilot(in) *m(f)* (SPORT) piloto *mf* de Fórmula 1
Formel-1-Rennen *nt* (SPORT) carrera *f* de Fórmula 1
Formel-1-Wagen *m* (SPORT) (coche *m* de) Fórmula 1 *m*
formell [fɔr'mɛl] *adj* formal
Formelsammlung *f* formulario *m*
formen ['fɔrmən] *vt* formar
Formenlehre *f* (LING, MUS, BIOL) morfología *f*
Formfehler *m* defecto *m* de forma
Formgebung *f (Möbel, Skulptur)* modelado *m*
formieren* [fɔr'mi:rən] *vt* formar
Formierung *f* <-en> formación *f*
förmlich ['fœrmlɪç] **I.** *adj* ❶ *(offiziell)* formal, oficial ❷ *(steif)* formal **II.** *adv (regelrecht)* casi, por así decirlo
Förmlichkeit *f* <-en> formalidad *f;* **bitte nur keine ~en!** ¡por favor, no se anden con muchos cumplidos!
formlos *adj* ❶ *(ohne Form)* informe ❷ *(zwanglos)* informal, sin ceremonias; *(Antrag)* informal
Formsache *f* formalidad *f;* **das ist reine ~** eso es pura formalidad
formschön *adj* de forma elegante
Formtief *nt* <-s, -s> (SPORT) baja forma *f;* **sich in einem ~ befinden, ein ~ durchmachen** encontrarse bajo de forma [*o* en baja forma]

Formular [fɔrmu'laːɐ] *nt* <-s, -e> formulario *m,* impreso *m,* esqueleto *m Am*
formulieren* [fɔrmu'liːrən] *vt* formular, expresar
Formulierung *f* <-en> ❶ *(Vorgang)* redacción *f* ❷ *(Ergebnis)* formulación *f,* expresión *f*
formvollendet *adj* de forma perfecta
formwidrig *adj* que no respeta la forma
forsch [fɔrʃ] *adj* enérgico
forschen ['fɔrʃən] *vi* investigar; **nach etw ~** indagar algo

F

forschend I. *adj* escrutador, escudriñador **II.** *adv* escrutadoramente
Forscher(in) *m(f)* <-s, -; -nen> investigador(a) *m(f)*
Forscherteam *nt* <-s, -s> equipo *m* investigador
Forschheit *f* <-, *ohne pl*> resolución *f,* energía *f*
Forschung *f* <-en> investigación *f*
Forschungsabteilung *f* <-, -en> departamento *m* de investigación
Forschungsarbeit *f* trabajo *m* de investigación (científica)
Forschungsauftrag *m* encargo *m* (de un proyecto) de investigación
Forschungsbericht *m* <-(e)s, -e> informe *m* de una investigación
Forschungsergebnis *nt* resultado *m* de la investigación
Forschungsgebiet *nt* <-(e)s, -e> campo *m* de investigación
Forschungsinstitut *nt* instituto *m* de investigación
Forschungslabor *nt* <-s, -s *o* -e> laboratorio *m* de investigación
Forschungsreise *f* viaje *m* de exploración
Forschungszentrum *nt* centro *m* de investigación
Forst [fɔrst] *m* <-(e)s, -e(n)> bosque *m*
Forstamt *nt* dirección *f* general de la política forestal
Förster(in) ['fœrstɐ] *m(f)* <-s, -; -nen> guardabosque(s) *mf inv*
Forsthaus *nt* casa *f* del guardabosque
Forstrevier *nt* <-s, -e> territorio *m* forestal, distrito *m* forestal
Forstschaden *m* <-s, -schäden> daño *m* forestal
Forstverwaltung *f* <-, -en> (AGR) administración *f* forestal [*o* de montes]
Forstwesen *nt* <-s, *ohne pl*> régimen *m* forestal
Forstwirt(in) *m(f)* ingeniero, -a *m, f* de montes
Forstwirtschaft *f ohne pl* silvicultura *f*
Forstwissenschaft *f* silvicultura *f*
Forstwissenschaftler(in) *m(f)* científico, -a *m, f* forestal
Forsythie [fɔr'zyːtsjə, fɔr'zyːtjə] *f* <-, -n> (BOT) forsythia *f* (suspensa)
fort [fɔrt] *adv* ❶ *(weg)* fuera; *(verschwunden)* desaparecido; *(verloren)* perdido; **er will ~ von uns** quiere irse de nuestro lado; **~ mit ihm!** ¡fuera con él!; **seine Freunde sind schon ~** sus amigos ya se han ido; **weit ~** muy lejos ❷ *(weiter)* **und so ~** etcétera; **in einem ~** continuamente, sin parar
Fort [foːɐ] *nt* <-s, -s> fuerte *m*
fortan [fɔrt'ʔan] *adv* de aquí en adelante
Fortbestand *m* <-(e)s, *ohne pl*> continuidad *f; (der Arten)* perpetuación *f*
fort|bestehen* *irr vi* persistir, perdurar
fort|bewegen* I. *vt* desplazar **II.** *vr:* **sich ~** desplazarse
Fortbewegung *f* locomoción *f*
Fortbewegungsmittel *nt* medio *m* de locomoción
fort|bilden I. *vt* perfeccionar **II.** *vr:* **sich ~** perfeccionarse
Fortbildung *f* <-en> perfeccionamiento *m*
Fortbildungskurs *m* curso *m* de capacitación
fort|bleiben *irr vi sein* no volver; **nur kurz/jahrelang ~** estar fuera por poco tiempo/durante años
Fortbleiben *nt* <-s, *ohne pl*> ausencia *f*
fort|bringen *irr vt* llevar(se)
Fortdauer *f ohne pl* perduración *f,* continuación *f*
fort|dauern *vi* persistir, continuar
fortdauernd *adv* continuamente
forte ['fɔrtə] *adv* (MUS) forte
fort|entwickeln* I. *vt* seguir desarrollando **II.** *vr:* **sich ~** continuar desarrollándose, seguir evolucionando
fort|fahren *irr* **I.** *vi sein* ❶ *(wegfahren)* marcharse ❷ *(weitermachen)* continuar **II.** *vt (wegtransportieren)* llevar(se)
fort|fallen *irr vi sein* suprimirse
fort|fliegen *irr vi sein* salir [*o* escaparse] volando
fort|führen *vt* ❶ *(wegbringen)* llevar(se) ❷ *(fortsetzen)* continuar
Fortführung *f* <-, -en> proseguimiento *m;* **die ~ des Projektes ist gesichert** la continuación del proyecto está asegurada
Fortgang *m ohne pl* ❶ *(das Weggehen)* salida *f,* partida *f* ❷ *(der Verlauf)* marcha *f,* curso *m*
fort|gehen *irr vi sein* ❶ *(weggehen)* partir, marcharse ❷ *(sich fortsetzen)* continuar
fortgeschritten ['fɔrtgəʃrɪtən] **I.** *pp von* **fortschreiten II.** *adj* avanzado; *(entwi-*

ckelt) desarrollado; **zu ~er Stunde** a altas horas de la mañana
Fortgeschrittene(r) *mf* <-n, -n; -n, -n> (SCH, UNIV) estudiante *mf* avanzado, -a; **Deutschkurs für ~** curso superior de alemán; **Kurse für Anfänger und ~** cursos para principiantes y avanzados
Fortgeschrittenenkurs *m* (SCH, UNIV) curso *m* para avanzados
fortgesetzt ['fɔrtgəsɛtst] *adj* continuo, repetido
fort|jagen *vt* ① *(Person)* echar ② *(Tier)* ahuyentar
fort|kommen *irr vi sein* ① *(wegkommen)* irse, marcharse; **mach, dass du fortkommst!** ¡lárgate! ② *(weggebracht werden)* ser llevado ③ *(Fortschritte machen)* avanzar ④ *(abhandenkommen)* perderse
Fortkommen *nt* <-s, *ohne pl*> **berufliches ~** desarrollo profesional
fort|können *irr vi* poder ir(se) [*o* marchar(se)]; **kann ich jetzt endlich fort?** ¿puedo irme ya de una vez?
fort|lassen *irr vt* ① *(weggehen lassen)* dejar ir(se) ② *(auslassen)* suprimir, omitir
fort|laufen *irr vi sein* ① *(weglaufen)* echar a correr ② *(ausreißen)* escaparse (**von** de)
fortlaufend **I.** *adj (aufeinander folgend)* consecutivo; *(ununterbrochen)* continuo **II.** *adv* sin cesar
fort|leben *vi* seguir (viviendo)
fort|müssen *irr vi* ① *(weggehen müssen)* tener que marcharse [*o* salir] ② *(weggebracht werden müssen: Brief)* tener que echar al correo
fort|pflanzen *vr:* **sich ~** ① *(Menschen, Tiere)* reproducirse ② *(Schall)* propagarse; *(Gedanke)* tra(n)smitirse
Fortpflanzung *f ohne pl* reproducción *f*
fortpflanzungsfähig *adj* capaz de reproducirse
Fortpflanzungsorgan *nt* órgano *m* genital
fort|räumen *vt* quitar, recoger, guardar
fort|reißen *irr vt* llevarse [*o* arrastrar] (consigo); **das Haus wurde von der Flut fortgerissen** la inundación se llevó la casa por delante
fort|rennen *irr vi sein* irse [*o* marcharse] corriendo
Fortsatz *m* (*a.* ANAT) apéndice *m*
fort|schaffen *vt* quitar [*o* sacar] (de en medio)
fort|scheren ['fɔrtʃe:rən] *vr:* **sich ~** *(fam)* marcharse volando; **scher dich fort!** ¡desaparece!
fort|schicken *vt (Person)* echar; *(Post)* enviar
fort|schreiten *irr vi sein* ① *(vorangehen)* avanzar; *(Zeit)* pasar; *(Entwicklung)* seguir ② *(Verschmutzung)* extenderse
Fortschritt *m* progreso *m;* **gute ~e machen** hacer importantes progresos
fortschrittlich *adj* progresista
Fortschrittsbalken *m* (INFOR) barra *f* de progreso
fortschrittsfeindlich *adj* antiprogresista; **eine ~e Einstellung** ideas antiprogresistas
fort|setzen **I.** *vt (weitermachen)* proseguir, continuar **II.** *vr:* **sich ~** *(sich räumlich ausdehnen)* extenderse; *(zeitlich)* prolongarse
Fortsetzung *f* <-en> continuación *f;* **~ folgt** continuará
Fortsetzungsroman *m* novela *f* por entregas
fort|stehlen *irr vr:* **sich ~** escabullirse
fort|tragen *irr vt* trasladar
fort|treiben *irr* **I.** *vi sein* ser arrastrado (por la corriente) **II.** *vt haben (verjagen)* expulsar; **er trieb die Hunde fort** ahuyentó a los perros
fortwährend **I.** *adj* continuo **II.** *adv* sin cesar
fort|wollen *irr vi* querer marcharse [*o* salir] (**aus/von** de)
fort|ziehen *irr* **I.** *vi sein (umziehen)* mudarse, trasladarse **II.** *vt (wegzerren)* apartar, arrastrar
Forum ['fo:rʊm] *nt* <-s, Foren *o* Fora> foro *m*
fossil [fɔ'si:l] *adj* (GEO) fósil
Fossil [fɔ'si:l, *pl:* fɔ'si:ljən] *nt* <-s, -ien> fósil *m*
Föten *pl von* **Fötus**
Foto[1] ['fo:to] *nt* <-s, -s> *(Bild)* foto *f;* **ein ~ machen** hacer una foto
Foto[2] *m* <-s, -s> *(fam: Fotoapparat)* máquina *f* (fotográfica)
Fotoalbum *nt* álbum *m* de fotos
Fotoapparat *m* cámara *f* fotográfica
Fotoatelier *nt* <-s, -s> estudio *m* fotográfico
Foto-CD *f* disco *m* compacto para fotos
Fotoecke *f* <-, -n> ángulo *m (para álbum de fotos)*
fotogen [foto'ge:n] *adj* fotogénico
Fotograf(in) [foto'gra:f] *m(f)* <-en, -en; -nen> fotógrafo, -a *m, f*
Fotografie [fotogra'fi:] *f* <-n> fotografía *f*
fotografieren* *vi, vt* fotografiar
Fotografin *f* <-nen> *s.* **Fotograf**
fotografisch *adj* fotográfico
Fotokopie [fotoko'pi:] *f* fotocopia *f*
fotokopieren* *vi, vt* fotocopiar
Fotokopierer *m* <-s, ->, **Fotokopiergerät** *nt* <-(e)s, -e> fotocopiadora *f*
Fotolabor *nt* laboratorio *m* fotográfico
Fotomodell *nt* modelo *mf* de fotos

F

Fotomontage [---'--] *f* montaje *m* fotográfico
Fotopapier *nt* papel *m* fotográfico
Fotoreportage *f* reportaje *m* fotográfico
Fotosatz *m ohne pl* (TYPO) fotocomposición *f*
Fotostudio *nt* estudio *m* fotográfico
Fotosynthese [foto-] *f* <-, *ohne pl*> (BIOL) fotosíntesis *f*
Fotovoltaik [fotovɔl'ta:ɪk] *f* <-, *ohne pl*> (TECH, ELEK) fotovoltaica *f*
Fötus ['fø:tʊs] *m* <-(ses), -se *o* Föten> (MED) feto *m*
Fotze ['fɔtsə] *f* <-n> *(vulg)* coño *m,* conejo *m*
Foul [faʊl] *nt* <-s, -s> (SPORT) falta *f,* penal *m Am*
foulen ['faʊlən] *vt, vi* (SPORT) hacer una falta; **jdn ~** hacerle una falta a alguien
Foxtrott ['fɔkstrɔt] *m* <-s, -s *o* -e> foxtrot *m*
Foyer [foa'je:] *nt* <-s, -s> vestíbulo *m*
Fr. *Abk. von* **Frau** Sra.
Fracht [fraxt] *f* <-en> ① *(Ladung)* carga *f;* (NAUT) cargamento *m,* flete *m* ② *(Gebühr)* porte *m*
Frachtbrief *m* carta *f* de porte; (NAUT) guía *f* de carga
Frachter *m* <-s, -> buque *m* de carga
Frachtflugzeug *nt* avión *m* de carga
frachtfrei *adj* (COM) a porte pagado, franco de porte; **die Lieferung wird ~ zugestellt** el envío se enviará a portes pagados
Frachtgebühr *f* flete *m,* derechos *mpl* de tra(n)sporte
Frachtgut *nt* carga *f,* flete *m Am;* **etw als ~ schicken** mandar algo en [*o* por] pequeña velocidad
Frachtkahn *m* (NAUT) gabarra *f*
Frachtkosten *pl* (WIRTSCH) portes *mpl*
Frachtraum *m ohne pl* bodega *f* de carga
Frachtschiff *nt* buque *m* de carga, carguero *m*
Frachtverkehr *m* tráfico *m* de mercancías
Frachtvertrag *m* contrato *m* de tra(n)sporte
Frack [frak, *pl:* 'frɛkə] *m* <-(e)s, Fräcke> frac *m*
Frage ['fra:gə] *f* <-n> pregunta *f; (Problem)* cuestión *f;* **eine ~ zu etw haben** tener una pregunta con respecto a algo; **jdm eine ~ stellen** hacer una pregunta a alguien; **auf eine ~ antworten** responder a una pregunta; **eine ~ beantworten** contestar una pregunta; **vor der ~ stehen, ob ...** encontrarse ante la cuestión, de si...; **das ist die (große) ~** esa es la cuestión; **das steht außer ~** de eso no cabe duda; **gibt es noch ~n?** ¿queda alguna pregunta?; **eine gute ~!** ¡buena pregunta!; **~ und Antwort stehen** rendir cuentas; **das ist eine ~ des Geldes** es una cuestión de dinero; **(das ist) ohne ~ eine gute Idee!** ¡sin duda (es) una buena idea!; **das kommt nicht in ~** [*o* **infrage**]**!** ¡ni hablar!, ¡de eso nada!; *s. a.* **infrage**
Fragebogen *m* cuestionario *m*
Fragefürwort *nt* (LING) pronombre *m* interrogativo
fragen ['fra:gən] **I.** *vi, vt* preguntar (**nach** por); **jdn nach dem Weg ~** preguntar a alguien por el camino; **um Erlaubnis/Rat ~** pedir permiso/un consejo; **sie warf mir einen ~den Blick zu** me miró interrogativamente; **ohne viel zu ~** sin muchos rodeos; **~ kostet nichts** preguntar no cuesta nada; **da fragst du mich zu viel** *(fam)* a eso no te puedo contestar; **jdm Löcher in den Bauch ~** acribillar a alguien a preguntas; **sein Typ ist sehr gefragt** es una persona muy requerida **II.** *vr:* **sich ~** preguntarse; **ich frage mich, wie er das gemeint hat** me pregunto qué es lo que ha querido expresar con eso; **es fragt sich, ob ...** habría que ver si...
Fragepronomen *nt* pronombre *m* interrogativo
Fragerei [fra:gə'raɪ] *f* <-, -en> *(abw)* interrogatorio *m*
Fragesatz *m* frase *f* interrogativa
Fragestellung *f* ① *(Formulierung)* planteamiento *m* de un problema ② *(Problem)* problema *m*
Fragestunde *f* (POL) hora *f* de interpelaciones
Fragewort *nt* partícula *f* interrogativa
Fragezeichen *nt* (signo *m* de) interrogación *f*
fragil [fra'gi:l] *adj (geh)* frágil
Fragilität *f* <-, *ohne pl*> *(geh)* fragilidad *f*
fraglich ['fra:klɪç] *adj* ① *(zweifelhaft)* dudoso; *(ungewiss)* incierto; **es ist ~, ob ...** no se sabe si... ② *(betreffend)* en cuestión
fraglos *adv* sin duda alguna
Fragment [fra'gmɛnt] *nt* <-(e)s, -e> fragmento *m*
fragmentarisch [fragmɛn'ta:rɪʃ] *adj* fragmentario
fragwürdig *adj* dudoso; *(verdächtig)* sospechoso
Fragwürdigkeit *f* <-, -en> ① *(Zweifelhaftigkeit)* falta *f* de credibilidad; *(Geschäft)* carácter *m* turbio [*o* sospechoso], licitud *f* dudosa; *(Angelegenheit)* oscuridad *f* ② *(Zwielichtigkeit)* reputación *f* dudosa, mala reputación *f*
Fraktion [frak'tsjo:n] *f* <-en> ① (CHEM, MATH) fracción *f* ② (POL) grupo *m* parlamentario

Fraktionsführer(in) *m(f)* jefe, -a *m, f* de (un) grupo (parlamentario)
fraktionslos *adj* (POL) no adscrito a ningún grupo parlamentario
Fraktionssitzung *f* reunión *f* de un grupo parlamentario
Fraktionsvorsitzende(r) *mf* presidente, -a *m, f* de un grupo parlamentario
Fraktur [frak'tu:ɐ] *f* (MED) fractura *f*
Franc [frã:] *m* <-(s), -s> franco *m*
Franchise ['frɛntʃaɪz] *nt* <-, *ohne pl*> (WIRTSCH) franquicia *f*
Franchising ['frɛntʃaɪzɪŋ] *nt ohne pl* (WIRTSCH) franquicia *f*
frank [fraŋk] *adv* ~ **und frei** con toda sinceridad
Franke, Fränkin ['fraŋkə] *m, f* <-n, -n; -nen> franco, -a *m, f*
Franken[1] ['fraŋkən] *nt* <-s> Franconia *f*
Franken[2] ['fraŋkən] *m* <-s, -> *(Währung)* franco *m* suizo
Frankfurt ['fraŋkfʊrt] *nt* <-s> Francfort *m*
Frankfurter *f* <-, -> (GASTR) (salchicha *f* de) frankfurt *m*
frankieren* [fraŋ'ki:rən] *vt* franquear
Frankiermaschine [fraŋ'ki:ɐ-] *f* franqueadora *f*
Frankierung *f* <-en> franqueo *m*
Fränkin *f* <-nen> *s.* **Franke**
fränkisch ['frɛŋkɪʃ] *adj* franco
franko ['fraŋko] *adv* (COM) porte pagado
Frankokanadier(in) *m(f)* francocanadiense *mf*
frankokanadisch ['-----] *adj* francocanadiense
Frankophilie *f* <-, *ohne pl*> *(geh)* francofilia *f*
Frankreich ['fraŋkraɪç] *nt* <-s> Francia *f*
Franse ['franzə] *f* <-n> ① *(Decke)* fleco *m* ② *(Haar)* flequillo *m*
fransig *adj* ① *(mit Fransen)* con flecos ② *(ausgefranst)* deshilachado
Franziskaner(in) [frantsɪs'ka:nɐ] *m(f)* <-s, -; -, -nen> (REL) franciscano, -a *m, f*
Franzose, -zösin [fran'tso:zə] *m, f* <-n, -n; -nen> francés, -esa *m, f*
französisch [fran'tsø:zɪʃ] *adj* francés
Französisch *nt* <-(s), *ohne pl*>, **Französische** *nt* <-n, *ohne pl*> francés *m*
französischsprachig *adj* de habla francesa, francófono
frappieren* [fra'pi:rən] *vt* ① *(überraschen)* asombrar, sorprender ② (GASTR) helar
fräsen ['frɛ:zən] *vt* fresar
Fräser ['frɛ:zɐ] *m* <-s, -> fresa *f*
fraß [fra:s] *3. imp von* **fressen**
Fraß [fra:s] *m* <-es, -e> ① *(für Raubtiere)* comida *f* ② *(fam abw: Essen)* bazofia *f*
fraternisieren* *vi (geh)* **mit jdm** ~ (con)fraternizar con alguien
Fratz [frats] *m* <-es, -e> *(fam)* muñeco, -a *m, f;* **ein süßer** ~ una monada de niño
Fratze ['fratsə] *f* <-n> *(fam)* ① *(abw: Gesicht)* facha *f* ② *(Grimasse)* mueca *f;* **eine ~ schneiden** hacer muecas
frau [fraʊ] *pron indef* una; **da braucht ~ nichts mehr dazu zu sagen** a eso una ya no tiene que añadir nada más
Frau [fraʊ] *f* <-en> ① *(allgemein)* mujer *f;* **eine ~ von Welt** una mujer de mundo ② *(Ehefrau)* esposa *f* ③ *(Anrede: vor dem Nachnamen)* señora *f; (vor dem Vornamen)* doña *f;* ~ **Doktor** doctora
Frauchen ['fraʊçən] *nt* <-s, -> *(Haustierbesitzerin)* dueña *f;* **komm zu ~!** ¡ven con tu ama!
Frauenarzt, -ärztin *m, f* ginecólogo, -a *m, f*
Frauenbeauftragte(r) *mf* (POL) delegado, -a *m, f* de la mujer
Frauenbewegung *f* movimiento *m* feminista
frauenfeindlich *adj* misógino
Frauenhaus *nt* casa *f* refugio para mujeres (maltratadas)
Frauenheilkunde *f* (MED) ginecología *f*
Frauenheld *m* tenorio *m*
Frauenklinik *f* clínica *f* ginecológica
Frauenquote *f* cuota *f* femenina
Frauenrechtler(in) ['fraʊənrɛçtlɐ] *m(f)* <-s, -; -nen> feminista *mf*
Frauenwahlrecht *nt* derecho *m* de voto de la mujer
Frauenzeitschrift *f* <-, -en> revista *f* femenina
Fräulein ['frɔɪlaɪn] *nt* <-s, -> señorita *f*
fraulich *adj* femenino
Freak [fri:k] *m* <-s, -s> *(fam)* pasota *mf*
frech [frɛç] *adj* ① *(respektlos)* impertinente, conchudo *Am;* ~ **werden** ponerse impertinente; **jdm ~ kommen** ser descarado con alguien; **sich ~ benehmen** ser insolente ② *(keck)* atrevido; *(Kleidung)* descocado
Frechdachs *m (fam)* fresco, -a *m, f*
Frechheit *f* <-en> impertinencia *f,* desfachatez *f,* concha *f Am;* **die ~ besitzen, zu ...** tener la cara de...
Freeclimbing *nt* <-s, *ohne pl*>, **Free Climbing** ['fri: klaɪmɪŋ] *nt* <- -s, *ohne pl*> escalada *f* libre
Free-TV ['fri:tivi:] *nt* <-(s), *ohne pl*> (TV) televisión *f* en abierto
Fregatte [fre'gatə] *f* <-n> (MIL) fragata *f*
frei [fraɪ] *adj* ① *(unabhängig)* libre; *(in Freiheit)* en libertad; **~er Mitarbeiter** colaborador; **das ist alles ~ erfunden** eso es

pura invención; **jdm ~e Hand lassen** dejar vía libre a alguien; **aus ~en Stücken** voluntariamente; **~ sprechen** hablar sin papeles; **sie kann ~ wählen** puede escoger libremente; **~ laufende Hühner** gallinas criadas en libertad; **der Verbrecher läuft noch ~ herum** el criminal anda suelto todavía; **~ für Kinder ab 12 Jahren** permitido para niños a partir de los 12 años; **sich** *dat* **einen Tag ~ nehmen** tomar un día libre ② *(befreit)* libre (**von** de), exento (**von** de); **sie ist ~ von Vorurteilen** está libre de prejuicios; **für etw ~e Fahrt geben** dar luz verde a algo; **jdn auf ~en Fuß setzen** *(fig)* poner a alguien en libertad ③ *(offen)* descubierto; **unter ~em Himmel** al aire libre; **~ lassen** *(nicht besetzen)* dejar libre; *(nicht beschreiben)* dejar en blanco; **~ stehen** *(Haus, Baum)* estar aislado; *(Spieler)* estar descubierto ④ *(Stuhl)* libre; *(Arbeitsstelle)* vacante; **ist hier ~?** ¿está libre?; **Zimmer ~!** ¡se alquila habitación!; **einen Platz ~ machen** hacer sitio ⑤ *(kosten)* gratuito; **Eintritt ~** entrada gratuita; **~ Haus** franco domicilio ⑥ *(Ansichten)* liberal ⑦ *(freimütig)* franco; **ich bin so ~** me tomo la libertad

Freibad *nt* piscina *f* (descubierta)

frei|bekommen* *irr* **I.** *vi (Freizeit)* tener (el día) libre **II.** *vt* (conseguir) liberar; **einen Gefangenen ~** liberar a un prisionero

Freiberufler(in) *m(f)* <-s, -; -nen> profesional *mf* libre

freiberuflich *adj* de profesión liberal

Freibetrag *m* importe *m* libre de impuestos

Freibeuter *m* <-s, -> (HIST) filibustero *m*

Freibier *nt ohne pl* cerveza *f* gratuita

Freibrief *m* **kein ~ für etw sein** no ser una carta blanca para algo

Freiburg ['fraɪbʊrk] *nt* <-s> Friburgo *m*

Freidenker(in) *m(f)* librepensador(a) *m(f)*

Freie ['fraɪə] *nt* <-n, *ohne pl*> aire *m* libre; **im ~n** al aire libre

Freier ['fraɪɐ] *m* <-s, -> *(fam)* cliente *m* de una prostituta

Freiexemplar *nt* ejemplar *m* gratuito

Freifahrt *f* <-, -en> viaje *m* gratuito

Freifläche *f* <-, -n> superficie *f* libre

Freigabe *f* <-, -n> ① *(von Personen)* liberación *f* ② *(beschlagnahmter Sachen)* desembargo *m* ③ *(nicht zugänglicher Bereiche)* apertura *f*

Freigang *m* (JUR) (salida *f* de) permiso *m* (cuando se tiene régimen abierto)

Freigänger(in) ['fraɪgɛŋɐ] *m(f)* <-s, -; -nen> (JUR) recluso, -a *m, f* en régimen abierto

frei|geben *irr* **I.** *vt* ① *(Gefangene)* poner en libertad ② *(Guthaben)* desbloquear ③ *(Straße)* abrir al tráfico; **den Weg ~** franquear el paso ④ *(Arzneimittel, Film)* autorizar; **etw zum Verkauf ~** autorizar la venta de algo ⑤ *(Preise)* liberalizar **II.** *vi* **jdm ~** dar libre a alguien

freigebig ['fraɪge:bɪç] *adj* desprendido, generoso

Freigebigkeit *f ohne pl* generosidad *f*

Freigehege *nt* <-s, -> espacio *m* al aire libre *(donde los animales pueden ser observados en su hábitat natural)*

Freigeist *m* <-es, -er> *s.* **Freidenker**

freigelassen *adj* **bedingt ~** (JUR) en libertad condicional

frei|haben *irr vi (fam)* tener libre

Freihafen *m* puerto *m* franco

frei|halten *irr vt* ① *(reservieren)* guardar ② *(Durchgang)* dejar libre ③ *(Zeche)* pagar, cargar con los gastos

Freihandel *m* (WIRTSCH) comercio *m* libre

Freihandelszone *f* (WIRTSCH) zona *f* de libre comercio

freihändig ['fraɪhɛndɪç] *adj (Fahrrad fahren)* sin manos; *(schießen)* sin apoyo

Freiheit ['fraɪhaɪt] *f* <-en> libertad *f*; *(Unabhängigkeit)* independencia *f*; **alle ~en haben** tener todas las libertades; **sich** *dat* **die ~ nehmen, etw zu tun** tomarse la libertad de hacer algo

freiheitlich *adj* liberal

Freiheitsberaubung *f* (JUR) privación *f* de la libertad individual

Freiheitsdrang *m* <-(e)s, *ohne pl*> sed *f* de libertad

Freiheitsentzug *m ohne pl* (JUR) reclusión *f*

Freiheitskampf *m* lucha *f* por la independencia

Freiheitskämpfer(in) *m(f)* persona *f* que lucha por la libertad

freiheitsliebend *adj* amante de la libertad

Freiheitsstatue *f* **die (amerikanische) ~** la estatua de la libertad

Freiheitsstrafe *f* (JUR) reclusión *f*

freiheraus *adv* directamente, sin tapujos; **etw ~ sagen** decir algo con toda franqueza

Freiherr *m* (*a.* HIST) barón *m*

Freikarte *f* entrada *f* gratuita

frei|kaufen *vt* pagar el rescate (para)

Freiklettern *nt ohne pl* escalada *f* libre

frei|kommen *irr vi sein* ser puesto en libertad (**aus** de)

Freikörperkultur *f ohne pl* nudismo *m*

Freiland *nt* <-(e)s, *ohne pl*> (AGR) campo *m* (de cultivo)

frei|lassen *irr vt* dejar en libertad; *(loslassen)* soltar

Freilassung *f* <-en> puesta *f* en libertad; *(Befreiung)* liberación *f*

Freilauf *m* <-(e)s, -läufe> (TECH: *Werkzeug)* rueda *f* libre; *(Auto, Fahrrad)* piñón *m* libre
freilaufend *adj s.* **frei 1.**
frei|legen *vt* poner al descubierto
Freileitung *f* cable *m* de alta tensión (aéreo)
freilich ['fraɪlɪç] *adv* ① *(allerdings)* sin embargo ② *(südd: selbstverständlich)* naturalmente
Freilichtbühne *f* teatro *m* al aire libre
Freilos *nt* <-es, -e> ① (SPORT) exento *m* ② *(Lotterielos)* billete *m* de lotería gratuito
Freilufttheater *nt* teatro *m* al aire libre
frei|machen I. *vt* ① *(frankieren)* franquear ② *(fam: nicht arbeiten)* tomar vacaciones; **eine Woche ~** tomar una semana de vacaciones **II.** *vr:* **sich ~** *(beim Arzt)* desnudarse
Freimaurer *m* masón *m*
Freimaurerei *f ohne pl* (franc)masonería *f*
freimütig ['fraɪmy:tɪç] **I.** *adj* franco **II.** *adv* con franqueza
Freimütigkeit *f ohne pl* franqueza *f*
frei|nehmen *irr vt, vi* tomarse libre; (**sich** *dat*) **eine Woche ~** tomar(se) una semana libre
Freiraum *m ohne pl* (PSYCH) libertad *f* de movimiento [*o* de acción]
freischaffend *adj* independiente
frei|schaufeln *vt* abrir a golpe de pala; *(einen Gegenstand)* sacar a golpe de pala
frei|schwimmen *irr vr:* **sich ~** *(selbstständig werden)* independizarse
Freischwimmer *m* **den ~ machen** hacer un examen oficial de natación
frei|setzen *vt (Energie)* liberar
Freisetzung *f* <-en> liberación *f*
frei|sprechen *irr vt* (JUR) absolver, declarar inocente
Freisprechmikrofon *nt* (TECH) micrófono *m* inalámbrico
Freispruch *m* absolución *f*
Freistaat *m* estado *m* libre
frei|stehen *irr vi* ① *(leer stehen)* estar desocupado; *(unbewohnt)* estar deshabitado ② *(überlassen sein)* ser libre de decidir; **es steht Ihnen frei, das zu tun** Ud. es el que decide si hacerlo o no
frei|stellen *vt* ① *(befreien)* eximir (**von** de), dispensar (**von** de) ② *(anheimstellen)* dejar elegir; **jdm ~, etw zu tun** dejar elegir a alguien si quiere hacer algo o no
Freistellung *f* <-, -en> excedencia *f*
Freistil *m ohne pl* (SPORT) estilo *m* libre
Freistoß *m* (SPORT) (lanzamiento *m* de) falta *f*
Freistunde *f* <-, -n> (SCH) hora *f* libre; **eine ~ haben** tener una hora libre
Freitag ['fraɪta:k] *m* <-(e)s, -e> ① *(Wochentag)* viernes *m; s. a.* **Montag** ② *(Schweiz: Feiertag)* día *m* festivo
freitags *adv* los viernes
Freitod *m* suicidio *m*
Freitreppe *f* (ARCHIT) escalinata *f*
Freiumschlag *m* sobre *m* franqueado
Freiwild *nt* caza *f* libre
freiwillig *adj* voluntario; **etw ~ tun** hacer algo voluntariamente
Freiwillige(r) *mf* <-n, -n; -n> voluntario, -a *m, f*
Freiwilligkeit *f ohne pl* espontaneidad *f*
Freiwurf *m* (SPORT) tiro *m* libre
Freizeichen *nt* (TEL) señal *f* para marcar
Freizeit[1] *f ohne pl (arbeitsfreie Zeit)* tiempo *m* libre
Freizeit[2] *f* <-en> *(Zeltlager)* campamento *m*
Freizeit(be)kleidung *f* ropa *f* de andar por casa *fam*
Freizeitaktivität *f* actividad *f* de tiempo libre
Freizeiteinrichtungen *fpl* centros *mpl* de ocio
Freizeitgestaltung *f* planificación *f* del tiempo libre
Freizeitindustrie *f* industria *f* del ocio
Freizeitkleidung *f* ropa *f* de andar por casa *fam*
Freizeitpark *m* parque *m* de atracciones
Freizeitwert *m ohne pl* **eine Anlage mit hohem ~** una instalación de alto valor para actividades de ocio
freizügig ['fraɪtsy:gɪç] *adj* ① *(großzügig)* generoso ② *(Film, Buch)* liberal
Freizügigkeit *f ohne pl* ① *(Großzügigkeit)* generosidad *f*, desprendimiento *m* ② *(Ungezwungenheit: im Umgang)* desenfado *m*, desparpajo *m; (des Moralbegriffs)* liberalidad *f; (der Kleidung)* atrevimiento *m*
fremd [frɛmt] *adj* ① *(ausländisch)* extranjero; *(aus anderem Ort)* forastero; **ich bin hier ~** no soy de aquí ② *(anderen gehörend)* ajeno; **sich in ~e Angelegenheiten einmischen** meterse en asuntos ajenos; **ohne ~e Hilfe** sin ayuda de otro(s) ③ *(unbekannt)* desconocido; **das ist mir ~** no lo conocía ④ *(fremdartig)* extraño
fremdartig ['frɛmta:ɐtɪç] *adj (ungewöhnlich)* extraño; *(fremd)* extranjero
Fremdartigkeit *f* <-, *ohne pl*> ① *(Ungewöhnlichkeit)* rareza *f* ② *(Fremdheit)* exotismo *m*
fremdbestimmt *adj* determinado por fuerzas ajenas
Fremde[1] ['frɛmdə] *f ohne pl (geh: Land)* (país *m*) extranjero *m;* **in der ~** en el extranjero

F

Fremde(r)[2] *mf* <-n, -n; -n> ❶ *(aus einem anderem Land)* extranjero, -a *m, f; (aus einem anderem Ort)* forastero, -a *m, f* ❷ *(Unbekannter)* desconocido, -a *m, f*
fremdenfeindlich *adj* xenófobo
Fremdenfeindlichkeit *f ohne pl* xenofobia *f*
Fremdenführer[1] *m* <-s, -> *(Buch)* guía *f* turística
Fremdenführer(in)[2] *m(f)* <-s, -; -nen> *(Person)* guía *mf* turístico , -a
Fremdenlegion *f ohne pl* legión *f* extranjera
Fremdenverkehr *m* turismo *m*
Fremdenverkehrsamt *nt* oficina *f* de turismo
Fremdenzimmer *nt* habitación *f* de huéspedes
fremd|gehen *irr vi sein (fam)* ser infiel
Fremdheit *f ohne pl* extrañeza *f*
Fremdherrschaft *f* (POL) dominación *f* extranjera
Fremdkapital *nt* <-s, *ohne pl*> (WIRTSCH) capital *m* ajeno, recursos *mpl* de terceros
Fremdkörper *m* (MED, BIOL) cuerpo *m* extraño
fremdländisch ['frɛmtlɛndɪʃ] *adj* extranjero; *(exotisch)* exótico
Fremdling *m* <-s, -e> *(geh)* forastero *m*
Fremdscham *f* vergüenza *f* ajena
fremdschämen *vr:* **sich ~** sentir vergüenza ajena
Fremdsprache *f* lengua *f* extranjera
Fremdsprachenkorrespondent(in) *m(f)* secretario, -a *m, f* con idiomas
Fremdsprachensekretär(in) *m(f)* secretario, -a *m, f* con idiomas
fremdsprachig *adj (Literatur)* escrito en otro idioma; *(Mensch)* que habla un idioma extranjero; *(Unterricht)* en un idioma extranjero
fremdsprachlich *adj (Wort)* extranjero; *(Unterricht)* de idioma extranjero
Fremdverschulden *nt* <-s, *ohne pl*> (JUR) culpa *f* ajena
Fremdwort *nt* extranjerismo *m;* **Höflichkeit ist für ihn ein ~** *(fig)* no sabe lo que es la cortesía
Fremdwörterbuch *nt* diccionario *m* de extranjerismos
frenetisch [fre'ne:tɪʃ] *adj (geh)* frenético, apasionado
frequentieren* [frekvɛn'ti:rən] *vt (geh)* frecuentar
Frequenz [fre'kvɛnts] *f* <-en> ❶ (PHYS, MED) frecuencia *f* ❷ *(einer Veranstaltung)* asistencia *f*
Fresko ['frɛsko] *nt* <-s, Fresken> (KUNST) fresco *m*
Fressalien [frɛ'sa:liən] *pl (fam)* vituallas *fpl*
Fresse ['frɛsə] *f* <-n> *(fam: Mund, Gesicht)* jeta *f;* **die ~ halten** *(fig)* cerrar el pico; **eine große ~ haben** *(fig)* ser un farolero
fressen ['frɛsən] <frisst, fraß, gefressen> **I.** *vi, vt* ❶ *(Tier)* comer; *(fam: Mensch: gierig)* tragar, devorar; **den habe ich ge~** *(fam fig)* no lo puedo tragar; **jdn zum F~ gernhaben** *(fam)* querer mucho a alguien ❷ *(Benzin, Zeit, Geld)* tragar **II.** *vr:* **sich ~** *(Bohrer)* penetrar (**in** en, **durch** por); *(Säure, Rost)* corroer (**durch**)
Fressen ['frɛsən] *nt* <-, *ohne pl*> ❶ *(Futter)* pasto *m;* **das ist ein gefundenes ~ für ihn** *(fam fig)* esto le viene a las mil maravillas ❷ *(fam abw: Essen)* bodrio *m*
Fresserei *f* <-en> *(fam abw: Gelage)* comilona *f*
Fresskorb ['frɛs-] *m (fam: Picknick)* cesta *f* de picnic; *(Geschenk)* cesta *f* de regalo (con comestibles)
Fressnapf *m* comedero *m*
Fresspaket *nt* <-(e)s, -e> *(fam)* paquete *m* de comida
Fresssack *m (fam abw)* glotón, -ona *m, f*
Fresssucht *f* <-, *ohne pl*> glotonería *f,* voracidad *f*
Frettchen ['frɛtçən] *nt* <-s, -> hurón *m*
Freude ['frɔɪdə] *f ohne pl (Fröhlichkeit)* alegría *f* (**über** por); *(Wonne)* gozo *m; (innere Freude)* satisfacción *f;* **~ an etw haben** alegrarse de algo; **jdm eine ~ bereiten/machen** causarle/darle una alegría a alguien; **das ist aber eine ~!** ¡pero qué alegría!; **vor ~ an die Decke springen** *(fam)* dar botes de alegría; **jdm die ~ verderben** aguar la fiesta a alguien; **zu meiner größten ~** para mi gran satisfacción; **aus Spaß an der ~** *(fam)* por pura alegría; **es ist mir eine ~, Sie hier begrüßen zu dürfen** es un gran placer para mí el poderle saludar aquí
Freuden *fpl (geh: Vergnügung)* placer *m;* **die kleinen ~ des Lebens** los pequeños placeres de la vida
Freudenfest *nt* celebración *f*
Freudengeschrei *nt* gritos *mpl* de alegría
Freudenhaus *nt* casa *f* de citas
Freudenmädchen *nt (geh)* prostituta *f*
Freudenschrei *m* <-(e)s, -e> chillido *m* de alegría
Freudensprung *m* salto *m* de alegría
Freudentanz *m* **einen ~ aufführen** saltar y brincar de alegría
Freudentränen *fpl* lágrimas *fpl* de alegría
freudestrahlend *adj* radiante (de alegría)
freudig ['frɔɪdɪç] **I.** *adj* ❶ *(froh)* contento; *(fröhlich)* alegre ❷ *(Ereignis)* feliz **II.** *adv (begeistert)* con alegría; *(erfreut)* de buen grado; **jdn ~ stimmen** alegrar a alguien

freudlos ['frɔɪtlo:s] *adj* triste

freuen ['frɔɪən] **I.** *vr:* **sich ~** alegrarse; **ich freue mich sehr über dein Geschenk** tu regalo me gusta mucho; **ich freue mich, dass du kommst** me alegro de que vengas; **ich freue mich darauf, dich wiederzusehen** tengo ilusión de verte; **ich freue mich mit dir** comparto tu alegría; **ich freue mich für dich** me alegro por ti; **sie freute sich schon sehr auf das Fest** esperaba ansiosamente que llegara el día de la fiesta **II.** *vt* alegrar; **es freut mich, Sie kennenzulernen** encantado de conocerle; **es freut mich zu sehen, dass ...** me alegra ver que... *+subj*

Freund(in) [frɔɪnt] *m(f)* <-(e)s, -e; -nen> ① *(Kamerad)* amigo, -a *m, f,* chamaco, -a *m, f Méx;* **unter ~en** entre amigos; **gute ~e werden** hacerse buenos amigos; **jdn zum ~ gewinnen** trabar amistad con alguien; **ein schöner ~!** *(iron)* ¡vaya amigo!; **mein lieber ~!** *(iron)* ¡amigo mío! ② *(fester Freund)* novio, -a *m, f* ③ *(Anhänger, Förderer)* amigo, -a *m, f;* (KUNST, SPORT) aficionado, -a *m, f* (**von** a)

Freundeskreis ['frɔɪndəs-] *m* grupo *m* de amigos; **wir feiern nur im engsten ~** a la celebración solo estarán invitados los amigos más íntimos; **einen großen ~ haben** tener muchos amigos

Freundin *f* <-nen> *s.* **Freund**

freundlich ['frɔɪntlɪç] *adj* ① *(liebenswürdig)* amable; *(herzlich)* cordial; **jdm ~ gesinnt sein** ser amable con alguien; **das ist sehr ~ von Ihnen** esto es muy amable de su parte; **seien Sie bitte so ~ und kommen Sie zu mir** hágame el favor de venir a verme ② *(angenehm)* agradable; *(Zimmer)* acogedor; *(Gegend)* ameno; *(Wetter, Himmel)* claro ③ (FIN) favorable

freundlicherweise ['---'--] *adv* amablemente; **sie kam mich ~ besuchen** tuvo la amabilidad de venir a visitarme

Freundlichkeit[1] *f ohne pl (Verhalten)* cordialidad *f,* amabilidad *f;* **würden Sie (wohl) die ~ haben, das zu tun?** ¿tendría Ud. la amabilidad de hacer eso?

Freundlichkeit[2] *f* <-en> *(Handlung)* favor *m; (Bemerkung)* amabilidad *f*

Freundschaft *f* <-en> amistad *f;* **mit jdm ~ schließen** trabar amistad con alguien; **jdm die ~ kündigen** romper la amistad con alguien

freundschaftlich *adj* amistoso; **jdm ~ gesinnt sein** querer bien a alguien

Freundschaftsdienst *m* favor *m* (entre amigos); **jdm einen ~ erweisen** hacer un favor a alguien

Freundschaftspreis *m* precio *m* de amigo

Freundschaftsspiel *nt* (SPORT) partido *m* amistoso

Frevel ['fre:fəl] *m* <-s, -> *(geh)* crimen *m;* (REL) sacrilegio *m,* profanación *f*

frevelhaft *adj (geh: verbrecherisch)* criminal; (REL) sacrílego

Freveltat *f* <-, -en> *(geh)* atrocidad *f*

Frevler(in) ['fre:flɐ] *m(f)* <-s, -; -nen> criminal *mf;* (REL) sacrílego, -a *m, f*

Friede *m* <-ns, *ohne pl*> **~ sei mit Euch!** (REL) ¡la paz sea con vosotros!; **~ seiner Asche!** (REL) ¡descanse en paz!; *s. a.* **Frieden**

Frieden *m* <-s, *ohne pl*> paz *f;* **~ schließen** hacer las paces; **~ stiften** poner paz; **in ~ leben** vivir en paz; **lasst mich doch in ~!** *(fam)* ¡dejadme en paz!

Friedensbewegung *f* movimiento *m* pacifista

Friedenskonferenz *f* conferencia *f* sobre la paz

Friedensnobelpreis *m* premio *m* Nobel de la paz

Friedenspfeife *f* pipa *f* de la paz

Friedenspolitik *f* política *f* en pro de la paz

Friedensprozess *m* proceso *m* de paz

Friedensrichter(in) *m(f)* ① (JUR) juez *mf* de paz ② *(Schweiz: Laienrichter)* juez *mf* sin la formación jurídica universitaria

Friedensschluss *m* <-es, *ohne pl*> conclusión *f* del tratado de paz

Friedenssicherung *f* mantenimiento *m* de la paz, consolidación *f* de la paz

friedensstiftend *adj* pacificador

Friedensstifter(in) *m(f)* <-s, -; -, -nen> pacificador(a) *m(f)*

Friedenstaube *f* paloma *f* de la paz

Friedenstruppe *f* tropa *f* pacificadora

Friedensvertrag *m* tratado *m* de paz

Friedenszeit *f* período *m* de paz; **in ~en** en tiempos de paz

friedfertig ['fri:tfɛrtɪç] *adj* pacífico

Friedfertigkeit *f ohne pl* carácter *m* apacible

Friedhof ['fri:tho:f] *m* cementerio *m,* panteón *m Am*

friedlich *adj* pacífico; *(ruhig)* tranquilo

friedliebend ['fri:tli:bənt] *adj* pacífico

frieren ['fri:rən] <friert, fror, gefroren> **I.** *vi* ① *sein (Wasser)* helarse ② *(Mensch)* tener frío; **ich friere** tengo frío **II.** *vunpers* helar; **mich friert** me estoy helando; **es hat heute Nacht gefroren** esta noche ha helado

Fries [fri:s] *m* <-es, -e> (ARCHIT) friso *m*

Friese, -in ['fri:zə] *m, f* <-n, -n; -nen> frisón, -ona *m, f*

friesisch *adj* frisón

frigid(e) *adj* (MED) frígido

Frigidität [frigidi'tɛ:t] *f* <-, *ohne pl*> frigidez *f*
Frikadelle [frika'dɛlə] *f* <-n> (GASTR) albóndiga *f*
Frikassee [frika'se:] *nt* <-s, -s> (GASTR) fricasé *m*
Frisbee® *nt* <-, -s> frisbee® *m;* **~ spielen** jugar al frisbee
frisch [frɪʃ] **I.** *adj* ❶ *(Lebensmittel, Wind, Erinnerung)* fresco; *(Kräfte)* nuevo; **~e Luft schnappen** tomar aire fresco; **~ und munter sein** *(fam)* estar rebosando de salud; **~ gewagt ist halb gewonnen** *(prov)* obra empezada, medio acabada ❷ *(sauber)* limpio; **das Bett ~ beziehen** mudar la cama; **sich ~ machen** asearse, refrescarse ❸ *(fam: unbenutzt)* nuevo ❹ *(Farbe)* vivo **II.** *adv (eben erst)* recién; **~ gebackenes Brot** pan recién salido del horno
Frische ['frɪʃə] *f ohne pl* ❶ *(Kühle)* frescura *f;* **in alter ~** *(iron)* tan frescos y sanos como siempre ❷ *(von Farben)* viveza *f*
Frischfleisch *nt* carne *f* fresca
frischgebacken *adj* ❶ *(Brot)* recién salido del horno ❷ *(fig)* flamante; *(Ehemann)* recién casado
Frischhaltebeutel *m* <-s, -> bolsa *f* de plástico (para guardar y preservar alimentos)
Frischhaltebox *f* fresquera *f*
Frischhaltefolie *f* celofán® *m*
Frischkäse *m* queso *m* fresco
Frischling *m* <-s, -e> jabato *m*
Frischluft *f* <-, *ohne pl*> aire *m* fresco
Frischmilch *f* leche *f* fresca
Friseur(in) [fri'zø:ɐ] *m(f)* <-s, -e; -nen> peluquero, -a *m, f;* **zum ~ gehen** ir a la peluquería
Friseursalon *m* peluquería *f*
Friseuse [fri'zø:zə] *f* <-n> peluquera *f*
frisieren* [fri'zi:rən] *vt* ❶ *(kämmen)* peinar ❷ *(fam: ändern)* retocar ❸ (AUTO: *fam)* aumentar la cilindrada (de)
Frisierkommode *f (alt)* tocador *m*
frisiert *adj* ❶ *(Zahlen)* maquillado ❷ *(Mofa)* trucado
Frisör, Frisöse *m, f* <-s, -e; -n> *s.* **Friseur**
frisst [frɪst] *3. präs von* **fressen**
Frist [frɪst] *f* <-en> ❶ *(Zeitraum)* plazo *m;* **Sie haben eine ~ von sieben Tagen** tiene un plazo de siete días; **eine ~ festsetzen/verlängern/verstreichen lassen** fijar/prolongar/dejar pasar un plazo; **innerhalb kürzester ~** en el más breve plazo ❷ *(Aufschub)* prórroga *f* ❸ *(Zeitpunkt)* fecha *f*
fristen ['frɪstən] *vt* **sein Leben ~** ir tirando
Fristenregelung *f* (JUR) ley *f* del aborto *(que permite la interrupción del embarazo durante los tres primeros meses de gestación)*
fristgerecht *adj* a tiempo; **etw ~ liefern** suministrar algo en el plazo debido
fristlos *adj* inmediato; **jdn ~ entlassen** despedir a alguien de inmediato
Fristverlängerung *f* moratoria *f*
Frisur [fri'zu:ɐ] *f* <-en> peinado *m*
Fritten ['frɪtən] *f pl (fam: Pommes frites)* patatas *f pl* fritas, papas *f pl* fritas *Am*
Frittenbude *f* <-, -n> *(nordd: fam)* puesto *m* de salchichas
Fritteuse [fri'tø:zə] *f* <-, -n> freidora *f*
frittieren* [fri'ti:rən] *vt* (GASTR) freír (con mucho aceite)
frivol [fri'vo:l] *adj* ❶ *(leichtfertig)* frívolo ❷ *(anzüglich)* picante
Frivolität[1] *f* <-, -en> *(frivole Äußerung)* expresión *f* obscena
Frivolität[2] *f* <-, *ohne pl*> ❶ *(Anzüglichkeit: Anspielung, Bemerkung)* atrevimiento *m; (Witz)* obscenidad *f* ❷ *ohne pl (Leichtfertigkeit)* ligereza *f*
Frl. *Abk. von* **Fräulein** Srta.
froh [fro:] *adj* ❶ *(fröhlich)* alegre; *(glücklich)* feliz; **F~e Weihnachten!** ¡Feliz Navidad! ❷ *(fam: zufrieden)* contento; **~ über etw sein** estar contento por algo; **du kannst ~ sein, dass ...** puedes estar contento de que... *+subj;* **seines Lebens nicht mehr ~ werden** no hallar sosiego ❸ *(erfreulich)* bueno
fröhlich ['frø:lɪç] *adj* alegre
Fröhlichkeit *f ohne pl* alegría *f*
frohlocken* *vi (geh)* ❶ *(triumphieren)* alegrarse mucho *(especialmente del mal ajeno)* ❷ *(jubeln)* gritar con entusiasmo (**über** por), celebrar con júbilo (**über**)
Frohnatur *f* persona *f* alegre [*o* risueña]
Frohsinn *m* <-(e)s, *ohne pl*> alegría *f*
fromm [frɔm] *adj* <frommer *o* frömmer, am frommsten *o* frömmsten> devoto, piadoso
Frömmelei [frœmə'laɪ] *f* <-en> *(abw)* santurronería *f*
Frömmigkeit ['frœmɪçkaɪt] *f ohne pl* religiosidad *f,* devoción *f*
frömmste(r, s) *adj superl von* **fromm**
Fron [fro:n] *f ohne pl* ❶ *(geh: Arbeit)* trabajo *m* ímprobo ❷ (HIST) servidumbre *f* feudal
Fronarbeit *f ohne pl* (HIST) prestación *f* personal; *(fig)* servidumbre *f*
frönen ['frø:nən] *vi (geh)* entregarse (a)
Fronleichnam [fro:n'laɪçna:m] *m* <-(e)s, *ohne pl*> (REL) Corpus *m* Christi
Front [frɔnt] *f* <-en> ❶ (ARCHIT) frente *m* ❷ (MIL, METEO) frente *m* ❸ *pl (Position)* po-

siciones *f pl; (Haltung)* posturas *f pl;* **klare ~en schaffen** establecer posiciones claras
frontal [frɔn'ta:l] *adj* frontal, de frente
Frontalangriff *m* (MIL) ataque *m* frontal
Frontalunterricht *m* <-(e)s, *ohne pl*> (SCH) enseñanza *f* frontal
Frontalzusammenstoß *m* colisión *f* frontal
Frontantrieb *m* (AUTO) tracción *f* delantera
Frontfrau *f* (MUS) cantante *f*
Frontlader *m (Waschmaschine)* lavadora *f* de carga frontal
Frontmann *m* (MUS) cantante *m*
Frontscheibe *f* parabrisas *m inv*
Fronturlaub *m* <-(e)s, -e> (MIL) permiso *m* de vacaciones (para los soldados en el frente)
Frontwechsel *m* cambio *m* de bando
fror [fro:ɐ] *3. imp von* **frieren**
Frosch [frɔʃ, *pl:* 'frœʃə] *m* <-(e)s, Frösche> rana *f;* **einen ~ im Hals haben** *(fam)* estar ronco; **sei kein ~!** *(fam)* ¡no seas gallina!
Froschkönig *m* príncipe *m* encantado
Froschlaich *m* <-(e)s, -e> huevas *f pl* de rana
Froschmann *m* hombre rana *m*
Froschperspektive *f* vista *f* desde abajo
Froschschenkel *m* (GASTR) anca *f* de rana
Frost [frɔst, *pl:* 'frœstə] *m* <-(e)s, Fröste> helada *f;* **es herrscht strenger ~** hay fuertes heladas
Frostbeule *f* sabañón *m*
frösteln ['frœstəln] *vi* tiritar de frío; **es fröstelt mich** tengo frío
Frostgefahr *f ohne pl* (METEO) peligro *m* de heladas
frostig *adj* ① *(Wetter)* helado, frío ② *(unfreundlich)* frío, glacial
Frostigkeit *f* <-, *ohne pl*> ① (METEO) clima *m* glacial ② *(abweisende Kühle)* frialdad *f*
Frostschaden *m* daño *m* causado por la helada
Frostschutzmittel *nt* anticongelante *m*
Frottee ['frɔte:] *m o nt* <-(s), -s> rizo *m*
Frotteehandtuch *nt (fam)* toalla *f* de rizo
frottieren* [frɔ'ti:rən] *vt* frotar, restregar
frotzeln ['frɔtsəln] *vi (fam)* meterse (**über** con)
Frucht [frʊxt, *pl:* 'frʏçtə] *f* <Früchte> ① (BOT) fruto *m; (Obst)* fruta *f;* **Früchte tragen** dar fruto ② *(Ergebnis)* fruto *m,* resultado *m*
fruchtbar *adj* fecundo; *(Mensch)* fértil
Fruchtbarkeit *f ohne pl* fecundidad *f; (eines Menschen)* fertilidad *f*
Fruchtblase *f* (ANAT) bolsa *f* amniótica, amnios *m inv*
Früchtejoghurt *m* yogur *m* de fruta
fruchten ['frʊxtən] *vi* ser útil; **all das fruchtet doch sowieso nichts** todo eso es en vano
Früchtetee *m* <-s, -s> infusión *f* de frutas
Fruchtfleisch *nt* pulpa *f*
Fruchtfliege *f* <-, -n> (ZOOL) drosófila *f*
fruchtig *adj* con olor [*o* sabor] a fruta
Fruchtknoten *m* <-s, -> (BOT) ovario *m*
fruchtlos *adj* inútil
Fruchtsaft *m* zumo *m* de frutas
Fruchtshake *m* batido *m* de fruta
Fruchtwasser *nt ohne pl* (MED) líquido *m* amniótico
Fruchtzucker *m* fructosa *f*
frugal [fru'ga:l] **I.** *adj (geh)* frugal **II.** *adv (geh)* con sencillez
früh [fry:] **I.** *adj* ① *(nicht spät)* temprano; **in ~ester Kindheit** a temprana edad; **~ am Morgen** de madrugada; **es ist noch ~** todavía es temprano; **~er geht's nicht** no es posible antes; **so ~ wie möglich** cuanto antes ② *(frühzeitig)* prematuro; **ein ~er Tod** una muerte prematura; **~er oder später** tarde o temprano; **er hat schon ~ erkannt, dass ...** muy pronto se dio cuenta de (que)... **II.** *adv (morgens)* (por la) mañana; **heute ~** esta mañana; **Dienstag ~** el martes por la mañana; **um 6 Uhr ~** a las 6 de la mañana
Frühaufsteher(in) *m(f)* <-s, -; -nen> madrugador(a) *m(f)*
Frühchen ['fry:çən] *nt* <-s, -> *(fam)* (niño, -a *m, f*) prematuro , -a *m, f*
Frühdienst *m* turno *m* de mañana
Frühe ['fry:ə] *f ohne pl* **in aller ~** de madrugada
früher ['fry:ɐ] **I.** *kompar von* **früh** **II.** *adj* ① *(ehemalig)* ex, antiguo; *(vorhergehend)* anterior; **seine ~en Freunde** sus antiguos amigos ② *(vergangen)* pasado; **in ~en Zeiten** en tiempos pasados **III.** *adv* ① *(vorher)* antes, anteriormente; **wir kennen uns von ~** nos conocemos de antes ② *(ehemals)* antiguamente
Früherkennung *f* (MED) diagnóstico *m* precoz
frühestens ['fry:əstəns] *adv* como muy temprano; **~ in einer Woche** en una semana como muy temprano
frühestmöglich ['fry:əstmø:klɪç] *adj (Termin)* cuanto antes (posible)
Frühgeburt *f* ① *(Geburt)* parto *m* prematuro ② *(Kind)* (niño, -a *m, f*) prematuro, -a *m, f*
Frühgeschichte *f ohne pl* ① (HIST) protohistoria *f (periodo entre la prehistoria y la historia propiamente dicha)* ② *(einer Bewegung)* fase *f* inicial
Frühjahr *nt* primavera *f*

F

Frühjahrsmüdigkeit *f* cansancio *m* primaveral

frühkindlich *adj* (PSYCH) de la primera infancia

Frühling ['fry:lɪŋ] *m* <-s, -e> primavera *f*

Frühlingsanfang *m* comienzo *m* de la primavera

Frühlingsblume *f* flor *f* primaveral

frühlingshaft *adj* primaveral

Frühlingsrolle *f* (GASTR) rollito *m* de primavera *(masa frita rellena de legumbres y carne o pescado)*

Frühlingszwiebel *f* (GASTR) cebolleta *f*

frühmorgens [fry:'mɔrgəns] *adv* de madrugada

Frühnebel *m* neblina *f* matutina

Frühpensionierung *f* jubilación *f* anticipada

frühreif *adj* ① *(Kind)* precoz ② *(Obst)* temprano

Frühreife *f ohne pl* precocidad *f*

Frührentner(in) *m(f)* pensionista *mf* que cobra la renta antes de lo que le correspondería

Frühschicht *f* turno *m* de mañana

Frühschoppen *m* aperitivo *m*

Frühsommer *m* <-s, -> verano *m* temprano, principio *m* del verano; **im ~** a comienzos del verano

Frühsport *m* deporte *m* matinal

Frühstadium *nt* fase *f* inicial; **einen Tumor im ~ erkennen** detectar un tumor en estadio temprano

Frühstart *m* (SPORT) salida *f* en falso

Frühstück *nt* desayuno *m*

frühstücken *vi, vt* desayunar

Frühstücksbüfett, **Frühstücksbuffet** *nt* <-s, -s> bufé de desayuno *m*

Frühstücksfernsehen *nt* programación *f* televisiva matinal

Frühstücksflocken *fpl* cereales *mpl* para desayunar

Frühstückspause *f* hora *f* del desayuno

Frühstückstheke *f* desayunador *m*

Frühwarnsystem *nt* (MIL) sistema *m* de alarma preventiva

Frühwerk *nt* obra *f* temprana

frühzeitig I. *adj* ① *(früh)* temprano ② *(vorzeitig)* prematuro; *(voreilig)* precipitado **II.** *adv (vorzeitig)* antes de tiempo

Fruktose [frʊk'to:zə] *f* <-, *ohne pl*> (BIOL) fructosa *f*

Frust [frʊst] *m* <-(e)s, *ohne pl*> *(fam)* chasco *m*

frusten *vt (fam)* frustrar, decepcionar

Frustration [frʊstra'tsjo:n] *f* <-en> (*a.* PSYCH) frustración *f*

frustrieren* [frʊs'tri:rən] *vt* (*a.* PSYCH) frustrar

frustrierend *adj* (*a.* PSYCH) frustrante

F-Schlüssel *m* (MUS) clave *f* de fa

Fuchs [fʊks, *pl:* 'fʏksə] *m* <-es, Füchse> ① *(Tier)* zorro *m*, grulla *f Méx* ② *(Pelz)* piel *f* de zorro ③ *(fam: Person)* zorro, -a *m, f;* **ein alter ~ sein** ser zorro viejo; **schlau wie ein ~ sein** ser más listo que un coyote ④ *(Pferd)* alazán *m*

Fuchsbau *m* <-(e)s, -e> zorrera *f*

fuchsen ['fʊksən] *vi* fastidiar

Fuchsie ['fʊksjə] *f* <-, -n> (BOT) fucsia *f*

fuchsig ['fʊksɪç] *adj* ① *(fuchsrot)* bermejo ② *(ungeduldig)* impaciente ③ *(fam: wütend)* hecho una furia

Füchsin ['fʏksɪn] *f* <-nen> zorra *f*

Fuchsschwanz *m* ① *(eines Fuchses)* cola *f* de zorro ② *(Werkzeug)* serrucho *m*

fuchsteufelswild ['-'--'-] *adj (fam)* rabioso

Fuchtel ['fʊxtəl] *f ohne pl (fam)* **unter jds ~ stehen** estar bajo la férula de alguien

fuchteln *vi (fam)* gesticular; **mit den Armen ~** bracear

fuffzig ['fʊftsɪç] *adj inv (reg)* cincuenta

Fug [fu:k] *m* **mit ~ und Recht** con todo el derecho del mundo

Fuge ['fu:gə] *f* <-n> ① *(Ritze)* ranura *f;* **aus den ~n geraten sein** estar fuera de quicio ② (MUS) fuga *f*

fügen ['fy:gən] **I.** *vr:* **sich ~** ① *(unterordnen)* someterse (a) ② *(passen)* ajustarse (**in** a) ③ *(geh: geschehen)* suceder; **es fügte sich, dass ...** sucedió que... *+subj* **II.** *vt* juntar (**an/in** con/en); *(ineinander)* encajar

fügsam *adj* dócil

Fügung *f* <-en> coincidencia *f; (göttlich)* providencia *f;* **das war eine ~ des Schicksals** fue un lance de fortuna

fühlbar *adj* ① *(merklich)* notable ② *(tastbar)* palpable

fühlen ['fy:lən] **I.** *vt, vi* ① *(empfinden)* sentir ② *(tasten)* palpar, tocar **II.** *vr:* **sich ~** ① *(empfinden)* sentirse; **sich für jdn/etw verantwortlich ~** sentirse responsable de alguien/algo; **sich versucht ~, etw zu tun** sentir la tentación de hacer algo ② *(sich halten für)* tenerse (**als** por), creerse (**als**)

Fühler *m* <-s, -> antena *f;* **seine ~ ausstrecken** *(fam fig)* tantear el terreno

fuhr [fu:ɐ] *3. imp von* **fahren**

Fuhre ['fu:rə] *f* <-n> ① *(Ladung)* carga *f* ② *(Taxieinsatz)* viaje *m* (en taxi)

führen ['fy:rən] **I.** *vi* ① *(in Führung liegen)* ir a la cabeza; (SPORT) llevar ventaja; **X führt 1:0 (gegen Y)** X va ganando por 1:0 (a Y) ② *(verlaufen)* ir, llevar; **diese Straße führt nach Münster** esta carretera lleva a Münster ③ *(ergeben)* llevar (**zu** a), conducir (**zu**

a); **das führt doch zu nichts** esto no lleva a nada; **das führt zu weit** esto va demasiado lejos **II.** *vt* ① *(leiten)* dirigir; *(Mannschaft)* encabezar; *(Gruppe)* guiar ② *(geleiten)* llevar, guiar; *(begleiten)* acompañar; **was führt Sie zu mir?** ¿qué le trae por aquí? ③ *(Auto)* conducir, manejar *Am* ④ *(hinbewegen)* llevar (**zu/in** a); **in den Ruin ~** llevar a la ruina; **etw mit sich** *dat* **~** llevar algo consigo ⑤ *(Titel)* tener; *(Namen)* llevar ⑥ *(Geschäftsbücher, Tagebuch)* llevar ⑦ *(Waren)* vender ⑧ *(Gespräch)* sostener, tener; **Verhandlungen ~** negociar; (**bei etwas**) **Regie ~** dirigir (algo) **III.** *vr:* **sich ~** *(sich benehmen)* comportarse

führend *adj* primero; **~e Persönlichkeiten** altos cargos; **die Firma ist ~ auf ihrem Gebiet** esta empresa es la primera de su ramo

Führer[1] *m* <-s, -> *(Buch)* guía *f*

Führer(in)[2] ['fy:rɐ] *m(f)* <-s, -; -nen> ① *(Leiter)* líder *mf,* capo *m Arg* ② *(Fremdenführer)* guía *mf* (turístico , -a)

Führerhaus *nt* cabina *f* del conductor

Führerin *f* <-nen> *s.* **Führer**[2]

führerlos *adj* ① *(Gruppe, Partei)* sin líder ② *(Wagen)* sin conductor

Führerschein *m* permiso *m* de conducir, licencia *f Am;* **den ~ machen** sacar el carné (de conducir)

Führerscheinentzug *m* privación *f* del permiso de conducir

Führerscheinprüfung *f* <-, -en> examen *m* de conducir

Führerstand *m (Zug, Straßenbahn)* cabina *f* del conductor

Fuhrpark *m* parque *m* móvil

Führung[1] ['fy:rʊŋ] *f ohne pl* ① *(Leitung)* dirección *f;* **unter jds ~** bajo la dirección de alguien ② (SPORT) **in ~ liegen** estar a la cabeza; **in ~ gehen** llevar la delantera ③ *(Benehmen)* comportamiento *m*

Führung[2] *f* <-en> *(Besichtigung)* visita *f* (guiada)

Führungsanspruch *m* pretensión *f* de encabezar *(una organización, etc.)*

Führungsebene *f* dirección *f*

Führungsetage *f* <-, -n> departamento *m* de ejecutivos

Führungsgeschick *nt ohne pl* dotes *f pl* de liderazgo

Führungskraft *f* directivo, -a *m,f*

Führungskrise *f* <-, -n> crisis *f inv* en la dirección

führungslos *adj inv* sin dirección

Führungsrolle *f ohne pl (Führungsposition)* liderazgo *m*

Führungsschiene *f* (TECH) riel *m* de guía

Führungsschwäche *f* <-, -n> ① *(mangelnde Fähigkeit zu führen)* falta *f* de dotes de mando ② *(Schwäche bei der Führung)* debilidad *f* en el desempeño de un mando

Führungsspitze *f* ① *(Unternehmen)* altos ejecutivos *mpl* ② *(Partei)* ejecutiva *f*

Führungsstärke *f* <-, -n> ① *(Stärke zu führen)* fuerte capacidad *f* de mando ② *(Stärke bei der Führung)* fortaleza *f* en el desempeño de un mando

Führungsstil *m* estilo *m* de dirección

Führungswechsel *m* <-s, -> cambio *m* en la ejecutiva

Führungszeugnis *nt* certificado *m* de buena conducta

Fuhrunternehmen *nt* empresa *f* de tra(n)sportes

Fuhrwerk *nt* carruaje *m*

Fülle ['fʏlə] *f ohne pl* ① *(Körpermasse)* corpulencia *f* ② *(Menge)* montón *m,* cardume(n) *m CSur;* **in Hülle und ~** a montones

füllen ['fʏlən] **I.** *vt* ① *(vollmachen)* llenar (**mit** de/con) ② (GASTR) rellenar (**mit** de/con) ③ *(einfüllen)* echar (**in** en); **Wein in Flaschen ~** embotellar vino ④ *(Zahn)* empastar **II.** *vr:* **sich ~** *(voll werden)* llenarse (**mit** de/con)

Füllen *nt* <-s, -> *(geh) s.* **Fohlen**

Füller ['fʏlɐ] *m* <-s, -> *(fam)* pluma *f,* lapicera *f Arg*

Füllfederhalter *m* pluma *f* estilográfica

Füllgewicht *nt* peso *m* neto

Füllhorn *nt* cuerno *m* de la abundancia

füllig *adj* relleno; *(Haar)* voluminoso

Füllung *f* <-en> ① *(Zahnfüllung)* empaste *m,* emplomadura *f Am* ② (GASTR) relleno *m* ③ *(für Polster)* relleno *m* ④ *(bei Türen)* entrepaño *m*

Füllwort *nt* (LING) partícula *f* expletiva

Fummel ['fʊməl] *m* <-s, -> *(fam)* harapos *mpl*

fummeln ['fʊməln] *vi* ① *(fam: herumtasten)* manosear (**an**), jugar (**an** con) ② *(fam: streicheln)* meter mano

Fund[1] [fʊnt] *m* <-(e)s, -e> *(Fundstück)* hallazgo *m;* **einen ~ machen** hacer un hallazgo

Fund[2] *m* <-(e)s, *ohne pl*> *(das Finden)* hallazgo *m;* *(Entdecken)* descubrimiento *m*

Fundament [fʊnda'mɛnt] *nt* <-(e)s, -e> ① (ARCHIT) cimientos *mpl* ② *(Grundlage)* fundamento *m,* base *f;* **die ~e für etw schaffen/zu etw legen** crear/construir las bases para algo

fundamental *adj* fundamental

Fundamentalismus [fʊndamɛnta'lɪsmʊs] *m* <-, *ohne pl*> fundamentalismo *m*

Fundamentalist(in) *m(f)* <-en, -en; -, -nen> fundamentalista *mf*
fundamentalistisch *adj* fundamentalista
Fundbüro *nt* oficina *f* de objetos perdidos
Fundgrube *f* mina *f*
fundiert *adj* sólido, fundamentado
fündig ['fʏndɪç] *adj* ~ **werden** descubrir lo que se quería saber, encontrar lo que se buscaba
Fundort *m* (a. JUR) lugar *m* del hallazgo
Fundsache *f* objeto *m* perdido
Fundus ['fʊndʊs] *m* <-, -> ❶ *(an Erfahrungen, Wissen)* fondo *m* ❷ (FILM, THEAT: *für Kostüme*) vestuario *m; (für Requisiten)* almacén *m*
fünf [fʏnf] *adj inv* cinco; ~ **Minuten vor zwölf** las doce menos cinco; ~(**e**) **gerade sein lassen** *(fam)* hacer la vista gorda; **das kannst du dir an deinen ~ Fingern abzählen** *(fam)* eso está más claro que el agua; *s. a.* **acht**[1]
Fünf *f* <-, -en> ❶ *(Zahl, Buslinie, Würfelaugen)* cinco *m* ❷ (SCH: *mangelhaft*) insuficiente *m*
Fünfcentstück [-'--] *nt* moneda *f* de cinco céntimos (de euro)
Fünfeck *nt* pentágono *m*
fünfeckig *adj* pentagonal
Fünfer ['fʏnvɐ] *m* <-s, -> *(fam: Geldschein)* billete *m* de cinco euros
fünferlei ['fʏnvɐlaɪ] *adj inv* de cinco clases diferentes, cinco clases (diferentes) de; *s. a.* **achterlei**
Fünfeuroschein *m* billete *m* de cinco euros
fünffach **I.** *adj* quíntuplo **II.** *adv* cinco veces; *s. a.* **achtfach**
fünfhundert ['-'--] *adj inv* quinientos; *s. a.* **achthundert**
Fünfjahresplan [-'---] *m* (POL) plan *m* quinquenal
fünfjährig *adj (fünf Jahre alt)* de cinco años; *(fünf Jahre dauernd)* de cinco años de duración; *s. a.* **achtjährig**
Fünfkampf *m* (SPORT) pentatlón *m*
Fünfling *m* <-s, -e> quintillizo *m*
fünfmal *adv* cinco veces; *s. a.* **achtmal**
Fünfprozenthürde ['--'---] *f* <-, -n> (POL) obstáculo *m* (de la cláusula) del cinco por ciento
fünfstellig *adj* de cinco cifras
fünft **zu ~** (en grupos de) cinco, de cinco en cinco; **wir waren zu ~** éramos cinco; *s. a.* **acht**[1]
Fünftagewoche [-'----] *f* semana *f* laboral de cinco días
fünftausend ['-'--] *adj inv* cinco mil; *s. a.* **achttausend**
fünfte(r, s) *adj* quinto; **das ~ Rad am Wagen sein** ir de pegote; *s. a.* **achte(r, s)**
fünftel *adj inv* quinto; *s. a.* **achtel**
Fünftel ['fʏnftəl] *nt* <-s, -> quinto, -a *m, f,* quinta parte *f; s. a.* **Achtel**
fünftens ['fʏnftəns] *adv* en quinto lugar; *(bei einer Aufzählung)* quinto; *s. a.* **achtens**
Fünftürer *m* <-s, -> (AUTO) cinco puertas *m*
fünfzehn *adj inv* quince; *s. a.* **acht**[1]
fünfzehnte(r, s) *adj* decimoquinto; *s. a.* **achte(r, s)**
fünfzig ['fʏnftsɪç] *adj inv* cincuenta; *s. a.* **achtzig**
Fünfzigcentstück [--'--] *nt* moneda *f* de cincuenta céntimos (de euro)
fünfziger *adj inv* ❶ *(1950 bis 1959)* de los (años) cincuenta ❷ *(von 1950)* del año cincuenta; *s. a.* **achtziger**
Fünfziger ['fʏnftsɪgɐ] *m* <-s, -> *(fam)* ❶ *(Münze)* moneda *f* de cincuenta ❷ *(Geldschein)* billete *m* de cincuenta
Fünfzigeuroschein [--'--] *m* billete *m* de cincuenta euros
fünfzigjährig *adj (fünfzig Jahre alt)* de cincuenta años; *(fünfzig Jahre dauernd)* de cincuenta años de duración; *s. a.* **achtjährig**
Fünfzigjährige(r) *mf* <-n, -n; -n, -n> persona *f* de cincuenta años
fünfzigste(r, s) *adj* quincuagésimo; *s. a.* **achtzigste(r, s)**
fungieren* [fʊŋ'giːrən] *vi* hacer (**als** de)
Fungizid [fʊŋgi'tsiːt] *nt* <-(e)s, -e> fungicida *m*
Funk [fʊŋk] *m* <-s, *ohne pl*> radio *f*
Funkamateur(in) *m(f)* radioaficionado, -a *m, f*
Funkantenne *f* <-, -n> antena *f* de radio
Fünkchen *nt* **ein/kein ~ ...** una/ni una pizca de...
Funke ['fʊŋkə] *m* <-ns, -n> chispa *f;* **~n sprühen** echar chispas; **der zündende ~** la chispa; **ein ~ Hoffnung** un rayito de esperanza; **keinen ~n Anstand im Leib haben** no tener ni pizca de educación
funkeln ['fʊŋkəln] *vi* brillar, resplandear
funkelnagelneu ['--'-'-] *adj (fam)* flamante
funken ['fʊŋkən] **I.** *vt (Nachricht)* radiar **II.** *vi* ❶ *(Funken sprühen)* chispear ❷ *(fam: verstehen)* hacerse la luz; **endlich hat es bei ihm gefunkt** por fin se le encendió la bombilla
Funken *m* <-s, -> *s.* **Funke**
Funker(in) *m(f)* <-s, -; -nen> radiotelegrafista *mf*
Funkgerät *nt* aparato *m* de radio
Funkhaus *nt* emisora *f* de radio(difusión)
Funkloch *nt* (TEL) zona *f* sin cobertura

Funkpeilung *f* <-, -en> (RADIO) radiogoniometría *f*
Funksignal *nt* <-s, -e> señal *f* radioeléctrica [*o* radiotelegráfica]
Funksprechgerät *nt* tra(n)smisor receptor *m* radiofónico
Funkspruch *m* mensaje *m* de radio
Funkstation *f* <-, -en> estación *f* radiotelegráfica; *(Sendestation)* estación *f* emisora; *(Empfangsstation)* estación *f* receptora
Funkstille *f* ① *(Sendepause)* silencio *m* de radio ② *(fam: im zwischenmenschlichen Bereich)* silencio *m*
Funkstreife *f* radiopatrulla *f*
Funktaxi *nt* radiotaxi *m*
Funktechnik *f* <-, *ohne pl*> radiotécnica *f*
Funktelefon *nt* teléfono *m* celular
Funktion[1] [fʊŋk'tsjoːn] *f ohne pl (einer Maschine)* funcionamiento *m;* **in ~ treten** ponerse en funcionamiento
Funktion[2] *f* <-en> ① *(Amt, Aufgabe)* cargo *m; (Ausübung eines Amtes)* función *f;* **eine ~ haben/ausüben** tener/ejercer un cargo ② *(Zweck, Leistungsmerkmal, a.* TECH, INFOR, MATH*)* función *f*
funktional [fʊŋktsjo'naːl] *adj* funcional
Funktionär(in) [fʊŋktsjo'nɛːɐ] *m(f)* <-s, -e; -nen> funcionario, -a *m, f*
funktionell *adj* (*a.* MED) funcional
funktionieren* *vi* funcionar
funktionsfähig *adj* apto para funcionar
funktionsgerecht *adj* (TECH) adaptado a la función
Funktionsstörung *f* (MED) disfunción *f*
Funktionstaste *f* (INFOR) tecla *f* de función
funktionstüchtig *adj* que funciona bien
Funkturm *m* torre *f* de radiodifusión
Funkverbindung *f* comunicación *f* por radio
Funkverkehr *m* radiocomunicaciones *fpl*
Funzel ['fʊntsəl] *f* <-, -n> *(fam abw)* lámpara *f* que apenas alumbra
für [fyːɐ] *präp +akk* ① *(zugunsten von)* para, por; **~ mich** para mí; **kann ich noch etw ~ Sie tun?** ¿puedo hacer algo más por Ud.?; **ich bin ~ deine Idee** estoy a favor de tu idea; **sich ~ etw entscheiden** decidirse por algo; **die Sache hat was ~ sich** el asunto tiene un algo especial ② *(im Verhältnis zu)* para; **er ist sehr groß ~ sein Alter** está muy alto para su edad; **das ist eine Sache ~ sich** esto es cosa aparte ③ *(zeitlich)* por; **ich gehe ~ zwei Jahre ins Ausland** me voy por dos años al extranjero; **~ immer** para siempre; **~s Erste** por ahora ④ *(wegen)* a causa de, por; **ich ~ meine Person** en cuanto a mí ⑤ *(zum Zweck)* para; **ein Mittel ~ Kopfschmerzen** *(fam)* un remedio contra el dolor de cabeza; **~ nichts und wieder nichts** absolutamente para nada ⑥ *(im Austausch)* por; *(anstelle von)* en lugar de; **ich bin ~ ihn eingesprungen** fui en su lugar; **was verlangen Sie ~ den Anzug?** ¿cuánto pide por el traje? ⑦ *(mit Fragepronomen)* **was ~ …?** ¿qué…?; **was ~ ein Pilz ist das?** ¿qué clase de seta es?; **was ~ eine komische Idee!** ¡menuda ocurrencia!
Für *nt* **das ~ und Wider** el pro y el contra, los pros y los contras
Fürbitte ['---] *f (Bitte)* intercesión *f* (**für** a favor de), intervención *f* (**für** a favor de); (REL) ruego *m*
Furche ['fʊrçə] *f* <-n> ① *(Ackerfurche)* surco *m* ② *(tiefe Falte)* arruga *f*
furchen *vt (geh: Boden)* surcar
Furcht [fʊrçt] *f ohne pl* temor *m* (**vor** a/de); *(stärker)* terror *m* (**vor** a/de); **~ erregend** espantoso; **jdm ~ einflößen** infundir miedo a alguien
furchtbar **I.** *adj* ① *(schrecklich)* horroroso ② *(fam: sehr groß)* enorme **II.** *adv (fam: sehr)* muy; **~ nett** simpatiquísimo
furchteinflößend *adj s.* **Furcht**
fürchten ['fʏrçtən] **I.** *vi (sich sorgen)* temer (**um/für** por); **ich fürchte um sein Leben** temo por su vida; **zum F~ aussehen** tener un aspecto espantoso **II.** *vt, vr:* **sich ~** temer, corcovear *Méx;* **ich fürchte, dass …** temo que…
fürchterlich ['fʏrçtɐlɪç] *adj s.* **furchtbar**
furchterregend *adj s.* **Furcht**
furchtlos *adj* sin temor, intrépido
Furchtlosigkeit *f ohne pl* intrepidez *f*
furchtsam *adj* miedoso
Furchtsamkeit *f ohne pl* temor *m,* pendejada *f Am: fam*
füreinander [fyːɐʔaɪ'nandɐ] *adv* uno para el otro; **~ da sein** estar el uno para el otro
Furie ['fuːriə] *f* <-n> furia *f*
Furnier [fʊr'niːɐ] *nt* <-s, -e> chapa *f* de madera
furnieren* [fʊr'niːrən] *vt* chapear
Furore [fu'roːrə] *f ohne pl* **~ machen** causar sensación
Fürsorge ['---] *f ohne pl* ① *(Betreuung)* asistencia *f* ② *(fam: finanzielle Unterstützung)* pensión *f;* **von der ~ leben** vivir de la asistencia social
Fürsorgeamt *nt (Schweiz: Sozialamt)* oficina *f* de asistencia social
Fürsorgepflicht *f ohne pl* (JUR) deber *f* de protección
fürsorglich *adj* cuidadoso, cariñoso
Fürsorglichkeit *f* <-, *ohne pl*> atención *f,* cuidado *m*

Fürsprache *f* intercesión *f;* **für jdn ~ einlegen** interceder a favor de alguien
Fürsprecher(in) *m(f)* intercesor(a) *m(f)*
Fürst(in) [fʏrst] *m(f)* <-en, -en; -nen> príncipe, princesa *m, f*
Fürstentum *nt* <-s, -tümer> principado *m*
Fürstin *f* <-nen> *s.* **Fürst**
fürstlich *adj* ① *(prächtig)* regio; *(Essen)* opíparo ② *(einen Fürsten betreffend)* principesco
Furt [fʊrt] *f* <-en> vado *m*
Furunkel [fuˈrʊŋkəl] *m o nt* <-s, -> forúnculo *m*
fürwahr *adv (geh)* en verdad, realmente
Fürwort *nt* (LING) pronombre *m*
Furz [fʊrts, *pl:* ˈfʏrtsə] *m* <-es, Fürze> *(fam)* pedo *m*
furzen *vi (fam)* soltar un pedo
Fusel [ˈfuːzəl] *m* <-s, *ohne pl*> *(fam abw: Branntwein)* matarratas *m inv*
Fusion [fuˈzjoːn] *f* <-en> fusión *f*
fusionieren* [fuzjoˈniːrən] *vi* fusionarse
Fuß [fuːs, *pl:* ˈfyːsə] *m* <-es, Füße> pie *m;* **am ~ des Berges** al pie de la montaña; **zu ~ gehen** ir andando; **gut zu ~ sein** poder caminar bien; **sich** *dat* **die Füße wund laufen** despellejarse los pies; **die Sache hat Hand und ~** el asunto tiene pies y cabeza; **auf großem ~ leben** vivir a lo grande; **auf eigenen Füßen stehen** *(fig)* ser independiente; **mit jdm auf gutem ~e stehen** llevarse bien con alguien; **das Publikum lag ihr zu Füßen** *(geh)* el público estaba a sus pies; **er bekam kalte Füße** *(fam fig)* le entró miedo; **jdm etw vor die Füße werfen** *(fig)* tirarle algo a alguien a la cara; **~ fassen** consolidarse; **jdn auf freien ~ setzen** liberar a alguien; **die Strafe folgte auf dem ~e** no tardó en llegar el castigo; **bei ~!** ¡aquí!
Fußabdruck *m* huella *f* (del pie)
Fußabtreter *m (reg)* felpudo *m*
Fußbad *nt* baño *m* de pies; (MED) pediluvio *m*
Fußball[1] *m* <-(e)s, *ohne pl*> (SPORT) fútbol *m;* **~ spielen** jugar al fútbol
Fußball[2] *m* <-(e)s, -bälle> *(Ball)* pelota *f* de fútbol
Fußballclub *m s.* **Fußballklub**
Fußballer(in) *m(f)* <-s, -; -nen> futbolista *mf,* jugador(a) *m(f)* de fútbol
Fußballfan *m* hincha *mf*
Fußballfeld *m* campo *m* de fútbol
Fußballklub *m* <-s, -s> club *m* deportivo de fútbol, fútbol-club *m*
Fußballmannschaft *f* equipo *m* de fútbol
Fußballplatz *m* campo *m* de fútbol
Fußballschuh *m* bota *f* de fútbol
Fußballspiel *nt* partido *m* de fútbol
Fußballspieler(in) *m(f)* futbolista *mf,* jugador(a) *m(f)* de fútbol
Fußballstadion *nt* estadio *m* de fútbol
Fußballverein *m* club *m* de fútbol
Fußballweltmeisterschaft *f* copa *f* mundial de fútbol
Fußbank *f* banquillo *m*
Fußboden *m* suelo *m,* piso *m*
Fußbodenbelag *m* pavimento *m*
Fußbodenheizung *f* calefacción *f* de suelo
Fußbreit *m* <-, *ohne pl*> pie *m;* **er wich keinen ~ zurück** no retrocedió ni un palmo
Fußbremse *f* freno *m* de pie
Fussel [ˈfʊsəl] *m o f* <-s, -(n)> pelusa *f*
fusselig *adj* ① *(fusselnd)* que deja pelusas ② *(voller Fusseln)* lleno de pelusas ③ *(ausgefranst)* deshilachado; **sich** *dat* **den Mund ~ reden** *(fam)* gastar saliva en balde
fusseln *vi* soltar pelo
fußen [ˈfuːsən] *vi (sich stützen)* apoyarse (**auf** en); *(basieren)* basarse (**auf** en)
Fußende *nt* pie *m* de la cama
Fußgänger(in) [ˈfuːsgɛŋɐ] *m(f)* <-s, -; -nen> peatón, -ona *m, f*
Fußgängerampel *f* semáforo *m* para peatones
Fußgängerin *f* <-nen> *s.* **Fußgänger**
Fußgängerübergang *m* <-(e)s, -gänge>, **Fußgängerüberweg** *m* paso *m* de peatones
Fußgängerzone *f* zona *f* peatonal
Fußgelenk *nt* articulación *f* del pie
Fußgewölbe *nt* (ANAT) arco *m* del pie
fußläufig *adj (zu Fuß)* a pie
fusslig *adj s.* **fusselig**
Fußmarsch *m* caminata *f*
Fußmatte *f* estera *f*
Fußnagel *m* uña *f* del pie
Fußnote *f* nota *f* a pie de página
Fußpflege *f* pedicura *f*
Fußpfleger(in) *m(f)* pedicuro, -a *m, f*
Fußpilz *m ohne pl* (MED) micosis *f inv* en los pies
Fußreflexzonenmassage *f* (MED) masaje *m* de las zonas de reflejo del pie
Fußrücken *m* (ANAT) empeine *m*
Fußschalthebel *m (am Motorrad)* pedal *m* de cambio
Fußsohle *f* planta *f* del pie
Fußspitze *f* punta *f* del pie
Fußspur *f* huella *f* del pie
Fußstapfen *m* <-s, -> pisada *f;* **in jds ~ treten** seguir el ejemplo de alguien
Fußstütze *f* apoyapiés *m inv*
Fußtritt *m (von Menschen)* puntapié *m; (von Tieren)* coz *f*

Fußvolk *nt ohne pl* ① (MIL) peonaje *m* ② *(abw: breite Masse)* masa *f*
Fußweg *m* ① *(Weg)* camino *m*, vereda *f Am; (Bürgersteig)* acera *f*, vereda *f Am* ② *(Entfernung)* camino *m;* **15 Minuten ~** 15 minutos andando
Fußzeile *f* (INFOR) pie *m* de página
futsch [fʊtʃ] *adj inv (fam)* perdido
Futter[1] ['fʊtɐ] *nt* <-s, *ohne pl*> *(Nahrung)* comida *f*
Futter[2] *nt* <-s, -> ① *(in Kleidung, Briefumschlag)* forro *m* ② *(Türfutter)* revestimiento *m*
Futteral [fʊtə'ra:l] *nt* <-s, -e> funda *f*
Futterkrippe *f* <-, -n> pesebre *m;* **an der ~ sitzen** *(fig)* tener un puestazo
futtern ['fʊtɐn] *vi, vt (fam)* papar
füttern ['fʏtɐn] *vt* ① *(Tier, Baby)* dar de comer (a) ② *(Computer)* alimentar ③ *(Kleidung)* forrar
Futternapf *m* comedero *m*
Futterneid *m ohne pl* rivalidad *f* por la comida
Futterpflanze *f* (AGR) planta *f* forrajera
Futtersack *m* morral *m*
Futterstoff *m* tela *f* para forros
Futtertrog *m* comedero *m*
Fütterung[1] ['fʏtərʊŋ] *f* <-en> *(Tierfütterung)* forraje *m*
Fütterung[2] *f ohne pl (das Auskleiden)* revestimiento *m*
Futterzusatz *m* (AGR) aditivo *m* para piensos
Futur [fu'tu:ɐ] *nt* <-s, -e> (LING) futuro *m*
futuristisch *adj* futurista

G

Gg

G, g [ge:] *nt* <-, -> G, g *f;* **~ wie Gustav** G de Granada
g *Abk. von* **Gramm** gr
gab [ga:p] *3. imp von* **geben**
Gabe ['ga:bə] *f* <-n> ① *(Geschenk)* regalo *m;* **milde ~** limosna *f* ② *(Talent)* don *m* ③ (MED) dosis *f inv* ④ *(Schweiz: Preis)* premio *m*
Gabel ['ga:bəl] *f* <-n> ① *(vom Besteck)* tenedor *m* ② *(vom Telefon, Fahrrad)* horquilla *f* ③ (AGR) horca *f*
gabeln ['ga:bəln] *vr:* **sich ~** bifurcarse
Gabelstapler *m* <-s, -> carretilla *f* elevadora (de horquilla)
Gabelung *f* <-en> bifurcación *f*
Gabentisch *m* <-(e)s, -e> (mesa *f* de los) regalos *mpl* de Navidad
Gabun [ga'bu:n] *nt* <-s> Gabón *m*
gackern ['gakɐn] *vi* ① *(Huhn)* cacarear ② *(fam: Mensch)* reírse
gaffen ['gafən] *vi (abw)* mirar boquiabierto
Gaffer(in) *m(f)* <-s, -; -nen> *(abw)* papamoscas *mf inv*, papanatas *mf inv*
Gag [gɛk] *m* <-s, -s> ① (FILM) truco *m*, gag *m* ② *(Witz)* salida *f* chistosa
Gage ['ga:ʒə] *f* <-n> honorario *m*
gähnen ['gɛ:nən] *vi* bostezar
Gala ['ga:la] *f ohne pl* vestido *m* de gala; **sich in ~ werfen** engalanarse
Galaabend *m* <-s, -e> noche *f* de gala
galaktisch [ga'laktɪʃ] *adj* galáctico
galant [ga'lant] *adj* galante
Galavorstellung *f* función *f* de gala
Galaxie [gala'ksi:] *f* <-n> (ASTR) galaxia *f*
Galeere [ga'le:rə] *f* <-n> galera *f*
Galeone [gale'o:nə] *f* <-, -n> (HIST) galeón *m*
Galerie [galə'ri:] *f* <-n> galería *f*
Galerist(in) [galə'rɪst] *m(f)* <-en, -en; -nen> galerista *mf*
Galgen ['galgən] *m* <-s, -> patíbulo *m*
Galgenfrist *f* plazo *m* perentorio
Galgenhumor *m* humor *m* negro
Galicien [ga'li:tsiən] *nt* <-s> *s.* **Galizien**
Galicier(in) *m(f)* <-s, -; -nen> *s.* **Galizier**
galicisch *adj s.* **galizisch**
Galionsfigur [ga'ljo:nsfigu:ɐ] *f* (NAUT) mascarón *m* de proa
Galizien [ga'li:tsiən] *nt* <-s> Galicia *f*
Galizier(in) *m(f)* <-s, -; -nen> gallego, -a *m, f*
galizisch *adj* gallego
Galle ['galə] *f* <-n> ① *(menschliches Sekret)* bilis *f inv; (tierisches Sekret)* hiel *f* ② (ANAT: *Organ*) vesícula *f* biliar
Gallenblase *f* (ANAT) vesícula *f* biliar
Gallenkolik *f* <-, -en> cólico *m* hepático [*o* biliar]
Gallenstein *m* cálculo *m* vesícula
Gallert ['galərt] *nt* <-(e)s, -e> (CHEM, BIOL) gelatina *f*, jalea *f*
gallertartig ['galɐtʔa:ɐtɪç] *adj* gelatinoso
Gallien ['galjən] *nt* <-s> (HIST) Galia *f*
Gallier(in) ['galiɐ] *m(f)* <-s, -; -, -nen> (HIST) galo, -a *m, f*
gallisch ['galɪʃ] *adj* galo

Gallone [ga'lo:nə] *f* <-, -n> galón *m*

Galopp [ga'lɔp] *m* <-s, -e *o* -s> galope *m*

galoppieren* *vi haben o sein* galopar

galt [galt] *3. imp von* **gelten**

galvanisch [gal'va:nɪʃ] *adj* galvánico

Galvaniseur(in) *m(f)* <-s, -e; -, -nen> galvanizador(a) *m(f)*

galvanisieren* [galvani'zi:rən] *vt* galvanizar

Gambia ['gambia] *nt* <-s> Gambia *f*

Gameboy® ['gɛɪmbɔɪ] *m* <-s, -s> gameboy® *m*

Gamer(in) ['gɛɪmɐ] *m(f)* <-s, -; -nen> (INFOR) gamer *mf*

Gameshow *f* <-s> (TV) programa concurso *m*, concurso *m* televisivo; **eine ~ leiten** presentar un concurso en televisión

gamm(e)lig *adj (fam)* ① *(Nahrungsmittel)* malo, podrido ② *(Kleidung)* desaliñado

Gamma ['gama] *nt* <-(s), -s> gamma *f*

Gammastrahlen *mpl* (PHYS, MED) rayos *mpl* gamma

Gammastrahlung *f* (PHYS) radiación *f* (de rayos) gamma

gammeln ['gaməln] *vi (fam)* ① *(Lebensmittel)* estropearse ② *(Person)* gandulear

gammlig *adj s.* **gamm(e)lig**

Gämse ['gɛmzə] *f* <-n> (ZOOL) gamuza *f*

gang [gaŋ] **~ und gäbe** usual, corriente

Gang[1] [gaŋ, *pl:* 'gɛŋə] *m* <-(e)s, Gänge> ① *(Gehweise)* (modo *m* de) andar *m* ② *(Spaziergang)* paseo *m; (Weg)* camino *m;* **auf ihrem ~ zum Arzt sah sie ...** (de) camino al médico vio...; **ein schwerer ~** un paso difícil ③ *(Betrieb)* marcha *f;* **eine Maschine in ~ setzen** poner en marcha una máquina; **Verhandlungen in ~ bringen** iniciar negociaciones ④ *(Ablauf)* curso *m,* marcha *f;* **der ~ der Ereignisse** la marcha de los acontecimientos; **es ist etwas im ~e** algo flota en el aire; **etw ist in vollem ~(e)** algo está en plena marcha ⑤ (TECH, AUTO) marcha *f;* **im zweiten ~ fahren** ir en segunda ⑥ *(Flur)* pasillo *m* ⑦ (GASTR) plato *m*

Gang[2] [gɛŋ] *f* <-s> banda *f*

Gangart *f* (modo *m* de) andar *m*

gangbar *adj (Weg)* transitable; *(Lösung)* viable

gängeln ['gɛŋəln] *vt (fam abw)* tener bajo su tutela

gängig ['gɛŋɪç] *adj* ① *(üblich)* usual; *(geläufig)* corriente ② *(viel gekauft)* de buena venta

Gangschaltung *f (Auto)* (caja *f* de) cambios *mpl; (Fahrrad)* marchas *fpl*

Gangster ['gɛŋstɐ] *m* <-s, -> *(abw)* gánster *m*

Gangway ['gæŋwei] *f* <-s> escalera *f* (para subir a bordo)

Ganove, -in [ga'no:və] *m, f* <-n, -n; -nen> *(fam abw)* tunante *mf*

Gans [gans, *pl:* 'gɛnzə] *f* <Gänse> (ZOOL) ganso *m; (Weibchen)* oca *f;* **blöde ~** tía idiota

Gänseblümchen ['gɛnzəbly:mçən] *nt* (BOT) maya *f*

Gänsebraten *m* <-s, -> asado *m* de ganso

Gänseei *nt* huevo *m* de ganso

Gänsefüßchen ['gɛnzəfy:sçən] *nt* <-s, -> *(fam)* comilla *f;* **in ~** entre comillas

Gänsehaut *f ohne pl* carne *f* de gallina

Gänseleberpastete *f* (GASTR) paté *m* de ganso

Gänsemarsch *m ohne pl* **im ~** en fila india

Gänserich ['gɛnzərɪç] *m* <-s, -e> (ZOOL) ganso *m* macho

Gänseschmalz *nt* (GASTR) manteca *f* de ganso

ganz [gants] **I.** *adj* ① *(gesamt)* todo; *(vollständig)* completo; **die ~e Zeit über** durante todo el tiempo; **die ~e Wahrheit** toda la verdad; **eine ~e Zahl/Note** un número entero/una nota redonda; **eine ~e Drehung** un giro completo; **eine ~e Menge/Weile** bastante; **das dauert eine ~e Weile** esto dura bastante; **im G~en war ich dreimal hier** en total he estado tres veces aquí ② *(fam: unbeschädigt)* intacto; **etw wieder ~ machen** reparar algo ③ *(fam: bloß)* solo, solamente; **das Buch hat ~e drei Euro gekostet** el libro ha costado solo tres euros **II.** *adv* ① *(völlig)* totalmente; **~ allein** totalmente solo; **das ist ~ meine Meinung** comparto totalmente esta opinión; **das ist etwas ~ anderes** esto es algo totalmente distinto; **~ und gar** completamente; **~ im Gegenteil** todo lo contrario ② *(vollständig)* del todo; **etw ~ aufessen** comerse algo del todo; **~ hinten/vorn** detrás/delante del todo; **~ wie Sie meinen** como Ud. quiera; **~ gleich, wie es ist** sea como sea; **du hast ~ Recht** tienes toda la razón ③ *(ziemlich)* bastante; **das gefällt mir ~ gut** esto me gusta bastante ④ *(sehr)* muy; **~ klein** minúsculo; **ein ~ klein wenig** muy poco; **~ viel** muchísimo

Gänze ['gɛntsə] *f* **zur ~** totalmente, en su totalidad

Ganze(s) *nt* <-n, *ohne pl*> total *m;* **das ist nichts Halbes und nichts ~s** esto no es ni fu ni fa; **aufs ~ gehen** *(fam)* jugarse el todo por el todo; **es geht ums ~** todo está en juego

Ganzheit *f* <-en> totalidad *f*

ganzheitlich *adj* global

Ganzheitsmedizin *f ohne pl* (MED) medicina *f* (p)sicosomática

ganzjährig *adj* durante todo el año; **das Schwimmbad hat ~ geöffnet** la piscina tiene abierto durante todo el año
gänzlich ['gɛntslɪç] **I.** *adj* total, completo **II.** *adv* del todo, por completo
ganzseitig *adj* de página entera
ganztägig ['gantstɛːgɪç] **I.** *adj* de todo el día **II.** *adv* todo el día
ganztags *adv (den ganzen Tag über)* a jornada completa
Ganztagsschule *f* colegio *m* de jornada completa
gar [gaːɐ] **I.** *adj (Speise)* hecho (a punto) **II.** *adv* ❶ *(überhaupt)* **~ nichts** nada de nada; **~ keiner** ninguno; **auf ~ keinen Fall** en ningún caso; **das ist ~ nicht schlecht** no está nada mal ❷ *(sogar)* incluso; **du hast doch nicht ~ die Polizei angerufen?** ¿no habrás llamado a la policía?
Garage [ga'raːʒə] *f* <-n> garaje *m*
Garant(in) [ga'rant] *m(f)* <-en, -en; -nen> garante *mf*
Garantie [garan'tiː] *f* <-n> garantía *f;* **ein Jahr ~** un año de garantía
garantieren* *vi, vt* garantizar (**für**)
garantiert *adv (fam)* con toda seguridad; **glaubst du er kommt? – ~ !** ¿crees que vendrá? – ¡seguro!
Garantieschein *m* (resguardo *m* de) garantía *f*
Garantin *f* <-nen> *s.* **Garant**
Garaus ['gaːɐʔaʊs] *m (fam)* **jdm/etw** *dat* **den ~ machen** cargarse a [*o* acabar con] alguien/algo
Garbe ['garbə] *f* <-n> ❶ *(von Korn)* haz *m,* gavilla *f* ❷ *(von Schüssen)* ráfaga *f*
Garde ['gardə] *f* <-n> guardia *f*
Garderegiment *nt* <-(e)s, -er> (HIST) ❶ *(Elitetruppe)* cuerpo *m* de élite ❷ *(eines Monarchen)* guardia *f* de Corps
Garderobe[1] [gardə'roːbə] *f ohne pl (Kleidung)* ropa *f*
Garderobe[2] *f* <-n> ❶ *(Kleiderablage)* perchero *m* ❷ *(Raum)* guardarropa *m* ❸ *(Ankleideraum)* vestuario *m*
Garderobenfrau *f* guardarropa *f*
Garderobenhaken *m* colgador *m*
Garderobenmarke *f* ficha *f* del guardarropa
Garderobenständer *m* percha *f*
Garderobier(e) [gardəro'bieː] *m(f)* <-s, -s; -, -n> (THEAT) ayudante *mf* de camerino
Gardine [gar'diːnə] *f* <-n> cortina *f;* **hinter schwedischen ~n** *(fam)* entre rejas
Gardinenleiste *f* <-, -n> riel *m* (para cortinas)
Gardinenstange *f* ❶ *(Stab)* barra *f* para cortinas ❷ *(Leiste)* riel *m*
garen ['gaːrən] *vt* cocer
gären ['gɛːrən] <gärt, gärte *o* gor, gegärt *o* gegoren> **I.** *vi haben o sein* fermentar **II.** *vt* fermentar
Garn [garn] *nt* <-(e)s, -e> hilo *m*
Garnele [gar'neːlə] *f* <-n> (ZOOL) gamba *f; (kleiner)* camarón *m*
garnieren* [gar'niːrən] *vt* guarnecer; (GASTR) adornar
Garnison [garni'zoːn] *f* <-, -en> (MIL) guarnición *f*
Garnitur [garni'tuːɐ] *f* <-en> juego *m,* conjunto *m*
Garnrolle *f* <-, -n> bobina *f* de hilo
garstig ['garstɪç] *adj* ❶ *(frech)* desvergonzado ❷ *(hässlich)* feo; *(abstoßend)* asqueroso
Garten ['gartən, *pl:* 'gɛrtən] *m* <-s, Gärten> jardín *m; (Nutzgarten)* huerto *m;* **botanischer/zoologischer ~** jardín botánico/parque zoológico
Gartenanlage *f* jardines *mpl*
Gartenarbeit *f* trabajo *m* en el jardín
Gartenarchitekt(in) *m(f)* arquitecto, -a *m, f* de jardines
Gartenbank *f* banco *m* (del jardín)
Gartenbau *m ohne pl* jardinería *f,* horticultura *f*
Gartenerbse *f* (BOT) guisante *m* mollar [*o* de olor]
Gartenfest *nt* fiesta *f* en el jardín
Gartengerät *nt* utensilio *m* de jardinería
Gartenhandschuh *m* guante *m* de jardinería
Gartenhaus *nt* pabellón *m*
Gartenlaube *f* cenador *m*
Gartenlokal *nt* restaurante *m* con terraza
Gartenmauer *f* muro *m* (del jardín)
Gartenmesser *nt* podadera *f*
Gartenmöbel *ntpl* muebles *mpl* de jardín
Gartenschere *f* tijeras *fpl* de podar, podadora *f*
Gartenschlauch *m* manguera *f* de riego
Gartenteich *m* estanque *m* (del jardín)
Gartentor *nt* <-(e)s, -e> portal *m* (del jardín)
Gartenzaun *m* seto *m*
Gartenzwerg *m enanito de decoración que se pone en el jardín*
Gärtner(in) ['gɛrtnɐ] *m(f)* <-s, -; -nen> jardinero, -a *m, f*
Gärtnerei [gɛrtnə'raɪ] *f* <-en> jardinería *f; (für Nutzpflanzen)* establecimiento *m* de horticultura
Gärtnerin *f* <-nen> *s.* **Gärtner**
gärtnern *vi* dedicarse a la jardinería; **ich gärtnere leidenschaftlich gerne** a mí me encanta la jardinería
Gärung ['gɛːrʊŋ] *f* <-en> fermentación *f*
Gas[1] [gaːs] *nt* <-es, -e> (CHEM) gas *m*

Gas[2] *nt* <-es, *ohne pl*> (AUTO) ~ **geben** acelerar
Gasanzünder *m* encendedor *m* de gas
Gasbrenner *m* mechero *m* de gas
Gasfeuerzeug *nt* mechero *m* de gas
Gasflamme *f* llama *f* de gas
Gasflasche *f* bombona *f* de gas
gasförmig *adj* gaseoso, gaseiforme
Gashahn *m* llave *f* del gas
Gasheizung *f* calefacción *f* de gas
Gasherd *m* cocina *f* de gas
Gaskammer *f* cámara *f* de gas
Gaskocher *m* hornillo *m* de gas
Gaslampe *f* <-, -n> lámpara *f* de gas
Gasleitung *f* conducción *f* del gas
Gasmaske *f* máscara *f* antigás
Gasofen *m* horno *m* de gas
Gaspedal *nt* acelerador *m*
Gasse ['gasə] *f* <-n> ① *(kleine Straße)* callejón *m* ② *(Österr: Straße)* calle *f*
Gassi *(fam)* (**mit dem Hund**) ~ **gehen** bajar al perro; **komm Rex,** (**wir gehen**) **~!** ¡ven, Rex, vamos a la calle!
Gast [gast, *pl:* 'gɛstə] *m* <-(e)s, Gäste> huésped *mf; (eingeladener)* invitado, -a *m, f; (von Lokal)* cliente *mf;* **ungebetene Gäste** intrusos *mpl;* **bei jdm zu ~ sein** estar invitado a casa de alguien
Gastarbeiter(in) *m(f)* trabajador(a) *m(f)* extranjero , -a
Gastdozent(in) *m(f)* <-en, -en; -, -nen> profesor *mf* temporal (de otra universidad)
Gästebuch *nt* libro *m* de huéspedes
Gästehaus *nt* <-es, -häuser> casa *f* de huéspedes
Gästezimmer *nt* cuarto *m* de huéspedes
gastfreundlich *adj* hospitalario
Gastfreundschaft *f ohne pl* hospitalidad *f;* **jdm ~ gewähren** ofrecer hospitalidad a alguien
Gastgeber(in) *m(f)* <-s, -; -nen> anfitrión, -ona *m, f*
Gastgeschenk *nt* <-(e)s, -e> agasajo *m,* regalo *m*
Gastgewerbe *nt* hostelería *f* y restauración
Gasthaus *nt,* **Gasthof** *m* ① *(zum Übernachten)* fonda *f; (höhere Kategorie)* hostal *m* ② *(nur Essen)* mesón *m*
Gasthörer(in) *m(f)* (UNIV) oyente *mf*
gastieren* [gas'ti:rən] *vi* actuar (como compañía de teatro invitada)
Gastland *nt* país *m* de acogida
gastlich *adj* hospitalario; **jdn ~ aufnehmen** acoger a alguien cordialmente
Gastmannschaft *f* equipo *m* visitante
Gastprofessor(in) *m(f)* catedrático, -a *m, f* invitado , -a
Gastritis [gas'tri:tɪs] *f* <Gastritiden> gastritis *f inv*
Gastroenterologie [-ʔɛnterolo'gi:] *f* <-, *ohne pl*> (MED) gastroenterología *f*
Gastronom(in) *m(f)* gastrónomo, -a *m, f*
Gastronomie [gastrono'mi:] *f ohne pl* gastronomía *f*
gastronomisch [gastro'no:mɪʃ] *adj* gastronómico
Gastspiel *nt* actuación *f* de una compañía teatral invitada
Gaststätte *f* <-n> restaurante *m*
Gaststättengewerbe *nt ohne pl* gastronomía *f;* **im ~ arbeiten** trabajar en la hostelería
Gaststube *f* <-, -n> ① *(Getränke)* bar *m* ② *(Speisen)* comedor *m* (de un restaurante)
Gastwirt(in) *m(f)* dueño, -a *m, f* de un restaurante, fondista *mf Am*
Gastwirtschaft *f* mesón *m,* fonda *f Am*
Gasuhr *f* <-, -en> contador *m* de gas
Gasvergiftung *f* intoxicación *f* por gas [*o* de gas]
Gaswerk *nt* central *f* de gas, usina *f Am*
Gaszähler *m* contador *m* de gas
GATT [gat] *nt* <-s> (POL, WIRTSCH) *Abk. von* **General Agreement on Tariffs and Trade** (**Allgemeines Zoll- und Handelsabkommen**) GATT *m*
Gatte, -in ['gatə] *m, f* <-n, -n; -nen> *(geh)* esposo, -a *m, f*
Gatter ['gatɐ] *nt* <-s, -> vallado *m*
Gattin ['gatɪn] *f* <-nen> *s.* **Gatte**
Gattung ['gatʊŋ] *f* <-en> ① (BIOL) especie *f* ② (MUS, LIT) género *m;* (KUNST) estilo *m*
Gattungsbegriff *m* nombre *m* genérico
Gattungsname *m* (BIOL, ZOOL) género *m*
GAU [gaʊ] *m* <-(s), -s> *Abk. von* **größter anzunehmender Unfall** mayor catástrofe *f* pronosticable
Gaudi ['gaʊdi] *f ohne pl (fam)* jolgorio *m; (Lärm)* bulla *f*
Gaukler(in) ['gaʊklɐ] *m(f)* <-s, -; -nen> prestidigitador(a) *m(f); (Betrüger)* estafador(a) *m(f)*
Gaul [gaʊl, *pl:* 'gɔɪlə] *m* <-(e)s, Gäule> *(abw)* rocín *m*
Gaumen ['gaʊmən] *m* <-s, -> paladar *m*
Gauner(in) ['gaʊnɐ] *m(f)* <-s, -; -nen> ① *(abw: Betrüger)* estafador(a) *m(f); (Dieb)* bribón, -ona *m, f,* ficha *f Am* ② *(fam: durchtriebener Mensch)* pícaro, -a *m, f*
Gaunerei *f* <-en> ① *(Betrug)* estafa *f* ② *(Machenschaften)* picaresca *f* ③ *(böser Streich)* mala jugada *f*
Gaunerin *f* <-nen> *s.* **Gauner**
Gazastreifen ['ga:za-] *m* franja *f* de Gaza

Gaze ['ga:zə] *f* gasa *f*
Gazelle [ga'tsɛlə] *f* <-n> (ZOOL) gacela *f*
G-Dur *nt* <-, *ohne pl*> (MUS) sol *m* mayor
Geächtete(r) *mf* desterrado, -a *m, f*
geädert [gə'ʔɛ:dɐt] *adj* *(Blätter)* veteado; *(Haut)* estriado
geartet [gə'ʔa:ɐtət] *adj* constituido; **das Problem ist so ~, dass ...** el problema es de tal índole que...
Geäst [gə'ʔɛst] *nt* <-(e)s, *ohne pl*> ramaje *m*
geb. *Abk. von* **geboren** nacido; **Luise Reimann, ~ Klein** Luise Reimann, de soltera Klein
Gebäck [gə'bɛk] *nt* <-(e)s, -e> *(Kekse)* galletas *f pl,* factura *f Arg; (Teegebäck)* pastas *f pl*
gebacken [gə'bakən] *pp von* **backen**
Gebälk [gə'bɛlk] *nt* <-(e)s, -e> vigas *f pl*
geballt [gə'balt] *adj* concentrado
gebannt [gə'bant] *adj* fascinado, cautivado; **sie starrten mich an wie ~** me miraban como embobados
gebar [gə'ba:ɐ] *3. imp von* **gebären**
Gebärde [gə'bɛ:ɐdə] *f* <-n> gesto *m*
gebärden* *vr:* **sich ~** comportarse
Gebärdensprache *f* lenguaje *m* de señas
gebären [gə'bɛ:rən] <gebärt *o* gebiert, gebar, geboren> *vt* parir; *(Mensch)* dar a luz; **lebend ~d** (ZOOL) vivíparo; **wo sind Sie geboren?** ¿dónde nació Ud.?
gebärfähig [gə'bɛ:ɐ-] *adj* fecundo; **im ~en Alter** en edad fecunda
Gebärmutter *f* matriz *f*
Gebärmutterhals *m* (ANAT) cuello *m* uterino
Gebäude [gə'bɔɪdə] *nt* <-s, -> ① *(Bauwerk)* edificio *m* ② *(Gefüge)* sistema *m*
Gebäudekomplex *m* complejo *m* arquitectónico
Gebäudereinigung *f* limpieza *f* de edificios
Gebäudeteil *m* <-(e)s, -e> (ARCHIT) parte *f* de un edificio
gebaut *adj* **gut/muskulös ~ sein** tener una buena constitución física/una constitución musculosa
Gebeine [gə'baɪnə] *nt pl* *(geh)* osamenta *f*
Gebell *nt* <-(e)s, *ohne pl*> *(fam abw)* ladridos *m pl*
geben ['ge:bən] <gibt, gab, gegeben> **I.** *vt* ① *(reichen)* dar; *(aushändigen)* entregar; *(verteilen)* repartir; *(schenken)* regalar; *(beim Telefonieren)* pasar; **ich gab nichts auf sein Gerede** no hice caso a lo que dijo; **er würde viel darum ~, wenn ...** lo que daría él por... *+inf;* **jdm etw zu verstehen ~** dar a entender algo a alguien; **etw von sich** *dat* **~** decir algo ② *(gewähren)* dar; *(Kredit)* conceder; **jdm Recht ~** dar(le) la razón a alguien ③ *(ergeben)* dar, producir; **das gibt keinen Sinn** esto no tiene (ningún) sentido ④ *(veranstalten)* hacer, dar; (TV) poner ⑤ *(unterrichten)* enseñar, dar (clases de) **II.** *vunpers* *(existieren)* haber; **was gibt's?** *(fam)* ¿qué hay?; **es gibt heute Fisch** hoy hay pescado; **das gibt's doch gar nicht!** ¡imposible!; **was es nicht alles gibt!** ¡lo que hay que ver!; **das hat es ja noch nie ge~!** ¡eso no ha pasado nunca!; **gibt es noch Eintrittskarten?** ¿quedan todavía entradas? **III.** *vi* ① *(bei Kartenspiel)* dar ② (SPORT: *Aufschlag haben*) sacar **IV.** *vr:* **sich ~** ① *(nachlassen)* pasar ② *(sich benehmen)* dárselas (**als** de)
Geber(in) *m(f)* <-s, -; -, -nen> *(Kartenspiel)* mano *mf*
Gebet [gə'be:t] *nt* <-(e)s, -e> oración *f;* **ein ~ sprechen** decir una oración
Gebetbuch *nt* devocionario *m*
gebeten [gə'be:tən] *pp von* **bitten**
gebiert [gə'bi:ɐt] *3. präs von* **gebären**
Gebiet [gə'bi:t] *nt* <-(e)s, -e> ① *(Fläche: Gesamtgebiet)* territorio *m; (Teilgebiet)* zona *f* ② *(Sachbereich)* campo *m;* **auf diesem ~** en este campo
gebieten* [gə'bi:tən] *irr* **I.** *vt* *(geh)* ① *(befehlen)* mandar ② *(verlangen)* requerir; **besondere Aufmerksamkeit ~** requerir especial atención **II.** *vi* *(geh)* ① *(verfügen)* disponer (**über** de) ② *(befehlen)* mandar (**über**)
Gebieter(in) *m(f)* <-s, -; -nen> señor(a) *m(f);* (HIST: *Regent*) soberano, -a *m, f*
gebieterisch *adj* *(geh)* imperioso
Gebietsanspruch *m* reivindicación *f* territorial
Gebietshoheit *f ohne pl* soberanía *f* territorial
Gebietsleiter(in) *m(f)* jefe, -a *m, f* de zona
Gebietsreform *f* (ADMIN) reforma *f* sectorial [*o* territorial]
gebietsweise *adv* (METEO) por [*o* en] zonas
Gebilde [gə'bɪldə] *nt* <-s, -> ① *(Bild)* figura *f,* imagen *f* ② *(Form)* forma *f* ③ *(Schöpfung)* creación *f* ④ *(Gefüge)* estructura *f* ⑤ *(der Fantasie)* producto *m*
gebildet [gə'bɪldət] *adj* culto
Gebildete(r) *mf* <-n, -n; -n, -n> persona *f* culta
Gebirge [gə'bɪrgə] *nt* <-s, -> sierra *f,* montaña *f;* **im/ins ~** en/a la sierra
gebirgig *adj* montañoso
Gebirgsbach *m* arroyo *m* de montaña
Gebirgskette *f* cordillera *f*
Gebirgslandschaft *f* <-, -en> ① (GEO)

zona *f* de montaña ❷ (KUNST) paisaje *m* de montaña

Gebirgsmassiv *nt* <-(e)s, -e> macizo *m* montañoso

Gebirgsstraße *f* <-, -n> carretera *f* de montaña

Gebiss [gəˈbɪs] *nt* <-es, -e> dentadura *f*; *(künstliches)* dentadura *f* postiza

gebissen [gəˈbɪsən] *pp von* **beißen**

Gebläse [gəˈblɛːzə] *nt* <-s, -> (TECH) fuelle *m* mecánico; (AUTO) ventilación *f*

geblasen [gəˈblaːzən] *pp von* **blasen**

geblichen *(alt) pp von* **bleichen**

geblieben [gəˈbliːbən] *pp von* **bleiben**

geblümt [gəˈblyːmt] *adj* floreado, con flores

gebogen [gəˈboːgən] **I.** *pp von* **biegen** **II.** *adj* doblado; *(krumm)* torcido

geboren [gəˈboːrən] **I.** *pp von* **gebären** **II.** *adj* **ich bin ein ~er Dortmunder** soy natural de Dortmund; **er ist der ~e Wissenschaftler** nació para (ser) científico; **~e Schulze** de soltera Schulze

geborgen [gəˈbɔrgən] **I.** *pp von* **bergen** **II.** *adj* protegido, a salvo

Geborgenheit *f ohne pl* seguridad *f*, (sensación *f* de) protección *f*

geborsten [gəˈbɔrstən] *pp von* **bersten**

Gebot [gəˈboːt] *nt* <-(e)s, -e> ❶ *(Grundsatz)* mandamiento *m*; *(Vorschrift)* precepto *m*; *(Befehl)* orden *f*; **die Zehn ~e** los Diez Mandamientos; **Sicherheit ist oberstes ~** la seguridad ante todo ❷ *(Erfordernis)* necesidad *f* ❸ *(bei Auktion)* oferta *f*

geboten [gəˈboːtən] **I.** *pp von* **bieten, gebieten** **II.** *adj* *(ratsam)* aconsejable; **erhöhte Vorsicht ist ~** aconsejamos mucha precaución

Gebr. (WIRTSCH) *Abk. von* **Gebrüder** Hnos.

gebracht [gəˈbraxt] *pp von* **bringen**

gebrannt [gəˈbrant] **I.** *pp von* **brennen** **II.** *adj* ❶ *(Mandel)* garapiñado ❷ *(prov)* **~es Kind scheut das Feuer** gato escaldado del agua fría huye

gebraten [gəˈbraːtən] *pp von* **braten**

Gebratene(s) *nt* <-n, *ohne pl*> (GASTR) asado *m*

Gebräu [gəˈbrɔɪ] *nt* <-(e)s, -e> *(abw)* brebaje *m*, mejunje *m*

Gebrauch [gəˈbraʊx] *m* <-(e)s, *ohne pl*> *(Benutzung)* uso *m*; *(Verwendung)* empleo *m*; **für den eigenen ~** de uso personal; **von etw** *dat* **~ machen** hacer uso de algo; **vor ~ gut schütteln** agítese antes de usar

gebrauchen* [gəˈbraʊxən] *vt* ❶ *(Werkzeug)* usar, utilizar; *(Verstand)* emplear; **Gewalt ~** recurrir a la fuerza ❷ *(nützlich sein)* servir; **das kann ich gut/gar nicht ~** esto me sirve de mucho/no me sirve de nada

gebräuchlich [gəˈbrɔɪçlɪç] *adj* común, corriente; **nicht mehr ~** fuera de uso

Gebrauchsanleitung *f* <-, -en>, **Gebrauchsanweisung** *f* <-, -en> instrucciones *f pl* de uso, modo *m* de empleo

Gebrauchsartikel *m* <-s, -> artículo *m* de uso

gebrauchsfertig *adj* listo para ser utilizado; **~ sein** estar a punto

Gebrauchsgegenstand *m* artículo *m* de uso

gebraucht [gəˈbraʊxt] *adj* usado; *(aus zweiter Hand)* de segunda mano

Gebrauchtwagen *m* coche *m* de segunda mano

Gebrechen *nt* <-s, -> *(geh)* achaque *m*

gebrechlich [gəˈbrɛçlɪç] *adj* *(schwach)* débil; *(altersschwach)* decrépito

Gebrechlichkeit *f* <-, *ohne pl*> *(Schwäche)* debilidad *f*; *(Zerbrechlichkeit)* fragilidad *f*

gebrochen [gəˈbrɔxən] **I.** *pp von* **brechen** **II.** *adj* *(Mensch)* afligido; *(Stimme)* entrecortado; **~ deutsch sprechen** chapurrear el alemán

Gebrüder [gəˈbryːdɐ] *mpl* hermanos *mpl*

Gebrüll [gəˈbrʏl] *nt* <-(e)s, *ohne pl*> *(von Menschen)* vocerío *m*; *(von Tieren)* rugido *m*

Gebühr [gəˈbyːɐ] *f* <-en> tasa *f*; *(Abgabe)* derechos *mpl*; *(Telefongebühr)* tarifa *f*; *(Postgebühr)* porte *m*; *(Vermittlungsgebühr)* comisión *f*; *(Autobahngebühr)* peaje *m*; **eine ~ erheben** introducir una tasa; **~ zahlt Empfänger** porte a cargo del destinatario

gebühren* [gəˈbyːrən] **I.** *vi* *(geh)* corresponder; **seiner Leistung gebührt Anerkennung** su rendimiento merece ser reconocido **II.** *vr:* **sich ~** *(geh)* ser apropiado; **wie es sich gebührt** tal como debe ser

gebührend **I.** *adj* debido, conveniente **II.** *adv* como es debido

Gebührenerhöhung *f* <-, -en> aumento *m* de las tasas

gebührenfrei *adj* exento de tasas

gebührenpflichtig *adj* sujeto a tasas; *(Autobahn)* de peaje

gebunden [gəˈbʊndən] **I.** *pp von* **binden** **II.** *adj* ❶ *(einer Sache verpflichtet)* sujeto (**an** a); *(an einen Ort)* ligado (**an** a) ❷ *(Preise)* controlado

Geburt [gəˈbuːɐt] *f* <-en> ❶ *(Entbindung)* parto *m* ❷ *(das Geborenwerden)* nacimiento *m*; **blind von ~ an** ciego de nacimiento; **vor/nach Christi ~** antes/

después de Cristo ❸ *(Abstammung)* origen *m;* **von hoher ~** de noble cuna

Geburtenkontrolle *f ohne pl* control *m* de natalidad

Geburtenrate *f* tasa *f* de natalidad

Geburtenregelung *f ohne pl* control *m* de natalidad

Geburtenrückgang *m* descenso *m* del número de nacimientos

geburtenschwach *adj* (de tasa) de natalidad baja

geburtenstark *adj* (de tasa) de natalidad alta

Geburtenzahl *f* natalidad *f*

Geburtenziffer *f* índice *m* de natalidad

gebürtig [gəˈbʏrtɪç] *adj* natural (**aus** de); **die ~en Kölner** los naturales de Colonia

Geburtsanzeige *f* anuncio *m* de nacimiento; **~n** nacimientos *mpl*

Geburtsdatum *nt* fecha *f* de nacimiento

Geburtsfehler *m* <-s, -> defecto *m* congénito

Geburtsgewicht *nt ohne pl* (MED) peso *m* de nacimiento

Geburtshelfer(in) *m(f)* (MED) obstetra *mf*

Geburtshilfe *f ohne pl* asistencia *f* médica en el parto

Geburtsjahr *nt* año *m* de(l) nacimiento

Geburtsort *m* lugar *m* de nacimiento

Geburtstag *m* ❶ *(Jahrestag)* cumpleaños *m inv;* **herzlichen Glückwunsch zum ~!** ¡feliz cumpleaños!; **~ feiern** celebrar el cumpleaños ❷ *(Tag der Geburt)* fecha *f* de nacimiento

Geburtstagsgeschenk *nt* regalo *m* de cumpleaños

Geburtstagskarte *f* tarjeta *f* de (felicitación de) cumpleaños

Geburtstagskind *nt* persona *f* que cumple años

Geburtstagskuchen *m* tarta *f* de cumpleaños

Geburtstermin *m* fecha *f* del parto

Geburtsurkunde *f* acta *f* de nacimiento

Gebüsch [gəˈbʏʃ] *nt* <-(e)s, -e> matorral *m; (Dickicht)* maleza *f*

Gecko [ˈgɛko] *m* <-s, -s> (ZOOL) salamanquesa *f*

gedacht [gəˈdaxt] *pp von* **denken, gedenken**

Gedächtnis [gəˈdɛçtnɪs] *nt* <-ses, -se> ❶ *(Erinnerungsvermögen)* memoria *f;* **aus dem ~** de memoria; **ein gutes/schlechtes ~ haben (für etw)** tener buena/mala memoria (para algo); **jdn/etw im ~ behalten** retener a alguien/algo en la memoria; **sich** *dat* **etw ins ~ zurückrufen** recordar algo; **sein ~ verlieren** perder la memoria ❷ *(Gedenken)* recuerdo *m* (**an** de), memoria *f* (**an** de); **ein Mahnmal zum ~ an die Toten** un monumento en memoria de los muertos

Gedächtnislücke *f* laguna *f* en la memoria

Gedächtnisschwund *m ohne pl* (MED) pérdida *f* de memoria

Gedächtnisstütze *f* recurso *m* mnemotécnico

gedämpft [gəˈdɛmpft] *adj (Geräusch)* apagado; *(Licht)* suave; **mit ~er Stimme** en voz baja

Gedanke [gəˈdaŋkə] *m* <-ns, -n> ❶ *(Absicht)* idea *f; (Einfall)* ocurrencia *f;* **sich mit dem ~n tragen, etw zu tun** *(geh)* abrigar la idea de hacer algo; **sie kam auf den ~n, dass ...** se le ocurrió que...; **mit dem ~n spielen, zu ...** jugar con la idea de...; **jdn auf einen ~n bringen** hacer pensar a alguien en algo; **auf dumme ~n kommen** hacer disparates ❷ *(Überlegung)* pensamiento *m;* **sich** *dat* **~n machen** pensar; **in ~n vertieft** absorto en sus pensamientos; **jdn auf andere ~n bringen** distraer a alguien ❸ *(Begriff)* concepto *m*

Gedankenaustausch *m* intercambio *m* de ideas

Gedankenblitz *m* <-es, -e> *(fam)* idea *f* repentina, ocurrencia *f*

Gedankenfreiheit *f ohne pl* libertad *f* de pensamiento

Gedankengang *m* razonamiento *m,* raciocinio *m*

Gedankengut *nt ohne pl* ideario *m; (Gedanken)* pensamiento *m*

gedankenlos *adj* ❶ *(unüberlegt)* irreflexivo ❷ *(zerstreut)* distraído

Gedankenlosigkeit *f* <-, *ohne pl*> ❶ *(Unüberlegtheit)* irreflexión *f* ❷ *(Zerstreutheit)* distracción *f*

Gedankensprung *m* <-(e)s, -sprünge> salto *m* de una idea a otra

Gedankenstrich *m* guion *m,* raya *f*

Gedankenübertragung *f ohne pl* telepatía *f*

gedankenverloren *adj* ensimismado (en sus ideas)

gedanklich *adj* mental

Gedärm [gəˈdɛrm] *nt* <-(e)s, -e> intestinos *mpl*

Gedeck [gəˈdɛk] *nt* <-(e)s, -e> cubierto *m; (Kaffeegedeck)* servicio *m* de café

gedeckt [gəˈdɛkt] *adj (Farbe)* apagado

Gedeih [gəˈdaɪ] **auf ~ und Verderb** pase lo que pase, para bien o para mal

gedeihen [gəˈdaɪən] <gedeiht, gedieh, gediehen> *vi sein* ❶ *(Pflanze)* crecer; *(Kinder)* desarrollarse bien ❷ *(vorankommen)* avanzar; *(Geschäft)* prosperar

gedenken* *irr vi (geh)* ❶ *(erinnern)* recordar (+*gen*); *(feierlich)* conmemorar (+*gen*); **der Toten ~** recordar a los muertos ❷ *(vorhaben)* tener la intención (de)

Gedenken *nt* <-s, *ohne pl*> recuerdo *m* (**an** de), conmemoración *f* (**an** de)

Gedenkfeier *f* acto *m* conmemorativo

Gedenkminute *f* minuto *m* de silencio; **eine ~ einlegen** guardar un minuto de silencio

Gedenkrede *f* <-, -n> discurso *m* conmemorativo

Gedenkstätte *f* lugar *m* conmemorativo

Gedenkstunde *f* acto *m* conmemorativo [*o* solemne]

Gedenktag *m* <-(e)s, -e> aniversario *m*

Gedicht [gəˈdɪçt] *nt* <-(e)s, -e> poema *m*

Gedichtsammlung *f* antología *f* de poesía

gediegen [gəˈdiːgən] *adj* ❶ *(von guter Qualität)* bien hecho ❷ *(Charakter)* íntegro; *(Kenntnisse)* sólido ❸ *(rein)* puro; *(Gold)* de ley

gedieh [gəˈdiː] *3. imp von* **gedeihen**

gediehen [gəˈdiːən] *pp von* **gedeihen**

Gedöns [gəˈdœːns] *nt* <-es, *ohne pl*> *(reg)* ❶ *(Getue)* aspaviento *m* ❷ *(Zeug, Ding)* trasto *m*

Gedränge [gəˈdrɛŋə] *nt* <-s, *ohne pl*> ❶ *(Drängelei)* apreturas *f pl* ❷ *(Menschenmenge)* gentío *m*

gedrängt [gəˈdrɛŋt] *adj (gerafft)* conciso; *(knapp)* breve; **der Bus war ~ voll** el autobús iba a tope

gedroschen [gəˈdrɔʃən] *pp von* **dreschen**

gedrückt [gəˈdrʏkt] *adj* ❶ *(niedergeschlagen)* abatido; **~er Markt** (FIN) mercado deprimido ❷ *(bedrückt)* agobiado; **~er Stimmung sein** no tener ánimo para nada

gedrungen [gəˈdrʊŋən] **I.** *pp von* **dringen II.** *adj* regordete

Gedudel *nt* <-s, *ohne pl*> *(fam abw: auf einem Instrument)* cencerreo *m;* **das ~ des Radios** el runrún de la radio

Geduld [gəˈdʊlt] *f ohne pl* paciencia *f;* **die ~ verlieren** perder la paciencia; **mit jdm/etw ~ haben** tener paciencia con alguien/algo; **jds ~ auf die Probe stellen** poner a prueba la paciencia de alguien

gedulden* [gəˈdʊldən] *vr:* **sich ~** tener paciencia; *(warten)* esperar

geduldig I. *adj* paciente **II.** *adv* con paciencia

Geduldsfaden *m* **jetzt reißt mir aber der ~!** *(fam)* ¡ahora se me acabó la paciencia!

Geduldsprobe *f* prueba *f* de paciencia

Geduldsspiel *nt* juego *m* de paciencia

gedurft [gəˈdʊrft] *pp von* **dürfen**

geehrt [gəˈʔeːɐt] *adj (in Briefen)* estimado; **sehr ~er Herr X** estimado Sr. X; (**meine**) **sehr ~e(n**) **Damen und Herren** muy Sres. míos

geeignet [gəˈʔaɪgnət] *adj* ❶ *(Mensch)* apto (**für** para); **jdn für ~ halten** considerar a alguien competente ❷ *(Material)* adecuado (**für** para) ❸ *(zweckmäßig)* oportuno

Gefahr [gəˈfaːɐ] *f* <-en> peligro *m* (**für** para); *(Wagnis)* riesgo *m;* **in ~ schweben** correr peligro; **außer ~ sein** estar fuera de peligro; **auf eigene ~** por propia cuenta y riesgo; **~ laufen, etw zu tun** correr el riesgo de hacer algo; **auf die ~ hin, dass …** a riesgo de que… +*subj*

gefährden* [gəˈfɛːɐdən] *vt* poner en peligro; *(bedrohen)* amenazar; *(aufs Spiel setzen)* arriesgar

Gefährdung *f* <-en> amenaza *f* (**für** para, **durch** a causa de/por parte de)

gefahren [gəˈfaːrən] *pp von* **fahren**

Gefahrenherd *m* foco *m* de peligro

Gefahrenstelle *f* <-, -n> lugar *m* peligroso

Gefahrenzone *f* zona *f* de peligro

Gefahrgut *nt* <-(e)s, -güter> mercancías *f pl* peligrosas

gefährlich [gəfɛːɐlɪç] *adj* peligroso; *(gewagt)* arriesgado; *(Krankheit)* grave

gefahrlos *adj* sin peligro

Gefährt [gəˈfɛːɐt] *nt* <-(e)s, -e> vehículo *m*

Gefährte, -in [gəˈfɛːɐtə] *m, f* <-n, -n; -nen> *(geh)* compañero, -a *m, f*

Gefälle [gəˈfɛlə] *nt* <-s, -> ❶ *(Neigung)* pendiente *f* ❷ *(Unterschied)* diferencia *f*

gefallen[1] [gəˈfalən] **I.** *pp von* **fallen, gefallen II.** *adj (gestorben)* caído

gefallen*[2] *irr vi* gustar; **es gefällt mir gar nicht, dass …** no me gusta nada que… +*subj;* **sich** *dat* **etw ~ lassen** *(fam)* aguantar algo

Gefallen[1] *nt* <-s, *ohne pl*> *(Freude)* gusto *m;* **an etw** *dat* **/jdm ~ finden** tomarle gusto a algo/encontrar a alguien simpático

Gefallen[2] *m* <-s, -> *(Gefälligkeit)* favor *m;* **jdm einen ~ tun** hacer un favor a alguien

Gefallene(r) *mf* <-n, -n; -n> (soldado *mf*) caído , -a *m, f*

gefällig [gəˈfɛlɪç] *adj* ❶ *(hilfsbereit)* servicial; **jdm ~ sein** ser servicial con alguien ❷ *(ansprechend)* agradable ❸ *(erwünscht)* **ein Stück Kuchen ~?** ¿le apetece un trozo de tarta?

Gefälligkeit[1] *f* <-en> favor *m;* **jdm eine ~ erweisen** hacer un favor a alguien

Gefälligkeit[2] *f ohne pl* amabilidad *f; (Entgegenkommen)* deferencia *f;* **etw aus reiner ~ tun** hacer algo por complacer

gefälligst [gəˈfɛlɪçst, gəˈfɛlɪkst] *adv (fam)* **lass mich ~ in Ruhe!** ¡haz el favor de dejarme en paz!

gefangen [gəˈfaŋən] **I.** *pp von* **fangen II.** *adj* ❶ *(in Gefangenschaft)* **~ halten** tener encarcelado; **~ nehmen** tomar preso; *(Kriegsgefangene)* hacer prisionero ❷ *(gebannt)* cautivado; **jds Aufmerksamkeit ~ halten** *(geh)* cautivar la atención de alguien

Gefangene(r) *mf* <-n, -n; -n> ❶ *(Kriegsgefangener)* prisionero, -a *m, f* de guerra ❷ *(Häftling)* preso, -a *m, f*

Gefangennahme [gəˈfaŋənnaːmə] *f ohne pl* detención *f,* captura *f*

Gefangenschaft *f* <-en> prisión *f*

Gefängnis [gəˈfɛŋnɪs] *nt* <-ses, -se> ❶ *(Gebäude)* cárcel *f;* **ins ~ kommen** ir a la cárcel; **im ~ sitzen** estar en la cárcel ❷ *(Strafe)* prisión *f;* **ein Jahr ~ bekommen** ser condenado a un año de cárcel

Gefängnisaufseher(in) *m(f)* <-s, -; -, -nen> carcelero, -a *m, f*

Gefängnisdirektor(in) *m(f)* <-s, -en; -, -nen> director(a) *m(f)* de la cárcel

Gefängnisinsasse, -in *m, f* <-n, -n; -, -nen> recluso, -a *m, f*

Gefängnisstrafe *f* pena *f* de cárcel; **jdn zu einer ~ verurteilen** condenar a alguien a prisión

Gefängniswärter(in) *m(f)* carcelero, -a *m, f*

Gefängniszelle *f* celda *f*

Gefasel [gəˈfaːzəl] *nt* <-s, *ohne pl*> *(fam abw)* sandeces *f pl*

Gefäß [gəˈfɛːs] *nt* <-es, -e> ❶ *(Behälter)* vasija *f,* recipiente *m* ❷ (MED) vaso *m*

gefäßerweiternd *adj* (MED) vasodilatador

Gefäßkrankheit *f* (MED) enfermedad *f* vascular

gefasst [gəˈfast] *adj* ❶ *(beherrscht)* contenido, sereno ❷ *(eingestellt)* preparado (**auf** para); **sich auf etw ~ machen** prepararse para algo

Gefasstheit *f* <-, *ohne pl*> aplomo *m,* serenidad *f*

Gefecht [gəˈfɛçt] *nt* <-(e)s, -e> combate *m*

Gefechtskopf *m* <-(e)s, -köpfe> (MIL) cabeza *f* de una bomba

Gefechtsstand *m* <-(e)s, -stände> (MIL) puesto *m* de mando

gefeit [gəˈfaɪt] *(geh)* **gegen etw ~ sein** estar a salvo de algo

Gefieder [gəˈfiːdɐ] *nt* <-s, -> plumaje *m*

gefiedert *adj* con plumas

Geflecht [gəˈflɛçt] *nt* <-es, -e> *(Netz)* red *f; (Korbgeflecht)* labor *f* de mimbre

gefleckt [gəˈflɛkt] *adj* moteado

Geflimmer *nt* <-s, *ohne pl*> ❶ *(einer Lichtquelle)* centelleo *m; (eines Sterns)* titileo *m;* (INFOR, FILM, TV) resplandor *m* ❷ *(der Hitze, Luft)* espejeo *m*

geflissentlich [gəˈflɪsəntlɪç] *adv* a propósito, adrede; **etw ~ überhören** hacerse el sordo a propósito

geflochten [gəˈflɔxtən] *pp von* **flechten**

geflogen [gəˈfloːgən] *pp von* **fliegen**

geflohen [gəˈfloːən] *pp von* **fliehen**

geflossen [gəˈflɔsən] *pp von* **fließen**

Geflügel *nt* <-s, *ohne pl*> ❶ *(als Haustiere)* aves *f pl* de corral ❷ *(Fleisch)* carne *f* de ave

geflügelt *adj* alado, con alas; **ein ~es Wort** un dicho

Geflügelzucht *f* avicultura *f*

Geflüster [gəˈflʏstɐ] *nt* <-s, *ohne pl*> cuchicheo *m*

gefochten [gəˈfɔxtən] *pp von* **fechten**

Gefolge *nt* <-s, -> séquito *m*

Gefolgschaft[1] *f ohne pl (Treue)* vasallaje *m*

Gefolgschaft[2] *f* <-en> *(Anhänger)* seguidores *m pl;* (SPORT) aficionados *m pl*

gefragt [gəˈfraːkt] *adj (Künstler)* solicitado; *(Ware)* de gran demanda

gefräßig [gəˈfrɛːsɪç] *adj (abw)* voraz; *(verfressen)* glotón, comilón

Gefräßigkeit *f* <-, *ohne pl*> ❶ *(von Tieren)* voracidad *f* ❷ *(von Menschen)* glotonería *f*

Gefreite(r) [gəˈfraɪtɐ] *mf* <-n, -n; -n, -n> (MIL) cabo *m*

gefressen [gəˈfrɛsən] *pp von* **fressen**

Gefrierbeutel *m* bolsa *f* para congelados

gefrieren* [gəˈfriːrən] *irr vi sein* helarse; *(in Kühltruhe)* congelarse

Gefrierfach *nt* congelador *m*

gefriergetrocknet *adj* liofilizado

Gefrierpunkt *m* punto *m* de congelación; **Temperaturen um den/unter dem/über dem ~** temperaturas alrededor de/bajo/sobre cero grados

Gefrierschrank *m* congelador *m*

Gefriertruhe *f* congelador *m*

gefroren [gəˈfroːrən] **I.** *pp von* **frieren, gefrieren II.** *adj* helado; **hart ~** congelado

Gefüge [gəˈfyːgə] *nt* <-s, -> ❶ *(Struktur)* estructura *f; (System)* sistema *m* ❷ *(das Zusammengefügte)* construcción *f*

gefügig *adj (abw)* dócil, sumiso; **sich** *dat* **jdn ~ machen** doblegarse a alguien

Gefühl[1] [gəˈfyːl] *nt* <-(e)s, -e> ❶ *(körperlich)* sensación *f;* **ohne ~** insensible; **kein ~ in den Fingern haben** no tener sensibilidad en los dedos; **etw mit ~ machen** hacer algo con finura ❷ *(seelisch)* sentimiento *m;* **das Höchste der ~e** el non plus ultra; **sie erwiderte seine ~e nicht** no respondía a sus sentimientos

Gefühl[2] *nt* <-(e)s, *ohne pl*> ① *(Ahnung)* sensación *f; (Eindruck)* impresión *f;* **ich habe das ~, dass er lügt** tengo la sensación de que miente; **etw im ~ haben** intuir algo ② *(Sinn)* sentido *m;* **ein ~ für Gerechtigkeit** sentido de la justicia

gefühllos *adj* insensible; *(hartherzig)* impasible

Gefühllosigkeit *f* <-, *ohne pl*> insensibilidad *f; (Hartherzigkeit)* impasibilidad *f*

Gefühlsausbruch *m* arrebato *m* de sentimientos

gefühlsbetont *adj* sentimental

Gefühlsduselei [gəfy:lsdu:zə'laɪ] *f* <-en> *(fam abw)* sentimentalismo *m*

gefühlskalt *adj* frío, impasible

Gefühlskälte *f ohne pl* frialdad *f; (Frigidität)* frigidez *f*

Gefühlsleben *nt ohne pl* estado *m* emocional

gefühlsmäßig *adj* ① *(seelisch)* sentimental ② *(intuitiv)* intuitivo

Gefühlsregung *f* emoción *f*

Gefühlssache *f* <-, -n> sensación *f;* **das ist reine ~** se trata de una mera sensación

gefühlvoll *adj* sentimental; *(empfindsam)* sensible; *(liebevoll)* cariñoso

Gefummel *nt* <-s, *ohne pl*> *(fam)* ① *(schwierige Arbeit)* trabajo *m* (fastidioso) ② *(Berührung)* toqueteo *m; (sexuell)* manoseo *m,* sobe *m*

gefunden [gə'fʊndən] *pp von* **finden**

gegangen [gə'gaŋən] *pp von* **gehen**

gegart *adj* cocido (a fuego lento)

gegeben [gə'ge:bən] **I.** *pp von* **geben** **II.** *adj* ① *(vorhanden)* dado; **unter den ~en Umständen** dadas las circunstancias ② *(geeignet)* apropiado, oportuno; **zu ~er Zeit** en el momento oportuno

gegebenenfalls [gə'ge:bənənfals] *adv* dado el caso

Gegebenheit *f* <-en> hecho *m; (Umstand)* circunstancia *f*

gegen ['ge:gən] **I.** *präp +akk* ① *(entgegen)* en contra de, contra; *(im Gegensatz zu)* contrario a; **ich habe nichts ~ dich** no tengo nada en contra tuya; **das ist ~ das Gesetz** esto va contra la ley ② *(angelehnt)* contra; **~ die Wand** contra la pared ③ *(zur Bekämpfung von)* contra; **etwas ~ Kopfschmerzen** algo contra el dolor de cabeza ④ *(Richtung)* hacia ⑤ *(verglichen mit)* en comparación con ⑥ *(im Austausch für)* contra, por; **Lieferung nur ~ bar** entrega contra pago al contado; **~ Vorlage des Personalausweises** presentando el carné de identidad ⑦ *(zeitlich)* sobre; **~ Abend** al anochecer **II.** *adv (etwa)* alrededor de

Gegenangebot *nt* contraoferta *f*

Gegenangriff *m* ① (MIL) contraofensiva *f* ② (SPORT) contraataque *m*

Gegenanzeige *f* (MED) contraindicación *f*

Gegenargument *nt* contraargumento *m*

Gegenbeispiel *nt* contraejemplo *m*

Gegenbesuch *m visita que se hace para devolver una primera visita a alguien;* **einen ~ machen** devolver una visita

Gegenbeweis *m* prueba *f* en contra; **den ~ erbringen** probar lo contrario

gegenchecken *vt (fam)* chequear, comprobar

Gegend ['ge:gənt] *f* <-en> ① *(Gebiet)* región *f,* zona *f; (Stadtviertel)* barrio *m;* **in der ~ von Hamburg** cerca de Hamburgo ② *(Umgebung)* alrededores *mpl;* **die ~ um Madrid** los alrededores de Madrid ③ *(Wend)* **durch die ~ laufen** *(fam)* dar un paseo; **in die ~ gucken** *(fam)* dejar vagar la mirada

Gegendarstellung *f* rectificación *f*

Gegendemonstration *f* contramanifestación *f*

Gegendruck *m ohne pl* ① *(Reaktion)* reacción *f* ② (TECH) contrapresión *f*

gegeneinander [ge:gənʔaɪ'nandɐ] *adv* uno contra otro; **zwei Dinge ~ abgrenzen** fijar los límites de algo

Gegenfahrbahn *f* carril *m* contrario

Gegenfrage *f* **eine ~ stellen** contestar una pregunta con otra

Gegengewicht *nt* contrapeso *m;* **als ~ zu etw** *dat* como contrapeso a algo

Gegengift *nt* antídoto *m*

Gegenkandidat(in) *m(f)* candidato, -a *m, f* de la oposición

Gegenklage *f* (JUR) reconvención *f*

gegenläufig *adj (Entwicklung)* contrario; (TECH) en sentido contrario

Gegenleistung *f* contrapartida *f;* **als ~ für etw** como contrapartida a algo

gegenlenken *vi* girar el volante en sentido contrario; *(Fahrrad)* mover el manillar en dirección contraria

gegen|lenken *vi* girar el volante en sentido contrario; *(Fahrrad)* mover el manillar en dirección contraria

gegenlesen *irr vt* releer, repasar

Gegenlicht *nt ohne pl* (FOTO) contraluz *f;* **bei/im ~** a contraluz

Gegenlichtaufnahme *f* (FOTO) fotografía *f* a contraluz

Gegenliebe *f* amor *m* recíproco; **auf (wenig) ~ stoßen** ser (poco) correspondido

Gegenmaßnahme *f* contramedida *f*

Gegenmittel *nt* (MED: *gegen eine Krank-*

heit) vacuna *f* (**gegen** contra); *(gegen ein Gift)* antídoto *m* (**gegen** contra)

Gegenoffensive *f* <-, -n> contraofensiva *f*

Gegenpartei *f* oposición *f;* **die ~ ergreifen** pasarse al bando contrario

Gegenpol *m* polo *m* contrario; **den ~ zu etw** *dat* **/zu jdm bilden** ser el polo opuesto de algo/de alguien

Gegenreformation *f* (HIST) Contrarreforma *f*

Gegenrichtung *f* dirección *f* opuesta

Gegensatz *m* ① *(Verschiedenheit)* oposición *f;* **im ~ zu etw** *dat* **stehen** estar en oposición con algo; **im ~ zu dir** a diferencia de ti ② *(Unterschied)* contraste *m;* **einen ~ zu etw** *dat* **bilden** contrastar con algo; **Gegensätze ziehen sich an** los extremos se atraen ③ *(Widerspruch)* contradicción *f* (**zu** con)

gegensätzlich ['--zɛtslɪç] *adj (entgegengesetzt)* contrario; *(widersprüchlich)* opuesto

Gegensätzlichkeit *f ohne pl* divergencia *f*

Gegenschlag *m* contragolpe *m,* contraataque *m*

Gegenseite *f* ① *(räumlich)* lado *m* opuesto ② (POL) (partido *m* de la) oposición *f* ③ (JUR) parte *f* contraria

gegenseitig ['ge:gənzaɪtɪç] *adj* mutuo, recíproco; **in ~em Einverständnis** de mutuo acuerdo; **sich** *dat* **~ helfen** ayudarse el uno al otro

Gegenseitigkeit *f ohne pl* reciprocidad *f;* **das beruht auf ~** esto es recíproco

Gegenspieler(in) *m(f)* contrincante *mf*

Gegensprechanlage *f* interfono *m,* dúplex *m*

Gegenstand *m* <-(e)s, -stände> ① *(Körper)* objeto *m; (Ding)* cosa *f* ② *(Thema)* tema *m,* objeto *m*

gegenständlich ['ge:gənʃtɛntlɪç] *adj* (KUNST) figurativo

gegenstandslos *adj* ① *(hinfällig)* sin validez; *(überflüssig)* superfluo ② *(unbegründet)* sin fundamento ③ (KUNST) abstracto

gegensteuern *vi s.* **gegenlenken**

Gegenstimme *f* ① *(bei einer Abstimmung)* voto *m* en contra; **ohne ~** por unanimidad ② *(Meinung)* opinión *f* contraria

Gegenströmung *f* ① *(einer Flüssigkeit)* contracorriente *f* ② *(entgegengesetzte Entwicklung)* movimiento *m* de reacción

Gegenstück *nt* ① *(Gegensatz)* lo contrario (**zu** de) ② *(Pendant)* equivalente *m* (**zu** de)

Gegenteil *nt* lo contrario (**von** de); (**ganz**) **im ~!** ¡al contrario!

gegenteilig *adj* contrario, opuesto

Gegentor *nt* (SPORT) gol *m* en contra

gegenüber [gegən'ʔy:bɐ] **I.** *präp +dat* ① *(örtlich)* frente a, enfrente de; **er wohnt mir ~** vive enfrente de mí ② *(einer Person)* frente a; *(in Gegenwart)* delante de; *(angesichts)* ante; **das wäre ihm ~ unfair** sería injusto por lo que a él respecta ③ *(im Vergleich zu)* en comparación con **II.** *adv* enfrente

Gegenüber *nt* <-s, -> el *m* de enfrente, la *f* de enfrente

gegenüberliegend *adj* de enfrente; **auf der ~en Seite** en el lado opuesto

gegenüber|stehen *irr vi* **jdm positiv/negativ ~** tener simpatía/antipatía hacia alguien; **etw** *dat* **positiv/negativ ~** defender/rechazar algo

gegenüber|stellen *vt* ① *(Person)* confrontar (*+dat* con); (JUR) carear (*+dat* con) ② *(vergleichen)* comparar (*+dat* con)

Gegenüberstellung *f* ① *(von Personen)* confrontación *f;* (JUR) careo *m* ② *(Vergleich)* comparación *f*

Gegenverkehr *m* tráfico *m* en contra

Gegenvorschlag *m* contrapropuesta *f,* contraproposición *f*

Gegenwart ['ge:gənvart] *f ohne pl* ① *(Jetztzeit)* presente *m;* **die Kunst der ~** el arte contemporáneo ② (LING) presente *m* ③ *(Anwesenheit)* presencia *f*

gegenwärtig ['ge:gənvɛrtɪç] *adj* presente; *(aus dieser Zeit)* contemporáneo; **etw ist jdm nicht ~** alguien no tiene presente algo

Gegenwehr *f (Verteidigung)* defensa *f; (Widerstand)* resistencia *f;* **~ leisten** ofrecer resistencia

Gegenwert *m* contravalor *m*

Gegenwind *m* viento *m* en contra

gegen|zeichnen *vt* refrendar

Gegenzug *m* ① *(Schach)* (jugada *f* de) respuesta *f* ② *(Reaktion)* reacción *f* a la contra; **im ~** (**zu**) como compensación (por)

gegessen [gə'gɛsən] *pp von* **essen**

geglichen [gə'glɪçən] *pp von* **gleichen**

geglitten [gə'glɪtən] *pp von* **gleiten**

geglommen [gə'glɔmən] *pp von* **glimmen**

Gegner(in) ['ge:gnɐ] *m(f)* <-s, -; -nen> adversario, -a *m, f,* oponente *mf*

gegnerisch *adj* contrario; **die ~en Parteien** los partidos contrarios

Gegnerschaft *f* <-en> oposición *f*

gegolten [gə'gɔltən] *pp von* **gelten**

gegoren [gə'go:rən] *pp von* **gären**

gegossen [gə'gɔsən] *pp von* **gießen**

gegraben [gə'gra:bən] *pp von* **graben**

gegriffen [gə'grɪfən] *pp von* **greifen**

Gehabe [gə'ha:bə] *nt* <-s, *ohne pl*> *(abw)* pose *f; (Gestik)* ademanes *mpl*

Gehackte(s) *nt* <-n, *ohne pl*> carne *f* picada

G

Gehalt[1] [gə'halt] *m* <-(e)s, -e> ❶ *(Anteil)* contenido *m* (**an** de); *(prozentual)* porcentaje *m;* (CHEM) grado *m* ❷ *(Alkoholgehalt)* grados *mpl* ❸ *(geistig)* sustancia *f*

Gehalt[2] [gə'halt, *pl:* gə'hɛltɐ] *nt* <-(e)s, Gehälter> salario *m*

gehalten [gə'haltən] *pp von* **halten**

gehaltlos *adj* ❶ *(Metall)* pobre (**an** en); *(Essen)* sin sustancia ❷ *(oberflächlich)* insignificante

Gehaltsabrechnung *f* liquidación *f* de la nómina

Gehaltsaufbesserung *f* mejora *f* salarial

Gehaltsempfänger(in) *m(f)* asalariado, -a *m, f*

Gehaltserhöhung *f* aumento *m* salarial

Gehaltsforderung *f (Einforderung)* pretensiones *fpl* económicas

Gehaltsgruppe *f* <-, -n> grupo *m* salarial, categoría *f* salarial

Gehaltsgruppe *f* <-, -n> grupo *m* salarial, categoría *f* salarial; **jdn in eine höhere ~ einstufen** asignar a alguien a un grupo salarial más elevado

Gehaltskonto *nt* <-s, -konten> cuenta-salario *f*

Gehaltskürzung *f* (WIRTSCH) recorte *m* de salarios

Gehaltsliste *f* (WIRTSCH) nómina *f*

Gehaltsstufe *f* <-, -n> *s.* **Gehaltsgruppe**

Gehaltsvorstellung *f* aspiraciones *fpl* económicas

Gehaltswunsch *m* <-(e)s, -wünsche> pretensiones *fpl* económicas

Gehaltszahlung *f* pago *m* de la nómina

Gehaltszulage *f* sobresueldo *m*

gehaltvoll *adj* ❶ *(Essen)* sustancioso ❷ *(Buch)* valioso

Gehämmer [gə'hɛmɐ] *nt* <-s, *ohne pl*> *(abw)* martilleo *m*

gehandikapt [gə'hɛndikɛpt] *adj o adj* en desventaja

gehangen [gə'haŋən] *pp von* **hängen**[1]

gehässig [gə'hɛsɪç] *adj (abw)* lleno de odio; *(böswillig)* malévolo; *(feindselig)* hostil

Gehässigkeit[1] *f ohne pl (Böswilligkeit)* malevolencia *f; (Feindseligkeit)* hostilidad *f*

Gehässigkeit[2] *f* <-en> *(Bemerkung)* grosería *f*

gehauen [gə'haʊən] *pp von* **hauen**

gehäuft [gə'hɔɪft] *adj* ❶ *(Auftreten)* frecuente ❷ *(voll)* lleno; **ein ~er Löffel** una cucharada colmada

Gehäuse [gə'hɔɪzə] *nt* <-s, -> carcasa *f; (von Uhr)* caja *f;* (AUTO) cárter *m;* (INFOR) caja *f; (vom Obst)* corazón *m*

gehbehindert ['ge:bəhɪndɐt] *adj* inválido

Gehege [gə'he:gə] *nt* <-s, -> cercado *m*

geheiligt *adj* sagrado

geheim [gə'haɪm] *adj* secreto; *(Kräfte)* oculto; *(vertraulich)* confidencial; **streng ~** altamente secreto; **etw ~ halten** mantener algo en secreto; **etw vor jdm ~ halten** ocultar algo a alguien

Geheimagent(in) *m(f)* agente *mf* secreto, -a

Geheimbund *m* <-(e)s, -bünde> asociación *f* secreta

Geheimdienst *m* servicio *m* secreto

Geheimfach *nt* cajón *m* secreto

Geheimhaltung *f ohne pl* ocultación *f;* **unter strengster ~** con la máxima discreción

Geheimnis *nt* <-ses, -se> secreto *m; (Unerforschtes)* misterio *m;* **jdm ein ~ anvertrauen** confiar a alguien un secreto; **ein ~ verraten** revelar un secreto; **ein offenes ~** un secreto a voces; **ein ~ vor jdm haben** ocultarle algo a alguien; **er macht kein ~ daraus, dass ...** no oculta que...

Geheimniskrämer(in) *m(f) (fam abw)* secretista *mf*

Geheimniskrämerin *f s.* **Geheimniskrämer**

Geheimnistuerei [---tu:ə'raɪ] *f* <-, *ohne pl*> *(fam abw)* secreteo *m*

geheimnisumwittert *adj (geh)* lleno de misterios

geheimnisvoll *adj* misterioso

Geheimnummer *f* número *m* secreto

Geheimpolizei *f* policía *f* secreta

Geheimratsecken *fpl (fam)* entradas *fpl*

Geheimrezept *nt* receta *f* secreta

Geheimsache *f* <-, -n> asunto *m* confidencial

Geheimschrift *f* escritura *f* cifrada

Geheimtipp *m* soplo *m*

Geheimtür *f* puerta *f* secreta

Geheimwaffe *f* (MIL) arma *f* secreta

Geheimzahl *f* número *m* secreto

Geheiß [gə'haɪs] *nt* <-es, *ohne pl*> *(geh)* orden *f;* **etw auf jds ~ tun** hacer algo por orden de alguien

geheißen *pp von* **heißen**

gehemmt I. *adj* cohibido **II.** *adv* cohibidamente, con inseguridad

gehen ['ge:ən] <geht, ging, gegangen> **I.** *vi sein* ❶ *(allgemein)* ir; *(zu Fuß)* andar; **zu Fuß ~** ir a pie; **ich gehe jetzt zum Arzt** ahora me voy al médico; **es geht immer geradeaus** es todo seguido; **aufs Gymnasium/in die Schule ~** ir al instituto/al colegio; **sie ging zum Film** se hizo actriz; **ins Bett ~** irse a la cama; **tanzen/schwimmen/schlafen ~** ir a bailar/a nadar/a dormir; **an Land ~** bajar a tierra; **an die Arbeit ~** empezar a trabajar;

das geht zu weit eso pasa de la raya; **wie war der Film? – es geht** *(fam)* ¿qué tal la película? – regular; **bist du wieder gesund? – es geht** *(fam)* ¿ya estás bien? – voy tirando; **darum geht es mir nicht** eso no me interesa; **wie geht's?** ¿qué tal?; **es geht mir gut** me va bien; **lass es dir gut ~!** ¡que te vaya bien!; **sie ließen es sich** *dat* **gut ~** se permitieron algunos lujos; **es geht mir schlecht** *(körperlich)* me encuentro mal; *(finanziell)* estoy mal de dinero; **wie ~ die Geschäfte?** ¿qué tal andan los negocios?; **mir ist es genauso gegangen** me pasó lo mismo; **ich hörte, wie die Tür ging** escuché la puerta; **so geht das nicht weiter** esto no puede seguir así; **das geht über meine Kräfte** esto sobrepasa mis fuerzas; **mir geht nichts über meinen Urlaub** para mí no hay nada más importante que las vacaciones; **in Zivil/in Schwarz ~** ir de paisano/de luto; **das geht in die Tausende** [*o* **tausende**] esto asciende a varios miles; **in Stücke ~** romperse; **in sich ~** reflexionar sobre sí mismo; **mit der Zeit ~** estar al día; **er ist von uns gegangen** *(geh)* nos ha dejado; **das Essen geht auf mich** la comida corre de mi cuenta; **das Fenster geht aufs Meer** la ventana da al mar; **wenn es nach mir ginge, ...** si dependiera de mí...; **gehst du noch mit ihm?** *(fam)* ¿todavía sales con él?; **über Leichen ~** *(fig)* no tener escrúpulos; **wo sie geht und steht** *(fam)* a todas partes; **vor sich ~** *(fam)* ocurrir ② *(weggehen)* irse; *(Zug)* salir (**um** a, **nach** para) ③ *(funktionieren)* funcionar; *(Uhr)* andar; **die Uhr geht (falsch)** el reloj anda (mal); **gut ~** ir bien; **ich zeige dir, wie das geht** te enseño cómo se hace; **kann ich helfen? – danke, es geht schon** ¿le ayudo? – gracias, ya está; **hoffentlich geht das gut!** ¡ojalá salga bien!; **das ist ja noch mal gut gegangen** ha resultado bien otra vez; **wenn alles gut geht, ...** si todo va bien... ④ *(sich gut verkaufen)* tener buena salida; **gut ~d** floreciente ⑤ *(Teig)* subir ⑥ *(Wind)* soplar ⑦ *(reichen)* llegar (**bis** hasta) ⑧ *(hindurchpassen)* caber (**durch** por, **in** en); **das geht nicht in meinen Kopf** no me cabe en la cabeza ⑨ *(andauern)* durar ⑩ *(möglich sein)* ser posible; **es wird schon ~** todo saldrá bien; **nichts geht mehr** *(im Casino)* no va más ⑪ *(betreffen)* tratarse (**um** de); **worum geht's denn?** ¿de qué se trata? ⑫ *(urteilen)* juzgar (**nach** por/según); **danach kann man nicht ~** uno no se puede guiar por eso ⑬ *(Wend)* **~ lassen** *(fam: in Ruhe lassen)* dejar tranquilo; **sich ~ lassen** descuidarse, abandonarse **II.** *vt* ① *sein (Strecke)* recorrer ② *(Wend)* **sie ist gegangen worden** *(fam)* la han echado a la calle

Gehen *nt* <-s, *ohne pl*> *(zu Fuß)* andar *m*; *(das Weggehen)* marcha *f*; **sein vorzeitiges ~ wurde von allen sehr bedauert** todos lamentaron su marcha prematura

gehetzt [gəˈhɛtst] *adj* ajetreado; **du siehst so ~ aus, stehst du so sehr unter Stress?** tienes cara de angustia, ¿es que estás estresado?

geheuer [gəˈhɔɪɐ] *adj* **nicht (ganz) ~ sein** *(verdächtig)* ser sospechoso; **das ist mir nicht ~** *(unheimlich)* me da algo de miedo

Gehilfe, -in [gəˈhɪlfə] *m, f* <-n, -n; -nen> ayudante *mf*

Gehirn [gəˈhɪrn] *nt* <-(e)s, -e> cerebro *m*

Gehirnblutung *f* (MED) derrame *m* cerebral

Gehirnerschütterung *f* (MED) conmoción *f* cerebral

Gehirnhautentzündung *f* <-, -en> (MED) meningitis *f inv*

Gehirnschlag *m* (MED) derrame *m* cerebral

Gehirntumor *m* <-s, -e> (MED) tumor *m* cerebral

Gehirnwäsche *f* lavado *m* de cerebro

gehoben [gəˈhoːbən] **I.** *pp von* **heben II.** *adj* ① *(Stellung)* elevado; **~er Dienst** funcionariado de alto grado ② *(Ausdrucksweise)* culto ③ *(Stimmung)* festivo

Gehöft [gəˈhøːft] *nt* <-(e)s, -e> granja *f*

geholfen [gəˈhɔlfən] *pp von* **helfen**

Gehölz [gəˈhœlts] *nt* <-es, -e> ① *(Baumbestand)* bosquecillo *m* ② *pl (Holzgewächse)* plantas *f pl* leñosas

Gehör [gəˈhøːɐ] *nt* <-(e)s, *ohne pl*> ① *(Hörvermögen)* oído *m*; **nach dem ~ spielen** tocar de oído ② *(Aufmerksamkeit)* atención *f*; **jdm ~ schenken** prestar atención a alguien; **sich** *dat* **~ verschaffen** hacerse escuchar

gehorchen* *vi* obedecer; **jdm nicht ~** desobedecer a alguien; **seine Stimme/seine Hand gehorchte ihm nicht** su voz/su mano no le respondió

gehören* **I.** *vi* ① *(als Eigentum)* pertenecer (a), ser (de); **das Auto gehört ihm** el coche es suyo ② *(zugewandt sein)* ser partidario (de); **sein Herz gehört dem Rennsport** su corazón está en las carreras ③ *(zählen zu)* formar parte (**zu** de); **er gehört jetzt zur Familie** ahora forma parte de la familia ④ *(seinen Platz haben)* tener su sitio (**in** en); **wo gehört das hin?** ¿dónde se pone esto? ⑤ *(nötig sein)* hacer falta, requerir; **dazu gehört Mut** esto requiere valentía; **er gehört verprügelt** se merece una paliza **II.** *vr:* **sich ~** ser conveniente; **das gehört sich nicht** esto no se hace; **wie es sich gehört** como es debido

Gehörgang *m* (ANAT) conducto *m* auditivo

gehörig I. *adj* ❶ *(gehörend)* perteneciente (**zu** a); **nicht zur Sache ~** que no corresponde al asunto ❷ *(angemessen)* debido; *(erforderlich)* necesario ❸ *(fam: gründlich)* fuerte; **eine ~e Tracht Prügel** una buena paliza **II.** *adv* ❶ *(gebührend)* como es debido; **ich habe ihm ~ die Meinung gesagt** le dije mi opinión como se merecía ❷ *(gründlich)* mucho; **er wurde ~ verprügelt** le dieron una soberana paliza

gehörlos *adj* sordo

Gehörlose(r) *mf* <-n, -n; -n> sordo, -a *m, f*

gehörnt [gəˈhœrnt] *adj (Tier)* cornudo, astado; *(Ehemann)* cornudo

gehorsam *adj* obediente

Gehorsam [gəˈhoːɐzaːm] *m* <-s, *ohne pl*> obediencia *f*

Gehörsinn *m ohne pl* (sentido *m* del) oído *m*

Gehsteig [ˈgeːʃtaɪk] *m* <-(e)s, -e> acera *f*, vereda *f Am*

Gehweg *m* ❶ *(Bürgersteig)* acera *f* ❷ *(Fußweg)* camino *m*

Geier [ˈgaɪɐ] *m* <-s, -> (ZOOL) buitre *m*

Geige [ˈgaɪgə] *f* <-n> violín *m;* **die erste ~ spielen** *(fam fig)* llevar la voz cantante; **nach jds ~ tanzen** *(fam fig)* bailar al son que toca alguien

geigen *vi (fam)* tocar el violín; **jdm seine Meinung ~** decirle a alguien cuatro verdades

Geigenbogen *m* <-s, -bögen> (MUS) arco *m* de violín

Geigenkasten *m* <-s, -kästen> funda *f* de violín

Geiger(in) *m(f)* <-s, -; -nen> violinista *mf*

Geigerzähler [ˈgaɪgɐ-] *m* <-s, -> (PHYS) contador *m* (de) Geiger

geil [gaɪl] *adj* ❶ *(fam: großartig)* guay ❷ *(vulg: lüstern)* cachondo; **~ werden/machen** ponerse/poner cachondo; **der ist doch bloß ~ auf dich** solamente te tiene ganas

Geilheit *f* <-, *ohne pl*> *(Lüsternheit, a. abw)* cachondez *f vulg*

Geisel [ˈgaɪzəl] *f* <-n> rehén *mf;* **~n nehmen** tomar rehenes

Geiselnahme [ˈ--naːmə] *f* <-n> toma *f* de rehenes

Geiselnehmer(in) *m(f)* <-s, -; -nen> secuestrador(a) *m(f)*

Geisha [ˈgeːʃa] *f* <-, -s> geisha *f*

Geiß [gaɪs] *f* <-en> *(südd, Österr, Schweiz: Ziege)* cabra *f*

Geißbock *m (südd, Österr, Schweiz: Ziegenbock)* macho *m* cabrío

Geißel [ˈgaɪsəl] *f* <-n> *(fig)* azote *m*

geißeln I. *vt* fustigar **II.** *vr:* **sich ~** fustigarse

Geist[1] [gaɪst] *m* <-(e)s, -er> ❶ *(Denker)* espíritu *m* ❷ *(Gespenst)* fantasma *m;* **von allen guten ~ern verlassen sein** *(fam)* perder la cabeza

Geist[2] *m* <-(e)s, *ohne pl*> ❶ *(Verstand)* mente *f;* **etw im ~e vor sich** *dat* **sehen** imaginarse algo vivamente ❷ *(Scharfsinn)* espíritu *m; (Witz)* gracia *f* ❸ *(Seele)* espíritu *m;* **der Heilige ~** el Espíritu Santo; **den ~ aufgeben** *(fam)* estropearse, chingarse *Am*

Geisterbahn *f* tren *m* fantasma

Geisterfahrer(in) *m(f)* conductor(a) *m(f)* (de coche) kamikaze

geisterhaft *adj* misterioso

Geisterhand *f* **wie von ~** como por arte de magia

geistern *vi sein* ❶ *(herumgehen)* **durch etw ~** deambular por algo, rondar por algo ❷ *(spuken)* **der Film geistert mir immer noch durch den Kopf** la película no deja de rondarme por la cabeza

Geisterstadt *f (verlassene Stadt)* ciudad *f* fantasma

Geisterstunde *f* hora *f* bruja

geistesabwesend [ˈgaɪstəs-] *adj* distraído

Geistesabwesenheit *f ohne pl* distracción *f*

Geistesblitz *m (fam)* ocurrencia *f*

Geistesgegenwart *f* presencia *f* de ánimo

geistesgegenwärtig *adj* animoso, con presencia de ánimo

geistesgestört *adj (alt pej)* perturbado mental

Geistesgestörte(r) *mf (alt pej!)* loco, -a *m, f*, persona *f* con discapacidad psicosocial

Geistesgestörtheit *f ohne pl (alt pej)* discapacidad *f* psicosocial

Geisteshaltung *f* <-, -en> mentalidad *f*

geisteskrank *adj* (MED *alt o pej)* enfermo mental

Geisteskranke(r) *mf* (MED *alt o pej)* loco, -a *m, f*, persona *f* con discapacidad psicosocial; **wie ein ~r** *(fam)* como un loco

Geisteskrankheit *f (alt pej)* enfermedad *f* mental

Geistesstörung *f (alt pej)* trastorno *m* mental

Geisteswissenschaften *fpl* ciencias *fpl* humanas, letras *fpl fam*

Geisteswissenschaftler(in) *m(f)* hombre *m* de letras, mujer *f* de letras

geisteswissenschaftlich *adj* humanístico, de letras

Geisteszustand *m ohne pl* estado *m* mental

geistig [ˈgaɪstɪç] *adj* ❶ *(Kräfte)* mental;

~ **behindert** con discapacidad psicosocial ② *(Mensch)* intelectual

geistlich ['gaɪstlɪç] *adj* espiritual; *(klerikal)* clerical; *(kirchlich)* eclesiástico; **~e Musik** música sacra; **~er Beistand** apoyo espiritual

Geistliche(r) *m* <-n, -n> eclesiástico *m*

Geistlichkeit *f* <-, *ohne pl*> clero *m*

geistlos *adj* insustancial; *(einfallslos)* poco ingenioso; *(dumm)* tonto; *(langweilig)* sin gracia

geistreich *adj* ingenioso, con gracia

geistvoll *adj* ① *(scharfsinnig)* ingenioso ② *(anspruchsvoll)* profundo

Geiz [gaɪts] *m* <-es, *ohne pl*> avaricia *f*, tacañería *f*

geizen *vi* cicatear (**mit** con)

Geizhals *m (abw)* avaro, -a *m, f*, tacaño, -a *m, f*

geizig *adj* avaro, tacaño

Geizkragen *m (fam abw) s.* **Geizhals**

Gejammer [gə'jamɐ] *nt* <-s, *ohne pl*> *(fam abw)* quejas *f pl*

Gejohle [gə'jo:lə] *nt* <-s, *ohne pl*> *(fam abw)* griterío *m*

gekannt [gə'kant] *pp von* **kennen**

Gekicher [gə'kɪçɐ] *nt* <-s, *ohne pl*> *(fam abw)* risitas *f pl*

Gekläff(e) *nt* <-(e)s, *ohne pl*> *(fam abw)* ladridos *m pl*

Geklapper [gə'klapɐ] *nt* <-s, *ohne pl*> *(fam abw)* traqueteo *m*

Geklimper *nt* <-s, *ohne pl*> ① *(mit Geld)* tintineo *m* ② *(auf Klavier)* tecle(te)o *m*; *(auf Gitarre)* rasgueo *m*

Geklingel *nt* <-s, *ohne pl*> *(fam abw)* tintineo *m*

geklommen *pp von* **klimmen**

geklont [gə'klo:nt] *adj* clónico

geklungen [gə'klʊŋən] *pp von* **klingen**

geknickt [gə'knɪkt] *adj (fam: niedergeschlagen)* deprimido, afligido

gekniffen [gə'knɪfən] *pp von* **kneifen**

Geknister [gə'knɪstɐ] *nt* <-s, *ohne pl*> *(Papier)* crujido *m*; *(Feuer)* crepitación *f*

gekocht *adj* cocido

gekommen [gə'kɔmən] *pp von* **kommen**

gekonnt [gə'kɔnt] **I.** *pp von* **können** **II.** *adj* bien hecho

Gekritzel [gə'krɪtsəl] *nt* <-s, *ohne pl*> *(abw)* garabatos *m pl*

gekrochen [gə'krɔxən] *pp von* **kriechen**

gekünstelt [gə'kʏnstəlt] *adj (abw)* amanerado; *(Stil)* rebuscado; *(Lächeln)* artificial

Gel [ge:l] *nt* <-s, -e> gel *m*

Gelaber [gə'la:bɐ] *nt* <-s, *ohne pl*> *(abw)* palabrería *f*

Gelächter [gə'lɛçtɐ] *nt* <-s, -> risa *f*, carcajada *f*

gelackmeiert [gə'lakmaɪɐt] *adj (fam)* embromado

geladen [gə'la:dən] **I.** *pp von* **laden** **II.** *adj (fam: zornig)* furioso; **eine ~e Atmosphäre** un ambiente cargado

Gelage [gə'la:gə] *nt* <-s, -> comilona *f*

gelähmt [gə'lɛ:mt] *adj* paralizado

Gelähmte(r) *mf* <-n, -n; -n, -n> paralítico, -a *m, f*

Gelände [gə'lɛndə] *nt* <-s, -> terreno *m*, playa *f Am*; *(Ausstellungsgelände)* recinto *m*; *(Fabrikgelände)* zona *f* industrial

Geländefahrzeug *nt* (vehículo *m*) todo terreno *m*

geländegängig *adj* (AUTO) todo terreno

Geländelauf *m* (SPORT) (carrera *f* de) cros *m*

Geländemotorrad *nt* moto(cicleta) *f* de motocrós

Geländer [gə'lɛndɐ] *nt* <-s, -> barandilla *f*, baranda *f*; *(Treppengeländer)* pasamanos *m inv*

Geländewagen *m* (vehículo *m*) todoterreno *m*

gelang [gə'laŋ] *3. imp von* **gelingen**

gelangen* [gə'laŋən] *vi sein* ① *(ankommen)* llegar (**zu/nach/an** a) ② *(erreichen)* lograr (**zu**); **zu einer Überzeugung ~** llegar a una conclusión ③ *(Schweiz: sich wenden)* dirigirse (**an** a)

gelangweilt [gəlaŋvaɪlt] **I.** *adj* aburrido **II.** *adv (dasitzen, zuhören)* con aburrimiento; **er gähnte ~** bostezó de aburrimiento

gelassen [gə'lasən] **I.** *pp von* **lassen** **II.** *adj (ruhig)* sereno; *(unerschütterlich)* imperturbable **III.** *adv* con calma; **~ bleiben** no perder la calma

Gelassenheit *f ohne pl* sosiego *m*, serenidad *f*

Gelatine [ʒela'ti:nə] *f ohne pl* gelatina *f*

gelaufen [gə'laʊfən] *pp von* **laufen**

geläufig [gə'lɔɪfɪç] *adj* corriente; **dieses Wort ist mir nicht ~** no conozco esta palabra

gelaunt [gə'laʊnt] *adj* **übel ~** malhumorado; **gut/schlecht ~ sein** estar de buen/mal humor

Geläut(e) *nt* <-(e)s, *ohne pl*> repique *m* de campanas

gelb [gɛlp] *adj* amarillo; **das ist nicht das G~e vom Ei** *(fam)* eso no es lo mejor

Gelb *nt* <-s, -> amarillo *m*; **die Ampel stand auf ~** el semáforo estaba en amarillo

Gelbfieber *nt* (MED) fiebre *f* amarilla

gelbgrün *adj* verde amarillento

gelblich *adj* amarillento

Gelbsucht *f ohne pl* (MED) ictericia *f*

Geld [gɛlt] *nt* <-(e)s, *ohne pl*> dinero *m*, plata *f Am*; **etw zu ~ machen** sacar dinero de algo; **um ~ spielen** jugar por dinero;

G

das geht ganz schön ins ~ esto cuesta un montón; **~ locker machen** *(fam)* soltar la mosca; **im ~ schwimmen** *(fam fig)* nadar en oro; **das ~ zum Fenster rauswerfen** *(fam fig)* tirar los cuartos por la ventana; **jdm das ~ aus der Tasche ziehen** *(fam fig)* timar a alguien; **~ waschen** *(fig)* blanquear dinero; **sie hat ~ wie Heu** *(fam fig)* le sale el dinero hasta por las orejas

Geldangelegenheit *f* asunto *m* de dinero

Geldanlage *f* inversión *f* de capital

Geldautomat *m* cajero *m* automático

Geldbetrag *m* <-(e)s, -träge> suma *f*, importe *m*

Geldbeutel *m* monedero *m*, portamonedas *m inv Chil, Ven;* **tief in den ~ greifen** *(fam)* sacudirse el bolsillo

Geldbörse *f* <-, -n> *s.* **Geldbeutel**

Geldbuße *f* multa *f*

Gelder *ntpl (Mittel)* fondos *mpl;* **öffentliche ~** fondos públicos

Geldgeber(in) *m(f)* <-s, -; -nen> financiero, -a *m, f*

Geldgeschäft *nt* (FIN) transacción *f* financiera

Geldgier *f* <-, *ohne pl*> *(abw)* avidez *f* de dinero

geldgierig *adj (abw)* codicioso

Geldhahn *m* **jdm den ~ zudrehen** cerrar el grifo (del dinero) a alguien

Geldheirat *f (abw)* matrimonio *m* de conveniencia

Geldinstitut *nt* (FIN, WIRTSCH) institución *f* bancaria

Geldmacherei *f* <-, *ohne pl*> *(abw fam)* enriquecimiento *m* (sin escrúpulos)

Geldmangel *m ohne pl* escasez *f* de dinero

Geldmenge *f* ① *(Summe) s.* **Geldbetrag** ② *(im Umlauf)* volumen *m* de dinero

Geldmittel *ntpl* **fehlende ~** falta *f* de recursos financieros

Geldschein *m* billete *m* de banco

Geldschrank *m* caja *f* de caudales

Geldsorgen *fpl* problemas *mpl* financieros

Geldspende *f* <-, -n> donativo *m;* **eine ~ leisten** hacer un donativo

Geldstrafe *f* multa *f;* **zu einer ~ verurteilen** poner una multa

Geldstück *nt* moneda *f*

Geldsumme *f* <-, -n> suma *f*, importe *m*

Geldwäsche *f (fam)* blanqueo *m* de dinero

Geldwechsel *m* (FIN) cambio *m*

Geldwechsler(in) *m(f)* (FIN) cambista *mf*

Geldwert *m ohne pl* valor *m* monetario

geleckt *adj* **wie ~ aussehen** *(fam: fein gekleidet)* ir de punta en blanco; *(sauber)* estar como los chorros del oro

Gelee [ʒe'le:] *m o nt* <-s, -s> jalea *f*

Gelege [gə'le:gə] *nt* <-s, -> *(Eier)* nidada *f;* **ein ~ von zehn Eiern** una nidada de diez huevos

gelegen [gə'le:gən] **I.** *pp von* **liegen** **II.** *adj* ① *(örtlich)* situado; **gut/zentral ~** bien situado/céntrico ② *(passend)* conveniente, oportuno **III.** *adv* a propósito; **Ihr Angebot kommt mir sehr ~** su oferta me viene muy a propósito; **mir ist viel/wenig daran ~, dass ...** considero muy/poco importante que... *+subj*

Gelegenheit *f* <-en> ocasión *f* (**zu** para); *(günstige)* oportunidad *f;* **die ~ haben, etw zu tun** tener la ocasión de hacer algo; **bei dieser ~** en esta ocasión; **wenn sich die ~ bietet** si se presenta la oportunidad; **die ~ beim Schopfe fassen** aprovechar la ocasión

Gelegenheitsarbeit *f* trabajo *m* ocasional, changa *f Arg*

Gelegenheitsdieb(in) *m(f)* descuidero, -a *m, f*

Gelegenheitskauf *m* (COM) ocasión *f*, ganga *f fam*

gelegentlich **I.** *adj* ocasional **II.** *adv* ① *(bei Gelegenheit)* cuando sea oportuno ② *(manchmal)* de vez en cuando

gelehrig [gə'le:rɪç] *adj* que aprende fácilmente

gelehrsam *adj (geh) s.* **gelehrt**

gelehrt [gə'le:ɐt] *adj* erudito

Gelehrte(r) *mf* <-n, -n; -n> erudito, -a *m, f; (Wissenschaftler)* científico, -a *m, f*

Geleit [gə'laɪt] *nt* <-(e)s, -e> ① *(geh: Begleitung)* acompañamiento *m;* **freies ~** salvoconducto *m;* **jdm das letzte ~ geben** asistir al entierro de alguien ② *(Eskorte)* escolta *f*

geleiten* *vt (geh: begleiten)* acompañar; *(eskortieren)* escoltar

Geleitschutz *m* escolta *f;* **~ geben** escoltar

Geleitzug *m* (MIL) convoy *m* (escolta)

Gelenk [gə'lɛnk] *nt* <-(e)s, -e> (ANAT, TECH) articulación *f*

Gelenkbus *m* (AUTO) ómnibus *m inv* articulado

Gelenkentzündung *f* (MED) artritis *f inv*

gelenkig *adj (Person)* ágil

gelernt *adj (Arbeiter)* cualificado, especializado

gelesen [gə'le:zən] *pp von* **lesen**

Geliebte(r) *mf* <-n, -n; -n> amante *mf*

geliefert [gə'li:fɐt] *adj (fam)* **~ sein** estar jodido *vulg*

geliehen [gə'li:ən] *pp von* **leihen**

gelind(e) *adj* ① *(geh: mild)* suave ② *(fam: Wut)* moderado; **~e gesagt** dicho con buenas palabras

gelingen [gə'lɪŋən] <gelingt, gelang, ge-

lungen> *vi sein* salir (bien), lograr; **ich hoffe, es gelingt mir** espero lograrlo

Gelingen *nt* <-s, *ohne pl*> éxito *m;* **auf gutes ~!** ¡por el éxito!

gelitten [gəˈlɪtən] *pp von* **leiden**

gell(e) *interj (südd, Schweiz)* verdad

gellen [ˈgɛlən] *vi* retumbar

gellend *adj* penetrante

geloben* *vt (geh: versprechen)* prometer (solemnemente); *(schwören)* jurar

Gelöbnis [gəˈløːpnɪs] *nt* <-ses, -se> *(geh)* promesa *f* solemne; **ein ~ ablegen** prometer solemnemente

gelockt [gəˈlɔkt] *adj (lockig: Haar)* rizado

gelogen [gəˈloːgən] *pp von* **lügen**

gelöst [gəˈløːst] *adj* relajado

gelten [ˈgɛltən] <gilt, galt, gegolten> *vi* ① *(gültig sein)* ser válido; (JUR) estar en vigor; **die Wette gilt** la apuesta es válida; **etw ~ lassen** dejar pasar algo; **das gilt nicht** eso no vale ② *(zutreffen)* valer (**für** para) ③ *(eingeschätzt werden)* ser considerado (**als** como); **es gilt als sicher, dass ...** es seguro que... ④ *(bestimmt sein)* estar destinado (+*dat* a); **~ für jdn/für etw** *(betreffen)* afectar a alguien/a algo; **und das gilt auch für dich** y esto también va por ti

geltend *adj (üblich)* general; (JUR) vigente; **Gründe für etw ~ machen** alegar razones para algo; **Forderungen ~ machen** formular demandas

Geltung *f ohne pl* ① *(Gültigkeit)* validez *f;* **~ haben** ser válido ② *(Bedeutung)* importancia *f; (Ansehen)* prestigio *m;* **sich** *dat/* **etw** *dat* **~ verschaffen** hacerse respetar/hacer respetar algo; **zur ~ kommen** resaltar; **etw zur ~ bringen** acentuar algo

Geltungsbedürfnis *nt ohne pl* afán *m* de notoriedad

geltungsbedürftig *adj* deseoso de figurar [*o* de hacerse notar]

Geltungsbereich *m* <-(e)s, -e> ① *(einer Vorschrift)* ámbito *m* de aplicación; *(Gültigkeit)* ámbito *m* de vigencia [*o* de validez] ② *(einer Fahrkarte)* zona *f* de validez

Geltungsdauer *f ohne pl* plazo *m* de validez

Geltungssucht *f ohne pl* afán *m* de protagonismo

Gelübde [gəˈlʏpdə] *nt* <-s, -> *(geh)* voto *m*

gelungen [gəˈlʊŋən] **I.** *pp von* **gelingen** **II.** *adj (gut)* estupendo; *(erfolgreich)* exitoso; **etw ist gut/schlecht ~** algo ha salido bien/mal

GEMA [ˈgeːma] *f Abk. von* **Gesellschaft für musikalische Aufführungs- und mechanische Vervielfältigungsrechte** *sociedad alemana para derechos de ejecución musical y reproducción mecánica*

Gemach [gəˈmaːx] *nt* <-(e)s, -mächer> *(geh)* aposento *m*

gemächlich [gəˈmɛ(ː)çlɪç] *adj (ruhig)* tranquilo; *(langsam)* parsimonioso

Gemahl(in) [gəˈmaːl] *m(f)* <-(e)s, -e; -nen> *(geh)* esposo, -a *m, f*

gemahlen [gəˈmaːlən] *pp von* **mahlen**

Gemahlin *f* <-nen> *s.* **Gemahl**

Gemälde [gəˈmɛːldə] *nt* <-s, -> cuadro *m*

Gemäldegalerie *f* pinacoteca *f*

gemasert [gəˈmaːzɐt] *adj* veteado; **dieses Holz ist sehr schön ~** esta madera tiene unas vetas preciosas

gemäß [gəˈmɛːs] **I.** *präp +dat* según, conforme a; **~ der Information** según la información; **~ Art. 5 des Gesetzes** conforme al art. 5 de la ley **II.** *adj* conforme a; **eine den Umständen ~e Reaktion** una reacción conforme a las circunstancias

gemäßigt [gəˈmɛːsɪçt] *adj* moderado; *(Klima)* templado

Gemäuer [gəˈmɔɪɐ] *nt* <-s, -> *(geh)* murallas *f pl* en ruina

Gemecker [gəˈmɛkɐ] *nt* <-(e)s, *ohne pl*> ① *(fam abw: von Mensch)* critiqueo *m* ② *(von Ziege)* balido *m*

gemein [gəˈmaɪn] *adj* ① *(niederträchtig)* infame; *(hinterhältig)* pérfido; *(unverschämt)* descarado; **das war ~** eso fue una canallada; **so ein ~er Kerl!** ¡qué canalla! ② *(gemeinsam)* común; **etw mit jdm ~ haben** tener algo en común con alguien

Gemeinde [gəˈmaɪndə] *f* <-n> ① (ADMIN) municipio *m,* comuna *f Am; (Einwohner)* comunidad *f* ② (REL) parroquia *f; (Menschen)* feligreses *m pl*

Gemeindeamt *nt* (ADMIN) administración *f* municipal

Gemeindebezirk *m* (ADMIN) ① *(zugehöriges Gebiet)* término *m* municipal ② *(Österr: Wiener Bezirk)* municipio *m* vienés

Gemeindehaus *nt* casa *f* parroquial

Gemeindemitglied *nt* (REL) feligrés, -esa *m, f*

Gemeinderat[1] *m* <-(e)s, -räte> concejo *m* municipal, consistorio *m reg;* (*a.* REL) cabildo *m*

Gemeinderat, -rätin[2] *m, f* <-(e)s, -räte; -nen> *(Person)* concejal(a) *m(f)*

Gemeindeschwester *f* diaconisa *f*

Gemeindesteuer *f* impuesto *m* municipal

Gemeindeverband *m* (JUR) entidad *f* intermunicipal

Gemeindeversammlung *f* ① (REL) reunión *f* parroquial ② *(Schweiz)* junta *f* de vocales de una comunidad

Gemeindeverwaltung *f* administración *f* municipal

Gemeindewahl *f* (POL) elecciones *fpl* locales

Gemeindezentrum *nt (der Kirche)* centro *m* parroquial; *(der Kommune)* centro *m* municipal

Gemeineigentum *nt* (POL, WIRTSCH) propiedad *f* pública

gemeingefährlich *adj* que constituye un peligro público

Gemeingut *nt ohne pl (geh)* patrimonio *m* público

Gemeinheit[1] *f ohne pl (Gesinnung)* infamia *f*

Gemeinheit[2] *f* <-en> *(Handlung)* canallada *f;* **so eine ~!** ¡qué canallada!

gemeinhin [-'--] *adv* generalmente

Gemeinkosten *pl* (WIRTSCH) gastos *mpl* generales

Gemeinnutz *m ohne pl* utilidad *f* común

gemeinnützig *adj* de utilidad pública

Gemeinnützigkeit *f* <-, *ohne pl*> utilidad *f* pública

Gemeinplatz *m* tópico *m,* lugar *m* común

gemeinsam **I.** *adj* común; **~er Markt** mercado común **II.** *adv* en común; *(zusammen)* juntos; **etw ~ benutzen** utilizar algo conjuntamente; **sie haben viel ~** tienen mucho en común

Gemeinsamkeit *f* <-en> característica *f* común

Gemeinschaft *f* <-en> comunidad *f; (Verbindung)* unión *f;* **die Europäische ~** la Comunidad Europea; **in ~ mit jdm** en cooperación con alguien

gemeinschaftlich **I.** *adj* común **II.** *adv* conjuntamente, en común

Gemeinschaftsarbeit *f* trabajo *m* en equipo

Gemeinschaftsgefühl *nt* <-(e)s, *ohne pl*> sentimiento *m* de comunidad

Gemeinschaftsgeist *m ohne pl* sentido *m* cívico

Gemeinschaftskunde *f ohne pl* sociología *f*

Gemeinschaftspraxis *f* consultorio *m* colectivo

Gemeinschaftsproduktion *f* coproducción *f*

Gemeinschaftsraum *m* sala *f* común

Gemeinsinn *m ohne pl* **fehlender ~** actitud *f* incívica

gemeinverständlich *adj* inteligible

Gemeinwesen *nt* comunidad *f*

Gemeinwohl *nt* bien *m* común

Gemenge [gə'mɛŋə] *nt* <-s, -> mezcla *f; (von Menschen)* multitud *f*

gemessen [gə'mɛsən] **I.** *pp von* **messen** **II.** *adj (geh)* parsimonioso; **~en Schrittes** a paso lento

Gemetzel [gə'mɛtsəl] *nt* <-s, -> *(abw)* matanza *f*

gemieden [gə'miːdən] *pp von* **meiden**

Gemisch [gə'mɪʃ] *nt* <-(e)s, -e> mezcla *f*

gemischt [gə'mɪʃt] *adj* mezclado, mixto; **mit ~en Gefühlen** con sentimientos encontrados

gemocht [gə'mɔxt] *pp von* **mögen**

gemolken [gə'mɔlkən] *pp von* **melken**

gemoppelt [gə'mɔpəlt] *(fam)* **das ist doppelt ~** eso es una redundancia

Gemotze [gə'mɔtsə] *nt* <-s, *ohne pl*> *(fam abw)* crítica *f*

Gemunkel [gə'mʊŋkəl] *nt* <-s, *ohne pl*> rumores *mpl*

Gemurmel [gə'mʊrməl] *nt* <-s, *ohne pl*> murmullo *m*

Gemüse [gə'myːzə] *nt* <-s, -> verdura *f,* hortalizas *fpl;* **das junge ~** *(fig fam)* la gente menuda

Gemüseanbau *m* (AGR) cultivo *m* de hortalizas

Gemüsefach *nt* <-(e)s, -fächer> *(im Kühlschrank)* cajón *m* de la verdura

Gemüsegarten *m* huerto *m*

Gemüsegärtner(in) *m(f)* horticultor(a) *m(f)*

Gemüsehändler(in) *m(f)* verdulero, -a *m, f*

Gemüseladen *m* verdulería *f*

Gemüsesaft *m* <-(e)s, -säfte> zumo *m* de verduras

Gemüseschäler *m* <-s, -> pelaverduras *m inv*

Gemüsesuppe *f* sopa *f* de verduras

Gemüsezwiebel *f* <-, -n> cebolla *f*

gemusst [gə'mʊst] *pp von* **müssen**

gemustert [gə'mʊstɐt] *adj* estampado

Gemüt [gə'myːt] *nt* <-(e)s, -er> ① *(Psyche)* ánimo *m;* **die Entscheidung erregte die ~er** la decisión excitó los ánimos ② *(Charakter)* carácter *m,* naturaleza *f* ③ *(Seele)* alma *f,* corazón *m;* **das ist ihm aufs ~ geschlagen** esto le ha deprimido; **das ist etwas fürs ~** es algo para el corazón; **sich** *dat* **etw zu ~e führen** *(etw beherzigen)* tomar algo en consideración; *(fam: sich etw gönnen)* obsequiarse con algo

gemütlich **I.** *adj* ① *(angenehm)* agradable; *(einladend)* acogedor; *(bequem)* cómodo; **mach's dir ~** ponte cómodo ② *(gemächlich)* tranquilo; **in ~em Tempo** a un ritmo agradable **II.** *adv* a gusto

Gemütlichkeit *f ohne pl (Bequemlichkeit)* comodidad *f; (Behaglichkeit)* bienestar *m;* **in aller ~** a sus anchas

Gemütsbewegung *f* emoción *f*

gemütskrank *adj* con trastornos mentales

Gemütslage *f* <-, -n> estado *m* de ánimo; **je nach ~** según el estado de ánimo

Gemütsmensch *m (fam)* buenazo, -a *m, f*

Gemütsregung *f* <-, -en> *s.* **Gemütsbewegung**

Gemütsruhe *f* serenidad *f* de ánimo; **in aller ~** con toda tranquilidad

Gemütsverfassung *f* estado *m* de ánimo

Gemütszustand *m* estado *m* de ánimo

Gen [geːn] *nt* <-s, -e> (BIOL) gen(e) *m*

genannt [gəˈnant] *pp von* **nennen**

genas [gəˈnaːs] *3. imp von* **genesen**

genau [gəˈnaʊ] **I.** *adj* ① *(exakt)* exacto ② *(sorgfältig)* escrupuloso ③ *(ausführlich)* detallado; **ich weiß nichts G~eres darüber** no sé nada más concreto acerca de ello **II.** *adv (exakt)* exactamente; *(Uhrzeit)* en punto; **~ dasselbe** exactamente lo mismo; **~ das Gegenteil** justo lo contrario; **ihn kenne ich ~** le conozco como si le hubiera parido; **es ist ~ 10 Uhr** son las diez en punto; **so ~ wollte ich es nicht wissen!** ¡tan detalladamente no quería saberlo!; **etw ~ nehmen** tomar algo al pie de la letra; **~ genommen ist das nicht richtig** en sentido estricto esto no es correcto

Genauigkeit *f ohne pl* ① *(Exaktheit)* exactitud *f*, precisión *f* ② *(Sorgfalt)* esmero *m*

genauso [gəˈnaʊzoː] *adv* de igual modo; **~ gut** *(mit dem gleichen Ergebnis)* de la misma manera; *(auch)* igualmente; **~ gut könnte ich behaupten, dass ...** de manera análoga podría afirmar que...; **du hättest ~ gut zu Hause** [*o* **zuhause**] **bleiben können** lo mismo hubieses podido quedarte en casa; **~ gut wie** igual de bien que; **~ viel wie** tanto como; **sie verdient ~ viel** ella gana lo mismo; **~ wenig wie** tan poco como; **er verdient ~ wenig** él tampoco gana más; **man kann ~ wenig behaupten, dass ...** tampoco se puede afirmar que... *+subj;* **~ wie** así como

Gendarm [ʒanˈdarm] *m* <-en, -en> *(Österr)* gendarme *m*

Gendarmerie [ʒandarməˈriː] *f* <-n> *(Österr)* gendarmería *f*

Gender <-s> [ˈdʒɛndɐ] *nt kein pl* (SOZIOL) género *m*

gendergerecht [ˈdʒɛndɐ-] *adj* (SOZIOL) no sexista

Genealogie *f* <-, *ohne pl*> genealogía *f*

genealogisch *adj* genealógico

genehm [gəˈneːm] *adj (geh)* grato; **ist es (Ihnen) ~, wenn ...?** ¿sería de su agrado si (*+subj*)...?

genehmigen* [gəˈneːmɪgən] *vt* autorizar; *(Antrag)* aprobar; **sich** *dat* **etw ~** *(fam)* permitirse algo

Genehmigung *f* <-en> autorización *f; (eines Antrags)* aprobación *f*

genehmigungspflichtig *adj* (ADMIN, JUR) sujeto a autorización

geneigt [gəˈnaɪkt] *adj* **zu etw** *dat* **~ sein** estar dispuesto a hacer algo

Genera *pl von* **Genus**

General(in) [genəˈraːl] *m(f)* <-s, -e *o* -räle; -nen> general *mf*

Generaldirektor(in) *m(f)* director(a) *m(f)* general

Generalin *f* <-nen> *s.* **General**

Generalintendant(in) *m(f)* (THEAT) director(a) *m(f)* artístico ,-a

Generalität *f* <-, -en> (MIL) generalato *m*

Generalkonsul(in) *m(f)* cónsul *mf* general

Generalkonsulat *nt* (POL) consulado *m* general

Generalprobe *f* (THEAT) ensayo *m* general

Generalsekretär(in) *m(f)* (POL) secretario, -a *m, f* general

Generalstaatsanwalt, -anwältin *m, f* (JUR) fiscal *mf* general

Generalstab *m* (MIL) Estado *m* Mayor

generalstabsmäßig *adv* de forma detallada y perfeccionista; **das Fest war ~ vorbereitet** la fiesta estaba organizada hasta el mínimo detalle

Generalstreik *m* huelga *f* general

Generalüberholung *f* (TECH) revisión *f* general

Generaluntersuchung *f* (MED) examen *m* general, chequeo *m Am*

Generalversammlung *f* asamblea *f* general

Generalvertreter(in) *m(f)* (COM) representante *mf* general

Generalvertretung *f* <-, -en> (POL, WIRTSCH) representación *f* general

Generalvollmacht *f* <-, -en> (JUR) poder *m* general

Generation [genəraˈtsjoːn] *f* <-en> generación *f*

Generationenvertrag *m ohne pl* contrato *m* generacional

Generationskonflikt *m* conflicto *m* generacional

Generationswechsel *m* (BIOL) generación *f* alternante

Generator [genəˈraːtoːɐ] *m* <-s, -en> generador *m*

generell [genəˈrɛl] **I.** *adj* general **II.** *adv* en lo general

generieren* *vt* (INFOR: *hervorbringen*) generar

Genese *f* <-, -n> (*a.* MED) génesis *f inv*

genesen [gəˈneːzən] <genest, genas, genesen> *vi sein (geh)* sanar (**von** de), convalecer

Genesung *f* <-en> *(geh)* convalecencia *f*

Genetik [ge'ne:tɪk] *f ohne pl* (BIOL) genética *f*

genetisch [ge'ne:tɪʃ] *adj* (BIOL) genético; **~es Profil** perfil genético

Genf [gɛnf] *nt* <-s> Ginebra *f*

Genfer *adj* ginebrino; **der ~ See** el lago Lemán; **die ~ Konvention** la convención de Ginebra

Genforscher(in) *m(f)* genetista *mf*

Genforschung *f ohne pl* investigación *f* genética

genial [ge'nja:l] *adj* genial

Genialität *f ohne pl* genialidad *f*

Genick [gə'nɪk] *nt* <-(e)s, -e> nuca *f;* **das bricht ihm das ~** *(fam)* esto le va a matar

Genickstarre *f ohne pl* (MED) tortícolis *f inv*

Genie [ʒe'ni:] *nt* <-s, -s> genio *m*

genieren* [ʒe'ni:rən] *vr:* **sich ~** avergonzarse

genießbar *adj* comestible; **etw ist nicht ~** algo no sabe bien

genießen [gə'ni:sən] <genießt, genoss, genossen> *vt* ① *(auskosten)* disfrutar (de); **jds Vertrauen ~** gozar de la confianza de alguien ② *(essen)* comer; *(trinken)* beber; *(mit Genuss)* saborear; **das ist mit Vorsicht zu ~** hay que tener cuidado con esto ③ *(Erziehung)* recibir

Genießer(in) *m(f)* <-s, -; -nen> sibarita *mf*

genießerisch *adj* con placer

genital [geni'ta:l] *adj* (MED) genital

Genitalbereich *m* zona *f* genital, genitales *mpl*

Genitalien [geni'ta:liən] *ntpl* (MED) (órganos *mpl*) genitales *mpl*

Genitiv ['ge:niti:f] *m* <-s, -e> (LING) genitivo *m*

Genius ['ge:niʊs, *pl:* 'ge:niən] *m* <-, Genien> *(geh)* genio *m*

Genmais *m* maíz *m* transgénico

Genmanipulation *f* (BIOL) manipulación *f* genética

Genom [ge'no:m] *nt* <-s, -e> (BIOL) genoma *m*

genommen [gə'nɔmən] *pp von* **nehmen**

genormt [gə'nɔrmt] *adj* estandarizado

genoss [gə'nɔs] *3. imp von* **genießen**

Genosse, -in [gə'nɔsə] *m, f* <-n, -n; -nen> compañero, -a *m, f*

genossen [gə'nɔsən] *pp von* **genießen**

Genossenschaft *f* <-en> cooperativa *f*

Genossenschaftler(in) *m(f)* <-s, -; -, -nen> cooperativista *mf*

genossenschaftlich *adj* cooperativo

Genossin *f* <-nen> *s.* **Genosse**

genötigt *adj* **~ sein, etw zu tun** estar obligado a hacer algo; **sich ~ sehen, etw zu tun** verse obligado [*o* forzado] a hacer algo

Genozid [geno'tsi:t] *m o nt* <-(e)s, -e *o* -ien> genocidio *m*

Genre ['ʒã:rə] *nt* <-s, -s> género *m*

Gentechnik *f ohne pl* (BIOL) ingeniería *f* genética

Gentechniker(in) *m(f)* (BIOL) genetista *mf*

gentechnisch *adj* (BIOL) tecnogenético; **~ verändert** modificado (-a) genéticamente

Gentechnologie *f ohne pl* (BIOL) ingeniería *f* genética

Genua ['ge:nua] *nt* <-s> Génova *f*

genug [gə'nu:k] *adv* bastante, suficiente; **es ist ~ Platz** hay sitio suficiente; **dazu bin ich alt ~** soy lo suficientemente mayor para esto; **jetzt ist es aber ~!** ¡ya basta!; **ich habe ~ von der ewigen Schufterei** ya estoy harto de tanto curre

Genüge [gə'ny:gə] **zur ~** bastante

genügen* [gə'ny:gən] *vi* bastar, ser suficiente; **den Anforderungen ~** satisfacer las exigencias

genügend *adj* bastante, suficiente

genügsam *adj* contentadizo, modesto

Genügsamkeit *f* <-, *ohne pl*> *(Bescheidenheit)* modestia *f; (Mäßigung)* moderación *f; (im Essen und Trinken)* frugalidad *f*

Genugtuung [gə'nu:ktu:ʊŋ] *f* <-en> satisfacción *f*

genuin [genu'i:n] *adj (geh)* genuino

Genus ['gɛnʊs, 'ge:nʊs] *nt* <-, Genera> (LING) género *m*

Genuss[1] [gə'nʊs] *m* <-es, *ohne pl*> ① *(Konsum)* consumo *m* ② *(Nutznießung)* usufructo *m;* **in den ~ von etw** *dat* **kommen** (llegar a) disfrutar de algo

Genuss[2] [gə'nʊs, *pl:* gə'nʏsə] *m* <-es, -nüsse> *(Vergnügen)* placer *m; (stärker)* deleite *m*

genüsslich **I.** *adj* gozoso **II.** *adv* con fruición

Genussmittel *nt* estimulante *m*

genussvoll *adj* con placer

Geograf(in) [geo'gra:f] *m(f)* <-en, -en; -nen> geógrafo, -a *m, f*

Geografie [geogra'fi:] *f ohne pl* geografía *f*

Geografin *f* <-nen> *s.* **Geograf**

geografisch *adj* geográfico

Geologe, -in [geo'lo:gə] *m, f* <-n, -n; -nen> geólogo, -a *m, f*

Geologie [geolo'gi:] *f ohne pl* geología *f*

Geologin *f* <-nen> *s.* **Geologe**

geologisch *adj* geológico

Geometrie [geome'tri:] *f ohne pl* geometría *f*

geometrisch [geo'me:trɪʃ] *adj* geométrico

Geophysik *f* (PHYS) geofísica *f*

geopolitisch *adj* geopolítico

Georgien [ge'ɔrgiən] *nt* <-s> Georgia *f*

Georgier(in) *m(f)* <-s, -; -nen> georgiano, -a *m, f*
georgisch *adj* georgiano
Geosphäre [--'--] *f* <-, *ohne pl*> geosfera *f*
Gepäck [gə'pɛk] *nt* <-(e)s, *ohne pl*> equipaje *m*, bultos *mpl fam;* **sein ~ aufgeben** facturar su equipaje
Gepäckabfertigung *f* taquilla *f* de facturación
Gepäckablage *f* portaequipaje(s) *m inv*
Gepäckannahme *f* depósito *m* de equipajes
Gepäckaufbewahrung *f* consigna *f*
Gepäckaufgabe *f (Schalter)* mostrador *m* de facturación
Gepäckausgabe *f* entrega *f* de equipajes
Gepäckband *nt* cinta *f* (transportadora) para equipajes
Gepäckfach *nt* compartimento *m* portaequipajes
Gepäckkontrolle *f* control *m* de equipajes
Gepäcknetz *nt* rejilla *f* portaequipajes
Gepäckraum *m* ❶ (NAUT) bodega *f* ❷ (EISENB) depósito *m* de equipajes
Gepäckschein *m* resguardo *m* de consigna
Gepäckstück *nt* bulto *m*
Gepäckträger[1] *m* <-s, -> *(am Fahrrad)* portaequipajes *m inv*
Gepäckträger(in)[2] *m(f)* <-s, -; -nen> *(Person)* mozo, -a *m, f* de equipajes
Gepäckwagen *m* ❶ *(im Bahnhof)* carrito *m* portaequipajes ❷ *(des Zuges)* furgón *m* de equipajes
Gepard ['ge:part] *m* <-s, -e> (ZOOL) guepardo *m*
gepfeffert [gə'pfɛfɐt] *adj (fam)* ❶ *(Preise)* exorbitante ❷ *(Kritik)* duro; *(Strafe)* severo
gepfiffen [gə'pfɪfən] *pp von* **pfeifen**
gepflegt [gə'pfle:kt] *adj* cuidado; *(Restaurant, Kleidung)* elegante; *(Ausdrucksweise)* culto; **~ essen gehen** ir a comer a un restaurante de lujo
Gepflogenheit [gə'pflo:gənhaɪt] *f* <-en> *(geh)* costumbre *f*
gepierct [gə'pi:ɐst] *adj* perforado
Geplänkel [gə'plɛŋkəl] *nt* <-s, -> escaramuza *f*
Geplapper [gə'plapɐ] *nt* <-s, *ohne pl*> *(fam)* cháchara *f*
Geplätscher [gə'plɛtʃɐ] *nt* <-s, *ohne pl*> *(des Wassers)* murmullo *m*
Geplauder [gə'plaʊdɐ] *nt* <-s, *ohne pl*> charla *f*, conversación *f*
gepökelt [gə'pøkəlt] *adj* curado, (a)cecinado
Gepolter [ge'pɔltɐ] *nt* <-s, *ohne pl*> estrépito *m*
gepriesen [gə'pri:zən] *pp von* **preisen**
gepunktet [gə'pʊŋktət] *adj (Linie)* de puntos; *(Muster)* con puntos
gequält [gə'kvɛ:lt] *adj (Lächeln)* forzado
Gequassel *nt* <-s, *ohne pl*> *(fam abw)* habladurías *fpl*
gequollen [gə'kvɔlən] *pp von* **quellen**
gerade [gə'ra:də] **I.** *adj* ❶ *(geradlinig)* recto ❷ *(aufrecht)* derecho; **~ stehen** tenerse derecho ❸ *(Charakter)* sincero, franco ❹ (MATH) par; **die ~n Zahlen** los números pares **II.** *adv* ❶ *(soeben)* ahora mismo; **er ist ~ eben gekommen** acaba de llegar; **sie duscht ~** se está duchando; **wo Sie ~ da sind ...** ya que está Ud. aquí... ❷ *(knapp)* justo; **er kam ~ noch rechtzeitig** llegó justo a tiempo; **das hat mir ~ noch gefehlt!** ¡lo que me faltaba! ❸ *(ausgerechnet, genau)* precisamente; **das ist es ja ~!** ¡eso es precisamente!; **er ist nicht ~ eine Schönheit** *(fam)* no es precisamente una belleza
Gerade [gə'ra:də] *f* <-n> ❶ (MATH) (línea *f*) recta *f* ❷ (SPORT) recta *f* ❸ *(Boxen)* directo *m*
geradeaus [---'-] *adv* seguido, recto; **immer ~** todo seguido
gerade|biegen *irr vt (fam: in Ordnung bringen)* arreglar
geradeheraus [-'---'-] *adv (fam)* francamente
gerädert [gə'rɛ:dɐt] *adj (fam)* hecho polvo; **wie ~ sein** estar hecho polvo
gerade|stehen *irr vi* **für etw ~** responder de algo
geradewegs [-'---] *adv* directamente
geradezu [-'---] *adv* realmente
geradlinig [gə'ra:tli:nɪç] *adj (Straße)* recto; *(Abstammung)* directo; *(Charakter)* franco
Geradlinigkeit *f* <-, *ohne pl*> *(a. fig)* rectitud *f; (Charakter)* sinceridad *f*
gerammelt [gə'raməlt] *adv (fam)* **~ voll** atestado, hasta los topes
Gerangel *nt* <-s, *ohne pl*> *(fam)* ❶ *(Balgerei)* peleas *fpl* (**um** por) ❷ *(fig: Kampf)* forcejeo *m* (**um** por) ❸ *(abw: Diskussion)* tira y afloja *m* (**um** por)
Geranie [ge'ra:niə] *f* <-n> (BOT) geranio *m*
gerann [gə'ran] *3. imp von* **gerinnen**
gerannt [gə'rant] *pp von* **rennen**
geraspelt [gə'raspəlt] *adj* rallado
gerät *3. präs von* **geraten**[2]
Gerät[1] [gə'rɛ:t] *nt* <-(e)s, -e> ❶ *(allgemein)* utensilio *m*, implemento *m Am* ❷ (TECH: *Apparat*) aparato *m; (Instrument)* instrumento *m* ❸ (SPORT) aparato *m* de gimnasia
Gerät[2] *nt* <-(e)s, *ohne pl*> útiles *mpl; (Ausrüstung)* equipo *m*

G

geraten[1] [gəˈraːtən] *pp von* **geraten**[2], **raten**

geraten[2] <gerät, geriet, geraten> *vi sein* ① *(gelangen)* llegar (**nach** a); **in Verlegenheit** ~ sentir vergüenza; **in Brand** ~ incendiarse; **in Schwierigkeiten** ~ caer en una situación difícil; **unter ein Auto** ~ ser atropellado por un coche; **er ist an den Falschen** ~ dio con alguien que no era; **in Vergessenheit** ~ caer en el olvido; **in Not** ~ verse en apuros; **ins Stocken** ~ *(beim Sprechen)* perder el hilo; *(Verkehr)* quedarse parado; **außer sich** *dat/akk* ~ salirse de sus casillas ② *(gelingen)* salir; **gut/schlecht** ~ salir bien/mal; **das ist etwas lang/kurz** ~ eso ha quedado algo largo/corto; **nach jdm** ~ salir a alguien

Geräteraum *m* <-(e)s, -räume> (SPORT) sala *f* de material de gimnasia

Geräteschuppen *m* cobertizo *m*

Geräteturnen *nt ohne pl* gimnasia *f* por aparatos

Geratewohl [gəˈraːtəvoːl, ---ˈ-] *nt (fam)* **aufs** ~ al azar, a destajo *Arg, Chil*

geräuchert [gəˈrɔɪçət] *adj* ahumado

geraum [gəˈraʊm] *adj (geh)* **seit ~er Zeit** desde hace algún tiempo

geräumig [gəˈrɔɪmɪç] *adj* espacioso, amplio

Geräumigkeit *f* <-, *ohne pl*> *(Haus, Wohnung)* amplitud *f*; *(Schrank)* capacidad *f*; **sie staunten über die ~ ihres Hotelzimmers** se maravillaron por lo espaciosa que era su habitación del hotel

Geräusch [gəˈrɔɪʃ] *nt* <-(e)s, -e> ruido *m*

geräuscharm *adj* de poco ruido

geräuschempfindlich *adj* sensible al ruido

Geräuschkulisse *f* ruido *m* ambiente

geräuschlos *adj* silencioso

Geräuschpegel *m* nivel *m* de ruido

geräuschvoll **I.** *adj* ruidoso **II.** *adv* con mucho ruido

Geräusper [gəˈrɔɪspɐ] *nt* <-s, *ohne pl*> carraspeo *m*, carraspera *f*

gerben [ˈgɛrbən] *vt* curtir

Gerber(in) *m(f)* <-s, -; -nen> curtidor(a) *m(f)*

Gerbera [gɛrbəra] *f* <-, -(s)> (BOT) gerbera *f*

Gerberei *f* <-en> curtiduría *f*, curtiembre *f Am*

Gerberin *f* <-en> *s.* **Gerber**

Gerbsäure *f* <-, -n> tanino *m*, ácido *m* tánico

gerecht [gəˈrɛçt] *adj* ① *(Person, Urteil)* justo; *(Strafe)* merecido ② *(berechtigt)* justificado; **jdm/etw** *dat* ~ **werden** valorar debidamente a alguien/corresponder a algo

gerechterweise [-ˈ--ˈ--] *adv* para ser justos, en justicia

gerechtfertigt *adj* justificado

Gerechtigkeit *f ohne pl* justicia *f*; **jdm ~ widerfahren lassen** hacer justicia a alguien; **das ist ausgleichende** ~ esto hace justicia (a una injusticia anterior)

Gerechtigkeitssinn *m ohne pl* sentido *m* de la justicia

Gerede [gəˈreːdə] *nt* <-s, *ohne pl*> ① *(Geschwätz)* perorata *f*, pelambre *m Am* ② *(Klatsch)* habladurías *fpl*

geregelt *adj (geordnet: Mahlzeiten)* regular; *(Leben)* ordenado

gereizt [gəˈraɪtst] *adj* irritado; *(nervös)* nervioso

Gereiztheit *f* <-, *ohne pl*> ① *(Verärgertsein)* irritabilidad *f* ② *(Nervosität)* susceptibilidad *f*

Gericht [gəˈrɪçt] *nt* <-(e)s, -e> ① *(Speise)* plato *m* ② *(Institution)* tribunal *m* (de justicia); **jdn/einen Fall vor ~ bringen** llevar a alguien/un caso a los tribunales; **Hohes** ~ Tribunal Supremo; **das Jüngste** ~ (REL) el Juicio Final; **mit jdm ins ~ gehen** *(fig)* criticar a alguien ③ *(Gebäude)* palacio *m* de justicia

gerichtlich *adj* judicial; **jdn ~ verfolgen** iniciar un pleito contra alguien

Gerichtsakte *f* expediente *m* judicial

Gerichtsbarkeit *f* <-, *ohne pl*> (JUR) jurisdicción *f*

Gerichtsbeschluss *m* sentencia *f*

Gerichtsbezirk *m* jurisdicción *f*, distrito *m* jurisdiccional

Gerichtsdiener(in) *m(f)* ujier *m*

Gerichtsentscheidung *f* resolución *f* judicial

Gerichtsgebäude *nt* tribunal *m*, Palacio *m* de Justicia

Gerichtshof *m* tribunal *m* de justicia, corte *f Am;* **der Europäische** ~ el Tribunal Europeo de Justicia; **der Oberste** ~ el Tribunal Supremo

Gerichtskosten *pl* gastos *mpl* judiciales

Gerichtsmedizin *f ohne pl* medicina *f* forense

Gerichtsmediziner(in) *m(f)* médico, -a *m*, *f* forense

Gerichtssaal *m* sala *f* de audiencia

Gerichtsschreiber(in) *m(f)* *(Schweiz)* escribano, -a *m*, *f*

Gerichtsstand *m* (JUR) jurisdicción *f*

Gerichtstermin *m* <-s, -e> fecha *f* de la vista, día *m* de la vista

Gerichtsurteil *nt* sentencia *f* judicial

Gerichtsverfahren *nt* pleito *m* judicial;

gegen jdn ein ~ einleiten abrir un pleito contra alguien

Gerichtsverhandlung *f* juicio *m*

Gerichtsvollzieher(in) *m(f)* agente *mf* ejecutivo , -a

gerieben [gəˈriːbən] *pp von* **reiben**

geriet *3. imp von* **geraten[2]**

gering [gəˈrɪŋ] *adj* ① *(klein)* pequeño; *(wenig)* poco; *(knapp)* escaso; *(beschränkt)* limitado; *(Preis, Temperatur)* bajo; *(Entfernung)* corto; **von ~er Qualität** de baja calidad; **etw/jdn ~ schätzen** menospreciar algo/a alguien; *(verachten)* despreciar algo/a alguien ② *(unbedeutend)* insignificante, mínimo; **die ~ste Kleinigkeit regt ihn auf** la pequeñez más nimia le enfada; **das stört mich nicht im G~sten** no me molesta lo más mínimo

geringfügig [gəˈrɪŋfyːgɪç] **I.** *adj* mínimo **II.** *adv* ligeramente

Geringfügigkeit *f* <-en> nimiedad *m*

geringschätzen *vt s.* **gering 1.**

geringschätzig *adj* despectivo

Geringschätzung *f ohne pl* desprecio *m*, menosprecio *m*

geringwertig *adj* de poco valor

gerinnen [gəˈrɪnən] <gerinnt, gerann, geronnen> *vi sein (Milch)* cuajar(se); *(Blut)* coagular(se)

Gerinnsel [gəˈrɪnzəl] *nt* <-s, -> coágulo *m* (de sangre)

Gerinnung *f* <-en> coagulación *f*

Gerippe [gəˈrɪpə] *nt* <-s, -> ① *(Skelett)* esqueleto *m* ② *(von Schiff)* armazón *m o f*; *(von Flugzeug)* costilla *f*

gerippt *adj* ① (*a.* ARCHIT) acanalado, estriado; **ein ~er Pulli** un jersey de canalé ② (BOT) nervado

gerissen [gəˈrɪsən] **I.** *pp von* **reißen** **II.** *adj (fam: schlau)* astuto

Gerissenheit *f ohne pl* astucia *f*, zorrería *f*

geritten [gəˈrɪtən] *pp von* **reiten**

Germ [gɛrm] *m* <-(e)s, -e> *(Österr, südd)* levadura *f*

Germane, -in [gɛrˈmaːnə] *m, f* <-n, -n; -nen> germano, -a *m, f*

germanisch *adj* (HIST, LING) germánico

Germanist(in) [gɛrmaˈnɪst] *m(f)* <-en, -en; -, -nen> germanista *mf*

Germanistik [gɛrmaˈnɪstɪk] *f ohne pl* germanística *f*, filología *f* alemana

Germknödel [ˈgɛrm-] *m* <-s, -> *(Österr, südd) dulce esférico a base de harina y levadura relleno de mermelada de ciruela que se sirve cubierto de semillas de amapola, azúcar y mantequilla derretida o salsa de vainilla*

gern(e) <lieber, am liebsten> *adv* con (mucho) gusto; **sehr ~!** ¡con mucho gusto!; **ich möchte zu ~ wissen, ob …** me gustaría muchísimo saber si…; **sie liest ~** le gusta leer; **er hat es ~, wenn …** le gusta que… *+subj;* **ein ~ gesehener Gast** un invitado bienvenido; **~ geschehen!** ¡no hay de qué!; **das glaube ich ~** sí que me lo creo; **du kannst ~ mitkommen** puedes venir si te apetece; **ich hätte ~ den Chef gesprochen** quisiera hablar con el jefe; **du kannst mich mal ~ haben** *(fam)* no te quiero ver ni en pintura

Gernegroß [ˈ---] *m* <-, -e> *(fam abw)* fanfarrón, -ona *m, f*

Geröchel [gəˈrœçəl] *nt* <-s, *ohne pl*> estertor *m elev*

gerochen [gəˈrɔxən] *pp von* **riechen**

Geröll [gəˈrœl] *nt* <-(e)s, -e> grava *f*, gravilla *f*; *(Rollsteine)* cantos *mpl* rodados; *(Kiesel)* guijarros *mpl*; *(Reste)* rocalla *f*

geronnen [gəˈrɔnən] *pp von* **gerinnen, rinnen**

geröstet [gəˈrœstət] *adj* tostado

Gerste [ˈgɛrstə] *f* <-n> cebada *f*

Gerstenkorn *nt* ① (BOT) grano *m* de cebada ② (MED) orzuelo *m*

Gerte [ˈgɛrtə] *f* <-n> *(Stock)* vara *f*; *(Peitsche)* fusta *f*

gertenschlank *adj* ① *(gertig)* cimbreño ② *(sehr schlank)* delgadísimo; *(abw)* escuálido; *(Mädchen)* escurrido; *(dürr)* enjuto, seco de carnes

Geruch [gəˈrʊx, *pl:* gəˈrʏçə] *m* <-(e)s, Gerüche> olor *m* (**nach** a)

geruchlos *adj* sin olor

Geruchssinn *m ohne pl* olfato *m*

Gerücht [gəˈrʏçt] *nt* <-(e)s, -e> rumor *m*, boquilla *f Ecua;* **es geht das ~, dass …** circula el rumor de que…; **ein ~ in die Welt setzen** difundir un rumor

Gerüchteküche *f* fábrica *f* de rumores

gerufen [gəˈruːfən] *pp von* **rufen**

geruhsam [gəˈruːzaːm] *adj* sosegado, tranquilo

Gerümpel [gəˈrʏmpəl] *nt* <-s, *ohne pl*> *(abw)* trastos *mpl*

Gerundium [geˈrʊndiʊm, *pl:* geˈrʊndiən] *nt* <-s, Gerundien> (LING) gerundio *m*

gerungen [gəˈrʊŋən] *pp von* **ringen**

Gerüst [gəˈrʏst] *nt* <-(e)s, -e> ① *(Baugerüst)* andamio *m* ② *(Aufbau)* estructura *f*

Ges [gɛs] *nt* <-, -> (MUS) sol *m* bemol

gesalzen [gəˈzaltsən] **I.** *pp von* **salzen** **II.** *adj (fam)* ① *(mit Salz)* salado ② *(Preis)* exorbitante ③ *(Brief)* duro

gesammelt *adj* ① *(komplett)* completo ② *(konzentriert)* concentrado

gesamt [gəˈzamt] *adj* todo; *(völlig)* total; *(vollständig)* completo

Gesamtansicht *f* vista *f* general

Gesamtanzeige *f* (INFOR) pantalla *f* completa

Gesamtauflage *f* tirada *f* total

Gesamtausgabe *f* obras *fpl* completas

Gesamtbetrag *m* importe *m* total

gesamtdeutsch *adj* de toda Alemania

Gesamteindruck *m* impresión *f* final

Gesamtergebnis *nt* resultado *m* final; **im ~** en total

Gesamtheit *f ohne pl* totalidad *f;* **in seiner/ihrer ~** en su totalidad

Gesamtkunstwerk *nt* <-(e)s, -e> (KUNST, MUS) obra *f* de arte integral

Gesamtpreis *m* <-es, -e> precio *m* total

Gesamtschule *f* escuela *f* integrada

Gesamtsumme *f* importe *m* total

Gesamtübersicht *f* vista *f* general

Gesamtwerk *nt* obra *f* completa

Gesamtwert *m* valor *m* total

Gesamtwertung *f* (SPORT) puntuación *f* final

gesandt [gəˈzant] *pp von* **senden**

Gesandte(r) *mf* <-n, -n; -n> enviado, -a *m, f;* (HIST) legado, -a *m, f*

Gesandtschaft *f* <-en> legación *f*

Gesang[1] [gəˈzaŋ] *m* <-(e)s, *ohne pl*> *(das Singen)* canto *m*

Gesang[2] [gəˈzaŋ, *pl:* gəˈzɛŋə] *m* <-(e)s, -sänge> *(Lied)* canto *m;* (REL) cántico *m;* **gregorianische Gesänge** canto gregoriano

Gesangbuch *nt* libro *m* de cánticos

Gesanglehrer(in) *m(f)* profesor(a) *m(f)* de canto

gesanglich *adj (Talent)* para el canto

Gesangunterricht *m* <-(e)s, -e> clases *fpl* de canto

Gesangverein *m* orfeón *m*

Gesäß [gəˈzɛːs] *nt* <-es, -e> trasero *m*

Gesäßbacke *f* nalga *f*

Gesäßmuskel *m* (ANAT) glúteo *m*

Gesäßtasche *f* bolsillo *m* trasero

gesättigt *adj* (CHEM) saturado; **~e Fettsäuren** ácidos grasos saturados

Geschädigte(r) *mf* <-n, -n; -n, -n> perjudicado, -a *m, f*

geschaffen [gəˈʃafən] *pp von* **schaffen**[1]

Geschäft[1] [gəˈʃɛft] *nt* <-(e)s, -e> ① *(Handel)* negocio *m;* **wie gehen die ~e?** ¿cómo van los negocios?; **mit jdm ~e machen** hacer negocios con alguien; **mit jdm ins ~ kommen** establecer relaciones comerciales con alguien ② *(Firma)* empresa *f* comercial; **morgen gehe ich nicht ins ~** *(fam)* mañana no voy al trabajo ③ *(Laden)* negocio *m* ④ *(Aufgabe)* trabajo *m;* **seinen ~en nachgehen** atender sus negocios ⑤ *(fam: Notdurft)* **sein ~ verrichten** [*o* **machen**] hacer sus necesidades

Geschäft[2] *nt* <-(e)s, *ohne pl*> *(Gewinn)* negocio *m;* **ein gutes/schlechtes ~ machen** hacer un buen/mal negocio

Geschäftemacher(in) *m(f) (abw)* negociante *mf; (Wucherer)* usurero, -a *m, f*

geschäftig *adj* diligente

Geschäftigkeit *f* <-, *ohne pl*> trajín *m,* ajetreo *m*

geschäftlich *adj* comercial, de negocios; **~ unterwegs sein** estar en viaje de negocios

Geschäftsabschluss *m* transacción *f,* cierre *m* de un negocio

Geschäftsaufgabe *f,* **Geschäftsauflösung** *f* cese *m* de negocio

Geschäftsbedingungen *fpl* (COM) términos *mpl* comerciales; **allgemeine ~** condiciones generales de contrato

Geschäftsbereich *m* <-(e)s, -e> (POL: *eines Ministers*) (ámbito *m* de) competencias *fpl*

Geschäftsbericht *m* (COM) informe *m* comercial

Geschäftsbrief *m* carta *f* comercial

Geschäftsessen *nt* comida *f* de negocios

geschäftsfähig *adj* (JUR) capaz

Geschäftsfrau *f* mujer *f* de negocios

Geschäftsfreund(in) *m(f)* colega *mf,* compañero, -a *m, f*

geschäftsführend *adj* gestor

Geschäftsführer(in) *m(f)* ① *(von Unternehmen)* gerente *mf* ② *(von Organisation)* secretario, -a *m, f* general

Geschäftsführung *f ohne pl* ① *(Vorgang)* gerencia *f* ② *(Personal)* gerentes *mpl*

Geschäftsinhaber(in) *m(f)* propietario, -a *m, f* de un negocio

Geschäftsjahr *nt* año *m* económico

Geschäftskosten *pl* gastos *mpl* comerciales; **auf ~** a cuenta de la empresa

Geschäftsleitung *f* gerencia *f*

Geschäftsleute *pl von* **Geschäftsmann**

Geschäftsmann *m* <-(e)s, -leute *o* -männer> hombre *m* de negocios

Geschäftsordnung *f* reglamento *m*

Geschäftspartner(in) *m(f)* ① *(Beteiligter)* socio, -a *m, f* ② *(Handelspartner)* socio, -a *m, f* comercial

Geschäftsraum *m (Büro)* oficina *f; (Laden)* local *m* comercial

Geschäftsreise *f* viaje *m* de negocios

geschäftsschädigend *adj* perjudicial para el negocio

Geschäftsschädigung *f* <-, -en> perjuicio *m* comercial

Geschäftsschluss *m ohne pl* (hora *f* de) cierre *m* de los comercios; **nach ~** después del cierre de los comercios

Geschäftssinn *m ohne pl* habilidad *f* para los negocios
Geschäftsstelle *f (Büro)* despacho *m; (Filiale)* sucursal *f; (Gericht)* secretaría *f* del juzgado
Geschäftsstunden *fpl* horas *fpl* de oficina
geschäftstüchtig *adj* hábil para el comercio
Geschäftsverbindung *f* (WIRTSCH) relación *f* comercial
Geschäftsviertel *nt* zona *f* comercial
Geschäftszeit *f* horario *m* comercial
Geschäftszimmer *nt* <-s, -> oficina *f,* despacho *m*
Geschäftszweig *m* <-(e)s, -e> ramo *m* comercial
geschah [gəˈʃaː] *3. imp von* **geschehen**
geschält [gəˈʃɛːlt] *adj* pelado
geschehen [gəˈʃeːən] <geschieht, geschah, geschehen> *vi sein* pasar, ocurrir; **als ob nichts ~ wäre** como si no hubiera pasado nada; **was geschieht mit diesen Flaschen?** ¿qué hacemos con estas botellas?; **es ist um jdn ~** alguien está perdido; **er wusste nicht wie ihm geschah, als …** no sabía lo que estaba sucediendo cuando…
Geschehen *nt* <-s, -> *(geh)* acontecimientos *mpl*
Geschehnis *nt* <-ses, -se> *(geh)* suceso *m,* acontecimiento *m*
gescheit [gəˈʃaɪt] *adj* listo; *(vernünftig)* sensato
Geschenk [gəˈʃɛŋk] *nt* <-(e)s, -e> regalo *m;* **ein ~ des Himmels** un regalo llovido [*o* caído] del cielo; **jdm ein ~ machen** regalar algo a alguien
Geschenkartikel *m* artículo *m* de regalo
Geschenkeladen *m* tienda *f* de artículos de regalo
Geschenkgutschein *m* vale *m* de regalo
Geschenkpackung *f* cajita *f* de regalo
Geschenkpapier *nt* papel *m* de regalo
Geschichte[1] [gəˈʃɪçtə] *f ohne pl (Entwicklungsprozess)* historia *f;* **Alte/Mittlere/Neue ~** Historia Antigua/de la Edad Media/Moderna
Geschichte[2] *f* <-n> ❶ *(Erzählung)* cuento *m* ❷ *(fam: Angelegenheit)* asunto *m,* cuestión *f Am;* **was machst du für ~n?** ¿pero qué estás haciendo?; **mach keine ~n!** ¡no hagas tonterías!
Geschichtenerzähler(in) *m(f)* cuentista *mf*
geschichtlich *adj* histórico
Geschichtsbuch *nt* libro *m* de historia
Geschichtsfälschung *f* <-, -en> falsedad *f* de hechos históricos
Geschichtsschreiber(in) *m(f)* historiador(a) *m(f)*
Geschichtsschreibung *f ohne pl* historiografía *f*
Geschick [gəˈʃɪk] *nt* <-(e)s, -e> *(geh: Schicksal)* suerte *f*
Geschicklichkeit *f ohne pl* habilidad *f*
geschickt *adj* hábil, mañoso *fam;* **sich bei etw** *dat* **~ anstellen** ser hábil en algo
geschieden [gəˈʃiːdən] *pp von* **scheiden**
Geschiedene(r) *mf* divorciado, -a *m, f*
geschieht [gəˈʃiːt] *3. präs von* **geschehen**
geschienen [gəˈʃiːnən] *pp von* **scheinen**
Geschirr[1] [gəˈʃɪr] *nt* <-(e)s, -e> ❶ *(Essgeschirr)* vajilla *f; (Kaffeegeschirr)* juego *m* de café ❷ *(Pferdegeschirr)* arreos *mpl*
Geschirr[2] *nt* <-(e)s, *ohne pl*> *(Gesamtheit)* platos *mpl*
Geschirrschrank *m* <-(e)s, -schränke> aparador *m,* alacena *f*
Geschirrspüler *m* <-s, -> *(fam),* **Geschirrspülmaschine** *f* <-, -n> lavaplatos *m inv,* lavavajillas *m inv*
Geschirrspülmittel *nt* (líquido *m*) lavavajillas *m inv*
Geschirrtuch *nt* paño *m* de cocina
geschissen [gəˈʃɪsən] *pp von* **scheißen**
geschlafen [gəˈʃlaːfən] *pp von* **schlafen**
geschlagen [gəˈʃlaːgən] *pp von* **schlagen**
Geschlecht[1] [gəˈʃlɛçt] *nt* <-(e)s, *ohne pl*> (BIOL) sexo *m;* **beiderlei ~s** de ambos sexos
Geschlecht[2] *nt* <-(e)s, -er> ❶ *(Gesamtheit der Lebewesen)* **das andere ~** el otro sexo; **das schwache/starke ~** *(fam)* el sexo débil/fuerte ❷ *(Gattung, a.* LING*)* género *m* ❸ *(Familie)* familia *f* ❹ *(Generation)* generación *f*
geschlechtlich *adj* sexual
Geschlechtsakt *m* acto *m* sexual
Geschlechtshormon *nt* hormona *f* sexual
Geschlechtskrankheit *f* enfermedad *f* venérea
Geschlechtsorgan *nt* órgano *m* sexual
geschlechtsreif *adj* (BIOL) **~ sein** haber alcanzado la madurez sexual
Geschlechtsreife *f* madurez *f* sexual
Geschlechtsteil *nt* <-(e)s, -e> órgano *m* sexual [*o* genital]
Geschlechtsverkehr *m* relaciones *fpl* sexuales
geschlichen [gəˈʃlɪçən] *pp von* **schleichen**
geschliffen [gəˈʃlɪfən] **I.** *pp von* **schleifen[2]** **II.** *adj (Ausdrucksweise)* pulido
geschlossen [gəˈʃlɔsən] **I.** *pp von* **schließen** **II.** *adj* ❶ *(zusammenhängend)* compacto; **~e Gesellschaft** reunión privada ❷ *(Vokal)* cerrado **III.** *adv* colectivamente;

wir standen ~ hinter ihm le apoyamos colectivamente; **~ für/gegen etw stimmen** votar por unanimidad a favor de/contra algo

Geschlossenheit *f* <-, *ohne pl*> unidad *f*

geschlungen [gəˈʃlʊŋən] *pp von* **schlingen**

Geschmack[1] [gəˈʃmak] *m* <-(e)s, *ohne pl*> *(Geschmackssinn)* gusto *m*

Geschmack[2] *m* <-(e)s, -schmäcke, *fam:* -schmäcker> ❶ *(einer Speise)* sabor *m* (**nach** a) ❷ *(ästhetisches Empfinden)* gusto *m;* **für meinen ~** para mi gusto; **das ist nicht nach meinem ~** no es de mi gusto; **an etw** *dat* **~ finden** cogerle el gusto a algo; **über ~ lässt sich** (**nicht**) **streiten** *(prov)* para gustos se hicieron los colores

G

geschmacklich I. *adj* de gusto, de sabor **II.** *adv* en lo referente al gusto [*o* al sabor]

geschmacklos *adj* ❶ *(Speisen)* sin sabor ❷ *(taktlos)* de mal gusto

Geschmacklosigkeit[1] *f* <-en> *(Bemerkung)* comentario *m* de mal gusto

Geschmacklosigkeit[2] *f ohne pl (Eigenschaft)* falta *f* de gusto

Geschmacksfrage *f* cuestión *f* de gusto

Geschmacksnerv *m* <-s, -en> nervio *m* gustativo

geschmacksneutral *adj* (GASTR) insípido

Geschmacksrichtung *f* gusto *m*

Geschmack(s)sache *f* cuestión *f* de gusto; **das ist reine ~** es pura cuestión de gusto

Geschmackssinn *m ohne pl* (sentido *m* del) gusto *m*

Geschmacksverirrung *f (abw)* mal gusto *m*

Geschmacksverstärker *m* reforzante *m* del sabor

geschmackvoll I. *adj* de buen gusto **II.** *adv* con gusto

geschmeidig [gəˈʃmaɪdɪç] *adj* ❶ *(biegsam)* elástico; *(weich)* suave ❷ *(Körper)* ágil

Geschmeidigkeit *f* <-, *ohne pl*> ❶ *(Biegsamkeit)* flexibilidad *f; (Weichheit)* suavidad *f* ❷ *(des Körpers)* agilidad *f*

geschmissen [gəˈʃmɪsən] *pp von* **schmeißen**

geschmolzen [gəˈʃmɔltsən] *pp von* **schmelzen**

Geschnetzelte(s) [gəˈʃnɛtsəltəs] *nt* <-n, *ohne pl*> *(reg:* GASTR*) especie de ragú servido con una salsa espesa*

geschniegelt [gəˈʃniːgəlt] *adj (fam abw)* emperifollado; **~ und gestriegelt** [*o* **gebügelt**] de punta en blanco

geschnitten [gəˈʃnɪtən] *pp von* **schneiden**

geschoben [gəˈʃoːbən] *pp von* **schieben**

gescholten [gəˈʃɔltən] *pp von* **schelten**

geschönt *adj (Statistik)* maquillado

Geschöpf [gəˈʃœpf] *nt* <-(e)s, -e> criatura *f*

geschoren [gəˈʃoːrən] *pp von* **scheren**[1]

Geschoss [gəˈʃɔs] *nt* <-es, -e> ❶ *(von Waffen)* proyectil *m* ❷ *(Etage)* piso *m*

geschossen [gəˈʃɔsən] *pp von* **schießen**

geschraubt [gəˈʃraʊpt] *adj (fam abw: Stil)* rebuscado

Geschrei *nt* <-s, *ohne pl*> griterío *m*

geschrie(e)n *pp von* **schreien**

geschrieben [gəˈʃriːbən] *pp von* **schreiben**

geschritten [gəˈʃrɪtən] *pp von* **schreiten**

geschunden [gəˈʃʊndən] *pp von* **schinden**

Geschütz [gəˈʃʏts] *nt* <-es, -e> cañón *m;* **schweres ~ auffahren** *(fam)* disparar toda la artillería

Geschützfeuer *nt* (MIL) fuego *m* de artillería

Geschwader [gəˈʃvaːdɐ] *nt* <-s, -> (MIL) escuadra *f*

Geschwafel [gəˈʃvaːfəl] *nt* <-s, *ohne pl*> *(fam abw)* palabrería *f,* verborrea *f*

Geschwätz [gəˈʃvɛts] *nt* <-es, *ohne pl*> *(abw fam)* ❶ *(Gerede)* palabrería *f* ❷ *(Klatsch)* cotilleo *m*

geschwätzig *adj (abw)* chismoso

Geschwätzigkeit *f* <-, *ohne pl*> *(abw)* verborrea *f,* verbosidad *f*

geschweige [gəˈʃvaɪgə] *konj* **~ denn** ni mucho menos

geschwiegen [gəˈʃviːgən] *pp von* **schweigen**

geschwind [gəˈʃvɪnt] *adj (reg)* rápido

Geschwindigkeit [gəˈʃvɪndɪçkaɪt] *f* <-en> velocidad *f,* viada *f And*

Geschwindigkeitsbegrenzung *f,* **Geschwindigkeitsbeschränkung** *f* limitación *f* de velocidad

Geschwindigkeitsüberschreitung *f* exceso *m* de velocidad

Geschwister [gəˈʃvɪstɐ] *pl* hermanos *mpl; (Schwestern)* hermanas *fpl*

geschwisterlich I. *adj* fraternal **II.** *adv* como hermanos, de manera fraternal

geschwollen [gəˈʃvɔlən] **I.** *pp von* **schwellen II.** *adj (abw: Stil)* ampuloso

geschwommen [gəˈʃvɔmən] *pp von* **schwimmen**

geschworen [gəˈʃvoːrən] *pp von* **schwören**

Geschworene(r) *mf* <-n, -n; -n> jurado, -a *m,f*

Geschworenenbank *f* estrado *m* del jurado

Geschworenengericht *nt* tribunal *m* de jurados

Geschwulst [gəˈʃvʊlst] *f* <-schwülste> tumor *m; (Schwellung)* tumefacción *f*

geschwunden [gəˈʃvʊndən] *pp von* **schwinden**

geschwungen [gəˈʃvʊŋən] *pp von* **schwingen**

Geschwür [gəˈʃvyːɐ] *nt* <-(e)s, -e> (MED) úlcera *f*

gesegnet *adj (geh)* feliz; **~es Weihnachtsfest!** ¡feliz Navidad!; **~e Ostern!** ¡felices Pascuas!

gesehen [gəˈzeːən] *pp von* **sehen**

Geselle, -in [gəˈzɛlə] *m, f* <-n, -n; -nen> *(Handwerker)* oficial *mf*

gesellen* [gəˈzɛlən] *vr:* **sich ~** juntarse (**zu** con)

Gesellenbrief *m* título *m* de oficial

Gesellenprüfung *f* examen *m* para obtener el título de oficial

Gesellenstück *nt* pieza *m* artesanal *(que se presenta para obtener el título de oficial)*

gesellig *adj (Mensch)* sociable, comunicativo

Geselligkeit *f ohne pl (eines Menschen)* sociabilidad *f*

Gesellin *f* <-nen> *s.* **Geselle**

Gesellschaft [gəˈzɛlʃaft] *f* <-en> ① (SOZIOL, WIRTSCH) sociedad *f* ② *(Organisation)* asociación *f* ③ *(Begleitung)* compañía *f;* **jdm ~ leisten** hacer compañía a alguien; **er ist in schlechte ~ geraten** ha caído en malas compañías ④ *(Fest)* fiesta *f; (Gäste)* círculo *m*

Gesellschafter(in) *m(f)* <-s, -; -nen> (WIRTSCH) socio, -a *m, f*

gesellschaftlich *adj* social

gesellschaftsfähig *adj* ① *(Mensch)* presentable ② *(Benehmen)* socialmente aceptable

Gesellschaftskritik *f* crítica *f* social

Gesellschaftsordnung *f* orden *m* social

Gesellschaftsschicht *f* capa *f* social

Gesellschaftsspiel *nt* juego *m* de sociedad

gesessen [gəˈzɛsən] *pp von* **sitzen**

Gesetz [gəˈzɛts] *nt* <-es, -e> ley *f*

Gesetzbuch *nt* código *m;* **Bürgerliches ~** código civil

Gesetzentwurf *m* proyecto *m* de ley

Gesetzesbrecher(in) *m(f)* infractor(a) *m(f)* de la ley

Gesetzeshüter(in) *m(f) (iron: Polizist)* policía *mf,* guardián, -ana *m, f* de la ley

Gesetzeskraft *f ohne pl* fuerza *f* de ley

Gesetzeslücke *f* vacío *m* legal

Gesetzessammlung *f* recopilación *f* de leyes

Gesetzestext *m* <-(e)s, -e> texto *m* legal

gesetzestreu *adj* fiel a la ley

Gesetzesvorlage *f* proyecto *m* de ley

gesetzgebend [gəˈzɛtsgeːbənt] *adj* legislativo

Gesetzgeber *m* <-s, -> legislador *m*

Gesetzgebung *f ohne pl* legislación *f*

gesetzlich *adj* legal; *(rechtmäßig)* legítimo; **~er Feiertag** fiesta oficial

Gesetzlichkeit *f* <-, *ohne pl*> legalidad *f*

gesetzlos *adj* anárquico

Gesetzlosigkeit[1] *f* <-, -en> *(Missachtung der Gesetze)* inobservancia *f* de las leyes

Gesetzlosigkeit[2] *f* <-, *ohne pl*> *(Fehlen von Gesetzen)* anarquía *f*

gesetzmäßig *adj* ① *(rechtmäßig)* legal ② *(regelmäßig)* regular

Gesetzmäßigkeit[1] *f ohne pl* (JUR) legalidad *f*

Gesetzmäßigkeit[2] *f* <-en> *(Regelmäßigkeit)* regularidad *f*

gesetzt [gəˈzɛtst] *adj* ① *(ruhig)* sosegado; *(ernst)* serio ② *(Wend)* **~ den Fall, dass …** suponiendo que… +*subj*

gesetzwidrig *adj* ilegal

Gesetzwidrigkeit *f* ilegalidad *f*

gesichert [gəˈzɪçɐt] *adj* asegurado

Gesicht [gəˈzɪçt] *nt* <-(e)s, -er> ① *(Körperteil, Miene)* cara *f;* **sein wahres ~ zeigen** quitarse la careta; **etw zu ~ bekommen** llegar a ver algo; **das ~ wahren** salvar la cara; **sein ~ verlieren** perder prestigio; **es steht ihm ins ~ geschrieben** lo lleva escrito en la frente; **jdm etw ins ~ sagen** decirle a alguien algo a la cara; **jdm wie aus dem ~ geschnitten sein** ser el vivo retrato de alguien; **der Realität ins ~ sehen** ver las cosas como son; **ein langes ~ machen** poner cara larga ② *(Anblick)* aspecto *m*

Gesichtsausdruck *m* (expresión *f* de la) cara *f*

Gesichtsbehandlung *f* tratamiento *m* facial

Gesichtscreme *f* crema *f* facial

Gesichtsfarbe *f* color *m* del rostro; *(Teint)* tez *f*

Gesichtsmaske *f* mascarilla *f* facial

Gesichtspunkt *m* punto *m* de vista; **unter diesem ~** desde este punto de vista

Gesichtswasser *nt* loción *f* para la cara

Gesichtszüge *mpl* facciones *fpl*

Gesims [gəˈzɪms] *nt* <-es, -e> moldura *f*

Gesindel [gəˈzɪndəl] *nt* <-s, *ohne pl*> *(abw)* gentuza *f,* pacotilla *f Am*

gesinnt [gəˈzɪnt] *adj* **gleich ~** de la misma manera de pensar; **jdm freundlich/übel ~ sein** sentir simpatía/antipatía por alguien

Gesinnung [gəˈzɪnʊŋ] *f* <-en> *(Denk-*

art) ideas *f pl; (Überzeugung)* convicciones *f pl;* **politische ~** credo político

Gesinnungswandel *m* cambio *m* de opinión

gesittet [gəˈzɪtət] *adj (anständig)* decente; *(gut erzogen)* bien educado

Gesöff [gəˈzœf] *nt* <-(e)s, -e> *(fam abw)* brebaje *m*

gesoffen [gəˈzɔfən] *pp von* **saufen**

gesogen [gəˈzoːgən] *pp von* **saugen**

gesondert [gəˈzɔndɐt] **I.** *adj* separado, aparte **II.** *adv* por separado

gesonnen [gəˈzɔnən] **I.** *pp von* **sinnen** **II.** *adj* **~ sein, etw zu tun** tener la intención de hacer algo

gesotten [gəˈzɔtən] *pp von* **sieden**

gespalten [gəˈʃpaltən] *pp von* **spalten**

Gespann [gəˈʃpan] *nt* <-(e)s, -e> ① *(Wagen)* tiro *m; (Ochsen und Joch)* yunta *f* ② *(Personen)* pareja *f*

gespannt [gəˈʃpant] *adj* ① *(neugierig)* curioso (**auf** por); **ich bin ~, was daraus wird** tengo mucha curiosidad por ver qué pasa con esto ② *(aufmerksam)* atento ③ *(Lage)* tenso

Gespanntheit *f* <-, *ohne pl*> ① *(Neugierigkeit)* curiosidad *f* ② *(Aufmerksamkeit)* atención *f* ③ *(Gereiztheit)* tensión *f*

Gespenst [gəˈʃpɛnst] *nt* <-(e)s, -er> fantasma *m,* espanto *m Am*

gespenstig, gespenstisch *adj* fantasmal

gespie(e)n *pp von* **speien**

gespielt [gəˈʃpiːlt] *adj (vorgetäuscht)* simulado, fingido

gespien [gəˈʃpiːn] *pp von* **speien**

gesponnen [gəˈʃpɔnən] *pp von* **spinnen**

Gespött [gəˈʃpœt] *nt* <-(e)s, *ohne pl*> burla *f;* **sich zum ~ der Leute machen** ser el hazmerreír de la gente

Gespräch [gəˈʃprɛːç] *nt* <-(e)s, -e> ① *(Unterhaltung)* conversación *f* (**über** de/sobre); *(Plauderei)* charla *f* (**über** sobre); (**mit jdm**) **ein ~ führen** conversar (con alguien); **mit jdm ins ~ kommen** trabar conversación con alguien; **im ~ sein** estar en boca de todos ② (TEL) conferencia *f*

gesprächig *adj* comunicativo, locuaz

Gesprächigkeit *f* <-, *ohne pl*> locuacidad *f*

gesprächsbereit *adj* dispuesto a conversar

Gesprächsdauer *f* <-, *ohne pl*> duración *f* de una conversación; (TEL) duración *f* de una llamada

Gesprächseinheit *f* (TEL) unidad *f*

Gesprächsfaden *m* <-s, -fäden> hilo *m* (de una conversación)

Gesprächspartner(in) *m(f)* interlocutor(a) *m(f)*

Gesprächsstoff *m* tema *m* de conversación

Gesprächsteilnehmer(in) *m(f)* tertuliano, -a *m, f*

Gesprächsthema *nt* <-s, -themen> tema *m* de conversación

gespreizt [gəˈʃpraɪtst] *adj (abw)* afectado, amanerado

gesprenkelt [gəˈʃprɛŋkəlt] *adj* moteado

gesprochen [gəˈʃprɔxən] *pp von* **sprechen**

gesprossen [gəˈʃprɔsən] *pp von* **sprießen**

gesprungen [gəˈʃprʊŋən] *pp von* **springen**

Gespür [gəˈʃpyːɐ] *nt* <-s, *ohne pl*> sentido *m* (**für** de)

gest. *Abk. von* **gestorben** fallecido

Gestalt [gəˈʃtalt] *f* <-en> ① *(äußere Erscheinung)* aspecto *m; (Wuchs)* estatura *f* ② *(Form)* forma *f;* **~ annehmen** tomar cuerpo; **in ~ von** en forma de ③ *(Persönlichkeit)* personaje *m;* **eine düstere ~** un personaje tenebroso ④ *(Person)* persona *f*

gestalten* **I.** *vt* ① *(Wohnung)* distribuir; *(Unterricht)* elaborar; *(Freizeit)* organizar ② (ARCHIT, KUNST) formar; *(Entwurf)* hacer, crear **II.** *vr:* **sich ~** *(geh)* formarse; **der Ablauf wird sich folgendermaßen ~** el desarrollo será de la siguiente manera; **die Bergung gestaltete sich schwierig** el rescate resultó difícil

gestalterisch *adj* creativo

Gestaltung *f* <-en> *(Wohnung)* distribución *f; (von Thema)* presentación *f; (Freizeit)* organización *f; (Aufbau)* estructuración *f; (schöpferisch)* creación *f*

Gestammel [gəˈʃtaməl] *nt* <-s, *ohne pl*> *(abw)* tartamudeo *m*

gestand *3. imp von* **gestehen**

gestanden [gəˈʃtandən] *pp von* **stehen, gestehen**

geständig [gəˈʃtɛndɪç] *adj* confeso; **~ sein** confesar

Geständnis [gəˈʃtɛntnɪs] *nt* <-ses, -se> confesión *f;* **ein ~ ablegen** confesar

Gestank [gəˈʃtaŋk] *m* <-(e)s, *ohne pl*> *(abw)* hedor *m,* peste *f fam*

Gestapo [geˈstaːpo] *f (des NS-Regimes) Abk. von* **Geheime Staatspolizei** Gestapo *f*

gestatten* [gəˈʃtatən] *vt* permitir; *(offiziell)* autorizar; **jdm etw ~** autorizar a alguien (para) algo; **wenn ich mir die Bemerkung ~ darf** si me permite la observación; **Sie ~?** (con) permiso

Geste [ˈgeːstə, ˈgɛstə] *f* <-n> gesto *m*

gestehen <gesteht, gestand, gestanden> *vt* ① (JUR) confesar ② *(zugeben)* admitir; **offen gestanden weiß ich es nicht** a decir verdad no lo sé

Gestein [gəˈʃtaɪn] *nt* <-(e)s, -e> mineral *m; (Fels)* roca *f*

Gesteinsprobe *f* <-, -n> (GEO) muestra *f* de roca

Gesteinsschicht *f* <-, -en> (GEO) estrato *m* de roca

Gestell [gəˈʃtɛl] *nt* <-(e)s, -e> ① *(Unterbau)* armazón *m o f; (Stütze)* soporte *m* ② (AUTO) chasis *m inv* ③ *(Brillengestell)* montura *f*

gestellt [gəˈʃtɛlt] *adj (Szene)* montado; *(Foto)* poco natural

gestern [ˈgɛstɐn] *adv* ayer; **~ Abend/Morgen** ayer por la noche/por la mañana; **~ vor einer Woche** ayer hace ocho días; **ich bin doch nicht von ~** *(fam)* no nací ayer

gestiefelt [gəˈʃtiːfəlt] *adj* con botas (puestas); **er ist für den Ausritt ~** se ha puesto las botas para salir a montar; **der G~e Kater** el Gato con Botas

gestiegen [gəˈʃtiːgən] *pp von* **steigen**

Gestik [ˈgeːstɪk, ˈgɛstɪk] *f ohne pl* gestos *mpl,* ademanes *mpl*

gestikulieren* [gɛstikuˈliːrən, gestikuˈliːrən] *vi* gesticular, hacer gestos

Gestirn [gəˈʃtɪrn] *nt* <-(e)s, -e> astro *m*

gestochen [gəˈʃtɔxən] **I.** *pp von* **stechen** **II.** *adj (sorgfältig)* esmerado; *(Handschrift)* claro; **~ scharf** *(Foto)* muy nítido

gestohlen [gəˈʃtoːlən] *pp von* **stehlen**

Gestöhn(e) [gəˈʃtøːn(ə)] *nt* <-(e)s, *ohne pl*> *(abw fam)* gemidos *mpl*

gestorben [gəˈʃtɔrbən] *pp von* **sterben**

gestört [gəˈʃtøːɐt] *adj* (PSYCH: *Verhältnis*) perturbado; *(pej: Kind)* problemático

gestoßen [gəˈʃtoːsən] *pp von* **stoßen**

Gestotter *nt* <-s, *ohne pl*> *(fam abw)* tartamudeo *m*

gestreift [gəˈʃtraɪft] *adj* a rayas

gestresst [gəˈʃtrɛst] *adj* estresado

gestrichen [gəˈʃtrɪçən] **I.** *pp von* **streichen** **II.** *adj (Maßangabe)* raso, rasado; **ein ~er Teelöffel voll Zucker** una cucharilla rasa de azúcar; **ich hab die Schnauze ~ voll** *(fam)* estoy hasta las narices

gestrig [ˈgɛstrɪç] *adj* de ayer

gestritten [gəˈʃtrɪtən] *pp von* **streiten**

Gestrüpp [gəˈʃtrʏp] *nt* <-(e)s, -e> broza *f,* pajonal *m Am*

gestunken [gəˈʃtʊŋkən] *pp von* **stinken**

Gestüt [gəˈʃtyːt] *nt* <-(e)s, -e> criadero *m* de caballos

Gesuch [gəˈzuːx] *nt* <-(e)s, -e> solicitud *f,* aplicación *f Am;* **ein ~ einreichen** presentar una solicitud

gesucht [gəˈzuːxt] *adj* ① *(gekünstelt)* rebuscado ② *(begehrt)* solicitado

gesund [gəˈzʊnt] *adj* <gesünder, am gesündesten> sano; *(heilsam)* saludable; **~e Ernährung** alimentación sana; **wieder ~ werden** recobrar la salud; **ich bin ~ und munter** estoy sano y salvo; **Vitamin C ist ~** la vitamina C es buena para la salud; **~ aussehen** tener buen aspecto; **~e Anschauungen haben** tener ideas sanas

gesunden* [gəˈzʊndən] *vi sein (geh: Mensch)* sanar; *(Wirtschaft)* recuperarse

gesündeste(r, s) [gəˈzʏndəstə, -tɐ, -təs] *adj superl von* **gesund**

Gesundheit *f ohne pl* salud *f;* **auf Ihre ~!** ¡a su salud!; **bei guter ~ sein** gozar de buena salud; **~!** *(beim Niesen)* ¡Jesús!, ¡salud!

gesundheitlich *adj* ① *(die Gesundheit betreffend)* de salud; *(Institution)* sanitario; **aus ~en Gründen** por razones de salud ② *(der Gesundheit dienend)* saludable

Gesundheitsamt *nt* Departamento *m* de Sanidad

Gesundheitsapostel *m* <-s, -> *(iron)* apóstol *m* de la vida sana

gesundheitsbewusst *adj* consciente de la salud

gesundheitsschädlich *adj* perjudicial para la salud

Gesundheitswesen *nt ohne pl* sanidad *f*

Gesundheitszeugnis *nt* (ADMIN, MED) certificado *m* médico

Gesundheitszustand *m* estado *m* de salud

gesund|schreiben *irr vt* dar de alta

Gesundung *f* <-, *ohne pl*> ① (MED) curación *f* ② (WIRTSCH: *einer Firma*) recuperación *f; (der Staatsfinanzen)* saneamiento *m*

gesungen [gəˈzʊŋən] *pp von* **singen**

gesunken [gəˈzʊŋkən] *pp von* **sinken**

getan *pp von* **tun**

getigert [gəˈtiːgɐt] *adj (Katze)* atigrado

Getöse [gəˈtøːzə] *nt* <-s, *ohne pl*> estruendo *m,* chivateo *m Am*

getragen [gəˈtraːgən] **I.** *pp von* **tragen** **II.** *adj* ① *(Musik)* lento ② *(Kleidung)* usado

Getrampel *nt* <-s, *ohne pl*> *(fam abw)* ruido *m* de pasos

Getränk [gəˈtrɛŋk] *nt* <-(e)s, -e> bebida *f*

Getränkeautomat *m* máquina *f* automática de bebidas

Getränkedose *f* lata *f* de bebida

Getränkekarte *f* (GASTR) carta *f* de bebidas

Getränkemarkt *m* <-(e)s, -märkte> supermercado *m* de bebidas

Getratsch(e) [gəˈtraːtʃ(ə)] *nt* <-(e)s, *ohne*

pl> *(fam abw)* chismorreo *m,* chismes *mpl*

getrauen* *vr:* **sich ~** atreverse (**zu** a)

Getreide [gəˈtraɪdə] *nt* <-s, -> cereales *mpl o f pl*

Getreideprodukt *nt* <-(e)s, -e> producto *m* a base de cereales

Getreidesilo *m o nt* <-s, -s>, **Getreidespeicher** *m* silo *m* de cereales, granero *m*

getrennt [gəˈtrɛnt] **I.** *adj* separado **II.** *adv* por separado; **~ leben** vivir separados; **schreibt man das ~?** ¿eso se escribe separado?

getreten *pp von* **treten**

G

getreu [gəˈtrɔɪ] **I.** *adj (geh)* fiel **II.** *präp* +*dat* fiel a; **~ den Regeln** fiel a las reglas

Getriebe [gəˈtriːbə] *nt* <-s, -> *(an Maschine)* engranaje *m;* (AUTO) caja *f* de cambios

getrieben *pp von* **treiben**

getroffen *pp von* **treffen**

getrogen *pp von* **trügen**

getrost [gəˈtroːst] *adv* sin miedo, tranquilamente

getrübt [gəˈtryːpt] *adj* enturbiado

getrunken *pp von* **trinken**

Getto [ˈgɛto] *nt* <-s, -s> *s.* **Ghetto**

gettoisieren* *vt s.* **ghettoisieren**

Getue [gəˈtuːə] *nt* <-s, *ohne pl>* *(fam abw)* pose *f;* **ein zimperliches ~** remilgos *mpl*

Getümmel [gəˈtʏməl] *nt* <-s, -> tumulto *m*

getüpfelt [gəˈtʏpfəlt] *adj* moteado

Getuschel *nt* <-s, *ohne pl>* *(fam abw)* cuchicheos *mpl* (**über** sobre)

geübt [gəˈʔyːpt] *adj* *(erfahren)* experto; *(geschickt)* hábil; **im Reden ~ sein** tener facilidad de palabra

Gewächs [gəˈvɛks] *nt* <-es, -e> ❶ *(Pflanze)* planta *f* ❷ *(Geschwulst)* tumor *m*

gewachsen [gəˈvaksən] **I.** *pp von* **wachsen[1]** **II.** *adj* **jdm/etw** *dat* **~ sein** estar a la altura de alguien/algo

Gewächshaus *nt* invernadero *m*

gewagt [gəˈvaːkt] *adj* ❶ *(riskant)* arriesgado ❷ *(moralisch bedenklich)* atrevido

gewählt [gəˈvɛːlt] *adj (Stil)* culto; *(elegant)* elegante

Gewähr [gəˈvɛːɐ] *f ohne pl* garantía *f;* **ohne ~** sin garantía; **jdm die ~ dafür bieten, dass ...** garantizarle a alguien que...; **~ leisten** asegurar; *s. a.* **gewährleisten**

gewähren* [gəˈvɛːrən] **I.** *vt* *(bewilligen)* conceder; *(geben)* dar, proporcionar; *(erlauben)* permitir **II.** *vi* **jdn ~ lassen** dejar plena libertad a alguien

gewährleisten* *vt* asegurar, garantizar; *s. a.* **Gewähr**

Gewährleistung *f* <-en> ❶ *(Sicherstellung, Mängelhaftung)* garantía *f* ❷ *(Schweiz: Genehmigung)* permiso *m*

Gewahrsam [gəˈvaːɐzaːm] *m* <-s, *ohne pl>* ❶ *(Obhut)* custodia *f;* **etw in ~ nehmen** tomar algo en custodia ❷ *(Gefangenschaft)* arresto *m;* **jdn in ~ nehmen** arrestar a alguien

Gewährung *f* <-en> concesión *f;* *(Erlaubnis)* permiso *m*

Gewalt[1] [gəˈvalt] *f* <-en> *(Macht)* poder *m;* **elterliche ~** patria potestad; **höhere ~** (caso de) fuerza mayor; **sich in der ~ haben** dominarse; **jdn in seiner ~ haben** tener a alguien en su poder; **in jds ~ geraten** caer en poder de alguien; **er verlor die ~ über seinen Wagen** perdió el control de su coche; **mit aller ~** a toda costa

Gewalt[2] *f ohne pl* ❶ *(Gewalttätigkeit)* violencia *f;* **mit ~** por fuerza, a la brava *Am;* **~ anwenden** recurrir a la fuerza; **sich** *dat* **~ antun** forzarse ❷ *(Heftigkeit)* fuerza *f,* vehemencia *f*

Gewaltakt *m* acto *m* de violencia

Gewaltanwendung *f* empleo *m* de la violencia

gewaltbereit *adj* dispuesto a la violencia

Gewaltenteilung *f ohne pl* separación *f* de poderes

gewaltfrei **I.** *adj* no violento **II.** *adv* sin violencia

Gewaltherrschaft *f* tiranía *f*

Gewaltherrscher(in) *m(f)* <-s, -; -, -nen> tirano, -a *m, f*

gewaltig **I.** *adj* ❶ *(mächtig)* poderoso ❷ *(riesig)* enorme **II.** *adv (fam: sehr)* tremendamente

gewaltlos *adj* sin violencia, pacífico

Gewaltlosigkeit *f ohne pl* renuncia *f* a la violencia

Gewaltmaßnahme *f* coacción *f*

gewaltsam **I.** *adj* violento **II.** *adv* a viva fuerza; **eine Tür ~ öffnen** forzar una puerta

Gewalttat *f* acto *m* violento; *(Verbrechen)* crimen *m*

Gewalttäter(in) *m(f)* criminal *mf* peligroso, -a

gewalttätig *adj* violento

Gewalttätigkeit *f ohne pl* violencia *f*

Gewaltverbrechen *nt* crimen *m* violento

Gewaltverbrecher(in) *m(f) s.* **Gewalttäter**

Gewaltverzicht *m* renuncia *f* a la violencia

Gewand [gəˈvant, *pl:* gəˈvɛndɐ] *nt* <-(e)s, -wänder> ❶ *(geh: Kleidungsstück)* vestimenta *f;* *(Umhang)* manto *m* ❷ *(Schweiz: Kleidung)* vestido *m*

gewandt [gəˈvant] **I.** *pp von* **wenden[2]**

II. *adj* hábil; *(Auftreten)* seguro; *(Stil)* fluido

Gewandtheit *f* <-, *ohne pl*> *(im Auftreten)* seguridad *f; (eines Redners)* dotes *f pl* oratorias; *(der Bewegungen)* destreza *f*

gewann [gə'van] *3. imp von* **gewinnen**

Gewäsch [gə'vɛʃ] *nt* <-(e)s, *ohne pl*> *(fam abw)* tonterías *f pl,* bobadas *f pl*

gewaschen [gə'vaʃən] *pp von* **waschen**

Gewässer [gə'vɛsɐ] *nt* <-s, -> agua(s) *f (pl)*

Gewässerschutz *m ohne pl* protección *f* de aguas

Gewebe [gə'veːbə] *nt* <-s, -> (*a.* MED, BIOL) tejido *m*

Gewehr [gə'veːɐ] *nt* <-(e)s, -e> fusil *m*

Gewehrkolben *m* culata *f* del fusil

Gewehrlauf *m* cañón *m* del fusil

Geweih [gə'vaɪ] *nt* <-(e)s, -e> cornamenta *f*

Gewerbe[1] [gə'vɛrbə] *nt* <-s, -> *(Tätigkeit)* oficio *m,* profesión *f;* **ein ~ (be)treiben** dedicarse a un oficio

Gewerbe[2] *nt* <-s, *ohne pl*> *(Betrieb)* empresa *f* (mediana)

Gewerbeaufsicht *f* inspección *f* de trabajo

Gewerbeaufsichtsamt *nt* Departamento *m* de Inspección Industrial

Gewerbebetrieb *m* empresa *f* industrial

Gewerbefläche *f* <-, -n> superficie *f* industrial

Gewerbegebiet *nt* polígono *m* industrial

Gewerbeordnung *f* reglamento *m* industrial

Gewerbepark *m* parque *m* industrial

Gewerbeschein *m* licencia *f* profesional

Gewerbesteuer *f* impuesto *m* industrial

Gewerbetreibende(r) *mf* <-n, -n; -n> industrial *mf*

gewerblich [gə'vɛrplɪç] *adj* comercial; *(industriell)* industrial; *(beruflich)* profesional; **etw ~ nutzen** usar algo con fines comerciales

gewerbsmäßig *adj* profesional

Gewerkschaft [gə'vɛrkʃaft] *f* <-en> sindicato *m*

Gewerkschaft(l)er(in) *m(f)* <-s, -; -nen> sindicalista *mf*

gewerkschaftlich *adj* sindical

Gewerkschaftsbewegung *f* movimiento *m* sindical

Gewerkschaftsbund *m* confederación *f* de sindicatos

Gewerkschaftsmitglied *nt* sindicalista *mf*

gewesen [gə'veːzən] *pp von* **sein**

gewichen [gə'vɪçən] *pp von* **weichen**

Gewicht[1] [gə'vɪçt] *nt* <-(e)s, *ohne pl*> ① *(Schwere, a.* PHYS) peso *m;* **sein ~ halten** mantener su peso ② *(Bedeutung)* importancia *f;* (**nicht**) **ins ~ fallen** (no) tener importancia; **auf etw ~ legen** dar importancia a algo

Gewicht[2] *nt* <-(e)s, -e> *(für Waage, a.* SPORT) pesa *f*

gewichten* *vt (Bedeutung beimessen)* atribuir la debida importancia (a)

Gewichtheben *nt* <-s, *ohne pl*> (SPORT) levantamiento *m* de pesas

Gewichtheber(in) *m(f)* levantador(a) *m(f)* de pesas

gewichtig *adj* ① *(bedeutungsvoll)* importante ② *(iron: dick)* obeso

Gewichtsabnahme *f* pérdida *f* de peso

Gewichtsklasse *f* (SPORT) categoría *f*

Gewichtsscheibe *f* (SPORT) peso *m*

Gewichtsverlust *m* pérdida *f* de peso

Gewichtszunahme *f* aumento *m* de peso

gewieft [gə'viːft] *adj (fam)* astuto

gewiesen [gə'viːzən] *pp von* **weisen**

gewillt [gə'vɪlt] *adj* **~ sein, etw zu tun** estar dispuesto a hacer algo

Gewimmel *nt* <-s, *ohne pl*> gentío *m*

Gewimmer [gə'vɪmɐ] *nt* <-s, *ohne pl*> gimoteo *m*

Gewinde [gə'vɪndə] *nt* <-s, -> (TECH) rosca *f*

Gewinn[1] [gə'vɪn] *m* <-(e)s, -e> ① (WIRTSCH) beneficio *m,* ganancia *f;* **~ machen** obtener beneficios ② *(in Lotterie)* premio *m*

Gewinn[2] *m* <-(e)s, *ohne pl*> *(Nutzen)* provecho *m;* **aus etw** *dat* **~ schlagen** sacar provecho de algo; **~ bringend** lucrativo; *(vorteilhaft)* ventajoso; *s. a.* **gewinnbringend**

Gewinnausschüttung *f* (WIRTSCH) reparto *m* de dividendos

Gewinnbeteiligung *f* participación *f* en los beneficios

gewinnbringend *adj* lucrativo; *(vorteilhaft)* ventajoso; *s. a.* **Gewinn**[2]

Gewinnchance *f* <-, -n> oportunidad *f* de ganar

Gewinneinbußen *f pl* disminución *f* del beneficio

gewinnen [gə'vɪnən] <gewinnt, gewann, gewonnen> **I.** *vt* ① *(Spiel)* ganar ② *(erhalten)* ganar, obtener; **Zeit/Boden ~** ganar tiempo/terreno; **Abstand ~** distanciarse; **jdn zum Freund ~** ganarse la amistad de alguien; **jdn für etw ~** ganar(se) a alguien para algo; **wie gewonnen, so zerronnen** *(prov)* lo que el agua trae, el agua se lleva ③ *(Rohstoff)* sacar, obtener; *(erzeugen)* elaborar; *(Energie)* producir; *(Kohle)* extraer; **aus diesen Trauben wird Wein gewonnen** de estas uvas se hace vino **II.** *vi* ① *(siegen)* ganar (**bei** en); **die Mann-**

schaft gewann 1:3 el equipo ganó por 1 a 3 ② *(besser werden)* ganar (**an** en); **an Höhe/an Bedeutung ~** ganar en altura/en importancia ③ *(besser wirken)* ganar (**durch** con), mejorar (**durch** con)

gewinnend *adj (Wesen)* agradable

Gewinner(in) *m(f)* <-s, -; -nen> ganador(a) *m(f); (Lotto)* acertante *mf; (Sieger)* vencedor(a) *m(f)*

Gewinnlos *nt* boleto *m* premiado

Gewinnmarge [-marʒə] *f* (WIRTSCH) margen *m* de beneficios

Gewinnmitnahme *f* (WIRTSCH) toma *f* de beneficios

Gewinnspanne *f* (WIRTSCH) margen *m* de beneficio

Gewinnzahl *f* número *m* premiado

Gewinsel *nt* <-s, *ohne pl*> *(abw)* aullido *m*

Gewirr [gə'vɪr] *nt* <-(e)s, *ohne pl*> maraña *f; (von Stimmen)* confusión *f; (von Straßen)* laberinto *m*

gewiss [gə'vɪs] **I.** *adj* ① *(sicher)* seguro; **sich** *dat* **einer Sache ~ sein** *(geh)* estar seguro de una cosa ② *(bestimmt)* tal, cierto; **ein ~er Herr Müller** un tal Señor Müller; **in ~em Maße** en cierta medida **II.** *adv (sicher)* seguramente; *(zweifellos)* indudablemente; **aber ~ doch!** ¡seguro que sí!

Gewissen [gə'vɪsən] *nt* <-s, -> conciencia *f*; **ein gutes/schlechtes ~ haben** tener buena/mala conciencia; **jdn/etw auf dem ~ haben** tener a alguien/algo sobre su conciencia; **jdm ins ~ reden** apelar a la conciencia de alguien; **sein ~ erleichtern** descargar la conciencia

gewissenhaft *adj* concienzudo; *(penibel)* escrupuloso

Gewissenhaftigkeit *f* <-, *ohne pl*> ① *(Gründlichkeit)* exactitud *f*; *(Sorgfalt)* esmero *m* ② *(peinliche Genauigkeit)* minuciosidad *f*

gewissenlos *adj* sin escrúpulo(s); **~ handeln** obrar de mala fe

Gewissenlosigkeit *f ohne pl* falta *f* de conciencia

Gewissensbisse *mpl* remordimientos *mpl* (de conciencia)

Gewissensfrage *f* cuestión *f* de conciencia

Gewissensfreiheit *f ohne pl* libertad *f* de conciencia

Gewissensgründe *mpl* razones *fpl* de conciencia

Gewissenskonflikt *m* conflicto *m* de conciencia, problema *m* de conciencia

gewissermaßen [-'--'--] *adv* en cierto sentido

Gewissheit *f* <-en> certeza *f*; **~ haben über etw** estar seguro de algo; **sich** *dat* **~ über etw verschaffen** cerciorarse de algo

gewitt(e)rig *adj* tormentoso

Gewitter [gə'vɪtɐ] *nt* <-s, -> tormenta *f*

gewittern* *vunpers* haber tormenta

Gewitterregen *m* lluvia *f* tormentosa

Gewitterwolke *f* nubarrón *m*

gewittrig *adj s.* **gewitt(e)rig**

gewitzt [gə'vɪtst] *adj* listo

gewoben [gə'vo:bən] *pp von* **weben**

gewogen [gə'vo:gən] **I.** *pp von* **wiegen**[2] **II.** *adj (geh)* **etw** *dat* **~ sein** ser propicio a algo; **jdm ~ sein** tener simpatía por alguien

gewöhnen* [gə'vø:nən] **I.** *vt* acostumbrar (**an** a); *(an Klima)* aclimatar (**an** a) **II.** *vr:* **sich ~** acostumbrarse (**an** a); *(vertraut machen)* familiarizarse (**an** con); *(an Klima)* aclimatarse (**an** a)

Gewohnheit [gə'vo:nhaɪt] *f* <-en> costumbre *f*; **aus** (**alter**) **~** por (pura) costumbre

gewohnheitsmäßig **I.** *adj* acostumbrado **II.** *adv* de costumbre

Gewohnheitsmensch *m* <-en, -en> persona *f* rutinaria

Gewohnheitsrecht *nt* (JUR) derecho *m* consuetudinario

Gewohnheitstäter(in) *m(f)* delincuente *mf* habitual

Gewohnheitstier *nt (iron)* persona *f* de costumbres

Gewohnheitstrinker(in) *m(f)* bebedor(a) *m(f)* habitual

Gewohnheitsverbrecher(in) *m(f)* delincuente *mf* habitual

gewöhnlich [gə'vø:nlɪç] **I.** *adj* ① *(gewohnt)* habitual ② *(alltäglich)* corriente ③ *(ordinär)* ordinario **II.** *adv (normalerweise)* normalmente; **wie ~** como siempre; **für ~** normalmente

gewohnt [gə'vo:nt] *adj* ① *(daran gewöhnt)* acostumbrado; **ich bin es ~, lange zu arbeiten** estoy acostumbrado a trabajar hasta tarde ② *(vertraut)* familiar

Gewöhnung [gə'vø:nʊŋ] *f ohne pl* habituación *f* (**an** a); *(an Klima)* aclimatación *f* (**an** a)

gewöhnungsbedürftig *adj* que requiere un cierto tiempo (para acostumbrarse)

Gewölbe [gə'vœlbə] *nt* <-s, -> bóveda *f*

gewölbt [gə'vœlpt] *adj* arqueado; *(Decke)* abovedado

gewonnen [gə'vɔnən] *pp von* **gewinnen**

geworben [gə'vɔrbən] *pp von* **werben**

geworden [gə'vɔrdən] *pp von* **werden**[1]

geworfen [gə'vɔrfən] *pp von* **werfen**

gewrungen [gə'vrʊŋən] *pp von* **wringen**

Gewühl [gəˈvyːl] *nt* <-(e)s, *ohne pl*> *(Gedränge)* multitud *f,* mogollón *m fam*
gewunden [gəˈvʊndən] **I.** *pp von* **winden** **II.** *adj (Flusslauf, Straße)* sinuoso; *(Ausdrucksweise)* retorcido
gewunken [gəˈvʊŋkən] *pp von* **winken**
Gewürz [gəˈvʏrts] *nt* <-es, -e> especia *f*
Gewürzgurke *f* pepinillo *m* en vinagre
Gewürzmischung *f* <-, -en> mezcla *f* de especias
Gewürznelke *f* clavo *m*
gewusst [gəˈvʊst] *pp von* **wissen**
Geysir [ˈgaɪziːɐ] *m* <-s, -e> géiser *m*
gez. *Abk. von* **gezeichnet** fdo.
gezackt [gəˈtsakt] *adj* con picos; (TECH, BOT) dentado
Gezanke *nt* <-s, *ohne pl*> *(abw)* pelea *f,* riña *f*
gezeichnet [gəˈtsaɪçnət] *adj* ① *(im Brief)* firmado ② *(von Krankheit)* **von etw** *dat* **~ sein** estar marcado por algo
Gezeiten [gəˈtsaɪtən] *f pl* marea *f*
Gezeitenkraftwerk *nt* central *f* mareomotriz
Gezeitenwechsel *m* cambio *m* de marea
Gezeter [gəˈtseːtɐ] *nt* <-s, *ohne pl*> *(abw)* alboroto *m*
gezielt [gəˈtsiːlt] *adj* dirigido a un fin; **~ nachfragen** preguntar con precisión
geziemen* [gəˈtsiːmən] *vr:* **sich ~** convenir; **das geziemt sich nicht!** ¡eso no se hace!
geziert [gəˈtsiːɐt] *adj (abw)* afectado
gezogen [gəˈtsoːgən] *pp von* **ziehen**
Gezwitscher [gəˈtsvɪtʃɐ] *nt* <-s, *ohne pl*> gorjeo *m*
gezwungen [gəˈtsvʊŋən] **I.** *pp von* **zwingen** **II.** *adj* forzado
gezwungenermaßen [-ˈ---ˈ--] *adv* forzosamente
ggf. *Abk. von* **gegebenenfalls** en su caso, en caso necesario
Ghana [ˈgaːna] *nt* <-s> Ghana *f*
Ghanaer(in) [ˈgaːnaɐ] *m(f)* <-s, -; -nen> ghanés, -esa *m, f*
ghanaisch [ˈgaːnaɪʃ] *adj* ghanés
Ghetto [ˈgɛto] *nt* <-s, -s> gueto *m*
ghettoisieren* *vt* convertir en un gueto
Ghostwriter(in) [ˈgɔʊstraɪtɐ] *m(f)* <-s, -; -, -nen> negro *m*
GHz *Abk. von* **Gigahertz** GHz
Gibbon [ˈgɪbɔn] *m* <-s, -s> (ZOOL) gibón *m*
Gibraltar [giˈbraltaːɐ, --ˈ-] *nt* <-s> Gibraltar *m*
Gibraltarer(in) [gibralˈtaːrɐ] *m(f)* <-s, -; -nen> gibraltareño, -a *m, f*
gibt [giːpt] *3. präs von* **geben**
Gicht [gɪçt] *f ohne pl* (MED) gota *f*
gichtkrank *adj* (MED) gotoso
Gichtkranke(r) *mf* (MED) gotoso, -a *m, f*
Giebel [ˈgiːbəl] *m* <-s, -> (ARCHIT) frontón *m*
Giebeldach *nt* (ARCHIT) tejado *m* a dos vertientes
Giebelfenster *nt* ventana *f* en el frontón de un edificio
Gier [giːɐ] *f ohne pl* avidez *f* (**nach** de), codicia *f* (**nach** de); *(Fressgier)* voracidad *f*
gieren [ˈgiːrən] *vi (geh)* codiciar (**nach**)
gierig *adj* ávido (**nach** de); *(habgierig)* codicioso; *(gefräßig)* voraz; **~ essen/trinken** comer/beber con gula
gießen [ˈgiːsən] <gießt, goss, gegossen> **I.** *vt* ① *(Pflanzen)* regar ② *(Metall)* fundir ③ *(Kerzen)* hacer ④ *(hineingießen)* echar ⑤ *(verschütten)* verter **II.** *vunpers (fam: regnen)* llover mucho; **es gießt in Strömen** llueve a cántaros
Gießerei *f* <-en> (taller *m* de) fundición *f*
Gießkanne *f* regadera *f*
Gift [gɪft] *nt* <-(e)s, -e> veneno *m;* (MED) tóxico *m;* **darauf kannst du ~ nehmen** *(fam)* apuesto la cabeza; **sein ~ verspritzen** *(fam)* hablar con lengua viperina; **~ und Galle spucken** *(fam)* echar sapos y culebras
Giftgas *nt* gas *m* tóxico
giftgrün *adj* verde cardenillo
gifthaltig *adj,* **gifthältig** *adj (Österr)* venenoso
giftig *adj* ① *(Substanz)* venenoso; (MED) tóxico ② *(fam: boshaft)* mordaz
Giftigkeit *f* <-, *ohne pl*> ① *(einer Substanz)* venenosidad *f* ② *(fam: einer Person)* malicia *f*
Giftmüll *m* (ÖKOL) desechos *m pl* tóxicos, residuos *m pl* tóxicos
Giftmülldeponie *f* <-, -n> vertedero *m* de residuos tóxicos
Giftnotrufzentrale *f* <-, -n> central *f* asesora para intoxicaciones
Giftpilz *m* (BOT) seta *f* venenosa
Giftschlange *f* serpiente *f* venenosa
Giftschrank *m* <-(e)s, -schränke> armario *m* de los venenos
Giftspritze *f* <-, -n> inyección *f* letal
Giftstoff *m* sustancia *f* tóxica
Giftzahn *m* diente *m* venenoso
Giftzwerg *m (fam abw)* víbora *f*
Gigabyte [ˈgiːgabaɪt] *nt* <-(s), -(s)> (INFOR) gigabyte *m*
Gigant(in) [giˈgant] *m(f)* <-en, -en; -nen> gigante, -a *m, f*
gigantisch *adj* gigantesco, gigante
Gigolo [ˈʒiːgolo, ˈʒɪgolo] *m* <-s, -s> gigoló *m*
gilt [gɪlt] *3. präs von* **gelten**

Gin [dʒɪn] *m* <-s, -s> ginebra *f;* ~ **Tonic** gin-tonic
ging [gɪŋ] *3. imp von* **gehen**
Ginster ['gɪnstɐ] *m* <-s, -> (BOT) retama *f*
Gin Tonic [dʒɪn 'tɔnɪk] *m* <- -(s), - -(s)> gin-tonic *m*
Gipfel ['gɪpfəl] *m* <-s, -> ❶ *(von Berg)* cumbre *f,* cima *f* ❷ *(Höhepunkt)* apogeo *m;* **das ist doch der ~!** ¡esto es el colmo! ❸ (POL) cumbre *f*
Gipfelkonferenz *f* (POL) (conferencia *f*) cumbre *f*
gipfeln *vi* culminar (**in** en)
Gipfelpunkt *m* punto *m* culminante
Gipfeltreffen *nt* (POL) (reunión *f*) cumbre *f*
Gips [gɪps] *m* <-es, -e> ❶ *(Baumaterial)* yeso *m* ❷ (MED) escayola *f;* **er hat den Fuß in ~** tiene el pie enyesado
Gipsabdruck *m (durch Eindrücken)* impresión *f* en yeso; *(Abguss)* moldeado *m* en yeso
Gipsarm *m* <-(e)s, -e> *(fam)* brazo *m* enyesado
Gipsbein *nt (fam)* pierna *f* enyesada
gipsen *vt* enyesar
Gipser(in) *m(f)* <-s, -; -, -nen> yesero, -a *m, f; (für Stuckarbeiten)* estuquista *mf*
gipsern *adj* de [*o* en] yeso
Gipsfigur *f* figura *f* de yeso
Gipsverband *m* escayola *f*
Giraffe [gi'rafə] *f* <-n> jirafa *f*
Girlande [gɪr'landə] *f* <-n> guirnalda *f*
Giro ['ʒi:ro] *nt* <-s, -s> (FIN) giro *m*
Girokonto ['ʒi:rokɔnto] *nt* cuenta *f* corriente
Gis [gɪs] *nt* <-, -> (MUS) sol *m* sostenido
Gischt [gɪʃt] *f* <-en> espuma *f* de las olas
Gitarre [gi'tarə] *f* <-n> guitarra *f;* **akustische/elektrische ~** guitarra acústica/eléctrica *f*
Gitarrenspieler(in) *m(f)* guitarrista *mf*
Gitarrist(in) *m(f)* <-en, -en; -nen> guitarrista *mf*
Gitter ['gɪtɐ] *nt* <-s, -> ❶ *(Fenster-, Türgitter)* reja *f; (für Pflanzen)* enrejado *m;* **hinter ~ kommen** *(fam)* ir a la cárcel ❷ (CHEM) red *f* cristalina, retículo *m* cristalino ❸ (GEO, MATH) cuadrícula *f*
Gitterbett *nt* <-(e)s, -en> cuna *f*
Gitterbettchen [-'bɛtçən] *nt* cuna *f*
Gitterfenster *nt* ventana *f* enrejada
Gitterrost *m (an Ofen)* parrilla *f; (Abdeckung)* reja *f*
Gitterstab *m* barrote *m*
Glaceehandschuh *m,* **Glacéhandschuh** [gla'se:hantʃu:] *m* guante *m* de cabritilla; **jdn mit ~en anfassen** *(fam fig)* tratar a alguien con guante de seda
Gladiator [gladi'a:to:ɐ] *m* <-s, -en> (HIST) gladiador *m*
Glamour ['glɛmɐ] *m o nt* <-s, *ohne pl*> glam(o)ur *m*
Glanz [glants] *m* <-es, *ohne pl*> ❶ *(von Fläche, Haaren, Augen)* brillo *m; (Schimmer)* resplandor *m* ❷ *(Pracht)* esplendor *m*
glänzen ['glɛntsən] **I.** *vi* ❶ *(Glanz haben)* brillar; *(strahlen)* resplandecer ❷ *(in einem Fach)* brillar (**durch** por); **durch Abwesenheit ~** brillar por su ausencia **II.** *vt (Schweiz: zum Glänzen bringen)* dar brillo (a)
glänzend **I.** *adj* ❶ *(Lack, Augen)* brillante; *(Foto)* en brillo ❷ *(fam: sehr gut)* espléndido **II.** *adv* de maravilla; **wir haben uns ~ amüsiert** nos divertimos de lo lindo
Glanzleistung *f* actuación *f* brillante
glanzlos *adj* sin brillo
Glanzpapier *nt* papel *m* satinado
glanzvoll *adj* ❶ *(ausgezeichnet)* espléndido ❷ *(prunkhaft)* suntuoso
Glanzzeit *f* época *f* de esplendor
Glas[1] [gla:s] *nt* <-es, *ohne pl*> *(Material)* vidrio *m,* cristal *m;* **Vorsicht ~!** ¡frágil!
Glas[2] [gla:s, *pl:* 'glɛ:zɐ] *nt* <-es, Gläser> ❶ *(Trinkgefäß)* vaso *m; (mit Stiel)* copa *f; (Glasbehälter)* frasco *m; (Schraubglas)* tarro *m;* **ein ~ über den Durst trinken** *(fam)* tomar una copa de más; **zu tief ins ~ gucken** *(fam fig)* empinar el codo ❷ *(Fernglas)* prismáticos *mpl* ❸ *(Brillenglas)* cristal *m*
Glasbläser(in) *m(f)* vidriero, -a *m, f*
Glascontainer *m (für Altglas)* contenedor *m* de vidrio
Glaser(in) *m(f)* <-s, -; -nen> vidriero, -a *m, f,* cristalero, -a *m, f*
Glaserei *f* <-en> *(Betrieb)* vidriería *f*
Glaserin *f* <-nen> *s.* **Glaser**
gläsern ['glɛ:zɐn] *adj* de vidrio; *(feiner)* de cristal; *(fig: transparent)* tra(n)sparente
Glasfaser *f* fibra *f* de vidrio
Glasfaserkabel *nt* (TECH) cable *m* fibroóptico
Glashaus *nt* invernadero *m*
Glashütte *f* taller *m* de vidrio, vidriería *f*
glasieren* [gla'zi:rən] *vt* ❶ *(Keramik)* vidriar ❷ (GASTR) glasear
glasig ['gla:zɪç] *adj* ❶ *(Blick)* vidrioso ❷ (GASTR) sofrito
glasklar ['-'-] *adj* ❶ *(durchsichtig)* claro ❷ *(deutlich)* claro como el agua
Glasmalerei *f ohne pl* pintura *f* sobre vidrio
Glasperle *f* perla *f* de vidrio
Glasscheibe *f* cristal *m,* vidrio *m*

Glasscherbe *f* fragmento *m* de vidrio; **~n** vidrios rotos
Glassplitter *m* astilla *f* de vidrio
Glastür *f* puerta *f* vidriera, mampara *f Perú*
Glasur [gla'zuːɐ] *f* <-en> ❶ *(auf Keramik)* esmalte *m* ❷ (GASTR: *aus Schokolade*) cobertura *f* de chocolate
Glaswaren *fpl* objetos *mpl* de vidrio
Glaswolle *f ohne pl* lana *f* de vidrio
glatt [glat] **I.** *adj* ❶ *(eben)* plano; *(nicht rau)* liso; *(Haut)* suave; *(Haare)* liso ❷ *(rutschig)* resbaladizo ❸ *(reibungslos)* perfecto ❹ *(fam: eindeutig)* claro, rotundo; **das macht ~e 100 Euro** son exactamente 100 euros ❺ *(Typ)* empalagoso **II.** *adv* ❶ *(problemlos)* sin problemas, sin obstáculos ❷ *(rundweg)* rotundamente; *(einfach)* sencillamente
Glätte ['glɛtə] *f ohne pl* ❶ *(Ebenheit)* llanura *f; (nicht rau)* lisura *f* ❷ *(von Straßen)* estado *m* resbaladizo
Glatteis *nt* hielo *m;* **jdn aufs ~ führen** *(fig)* poner a alguien en un aprieto
Glätteisen *nt (Schweiz: Bügeleisen)* plancha *f*
Glatteisgefahr *f* <-, *ohne pl*> peligro *m* de (formación de) hielo
glätten ['glɛtən] **I.** *vt* ❶ *(eben machen)* alisar; **die Wogen ~** *(fig)* calmar los ánimos ❷ *(Schweiz: bügeln)* planchar **II.** *vr:* **sich ~** *(Meer, Sturm)* calmarse
glattrasiert *adj s.* **rasieren I.**
glattweg ['glatvɛk] *adv (fam: rundweg)* rotundamente; *(völlig)* completamente
Glatze ['glatsə] *f* <-n> calva *f,* pelada *f CSur;* **eine ~ haben/bekommen** ser/quedarse calvo
Glatzkopf *m (fam)* calvo, -a *m, f*
glatzköpfig ['glatskœpfɪç] *adj* calvo
Glaube ['glaʊbə] *m* <-ns, *ohne pl*> ❶ (REL) fe *f* (**an** en), creencias *fpl;* **der christliche ~** la fe cristiana; **jüdischen ~ns** de religión judía ❷ *(Vertrauen)* creencia *f,* crédito *m; (Meinung)* opinión *f; (Überzeugung)* convicción *f;* **in dem ~n sein, dass ...** estar en la creencia de que...; **jdn in dem ~n belassen, dass** dejar a alguien creyendo que; **etw** *dat* **~n/keinen ~n schenken** dar/no dar crédito a algo; **in gutem ~n handeln** actuar de buena fe ❸ *(Zuversicht)* confianza *f* (**an** en)
glauben ['glaʊbən] **I.** *vt* ❶ *(meinen)* creer(se); **ich glaube nicht, dass das geht** no creo que se pueda hacer esto; **sie glaubte ihn in Schwierigkeiten** *(geh)* le creía en dificultades; **einer musste daran ~** *(fam fig)* uno estiró la pata ❷ *(für wahr halten)* creer(se); **das glaubst du doch selber nicht** eso no te lo crees ni tú; **es ist nicht zu ~!** ¡es increíble!; **ich glaube dir** te creo; **ob du es glaubst oder nicht, ich habe gewonnen** te lo creas o no, he ganado **II.** *vi* (*a.* REL) creer (**an** en); **ich glaube an Gott** creo en Dios
Glauben *m* <-s, *ohne pl*> *s.* **Glaube**
Glaubensbekenntnis *nt* (REL, POL) credo *m*
Glaubensfrage *f* <-, -n> (REL) cuestión *f* de fe; **in ~n** en lo que respeta a cuestiones de fe
Glaubensfreiheit *f ohne pl* libertad *f* de culto(s)
Glaubensgemeinschaft *f* comunidad *f* de creyentes
glaubhaft *adj* creíble; *(glaubwürdig)* fidedigno; **jdm etw ~ machen** presentar algo de forma convincente a alguien
Glaubhaftigkeit *f ohne pl* credibilidad *f*
gläubig ['glɔɪbɪç] *adj* (REL) creyente
Gläubige(r) *mf* <-n, -n; -n> (REL) creyente *mf*
Gläubiger(in) *m(f)* <-s, -; -nen> (WIRTSCH) acreedor(a) *m(f)*
glaubwürdig *adj* digno de crédito, creíble
Glaubwürdigkeit *f ohne pl* credibilidad *f*
gleich [glaɪç] **I.** *adj* ❶ (*a.* MATH: *gleichwertig*) igual; *(identisch)* idéntico; **der/die/das G~e** el mismo/la misma/lo mismo; **zu ~en Teilen** a partes iguales; **in ~er Weise** de la misma manera; **zur ~en Zeit** a la misma hora; **G~es mit G~em vergelten** pagar con la misma moneda; **zwei mal zwei (ist) ~ vier** dos por dos (es) igual a cuatro ❷ *(ähnlich)* parecido; **G~ und G~ gesellt sich gern** cada oveja con su pareja ❸ *(gleichgültig)* **es ist mir ~, ob ...** me da lo mismo si...; **ganz ~ was er sagt** no importa lo que él diga **II.** *adv* ❶ *(sofort)* ahora mismo, inmediatamente; *(demnächst)* pronto; **ich komme ~** ahora voy; **bis ~** hasta ahora; **~ darauf** al poco rato; **~ heute** hoy mismo; **habe ich es nicht ~ gesagt?** ¿qué te dije?; **das dachte ich mir ~** ya me lo imaginaba; **wie hieß sie doch ~?** ¿cómo se llamaba? ❷ *(dicht daneben)* justo, directamente; **der Schrank steht ~ neben der Tür** el armario está justo al lado de la puerta; **~ hier** aquí mismo ❸ *(ebenso)* igual; **~ schnell** igual de rápido; **~ groß** del mismo tamaño; **~ viel** la misma cantidad; **du musst sie beide ~ behandeln** los debes tratar igual **III.** *präp* +*dat (geh: wie)* igual a; **~ einem Schmetterling** cual una mariposa
gleichaltrig ['glaɪçaltrɪç] *adj* de la misma edad
gleichartig *adj* de la misma especie

G

gleichauf *adv* (SPORT) ❶ *(auf gleicher Höhe)* igualado, a la misma altura ❷ *(punktgleich)* empatado (a puntos)
gleichbedeutend *adj* equivalente (**mit** a)
Gleichbehandlung *f ohne pl* igualdad *f* de trato
gleichberechtigt *adj* con los mismos derechos
Gleichberechtigung *f ohne pl* igualdad *f* de derechos
gleichbleibend *adj s.* **bleiben 2.**
gleichen ['glaɪçən] <gleicht, glich, geglichen> *vi* parecerse (a)
gleichermaßen ['--'--] *adv* de la misma manera, igualmente
gleichfalls *adv* igualmente; **danke ~!** ¡gracias, igualmente!
gleichförmig *adj* uniforme, igual
Gleichförmigkeit *f* <-, *ohne pl*> ❶ *(Einheitlichkeit)* uniformidad *f* ❷ *(Eintönigkeit)* monotonía *f*
gleichgeschlechtlich *adj* ❶ *(von gleichem Geschlecht)* del mismo sexo ❷ *(homosexuell)* homosexual
gleichgesinnt ['glaɪçgəzɪnt] *adj s.* **gesinnt**
Gleichgewicht *nt* <-(e)s, *ohne pl*> (*a.* PSYCH) equilibrio *m;* **aus dem ~ kommen/bringen** perder el equilibrio/desequilibrar; **im ~ sein** estar equilibrado
Gleichgewichtssinn *m* sentido *m* del equilibrio
Gleichgewichtsstörung *f* (MED) perturbación *f* del sentido del equilibrio
gleichgültig *adj* ❶ *(ohne Anteilnahme)* indiferente (**gegenüber** a) ❷ *(unwichtig)* insignificante; **das ist mir ~** eso me da igual
Gleichgültigkeit *f ohne pl* indiferencia *f* (**gegenüber** frente a); *(Desinteresse)* desinterés *m* (**gegenüber** frente a)
Gleichheit *f ohne pl* igualdad *f; (Übereinstimmung)* conformidad *f*
Gleichheitszeichen *nt* signo *m* de igualdad
gleich|kommen *irr vi sein* ❶ *(gleichen)* equivaler (a) ❷ *(mit Leistung)* igualar (**an** en)
gleichlautend *adj s.* **lauten**
gleich|machen *vt* igualar, nivelar; **etw dem Erdboden ~** arrasar algo
gleichmäßig *adj* ❶ *(gleichförmig)* uniforme ❷ *(regelmäßig)* regular ❸ *(ausgeglichen)* equilibrado ❹ *(ebenmäßig)* simétrico
Gleichmäßigkeit *f ohne pl* ❶ *(Gleichförmigkeit)* uniformidad *f* ❷ *(Regelmäßigkeit)* regularidad *f* ❸ *(Ausgeglichenheit)* equilibrio *m* ❹ *(in der Form)* simetría *f*
Gleichmut *m ohne pl* impasibilidad *f*

G

gleichmütig *adj* impasible
gleichnamig ['glaɪçna:mɪç] *adj* homónimo, del mismo nombre
Gleichnis *nt* <-ses, -se> parábola *f*
gleichrangig ['glaɪçraŋɪç] *adj* de igual categoría; *(gleichwertig)* equivalente
gleichsam *adv (geh)* en cierto modo; **~ als ob ...** como si... +*subj*
gleichschalten *vt* (POL: *abw)* obligar a pensar de la misma manera
gleichschenk(e)lig *adj* (MATH) **~es Dreieck** triángulo *m* isósceles
Gleichschritt *m* <-(e)s, *ohne pl*> marcha *f* al compás; **im ~ marschieren** marchar al compás
gleichseitig *adj* (MATH) equilátero
gleich|setzen *vt* ❶ *(vergleichen)* equiparar (**mit** a/con) ❷ *(als gleichwertig einstufen)* igualar (**mit** a/con)
Gleichsetzung *f* <-, -en> ❶ *(im Vergleich)* equiparación *f* ❷ *(gleichwertiger Dinge)* igualación *f*
Gleichstand *m* <-(e)s, *ohne pl*> (SPORT) empate *m*
gleich|stellen *vt* igualar (**mit** a/con); (JUR) conceder los mismos derechos (**mit** que a)
Gleichstellung *f ohne pl* igualdad *f;* **die ~ der Frau mit dem Mann** la equiparación de la mujer con el hombre
Gleichstrom *m* (ELEK) corriente *f* continua
gleich|tun *irr vt* **es jdm ~** *(nachahmen)* imitar a alguien (en algo); *(in Leistung)* competir con alguien
Gleichung *f* <-en> (MATH) ecuación *f*
gleichwertig *adj* equivalente
Gleichwertigkeit *f* equivalencia *f*
gleichwohl ['-'-] *adv* no obstante
gleichzeitig **I.** *adj* simultáneo **II.** *adv* al mismo tiempo, simultáneamente
Gleichzeitigkeit *f* <-, *ohne pl*> simultaneidad *f*
gleich|ziehen *irr vi* igualar, alcanzar
Gleis [glaɪs] *nt* <-es, -e> vía *f;* **auf ~ zehn** en la vía diez; **aus dem ~ geraten** *(fig)* perder el ritmo acostumbrado; **die Sache kommt schon wieder ins rechte ~** las aguas vuelven a su cauce
Gleisnummer *f* número *m* de vía
Gleitboot *nt* hidroplano *m*
gleiten ['glaɪtən] <gleitet, glitt, geglitten> *vi* ❶ *sein (fliegen)* planear ❷ *sein (rutschen)* deslizarse ❸ *sein (sich bewegen)* deslizarse (**über** por); *(Blick, Hand)* pasar (**über** por)
Gleitflug *m* planeo *m;* **im ~** planeando
Gleitmittel *nt* (MED) lubricante *m*
Gleitschirm *m* parapente *m*
Gleitschirmfliegen *nt* (SPORT) parapente *m*
Gleitschirmflieger(in) *m(f)* <-s, -; -,

-nen> (SPORT) persona *f* que hace parapente
Gleitsichtbrille *f* gafas *fpl* progresivas
Gleitzeit *f ohne pl* horario *m* (de trabajo) flexible
Gletscher ['glɛtʃɐ] *m* <-s, -> glaciar *m*
Gletscherspalte *f* grieta *f* de glaciar
glibberig ['glɪbərɪç] *adj (nordd: fam: gallertartig)* gelatinoso
glich [glɪç] *3. imp von* **gleichen**
Glied [gli:t] *nt* <-(e)s, -er> ① *(Körperteil)* miembro *m;* **der Schreck saß ihm in den ~ern** el susto le llegó hasta la médula ② *(Fingerglied)* falange *f* ③ *(Penis)* miembro *m* (viril) ④ *(Kettenglied)* eslabón *m* ⑤ *(Teil)* miembro *m*
gliedern ['gli:dɐn] **I.** *vt* ① *(ordnen)* clasificar ② *(unterteilen)* (sub)dividir (**in** en) **II.** *vr:* **sich ~** *(sich teilen)* dividirse (**in** en)
Gliederschmerz *m* dolor *m* articular
Gliederung *f* <-, -en> ① *(das Gliedern)* clasificación *f; (Einteilung)* división *f* (**in** en) ② *(Aufbau)* estructura *f*
Gliedmaßen ['gli:tma:sən] *fpl* extremidades *fpl*
Gliedstaat *m* Estado *m,* provincia *f Arg*
glimmen ['glɪmən] <glimmt, glomm, geglommen> *vi* arder (sin llama)
Glimmer ['glɪmɐ] *m* <-s, -> ① *(Mineral)* mica *f* ② *(Schimmer)* destello *m*
Glimmstängel *m (fam)* pitillo *m*
glimpflich ['glɪmpflɪç] **I.** *adj (mild)* suave; *(Strafe)* leve **II.** *adv (ohne Schaden)* bien parado; **wir sind noch ~ davongekommen** aún salimos bien parados del asunto
glitschig ['glɪtʃɪç] *adj (fam: Weg)* resbaladizo; *(Fisch)* escurridizo
glitt [glɪt] *3. imp von* **gleiten**
glitzern ['glɪtsɐn] *vi* centellear
global [glo'ba:l] *adj* global
Globalisierung *f* <-, -en> globalización *f*
Globetrotter(in) ['glo:bətrɔtɐ] *m(f)* <-s, -; -, -nen> trotamundos *mf inv*
Globus ['glo:bʊs] *m* <-(ses), -se *o* Globen> globo *m*
Glocke ['glɔkə] *f* <-, -n> ① *(in Kirchen)* campana *f;* **etwas an die große ~ hängen** *(fam fig)* echar las campanas al vuelo ② *(reg: Klingel)* timbre *m* ③ *(Käseglocke)* quesera *f*
Glockenblume *f* campanilla *f*
glockenförmig *adj* acampanado
Glockengeläut(e) *nt* <-s, *ohne pl*> toque *m* de campanas
Glockenläuten *nt* <-s, *ohne pl*> toque *m* de campanas
Glockenschlag *m* campanada *f*
Glockenspiel *nt* carillón *m*
Glockenturm *m* campanario *m*
glomm [glɔm] *3. imp von* **glimmen**
Glorie ['glo:riə] *f ohne pl (geh: Ruhm)* gloria *f*
glorifizieren* [glorifi'tsi:rən] *vt* glorificar
Glorifizierung *f* <-, -en> glorificación *f*
glorreich ['glo:ɐraɪç] *adj* glorioso
Glossar [glɔ'sa:ɐ] *nt* <-s, -e> glosario *m*
Glosse ['glɔsə] *f* <-, -n> glosa *f*
Glotze *f* <-, -n> *(fam)* tele *f,* caja *f* tonta
glotzen ['glɔtsən] *vi (fam)* ① *(schauen)* mirar; *(anstarren)* clavar la vista (**auf** en) ② *(fernsehen)* ver la tele
Glück [glʏk] *nt* <-(e)s, *ohne pl*> suerte *f,* pegada *f CSur; (Glücklichsein)* felicidad *f;* **~ haben** tener suerte, pegarla *Am: argot;* **kein ~ haben** tener mala suerte; **sein ~ versuchen** probar fortuna; **jdm ~ bringen** traer suerte a alguien; **sie kann von ~ sagen, dass nichts passiert ist** ha tenido la suerte de que no ha pasado nada; **zum ~** por suerte; **~ auf!** *(Bergarbeitergruß)* ¡buena suerte!; **viel ~!** ¡mucha suerte!; **ein ~!** *(fam)* ¡qué suerte!; (**das ist**) **dein ~!** *(fam)* ¡vaya suerte la tuya!; **sie weiß noch nichts von ihrem ~** todavía no sabe la que le ha caído en suerte; **~ im Unglück haben** dentro de lo malo, lo mejor; **auf gut ~** *(fam)* a la buena de Dios; **jeder ist seines ~es Schmied** *(prov)* cada uno es el artífice de su ventura
Glucke ['glʊkə] *f* <-, -n> (gallina *f*) clueca *f*
glücken ['glʏkən] *vi sein* salir (bien)
gluckern ['glʊkɐn] *vi* hacer gluglú
glücklich **I.** *adj* ① *(vom Glück begünstigt)* afortunado; **die ~e Gewinnerin** la afortunada ganadora; **ein ~er Zufall** una feliz coincidencia; **wer ist der/die G~e ?** ¿quién es el afortunado/la afortunada? ② *(froh)* feliz; **sie kann sich ~ schätzen, dass ...** puede considerarse satisfecha de que... *+subj* **II.** *adv (mit Glück)* felizmente; *(gut)* bien; **~ verheiratet sein** estar felizmente casado
glücklicherweise ['---'--] *adv* por suerte
glücklos *adj* sin suerte, infeliz
Glücksbringer *m* <-s, -> talismán *m*
glückselig [-'--, '---] *adj* muy feliz
Glückseligkeit *f* <-, *ohne pl*> *(Zustand)* dicha *f,* felicidad *f*
glucksen *vi* ① *(Flüssigkeit, Gewässer)* borbot(e)ar ② *(Person)* barbot(e)ar
Glücksfall *m* golpe *m* de fortuna
Glücksgefühl *nt* <-(e)s, -e> sentimiento *m* de felicidad
Glücksgriff *m (Handlung)* acción *f* afortunada; *(Entscheidung)* decisión *f* afortunada
Glückskind *nt* afortunado, -a *m, f*

Glücksklee *m* <-s, *ohne pl*> trébol *m* de cuatro hojas
Glückspilz *m (fam)* suertudo, -a *m, f*
Glücksrad *nt* rueda *f* de la fortuna
Glückssache *f* <-, *ohne pl*> cuestión *f* de suerte
Glücksspiel *nt* juego *m* de azar
Glücksspieler(in) *m(f)* <-s, -; -, -nen> jugador(a) *m(f)* de azar
Glückssträhne *f* racha *f* de suerte
Glückstag *m* día *m* de suerte
Glückstreffer *m* golpe *m* de suerte, batacazo *m CSur*
Glückszahl *f* número *m* de la suerte
Glückwunsch *m (Glückwunschkarte)* felicitación *f; (als Wunsch)* enhorabuena *f;* **herzlichen ~!** ¡felicidades!; **herzlichen ~ zum Geburtstag!** ¡feliz cumpleaños!
Glückwunschkarte *f* tarjeta *f* de felicitación
Glucose [glu'ko:zə] *f* <-, *ohne pl*> glucosa *f*
Glühbirne *f* bombilla *f,* foco *m Am*
glühen ['gly:ən] *vi* ① *(Kohlen)* arder (sin llama) ② *(Metall)* ponerse al rojo (vivo); *(Körper)* arder ③ *(geh: erregt sein)* arder (**vor** de)
glühend *adj (Metall)* candente; *(Wangen)* enrojecido; *(Hass, Verehrer)* ardiente; **~ heiß** abrasador; **rot ~** candente; **weiß ~** incandescente
Glühfaden *m* filamento *m* incandescente
Glühlampe *f* lámpara *f* incandescente
Glühwein *m vino tinto caliente aromatizado con especias*
Glühwürmchen ['-vʏrmçən] *nt* luciérnaga *f,* cocuyo *m Am*
Glukose [glu'ko:ze] *f* <-, *ohne pl*> (CHEM) glucosa *f*
Glut [glu:t] *f* <-en> *(von Kohlen)* brasa *f; (von Zigarette)* ceniza *f* ardiente
Glutamat [gluta'ma:t] *nt* <-(e)s, -e> (CHEM) glutamato *m*
Gluten [glu'te:n] *nt* <-s, -e> (BIOL) gluten *m*
Glutenallergie *f* <-, -n> (MED) alergia *f* al gluten
glutenfrei *adj* (MED) **~e Kost** alimentos sin gluten
Gluthitze ['-'--] *f* <-, *ohne pl*> calor *m* abrasador
glutrot ['-'-] *adj* rojo candente
Glyzerin [glytse'ri:n] *nt* <-s, *ohne pl*> (CHEM) glicerina *f*
GmbH [ge:ʔɛmbe:'ha:] *f* <-s> *Abk. von* **Gesellschaft mit beschränkter Haftung** S.L. *f*
g-Moll *nt* <-, *ohne pl*> (MUS) sol *m* menor
Gnade ['gna:də] *f* <-n> ① *(a.* REL) gracia *f* ② *(Barmherzigkeit)* misericordia *f* ③ *(Milde)* clemencia *f; (Nachsicht)* indulgencia *f;* **für jdn um ~ bitten** pedir clemencia para alguien; **~ vor Recht ergehen lassen** optar por la clemencia; **von Gottes ~n** por la gracia de Dios
Gnadenakt *m* <-(e)s, -e> (JUR) derecho *m* de gracia
Gnadenfrist *f* plazo *m* de gracia
Gnadengesuch *nt* <-(e)s, -e> petición *f* de gracia
gnadenlos *adj* sin piedad
Gnadenstoß *m* golpe *m* de gracia
gnädig ['gnɛ:dɪç] *adj* ① *(gütig)* benigno; *(barmherzig)* misericordioso; *(wohlwollend)* benévolo ② *(mild)* clemente; *(nachsichtig)* indulgente ③ *(Wend)* **~es Fräulein/~e Frau/~er Herr** señorita/señora/señor
Gnom [gno:m] *m* <-en, -en> gnomo *m*
Gnu [gnu:] *nt* <-s, -s> (ZOOL) ñu *m*
Goal [go:l] *nt* <-s, -s> *(Österr, Schweiz:* SPORT: *Tor)* gol *m*
Gobelin [gobə'lɛ̃:] *m* <-s, -s> tapiz *m*
Gockel ['gɔkəl] *m* <-s, -> *(südd: fam)* gallo *m*
Gokart *m* <-(s), -s>, **Go-Kart** *m* <-(s), -s> ① (SPORT: *Rennwagen*) cart *m,* kart *m* ② *(für Kinder)* coche *m* de juguete con pedales
Gold [gɔlt] *nt* <-(e)s, *ohne pl*> oro *m;* **~ wert sein** valer su peso en oro; **nicht für alles ~ der Welt** ni por todo el oro del mundo; **es ist nicht alles ~, was glänzt** *(prov)* no es oro todo lo que reluce
Goldader *f* filón *m* de oro
Goldbarren *m* lingote *m* de oro
golden ['gɔldən] *adj* ① *(aus Gold)* de oro; **die ~e Mitte wählen** optar por el justo medio ② *(goldfarben)* dorado
Goldesel *m* <-s, -> asno *m* de oro
goldfarben *adj* dorado
Goldfisch *m* (ZOOL) pez *m* rojo, ciprino *m* dorado
goldgelb *adj* amarillo dorado
Goldgräber(in) ['-grɛ:bɐ] *m(f)* <-s, -; -nen> buscador(a) *m(f)* de oro
Goldgrube *f (a. fig fam)* mina *f* de oro
Goldhamster *m* hámster *m*
goldig *adj (fam: niedlich)* mono
Goldmedaille *f* (SPORT) medalla *f* de oro
Goldmine *f* mina *f* de oro; *(gutes Geschäft)* mina *f* de dinero, tronchado *m Méx*
Goldmünze *f* moneda *f* de oro
Goldrausch *m ohne pl* fiebre *f* del oro
Goldregen *m* (BOT) borne *m*
goldrichtig ['-'--] *adj (fam)* absolutamente correcto

Goldschmied(in) *m(f)* orfebre *mf*
Goldschmiedearbeit *f* trabajo *m* de orfebrería
Goldschmiedekunst *f ohne pl* orfebrería *f*
Goldschmiedin *f s.* **Goldschmied**
Goldstück *nt* ❶ *(Münze)* moneda *f* de oro ❷ *(fam: Mensch)* tesoro *m*
Goldwaage *f* balanza *f* para oro; **jedes Wort auf die ~ legen** *(fam)* tomar todo lo que se dice al pie de la letra
Goldwährung *f* (WIRTSCH) patrón-oro *m*
Golf[1] [gɔlf] *m* <-(e)s, -e> (GEO) golfo *m;* **der ~ von Mexiko** el golfo de México
Golf[2] *nt* <-s, *ohne pl*> (SPORT) golf *m*
Golfball *m* pelota *f* de golf
Golfcart [-ka:t] *nt* <-(s), -s> (SPORT) buggy *m*
Golfkrieg *m* guerra *f* del Golfo
Golfplatz *m* campo *m* de golf
Golfschläger *m* palo *m* de golf
Golfspieler(in) *m(f)* jugador(a) *m(f)* de golf
Golfstaat *m* Estado *m* del Golfo
Golfstrom *m ohne pl* (GEO) corriente *f* del golfo
Golftasche *f* bolsa *f* de los palos de golf
Golftrolley *m* (SPORT) carrito *m* de golf
Gondel ['gɔndəl] *f* <-n> ❶ *(Boot)* góndola *f* ❷ *(am Ballon)* barquilla *f; (von Seilbahn)* cabina *f*
Gondelbahn *f* <-, -en> *(Schweiz)* funicular *m* aéreo, teleférico *m*
Gondoliere [gɔndo'lje:rə, *pl:* gɔndo'lje:ri] *m* <-, Gondolieri> gondolero *m*
Gong [gɔŋ] *m* <-s, -s> gong *m*
Gongschlag *m* golpe *m* de gong
gönnen ['gœnən] *vt* conceder de buen grado; **das gönne ich ihm** se lo merece; **jdm etw nicht ~** envidiar algo a alguien; **ich gönne ihr, dass sie eine Stelle gefunden hat** me alegro que haya encontrado trabajo; **sich** *dat* **etw ~** permitirse algo
Gönner(in) *m(f)* <-s, -; -nen> patrocinador(a) *m(f); (von Künstler)* mecenas *mf inv*
gönnerhaft *adj (abw)* displicente
Gönnerin *f* <-nen> *s.* **Gönner**
gor [go:ɐ] *3. imp von* **gären**
Göre ['gø:rə] *f* <-n> *(nordd)* ❶ *(Kind)* chiquillo, -a *m, f* ❷ *(freches Mädchen)* mocosa *f*
Gorgonzola [gɔrgon'dzɔ:la] *m* <-s, -s> gorgonzola *m*
Gorilla [go'rɪla] *m* <-s, -s> gorila *m*
Gospel ['gɔspəl] *m o nt* <-s, -s> (REL, MUS) góspel *m*
Gospelsong *m* <-s, -s> *s.* **Gospel**
goss [gɔs] *3. imp von* **gießen**
Gosse ['gɔsə] *f* <-n> arroyo *m;* **in der ~ landen** acabar en el arroyo
Gotik ['go:tɪk] *f ohne pl* gótico *m*
gotisch *adj* gótico
Gott[1] [gɔt] *m* <-es, *ohne pl*> *(monotheistisch)* Dios *m;* **mit ~es Hilfe** con la ayuda de Dios; **grüß ~!** *(reg)* ¡buenos días!, ¡buenas tardes!, ¡buenas noches!; **mein ~!** ¡Dios mío!; **um ~es willen!** ¡por (el amor de) Dios!; **~ sei Dank!** *(fam)* ¡gracias a Dios!; **~ hab ihn selig** Dios le tenga en su gloria; **ich schwöre bei ~** lo juro por Dios; **weiß ~ nicht** *(fam)* Dios sabe que no; **in ~es Namen** *(fam)* por Dios; **leider ~es** *(fam)* por desgracia; **~ bewahre!** *(fam)* ¡no lo quiera Dios!; **über ~ und die Welt reden** hablar de lo divino y de lo humano; **leben wie ~ in Frankreich** *(fam)* vivir a cuerpo de rey
Gott, Göttin[2] [gɔt, *pl:* 'gœtɐ] *m, f* <-es, Götter; -nen> *(polytheistisch)* dios(a) *m(f);* **die griechischen/römischen Götter** los dioses griegos/romanos; **ein Bild für die Götter** *(fam)* un espectáculo divino
Gotterbarmen *nt* **zum ~** *(fam: mitleiderregend)* desgarradamente; *(jämmerlich schlecht)* terriblemente
Götterbote *m* <-n, -n> mensajero *m* de los dioses
Götterdämmerung *f* <-, *ohne pl*> crepúsculo *m* de los dioses
Götterspeise *f* gelatina *f*
Gottesanbeterin *f* <-nen> (ZOOL) mantis *f inv* religiosa
Gottesdienst *m* culto *m; (evangelisch)* servicio *m* religioso; *(katholisch)* misa *f*
gottesfürchtig *adj* temeroso de Dios
Gotteshaus *nt* (REL) casa *f* de Dios; *(Kirche)* iglesia *f*
Gotteslästerer, -in *m, f* blasfemo, -a *m, f*
gotteslästerlich *adj* blasfemo
Gotteslästerung *f* blasfemia *f*
Gottheit *f* <-en> deidad *f*
Göttin ['gœtɪn] *f* <-nen> *s.* **Gott**[2]
Göttingen ['gœtɪŋən] *nt* <-s> Gotinga *f*
göttlich *adj* divino
gottlob ['gɔtlo:p] *adv* gracias a Dios
gottlos *adj* ❶ *(Gott nicht achtend)* impío ❷ *(atheistisch)* ateísta
Gottlosigkeit *f* <-, *ohne pl*> ❶ *(Nichtachtung Gottes)* impiedad *f* ❷ *(Unglaube)* ateísmo *m*
gottverdammt *adj (fam)* maldito, jodido *vulg*
gottverlassen *adj (fam)* abandonado
Götze ['gœtsə] *m* <-n, -n> ídolo *m*
Götzenbild *nt* ídolo *m*
Götzendiener(in) *m(f)* idólatra *mf*
Gouache [guaʃ] *f* <-, -n> *(deckende Malerei)* gouache *m*

Gouda ['gauda] *m* <-s, -s> (GASTR) (queso *m*) gouda *m*
Gourmet [gʊr'me:] *m* <-s, -s> gastrónomo *m*, gourmet *m*
Gouvernante [guvɛr'nantə] *f* <-, -n> *(alt)* institutriz *f*
Gouverneur(in) [guvɛr'nø:ɐ, guvɐ'nø:ɐ] *m(f)* <-s, -e; -nen> gobernador(a) *m(f)*
GPS-System [ge:pe:'ʔɛs-] *nt* sistema *m* GPS
Grab [gra:p, *pl:* 'grɛ:bɐ] *nt* <-(e)s, Gräber> sepultura *f*, tumba *f*; *(Grabmal)* sepulcro *m*; **jdn zu ~e tragen** *(geh)* dar sepultura a alguien; **verschwiegen wie ein ~ sein** *(fam)* ser callado como una tumba; **mit einem Bein im ~ stehen** *(fig)* estar con un pie en el hoyo; **er würde sich im ~ umdrehen** *(fig)* se revolvería en su tumba; **ein Geheimnis mit ins ~ nehmen** *(fig)* llevarse un secreto a la tumba; **sich** *dat* **sein eigenes ~ schaufeln** *(fig)* cavar su propia tumba
graben ['gra:bən] <gräbt, grub, gegraben> **I.** *vi* ❶ *(umgraben)* cavar ❷ *(nach Gold)* buscar (**nach**) **II.** *vt* *(ausheben)* cavar; *(Brunnen)* abrir **III.** *vr* **sich jdm ins Gedächtnis ~** grabarse en la memoria de alguien
Graben ['gra:bən] *m* <-s, Gräben> ❶ *(für Rohr)* zanja *f*; *(Bewässerungsgraben)* acequia *f*; *(Straßengraben)* cuneta *f* ❷ (GEO) fosa *f* ❸ *(Burg-, Orchestergraben)* foso *m* ❹ *(Schützengraben)* trinchera *f*
Grabesstille *f ohne pl* silencio *m* sepulcral
Grabhügel *m* túmulo *m*
Grabinschrift *f* epitafio *m*
Grabkammer *f* cámara *f* mortuoria
Grabmal *nt* <-(e)s, -e *o* -mäler> sepulcro *m*
Grabrede *f* <-, -n> oración *f* fúnebre, responso *m*
Grabschändung *f* violación *f* de sepulturas
grabschen *vi, vt s.* **grapschen**
Grabstätte *f* fosa *f*
Grabstein *m* lápida *f*
Grabstelle *f* <-, -n> (lugar *m* en el que se encuentra una) tumba *f*
gräbt [grɛ:pt] *3. präs von* **graben**
Grabung *f* <-, -en> excavación *f*
Grad [gra:t] *m* <-(e)s, -e> grado *m*; **akademischer ~** título académico; **ein Winkel von 60 ~** un ángulo de 60 grados; **bei fünf ~ Kälte** a cinco grados bajo cero; **Verwandte zweiten ~es** parientes de segundo grado; **er war im höchsten ~ nervös** estaba sumamente nervioso; **bis zu einem gewissen ~** hasta cierto punto
grade *adj o adv (fam) s.* **gerade**
Gradeinteilung *f* división *f* en grados
Gradmesser *m* escala *f* graduada; **die Popularität ist kein ~ für Qualität** la popularidad no es sinónimo de calidad
graduell [gradu'ɛl] *adj* gradual
graduiert [gradu'i:ɐt] *adj* (SCH) graduado
Graf, Gräfin [gra:f] *m, f* <-en, -en; -nen> conde(sa) *m(f)*
Graffito [gra'fi:to, *pl:* gra'fi:ti] *m o nt* <-(s), Graffiti> grafito *m*
Grafik[1] ['gra:fɪk] *f ohne pl* (KUNST) artes *f pl* gráficas
Grafik[2] *f* <-en> ❶ *(Kunstwerk)* dibujo *m* gráfico ❷ *(Schaubild)* gráfico *m*
Grafiker(in) ['gra:fikɐ] *m(f)* <-s, -; -nen> grafista *mf*
Grafikkarte *f* (INFOR) tarjeta *f* gráfica [*o* de gráficos]
Grafikmodus *m* (INFOR) modo *m* de gráficos
Grafikprogramm *nt* (INFOR) programa *m* gráfico
Gräfin ['grɛ:fɪn] *f* <-nen> *s.* **Graf**
grafisch *adj* gráfico
Grafit *m* <-s, -e> grafito *m*
gräflich ['grɛ:flɪç] *adj (einem Grafen gehörend)* condal
Grafologe, -in *m, f* <-n, -n; -, -nen> grafólogo, -a *m, f*
Grafologie [grafolo'gi:] *f* <-, *ohne pl*> grafología *f*
Grafschaft *f* <-en> condado *m*
Gral [gra:l] *m* <-s> **der Heilige ~** el Santo Grial
gram [gra:m] *adj (geh)* **jdm ~ sein** guardar rencor a alguien
Gram [gra:m] *m* <-(e)s, *ohne pl*> *(geh)* aflicción *f*
grämen ['grɛ:mən] *vr:* **sich ~** *(geh)* afligirse (**über** por)
Gramm [gram] *nt* <-s, -e, *nach Zahlen:* -> gramo *m*
Grammatik [gra'matɪk] *f* <-en> (LING) gramática *f*
grammatikalisch [gramati'ka:lɪʃ] *adj* (LING) gramatical
Grammatikregel *f* regla *f* gramatical
grammatisch *adj* (LING) gramatical; **~ richtig** gramaticalmente correcto
Grammofon [gramo'fo:n] *nt* <-s, -e> gramófono *m*
Granat [gra'na:t] *m* <-(e)s, -e> ❶ *(Garnele)* cigala *f* ❷ *(Mineral)* granate *m*
Granatapfel *m* (BOT) granada *f*
Granate [gra'na:tə] *f* <-n> (MIL) granada *f*
grandios [gran'djo:s] *adj* grandioso
Grand Prix [grã'pri:] *m* <- -, - -> (SPORT) gran premio *m*
Granit [gra'ni:t] *m* <-s, -e> granito *m*

grantig ['grantɪç] *adj (reg: fam)* malhumorado, gruñón
Granulat [granu'la:t] *nt* <-(e)s, -e> granulado *m*
Grapefruit ['gre:pfru:t, 'grɛɪpfru:t] *f* <-s> (BOT) pomelo *m,* toronja *f Am*
grapschen I. *vt (fam)* ❶ *(nehmen)* agarrar, pillar; **sich** *dat* **etw ~** agarrar algo, cogerse algo ❷ *(südd: stehlen)* escamotear, mangar ❸ *(packen)* agarrar, pillar; *(festnehmen)* echar el guante (a) **II.** *vi* ❶ *(greifen)* agarrar; **nach etw ~** echar mano a algo ❷ *(anfassen)* agarrar; *(abw: betatschen)* toquetear; *(sexuell)* meter mano
Gras[1] [gra:s, *pl:* 'grɛ:zɐ] *nt* <-es, Gräser> *(Pflanze)* hierba *f*
Gras[2] *nt* <-es, *ohne pl*> *(Wiese)* hierba *f; (Rasen)* césped *m;* **das ~ wachsen hören** *(fam fig)* tener un sexto sentido; **über etw ~ wachsen lassen** *(fig fam)* echar tierra sobre algo; **ins ~ beißen** *(fam fig)* irse al otro barrio
grasbewachsen *adj* herboso, cubierto de hierba
grasen ['gra:zən] *vi* pacer
grasgrün ['-'-] *adj* verde intenso
Grashalm *m* paja *f*
Grashüpfer ['gra:shʏpfɐ] *m* <-s, -> *(fam)* saltamontes *m inv*
Grasland *nt* (AGR) pastizal *m,* pradera *f*
Grasnarbe *f* <-, -n> capa *f* de césped
grassieren* [gra'si:rən] *vi* extenderse; *(Gerücht)* propagarse
grässlich ['grɛslɪç] *adj (schrecklich)* horrible; *(abscheulich)* atroz
Grat [gra:t] *m* <-(e)s, -e> (*a.* ARCHIT) cresta *f*
Gräte ['grɛ:tə] *f* <-n> espina *f*
Gratifikation [gratifika'tsjo:n] *f* <-, -en> gratificación *f*
gratinieren* [grati'ni:rən] *vt* (GASTR) gratinar
gratis ['gra:tɪs] *adv* gratis, de coca *Méx fam*
Gratisprobe *f* muestra *f* gratuita
Grätsche ['grɛ:tʃə] *f* <-, -n> (SPORT) salto *m* con las piernas abiertas
grätschen ['grɛ:tʃn] **I.** *vi sein* (SPORT) **über etw ~** saltar por encima de algo con las piernas abiertas **II.** *vt* (SPORT) **die Beine ~** abrir las piernas
Gratulant(in) [gratu'lant] *m(f)* <-en, -en; -nen> felicitante *mf*
Gratulation [gratula'tsjo:n] *f* <-en> felicitación *f*
gratulieren* *vi* dar la enhorabuena (**zu** por); **gratuliere!** ¡enhorabuena!
Gratwanderung *f* excursión *f* de alta montaña; **sich auf einer ~ befinden** *(fig)* estar en la cuerda floja

grau [graʊ] *adj* ❶ *(Farbe)* gris; **~e Haare** canas *f pl* ❷ *(trostlos)* monótono; **der ~e Alltag** la monotonía cotidiana ❸ *(ungewiss)* incierto; **in ~er Vorzeit** en un pasado remoto
Grau [graʊ] *nt* <-s, -> ❶ *(Farbe)* gris *m* ❷ *(Trostlosigkeit)* monotonía *f*
grauäugig ['graʊʔɔɪgɪç] *adj* de ojos grises
graublau *adj* gris azulado
Graubrot *nt (reg)* pan *m* moreno
Graubünden [graʊ'bʏndən] *nt* <-s> (GEO) cantón *m* de los Grisones
Gräuel ['grɔɪəl] *m* <-s, -> *(geh)* ❶ *(Abscheu)* horror *m* ❷ *(Tat)* atrocidad *f*
Gräueltat *f* atrocidad *f*
grauen ['graʊən] *vunpers* horrorizar; **mir graut vor der Prüfung** el examen me horroriza
Grauen[1] ['graʊən] *nt* <-s, *ohne pl*> espanto *m;* **~ erregend** horroroso, espantoso
Grauen[2] *nt* <-s, -> horror *m;* **die ~ des Krieges** los horrores de la guerra
grauenerregend *adj* horroroso, espantoso
grauenhaft *adj,* **grauenvoll** *adj* ❶ *(Anblick)* aterrador ❷ *(fam: unangenehm)* espantoso
graugrün *adj* gris verdoso
grauhaarig *adj* canoso
graulen ['graʊlən] **I.** *vr:* **sich ~** *(fam)* tener miedo (**vor** de); **kleine Kinder ~ sich meist vor der Dunkelheit** los niños pequeños tienen normalmente miedo de la oscuridad **II.** *vunpers (fam)* **jdm** [*o* **jdn**] **grault es vor etw** *dat*/**jdm** alguien tiene miedo de algo/alguien; **mir grault schon vor der nächsten Steuerprüfung** la próxima inspección fiscal me da miedo ya
gräulich[1] ['grɔɪlɪç] *adj* grisáceo
gräulich[2] *adj s.* **grässlich**
Graupe ['graʊpə] *f* <-, -n> cebada *f*
Graupel ['graʊpəl] *f* <-n> granizo *m* fino
Graupelschauer *m* granizada *f*
Graus [graʊs] *m* <-es, *ohne pl*> horror *m;* **o ~!** *(iron)* ¡uy, qué miedo!
grausam ['graʊza:m] *adj* cruel
Grausamkeit *f* <-en> crueldad *f*
Grauschleier *m (Wäsche)* color *m* grisáceo
grausen ['graʊzən] *vunpers* dar miedo, espantar; **es graust ihn vor Ratten** tiene miedo a las ratas
Grausen ['graʊzən] *nt* <-s, *ohne pl*> horror *m,* espanto *m*
grausig *adj s.* **grauenhaft**
Grauzone *f zona intermedia entre legalidad e ilegalidad*
Graveur(in) [gra'vø:ɐ] *m(f)* <-s, -e; -, -nen> grabador(a) *m(f)*
gravieren* [gra'vi:rən] *vt* grabar (**in** en)

G

gravierend *adj* *(Umstände)* agravante; *(Fehler)* grave
Gravierung *f* <-en> grabado *m*
Gravitation [gravita'tsjo:n] *f ohne pl* (PHYS) gravitación *f*
Gravitationsfeld *nt* <-(e)s, -er> (PHYS) campo *m* gravitacional
Gravur [gra'vu:ɐ] *f* <-en> grabado *m*
Grazie ['gra:tsjə] *f ohne pl* gracia *f*, quimba *f Am*
grazil [gra'tsi:l] *adj* grácil
graziös [gra'tsjø:s] *adj* garboso, airoso
Greenpeace-Aktivist(in) *m(f)* activista *mf* de Greenpeace

G

gregorianisch [gregori'a:nɪʃ] *adj* (MUS) gregoriano
Greifarm *m* <-(e)s, -e> (TECH) (brazo *m*) manipulador *m*
greifbar *adj* ① *(zur Hand)* a mano ② *(konkret)* concreto
greifen ['graɪfən] <greift, griff, gegriffen> **I.** *vi* ① (TECH) engarzar ② *(wirksam werden)* surtir efecto; **tief ~d** profundo; **um sich ~** propagarse, extenderse ③ *(fassen)* agarrar (**nach**); *(ergreifen)* echar mano (**zu** de/a); *(zu bestimmten Mitteln)* recurrir (**zu** a); **zum G~ nah** a un paso; **zu einem Buch ~** echar mano a un libro; **zu den Waffen ~** recurrir a las armas; **das ist aus der Luft gegriffen** esto carece de base; **sich** *dat* **an den Kopf ~** llevarse las manos a la cabeza **II.** *vt* *(nehmen)* coger, tomar *Am;* *(packen)* agarrar
Greifvogel *m* ave *f* de presa
Greifzange *f* tenaza(s) *f(pl)*, napoleón *m Chil*
greis [graɪs] *adj* *(geh)* anciano
Greis(in) [graɪs] *m(f)* <-es, -e; -nen> *(geh)* anciano, -a *m, f*
Greisenalter *nt ohne pl* edad *f* senil
grell [grɛl] *adj* *(Stimme, Farbe)* chillón; *(Schrei)* estridente
Gremium ['gre:miʊm] *nt* <-s, Gremien> gremio *m*
Grenzbereich *m* área *f* fronteriza
Grenzbewohner(in) *m(f)* persona *f* que vive en una zona fronteriza
Grenzbezirk *m* <-(e)s, -e> zona *f* fronteriza
Grenze ['grɛntsə] *f* <-n> ① *(Staatsgrenze)* frontera *f* (**zu** con); **die ~ zu Belgien** la frontera con Bélgica; **grüne ~** paso de frontera no vigilado ② *(Begrenzung)* límite *m;* **etw** *dat* **~n setzen** poner límites a algo; **das liegt an der ~ des Erlaubten** esto roza la ilegalidad; **sich in ~n halten** mantenerse dentro de los límites
grenzen *vi* ① *(Grenze haben)* limitar (**an** con); *(angrenzen)* lindar (**an** con) ② *(fig: nahekommen)* rozar (**an**)
grenzenlos *adj* ① *(räumlich)* sin límites, ilimitado ② *(sehr groß)* inmenso
Grenzenlosigkeit *f* <-, *ohne pl*> ① *(ungeheure Weite)* inmensidad *f* ② *(Vertrauen, Verachtung)* desmesura *f*
Grenzfall *m* caso *m* extremo
Grenzgänger(in) ['-gɛŋɐ] *m(f)* <-s, -; -nen> trabajador(a) *m(f)* fronterizo, -a
Grenzgebiet *nt* zona *f* fronteriza
Grenzkonflikt *m* (POL) conflicto *m* fronterizo
Grenzkontrolle *f* control *m* de fronteras
Grenzlinie *f* línea *f* fronteriza; (SPORT) línea *f*
Grenzposten *m* puesto *m* fronterizo
Grenzschutz *m* protección *f* de la frontera
Grenzstadt *f* ciudad *f* fronteriza
Grenzstein *m* hito *m* (fronterizo)
Grenzübergang *m* paso *m* fronterizo
grenzüberschreitend *adj* *(Handel, Verkehr)* internacional
Grenzübertritt *m* paso *m* de frontera(s)
Grenzverkehr *m ohne pl* tráfico *m* fronterizo
Grenzwert *m* (MATH) valor *m* límite
Grenzzwischenfall *m* incidente *m* en la frontera
Griebe ['gri:bə] *f* <-n> chicharrón *m*
Grieche, -in ['gri:çə] *m, f* <-n, -n; -nen> griego, -a *m, f*
Griechenland *nt* <-s> Grecia *f*
Griechin *f* <-nen> *s.* **Grieche**
griechisch *adj* griego
Griechisch *nt* <-(s), *ohne pl*>, **Griechische** *nt* <-n, *ohne pl*> griego *m;* **sprechen Sie ~?** ¿habla griego?; **letztes Jahr wurde der Text ins ~e übersetzt** el año pasado tradujeron el texto al griego
Griesgram ['gri:sgra:m] *m* <-(e)s, -e> *(abw)* cascarrabias *mf inv*
griesgrämig **I.** *adj* huraño; *(Miene)* avinagrado **II.** *adv* con gesto huraño
Grieß [gri:s] *m* <-es, -e> sémola *f*
Grießbrei *m* papilla *f* de sémola
Grießpudding *m* <-s, -e *o* -s> (GASTR) pudin *m* de sémola, budín *m* de sémola
griff [grɪf] *3. imp von* **greifen**
Griff [grɪf] *m* <-(e)s, -e> ① *(das Greifen)* agarre *m;* **etw im ~ haben** dominar algo; **etw in den ~ bekommen** conseguir dominar algo ② *(Messergriff)* mango *m;* *(Fenstergriff)* tirador *m;* *(Klinke)* picaporte *m;* *(Henkel)* asa *f;* *(Knauf, Fahrradgriff)* puño *m* ③ *(Handgriff)* maniobra *f* ④ (MUS: *Fingerstellung*) digitación *f* ⑤ (SPORT) presa *f*
griffbereit *adj* al alcance de la mano

Griffel ['grɪfəl] *m* <-s, -> ① *(Stift)* estilete *m* ② (BOT) estilo *m*
griffig *adj* ① *(Maschine)* manejable ② *(Boden)* antideslizante ③ *(Gewebe)* agradable al tacto
Grill [grɪl] *m* <-s, -s> (*a.* AUTO) parrilla *f;* **vom ~** a la parrilla
Grille ['grɪlə] *f* <-n> (ZOOL) grillo *m*
grillen ['grɪlən] **I.** *vt* asar a la parrilla **II.** *vi* hacer una barbacoa
Grillpfanne *f* parrilla *f*
Grillplatz *m* asador *m*
Grillrost *m* parrilla *f*
Grimasse [gri'masə] *f* <-n> mueca *f;* **~n schneiden** hacer muecas, poner carotas
grimmig *adj* ① *(Person)* furioso; *(stärker)* rabioso ② *(Kälte)* crudo
grinsen ['grɪnzən] *vi* sonreír(se)
Grinsen *nt* <-s, *ohne pl*> *(spöttisch)* sonrisa *f* burlona; *(ironisch)* sonrisa *f* irónica
grippal [grɪ'pa:l] *adj* (MED) gripal
Grippe ['grɪpə] *f* <-n> gripe *f;* (**die**) **~ haben** tener (la) gripe
Grippevirus *m o nt* (MED) virus *m inv* de la gripe
Grippewelle *f* epidemia *f* de gripe
Grips [grɪps] *m* <-es, -e> *(fam)* sesos *mpl;* **seinen ~ anstrengen** estrujarse los sesos
Grizzlybär *m* (ZOOL) (oso *m*) grizzly *m*
grob [gro:p] *adj* <gröber, am gröbsten> ① *(Sand, Kaffee)* grueso; *(Papier)* áspero; *(Gewebe)* basto; **~ gemahlen** de grano grueso ② *(Gesichtszüge)* tosco; *(Arbeit)* sucio ③ *(Fehler)* grave; **~er Unfug** abuso grave; **aus dem Gröbsten heraus sein** *(fam)* haber pasado lo peor ④ *(ungefähr)* aproximativo; **~ gerechnet** contado aproximadamente; **in ~en Zügen** a grandes rasgos ⑤ *(abw: barsch)* basto, concho *AmC,* guaso *AmS;* **sei nicht so ~ zu mir** no seas tan grosero conmigo
Grobheit[1] *f* <-en> *(Äußerung, Benehmen)* grosería *f*
Grobheit[2] *f ohne pl (Art)* tosquedad *f*
Grobian ['gro:bia:n] *m* <-(e)s, -e> *(abw)* grosero *m*
grobkörnig *adj* de grano grueso
gröblich ['grø:plɪç] *adj (geh)* grave; **jdn ~ beleidigen** injuriar groseramente a alguien
grobmaschig *adj* de mallas gruesas
gröbste(r, s) ['grø:pstə, -tɐ, -təs] *adj superl von* **grob**
Grog [grɔk] *m* <-s, -s> grog *m*
groggy ['grɔgi] *adj (fam)* grogui, hecho polvo
grölen ['grø:lən] *vi (fam abw)* gritar, chillar
Groll [grɔl] *m* <-(e)s, *ohne pl*> *(geh)* rencor *m;* **einen ~ gegen jdn hegen** guardar rencor a alguien
grollen *vi (geh)* ① *(Donner)* retumbar ② *(Person)* estar enfadado (+*dat* con); **sie grollt** (**mit**) **ihrem Bruder** está enfadada con su hermano
Grönland ['grø:nlant] *nt* <-s> Groenlandia *f*
Grönländer(in) ['grø:nlɛndɐ] *m(f)* <-s, -; -nen> groenlandés, -esa *m, f*
grönländisch *adj* groenlandés
groovig ['gru:vɪç] *adj (fam)* buenísimo, estupendo
Gros [gro:, *pl:* gro:s] *nt* <-, -> mayoría *f*
Groschen ['grɔʃən] *m* <-s, -> **der ~ ist bei ihm gefallen** *(fam)* ha caído en la cuenta
Groschenroman *m (abw)* novela *f* folletinesca
groß [gro:s] <größer, am größten> *adj* ① *(allgemein)* gran(de); *(geräumig)* espacioso; *(Fläche)* extenso; *(dick)* grueso; **eine ~e Koalition** una gran coalición; **mit dem größten Vergnügen** con el mayor placer; **~en Wert auf etw legen** dar gran importancia a algo; **sie war seine ~e Liebe** fue su gran amor; **~ in Mode sein** estar muy de moda; **ich habe ~e Lust, zu gehen** tengo muchas ganas de irme; **was soll ich ~ dazu sagen?** *(fam)* ¿qué quieres que te diga?; **er hat es mir ~ und breit erzählt** *(fam)* me lo ha contado con pelos y señales ② *(hoch, hoch gewachsen)* alto; **er ist fast zwei Meter ~** mide casi dos metros ③ *(zeitlich)* largo; **die ~en Ferien** las vacaciones de verano ④ *(älter)* mayor; *(erwachsen)* adulto; **meine ~e Schwester** mi hermana mayor; **wenn ich ~ bin** cuando sea mayor; **ein Vergnügen für G~ und Klein** una diversión para grandes y pequeños ⑤ *(Menge)* numeroso; **eine ~e Familie** una familia numerosa; **im G~en und Ganzen** en general ⑥ *(bedeutend)* grande; *(wichtig)* importante; **~e Reden schwingen** *(fam: angeben)* presumir; *(versprechen)* prometer el oro y el moro; **ganz ~ rauskommen** *(fam)* hacerse famoso; **Karl der G~e** Carlomagno; **sein Geburtstag wurde ~ gefeiert** *(fam)* su cumpleaños fue celebrado por todo lo alto
Großabnehmer(in) *m(f)* comprador(a) *m(f)* al por mayor
Großangriff *m* (MIL) ataque *m* a gran escala
großartig *adj* grandioso; *(prächtig)* magnífico; *(ausgezeichnet)* excelente; **das ist ja ~!** ¡eso (sí que) es excelente!
Großartigkeit *f* <-, *ohne pl*> grandiosidad *f;* *(Pracht)* magnificencia *f*
Großaufnahme *f* ① (FOTO) foto *f* de primer plano ② (FILM) primer plano *m*
Großauftrag *m* (WIRTSCH) pedido *m* de gran volumen

G

Großbetrieb *m* ① (WIRTSCH) gran empresa *f* ② (AGR) explotación *f* a gran escala
Großbildleinwand *f* pantalla *f* gigante
Großbrand *m* gran incendio *m*
Großbritannien [groːsbriˈtanjən] *nt* Gran Bretaña *f*
Großbuchstabe *m* (letra *f*) mayúscula *f*, letra *f* capital *Am;* **in ~n** en mayúsculas
Größe [ˈgrøːsə] *f* <-n> ① *(Ausdehnung)* dimensión *f; (Format)* tamaño *m; (Rauminhalt)* volumen *m;* **das hängt von der ~ der Gruppe ab** esto depende de lo grande que sea el grupo; **in voller ~** *(Mensch)* de cuerpo entero ② *(Höhe)* altura *f; (Körpergröße)* estatura *f;* **eine Frau mittlerer ~** una mujer de mediana estatura ③ *(für Kleidung)* talla *f; (Schuhe)* número *m* ④ (PHYS, MATH) magnitud *f;* **unbekannte ~** magnitud desconocida ⑤ *(Bedeutsamkeit)* importancia *f; (Großartigkeit)* grandeza *f* ⑥ *(Persönlichkeit)* autoridad *f*
Großeinkauf *m* compra *f* en grandes cantidades
Großeinsatz *m* gran operación *f*, despliegue *m*
Großeltern *pl* abuelos *mpl*
Großenkel(in) *m(f)* bisnieto, -a *m, f*
Größenordnung *f* <-en> dimensión *f*
großenteils [ˈgroːsən(ˈ)taɪls] *adv* en su mayor parte
Größenunterschied *m* diferencia *f* de tamaño; *(Höhe, Körpergröße)* diferencia *f* de altura
Größenverhältnis *nt* proporción *f*
Größenwahn *m (abw)* megalomanía *f*
größenwahnsinnig *adj* megalómano
größer [ˈgrøːsɐ] *adj kompar von* **groß**
Großfahndung *f* gran redada *f*
Großfamilie *f* familia *f* numerosa
großflächig [ˈgroːsflɛçɪç] *adj* grande; *(geräumig)* amplio, extenso
Großformat *nt* gran tamaño *m*
großformatig *adj* de gran tamaño; **~e Zeitung** periódico de gran formato
Großgrundbesitz *m ohne pl* latifundio *m*
Großgrundbesitzer(in) [-ˈ----] *m(f)* latifundista *mf*
Großhandel *m* comercio *m* al por mayor
Großhandelspreis *m* (COM, FIN) precio *m* al por mayor
Großhandelsrabatt *m* (COM, FIN) descuento *m* al por mayor
Großhändler(in) *m(f)* comerciante *mf* al por mayor, mayorista *mf*
großherzig *adj (geh)* magnánimo
Großherzog(in) *m(f)* gran duque(sa) *m(f)*
Großherzogtum *nt* gran ducado *m*
Großhirn *nt* (ANAT) cerebro *m*
Großhirnrinde *f* (ANAT) corteza *f* cerebral
großkotzig [ˈgroːskɔtsɪç] *adj (fam abw)* farolero
Großküche *f* (GASTR) cocina *f* de restaurante
Großkundgebung *f* manifestación *f* masiva
Großmacht *f* gran potencia *f*
Großmarkt *m* mercado *m* central, mercado *m* de abasto *Arg*
Großmaul *nt (fam abw)* farolero, -a *m, f*
großmäulig *adj (fam abw)* fanfarrón; **~e Ankündigungen** fanfarronadas *fpl*
Großmut *f* generosidad *f*, magnanimidad *f*
großmütig [ˈgroːsmyːtɪç] *adj* generoso
Großmutter *f* abuela *f*, nanoya *f Guat*
Großneffe *m* sobrino *m* nieto
Großnichte *f* sobrina *f* nieta
Großonkel *m* tío *m* abuelo
Großraum *m* área *f;* **im ~ Köln** en el área de Colonia
Großraumabteil *nt* (EISENB) compartim(i)ento *m* colectivo
Großraumbüro *nt* oficina *f* colectiva
Großraumflugzeug *nt* avión *m* de gran capacidad
großräumig [ˈgroːsrɔɪmɪç] *adj (geräumig)* amplio; *(großflächig)* grande
Großraumwagen *m* coche *m* de gran capacidad; (EISENB) coche *m* sin compartimentos
Großrechner *m* (INFOR) macrocomputador *m*
groß|schreiben *irr vt* ① *(mit großem Anfangsbuchstaben)* escribir con mayúsculas ② *(wichtig nehmen)* **etw ~** conceder gran importancia a algo
Großschreibung *f* (empleo *m* de) mayúsculas *fpl*
Großsegel *nt* (NAUT) vela *f* mayor
großspurig [ˈgroːsʃpuːrɪç] *adj (abw)* arrogante; *(eingebildet)* presumido
Großstadt *f* metrópoli(s) *f inv*
Großstädter(in) *m(f)* habitante *mf* de una gran ciudad
großstädtisch *adj* metropolitano
Großtante *f* tía *f* abuela
größte(r, s) [ˈgrøːstə, -tɐ, -təs] *adj superl von* **groß**
Großteil *m* mayor parte *f*, mayoría *f;* **zu einem ~** en su mayor parte
größtenteils [ˈgrøːstən(ˈ)taɪls] *adv* en su mayor parte, mayoritariamente
größtmöglich *adj* (el, la) mayor posible
groß|tun *irr* **I.** *vi* *(abw)* fanfarronear **II.** *vr:* **sich ~** *(abw)* darse importancia (**mit** de)
Großunternehmen *nt* (WIRTSCH) empresa *f* grande
Großvater *m* abuelo *m*

Großveranstaltung *f* acto *m* multitudinario
Großverdiener(in) *m(f)* persona *f* con altos ingresos
groß|ziehen *irr vt* criar
großzügig ['gro:stsy:gɪç] *adj* ① *(freigebig)* generoso ② *(tolerant)* tolerante ③ *(weiträumig)* amplio
Großzügigkeit *f ohne pl* ① *(Freigebigkeit)* generosidad *f* ② *(Toleranz)* tolerancia *f*
grotesk [gro'tɛsk] *adj* grotesco
Grotte ['grɔtə] *f* <-n> gruta *f*
Groupie ['gru:pi] *nt* <-s, -s> grupi *f*
grub [gru:p] *3. imp von* **graben**
Grübchen ['gry:pçən] *nt* <-s, -> hoyuelo *m*
Grube ['gru:bə] *f* <-n> fosa *f;* (BERGB) mina *f;* **wer andern eine ~ gräbt, fällt selbst hinein** *(prov)* quien fosa cava, en ella caerá
Grübelei *f* <-en> cavilación *f*
grübeln ['gry:bəln] *vi* cavilar
Grubenarbeiter(in) *m(f)* (BERGB) minero, -a *m, f*
Grubenunglück *nt* accidente *m* minero
Grübler(in) *m(f)* <-s, -; -, -nen> persona *f* meditabunda e introvertida
grüblerisch ['gry:blərɪʃ] *adj* caviloso, pensativo
grüezi ['gry:ɛtsi] *interj (Schweiz)* hola
Gruft [grʊft, *pl:* 'grʏftə] *f* <Grüfte> *(geh)* panteón *m; (in der Kirche)* cripta *m*
grummeln ['grʊməln] *vi* ① *(Mensch)* gruñir ② *(Donner)* bramar
grün [gry:n] *adj* ① *(Farbe, a.* POL) verde; **G~er Punkt** (ÖKOL) el punto verde *(marca de materiales reciclables);* **jdn ~ und blau schlagen** *(fam)* moler a alguien a palos; **sich ~ und blau ärgern** *(fam)* ponerse furioso; **~es Licht geben** *(fam)* dar luz verde; **auf keinen ~en Zweig kommen** *(fig)* no salir adelante ② *(unreif)* inmaduro, verde ③ *(abw: unerfahren)* novato, bisoño; **ein ~er Junge** un mozalbete
Grün[1] *nt* <-s, -> *(Farbe)* verde *m;* **die Ampel steht auf ~** el semáforo está en verde; (**das ist**) **dasselbe in ~** (eso es) prácticamente lo mismo
Grün[2] *nt* <-s, *ohne pl*> ① *(Pflanzen)* verde *m; (Grünfläche)* zona *f* verde ② *(junge Triebe)* verdor *m*
grün-alternativ *adj* (POL) de la alternativa verde
Grünanlage *f* parque *m*
Grund[1] [grʊnt] *m* <-(e)s, *ohne pl*> ① *(Erdboden)* suelo *m;* **~ und Boden** terrenos *mpl;* **jdn in ~ und Boden reden** abrumar a alguien con argumentos ② *(eines Gewässers)* fondo *m;* **auf ~ laufen** encallar; **im ~e** (**genommen**) en el fondo; **im ~e seines Herzens** en el fondo de su corazón; **zu ~e gehen** irse a pique, fundirse *Am;* **etw** *dat* **auf den ~ gehen** averiguar algo; **jdn/etw zu ~e** [*o* **zugrunde**] **richten** arruinar a alguien/estropear algo; *s. a.* **zugrunde** ③ *(Grundlage)* fundamento *m,* base *f;* **den ~ zu etw** *dat* **legen** sentar las bases de algo; **von ~ auf** desde el principio; **etw zu ~e** [*o* **zugrunde**] **legen** tomar algo por base; **zu ~e** [*o* **zugrunde**] **liegen** basarse en; *s. a.* **zugrunde**
Grund[2] [grʊnt, *pl:* 'grʏndə] *m* <-(e)s, Gründe> *(Ursache)* razón *f,* motivo *m;* **es besteht kein ~ zur Klage** no hay motivo de queja; **aus gesundheitlichen Gründen** por razones de salud; **aus dem einfachen ~e, dass ...** por la simple razón de que...; **ohne ~** sin razón; **auf ~** [*o* **aufgrund**] **von** a causa de; **aus gutem ~** por una buena razón; *s. a.* **aufgrund**
grundanständig ['-'---] *adj* muy honrado
Grundausbildung *f* (MIL) instrucción *f* militar
Grundausstattung *f* equipamiento *m* básico (**an** de)
Grundbedingung *f* condición *f* básica
Grundbegriff *m* ① *(Begriff)* término *m* básico ② *pl (Grundlagen)* elementos *mpl* fundamentales
Grundbesitz *m* bienes *mpl* raíces
Grundbesitzer(in) *m(f)* latifundista *mf*
Grundbestandteil *m* elemento *m* básico
Grundbuch *nt* (ADMIN, JUR) registro *m* de la propiedad
Grundbuchamt *nt* (ADMIN, JUR) oficina *f* del registro de la propiedad
grundehrlich *adj* absolutamente sincero
gründen ['grʏndən] **I.** *vt* ① *(Institution)* fundar; *(schaffen)* crear ② *(stützen)* apoyar (**auf** en) **II.** *vr:* **sich ~** basarse (**auf** en)
Gründer(in) *m(f)* <-s, -; -nen> fundador(a) *m(f)*
grundfalsch ['-'-] *adj* absolutamente falso
Grundfarbe *f* <-, -n> ① *(Rot, Gelb, Blau)* color *m* primario [*o* fundamental] ② *(Untergrund)* fondo *m*
Grundfesten ['grʊntfɛstən] *pl* **an den ~ von etw** *dat* **rütteln, etw bis in die ~ erschüttern** hacer tambalear las bases de algo
Grundfläche *f (eines Körpers)* base *f; (eines Gebietes)* superficie *f*
Grundform *f (elementare Form)* forma *f* elemental; (LING) forma *f* primitiva; *(des Verbs)* infinitivo *m*
Grundgebühr *f* tarifa *f* básica
Grundgedanke *m* idea *f* fundamental
Grundgehalt *nt* salario *m* base

Grundgesetz *nt ohne pl* (POL) ley *f* orgánica; *(Verfassung)* constitución *f*
Grundgestein *nt* roca *f* primitiva
Grundhaltung *f* <-en> posición *f* fundamental
grundieren* [grʊn'diːrən] *vt* dar la primera capa (a)
Grundierung *f* <-en> *(Grundfarbe)* capa *f* de fondo
Grundkapital *nt* (WIRTSCH) capital *m* inicial; **genehmigtes ~** capital social autorizado
Grundkenntnisse *fpl* conocimientos *mpl* básicos
Grundkonsens *m* (POL) consenso *m* básico

G

Grundkurs *m* ❶ (SCH) asignatura *f* básica ❷ *(in einer Fremdsprache)* curso *m* elemental
Grundlage *f* base *f,* fundamento *m;* **die ~n für etw schaffen** sentar las bases para algo
Grundlagenforschung *f* investigación *f* pura
grundlegend ['grʊntleːgənt] *adj* fundamental
gründlich ['grʏntlɪç] **I.** *adj (sorgfältig)* cuidadoso; *(eingehend)* detenido; *(gewissenhaft)* concienzudo **II.** *adv (fam: sehr)* a fondo, profundamente; **da hat sie sich ~ getäuscht** ahí se ha equivocado del todo
Gründlichkeit *f ohne pl (Genauigkeit)* minuciosidad *f; (Sorgfalt)* esmero *m*
Grundlinie *f* ❶ (SPORT) línea *f* de fondo ❷ *(Geometrie)* base *f*
Grundlohn *m* sueldo *m* base
grundlos *adj* inmotivado
Grundmauer *f* cimientos *mpl*
Grundnahrungsmittel *nt* producto *m* alimenticio básico
Gründonnerstag [-'---] *m* Jueves *m* Santo
Grundpfeiler *m* ❶ *(tragender Pfeiler)* puntal *m,* pilar *m* de fundamento, pilote *m* de fundamento ❷ *(wesentliches Element)* piedra *f* angular
Grundrechenart *f* (MATH) regla *f* aritmética
Grundrecht *nt* derecho *m* fundamental
Grundregel *f* regla *f* fundamental
Grundrente *f* <-, -n> *(Mindestrente)* renta *f* básica
Grundriss *m* ❶ (ARCHIT) planta *f* ❷ *(kurze Abhandlung)* esbozo *m* ❸ *(Lehrbuch)* manual *m*
Grundsatz *m* principio *m;* **sich** *dat* **etw zum ~ machen** tomar algo como divisa
Grundsatzentscheidung *f* <-, -en> decisión *f* de principio
grundsätzlich ['grʊntzɛtslɪç] **I.** *adj* ❶ *(Frage)* fundamental ❷ *(aus Prinzip)* de principio **II.** *adv (immer)* por principio; *(eigentlich)* en principio
Grundschule *f* escuela *f* primaria
Grundschullehrer(in) *m(f)* (SCH) maestro, -a *m, f* de escuela primaria
Grundstein *m* base *f,* cimientos *mpl;* **den ~ zu etw** *dat* **legen** sentar las bases de algo
Grundsteuer *f* (FIN) impuesto *m* territorial
Grundstock *m* <-(e)s, -stöcke> base *f*
Grundstoff *m (Rohstoff)* materia *f* prima; *(Element)* elemento *m; (Zutaten)* ingrediente *m*
Grundstück *nt* terreno *m*
Grundstücksmakler(in) *m(f)* agente *mf* inmobiliario , -a
Grundstudium *nt ohne pl* (UNIV) ≈ primer ciclo *m* (de los estudios superiores)
Grundstufe *f* (SCH) *primer ciclo del Gymnasium alemán correspondiente al segundo ciclo de la primaria española*
Grundton *m* ❶ (MUS) tono *m* fundamental ❷ *(Farbe)* fondo *m*
Gründung ['grʏndʊŋ] *f* <-en> ❶ *(eines Unternehmens, einer Familie)* fundación *f; (Schaffung)* creación *f* ❷ *(Gebäudeteil)* cimientos *mpl*
Gründungsmitglied *nt* <-(e)s, -er> miembro *m* fundador
grundverschieden ['--'--] *adj* radicalmente diferente
Grundwasser *nt ohne pl* aguas *fpl* freáticas
Grundwasserspiegel *m* nivel *m* de aguas freáticas
Grundwasservorkommen *nt* acuífero *m*
Grundwehrdienst *m ohne pl* instrucción *f* militar básica
Grundwortschatz *m* (LING) vocabulario *m* básico
Grundzahl *f* ❶ *(Kardinalzahl)* número *m* cardinal ❷ (MATH: *Basis*) base *f*
Grundzug *m* <-(e)s, -züge> rasgo *m* fundamental; **etw in den Grundzügen darstellen** representar [*o* explicar] algo esquemáticamente
Grüne(r) *mf* <-n, -n; -n> (POL) miembro *m* del Partido Ecologista; **die ~n** los Verdes
Grüne(s) *nt* <-n, *ohne pl*> ❶ *(fam: Rohkost)* verduras *fpl* ❷ *(Natur)* naturaleza *f;* **ins ~ fahren** ir al campo
grünen *vi (geh)* verdecer
Grünfink *m* (ZOOL) verderón *m* común
Grünfläche *f* zona *f* verde
Grünfutter *nt* (AGR) herbaje *m*
Grüngürtel *m* <-s, -> cinturón *m* verde
Grünkern *m* (GASTR) harina *f* de escanda
Grünkohl *m* (GASTR) col *m o f* rizada
Grünland *nt* <-(e)s, *ohne pl*> (AGR) prado *m,* pastizal *m*
grünlich *adj* verdoso

Grünpflanze *f* <-, -n> planta *f* (de interior) sin flores
Grünschnabel *m (abw)* mocoso, -a *m, f*
Grünspan *m* <-(e)s, *ohne pl*> verdete *m*
Grünstreifen *m* franja *f* de césped
grunzen ['grʊntsən] *vi (a. Mensch)* gruñir
Grünzeug *nt (fam)* ❶ *(Kräuter)* hierbas *f pl* ❷ *(Rohkost)* verdura *f* fresca
Grünzone *f* zona *f* verde
Gruppe ['grʊpə] *f* <-n> *(von Leuten)* grupo *m*, tropilla *f CSur; (Arbeitsgruppe)* equipo *m; (Kategorie)* grupo *m*
Gruppenarbeit *f ohne pl* trabajo *m* en grupo
Gruppenbild *nt* retrato *m* de grupo
Gruppendynamik *f* (PSYCH) dinámica *f* de grupo(s)
Gruppenfoto *nt* <-s, -s> foto *f* de grupo
Gruppenleiter(in) *m(f) (in Firma)* jefe, -a *m, f; (Jugendgruppe)* monitor(a) *m(f)*
Gruppenreise *f* viaje *m* en grupo
Gruppensex *m* cama *f* redonda
Gruppentarif *m* <-s, -e> tarifa *f* colectiva
gruppenweise *adv* por [*o* en] grupos
gruppieren* [grʊ'pi:rən] **I.** *vt* agrupar **II.** *vr:* **sich ~** agruparse
Gruppierung *f* <-en> agrupación *f*
grus(e)lig *adj* horripilante
Gruselfilm *m* película *f* de horror
gruseln I. *vr* **sich ~** horrorizarse (**vor** de); **ich grusel mich vor Spinnen** las arañas me producen horror **II.** *vunpers* **jdn** [*o* **jdm**] **gruselt** (**es**) **vor etw** *dat* a alguien le horroriza algo; **gruselt** (**es**) **dich** [*o* **dir**] **auch?** ¿a ti también te da miedo?
Gruß [gru:s, *pl:* 'gry:sə] *m* <-es, Grüße> saludo *m;* **jdm die Hand zum ~ reichen** estrecharle a alguien la mano para saludarle; **viele Grüße an deine Eltern!** ¡recuerdos a tus padres!; **jdm Grüße bestellen** saludar a alguien; **mit freundlichen Grüßen** atentamente
grüßen ['gry:sən] *vt* saludar; **grüß deinen Vater von uns** saluda a tu padre de nuestra parte; **grüß dich!** ¡hola!; **sie lässt** (**dich**) **schön ~** te manda saludos
Grußformel *f* fórmula *f* de despedida (en una comunicación escrita)
Grußkarte *f* tarjeta *f* (de felicitación)
Grußwort *nt* saludo *m*
Grütze ['grʏtsə] *f* <-n> (GASTR) sémola *f;* **rote** [*o* **Rote**] **~** *especie de jalea de frutas*
Guatemala [guate'ma:la] *nt* <-s> Guatemala *f*
Guatemalteke, -in [guatemal'te:kə] *m, f* <-n, -n; -nen> guatemalteco, -a *m, f*
guatemaltekisch *adj* guatemalteco
Guave [gu'a:və] *f* (BOT) guayaba *f*
gucken ['gʊkən, 'kʊkən] **I.** *vi (fam)* mirar; *(hervorgucken)* asomar; **guck mal!** ¡mira! **II.** *vt (fam)* ver; **Fernsehen ~** ver la televisión
Guckloch *nt* mirilla *f*
Guerilla [ge'rɪlja] *f* <-s> guerrilla *f*
Guerillakämpfer(in) *m(f)* guerrillero, -a *m, f*
Guerillakrieg *m* guerra *f* de guerrillas
Gugelhupf ['gu:gəlhʊpf] *m* <-(e)s, -e> *(südd, Österr: Napfkuchen)* pastel *m* de molde
Guillotine [gɪljo'ti:nə, gijo'ti:nə] *f* <-n> guillotina *f*
Guinea [gi'ne:a] *nt* <-s> Guinea *f*
Guinea-Bissau [-bi'sau] *nt* <-s> Guinea Bissau *f*
Guineer(in) [gi'ne:ɐ] *m(f)* guineano, -a *m, f*
guineisch [gi'ne:ɪʃ] *adj* guineano
Gulasch ['gʊlaʃ] *m o nt* <-(e)s, -e *o* -s> (GASTR) gulasch *m*, estofado *m* de carne
Gulaschsuppe *f* sopa *f* húngara
Gulden ['gʊldən] *m* <-s, -> florín *m*
Gülle ['gʏlə] *f* <-, *ohne pl*> (AGR) estiércol *m* líquido
Gully ['gʊli] *m o nt* <-s, -s> sumidero *m*
gültig ['gʏltɪç] *adj* válido; *(Gesetz)* vigente; *(Münze)* de curso legal; **~ sein** ser válido; **die Fahrkarte ist nicht mehr ~** el billete está caducado
Gültigkeit *f ohne pl* ❶ *(von Geld, Fahrkarte)* validez *f* ❷ *(von Gesetz, Vertrag)* vigencia *f*
Gültigkeitsdauer *f ohne pl* período *m* de validez
Gummi[1] ['gʊmi] *m o nt* <-s, -(s)> *(Material)* goma *f*
Gummi[2] *m o nt* <-s, -s> *(fam: Kondom)* goma *f*
Gummi[3] *m* <-s, -s> *(Radiergummi)* goma *f* (de borrar)
Gummi[4] *nt* <-s, -s> *(fam: Gummiband)* goma *f*
Gummiball *m* pelota *f* de goma
Gummiband *nt* cinta *f* elástica
Gummibärchen ['gʊmibɛ:ɐçən] *nt* caramelo *m* de goma (en forma de osito)
Gummibaum *m* ❶ *(Kautschukbaum)* árbol *m* del caucho, gomero *m Am* ❷ *(Zierpflanze)* ficus *m inv*
Gummihandschuh *m* guante *m* de goma
Gummiknüppel *m* porra *f*
Gummiring *m* arandela *f* de goma
Gummistiefel *m* bota *f* de goma
Gummizelle *f* celda *f* de seguridad
Gummizug *m* <-(e)s, -züge> goma *f* (elástica)
Gunst [gʊnst] *f ohne pl (Wohlwollen)* favor *m;* **zu ~en** [*o* **zugunsten**] **… +*gen*** a

G

favor de ..; (**hoch**) **in jds ~ stehen** gozar (mucho) de las simpatías de alguien; **er erkannte die ~ der Stunde** supo aprovechar el momento; *s. a.* **zugunsten**

günstig ['gʏnstɪç] *adj* favorable; *(Augenblick)* oportuno; **es trifft sich ~, dass ...** resulta oportuno que... *+subj;* **im ~sten Fall** en el mejor de los casos

Günstling ['gʏnstlɪŋ] *m* <-s, -e> *(abw)* favorito, -a *m, f*

Gurgel ['gʊrgəl] *f* <-n> gaznate *m;* **jdm an die ~ springen** *(fam fig)* saltar al cuello de alguien

gurgeln *vi* ① *(Wasser)* borbotear ② *(Person)* gargarear *And*

Gurke ['gʊrkə] *f* <-n> pepino *m;* **saure ~n** pepinillos en vinagre

Gurkensalat *m* ensalada *f* de pepinos

gurren ['gʊrən] *vi (a. Mensch)* arrullar

Gurt [gʊrt] *m* <-(e)s, -e> *(Riemen)* correa *f; (Sicherheitsgurt)* cinturón *m; (Sattelgurt)* cincha *f;* **den ~ anlegen** abrocharse el cinturón

Gürtel ['gʏrtəl] *m* <-s, -> ① *(an Kleidung)* cinturón *m;* **den ~ enger schnallen** *(fam)* apretarse el cinturón ② *(Zone)* cinturón *m;* **schwarzer ~** *(beim Judo)* cinturón negro, zona *f*

Gürtellinie *f ohne pl* cintura *f;* **ein Schlag unter die ~** *(fam a. fig)* un golpe bajo

Gürtelreifen *m* neumático *m* radial

Gürtelrose *f ohne pl* (MED) culebrilla *f*

Gürtelschlaufe *f* hebilla *f*

Gürtelschnalle *f* hebilla *f* de cinturón

Gürteltier *nt* (ZOOL) armadillo *m*, peludo *m CSur*

Gurtpflicht *f ohne pl* obligatoriedad *f* del uso del cinturón de seguridad

Guru ['gu:ru] *m* <-s, -s> ① (REL) gurú *m* ② *(fam)* líder *m*

Guss [gʊs, *pl:* 'gʏsə] *m* <-es, Güsse> ① *(von Metall)* fundición *f;* **wie aus einem ~** como de una pieza ② *(fam: Regenguss)* chaparrón *m* ③ *(Zuckerguss)* baño *m* de azúcar

Gusseisen *nt* hierro *m* fundido

gusseisern *adj* de hierro fundido

Gussform *f* molde *m* de fundición

Gusto ['gʊsto] *m* <-s, -s> gusto *m;* **mit ~** con gusto

gut [gu:t] <besser, am besten> **I.** *adj* ① *(allgemein)* buen(o); **ein ~er Freund** un buen amigo; **~e Besserung!** ¡que te mejores!; **ist die Milch noch ~?** ¿está buena la leche todavía?; **er ist in Mathe sehr ~** es muy bueno en mates; **das ist ja alles ~ und schön, aber ...** *(fam)* todo esto está muy bien pero...; **es wird wieder ~** todo se arreglará; **G~ und Böse auseinanderhalten** separar el bien del mal; **die G~en und die Bösen** los buenos y los malos; **findest du Strandurlaub ~?** ¿te gusta pasar las vacaciones en la playa?; **lassen wir es damit ~ sein** *(fam)* dejémoslo estar ② *(Mensch)* bondadoso; **sei so ~ und ...** haz el favor de... *+inf;* **~ zu jdm sein** ser bueno con alguien ③ *(richtig)* correcto ④ *(nützlich)* útil; **wer weiß, wozu das ~ ist?** ¿quién sabe para qué sirve esto? ⑤ *(für Gesundheit)* saludable (**für** para); **das ist ~ gegen Husten** esto es bueno contra la tos ⑥ *(vorteilhaft)* ventajoso ⑦ *(angemessen)* adecuado; **das ist auch ~ so** así es como debe ser; **er ist immer für eine Überraschung ~** *(fam)* siempre está dispuesto a dar una sorpresa ⑧ *(reichlich)* buen; **eine ~e Stunde** una hora larga; **ein ~es Pfund Mehl** medio kilo de harina bien pesado ⑨ (SCH: *Note*) notable **II.** *adv* bien; **schon ~!** ¡bueno, está bien!; **das schmeckt ~** esto sabe bien; **sein Geschäft geht nicht ~** el negocio le va mal; **etw ~ können** saber hacer algo bien; **er hat es dort ~** allí le va bien; **~ so!** ¡así está bien!; **~ gemacht!** ¡bien hecho!; **du bist ~!** ¡esta sí que es buena!; **das kann ~ sein** es posible; **du hast ~ reden** *(fam)* tú bien puedes hablar; **so ~ wie nichts** *(fam)* casi nada; **mach's ~!** ¡que te vaya bien!; **du tust ~ daran, hier erst mal zu verschwinden** más vale que te largues de aquí

Gut *nt* <-(e)s, Güter> ① *(Besitz)* bienes *mpl;* **mein Hab und ~** todo lo que poseo ② *(Landgut)* finca *f*, hacienda *f Am* ③ *(Ware)* mercancía *f*

Gutachten ['gu:tʔaxtən] *nt* <-s, -> dictamen *m* (pericial), peritaje *m;* **ein ~ erstellen** emitir un dictamen

Gutachter(in) *m(f)* <-s, -; -nen> perito, -a *m, f*

gutartig *adj* ① *(Wesen, Tier)* bueno ② (MED) benigno

gutaussehend *adj s.* **aussehen**

gutbürgerlich ['-'---] *adj* (*a.* GASTR) burgués

Gutdünken ['gu:tdʏŋkən] *nt* <-s, *ohne pl*> **nach ~** (**verfahren**) (proceder) a discreción

Güte ['gy:tə] *f ohne pl* ① *(Freundlichkeit)* bondad *f;* **wenn Sie die ~ hätten, mir zu helfen** si tuviese la bondad de ayudarme; **ach du liebe ~!** *(fam)* ¡ay, Dios mío! ② *(Qualität)* calidad *f;* **das war ein Reinfall erster ~** *(fam)* fue un fracaso de primera

Gute(s) *nt* <-n, *ohne pl*> bueno *nt;* **das ~ im Menschen** lo bueno de la persona; **~s tun** hacer el bien; **das ~ daran** lo bueno de eso; **alles ~!** ¡que vaya bien!; **es hat alles auch sein ~s** *(prov)* todo tiene su lado bueno

Güteklasse *f* (WIRTSCH) clase *f;* **diese Eier sind ~ A** estos huevos son de clase A

Gutenachtgeschichte [--'----] *f* cuento *m* para dormir

Gutenachtkuss *m* beso *m* de buenas noches

Güterbahnhof *m* estación *f* para trenes de carga

Gütergemeinschaft *f* (JUR) comunidad *f* de bienes

Gütertrennung *f* (JUR) separación *f* de bienes

Güterverkehr *m ohne pl* tra(n)sporte *m* de mercancías

Güterwagen *m* vagón *m* de carga

Güterzug *m* tren *m* de carga, tren *m* carguero *CSur*

Gütesiegel *nt*, **Gütezeichen** *nt* sello *m* [*o* etiqueta *f*] de calidad

gutgläubig *adj* de buena fe

Gutgläubigkeit *f* buena fe *f*

gut|haben *irr vt* **etw ~** (**bei jdm**) poder pedir algo (a alguien) *(porque con anterioridad se le ha hecho algún favor)*

Guthaben ['gu:tha:bən] *nt* <-s, -> (FIN) haber *m*

gut|heißen *irr vt* aprobar, dar por bueno

gutherzig *adj* bondadoso

gütig ['gy:tɪç] *adj* bondadoso; *(freundlich)* amable; *(nachsichtig)* indulgente

gütlich ['gy:tlɪç] *adj* amistoso; **sich ~ einigen** llegar a un acuerdo amistoso

gut|machen *vt (Schaden)* reparar; *(Fehler)* enmendar; **ich habe einiges bei dir gutzumachen** tengo que devolverte algunos favores

gutmütig ['gu:tmy:tɪç] *adj* bondadoso

Gutmütigkeit *f ohne pl* bondad *f*

Gutsbesitzer(in) *m(f)* terrateniente *mf*

Gutschein *m* vale *m*

gut|schreiben *irr vt* abonar, acreditar

Gutschrift *f* abono *m* en cuenta

Gutshaus *nt* finca *f*

Gutsherr(in) *m(f)* hacendado, -a *m, f*

Gutshof *m* granja *f,* hacienda *f Am*

Gutsverwalter(in) *m(f)* administrador(a) *m(f)*

gut|tun *irr vi* sentar bien

guttural [gʊtu'ra:l] *adj* (LING) gutural

gutwillig **I.** *adj* complaciente **II.** *adv* de buena voluntad

Guyana [gu'ja:na] *nt* <-s> Guyana *f*

gymnasial [gʏmna'zia:l] *adj* (SCH) del bachillerato, de la educación secundaria

Gymnasiallehrer(in) *m(f)* (SCH) profesor(a) *m(f)* de Enseñanza Media

Gymnasiast(in) [gʏmnazi'ast] *m(f)* <-en, -en; -nen> alumno, -a *m, f* de Enseñanza Media

Gymnasium [gʏm'na:ziʊm] *nt* <-s, Gymnasien> instituto *m* de Enseñanza Media, liceo *m Am*

Gymnastik [gʏm'nastɪk] *f ohne pl* gimnasia *f*

Gymnastikanzug *m* <-(e)s, -züge> (SPORT) mallas *f pl*

gymnastisch *adj* gimnástico

Gynäkologe, **-in** [gynɛko'lo:gə] *m, f* <-n, -n; -nen> (MED) ginecólogo, -a *m, f*

Gynäkologie [gynɛkolo'gi:] *f ohne pl* (MED) ginecología *f*

Gynäkologin *f* <-nen> (MED) *s.* **Gynäkologe**

gynäkologisch *adj* (MED) ginecológico

G

Hh

H, h [haː] *nt* <-, -> ① *(Buchstabe)* H, h *f;* **~ wie Heinrich** H de Huelva ② (MUS) si *m*

ha¹ [ha, haː] *interj* ja, ah

ha² *Abk. von* **Hektar** hectárea *f*

Haar [haːɐ̯] *nt* <-(e)s, -e> ① *(Kopfhaar)* pelo *m,* cabello *m,* moño *m Chil; (Körper-, Tierhaar)* pelo *m;* **sich** *dat* **die ~e schneiden lassen** cortarse el pelo; **mir stehen die ~e zu Berge** *(fam fig)* se me ponen los pelos de punta; **kein gutes ~ an jdm lassen** *(fam)* poner a alguien de vuelta y media; **sich** *dat* **in den ~en liegen** *(fam)* andar a la greña; **sich** *dat* **aufs ~ gleichen** *(fam)* parecerse como un huevo a otro; **sich** *dat* **die ~e raufen** *(fam)* tirarse de los pelos; **deswegen lasse ich mir keine grauen ~e wachsen** *(fam)* eso me tiene sin cuidado; **jdm die ~e vom Kopf fressen** *(fam)* salir a alguien caro; **~e auf den Zähnen haben** *(fam fig)* no tener pelos en la lengua; **jdm kein ~ krümmen** *(fam)* no tocar (ni) un pelo a alguien; **das ist an den ~en herbeigezogen** *(fam)* esto no tiene ni pies ni cabeza; **immer ein ~ in der Suppe finden** *(fam)* poner pegas a todo ② *(fig: ein bisschen)* ni un pelo; **um kein ~ besser** *(fam)* ni una pizca mejor; **um ein ~** *(fam)* por los pelos

Haaransatz *m parte de la frente donde comienza la cabellera*

Haarausfall *m ohne pl* caída *f* del cabello; (MED) alopecia *f*

Haarband *nt* cinta *f* para el pelo

Haarbürste *f* cepillo *m* del pelo

Haarbüschel *nt* mechón *m* de pelo

haaren [ˈhaːrən] *vi, vr:* **sich ~** *(Tier)* perder el pelo

Haaresbreite *f* **um ~** por un pelo

Haarfarbe *f* color *m* del pelo

Haarfestiger *m* fijador *m* para el pelo

haargenau [ˈ--ˈ-] *adv (fam)* exactamente; *(ausführlich)* con pelos y señales; **stimmt ~!** ¡justamente eso!

Haargummi *m o nt* goma *f* para el pelo, coletero *m*

haarig [ˈhaːrɪç] *adj* ① *(behaart)* peludo ② *(heikel)* peliagudo, peludo *AmC: fam*

Haarklammer *f* horquilla *f* (para el pelo)

haarklein [ˈ-ˈ-] *adv* con pelos y señales

Haarknoten *m* moño *m;* **meine Oma trägt einen ~** mi abuela lleva moño

Haarlack *m* laca *f* para el pelo

haarlos *adj (Mensch)* lampiño; *(Baby)* pelón; *(Schädel)* calvo; *(Tier)* sin pelo

Haarnadel *f* horquilla *f* (de moño), gancho *m Am*

Haarnadelkurve *f* curva *f* muy cerrada

Haarnetz *nt* redecilla *f* para el pelo

Haarpflege *f ohne pl* cuidado *m* del cabello

Haarpracht *f* <-, -en> mata *f* de pelo, melena *f*

Haarreif *m* diadema *f*

Haarriss *m* <-es, -e> grieta *f* muy fina, hendidura *f* muy fina

haarscharf [ˈ-ˈ-] **I.** *adj (genau)* muy exacto **II.** *adv* ① *(nahe)* muy cerca ② *(präzise)* exactamente

Haarschleife *f* lazo *m*

Haarschnitt *m* corte *m* de pelo

Haarschopf *m* cabellera *f*

Haarspalterei [---ˈ-] *f* <-en> *(abw)* sutileza *f;* **~ betreiben** rizar el rizo

Haarspange *f* pasador *m* (para el pelo)

Haarspray *m o nt* laca *f*

Haarsträhne *f* mechón *m,* guedeja *f*

haarsträubend [ˈhaːɐ̯ʃtrɔɪbənt] *adj* espeluznante, horripilante

Haarteil *nt* postizo *m; (Toupet)* tupé *m*

Haartrockner *m* secador *m* (de mano)

Haarwaschmittel *nt* champú *m*

Haarwasser *nt* loción *f* capilar

Haarwuchs *m* ① *(das Wachsen)* crecimiento *m* del pelo ② *(Haare)* cabellera *f*

Haarwurzel *f* (ANAT) raíz *f* capilar

Hab [haːp] **~ und Gut** *(geh)* todos los bienes

Habe [ˈhaːbə] *f ohne pl (geh)* bienes *mpl*

haben [ˈhaːbən] <hat, hatte, gehabt> **I.** *vt* ① *(besitzen)* tener, poseer; *(erhalten)* recibir (**von** de); **lieber ~** preferir; **hier hast du das Buch** aquí tienes el libro; **er hat außergewöhnliche Fähigkeiten** posee facultades extraordinarias; **Zeit ~** tener tiempo; **Hunger/Durst ~** tener hambre/sed; **Fieber ~** tener fiebre; **kann ich bitte den Zucker ~?** ¿me das el azúcar, por favor?; **ich habe kein Geld dabei** no llevo dinero; **wir ~ heute schönes Wetter** hoy hace buen tiempo; **den Wievielten ~ wir heute?** ¿a cuántos estamos hoy?; **morgen ~ wir Mittwoch** mañana es miércoles; **sie hat es weit nach Hause** tiene un largo camino hasta su casa; **sie hat es nicht leicht mit ihm** no lo tiene fácil con él; **schön hast du es hier** lo tienes todo muy bonito; **das Haus hat was von einem Schloss** la casa tiene un algo de castillo; **und was habe ich da-**

von? ¿y qué saco yo de eso?; **das hast du jetzt davon!** ¿ves? ¡eso es lo que has sacado!; **was hast du?** ¿qué te pasa?; **ich hab's an der Blase** *(fam)* estoy enferma de la vejiga; **das hat das Meer so an sich, dass es salzig ist** *(iron)* el mar suele ser salado; **er ist noch zu ~** *(fam)* aún está libre; **dafür ist er nicht zu ~** eso no le va; **da ~ wir den Salat/die Bescherung** *(fam)* aquí tenemos el lío/el embrollo; **etw dagegen ~** estar en contra de algo; **nichts dagegen ~** no tener nada en contra; **etw ~ wollen** querer algo; **ich kann das nicht ~** *(fam)* eso no lo soporto; **was hat es damit auf sich?** ¿qué significa esto?; **der Vorschlag hat etwas für sich** es una buena propuesta; **das hat es in sich** *(fam)* es un asunto difícil; **dieser Wein hat es in sich** este vino es bastante fuerte; **etw hinter sich ~** haber superado algo; **ich habe noch viel vor mir** aún me queda mucho; **du hast noch das ganze Leben vor dir** tienes toda la vida por delante; **sie hat etwas mit dem Tennislehrer** tiene un lío (amoroso) con el profesor de tenis; **ich hab's!** ¡ya lo tengo!; **ich hätte gerne …** quisiera…; **wie gehabt** como de costumbre; **wer hat, der hat** *(prov)* quien tiene dinero, tiene todo ❷ *(müssen, sollen)* deber, tener que; **ich habe noch sehr viel zu tun** aún tengo mucho que hacer; **hier hat er nichts zu suchen** aquí no tiene nada que hacer; **jetzt hast du zu schweigen** ahora lo que tienes que hacer es callarte **II.** *vr:* **sich ~** *(fam abw: sich anstellen)* andar con remilgos; **hab dich nicht so** no te pongas así; **damit hat sich die Sache** *(fam)* con esto se acabó **III.** *aux* haber; **ich will nichts gesagt ~, aber …** no quiero decir nada, pero…; **das hätten wir (geschafft)!** ¡ya está (listo)!

Haben *nt* <-s, *ohne pl*> (WIRTSCH) haber *m*

Habenichts ['ha:bənɪçts] *m* <-(es), -e> *(abw)* muerto, -a *m, f* de hambre

Habgier *f (abw)* codicia *f,* angurria *f Am*

habgierig *adj (abw)* codicioso, angurriento *Am*

habhaft *adj (geh)* **etw** *gen* **~ werden** apropiarse de algo

Habicht ['ha:bɪçt] *m* <-s, -e> (ZOOL) azor *m* (común)

Habilitation [habilita'tsjo:n] *f* <-, -en> (UNIV) *capacitación para acceder a una cátedra de universidad*

Habilitationsschrift *f* (UNIV) *disertación escrita con la que se obtiene la capacitación para acceder a una cátedra de universidad*

habilitieren *vi, vr:* **sich ~** (UNIV) *capacitarse para acceder a una cátedra*

Habseligkeiten ['ha:pze:lɪçkaɪtən] *fpl* efectos *mpl* personales

Habsucht *f ohne pl (abw)* codicia *f,* angurria *f Am*

habsüchtig *adj (abw)* codicioso, angurriento *Am*

Hachse ['haksə] *f* <-, -n> *(reg: Schweinefleisch)* pierna *f* de cerdo; *(Kalbsfleisch)* pierna *f* de ternera

Hackbeil *nt (reg)* macheta *f*

Hackblock *m* tajo *m*

Hackbraten *m* (GASTR) asado *m* de carne picada

Hacke ['hakə] *f* <-n> ❶ *(Gartengerät)* azada *f* ❷ *(reg: Ferse, am Strumpf)* talón *m* ❸ *(reg: am Schuh)* tacón *m*

hacken ['hakən] **I.** *vt* ❶ *(Holz)* cortar, partir; *(Zwiebeln)* picar ❷ *(Garten)* mullir; *(Loch)* cavar **II.** *vi* ❶ *(Vogel)* picotear ❷ (INFOR) violar datos

Hacker ['hakɐ, 'hɛkɐ] *m* <-s, -> (INFOR) hacker *m,* intruso *m* informático, cracker *m*

Hackfleisch *nt* carne *f* picada

Häcksel ['hɛksəl] *m o nt* <-s, *ohne pl*> (AGR) paja *f* cortada

Hacksteak *nt* filete *m* de carne picada, hamburguesa *f*

hadern ['ha:dɐn] *vi (geh)* ❶ *(streiten)* reñir (**mit** con); **mit dem Schicksal ~** luchar contra su destino ❷ *(unzufrieden sein)* estar descontento (**mit** con/de); **mit seinem Schicksal ~** estar descontento de su destino

Hafen ['ha:fen, *pl:* 'hɛ:fən] *m* <-s, Häfen> puerto *m;* **in den ~ einlaufen** entrar en el puerto; **aus dem ~ auslaufen** salir del puerto

Hafenanlagen *fpl* instalaciones *fpl* portuarias

Hafenarbeiter(in) *m(f)* obrero, -a *m, f* portuario , -a

Hafeneinfahrt *f* entrada *f* del puerto

Hafengebühr *f* anclaje *m*

Hafenpolizei *f* <-, *ohne pl*> servicio *m* de vigilancia portuaria

Hafenstadt *f* ciudad *f* portuaria

Hafenverwaltung *f* administración *f* portuaria

Hafenviertel *nt* barrio *m* portuario

Hafer ['ha:fɐ] *m* <-s, -> (BOT, GASTR) avena *f*

Haferbrei *m* papilla *f* de avena

Haferschleim *m* (GASTR) papilla *f* de avena

Haft [haft] *f ohne pl* arresto *m;* **in ~ sein/nehmen** estar en/poner bajo arresto; **jdn aus der ~ entlassen** poner en libertad a alguien

Haftanstalt *f* penitenciaría *f*

haftbar *adj* **jdn für etw ~ machen** hacer a alguien responsable de algo

Haftbefehl *m* (JUR) orden *f* de detención, requisitoria *f Arg;* **einen ~ gegen jdn ausstellen** dictar auto de prisión contra alguien

Haftdauer *f ohne pl* tiempo *m* (trascurrido) en prisión; **nach dreijähriger ~ wurde sie vorzeitig entlassen** tras tres años de cárcel salió en libertad antes de cumplir íntegramente la condena

haften ['haftən] *vi* ❶ *(kleben)* pegar (**an** a/en) ❷ *(Schmutz)* pegarse (**an** a/en) ❸ (JUR: *aufkommen*) responder (**für** de/por, **mit** con); **für Garderobe wird nicht gehaftet** la dirección no se responsabiliza del guardarropa

Haftentlassung *f* puesta *f* en libertad

Häftling ['hɛftlɪŋ] *m* <-s, -e> preso, -a *m, f*

Haftnotiz *f* hojita *f* autoadhesiva

Haftpflicht *f ohne pl* responsabilidad *f* civil

haftpflichtig *adj* responsable

haftpflichtversichert *adj* **~ sein** tener seguro de responsabilidad civil

Haftpflichtversicherung *f* seguro *m* de responsabilidad civil

Haftrichter(in) *m(f)* juez(a) *m(f)* de instrucción

Haftstrafe *f* (JUR) condena *f*

Haftstreifen *m (Bürobedarf)* banderita *f* adhesiva

Haftung[1] *f ohne pl* (TECH, PHYS) adherencia *f*

Haftung[2] *f* <-en> (JUR) responsabilidad *f;* **die ~ übernehmen** asumir la responsabilidad

Hagebutte ['ha:gəbʊtə] *f* <-n> (BOT) (fruto *m* del) escaramujo *m,* tapaculo *m fam*

Hagebuttentee *m* infusión *f* de escaramujo

Hagel ['ha:gəl] *m* <-s, -> granizo *m;* *(Schauer)* granizada *f*

Hagelkorn *nt* ❶ (METEO) granizo *m* ❷ (MED: *Geschwulst*) chalazión *m*

hageln ['ha:gəln] **I.** *vunpers* granizar; **es hagelt** graniza **II.** *vi, vunpers (Vorwürfe)* llover

Hagelschaden *m* <-s, -schäden> daño *m* causado por el granizo

Hagelschauer *m* granizada *f*

Hagelschlag *m* <-(e)s, -schläge> ❶ *(Schauer)* granizada *f* ❷ *(Schaden)* daños *mpl* causados por el granizo

hager ['ha:gɐ] *adj* flaco, flamenco *Hond, PRico*

haha [ha'ha(:)] *interj* ❶ *(Lachen)* ¡ja ja ja! ❷ *(aha)* ¡ajá!, ¡ajajá!

Hahn [ha:n, *pl:* 'hɛ:nə] *m* <-(e)s, Hähne> ❶ *(Tier)* gallo *m;* **er ist der ~ im Korb** *(fam)* es el dueño del cotarro; **nach jdm/etw** *dat* **kräht kein ~ mehr** *(fam)* alguien/algo ya no le interesa a nadie ❷ *(Wasserhahn)* grifo; **den ~ auf-/zudrehen** abrir/cerrar el grifo *m,* bitoque *m Méx, RíoPl;* *(Gashahn)* llave *f* ❸ *(an Schusswaffen)* gatillo *m*

Hähnchen ['hɛ:nçən] *nt* <-s, -> pollo *m*

Hähnchenkeule *f* (GASTR) muslo *m* de pollo

Hahnenfuß *m ohne pl* (BOT) francesilla *f,* marimoña *f*

Hahnenkamm *m* cresta *f* (del gallo)

Hahnenkampf *m* pelea *f* de gallos, tapado *m Am*

Hai [haɪ] *m* <-(e)s, -e>, **Haifisch** *m* tiburón *m*

Hain [haɪn] *m* <-(e)s, -e> *(geh)* soto *m;* *(Wäldchen)* bosquecillo *m*

Haiti [ha'i:ti] *nt* <-s> Haití *m*

Haitianer(in) [hai'tja:nɐ] *m(f)* <-s, -; -nen> haitiano, -a *m, f*

haitianisch *adj* haitiano

Häkchen ['hɛ:kçən] *nt* <-s, -> ❶ *(Zeichen)* señal *f* de conforme (en forma de V); **hinter jedem Namen machte er ein ~** detrás de cada nombre hacía una señal ❷ *(fam: diakritisches Zeichen)* signo *m* diacrítico

Häkelarbeit *f* labor *f* de ganchillo

Häkelgarn *nt* <-(e)s, -e> hilo *m* de ganchillo

häkeln ['hɛ:kəln] **I.** *vi* hacer ganchillo **II.** *vt* hacer a ganchillo

Häkelnadel *f* (aguja *f* de) ganchillo *m*

Haken ['ha:kən] *m* <-s, -> ❶ *(zum Aufhängen)* gancho *m;* *(spitz zulaufend)* garfio *m;* *(Zeichen)* gancho *m;* **einen ~ schlagen** *(Hase)* huir en zigzag; *(fig)* cambiar (repentinamente) de rumbo ❷ *(Boxen)* gancho *m* ❸ *(fam: Schwierigkeit)* inconveniente *m,* intríngulis *m inv;* **die Sache hat nur einen ~** es que la cosa tiene un inconveniente

hakenförmig *adj* en forma de gancho, ganchudo

Hakenkreuz *nt* cruz *f* gamada

Hakennase *f* nariz *f* aguileña

halb [halp] **I.** *adj* medio; **eine ~e Stunde** media hora; **eine ~e Note** (MUS) una nota blanca; **ein ~er Ton** un semitono; **eine ~e Stelle** (trabajo de) media jornada; **die ~e Wahrheit** la verdad a medias; **sich auf ~em Wege treffen** encontrarse a medio camino; **zum ~en Preis** a mitad de precio; **es ist ~ drei** son las dos y media; **~ Hamburg** medio Hamburgo; **nichts H~es und nichts Ganzes** *(fam)* ni chicha ni limoná; **keine ~en Sachen machen** *(fam)* no hacer las cosas a medias; **das dauert ja eine ~e Ewigkeit** *(fam)* esto tarda una eternidad; **~ und ~** mitad y mitad; **mit jdm ~e-~e machen** *(fam)* ir a medias con alguien **II.** *adv* a medias, medio; **nur ~ zuhören** escuchar solamente a medias; **~ öffnen** entreabrir; **das Zimmer ist ~ so groß/so teuer wie das andere** el cuarto es la mitad de grande/cuesta la mitad que el otro; **das ist ~ so schlimm** no es para tanto; **sie ist ~ taub** está medio sorda; **sich ~ totlachen** morirse de risa

halbamtlich *adj* (POL, PUBL) semioficial

halbautomatisch *adj* semiautomático

halbbitter *adj* semiamargo

Halbbruder *m* hermanastro *m*

Halbdunkel *nt* penumbra *f*

Halbedelstein *m* piedra *f* semipreciosa

halbe-halbe *adv* mitad y mitad

halber ['halbɐ] *präp +gen (geh)* por, por causa de; **der Ordnung ~** por el orden

Halbfeld *nt* (SPORT) medio *m* campo

halbfett *adj* ❶ (TYPO) media negrilla, seminegrita ❷ *(Lebensmittel)* semigraso

Halbfinale *nt* (SPORT) semifinal *f*

halbgebildet *adj (abw)* con una formación deficitaria; **~ sein** tener una formación deficitaria

Halbgeschwister *ntpl* hermanastros *mpl*

Halbgott, -göttin *m, f* <-(e)s, -götter; -, -nen> *(a. fig)* semidiós, -osa *m, f*

halbherzig *adj* poco decidido

Halbherzigkeit *f* <-, *ohne pl*> falta *f* de entusiasmo

halbieren* [hal'bi:rən] *vt* ❶ *(teilen)* dividir (en dos partes iguales) ❷ *(reduzieren)* reducir a la mitad

Halbierung *f* <-, -en> reducción *f* a la mitad

Halbinsel *f* península *f*

Halbjahr *nt* semestre *m;* **das erste ~** la primera mitad del año

halbjährig *adj (ein halbes Jahr dauernd)* semestral; *(ein halbes Jahr alt)* de seis meses

halbjährlich **I.** *adj* semestral **II.** *adv* cada seis meses

Halbkanton *m (Schweiz:* POL) semicantón *m*

Halbkreis *m* semicírculo *m*

Halbkugel *f* ❶ (MATH) semiesfera *f* ❷ (GEO) hemisferio *m;* **die nördliche/südliche ~** el hemisferio norte/sur

halblang *adj (Rock)* que llega a media pierna; *(Haar)* media melena

halblaut *adj* a media voz

Halbleiter *m* (ELEK, INFOR) semiconductor *m*

halbmast *adv* **auf ~** a media asta; **~ flaggen** poner la bandera a media asta

Halbmesser *m (Radius)* radio *m*

Halbmond *m* media luna *f*

halbmondförmig *adj* en forma de hoz [*o* de medialuna]

halbnackt ['-'-] *adj s.* **nackt**

halboffen ['-'--] *adj s.* **offen 1.**

Halbpension *f ohne pl* media pensión *f*

halbrund *adj* semicircular

Halbschatten *m* (*a.* ASTR) penumbra *f*

Halbschlaf *m* duermevela *f;* **im ~ liegen** estar en duermevela

Halbschuh *m* zapato *m* abotinado

Halbschwergewicht *nt ohne pl* (SPORT) peso *m* semipesado

Halbschwester *f* hermanastra *f*

Halbstarke(r) *mf (fam abw)* gamberro, -a *m, f*

halbstündig ['halpʃtʏndɪç] *adj* de media hora

halbstündlich ['halpʃtʏntlɪç] *adj* cada media hora

halbtags ['halpta:ks] *adv* media jornada; **~ arbeiten** trabajar media jornada

Halbtagsbeschäftigung *f* trabajo *m* de media jornada

Halbtagskraft *f* empleado, -a *m, f* de media jornada

Halbton *m* (MUS) semitono *m*

halbtot ['-'-] *adj s.* **tot**

Halbvokal *m* (LING) semivocal *f*

halbvoll ['-'-] *adj s.* **voll I.**

halbwach ['-'-] *adj s.* **wach 1.**

Halbwahrheit *f* media verdad *f*

Halbwaise *f* huérfano, -a *m, f* (de padre o de madre)

halbwegs ['halpve:ks] *adv* más o menos, casi

Halbwertszeit *f* (PHYS) vida *f* media radiactiva

Halbwissen *nt ohne pl (abw)* conocimientos *mpl* superficiales

halbwüchsig *adj* adolescente; **eine ~e Tochter erziehen** educar a una adolescente

Halbwüchsige(r) *mf* <-n, -n; -n> adolescente *mf*

Halbzeit *f* (SPORT) **erste/zweite ~** primer/segundo tiempo *m;* **in der ~** en el descanso

Halde ['haldə] *f* <-n> (BERGB: *Abraumhalde*) escombrera *f; (Kohlehalde)* existencias *fpl* de carbón en bocamina; *(Müllhalde)* montaña *f* de desperdicios

half [half] *3. imp von* **helfen**

Halfpipe ['ha:fpaip] *f* <-, -s> (SPORT) medio tubo *m*, half pipe *m*

Hälfte ['hɛlftə] *f* <-n> mitad *f;* **um die ~**

größer/ kleiner la mitad más grande/pequeño; **meine bessere ~** *(fam)* mi media naranja; **auf der ~ des Weges** a mitad de camino

Halfter[1] ['halftɐ] *m o nt* <-s, -> *(für Pferd, Rind)* cabestro *m,* bozal *m Am*

Halfter[2] *nt* <-s, -> *f* <-n> *(für Pistole)* pistolera *f,* cañonera *f Am*

Hall [hal] *m* <-(e)s, -e> *(Klang, Echo)* resonancia *f*

Halle ['halə] *f* <-n> *(Fabrik-, Lagerhalle)* nave *f; (Bahnhofshalle)* vestíbulo *m; (Flughafenhalle)* terminal *f; (Hangar)* hangar *m; (Ausstellungshalle)* pabellón *m; (Messehalle)* recinto *m* ferial; *(Hotelhalle)* hall *m; (Turnhalle)* gimnasio *m*

hallen ['halən] *vi* resonar

Hallenbad *nt* piscina *f* cubierta

Hallensport *m* <-(e)s, -e> deporte *m* en pista cubierta

hallo ['halo, ha'lo:] *interj* ❶ *(Gruß)* hola ❷ *(Zuruf)* oiga, eh; **~, Sie!** ¡oiga Ud.!

Hallo ['halo, ha'lo:] *nt* <-s, -s> ❶ *(Freude)* alegría *f* ❷ *(reg: Aufsehen)* barullo *m,* jaleo *m;* **es gab ein großes ~** había un gran barullo

Halloween ['hɛlɔvi:n] *nt* <-(s), -s> (fiesta *f* de) Halloween *m*

Halluzination [halutsina'tsjo:n] *f* <-en> alucinación *f*

halluzinogen *adj* (BIOL, CHEM) alucinógeno; **~e Drogen stehen unter Strafe** los alucinógenos están penalizados

Halluzinogen [halutsino'ge:n] *nt* <-s, -e> (MED) alucinógeno *m*

Halm [halm] *m* <-(e)s, -e> paja *f*

Halo ['ha:lo, *pl:* ha'lo:nən] *m* <-(s), -s *o* Halonen> (PHYS) halo *m*

Halogen [halo'ge:n] *nt* <-s, -e> (CHEM) halógeno *m*

Halogenbirne *f* bombilla *f* halógena

Halogenlampe *f* <-, -n>, **Halogenleuchte** *f* <-, -n> lámpara *f* halógena

Hals [hals, *pl:* 'hɛlzə] *m* <-es, Hälse> ❶ (ANAT) cuello *m; (Kehle)* garganta *f;* **den ~ recken** estirar el cuello; **~ über Kopf** *(fam: plötzlich)* de golpe y porrazo; *(unüberlegt)* de cabeza; **jdm um den ~ fallen** arrojarse al cuello de alguien; **sich jdm an den ~ werfen** *(fam)* pegarse a alguien; **sich** *dat* **den ~ brechen** *(fam)* romperse el cuello; *(fig)* estrellarse; **sich** *dat* **jdn/etw vom ~ schaffen** *(fam)* quitarse a alguien/algo de encima; **aus vollem ~** a grito pelado; **das Wort blieb ihm im ~(e) stecken** la palabra se le quedó atragantada en la garganta; **er hat viel am ~** *(fam)* tiene muchas preocupaciones; **bleib mir mit deinen Problemen vom ~!** *(fam)* ¡déjame tranquilo con tus problemas!; **das hängt mir zum ~ heraus** *(fam)* estoy hasta el gorro; **etw in den falschen ~ bekommen** *(fam)* entender mal algo; **sie kann den ~ nicht vollkriegen** *(fam)* no se conforma con nada ❷ *(Flaschenhals)* cuello *m* ❸ *(von Instrument)* mango *m*

Halsabschneider(in) *m(f)* <-s, -; -nen> *(fam abw)* usurero, -a *m, f*

Halsausschnitt *m* escote *m,* canesú *m AmS*

Halsband *nt* ❶ *(für Hunde, Katzen)* collar *m* ❷ *(Samthalsband)* gargantilla *f*

halsbrecherisch ['halsbrɛçərɪʃ] *adj* peligrosísimo, arriesgado

Halsentzündung *f* inflamación *f* de garganta

Halskette *f* collar *m; (Collier)* gargantilla *f*

Halskrause ['-kraʊzə] *f (gefältelter Kragen)* gorguera *f; (bei Vögeln)* collar *m;* (MED) collarín *m*

Hals-Nasen-Ohren-Arzt, -Ärztin *m, f* otorrinolaringólogo, -a *m, f*

Halsschlagader *f* (arteria *f*) carótida *f*

Halsschmerzen *mpl* dolor *m* de garganta

halsstarrig *adj (abw)* tozudo

Halsstarrigkeit *f <-, ohne pl> (abw)* terquedad *f*

Halstuch *nt* pañuelo *m* (del cuello), golilla *f Bol, Urug; (Foulard)* fular *m*

Hals- und Beinbruch *interj* ¡buena suerte!; **~ für deinen Wettkampf!** ¡buena suerte en la competición!

Halswirbel *m* <-s, -> vértebra *f* cervical

halt [halt] **I.** *adv (Schweiz, Österr, südd: eben)* pues; **wir müssen es ~ versuchen** pues no tenemos más remedio que intentarlo **II.** *interj* ❶ *(zum Anhalten)* alto ❷ *(zum Aufhören)* basta

Halt[1] *m <-(e)s, ohne pl> (Stütze)* apoyo *m;* **~ suchen/finden** buscar/encontrar apoyo; **den ~ verlieren** perder el equilibrio

Halt[2] *m* <-(e)s, -e *o* -s> ❶ *(Stopp)* parada *f;* **~ machen** [*o* **haltmachen**] parar; **vor nichts ~ machen** *(fam)* no retroceder ante nada; *s. a.* **haltmachen** ❷ *(Schweiz: Grundstücksgröße)* área *f* (de superficie)

hält [hɛlt] *3. präs von* **halten**

haltbar *adj* ❶ *(Lebensmittel)* conservable; **mindestens ~ bis 10. August** consumir preferentemente antes del 10 de agosto ❷ *(strapazierfähig)* resistente; *(beständig)* duradero ❸ *(Theorie)* sostenible ❹ (SPORT: *Schuss*) parable

Haltbarkeit *f ohne pl* ❶ *(von Lebensmitteln)* tiempo *m* de conservación, durabilidad *f* ❷ *(Strapazierfähigkeit)* resistencia *f*

Haltbarkeitsdatum *nt* fecha *f* de caducidad

Haltegriff *m* asidero *m*

Halteknopf *m* botón *m* de parada

halten ['haltən] <hält, hielt, gehalten> **I.** *vi* ① *(anhalten)* parar; *(stehen bleiben)* detenerse ② *(festsitzen)* estar fijo ③ *(widerstandsfähig sein)* resistir; **Sport hält jung** el deporte mantiene en forma ④ *(dauern)* durar; *(Stoff, Konserven)* conservarse; *(Wetter)* mantenerse; **zu jdm ~** apoyar a alguien; **an sich ~** contenerse **II.** *vt* ① *(festhalten)* sostener, sujetar; **die Beine ins Wasser ~** meter las piernas en el agua; **etw offen ~** dejar algo abierto; **halt den Mund!** *(fam)* ¡cierra el pico! ② *(zurückhalten)* retener; *(aufhalten)* detener; (SPORT) parar ③ *(besitzen)* tener ④ *(Rekord, Kontakt, Gebiet)* mantener; **ein Land besetzt ~** mantener ocupado un país ⑤ *(Versprechen)* cumplir; *(Rede)* pronunciar; *(Unterricht)* dar, dictar *Am;* **was man verspricht, muss man auch ~** lo prometido es deuda ⑥ *(gestalten)* decorar; **das Zimmer ganz in Weiß ~** decorar la habitación de blanco ⑦ *(erachten)* **etw/jdn für etw ~** tener algo/a alguien por algo; **ich halte ihn für ziemlich intelligent** le considero bastante inteligente; **viel/nichts von jdm ~** tener mucha/no tener ninguna fe en alguien; **wofür ~ Sie mich?** ¿por quién me toma Ud.?; **was ~ Sie davon?** ¿qué le parece? **III.** *vr:* **sich ~** ① *(bleiben)* mantenerse; *(haltbar sein)* conservarse; **dein Vater hat sich aber gut ge~** tu padre se ha conservado muy bien ② *(sich orientieren)* atenerse (**an** a); **~ Sie sich links/Richtung Norden** siga por la izquierda/en dirección norte ③ *(sich aufrecht halten)* mantenerse; *(festhalten)* agarrarse; **sich auf den Beinen ~** tenerse en pie

Haltepunkt *m* parada *f*

Halter(in) *m(f)* <-s, -; -nen> *(Fahrzeug-, Tierhalter)* dueño, -a *m, f*

Halterung *f* <-en> soporte *m*

Halteschlaufe *f* asidero *m*

Haltestelle *f* parada *f*

Halteverbot *nt* estacionamiento *m* prohibido; *(Stelle)* zona *f* prohibida

haltlos *adj* ① *(Mensch)* inconstante ② *(Theorie)* inconsistente; *(Argument)* endeble; *(Behauptung)* insostenible

Haltlosigkeit *f* <-, *ohne pl*> ① *(von Mensch)* inconstancia *f,* volubilidad *f* ② *(von Gerücht)* falta *f* de fundamento; *(von Theorie, Argument)* inconsistencia *f;* *(von Behauptung)* insostenibilidad *f*

halt|machen *vi* parar

Haltung[1] *f ohne pl* ① *(Fassung)* serenidad *f;* **~ bewahren** mantener la serenidad ② *(von Tieren)* tenencia *f;* *(Tierzucht)* cría *f*

Haltung[2] *f* <-en> ① *(Körperhaltung)* postura *f;* *(Stellung)* posición *f* ② *(Einstellung)* posición *f,* actitud *f;* **eine klare ~ zu einer Frage einnehmen** adoptar una posición clara frente a una cuestión ③ *(Benehmen)* comportamiento *m*

Haltungsfehler *m* ① (SPORT) postura *f* errónea ② (MED) mala postura *f*

Halunke [ha'lʊŋkə] *m* <-n, -n> *(fam a. abw)* canalla *m*

Hämatom [hɛma'to:m] *nt* <-s, -e> (MED) hematoma *m*

Hamburg ['hambʊrk] *nt* <-s> Hamburgo *m*

Hamburger[1] *m* <-s, -> (GASTR) hamburguesa *f*

Hamburger(in)[2] ['hambʊrgɐ] *m(f)* <-s, -; -nen> hamburgués, -esa *m, f*

hamburgisch ['hambʊrgɪʃ] *adj* de Hamburgo, hamburgués

hämisch ['hɛ:mɪʃ] *adj* malicioso

Hammel ['haməl] *m* <-s, -> ① *(Schafbock)* carnero *m* ② *(vulg: Mensch)* imbécil *mf*

Hammelfleisch *nt* carne *f* de carnero

Hammelkeule *f* pata *f* de carnero

Hammer ['hamɐ, *pl:* 'hɛmɐ] *m* <-s, Hämmer> ① *(Werkzeug, a.* SPORT) martillo *m;* **unter den ~ kommen** subastarse ② (ANAT) martillo *m* ③ (MUS) macillo *m* ④ *(fam: Fehler)* error *m* garrafal ⑤ *(fam: Zumutung)* **das ist ja der ~!** ¡esto es el colmo!

hämmern ['hɛmɐn] **I.** *vi* ① *(Maschine, Person)* martillear ② *(Herz)* palpitar ③ *(mit den Fäusten)* golpear **II.** *vt* martillear

Hammerschlag *m* golpe *m* de martillo

Hammerwerfen *nt* <-s, *ohne pl*> (SPORT) lanzamiento *m* de martillo

Hammerwerfer(in) *m(f)* (SPORT) lanzador(a) *m(f)* de martillo

Hämoglobin [hɛmoglo'bi:n] *nt* <-s, *ohne pl*> (MED) hemoglobina *f*

Hämorrhoiden [hɛmoro'i:dən] *pl,* **Hämorriden** *pl* (MED) hemorroides *f pl*

Hampelmann ['hampəlman] *m* ① *(Spielzeug) muñeco de madera que mueve brazos y piernas al tirar de un cordel* ② *(fam abw: Mensch)* mamarracho *m*

hampeln *vi (fam)* no parar quieto; **hör auf zu ~!** ¡estáte quieto!

Hamster ['hamstɐ] *m* <-s, -> (ZOOL) hámster *m*

hamstern *vt* acaparar

Hand [hant, *pl:* 'hɛndə] *f* <Hände>

mano *f;* **an ~ von** por medio de; **von ~** a mano; **jdm die ~ geben/schütteln** dar/estrechar la mano a alguien; **linker/rechter ~** a mano izquierda/derecha; **linker/rechter ~ sehen Sie ...** a su izquierda/derecha pueden observar...; **aus erster/zweiter ~** de primera/segunda mano; **eine ~ voll** un puñado; **alle Hände voll zu tun haben** *(fam)* estar agobiado de trabajo; **etw aus der ~ legen** soltar algo; **etw in die ~ nehmen** coger algo; *(fig)* hacerse cargo de algo; **in die Hände klatschen** dar palmadas; **etw zur ~ haben** tener algo a mano; **jds rechte ~ sein** *(fig)* ser el brazo derecho de alguien; **zwei linke Hände haben** *(fam)* ser un manazas; **sich mit Händen und Füßen verständigen** *(fam)* entenderse por señas; **sich mit Händen und Füßen gegen etw wehren** *(fam)* defenderse con uñas y dientes contra algo; **ein gutes Blatt auf der ~ haben** tener buenas cartas; **~ und Fuß haben** tener pies y cabeza; **seine Hände in Unschuld waschen** *(geh)* lavarse las manos; **die Hände über dem Kopf zusammenschlagen** *(fam)* llevarse las manos a la cabeza; **die ~ im Spiel haben** andar en el ajo; **es lässt sich nicht von der ~ weisen, dass ...** no se puede negar que...; **~ in ~** (cogidos) de la mano; **~ in ~ mit jdm arbeiten** trabajar mano a mano con alguien; **freie ~ zu etw haben** tener plena libertad para algo; **das liegt auf der ~** es obvio; **man konnte nicht die ~ vor Augen sehen** estaba tan oscuro que no se podía ver ni la mano delante de los ojos; **für etw/jdn die ~ ins Feuer legen** *(fig)* poner la mano en el fuego por algo/alguien; **von der ~ in den Mund leben** vivir al día; **er ist bei ihnen in guten Händen** con ellos está en buenas manos; **in festen Händen sein** *(fam)* estar comprometido; **etw von langer ~ planen** planear algo con mucha antelación; **etw unter der ~ verkaufen** vender algo bajo mano; **mit etw** *dat* **schnell bei der ~ sein** *(fam)* no vacilar en hacer o decir algo; **jdm etw zu treuen Händen übergeben** encomendar algo a alguien; **jdm etw in die ~ drücken** ponerle a alguien algo en la mano; **jdm in die Hände fallen** caer en manos de alguien; **etw aus der ~ geben** dejar algo en manos de otro; **jdn in der ~ haben** tener a alguien en un puño; **jdm aus der ~ lesen** leer la mano a alguien; **jdm die ~ auflegen** bendecir a alguien; **an jdn ~ anlegen** pegar a alguien; **in die Hände spucken** *(fig)* poner manos a la obra; **jdn auf Händen tragen** llevar en palmas a alguien; **zu jds Händen** a la atención de alguien; **Hände hoch!** ¡manos arriba!; **Hände weg!** ¡quita las manos de ahí!; **eine ~ wäscht die andere** *(prov)* amor con amor se paga

Handapparat *m* <-(e)s, -e> libros *mpl* (especializados) de consulta

Handarbeit[1] *f ohne pl (Tätigkeit)* trabajo *m* manual; **etw in ~ anfertigen** hacer algo a mano

Handarbeit[2] *f* ❶ *(Gegenstand)* objeto *m* hecho a mano; *(kunstgewerblich)* artesanía *f* ❷ *(Nähen, Stricken etc.)* labores *fpl*

Handauflegen *nt* <-s, *ohne pl*> **durch ~** poniendo la(s) mano(s) encima

Handball *m ohne pl (Spiel)* balonmano *m*

Handballer(in) *m(f)* <-s, -; -, -nen>, **Handballspieler(in)** *m(f)* <-s, -; -, -nen> jugador(a) *m(f)* de balonmano

Handbetrieb *m ohne pl* accionamiento *m* manual

Handbewegung *f* movimiento *m* de la mano

Handbreit *f* <-> palmo *m*

Handbremse *f* (AUTO) freno *m* de mano; **die ~ ziehen** echar el freno de mano

Handbuch *nt* manual *m*

Händchen ['hɛntçən] *nt* <-s, -> *(fam)* **~ halten** hacer manitas

Handcreme *f* crema *f* de manos

Händedruck *m* apretón *m* de manos

Handel ['handəl] *m* <-s, *ohne pl*> ❶ *(Gewerbe)* comercio *m; (Markt)* mercado *m; (verbotener Handel)* tráfico *m;* **etw in den ~ bringen** sacar algo al mercado; **etw aus dem ~ ziehen** retirar algo del mercado; **mit etw** *dat* **/jdm ~ treiben** comerciar con algo/alguien; **im ~ sein** estar a la venta ❷ *(Geschäft)* negocio *m*

handeln ['handəln] **I.** *vi* ❶ *(agieren)* actuar, obrar ❷ *(Handel treiben)* comerciar (**mit** con); *(unerlaubt)* traficar (**mit** con); **er handelt mit Drogen** trafica con drogas ❸ *(feilschen)* regatear; **da lasse ich nicht mit mir ~** yo no regateo ❹ *(Buch)* tratar (**von** de, **über** sobre) **II.** *vunpers* **sich ~** tratarse (**um** de); **worum handelt es sich?** ¿de qué se trata? **III.** *vt* vender; **diese Aktien werden nicht an der Börse gehandelt** estas acciones no se cotizan en bolsa; **der Spinat wird für zwei Euro gehandelt** las espinacas se venden a dos euros

Handelsabkommen *nt* convenio *m* comercial

Handelsakademie *f* (SCH) escuela *f* superior de comercio

Handelsbank *f* (WIRTSCH) banco *m* comercial

Handelsbeschränkung *f* restricción *f* del comercio; **~en aufheben/verhängen** levantar/decretar restricciones comerciales
Handelsbeziehungen *fpl* relaciones *fpl* comerciales
Handelsbilanz *f* balanza *f* comercial
Handelsdefizit *nt* (WIRTSCH) déficit *m inv* comercial
handelseinig *adj* **~ sein/werden** estar/ponerse de acuerdo
Handelsembargo *nt* embargo *m* comercial; **ein ~ verhängen** ordenar un embargo comercial
Handelsflotte *f* flota *f* mercante
Handelsfreiheit *f* (WIRTSCH) libertad *f* de comercio
Handelsgesellschaft *f* sociedad *f* mercantil; **offene ~** sociedad colectiva
Handelsgesetzbuch *nt* (JUR) código *m* de comercio
Handelshafen *m* puerto *m* comercial
Handelskammer *f* Cámara *f* de Comercio; **Industrie- und ~** Cámara de Industria y Comercio
Handelsklasse *f* (COM, WIRTSCH) clase *f*
Handelsmarke *f* marca *f* registrada
Handelsniederlassung *f* (WIRTSCH) factoría *f*
Handelspartner(in) *m(f)* socio, -a *m, f* comercial
Handelspolitik *f* política *f* comercial
Handelsrecht *nt ohne pl* derecho *m* mercantil
Handelsregister *nt* registro *m* mercantil; **Eintragung ins ~** inscripción en el registro mercantil
Handelsschiff *nt* barco *m* mercante
Handelsschule *f* academia *f* de comercio
handelsüblich *adj* habitual en el comercio
Handelsvertrag *m* tratado *m* comercial
Handelsvertreter(in) *m(f)* representante *mf* (comercial)
Handelsware *f* mercancía *f*
Handelszentrum *nt* centro *m* comercial
Handeltreibende(r) *mf* <-n, -n; -n> (WIRTSCH) comerciante *mf*
händeringend ['hɛndərɪŋənd] *adj* desesperado
Händeschütteln *nt* <-s, *ohne pl*> apretón *m* de manos
Händetrockner *m* secador *m* de manos
Handfeger ['-feːgɐ] *m* <-s, -> escobilla *f*
Handfertigkeit *f* habilidad *f* manual
handfest *adj* ❶ *(Mensch)* robusto ❷ *(Mahlzeit)* fuerte; *(nahrhaft)* sustancioso ❸ *(Argument)* contundente; *(Krach)* tremendo ❹ *(Vorschlag)* concreto
Handfeuerwaffe *f* arma *f* de fuego portátil
Handfläche *f* palma *f* (de la mano)
Handfunkgerät *nt* radio *f* portátil
handgearbeitet ['hantgəʔarbaɪtət] *adj* hecho a mano
Handgelenk *nt* muñeca *f*; **etw aus dem ~ schütteln** *(fam)* hacer algo con soltura
handgemacht *adj* hecho a mano
Handgemenge *nt* pelea *f*, bulla *f AmS*; **in ein ~ geraten** llegar a las manos
Handgepäck *nt* equipaje *m* de mano
handgeschrieben *adj* escrito a mano
handgestrickt *adj* calcetado a mano, tejido a mano
Handgranate *f* granada *f* de mano
handgreiflich *adj* ❶ *(gewalttätig)* violento; **~ werden** llegar a las manos ❷ *(Erfolg)* evidente; *(Beweis)* palmario
Handgreiflichkeit *f* <-en> violencia *f*
Handgriff *m* ❶ *(zum Festhalten, Tragen)* asidero *m*; *(Stiel)* mango *m* ❷ *(Bewegung)* maniobra *f*; **mit ein paar ~en** con pocas maniobras
Handhabe *f* <-n> motivo *m*
handhaben ['hanthaːbən] *vt* ❶ *(Gesetz)* aplicar ❷ *(bedienen)* manejar; *(gebrauchen)* usar ❸ *(verfahren)* proceder
Handhabung *f* <-en> ❶ *(Bedienung)* manejo *m* ❷ *(Anwendung)* aplicación *f*
Handicap ['hɛndikɛp] *nt* <-s, -s>, **Handikap** *nt* <-s, -s> hándicap *m*
händisch ['hɛndɪʃ] *adj (Österr: manuell)* manual
Handkante *f* <-, -n> canto *m* de la mano
Handkoffer *m* maleta *f* pequeña
Handkuss *m* besamanos *m inv*
Handlanger(in) ['-laŋɐ] *m(f)* <-s, -; -nen> ❶ *(Hilfsarbeiter)* obrero, -a *m, f* no cualificado, -a ❷ *(abw: Verbündeter)* cómplice *mf*
Handlangerdienst *m (abw)* trabajo *m* sucio; **jdm ~e leisten** prestar ayuda a alguien (en un asunto sucio)
Handlangerin *f* <-nen> *s.* **Handlanger**
Händler(in) ['hɛndlɐ] *m(f)* <-s, -; -nen> comerciante *mf*; *(Verkäufer)* vendedor(a) *m(f)*; **fliegender ~** vendedor ambulante
Handlesekunst *f* quiromancia *f*, quiromancía *f*
handlich ['hantlɪç] *adj* manejable
Handlichkeit *f ohne pl* manejabilidad *f*
Handlung ['handlʊŋ] *f* <-en> ❶ *(Tat)* acción *f* ❷ *(von Buch, Film)* argumento *m*
Handlungsablauf *m* (LIT, THEAT) desarrollo *m* de la acción
Handlungsbedarf *m* (*a.* POL) necesidad *f* de actuar
Handlungsbevollmächtigte(r) *mf* apoderado, -a *m, f*
handlungsfähig *adj* capaz de actuar

Handlungsfähigkeit *f ohne pl* capacidad *f* de actuar

Handlungsfreiheit *f ohne pl* libertad *f* de acción

Handlungsspielraum *m* libertad *f* de acción

handlungsunfähig *adj* incapaz de actuar

Handlungsvollmacht *f* (COM, JUR) poder *m* mercantil

Handlungsweise *f* modo *m* de actuar; *(Vorgehensweise)* procedimiento *m*

Handout *nt* <-s, -s>, **Hand-out** [hɛnt'ʔaʊt] *nt* <-s, -s> papeleta *f*

Handpflege *f ohne pl* manicura *f;* **eine Creme zur ~** una crema para (el cuidado de) las manos

Handpuppe *f* títere *m*

Handrechen *m (für Gartenarbeit)* rastrillo *m* de mano

Handreichung *f* ① *(Hilfeleistung)* (prestación *f* de) ayuda *f* ② *(Richtlinien)* orientación *f*

Handrücken *m* dorso *m* de la mano

Handrührgerät *nt* batidora *f*

Handsäge *f* serrucho *m*

Handschaltung *f* cambio *m* de marchas manual

Handschellen *fpl* esposas *fpl;* **jdm ~ anlegen** esposar a alguien

Handschlag *m* apretón *m* de manos; **keinen ~ tun** *(fam)* no mover un dedo; **durch ~ besiegeln** sellar con un apretón de manos

Handschrift *f* ① *(von Person)* letra *f* ② *(Text)* manuscrito *m*

handschriftlich I. *adj* escrito a mano II. *adv* a mano, por escrito

Handschuh *m* guante *m*

Handschuhfach *nt* guantera *f*

Handstand *m* <-(e)s, -stände> pino *m*

Handtasche *f* bolso *m* de mano

Handtuch *nt* toalla *f,* enjugamanos *m inv Am;* **das ~ werfen** *(fam)* tirar la toalla

Handtuchhalter *m* toallero *m*

Handumdrehen *nt* **im ~** en un santiamén

handverlesen *adj* ① *(Früchte, Nüsse)* seleccionado a mano ② *(iron: Gäste, Zuhörer)* (cuidadosamente) seleccionado

Handvoll *f* <-, -> *s.* **Hand**

Handwäsche *f (Waschen)* lavado *m* a mano; *(Wäsche)* ropa *f* para lavar a mano

Handwerk¹ *nt* <-(e)s, -e> *(Beruf)* oficio *m* (manual); **jdm das ~ legen** poner fin a las actividades de alguien; **jdm ins ~ pfuschen** hacer la competencia a alguien

Handwerk² *nt* <-(e)s, *ohne pl*> *(Handwerkerschaft)* artesanado *m*

Handwerker(in) *m(f)* <-s, -; -nen> trabajador(a) *m(f)* manual; *(Kunsthandwerker)* artesano, -a *m, f*

handwerklich *adj* artesanal

Handwerksbetrieb *m* taller *m* (de artesanía)

Handwerkskammer *f* Cámara *f* de Artesanía

Handwerkszeug *nt* herramientas *fpl*

Handwurzel *f* (ANAT) carpo *m*

Handy ['hɛndi] *nt* <-s, -s> (teléfono *m*) móvil *m,* (teléfono *m*) celular *m Am;* **das ~ ausgeschaltet haben** tener el móvil apagado; **sein/ihr ~ hat keinen Empfang** tiene el móvil fuera de cobertura

Handytasche *f* funda *f* para el móvil

Handzeichen *nt* señal *f* que se da con la mano; *(Schriftzug)* rúbrica *f*

Handzettel *m* volante *m*

hanebüchen ['ha:nəby:çən] *adj (geh fig)* inaudito

Hanf [hanf] *m* <-(e)s, *ohne pl*> cáñamo *m*

Hang¹ [haŋ, *pl:* 'hɛŋə] *m* <-(e)s, Hänge> *(Abhang)* pendiente *f,* cuesta *f,* guindo *m Guat*

Hang² *m* <-(e)s, *ohne pl*> *(Tendenz)* inclinación *f; (Neigung)* propensión *f;* **einen ~ zu etw** *dat* **haben** tener propensión a algo

Hängebrücke *f* puente *m* colgante

Hängelampe *f* lámpara *f* colgante

Hangelgerüst *nt (im Spielplatz)* columpio *m* para colgarse

Hängematte *f* hamaca *f*

hängen¹ ['hɛŋən] <hängt, hing, gehangen> *vi* ① *(herunterhängen)* colgar (**an** de/en), pender (**an** de); **Spannung hing in der Luft** la tensión flotaba en el ambiente; **an der Flasche/vor dem Fernseher ~** *(fam)* estar colgado de la botella/de la tele ② *(haften)* estar adherido (**an** a); **an jdm ~** querer a alguien; **sich an jdn ~** pegarse a alguien ③ *(schief sein)* estar inclinado (**nach** hacia)

hängen² *vt* ① *(aufhängen)* colgar; **die Fahne nach dem Wind ~** arrimarse al sol que más calienta ② *(befestigen)* fijar; *(an Haken)* enganchar ③ *(Verbrecher)* colgar

Hängepartie *f* <-, -n> *(Schach)* partida *f* de ajedrez con interrupciones

Hängeregister *nt (Bürobedarf)* archivo *m* colgante

Hängerkleid *nt* vestido *m* baby doll

Hängeschrank *m* armario *m* suspendido

Hanglage *f* ① *(Lage)* ladera *f* ② *pl (Gebiet)* laderas *fpl*

Hannover [ha'no:fɐ] *nt* <-s> Hannover *m*

Hansaplast® [hanza'plast, 'hanzaplast] *nt* <-(e)s, *ohne pl*> tira *f* de esparadrapo

Hansdampf [hans'damf] *m* <-(e)s, -e>

~ (**in allen Gassen**) *(fam)* metomentodo *m*

Hanse ['hanzə] *f* <-, *ohne pl*> (HIST) Hansa *f*

Hanseat(in) [hanze'a:t] *m(f)* <-en, -en; -, -nen> ① *(Einwohner)* habitante *mf* de una ciudad hanseática *(Bremen, Hamburgo y Lübeck)* ② (HIST) comerciante *mf* de una ciudad hanseática

hanseatisch [hanze'a:tɪʃ] *adj* (h)anseático

hänseln ['hɛnzəln] *vt* **jdn** ~ burlarse de alguien

Hansestadt ['hanzə-] *f* ciudad *f* (h)anseática

Hanswurst [-'-, '--] *m* <-(e)s, -e *o* -würste> ① (THEAT) arlequín *m* ② *(Narr)* payaso *m*

Hantel ['hantəl] *f* <-n> pesas *fpl*

hantieren* [han'ti:rən] *vi* trabajar (**mit** con)

Hanukkah [ha'nu:ka] <-, *ohne pl*> *f (jüdisches Fest)* Janucá *f*

hapern ['ha:pɐn] *vi* ① *(fehlen)* faltar (**an** de) ② *(schlecht sein)* tener dificultades (**mit** con)

häppchenweise ['hɛpçənvaɪzə] *adv (fam)* a bocados

Happen ['hapən] *m* <-s, -> *(fam)* bocado *m*, puntal *m Am*

happig ['hapɪç] *adj (fam)* exagerado; *(Preis)* exorbitante

happy ['hɛpi] *adj inv (fam)* feliz y contento

Happyend *nt* <-(s), -s>, **Happy End** [hɛpi'ʔɛnt] *nt* <- -(s), - -s> final *m* feliz

Happy Hour [hɛpi'(ʔ)aʊɐ] *f* <- -s> hora *f* feliz

Harakiri [hara'ki:ri] *nt* <-(s), -s> haraquiri *m*, harakiri *m*; ~ **begehen** hacerse el haraquiri

Hard Disk ['ha:tdɪsk] *f* <- -s> (INFOR) disco *m* duro

Hardliner ['ha:tlaɪnɐ] *m* <-s, -> (persona *f*) intransigente *mf*

Hard Rock ['ha:trɔk] *m* <- -s, *ohne pl*> (MUS) rock *m* duro

Hardware ['ha:twɛ:ɐ] *f* <-s> (INFOR) hardware *m*, equipo *m* físico

Hardwarekomponente *f* <-, -n> (INFOR) componente *m* de hardware

Hardwarekonfiguration *f* <-, -en> (INFOR) configuración *f* de hardware

Harem ['ha:rɛm] *m* <-s, -s> harén *m*

Harfe ['harfə] *f* <-n> arpa *f*

Harke ['harkə] *f* <-n> rastrillo *m*

Harlekin ['harleki:n] *m* <-s, -e> arlequín *m*

harmlos ['harmlo:s] *adj* inofensivo; *(arglos)* inocente; *(Krankheit)* leve; *(Tier)* manso; *(Medikament)* inocuo; **es fing alles ganz ~ an** todo empezó sin ningún problema

Harmlosigkeit *f* <-, *ohne pl*> *(Erkrankung, Wunde)* levedad *f*; *(Droge, Medikament)* inocuidad *f*

Harmonie [harmo'ni:] *f* <-n> armonía *f*

Harmonien *pl von* **Harmonie**

harmonieren* *vi* armonizar (**mit** con)

Harmonika [har'mo:nika] *f* <-s *o* Harmoniken> (MUS: *Mundharmonika*) armónica *f*; *(Ziehharmonika)* acordeón *m*

harmonisch [har'mo:nɪʃ] *adj* ① (MUS) armónico ② *(zusammenpassend)* armonioso

harmonisieren* *vt* armonizar

Harmonium [har'mo:niʊm] *nt* <-s, -s *o* Harmonien> (MUS) armonio *m*

Harn [harn] *m* <-(e)s, -e> orina *f*

Harnblase *f* (ANAT) vejiga *f* de la orina

Harndrang *m* <-(e)s, *ohne pl*> ① *(Bedürfnis)* ganas *fpl* de orinar; ~ **verspüren** tener ganas de orinar ② *(a.* MED: *mit Schmerz)* pujo *m*, tenesmo *m*

Harnleiter *m* (ANAT) uréter *m*

Harnröhre *f* (ANAT) uretra *f*

Harnsäure *f* ácido *m* úrico

Harnstoff *m* urea *f*

harntreibend *adj* diurético

Harnwege *mpl* (ANAT) vías *fpl* urinarias

Harpune [har'pu:nə] *f* <-n> arpón *m*; *(Haken)* garfio *m*

harpunieren* [harpu'ni:rən] *vt* arponear

harren ['harən] *vi (geh)* esperar (con impaciencia) (+*gen*)

hart [hart] <härter, am härtesten> **I.** *adj* ① *(nicht weich)* duro; **~e Drogen** drogas duras; ~ **werden** endurecerse; *(Brot)* ponerse duro; *(Mensch)* volverse duro ② *(Währung)* estable ③ *(Wasser)* duro ④ *(widerstandsfähig)* resistente; ~ **im Nehmen sein** encajar bien los golpes ⑤ *(schwer)* duro, difícil; *(Aufprall)* fuerte ⑥ *(hartherzig)* duro, insensible; **jdn ~ anfassen** tratar a alguien con dureza ⑦ *(streng)* riguroso; ~ **durchgreifen** adoptar medidas rigurosas; ~ **bleiben** mantenerse firme; **jdm ~ zusetzen** apremiar a alguien; **es geht ~ auf ~** luchan a brazo partido **II.** *adv (nahe)* muy cerca (**an** de)

Härte ['hɛrtə] *f* <-n> ① *(Festigkeit)* dureza *f* ② *(Stabilität)* estabilidad *f* ③ *(Kalkgehalt)* dureza *f* ④ *(Widerstandsfähigkeit)* resistencia *f* ⑤ *(Schwierigkeitsgrad)* dureza *f*, dificultad *f* ⑥ *(Strenge)* rigor *m* ⑦ *(Gefühllosigkeit)* insensibilidad *f*; *(Grausamkeit)* crueldad *f* ⑧ *(Heftigkeit)* violencia *f*, fuerza *f*

Härtefall *m* caso *m* extremo

Härtegrad *m* (TECH) grado *m* de dureza

H

härten ['hɛrtən] **I.** *vi, vt* endurecer **II.** *vr:* **sich ~** endurecerse
härter ['hɛrtɐ] *adj kompar von* **hart**
härteste(r, s) *adj superl von* **hart**
Härtetest *m* prueba *f* de resistencia
hartgekocht *adj s.* **kochen II. 1.**
Hartgeld *nt* moneda *f* en metálico
hartgesotten ['hartgəzɔtən] *adj* ① *(unsensibel)* duro ② *(verstockt)* duro de pelar
hartherzig *adj* duro de corazón
Hartherzigkeit[1] *f* <-, -en> *(hartherzige Tat)* crueldad *f*
Hartherzigkeit[2] *f* <-, *ohne pl*> *(Gefühllosigkeit)* insensibilidad *f*, dureza *f* de corazón
Hartholz *nt* madera *f* dura
Hartkäse *m* queso *m* de pasta dura
hartnäckig ['hartnɛkɪç] *adj* ① *(stur)* terco ② *(ausdauernd)* tenaz ③ *(Krankheit)* pertinaz; *(Fleck)* resistente
Hartnäckigkeit *f ohne pl* ① *(Sturheit)* terquedad *f* ② *(Ausdauer)* tenacidad *f*, remache *m Col* ③ *(von Krankheit)* pertinacia *f*
Härtung ['hɛrtʊŋ] *f* <-, -en> (TECH) endurecimiento *m*
Hartwurst *f* embutido *m* (curado o ahumado)
Harz[1] [ha:ɐts] *nt* <-es, -e> resina *f*
Harz[2] *m* <-es> (GEO) **der ~** el Harz
harzig *adj* ① *(Harz enthaltend)* resinoso ② *(Schweiz: mühsam)* dificultoso
Hasch [haʃ] *nt* <-s, *ohne pl*> *(fam)* hachís *m inv*
Haschee [ha'ʃe:] *nt* <-s, -s> (GASTR) carne *f* picada en salsa
haschen ['haʃən] *vi (fam)* fumar porros
Haschisch ['haʃɪʃ] *m o nt* <-(s), *ohne pl*> hachís *m inv*
Hase ['ha:zə] *m* <-n, -n> liebre *f*; **falscher/Falscher ~, falscher** [*o* **Falscher**] **~** *(Hackbraten)* asado de carne picada; **wissen, wie der ~ läuft** *(fam)* saber por donde van los tiros; **da liegt der ~ im Pfeffer** *(fam)* ahí está la madre del cordero
Haselnuss ['ha:zəlnʊs] *f* <-nüsse> avellana *f*
Hasenbraten *m* (GASTR) liebre *f* asada
Hasenfuß *m (fam abw)* cagueta *mf*; **sei kein ~ und mach mit!** ¡no seas cagueta y participa!
Hasenglöckchen *nt* (BOT) jacinto *m* silvestre
Hashtag <-s, -s> ['hæʃtæg] *nt* (INFOR) etiqueta *f*, hashtag *m*
Häsin ['hɛ:zɪn] *f* <-nen> liebre *f* hembra
Hass [has] *m* <-es, *ohne pl*> odio *m*; **~ auf jdn haben** odiar a alguien
hassen ['hasən] *vt* odiar
hasserfüllt *adj* lleno de odio
Hasskommentar *m* (INFOR) comentario *m* de odio
Hasskriminalität *f kein pl* delitos *mpl* de odio
hässlich ['hɛslɪç] *adj* ① *(Aussehen)* feo, macaco *Cuba, Chil*; *(Wetter)* malo ② *(gemein)* feo, malo; **~ von jdm sprechen** hablar mal de alguien ③ *(unangenehm)* desagradable
Hässlichkeit[1] *f ohne pl (von Aussehen)* fealdad *f*
Hässlichkeit[2] *f* <-en> *(Gemeinheit)* maldad *f*
Hassliebe *f* amor-odio *m*
Hasstirade *f* <-, -n> *(abw)* invectiva *f* llena de odio
Hast [hast] *f ohne pl (Eile)* prisa *f*; *(Überstürzung)* precipitación *f*
hasten ['hastən] *vi sein (geh)* ir a toda prisa; *(sich überstürzen)* precipitarse
hastig I. *adj (eilig)* apresurado; *(überstürzt)* precipitado **II.** *adv (schnell)* a toda prisa; *(überstürzt)* precipitadamente; **nicht so ~!** ¡no tan de prisa!
hat [hat] *3. präs von* **haben**
haten ['hɛɪ̯tn̩] *vi, vt* (INFOR: *fam*) odiar
hätscheln ['hɛ(:)tʃəln] *vt* ① *(liebkosen)* acariciar ② *(abw: bevorzugen)* mimar
hatschi [ha'tʃi(:), 'hatʃi] *interj* achís
hatte ['hatə] *3. imp von* **haben**
Haube ['haʊbə] *f* <-n> ① *(Kopfbedeckung)* cofia *f*; **jdn unter die ~ bringen** *(fam)* casar a alguien ② (AUTO) capó *m* ③ *(von Vögeln)* copete *m* ④ *(Trockenhaube)* secador *m*
Hauch [haʊx] *m* <-(e)s, -e> *(geh)* ① *(Atem)* aliento *m* ② *(Luftzug)* soplo *m*, aire *m* ③ *(Anflug, Duft)* matiz *m*, toque *m*
hauchdünn ['-'-] *adj* finísimo
hauchen ['haʊxən] **I.** *vi (ausatmen)* espirar **II.** *vt (Worte)* susurrar
Haue[1] ['haʊə] *f ohne pl (fam: Schläge)* paliza *f*; **~ kriegen** recibir una paliza
Haue[2] *f* <-n> *(südd, Österr, Schweiz: Hacke)* azada *f*
hauen[1] ['haʊən] <haut, haute *o* hieb, gehauen> **I.** *vt (fam: schlagen)* sacudir; *(verprügeln)* dar una paliza **II.** *vi (schlagen)* **mit der Faust auf den Tisch ~** *(a. fig)* pegar un puñetazo en la mesa
hauen[2] ['haʊən] <haut, haute, gehauen> **I.** *vi (Wend)* **auf die Pauke ~** *(fig)* ir de juerga **II.** *vt* ① *(meißeln)* esculpir ② *(fam: Nagel)* clavar (**in** en) ③ (BERGB) extraer **III.** *vr:* **sich ~** *(fam)* pegarse (**mit** con)
Hauer *m* <-s, -> ① *(Bergmann)* picador *m* (de minas) ② *(Eckzahn)* colmillo *m*
Häufchen ['hɔɪfçən] *nt* <-s, -> montoncito *m*; **er kam wie ein ~ Elend nach Hause** volvió a casa hecho una miseria [*o* una lástima]

häufeln ['hɔɪfəln] *vt* ① (AGR) aporcar ② *(aufschichten)* amontonar

Haufen ['haʊfən] *m* <-s, -> ① *(Anhäufung)* montón *m,* cerro *m And; (Stapel)* pila *f;* **jdn über den ~ rennen/fahren** *(fam)* tumbar/derribar a alguien; **etw über den ~ werfen** *(fam)* arrojar por la borda algo ② *(fam: Menge)* montón *m,* percha *f CSur;* **einen ~ Arbeit haben** tener un montón de trabajo ③ *(Schar)* gentío *m; (Gruppe)* cuadrilla *f*

häufen ['hɔɪfən] **I.** *vt* amontonar; *(ansammeln)* acumular; **zwei gehäufte Esslöffel Zucker** dos cucharadas colmadas de azúcar **II.** *vr:* **sich ~** amontonarse; *(sich ansammeln)* acumularse

haufenweise *adv (fam)* a montones

Haufenwolke *f* cúmulo *m*

häufig ['hɔɪfɪç] **I.** *adj* frecuente; *(wiederholt)* repetido **II.** *adv* a menudo, con frecuencia

Häufigkeit *f* <-en> frecuencia *f*

Häufung *f* <-, -en> acumulación *f*

Haupt [haʊpt, *pl:* 'hɔɪptɐ] *nt* <-(e)s, Häupter> *(geh)* ① *(Kopf)* cabeza *f;* **gesenkten/erhobenen ~es** cabizbajo/con la cabeza alta ② *(Anführer)* jefe, -a *m, f*

Hauptaktionär(in) *m(f)* <-s, -e; -, -nen> (WIRTSCH) accionista *mf* principal

Hauptakzent *m* ① (LING) acento *m* principal ② *(Schwerpunkt)* énfasis *m inv* principal; **den ~ auf etw legen** poner el énfasis en algo

Hauptaltar *m* altar *m* mayor

hauptamtlich *adj* de carrera; *(angestellt)* contratado

Hauptaugenmerk *nt ohne pl* **sein ~ auf etw/jdn richten** fijarse especialmente en algo/alguien

Hauptausgang *m* salida *f* principal

Hauptbahnhof *m* estación *f* central

Hauptbelastungszeuge, -zeugin *m, f* (JUR) testigo *mf* de cargo principal

Hauptberuf *m* profesión *f* principal

hauptberuflich **I.** *adj* profesional **II.** *adv* profesionalmente

Hauptbestandteil *m* parte *f* integrante; **etw in seine ~e zerlegen** descomponer algo en sus elementos principales

Hauptdarsteller(in) *m(f)* protagonista *mf*

Haupteingang *m* entrada *f* principal

Hauptfach *nt* (SCH, UNIV) asignatura *f* principal

Hauptfigur *f* personaje *m* principal

Hauptgang *m* (GASTR) segundo plato *m;* **im ~ servieren wir …** de segundo plato tenemos…

Hauptgebäude *nt* edificio *m* principal

Hauptgericht *nt* plato *m* principal

Hauptgeschäftszeit *f* (WIRTSCH) horas *f pl* punta

Hauptgewinn *m* primer premio *m,* gordo *m fam*

Hauptkommissar(in) *m(f)* comisario, -a *m, f* (jefe)

Hauptlast *f* carga *f* principal

Hauptleute *pl von* **Hauptmann**

Häuptling ['hɔɪptlɪŋ] *m* <-s, -e> cacique *m*

Hauptmahlzeit *f* comida *f* principal

Hauptmann *m* <-(e)s, -leute> ① (MIL) capitán *m* ② *(Schweiz: Gemeindevorsteher)* alcalde *m*

Hauptmenü *nt* (INFOR) menú *m* principal

Hauptperson *f* personaje *m* principal

Hauptpost *f* central *f* de correos

Hauptpostamt *nt* oficina *f* central de correos

Hauptproblem *nt* <-s, -e> problema *m* principal

Hauptquartier *nt* (MIL) cuartel *m* general

Hauptreisezeit *f días de máximo tráfico durante un período vacacional;* **zur ~ stecken viele Urlauber im Stau** en los días de vacaciones en los que el tráfico es más intenso se producen muchas caravanas

Hauptrolle *f* papel *m* principal

Hauptsache *f* punto *m* principal; **die ~ ist, dass …** lo principal es que… *+subj;* **in der ~** principalmente; **zur ~ kommen** llegar a lo principal

hauptsächlich ['haʊptzɛçlɪç] **I.** *adj* principal; *(wesentlich)* esencial **II.** *adv* principalmente; **~ deshalb, weil …** principalmente porque…

Hauptsaison *f* temporada *f* alta

Hauptsatz *m* (LING) oración *f* principal

Hauptschalter *m* (ELEK) interruptor *m* principal

Hauptschlagader *f* (ANAT) aorta *f*

Hauptschlüssel *m* llave *f* maestra

Hauptschulabgänger(in) *m(f)* ≈ graduado, -a *m, f* escolar

Hauptschuld *f ohne pl* culpa *f* principal

Hauptschuldige(r) *mf* culpable *mf* principal

Hauptschule *f* ≈ escuela *f* de Enseñanza General Básica *(formación escolar mínima obligatoria que comprende entre los 10 y los 16 años de edad)*

Hauptschüler(in) *m(f)* ≈ alumno, -a *m, f* de Enseñanza General Básica

Hauptschullehrer(in) *m(f)* profesor(a) *m(f)* de una "Hauptschule" *(profesor de tercer ciclo de primaria y de primer curso de la ESO)*

Hauptschwierigkeit *f* <-, -en> dificultad *f* principal

H

Hauptseminar *nt* <-s, -e> (UNIV) seminario *m* especializado, ≈ asignatura *f* de especialidad [*o* segundo ciclo]
Hauptsendezeit *f* (TV) tiempo *m* de máxima audiencia
Hauptspeicher *m* (INFOR) memoria *f* central
Hauptspeise *f* (GASTR) plato *m* principal
Hauptstadt *f* capital *f*
hauptstädtisch *adj* de la capital, capitalino
Hauptstraße *f* calle *f* principal, ≈ Calle *f* Mayor
Hauptstrecke *f* <-, -n> (EISENB) vía *f* principal
Hauptstudium *nt ohne pl* (UNIV) ≈ segundo ciclo *m* (de los estudios superiores)
Hauptteil *m* parte *f* principal
Hauptursache *f* <-, -n> motivo *m* principal
Hauptverhandlung *f* (JUR) juicio *m* oral
Hauptverkehrsstraße *f* calle *f* principal
Hauptverkehrszeit *f* hora *f* punta
Hauptversammlung *f* asamblea *f* general
Hauptwaschgang *m* fase *f* principal de lavado
Hauptwohnsitz *m* domicilio *m* principal
Hauptwort *nt* (LING) sustantivo *m*
hau ruck [haʊˈrʊk] *interj* ¡fuerza!, ¡a la una, a las dos y a las tres!
Haus [haʊs, *pl:* ˈhɔɪzɐ] *nt* <-es, Häuser> ① *(Wohnhaus, Heim)* casa *f;* *(Gebäude)* edificio *m;* **von ~ zu ~ gehen** ir de casa en casa; **wir wohnen ~ an ~** vivimos puerta con puerta; **aus dem ~ gehen** salir de casa; **der Herr des ~es** el señor de la casa; **außer ~ essen** comer fuera (de casa); **etw steht ins ~** algo está al caer; **~ und Hof verspielen** perder hasta la camisa; **nirgendwo zu ~e** [*o* **zuhause**] **sein** ser un extraño en todas partes; **fühlen Sie sich wie zu ~e** [*o* **zuhause**]**!** ¡siéntase como en su casa!; **nach ~e kommen** volver a casa; **er ist nicht zu ~e** [*o* **zuhause**] no está en casa; **bei uns zu ~e** [*o* **zuhause**] en nuestra casa; **in etw** *dat* **zu ~e** [*o* **zuhause**] **sein** *(fam)* conocer bien algo; **vor ausverkauftem ~ spielen** actuar con el teatro repleto de público; **frei ~** (COM) franco (a) domicilio; **hallo, altes ~!** *(fam)* ¡hola, amigote! ② *(geh: Herkunft)* familia *f,* casa *f;* **er ist aus gutem ~e** es de buena familia; **von ~e aus** originalmente ③ *(Unternehmen)* casa *f,* empresa *f;* **das erste ~ am Platz** la empresa de mejor reputación ④ *(Dynastie)* casa *f,* dinastía *f* ⑤ *(Schneckenhaus)* casita *f* del caracol ⑥ (ASTR) casa *f* (celeste) ⑦ (POL) Cámara *f* ⑧ *(Wend)* **~ halten** economizar
Hausangestellte(r) *mf* empleado, -a *m, f* (del hogar)
Hausanschluss *m* <-es, -schlüsse> (TECH) acometida *f;* (TEL) comunicación *f* interior, teléfono *m* interior [*o* interno]
Hausapotheke *f* botiquín *m*
Hausarbeit *f* ① *(im Haushalt)* quehaceres *mpl* domésticos ② (SCH) deberes *mpl;* (UNIV) trabajo *m* escrito (hecho en casa)
Hausarrest *m* arresto *m* domiciliario
Hausarzt, -ärztin *m, f* médico, -a *m, f* de cabecera
Hausaufgabe *f* trabajo *m* para casa; **~n** (SCH) deberes *mpl*
hausbacken *adj* ① *(Hausmittel)* casero ② *(abw: bieder)* aburguesado; *(langweilig)* aburrido
Hausbau *m ohne pl* construcción *f* de una casa
Hausbesetzer(in) *m(f)* <-s, -; -nen> okupa *mf argot*
Hausbesetzung *f* <-en> okupación *f*
Hausbesitzer(in) *m(f)* propietario, -a *m, f* de una casa
Hausbesuch *m* visita *f* domiciliaria
Hausbewohner(in) *m(f)* vecino, -a *m, f* de una casa
Hausboot *nt* barco *m* vivienda
Hausbriefkasten *m* buzón *m*
Häuschen [ˈhɔɪsçən] *nt* <-s, -> casita *f;* **ganz aus dem ~ sein** *(fam)* estar completamente fuera de sí
Hausdurchsuchung *f* *(Österr)* registro *m* domiciliario
Hausdurchsuchungsbefehl *m* <-s, -e> (JUR) orden *f* de registro domiciliario
hauseigen *adj* propio de la casa
Hauseigentümer(in) *m(f)* propietario, -a *m, f* de la casa
Hauseinfahrt *f* <-, -en> entrada *f* (de la casa)
Hauseingang *m* <-(e)s, -gänge> entrada *f* de la casa
hausen [ˈhaʊzən] *vi* *(fam)* ① *(abw: wüten)* causar estragos (**in** en) ② *(wohnen)* vivir (**in** en)
Häuserblock *m* manzana *f,* cuadra *f Am*
Häuserfront *f* <-, -en> frente *m* de varias casas, fachadas *fpl* de varias casas
Häuserreihe *f* <-, -n>, **Häuserzeile** *f* <-, -n> hilera *f* de casas
Hausflur *m* pasillo *m*
Hausfrau *f* ① *(Haushalt führende Frau)* ama *f* de casa ② *(Österr, südd: Zimmerwirtin)* alquiladora *f* de cuartos
Hausfreund *m* ① *(der Familie)* amigo *m* de la casa ② *(Geliebter)* alegraesposas *m inv*

Hausfriedensbruch *m* (JUR) allanamiento *m* de morada
Hausgebrauch *m* uso *m* doméstico; **für den ~** para uso doméstico
Hausgeburt *f* <-, -en> parto *m* en casa
hausgemacht ['haʊsgəmaxt] *adj* casero, de fabricación casera
Hausgemeinschaft *f* ❶ *(im Haushalt)* comunidad *f* ❷ *(Hausbewohner)* vecindad *f*
Haushalt ['haʊshalt] *m* <-(e)s, -e> ❶ *(Hausgemeinschaft)* casa *f;* **jdm den ~ führen** llevar(le) la casa a alguien; **einen ~ gründen/auflösen** poner/levantar casa ❷ *(Familie)* hogar *m;* **die privaten ~e** los hogares ❸ (POL: *Etat*) presupuesto *m*
hausǀhalten *irr vi* economizar (**mit**)
Haushälterin ['haʊshɛltərɪn] *f* <-nen> ama *f* de llaves
haushälterisch *adj* económico, ahorrativo
Haushaltsabfall *m* basura *f* doméstica, residuos *mpl* domésticos
Haushaltsartikel *m* artículo *m* doméstico
Haushaltsdebatte *f* (POL) debate *m* sobre el presupuesto
Haushaltsführung *f* ❶ *(einer Hausgemeinschaft)* gobierno *m* de la casa ❷ (FIN) gestión *f* presupuestaria; **doppelte ~** (FIN) doble ingreso
Haushaltsgeld *nt* dinero *m* para los gastos domésticos
Haushaltsgerät *nt* aparato *m* doméstico
Haushaltshilfe *f* empleada *f* de hogar, asistenta *f*
Haushaltsjahr *nt* (POL) año *m* presupuestario
Haushaltskasse *f* <-, *ohne pl*> presupuesto *m* familiar
Haushaltsloch *nt* <-(e)s, -löcher> (FIN) agujero *m* presupuestario, déficit *m inv* presupuestario
Haushaltsplan *m* (POL) presupuesto *m*
Hausherr(in) *m(f)* dueño, -a *m, f* de la casa, señor(a) *m(f)* de la casa
haushoch ['-'-] *adj (groß)* como una casa; *(außergewöhnlich)* descomunal; **jdm ~ überlegen sein** dar(le) cien vueltas a alguien; **jdn ~ schlagen** derrotar a alguien aplastantemente
hausieren* [haʊ'ziːrən] *vi* ir vendiendo de casa en casa; **mit etw** *dat* **~ gehen** *(fam)* contar algo a todo el mundo
Hausierer(in) *m(f)* <-s, -; -nen> vendedor(a) *m(f)* ambulante, pacotillero, -a *m, f Am*
Hausjacke *f* chaqueta *f* de estar por casa
Hauslehrer(in) *m(f)* preceptor *m,* institutriz *f; (Privatlehrer)* profesor(a) *m(f)* particular
häuslich ['hɔɪslɪç] *adj* ❶ *(Arbeiten, Pflichten)* doméstico; *(Familie betreffend)* familiar ❷ *(Familienleben liebend)* casero; **sich ~ niederlassen** *(fam)* poner casa
Häuslichkeit *f* <-, *ohne pl*> vida *f* hogareña
Hausmacherart ['haʊsmaxɐʔaːɐt] *f* (GASTR) **nach ~** según receta casera
Hausmädchen *nt* <-s, -> sirvienta *f*
Hausmann *m* amo *m* de casa
Hausmannskost *f* comida *f* casera
Hausmeister(in) *m(f)* ❶ *(in Wohnhaus)* conserje *mf; (in öffentlichen Gebäuden)* bedel(a) *m(f)* ❷ *(Schweiz: Hausbesitzer)* propietario, -a *m, f* de la casa
Hausmittel *nt* remedio *m* casero
Hausmüll *m* basura *f* doméstica
Hausmusik *f* música *f* de aficionados
Hausnummer *f* número *m* de (la) casa
Hausordnung *f* reglamento *m* de la casa
Hauspost *f* correo *m* interno
Hausrat *m ohne pl* menaje *m*
Hausratversicherung *f* seguro *m* del hogar
Hausrecht *nt ohne pl* (JUR) derecho *m* doméstico
Hausschlüssel *m* llave *f* de (la) casa
Hausschuh *m* zapatilla *f*
Hausse [hoːs, 'hoːsə, oːs] *f* <-n> (FIN) alza *f;* **auf ~ spekulieren** jugar al alza
Haussegen *m* **der ~ hängt (bei jdm) schief** *(fam)* alguien tiene líos en casa
haussieren [(h)o'siːrən] *vi* (FIN: *Markt, Börse*) estar en alza
Haussuchung *f* <-en> (JUR) registro *m* domiciliario
Haustier *nt* animal *m* doméstico
Haustür *f* puerta *f* de (la) casa
Hausverbot *nt prohibición de entrar en un sitio determinado*
Hausverwalter(in) *m(f)* administrador(a) *m(f)* de una casa
Hausverwaltung *f* administración *f* de la casa; **Haus- und Grundstücksverwaltung** administración de inmuebles y fincas
Hauswirt(in) *m(f)* propietario, -a *m, f* de una casa
Hauswirtschaft *f ohne pl* economía *f* doméstica
Hauswirtschafter(in) *m(f)* <-s, -; -nen> encargado, -a *m, f* de la casa
Haut [haʊt, *pl:* 'hɔɪtə] *f* <Häute> ❶ *(von Mensch, Tier, Obst)* piel *f,* pellejo *m* pey; *(Gesichtshaut)* cutis *m inv;* **nur ~ und Knochen sein** *(fam)* estar en los huesos; **versuchen, seine ~ zu retten** *(fig fam)* intentar salvar el pellejo; **aus der ~ fahren** *(fig fam)* salirse de sus casillas; **er kann nicht aus seiner ~ heraus** *(fig fam)* la cabra siempre tira al monte; **ihm ist nicht**

wohl in seiner ~ *(fam fig)* no se siente a gusto; **in ihrer ~ möchte ich nicht stecken** *(fam fig)* no quisiera estar en su pellejo; **mit heiler ~ davonkommen** *(fam fig)* salvar la piel; **mit ~ und Haaren** *(fam fig)* completamente; **das geht (mir) unter die ~** *(fam fig)* esto me llega al alma; **auf der faulen ~ liegen** *(fam fig)* estar tumbado a la bartola; **eine ehrliche ~** *(fam fig)* una persona honrada ② *(auf Flüssigkeit)* tela *f*

Hautabschürfung *f* excoriación *f*

Hautarzt, -ärztin *m, f* dermatólogo, -a *m, f*

Hautausschlag *m* (MED) erupción *f* cutánea, alfombrilla *f Cuba*

Hautcreme *f* crema *f* para la piel

häuten ['hɔɪtən] **I.** *vt* despellejar **II.** *vr:* **sich ~** *(Reptilien)* mudar la piel; *(fam: Mensch)* pelarse

hauteng ['-'-] *adj* muy ceñido

Hautfarbe *f* color *m* de la piel; *(Teint)* tez *f*

hautfarben *adj* (de) color carne

hautfreundlich *adj (Stoff)* agradable a la piel; *(Seife, Reiniger)* saludable para la piel

Hautkontakt *m* contacto *m* con la piel

Hautkrankheit *f* enfermedad *f* de la piel

Hautkrebs *m* cáncer *m* de piel

hautnah ['-'-] **I.** *adj (fam: Schilderung)* muy realista **II.** *adv* desde muy cerca; **etw ~ miterleben** presenciar algo desde muy cerca

Hautpflege *f* cuidado *m* de la piel

Hautpilz *m* <-es, -e> hongo *m* de la piel; (MED) dermatófito *m*

hautschonend *adj* cuidadoso con la piel, que no irrita la piel

Häutung *f* <-en> (ZOOL) muda *f*

Havanna[1] [ha'vana] *nt* <-s> La Habana *f*

Havanna[2] *f* <-, -s>, **Havannazigarre** *f* habano *m*

Havarie [hava'ri:] *f* <-n> (AERO, NAUT) avería *f*

Haxe ['haksə] *f* <-, -n> *(südd)* pata *f*

Hazienda [ha'tsjɛnda] *f* <-s> hacienda *f*, estancia *f Am*

Hbf. *Abk. von* **Hauptbahnhof** estación *f* central

H-Bombe *f* (MIL) bomba *f* H, bomba *f* de hidrógeno

HDTV [ha:de:te:'vaʊ] *nt* <-s, *ohne pl*> *Abk. von* **High Definition Television** televisión *f* de alta definición

H-Dur *nt* (MUS) si *m* mayor

he [he:] *interj* eh, oiga

Headhunter(in) ['hɛthantɐ] *m(f)* <-s, -; -nen> (WIRTSCH) cazacerebros *mf inv*

Headset ['hɛtsɛt] *nt* <-(s), -s> auricular *m*

heavy ['hɛvɪ] *adj inv (sl)* fuerte

Heavy Metal ['hɛvi'mɛtəl] *nt* <- -(s), *ohne pl*> (MUS) heavy metal *m*

Hebamme ['he:bamə] *f* <-n> comadrona *f*

Hebebühne *f* (TECH) plataforma *f* elevadora

Hebel ['he:bəl] *m* <-s, -> palanca *f*; **alle ~ in Bewegung setzen** *(fam)* tocar todas las teclas; **am längeren ~ sitzen** *(fam)* tener la sartén por el mango

heben ['he:bən] <hebt, hob, gehoben> **I.** *vt* ① *(hochheben)* alzar, levantar; *(Schatz, Wrack)* subir; **die Stimme ~** levantar la voz; **einen ~ gehen** *(fam)* ir de copas ② *(steigern)* aumentar; *(verbessern)* mejorar ③ *(südd: halten)* sujetar **II.** *vr:* **sich ~** ① *(Nebel, Vorhang)* levantarse ② *(sich verbessern)* mejorarse **III.** *vi (südd: haltbar sein)* conservarse

Hebräer(in) [he'brɛ:ɐ] *m(f)* <-s, -; -nen> hebreo, -a *m, f*

hebräisch [he'brɛ:ɪʃ] *adj* hebreo, hebraico

Hebräisch *nt* <-(s), *ohne pl*>, **Hebräische** *nt* <-n, *ohne pl*> hebreo *m*

Hebung ['he:bʊŋ] *f* <-en> ① *(das Hinaufbefördern)* levantamiento *m*; *(Anstieg)* mejora *f* ② (LIT: *Versmaß*) sílaba *f* marcada ③ (GEO) elevación *f*

hecheln ['hɛçəln] *vi (Hund)* jadear

Hecht [hɛçt] *m* <-(e)s, -e> ① *(Fisch)* lucio *m* ② *(fam: Mann)* **ein toller ~!** ¡vaya tío!

Hechtsprung *m (Turnen)* salto *m* con el cuerpo extendido; *(Schwimmen)* salto *m* de la carpa

Heck [hɛk] *nt* <-(e)s, -e *o* -s> (NAUT) popa *f*; (AUTO, AERO) parte *f* trasera

Heckantrieb *m* (AUTO) accionamiento *m* trasero

Hecke ['hɛkə] *f* <-n> seto *m*

Heckenrose *f* rosal *m* silvestre

Heckenschere *f* cortasetos *m inv*

Heckenschütze, -in *m, f* francotirador(a) *m(f)*

Heckfenster *nt* (AUTO) luneta *f* (trasera)

Heckflosse *f* <-, -n> (AUTO) alerón *m* (trasero)

Heckklappe *f* (AUTO) puerta *f* del maletero

Heckleuchte *f* (AUTO) luz *f* trasera

Heckmotor *m* (TECH) motor *m* trasero

Heckscheibe *f* (AUTO) luneta *f* trasera

Heckscheibenheizung *f* (AUTO) aire *m* caliente de la luneta (trasera)

Heckscheibenwischer *m* (AUTO) limpiaparabrisas *m inv* (de la luneta trasera)

Heckspoiler *m* (AUTO) spoiler *m* trasero

Hedonismus [hedo'nɪsmʊs] *m* <-, *ohne pl*> (PHILOS) hedonismo *m*

hedonistisch *adj (geh)* hedonista

Heer [heːɐ] *nt* <-(e)s, -e> ① (MIL) ejército *m* ② *(Menge)* sinnúmero *m*
Hefe ['heːfə] *f* <-n> levadura *f*
Hefegebäck *nt* pastas *f pl* (elaboradas con una masa de levadura)
Hefekuchen *m* pastel *m* (elaborado con una masa de levadura)
Hefepilz *m* levadura *f*
Hefeteig *m* masa *f* de levadura
Hefeweizen *nt* cerveza *f* de trigo
Heft [hɛft] *nt* <-(e)s, -e> ① *(Schreibheft)* cuaderno *m* ② *(einer Zeitschrift)* número *m* ③ *(Broschüre)* folleto *m* ④ *(geh: von Waffen)* puño *m;* **das ~ in die Hand nehmen** *(fig)* tomar las riendas
heften ['hɛftən] **I.** *vt* ① *(anbringen)* fijar (**an** en); *(mit Heftklammer)* grapar ② *(Buch)* encuadernar ③ *(Stoffe)* hilvanar ④ *(Blick, Augen)* clavar (**auf** en); **er heftete seine Augen auf ihr Gesicht** clavó la mirada en su cara ⑤ *(Schweiz: Wunde: nähen)* suturar; *(verbinden)* vendar; *(pflastern)* poner una tirita® **II.** *vr:* **sich ~** *(Blick)* clavarse (**auf** en); *(Verfolger)* pegarse (**an** a); **sich an jds Fersen ~** pegarse a los talones de alguien
Hefter *m* <-s, -> ① *(Mappe)* clasificador *m* ② *(Heftmaschine)* grapadora *f*
heftig ['hɛftɪç] *adj* ① *(stark)* fuerte; *(gewaltig)* vehemente; *(ungestüm)* impetuoso; *(Leidenschaft)* ardiente; *(Kälte)* intenso; *(Sehnsucht, Abneigung)* profundo; *(Widerstand)* duro; *(Kampf)* encarnizado ② *(unbeherrscht)* colérico; *(Ton)* duro
Heftigkeit *f ohne pl* ① *(Wucht)* violencia *f;* *(Ungestüm)* vehemencia *f* ② *(Ungestüm)* ímpetu *m*
Heftklammer *f* ① *(für Heftmaschine)* grapa *f* ② *(Büroklammer)* clip *m*
Heftpflaster *nt* tirita *f (de Tirita®)*
Heftstreifen *m* <-s, -> tira *f* de plástico (para archivar)
Heftzwecke *f* <-n> chincheta *f,* chinche *f*
Hegemonie [hegemo'niː] *f* <-n> hegemonía *f*
hegen ['heːgən] *vt* ① *(Wild, Pflanzen)* guardar ② *(geh)* abrigar; **Misstrauen/Zweifel/Hoffnungen ~** abrigar desconfianza/dudas/esperanzas; **für etw/jdn Achtung ~** estimar algo/a alguien
Hehl [heːl] *m o nt* **kein(en) ~ aus etw** *dat* **machen** no hacer un secreto de algo
Hehler(in) *m(f)* <-s, -; -nen> encubridor(a) *m(f)*
Hehlerei *f* <-en> encubrimiento *m*
Heide[1] *f* <-n> *(Landschaft)* brezal *m*
Heide, -in[2] ['haɪdə] *m, f* <-n, -n; -nen> (REL) pagano, -a *m, f*
Heidekraut *nt ohne pl* (BOT) brezo *m*
Heideland *nt ohne pl* brezal *m*
Heidelbeere ['haɪdəlbeːrə] *f* arándano *m*
Heidenangst ['--'-] *f ohne pl (fam)* miedo *m* cerval
Heidengeld ['--'-] *nt ohne pl (fam)* dineral *m*
Heidenlärm ['--'-] *m* <-(e)s, *ohne pl*> *(fam)* ruido *m* infernal
Heidenspaß ['--'-] *m (fam)* jolgorio *m;* **einen ~ haben** pasarlo bomba
Heidentum *nt* <-s, *ohne pl*> paganismo *m*
Heidin *f* <-nen> *s.* **Heide**[2]
heidnisch ['haɪdnɪʃ] *adj* pagano
heikel ['haɪkəl] *adj* ① *(Angelegenheit)* delicado ② *(reg: wählerisch)* exigente; *(schwer zufrieden zu stellen)* difícil de contentar
heil [haɪl] *adj* ① *(unverletzt)* ileso; *(unversehrt)* sano y salvo; **~ ankommen** llegar sano y salvo; **mit ~er Haut davonkommen** salir bien librado ② *(wieder gesund)* curado ③ *(intakt)* intacto; **etw wieder ~ machen** reparar algo; **die ~e Welt** el mundo intacto
Heil *nt* <-(e)s, *ohne pl*> ① *(Wohlergehen)* prosperidad *f;* *(Glück)* fortuna *f* ② (REL: *Erlösung)* salvación *f*
Heiland ['haɪlant] *m* <-(e)s, *ohne pl*> (REL) **der/unser ~** El Salvador/nuestro Redentor
Heilanstalt *f* ① *(Sanatorium)* sanatorio *m* ② *(Irrenanstalt)* clínica *f* (p)siquiátrica
Heilbad *nt* ① *(medizinisches Bad)* baño *m* medicinal ② *(Kurort)* estación *f* hidrotermal
heilbar *adj* curable
Heilbarkeit *f* <-, *ohne pl*> curabilidad *f*
Heilbutt ['haɪlbʊt] *m* (ZOOL) rodaballo *m*
heilen ['haɪlən] **I.** *vi sein (Wunde)* cicatrizarse; *(Verletzung)* curarse **II.** *vt (Verletzung)* curar (**von** de); *(Patient)* sanar (**mit** con)
Heilfasten *nt* <-s, *ohne pl*> (MED) ayuno *m* terapéutico
heilfroh ['-'-] *adj (fam)* contentísimo
heilig ['haɪlɪç] *adj (Person)* santo; *(Ort)* sagrado; **die H~e Jungfrau** (REL) la Santísima Virgen; **der H~e Geist/der ~e Vater** (REL) el Espíritu Santo/el Santo Padre; **dir ist aber auch nichts ~** para ti no hay nada sagrado; **etw hoch und ~ versprechen** prometer algo por lo más sagrado
Heiligabend [haɪlɪç'ʔaːbənt] *m* Nochebuena *f*
Heilige(r) *mf* <-n, -n; -n> santo, -a *m, f*
heiligen ['haɪlɪgən] *vt* santificar; **der Zweck heiligt die Mittel** el fin justifica los medios

Heiligenschein *m* aureola *f*
Heiligkeit *f* <-, *ohne pl*> santidad *f*; **Eure/Seine ~** Vuestra/Su Santidad
heilig|sprechen *irr vt* (REL) canonizar
Heiligsprechung *f* (REL) canonización *f*
Heiligtum *nt* <-(e)s, -tümer> santuario *m*; *(Reliquie)* reliquia *f*; *(a. fig)* objeto *m* de culto
Heilkraft *f* fuerza *f* curativa
Heilkraut *nt* hierba *f* medicinal
Heilkunde *f ohne pl* (ciencia *f* de la) medicina *f*
heillos *adj* terrible
Heilmittel *nt* remedio *m*; *(Medizin)* medicina *f*
Heilpflanze *f* planta *f* medicinal
Heilpraktiker(in) *m(f)* <-s, -; -nen> médico, -a *m, f* homeopático , -a
Heilquelle *f* aguas *fpl* medicinales
heilsam *adj (Methode)* curativo
Heilsarmee *f ohne pl* Ejército *m* de Salvación
Heilung *f* <-en> cura *f*
Heilungsprozess *m* <-es, -e> (MED) proceso *m* curativo
Heilverfahren *nt* terapia *f*
heim [haɪm] *adv* a casa
Heim *nt* <-(e)s, -e> ❶ *(Zuhause)* hogar *m*, casa *f* ❷ *(Studenten-, Altersheim)* residencia *f*; *(Obdachlosenheim)* asilo *m*; *(Kinderheim)* hogar *m* ❸ *(Erholungsheim)* sanatorio *m*
Heimarbeit *f* trabajo *m* a domicilio
Heimarbeiter(in) *m(f)* persona *f* que trabaja desde casa
Heimat ['haɪmaːt] *f* <-en> ❶ *(Heimatland)* patria *f*; *(Heimatregion)* tierra *f* (natal) ❷ *(Herkunftsland)* país *m* de origen
Heimatdichter(in) *m(f)* poeta *mf* regional
Heimatfilm *m* película *f* popular
Heimathafen *m* puerto *m* de origen
Heimatkunde *f* <-, *ohne pl*> (SCH) estudios *mpl* de la geografía e historia regional
Heimatland *nt* patria *f*
heimatlich *adj* ❶ *(aus der Heimat)* de la patria ❷ *(an Heimat erinnernd)* que recuerda la patria
heimatlos *adj* sin patria
Heimatlose(r) *mf* <-n, -n; -n> apátrida *mf*
Heimatmuseum *nt* museo *m* de historia local
Heimatort *m* lugar *m* de nacimiento, pago *m Arg, Perú*
Heimatstadt *f* ciudad *f* de origen
Heimatvertriebene(r) *mf personas que habitaban los territorios del Este entonces pertenecientes al Reich y que después de 1945 tuvieron que emigrar*

heim|bringen *irr vt* ❶ *(begleiten)* llevar a casa ❷ *(mitbringen)* traer a casa
Heimchen ['haɪmçən] *nt* <-s, -> ❶ (ZOOL) grillo *m* doméstico ❷ *(Wend)* **~ am Herd** *(abw)* ama *f* de casa
Heimcomputer *m* (INFOR) ordenador *m* personal
heimelig ['haɪməlɪç] *adj* acogedor; **das Kätzchen fühlt sich bei uns schon ganz ~** el gato se siente con nosotros como en casa
heim|fahren *irr* **I.** *vi sein* ir a casa; *(zurückfahren)* regresar a casa **II.** *vt* llevar a casa
Heimfahrt *f* regreso *m* a casa
heim|gehen *irr vi sein* volver a casa
heimisch *adj* ❶ *(einheimisch)* del país ❷ *(vertraut)* familiarizado; **sich ~ fühlen** sentirse como en su casa
Heimkehr ['haɪmkeːɐ] *f ohne pl* regreso *m* a casa
heim|kehren *vi sein* volver a casa
Heimkind *nt* expósito, -a *m, f*
Heimkino *nt* <-s, -s> ❶ *(Filmvorführung)* cine *m* en casa ❷ *(Ausrüstung)* equipo *m* para proyectar cine en casa
heim|kommen *irr vi sein* volver a casa
Heimleiter(in) *m(f)* director(a) *m(f)* de una residencia
heimlich ['haɪmlɪç] **I.** *adj* secreto; *(unerlaubt)* clandestino; *(verstohlen)* furtivo **II.** *adv* en secreto; *(versteckt)* a escondidas
Heimlichkeit[1] *f* <-en> *(Geheimnis)* secreto *m*
Heimlichkeit[2] *f ohne pl (Verborgenheit)* clandestinidad *f*
Heimlichtuer(in) *m(f) (abw)* persona *f* que anda con secretismos
Heimlichtuerei [----'-] *f* <-en> *(abw)* secreteo *m*
heimlich|tun *irr vi (abw)* andar con tapujos
heim|müssen *irr vi* tener que ir a casa
Heimniederlage *f* <-, -n> (SPORT) derrota *f* en casa [*o* en campo propio]
Heimreise *f* viaje *m* de regreso; **die ~ antreten** emprender el viaje de regreso
heim|schicken *vt* enviar a casa
Heimsieg *m* <-(e)s, -e> (SPORT) victoria *f* en casa [*o* en campo propio]
Heimspiel *nt* (SPORT) partido *m* en casa
heim|suchen *vt (Krankheit)* atacar; *(Katastrophe)* devastar; *(Alpträume)* invadir
Heimtextilienabteilung *f* sección *f* de ropa del hogar
Heimtrainer *m* (SPORT) bicicleta *f* estática
Heimtücke *f* <-, *ohne pl*> perfidia *f*; (JUR) alevosía *f*
heimtückisch *adj* pérfido; *(bösartig)* malicioso; (JUR) alevoso

Heimvorteil *m ohne pl* (SPORT) ventaja *f* de jugar en casa
heimwärts ['haɪmvɛrts] *adv* (en dirección) a casa
Heimweg *m* camino *m* de regreso; **sich auf den ~ machen** emprender el camino de regreso
Heimweh *nt* <-s, *ohne pl*> nostalgia *f* (**nach** de), morriña *f reg*
Heimwerker(in) *m(f)* <-s, -; -nen> artesano, -a *m, f* aficionado , -a
heim|zahlen *vt* vengarse; **das zahl ich dir heim!** ¡me las pagarás!
Heinzelmännchen ['haɪntsəlmɛnçən] *nt (Märchen)* duendecillo *m* (trabajador)
Heirat ['haɪra:t] *f* <-en> matrimonio *m; (Hochzeit)* boda *f*
heiraten ['haɪra:tən] *vi, vt* casarse (con), amarrarse *Am;* **kirchlich ~** casarse por la iglesia
Heiratsantrag *m* propuesta *f* de matrimonio
Heiratsanzeige *f* ① *(Bekanntgabe)* anuncio *m* de boda ② *(für Partnersuche)* anuncio *m* matrimonial
heiratsfähig *adj* núbil, casadero; **sie haben zwei Töchter im ~en Alter** tienen dos hijas casaderas
Heiratsschwindler(in) *m(f)* estafador(a) *m(f)* matrimonial
Heiratsurkunde *f* partida *f* de matrimonio
Heiratsvermittlung *f (das Vermitteln)* arreglo *m* de casamientos; *(Vermittlungsinstitut)* agencia *f* matrimonial
heiser ['haɪzɐ] *adj* ronco; *(stimmlos)* afónico
Heiserkeit *f ohne pl* ronquera *f; (Stimmlosigkeit)* afonía *f*
heiß [haɪs] *adj* ① *(von hoher Temperatur)* caliente; *(Wetter)* caluroso; (GEO) cálido; **brütend ~** *(fam)* achicharrante; **es ist (brütend) ~** hace (un) calor (achicharrante); **mir ist ~** tengo calor; **Vorsicht, das ist ~!** ¡cuidado, que quema!; **das Essen ~ machen** calentar la comida; **der ~e Draht** el teléfono rojo; **es wird nichts so ~ gegessen, wie es gekocht wird** *(prov)* no es tan fiero el león como lo pintan ② *(Kampf)* encarnizado; *(Debatte)* fuerte; **sich** *dat* **die Köpfe ~ reden** *(fam)* discutir ardientemente ③ *(leidenschaftlich)* ardiente; **jdn ~ und innig lieben** *(fam)* querer a alguien ardientemente; **er ist ganz ~ darauf, diesen Film zu sehen** *(fam)* se muere de ganas de ver esta película ④ *(fam: heikel)* delicado; **~e Ware** *(fig)* contrabando *m;* **ein ~es Eisen anfassen** *(fig)* tocar una cuestión delicada ⑤ *(fam: läufig)* en celo ⑥ *(fam: großartig)* de puta madre *argot;* **~e Rhythmen** *(fig)* ritmos calientes; **ein ~er Schlitten** *(fig)* un cochazo
heißblütig ['haɪsbly:tɪç] *adj (leidenschaftlich)* ardiente; *(impulsiv)* impetuoso
heißen ['haɪsən] <heißt, hieß, geheißen> **I.** *vi* ① *(Namen haben)* llamarse; **wie ~ Sie?** ¿cómo se llama Ud.?; **was heißt „Kuss“ auf Griechisch?** ¿cómo se dice “beso” en griego? ② *(bedeuten)* significar, querer decir; **das heißt** es decir; **was soll das ~?** ¿qué significa esto?; **das heißt so viel wie …** lo cual viene a significar que… ③ *(geh: behauptet werden)* decirse; *(verlauten)* correr la voz; *(zu lesen sein)* estar escrito; **es heißt, er sei sehr krank** se dice que está muy enfermo; **auf Seite acht heißt es: „…“** en la página ocho pone lo siguiente: “…” **II.** *vt (geh)* ① *(nennen)* llamar; *(bezeichnen)* calificar (de), tachar (de); **sie hieß ihn einen Lügner** le llamó mentiroso ② *(befehlen)* ordenar; **sie hieß ihn schweigen** le ordenó que se callara **III.** *vunpers (geh: nötig sein)* haber que; **nun heißt es schnell handeln** ahora hay que obrar rápidamente
Heißhunger *m* hambre *f* canina
heißhungrig I. *adj* hambrón, que tiene un hambre canina **II.** *adv* con un hambre canina
Heißluft *f ohne pl* aire *m* caliente
Heißluftherd *m* cocina *f* de aire caliente
Heißwasserbereiter *m* calentador *m* de agua
Heißwasserspeicher *m* depósito *m* de agua caliente
heiter ['haɪtɐ] *adj* ① *(fröhlich)* alegre; *(lustig)* divertido; **das kann ja ~ werden** *(fam)* esto se puede poner bien ② *(unbeschwert)* sereno; *(Tag, Himmel)* despejado; **~ bis wolkig** nubosidad con claros; **wie aus ~em Himmel** *(plötzlich)* de golpe y porrazo; *(unerwartet)* como caído del cielo
Heiterkeit *f ohne pl* alegría *f; (Ausgeglichenheit)* serenidad *f,* elación *f Am*
Heizanlage *f* <-, -n> (instalación *f* de) calefacción *f*
heizbar *adj* con calefacción; **~e Heckscheibe** (AUTO) luneta trasera térmica
Heizdecke *f* manta *f* eléctrica
heizen ['haɪtsən] **I.** *vi* encender la calefacción; **wir ~ mit Gas** tenemos calefacción a gas **II.** *vt (Raum)* calentar
Heizgerät *nt* calefactor *m*
Heizkessel *m* caldera *f* de calefacción
Heizkissen *nt* almohadilla *f* eléctrica
Heizkörper *m* radiador *m*
Heizkosten *pl* gastos *mpl* de calefacción

Heizlüfter *m* termoventilador *m*, calefactor *m* de aire caliente
Heizofen *m* estufa *f*
Heizöl *nt ohne pl* fuel *m* combustible
Heizpilz *m (fam)* calentador *m* de patio
Heizstrahler *m* radiador *m* eléctrico
Heizung[1] *f ohne pl (das Heizen)* calefacción *f*
Heizung[2] *f* <-en> ❶ *(fam: Heizkörper)* radiador *m* ❷ *s.* **Heizanlage**
Heizungsanlage *f s.* **Heizanlage**
Heizungskeller *m* cuarto *m* de calderas *(espacio en el sótano donde se encuentra la instalación de calefacción)*
Heizungsmonteur(in) *m(f)* calefactor(a) *m(f)*
Heizungsregler *m* regulador *m* de la calefacción
Hektar ['hɛktaːɐ] *nt o m* <-s, -e, *nach Zahlen:* ->, **Hektare** ['hɛktaːrə] *f* <-n> *(Schweiz)* hectárea *f*
Hektik ['hɛktɪk] *f ohne pl* ajetreo *m;* **nur keine ~!** ¡con calma!
hektisch ['hɛktɪʃ] *adj (unruhig)* inquieto; *(nervös)* nervioso
Hektoliter ['hɛktoliːtɐ] *m o nt* hectolitro *m*
Held(in) [hɛlt] *m(f)* <-en, -en; -nen> héroe, heroína *m, f;* **den ~en spielen** dárselas de valiente
Heldenepos *nt* <-, -epen> (LIT) epopeya *f*
heldenhaft *adj* heroico
Heldensage *f* <-, -n> leyenda *f* heroica
Heldentat *f* heroicidad *f*, gracia *f Col*
Heldentod *m* <-(e)s, -e> *(geh)* muerte *m* heroica; **den ~ sterben** morir como un héroe [*o* por la patria]
Heldentum *nt* <-s, *ohne pl*> heroísmo *m*
Heldin *f* <-nen> *s.* **Held**
helfen ['hɛlfən] <hilft, half, geholfen> *vi* ❶ *(Hilfe leisten)* ayudar (+*dat* a alguien, **bei** en); *(in Not)* auxiliar (+*dat*); *(beistehen)* asistir (+*dat*); **kann ich Ihnen ~?** ¿le puedo ayudar?; **ihm ist nicht zu ~** no tiene remedio; **die Ärzte können ihr nicht ~** los médicos no pueden hacer nada por ella; **ich kann mir nicht ~, aber ...** no hay más vuelta de hoja, pero...; **man muss sich** *dat* **zu ~ wissen** hay que saber salir del paso; **ich weiß mir vor lauter Arbeit nicht zu ~** no sé qué hacer con tanto trabajo; **dir werde ich ~!** ¡ya te apañaré yo! ❷ *(heilsam sein)* ser bueno (**gegen** para) ❸ *(nützen)* servir (+*dat*); **es hilft uns nicht, wenn ...** no nos sirve de nada, si...; **es hilft alles nichts** no hay remedio ❹ *(Schweiz: mitmachen)* participar
Helfer(in) *m(f)* <-s, -; -nen> ayudante *mf;* **ein ~ in der Not** un salvador
Helfershelfer(in) *m(f)* (JUR) cómplice *mf* (encubridor(a))
Helgoland ['hɛlgolant] *nt* <-s> Hel(i)goland *f*
Helikopter [heli'kɔptɐ] *m* <-s, -> helicóptero *m*
Helium ['heːliʊm] *nt* <-s, *ohne pl*> (CHEM) helio *m*
hell [hɛl] *adj* ❶ *(Licht, Farbe, Haut, Augen)* claro; **es wird ~** amanece ❷ *(voller Licht)* luminoso; *(erleuchtet)* iluminado ❸ *(Ton)* agudo ❹ *(klug)* listo, inteligente; **ein ~er Kopf** una cabeza inteligente ❺ *(fam: völlig)* **der ~e Wahnsinn** una locura absoluta; **in ~en Scharen** en masa; **von etw** *dat* **~ begeistert sein** estar totalmente entusiasmado por algo; **seine ~e Freude an etw** *dat* **haben** disfrutar mucho con algo
hellblau ['-'-] *adj* azul claro
hellblond ['-'-] *adj* rubio claro
Hellbraun *nt* marrón *m* claro
Helle[1] ['hɛlə] *f ohne pl (geh)* claridad *f*
Helle(s)[2] *nt* <-n, -n, *nach Zahlen:* -> (GASTR) cerveza *f* dorada
hellhäutig ['-hɔɪtɪç] *adj* de piel blanca
hellhörig *adj* ❶ *(Raum)* de paredes finas ❷ *(Mensch)* con buen oído; **~ werden** aguzar el oído
Helligkeit *f ohne pl* ❶ *(Helle)* claridad *f* ❷ *(Lichtstärke)* luminosidad *f*
Helligkeitseinstellung *f* ajuste *m* de brillo
helllicht ['hɛlɪçt] *adj* **am ~en Tag** en pleno día
hellsehen *vi* prever (el futuro)
Hellseher(in) *m(f)* vidente *mf*
hellseherisch I. *adj* telepático, de vidente **II.** *adv* con propiedades de vidente
hellwach ['-'-] *adj* totalmente despierto
Helm [hɛlm] *m* <-(e)s, -e> *(Schutz-, Sturzhelm)* casco *m;* **Vorrichtung für den ~ Helm** (AUTO) portacasco *m*
Hemd [hɛmt] *nt* <-(e)s, -en> camisa *f*
Hemdbluse *f* camisa *f*
Hemdkragen *m* <-s, -> cuello *m* de camisa
Hemdsärmel *m* manga *f* de camisa
hemdsärmelig *adj* en mangas de camisa; *(fig)* desenfadado
Hemisphäre [hemi'sfɛːrə] *f* <-n> hemisferio *m;* **die nördliche/südliche ~** el hemisferio norte/sur; **östliche/westliche ~** hemisferio oriental/occidental
hemmen ['hɛmən] *vt* ❶ *(aufhalten)* detener ❷ *(hindern)* obstaculizar, impedir; **jdn in seiner Entwicklung ~** impedir el desarrollo de alguien ❸ (PSYCH) inhibir
Hemmnis *nt* <-ses, -se> obstáculo *m*
Hemmschwelle *f* barrera *f* (p)sicológica

Hemmung *f* <-en> ❶ *(Beeinträchtigung)* impedimento *m* ❷ (PSYCH) inhibición *f* ❸ *(Bedenken)* escrúpulos *mpl;* **~en haben** tener escrúpulos

hemmungslos *adj* ❶ *(zügellos)* desenfrenado ❷ *(bedenkenlos)* sin escrúpulos

Hemmungslosigkeit *f* <-, *ohne pl*> ❶ *(Zügellosigkeit)* desenfreno *m* ❷ *(Bedenkenlosigkeit)* falta *f* de escrúpulos

Hendl ['hɛnd(ə)l] *nt* <-s, -(n)> *(Österr: Hähnchen)* pollo *m* (asado)

Hengst [hɛŋst] *m* <-(e)s, -e> semental *m,* padrillo *m AmS*

Henkel ['hɛŋkəl] *m* <-s, -> asa *f*

Henkelkorb *m* cesta *f* con asas

Henker ['hɛŋkɐ] *m* <-s, -> verdugo *m*

Henkersmahlzeit *f* última comida *f* del condenado a muerte; *(fam)* comida *f* de despedida

Henne ['hɛnə] *f* <-n> gallina *f*

Hepatitis [hepa'tiːtɪs, *pl:* hepati'tiːdən] *f* <Hepatitiden> (MED) hepatitis *f inv*

her [heːɐ] *adv* ❶ *(räumlich)* hacia aquí [*o* acá]; **von weit ~** de muy lejos; **komm ~!** ¡ven aquí!; **gib ~!** ¡trae!; **Geld ~!** *(fam)* ¡el dinero!; **~ damit!** *(fam)* ¡dámelo! ❷ *(zeitlich)* hace; **ich kenne ihn von früher ~** le conozco de antes; **das ist schon lange ~** de eso hace ya tiempo ❸ *(Wend)* **von ... ~** *(betreffend)* en cuanto a...; **von der Idee ~ ist das nicht schlecht** en cuanto a la idea, no está mal

herab [hɛ'rap] *adv (geh)* (hacia) abajo; **von oben ~** *(fig)* despectivamente

herab|blicken *vi (geh)* mirar (hacia) abajo; **auf jdn ~** *(fig)* mirar a alguien por encima del hombro

herab|fallen *irr vi sein* caerse

herabfließen *irr vi sein* fluir (hacia abajo) (**von** de, **an** por)

herab|lassen *irr* **I.** *vt (geh)* bajar; *(an Seil)* descolgar **II.** *vr:* **sich ~** ❶ *(an Seil)* descolgarse ❷ *(sich bereit erklären)* rebajarse (**zu** a)

herablassend **I.** *adj* desdeñoso **II.** *adv* con aire de desprecio

Herablassung *f* <-, *ohne pl*> actitud *f* desdeñosa

herab|sehen *vi s.* **herabblicken**

herab|setzen *vt* ❶ *(reduzieren)* reducir; *(senken)* bajar ❷ *(schmälern)* desprestigiar

Herabsetzung *f* ❶ *(von Preisen)* rebaja *f;* **~ des Schadensersatzes** reducción de la indemnización ❷ *(von Menschen)* descrédito *m*

herab|würdigen *vt* denigrar

Herabwürdigung *f* descrédito *m*

heran [hɛ'ran] *adv* por aquí

heran|bringen *irr vt (Dinge)* acercar

heran|fahren *irr vi sein* acercarse (**an** a)

heran|führen *vt* ❶ *(näher bringen)* conducir (**an** hasta), llevar (**an** hasta) ❷ *(an Thema)* iniciar (**an** en)

heran|gehen *irr vi sein* ❶ *(näher treten)* aproximarse (**an** a), acercarse (**an** a) ❷ *(an Problem)* abordar; *(an Aufgabe)* acometer

Herangehensweise *f* forma *f* de proceder

heran|kommen *irr vi sein* ❶ *(sich nähern)* acercarse (**an** a); **etw an sich ~ lassen** *(a. fig)* dejar que llegue algo; **nichts an sich ~ lassen** *(a. fig)* no dejarse afectar por nada ❷ *(heranreichen)* alcanzar ❸ *(Zugang haben)* tener acceso (**an** a); *(kaufen)* poder adquirir

heran|machen *vr:* **sich ~** *(fam)* ❶ *(beginnen)* ponerse (a *+inf*) ❷ *(an Person)* rondar

herannahen *vi sein (geh)* ❶ *(näher kommen)* aproximarse; (MIL) avanzar ❷ *(bevorstehen)* amenazar, ser inminente

heran|reichen *vi* ❶ *(an Regal)* alcanzar ❷ *(gleichkommen)* igualarse (**an** a)

heranschleichen *irr* **I.** *vi sein* aproximarse sin ser visto [*o* furtivamente] (**an** a) **II.** *vr:* **sich ~** aproximarse sin ser visto [*o* furtivamente] (**an** a)

heran|tasten *vr:* **sich ~** tantear; **sich an etw ~** acercarse a algo con mucho cuidado

heran|wachsen *irr vi sein* crecer

Heranwachsende(r) *mf* <-n, -n; -n> semiadulto, -a *m, f; (Teenager)* adolescente *mf*

heran|wagen *vr:* **sich ~** ❶ *(räumlich)* atreverse a acercarse (**an** a) ❷ *(an Problem)* atreverse a abordar (**an**); *(an Aufgabe)* atreverse a acometer (**an**)

heran|ziehen *irr* **I.** *vi sein (näher kommen)* acercarse **II.** *vt* ❶ *(näher holen)* acercar(se); **er zog den Hocker zu sich heran** (se) acercó el taburete ❷ *(Sachverständige)* consultar; *(Sache)* recurrir (a); **etw zum Vergleich ~** establecer una comparación con algo ❸ *(Kind, Tier)* criar; *(Pflanze)* cultivar ❹ *(ausbilden)* preparar (**zu** para)

herauf [hɛ'raʊf] *adv* hacia arriba; **hier ~!** ¡por aquí arriba!; **den Berg ~** cuesta arriba

herauf|beschwören* *irr vt* ❶ *(Erinnerung)* evocar ❷ *(verursachen)* provocar

herauf|kommen *irr vi sein (Person)* subir

herauf|ziehen *irr* **I.** *vi sein (Gewitter)* levantarse **II.** *vt* subir (tirando)

heraus [hɛ'raʊs] *adv* (hacia) fuera, afuera; **~ da!** ¡fuera de ahí!; **~ mit ihm!** ¡afuera con él!; **von innen ~** desde dentro; **aus einer Notlage ~** debido a un apuro; **~ mit der Sprache!** ¡suelta la lengua!; **das ist noch nicht ~** eso no se sabe todavía

heraus|bekommen* *irr vt* ① *(Wechselgeld)* recibir la vuelta; **Sie bekommen noch 80 Cent heraus** tenga, 80 céntimos de vuelta ② *(Rätsel, Aufgabe)* resolver; *(Geheimnis)* descubrir; (MATH: *fam)* sacar ③ *(Fleck)* poder quitar; *(Nagel)* poder sacar ④ *(erfahren)* llegar a saber

heraus|bilden *vr:* **sich ~** formarse (**aus** de)

herausbrechen *irr* **I.** *vi sein* **aus jdm ~** *(Schrei)* salir (de la boca) de alguien; *(Hass, Wut)* salir fuera de alguien **II.** *vt haben* extraer (**aus** de), arrancar (**aus** de)

heraus|bringen *irr vt* ① *(nach draußen bringen)* sacar, llevar afuera ② *(Buch)* publicar; *(Ware)* sacar al mercado; **wir bringen dich ganz groß heraus** *(fam)* te promocionaremos por todo lo alto ③ *(erfahren)* llegar a saber; **aus ihm war nichts herauszubringen** no hubo forma de sacarle nada

herausdrehen *vt (Glühbirne)* desenroscar (**aus** de); *(Schraube)* destornillar (**aus** de)

herausdrücken *vt* ① *(hervorkommen lassen)* sacar apretando [*o* haciendo presión] (**aus** de) ② *(vorwölben)* sacar

herausfiltern *vt* (TECH) separar filtrando; *(Informationen)* escoger, entresacar

heraus|finden *irr vt* ① *(aus Gebäude, Ort)* saber salir ② *(entdecken)* descubrir

Herausforderer, -in *m, f* <-s, -; -nen> desafiador(a) *m(f)*; *(Provokateur)* provocador(a) *m(f)*

heraus|fordern *vt* (*a.* SPORT) desafiar; *(provozieren)* provocar (**zu** a)

herausfordernd *adj* desafiante; *(provozierend)* provocador

Herausforderung *f* (*a.* SPORT) desafío *m; (Provokation)* provocación *f; (Bewährungsprobe)* prueba *f;* **eine ~ annehmen** responder a un reto; **sich einer ~ stellen** enfrentarse a un desafío

Herausgabe *f ohne pl* ① *(Übergabe)* entrega *f* ② *(eines Buches)* edición *f* ③ *(von Aktien)* emisión *f* ④ (JUR) restitución *f*

heraus|geben *irr vt* ① *(herausreichen)* entregar, dar ② *(aushändigen)* entregar ③ *(Wechselgeld)* dar la vuelta; **sie haben mir falsch herausgegeben** me han dado mal la vuelta ④ *(Buch)* editar ⑤ *(Aktien)* emitir ⑥ (JUR) restituir

Herausgeber(in) *m(f)* <-s, -; -nen> ① *(von Buch)* editor(a) *m(f)* ② *(von Zeitung)* director(a) *m(f)*

heraus|gehen *irr vi sein (Person, Fleck)* salir (**aus** de); *(Fenster)* dar (**auf** a); **aus sich** *dat* **~** abrirse

heraus|greifen *irr vt* entresacar

heraus|haben *irr vt (fam: Splitter, Trick, Lösung)* haber sacado; **ich habe es heraus!** ¡ya lo tengo!

heraus|halten *irr* **I.** *vt* ① *(nach draußen halten)* sacar ② *(fam: fernhalten)* mantener alejado **II.** *vr:* **sich ~** mantenerse alejado (**aus** de); **sich aus etw** *dat* **~** no meterse en algo

heraus|hängen *vt (fam)* **etw ~** dárselas de algo

heraus|heben *irr vt* ① (TECH) sacar (**aus** de) ② *(hervorheben)* poner de relieve

heraus|holen *vt* ① *(nach draußen holen, befreien)* sacar (**aus** de); **das Letzte aus sich** *dat* **~** dar lo máximo ② *(Vorteil ziehen)* sacar provecho (**aus** de) ③ *(fam: erfahren)* sacar (**aus** de) ④ (SPORT: *Zeit*) recuperar; *(guten Platz)* conseguir

heraus|hören *vt (Stimme, Instrument)* oír entre otros sonidos; *(Enttäuschung)* percibir en el tono de voz

heraus|kommen *irr vi sein* ① *(aus Haus, Krankenhaus)* salir (**aus** de); **sie kam aus dem Lachen nicht mehr heraus** no pudo parar de reír ② *(fam: Resultat sein)* ser el resultado (**bei** de); *(sich ergeben)* resultar (**bei** de); **was soll dabei ~?** ¿qué va a resultar de ello?; **es kommt nichts dabei heraus** no conduce a nada; **es kommt auf dasselbe heraus** da lo mismo ③ *(fam: Geheimnis)* llegarse a saber; **wenn das herauskommt, …** si esto sale a la luz…; **ganz groß ~** tener mucho éxito; **mit der Sprache ~** desembuchar ④ *(Modell, Buch)* salir ⑤ *(Kartenspiel)* ser mano

heraus|kriegen *vt (fam) s.* **herausbekommen**

herausnehmbar *adj* extraíble

heraus|nehmen *irr vt* sacar (**aus** de); **sich** *dat* **den Blinddarm ~ lassen** operarse del apéndice; **sich** *dat* **~, etw zu tun** tomarse la libertad de hacer algo

herauspicken *vt* ① *(mit dem Schnabel)* picotear (**aus** de) ② *(nehmen)* sacar (**aus** de); *(auswählen)* seleccionar

heraus|platzen *vi sein (fam)* ① *(lachen)* prorrumpir en risas ② *(spontan sagen)* **mit etw** *dat* **~** salir [*o* descolgarse] con algo

heraus|putzen **I.** *vt (schmücken)* acicalar **II.** *vr:* **sich ~** acicalarse, engalanarse, empavonarse *AmC*

heraus|ragen *vi* sobresalir (**aus** de); *(in seiner Bedeutung)* destacarse (**aus** de)

heraus|reden *vr:* **sich ~** *(fam)* poner excusas

heraus|reißen *irr vt* arrancar

heraus|rücken **I.** *vi sein (fam: zugeben)* soltar, desembuchar; **rück mit der Wahrheit heraus!** ¡desembucha ya! **II.** *vt (fam:*

hergeben) soltar; **rück mal etwas Geld heraus!** ¡suelta un par de duros!

heraus|rutschen *vi sein* salirse; *(Wort)* escaparse; **das ist mir nur so herausgerutscht** *(fam)* se me escapó

heraus|schauen *vi* ① *(aus Fenster)* mirar (**aus** por) ② *(fam: bei Geschäft)* salir (**bei** de); **was schaut für mich dabei heraus?** ¿qué saco yo de esto?

herausschmecken *vt* notar el sabor, sacar el sabor

heraus|schneiden *irr vt* recortar; (MED) extirpar

herausschreiben *irr vt* copiar (fragmentos de un texto) (**aus** de), extractar

herausschreien *irr vt* gritar

heraußen [hɛ'raʊsən] *adv (südd, Österr: hier draußen)* aquí afuera

heraus|springen *irr vi sein* ① *(nach draußen springen)* saltar afuera; **aus dem Fenster ~** tirarse por la ventana ② *(Sicherung)* saltar ③ *(fam: Gewinn)* sacar provecho (**bei** de); **und was springt dabei für mich heraus?** ¿y qué saco yo de esto?

heraus|spritzen *vi sein* salir a chorro

heraussprudeln I. *vi sein* brotar (**aus** de), manar (**aus** de) **II.** *vt haben (Worte)* salir a borbotones

herausstehen *irr vi* sobresalir (**aus** de)

heraus|stellen I. *vt* ① *(nach draußen stellen)* sacar, poner afuera ② *(hervorheben)* destacar **II.** *vr:* **sich ~** *(sich erweisen)* resultar, comprobarse; **die Vermutung hat sich als richtig herausgestellt** la suposición resultó ser cierta; **es stellte sich heraus, dass ...** se ha comprobado que...

heraus|streichen *irr vt* ① *(durchstreichen)* tachar ② *(loben)* poner de relieve

heraus|suchen *vt* escoger, seleccionar

heraustreten *irr vi sein* salir (**aus** de)

heraus|wagen *vr:* **sich ~** atreverse a salir (**aus** de)

herauswinden *irr vr:* **sich ~** *(a. fig)* salir (**aus** de)

heraus|ziehen *irr vt* sacar (**aus** de)

herb [hɛrp] *adj* ① *(Geschmack)* acerbo; *(Wein)* seco ② *(Enttäuschung)* amargo; *(Verlust)* doloroso ③ *(Charakter)* rudo ④ *(Kritik)* duro

herbei [hɛɐ'baɪ] *adv* por aquí, hacia aquí

herbei|eilen *vi sein* venir corriendo

herbei|führen *vt* causar, provocar; *(Gelegenheit)* proporcionar

herbeireden *vt* atraer (una desgracia) con palabras

herbei|rufen *irr vt* llamar; *(kommen lassen)* hacer venir

herbei|sehnen *vt* **jdn/etw ~** sentir la ausencia de [*o* añoranza por] alguien/algo

herbei|strömen *vi sein* acudir en masa

herbei|winken *vt haben* llamar haciendo señas; **ein Taxi ~** (hacer una seña para) parar un taxi

her|bekommen* *irr vt (fam)* conseguir, procurar

Herberge ['hɛrbɛrgə] *f* <-n> albergue *m*

Herbergseltern *pl* directores *mpl* de un albergue

Herbergsmutter *f* directora *f* de un albergue juvenil

Herbergsvater *m* director *m* de un albergue juvenil

her|bestellen* ['heːɐ-] *vt* hacer venir, citar

Herbizid [hɛrbi'tsiːt] *nt* <-(e)s, -e> herbicida *m*

her|bringen *irr vt* traer

Herbst [hɛrpst] *m* <-(e)s, -e> otoño *m*

Herbstferien *pl* vacaciones *fpl* de otoño

herbstlich *adj* otoñal

Herbstwetter *nt ohne pl* tiempo *m* otoñal

Herbstzeitlose *f* <-n> (BOT) cólquico *m*

Herd [heːɐt] *m* <-(e)s, -e> ① *(in Küche)* cocina *f* ② *(Brandherd, a.* MED) foco *m*

Herde ['heːɐdə] *f* <-n> *(Schafe, Rinder)* rebaño *m; (Schweine)* piara *f; (wilde Tiere)* manada *f*

Herdentier *nt* ① *(Tier)* animal *m* gregario ② *(abw: Person)* persona *f* gregaria

Herdplatte *f* placa *f* (eléctrica)

herein [hɛ'raɪn] *adv* adentro, hacia dentro; **~!** ¡adelante!

herein|bekommen* *irr vt (fam: Ware, Sender)* recibir

herein|bitten *irr vt* hacer pasar

herein|brechen *irr vi sein* ① *(Wassermassen)* irrumpir ② *(geh: Unglück)* sobrevenir; *(Nacht)* caer (**über** sobre)

herein|bringen *irr vt* ① *(nach drinnen bringen)* entrar, llevar adentro ② *(fam: Unkosten, Verluste)* eliminar

herein|dürfen *irr vi (fam)* poder entrar (**in** en)

hereinfahren *irr* **I.** *vi sein* entrar (con un vehículo) **II.** *vt haben* entrar (con un vehículo) (**in** en)

herein|fallen *irr vi sein* ① *(in Loch)* caer (**in** en); *(Licht)* entrar (**in** en/a) ② *(fam: sich täuschen lassen)* dejarse engañar (**auf** por) ③ *(fam: erfolglos sein)* llevarse un chasco (**mit** con)

herein|holen *vt* entrar, meter; **jdn ~** hacer entrar a alguien

herein|kommen *irr vi sein* entrar (**in** a/en); **bitte kommen Sie doch herein!** ¡entre, por favor!

herein|lassen *irr vt* dejar entrar

herein|legen *vt* ① *(nach drinnen legen)*

poner adentro ② *(fam: betrügen)* engañar, carnear *Chil*

herein|platzen *vi sein (fam)* entrar de sorpresa y sin previo aviso (**in** en), irrumpir (**in** en)

herein|spazieren* *vi sein (fam)* ir entrando (**in** en)

hereinstecken *vt* introducir (**in** en, **zu** hacia/por)

hereinstürzen *vi sein* entrar atropelladamente (**in** en)

her|fahren *irr* **I.** *vi sein* ① *(gefahren kommen)* venir (en un vehículo), llegar (en un vehículo) ② *(entlangfahren)* **hinter jdm/etw** *dat* **~** seguir (en un vehículo) detrás de alguien/algo, perseguir (en un vehículo) a alguien/algo; **vor jdm/etw** *dat* **~** conducir delante de alguien/de algo **II.** *vt haben* **jdn/etw ~** traer a alguien/algo (en un vehículo)

Herfahrt ['heːɐ-] *f* <-en> venida *f;* **auf der ~** a la venida

her|fallen *irr vi sein (a. fig: angreifen)* atacar (**über**); *(mit Fragen)* acosar a preguntas (**über**); **über etw ~** caer sobre algo

her|finden *irr vi* encontrar el camino

Hergang ['heːɐ-] *m* <-(e)s, -gänge> acontecimientos *mpl;* **den ~ schildern** contar lo que pasó

her|geben *irr* **I.** *vt* ① *(herausgeben)* dar, entregar; **gib her!** ¡dame! ② *(taugen)* valer **II.** *vr:* **sich ~** prestarse (**für** a); **gib dich für so etwas nicht her!** ¡no te prestes a una cosa así!

hergebracht ['heːɐgəbraxt] *adj* tradicional

her|gehen *irr vi sein* ① *(begleiten)* **neben/vor/hinter jdm ~** ir al lado de/delante de/detrás de alguien; **es ging hoch her** hubo mucho jaleo ② *(südd, Österr)* *s.* **herkommen**

her|haben *irr vt (fam)* haber sacado

her|halten *irr* **I.** *vt* acercar **II.** *vi* servir (**als** de); **er muss immer ~** siempre tiene que pagar el pato

her|holen *vt* ir a buscar, ir (por); **der Vergleich ist weit hergeholt** el ejemplo es muy rebuscado

her|hören *vi* escuchar

Hering ['heːrɪŋ] *m* <-s, -e> ① *(Fisch)* arenque *m* ② *(Zeltpflock)* estaquilla *f*

herinnen [hɛ'rɪnən] *adv (südd, Österr: drinnen, innen)* aquí adentro

her|kommen *irr vi sein* ① *(hierher kommen)* venir; *(sich nähern)* acercarse ② *(stammen)* ser (**aus** de); **wo kommen Sie her?** ¿de dónde es Ud.? ③ *(herrühren)* venir (**von** de)

herkömmlich ['heːɐkœmlɪç] *adj* tradicional; *(konventionell)* convencional

Herkules ['hɛrkulɛs] *m* <-, -se> **ein (wahrer) ~** un (auténtico) hércules

Herkunft ['heːɐkʊnft] *f ohne pl* origen *m;* **arabischer ~** de origen árabe

Herkunftsland *nt* país *m* de origen

her|laufen *irr vi sein* ① *(entlanglaufen)* pasar, recorrer ② *(gelaufen kommen)* venir corriendo (**zu** a/hacia) ③ *(begleiten)* **hinter/neben/vor jdm ~** correr detrás de/al lado de/delante de alguien

her|leiten **I.** *vt (ableiten)* derivar (**aus** de) **II.** *vr:* **sich ~** *(herrühren)* derivar (**aus** de)

her|machen **I.** *vi* importar; **das macht viel her** esto causa buena impresión **II.** *vr:* **sich ~** *(fam)* emprender (**über**); **sich über die Arbeit ~** poner manos a la obra; **sich über das Essen ~** abalanzarse sobre la comida

Hermaphrodit [hɛrmafro'diːt] *m* <-en, -en> hermafrodita *m*

Hermelin [hɛrmə'liːn] *m* <-s, -e> (ZOOL) armiño *m*

Hermeneutik [hɛrme'nɔɪtɪk] *f* <-, *ohne pl*> hermenéutica *f*

hermetisch [hɛr'meːtɪʃ] *adj* hermético

hernach [hɛɐ'naːx] *adv (reg)* después, más tarde

her|nehmen *irr vt* tomar, sacar

Heroin [hero'iːn] *nt* <-s, *ohne pl*> heroína *f*

heroisch [he'roːɪʃ] *adj (geh)* heroico

Herold ['heːrɔlt] *m* <-(e)s, -e> (*a.* HIST) heraldo *m*

Heros ['heːrɔs, *pl:* he'roːən] *m* <-, Heroen> ① *(geh: Held)* héroe *m* ② semidiós *m*

Herpes ['hɛrpɛs] *m* <-, *ohne pl*> (MED) herpe(s) *m inv*

Herr[1] *m* <-(e)n, -en> ① *(Mann)* señor *m;* *(beim Tanz)* caballero *m;* **den großen ~en markieren** darse aires de gran señor; **„Herren"** "caballeros" ② *(Anrede)* señor *m;* **~ Meier** el señor Meier; **der ~ wünschen?** ¿qué desea el señor?; **~ Ober!** ¡camarero! ③ (REL) Señor *m*

Herr(in)[2] [hɛr] *m(f)* <-(e)n, -en; -nen> *(Gebieter)* amo, -a *m, f;* *(Arbeitgeber)* patrón, -ona *m, f;* **~ im Hause sein** llevar la batuta en casa; **er war nicht ~ der Lage** no era dueño de la situación; **~ seiner Sinne sein** ser dueño de sí mismo; **sein eigener ~ sein** ser su propio amo; **aus aller ~en Länder** de todos los países

Herrchen *nt* <-s, -> *(Hundebesitzer)* amo *m;* **sei ein braver Hund und komm zu ~!** ¡sé un perro bueno y ven con tu amo!

Herrenabteilung *f* sección *f* de caballeros

Herrenausstatter *m* <-s, -> tienda *f* de ropa de caballero
Herrenbegleitung *f* compañía *f* masculina; **in ~** en compañía masculina
Herrenbesuch *m* ① *(Besucher)* visitante *m* (masculino) ② *(Besuch)* visita *f* (masculina)
Herrenfriseur(in) *m(f)* peluquero, -a *m, f* para caballeros
Herrenhaus *nt* casa *f* señorial
herrenlos *adj* sin dueño, realengo *Am*
Herrenmode *f* moda *f* masculina
Herrensitz *m* casa *f* señorial
Herrentoilette *f* servicio *m* de caballeros
Herrgott ['-'-] *m* <-(e)s> Señor *m,* Dios Nuestro Señor *m;* **~ noch mal!** *(fam)* ¡Dios mío!
her|richten *vt* ① *(vorbereiten)* preparar ② *(reparieren)* arreglar
Herrin ['hɛrɪn] *f* <-nen> *s.* **Herr²**
herrisch *adj* imperioso
herrje(h) *interj* por Dios
herrlich *adj* espléndido; *(wunderbar)* maravilloso; *(ausgezeichnet)* excelente
Herrlichkeit *f* <-en> esplendor *m; (Pracht)* suntuosidad *f; (Großartigkeit)* magnificencia *f*
Herrschaft *f ohne pl* ① *(Macht)* dominio *m* (**über** sobre); *(Befehlsgewalt)* poder *m* (**über** sobre); *(Regierung)* gobierno *m* ② *(Kontrolle)* control *m* (**über** de)
Herrschaften *fpl* señores *mpl;* **die ~ wollen zahlen?** ¿los señores desean la cuenta?
herrschaftlich *adj* señorial
herrschen ['hɛrʃən] *vi* ① *(Macht haben)* dominar; *(regieren)* gobernar; *(König)* reinar (**über** en/sobre) ② *(bestehen)* existir; *(Freude, Angst, Chaos)* reinar; *(Not, Nebel, Verkehr)* haber; *(Meinung)* predominar; **im Zimmer herrschte bedrückende Stille** en la habitación reinaba un silencio opresivo
herrschend *adj* reinante; *(Meinung)* dominante
Herrscher(in) *m(f)* <-s, -; -nen> soberano, -a *m, f*
Herrscherin *f* <-nen> *s.* **Herrscher**
Herrschsucht *f ohne pl* despotismo *m*
herrschsüchtig *adj* despótico
her|rufen *irr vt* ① *(herbeirufen)* llamar (para que venga) ② *(nachrufen)* **etw hinter jdm ~** gritar algo detrás de alguien
her|rühren *vi* resultar (**von** de)
her|schicken *vt* ① *(zu jdm schicken)* mandar (a alguien que vaya) (**zu** a) ② *(nachschicken)* **jdn hinter jdm/etw** *dat* **~** mandar a alguien que vaya a por alguien/algo
her|schieben *irr vt* arrimar empujando; **etw vor sich** *dat* **~** dejar algo para otro día
her|stammen *vi* ser (**aus** de), ser oriundo [*o* natural] (**aus** de)
her|stellen *vt* ① *(erzeugen)* producir; *(in Fabrik)* fabricar ② *(schaffen)* crear; *(Verbindung)* establecer ③ *(an einen Ort)* poner
Hersteller(in) *m(f)* <-s, -; -nen> productor(a) *m(f); (in Fabrik)* fabricante *mf; (in Verlag)* encargado, -a *m, f* de la producción de libros
Herstellerfirma *f* <-, -firmen> (empresa *f*) fabricante *m*
Herstellerpreis *m* precio *m* de fábrica
Herstellung *f ohne pl* producción *f; (in Fabrik)* fabricación *f*
Herstellungskosten *pl* costes *mpl* de fabricación, gastos *mpl* de producción
Herstellungsland *nt* país *m* productor
her|trauen *vr:* **sich ~** atreverse a ir (**zu** hacia), atreverse a venir (**zu** hacia/a casa de)
Hertz [hɛrts] *nt* <-, -> (PHYS) hertz *m*
herüben [hɛ'ry:bən] *adv (südd, Österr: auf dieser Seite)* aquí
herüber [hɛ'ry:bɐ] *adv* hacia aquí, hacia acá
herüberbringen *irr vt* traer (**zu** a/hacia aquí)
herüberholen *vt* ① *(herholen)* ir a buscar ② *(aus einem anderen Land holen)* traerse
herüberlassen *irr vt* dejar pasar [*o* entrar] [*o* venir]
herübersehen *irr vi* mirar (**zu** en dirección a)
herum [hɛ'rʊm] *adv* ① *(rings)* alrededor, en los alrededores; **um … ~** alrededor de…; **die Gegend um Berlin ~** los alrededores de Berlín; **hier ~** por aquí; **links/rechts ~** por la izquierda/derecha ② *(fam: ziellos)* por ahí ③ *(fam)* **um … ~** *(ungefähr)* alrededor de…; *(Menge, Alter)* aproximadamente; *(Uhrzeit)* sobre
herum|albern *vi* hacer el bobo, tontear
herum|ärgern *vr:* **sich ~** *(fam)* enfadarse (**mit** con); *(sich anstrengen)* fastidiarse (**mit** con)
herum|bekommen* *irr vt (fam: überreden)* convencer, hacer cambiar de opinión
herumblättern *vi* **in etw** *dat* **~** hojear algo
herum|brüllen *vi (fam)* dar gritos, vociferar
herum|bummeln *vi (fam)* ① *sein (spazieren)* callejear ② *(faulenzen)* gandulear
herum|doktern *vi (fam)* ① *(zu kurieren versuchen)* **an jdm ~** tratar de curar a alguien ② *(zu reparieren versuchen)* **an etw** *dat* **~** tratar (infructuosamente) de reparar [*o* arreglar] algo

H

herum|drehen I. *vt (wenden)* dar vuelta(s) (a); *(Kopf)* volver; **jdm das Wort im Mund ~** dar la vuelta a las palabras de alguien; **den Schlüssel zweimal ~** dar dos vueltas a la llave **II.** *vr:* **sich ~** darse la vuelta

herumdrucksen *vi (fam)* andarse con rodeos

herum|erzählen* *vt (fam)* ir contando

herum|fahren *irr* **I.** *vi sein* ① *(umfahren)* dar la vuelta (**um** a); *(um eine Ecke)* doblar ② *(fam: ziellos)* dar una vuelta ③ *(sich umdrehen)* volverse (de repente) **II.** *vt (fam: umherfahren)* pasear (en coche) (**in** por)

herum|fuchteln *vi (fam)* gesticular; **mit etw** *dat* **~** no parar quieto con algo; **mit den Armen ~** bracear

H

herum|führen I. *vi (Straße, Mauer)* rodear (**um**) **II.** *vt* **jdn ~** *(als Führer)* hacer de guía para alguien; **jdn an der Nase ~** *(fam)* tomar el pelo a alguien

herum|fummeln *vi (fam: anfassen)* **an etw** *dat* **/jdm ~** sobar algo/a alguien

herum|geben *irr vt* pasar, hacer circular

herum|gehen *irr vi sein* ① *(herumspazieren)* dar una vuelta (**um** por); *(fam: ziellos)* pasearse; **das geht mir schon lange im Kopf herum** hace tiempo que esto me da vueltas en la cabeza ② *(fam: Zeit)* pasar ③ *(fam: Gerücht)* circular

herum|geistern [-ˈ-gaɪstɐn] *vi sein (fam)* andar pululando

herum|hacken *vi (fam)* **auf jdm ~** meterse con alguien, criticar constantemente a alguien

herum|hängen *irr vi (fam)* estar colgado; **in der Gegend ~** estar tirado por ahí

herum|irren *vi sein* errar, vagar

herum|kommandieren* *vt (fam)* mandonear

herum|kommen *irr vi sein (fam)* ① *(reisen)* viajar; **sie ist viel in der Welt herumgekommen** ha corrido mucho mundo ② *(vermeiden können)* poder evitar (**um**); **darum ~, etw zu tun** poder evitar hacer algo ③ *(umgehen)* **um die Ecke ~** doblar la esquina

herum|kriegen *vt (fam)* ① *(Zeit)* pasar ② *(überreden)* **jdn ~** convencer a alguien ③ *(verführen)* ligarse; **sie hat ihn gleich herumgekriegt** se lo ha ligado enseguida

herum|kutschieren* *vt (fam)* dar una vuelta (**in** por), llevar en coche (**in** por)

herum|laufen *irr vi sein* ① *(fam: ziellos)* correr de un lado para otro; *(spazieren gehen)* dar una vuelta (por); **so kannst du doch nicht ~!** *(fam)* ¡así no puedes andar por ahí! ② *(um etw)* correr (**um** alrededor de)

herum|liegen *irr vi (fam)* ① *(Sache)* estar tirado ② *(Person)* estar tumbado

herum|lungern [-ˈ-lʊŋɐn] *vi (fam)* haraganear

herum|meckern *vi (fam)* quejarse por todo, poner reparos a todo

herum|nörgeln *vi (fam)* meterse (**an** con), poner reparos (**an** a)

herum|quälen *vr:* **sich ~** *(fam)* ① *(sich qualvoll befassen)* **sich mit jdm/etw** *dat* **~** tener que aguantar a alguien/romperse los cascos [*o* la cabeza] con algo ② *(qualvoll leiden)* atormentarse (**mit** con)

herum|reden *vi (fam)* ① *(belangloses Zeug reden)* decir simplezas [*o* necedades] ② *(ausweichend reden)* **um etw ~** hablar con rodeos de algo

herum|reichen *vt* hacer circular; *(Speisen)* ofrecer

herumreisen *vi sein* ① *(auf Reisen sein)* viajar constantemente ② *(bereisen)* viajar

herumreißen *irr vt* hacer una maniobra brusca (en sentido contrario) (con)

herum|reiten *irr vi sein (fam)* ① *(ziellos)* pasear a caballo ② *(auf etw bestehen)* emperrarse (**auf** en)

herumrennen *irr vi sein (fam)* ① *(umherrennen)* dar vueltas (corriendo) (**auf/in** por/en) ② *(umkreisen)* **um etw ~** dar una vuelta corriendo a algo, correr alrededor de algo

herum|schlagen *irr vr (fam)* **sich mit jdm/etw** *dat* **~** luchar con alguien/algo

herum|schnüffeln *vi (fam abw)* husmear, hurguetear *Am;* **im Haus ~** husmear por la casa

herumschreien *irr vi (fam)* pegar gritos

herum|sitzen *irr vi* ① *(fam: untätig dasitzen)* estar (sentado) sin hacer nada ② *(im Kreis sitzen)* **um jdn/etw ~** estar sentado alrededor de alguien/algo

herum|sprechen *irr vr:* **sich ~** *(Nachricht)* divulgarse

herumspringen *irr vi sein (fam)* saltar, brincar (**um** alrededor de)

herum|stehen *irr vi (fam)* estar por ahí (**um** alrededor de); **um jdn ~** rodear a alguien

herumstreunen *vi sein (abw)* andar vagabundeando

herum|toben *vi (fam)* ① *sein o haben (ausgelassen spielen)* retozar; *(lauter)* alborotar ② *haben (schimpfen)* hacer ruido y bramar

herumtragen *irr vt (fam)* ① *(bei sich tragen)* **etw mit sich** *dat* **~** llevar algo (siempre) consigo ② *(abw: weitererzählen)* divulgar, contar a otros

herum|treiben *irr vr:* **sich ~** *(fam abw)* vagabundear; *(auf der Straße)* callejear; **wo hast du dich wieder herumgetrieben?** ¿por dónde te has metido?

Herumtreiber(in) *m(f)* <-s, -; -nen> *(fam)* vagabundo, -a *m, f*, merodeador(a) *m(f)*

herumzeigen *vt (fam)* enseñar a todo el mundo, lucir

herum|ziehen *irr vi sein (fam: ziellos)* vagar, vagabundear; **in der Welt ~** vagar por el mundo

herunten [hɛˈrʊntən] *adv (südd, Österr: hier unten)* aquí abajo

herunter [hɛˈrʊntɐ] *adv* (hacia) abajo; **den Berg ~** monte abajo

herunter|bringen *irr vt* ① *(Gegenstand)* bajar ② *(fam: ruinieren)* arruinar

herunter|fahren *irr* **I.** *vi sein* bajar, descender *(en un vehículo)* **II.** *vt* ① *(Maschine)* parar ② (INFOR) apagar el sistema

herunter|fallen *irr vi sein* caerse

herunter|gehen *irr vi sein (a. Preis, Temperatur)* bajar

heruntergekommen *adj (fam)* venido a menos

herunter|handeln *vt (fam)* regatear

herunter|hängen *irr vi (Lampe, Haare)* colgar

herunter|hauen <haut herunter, haute *o* hieb herunter, heruntergehauen> *vi (fam)* **jdm eine ~** soltar a alguien un sopapo

herunter|klappen *vt* plegar hacia abajo

herunter|kommen *irr vi sein* ① *(nach unten kommen)* bajar ② *(fam: verwahrlosen)* venir a menos; *(Person)* hundirse; *(Gesundheit)* deteriorarse

herunter|laden *irr vt* (INFOR) descargar, bajar

herunter|machen *vt (fam: kritisieren)* criticar; *(schlechtmachen)* difamar; **jdn ~** dejar a alguien como un trapo

herunter|purzeln *vi sein (fam)* caer (de lo alto)

herunter|reißen *irr vt* arrancar

herunter|schlucken *vt (fam)* ① *(Bissen)* tragar ② *(Wut)* tragarse

herunter|spielen *vt (Problem)* relativizar

herunter|springen *irr vi sein* saltar (**von** de); *(aus großer Höhe)* tirarse (**von** de)

herunterstürzen **I.** *vi sein* ① *(herunterfallen)* caerse ② *(fam: heruntereilen)* bajar a toda prisa **II.** *vt* ① *(herunterwerfen)* derribar ② *(fam: trinken)* beber de un trago

herunter|werfen *irr vt* tirar abajo

herunter|wirtschaften *vt (fam abw: Firma, Staat)* arruinar (económicamente)

herunterziehen *irr vt* tirar hacia abajo, bajar tirando

hervor [hɛɐ̯ˈfoːɐ̯] *adv (geh)* hacia delante; *(heraus)* fuera

hervor|bringen *irr vt* ① *(erzeugen)* producir ② *(Wort)* decir; *(Melodie)* tocar

hervor|gehen *irr vi sein (geh: sich ergeben)* deducirse (**aus** de); **sie ging als Siegerin aus dem Wettkampf hervor** resultó vencedora en el campeonato

hervor|gucken *vi (fam)* (sobre)salir; **das Hemd guckt aus der Hose hervor** la camisa sobresale del pantalón; **das Kind guckt hinter seiner Mutter hervor** el niño se asoma por detrás de su madre

hervor|heben *irr vt* poner de relieve

Hervorhebung *f* <-, -en> (*a.* INFOR) resalte *m*

hervor|holen *vt* sacar (**aus** de)

hervorkehren *vt (fig geh)* presumir (de), hacer alarde (de)

hervor|kommen *irr vi sein* salir; **unter dem Tisch ~** salir de debajo de la mesa

hervorlocken *vt* hacer salir

hervor|ragen *vi* ① *(räumlich)* sobresalir ② *(Person)* distinguirse (**durch** por)

hervorragend *adj* ① *(räumlich)* saliente ② *(ausgezeichnet)* excelente

hervor|rufen *irr vt (bewirken)* provocar; *(Bewunderung)* causar; *(Protest)* promover

hervorsehen *irr vi* asomar

hervorspringen *irr vi sein* ① *(hervorkommen)* salir de repente (**hinter** de detrás de) ② *(hervorragen)* sobresalir, resaltar

hervorstechen *irr vi* destacar, llamar la atención

hervor|treten *irr vi sein* ① *(heraustreten)* salir (**hinter** de detrás de) ② *(Kontraste)* destacarse; *(Umrisse)* dibujarse; *(Ader)* marcarse; **~de Augen** ojos saltones

hervor|tun *irr vr:* **sich ~** ① *(durch Leistung)* distinguirse ② *(angeben)* darse importancia (**mit** con)

hervor|wagen *vr:* **sich ~** atreverse a salir

hervorzaubern *vt* sacar por sorpresa [*o* de repente] (**aus** de)

her|wagen *vr:* **sich ~** atreverse a venir aquí

Herz[1] [hɛrts] *nt* <-ens, -en> ① *(Organ)* corazón *m; (Seele)* alma *f;* **im Grunde seines ~ens** en el fondo de su corazón; **von ~en gern** con mil amores; **mir blutet das ~** *(fig)* se me parte el corazón; **ich tue es leichten ~ens** lo haré con mucho gusto; **schweren ~ens** sintiéndolo en el alma; **das ~ schlägt ihm bis zum Halse** tiene el corazón en un puño; **ein ~ und eine Seele sein** *(fig)* ser uña y carne; **ein gutes/goldenes ~ haben** tener un gran corazón/un corazón de oro; **sich** *dat* **etw zu ~en nehmen** *(fam)* tomarse algo a pecho; **etw nicht über's ~ bringen** no ser capaz de algo; **etw auf dem ~en haben** estar afligido por algo; **etw auf ~ und Nieren prüfen** *(fam)* examinar algo detenidamente; **jdm sein ~ ausschütten** *(fig)* abrir el corazón a alguien; **jdm das ~ brechen** *(geh)* partir el corazón a alguien; **aus ganzem ~en** de todo corazón; **mir ist ein Stein vom ~en gefallen** *(fig)* se me quitó un peso de encima; **ihr wurde warm ums ~** se emocionó; **mir fällt das ~ in die Hose** *(fam fig)* se me cae el alma a los pies; **sich** *dat* **ein ~ fassen** hacer de tripas corazón; **jdm etw ans ~ legen** entregar algo al cuidado personal de alguien; **jdm am ~en liegen** ser muy importante para alguien; **jdn ins ~ schließen** cogerle cariño a alguien ② *(Kern)* corazón *m; (Zentrum)* centro *m; (Inneres)* núcleo *m;* **sie stießen zum ~en des Kontinents vor** avanzaron hasta el corazón del continente ③ *(Herzform)* forma *f* de corazón

Herz² *nt* <-ens, -> *(Kartenspiel)* ≈ copas *f pl;* **~ ist Trumpf** pinta en copas

herzallerliebst *adj* **ist dieses Baby nicht ~?** ¿no es este bebé un verdadero encanto?; **mein ~er Schatz!** ¡cariño de mi alma!

Herzanfall *m* (MED) ataque *m* cardíaco

Herzbeschwerden *f pl* (MED) trastornos *m pl* cardíacos

Herzbeutel *m* (ANAT) pericardio *m*

herzbewegend *adj* conmovedor

Herzblatt *nt* <-(e)s, -blätter> ① (BOT) hoja *f* de retoño; *(bei Salat)* cogollo *m* ② *(fam: Schatz)* cariño *m,* tesoro *m*

Herzblut *nt* **jd gäbe sein ~ für jdn hin** *(geh)* alguien daría el alma por alguien; **etw mit seinem ~ schreiben** *(geh)* escribir algo con el corazón en la mano

Herzchirurg(in) *m(f)* cardiocirujano, -a *m, f*

Herzdame *f* dama *f* de corazones

Herzdruckmassage *f* (MED) masaje *m* de compresión del corazón

her|zeigen *vt (fam)* dejar ver, mostrar

herzen ['hɛrtsən] *vt (geh)* acariciar, mimar

Herzensangelegenheit *f* <-, -en> ① *(wichtiges Anliegen)* cuestión *f* importante; **es ist mir eine ~, es ihm selber zu sagen** para mí es muy importante decírselo personalmente ② *(Liebesangelegenheit)* asunto *m* del corazón

Herzensbrecher(in) *m(f)* <-s, -; -nen> rompecorazones *mf inv*

herzensgut ['--'-] *adj (fam)* muy bondadoso

Herzenslust *f ohne pl* **nach ~** a placer

Herzenswunsch *m* sueño *m* dorado

herzergreifend *adj* conmovedor

herzerweichend *adj* conmovedor

Herzfehler *m* (MED) lesión *f* cardíaca

herzförmig *adj* cordiforme

herzhaft *adj* (*a.* GASTR: *kräftig*) fuerte; *(deftig)* sabroso; **~ lachen** reírse con ganas

her|ziehen *irr* **I.** *vi sein* ① *(umziehen)* venirse a vivir aquí ② *(gehen)* **hinter/vor/neben jdm/etw** *dat* **~** ir detrás de/delante de/al lado de alguien/algo ③ *(fam: reden über)* **über jdn ~** hablar mal de alguien **II.** *vt (fam: heranziehen)* acercar (**zu** a); **etw hinter sich** *dat* **~** arrastrar algo detrás de sí

herzig ['hɛrtsɪç] *adj* mono

Herzinfarkt *m* (MED) infarto *m* de miocardio

Herzinsuffizienz *f* <-, -en> (MED) insuficiencia *f* cardíaca

Herzkammer *f* (ANAT) ventrículo *m* (del corazón)

Herzklappe *f* (ANAT) válvula *f* del corazón

Herzklopfen *nt* latido *m* del corazón, palpitaciones *f pl;* **~ haben** sentir palpitaciones

herzkrank *adj* enfermo del corazón

Herzkranzgefäß *nt* <-es, -e> vaso *m* coronario

Herz-Kreislauf-Erkrankung *f* (MED) trastorno *m* cardiovascular

Herz-Kreislauf-System *nt* (MED) sistema *m* cardiocirculatorio

Herzleiden *nt* (MED) enfermedad *f* cardíaca

herzlich **I.** *adj (liebevoll)* cariñoso; *(Gruß)* cordial; **~en Dank** muchísimas gracias **II.** *adv* de todo corazón; **~ willkommen!** ¡bienvenido!; **~ gern!** ¡con mucho gusto!

Herzlichkeit *f ohne pl* cordialidad *f*

herzlos *adj* sin corazón; *(grausam)* cruel

Herzlosigkeit *f ohne pl* insensibilidad *f; (Grausamkeit)* crueldad *f*

Herzmassage *f* (MED) masaje *m* cardíaco

Herzmonitor *m* (MED) monitor *m* cardíaco [*o* cardiaco]

Herzmuschel *f* (ZOOL) almeja *f*

Herzmuskel *m* (ANAT) miocardio *m*

Herzog(in) ['hɛrtso:k] *m(f)* <-s, -zöge; -nen> duque(sa) *m(f)*

herzoglich ['hɛrtso:klɪç] *adj* ducal

Herzogtum *nt* <-s, -tümer> ducado *m*

Herzpatient(in) *m(f)* (MED) enfermo, -a *m, f* del corazón; **viele ~en warten auf ein Spenderherz** muchos cardiópatas esperan la donación de un corazón

Herzrhythmusstörung *f* (MED) arritmia *f* cardíaca

Herzschlag *m* ① *(einzelner Schlag)* latido *m* cardíaco ② *(Herzstillstand)* ataque *m* cardíaco

Herzschrittmacher *m* (MED) marcapasos *m inv*

Herzspezialist(in) *m(f)* (MED) cardiólogo, -a *m, f*
Herzstillstand *m* (MED) paro *m* cardíaco
Herzstück *nt* parte *f* central, corazón *m*
Herztransplantation *f* (MED) tra(n)splante *m* de corazón
Herzversagen *nt* (MED) fallo *m* cardíaco
herzzerreißend **I.** *adj* desgarrador **II.** *adv* que le parte a uno el corazón
Hesse, -in ['hɛsə] *m, f* <-n, -n; -nen> habitante *mf* de Hesse
Hessen *nt* <-s> Hesse *f*
Hessin *f* <-nen> *s.* **Hesse**
hessisch *adj* de Hesse
heterogen [hetero'ge:n] *adj* heterogéneo
Heterogenität [heterogeni'tɛ:t] *f* <-, *ohne pl*> heterogeneidad *f*
Heterosexualität *f* heterosexualidad *f*
heterosexuell [heterozɛksu'ɛl, heterosɛksu'ɛl] *adj* heterosexual
Hetzblatt *nt* <-(e)s, -blätter> *(abw: Zeitung)* periódico *m* demagógico; *(Zeitschrift)* revista *f* demagógica
Hetze ['hɛtsə] *f ohne pl* ❶ *(Eile)* prisa *f* ❷ *(abw: Hetzkampagne)* campaña *f* de difamación
hetzen ['hɛtsən] **I.** *vi* ❶ *sein (sich beeilen)* darse prisa ❷ *(abw: aufwiegeln)* agitar los ánimos (**gegen** contra) **II.** *vt* ❶ *(jagen)* acosar ❷ *(antreiben)* meter prisa **III.** *vr:* **sich ~** darse prisa
Hetzerei[1] *f* <-en> *(fam abw: Hetzreden)* instigación *f*, difamación *f*
Hetzerei[2] *f ohne pl (Eile)* prisas *f pl*
hetzerisch *adj* difamador
Hetzjagd *f* ❶ *(Verfolgung)* persecución *f* ❷ *(Jagd)* caza *f* de acoso ❸ *(große Eile)* prisas *f pl*
Hetzkampagne *f* campaña *f* difamatoria
Heu [hɔɪ] *nt* <-(e)s, *ohne pl*> (AGR) heno *m*
Heuboden *m* (AGR) henil *m*
Heuchelei [hɔɪçə'laɪ] *f* <-en> *(abw)* hipocresía *f*, fallutería *Arg, Urug: fam; (Scheinheiligkeit)* mojigatería *f*
heucheln ['hɔɪçəln] *vi, vt* fingir
Heuchler(in) ['hɔɪçlɐ] *m(f)* <-s, -; -nen> hipócrita *mf; (Scheinheiliger)* mojigato, -a *m, f*
heuchlerisch *adj* hipócrita
heuer ['hɔɪɐ] *adv (Schweiz, Österr, südd)* este año
Heugabel *f* horca *f; (aus Holz)* bieldo *m*
Heuhaufen *m* (AGR) montón *m* de heno
Heulboje *f* (NAUT) baliza *f* acústica
heulen ['hɔɪlən] *vi* ❶ *(fam: weinen)* llorar ❷ *(Tier, Motor, Sirene, Wind)* aullar
Heulsuse ['hɔɪlzu:zə] *f* <-n> *(fam abw)* llorona *f*
Heulton *m* aullido *m; (einer Sirene)* sirena *f*
heurig ['hɔɪrɪç] *adj (Österr)* de este año
Heurige(r) ['hɔɪrɪgɐ] *m* <-n, -n> *(Österr: neuer Wein)* vino *m* joven
Heuschnupfen *m* alergia *f* al polen
Heuschrecke ['hɔɪʃrɛkə] *f* <-n> saltamontes *m inv*
heute ['hɔɪtə] *adv* hoy; *(heutzutage)* hoy (en) día; **~ Morgen/Abend** esta mañana/noche; **~ Nacht habe ich schlecht geträumt** anoche tuve pesadillas; **~ Nacht soll es regnen** dicen que esta noche va a llover; **Schluss für ~** basta por hoy; **~ vor acht Tagen** hace ocho días; **von ~ auf morgen** de la noche a la mañana; **lieber ~ als morgen** mejor hoy que mañana
heutig ['hɔɪtɪç] *adj* de hoy; *(gegenwärtig)* actual; **unser ~es Schreiben** nuestra carta de hoy; **am ~en Tag** en el día de hoy; **am ~en Abend** esta noche; **in der ~en Zeit** en nuestros tiempos; **mit dem ~en Datum** con fecha de hoy
heutzutage ['hɔɪttsuta:gə] *adv* hoy (en) día
Heuwender *m* <-s, -> (AGR) henificadora *f*
hexagonal [hɛksago'na:l] *adj* (MATH: *sechseckig*) hexagonal
Hexe ['hɛksə] *f* <-n> bruja *f*
hexen ['hɛksən] *vi* hacer brujerías; **ich kann doch nicht ~** *(fam)* no puedo hacer milagros
Hexenhäuschen *nt* <-s, -> (GASTR) *figura de pan de especias que representa una casa*
Hexenjagd *f (abw)* caza *f* de brujas
Hexenkessel *m* <-s, -> infierno *m*
Hexenschuss *m* <-es, *ohne pl*> *(fam)* lumbago *m*
Hexenverbrennung *f* (HIST) quema *f* de brujas
Hexer *m* <-s, -> brujo *m*
Hexerei *f* <-en> brujería *f*, payé *m CSur*
Hg. *Abk. von* **Herausgeber(in)** *(von Buch)* editor(a) *m(f); (von Zeitung)* director(a) *m(f)*
Hibernation [hibɛrna'tsjo:n] *f* <-, -en> (MED) hibernación *f*
Hibiskus [hi'bɪskʊs, *pl:* hi'bɪskən] *m* <-, Hibisken> (BOT) hibisco *m*
Hickhack ['hɪkhak] *m o nt* <-s, -s> *(fam)* discusión *f* estéril
hie [hi:] *adv* **~ und da** de vez en cuando
hieb [hi:p] *3. imp von* **hauen**
Hieb [hi:p] *m* <-(e)s, -e> ❶ *(Schlag)* golpe *m; (mit Peitsche)* latigazo *m; (mit Faust)* puñetazo *m* ❷ *(Wunde)* herida *f* ❸ *pl (fam: Prügel)* paliza *f* ❹ *(Bemerkung)* pulla *f*

H

hieb- und stichfest *adj (fig)* contundente

hielt [hiːlt] *3. imp von* **halten**

hier [hiːɐ] *adv* ① *(räumlich)* aquí; *(bei Aufruf)* ¡presente!; **~ bin ich!** ¡aquí estoy!; **~ entlang** por aquí; **das Haus ~** esta casa; **~ in der Nähe** aquí cerca; **~ und da** aquí y allá; **dieser ~** este de aquí; **~ oben/unten/hinten** aquí arriba/abajo/atrás; **ich bin nicht von ~** no soy de aquí ② *(zeitlich)* ahora; **von ~ an** desde ahora ③ *(an diesem Punkt)* en este punto; **~ muss ich dir Recht geben** en este punto te tengo que dar la razón

hieran [ˈhiːran, ˈ-ˈ-] *adv* ① *(räumlich)* aquí (mismo) ② *(an dieser Sache)* en esto, en ello; **~ sieht man, dass ...** en esto se ve que...; **~ werde ich mich noch lange erinnern** de esto me acordaré por mucho tiempo

Hierarchie [hierarˈçiː] *f* <-n> jerarquía *f*

hierarchisch [hieˈrarçɪʃ] *adj* jerárquico

hierauf [ˈhiːraʊf, ˈ-ˈ-] *adv* ① *(räumlich)* sobre esto ② *(sodann)* a continuación

hieraus [ˈhiːraʊs, ˈ-ˈ-] *adv* ① *(räumlich)* de aquí ② *(aus dieser Sache)* de esto, de ello

hierbehalten* *irr vt* **etw ~** quedarse con algo; **kann ich das Buch ~?** ¿me puedo quedar con el libro?

hierbei [ˈhiːɐbaɪ] *adv* ① *(währenddessen)* en esto, con esto ② *(in diesem Fall)* en este caso

hier|bleiben *irr vi sein* quedarse aquí

hierdurch [ˈhiːɐdʊrç, ˈ-ˈ-] *adv* ① *(räumlich)* por aquí ② *(auf Grund)* por ello, a causa de esto

hierfür [ˈhiːɐfyːɐ, ˈ-ˈ-] *adv* ① *(zu diesem Zweck)* para esto ② *(als Gegenwert)* por ello, a cambio

hierher [ˈhiːɐheːɐ, ˈ-ˈ-] *adv* (hacia) aquí; *(örtlich)* para acá; **~!** ¡aquí!; **bis ~ und nicht weiter!** ¡hasta aquí y ni un paso más!; **das gehört nicht ~** esto no entra aquí

hierherum [ˈhiːɐhɛrʊm, ˈ-ˈ-ˈ-] *adv* por aquí

hierhin [ˈhiːɐhɪn, ˈ-ˈ-] *adv* aquí; **bis ~** hasta aquí

hierhinein *adv* (de aquí) adentro; **ich glaube, er ist ~ gegangen** creo que ha entrado (por) aquí

hierin [ˈhiːrɪn, ˈ-ˈ-] *adv* ① *(örtlich)* aquí dentro ② *(in dieser Beziehung)* en este punto

hierlassen *irr vt* dejar aquí

hiermit [ˈhiːɐmɪt, ˈ-ˈ-] *adv* con esto; *(im Brief)* por la presente

hiernach [ˈhiːɐnaːx, ˈ-ˈ-] *adv* ① *(danach)* a continuación ② *(zufolge)* según esto

Hieroglyphe [hieroˈglyːfə] *f* <-, -n> jeroglífico *m*

hierüber [ˈhiːryːbɐ, ˈ-ˈ-ˈ-] *adv* ① *(örtlich)* encima de esto; *(Richtung)* por aquí ② *(ein Thema betreffend)* sobre esto

hierum [(ˈ)hiːˈrʊm, *hinweisend:* ˈhiːrʊm] *adv* ① *(um diese Angelegenheit)* sobre esto; **es geht ~, sieh dir die Akte an!** se trata de esto, ¡mírate el expediente! ② *s.* **hierherum**

hierunter [ˈhiːrʊntɐ, ˈ-ˈ-ˈ-] *adv* ① *(örtlich)* debajo de esto ② *(wegen)* a causa de esto ③ *(in dieser Gruppe)* entre estas cosas ④ *(Wend)* **~ versteht man ...** esto quiere decir...

hiervon [ˈhiːɐfɔn, ˈ-ˈ-] *adv* de esto

hiervor [ˈhiːɐfoːɐ, ˈ-ˈ-] *adv* ① *(räumlich)* delante de esto ② *(zeitlich)* antes de esto

hierzu [ˈhiːɐtsuː, ˈ-ˈ-] *adv* ① *(für diesen Zweck)* para ello ② *(betreffend)* con respecto a esto; **~ möchte ich sagen, dass ...** con respecto a esto quisiera decir que... ③ *(zugehörig)* a esto, a ello

hierzulande [ˈhiːɐtsu(ˈ)landə] *adv* en este país, aquí

hiesig [ˈhiːzɪç] *adj* de aquí

hieß [hiːs] *3. imp von* **heißen**

Hi-Fi [ˈhaɪfi, haɪˈfiː] *Abk. von* **High Fidelity** alta fidelidad

Hi-Fi-Anlage *f* equipo *m* de alta fidelidad

high [haɪ] *adj inv (berauscht)* colocado; *(mit Drogen)* moco

Highlife [ˈhaɪ(ˈ)laɪf] *nt* <-s, *ohne pl*> *(fam)* **bei Schmitz ist wieder ~** en casa de los Schmitz hay movida otra vez

High Society *f ohne pl* alta sociedad *f*

Hightech *nt o f* <-(s), *ohne pl*>, **High-Tech** *nt o f* <-(s), *ohne pl*> alta tecnología *f*

Hi-Hat [ˈhaɪhɛt] *f o nt* <-, -s> (MUS) hi hat *m*

hihi [hiˈhiː, ˈhiˈhi] *interj* je, je

hijacken [ˈhaɪdʒɛkən] *vt (fam)* secuestrar; **ein Flugzeug ~** secuestrar un avión

Hijacker(in) [ˈhaɪdʒɛkɐ] *m(f)* <-s, -; -, -nen> pirata *mf* aéreo, -a

Hilfe [ˈhɪlfə] *f* <-n> ayuda *f*; *(Hilfeleistung)* socorro *m*, auxilio *m*; (INFOR) ayuda *f*; **~!** ¡socorro!; **erste/Erste ~ leisten, erste** [*o* **Erste**] **~ leisten** prestar primeros auxilios; **jdn um ~ bitten** pedir ayuda a alguien; **~ leisten** prestar ayuda; **jdm zu ~ kommen** acudir en auxilio de alguien; **etw zu ~ nehmen** ayudarse con algo; **um ~ rufen** pedir socorro; **du warst mir eine/keine große ~** fuiste/no fuiste una gran ayuda; **mit ~ von** con ayuda de; *s. a.* **mithilfe**

Hilfeleistung *f* prestación *f* de auxilio

Hilferuf *m* grito *m* de socorro

Hilfeschrei *m* grito *m* de socorro [*o* de auxilio]

Hilfestellung *f* (SPORT) ayuda *f; (Anleitung, Unterstützung)* apoyo *m*
hilfesuchend *adj s.* **Hilfe**
hilflos *adj (allein)* desamparado; *(ratlos)* desorientado; *(unbeholfen)* torpe
Hilflosigkeit *f ohne pl* desamparo *m; (Ratlosigkeit)* desorientación *f*
hilfreich *adj (geh)* 1 *(hilfsbereit)* servicial 2 *(nützlich)* útil; **er/es war uns sehr ~** nos sirvió de mucha ayuda
Hilfsaktion *f* acción *f* de socorro
Hilfsarbeiter(in) *m(f)* trabajador(a) *m(f)* auxiliar
hilfsbedürftig *adj* necesitado
hilfsbereit *adj* servicial, dispuesto a ayudar, comedido *Am*
Hilfsbereitschaft *f ohne pl* solicitud *f*, comedimiento *m Am*
Hilfsdienst *m* servicio *m* de auxilio; (MED) servicio *m* de urgencias
Hilfskraft *f* ayudante *mf; (Aushilfskraft)* auxiliar *mf;* **studentische ~** ayudante estudiantil
Hilfsmittel *nt* recurso *m*
Hilfsmotor *m* motor *m* auxiliar
Hilfspaket *nt* paquete *m* de ayuda
Hilfsprogramm *nt* programa *m* de ayuda
Hilfsverb *nt* (LING) verbo *m* auxiliar
Hilfswerk *nt* institución *f* benéfica
hilft [hɪlft] *3. präs von* **helfen**
Himalaja [hi'ma:laja, hima'la:ja] <-(s)> *m* Himalaya *m*
Himbeere ['hɪmbe:rə] *f* <-n> frambuesa *f*
Himbeergeist ['hɪmbe:ɐ-] *m* <-(e)s, *ohne pl*> aguardiente *m* de frambuesa
Himbeersaft *m* <-(e)s, -säfte> zumo *m* de frambuesa
Himmel ['hɪməl] *m* <-s, -> 1 (METEO, ASTR, REL) cielo *m;* **am ~** en el cielo; **im ~** en la gloria; **der Opa ist im ~** *(Kindersprache)* el abuelito está en el cielo; **in den ~ kommen** ir al cielo; **~ und Hölle spielen** *(Kinderspiel)* jugar a la rayuela; **~ und Hölle in Bewegung setzen** *(fam)* remover el cielo y la tierra; **aus heiterem ~** *(plötzlich)* de golpe y porrazo; *(unerwartet)* inesperadamente; **unter freiem ~** a cielo raso; **im siebten ~ sein** *(fam)* estar en el séptimo cielo; **dieses Unrecht schreit zum ~** esa injusticia clama al cielo; **um ~s willen!** ¡cielo santo!; **dem ~ sei Dank!** ¡gracias a Dios!; **~, Arsch und Zwirn!** *(vulg)* ¡me cago en diez! 2 *(beim Bett, Thron)* dosel *m*
himmelangst *adj* **jdm ist ~** alguien está muerto de miedo; **jdm wird ~** a alguien le entra un miedo de muerte
Himmelbett *nt* cama *f* con dosel
himmelblau ['--'-] *adj* azul cielo
Himmelfahrt *f ohne pl* (REL) **Christi ~** Ascensión *f* (de Nuestro Señor); **Mariä ~** (fiesta de la) Asunción
Himmelfahrtskommando *nt* <-s, -s> *(fam)* 1 *(Unternehmen)* operación *f* suicida 2 *(Truppe)* comando *m* suicida
Himmelreich *nt ohne pl* (REL) reino *m* de los cielos
himmelschreiend *adj* que clama al cielo
Himmelskörper *m* (ASTR) cuerpo *m* celeste
Himmelsrichtung *f* punto *m* cardinal
himmelweit ['--'-] *adj (fam)* enorme, inmenso
himmlisch ['hɪmlɪʃ] *adj* celestial; *(göttlich)* divino; *(wunderbar)* maravilloso
hin [hɪn] **I.** *adv* 1 *(in Richtung auf)* hacia allá; *(entlang)* a lo largo; **bis ... ~** hasta...; **zum Haus ~** hacia la casa; **nichts wie ~!** ¡en marcha!; **~ und zurück** *(Fahrkarte)* ida y vuelta; **~ und her** de un lado para otro; **die Schlafzimmer liegen zur Straße ~** los dormitorios dan a la calle; **wo ist sie ~?** *(fam)* ¿adónde se ha ido? 2 *(zeitlich)* **das ist noch lange ~** aún falta mucho tiempo; **zum Frühjahr/Jahresende ~** para la primavera/para fin de año; **~ und wieder** de vez en cuando 3 *(daraufhin)* **auf ... ~** en relación a...; **auf die Gefahr ~, dass ...** a riesgo de que... +*subj* **II.** *adj (fam: kaputt)* roto; **sein guter Ruf ist ~** su buena reputación está arruinada

H

Hin [hɪn] *nt* **~ und Her** ir y venir *m; (Hickhack)* tira y afloja *m;* **nach langem ~ und Her** después de darle muchas vueltas
hinab [hɪ'nap] *adv* (hacia) abajo; **den Berg ~** monte abajo
hin|arbeiten *vi* **auf etw ~** aspirar a algo
hinauf [hɪ'naʊf] *adv* arriba; **da ~!** ¡por allí arriba!; **den Fluss ~** río arriba
hinaufbegleiten* *vt* acompañar arriba
hinauf|fahren *irr* **I.** *vi sein* subir **II.** *vt* subir
hinauf|führen **I.** *vi (Weg)* subir **II.** *vt* llevar arriba
hinauf|gehen *irr vi sein* subir
hinaufsehen *irr vi* mirar (hacia arriba)
hinauf|steigen *irr vi sein* subir
hinauftragen *irr vt* subir
hinaus [hɪ'naʊs] *adv* fuera, afuera; **~ mit dir!** ¡fuera contigo!; **zur Tür ~** por la puerta; **wo geht es ~?** ¿por dónde se sale?; **dort ~** saliendo por allí; **auf Jahre ~** durante años; **über das Ziel ~** más allá de lo previsto; **über die Dreißig ~** por encima de los treinta; **darüber ~** aparte de esto
hinaus|befördern* *vt* llevar hacia fuera; *(hinauswerfen)* echar fuera
hinaus|begleiten* *vt* acompañar hacia fuera

hinaus|bringen *irr vt* ① *(Person)* acompañar afuera ② *(Gegenstand)* sacar afuera

hinaus|ekeln *vt (fam)* **jdn ~** hacer la vida imposible a alguien (hasta que se va)

hinaus|finden *irr vi* encontrar la salida (**aus** de)

hinaus|fliegen *irr vi sein* ① *(Vogel)* salir volando (**aus** de) ② *(fam: Person)* ser echado (**aus** de)

hinaus|gehen *irr vi sein* ① *(aus Raum)* salir (**aus** de) ② *(Zimmer, Fenster)* dar (**auf** a) ③ *(überschreiten)* sobrepasar (**über**)

hinaus|lassen *irr vt* ① *(nach draußen lassen)* dejar salir (afuera) (**aus** de) ② *(hinausbegleiten)* acompañar afuera

hinaus|laufen *irr vi sein* ① *(nach draußen laufen)* salir (corriendo) (**aus** de) ② *(als Ergebnis haben)* terminar (**auf** en), acabar (**auf** en); **es läuft darauf hinaus, dass ...** esto terminará en que...

hinaus|lehnen *vr:* **sich ~** asomarse (**aus** por)

hinaus|posaunen* *vt (fam)* propagar a los cuatro vientos

hinausschauen *vi (reg)* mirar (afuera) (**zu** por)

hinaus|schicken *vt* **jdn ~** mandar salir a alguien

hinaus|schieben *irr vt* ① *(Termin)* aplazar, prorrogar ② *(Person, Gegenstand)* sacar empujando

hinaus|schmeißen *irr vt (fam)* echar (**aus** de)

hinaussehen *irr vi* mirar (afuera) (**zu** por)

hinausstürzen **I.** *vi sein* ① *(hinausfallen)* caer ② *(hinauseilen)* salir precipitadamente **II.** *vr:* **sich ~** *haben* tirarse (**aus/zu** por)

hinaustragen *irr vt* ① *(nach draußen tragen)* llevar afuera ② *(verbreiten)* expandir, difundir

hinaustreten *irr vi sein* salir afuera

hinaus|wachsen *irr vi sein* **über sich selbst ~** superarse a sí mismo

hinaus|werfen *irr vt* ① *(Sache)* tirar (**zu/aus** por); **einen Blick ~** echar un vistazo por la ventana; **Geld zum Fenster ~** *(fam)* echar la casa por la ventana ② *(Person)* echar (**aus** de), fletar *Arg, Chil*

hinaus|wollen *irr vi (fam)* ① *(abzielen)* pretender (**auf**); **worauf willst du hinaus?** ¿qué es lo que pretendes?; **hoch ~** tener grandes ambiciones ② *(nach draußen wollen)* querer salir (**aus** de)

hinaus|zögern **I.** *vt* aplazar **II.** *vr:* **sich ~** retrasarse, atrasarse

Hinauszögerung *f* demora *f*

hin|bekommen* *irr vt s.* **hinkriegen**

hin|biegen *irr vt (fam)* amañar; **das biegen wir schon hin** ya nos las arreglaremos para conseguirlo

hinblättern *vt (fam)* soltar dinero, pagar a tocateja; **sie musste dafür viel Geld ~** tuvo que aflojar una pasta gansa

Hinblick *m* **im ~ auf ...** *(in Bezug auf)* en cuanto a...; *(angesichts)* con vistas a...; **im ~ darauf, dass ...** considerando que...

hin|bringen *irr vt* llevar; *(a. Waren)* tra(n)sportar

hin|denken *irr vi* **wo denkst du hin!** ¡pero tú qué te crees!

hinderlich [ˈhɪndɐlɪç] *adj* molesto; **~ sein** ser un estorbo (**für** para)

hindern [ˈhɪndɐn] *vt* ① *(abhalten)* impedir; **ich will Sie nicht daran ~** no quiero ponerle trabas ② *(behindern)* estorbar

Hindernis [ˈhɪndɐnɪs] *nt* <-ses, -se> (*a.* SPORT) obstáculo *m;* **ein ~ überwinden** salvar un obstáculo; **jdm ~se in den Weg legen** poner trabas a alguien

Hindernislauf *m* (SPORT) carrera *f* de obstáculos

Hindernisläufer(in) *m(f)* <-s, -; -, -nen> (SPORT) corredor(a) *m(f)* de obstáculos

Hinderungsgrund *m* impedimento *m*

hin|deuten *vi* ① *(zeigen)* señalar (con el dedo) (**auf**) ② *(hinweisen)* indicar (**auf**); **nichts deutet darauf hin, dass ...** nada indica que... *+subj*

Hindi [ˈhɪndi] *nt* <-, *ohne pl*> (LING) hindi *m*

hin|drehen *vt (fam)* arreglar, montarse; **er dreht immer alles so hin, wie es ihm passt** se lo monta [*o* se las arregla] siempre de la manera que le conviene

Hindu [ˈhɪndu] *m* <-(s), -(s)> hindú *mf*

Hinduismus [hɪnduˈɪsmʊs] *m* <-, *ohne pl*> hinduismo *m*

hinduistisch *adj* hinduista

hindurch [hɪnˈdʊrç] *adv* ① *(räumlich)* por en medio, a través; **mitten ~** por el mismo medio ② *(zeitlich)* durante

hindurchgehen *irr vi sein* ① *(durchschreiten)* pasar (**durch** por) ② *(durchdringen)* **durch etw/jdn ~** atravesar algo/a alguien ③ *(durch etw bewegt werden können)* pasar (**durch** por)

hineilen *vi sein* ir corriendo (**zu** a)

hinein [hɪˈnaɪn] *adv* (hacia) adentro; **da ~** (por) allí adentro; **er fiel mitten in die Pfütze ~** se cayó en medio del charco; **bis tief in die Nacht ~** hasta bien entrada la noche

hineinbegeben* *irr vr:* **sich ~** *(geh)* dirigirse (**in** a); **Sie dürfen sich schon in den Saal ~** pueden entrar ya en la sala

hinein|denken *irr vr* **sich in jdn** [*o* **jds La-**

ge] ~ ponerse en el lugar [*o* la situación] de alguien

hineinfallen *irr vi sein* caer (**in** dentro de)

hinein|fressen *irr* **I.** *vt (fam)* **etw in sich ~** devorar algo; *(Gefühle)* reprimir algo **II.** *vr* **sich in etw ~** carcomer algo

hinein|gehen *irr vi sein* ① *(eintreten)* entrar (**in** en/a) ② *(hineinpassen)* caber (**in** en)

hinein|geraten* *irr vi sein* ir a parar (**in** a)

hineingießen *irr vt* verter (**in** dentro de); **etw in sich ~** apiparse [*o* apiporrarse] de algo

hineingreifen *irr vi* meter la mano (**in** en)

hinein|lassen *irr vt* dejar entrar (**in** a/en)

hineinlaufen *irr vi sein* ① *(in etw laufen)* entrar (corriendo) (**in** en), ir (corriendo) (**in** a/hacia) ② *(fließen)* **etw in sich ~ lassen** apiparse de algo, empinar el codo con algo

hinein|legen *vt* ① *(nach innen legen)* meter (**in** en); *(aufbewahren)* guardar (**in** en) ② *(fam: betrügen)* engañar ③ *(Gefühl)* poner

hinein|passen *vi* ① *(Platz haben)* caber (**in** en) ② *(passend sein)* encajar (**in** en) ③ *(in Gruppe, Umgebung)* armonizar (**in** con)

hinein|pfuschen *vi (fam)* meterse, entrometerse (**in** en)

hineinplatzen *vi sein (fam)* entrar (de sorpresa, por equivocación, etc.) (**in** en)

hineinragen *vi* **in etw ~** sobresalir en algo, adentrarse en algo

hinein|reden *vi* ① *(unterbrechen)* interrumpir ② *(abw: sich einmischen)* meterse (en asuntos de otros)

hinein|schlingen *irr vt (Essen)* engullir, devorar

hineinschlüpfen *vi sein* ① *(in ein Kleidungsstück)* ponerse (**in**), meterse (**in** en) ② *(in ein Gebäude)* meterse (**in** en)

hineinsetzen **I.** *vt* poner (**in** en/dentro de) **II.** *vr:* **sich ~** meterse (**in** en), sentarse (**in** en)

hinein|spazieren* *vi sein* entrar (**in** en)

hinein|stecken *vt (fam)* ① *(hineinlegen, -stellen)* meter (**in** en) ② *(investieren)* invertir (**in** en)

hinein|steigern *vr:* **sich ~** *(in Kummer, Wut)* dejarse llevar (**in** por); *(in Vorstellung)* obsesionarse (**in** con); *(in Streit, Problem)* enfrascarse (**in** en); **er hat sich in den Gedanken so hineingesteigert, dass ...** se obsesionó tanto con la idea que...

hineinstopfen *vt (fam)* ① *(hineinstecken)* meter apretadamente (**in** en) ② *(essen)* **etw in sich ~** atiborrarse de algo

hineintun *irr vt (fam)* meter (**in** en)

hinein|versetzen* *vr* **sich in jdn ~** ponerse en el lugar de alguien; **versetz dich doch mal in meine Lage hinein!** ¡pero intenta ponerte en mi lugar!

hinein|wachsen *irr vi sein* acostumbrarse (**in** a), familiarizarse (**in** con)

hineinzwingen *irr vt* obligar a entrar (**in** en), introducir por la fuerza (**in** en)

hin|fahren *irr* **I.** *vi sein* ir (en coche) **II.** *vt* llevar, conducir

Hinfahrt *f* <-en> (viaje *m* de) ida *f;* **Hin- und Rückfahrt** (viaje *m* de) ida y vuelta *f;* **auf der ~** a la ida

hin|fallen *irr vi sein* caerse; **er fiel der Länge nach hin** se cayó cuan largo era

hinfällig *adj* ① *(gebrechlich)* caduco; *(schwach)* débil ② *(ungültig)* nulo

Hinfälligkeit *f* <-, *ohne pl*> ① (*a.* JUR) caducidad *f* ② *(Ungültigkeit)* nulidad *f*

hin|finden *irr vi* saber llegar, encontrar (el camino)

hinfliegen *irr* **I.** *vi sein* ① *(im Flugzeug)* ir en avión ② *(fam: hinfallen)* caerse de bruces, romperse las narices **II.** *vt (Personen, Waren)* transportar en avión

Hinflug *m* <-(e)s, -flüge> vuelo *m* de ida

hin|führen *vi, vt* llevar, conducir; **wo soll das ~?** ¿adónde irá a parar esto?

hing [hɪŋ] *3. imp von* **hängen**

Hingabe *f ohne pl* ① *(Begeisterung)* entusiasmo *m* ② *(Selbstlosigkeit)* entrega *f*

hin|geben *irr* **I.** *vt (geh: opfern)* sacrificar **II.** *vr:* **sich ~** *(sich widmen)* entregarse; **sich falschen Hoffnungen ~** abrigar falsas esperanzas

Hingebung *f ohne pl* entrega *f*

hingebungsvoll *adj (selbstlos)* abnegado

hingegen [-ˈ--] *adv* en cambio

hin|gehen *irr vi sein* ① *(an Ort)* ir (**zu** a); **wo geht es hier hin?** ¿adónde se va por aquí? ② *(Zeit)* pasar, tra(n)scurrir

hin|gehören* *vi (fam)* tener su sitio (**zu** en), pertenecer (**zu** a)

hin|geraten* *irr vi sein* ir a parar; **wo bin ich denn hier ~?** *(fam: was geht hier vor?)* ¿pero qué demonios pasa aquí?

hingerissen [ˈhɪŋgərɪsən] *adj* encantado; **er war ganz ~** estaba totalmente pasmado

hin|gucken *vi (fam)* mirar; **guck mal genau hin!** ¡míralo bien!

hin|halten *irr vt* ① *(Gegenstand)* ofrecer; *(Hand)* tender; **sie hielt mir die Hand hin** me tendió la mano ② *(warten lassen)* dar largas, hacer esperar

hin|hauen <haut hin, haute hin, hingehauen> **I.** *vi (fam: klappen)* funcionar **II.** *vt (fam abw: Arbeit)* chapucear **III.** *vr:* **sich ~** *(fam: schlafen legen)* acostarse

hin|hören *vi* escuchar

hinken ['hɪŋkən] *vi* cojear; **er hinkt auf dem linken Fuß** cojea del pie izquierdo

hin|knien *vi, vr:* **sich ~** arrodillarse (**auf** en, **vor** ante)

hin|kommen *irr vi sein* ① *(an Ort)* llegar, ir ② *(fam: stimmen)* ser correcto; **das kommt ungefähr hin** es más o menos así ③ *(fam: auskommen)* alcanzar

hin|kriegen *vt (fam)* ① *(fertig bringen)* lograr; **das hast du toll hingekriegt!** ¡qué bien te ha salido! ② *(in Ordnung bringen)* arreglar

hinlänglich *adj* suficiente; **~ bekannt sein** ser suficientemente conocido

hin|laufen *irr vi sein* ① *(rennen)* correr, ir corriendo (hacia) ② *(reg: fam: zu Fuß gehen)* ir(se) andando, ir(se) a pie

hin|legen **I.** *vt* ① *(Dinge)* poner ② *(Kind)* acostar ③ *(fam: darbieten)* ejecutar grandiosamente; **sie hat einen tollen Tanz hingelegt** ejecutó un baile fantástico **II.** *vr:* **sich ~** ① *(auf Boden)* tumbarse (**auf** en) ② *(ins Bett gehen)* acostarse ③ *(fam: hinfallen)* caerse

hin|nehmen *irr vt (Tatsache)* aceptar; *(erdulden)* aguantar; *(tolerieren)* tolerar

hinpfeffern *vt (fam)* ① *(hinschleudern)* arrojar (violentamente) ② *(Kritik)* decir en tono brusco, soltar, espetar

hinreichen *vt* **jdm etw ~** entregar algo a alguien

hinreichend ['hɪnraɪçənt] *adj* suficiente

Hinreise *f* <-n> (viaje *m* de) ida *f*

hin|reißen *irr vt* **sich dazu ~ lassen, etw zu tun** dejarse convencer a hacer algo

hinreißend *adj* fascinante; **~ schön** de una belleza fascinante

hin|rennen *irr vi sein* correr (**zu** hacia)

hin|richten *vt* ajusticiar, ejecutar

Hinrichtung *f* <-en> ejecución *f*

hinrotzen *vt (sl)* ① *(irgendwohin rotzen)* echar un gapo ② *(nachlässig anfertigen)* hacer de cualquier manera

hin|schauen *vi* mirar (**zu** a); **wenn man genau hinschaut, sieht man den Fehler** si uno se fija bien se ve la falta

hin|scheiden *irr vi sein (geh)* fallecer

hin|schicken *vt* mandar (**zu** a)

hinschleppen **I.** *vt* arrastrar **II.** *vr:* **sich ~** *(Veranstaltung)* hacerse largo; *(Zeit)* pasar lentamente

hin|schmeißen *irr vt (fam)* ① *(hinwerfen)* arrojar al suelo ② *(aufgeben)* abandonar

hinschmieren *vt (fam)* ① *(Schmutz)* pringar (**an** en, **auf** en) ② *(abw: malen, schreiben)* garabatear, emborronar (**auf/an**); **der Aufsatz ist einfach nur schnell hingeschmiert** la redacción está escrita de cualquier manera

hinschreiben *irr vi, vt (a. fam)* escribir (una carta)

hin|sehen *irr vi* mirar (**zu** hacia); **bei genauerem H~** mirándolo de cerca

hin|setzen **I.** *vt* ① *(abstellen)* poner, colocar ② *(Kind)* sentar **II.** *vr:* **sich ~** sentarse; **setz dich gerade hin!** ¡siéntate derecho!

Hinsicht *f* <-en> **in ~ auf ...** en cuanto a...; **in dieser ~** en relación a esto; **in jeder/gewisser ~** a todas luces/en cierto modo; **in finanzieller/beruflicher ~** con respecto al dinero/a la profesión

hinsichtlich *präp +gen* en cuanto a

Hinspiel *nt* (SPORT) partido *m* de ida

hin|stellen **I.** *vt* ① *(Gegenstand)* poner, colocar ② *(bezeichnen)* calificar (**als** de) **II.** *vr:* **sich ~** ponerse; **stell dich gerade hin!** ¡ponte derecho!

hinstürzen *vi sein* ① *(hinfallen)* caerse ② *(hineilen)* precipitarse (**zu** hacia)

hinten ['hɪntən] *adv* atrás, detrás; *(im hinteren Teil)* en la parte posterior; *(im Hintergrund)* al fondo; **ein Schlag von ~** un golpe por detrás; **von ~ anfangen** empezar desde atrás; **sich ~ anstellen** ponerse a la cola; **ganz ~ im Buch** al final del libro; **das stimmt ~ und vorne nicht** *(fam fig)* esto es una mentira de cabo a rabo; **ihr Gehalt reicht vorne und ~ nicht** *(fam)* su sueldo no alcanza para nada; **ich weiß schon nicht mehr, wo ~ und vorne ist** *(fam)* ya no sé si voy o vengo

hintendran [-'-] *adv (fam: hinten an etw)* detrás

hintendrauf [-'-] *adv (fam: hinten auf etw)* atrás; **er kriegt noch eins ~** le van a dar (un azote) en el culo

hintenherum ['----] *adv* ① *(gehen, kommen)* por detrás ② *(fam: heimlich)* por detrás; *(illegal)* clandestinamente

hintenrum ['---] *adv (fam) s.* **hintenherum**

hintenüber [--'--] *adv (fallen)* para atrás

hinter ['hɪntɐ] **I.** *präp +dat* ① *(dahinter)* detrás de, tras; *(am Ende von)* al final de; **drei Kilometer ~ Granada** a tres kilómetros de Granada; **das Schlimmste hast du schon ~ dir** ya has pasado lo peor; **~ etw kommen** *(fam)* descubrir algo ② *(zeitlich)* después de ③ *(Reihenfolge)* atrás; **er ließ ihn weit ~ sich** *dat* le dejó muy atrás **II.** *präp +akk* (hacia) atrás, detrás de; **stell das Buch ~ die anderen** pon el libro detrás de los otros

Hinterachse *f* (AUTO) eje *m* trasero

Hinterausgang *m* salida *f* trasera

Hinterbacke *f (fam)* nalga *f*

Hinterbein *nt* pata *f* trasera; **sich auf die ~e stellen** *(fam fig)* mostrar los dientes

Hinterbliebene(r) *mf* <-n, -n; -n> parien-

te *mf* del difunto; **wir ~n** los que aquí quedamos
Hinterbliebenenrente *f* (FIN) pensión *f* del superviviente
hintere(r, s) *adj* de atrás, trasero
hintereinander [hɪntɐʔaɪ'nandɐ] *adv* ① *(räumlich)* uno detrás de otro ② *(zeitlich)* uno después de otro; **vier Wochen ~** cuatro semanas seguidas
hintereinanderher [-----'-] *adv* *(gehen)* uno detrás de otro, en fila india; *(einer nach dem anderen)* de uno en uno
Hintereingang *m* entrada *f* trasera, puerta *f* de atrás
hinterfotzig *adj* *(reg: vulg)* venenoso, con mala leche
hinterfragen* *vt* indagar
hintergangen *pp von* **hintergehen**
Hintergedanke *m* segunda intención *f*
hintergehen* *irr vt* engañar
Hintergrund *m* fondo *m;* *(Ursache)* causas *f pl;* **in den ~ treten** perder importancia; **im ~ bleiben/stehen** mantenerse/permanecer en la sombra; **der politische/soziale ~** el fondo político/social; **vor dem ~ dieser Ereignisse** con estos hechos de fondo
hintergründig ['--grʏndɪç] *adj* enigmático
Hinterhalt *m* <-(e)s, -e> emboscada *f;* **jdn in einen ~ locken** meter a alguien en una emboscada
hinterhältig ['hɪntɐhɛltɪç] *adj* alevoso
Hinterhältigkeit *f ohne pl* alevosía *f,* felonía *f*
Hinterhand *f* (ZOOL) cuarto *m* trasero; **etw in der ~ haben** tener algo en reserva
Hinterhaus *nt* edificio *m* posterior
hinterher [--'-, '---] *adv* ① *(räumlich)* detrás ② *(zeitlich)* después, posteriormente
hinterher|fahren [hɪntɐ'heːɐ-] *irr vi sein* seguir (con el coche), ir detrás (con el coche)
hinterher|hecheln *vi* *(abw fam)* intentar alcanzar (a alguien)
hinterher|laufen *irr vi sein* *(dahinter gehen)* ir detrás (de); *(folgen)* seguir; *(rennen)* correr detrás (de)
Hinterhof *m* patio *m* trasero
Hinterkopf *m* cogote *m;* **etw im ~ haben** tener algo en (la) mente
Hinterland *nt ohne pl* interior *m* de un país
hinterlassen* *irr vt* dejar; **~e Werke** obras póstumas
Hinterlassenschaft *f* <-en> herencia *f*
hinterlegen* *vt* depositar
Hinterlegung *f* <-, -en> **~ bei Gericht** depósito *m* judicial
Hinterlist *f* insidia *f*
hinterlistig *adj* insidioso
hinterm ['hɪntɐm] *(fam)* = **hinter dem** detrás de
Hintermann *m* <-(e)s, -männer> ① *(räumlich)* persona *f* que está [*o* va] detrás ② *(Drahtzieher)* maquinador *m*
hintern ['hɪntɐn] *(fam)* = **hinter den** detrás de
Hintern ['hɪntɐn] *m* <-s, -> *(fam)* trasero *m,* culo *m;* **jdm in den ~ kriechen** lamer a alguien el culo; **ich könnte mir** [*o* **mich**] **in den ~ beißen!** ¡tengo una rabia!
Hinterrad *nt* rueda *f* trasera
Hinterradantrieb *m* (AUTO) tracción *f* trasera
hinterrücks ['hɪntɐrʏks] *adv* *(abw)* por la espalda
hinters ['hɪntɐs] *(fam)* = **hinter das** detrás de
Hinterseite *f* ① *(Rückseite)* parte *f* trasera; *(eines Gebäudes)* espalda *f;* *(einer Münze)* reverso *m* ② *(fam: Hintern)* trasero *m*
hintersinnig *adj* críptico
hinterste(r, s) *adj superl von* **hintere(r, s)**
Hinterteil *nt* ① *(fam: Gesäß)* trasero *m* ② *(Teil)* parte *f* trasera
Hintertreffen *nt* *(fam)* **ins ~ geraten** perder terreno
Hintertreppe *f* escalera *f* de servicio
Hintertür *f* ① *(Tür)* puerta *f* trasera ② *(Ausweg)* puerta *f* de atrás; **sich** *dat* **eine ~ offen halten** asegurarse una salida; **durch die ~** *(auf illegalen Umwegen)* con medios ilegales
Hinterwäldler(in) ['hɪntɐvɛltlɐ] *m(f)* <-s, -; -nen> *(abw)* provinciano, -a *m, f*
hinterwäldlerisch *adj* *(abw)* provinciano
hinterziehen* *irr vt* *(Steuern)* defraudar
Hinterzimmer *nt* habitación *f* de atrás
hinterzogen *pp von* **hinterziehen**
hin|tun *irr vt* *(fam)* poner, meter
hinüber [hɪ'nyːbɐ] *adv* ① *(gegenüber)* al otro lado, enfrente; *(nach dort)* hacia allá; **da ~!** ¡(por) allí enfrente! ② *(Wend)* **~ sein** *(fam: verdorben)* estar pasado; *(kaputt)* estar estropeado, estar chingado *Am: fam;* *(ganz hingerissen sein)* quedarse maravillado; *(tot sein)* estar muerto
hinüberhelfen *irr vi* ayudar a pasar (al otro lado); **jdm über den Zebrastreifen ~** ayudar a alguien a cruzar el paso de cebra
hin- und herbewegen* *vt, vr:* **sich ~** mover(se) adelante y atrás [*o* de aquí para allá]
hinunter [hɪ'nʊntɐ] *adv* (hacia) abajo; **bis ~ zum Fluss** hasta (abajo) el río; **den Berg ~** monte abajo
hinunterbringen *irr vt* ① *(nach unten bringen)* llevar abajo; **etw in den Keller ~**

H

llevar algo al sótano ② *(fam: Essen)* poder tragar

hinunter|fahren *irr* **I.** *vi sein* bajar **II.** *vt* bajar

hinunter|fallen *irr vi sein* caerse; **die Treppe ~** caerse por la escalera

hinunter|gehen *irr vi sein* bajar

hinunterlassen *irr vt* bajar

hinunter|schlucken *vt* ① *(Speise)* tragar ② *(Kritik)* tragarse

hinunter|spülen *vt (fam: hinunterschlucken)* tragar; *(Ärger)* tragarse; **etw den Ausguss ~** verter algo por el desagüe

hinunter|werfen *irr vt* tirar

hinunter|würgen *vt (Essen)* tragar a duras penas

hinunterziehen *irr* **I.** *vi sein (fam: nach unten umziehen)* mudarse **II.** *vt haben* tirar hacia abajo; **jdn zu sich** *dat* **~** tirar de alguien hacia abajo **III.** *vr:* **sich ~** *haben* extenderse (**bis** hasta)

hin|wagen *vr:* **sich ~** atreverse a ir (**zu** a)

hinweg [hɪnˈvɛk] *adv (geh)* ① *(räumlich)* fuera; **~ mit euch!** ¡fuera con vosotros!; **über jdn/etw ~** por encima de alguien/algo ② *(zeitlich)* durante

Hinweg [ˈhɪnveːk] *m* ida *f;* **auf dem ~** a la ida

hinwegfegen *vi* **über etw** *akk* **~** *(Wind, Sturm)* arrasar algo

hinweg|gehen *irr vi sein* **über etw ~** pasar algo por alto

hinweg|helfen *irr vi* **jdm über etw ~** ayudarle a alguien a superar algo

hinweg|kommen *irr vi sein* **über etw ~** olvidar algo

hinweg|sehen *irr vi* ① *(schauen)* **über etw ~** mirar por encima de algo ② *(nicht beachten)* no hacer caso de algo; **er sah darüber hinweg, dass ...** hizo la vista gorda a que... *+subj*

hinweg|setzen *vr* **sich über etw ~** no hacer caso a algo

hinwegtäuschen *vt* engañar (**über**); **sein Lächeln konnte nicht über seine Enttäuschung ~** su sonrisa no podía disimular su decepción

Hinweis [ˈhɪnvaɪs] *m* <-es, -e> ① *(Tipp)* indicación *f; (Rat)* advertencia *f;* **unter ~ auf ...** refiriéndose a... ② *(Anzeichen)* indicio *m;* **es gibt nicht den geringsten ~ dafür, dass ...** no existe el más pequeño indicio de que...

hin|weisen *irr* **I.** *vi* **ausdrücklich darauf ~, dass ...** advertir expresamente que... **II.** *vt* **jdn auf etw ~** indicar algo a alguien

Hinweisschild *nt* letrero *m* indicador

Hinweistafel *f* letrero *m* indicador

hin|werfen *irr* **I.** *vt* ① *(wegwerfen)* tirar ② *(fam: aufgeben)* abandonar ③ *(Bemerkung)* hacer ④ *(Zeichnung)* esbozar **II.** *vr:* **sich ~** tirarse al suelo

hin|wollen *irr vi (fam)* querer ir (**zu** a)

hin|ziehen *irr* **I.** *vt* ① *(heranziehen)* atraer, tirar (**zu** hacia); **sich zu jdm hingezogen fühlen** sentirse atraído por alguien ② *(verzögern)* atrasar **II.** *vr:* **sich ~** ① *(andauern)* ir para largo ② *(sich erstrecken)* extenderse (**bis** hasta) **III.** *vi sein (umziehen)* irse a vivir (a)

hin|zielen *vi* ① *(anspielen)* **auf etw ~** hacer alusión a algo ② *(anstreben)* **auf etw ~** aspirar a algo

hinzu [hɪnˈtsuː] *adv* aparte de esto; *(überdies)* además

hinzu|fügen *vt* añadir (**zu** a)

Hinzufügung *f* <-, -en> añadido *m;* **unter ~ einer kurzen Erklärung** añadiendo una breve aclaración

hinzugeben *irr vt* ① *(zusätzlich geben)* **jdm etw ~** darle a alguien algo suplementario [*o* de regalo] ② *(beigeben)* añadir

hinzu|kommen *irr vi sein* ① *(Person)* venir ② *(Sache)* agregarse (**zu** a); **kommt noch etwas hinzu?** ¿desea algo más?; **es kommt noch hinzu, dass ...** hay que añadir que...

hinzu|zählen *vt* añadir, sumar

hinzu|ziehen *irr vt (einbeziehen)* incluir (**zu** en); *(um Rat fragen)* consultar

Hiobsbotschaft [ˈhiːɔps-] *f* mala noticia *f*

Hip-Hop *m* <-s, *ohne pl*> (MUS) hip hop *m*

hipp, hipp, hurra [ˈhɪpˈhɪphʊˈraː] *interj* ¡hurra!, ¡viva!

Hippie [ˈhɪpi] *m* <-s, -s> jipi *mf,* hippy *mf*

Hirn [hɪrn] *nt* <-(e)s, -e> ① (GASTR) sesos *mpl* ② *(fam: Verstand)* cerebro *m*

Hirngespinst [ˈhɪrngəʃpɪnst] *nt* <-(e)s, -e> *(abw)* quimera *f*

Hirnhaut *f* (ANAT) meninge *f*

Hirnhautentzündung *f* (MED) meningitis *f inv*

hirnlos *adj (fam)* descabellado

Hirnrinde *f* <-, -n> (ANAT) corteza *f* cerebral, córtex *m*

hirnrissig [ˈ-rɪsɪç] *adj (fam)* descabellado

Hirnschlag *m* (MED) derrame *m* cerebral

Hirnstamm *m* (ANAT) tronco *m* cerebral

Hirntod *m* (MED) muerte *f* cerebral

hirntot *adj* (MED) clínicamente muerto; **~ sein** estar clínicamente muerto

Hirntumor *m* <-s, -(e)n> (MED) tumor *m* cerebral

hirnverbrannt *adj (abw)* descerebrado

Hirnwindung *f* <-, -en> (ANAT) circunvolución *f* cerebral

Hirsch [hɪrʃ] *m* <-(e)s, -e> (ZOOL) ciervo *m*

Hirschgeweih *nt* cornamenta *f* del ciervo

Hirschkäfer *m* (ZOOL) ciervo *m* volante
Hirschkalb *nt* (ZOOL) cervato *m*
Hirschkuh *f* (ZOOL) cierva *f*
Hirse ['hɪrzə] *f* <-n> mijo *m*
Hirsebrei *m* <-(e)s, -e> (GASTR) papilla *f* de mijo
Hirt *m* <-en, -en> *(alt)* pastor *m*
Hirte, -in ['hɪrtə] *m, f* <-n, -n; -nen> pastor(a) *m(f)*
Hirtenbrief *m* (REL) carta *f* pastoral
Hirtenhund *m* perro *m* (de) pastor
Hirtenstab *m (geh, a.* REL) cayado *m*
Hirtin *f* <-, -nen> *s.* **Hirte**
his *nt*, **His** [hɪs] *nt* <-, -> (MUS) si *m* sostenido
Hisbollah *f* <-, *ohne pl*> hezbollah *m*
Hispanist(in) [hɪspa'nɪst] *m(f)* <-en, -en; -nen> hispanista *mf*
Hispanistik *f ohne pl* filología *f* hispánica, Hispánicas *f pl*
Hispanistin *f* <-nen> *s.* **Hispanist**
hissen ['hɪsən] *vt* izar; *(schwingen)* enarbolar
Histamin [hɪsta'miːn] *nt* <-s, -e> (MED) histamina *f*
Historiker(in) [hɪs'toːrikɐ] *m(f)* <-s, -; -nen> historiador(a) *m(f)*
historisch [hɪs'toːrɪʃ] *adj* histórico
Hit [hɪt] *m* <-(s), -s> *(fam)* ① (MUS) éxito *m* (musical), hit *m* ② (INFOR) hit *m*
Hitliste *f* lista *f* de éxitos
Hitparade *f (Musiksendung)* programa *m* de éxitos musicales; *(Hitliste)* lista *f* de éxitos musicales
Hitze ['hɪtsə] *f ohne pl* ① *(Temperatur)* calor *m;* **eine drückende ~** un calor agobiante; **etw bei starker/mittlerer ~ backen** cocer algo a horno fuerte/moderado ② *(Erregung)* acaloramiento *m*
hitzebeständig *adj* resistente al calor
hitzeempfindlich *adj* termosensible, sensible al calor
hitzefrei *adj* (SCH) **~ haben** *no tener clase debido al fuerte calor*
Hitzeperiode *f* período *m* de calor
Hitzewallungen *f pl* (MED) sofocos *m pl*
Hitzewelle *f* ola *f* de calor
hitzig ['hɪtsɪç] *adj* ① *(leidenschaftlich)* apasionado; *(jähzornig)* colérico; *(heftig)* vehemente ② *(Debatte)* acalorado
Hitzkopf *m* botafuego *mf*
hitzköpfig *adj* exaltado
Hitzschlag *m* (MED) insolación *f*
HIV [haːʔiː'faʊ] *nt* <-(s), *ohne pl*> (MED) *Abk. von* **human immunodeficiency virus** VIH *m*
HIV-infiziert *adj* (MED) seropositivo
HIV-negativ *adj* (MED) seronegativo, -a
HIV-positiv *adj* (MED) seropositivo,-a
HIV-Test *m* (MED) test *m* del SIDA
Hiwi ['hiːvi] *mf* <-s, -s; -s> (UNIV: *fam) Abk. von* **Hilfswissenschaftler(in)** asistente *mf* científico , -a
hl. *adj Abk. von* **heilig** Sto., Sta.
Hl. *Abk. von* **Heilige(r)** Sto., Sta.
hm [hm] *part (Zustimmung auf Frage)* sí, hum; *(im Gespräch)* ya, ya
H-Milch *f* leche *f* U.H.T.
h-Moll *nt* (MUS) si *m* menor
HNO *m* <-s, -s> (MED) *Abk. von* **Hals-Nasen-Ohren-Arzt** otorrino *m*
HNO-Arzt, -Ärztin *m, f* otorrino, -a *m, f*
hob [hoːp] *3. imp von* **heben**
Hobby ['hɔbi] *nt* <-s, -s> afición *f*, hobby *m*
Hobbyraum *m espacio donde uno practica un pasatiempo;* **für seine Bastelarbeiten hat er im Keller einen ~** en el sótano tiene una habitación para hacer bricolaje
Hobel ['hoːbəl] *m* <-s, -> cepillo *m* de carpintero
Hobelbank *f* banco *m* de carpintero
hobeln ['hoːbəln] *vi, vt* ① *(Bretter)* cepillar ② (GASTR) partir en láminas, rallar
hoch [hoːx] <höher, am höchsten> **I.** *adj* ① *(räumlich, Geschwindigkeit, Temperatur, Lebensstandard)* alto; **das ist drei Meter ~** tiene una altura de tres metros; **ein hohes Amt** un alto cargo; **ein hoher Beamter** un alto funcionario; **im hohen Norden** en el extremo norte; **das hohe Haus** la Cámara Alta; **ein hohes Tier** *(fam)* un pez gordo; **das ist mir zu ~** *(fam)* eso no me cabe en la cabeza ② *(Ton)* agudo ③ *(Zahl, Preis)* elevado; *(Alter)* avanzado; *(Geldstrafe)* fuerte; **in hohem Alter sein** ser de edad avanzada; **hohe Steuern** impuestos altos ④ *(Bedeutung)* grande; **hoher Besuch** una visita importante; **hohe Ehre** un gran honor; **hohe Ansprüche stellen** tener grandes exigencias **II.** *adv* ① *(nach oben)* (hacia) arriba; **~ hinauswollen** *(fam)* tener altas miras; **wenn es ~ kommt** *(fam)* como mucho ② *(in einiger Höhe)* en lo alto; **~ am Himmel** en lo alto del cielo; **~ oben** muy arriba; **es geht ~ her** hay mucho jaleo; **~ pokern** *(fig)* arriesgarse mucho; **~ setzen** pujar alto ③ *(sehr)* muy, mucho; *(stark)* altamente; *(äußerst)* sumamente; **das rechne ich dir ~ an** valoro mucho esto (que has hecho); **etw ~ und heilig versprechen** *(fam)* prometer solemnemente algo ④ (MATH) elevado; **drei ~ sieben** tres elevado a siete
Hoch *nt* <-s, -s> ① *(Hochruf)* viva *m inv;* **ein ~ auf jdn ausbringen** dar una viva en honor de alguien ② (METEO) altas presiones *f pl*

H

H

Hochachtung *f* gran aprecio *m; (Respekt)* respeto *m;* **mit vorzüglicher ~** atentamente
hochachtungsvoll *adv (im Brief)* atentamente
Hochadel *m ohne pl* alta nobleza *f;* **dem europäischen ~ entstammen** proceder de la alta aristocracia europea
hochaktuell ['---'-] *adj* de gran actualidad
Hochamt *nt* (REL) misa *f* mayor
hochangesehen ['-'----] *adj* de gran prestigio
hochanständig ['-'---] *adj (Handlung)* muy noble
hoch|arbeiten *vr:* **sich ~** ascender (a fuerza de trabajo)
hochauflösend *adj* (INFOR, TV: *Bildschirm*) de alta definición
Hochbahn *f* tren *m* elevado
Hochbau[1] *m* <-(e)s, *ohne pl*> *(Bauwesen)* construcción *f* sobre tierra
Hochbau[2] *m* <-(e)s, -ten> *(Bauwerk)* edificio *m* alto
hochbegabt ['--'-] *adj s.* **begabt**
hochberühmt ['--'-] *adj* muy famoso
hochbetagt ['--'-] *adj* de edad avanzada
Hochbetrieb *m ohne pl (fam)* intensa actividad *f;* **es herrschte ~** reinaba intensa actividad
Hochburg *f* <-en> baluarte *m*
hochdeutsch *adj* alto alemán
Hochdeutsch *nt* <-(s), *ohne pl*> alto alemán *m*
Hochdruck *m ohne pl* ❶ (TYPO: *Verfahren*) impresión *f* en relieve ❷ (PHYS) presión *f* alta ❸ (METEO) altas presiones *f pl*
Hochdruckgebiet *nt* (METEO) zona *f* de altas presiones
Hochdruckreiniger *m* limpiadora *f* de alta presión
Hochebene *f* meseta *f*
hochempfindlich *adj* (TECH, FOTO) altamente sensible, suprasensible
hochentwickelt *adj* muy desarrollado, de alto nivel
hocherfreut ['--'-] *adj* encantado
hochexplosiv *adj* altamente explosivo
hoch|fahren *irr* **I.** *vi sein* ❶ *(fam: nach oben fahren)* subir ❷ *(aufbrausen)* subirse a la parra ❸ *(aufschrecken)* sobresaltarse **II.** *vt* ❶ (TECH: *Maschine*) cebar; **den Rechner ~** encender el equipo ❷ *(fam)* subir
hochfliegen *irr vi sein* ❶ *(Vogel)* alzar el vuelo ❷ *(Trümmer einer Explosion)* saltar por los aires
Hochform *f ohne pl* plena forma *f;* **in ~ sein** estar en plena forma
Hochformat *nt* formato *m* vertical
Hochfrequenz *f* (PHYS) alta frecuencia *f*
Hochgarage *f* garaje *m* elevado
Hochgebirge *nt* alta montaña *f*
Hochgefühl *nt* exaltación *f*
hoch|gehen *irr vi sein* ❶ *(Vorhang)* levantarse; *(Person, Preise)* subir ❷ *(fam: Bombe)* estallar ❸ *(fam: gefasst werden)* ser descubierto
Hochgenuss *m* delicia *f;* **es ist mir ein ~** es una delicia para mí
Hochgeschwindigkeitszug *m* tren *m* de alta velocidad
hochgestellt *adj (Persönlichkeit)* de alta categoría
hochgestochen *adj (fam abw: Stil, Rede)* rebuscado; *(Person)* pretencioso
hochgewachsen *adj* de estatura alta
Hochglanz *m* brillo *m* intenso; **etw auf ~ bringen** dar lustre a algo
hochgradig ['ho:xgra:dɪç] *adj* extremo
hochhackig ['ho:xhakɪç] *adj* de tacones altos
hoch|halten *irr vt* ❶ *(in die Höhe halten)* mantener en lo alto; *(hochheben)* levantar ❷ *(schätzen)* estimar (mucho); *(bewahren)* conservar
Hochhaus *nt* edificio *m* alto, casa *f* de altos *RíoPl, Hond, PRico; (Wolkenkratzer)* rascacielos *m inv*
hoch|heben *irr vt* levantar, alzar
hochintelligent ['----'-] *adj* muy inteligente
hochinteressant ['----'-] *adj* muy interesante
hoch|jubeln *vt* ❶ *(fam)* ensalzar [*o* elogiar] exageradamente ❷ (TECH: *sl)* **einen Motor ~** dar gas a tope (con el coche parado)
hochkant ['ho:xkant] *adv* de canto; **jdn ~ rauswerfen** *(fam)* echar a alguien con cajas destempladas
hochkantig *adv* de canto; **jdn ~ rauswerfen** *(fam)* echar a alguien con cajas destempladas
hochkarätig ['-karɛ:tɪç] *adj* de muchos quilates; **~er Wissenschaftler** científico de gran peso
Hochkonjunktur *f* (WIRTSCH) coyuntura *f* favorable
hochkonzentriert ['---'-] *adj* muy concentrado
hoch|krempeln *vt* arremangar
hoch|kriegen *vt (fam)* ❶ *(heben können)* poder levantar ❷ *(Wend)* **einen/keinen ~** *(fam)* empalmarse/no empalmarse
hochkurbeln *vt (fam)* subir (con una manilla)
hochladen *vt* (INFOR) cargar
Hochland *nt* altiplano *m*
Hochleistung *f* alto rendimiento *m*

Hochleistungssport *m* deporte *m* de alto rendimiento

Hochlohnland *nt* (WIRTSCH) país *m* de salarios altos

hochmodern ['--'-] *adj* supermoderno

Hochmoor *nt* <-(e)s, -e> (GEO) pantano *m* alto

Hochmut *m* soberbia *f; (Arroganz)* arrogancia *f*

hochmütig ['-myːtɪç] *adj* soberbio; *(herablassend)* desdeñoso

hochnäsig ['-nɛːzɪç] *adj (fam abw: eingebildet)* engreído, creído; *(arrogant)* arrogante

Hochnäsigkeit *f* <-, *ohne pl*> *(fam abw)* altanería *f*

Hochnebel *m* <-s, -> (METEO) niebla *f* de altura

hoch|nehmen *irr vt* ① *(heben)* levantar ② *(fam: necken)* meterse (con)

Hochofen *m* (TECH) altos hornos *mpl*

Hochparterre *nt* <-s, -s> entresuelo *m*

hochprozentig *adj (Säure)* de alta concentración; *(Alkohol)* de alta graduación

hochqualifiziert ['----'-] *adj s.* **qualifizieren I. 1.**

hochragen *vi* sobresalir, descollar

hochrangig *adj* de alto rango

hoch|rechnen *vt (Statistik)* computar aproximadamente

Hochrechnung *f* cómputo *m* aproximado

hochrot *adj* rojo encendido, rojo vivo

Hochruf *m* vítor *m*

Hochsaison *f* temporada *f* alta

hochschaukeln *vr:* **sich ~** *(a. fig)* ir acalorándose; **sie haben sich gegenseitig hochgeschaukelt** se fueron enfadando mutuamente cada vez más

hochschrecken <schrickt hoch, schreckte hoch *o* schrak hoch, hochgeschreckt> *vi sein* levantarse de un susto; **aus dem Schlaf ~** despertarse de un susto

Hochschulabschluss *m* título *m* universitario

Hochschulabsolvent(in) *m(f)* licenciado, -a *m, f* (universitario, -a), egresado, -a *m, f Arg, Chil*

Hochschulbildung *f ohne pl* estudios *mpl* universitarios

Hochschule *f* escuela *f* superior, colegio *m* mayor *Am*

Hochschüler(in) *m(f)* (estudiante *mf*) universitario, -a *m, f*

Hochschullehrer(in) *m(f)* profesor(a) *m(f)* universitario, -a

Hochschulreife *f especie de selectividad que capacita para una carrera técnica*

Hochschulstudium *nt ohne pl* estudios *mpl* superiores

Hochschulwesen *nt ohne pl* enseñanza *f* superior

hochschwanger *adj* en avanzado estado de gestación

Hochsee *f ohne pl* alta mar *f*

Hochseeangeln *nt* pesca *f* deportiva en alta mar

Hochseefischerei *f* pesca *f* de altura

hochsensibel ['--'--] *adj* muy sensible, hipersensible

Hochsicherheitsgefängnis *nt* cárcel *f* de máxima seguridad

Hochsitz *m (Jagd)* mirador *m* (de cazadores)

Hochsommer *m* pleno verano *m*

hochsommerlich I. *adj* veraniego, canicular; **~ sein** ser veraniego **II.** *adv* de pleno verano; **draußen ist es ~ heiß** fuera hace un calor canicular

Hochspannung *f* (ELEK) alta tensión *f*

Hochspannungsleitung *f* (ELEK) línea *f* de alta tensión

Hochspannungsmast *m* (ELEK) poste *m* de alta tensión

Hochsprache *f* (LING) lenguaje *m* culto

hochspringen *irr vi sein* ① *(aufspringen)* levantarse de golpe ② *(nach oben springen)* saltar (hacia arriba) ③ (SPORT) practicar el salto de altura

Hochspringer(in) *m(f)* (SPORT) saltador(a) *m(f)* de altura

Hochsprung *m ohne pl* (SPORT) salto *m* de altura

höchst [høːkst, høːçst] *adv* altamente, sumamente

Höchstalter *nt* edad *f* máxima

hochstapeln *vi (abw)* timar, estafar, embaucar

Hochstapler(in) *m(f)* <-s, -; -nen> impostor(a) *m(f); (Betrüger)* estafador(a) *m(f)*

Höchstbetrag *m* importe *m* máximo

Höchstbietende(r) *mf* <-n, -n; -n, -n> licitador(a) *m(f)* más alto, -a

höchste(r, s) *adj superl von* **hoch** ① *(räumlich)* más alto; **am ~n** lo más alto ② *(in Hierarchie)* superior; **die ~ Instanz** la instancia suprema ③ *(äußerst)* extremo; **in ~m Maß(e)** extremadamente; **das ist das H~ der Gefühle** esto es lo máximo

hoch|steigen *irr vi sein* subir; *(in die Luft)* elevarse, ascender

hochstellen *vt* ① *(an einen höheren Ort)* poner en un sitio elevado ② (INFOR, TYPO) superindexar

höchstens ['høːkstəns, 'høːçstəns] *adv* ① *(nicht mehr als)* como mucho, no más de; **es waren ~ zehn Minuten** fueron como mucho diez minutos ② *(außer)* excepto, en todo caso; ~ **wenn …** a no ser que… *+subj*

Höchstfall *m* **im ~** como máximo

Höchstgebot *nt* <-(e)s, -e> mayor postura *f*

Höchstgeschwindigkeit *f* velocidad *f* máxima

Höchstgrenze *f* límite *m* máximo

hochstilisieren* *vt* realzar inmerecidamente

Hochstimmung *f ohne pl* entusiasmo *m*, euforia *f*

Höchstleistung *f* rendimiento *m* máximo; (SPORT) récord *m*

Höchstmaß *nt* máximo *m* (**an** de)

Höchstmenge *f* cantidad *f* máxima

höchstpersönlich ['--'--] *adv* en persona

Höchstpreis *m* precio *m* máximo

Höchststand *m* altura *f* máxima

Höchststrafe *f* pena *f* máxima

Hochstuhl *m (für Kleinkinder)* trona *f*

höchstwahrscheinlich ['--'--] *adv* con toda probabilidad, muy probablemente

Höchstwert *m* valor *m* máximo; **der ~ der Strahlenbelastung ist überschritten** se ha sobrepasado el valor máximo de exposición a la radiación

höchstzulässig ['-'---] *adj* máximo permitido; **~es Gesamtgewicht** tara máxima (permitida)

Hochtechnologie *f* (TECH) alta tecnología *f*

Hochtour *f* ① *(Bergtour)* excursión *f* alpina ② *(Höchstmaß)* **auf ~en laufen** trabajar a toda marcha; **jd/etw auf ~en bringen** *(fam)* calentar a alguien/algo al máximo

hochtrabend ['-tra:bənt] *adj (abw)* altisonante

hoch|treiben *irr vt (Kosten)* hacer subir

hochverehrt *adj* muy estimado

Hochverrat *m* (JUR) alta traición *f*

Hochwasser *nt* ① *(bei Flut)* marea *f* alta ② *(eines Flusses)* crecida *f*; **der Fluss führt ~** el río ha sufrido una crecida ③ *(Überschwemmung)* inundación *f*

Hochwassergefahr *f* peligro *m* de inundación

hochwertig *adj* de alta calidad

Hochzahl *f* (MATH) exponente *m*

Hochzeit ['hɔxtsaɪt] *f* <-en> ① *(Heirat)* boda *f*; **silberne/goldene** [*o* **Goldene**]/**diamantene ~** celebrar las bodas de plata/de oro/de diamante ② *(geh: Blütezeit)* apogeo *m*, auge *m*

Hochzeitsfeier *f* boda *f*

Hochzeitskleid *nt* vestido *m* de novia

Hochzeitsnacht *f* noche *f* de bodas

Hochzeitsreise *f* viaje *m* de luna de miel

Hochzeitstag *m* ① *(Tag der Heirat)* día *m* de la boda ② *(Jahrestag)* aniversario *m* de boda

hoch|ziehen *irr vt* ① *(emporziehen)* subir; *(Nase)* aspirar; *(Augenbrauen)* enarcar ② *(fam: Gebäude, Wand)* levantar

Hocke ['hɔkə] *f* <-n> posición *f* en cuclillas; **in die ~ gehen** acuclillarse

hocken ['hɔkən] *vi* ① *(in Hocke)* estar en cuclillas ② *(fam: sitzen)* estar sentado ③ (SPORT: *hockend springen*) saltar agachado (**über**)

Hocker ['hɔkɐ] *m* <-s, -> taburete *m*

Höcker ['hœkɐ] *m* <-s, -> ① *(bei Kamelen)* joroba *f* ② *(im Gelände)* elevación *f*

Hockey ['hɔki] *nt* <-s, *ohne pl*> jóquey *m*, hockey *m*

Hockeyschläger *m* (SPORT) palo *m* de jóquey [*o* hockey]

Hoden ['ho:dən] *m* <-s, -> testículo *m*

Hodensack *m* escroto *m*

Hof [ho:f, *pl:* 'hø:fə] *m* <-(e)s, Höfe> ① *(Innen-, Hinterhof)* patio *m* (interior) ② *(Bauernhof)* finca *f*, granja *f* ③ *(Gerichts-, Königshof)* corte *f*; **bei ~e** en la corte ④ *(Halo)* halo *m*

Hofdame *f* cortesana *f*

hoffen ['hɔfən] *vi, vt* esperar; *(vertrauen)* confiar (**auf** en); **~ wir das Beste!** ¡esperemos lo mejor!; **es bleibt zu ~, dass …** queda por esperar que… *+subj*; **wir ~, dass …** esperamos que… *+subj*; **ich will nicht ~, dass …** espero que no… *+subj*

hoffentlich ['hɔfəntlɪç] *adv* ojalá *+subj*; **du bist mir doch ~ nicht böse?** espero que no estés enfadado conmigo

Hoffnung ['hɔfnʊŋ] *f* <-en> esperanza *f*; **in der ~, dass …** con la esperanza de que… *+subj*; **jdm/sich** *dat* **~en machen** dar esperanzas a alguien/tener esperanzas; **mach dir keine ~en** no te hagas ilusiones; **die ~ aufgeben/verlieren** abandonar/perder la esperanza; **seine ~en auf jdn/etw setzen** depositar sus esperanzas en alguien/algo; **sich falschen ~en hingeben** hacerse falsas esperanzas; **du bist meine einzige/letzte ~** eres mi única/última esperanza

hoffnungslos *adj* ① *(verzweifelt)* sin esperanza; *(aussichtslos)* desesperado ② *(fam: unverbesserlich)* sin remedio; **du bist ~** no tienes remedio

Hoffnungslosigkeit *f ohne pl* desesperación *f*

Hoffnungsschimmer *m* rayo *m* de esperanza

Hoffnungsträger(in) *m(f)* portador(a) *m(f)* de esperanza

hoffnungsvoll *adj* ① *(zuversichtlich)* lleno

de esperanza ❷ *(Erfolg versprechend)* esperanzador

hofieren* [ho'fi:rən] *vt* ❶ *(geh: den Hof machen)* hacer la corte, galantear, cortejar ❷ *(fam: den Chef)* hacer la pelota [*o* la rosca]

höfisch ['hø:fɪʃ] *adj* (HIST) de la corte, cortesano

höflich ['hø:flɪç] *adj* cortés; *(liebenswürdig)* amable

Höflichkeit *f* <-en> cortesía *f;* **aus reiner ~** por pura cortesía

Höflichkeitsbesuch *m* visita *f* de cortesía

Höflichkeitsfloskel *f* fórmula *f* de cortesía

Höfling ['hø:flɪŋ] *m* <-s, -e> cortesano *m*

Hofnarr *m* <-en, -en> (HIST) bufón *m*

Hofrat *m (Österr: Ehrentitel)* consejero *m* áulico *(título honorífico para funcionarios con méritos)*

Hofstaat *m* <-(e)s, *ohne pl*> (HIST) corte *f*

Höhe ['hø:ə] *f* <-n> ❶ *(räumlich, a.* MUS) altura *f;* **an ~ gewinnen/verlieren** ganar/perder altura; **auf gleicher ~** a la misma altura; **in die ~ gehen** *(Preise)* subir; *(fam)* enfurecerse; **die ~n und Tiefen des Lebens** los altibajos de la vida; **~n und Bässe** altos y bajos; **auf der ~ der Zeit sein** estar al día; **auf der ~ sein** *(fam)* estar en plena forma; **das ist doch die ~!** *(fam)* ¡esto es el colmo! ❷ *(Anhöhe)* alto *m,* elevación *f* ❸ *(Betrag)* importe *m;* **bis zur ~ von 1.000 Euro** hasta el importe de 1.000 euros; **das hängt von der ~ der Temperatur/des Gehaltes ab** depende de la temperatura/del sueldo ❹ *(Höhepunkt)* cima *f*

hohe(r, s) *adj s.* **hoch**

Hoheit ['ho:haɪt] *f ohne pl* ❶ *(Staatsgewalt)* soberanía *f;* *(Würde)* grandeza *f* ❷ *(Anrede)* Alteza; **Königliche ~** Alteza Real

hoheitlich *adj* (POL) soberano

Hoheitsgebiet *nt* territorio *m* nacional

Hoheitsgewässer *ntpl* aguas *fpl* territoriales

Hoheitsrecht *nt* (derecho *m* de) soberanía *f*

Hoheitszeichen *nt* <-s, -> emblema *m* nacional

Höhenangst *f* vértigo *m*

Höhenflug *m* (AERO) vuelo *m* de altura; **geistiger ~** auge espiritual

Höhenkrankheit *f ohne pl* (MED) mal *m* de las alturas, soroche *m Am,* puna *f AmS*

Höhenleitwerk *nt* (AERO) estabilizador *m* (de elevación) horizontal, empenaje *m* horizontal; **hochgesetztes/tiefgesetztes ~** estabilizador de elevación de montaje superior/inferior

Höhenmesser *m* <-s, -> altímetro *m*

Höhensonne *f* lámpara *f* ultravioleta

Höhenunterschied *m* diferencia *f* de altura

höhenverstellbar *adj* de altura regulable

Hohepriester *m* (REL) sumo sacerdote *m*

Höhepunkt *m* ❶ *(allgemein)* punto *m* culminante; *(Gipfel)* cima *f;* *(eines Dramas)* clímax *m inv;* *(eines Himmelskörpers)* cenit *m;* **den ~ erreichen** culminar ❷ *(Orgasmus)* orgasmo *m;* **zum ~ kommen** alcanzar el orgasmo

höher ['hø:ɐ] *adj kompar von* **hoch** más alto (**als** que); *(Stellung)* superior (**als** a); *(vor Zahlen)* más (**als** de)

höhergestellt *adj* (de categoría) superior

hohl [ho:l] *adj* ❶ *(leer)* hueco ❷ *(konkav)* cóncavo; *(Wangen)* hundido ❸ *(Klang, Stimme)* hueco ❹ *(abw: geistlos)* vacío; **~es Geschwätz** conversación vacía

Höhle ['hø:lə] *f* <-n> ❶ *(in Felsen)* cueva *f;* *(Grotte)* gruta *f;* *(Hohlraum)* hueco *m* ❷ *(Augenhöhle)* órbita *f* ❸ *(Tierhöhle)* madriguera *f;* **sich in die ~ des Löwen begeben** *(fam)* meterse en la boca del lobo

Höhlenbewohner(in) *m(f)* ❶ (ZOOL) animal *m* cavernícola ❷ *s.* **Höhlenmensch**

Höhlenforscher(in) *m(f)* espeleólogo, -a *m, f*

Höhlenforschung *f* espeleología *f*

Höhlenmalerei *f* pintura *f* rupestre

Höhlenmensch *m* (HIST) cavernícola *m*

Hohlkopf *m (abw)* cabeza *mf* hueca

Hohlkörper *m* cuerpo *m* hueco

Hohlkreuz *nt* lordosis *f inv*

Hohlmaß *nt* medida *f* de capacidad

Hohlraum *m* cavidad *f*

Höhlung *f* <-, -en> hueco *m,* concavidad *f*

Hohlweg *m* (GEO) camino *m* hondo

Hohn [ho:n] *m* <-(e)s, *ohne pl*> *(Spott)* burla *f,* pifia *f And;* *(bitterer Hohn)* sarcasmo *m;* *(Verachtung)* desprecio *m;* **das ist der reinste ~** es una verdadera ironía

höhnen ['hø:nən] **I.** *vi (geh)* burlarse **II.** *vt (geh)* burlarse (de), guasearse (de)

Hohngelächter *nt* risa *f* guasona

höhnisch ['hø:nɪʃ] *adj* burlón, sarcástico

hoi [hɔɪ] *interj (Schweiz: hallo)* hola

Hokkaido [hɔ'kaido] *m* <-s, -s> (BOT, GASTR) calabaza *f* castaña [*o* hokkaido]

Hokuspokus [ho:kʊs'po:kʊs] *m* <-, *ohne pl*> ❶ *(Zauberwort)* abracadabra *m* ❷ *(Trick)* juego *m* de manos ❸ *(abw: Getue)* farsa *f*

hold [hɔlt] *adj* ❶ *(fam iron)* **~e Gattin** dulce esposa ❷ *(geh: wohlgesinnt)* benévolo, clemente; **Fortuna blieb ihrem**

Schicksal ~ la diosa de la fortuna le era favorable

Holding ['hɔʊldɪŋ] *f* <-, -s> (WIRTSCH) grupo *m,* holding *m*

holen ['ho:lən] *vt* 1 *(herbringen)* (ir a) buscar; *(herbeischaffen)* traer; *(wegschaffen)* recoger; *(Arzt, Polizei)* llamar; **jdn aus dem Bett** ~ sacar a alguien de la cama; **Luft** ~ coger aire; **bei ihm ist nichts zu** ~ no se puede conseguir nada de él; **sich** *dat* **bei jdm einen Rat** ~ pedir un consejo a alguien 2 *(fam: zuziehen)* coger, pillar; **sich eine Erkältung** ~ coger un catarro

Holland ['hɔlant] *nt* <-s> Holanda *f*

Holländer(in) ['hɔlɛndɐ] *m(f)* <-s, -; -nen> holandés, -esa *m, f*

holländisch *adj* holandés

Hölle ['hœlə] *f ohne pl* infierno *m;* **die** ~ **auf Erden** la miseria absoluta; **in die** ~ **kommen** ir al infierno; **es war die** (**reinste**) ~ fue un (verdadero) infierno; **jdm das Leben zur** ~ **machen** hacer a alguien la vida imposible; **jdm die** ~ **heiß machen** *(fam)* atormentar a alguien; **fahr zur** ~**!** ¡vete al diablo!

Höllenangst ['--'-] *f (fam)* miedo *m* cerval

Höllenlärm ['--'-] *m (fam)* ruido *m* infernal

Höllenqual ['--'-] *f (fam)* tormenta *f,* tortura *f*

höllisch *adj* 1 *(die Hölle betreffend)* infernal; **das tut** ~ **weh** *(Schmerz)* esto duele endemoniadamente; ~**e Angst haben** tener un miedo infernal 2 *(fam: groß)* enorme, tremendo; ~ **aufpassen** prestar extremada atención

Hollywoodschaukel ['hɔlɪwʊd'ʃaʊkəl] *f* balancín *m*

Holm [hɔlm] *m* <-(e)s, -e> 1 *(Geländer, Barren)* madero *m* de cabeza 2 *(Axt)* mango *m* del hacha 3 *(Leiter)* larguero *m* de la escalera 4 (TECH) larguero *m*

Holocaust ['ho:lokaʊst] *m* <-(s), -s> holocausto *m*

Hologramm [holo'gram] *nt* <-s, -e> (PHYS) holograma *m*

holperig *adj* 1 *(Weg)* lleno de baches 2 *(Stil)* tosco; ~ **lesen** leer a trancas y barrancas

holpern ['hɔlpɐn] *vi* 1 *(Auto)* ir a trompicones 2 *(beim Lesen, Sprechen)* atrancarse

holprig *adj s.* **holperig**

holterdiepolter ['hɔltɐdi'pɔltɐ] *adv* precipitadamente, de golpe y porrazo

Holunder [ho'lʊndɐ] *m* <-s, -> saúco *m*

Holunderbeere *f* baya *f* de saúco

Holz[1] [hɔlts] *nt* <-es, *ohne pl*> *(Material)* madera *f; (Brennholz)* leña *f;* ~ **hacken/sägen** cortar leña/serrar madera

Holz[2] [hɔlts, *pl:* 'hœltsɐ] *nt* <-es, Hölzer> palo *m*

Holzbein *nt* pierna *f* de palo

Holzblasinstrument *nt* (MUS) instrumento *m* de viento madera

Holzbock *m* <-(e)s, -böcke> 1 *(Stützgestell)* caballete *m* 2 (ZOOL: *Zecke*) garrapata *f* común

Holzboden *m* suelo *m* de madera

Holzbrett *nt* tabla *f* de madera

hölzern ['hœltsɐn] *adj* 1 *(aus Holz)* de madera 2 *(Bewegung)* torpe

Holzfäller(in) ['hɔltsfɛlɐ] *m(f)* <-s, -; -nen> leñador(a) *m(f)*

Holzhacker(in) *m(f) (Österr) s.* **Holzfäller**

Holzhammer *m* mazo *m* de madera

Holzhammermethode *f* **mit der** ~ *(gewaltsam)* a golpes, a patadas; *(plump)* a puñetazos

Holzhandel *m ohne pl* maderería *f*

Holzhaus *nt* casa *f* de madera

holzig ['hɔltsɪç] *adj (Gemüse)* lleno de hebras

Holzklotz *m* bloque *m* de madera

Holzkohle *f ohne pl* carbón *m* vegetal

Holzkopf *m* <-(e)s, -köpfe> 1 *(geschnitzt)* cabeza *f* de madera 2 *(fam abw: Mensch)* tarugo *m*

Holzlager *nt* maderería *f*

Holzleim *m* <-(e)s, *ohne pl*> cola *f* para madera

Holzmasse *f* pasta *f* de madera

Holzscheit *nt* <-(e)s, -e> haz *m* de leña

Holzschnitt *m* xilografía *f*

Holzschnitzer(in) *m(f)* escultor(a) *m(f)* en madera

Holzschnitzerei *f ohne pl (das Schnitzen)* xilografía *f*

Holzschuh *m* zueco *m*

Holzschutzmittel *nt* impregnante *m* para madera

Holzsplitter *m* <-s, -> astilla *f* (de madera)

Holzweg *m* **auf dem** ~ **sein** estar equivocado

Holzwurm *m* (ZOOL) carcoma *f*

Homebanking ['hɔʊmbɛŋkɪŋ] *nt* <-, *ohne pl*> (INFOR, FIN) telebanca *f*

Homeoffice ['hɔʊ̯mʔɔfɪs] *nt* <-, -s> (INFOR) teletrabajo *m*

Homepage ['hoʊmpeɪdʒ] *f* <-s> (INFOR) Home Page *f,* página *f* principal [*o* inicial]

Homeschooling ['hɔʊmsku:lɪŋ] *nt* <-s, *ohne pl*> (INFOR, SCH) educación *f* en el hogar, cole *m* en casa *fam*

Homeshopping ['hɔʊmʃɔpɪŋ] *nt* <-, *ohne pl*> (INFOR) telecompra *f,* homeshopping *m*

Hometrainer *m* <-s, ->, **Home-Trainer** *m* <-s, -> (SPORT) entrenador *m* domiciliario, bicicleta *f* estática

Homo ['ho:mo] *m* <-s, -s> *(fam)* homosexual *m*
homogen [homo'ge:n] *adj* homogéneo
homogenisieren* [homogeni'zi:rən] *vt* homogeneizar
homogenisiert [homogeni'zi:ɐt] *adj* homogeneizado
Homonym [homo'ny:m] *nt* <-s, -e> (LING) homónimo *m*
Homöopath(in) [homøo'pa:t] *m(f)* <-en, -en; -nen> homeópata *mf*
Homöopathie [homøopa'ti:] *f ohne pl* homeopatía *f*
Homöopathin *f* <-nen> *s.* **Homöopath**
homöopathisch [homøo'pa:tɪʃ] *adj* homeopático; **~es Heilmittel** remedio homeopático
Homosexualität *f* homosexualidad *f*
homosexuell *adj* homosexual
Homosexuelle(r) *mf* <-n, -n; -n> homosexual *mf*
Honduraner(in) [hɔndu'ra:nɐ] *m(f)* <-s, -; -nen> hondureño, -a *m, f*
honduranisch *adj* hondureño
Honduras [hɔn'du:ras] *nt* <-> Honduras *m*
Honig ['ho:nɪç] *m* <-s, -e> miel *f;* **jdm ~ um den Bart schmieren** *(fam)* lisonjear a alguien
Honigbiene *f* abeja *f* (obrera)
Honigkuchen *m* bizcocho *m* de miel
Honiglecken *nt* **etw ist kein ~** *(fam)* no ser plato de gusto, no ser algo para chuparse los dedos
Honigmelone *f* melón *m*
honigsüß ['--'-] *adj (abw, a. fig)* empalagoso; *(Stimme)* melifluo
Honigwabe *f* panal *m*
Honorar [hono'ra:ɐ] *nt* <-s, -e> honorarios *mpl;* **gegen ~ arbeiten** trabajar a destajo
Honoratioren [honora'tsjo:rən] *pl* notables *mpl*
honorieren* [hono'ri:rən] *vt* ❶ *(anerkennen)* reconocer ❷ *(bezahlen)* remunerar
Hoodie <-s, -s> ['hʊdi] *m o nt* sudadera *f* con capucha
Hooligan ['hu:ligən] *m* <-s, -s> *(Fußballrowdy)* hincha *mf*
Hopfen ['hɔpfən] *m* <-s, -> lúpulo *m;* **bei jdm ist ~ und Malz verloren** *(fam)* alguien es un caso perdido
hopp [hɔp] *interj (fam: los, rasch)* vamos; **~, ~!** ¡de prisa!
hoppeln ['hɔpəln] *vi sein (Hase)* brincar
hoppla ['hɔpla] *interj (beim Stolpern)* ay
hopsen ['hɔpsən] *vi sein* dar saltos
Hopser *m* <-s, -> *(fam)* saltito *m*
hops|gehen *irr vi sein (fam: sterben)* morirse; *(verloren gehen)* perderse
hörbar ['hø:ɐba:ɐ] *adj* audible
horchen ['hɔrçən] *vi* escuchar (**an** en); *(angestrengt)* aguzar el oído
Horde ['hɔrdə] *f* <-n> ❶ *(Volksstamm, wilde Schar)* horda *f; (Tiere)* banda *f* ❷ *(Obstlattengestell)* rejilla *f*
hören ['hø:rən] **I.** *vi, vt* ❶ *(allgemein)* oír; **man höre und staune!** ¡se queda uno boquiabierto!; **na, ~ Sie mal!** ¡pero, oiga!; **hör mal, ...** oye,...; **wie ich höre, sind Sie auch eingeladen** según he oído, también le han invitado a Ud.; **das lässt sich schon eher ~** *(fam)* eso ya suena mejor ❷ *(zu-, hinhören)* escuchar; **Radio ~** escuchar la radio; **eine Vorlesung ~** asistir a una conferencia ❸ *(erfahren)* (llegar a) saber, enterarse; **du hast lange nichts mehr von dir ~ lassen** hace mucho que no tenemos noticias tuyas; **von etw** *dat* **nichts ~ wollen** no querer saber nada de algo ❹ *(erkennen)* notar (**an** por); **woran hörst du das?** ¿cómo lo notas? **II.** *vi (gehorchen)* obedecer; *(auf Rat)* hacer caso (**auf** a); **der Hund hört auf den Namen Bello** el perro responde al nombre de Bello; **wer nicht ~ will, muss fühlen** *(prov)* a oídos sordos palos de ciego
Hörensagen ['----] *nt* **vom ~** de oídas
Hörer[1] *m* <-s, -> auricular *m,* audífono *m Am;* **den ~ abnehmen/auflegen** contestar/colgar
Hörer(in)[2] *m(f)* <-s, -; -nen> oyente *mf; (Radiohörer)* radioyente *mf*
Hörerin *f* <-, -nen> *s.* **Hörer**[2]
Hörerschaft *f* <-en> oyentes *mpl*
Hörfehler *m* defecto *m* en el oído
Hörfunk *m* radio *f*
Hörgerät *nt* audífono *m*
hörig *adj* **jdm ~ sein** ser dependiente de alguien; *(sexuell)* estar encoñado con alguien *vulg*
Hörige(r) *mf* <-n, -n; -n, -n> (HIST) siervo, -a *m, f*
Hörigkeit *f* <-, -en> ❶ *(Abhängigkeit)* dependencia *f; (Unterwerfung)* sumisión *f* ❷ (HIST: *Rechtsverhältnis*) servidumbre *f*
Horizont [hori'tsɔnt] *m* <-(e)s, -e> horizonte *m;* **am ~** en el horizonte; **einen engen ~ haben** ser de estrechos horizontes; **das geht über meinen ~** eso está fuera de mis alcances
horizontal [horitsɔn'ta:l] *adj* horizontal
Horizontale *f* <-n> ❶ (MATH) línea *f* horizontal ❷ *(Lage)* posición *f* horizontal
Hormon [hɔr'mo:n] *nt* <-s, -e> hormona *f;* **mit ~en behandeln** hormonar
hormonell [hɔrmo'nɛl] *adj* hormonal
Hormonhaushalt *m* <-(e)s, -e> función *f* hormonal

H

Hormonpräparat *nt* <-(e)s, -e> preparado *m* hormonal

Hörmuschel *f* auricular *m*

Horn[1] [hɔrn, *pl:* 'hœrnɐ] *nt* <-(e)s, Hörner> ① *(beim Tier)* cuerno *m;* **jdm Hörner aufsetzen** *(fig fam)* poner los cuernos a alguien; **sich** *dat* **die Hörner abstoßen** *(fig fam)* sentar la cabeza ② (MUS) cuerno *m,* trompa *f;* **ins gleiche ~ stoßen** *(fam)* estar de acuerdo ③ (AUTO) bocina *f*

Horn[2] *nt* <-(e)s, -e> *(Material)* concha *f*

Hornbrille *f* gafas *fpl* de concha

Hörnchen ['hœrnçən] *nt* <-s, -> ① *(Gebäck)* cruasán *m* ② (ZOOL) perrito *m* de la pradera

Hörnerv *m* <-s, -en> (ANAT) nervio *m* auditivo

Hornhaut *f* ① *(Schwiele)* callo(s) *m(pl),* callosidad *f* ② *(am Auge)* córnea *f*

Hornhecht *m* <-(e)s, -e> (ZOOL) aguja *f* paladar

Hornisse [hɔr'nɪsə] *f* <-n> avispón *m*

Hornist(in) *m(f)* <-en, -en; -nen> (MUS) trompa *mf*

Horoskop [horo'sko:p] *nt* <-s, -e> horóscopo *m*

horrend [hɔ'rɛnt] *adj* exagerado; **~er Preis** precio exorbitante

Hörrohr *nt* estetoscopio *m*

Horror ['hɔro:ɐ] *m* <-s, *ohne pl*> horror *m* (**vor** a)

Horrorfilm *m* película *f* de terror

Horrortrip *m* *(fam)* viaje *m* infernal

Hörsaal *m* aula *f* (universitaria)

Hörsinn *m* sentido *m* del oído

Hörspiel *nt* pieza *f* radiofónica

Horst [hɔrst] *m* <-(e)s, -e> *(Greifvogelnest)* nido *m* de aves de rapiña

Hörsturz *m* (MED) pérdida *f* (repentina) del oído

Hort [hɔrt] *m* <-(e)s, -e> ① *(geh: Zufluchtsort)* refugio *m* ② *(Kinderhort)* guardería *f*

horten ['hɔrtən] *vt* acopiar

Hortensie [hɔr'tɛnzjə] *f* <-n> (BOT) hortensia *f*

Hörvermögen *nt ohne pl* oído *m,* facultad *f* auditiva

Hörverständnis *nt ohne pl,* **Hörverstehen** *nt ohne pl* (SCH) comprensión *f* auditiva

Hörweite *f* alcance *m* del oído; **sich in/außer ~ befinden** estar al alcance/fuera del alcance del oído

Hose ['ho:zə] *f* <-n> pantalón *m,* calzones *mpl Am;* **kurze ~n** pantalones cortos; **sie hat die ~n an** *(fam)* ella lleva los pantalones; **etw geht in die ~** *(fam)* algo sale mal; **sich** *dat* **vor Angst in die ~ machen** *(fam)* cagarse de miedo; **das ist Jacke wie ~** *(fam)* da lo mismo; **hier ist heute tote ~** *(sl)* aquí no hay marcha hoy

Hosenanzug *m* traje *m* de chaqueta y pantalón

Hosenbein *nt* pernera *f* (del pantalón)

Hosenboden *m* fondillos *mpl* (del pantalón); **jdm den ~ versohlen** *(fam)* calentarle las posaderas a alguien; **sich auf den ~ setzen** *(fam)* ponerse a trabajar

Hosenbund *m* cinturilla *f*

Hosenlatz *m* ① *(einer Latzhose)* peto *m* ② *(reg: Hosenschlitz)* bragueta *f*

Hosenrock *m* falda pantalón *f*

Hosenscheißer *m* <-s, -> *(vulg)* cobarde *mf,* cagueta *mf*

Hosenschlitz *m* bragueta *f*

Hosenstall *m* <-(e)s, -ställe> *(fam iron)* bragueta *f*

Hosentasche *f* bolsillo *m* del pantalón

Hosenträger *mpl* tirantes *mpl,* tiradores *mpl Arg, Urug*

Hospital [hɔspi'ta:l, *pl:* hɔspi'tɛ:lɐ] *nt* <-s, -e *o* Hospitäler> hospital *m*

Hospitalismus [hɔspita'lɪsmʊs] *m* <-, *ohne pl*> (MED) hospitalismo *m*

hospitieren* [hɔspi'ti:rən] *vi* asistir a un curso en calidad de oyente

Hospiz [hɔs'pi:ts] *nt* <-es, -e> ① *(Heim)* hospicio *m* ② *(Sterbeheim)* casa *f* mortuoria

Host [hɔʊst] *m* <-s, -s> (INFOR) host *m,* ordenador *m* central

Hostess [hɔs'tɛs] *f* <-en> azafata *f* de congreso

Hostie ['hɔstjə] *f* <-n> (REL) hostia *f*

Hotdog *m o nt* <-s, -s>, **Hot Dog** ['hɔt 'dɔ(:)k] *m o nt* <- -s, - -s> perro *m* caliente, perrito *m* caliente, hot dog *m*

Hotel [ho'tɛl] *nt* <-s, -s> hotel *m;* **Drei-/Vier-Sterne-~** hotel de tres/cuatro estrellas

Hotelanlage *f* complejo *m* hotelero [*o* turístico]

Hotelbesitzer(in) *m(f)* propietario, -a *m, f* de hotel

Hotelfachschule *f* Escuela *f* Superior de Hostelería

Hotelführer *m* guía *f* de hoteles

Hotelgast *m* <-(e)s, -gäste> cliente *mf* (de un hotel), huésped *mf*

Hotelgewerbe *nt* hostelería *f*

Hotelier [hotə'lje:, hotɛ'lje:] *m* <-s, -s> hotelero *m*

Hotelkette *f* (WIRTSCH) cadena *f* de hoteles

Hotelrechnung *f* <-, -en> cuenta *f* del hotel

Hotelzimmer *nt* habitación *f* de hotel

Hotline ['hɔtlaɪn] *f* <-s> línea *f* caliente
Hr. *Abk. von* **Herr** Sr.
hrsg. *Abk. von* **herausgegeben** editado
Hrsg. *Abk. von* **Herausgeber(in)** editor(a) *m(f)*, director(a) *m(f)*
HTML (INFOR) *Abk. von* **Hypertext Markup Language** HTML
HTTP (INFOR, TEL) *Abk. von* **Hypertext Transport Protokoll** HTTP
hu [hu:] *interj (Schaudern)* ¡puf!, ¡fuchi! *Am; (Kälte)* ¡jo!
Hub [hu:p, *pl:* 'hy:bə] *m* <-(e)s, Hübe> (TECH) elevación *f*
hubbelig ['hʊbəlɪç] *adj (reg)* lleno de baches
Hubraum *m* (TECH) cilindrada *f*
hübsch [hʏpʃ] **I.** *adj* ❶ *(Aussehen)* guapo; *(schön)* bonito; *(niedlich)* mono; **sich ~ machen** ponerse guapo ❷ *(fam: beträchtlich)* bonito; **ein ~es Sümmchen** una bonita suma ❸ *(iron: unangenehm)* **eine ~e Bescherung!** ¡bonita sorpresa! **II.** *adv (ziemlich)* bastante; **sei ~ artig!** ¡pórtate bien!; **das wirst du ~ bleiben lassen!** ¡deja eso!; **immer ~ der Reihe nach!** ¡así, uno detrás del otro!
Hubschrauber *m* <-s, -> helicóptero *m*
Hubschrauberlandeplatz *m* (AERO) helipuerto *m*
huch [hʊx, hu(:)x] *interj* huy
Hucke ['hʊkə] *f* <-n> carga *f;* **ich hau dir die ~ voll** *(fam)* te voy a medir las costillas
huckepack ['hʊkəpak] *adv (fam)* **jdn/etw ~ nehmen** llevar a alguien/algo a caballito
hudeln ['hu:dəln] *vi (südd, Österr: fam)* chapucear
Huf [hu:f] *m* <-(e)s, -e> *(der Pferde)* casco *m*, pecueca *f Col, Ecua, Ven; (der Spalthufer)* pezuña *f*
Hufeisen *nt* herradura *f*
hufeisenförmig *adj* en forma de herradura
Hufnagel *m* clavo *m* de herradura
Hufschmied *m* herrador *m*
Hüftbein ['hʏft-] *nt* (ANAT) *s.* **Hüftknochen**
Hüfte ['hʏftə] *f* <-n> cadera *f;* **die Arme in die ~n stemmen** poner los brazos en jarras; **die ~n wiegen** mover las caderas
Hüftgelenk *nt* (ANAT) articulación *f* de la cadera
Hüfthalter *m* <-s, -> faja *f*
Huftier *nt* (ZOOL) ungulado *m*
Hüftknochen *m* <-s, -> (ANAT) (hueso *m*) ilíaco *m*, ilion *m*
Hüftsteak *nt* (GASTR) filete *m* de cadera
hüg(e)lig *adj* con colinas
Hügel ['hy:gəl] *m* <-s, -> colina *f*
huh [hu:] *interj s.* **hu**
Huhn [hu:n, *pl:* 'hy:nɐ] *nt* <-(e)s, Hühner> ❶ *(Gattung, Gericht)* pollo *m;* **da lachen ja die Hühner** *(fam)* esto es ridículo; **mit den Hühnern aufstehen/zu Bett gehen** levantarse/acostarse con las gallinas ❷ *(Henne)* gallina *f;* **freilaufende Hühner** gallinas criadas en el campo; **ein verrücktes ~ sein** *(fam)* estar más loco que una cabra
Hühnchen ['hy:nçən] *nt* <-s, -> (GASTR) pollo *m;* **mit jdm ein ~ rupfen** *(fam)* cantar las cuarenta a alguien
Hühnerauge *nt* (MED) callo *m*
Hühnerbrühe *f* (GASTR) caldo *m* de pollo
Hühnerbrust *f* ❶ (GASTR) pechuga *f* de pollo ❷ (MED) pecho *m* de gallina
Hühnerei ['hy:nɐʔaɪ] *nt* (GASTR) huevo *m* de gallina, blanquillo *m Guat, Méx*
Hühnerfarm *f* granja *f* avícola
Hühnerhof *m* gallinero *m;* **mein Nachbar hat einen ~** mi vecino tiene un corral con gallinas
Hühnerstall *m* gallinero *m*, paraíso *m Méx*
Hühnersuppe *f* <-, -n> (GASTR) sopa *f* de pollo
hui [huɪ] *interj (Sausen)* ¡puf!
huldigen ['hʊldɪgən] *vi (geh)* ❶ *(anhängen)* rendir homenaje (+*dat* a) ❷ *(frönen)* entregarse (+*dat* a)
Huldigung *f* <-en> homenaje *m*
huldvoll **I.** *adj (geh)* altanero, altivo; **mit einer ~en Geste** con un gesto altanero **II.** *adv (geh)* de forma altanera; **~ lächelnd** con una sonrisa altanera
Hülle ['hʏlə] *f* <-n> funda *f;* **die ~n fallen lassen** *(fam)* desvestirse; **in ~ und Fülle** *(fam)* a porrillo, a patadas
hüllen ['hʏlən] *vt (geh)* envolver (**in** en); **sich in Schweigen ~** guardar silencio
hüllenlos *adj (fam)* en cueros
Hülse ['hʏlzə] *f* <-n> ❶ *(Etui)* estuche *m; (Geschosshülse)* cartucho *m* ❷ (BOT) vaina *f*
Hülsenfrucht *f (Pflanze)* planta *f* leguminosa; *(Frucht)* legumbre *f*
human [hu'ma:n] *adj* humano
Humangenetik *f ohne pl* genética *f* humana
Humanisierung [humani'zi:rʊŋ] *f* <-, *ohne pl*> humanización *f*
Humanismus [huma'nɪsmʊs] *m* <-, *ohne pl*> humanismo *m*
Humanist(in) *m(f)* <-en, -en; -, -nen> humanista *mf*
humanistisch *adj* humanista
humanitär [humani'tɛ:ɐ] *adj* humanitario
Humanität *f ohne pl* humanidad *f*
Humanmedizin *f ohne pl* medicina *f* humana
Humbug ['hʊmbu:k] *m* <-s, *ohne pl*> *(fam abw: Unsinn)* tontería *f; (Schwindel)* patraña *f*

H

humid [hu'miːt] *adj* húmedo
Hummel ['hʊməl] *f* <-n> abejorro *m*
Hummer ['hʊmɐ] *m* <-s, -> langosta *f*
Hummerfalle *f* trampa *f* para langostas
Humor [hu'moːɐ] *m* <-s, *ohne pl*> humor *m;* **schwarzer ~** humor negro; **er hat (keinen) Sinn für ~** (no) tiene sentido del humor
Humorist(in) [humo'rɪst] *m(f)* <-en, -en; -, -nen> (*a.* LIT) humorista *mf*
humoristisch [humo'rɪstɪʃ] *adj* humorístico
humorlos *adj* sin humor
Humorlosigkeit *f* <-, *ohne pl*> falta *f* de humor
humorvoll *adj* lleno de humor; *(witzig)* jocoso

H

humpeln ['hʊmpəln] *vi sein* cojear
Humus ['huːmʊs] *m* <-, *ohne pl*> humus *m*
Humusboden *m* <-s, -böden>, **Humuserde** *f* <-, -n> humus *m,* tierra *f* vegetal
Hund, **Hündin** [hʊnt] *m, f* <-(e)s, -e; -nen> perro, -a *m, f;* **Vorsicht, bissiger ~!** ¡cuidado con el perro!; **sie sind wie ~ und Katze** *(fam)* se llevan como el perro y el gato; **auf den ~ gekommen sein** *(fam)* estar hecho polvo; **vor die ~e gehen** *(fam)* arruinarse; **da liegt der ~ begraben** *(fam)* ahí está el quid de la cuestión; **damit lockt man keinen ~ hinterm Ofen hervor** *(fam)* con eso no se logrará llamar la atención de nadie; **keine schlafenden ~e wecken** no llamar la atención sobre hechos que podrían traer desventajas; **bekannt sein wie ein bunter ~** *(fam)* estar más visto que el tebeo; **das ist ja ein dicker ~!** *(fam)* esto sí que es fuerte; **ein falscher/feiger ~** *(fam)* un falso/cobarde; **~e, die bellen, beißen nicht** *(prov)* perro ladrador poco mordedor
Hundebiss *m* <-es, -e> mordedura *f* de perro
hundeelend ['--'--] *adj (fam)* **mir ist ~** me siento fatal
Hundefutter *nt* alimento *m* para perros
Hundegebell *nt ohne pl* ladrido *m* de perro
Hundehalsband *nt* collar *m* de perro
Hundehalter(in) *m(f)* <-s, -; -, -nen> *(formal)* propietario, -a *m, f* de un perro
Hundehaufen *m (fam)* catalina *f* de perro
Hundehütte *f* caseta *f* del perro
Hundekuchen *m* galleta *f* para perros
Hundeleben *nt ohne pl (fam abw)* vida *f* de perro
Hundeleine *f* correa *f* del perro
Hundelohn *m (fam abw)* sueldo *m* de miseria
Hundemarke *f* <-, -n> ❶ *(Hundesteuermarke)* *chapa que lleva el perro en el collar como señal de que su dueño ha pagado el impuesto sobre perros* ❷ *(sl: von Polizist, Soldat)* chapa *f* de identificación
hundemüde ['-'--] *adj (fam)* muerto de cansancio
Hunderasse *f* raza *f* canina
hundert ['hʊndɐt] *adj inv* cien, ciento; **einige ~** [*o* **Hundert**] **Menschen** algunos cientos de personas; **einer unter ~** uno entre cien; **da war ich auf ~** *(fam)* estaba a cien; *s. a.* **achthundert**
Hundert *nt* <-s, -> *(Maßeinheit)* centenar *m;* **zehn von ~** diez por ciento
Hunderte *ntpl (große Anzahl)* cientos *mpl;* **~** [*o* **hunderte**] **Menschen** cientos de personas; **sie kamen zu ~n** [*o* **hunderten**] **Menschen** llegaron a centenares
Hunderter *m* <-s, -> ❶ (MATH) centena *f* ❷ *(fam: Geldschein)* billete *m* de cien
Hunderteuroschein *m* billete *m* de cien euros
hundertfach I. *adj* céntuplo; **die ~e Menge** el céntuplo; **eine ~e Vergrößerung** una ampliación cien veces mayor **II.** *adv* cien veces; *s. a.* **achtfach**
Hundertfüßer [-fyːsɐ] *m* <-s, -> (ZOOL) ciempiés *m*
Hundertjahrfeier [--'---] *f* centenario *m*
hundertjährig *adj (hundert Jahre alt)* centenario, de cien años; *(hundert Jahre dauernd)* de cien años de duración
Hundertjährige(r) *mf* <-n, -n; -n> centenario, -a *m, f*
hundertmal *adv* cien veces
Hundertmeterlauf [--'---] *m* (SPORT) carrera *f* de cien metros
hundertprozentig ['---(')--] **I.** *adj* ❶ *(als Anteil)* del cien por cien; *(Alkohol)* puro ❷ *(fam: völlig)* total; *(zuverlässig)* seguro **II.** *adv* al cien por cien, completamente
Hundertschaft *f* <-, -en> *(Polizeieinheit)* centuria *f*
hundertste(r, s) ['hʊndɐtstə, -tɐ, -təs] *adj* centésimo; **zum ~n Mal** por centésima vez; **~r Geburtstag/Todestag von …** centenario del nacimiento/de la muerte de…; *s. a.* **achtzigste(r, s)**
Hundertstel *nt* <-s, -> centésima *f*
hunderttausend ['--'--] *adj inv* cien mil
Hundesalon *m* peluquería *f* canina
Hundescheiße *f (vulg)* caca *f* de perro
Hundeschnauze *f* hocico *m* de perro
Hundesohn *m* <-(e)s, -söhne> *(abw)* hijo *m* de perra
Hundesteuer *f* impuesto *m* sobre los perros
Hundewetter *nt (fam)* tiempo *m* de perros

Hundezwinger *m* perrera *f*
Hündin ['hʏndɪn] *f* <-nen> *s.* **Hund**
hundsgemein *adj (fam)* infame, canalla; **es tut ~ weh** duele horrores
hundsmiserabel *adj (fam)* ① *(niederträchtig)* despreciable ② *(schlecht)* fatal, malísimo; **sich ~ fühlen** sentirse fatal [*o* de pena]
Hundstage *mpl* canícula *f,* caniculares *mpl*
Hüne ['hyːnə] *m* <-n, -n> gigante *m*
hünenhaft *adj* gigantesco
Hunger ['hʊŋɐ] *m* <-s, *ohne pl*> hambre *f;* **~ haben** tener hambre; **ich habe ~ auf Schokolade** me apetece chocolate; **~ wie ein Wolf haben** tener un hambre canina; **ich bekomme ~** me está entrando hambre; **seinen ~ stillen** matar el hambre; **ich sterbe vor ~** me muero de hambre; **~ leiden** sufrir hambre
Hungergefühl *nt* sensación *f* de hambre; **~ verspüren** sentir hambre
Hungerkur *f* <-, -en> régimen *m,* dieta *f* absoluta
Hungerleider(in) *m(f)* <-s, -; -, -nen> *(fam abw)* muerto, -a *m, f* de hambre
Hungerlohn *m (abw)* (sueldo *m* de) miseria *f*
hungern ['hʊŋɐn] *vi* ① *(Hunger leiden)* pasar hambre ② *(fasten)* ayunar; *(um abzunehmen)* hacer una dieta ③ *(geh: sich sehnen)* anhelar (**nach**), estar ávido (**nach** de); **er hungert nach Anerkennung** anhela que reconozcan su mérito
Hungersnot *f* hambre *f,* hambruna *f Am*
Hungerstreik *m* huelga *f* de hambre; **in den ~ treten** declararse en huelga de hambre
Hungertod *m* <-(e)s, *ohne pl*> muerte *f* por inanición
Hungertuch *nt* **am ~ nagen** *(fam)* morirse de hambre
hungrig ['hʊŋrɪç] *adj* hambriento; **~ nach etw** *dat* **sein** tener hambre de algo
Hunne, -in ['hʊnə] *m, f* <-n, -n; -, -nen> (HIST) huno, -a *m, f*
Hupe ['huːpə] *f* <-n> bocina *f*
hupen ['huːpən] *vi* tocar la bocina
hupfen ['hʊpfən] *vi sein (südd)* ① *s.* **hüpfen** ② *(Wend)* **das ist gehupft wie gesprungen** *(fam)* lo mismo da
hüpfen ['hʏpfən] *vi sein* saltar
Hupsignal *nt* (AUTO) señal *f* de bocina
Hupton *m* <-(e)s, -töne> (AUTO) bocinazo *m*
Hürde ['hʏrdə] *f* <-n> (SPORT: *a. fig)* valla *f;* **eine ~ nehmen** saltar una valla; *(fig)* superar una dificultad
Hürdenlauf *m* (SPORT) carrera *f* de vallas
Hürdenläufer(in) *m(f)* <-s, -; -, -nen> (SPORT) corredor(a) *m(f)* de obstáculos
Hure ['huːrə] *f* <-n> *(vulg)* puta *f*
Hurenbock *m (vulg)* putero *m*
Hurensohn *m (vulg)* hijo *m* de puta
hurra [hu'raː, hʊ'raː] *interj* hurra
Hurrikan ['hʊrika(ː)n] *m* <-s, -e *o* -s> huracán *m*
hurtig ['hʊrtɪç] **I.** *adj (geh)* rápido **II.** *adv (geh)* rápido, deprisa
Husar [hu'zaːɐ] *m* <-en, -en> (HIST) húsar *m*
huschen ['hʊʃən] *vi sein* deslizarse rápidamente
hüsteln ['hyːstəln] *vi* toser ligeramente
husten ['huːstən] *vi* toser; **denen werde ich was ~** *(fam)* ya se pueden ir preparando
Husten ['huːstən] *m* <-s, -> tos *f*
Hustenanfall *m* ataque *m* de tos
Hustenbonbon *nt* caramelo *m* contra la tos
Hustenmittel *nt* antitusígeno *m*
Hustenreiz *m ohne pl* picor *m* de garganta
Hustensaft *m* jarabe *m* contra la tos
hustenstillend *adj* contra la tos; (MED) béquico, pectoral
Hustentee *m* <-s, -s> (MED) infusión *f* antitusígena
Hustentropfen *mpl* (MED) gotas *fpl* antitusígenas
Hut[1] [huːt, *pl:* 'hyːtə] *m* <-(e)s, Hüte> ① *(Kopfbedeckung)* sombrero *m;* **mir geht der ~ hoch** *(fam)* esto ya pasa de la raya; **seinen ~ nehmen** *(fam)* dimitir; **alles unter einen ~ bringen** *(fam)* compaginar todo; **das ist ein alter ~** *(fam)* es lo de siempre; **mit etw** *dat* **/jdm nichts am ~ haben** *(fam)* no (querer) tener nada que ver con algo/alguien; **das kannst du dir an den ~ stecken** *(fam)* te lo puedes meter donde te quepa ② *(von Pilzen)* sombrerete *m*
Hut[2] [huːt] *f ohne pl (geh: Schutz)* protección *f;* **vor jdm/etw** *dat* **auf der ~ sein** tener cuidado con alguien/algo
Hutablage *f* percha *f*
hüten ['hyːtən] **I.** *vt (Vieh)* cuidar; *(Kinder)* cuidar, achichiguar *Méx; (Geheimnis)* guardar; **das Haus/Bett ~** cuidar la casa/guardar cama **II.** *vr:* **sich ~** *(sich vorsehen)* tener cuidado (**vor** con); **hüte dich, das zu tun!** ¡ni se te ocurra hacerlo!; **ich werde mich ~!** *(fam)* ¡me cuidaré mucho!
Hüter(in) *m(f)* <-s, -; -nen> *(geh)* guardián, -ana *m, f;* **der ~ des Gesetzes** el guardián de la ley
Hutkrempe *f* ala *f* de sombrero
Hutmacher(in) *m(f)* <-s, -; -nen> sombrerero, -a *m, f*
Hütte ['hʏtə] *f* <-n> ① *(Haus)* cabaña *f;*

(Skihütte) refugio *m* ❷ *(Industrieanlage)* planta *f* siderúrgica

Hüttenarbeiter *m* obrero *m* metalúrgico

Hüttenindustrie *f* industria *f* siderúrgica

Hüttenkäse *m* queso *m* fresco granulado

Hüttenwerk *nt* planta *f* siderúrgica

H-Vollmilch *f* leche *f* U.H.T.

Hyäne [hy'ɛːnə] *f* <-n> (ZOOL) hiena *f*

Hyazinthe [hya'tsɪntə] *f* <-n> jacinto *m*

hybrid [hy'briːt] *adj* híbrido; **~e Netze** (INFOR, TEL) redes híbridas

Hybrid [hy'briːt] *m o nt* <-[e]s, -e> (AUTO, ELEK) híbrido *m*

Hybridantrieb [hy'briːt-] *m* tracción *f* híbrida

Hybridfahrzeug *nt* vehículo *m* híbrido

Hybridisierung [hybridi'ziːrʊŋ] *f* <-, -en> (BIOL) hibridización *f*

Hybridmotor *m* (AUTO, ELEK) motor *m* híbrido

Hybris ['hyːbrɪs] *f* <-, *ohne pl*> *(geh)* altanería *f*, orgullo *m* desmesurado

Hydrant [hy'drant] *m* <-en, -en> boca *f* de riego

Hydraulik [hy'draʊlɪk] *f ohne pl* (TECH) hidráulica *f*

hydraulisch *adj* (TECH) hidráulico

hydroelektrisch ['---'--] *adj* (PHYS, TECH, MED) hidroeléctrico

Hydrokultur ['----, ---'-] *f* hidrocultivo *m*

Hygiene [hy'gjeːnə] *f ohne pl* higiene *f*

hygienisch *adj* higiénico

Hymne ['hʏmnə] *f* <-n> himno *m*

hyperaktiv ['hyːpɐ-] *adj* hiperactivo

Hyperbel [hy'pɛrbəl] *f* <-n> ❶ (MATH) hipérbola *f* ❷ (*a.* LING) hipérbole *f*

hyperkorrekt ['hyːpɐkɔrɛkt] *adj* supercorrecto; (LING) hipercorrecto

Hyperlink ['haɪpəlɪŋk, 'hyːpɐ-] *m* <-s, -s> (INFOR, TEL) hiperenlace *m*, hyperlink *m*

hypermodern [hypɐmo'dɛrn, 'hyːpɐmodɛrn] **I.** *adj (fam)* supermoderno, hipermoderno, ultramoderno **II.** *adv (fam)* de forma supermoderna [*o* hipermoderna]; **ihr seid wirklich ~ eingerichtet!** ¡os habéis montado la casa en plan auténticamente moderno!

hypersensibel ['hyːpɐ-] *adj* hipersensible

Hypertext ['hyːpɐ-] *m* <-es, -e> (INFOR) hipertexto *m*

Hypnose [hʏp'noːzə] *f* <-n> hipnosis *f inv;* **unter ~ stehen** estar bajo hipnosis

hypnotisch [hʏp'noːtɪʃ] *adj* hipnótico

Hypnotiseur(in) [hʏpnoti'zøːɐ] *m(f)* <-s, -e; -, -nen> hipnotizador(a) *m(f)*

hypnotisieren* [hʏpnoti'ziːrən] *vt* hipnotizar

Hypochonder [hypo'xɔndɐ] *m* <-s, -> hipocondríaco, -a *m, f*

Hypochondrie [hypoxɔn'driː] *f* <-, -n> (MED) hipocondría *f*

Hypophyse [hypo'fyːzə] *f* <-, -n> (ANAT) hipófisis *f inv*

Hypotenuse [hypote'nuːzə] *f* <-, -n> (MATH) hipotenusa *f*

Hypothek [hypo'teːk] *f* <-en> (FIN) hipoteca *f;* **eine ~ aufnehmen** imponer una hipoteca; **das Haus mit einer ~ belasten** hipotecar la casa

Hypothese [hypo'teːzə] *f* <-n> hipótesis *f inv;* **eine ~ aufstellen/widerlegen** formular/rebatir una hipótesis

hypothetisch [hypo'teːtɪʃ] *adj* hipotético

Hysterie [hʏste'riː] *f* <-n> histeria *f*

hysterisch [hʏs'teːrɪʃ] *adj* histérico

Hz *Abk. von* **Hertz** hz

I i

I, i [iː] *nt* <-, -> I, i *f;* ~ **wie Ida** I de Inés
i [iː] *interj* puaj; ~ **wo!** ¡ni en sueños!
i. A. *Abk. von* **im Auftrag** p.o.
i.Allg. *Abk. von* **im Allgemeinen** en general
IBAN ['iːban] *f* <-, -s> *Abk. von* **International Bank Account Number** *(internationale Kontonummer,* FIN) IBAN *m*
iberisch [i'beːrɪʃ] *adj* ibérico; **die I~e Halbinsel** la Península Ibérica
IC [iː'tseː] *m* <-(s), -s> *Abk. von* **Intercity(zug)** Intercity *m*
ICE [iːtseː'ʔeː] *m* <-(s), -s> *Abk. von* **Intercityexpress** ≈ AVE *m (tren de alta velocidad)*
ich [ɪç] *pron pers 1. sg* yo; ~ **Idiot!** ¡idiota de mí!; **immer ~!** ¡siempre yo!
Ich *nt* <-(s), -s> yo *m;* **mein anderes/zweites/besseres** ~ mi otro/segundo/mejor yo
ichbezogen ['ɪçbəzoːgən] *adj* egocéntrico
Icherzählung *f,* **Ich-Erzählung** *f* (LIT) narrativa *f* escrita en primera persona
Ichform *f* (LING, LIT) primera persona *f*
Icon ['aɪkən] *nt* <-s, -s> (INFOR) icono *m*
IC-Zuschlag *m* suplemento *m* para el Intercity
ideal [ide'aːl] *adj* ideal
Ideal *nt* <-s, -e> ideal *m*
Idealbild *nt* <-(e)s, -er> ideal *m,* prototipo *m*
idealerweise *adv* en el caso ideal
Idealfall *m* caso *m* ideal
Idealgewicht *nt* peso *m* ideal
idealisieren* [ideali'ziːrən] *vt* idealizar
Idealisierung *f* <-, -en> idealización *f*
Idealismus [idea'lɪsmʊs] *m* <-, *ohne pl>* idealismo *m*
Idealist(in) *m(f)* <-en, -en; -nen> idealista *mf*
idealistisch *adj* idealista
idealtypisch *adj* (PHILOS: *geh)* ideal
Idealvorstellung *f* concepto *m* ideal
Idee [i'deː, *pl:* i'deːən] *f* <-n> ❶ *(Einfall)* idea *f;* **gute ~!** ¡buena idea!; **wie kommst du denn auf die ~?** ¿cómo se te ocurre esto?; **ich habe eine** ~ tengo una idea; **jdn auf die ~ bringen, etw zu tun** dar a alguien la idea de hacer algo; **jdn auf andere ~n bringen** distraer a alguien; **ich habe nicht die leiseste ~ davon** *(fam)* no tengo ni la más remota idea de esto; **das ist bei ihm eine fixe** ~ eso es una obsesión suya ❷ *(fam: ein bisschen)* pizca *f;* **keine ~ besser** ni una pizca mejor
ideell [ide'ɛl] *adj* ideal
ideenarm *adj* con [*o* de] pocas ideas, falto de ideas, poco imaginativo
ideenlos *adj (Mensch)* sin ideas; *(Gestaltung)* poco innovador
ideenreich [i'deːən-] *adj* creativo
Ideenreichtum *m ohne pl* inventiva *f*
Identifikation [idɛntifika'tsjoːn] *f* <-en> (PSYCH) identificación *f*
Identifikationsfigur *f* (PSYCH) personaje *m* de identificación
identifizieren* [idɛntifi'tsiːrən] **I.** *vt* identificar **II.** *vr:* **sich** ~ identificarse
Identifizierung *f* <-en> identificación *f*
identisch [i'dɛntɪʃ] *adj* idéntico (**mit** a), individual (**mit** a) *And, CSur*
Identität [idɛnti'tɛːt] *f* <-en> identidad *f*
Identitätskarte *f (Schweiz: Personalausweis)* carné *m* de identidad
Identitätskrise *f* <-, -n> crisis *f inv* de identidad
Identitätsverlust *m* <-(e)s, -e> (PSYCH) pérdida *f* de identidad
Ideologe, -in [ideo'loːgə] *m, f* <-n, -n; -nen> ideólogo, -a *m, f*
Ideologie [ideolo'giː] *f* <-n> ideología *f*
Ideologin *f* <-nen> *s.* **Ideologe**
ideologisch *adj* ideológico
Idiom [i'djoːm] *nt* <-s, -e> (LING) ❶ *(Jargon)* idiolecto *m* ❷ *(Wendung)* giro *m*
Idiomatik *f* <-, *ohne pl>* ❶ (LING) idiomática *f* ❷ *(Redewendungen)* expresiones *fpl* idiomáticas
idiomatisch [idjo'maːtɪʃ] *adj* (LING) idiomático
Idiot(in) [i'djoːt] *m(f)* <-en, -en; -nen> *(fam abw)* idiota *mf,* merlo *m Am*
idiotensicher **I.** *adj (fam: Verschluss)* superfácil de manejar **II.** *adv (fam)* sin problemas
Idiotie [idjo'tiː] *f* <-n> ❶ (MED) idiocia *f,* idiotez *f* ❷ *(fam abw: Dummheit)* idiotez *f*
Idiotin *f* <-nen> *s.* **Idiot**
idiotisch *adj (fam abw)* idiota
Idol [i'doːl] *nt* <-s, -e> ídolo *m*
Idyll *nt* <-s, -e>, **Idylle** [i'dʏlə] *f* <-, -n> idilio *m*
idyllisch *adj* idílico
Igel ['iːgəl] *m* <-s, -> (ZOOL) erizo *m*
igitt(igitt) *interj (reg)* qué asco
Iglu ['iːglu] *m o nt* <-s, -s> iglú *m*
Ignorant(in) [igno'rant, ɪgno'rant] *m(f)* <-en, -en; -nen> *(abw)* ignorante *mf*
Ignoranz *f ohne pl (abw)* ignorancia *f*
ignorieren* *vt* ignorar

IHK [iːhaːˈkaː] *f Abk. von* **Industrie- und Handelskammer** Cámara *f* de Industria y Comercio

ihm [iːm] *pron pers dat von* **er**, **es** le; *(betont: Mensch)* a él… (le); *(mit Präposition: Mensch)* él; **sie hat ~ nichts gesagt** no le ha dicho nada; **hinter/vor/unter/über ~** detrás/delante/debajo/encima de él; **ein Freund von ~** un amigo suyo

ihn [iːn] *pron pers 3. sg m akk von* **er** lo; *(betont: Mensch)* a él… (lo, le); **ich treffe ~ heute Abend** le [*o* lo] veo esta noche; **das ist für ~** esto es para él

ihnen [ˈiːnən] *pron pers mfpl dat von* **sie** les; *(betont: Mensch)* a ellos/ellas… (les); *(mit Präposition: Menschen)* ellos/ellas; **niemand half ~** no les ayudó nadie; **~ wäre das zu teuer** a ellos/ellas les resultaría demasiado caro; **hinter/vor/unter/über ~** detrás/delante/debajo/encima de ellos/ellas; **ein Freund von ~** un amigo suyo

Ihnen *pron pers (Höflichkeitsform) dat von* **Sie** le *sg,* les *pl; (betont)* a usted… (le)/a ustedes… (les), a Ud.… (le)/a Uds.… (les); *(mit Präposition)* usted/ustedes, Ud./Uds.; **wir wollten ~ eine Freude machen** queríamos darle/darles una alegría; **~ hätte es bestimmt auch gefallen** a Ud./Uds. seguro que también le/les habría gustado; **hinter/vor/unter/über ~** detrás/delante/debajo/encima de Ud./Uds.; **ein Freund von ~** un amigo suyo

ihr [iːɐ] **I.** *pron pers* ① *2. pl mf* vosotros *mpl,* vosotras *fpl,* ustedes *Am;* **~ beiden/drei** vosotros/vosotras dos/tres; **~ Lieben!** ¡queridos/queridas! ② *dat von sg* **sie** le; *(betont: Mensch)* a ella… (le); *(mit Präposition: Mensch)* ella; **ich habe ~ noch nichts gegeben** todavía no le he dado nada; **~ solltest du was Besseres anbieten** a ella deberías ofrecerle algo mejor; **hinter/vor/unter/über ~** detrás/delante/debajo/encima de ella; **ein Freund von ~** un amigo suyo **II.** *pron poss s.* **ihr, ihre, ihr**

ihr, ihre, ihr *pron poss (adjektivisch)* su *sg,* sus *pl; (einer Frau)* de ella; *(mehrerer Menschen)* de ellos/ellas; **~ Unterricht/Projekt** su clase/proyecto; **~e Tochter/Bekannten** su hija/sus conocidos

Ihr, Ihre, Ihr *pron poss (adjektivisch: Höflichkeitsform)* su *sg,* sus *pl; (einer Person)* de usted, de Ud.; *(mehrerer Menschen)* de ustedes, de Uds.; **~ Beruf/Kind** su profesión/hijo; **~e Zeit/Schuhe** su tiempo/sus zapatos

ihre(r, s) *pron poss substantivisch* (el) suyo *m,* (la) suya *f,* (los) suyos *mpl,* (las) suyas *fpl; (einer Frau)* de ella; *(mehrerer Menschen)* de ellos/ellas; **dieses Geschenk ist ~s** este regalo es (el) suyo; *s. a.* **ihr, ihre, ihr**

Ihre(r, s) *pron poss (substantivisch: Höflichkeitsform)* (el) suyo *m,* (la) suya *f,* (los) suyos *mpl,* (las) suyas *fpl; (einer Person)* de usted, de Ud.; *(mehrerer Menschen)* de ustedes, de Uds.; **ist dieser Wagen ~r?** ¿es suyo este coche?; *s. a.* **Ihr, Ihre, Ihr**

ihrer [ˈiːrɐ] *pron pers* ① *gen von sg* **sie** de ella ② *pl gen von pl* **sie** de ellos/ellas

Ihrer *pron pers gen von* **Sie** *(Höflichkeitsform)* de usted *sg,* de ustedes *pl*

ihrerseits [ˈiːrɐzaɪts] *adv* ① *sg* por parte de ella, por su parte; **sie hat sich ~ anders entschlossen** ella por su parte ha tomado otra decisión ② *pl* por parte de ellos/de ellas, por su parte; **wenn sie ~ nichts dagegen einzuwenden haben** si ellos/ellas por su parte no tienen nada que objetar

Ihrerseits *adv* ① *sg* por parte de usted, por su parte ② *pl* por parte de ustedes, por su parte

ihresgleichen [ˈ--ˈ--] *pron indef* sus semejantes, de su condición; **er hatte noch nie ~ kennen gelernt** nunca había conocido a una chica como ella

Ihresgleichen *pron indef* sus semejantes, de su condición; **~ benimmt sich anders** las personas como Ud./Uds. se comportan de otra manera

ihretwegen [ˈiːrətˈveːgən] *adv* ① *sg* por ella; **ich habe es nur ~ getan** lo hice solamente por ella ② *pl* por ellos, por ellas; **es ist ~ geschehen** pasó por culpa de ellos/de ellas, pasó por su culpa

Ihretwegen *adv* ① *sg* por usted ② *pl* por ustedes

ihretwillen [ˈiːrətˈvɪlən] *adv* ① *sg* **um ~** por consideración a ella, por ella ② *pl* **um ~** por consideración a ellos/a ellas, por ellos/por ellas

Ihretwillen *adv* ① *sg* **um ~** por consideración a usted, por usted ② *pl* **um ~** por consideración a ustedes, por ustedes

ihrige *pron poss geh für* **ihre(r, s): der/die/das ~** el suyo/la suya; *(einer Frau)* el/la de ella; *(mehrerer Menschen)* el/la de ellos/ellas; **die ~n** los suyos/las suyas; *(einer Frau)* los/las de ella; *(mehrerer Menschen)* los/las de ellos/ellas

Ihrige *pron poss (Höflichkeitsform) geh für* **Ihre(r, s): der/die/das ~** el suyo/la suya, el/la de usted *sg,* el/la de ustedes *pl;* **die ~n** los suyos/las suyas, los/las de usted *sg,* los/las de ustedes *pl*

Ikone [iˈkoːnə] *f* <-n> icono *m*

illegal [ˈɪlegaːl] *adj* ilegal

Illegale(r) *m* <-n, -n; -n, -n> *dekl wie adj* ilegal *mf,* indocumentado, -a *m, f,* sin papeles *mf*
Illegalität *f* <-en> ilegalidad *f*
illegitim ['ɪlegiti:m] *adj* ilegítimo
illoyal ['ɪlɔɪa:l] *adj* desleal
Illoyalität *f* <-, *ohne pl> (geh)* deslealtad *f*
Illumination [ɪlumina'tsjo:n] *f* <-, -en> (*a.* REL) iluminación *f*
illuminieren* *vt* (*a.* KUNST) iluminar
Illusion [ɪlu'zjo:n] *f* <-en> ilusión *f;* **sich der ~ hingeben, dass ...** hacerse la ilusión de que...; **sich** *dat* **über etw (keine) ~en machen** (no) hacerse ilusiones sobre algo
illusionär [ɪluzjo'nɛ:ɐ] *adj* utópico
illusorisch [ɪlu'zo:rɪʃ] *adj* ilusorio; *(trügerisch)* engañoso; **es ist völlig ~, zu glauben, dass ...** es totalmente ilusorio pensar que... *+ind o subj*
Illustration [ɪlʊstra'tsjo:n] *f* <-en> ilustración *f*
illustrativ [ɪlʊstra'ti:f] *adj (anschaulich)* ilustrativo
Illustrator(in) [ɪlʊs'tra:to:ɐ] *m(f)* <-s, -en; -, -nen> ilustrador(a) *m(f)*
illustrieren* [ɪlʊs'tri:rən] *vt* ilustrar
Illustrierte [ɪlʊs'tri:ɐtə] *f* <-n> revista *f*
Iltis ['ɪltɪs] *m* <-ses, -se> (ZOOL) turón *m*
im [ɪm] = **in dem** en el/en la; *s. a.* **in**
Image ['ɪmɪtʃ] *nt* <-(s), -s> imagen *f* (pública)
Imagepflege *f* cuidado *m* de la imagen
Imageverlust *m* <-(e)s, -e> pérdida *f* de la imagen [*o* del prestigio]
imaginär [imagi'nɛ:ɐ] *adj* imaginario
Imagination [imagina'tsjo:n] *f* <-, -en> *(geh)* imaginación *f*
Imam [i'ma:m] *m* <-s, -e> (REL) imam *m,* imán *m*
Imbiss ['ɪmbɪs] *m* <-es, -e> ❶ *(Häppchen)* piscolabis *m inv,* ≈ tapa *f,* causa *f Chil, Perú* ❷ *(Verkaufsstelle)* (snack) bar *m*
Imbissstand *m* chiringuito *m*
Imbissstube *f* bar *m,* chiringuito *m*
Imitat [imi'ta:t] *nt* <-(e)s, -e> imitación *f*
Imitation [imita'tsjo:n] *f* <-en> imitación *f*
Imitator(in) [imi'ta:to:ɐ] *m(f)* <-s, -en; -nen> imitador(a) *m(f)*
imitieren* [imi'ti:rən] *vt* imitar
Imker(in) ['ɪmkɐ] *m(f)* <-s, -; -nen> apicultor(a) *m(f)*
Imkerei *f* <-, -en> establecimiento *m* de apicultura
immateriell ['ɪmaterjɛl, ---'-] *adj* inmaterial
Immatrikulation [ɪmatrikula'tsjo:n] *f* <-en> matriculación *f*
immatrikulieren* [ɪmatriku'li:rən] **I.** *vt* ❶ (UNIV: *einschreiben*) matricular (**für** en) ❷ *(Schweiz: Fahrzeug zulassen)* matricular **II.** *vr:* **sich ~** (UNIV) matricularse (**für** en)
immens [ɪ'mɛns] *adj* inmenso
immer ['ɪmɐ] *adv* siempre; *(unaufhörlich)* continuamente; **es ist ~ dasselbe** siempre ocurre lo mismo; **für ~** para siempre; **~ mit der Ruhe!** ¡con calma!; **~ geradeaus** todo seguido; **er ist ~ noch nicht da** aún [*o* todavía] no ha llegado; **~ wenn ...** siempre que...; **~ wieder** siempre de nuevo; **wie ~** como siempre; **~ mehr** cada vez más; **wer auch ~ ...** quienquiera que... *+subj;* **was auch ~** sea lo que sea; **wo/wie auch ~ ...** dondequiera/comoquiera que... *+subj;* **~ mal** *(fam)* de vez en cuando
immerfort ['--'-] *adv* continuamente, ininterrumpidamente
immergrün *adj* perenne
Immergrün *nt* (BOT) siempreviva *f*
immerhin ['--'-] *adv* al fin y al cabo, por lo menos
immerzu ['--'-] *adv (fam)* continuamente
Immigrant(in) [ɪmi'grant] *m(f)* <-en, -en; -nen> inmigrante *mf*
Immigration [ɪmigra'tsjo:n] *f* <-en> inmigración *f*
immigrieren* *vi sein* inmigrar
Immissionsschutz *m ohne pl* protección *f* contra las inmisiones
immobil *adj (geh)* inmóvil
Immobilien [ɪmo'bi:liən] *fpl* (bienes *mpl*) inmuebles *mpl*
Immobilienblase *f* (FIN, ECON) burbuja *f* inmobiliaria
Immobilienfirma *f* inmobiliaria *f*
Immobilienfonds *m* (FIN) fondo *m* inmobiliario
Immobilienmakler(in) *m(f)* agente *mf* inmobiliario , -a
Immobilienmarkt *m* mercado *m* inmobiliario
immun [ɪ'mu:n] *adj* (MED, JUR) inmune (**gegen** a/contra)
Immunabwehr *f* <-, *ohne pl>* resistencia *f* inmunológica [*o* inmunitaria]
immunisieren* [ɪmuni'zi:rən] *vt* (MED) inmunizar (**gegen** contra)
Immunisierung *f* <-, -en> (MED) inmunización *f* (**gegen** contra)
Immunität *f* <-en> (MED, JUR) inmunidad *f* (**gegen** a/contra)
Immunologe, -in [ɪmuno'lo:gə] *m, f* <-n, -n; -, -nen> (MED) inmunólogo, -a *m, f*
Immunschwäche *f* (MED) inmunodeficiencia *f*
Immunsystem *nt* (MED) sistema *m* inmunológico
Imperativ ['ɪmperati:f] *m* <-s, -e> (LING) imperativo *m*

Imperfekt [ˈɪmpɛrfɛkt] *nt* <-s, -e> (LING) imperfecto *m*
Imperialismus [ɪmperiaˈlɪsmʊs] *m* <-, *ohne pl*> imperialismo *m*
Imperialist(in) *m(f)* <-en, -en; -, -nen> imperialista *mf*
imperialistisch *adj* imperialista
Imperium [ɪmˈpeːriʊm, *pl:* ɪmˈpeːriən] *nt* <-s, Imperien> *(geh)* imperio *m*
impertinent [ɪmpɛrtiˈnɛnt] *adj (geh)* impertinente
Impertinenz [ɪmpɛrtiˈnɛnts] *f* <-en> *(geh)* insolencia *f*, impertinencia *f*
Impfausweis *m* <-es, -e> certificado *m* de vacunación
impfen [ˈɪmpfən] *vt* (MED) vacunar (**gegen** contra); **vollständig geimpft sein** haber recibido la pauta de vacunación completa
Impfpass *m* (MED) carné *m* de vacunación
Impfgegner(in) *m(f)* antivacunas *mf*
Impfstoff *m* vacuna *f*
Impfung *f* <-en> vacunación *f*
Impfzentrum *nt* (MED) centro *m* de vacunación
Impfzertifikat *nt* (MED, JUR) certificado *m* de vacunación
Implantat [ɪmplanˈtaːt] *nt* <-(e)s, -e> (MED) injerto *m*
Implantation [ɪmplantaˈtsjoːn] *f* <-, -en> (MED) implantación *f*
implantieren* [ɪmplanˈtiːrən] *vt* (TECH, MED) implantar
Implementierung *f* <-, -en> (INFOR) implementación *f*
implizieren* [ɪmpliˈtsiːrən] *vt* implicar
implizit [ɪmpliˈtsiːt] *adj* implícito
implodieren* *vi sein* (TECH) implotar
Implosion *f* <-, -en> (TECH) implosión *f*
imponieren* [ɪmpoˈniːrən] *vi* imponer, impresionar
imponierend *adj (Mensch)* impresionante, imponente
Imponiergehabe [ɪmpoˈniːɐ-] *nt* pavoneo *m*; *(Angeberei)* presunción *f*
Import [ɪmˈpɔrt] *m* <-(e)s, -e> ① *(Wareneinfuhr)* importación *f* ② *(Waren)* importaciones *f pl* ③ (INFOR) importación *f*
Importeur(in) [ɪmpɔrˈtøːɐ] *m(f)* <-s, -e; -nen> importador(a) *m(f)*
Importhandel *m* <-s, *ohne pl*> (COM) comercio *m* de importación
importieren* [ɪmpɔrˈtiːrən] *vt* importar
Importware *f* (COM) producto *m* importado
imposant [ɪmpoˈzant] *adj* impresionante, imponente; *(iron)* ridículo
impotent [ˈɪmpotɛnt] *adj* impotente
Impotenz [ˈɪmpotɛnts] *f ohne pl* impotencia *f*
imprägnieren* [ɪmprɛˈgniːrən] *vt* impregnar; *(Stoff)* impermeabilizar
Imprägnierung *f* <-, -en> impregnación *f*; *(gegen Wasser, Feuchtigkeit)* impermeabilización *f*, impermeabilizado *m*
Impressen *pl von* **Impressum**
Impression [ɪmprɛˈsjoːn] *f* <-, -en> impresión *f*, sensación *f*, efecto *m*
Impressionismus [ɪmprɛsjoˈnɪsmʊs] *m* <-, *ohne pl*> (KUNST) impresionismo *m*
Impressionist(in) *m(f)* <-en, -en; -, -nen> (KUNST) impresionista *mf*
impressionistisch *adj* (KUNST) impresionista
Impressum [ɪmˈprɛsʊm] *nt* <-s, Impressen> (PUBL) pie *m* de imprenta; *(einer Internetseite)* aviso *m* legal
Improvisation [ɪmprovizaˈtsjoːn] *f* <-en> (*a.* MUS) improvisación *f*
improvisieren* [ɪmproviˈziːrən] *vt* improvisar
Impuls [ɪmˈpʊls] *m* <-es, -e> impulso *m*
impulsiv [ɪmpʊlˈziːf] *adj* impulsivo
imstande [ɪmˈʃtandə] *adv* capaz; ~ **sein, etw zu tun** ser capaz de hacer algo; *s. a.* **Stand**[1]
in [ɪn] **I.** *präp +dat* ① *(wo)* en; *(darin)* dentro de; ~ **Magdeburg/~ diesem Buch** en Magdeburgo/en este libro; ~ **der Hand** en la mano; ~ **der Schule** en el colegio; ~ **Mathe ist er schwach** está flojo en mates; **gibt es das Kleid auch ~ Grün?** ¿tienen el vestido también en verde?; ~ **einer bestimmten Absicht** con una intención determinada; ~ **dieser Situation** en esta situación; **die Klausur/der Schnaps hat es ~ sich** *dat* es todo un examen/un aguardiente ② *(zeitlich: während)* en, durante; *(binnen)* dentro de, en; ~ **den Ferien** en las vacaciones; ~ **drei Tagen kommt ihr Mann wieder** su marido vuelve dentro de tres días; ~ **drei Jahren lernt man sich gut kennen** en tres años uno se llega a conocer bien; ~ **der nächsten Woche** la semana que viene; ~ **vierzehn Tagen** dentro de quince días; **im Jahr(e) 2016** en (el año) 2016; ~ **der Nacht** por la noche; **im Januar** en enero **II.** *präp +akk (Richtung)* a; ~ **die Schweiz/~s Ausland fahren** ir a Suiza/al extranjero; **wir ziehen ~ eine andere Stadt** nos mudamos a otra ciudad; **sie geht ~ den Garten/~s Kino** va al jardín/al cine; **ich gehe jetzt ~s Bett** me voy a la cama; ~ **(den) Urlaub fahren** ir(se) de vacaciones; ~ **Gefahr/~ eine Falle geraten** correr peligro/caer en una trampa; **~s Rutschen geraten** resbalar **III.** *adj (fam)* ~ **sein** estar de moda
inaktiv [ˈɪnʔaktiːf] *adj* inactivo

Inaktivität *f* <-, *ohne pl*> (*a.* CHEM, MED) inactividad *f*
inakzeptabel *adj* inaceptable
Inangriffnahme [ɪnˈʔangrɪfnaːmə] *f* <-, -n> *(formal)* comienzo *m*
Inanspruchnahme [-ˈ----] *f* <-n> *(eines Gerätes)* uso *m; (eines Hilfsmittels)* empleo *m; (eines Menschen)* ocupación *f*
Inbegriff [ˈɪnbəgrɪf] *m* <-(e)s, -e> encarnación *f*
inbegriffen [ˈ----] *adj* incluido
Inbetriebnahme [--ˈ---] *f* <-n> puesta *f* en servicio; *(einer Maschine)* puesta *f* en marcha
Inbrunst [ˈɪnbrʊnst] *f ohne pl (geh)* fervor *m*
inbrünstig [ˈɪnbrʏnstɪç] *adj (geh)* fervoroso
Inbus®-Schlüssel [ˈɪnbʊs-] *m* (TECH) llave *f* con macho hexagonal
indem [ɪnˈdeːm] *konj* ① *(während)* mientras, al *+inf* ② *(dadurch dass)* **sie sparte Geld, ~ sie ihre Kleidung selbst machte** ahorraba dinero haciéndose ella misma la ropa
Inder(in) [ˈɪndɐ] *m(f)* <-s, -; -nen> indio, -a *m, f* (de la India)
indes *adv,* **indessen** [ɪnˈdɛsən] *adv* ① *(inzwischen)* entretanto ② *(jedoch)* sin embargo
Index[1] [ˈɪndɛks, *pl:* ˈɪnditseːs, ˈɪndɛkse] *m* <-(es), -e *o* Indizes> *(Register)* índice *m*
Index[2] [ˈɪndɛks, *pl:* ˈɪnditseːs] *m* <-(es), Indizes> (WIRTSCH, MATH, PHYS, LING) índice *m*
Index[3] [ˈɪndɛks] *m* <-(es), -e> (REL) índice *m* (expurgatorio); **auf dem ~ stehen** figurar en el índice de los libros prohibidos
Indianer(in) [ɪndiˈanɐ] *m(f)* <-s, -; -nen> *(abw)* indio, -a *m, f* (americano, -a) *pey*
Indianerzelt *nt (abw)* tienda *f* india *pey*
indianisch *adj* indio *(abw)*
Indie-Musik [ˈɪndi-] *f* música *f* indie
Indien [ˈɪndiən] *nt* <-s> (la) India *f*
indifferent [ˈɪndɪfərɛnt, ---ˈ-] *adj* indiferente (**gegenüber** a)
Indigo [ˈɪndigo] *m o nt* <-s, -s> índigo *m*
indigoblau [ˈ---ˈ-] *adj* azul índigo
Indikativ [ˈɪndikatiːf] *m* <-s, -e> (LING) indicativo *m*
Indikator [ɪndiˈkaːtoːɐ] *m* <-s, -en> indicador *m* (**für** de)
Indio [ˈɪndjo] *m* <-s, -s> *abw* indio *m* (americano) *pey*
Indiofrau f <-, -en> *abw* indigena *f*
indirekt [ˈɪndirɛkt] *adj* indirecto
indisch [ˈɪndɪʃ] *adj* indio
Indischer Ozean *m* océano Índico *m*
indiskret [ˈɪndɪskreːt] *adj* indiscreto
Indiskretion [ˈ----, ---ˈ-] *f* <-en> indiscreción *f*
indiskutabel [ˈ-----, ---ˈ--] *adj* indiscutible
Individualismus [ɪndividuaˈlɪsmʊs] *m* <-, *ohne pl*> individualismo *m*
Individualist(in) [ɪndividuaˈlɪst] *m(f)* <-en, -en; -nen> individualista *mf*
individualistisch *adj* individualista
Individualität *f* <-en> individualidad *f*
Individualverkehr *m ohne pl (formal)* circulación *f* individual
individuell [ɪndividuˈel] *adj* individual
Individuum [ɪndiˈviːduʊm, *pl:* ɪndiˈviːduən] *nt* <-s, Individuen> individuo *m*
Indiz [ɪnˈdiːts] *nt* <-es, -ien> indicio *m* (**für** de)
Indizes *pl von* **Index[1]**, **Index[2]**
Indochina [ɪndoˈçiːna] *nt* <-s> Indochina *f*
indoeuropäisch [ˈɪndoʔɔɪroˈpɛːɪʃ] *adj* (LING, HIST) indoeuropeo
indogermanisch [ˈ---ˈ--] *adj* (LING, HIST) indogermánico
Indonesien [ɪndoˈneːziən] *nt* <-s> Indonesia *f*
Indonesier(in) *m(f)* <-s, -; -nen> indonesio, -a *m, f*
indonesisch *adj* indonesio
Induktion [ɪndʊkˈtsjoːn] *f* <-, -en> (ELEK, PHILOS) inducción *f*
induktiv [ɪndukˈtiːf] *adj* (ELEK, PHILOS) inductivo
industrialisieren* [ɪndʊstrialiˈziːrən] *vt* industrializar
Industrialisierung *f* <-en> industrialización *f*
Industrie [ɪndʊsˈtriː] *f* <-n> industria *f*
Industrieanlage *f* instalación *f* industrial
Industriebetrieb *m* empresa *f* industrial
Industriegebiet *nt* zona *f* industrial
Industriegesellschaft *f* sociedad *f* industrial
Industriegewerkschaft *f* sindicato *m* (obrero) industrial
Industriekauffrau *f* perito *f* industrial
Industriekaufmann *m* perito *m* industrial
Industriekonzern *m* grupo *m* industrial
Industrieland *nt* país *m* industrial
industriell [ɪndʊstriˈɛl] *adj* industrial
Industrielle(r) *mf* <-n, -n; -n> industrial *mf*
Industriemüll *m* residuos *mpl* industriales
Industrienation *f* país *m* industrializado
Industrienorm *f* <-, -en> (TECH) estándar *m* industrial
Industriepark *m* <-s, -s> parque *m* industrial
Industriestaat *m* estado *m* industrializado
Industriestadt *f* ciudad *f* industrial
Industriestandort *m* punto *m* (de concentración) industrial

Industrie- und Handelskammer *f* Cámara *f* de Industria y Comercio
Industriezentrum *nt* centro *m* industrial
Industriezweig *m* ramo *m* de (la) industria, sector *m* industrial
induzieren* [ɪndu'tsi:rən] *vt* (PHILOS, MED, ELEK) inducir
ineffektiv ['ɪn-] *adj* inefectivo
ineffizient *adj* ineficiente
Ineffizienz *f* <-, -en> ineficiencia *f*
ineinander [ɪn(ʔ)aɪ'nandɐ] *adv* uno en otro; **sich ~ verlieben** enamorarse uno del otro
ineinander|greifen *irr vi* engranar
infam [ɪn'fa:m] *adj (abw)* infame
Infanterie [ɪnfantə'ri:, '----] *f* <-n> (MIL) infantería *f*
Infanterieregiment *nt* <-(e)s, -er> (MIL) regimiento *m* de infantería
Infanterist [ɪnfantə'rɪst] *m* <-en, -en> (MIL) soldado *m* de infantería
infantil [ɪnfan'ti:l] *adj* (PSYCH) infantil; *(abw)* infantiloide
Infarkt [ɪn'farkt] *m* <-(e)s, -e> (MED) infarto *m*
Infekt [ɪn'fɛkt] *m* <-(e)s, -e> (MED) infección *f*; **ein grippaler ~** una infección gripal
Infektion [ɪnfɛk'tsjo:n] *f* <-en> (MED) infección *f*
Infektionsgefahr *f* (MED) peligro *m* de infección
Infektionsherd *m* (MED) foco *m* infeccioso
Infektionskrankheit *f* (MED) enfermedad *f* infecciosa
infektiös [ɪnfek'tsjø:s] *adj* (MED) infeccioso
Inferno [ɪn'fɛrno] *nt* <-s, *ohne pl*> infierno *m*
Infiltration [ɪnfɪltra'tsjo:n] *f* <-, -en> (POL, GEO, MED) infiltración *f*
infiltrieren* [ɪnfɪl'tri:rən] *vt (geh, a.* MED, TECH) infiltrar(se) (en)
Infinitiv ['ɪnfiniti:f] *m* <-s, -e> (LING) infinitivo *m*
infizieren* [ɪnfi'tsi:rən] **I.** *vt* (MED) infectar; (INFOR) contaminar *(con un virus informático)* **II.** *vr:* **sich ~** (MED) ❶ *(krank werden)* contagiarse ❷ *(sich anstecken)* coger *fam;* **sie hat sich mit Aids infiziert** ha cogido el sida
in flagranti [ɪn fla'granti] *adv* in fraganti
Inflation [ɪnfla'tsjo:n] *f* <-en> (WIRTSCH) inflación *f*
inflationär [ɪnflatsjo'nɛ:ɐ] *adj* (WIRTSCH) inflacionista, inflacionario; **~e Geldpolitik** política monetaria inflacionista
Inflationsrate *f* (WIRTSCH) tasa *f* de inflación
Info *f* <-s> *(fam) Abk. von* **Information** información *f*
infolge [ɪn'fɔlgə] *präp +gen* a consecuencia de
infolgedessen [---'--] *adv* en consecuencia, por consiguiente
Informant(in) [ɪnfɔr'mant] *m(f)* <-en, -en; -nen> informante *mf*
Informatik [ɪnfɔr'ma:tɪk] *f ohne pl* informática *f*
Informatiker(in) [ɪnfɔr'ma:tikɐ] *m(f)* <-s, -; -nen> informático, -a *m, f*
Information [ɪnfɔrma'tsjo:n] *f* <-en> ❶ *(Nachricht)* información *f* (**über** sobre); **zu Ihrer ~** para su información ❷ *(Empfang)* información *f*; **wenden Sie sich bitte an die ~** diríjase a información, por favor
Informationsaustausch *m* intercambio *m* de informaciones
Informationsblatt *nt* hoja *f* de información
Informationsfluss *m ohne pl* flujo *m* de comunicaciones
Informationsflut *f* avalancha *f* de informaciones
Informationsgesellschaft *f* sociedad *f* de información
Informationsmaterial *nt* material *m* informativo
Informationsquelle *f* fuente *f* de información
Informationsstand[1] *m ohne pl (Kenntnisstand)* nivel *m* informativo
Informationsstand[2] *m (Auskunftsschalter)* (stand *m* de) información *f*
Informationstechnologie *f* <-, -n> tecnología *f* de la información
Informationsverbreitung *f ohne pl* difusión *f* de información
informativ [---'-] *adj* informativo
informell ['ɪnfɔrmɛl, --'-] *adj* ❶ *(ohne Formalitäten)* informal ❷ *(informatorisch)* informativo
informieren* [ɪnfɔr'mi:rən] **I.** *vt* informar (**über** sobre/de) **II.** *vr:* **sich ~** informarse (**über** sobre/de); **ich werde mich darüber ~** me informaré sobre esto
infrage ~ kommen entrar en consideración; **das kommt nicht ~** *(ist ungeeignet)* esto no se puede tomar en cuenta; **etw ~ stellen** poner algo en duda; *s. a.* **Frage**
infrarot [ɪnfra'ro:t] *adj* (PHYS) infrarrojo
Infrarotlicht *nt ohne pl* luz *f* infrarroja
Infrarotstrahlen *mpl* rayos *mpl* infrarrojos
Infrastruktur ['----] *f* infraestructura *f*
Infusion [ɪnfu'zjo:n] *f* <-en> (MED) tra(n)sfusión *f*
Ing. *Abk. von* **Ingenieur(in)** ing.
Ingenieur(in) [ɪnʒe'njø:ɐ] *m(f)* <-s, -e; -nen> ingeniero, -a *m, f*

Ingenieurbüro *nt* <-s, -s> oficina *f* técnica

Ingenieurwesen *nt* ingeniería *f*

Ingwer ['ɪŋvɐ] *m* <-s, *ohne pl*> jengibre *m*

Inh. ① *Abk. von* **Inhaber(in)** propietario, -a *m, f* ② *Abk. von* **Inhalt** contenido *m*

Inhaber(in) ['ɪnha:bɐ] *m(f)* <-s, -; -nen> *(Eigentümer)* propietario, -a *m, f; (eines Kontos, Amtes, Passes)* titular *mf; (von Aktien)* tenedor(a) *m(f)*

inhaftieren* [ɪnhaf'ti:rən] *vt* detener, encarcelar

Inhaftierung *f* <-, -en> detención *f*

Inhalation [ɪnhala'tsjo:n] *f* <-, -en> (MED) inhalación *f*

Inhalator [ɪnha'la:to:ɐ] *m* <-s, -en> inhalador *m*

inhalieren* [ɪnha'li:rən] **I.** *vt* inhalar **II.** *vi* hacer inhalaciones

Inhalt ['ɪnhalt] *m* <-(e)s, -e> ① *(allgemein)* contenido *m* ② (MATH: *Fläche*) área *f; (Raum)* volumen *m*

inhaltlich **I.** *adj* del contenido **II.** *adv* en cuanto al contenido

Inhaltsangabe *f* resumen *m*

inhaltslos *adj* sin contenido

Inhaltsübersicht *f* <-, -en>, **Inhaltsverzeichnis** *nt* <-ses, -se> tabla *f* de materias, índice *m*

inhomogen *adj* no homogéneo, desigual

inhuman *adj (geh)* inhumano

Initiale [initsj'a:lə] *f* <-n> (letra *f*) inicial *f*

initialisieren* [initsjali'zi:rən] *vt* (INFOR) inicializar

Initialzündung [ini'tsja:l-] *f* <-, -en> ① (TECH) impulso *m* ② *(Idee)* empuje *m*, iniciativa *f*

Initiation [initsja'tsjo:n] *f* <-en> (*a.* REL, SOZIOL) iniciación *f*

Initiationsritus *m* <-, -riten> (*a.* REL, SOZIOL) rito *m* de iniciación

initiativ *adj* con iniciativa, emprendedor; ~ **sein** tener iniciativa, ser emprendedor; (**in etw** *dat*) ~ **werden** tomar la iniciativa (en algo)

Initiative [initsja'ti:və] *f* <-n> ① *(allgemein)* iniciativa *f*; **die ~ ergreifen** tomar la iniciativa; **etw aus eigener ~ tun** hacer algo por iniciativa propia ② *(Schweiz: Volksbegehren)* iniciativa *f* popular

Initiator(in) [ini'tsja:to:ɐ] *m(f)* <-s, -en; -nen> iniciador(a) *m(f)*

initiieren* [initsi'i:rən] *vt* iniciar

Injektion [ɪnjɛk'tsjo:n] *f* <-en> (MED) inyección *f*

Injektionsnadel *f* <-, -n> (MED) cánula *f*

injizieren* [ɪnji'tsi:rən] *vt* (MED) inyectar

Inka ['iŋka] *mf* <-(s), -(s); -(s)> (HIST) inca *mf*

Inkarnation [ɪnkarna'tsjo:n] *f* <-, -en> (*a.* REL) encarnación *f*

Inkasso [ɪn'kaso] *nt* <-s, -s *o* Inkassi> (FIN) cobro *m*

inkl. *Abk. von* **inklusive** inclusive, incluido

inklusive [ɪnklu'zi:və] **I.** *präp +gen* inclusive, incluido **II.** *adv* inclusive, incluido; **bis 28. November ~** hasta el 28 de noviembre inclusive; **alles ~** todo incluido

inkognito *adv (geh)* de incógnito

Inkognito *nt* <-s, -s> *(geh)* incógnito *m*; **sein ~ wahren** guardar el anonimato

inkompatibel ['-----, ---'--] *adj* (INFOR, JUR) incompatible

Inkompatibilität [ɪnkɔmpatibili'tɛ:t] *f* <-, -en> (INFOR, JUR) incompatibilidad *f*

inkompetent ['ɪnkɔmpetɛnt] *adj* incompetente

Inkompetenz ['ɪnkɔmpetɛnts] *f* <-en> incompetencia *f*

inkonsequent *adj* inconsecuente

Inkonsequenz ['----, ---'-] *f* <-en> inconsecuencia *f*

inkontinent *adj inv* (MED) incontinente

Inkontinenz ['ɪnkɔntinɛnts, ---'-] *f* <-, -en> (MED) incontinencia *f*

inkorrekt ['---] *adj* incorrecto

Inkrafttreten [-'---] *nt* <-s, *ohne pl*>, **In-Kraft-Treten** *nt* <-s, *ohne pl*> entrada *f* en vigor

Inkubation [ɪnkuba'tsjo:n] *f* <-, -en> (MED, ZOOL) incubación *f*

Inkubationszeit *f* (MED) tiempo *m* de incubación

Inland ['ɪnlant] *nt* <-(e)s, *ohne pl*> ① *(Gegensatz zu Ausland)* país *m*; **im In- und Ausland** dentro y fuera del país ② *(Gegensatz zu Küste)* interior *m* (del país)

Inlandflug *m* vuelo *m* nacional

inländisch ['ɪnlɛndɪʃ] *adj* interior; *(Waren)* nacional

Inlandsflug *m* vuelo *m* nacional

Inlandsmarkt *m* (WIRTSCH) mercado *m* nacional

Inlandsporto *nt* franqueo *m* nacional

Inlandsverschuldung *f* (FIN, WIRTSCH) endeudamiento *m* interno

Inliner ['ɪnlaɪnɐ] *m* <-s, ->, **Inlineskate** ['ɪnlaɪnskɛɪt] *m* <-s, -s> patín *m* en línea [*o* in-line]

Inlineskaten ['ɪnlaɪnskɛɪtən] *nt* <-s, *ohne pl*> (SPORT) patinaje *m* en línea

inmitten [ɪn'mɪtən] *präp +gen (geh)* en medio de

inne|haben ['ɪnə-] *irr vt (Amt)* ocupar; *(geh: besitzen)* poseer

inne|halten *irr vi* interrumpir; *(in Bewegung)* detenerse

innen ['ɪnən] *adv* (por) dentro; **~ drin** dentro; ~ **und außen** por dentro y por fuera; **die Tür geht nach ~ auf** la puerta se abre hacia dentro

Innenarchitekt(in) *m(f)* arquitecto, -a *m, f* de interiores

Innenarchitektur *f* arquitectura *f* de interiores

Innenausstattung *f* decoración *f* interior

Innenbeleuchtung *f* <-, -en> *(Raum)* iluminación *f* interior; *(Fahrzeug)* luz *f* interior

Innendienst *m* servicio *m* interno

Inneneinrichtung *f* decoración *f* de interiores

Innenhof *m* patio *m,* solar *m AmC, Ant*

Innenleben *nt ohne pl* ① *(eines Menschen)* vida *f* interior ② *(fam: eines Gerätes)* interiores *mpl*

Innenminister(in) *m(f)* (POL) ministro, -a *m, f* del Interior

Innenministerium *nt* (POL) Ministerio *m* del Interior

Innenpolitik *f* política *f* interior

innenpolitisch *adj* de la política interior

Innenraum *m* (espacio *m*) interior *m*

Innenseite *f* (parte *f*) interior *m*

Innenstadt *f* centro *m* de la ciudad

Innentasche *f* <-, -n> bolsillo *m* interior

Innenverteidiger(in) *m(f)* (SPORT) defensa *mf* interior

Innenwand *f* <-, -wände> tabique *m*

Innenzelt *nt* tienda *f* interior

innerbetrieblich ['ɪnɐ-] *adj* intraempresarial

innerdeutsch *adj* (HIST: *Angelegenheit, Handel*) interalemán; **die ~e Grenze** la frontera interalemana

innere(r, s) *adj* ① *(räumlich)* interior, interno; **Einmischung in die ~n Angelegenheiten** intromisión en asuntos internos ② (MED) interno ③ *(geistig, seelisch)* interior

Innere(s) *nt* <-n, *ohne pl*> interior *m;* **in ihrem tiefsten ~n** en su más hondo

Innereien [ɪnə'raɪən] *pl* vísceras *fpl,* achuras *fpl CSur, Bol; (bei Geflügel)* menudillos *mpl*

innerhalb ['ɪnɐhalp] **I.** *präp +gen* ① *(örtlich)* dentro de ② *(zeitlich)* dentro de, en el plazo de **II.** *adv* dentro; ~ **von** dentro de

innerlich *adj* ① *(innen)* por dentro; (MED) interno; ~ **anzuwenden** para uso interno ② *(geistig, seelisch)* interior

innerorts *adj (Schweiz)* dentro del pueblo [*o* de la ciudad]

innerste(r, s) *adj superl von* **innere(r, s)** el/la/lo más interior; *(fig)* el más íntimo/la más íntima/lo más íntimo; **sein ~s Wesen** su naturaleza más íntima

Innerste(s) *nt* <-n, *ohne pl*> *(bei Personen)* lo más íntimo, corazón *m; (bei Dingen)* fondo *m;* **ihr ~s blieb ihm verborgen** lo más íntimo de su ser le quedó oculto

innert [ɪ'nɛrt] *präp+gen (Schweiz, Österr) s.* **innerhalb**

inne|wohnen ['ɪnə-] *vi (geh)* **jdm/etw** *dat* ~ ser inherente a alguien/algo

innig ['ɪnɪç] *adj (tief)* profundo; *(herzlich)* cordial; *(inbrünstig)* ferviente, ardiente; **jdn heiß und ~ lieben** amar a alguien con toda el alma

Innovation [ɪnova'tsjo:n] *f* <-en> innovación *f*

innovativ [ɪnova'ti:f] *adj (Denken)* innovador

innovieren [ɪno'vi:rən] *vi (geh)* innovar

Innung ['ɪnʊŋ] *f* <-en> corporación *f*

inoffiziell ['ɪnʔɔfitsjɛl] *adj* extraoficial

inoperabel *adj* (MED) inoperable; ~ **sein** ser inoperable

inopportun *adj (geh)* inoportuno

in petto [ɪn 'pɛto] *adv (fam)* **etw** (**gegen jdn**) ~ **haben** tener algo en la manga (para utilizarlo contra alguien)

in puncto [ɪn 'pʊŋkto] *präp +nom/gen* en [*o* por] lo que se refiere a

Input ['ɪnpʊt] *m o nt* <-s, -s> (INFOR) input *m,* inducto *m*

Inquisition [ɪnkvizi'tsjo:n] *f* <-en> (HIST) Inquisición *f*

Inquisitor [ɪnkvi'zi:to:ɐ] *m* <-s, -en> (HIST) inquisidor *m*

ins [ɪns] = **in das** al/a la; *s. a.* **in**

Insasse, -in ['ɪnzasə] *m, f* <-n, -n; -nen> *(eines Fahrzeugs)* ocupante *mf; (eines Heims)* residente *mf; (eines Gefängnisses)* preso, -a *m, f*

insbesondere [ɪnsbə'zɔndərə] *adv* especialmente, en particular

Inschrift ['--] *f* <-en> inscripción *f*

Insekt [ɪn'zɛkt] *nt* <-(e)s, -en> insecto *m*

Insektenbekämpfungsmittel *nt* insecticida *m*

Insektengift *nt* <-(e)s, -e> (CHEM) insecticida *m*

Insektenspray *nt* <-s, -s> insecticida *m*

Insektenstich *m* picadura *f* de (un) insecto

Insektenvernichtungsmittel *nt,* **Insektizid** [ɪnzɛkti'tsi:t] *nt* <-s, -e> insecticida *m*

Insel ['ɪnzəl] *f* <-n> isla *f;* **die Kanarischen ~n** las islas Canarias

Inselbewohner(in) *m(f)* habitante *m* de una isla

Inselgruppe *f* archipiélago *m*

Inserat [ɪnze'ra:t] *nt* <-(e)s, -e> (PUBL) anuncio *m,* aviso *m Am;* **ein ~ aufgeben** poner un anuncio

Inserent(in) [ɪnze'rɛnt] *m(f)* (PUBL) anunciante *mf*
inserieren* [ɪnze'riːrən] *vi* (PUBL) poner un anuncio (**in** en)
insgeheim ['--'-] *adv* en secreto
insgesamt ['--'-] *adv* en total
Insider(in) ['ɪnsaɪdɐ] *m(f)* <-s, -; -nen> persona *f* enterada
insistieren* [ɪnzɪs'tiːrən] *vi (geh)* insistir (**auf** en)
inskünftig ['ɪnskʏnftɪç] *adv (Schweiz: künftig)* en el futuro
insofern [--'-, -'--] **I.** *adv* en este sentido; **~ sind wir einverstanden** hasta ahí estamos de acuerdo; **er hat ~ Recht, als ...** tiene razón en el sentido de que... **II.** *konj* ❶ *(für den Fall)* con tal que *+subj*, siempre que *+subj* ❷ *(in dem Maß)* en la medida que *+subj*
insolvent ['---, --'-] *adj* (FIN) insolvente
Insolvenz ['---, --'-] *f* <-, -en> (FIN) insolvencia *f*
Insolvenzverwalter(in) *m(f)* (FIN) administrador(a) *m(f)* de insolvencia
insoweit [--'-, -'--] *adv o konj s.* **insofern**
in spe [ɪn 'speː] *adj inv* futuro; **meine Schwiegereltern ~** mis futuros suegros
Inspektion [ɪnspɛk'tsjoːn] *f* <-en> ❶ *(allgemein)* inspección *f*, chequeo *m Am* ❷ (AUTO) revisión *f*
Inspektor(in) [ɪn'spɛktɔːɐ] *m(f)* <-s, -en; -nen> inspector(a) *m(f)*
Inspiration [ɪnspira'tsjoːn] *f* <-en> inspiración *f*
inspirieren* [ɪnspi'riːrən] *vt* inspirar (**zu** a)
inspizieren* [ɪnspi'tsiːrən] *vt* inspeccionar
instabil ['---, --'-] *adj* inestable
Instabilität ['-----, ----'-] *f* <-, -en> inestabilidad *f*
Instagram® <-[s]> ['ɪnstəgrɛm] *nt kein pl* (INFOR) Instagram® *m*
Installateur(in) [ɪnstala'tøːɐ] *m(f)* <-s, -; -nen> instalador(a) *m(f)*; *(Klempner)* fontanero, -a *m, f*
Installation [ɪnstala'tsjoːn] *f* <-en> (*a.* INFOR, TECH) instalación *f*
installieren* [ɪnsta'liːrən] *vt* (TECH) instalar, montar; (INFOR) instalar; **ein Programm ~** instalar un programa
instand [ɪn'ʃtant] *adv* **etw ~ setzen/halten** arreglar/conservar algo; **gut ~ sein** estar en buen estado; *s. a.* **Stand**[1]
Instandhaltung *f* mantenimiento *m*, conservación *f*
Instandhaltungskosten *pl* costes *mpl* de conservación [*o* de mantenimiento]
inständig ['ɪnʃtɛndɪç] **I.** *adj* ❶ *(dringlich)* urgente ❷ *(nachdrücklich)* fervoroso **II.** *adv* encarecidamente, insistentemente

Instandsetzung ['-'---] *f* <-, -en> arreglo *m*
Instantkaffee [ɪn'stant-] *m* <-s, -s> café *m* instantáneo
Instanz [ɪn'stants] *f* <-en> ❶ *(Behörde)* autoridad *f* competente ❷ (JUR) instancia *f*; **in erster/zweiter ~** en primera/segunda instancia; **bis zur letzten ~ gehen** ir hasta la última instancia
Instinkt [ɪn'stɪŋkt] *m* <-(e)s, -e> instinto *m*
instinktiv [ɪnstɪŋk'tiːf] *adj* instintivo
Institut [ɪnsti'tuːt] *nt* <-(e)s, -e> instituto *m*
Institution [ɪnstitu'tsjoːn] *f* <-en> institución *f*
instruieren* [ɪnstru'iːrən] *vt* ❶ *(informieren)* informar ❷ *(anweisen)* dar instrucciones
Instruktion [ɪnstrʊk'tsjoːn] *f* <-en> ❶ *(Anweisung)* directiva *f*, orden *f* ❷ *(Anleitung)* instrucción *f*
Instrument [ɪnstru'mɛnt] *nt* <-(e)s, -e> (*a.* MUS) instrumento *m*
instrumental [ɪnstrumɛn'taːl] *adj* (*a.* MUS) instrumental
instrumentalisieren* *vt (geh)* instrumentalizar
Instrumentalist(in) *m(f)* <-en, -en; -, -nen> (MUS) instrumentista *mf*
Instrumentalmusik *f* música *f* instrumental
Instrumentalstück *nt* (MUS) pieza *f* instrumental
Instrumentarium [ɪnstrumɛn'taːrium, *pl:* ɪnstrumɛn'taːriən] *nt* <-s, Instrumentarien> (*a.* MUS) instrumental *m*
Insuffizienz ['ɪnzʊfitsjɛnts, ---'-] *f* <-, -en> ❶ *(Unvermögen)* incapacidad *f* ❷ (MED) insuficiencia *f*
Insulaner(in) [ɪnzu'laːnɐ] *m(f)* <-s, -; -nen> isleño, -a *m, f*, insular *mf*
Insulin [ɪnzu'liːn] *nt* <-s, *ohne pl*> (MED) insulina *f*
inszenieren* [ɪnstse'niːrən] *vt* (THEAT) poner en escena
Inszenierung *f* <-en> ❶ (THEAT) puesta *f* en escena ❷ *(abw: in Politik, Öffentlichkeit)* trama *f*
intakt [ɪn'takt] *adj* intacto
integer [ɪn'teːgɐ] *adj (geh)* íntegro
Integralrechnung *f* (MATH) cálculo *m* integral
Integration [ɪntegra'tsjoːn] *f* <-en> (*a.* MATH) integración *f*
integrativ [ɪntegra'tiːf] *adj* integrativo
integrieren* [ɪnte'griːrən] *vt* (*a.* MATH) integrar; **wieder in die Gesellschaft ~** reintegrar en la sociedad

Integrität [ɪntegri'tɛ:t] *f ohne pl* integridad *f*
Intellekt [ɪntɛ'lɛkt] *m* <-(e)s, *ohne pl*> intelecto *m*
intellektuell [ɪntɛlɛktu'ɛl] *adj* intelectual
Intellektuelle(r) *mf* <-n, -n; -n> intelectual *mf*
intelligent [ɪntɛli'gɛnt] *adj* inteligente
Intelligenz [ɪntɛli'gɛnts] *f ohne pl* ❶ *(Denkfähigkeit)* inteligencia *f*; **künstliche ~** (INFOR) inteligencia artificial ❷ *(Gebildete)* intelectuales *mpl*
Intelligenzbestie *f* <-, -n> *(fam)* genio *m*, monstruo *m* de inteligencia
Intelligenzquotient *m* cociente *m* intelectual, coeficiente *m* de inteligencia
Intelligenztest *m* test *m* de nivel intelectual
Intendant(in) [ɪntɛn'dant] *m(f)* <-en, -en; -nen> (RADIO, TV, THEAT) director(a) *m(f)* artístico , -a
Intendantur [ɪntɛndan'tu:ɐ, *pl:* -ren] *f* <-, -en> *(alt, a.* MIL) intendencia *f*
Intendanz [ɪntɛn'dants] *f* <-en> (RADIO, TV, THEAT: *Amt*) cargo *m* de director(a) artístico , -a; *(Büro)* oficina *f* del director artístico/de la directora artística
Intensität [ɪntɛnzi'tɛ:t] *f* <-en> intensidad *f*
intensiv [ɪntɛn'zi:f] *adj* ❶ *(gründlich)* intensivo ❷ *(Farbe, Schmerz)* intenso
intensivieren* [ɪntɛnzi'vi:rən] *vt* intensificar
Intensivierung *f* <-en> intensificación *f*
Intensivkurs *m* curso *m* intensivo
Intensivstation *f* (MED) unidad *f* de cuidados intensivos
Intention [ɪntɛn'tsjo:n] *f* <-en> intención *f*
interaktiv [ɪntɐʔak'ti:f] *adj* (*a.* INFOR) interactivo
Intercity [ɪntɐ'sɪti] *m* <-s, -s> (EISENB) tren *m* rápido interurbano
Intercityexpress *m* <-es, -e> (EISENB) ≈ AVE *m*
interdisziplinär [ɪntɐdɪstsipli'nɛ:ɐ] *adj* interdisciplinario
interessant [ɪnt(ə)rɛ'sant] *adj* interesante; **sich ~ machen** hacerse el interesante
interessanterweise [ɪnt(ə)rɛ'santɐ'vaɪzə] *adv* curiosamente
Interesse [ɪntə'rɛsə, ɪn'trɛsə] *nt* <-s, -n> interés *m* (**an/für** en/por); **~ haben/zeigen** tener/mostrar interés; **es liegt in deinem eigenen ~** es en tu propio interés; **im ~ des Friedens** en beneficio de la paz; **er vertritt meine ~n** defiende mis intereses; **mit wachsendem ~** con creciente interés; **jds ~ für etw gewinnen** despertar el interés de alguien por algo
interessehalber [ɪntə'rɛsəhalbɐ, ɪn'trɛsə-] *adv* por interés
interesselos *adj* sin interés
Interessengebiet *nt* ámbito *m* de intereses
Interessengemeinschaft *f* comunidad *f* de intereses
Interessengruppe *f* <-, -n> grupo *m* de interesados
Interessenkonflikt *m* conflicto *m* de intereses
Interessent(in) [ɪnt(ə)rɛ'sɛnt] *m(f)* <-en, -en; -nen> interesado, -a *m, f* (**an/für** en/por)
Interessenverband *m* <-(e)s, -bände> asociación *f* de intereses
Interessenvertretung *f* <-, -en> representación *f* de intereses
interessieren* [ɪnt(ə)rɛ'si:rən] **I.** *vr:* **sich ~** interesarse (**für** por), tener interés (**für** en/por) **II.** *vt* interesar; **jdn für etw ~** despertar el interés de alguien por algo
interessiert [ɪnt(ə)rɛ'si:ɐt] **I.** *adj* interesado; **kulturell ~ sein** tener intereses intelectuales; **an etw** *dat* **/jdm ~ sein** estar interesado en algo/alguien; **sich ~ zeigen** mostrarse interesado; **ich bin nicht daran ~, dass …** no me interesa que… +*subj* **II.** *adv* con interés
Interface ['ɪntɐfɛɪs] *nt* <-, -s> (INFOR) interfase *f*
Interferenz [ɪntɐfe'rɛnts] *f* <-en> (PHYS, TECH) interferencia *f*
Interieur [ɛ̃te'rjø:ɐ] *nt* <-s, -s *o* -e> interior *m*
Interimsregierung *f* (POL) gobierno *m* interino
Interjektion [ɪntɐjɛk'tsjo:n] *f* <-en> (LING) interjección *f*
interkontinental [ɪntɐ-] *adj* intercontinental
Interkontinentalrakete *f* <-, -n> (MIL) misil *m* intercontinental
interkulturell *adj* intercultural
Intermezzo [ɪntɐ'mɛtso] *nt* <-s, -s *o* -mezzi> (*a.* MUS, THEAT) intermezzo *m*
intern [ɪn'tɛrn] *adj* interno
Internat [ɪntɐ'na:t] *nt* <-(e)s, -e> internado *m*
international [ɪntɐnatsjo'na:l] *adj* internacional
Internationale *f* <-, *ohne pl*> (POL) Internacional *f*
internationalisieren* [ɪntɐnatsjonali'zi:rən] *vt* (POL, JUR) internacionalizar
Internatsschüler(in) *m(f)* alumno, -a *m, f* de un internado
Internet ['ɪntɐnɛt] *nt* <-s, -s> (INFOR) internet *f*; **im ~ surfen** navegar en/por internet

Internetadresse *f* (INFOR) dirección *f* en internet
Internetaktivist(in) *m(f)* activista *mf* de [*o* en] internet
Internetanbieter *m* <-s, -> (INFOR) proveedor *m* de Internet
Internetanschluss *m* <-es, -schlüsse> (INFOR) conexión *f* a Internet
Internetbenutzer(in) *m(f)* (INFOR) usuario, -a *m, f* de internet
Internetbrowser *m* (INFOR) explorador *m* de internet
Internetcafé *nt* (INFOR) cibercafé *m,* internet café *m,* cibercafé *m*
Internetchat *m* <-s, -s> (INFOR) chat(eo) *m* por internet
Internetprovider *m* <-s, -> (INFOR) proveedor *m* de internet
Internetsurfer(in) *m(f)* (INFOR) internauta *mf,* navegante *mf* de internet
Internet-Terminal *nt* <-s, -s> (INFOR) terminal *m* de internet
Internetzugang *m* (INFOR) acceso *m* a internet
internieren* [ɪntɐˈniːrən] *vt* internar
Internierung *f* <-en> ❶ (MIL) internamiento *m* ❷ (MED) ingreso *m*
Internierungslager *nt* campo *m* de concentración
Internist(in) [ɪntɐˈnɪst] *m(f)* <-en, -en; -nen> (MED) internista *mf*
Interpol [ˈɪntɐpoːl] *f* Interpol *f,* Organización *f* Internacional de Policía Criminal
Interpret(in) [ɪntɐˈpreːt] *m(f)* <-en, -en; -nen> (MUS) intérprete *mf*
Interpretation [ɪntɐpretaˈtsjoːn] *f* <-en> interpretación *f*
interpretieren* [ɪntɐpreˈtiːrən] *vt* interpretar
Interpretin *f* <-nen> *s.* **Interpret**
Interpunktion [ɪntɐpʊŋkˈtsjoːn] *f ohne pl* (LING) puntuación *f*
Interrailkarte [ˈɪntɐrɛɪlkartə] *f* (EISENB) billete *m* Interrail
Interregio [ɪntɐˈreːgio] *m* <-s, -s> (EISENB) tren *m* rápido interregional
Interrogativpronomen *nt* (LING) pronombre *m* interrogativo
interstellar [ɪntɐstɛˈlaːɐ] *adj* (ASTR) interestelar
Intervall [ɪntɐˈval] *nt* <-s, -e> (*a.* MUS) intervalo *m*
intervenieren* [ɪntɐveˈniːrən] *vi* (MIL, POL) intervenir
Intervention [ɪntɐvɛnˈtsjoːn] *f* <-en> (MIL, POL) intervención *f*
Interview [ɪntɐˈvjuː, ˈɪntɐvju] *nt* <-s, -s> entrevista *f;* **ein ~ geben/machen** conceder/hacer una entrevista
interviewen* [ɪntɐˈvjuːən] *vt* entrevistar, reportear *Am*
Interviewer(in) [ɪntɐˈvjuːɐ] *m(f)* <-s, -; -nen> entrevistador(a) *m(f)*
intim [ɪnˈtiːm] *adj* íntimo; **mit jdm ~ werden** tener relaciones sexuales con alguien
Intimbereich *m* zona *f* íntima
Intimität [ɪntimiˈtɛːt] *f* <-en> intimidad *f*
Intimsphäre *f* esfera *f* íntima, intimidad *f* personal
Intimverkehr *m* relaciones *f pl* íntimas
intolerant [ˈ----] *adj* intolerante
Intoleranz [ˈ----] *f ohne pl* intolerancia *f*
Intonation [ɪntonaˈtsjoːn] *f* <-en> (MUS, LING) entonación *f*
Intranet [ˈɪntranɛt] *nt* <-, *ohne pl*> (INFOR) Intranet *f (difusión de información dentro de una compañía)*
intransitiv [ˈ----] *adj* (LING) intransitivo
intravenös [ɪntraveˈnøːs] **I.** *adj* (MED: *Injektion*) intravenoso **II.** *adv* (MED: *ernähren*) por vena
intrigant [ɪntriˈgant] *adj* intrigante
Intrigant(in) [--ˈ-] *m(f)* <-en, -en; -nen> intrigante *mf*
Intrige [ɪnˈtriːgə] *f* <-n> intriga *f;* **~n spinnen** urdir intrigas
intrigieren* [ɪntriˈgiːrən] *vi* intrigar (**gegen** contra)
introvertiert [ˈɪntrovɛrtiːɐt] *adj* introvertido
Intuition [ɪntuiˈtsjoːn] *f* <-en> intuición *f*
intuitiv [ɪntuiˈtiːf] *adj* intuitivo
intus [ˈɪntʊs] *adj inv (fam)* **etw ~ haben** *(auswendig können)* tener algo memorizado; *(verstanden haben)* haber comprendido algo; *(zu sich genommen haben)* haber tomado algo, haber bebido [*o* comido] algo
invalid(e) *adj* inválido
Invalide, Invalidin *m, f* <-n, -n; -nen> inválido, -a *m, f*
Invalidenrente *f* <-, -n> pensión *f* de invalidez
Invalidin *f* <-nen> *s.* **Invalide**
Invalidität [ɪnvalidiˈtɛːt] *f ohne pl* invalidez *f*
invariabel [ˈɪnvariaːbəl] *adj* invariable
Invasion [ɪnvaˈzjoːn] *f* <-en> invasión *f*
Inventar [ɪnvɛnˈtaːɐ] *nt* <-s, -e> ❶ (COM: *Firmenvermögen*) bienes *mpl* de una empresa; *(Gegenstände)* mobiliario *m;* **lebendes/totes ~** (COM) inventario vivo/muerto ❷ *(Verzeichnis)* inventario *m;* **etw ins ~ aufnehmen** incluir algo en el inventario
Inventur [ɪnvɛnˈtuːɐ] *f* <-en> inventario *m;* **~ machen** inventariar
Inversion [ɪnvɛrˈzjoːn] *f* <-, -en> (METEO, CHEM, MATH, LING) inversión *f*

I

investieren* [ɪnvɛs'tiːrən] *vt* invertir (**in** en)

Investition [ɪnvɛsti'tsjoːn] *f* <-en> inversión *f*

Investitionsbank *f* (WIRTSCH) banco *m* de inversiones

Investment [ɪn'vɛstmənt] *nt* <-s, -s> (FIN) inversión *f*

Investmentfonds *m* (FIN) fondo *m* de inversión

Investor(in) [ɪn'vɛstoːɐ] *m(f)* <-s, -en; -nen> (WIRTSCH) inversionista *mf*

In-vitro-Fertilisation [ɪn 'viːtro fɛrtiliza'tsjoːn] *f* (MED) fecundación *f* in vitro

involvieren* [ɪnvɔl'viːrən] *vt* incluir (**in** en)

inwendig ['ɪnvɛndɪç] **I.** *adj* interior **II.** *adv* por dentro; **etw in- und auswendig kennen** *(fam)* conocer algo al dedillo

inwiefern [--'-], **inwieweit** [--'-] *adv* en qué medida, hasta qué punto

Inzest ['ɪntsɛst] *m* <-(e)s, -e> incesto *m*

Inzucht ['ɪntsʊxt] *f* <-en> procreación *f* consanguínea

inzwischen [-'--] *adv* entretanto, mientras tanto

Ion [i'oːn] *nt* <-s, -en> (PHYS, CHEM) ion *m*

ionisch [i'oːnɪʃ] *adj* (CHEM) iónico

ionisieren* [ioni'ziːrən] *vi, vt* (CHEM) ionizar

Ionosphäre [iono'sfɛːrə] *f* <-, *ohne pl*> ionosfera *f*

i-Punkt *m* (LING) punto *m* sobre la i; **bis auf den ~** hasta (en) el más mínimo detalle

IQ [iː'kuː] *m* <-(s), -(s)> *Abk. von* **Intelligenzquotient** CI *m*

Irak [i'raːk] *m* <-s> Irak *m*, Iraq *m*

Iraker(in) *m(f)* <-s, -; -nen> iraquí *mf*

irakisch *adj* iraquí

Iran [i'raːn] *m* <-s> Irán *m*

Iraner(in) *m(f)* <-s, -; -nen> iraní *mf*

iranisch *adj* iraní

irdisch ['ɪrdɪʃ] *adj* ① *(zur Erde gehörend)* terrestre ② *(Gegensatz zum Himmel)* terrenal

Ire, -in ['iːrə] *m, f* <-n, -n; -nen> irlandés, -esa *m, f*

irgend ['ɪrgənt] *adv* **... oder ~ so etwas** ... o cualquier cosa por el estilo; **wenn ~ möglich** a ser posible

irgendein ['---] *pron indef s.* **irgendeine(r)**

irgendeine(r) *pron indef* ① *(einer)* algún, alguno *m*, alguna *f*; **haben Sie noch ~n Wunsch?** ¿tiene algún otro deseo? ② *(ein beliebiges)* cualquier(a); **ich gehe nicht mit ~m aus** yo no salgo con cualquiera

irgendeins *pron indef s.* **irgendeine(r)**

irgendetwas ['--'--] *pron indef* algo; **ohne ~** sin nada

irgendjemand ['--'--] *pron indef* alguien

irgendwann ['--'-] *adv* algún día, en cualquier momento; **~ einmal** alguna vez; **~ nächste Woche** en cualquier momento la semana que viene

irgendwas ['--'-] *pron indef (fam)* ① *(etwas)* algo; **fällt dir noch ~ ein?** ¿se te ocurre alguna otra cosa? ② *(Beliebiges)* cualquier cosa

irgendwelche ['--'--] *pron indef* ① *(manche)* algunos *mpl*, algunas *fpl*; **~ Leute meinten ...** algunos opinaron... ② *(beliebige)* cualquier(a); **solltest du ~ Probleme haben ...** si tienes cualquier problema...

irgendwer ['--'-] *pron indef* ① *(jemand)* alguien ② *(eine beliebige Person)* cualquier persona, cualquiera; **er ist schließlich nicht ~** no es un cualquiera

irgendwie ['--'-] *adv* de alguna manera, de una forma o de otra

irgendwo ['--'-] *adv* en alguna parte

irgendwoher ['---'-] *adv* de cualquier parte

irgendwohin ['---'-] *adv* a cualquier parte

Iridium [i'riːdiʊm] *nt* <-s, *ohne pl*> (CHEM) iridio *m*

Irin ['iːrɪn] *f* <-nen> *s.* **Ire**

Iris[1] ['iːrɪs] *f* <-> (BOT) iris *m*, lirio *m*

Iris[2] *f* <- *o* Iriden *o* Irides> (MED: *des Auges*) iris *m*

irisch ['iːrɪʃ] *adj* irlandés

Irland ['ɪrlant] *nt* <-s> Irlanda *f*

Ironie [iro'niː] *f* <-n> ironía *f*

ironisch [i'roːnɪʃ] *adj* irónico

irr *adj s.* **irre**

irrational ['----, ---'-] *adj* irracional

irre ['ɪrə] *adj* ① *(verwirrt)* confuso; **du machst mich ganz ~** *(fam)* me vuelves loco ② *(pej: psychisch krank)* loco; **jdn für ~ halten** tomar a alguien por loco ③ *(fam: toll)* loco, de putamadre *argot*; **~ gut/hübsch** superbien/superguapo

Irre[1] ['ɪrə] *f ohne pl* **jdn in die ~ führen** *(betrügen)* engañar a alguien; *(falschen Weg angeben)* despistar a alguien

Irre(r)[2] *mf* <-n, -n; -n> *(pej!)* loco, -a *m, f*

irreal ['---, --'-] *adj* irreal

Irrealität *f* <-, *ohne pl*> *(geh)* irrealidad *f*

irre|führen ['ɪrə-] *vt* engañar

irreführend *adj* que conduce a error; *(missverständlich)* equívoco; *(betrügerisch)* engañoso

Irreführung *f* <-en> engaño *m*

irregulär ['ɪreguléːɐ, ---'-] *adj* irregular

irrelevant ['ɪrelevant] *adj* irrelevante

Irrelevanz *f* <-, *ohne pl*> *(geh: mangelnde Bedeutung)* irrelevancia *f*

irre|machen *vt (unsicher machen)* desconcertar; *(durcheinanderbringen)* confundir; *(nervös machen)* poner de los nervios *fam*

irren ['ɪrən] **I.** *vr:* **sich ~** equivocarse; **ich habe mich im Tag geirrt** me he equivocado de día; **Sie ~ sich** está Ud. equivocado; **sie haben sich in ihm geirrt** se han equivocado con él; **wenn ich mich nicht irre** si no me equivoco; **I~ ist menschlich** *(prov)* errar es humano **II.** *vi sein (umherstreifen)* errar (**durch** por), vagar (**durch** por)

Irrenanstalt *f,* **Irrenhaus** *nt* manicomio *m*

irreparabel ['ɪrepara:bəl] *adj* irreparable

irreversibel ['ɪrevɛrzi:bəl, ---'--] *adj* irreversible

Irrfahrt ['ɪr-] *f* odisea *f*

Irrgarten *m* laberinto *m*

Irrglaube *m* <-ns, *ohne pl*>, **Irrglauben** *m* <-s, *ohne pl*> ① *(falsche Auffassung)* opinión *f* errónea, concepto *m* erróneo ② (REL) heterodoxia *f*

Irrglaube(n) *m* ① *(falsche Auffassung)* opinión *f* errónea ② (REL) heterodoxia *f*

irrig ['ɪrɪç] *adj* equivocado, erróneo

Irritation [ɪrita'tsjo:n] *f* <-, -en> *(geh)* irritación *f; (fig)* enfado *m*

irritieren* [ɪri'ti:rən] *vt* desconcertar; *(stören)* molestar

Irrläufer *m* <-s, -> envío *m* equivocado

Irrlehre *f* <-n> (*a.* PHILOS) doctrina *f* errónea; (REL) doctrina *f* herética

Irrlicht *nt* fuego *m* fatuo, luz *f* mala *Arg, Urug*

Irrsinn *m* <-s, *ohne pl*> locura *f*

irrsinnig *adj* ① *(verrückt)* loco ② *(fam: groß)* tremendo; *(toll)* de putamadre *argot*

Irrtum *m* <-s, -tümer> error *m,* equívoco *m Am;* **einen ~ einsehen/erkennen** reconocer/percibir un error; **einem ~ unterliegen** incurrir en error; **ihr ist ein ~ unterlaufen** cometió un error; **sich im ~ befinden** estar en un error

irrtümlich ['ɪrty:mlɪç] **I.** *adj* erróneo **II.** *adv* por error

irrtümlicherweise *adv* ① *(sich irrend)* equivocadamente, erróneamente ② *(aus Versehen)* por error, por equivocación

Irrweg *m* camino *m* equivocado

ISBN [i:ʔɛsbe:'ʔɛn] *f* <-, -> *Abk. von* **Internationale Standardbuchnummer** ISBN *m*

Ischias ['ɪʃias] *m o nt* <-, *ohne pl*> (MED) ciática *f*

Ischiasnerv *m* nervio *m* ciático

ISDN [i:ʔɛsde:'ʔɛn] *nt* (TEL) *Abk. von* **Integrated Services Digital Network** ISDN *m*

ISDN-Anschluss *m* (TEL) conexión *f* ISDN

Islam [ɪs'la:m] *m* <-(s), *ohne pl*> (REL) islam *m*

islamisch *adj* (REL) islámico

Islamisierung *f* <-, -en> (REL) islamización *f*

Islamismus *m* <-, *ohne pl*> (REL, POL) islamismo *m*

Islamist(in) <-en, -en; -nen> *m(f)* islamista *mf*

islamistisch *adj* islamista

Island ['i:slant] *nt* <-s> Islandia *f*

Isländer(in) ['i:slɛndɐ] *m(f)* <-s, -; -nen> islandés, -esa *m, f*

isländisch *adj* islandés

Isobare [izo'ba:rə] *f* <-, -n> (METEO) isobara *f*

Isolation [izola'tsjo:n] *f* <-en> *(allgemein)* aislamiento *m; (von Gefangenen)* incomunicación *f*

Isolationismus [izolatsjo'nɪsmʊs] *m* <-, *ohne pl*> (POL) aislacionismo *m*

Isolationshaft *f ohne pl* incomunicación *f;* **in ~ sein** estar incomunicado

Isolator [izo'la:to:ɐ] *m* <-s, -en> (PHYS, ELEK) aislador *m*

Isolierband [izo'li:ɐ-] *nt* cinta *f* aislante

isolieren* [izo'li:rən] *vt* ① *(absondern)* aislar (**von** de); *(Häftlinge)* incomunicar ② *(abdichten)* aislar (**gegen** contra)

Isolierkanne *f* termo *m*

Isoliermaterial *nt* (material *m*) aislante *m*

Isolierschicht *f* capa *f* aislante

isoliert I. *adj* aislado, fuera de contexto **II.** *adv* ① *(abgeschlossen)* aislado; **sie lebte ganz ~ auf einem Bauernhof** vivía totalmente aislada en una casa de campo ② *(zusammenhanglos)* fuera de contexto

Isolierung *f* <-en> aislamiento *m* (**gegen** contra); *(von Gefangenen)* incomunicación *f*

Isomatte® ['i:zomatə] *f* <-, -n> (colchoneta *f*) aislante *m*

Isotop [izo'to:p] *nt* <-s, -e> (CHEM) isótopo *m*

Israel ['i:srae:l, 'ɪsrae:l] *nt* <-s> Israel *m*

Israeli *mf* <-(s), -(s); -(s)> israelí *mf*

israelisch [isra'e:lɪʃ, ɪsra'e:lɪʃ] *adj* israelí

Israelit(in) [israe'li:t, ɪsrae'li:t] *m(f)* <-en, -en; -nen> israelita *mf*

israelitisch *adj* israelita

isst [ɪst] *3. präs von* **essen**

ist [ɪst] *3. präs von* **sein**

Istanbul ['ɪstanbu:l] *nt* <-s> Estambul *m*

Ist-Bestand ['ɪstbəʃtant] *m* *(Geld)* saldo *m; (Waren)* existencias *fpl* de mercancías

Isthmus ['ɪstmʊs] *m* <-, Isthmen> (GEO) istmo *m*

Italien [i'ta:liən] *nt* <-s> Italia *f*

I

Italiener(in) [ita'lje:nɐ] *m(f)* <-s, -; -nen> italiano, -a *m, f*
italienisch *adj* italiano
Italienisch *nt* <-(s), *ohne pl*>, **Italienische** *nt* <-n, *ohne pl*> italiano *m*
IT-Branche [aɪ:'ti:ʔbrã:ʃə] *f* sector *m* de las tecnologías de la información
IT-Konzern *m* <-(e)s, -e> consorcio *m* de tecnologías de la información
i-Tüpfelchen *nt* <-s, -> punto *m* sobre la i; *(Krönung)* remate *m*
i.V. *Abk. von* **in Vertretung** p.d.
IWF [i:ve:'ʔɛf] *m* <-(s)> *Abk. von* **Internationaler Währungsfonds** FMI *m*

J j

J, j [jɔt] *nt* <-, -> J, j *f;* ~ **wie Julius** J de Juan
ja [ja:] *adv* ❶ *(zustimmend)* sí; **zu etw** *dat* ~ **sagen** decir sí a algo; **ich glaube** ~ creo que sí; **wenn ~, dann ...** en caso afirmativo...; **ach** ~ ah sí; **aber** ~ pero claro que sí; ~ **doch!** ¡que sí!; **zu allem ~ und amen sagen** decir que sí a todo ❷ *(fragend)* sí; **du bist also einverstanden, ~?** o sea que estás de acuerdo, ¿sí? ❸ *(doch)* **es ist ~ bekannt, dass ...** pues ya se sabe que...; **das sage ich** ~ eso es precisamente lo que yo digo; **da kommt er** ~ ahí viene ❹ *(aber)* **das ist ~ fürchterlich** pero eso es realmente terrible; **es ist ~ noch früh** pero si aún es temprano; **~, weißt du das denn nicht?** ¡oye!, ¿es que no lo sabes? ❺ *(bloß)* **komm ~ pünktlich!** ¡que llegues puntual!
Ja *nt* <-(s), -(s)> sí *m;* **eine Frage mit ~ beantworten** contestar una pregunta con un sí
Jacht [jaxt] *f* <-en> yate *m*
Jachthafen *m* puerto *m* deportivo
Jachtklub *m* club *m* náutico
Jacke ['jakə] *f* <-n> chaqueta *f; (für Herren)* americana *f,* saco *m Am; (Windjacke)* cazadora *f*
Jackentasche *f* <-, -n> bolsillo *m* de la chaqueta
Jackett [ʒa'kɛt] *nt* <-s, -s> americana *f,* saco *m Am*
Jackpot ['dʒɛkpɔt] *m* <-s, -s> *(im Lotto)* bote *m*
Jade ['ja:də] *f* <-, *ohne pl*> jade *m*
Jagd [ja:kt] *f* <-en> ❶ *(von Wild, a. fig)* caza *f;* **auf der ~ sein** estar de caza; **er ist auf der ~ nach einer guten Stelle** anda a la caza de un buen puesto ❷ *s.* **Jagdrevier**
Jagdbeute *f* (presa *f* de) caza *f*
Jagdbomber *m* (MIL) (bombardero *m*) caza *m*
Jagdflugzeug *nt* (MIL) avión *m* de caza
Jagdgewehr *nt* escopeta *f* de caza
Jagdgründe *mpl* **in die ewigen ~ eingehen** entregar el alma, pasar a mejor vida
Jagdhund *m* perro *m* de caza
Jagdrennen *nt (Reitsport)* carrera *f* con saltos
Jagdrevier *nt* coto *m* de caza
Jagdschein *m* licencia *f* de caza
jagen ['ja:gən] **I.** *vt* ❶ *(Tier)* cazar; *(Mensch)* perseguir; **sich** *dat* **eine Kugel durch den Kopf ~** *(fam)* pegarse un tiro (en la cabeza) ❷ *(verjagen)* ahuyentar; **jdn in die Flucht/aus dem Haus ~** poner a alguien en fuga/echar a alguien de casa; **mit Fleisch kann man ihn ~** *(fam)* la carne le repele **II.** *vi* ❶ *(auf Jagd gehen)* ir de caza ❷ *sein (rasen)* correr a toda velocidad ❸ *(ersehnen)* ansiar; **nach Geld/Ruhm ~** ansiar dinero/la gloria
Jäger[1] ['jɛ:gɐ] *m* <-s, -> (MIL) (bombardero *m*) caza *m*
Jäger(in)[2] ['jɛ:gɐ] *m(f)* <-s, -; -nen> *(Person)* cazador(a) *m(f)*
Jägerin *f* <-, -nen> *s.* **Jäger**[2]
Jägerschnitzel *nt* (GASTR) *escalope (sin rebozar) con salsa de champiñones*
Jaguar ['ja:gua:ɐ] *m* <-s, -e> jaguar *m,* tigre *m Am*
jäh [jɛ:] *adj (geh)* ❶ *(plötzlich)* repentino; *(überstürzt)* precipitado; *(Entschluss)* rápido ❷ *(Abgrund)* escarpado
Jahr [ja:ɐ] *nt* <-(e)s, -e> año *m;* **das alte/neue** [*o* **Neue**] ~ el año viejo/nuevo; **die neunziger ~e** [*o* **Neunzigerjahre**] los años noventa; **alle ~e wieder** todos los años; **einmal im** ~ una vez al año; **jedes zweite/dritte** ~ cada dos/tres años; **auf ~e hinaus** para (muchos) años; **das ganze ~ (über)** (durante) todo el año; **nächstes/vergangenes** ~ el año próximo/pasado; **von ~ zu ~** de año en año; **vor einem ~** hace un año; **jdm ein frohes neues** [*o* **Neues**] **~ wünschen** desear a alguien (un) feliz año nuevo; **in jungen ~en** de joven; **sie ist 18 ~e alt** tiene 18 años; **mit 30**

~en a los 30 años; **in die ~e kommen** entrar en años; **in den besten ~en sein** estar en la flor de la vida

jahraus [jaːɐˈʔaʊs] *adv* **~, jahrein** año tras año

Jahrbuch *nt* anuario *m*

jahrelang [ˈjaːrəlaŋ] **I.** *adj* de muchos años **II.** *adv* durante (muchos) años

jähren [ˈjɛːrən] *vr:* **sich ~** celebrarse el aniversario (de); **es jährt sich heute zum 10. Mal, dass …** hoy hace 10 años que…

Jahresabonnement [ˈjaːrəs-] *nt* abono *m* anual; *(einer Zeitung)* suscripción *f* anual

Jahresabrechnung *f* <-, -en> (WIRTSCH) liquidación *f* de fin de año

Jahresanfang *m* principios *mpl* del año

Jahresbeginn *m* <-(e)s, *ohne pl*> *s.* **Jahresanfang**

Jahresbeitrag *m* <-(e)s, -träge> cuota *f* anual

Jahresbericht *m* (WIRTSCH) informe *m* sobre el año

Jahresbilanz *f* <-, -en> (WIRTSCH) balance *m* del año [*o* anual]

Jahreseinkommen *nt* renta *f* anual

Jahresende *nt ohne pl* fin *m* de año

Jahresetat *m* (WIRTSCH) presupuesto *m* anual

Jahresfrist *f ohne pl* (JUR) plazo *m* de un año

Jahresgehalt *nt* <-(e)s, -hälter> salario *m* anual

Jahreskarte *f* <-, -n> abono *m* anual

Jahresring *m* (BOT) anillo *m* anual

Jahrestag *m* aniversario *m*

Jahresumsatz *m* (WIRTSCH) cifra *f* anual de negocios

Jahresurlaub *m* vacaciones *fpl* del año

Jahreswagen *m* (AUTO) *coche nuevo, adquirido a precio rebajado por un empleado en la industria automovilística, que puede ser revendido al cabo de un año*

Jahreswechsel *m* año *m* nuevo

Jahreszahl *f* año *m; (Datum)* fecha *f*

Jahreszeit *f* estación *f* (del año)

Jahrgang *m* <-(e)s, -gänge> ① *(Geburtsjahr)* año *m* natal; **er ist ~ 1989** nació en el año 1989; **er ist mein/wir sind ein ~** somos de la misma generación ② *(von Wein)* cosecha *f* ③ *(von Zeitschrift)* año *m* ④ (UNIV) promoción *f*

Jahrhundert [-ˈ--] *nt* <-s, -e> siglo *m*

jahrhundertealt *adj (Möbel, Buch)* secular, de (muchos) siglos

jahrhundertelang *adj (Entwicklung, Tradition)* secular, de (muchos) siglos

Jahrhundertwende *f* fin *m* de siglo

jährlich [ˈjɛːɐlɪç] *adj* anual

Jahrmarkt *m* feria *f*

Jahrmillionen [--ˈ--] *fpl* millones *mpl* de años

Jahrtausend [-ˈ--] *nt* <-s, -e> milenio *m*

Jahrtausendwende *f* fin *m* de milenio

Jahrzehnt [jaːɐˈtseːnt] *nt* <-s, -e> década *f*, decenio *m*

jahrzehntelang *adj* de varias décadas, de muchos decenios

Jähzorn [ˈjɛːtsɔrn] *m* <-(e)s, *ohne pl*> ① *(Eigenschaft)* iracundia *f* ② *(Anfall)* arrebato *m* de cólera

jähzornig *adj* iracundo, berrinchudo *Am*

Jakobiner(in) [jakoˈbiːnɐ] *m(f)* <-s, -; -, -nen> (HIST) jacobino, -a *m, f*

Jakobsmuschel *f* ① (REL) venera *f* ② (GASTR) vieira *f*

Jakobsweg [ˈjaːkɔps-] *m* Camino *m* de Santiago

Jalousie [ʒaluˈziː, *pl:* ʒaluˈziːən] *f* <-n> persiana *f*

Jamaika [jaˈmaɪka] *nt* <-s> Jamaica *f*

Jammer [ˈjamɐ] *m* <-s, *ohne pl*> ① *(Wehklagen)* lamento *m*, llanto *m* ② *(Elend)* miseria *f*; **es ist ein ~, dass …** *(fam)* es una lástima que… *+subj*

Jammerlappen *m (fam abw)* calzonazos *m inv*, persona *f* apocada [*o* pusilánime]

jämmerlich [ˈjɛmɐlɪç] *adj (Zustand)* lamentable; *(elend)* miserable; *(herzzerreißend)* desgarrador

jammern [ˈjamɐn] *vi* lamentarse (**über** de); *(klagen)* quejarse (**über** de); **nach jdm/etw** *dat* **~** preguntar lloriqueando por alguien/pedir algo lloriqueando

jammerschade [ˈ--ˈ--] *adj* **~ sein** *(fam)* ser una verdadera pena

Janker [ˈjaŋkɐ] *m* <-s, -> *(südd, Österr: Strickjacke)* rebeca *f; (Trachtenjacke)* chaqueta *f* folclórica

Jänner [ˈjɛnɐ] *m* <-s, -> *(Österr: Januar)* enero *m; s. a.* **März**

Januar [ˈjanuaːɐ] *m* <-(s), -e> enero *m; s. a.* **März**

Japan [ˈjaːpan, ˈjaːpaːn] *nt* <-s> Japón *m*

Japaner(in) [jaˈpaːnɐ] *m(f)* <-s, -; -nen> japonés, -esa *m, f*

japanisch *adj* japonés

Japanisch *nt* <-(s), *ohne pl*>, **Japanische** *nt* <-n, *ohne pl*> japonés *m*

Jargon [ʒarˈgõː] *m* <-s, -s> jerga *f*, jerigonza *f*

Jasmin [jasˈmiːn] *m* <-s, -e> jazmín *m*

Jastimme [ˈjaːʃtɪmə] *f* voto *m* afirmativo

jäten [ˈjɛːtən] *vt* escardar; **Unkraut ~** arrancar las malas hierbas, escardar

Jauche [ˈjaʊxə] *f* <-n> purín *m*

jauchzen [ˈjaʊxtsən] *vi* lanzar gritos de júbilo

jaulen [ˈjaʊlən] *vi (Hund)* aullar

jawohl [ja'vo:l] *part* claro, cierto

jawoll *interj (fam a. iron: zu Befehl!)* ¡a sus órdenes!

Jawort ['ja:vɔrt] *nt* <-(e)s, -e> consentimiento *m;* **jdm das ~ geben** dar el sí a alguien

Jazz [dʒɛ:s] *m <-, ohne pl>* jazz *m*

je [je:] **I.** *adv* ❶ *(jemals)* alguna vez; **wer hätte das ~ gedacht!** ¡quién lo hubiera imaginado!; **es ist schlimmer denn ~** es peor que nunca; **seit eh und ~** desde tiempos inmemoriales ❷ *(jeweils)* cada; **ich gebe euch ~ zwei Stück** os doy dos trozos a cada uno; **es können ~ zwei Personen eintreten** pueden entrar de dos en dos; **~ beteiligter Student** por cada estudiante que participe **II.** *präp +akk (pro)* por; **~ Erwachsenen** por (cada) adulto **III.** *konj* cuanto; **er wird vernünftiger, ~ älter er wird** cuanto mayor se hace, más sensato se vuelve; **~ nachdem(, ob/wie ...)** según (si/cómo...); **~ nach Größe** según el tamaño; **~ eher ihr kommt, desto** [*o* **umso**] **besser** cuanto antes vengáis, (tanto) mejor; **~ eher, desto** [*o* **umso**] **lieber** cuanto antes mejor **IV.** *interj* **oh ~!** ¡madre mía!

Jeans [dʒi:ns] *fpl inv* vaqueros *mpl,* tejanos *mpl,* jeans *mpl Am*

Jeanshose *f* pantalón *m* vaquero

Jeansjacke *f* chaqueta *f* vaquera, cazadora *f* vaquera

jede(r, s) *pron indef* ❶ *(substantivisch)* cada uno/una; **~r von uns** cada uno de nosotros; **ein ~r** cualquiera; **~m das seine** a cada cual lo suyo; **~ zweite** una de cada dos; **~r für sich** cada uno para sí; **~r gegen ~n** todos contra todos ❷ *(adjektivisch)* cada; *(all)* todo; *(ein beliebiges)* cualquier(a); **auf ~n Fall** en todo caso; **ohne ~n Grund** sin ninguna razón; **um ~n Preis** a toda costa; **es kann ~n Augenblick passieren** puede suceder en cualquier momento; **ohne ~ Hoffnung** sin esperanza alguna

jedenfalls ['je:dənfals] *adv* en todo caso, sea como sea

jedermann ['---] *pron indef* todos, cada uno; **das ist nicht ~s Sache** esto no es para todos los gustos

jederzeit ['--'-] *adv* siempre, a cualquier hora

jedoch [je'dɔx] *konj* pero, sin embargo

jedwede(r, s) *pron indef (geh)* cualquier(a); **das sagt nicht ~m zu** esto no le gusta a todo el mundo

Jeep® [dʒi:p] *m* <-s, -s> jeep *m*

jegliche(r, s) *pron indef* cualquier tipo de

jeher ['je:he:ɐ, '-'-] *adv* **von** [*o* **seit**] **~** desde siempre

jein *adv (iron)* sí pero no; **J~ sagen** no decir ni (que) sí ni (que) no

jemals ['je:ma:ls] *adv* alguna vez, jamás; **hat man ~ so etwas gesehen?** ¿habráse visto semejante cosa?

jemand ['je:mant] *pron indef* alguien; *(verneint)* nadie; **ist hier ~?** ¿hay alguien aquí?; **~ anderes** otra persona

Jemen ['je:mən] *m* <-s> Yemen *m*

jene(r, s) *pron dem (geh)* ❶ *(adjektivisch: da)* ese, esa; *(dort)* aquel, aquella; **in ~n Tagen** en aquellos días ❷ *(substantivisch: da)* ese, esa, eso; *(dort)* aquel, aquella, aquello

jenseits ['je:nzaɪts] **I.** *präp +gen* al otro lado de, más allá de **II.** *adv* al otro lado, más allá; **~ von Gut und Böse** más allá del bien y del mal

Jenseits *nt <-, ohne pl>* más allá *m*

Jerusalem [je'ru:zalɛm] *nt* <-s> Jerusalén *m*

Jesuit [jezu'i:t] *m* <-en, -en> (REL) jesuita *m*

Jesus ['je:zʊs] *m* <Jesu> (REL) Jesús *m;* **~ Christus** Jesucristo *m*

Jesuskind *nt* (REL, KUNST) niño *m* Jesús; **Maria mit dem ~** (la Virgen) María con el niño Jesús

Jet [dʒɛt] *m* <-(s), -s> avión *m* a reacción, jet *m*

Jetlag ['dʒɛtlɛk] *m* <-s, -s> (AERO) desfase *m* horario, jet lag *m*

Jetset *m* <-s, -s>, **Jet-set** *m* <-s, -s> alta sociedad *f*

Jetski® ['dʒɛtʃi] *m* <-(s), -(s)> (SPORT) moto *f* de agua

jetten ['dʒɛtən] *vi (fam)* viajar en avión a reacción

jetzige(r, s) *adj* actual

jetzt [jɛtst] *adv* ahora; *(augenblicklich)* en este momento; **~ gleich** ahora mismo; **bis ~** hasta ahora; **~ oder nie** ahora o nunca; **von ~ an** a partir de ahora

jeweilige(r, s) *adj* correspondiente, respectivo; *(augenblicklich)* actual

jeweils ['je:vaɪls] *adv (jedes Mal)* cada vez; **~ am Monatsersten** cada primero de mes; **die ~ Größten aus jeder Gruppe** los más altos de cada grupo; **~ vier Personen** cada vez cuatro personas

Jg. *(Zeitschrift) Abk. von* **Jahrgang** año *m*

Jh. *Abk. von* **Jahrhundert** siglo *m*

JH *Abk. von* **Jugendherberge** albergue *m* juvenil

jiddisch ['jɪdɪʃ] *adj* judeoalemán, yiddish

Jiu-Jitsu ['dʒi:u 'dʒɪtsu] *nt <-(s), ohne pl>* (SPORT) yiu-yitsu *m*

Job [dʒɔp] *m* <-s, -s> ① *(fam: Arbeit)* trabajo *m,* pega *f CSur, Méx* ② (INFOR) tarea *f*
Jobaussicht *f (fam)* perspectiva(s) *f(pl)* laboral(es)
jobben ['dʒɔbən] *vi (fam)* currar (**als** de)
Jobbörse *f* bolsa *f* de trabajo
Jobsharing ['dʒɔpʃɛːrɪŋ] *nt* <-(s), *ohne pl*> jobsharing *m*
Jobsuche *f (fam)* búsqueda *f* de trabajo
Jobverlust *m* <-(e)s, -e> pérdida *f* del empleo
Jobvermittler(in) *m(f)* agente *mf* de colocación laboral
Jobvermittlung *f* <-, -en> tramitación *f* de empleos
Joch [jɔx] *nt* <-(e)s, -e> *(Last)* yugo *m*
Jochbein *nt* (ANAT) pómulo *m*
Jockey ['dʒɔki] *m* <-s, -s> (SPORT) yóquey *m*
Jod [joːt] *nt* <-(e)s, *ohne pl*> (*a.* CHEM) yodo *m*
jodeln ['joːdəln] *vi* cantar a la tirolesa
jodhaltig *adj* yodado
Jodler(in) ['joːdlɐ] *m(f)* <-s, -; -nen> (MUS) cantador(a) *m(f)* a la tirolesa
Jodsalz *nt ohne pl* sal *f* yodada
joggen ['dʒɔgən] *vi sein* hacer footing
Jogger(in) *m(f)* <-s, -; -nen> persona *f* que practica footing
Jogging ['dʒɔgɪŋ] *nt* <-s, *ohne pl*> footing *m*
Jogginganzug *m* chándal *m*
Joghurt *m o nt* <-(s), -(s)>, **Jogurt** ['joːgʊrt] *m o nt* <-(s), -(s)> yogur *m*
Joghurtbecher *m* <-s, -> vasito *m* de yogur, tarrina *f*
Johannisbeere [jo'hanɪsbeːrə] *f* grosella *f;* **rote ~** grosella roja; **schwarze ~** casis *f inv,* grosella negra
Johannisbeerstrauch *m* (BOT) grosellero *m*
johlen ['joːlən] *vi (abw)* gritar
Joint [dʒɔɪnt] *m* <-s, -s> *(fam)* porro *m*
Joint Venture ['dʒɔɪntvɛntʃɐ] *nt* <- -(s), - -s> (WIRTSCH) joint venture *f*
Jo-jo *nt* <-s, -s> yoyó *m*
Jo-Jo ['joːjo] *nt* <-s, -s> yoyó *m*
Joker ['dʒoːkɐ] *m* <-s, -> comodín *m*
Jongleur(in) [ʒõ'gløːɐ, ʒɔŋ'løːɐ] *m(f)* <-s, -e; -nen> malabarista *mf*
jonglieren* **I.** *vt* hacer juegos malabares (con) **II.** *vi* hacer juegos malabares; *(fig: mit Begriffen, Formeln)* manejar con mucha habilidad
Jordan ['jɔrdan] *m* <-s> Jordán *m;* **über den ~ gehen** irse de este mundo
Jordanien [jɔr'daːniən] *nt* <-s> Jordania *f*
Jordanier(in) *m(f)* <-s, -; -nen> jordano, -a *m, f*
jordanisch *adj* jordano
Jot [jɔt] *nt* <-, -> *(Buchstabe)* jota *f*
Joule [dʒuːl, dʒaʊl] *nt* <-(s), -> (PHYS) julio *m*
Journal [ʒʊr'naːl] *nt* <-s, -e> ① (PUBL: *geh)* revista *f* ② (NAUT) diario *m* de a bordo ③ (WIRTSCH) diario *m*
Journalismus [ʒʊrna'lɪsmʊs] *m* <-, *ohne pl*> periodismo *m*
Journalist(in) *m(f)* <-en, -en; -nen> periodista *mf*
Journalistik *f* <-, *ohne pl*> (UNIV) periodismo *m*
journalistisch *adj* periodístico
jovial [jo'vjaːl] *adj* alegre, jovial
Jovialität *f* <-, *ohne pl*> jovialidad *f*
Joystick ['dʒɔɪstɪk] *m* <-s, -s> (INFOR) mando *f,* joystick *m*
jr. *Abk. von* **junior** júnior *m,* hijo *m*
Jubel ['juːbəl] *m* <-s, *ohne pl*> júbilo *m,* elación *f Am;* **~, Trubel, Heiterkeit** alborozo y alegría
Jubelgeschrei *nt* grito *m* de júbilo
Jubeljahr *nt* año *m* jubilar; **nur alle ~e einmal** *(fam)* de higos a brevas
jubeln ['juːbəln] *vi* dar gritos de júbilo
Jubelruf *m* grito *m* de júbilo
Jubiläen *pl von* **Jubiläum**
Jubilar(in) [jubi'laːɐ] *m(f)* <-s, -e; -nen> homenajeado, -a *m, f*
Jubiläum [jubi'lɛːʊm] *nt* <-s, Jubiläen> aniversario *m;* **zehnjähriges ~** décimo aniversario; **fünfzigjähriges ~** cincuentenario *m*
Jubiläumsausgabe *f* <-, -en> edición *f* conmemorativa
jubilieren* *vi (geh)* ① *(jubeln)* gritar de júbilo (**über** por) ② *(frohlocken)* alegrarse (**über** de)
juchzen ['jʊxtsən] *vi (fam)* soltar un grito de alegría
jucken ['jʊkən] **I.** *vi, vt* ① *(Juckreiz verursachen)* picar ② *(fam: reizen)* tener ganas, apetecer **II.** *vt (fam: reizen)* apetecer; *(kümmern)* interesar **III.** *vr:* **sich ~** *(fam)* rascarse **IV.** *vunpers* tener ganas; **mir juckt es in den Fingern, zu …** tengo unas ganas enormes de…
Juckpulver *nt (fam)* polvos *mpl* picapica
Juckreiz *m* picor *m*
Jude, Jüdin ['juːdə] *m, f* <-n, -n; -nen> judío, -a *m, f*
Judenstern *m* (HIST) estrella *f* de David *(signo distintivo que debían llevar los judíos en la ropa durante el nacionalsocialismo)*
Judentum *nt* <-s, *ohne pl*> judaísmo *m*
Judenverfolgung *f* (HIST) persecución *f* de los judíos

Judenvernichtung *f* (HIST) exterminio *m* de los judíos
Jüdin ['jy:dɪn] *f* <-nen> *s.* **Jude**
jüdisch ['jy:dɪʃ] *adj* judío
Judo ['ju:do] *nt* <-(s), *ohne pl*> (SPORT) yudo *m*
Jugend ['ju:gənt] *f ohne pl* ① *(Altersstufe)* juventud *f; (Jugendalter)* adolescencia *f;* **von ~ an** desde joven; **seine früheste ~** los primeros años de su adolescencia ② *(junge Leute)* juventud *f,* jóvenes *mpl;* **die heutige ~** la juventud de hoy
Jugendamt *nt* oficina *f* de protección de menores
Jugendarbeit *f ohne pl* trabajo *m* con jóvenes
Jugendarbeitslosigkeit *f* paro *m* juvenil
Jugendbande *f* tribu *f* urbana
Jugendbuch *nt* libro *m* juvenil
jugendfrei *adj* apto para menores; (FILM) apto para todos los públicos
Jugendfreund(in) *m(f)* amigo, -a *m, f* de juventud
jugendgefährdend *adj* no apto para menores
Jugendgericht *nt* (JUR) tribunal *m* de menores
Jugendgruppe *f* grupo *m* juvenil
Jugendherberge *f* albergue *m* juvenil
Jugendhilfe *f* <-, *ohne pl*> asistencia *f* (social) a los menores
Jugendkriminalität *f* delincuencia *f* juvenil
jugendlich *adj* ① *(Altersstufe)* joven, adolescente ② *(jung wirkend)* juvenil; **sich ~ kleiden** vestirse de forma juvenil
Jugendliche(r) *mf* <-n, -n; -n> joven *mf; (Heranwachsende)* adolescente *mf;* **~ unter 16 Jahren** menores de 16 años
Jugendliebe *f* amor *m* juvenil
Jugendrichter(in) *m(f)* (JUR) juez(a) *m(f)* de menores
Jugendschutz *m* protección *f* de menores
Jugendstil *m ohne pl* (KUNST, ARCHIT) Modernismo *m*
Jugendstrafanstalt *f* (JUR) centro *m* penitenciario de menores
Jugendstrafe *f* (JUR) pena *f* juvenil [*o* de prisión para menores]
Jugendsünde *f* pecado *m* de juventud
Jugendtraum *m* sueño *m* de juventud
Jugendzeit *f ohne pl* tiempo *m* de la juventud, juventud *f*
Jugendzentrum *nt* centro *m* juvenil
Jugoslawe, -in [jugo'sla:və] *m, f* <-n, -n; -nen> yugoslavo, -a *m, f*
Jugoslawien [jugo'sla:viən] *nt* <-s> Yugoslavia *f*
Jugoslawin *f* <-nen> *s.* **Jugoslawe**

jugoslawisch *adj* yugoslavo
Juli ['ju:li] *m* <-(s), -s> julio *m; s. a.* **März**
Jumbo *m* <-s, -s>, **Jumbojet** *m* <-(s), -s>, **Jumbo-Jet** ['jʊmbo-, 'dʒambo-] *m* <-(s), -s> (AERO) jumbo(-jet) *m*
Jumpsuit <-s, -s> ['dʒampsju:t] *m* mono *m,* enterizo *m Arg, Bol, Ecua, Perú, Urug*
jun. *Abk. von* **junior** júnior *m,* hijo *m*
jung [jʊŋ] *adj* <jünger, am jüngsten> joven; **J~ und Alt** jóvenes y viejos; **von ~ auf** desde joven; **sie ist 18 Jahre ~** solamente tiene 18 años
Jungbrunnen *m* <-s, -> fuente *f* de la juventud [*o* de rejuvenecimiento]
Junge[1] ['jʊŋə] *m* <-n, -n> ① *(Knabe)* niño *m,* gurrumino *m Méx* ② *(junger Mann)* muchacho *m,* chico *m,* pibe *m Arg;* **alter ~!** *(fam)* ¡hombre!; **~, ~!** *(fam)* ¡vaya, vaya!
Junge(s)[2] *nt* <-n, -n> cría *f; (von Hunden, Raubtier)* cachorro *m; (von Vögeln)* pollo *m*
jungenhaft *adj* de muchacho, amuchachado
jünger ['jʏŋɐ] *adj kompar von* **jung** más joven; *(Geschwister)* menor; **~ sein als** ser más joven que; **ihr ~er Bruder** su hermano menor; **~en Datums sein** ser de fecha reciente; **sich ~ machen** quitarse años
Jünger(in) ['jʏŋɐ] *m(f)* <-s, -; -nen> discípulo, -a *m, f*
Jüngere(r) *mf* <-n, -n; -n, -n> ① *(jüngerer Mensch)* joven *mf;* **in unserem Kurs sind auch ~** en nuestro curso hay también gente joven ② *(junior)* **der ~/die ~** el Joven/la Joven; **ein Gemälde von Cranach dem ~n** una pintura de Cranach el Joven
Jungfer ['jʊŋfɐ] *f* <-, -n> ① *(alt: Fräulein)* señorita *f* ② *(Wend)* **eine alte ~** *(abw)* una solterona
Jungfernfahrt *f* viaje *m* inaugural
Jungfernflug *m* vuelo *m* inaugural
Jungfernhäutchen [-hɔɪtçən] *nt* <-s, -> (ANAT) himen *m*
Jungfrau *f* <-en> ① *(Frau)* virgen *f* ② (ASTR: *Zeichen*) Virgo *m* ③ (ASTR: *Person*) virgo *mf inv*
jungfräulich ['jʊŋfrɔɪlɪç] *adj (a. fig)* virgen
Jungfräulichkeit *f ohne pl* virginidad *f; (Reinheit)* pureza *f*
Junggeselle, -in *m, f* soltero, -a *m, f;* **eingefleischter ~** solterón empedernido
Junggesellenbude *f (fam)* piso *m* de soltero
Junggesellin *f* <-, -nen> *s.* **Junggeselle**
Jüngling ['jʏŋlɪŋ] *m* <-s, -e> *(abw)* mozalbete *m*
jüngste(r, s) *adj superl von* **jung** menor;

die ~ Entwicklung hat gezeigt, dass ... los últimos acontecimientos han demostrado que...; **die ~ deutsche Literatur** la literatura alemana actual; **das J~ Gericht** el Juicio Final; **der J~ Tag** el Día del Juicio

Jungsteinzeit *f ohne pl* (HIST) neolítico *m*

Jungtier *nt* animal *m* joven

jungverheiratet *adj (seit Kurzem)* recién casado

Juni ['ju:ni] *m* <-(s), -s> junio *m; s. a.* **März**

junior ['ju:nio:ɐ, 'ju:njo:ɐ] *adj (geh)* júnior, hijo; **Peter Müller ~** Peter Müller, hijo

Junior(in) *m(f)* <-s, -en; -nen> ❶ *(fam)* hijo, -a *m, f* ❷ (SPORT) júnior *mf*

Juniorchef(in) *m(f)* hijo, -a *m, f* del jefe

Juniorin *f* <-nen> *s.* **Junior**

Junker ['jʊŋkɐ] *m* <-s, -> (HIST) junker *m,* noble hacendado *m*

Junkfood ['dʒankfu:t] *nt* <-s, *ohne pl*> comida *f* basura

Junkie ['dʒaŋki] *m* <-s, -s> *(fam)* yonqui *mf*

Junta ['xʊnta, 'jʊnta] *f* <-, Junten> (MIL, POL) junta *f*

Jupiter ['ju:pitɐ] *m* <-s> (*a.* ASTR) Júpiter *m*

Jura[1] ['ju:ra] *m* <-s, *ohne pl*> (GEO) ❶ *(Formation)* jurásico *m* ❷ *(Gebirge, Schweizer Kanton)* Jura *m*

Jura[2] (JUR) derecho *m;* **~ studieren** estudiar derecho

Jurastudium *nt* <-s, -studien> (UNIV) (carrera *f* de) derecho *m*

Jurist(in) [ju'rɪst] *m(f)* <-en, -en; -nen> jurista *mf*

Juristin *f* <-nen> *s.* **Jurist**

juristisch [ju'rɪstɪʃ] *adj* jurídico; **die ~e Fakultät** la facultad de derecho; **~e Person** persona jurídica

Juror(in) ['ju:ro:ɐ] *m(f)* <-s, -en; -nen> (miembro *m* de un) jurado *m*

Jury [ʒy'ri:, 'ʒy:ri] *f* <-s> jurado *m*

Jus[1] *nt* <-, *ohne pl*> *(Österr:* JUR) *s.* **Jura**

Jus[2] *f o m o nt* <-, *ohne pl*> *(Schweiz: Fruchtsaft)* zumo *m* de frutas

justieren* [jʊs'ti:rən] *vt* (TECH, PHYS) ajustar

Justierung *f* <-, -en> (TECH, PHYS) ajuste *m*

Justitiar(in) [jʊsti'tsja:ɐ] *m(f)* <-s, -e; -, -nen> *s.* **Justiziar**

Justiz [jʊs'ti:ts] *f ohne pl* justicia *f*

Justizbeamte(r) *m,* **-beamtin** *f* empleado, -a *m, f* de la justicia

Justizbehörde *f* autoridad *f* judicial [*o* jurídica], justicia *f*

Justiziar(in) [jʊsti'tsja:ɐ] *m(f)* <-s, -e; -, -nen> (JUR: *angestellter Jurist*) asesor(a) *m(f)* jurídico , -a

Justizirrtum *m* equivocación *f* judicial

Justizminister(in) *m(f)* ministro, -a *m, f* de Justicia

Justizministerium *nt* Ministerio *m* de Justicia

Justizmord *m* (JUR) ejecución *f* (de pena capital) por error judicial

Justizvollzugsanstalt *f* establecimiento *m* penitenciario

Jute ['ju:tə] *f ohne pl* yute *m*

Juwel [ju've:l] *m o nt* <-s, -en> joya *f*

Juwelier[1] [juve'li:ɐ] *m* <-s, -e> *(Geschäft)* joyería *f*

Juwelier(in)[2] [juve'li:ɐ] *m(f)* <-s, -e; -nen> joyero, -a *m, f*

Juweliergeschäft *nt,* **Juwelierladen** *m* joyería *f*

Jux [jʊks] *m* <-es, -e> *(fam)* juerga *f,* cachondeo *m argot;* **aus ~ und Tollerei** de cachondeo *argot;* **sich** *dat* **einen ~ aus etw** *dat* **machen** cachondearse de algo *argot*

Kk

K, k [kaː] *nt* <-, -> K, k *f;* **~ wie Kaufmann** K de Kenia

Kabarett [kaba'rɛt, kaba'reː] *nt* <-s, -s> café teatro *m*

Kabarettist(in) [kabarɛ'tɪst] *m(f)* <-en, -en; -nen> artista *mf* de café teatro

kabarettistisch *adj* de cabaré

kabbeln ['kabəln] *vr:* **sich ~** *(nordd)* pelearse

Kabel ['kaːbəl] *nt* <-s, -> cable *m*

Kabelanschluss *m* toma *f* de la televisión por cable

Kabelfernsehen *nt* <-s, *ohne pl*> televisión *f* por cable

Kabeljau ['kaːbəljaʊ] *m* <-s, -s *o* -e> bacalao *m*

Kabelkanal *m* (RADIO, TV) canal *m* por cable

Kabelnetz *nt* red *f* de la televisión por cable

Kabeltrommel *f* <-, -n> (ELEK) tambor *m* (para cable)

Kabine [ka'biːnə] *f* <-n> cabina *f; (Umkleidekabine)* vestuario *m; (Schiffskabine)* camarote *m;* (AERO) carlinga *f*

Kabinett [kabi'nɛt] *nt* <-s, -e> (POL) gabinete *m*

Kabinettssitzung *f* <-, -en> sesión *f* del consejo de ministros, reunión *f* del consejo de ministros

Kabinettsumbildung *f* reajuste *m* ministerial

Kachel ['kaxəl] *f* <-n> azulejo *m*

kacheln *vt* poner azulejos

Kachelofen *m* estufa *f* (de) cerámica

Kacke ['kakə] *f ohne pl (vulg)* ① *(Kot)* caca *f* ② *(Angelegenheit)* mierda *f*

kacken *vi (vulg)* cagar

Kadaver [ka'daːvɐ] *m* <-s, -> cadáver *m* (de un animal)

Kadenz [ka'dɛnts] *f* <-, -en> (MUS) cadencia *f*

Kader ['kaːdɐ] *m o Schweiz: nt* <-s, -> (POL, SPORT) cuadro *m*

Kadett [ka'dɛt] *m* <-en, -en> (MIL) cadete *m*

Kadmium ['katmiʊm] *nt* <-s, *ohne pl*> (CHEM) cadmio *m*

Käfer ['kɛːfɐ] *m* <-s, -> (*a.* AUTO) escarabajo *m*

Kaff [kaf] *nt* <-s, -s *o* -e *o* Käffer> *(fam abw)* pueblucho *m,* pueblo *m* de mala muerte

Kaffee ['kafe, ka'feː] *m* <-s, -s> café *m;* **~ kochen** hacer café; (**einen**) **~ trinken** tomar (un) café; **schwarzer/starker/dünner ~** café solo/fuerte/flojo; **~ mit Milch/ohne Zucker** café con leche/sin azúcar; **das ist kalter ~** *(fam)* eso lo sabe todo el mundo

Kaffeeautomat *m* máquina *f* de café

Kaffeebohne *f* grano *m* de café

kaffeebraun *adj* color café

Kaffeefahrt ① *(Ausflug)* excursión *f* por la tarde para tomar el café ② *(mit Werbeveranstaltung)* excursión *f* con café y presentación publicitaria

Kaffeefilter *m* filtro *m* de café

Kaffeehaus *nt* café *m*

Kaffeekanne *f* cafetera *f*

Kaffeeklatsch *m (fam)* tertulia *f*

Kaffeekränzchen [-krɛntsçən] *nt* <-s, -> *(fam)* tertulia *f* de señoras

Kaffeelöffel *m* cucharilla *f* de café

Kaffeemaschine *f* cafetera *f* eléctrica, greca *f Am*

Kaffeemühle *f* molinillo *m* de café

Kaffeepad *nt* cápsula *f* de café

Kaffeepause *f* pausa *f* (para tomar un café)

Kaffeeplantage *f* cafetal *m*

Kaffeesatz *m ohne pl* poso *m* del café

Kaffeestrauch *m* (BOT, AGR) cafeto *m*

Kaffeetasse *f* taza *f* de café

Käfig ['kɛːfɪç] *m* <-s, -e> jaula *f;* **goldener ~** *(fig)* jaula de oro

kahl [kaːl] *adj* ① *(ohne Haar)* calvo; **~ geschoren** pelado al rape ② *(ohne Vegetation, Wand)* pelado ③ *(ohne Blätter)* deshojado

Kahlheit *f* <-, *ohne pl*> ① *(Kahlköpfigkeit)* calvicie *f* ② *(Blattlosigkeit)* desnudez *f*

Kahlkopf *m (fam)* calvo, -a *m, f*

kahlköpfig ['kaːlkœpfɪç] *adj* pelado

Kahlköpfigkeit *f* <-, *ohne pl*> calvicie *f*

Kahlschlag *m* ① *(Fällen)* desmonte *m* completo ② *(Schlagfläche)* claro *m*

Kahn [kaːn, *pl:* 'kɛːnə] *m* <-(e)s, Kähne> ① *(kleines Boot)* bote *m* ② *(Lastschiff)* gabarra *f*

Kai [kaɪ] *m* <-s, -s> muelle *m*

Kaimauer *f* <-, -n> muro *m* del muelle

Kairo ['kaɪro] *nt* <-s> El Cairo

Kaiser(in) ['kaɪzɐ] *m(f)* <-s, -; -nen> emperador, emperatriz *m, f*

Kaiserin *f* <-, -nen> *s.* **Kaiser**

Kaiserkrone *f* ① (HIST) corona *f* del emperador ② (BOT) corona *f* imperial

kaiserlich *adj* imperial

Kaiserreich *nt* imperio *m*

Kaiserschmarr(e)n *m (Österr:* GASTR) *tortilla desmenuzada con azúcar y pasas*

Kaiserschnitt *m* (MED) cesárea *f*
Kajak ['ka:jak] *m o nt* <-s, -s> (SPORT) kayak *m*
Kajalstift *m* lápiz *m* de ojos, contorno *m* de ojos; **die Augen mit ~ umranden** pintarse raya en torno a los ojos
Kajüte [ka'jy:tə] *f* <-n> camarote *m*
Kakadu ['kakadu] *m* <-s, -s> cacatúa *f*
Kakao [ka'kaʊ] *m* <-s, -s> ① *(Pulver, Pflanze)* cacao *m,* cacahuatl *m Méx* ② *(Getränk)* chocolate *m;* **jdn durch den ~ ziehen** *(fam)* tomar el pelo a alguien
Kakaobohne *f* grano *m* de cacao
Kakaopulver *nt* cacao *m* en polvo
Kaki ['ka:ki] *m* <-(s), *ohne pl*> caqui *m*
Kaktus ['kaktʊs, *pl:* kak'te:ən] *m* <-ses, Kakteen> cactus *m inv*
Kaktusfeige *f* higo *m* chumbo
Kalauer ['ka:laʊɐ] *m* <-s, -> retruécano *m*
Kalb [kalp, *pl:* 'kɛlbɐ] *nt* <-(e)s, Kälber> ternero, -a *m, f*
kalben ['kalbən] *vi (Kuh)* parir (un ternero)
Kalbfleisch *nt* (carne *f* de) ternera *f*
Kalbsbraten *m* (GASTR) asado *m* de ternera, ternera *f* asada
Kalbskotelett *nt* (GASTR) chuleta *f* de ternera
Kalbsschnitzel *nt* (GASTR) escalope *m* de ternera
Kaleidoskop [kalaɪdo'sko:p] *nt* <-(e)s, -e> caleidoscopio *m*
Kalender [ka'lɛndɐ] *m* <-s, -> calendario *m; (Taschenkalender)* agenda *f*
Kalenderjahr *nt* año *m* natural
Kalenderwoche *f* <-, -n> **die Lieferung erfolgt in der 24. ~** la mercancía será entregada en la semana 24 (de este año)
Kali ['ka:li] *nt* <-s, -s> (CHEM: *Kalisalz*) sal *f* potásica
Kaliber [ka'li:bɐ] *nt* <-s, -> *(a. fig)* calibre *m*
Kalibrierung [kali'bri:rʊŋ] *f* <-, -en> calibrado *m*
Kalif [ka'li:f] *m* <-en, -en> (REL) califa *m*
Kalifornien [kali'fɔrniən] *nt* <-s> California *f*
Kalium ['ka:liʊm] *nt* <-s, *ohne pl*> (CHEM) potasio *m*
Kalk [kalk] *m* <-(e)s, -e> ① *(Kalkstein, Baustoff)* cal *f;* **gebrannter/gelöschter ~** cal viva/muerta ② *(Kalzium)* calcio *m*
Kalkablagerung *f* <-, -en> depósito *m* de cal; (MED) calcificación *f*
Kalkboden *m* suelo *m* calizo
kalken *vt* ① *(tünchen)* encalar ② *(düngen)* abonar con cal
kalkhaltig *adj* calizo
Kalkstein *m* (GEO) piedra *f* caliza
Kalkül[1] [kal'ky:l] *m o nt* <-s, -e> *(Überlegung)* cálculo *m;* **etw (mit) ins ~ ziehen** considerar algo de antemano
Kalkül[2] *m* <-s, -e> (MATH) cálculo *m*
Kalkulation [kalkula'tsjo:n] *f* <-en> cálculo *m;* **nach meiner ~** según mis cálculos
kalkulierbar [kalku'li:ɐba:ɐ] *adj* calculable
kalkulieren* [kalku'li:rən] *vt* calcular
Kalligrafie <-, *ohne pl*> *f* caligrafía *f*
Kalligrafie [kaligra'fi:] *f* <-, *ohne pl*> caligrafía *f*
Kalorie [kalo'ri:, *pl:* kalo'ri:ən] *f* <-n> caloría *f;* **~n verbrennen** quemar calorías
kalorienarm *adj* bajo en calorías
Kalorienbombe *f* <-, -n> *(fam)* plato *m* que engorda mucho
Kaloriengehalt *m* <-(e)s, -e> contenido *m* calórico
kalorienreduziert *adj* bajo en calorías
kalorienreich *adj* rico en calorías
kalt [kalt] *adj* <kälter, am kältesten> ① *(allgemein)* frío; *(eiskalt)* helado; **mir ist/wird ~** tengo frío/me entra frío; **es ist ~** hace frío; **abends essen wir ~** por la noche tomamos una cena fría; **das Essen wird ~** la comida se enfría; **etw ~ stellen** poner algo a enfriar; **es überlief ihn ~** *(fam)* le entró miedo; **mit der Frage hat er mich ~ erwischt** *(fam)* con la pregunta me pilló desprevenido ② *(gefühllos)* frío; *(gleichgültig)* indiferente
Kaltblüter [-bly:tɐ] *m* <-s, -> (ZOOL) animal *m* de sangre fría, heterotermo *m*
kaltblütig [-bly:tɪç] **I.** *adj (unerschrocken)* intrépido; *(skrupellos)* sin escrúpulos **II.** *adv* a sangre fría
Kaltblütigkeit *f ohne pl* sangre *f* fría
Kälte ['kɛltə] *f ohne pl* ① *(Temperatur)* frío *m;* **bei dieser ~** con este frío; **es herrschte eine eisige ~** hacía un frío intenso; **drei Grad ~** tres grados bajo cero ② *(Gefühlsarmut)* frialdad *f; (Gleichgültigkeit)* indiferencia *f*
kältebeständig *adj* (TECH) resistente al frío
Kälteeinbruch *m* (METEO) llegada *f* del frío
kälteempfindlich *adj* sensible al frío
Kälteperiode *f* período *m* de frío
kälter ['kɛltɐ] *adj kompar von* **kalt**
kälteste(r, s) ['kɛltəstə, -tɐ, -təs] *adj superl von* **kalt**
Kältetechnik *f* <-, *ohne pl*> técnica *f* del frío
Kältewelle *f* ola *f* de frío
Kaltfront *f* (METEO) frente *m* frío
kaltgepresst [-gəprɛst] *adj (Öl)* prensado en frío
kaltherzig *adj* insensible, cruel
kalt|lassen *irr vt* dejar frío
Kaltluft *f ohne pl* (METEO) aire *m* frío; *(sl)* liquidar

K

Kaltmiete *f* alquiler *m* sin los gastos de calefacción

Kaltschale *f* sopa *f* fría y dulce

kaltschnäuzig ['kaltʃnɔɪtsɪç] *adj (fam)* frío; *(gleichgültig)* indiferente; *(frech)* impertinente

Kaltschnäuzigkeit *f* <-, *ohne pl*> *(fam: Gleichgültigkeit)* indiferencia *f; (Frechheit)* impertinencia *f*

Kaltstart *m* ① (AUTO) arranque *m* en frío ② (INFOR) *nuevo arranque del programa sin desconectar el ordenador*

kalt|stellen *vt (fam: Person)* eliminar

Kalzium ['kaltsiʊm] *nt* <-s, *ohne pl*> (CHEM) calcio *m*

kam [ka:m] *3. imp von* **kommen**

Kambodscha [kam'bɔdʒa] *nt* <-s> Camboya *f*

Kamel [ka'me:l] *nt* <-(e)s, -e> ① *(Tier)* camello *m* ② *(fam abw: Mensch)* tonto, -a *m, f*

Kamelie [ka'me:ljə] *f* <-n> (BOT) camelia *f*

Kamellen *pl* **das sind alte** [*o* **olle**] **~** *(fam)* esta historia se la sabe ya todo quisqui

Kameltreiber(in) *m(f)* <-s, -; -nen> camellero, -a *m, f*

Kamera ['kamәra] *f* <-s> ① (FILM, TV) cámara *f;* **vor der ~ stehen** estar delante de la cámara ② (FOTO) máquina *f* fotográfica

Kamerad(in) [kamә'ra:t] *m(f)* <-en, -en; -nen> camarada *mf,* cuate, -a *m, f Guat, Méx*

Kameradschaft *f ohne pl* camaradería *f*

kameradschaftlich *adj* de camaradería; **eine ~e Geste** un gesto de camaradería

Kamerafrau *f* operadora *f,* camarógrafa *f*

Kameramann *m* <-(e)s, -männer *o* -leute> operador *m,* camarógrafo *m*

Kamerun ['kamәru:n, --'-] *nt* <-s> (el) Camerún *m*

Kameruner(in) ['----, --'--] *m(f)* <-s, -; -nen> camerunense *mf*

kamerunisch ['----, --'--] *adj* camerunense

Kamikaze [kami'ka:tsә] *m* <-, -> kamikaze *m*

Kamille [ka'mɪlә] *f* <-n> manzanilla *f*

Kamillentee *m* (infusión *f* de) manzanilla *f*

Kamin [ka'mi:n] *m o Schweiz: nt* <-s, -e> *(a. im Berg)* chimenea *f*

Kaminfeger(in) *m(f)* <-s, -; -nen> *(reg)* limpiachimeneas *m inv*

Kaminfeuer *nt* fuego *m* de la chimenea; **ein ~ machen** encender la chimenea

Kaminkehrer(in) *m(f) (reg) s.* **Kaminfeger**

Kaminofen *m* estufa *f*

Kaminsims *m o nt* repisa *f* de la chimenea

Kamm [kam, *pl:* 'kɛmә] *m* <-(e)s, Kämme> ① *(zum Kämmen)* peine *m;* **alles über einen ~ scheren** *(fig)* medirlo todo por el mismo rasero ② *(Hahnen-, Gebirgs-, Wellenkamm)* cresta *f* ③ (GASTR: *Nackenstück*) morrillo *m*

kämmen ['kɛmәn] *vt* peinar

Kammer ['kamɐ] *f* <-n> ① *(für Vorräte)* despensa *f; (für Besen)* escobero *m* ② (POL) Cámara *f; (in Spanien)* Congreso *m* de los Diputados ③ (JUR) sala *f* ④ *(Ärztekammer)* colegio *m*

Kammerchor *m* <-(e)s, -chöre> coro *m* de cámara

Kammerjäger(in) *m(f)* desinsectador(a) *m(f)*

Kammerkonzert *nt* concierto *m* de cámara

Kämmerlein *nt* **im stillen ~** a solas, entre cuatro paredes

Kammermusik *f* música *f* de cámara

Kammerorchester *nt* <-s, -> orquesta *f* de cámara

Kammersänger(in) *m(f)* <-s, -; -, -nen> (MUS) "cantante *mf* de cámara" *(título concedido en Alemania por instituciones municipales o estatales a distinguidos cantantes)*

Kammerspiel *nt* <-(e)s, -e> teatro *m* de salón

Kammerton *m* (MUS) diapasón *m* normal

Kammgarn *nt* <-(e)s, -e> hilado *m* de lana peinada

Kammmuschel *f* (ZOOL, GASTR) vieira *f*

Kampagne [kam'panjә] *f* <-n> campaña *f*

Kampf [kampf, *pl:* 'kɛmpfә] *m* <-(e)s, Kämpfe> ① *(allgemein)* lucha *f;* **ein ~ auf Leben und Tod** una lucha a muerte; **der ~ ums Überleben** la lucha por la supervivencia; **der ~ für/gegen etw** la lucha por/contra algo; **jdm/etw** *dat* **den ~ ansagen** declarar la guerra a alguien/algo ② *(Kampfhandlung)* combate *m;* **auf in den ~!** ¡al ataque!; **er ist im ~ gefallen** cayó en combate ③ *(Boxkampf)* combate *m*

kampfbereit *adj* (MIL) dispuesto para luchar

Kampfeinsatz *m* <-es, -sätze> (MIL) operación *f* militar, acción *f* militar, misión *f* militar

kämpfen ['kɛmpfәn] *vi* luchar (**um/für** por, **gegen** contra); (MIL) combatir; **mit etw** *dat* **zu ~ haben** *(a. fig)* tener problemas con algo; **sie kämpfte um ihr Leben** luchó por su vida; **sie kämpfte mit dem Tod** se debatió entre la vida y la muerte; **er kämpfte mit den Tränen** intentó contener las lágrimas; **ich habe lange mit mir ~ müssen** he tenido que luchar durante mucho tiempo contra mí mismo

Kämpfer(in) *m(f)* <-s, -; -nen> ① (MIL) combatiente *mf* ② (SPORT: *a. fig)* luchador(a) *m(f)*, faite *m Am*

kämpferisch *adj* luchador; *(kampflustig)* combativo; (POL) militante

kampferprobt *adj* (MIL) aguerrido

Kampfflugzeug *nt* (MIL) avión *m* de combate

Kampfgeist *m* <-(e)s, *ohne pl*> espíritu *m* combativo

Kampfhandlung *f* (MIL) operación *f* militar; **die ~en einstellen** cesar las operaciones militares

Kampfhund *m* perro *m* de pelea

kampflos *adj (widerstandslos)* sin resistencia

kampflustig *adj* combativo, peleón *fam*

Kampfrichter(in) *m(f)* (SPORT) árbitro, -a *m, f*

Kampfsport *m* deporte *m* de combate

kampfunfähig *adj* (SPORT, MIL) fuera de combate

kampieren* [kam'pi:rən] *vi* acampar

Kanada ['kanada] *nt* <-s> (el) Canadá *m*

Kanadier(in) [ka'na:diɐ] *m(f)* <-s, -; -nen> canadiense *mf*

kanadisch *adj* canadiense

Kanaille [ka'naljə] *f* <-n> *(abw)* canalla *m*

Kanake, -in [ka'na:kə] *m, f* <-n, -n; -nen> ① *(Südseeinsulaner)* canaco, -a *m, f* ② *(abw: Immigrant in Deutschland)* extranjero, -a *m, f (aplícase sobre todo a los inmigrantes turcos en Alemania)*

Kanal [ka'na:l, *pl:* ka'nɛ:lə] *m* <-s, Kanäle> ① *(Wasserlauf)* canal *m;* **der ~** *(Ärmelkanal)* (el Canal de) la Mancha ② *(Abwasserkanal)* alcantarillado *m; (Bewässerungskanal)* acequia *f* ③ (RADIO, TV) canal *m*

Kanalarbeiter(in) *m(f)* obrero, -a *m, f* limpiador(a) de alcantarillas

Kanaldeckel *m* tapa *f* de alcantarillado [*o* de canalización]

Kanalinseln *fpl* (GEO) islas *fpl* del Canal

Kanalisation [kanaliza'tsjo:n] *f* <-en> canalización *f; (für Abwässer)* alcantarillado *m*

Kanalisationssystem *nt* red *f* de alcantarillado

kanalisieren* *vt* canalizar

Kanalratte *f (a. fig, abw)* rata *f* de alcantarilla

Kanaltunnel *m* túnel *m* del canal de la Mancha

Kanapee [kana'pe:] *nt* <-s, -s> *(Sofa, garnierte Schnittchen)* canapé *m*

Kanaren [ka'na:rən] *pl* **die ~** (las) Canarias *fpl*

Kanarienvogel [ka'na:riənfo:gəl] *m* canario *m*

Kanarier(in) [ka'na:riɐ] *m(f)* <-s, -; -nen> canario, -a *m, f*

kanarisch [ka'na:rɪʃ] *adj* canario; **die K~en Inseln** las Islas Canarias

Kandare [kan'da:rə] *f* <-n> *(Zaumzeug)* bocado *m;* **jdn an die ~ nehmen** meter a alguien en cintura

Kandelaber *m* <-s, -> ① *(Kerzenständer)* candelabro *m* ② *(Laterne)* farola *f* (de brazos)

Kandidat(in) [kandi'da:t] *m(f)* <-en, -en; -nen> ① *(für eine Wahl)* candidato, -a *m, f;* **jdn (für etw) als ~en aufstellen** presentar a alguien como candidato (para algo) ② *(Prüfling)* examinando, -a *m, f*

Kandidatenliste *f* lista *f* de candidatos

Kandidatur [kandida'tu:ɐ] *f* <-en> candidatura *f;* **seine ~ anmelden/zurückziehen** presentar/retirar su candidatura

kandidieren* [kandi'di:rən] *vi* presentarse como candidato

kandiert [kan'di:ɐt] *adj* escarchado; **~e Früchte** frutas escarchadas

Kandis ['kandɪs] *m* <-, *ohne pl*>, **Kandiszucker** *m* <-s, -> azúcar *m* cande

Kandiszucker *m* azúcar *m* cande

Känguru ['kɛŋguru] *nt* <-s, -s> canguro *m*

Kaninchen [ka'ni:nçən] *nt* <-s, -> conejo *m*

Kanister [ka'nɪstɐ] *m* <-s, -> bidón *m*

kann [kan] *3. präs von* **können**

Kännchen ['kɛnçən] *nt* <-s, -> jarrita *f*

Kanne ['kanə] *f* <-n> jarra *f*, jarro *m; (Milchkanne)* lechera *f; (Teekanne)* tetera *f; (Kaffeekanne)* cafetera *f; (Gießkanne)* regadera *f;* **volle ~** *(fam)* a toda mecha

Kannibale, -in [kani'ba:lə] *m, f* <-n, -n; -nen> caníbal *mf*

Kannibalismus [kaniba'lɪsmʊs] *m* <-, *ohne pl*> canibalismo *m*

kannte ['kantə] *3. imp von* **kennen**

Kanon ['ka:nɔn] *m* <-s, -s> (*a.* MUS) canon *m*

Kanone [ka'no:nə] *f* <-n> ① *(Geschütz)* cañón *m* ② *(fam: Könner)* as *m* ③ *(fam: Revolver)* pistola *f* ④ *(Wend)* **unter aller ~ sein** *(fam)* no poder ser peor

Kanonenfutter *nt ohne pl (fam abw)* carne *f* de cañón

Kanonenkugel *f* bala *f* de cañón

Kanoniker [ka'no:nikɐ] *m* <-s, ->, **Kanonikus** [ka'no:nikʊs] *m* <-, Kanoniker> (REL) canónigo *m*

Kantabrer(in) [kan'ta:brɐ] *m(f)* <-s, -; -nen> cántabro, -a *m, f*

Kantabrien [kan'ta:briən] *nt* <-s> Cantabria *f*

kantabrisch *adj (aus Kantabrien)* cántabro;

K

(vom nördlichen Küstengebiet) cantábrico; **K~es Meer** mar Cantábrico

Kantate [kan'taːtə] *f* <-, -n> (MUS) cantata *f*

Kante ['kantə] *f* <-n> *(Rand)* borde *m; (Ecke)* canto *m;* **Geld auf die hohe ~ legen** *(fam)* hacer economías

kanten ['kantən] *vt* poner de canto

Kanter ['kantɐ] *m* <-s, -> (SPORT: *kurzer, lockerer Galopp beim Reiten*) galope *m* corto

Kantholz *nt* <-es, -hölzer> madera *f* escuadrada

kantig *adj* esquinado; *(Gesicht)* anguloso

Kantine [kan'tiːnə] *f* <-n> cantina *f*

Kanton [kan'toːn] *m* <-s, -e> cantón *m*

kantonal [kanto'naːl] *adj* cantonal

Kanu ['kaːnu, ka'nuː] *nt* <-s, -s> (SPORT) piragua *f*, bongo *m Am*, chalupa *f Méx*

Kanüle [ka'nyːlə] *f* <-n> (MED) cánula *f*, bitoque *m Am*

Kanusport *m ohne pl* piragüismo *m*

Kanzel ['kantsəl] *f* <-n> ① *(in Kirche)* púlpito *m* ② (AERO) cabina *f*

Kanzlei [kants'laɪ] *f* <-en> ① *(Büro)* despacho *m; (von Rechtsanwalt)* bufete *m; (von Notar)* notaría *f* ② *(Staatskanzlei)* cancillería *f*

Kanzler(in) ['kantslɐ] *m(f)* <-s, -; -nen> ① (POL) canciller *mf*, presidente, -a *m, f* del Gobierno *(en Alemania y Austria)* ② (UNIV) rector(a) *m(f)*

Kanzleramt *nt ohne pl* cancillería *f*, presidencia *f* del Gobierno *(en Alemania y Austria)*

Kanzlerin *f* <-nen> *s.* **Kanzler**

Kanzlerkandidat(in) *m(f)* candidato, -a *m, f* a la cancillería, candidato, -a *m, f* a la presidencia de Gobierno *(en Alemania y Austria)*

Kap [kap] *nt* <-s, -s> cabo *m;* **das ~ der Guten Hoffnung** el cabo de Buena Esperanza

Kapazität [kapatsi'tɛːt] *f* <-en> ① *(Fassungsvermögen, a.* WIRTSCH) capacidad *f* ② *(Experte)* experto, -a *m, f*

Kapelle [ka'pɛlə] *f* <-n> ① *(Bau)* capilla *f* ② (MUS) orquesta *f*

Kapellmeister(in) *m(f)* (MUS) director(a) *m(f)* de orquesta

Kaper[1] ['kaːpɐ] *f* <-n> (GASTR) alcaparra *f*

Kaper[2] *m* <-s, -> (NAUT) corsario *m*

kapern ['kaːpɐn] *vt* (NAUT) apresar, tomar como botín

kapieren* [ka'piːrən] *vt (fam)* captar; **kapiert?** ¿ya?

kapital *adj* magnífico; *(fam: groß)* capital; **der ~e Irrtum** el error capital

Kapital [kapi'taːl, *pl:* kapi'taːle, kapi'taːliən] *nt* <-s, -e *o* -ien> capital *m;* **~ aufnehmen** tomar dinero a préstamo; **~ aus etw** *dat* **schlagen** sacar provecho de algo; **totes ~** *(fig)* conocimientos no utilizados

Kapitalanlage *f* (FIN) inversión *f* de capital

Kapitalertrag *m* (FIN) rendimiento *m* del capital

Kapitalflucht *f ohne pl* (FIN) evasión *f* de capitales

Kapitalgesellschaft *f* (FIN) sociedad *f* de capital

Kapitalismus [kapita'lɪsmʊs] *m* <-, *ohne pl*> capitalismo *m*

Kapitalist(in) [kapita'lɪst] *m(f)* <-en, -en; -nen> capitalista *mf*

kapitalistisch *adj* capitalista

kapitalkräftig *adj* adinerado

Kapitalmarkt *m* (FIN) mercado *m* de capitales; **freier ~** mercado libre de capitales

Kapitalumsatz *m* <-es, -sätze> movimiento *m* del capital

Kapitalverbrechen *nt* (JUR) crimen *m* capital

Kapitalverkehr *m ohne pl* (WIRTSCH) circulación *f* de capitales; **freier ~** libre circulación de capitales

Kapitän(in) [kapi'tɛːn] *m(f)* <-s, -e; -nen> ① (NAUT, SPORT) capitán, -ana *m, f* ② (AERO) comandante *mf*

Kapitel [ka'pɪtəl] *nt* <-s, -> (*a.* REL) capítulo *m;* **dieses ~ ist für mich erledigt** este capítulo queda zanjado para mí

Kapitell [kapi'tɛl] *nt* <-s, -e> (ARCHIT) capitel *m*

Kapitelüberschrift *f* <-, -en> título *m* de un capítulo

Kapitulation [kapitula'tsjoːn] *f* <-en> (*a.* MIL) capitulación *f* (**vor** ante)

kapitulieren* [kapitu'liːrən] *vi* (*a.* MIL) capitular (**vor** ante)

Kaplan [ka'plaːn, *pl:* ka'plɛːnə] *m* <-s, Kapläne> capellán *m*

Kappe ['kapə] *f* <-n> ① *(Kopfbedeckung)* gorra *f;* **etw auf seine ~ nehmen** *(fam)* asumir la responsabilidad de algo; **das geht auf ihre ~** eso corre de su cuenta ② *(Verschluss)* tapa *f; (von Stift)* capuchón *m* ③ *(am Schuh)* refuerzo *m; (hinten)* contrafuerte *m; (vorne)* puntera *f*

kappen ['kapən] *vt* ① *(Seil)* cortar ② *(Finanzmittel)* reducir

Käppi ['kɛpi] *nt* <-s, -s> quepis *m inv*

Kapriole [kapri'oːlə] *f* <-n> ① *(Luftsprung, im Reitsport)* cabriola *f* ② *(Streich, Laune)* capricho *m*

kapriziös [kapri'tsjøːs] *adj (geh)* caprichoso

Kapsel ['kapsəl] *f* <-n> ① *(Behälter)* recipiente *m* ② (BOT, MED) cápsula *f* ③ *(Raumfahrt)* cápsula *f* espacial

Kapstadt ['kapʃtat] *nt* <-s> ciudad *f* del Cabo [*o* de El Cabo]

kaputt [ka'pʊt] *adj (fam)* ① *(entzwei)* roto; *(nicht mehr funktionsfähig)* estropeado; ~ **machen** romper, destrozar; *s. a.* **kaputtmachen** ② *(erschöpft)* hecho polvo; **ein ~er Typ** *(sl)* un tipo reventado

kaputtfahren *irr vt (fam)* destrozar (por un accidente o golpe con el coche)

kaputt|gehen *irr vi sein* ① *(fam: entzweigehen)* romperse (**von** por); *(nicht mehr funktionieren)* estropearse (**von** por) ② *(fam: Beziehung, Nerven)* arruinarse, destruirse (**an** por); *(Pflanze)* marchitarse (**an** por) ③ *(fam: Firma)* quebrar ④ *(sl: sich psychisch erschöpfen)* destrozarse

kaputtkriegen *vt (fam)* romper, cargarse

kaputt|lachen *vr:* **sich** ~ troncharse de risa (**über** por)

kaputt|machen I. *vt (fam) (psychisch erschöpfen)* destrozar; **der Stress macht ihn kaputt** el estrés lo mata **II.** *vr:* **sich** ~ *(fam)* matarse

kaputtschlagen *irr vt (fam)* destrozar, cargarse

Kapuze [ka'puːtsə] *f* <-n> capucha *f*

Kapuzenmuskel *m* (ANAT) músculo *m* trapecio

Kapuzenpullover *m* sudadera *f* con capucha

Kapuziner[1] *m* <-s, -> *(Österr:* GASTR: *Milchkaffee)* café *m* con leche

Kapuziner(in)[2] [kapu'tsiːnɐ] *m(f)* <-s, -; -nen> (REL) capuchino, -a *m, f*

Kap Verde [kap'veːɐdə] *nt* <-s> Cabo Verde *m*

Karabiner [kara'biːnɐ] *m* <-s, -> ① *(Gewehr)* carabina *f* ② *(Österr: Karabinerhaken)* mosquetón *m*

Karabinerhaken *m* mosquetón *m*

Karacho [ka'raxo] *nt* **mit ~** *(fam)* a toda mecha

Karaffe [ka'rafə] *f* <-n> garrafa *f*

Karambolage [karambo'laːʒə] *f* <-n> colisión *f* en cadena

Karamell [kara'mɛl] *m o Schweiz: nt* <-s, *ohne pl*> caramelo *m*

Karamellpudding *m* ≈ flan *m*

Karaoke [kara'oːkə] *nt* <-(s), *ohne pl*> karaoke *m*

Karat [ka'raːt] *nt* <-(e)s, -e> quilate *m*

Karate [ka'raːtə] *nt* <-(s), *ohne pl*> kárate *m*

Karawane [kara'vaːnə] *f* <-n> caravana *f*

Karbonat [karbo'naːt] *nt* <-(e)s, -e> (CHEM) carbonato *m*

Karbunkel [kar'bʊŋkəl] *m* <-s, -> (MED) ántrax *m inv*

Kardamom [karda'moːm] *m o nt* <-s, -e(n)> (BOT) cardamomo *m*

Kardanwelle *f* (TECH) árbol *m* de cardán

Kardinal [kardi'naːl, *pl:* kardi'nɛːlə] *m* <-s, Kardinäle> (REL) cardenal *m*

Kardinalfehler *m* error *m* fundamental

Kardinalfrage *f (geh)* cuestión *f* cardinal

Kardinalzahl *f* número *m* cardinal

Kardiogramm [kardio'gram] *nt* <-s, -e> (MED) cardiograma *m*

Kardiologe, -in [kardio'loːgə] *m, f* <-n, -n; -, -nen> (MED) cardiólogo, -a *m, f*

Kardiologie [kardiolo'giː] *f* <-, *ohne pl*> (MED) cardiología *f*

Karenztag *m* día *m* de carencia (salarial)

Karenzzeit *f* tiempo *m* de carencia

Karfiol [kar'fjoːl] *m* <-s, *ohne pl*> *(Österr:* GASTR) coliflor *f*

Karfreitag [kaːɐ'fraɪtaːk] *m* (REL) Viernes *m* Santo

karg [kark] *adj* ① *(gering)* escaso; *(armselig)* pobre; *(Essen)* frugal ② *(Wand)* pelado ③ *(unfruchtbar)* árido

Kargheit *f* <-, *ohne pl*> ① *(Knappheit)* escasez *f*; *(Armseligkeit)* pobreza *f* ② *(der Ausstattung)* sobriedad *f* ③ *(des Bodens)* aridez *f*

kärglich ['kɛrklɪç] *adj* escaso; *(Gehalt)* miserable; *(Essen)* frugal

Karibik [ka'riːbɪk] *f* (el) Caribe *m*

karibisch *adj* caribeño

Karibisches Meer *f* mar Caribe *m*

kariert [ka'riːɐt] *adj (Stoff)* a cuadros; *(Papier)* cuadriculado; **klein ~** *(Stoff)* a cuadros pequeños

Karies ['kaːriɛs] *f ohne pl* (MED) caries *f inv*

Karikatur [karika'tuːɐ] *f* <-en> caricatura *f*

Karikaturist(in) [karikatu'rɪst] *m(f)* <-en, -en; -nen> caricaturista *mf*

karikieren* [kari'kiːrən] *vt* caricaturizar

kariös [kari'øːs] *adj* (MED) cariado

karitativ [karita'tiːf] *adj* caritativo

Karneval ['karnəval] *m* <-s, -e *o* -s> carnaval *m*

Karnevalszug *m* desfile *m* de carnaval

Karnickel [kar'nɪkəl] *nt* <-s, -> *(reg)* conejo *m*

Kärnten ['kɛrntən] *nt* <-s> Carintia *f*

Karo ['kaːro] *nt* <-s, -s> ① *(Viereck)* cuadrado *m*; *(Raute)* rombo *m*; *(auf Kleidung)* cuadro *m* ② *(spanisches Kartenspiel)* oros *mpl*; *(französisches Kartenspiel)* diamantes *mpl*

Karomuster *nt* dibujo *m* a cuadros; **ein Rock mit ~** una falda a cuadros

Karosserie [karɔsə'riː] *f* <-n> carrocería *f*

K

Karosseriebauer(in) *m(f)* carrocero, -a *m, f*
Karotte [ka'rɔtə] *f* <-n> zanahoria *f*
Karottensaft *m* zumo *m* de zanahoria
Karpfen ['karpfən] *m* <-s, -> (ZOOL) carpa *f*
Karpfenteich *m* <-(e)s, -e> criadero *m* de carpas
Karre ['karə] *f* <-n> *s.* **Karren**
Karree [ka're:] *nt* <-s, -s> ❶ *(Viereck)* cuadrado *m* ❷ *(Häuserblock)* manzana *f,* cuadra *f Am;* **ums ~ gehen** dar una vuelta a la manzana ❸ *(Österr:* GASTR: *Rippenstück)* chuleta *f*
Karren ['karən] *m* <-s, -> ❶ *(Wagen)* carro *m;* **für jdn den ~ aus dem Dreck ziehen** *(fam)* sacarle a alguien las castañas del fuego; **jdm an den ~ fahren** *(fam)* poner a alguien como un trapo ❷ *(abw: Auto)* carraca *f*
Karriere [ka'rje:rə] *f* <-n> carrera *f* (profesional); **~ machen** hacer carrera
Karrierefrau *f* arribista *f*
karrieregeil *adj (abw fam) que ambiciona éxito profesional a toda costa*
Karriereknick *m* bajón *m* en la carrera
Karrierist(in) [karje'rɪst] *m(f)* <-en, -en; -, -nen> arribista *mf*
Karsamstag [ka:ɐ'zamsta:k] *m* (REL) Sábado *m* Santo
Karst [karst] *m* <-(e)s, -e> (GEO) carst *m*
Karte ['kartə] *f* <-n> ❶ *(Visiten-, Kreditkarte)* tarjeta *f;* **die gelbe/rote** [*o* **Gelbe/Rote**] **~** (SPORT) la tarjeta amarilla/roja ❷ *(Ansichtskarte)* (tarjeta *f*) postal *f;* **eine ~ schreiben** escribir una postal ❸ *(Speisekarte)* carta *f* (del menú) ❹ *(Landkarte)* mapa *m* ❺ *(Fahrkarte)* billete *m,* boleto *m Am; (Eintrittskarte)* entrada *f* ❻ *(Spielkarte)* naipe *m,* carta *f;* **jdm die ~n legen** echar las cartas a alguien; **~n spielen** jugar a las cartas; **mit offenen/verdeckten ~n spielen** *(a. fig)* enseñar las cartas/ocultar el juego; **alles auf eine ~ setzen** *(a. fig)* jugarse el todo por el todo a una carta; **sich** *dat* **nicht in die ~n sehen lassen** *(fig)* esconder la bola ❼ (INFOR) tarjeta *f* gráfica
Kartei [kar'taɪ] *f* <-en> fichero *m;* **eine ~ über jdn/etw führen** tener a alguien/algo fichado
Karteikarte *f* ficha *f*
Karteikasten *m* fichero *m*
Karteileiche *f (iron) ficha que contiene datos de personas o hechos que ya no existen o están pasados*
Kartell [kar'tɛl] *nt* <-s, -e> (WIRTSCH) cártel *m*
Kartellamt *nt* (WIRTSCH) autoridad *f* de vigilancia de los cárteles
Kartellgesetz *nt* <-es, -e> (JUR) ley *f* anticártel, ley *f* sobre restricciones de la competencia
Kartenhaus *nt* ❶ *(Figur aus Spielkarten)* castillo *m* de naipes; **alle ihre Pläne fielen in sich zusammen wie ein ~** todos sus planes se desmoronaron como un castillo de naipes ❷ (NAUT: *Raum für Seekarten*) caseta *f* de derrota
Karteninhaber(in) *m(f)* <-s, -; -, -nen> (WIRTSCH, FIN) titular *mf* de la tarjeta
Kartenlegen *nt* <-s, *ohne pl*> cartomancia *f*
Kartenleger(in) *m(f)* <-s, -; -nen> cartomántico, -a *m, f*
Kartenlesegerät *nt* (INFOR) lector *m* de tarjetas
Kartenspiel *nt* ❶ *(Spiel)* juego *m* de naipes ❷ *(Spielkarten)* baraja *f*
Kartentelefon *nt* teléfono *m* de tarjeta(s)
Kartenvorverkauf *m* venta *f* anticipada de localidades
kartieren* [kar'ti:rən] *vt* ❶ (GEO) cartografiar, levantar mapas (de) ❷ *(in Kartei)* fichar
Kartoffel [kar'tɔfəl] *f* <-n> patata *f,* papa *f Am;* **jdn fallen lassen wie eine heiße ~** *(fam)* dejar a alguien en la estacada
Kartoffelbrei *m* (GASTR) puré *m* de patatas
Kartoffelchip *m* (GASTR) patata *f* frita
Kartoffelkloß *m* croqueta *f* de patata
Kartoffelpuffer *m* (GASTR) *fritura de patatas ralladas*
Kartoffelpüree *nt* (GASTR) puré *m* de patata, naco *m Col*
Kartoffelsalat *m* (GASTR) ensalada *f* de patatas
Kartoffelstampfer [-'ʃtampfɐ] *m* machaca patatas *m*
Kartograf(in) [karto'gra:f] *m(f)* <-en, -en; -, -nen> cartógrafo, -a *m, f*
Kartografie [kartogra'fi:] *f* <-, *ohne pl*> cartografía *f*
Karton [kar'tɔŋ] *m* <-s, -s> ❶ *(Material)* cartón *m; (Fotokarton)* cartulina *f* ❷ *(Behälter)* caja *f*
Kartonage [karto'na:ʒə] *f* <-, -n> cartonaje *m,* embalaje *m* de cartón
kartoniert [karto'ni:ɐt] *adj (Buch)* empastado
Kartusche [kar'tʊʃə] *f* <-n> ❶ (TECH: *Behälter*) cartucho *m; (Tonerpatrone)* tóner *m* ❷ (MIL: *Geschosshülse*) cartucho *m; (leere Geschosshülle)* casquillo *m* ❸ (KUNST: *Zierornament*) voluta *f*
Kartuschenpistole *f* pistola *f* de cartucho
Karussell [karʊ'sɛl] *nt* <-s, -s *o* -e> tiovivo *m*
Karwoche ['ka:ɐvɔxə] *f* (REL) Semana *f* Santa

karzinogen [kartsino'geːn] *adj* (MED) cancerígeno

Karzinom [kartsi'noːm] *nt* <-s, -e> (MED) carcinoma *m*

Kasachstan ['kazaxstaːn] *nt* <-s> Kazajstán *m*

Kaschemme [ka'ʃɛmə] *f* <-n> *(fam abw)* barucho *m*

kaschieren* [ka'ʃiːrən] *vt* ocultar

Kaschmir[1] ['kaʃmiːɐ] *m* <-s, -e> *(Wolle, Gewebe)* cachemir *m*

Kaschmir[2] *nt* <-s> Cachemira *m*

Käse ['kɛːzə] *m* <-s, -> ① (GASTR) queso *m;* **geriebener ~** queso rallado ② *(fam abw: Unsinn)* tonterías *fpl;* **das ist doch alles ~, was du erzählst!** ¡no dices más que bobadas!

Käseblatt *nt (fam abw)* periodicucho *m*

Käsebrot *nt* <-(e)s, -e> (GASTR) pan *m* con (mantequilla y) queso

Käsegebäck *nt* pasta *f* de queso

Käseglocke *f* quesera *f*

Käsekuchen *m* tarta *f* de queso

Käsemesser *nt* cuchillo *m* para el queso

Käserei *f* <-en> quesería *f*

Kaserne [ka'zɛrnə] *f* <-n> cuartel *m*

Käseteller *m* tabla *f* de quesos

Käsetheke *f* mostrador *m* especializado en quesos

käseweiß, käsig ['kɛːzɪç] *adj (fam)* descolorido; *(Hautfarbe)* pálido

Kasino [ka'ziːno] *nt* <-s, -s> ① (MIL) comedor *m* de oficiales ② *(Spielcasino)* casino *m,* casa *f* de juego

Kaskade [kas'kaːdə] *f* <-, -n> cascada *f*

Kaskoversicherung ['kasko-] *f* seguro *m* contra todo riesgo

Kasper(le) *m* <-s, -> títere *m*

Kasper(le)theater *nt* guiñol *m*

kaspern ['kaspɐn] *vi (fam)* payasear

Kaspisches Meer *nt* mar *m* Caspio

Kassa ['kasa] *f* <Kassen> *(Österr)* caja *f*

Kasse ['kasə] *f* <-n> ① *(Behälter, Zahlstelle)* caja *f;* **~ machen** hacer la caja; **jdn zur ~ bitten** *(fam)* reclamar dinero a alguien ② *(Bargeld)* efectivo *m* en caja; **knapp/gut bei ~ sein** *(fam)* andar mal/bien de dinero; **wir haben getrennte ~n** hacemos cuentas separadas ③ *(für Eintritts-, Fahrkarten)* taquilla *f* ④ *(fam: Bank)* caja *f*

Kassenarzt, -ärztin *m, f* médico, -a *m, f* de la Seguridad Social

Kassenautomat *m* cajero *m* automático

Kassenbeleg *m* comprobante *m* de compra

Kassenbon *m* tíquet *m* de compra

Kassenbrille *f* <-, -n> *(fam)* gafas *fpl* pagadas por la Seguridad Social

Kassendefizit *nt* (WIRTSCH) déficit *m inv* de caja

Kassenerfolg *m* ① (FILM, THEAT) éxito *m* de taquilla ② *(Ware)* éxito *m* de ventas

Kassengestell *nt* <-(e)s, -e> *(fam)* montura *f* (de gafas) pagada por la Seguridad Social

Kassenmagnet *m* <-(e)s, -e> *(Schauspieler)* artista *mf* taquillero; *(Theaterstück)* espectáculo *m* taquillero

Kassenpatient(in) *m(f)* paciente *mf* de la Seguridad Social

Kassenprüfung *f* (WIRTSCH) auditoría *f* financiera

Kassenschlager *m (fam)* superventas *m inv; (Film)* película *f* taquillera

Kassensturz *m* **~ machen** contar el dinero

Kassenwart(in) *m(f)* tesorero, -a *m, f*

Kassenzettel *m* ① *(Quittung)* factura *f* ② *s.* **Kassenbon**

Kasserolle *f (Stieltopf)* cazo *m*

Kassette [ka'sɛtə] *f* <-n> ① *(für Geld)* cajita *f; (für Schmuck)* joyero *m* ② *(Schutzhülle)* estuche *m* ③ *(Musik-, Videokassette)* casete *m*

Kassettendeck *nt* (platina *f*) casete *m*

Kassettenrekorder *m* <-s, -> casete *m*

kassieren* [ka'siːrən] **I.** *vi* ① *(Kellner)* cobrar ② *(fam: Geld einnehmen)* ganar **II.** *vt* ① *(einnehmen)* cobrar (**von/bei** de) ② *(fam: sich aneignen)* quedarse (con); *(wegnehmen)* quitar ③ *(fam: einstecken müssen)* tragarse ④ (JUR: *aufheben*) casar

Kassierer(in) *m(f)* <-s, -; -nen> cajero, -a *m, f; (im Verein)* tesorero, -a *m, f*

Kastagnette [kasta'njɛtə] *f* <-n> castañuela *f*

Kastanie [kas'taːniə] *f* <-n> ① *(Baum)* castaño *m* ② *(Frucht)* castaña *f;* **für jdn die ~n aus dem Feuer holen** *(fam)* sacarle a alguien las castañas del fuego

Kastanienbaum *m* castaño *m*

Kästchen ['kɛstçən] *nt* <-s, -> ① *(Behälter)* cajita *f* ② *(auf Papier)* cuadrícula *f*

Kaste ['kastə] *f* <-n> casta *f*

kasteien* [kas'taɪən] *vr:* **sich ~** mortificarse

Kasten ['kastən, *pl:* 'kɛstən] *m* <-s, Kästen> ① *(Kiste)* caja *f; (größerer)* cajón *m;* **etwas auf dem ~ haben** *(fam)* ser listo ② *(Schaukasten)* vitrina *f* de exposición ③ *(fam: Briefkasten)* buzón *m* ④ *(fam abw: Radio)* aparato *m; (Fernseher)* caja *f* tonta ⑤ *(Turngerät)* plinto *m* ⑥ *(fam abw: Gebäude)* caserón *m* ⑦ *(Österr, Schweiz: Schrank)* armario *m*

Kastenform *f* forma *f* cuadrada; *(Backform)* molde *m* cuadrado

Kastilien [kas'tiːliən] *nt* <-s> Castilla *f*

Kastilier(in) *m(f)* <-s, -; -nen> castellano, -a *m, f*

kastilisch *adj* castellano

Kastrat [kas'tra:t] *m* <-en, -en> castrado *m*

Kastration [kastra'tsjo:n] *f* <-, -en> castración *f*

kastrieren* [kas'tri:rən] *vt* castrar

Kasus ['ka:zʊs] *m* <-, -> (LING) caso *m*

Kat [kat] *m* <-s, -s> (CHEM, AUTO) *Abk. von* **Katalysator** catalizador *m*

Katakomben [kata'kɔmbən] *fpl* catacumbas *fpl*

Katalane, -in [kata'la:nə] *m, f* <-n, -n; -nen> catalán, -ana *m, f*

katalanisch *adj* catalán

Katalanische *nt* <-n, *ohne pl*> (LING) catalán *m*

Katalog [kata'lo:k] *m* <-(e)s, -e> catálogo *m*

katalogisieren* [katalogi'zi:rən] *vt* catalogar

Katalogisierung *f* <-, -en> catalogación *f*

Katalonien [kata'lo:niən] *nt* <-s> Cataluña *f*

Katalysator [kataly'za:to:ɐ] *m* <-s, -en> (CHEM, AUTO) catalizador *m;* **geregelter ~** catalizador regulado

Katalysatorauto *nt* coche *m* con catalizador

Katalyse [kata'ly:zə] *f* <-, -n> (CHEM) catálisis *f inv*

katalytisch [kata'ly:tɪʃ] *adj* (CHEM) catalítico

Katamaran [katama'ra:n] *m* <-s, -e> catamarán *m*

Katapult [kata'pʊlt] *nt o m* <-(e)s, -e> (TECH, MIL) catapulta *f*

katapultieren* [katapʊl'ti:rən] *vt* (AERO: *a. fig*) catapultar

Katar ['ka(:)tar] *nt* <-s> (GEO) Qatar *m*

Katarr, Katarrh *m* <-s, -e> (MED) catarro *m*

Katasteramt *nt* <-es, -ämter> oficina *f* del catastro

katastrophal [katastro'fa:l] *adj* catastrófico

Katastrophe [katas'tro:fə] *f* <-n> ❶ *(Unglück)* catástrofe *f;* **nukleare ~** catástrofe nuclear ❷ *(fig)* desastre *m*

Katastrophenalarm *m* alerta *f* roja

Katastropheneinsatz *m* movilización *f* en caso de catástrofes

Katastrophengebiet *nt* zona *f* catastrófica

Katastrophenhilfe *f* ayuda *f* en caso de catástrofes

Katastrophenopfer *nt* víctima *f* de una catástrofe

Katastrophenschutz *m* medidas *fpl* de protección contra catástrofes

Katechismus [katɛ'çɪsmʊs] *m* <-, Katechismen> (REL) catecismo *m*

Kategorie [katego'ri:] *f* <-n> categoría *f;* **etw in verschiedene ~n einteilen** clasificar algo

kategorisch [kate'go:rɪʃ] *adj* categórico

Kater ['ka:tɐ] *m* <-s, -> ❶ *(Tier)* gato *m;* **der gestiefelte ~** el gato con botas ❷ *(fam: Unwohlsein)* resaca *f,* goma *f Am;* **einen ~ haben** tener resaca

kath. *Abk. von* **katholisch** católico

Katharsis ['ka:tarzɪs] *f* <-, *ohne pl*> (REL, PSYCH, LIT) catarsis *f inv*

Katheder [ka'te:dɐ] *nt* <-s, -> (UNIV: *Lehrstuhl*) cátedra *f*

Kathedrale [kate'dra:lə] *f* <-n> catedral *f*

Kathete [ka'te:tə] *f* <-, -n> (MATH) cateto *m*

Katheter [ka'te:tɐ] *m* <-s, -> (MED) catéter *m*

Kathode [ka'to:də] *f* <-n> (PHYS) cátodo *m*

Katholik(in) [kato'li:k] *m(f)* <-en, -en; -nen> católico, -a *m, f*

katholisch [ka'to:lɪʃ] *adj* católico

Katholizismus [katoli'tsɪsmʊs] *m* <-, *ohne pl*> catolicismo *m*

Katode [ka'to:də] *f* <-n> *s.* **Kathode**

Katz [kats] *f* **~ und Maus mit jdm spielen** *(fam)* jugar al gato y al ratón con alguien

katzbuckeln ['---] *vi (abw)* arrastrarse; **vor jdm ~** arrastrarse a los pies de alguien

Kätzchen ['kɛtsçən] *nt* <-s, -> (BOT) amento *m;* **zu Ostern blühen die ~** por Pascua florecen los amentos

Katze ['katsə] *f* <-n> ❶ *(Hauskatze)* gato *m,* cucho *m Chil; (weiblich)* gata *f,* cucha *f Chil;* **wie die ~ um den heißen Brei schleichen** *(fam)* andarse con rodeos; **die ~ im Sack kaufen** *(fam)* comprar a ciegas; **die ~ aus dem Sack lassen** *(fam)* destapar un secreto; **meine Arbeit war für die Katz** *(fam)* todo mi trabajo ha sido para nada; **bei Nacht sind alle ~n grau** *(prov)* de noche todos los gatos son pardos; **die ~ lässt das Mausen nicht** *(prov)* el hijo de la gata, ratones mata ❷ *(Raubtierart)* felino *m*

katzenartig I. *adj* gatuno **II.** *adv* como un gato

Katzenauge *nt* ❶ *(Mineral)* crisoberilo *m* ❷ *(fam: Rückstrahler)* catafaro *m*

Katzensprung *m* **es ist nur ein ~ (von hier)** *(fam)* está a dos pasos (de aquí)

Katzenwäsche *f (fam)* lavoteo *m;* **~ machen** lavotearse

Katz-und-Maus-Spiel *nt* juego *m* del gato y el ratón
Kauderwelsch ['kaʊdɐvɛlʃ] *nt* <-(s), *ohne pl*> galimatías *m inv*
kauen ['kaʊən] *vi, vt* masticar; **an den Nägeln ~** comerse las uñas
kauern ['kaʊɐn] **I.** *vi* estar en cuclillas **II.** *vr:* **sich ~** acuclillarse
Kauf [kaʊf, *pl:* 'kɔɪfə] *m* <-(e)s, Käufe> compra *f* (**von** de); *(Erwerb)* adquisición *f* (**von** de); **etw zum ~ anbieten** poner algo en venta; **ein ~ in Raten/auf Kredit** una compra a plazos/a crédito; **etw in ~ nehmen** asumir algo
kaufen ['kaʊfən] *vt (Ware, bestechen)* comprar; *(erwerben)* adquirir; **etw auf Raten ~** comprar algo a plazos; **dafür kann ich mir nichts ~** *(fam)* esto no me sirve de nada; **den kaufe ich mir** *(fam)* este me lo compro
Kaufentscheidung *f* decisión *f* de compra
Käufer(in) ['kɔɪfɐ] *m(f)* <-s, -; -nen> comprador(a) *m(f)*; *(Kunde)* cliente, -a *m, f*
Käuferschicht *f* clase *f* de compradores
Kauffrau *f* perita *f* comercial; *(Händlerin)* comerciante *f*
Kaufhaus *nt* grandes almacenes *mpl*, emporio *m AmC*
Kaufkraft *f ohne pl* (WIRTSCH) poder *m* adquisitivo
Kaufleute *pl s.* **Kaufmann**
käuflich ['kɔɪflɪç] *adj* ① *(Waren)* comprable; **etw ~ erwerben** adquirir algo ② *(bestechlich)* sobornable
Kauflustige(r) *mf* comprador(a) *m(f)*
Kaufmann *m* <-(e)s, -leute> perito *m* comercial; *(Händler)* comerciante *m*; (HIST) mercader *m*
kaufmännisch [-mɛnɪʃ] *adj* comercial
Kaufoption *f* (FIN) opción *f* de compra
Kaufpreis *m* precio *m* de compra
Kaufrausch *m* fiebre *f* compradora
Kaufsumme *f* (WIRTSCH) total *m* de compras
Kaufvertrag *m* contrato *m* de compraventa
Kaufzwang *m* obligación *f* de comprar; **ohne ~** sin compromiso
Kaugummi *m o nt* <-s, -s> chicle *m*
Kaukasus ['kaʊkazʊs] *m* <-> Cáucaso *m*
Kaulquappe ['kaʊlkvapə] *f* <-n> renacuajo *m*
kaum [kaʊm] *adv* ① *(wahrscheinlich nicht)* probablemente no; **ich glaube ~, dass ...** no creo que... *+subj* ② *(noch nicht einmal)* apenas; **~ jemand** casi nadie; **sie war ~ hereingekommen, als ...** apenas había entrado cuando...; **es dauerte ~ drei Stunden** apenas duró tres horas
kausal [kaʊ'za:l] *adj* causal
Kausalität [kaʊzali'tɛ:t] *f* <-, -en> causalidad *f*
Kautabak ['kaʊ-] *m* tabaco *m* de mascar, breva *f Am*
Kaution [kaʊ'tsjo:n] *f* <-en> ① (JUR) fianza *f*; **gegen ~** bajo fianza ② *(bei Mieten)* garantía *f*
Kautschuk ['kaʊtʃʊk] *m* <-s, -e> caucho *m*, hule *m Am*
Kauz [kaʊts, *pl:* 'kɔɪtsə] *m* <-es, Käuze> (ZOOL) mochuelo *m*; **ein komischer ~** *(fam)* un tío raro
kauzig *adj* raro
Kavalier [kava'li:ɐ] *m* <-s, -e> caballero *m*
Kavaliersdelikt *nt* peccata minuta *pl*
Kavallerie [kavalə'ri:, '----] *f* <-n> (HIST) caballería *f*
Kaviar ['ka:via:ɐ] *m* <-s, -e> caviar *m*
KB [ka:'be:] *Abk. von* **Kilobyte** Kb
kcal *Abk. von* **Kilokalorie** Kcal
keck [kɛk] *adj* fresco
Kefir ['ke:fɪr] *m* <-s, *ohne pl*> kéfir *m*
Kegel ['ke:gəl] *m* <-s, -> ① *(Geometrie, a. Berg-, Lichtkegel)* cono *m* ② *(Spielfigur)* bolo *m*
Kegelbahn *f* bolera *f*
kegelförmig [-fœrmɪç] *adj* cónico
Kegelkugel *f* bola *f* (del juego de bolos)
kegeln ['ke:gəln] *vi* jugar a los bolos
Kegler(in) ['ke:glɐ] *m(f)* <-s, -; -, -nen> jugador(a) *m(f)* de bolos
Kehle ['ke:lə] *f* <-n> garganta *f*; **jdm die ~ durchschneiden** degollar a alguien; **jdm an die ~ springen** *(fam fig)* saltarle a alguien a la chepa; **aus voller ~ singen** cantar a grito pelado; **mir war die ~ wie zugeschnürt** *(fig)* se me hizo un nudo en la garganta
Kehlkopf *m* (ANAT) laringe *f*
Kehlkopfentzündung *f* (MED) laringitis *f inv*
Kehrbesen ['ke:ɐ-] *m (reg)* escoba *f*
Kehrblech *nt (reg)* recogedor *m*
Kehre ['ke:rə] *f* <-, -n> ① *(Kurve)* curva *f* ② (SPORT) vuelta *f*
kehren ['ke:rən] **I.** *vt* ① *(drehen)* dar la vuelta, volver; **die Innenseite nach außen ~** volver del revés; **er ist in sich gekehrt** está totalmente encerrado en sí mismo ② *(fegen)* barrer **II.** *vr:* **sich ~** ① *(sich wenden)* volverse ② *(sich kümmern)* preocuparse (**an** de) **III.** *vi* ① *(fegen)* barrer ② *(Schweiz: drehen: Wind, Trend)* cambiar; *(Auto)* virar
Kehricht ['ke:rɪçt] *m o nt* <-s, *ohne pl*> *(geh)* basura *f*; **das geht dich einen**

feuchten ~ an! *(fam)* ¡eso te importa un comino!

Kehrmaschine *f* barredora *f*

Kehrreim *m* estribillo *m*

Kehrschaufel *f* recogedor *m*

Kehrseite *f* ① *(Rückseite)* reverso *m;* **die ~ der Medaille** la otra cara de la moneda ② *(Rücken)* espalda *f* ③ *(Nebenerscheinung)* aspecto *m* negativo

kehrt|machen *vi (fam)* ① *(sich umdrehen)* dar la vuelta; *(umkehren)* volver ② *(aufgeben)* volverse atrás

Kehrtwendung *f* media vuelta *f*

Kehrwert *m* (MATH) valor *m* inverso

Kehrwoche *f (südd) semana en la que la limpieza de la escalera corresponde a uno de los inquilinos;* **die ~ machen** corresponder a alguien la limpieza de la escalera

keifen ['kaɪfən] *vi (abw)* berrear

Keil [kaɪl] *m* <-(e)s, -e> ① *(Werkzeug)* cuña *f* ② *(Bremsklotz)* zapata *f* en cuña

Keilabsatz *m* tacón *m* de cuña

Keile ['kaɪlə] *f* <-, *ohne pl*> *(reg: fam)* paliza *f;* **~ kriegen** recibir una paliza

keilen ['kaɪlən] *vr:* **sich ~** *(fam)* pelearse

Keilerei *f* <-en> *(fam)* camorra *f*

keilförmig [-fœrmɪç] *adj* cuneiforme

Keilkissen *nt* <-s, -> travesaño *m*

Keilriemen *m* (TECH) correa *f* trapezoidal

Keilschrift *f* <-, -en> (HIST) escritura *f* cuneiforme

Keim [kaɪm] *m* <-(e)s, -e> ① (BOT) germen *m;* **etw im ~ ersticken** sofocar algo en su origen ② *(Embryo)* embrión *m* ③ *(Krankheitserreger)* germen *m* (infeccioso)

Keimblatt *nt* (BOT) cotiledón *m*

Keimdrüse *f* (ANAT, ZOOL) glándula *f* sexual

keimen *vi* ① (BOT) brotar ② *(Verdacht)* surgir; *(Hoffnung)* nacer

keimfrei *adj* aséptico; *(steril)* esterilizado

Keimling *m* <-s, -e> (BOT) brote *m*

keimtötend *adj* antiséptico

Keimzelle *f* ① (BIOL) célula *f* germinal ② *(Anfang)* germen *m*

kein, keine, kein [kaɪn, 'kaɪnə, kaɪn] *pron indef* ① *(nicht ein, nichts an)* no; *(kein(e) Einziger)* ningún *m,* ninguna *f;* **ich habe ~e Zeit** no tengo tiempo; **~ einziges Mal** ni una sola vez; **in ~ster Weise** de ninguna manera; **~ Mensch** nadie; **~e Ahnung!** ¡ni idea! ② *(nicht einmal)* ni (siquiera); **das ist ~e 200 Meter von hier** no está ni a 200 metros de aquí

keine(r, s) *pron indef* nadie, ninguno; **ich kenne ~n, der das kann** no conozco a nadie que sepa hacerlo; **es war ~r da** no había nadie; **~r von uns** ninguno de nosotros

keinerlei ['--'-] *adj inv* ningún, de ningún tipo; **ich mache mir ~ Gedanken darüber** esto no me preocupa lo más mínimo

keinesfalls ['--'-] *adv* de ningún modo; **er darf mich ~ hier sehen** de ningún modo me debe ver aquí

keineswegs ['--'-] *adv* en absoluto; **sie ist ~ dumm** no es nada tonta

keinmal *adv* ninguna vez

keins [kaɪns] *pron indef s.* **keine(r, s)**

Keks [ke:ks] *m o nt* <-(es), -(e)> *(Gebäck)* galleta *f;* **jdm auf den ~ gehen** *(fam)* poner negro a alguien

Kelch [kɛlç] *m* <-(e)s, -e> ① *(Glas)* copa *f;* (REL) cáliz *m;* **den bitteren ~ (bis zur Neige) leeren** *(geh fig)* apurar el cáliz de la amargura (hasta las heces) ② (BOT) cáliz *m*

Kelle ['kɛlə] *f* <-n> ① *(Schöpflöffel)* cucharón *m* ② *(Signalstab)* disco *m* ③ *(Maurerkelle)* palustre *m*

Keller ['kɛlɐ] *m* <-s, -> sótano *m*

Kellerassel ['kɛlɐʔasəl] *f* (ZOOL) cochinilla *f*

Kellerei *f* <-en> bodega *f;* *(Sektkellerei)* cava *f*

Kellerfenster *nt* tragaluz *m*

Kellergeschoss *nt* sótano *m*

Kellermeister(in) *m(f)* bodeguero, -a *m, f*

Kellner(in) ['kɛlnɐ] *m(f)* <-s, -; -nen> camarero, -a *m, f*

kellnern *vi (fam)* trabajar de camarero/camarera

Kelte, -in ['kɛltə] *m, f* <-n, -n; -nen> (HIST) celta *mf*

Kelter ['kɛltɐ] *f* <-, -n> lagar *m*

Kelterei *f* <-en> lagar *m*

keltern ['kɛltɐn] *vt* prensar

Keltin *f* <-nen> *s.* **Kelte**

keltisch ['kɛltɪʃ] *adj* celta

Kelvin ['kɛlvɪn] *nt* <-s, -> (PHYS) kelvin *m*

Kendo ['kɛndo] *nt* <-(s), *ohne pl*> (SPORT: *japanische Kampfsportart*) kendo *m*

Kenia ['ke:nia] *nt* <-s> Kenia *f*

Kenianer(in) [keni'a:nɐ] *m(f)* <-s, -; -nen> keniata *mf*

kenianisch *adj* keniata

kennen ['kɛnən] <kennt, kannte, gekannt> *vt* conocer; *(wissen)* saber; **~ Sie Herrn X?** ¿conoce al señor X?; **~ Sie ihren Namen?** ¿sabe cómo se llama?; **kennst du mich noch?** ¿te acuerdas de mí?; **jdn ~ lernen** conocer a alguien; **es freut mich, Sie ~ zu lernen** encantado de conocerle; **wenn du nicht sofort kommst, kannst du mich mal ~ lernen** *(fam)* si no vienes en seguida, ya verás; **wie ich ihn kenne ...** tal y como le conozco...; **da kennst du mich aber schlecht** no me conoces bien; **sie ~ ihn**

als zuverlässigen Kollegen le tienen por un colega fiable; **er kennt kein Erbarmen** no tiene compasión; **da kenne ich nichts!** ¡me da lo mismo!; **ich kenne sie vom Sehen** la conozco de vista

kennenlernen *vt* conocer; **es freut mich, Sie kennenzulernen** encantado de conocerle

Kenner(in) *m(f)* <-s, -; -nen> ① *(Sachverständiger)* experto, -a *m, f* ② *(Autorität)* conocedor(a) *m(f)*

Kennerblick *m* mirada *f* experta; **etw mit ~ betrachten** mirar algo con ojo de buen cubero

Kennerin *f* <-nen> *s.* **Kenner**

kenntlich ['kɛntlɪç] *adj* **etw ~ machen** marcar algo

Kenntnis ['kɛntnɪs] *f ohne pl (das Bekanntsein)* conocimiento *m;* **von etw** *dat* **~ haben/erhalten** tener noticia de algo/llegar a saber algo; **jdn von etw** *dat* **in ~ setzen** poner a alguien en conocimiento de algo; **etw/jdn zur ~ nehmen** tomar nota de algo/prestar atención a alguien

Kenntnisnahme *f ohne pl (formal)* **zur ~** para su conocimiento

Kenntnisse *fpl (Wissen)* conocimientos *mpl*

Kennung *f* <-, -en> (TECH) caracterización *f*

Kennwort *nt (Losung)* contraseña *f; (Code)* código *m*

Kennzahl *f s.* **Kennziffer**

Kennzeichen *nt* ① *(Merkmal)* característica *f; (zur Unterscheidung)* distintivo *m;* **besondere ~** rasgos distintivos ② *(Markierung)* señal *f* ③ (AUTO) matrícula *f*

kennzeichnen *vt* ① *(markieren)* señalar; **etw als zerbrechlich ~** señalar algo como frágil ② *(charakterisieren)* caracterizar (**als** de)

kennzeichnend *adj* característico

Kennziffer *f* ① *(als Kennzeichen)* número *m* indicador ② (MATH) característica *f*

kentern ['kɛntɐn] *vi sein* zozobrar

Keramik [ke'raːmɪk] *f* <-en> cerámica *f*

keramisch [ke'raːmɪʃ] *adj* de cerámica, de barro

Kerbe ['kɛrbə] *f* <-n> *(Einschnitt)* muesca *f; (in Holz, Metall)* entalladura *f; (Zeichen)* marca *f;* **in dieselbe ~ schlagen** *(fam)* llover sobre mojado

Kerbholz *nt (fam)* **etwas auf dem ~ haben** no tener la conciencia limpia

Kerker ['kɛrkɐ] *m* <-s, -> ① (HIST) calabozo *m* ② *(Österr: Zuchthaus)* penitenciaría *f*

Kerl [kɛrl] *m* <-s, -e> *(fam)* tío *m,* pisco *m Col pey;* **er ist ein ganzer ~** es todo un hombre; **er/sie ist ein feiner ~** es un buen chico/una buena chica

Kern [kɛrn] *m* <-(e)s, -e> ① *(von Apfel, Birne)* pepita *f,* pepa *f Am; (von Pfirsich, Pflaume)* hueso *m; (von Sonnenblume, Melone)* pipa *f* ② (BIOL, PHYS) núcleo *m* ③ *(Mittelpunkt)* centro *m* ④ *(das Wesentliche)* fondo *m,* parte *f* esencial; **jedes Märchen hat einen wahren ~** cada cuento tiene algo de verdad; **in ihr steckt ein guter ~** *(fam)* tiene un buen corazón; **schließlich war nur noch der harte ~ übrig** *(fam)* al final solo quedaron los últimos fieles

Kernarbeitszeit *f* (WIRTSCH) horas *fpl* fijas de trabajo

Kernbrennstoff *m* (TECH) combustible *m* nuclear

Kernenergie *f ohne pl* energía *f* nuclear

Kernenergieausstieg *m* (POL) abandono *m* de la energía nuclear

Kernfach *nt* (SCH) asignatura *f* troncal

Kernforschung *f ohne pl* investigación *f* nuclear

Kernfrage *f* cuestión *f* fundamental

Kernfrucht *f* (BOT) fruto *m* con pepitas

Kernfusion *f* (PHYS) fusión *f* nuclear

Kerngehäuse *nt* corazón *m*

kerngesund ['--'-] *adj* rebosante de salud

kernig ['kɛrnɪç] *adj* ① *(urwüchsig)* robusto; *(kraftvoll)* fuerte ② *(Obst)* lleno de pepitas

Kernkraft *f ohne pl* energía *f* nuclear

Kernkraftbefürworter(in) *m(f)* partidario, -a *m, f* de la energía nuclear

Kernkraftgegner(in) *m(f)* detractor(a) *m(f)* de la energía nuclear

Kernkraftwerk *nt* central *f* nuclear

kernlos *adj* sin pipas

Kernobst *nt* fruta *f* de pepita

Kernphysik *f* (PHYS) física *f* nuclear

Kernphysiker(in) *m(f)* físico, -a *m, f* nuclear

Kernproblem *nt* <-s, -e> cuestión *f* crucial, punto *m* clave

Kernpunkt *m* punto *m* clave

Kernreaktor *m* (PHYS) reactor *m* nuclear

Kernschmelze *f ohne pl* (PHYS) fusión *f* del núcleo (del reactor)

Kernseife *f* jabón *m* duro

Kernspaltung *f* (PHYS) fisión *f* nuclear

Kernspintomografie *f* (MED) (tomografía *f* por) resonancia magnética *f*

Kernstück *nt* parte *f* esencial

Kerntechnik *f* (PHYS) técnica *f* nuclear

Kernteilung *f* (BIOL: *direkt*) amitosis *f inv; (indirekt)* mitosis *f inv*

Kernverschmelzung *f* (PHYS) fusión *f* nuclear

kernwaffenfrei *adj* desnuclearizado, libre de armas nucleares

Kernwaffenversuch *m* (MIL) prueba *f* nuclear

Kernzeit *f* horario *m* fijo *(en un horario flexible, horas en las que el trabajador está obligado a ocupar su puesto de trabajo)*

Kerosin [kero'ziːn] *nt* <-s, *ohne pl*> queroseno *m*

Kerze ['kɛrtsə] *f* <-n> ① *(aus Wachs)* vela *f* ② *(Zündkerze)* bujía *f* ③ (SPORT) clavo *m;* **eine ~ machen** hacer el clavo

Kerzenbeleuchtung *f s.* **Kerzenlicht**

Kerzendocht *m* <-(e)s, -e> mecha *f* de la vela

kerzengerade ['---'--] *adj* derecho como una vela; **~ sitzen** estar sentado más derecho que una vela

Kerzenhalter *m* candelero *m*

Kerzenleuchter *m (für mehrere Kerzen)* candelabro *m,* candil *m Méx; (für eine Kerze)* candelero *m; (mit Griff)* palmatoria *f*

Kerzenlicht *nt ohne pl* luz *f* de vela; **bei ~** a la luz de la vela

Kerzenständer *m* candelero *m*

kess [kɛs] *adj* ① *(vorlaut)* fresco ② *(Kleidung)* moderno

Kessel ['kɛsəl] *m* <-s, -> ① *(Dampfkessel)* caldera *f,* tacho *m Am; (Wasserkessel)* hervidor *m* ② *(Tal)* valle *m* cerrado ③ (MIL) cerco *m* ④ *(Schweiz: Eimer)* cubo *m*

Kesselpauke *f* (MUS) timbal *m*

Ketchup ['kɛtʃap] *m o nt* <-(s), -s> kétchup *m*

Kette ['kɛtə] *f* <-n> ① *(Gliederkette)* cadena *f;* **jdn in ~n legen** encadenar a alguien; *(fig)* privar a alguien de su libertad; **seine ~n sprengen** romper sus cadenas; *(fig)* liberarse de la opresión; *(Halskette)* collar *m* ② *(Reihe)* serie *f*

ketten *vt* encadenar (**an** a), poner cadenas (**an** a)

Kettenfahrzeug *nt* (MIL, TECH) vehículo *m* oruga

Kettenglied *nt* eslabón *m*

Kettenkarussell *nt* cadenas *fpl*

Kettenraucher(in) *m(f)* fumador(a) *m(f)* empedernido , -a

Kettenreaktion *f* (CHEM, PHYS) reacción *f* en cadena

Kettenschutz *m (Fahrrad)* guardacadena *m,* cubrecadena *m*

Ketzer(in) ['kɛtsɐ] *m(f)* <-s, -; -nen> hereje *mf*

Ketzerei [kɛtsə'raɪ] *f* <-en> herejía *f*

Ketzerin *f* <-nen> *s.* **Ketzer**

ketzerisch *adj* herético

keuchen ['kɔɪçən] *vi* jadear

Keuchhusten *m* tos *f* ferina

Keule ['kɔɪlə] *f* <-n> ① *(Waffe, Sportgerät)* maza *f* ② *(Tierkeule)* pierna *f; (Geflügelkeule)* muslo *m*

keulen *vt* **etw ~** *(Kühe, Tiere)* sacrificar algo

keusch [kɔɪʃ] *adj* casto; *(schamhaft)* púdico

Keuschheit *f ohne pl* castidad *f*

Keuschheitsgürtel *m* (HIST) cinturón *m* de castidad

Key-Account-Management *nt* (WIRTSCH) gestión *f* de cuentas clave

Keyboard ['kiːbɔːt] *nt* <-s, -s> teclado *m*

Kfz *nt* <-(s), -(s)> *Abk. von* **Kraftfahrzeug** automóvil *m*

Kfz-Mechaniker *m* mecánico *m* (de automóviles)

kg *Abk. von* **Kilogramm** kg

KG [kaː'geː] *f* <-s> *Abk. von* **Kommanditgesellschaft** sociedad comanditaria *f*

Khaki *m* <-(s), *ohne pl*> caqui *m*

khakifarben *adj* (de color) caqui

kHz (PHYS) *Abk. von* **Kilohertz** khz

KI [kaː'ʔiː] (INFOR) *Abk. von* **künstliche Intelligenz** inteligencia *f* artificial

Kichererbse ['kɪçɐ-] *f* garbanzo *m*

kichern ['kɪçɐn] *vi* reírse para dentro

Kickboxen *nt* (SPORT) kick boxing *m*

kicken ['kɪkən] **I.** *vi (fam: Fußball spielen)* jugar al fútbol **II.** *vt (fam: Ball)* chutar

Kicker(in) *m(f)* <-s, -(s); -nen> *(fam)* futbolista *mf*

Kickstarter ['kɪkʃtartɐ] *m* <-s, -> (AUTO) pedal *m* de arranque

kidnappen ['kɪtnɛpən] *vt* secuestrar

Kidnapper(in) ['kɪtnɛpɐ] *m(f)* <-s, -; -nen> secuestrador(a) *m(f)*

Kidnapping ['kɪtnɛpɪŋ] *nt* <-s, -s> secuestro *m*

Kidneybohne ['kɪtni-] *f* (GASTR) judía *f* roja

Kiebitz ['kiːbɪts] *m* <-es, -e> ① *(Vogel)* avefría *f* ② *(fam: Person)* mirón, -ona *m, f*

Kiefer[1] ['kiːfɐ] *f* <-n> (BOT) pino *m*

Kiefer[2] *m* <-s, -> (ANAT) mandíbula *f*

Kieferchirurg(in) *m(f)* (MED) cirujano, -a *m, f* maxilar

Kieferchirurgie *f ohne pl* (MED) cirugía *f* maxilar

Kieferhöhle *f* (ANAT) seno *m* maxilar

Kieferhöhlenentzündung *f* (MED) infección *f* maxilar

Kiefernzapfen *m* (BOT) piña *f* de pino

kieken ['kiːkən] *vi (nordd: fam: gucken)* mirar

Kiel [kiːl] *m* <-(e)s, -e> ① *(Schiffsteil)* quilla *f;* **ein Schiff auf ~ legen** poner un barco en grada ② *(an Vogelfeder)* cañón *m*

kielholen ['---] *vt* (NAUT) carenar

Kielwasser *nt ohne pl* estela *f;* **in jds ~ schwimmen** seguir la corriente a alguien
Kieme ['kiːmə] *f* <-n> branquia *f*
Kies[1] [kiːs] *m* <-es, -e> *(Steine)* grava *f*
Kies[2] *m* <-es, *ohne pl*> *(fam: Geld)* pasta *f*
Kiesel ['kiːzəl] *m* <-s, -> guijarro *m*
Kieselerde *f ohne pl* sílice *f*
Kieselsäure *f* (CHEM) ácido *m* silícico
Kieselstein *m* guijarro *m*
Kiesgrube *f* gravera *f,* guijarral *m*
Kiesweg *m* camino *m* pedregoso
kiffen ['kɪfən] *vi (sl)* fumar porros
kikeriki [kikəri'kiː] *interj* quiquiriquí
killen ['kɪlən] *vt (fam)* asesinar
Killer(in) ['kɪlɐ] *m(f)* <-s, -; -nen> *(fam)* asesino, -a *m, f*
killern *vi (fam)* borrar tinta
Kilo ['kiːlo] *nt* <-s, -(s)> *(fam)* kilo *m*
Kilobyte ['kiːlobaɪt] *nt* (INFOR) kilobyte *m*
Kilogramm *nt* kilogramo *m*
Kilohertz [-hɛrts] *nt* (PHYS) kilohercio *m*
Kilojoule *nt* (PHYS) kilojulio *m*
Kilokalorie *f* (PHYS) kilocaloría *f*
Kilometer [--'--, '----] *m* kilómetro *m;* **160 ~ pro Stunde fahren** ir a 160 kilómetros por hora
Kilometergeld *nt* kilometraje *m*
kilometerlang [--'--'-] *adj* kilométrico
Kilometerpauschale *f* (FIN) kilometraje *m*
Kilometerstand *m* (AUTO) kilometraje *m*
Kilometerstein *m* mojón *m* kilométrico
kilometerweit [--'--'-] **I.** *adj* de muchos kilómetros **II.** *adv* muchos kilómetros
Kilometerzähler *m* <-s, -> cuentakilómetros *m inv*
Kilowatt *nt* <-s, -> (PHYS, TECH) kilovatio *m*
Kilowattstunde *f* (PHYS, ELEK) kilovatio *m* hora
Kind [kɪnt] *nt* <-(e)s, -er> ① *(Junge, Mädchen)* niño, -a *m, f;* *(kleineres)* chiquillo, -a *m, f,* pipiolo, -a *m, f Méx;* **von ~ auf** desde niño; **das weiß doch jedes ~** eso lo sabe hasta un niño; **das ~ mit dem Bade ausschütten** condenar por igual a justos y a pecadores; **sich bei jdm lieb ~ machen** *(fam)* congraciarse con alguien; **das ~ im Manne** el niño que se esconde en cada hombre; **das ~ beim rechten Namen nennen** *(fam)* llamar al pan, pan y al vino, vino; **wir werden das ~ schon schaukeln** *(fam)* ya nos apañaremos; **ein gebranntes ~ sein** *(fig)* estar escaldado ② *(Nachwuchs)* hijo, -a *m, f;* **ein ~ erwarten** esperar un hijo; **ein ~ bekommen** dar a luz un hijo; **ein ~ seiner Zeit** hijo de su tiempo; **jdn an ~es statt annehmen** adoptar a alguien; **sie ist kein ~ von Traurigkeit** *(fam)* es una persona alegre; **mit ~ und Kegel** *(fam)* con toda la familia
Kinderabteilung *f* sección *f* de niños
Kinderanhänger *m (am Fahrrad)* remolque *m* para niños
Kinderarbeit ['kɪndɐ-] *f ohne pl* trabajo *m* infantil
Kinderarzt, -ärztin *m, f* pediatra *mf*
Kinderbuch *nt* libro *m* infantil
Kinderchor *m* coro *m* infantil
Kinderei *f* <-en> chiquillada *f*
Kindererziehung *f* educación *f* de los niños
kinderfeindlich *adj* hostil hacia los niños
Kinderfest *nt* fiesta *f* infantil
Kinderfreibetrag *m* desgravación *f* por cargas familiares
kinderfreundlich *adj* amable con los niños
Kindergarten *m* guardería *f,* kindergarten *m Am*
Kindergärtner(in) *m(f)* maestro, -a *m, f* de un jardín de infancia, educador(a) *m(f)* de párvulos *Am*
Kindergeburtstag *m* cumpleaños *m inv* de un niño
Kindergeld *nt* subsidio *m* familiar por hijos
Kinderheilkunde *f ohne pl* pediatría *f*
Kinderheim *nt* ① *(Erholungsheim)* colonia *f* de vacaciones ② *(für ständige Unterbringung)* casa *f* cuna
Kinderhort *m* guardería *f* para niños en edad escolar
Kinderklinik *f* clínica *f* pediátrica
Kinderkrankheit *f* ① (MED) enfermedad *f* infantil ② *(fig: Anfangsschwierigkeit)* dificultad *f* inicial
Kinderkrippe *f* guardería *f* infantil
Kinderladen *m* ① *(Geschäft)* tienda *f* de artículos infantiles ② *(Kindergarten) parvulario con un sistema educativo no represivo*
Kinderlähmung *f* polio(mielitis) *f inv*
kinderleicht ['--'-] *adj (fam)* facilísimo; **das ist doch ~** eso está chupado
kinderlieb *adj* niñero
Kinderlied *nt* canción *f* infantil
kinderlos *adj* sin hijos
Kindermädchen *nt* niñera *f,* nurse *f Am,* cuidadora *f Méx,* china *f AmS*
Kindermord *m* infanticidio *m*
Kindermörder(in) *m(f)* infanticida *mf*
Kindermund *m* <-(e)s, -münder> boca *f* de (un) niño; **~ tut Wahrheit kund** *(prov)* de la boca de los niños sale la verdad
Kinderpsychologie *f* (p)sicología *f* infantil
kinderreich *adj* con muchos hijos; **~e Familie** familia numerosa
Kinderschänder(in) *m(f)* *(abw)* corruptor(a) *m(f)* de menores
Kinderschar *f* grupo *m* de niños
Kinderschuh *m* zapato *m* de niño; **etw**

steckt noch in den ~en algo está aún en mantillas
Kindersicherung *f* seguro *m* a prueba de niños
Kindersitz *m* sillín *m* de niño
Kinderspiel *nt* juego *m* de niños; **das ist doch ein ~ für sie** para ella es un juego de niños
Kinderspielplatz *m* parque *m* infantil
Kindersprache *f* lenguaje *m* infantil
Kinderstation *f (im Krankenhaus)* planta *f* infantil
Kindersterblichkeit *f* mortalidad *f* infantil
Kinderstube *f ohne pl* educación *f*; **er hatte eine gute ~** tiene buenos modales
Kindertagesstätte *f* guardería *f* infantil
Kinderwagen *m* cochecito *m* para niños
Kinderzimmer *nt* cuarto *m* de los niños
Kindesalter *nt* infancia *f*; **im ~** en la infancia
Kindesbeine *ntpl* **von ~n an** desde niño
Kindesentführung *f* <-, -en> secuestro *m* de niños [*o* de menores]

K

Kindesmissbrauch *m ohne pl* (JUR) corrupción *f* de menores
Kindesmisshandlung *f* malos tratos *mpl* a niños
kindgemäß *adj* apropiado para los niños
Kindheit *f ohne pl* infancia *f*; **seit frühester ~** desde la más tierna infancia
Kindheitserinnerung *f* recuerdo *m* de la infancia
Kindheitserlebnis *nt* acontecimiento *m* de la infancia
Kindheitstraum *m* <-(e)s, -träume> sueño *m* de infancia
kindisch *adj* infantil, achiquillado *Méx*; *(Greis)* chocho; **sich ~ benehmen** comportarse como un niño
kindlich *adj* ❶ *(kindgemäß)* de niño; *(Gesicht)* aniñado ❷ *(naiv)* infantil; *(unbefangen)* ingenuo
Kindskopf *m* niño, -a *m, f*
Kinetik [ki'ne:tɪk] *f* <-, *ohne pl*> (PHYS) cinética *f*
kinetisch [ki'ne:tɪʃ] *adj* (PHYS) cinético
Kinkerlitzchen ['kɪŋkelɪtsçən] *pl (fam)* pequeñeces *fpl*
Kinn [kɪn] *nt* <-(e)s, -e> barbilla *f*
Kinnbart *m* perilla *f*
Kinnhaken *m (Boxen)* gancho *m* (a la mandíbula)
Kinnlade *f* <-n> (ANAT) mandíbula *f*
Kino ['ki:no] *nt* <-s, -s> cine *m*
Kinobesuch *m* **ich freue mich auf unseren ~ heute Abend** tengo ganas de que vayamos esta noche al cine; **nach dem Restaurant war noch ein ~ geplant** después de ir al restaurante estaba planeado ir a ver una película
Kinobesucher(in) *m(f)* espectador(a) *m(f)*
Kinofilm *m* película *f* de cine
Kinogänger(in) [-gɛŋɐ] *m(f)* cineasta *mf*
Kinokarte *f* <-, -n> (FILM) entrada *f* de cine
Kinokasse *f* taquilla *f* del cine; **zwei Stunden haben wir an der ~ Schlange gestanden** hemos estado dos horas en la cola para comprar las entradas (del cine)
Kinoleinwand *f* pantalla *f* de cine
Kinoprogramm *nt* ❶ *(zu einem Film)* programa *m* de la película ❷ *(eines Kinos)* (programa *m* de las) películas *fpl* en cartel
Kinosaal *m* sala *f* de cine
Kinovorstellung *f* sesión *f*
Kinowerbung *f* <-, -en> publicidad *f* cinematográfica, anuncios *mpl* publicitarios que se pasan en el cine
Kiosk ['ki:ɔsk] *m* <-(e)s, -e> quiosco *m*, casilla *f Méx*
Kipfer(l) *nt* <-s, -(n)> *(Österr) pasta parecida a un cruasán*
Kippe ['kɪpə] *f* <-n> ❶ *(fam: Zigarettenstummel)* colilla *f*; *(Zigarette)* pitillo *m* ❷ *(Abraumhalde)* escombrera *f* ❸ *(Müllkippe)* vertedero *m* ❹ (SPORT) báscula *f* ❺ *(fam)* **es steht noch auf der ~** aún no está decidido
kippen ['kɪpən] **I.** *vi sein* ❶ *(umfallen)* caerse; *(Fahrzeug)* volcar ❷ *(Kurse, Statistik)* caer ❸ *(Gewässer, Ökosystem)* perder el equilibrio natural **II.** *vt* ❶ *(umkippen)* volcar ❷ *(schräg stellen)* inclinar ❸ *(scheitern lassen)* frustrar ❹ *(ausschütten)* verter; **einen ~** *(fam)* echarse una al coleto
Kipper *m* <-s, -> (AUTO) volquete *m*
Kippfenster *nt* ventana *f* basculante
Kipplore *f* <-, -n> (BERGB) vagoneta *f* basculante
Kippschalter *m* interruptor *m* con mando basculante
Kippwagen *m* (BERGB) *s.* **Kipplore**
Kirche[1] ['kɪrçə] *f* <-n> ❶ *(Gebäude)* iglesia *f* ❷ *(Institution)* Iglesia *f*; **aus der ~ austreten** darse de baja (oficialmente) de la iglesia
Kirche[2] *f ohne pl (Gottesdienst)* misa *f*; **in die ~ gehen** ir a misa
Kirchenaustritt *m baja oficial de la Iglesia*
Kirchenbuch *nt* registro *m* parroquial
Kirchenchor *m* coro *m* de iglesia
Kirchendiener *m* sacristán *m*
Kirchenfenster *nt* <-s, -> vitral *m*
Kirchenfest *nt* (REL) fiesta *f* eclesiástica
Kirchengemeinde *f* parroquia *f*
Kirchengeschichte *f ohne pl* historia *f* eclesiástica

Kirchenglocke *f* <-, -n> campana *f* de iglesia
Kirchenjahr *nt* <-(e)s, -e> año *m* eclesiástico
Kirchenlied *nt* cántico *m,* himno *m* sagrado
Kirchenmaus *f* **arm wie eine ~ sein** *(fam)* ser más pobre que las ratas
Kirchenmusik *f* música *f* sacra
Kirchenschiff *nt* (ARCHIT) nave *f*
Kirchenstaat *m ohne pl* (HIST) Estados *mpl* Pontificios
Kirchensteuer *f* impuesto *m* eclesiástico
Kirchenvolk *nt* miembros *mpl* de la iglesia
Kirchgang *m* asistencia *f* a misa
Kirchgänger(in) *m(f)* fiel *mf* practicante
kirchlich *adj* eclesiástico; *(kirchenrechtlich)* canónico; **sich ~ trauen lassen** casarse por la iglesia
Kirchturm *m* torre *f* de iglesia; *(Glockenturm)* campanario *m*
Kirchturmpolitik *f (abw)* política *f* de campanario
Kirchturmspitze *f* pico *m* de torre de iglesia
Kirchweih ['-vaɪ] *f* feria *f (para conmemorar la inauguración de la iglesia del pueblo)*
Kirgisistan [kɪr'gi:zɪsta(:)n] *nt* <-s> Kirguizistán *m*
Kiribati [kiri'ba:ti] *nt* <-s> Kiribati *m*
Kirmes ['kɪrməs, 'kɪrmɛs] *f* <-sen> *(reg)* feria *f*
kirre ['kɪrə] *adj (fam)* **jdn ~ machen** *(gefügig)* meter en cintura a alguien; *(verrückt)* volver loco a alguien; **~ sein** estar hecho un lío
Kirsch [kɪrʃ] *m* <-(e)s, -> *(reg)* kirsch *m*
Kirschbaum *m* cerezo *m*
Kirschblüte *f* <-, -n> ① *(Blume)* flor *f* del cerezo ② *ohne pl (Blütezeit)* floración *f* de los cerezos
Kirsche ['kɪrʃə] *f* <-n> ① *(Frucht)* cereza *f;* **mit jdm ist nicht gut ~n essen** *(fam)* alguien tiene malas pulgas ② *(Baum)* cerezo *m*
Kirschkern *m* hueso *m* de la cereza
Kirschtomate *f* (BOT, GASTR) tomate *m* cherry
Kirschtorte *f* tarta *f* de cerezas
Kirschwasser *nt* <-s, -wässer> kirsch *m*
Kissen ['kɪsən] *nt* <-s, -> *(Kopfkissen)* almohada *f; (Sofakissen)* cojín *m*
Kissenbezug *m* funda *f* de la almohada
Kissenschlacht *f* guerra *f* de almohadas
Kiste ['kɪstə] *f* <-n> ① *(Behälter, Getränkekiste)* caja *f; (größer)* cajón *m* ② *(fam: Bett)* catre *m* ③ *(fam: Fernseher)* caja *f* tonta ④ *(fam: Fahrzeug)* cacharro *m,* carro *m Am* ⑤ *(fam: Angelegenheit)* asunto *m*
kistenweise *adv* ① *(mehrere Kisten)* a [*o* por] cajas ② *(in Kisten)* en cajas
Kitesurfen [kaɪt-] *nt* (SPORT) kitesurf *m*
Kitsch [kɪtʃ] *m* <-(e)s, *ohne pl*> cursilería *f*
kitschig *adj* cursi; *(geschmacklos)* hortera; *(rührselig)* sentimental
Kitt [kɪt] *m* <-(e)s, -e> masilla *f*
Kittchen ['kɪtçən] *nt* <-s, -> *(fam)* chirona *f,* bote *m Méx;* **ins ~ kommen** ir a chirona
Kittel ['kɪtəl] *m* <-s, -> ① *(Arbeitskittel)* bata *f* ② *(südd: Jacke)* rebeca *f* ③ *(Schweiz: Jackett)* chaqueta *f*
Kittelschürze *f* <-, -n> bata *f* sin mangas
kitten ['kɪtən] *vt* ① *(kleben)* pegar (con masilla) ② *(reparieren)* rehacer
Kitz [kɪts] *nt* <-es, -e> ① *(Zicklein)* cabrito, -a *m, f* ② *(Rehkitz)* corcino, -a *m, f*
Kitzel ['kɪtsəl] *m* <-s, -> ① *(Juckreiz)* comezón *f* ② *(Lust)* deseo *m* irresistible (**nach** de/por)
kitzelig *adj* ① *(Mensch)* **~ sein** tener cosquillas ② *(Angelegenheit)* delicado
kitzeln ['kɪtsəln] **I.** *vi* hacer cosquillas, cosquillear; **das kitzelt** esto hace cosquillas **II.** *vt* ① *(Person)* hacer cosquillas, cosquillear ② *(reizen)* apetecer; **es kitzelt mich, das zu tun** me apetece hacerlo
Kitzler ['kɪtslɐ] *m* <-s, -> clítoris *m inv*
kitzlig *adj s.* **kitzelig**
Kiwi ['ki:vi] *f* <-s> kiwi *m*
kJ *Abk. von* **Kilojoule** kj
KKW [ka:ka:'ve:] *nt* <-s, -s> *Abk. von* **Kernkraftwerk** central *f* nuclear
klacken ['klakən] *vi (fam)* golpetear
klacks [klaks] *interj* ¡chof!
Klacks [klaks] *m* <-es, -e> *(fam)* ① *(Senf, Marmelade)* cucharada *f* ② *(Kleinigkeit)* minucia *f;* **das ist doch ein ~ für sie** esto es moco de pavo para ella
Kladde ['kladə] *f* <-, -n> libreta *f* en sucio
klaffen ['klafən] *vi* abrirse
kläffen ['klɛfən] *vi (abw)* ladrar
Kläffer *m* <-s, -> *(abw)* perro *m* ladrador
Klage ['kla:gə] *f* <-n> ① *(Beschwerde)* queja *f;* **~n vorbringen** presentar quejas; **(k)einen Grund zur ~ haben** (no) tener razones para quejarse ② *(geh: Wehklage)* lamento *m* ③ (JUR) demanda *f;* **eine ~ gegen jdn erheben** presentar demanda contra alguien
Klagegeschrei *nt ohne pl* lamentos *mpl*
Klagelied *nt* <-(e)s, -er> treno *m,* elegía *f*
Klagemauer *f* Muro *m* de las Lamentaciones
klagen ['kla:gən] **I.** *vi* ① *(jammern)* lamen-

K

tarse (**über** de); *(sich beschweren)* quejarse (**über** de); **ich kann nicht ~** no me puedo quejar ❷ (JUR) demandar; **er klagt auf Schadensersatz** demanda daños y perjuicios **II.** *vt* ❶ *(äußern)* **jdm sein Leid ~** contarle a alguien sus penas ❷ *(Österr: verklagen)* entablar un pleito (**auf** por)

klagend *adj* ❶ *(jammernd)* quejumbroso ❷ (JUR) demandante

Kläger(in) ['klɛːgɐ] *m(f)* <-s, -; -nen> (JUR) demandante *mf*

Klageschrift *f* (JUR) (escrito *m* de) demanda *f*

Klageweib *nt* plañidera *f*

kläglich ['klɛːklɪç] *adj* ❶ *(mitleiderregend)* lamentable; **sich in einem ~en Zustand befinden** encontrarse en un estado lamentable ❷ *(jämmerlich)* miserable; **er hat ~ versagt** falló totalmente

klaglos *adv* sin quejas

Klamauk [kla'maʊk] *m* <-s, *ohne pl*> *(fam)* ❶ *(Lärm)* jaleo *m* ❷ *(abw: Komik)* astracanada *f*

K

klamm [klam] *adj* ❶ *(feuchtkalt)* húmedo (y frío); *(Finger)* entumecido (por el frío) ❷ *(sl: knapp bei Kasse)* con apuros (de dinero)

Klamm [klam] *f* <-, -en> (GEO) barranco *m*, quebrada *f*

Klammer ['klamɐ] *f* <-n> ❶ *(Wäscheklammer)* pinza *f*; *(Büroklammer)* clip *m*; *(Heft-, Wundklammer)* grapa *f*; *(Zahnklammer)* aparato *m* (de ortodoncia) ❷ *(im Text)* paréntesis *m inv*; **eckige ~** corchete *m*; **geschweifte ~** llave *f*; **„~ auf/zu"** "abrir/cerrar paréntesis"; **in ~(n) setzen** poner entre paréntesis

Klammeraffe *m* (INFOR: *fam)* arroba *f*

klammern ['klamɐn] **I.** *vt* ❶ *(befestigen)* sujetar (con pinzas, etc.) ❷ *(Wunde)* unir con pinzas **II.** *vr*: **sich ~** agarrarse (**an** a); *(an Hoffnung, Partner)* aferrarse (**an** a)

klammheimlich ['-'--] *adv (fam)* a la chita callando

Klamotten [kla'mɔtən] *f pl (fam)* ❶ *(Kleidung)* trapos *mpl* ❷ *(Zeug)* cachivaches *mpl*

Klampfe ['klampfə] *f* <-, -n> (MUS: *geh)* guitarra *f*

klang [klaŋ] *3. imp von* **klingen**

Klang [klaŋ, *pl:* 'klɛŋə] *m* <-(e)s, Klänge> *(Ton)* sonido *m*; *(der Stimme)* tono *m*; *(eines Instruments)* son *m*; **einen guten ~ haben** (MUS) tener buen sonido

Klangfarbe *f* <-, -n> (MUS) timbre *m*

klanglich *adj* del sonido; **~e Unterschiede** diferencias en el sonido

klanglos *adj (Stimme)* apagado; **sang- und ~ verschwinden** *(fam)* despedirse a la francesa

klangvoll *adj* ❶ *(Stimme, Ton)* sonoro ❷ *(berühmt)* prestigioso

Klapp(fahr)rad *nt* bicicleta *f* plegable

Klappbett *nt* cama *f* plegable

Klappe ['klapə] *f* <-n> ❶ *(Deckel)* tapa *f*; *(an Musikinstrumenten)* pistón *m*; *(am Ofen, Herd)* puerta *f* ❷ (FILM) claqueta *f* ❸ *(fam: Mund)* pico *m*; **halt die ~!** ¡cierra el pico!; **eine große ~ haben** ser un bocazas

klappen ['klapən] **I.** *vi (fam: funktionieren)* ir bien, funcionar; **es klappt alles wie am Schnürchen** todo sale que ni bordado **II.** *vt (aufklappen)* abrir; *(zuklappen)* cerrar; *(hochklappen)* levantar; *(herunterklappen)* bajar

Klappentext *m* (TYPO) texto *m* de portada

klapperdürr ['klapɐ'dʏr] *adj (fam)* esquelético

Klappergestell *nt* <-(e)s, -e> *(fam iron)* fideo *m*

klapperig *adj* ❶ *(Auto, Möbel)* desvencijado ❷ *(fam: Person)* muy débil

Klapperkiste *f (fam: Auto)* cacharro *m*

klappern ['klapɐn] *vi (Kisten)* traquetear; *(Fensterladen)* golpetear; **im Wind ~** golpetear con el viento; **er klapperte vor Kälte mit den Zähnen** le castañeaban los dientes de frío

Klapperschlange *f* serpiente *f* de cascabel, crótalo *m*

Klapperstorch *m (fam)* cigüeña *f*

Klappmesser *nt* navaja *f*

klapprig *adj s.* **klapperig**

Klappsitz *m* asiento *m* plegable

Klappstuhl *m* silla *f* plegable

Klapptisch *m* mesa *f* plegable

Klaps [klaps] *m* <-es, -e> *(fam)* ❶ *(Schlag)* cachete *m* ❷ *(Verrücktheit)* locura *f*; **einen ~ haben** estar chiflado

Klapsmühle *f (fam)* manicomio *m*

klar [klaːɐ] *adj* ❶ *(allgemein)* claro; **etw ~ und deutlich sagen** decir algo claramente; **mir ist nicht ~, wie ...** no entiendo muy bien cómo...; **na ~!** ¡claro que sí!; **das ist doch ~!** ¡eso está claro!; **sich** *dat* **über etw ~ werden** darse cuenta de algo; **du musst dir darüber ~ werden, ob/dass ...** tienes que saber si/que...; **sich** *dat* **über etw im K~en sein** tener algo claro ❷ *(Himmel)* despejado; *(durchsichtig)* tra(n)sparente; **~e Sicht haben** tener buena visibilidad ❸ *(Umrisse)* nítido ❹ *(eindeutig)* evidente ❺ *(vernünftig)* claro, lúcido; **keinen ~en Gedanken fassen können** no poder pensar con claridad;

einen ~en Kopf behalten no perder la cabeza ⑥ *(fertig)* listo
Kläranlage ['klɛːɐ-] *f* depuradora *f* (de aguas residuales), planta *f* de depuración (de aguas residuales)
Klare(r) *m* <-n, -n> *(fam: Schnaps)* aguardiente *m*
klären ['klɛːrən] **I.** *vt* ① *(Abwässer)* depurar ② *(Frage)* aclarar **II.** *vr:* **sich ~** *(Angelegenheit)* aclararse
klar|gehen *irr vi sein (fam)* ir bien; **ist mit der Prüfung alles klargegangen?** ¿ha ido todo bien en el examen?
Klarheit *f ohne pl* ① *(allgemein)* claridad *f;* **sich** *dat* **~ über etw verschaffen** sacar algo en claro; **für ~ sorgen** poner algo en claro; **jdm etw in aller ~ sagen** decirle algo a alguien sin pelos en la lengua ② *(Durchsichtigkeit)* tra(n)sparencia *f* ③ *(Deutlichkeit)* nitidez *f*
Klarinette [klari'nɛtə] *f* <-n> clarinete *m*
Klarinettist(in) [klarinɛ'tɪst] *m(f)* <-en, -en; -, -nen> (MUS) clarinete *mf*
klar|kommen *irr vi sein (fam: mit Person)* entenderse (**mit** con); *(mit Dingen)* entender (**mit**)
Klarlack *m* <-(e)s, -e> laca *f* transparente, barniz *m* claro; **etw mit ~ überziehen** barnizar algo
klar|machen *vt* ① (NAUT) preparar ② *(fam: erklären)* explicar; **sich** *dat* **etw ~** aclararse en algo
Klärschlamm *m* lodo *m* activado
Klarsichtfolie *f* celofán® *m*
Klarsichthülle *f* funda *f* tra(n)sparente
klar|stellen *vt* aclarar
Klarstellung *f* <-en> clarificación *f*
Klartext *m* texto *m* sin codificar; **mit jdm ~ reden** *(fam)* hablar con alguien sin rodeos
Klärung *f* <-en> ① *(von Problem)* aclaración *f* ② *(von Abwasser)* depuración *f*
Klärwasser *nt* aguas *fpl* depuradas
klasse ['klasə] *adj inv (fam)* estupendo, cojonudo *vulg*
Klasse ['klasə] *f* <-n> ① *(Gruppe, a.* BIOL, SOZIOL) clase *f;* **erster/zweiter ~ fahren** ir en primera/segunda clase ② *(Schulklasse)* clase *f; (Klassenstufe)* curso *m* ③ *(Gütestufe)* categoría *f* ④ *(Lotterie)* clase *f*
Klassenarbeit *f* (SCH) examen *m* (**in** de); **eine ~ schreiben** hacer un examen
Klassenbeste(r) *mf* (SCH) mejor *mf* de la clase; **sie ist in Deutsch (die) ~** en alemán es la mejor de la clase
Klassenbuch *nt* (SCH) libro *m* de clase
Klassenfahrt *f* excursión *f* escolar
Klassenkamerad(in) *m(f)* (SCH) compañero, -a *m, f* de clase
Klassenkampf *m* (POL) lucha *f* de clases
Klassenlehrer(in) *m(f)* (SCH) tutor(a) *m(f)* de curso
klassenlos *adj* sin clases
Klassenraum *m* (aula *f* de) clase *f*
Klassensprecher(in) *m(f)* (SCH) delegado, -a *m, f* de la clase
Klassentreffen *nt* encuentro *m* de los antiguos alumnos de un curso
Klassenziel *nt* (SCH) objetivo *m* (curricular) del curso; **das ~ erreichen** *(formal)* obtener un aprobado
Klassenzimmer *nt* (SCH) (aula *f* de) clase *f*
Klassifikation [klasifika'tsjoːn] *f* <-, -en> clasificación *f*
klassifizierbar *adj* clasificable; **nicht ~ sein** ser inclasificable
klassifizieren* [klasifi'tsiːrən] *vt* clasificar (**nach** según, **als** como)
Klassifizierung *f* <-, -en> clasificación *f*
Klassik ['klasɪk] *f ohne pl* ① *(klassisches Altertum)* época *f* clásica ② (KUNST) (neo)clasicismo *m* ③ (MUS) música *f* clásica
Klassiker(in) ['klasikɐ] *m(f)* <-s, -; -nen> (autor(a) *m(f)*) clásico, -a *m, f*
klassisch *adj* clásico
Klassizismus [klasi'tsɪsmʊs] *m* <-, *ohne pl*> (ARCHIT) clasicismo *m*
klassizistisch *adj* (ARCHIT) clasicista
klatsch [klatʃ] *interj (Ohrfeige)* ¡paf!, ¡zas!; *(Aufprall)* ¡plas!, ¡pum!
Klatsch[1] [klatʃ] *m* <-(e)s, -e> *(Geräusch)* batacazo *m*
Klatsch[2] *m* <-(e)s, *ohne pl*> *(fam: Geschwätz)* cotilleo *m,* bochinche *m Col, PRico;* **~ und Tratsch** cotilleo y chismorreo
Klatschbase *f (fam abw)* chismosa *f,* alilaya *f Méx*
Klatsche *f* <-, -n> *(Fliegenklatsche)* matamoscas *m inv*
klatschen ['klatʃən] **I.** *vi* ① *sein (aufschlagen)* caerse (produciendo un chasquido); *(Regen)* golpear (**gegen** contra) ② *(applaudieren)* aplaudir; **in die Hände ~** tocar palmas ③ *(fam abw: tratschen)* cotillear **II.** *vt* **den Takt ~** seguir el ritmo con las palmas
Klatscherei *f* <-, -en> *(abw fam)* ① *(Getratsche)* chismorreo *m* ② *(Applaudieren)* aplausos *mpl*
Klatschmaul *nt (fam abw)* cotilla *mf*
Klatschmohn *m ohne pl* (BOT) amapola *f*
klatschnass ['-'-] *adj (fam)* hecho una sopa
Klatschspalte *f (fam abw)* columna *f* de cotilleo
Klatschtante *f* <-, -n>, **Klatschweib** *nt* <-(e)s, -er> *(fam abw)* cotorra *f,* cotilla *f*
klauben ['klaʊbən] *vt (südd, Österr,*

Schweiz) ① *(pflücken)* coger (**von** de) ② *(sammeln)* recoger (**in** en) ③ *(auslesen)* separar (**aus** de)

Klaue ['klaʊə] *f* <-n> ① *(von Raubtieren, -vögeln)* garra *f; (von Huftieren)* pezuña *f* ② *(fam: Hand)* garra *f;* **sich in jds ~n befinden** encontrarse en las garras de alguien ③ *(fam abw: Handschrift)* garabatos *mpl,* mala letra *f*

klauen ['klaʊən] *vi, vt (fam)* mangar, raspar *Am,* nagualear *Méx*

Klausel ['klaʊzəl] *f* <-n> cláusula *f*

Klaustrophobie [klaʊstrofo'bi:] *f* <-, -n> (PSYCH) claustrofobia *f*

Klausur [klaʊ'zu:ɐ] *f* <-en> ① (UNIV) examen *m* ② *(im Kloster)* clausura *f*

Klausurtagung *f* <-, -en> seminario *m* de reflexión

Klaviatur [klavia'tu:ɐ] *f* <-, -en> (MUS) teclado *m*

Klavier [kla'vi:ɐ] *nt* <-s, -e> piano *m* (vertical)

Klavierhocker *m* taburete *m* de piano

Klavierkonzert *nt* (MUS) ① *(Stück)* concierto *m* para piano ② *(Veranstaltung)* concierto *m* de piano

Klavierlehrer(in) *m(f)* <-s, -; -, -nen> profesor(a) *m(f)* de piano

Klaviersonate *f* sonata *f* para piano

Klavierspieler(in) *m(f)* pianista *mf*

Klavierstimmer(in) *m(f)* afinador(a) *m(f)* de pianos

Klavierunterricht *m ohne pl* clases *fpl* de piano

Klebeband *nt* cinta *f* adhesiva

Klebebindung *f* (TECH) encuadernación *f* pegada

kleben ['kle:bən] **I.** *vi* ① *(haften)* estar pegado; **das Hemd klebte ihm am Körper** la camisa se le pegaba al cuerpo; **an seinen Händen klebt Blut** tiene las manos manchadas de sangre ② *(klebrig sein)* pringar, estar pringoso ③ *(klebefähig sein)* pegar **II.** *vt* pegar (**an** a); **jdm eine ~** *(fam)* largar una bofetada a alguien

Klebepistole *f* pistola *f* de encolar

Kleber *m* <-s, -> ① *(fam: Klebstoff)* pegamento *m* ② *(Schweiz: Aufkleber)* pegatina *f*

Klebestift *m* barra *f* de pegamento

klebrig ['kle:brɪç] *adj* pegajoso

Klebstoff *m* pegamento *m; (Leim)* cola *f*

Klebstreifen *m* cinta *f* adhesiva

kleckern ['klɛkɐn] *vi (fam)* manchar; **Wein über die Tischdecke ~** manchar el mantel con vino

kleckerweise *adv (fam abw)* poco a poco

Klecks [klɛks] *m* <-es, -e> ① *(Fleck)* mancha *f; (Tintenklecks)* borrón *m* ② *(fam: Portion)* cucharadita *f*

klecksen ['klɛksən] **I.** *vi* ① *haben (Person)* manchar (**mit** con) ② *haben (Stift)* emborronar; **mein Füller kleckst** mi pluma emborrona **II.** *vt haben (fam)* dejar caer (**auf** en)

Klee [kle:] *m* <-s, *ohne pl*> (BOT) trébol *m*

Kleeblatt *nt* (BOT) hoja *f* de trébol; **vierblättriges ~** trébol de cuatro hojas

Kleid [klaɪt] *nt* <-(e)s, -er> ① *(Damenkleid)* vestido *m* ② *pl (Kleidung)* ropa *f;* **~er machen Leute** *(prov)* el traje hace al hombre

kleiden ['klaɪdən] **I.** *vt* ① *(anziehen)* vestir; **etw in (schöne) Worte ~** expresar algo (con palabras bonitas) ② *(stehen)* **die Bluse kleidet dich gut/schlecht** la blusa te queda bien/mal **II.** *vr:* **sich ~** vestirse

Kleiderbügel *m* percha *f*

Kleiderbürste *f* cepillo *m* para la ropa

Kleiderhaken *m* colgadero *m*

Kleiderschrank *m* armario *m* ropero

Kleiderständer *m* perchero *m*

kleidsam *adj* elegante

Kleidung *f* <-en> ropa *f;* **warme ~** ropa de abrigo

Kleidungsstück *nt* prenda *f* (de vestir)

Kleie ['klaɪə] *f* <-n> (AGR, GASTR) salvado *m*

klein [klaɪn] *adj* ① *(allgemein)* pequeño; *(Körpergröße)* bajo; **die Hose ist ihm zu ~** el pantalón le queda demasiado pequeño; **von ~ auf** desde niño; **ich habe es (nicht) ~** *(fam)* (no) lo tengo suelto; **ein ~ bisschen** un poquito; **(ganz) ~ anfangen** empezar sin nada; **~ beigeben** ceder; **~(er) stellen** bajar; **~er werden** disminuir; **beim ~sten Geräusch** al mínimo ruido; **der ~e Mann** *(fig)* el hombre de la calle ② *(kurz)* breve; **einen ~en Augenblick bitte** un momentito, por favor ③ *(jünger)* menor ④ *(unbedeutend)* insignificante; *(bescheiden)* modesto; *(beschränkt)* limitado

Kleinabteil *nt (im Zug)* compartimento *m*

Kleinaktionär(in) *m(f)* pequeño, -a accionista *mf*

Kleinanzeige *f* anuncio *m* breve

Kleinarbeit *f* <-, *ohne pl*> trabajo *m* minucioso [*o* detallado]; **etw in mühsamer ~ erledigen** realizar algo con minuciosidad

Kleinasien [-'--] *nt* Asia *f* Menor

Kleinbetrieb *m* minifundio *m*

Kleinbildkamera *f* (FOTO) cámara *f* fotográfica de pequeña imagen

Kleinbuchstabe *m* (letra *f*) minúscula *f;* **in ~n** en minúsculas

Kleinbürger(in) *m(f)* pequeño, -a burgués, -esa *m*

kleinbürgerlich *adj* pequeñoburgués

Kleinbus *m* <-ses, -se> microbús *m*

Kleine(r) *mf* <-n, -n; -n, -n> *(fam)* nene, -a *m, f*

Kleinfamilie *f* <-, -n> pequeña familia *f*, familia *f* reducida

Kleinformat *nt* <-(e)s, -e> tamaño *m* pequeño, formato *m* reducido; **ein Bild in ~** una foto de pequeño formato

Kleingarten *m* pequeña parcela *f* ajardinada

Kleingärtner(in) *m(f)* jardinero, -a *m, f* aficionado , -a

Kleingebäck *nt* pastas *f pl*

kleingedruckt *adj s.* **drucken**

Kleingedruckte(s) *nt ohne pl* letra *f* pequeña

Kleingeist *m* persona *f* con estrechez de miras

kleingeistig *adj (abw)* estrecho de miras; **~ sein** ser estrecho de miras

Kleingeld *nt* calderilla *f*, sencillo *m Am*, morralla *f Méx*

Kleingewerbe *nt* <-s, -> pequeña empresa *f*, pequeña industria *f*; **ein ~ betreiben** tener un pequeño negocio

Kleinheit *f* <-, *ohne pl*> pequeñez *f*; **die ~ der Viren ist unvorstellbar** es inimaginable lo pequeños que son los virus

Kleinhirn *nt* (ANAT) cerebelo *m*

Kleinholz *nt ohne pl* leña *f* menuda; **aus etw** *dat* **~ machen** *(fam)* hacer pedazos algo; **aus jdm ~ machen** *(fam)* partirle la cara a alguien

Kleinigkeit ['klaɪnɪçkaɪt] *f* <-en> pequeñez *f*; **eine ~ essen** *(fam)* comer una cosita; **das kostet aber eine ~** *(fam iron)* esto vale un dineral; **die Prüfung war keine ~** *(fam)* el examen no fue ninguna tontería; **er gibt sich nicht mit ~en ab** no se para en pequeñeces

kleinkariert *adj* ❶ *(Stoff)* a cuadros pequeños ❷ *(fam abw: Ansichten)* de miras estrechas

Kleinkind *nt* niño, -a *m, f* pequeño , -a

Kleinkram *m (fam)* ❶ *(Dinge)* cosillas *f pl* ❷ *(Angelegenheit)* nimiedad *f*

Kleinkrieg *m* ❶ (MIL) guerra *f* de guerrillas ❷ *(Streit)* guerra *f* privada

klein|kriegen *vt (fam)* ❶ *(zerkleinern)* lograr partir ❷ *(kaputtmachen)* hacer pedazos; **etw ist nicht kleinzukriegen** no se puede acabar con algo ❸ *(Geld)* (mal)gastar ❹ *(gefügig machen)* doblar la voluntad (de); *(müde machen)* agotar

Kleinkriminelle(r) *mf* pequeño,-a delincuente *mf*

Kleinkunst *f ohne pl* (THEAT) representación *f* de cabaré

Kleinkunstbühne *f* (THEAT) cabaré *m*

kleinlaut *adj* apocado

kleinlich *adj (pedantisch)* minucioso; *(engstirnig)* de miras estrechas; *(geizig)* mezquino

Kleinlichkeit *f* <-en> mezquindad *f*

klein|machen **I.** *vt* **kannst du mir den Schein ~?** *(fam)* ¿me puedes cambiar el billete (en monedas)? **II.** *vr* **sich ~** *(ducken)* agacharse

kleinmütig *adj (geh)* apocado; **~ werden** apocarse

Kleinod ['klaɪnoːt, *pl:* 'klaɪnoːdə, klaɪ'noːdiən] *nt* <-(e)s, -e *o* -ien> *(geh)* joya *f*

klein|schreiben *irr vt* ❶ *(mit kleinem Anfangsbuchstaben)* escribir con minúscula ❷ *(nicht wichtig nehmen)* restar importancia a

Kleinschreibung *f* uso *m* de minúsculas al principio de palabra

Kleinstadt *f* ciudad *f* pequeña

kleinstädtisch *adj* ❶ *(einer Kleinstadt entsprechend)* de una pequeña ciudad ❷ *(abw: beengt)* provinciano

Kleinstwagen ['klaɪnst-] *m* microcoche *m*

Kleintransporter *m* furgoneta *f*

Kleinunternehmer(in) *m(f)* pequeño, -a empresario , -a *m*

Kleinvieh *nt ohne pl* ganado *m* menor *(conejos, aves de corral)*; **~ macht auch Mist** *(prov fam)* más vale poco que nada

Kleinwagen *m* (coche *m*) utilitario *m*

kleinwüchsig [-vyːksɪç] *adj* de baja estatura

Kleister ['klaɪstɐ] *m* <-s, -> engrudo *m*, almidón *m Méx*

kleistern **I.** *vt (fam)* encolar (**an/auf/in** a/en); **jdm eine ~** *(sl)* arrearle a alguien una bofetada **II.** *vi (fam)* encolar, dar cola

Klemme ['klɛmə] *f* <-n> ❶ *(zum Festklemmen)* pinza *f*; *(für Haar)* horquilla *f*; (MED) laña *f* ❷ *(fam: Notlage)* apuro *m*, aprieto *m*; **in der ~ sitzen** encontrarse en un apuro; **jdm aus der ~ helfen** sacar a alguien de un aprieto

klemmen **I.** *vi (Tür, Schloss)* estar atrancado **II.** *vt* ❶ *(befestigen)* sujetar; **sich** *dat* **etw unter den Arm ~** ponerse algo debajo del brazo ❷ *(dazwischenklemmen)* meter **III.** *vr (fam)* **sich hinter etw ~** aferrarse a algo

Klemmmappe *f* <-, -n> carpeta *f* con pinza, carpeta *f* Clip-Fix

Klempner(in) ['klɛmpnɐ] *m(f)* <-s, -; -nen> fontanero, -a *m, f*, latero, -a *m, f Am*, plomero, -a *m, f Am*

Kleptomane, -in [klɛpto'maːnə] *m, f* <-n, -n; -, -nen> (PSYCH) cleptómano, -a *m, f*
Kleptomanie [klɛptoma'niː] *f* <-, *ohne pl*> (PSYCH) cleptomanía *f*
Kleriker ['kleːrikɐ] *m* <-s, -> clérigo *m*
Klerus ['kleːrʊs] *m* <-, *ohne pl*> clero *m*
Klette ['klɛtə] *f* <-n> ❶ (BOT) lampazo *m* ❷ *(fam: Person)* lapa *f*
Kletterer, -in *m, f* <-s, -; -, -nen> escalador(a) *m(f)*
Klettergerüst *nt (Spielgerät)* escalera *f*
klettern ['klɛtɐn] *vi sein* ❶ *(steigen)* trepar (**auf** a); *(Temperatur)* subir (**auf** a); **auf Bäume ~** trepar a los árboles; **die Preise ~ in die Höhe** los precios se disparan ❷ *(bergsteigen)* hacer alpinismo, hacer andinismo *Am* ❸ *(fam: heraussteigen)* salir (**aus** de); *(hineinsteigen)* entrar (**in** en)
Klettern *nt* (SPORT) escalada *f*
Kletterpartie *f* escalada *f*
Kletterpflanze *f* planta *f* trepadora
Klettverschluss *m* cierre *m* adhesivo, velcro® *m*

K

Klick *m* <-s, -s> (INFOR) clic *m*
klicken ['klɪkən] *vi* ❶ (INFOR) activar (**auf**) ❷ *(„klick" machen)* clicar
klickern ['klɪkɐn] *vi (nordd)* jugar a las canicas
Klickzahl *f* (INFOR) número *m* de clics
Klient(in) [kli'ɛnt] *m(f)* <-en, -en; -nen> cliente, -a *m, f*
Klientel [kliɛn'teːl] *f* <-en> clientela *f*
Klientin *f* <-nen> *s.* **Klient**
Klima ['kliːma] *nt* <-s, -s *o* -te> clima *m*
Klimaanlage *f* (instalación *f* de) aire *m* acondicionado
Klimaforscher(in) *m(f)* climatólogo, -a *m, f*
Klimakatastrophe *f* catástrofe *f* climática
Klimakrise *f* (ÖKOL) emergencia *f* climática
Klimakterium [klimak'teːriʊm] *nt* <-s, Klimakterien> (MED) climaterio *m*
Klimaschutz *m* (ÖKOL) prevención *f* del cambio climático
Klimaschutzkonferenz *f* conferencia *f* sobre el medio ambiente
Klimaschutzpolitik *f* <-, *ohne pl*> (ÖKOL) política *f* de prevención del cambio climático
klimatisch [kli'maːtɪʃ] *adj* climático
klimatisieren* [klimati'ziːrən] *vt* climatizar; **ein klimatisiertes Büro** una oficina climatizada
klimatisiert *adj* climatizado
Klimatisierung [klimati'ziːrʊŋ] *f* <-, -en> climatización *f*
Klimatologie [klimatolo'giː] *f* <-, *ohne pl*> climatología *f*
Klimaveränderung *f* cambio *m* climático
Klimawandel *m ohne pl* cambio *m* climático
Klimawechsel *m* cambio *m* de aires, temperación *f Am*
Klimax ['kliːmaks] *f* <-, -e> ❶ *(Höhepunkt)* clímax *m inv* ❷ (MED) climaterio *m*
Klimazone *f* zona *f* climática
Klimbim [klɪm'bɪm] *m* <-s, *ohne pl*> *(fam)* ❶ *(Krempel)* trastos *mpl* ❷ *(Umstände)* molestias *fpl*; **viel ~ um alles machen** armar un tremendo jaleo por cualquier cosa
klimmen ['klɪmən] <klimmt, klomm *o* klimmte, geklommen *o* geklimmt> *vi sein (geh)* trepar
Klimmzug *m* tracción *f*; **Klimmzüge machen** (SPORT) hacer flexiones de brazos; *(fig)* hacer esfuerzos
klimpern ['klɪmpɐn] *vi* ❶ *(Geld etc.)* tintinear ❷ *(fam: auf Klavier)* aporrear; *(auf Gitarre)* rasgar
Klinge ['klɪŋə] *f* <-n> cuchilla *f*; **jdn über die ~ springen lassen** *(fam fig)* pasar a cuchillo a alguien
Klingel ['klɪŋəl] *f* <-n> timbre *m*
Klingelbeutel *m* (REL) limosnera *f*
Klingelknopf *m* botón *m* del timbre
klingeln *vi* ❶ *(Person: rufen)* llamar; *(Klingel betätigen)* tocar el timbre ❷ *(Klingel, Telefon)* sonar; **es hat geklingelt** han llamado; **hat es bei dir jetzt endlich geklingelt?** *(fam)* ¿te suena por fin?
Klingelton *m (beim Telefon)* tono *m*, melodía *f*
klingen ['klɪŋən] <klingt, klang, geklungen> *vi* sonar; *(Gläser)* tintinear; **das klingt ja, als ob ...** esto suena como si... *+subj*
Klinik ['kliːnɪk] *f* <-en> clínica *f*
Klinikum ['kliːnikʊm] *nt* <-s, Kliniken> centro *m* clínico, policlínico *m*
klinisch *adj* (MED) clínico; **~ tot** clínicamente muerto
Klinke ['klɪŋkə] *f* <-n> picaporte *m*
klipp [klɪp] *adv (fam)* **~ und klar** sin rodeos
Klippe ['klɪpə] *f* <-n> ❶ *(Fels)* arrecife *m* ❷ *(fig: Hindernis)* obstáculo *m*
klirren ['klɪrən] *vi (Gläser)* tintinear; *(Fensterscheibe)* vibrar; *(Waffen)* sonar; **~de Kälte** frío tremendo
Klischee [kli'ʃeː] *nt* <-s, -s> (*a.* TYPO) clisé *m*, cliché *m*; *(Stereotyp)* tópico *m*; **in ~s denken** pensar de una manera estereotipada
klischeehaft *adj* tópico
Klischeevorstellung *f* cliché *m*
Klistier [klɪs'tiːɐ] *nt* <-s, -e> (MED) clistel *m*, clister *m*
Klitoris ['kliːtorɪs] *f* <- *o* Klitorides> (ANAT) clítoris *m inv*

klitschnass ['klɪtʃ'nas] *adj (fam)* calado hasta los huesos

klitzeklein ['klɪtsə'klaɪn] *adj (fam)* diminuto

Klo [klo:] *nt* <-s, -s> *(fam)* retrete *m,* váter *m;* **ich muss aufs ~** tengo que ir al váter

Kloake [klo'a:kə] *f* <-n> (*a.* ZOOL) cloaca *f*

klobig ['klo:bɪç] *adj (Sache)* macizo; *(Mensch)* fortachón

Klobrille *f (fam)* asiento *m* del váter

Klobürste *f (fam)* escobilla *f* del retrete

Klodeckel *m (fam)* tapa *f* del váter

Klon [klo:n] *m* <-s, -e> (BIOL) clon *m;* (INFOR) copia *f*

klonen [klo:nən] *vt* (BIOL) clonar

klönen ['klø:nən] *vi (nordd)* charlar

Klopapier *nt (fam)* papel *m* del váter [*o* higiénico]

klopfen ['klɔpfən] **I.** *vi* ① *(schlagen)* golpear; *(Herz)* palpitar ② *(anklopfen)* llamar; **es klopft** han llamado **II.** *vt (Teppich)* sacudir; *(Steine)* picar; *(Fleisch)* macerar; **den Takt ~** marcar el compás

Klopfer *m* <-s, -> ① *(Teppichklopfer)* sacudidor *m* ② *(Türklopfer)* llamador *m*

Kloppe ['klɔpə] *f* **~ kriegen** *(nordd)* recibir una paliza

Klöppel ['klœpəl] *m* <-s, -> ① *(Glockenschwengel)* badajo *m* ② *(Xylofonschlägel)* palillo *m* ③ *(Spitzenklöppel)* bolillo *m*

klöppeln *vi* **Spitze ~** *(Handarbeit)* hacer encaje de bolillos

Klöppelspitze *f* encaje *m* de bolillos

kloppen ['klɔpən] *vr:* **sich ~** *(nordd)* pegarse

Klopperei *f* <-en> *(nordd: fam)* pelea *f*

Klops [klɔps] *m* <-es, -e> *(nordd)* ① (GASTR) albóndiga *f* ② *(fam: Fehler)* metedura *f* de pata

Kloschüssel *f* taza *f* del váter

Klosett [klo'zɛt] *nt* <-s, -s *o* -e> servicio(s) *m(pl)*

Kloß [klo:s, *pl:* 'klø:sə] *m* <-es, Klöße> (GASTR: *Fleischkloß*) albóndiga *f; (Kartoffel-, Grießkloß) especie de albóndiga cocida hecha de una masa de patatas, miga de pan, sémola etc.;* **einen ~ im Hals haben** *(fam)* tener un nudo en la garganta

Klostein *m* bloc *m* (desinfectante) para WC [*o* inodoros]

Kloster ['klo:stɐ, *pl:* 'klø:stɐ] *nt* <-s, Klöster> (REL) convento *m,* monasterio *m;* **ins ~ gehen** entrar en un convento

Klosterkirche *f* (REL: *Nonnenkloster*) iglesia *f* del convento; *(Mönchskloster)* iglesia *f* del monasterio

Klosterschule *f* (REL, SCH: *bei Nonnen*) escuela *f* del convento; *(bei Mönchen)* escuela *f* monacal

Klotz [klɔts, *pl:* 'klœtsə] *m* <-es, Klötze> ① *(allgemein)* bloque *m; (Spielzeugklotz)* cubo *m* de madera; **er ist (mir) ein ~ am Bein** *(fam)* me molesta ② *(fam abw: Person)* palurdo, -a *m, f*

Klötzchen ['klœtsçən] *nt* <-s, -> cubito *m* (de madera)

klotzen *vi (reg)* ① *(arbeiten)* trabajar duro ② *(protzen)* darse bombo

klotzig *adj (klobig)* tosco; *(aufwendig)* aparatoso

Klub [klʊp] *m* <-s, -s> club *m*

Kluft[1] [klʊft, *pl:* klʏftə] *f* <Klüfte> abismo *m*

Kluft[2] *f* <-en> *(fam)* ropa *f; (einheitlich)* uniforme *m*

klug [klu:k] *adj* <klüger, am klügsten> inteligente; *(schlau)* listo; *(vernünftig)* sensato; *(scharfsinnig)* sagaz; **aus etw** *dat* **nicht ~ werden** no acabar de entender algo; **der Klügere gibt nach** *(prov)* ceder es cosa de sabios

klugerweise ['klu:gɐ'vaɪzə] *adv* por prudencia

Klugheit *f ohne pl* inteligencia *f; (Scharfsinn)* perspicacia *f; (Vernunft)* sensatez *f*

klugscheißen *irr vi (fam abw)* dárselas de listo, hablar como un pedante [*o* con pedantería]

Klugscheißer(in) *m(f) (fam abw)* sabelotodo *mf inv*

klügste(r, s) ['kly:kstə, -tɐ, -təs] *adj superl von* **klug**

Klümpchen ['klʏmpçən] *nt* <-s, -> *(nordd: Bonbon)* caramelo *m*

klumpen ['klʊmpən] *vi* formarse grumos

Klumpen ['klʊmpən] *m* <-s, -> pedazo *m,* trozo *m; (in Soße)* grumo *m; (Erdklumpen)* terrón *m; (Goldklumpen)* pepita *f*

Klumpfuß *m* (MED) pie *m* zopo

klumpig *adj* grumoso

Klüngel ['klʏŋəl] *m* <-s, -> *(abw)* camarilla *f*

Klüngelei[1] *f* <-en> *(abw: Vetternwirtschaft)* nepotismo *m*

Klüngelei[2] *f ohne pl (reg: abw: Trödelei)* roncería *f*

Klunker ['klʊŋkɐ] *m* <-s, -> *(fam: Edelstein)* brillante *m*

km *Abk. von* **Kilometer** km

km/h *Abk. von* **Kilometer pro Stunde** km/h

knabbern ['knabɐn] *vi, vt (nagen)* roer; *(essen)* picar; **etw zum K~** algo para picar; **daran wirst du noch lange zu ~ haben** *(fam fig)* eso es duro de roer

Knabe ['kna:bə] *m* <-n, -n> *(geh)* muchacho *m;* **na, alter ~!** *(fam)* ¡hola, tío!
knabenhaft *adj* amuchachado
knack [knak] *interj* ¡crac!; **es macht ~** hace ¡crac!
Knäckebrot ['knɛkə-] *nt pan en láminas muy crujiente de origen escandinavo*
knacken ['knakən] **I.** *vi* ① *(Holz)* crujir ② *(knistern)* chasquear; *(Radio)* crepitar; **an etw** *dat* **zu ~ haben** *(fam)* sufrir las duras consecuencias de algo ③ *(fam: schlafen)* dormir **II.** *vt* ① *(Nüsse)* partir; **eine Nuss ~** cascar una nuez ② *(fam: Aufgabe)* resolver; *(Code)* descifrar ③ *(fam: aufbrechen)* forzar
Knacker *m* <-s, -> *(fam)* ① *(abw)* **alter ~** viejo *m* decrépito ② *s.* **Knackwurst**
knackig *adj (Salat)* fresco; *(knusprig)* crujiente; *(a. fig)* apetitoso; **ein ~er Typ** un tío bueno
Knacklaut *m* (LING) eyectiva *f*
Knackpunkt *m* <-(e)s, -e> *(fam)* punto *m* clave
Knacks [knaks] *m* <-es, -e> ① *(Geräusch)* crujido *m* ② *(fam: Riss)* grieta *f* ③ *(fam: seelisch)* daño *m* (p)síquico; *(körperlich)* daño *m* físico; **einen ~ bekommen** trastornarse
Knackwurst *f* <-, -würste> (GASTR) salchicha *f* "knacker" *(salchicha ahumada para calentar)*
Knall [knal] *m* <-(e)s, -e> estallido *m; (Peitschenknall)* chasquido *m; (von Korken)* taponazo *m; (von Tür)* portazo *m; (von Schuss)* estampido *m;* **es kam zum großen ~** *(fam)* se armó un escándalo; **er hat einen ~** *(fam)* está chiflado; **~ auf Fall** *(fam)* repentinamente
Knallbonbon *m o nt* <-s, -s> petardo *m*
Knalleffekt *m (fam)* golpe *m* (de efecto); *(Überraschung)* sorpresa *f; (Pointe)* chiste *m*
knallen I. *vi* ① *(allgemein)* estallar; *(Tür)* cerrarse de golpe; *(Peitsche)* producir un chasquido; *(Schuss)* oírse; *(Korken)* saltar; **mit der Peitsche ~** chasquear el látigo ② *sein (stoßen)* chocar (**auf/gegen** contra) ③ *(fam: schießen)* disparar ④ *(fam: Sonne)* pegar fuerte ⑤ *sein (Reifen)* reventar **II.** *vt* ① *(Tür)* dar un portazo (a) ② *(werfen)* tirar (violentamente); **den Hörer auf die Gabel ~** colgar con un fuerte golpe; **jdm eine ~** *(fam)* soltar una bofetada a alguien
knalleng *adj (fam)* a estallar; **die Jeans sitzt (am Po) ~** los vaqueros quedan superajustados (al trasero)
Knaller *m* <-s, -> *(fam)* ① *(Knallkörper)* petardo *m* ② *(Sensation)* sensación *f*
Knallerbse *f* <-, -n> garbanzo *m* de pega
Knallerei *f* <-, -en> *(fam)* ruido *m* (constante) de petardos
Knallfrosch *m (fam)* petardo *m*
Knallgas *nt* (CHEM) gas *m* fulminante
knallhart ['-'-] *adj (fam: Arbeit)* duro; *(Film, Typ)* brutal; **jdm ~ seine Meinung sagen** decir a alguien cuatro verdades
knallig *adj (fam: Farbe)* chillón
Knallkörper *m* petardo *m*
knallrot ['-'-] *adj (fam)* rojo vivo
knapp [knap] **I.** *adj* ① *(spärlich)* escaso; *(beschränkt)* limitado; **~ bei Kasse sein** andar justo de dinero; **die Zeit ist ~** tenemos el tiempo justo; **das Wasser wurde ~** se produjo una escasez de agua; **mit ~er Mehrheit** por escasa mayoría ② *(Kleidung)* justo ③ *(kaum)* escaso; *(vor Zahlen)* poco menos de; **eine ~e Stunde** una hora escasa ④ *(Stil)* conciso; **in ~en Worten** en pocas palabras **II.** *adv* ① *(kaum)* apenas ② *(gerade so)* (muy) justo; **das Auto fuhr ~ an mir vorbei** el coche pasó muy cerca de mí; **~ sein** escasear
Knappheit *f ohne pl* ① *(Mangel)* escasez *f* (**an** de) ② *(Kürze)* concisión *f*
knapsen ['knapsən] *vi (fam)* ① *(knauserig sein)* economizar (**mit** con) ② *(schwer fertig werden mit)* **an etw** *dat* **~** costar superar algo
Knarre ['knarə] *f* <-n> ① *(fam: Gewehr)* trabuco *m,* chumbo *m Arg* ② *(Spielzeug)* matraca *f*
knarren ['knarən] *vi* crujir
Knast[1] [knast] *m* <-(e)s, -e *o* Knäste> *(fam: Gefängnis)* chirona *f,* cupo *m Méx;* **im ~ sitzen** estar en chirona
Knast[2] *m* <-(e)s, *ohne pl*> *(fam: Freiheitsstrafe)* chirona *f;* **er hat drei Jahre ~ bekommen** le han condenado a tres años en chirona
Knatsch [kna:tʃ] *m* <-(e)s, *ohne pl*> *(reg)* pique *m;* **die beiden haben ~** andan de pique
knatschig *adj (fam)* ① *(weinerlich)* gimoteador; **~ sein** ser un llorica ② *(ärgerlich)* malhumorado
knattern ['knatɐn] *vi (Motorrad, Auto)* petardear; *(Presslufthammer)* martillear; *(Maschinengewehr)* tabletear
Knäuel ['knɔɪəl] *m o nt* <-s, -> ovillo *m,* bodoque *m Méx*
Knauf [knaʊf, *pl:* 'knɔɪfə] *m* <-(e)s, Knäufe> *(am Stock, Schwert)* puño *m; (an der Tür)* pomo *m*
knaus(e)rig *adj (fam abw)* rácano
Knauser(in) ['knaʊzɐ] *m(f)* <-s, -; -, -nen> *(fam abw)* roñoso, -a *m, f*
knausern ['knaʊzɐn] *vi (fam abw)* cicatear

knautschen ['knaʊtʃən] **I.** *vt (fam)* arrugar **II.** *vi (fam)* arrugarse

Knautschzone *f* (AUTO) zona *f* de absorción de impactos

Knebel ['kne:bəl] *m* <-s, -> mordaza *f*

knebeln *vt* amordazar

Knebelvertrag *m* <-(e)s, -träge> *(abw)* contrato *m* leonino

Knecht [knɛçt] *m* <-(e)s, -e> ❶ (HIST: *landwirtschaftlicher Helfer*) mozo *m* de labranza, peón *m Am* ❷ *(abw: Befehlsempfänger)* siervo *m*

Knechtschaft *f* <-en> *(abw)* servidumbre *f; (Versklavung)* esclavización *f*

kneifen ['knaɪfən] <kneift, kniff, gekniffen> **I.** *vt (in die Haut)* pellizcar (**in** en) **II.** *vi* ❶ *(Kleidung)* apretar ❷ *(fam abw: sich drücken)* rajarse

Kneifzange *f* tenazas *f pl*

Kneipe ['knaɪpə] *f* <-n> *(fam)* bar *m,* bochinche *m Méx*

Kneipenbummel *m* ronda *f* por los bares; **einen ~ machen** ir de copas

Kneippkur ['knaɪp-] *f* (MED) tratamiento *m* hidroterápico *(según el método de S. Kneipp, 1821 – 1897)*

knetbar *adj* moldeable; *(Teig)* amasable

Knete ['kne:tə] *f ohne pl (fam)* ❶ *(Knetmasse)* plastilina® *f,* pasta *f* de modelar ❷ *(Geld)* pasta *f*

kneten ['kne:tən] *vt* ❶ *(Teig, Ton)* amasar ❷ *(Figuren formen)* modelar

Knetmasse *f* plastilina® *f*

Knick [knɪk] *m* <-(e)s, -e> ❶ *(Falte)* pliegue *m; (in Papier)* doblez *m* ❷ *(Biegung)* recodo *m*

knick(e)rig *adj (fam abw)* tacaño

knicken *vt* ❶ *(falten)* plegar; *(Papier)* doblar; **nicht ~!** ¡no doblar! ❷ *(brechen)* romper; *(Pflanze)* tronchar

Knickerbocker ['knɪkɐbɔkɐ] *pl* pantalón *m* bombacho

Knicks [knɪks] *m* <-es, -e> reverencia *f (flexión de las piernas)*

knicksen ['knɪksən] *vi* hacer una reverencia (**vor** ante)

Knie [kni:, *pl:* 'kni:ə] *nt* <-s, -> ❶ *(Körperteil)* rodilla *f;* **auf ~n** de rodillas; **weiche ~ bekommen** *(fam)* amedrentarse; **auf die ~ fallen** ponerse de rodillas; **jdn übers ~ legen** *(fam)* pegar un palizón a alguien; **etw übers ~ brechen** *(fam)* forzar algo; **jdn in die ~ zwingen** *(fig)* subyugar a alguien ❷ *(Biegung)* recodo *m* ❸ *(am Rohr)* codo *m*

Kniebeuge *f* <-n> ❶ (SPORT) flexión *f* de rodillas ❷ (REL) genuflexión *f*

Kniebundhose *f* pantalón *m* abrochado en la rodilla

Kniefall *m* genuflexión *f; (fig)* humillación *f*

Kniegelenk *nt* (ANAT) articulación *f* de la rodilla

Kniehose *f* pantalón *m* de media pierna

Kniekehle *f* (ANAT) corva *f*

knielang *adj (Rock)* por la rodilla

knien ['kni:ən, kni:n] **I.** *vi haben o sein* estar de rodillas **II.** *vr:* **sich ~** arrodillarse; **sich in die Arbeit ~** *(fam)* meterse de lleno en el trabajo

Kniescheibe *f* rótula *f*

Knieschützer *m* (SPORT) rodillera *f*

Kniestrumpf *m* media *f* calcetín

knietief **I.** *adj* que llega hasta las rodillas **II.** *adv* hasta las rodillas; **wir standen ~ im Schnee** la nieve nos llegaba hasta las rodillas

kniff [knɪf] *3. imp von* **kneifen**

Kniff [knɪf] *m* <-(e)s, -e> ❶ *(Kneifen)* pellizco *m* ❷ *(Falte)* pliegue *m; (in Papier)* doblez *m* ❸ *(Trick)* truco *m*

kniff(e)lig *adj* complicado; *(schwierig)* difícil; *(heikel)* delicado

Knilch [knɪlç] *m* <-s, -e> *(fam abw)* patán *m*

knipsen ['knɪpsən] **I.** *vi (fam: schnalzen)* chasquear **II.** *vt (fam)* ❶ *(fotografieren)* sacar una foto (de) ❷ *(Fahrkarte)* picar

Knirps [knɪrps] *m* <-es, -e> *(fam)* ❶ *(Junge)* renacuajo *m* ❷ *(abw: Mann)* arrancapinos *m inv*

knirschen ['knɪrʃən] *vi* crujir; **mit den Zähnen ~** rechinar los dientes

Knirscherschiene ['knɪrʃɐ-] *f* (MED) férula *f* oclusal

knistern ['knɪstɐn] *vi (Feuer)* crepitar; *(Seide, Papier)* crujir; *(vor Spannung)* chisporrotear; **im Gerichtssaal knisterte es vor Spannung** en la sala el ambiente era muy tenso

knitterfrei *adj* inarrugable

knittern ['knɪtɐn] **I.** *vt (Stoff, Papier)* arrugar **II.** *vi* arrugarse

knobeln ['kno:bəln] *vi* ❶ *(würfeln)* jugar a los dados (**um** por) ❷ *(fam: nachdenken)* romperse la cabeza (**an** con)

Knoblauch ['kno:blaʊx] *m* <-(e)s, *ohne pl*> ajo *m*

Knoblauchknolle *f* cabeza *f* de ajo

Knoblauchpresse *f* exprimidera *f* de ajo

Knoblauchzehe *f* diente *m* de ajo

Knöchel ['knœçəl] *m* <-s, -> ❶ *(am Fuß)* tobillo *m;* **sich** *dat* **den ~ verstauchen** dislocarse el tobillo ❷ *(am Finger)* nudillo *m*

knöchellang *adj (Kleid)* hasta los tobillos

knöcheltief **I.** *adj* que llega hasta los tobillos; ~ **sein** llegar hasta los tobillos **II.** *adv* hasta los tobillos

Knochen ['knɔxən] *m* <-s, -> hueso *m;* **sich** *dat* **die ~ brechen** *(fam)* romperse los huesos; **der Schreck fuhr ihm in die ~** *(fam)* se llevó un susto enorme; **bis auf die ~ nass werden** *(fam)* calarse hasta los huesos

Knochenarbeit *f ohne pl (fam)* trabajo *m* de negros, pela *f Méx*

Knochenbau *m* <-(e)s, *ohne pl*> estructura *f* ósea

Knochenbruch *m* fractura *f* de hueso

Knochengerüst *nt* esqueleto *m*

knochenhart ['--'-] *adj (fam: Brot, Arbeit)* muy duro

Knochenhaut *f* (ANAT) periostio *m*

Knochenmark *nt* <-(e)s, *ohne pl*> (ANAT) médula *f* ósea

Knochenschinken *m* (GASTR) jamón *m* (entero)

knochentrocken ['--'--] *adj (fam: Brot, Humor)* muy seco

knochig ['knɔxɪç] *adj* huesudo; *(Gesicht)* descarnado

knock-out *adj,* **knockout** *adj* (*a.* SPORT) nocaut, knock-out; ~ **gehen** quedar k.o.

Knock-out *m* <-(s), -s>, **Knockout** [nɔk'ʔaʊt] *m* <-(s), -s> nocaut *m*

Knödel ['knøːdəl] *m* <-s, -> *(Österr, südd) especie de albóndiga cocida hecha de una masa de patatas o miga de pan*

Knöllchen ['knœlçən] *nt* <-s, -> *(fam: Strafzettel)* multa *f*

Knolle ['knɔlə] *f* <-n> ① (BOT) tubérculo *m* ② *(fam: rundliche Verdickung)* bulto *m*

Knollen *m* <-s, -> *(reg: Verdickung)* bulto *m*

Knollenblätterpilz [--'---] *m* (BOT) amanita *f*

Knollengemüse *nt* (BOT) verdura *f* tuberosa

Knopf [knɔpf, *pl:* 'knœpfə] *m* <-(e)s, Knöpfe> ① (*a.* ELEK, MUS) botón *m;* **einen ~ annähen/verlieren** coser/perder un botón; **auf den ~ drücken** pulsar el botón ② *(Schweiz, südd)* nudo *m*

Knopfdruck *m ohne pl* opresión *f* de un botón; (**wie**) **auf ~** como si le hubieran oprimido el botón

knöpfen ['knœpfən] *vt* abotonar

Knopfloch *nt* ojal *m*

Knopfzelle *f* pila *f* de botón

knorp(e)lig *adj* cartilaginoso

Knorpel ['knɔrpəl] *m* <-s, -> cartílago *m*

knorrig ['knɔrɪç] *adj (Baum)* nudoso

Knospe ['knɔspə] *f* <-n> *(Blütenknospe)* capullo *m; (von Blatt, Zweig)* yema *f;* **~n treiben** brotar

knospen *vi* brotar

knoten *vt* hacer un nudo (en); *(befestigen)* fijar con un nudo; *(Krawatte)* anudar

Knoten ['knoːtən] *m* <-s, -> ① *(bei Fäden, a.* NAUT, BOT) nudo *m* ② *(Frisur)* moño *m* ③ (MED) nudosidad *f*

Knotenpunkt *m* nudo *m* de comunicaciones

knotig *adj* nudoso

Know-how *nt* <-(s), *ohne pl*> conocimientos *mpl* (de la tecnología)

Knubbel ['knʊbəl] *m* <-s, -> *(reg: rundliche Verdickung)* bulto *m*

knuddeln ['knʊdəln] *vt (reg)* achuchar (y besuquear)

knülle ['knʏlə] *adj (fam)* borracho como una cuba

knüllen ['knʏlən] **I.** *vi (knittern)* arrugarse **II.** *vt (Papier)* estrujar

Knüller ['knʏlɐ] *m* <-s, -> *(fam)* sensación *f*

knüpfen ['knʏpfən] *vt* ① *(knoten)* anudar ② *(Teppich)* tejer; **einen Teppich ~** hacer una alfombra de nudos ③ *(Netz)* hacer ④ *(Freundschaft)* trabar; **große Erwartungen an etw ~** poner grandes esperanzas en algo; **Bedingungen an etw ~** poner algo por condición

Knüppel ['knʏpəl] *m* <-s, -> ① *(Stock)* garrote *m,* mamón *m Guat, Hond,* tocho *m Arg; (von Polizei)* porra *f;* **jdm einen ~ zwischen die Beine werfen** *(fam)* poner cortapisas a alguien ② (AERO) palanca *f* de mando

knüppeldick ['-'-] *adv (fam fig)* muy fuerte; **es kam ~** sucedió lo peor; **er trug ~ auf** exageró a más no poder

knurren ['knʊrən] *vi* ① *(Hund, Mensch)* gruñir (**über** a causa de) ② *(Magen)* sonar; **mir knurrt der Magen** me suenan las tripas

knurrig *adj* gruñón

knusp(e)rig *adj* crujiente

Knusperhäuschen ['knʊspɐhɔɪsçən] *nt* <-s, -> *casita hecha de pastelería*

knuspern ['knʊspɐn] *vi* **an etw** *dat* ~ mordisquear algo; **etwas zum K~** algo para picar

knusprig *adj s.* **knusp(e)rig**

knutschen ['knuːtʃən] *vi (fam)* besuquearse

Knutscherei *f* <-, -en> *(fam)* besuqueo *m*

Knutschfleck *m (fam)* chupetón *m*

k. o. [kaː'ʔoː] *adj* (*a.* SPORT) *Abk. von* **knock-out** k.o.; ~ **gehen** quedar k.o.

Koagulation [koagula'tsjoːn] *f* <-, -en> (CHEM) coagulación *f*

Koala *m* <-s, -s>, **Koalabär** *m* (ZOOL) koala *m*

koalieren* [koa'li:rən] *vi* (POL) formar una coalición
Koalition [koali'tsjo:n] *f* <-en> (POL) coalición *f;* **eine ~ bilden** formar una coalición
Koalitionspartner *m* (POL) socio *m* de coalición
Koalitionsregierung *f* (POL) gobierno *m* de coalición
Koalitionsvertrag *m* (POL) tratado *m* de coalición
koaxial [ko?a'ksia:l] *adj* (TECH) coaxial
Kobalt ['ko:balt] *nt* <-s, *ohne pl*> (CHEM) cobalto *m*
Koblenz ['ko:blɛnts] *nt* <-> Coblenza *f*
Kobold ['ko:bɔlt] *m* <-(e)s, -e> duende *m*
Kobra ['ko:bra] *f* <-s> cobra *f*
Koch, Köchin [kɔx, *pl:* 'kœçə] *m, f* <-(e)s, Köche; -nen> cocinero, -a *m, f*
Kochbuch *nt* libro *m* de cocina
kochen ['kɔxən] **I.** *vi* ❶ *(Wasser, Speisen)* hervir; *(Kühler)* echar humo; **etw zum K~ bringen** hacer hervir algo ❷ *(Speisen zubereiten)* cocinar ❸ *(fam: wütend sein)* estar furioso; **er kocht vor Wut** está furioso **II.** *vt* ❶ *(garen)* cocer; **hart gekocht** *(Ei)* duro; **weich gekocht** *(Gemüse)* cocido (hasta que esté tierno); *(Ei)* pasado por agua ❷ *(zubereiten)* hacer, preparar ❸ *(heiß waschen)* lavar a 90 grados
Kocher *m* <-s, -> hornillo *m*
Köcher ['kœçɐ] *m* <-s, -> ❶ *(für Pfeile)* carcaj *m* ❷ (FOTO) estuche *m (para guardar los gemelos o el objetivo)*
Kochfeld *nt* placa *f* de cocina
kochfest *adj (Wäsche)* lavable a 90 grados
Kochgelegenheit *f* posibilidad *f* para cocinar
Kochgeschirr *nt* batería *f* de cocina
Köchin ['kœçɪn] *f* <-nen> *s.* **Koch**
Kochkunst *f ohne pl* arte *m* culinario
Kochkurs *m* <-es, -e> curso *m* de cocina
Kochlöffel *m* cuchara *f* de palo
Kochnische *f* <-, -n> cocinita *f,* rincón *m* cocina
Kochplatte *f* fogón *m*
Kochrezept *nt* receta *f* de cocina
Kochsalz *nt ohne pl* sal *f* común
Kochtopf *m* olla *f*
Kochwäsche *f* colada *f* a 90 grados
kodd(e)rig ['kɔd(ə)rɪç] *adj (nordd: fam)* ❶ *(unverschämt)* impertinente ❷ *(unwohl)* indispuesto; **jdm ist ~** alguien siente náuseas
Kode ['ko:də, ko:t] *m* <-s, -s> código *m*
Köder ['kø:dɐ] *m* <-s, -> cebo *m*
ködern *vt* ❶ *(Tiere)* echar el cebo (a) ❷ *(Personen)* engatusar
Kodex ['ko:dɛks] *m* <-(es), -e> *(Regelung)* código *m*
kodieren* [ko'di:rən] *vt* codificar
Kodierung *f* <-en> codificación *f*
Koedukation [koeduka'tsjo:n] *f* <-, *ohne pl*> (SCH) coeducación *f*
Koeffizient [ko?ɛfi'tsjɛnt] *m* <-en, -en> (MATH) coeficiente *m*
Koexistenz [ko?ɛksɪs'tɛnts] *f ohne pl* (*a.* POL) coexistencia *f*
Koffein [kɔfe'i:n] *nt* <-s, *ohne pl*> cafeína *f*
koffeinfrei *adj* descafeinado
koffeinhaltig *adj* con cafeína
Koffer ['kɔfɐ] *m* <-s, -> maleta *f,* valija *f Am,* chácara *f And;* **die ~ packen/auspacken** hacer/deshacer las maletas
Kofferkuli *m* <-s, -s> carrito *m* portaequipajes
Kofferradio *nt* radio *f* portátil
Kofferraum *m* maletero *m,* baúl *m Am,* cofre *m Méx*
Kofferwagen *m* carrito *m* para el equipaje
Kognak ['kɔnjak] *m* <-s, -s> coñac *m*
kognitiv [kɔgni'ti:f] *adj* (PSYCH) cognitivo
kohärent [kohɛ'rɛnt] *adj* coherente
Kohärenz [kohɛ'rɛnts] *f* <-, *ohne pl*> coherencia *f*
Kohäsion [kohɛ'zjo:n] *f* <-, *ohne pl*> cohesión *f*
Kohl [ko:l] *m* <-(e)s, *ohne pl*> ❶ *(Gemüse)* col *f;* **das macht den ~ auch nicht fett** *(fam)* ya no importa ❷ *(fam abw: Unsinn)* bobadas *f pl*
kohl(pech)rabenschwarz *adj* negro como el azabache
Kohldampf *m* <-(e)s, *ohne pl*> *(fam)* **~ haben** tener un hambre de mil demonios
Kohle[1] ['ko:lə] *f* <-n> *(Brennstoff, Zeichenkohle)* carbón *m;* **(wie) auf glühenden ~n sitzen** *(fig fam)* estar sobre ascuas
Kohle[2] *f ohne pl (fam: Geld)* pasta *f*
Kohlehydrat *nt* <-(e)s, -e> (CHEM) hidrato *m* de carbono
Kohlekraftwerk *nt* central *f* térmica carbonera
Kohlenbecken *nt* ❶ (GEO) cuenca *f* carbonífera ❷ *(zum Heizen)* brasero *m*
Kohlenbergbau *m ohne pl* explotación *f* de minas de carbón; **im ~ sollen 3000 Stellen gestrichen werden** en la industria del carbón deben suprimirse 3000 puestos de trabajo
Kohlenbergwerk *nt* mina *f* de carbón
Kohlendioxid [--'---] *nt* <-(e)s, *ohne pl*> (CHEM) anhídrido *m* carbónico
Kohlendioxidausstoß *m* expulsión *f* de dióxido de carbono

K

Kohlendioxyd *nt ohne pl s.* **Kohlendioxid**
Kohlenhydrat *nt* <-(e)s, -e> (CHEM) hidrato *m* de carbono
Kohlenmonoxid [--'---] *nt* <-(e)s, *ohne pl*> (CHEM) monóxido *m* de carbono
Kohlensäure *f ohne pl* ① (CHEM) ácido *m* carbónico ② *(in Getränken)* gas *m;* **Mineralwasser mit ~** agua mineral con gas
kohlensäurehaltig *adj* con gas; **dieses Mineralwasser ist nicht ~** esta agua mineral no tiene gas
Kohlenstoff *m* <-(e)s, *ohne pl*> (CHEM) carbono *m*
Kohlenwasserstoff [--'---] *m* (CHEM) hidrocarburo *m*
Kohlepapier *nt* papel *m* carbón
Köhler(in) ['kø:lɐ] *m(f)* <-s, -; -, -nen> carbonero, -a *m, f*
Kohlestift *m* carboncillo *m,* carbonilla *f Am*
Kohlezeichnung *f* dibujo *m* al carbón
Kohlkopf *m* repollo *m*
Kohlmeise *f* <-, -n> (ZOOL) herrerillo *m*
Kohlrabi [ko:l'ra:bi] *m* <-(s), -(s)> colinabo *m*
Kohlroulade *f* (GASTR) *hoja de col rellena*
Kohlrübe *f* <-, -n> nabo *m*
Kohorte [ko'hɔrtə] *f* <-, -n> (HIST) cohorte *f*
Koi [kɔɪ] *m* <-s, -s> (ZOOL) koi *m*
Koitus ['ko:itʊs] *m* <-, -(se)> coito *m*
Koje ['ko:jə] *f* <-n> ① (NAUT) litera *f* ② *(fam: Bett)* cama *f*
Kojote [ko'jo:tə] *m* <-n, -n> coyote *m*
Kokain [koka'i:n] *nt* <-s, *ohne pl*> cocaína *f*
kokainsüchtig *adj* cocainómano; **~ sein** ser un cocainómano
Kokainsüchtige(r) *mf* cocainómano, -a *m, f*
kokeln ['ko:kəln] *vi (fam)* jugar con el fuego
kokett [ko'kɛt] *adj* coqueto
kokettieren* [kokɛ'ti:rən] *vi* coquetear; *(flirten)* flirtear
Kokon [ko'kõ:] *m* <-s, -s> capullo *m*
Kokosfett *nt* grasa *f* de coco
Kokosmilch *f* <-, *ohne pl*> leche *f* de coco
Kokosnuss *f* coco *m*
Kokospalme *f* (BOT) cocotero *m*
Koks [ko:ks] *m* <-es, *ohne pl*> ① *(Brennstoff)* coque *m* ② *(fam: Unsinn)* tonterías *f pl* ③ *(sl: Kokain)* coca *f,* perico *m*
koksen *vi* ① *(sl: Kokain schnupfen)* esnifar cocaína ② *(fam: schlafen)* sobar
Kolben ['kɔlbən] *m* <-s, -> ① (TECH) pistón *m* ② (CHEM) matraz *m* ③ *(beim Gewehr)* culata *f* ④ (BOT) espádice *m* ⑤ *(fam: Nase)* narizón *m,* narizota *f*

Kolibri ['ko:libri] *m* <-s, -s> (ZOOL) colibrí *m,* chupaflor *m AmC*
Kolik ['ko:lɪk, ko'li:k] *f* <-en> cólico *m*
kollabieren* [kɔla'bi:rən] *vi sein (zusammenbrechen)* colapsar; (FIN: *Kurs)* caer
Kollaborateur(in) [kɔlabora'tø:ɐ] *m(f)* <-s, -e; -nen> (POL) colaboracionista *mf*
Kollaboration [kɔlabora'tsjo:n] *f* <-, *ohne pl*> (POL) colaboración *f*
kollaborieren* [kɔlabo'ri:rən] *vi* (POL) colaborar (con el enemigo)
Kollaps ['kɔlaps, -'-] *m* <-es, -e> (MED) colapso *m*
Kolleg [kɔ'le:k] *nt* <-s, -s> *(Studienkolleg)* academia *f*
Kollege, -in [kɔ'le:gə] *m, f* <-n, -n; -nen> colega *mf; (Arbeitskollege)* compañero, -a *m, f* de trabajo; *(Amtskollege, a.* POL) homólogo, -a *m, f*
kollegial [kɔle'gja:l] *adj* solidario
Kollegin *f* <-nen> *s.* **Kollege**
Kollegium [kɔ'le:giʊm] *nt* <-s, Kollegien> colegas *m pl; (bei Lehrern)* cuerpo *m* docente
Kollekte [kɔ'lɛktə] *f* <-n> colecta *f*
Kollektion [kɔlek'tsjo:n] *f* <-en> colección *f*
kollektiv [kɔlɛk'ti:f] *adj* colectivo
Kollektiv [kɔlɛk'ti:f] *nt* <-s, -e *o* -s> colectivo *m*
Kollektivismus [kɔlɛkti'vɪsmʊs] *m* <-, *ohne pl*> colectivismo *m*
Kollektivschuld *f* <-, *ohne pl*> culpa *f* colectiva
Koller[1] ['kɔlɐ] *m* <-s, -> *(fam: Wutausbruch)* estallido *m* de cólera; **ich kriegte/hatte einen ~** me dio/tenía un ataque de cólera
Koller[2] *nt* <-s, -> canesú *m*
kollidieren* [kɔli'di:rən] *vi* ① *sein (zusammenstoßen)* colisionar (**mit** contra) ② *(in Konflikt geraten)* chocar (**mit** con); *(zeitlich)* coincidir (**mit** con)
Kollision [kɔli'zjo:n] *f* <-en> colisión *f*
Kolloquium [kɔ'lo:kviʊm] *nt* <-s, Kolloquien> coloquio *m*
Köln [kœln] *nt* <-s> Colonia *f*
Kölnischwasser *nt,* **kölnisch Wasser** *nt* agua *f* de Colonia
kolonial [kolo'nja:l] *adj* colonial
Kolonialherrschaft *f* dominio *m* colonial
Kolonialismus [kolonja'lɪsmʊs] *m* <-, *ohne pl*> colonialismo *m*
Kolonialmacht *f* potencia *f* colonial
Kolonie [kolo'ni:] *f* <-n> colonia *f*
Kolonisation [koloniza'tsjo:n] *f* <-en> colonización *f*
kolonisieren* [koloni'zi:rən] *vt* colonizar

Kolonist(in) [kolo'nɪst] *m(f)* <-en, -en; -, -nen> colono, -a *m, f*

Kolonne [ko'lɔnə] *f* <-n> ① *(einer Tabelle, a.* TYPO, MIL) columna *f* ② *(Fahrzeugkolonne)* caravana *f;* (MIL) convoy *m* ③ *(Arbeitergruppe)* brigada *f*

kolorieren* [kolo'ri:rən] *vt* colorear

Kolorit [kolo'ri:t] *nt* <-(e)s, -e *o* -s> (KUNST, MUS: *a. fig)* colorido *m*

Koloss [ko'lɔs] *m* <-es, -e> coloso *m*

kolossal [kolɔ'sa:l] *adj* colosal

Kolumbianer(in) [kolʊm'bja:nɐ] *m(f)* <-s, -; -nen> colombiano, -a *m, f*

kolumbianisch [kolʊm'bja:nɪʃ] *adj* colombiano

Kolumbien [ko'lʊmbiən] *nt* <-s> Colombia *f*

Kolumbus [ko'lʊmbʊs] *m* <-> (HIST) Colón *m*

Kolumne [ko'lʊmnə] *f* <-n> *(Spalte)* columna *f*

Koma ['ko:ma] *nt* <-s, -s *o* -ta> (MED) coma *m;* **im ~ liegen** estar en (estado de) coma

Kombi ['kɔmbi] *m* <-s, -s> *(fam)* combi *m*

Kombination [kɔmbina'tsjo:n] *f* <-en> ① *(Verbindung)* combinación *f* ② *(Vermutung)* suposición *f* ③ *(Kostüm)* conjunto *m; (Arbeitsanzug)* mono *m*

Kombinationsschloss *nt* <-es, -schlösser> cerradura *f* de combinación

kombinieren* [kɔmbi'ni:rən] **I.** *vi (folgern)* deducir **II.** *vt* combinar

Kombiwagen *m* coche *m* furgoneta

Kombizange *f* alicates *mpl* universales

Komet [ko'me:t] *m* <-en, -en> cometa *m*

Komfort [kɔm'fo:ɐ] *m* <-s, *ohne pl*> confort *m*

komfortabel [kɔmfɔr'ta:bəl] *adj* confortable

Komik ['ko:mɪk] *f ohne pl* comicidad *f;* **einen Sinn für ~ haben** tener sentido para lo cómico

Komiker(in) ['ko:mikɐ] *m(f)* <-s, -; -nen> cómico, -a *m, f*

komisch *adj* ① *(ulkig)* cómico ② *(seltsam)* raro; **das kam mir ~ vor** me pareció raro

komischerweise ['ko:mɪʃɐ'vaɪzə] *adv* curiosamente

Komitee [komi'te:, kɔmi'te:] *nt* <-s, -s> comité *m*

Komma ['kɔma] *nt* <-s, -s *o* -ta> coma *f*

Kommandant(in) [kɔman'dant] *m(f)* <-en, -en; -nen> (MIL) comandante *mf*

Kommandantur [kɔmandan'tu:ɐ] *f* <-, -en> comandancia *f*

Kommandeur(in) [kɔman'dø:ɐ] *m(f)* <-s, -e; -, -nen> (MIL) comandante *mf*

kommandieren* [kɔman'di:rən] **I.** *vt* ① *(Einheit, Flotte)* comandar ② *(abkommandieren)* destacar; **jdn an die Front ~** destacar a alguien al frente ③ *(befehlen)* ordenar **II.** *vi* ordenar

Kommanditgesellschaft [kɔman'di:t-] *f* (WIRTSCH) sociedad *f* comanditaria

Kommando[1] [kɔ'mando] *nt* <-s, -s> ① *(Befehl)* orden *f;* **auf ~** al dar la orden ② *(Gruppe)* comando *m*

Kommando[2] *nt* <-s, *ohne pl*> *(Befehlsgewalt)* mando *m;* **das ~ haben** tener el mando (**über** sobre)

Kommata *pl von* **Komma**

kommen ['kɔmən] <kommt, kam, gekommen> *vi sein* ① *(herkommen)* venir (**von** de); *(hinkommen)* ir; *(ankommen)* llegar; *(zurückkehren)* volver (**von** de); **da kommt er ja!** ¡ahí viene!; **ich komme schon** ya voy; **gut, dass du kommst** me alegro de que vengas; **ein Taxi ~ lassen** llamar a un taxi; **er kam von einer Reise** volvió de un viaje; **angelaufen ~** venir corriendo; **zu spät ~** llegar tarde; **du sollst zum Direktor ~** que vengas a ver al director; **wie komme ich nach ...?** ¿por dónde se va a...?; **sie kam zu der Überzeugung, dass ...** llegó a la conclusión de que...; **wir müssen langsam zu einem Ende ~** tenemos que acabar ya; **nicht von der Stelle ~** no avanzar nada; **ich halte die Zeit für ge~** pienso que ha llegado el momento; **ein einziges K~ und Gehen** un ir y venir continuo; **jetzt komme ich** (**an die Reihe**) ahora me toca a mí; **das kommt später** (eso) viene más tarde; **der kommt mir nicht ins Haus!** ¡ese no pone un pie en mi casa!; **in die Schule/ins Krankenhaus ~** ir a la escuela/al hospital; **der Fall kommt vor Gericht** el caso se llevará a los tribunales; **sein Vorschlag kam mir sehr gelegen** su propuesta me vino muy a propósito; **du kommst mir gerade recht!** *(fam)* ¡eres justo lo que me faltaba!; **das kommt mir wie gerufen** me viene de perlas; **komme, was da wolle** pase lo que pase; **jdm ~ die Tränen** a alguien se le saltan las lágrimas; **so weit kommt es noch** *(fam)* hasta ahí podíamos llegar; **zum Stehen ~** pararse; **man kommt hier zu nichts** aquí no se tiene tiempo para nada; **es kam zu einem Streit** se armó la de San Quintín; **dazu kommt noch, dass ...** hay que añadir que...; **zur Sache ~** ir al grano; **wieder zu sich ~** volver en sí; **zu Wort ~** (conseguir) hablar; **zu Schaden ~** sufrir un daño; **wie käme ich dazu, das zu machen?** ¿por qué iba a hacerlo?; **wie komme ich zu der Ehre?** *(iron)* ¿a qué debo el honor?;

ums Leben ~ perder la vida; **das kommt zusammen auf 20 Euro** *(fam)* todo junto hace 20 euros; **ich komme auf 1.200 Euro im Monat** *(fam)* saco unos 1200 euros al mes; **hast du richtig gezählt? ich komme nur auf 15** ¿has contado bien? a mí me da solo 15; **kommt man hier leicht an frisches Gemüse?** ¿es fácil conseguir aquí verduras frescas?; **ich kam nicht auf seinen Namen** no caía en su nombre; **wie kommst du darauf?** ¿cómo se te ocurre?; **wohin kämen wir, wenn das jeder machen würde** adonde iríamos a parar si todos hiciesen lo mismo; **da könnte ja jeder ~** sí hombre, por tu cara bonita; **sie lässt nichts auf ihn ~** no consiente que lo critiquen; **auf die Welt ~** nacer; **auf etw/jdn zu sprechen ~** hablar de algo/de alguien; **hinter etw ~** descubrir algo; **durch den Zoll/eine Prüfung ~** pasar la aduana/un examen; **Jeans sind wieder im K~** los vaqueros se ponen otra vez de moda; **aus der Mode ~** pasar de moda; **aus dem Takt ~** perder el compás; **aus dem Konzept ~** perder el hilo; **komm, wir gehen!** *(fam)* ¡venga, vámonos!; **nun komm schon!** *(fam)* ¡venga ya!; **komm mir bloß nicht damit** *(fam)* no me vengas con esas; **kommt Zeit, kommt Rat** *(prov)* el tiempo aclara las cosas; **wer zuerst kommt, mahlt zuerst** *(prov)* el que primero llega, ese la calza ❷ *(herbeikommen)* acercarse (**zu** a), acudir (**zu** a); **etw** *dat* **nahe** [*o* **näher**] **~** acercarse a algo ❸ *(geschehen)* pasar; **ich habe es ~ sehen** ya me lo veía venir; **dazu kam es gar nicht mehr** ya no hubo tiempo para eso; **es kam eins zum anderen** fue una reacción en cadena; **das musste ja so ~** tenía que pasar; **es kam, wie es ~ musste** pasó lo que tenía que pasar; **die Hochzeit kam für alle überraschend** la boda fue una sorpresa para todos; **das Schlimmste/Beste kommt erst noch** y ahora viene lo peor/lo mejor; **wie kommt es, dass du ...?** ¿cómo es que tú...?; **wenn es kommt, kommt's dick** *(fam)* las desgracias nunca vienen solas; **es kommt immer anders, als man denkt** *(prov)* las cosas nunca pasan como uno se piensa ❹ *(stammen)* ser (**aus** de); **ich komme aus Dortmund** soy de Dortmund ❺ *(durchqueren)* pasar (**über/durch** por); **über Münster ~** pasar por Münster ❻ *(entfallen)* corresponder (**auf** a); **auf zwei Deutsche kommt ein Auto** cada dos alemanes tienen un coche ❼ *(berühren)* tocar; *(streifen)* rozar ❽ *(herrühren)* deberse (**von** a); **das kommt davon, dass ...** eso se debe a...; **der Vorschlag kam von mir** la propuesta era mía; **das kommt davon!** ¡esa es la consecuencia!; **das kommt vom Rauchen** eso pasa por fumar ❾ *(hingehören)* ponerse; **das Geschirr kommt in den Schrank** los platos se ponen en el armario ❿ *(Bedenken)* surgir; *(Idee)* ocurrir ⓫ *(anfangen)* **in Gang ~** ponerse en movimiento ⓬ *(fam: Orgasmus haben)* correrse

kommend *adj* venidero; *(zukünftig)* futuro; **die ~en Jahre** los años venideros; **~e Woche** la semana que viene

Kommentar [kɔmɛn'taːɐ] *m* <-(e)s, -e> comentario *m;* **kein ~!** ¡sin comentarios!; **einen ~ zu etw** *dat* **abgeben** hacer un comentario respecto a algo

kommentarlos *adj* sin comentario

Kommentator(in) [kɔmɛn'taːtoːɐ] *m(f)* <-s, -en; -nen> comentarista *mf*

kommentieren* [kɔmɛn'tiːrən] *vt* ❶ *(Stellung nehmen)* comentar ❷ *(Text)* glosar; **kommentierte Ausgabe** edición anotada

kommerzialisieren* [kɔmɛrtsjali'ziːrən] *vt* comercializar

Kommerzialisierung *f* comercialización *f*

kommerziell [kɔmɛr'tsjɛl] *adj* comercial

Kommilitone, -in [kɔmili'toːnə] *m, f* <-n, -n; -nen> compañero, -a *m, f* de estudios

Kommissar(in) [kɔmɪ'saːɐ] *m(f)* <-s, -e; -nen> ❶ (ADMIN) comisario, -a *m, f,* comisionado, -a *m, f Am* ❷ *(Polizeibeamter)* comisario, -a *m, f* de policía

Kommissär(in) [kɔmɪ'sɛːɐ] *m(f)* <-s, -e; -nen> *(Österr, Schweiz: Polizeibeamter)* comisario, -a *m, f* de policía

Kommissariat [kɔmɪsari'aːt] *nt* <-s, -e> ❶ *(Amtszimmer)* despacho *m* ❷ *(Österr: Polizeidienststelle)* comisaría *f* (de policía)

Kommissarin *f* <-nen> *s.* **Kommissar**

Kommissärin *f* <-nen> *s.* **Kommissär**

kommissarisch [kɔmɪ'saːrɪʃ] *adj* provisional; **etw ~ verwalten** administrar algo provisionalmente

Kommission [kɔmɪ'sjoːn] *f* <-en> (*a.* COM) comisión *f;* **etw in ~ geben/nehmen** (COM) dar/tomar algo en comisión

Kommissionär(in) [kɔmɪsjo'nɛːɐ] *m(f)* <-s, -e; -, -nen> (WIRTSCH) comisionario, -a *m, f*

Kommode [kɔ'moːdə] *f* <-n> cómoda *f*

kommunal [kɔmu'naːl] *adj* municipal

Kommunalabgaben *f pl* (FIN, POL) impuestos *m pl* municipales

Kommunalpolitik *f* política *f* municipal

Kommunalwahl *f* elecciones *f pl* municipales

Kommune [kɔ'muːnə] *f* <-n> (ADMIN) municipio *m,* comuna *f Am*

Kommunikation [kɔmunika'tsjo:n] *f ohne pl* comunicación *f*

Kommunion [kɔmu'njo:n] *f* <-en> (REL) ❶ *(Abendmahl)* comunión *f* ❷ *(Erstkommunion)* primera comunión *f*

Kommuniqué [kɔmyni'ke:] *nt* <-s, -s> comunicado *m*

Kommunismus [kɔmu'nɪsmʊs] *m* <-, *ohne pl*> comunismo *m*

Kommunist(in) [kɔmu'nɪst] *m(f)* <-en, -en; -nen> comunista *mf*

kommunistisch *adj* comunista

kommunizieren* [kɔmuni'tsi:rən] *vi* ❶ *(reden)* comunicarse ❷ (REL) comulgar

Komödiant(in) [komø'djant] *m(f)* <-en, -en; -nen> comediante *mf*

Komödie [ko'mø:djə] *f* <-n> comedia *f*

Komoren [ko'mo:rən] *pl* las Comores *f pl*

Kompagnon ['kɔmpanjɔŋ, kɔmpan'jõ:] *m* <-s, -s> (WIRTSCH) socio, -a *m, f*

kompakt [kɔm'pakt] *adj* ❶ *(Material)* compacto ❷ *(fam: Person, Statur)* macizo

Kompanie [kɔmpa'ni:] *f* <-n> compañía *f*

Komparativ ['kɔmparati:f] *m* <-s, -e> (LING) comparativo *m*

Komparse, -in [kɔm'parzə] *m, f* <-n, -n; -nen> comparsa *mf*

Kompass ['kɔmpas] *m* <-es, -e> brújula *f;* (NAUT) compás *m*

kompatibel [kɔmpa'ti:bəl] *adj* (*a.* INFOR) compatible

Kompatibilität [kɔmpatibili'tɛ:t] *f* <-en> (*a.* INFOR) compatibilidad *f*

Kompendium [kɔm'pɛndiʊm, *pl:* kɔm'pɛndiən] *nt* <-s, Kompendien> compendio *m*

Kompensation [kɔmpɛnza'tsjo:n] *f* <-en> compensación *f*

kompensieren* [kɔmpɛn'zi:rən] *vt* compensar

kompetent [kɔmpe'tɛnt] *adj* competente

Kompetenz [kɔmpe'tɛnts] *f* <-en> competencia *f;* **seine ~en überschreiten** sobrepasar sus competencias; **das liegt nicht in meiner ~** esto no es de mi competencia

kompetitiv *adj* competitivo

kompilieren* [kɔmpi'li:rən] *vt* (*a.* INFOR) compilar, recopilar

Komplementärfarbe *f* color *m* complementario

komplett [kɔm'plɛt] **I.** *adj* completo **II.** *adv* por completo

komplettieren* [kɔmplɛ'ti:rən] *vt* completar

komplex [kɔm'plɛks] *adj* complejo

Komplex [kɔm'plɛks] *m* <-es, -e> (*a.* PSYCH) complejo *m;* **~e haben** tener complejos

Komplexität [kɔmplɛksi'tɛ:t] *f ohne pl* complejidad *f*

Komplikation [kɔmplika'tsjo:n] *f* <-en> complicación *f;* **zu ~en führen** causar complicaciones

Kompliment [kɔmpli'mɛnt] *nt* <-(e)s, -e> cumplido *m,* piropo *m;* **jdm ~e machen** decirle piropos a alguien; **mein ~!** ¡felicidades!

Komplize, -in [kɔm'pli:tsə] *m, f* <-n, -n; -nen> *(abw)* cómplice *mf*

komplizieren* [kɔmpli'tsi:rən] **I.** *vt* complicar **II.** *vr:* **sich ~** complicarse

kompliziert [kɔmpli'tsi:ɐt] *adj (schwierig)* complicado; *(komplex)* complejo

Kompliziertheit *f* <-, *ohne pl*> complejidad *f*

Komplizin [kɔm'pli:tsɪn] *f* <-nen> *s.* **Komplize**

Komplott [kɔm'plɔt] *nt* <-(e)s, -e> complot *m;* **ein ~ schmieden** tramar un complot

Komponente [kɔmpo'nɛntə] *f* <-n> componente *m*

komponieren* [kɔmpo'ni:rən] *vi, vt* (*a.* MUS) componer

Komponist(in) [kɔmpo'nɪst] *m(f)* <-en, -en; -nen> (MUS) compositor(a) *m(f)*

Komposita *pl von* **Kompositum**

Komposition [kɔmpozi'tsjo:n] *f* <-en> (*a.* MUS) composición *f*

Kompositum [kɔm'po:zitʊm, *pl:* kɔm'po:zita] *nt* <-s, Komposita> (LING) palabra *f* compuesta

Kompost [kɔm'pɔst] *m* <-(e)s, -e> compost *m*

Komposter [kɔm'pɔstɐ] *m* <-s, -> compostador *m*

Komposthaufen *m* montón *m* de compost

kompostieren* [kɔmpɔs'ti:rən] *vt* (AGR) ❶ *(zu Kompost verarbeiten)* convertir en compost ❷ *(düngen)* abonar con compost

Kompostierung *f* <-, -en> ❶ *(Verarbeitung)* compostaje *m,* elaboración *f* de compost ❷ *(Düngung)* abonado *m*

Kompott [kɔm'pɔt] *nt* <-(e)s, -e> compota *f*

Kompresse [kɔm'prɛsə] *f* <-n> (MED) compresa *f*

Kompression [kɔmprɛ'sjo:n] *f* <-, -en> (TECH, PHYS) compresión *f*

Kompressor [kɔm'prɛso:ɐ] *m* <-s, -en> (TECH, PHYS) compresor *m*

komprimieren* [kɔmpri'mi:rən] *vt* comprimir

Komprimierung *f* <-, -en> compresión *f*

Kompromiss [kɔmpro'mɪs] *m* <-es, -e> compromiso *m; (mittlere Lösung)* solución *f* intermedia; **ein fauler ~** un compromiso barato; **mit jdm einen ~ schließen** llegar a un acuerdo con alguien

kompromissbereit *adj* dispuesto a ceder

Kompromissbereitschaft *f ohne pl* disposición *f* a transigir

kompromisslos *adj* intransigente

Kompromisslösung *f* <-, -en> solución *f* de compromiso

Kompromissvorschlag *m* propuesta *f* de acuerdo

kompromittieren* [kɔmpromɪ'tiːrən] *vt* comprometer

Kondensat [kɔndɛn'zaːt] *nt* <-(e)s, -e> (PHYS) líquido *m* de condensación

Kondensation [kɔndɛnza'tsjoːn] *f* <-, -en> (PHYS) condensación *f*

Kondensator [kɔndɛn'zaːtoːɐ] *m* <-s, -en> (ELEK, TECH) condensador *m*

kondensieren* [kɔndɛn'ziːrən] **I.** *vt* (*a.* PHYS) condensar **II.** *vi sein* **der Dampf kondensiert an den Wänden** el vapor se condensa en las paredes

K

Kondensmilch [kɔn'dɛns-] *f* leche *f* condensada

Kondensstreifen *m* <-s, -> estela *f* (de gases condensados)

Kondenswasser *nt ohne pl* agua *f* de condensación

Kondition[1] [kɔndi'tsjoːn] *f* <-en> (WIRTSCH) condición *f*

Kondition[2] *f ohne pl (körperliche Verfassung)* condición *f* (física); **eine gute ~ haben** estar en buena forma

Konditionalsatz [kɔnditsjo'naːl-] *m* (LING) oración *f* condicional

Konditionstraining *nt* (SPORT) entrenamiento *m* físico

Konditor(in) [kɔn'diːtoːɐ] *m(f)* <-s, -en; -nen> pastelero, -a *m, f*

Konditorei [kɔndito'raɪ] *f* <-en> pastelería *f*

Konditorin *f* <-nen> *s.* **Konditor**

Kondolenz [kɔndo'lɛnts] *f* <-, -en> pésame *m*, condolencia *f*

Kondolenzbesuch *m* <-(e)s, -e> visita *f* de pésame

Kondolenzkarte *f* <-, -n> tarjeta *f* de pésame [*o* de condolencia]

kondolieren* [kɔndo'liːrən] *vi* dar el pésame (**zu** por)

Kondom [kɔn'doːm] *nt o m* <-s, -e> condón *m*

Konfekt [kɔn'fɛkt] *nt* <-(e)s, -e> dulces *mpl*

Konfektionsgröße *f* talla *f* de confección

Konferenz [kɔnfe'rɛnts] *f* <-en> conferencia *f*; *(Besprechung)* reunión *f*

Konferenzraum *m* <-(e)s, -räume>, **Konferenzsaal** *m* <-(e)s, -säle> sala *f* de conferencias

Konferenzschaltung *f* (RADIO, TV) conexión *f* de conferencias simultáneas

Konferenzteilnehmer(in) *m(f)* <-s, -; -, -nen> participante *mf* en la conferencia

Konferenzzimmer *nt* <-s, -> sala *f* de conferencias

konferieren* [kɔnfe'riːrən] *vi* ❶ *(beraten)* conferenciar (**über** sobre) ❷ *(bei Veranstaltung)* presentar

Konfession [kɔnfɛ'sjoːn] *f* <-en> confesión *f*

konfessionell [kɔnfɛsjo'nɛl] *adj* confesional

konfessionslos *adj* aconfesional

Konfetti [kɔn'fɛti] *nt* <-(s), *ohne pl*> confeti *m*

Konfiguration [kɔnfigura'tsjoːn] *f* <-en> (INFOR) configuración *f*

konfigurieren* *vt* (INFOR) configurar

Konfirmand(in) [kɔnfɪr'mant] *m(f)* <-en, -en; -nen> confirmando, -a *m, f*

Konfirmandenunterricht *m* <-(e)s, *ohne pl*> curso *m* preparatorio para confirmandos

Konfirmation [kɔnfɪrma'tsjoːn] *f* <-en> confirmación *f*

konfirmieren* [kɔnfɪr'miːrən] *vt* confirmar

Konfiserie [kõfizə'riː, kɔnfizə'riː] *f* <-, -n> *(Schweiz)* ❶ *(Konditorei)* confitería *f* ❷ *(Konfekt)* dulces *mpl*, bombones *mpl*

konfiszieren* [kɔnfɪs'tsiːrən] *vt* confiscar

Konfitüre [kɔnfi'tyːrə] *f* <-n> confitura *f*

Konflikt [kɔn'flɪkt] *m* <-(e)s, -e> conflicto *m*; **mit dem Gesetz in ~ geraten** infringir las leyes

Konfliktherd *m* (POL) foco *m* de tensiones

Konföderation [kɔnfødera'tsjoːn] *f* <-en> confederación *f*

konform [kɔn'fɔrm] *adj* conforme; **mit jdm ~ gehen** estar de acuerdo con alguien

Konformismus [kɔnfɔr'mɪsmʊs] *m* <-, *ohne pl*> *(geh)* conformismo *m*

Konformist(in) *m(f)* <-en, -en; -, -nen> *(geh)* conformista *mf*

konformistisch *adj (geh)* conformista

Konfrontation [kɔnfrɔnta'tsjoːn] *f* <-en> confrontación *f*

konfrontieren* [kɔnfrɔn'tiːrən] **I.** *vt* confrontar (**mit** con) **II.** *vr:* **sich ~** enfrentarse (**mit** con/a)

konfus [kɔn'fuːs] **I.** *adj* confuso; **jdn ~ machen** desconcertar a alguien **II.** *adv* confuso; **das klingt ziemlich ~** suena muy confuso

Konfusion [kɔnfu'zjoːn] *f* <-, -en> confusión *f*

Konglomerat [kɔnglomeˈraːt] *nt* <-(e)s, -e> (*a.* GEO) conglomerado *m* (**aus** de)
Kongregation [kɔngregaˈtsjoːn] *f* <-, -en> congregación *f*
Kongress [kɔŋˈgrɛs, kɔnˈgrɛs] *m* <-es, -e> congreso *m*
Kongresshalle *f* palacio *m* de congresos
kongruent [kɔŋgruˈɛnt, kɔngruˈɛnt] *adj* ❶ (MATH) congruente ❷ (LING) concordante
Kongruenz [kɔŋgruˈɛnts, kɔngruˈɛnts] *f* <-, -en> ❶ (MATH) congruencia *f* ❷ (LING) concordancia *f*
K.-o.-Niederlage *f* <-, -n> (SPORT) derrota *f* por k.o.
Konifere [koniˈfeːrə] *f* <-, -n> (BOT) (planta *f*) conífera *f*
König(in) [ˈkøːnɪç] *m(f)* <-s, -e; -nen> ❶ *(Monarch)* rey *m*, reina *f*; **die Heiligen Drei ~e** los Reyes Magos ❷ *(beim Schach)* rey *m*
königlich [køːnɪklɪç] **I.** *adj* ❶ *(auf König bezogen)* real ❷ *(hoheitsvoll)* majestuoso **II.** *adv* *(fam: außerordentlich)* mucho; **sich ~ amüsieren** pasarlo bomba
Königreich *nt* reino *m*; **das Vereinigte ~** el Reino Unido
königstreu *adj* monárquico
konisch [ˈkoːnɪʃ] *adj* cónico
Konjugation [kɔnjugaˈtsjoːn] *f* <-en> (LING) conjugación *f*
konjugieren* [kɔnjuˈgiːrən] *vt* (LING) conjugar
Konjunktion [kɔnjʊŋkˈtsjoːn] *f* <-en> (LING, ASTR) conjunción *f*
Konjunktionalsatz *m* (LING) oración *f* conjuntiva
Konjunktiv [ˈkɔnjʊŋktiːf] *m* <-s, -e> (LING) subjuntivo *m*
Konjunktur [kɔnjʊŋkˈtuːɐ] *f* <-en> (WIRTSCH) coyuntura *f*; **steigende/fallende ~** coyuntura alcista/bajista
Konjunktureinbruch *m* (WIRTSCH) retroceso *m* económico
konjunkturell [kɔnjʊŋktuˈrɛl] *adj* (WIRTSCH) coyuntural
Konjunkturprognose *f* <-, -en> (WIRTSCH) pronóstico *m* coyuntural
Konjunkturstillstand *m ohne pl* (WIRTSCH) estancamiento *m* coyuntural
Konjunkturtief *nt* (WIRTSCH) estancamiento *m* económico
Konjunkturüberhitzung *f* (WIRTSCH) recalentamiento *m* económico
konkav [kɔnˈkaːf] *adj* cóncavo
Konklave [kɔnˈklaːvə, kɔŋˈklaːvə] *nt* <-s, -n> (REL) cónclave *m*
konkret [kɔŋˈkreːt, kɔnˈkreːt] **I.** *adj* concreto **II.** *adv* en concreto
konkretisieren* [kɔŋkretiˈziːrən, kɔn-] *vt* concretar
Konkurrent(in) [kɔŋkʊˈrɛnt] *m(f)* <-en, -en; -nen> competidor(a) *m(f)*
Konkurrenz[1] [kɔŋkʊˈrɛnts, kɔn-] *f ohne pl (Konkurrieren, Konkurrent)* competencia *f*; **jdm ~ machen** hacer la competencia a alguien
Konkurrenz[2] *f* <-en> *(Wettkampf)* concurso *m*; **außer ~** fuera de concurso
Konkurrenzdruck *m* <-(e)s, -drücke> (WIRTSCH) presión *f* competitiva
konkurrenzfähig *adj* competitivo
Konkurrenzkampf *m* competición *f*, rivalidad *f*
konkurrenzlos **I.** *adj* sin competencia **II.** *adv* fuera de (toda) competencia; **~ billig** a precios sin competencia
konkurrieren* [kɔŋkʊˈriːrən, kɔn-] *vi* competir (**um** por, **mit** con); **miteinander ~** hacerse la competencia
Konkurs [kɔŋˈkʊrs, kɔn-] *m* <-es, -e> quiebra *f*, falencia *f Am*; **das Unternehmen ist in ~ gegangen/steht vor dem ~** la empresa ha quebrado/está a punto de quebrar; **~ anmelden** declararse en quiebra
Konkursmasse *f* masa *f* activa, activo *m* de la quiebra
Konkursverfahren *nt* juicio *m* de quiebra
Konkursverwalter(in) *m(f)* síndico, -a *m, f* de la quiebra
können[1] [ˈkœnən] <kann, konnte, können> *Modalverb* ❶ *(vermögen, dürfen)* poder *+inf; (in der Lage sein)* estar en condiciones (de *+inf*); **kann ich etwas für Sie tun?** ¿puedo ayudarle en algo?; **~ Sie mir sagen, wie spät es ist?** ¿podría decirme la hora?; **wer kann das gewesen sein?** ¿quién puede haber sido?; **ich könnte mir vorstellen, dass …** podría imaginarme que… *+subj;* **das hätte ich dir gleich sagen ~!** ¡ya lo sabía yo!; **er kann einem leidtun** *(fam)* es para darle pena a uno; **da kann man nichts mehr machen!** ¡qué se le va a hacer!; **man kann annehmen, dass …** se puede suponer que…; **du kannst mich mal!** *(vulg)* ¡que te den por el culo! ❷ *(möglich sein)* poder, ser posible; **du könntest Recht haben** puede que tengas razón; **das kann noch dauern** esto puede tardar todavía; **kann sein** es posible; **das kann nicht sein** no puede ser; **das kann passieren** puede pasarle a cualquiera; **es kann sein, dass …** puede que… *+subj*
können[2] [ˈkœnən] <kann, konnte, gekonnt> **I.** *vt (beherrschen)* saber; **was ~ Sie?** ¿qué sabe Ud. hacer?; **sie kann gut Spanisch** habla bien español; **er hat**

es (nicht) gekonnt (no) pudo hacerlo **II.** *vi* poder (hacer); **ich kann nicht mehr vor Lachen** *(fam)* me muero de risa; **ich kann nicht mehr** *(fam)* ya no puedo más; **morgen kann ich nicht** mañana no puedo; **nicht anders ~ als ...** no tener otro remedio que...; **uns** *dat* **kann keiner!** *(fam)* ¡no hay quien pueda con nosotros!; **wie konntest du nur!** ¡cómo has podido!; **er schrie, was er konnte** gritaba a más no poder; **so schnell sie konnte** lo más rápido que pudo

Können *nt* <-s, *ohne pl*> ❶ *(Wissen)* saber *m* ❷ *(Fähigkeit)* capacidad *f*

Könner(in) *m(f)* <-s, -; -nen> experto, -a *m, f;* **auf seinem Gebiet ist er ein ~** es un gran entendido en su campo

konnte ['kɔntə] *3. imp von* **können**

Konrektor(in) ['kɔnrɛkto:ɐ, *pl:* kɔnrɛk'to:rən] *m(f)* <-s, -en; -, -nen> (SCH) vicedirector(a) *m(f);* (UNIV) vicerrector(a) *m(f)*

K

Konsekutivsatz ['-----, ---'--] *m* (LING) oración *f* consecutiva, proposición *f* consecutiva

Konsens [kɔn'zɛns] *m* <-es, -e> consenso *m;* **einen ~ erzielen** ponerse de acuerdo

konsequent [kɔnze'kvɛnt] **I.** *adj* consecuente **II.** *adv* de forma consecuente; **~ durchgreifen** proceder enérgicamente; **etw ~ verfolgen** perseguir algo con perseverancia

Konsequenz[1] [kɔnze'kvɛnts] *f* <-en> ❶ *(Folgerichtigkeit)* lógica *f,* coherencia *f;* **das bedeutet in letzter ~, dass ...** lo cual significa en último término que... ❷ *(Folge)* consecuencia *f;* **die ~en tragen** asumir las consecuencias; **das wird ernste ~en haben** esto va a tener graves consecuencias

Konsequenz[2] *f ohne pl (Unbeirrbarkeit)* perseverancia *f*

konservativ ['kɔnzɛrvati:f, ---'-] *adj* conservador

Konservative(r) *mf* <-n, -n; -n, -n> (POL) conservador(a) *m(f)*

Konservator(in) [kɔnzɛr'va:to:ɐ, *pl:* kɔnzɛrva'to:rən] *m(f)* <-s, -en; -, -nen> conservador(a) *m(f)*

Konserve [kɔn'zɛrvə] *f* <-n> conserva *f*

Konservenbüchse *f,* **Konservendose** *f* lata *f* de conservas

konservieren* [kɔnzɛr'vi:rən] *vt* conservar

Konservierung *f* <-en> conservación *f*

Konservierungsmittel *nt* conservante *m*

Konsistenz [kɔnzɪs'tɛnts] *f ohne pl* consistencia *f*

Konsole [kɔn'zo:lə] *f* <-n> ❶ (ARCHIT) repisa *f* ❷ *(Möbel)* consola *f* ❸ (INFOR) consola *f*

Konsolidierung *f* <-, -en> (WIRTSCH, MED) consolidación *f*

Konsonant [kɔnzo'nant] *m* <-en, -en> (LING) consonante *f*

konsonantisch *adj* (LING) consonántico

Konsortium [kɔn'zɔrtsiʊm] *nt* <-s, Konsortien> (WIRTSCH) consorcio *m*

Konspiration [kɔnspira'tsjo:n] *f* <-, -en> conspiración *f*

konspirativ [kɔnspira'ti:f] *adj* de conspiración

konstant [kɔn'stant] **I.** *adj* constante **II.** *adv* ❶ *(dauernd)* constantemente ❷ *(beharrlich)* insistentemente

Konstante [kɔn'stantə] *f* <-n> (MATH, PHYS) constante *f*

Konstanz ['kɔnstants] *nt* <-> Constanza *f*

konstatieren* [kɔnsta'ti:rən] *vt* constatar, comprobar

Konstellation [kɔnstɛla'tsjo:n] *f* <-en> constelación *f*

konsternieren* [kɔnstɛr'ni:rən] *vt* consternar

konstituieren* [kɔnstitu'i:rən] *vt* constituir

Konstitution [kɔnstitu'tsjo:n] *f* <-en> constitución *f*

konstitutionell [kɔnstitutsjo'nɛl] *adj* (POL, MED) constitucional; **~e Monarchie** monarquía constitucional

konstruieren* [kɔnstru'i:rən] *vt* ❶ (*a.* MATH, LING) construir ❷ *(abw)* enrevesar

Konstrukteur(in) [kɔnstrʊk'tø:ɐ] *m(f)* <-s, -e; -nen> constructor(a) *m(f)*

Konstruktion [kɔnstrʊk'tsjo:n] *f* <-en> construcción *f*

Konstruktionsbüro *nt* <-s, -s> oficina *f* de construcción

Konstruktionsfehler *m* defecto *m* de construcción

konstruktiv [kɔnstrʊk'ti:f] *adj* constructivo

Konsul(in) ['kɔnzʊl] *m(f)* <-s, -n; -nen> cónsul *mf*

Konsulat [kɔnzu'la:t] *nt* <-(e)s, -e> consulado *m*

Konsulin *f* <-nen> *s.* **Konsul**

Konsultation [kɔnzʊlta'tsio:n] *f* <-, -en> consulta *f*

konsultieren* [kɔnzʊl'ti:rən] *vt* consultar

Konsum [kɔn'zu:m] *m* <-s, *ohne pl*> consumo *m*

Konsumbereitschaft *f* propensión *f* al consumo

Konsument(in) [kɔnzu'mɛnt] *m(f)* <-en, -en; -nen> consumidor(a) *m(f)*

Konsumgenossenschaft *f* (WIRTSCH) cooperativa *f* de consumo

Konsumgesellschaft *f* sociedad *f* de consumo

Konsumgüter *ntpl* bienes *mpl* de consumo

konsumieren* [kɔnzu'miːrən] *vt* consumir

konsumorientiert *adj* consumista

Konsumverzicht *m* renuncia *f* a la práctica del consumismo

Kontakt [kɔn'takt] *m* <-(e)s, -e> (*a.* ELEK) contacto *m;* **körperlicher ~** contacto físico; **sexuelle ~e** relaciones sexuales; **mit jdm in ~ kommen/stehen** entrar/estar en contacto con alguien; **wir sollten in ~ bleiben** deberíamos mantenernos en contacto; **stehst du noch in ~ mit ihr?** ¿sigues teniendo contacto con ella?; **sie unterhalten geschäftliche ~e zu unserer Firma** tienen negocios con nuestra empresa

Kontaktadresse *f* <-, -n> dirección *f* a contactar

Kontaktanzeige *f* anuncio *m* de contacto

kontaktarm *adj* ① *(schwer Kontakt findend)* con dificultades para relacionarse; **er ist ausgesprochen ~** tiene enormes dificultades para relacionarse ② *(kaum Kontakt habend)* con pocas amistades; **sie ist sehr ~** tiene muy pocas amistades

Kontaktaufnahme *f* <-, -n> toma *f* de contacto

Kontaktbildschirm *m* (INFOR) pantalla *f* de contacto

kontaktfreudig *adj* sociable

Kontaktlinse *f* lente *f* de contacto, lentilla *f*

kontaktlos *adv* (COM, FIN) sin contacto(s); **~ bezahlen** pagar sin contacto(s)

Kontaktperson *f* (MED) contacto *m*

Kontamination [kɔntamina'tsjoːn] *f* <-en> contaminación *f*

kontaminieren* [kɔntami'niːrən] *vt* (*a.* LING) contaminar

Konten *pl von* **Konto**

Konter ['kɔntɐ] *m* <-s, -> (SPORT) contraataque *m*

Konterfei ['kɔntɐfaɪ] *nt* <-s, -s *o* -e> retrato *m*

kontern ['kɔntɐn] **I.** *vt* (SPORT) contraatacar **II.** *vi (zurückweisen)* replicar

Konterrevolution *f* contrarrevolución *f*

Kontext ['kɔntɛkst] *m* <-(e)s, -e> contexto *m*

Kontinent ['kɔntinɛnt, --'-] *m* <-(e)s, -e> continente *m*

kontinental [kɔntinɛn'taːl] *adj* continental

Kontinentalklima *nt ohne pl* (GEO) clima *m* continental

Kontingent [kɔntɪŋ'gɛnt] *nt* <-(e)s, -e> contingente *m*

kontinuierlich [kɔntinu'iːɐlɪç] *adj* continuo

Kontinuität [kɔntinui'tɛːt] *f ohne pl* continuidad *f*

Konto ['kɔnto] *nt* <-s, Konten> cuenta *f;* **ein ~ eröffnen/auflösen** abrir/cerrar una cuenta; **das ~ überziehen** sobrepasar la cuenta; **das geht auf mein ~** *(fam)* esto va de mi cuenta

Kontoauszug *m* extracto *m* de cuenta

Kontobewegung *f* movimientos *mpl* de cuenta

Kontoführung *f* administración *f* de la cuenta

Kontoinhaber(in) *m(f)* titular *mf* de una cuenta

Kontonummer *f* número *m* de (la) cuenta

Kontor [kɔn'toːɐ] *nt* <-s, -e> agencia *f,* sucursal *f;* **ein Schlag ins ~** una bofetada, un palo

Kontostand *m* estado *m* de (la) cuenta

Kontoüberziehung *f* (cuenta *f* bancaria al) descubierto *m*

kontra ['kɔntra] **I.** *präp +akk* (JUR: *a. fig)* contra **II.** *adv (dagegen)* en contra

Kontrabass ['kɔntra-] *m* contrabajo *m*

Kontrahent(in) [kɔntra'hɛnt] *m(f)* <-en, -en; -nen> ① *(Gegner)* adversario, -a *m, f* ② *(Vertragspartner)* parte *f* contratante

Kontrakt [kɔn'trakt] *m* <-(e)s, -e> contrato *m,* contrata *f;* **laut ~** según contrato

Kontraktion [kɔntrak'tsjoːn] *f* <-en> (GEO, MED, PHYS, LING) contracción *f*

kontraproduktiv ['-----] *adj* contraproducente

Kontrapunkt ['---] *m* (*a.* MUS) contrapunto *m*

konträr [kɔn'trɛːɐ] *adj* contrario, opuesto

Kontrast [kɔn'trast] *m* <-(e)s, -e> contraste *m;* **in** [*o* **im**] **~ zu etw** *dat* **stehen** estar en contraste con algo

Kontrastmittel *nt* (MED) producto *m* de contraste

kontrastreich *adj* rico en contrastes

Kontrollabschnitt *m* matriz *f* de talonario

Kontrolle [kɔn'trɔlə] *f* <-n> ① *(Beherrschung, Pass-, Polizeikontrolle)* control *m;* **über jdn/etw die ~ verlieren** perder el control sobre alguien/algo; **jdn/etw unter ~ haben** controlar a alguien/algo; **alles unter ~!** ¡todo bajo control!; **sein Auto geriet außer ~** perdió el control del coche ② *(Prüfung)* control *m; (Inspektion)* inspección *f; (Überwachung)* vigilancia *f*

Kontrolleur(in) [kɔntrɔ'løːɐ] *m(f)* <-s, -e; -nen> controlador(a) *m(f)*

Kontrollgang *m* ronda *f* de control

kontrollierbar [kɔntrɔ'liːɐbaːɐ] *adj* controlable

kontrollieren* [kɔntrɔ'liːrən] *vt* ① *(allgemein)* controlar; *(überprüfen)* inspeccionar; *(Gepäck)* registrar ② *(überwachen)* vigilar ③ *(beherrschen)* dominar

Kontrollturm *m* (AERO) torre *f* de control

kontrovers [kɔntro'vɛrs] **I.** *adj* ① *(entgegengesetzt)* contrario ② *(bestreitbar)* cuestionable ③ *(umstritten)* controvertido **II.** *adv* de forma polémica

Kontroverse [kɔntro'vɛrzə] *f* <-n> controversia *f*

Kontur [kɔn'tuːɐ] *f* <-en> contorno *m; (Profil)* perfil *m;* **etw verliert an/gewinnt ~** algo pierde perfil/se perfila

Konvention [kɔnvɛn'tsjoːn] *f* <-en> *(Abkommen, Norm)* convención *f*

Konventionalstrafe *f* (JUR) multa *f* convencional

konventionell [kɔnvɛntsjo'nɛl] *adj* convencional

konvergent [kɔnvɛr'gɛnt] *adj* (*a.* MATH) convergente

Konvergenz [kɔnvɛr'gɛnts] *f* <-, -en> (*a.* MATH) convergencia *f*

Konvergenzpolitik *f ohne pl* política *f* de convergencia

Konversation [kɔnvɛrza'tsjoːn] *f* <-en> conversación *f;* **~ machen** conversar

Konversion [kɔnvɛr'zjoːn] *f* <-en> (REL, INFOR, WIRTSCH) conversión *f*

konvertibel [kɔnvɛr'tiːbəl], **konvertierbar** [kɔnvɛr'tiːɐbaːɐ] *adj* (WIRTSCH) convertible

konvertieren* [kɔnvɛr'tiːrən] **I.** *vi haben o sein* (REL) convertirse (**zu** a) **II.** *vt* (WIRTSCH, INFOR) convertir

konvex [kɔn'vɛks] *adj* convexo

Konvexlinse *f* lente *f* convexa

Konvoi [kɔn'vɔɪ, '--] *m* <-s, -s> convoy *m;* **im ~ fahren** viajar en convoy

Konvolut [kɔnvo'luːt] *nt* <-(e)s, -e> *(geh)* legajo *m*

Konvulsion [kɔnvʊl'zjoːn] *f* <-, -en> (MED) convulsión *f*

Konzentrat [kɔntsɛn'traːt] *nt* <-(e)s, -e> concentrado *m*

Konzentration [kɔntsɛntra'tsjoːn] *f* <-en> (*a.* CHEM) concentración *f*

Konzentrationsfähigkeit *f ohne pl* capacidad *f* de concentración

Konzentrationslager *nt* campo *m* de concentración

Konzentrationsschwäche *f* (MED, PSYCH) deficiencias *fpl* en la (facultad de) concentración

konzentrieren* [kɔntsɛn'triːrən] **I.** *vt (bündeln)* concentrar (**auf** en); *(ausrichten)* centrar (**auf** en) **II.** *vr:* **sich ~** concentrarse (**auf** en)

konzentriert [kɔntsɛn'triːɐt] *adj* concentrado

konzentrisch [kɔn'tsɛntrɪʃ] *adj* concéntrico

Konzept [kɔn'tsɛpt] *nt* <-(e)s, -e> ① *(Rohfassung)* borrador *m;* **aus dem ~ kommen** perder el hilo; **jdn aus dem ~ bringen** desconcertar a alguien ② *(Programm)* plan *m;* **das passt mir nicht ins ~** eso no cuadra con mis planes

Konzeption [kɔntsɛp'tsjoːn] *f* <-en> concepción *f*

Konzeptpapier *nt* borrador *m*

Konzern [kɔn'tsɛrn] *m* <-s, -e> (WIRTSCH) consorcio *m*

Konzert [kɔn'tsɛrt] *nt* <-(e)s, -e> concierto *m*

Konzertagentur *f* agencia *f* de conciertos

Konzertbesucher(in) *m(f)* <-s, -; -, -nen> persona *f* que asiste a un concierto

Konzertflügel *m* piano *m* de concierto

Konzerthalle *f* sala *f* de conciertos

konzertiert [kɔntsɛr'tiːɐt] *adj* concertado; **~e Aktion** acción concertada

Konzertsaal *m* sala *f* de conciertos

Konzession [kɔntsɛ'sjoːn] *f* <-en> ① *(Zugeständnis)* concesión *f;* **er ist (nicht) zu ~en bereit** (no) está dispuesto a hacer concesiones ② *(Genehmigung)* licencia *f;* **jdm die ~ entziehen** retirar la licencia a alguien

Konzessivsatz [kɔntsɛ'siːf-] *m* (LING) oración *f* concesiva

Konzil [kɔn'tsiːl] *nt* <-s, -e *o* -ien> concilio *m*

konzipieren* [kɔntsi'piːrən] *vt* planear, concebir

Kooperation [koʔopera'tsjoːn] *f* <-en> cooperación *f*

kooperativ [koʔopera'tiːf] *adj* cooperativo

kooperieren* [koʔope'riːrən] *vi* cooperar

Koordinate [koʔɔrdi'naːtə] *f* <-n> (MATH) coordenada *f*

Koordinatenachse *f* (MATH) eje *m* de coordenadas

Koordinatensystem *nt* (MATH) sistema *m* de coordenadas

Koordination [koʔɔrdina'tsjoːn] *f* <-en> coordinación *f*

Koordinator(in) [koʔɔrdi'naːtoːɐ] *m(f)* <-s, -en; -, -nen> coordinador(a) *m(f)*

koordinieren* [koʔɔrdi'niːrən] *vt* coordinar

Kopenhagen [koːpən'haːgən] *nt* <-s> Copenhague *m*

Kopf [kɔpf, *pl:* 'kœpfə] *m* <-(e)s, Köpfe> ① *(Körperteil, Nagel-, Nadelkopf)* cabeza *f;* **zehn Euro pro ~** diez euros por cabeza; **~ an ~** codo con codo; **aus dem ~** de memoria; **~ hoch!** ¡ánimo!; **auf dem ~** cabeza abajo; **etw auf den ~ stellen** poner

K

algo patas arriba; **sie stellten das ganze Haus auf den ~** revolvieron la casa de arriba a abajo; **~ und Kragen riskieren** jugarse la vida; **sich** *dat* **etw aus dem ~ schlagen/in den ~ setzen** quitarse algo de/meterse algo en la cabeza; **das will mir nicht in den ~** no me entra en la cabeza; **das kann ich im ~ rechnen** puedo hacer la cuenta de cabeza; **mit rotem ~ dastehen** estar con la cara enrojecida; **von ~ bis Fuß** de pies a cabeza; **sie ist ein kluger ~** tiene una buena cabeza; **sie hat ihren eigenen ~** ella sabe lo que quiere; **er ist nicht auf den ~ gefallen** no tiene un pelo de tonto; **den ~ in den Sand stecken** esconder la cabeza como el avestruz; **mit dem ~ durch die Wand wollen** querer lo imposible; **es kann nicht immer nur nach deinem ~ gehen** no puede ser siempre lo que tú quieras; **wir redeten uns** *dat* **die Köpfe heiß** nos dijimos todo lo dicho y por decir; **einen kühlen ~ bewahren** mantener la calma; **nicht ganz richtig im ~ sein** *(fam)* no estar bien de la cabeza; **das geht mir durch den ~** esto me ronda por la cabeza; **wo hast du nur deinen ~ gelassen?** ¿dónde tienes la cabeza?; **mir brummt/raucht der ~** *(fam)* tengo la cabeza como un bombo/me echa humo la cabeza; **der Erfolg ist ihm zu ~(e) gestiegen** se le ha subido el éxito a la cabeza; **die Tatsachen auf den ~ stellen** *(fam)* tergiversar los hechos; **ich war wie vor den ~ gestoßen** me quedé parado; **jdm den ~ verdrehen** *(fam)* robarle el sentido a alguien; **das Ganze wächst ihm über den ~** es superior a sus fuerzas; **sich** *dat* **den ~ zerbrechen** *(fam)* romperse la cabeza; **sich** *dat* **an den ~ fassen** *(fam)* llevarse las manos a la cabeza; **jdn einen ~ kürzer machen** *(sl)* decapitar a alguien; **das kann dich den ~ kosten** *(a. fig)* te puede costar la vida; **er hat sein ganzes Geld auf den ~ gehauen** *(fam)* ha tirado todo su dinero por la ventana ② *(Briefkopf)* encabezamiento *m; (bei Münze)* cara *f;* **~ oder Zahl?** ¿cara o cruz?

Kopf-an-Kopf-Rennen *nt* carrera *f* codo con codo

Kopfarbeit *f ohne pl* trabajo *m* intelectual

Kopfbahnhof *m* (EISENB) estación *f* término

Kopfball *m* (SPORT) cabezazo *m;* **ein Tor durch ~ erzielen** meter un gol de cabeza

Kopfbedeckung *f* sombrero *m*

Köpfchen ['kœpfçən] *nt* <-s, -> *(fam)* pesquis *m inv;* **~ haben** ser listo

köpfen ['kœpfən] *vt* ① *(enthaupten)* decapitar ② (SPORT) cabecear; *(Tor)* rematar de cabeza

Kopfende *nt* cabecera *f*

Kopfgeld *nt* recompensa *f*

Kopfgeldjäger *m* cazador *m* de recompensas

Kopfhaut *f* cuero *m* cabelludo

Kopfhörer *m* <-s, -> auricular(es) *m(pl)*

Kopfkino *nt* pensamientos *mpl,* fantasías *fpl*

Kopfkissen *nt* almohada *f*

Kopfkissenbezug *m* funda *f* de la almohada

Kopflehne *f* reposacabezas *m*

kopflos *adj* ① *(Lebewesen)* sin cabeza ② *(verwirrt)* aturdido

Kopfmensch *m* (PSYCH: *fam)* persona *f* cerebral

Kopfnicken *nt* <-s, *ohne pl*> señal *f* afirmativa (con la cabeza)

Kopfrechnen *nt* cálculo *m* mental

Kopfsalat *m* lechuga *f*

kopfscheu *adj* **jdn ~ machen** desconcertar a alguien

Kopfschmerz *m* dolor *m* de cabeza

Kopfschmerztablette *f* pastilla *f* contra el dolor de cabeza

Kopfschütteln *nt* <-s, *ohne pl*> cabeceo *m*

kopfschüttelnd I. *adj* que mueve la cabeza (en señal de desaprobación) **II.** *adv* moviendo la cabeza (en señal de desaprobación)

Kopfschutz *m ohne pl* casco *m* protector

Kopfsprung *m* zambullida *f* de cabeza; **einen ~ machen** tirarse de cabeza

Kopfstand *m* <-(e)s, -stände> pino *m;* **einen ~ machen** hacer el pino

kopf|stehen *irr vi (fam)* estar fuera de quicio

Kopfsteinpflaster *nt* adoquinado *m*

Kopfstütze *f* reposacabezas *m inv*

Kopfteil *nt (eines Betts)* cabecero *m*

Kopftuch *nt* pañuelo *m* de cabeza

Kopftuchstreit *m polémica en torno al uso del velo islámico*

Kopftuchverbot *nt ohne pl* prohibición *f* de tocarse la cabeza con un pañuelo

kopfüber [-'--] *adv* de cabeza

Kopfverletzung *f* herida *f* en la cabeza

Kopfweh *nt* <-(e)s, -e> dolor *m* de cabeza

Kopfzeile *f* (INFOR) encabezamiento *m;* **mit ~** encabezado

Kopfzerbrechen *nt* <-s, *ohne pl*> quebradero *m* de cabeza; **sich** *dat* **~ über etw machen** romperse la cabeza por algo

Kopie [ko'piː] *f* <-n> ① (*a.* INFOR) copia *f; (Fotokopie)* fotocopia *f* ② *(Nachahmung)* imitación *f*

kopieren* [ko'piːrən] *vt* ① (*a.* INFOR) copiar; *(Fotokopien machen)* fotocopiar ② *(nachahmen)* imitar

Kopierer *m* <-s, -> *(fam)* fotocopiadora *f*

Kopiergerät [ko'piːɐ-] *nt* fotocopiadora *f*

Kopierpapier *nt* <-s, -e> papel *m* para fotocopias

Kopierschutz *m* <-es, *ohne pl*>, **Kopiersperre** *f* <-, -n> (INFOR) protección *f* contra copias

Kopilot(in) ['koːpiloːt] *m(f)* (AERO) copiloto *mf*

Kopp(e)lung *f* <-en> acoplamiento *m*

Koppel ['kɔpəl] *f* <-n> *(Weideland)* dehesa *f*

koppeln ['kɔpəln] *vt* ① *(Tiere: hintereinander)* reatar; *(nebeneinander)* uncir ② *(Fahrzeuge)* enganchar; *(Raumschiffe)* acoplar; *(Geräte)* acoplar (**an** a)

Koproduktion ['koː-] *f* coproducción *f*

Koproduzent(in) *m(f)* coproductor(a) *m(f)*

kopulieren* [kopu'liːrən] *vi* (BIOL) copular

Koralle [ko'ralə] *f* <-n> coral *m*

Korallenriff *nt* arrecife *m* coralino

Koran [ko'raːn] *m* <-s, *ohne pl*> Corán *m*

Koranschule *f* (REL) escuela *f* del Corán

Korb [kɔrp, *pl:* 'kœrbə] *m* <-(e)s, Körbe> ① *(Behälter)* cesta *f*; *(größer)* cesto *m*; *(mit Henkeln)* canasta *f* ② *(Korbgeflecht)* mimbre *m*; **ein Sessel aus ~** un sillón de mimbre ③ (SPORT) canasta *f*; **einen ~ erzielen** meter una canasta ④ *(Abfuhr)* negativa *f*; **jdm einen ~ geben** dar calabazas a alguien

Korbball *m ohne pl* (SPORT) baloncesto *m*

Korbbrett *nt* (SPORT) tablero *m* de canasta

Körbchen ['kœrpçən] *nt* <-s, -> ① *(Hundekörbchen)* cesta *f* del perro ② *(des Büstenhalters)* copa *f*

Korbflasche *f* damajuana *f*

Korbgeflecht *nt* <-(e)s, -e> mimbre *m*

Korbleger *m* <-s, -> (SPORT) bandeja *f*

Korbring *m* (SPORT) anillo *m* de la canasta

Korbstuhl *m* silla *f* de mimbre

Korbwaren *fpl* artículos *mpl* de cestería

Kord [kɔrt] *m* <-(e)s, -e *o* -s> pana *f*

Kordel ['kɔrdəl] *f* <-n> cordel *m*

Kordhose *f* <-, -n> pantalón *m* de pana

Kordon [kɔr'dõː] *m* <-s, -s *o Österr:* -e> (MIL) cordón *m*

Korea [ko'reːa] *nt* <-s> Corea *f*

Koreaner(in) [kore'aːnɐ] *m(f)* <-s, -; -nen> coreano, -a *m, f*

koreanisch *adj* coreano

Koriander [kori'andɐ] *m* <-s, -> (BOT, GASTR) cilantro *m*

Korinthe [ko'rɪntə] *f* <-n> (GASTR) pasa *f* de Corinto

Kork [kɔrk] *m* <-(e)s, -e> *(Material)* corcho *m*

Korkeiche *f* alcornoque *m*

Korken ['kɔrkən] *m* <-s, -> *(Verschluss)* corcho *m*

Korkenzieher *m* <-s, -> sacacorchos *m inv*

Kormoran [kɔrmo'raːn] *m* <-s, -e> (ZOOL) cormorán *m*, cuervo *m* marino

Korn[1] [kɔrn, *pl:* 'kœrnɐ] *nt* <-(e)s, Körner> *(Teilchen, Samenkorn)* grano *m*

Korn[2] *m* <-(e)s, -> *(fam: Branntwein)* aguardiente *m* de trigo

Korn[3] *nt* <-(e)s, -e> ① *(Getreide)* cereales *mpl* ② *(am Gewehr)* (punto *m* de) mira *f*; **jdn aufs ~ nehmen** tomarla con alguien

Korn[4] *nt* <-(e)s, *ohne pl*> (FOTO: *Feinstruktur*) grano *m*

Kornblume *f* (BOT) aciano *m*

Kornfeld *nt* campo *m* de cereales

körnig ['kœrnɪç] *adj* granuloso

Kornkammer *f* granero *m*

Kornspeicher *m* <-s, -> silo *m* (de grano)

koronar [koro'naːɐ] *adj* (MED) coronario; **~e Herzkrankheit** afección cardiocoronaria

Koronargefäß *nt* (MED) vaso *m* coronario

Körper ['kœrpɐ] *m* <-s, -> cuerpo *m*; **ein fester/flüssiger/gasförmiger ~** un cuerpo sólido/líquido/gaseoso; **er zitterte am ganzen ~** le temblaba todo el cuerpo

Körperbau *m* <-(e)s, *ohne pl*> constitución *f* física

Körperbeherrschung *f* <-, *ohne pl*> control *m* del cuerpo, dominio *m* del cuerpo

körperbehindert *adj* discapacitado

Körperbehinderte(r) *mf* discapacitado, -a *m, f*, persona *f* con discapacidad

körperbetont *adj* que resalta la figura

körpereigen *adj* (BIOL) que produce el propio cuerpo

Körpergeruch *m* olor *m* del cuerpo; *(Schweißgeruch)* olor *m* a sudor

Körpergewicht *nt ohne pl* peso *m* corporal

Körpergröße *f* talla *f*, estatura *f*

Körperkontakt *m* <-(e)s, -e> contacto *m* físico

körperlich *adj* corporal; *(a. geschlechtlich)* físico; **harte ~e Arbeit** duro trabajo físico

Körperlotion *f* <-, -en> loción *f* para el cuerpo

Körperpflege *f* aseo *m* personal

Körperschaft *f* <-en> (JUR) corporación *f*, cuerpo *m*; **~ des öffentlichen Rechts** corporación administrativa

Körpersprache *f ohne pl* lenguaje *m* gestual

Körperteil *m* parte *f* del cuerpo

Körpertemperatur *f* temperatura *f* corporal; **leicht erhöhte ~ haben** tener un poco de temperatura

Körperverletzung *f* lesión *f* física; **fahrlässige ~** lesiones físicas por imprudencia; **schwere ~** lesión grave

Korporation [kɔrpora'tsio:n] *f* <-, -en> *(geh)* ① (UNIV) corporación *f* estudiantil ② *s.* **Körperschaft**

Korps [ko:ɐ] *nt* <-, -> (MIL) cuerpo *m*

korpulent [kɔrpu'lɛnt] *adj* corpulento, obeso

Korpulenz [kɔrpu'lɛnts] *f ohne pl* corpulencia *f*

Korpus *m* <-, -se> ① *ohne pl (von Möbelstücken)* cuerpo *m* ② (KUNST) crucifijo *m* ③ *(Schweiz: Ladentisch)* mostrador *m; (Bürotisch)* escritorio *m*

korrekt [kɔ'rɛkt] *adj* correcto

korrekterweise [kɔ'rɛktɐ'vaɪzə] *adv* como corresponde, de forma correspondiente

Korrektheit *f ohne pl* corrección *f; (Genauigkeit)* exactitud *f; (im Benehmen)* conducta *f* correcta

Korrektor(in) [kɔ'rɛkto:ɐ] *m(f)* <-s, -en; -nen> (TYPO) corrector(a) *m(f)* (tipográfico , -a)

Korrektur [kɔrɛk'tu:ɐ] *f* <-en> corrección *f*

Korrekturflüssigkeit *f* líquido *m* corrector

Korrekturtaste *f* <-, -n> tecla *f* de correción

Korrespondent(in) [kɔrɛspɔn'dɛnt] *m(f)* <-en, -en; -nen> corresponsal *mf*

Korrespondenz [kɔrɛspɔn'dɛnts] *f* <-en> correspondencia *f;* **mit jdm in ~ stehen/treten** mantener/entablar correspondencia con alguien

korrespondieren* [kɔrɛspɔn'di:rən] *vi* ① *(brieflich)* mantener correspondencia (**mit** con) ② *(entsprechen)* corresponder (**mit** a)

Korridor ['kɔrido:ɐ] *m* <-s, -e> corredor *m*

korrigierbar *adj* corregible; **dieser Fehler ist ~** este error se puede corregir

korrigieren* [kɔri'gi:rən] *vt* corregir; *(verbessern)* enmendar

korrodieren* [kɔro'di:rən] *vi sein* corroer

Korrosion [kɔro'zjo:n] *f* <-, -en> corrosión *f*

korrosionsbeständig *adj* resistente a la corrosión

Korrosionsschutz *m ohne pl* anticorrosivo *m*

korrupt [kɔ'rʊpt] *adj* corrupto

Korruption [kɔrʊp'tsjo:n] *f* <-en> corrupción *f*

Korse, -in ['kɔrzə] *m, f* <-n, -n; -nen> corso, -a *m, f*

Korsett [kɔr'zɛt] *nt* <-s, -s *o* -e> corsé *m;* (MED) corsé *m* ortopédico

Korsika ['kɔrzika] *nt* <-s> Córcega *f*

Korsin ['kɔrzɪn] *f* <-nen> *s.* **Korse**

korsisch *adj* corso

Kortison [kɔrti'zo:n] *nt* <-s, *ohne pl*> (MED) cortisona *f*

Koryphäe [kory'fɛ:ə] *f* <-n> corifeo *m*

Kosak(in) [ko'zak] *m(f)* <-en, -en; -nen> cosaco, -a *m, f*

koscher ['ko:ʃɐ] *adj* ① (REL) permitido por la religión judía ② *(fam: einwandfrei)* limpio; **der Kerl ist nicht ganz ~** este tipo no es (del todo) de fiar

Koseform *f* diminutivo *m (forma familiar y afectuosa)*

Kosename *m* apodo *m* cariñoso

Kosewort *nt* palabra *f* cariñosa

Kosinus ['ko:zinʊs] *m* <-, -(se)> (MATH) coseno *m*

Kosmetik [kɔs'me:tɪk] *f ohne pl* cosmética *f*

Kosmetika *pl von* **Kosmetikum**

Kosmetikabteilung *f* sección *f* de cosmética

Kosmetiker(in) [kɔs'me:tikɐ] *m(f)* <-s, -; -nen> esteticista *mf*

Kosmetikkoffer *m* caja *f* de los cosméticos

Kosmetikum [kɔs'me:tikʊm, *pl:* kɔs'me:tika] *nt* <-s, Kosmetika> (producto *m*) cosmético *m*

kosmetisch *adj* cosmético

kosmisch ['kɔsmɪʃ] *adj* cósmico

Kosmologie [kɔsmolo'gi:] *f* <-, -n> cosmología *f*

Kosmonaut(in) [kɔsmo'naʊt] *m(f)* <-en, -en; -nen> cosmonauta *mf*

Kosmopolit(in) [kɔsmopo'li:t] *m(f)* <-en, -en; -nen> cosmopolita *mf*

kosmopolitisch *adj (geh)* cosmopolita

Kosmos ['kɔsmɔs] *m* <-, *ohne pl*> cosmos *m inv,* universo *m*

Kosovo ['kɔsovo] *m* <-(s)> Kosovo *m*

Kost [kɔst] *f ohne pl* ① *(Nahrung)* alimentos *mpl;* **~ und Logis** comida y alojamiento; **das ist schwere ~** *(fig)* es difícil de comprender ② *(Ernährung)* alimentación *f*

kostbar *adj* valioso

Kostbarkeit[1] *f ohne pl (Wert)* valor *m*

Kostbarkeit[2] *f* <-en> *(Gegenstand)* objeto *m* de gran valor

kosten ['kɔstən] *vt* ① *(probieren)* probar ② *(Preis haben)* costar, valer; **wie viel/was kostet das?** ¿cuánto/qué vale?; **koste es, was es wolle** cueste lo que cueste; **das kostet ihn den Kopf** *(fam)* eso le va a costar la cabeza; **das lasse ich mir etwas ~** *(fam)* para esto no reparo en gastos ③ *(erfordern)* requerir, costar; **das**

kostet Zeit eso requiere tiempo; **das kostet mich einige Überwindung** el hacerlo me cuesta cierto esfuerzo

Kosten ['kɔstən] *pl* gastos *mpl;* (COM) coste(s) *m(pl);* **keine ~ scheuen** no reparar en gastos; **~ verursachen** causar gastos; **die ~ für etw tragen** pagar los gastos de algo; **die ~ decken** cubrir los gastos; **auf ~ des Waldes/seiner Gesundheit** a costa del bosque/de su salud; **das geht auf meine ~** esto corre de mi cuenta; **auf seine ~ kommen** estar contento

Kostenaufwand *m ohne pl* gasto(s) *m(pl)*

kostendeckend I. *adj* (WIRTSCH) que cubre los gastos **II.** *adv* de saldo neutro; **~ wirtschaften** administrar para cubrir gastos

Kostenersparnis *f* reducción *f* de gastos

Kostenerstattung *f* reembolso *m,* restitución *f* de gastos

Kostenexplosion *f* (WIRTSCH) explosión *f* de los costos

Kostenfaktor *m* <-s, -en> (WIRTSCH) factor *m* financiero

Kostenfrage *f* <-, -n> cuestión *f* de coste [*o* financiera]

kostenfrei *adj* (JUR) exento [*o* libre] de gastos

kostengünstig *adj* (WIRTSCH) rentable

kostenintensiv *adj* (WIRTSCH) de costos extremadamente altos

kostenlos I. *adj* gratuito, gratis **II.** *adv* gratis

Kosten-Nutzen-Analyse ['--'------] *f* (WIRTSCH) análisis *m inv* de la relación coste-beneficio

kostenpflichtig I. *adj* (JUR) condenado en costas **II.** *adv* (JUR) pagando, acarreando con los gastos; **jdn ~ abschleppen** remolcar a alguien y cargarle con los gastos de remolque

Kostenpunkt *m* <-(e)s, -e> *(fam)* coste *m,* precio *m*

Kostensenkung *f* abaratamiento *f* de costes; **Maßnahmen zur ~** medidas para abaratar costes

Kostensteigerung *f* (WIRTSCH) aumento *m* de los costes

Kostenvoranschlag [--'---, '-----] *m* (WIRTSCH) presupuesto *m* de (los) gastos; **einen ~ machen** hacer un presupuesto (de los gastos)

köstlich ['kœstlɪç] *adj* ① *(Speise)* delicioso ② *(amüsant)* divertido; **ich habe mich ~ amüsiert** me lo he pasado bomba

Köstlichkeit[1] *f* <-, -en> *(Delikatesse)* manjar *m*

Köstlichkeit[2] *f* <-, *ohne pl*> *(geh: das Köstlichsein)* exquisitez *f*

Kostprobe *f* ① *(von Speise)* bocadito *m;* *(von Getränk)* sorbo *m* ② *(Beispiel)* muestra *f;* **eine ~ seiner Kunst geben** dar una muestra de su arte

kostspielig *adj* costoso

Kostüm [kɔs'tyːm] *nt* <-s, -e> ① *(Damenkostüm)* traje *m* chaqueta ② (THEAT) traje *m* ③ *(Verkleidung)* disfraz *m*

Kostümball *m* baile *m* de disfraces

Kostümbildner(in) *m(f)* <-s, -; -, -nen> (FILM, THEAT) encargado, -a *m, f* de vestuario

kostümieren* [kɔsty'miːrən] *vr:* **sich ~** disfrazarse (**als** de)

Kostümprobe *f* (THEAT) ensayo *m* con vestuario

Kostümverleih *m* alquiler *m* de disfraces

Kot [koːt] *m* <-(e)s, -e *o* -s> *(geh)* excrementos *mpl*

Kotelett ['kɔtlɛt, kɔt'lɛt] *nt* <-s, -s> chuleta *f*

Koteletten [kɔt'lɛtən] *pl* patillas *fpl*

Köter ['køːtɐ] *m* <-s, -> *(abw)* chucho *m*

Kotflügel *m* (AUTO) guardabarros *m inv*

Kotze ['kɔtsə] *f ohne pl (vulg)* pota *f*

kotzen *vi (vulg)* echar la pota; **das ist zum K~** es un coñazo

kotzübel ['-'--] *adj (vulg)* **mir ist/wird ~** tengo/me están dando ganas de echar la pota

KP [kaː'peː] *f* <-s> *Abk. von* **Kommunistische Partei** PC *m*

Krabbe ['krabə] *f* <-n> (ZOOL) cangrejo *m* de mar

krabbeln ['krabəln] *vi sein* ① *(Kind)* andar a gatas ② *(Käfer)* correr

Krach[1] [krax, *pl:* 'krɛçə] *m* <-(e)s, Kräche> ① *(Knall)* estallido *m* ② *(fam: Auseinandersetzung)* bronca *f;* **mit jdm ~ haben** tener una bronca con alguien; **~ schlagen** armar escándalo ③ *(fam: Börsenkrach)* crac *m*

Krach[2] *m* <-(e)s, *ohne pl*> *(Lärm)* ruido *m,* batifondo *m CSur*

krachen *vi* ① *(platzen)* estallar; *(Holz)* crujir; *(Schuss)* estallar; *(Donner)* retumbar; *(Tür)* cerrarse de golpe; **auf dieser Autobahn kracht es dauernd** *(fam)* en esta autopista siempre hay accidentes; **hör sofort auf damit, sonst kracht's** *(fam)* deja de hacer eso o te vas a enterar ② *sein (fam: kaputtgehen)* romperse ③ *sein (fam: aufprallen)* chocar (**gegen/auf** contra)

Kracher *m* <-s, -> *(fam)* petardo *m*

krächzen ['krɛçtsən] *vi* ① *(Vogel)* graznar ② *(Mensch)* hablar con voz ronca

Kräcker ['krɛkɐ] *m* <-s, -> galleta *f* salada

kraft [kraft] *präp +gen (geh)* en virtud de

Kraft [kraft, *pl:* 'krɛftə] *f* <Kräfte> ① (*a.* PHYS) fuerza *f;* **seine/neue Kräfte sammeln** reunir sus/nuevas fuerzas; **unter**

Aufbietung aller Kräfte reuniendo todas las fuerzas; **mit aller ~** con todas sus fuerzas; **mit letzter ~** con las últimas fuerzas; (**nicht**) **bei Kräften sein** (no) tener fuerzas; **wieder zu Kräften kommen** recobrar fuerza(s); **aus eigener ~** por propio esfuerzo; **sie tat, was in ihren Kräften stand** hizo cuanto estaba en su mano; **mit vereinten Kräften** en un esfuerzo común; **mit frischer ~ ans Werk gehen** ponerse a trabajar con nuevas fuerzas; **das geht über meine Kräfte** eso es demasiado para mí; **die treibende ~** la fuerza motriz ❷ *(Wirksamkeit)* eficacia *f* ❸ *(Arbeitskraft)* mano *f* de obra ❹ (JUR) **in ~ sein/treten** estar en/entrar en vigor; **außer ~ setzen** anular; *(zeitweilig)* suspender; **außer ~ sein** estar sin vigencia

Kraftakt *m* esfuerzo *m* físico

Kraftanstrengung *f* <-, -en>, **Kraftaufwand** *m* <-(e)s, *ohne pl*> esfuerzo *m*

Kraftausdruck *m* palabrota *f*

Kraftbrühe *f* (GASTR) caldo *m* de carne sustancioso

Kräfteverhältnis *nt* <-ses, -se> relación *f* de fuerzas

Kraftfahrer(in) *m(f)* conductor(a) *m(f)*

Kraftfahrzeug *nt (formal)* automóvil *m*

Kraftfahrzeugbrief *m* carta *f* de vehículo

Kraftfahrzeugmechaniker(in) *m(f)* mecánico, -a *m, f* de automóviles

Kraftfahrzeugschein *m* permiso *m* de circulación

Kraftfahrzeugsteuer *f* impuesto *m* sobre automóviles

Kraftfahrzeugversicherung *f* seguro *m* de automóviles

Kraftfeld *nt* (PHYS) campo *m* de fuerza

Kraftfutter *nt* <-s, *ohne pl*> (AGR) forraje *m* (concentrado)

kräftig ['krɛftɪç] **I.** *adj* ❶ *(stark)* fuerte; *(stabil)* robusto ❷ *(Farbe)* fuerte; *(Geruch, Geschmack)* fuerte ❸ *(Essen)* sustancioso **II.** *adv (sehr)* mucho; **es schneite ~** nevó mucho; **~ schütteln** agitar bien; **jdm ~ die Meinung sagen** cantarle las cuarenta a alguien

kräftigen ['krɛftɪgən] *vt* fortalecer, vitalizar *Am*

Kräftigung *f* <-, -en> fortalecimiento *m;* **zur ~ der Muskulatur** para fortalecer la musculatura

Kräftigungsmittel *nt* fortificante *m*

kraftlos *adj* sin fuerza, débil

Kraftlosigkeit *f ohne pl* debilidad *f*

Kraftprobe *f* prueba *f* de fuerza

Kraftprotz *m* <-es, -e> *(fam)* cachas *m inv*

Kraftstoff *m* carburante *m*

Kraftstoffgemisch *nt* mezcla *f* de carburantes

Kraftstofftank *m* depósito *m* de combustible

kraftstrotzend *adj* lleno de vigor, rebosante de salud

Krafttraining *nt* (SPORT) entrenamiento *m* de fuerza

Kraftübertragung *f* tra(n)smisión *f* de fuerza

kraftvoll I. *adj* fuerte **II.** *adv* con fuerza

Kraftwagen *m (formal)* automóvil *m*

Kraftwerk *nt* central *f* energética

Kragen ['kra:gən] *m* <-s, -> cuello *m;* **jdn beim** [*o* **am**] **~ packen** *(fam)* coger a alguien por el cuello; **mir platzt gleich der ~** *(fam)* estoy a punto de reventar; **es geht ihm an den ~** *(fam)* le van a echar una bronca

Kragenweite *f* medida *f* del cuello; **das ist nicht meine ~** *(fam)* eso no me va

Krähe ['krɛ:ə] *f* <-n> corneja *f*

krähen *vi* ❶ *(Hahn)* cantar ❷ *(Kind)* berrear

Krähenfüße *mpl (fam)* ❶ *(Augenfalten)* patas *fpl* de gallo ❷ *(unleserliche Schrift)* garabatos *mpl*

Krake ['kra:kə] *m* <-n, -n> (ZOOL) pulpo *m*

krakeelen* [kra'ke:lən] *vi (fam)* ❶ *(lärmen)* vociferar ❷ *(streiten)* armar bronca

krakelig ['kra:kəlɪç] *adj* garabatoso

Kralle ['kralə] *f* <-n> garra *f;* **jdm die ~n zeigen** *(fam)* mostrar las uñas a alguien; **jdn in seine ~n kriegen** *(fam)* echarle la garra a alguien

krallen I. *vt* ❶ *(Finger)* clavar (**in** en) ❷ *(fam: sich aneignen)* agarrar, pillar; **er krallte sich** *dat* **den Auftrag** agarró el pedido **II.** *vr:* **sich ~** ❶ *(Katze)* echar la garra (**an** a) ❷ *(Mensch)* agarrarse (**an** a/de)

Kram [kra:m] *m* <-(e)s, *ohne pl*> *(fam)* ❶ *(Gerümpel)* trastos *mpl,* trastes *mpl Am,* chécheres *mpl Col, CRi* ❷ *(Angelegenheit)* chisme *m;* **kümmere dich um deinen eigenen ~** *(fam)* ocúpate de tus asuntos; **jdm passt etw nicht in den ~** *(fam)* algo no le viene bien a alguien; **den ganzen ~ hinschmeißen** *(fam)* tirar todo por la borda

kramen I. *vi (fam: stöbern)* revolver (**in** por entre) **II.** *vt (fam: hervorholen)* sacar (**aus** de)

Krämer(in) ['krɛ:mɐ] *m(f)* <-s, -; -, -nen> ❶ *(reg: Ladenbesitzer)* tendero, -a *m, f* ❷ *(abw: Kleingeist)* tacaño, -a *m, f*

Krampf [krampf, *pl:* 'krɛmpfə] *m* <-(e)s, Krämpfe> ❶ (MED) calambre *m;* **einen ~ bekommen** dar (un) calambre, acalam-

brarse *Am* ② *(fam abw: Unsinn)* tonterías *f pl* ③ *(Schweiz: Straftat)* delito *m*
Krampfader *f* variz *f*
Krampfanfall *m* <-(e)s, -fälle> (MED) ataque *m* espasmódico [*o* epiléptico]
krampfen I. *vt* empuñar convulsivamente (**um**) **II.** *vi (Schweiz)* esforzarse en vano **III.** *vr:* **sich ~** ① *(sich im Krampf zusammenziehen)* sufrir convulsiones ② *(umschließen)* empuñar (**um**) ③ *(reg: sich etwas krallen)* agarrar
krampfhaft *adj* ① (MED) convulsivo ② *(verbissen)* obstinado; *(Anstrengung)* desesperado; **~ an etw** *dat* **festhalten** agarrarse a algo obstinadamente
krampflindernd *adj* (MED) antiespasmódico
krampflösend *adj* (MED) antiespasmódico
Kran [kra:n, *pl:* 'krɛ:nə] *m* <-(e)s, -e *o* Kräne> grúa *f*
Kranführer(in) *m(f)* conductor(a) *m(f)* de grúa
Kranich ['kra:nɪç] *m* <-s, -e> grulla *f*
krank [kraŋk] *adj* <kränker, am kränksten> enfermo (**an** de); **schwer ~ sein** estar gravemente enfermo; **~ werden** caer enfermo; **das macht mich ~** esto me pone enfermo; **du bist wohl ~?** *(fam iron)* ¿te has vuelto loco?
Kranke(r) *mf* <-n, -n; -n> enfermo, -a *m, f*
kränkeln ['krɛŋkəln] *vi* ① *(Person)* estar achacoso ② *(Wirtschaft, Firma)* ir cuesta abajo
kranken ['kraŋkən] *vi* adolecer (**an** de); **das krankt daran, dass ...** esto adolece de que...
kränken ['krɛŋkən] *vt* ofender
Krankenbericht *m* <-(e)s, -e> boletín *m* médico, parte *m* facultativo
Krankenbesuch *m* visita *f* a un enfermo
Krankenbett *nt* cama *f* del enfermo; **am ~** al lado de la cama del enfermo
Krankengeld *nt* subsidio *m* de enfermedad
Krankengymnast(in) *m(f)* <-en, -en; -, -nen> fisioterapeuta *mf*
Krankengymnastik *f* fisioterapia *f*
Krankenhaus *nt* hospital *m,* nosocomio *m Am;* **er kam gestern ins ~** ayer lo ingresaron en el hospital; **jdn ins ~ einweisen** hospitalizar a alguien
Krankenhausaufenthalt *m* estancia *f* en un hospital; **nach einem längeren ~ wurde er als geheilt entlassen** tras una larga permanencia en el hospital le dieron el alta (al estar ya sano)
Krankenhausbett *nt* cama *f* de hospital
Krankenkasse *f* caja *f* del seguro
Krankenpflege *f* asistencia *f* médica
Krankenpfleger(in) *m(f)* enfermero, -a *m, f,* cuidador(a) *m(f) Arg,* barchilón, -ona *m, f Perú*
Krankenschein *m* volante *m* de asistencia médica
Krankenschwester *f* enfermera *f,* nurse *f Am*
Krankentransport *m* tra(n)sporte *m* de enfermos
Krankenversichertenkarte *f* cartilla *f* sanitaria
Krankenversicherung *f* seguro *m* de enfermedad; **gesetzliche/private ~** seguro de enfermedad obligatorio/privado
Krankenwagen *m* ambulancia *f*
Krankenzimmer *nt* habitación *f* del enfermo
kränker ['krɛŋkɐ] *adj kompar von* **krank**
krank|feiern *vi (fam) faltar al trabajo fingiendo estar enfermo*
krankhaft I. *adj* enfermizo; *(pathologisch)* patológico **II.** *adv* desmesuradamente; **~ ehrgeizig/eifersüchtig** desmesuradamente ambicioso/celoso
Krankheit *f* <-en> enfermedad *f,* maleza *f Nic;* **wegen ~ geschlossen** cerrado por enfermedad; **eine ~ bekommen** contraer una enfermedad
krankheitsbedingt *adj* **~e Abwesenheit** ausencia por enfermedad
Krankheitsbild *nt* <-(e)s, -er> cuadro *m* clínico
Krankheitserreger *m* germen *m* patógeno
Krankheitsverlauf *m* curso *m* de la enfermedad
krank|lachen *vr:* **sich ~** *(fam)* morirse de risa
kränklich ['krɛŋklɪç] *adj* enfermizo, aciguatado *Méx, Par, Ven*
krank|machen *vi (fam) s.* **krankfeiern**
krank|melden *vr:* **sich ~** darse de baja por enfermedad
Krankmeldung *f* baja *f* por enfermedad
krank|schreiben *irr vt* dar de baja por enfermedad
Krankschreibung *f* <-, -en> parte *m* de baja
kränkste(r, s) ['krɛŋkstə, -tɐ, -təs] *adj superl von* **krank**
Kränkung ['krɛŋkʊŋ] *f* <-en> ofensa *f; (Demütigung)* humillación *f*
Kranz [krants, *pl:* 'krɛntsə] *m* <-es, Kränze> corona *f*
Kränzchen ['krɛntsçən] *nt* <-s, -> tertulia *f* de señoras
Kranzniederlegung *f* depósito *m* (solemne) de una corona
Krapfen ['krapfən] *m* <-s, -> (GASTR) ① *(salzig)* boladillo *m* ② *(süß)* buñuelo *m* (relleno de mermelada)

krass [kras] *adj* ① *(extrem)* extremo; **das ~e Gegenteil von etw** *dat* **sein** ser el extremo opuesto de algo ② *(auffallend)* llamativo; *(Unterschied)* grande

Krater ['kraːtɐ] *m* <-s, -> cráter *m*

Kratzbürste *f (fam)* erizo *m*

kratzbürstig *adj (fam)* rebelde; **warum bist du immer so ~?** ¿por qué tienes que llevar siempre la contraria?

Krätze ['krɛtsə] *f ohne pl* (MED) sarna *f*

kratzen ['kratsən] **I.** *vt* ① *(Person)* rascar; *(Katze)* arañar ② *(leicht verletzen)* rasguñar ③ *(einritzen)* grabar (**in** en) ④ *(abkratzen)* raspar (**von** de) ⑤ *(fam: stören)* importar; **das kratzt mich nicht** no me importa nada **II.** *vi* ① *(brennen)* irritar (**in**); *(jucken)* picar (**in** en) ② *(Pullover)* picar ③ *(Feder)* raspar ④ *(beeinträchtigen)* perjudicar (**an** en) **III.** *vr:* **sich ~** ① *(bei Juckreiz)* rascarse ② *(sich verletzen)* rasguñarse

Kratzer *m* <-s, -> ① *(Schramme)* arañazo *m* ② *(Schaber)* rascador *m*

Kratzwunde *f* arañazo *m*

kraulen ['kraʊlən] **I.** *vi, vt haben o sein* (SPORT) nadar (a) crol **II.** *vt (streicheln)* acariciar

kraus [kraʊs] *adj* ① *(Haar)* rizado; *(Stoff)* arrugado ② *(abw: verwirrt)* confuso

kräuseln ['krɔɪzəln] **I.** *vt (Haar)* rizar; *(Stoff, Stirn, Lippen)* fruncir **II.** *vr:* **sich ~** *(Wasser)* encresparse; *(Haare)* rizarse

Krauskopf *m* ① *(mit krausem Haar)* persona *f* de pelo rizado ② *(abw: Wirrkopf)* persona *f* confusa ③ (TECH) avellanador *m*

kraus|ziehen *irr vt* **die Nase/Stirn ~** arrugar la nariz/fruncir el ceño

Kraut[1] [kraʊt, *pl:* 'krɔɪtɐ] *nt* <-(e)s, Kräuter> ① *(Pflanze)* hierba *f;* **dagegen ist kein ~ gewachsen** *(fam)* eso no tiene remedio ② *(fam: Tabak)* tabaco *m*

Kraut[2] *nt* <-(e)s, *ohne pl*> ① *(von Rüben)* hojas *fpl* ② *(Kohl)* col *f;* *(Weißkraut)* repollo *m;* **wie ~ und Rüben** *(fam)* de manera caótica

Kräuterbutter *f ohne pl* (GASTR) mantequilla *f* de hierbas

Kräuterheilkunde *f* terapéutica *f* de hierbas

Kräuterlikör *m* licor *m* de hierbas aromáticas

Kräutertee *m* tisana *f*

Krautkopf *m (südd, Österr)* repollo *m*

Krautsalat *m* ensalada *f* de repollo

Krawall[1] [kra'val] *m* <-s, -e> *(Tumult)* tumulto *m,* disturbio *m*

Krawall[2] *m* <-s, *ohne pl*> *(fam: Lärm)* alboroto *m,* escándalo *m*

Krawatte [kra'vatə] *f* <-n> corbata *f;* **die ~ binden** anudar la corbata

Krawattenknoten *m* <-s, -> nudo *m* de la corbata; **einen ~ binden** anudarse [*o* hacerse el nudo de] la corbata

Krawattennadel *f* alfiler *m* de corbata

kraxeln ['kraksəln] *vi sein (fam)* trepar

Kreation [krea'tsjoːn] *f* <-en> creación *f*

kreativ [krea'tiːf] *adj* creativo

Kreativdirektor(in) *m(f)* director(a) *m(f)* creativo , -a

Kreativität [kreativi'tɛːt] *f ohne pl* creatividad *f*

Kreatur [krea'tuːɐ] *f* <-en> criatura *f*

Krebs [kreːps] *m* <-es, -e> ① (ZOOL) cangrejo *m* ② (MED) cáncer *m;* **~ erregend** cancerígeno ③ (ASTR: *Zeichen*) Cáncer *m* ④ (ASTR: *Person*) cáncer *mf inv*

krebserregend *adj* cancerígeno; **~ wirken** tener efecto cancerígeno

Krebserreger *m* (MED) agente *m* patógeno del cáncer

Krebsforschung *f ohne pl* (MED) cancerología *f*

Krebsfrüherkennung *f* (MED) diagnóstico *m* precoz del cáncer

Krebsgeschwulst *f* <-, -schwülste> (MED) carcinoma *m*

Krebsgeschwür *nt* (MED) carcinoma *m*

krebskrank *adj* que tiene cáncer

Krebskranke(r) *mf* canceroso, -a *m, f,* enfermo, -a *m, f* de cáncer

krebsrot ['-'-] *adj* rojo como un cangrejo

Krebstier *nt* crustáceo *m*

Krebsvorsorge *f* prevención *f* del cáncer

Krebsvorsorgeuntersuchung *f* chequeo *m* oncológico

Krebszelle *f* (MED) célula *f* cancerosa

kredenzen* [kre'dɛntsən] *vt* ofrecer

Kredit [kre'diːt] *m* <-(e)s, -e> crédito *m;* **auf ~** a crédito; **ein ~ über 5.000 Euro** un crédito de 5.000 euros; **einen ~ aufnehmen** pedir un préstamo; **er hat bei uns/bei der Bank ~** tiene crédito con nosotros/en el banco

Kreditbank *f* banco *m* de crédito

Kreditgeber(in) *m(f)* (FIN) prestamista *mf*

Kredithai *m (fam abw)* usurero *m*

kreditieren* [kredi'tiːrən] *vt* (WIRTSCH) acreditar en cuenta

Kreditinstitut *nt* (FIN) instituto *m* de crédito

Kreditkarte *f* (FIN) tarjeta *f* de crédito

Kreditlinie *f* (WIRTSCH) línea *f* de crédito

Kreditnehmer(in) *m(f)* <-s, -; -, -nen> (FIN) prestatario, -a *m, f*

Kreditrahmen *m* <-s, -> (FIN) crédito *m*

kreditwürdig *adj* (FIN) solvente

Kreide[1] ['kraɪdə] *f ohne pl (Kalkstein)* creta *f*

Kreide[2] *f* <-n> *(zum Schreiben)* tiza *f;* **bei jdm (tief) in der ~ stehen** *(fam)* deber (mucho) dinero a alguien
kreidebleich ['--'-] *adj* blanco como la pared
kreideweiß *adj s.* **kreidebleich**
Kreidezeichnung *f* dibujo *m* de tiza
Kreidezeit *f ohne pl* (GEO) (período *m*) cretácico *m*
kreieren* [kre'iːrən] *vt* crear
Kreis [kraɪs] *m* <-es, -e> ① (*a.* MATH) círculo *m; (Kreisumfang)* circunferencia *f; (Rand)* cerco *m;* **sich im ~ drehen** dar vueltas; **im ~ stehen** hacer corro; **mir dreht sich alles im ~e** todo me da vueltas; **der Skandal zieht ~e** el escándalo se propaga ② *(Bereich)* sector *m;* **weite ~e der Bevölkerung** amplios sectores de la población; **eine Frau aus den besten ~en** una mujer de la alta sociedad; **wie aus informierten ~en verlautete** como señalaron fuentes informadas ③ *(Personenkreis)* círculo *m;* **der ~ seiner Leser** el círculo de sus lectores; **im ~e von Freunden/seiner Familie** entre amigos/en el seno de la familia; **eine Feier im kleinen/engen ~e** una fiesta en familia/en la más estricta intimidad ④ (ADMIN) distrito *m;* **im ~ Fulda** en el distrito de Fulda
Kreisausschnitt *m* (MATH) sector *m* circular
Kreisbahn *f* (ASTR, MATH) órbita *f*
Kreisbogen *m* <-s, -bögen> (MATH) arco *m* circular
kreischen ['kraɪʃən] *vi* ① *(schreien)* chillar ② *(quietschen)* chirriar
Kreisdiagramm *nt* diagrama *m* circular
Kreisel ['kraɪzəl] *m* <-s, -> ① *(Spielzeug)* peonza *f,* trombo *m Am* ② (TECH) giroscopio *m* ③ *(Kreisverkehr)* rotonda *f*
kreisen ['kraɪzən] *vi haben o sein* ① *(sich drehen)* girar (**um** alrededor de); **das Gespräch kreiste um …** la conversación se concentraba en…; **etw ~ lassen** hacer circular algo ② *(Vögel, a.* AERO) dar vueltas (**über** sobre) ③ *(Blut, Geld)* circular (**in** por)
kreisförmig [-fœrmɪç] *adj* circular
Kreisinsel *f* (AUTO) rotonda *f*
Kreislauf *m* ① *(Zyklus)* ciclo *m* ② *(Blutkreislauf)* circulación *f*
Kreislaufkollaps *m* (MED) colapso *m* (circulatorio); **einen ~ bekommen** sufrir un colapso
Kreislaufmittel *nt* medicamento *m* para la circulación
Kreislaufstörung *f* (MED) trastorno *m* de la circulación
Kreissäge *f* sierra *f* circular
Kreißsaal ['kraɪs-] *m* sala *f* de partos
Kreisstadt *f* capital *f* de distrito [*o* de comarca]
Kreisumfang *m* perímetro *m* de la circunferencia
Kreisverkehr *m* rotonda *f*
Krematorium [krema'toːriʊm] *nt* <-s, Krematorien> crematorio *m*
kremig ['kreːmɪç] *adj* cremoso
Kreml ['kreːm(ə)l] *m* <-s> **der ~** el Kremlin
Krempe ['krɛmpə] *f* <-n> ala *f* del sombrero
Krempel ['krɛmpəl] *m* <-s, *ohne pl*> *(fam abw)* cachivaches *mpl;* **ich werfe den ganzen ~ hin** no pienso seguir con esto
Kreole, -in [kre'oːlə] *m, f* <-n, -n; -, -nen> criollo, -a *m, f*
krepieren* [kre'piːrən] *vi sein* ① *(fam: sterben)* reventar (**an** de), palmarla; **hoffentlich krepiert er!** ¡ojalá reviente! ② *(Geschoss)* estallar
Krepp[1] [krɛp] *f* <-s> (GASTR) crepe *f,* panqueque *m Am*
Krepp[2] *m* <-s, -s *o* -e> crespón *m*
Krepppapier *nt* <-s, -e> crespón *m,* papel *m* crepé
Kresse ['krɛsə] *f* <-n> (BOT) berro *m*
Kreta ['kreːta] *nt* <-s> Creta *f*
Kreter(in) ['kreːtɐ] *m(f)* <-s, -; -nen> cretense *mf*
kretisch ['kreːtɪʃ] *adj* cretense
kreuz [krɔɪts] *adv* **~ und quer** a diestro y siniestro
Kreuz[1] [krɔɪts] *nt* <-es, -e> ① (*a.* REL) cruz *f;* **das Rote ~** la Cruz Roja; **zu ~e kriechen** darse por vencido; **ich mache drei ~e, wenn er geht** *(fam)* le pongo una vela al santo si se va; **etw über(s) ~ legen** entrecruzar algo ② *(spanisches Kartenspiel)* naipe *m* de bastos; *(französisches Kartenspiel)* naipe *m* de trébol ③ *(Autobahnkreuz)* cruce *m* de autopistas ④ *(Rückenbereich)* región *f* lumbar; *(fam)* espalda *f;* **ich hab's im ~** *(fam)* me duele la espalda; **jdn aufs ~ legen** *(fam)* tirar a alguien de espaldas; *(hereinlegen)* timar a alguien ⑤ (MUS) sostenido *m*
Kreuz[2] *nt* <-es, *ohne pl*> *(Leid)* cruz *f;* **sein ~ auf sich nehmen** cargar con su cruz; **es ist ein ~ mit jdm/etw** *dat (fam)* alguien/algo es una cruz
Kreuzband *nt* <-(e)s, -bänder> (ANAT) ligamento *m* cruzado
Kreuzbein *nt* <-(e)s, -e> (ANAT) (hueso *m*) sacro *m*
kreuzen I. *vi haben o sein* (NAUT) ① *(ziellos fahren)* cruzar ② *(gegen den Wind fahren)* dar bordadas **II.** *vt* ① *(Wege)* cruzar; **die**

K

Arme ~ cruzarse de brazos ② *(überqueren)* cruzar, atravesar; **eine Straße ~** cruzar una calle ③ (BIOL) cruzar **III.** *vr:* **sich ~** ① *(sich überschneiden)* cruzarse ② *(entgegengesetzt sein)* contraponerse

Kreuzer *m* <-s, -> (MIL, NAUT) crucero *m*

Kreuzfahrer(in) *m(f)* (HIST) cruzado, -a *m, f*

Kreuzfahrt *f* crucero *m*

Kreuzfahrtschiff *nt* (NAUT) crucero *m*

Kreuzfeuer *nt* **ins ~ der Kritik geraten** exponerse a violentas críticas

kreuzförmig [-fœrmɪç] *adj* de forma de cruz

Kreuzgang *m* (ARCHIT) claustro *m*

Kreuzgewölbe *nt* (ARCHIT) bóveda *f* de crucero

kreuzigen ['krɔɪtsɪgən] *vt* crucificar

Kreuzigung *f* <-en> crucifixión *f*

Kreuzotter *f* (ZOOL) víbora *f* común

Kreuzritter *m* <-s, -> (HIST) cruzado *m; (des Deutschen Ordens)* caballero *m* de la Orden Teutónica

Kreuzschlitzschraubendreher *m* <-s, ->, **Kreuzschlitzschraubenzieher** *m* <-s, -> (TECH) destornillador *m* de estrella

Kreuzschmerzen *mpl* dolor *m* en la región lumbar

Kreuzspinne *f* <-, -n> araña *f* de jardín

Kreuzstich *m* <-(e)s, -e> punto *m* de cruz

Kreuzung *f* <-en> (*a.* BIOL) cruce *m*

Kreuzverhör *nt* interrogatorio *m* cruzado, preguntadera *f Col;* **jdn ins ~ nehmen** contrainterrogar a alguien

Kreuzweg *m* ① *(Kreuzung)* encrucijada *f;* **am ~ stehen** hallarse ante una alternativa ② (REL) vía crucis *m*

kreuzweise *adv* en forma de cruz; **du kannst mich mal ~!** *(vulg)* ¡deja de joder!

Kreuzworträtsel *nt* crucigrama *m*

Kreuzzug *m* (*a. fig* HIST) cruzada *f*

kribbelig *adj (fam)* nervioso; **ich habe so ein ~es Gefühl im Bauch** tengo los nervios en el estómago

kribbeln ['krɪbəln] *vi* ① *(jucken)* picar ② *sein (wimmeln)* hormiguear

kribblig *adj s.* **kribbelig**

Kricket ['krɪkət] *nt* <-s, *ohne pl*> (SPORT) juego *m* de críquet, críquet *m*

kriechen [kri:çən] <kriecht, kroch, gekrochen> *vi sein* ① *(Mensch)* arrastrarse; *(Tier)* reptar; *(Schlange)* deslizarse ② *(Fahrzeug)* avanzar lentamente ③ *(abw: unterwürfig sein)* humillarse (**vor** ante)

Kriecher(in) *m(f)* <-s, -; -nen> *(abw)* pelota *mf*

kriecherisch *adj (abw)* pelota

Krieg [kri:k] *m* <-(e)s, -e> guerra *f;* **im ~ fallen** caer en la guerra; **jdm/etw** *dat* **den ~ erklären** declarar la guerra a alguien/algo; **in den ~ ziehen** ir a la guerra; **~ führen gegen jdn** estar en guerra con alguien

kriegen ['kri:gən] **I.** *vt (fam)* ① *(bekommen)* obtener; *(erreichen)* conseguir; *(Krankheit)* pillar; **ein Kind ~** estar embarazada; **sie hat ein Kind gekriegt** ha tenido un niño; **wie viel ~ Sie?** ¿cuánto le debo?; **~ Sie es schon?** ¿ya le atienden?; **sie kriegt 15 Euro die Stunde** le pagan 15 euros la hora; **einen Schreck ~** asustarse; **Besuch ~** tener visita; **keine Arbeit ~** no encontrar trabajo; **wie hast du sie nur dazu gekriegt?** ¿cómo la has convencido?; **du kriegst es gleich mit mir zu tun!** ¡te vas a enterar de quién soy yo!; **ich krieg' heute nichts mehr geregelt** *(fam)* hoy ya no me sale nada ② *(ergreifen)* pillar, agarrar *Am;* **wenn ich dich kriege!** ¡si te pillo! **II.** *vr:* **sich ~** *(fam)* ① *(heiraten)* casarse ② *(sich streiten)* **sich in die Haare ~** pelearse

Krieger(in) ['kri:gɐ] *m(f)* <-s, -; -nen> guerrero, -a *m, f*

Kriegerdenkmal *nt* monumento *m* a los caídos en la guerra

kriegerisch *adj* ① *(kämpferisch)* guerrero ② *(militärisch)* bélico; **~e Auseinandersetzungen** acciones bélicas

Kriegerwitwe *f* viuda *f* de guerra

kriegführend *adj s.* **Krieg**

Kriegsausbruch *m* estallido *m* de la guerra

Kriegsbeginn *m* comienzo *m* de la guerra

Kriegsbeil *nt* hacha *f* de guerra; **das ~ begraben** *(fig)* enterrar el hacha de guerra

Kriegsberichterstatter(in) *m(f)* corresponsal *mf* de guerra

kriegsbeschädigt *adj* mutilado de guerra

Kriegsbeschädigte(r) *mf* mutilado, -a *m, f* de guerra

Kriegsdienstverweigerer *m* <-s, -> objetor *m* de conciencia

Kriegsdienstverweigerung *f* objeción *f* de conciencia

Kriegserklärung *f* declaración *f* de guerra

Kriegsfall *m* caso *m* de guerra; **für den/im ~** para el/en caso de guerra

Kriegsfuß *m (fam)* **mit jdm/etw** *dat* **auf ~ stehen** estar en pie de guerra con alguien/algo

Kriegsgefangene(r) *mf* prisionero, -a *m, f* de guerra

Kriegsgefangenschaft *f* cautiverio *m*

Kriegsgegner(in) *m(f)* <-s, -; -, -nen> ① *(Feind)* adversario, -a *m, f* ② *(Pazifist)* pacifista *mf*

Kriegsgräberfürsorge *f ohne pl servicio de conservación de cementerios alemanes o extranjeros donde yacen soldados alemanes caídos en la guerra*

Kriegskamerad(in) *m(f)* (MIL) compañero, -a *m, f* de armas

Kriegslist *f* <-, -en> (MIL) ardid *m* de guerra

Kriegsmarine *f* (MIL) marina *f* de guerra

Kriegsopfer *nt* <-s, -> víctima *f* de la guerra

Kriegspfad *m* **auf dem ~ sein** estar en pie de guerra

Kriegsrat *m* **~ halten** *(iron) reunirse para deliberar sobre algo*

Kriegsrecht *nt* <-(e)s, *ohne pl*> derecho *m* de guerra; **das ~ über ein Land verhängen** declarar el derecho de guerra en un país

Kriegsschauplatz *m* escenario *m* bélico

Kriegsspiel *nt* ① *(Kinderspiel)* juego *m* de guerra ② (MIL: *Planspiel*) juego *m* de planificación

Kriegstanz *m* danza *f* de guerra

Kriegsverbrechen *nt* crimen *m* de guerra

Kriegsverbrecher(in) *m(f)* criminal *mf* de guerra

Kriegsverletzung *f* <-, -en> herida *f* de guerra

kriegsversehrt [-fɛɐzeːɐt] *adj* mutilado de guerra

Kriegsversehrte(r) *mf* mutilado, -a *m, f* de guerra

Kriegsveteran(in) *m(f)* <-en, -en; -, -nen> (MIL) veterano, -a *m, f* de guerra

Kriegszustand *m ohne pl* estado *m* de guerra; **sich im ~ befinden** estar en guerra

Krill [krɪl] *nt* <-(e)s, *ohne pl*> plancton *m*

Krim [krɪm] *f* <-> Crimea *f*

Krimi ['krɪmi] *m* <-s, -s> *(fam)* género *m* negro

Kriminalbeamte(r) *m*, **-beamtin** *f* agente *mf* de la policía judicial

Kriminalfall *m* <-(e)s, -fälle> causa *f* criminal, crimen *m*

Kriminalfilm *m* película *f* policíaca; *(Gattung)* cine *m* negro

Kriminalist(in) [krimina'lɪst] *m(f)* <-en, -en; -, -nen> ① *(Mitglied der Kriminalpolizei)* miembro *mf* de la Brigada de Investigación Criminal ② *(Experte für Verbrechen)* criminalista *mf*

kriminalistisch *adj* criminalista

Kriminalität [kriminali'tɛːt] *f ohne pl* criminalidad *f*

Kriminalkommissar(in) *m(f)* policía *mf* judicial

Kriminalpolizei *f* Brigada *f* de Investigación Criminal, Investigaciones *f pl Chil*

Kriminalroman *m* novela *f* policíaca; *(Gattung)* novela *f* negra

kriminell [krimi'nɛl] *adj (a. fig)* criminal; **~ werden** convertirse en un criminal; **das finde ich ~!** ¡qué criminal!

Kriminelle(r) *mf* <-n, -n; -n> criminal *mf*

Kriminologe, -in *m, f* <-n, -n; -, -nen> criminólogo, -a *m, f*

Kriminologie [kriminolo'giː] *f* <-, *ohne pl*> criminología *f*

Krimskrams ['krɪmskrams] *m* <-, *ohne pl*> *(fam)* cachivaches *mpl*

Kringel ['krɪŋəl] *m* <-s, -> *(Gebäck)* rosquilla *f*

kringeln *vr:* **sich ~** enroscarse; **sich vor Lachen ~** *(fam)* desternillarse de risa

Kripo ['kriːpo] *f* <-s> *s.* **Kriminalpolizei**

Krippe ['krɪpə] *f* <-n> ① *(Futterkrippe)* pesebre *m* ② *(Weihnachtskrippe)* nacimiento *m* ③ *(Kinderhort)* guardería *f*

Krippenplatz *m* plaza *f* de guardería

Krippenspiel *nt* auto *m* de Navidad

Krise ['kriːzə] *f* <-n> crisis *f inv;* **ich krieg' die ~!** *(sl)* ¡me va a dar un ataque!

kriseln ['kriːzəln] *vi* haber crisis; **es kriselt** hay crisis

krisenanfällig *adj* sensible a la crisis

krisenfest *adj* a prueba de crisis

Krisengebiet *nt* región *f* en crisis

Krisenherd *m* zona *f* conflictiva

Krisenstab *m* estado *m* mayor de emergencia

Krisenzeit *f* <-, -en> época *f* de crisis

Kristall[1] [krɪs'tal] *m* <-s, -e> cristal *m*

Kristall[2] *nt* <-s, *ohne pl*> ① *(Glas)* cristal *m* ② *(Gegenstände)* cristalería *f*

Kristallglas[1] *nt ohne pl (Kristall)* cristal *m*

Kristallglas[2] *nt (Gefäß)* vaso *m* de cristal

kristallin [krɪsta'liːn], **kristallinisch** *adj (geh)* cristalino

Kristallisation [krɪstaliza'tsioːn] *f* <-, -en> (CHEM) cristalización *f*

kristallisieren* [krɪstali'ziːrən] **I.** *vi* (CHEM) cristalizar **II.** *vr:* **sich ~** cristalizarse (**zu** en)

kristallklar [-'-'-] *adj* cristalino

Kristallnacht *f* (HIST) *pogromo contra los judíos alemanes en la noche del 10.11.1938*

Kristallzucker *m* (GASTR) azúcar *m* granulado

Kriterium [kri'teːriʊm] *nt* <-s, Kriterien> criterio *m*

Kritik [kri'tiːk, kri'tɪk] *f* <-en> crítica *f; (Rezension)* reseña *f;* **an jdm/etw** *dat* **~ üben** criticar a alguien/algo; **unter aller ~** *(fam)* pésimo; **eine gute ~ haben/bekommen** tener/recibir buenas críticas

Kritiker(in) ['kriːtikɐ] *m(f)* <-s, -; -nen> crítico, -a *m, f*

kritiklos I. *adj* sin espíritu crítico **II.** *adv* sin crítica (alguna)

kritisch ['kriːtɪʃ, 'krɪtɪʃ] *adj* crítico; **es wird ~** la situación se pone crítica

kritisieren* [kriti'ziːrən] *vt* criticar; *(Buch)* reseñar; **er hat an allem etwas zu ~** lo critica todo

Kritzelei [krɪtsə'laɪ] *f* <-en> garabato *m*

kritzeln ['krɪtsəln] *vi, vt* garabatear

Kroate, -in [kro'aːtə] *m, f* <-n, -n; -nen> croata *mf*

Kroatien [kro'aːtsiən] *nt* <-s> Croacia *f*

Kroatin *f* <-nen> *s.* **Kroate**

kroatisch *adj* croata

kroch [krɔx] *3. imp von* **kriechen**

Krokant [kro'kant] *m* <-s, *ohne pl*> crocante *m*

Krokette [kro'kɛtə] *f* <-n> (GASTR) croqueta *f (de puré de patata)*, bigote *m Am*

Krokodil [kroko'diːl] *nt* <-s, -e> cocodrilo *m*

Krokodilleder *nt* piel *f* de cocodrilo

Krokus [kroːkʊs] *m* <-, -(se)> croco *m*

Krone ['kroːnə] *f* <-n> ① *(Königs-, Zahnkrone, Währung)* corona *f*; **dabei fällt dir kein Zacken aus der ~** *(fam)* por eso no se te van a caer los anillos; **einen in der ~ haben** *(fam)* estar bebido ② *(Baumkrone)* copa *f*; *(einer Welle)* cresta *f* ③ *(Höhepunkt)* colmo *m*; **das setzt dem Ganzen die ~ auf!** ¡esto es el colmo!

krönen ['krøːnən] *vt* ① *(König)* coronar; **jdn zum König ~** coronar rey a alguien ② *(beenden)* coronar, rematar; **ein ~der Abschluss** un glorioso final; **von Erfolg gekrönt sein** ser coronado por el éxito

Kronleuchter *m* araña *f* de cristal

Kronprinz, -prinzessin *m, f* príncipe *m* heredero, princesa *f* real

Krönung ['krønʊŋ] *f* <-en> coronación *f*; **das ist ja die ~!** *(fam)* ¡esto es el colmo!

Kronzeuge, -in *m, f* (JUR) testigo *mf* principal

Kropf [krɔpf, *pl:* 'krœpfə] *m* <-(e)s, Kröpfe> ① (MED) bocio *m*, coto *m AmS* ② *(bei Vögeln)* buche *m*; **unnötig sein wie ein ~** *(fam)* ser más innecesario que nada

kross [krɔs] *adj* bastante hecho; **~ gebraten** bien asado

Krösus ['krøːzʊs] *m* <-, -se> creso *m*

Kröte ['krøːtə] *f* <-n> ① *(Tier)* sapo *m* ② *(fam: Kind)* chiquillo, -a *m, f* ③ *pl (fam: Geld)* perras *f pl*

Krücke ['krʏkə] *f* <-n> ① *(zum Gehen)* muleta *f*; **an ~n gehen** andar con muletas ② *(Griff)* puño *m* ③ *(fam abw: Versager)* inútil *mf*

Krückstock *m* muletilla *f*

Krug [kruːk, *pl:* 'kryːgə] *m* <-(e)s, Krüge> ① *(Gefäß)* jarro *m*; *(Bierkrug)* jarra *f*; **der ~ geht so lange zum Brunnen, bis er bricht** *(prov)* tanto va el cántaro a la fuente, que al fin se rompe ② *(nordd: Wirtshaus)* taberna *f*

Krume ['kruːmə] *f* <-n> *(Brotkrume)* miga *f*

Krümel ['kryːməl] *m* <-s, -> ① *(von Brot)* miga *f* ② *(fam: Kind)* chiquitín, -ina *m, f*

krümelig *adj* ① *(Brot)* desmigajado ② *(voller Krümel)* lleno de migas

krümeln *vi* ① *(Brot)* desmigajarse ② *(Person)* llenar (un sitio) de migas

krümlig *adj s.* **krümelig**

krumm [krʊm] *adj* ① *(verbogen)* torcido; *(gebogen)* curvado; *(Rücken)* encorvado; **eine ~e Nase haben** tener la nariz torcida; **sitz nicht so ~ da!** ¡ponte derecho!; **sich ~ und schief lachen** *(fam)* partirse de risa ② *(fam: unehrlich)* deshonesto; **ein ~es Ding drehen** hacerle a alguien una faena; **mach keine ~en Touren!** *(fam)* ¡no te metas en jaleos!

krummbeinig *adj* con las piernas torcidas, patizambo

krümmen ['krʏmən] **I.** *vt (krumm machen)* encorvar; *(biegen)* doblar; **er krümmt ihnen kein Haar** no les toca un pelo (de la ropa) **II.** *vr:* **sich ~** ① *(sich winden)* retorcerse; **er krümmte sich vor Lachen** *(fam)* se tronchó de risa ② *(Straße, Fluss)* serpentear

krumm|lachen *vr:* **sich ~** troncharse de risa

Krümmung ['krʏmʊŋ] *f* <-en> curvatura *f*; *(des Körpers)* encorvadura *f*

Krüppel ['krʏpəl] *m* <-s, -> *(alt abw)* lisiado, -a *m, f*; *(durch Unfall)* mutilado, -a *m, f pey*; **jdn zum ~ schlagen** lisiar a alguien

Kruste ['krʊstə] *f* <-n> costra *f*; *(vom Brot)* corteza *f*

Krustenbildung *f* ① (GEO) incrustación *f* ② (MED) escarificación *f*

Kruzifix ['kruːtsifɪks, krutsi'fɪks] *nt* <-es, -e> crucifijo *m*

Krypta ['krʏpta] *f* <Krypten> cripta *f*

Kryptowährung *f* (FIN, INFOR) criptomoneda *f*

KSZE [kaːʔɛstsɛt'ʔeː] *f ohne pl Abk. von* **Konferenz über Sicherheit und Zusammenarbeit in Europa** (HIST) CSCE *f*

Kto *Abk. von* **Konto** cuenta *f*

Kuba ['kuːba] *nt* <-s> Cuba *f*

Kubaner(in) [ku'baːnɐ] *m(f)* <-s, -; -nen> cubano, -a *m, f*

kubanisch *adj* cubano

Kübel ['kyːbəl] *m* <-s, -> cubeta *f*; *(Eimer)* cubo *m*; *(Bottich)* tina *f*; **es regnet wie aus ~n** *(fam)* llueve a cántaros

Kuben *pl von* **Kubus**

Kubikmeter [ku'biːk-] *m o nt* metro *m* cúbico

K

Kubikwurzel *f* (MATH) raíz *f* cúbica
Kubikzahl *f* (MATH) cubo *m*
Kubikzentimeter *m o nt* <-s, -> centímetro *m* cúbico
kubisch ['ku:bɪʃ] *adj* cúbico
Kubismus [ku'bɪsmʊs] *m* <-, *ohne pl*> (KUNST) cubismo *m*
Kubist(in) *m(f)* <-en, -en; -, -nen> (KUNST) cubista *mf*
kubistisch *adj* (KUNST) cubista
Kubus ['ku:bʊs] *m* <-, Kuben> (MATH) cubo *m*
Küche ['kʏçə] *f* <-n> cocina *f*
Kuchen ['ku:xən] *m* <-s, -> pastel *m*, cake *m Am*
Kuchenblech *nt* bandeja *f* de horno
Küchenchef(in) *m(f)* jefe, -a *m, f* de cocina
Kuchendekoration *f* decoración *f* del pastel
Kuchenform *f* molde *m* para pasteles
Kuchengabel *f* tenedor *m* de postre
Küchengerät *nt* <-(e)s, -e> utensilio *m* de cocina
Kuchengitter *nt* rejilla *f* de cocina
Küchenherd *m* cocina *f*, brasero *m Am*
Küchenmaschine *f* robot *m* de cocina
Küchenmesser *nt* cuchillo *m* de cocina
Küchenpapier *nt* papel *m* de cocina
Küchenrolle *f* rollo *m* de papel de cocina
Küchenschabe *f* (ZOOL) cucaracha *f*
Küchenschrank *m* armario *m* de cocina
Küchensieb *nt* colador *m*
Kuchenteig *m* masa *f* para pasteles
Küchenwaage *f* balanza *f* de cocina
Küchenwecker *m* minutero *m* (de cocina)
Küchenzange *f* pinzas *fpl* de cocina
kucken ['kʊkən] *vi* *(nordd: fam)* mirar; *(hervorschauen)* asomar; **kuck mal!** ¡mira!
Kücken ['kʏkən] *nt* <-s, -> *(Österr)* polluelo *m*
kuckuck ['kʊkʊk] *interj* cucú
Kuckuck ['kʊkʊk] *m* <-s, -e> ❶ *(Vogel)* cuco *m*; **weiß der ~!** *(fam)* ¡y yo qué demonios sé!; **zum ~ (noch mal)!** *(fam)* ¡maldita sea! ❷ *(fam: Siegel)* sello *m* de embargo
Kuckucksei *nt* ❶ *(Ei eines Kuckucks)* huevo *m* del cuco ❷ *(fam: Überraschung)* sorpresa *f* desagradable; **da hat man dir ja wohl ein ~ untergeschoben!** ¡vaya jugada te han hecho!
Kuckucksuhr *f* reloj *m* de cuco
Kuddelmuddel ['kʊdəl'mʊdəl] *m o nt* <-s, *ohne pl*> *(fam)* lío *m*
Kufe ['ku:fə] *f* <-n> *(Schlittenkufe)* patín *m*; *(Schlittschuhkufe)* cuchilla *f*
Kugel ['ku:gəl] *f* <-n> ❶ *(runder Körper)* bola *f*, bomba *f Am*; (MATH) esfera *f*; (SPORT) peso *m*; **eine ruhige ~ schieben** *(fam)* no dar el callo ❷ *(fam: Gewehrkugel)* bala *f*, chumbo *m Arg*; **sich** *dat* **die Kugel geben** pegarse un tiro
Kugelblitz *m* <-es, -e> relámpago *m* esférico
Kügelchen ['ky:gəlçən] *nt* <-s, -> ❶ *(Spielzeug)* bolita *f* ❷ (MED) glóbulo *m*
kugelförmig [-fœrmɪç] *adj* redondo, esférico
Kugelgelenk *nt* ❶ (ANAT) diartrosis *f inv* ❷ (TECH) articulación *f* esférica
Kugelhagel *m ohne pl* lluvia *f* de balas
Kugellager *nt* rodamiento *m* de bolas
kugeln ['ku:gəln] *vi sein* rodar; **das/der ist ja zum K~!** ¡es para morirse de risa!
kugelrund ['--'-] *adj* redondo (como una bola)
Kugelschreiber *m* bolígrafo *m*, birome *f Arg*
kugelsicher *adj* a prueba de balas, antibalas; **~e Weste** chaleco antibalas
Kugelstoßen *nt* <-s, *ohne pl*> (SPORT) lanzamiento *m* de peso
Kugelstoßer(in) *m(f)* (SPORT) lanzador(a) *m(f)* de peso
Kuh [ku:, *pl:* ky:ə] *f* <Kühe> ❶ *(weibliches Rind)* vaca *f* ❷ *(weibliches Tier)* hembra *f* ❸ *(fam: Person)* idiota *f*; **du blöde ~!** ¡idiota!
Kuhfladen *m* boñigo *m*, bosta *f Bol, CSur*
Kuhglocke *f* cencerro *m*
Kuhhandel *m (fam abw)* chanchullo *m*
Kuhhaut *f* piel *f* de vaca; **das geht auf keine ~** *(fam)* esto ya pasa de la raya
kühl [ky:l] *adj* ❶ *(Wetter etc.)* fresco; **bitte ~ lagern** por favor, guárdese en lugar fresco; **einen ~en Kopf bewahren** no perder la cabeza; **mir ist ~** tengo frío ❷ *(abweisend)* frío
Kühlbox *f* nevera *f* portátil
Kühle ['ky:lə] *f ohne pl* ❶ *(Frische)* frescura *f* ❷ *(Zurückhaltung)* frialdad *f*
kühlen ['ky:lən] **I.** *vi* refrescar **II.** *vt* ❶ *(Temperatur senken)* refrigerar ❷ *(Getränke)* (poner a) enfriar
kühlend *adj* refrescante
Kühler *m* <-s, -> ❶ (AUTO) radiador *m* ❷ *(für Sekt)* enfriadera *f*
Kühlergrill *m* (AUTO) parrilla *f* delantera
Kühlerhaube *f* (AUTO) capó *m*
Kühlhaus *nt* almacén *m* frigorífico
Kühlmittel *nt* (TECH) refrigerante *m*
Kühlmitteltemperaturanzeige *f* (AUTO) indicador *m* de la temperatura
Kühlraum *m* cámara *f* frigorífica
Kühlregal *nt (im Supermarkt)* nevera *f* (frigorífica)
Kühlschrank *m* frigorífico *m*, frigo *m fam*
Kühltasche *f* nevera *f* portátil

K

Kühltruhe *f* congelador *m*
Kühlturm *m* (TECH) torre *f* de refrigeración
Kühlung[1] *f* <-en> *(Vorrichtung, Vorgang)* refrigeración *f*
Kühlung[2] *f ohne pl (frische Luft)* fresco *m;* **sich** *dat* **~ verschaffen** refrescarse
Kühlwasser *nt ohne pl* aguas *fpl* de refrigeración
Kuhmilch *f* leche *f* de vaca
kühn [kyːn] *adj* audaz; *(wagemutig)* atrevido; *(dreist)* temerario; **eine ~e Behauptung** una tesis muy atrevida
Kühnheit *f ohne pl (Mut)* audacia *f; (Dreistigkeit)* temeridad *f*
Kuhstall *m* establo *m* para las vacas
Küken [ˈkyːkən] *nt* <-s, -> polluelo *m*
kulant [kuˈlant] *adj (Person)* complaciente; *(Preis)* aceptable
Kulanz [kuˈlants] *f ohne pl* complacencia *f; (Liebenswürdigkeit)* amabilidad *f*
Kuli [ˈkuːli] *m* <-s, -s> ❶ *(Person)* culí *m* ❷ *(fam: Kugelschreiber)* boli *m*
kulinarisch [kuliˈnaːrɪʃ] *adj* culinario
Kulisse [kuˈlɪsə] *f* <-n> bastidores *mpl;* **einen Blick hinter die ~n werfen** mirar entre bastidores; **das ist doch nur ~** *(fam abw)* es pura fachada
Kulleraugen *ntpl (fam)* ojos *mpl* grandes; **~ machen** mirar con fascinación
kullern [ˈkʊlɐn] *vi sein (fam)* rodar; **die Murmel kullert direkt ins Loch!** ¡la canica va directa al agujero!
Kult [kʊlt] *m* <-(e)s, -e> culto *m;* **einen ~ mit jdm/etw** *dat* **treiben** rendir culto a alguien/algo
Kultfigur *f* ídolo *m*
Kultfilm *m* película *f* de culto
kultisch *adj* del culto
kultivieren* [kʊltiˈviːrən] *vt* cultivar
kultiviert [kʊltiˈviːɐt] *adj* ❶ *(Mensch)* educado; *(gebildet)* culto ❷ *(gepflegt)* refinado
Kultivierung *f* <-en> cultivo *m*
Kultstätte *f* <-, -n> lugar *m* de culto
Kultur [kʊlˈtuːɐ] *f* <-en> ❶ *(geistig, künstlerisch)* cultura *f; (menschliche Kultur)* civilización *f* ❷ *(von Person)* cultura *f,* educación *f* ❸ (AGR, BIOL) cultivo *m*
Kulturabkommen *nt* convenio *m* cultural
Kulturaustausch *m* intercambio *m* cultural
Kulturbanause, -in *m, f* <-n, -n; -, -nen> persona *f* sin interés cultural
Kulturbeutel *m* neceser *m*
Kulturdenkmal *nt* testimonio *m* cultural
kulturell [kʊltuˈrɛl] *adj* cultural
Kulturerbe *nt ohne pl* (SOZIOL) patrimonio *m* cultural
Kulturgeschichte *f ohne pl* historia *f* de la civilización
Kulturgut *nt* patrimonio *m* cultural
Kulturhauptstadt *f* capital *f* cultural
Kulturhoheit *f* <-, *ohne pl*> competencia *f* en materia cultural; **das Schulrecht fällt unter die ~ der Bundesländer** la legislación escolar está entre las competencias culturales de los estados federados
Kulturkreis *m* etnia *f,* grupo *m* étnico
Kulturpflanze *f* <-, -n> planta *f* de cultivo
Kulturpolitik *f* política *f* cultural
kulturpolitisch I. *adj* de política cultural **II.** *adv* en materia de política cultural; **die Pläne der Opposition sind ~ bedeutsam** los planes de la oposición son importantes en materia de política cultural
Kulturprogramm *nt* <-s, -e> (RADIO, TV) programa *m* cultural
Kulturrevolution *f* revolución *f* cultural
Kulturschock *m* choque *m* cultural
Kulturzentrum *nt* <-s, -zentren> centro *m* cultural
Kultusminister(in) [ˈkʊltʊs-] *m(f)* ministro, -a *m, f* de Educación y Ciencia
Kultusministerium *nt* Ministerio *m* de Educación y Ciencia
Kümmel [ˈkʏməl] *m* <-s, -> ❶ *(Pflanze, Gewürz)* comino *m* ❷ *(Schnaps)* cúmel *m*
Kummer [ˈkʊmɐ] *m* <-s, *ohne pl*> pena *f; (Sorge)* preocupación *f;* **vor/aus ~** de/por pena; **der ~ um jdn** la preocupación por alguien; **jdm ~ bereiten** causar pena a alguien; **hast du ~?** ¿te preocupa algo?
kümmerlich [ˈkʏmɐlɪç] *adj* ❶ *(elend)* miserable; *(ärmlich)* pobre ❷ *(schwächlich)* débil
kümmern [ˈkʏmɐn] **I.** *vr:* **sich ~** ❶ *(sich beschäftigen)* preocuparse (**um** de), ocuparse (**um** de); **sich darum ~, dass ...** preocuparse de que... +*subj;* **er kümmert sich nicht darum, was die Leute denken** no le importa lo que piense la gente ❷ *(sorgen)* cuidar (**um** de); **ich kümmere mich um die Kinder** yo cuido a los niños; **kümmer dich ein bisschen um sie!** ¡ocúpate un poco de ella! **II.** *vt (angehen)* importar; *(interessieren)* interesar; **das kümmert mich nicht** eso no me interesa; **was kümmert Sie das?** ¿a Ud. qué le importa?
kummervoll *adj* afligido
Kumpan(in) [kʊmˈpaːn] *m(f)* <-s, -e; -nen> *(fam)* ❶ *(Kamerad)* camarada *mf* ❷ *(abw: Mittäter)* compinche *mf*
Kumpel [ˈkʊmpəl] *m* <-s, -> ❶ *(Bergarbeiter)* minero, -a *m, f* ❷ *(fam: Kamerad)* compañero, -a *m, f,* pipe *m AmC*

K

Kumquat ['kʊmkvat] *f* <-, -s> (BOT) kumquat *m*

Kumulation [kumula'tsjo:n] *f* <-, -en> acumulación *f*

Kumuluswolke ['ku:mulʊs-] *f* (METEO) cúmulo *m*

kündbar ['kʏntba:ɐ] *adj* cancelable; *(Vertrag)* rescindible

Kunde[1] *f* <-n> *(geh: Nachricht)* noticia *f;* **von etw** *dat* **~ erhalten** recibir noticia de algo

Kunde, -in[2] ['kʊndə] *m, f* <-n, -n; -nen> cliente, -a *m, f*

Kundenakquise *f* adquisición *f* de (nuevos) clientes

Kundenberatung *f* <-, -en> servicio *m* de información de los clientes

Kundendienst[1] *m ohne pl (Service)* atención *f* al cliente

Kundendienst[2] *m (Reparaturdienst)* servicio *m* técnico

Kundenkarte *f* (WIRTSCH) tarjeta *f* de cliente

Kundennummer *f* (WIRTSCH) número *m* del cliente

Kundenservice [-'sə:vɪs] *m* <-, *ohne pl*> atención *f* al cliente

kund|geben *irr vt (geh)* dar a conocer; *(öffentlich machen)* hacer público

Kundgebung *f* <-en> manifestación *f*

kundig *adj (erfahren)* experimentado; *(sachverständig)* experto; **einer Sache ~ sein** *(geh)* ser experto en una materia; **sich ~ machen** ponerse al día

kündigen ['kʏndɪgən] **I.** *vt* ❶ *(Vertrag)* rescindir; *(Wohnung)* anunciar el desalojamiento (de); **jdm die Freundschaft ~** romper con alguien ❷ *(Arbeitsstelle)* presentar su dimisión **II.** *vi* ❶ *(einem Arbeitnehmer)* despedir; *(als Arbeitnehmer)* presentar su dimisión; **zum ersten November ~** presentar la dimisión para el primero de noviembre ❷ *(einem Mieter)* desahuciar

Kündigung *f* <-en> ❶ *(eines Vertrages)* rescisión *f; (eines Abonnements)* anulación *f* del abono; *(Wohnung durch Mieter)* aviso *m* de desalojamiento; *(durch Vermieter)* aviso *m* de desahucio; **Vertrag mit halbjähriger ~** contrato con medio año de aviso ❷ *(einer Stelle)* autodespido *m; (vom Arbeitgeber)* despido *m;* **fristlose ~** despido sin preaviso

Kündigungsfrist *f* plazo *m* de despido

Kündigungsgrund *m* ❶ *(Arbeitsrecht)* causa *f* de despido ❷ *(bei Mietsachen)* causa *f* de desahucio

Kündigungsschreiben *nt* carta *f* de despido

Kündigungsschutz *m ohne pl* ❶ *(des Arbeitnehmers)* protección *f* contra el despido ❷ *(des Mieters)* protección *f* contra desahucio

Kundin *f* <-nen> *s.* **Kunde**[2]

Kundschaft *f ohne pl* clientela *f*

kund|tun *irr vt (fam)* manifestar

künftig ['kʏnftɪç] **I.** *adj* futuro; **meine ~e Frau** mi futura esposa **II.** *adv* de ahora en adelante

Kung-Fu [kʊŋ'fu:] *nt* <-(s), *ohne pl*> (SPORT) kung fu *m*

Kunst [kʊnst, *pl:* 'kʏnstə] *f* <Künste> arte *m o f;* **die schönen Künste** las Bellas Artes; **die bildende ~** las Artes Plásticas; **das ist keine ~!** *(fam)* ¡eso lo hace cualquiera!; **die ~ besteht darin ...** el arte está en...; **nach allen Regeln der ~** según las reglas del oficio; *(fig)* como Dios manda

Kunstakademie *f* Academia *f* de Bellas Artes

Kunstausstellung *f* exposición *f* de arte

Kunstdruck *m* impresión *f* artística

Kunstdünger *m* abono *m* químico

Kunstfaser *f* fibra *f* sintética

Kunstfehler *m* error *m* quirúrgico

kunstfertig *adj* hábil, mañoso

Kunstfliege *f (Angelsport)* mosca *f* artificial

Kunstgegenstand *m* objeto *m* de arte

Kunstgeschichte *f ohne pl* historia *f* del Arte

Kunstgewerbe *nt ohne pl* artesanía *f*

Kunstgriff *m* artificio *m*

Kunsthalle *f* sala *f* de arte

Kunsthandel *m* comercio *m* con objetos de arte

Kunsthändler(in) *m(f)* comerciante *mf* de objetos de arte

Kunsthandwerk *nt ohne pl* artesanía *f*

Kunsthistoriker(in) *m(f)* <-s, -; -, -nen> historiador(a) *m(f)* del arte

kunsthistorisch *adj* relativo a la historia del arte; **die Grabungsfunde sind von ~em Interesse** los objetos hallados en la excavación tienen interés para la historia del arte

Kunsthochschule *f* (UNIV) Escuela *f* Superior de Bellas Artes

Kunstkritiker(in) *m(f)* <-s, -; -, -nen> crítico, -a *m, f* de arte(s)

Kunstleder *nt* cuero *m* artificial

Künstler(in) ['kʏnstlɐ] *m(f)* <-s, -; -nen> artista *mf*

künstlerisch ['kʏnstlərɪʃ] *adj* artístico; **~ begabt sein** tener talento artístico

Künstlername *m* nombre *m* artístico

künstlich *adj* artificial; *(Zähne)* postizo; **sich ~ aufregen** poner el grito en el cielo;

jdn ~ ernähren alimentar a alguien con sonda
Kunstliebhaber(in) *m(f)* amante *mf* del arte
Kunstmaler(in) *m(f)* pintor(a) *m(f)* (artista)
Kunstpause *f* <-, -n> pausa *f* intencionada
Kunstrichtung *f* <-, -en> estilo *m*
Kunstsammlung *f* colección *f* (de objetos) de arte
Kunstschnee *m* <-s, *ohne pl*> nieve *f* artificial
Kunstsprache *f* <-, -n> (LING) lengua *f* artificial, idioma *m* artificial
Kunstspringen *nt* (SPORT) saltos *mpl* de trampolín
Kunststoff *m* materia *f* plástica, plástico *m;* **aus ~** de plástico
Kunststück *nt* truco *m; (akrobatisch)* acrobacia *f,* maroma *f Am;* **das ist kein ~!** *(fam)* ¡eso lo hace cualquiera!
Kunstturnen *nt* gimnasia *f* artística
Kunstunterricht *m* <-(e)s, -e> (SCH) clase *f* de educación artística
kunstvoll *adj* muy artístico
Kunstwerk *nt* obra *f* de arte
Kunstwort *nt* <-(e)s, -wörter> (LING) palabra *f* artificial
kunterbunt ['kʊntɐ'bʊnt] **I.** *adj* ❶ *(farbig)* abigarrado ❷ *(durcheinander)* revuelto **II.** *adv* abigarradamente; *(durcheinander)* sin orden ni concierto; **hier geht es ~ zu** menudo jaleo hay aquí; **~ zusammengewürfelt** todo revuelto
Kupfer ['kʊpfɐ] *nt* <-s, *ohne pl*> (CHEM) cobre *m*
Kupferdraht *m* <-(e)s, -drähte> hilo *m* de cobre
Kupferstich *m* grabado *m* en cobre
Kupon [ku'põ:] *m* <-s, -s> *(abtrennbarer Zettel, Zinsabschnitt)* cupón *m; (Talon)* talón *m*
Kuppe ['kʊpə] *f* <-n> ❶ *(Bergkuppe)* cima *f* ❷ *(Fingerkuppe)* yema *f* del dedo
Kuppel ['kʊpəl] *f* <-n> cúpula *f*
Kuppelei [kʊpə'laɪ] *f* <-en> alcahuetería *f;* (JUR) proxenetismo *m*
kuppeln ['kʊpəln] **I.** *vi* ❶ (AUTO) embragar ❷ *(als Kuppler)* alcahuetear **II.** *vt* ❶ *(Fahrzeuge)* acoplar (**an** a) ❷ *(Geräte)* conectar
Kupplung *f* <-en> ❶ *(das Verbinden)* acoplamiento *m* ❷ *(Vorrichtung)* enganche *m* ❸ (AUTO) embrague *m*
Kupplungshebel *m* (AUTO) palanca *f* del embrague
Kupplungspedal *nt* (AUTO) pedal *m* del embrague
Kur [ku:ɐ] *f* <-en> ❶ *(Heilverfahren)* cura *f; (Behandlung)* tratamiento *m* ❷ *(Aufenthalt)* tratamiento *m* balneoterapéutico; **zur ~ fahren** ir a tomar las aguas
Kür [ky:ɐ] *f* <-en> (SPORT) ejercicio *m* libre
Kurbel ['kʊrbəl] *f* <-n> manivela *f*
kurbeln I. *vi* darle a la manivela **II.** *vt (nach oben)* subir (girando la manivela); *(nach unten)* bajar (girando la manivela)
Kurbelwelle *f* (TECH) cigüeñal *m*
Kürbis ['kʏrbɪs] *m* <-ses, -se> calabaza *f,* zapallo *m AmC,* ayote *m AmC*
Kürbiskern *m* pepita *f* de calabaza
Kurde, -in ['kʊrdə] *m, f* <-n, -n; -nen> kurdo, -a *m, f*
kurdisch *adj* kurdo
Kurdistan ['kʊrdɪsta:n] *nt* <-s> Kurdistán *m*
kuren ['ku:rən] *vi (fam)* someterse a un tratamiento balneoterapéutico
küren ['ky:rən] *vt (geh)* elegir (**zu** como)
Kurfürst ['ku:ɐ-] *m* (HIST) príncipe *m* elector
Kurgast *m* huésped(a) *m(f)* de un balneario
Kurie ['ku:riə] *f* <-, -n> curia *f*
Kurier [ku'ri:ɐ] *m* <-s, -e> correo *m*
Kurierdienst *m* servicio *m* de correo
kurieren* [ku'ri:rən] *vt (behandeln)* curar; *(heilen)* sanar (**von**)
kurios [kuri'o:s] *adj* curioso
Kuriosität[1] [kuriozi'tɛ:t] *f ohne pl (Eigenart)* singularidad *f*
Kuriosität[2] *f* <-en> *(Gegenstand)* curiosidad *f*
Kurkuma[1] ['kʊrkuma] *f* <-, Kurkumen> (BOT) cúrcuma *f*
Kurkuma[2] *nt* <-(s), *ohne pl*> (GASTR) cúrcuma *f*
Kurort *m* balneario *m*
Kurpark *m (Schweiz)* parque *m* de un balneario
Kurpfalz ['ku:ɐpfalts] *f* Electorado *m* del Palatinado
Kurpfuscher(in) ['ku:ɐpfʊʃɐ] *m(f)* ❶ *(fam abw)* curandero, -a *m, f,* curioso, -a *m, f Am,* compositor(a) *m(f) CSur* ❷ *(Arzt)* matasanos *mf inv*
Kurpfuscherei *f* <-, *ohne pl*> *(fam abw)* curanderismo *m*
Kurs [kʊrs] *m* <-es, -e> ❶ *(Richtung)* rumbo *m;* **~ auf Hamburg nehmen** poner rumbo a Hamburgo; **auf ~ bleiben** mantener el rumbo; **vom ~ abkommen** perder el rumbo; **einen harten** (**politischen**) **~ einschlagen** adoptar una línea (política) dura ❷ (SCH, UNIV) curso *m; (Intensivkurs)* cursillo *m;* **einen ~ besuchen** asistir a un curso ❸ (WIRTSCH) cotización *f; (von Devisen)* cambio *m;* **die ~e fallen/steigen** las cotizaciones bajan/suben; **bei**

K

jdm hoch im ~ stehen gozar de prestigio ante alguien

Kursänderung *f* (NAUT, AERO) cambio *m* de rumbo

Kursanstieg *m ohne pl* (FIN) subida *f* de los cambios

Kursbuch *nt* guía *f* oficial de ferrocarriles

Kurse *pl von* **Kurs, Kursus**

Kurserholung *f ohne pl* (WIRTSCH) recuperación *f* de los cambios

Kursgewinn *m* (FIN) beneficios *mpl* arrojados por las acciones

kursieren* [kʊrˈziːrən] *vi haben o sein* ① *(Geld)* circular ② *(Gerücht)* correr

kursiv [kʊrˈziːf] *adj* (TYPO) en cursiva

Kursivschrift *f* (TYPO) (letra *f*) cursiva *f*

kursorisch [kʊrˈzoːrɪʃ] **I.** *adj (geh)* superficial **II.** *adv (geh)* por encima; **einen Artikel ~ lesen** hacer una lectura rápida de un artículo

Kursschwankung *f* (WIRTSCH) fluctuación *f* de las cotizaciones; *(von Devisen)* oscilación *f* de los cambios

Kurssturz *m* (FIN) baja *f* repentina del cambio

Kursteilnehmer(in) *m(f)* <-s, -; -, -nen> participante *mf* en un curso; *(an Wochenendkurs)* cursillista *mf*

Kursus [ˈkʊrzʊs, *pl:* ˈkʊrzə] *m* <-, Kurse> curso *m*

Kursverfall *m ohne pl* (FIN) caída *f* de los cambios

Kurswechsel *m* (POL) cambio *m* de rumbo

Kurtaxe *f* tasa *f* de balneario

Kurtisane [kʊrtiˈzaːnə] *f* <-n> cortesana *f; (Geliebte)* favorita *f*

Kurve [ˈkʊrvə] *f* <-n> (*a.* MATH) curva *f;* **die ~ schneiden** cortar la curva; **sich in die ~ legen** inclinarse al tomar la curva; **die ~ kratzen** *(fam)* desaparecer rápido; **nicht die ~ kriegen** *(fam)* fracasar

kurven *vi sein (fam)* viajar (**durch** por), andar (**durch** por)

kurvenreich *adj* con muchas curvas

kurvig *adj* ① *(bogenförmig)* curvado, arqueado ② *(kurvenreich)* de muchas curvas

kurz [kʊrts] *adj* <kürzer, am kürzesten> ① *(zeitlich)* corto, breve; **ein ~er Blick** una ojeada; **ich will es ~ machen** seré breve; **mit ein paar ~en Worten** en unas pocas palabras; **über ~ oder lang** tarde o temprano; **in kürzester Zeit** en breves momentos; **~ und bündig** conciso; **~ und gut** resumiendo; **~ und schmerzlos** *(fam)* sin rodeos; **seit ~em** desde hace poco (tiempo); **vor ~em** [*o* **Kurzem**] hace poco; **~ entschlossen** resuelto; **ich habe ihn nur ~ gesehen** le he visto solamente un momento; **~ darauf** poco después; **ich bleibe nur für ~e Zeit** solamente me quedo por poco tiempo; **ich komme ~ vorbei** me paso un momento; **~ hintereinander** al poco rato ② *(räumlich)* corto; **~e Hosen** pantalones cortos; **~ vor Köln** poco antes de Colonia; **den Kürzeren ziehen** *(fam)* salir perdiendo; **zu ~ kommen** quedarse con las ganas de hacer algo; **etw ~ und klein hauen** *(fam)* no dejar títere con cabeza

Kurzarbeit *f ohne pl* (trabajo *m* a) jornada *f* reducida

kurz|arbeiten *vi* trabajar a jornada reducida

Kurzarbeiter(in) *m(f)* trabajador(a) *m(f)* a jornada reducida

kurzärm(e)lig *adj* de manga corta

kurzatmig [ˈ-ʔaːtmɪç] *adj* corto de respiración

Kurzbrief *m* <-(e)s, -e> carta *f* corta [*o* breve]

Kürze [ˈkʏrtsə] *f ohne pl* ① *(räumlich)* corta distancia *f* ② *(zeitlich)* brevedad *f;* **in ~** dentro de poco ③ *(im Ausdruck)* concisión *f;* **in aller ~** en pocas palabras

Kurze(r) *m* <-n, -n> *(fam)* ① *(Kurzschluss)* cortocircuito *m* ② *(Schnaps)* copita *f* de aguardiente

Kürzel [ˈkʏrtsəl] *nt* <-s, -> abreviatura *f; (in der Stenografie)* signo *m* taquigráfico

kürzen [ˈkʏrtsən] *vt* ① *(allgemein)* hacer más corto; *(Rede, Text)* acortar (**um** en, **auf** a); *(abkürzen)* abreviar; (FILM) cortar; **einen Text um/auf 40 Prozent ~** acortar un texto en un/a un 40 por ciento ② *(verringern)* reducir (**um** en, **auf** a) ③ (MATH) simplificar

kürzer [ˈkʏrtsɐ] *adj kompar von* **kurz**

kurzerhand [ˈkʊrtsɐˈhant] *adv* sin vacilar

kürzeste(r, s) [ˈkʏrtsəstə, -tɐ, -təs] *adj superl von* **kurz**

kurz|fassen *vr:* **sich ~** ser conciso

Kurzfassung *f* versión *f* reducida

Kurzfilm *m* cortometraje *m*

Kurzform *f* (LING) forma *f* abreviada

kurzfristig **I.** *adj* ① *(kurze Zeit dauernd)* por poco tiempo; *(Vertrag)* a corto plazo ② *(ohne Vorbereitung)* repentino ③ *(in kurzer Zeit)* a corto plazo **II.** *adv* ① *(in kurzer Zeit)* en (cuestión de) poco tiempo ② *(ohne Vorbereitung)* en el último momento

Kurzgeschichte *f* (LIT) cuento *m*

kurzhaarig *adj* de pelo corto

kurzlebig *adj* ① *(Tier, Pflanze)* de corta vida ② *(Mode etc.)* efímero; *(vorübergehend)* pasajero

kürzlich [ˈkʏrtslɪç] *adv* hace poco, recién *Am*

Kurzmeldung *f* noticia *f* breve
Kurznachrichten *fpl* noticias *fpl* breves
Kurzparkzone *f* zona *f* azul
kurz|schließen *irr* **I.** *vt* poner en cortocircuito **II.** *vr:* **sich ~** *(fam)* ponerse en contacto
Kurzschluss *m* ① (ELEK) cortocircuito *m* ② *(falsche Schlussfolgerung)* conclusión *f* errónea
Kurzschlusshandlung *f* acto *m* irreflexivo
Kurzschrift *f ohne pl* taquigrafía *f*
kurzsichtig *adj* miope
Kurzsichtigkeit *f ohne pl* ① (MED) miopía *f* ② *(im Denken)* estrechez *f* de miras
Kurzstreckenflug *m* vuelo *m* a corta distancia
Kurzstreckenläufer(in) *m(f)* (SPORT) velocista *mf*
Kurzstreckenrakete *f* misil *m* de corto alcance
kurzum [kʊrtsˈʔʊm, ˈ-ˈ-] *adv* en una palabra
Kürzung [ˈkʏrtsʊŋ] *f* <-en> ① *(finanziell)* reducción *f* ② *(von Text)* abreviación *f;* **~en vornehmen** *(im Text)* abreviar; *(im Etat)* reducir
Kurzurlaub *m* escapada *f*
Kurzwaren *fpl* artículos *mpl* de mercería
kurzweilig *adj* entretenido
Kurzwelle *f* (PHYS, RADIO) onda *f* corta; **auf ~** en onda corta
Kurzwellensender *m* (RADIO) emisora *f* de onda corta
Kurzwort *nt* <-(e)s, -wörter> (LING) acrónimo *m*
Kurzzeitgedächtnis *nt* memoria *f* corta
kurzzeitig *adj* por poco tiempo
kuschelig [ˈkʊʃəlɪç] *adj* acogedor
kuscheln [ˈkʊʃəln] **I.** *vr:* **sich ~** *(fam)* acurrucarse (**in** en); **sich an jdn ~** acurrucarse contra alguien **II.** *vi* hacerse mimos
Kuscheltier *nt* animal *m* de peluche
kuschen [ˈkʊʃən] *vi* ① *(sich fügen)* someterse ② *(Hund)* echarse
Kusine [kuˈziːnə] *f* <-n> prima *f*
Kuss [kʊs, *pl:* ˈkʏsə] *m* <-es, Küsse> beso *m,* pico *m Col: fam;* **jdm einen ~ geben** dar un beso a alguien
kussecht *adj (Lippenstift)* que no mancha
küssen [ˈkʏsən] **I.** *vt* besar (**auf** en) **II.** *vr:* **sich ~** besarse
Kusshand *f* <-, -hände> besamanos *m inv,* beso *m* al aire; **sie werden dich mit ~ einstellen** *(fam)* te contratarán de mil amores
Küste [ˈkʏstə] *f* <-n> costa *f;* **eine felsige/zerklüftete ~** una costa rocosa/brava; **an der ~ entlangfahren** *(Schiff)* navegar a lo largo de la costa; *(an Land)* ir a lo largo de la costa
Küstengebiet *nt* litoral *m*
Küstenschifffahrt *f* cabotaje *m,* navegación *f* costera
Küstenwachboot *nt* lancha *f* de la guardia costera
Küstenwache *f,* **Küstenwacht** *f* vigilancia *f* de costas
Küster(in) [ˈkʏstɐ] *m(f)* <-s, -; -nen> sacristán, -ana *m, f*
Kutsche [ˈkʊtʃə] *f* <-n> ① *(Pferdewagen)* carruaje *m* ② *(fam: Auto)* cafetera *f*
Kutscher(in) *m(f)* <-s, -; -nen> cochero, -a *m, f*
kutschieren* [kʊˈtʃiːrən] **I.** *vi sein (fam)* ir en coche; **durch die Gegend ~** dar vueltas con el coche **II.** *vt (fam)* llevar en coche; **jdn nach Hause/durch die Gegend ~** llevar a alguien a casa/a dar vueltas con el coche
Kutte [ˈkʊtə] *f* <-n> *(eines Pfarrers)* sotana *f;* *(eines Mönches)* hábito *m*
Kutteln [ˈkʊtəln] *pl (Österr, Schweiz, südd:* GASTR) callos *mpl*
Kutter [ˈkʊtɐ] *m* <-s, -> ① *(Segelschiff)* cúter *m* ② *(Fischkutter)* barca *f* de pesca ③ *(Rettungsboot)* esquife *m*
Kuvert [kuˈveːɐ] *nt* <-s, -s> ① *(reg: Briefumschlag)* sobre *m* ② *(geh: Gedeck)* cubierto *m*
Kuvertüre [kuvɛrˈtyːrə] *f* <-, -n> baño *m* de chocolate
Kuwait [ˈkuːvaɪt, kuˈvaɪt] *nt* <-s> Kuwait *m*
Kuwaiter(in) [kuˈvaɪtɐ] *m(f)* <-s, -; -nen> kuwaití *mf*
kuwaitisch [kuˈvaɪtɪʃ, ˈkuːvaɪtɪʃ] *adj* kuwaití
kV (ELEK) *Abk. von* **Kilovolt** kv
kW (PHYS, TECH) *Abk. von* **Kilowatt** kW
KW [kaːˈveː] (PHYS, RADIO) *Abk. von* **Kurzwelle** OC
kWh (PHYS, ELEK) *Abk. von* **Kilowattstunde** kWh
Kybernetik [kybɛrˈneːtɪk] *f ohne pl* cibernética *f*
kyrillisch [kyˈrɪlɪʃ] *adj* cirílico
KZ [kaːˈtsɛt] *nt* <-(s), -(s)> *Abk. von* **Konzentrationslager** campo *m* de concentración
KZ-Gedenkstätte *f* <-, -n> lugar *m* conmemorativo de los campos de concentración nazis
KZ-Häftling *m* <-s, -e> preso, -a *m, f* de un campo de concentración

K

L

L, l [ɛl] *nt* <-, -> L, l *f;* **~ wie Ludwig** L de Lisboa

l *Abk. von* **Liter** l

labb(e)rig ['lab(ə)rɪç] *adj (fam)* ① *(fad)* soso ② *(schlaff)* fofo

Label ['lɛɪbəl] *nt* <-s, -> ① (COM: *Preisetikett*) etiqueta *f* ② *(Schallplattenfirma)* casa *f* discográfica ③ (INFOR: *Markierung*) identificación *f*

laben ['la:bən] *vr:* **sich ~** *(geh)* saborear (**an**)

labern ['la:bɐn] *vi (fam abw)* soltar el rollo (**über** sobre); **Blödsinn ~** decir tonterías

labil [la'bi:l] *adj* lábil; *(Gesundheit)* frágil

Labilität [labili'tɛ:t] *f ohne pl* labilidad *f; (gesundheitlich)* fragilidad *f*

Labor [la'bo:ɐ] *nt* <-s, -s *o* -e> laboratorio *m*

Laborant(in) [labo'rant] *m(f)* <-en, -en; -nen> ayudante *mf* de laboratorio

Laboratorium [labora'to:riʊm] *nt* <-s, Laboratorien> laboratorio *m*

Laborausrüstung *f* equipo *m* para el laboratorio

Laborversuch *m* experimento *m* en laboratorio

Laborwaage *f* báscula *f* de laboratorio

Labyrinth [laby'rɪnt] *nt* <-(e)s, -e> laberinto *m*

Lache[1] ['la:xə] *f* <-n> *(Pfütze)* charco *m*

Lache[2] ['laxə] *f* <-n> *(fam abw)* risa *f*

lächeln ['lɛçəln] *vi* ① *(lachen)* sonreír ② *(sich lustig machen)* burlarse (**über** de)

Lächeln *nt* <-s, *ohne pl*> sonrisa *f*

lachen ['laxən] *vi* reír(se) (**über** de); **jdn zum L~ bringen** hacer reír a alguien; **aus vollem Halse ~** reírse a carcajadas; **sie lachte über das ganze Gesicht** sonrió de oreja a oreja; **dass ich nicht lache!** *(iron)* ¡no me haga(s) reír!; **du hast gut ~!** *(fam)* ¡bien puedes tú reírte!; **da gibt es nichts zu ~** esto no tiene ninguna gracia; **das wäre doch gelacht, wenn wir das nicht könnten!** ¡sería ridículo si no pudiéramos hacerlo!; **mir ist durchaus nicht zum L~ (zumute)** no estoy en absoluto para bromas; **du wirst ~, (aber) ...** *(fam)* te parecerá ridículo, (pero)...; **wer zuletzt lacht, lacht am besten** *(prov)* quien ríe el último, ríe mejor

Lachen *nt* <-s, *ohne pl*> risa *f;* **dir wird das ~ noch vergehen** *(fam)* ya se te pasará la risa; **sich biegen vor ~** *(fam)* troncharse de risa

Lacher *m* <-s, -> *(Gelächter)* risa *f*

lächerlich ['lɛçəlɪç] **I.** *adj* ridículo; **jdn/etw ~ machen** poner a alguien/algo en ridículo; **sich ~ machen** hacer el ridículo; **~e drei Zuschauer waren da** *(fam)* asistieron (solamente) tres gatos **II.** *adv* de forma ridícula

Lächerlichkeit[1] *f* <-en> *(abw: Geringfügigkeit)* ridiculez *f*

Lächerlichkeit[2] *f ohne pl (das Lächerlichsein)* lo ridículo; **etw/jdn der ~ preisgeben** poner algo/a alguien en ridículo

Lachgas *nt* gas *m* hilarante

lachhaft *adj (abw)* ridículo

Lachkrampf *m* ataque *m* de risa; **wir bekamen einen ~** nos entró un ataque de risa

Lachs [laks] *m* <-es, -e> salmón *m*

lachsfarben *adj* de color salmón

Lachsforelle *f* trucha *f* asalmonada

Lachsschinken *m jamón de chuleta de cerdo salada y ligeramente ahumada*

Lack [lak] *m* <-(e)s, -e> laca *f; (Holzlack)* barniz *m; (Autolack)* pintura *f*

Lackaffe *m (fam abw)* petimetre *m*

Lackfarbe *f* barniz *m* (brillante)

lackieren* [la'ki:rən] *vt* ① *(Holz)* barnizar; *(Auto)* pintar (con pistola) ② *(Fingernägel)* pintar

Lackierer(in) *m(f)* <-s, -; -, -nen> barnizador(a) *m(f)*

Lackierung *f* <-en> ① *(das Lackieren)* barnizado *m* ② *(Lack)* barnizado *m; (Autolackierung)* pintura *f*

Lackleder *nt* charol *m*

Lackmus ['lakmʊs] *m o nt* <-, *ohne pl*> (CHEM) tornasol *m*

Lackmuspapier *nt ohne pl* (CHEM) papel *m* de tornasol

Lackschaden *m* desperfecto *m* en la pintura

Lackschuh *m* zapato *m* de charol

Lacrosse [la'krɔs] *nt* <-, *ohne pl*> (SPORT) lacrosse *m*

Lade ['la:də] *f* <-, -n> *(reg: Schublade)* cajón *m*

Ladefläche *f* superficie *f* de carga

Ladegerät *nt* (PHYS) cargador *m*

Ladegewicht *nt ohne pl* (peso *m* de la) carga *f;* **das zulässige ~ beträgt ... Tonnen** la carga permitida asciende a... toneladas

Ladekabel *nt* (TECH, AUTO) cable *m* de carga

laden ['la:dən] <lädt, lud, geladen> *vt* ① *(Fracht, Batterie, Pistole)* cargar; **die Koffer in das/aus dem Auto ~** meter/sacar las maletas en el/del coche; **alle Schuld auf sich ~** *(fig)* cargar con todas las culpas; **sieh dich vor, er ist heute total ge~** *(fam fig)* ándate con cuidado, hoy está a punto de explotar; **er hat wieder schwer ge~** *(fam iron)* ha vuelto a coger una mona ② (JUR: *vorladen*) citar; **ge~e Gäste** invitados *mpl* ③ (INFOR) cargar

Laden[1] ['la:dən] *m* <-s, Läden> ① *(Kaufladen)* tienda *f; (Geschäft)* negocio *m;* **der ~ läuft** *(fam)* los negocios van bien; **Schwung in den ~ bringen** *(fam)* animar el cotarro; **sie allein schmeißt den ganzen ~** *(fam)* ella solita lo lleva todo adelante; **den (ganzen) ~ hinschmeißen** *(fam)* tirar la toalla ② *(Fensterladen)* postigo *m* ③ *(Rollladen)* persiana *f*

Laden[2] *nt* <-s, *ohne pl*> (INFOR) carga *f*

Ladenbesitzer(in) *m(f)* dueño, -a *m, f* de una tienda

Ladendieb(in) *m(f)* ladrón, -ona *m, f* de tiendas, mechero, -a *m, f fam*

Ladendiebstahl *m* robo *m* en tiendas

Ladenhüter *m (fig)* artículo *m* que no se vende

Ladenkette *f* cadena *f* de tiendas

Ladenöffnungszeiten *fpl* horario *m* comercial

Ladenpreis *m* precio *m* de venta al público

Ladenschluss *m* <-es, *ohne pl*> (hora *f* de) cierre *m* de los comercios; **nach/vor ~** después de/antes de cerrar los negocios

Ladenschlussgesetz *nt ley que regula los horarios comerciales*

Ladenstraße *f* <-, -n> calle *f* comercial; **verkehrsfreie ~** calle comercial peatonal

Ladentisch *m* mostrador *m;* **etw unter dem ~ verkaufen** *(fam)* vender algo bajo mano

Laderampe *f* rampa *f* de carga

Laderaum *m* espacio *m* de carga

Ladesäule *f* (AUTO) estación *f* de carga

lädieren* [lɛ'di:rən] *vt* ① *(Sachen)* dañar ② *(Personen)* lesionar; **du siehst ganz schön lädiert aus** pareces hecho polvo

lädt [lɛ:t] *3. präs von* **laden**

Ladung *f* <-en> ① *(Fracht, Munition)* carga *f* ② (PHYS) carga *f* (eléctrica) ③ (JUR: *Vorladung*) citación *f* ④ *(fam: Menge)* montón *m*

lag [la:k] *3. imp von* **liegen**

Lage ['la:gə] *f* <-n> ① *(Stelle)* sitio *m;* (GEO) zona *f;* **in günstiger ~** en buena zona ② *(Position)* posición *f;* **in der glücklichen ~ sein, etw zu tun** tener la suerte de poder hacer algo; **siehst du dich in der ~, uns zu helfen?** ¿te parece que estás en condiciones de ayudarnos? ③ *(Situation)* situación *f;* **dazu bin ich nicht in der ~** no estoy en condiciones de hacerlo; **Herr der ~ sein** dominar la situación; **versetz dich doch einmal in meine ~** intenta ponerte en mi lugar; **nach ~ der Dinge** dadas las circunstancias; **der Ernst der ~** la gravedad de la situación; **die ~ peilen** *(fam)* explorar la situación ④ *(Schicht)* capa *f* ⑤ (MUS: *Stimmlage*) registro *m* ⑥ *(fam: Runde)* ronda *f*

Lagebericht *m* informe *m* sobre la situación

Lagebesprechung *f* análisis *m inv* de la situación, discusión *f* sobre la situación

Lageplan *m* plano *m* general

Lager ['la:gɐ] *nt* <-s, -> ① *(Zelt-, Ferienlager)* campamento *m; (Gefangenen-, Flüchtlingslager)* campo *m;* **ein ~ aufschlagen** acampar; **das ~ abbrechen** levantar el campamento ② *(Vorratslager)* almacén *m,* depósito *m,* barraca *f Am,* despensa *f Arg; (Vorrat)* existencias *fpl;* **etw auf ~ haben** tener algo en depósito; **sie hat immer ein paar Witze auf ~** *(fam)* siempre tiene un par de chistes a punto ③ *(Partei, Seite)* campo *m; (Gruppe)* grupo *m;* **ins gegnerische ~ überlaufen** *(fig)* pasarse al campo contrario; **die Partei spaltete sich in mehrere ~** el partido se escindió en varios grupos ④ (TECH) cojinete *m* ⑤ (GEO) yacimiento *m*

Lagerfeuer *nt* hoguera *f,* fogón *m Arg, CRi, Urug*

Lagerfeuerstelle *f* zona *f* para fogatas

Lagergebühr *f* tasa *f* de almacenaje

Lagerhalle *f* almacén *m*

Lagerhaltung *f ohne pl* almacenamiento *m*

Lagerhaus *nt* almacén *m*

lagern ['la:gɐn] **I.** *vi* ① *(kampieren)* acampar ② *(Waren)* estar almacenado; *(Esswaren)* conservarse; *(Wein)* reposar **II.** *vt* ① *(aufbewahren: Waren)* almacenar; *(Esswaren)* conservar; **kühl ~** consérvese en lugar fresco ② *(legen)* poner; **das Bein hoch ~** poner la pierna en alto; **dieser Fall ist anders gelagert** es un caso distinto

Lagerraum *m* depósito *m*

Lagerschaden *m* deterioro *m* debido al almacenamiento

Lagerung *f* <-en> ① *(von Waren, Gegenständen)* almacenamiento *m* ② (TECH) cojinete *m*

Lagerverwalter(in) *m(f)* jefe, -a *m, f* de almacén

Lagune [la'gu:nə] *f* <-n> laguna *f*

lahm [la:m] *adj* ① (MED) paralítico; *(hinkend)* cojo; **auf einem Bein ~ sein** cojear de una pierna ② *(wie gelähmt)* entumecido ③ *(fam abw: langsam)* lento; *(langweilig)* pesado

lahmen *vi* cojear (**auf** de)

L

lähmen ['lɛːmən] *vt* paralizar
lahm|legen *vt* paralizar
Lähmung ['lɛːmʊŋ] *f* <-en> ❶ (MED) parálisis *f inv;* **spastische ~** parálisis espasmódica ❷ *(der Industrie)* paralización *f*
Laib [laɪp] *m* <-(e)s, -e> **ein ~ Brot** un pan
Laich [laɪç] *m* <-(e)s, -e> desove *m*
laichen *vi* desovar
Laie, -in ['laɪə] *m, f* <-n, -n; -nen> ❶ *(Nichtfachmann)* profano, -a *m, f* ❷ (REL) laico, -a *m, f*
laienhaft *adj* profano
Laienprediger(in) *m(f)* (REL) predicador(a) *m(f)* laico , -a
Laienspiel *nt* <-(e)s, -e> (THEAT) representación *f* de aficionados
Laiin *f* <-nen> *s.* **Laie**
Lakai [la'kaɪ] *m* <-en, -en> *(abw)* lacayo *m*
Lake ['laːkə] *f* <-n> salmuera *f*
Laken ['laːkən] *nt* <-s, -> sábana *f*
lakonisch [la'koːnɪʃ] *adj* lacónico
Lakritze [la'krɪtsə] *f* <-n> regaliz *m*
Laktose [lak'toːzə] *f* <-, *ohne pl*> (BIOL, CHEM) lactosa *f*
laktosefrei *adj* (GASTR) sin lactosa
Laktoseintoleranz *f* <-, -en> (MED) intolerancia *f* a la lactosa
lallen ['lalən] *vi, vt* balbucear, balbucir
Lama[1] ['laːma] *nt* <-s, -s> (ZOOL) llama *f*
Lama[2] ['laːma] *m* <-(s), -s> (REL) lama *m*
Lamé [la'meː] *m* <-(s), -s> lamé *m*
Lamelle [la'mɛlə] *f* <-n> ❶ (TECH) lámina *f* ❷ (BOT) laminilla *f*
lamentieren* [lamɛn'tiːrən] *vi (fam abw)* quejarse (**über** de)
Lametta [la'mɛta] *nt* <-s, *ohne pl*> *tiras de color plata que se usan como adorno navideño*
Laminat [lami'naːt] *nt* <-(e)s, -e> laminado *m*
laminieren* [lami'niːrən] *vt* (TECH) laminar
Lamm [lam, *pl:* 'lɛmɐ] *nt* <-(e)s, Lämmer> cordero *m*
Lammbraten *m* asado *m* de cordero
Lammfell *nt* piel *f* de cordero
Lammfleisch *nt* (carne *f* de) cordero *m*
lammfromm ['-'-] *adj* manso como un cordero
Lampe ['lampə] *f* <-n> lámpara *f*
Lampenfieber *nt (fam)* mieditis *f inv*
Lampenschirm *m* pantalla *f*
Lampion ['lampjɔŋ, -'-] *m* <-s, -s> farolillo *m*
LAN [laːn] *nt* <-s, -s> (INFOR) *Abk. von* **Local Area Network** (**lokales Netz**) área *f* local

lancieren* [lã'siːrən] *vt* ❶ *(Produkt)* lanzar ❷ *(Künstler)* promocionar
Land[1] [lant, *pl:* 'lɛndɐ] *nt* <-(e)s, Länder> ❶ *(Staat)* país *m;* **~ und Leute kennenlernen** conocer gente y costumbres; **das Gelobte ~** la tierra prometida; **aus aller Herren Länder** de todas las partes del mundo; **hier zu ~e** en este país; **andere Länder, andere Sitten** *(prov)* cada tierra, su uso ❷ *(Bundesland)* estado *m* federado, land *m;* **das ~ Hessen** el estado federado de Hesse
Land[2] *nt* <-(e)s, -e> *(geh)* campaña *f;* **Wein aus deutschen ~en** vino alemán; **durch die ~e ziehen** vagar por el mundo; **drei Jahre gingen ins ~** *(geh)* pasaron tres años
Land[3] *nt* <-(e)s, *ohne pl*> ❶ *(Festland)* tierra *f;* **~ in Sicht!** ¡tierra a la vista!; **an ~ gehen** desembarcar; (**wieder**) **~ sehen** *(fig)* ver el cielo abierto; **etw an ~ ziehen** *(fam)* conseguir algo ❷ *(dörfliche Gegend)* campo *m,* verde *m AmC, Ant, Méx;* **auf dem ~ wohnen** vivir en el campo ❸ *(Ackerboden)* terreno *m,* tierra *f;* **das ~ bestellen** cultivar la tierra
Landadel *m* nobleza *f* provincial
Landarbeit *f* faenas *f pl* del campo
Landarbeiter(in) *m(f)* campesino, -a *m, f*
Landarzt, -ärztin *m, f* <-es, -ärzte; -, -nen> (MED) médico, -a *m, f* rural [*o* de pueblo]
Landbesitz *m* tierras *f pl,* fincas *f pl* rústicas
Landbesitzer(in) *m(f)* terrateniente *mf*
Landbevölkerung *f ohne pl* población *f* rural
Landeanflug *m* vuelo *m* de aproximación
Landebahn *f* pista *f* de aterrizaje
Landeerlaubnis *f* permiso *m* de aterrizaje
landeinwärts [-'--] *adv* tierra adentro
landen ['landən] *vi sein* ❶ *(Flugzeug)* aterrizar; *(auf dem Mond)* alunizar; *(auf dem Wasser)* amerizar; **weich ~** realizar un aterrizaje suave; **mit deinen Komplimenten kannst du bei mir nicht ~** *(fam)* tus piropos no me impresionan para nada ❷ *(Schiff)* tomar tierra ❸ *(fam: ankommen)* acabar (**in** en); **schließlich landeten sie im Kino** al final acabaron en el cine; **auf dem 5. Platz ~** (SPORT) clasificarse en quinto lugar
Landenge *f* <-, -n> istmo *m*
Landepiste *f* (AERO) pista *f* de aterrizaje
Landeplatz *m* ❶ (AERO) pista *f* de aterrizaje ❷ (NAUT) embarcadero *m*
Ländereien [lɛndə'raɪən] *f pl* tierras *f pl*
Länderkampf *m* (SPORT) competición *f* internacional

Länderspiel *nt* (SPORT) partido *m* internacional
Landesbank *f* <-, -en> (FIN, WIRTSCH) banco *m* del land
Landesebene *f* (ADMIN) **auf ~** en un land
Landesgrenze *f* frontera *f*
Landeshauptmann *m (Österr)* presidente *m* de un estado federado
Landeshauptstadt *f* capital *f*
Landesinnere(s) *nt* interior *m* del país
Landeskunde *f ohne pl* cultura *f* y civilización
Landesrat, -rätin *m, f (Österr)* ≈ ministro, -a *m, f* de un estado federado
Landesrecht *nt ohne pl* (JUR) *legislación vigente en un land, en cuyo territorio esta se antepone a la legislación nacional*
Landesregierung *f* gobierno *m* de un land
Landessprache *f* idioma *m* nacional
Landesteil *m* región *f*
Landestracht *f* traje *m* regional
landesüblich *adj* habitual en un país
Landesverrat *m* (JUR) alta traición *f*
Landesverteidigung *f ohne pl* defensa *f* nacional
Landeswährung *f* moneda *f* nacional
Landeverbot *nt* prohibición *f* de aterrizar
Landflucht *f ohne pl* éxodo *m* del campo a la ciudad
Landfriedensbruch *m* (JUR) perturbación *f* del orden público
Landgang *m* <-(e)s, -gänge> (NAUT) permiso *m* de tierra
Landgericht *nt* ≈ Audiencia *f* Provincial
Landgut *nt* finca *f,* hacienda *f Am*
Landhaus *nt* casa *f* de campo, estancia *f Am*
Landkarte *f* mapa *m*
Landkreis *m* distrito *m* administrativo
landläufig *adj (allgemein)* general; *(allgemein verbreitet)* común; *(gängig)* corriente
Landleben *nt ohne pl* vida *f* rural
ländlich ['lɛntlɪç] *adj* rural, del campo, jíbaro *Am*
Landluft *f ohne pl* aire *m* del campo
Landmaschine *f* máquina *f* agrícola
Landplage *f* plaga *f*
Landrat[1] *m (Schweiz) parlamento de ciertos cantones*
Landrat, -rätin[2] *m, f* jefe, -a *m, f* de distrito
Landratte *f (fam)* marinero, -a *m, f* de agua dulce
Landschaft *f* <-en> paisaje *m*
landschaftlich *adj* paisajístico; **~ reizvoll** de atractivo paisaje
Landschaftsgärtner(in) *m(f)* paisajista *mf*
Landschaftsgestaltung *f* <-, -en> planificación *f* de parques y jardines, diseño *m* de parques y jardines
Landschaftsmalerei *f ohne pl (Gattung)* paisajismo *m*
Landschaftsschutzgebiet *nt* parque *m* nacional
Landsitz *m* finca *f,* casa *f* de campo
Landsmann, -männin *m, f* <-(e)s, -leute; -nen> compatriota *mf*
Landstraße *f* carretera *f* nacional
Landstreicher(in) *m(f)* <-s, -; -nen> vagabundo, -a *m, f,* bagamán *m Col, RDom*
Landstreitkräfte *fpl* (MIL) ejército *m* de tierra
Landstrich *m* región *f,* comarca *f*
Landtag *m* (POL) parlamento *m* de un land
Landung ['landʊŋ] *f* <-en> ① *(von Flugzeug)* aterrizaje *m; (Mondlandung)* alunizaje *m* ② *(von Schiff)* desembarque *m* ③ *(von Truppen)* desembarco *m*
Landungsbrücke *f* desembarcadero *m*
Landungssteg *m* embarcadero *m*
Landvermessung *f* (AGR, GEO) agrimensura *f*
Landweg *m* **auf dem ~** por tierra
Landwein *m* vino *m* del país
Landwind *m* viento *m* de tierra [*o* terral]
Landwirt(in) *m(f)* agricultor(a) *m(f)*
Landwirtschaft[1] *f* <-en> *(Betrieb)* granja *f* agrícola
Landwirtschaft[2] *f ohne pl (Ackerbau)* agricultura *f*
landwirtschaftlich *adj* agrícola, agrario
Landzunge *f* (GEO) lengua *f* de tierra
lang [laŋ] <länger, am längsten> **I.** *adj* ① *(allgemein)* largo; **das Bett ist 2 Meter ~** la cama tiene 2 metros de largo; **seit ~em** [*o* **Langem**] desde hace mucho (tiempo); **~ und breit** detalladamente; **gleich ~** igual de largo; **ohne ~es Nachdenken** sin pensarlo mucho; **ein ~es Gesicht machen** poner (una) cara larga ② *(fam: groß gewachsen)* alto **II.** *adv* ① *(Dauer)* durante; **einen Augenblick ~** durante un momento; **mein ~ ersehnter Wunsch** el sueño de mi vida ② *(reg: entlang)* por; **hier geht's ~** vamos por aquí
langärm(e)lig *adj* de manga larga
langatmig ['-ʔaːtmɪç] *adj* (excesivamente) detallado
Langatmigkeit *f* <-, *ohne pl*> prolijidad *f*
langbeinig *adj* de piernas largas
lange ['laŋə] <länger, am längsten> *adv* mucho tiempo; **ich habe nicht ~ gebraucht** no me ha llevado mucho tiempo; **wie ~ bist du schon hier?** ¿cuánto tiempo hace ya que estás aquí?; **das ist schon ~ her** ya hace mucho tiempo; **das heißt noch ~ nicht, dass ich aufgebe** eso no

quiere decir ni mucho menos que vaya a rendirme; ~ **brauchen**(, **um** ... **zu**) tardar mucho (en...) +*inf;* **so** ~ **bis** ... hasta que... +*subj;* **das ist noch** ~ **hin** falta mucho (tiempo) todavía; **das ist noch** ~ **nicht genug** esto no basta de ninguna manera; **da kannst du** ~ **warten!** ¡puedes esperar sentado!; **er macht es nicht mehr** ~ *(fam)* la va a palmar

Länge ['lɛŋə] *f* <-n> ❶ *(räumlich)* longitud *f; (von Kleidung)* largo *m;* **der** ~ **nach** a lo largo; **ein Seil von zehn Meter** ~ una cuerda de diez metros de largo; **ein Stau von 10 km** ~ un atasco de 10 km ❷ *(zeitlich)* duración *f;* **etw zieht sich in die** ~ algo tarda mucho tiempo; **die Verhandlungen in die** ~ **ziehen** dilatar las negociaciones; **wir haben den Film in voller** ~ **gesehen** hemos visto la película entera ❸ (SPORT) largo *m;* **mit einer** ~ **Vorsprung gewinnen** ganar con un largo de ventaja ❹ *pl (langweilige Stelle)* pasaje *m* prolijo ❺ (GEO) longitud *f;* **geografische** ~ longitud geográfica; **zwanzig Grad östlicher** ~ veinte grados de longitud este

L

langen ['laŋən] **I.** *vi (fam)* ❶ *(ausreichen)* bastar; **jetzt langt's** (**mir**) **aber!** ¡basta ya! ❷ *(sich erstrecken)* llegar (**bis** (**zu**) hasta) ❸ *(anfassen)* tocar (**an**); *(hineinlangen)* meter la mano (**in** en) **II.** *vt (fam)* coger, agarrar *Am;* **jdm eine** ~ pegar una bofetada a alguien

Längengrad *m* (GEO) grado *m* de longitud

Längenmaß *nt* medida *f* de longitud

länger ['lɛŋɐ] **I.** *adj kompar von* **lang** **II.** *adv kompar von* **lange**

längerfristig *adj* a largo plazo

Langeweile ['laŋəvaɪlə] *f* aburrimiento *m;* ~ **haben** aburrirse; **aus** [*o* **vor**] ~ de puro aburrimiento

Langfinger *m (fam)* caco *m,* malabarista *m Chil,* maletero *m Chil*

langfristig *adj* a largo plazo

langhaarig *adj* de pelo largo

Langhantel *f* (SPORT) haltera *f*

langjährig *adj* de muchos años

Langlauf *m ohne pl* (SPORT) esquí *m* de fondo

Langläufer(in) *m(f)* esquiador(a) *m(f)* de fondo

Langlaufloipe *f* (SPORT) pista *f* de esquí de fondo

Langlaufski *m* esquí *m* de fondo

langlebig *adj* ❶ *(Person)* longevo; *(a. Tier)* de larga vida ❷ *(Material)* duradero

Langlebigkeit *f* <-, *ohne pl*> longevidad *f*

länglich ['lɛŋlɪç] *adj* alargado, oblongo

längs [lɛŋs] **I.** *präp* +*gen* a lo largo de **II.** *adv* a lo largo

Längsachse *f* eje *m* longitudinal

langsam ['laŋza:m] **I.** *adj* ❶ *(Geschwindigkeit)* lento ❷ *(allmählich)* paulatino **II.** *adv* ❶ *(Geschwindigkeit)* despacio; ~ **sprechen/fahren** hablar/conducir despacio; **immer schön** ~**!** ¡despacito!; ~**, aber sicher** *(fam)* despacio, pero seguro ❷ *(allmählich)* poco a poco; **es wird** ~ **Zeit** ya va siendo hora; ~ **reicht es mir** *(fam)* me estoy hartando

Langsamkeit *f ohne pl* lentitud *f*

Langschläfer(in) *m(f)* dormilón, -ona *m, f*

Langspielplatte *f* elepé *m*

Längsschnitt *m* corte *m* longitudinal

Längsseite *f (Breitseite)* largo *m;* (NAUT) costado *m*

Längsstreifen *m* <-s, -> raya *f* vertical

längst [lɛŋst] *adv* ❶ *(zeitlich)* hace tiempo ❷ *(bei Weitem)* ni mucho menos; **und das ist noch** ~ **nicht alles** y esto no es todo, ni mucho menos

längste(r, s) ['lɛŋstə, -tɐ, -təs] *adj superl von* **lang**

längstens ['lɛŋstəns] *adv (fam)* ❶ *(höchstens)* como mucho ❷ *(spätestens)* a más tardar; **in** ~ **zwei Wochen** a más tardar en dos semanas

langstielig *adj (Blume)* de tallo largo; *(Glas)* de pie largo

Langstreckenflug *m* vuelo *m* de larga distancia

Langstreckenflugzeug *nt* avión *m* para trayectos largos

Langstreckenlauf *m* (SPORT) carrera *f* de fondo

Langstreckenläufer(in) *m(f)* (SPORT) fondista *mf,* corredor(a) *m(f)* de fondo

Langstreckenrakete *f* <-, -n> misil *m* de largo alcance

Languste [laŋ'gʊstə] *f* <-n> (ZOOL) langosta *f*

langweilen ['laŋvaɪlən] **I.** *vt* aburrir **II.** *vr:* **sich** ~ aburrirse, enfadarse *Am;* **sich zu Tode** ~ morirse de aburrimiento

Langweiler(in) *m(f)* <-s, -; -nen> *(abw fam)* ❶ *(jd, der langweilt)* soso, -a *m, f* ❷ *(langsamer Mensch)* tortuga *f*

langweilig *adj* ❶ *(uninteressant)* aburrido ❷ *(fam: zeitraubend)* pesado

Langwelle *f* (RADIO, PHYS) onda *f* larga

langwierig ['laŋvi:rɪç] *adj* largo; *(mühselig)* arduo

Langzeitarbeitslose(r) *mf* parado, -a *m, f* (durante largo tiempo)

Langzeitarbeitslosigkeit *f* paro *m* de larga duración, cesantía *f* prolongada *Am*

Langzeitgedächtnis *nt* (PSYCH) memoria *f* larga

Langzeitstudie *f* estudio *m* a largo plazo;

(Forschungen) investigaciones *f pl* de larga duración; (WIRTSCH) análisis *m inv* a largo plazo

Langzeitwirkung *f* <-, -en> efecto *m* prolongado

LAN-Kabel [laːn-] *nt* (INFOR) cable *m* LAN

Lanze [ˈlantsə] *f* <-n> lanza *f*, picana *f AmS*; **für jdn eine ~ brechen** *(fig)* romper una lanza por alguien

Laos [ˈlaːɔs] *nt* <-> Laos *m*

lapidar [lapiˈdaːɐ] *adj* lapidario

Lapislazuli [lapɪsˈlaːtsuli] *m* <-, -> lapislázuli *m*

Lappalie [laˈpaːliə] *f* <-n> bagatela *f*, guinda *f Chil*

Lappe, -in [ˈlapə] *m, f* <-n, -n; -nen> lapón, -ona *m, f*

Lappen [ˈlapən] *m* <-s, -> ① *(Stoff-, Putzlappen)* trapo *m*, limpión *m Am*; **etw geht jdm durch die ~** *(fam)* algo se le escapa a alguien de las manos ② *(fam: Geldschein)* billete *m*

läppern [ˈlɛpɐn] *vr:* **sich ~** *(fam)* amontonarse; **es läppert sich allmählich** poco a poco se va amontonando

Lappin [ˈlapɪn] *f* <-nen> *s.* **Lappe**

läppisch [ˈlɛpɪʃ] *adj (abw)* ① *(kindisch)* infantil ② *(gering)* insignificante

Lappland [ˈlaplant] *nt* Laponia *f*

Laptop [ˈlɛptɔp] *m* <-s, -s> ordenador *m* portátil

Laptoptasche *f* maletín *m* para portátil; *(Schutzhülle)* funda *f* para portátil

Lärche [ˈlɛrçə] *f* <-n> (BOT) alerce *m*

Larifari [lariˈfaːri] *nt* <-s, *ohne pl*> *(fam)* bobadas *f pl*, tonterías *f pl*

Lärm [lɛrm] *m* <-(e)s, *ohne pl*> ruido *m*, chivateo *m Am*, batifondo *m CSur*; **~ schlagen** *(fam)* armar un cisco; **viel ~ um nichts** mucho ruido y pocas nueces

Lärmbekämpfung *f ohne pl* lucha *f* contra el ruido

Lärmbelästigung *f* molestia *f* por ruido, contaminación *f* acústica

lärmempfindlich *adj* sensible a los ruidos

lärmen [ˈlɛrmən] *vi* hacer ruido, meter ruido *fam*

lärmend I. *adj* ruidoso **II.** *adv* con (mucho) estrépito

Lärmpegel *m* nivel *m* de ruidos

Lärmschutz *m* protección *f* contra el ruido; *(an Straßen)* pantalla *f* antirruido

Lärmschutzwall *m* <-(e)s, -wälle> muro *m* antirruidos

Lärmschutzwand *f* pantalla *f* antirruido

Larve [ˈlarfə] *f* <-n> ① (ZOOL) larva *f* ② *(reg: Maske)* antifaz *m*

las [laːs] *3. imp von* **lesen**

Lasagne [laˈzanjə] *pl* (GASTR) lasaña *f*

lasch [laʃ] *adj (schlaff)* laxo, flojo; *(fade)* soso

Lasche [ˈlaʃə] *f* <-n> ① (TECH) cubrejunta *m* ② *(am Schuh)* lengüeta *f*; *(an Schachtel, Heftchen)* solapa *f*; *(an Taschen)* presilla *f*; *(an Dosen)* anillo *m*

Laser [ˈleːzɐ, ˈlɛɪzɐ] *m* <-s, -> (PHYS) láser *m*

Laserdrucker *m* (INFOR) impresora *f* láser

Laserstrahl *m* (PHYS) rayo *m* láser

lasieren *vt (Holz)* barnizar; *(Ton)* esmaltar

lassen[1] [ˈlasən] <lässt, ließ, gelassen> *vt* ① *(unverändert lassen, unterlassen)* dejar; **lass doch das Gejammer!** ¡deja de lamentarte!; **~ wir das!** ¡dejémoslo!; **lass mich (in Ruhe)!** ¡déjame (en paz)!; **er kann es einfach nicht ~** siempre está con lo mismo; **tu, was du nicht ~ kannst!** *(fam)* ¡haz lo que mejor te parezca!; **~ wir es dabei** dejémoslo así ② *(zurücklassen)* dejar; **sein Leben ~** *(geh)* perder la vida ③ *(zugestehen)* **jdm Zeit ~** dar tiempo a alguien; **jdm seinen Willen ~** respetar la voluntad de alguien; **das muss man ihr ~** hay que reconocérselo ④ *(irgendwohin lassen)* **Wasser in die Wanne ~** preparar el baño; **jdm die Luft aus den Reifen ~** desinflarle las ruedas a alguien; **lass mich mal vorbei** déjame pasar ⑤ *(Wend)* **offen ~** *(Tür, Fenster)* dejar abierto; *(beim Schreiben)* dejar en blanco; **wir sollten nichts unversucht ~** tenemos que agotar todas las posibilidades

lassen[2] [ˈlasən] <lässt, ließ, lassen> *vt mit einem Infinitiv* ① *(erlauben)* dejar; *(zulassen)* tolerar, permitir *+inf*; **lass mich nur machen!** ¡ya lo hago yo!; **lass hören!** ¡empieza ya!; **so kannst du dich sehen ~** así estás guapo; **lass dir das gesagt sein!** ¡date por advertido!; **~ Sie sich gesagt sein, dass ...** dese por enterado de que...; **sich nicht stören ~** no molestarse; **~ Sie das nur meine Sorge sein** no se preocupe, yo me ocuparé de ello; **~ Sie mich bitte ausreden** déjeme acabar de hablar; **einen fahren ~** *(fam)* tirarse un pedo; **jdn laufen ~** *(fam)* soltar a alguien; **etw geschehen ~** dejar pasar algo; **lass ihn nur kommen!** ¡déjale que venga!; **sich** *dat* **einen Bart stehen ~** dejarse crecer la barba ② *(veranlassen)* hacer *+inf*; **sich scheiden ~** divorciarse; **sich** *dat* **die Haare schneiden ~** (ir a) cortarse el pelo; **ich lasse bitten** hágale pasar; **er lässt dich grüßen** te manda saludos; **ich habe mir sagen ~, dass ...** me dijeron que... ③ *(unverändert lassen)* **etw sein** [*o* **bleiben**] **~** dejar algo; **jdn hängen ~** dejar a alguien plantado; **sich hängen ~** dejarse ir; **etw liegen ~** *(nicht wegnehmen)* dejar algo;

(vergessen) olvidar algo; *(unerledigt lassen)* interrumpir algo; **jdn links liegen ~** pasar de largo a alguien; **stecken ~** no sacar; *(Schlüssel)* dejar puesto; **lass dein Geld stecken!** ¡déjalo (yo pago)!; **stehen ~** *(nicht wegnehmen, vergessen)* dejar; *(nicht zerstören)* conservar; *(Essen)* dejar en el plato; *(sich abwenden)* dejar plantado; *(bei einem Termin)* dar plantón ④ *(Imperativ)* **lass uns gehen!** ¡vámonos!; **lasset uns beten** oremos; **lass es dir schmecken** que aproveche; **lass es dir gut gehen** que te vaya bien ⑤ *(lassen + sich: möglich sein)* poderse; **das wird sich einrichten ~** esto se arreglará; **das lässt sich nicht vermeiden** esto no se puede evitar; **ich will sehen, was sich tun lässt** voy a ver qué es lo que podemos hacer; **der Wein lässt sich trinken** el vino se puede beber; **das lässt sich hören** no está mal

lässig ['lɛsɪç] *adj* ① *(ungezwungen)* desenfadado ② *(fam: leicht)* fácil; *(ohne Anstrengung)* sin esfuerzo

Lässigkeit *f ohne pl* desenfado *m*

Lasso ['laso] *nt* <-s, -s> lazo *m*

lässt [lɛst] *3. präs von* **lassen**

Last [last] *f* <-en> ① *(a. fig)* carga *f; (Gewicht)* peso *m;* **jdm zur ~ fallen** ser una carga para alguien; **jdm etw zur ~ legen** acusar a alguien de algo; **das geht zu deinen ~en** eso queda de tu cuenta ② *pl (Abgaben)* cargas *fpl*

Last(kraft)wagen *m* camión *m*

lasten ['lastən] *vi* pesar (**auf** sobre)

Lastenaufzug *m* montacargas *m inv,* elevador *m Arg*

lastenfrei *adj* (FIN) sin cargas, libre de cargas

Lastenverteilung *f ohne pl* (WIRTSCH) reparto *m* de cargas

Laster[1] *m* <-s, -> *(fam)* camión *m*

Laster[2] *nt* <-s, -> vicio *m*

Lästerer, -in ['lɛstərɐ] *m, f* <-s, -; -, -nen> cotilla *mf*

lasterhaft *adj* vicioso

Lästerin *f* <-nen> *s.* **Lästerer**

lästern ['lɛstɐn] *vi (abw)* **über jdn ~** poner verde a alguien

Lästerung *f* <-, -en> maledicencia *f;* (REL) blasfemia *f*

Lastesel *m (a. fam)* burro *m* de carga

lästig ['lɛstɪç] *adj* pesado, odioso *Am,* espeso *Arg, Perú, Ven,* molón *Guat, Ecua, Méx;* **jdm ~ sein** molestar a alguien

Lastkahn *m* gabarra *f*

Lastschrift *f* (FIN) cargo *m*

Lastschriftverfahren *nt* <-s, -> (FIN) procedimiento *m* de nota de cargo

Lasttier *nt* bestia *f* de carga

Lastwagen *m* camión *m*

Lastwagenfahrer(in) *m(f)* camionero, -a *m, f*

Lastzug *m* camión *m* con remolque

Lasur [la'zuːɐ] *f* <-en> barniz *m*

lasziv [las'tsiːf] *adj* lascivo

Laszivität [lastsivi'tɛːt] *f* <-, *ohne pl*> *(geh)* ① *(Sinnlichkeit)* lascivia *f* ② *(Anstößigkeit)* indecencia *f*

Latein [la'taɪn] *nt* <-s, *ohne pl*> latín *m;* **mit seinem ~ am Ende sein** no saber cómo continuar

Lateinamerika [---'---] *nt* Latinoamérica *f*

Lateinamerikaner(in) [-----'--] *m(f)* latinoamericano, -a *m, f*

lateinamerikanisch [-----'--] *adj* latinoamericano

lateinisch [la'taɪnɪʃ] *adj* latino

Lateinisch *nt* <-(s), *ohne pl*>, **Lateinische** *nt* <-n, *ohne pl*> latín *m*

latent [la'tɛnt] *adj* latente; **~ vorhanden sein** estar latente

Latenz *f* <-, *ohne pl*> (BIOL, MED) latencia *f*

lateral [late'raːl] *adj* lateral

Laterne [la'tɛrnə] *f* <-n> linterna *f; (Straßenlaterne)* farola *f*

Laternenpfahl *m* poste *m* de farola

Latex ['laːtɛks, *pl:* 'laːtitseːs] *m* <-, Latizes> látex *m inv*

Latinum [la'tiːnʊm] *nt* <-s, *ohne pl*> *diploma de latín;* **das kleine/große** [*o* **Kleine/Große**] **~** *diploma adquirido tras tres/seis años de estudio del latín*

Latrine [la'triːnə] *f* <-, -n> letrina *f*

latschen ['laːtʃən] *vi sein (fam)* ① *(gehen)* andar; *(zu Fuß gehen)* ir a pie ② *(schlurfen)* arrastrar los pies ③ *(rücksichtslos trampeln)* pisotear (**über**)

Latschen ['laːtʃən] *m* <-s, -> *(fam)* zapato *m* viejo, ojota *f Am;* **aus den ~ kippen** *(fam: ohnmächtig werden)* desmayarse; *(sehr überrascht sein)* quedarse asombradísimo

Latte ['latə] *f* <-n> ① *(Brett)* tabla *f;* **eine lange ~ sein** *(fam)* ser un fideo ② (SPORT: *am Tor*) larguero *m; (Hochsprung)* listón *m* ③ *(fam: Menge)* **eine ganze ~ von …** *(fam)* una gran cantidad de… ④ *(fam: erigierter Penis)* estaca *f*

Latte macchiato ['latə ma'kiaːto] *m o f* <-, - -(s)> (GASTR) (leche *f*) manchada *f*

Lattenrost *m* somier *m*

Lattenzaun *m* empalizada *f*

Latz [lats, *pl:* 'lɛtsə] *m* <-es, Lätze> ① *(Lätzchen)* babero *m* ② *(an Kleidung)* peto *m*

Lätzchen ['lɛtsçən] *nt* <-s, -> babero *m*

Latzhose *f* pantalón *m* de peto

lau [laʊ] *adj* tibio
Laub [laʊp] *nt* <-(e)s, *ohne pl*> fronda *f,* follaje *m*
Laubbaum *m* árbol *m* de hoja caduca
Laube ['laʊbə] *f* <-n> cenador *m*
Laubfrosch *m* (ZOOL) rana *f* de zarzal
Laubrechen *m (für Gartenarbeit)* escoba *f* para césped
Laubsäge *f* segueta *f*
Laubwald *m* bosque *m* caducifolio
Lauch [laʊx] *m* <-(e)s, -e> puerro *m*
Lauchzwiebel *f* cebolla *f* de puerro
Laudatio [laʊ'daːtsjo, *pl:* laʊda'tsjoːneːs] *f* <-, -nes *o* -nen> laudatoria *f*
Lauer ['laʊɐ] *f ohne pl* **auf der ~ liegen** *(fam)* estar al acecho
lauern ['laʊɐn] *vi (fam)* ① *(warten)* acechar (**auf** a), pispar (**auf** a) *Arg* ② *(ungeduldig warten)* esperar con impaciencia (**auf** a)
Lauf[1] [laʊf, *pl:* 'lɔɪfə] *m* <-(e)s, Läufe> ① (SPORT) carrera *f* ② *(Gewehrlauf)* cañón *m*
Lauf[2] *m* <-(e)s, *ohne pl*> ① (*a.* ASTR: *das Laufen*) carrera *f* ② *(Verlauf)* (tras)curso *m,* rumbo *m;* **die Sache nimmt ihren ~** el asunto toma su rumbo; **im ~e eines Gesprächs** en el trascurso de una conversación; **das ist der ~ der Dinge** es el rumbo de las cosas; **seiner Fantasie freien ~ lassen** dar rienda suelta a su fantasía ③ *(von Maschinen)* marcha *f* ④ *(Flusslauf)* curso *m*
Laufbahn *f* ① *(beruflich)* carrera *f* (profesional) ② (SPORT) pista *f*
Laufband *nt* (SPORT) cinta *f* para correr
Laufbursche *m (abw)* chico *m* de los recados; *(in Büro)* botones *m inv*
laufen ['laʊfən] <läuft, lief, gelaufen> **I.** *vi sein* ① *(rennen, fließen)* correr; **der Wasserhahn läuft** el grifo está abierto ② *(fam: gehen)* andar, caminar; **er lief mir direkt in die Arme** tropecé con él; **jdm über den Weg ~** cruzarse con alguien ③ *(in Betrieb sein)* funcionar; *(Motor)* estar en marcha; **das Radio lief** tenían puesta la radio ④ *(undicht sein)* gotear; *(fam: Käse, Butter)* derretirse ⑤ (FILM) estar en cartelera; *(Vorführung)* empezar ⑥ *(Prozess, Bewerbung)* estar en trámite; *(Vertrag, Abkommen)* estar vigente; *(fam: Geschäft)* ir bien; **der Wagen läuft auf seinen Namen** el coche está a su nombre; **das läuft unter „Sonderausgaben"** esto se declara como "gastos especiales"; **die Sache ist ge~** *(fam)* se acabó ⑦ *(verlaufen)* ir, correr; *(Fluss, Weg)* ir; **auf Rollen ~** tener ruedas; **auf Schienen ~** correr sobre vías; **ein Murmeln lief durch die Menge** un rumor corrió por la multitud; **es läuft mir eiskalt über den Rücken** me dan escalofríos **II.** *vt* ① *sein (Strecke)* recorrer; **Ski/Rollschuh/Schlittschuh ~** esquiar/patinar/patinar sobre hielo; **er ist Weltrekord ge~** hizo el récord mundial; **einen Umweg ~** dar un rodeo ② *haben* **ich habe mir Blasen ge~** tengo ampollas de tanto andar **III.** *vunpers* **in den Schuhen läuft es sich gut** se anda bien con estos zapatos
laufend I. *adj* corriente; **im ~en Jahr** en el año corriente; **am ~en Band** sin interrupción **II.** *adv (ständig)* continuamente; **auf dem L~en sein** estar al día; **jdn auf dem L~en halten** poner a alguien al corriente
Läufer[1] *m* <-s, -> ① *(Teppich)* alfombra *f* ② *(Schachfigur)* alfil *m* ③ (TECH) rotor *m*
Läufer(in)[2] ['lɔɪfɐ] *m(f)* <-s, -; -nen> (SPORT) corredor(a) *m(f)*
Lauferei *f* <-, -en> *(fam abw)* vaivén *m*
Läuferin *f* <-, -nen> *s.* **Läufer**[2]
Lauffeuer *nt* fuego *m* devorador; **etw verbreitet sich wie ein ~** algo corre como un reguero de pólvora
läufig ['lɔɪfɪç] *adj* en celo, alunado *CRi*
Laufjunge *m* <-n, -n> *s.* **Laufbursche**
Laufkundschaft *f* <-, *ohne pl*> clientela *f* de paso
Laufmasche *f* carrera *f*
Laufpass *m* **jdm den ~ geben** *(fam)* mandar a alguien a freír espárragos; **den ~ bekommen** ser despedido
Laufplanke *f* pasarela *f*
Laufschritt *m* **im ~** a paso ligero
Laufstall *m* parque *m*
Laufsteg *m* pasarela *f*
läuft [lɔɪft] *3. präs von* **laufen**
Laufwerk *nt* (INFOR) unidad *f*
Laufzeit *f* ① (FIN) plazo *m* ② *(von Verträgen)* duración *f*
Lauge ['laʊgə] *f* <-n> (*a.* CHEM) lejía *f*
Lauheit *f* <-, *ohne pl*> ① *(Milde)* suavidad *f* ② *(Halbherzigkeit)* tibieza *f*
Laune ['laʊnə] *f* <-n> ① *(Einfall)* capricho *m,* birria *f Col;* **aus einer ~ heraus** por puro capricho ② *(Stimmung)* humor *m;* **schlechte/gute ~ haben** estar de mal/de buen humor; **jdn bei ~ halten** seguirle el humor a alguien; **seine ~n an jdm auslassen** descargar su mal humor en alguien
launenhaft *adj* caprichoso; *(Wetter)* variable
Launenhaftigkeit *f* <-, *ohne pl*> **die ~ des Glücks** los avatares de la suerte
launisch *adj (abw)* caprichoso
Laus [laʊs, *pl:* 'lɔɪzə] *f* <Läuse> piojo *m;*

ihm ist eine ~ über die Leber gelaufen *(fam)* le ha picado una mosca

lauschen ['laʊʃən] *vi* ① *(zuhören)* escuchar atentamente ② *(heimlich zuhören)* estar a la escucha; **er lauschte an der Tür** estuvo a la escucha en la puerta

lauschig *adj* acogedor

lausen ['laʊzən] *vt* despiojar

lausig *adj (fam)* ① *(abw: unangenehm)* miserable; **~ spielen** jugar miserablemente ② *(abw: wenig)* ridículo ③ *(groß)* tremendo; **eine ~e Kälte** un frío tremendo

laut [laʊt] **I.** *adj* ① *(allgemein)* alto; *(lautstark)* fuerte; **das Radio ~er stellen** poner la radio más alta; **~ lesen/denken** leer/pensar en voz alta ② *(lärmerfüllt)* ruidoso; **er wird dann immer gleich ~** siempre tiende a levantar la voz; **es wurden Beschwerden ~** hubo quejas **II.** *präp +gen/dat* según, conforme (a)

Laut [laʊt] *m* <-(e)s, -e> sonido *m;* **keinen ~ von sich** *dat* **geben** no decir ni pío

Laute [laʊtə] *f* <-n> (MUS) laúd *m*

lauten [laʊtən] *vi (besagen)* decir; **gleich ~d** *(im Klang)* homófono; *(im Wortlaut)* idéntico *pl;* **dieser Paragraf lautet wörtlich: …** este artículo dice literalmente:…; **der Pass lautet auf den Namen …** el pasaporte está expedido a nombre de…; **wie lautet ihr Name?** ¿cómo se llama?; **Ihr Auftrag lautet …** su tarea consiste en…; **die Anklage lautet auf Erpressung** se le acusa de chantaje

läuten ['lɔɪtən] **I.** *vi* ① *(an der Tür)* tocar (el timbre) ② *(Telefon, Glocke)* sonar; **es hat geläutet** llaman (a la puerta); **von etw ~ hören** oír campanas y no saber dónde **II.** *vt (Glocken)* tocar

lauter ['laʊtɐ] *adj* ① *(geh: Mensch)* sincero ② *inv (nur)* solo; *(viel(e))* mucho(s); **vor ~ Kummer** de pura pena

läutern ['lɔɪtɐn] *vt* ① *(reinigen)* purificar ② *(bessern)* mejorar

Läuterung *f* <-, -en> depuración *f*

lauthals ['--] *adv* a grito pelado

Lautlehre *f ohne pl* (LING) fonética *f*

lautlich *adj* fonético

lautlos **I.** *adj* silencioso **II.** *adv* sin ruido, en silencio

Lautlosigkeit *f* <-, *ohne pl*> silencio *m*

Lautmalerei *f* <-, -en> (LING) onomatopeya *f*

lautmalerisch *adj* onomatopéyico

Lautschrift *f* (LING) tra(n)scripción *f* fonética

Lautsprecher *m* altavoz *m,* altoparlante *m Am*

Lautsprecherbox *f* bafle *m*

Lautsprecherdurchsage *f* <-, -n> anuncio *m* por los altavoces

lautstark ['--] *adj* fuerte; *(heftig)* enérgico

Lautstärke *f* volumen *m;* **bei voller ~** a todo volumen

Lautstärkeregler *m* regulador *m* de volumen, control *m* de volumen

lauwarm ['-'-] *adj* tibio

Lava ['la:va] *f* <Laven> (GEO) lava *f*

Lavendel [la'vɛndəl] *m* <-s, -> lavanda *f*

Lawine [la'vi:nə] *f* <-n> alud *m,* avalancha *f;* **eine ~ ins Rollen bringen** desencadenar una avalancha

lawinenartig **I.** *adj* que aumenta imparablemente **II.** *adv* de manera imparable

Lawinengefahr *f* peligro *m* de aludes

lax [laks] *adj (abw)* descuidado

Layout *nt* <-s, -s>, **Lay-out** *nt* <-s, -s> (TYPO) composición *f*

Lazarett [latsa'rɛt] *nt* <-(e)s, -e> hospital *m* militar

LCD [ɛltse:'de:] *nt* <-s, -s> *Abk. von* **liquid crystal display** pantalla *f* de cristal líquido

LCD-Anzeige *f* (INFOR, TECH) visualización *f* por cristal líquido

leasen ['li:zən] *vt* alquilar con opción de compra; **ein geleastes Auto** un coche adquirido por leasing

Leasing ['li:zɪŋ] *nt* <-s, -s> (WIRTSCH) leasing *m*

leben ['le:bən] *vi, vt* vivir; **bei jdm ~** vivir en casa de alguien; **er hat nicht mehr lange zu ~** no le queda mucho tiempo de vida; **genug zum L~ haben** tener suficiente para vivir; **man lebt nur einmal!** ¡solamente se vive una vez!; **leb wohl!** ¡que te vaya bien!; **es lebe …!** ¡viva…!; **allein ~** vivir solo; **er lebt über seine Verhältnisse** gasta más de lo que gana; **er lebt von seiner Rente** vive de su pensión; **damit kann ich ~** me las puedo apañar con eso; **damit muss ich ~** tengo que aceptarlo

Leben *nt* <-s, -> vida *f; (Existenz)* existencia *f; (Bewegtheit)* movimiento *m;* **etw ins ~ rufen** dar vida a algo; **am ~ sein** estar con vida; **das tue ich für mein ~ gern** me encanta hacerlo; **nie im ~** en mi vida; **es geht um ~ und Tod** es un asunto de vida o muerte; **der Mann/die Frau meines ~s** el hombre/la mujer de mi vida; **ums ~ kommen** morir; **mit dem ~ davonkommen** escapar con vida; **etw mit dem ~ bezahlen** pagar algo con la propia vida; **sich** *dat* **das ~ schwer machen** complicarse la vida; **sich mit Betteln durchs ~ schlagen** vivir de la limosna; **am ~ hängen** amar la vida; **um sein ~ laufen** correr para salvar el pellejo; **sich** *dat* **das ~ nehmen** quitarse la vida; **jdm das ~ retten** salvar la vida a alguien; **Geld oder ~!** ¡la bolsa o la vida!; **das öffentliche ~** la vida pública; **das ist wie im richtigen ~** esto parece tomado de la vida real; **~ in etw bringen** animar algo; **daran wird sie zeit ihres ~s denken** se acordará toda su vida

lebend *adj* vivo

lebendig [le'bɛndɪç] *adj* ❶ *(lebend)* vivo; **er ist mehr tot als ~** está más muerto que vivo; **~ begraben werden** ser enterrado vivo; **Szenen aus seiner Jugendzeit wurden wieder ~** los recuerdos de su juventud cobraron vida de nuevo ❷ *(lebhaft)* vivo, lleno de vida

Lebendigkeit *f ohne pl* vivacidad *f*

Lebensabend *m (geh)* vejez *f*

Lebensabschnitt *m* período *m* de la vida

Lebensalter *nt* edad *f*

Lebensarbeitszeit *f* periodo *m* productivo

Lebensart *f* <-, -en> modo *m* de vivir, vivienda *f Am*

Lebensaufgabe *f* tarea *f* de toda una vida; **sich** *dat* **etw zur ~ machen** dedicar su vida a algo

Lebensbedingungen *fpl* condiciones *fpl* de vida

lebensbedrohend *adj* muy peligroso

lebensbejahend *adj* optimista, positivo

Lebensdauer *f* ❶ *(von Mensch)* vida *f* ❷ *(von Material, Maschine)* durabilidad *f*

Lebenselixier *nt* <-s, -e> elixir *m* de la vida

Lebensende *nt* término *m* de la vida; **bis an mein ~** hasta el fin de mis días

Lebenserfahrung *f ohne pl* experiencia *f* de la vida

Lebenserwartung *f ohne pl* vida *f* media

lebensfähig *adj* viable

Lebensfähigkeit *f ohne pl* viabilidad *f*

Lebensform *f* forma *f* de vida

Lebensfreude *f* alegría *f* de vivir

lebensfroh *adj* contento de la vida

Lebensgefahr *f ohne pl* peligro *m* de muerte; **in ~ schweben** estar entre la vida y la muerte; **es besteht ~** existe peligro de muerte; **außer ~ sein** estar fuera de peligro

lebensgefährlich **I.** *adj* muy peligroso; *(Verletzung)* mortal **II.** *adv* con peligro de muerte; **~ verletzt sein** estar seriamente herido

Lebensgefährte, -in *m, f* compañero, -a *m, f* de vida

Lebensgefühl *nt* estado *m* de ánimo

Lebensgeister *mpl* **jds ~ (er)wecken** levantar los ánimos de alguien

Lebensgemeinschaft *f* ❶ *(Ehe)* vida *f* conyugal ❷ *(nichtehelich)* convivencia *f*

Lebensgeschichte *f* historia *f* de una vida

lebensgroß *adj* de tamaño natural

Lebensgröße *f* **in ~** a tamaño natural

Lebenshaltung *f ohne pl* **wegen der steigenden Inflation wird die ~ immer teurer** a causa de la creciente inflación, el coste de la vida es cada vez más alto

Lebenshaltungskosten *pl* coste *m* de la vida

Lebensinhalt *m* sentido *m* de la vida; **er hat die Arbeit zu seinem ~ gemacht** ha hecho del trabajo su vida

Lebensjahr *nt* año *m* (de vida); **im zwanzigsten ~** a los veinte años de edad; **mit vollendetem 18. ~** con dieciocho años cumplidos

Lebenskraft *f* fuerza *f* vital

Lebenskünstler(in) *m(f)* persona *f* que sabe disfrutar de la vida

Lebenslage *f* situación *f* de la vida; **in jeder ~** en todas las situaciones de la vida

lebenslang *adj* durante toda la vida, de por vida

lebenslänglich *adj (Strafe)* perpetuo; **„~“ bekommen** ser condenado a cadena perpetua

Lebenslauf *m* currículum *m* vitae; **~ des beruflichen Werdegangs** el currículum profesional

Lebenslust *f ohne pl* ganas *fpl* de vivir

lebenslustig *adj* vivo

Lebensmittel *ntpl* comestibles *mpl*, alimentos *mpl*, abarrotes *mpl Méx, Cuba*

Lebensmittelabteilung *f* sección *f* de alimentación [*o* comestibles]

Lebensmittelallergie *f* alergia *f* alimentaria

Lebensmittelchemie *f* <-, *ohne pl*> química *f* alimenticia

Lebensmittelchemiker(in) *m(f)* químico, -a *m, f* alimentario , -a

Lebensmittelgeschäft *nt* tienda *f* de comestibles, pulpería *f Am*, abarrote *m Cuba, Méx*, abarrotería *f Guat*, almacén *m CSur*

Lebensmittelhändler(in) *m(f)* tendero, -a *m, f*

Lebensmittelintoleranz *f* intolerancia *f* alimentaria [*o* a los alimentos]

Lebensmittelvergiftung *f* (MED) intoxicación *f* alimenticia

Lebensmittelvorrat *m* <-(e)s, -räte> reserva *f* de comestibles

lebensmüde *adj* cansado de la vida; **du bist wohl ~!** *(fam)* ¿pero es que quieres matarte?

lebensnah *adj* realista

lebensnotwendig *adj* vital

L

Lebenspartner(in) *m(f)* compañero, -a *m, f*
Lebensqualität *f ohne pl* calidad *f* de vida
Lebensraum *m* espacio *m* vital; (BIOL) biotopo *m*
Lebensretter(in) *m(f)* salvador(a) *m(f)* (de una vida)
Lebensstandard *m* nivel *m* de vida
Lebensstil *m* estilo *m* de vida
Lebensunterhalt *m* subsistencia *f,* sustento *m;* **seinen ~ verdienen** ganarse la vida
Lebensverlängerung *f* ① *(höhere Lebensdauer)* prolongación *f* de la vida ② (MED: *Hinauszögern des Sterbens*) prolongación *f* artificial de la vida
Lebensversicherung *f* seguro *m* de vida
Lebenswandel *m* (modo *m* de) vida *f;* **einen zweifelhaften ~ führen** llevar una vida sospechosa
Lebensweg *m* vida *f;* **jdm alles Gute für den weiteren ~ wünschen** desear a alguien lo mejor para el futuro
Lebensweise *f* modo *m* de vivir
Lebensweisheit *f* máxima *f*
Lebenswerk *nt* obra *f* de la vida
lebenswert *adj* que vale la pena vivir; **für jdn ist das Leben nicht mehr ~** alguien cree que ya no vale la pena seguir viviendo
lebenswichtig *adj* vital; *(Güter)* de primera necesidad
Lebenswille *m* deseo *m* de vivir
Lebenszeichen *nt* señal *f* de vida; (**k**)**ein ~** (**von sich** *dat*) **geben** (no) dar señales de vida
Lebenszeit *f ohne pl* (duración *f* de la) vida *f;* **er ist Beamter auf ~** es funcionario vitalicio
Leber ['le:bɐ] *f* <-n> hígado *m;* **frisch von der ~ weg reden** *(fam)* hablar con toda franqueza
Leberentzündung *f* (MED) inflamación *f* del hígado
Leberfleck *m* lunar *m*
Leberkäse *m* (GASTR) paté *m* de carne horneada
Leberknödel *m* (GASTR) albóndiga *f* de hígado
Leberleiden *nt* (MED) enfermedad *f* del hígado
Leberpastete *f* (paté *m* de) fuagrás *m*
Lebertran ['--tra:n] *m* <-s, *ohne pl*> aceite *m* de hígado de bacalao
Leberwert *m* (MED) índice *m* hepático
Leberwurst *f* paté *m* de hígado; **die beleidigte ~ spielen** *(fam)* dárselas de ofendido
Leberzirrhose *f* (MED) cirrosis *f inv* hepática
Lebewesen *nt* ser *m* vivo
Lebewohl [--'-] *nt* <-(e)s, -s *o* -e> *(geh)* adiós *m;* **jdm ~ sagen** despedirse de alguien
lebhaft *adj* ① *(Mensch, Augen)* vivaz; *(Unterhaltung)* animado; *(Interesse, Temperament, Farbe)* vivo ② *(Verkehr, Handel)* intenso; **es geht ~ zu** hay una gran actividad ③ *(klar, deutlich)* claro; **ich kann mich noch ~ daran erinnern, dass ...** aún puedo acordarme vivamente de que...
Lebhaftigkeit *f ohne pl* viveza *f,* vivacidad *f*
Lebkuchen *m* pan *m* de especias
leblos *adj* sin vida, inanimado
Lebzeiten *pl* **zu jds ~** en vida de alguien
lechzen ['lɛçtsən] *vi (geh)* ansiar (**nach**)
Lecithin [letsi'ti:n] *nt* <-s, -e> (CHEM, BIOL) lecitina *f*
leck [lɛk] *adj* agujereado; *(Schiff)* que hace agua
Leck [lɛk] *nt* <-(e)s, -e> vía *f* de agua
lecken ['lɛkən] **I.** *vi* ① *(Gefäß)* perder agua ② *(Schiff)* hacer agua **II.** *vt* lamer; **sich** *dat* **die Finger nach etw** *fam* **~** chuparse los dedos por algo
lecker ['lɛkɐ] *adj* rico
Leckerbissen *m* exquisitez *f*
LED-Anzeige [ɛlʔe:'de:-] *f* (INFOR, TECH) visualización *f* por diodo luminoso
Leder ['le:dɐ] *nt* <-s, -> ① *(Tierhaut)* cuero *m* ② *(fam: Fußball)* cuero *m*
Lederhandschuh *m* guante *m* de piel
Lederhose *f* pantalón *m* de cuero
Lederjacke *f* chaqueta *f* de cuero
ledern ['le:dɐn] *adj* de cuero
Lederwaren *fpl* artículos *mpl* de cuero
Lederwarenindustrie *f* industria *f* peletera
ledig ['le:dɪç] *adj* ① *(unverheiratet)* soltero ② *(geh: frei)* libre (+*gen* de)
lediglich ['le:dɪklɪç] *adv* solo, únicamente
leer [le:ɐ] *adj* ① *(ohne Inhalt)* vacío; *(unbeschrieben)* en blanco; *(Zimmer)* no amueblado; **mit ~en Händen dastehen** encontrarse con las manos vacías; **den Teller ~ essen** vaciar el plato; **~ ausgehen** quedarse con las ganas; **mit ~em Magen** en ayunas ② *(nichts sagend)* vano
Leere ['le:rə] *f ohne pl* vacío *m;* *(Substanzlosigkeit)* vacuidad *f;* **es herrschte gähnende ~** no había ni un alma; **ins ~ starren** mirar al vacío
leeren ['le:rən] **I.** *vt* *(Behälter)* vaciar; *(Glas)* apurar; *(Briefkasten)* recoger las cartas; **die Essensreste in den Mülleimer ~** echar los restos de comida a la basura **II.** *vr:* **sich ~** vaciarse
Leergewicht *nt* tara *f*
Leergut *nt ohne pl* envase *m* retornable, casco *m fam*

Leerlauf *m ohne pl (a. fig* AUTO) punto *m* muerto
leerstehend *adj s.* **stehend 3.**
Leertaste *f* espaciador *m*
Leerung *f* <-en> vaciado *m; (von Briefkästen)* recogida *f*
Leerungszeit *f* horario *m* de recogida (de los buzones)
Leerzeichen *nt* (TYPO, INFOR) espacio *m*
Leerzeile *f* (INFOR, TYPO) línea *f* en blanco
legal [le'ga:l] *adj* legal
legalisieren* [legali'zi:rən] *vt* legalizar
Legalisierung *f* <-, -en> ① (JUR: *Beglaubigung*) autentificación *f; (von Dokumenten)* compulsa *f* ② *(geh)* legalización *f*
Legalität [legali'tɛ:t] *f ohne pl* legalidad *f;* **außerhalb der ~ liegen** estar al margen de la legalidad
Legasthenie [legaste'ni:] *f* <-, *ohne pl*> (PSYCH, MED) dislexia *f*
Legastheniker(in) [legas'te:nikɐ] *m(f)* <-s, -; -nen> disléxico, -a *m, f*
legasthenisch *adj* (PSYCH, MED) disléxico
legen ['le:gən] **I.** *vt* ① *(allgemein)* poner; *(hinlegen)* colocar (horizontalmente); **das Buch auf den Tisch ~** poner el libro encima de la mesa; **er legte ihm den Arm um die Schultern** le echó el brazo por encima del hombro; **er legte die Stirn in Falten** frunció el ceño; **etw aus der Hand ~** soltar algo ② *(Fliesen)* poner; *(Leitungen)* instalar; *(Schienen, Minen)* colocar ③ *(Feuer)* prender; *(Karten)* echar; *(Eier)* poner; **waschen und ~** *(Haare)* lavar y marcar **II.** *vr:* **sich ~** ① *(sich hinlegen)* tenderse; **sich schlafen ~** acostarse; **sich in die Sonne ~** tenderse al sol; **sich ins Bett ~** acostarse; **sich auf den Bauch/auf den Rücken ~** ponerse boca abajo/boca arriba ② *(Lärm, Kälte)* disminuir; *(Zorn, Begeisterung)* amainar; *(Sturm)* calmarse ③ *(befallen)* depositarse (**auf** en)
legendär [legɛn'dɛ:ɐ] *adj* legendario
Legende [le'gɛndə] *f* <-n> leyenda *f*
leger [le'ʒe:ɐ] *adj* desenvuelto
Leggings ['lɛgɪŋs] *pl* leggings *mpl*
Legierung *f* <-en> aleación *f*
Legion [le'gjo:n] *f* <-en> legión *f*
Legionär [legjo'nɛ:ɐ] *m* <-s, -e> legionario *m*
Legionärskrankheit *f* (MED) enfermedad *f* del legionario
Legislative [legɪsla'ti:və] *f* <-n> (POL) ① *(gesetzgebende Gewalt)* poder *m* legislativo ② *(Versammlung)* asamblea *f* legislativa
Legislaturperiode [legɪsla'tu:ɐ-] *f* legislatura *f*
legitim [legi'ti:m] *adj* legítimo
Legitimation [legitima'tsjo:n] *f* <-en> ① *(Berechtigung)* legitimación *f* ② *(Erlaubnis)* autorización *f*
legitimieren* [legiti'mi:rən] **I.** *vt* ① *(legitim erklären)* legitimar ② *(erlauben)* autorizar **II.** *vr:* **sich ~** identificarse
Legitimität [legitimi'tɛ:t] *f ohne pl* legitimidad *f*
Leguan ['le:gua:n] *m* <-s, -e> (ZOOL) iguana *f,* basilisco *m Am*
Lehm [le:m] *m* <-(e)s, -e> barro *m*
Lehmboden *m* suelo *m* arcilloso
lehmig *adj* barroso
Lehmziegel *m* <-s, -> adobe *m*
Lehne ['le:nə] *f* <-n> apoyo *m; (Armlehne)* brazo *m; (Rückenlehne)* respaldo *m*
lehnen ['le:nən] **I.** *vi* estar apoyado (**an** en) **II.** *vt* apoyar (**an/gegen** en) **III.** *vr:* **sich ~** apoyarse (**an/gegen** en), arrimarse (**an/gegen** a); **er lehnt sich aus dem Fenster** se asoma por la ventana
Lehnsessel *m* <-s, -> butaca *f,* sillón *m*
Lehnstuhl *m* butaca *f*
Lehnwort *nt* (LING) préstamo *m*
Lehramt ['le:ɐ-] *nt* docencia *f,* carrera *f* docente; **auf ~ studieren** estudiar para ser profesor de enseñanza media
Lehramtsstudium *nt* <-s, *ohne pl*> *estudios universitarios orientados a la docencia en la enseñanza media*
Lehrauftrag *m* <-(e)s, -träge> encargo *m* de curso; **er hat einen ~ für Geschichte** tiene un puesto de profesor de historia
Lehrbeauftragte(r) *mf* encargado, -a *m, f* de (un) curso
Lehrberuf *m* profesión *f* docente
Lehrbuch *nt* libro *m* de texto
Lehre ['le:rə] *f* <-n> ① *(Ausbildung)* aprendizaje *m;* **in der ~ sein** estar de aprendiz ② *(Theorie)* teoría *f; (Wissenschaft)* ciencia *f;* (REL, PHILOS) doctrina *f* ③ *(Erfahrung)* lección *f;* **eine ~ aus etw** *dat* **ziehen** sacar una conclusión de algo; **lass dir das eine ~ sein** que te sirva esto de lección ④ (TECH) calibrador *m*
lehren ['le:rən] *vt (beibringen)* enseñar; *(unterrichten)* instruir; (SCH, UNIV) dar clases (de); **er lehrt die Kinder das Malen** instruye a los niños en pintura; **die Geschichte lehrt uns, dass ...** la historia nos enseña que…
Lehrer(in) *m(f)* <-s, -; -nen> profesor(a) *m(f)*
Lehrerkollegium *nt* profesorado *m*
Lehrerpult *nt* tribuna *f* (del profesor)
Lehrerschaft *f* <-, -en> profesorado *m*
Lehrerzimmer *nt* sala *f* de profesores
Lehrfach *nt* asignatura *f*

L

Lehrfilm *m* <-(e)s, -e> (SCH) película *f* educativa

Lehrgang *m* <-(e)s, -gänge> curso *m*, cursillo *m;* **er ist auf einem ~** está haciendo un cursillo

Lehrgeld *nt* **~ zahlen** pagar caro el aprendizaje

Lehrjahr *nt* año *m* de aprendizaje; **er ist im zweiten ~** está en el segundo año de aprendizaje

Lehrkörper *m* cuerpo *m* docente

Lehrkraft *f* profesor(a) *m(f)*

Lehrling *m* <-s, -e> aprendiz(a) *m(f)*, cadete *mf CSur,* peón *m Méx*

Lehrmaterial *nt* material *m* docente

Lehrmeinung *f* doctrina *f;* **hier gehen die ~en auseinander** aquí disienten las opiniones de los expertos

Lehrmeister(in) *m(f)* maestro, -a *m, f*

Lehrmittel *ntpl* (SCH) material *m* didáctico

Lehrplan *m* plan *m* de estudios

Lehrprobe *f* <-, -n> (SCH) (clase *f* de) práctica *f;* (**in etw** *dat*) **eine ~ halten** dar una práctica (de algo)

lehrreich *adj* instructivo

Lehrsatz *m* teorema *m*

Lehrstelle *f* puesto *m* de aprendiz

Lehrstoff *m* materia *f* de enseñanza

Lehrstuhl *m* cátedra *f* (**für** de)

Lehrwerk *nt* <-(e)s, -e> manual *m*

Lehrwerkstatt *f* escuela *f* taller

Lehrzeit *f* tiempo *m* de aprendizaje

Leib [laɪp] *m* <-(e)s, -er> *(geh)* ① *(Körper)* cuerpo *m;* **bei lebendigem ~e** en vivo; **etw am eigenen ~e erfahren** vivir algo en su propia piel; **jdm auf den ~ rücken** *(fam)* acosar a alguien; **mit ~ und Seele** con apasionamiento; **sich** *dat* **jdn vom ~e halten** *(fam)* mantener a alguien a distancia; **sich** *dat* **jdn vom ~e schaffen** *(fam)* quitarse de encima a alguien; **die Rolle ist ihr wie auf den ~ geschrieben** el papel le viene a la medida; **einer Aufgabe zu ~e rücken** poner manos a la obra ② *(Bauch)* vientre *m*

Leibarzt, -ärztin *m, f* médico, -a *m, f* de cámara

Leibeigene(r) *mf* <-n, -n; -n, -n> (HIST) siervo, -a *m, f*

Leibeigenschaft *f* <-, *ohne pl*> (HIST) servidumbre *f*

Leibesfrucht *f* (MED) feto *m*

Leibeskräfte *fpl* **aus/nach ~n** a más no poder

Leibesübungen *fpl (formal)* (clase *f* de) deporte *m*

Leibesvisitation *f* cacheo *m*

Leibgarde *f* <-, -n> guardia *f* de corps

Leibgericht *nt* plato *m* favorito

leibhaftig [-'--] *adj* en persona; **der L~e** el diablo

leiblich *adj* ① *(körperlich)* corporal, físico; **das ~e Wohl** el bienestar físico ② *(blutsverwandt)* carnal

Leibspeise *f* plato *m* favorito

Leibwache *f* guardia *f* personal

Leibwächter(in) *m(f)* guardaespaldas *mf inv,* capanga *m CSur*

Leiche ['laɪçə] *f* <-n> cadáver *m;* **er geht über ~n** *(abw)* no tiene escrúpulos

leichenblass ['-'-] *adj* pálido como un muerto

Leichenhalle *f* depósito *m* de cadáveres

Leichenhaus *nt* morgue *f*

Leichenschändung *f* profanación *f* de cadáveres

Leichenschauhaus *nt* morgue *f,* afanaduría *f Méx*

Leichenschmaus *m* convite *m* del funeral

Leichenstarre *f* rigidez *f* cadavérica

Leichentuch *nt* mortaja *f*

Leichenwagen *m* coche *m* fúnebre

Leichnam ['laɪçna:m] *m* <-s, -e> *(geh)* cadáver *m*

leicht [laɪçt] **I.** *adj* ① *(an Gewicht)* ligero; **~ gekleidet sein** ir vestido con ropa ligera; **~e Kost** comida ligera; **etw ~en Herzens tun** hacer algo a la ligera ② *(unkompliziert)* fácil; *(einfach)* sencillo; **etw mit ~er Hand erledigen** efectuar algo con facilidad; **nichts ~er als das!** ¡nada más fácil! ③ *(schwach)* leve; **ein ~er Regen** una lluvia fina **II.** *adv* ① *(schnell)* con facilidad; *(einfach)* fácil; **er ist ~ beleidigt** se ofende con facilidad; **~ zerbrechlich** muy frágil; **~ zu bedienen** de fácil manejo; **sich** *dat* **etw zu ~ machen** tomarse algo a la ligera; **das passiert mir so ~ nicht wieder** eso no me volverá a ocurrir con tanta facilidad; **so ~ kriegt ihr mich nicht** no me vais a pillar tan fácilmente; **du hast ~ reden** tú (bien) puedes hablar; **das ist ~er gesagt als getan** eso se dice pronto ② *(gering)* poco; **~ gesalzen** poco salado; **~ erkältet** levemente acatarrado

Leichtathlet(in) *m(f)* atleta *mf*

Leichtathletik *f ohne pl* atletismo *m*

Leichtathletin *f s.* **Leichtathlet**

Leichter *m* <-s, -> (NAUT) ① *(Schiff)* lancha *f* ② *(Container)* contenedor *m* flotante

leicht|fallen *irr vi sein* **das fällt ihm leicht** esto le resulta fácil

leichtfertig *adj (abw)* frívolo; *(unvorsichtig)* imprudente; *(gedankenlos)* temerario; *(unüberlegt)* irreflexivo; **etw ~ aufs Spiel setzen** poner algo en juego sin pensar

Leichtfertigkeit *f* <-, *ohne pl*> frivoli-

dad *f; (Gedankenlosigkeit)* irreflexión *f; (Unvorsichtigkeit)* imprudencia *f*
leichtgläubig *adj* crédulo
Leichtgläubigkeit *f <-, ohne pl>* credulidad *f*
Leichtheit *f <-, ohne pl> s.* **Leichtigkeit**
leichthin ['-'-] *adv* sin pensar, a la ligera
Leichtigkeit *f ohne pl* ❶ *(Gewicht)* poco peso *m* ❷ *(Mühelosigkeit)* facilidad *f;* **mit ~** con facilidad
leichtlebig *adj* despreocupado, frívolo
Leichtmetall *nt* metal *m* ligero
leicht|nehmen *irr vt* **etw ~** *(hinnehmen)* tomar algo bien; *(nicht ernst nehmen)* tomar algo a la ligera
Leichtsinn *m ohne pl (Unvorsichtigkeit)* imprudencia *f; (Unbesonnenheit)* irreflexión *f*
leichtsinnig I. *adj (unverantwortlich)* irresponsable; *(sorglos)* despreocupado; *(unklug)* insensato **II.** *adv* sin cuidado; **~ mit etw** *dat* **umgehen** tratar algo sin cuidado
Leichtsinnigkeit *f <-, ohne pl> s.* **Leichtsinn**
leichtverdaulich ['--'--] *adj s.* **verdaulich**
leichtverständlich ['--'--] *adj s.* **verständlich**
leid [laɪt] *adv* **ich bin es ~** *(fam)* estoy harto
Leid [laɪt] *nt <-(e)s, ohne pl>* ❶ *(Kummer)* pena *f; (Leiden)* sufrimiento *m;* **Freud und ~ miteinander teilen** compartir lo bueno y lo malo; **jdm sein ~ klagen** confiar a alguien sus penas ❷ *(Unglück)* desgracia *f; (Unrecht)* mal *m;* **jdm ein ~ zufügen** causar daño a alguien; **jdm etw zu ~e tun** causar daño a alguien; *s. a.* **zuleide**
leiden ['laɪdən] <leidet, litt, gelitten> **I.** *vi* sufrir (**an** de, **unter** con) **II.** *vt (erdulden)* sufrir; **Hunger ~** pasar hambre; **Not ~** vivir en la miseria; **ich kann sie** (**nicht**) **~** (no) me cae bien; **das kann ich nicht ~!** ¡eso no me gusta!; **er kann es nicht ~, wenn ...** no le gusta que... *+subj*
Leiden ['laɪdən] *nt <-s, ->* ❶ *(allgemein)* sufrimiento *m,* padecimiento *m; (Schmerz)* dolor *m* ❷ *(Krankheit)* enfermedad *f,* maleza *f Nic*
leidend *adj* ❶ *(geplagt)* atormentado; **der Kranke warf mir einen ~en Blick zu** el enfermo me miró con cara de sufrimiento ❷ *(chronisch krank)* **~ sein** padecer una enfermedad crónica
Leidenschaft *f <-en>* ❶ *(emotional)* pasión *f* (**für** por) ❷ *(für Tätigkeit)* afición *f;* **Gärtner aus ~** jardinero por afición
leidenschaftlich I. *adj* apasionado; *(begeistert)* entusiasmado **II.** *adv* con pasión; **jdn ~ lieben** amar apasionadamente a alguien; **~ gern Fahrrad fahren** ser un ciclista apasionado
Leidenschaftlichkeit *f <-, ohne pl>* apasionamiento *m*
leidenschaftslos *adj* ❶ *(emotional)* desapasionado ❷ *(sachlich)* objetivo
Leidensdruck *m <-(e)s, ohne pl>* (PSYCH) sufrimiento *m*
Leidensgefährte, -in *m, f* compañero, -a *m, f* de infortunio
Leidensgenosse, -in *m, f* compañero, -a *m, f* de fatigas
Leidensgeschichte *f* drama *m* personal (de la vida); **die ~ Christi** (REL) la Pasión de Jesucristo
Leidensmiene *f* cara *f* de pena; **eine ~ aufsetzen** poner cara de pena
Leidensweg *m (geh)* calvario *m*
leider ['laɪdɐ] *adv* por desgracia; **ich kann ~ nicht kommen** desgraciadamente no puedo ir; **~ Gottes!** ¡por desgracia!
leidig *adj (ärgerlich)* enojoso; *(lästig)* molesto; *(unangenehm)* desagradable; **das ~e Geld** el maldito dinero
leidlich I. *adj* regular **II.** *adv* regular, medianamente; **es geht mir so ~** estoy regular
Leidtragende(r) *mf <-n, -n; -n>* perjudicado, -a *m, f; (Opfer)* víctima *f*
leid|tun *irr vi* **es tut mir leid, dass ...** siento que... *+subj;* **tut mir leid!** ¡lo siento!; **er tut mir leid** me da pena; **das wird dir noch ~** esto lo vas a sentir
leidvoll *adj (geh)* doloroso
Leidwesen *nt* **zu meinem ~** muy a pesar mío
Leier ['laɪɐ] *f <-n>* ❶ (MUS) lira *f* ❷ *(abw: Klage)* cantinela *f;* **es ist immer die alte ~** *(fam)* es siempre la misma canción
Leierkasten *m (fam)* organillo *m*
leiern ['laɪɐn] *vt (fam: Gedichte)* recitar de carretilla
Leiharbeit *f ohne pl* prestamismo *m* laboral
Leihbücherei *f* biblioteca *f* de préstamo
leihen ['laɪən] <leiht, lieh, geliehen> *vt* ❶ *(ausleihen)* prestar; **kannst du mir 20 Euro ~?** ¿me puedes prestar 20 euros? ❷ *(entleihen)* tomar prestado (**von** de)
Leihfahrrad *nt* bicicleta *f* de alquiler
Leihgabe *f* préstamo *m*
Leihgebühr *f* alquiler *m,* flete *m Am*
Leihhaus *nt* monte *m* de piedad, agencia *f Chil*
Leihmutter *f* madre *f* de alquiler
Leihschein *m <-(e)s, -e>* papeleta *f*
Leihwagen *m* coche *m* de alquiler
leihweise *adv* como préstamo
Leim [laɪm] *m <-(e)s, -e>* cola *f,* almi-

L

dón *m Méx;* **aus dem ~ gehen** *(fam)* romperse; **auf den ~ gehen** *(fam)* caer en la trampa

leimen *vt* ① *(kleben)* encolar, pegar ② *(fam: hereinlegen)* engañar

Leine ['laɪnə] *f* <-n> cuerda *f; (Wäscheleine)* cuerda *f* de tender; *(Hundeleine)* correa *f;* **zieh ~!** *(fam)* ¡lárgate!

leinen ['laɪnən] *adj* de lino

Leinen *nt* <-s, -> ① *(Faser)* hilaza *f; (Gewebe)* lino *m;* **aus ~** de lino ② *(Bucheinband)* tela *f*

Leinöl *nt* aceite *m* de linaza

Leinsamen *m* linaza *f*

Leintuch *nt (reg)* sábana *f*

Leinwand[1] *f* ① *(zum Malen)* lienzo *m* ② (FILM) pantalla *f*

Leinwand[2] *f ohne pl (Gewebe)* tela *f* de lino

leise ['laɪzə] **I.** *adj* ① *(still)* silencioso; *(Radio, Stimme)* bajo; *(Geräusch, Schritt)* ligero; **bei der ~sten Berührung** con el menor roce ② *(in Andeutungen)* vago; **nicht die ~ste Ahnung haben** no tener ni la más remota idea **II.** *adv* ① *(still)* sin (hacer) ruido; **mit ~r Stimme** en voz baja; **sprich etwas ~r!** ¡habla un poco más bajo!; **das Radio ~r stellen** bajar la radio ② *(sanft)* suavemente

Leiste ['laɪstə] *f* <-n> ① *(Randleiste)* filete *m; (Fußleiste)* zócalo *m; (Zierleiste)* listel *m* ② (ANAT) ingle *f*

leisten ['laɪstən] *vt* ① *(tun, schaffen)* hacer; *(hervorbringen)* producir; **gute Arbeit ~** hacer un buen trabajo ② *(Maschine, Motor)* rendir ③ *(Hilfe, Eid)* prestar; *(Zahlung)* efectuar; **eine Unterschrift ~** firmar algo; **jdm Gesellschaft ~** hacer compañía a alguien ④ *(fam: sich gönnen)* comprar(se); **sich** *dat* **etw ~ können** poder permitirse algo ⑤ *(Frechheit)* permitir(se); *(Fehler)* cometer

Leistenbruch *m* (MED) hernia *f* inguinal

Leistung[1] *f ohne pl (Ausführung)* ejecución *f; (Bezahlung)* pago *m*

Leistung[2] *f* <-en> ① (SPORT: *das Geleistete*) rendimiento *m; (Arbeit)* trabajo *m; (Ergebnis)* resultado *m;* **eine große ~ vollbringen** conseguir un resultado excelente; **seine schulischen ~en haben nachgelassen** su rendimiento escolar ha disminuido; **die Bezahlung erfolgt nach ~** se paga a destajo ② *(von Maschine, Fabrik)* prestación *f; (von Motor)* potencia *f* ③ *(Wirksamkeit)* eficacia *f* ④ *(Betrag)* contribución *f*

Leistungsdruck *m* estrés *m;* **hohem ~ ausgesetzt sein** tener mucho stress

leistungsfähig *adj* productivo; *(tüchtig)* eficiente; *(Motor)* potente

Leistungsfähigkeit *f ohne pl* eficiencia *f; (von Motor)* potencia *f; (von Fabrik)* productividad *f*

Leistungsgesellschaft *f* sociedad *f* competitiva

Leistungskurs *m* (SCH) asignatura *f* de especialización, curso *m* superior

Leistungsnachweis *m* <-es, -e> (SCH, UNIV) certificado *m*

leistungsorientiert *adj* ① *(leistungsgerecht)* según el rendimiento; **~e Bezahlung** honorarios según rendimiento ② *(Leistung fördernd)* orientado al rendimiento

leistungsschwach *adj* de bajo rendimiento

Leistungssport *m* deporte *m* de competición

leistungsstark *adj* potente

Leistungsträger[1] *m* (WIRTSCH) entidad *f* prestataria

Leistungsträger(in)[2] *m(f)* (SPORT) jugador(a) *m(f)* decisivo , -a

Leitartikel *m* (PUBL) editorial *m*

Leitbild *nt* ideal *m,* modelo *m*

leiten ['laɪtən] *vt* ① *(verantwortlich leiten)* dirigir; *(Vorsitz haben)* presidir; *(Diskussion)* moderar ② *(führen)* llevar; *(umleiten)* desviar; **etw in die Wege ~** iniciar los trámites de algo; **sich von etw** *dat* **/jdm ~ lassen** dejarse llevar por algo/alguien ③ (TECH, PHYS) conducir

leitend *adj* ① *(führend)* director, dirigente; **~e Position** cargo dirigente; **~er Angestellter** miembro de la directiva; **der ~e Gedanke** la idea central ② (PHYS) conductor; **nicht ~** no conductor

Leiter[1] *f* <-n> escalera *f; (Stehleiter)* escalera *f* de tijera; *(Trittleiter)* escalerilla *f; (Strickleiter)* escala *f* de cuerda; **auf eine ~ steigen** subir a una escalera

Leiter[2] ['laɪtɐ] *m* <-s, -> (PHYS, TECH) conductor *m*

Leiter(in)[3] *m(f)* <-s, -; -nen> director(a) *m(f); (Kursleiter)* profesor(a) *m(f);* **kaufmännische/technische ~in** directora comercial/técnica; **der ~ der Diskussion** el moderador del debate

Leitersprosse *f* <-, -n> peldaño *m,* escalón *m*

Leitfaden *m* manual *m*

leitfähig *adj* (PHYS) conductivo

Leitfähigkeit *f ohne pl* (PHYS: *für Wärme*) conductibilidad *f; (für Strom)* conductividad *f*

Leitgedanke *m* idea *f* central

Leithammel *m* ① *(von Herde)* (carnero *m*) manso *m* ② *(abw: Anführer)* cabecilla *mf*

Leitlinie *f* (POL, WIRTSCH) línea *f* maestra

Leitmotiv *nt* leitmotiv *m*
Leitplanke *f* valla *f* protectora
Leitstelle *f* central *f*
Leitung[1] *f* <-en> ① *(Rohrleitung)* tuberías *f pl; (Wasserleitung)* cañerías *f pl* ② (ELEK, TEL) línea *f; (Kabel)* cable *m;* **eine lange ~ haben** *(fam)* tener malas entendederas ③ *(Führungsgruppe)* junta *f* directiva
Leitung[2] *f ohne pl (Führung)* dirección *f; (Geschäftsleitung)* gerencia *f; (Vorsitz)* presidencia *f;* **unter der ~ von …** bajo la dirección de…
Leitungsmast *m* (ELEK) poste *m* de conducción eléctrica
Leitungsnetz *nt* ① (ELEK) red *f* de distribución ② *(von Rohrleitungen)* red *f* de cañerías
Leitungsrohr *nt* tubo *m*
Leitungswasser *nt ohne pl* agua *f* del grifo
Leitwährung *f* (WIRTSCH) dinero *m* patrón
Leitwerk *nt* <-(e)s, -e> ① (AERO) empenaje *m,* planos *mpl* de estabilización ② (INFOR) mecanismo *m* de control
Leitwolf *m (fig)* líder *mf*
Leitzins *m* (WIRTSCH) interés *m* básico
Lektion [lɛk'tsjoːn] *f* <-en> lección *f;* **jdm eine ~ erteilen** dar una lección a alguien
Lektor(in) ['lɛktoːɐ] *m(f)* <-s, -en; -nen> *(Verlag, a.* SCH, UNIV) lector(a) *m(f)*
Lektorat [lɛkto'raːt] *nt* <-(e)s, -e> *(Verlag, a.* SCH, UNIV) lectorado *m*
Lektorin *f* <-nen> *s.* **Lektor**
Lektüre [lɛk'tyːrə] *f ohne pl* lectura *f*
Lende ['lɛndə] *f* <-n> ① (ANAT) región *f* lumbar ② *(beim Schlachtvieh)* lomo *m*
Lendenschurz [-ʃʊrts] *m* taparrabos *m inv*
Lendenwirbel *m* (ANAT) vértebra *f* lumbar
lenkbar *adj* ① *(Gegenstände)* dirigible ② *(Menschen)* dócil
Lenkdrachen *m* <-s, -> cometa *f* (acrobática) de hilos
lenken ['lɛŋkən] *vt* ① *(Fahrzeug)* conducir, manejar *Am; (Schiff)* gobernar; *(Flugzeug)* pilotar ② *(führen)* dirigir; *(Staat)* gobernar ③ *(steuern)* dirigir; *(in bestimmte Richtung)* encauzar; **ein Gespräch auf ein anderes Thema ~** llevar una conversación por otros derroteros; **die Aufmerksamkeit auf sich ~** dirigir la atención sobre sí mismo; **jds Blicke auf sich ~** atraer las miradas de alguien (sobre sí)
Lenker[1] *m* <-s, -> (AUTO) volante *m; (am Fahrrad)* manillar *m,* manubrio *m Arg*
Lenker(in)[2] *m(f)* <-s, -; -nen> conductor(a) *m(f)*
Lenkrad *nt* volante *m,* guía *f PRico*
Lenkradschloss *nt* <-es, -schlösser> (AUTO) cierre *m* antirrobo
Lenkradsperre *f* <-, -n> (AUTO) bloqueo *m* del volante
Lenkstange *f* manillar *m*
Lenkung[1] *f* <-en> (AUTO) dirección *f*
Lenkung[2] *f ohne pl (das Lenken)* manejo *m; (eines Staates)* gobierno *m*
Lenz [lɛnts] *m* <-es, -e> *(geh)* primavera *f;* **sich** *dat* **einen schönen ~ machen** *(fam abw)* no dar palo (al agua)
Leopard [leo'part] *m* <-en, -en> (ZOOL) leopardo *m*
Lepra ['leːpra] *f ohne pl* lepra *f*
Leprakranke(r) *mf* leproso, -a *m, f*
Lerche ['lɛrçə] *f* <-n> (ZOOL) alondra *f*
lernbar *adj* que se puede aprender
lernbegierig *adj* aplicado
lernbehindert *adj* impedido para aprender
Lerneifer *m* aplicación *f*
lernen ['lɛrnən] **I.** *vi* ① *(Erfahrung sammeln)* aprender (**aus** de) ② *(Wissen aneignen)* estudiar; **ich muss noch für die Prüfung ~** aún tengo que estudiar para el examen **II.** *vt* ① *(Fertigkeit)* aprender (**von** de); **Schreibmaschine/Spanisch ~** aprender mecanografía/español; **etw auswendig ~** aprender algo de memoria; **schwimmen/tanzen ~** aprender a nadar/a bailar; **gelernt ist gelernt** lo aprendido queda para siempre; **das will gelernt sein!** ¡espera que lo aprendas!; **von dem kannst du noch etwas ~** este te puede servir de ejemplo; **der wird's nie ~!** ¡no aprenderá en la vida! ② *(Beruf, Handwerk)* aprender (para); *(einzelner Beruf)* estudiar (para)
lernfähig *adj* capaz de aprender
Lernfähigkeit *f* capacidad *f* de aprendizaje
Lerngruppe *f* grupo *m* de trabajo [*o* estudio]
Lernmittel *nt* <-s, -> material *m* didáctico
Lernprogramm *nt* (INFOR) programa *m* tutor
Lernprozess *m* proceso *m* de aprendizaje
Lernsoftware *f* (INFOR) *s.* **Lernprogramm**
lernwillig *adj* dispuesto a estudiar
Lernziel *nt* objetivo *m* del aprendizaje
lesbar *adj* legible
Lesbarkeit *f* <-, *ohne pl*> legibilidad *f*
Lesbe ['lɛsbə] *f* <-n>, **Lesbierin** ['lɛsbiəriːn] *f* <-nen> lesbiana *f*
lesbisch *adj* lesbio
Lese ['leːzə] *f* <-n> cosecha *f; (Weinlese)* vendimia *f*
Lesebändchen [-'bɛntçən] *nt (in Büchern)* (cinta *f*) marcapáginas, marcador *m* de cinta
Lesebrille *f* gafas *f pl* para leer

Lesebuch *nt* libro *m* de lectura
Lesegerät *nt* (INFOR) dispositivo *m* de lectura
Lesekopf *m* (INFOR) cabeza *f* de lectura
Leselampe *f* lámpara *f* para lectura
lesen ['le:zən] <liest, las, gelesen> **I.** *vi* ① *(allgemein)* leer; **fließend ~** leer de corrido; **jdm aus der Hand ~** leer(le) a alguien la mano ② (UNIV) dar clase (**über** de) **II.** *vt* ① *(allgemein)* leer; *(Messe)* celebrar; **Zeitung ~** leer el periódico; **in der Zeitung ist zu ~, dass ...** en el periódico pone que...; **jds Gedanken ~** leer el pensamiento de alguien ② *(ernten)* (re)coger; **Trauben ~** vendimiar
lesenswert *adj* digno de leer
Leser(in) *m(f)* <-s, -; -nen> lector(a) *m(f)*
Leseratte *f (fam)* ratón *m* de biblioteca
Leserbrief *m* carta *f* al director
Leserin *f* <-nen> *s.* **Leser**
leserlich *adj* legible; **gut ~e Schrift** letra clara
Leserschaft *f* <-en> lectores *mpl*
Lesesaal *m* sala *f* de lectura
Lesestift *m* (INFOR) varilla *f* OCR
Lesestoff *m* <-(e)s, -e> lectura *f*, libros *mpl*
Leseverständnis *nt* comprensión *f* lectora
Lesezeichen *nt* señal *f* de lectura; (INFOR) marcador *m*, marca *f*
Lesezirkel *m* círculo *m* de lectores
Lesotho [le'zo:to] *nt* <-s> Lesotho *m*
Lesung *f* <-en> (*a.* POL) lectura *f*
Lethargie [letar'gi:] *f* <-, *ohne pl*> letargo *m*
lethargisch [le'targɪʃ] *adj* letárgico
Lette, -in ['lɛtə] *m, f* <-n, -n; -nen> letón, -ona *m, f*
Letter ['lɛtɐ] *f* <-n> ① *(Druckbuchstabe)* letra *f* de molde ② (TYPO) tipo *m* (de imprenta)
Lettin *f* <-nen> *s.* **Lette**
lettisch *adj* letón
Lettland *nt* Letonia *f*
Letzt [lɛtst] *f* **zu guter ~** por último
letzte(r, s) *adj* ① *(in Reihenfolge)* último; *(abschließend)* final; **L~r werden** quedar el último; **als L~r ankommen/weggehen/fertig werden** llegar/salir/terminar el último; **auf dem ~n Platz liegen** estar en último lugar; **du bist der L~, dem ich es sagen würde** eres el último a quien se lo diría; **der L~ des Monats** el último día del mes; **den L~n beißen die Hunde** *(prov)* a los últimos les toca la peor parte; **die L~n werden die Ersten sein** *(prov)* los últimos serán los primeros ② *(äußerste, neueste, zeitlich)* último; **in ~r Zeit** últimamente; **der ~ Schrei** *(fig)* el último grito; **bis aufs L~** totalmente; **etw bis ins L~ kennen** conocer algo como la palma de la mano; **bis zum L~n gehen** dar lo máximo ③ *(schlecht)* peor; **das ist doch das L~!** *(fam)* ¡es lo último!
letztendlich ['-'--] *adv* a fin de cuentas, finalmente
letztens ['lɛtstəns] *adv* ① *(kürzlich)* hace poco (tiempo) ② *(zum Schluss)* por último; **drittens und ~** tercero y último
letztere(r, s) *adj* último; **ich habe L~s akustisch nicht verstanden** no he oído bien lo último
letztgenannt *adj* último (mencionado); **können Sie den ~en Namen wiederholen?** ¿puede repetir el último nombre (que ha mencionado)?
letztlich *adv* por último
letztmalig I. *adj* último **II.** *adv* por última vez
Leuchtdiode *f* <-, -n> diodo *m* luminoso
Leuchte ['lɔɪçtə] *f* <-n> ① *(Lampe)* lámpara *f* ② *(fam: kluger Mensch)* lumbrera *f*
leuchten ['lɔɪçtən] *vi* ① *(Licht geben)* dar luz; *(Lampe)* estar encendido ② *(erhellen)* iluminar; *(beleuchten)* alumbrar (**in**); **leuchte hierher!** ¡ilumina aquí!; **leuchte einmal (mit der Lampe) in die Ecke** alumbra el rincón (con la lámpara) ③ *(glänzen)* resplandecer; *(strahlen)* brillar; *(Farbe)* ser brillante
leuchtend *adj* luminoso; *(glänzend)* brillante; *(strahlend)* radiante; **ein ~es Beispiel** un ejemplo magnífico
Leuchter *m* <-s, -> *(Kerzenleuchter)* candelabro *m*; *(Kronleuchter)* araña *f*
Leuchtfarbe *f* color *m* fosforescente
Leuchtfeuer *nt* fanal *m*
Leuchtkäfer *m* (ZOOL) luciérnaga *f*, cocuyo *m Am*
Leuchtkraft *f ohne pl* luminosidad *f*
Leuchtpistole *f* <-, -n> pistola *f* de señalización
Leuchtrakete *f* cohete *m* de señalización
Leuchtreklame *f* anuncio *m* luminoso
Leuchtschrift *f* letra *f* luminosa
Leuchtstift *m* marcador *m*
Leuchtstoffröhre *f* (ELEK) tubo *m* fluorescente
Leuchtturm *m* faro *m*
Leuchtturmwärter(in) *m(f)* farero, -a *m, f*
leugnen ['lɔɪgnən] *vi, vt* negar; **es ist nicht zu ~, dass ...** no se puede negar que...
Leukämie [lɔɪkɛ'mi:] *f* <-n> (MED) leucemia *f*
Leukoplast® [lɔɪko'plast] *nt* <-(e)s, -e> esparadrapo *m*

Leukozyt [lɔɪko'tsy:t] *m* <-en, -en> (MED) leucocito *m*

Leumund *m ohne pl* reputación *f*

Leute ['lɔɪtə] *pl* gente *f;* **arme/reiche ~** gente pobre/rica; **es waren kaum ~ da** no había casi nadie; **es waren ungefähr 30 ~ da** había unas 30 personas; **etw unter die ~ bringen** *(fam)* divulgar algo; **du solltest mal wieder unter die ~ gehen** deberías tratar con gente; **ich kenne meine ~** conozco a mi gente; **die kleinen ~** la gente de la calle; **was sollen die ~ denken?** *(fam)* ¿qué va a pensar la gente?

Leutnant ['lɔɪtnant] *m* <-s, -s> (MIL) subteniente *m*

leutselig ['lɔɪtze:lɪç] *adj* campechano

Level ['lɛvəl] *m* <-s, -s> *(geh)* rango *m,* nivel *m*

Leviten [le'vi:tən] *pl (fam)* **jdm die ~ lesen** cantar a alguien las cuarenta

Lexika *pl von* **Lexikon**

lexikalisch [lɛksi'ka:lɪʃ] *adj* ① *(das Lexikon betreffend)* enciclopédico ② (LING) lexicológico

Lexiken *pl von* **Lexikon**

Lexikograf(in) [lɛksiko'gra:f] *m(f)* <-en, -en; -, -nen> lexicógrafo, -a *m, f*

Lexikografie [lɛksikogra'fi:] *f* <-, *ohne pl*> lexicografía *f*

Lexikon ['lɛksikɔn] *nt* <-s, Lexika *o* Lexiken> enciclopedia *f;* **ein wandelndes ~ sein** ser una enciclopedia viviente

lfd. *Abk. von* **laufend** en curso

Liaison [ljɛ'zõ:] *f* <-s> ① *(geh: Liebesverhältnis)* lío *m* (amoroso) ② (LING) enlace *m*

Liane [li'a:nə] *f* <-n> (BOT) liana *f*

Libanese, -in [liba'ne:zə] *m, f* <-n, -n; -nen> libanés, -esa *m, f*

libanesisch *adj* libanés

Libanon ['li:banɔn] *m* <-s> (el) Líbano *m*

Libelle [li'bɛlə] *f* <-n> ① (ZOOL) libélula *f,* aguacil *m CSur* ② *(an Wasserwaage)* nivel *m* de burbuja

liberal [libe'ra:l] *adj* liberal

Liberale(r) *mf* <-n, -n; -n, -n> liberal *mf*

liberalisieren* [liberali'zi:rən] *vt* liberalizar

Liberalisierung *f* <-en> liberalización *f*

Liberalismus [libera'lɪsmʊs] *m* <-, *ohne pl*> liberalismo *m*

Liberia [li'be:ria] *nt* <-s> Liberia *f*

Liberianer(in) [liberi'a:nɐ] *m(f)* <-s, -; -nen> liberiano, -a *m, f*

liberianisch *adj* liberiano

Libero ['li:bero] *m* <-s, -s> *(Fußball)* líbero *m*

Libido [li'bi:do, '---] *f ohne pl* (PSYCH) libido *f*

Libyen ['li:byən] *nt* <-s> Libia *f*

Libyer(in) *m(f)* <-s, -; -nen> libio, -a *m, f*

libysch ['li:byʃ] *adj* libio

licht [lɪçt] *adj* ① *(geh: hell)* claro, luminoso; **am ~en Tag** *(geh)* en pleno día ② *(Haar)* ralo ③ (TECH) interior

Licht [lɪçt] *nt* <-(e)s, -er> luz *f;* **das ~ anmachen/ausmachen** encender/apagar la luz; **das ~ der Welt erblicken** *(geh)* venir al mundo, ver la luz; **das ~ der Öffentlichkeit scheuen** evitar la publicidad; **sein ~ unter den Scheffel stellen** quitarse méritos; **~ in eine Sache bringen** aclarar un asunto; **etw ans ~ bringen** sacar algo a la luz; **für etw grünes ~ geben** *(fig)* dar luz verde a algo, dar el okey a algo *Am;* **etw ins rechte ~ rücken** poner algo de relieve; **so erscheint die Sache in einem (ganz) anderen ~** viéndolo de esta manera la cosa cambia mucho; **jdn hinters ~ führen** engañar a alguien; **das ewige ~** (REL) la luminaria

lichtbeständig *adj s.* **lichtecht**

Lichtbild *nt (formal)* foto(grafía) *f*

Lichtblick *m* rayo *m* de esperanza

Lichtbogen *m* (TECH) arco *m* voltaico

lichtdurchlässig *adj* tra(n)sparente

lichtecht *adj* resistente [*o* insensible] a la luz

Lichteffekt *m* (PHYS) efecto *m* de la luz

Lichteinfall *m* <-(e)s, *ohne pl*> (PHYS) incidencia *f* de la luz

lichtempfindlich *adj* ① *(Haut)* sensible a la luz ② (FOTO) fotosensible

lichten ['lɪçtən] **I.** *vt* ① *(Wald)* aclarar ② (NAUT) **die Anker ~** levar anclas **II.** *vr:* **sich ~** *(Nebel, Wolken)* disiparse; *(Bestände)* disminuir; *(Haare)* ralear; *(Angelegenheit)* aclarar; **die Reihen ~ sich** las filas se ven diezmadas

Lichterkette *f* (POL) *cadena humana con velas en signo de protesta*

lichterloh ['lɪçtɐ'lo:] *adv* **~ brennen** arder en llamas

Lichtgeschwindigkeit *f ohne pl* velocidad *f* de la luz

Lichthof *m* ① (ARCHIT) patio *m* de luces ② (ASTR) halo *m*

Lichthupe *f* avisador *m* luminoso

Lichtjahr *nt* (ASTR) año *m* luz

Lichtmaschine *f* (AUTO) dínamo *f*

Lichtmesser *m* (PHYS) fotómetro *m*

Lichtquelle *f* fuente *f* de luz

Lichtschalter *m* interruptor *m* de la luz

Lichtschein *m ohne pl* reflejo *m* de luz

lichtscheu *adj* que huye de la luz; **~es Gesindel** gentuza *f*

Lichtschranke *f* barrera *f* de luz

Lichtschutzfaktor *m* factor *m* de protección solar
Lichtsignal *nt* señal *f* óptica
Lichtspieltheater *nt (alt)* cinematógrafo *m*
Lichtstärke *f* (PHYS) intensidad *f* de la luz
Lichtstift *m* (INFOR, TECH) lápiz *m* luminoso
Lichtstrahl *m* rayo *m* de luz
Lichttherapie *f* (MED) helioterapia *f*
lichtundurchlässig *adj* (PHYS) opaco
Lichtung *f* <-en> *(im Wald)* calvero *m,* abra *f CSur, Méx,* abierto *m Col*
Lichtverhältnisse *ntpl* condiciones *fpl* luminosas
Lid [li:t] *nt* <-(e)s, -er> párpado *m*
Lidschatten *m* sombra *f* de ojos
Lidstrich *m* raya *f* con el lápiz de ojos
lieb [li:p] *adj* ① *(geliebt)* querido; **~e Maria/Frau X** querida María/señora X; **mein L~es** cariño mío; **das ~e Geld** el maldito dinero; **jdn ~ gewinnen/haben** tomarle/tenerle cariño a alguien ② *(liebenswürdig)* amable; *(nett)* simpático; **viele ~e Grüße sendet dir ...** muchos saludos cariñosos te manda... ③ *(brav)* bueno; **sei so ~ und mach das Fenster auf!** ¡sé bueno y abre la ventana! ④ *(angenehm)* agradable; **es wäre mir ~, wenn ...** me gustaría que... +*subj;* **am ~sten würde ich jetzt schwimmen gehen** lo que más me gustaría hacer ahora sería ir a nadar; **den ~en langen Tag** *(fam)* todo el santo día
liebäugeln ['li:pʔɔɪgəln] *vi* **mit etw** *dat* **~** acariciar la idea de +*inf*
Liebe ['li:bə] *f ohne pl (allgemein)* amor *m; (Zuneigung)* cariño *m;* **aus ~ zu ...** por amor a...; **in ~** con cariño; **~ auf den ersten Blick** amor a primera vista; **bei aller ~, aber ...** sintiéndolo mucho, pero...; **~ macht blind** el amor es ciego; **käufliche ~** amor que se compra; **mit jdm ~ machen** *(fam)* hacer el amor con alguien
Liebelei [li:bə'laɪ] *f* <-en> flirteo *m*
lieben ['li:bən] *vt* ① *(Liebe empfinden)* querer; **viel geliebt** muy querido; **was sich liebt, das neckt sich** *(prov)* porque te quiero te aporreo ② *(Geschlechtsverkehr haben)* hacer el amor (con) ③ *(mögen)* gustar; **sie liebt es nicht, wenn ...** no le gusta que... +*subj*
Liebende(r) *mf* <-n, -n; -n> amante *mf*
liebenswert *adj* simpático; *(bezaubernd)* encantador
liebenswürdig *adj* amable; (**das ist**) **sehr ~** (**von Ihnen**) (es) muy amable (de su parte); **wären Sie so ~ und ...?** ¿sería tan amable de? +*inf*
liebenswürdigerweise ['-----'--] *adv* amablemente

Liebenswürdigkeit *f* <-en> amabilidad *f;* **würden Sie die ~ haben, mir zu helfen?** ¿tendría Ud. la amabilidad de ayudarme?; **sie ist die ~ in Person** es la amabilidad en persona
lieber ['li:bɐ] *adv kompar von* **gern: mir wäre es ~, du würdest bleiben** preferiría que te quedaras; **ich schweige ~** prefiero callarme; **nichts ~ als das!** ¡con muchísimo gusto!
Liebesaffäre *f* amorío *m*
Liebesakt *m* <-(e)s, -e> *(geh)* acto *m* carnal; **den ~ vollziehen** consumar el acto carnal
Liebesbeziehung *f* relación *f* amorosa
Liebesbrief *m* carta *f* de amor
Liebeserklärung *f* declaración *f* de amor; **jdm eine ~ machen** declarar(le) a alguien su amor
Liebesfilm *m* película *f* de amor
Liebesgedicht *nt* poema *m* de amor
Liebesgeschichte *f* historia *f* de amor
Liebeskummer *m* mal *m* de amores
Liebesleben *nt ohne pl* vida *f* amorosa
Liebeslied *nt* canción *f* de amor
Liebesmüh(e) *f* **das ist vergebliche** [*o* **verlorene**] **~** no merece la pena
Liebesnest *nt* <-(e)s, -er> nidito *m* de amor
Liebespaar *nt* (pareja *f* de) enamorados *mpl,* novios *mpl*
Liebesroman *m* novela *f* de amor, novela *f* rosa *pey*
Liebesspiel *nt* juego *m* amoroso
Liebesszene *f* (FILM, LIT, THEAT) escena *f* amorosa
liebestoll *adj* loco de amor; **~ sein/werden** estar/volverse loco de amor
liebevoll I. *adj (zärtlich)* cariñoso, amoroso *Am* **II.** *adv (sorgfältig)* con amor, con cariño
Liebhaber(in) *m(f)* <-s, -; -nen> amante *mf*
Liebhaberei *f* <-en> afición *f;* **aus** (**reiner**) **~** por (el mero) gusto
Liebhaberin *f* <-nen> *s.* **Liebhaber**
Liebhaberwert *m ohne pl* valor *m* entre aficionados
liebkosen* [li:p'ko:zən] *vt (geh)* acariciar
lieblich ['li:plɪç] *adj (Duft)* suave; *(Landschaft)* ameno; *(Wein)* dulce
Lieblichkeit *f* <-, *ohne pl*> ① *(eines Geschmacks)* dulzura *f* ② *(eines Gesichts)* hermosura *f; (einer Melodie)* dulzura *f*
Liebling ['li:plɪŋ] *m* <-s, -e> ① *(Kosewort)* cariño, -a *m, f,* negro, -a *m, f Arg,* ñato, -a *m, f Bol* ② *(bevorzugter Mensch)* favorito, -a *m, f*

Lieblingsbeschäftigung *f* ocupación *f* favorita
lieblos *adj (ohne Liebe, Sorgfalt)* poco cariñoso; *(gefühllos)* insensible
Liebschaft *f* <-en> amorío *m*
liebste(r, s) *adj* (muy) querido, queridísimo; **mein ~r Freund** mi querido amigo
Liebste(r) *mf* <-n, -n; -n> querido, -a *m, f*
liebsten *superl von* **gern: am ~ würde ich hierbleiben** lo que más me gustaría sería quedarme aquí
Liebstöckel ['li:pʃtœkəl] *m o nt* <-s, -> (BOT) levística *f*
Liechtenstein ['lɪçtənʃtaɪn] *nt* <-s> Liechtenstein *m*
Liechtensteiner(in) *m(f)* <-s, -; -nen> ciudadano, -a *m, f* de Liechtenstein
liechtensteinisch *adj* de Liechtenstein
Lied [li:t] *nt* <-(e)s, -er> canción *f;* **es ist immer das alte ~ mit ihm** *(fam)* ya está otra vez con la misma canción; **davon kann ich ein ~ singen** *(fam)* lo sé de sobra
Liederbuch *nt* cancionero *m*
liederlich ['li:dɐlɪç] *adj* ❶ *(unordentlich)* desordenado; *(nachlässig)* descuidado, chancho *Am* ❷ *(abw: unmoralisch)* licencioso
Liedermacher(in) *m(f)* <-s, -; -nen> cantautor(a) *m(f)*
Liedtext *m* texto *m* de la canción
lief [li:f] *3. imp von* **laufen**
Lieferant(in) [lifə'rant] *m(f)* <-en, -en; -nen> proveedor(a) *m(f)*
Lieferanteneingang *m* entrada *f* para proveedores
lieferbar *adj* disponible, suministrable
Lieferbedingungen *fpl* condiciones *fpl* de entrega
Lieferdatum *nt* <-s, -daten> fecha *f* de entrega
Lieferfirma *f* casa *f* proveedora
Lieferfrist *f* plazo *m* de entrega
Liefermenge *f* <-, -n> cantidad *f* entregada [*o* a entregar]
liefern ['li:fɐn] *vt* ❶ *(zustellen)* entregar; *(beliefern)* suministrar; **die bestellte Ware frei Haus ~** entregar el pedido a domicilio sin recargo ❷ *(erzeugen)* producir; **für etw Beweise ~** aportar pruebas de algo; **ich bin geliefert** *(fam)* estoy perdido
Lieferschein *m* (COM) albarán *m* de entrega
Lieferservice *m* servicio *m* (de entrega) a domicilio
Lieferstopp *m* (WIRTSCH) suspensión *f* del suministro
Liefertermin *m* fecha *f* de entrega; **festgesetzter ~** plazo de entrega prefijado
Lieferung *f* <-en> ❶ *(das Liefern)* entrega *f; (das Beliefern)* suministro *m* ❷ *(Ware)* envío *m*
Liefervertrag *m* <-(e)s, -träge> contrato *m* de suministro
Lieferwagen *m* camioneta *f*
Lieferzeit *f* plazo *m* de entrega
Liege ['li:gə] *f* <-n> ❶ *(Gartenliege)* tumbona *f* ❷ *(im Liegewagen)* litera *f*
liegen ['li:gən] <liegt, lag, gelegen> *vi haben o sein* ❶ *(Person)* estar acostado, estar tumbado; **hart/weich ~** estar acostado sobre una superficie dura/blanda; **im Bett ~** estar (tumbado) en la cama; **auf dem Rücken/auf dem Bauch ~** estar boca arriba/boca abajo; **er liegt ihr zu Füßen** está a sus pies; **die Römer aßen im L~** los romanos comían tumbados ❷ *(sich befinden)* estar; *(Zimmer)* dar (a); **das Buch liegt auf dem Tisch** el libro está en la mesa; **wo liegt Durango?** ¿dónde se encuentra Durango?; **an der Elbe ~** estar a orillas del Elba; **das Zimmer liegt nach Süden** la habitación da al sur; **das liegt auf dem Weg** está de camino; **der Ort liegt sehr idyllisch** el lugar está situado en un paraje idílico; **es lag kein Schnee** no había nieve; **der Unterschied liegt darin, dass ...** la diferencia está en que...; **das Essen liegt mir schwer im Magen** la comida se me ha asentado en el estómago; **die Preise ~ zwischen 50 und 70 Euro** los precios andan entre 50 y 70 euros; **die Betonung liegt auf der letzten Silbe** la entonación recae en la última sílaba; **die Prüfung liegt noch vor mir** aún tengo el examen por delante; **das lag nicht in meiner Absicht** no era mi intención ❸ *(zusagen)* gustar; *(interessieren)* interesar; **Englisch liegt mir nicht** el inglés no me va; **es liegt mir viel/nichts daran** me importa mucho/no me importa nada ❹ *(abhängen)* depender (**an/bei** de); **die Entscheidung liegt bei euch** la decisión es vuestra; **an wem liegt das?** ¿quién es el/la responsable? ❺ *(begründet sein)* ser debido (**an** a); **woran liegt es?** ¿a qué se debe?; **an mir soll's nicht ~** por mí que no quede; **so wie die Dinge ~ ...** en estas circunstancias...
liegend **I.** *adj* tumbado, echado **II.** *adv* ❶ *(flach)* en posición horizontal; **Wein ~ aufbewahren** guardar el vino en posición horizontal ❷ *(im Liegen)* (estando) tumbado; **~ ein Buch lesen** leer un libro tumbado
Liegeplatz *m* atracadero *m*
Liegerad *nt* bicicleta *f* reclinada
Liegesitz *m* asiento *m* reclinable
Liegestuhl *m* tumbona *f*

L

Liegestütz ['--ʃtʏts] *m* <-es, -e> flexión *f*
Liegewagen *m* (EISENB) coche *m* litera
Liegewagenplatz *m* litera *f*
Liegewiese *f* terreno *m* con césped (donde tumbarse)
lieh [liː] *3. imp von* **leihen**
ließ [liːs] *3. imp von* **lassen**
liest [liːst] *3. präs von* **lesen**
Lift [lɪft] *m* <-(e)s, -e *o* -s> ① *(Fahrstuhl)* ascensor *m* ② *(Skilift)* telesquí *m; (Sessellift)* telesilla *m*
liften ['lɪftən] **I.** *vi sein* subir en telesquí **II.** *vt* ① (MED) hacerse un estiramiento (de) ② (TECH) subir
Liga ['liːga] *f* <Ligen> ① (POL) liga *f* ② (SPORT) división *f;* **erste** ~ primera liga
light [laɪt] *adj* (GASTR) ligero
liken ['laɪ̯kn̩] *vt* (INFOR) marcar con [*o* darle a] "me gusta"
Likör [li'køːɐ] *m* <-s, -e> licor *m*
lila ['liːla] *adj (hell)* lila; *(dunkel)* morado
Lila ['liːla] *nt* <-(s), -(s)> *(Farbe)* lila *m*
Lilie ['liːliə] *f* <-n> (BOT) lirio *m; (weiße)* azucena *f*
Liliputaner(in) [lilipu'taːnɐ] *m(f)* <-s, -; -nen> liliputiense *mf*
Limabohne ['liːma-] *f* (GASTR) judía *f* de Lima
Limette [li'mɛtə] *f* <-, -n> lima *f*
Limit ['lɪmɪt] *nt* <-s, -s *o* -e> límite *m;* **jdm ein ~ setzen** poner un límite a alguien
limitieren* [limi'tiːrən] *vt* limitar
Limo ['lɪmo] *f* <-(s)> *(fam)* limonada *f*
Limonade [limo'naːdə] *f* <-n> limonada *f*
Limousine [limu'ziːnə] *f* <-n> limusina *f*
Linde ['lɪndə] *f* <-n> tilo *m*
Lindenblütentee *m* tila *f*
lindern ['lɪndɐn] *vt* aliviar
Linderung *f ohne pl* alivio *m*
lindgrün **I.** *adj* verde lima **II.** *adv* de color verde lima
Lineal [line'aːl] *nt* <-s, -e> regla *f*
linear [line'aːɐ] *adj* lineal
Linguist(in) [lɪŋgu'ɪst] *m(f)* <-en, -en; -nen> lingüista *mf*
Linguistik [lɪŋgu'ɪstɪk] *f ohne pl* lingüística *f*
Linguistin *f* <-nen> *s.* **Linguist**
linguistisch *adj* lingüístico
Linie ['liːniə] *f* <-n> línea *f;* **~n ziehen** trazar líneas; **gestrichelte** ~ línea punteada; **eine politische ~ verfolgen** seguir una línea política; **in vorderster ~ stehen/kämpfen** estar/luchar en primera línea; **in erster** ~ en primer lugar; **auf der ganzen** ~ en toda la línea; **auf die schlanke ~ achten** guardar la línea
Linienbus *m* autobús *m* de línea
Linienflug *m* vuelo *m* regular
Linienführung *f* ① (KUNST) trazo *m* ② *(Verkehrswesen)* trazado *m* de la línea
Linienmaschine *f* avión *m* de línea
Liniennummer *f* número *m* de línea
Linienrichter(in) *m(f)* (SPORT) juez(a) *m(f)* de línea
linientreu *adj* (POL: *einer Partei*) fiel a la línea del partido
Linienverkehr *m* <-(e)s, -e> (AERO, AUTO) línea *f* regular
lini(i)ert *adj* con líneas
link [lɪŋk] *adj (fam)* engañoso
Link *m* <-s, -s> (INFOR, TEL) unión *f,* vínculo *m*
Linke *f* <-n> ① *(Boxen)* izquierda *f* ② (POL) izquierda *f;* **die extreme** ~ la extrema izquierda; **die gemäßigte** ~ la izquierda moderada ③ *(Hand)* (mano *f*) izquierda *f;* **zu seiner ~n** a su izquierda
linke(r, s) *adj* ① *(räumlich)* izquierdo; **die ~ Seite/Hand** el lado izquierdo/la mano izquierda; **~r Hand** a mano izquierda; **zwei ~ Hände haben** *(fam)* ser un manazas ② (POL) de izquierda(s)
linken *vt (fam)* engañar
linkisch *adj (abw)* torpe, desmañado
links [lɪŋks] **I.** *adv* a la izquierda; **~ davon** a la izquierda; **nach ~** hacia la izquierda; **von ~ kommen** venir por la izquierda; **oben/unten ~** arriba/abajo a la izquierda; **von ~ nach rechts** de izquierda a derecha; **sich ~ halten/einordnen** mantenerse a su izquierda/situarse en el carril izquierdo; **~ um!** (MIL) ¡izquierda!; **~ stricken** hacer punto del revés; **~ stehen** (POL) ser de izquierdas; **~ wählen** votar a la izquierda; **~ schreiben** escribir con la (mano) izquierda; **etw mit ~ machen** *(fam)* hacer algo con los ojos cerrados; **jdn ~ liegen lassen** hacer caso omiso de alguien **II.** *präp +gen* a la izquierda de
Linksabbieger(in) *m(f)* persona *f* que dobla a la izquierda
Linksaußen ['-'--] *m* <-, -> (SPORT) extremo *m* izquierda
linksextrem *adj* (POL) de la extrema izquierda
Linksextremismus *m* (POL) extremismo *m* de izquierda(s)
Linksextremist(in) *m(f)* (POL) extremista *mf* de izquierda
linksextremistisch *adj* (POL) de la extrema izquierda
linksgerichtet *adj* (POL) izquierdista
Linkshänder(in) ['-hɛndɐ] *m(f)* <-s, -; -nen> zurdo, -a *m, f*
linkshändig *adj* zurdo

linksherum ['lɪŋkshɛrʊm] *adv* a la izquierda; **sich ~ drehen** girar a la izquierda
linksradikal *adj* (POL) extremista de izquierdas
Linksradikale(r) *mf* (POL) persona *f* de (la) extrema izquierda
linksrum *adv (fam) s.* **linksherum**
linksseitig *adj* del lado izquierdo; **~ gelähmt** paralizado del lado izquierdo
Linksverkehr *m* circulación *f* por la izquierda
Linoleum [li'no:leʊm] *nt* <-s, *ohne pl*> linóleo *m; (Bodenbelag)* sintasol® *m*
Linolschnitt[1] [li'no:l-] *m ohne pl (Technik)* (técnica *f* del) linóleo *m*
Linolschnitt[2] *m (Abzug)* grabado *m* en linóleo
Linse ['lɪnzə] *f* <-n> ① (BOT, GASTR) lenteja *f;* **grüne/rote ~** lenteja verde/roja ② *(Optik)* lente *m o f*
linsenförmig *adj* lenticular
Linsensuppe *f* <-, -n> (GASTR) sopa *f* de lentejas
Lipgloss ['lɪpglɔs] *m* <-, -> brillo *m* de labios
Lipid [li'pi:t] *nt* <-(e)s, -e> (CHEM) lípido *m*
Lippe ['lɪpə] *f* <-n> labio *m;* **er bringt kein Wort über die ~n** es de pocas palabras; **an jds ~n hängen** estar absorto escuchando a alguien; **jdm jeden Wunsch von den ~n ablesen** leerle a alguien los deseos en la cara
Lippenkonturenstift *m* delineador *m* de labios
Lippenpflegestift *m* barra *f* protectora de labios
Lippenstift *m* barra *f* de labios
liquid(e) [li'kvi:də] *adj* ① (WIRTSCH: *verfügbar*) líquido ② (WIRTSCH: *zahlungsfähig*) solvente ③ (CHEM, LING) líquido
Liquidation [likvida'tsjo:n] *f* <-, -en> (*a.* WIRTSCH) liquidación *f*
liquidieren* [likvi'di:rən] *vt* (*a.* WIRTSCH) liquidar
Liquidität [likvidi'tɛ:t] *f ohne pl* (WIRTSCH) liquidez *f*
Lira ['li:ra] *f* <-, Lire> lira *f*
lispeln ['lɪspəln] *vi* cecear
Lissabon ['lɪsabɔn, --'-] *nt* <-s> Lisboa *f*
List[1] [lɪst] *f* <-en> *(Trick)* artimaña *f*
List[2] *f ohne pl (Wesensart)* astucia *f;* **mit ~ und Tücke** *(fam)* con todas las mañas posibles
Liste ['lɪstə] *f* <-n> lista *f;* **auf einer ~ stehen** figurar en una lista; **jdn auf die schwarze ~ setzen** *(fam)* poner a alguien en la lista negra
Listenplatz *m* <-es, -plätze> posición *f* en la lista
Listenpreis *m* <-es, -e> precio *m* de lista
listig *adj* astuto
Litauen ['lɪtaʊən] *nt* <-s> Lituania *f*
Litauer(in) *m(f)* <-s, -; -nen> lituano, -a *m, f*
litauisch *adj* lituano
Liter ['li:tɐ, 'lɪtɐ] *m o nt* <-s, -> litro *m;* **zwei ~ Milch** dos litros de leche
Literanzeige *f* indicador *m* de los litros
literarisch [lɪtə'ra:rɪʃ] *adj* literario
Literat(in) [lɪtə'ra:t] *m(f)* <-en, -en; -nen> literato, -a *m, f*
Literatur [lɪtəra'tu:ɐ] *f* <-en> literatura *f*
Literaturangaben *f pl* notas *f pl* bibliográficas
Literaturgeschichte *f* <-, *ohne pl*> historia *f* de la literatura
Literaturkritik *f ohne pl* crítica *f* literaria
Literaturkritiker(in) *m(f)* <-s, -; -, -nen> crítico, -a *m, f* literario , -a
Literaturpreis *m* premio *m* de literatura
Literaturverzeichnis *nt* <-ses, -se> bibliografía *f*
Literaturwissenschaft *f* ciencia *f* de la literatura
Literflasche *f* <-, -n> botella *f* de un litro
literweise *adv* por [*o* a] litros
Litfaßsäule ['lɪtfaszɔɪlə] *f* columna *f* de anuncios
Lithografie [litogra'fi:] *f* <-n> litografía *f*
Lithosphäre [lito'sfɛ:rə] *f* <-, *ohne pl*> (GEO) litosfera *f*
Litschi ['lɪtʃi:] *f* <-, -s> litchi *m*
litt [lɪt] *3. imp von* **leiden**
Liturgie [litʊr'gi:] *f* <-n> (REL) liturgia *f*
liturgisch [li'tʊrgɪʃ] *adj* (REL) litúrgico
live [laɪf] *adj inv* (RADIO, TV) ① *(Sendung)* en directo ② *(direkt anwesend)* en vivo
Liveaufzeichnung *f* grabación *f* en directo
Livesendung *f,* **Live-Sendung** *f* (RADIO, TV) (re)tra(n)smisión *f* en directo
Livestream ['laɪfstri:m] *m* <-s, -s> (INFOR) streaming *m;* **sich** *dat* **ein Video per ~ ansehen** ver un vídeo en streaming
Liveübertragung *f,* **Live-Übertragung** *f* retra(n)smisión *f* en directo
Lizenz [li'tsɛnts] *f* <-en> (*a.* SPORT) licencia *f;* **jdm eine ~ erteilen** conceder a alguien una licencia; **etw in ~ herstellen** producir algo con licencia
Lizenzgebühr *f* derecho *m* de licencia
Lizenzierung *f* <-, -en> *(formal)* concesión *f* de licencias
Lizenznehmer(in) *m(f)* concesionario, -a *m, f*
Lizenzspieler(in) *m(f)* (SPORT) jugador(a) *m(f)* con licencia
Lkw, LKW ['ɛlka:ve:] *m* <-(s), -(s)> *Abk. von* **Lastkraftwagen** camión *m*

Lkw-Fahrer(in) *m(f)* camionero, -a *m, f*

Lob [lo:p] *nt* <-(e)s, -e> elogio *m;* **jdm ein ~ aussprechen** elogiar a alguien; **er ist des ~es voll über dich** está lleno de elogios para contigo

Lobby ['lɔbi] *f* <-s> grupo *m* de presión, lobby *m*

Lobbyismus *m* <-, *ohne pl*> (POL) cabildeo *m*

Lobbyist(in) [lɔbi'ɪst] *m(f)* <-en, -en; -, -nen> cabildero, -a *m, f*

loben ['lo:bən] *vt* elogiar; *(überschwänglich)* alabar (**für** por); **das lob' ich mir!** ¡así me gusta!; **etw ~d erwähnen** aludir elogiosamente a algo

lobenswert *adj* loable, digno de encomio

Lobeshymne *f* <-, -n> gran elogio *m,* panegírico *m;* **eine ~ auf jdn/etw singen** hacer un panegírico de alguien/algo, poner a alguien/algo por las nubes

Lobgesang *m* (REL) canto *m* de alabanza

löblich ['lø:plɪç] *adj* loable, digno de encomio

Loblied *nt* **ein ~ auf jdn/etw singen** hacer elogios de alguien/algo

Lobrede *f* elogio *m;* **eine ~ auf etw halten** hacer elogios de algo

Loch [lɔx, *pl:* 'lœçɐ] *nt* <-(e)s, Löcher> ① *(allgemein)* agujero *m,* buraco *m CSur; (Öffnung)* abertura *f; (Vertiefung, beim Golf)* hoyo *m; (Hohlraum)* hueco *m;* **ein schwarzes** [*o* **Schwarzes**] **~** (ASTR) un agujero negro; **jdm ein ~ in den Bauch fragen** *(fam)* atosigar a alguien a preguntas; **Löcher in die Luft starren** *(fam)* estar en Babia; **wie ein ~ saufen** *(fam)* beber como un cosaco; **aus dem letzten ~ pfeifen** estar en las últimas ② *(fam abw: Wohnung)* cuchitril *m* ③ *(fam: Gefängnis)* chirona *f*

lochen *vt* ① *(Papier)* perforar ② *(entwerten)* picar

Locher *m* <-s, -> (*a.* INFOR) perforadora *f*

löcherig *adj* agujereado, perforado

löchern ['lœçɐn] *vt (fam)* atosigar (**mit** a)

Lochzange *f* (TECH) sacabocados *m inv*

Lockdown ['lɔkdaʊn] *m* <-(s), -s> *kein pl (Ausgangssperre)* confinamiento *m*

Locke ['lɔkə] *f* <-n> rizo *m*

locken ['lɔkən] **I.** *vt* ① *(Tier)* llamar ② *(anziehen)* atraer; *(verlocken)* seducir; **jdn in eine Falle ~** tender a alguien una trampa **II.** *vr:* **sich ~** *(Haare)* rizarse

lockend *adj* tentador; *(verlockend)* seductor

Lockenkopf *m* <-(e)s, -köpfe> cabellera *f* rizada; **sie ist ein ~** es toda rizos

Lockenpracht *f* <-, *ohne pl*> (magnífica) cabellera *f* rizada [*o* de rizos]

Lockenstab *m* moldeador *m* eléctrico

Lockenwickler *m* rulo *m,* bigudí *m*

locker ['lɔkɐ] *adj* ① *(Schraube, Knoten, Verband)* flojo; *(wackelnd)* suelto; **~ werden** *(Knoten)* aflojarse; *(Teil)* desprenderse; **~ sitzen** estar flojo ② *(Teig, Backwaren)* esponjoso; *(Reis)* suelto; *(Boden)* mullido ③ *(Haltung)* relajado; **etw ~ handhaben** no ser muy severo con algo ④ *(Lebenswandel)* libertino; **das mach' ich doch ~** *(fam)* eso lo hago con facilidad; **ein ~es Mundwerk haben** *(fam)* tener mala lengua

locker-flockig I. *adj (fam)* desenfadado; **er hat immer ein paar ~e Sprüche auf Lager** siempre tiene preparadas algunas salidas **II.** *adv (fam)* desenfadadamente; **sie spricht immer ~ daher** siempre habla de una manera muy enrollada

locker|lassen *irr vi (fam)* **nicht ~** no ceder

locker|machen *vt (fam)* **Geld ~** aflojar el bolsillo; **sie hat 20 Euro für mich lockergemacht** me ha prestado 20 euros

lockern ['lɔkɐn] **I.** *vt* ① *(Schraube, Seil)* aflojar ② *(Muskeln, Gesetze)* relajar ③ *(Boden)* mullir ④ *(Embargo)* retirar **II.** *vr:* **sich ~** ① *(Nagel, Schraube, Seil)* aflojarse ② *(Verkrampfung)* relajarse

Lockerung *f* <-, -en> ① *(Schrauben)* aflojado *m* ② *(Auflockern: Boden)* esponjado *m* ③ *(Entkrampfung: Vorschriften)* relajamiento *m* ④ *(Entspannung)* relajación *f*

Lockerungsübung *f* <-, -en> (SPORT) ejercicio *m* de precalentamiento; **~en machen** hacer ejercicios de precalentamiento

lockig *adj* rizado

Lockruf *m* reclamo *m*

Lockvogel *m (a. fig)* señuelo *m*

Loden ['lo:dən] *m* <-s, -> loden *m*

lodern ['lo:dɐn] *vi (a. fig)* arder

Löffel ['lœfəl] *m* <-s, -> ① *(Esslöffel)* cuchara *f; (Löffel voll)* cucharada *f* ② *(Hasenohren)* oreja *f;* **schreib dir das hinter die ~!** *(fam)* ¡recuerda mis palabras!; **den ~ abgeben** *(fam)* diñarla

Löffelbagger *m* pala *f* excavadora

löffeln ['lœfəln] *vt* ① *(essen)* comer con cuchara ② *(verteilen)* repartir

löffelweise *adv* a cucharadas

log *3. imp von* **lügen**

Logarithmentafel [loga'rɪtmən-] *f* (MATH) tabla *f* de logaritmos

Logarithmus [loga'rɪtmʊs] *m* <-, Logarithmen> (MATH) logaritmo *m*

Logbuch *nt* (NAUT) cuaderno *m* de bitácora

Loge ['lo:ʒə] *f* <-n> ① (THEAT) palco *m* ② *(Pförtnerloge)* portería *f* ③ *(Freimaurerloge)* logia *f*

Logik ['lo:gɪk] *f ohne pl* lógica *f*

Login [lɔk'ʔɪn] *nt* <-s, -s> (INFOR) login *m,* entrada *f* de identificación

Logis [lo'ʒi:] *nt* <-, -> alojamiento *m*

logisch ['lo:gɪʃ] *adj* lógico

logischerweise *adv* como es lógico, lógicamente

Logistik [lo'gɪstɪk] *f ohne pl* logística *f*

logistisch *adj* logístico

logo ['lɔ:go] *adj inv (fam)* lógico

Logo ['lo:go] *m o nt* <-s, -s> emblema *m*

Logopäde, -in [logo'pɛ:də] *m, f* <-n, -n; -nen> logopeda *mf*

Logopädie [logopɛ'di:] *f* <-, *ohne pl*> logopedia *f*

Logout [lɔk'ʔaʊt] *m* <-s, -s> (INFOR) logout *m*, cierre *m* de sesión

Lohn [lo:n, *pl:* 'lø:nə] *m* <-(e)s, Löhne> ① *(Arbeitsentgelt)* salario *m*; *(Tageslohn)* jornal *m*; **Löhne und Gehälter** sueldos y salarios ② *(Belohnung)* recompensa *f*; **als ~ für ...** en recompensa por...

Lohnabbau *m* reducción *f* de salarios

Lohnausgleich *m* ajuste *m* salarial; **verkürzte Arbeitszeit bei vollem ~** jornada de trabajo reducida con el mismo sueldo

Lohnbuchhaltung[1] *f (Abteilung)* oficina *f* de pagos

Lohnbuchhaltung[2] *f ohne pl (Berechnung)* contabilidad *f* de sueldos y salarios

Lohnempfänger(in) *m(f)* asalariado, -a *m, f*

lohnen ['lo:nən] **I.** *vt* ① *(wert sein)* valer la pena; **das Museum lohnt einen Besuch** vale la pena visitar el museo ② *(belohnen)* **jdm etw ~** recompensar a alguien por algo **II.** *vr:* **sich ~** valer la pena; **der Auftrag hat sich für uns finanziell gelohnt** el encargo nos ha salido rentable

löhnen ['lø:nən] *vi (fam)* pagar

lohnend *adj* que vale la pena; *(einträglich)* rentable

lohnenswert *adj* útil, provechoso, fructífero

Lohnerhöhung *f* aumento *m* salarial

Lohnforderung *f* reivindicación *f* salarial

Lohnfortzahlung *f ohne pl* pago *m* continuado del salario

Lohngruppe *f* grupo *m* salarial

Lohnkosten *pl* coste *m* salarial

Lohnkürzung *f* reducción *f* del salario

Lohnnebenkosten *pl* costes *mpl* no salariales

Lohnsteuer *f* impuesto *m* sobre el salario

Lohnsteuerjahresausgleich ['---'----] *m* ajuste *m* anual de impuestos sobre el salario

Lohnsteuerkarte *f* tarjeta *f* de impuesto sobre el salario

Lohnstopp *m* congelación *f* salarial

Lohnzulage *f* complemento *m* salarial

Loipe ['lɔɪpə] *f* <-, -n> pista *f* de esquí de fondo

Lok [lɔk] *f* <-s> locomotora *f*

lokal [lo'ka:l] *adj* local

Lokal [lo'ka:l] *nt* <-(e)s, -e> local *m*; *(Kneipe)* pub *m*; *(Restaurant)* restaurante *m*

Lokalanästhesie *f* (MED) anestesia *f* local; **in ~** con anestesia local

Lokalblatt *nt* <-(e)s, -blätter> periódico *m* local, noticiero *m* local *Am*

lokalisieren* [lokali'zi:rən] *vt* localizar, ubicar *Am*

Lokalpatriotismus *m* patriotismo *m* de campanario

Lokalsender *m* <-s, -> emisora *f* local

Lokalteil *m* <-(e)s, -e> crónica *f* local

Lokaltermin *m* inspección *f* del lugar del hecho

Lokalverbot *nt* prohibición *f* de entrada a un local público

Lokalzeitung *f* <-, -en> periódico *m* local

Lokomotive [lokomo'ti:və] *f* <-n> locomotora *f*

Lokomotivführer(in) *m(f)* maquinista *mf*

Lokus ['lo:kʊs] *m* <- *o* -ses, - *o* -se> *(fam)* excusado *m*

lol [lɔl] *interj* (INFOR: *fam) Abk. von* **laughing out loud** lol, muerto de risa

Lolli ['lɔli] *m* <-s, -s> chupa chups® *m inv*

London ['lɔndɔn] *nt* <-s> Londres *m*

Londoner(in) *m(f)* <-s, -; -nen> londinense *mf*

Longboardfahren ['lɔŋbɔ:t-] *nt* (SPORT) skate *m* en tabla larga

Long COVID [lɔŋ 'ko:vɪt] *f o nt*, **Long Covid** *f o nt* Covid *m o f* Persistente, Long Covid *m o f*

Longdrink ['lɔŋdrɪŋk] *m* <-s, -s> (GASTR) copa *f*

Look [lʊk] *m* <-s, -s> estilo *m*, look *m*

Looping ['lu:pɪŋ] *m o nt* <-s, -s> (AERO) looping *m*

Lorbeer ['lo:ɐbe:ɐ] *m* <-s, -en> laurel *m*; **sich auf seinen ~en ausruhen** *(fam)* dormirse en los laureles

Lorbeerblatt *nt* hoja *f* de laurel

Lorbeerkranz *m* corona *f* de laureles

los [lo:s] **I.** *adj* ① *(nicht befestigt)* suelto; **der Hund ist ~** el perro anda suelto ② *(locker)* flojo; **jdn/etw ~ sein** haberse librado de alguien/algo; **ich bin mein ganzes Geld ~** me he quedado sin blanca ③ *(geschehen)* **~ sein** pasar; **es ist nichts ~** no pasa nada; **was ist ~ mit ihm?** ¿qué le pasa?; **mit dem ist heute nichts ~** hoy no hay nada que hacer con él; **in Granada ist abends viel ~** en Granada hay mucha marcha por la noche; **was ist (hier) ~?** ¿qué pasa (aquí)?; **wenn ihr heute nicht rechtzeitig kommt, dann ist 'was ~!** *(fam)* si no llegáis a tiempo hoy se va a armar la gorda **II.** *adv* ① *(schnell)* ya; **~!**

L

¡venga!; **Achtung, fertig, ~!** ¡preparados, listos, ya! ② *(fam: weg)* **sie sind schon ~** ya se fueron

Los [lo:s] *nt* <-es, -e> ① *(für Entscheidung)* sorteo *m;* **etw durch das ~ entscheiden** echar algo a suerte(s); **das ~ ist auf mich gefallen** me ha tocado ② *(Lotterielos)* billete *m* de lotería, boleto *m;* **das große ~ ziehen** *(a. fig)* tocar(le) a alguien el gordo ③ *(geh: Schicksal)* destino *m;* **ein hartes/schweres ~** un destino difícil/oneroso

lösbar *adj* ① *(Aufgabe)* resoluble ② *(löslich)* soluble

los|binden *irr vt* soltar, desatar

los|brechen *irr* **I.** *vt* romper **II.** *vi sein (Gelächter, Sturm)* estallar; *(Gewitter)* desencadenarse

Löschblatt *nt* (papel *m*) secante *m*

löschen ['lœʃən] **I.** *vi (Brand)* apagar un incendio **II.** *vt* ① *(Licht, Feuer, Durst)* apagar ② *(Tonband, a.* INFOR) borrar ③ *(Konto, Schuld, Eintragung)* cancelar ④ (NAUT) desembarcar

Löschfahrzeug *nt* coche *m* de bomberos

Löschpapier *nt* (papel *m*) secante *m*

Löschtaste *f* (INFOR) tecla *f* para borrar

Löschung *f* <-en> ① *(Tilgung)* amortización *f* ② (NAUT: *Entladung*) descarga *f*

Löschzug *m* <-(e)s, -züge> equipo *m* de bomberos

lose ['lo:zə] *adj* ① *(Seil, Knoten)* flojo ② *(unverpackt)* a granel; *(stückweise)* por unidad; **~ Blätter** hojas sueltas; **ein ~s Mundwerk haben** *(fam)* tener la lengua larga

Loseblattsammlung *f* colección *f* de hojas sueltas

Lösegeld *nt* rescate *m*

los|eisen *vt (fam)* liberar (de las garras) (**von** de); **bei jdm etwas Geld ~** sacarle algo de dinero a alguien

Lösemittel *nt* disolvente *m*

losen ['lo:zən] *vi* echar a suerte(s); **um die Eintrittskarten ~** rifar las entradas

lösen ['lø:zən] **I.** *vt* ① *(abtrennen)* despegar (**von/aus** de) ② *(losmachen)* soltar; *(lockern)* aflojar; *(Schraube)* destornillar; *(Knoten)* deshacer; *(Verspannung)* eliminar; **die Handbremse ~** soltar el freno de mano ③ *(Aufgabe)* resolver; *(Geheimnis)* descubrir; *(Verwicklung)* aclarar ④ *(Ehe, Verbindung)* anular; *(Vertrag)* rescindir ⑤ *(Eintritts-, Fahrkarte)* sacar ⑥ *(zergehen lassen)* disolver (**in** en) **II.** *vr:* **sich ~** ① *(abgehen)* desprenderse (**von** de) ② *(Schraube)* aflojarse; *(Husten, Krampf)* calmarse ③ *(sich klären)* resolverse ④ *(sich frei machen)* liberarse (**aus/von** de); *(sich trennen)* separarse (**von** de); **sie löste sich aus seiner Umarmung** se desprendió de su abrazo ⑤ *(Schuss)* dispararse; **ein Schuss hatte sich gelöst** se había disparado el arma ⑥ *(zergehen)* disolverse (**in** en)

los|fahren ['lo:s-] *irr vi sein* salir; *(Fahrzeug)* ponerse en marcha; **auf jdn ~** arremeter contra alguien

los|gehen *irr vi sein* ① *(weggehen)* irse; **lass uns endlich ~!** ¡vámonos ya! ② *(fam: anfangen)* empezar; **gleich geht's los** enseguida empieza; **jetzt geht das schon wieder los!** *(fam)* ¡oh no, empieza de nuevo! ③ *(Schuss, Gewehr)* dispararse ④ *(angreifen)* abalanzarse (**auf** sobre)

los|kaufen *vt* rescatar

los|kommen *irr vi sein (fam)* ① *(wegkommen)* poder irse ② *(sich befreien)* librarse (**von** de); *(von Drogen)* desengancharse (**von** de)

los|kriegen *vt (fam)* ① *(lockern)* conseguir soltar; **einen Aufkleber ~** conseguir despegar un adhesivo; **ein festgefahrenes Fahrzeug ~** conseguir soltar un coche atascado ② *(sich entledigen)* librarse (de); **jdn ~** librarse de alguien

los|lassen *irr vt* ① *(nicht mehr festhalten)* soltar; **die Frage lässt mich nicht mehr los** la pregunta no se me quita de la cabeza ② *(Hund)* soltar (**auf** contra) ③ *(fam: sagen)* soltar; *(Beschwerde)* lanzar

los|laufen *irr vi sein* echar a correr

los|legen *vi (fam)* ponerse a hacer algo con ímpetu; **ihr könnt sofort ~!** ¡podéis empezar enseguida!

löslich ['lø:slɪç] *adj* soluble (**in** en)

los|lösen *vt, vr:* **sich ~** desprender(se) (**von** de)

los|machen **I.** *vt (fam)* soltar **II.** *vr:* **sich ~** *(fam: von Kette)* soltarse (**von** de); *(von Verpflichtungen)* sustraerse (**von** a)

los|müssen *irr vi (fam)* tener que irse

Losnummer *f* número *m* de lotería

los|reißen *irr* **I.** *vt* arrancar **II.** *vr:* **sich ~** soltarse; **er konnte sich nicht von dem Anblick ~** no podía apartar la vista

losrennen *irr vi sein* echar a correr (**auf** hacia)

Löss [lœs] *m* <-es, -e>, **Löß** [lø:s] *m* <-es, -e> (GEO) loess *m*

los|sagen *vr:* **sich ~** renegar (**von** de)

los|schicken *vt* enviar

losschlagen *irr* **I.** *vt* ① *(abschlagen)* separar (a golpe de martillo) (**von** de) ② *(fam: billig verkaufen)* vender (a precio tirado) **II.** *vi* ① *(angreifen)* iniciar el ataque ② *(einschlagen)* liarse a golpes (**auf** con)

Lostrommel *f* <-, -n> bombo *m* de sorteo

Losung ['lo:zʊŋ] *f* <-en> ① *(Motto)*

lema *m* ❷ (MIL) consigna *f* ❸ *(vom Wild)* excrementos *mpl*

Lösung ['løːzʊŋ] *f* <-en> ❶ *(Ergebnis)* solución *f* (**von** de) ❷ *(Loslösung)* desprendimiento *m* (**von** de) ❸ *(Aufhebung)* anulación *f* (**von** de) ❹ (CHEM, PHYS: *Flüssigkeit*) solución *f; (Auflösung)* disolución *f* (**in** en)

Lösungsmittel *nt* disolvente *m*

Losungswort *nt* lema *m,* eslogan *m*

los|werden *irr vt sein* ❶ *(Person)* deshacerse (de); *(Arbeit, Erkältung)* quitarse de encima; **jdn ~** librarse de alguien; **ich werde den Gedanken nicht los, dass ...** no me puedo quitar de la cabeza que... *+subj* ❷ *(fam: verlieren)* perder ❸ *(fam: verkaufen)* vender

Lot [loːt] *nt* <-(e)s, -e> ❶ (ARCHIT) plomada *f;* **etw wieder ins** (**rechte**) **~ bringen** arreglar algo; (**nicht**) **im ~ sein** *(Person)* (no) estar bien; *(Sache)* (no) estar en orden ❷ (NAUT) sonda *f* ❸ (MATH) perpendicular *f;* **auf eine Gerade das ~ fällen** abatir una perpendicular sobre una línea recta

loten ['loːtən] *vt* ❶ (ARCHIT) echar una plomada ❷ (NAUT) sondear

löten ['løːtən] *vt* (TECH) soldar

Lothringen ['loːtrɪŋən] *nt* <-s> Lorena *f*

Lothringer(in) *m(f)* <-s, -; -nen> lorenés, -esa *m, f*

lothringisch *adj* lorenés

Lotion [lo'tsjoːn] *f* <-en> loción *f*

Lötkolben *m* (TECH) soldador *m*

Lötmetall *nt* soldadura *f*

lotrecht *adj* vertical; **eine ~e Linie** una línea perpendicular

Lotse, -in ['loːtsə] *m, f* <-n, -n; -nen> ❶ (NAUT) práctico *mf* ❷ (AERO) controlador(a) *m(f)* aéreo , -a ❸ *(Schülerlotse)* patrullero, -a *m, f* escolar *(guardia en los cruces de las calles)*

lotsen *vt* ❶ *(allgemein)* llevar, conducir ❷ (NAUT) pilotar ❸ (AERO) dirigir

Lotsendienst *m* servicio *m* para la regulación del tráfico peatonal

Lotsin ['loːtsɪn] *f* <-nen> *s.* **Lotse**

Lotterie [lɔtə'riː] *f* <-n> lotería *f,* quiniela *f CSur;* **~ spielen** jugar a la lotería

Lotterielos *nt* <-es, -e> billete *m* de lotería

Lotteriespiel *nt* lotería *f*

Lotterleben ['lɔtɐ-] *nt* <-s, *ohne pl*> *(abw)* vida *f* licenciosa

Lotto ['lɔto] *nt* <-s, -s> lotería *f* primitiva; **im ~ spielen** jugar a la (lotería) primitiva; **ich habe im ~ gewonnen!** ¡me ha tocado la primitiva!

Lottoannahmestelle *f* taquilla *f* (donde se reciben las papeletas) de lotería

Lottogewinn *m* ganancia *f* en la (lotería) primitiva

Lottoschein *m* billete *m* de la (lotería) primitiva

Lottozahlen *fpl* números *mpl* de la (lotería) primitiva; **die Ziehung der ~** el sorteo de la (lotería) primitiva

Lötzinn *nt ohne pl* estaño *m* para soldar

Löwe *m* <-n, -n> ❶ (ZOOL) león *m;* **sich in die Höhle des ~n begeben** *(fam)* meterse en la boca del lobo ❷ (ASTR: *Zeichen*) Leo *m* ❸ (ASTR: *Person*) leo *mf inv*

Löwenanteil *m* parte *f* del león

Löwenkäfig *m* jaula *f* para leones

Löwenmähne *f* <-, -n> *(a. fam)* melena *f,* guedeja *f,* vedeja *f*

Löwenzahn *m ohne pl* (BOT) diente *m* de león

loyal [lɔɪ'aːl] *adj* leal; **sich ~ verhalten** comportarse lealmente

Loyalität [lɔɪali'tɛːt] *f ohne pl* lealtad *f* (**gegenüber** (frente) a/para con)

LP [ɛl'piː] *f* <-(s)> *Abk. von* **Langspielplatte** elepé *m*

LSD [ɛlʔɛs'deː] *nt* <-(s), *ohne pl*> *Abk. von* **Lysergsäurediäthylamid** LSD *m*

lt. *Abk. von* **laut** según

Luchs [lʊks] *m* <-es, -e> (ZOOL) lince *m*

Lücke ['lʏkə] *f* <-n> *(Loch)* agujero *m; (Zwischenraum, Leere)* vacío *m; (Hohlraum)* hueco *m; (Gedächtnislücke)* laguna *f;* **eine ~ füllen** tapar un hueco; *(fig)* ocupar un vacío

Lückenbüßer(in) *m(f)* suplente *m*

lückenhaft *adj* ❶ *(mit Lücken)* lleno de huecos ❷ *(unvollständig)* incompleto

lückenlos *adj* completo, íntegro

lud [luːt] *3. imp von* **laden**

Luder ['luːdɐ] *nt* <-s, -> *(fam)* mal bicho *m*

Luft[1] [lʊft] *f ohne pl* ❶ *(Gasgemisch, Atemluft)* aire *m;* **an die** (**frische**) **~ gehen** tomar el aire (fresco); **die ~ aus etw** *dat* **herauslassen** desinflar algo; **die ~ ist rein** *(fam)* no hay moros en la costa; **es herrscht dicke ~** *(fam)* el ambiente está cargado; **aus etw** *dat* **ist die ~ raus** *(fam)* algo ya no tiene importancia; **er ist ~ für mich** *(fam)* ese para mí no existe; **sich in ~ auflösen** *(fam)* desvanecerse en el aire; **jdn wie ~ behandeln** *(fam)* tratar a alguien como si no existiera; **jdn an die** (**frische**) **~ setzen** *(fam)* mandar a alguien a tomar viento ❷ *(Atem)* respiración *f,* aliento *m;* **nach ~ schnappen** jadear; **die ~ anhalten** contener la respiración; (**tief**) **~ holen** respirar (hondo); **keine ~ bekommen** asfixiarse, sofocarse; **mir blieb vor Schreck die ~ weg** *(fam)* del susto me quedé sin aliento; **von ~ und Liebe leben**

(fam) vivir de milagro ③ *(fam: Spielraum)* espacio *m* libre; **seinem Ärger ~ machen** desahogarse

Luft[2] [lʊft, *pl:* 'lʏftə] *f* <Lüfte> ① *(Raum über dem Erdboden)* aire *m;* **etw in die ~ sprengen** hacer saltar algo por los aires; **vor Freude in die ~ springen** dar saltos de alegría; **es liegt etwas in der ~** hay algo en el aire; **das ist völlig aus der ~ gegriffen** es pura invención; **in der ~ hängen** *(fam)* estar en el aire; **schnell in die ~ gehen** *(fam)* enfadarse enseguida; **ich könnte ihn in der ~ zerreißen** *(fam)* le podría hacer pedazos ② *(schwacher Wind)* aire(cito) *m;* **es weht eine kalte ~** corre una brisa fría

Luftabwehr *f* (MIL) defensa *f* aérea

Luftangriff *m* (MIL) ataque *m* aéreo

Luftaufnahme *f* (FILM) toma *f* aérea; (FOTO) vista *f* aérea

Luftballon *m* globo *m*

Luftbefeuchter *m* humidificador *m* del aire

Luftbild *nt* vista *f* aérea

Luftblase *f* burbuja *f* de aire

Luftbrücke *f* puente *m* aéreo

L

luftdicht *adj* hermético

Luftdruck *m ohne pl* (PHYS) presión *f* atmosférica

luftdurchlässig *adj* transpirable, permeable al aire

Luftdüse *f* (TECH) boquilla *f* de aire

Lufteinlass *m* (TECH) respiradero *m*

lüften ['lʏftən] *vt* ① *(Kleider)* airear; *(Zimmer)* ventilar ② *(Deckel)* quitar ③ *(Geheimnis)* revelar

Lüfter *m* <-s, -> ventilador *m*

Luftfahrt *f ohne pl* aeronáutica *f*, aviación *f*

Luftfahrzeug *nt* aeroplano *m*

Luftfeuchtigkeit *f* (METEO) humedad *f* del aire

Luftfilter *m o nt* (TECH) filtro *m* de aire

Luftfracht *f* <-, -en> flete *m* aéreo

luftgetrocknet *adj (Schinken)* curado

Luftgewehr *nt* escopeta *f* de aire comprimido

Lufthoheit *f ohne pl* soberanía *f* aérea

Lufthorn *nt* bocina *f*

luftig *adj* ① *(Kleidung)* ligero ② *(Zimmer)* bien ventilado

Luftkanal *m* (TECH) canal *m* de aire

Luftkissenboot *nt* aerodeslizador *m*

Luftkissenfahrzeug *nt* aerodeslizador *m*

Luftkorridor *m* (AERO) corredor *m* aéreo

Luftkurort *m* balneario *m* climatológico

luftleer *adj* vacío, sin aire; **wir leben doch nicht im ~en Raum** no somos los únicos en la tierra

Luftlinie *f ohne pl* línea *f* recta

Luftloch *nt* ① (TECH) respiradero *m* ② *(fam: beim Fliegen)* bache *m* de aire

Luftmatratze *f* colchoneta *f*

Luftpirat(in) *m(f)* pirata *mf* aéreo , -a

Luftpost *f* correo *m* aéreo; **mit** [*o* **per**] **~** por avión, por correo aéreo

Luftpumpe *f* bomba *f* de aire

Luftraum *m* espacio *m* aéreo

Luftröhre *f* (ANAT) tráquea *f*

Luftschacht *m* pozo *m* de ventilación

Luftschiff *nt* (globo *m*) dirigible *m*

Luftschlange *f* serpentina *f* de papel

Luftschloss *nt* **Luftschlösser bauen** hacer castillos en el aire

Luftschraube *f* (TECH) hélice *f*

Luftschutz *m ohne pl* defensa *f* antiaérea

Luftschutzbunker *m* refugio *m* antiaéreo

Luftsprung *m* salto *m* en el aire; **vor Freude einen ~ machen** dar un salto de alegría

Luftstrom *m* corriente *f* de aire

Luftstützpunkt *m* (MIL) base *f* aérea

Lufttemperatur *f* <-, -en> (METEO) temperatura *f* del aire

Luft- und Raumfahrtindustrie *f* industria *f* aeronáutica y astronáutica

Lüftung ['lʏftʊŋ] *f* <-en> ventilación *f*

Luftveränderung *f* cambio *m* de aires

Luftverkehr *m* tráfico *m* aéreo

Luftverschmutzung *f ohne pl* contaminación *f* del aire

Luftwaffe *f* (MIL) fuerza *f* aérea

Luftweg[1] *m (Atemwege)* vías *fpl* respiratorias

Luftweg[2] *m ohne pl (im Gegensatz zum Landweg)* vía *f* aérea; **auf dem ~** por vía aérea

Luftwiderstand *m ohne pl* (PHYS) resistencia *f* del aire

Luftzufuhr *f* provisión *f* de aire

Luftzug *m* corriente *f* de aire

Lüge ['ly:gə] *f* <-n> mentira *f*, guayaba *f Am*, pegada *f CSur;* **jdm ~n auftischen** *(fam)* mentir a alguien; **jdn ~n strafen** coger a alguien que ha mentido; **~n haben kurze Beine** *(prov)* se agarra antes a un mentiroso que a un cojo

lügen ['ly:gən] <lügt, log, gelogen> *vi* mentir, macanear *CSur*, nagualear *Méx;* **er lügt wie gedruckt** *(fam)* miente más que habla

Lügenbold *m* <-(e)s, -e> *(fam)* trolero *m*

Lügendetektor *m* detector *m* de mentiras

lügenhaft *adj* mentiroso; **eine ~e Geschichte** una historia basada en mentiras

Lügenmärchen *nt* <-s, -> mentira *f*, pepa *f And*

Lügner(in) ['ly:gnɐ] *m(f)* <-s, -; -nen> mentiroso, -a *m, f*

lügnerisch ['ly:gnərɪʃ] *adj (abw)* mentiroso, embustero

Luke ['lu:kə] *f* <-n> ❶ *(Dachluke)* tragaluz *m* ❷ *(Schiffsluke)* escotilla *f*

lukrativ [lukra'ti:f] *adj* lucrativo

Lümmel ['lʏməl] *m* <-s, -> *(abw)* sinvergüenza *m*

lümmeln *vr:* **sich ~** *(fam abw)* repanti(n)garse, repanchi(n)garse (**auf** *+dat* en/encima de)

Lump [lʊmp] *m* <-en, -en> *(abw)* canalla *mf*

lumpen *vi (fam)* **sich nicht ~ lassen** no ser cutre

Lumpen ['lʊmpən] *m* <-s, -> ❶ *(Stofffetzen)* harapo *m* ❷ *(reg: Putzlappen)* bayeta *f*

Lumpensammler(in) *m(f)* <-s, -; -, -nen> trapero, -a *m, f*

lumpig *adj* ❶ *(abw: niederträchtig)* vil, miserable ❷ *(fam abw: geringfügig)* miserable; **~e zehn Euro** diez euros de mierda *vulg*

Lunch [lantʃ] *m* <-(e)s *o* -, -(e)s *o* -e> almuerzo *m*, lunch *m Am*

Lunge ['lʊŋə] *f* <-n> (ANAT) pulmón *m;* **sich** *dat* **die ~ aus dem Hals schreien** *(fam)* gritar a todo pulmón

Lungenbläschen *nt* (MED) alvéolo *m* pulmonar

Lungenembolie *f* <-, -n> (MED) embolia *f* pulmonar

Lungenentzündung *f* (MED) neumonía *f*, pulmonía *f*

Lungenflügel *m* (ANAT) lóbulo *m* pulmonar

lungenkrank *adj* enfermo del pulmón

Lungenkrebs *m* <-es, *ohne pl*> cáncer *m* de pulmón

Lungenzug *m* inhalación *f* del humo; **einen ~ machen** inhalar el humo

lungern ['lʊŋɐn] *vi (fam)* holgazanear

Lunte ['lʊntə] *f* <-n> **~ riechen** *(fam)* olerse algo; **die ~ ans Pulverfass legen** descubrir el pastel

Lupe ['lu:pə] *f* <-n> lupa *f;* **jdn/etw unter die ~ nehmen** *(fam)* examinar a alguien/algo de cerca

lupenrein *adj* impecable, perfecto

Lupine [lu'pi:nə] *f* <-, -n> altramuz *m*

Lurch [lʊrç] *m* <-(e)s, -e> (ZOOL) batracio *m*

Lusche ['lʊʃə] *f* <-, -n> *(fam)* ❶ *(im Spiel)* paja *f* ❷ *(Person)* inútil *mf*, desastre *m*

Lust[1] [lʊst, *pl:* 'lʏstə] *f* <Lüste> *(geh: sexuelles Verlangen)* deseo *m; (Wollust)* voluptuosidad *f;* **~ auf jdn/etw** ganas de alguien/de algo

Lust[2] *f ohne pl* ❶ *(Verlangen)* gana(s) *f(pl);* **zu etw** *dat* [*o* **auf etw**] **~ haben** tener ganas de algo; **die ~ an etw** *dat* **verlieren** perder las ganas de hacer algo; **hast du ~?** ¿te apetece?; **ich habe keine ~** no me apetece; **mach, wie du ~ hast** hazlo como te apetezca ❷ *(Vergnügen)* placer *m; (Genuss)* gozada *f;* **nach ~ und Laune** a placer; **es ist eine (wahre) ~, ihm zuzusehen** es un (verdadero) placer mirarle; **mit ~ und Liebe** con mil amores

Lüsterklemme *f* <-, -n> regleta *f*

lüstern ['lʏstɐn] *adj (geh)* lascivo

lustig ['lʊstɪç] *adj* ❶ *(vergnügt)* alegre ❷ *(belustigend)* divertido, cómico; **sich über jdn/etw ~ machen** burlarse de alguien/algo; **du bist vielleicht ~!** *(iron)* ¡mira qué gracioso!; **das wird ja immer ~er!** *(iron)* ¡cada vez se pone mejor la cosa!

Lüstling ['lʏstlɪŋ] *m* <-s, -e> *(abw)* sátiro *m*

lustlos *adj (Person)* desanimado, sin ganas

Lustmord *m* asesinato *m* por impulso sexual

Lustspiel *nt* comedia *f*

lustvoll *adj (geh)* lleno de ganas

Lutheraner(in) [lʊtə'ra:nɐ] *m(f)* <-s, -; -, -nen> luterano, -a *m, f*

lutschen ['lʊtʃən] *vi, vt* chupar

Lutscher *m* <-s, -> ❶ *(Süßigkeit)* piruleta *f*, chupete *m Am; (kugelförmig)* chupachup(s) *m inv* ❷ *(fam: Schnuller)* chupete *m*

Lutschtablette *f* tableta *f* para disolución oral

Lüttich ['lʏtɪç] *nt* <-s> Lieja *f*

Luxemburg ['lʊksəmbʊrk] *nt* <-s> Luxemburgo *m*

Luxemburger(in) ['lʊksəmbʊrgɐ] *m(f)* <-s, -; -nen> luxemburgués, -esa *m, f*

luxemburgisch *adj* luxemburgués

luxuriös [lʊksuri'ø:s] *adj* lujoso

Luxus ['lʊksʊs] *m* <-, *ohne pl*> lujo *m;* **im ~ leben** vivir en el lujo

Luxusartikel *m* artículo *m* de lujo

Luxusdampfer *m* <-s, -> (NAUT) vapor *m* de lujo

Luxushotel *nt* hotel *m* de lujo

Luzern [lu'tsɛrn] *nt* <-s> Lucerna *f*

Luzerne [lu'tsɛrnə] *f* <-, -n> (BOT) alfalfa *f*

Luzifer ['lu:tsifɐ] *m* <-s> Lucifer *m*

LW [ɛl've:] (PHYS, RADIO) *Abk. von* **Langwelle** OL

Lymphe ['lʏmfə] *f* <-n> (MED) linfa *f*

Lymphknoten *m* (ANAT) ganglio *m* linfático

Lymphozyt *m* <-en, -en> (MED) linfocito *m*

lynchen ['lʏnçən] *vt* linchar

Lynchjustiz *f* linchamiento *m*

Lynchmord *m* <-(e)s, -e> asesinato *m* por linchamiento
Lyrik ['ly:rɪk] *f ohne pl* (poesía *f*) lírica *f*
Lyriker(in) ['ly:rikɐ] *m(f)* <-s, -; -nen> (poeta, -isa *m, f*) lírico, -a *m, f*
lyrisch *adj* lírico

Mm

M

M, m [ɛm] *nt* <-, -> M, m *f*; ~ **wie Martha** M de María
m *Abk. von* **Meter** m
MA. *Abk. von* **Mittelalter** Edad *f* Media
Mäander [mɛ'andɐ] *m* <-s, -> ① (GEO) meandro *m* ② (KUNST) greca *f*
Macadamianuss [maka'da:mia-] *f* (GASTR) nuez *f* de macadamia
Machart *f* hechura *f*
machbar *adj* factible
machen ['maxən] **I.** *vt* ① *(tun)* hacer; **eine Bemerkung** ~ hacer un comentario; **einen Spaziergang** ~ dar un paseo; **er macht mir den Garten** me arregla el jardín; **etw klein** ~ *(fam: zerkleinern: Holz)* partir algo; *(Kräuter)* picar algo; **ich will es kurz** ~ seré breve; **wird gemacht!** ¡se hará!; **gut gemacht!** ¡bien hecho!; **ein erstauntes Gesicht** ~ poner cara de asombro; **die Katze macht „miau“** *(fam)* el gato hace “miau”; **ein Spiel** ~ jugar; **das lässt sich** ~ esto se puede arreglar; **was soll man ~?** ¿qué le vamos a hacer?; **da ist nichts zu** ~ no hay remedio; **mach, dass er wieder gesund wird!** ¡haz que se cure!; **was ~ Sie beruflich?** ¿cuál es su profesión?; **was macht dein Bruder?** ¿cómo le va a tu hermano?; **sie machte ihm schöne Augen** ligó con él; **lass mich nur ~!** ¡ya lo hago yo!; **mach's gut!** *(fam: Abschiedsgruß)* ¡qué te vaya bien!; **mit mir könnt ihr's ja** ~ *(fam)* conmigo lo podéis hacer; **warum lässt du das mit dir ~?** ¿por qué lo consientes?; **ein gemachter Mann** un hombre hecho; **etwas aus sich** *dat* ~ arreglarse; **er wird es nicht mehr lange** ~ *(fam: sterben)* la va a palmar pronto; **nun mach schon!** *(fam: beeilen)* ¡date prisa!; **mach, dass du wegkommst!** *(fam)* ¡lárgate de una vez!; **ich mach ja schon!** *(fam: komme)* ¡ya voy!; **er macht auf lässig** *(fam)* va de despreocupado; **ins Bett/in die Hose** ~ *(fam)* hacerse en la cama/en el pantalón ② *(herstellen)* producir; *(anfertigen)* fabricar; *(Speisen)* hacer, preparar; *(Licht)* encender; **ein Foto/Abzüge** ~ sacar una foto/copias; **sie ließ sich beim Friseur/von einer Freundin die Haare** ~ el peluquero/una amiga le arregló el pelo; **dafür ist er wie gemacht** está hecho para ello ③ *(verursachen)* causar; *(Lärm)* hacer; **Eindruck** ~ causar impresión; **das macht mir Sorge** esto me preocupa; **einen Fleck auf etw** ~ manchar algo; **macht nichts!** *(fam)* ¡no importa!; **was macht das schon?** ¿qué más da? ④ *(in einen Zustand versetzen)* poner, hacer; **das macht mich nervös/verrückt** eso me pone nervioso/me vuelve loco; **das Kleid macht** (**sie**) **alt** el vestido (la) hace mayor; **jdm etw leicht** ~ facilitar algo a alguien; **jdm das Leben schwer** ~ complicarle la vida a alguien; **Joggen macht fit** correr mantiene la forma física ⑤ *(ernennen)* nombrar ⑥ *(umwandeln)* convertir (**zu** en) ⑦ *(fam: kosten)* costar, ser; **was macht das?** ¿cuánto es? ⑧ *(fam: ergeben)* dar; **das macht zusammen 14** todo junto da 14 **II.** *vr:* **sich** ~ ① *(sich in einen Zustand versetzen)* **sich hübsch** ~ ponerse guapo; **sich lächerlich** ~ hacer el ridículo; **sich beliebt** ~ ganarse las simpatías (**bei** de); **sich verständlich** ~ comunicarse; ~ **Sie sich's bequem!** ¡póngase cómodo!; **sie macht es sich nicht leicht** no se lo pone fácil ② *(fam: gedeihen)* progresar; **der Junge macht sich** el niño hace progresos ③ *(passen)* quedar; **sich gut** ~ quedar bien ④ *(beginnen)* ponerse (**an** a); **sich an die Arbeit** ~ ponerse a trabajar; **sich auf den Weg** ~ ponerse en camino ⑤ *(sich bereiten)* hacerse; ~ **Sie sich nur keine Umstände wegen mir!** ¡no se tome la molestia por mí!; **sich** *dat* **falsche Hoffnungen** ~ crearse falsas esperanzas ⑥ *(Wend)* **sich** *dat* **nichts aus etw** ~ *(fam)* importar(le) algo nada a alguien; **sie macht sich nichts aus Eis** *(fam)* no le gustan los helados
Machenschaften *fpl (abw)* manejos *mpl*
Macher *m* <-s, -> *(fam)* hombre *m* de acción
Machete [ma'tʃe:tə] *f* <-, -n> machete *m*, colín *m AmC*, chincha *f CRi*, daga *f PRico*
Machismo [ma'tʃɪsmo] *m* <-(s), *ohne pl*> (SOZIOL: *geh)* machismo *m*

Macho ['matʃo] *m* <-s, -s> *(fam)* machista *m*

Macht[1] [maxt, *pl:* 'mɛçtə] *f* <Mächte> *(Staat)* potencia *f;* **geheime Mächte** poderes secretos

Macht[2] *f ohne pl* poder *m; (Kraft)* fuerza *f;* **mit aller ~** con todas las fuerzas; **wir tun alles, was in unserer ~ steht** hacemos todo lo que está a nuestro alcance; **es liegt in deiner ~, die Zustände zu ändern** está en tu poder, el cambiar la situación; **~ über jdn haben** tener poder sobre alguien; **an die ~ kommen/gelangen** subir/llegar al poder; **die ~ ergreifen/an sich reißen** asumir/usurpar el poder

Machtbefugnis *f* poder *m*

Machtbereich *m* <-(e)s, -e> esfera *f* de influencia

machtbewusst *adj* (POL) con afán de poder

Machtergreifung *f* <-en> (POL) toma *f* de poder

Machterhalt *m* <-(e)s, *ohne pl*> mantenimiento *m* del poder

Machtfülle *f* <-, *ohne pl*> plenitud *f* de poderes

Machthaber(in) *m(f)* <-s, -; -nen> (POL) gobernante *mf*

Machthunger *m ohne pl* hambre *f* de poder

machthungrig *adj* sediento de poder

mächtig ['mɛçtɪç] **I.** *adj* ① *(machtvoll)* poderoso; **einer Sprache ~ sein** *(geh)* dominar un idioma ② *(sehr groß)* enorme **II.** *adv (sehr)* enormemente; **sich ~ anstrengen** esforzarse enormemente; **~ viel** un montón

Machtkampf *m* lucha *f* por el poder

machtlos *adj* impotente; **~ gegen etw sein** no poder hacer nada contra algo

Machtlosigkeit *f ohne pl* impotencia *f*

Machtmissbrauch *m* abuso *m* del poder

Machtpolitik *f* política *f* imperialista

Machtprobe *f* prueba *f* de fuerza

Machtstellung *f (eines Staates)* poderío *m; (einer Person)* autoridad *f*

Machtstreben *nt ohne pl* (*a.* POL) ansia *f* de poder; *(staatsübergreifend)* imperialismo *m*

Machtübernahme *f* (POL) subida *f* al poder

Machtverhältnisse *fpl* reparto *m* de poderes

machtvoll *adj* poderoso

Machtwechsel *m* (POL) cambio *m* de gobierno

Machtwort *nt* sentencia *f* terminante; **ein ~ sprechen** hacer valer su autoridad

Machwerk *nt* <-(e)s, -e> *(abw)* chapucería *f,* chapuza *f,* churro *m fam*

Macke ['makə] *f* <-n> ① *(Fehler)* defecto *m; (Beule)* abolladura *f* ② *(fam: Tick)* manía *f;* **du hast doch eine ~!** ¡estás chiflado!

Macker ['makɐ] *m* <-s, -> *(sl)* ① *(Typ)* tío *m* ② *(Freund)* ligue *m*

Madagaskar [mada'gaska:ɐ] *nt* <-s> Madagascar *m*

Madagasse, -in [mada'gasə] *m, f* <-n, -n; -nen> malgache *mf*

madagassisch *adj* malgache

Mädchen ['mɛ:tçən] *nt* <-s, -> ① *(Kind)* niña *f,* tripona *f Méx; (Jugendliche)* chica *f,* chamaca *f Méx,* piba *f Arg;* **leichtes ~** chica fácil ② *(Hausangestellte)* chica *f,* mucama *f Am;* **~ für alles** *(fam)* chica para todo

mädchenhaft I. *adj* de niña **II.** *adv* como una niña

Mädchenname *m* ① *(Vorname)* nombre *m* de chica ② *(vor der Heirat)* apellido *m* de soltera

Made ['ma:də] *f* <-n> cresa *f;* **wie die ~ im Speck leben** *(fam)* vivir en abundancia

Madeira [ma'de:ra] *nt* <-s> Madera *f*

Mädel ['mɛ:dəl] *nt* <-s, -(s)> *(fam)* niña *f*

madig *adj* lleno de cresas

madig|machen *vt* **jdm etw ~** *(fam)* quitar(le) a alguien las ganas de algo

Madrid [ma'drɪt] *nt* <-s> Madrid *m*

Maestro [ma'ɛstro, *pl:* ma'ɛstri] *m* <-s, -s *o* Maestri> ① *(berühmter Musiker)* maestro *m* ② *(fam: Chef)* jefe *m*

Mafia ['mafja] *f* <-s> mafia *f*

mag [ma:k] *3. präs von* **mögen**

Magazin [maga'tsi:n] *nt* <-s, -e> ① *(Lager)* almacén *m* ② *(an Waffen)* cargador *m* ③ *(Zeitschrift)* revista *f* ④ *(Radio-, Fernsehsendung)* programa *m* ⑤ *(für Dias)* cartucho *m*

Magd [ma:kt, *pl:* 'mɛ:kdə] *f* <Mägde> criada *f*

Magen ['ma:gən, *pl:* 'mɛ:gən] *m* <-s, Mägen> estómago *m;* **auf nüchternen ~** en ayunas; **mir knurrt der ~** me crujen las tripas; **sich** *dat* **den ~ verderben** ponerse malo del estómago

Magenbeschwerden *fpl* problemas *mpl* de estómago

Magenbitter *m* <-s, -> estomacal *m*

Magen-Darm-Trakt ['-'-'-] *m* <-(e)s, -e> (ANAT) aparato *m* gastrointestinal

Magendrücken *nt ohne pl* pesadez *f* de estómago

Magengeschwür *nt* (MED) úlcera *f* gástrica

Magenknurren *nt* borborigmo *m*

Magenkrampf *m* (MED) gastroespasmo *m*

magenkrank *adj* enfermo del estómago, que padece del estómago
Magenleiden *nt* enfermedad *f* del estómago
Magensaft *m* <-(e)s, -säfte> jugo *m* gástrico
Magensäure *f* (MED) ácido *m* gástrico
Magenschleimhaut *f* <-, -häute> (membrana *f*) mucosa *f* del estómago
Magenschleimhautentzündung *f* gastritis *f inv*
Magenschmerzen *mpl* dolores *mpl* de estómago
Magenverstimmung *f* indigestión *f*
mager ['ma:gɐ] *adj* ① *(Fleisch, Boden)* magro ② *(Mensch, Tier)* flaco ③ *(dürftig)* insuficiente ④ *(Buchstabe, Schrift)* fino
Magerkeit *f* <-, *ohne pl*> ① *(von Fleisch)* magrez *f* ② *(von Mensch, Tier)* flaqueza *f* ③ *(von Boden)* aridez *f*
Magermilch *f* leche *f* desnatada
Magerquark *m* <-s, *ohne pl*> (GASTR) requesón *m* descremado
Magersucht *f ohne pl* (MED) anorexia *f* nerviosa
magersüchtig *adj* (MED) anoréxico
Maggikraut ['magi-] *nt* <-s, *kein pl*> (BOT) apio *m* del monte, levístico *m*
Magie [ma'gi:] *f ohne pl* magia *f*
Magier(in) ['ma:giɐ] *m(f)* <-s, -; -nen> mago, -a *m, f*
magisch ['ma:gɪʃ] *adj* mágico; **~e Kräfte** fuerzas mágicas; **~ von etw** *dat* **angezogen werden** ser atraído mágicamente por algo
Magister [ma'gɪstɐ] *m* <-s, -> ① *(Universitätsgrad) grado académico correspondiente a algunas carreras universitarias en Alemania;* **~ Artium** magister artium ② *(Österr: Apotheker)* farmaceútico, -a *m, f*
Magisterarbeit *f* tesina *f* de licenciatura
Magistrat[1] [magɪs'tra:t] *m* <-(e)s, -e> ① *(Obrigkeit)* autoridad *f* pública ② *(Stadtverwaltung)* administración *f* municipal
Magistrat[2] *m* <-en, -en> *(Schweiz) miembro del gobierno o de las autoridades*
Magma ['magma] *nt* <-s, Magmen> (GEO) magma *m*
Magnesia [ma'gne:zia] *f* <-, *ohne pl*> (CHEM) magnesia *f*
Magnesium [ma'gne:ziʊm] *nt* <-s, *ohne pl*> (CHEM) magnesio *m*
Magnet [ma'gne:t] *m* <-en *o* -(e)s, -e *o* -en> imán *m*
Magnetband *nt* (*a.* INFOR) cinta *f* magnética
Magnetfeld *nt* (PHYS) campo *m* magnético
magnetisch *adj* magnético; *(magnetisch gemacht)* imantado; **eine ~e Anziehungskraft auf jdn ausüben** ejercer un poder irresistible sobre alguien
magnetisieren* [magneti'zi:rən] *vt (Gegenstände)* imantar; *(Menschen)* magnetizar
Magnetismus [magne'tɪsmʊs] *m* <-, *ohne pl*> magnetismo *m*
Magnetkarte *f* tarjeta *f* magnética
Magnetstreifen *m* banda *f* magnética
Magnolie [ma'gno:ljə] *f* <-n> (BOT) magnolia *f*
mäh [mɛ:] *interj* ¡be!
Mahagoni [maha'go:ni] *nt* <-s, *ohne pl*> caoba *f*
Mähdrescher ['mɛ:-] *m* <-s, -> (AGR) cosechadora *f*
mähen ['mɛ:ən] *vt (Getreide)* segar; *(Rasen)* cortar; **den ~ mähen** cortar el césped; *(mit der Sense)* guadañar
Mahl [ma:l] *nt* <-(e)s, Mähler *o* -e> *(geh)* comida *f*
mahlen ['ma:lən] <mahlt, mahlte, gemahlen> *vt* moler
Mahlzeit *f* <-en> comida *f*; **~!** ¡que aproveche!
Mähmaschine *f* (AGR: *für Getreide*) segadora *f*; *(für Gras)* (máquina *f*) cortacésped *m*
Mahnbescheid *m* (JUR) orden *f* de pago
Mahnbrief *m* <-(e)s, -e> carta *f* de aviso, reclamación *f*
Mähne ['mɛ:nə] *f* <-n> ① *(bei Tieren)* melena *f* ② *(fam: bei Menschen)* pelambrera *f*
mahnen ['ma:nən] *vt* ① *(erinnern)* recordar; *(warnend)* advertir; *(Schuldner)* exigir el pago de una deuda (de) ② *(auffordern)* requerir (**zu** para que +*subj*)
Mahnmal *nt* monumento *m* conmemorativo
Mahnschreiben *nt s.* **Mahnbrief**
Mahnung *f* <-en> ① *(Ermahnung)* requerimiento *m* ② *(Mahnschreiben)* recordatorio *m*
Mahnwache *f* piquete *m*
Mai [maɪ] *m* <-(e)s, -e> mayo *m*; *s. a.* **März**
Maibaum *m* mayo *m*
Maiglöckchen ['maɪglœkçən] *nt* (BOT) lirio *m* de los valles
Maikäfer *m* (ZOOL) escarabajo *m* de San Juan
Mailand ['maɪlant] *nt* <-s> Milán *m*
Mailbox ['mɛɪlbɔks] *f* (INFOR) buzón *m* (electrónico)
mailen ['mɛɪlən] *vt* (INFOR: *fam)* pasar un emilio

Mailing ['mɛɪlɪŋ] *nt* <-(s), -(s)> (COM, WIRTSCH) mailing *m*
Mailprogramm *nt* (INFOR, TEL) programa *m* de correo
Mailsystem *nt* (INFOR, TEL) sistema *m* de correo
Main [maɪn] *m* <-s> Meno *m*
Mainstream ['meːnstriːm] *m* <-(s), *ohne pl*> corriente *f* principal
Mainz [maɪnts] *nt* <-> Maguncia *f*
Mais [maɪs] *m* <-es, -e> maíz *m*, milpa *f Am*, capi *m AmS*
Maiskolben *m* mazorca *f*, choclo *m Am*, elote *m AmC, Méx*
Maismehl *nt* harina *f* de maíz
Majestät [majɛs'tɛːt] *f* <-en> majestad *f*; **Seine/Ihre** ~ Su Majestad
majestätisch *adj* majestuoso
Major [ma'joːɐ] *m* <-s, -e> (MIL) comandante *m*
Majoran ['maːjoran] *m* <-s, -e> mejorana *f*
makaber [ma'kaːbɐ] *adj* macabro
Makel ['maːkəl] *m* <-s, -> *(geh)* defecto *m*
makellos *adj* íntegro, sin tacha
Makellosigkeit *f* <-, *ohne pl*> falta *f* de defectos
mäkeln ['mɛːkəln] *vi (abw)* criticar (**an**)
Make-up *nt* <-s, -s> maquillaje *m*
Make-up-Entferner *m* <-s, -> desmaquillante *m*
Makkaroni [maka'roːni] *pl* macarrones *mpl*
Makler(in) ['maːklɐ] *m(f)* <-s, -; -nen> agente *mf* inmobiliario, -a
Maklergebühr *f* corretaje *m*
Makrele [ma'kreːlə] *f* <-n> caballa *f*
Makro ['maːkro] *nt* <-s, -s> (INFOR) macroinstrucción *f*
Makrokosmos *m* <-, *ohne pl*>, **Makrokosmus** ['maːkrokɔsmɔs, --'--] *m* <-, *ohne pl*> macrocosmo(s) *m*
Makrone [ma'kroːnə] *f* <-n> *(aus Mandeln)* almendrado *m*; *(aus Kokos)* galleta *f* de coco
Makroökonomie ['------, -----'-] *f* (WIRTSCH) macroeconomía *f*
mal [maːl] *adv* ① (MATH) por; **zwei ~ zwei ist vier** dos por dos son cuatro ② *(fam: ein Mal)* una vez; **noch** ~ otra vez; **erst** ~ por ahora ③ *(fam: früher)* antes; **warst du schon ~ hier?** ¿ya has estado aquí antes? ④ *(fam: irgendwann)* alguna vez, un día; **besuchen Sie mich doch ~!** ¡venga a verme un día! ⑤ *(fam: verstärkend)* **sag ~, stimmt das?** dime en serio, ¿es eso verdad?; **er hat sie nicht ~ besucht** ni siquiera la fue a visitar; **komm ~ her!** ¡ven aquí!
Mal[1] [maːl] *nt* <-(e)s, -e> ① *(Zeitpunkt)* vez *f*; **voriges/nächstes** ~ la última/próxima vez; **das erste/zweite** ~ la primera/segunda vez; **Millionen** ~ un millón de veces; **ich sage das zum letzten** ~ lo digo por última vez; **ein anderes** ~ otra vez; **sie kam das eine oder andere ~ dorthin** estuvo allí una que otra vez; **mit einem** ~ *(plötzlich)* de una vez; **jedes** ~ cada vez, siempre; **jedes ~, wenn ...** cada vez que...; **von ~ zu ~** cada vez; **ein für alle** ~ de una vez para siempre ② (SPORT: *Markierung*) línea *f* de demarcación
Mal[2] [maːl, *pl:* 'maːlə, 'mɛːlɐ] *nt* <-(e)s, -e *o* Mäler> *(Wundmal)* estigma *m*; *(Muttermal)* lunar *m*
malad(e) [ma'laːt, ma'laːdə] *adj* enfermo; **~ sein** encontrarse mal
Malaria [ma'laːria] *f ohne pl* paludismo *m*, malaria *f*
Malawi [ma'laːvi] *nt* <-s> Malawi *m*
Malaysia [ma'laɪzia] *nt* <-s> Malasia *f*
Malaysier(in) [ma'laɪziɐ] *m(f)* <-s, -; -nen> malayo, -a *m, f*
malaysisch *adj* malayo
Malbuch *nt* libro *m* para colorear
Malediven [male'diːvən] *fpl* Maldivas *fpl*; **Republik der** ~ República de Maldivas
malen ['maːlən] *vt* ① *(allgemein)* pintar; *(zeichnen)* dibujar; *(porträtieren)* retratar; **ein Bild** ~ hacer un dibujo ② *(reg: anstreichen)* pintar; **weiß** ~ pintar de blanco
Maler(in) *m(f)* <-s, -; -nen> (*a.* KUNST) pintor(a) *m(f)*
Malerei *f* <-en> ① *(Kunstgattung)* pintura *f* ② *(Gemälde)* cuadro *m*; **abstrakte** ~ pintura abstracta
Malerin *f* <-nen> *s.* **Maler**
malerisch *adj* pintoresco
Malheur [ma'løːɐ] *nt* <-s, -e *o* -s> *(fam)* percance *m*
Mali ['maːli] *nt* <-s> Malí *m*
Malkasten *m* caja *f* de pinturas
Mallorca [ma'lɔrka, ma'jɔrka] *nt* <-s> Mallorca *f*
mal|nehmen *irr vt* multiplicar (**mit** por)
Maloche [ma'lɔxə, ma'loːxə] *f ohne pl (fam)* curro *m*
malochen* [ma'loːxən] *vi (fam)* currar
Malstift *m* lápiz *m* de color(es)
Malta ['malta] *nt* <-s> Malta *f*
Maltechnik *f* técnica *f* de pintura
maltesisch *adj* maltés
malträtieren* [maltrɛ'tiːrən] *vt* maltratar
Malve ['malvə] *f* <-n> malva *f*
Malz [malts] *nt* <-es, *ohne pl*> malta *f*
Malzbier *nt* cerveza *f* de malta
Mama ['mama] *f* <-s> *(fam)* mamá *f*

Mami ['mami] *f* <-s> mami *f*, mamita *f*
Mammografie [mamogra'fi:] *f* <-, -n> (MED) mamografía *f*
Mammut ['mamʊt] *nt* <-s, -e *o* -s> mamut *m*
Mammutbaum *m* secuoya *f*
Mammutveranstaltung *f* acto *m* con una multitud de participantes
mampfen ['mampfən] *vt, vi (fam)* jalar
man[1] [man] *pron indef (allgemein)* se; *(ich, wir)* uno *m*, una *f*; **das tut ~ nicht** eso no se hace; **~ hat mir gesagt, dass …** me han dicho que…; **~ sagt, dass …** se dice que…
man[2] *adv (nordd: fam)* **denn ~ los!** ¡vamos!
Management[1] ['mɛnɪtʃmənt] *nt* <-s, *ohne pl*> *(das Leiten)* management *m*, gestión *f* empresarial
Management[2] *nt* <-s, -s> *(Führungskräfte)* junta *f* directiva
managen ['mɛnɪtʃən] *vt* ❶ *(Künstler, Sportler)* ser el mánayer (de) ❷ *(fam: bewältigen)* apañar; **das hat er gut gemanagt** lo ha apañado a las mil maravillas
Manager(in) ['mɛnɪtʃɐ, 'mɛnətʃɐ] *m(f)* <-s, -; -nen> directivo, -a *m, f*, gerente *mf*, mánager *mf*

M

manch *pron indef* **~ einer** alguno que otro; *s. a.* **manche(r, s)**
manche(r, s) **I.** *pron indef* más de un(o), alguno que otro; **so ~s Mal** alguna que otra vez; **in ~m hat er Recht** en algunos puntos tiene razón **II.** *adj* algunos; **~ von uns** algunos de nosotros
mancherlei ['mançɐ'laɪ] *adj inv* diversos
manchmal ['mançma:l] *adv* ❶ *(gelegentlich)* a veces ❷ *(Schweiz: oft)* a menudo
Mandant(in) [man'dant] *m(f)* <-en, -en; -nen> (JUR) mandante *mf*
Mandarine [manda'ri:nə] *f* <-n> mandarina *f*
Mandat [man'da:t] *nt* <-(e)s, -e> ❶ (JUR) mandato *m*; **ein ~ übernehmen** tomar posesión de un mandato ❷ *(Abgeordnetensitz)* escaño *m*
Mandel ['mandəl] *f* <-n> ❶ (BOT) almendra *f*; **gebrannte ~n** almendras garapiñadas ❷ (MED) amígdala *f*
Mandelaugen *ntpl* ojos *mpl* almendrados
Mandelbaum *m* (BOT) almendro *m*
Mandelentzündung *f* (MED) amigdalitis *f inv*
Mandelkern *m* almendra *f*
Mandoline [mando'li:nə] *f* <-n> (MUS) mandolina *f*
Manege [ma'ne:ʒə] *f* <-n> pista *f* del circo
Manga ['maŋga] *m o nt* <-s, -s> manga *m*
Mangan [maŋ'ga:n] *nt* <-s, *ohne pl*> (CHEM) manganeso *m*
Mangel[1] ['maŋəl, *pl:* 'mɛŋəl] *m* <-s, Mängel> *(Fehler)* defecto *m*; *(Unzulänglichkeit)* deficiencia *f*
Mangel[2] ['maŋəl] *m* <-s, *ohne pl*> *(Fehlen)* falta *f* (**an** de), carencia *f*; *(Knappheit)* escasez *f* (**an** de); **aus ~ an Beweisen freisprechen** absolver por falta de pruebas; **~ haben an etw** *dat* carecer de algo
Mangel[3] *f* <-n> *(Wäschemangel)* calandria *f*; **jdn in die ~ nehmen** *(fam fig)* apretarle a alguien las cuerdas
Mangelerscheinung *f* (MED) síntoma *m* de deficiencia
mangelhaft *adj (fehlerhaft)* deficiente; (SCH: *unzureichend*) insuficiente
Mängelhaftung *f* saneamiento *m*
mangeln[1] ['maŋəln] *vunpers (fehlen)* faltar, carecer; **es mangelt ihm an Selbstvertrauen** le falta la confianza en sí mismo
mangeln[2] *vt (Wäsche)* calandrar
mangelnd *adj* escaso; **wegen ~er Vorbereitung** por falta de preparación
mangels ['maŋəls] *präp +gen/dat (formal)* por falta de
Mangelware *f ohne pl* artículo *m* escaso; **~ sein** escasear
Mango ['maŋgo] *f* <-s *o* -nen> mango *m*
Mangobaum *m* mango *m*
Mangold ['maŋgɔlt] *m* <-(e)s, -e> acelga *f*
Mangostanfrucht [maŋgɔs'ta:n-] *f* (GASTR) mangostán *m*
Manie [ma'ni:] *f* <-n> manía *f*
Manier [ma'ni:ɐ] *f* <-en> ❶ *(Art)* manera *f*; **in überzeugender ~** de manera convincente ❷ *pl (Benehmen)* modales *mpl*; **gute/schlechte ~en haben** tener buenos/malos modales
manierlich [ma'ni:ɐlɪç] *adj* con buenos modales; **sich ~ benehmen** comportarse bien
Manifest [mani'fɛst] *nt* <-(e)s, -e> manifiesto *m*
Manifestation [manifɛsta'tsjo:n] *f* <-, -en> (*a.* MED) manifestación *f*
manifestieren* [manifɛs'ti:rən] **I.** *vr:* **sich ~** manifestarse (**in** en), revelarse (**in** en) **II.** *vi (Schweiz)* manifestarse
Maniküre [mani'ky:rə] *f* <-n> manicura *f*
maniküren* *vt* hacer la manicura
Manipulation [manipula'tsjo:n] *f* <-en> manipulación *f*
manipulierbar [manipu'li:ɐ-] *adj* manipulable; **beliebig/leicht/kaum ~** totalmente/fácilmente/apenas manejable
manipulieren* [manipu'li:rən] **I.** *vt* manipular **II.** *vi* manipular (**an**)

Manipulierung *f* <-, -en> manipulación *f*
manisch ['maːnɪʃ] *adj* (*a.* PSYCH) maníaco
manisch-depressiv *adj* (*a.* PSYCH) maníaco depresivo
Manko ['maŋko] *nt* <-s, -s> ❶ *(Nachteil)* desventaja *f* ❷ (WIRTSCH) déficit *m inv*
Mann [man, *pl:* 'mɛnɐ] *m* <-(e)s, Männer> ❶ *(Erwachsener)* hombre *m;* **ein junger ~** un joven; **ein gestandener ~** un hombre hecho y derecho; **selbst ist der ~** hay que ayudarse a sí mismo; **ein ~ von Welt** un hombre de mundo; **ein ~, ein Wort** palabra de honor; **bis zum letzten ~ kämpfen** luchar hasta el último hombre; **~ über Bord!** (NAUT) ¡hombre al agua!; **alle ~ an Deck!** (NAUT) ¡todo el mundo en pie!; **der kleine ~** *(Mensch)* el hombre de pocos recursos; *(fam: Penis)* el pito; **der ~ auf der Straße** *(fig)* el hombre de la calle; **ein gemachter ~ sein** *(fam)* ser hombre de provecho; **etw an den ~ bringen** *(fam)* vender algo; **seinen ~ stehen** cumplir con sus obligaciones; **wenn Not am ~ ist** en caso de necesidad; **von ~ zu ~** de hombre a hombre; **mein lieber ~!** *(fam)* ¡madre mía!; **~, oh ~!** *(fam)* ¡hombre!; **mach schnell, ~!** *(fam)* ¡date prisa, hombre! ❷ *(Ehemann)* marido *m;* **mein geschiedener ~** mi ex-marido; **ihr verstorbener/erster ~** su difunto/primer marido
Männchen ['mɛnçən] *nt* <-s, -> ❶ *(kleiner Mann)* hombrecito *m;* **~ machen** ponerse sobre las patas traseras ❷ (ZOOL) macho *m*
Mannequin [manə'kɛ̃ː, 'manəkɛ̃] *nt* <-s, -s> maniquí *mf*
Männersache *f* cosa *f* de hombres
Männerstimme *f* <-, -n> voz *f* masculina; (MUS) voz *f* de hombre
mannhaft *adj (mutig)* valiente; *(entschlossen)* resuelto
mannigfach ['manɪçfax] *adj,* **mannigfaltig** *adj (geh)* ❶ *(abwechslungsreich)* vario, diverso ❷ *(vielfach)* múltiple
Mannigfaltigkeit *f* <-, *ohne pl*> *(geh)* variedad *f*
männlich ['mɛnlɪç] *adj* (*a.* LING, BOT) masculino; (ZOOL) macho
Männlichkeit *f ohne pl* virilidad *f*
Mannschaft *f* <-en> ❶ (SPORT) equipo *m* ❷ (NAUT, AERO) tripulación *f* ❸ (MIL) tropa *f* ❹ *(fam: Arbeitsteam)* equipo *m,* elenco *m Chil, Perú*
Mannschaftsaufstellung *f* (SPORT) alineación *f* del equipo
Mannschaftsgeist *m* <-(e)s, *ohne pl*> (*a.* SPORT) espíritu *m* de equipo
Mannschaftskapitän *m* (SPORT) capitán *m* del equipo
Mannschaftswagen *m* <-s, -> (MIL) vehículo *m* de la tripulación
mannshoch ['-'-] *adj* tan alto como un hombre
Mannweib *nt (abw)* marimacho *m*
Manometer[1] [mano'meːtɐ] *nt* <-s, -> (PHYS) manómetro *m*
Manometer[2] ['--'--] *interj (fam)* vaya
Manöver [ma'nøːvɐ] *nt* <-s, -> ❶ *(Richtungsänderung, taktisches Vorgehen)* maniobra *f* ❷ (MIL: *Übung*) maniobras *f pl*
Manöverkritik *f* <-, -en> ❶ (MIL) análisis *m* de las maniobras (tras su conclusión) ❷ *(Besprechung)* reunión *f* para hacer un análisis
manövrieren* [manø'vriːrən] **I.** *vi* maniobrar **II.** *vt (manipulieren)* manipular; *(lenken)* dirigir
Manövrierfähigkeit *f ohne pl* maniobrabilidad *f*
manövrierunfähig *adj* incapaz de maniobrar
Mansarde [man'zardə] *f* <-n> desván *m,* buhardilla *f*
Manschette [man'ʃɛtə] *f* <-n> ❶ *(an Kleidung)* puño *m* ❷ (TECH) arandela *f* de cierre
Manschettenknopf *m* gemelo *m,* mancuerna *f Am, Fili*
Mantel ['mantəl, *pl:* 'mɛntəl] *m* <-s, Mäntel> ❶ *(Kleidungsstück)* abrigo *m,* tapado *m Am;* **den ~ nach dem Wind hängen** *(abw, fig)* bailar al son que tocan ❷ (TECH) revestimiento *m;* *(vom Reifen)* cubierta *f* ❸ (MATH) superficie *f* convexa
Manteltarifvertrag *m* (WIRTSCH) convenio *m* colectivo
manuell [manu'ɛl] **I.** *adj* manual **II.** *adv* con la mano
Manuskript [manu'skrɪpt] *nt* <-(e)s, -e> manuscrito *m*
Mäppchen ['mɛpçən] *nt* <-s, -> estuche *m*
Mappe ['mapə] *f* <-n> ❶ *(Tasche)* portafolios *m inv* ❷ *(Ordner)* carpeta *f*
Maracuja [mara'kuːja] *f* <-s> maracuyá *m*
Marathon ['maratɔn] *m* <-s, -s>, **Marathonlauf** *m* (SPORT) (carrera *f* de) maratón *m*
Marathonläufer(in) *m(f)* (SPORT) corredor(a) *m(f)* de maratón
Märchen ['mɛːɐçən] *nt* <-s, -> cuento *m* (de hadas), chile *m Guat*
Märchenbuch *nt* libro *m* de cuentos
Märchenerzähler(in) *m(f)* <-s, -; -, -nen> narrador(a) *m(f)* de cuentos, cuentacuentos *mf inv*
märchenhaft *adj* fabuloso

M

Märchenland *nt ohne pl* país *m* de las maravillas
Märchenprinz *m* príncipe *m* azul
Marder ['mardɐ] *m* <-s, -> marta *f*
Margarine [marga'ri:nə] *f* <-n> margarina *f*
Margerite [margə'ri:tə] *f* <-n> margarita *f*
marginal [margi'na:l] *adj* marginal
Marginalie [margi'na:liə] *f* <-, -n> nota *f* marginal
marginalisieren* [marginali'zi:rən] *vt* *(geh)* marginalizar
Marienkäfer [ma'ri:ən-] *m* mariquita *f*
Marihuana [marihu'a:na] *nt* <-s, *ohne pl*> marihuana *f*
Marille [ma'rɪlə] *f* <-n> *(Österr)* albaricoque *m*
Marinade [mari'na:də] *f* <-n> escabeche *m*
Marine [ma'ri:nə] *f* <-n> (MIL) marina *f*
marineblau *adj* azul marino
Marineoffizier *m* <-s, -e> (MIL) oficial *m* de marina
Marinestützpunkt *m* base *f* naval
marinieren* [mari'ni:rən] *vt* poner en escabeche
mariniert [mari'ni:ɐt] *adj* marinado
Marionette [marjo'nɛtə] *f* <-n> títere *m*
Marionettenregierung *f* (POL) gobierno *m* títere
maritim [mari'ti:m] *adj* ❶ *(das Meer betreffend)* marítimo ❷ *(die Schifffahrt betreffend)* naval
Mark[1] [mark] *nt* <-(e)s, *ohne pl*> *(Knochenmark)* médula *f;* **das geht mir durch ~ und Bein** *(fig)* esto me llega hasta la médula
Mark[2] [mark] *f ohne pl (hist: deutsche Währung)* marco *m*
Mark[3] [mark] *f* <-, -en> *(Grenzgebiet)* marca *f*
markant [mar'kant] *adj (ausgeprägt)* marcado; *(auffallend)* notable
Marke ['markə] *f* <-n> ❶ *(Herstellerzeichen)* marca *f;* **~ Eigenbau** *(fam)* marca la pava ❷ *(Wertmarke)* timbre *m;* *(Briefmarke)* sello *m* ❸ *(Garderoben-, Spielmarke)* ficha *f* ❹ *(Erkennungsmarke)* chapa *f* de identificación ❺ *(Rekordmarke)* marca *f*
Markenartikel *m* artículo *m* de marca
Markenname *m* (nombre *m* de una) marca *f*
Markenware *f* <-, -n> (WIRTSCH) artículo *m* de marca
Markenzeichen *nt* emblema *m*
Marker ['markɐ] *m* <-s, - *o* -s> *(Markierstift)* marcador *m*
markerschütternd *adj* estremecedor
Marketing ['markətɪŋ] *nt* <-s, *ohne pl*> (WIRTSCH) mercadotenia *f,* márquetin *m,* marketing *m*
Marketingabteilung *f* departamento *m* de marketing [*o* mercadotecnia]
markieren* [mar'ki:rən] *vt* ❶ *(kennzeichnen)* señalizar (**mit/durch** con), marcar (**mit/durch** con) ❷ *(fam: vortäuschen)* simular, fingir; **er markiert den starken Mann** se hace el fuerte
Markierung *f* <-en> ❶ *(Vorgang)* señalización *f* ❷ *(Zeichen)* marca *f*
Markise [mar'ki:zə] *f* <-n> toldo *m,* marquesina *f*
Markknochen *m* hueso *m* con tuétano
Markstein *m* hito *m*
Markstück *nt* (HIST) moneda *f* de un marco
Markt [markt, *pl:* 'mɛrktə] *m* <-(e)s, Märkte> (*a.* WIRTSCH) mercado *m;* **auf den ~ gehen** ir al mercado; **der Gemeinsame ~** (EU) el Mercado Común; **der schwarze ~** el mercado negro; **neue Märkte erschließen** abrir nuevos mercados; **auf dem ~ sein** estar a la venta
Marktanalyse *f* (WIRTSCH) análisis *m inv* del mercado
Marktanteil *m* (WIRTSCH) participación *f* en el mercado
marktbeherrschend *adj* (WIRTSCH) dominante en el mercado
marktfähig *adj* (WIRTSCH) competitivo; **nicht ~** no comerciable
Marktforschung *f* (WIRTSCH) estudio *m* de mercado
Marktfrau *f* vendedora *f* de mercado
Marktführer *m* (WIRTSCH) empresa *f* líder en el mercado
Markthalle *f* mercado *m*
Marktlücke *f* (WIRTSCH) hueco *m* en el mercado; **eine ~ entdecken** dar con un hueco en el mercado; **in eine ~ stoßen** cubrir un hueco en el mercado
Marktplatz *m* plaza *f* del mercado
Marktschreier(in) *m(f)* *(abw)* charlatán, -ana *m, f*
marktschreierisch *adj (abw)* a voz en grito
Marktstand *m* puesto *m* de mercado
Marktstellung *f ohne pl* (WIRTSCH) posición *f* en el mercado
Marktstudie *f* (WIRTSCH) estudio *m* de mercado
Marktwert *m ohne pl* (WIRTSCH) valor *m* mercantil
Marktwirtschaft *f ohne pl* (WIRTSCH) economía *f* de mercado; **freie ~** economía de mercado libre; **soziale ~** economía social de(l) mercado

Marmelade [marməˈlaːdə] *f* <-n> mermelada *f*
Marmeladenbrot *nt* <-(e)s, -e> pan *m* con mermelada
Marmor [ˈmarmoːɐ] *m* <-s, -e> mármol *m*
marmoriert [marmoˈriːɐt] *adj* (GASTR, KUNST) veteado
Marmorierung *f* <-, -en> *(Struktur)* jaspeado *m*
Marmorkuchen *m* pastel *m* de molde con chocolate
marode [maˈroːdə] *adj* ① *(fam: erschöpft)* agotado ② *(moralisch verdorben)* pervertido; **ein ~r Haufen** una pandilla de desdichados
Marokkaner(in) [marɔˈkaːnɐ] *m(f)* <-s, -; -nen> marroquí *mf*
marokkanisch *adj* marroquí
Marokko [maˈrɔko] *nt* <-s> Marruecos *m*
Marone [maˈroːnə] *f* <-n> ① *(Esskastanie)* castaña *f* ② *(Pilz)* boleto *m*
Marotte [maˈrɔtə] *f* <-n> manía *f,* moño *m Col*
Mars [mars] *m* <-> (ASTR) Marte *m*
marsch [marʃ] *interj* ① (MIL) **vorwärts ~!** ¡andando! ② *(fam)* venga; **~ ins Bett!** ¡venga, a la cama!
Marsch[1] [marʃ, *pl:* ˈmɛrʃə] *m* <-(e)s, Märsche> (*a.* MUS) marcha *f;* **sich in ~ setzen** ponerse en marcha
Marsch[2] [marʃ] *f* <-en> marisma *f (en la costa del mar del Norte)*
Marschall [ˈmarʃal, *pl:* ˈmarʃɛlə] *m* <-s, Marschälle> (MIL) mariscal *m*
Marschbefehl *m* (MIL) orden *f* de marcha
marschieren* [marˈʃiːrən] *vi sein* ① (MIL) marchar ② *(gehen)* caminar
Marschmusik *f ohne pl* música *f* militar
Marshallinseln [ˈmarʃal-] *fpl* Islas *fpl* Marshall
Marsmensch *m* marciano, -a *m, f*
Marter [ˈmartɐ] *f* <-n> *(geh)* martirio *m*
martern [ˈmartɐn] *vt (geh)* torturar; *(seelisch)* atormentar
Marterpfahl *m* poste *m* de tortura
martialisch [marˈtsjaːlɪʃ] *adj* marcial
Martinshorn *nt* sirena *f*
Märtyrer(in) [ˈmɛrtyrɐ] *m(f)* <-s, -; -nen> mártir *mf*
Märtyrertod *m* martirio *m;* **den ~ sterben** morir martirizado
Martyrium [marˈtyːriʊm] *nt* <-s, -rien> martirio *m*
Marxismus [marˈksɪsmʊs] *m* <-, *ohne pl*> (POL) marxismo *m*
Marxist(in) [marˈksɪst] *m(f)* <-en, -en; -nen> (POL) marxista *mf*
marxistisch *adj* (POL) marxista
März [mɛrts] *m* <-(es), -e> marzo *m;* **im (Monat) ~** en (el mes de) marzo; **vergangenen ~** el marzo pasado; **heute ist der erste ~** (hoy) estamos a primero de marzo; **Berlin, den 10. ~ 2016** Berlín, a diez de marzo de 2016; **am 20. ~** el 20 de marzo; **Anfang/Ende/Mitte ~** a principios/finales/mediados de marzo; **Ostern fällt dieses Jahr in den ~** la Semana Santa cae este año en marzo; **in diesem ~ hat es viel geregnet** este año ha llovido mucho en marzo
Marzipan [martsiˈpaːn, ˈ---] *nt* <-s, -e> mazapán *m*
Masche [ˈmaʃə] *f* <-n> ① *(bei Handarbeit)* punto *m;* **eine ~ fallen lassen** menguar un punto; **durch die ~n des Gesetzes schlüpfen** burlar la justicia ② *(fam: Trick)* truco *m* ③ *(Österr, Schweiz, südd: Schleife)* lazo *m*
Maschendraht *m* tela *f* metálica
Maschine [maˈʃiːnə] *f* <-n> ① *(Schreib-, Näh-, Waschmaschine)* máquina *f;* **etw mit der ~ schreiben** escribir algo a máquina ② *(Flugzeug)* avión *m* ③ *(fam: Motorrad)* moto *f*
maschinell [maʃiˈnɛl] **I.** *adj* mecánico **II.** *adv* a máquina
Maschinenbau *m ohne pl* ① *(das Bauen)* construcción *f* de máquinas ② *(Lehrfach)* ingeniería *f* mecánica
Maschinenbauer(in) *m(f)* ingeniero, -a *m, f* mecánico , -a
Maschinenbauindustrie *f* industria *f* de construcción mecánica
Maschinengewehr *nt* ametralladora *f*
Maschinengewehrfeuer *nt ohne pl* fuego *m* de ametralladora
maschinenlesbar *adj* (INFOR) legible por el ordenador
Maschinenöl *nt* aceite *m* lubrificante
Maschinenpark *m* parque *m* de maquinaria
Maschinenpistole *f* metralleta *f*
Maschinenraum *m* sala *f* de máquinas
Maschinenschaden *m* avería *f* de la máquina
Maschinenschlosser(in) *m(f)* mecánico, -a *m, f,* montador(a) *m(f)*
Maschinenschrift *f* letra *f* de máquina
Maschinist(in) [maʃiˈnɪst] *m(f)* <-en, -en; -nen> maquinista *mf*
Maser [ˈmaːzɐ] *f* <-, -n> *(in Holz)* veta *f*
masern [ˈmaːzɐn] *vt* vetear; **gemasertes Holz** madera veteada
Masern [ˈmaːzɐn] *pl* (MED) sarampión *m*
Maserung [ˈmaːzərʊŋ] *f* <-en> *(in Holz, Stein)* vetas *fpl*
Maske [ˈmaskə] *f* <-n> ① *(für das Gesicht)* máscara *f* ② (INFOR) pantalla *f*

Maskenball *m* baile *m* de máscaras

Maskenbildner(in) *m(f)* <-s, -; -nen> maquillador(a) *m(f)*

maskenhaft *adj* inmóvil

Maskenpflicht *f ohne pl* (JUR) obligación *f* de llevar mascarillas

Maskerade [maskəˈraːdə] *f* <-, -n> mascarada *f*

maskieren* [masˈkiːrən] **I.** *vt* enmascarar; *(reg: kostümieren)* disfrazar (**als** de) **II.** *vr:* **sich** ~ enmascararse; *(reg: sich kostümieren)* disfrazarse (**als** de)

Maskierte(r) *mf* <-n, -n; -n, -n> enmascarado, -a *m, f*

Maskierung *f* <-, -en> *(Verkleidung)* disfraz *m*

Maskottchen [masˈkɔtçən] *nt* <-s, -> mascota *f*

maskulin [maskuˈliːn] *adj* (*a.* LING) masculino

Maskulinum [maskuˈliːnʊm, ˈ----, *pl:* maskuˈliːna, ˈ----] *nt* <-s, Maskulina> (LING) (género *m*) masculino *m*

Masochismus *m* <-, *ohne pl*> masoquismo *m*

Masochist(in) [mazoˈçɪst] *m(f)* <-en, -en; -nen> masoquista *mf*

masochistisch *adj* masoquista

maß [maːs] *3. imp von* **messen**

Maß[1] [maːs] *nt* <-es, -e> medida *f; (Ausmaß)* dimensión *f;* **bei jdm ~ nehmen** tomar las medidas a alguien; **sich** *dat* **etw nach ~ anfertigen lassen** hacerse algo a medida; **das ~ aller Dinge** la medida de todas las cosas; **das ~ ist voll** ya basta; **in dem ~e wie** en la medida que; **in besonderem ~(e)** especialmente; **in gewissem ~(e)** en cierta medida; **in hohem ~e** en alto grado; **über alle ~en** sobremanera; **das übersteigt jedes ~** excede (todos) los límites; **sie kennt weder ~ noch Ziel** no tiene sentido de la medida; **bei** [*o* **in**] **etw ~ halten** ser moderado con algo; **ein gewisses ~ an Vertrauen** cierto grado de confianza; **in ~en** sin exceder la medida; **mit zweierlei ~ messen** medir por distintos raseros; *s. a.* **maßhalten**

Maß[2] [maːs] *f* <-(e)> *(Österr, südd)* litro *m* (de cerveza)

Massage [maˈsaːʒə] *f* <-n> masaje *m*

Massageöl *nt* <-(e)s, -e> aceite *m* de masaje

Massaker [maˈsaːkɐ] *nt* <-s, -> masacre *f*

massakrieren* [masaˈkriːrən] *vt* masacrar

Maßanzug *m* traje *m* a medida

Maßarbeit *f* trabajo *m* a medida

Maßband *nt* cinta *f* métrica

Masse [ˈmasə] *f* <-n> ❶ (*a.* PHYS) masa *f;* **die breite ~ der Bevölkerung** la gran masa de la población ❷ *(Menge)* cantidad *f; (große)* montón *m; (Menschenmasse)* muchedumbre *f;* **in ~n** a montones

Maßeinheit *f* unidad *f* de medida

Massenandrang *m* afluencia *f* masiva

Massenarbeitslosigkeit *f* paro *m* masivo

Massenartikel *m* artículo *m* de gran consumo

Massenbewegung *f* movimiento *m* de masas

Massenentlassung *f* despido *m* en masa

Massenflucht *f* <-, *ohne pl*> huida *f* en masa

Massengrab *nt* fosa *f* común

massenhaft *adj (fam)* en masa

Massenhysterie *f* histeria *f* colectiva

Massenkarambolage *f* colisión *f* múltiple

Massenkundgebung *f* manifestación *f* multitudinaria

Massenmedium *nt* medio *m* de comunicación

Massenmord *m* asesinato *m* en masa

Massenmörder(in) *m(f)* asesino, -a *m, f* múltiple

Massenproduktion *f* producción *f* en gran escala

Massentierhaltung *f ohne pl* cría *f* de animales en gran escala

Massentourismus *m* turismo *m* de masas

Massenveranstaltung *f* acto *m* multitudinario

massenweise *adv* a montones, en masa

Masseur(in) [maˈsøːɐ] *m(f)* <-s, -e; -nen> masajista *mf*

Masseuse [maˈsøːzə] *f* <-n> ❶ *(Prostituierte)* prostituta *f* (en un salón de masajes) ❷ *(Masseurin)* masajista *f*

Maßgabe *f* <-n> **mit der ~, dass ...** con la condición de que... +*subj*

maßgebend, maßgeblich I. *adj (bestimmend)* determinante; *(ausschlaggebend)* decisivo **II.** *adv* de manera decisiva

maßgerecht *adj* en la medida correcta

maßgeschneidert *adj (Kleidung)* cortado a medida; *(fig)* hecho a medida; **ein ~er Anzug** un traje a medida

maß|halten *vi* ser moderado (**bei/in** con)

massieren* [maˈsiːrən] *vt* ❶ *(Körper)* dar un masaje (a) ❷ *(Truppen)* concentrar

massig [ˈmasɪç] **I.** *adj (wuchtig)* voluminoso **II.** *adv (fam: viel)* a montones, a porrillo

mäßig [ˈmɛːsɪç] *adj* ❶ *(gemäßigt)* moderado; *(Lebensweise)* sobrio ❷ *(mittelmäßig)* mediocre

mäßigen [ˈmɛːsɪgən] **I.** *vt* moderar **II.** *vr:* **sich ~** ❶ *(sich beherrschen)* moderarse ❷ *(Orkan)* calmarse

Mäßigkeit *f* <-, *ohne pl*> ❶ *(Maßhalten)*

moderación *f;* ~ **üben** moderarse ② *(Mittelmäßigkeit)* mediocridad *f*
Mäßigung *f ohne pl* moderación *f*
massiv [ma'si:f] *adj* ① *(Gegenstand)* macizo; *(stabil)* sólido, compacto ② *(Kritik, Drohung)* masivo; **er wurde schließlich ~** por último se puso violento
Massiv [ma'si:f] *nt* <-s, -e> macizo *m*
Maßkleidung *f* ropa *f* a medida
Maßkrug *m* jarra *f* de un litro
maßlos I. *adj* desmesurado **II.** *adv* enormemente; **sich ~ ärgern** enfadarse enormemente
Maßlosigkeit *f ohne pl* ① *(Übermaß)* exorbitancia *f* ② *(ohne Maß)* desmesura *f* (**in** de)
Maßnahme *f* <-n> medida *f;* **~n ergreifen** tomar medidas
Maßregel *f* regla *f,* norma *f*
maßregeln ['---] *vt (rügen)* reprender; *(strafen)* castigar
Maßschneider(in) *m(f)* sastre, -a *m, f*
Maßstab *m* ① *(Norm)* norma *f;* **neue Maßstäbe setzen** sentar nuevas bases; **einen bestimmten ~ an etw anlegen** aplicar ciertas normas a algo ② *(bei Karten)* escala *f;* **eine Karte im ~ 1 : 20.000** un mapa de escala 1 : 20.000
maßvoll *adj* moderado, comedido; **~ in seinen Ansprüchen/Wünschen sein** ser comedido con sus demandas/deseos
Mast[1] [mast] *m* <-(e)s, -e(n)> ① (NAUT) mástil *m* ② *(Telefon-, Leitungsmast)* poste *m; (Fahnenmast)* asta *f*
Mast[2] [mast] *f* <-en> *(von Tieren)* cebadura *f*
Mastdarm *m* recto *m*
mästen ['mɛstən] *vt* cebar
Master ['ma:stɐ] <-s, -> *m (Hochschulabschluss)* master *m*
Mastfutter *nt ohne pl* (AGR) cebo *m*
Masturbation *f* <-, -en> masturbación *f,* pascuala *f Méx*
masturbieren* [mastʊr'bi:rən] *vi* masturbarse
Matador(in) [mata'do:ɐ] *m(f)* <-s, -e; -, -nen> matador(a) *m(f)*
Match [mɛtʃ] *nt* <-(e)s, -s *o* -e> (SPORT) partido *m,* match *m*
Matchball *m* (SPORT) matchball *m*
Mate *m* <-, *ohne pl*> mate *m,* verde *m CSur,* yerba *f RíoPl*
Material [materi'a:l] *nt* <-s, -ien> material *m*
Materialfehler *m* defecto *m* del material
Materialisation [materializa'tsio:n] *f* <-, -en> materialización *f*
Materialismus [materia'lɪsmʊs] *m* <-, *ohne pl*> materialismo *m*
materialistisch *adj* materialista
Materialkosten *pl* gastos *mpl* de material
Materie[1] [ma'te:riə] *f* <-n> *(Thema)* materia *f,* tema *m*
Materie[2] *f ohne pl* (*a.* PHYS, CHEM, PHILOS) materia *f*
materiell [materi'ɛl] *adj* ① *(stofflich)* material ② *(finanziell)* financiero; *(wirtschaftlich)* económico
Mathe ['matə] *f* <-, *ohne pl*> *(fam)* matemáticas *fpl*
Mathematik [matema'ti:k] *f ohne pl* matemáticas *fpl*
Mathematiker(in) [mate'ma:tikɐ] *m(f)* <-s, -; -, -nen> matemático, -a *m, f*
mathematisch [mate'ma:tɪʃ] *adj* matemático
Matinee [mati'ne:] *f* <-, -n> matinée *f; (Kino)* sesión *f* matinal
Matjeshering *m* arenque *m* fresco
Matratze [ma'tratsə] *f* <-n> colchón *m*
Mätresse [mɛ'trɛsə] *f* <-n> querida *f*
matriarchalisch [matriar'ça:lɪʃ] *adj* matriarcal
Matriarchat [matriar'ça:t] *nt* <-(e)s, -e> matriarcado *m*
Matrikel [ma'tri:kəl] *f* <-, -n> ① *(Verzeichnis)* matrícula *f,* registro *m* ② *(Österr: Standesamt)* ≈ registro *m* civil
Matrikelnummer *f* <-, -n> número *m* de matrícula
Matrix ['ma:trɪks, *pl:* ma'tri:tsən] *f* <Matrizen *o* Matrizes> (MATH, BIOL, LING) matriz *f*
Matrixdrucker *m* (INFOR) impresora *f* de matrices
Matrize [ma'tri:tsə] *f* <-n> ① (TYPO) matriz *f* ② *(für Vervielfältigung)* cliché *m* ③ (TECH) troquel *m*
Matrizen *pl von* **Matrix**
Matrizes *pl von* **Matrix**
Matrose [ma'tro:zə] *m* <-n, -n> marinero *m*
Matsch [matʃ] *m* <-(e)s, *ohne pl*> *(fam)* ① *(Schlamm)* lodo *m* ② *(zerdrücktes Obst)* puré *m*
matschig *adj (fam)* ① *(Obst)* pasado; *(Schnee)* medio derretido ② *(schlammig)* fangoso
matt [mat] *adj* ① *(erschöpft)* cansado; *(schwach)* débil ② *(Stimme)* débil; *(Lichtschein, Glasscheibe)* opaco ③ *(glanzlos)* mate; *(Farbe, Blick)* apagado ④ *(Schach)* **jdn ~ setzen** dar jaque mate a alguien
Matte ['matə] *f* <-n> ① *(Strohmatte)* estera *f* ② (SPORT) colchoneta *f* ③ *(Österr, Schweiz: Bergwiese)* pradera *f*
Matterhorn ['matɐhɔrn] *nt* <-(e)s, *ohne pl*> Monte *m* Cervino, Matterhorn *m*
Mattscheibe *f (fam)* pantalla *f;* **vor der ~**

M

sitzen estar sentado delante de la pantalla; ~ **haben** estar atontado

Matura [ma'tu:ra] *f ohne pl (Österr, Schweiz)* ≈ bachillerato

Maturität [maturi'tɛ:t] *f* <-, *ohne pl*> *(Schweiz)* ≈ bachillerato *m*

Mauer ['maʊɐ] *f* <-n> ❶ *(aus Steinen)* muro *m; (aus Lehm)* tapia *f; (zur Verteidigung)* muralla *f;* **eine ~ des Schweigens** *(fig)* un muro de silencio; **gegen eine ~ reden** *(fig)* hablar con una pared ❷ (SPORT) barrera *f*

Mauerblümchen [-bly:mçən] *nt (fam)* patito *m* feo

mauern ['maʊɐn] **I.** *vt* construir **II.** *vi* ❶ *(bauen)* construir ❷ (SPORT) jugar a la defensiva ❸ *(zurückhaltend sein)* cerrarse por banda

Mauerwerk *nt* mampostería *f*

Maul [maʊl, *pl:* 'mɔɪlɐ] *nt* <-(e)s, Mäuler> ❶ *(bei Tieren)* boca *f; (Hund)* hocico *m; (Wiederkäuer)* morro *m* ❷ *(fam abw: Mund)* morro *m;* **jdm übers ~ fahren** cortarle a alguien la palabra; **ein großes ~ haben** ser un bocazas; **jdm das ~ stopfen** taparle el pico a alguien; **darüber werden sich die Leute das ~ zerreißen** esto va a dar mucho que hablar; **halt's ~ !** ¡cierra el pico!

Maulbeerbaum *m* moral *m*

Maulbeere *f* mora *f*

maulen ['maʊlen] *vi (fam abw)* estar de morros

Maulesel *m* mulo *m*

maulfaul *adj (fam)* callado; ~ **sein** no abrir el pico

Maulheld *m (fam abw)* fanfarrón *m*

Maulkorb *m* bozal *m*

Maultaschen *fpl* (GASTR) *pasta rellenada de carne picada y/o legumbres*

Maultier *nt* mulo *m*

Maul- und Klauenseuche *f ohne pl* (MED) fiebre *f* aftosa

Maulwurf *m* topo *m*

Maulwurfshaufen *m* topera *f*

Maulwurfshügel *m* topera *f*

Maurer(in) ['maʊrɐ] *m(f)* <-s, -; -nen> albañil *mf*

Maurerarbeit *f* obra *f* de albañilería

Maurerhandwerk *nt ohne pl* albañilería *f*

Maurerkelle *f* paleta *f* (de albañil)

Mauretanien [maʊre'ta:niən] *nt* <-s> Mauritania *f*

Mauretanier(in) *m(f)* <-s, -; -nen> mauritano, -a *m, f*

mauretanisch *adj* mauritano

maurisch ['maʊrɪʃ] *adj* moro, árabe

Mauritius [maʊ'ri:tsiʊs] *nt* <-> ❶ *(Staat)* República *f* de Mauricio; *(Inseln)* Islas *fpl* Mauricio ❷ *(Briefmarke)* **die blaue ~** el Mauricio azul

Maus [maʊs, *pl:* 'mɔɪzə] *f* <Mäuse> ❶ (ZOOL, INFOR) ratón *m;* **weiße Mäuse sehen** *(fam fig)* ver elefantes volando ❷ *pl (fam: Geld)* perras *fpl*

mauscheln ['maʊʃəln] *vi (fam abw)* trucar

Mausefalle *f* ratonera *f*

Mauseloch *nt* ratonera *f*

mausen ['maʊzən] **I.** *vi (reg: Mäuse fangen)* cazar ratones; **die Katze lässt das M~ nicht** *(prov)* el hijo de la gata, ratones mata **II.** *vt (fam: stibitzen)* mangar

Mauser ['maʊzɐ] *f ohne pl* (BIOL) muda *f;* **in der ~ sein** estar de muda

mausern ['maʊzɐn] *vr:* **sich ~** ❶ *(Vogel)* mudar el plumaje ❷ *(fam: sich entwickeln)* convertirse (**zu** en)

mausetot *adj (fam)* muerto y requetemuerto

Mausklick ['maʊsklɪk] *m* (INFOR) click *m* del ratón

Mausoleum [maʊzo'le:ʊm] *nt* <-s, Mausoleen> mausoleo *m*

Mauspad ['maʊspɛd] *nt* <-s, -s> (INFOR) alfombrilla *f* del ratón

Mauszeiger *m* (INFOR) puntero *m* del ratón

Maut [maʊt] *f* <-en> peaje *m*

Mautgebühr *f* <-, -en> *(Österr)* derechos *mpl* de peaje

Mautstelle *f (Österr)* puesto *m* de peaje

Mautsystem *nt* sistema *m* de peaje

maxi ['maksi] *adj inv* maxi-; ~ **tragen** *(Rock)* llevar una maxifalda; *(Kleid)* llevar un maxivestido

Maxima *pl von* **Maximum**

maximal [maksi'ma:l] **I.** *adj* máximo **II.** *adv* como máximo

Maxime [ma'ksi:mə] *f* <-n> máxima *f*

maximieren* [maksi'mi:rən] *vt* (*a.* MATH) elevar al máximo

Maximum ['maksimʊm] *nt* <-s, Maxima> máximo *m* (**an** de)

Mayonnaise [majɔ'nɛ:zə] *f* <-n> mayonesa *f*

Mazedonien [matse'do:niən] *nt* <-s> Macedonia *f*

Mäzen(in) [mɛ'tse:n] *m(f)* <-s, -e; -nen>, **Mäzenatin** *m(f)* <-nen> mecenas *mf inv*

MB [ɛm'be:] (INFOR) *Abk. von* **Megabyte** MB

MByte *nt* <-s, -s> (INFOR) *Abk. von* **Megabyte** mbyte *m*

MdB [ɛmde:'be:] (POL) *Abk. von* **Mitglied des Bundestages** Diputado, -a *m, f* al Parlamento Federal

m. E. *Abk. von* **meines Erachtens** en mi opinión

Mechanik [me'ça:nɪk] *f ohne pl* mecánica *f*

Mechaniker(in) [me'ça:nikɐ] *m(f)* <-s, -; -nen> mecánico, -a *m, f*

mechanisch [me'ça:nɪʃ] *adj* mecánico

Mechanisierung *f* <-en> mecanización *f*

Mechanismus [meça'nɪsmʊs] *m* <-, Mechanismen> mecanismo *m*

meckern ['mɛkɐn] *vi* ❶ *(Ziege)* balar ❷ *(fam abw: nörgeln)* criticar (**über** a)

Mecklenburg ['mɛklənbʊrk] *nt* Mecklemburgo *m*

mecklenburgisch ['mɛklənbʊrgɪʃ] *adj* de Mecklemburgo

Mecklenburg-Vorpommern *nt* <-s> Mecklemburgo-Pomerania *m* Occidental

Medaille [me'daljə] *f* <-n> medalla *f*

Medaillengewinner(in) *m(f)* ganador(a) *m(f)* de (una) medalla

Medaillon [medal'jõ:] *nt* <-s, -s> ❶ *(Schmuckstück)* medallón *m,* relicario *m Am* ❷ (GASTR) medallón *m*

Medien ['me:diən] *pl von* **Medium: die ~** los medios de comunicación

mediengerecht *adj* que tiene efecto mediático

Medienhype <-s, -s> ['me:di̯ənhaɪ̯p] *m* espectáculo *m* mediático, publicidad *f* mediática

Medienkonzern *m* <-(e)s, -e> grupo *m* (de empresas) de los medios de comunicación

Medienlandschaft *f ohne pl* medios *mpl* de comunicación

Medienrummel *m (fam)* jaleo *m* provocado por los medios de comunicación

Medienspektakel *nt* (PUBL) espectáculo *m* mediático

medienwirksam *adj (Person)* con gran poder de comunicación

Medikament [medika'mɛnt] *nt* <-(e)s, -e> medicamento *m,* pichicata *f Arg*

Medikamentenabhängigkeit *f ohne pl,* **Medikamentensucht** *f* <-, *ohne pl*> dependencia *f* de los medicamentos

medikamentös [medikamɛn'tø:s] *adj* (MED) con medicamentos

Meditation [medita'tsjo:n] *f* <-en> meditación *f*

mediterran [meditɛ'ra:n] *adj* mediterráneo

meditieren* [medi'ti:rən] *vi* meditar (**über** sobre)

Medium ['me:diʊm] *nt* <-s, Medien> (*a.* PHYS, CHEM) medio *m; (Parapsychologie)* médium *m o f*

Medizin[1] [medi'tsi:n] *f ohne pl (Wissenschaft)* medicina *f*

Medizin[2] *f* <-en> *(Medikament)* medicamento *m*

Mediziner(in) [medi'tsi:nɐ] *m(f)* <-s, -; -nen> médico, -a *m, f; (Student)* estudiante *mf* de medicina

medizinisch *adj (ärztlich)* médico; *(arzneilich)* medicinal; **jdn/etw ~ behandeln** impartir tratamiento medicinal a alguien/a algo

Medizinmann *m* curandero *m,* brujo *m Am,* nagual *m AmC, Méx*

Meer [me:ɐ] *nt* <-(e)s, -e> mar *m;* **das Rote/Schwarze ~** el mar Rojo/Negro; **am ~** en el mar; **ans ~ fahren** ir al mar; **ein ~ von Licht und Farbe** *(geh)* un derroche de luces y colores

Meerbusen *m* bahía *f*

Meerenge *f* <-n> estrecho *m*

Meeresalge *f* alga *f* marina

Meeresarm *m* brazo *m* de mar

Meeresboden *m* <-s, -böden> fondo *m* del mar

Meeresforschung *f ohne pl* oceanografía *f*

Meeresfrüchte *fpl* (GASTR) mariscos *mpl*

Meeresgrund *m ohne pl* fondo *m* del mar

Meereshöhe *f* nivel *m* del mar

Meereskunde *f ohne pl* oceanografía *f*

Meeresspiegel *m ohne pl* nivel *m* del mar; **über/unter dem ~** sobre/bajo el nivel del mar

Meeresströmung *f* corriente *f* marítima

Meerjungfrau *f* sirena *f*

Meerkatze *f* (ZOOL) macaco *m*

Meerrettich *m* (BOT, GASTR) rábano *m*

Meersalz *nt* <-es, *ohne pl*> sal *f* marina

Meerschweinchen *nt* <-s, -> (ZOOL) conejillo *m* de Indias, cobaya *f,* cuy(e) *m And*

Meerwasser *nt ohne pl* agua *f* de mar

Meeting ['mi:tɪŋ] *nt* <-s, -s> (*a.* POL) mitin *m*

Megabit [mega'bɪt, 'me:gabɪt] *nt* <-(s), -(s)> (INFOR) megabyte *m*

Megabyte ['me:gabaɪt] *nt* <-(s), -(s)> (INFOR) megabyte *m*

Megafon [mega'fo:n] *nt* <-s, -e> megáfono *m*

Megahertz ['me:gahɛrts] *nt* <-, -> (PHYS) megahertzio *m*

Megawatt *nt* <-s, -> (PHYS) megavatio *m*

Mehl [me:l] *nt* <-(e)s, -e> harina *f*

mehlig *adj* harinoso

mehligkochend *adj* para puré; **~e Kartoffeln** patatas para hacer puré

Mehlschwitze *f* <-n> (GASTR) *harina que se fríe para preparar salsas y sopas*

Mehlwurm *m* (ZOOL) gusano *m* de la harina

mehr [me:ɐ] **I.** *adv o pron indef kompar von* **viel** más (**als** que); *(vor Zahlen)* más (**als** de); *(vor Verben)* más (**als** de lo que); **sie hat ~ gegessen als er** ha comido más

M

que él; ~ **als nötig** más de lo necesario; ~ **als sie erhofft hatte** más de lo que había esperado; **wir brauchen ~ Geld** necesitamos más dinero; **immer ~** cada vez más; **etwas ~** un poco más; **~ als genug** más que suficiente; **noch ~** todavía más; **~ und ~** más y más; **nicht ~ und nicht weniger als …** ni más ni menos que…; **~ oder weniger** más o menos; **umso ~** tanto más; **viel ~** mucho más; **sie ist ~ Künstlerin als Wissenschaftlerin** es más bien artista que científica **II.** *adv (+ Negation, ein Ende ausdrückend)* **nicht ~** ya no; **ich habe kein Geld ~** ya no tengo (más) dinero; **nichts ~** nada más; **kein Wort ~!** ¡ni una palabra más!; **es war niemand ~ da** ya no había nadie más

Mehr [meːɐ] *nt* <-(s), *ohne pl*> ❶ *(Überschuss)* excedente *m* (**an** de); **ein ~ an Zeit/Kosten aufwenden** invertir más tiempo/costes ❷ *(Schweiz: Stimmenmehrheit)* mayoría *f* (de votos) ❸ *(Schweiz: Mehrheitsbeschluss)* acuerdo *m* adoptado por la mayoría

mehrbändig [-bɛndɪç] *adj* en varios tomos

Mehrbedarf *m ohne pl (an Gütern)* aumento *m* de consumo; **ein ~ an Zeit/Geld** más tiempo/dinero de lo previsto

Mehrbelastung *f* sobrecarga *f*

mehrdeutig ['meːɐdɔɪtɪç] *adj (interpretierbar)* ambiguo; *(missverständlich)* equívoco

Mehrdeutigkeit *f ohne pl* ambigüedad *f*

mehrdimensional *adj* multidimensional

mehrere ['meːrərə] *pron indef* varios; *(verschiedene)* diferentes; **zu ~n** entre varios; **sie waren zu ~n da** eran varios

mehrfach ['meːɐfax] **I.** *adj* múltiple **II.** *adv* repetidas veces

Mehrfachbeschäftigung *f ohne pl* pluriempleo *m*

Mehrfachsteckdose *f* (caja *f* de) enchufe *m* múltiple

Mehrfachstecker *m* <-s, -> ficha *f* múltiple

Mehrfamilienhaus *nt* casa *f* de vecindad

mehrfarbig *adj* multicolor, de varios colores

Mehrheit *f* <-en> mayoría *f*; **mit einer Stimme ~** con mayoría por un voto; **in der ~** mayoritariamente; **in der ~ sein** ser mayoría; **die schweigende ~** la mayoría silenciosa

mehrheitlich *adj* por mayoría; **der Antrag wurde ~ angenommen** la solicitud fue aceptada con la mayoría de votos

mehrheitsfähig *adj* con posibilidades de conseguir la mayoría

Mehrheitswahl *f* <-, -en>, **Mehrheitswahlrecht** *nt* <-(e)s, *ohne pl*> sistema *m* mayoritario

mehrjährig *adj* (*a.* BOT) plurianual

Mehrkornbrot *nt* (GASTR) pan *m* multigrano

Mehrkosten *pl* gastos *mpl* adicionales

mehrmalig ['meːɐmaːlɪç] *adj* repetido

mehrmals ['meːɐmaːls] *adv* repetidas veces

Mehrparteiensystem *nt* (POL) sistema *m* pluralista (de partidos)

Mehrpreis *m* sobreprecio *m*

mehrsprachig *adj* polígloto; *(Mensch)* multilingüe

Mehrsprachigkeit *f ohne pl* plurilingüismo *m*

mehrstimmig I. *adj* (MUS) de varias voces **II.** *adv* (MUS) a varias voces

mehrstöckig [-ʃtœkɪç] *adj* de varios pisos

mehrstündig [-ʃtʏndɪç] *adj* de varias horas

mehrtägig [-tɛːgɪç] *adj* de varios días

mehrteilig *adj* en varias partes

Mehrweg- retornable

Mehrwegflasche *f* botella *f* retornable

Mehrwegverpackung *f* envase *m* retornable

Mehrwertsteuer *f* (WIRTSCH) impuesto *m* sobre el valor añadido

mehrwöchig [-vœçɪç] *adj* de varias semanas

Mehrzahl *f ohne pl* ❶ (LING) plural *m* ❷ *(Mehrheit)* mayoría *f*; **in der ~ der Fälle** en la mayoría de los casos; **wir sind in der ~** somos mayoría

meiden ['maɪdən] <meidet, mied, gemieden> *vt (geh)* rehuir

Meile ['maɪlə] *f* <-n> legua *f*; (NAUT) milla *f*; **das riecht man drei ~n gegen den Wind** *(abw)* eso se huele a la legua

Meilenstein *m* piedra *f* miliar; *(wichtiger Einschnitt)* hito *m*

meilenweit *adj* a varias leguas de distancia; **~ entfernt sein** estar muy lejos

mein, meine, mein [maɪn, 'maɪnə, maɪn] *pron poss (adjektivisch)* mi, mis *pl*; **~ Haus/Freund** mi casa/mi novio; **~e Damen und Herren!** ¡señoras y señores!

meine(r, s) *pron poss (substantivisch)* (el) mío *m*, (la) mía *f*, (los) míos *mpl*, (las) mías *fpl*; **das Haus in der Mitte ist ~s** la casa del centro es (la) mía; *s. a.* **mein, meine, mein**

Meineid *m* perjurio *m*; **einen ~ schwören** perjurar

meinen ['maɪnən] *vt* ❶ *(denken)* pensar; *(glauben)* creer; *(Meinung vertreten)* opinar; **man sollte ~, dass …** se podría pensar que…; **was meinst du dazu?** ¿qué opinas al respecto?; **~ Sie nicht?** ¿no le parece?; **wenn Sie ~** si Ud. cree; **(ganz) wie Sie ~!** ¡como Ud. quiera!; **das will ich ~** *(fam)* ya lo creo ❷ *(sich beziehen auf)* referirse (a); **du warst nicht gemeint** no se refería a ti; **ja, dich habe ich damit gemeint** sí, tú ❸ *(sagen)* decir; **was meinten Sie?** ¿qué decía Ud.?; **meinst du das im Ernst?** ¿lo dices en serio? ❹ *(sagen wollen)* querer decir; **was meinst du damit?** ¿qué quieres decir con eso? ❺ *(beabsichtigen)* **wohl gemeint** bien intencionado; **so war es nicht gemeint** no fue con esa intención; **ein gut gemeinter Rat** un consejo con buena intención; **er meint es doch nur gut mit dir** si solamente tiene buenas intenciones contigo

meiner *pron pers gen von* **ich** de mí

meinerseits *adv* por mi parte; **ganz ~!** ¡el gusto es mío!

meinesgleichen ['--'--] *pron indef inv* de mi condición, mis semejantes; **ich wollte unter ~ sein** quería estar con mis semejantes

meinetwegen ['--'--] *adv* por mí; *(negativ)* por mi culpa; **bemühe dich nicht ~** no te esfuerces por mí

meinetwillen ['maɪnət'vɪlən] *adv* **um ~** por mí

meinige *pron poss geh für* **meine(r, s): der/die/das ~** [*o* **M~**] el mío/la mía/lo mío; **die ~n** [*o* **M~n**] los míos/las mías

meins *pron poss s.* **meine(r, s)**

Meinung ['maɪnʊŋ] *f* <-en> opinión *f*; **meiner ~ nach** en mi opinión; **ich bin der ~, dass ...** soy de la opinión de que...; **seine ~ ändern** cambiar de opinión; **einer ~ sein** ser de la misma opinión; **ich bin anderer ~** no estoy de acuerdo; **die öffentliche ~** la opinión pública; **ganz meine ~!** ¡totalmente de acuerdo!; **darüber kann man geteilter ~ sein** las opiniones pueden diferir en ese punto; **jdm (gehörig) die ~ sagen** *(fam)* cantar las cuarenta a alguien

Meinungsäußerung *f* (expresión *f* de una) opinión *f*

Meinungsaustausch *m* intercambio *m* de opiniones

Meinungsbildung *f* <-, *ohne pl*> formación *f* de (una) opinión; **zur ~ beitragen** corresponder a la formación de la opinión

Meinungsforscher(in) *m(f)* <-s, -; -, -nen> encuestador(a) *m(f)*

Meinungsforschung *f ohne pl* sondeo *m* de opinión

Meinungsforschungsinstitut *nt* instituto *m* demoscópico

Meinungsfreiheit *f ohne pl* libertad *f* de expresión

Meinungsumfrage *f* encuesta *f*

Meinungsverschiedenheit *f* ❶ *(in der Beurteilung)* disparidad *f* de opiniones ❷ *(Streit)* pelea *f*, querella *f*

Meise ['maɪzə] *f* <-n> paro *m*; **du hast doch 'ne ~!** *(fam)* ¡estás chiflado!

Meißel ['maɪsəl] *m* <-s, -> cincel *m*

meißeln *vi, vt* *(bearbeiten)* cincelar; *(schaffen)* esculpir; **eine Inschrift in einen Stein ~** grabar una inscripción en una roca

meist [maɪst] *adv s.* **meistens**

meistbietend *adv* **etw ~ versteigern** subastar algo al mejor postor

Meistbietende(r) *mf* <-n, -n; -n, -n> (WIRTSCH) mejor postor(a) *m(f)*

meiste(r, s) *pron indef superl von* **viel** ❶ *(größte Anzahl)* **die ~n** la mayoría; **die ~n Leute glauben, dass ...** la mayoría de la gente cree que... ❷ *(größte Menge)* **das ~** lo más; **das ~ war interessant** la mayor parte fue interesante; **die ~ Zeit** la mayor parte del tiempo; **sie hat das ~ Geld** ella es la que más dinero tiene

meisten *superl von* **viel: am ~** *(+ Verb)* lo (que) más; **Hans arbeitet am ~** Hans es el que más trabaja

meistens ['maɪstəns] *adv* la mayoría de las veces

Meister(in) ['maɪstɐ] *m(f)* <-s, -; -nen> ❶ *(im Handwerk)* maestro, -a *m, f*; **seinen ~ machen** *(fam)* presentarse al examen de maestría ❷ *(Könner)* maestro, -a *m, f*; **er ist ein ~ seines Faches** es un experto en su campo; **es ist noch kein ~ vom Himmel gefallen** *(prov)* la práctica hace al maestro ❸ (SPORT) campeón, -ona *m, f*

Meisterbrief *m* diploma *m* de maestría

meisterhaft **I.** *adj* magistral, perfecto **II.** *adv* con maestría

Meisterin *f* <-nen> *s.* **Meister**

Meisterleistung *f* <-, -en> obra *f* maestra; **das war nicht gerade eine ~** *(iron)* no ha sido nada del otro mundo

meisterlich *adj o adv s.* **meisterhaft**

meistern ['maɪstɐn] *vt* ❶ *(Werkzeug, Instrument)* dominar ❷ *(Schwierigkeit)* superar; *(Situation)* controlar

Meisterprüfung *f* examen *m* de maestría

Meisterschaft[1] *f ohne pl* *(Können)* maestría *f*; *(Vollkommenheit)* perfección *f*; **es zu wahrer ~ in etw bringen** conseguir verdadera maestría en algo

Meisterschaft[2] *f* <-en> (SPORT) campeonato *m*

Meisterstück *nt* ❶ *(Werkstück)* pieza *f* de(l) examen de oficial ❷ *(Meisterleistung)* obra *f* maestra

Meistertitel *m* ❶ *(eines Handwerkers)* (tí-

M

tulo *m* de) maestría *f* ② (SPORT) título *m* de campeón

Meisterwerk *nt* (*a.* KUNST) obra *f* maestra

Melancholie [melaŋko'li:] *f ohne pl* melancolía *f,* flato *m Am*

Melancholiker(in) [melaŋ'ko:likɐ] *m(f)* <-s, -; -, -nen> melancólico, -a *m, f*

melancholisch [melaŋ'ko:lɪʃ] *adj* melancólico

Melanin *nt* <-s, -e> (BIOL) melanina *f*

Melanom [mela'no:m] *nt* <-s, -e> (MED) melanoma *m*

Melanzani *pl (Österr)* berenjenas *f pl*

Meldefrist *f (für Anmeldung)* plazo *m* de inscripción; *(für Verbrechen)* plazo *m* de denuncia

melden ['mɛldən] **I.** *vt* ① *(berichten)* informar (de); *(mitteilen)* comunicar, reportar *Am; (förmlich)* notificar; **jdm etw ~** comunicar algo a alguien; **du hast hier(bei) überhaupt nichts zu ~** *(fam)* tú no tienes ni voz ni voto en este asunto ② *(anzeigen)* dar parte (de); **etw bei der Polizei ~** dar parte de algo a la policía; **er ist als vermisst gemeldet** fue dado por desaparecido ③ *(ankündigen)* anunciar; **wen darf ich ~?** ¿a quién debo anunciar? **II.** *vr:* **sich ~** ① *(anmelden)* registrarse ② *(sich zur Verfügung stellen)* presentarse; *(auf eine Anzeige)* responder (**auf** a) ③ *(das Wort erbitten)* pedir la palabra; *(in der Schule)* levantar la mano; **er meldete sich zu Wort** pidió la palabra ④ *(von sich hören lassen)* dar señal de vida; **melde dich mal wieder (bei mir)** llámame alguna vez; **er hat sich nie wieder (bei uns) gemeldet** nunca más supimos nada de él ⑤ *(am Telefon)* responder al teléfono; **es meldet sich niemand** no responde nadie

Meldepflicht *f ohne pl (für Dinge)* declaración *f* obligatoria; *(für Personen)* registro *m* obligatorio

meldepflichtig *adj* sujeto a declaración obligatoria; *(Krankheit)* de declaración obligatoria

Meldeschein *m* formulario *m* de registro

Meldestelle *f* <-, -n> central *f* de información; *(Einwohner~)* registro *m*

Meldezettel *m* ① *(im Hotel)* formulario *m* de entrada ② *(Österr) s.* **Meldeschein**

Meldung *f* <-en> ① *(Bericht)* información *f; (Mitteilung)* comunicación *f; (Ankündigung)* aviso *m; (für die Presse)* comunicado *m; (bei der Polizei)* denuncia *f* ② *(Radio-, Fernsehmeldung)* noticia *f* ③ *(dienstlich)* informe *m;* **eine ~ machen** hacer un informe

meliert [me'li:ɐt] *adj (Wolle)* mezclado; *(Haar)* entrecano

Melisse [me'lɪsə] *f* <-n> (BOT) melisa *f*

melken ['mɛlkən] <melkt, melkte, gemelkt *o* gemolken> *vi, vt* (AGR) ordeñar

Melkmaschine *f* (AGR) ordeñadora *f*

Melodie [melo'di:] *f* <-n> melodía *f*

melodiös [melo'diø:s] *adj* melodioso

melodisch [me'lo:dɪʃ] *adj* melódico

melodramatisch [melodra'ma:tɪʃ] *adj (geh a. iron)* melodramático

Melone [me'lo:nə] *f* <-n> ① *(Honigmelone)* melón *m; (Wassermelone)* sandía *f* ② *(fam: Hut)* (sombrero *m*) hongo *m,* tongo *m Chil, Perú*

Mem [me:m] *nt* <-s, -e> (INFOR) meme *m*

Membran [mɛm'bra:n] *f* <-e(n)> ① (TECH) diafragma *m* ② (BIOL) membrana *f*

Meme [mi:m] *nt* <-s, -s> (INFOR) meme *m*

Memo ['me:mo] *nt* <-s, -s> ① *(Memorandum)* memorándum *m* ② (*a.* INFOR: *Merkzettel*) nota *f*

Memoiren [memo'a:rən] *pl* memorias *f pl*

Memorandum [memo'randʊm] *nt* <-s, Memoranden *o* Memoranda> memorándum *m*

Menage [me'na:ʒə] *f* <-, -n> *(Österr: Truppenverpflegung)* rancho *m*

Menge ['mɛŋə] *f* <-n> ① *(Anzahl)* cantidad *f* (**(an)** de); *(große)* montón *m* (**(an)** de); **eine ~ Zeit** un montón de tiempo; **eine ~ lernen** aprender un montón; **Bücher in ~n** montones de libros; **in rauen ~n** *(fam)* a montones; **es gab eine ~ zu sehen** había mucho que ver ② *(Menschenmenge)* multitud *f* ③ (MATH) conjunto *m*

mengen ['mɛŋən] **I.** *vt* mezclar **II.** *vr:* **sich ~** *(fam)* mezclarse (**unter** entre)

Mengenlehre *f ohne pl* (MATH) teoría *f* de conjuntos

mengenmäßig *adj* cuantitativo

Mengenrabatt *m* (WIRTSCH) rebaja *f* por cantidad

Meniskus [me'nɪskʊs] *m* <-, Menisken> (ANAT, MED) menisco *m*

Mensa ['mɛnza] *f* <Mensen *o* -s> comedor *m* universitario

Mensch [mɛnʃ] *m* <-en, -en> hombre *m,* ser *m* humano; *(Person)* persona *f;* **kein ~** nadie; **jeder ~** cada uno; **er ist auch nur ein ~** él también solamente es un ser humano; **~!** *(fam)* ¡hombre!; **du stellst dich an wie der erste ~!** *(fam)* ¡qué torpe que eres!; **von ~ zu ~** de persona a persona

Mensch ärgere dich nicht® *nt* <- - - -, *ohne pl*> parchís *m*

Menschenaffe *m* (ZOOL) antropoide *m*

Menschenansammlung *f* concentración *f* de personas

Menschenauflauf *m s.* **Menschenansammlung**

menschenfeindlich *adj* ① *(misanthro-*

pisch) misantrópico ② *(Landschaft)* inhóspito
Menschenfresser *m* <-s, -> antropófago, -a *m, f*
Menschenhandel *m* trata *f* de seres humanos; *(mit Frauen)* trata *f* de blancas
Menschenkenntnis *f ohne pl* conocimiento *m* de la naturaleza humana
Menschenkette *f* cadena *f* humana
Menschenleben *nt* ① *(Leben)* vida *f* humana ② *(Opfer)* víctima *f*
menschenleer ['--'-] *adj (Gebiet)* despoblado; *(Straße)* desierto; *(Raum)* vacío
Menschenmasse *f* masa *f* de gente
Menschenmenge *f* gentío *m,* bola *f* de gente *Méx*
menschenmöglich ['-'--] *adj* humanamente posible; **alles M~e tun** hacer todo lo humanamente posible
Menschenopfer *nt* (*a.* REL) víctima *f* (humana)
Menschenrechte *ntpl* derechos *mpl* humanos
Menschenrechtsverletzung *f* violación *f* de los derechos humanos
menschenscheu *adj (schüchtern)* tímido; *(ungesellig)* huraño
Menschenseele ['-'--] *f* alma *f* humana; **keine ~** *(fig)* ni un alma
Menschenskind ['--'-] *interj (fam)* hombre
menschenunwürdig ['--'---] *adj* ① *(eines Menschen nicht würdig)* indigno de un ser humano ② *(die Menschenwürde verletzend)* inhumano
menschenverachtend *adj* inhumano
Menschenverstand *m* **der gesunde ~** el sentido común
Menschenwürde *f ohne pl* dignidad *f* humana
menschenwürdig *adj* ① *(eines Menschens würdig)* digno (del hombre) ② *(der Menschenwürde entsprechend)* humano
Menschheit *f ohne pl* humanidad *f*
menschlich *adj* humano
Menschlichkeit *f ohne pl* humanidad *f*
Mensen *pl von* **Mensa**
Menstruation [mɛnstrua'tsjo:n] *f* <-en> (MED) menstruación *f*
menstruieren* [mɛnstru'i:rən] *vi* (MED) tener la menstruación
mental [mɛn'ta:l] *adj* mental
Mentalität [mɛntali'tɛ:t] *f* <-en> mentalidad *f*
Menthol [mɛn'to:l] *nt* <-s, *ohne pl*> (CHEM) mentol *m*
Mentor(in) ['mɛnto:ɐ] *m(f)* <-s, -en; -, -nen> mentor(a) *m(f)*
Menü [me'ny:] *nt* <-s, -s> (INFOR, GASTR) menú *m*
Menuett [me'nuɛt] *nt* <-s, -e *o* -s> (*a.* MUS) minué *m,* minueto *m*
menügesteuert [me'ny:gəʃtɔɪɐt] *adj* (INFOR) guiado por (el) menú
Menüleiste *f,* **Menüoption** *f* (INFOR) opción *f* del menú
Menüzeile *f* (INFOR) línea *f* del menú, barra *f* del menú
Merchandising *nt* <-s, *ohne pl*> (WIRTSCH) comercialización *f*
Meridian [meri'dja:n] *m* <-s, -e> (GEO, ASTR) meridiano *m*
Merkblatt *nt* hoja *f* informativa
merken ['mɛrkən] *vt* ① *(wahrnehmen)* darse cuenta (de), realizar *Am;* **er merkte nicht, dass ...** no se dio cuenta de que...; **woran hast du das gemerkt?** ¿cómo te has dado cuenta?; **lass ihn das nicht ~!** ¡procura que no se dé cuenta!; **du merkst aber auch alles!** *(fam iron)* por fin, te has dado cuenta ② *(bemerken, anmerken)* notar ③ *(spüren)* sentir; **man merkt, dass ...** se siente que... ④ *(behalten)* retener; **merke: ...** recuerde:...; **sich** *dat* **etw ~** recordar algo; **merk dir das!** ¡fíjate en mis palabras!
merklich *adj (beträchtlich)* considerable; *(fühlbar)* perceptible; *(deutlich)* evidente
Merkmal *nt* <-s, -e> rasgo *m,* característica *f*
Merksatz *m* <-es, -sätze> *(Merkhilfe)* sentencia *f*
Merkur [mɛr'ku:ɐ] *m* <-s> (ASTR) Mercurio *m*
merkwürdig *adj* curioso, raro; **es ist auf einmal ~ still** de pronto reina un silencio extraño
merkwürdigerweise ['----'--] *adv* curiosamente
Merkwürdigkeit *f* <-, -en> ① *ohne pl (Seltsamkeit)* extrañeza *f,* rareza ② *(Kuriosität)* curiosidad *f*
Merkzettel *m (fam)* nota *f*
meschugge [me'ʃʊgə] *adj (fam)* chiflado
Mesner(in) ['mɛsnɐ] *m(f)* <-s, -; -nen> *(reg)* sacristán, -ana *m, f*
messbar ['mɛsba:ɐ] *adj* (con)mensurable
Messbecher *m* vaso *m* medidor
Messdaten *pl* datos *mpl* de medición
Messdiener(in) *m(f)* (REL) monaguillo, -a *m, f*
Messe ['mɛsə] *f* <-n> ① (REL) misa *f;* **in die ~ gehen** ir a misa; **eine ~ lesen** oficiar una misa ② *(Ausstellung)* feria *f;* **auf der ~ sein** estar en la feria ③ (NAUT: *Schiffskantine*) cámara *f* de oficiales
Messebesucher(in) *m(f)* visitante *mf* de la feria
Messegelände *nt* recinto *m* ferial

M

Messehalle *f* pabellón *m* de feria
messen ['mɛsən] <misst, maß, gemessen> **I.** *vt* medir (**an** en relación con); **die Zeit ~** medir el tiempo; **sieben Meter ~** medir siete metros **II.** *vr:* **sich ~** *(geh)* medirse; **mit dem kannst du dich nicht ~** no puedes competir con él
Messer ['mɛsɐ] *nt* <-s, -> cuchillo *m;* (TECH) cuchilla *f;* **jdm das ~ an die Kehle setzen** *(fam fig)* poner(le) a alguien la pistola en el pecho; **jdn ans ~ liefern** *(fam fig)* denunciar a alguien; **unters ~ kommen** *(fam: Operation)* ser operado; **ins offene ~ laufen** *(fam fig)* meterse en la boca del lobo
Messerblock *m* (bloque *m*) portacuchillos *m inv*
messerscharf *adj* afilado, filudo *Am; (Verstand)* agudo; **daraus schloss ich ~, dass …** y de ahí saqué la tajante conclusión, de que…
Messerschärfer [-'ʃɛrfɐ] *m* afilador *m* de cuchillos
Messerschmied(in) *m(f)* cuchillero, -a *m, f*
Messerspitze *f* punta *f* del cuchillo; **eine ~ Pfeffer** una pizca de pimienta
Messerstecher(in) *m(f) (abw)* navajero, -a *m, f*
Messerstecherei [-ʃtɛçə'raɪ] *f* <-en> *(abw)* riña *f* a cuchilladas
Messerstich *m* cuchillada *f*
Messestand *m* stand *m* (de feria)
Messias [mɛ'siːas] *m* <-, *ohne pl*> (REL) Mesías *m*
Messie ['mɛsi] *m* <-s, -s> persona *f* extremadamente desordenada
Messing ['mɛsɪŋ] *nt* <-s, *ohne pl*> latón *m*
Messinstrument *nt* instrumento *m* de medición
Messlatte *f* (TECH) mira *f*
Messlöffel *m* cuchara *f* dosificadora
Messner(in) *m(f)* <-s, -; -nen> *s.* **Mesner**
Messstab *m* <-(e)s, -stäbe> varilla *f* de medición; *(zur Landvermessung)* jalón *m* de agrimensor
Messtechnik[1] *f* <-, *ohne pl*> *(Messkunde)* metrología *f*
Messtechnik[2] *f* <-, -en> *(Methode)* técnica *f* de medición
Messung *f* <-en> medición *f*
Messwert *m* valor *m* registrado
Messzylinder *m* <-s, -> probeta *f* graduada
MESZ [ɛmʔeːʔɛs'tsɛt] *Abk. von* **mitteleuropäische Sommerzeit** horario *m* de verano para Europa Central

Metabolismus *m* <-, *ohne pl*> (BIOL, MED) metabolismo *m*
Metall [me'tal] *nt* <-s, -e> metal *m*
Metallarbeiter(in) *m(f)* (obrero, -a *m, f*) metalúrgico, -a *m, f*
metallen [me'talən] *adj* de metal, metálico
metallic [me'talɪk] *adj inv* metálico
Metallindustrie *f* industria *f* metalúrgica
metallisch *adj* metálico, de metal; **~ klingen/schimmern** tener un sonido/brillo metálico
Metallurgie [metalʊr'giː] *f ohne pl* metalurgia *f*
metallurgisch [meta'lʊrgɪʃ] **I.** *adj* metalúrgico **II.** *adv* a nivel metalúrgico
Metamorphose [metamɔr'foːzə] *f* <-n> (*a.* BOT, ZOOL) metamorfosis *f inv*
Metapher [me'tafɐ] *f* <-n> (LING) metáfora *f*
Metaphorik [meta'foːrɪk] *f* <-, *ohne pl*> (LIT) metáforas *f pl,* tropos *m pl*
metaphorisch [meta'foːrɪʃ] *adj* (LING) metafórico
Metaphysik [metafy'ziːk] *f* <-, *ohne pl*> metafísica *f*
metaphysisch [meta'fyːzɪʃ] *adj* metafísico
Metastase [meta'staːzə] *f* <-n> (MED) metástasis *f inv*
Meteor [mete'oːɐ] *m* <-s, -e> (ASTR) meteoro *m*
Meteorit [meteo'riːt] *m* <-en, -en> (ASTR) meteorito *m*
Meteorologe, -in [meteoro'loːgə] *m, f* <-n, -n; -nen> meteorólogo, -a *m, f*
Meteorologie [meteorolo'giː] *f ohne pl* meteorología *f*
Meteorologin *f* <-nen> *s.* **Meteorologe**
meteorologisch [meteoro'loːgɪʃ] *adj* meteorológico
Meter ['meːtɐ] *m o nt* <-s, -> metro *m;* **drei ~ hoch/lang** tres metros de alto/de largo; **der laufende ~** (COM) el metro; **am laufenden ~** *(fam)* sin parar
Metermaß *nt (Stab)* metro *m* plegable; *(Band)* cinta *f* métrica
Meterware *f* género *m* al metro
meterweise *adv* por metros
Methan [me'taːn] *nt* <-s, *ohne pl*> metano *m*
Methode [me'toːdə] *f* <-n> método *m*
Methodik [me'toːdɪk] *f* <-, -en> metodología *f*
methodisch *adj* metódico
Methodist(in) [meto'dɪst] *m(f)* <-en, -en; -, -nen> (REL) metodista *mf*
methodistisch *adj* (REL) metodista
Methodologie [metodolo'giː] *f* <-, -n> metodología *f*

Metier [me'tjeː] *nt* <-s, -s> profesión *f;* **sein ~ beherrschen** dominar su profesión

Metrik ['meːtrɪk] *f* <-, *ohne pl*> (LIT) métrica *f*

Metro ['meːtro] *f* <-s> metro *m*

Metronom [metro'noːm] *nt* <-s, -e> (MUS) metrónomo *m*

Metropole [metro'poːlə] *f* <-n> metrópoli *f*

metrosexuell *adj* metrosexual

Metrosexuelle(r) *mf* <-n, -n; -n> metrosexual *mf*

Mett [mɛt] *nt* <-(e)s, *ohne pl*> *(reg) plato de carne picada de cerdo cruda y condimentada con especias*

Mettwurst *f* <-, -würste> *embutido de carne de cerdo cruda picada y condimentada con especias*

Metzger(in) ['mɛtsgɐ] *m(f)* <-s, -; -nen> carnicero, -a *m, f*

Metzgerei [mɛtsgə'raɪ] *f* <-en> carnicería *f,* chanchería *f Am*

Metzgerin *f* <-nen> *s.* **Metzger**

Meuchelmord ['mɔɪçəl-] *m* <-(e)s, -e> *(abw)* asesinato *m* con alevosía

meucheln *vt (geh)* asesinar con alevosía

Meute ['mɔɪtə] *f* <-n> ❶ *(Jagdhunde)* jauría *f* ❷ *(fam: Menschen)* turba *f*

Meuterei [mɔɪtə'raɪ] *f* <-en> amotinamiento *m*

Meuterer, -in *m, f* <-s, -; -nen> amotinador(a) *m(f)*

meutern ['mɔɪtɐn] *vi* ❶ *(rebellieren)* amotinarse ❷ *(fam: meckern)* rebelarse

Mexikaner(in) [mɛksi'kaːnɐ] *m(f)* <-s, -; -nen> mexicano, -a *m, f,* mejicano, -a *m, f*

mexikanisch *adj* mexicano, mejicano

Mexiko ['mɛksiko] *nt* <-s> México *m*

MEZ [ɛmʔeː'tsɛt] *Abk. von* **mitteleuropäische Zeit** hora *f* de la Europa Central

mg *Abk. von* **Milligramm** mg

MHz *Abk. von* **Megahertz** mh.

miau [mi'aʊ] *interj* ¡miau!

miauen* [mi'aʊən] *vi* maullar

mich [mɪç] **I.** *pron pers akk von* **ich** me; *(betont)* a mí (me); *(mit Präposition)* mí; **rufst du ~ an?** ¿me llamas?; **~ interessiert es nicht** a mí no me interesa; **meinst du ~?** ¿estás hablando conmigo? **II.** *pron refl akk von* **ich** me; **ich halte ~ da raus** yo no me meto

mick(e)rig *adj (fam abw: Sache)* pobre; *(Person)* enclenque

Midlife-Crisis *f* <-, ->, **Midlifecrisis** ['mɪdlaɪf'kraɪsɪs] *f* <-, -> *(geh)* crisis *f inv* de los cuarenta

mied [miːt] *3. imp von* **meiden**

Mieder ['miːdɐ] *nt* <-s, -> ❶ *(Unterkleidung)* corpiño *m* ❷ *(einer Tracht)* faja *f*

Mief [miːf] *m* <-s, *ohne pl*> *(fam abw)* mal olor *m*

miefen *vi (fam abw)* apestar

Miene ['miːnə] *f* <-n> cara *f;* **ohne eine ~ zu verziehen** sin pestañear; **gute ~ zum bösen Spiel machen** poner a mal tiempo buena cara

mies [miːs] *adj (fam abw)* miserable, malo

Miese ['miːzə] *pl (fam)* **in den ~n sein** estar en números rojos

miesepet(e)rig ['miːzəpeːt(ə)rɪç] *adj (fam)* malhumorado; **~ sein** estar de mal café

mies|machen *vt (fam)* **etw/jdn ~** hablar mal de algo/de alguien

Miesmacher(in) *m(f)* <-s, -; -nen> *(fam abw)* aguafiestas *mf inv*

Miesmuschel *f* mejillón *m*

Mietauto *nt* coche *m* de alquiler

Miete ['miːtə] *f* <-n> ❶ *(Wohnungsmiete)* alquiler *m;* **zur ~ wohnen** vivir en un piso de alquiler ❷ (AGR: *Lagergrube*) hacina *f*

Mieteinkünfte *pl* ingresos *mpl* por alquileres

Mieteinnahme *f* <-, -n> ingreso *m* por alquiler

mieten ['miːtən] *vt* alquilar, rentar *Am*

Mieter(in) *m(f)* <-s, -; -nen> *(einer Wohnung)* inquilino, -a *m, f*

Mieterhöhung *f* aumento *m* del alquiler

Mieterin *f* <-nen> *s.* **Mieter**

Mieterschutz *m* protección *f* al inquilino

mietfrei *adj* libre de alquiler

Mietpartei *f* <-, -en> inquilino, -a *m, f*

Mietpreis *m* (precio *m* del) alquiler *m*

Mietrecht *nt ohne pl* (JUR) derecho *m* arrendaticio

Mietshaus *nt* casa *f* de alquiler

Mietspiegel *m* <-s, -> media *f* del alquiler

Mietvertrag *m* contrato *m* de alquiler

Mietwagen *m* coche *m* de alquiler

Mietwohnung *f* piso *m* de alquiler

Mietzins *m* <-es, -e> *(südd, Österr, Schweiz)* renta *f,* alquiler *m*

Miezekatze *f (fam)* gatito *m*

Migräne [mi'grɛːnə] *f ohne pl* jaqueca *f*

Migration [migra'tsjoːn] *f* <-en> (GEO, BIOL, SOZIOL) migración *f*

migrieren* *vi sein* emigrar

Mikro ['mikro] *nt* <-s, -s> micro *m*

Mikrobe [mi'kroːbə] *f* <-n> (BIOL) microbio *m*

Mikrobiologie *f* microbiología *f*

Mikrochip ['miːkro-] *m* (ELEK) microchip *m*

Mikroelektronik *f* microelectrónica *f*

Mikrofaser ['----] *f* microfibra *f*

Mikrofasertuch *nt* bayeta *f* de microfibra

M

Mikrofiche ['mi:krofi:ʃ, mikro'fi:ʃ] *nt o m* microficha *f*
Mikrofilm ['mi:kro-] *m* microfilm(e) *m*
Mikrofon [mikro'fo:n] *nt* <-s, -e> micrófono *m*
Mikrokosmos ['mi:krokɔsmɔs, mikro'kɔsmɔs] *m* (BIOL, PHILOS, PHYS) microcosmo(s) *m inv*
Mikronesien [mikro'ne:ziən] *nt* <-s> Micronesia *f*
Mikroökonomie ['------, -----'-] *f ohne pl* (WIRTSCH) microeconomía *f*
Mikroorganismus ['------, ----'--] *m* (BIOL) microorganismo *m*
Mikroplastik ['mi:kroplastɪk] *nt* <-s, *ohne pl*> (ÖKOL) microplástico *m*
Mikroprozessor ['-----] *m* (INFOR) microprocesador *m*
Mikroskop [mikro'sko:p] *nt* <-s, -e> microscopio *m*
mikroskopisch [mikro'sko:pɪʃ] *adj* microscópico; ~ **klein** de tamaño microscópico
Mikrowelle ['----] *f* ❶ *(Mikrowellenherd)* (horno *m*) microondas *m inv* ❷ (ELEK) microonda *f*
Mikrowellenherd *m* (horno *m*) microondas *m inv*
Milbe ['mɪlbə] *f* <-n> (ZOOL) ácaro *m*
Milch [mɪlç] *f ohne pl* (*a.* BOT) leche *f*
Milchflasche *f* ❶ *(Babyflasche)* biberón *m* ❷ *(für den Verkauf)* botella *f* de leche
Milchgeschäft *nt* lechería *f*
milchig ['mɪlçɪç] *adj* lechoso
Milchkaffee *m* café *m* con leche
Milchkuh *f* vaca *f* lechera
Milchprodukt *nt* producto *m* lácteo
Milchpulver *nt* leche *f* en polvo
Milchpumpe *f* bomba *f* de leche; *(für Muttermilch)* sacaleches *m inv*
Milchreis *m* arroz *m* con leche, arequipa *f Col, Méx*
Milchschaum *m* espuma *f* de leche
Milchschokolade *f* chocolate *m* con leche
Milchshake [-ʃe:k] *m* (GASTR) batido *m*
Milchstraße *f ohne pl* (ASTR) vía *f* láctea
Milchstraßensystem *nt ohne pl* (ASTR) sistema *m* galáctico
Milchtüte *f* bolsa *f* de leche
Milchzahn *m* diente *m* de leche
Milchzucker *m ohne pl* lactosa *f*
mild(e) *adj* ❶ *(sanft, Luft)* suave; *(Klima)* templado ❷ *(nachsichtig)* indulgente; *(gütig)* benigno; *(Strafe)* leve; **eine ~e Gabe** una limosna; **jdn ~(e) stimmen** calmar a alguien ❸ *(Tabak, Speisen)* suave
Milde ['mɪldə] *f ohne pl* ❶ *(Nachsicht)* indulgencia *f*, clemencia *f*; *(Güte)* benevolencia *f* ❷ *(Sanftheit)* suavidad *f*; *(des Klimas)* templanza *f* ❸ *(im Geschmack, Geruch)* suavidad *f*
mildern ['mɪldɐn] **I.** *vt (Zorn)* calmar; *(Schmerz, Wirkung)* atenuar; *(Aufprall)* suavizar; **~de Umstände** circunstancias atenuantes **II.** *vr:* **sich ~** disminuir
Milderung *f ohne pl* ❶ *(von Schmerz)* mitigación *f* ❷ *(Mäßigung)* moderación *f*
mildtätig *adj (geh)* caritativo
Milieu [mi'ljø:] *nt* <-s, -s> (medio *m*) ambiente *m*
militant [mili'tant] *adj* militante
Militär[1] [mili'tɛ:ɐ] *m* <-s, -s> *(Offizier)* militar *m*
Militär[2] *nt* <-s, *ohne pl*> *(Heer)* ejército *m*; **er ist beim ~** *(als Berufssoldat)* es militar; *(als Wehrdienstleistender)* hace el servicio militar
Militärakademie *f* academia *f* militar
Militärarzt *m* médico *m* militar
Militärdienst *m ohne pl* servicio *m* militar, mili *f fam*
Militärdiktatur *f* dictadura *f* militar
Militärgericht *nt* tribunal *m* militar
militärisch [mili'tɛ:rɪʃ] *adj* militar
Militarismus [milita'rɪsmʊs] *m* <-, *ohne pl*> *(abw)* militarismo *m*
Militärjunta *f* <-, -junten> junta *f* militar
Militärputsch *m* golpe *m* militar
Militärregierung *f* gobierno *m* militar
Militärstützpunkt *m* base *f* militar
Miliz [mi'li:ts] *f* <-en> milicia *f*
Millennium [mɪ'lɛniʊm, *pl:* mɪ'lɛniən] *nt* <-s, Millennien> *(geh)* milenio *m*
Milliardär(in) [mɪljar'dɛ:ɐ] *m(f)* <-s, -e; -nen> multimillonario, -a *m, f*
Milliarde [mɪ'ljardə] *f* <-n> mil millones *mpl*
milliardenschwer *adj (Unternehmen, Projekt, Vermögen)* multimillonario
Milligramm ['mɪligram] *nt* miligramo *m*
Milliliter *m o nt* <-s, -> mililitro *m*
Millimeter [mɪli'me:tɐ, '----] *m o nt* milímetro *m*
Millimeterpapier [--'----] *nt* papel *m* milimetrado
Million [mɪ'ljo:n] *f* <-en> millón *m*
Millionär(in) [mɪljo'nɛ:ɐ] *m(f)* <-s, -e; -nen> millonario, -a *m, f*
millionenschwer *adj (fam)* forrado de millones
Millionenstadt *f* ciudad *f* de más de un millón de habitantes
millionste(r, s) [mɪ'ljo:nstə, -tɐ, -təs] *adj* millonésimo
millionstel *adj inv* millonésimo
Milz [mɪlts] *f* <-en> (ANAT) bazo *m*
Milzbrand *m* <-(e)s, *ohne pl*> (MED) carbunco *m*

mimen ['miːmən] *vt (fam abw)* fingir; **den Ahnungslosen ~** hacerse el inocente
Mimik ['miːmɪk] *f ohne pl* mímica *f*
mimisch ['miːmɪʃ] *adj* mímico
Mimose [mi'moːzə] *f* <-n> ❶ (BOT) sensitiva *f,* dormilona *f AmC* ❷ *(Mensch)* hipersensible *mf*
mimosenhaft *adj* de mírame y no me toques
min., Min. *Abk. von* **Minute(n)** m
Minarett [mina'rɛt] *nt* <-(e)s, -e> minarete *m*
minder ['mɪndɐ] *adv (geh) kompar von* **wenig** menos (**als** que)
minderbemittelt *adj* económicamente débil; *(arm)* necesitado; **geistig ~** *(fam abw)* cerrado de mollera
mindere(r, s) *adj* menor; *(minderwertig)* inferior; **von ~r Qualität** de calidad inferior
Minderheit *f* <-en> minoría *f;* **in der ~ sein** estar en minoría
Minderheitsregierung *f* <-, -en> gobierno *m* minoritario
minderjährig *adj* menor de edad
Minderjährige(r) *mf* <-n, -n; -n> menor *mf* de edad
Minderjährigkeit *f* <-, *ohne pl*> minoría *f* de edad
mindern ['mɪndɐn] *vt (geh)* disminuir (**um** en, **auf** a); *(Verdienste)* desvalorar
Minderung *f* <-en> ❶ *(Wertminderung)* disminución *f* (**um** en); *(Preis)* rebaja *f* ❷ *(Herabsetzung)* reducción *f*
minderwertig *adj* (de calidad) inferior
Minderwertigkeit *f ohne pl* inferioridad *f*
Minderwertigkeitsgefühl *nt* <-s, -e> (PSYCH) complejo *m* de inferioridad
Minderwertigkeitskomplex *m* (PSYCH) complejo *m* de inferioridad
Minderzahl *f ohne pl* minoría *f;* **in der ~ sein** estar en minoría
Mindestalter *nt* edad *f* mínima
Mindestbetrag *m* cantidad *f* mínima
mindeste(r, s) *adj* menor, mínimo; **nicht die ~ Ahnung haben** no tener la menor idea; **ich verstehe nicht das ~ davon** no entiendo ni lo más mínimo de eso; **das wäre wohl das ~ gewesen** eso hubiera sido lo mínimo; **das bezweifle ich nicht im M~n** de eso no tengo la menor duda
Mindesteinkommen *nt* ingreso *m* mínimo
mindesten *s.* **mindeste(r, s)**
mindestens ['mɪndəstəns] *adv* por lo menos
Mindestgebot *nt* (WIRTSCH) oferta *f* mínima
Mindesthaltbarkeitsdatum *nt* fecha *f* mínima de caducidad
Mindestlohn *m* salario *m* mínimo
Mindestmaß *nt* mínimo *m* (**an** de); **sich auf das ~ beschränken** limitarse al mínimo
Mindeststrafe *f* pena *f* mínima
Mine ['miːnə] *f* <-n> (*a.* BERGB, MIL) mina *f;* **~n legen** colocar minas
Minenfeld *nt* (MIL) zona *f* minada
Minensuchboot *nt* (MIL) buscaminas *m inv*
Mineral [mine'raːl] *nt* <-s, -e *o* -ien> mineral *m*
Mineralbad *nt* baño *m* de aguas minerales
mineralisch *adj* mineral
Mineralogie [mineralo'giː] *f ohne pl* mineralogía *f*
Mineralöl *nt* ❶ *(destilliertes Erdöl)* aceite *m* mineral ❷ *(Erdöl)* petróleo *m*
Mineralölgesellschaft *f* (WIRTSCH) sociedad *f* petrolera
Mineralölsteuer *f* impuesto *m* sobre el aceite mineral
Mineralstoffe *mpl* elementos *mpl* minerales
Mineralwasser *nt* <-s, -wässer> agua *f* mineral
Mini ['mɪni, 'mini] *m* <-s, -s> *(fam)* minifalda *f*
Miniatur [minia'tuːɐ] *f* <-en> miniatura *f*
Miniaturausgabe *f* <-, -n> edición *f* en miniatura
Minibar ['mɪni-] *f* minibar *m*
Minigolf *nt ohne pl* minigolf *m*
Minikleid *nt* <-(e)s, -er> vestido *m* mini
Minima *pl von* **Minimum**
minimal [mini'maːl] *adj (wenig)* mínimo; *(unbedeutend)* insignificante
minimieren* [mini'miːrən] *vt* minimizar; **ein Fenster ~** (INFOR) minimizar una ventana
Minimum ['miːnimʊm, *pl:* 'miːnima] *nt* <-s, Minima> mínimo *m* (**an** de)
Minirock *m* minifalda *f*
Minister(in) [mi'nɪstɐ] *m(f)* <-s, -; -nen> ministro, -a *m, f*
Ministeramt *nt* cargo *m* ministerial
ministeriell [minɪsteri'ɛl] *adj* ministerial
Ministerin *f* <-nen> *s.* **Minister**
Ministerium [minɪs'teːriʊm] *nt* <-s, Ministerien> ministerio *m,* secretaría *f Am*
Ministerpräsident(in) *m(f)* ❶ *(eines Staates)* presidente, -a *m, f* del Gobierno ❷ *(eines Bundeslandes)* presidente, -a *m, f* del land
Ministerrat *m* consejo *m* de ministros
Ministrant(in) [minɪs'trant] *m(f)* <-en, -en; -nen> (REL) monaguillo, -a *m, f*
Minnesänger *m* (HIST) trovador *m*
Minorität [minori'tɛːt] *f* <-en> minoría *f*
minus ['miːnʊs] *adv* ❶ (MATH) menos

M

❷ *(Temperatur)* bajo cero; **15 Grad ~** 15 grados bajo cero ❸ (ELEK) negativo
Minus ['mi:nʊs] *nt* <-, *ohne pl*> ❶ *(Fehlbetrag)* déficit *m inv;* **~ machen** sacar pérdidas ❷ *(Nachteil)* desventaja *f*
Minuspol *m* (ELEK, PHYS) polo *m* negativo
Minuspunkt *m* punto *m* negativo
Minuszeichen *nt* signo *m* de substracción
Minute [mi'nu:tə] *f* <-n> minuto *m;* **auf die ~** (**pünktlich**) en punto; **in letzter ~** en último minuto; **fünf ~n vor/nach drei** las tres menos/y cinco
minutenlang **I.** *adj* de varios minutos **II.** *adv* durante algunos minutos
Minutenzeiger *m* minutero *m*
minutiös, minuziös [minu'tsjø:s] *adj (geh)* minucioso
Minze ['mɪntsə] *f* <-n> menta *f*
Minztee *m* té *m* a la menta
mir [mi:ɐ] **I.** *pron pers dat von* **ich** me; *(betont)* a mí (me); *(mit Präposition)* mí; **sie haben ~ ein Buch geschenkt** me han regalado un libro; **~ gefällt das sehr gut** a mí me gusta mucho; **hinter/vor/unter/über ~** detrás de/delante de/debajo de/encima de mí; **mit ~** conmigo; **ein Freund von ~** un amigo mío; **von ~ aus** por mí; **~ nichts, dir nichts** sin más ni más; **du bist ~ einer!** *(fam)* ¡mira que eres! **II.** *pron refl dat von* **ich** me; **ich will ~ noch die Haare waschen** todavía quiero lavarme el pelo
Mirabelle [mira'bɛlə] *f* <-n> ciruela *f* amarilla
Mischbrot *nt pan de centeno y trigo*
Mischehe *f* matrimonio *m* mixto
mischen ['mɪʃən] **I.** *vt* ❶ *(vermengen)* mezclar, barajar; **die Karten ~** mezclar las cartas ❷ *(Cocktail, Gift)* preparar ❸ (FILM, RADIO, TV) mezclar **II.** *vr:* **sich ~** ❶ *(sich einmischen)* meterse (**in** en); **misch dich nicht in meine Angelegenheiten!** ¡no te metas en mis asuntos! ❷ *(sich vermengen)* mezclarse ❸ *(unter Menschen)* mezclarse (**unter** entre) **III.** *vi (Karten)* barajar
Mischform *f* mezcla *f*
Mischkonzern *m* (WIRTSCH) consorcio *m* (de carácter) mixto
Mischling *m* <-s, -e> ❶ *(Mensch)* mestizo, -a *m, f* ❷ *(Tier)* mezcla *f*
Mischlingskind *nt* niño, -a *m, f* mestizo, -a
Mischmasch ['mɪʃmaʃ] *m* <-(e)s, -e> *(fam a. abw)* mezcolanza *f*
Mischmaschine *f* mezcladora *f*
Mischpult *nt* (RADIO, FILM, TV) mesa *f* de mezclas
Mischung *f* <-en> mezcla *f*
Mischungsverhältnis *nt* <-ses, -se> proporción *f* de la mezcla
Mischwald *m* bosque *m* mixto
miserabel [mize'ra:bəl] *adj* miserable
Misere [mi'ze:rə] *f* <-n> miseria *f*
misogyn [mizo'gy:n] *adj (geh)* misógino
Misogynie [mizogy'ni:] *f* <-, *ohne pl*> *(geh, a.* PSYCH, MED) misoginia *f*
missachten* [mɪs'ʔaxtən] *vt* ❶ *(verachten)* despreciar ❷ *(ignorieren)* ignorar; *(Anweisung, Gesetz)* desacatar
Missachtung [-'--, '---] *f* ❶ *(Nichtbefolgung)* desacato *m* ❷ *(Geringschätzung)* desprecio *m*
missbehagen* *vi (geh)* desagradar
Missbehagen ['----] *nt* desagrado *m*
Missbildung ['---] *f* <-en> deformación *f*
missbilligen* [mɪs'bɪlɪgən] *vt* desaprobar; *(stärker)* condenar
missbilligend **I.** *adj* de desaprobación **II.** *adv* de forma desaprobatoria
Missbilligung [-'---, '----] *f* desaprobación *f;* *(stärker)* condenación *f*
Missbrauch ['--] *m* abuso *m;* **sexueller ~** abuso sexual
missbrauchen* [-'--] *vt (Person, Vertrauen)* abusar (de)
missdeuten* [mɪs'dɔɪtən] *vt* interpretar mal; *(absichtlich)* tergiversar
missen ['mɪsən] *vt (geh)* prescindir (de)
Misserfolg ['---] *m* fracaso *m*
Missernte ['---] *f* mala cosecha *f*
Missetat ['mɪsəta:t] *f* fechoría *f;* (REL) pecado *m*
missfallen* [mɪs'falən] *irr vi (geh)* desagradar
Missfallen *nt* <-s, *ohne pl*> desagrado *m;* **jds ~ erregen** provocar el disgusto de alguien
missgebildet *adj* malformado
Missgeburt ['---] *f* (MED) criatura *f* deforme
Missgeschick ['---] *nt* percance *m;* **mir ist ein ~ passiert** tuve un percance
missglücken* [mɪs'glʏkən] *vi sein* salir mal
missgönnen* [mɪs'gœnən] *vt* envidiar
Missgriff ['--] *m* <-(e)s, -e> desacierto *m,* error *m;* **einen ~ tun** cometer un error
Missgunst ['--] *f* envidia *f*
missgünstig *adj (neidisch)* envidioso; *(eifersüchtig)* celoso
misshandeln* [mɪs'handəln] *vt* maltratar
Misshandlung [-'--] *f* mal(os) trato(s) *m(pl)*
Mission[1] [mɪ'sjo:n] *f* <-en> *(Auftrag)* misión *f;* **in geheimer ~** con una misión secreta
Mission[2] *f ohne pl* (REL) misión *f*
Missionar(in) [mɪsjo'na:ɐ] *m(f)* <-s, -e; -nen> misionero, -a *m, f*

Missionär(in) [mɪsio'nɛːɐ] *m(f)* <-s, -e; -, -nen> *(Österr)* misionero, -a *m, f*

missionarisch [mɪsjo'naːrɪʃ] *adj* misionario

missionieren* [mɪsjo'niːrən] *vt* evangelizar

Missklang ['--] *m* disonancia *f*

Misskredit ['---] *m* **in ~ geraten** caer en descrédito; **jdn/etw in ~ bringen** desacreditar a alguien/algo

misslang [mɪs'laŋ] *3. imp von* **misslingen**

missliebig *adj* mal visto

misslingen [mɪs'lɪŋən] <misslingt, misslang, misslungen> *vi sein* fracasar; **der Kuchen ist misslungen** el pastel salió mal

Misslingen [-'--] *nt* <-s, *ohne pl*> fracaso *m,* malogro *m*

misslungen [mɪs'lʊŋən] *pp von* **misslingen**

Missmut ['--] *m* mal humor *m; (Unzufriedenheit)* descontento *m*

missmutig *adj* malhumorado

missraten* [mɪs'raːtən] *irr vi sein* salir mal, malograrse; **ein ~es Kind** un niño maleducado

Missstand ['--] *m* <-(e)s, -stände> *(Fehler)* defecto *m; (Lage)* situación *f* penosa; **soziale Missstände** injusticias sociales

misst [mɪst] *3. präs von* **messen**

misstrauen* [mɪs'traʊən] *vi* desconfiar (de)

Misstrauen *nt* <-s, *ohne pl*> desconfianza *f;* **gegen jdn/etw ~ hegen** desconfiar de alguien/de algo

Misstrauensantrag *m* (POL) moción *f* de censura

Misstrauensvotum *nt* (POL) voto *m* de censura

misstrauisch ['mɪstraʊɪʃ] *adj* desconfiado

Missverhältnis ['----] *nt* desproporción *f; (Ungleichgewicht)* desequilibrio *m*

missverständlich ['----] *adj* equívoco, ambiguo; **sich ~ ausdrücken** expresarse ambiguamente

Missverständnis ['----] *nt* <-ses, -se> malentendido *m*

missverstehen* ['----] *irr vt* entender mal, malinterpretar

Misswahl ['mɪsvaːl] *f* <-, -en> certamen *m* de belleza

Misswirtschaft ['---] *f ohne pl* desgobierno *m*

Mist [mɪst] *m* <-(e)s, *ohne pl*> ① *(Tierkot)* excrementos *mpl; (Dünger)* estiércol *m* ② *(fam abw: Schund)* porquería *f* ③ *(fam abw: Unsinn)* tonterías *fpl;* **~ bauen** meter la pata; **~ machen/reden** hacer/decir tonterías ④ *(fam abw: Ärgernis)* **so ein ~!** ¡qué mierda!

Mistel ['mɪstəl] *f* <-n> (BOT) muérdago *m*

Mistgabel *f* bieldo *m*

Misthaufen *m* estercolero *m*

Mistkäfer *m* (ZOOL) geotrupo *m*

Mistkerl *m (fam abw)* guarro *m,* cabrón *m*

Miststück *nt (fam abw)* canalla *mf*

Mistwetter *nt* <-s, -> *(fam)* tiempo *m* de perros

mit [mɪt] **I.** *präp +dat* ① *(in Begleitung von)* con; **~ mir/dir/ihm** conmigo/contigo/con él; **Kaffee ~ Milch** café con leche ② *(mit Hilfe von)* a, con; *(Verkehrsmittel)* en; **~ der Bahn/dem Flugzeug kommen** llegar en tren/en avión; **~ Gewalt** a la fuerza; **~ der Post** por correo; **~ der Maschine schreiben** escribir a máquina; **~ etwas Glück** con un poco de suerte; **~ der Strömung** con la corriente ③ *(Alter, Zeitpunkt)* a, con; **~ dreißig (Jahren)** a los treinta (años); **~ dem heutigen Tag** a partir de hoy; **~ einem Mal** de repente; **~ der Zeit** con el tiempo ④ *(Eigenschaft)* con, de; **ein Mädchen ~ blonden Haaren** una chica de pelo rubio ⑤ *(Art und Weise)* con, a; **~ Interesse** con interés; **~ Bedauern musste ich feststellen ...** desgraciadamente tuve que constatar...; **~ lauter Stimme** en voz muy alta; **sie gewannen ~ vier zu eins** ganaron (con un resultado de) cuatro a uno; **~ 80 Stundenkilometern** a 80 kilómetros por hora **II.** *adv (ebenfalls)* **etw ~ berücksichtigen** considerar algo; **(bei einer Gruppe) ~ dabei sein** formar parte (de un grupo); **im Preis ~ einbegriffen** incluido en el precio; **er ist ~ von der Partie** también forma parte del grupo; **er ist ~ einer der besten** *(fam)* es uno de los mejores; **ich habe kein Geld ~** *(fam)* no llevo dinero

Mitangeklagte(r) *mf* (JUR) coacusado, -a *m, f*

Mitarbeit *f ohne pl* colaboración *f* **(an/bei** en); **unter ~ von ...** en colaboración con...

mit|arbeiten *vi* colaborar **(an/bei** en)

Mitarbeiter(in) *m(f)* ① *(Betriebsangehöriger, Arbeiter)* trabajador(a) *m(f); (Angestellter)* empleado, -a *m, f;* **ehrenamtlicher ~** voluntario *m* ② *(einer Zeitung)* colaborador(a) *m(f);* **freie ~in** colaboradora *f*

Mitarbeiterstab *m* equipo *m* de colaboradores

Mitbegründer(in) *m(f)* ① *(einer Firma)* cofundador(a) *m(f)* ② *(einer Methode, Theorie)* coautor(a) *m(f)*

mit|bekommen* *irr vt* ① *(Verpflegung)* recibir ② *(hören, erfahren)* enterarse (de) ③ *(fam: vererbt bekommen)* heredar

mit|benutzen* *vt,* **mit|benützen*** *vt (reg)* emplear en común

mit|bestimmen* *vi* participar (**bei** en); (**in einem Unternehmen**) ~ participar en la cogestión

Mitbestimmung *f ohne pl* cogestión *f;* **~ am Arbeitsplatz** participación de los trabajadores; **das Recht zur ~ bei Entscheidungen** el derecho de cogestión en decisiones

Mitbestimmungsrecht *nt* derecho *m* de cogestión

Mitbewohner(in) *m(f) (in einer Wohnung)* compañero, -a *m, f* de piso; *(in einem Haus)* vecino, -a *m, f*

mit|bringen *irr vt* ❶ *(an einen Ort)* traer ❷ *(Voraussetzung)* reunir

Mitbringsel ['mɪtbrɪŋzəl] *nt* <-s, -> *(fam)* regalito *m; (von einer Reise)* recuerdo *m*

Mitbürger(in) *m(f) (formal)* conciudadano, -a *m, f*

mit|denken *irr vi (folgen)* seguir la argumentación; *(aufmerksam sein)* estar atento

mit|dürfen *irr vi (fam)* (**mit jdm**) ~ tener permiso para acompañar a alguien

Miteigentum *nt ohne pl* (JUR) condominio *m* (**an** de)

miteinander [mɪt?aɪ'nandɐ] *adv* ❶ *(einer mit dem anderen)* el uno con el otro; **~ reden** hablar; **gut ~ auskommen** llevarse bien ❷ *(zusammen)* juntos; **alle ~** todos juntos

Miteinander [mɪt?aɪ'nandɐ] *nt* <-s, *ohne pl*> **sie führen ein friedliches ~** llevan una vida común muy tranquila

Miterbe, -in *m, f* coheredero, -a *m, f*

mit|erleben* *vt* presenciar

mit|essen *irr vi, vt* comer; **möchtest du bei mir etwas ~?** ¿no quieres comer un poco de lo mío?

Mitesser *m* <-s, -> (MED) espinilla *f*

mit|fahren *irr vi sein* ir (**bei/mit** con); **möchtest du** (**bei mir**) **~?** *(im Auto)* ¿quieres que te lleve?; **möchtest du** (**mit mir**) **~?** *(auf eine Reise)* ¿quieres venir conmigo?

Mitfahrer(in) *m(f)* <-s, -; -, -nen> compañero, -a *m, f* de viaje

Mitfahrgelegenheit *f* contacto *m* para un viaje

Mitfahrzentrale *f* agencia *f* de contacto para viajes

mit|fühlen **I.** *vt* participar (en) **II.** *vi* **mit jdm ~** compartir los sentimientos de alguien

mitfühlend *adj* compasivo, de compasión

mit|führen *vt* ❶ *(Waren, Papiere)* llevar (consigo) ❷ *(Fluss)* acarrear

mit|geben *irr vt* dar; **sie gab mir einige Ratschläge mit** me dio algunos consejos

Mitgefangene(r) *mf* compañero, -a *m, f* de prisión

Mitgefühl *nt ohne pl (Verständnis)* simpatía *f* (**für** por); *(Mitleid)* compasión *f* (**für** por)

mit|gehen *irr vi sein* ❶ *(begleiten)* acompañar; **etw ~ lassen** *(fam)* mangar algo ❷ *(sich begeistern)* participar

mitgenommen **I.** *pp von* **mitnehmen** **II.** *adj* ❶ *(Dinge)* gastado ❷ *(Person)* rendido; **sie sieht ~ aus** parece algo desmejorada

Mitgift ['mɪtgɪft] *f* <-en> dote *m o f*

Mitglied *nt* <-(e)s, -er> miembro *m; (einer Partei)* afiliado, -a *m, f* (a); *(eines Vereins)* socio, -a *m, f;* **die ~er der EU** los miembros comunitarios; **ordentliches ~** miembro ordinario

Mitgliederversammlung *f* asamblea *f* general

Mitgliedsausweis *m* carné *m* de socio

Mitgliedsbeitrag *m* cuota *f* de socio

Mitgliedschaft *f* <-en> pertenencia *f;* **die ~ in einer Partei/in einem Verein** la pertenencia a un partido/a un club; **die ~ beantragen** solicitar la admisión

Mitgliedsland *nt* país *m* miembro

Mitgliedsstaat *m* (POL) Estado *m* miembro

mit|haben *irr vt (fam)* llevar (consigo); **ich habe kein Geld mit** no llevo dinero

mit|halten *irr vi* seguir (**bei**); **ich konnte nicht bei ihnen ~** no pude seguirles el ritmo

mit|helfen *irr vi* ayudar (**bei** en)

mithilfe *präp +gen* con ayuda de; *s. a.* **Hilfe**

Mithilfe *f ohne pl* asistencia *f* (**bei** en); *(Mitarbeit)* cooperación *f* (**bei** a/en)

mit|hören *vt* escuchar

Mitinhaber(in) *m(f)* (JUR, WIRTSCH) (socio, -a *m, f*) copropietario , -a *m, f*

mit|kommen *irr vi sein* ❶ *(mitgehen)* venir(se) (**mit** con); *(begleiten)* acompañar (**mit** a); **kommst du mit ins Theater?** ¿te vienes al teatro? ❷ *(fam: Schritt halten)* (poder) seguir (**bei**); **da komme ich nicht mehr mit!** *(fam)* ¡eso ya no lo entiendo!

mit|können *irr vi (fam)* ❶ *(mitgehen können)* poder ir ❷ *(mithalten können)* poder seguir (**bei**)

mit|kriegen *vt (fam) s.* **mitbekommen**

mit|laufen *irr vi sein* ❶ *(laufen)* correr (junto a alguien); **beim Marathonlauf sind über 500 Leute mitgelaufen** más de 500 personas han participado en la maratón ❷ *(in Betrieb sein)* funcionar (al mismo tiempo)

Mitläufer(in) *m(f)* *(abw)* simpatizante *mf*
Mitlaut *m* (LING) consonante *f*
Mitleid *nt* compasión *f* (**mit** por); **~ erregen** causar compasión; **~ mit jdm haben** sentir compasión por alguien; **etw aus ~ tun** hacer algo por compasión
Mitleidenschaft *f ohne pl* **etw/jdn in ~ ziehen** afectar a algo/alguien
mitleiderregend *adj* que da lástima
mitleidig *adj* compasivo, piadoso
mitleid(s)los *adj* despiadado, sin compasión; **~ sein** no tener compasión
mitleid(s)voll *adj s.* **mitleidig**
mitlesen *irr* **I.** *vi* leer (junto con [*o* al mismo tiempo que] alguien) **II.** *vt* ① *(ebenfalls lesen)* leer (también [*o* igualmente]) ② *(mit jdm lesen)* leer (junto con [*o* al mismo tiempo que] alguien)
mit|machen **I.** *vi* participar (**bei** en); **machst du mit?** ¿te apuntas?; **wenn das Wetter mitmacht** si el tiempo nos es favorable; **meine Beine machen nicht mehr mit** *(fam)* mis piernas no aguantan más **II.** *vt* ① *(teilnehmen)* participar (en); *(Mode)* seguir ② *(fam: ertragen)* soportar; *(erleiden)* sufrir; **sie hat viel mitgemacht** ha sufrido mucho
Mitmensch *m* prójimo, -a *m, f*
mit|mischen *vi (fam)* meter baza (**bei** en); **er will überall ~** quiere meter baza en todas partes
mit|müssen *irr vi* **mit jdm ~** tener que ir con alguien
mit|nehmen *irr vt* ① *(allgemein)* llevar (consigo); *(herbringen)* traer (consigo); **zum M~** para llevar; **ich habe ihn im Auto mitgenommen** me lo traje conmigo en el coche ② *(stehlen)* robar ③ *(fam: wahrnehmen)* aprovechar ④ *(psychisch)* afectar; *(erschöpfen)* agotar; *(schwächen)* debilitar
mit|rechnen **I.** *vt* incluir en la cuenta **II.** *vi* calcular *(junto con otro para verificar el resultado)*
mit|reden *vi* ① *(im Gespräch)* tomar parte (en la conversación) ② *(mitbestimmen)* tener voz; **da habe ich auch noch ein Wörtchen mitzureden** en este asunto yo también tengo voz
mitreisen *vi* viajar (**bei/mit** con)
Mitreisende(r) *mf* compañero, -a *m, f* de viaje
mit|reißen *irr vt* ① *(Fluss, Lawine)* arrastrar ② *(begeistern)* apasionar, arrebatar; **die Musik war sehr ~d** la música era arrebatadora
mitsamt [mɪt'zamt] *präp +dat* junto con
mit|schicken *vt (Sache)* incluir en el envío; *(beilegen)* adjuntar; *(Person)* mandar
mitschleifen *vt* arrastrar
mit|schleppen *vt (fam)* ① *(etwas)* arrastrar ② *(jemanden)* llevar consigo
mitschneiden *irr vt* (RADIO, TV) grabar (en cinta magnética)
Mitschnitt *m* <-(e)s, -e> (RADIO, TV) grabación *f*
mit|schreiben *irr* **I.** *vi* tomar apuntes **II.** *vt* ① *(notieren)* apuntar ② *(Prüfung, Klausur)* tomar parte (en)
Mitschuld *f ohne pl* responsabilidad *f* (**an** en); *(an Verbrechen)* complicidad *f* (**an** en)
mitschuldig *adj* implicado (**an** en); **an etw ~ sein** estar implicado en algo; **er hat sich ~ gemacht** se convirtió en cómplice
Mitschuldige(r) *mf* consorte *mf*
Mitschüler(in) *m(f)* compañero, -a *m, f* de clase
mitschwingen *irr vi* resonar; **in seinen Worten schwingt Stolz mit** en sus palabras se nota el orgullo
mit|singen *irr vi, vt* cantar; **in einem Chor ~** cantar en un coro
mit|spielen **I.** *vi* ① *(bei einem Spiel)* participar (**bei** en); *(in einer Mannschaft)* jugar (**in** en); (THEAT) actuar (**bei** en, **in** en); (MUS) tocar (**in** en); **spielst du mit?** ¿juegas?; **hoffentlich spielt das Wetter mit** *(fam)* espero que el tiempo esté de nuestra parte; **da spiele ich nicht mit!** *(fam)* ¡a mí eso no me parece bien! ② *(Gründe)* influir (**bei** en) ③ *(Wend)* **jdm übel ~** jugar(le) una mala pasada a alguien **II.** *vt* jugar; **spielst du eine Partie Schach (mit uns) mit?** ¿juegas una partida de ajedrez con nosotros?
Mitspieler(in) *m(f)* ① (SPORT: *a. beim Spiel*) compañero, -a *m, f* de juego ② (THEAT) compañero, -a *m, f* de reparto
Mitsprache *f* <-, *ohne pl*> participación *f*
Mitspracherecht *nt ohne pl* derecho *m* de intervención (**bei** en); **jdm ein ~ einräumen** conceder a alguien el derecho de intervención
Mitstreiter(in) *m(f)* <-s, -; -, -nen> combatiente *mf*
Mittag[1] ['mɪta:k] *m* <-s, -e> mediodía *m*; **gestern/heute/morgen ~** ayer/hoy/mañana al mediodía; **jeden ~** siempre al mediodía; **gegen ~** hacia el mediodía; **zu ~ essen** almorzar
Mittag[2] *m* <-s, *ohne pl*> *(fam)* almuerzo *m*; **was gibt es heute zu ~?** ¿qué hay hoy para almorzar?; **~ machen** *(fam)* ir a almorzar
Mittagessen *nt* almuerzo *m*
mittags ['mɪta:ks] *adv* al mediodía; **mittwochs ~** los miércoles al mediodía; **~ um eins** a la una de la tarde

M

Mittagshitze *f ohne pl* calor *m* del mediodía
Mittagspause *f* hora *f* de almorzar
Mittagsruhe *f ohne pl* siesta *f;* ~ **halten** echarse una siesta
Mittagsschlaf *m* siesta *f;* **einen ~ machen** dormir la siesta
Mittagssonne *f* <-, *ohne pl*> sol *m* de mediodía
Mittagstisch *m ohne pl* almuerzo *m*
Mittagszeit *f* hora *f* de comer; **zur ~** al mediodía; **in der ~** a mediodía
Mittäter(in) *m(f)* cómplice *mf*
Mittäterschaft *f ohne pl* complicidad *f*
Mitte ['mɪtə] *f* <-n> ❶ *(räumlich)* medio *m; (einer Strecke)* mitad *f; (Mittelpunkt)* centro *m;* **ein Mann aus unserer ~** un hombre de nuestras filas; **etw in der ~ durchtrennen** cortar algo por la mitad; **die goldene ~** el justo medio; **ab durch die ~!** *(fam: verschwinde)* ¡lárgate! ❷ *(zeitlich)* **~ des Jahres/Monats** a mediados del año/del mes; **sie ist ~ dreißig** anda por los treinta pasados ❸ (POL) centro *m;* **links von der ~** centro izquierda
mit|teilen I. *vt* comunicar (de); **ich muss Ihnen leider ~, dass ...** desgraciadamente tengo que comunicarle que... **II.** *vr:* **sich ~** *(geh: kommunizieren)* comunicarse (con); *(sich anvertrauen)* confiarse (a); **er teilte sich ihnen durch Gebärden mit** se comunicaba con ellos por medio de gestos
mitteilsam *adj* comunicativo
Mitteilung *f* <-en> comunicación *f,* aviso *m; (amtlich)* comunicado *m;* **jdm eine ~ über etw machen** comunicar algo a alguien; **vertrauliche ~** confidencia *f*
Mittel ['mɪtəl] *nt* <-s, -> ❶ *(Hilfsmittel)* medio *m; (Maßnahme)* medida *f;* **~ und Wege finden** hallar medios; **als letztes ~** como última medida; **zu anderen ~n greifen** usar otros medios; **ihr ist jedes ~ recht** no tiene escrúpulos; **~ zum Zweck** medio para lograr un fin determinado ❷ *(Medikament)* remedio *m* ❸ *pl (Gelder)* fondos *mpl,* recursos *mpl;* **aus öffentlichen ~n** con fondos públicos; **ohne ~ dastehen** estar sin recursos ❹ *(Durchschnitt)* media *f*
Mittelalter *nt* Edad *f* Media
mittelalterlich *adj* medieval
Mittelamerika ['---'---] *nt* América *f* Central
Mittelamerikaner(in) ['-----'--] *m(f)* centroamericano, -a *m, f*
mittelamerikanisch ['-----'--] *adj* centroamericano
mittelbar ['mɪtəlbaːɐ] *adj* indirecto; **~ betroffen sein** estar afectado indirectamente
Mittelding *nt* <-(e)s, *ohne pl*> *(fam)* cosa *f* intermedia (**zwischen** entre)
Mitteleuropa ['---'--] *nt* Europa *f* Central
Mitteleuropäer(in) ['----'--] *m(f)* centroeuropeo, -a *m, f*
mitteleuropäisch ['----'--] *adj* centroeuropeo
Mittelfeld *nt* (SPORT: *Spielfeld*) centro *m* del campo; *(Radsport)* pelotón *m*
Mittelfeldspieler(in) *m(f)* (SPORT) centrocampista *mf*
Mittelfinger *m* dedo *m* (del) corazón
mittelfristig *adj* (WIRTSCH, FIN) a medio plazo
Mittelgebirge *nt* montaña *f* de media altura
mittelgroß *adj (Ding)* (de tamaño) mediano; *(Person)* de estatura mediana
Mittelklasse *f* <-, -n> ❶ *(Soziologie)* clase *f* media, media *f* ❷ *(Auto)* utilitario *m*
Mittelklassewagen *m* coche *m* utilitario
Mittelkonsole *f* (AUTO) consola *f* central
Mittelkreis *m* (SPORT: *Spielfeldmittelpunkt*) círculo *m* central
Mittellinie *f* ❶ (SPORT) línea *f* de centro ❷ *(Straße)* línea *f*
mittellos *adj* sin recursos
Mittelmaß *nt ohne pl* media *f*
mittelmäßig *adj* mediano; *(abw)* mediocre
Mittelmäßigkeit *f* medianía *f; (abw)* mediocridad *f*
Mittelmeer *nt* (mar *m*) Mediterráneo *m*
Mittelmeerraum *m ohne pl* región *f* mediterránea
Mittelohrentzündung *f* (MED) otitis *f inv* media
mittelprächtig *adj (fam)* regular
Mittelpunkt *m* centro *m;* (*a.* MATH) punto *m* central; **im ~ (des Interesses) stehen** ser el centro (de interés)
mittels ['mɪtəls] *präp +gen (geh)* por medio de, mediante
Mittelscheitel *m* <-s, -> raya *f* al medio (en el peinado)
Mittelschicht *f* <-, -en> (SOZIOL) clase *f* media
Mittelschiff *nt* (ARCHIT) nave *f* central
Mittelschule *f* ❶ *(Realschule) escuela alemana de enseñanza media de grado superior* ❷ *(Schweiz: höhere Schule)* ≈ instituto *m* de enseñanza media ❸ *(Österr)* **neue ~** *escuela común para los alumnos de 10 a 14 años creada en 1979*
Mittelsmann *m* <-(e)s, -männer *o* -leute> (POL) mediador *m*
Mittelstand *m ohne pl* clase *f* media

M

mittelständisch *adj* de la clase media; **~es Unternehmen** mediana empresa
Mittelstreckenrakete *f* misil *m* de alcance medio
Mittelstreifen *m* franja *f* del centro
Mittelstufe *f* (SCH) grados *mpl* intermedios (del colegio)
Mittelstürmer(in) *m(f)* (SPORT) centrodelantero, -a *m, f*
Mittelweg *m* término *m* medio; **der goldene ~** el justo medio
Mittelwelle *f* (RADIO, PHYS) onda *f* media
Mittelwert *m* (*a.* MATH) promedio *m*
Mittelzuweisung *f* (WIRTSCH) asignación *f* de recursos
mitten ['mɪtən] *adv* **~ in/auf/bei/an** en medio de; **~ aus** de en medio de; **~ durch** por en medio de; **~ im Winter** en pleno invierno; **~ unter uns** entre nosotros; **etw ~ durchbrechen** romper algo por la mitad
mittendrin ['--'-] *adv* en el medio
mittendurch ['--'-] *adv* por el medio; *(in der Hälfte)* por la mitad
Mitternacht ['mɪtɐnaxt] *f ohne pl* medianoche *f*
mittlere(r, s) *adj* ① *(räumlich)* (del) medio, central ② *(durchschnittlich)* mediano; **der ~ Wert** la media; **ein Mann ~n Alters** un hombre de mediana edad; **von ~r Qualität** de calidad regular
mittlerweile ['--'--] *adv* entretanto
Mittsommernacht *f* <-, -nächte> noche *f* del solsticio de verano [*o* vernal]
Mittwoch ['mɪtvɔx] *m* <-(e)s, -e> miércoles *m*; *s. a.* **Montag**
Mittwochabend *m* noche *f* del miércoles; *s. a.* **Montagabend**
Mittwochnachmittag *m* tarde *f* del miércoles; *s. a.* **Montagnachmittag**
mittwochs ['mɪtvɔxs] *adv* los miércoles
mitunter [mɪt'ʔʊntɐ] *adv* de vez en cuando
mitverantwortlich *adj* corresponsable
mit|verdienen* *vi* sacarse (también) un sueldo
mit|versichern* *vt* coasegurar; **ich bin bei meinem Vater mitversichert** estoy dentro del seguro de mi padre
mit|wirken *vi* ① *(teilnehmen)* participar (**in** en), intervenir (**in** en); (THEAT) actuar (**in** en); **es wirkten mit: ...** intervinieron:... ② *(mitarbeiten)* cooperar (**an/bei** a/en) ③ *(beeinflussen)* jugar un papel
Mitwirkende(r) *mf* <-n, -n; -n, -n> colaborador(a) *m(f)*; (FILM, THEAT) actor *m*, actriz *f*
Mitwirkung *f* <-, *ohne pl*> ① *(Mitarbeit)* cooperación *f* (**an/bei** +*dat* en/a), colaboración *f* (**an/bei** +*dat* en); **unter ~ von ...** con la colaboración de... ② *(Beteiligung)* participación *f* (**an/bei** +*dat* en) ③ *(Teilnahme)* participación *f* (**in** +*dat* en), intervención *f* (**in** +*dat* en) ④ (THEAT) actuación *f* (**in** +*dat* en)
Mitwisser(in) *m(f)* <-s, -; -nen> consabidor(a) *m(f)*; *(Vertrauter)* confidente *mf*; *(Mitschuldiger)* cómplice *mf*; **jdn zum ~ machen** hacer a alguien su confidente
Mitwohnzentrale *f oficina que canaliza ofertas y demandas de piso compartido y alquileres*
mit|wollen *irr vi (fam)* (**mit jdm**) **~** querer ir con alguien
mit|zählen I. *vi* contar **II.** *vt* incluir (en la cuenta), contar
Mix [mɪks] *m* <-, -e> mezcla *f*
mixen ['mɪksən] *vt* (*a.* FILM, RADIO, TV) mezclar
Mixer[1] *m* <-s, -> *(Gerät)* batidora *f*
Mixer(in)[2] *m(f)* <-s, -; -nen> ① (FILM, RADIO, TV) mezclador(a) *m(f)* de sonido ② *(Barmixer)* camarero, -a *m, f* que sirve cócteles
Mixgetränk *nt* combinado *m*
Mixtur [mɪks'tuːɐ] *f* <-en> mixtura *f*
ml *Abk. von* **Milliliter** ml
mm *Abk. von* **Millimeter** mm
MMS [ɛmʔɛmʔ'ɛs] *f* <-, -> *Abk. von* **Multimedia Messaging Service** MMS *m*, mensajería *f* multimedia
Mob [mɔp] *m* <-s, *ohne pl*> *(abw)* chusma *f*
mobben ['mɔbn̩] *vt (fam)* **jdn ~** acosar a alguien
Mobbing ['mɔbɪŋ] *nt* <-s, *ohne pl*> acoso *m*
Mobbingopfer *nt* <-s, -> víctima *mf* de acoso
Möbel ['møːbəl] *nt* <-s, -> mueble *m*
Möbelgeschäft *nt (Laden)* tienda *f* de muebles
Möbelpacker *m* hombre *m* de la mudanza
Möbelspedition *f* agencia *f* de mudanzas
Möbelstück *nt* mueble *m*
Möbeltischler(in) *m(f)* ebanista *mf*
Möbelwagen *m* coche *m* de la mudanza
mobil [mo'biːl] *adj* ① *(beweglich)* móvil; **gegen etw ~ machen** movilizar contra algo ② (WIRTSCH, JUR) mueble ③ *(fam: flink)* activo
Mobile ['moːbile] *nt* <-s, -s> móvil *m*
Mobilfunk *m ohne pl* telefonía *f* móvil, móvil *m fam*
Mobilfunkanbieter *m* (TEL) operador *m* [*o* compañía *f*] de telefonía móvil
Mobilfunkgerät *nt* (TEL) teléfono *m* móvil
Mobiliar [mobi'ljaːɐ] *nt* mobiliario *m*
mobilisieren* [mobili'ziːrən] *vt* movilizar

Mobilität [mobili'tɛːt] *f ohne pl* movilidad *f*
Mobilmachung *f* <-, -en> (MIL) movilización *f*
Mobiltelefon *nt* teléfono *m* portátil
möblieren* [mø'bliːrən] *vt* amueblar
möbliert [mø'bliːɐt] *adj* amueblado
mochte ['mɔxtə] *3. imp von* **mögen**
modal [mo'daːl] *adj* (LING) modal
Modalverb *nt* (LING) verbo *m* modal
Mode ['moːdə] *f* <-n> moda *f;* **in/aus der ~ kommen** ponerse/pasar de moda; **groß in ~ sein** estar muy de moda; **mit der ~ gehen** ir a la moda
modebewusst *adj* que sigue (estrictamente) la moda; **der ~e Herr trägt in diesem Sommer …** el hombre que va a la moda lleva este verano…
Modedesigner(in) *m(f)* diseñador(a) *m(f)* de modas
Modegeschäft *nt* casa *f* de modas
Model ['mɔdəl] *nt* <-s, -s> *(Fotomodell)* modelo *mf*
Modell [mo'dɛl] *nt* <-s, -e> ❶ *(Vorbild, Muster, Entwurf)* modelo *m* ❷ *(Maler-/Foto-, Mannequin)* modelo *mf;* **jdm ~ stehen** hacer de modelo para alguien ❸ (ARCHIT) maqueta *f*
Modellbau *m* modelismo *m*
Modelleisenbahn *f* tren *m* eléctrico (a escala), modelo *m* de tren
Modellflugzeug *nt* aeromodelo *m*
modellieren* [modɛ'liːrən] *vt (Ton)* modelar
Modellversuch *m* experimento *m* piloto
modeln ['mɔdəln] *vi* trabajar de modelo
Modem ['moːdɛm] *nt o m* <-s, -s> (INFOR) módem *m*
Modemacher(in) *m(f)* modista *mf*
Modenschau *f* desfile *m* de modas
Moder ['moːdɐ] *m* <-s, *ohne pl*> ❶ *(Schimmel)* moho *m* ❷ *(Morast)* fango *m*
moderat [mode'raːt] *adj* moderado
Moderation [modera'tsjoːn] *f* <-en> (RADIO, TV) presentación *f*
Moderator(in) [modə'raːtoːɐ] *m(f)* <-s, -en; -nen> (RADIO, TV) presentador(a) *m(f)*
moderieren* [mode'riːrən] *vt* (RADIO, TV) presentar
moderig ['moːdərɪç] *adj* mohoso
modern[1] ['moːdɐn] *vi haben o sein* pudrirse
modern[2] [mo'dɛrn] *adj* moderno; **~ sein** estar de moda
Moderne [mo'dɛrnə] *f ohne pl* época *f* moderna
modernisieren* [modɛrni'ziːrən] *vt (Gebäude)* renovar; *(Betrieb, Methoden)* modernizar
Modernisierung *f* <-en> modernización *f*
Modernismus [modɛr'nɪsmʊs] *m* <-, -men> *ohne pl* (LIT, REL, KUNST) modernismo *m*
Modernität [modɛrni'tɛːt] *f* <-,-en> modernidad *f*
Modeschmuck *m* bisutería *f*
Modeschöpfer(in) *m(f)* creador(a) *m(f)* de modas
Modetrend *m* <-s, -s> moda *f*
Modewort *nt* (LING) palabra *f* de moda
Modezeichner(in) *m(f)* diseñador(a) *m(f)* de modelos
Modezeitschrift *f* revista *f* de moda
Modi ['mɔdi, 'moːdi] *pl von* **Modus**
Modifikation [modifika'tsioːn] *f* <-, -en> *(geh)* modificación *f*
modifizieren* [modifi'tsiːrən] *vt* modificar
modisch ['moːdɪʃ] **I.** *adj* moderno **II.** *adv* a la moda
modrig *adj* mohoso
Modul [mo'duːl] *nt* <-s, -e> (INFOR, ELEK) módulo *m*
Modulation [modula'tsjoːn] *f* <-, -en> (TEL, MUS) modulación *f*
Modus ['mɔdʊs, 'moːdʊs] *m* <-, Modi> (*a.* LING, INFOR) modo *m*
Mofa ['moːfa] *nt* <-s, -s> moto(cicleta) *f*
Mogelei [moːgə'laɪ] *f* <-, -en> *(fam)* trampa *f*
mogeln ['moːgəln] *vi* hacer trampa
Mogelpackung *f* (WIRTSCH) engaño *m*
mögen[1] ['møːgən] <mag, mochte, gemocht> **I.** *vt* ❶ *(Gefallen finden)* **ich mag ihn nicht** me cae mal; **lieber ~** preferir ❷ *(wollen)* querer; *(wünschen)* desear; **was möchten Sie?** ¿qué desea? **II.** *vi (irgendwohin mögen)* **ich möchte gern nach Hause** quisiera irme a casa
mögen[2] <mag, mochte, -> *vt Modalverb* ❶ *(wollen)* querer; **ich möchte lieber hierbleiben** preferiría quedarme (aquí) ❷ *(sollen)* **Sie möchten zu Hause** [*o* **zuhause**] **anrufen** que llame a su casa, por favor; **was mag das wohl heißen?** ¿qué querrá decir eso?; **man möchte meinen, dass …** se diría que… ❸ *(können)* poder; **es mag wohl sein, dass …** puede ser que… *+subj* ❹ *(möglich sein)* ser posible; **mag sein** es posible; **es ~ etwa fünf Stunden vergangen sein** habrán pasado como cinco horas; **wie dem auch sein mag** sea como fuere; **wie er auch heißen mag** se llame como se llame; **so schön sie auch sein mag** por guapa que sea ❺ *(reg,*

M

Schweiz: können) poder; **ich mag's kaum erwarten** no puedo esperar más

Mogler(in) ['mo:glɐ] *m(f)* <-s, -; -, -nen> *(fam)* tramposo, -a *m, f*

möglich ['mø:klɪç] *adj* posible; **so bald wie ~** cuanto antes; (**das ist doch**) **nicht ~!** ¡no es posible!; **schon ~** *(fam)* puede ser; **du hältst es nicht für ~!** ¡no te lo puedes creer!; **er tat sein M~stes** hizo todo lo posible; **sie hat alles M~e erzählt** contó un montón de cosas; **es ist** (**gut**) **~, dass …** es (muy) posible que… *+subj;* **so kurz wie ~** lo más corto posible; **falls es dir** (**irgend**) **~ ist** si te es posible

möglicherweise ['---'--] *adv* posiblemente

Möglichkeit *f* <-en> posibilidad *f* (**zu** de); *(Gelegenheit)* oportunidad *f* (**zu** de); **nach ~** a ser posible

möglichst ['mø:klɪçst] *adv* a ser posible, si es posible; **~ schnell** rápido a ser posible; **~ wenig/gut** lo menos/mejor posible

Mohammedaner(in) [mohame'da:nɐ] *m(f)* <-s, -; -, -nen> *(alt)* mahometano, -a *m, f; s. a.* **Moslem, Moslime**

mohammedanisch [mohame'da:nɪʃ] *adj* *(alt)* mahometano; *s. a.* **moslemisch**

Mohn [mo:n] *m* <-(e)s, -e> ① *(Pflanzenfamilie)* papaverácea *f* ② *(Klatschmohn)* amapola *f* ③ *(Schlafmohn)* adormidera *f*

Mohnblume *f* (BOT) amapola *f*

Mohnkuchen *m* pastel *m* de adormidera

Mohr(in) [mo:ɐ] *m(f)* <-en, -en; -nen> *(abw)* moro, -a *m, f*

Möhre ['mø:rə] *f* <-n> zanahoria *f*

Mohrin *f* <-nen> *(abw) s.* **Mohr**

Mohrrübe *f (nordd)* zanahoria *f*

Mokassin [moka'si:n] *m* <-s, -s> mocasín *m*

mokieren* [mo'ki:rən] *vr:* **sich ~** burlarse (**über** de)

Mokka ['mɔka] *m* <-s, -s> moca *m*

Mol *nt* <-s, -e> (CHEM) mol *m*

Molch [mɔlç] *m* <-(e)s, -e> (ZOOL) tritón *m*

Moldawien [mɔl'da:viən] *nt* <-s> Moldavia *f*

Mole ['mo:lə] *f* <-n> *(Hafenmole)* muelle *m,* tajamar *m AmC, Chil*

Molekül [mole'ky:l] *nt* <-s, -e> (CHEM) molécula *f*

molekular [moleku'la:ɐ] *adj* (CHEM) molecular

Molekularbiologie *f ohne pl* biología *f* molecular

Molke ['mɔlkə] *f ohne pl* suero *m* de la leche

Molkerei *f* <-en> lechería *f*

Moll [mɔl] *nt* <-, *ohne pl*> (MUS) tono *m* menor

mollig ['mɔlɪç] *adj* ① *(behaglich)* agradable; *(warm)* calentito ② *(Person)* gordito

Molotowcocktail ['mɔlotɔf-, 'mo:lotɔf-] *m* cóctel *m* molotov

Moment[1] [mo'mɛnt] *m* <-(e)s, -e> *(Zeitpunkt)* momento *m;* **er kann jeden ~ kommen** puede llegar en cualquier momento; **im ~** de momento; **im ersten ~** en el primer momento; **einen ~, bitte!** ¡un momento, por favor!

Moment[2] [mo'mɛnt] *nt* <-(e)s, -e> ① *(Umstand)* factor *m,* momento *m* ② (PHYS) momento *m*

momentan [momɛn'ta:n] **I.** *adj* momentáneo **II.** *adv* por el momento, de momento

Momentaufnahme *f* (FOTO: *a. fig)* instantánea *f*

Monaco *nt* <-s> Mónaco *m*

Monako [mo'nako, 'mo:nako] *nt* <-s> Mónaco *m*

Monarch(in) [mo'narç] *m(f)* <-en, -en; -nen> monarca *mf*

Monarchie [monar'çi:] *f* <-n> monarquía *f*

Monarchin *f* <-nen> *s.* **Monarch**

Monarchist(in) [monar'çɪst] *m(f)* <-en, -en; -, -nen> monárquico, -a *m, f*

monarchistisch [monar'çɪstɪʃ] *adj* monárquico

Monat ['mo:nat] *m* <-(e)s, -e> mes *m;* **Anfang/Ende des ~s** a principios/finales de mes; **am Dritten dieses ~s** el día tres de este mes; **im sechsten ~** (**schwanger**) **sein** estar (embarazada) de seis meses; **1.000 Euro pro ~ verdienen** ganar 1.000 euros al mes; **im ~ Juni** el mes de junio

monatelang *adj* durante meses; **das kann ~ dauern** puede durar meses enteros

monatlich **I.** *adj* mensual **II.** *adv* todos los meses

Monatsanfang *m* <-(e)s, -fänge> principio *m* de(l) mes; **am ~** a principios [*o* a primeros] de mes

Monatsbinde *f* compresa *f*

Monatsblutung *f* regla *f,* período *m*

Monatseinkommen *nt* ingreso *m* mensual

Monatsende *nt* <-s, -n> fin *m* de mes; **am ~** a finales [*o* a fines] de mes

Monatserste(r) *m* primero *m* de mes

Monatsgehalt *nt* sueldo *m* mensual

Monatskarte *f* abono *m* mensual

Monatslohn *m* <-(e)s, -löhne> salario *m* mensual

Monatsmitte *f* <-, -n> mediados *mpl* de mes

Monatsrate *f* mensualidad *f*

M

Mönch [mœnç] *m* <-(e)s, -e> (REL) monje *m*

Mönchsorden *m* (REL) orden *f* monástica

Mond [mo:nt] *m* <-(e)s, -e> luna *f;* **auf dem ~ landen** alunizar; **abnehmender/zunehmender ~** luna menguante/creciente; **hinter dem ~ leben** *(fam fig)* vivir en otra galaxia; **ich könnte ihn auf den ~ schießen** *(fam fig)* lo mandaría a la luna de una patada

mondän [mɔn'dɛ:n] *adj* elegante

Mondaufgang *m* salida *f* de la luna

Mondbahn *f* (ASTR) órbita *f* lunar

Mondfinsternis *f* (ASTR) eclipse *m* de luna

Mondgesicht *nt (fam)* cara *f* de bolla

Mondkrater *m* <-s, -> cráter *m* lunar

Mondlandschaft *f* paisaje *m* lunar

Mondlandung *f* alunizaje *m*

Mondlicht *nt ohne pl* luz *f* de la luna

Mondphase *f* fase *f* lunar

Mondschein *m ohne pl* luz *f* de la luna

Mondsichel *f* (ASTR) media luna *f*

Mondsonde *f* sonda *f* lunar

mondsüchtig *adj* sonámbulo

Mondumlaufbahn *f* <-, -en> órbita *f* lunar

Monegasse, -in [mone'gasə] *m, f* <-n, -n; -nen> monegasco, -a *m, f*

monegassisch [mone'gasɪʃ] *adj* monegasco

Monetarismus *m* <-, *ohne pl*> (WIRTSCH) monetarismo *m*

Moneten [mo'ne:tən] *pl (fam)* perras *f pl,* pelas *f pl,* plata *f Am*

Mongole, -in [mɔŋ'go:lə] *m, f* <-n, -n; -nen> mongol *mf*

Mongolei [mɔŋgo'laɪ] *f* Mongolia *f*

Mongolin *f* <-nen> *s.* **Mongole**

mongolisch *adj* mongólico, mogólico

Mongolismus [mɔŋgo'lɪsmʊs] *m* <-, *ohne pl*> *(alt* MED *pej)* síndrome *f* de Down

mongoloid [mɔŋgolo'i:t] *adj (alt* MED *pej)* con síndrome de Down

monieren* [mo'ni:rən] *vt* reclamar

Monitor ['mo:nito:ɐ, 'mɔnito:ɐ] *m* <-s, -e(n)> ❶ (TV, INFOR) pantalla *f* ❷ (TECH, TV) monitor *m*

monochrom [mono'kro:m] *adj* monocromático, monocromo

monogam [mono'ga:m] *adj* monógamo

Monogamie [monoga'mi:] *f ohne pl* monogamia *f*

Monogramm [mono'gram] *nt* <-s, -e> monograma *m*

Monokultur ['mo:no-] *f* (AGR) monocultivo *m*

Monolog [mono'lo:k] *m* <-(e)s, -e> monólogo *m;* **einen ~ halten** monologar

Monopol [mono'po:l] *nt* <-s, -e> (*a.* WIRTSCH) monopolio *m;* **staatliches/uneingeschränktes ~** monopolio del Estado/absoluto; **das ~ auflösen** desmonopolizar; **das ~ auf** [*o* **für**] **eine Ware haben** tener el monopolio de una mercancía

Monopolstellung *f* (WIRTSCH) posición *f* de monopolio

Monopoly® [mo'no:poli] *nt* <-s, *ohne pl*> monopoly® *m*

monoton [mono'to:n] *adj* (*a.* MATH) monótono

Monotonie [monoto'ni:] *f* <-n> monotonía *f*

Monoxid ['mo:nɔksɪt] *nt* <-(e)s, -e> (CHEM) monóxido *m*

Monster ['mɔnstɐ] *nt* <-s, -> monstruo *m,* cuco *m Arg*

Monstranz [mɔn'strants] *f* <-, -en> (REL) custodia *f*

Monstren *pl von* **Monstrum**

monströs [mɔn'strø:s] *adj* monstruoso

Monstrum ['mɔnstrʊm] *nt* <-s, Monstren> monstruo *m*

Monsun [mɔn'zu:n] *m* <-s, -e> (METEO) monzón *m*

Montag ['mo:nta:k] *m* <-s, -e> lunes *m;* **am ~** el lunes; **den ganzen ~** (**über**) el lunes entero; **jeden** (**zweiten**) **~** (**im Monat**) cada (dos) lunes (del mes); **letzten ~** el lunes pasado; **nächsten/kommenden ~** el lunes que viene/próximo; **heute ist ~, der zehnte November** hoy es lunes (el) diez de noviembre; **einen blauen ~ machen** *(fam)* pasar de ir al trabajo el lunes

Montagabend *m* noche *f* del lunes; **jeden ~** los lunes por la noche; **alle ~e sind ausgebucht** para los lunes por la noche no quedan entradas

montagabends *adv* los lunes por la noche

Montage [mɔn'ta:ʒə] *f* <-n> (*a.* FILM, KUNST) montaje *m*

Montageband *nt* cadena *f* de montaje

Montagnachmittag *m* tarde *f* del lunes; **jeden ~** los lunes por la tarde; **die ~e verbringe ich bei meiner Mutter** paso las tardes de los lunes en casa de mi madre

montags ['mo:nta:ks] *adv* los lunes; **~ abends/mittags/morgens/nachmittags** los lunes por la noche/al mediodía/por la mañana/por la tarde

Montenegro [mɔnte'ne:gro] *nt* <-s> Montenegro *m*

Monteur(in) [mɔn'tø:ɐ] *m(f)* <-s, -e; -nen> montador(a) *m(f)*

montieren* [mon'ti:rən] *vt* (*a.* FILM) montar (**an** a/en)

Montur [mɔn'tu:ɐ] *f* <-en> ❶ *(fam: Klei-*

dung) atuendo *m* ② *(Uniform)* uniforme *m*

Monument [monuˈmɛnt] *nt* <-(e)s, -e> monumento *m*

monumental [monumɛnˈtaːl] *adj* monumental

Monumentalfilm *m* <-(e)s, -e> superproducción *f*

Moor [moːɐ] *nt* <-(e)s, -e> pantano *m*

moorig [ˈmoːrɪç] *adj* pantanoso

Moos[1] [moːs] *nt* <-es, -e> *(Pflanze)* musgo *m*

Moos[2] [moːs] *nt* <-es, *ohne pl*> *(fam: Geld)* pasta *f,* plata *f Am*

moosig *adj* musgoso

Moped [ˈmoːpɛt] *nt* <-s, -s> ciclomotor *m*

Mopedfahrer(in) *m(f)* conductor(a) *m(f)* de ciclomotor, motociclista *mf*

Mopp [mɔp] *m* <-s, -s> fregona *f*

Mops [mɔps, *pl:* ˈmœpsə] *m* <-es, Möpse> ① (ZOOL) doguillo *m* ② *(fig fam: kleine Person)* chaparro, -a *m, f*

Moral [moˈraːl] *f ohne pl* ① *(Sittlichkeit)* moral *f;* **eine doppelte ~ haben** tener una doble moral; **die ~ sinkt/steigt** los ánimos bajan/suben ② *(einer Fabel)* moraleja *f*

moralisch *adj* moral

Moralist(in) [moraˈlɪst] *m(f)* <-en, -en; -, -nen> moralista *mf*

moralistisch *adj* moralizador

Moralpredigt *f* sermón *m;* **jdm eine ~ halten** echarle a alguien un sermón

Moräne [moˈrɛːnə] *f* <-n> (GEO) morrena *f*

Morast[1] [moˈrast, *pl:* moˈrɛstə] *m* <-(e)s, -e *o* Moräste> *(Sumpfland)* pantano *m,* andurrial *m Arg, Ecua, Perú,* moca *m Ecua*

Morast[2] *m* <-(e)s, *ohne pl*> *(Schlamm)* lodo *m*

morbid [mɔrˈbiːt] *adj* ① *(geh: kränklich, zart, a.* MED) mórbido ② *(sittlich verfallen)* decadente

Morchel [ˈmɔrçəl] *f* <-n> (BOT) colmenilla *f*

Mord [mɔrt] *m* <-(e)s, -e> asesinato *m* (**an** de); **einen ~ begehen** cometer un asesinato; **wegen ~es** por asesinato; **versuchter ~** intento de homicidio; **das gibt ~ und Totschlag** *(fam fig)* se armará una bronca de padre y muy señor mío

Mordanschlag *m* atentado *m* (**auf** contra); **einen ~ auf jdn verüben** atentar contra la vida de alguien

Morddrohung *f* amenaza *f* de muerte

morden [ˈmɔrdən] **I.** *vi* cometer un asesinato **II.** *vt* asesinar

Mörder(in) [ˈmœrdɐ] *m(f)* <-s, -; -nen> asesino, -a *m, f,* victimario, -a *m, f Am*

mörderisch *adj (fam: abscheulich, groß)* terrible; *(Hitze)* sofocante; *(Geschwindigkeit)* loco

Mordfall *m* asesinato *m*

Mordkommission *f* brigada *f* de homicidios

Mordprozess *m* <-es, -e> juicio *m* por homicidio, proceso *m* por homicidio

Mordshunger *m (fam)* hambre *f* canina

mordsmäßig *adj (fam)* terrible, tremendo

Mordswut [ˈ-ˈ-] *f (fam)* rabia *f* loca

Mordverdacht *m* sospecha *f* de asesinato; **unter ~ stehen** ser sospechoso de asesinato

Mordversuch *m* tentativa *f* de asesinato

Mordwaffe *f* arma *f* homicida

morgen [ˈmɔrgən] *adv* ① *(am folgenden Tag)* mañana; **~ früh** mañana por la mañana; **~ Mittag/Abend** mañana al mediodía/por la tarde; **ab ~** a partir de mañana; **bis ~** hasta mañana; **lieber heute als ~** mejor hoy que mañana; **~ ist auch noch ein Tag** mañana es otro día ② *(zukünftig)* futuro; **an ~ denken** pensar en el futuro

Morgen *m* <-s, -> mañana *f;* **eines ~s** una (buena) mañana; **der ~ bricht an** amanece; **am/gegen ~** en/por la mañana; **heute ~** hoy por la mañana; **am nächsten ~** la mañana siguiente; **am frühen ~** temprano por la mañana; **guten ~!** ¡buenos días!; **bis in den frühen ~ hinein** hasta el amanecer

Morgendämmerung *f* alba *f,* amanezca *f Méx, Ant,* amanezquera *f Méx, Ant*

morgendlich [ˈmɔrgəntlɪç] *adj* matutino, matinal

Morgenessen *nt (Schweiz)* desayuno *m*

Morgengrauen [ˈ--graʊən] *nt* amanecer *m*

Morgengymnastik *f* <-, *ohne pl*> gimnasia *f* matinal

Morgenluft *f* <-, *ohne pl*> aire *m* matutino; **er wittert ~** ve el cielo abierto

Morgenmantel *m* bata *f*

Morgenmuffel *m (fam)* **ein ~ sein** estar de mal humor por las mañanas

Morgenrock *m* bata *f*

Morgenrot *nt ohne pl* aurora *f*

morgens [ˈmɔrgəns] *adv* por la mañana; **von ~ bis abends** desde la mañana hasta la noche; **um sieben Uhr ~** a las siete de la mañana

Morgenstern *m* <-(e)s, *ohne pl*> (ASTR) lucero *m* de la mañana [*o* del alba], boyero *m Col*

morgige(r, s) *adj* de mañana; **am ~n Tag** mañana

Mormone, -in [mɔrˈmoːnə] *m, f* <-n, -n; -, -nen> (REL) mormón, -ona *m, f*

M

Morphem [mɔrˈfeːm] *nt* <-s, -e> (LING) morfema *m*
Morphium [ˈmɔrfiʊm] *nt* <-s, *ohne pl*> morfina *f*
morphiumsüchtig *adj* morfinómano
Morphiumsüchtige(r) *mf* morfinómano, -a *m, f*
Morphologie [mɔrfoloˈgiː] *f* <-, *ohne pl*> (LING, BIOL) morfología *f*
morsch [mɔrʃ] *adj (Gestein)* fácilmente desmenuzable; *(Holz)* podrido
Morsealphabet [ˈmɔrzə-] *nt* (alfabeto *m*) morse *m*
morsen [ˈmɔrzən] *vt* tra(n)smitir (utilizando el alfabeto morse)
Mörser [ˈmœrzɐ] *m* <-s, -> ❶ *(Gefäß)* mortero *m*, molcajete *m Ecua, Méx* ❷ (MIL) lanzagranadas *m inv*
Morsezeichen *nt* signo *m* del alfabeto morse
Mortadella [mɔrtaˈdɛla] *f* <-, -s> mortadela *f*
Mörtel [ˈmœrtəl] *m* <-s, -> mortero *m*
Mosaik [mozaˈiːk] *nt* <-s, -e(n)> mosaico *m*
Mosambik [mozamˈbiːk] *nt* <-s> Mozambique *m*
Mosambikaner(in) [mozambiˈkaːnɐ] *m(f)* <-s, -; -nen> mozambiqueño, -a *m, f*
mosambikanisch *adj* mozambiqueño
Moschee [mɔˈʃeː, *pl:* mɔˈʃeːən] *f* <-n> mezquita *f*
Moschus [ˈmɔʃʊs] *m* <-, *ohne pl*> almizcle *m*
Möse [ˈmøːzə] *f* <-n> *(vulg)* coño *m*
Mosel [ˈmoːzəl] *f* **die** ~ el (río *m*) Mosela
mosern [ˈmoːzɐn] *vi (fam)* critiquizar
Moskau [ˈmɔskaʊ] *nt* <-s> Moscú *m*
Moskito [mɔsˈkiːto] *m* <-s, -s> mosquito *m*, zancudo *m Am*
Moskitonetz *nt* mosquitero *m*
Moslem, **Moslime** [ˈmɔslɛm] *m, f* <-s, -s; -n> musulmán, -ana *m, f*
moslemisch [mɔsˈleːmɪʃ] *adj* musulmán
Moslime [mɔsˈliːmə] *f* <-n> *s.* **Moslem**
Most [mɔst] *m* <-(e)s, -e> ❶ *(Traubenmost)* mosto *m* de uva ❷ *(reg: Apfelmost)* mosto *m* de manzana
Motel [moˈtɛl, ˈmoːtəl] *nt* <-s, -s> motel *m*
Motiv [moˈtiːf] *nt* <-s, -e> (*a.* LIT, MUS) motivo *m*
Motivation [motivaˈtsjoːn] *f* <-en> (*a.* PSYCH) motivación *f*
motivieren* [motiˈviːrən] *vt* ❶ *(begründen)* justificar (**mit** con) ❷ *(anregen)* animar (**zu** para que +*subj*); **sich selbst** ~ automotivarse
Motocross *nt* <-, -e>, **Moto-Cross** *nt* <-, -e> motocross *m*, motocrós *m*
Motor [ˈmoːtoːɐ, moˈtoːɐ, *pl:* moˈtoːrən] *m* <-s, -en> motor *m*
Motorboot *nt* lancha *f* a motor
Motorhaube *f* (AUTO) capó *m*
Motorik [moˈtoːrɪk] *f* <-, *ohne pl*> (MED) motricidad *f*
motorisch [moˈtoːrɪʃ] *adj* motor
motorisieren* [motoriˈziːrən] *vt* motorizar
Motorisierung *f* <-, -en> motorización *f*
Motorjacht *f* yate *m* de [*o* con] motor
Motorleistung *f* (TECH) potencia *f* del motor
Motoröl *nt* aceite *m* de motor
Motorrad [ˈmoːtoːɐ-, moˈtoːɐ-] *nt* <-(e)s, -räder> moto(cicleta) *f*
Motorradfahrer(in) *m(f)* motociclista *mf*
Motorradgespann *nt* moto(cicleta) *f* con sidecar
Motorradhelm *m* casco *m* de motorista
Motorradkombi *f* traje *m* de motorista
Motorradrennen *nt* carrera *f* de motocicletas [*o* de motos]
Motorradsport *m ohne pl* motociclismo *m*
Motorroller *m* escúter *m*, motoneta *f Am*
Motorsäge *f* motosierra *f*
Motorschaden *m* avería *f* del motor
Motorsport *m* motorismo *m*
Motte [ˈmɔtə] *f* <-n> polilla *f*
Mottenkugel *f* bola *f* de naftalina
Mottenloch *nt* apolilladura *f*
mottenzerfressen *adj* apolillado
Motto [ˈmɔto] *nt* <-s, -s> lema *m*
motzen [ˈmɔtsən] *vi (fam)* refunfuñar
Mountainbike [ˈmaʊntənbaɪk] *nt* <-s, -s> bicicleta *f* de montaña
Mountainbiken *nt* <-s, *ohne pl*> (SPORT) ciclismo *m* de montaña
Mountainbiking *nt* <-s, *ohne pl*> bicicrós *m*
Mousepad [ˈmaʊspɛt] *nt* <-s, -s> (INFOR) sendero *m* del ratón, alfombrilla *f*
Mousse [mʊs] *f* <-, -s> mousse *f*
Möwe [ˈmøːvə] *f* <-n> gaviota *f*
Mozzarella [mɔtsaˈrɛla] *m* <-s, -s> (GASTR) (queso *m*) mozzarella *f*
MP3-Player [ɛmpeːˈdraɪpleːɐ] *m* <-s, -> reproductor *m* MP3
Mrd. *Abk. von* **Milliarde** mil millones *mpl*
MS [ɛmˈʔɛs] (MED) *Abk. von* **Multiple Sklerose** esclerosis *f inv* múltiple
MS-krank *adj* que sufre esclerosis múltiple
MTA [ɛmteːˈʔaː] *mf* <-s, -s; -, -s> *Abk. von* **medizinisch-technische(r) Assistent(in)** ATS *mf*
Mücke [ˈmʏkə] *f* <-n> mosquito *m*; **aus**

einer ~ einen Elefanten machen *(fam fig)* hacer de una pulga un camello
mucken ['mʊkən] *vi (fam)* rechistar; **ohne zu ~** sin rechistar
Mucken ['mʊkən] *fpl (fam: Tücken)* mañas *fpl;* **der Computer hat seine ~** el ordenador tiene sus pegas
Mückenschutzsalbe *f* pomada *f* contra mosquitos
Mückenspray *m o nt* espray *m* insecticida
Mückenstich *m* picadura *f* de mosquito
Mucks [mʊks] *m* <-es, -e> *(fam)* **keinen ~ sagen** no decir ni pío; **ohne einen ~** muy quieto
mucksen ['mʊksən] *vi, vr:* **sich ~** *(fam)* rechistar
mucksmäuschenstill ['mʊks'mɔɪsçən'ʃtɪl] *adj (fam)* **~ sein** no decir ni pío; **es war ~** no se oía ni una mosca
müde ['myːdə] *adj* cansado; **~ werden** cansarse; **keinen ~n Cent** *(fam)* ni un puto céntimo; **es ~ sein, etw zu tun** estar harto de hacer algo; **er wurde nicht ~, ihre Vorzüge zu rühmen** no se cansaba de alabar sus méritos; **da kann ich nur ~ lächeln** me importa un comino
Müdigkeit *f ohne pl* cansancio *m;* **vor ~ umfallen** caerse de cansancio
Muff [mʊf] *m* <-(e)s, -e> *(Pelz-)* manguito *m*
muff(e)lig *adj (fam) s.* **muffig**
Muffe ['mʊfə] *f* <-n> ❶ (TECH) manguito *m* ❷ *(fam: Angst)* canguelo *m;* **mir geht die ~** tengo canguelo
Muffel ['mʊfəl] *m* <-s, -> *(fam: Person)* aguafiestas *mf pl inv*
Muffensausen ['mʊfənzaʊzən] *nt* <-s, *ohne pl*> *(fam)* **~ haben** tener canguelo
muffig *adj* ❶ *(Geruch)* que huele a enmohecido; **~ riechen** oler a moho ❷ *(fam: Person)* gruñón
Muffin ['mafɪn] *m* muf(f)in *m*
Muffinförmchen [-'fœrmçən] *nt* <-s, -> molde *f* de papel (para muffins)
muh [muː] *interj* ¡mu!
Mühe ['myːə] *f* <-n> *(Anstrengung)* esfuerzo *m,* pena *f,* costo *m Am; (Umstände)* molestia *f; (Arbeit)* trabajo *m;* **ohne ~** sin esfuerzo; **nur mit ~** a duras penas; **die ~ hat sich gelohnt** ha valido la pena; **sich** *dat* (**große**) **~ geben** esforzarse (mucho) (**bei** en, **zu** para/por); **gib dir keine ~!** ¡no te molestes!; **das ist doch verlorene ~** no vale la pena; **jdm ~ machen** ocasionar molestias a alguien; **sich** *dat* **die ~ machen, etw zu tun** tomarse la molestia de hacer algo; **wenn es Ihnen keine ~ macht!** ¡si no es molestia para Ud.!; **mit ~ und Not** *(mit großen Schwierigkeiten)* a duras penas; *(gerade noch)* por los pelos
mühelos I. *adj* fácil **II.** *adv* con facilidad
Mühelosigkeit *f* <-, *ohne pl*> facilidad *f*
muhen ['muːən] *vi* mugir
mühen ['myːən] *vr:* **sich ~** *(geh)* esforzarse
mühevoll *adj* penoso; *(schwierig)* difícil
Mühle[1] ['myːlə] *f* <-n> ❶ *(Gebäude)* molino *m;* **in die ~ der Verwaltung geraten** *(fig)* caer en las ruedas de la administración ❷ *(Haushaltsgerät)* molinillo *m* ❸ *(fam: Fahrzeug)* cacharro *m*
Mühle[2] *f ohne pl (Brettspiel)* tres *m* en raya
Mühlrad *nt* rueda *f* de molino
Mühlstein *m* muela *f* de molino
Mühsal ['myːzaːl] *f* <-e> *(geh)* pena *f,* fatigas *f pl*
mühsam, mühselig I. *adj* penoso **II.** *adv* a duras penas
Mulatte, -in [mu'latə] *m, f* <-n, -n; -nen> *(alt pej)* mulato, -a *m, f,* pardo, -a *m, f Am pey*
Mulde ['mʊldə] *f* <-n> ❶ *(im Gelände)* hondonada *f; (Loch)* hoyo *m* ❷ *(nordd: Trog)* tinaja *f*
Mull [mʊl] *m* <-(e)s, -e> ❶ *(Gewebe)* gasa *f* ❷ *(nordd: Humusboden)* terreno *m* de humus
Müll [mʏl] *m* <-(e)s, *ohne pl*> basura *f; (Abfälle)* desperdicios *m pl;* **etw in den ~ werfen** tirar algo a la basura; **radioaktiver ~** residuos radi(o)activos
Müllabfuhr *f* recogida *f* de basuras
Müllaufbereitungsanlage *f* planta *f* procesadora de basuras
Müllberg *m* montón *m* de basuras
Müllbeseitigung *f ohne pl* eliminación *f* de basuras
Müllbeutel *m* bolsa *f* de la basura
Mullbinde *f* venda *f* de gasa
Müllcontainer *m* contenedor *m* de basuras
Mülldeponie *f* vertedero *m* de basuras
Mülleimer *m* cubo *m* de (la) basura, tacho *m CSur*
Müller(in) ['mʏlɐ] *m(f)* <-s, -; -nen> molinero, -a *m, f*
Müllhalde *f* montaña *f* de basura
Müllhaufen *m* <-s, -> montón *m* de basuras
Müllkippe *f* vertedero *m* de basuras
Müllmann *m (fam)* basurero *m*
Müllschlucker *m* tolva *f* de basuras
Müllsortieranlage *f* instalación *f* de clasificación de basuras
Mülltonne *f* cubo *m* de (la) basura
Mülltrennung *f ohne pl* (ÖKOL) separación *f* de residuos
Mülltrennungssystem *nt* recogida *f* selectiva de basuras

Müllverbrennung *f ohne pl* incineración *f* de desechos

Müllverbrennungsanlage *f* planta *f* incineradora de basuras

Müllverwertung *f* aprovechamiento *m* de basuras

Müllverwertungsanlage *f* <-, -n> instalación *f* para el aprovechamiento de basuras

Müllwagen *m* camión *m* de la basura

mulmig ['mʊlmɪç] *adj (fam)* desagradable; **ein ~es Gefühl haben** tener un mal presentimiento; **ihm war ~ zumute** tenía miedo

Multi ['mʊlti] *m* <-s, -s> *(fam)* (gran empresa *f*) multinacional *f*

multifunktional *adj* multifuncional

multikulturell [mʊlti-] *adj* multicultural

multilateral *adj* multilateral

Multimedia-Computerprogramm [mʊlti'me:dia-] *nt* <-s, -e> programa *m* multimedia de computadora

Multimediadatei *f* archivo *m* multimedia

multimedial [mʊltime'dja:l] *adj* multimedia

Multimedia-PC *m* ordenador *m* multimedia

Multimillionär(in) *m(f)* multimillonario, -a *m, f*

multinational [mʊltinatsjo'na:l] *adj* (WIRTSCH, POL) multinacional, tra(n)snacional *Am*

Multiple Sklerose *f*, **multiple Sklerose** *f ohne pl* (MED) esclerosis *f inv* múltiple

Multiplikation [mʊltiplika'tsjo:n] *f* <-en> (MATH) multiplicación *f* (**mit** por)

Multiplikator [mʊltipli'ka:to:ɐ] *m* <-s, -en> (MATH) multiplicador *m*

multiplizieren* [mʊltipli'tsi:rən] *vt* (*a.* MATH) multiplicar (**mit** por), amuchar *Arg, Bol, Chil*

Multitalent ['mʊltitalɛnt] *nt* persona *f* polifacética

Multitasking ['maltitaskɪŋ] *nt* <-s, *ohne pl*> (INFOR) multitarea *f*, multiventana *f*

Mumie ['mu:miə] *f* <-n> momia *f*

mumifizieren* [mumifi'tsi:rən] *vt* momificar

Mumifizierung *f* <-, -en> momificación *f*

Mumm [mʊm] *m* <-s, *ohne pl*> *(fam)* ❶ *(Tatkraft)* coraje *m; (Mut)* valor *m* ❷ *(Kraft)* fuerza(s) *f(pl)*; **der hat ~ in den Knochen** tiene agallas

Mumps [mʊmps] *m* <-, *ohne pl*> *f ohne pl* (MED) paperas *f pl*

Münch(e)ner(in) *m(f)* <-s, -; -nen> muniqués, -esa *m, f*

München *nt* <-s> Múnich *m*

Mund *m* <-(e)s, Münder> boca *f*; **sein Name war in aller ~e** su nombre iba de boca en boca; **wie aus einem ~e** a la vez; **dieses Wort nehme ich nicht in den ~** no suelo usar esta palabra; **jdm über den ~ fahren** *(fam)* cortarle a alguien la palabra; **nicht auf den ~ gefallen sein** *(fam fig)* tener labia; **jdm den ~ wässrig machen** *(fam)* hacerle la boca agua a alguien; **halt den ~!** *(fam)* ¡calla la boca!; **ich werde ihm nicht nach dem ~ reden** no voy a decir lo que él quiere oír; **mit vollem ~ reden** hablar con la boca llena; **den ~ zu voll nehmen** *(fam fig)* fanfarronear

Mundart *f* <-en> dialecto *m*

Munddusche *f* ducha *f* bucal

münden *vi haben o sein* ❶ *(Fluss, Straße)* desembocar (**in/auf** en) ❷ *(Gespräch)* acabar (**in** en)

mundgerecht I. *adj* pequeño (para que pueda comerse bien) II. *adv* en trozos pequeños (para que puedan comerse bien)

Mundgeruch *m* aliento *m* fétido; (MED) halitosis *f inv*

Mundharmonika *f* armónica *f*

Mundhöhle *f* <-, -n> cavidad *f* bucal

Mundhygiene *f* higiene *f* bucal

mündig *adj* (JUR) mayor de edad

Mündigkeit *f* <-, *ohne pl*> (JUR) mayoría *f* de edad

mündlich *adj* oral

Mundpropaganda *f* publicidad *f* tra(n)smitida de boca en boca

Mundschutz *m* (MED) mascarilla *f* (protectora)

Mundstück *nt* (*a.* MUS) boquilla *f*

mundtot *adj* **jdn ~ machen** taparle la boca a alguien

Mündung *f* <-en> ❶ *(eines Flusses)* desembocadura *f* ❷ *(eines Gewehres)* boca *f*

Mündungsfeuer *nt* fogonado *m*

Mundwasser *nt* agua *f* dentífrica

Mundwerk *nt (fam)* **ein flinkes ~ haben** tener mucha labia

Mundwinkel *m* comisura *f* de la boca

Mund-zu-Mund-Beatmung *f* respiración *f* boca a boca

Mungobohne ['mʊŋgo-] *f* (GASTR) judía *f* mungo

Munition *f* <-en> munición *f*

munkeln *vi, vt (fam)* rumorear; **man munkelt, dass ...** se rumorea [*o* corre el rumor] que…

Münster *nt* <-s, -> catedral *f*

munter *adj* ❶ *(lebhaft)* vivaz, vivaracho; *(fröhlich)* alegre ❷ *(wach)* despierto

Munterkeit *f* <-, *ohne pl*> *(Fröhlichkeit)* alegría *f*; *(Lebhaftigkeit)* viveza *f*

Muntermacher *m* <-s, -> *(fam)* estimulante *m*

Münzautomat *m* distribuidor *m* automático
Münze *f* <-n> moneda *f;* **etw für bare ~ nehmen** tomar algo al pie de la letra; **es jdm mit gleicher ~ heimzahlen** pagarle a alguien con la misma moneda
münzen *vt* acuñar; **das ist auf ihn gemünzt** esto va por él
Münzgeld *nt ohne pl* monedas *fpl*
Münzprägung *f* acuñación *f* de monedas
Mürbeteig *m* pastaflora *f*
murksen ['mʊrksən] *vi (fam abw)* trabajar chapuceramente
Murmel *f* <-n> canica *f,* trinca *f CSur*
murmeln *vi, vt* murmurar, susurrar
Murmeltier *nt* marmota *f;* **schlafen wie ein ~** dormir como un tronco
murren *vi* refunfuñar
mürrisch **I.** *adj* malhumorado **II.** *adv* de mala gana
Mus *nt* <-es, -e> puré *m*
Muschel *f* <-n> ① (ZOOL) lamelibranquio *m; (essbar)* marisco *m* ② *(Muschelschale)* concha *f*
muschelförmig *adj* en forma de concha
Muschi *f* <-s> *(fam)* ① *(Katze)* gatita *f* ② *(Scheide)* chocho *m,* concha *f Am*
Muse *f* <-n> musa *f;* **er wurde von der ~ geküsst** le aparecieron las musas
Museum *nt* <-s, Museen> museo *m*
Musical *nt* <-s, -s> (espectáculo *m*) musical *m*
Musik *f* <-en> música *f;* **~ machen** tocar un instrumento
musikalisch *adj* musical; **~ veranlagt sein** tener talento musical
Musikant(in) *m(f)* <-en, -en; -nen> músico, -a *m, f*
Musikbox *f* máquina *f* de discos, jukebox *m o f*
Musiker(in) *m(f)* <-s, -; -nen> músico, -a *m, f*
Musikfestival *nt* festival *m* de música
Musikhochschule *f* conservatorio *m* superior de música
Musikinstrument *nt* instrumento *m* de música
Musikkapelle *f* <-, -n> banda *f* de música, conjunto *m* musical
Musikkassette *f* casete *m o f*
Musiklehrer(in) *m(f)* <-s, -; -, -nen> profesor(a) *m(f)* de música
Musikrichtung *f* tendencia *f* musical
Musikschule *f* <-, -n> conservatorio *m*
Musikstück *nt* obra *f* musical, pieza *f* de música
Musikunterricht *m* <-(e)s, *ohne pl*> clases *fpl* de música; *(~sstunde)* clase *f* de música
musisch *adj* ① *(Fächer, Schule)* artístico ② *(Person)* con sensibilidad artística; **~ begabt sein** tener talento (artístico)
musizieren* *vi* tocar (piezas musicales)
Muskat *m* <-(e)s, -e>, **Muskatnuss** *f* nuez *f* moscada
Muskel *m* <-s, -n> músculo *m*
Muskelfaser *f* (ANAT) fibra *f* muscular
Muskelkater *m* agujetas *fpl*
Muskelkraft *f ohne pl* fuerza *f* muscular
Muskelprotz *m (fam abw)* (hombre *m*) forzudo *m*
Muskelschwund *m ohne pl* (MED) atrofia *f* muscular
Muskelzerrung *f* (MED) distensión *f* de un músculo
Musketier *m* <-s, -e> (HIST) mosquetero *m*
Muskulatur *f* <-en> musculatura *f*
muskulös *adj* musculoso
Müsli *nt* <-s, -s> musli *m*
Muslim(e) *m(f)* <-s, -e *o* -s; -n> musulmán, -ana *m, f*
Müsliriegel *m* barrita *f* de muesli
muss *3. präs von* **müssen**
Muss *nt* <-, *ohne pl*> obligación *f*
Muße *f ohne pl (geh)* ocio *m; (Ruhe)* tranquilidad *f*
müssen[1] <muss, musste, müssen> *vt Modalverb* ① *(Zwang)* tener que *+inf; (unpersönlich)* hay que *+inf;* **sie musste es tun** tuvo que hacerlo; **die Ausstellung muss man gesehen haben** hay que haber visto la exposición; **das muss sein** tiene que ser; **es kam, wie es kommen musste** sucedió como tenía que suceder ② *(Notwendigkeit)* tener que *+inf,* ser necesario *+inf;* **ich muss (schon) sagen ...** tengo que decir que...; **muss das sein?** ¿es necesario?; **warum muss es ausgerechnet heute regnen?** ¿por qué tiene que llover precisamente hoy?; **das muss nicht stimmen** no tiene por qué ser así; **wenn es (unbedingt) sein muss** si tiene que ser; **du musst das nicht so eng sehen** no lo tomes tan a pecho ③ *(Vermutung)* deber *+inf,* tener que *+inf;* **er müsste schon da sein** ya tendría que estar aquí; **das müsstest du eigentlich wissen** en realidad deberías saberlo ④ *(Wunsch)* **man müsste noch mal zwanzig sein!** ¡quien tuviera veinte años (otra vez)!
müssen[2] <muss, musste, gemusst> *vi* tener que *+inf;* **ich muss zur Post** tengo que ir a Correos; **ich muss mal** *(fam: aufs Klo)* tengo que ir al baño
Mußestunde *f* rato *m* de ocio
müßig *adj (geh)* ① *(untätig)* ocioso

② *(überflüssig)* inútil; **es ist ~, darüber nachzudenken** no vale la pena pensar en ello

Müßiggang *m* <-(e)s, *ohne pl*> *(geh)* ociosidad *f;* **~ ist aller Laster Anfang** *(prov)* la ociosidad es la madre de todos los vicios

musste *3. imp von* **müssen**

Muster *nt* <-s, -> ① *(Vorlage)* modelo *m; (Handarbeits-, Schnittmuster)* patrón *m* ② *(Vorbild)* modelo *m;* **er ist das ~ eines Ehemannes** es un marido modelo; **sie ist ein ~ an Güte** su bondad es ejemplar ③ *(Zeichnung)* dibujo *m* ④ *(Probestück)* muestra *f*

Musterbeispiel *nt* modelo *m* ejemplar

Musterexemplar *nt* ① *(eines Buches)* ejemplar *m* de muestra ② *(Vorbild)* modelo *m*

mustergültig *adj,* **musterhaft** *adj* ejemplar, modelo

Musterhaus *nt* casa *f* de muestra

Musterknabe *m* <-n, -n> *(abw)* niño *m* modelo

mustern *vt* ① *(betrachten)* examinar; **sie musterte ihn von oben bis unten** lo miraba de arriba abajo ② (MIL: *Wehrpflichtige*) reconocer; *(Truppen)* pasar revista (a)

Musterschüler(in) *m(f)* alumno, -a *m, f* ejemplar

Musterung *f* <-en> ① *(Betrachtung)* examen *m; (Prüfung)* inspección *f;* **nach eingehender ~** tras minuciosa inspección ② (MIL) reconocimiento *m* ③ *(Muster)* dibujo *m*

Mustervertrag *m* <-(e)s, -träge> contrato *m* tipo

Mut *m* <-(e)s, *ohne pl*> valor *m;* **nur ~!** ¡ánimo!; **den ~ verlieren** desanimarse; **jdm ~ machen** animar a alguien; **~ fassen** cobrar valor; **guten ~es sein** *(geh)* estar optimista; **mir ist dabei gar nicht wohl zu ~** no me gusta ni un pelo; *s. a.* **zumute**

Mutant [mu'tant] *m* <-en, -en>, **Mutante** [mu'tantə] *f* <-, -n> (BIOL) mutante *m*

Mutation *f* <-en> ① (BIOL) mutación *f* ② (MED: *Stimmwechsel*) cambio *m* de la voz ③ *(Schweiz: Personalveränderung)* cambio *m* de personal

mutieren* *vi* ① (BIOL) mutar ② (MED: *Stimme*) cambiar la voz

mutig *adj* valiente, guapo *Am*

mutlos *adj* desalentado, desanimado

Mutlosigkeit *f ohne pl* desaliento *m*

mutmaßen *vt* suponer

mutmaßlich *adj* supuesto, presunto

Mutmaßung *f* <-, -en> presunción *f,* suposición *f*

Mutprobe *f* prueba *f* de valor

Mutter[1] *f* <Mütter> *(Frau)* madre *f;* **~ von vier Kindern** madre de cuatro hijos; **wie bei ~n** *(fam)* como en casa; **werdende ~** futura madre

Mutter[2] *f* <-n> (TECH) tuerca *f*

Mütterberatungsstelle *f* centro *m* de información maternal

Muttergesellschaft *f* (WIRTSCH) sociedad *f* matriz

Mutterinstinkt *m* instinto *m* maternal

Mutter-Kind-Pass *m* carné *m* de maternidad

Mutterland *nt* patria *f; (der Kolonien)* metrópoli *m*

Mutterleib *m ohne pl* seno *m* materno

mütterlich I. *adj* materno, maternal **II.** *adv* como una madre

mütterlicherseits *adv* por parte de la madre

Mütterlichkeit *f ohne pl* sentimiento *m* maternal

Mutterliebe *f* cariño *m* materno

Muttermal *nt* lunar *m*

Muttermilch *f* leche *f* materna; **etw mit der ~ einsaugen** aprender algo desde la cuna

Muttermund *m ohne pl* (MED) orificio *m* uterino

Mutterrolle *f* <-, -n> papel *m* de madre

Mutterschaft *f ohne pl* maternidad *f*

Mutterschaftsgeld *nt ohne pl* paga *f* por maternidad

Mutterschaftsurlaub *m* permiso *m* por maternidad

Mutterschutz *m* protección *f* a la (futura) madre

mutterseelenallein *adj* solo como la una

Muttersöhnchen *nt (fam abw)* hijo *m* de mamá

Muttersprache *f* lengua *f* materna

Muttersprachler(in) *m(f)* <-s, -; -nen> hablante *mf* nativo

muttersprachlich *adj* de la lengua materna

Muttertag *m* día *m* de la madre

Muttertier *nt* (ZOOL) animal *m* madre

Mutti *f* <-s> *(fam)* mamá *f,* mamaíta *f*

Mutwille *m* <-ns, *ohne pl*> malicia *f;* **etw aus ~n tun** hacer algo a propósito

mutwillig I. *adj (böswillig)* malicioso; *(absichtlich)* intencionado **II.** *adv (absichtlich)* con intención

Mütze *f* <-n> gorro *m,* gorra *f;* **der kriegt was auf die ~!** *(fam)* ¡este se va a llevar una buena (reprimenda)!

MwSt. *Abk. von* **Mehrwertsteuer** IVA *m*

Myanmar ['mjaːn'maːɐ] *nt* <-s> Myanmar *m*

Myrte *f* <-n> mirto *m*
Mysterien *pl von* **Mysterium**
mysteriös *adj* misterioso
Mysterium *nt* <-s, Mysterien> misterio *m*
Mystifizierung [mʏstifi'tsi:rʊŋ] *f* <-, -en> mistificación *f*
Mystik *f ohne pl* mística *f*
mystisch *adj* místico
Mythen *pl von* **Mythos**
mythisch *adj* mítico
Mythologie *f* <-n> mitología *f*
mythologisch [myto'lo:gɪʃ] *adj* mitológico
Mythos *m* <-, Mythen> mito *m*

Nn

N, n *nt* <-, -> N, n *f;* ~ **wie Nordpol** N de Navarra
N *Abk. von* **Norden** N
na *interj (fam)* ❶ *(fragend)* y; ~ **und?** ¿y qué? ❷ *(auffordernd)* vamos; ~ **und ob!** ¡y vaya que sí!; ~ **so was!** ¡hay que ver! ❸ *(beschwichtigend)* bueno; ~ **also!** ¡pues ya ves!; ~ **ja** bueno; ~ **gut** bueno, bien ❹ *(empört)* pero (bueno); **~, hör mal!** ¡pero oye, caramba!
Nabel *m* <-s, -> ombligo *m;* **der ~ der Welt** *(geh)* el ombligo del mundo
Nabelschnur *f* cordón *m* umbilical
nach **I.** *präp +dat* ❶ *(Richtung)* hacia, a; *(Länder-, Ortsnamen)* a; *(Zug, Flugzeug)* con destino a, para; ~ **Berlin/~ Spanien** a Berlín/a España; ~ **Norden/~ Süden** al norte/al sur; ~ **oben/~ rechts** hacia arriba/hacia la derecha; **von links ~ rechts** de izquierda a derecha; ~ **Hause** a casa ❷ *(Reihenfolge)* después de; ~ **Christus** después de Cristo; ~ **der Arbeit** después del trabajo; **sie kam ~ zehn Minuten** vino a los diez minutos; ~ **allem, was geschehen ist** después de todo lo que ha pasado; **einer ~ dem anderen** primero uno, después otro; ~ **Ihnen, bitte!** ¡después de Ud., por favor! ❸ *(Uhrzeit)* y; **es ist fünf (Minuten) ~ sechs** son las seis y cinco ❹ *(zufolge, gemäß)* según, conforme a; **je ~** según; **je ~ Größe** según el tamaño; ~ **allem, was ich weiß** con todo lo que yo sé; **dem Alter ~** conforme a la edad; **allem Anschein ~** por lo que parece; **das ist nicht ~ meinem Geschmack** no es de mi gusto; **meiner Meinung ~** en mi opinión; ~ **Art des Hauses** de la casa; ~ **italienischer Art** a la italiana; **die Uhr ~ dem Radio stellen** poner el reloj en hora con la radio **II.** *adv* **(alle) mir ~!** ¡seguidme todos!; ~ **und** ~ poco a poco; ~ **wie vor** (al) igual que antes
nach|äffen *vt (abw)* remedar
nach|ahmen *vt* imitar; *(kopieren)* copiar
nachahmenswert *adj* digno de ser imitado; *(vorbildlich)* ejemplar
Nachahmung *f* <-en> imitación *f*
nach|arbeiten *vt* ❶ *(aufholen)* recuperar ❷ *(nachbearbeiten)* repasar ❸ *(nachbilden)* copiar
Nachbar(in) *m(f)* <-n *o* -s, -n; -nen> vecino, -a *m, f*
Nachbarhaus *nt* casa *f* vecina
Nachbarin *f* <-nen> *s.* **Nachbar**
Nachbarland *nt* país *m* vecino
nachbarlich *adj* ❶ *(benachbart)* vecino ❷ *(nachbarschaftlich)* vecinal
Nachbarschaft *f ohne pl* vecindario *m; (alle Nachbarn)* vecinos *mpl*
Nachbarstaat *m* estado *m* vecino
Nachbau *m* (ARCHIT, TECH) réplica *f*
Nachbeben *nt* terremoto *m* secundario
Nachbehandlung *f* <-, -en> ❶ *(nochmalige Behandlung)* tratamiento *m* posterior [*o* de seguimiento] ❷ (MED: *nach einer Operation*) pos(t)operatorio *m*
nach|bereiten* *vt* repasar
nach|bessern *vt* retocar
nach|bestellen* *vt* renovar un pedido
Nachbestellung *f* nuevo encargo *m*
nach|bezahlen* *vt* *(nachträglich)* pagar más tarde; *(einen Zuschlag)* pagar como suplemento
nach|bilden *vt* copiar
Nachbildung *f* <-en> copia *f*
nach|datieren* *vt* antedatar
nachdem *konj* ❶ *(zeitlich)* después de *+inf,* después de que *+subj;* ~ **sie mit ihm gesprochen hatte ...** después de haber hablado con él... ❷ *(Abhängigkeit)* **je ~** según; **je ~, ob/wie ...** depende de si/de cómo...
nach|denken *irr vi* reflexionar (**über** sobre), pensar (**über** en); **darüber darf man gar nicht ~** no se debería pensar en esto; **scharf ~** pensar con todas las fuerzas
Nachdenken *nt* <-s, *ohne pl*> reflexión *f;* **zum ~ kommen** tener tiempo para pensar

N

nachdenklich *adj* pensativo; *(in Gedanken versunken)* ensimismado; **das macht mich ~** me da que pensar

Nachdenklichkeit *f* <-, *ohne pl*> ① *(nachdenkliche Stimmung)* estado *m* pensativo [*o* de reflexión] ② *(Versunkenheit)* ensimismamiento *m*

Nachdruck[1] *m* <-(e)s, *ohne pl*> *(Eindringlichkeit)* énfasis *m inv;* **etw mit ~ sagen** decir algo con énfasis; **ich weise mit allem ~ darauf hin, dass ...** hago hincapié en que...

Nachdruck[2] *m* <-(e)s, -e> (TYPO) reproducción *f; (Neuauflage)* reimpresión *f*

nach|drucken *vt* reimprimir

nachdrücklich **I.** *adj* insistente; *(energisch)* enérgico **II.** *adv* con insistencia

Nachdrücklichkeit *f* <-, *ohne pl*> insistencia *f*

nach|eifern *vi* **jdm ~** emular a alguien

nacheinander *adv* ① *(räumlicher Abstand)* sucesivamente, uno detrás de otro ② *(zeitlich)* seguido; **fünf Tage ~** cinco días seguidos; **sie kamen kurz ~** llegaron muy seguidos

nach|empfinden* *irr vt* **das kann ich dir gut ~** te comprendo totalmente

nach|erzählen* *vt* repetir; *(erzählen)* contar

Nacherzählung *f* narración *f*

Nachf. *Abk. von* **Nachfolger(in)** sucesor(a) *m(f)*

Nachfahr(e), **-in** *m, f* <-en, -en; -nen> *(geh)* descendiente *mf;* **die ~en** *(Blutsverwandtschaft)* la descendencia; *(nächste Generationen)* la posteridad

nach|fahren *irr vi sein* **jdm ~** seguir a alguien (en un vehículo)

Nachfahrin *f* <-nen> *s.* **Nachfahr(e)**

nach|feiern *vt* celebrar a posteriori

Nachfolge *f ohne pl* sucesión *f;* **jds ~ (in einem Amt) antreten** suceder a alguien (en un cargo)

Nachfolgemodell *nt* <-s, -e> modelo *m* sucesor

nachfolgen *vi sein* ① *(Nachfolger werden)* suceder ② *(folgen)* seguir

nachfolgend *adj* siguiente

Nachfolger(in) *m(f)* <-s, -; -nen> sucesor(a) *m(f)*

Nachforderung *f* <-, -en> ① *(zeitlich)* reclamación *f* posterior ② *(zusätzlich)* petición *f* adicional; **~en erheben** [*o* **geltend machen**] presentar una petición [*o* reclamación] suplementaria

nach|forschen *vi* investigar

Nachforschung *f* investigación *f; (amtliche Nachforschung)* pesquisa *f;* **in etw ~en anstellen** hacer pesquisas acerca de algo

Nachfrage *f* ① (WIRTSCH) demanda *f* (**nach** de); **die ~ sinkt/steigt** la demanda disminuye/aumenta ② *(Wend)* **danke der ~!** ¡gracias por el interés!

nach|fragen **I.** *vi* ① *(sich erkundigen)* preguntar (**wegen** por) ② *(nachsuchen)* solicitar **II.** *vt* (WIRTSCH) demandar

Nachfrist *f* (JUR) prórroga *f*

nach|fühlen *vt s.* **nachempfinden**

nachfüllbar *adj* rellenable; *(Patrone)* recargable

nach|füllen *vt* rellenar; *(Patrone)* recargar

Nachfüllpackung *f* empaque *m* rellenable

nach|geben *irr vi* ① *(zustimmen)* ceder, agacharse *Am;* **er gab ihren Bitten nach** cedió a sus súplicas ② *(Fundament)* ceder; *(Stoff)* dar de sí ③ (WIRTSCH, FIN) bajar

Nachgebühr *f* sobretasa *f*

Nachgeburt *f ohne pl* secundinas *f pl*

nach|gehen *irr vi sein* ① *(folgen)* seguir ② *(ergründen)* investigar; **einem Hinweis/einer Spur ~** seguir una pista/una huella ③ *(Uhr, Messgerät)* ir atrasado ④ *(einem Beruf)* dedicarse (a)

Nachgeschmack *m ohne pl* regusto *m; (schlechter Nachgeschmack)* resabio *m;* **das hinterlässt einen üblen ~** esto deja mal sabor de boca

nachgiebig *adj* ① *(Mensch, Haltung)* transigente; **gegenüber jdm (zu) ~ sein** ser (demasiado) condescendiente con alguien ② *(Material)* flexible; *(Boden)* blando

Nachgiebigkeit *f ohne pl* ① *(Entgegenkommen)* complacencia *f; (Veranlagung)* docilidad *f* ② *(Beschaffenheit)* elasticidad *f*

nach|gießen *irr* **I.** *vt* ① *(einschenken)* servir más; **sich** *dat* **Wein ~** servirse más vino ② *(auffüllen)* rellenar; **jds Glas ~** rellenar el vaso de alguien **II.** *vi* servir más bebida; **darf ich dir ~?** ¿te sirvo un poco más?

nach|grübeln *vi* cavilar (**über** sobre)

nach|gucken *vi (reg) s.* **nachsehen**

nach|haken *vi (fam)* porfiar; **bei jdm (mit einer Frage) ~** preguntar a alguien con insistencia

nachhaltig *adj* persistente; **~e Entwicklung** desarrollo *m* sostenible; **~er Tourismus** turismo *m* sostenible; **~e Wirkung haben** ser muy eficaz

Nachhaltigkeit *f* <-, *ohne pl*> duración *f,* persistencia *f,* efecto *m* (persistente)

nach|hängen *irr vi* estar absorto (en); *(wehmütig)* acariciar; **seinen Gedanken ~** ensimismarse

nachhause *adv (Österr, Schweiz)* a casa

Nachhauseweg *m* camino *m* a casa; **auf dem ~** de camino a casa

nach|helfen *irr vi* echar una mano; **dem Glück ~** ayudar a la suerte

nachher *adv* ① *(danach)* después; *(später)* luego; **bis ~!** ¡hasta luego! ② *(reg: möglicherweise)* luego

Nachhilfe *f* clase *f* particular; **bei jdm ~ bekommen** dar clases particulares con alguien

Nachhilfelehrer(in) *m(f)* <-s, -; -, -nen> profesor(a) *m(f)* de clases particulares

Nachhilfestunde *f* <-, -n> clase *f* particular

Nachhilfeunterricht *m* clases *f pl* particulares; **~ nehmen** ir a clases particulares; **jdm ~ geben** dar clases particulares a alguien

Nachhinein **im ~** posteriormente

Nachholbedarf *m* necesidad(es) *f(pl)* de recuperar (**an**)

nach|holen *vt* ① *(Person)* hacer venir; *(Dinge)* buscar más tarde ② *(Versäumnis)* recuperar

nach|jagen *vi sein* **jdm ~** perseguir a alguien; **etw** *dat* **~** andar a la caza de algo

nach|kaufen *vt* comprar más tarde; **von diesem Service kann man Teile ~** este juego de mesa dispone de piezas de recambio

Nachklang *m* eco *m,* resonancia *f*

Nachkomme *m* <-n, -n> descendiente *mf*

nach|kommen *irr vi sein* ① *(später kommen)* venir más tarde; **ich komme gleich nach** ahora voy ② *(Schritt halten)* poder seguir; **er kommt mit der Arbeit nicht nach** no consigue sacar el trabajo adelante ③ *(geh)* **etw** *dat* **~** *(einer Vorschrift)* acatar; *(einer Verpflichtung)* cumplir (con); *(einem Wunsch)* acceder (a) ④ *(Schweiz: verstehen)* entender

Nachkommenschaft *f ohne pl* descendencia *f*

nach|kontrollieren* *vt* controlar; **die Reifen wurden auf Sicherheit nachkontrolliert** se comprobó que las ruedas fueran seguras

Nachkriegszeit *f* (época *f* de la) posguerra *f*

nachladen *irr vt* recargar, volver a cargar

Nachlass *m* <-es, -lässe *o* -e> ① *(Erbschaft)* legado *m; (eines Künstlers)* obras *f pl* póstumas ② *(Rabatt)* rebaja *f*

nach|lassen *irr* **I.** *vi (allgemein)* disminuir; *(Schmerz)* calmarse; *(Interesse, Qualität, Eifer)* decaer; *(Fieber)* bajar; *(Regen)* cesar; **wir sollten nicht ~ in unserem Streben!** no debemos desistir en nuestro afán **II.** *vt* ① *(lockern)* aflojar ② *(vom Preis)* rebajar

nachlässig **I.** *adj* negligente, descuidado **II.** *adv* con negligencia; **~ arbeiten** ser negligente en el trabajo; **~ gekleidet sein** estar mal vestido

Nachlässigkeit *f* <-en> negligencia *f*

Nachlassverwalter(in) *m(f)* <-s, -; -, -nen> (JUR) administrador(a) *m(f)* de la herencia

nach|laufen *irr vi sein* **jdm/etw ~** ir detrás de alguien/de algo

nachlegen *vt* ① *(zusätzlich auflegen)* echar más, añadir ② *(Speisen)* servir (más), poner (más en el plato)

Nachlese *f* <-, -n> ① *(der Ernte)* rebusca *f,* rebusco *m* ② *(geh: Nachtrag)* selección *f*

nach|lesen *irr vt (Text)* releer

nach|liefern *vt* enviar más tarde

nach|lösen *vi, vt* comprar (el billete) al revisor

nach|machen *vt (fam)* ① *(nachahmen)* imitar; *(kopieren)* copiar; **das macht mir so schnell keiner nach** esto no lo hace cualquiera ② *(fälschen)* falsificar ③ *(nachträglich erledigen)* hacer a posteriori

nach|messen *irr vi, vt* (volver a) medir

Nachmieter(in) *m(f)* siguiente inquilino, -a *m, f*

Nachmittag *m* <-(e)s, -e> tarde *f;* **am ~** por la tarde; **gestern ~** ayer por la tarde

nachmittags *adv* por la tarde; *(jeden Nachmittag)* por las tardes; **um vier Uhr ~** a las cuatro de la tarde

Nachmittagsvorstellung *f* función *f* de tarde, vermú *m And, CSur*

Nachnahme *f* <-n> reembolso *m;* **etw per ~ verschicken** mandar algo contra reembolso

Nachnahmegebühr *f* tasa *f* de reembolso

Nachnahmesendung *f* envío *m* contra reembolso

Nachname *m* apellido *m*

nach|plappern *vt (fam)* repetir como un loro

Nachporto *nt* sobretasa *f*

nachprüfbar *adj* que se puede comprobar

nach|prüfen *vt* comprobar, verificar

nach|rechnen *vi, vt* repasar la cuenta (de)

nach|reichen *vt* entregar en fecha posterior

Nachricht *f* <-en> ① *(allgemein)* noticia *f;* **eine ~ hinterlassen** dejar un recado; **~ von jdm haben** tener noticias de alguien; **jdm eine ~ überbringen** tra(n)smitir a alguien una noticia ② *pl* (TV, RADIO) noticias *f pl*

Nachrichtendienst *m* ① *(Geheimdienst)* servicio *m* de inteligencia ② *(Nachrichtenagentur)* agencia *f* de noticias

Nachrichtenmagazin *nt* (PUBL) revista *f* de actualidad

Nachrichtensperre *f* bloqueo *m* informativo; **über irgendein Thema eine ~ verhängen** imponer un embargo informativo sobre algún tema

Nachrichtensprecher(in) *m(f)* locutor(a) *m(f)*

Nachruf *m* necrológica *f* (**auf** de)

nach|rüsten **I.** *vi* (MIL) rearmarse **II.** *vt* (TECH, INFOR: *zusätzlich ausstatten*) equipar posteriormente

Nachrüstung *f* ❶ (MIL) rearme *m* ❷ (TECH, INFOR) modificación *f* retroactiva

nach|sagen *vt* repetir; **ihm wurde nachgesagt, dass …** se dijo acerca de él que…

Nachsaison *f* temporada *f* baja

Nachsatz *m* <-es, -sätze> ❶ *(Ergänzung)* comentario *m; (Postskriptum)* pos(t)data *f;* **in einem ~ sagte er, dass …** añadió que… ❷ (LING) segundo miembro *m* de una proposición, apódosis *f inv*

nach|schauen *vt s.* **nachsehen**

nach|schenken *vi, vt (geh) s.* **nachgießen**

nach|schicken *vt (Post)* reexpedir

nach|schießen *irr vt* (FIN: *fam: Geld*) aflojar más dinero

Nachschlag *m (zusätzliche Essensportion)* segunda ración *f*

nach|schlagen *irr* **I.** *vt* buscar **II.** *vi* ❶ *(nachlesen)* consultar; **in einem Lexikon ~** consultar una enciclopedia ❷ *sein (geh)* **jdm ~** parecerse a alguien

N

Nachschlagewerk *nt* obra *f* de consulta

Nachschub *m* (MIL: *Versorgung*) suministro *m* (**an** de); *(Verpflegung)* avituallamiento *m; (Verstärkung)* reforzamiento *m*

nach|sehen *irr* **I.** *vi* ❶ *(hinterherblicken)* **jdm/etw ~** seguir a alguien/algo con la mirada ❷ *(zur Information)* ir a ver; **sieh mal nach, ob …** vete a ver si… ❸ *(nachschlagen)* consultar (**in**) **II.** *vt* ❶ *(kontrollieren)* revisar ❷ *(nachschlagen)* buscar ❸ *(verzeihen)* **jdm etw ~** perdonar algo a alguien

Nachsehen *nt* **das ~ haben** quedarse a la luna de Valencia (**bei/in** con)

Nachsendeantrag *m* solicitud *f* de reexpedición (del correo)

nach|senden *irr vt s.* **nachschicken**

Nachsicht *f* indulgencia *f;* **~ walten lassen** ser indulgente

nachsichtig *adj* indulgente (**mit** (para) con)

Nachsilbe *f* (LING) sufijo *m*

nach|sinnen *irr vi* recapacitar (**über** sobre)

nach|sitzen *irr vi* quedar castigado después de clase

Nachsorge *f* <-, *ohne pl*> (MED) rehabilitación *f; (nach einer Operation)* atención *f* postoperatoria

Nachspann *m* <-(e)s, -e> (FILM, TV) portada *f* (final)

Nachspeise *f* (GASTR) postre *m*

Nachspiel *nt* ❶ (THEAT) epílogo *m;* (MUS) pos(t)ludio *m* ❷ *(Folgen)* consecuencias *f pl*

nach|spionieren* *vi* espiar

nach|sprechen *irr vt* **jdm etw ~** repetir lo dicho por alguien

nächstbeste(r, s) *adj* **der/die/das ~** *(allgemein)* el primero/la primera/lo primero que se presente; *(bei Qualität)* el segundo/la segunda/lo segundo mejor; **bei der ~n Gelegenheit** en la primera oportunidad que se presente

nächste(r, s) *adj superl von* **nah(e)** ❶ *(räumlich, Reihenfolge)* siguiente, próximo; **der/die/das N~** el más próximo/la más próxima/lo más próximo; **aus ~r Nähe** muy de cerca; **die ~n Angehörigen** los más allegados ❷ *(zeitlich)* próximo; **das ~ Mal** la próxima vez; **in den ~n Tagen** en los próximos días; **ich rufe dich bei der ~n Gelegenheit an** te llamo en cuanto pueda

Nächste(r) *mf* <-n, -n; -n> ❶ *(geh: Mitmensch)* prójimo, -a *m, f;* (REL) prójimo, -a *m, f* ❷ *(der/die Folgende)* siguiente *mf;* **der/die ~ bitte!** ¡el/la siguiente, por favor!

nach|stehen *irr vi* **jdm an etw (nicht) ~** (no) quedarse atrás de alguien en cuanto a algo; **jdm in nichts ~** ser igual a alguien

nachstehend *adj* posterior; **~ aufgeführt** citado con posterioridad; **im N~en** a continuación

nachsteigen *irr vi sein (fam)* rondar, cortejar

nach|stellen **I.** *vt* ❶ (TECH) reajustar ❷ *(Uhr)* retrasar ❸ (LING) posponer **II.** *vi (geh)* **jdm ~** *(verfolgen)* perseguir a alguien; *(umwerben)* rondar a alguien

nächsten *superl von* **nah(e): am ~** lo más cercano

Nächstenliebe *f* ❶ *(Barmherzigkeit)* caridad *f* ❷ *(Liebe zum Nächsten)* amor *m* al prójimo

nächstens *adv* pronto, dentro de poco

nächstgelegen *adj* más cercano

nächstliegend *adj (örtlich)* más cercano; *(fig)* más obvio

nächstmöglich *adj* próximo (posible); **zum ~en Termin** lo antes posible

nach|suchen *vi* ❶ *(suchen)* buscar por todas partes ❷ *(geh: beantragen)* **bei jdm um etw ~** solicitar algo ante alguien

Nacht *f* <Nächte> noche *f;* **Heilige ~** Nochebuena; **bei ~** de noche; **in der ~** por la noche; **in der ~ auf Mittwoch** la noche del martes al miércoles; **gestern ~** ayer por la noche; **über ~ bleiben** pasar la noche (**bei** en casa de, **in** en); **als die ~ hereinbrach** cuando anocheció; **eines ~s** *(geh)* una noche; **bei ~ und Nebel** *(fig)* clandestinamente; **gute ~!** ¡buenas noches!; **jdm gute ~ sagen** dar(le) las buenas noches a alguien; **die ~ zum Tage machen** pasarse la noche de juerga; **zu ~ essen** *(südd, Österr)* cenar; **über ~** *(ganz plötzlich)* de la noche a la mañana

nachtaktiv *adj* (ZOOL) nocturno

Nachtarbeit *f ohne pl* trabajo *m* de noche

nachtblind *adj* hemerálope

Nachtblindheit *f* <-, *ohne pl*> ceguera *f* nocturna, hemeralopía *f*

Nachtcreme *f* <-, -s> crema *f* de noche

Nachtdienst *m* turno *m* de noche

Nachteil *m* <-(e)s, -e> inconveniente *m*, desventaja *f*; *(Schaden)* perjuicio *m*; **~e durch etw haben** tener inconvenientes por algo; **jdm ~e bringen** perjudicar a alguien; **er hat sich zu seinem ~ verändert** ha cambiado para peor; **im ~ sein** estar en desventaja; **von ~ sein** ser desfavorable

nachteilig *adj (ungünstig)* desventajoso; *(schädlich)* perjudicial

nächtelang *adv* durante noches enteras

Nachtessen *nt (südd, Österr, Schweiz)* cena *f*

Nachtfalter *m* ① (ZOOL) mariposa *f* nocturna ② *(Person)* trasnochador(a) *m(f)*

Nachtflug *m* vuelo *m* nocturno; **von Frankfurt nach Bogotá nehme ich einen ~** de Fráncfort a Bogotá cojo un vuelo nocturno

Nachthemd *nt* camisón *f*, dormilona *f Ven*

Nachthimmel *m* <-s, *ohne pl*> cielo *m* de noche; **ein sternenklarer ~** una noche estrellada

Nachtigall *f* <-en> (ZOOL) ruiseñor *m*

nächtigen *vi* pasar la noche (**in** en); **bei jdm ~** dormir en casa de alguien

Nachtisch *m ohne pl* postre *m*

Nachtklub *m* club *m* nocturno

Nachtleben *nt ohne pl* vida *f* nocturna

nächtlich *adj* nocturno

Nachtlokal *nt* club *m* nocturno

Nachtrag *m* <-(e)s, -träge> adición *f* (**zu** a); *(im Brief)* posdata *f*; *(Anhang)* apéndice *m*

nach|tragen *irr vt* ① *(hinzufügen)* añadir; **bliebe noch nachzutragen, dass …** solo queda añadir que… ② *(verübeln)* **jdm etw ~** guardar rencor a alguien por algo

nachtragend *adj* rencoroso

nachträglich I. *adj* posterior **II.** *adv* posteriormente

nach|trauern *vi* **jdm/etw ~** lamentar la pérdida de alguien/de algo

Nachtruhe *f* reposo *m* nocturno

nachts *adv* por la noche; *(jede Nacht)* por las noches; **spät ~** muy entrada la noche; **um 2 Uhr ~** a las dos de la madrugada

Nachtschattengewächs *nt* <-es, -wächse> (BOT) solanácea *f*

Nachtschicht *f* turno *m* de noche

Nachtschwärmer(in) *m(f)* noctámbulo, -a *m, f*, farrista *mf CSur*

Nachtschwester *f* enfermera *f* de noche

nachtsüber *adv* de noche, por la noche

Nachttarif *m* tarifa *f* nocturna

Nachttisch *m* mesita *f* de noche, buró *m Am*

Nachttischlampe *f* lámpara *f* de mesilla (de noche)

Nacht-und-Nebel-Aktion ['--'----] *f* operación *f* sorpresa; *(der Polizei)* redada *f* nocturna

Nachtwache *f* guardia *f* nocturna; **~ haben** estar de guardia nocturna

Nachtwächter(in) *m(f)* guardia *mf* nocturno, -a, nochero, -a *m, f CSur*

Nachuntersuchung *f* <-, -en> (examen *m* de) control *m* posterior

nachvollziehbar *adj* comprensible; **es ist für mich** (**nicht**) **~, warum …** (no) comprendo por qué…

nach|vollziehen* *irr vt* comprender

nach|wachsen *irr vi sein* volver a crecer; *(sich erneuern)* reproducirse; **~de Rohstoffe** materias primas renovables

Nachwahl *f* elección *f* complementaria

Nachwehen *f pl* ① (MED) entuertos *mpl* uterinos ② *(geh fig: Folgen)* consecuencias *f pl*

nach|weinen *vi, vt* **jdm ~** llorar a alguien; **jdm/etw keine Träne ~** no derramar ni una lágrima por alguien/por algo

Nachweis *m* <-es, -e> *(Beweis)* prueba *f*; *(Bescheinigung)* certificado *m*; **zum ~ von …** como prueba de…

nachweisbar *adj* comprobable; *(Giftstoffe)* detectable; **etw ist ~** algo se puede comprobar

nach|weisen *irr vt* ① *(beweisen)* comprobar, probar; **das lässt sich leicht ~** es fácil comprobarlo; **jdm etw ~** demostrar que alguien hizo algo ② *(Kenntnisse)* presentar un certificado (de)

nachweislich I. *adj* demostrable, comprobable **II.** *adv* como puede comprobarse

Nachwelt *f ohne pl* posteridad *f*

nach|werfen *irr vt* ① *(hinterherwerfen)* **jdm etw ~** tirar algo detrás de alguien ② *(fam: leicht machen)* **jdm etw ~** regalar algo a alguien

nachwinken *vi* **jdm ~** decir adiós a alguien con la mano

N

nach|wirken *vi* continuar causando efecto; *(Einfluss haben)* repercutir (**auf** en)
Nachwirkung *f* consecuencia *f; (Einfluss)* repercusión *f* (**auf** en); **unter den ~en leiden** *(fig)* sufrir las consecuencias
Nachwort *nt* epílogo *m*
Nachwuchs *m* ① *(fam: Nachkomme)* descendencia *f;* **sie haben ~ bekommen** han tenido un hijo/una hija ② *(am Arbeitsmarkt)* aprendices *mpl*
Nachwuchsstar *m* joven estrella *f*
nach|zahlen *vt (später zahlen)* pagar más adelante; *(zusätzlich zahlen)* pagar extra
nach|zählen *vt* (volver a) contar
Nachzahlung *f* ① *(nachträglich)* pago *m* posterior ② *(zusätzlich)* pago *m* adicional
nach|ziehen *irr* **I.** *vt* ① *(Umriss)* retocar; *(Lippen)* pintarse ② *(Schraube)* apretar ③ *(Bein)* arrastrar **II.** *vi sein* **jdm ~** seguir a alguien
Nachzügler(in) *m(f)* <-s, -; -nen> rezagado, -a *m, f*
Nacken *m* <-s, -> nuca *f;* **einen steifen ~ haben** tener tortícolis; **mir sitzt die Angst im ~** tengo miedo
nackend [ˈnakənt] *adj (fam)* desnudo
Nackenstütze *f* <-, -n> reposacabezas *m inv*
nackig [ˈnakɪç] *adj (fam)* desnudo
nackt *adj (a. fig)* desnudo; **halb ~** medio desnudo; **sich ~ ausziehen** desnudarse
Nackte(r) *mf* <-n, -n; -n, -n> persona *f* desnuda
Nacktheit *f ohne pl* desnudez *f*
Nacktschnecke *f* (ZOOL) babosa *f*
Nadel *f* <-n> *(Näh-, Stricknadel, an Messinstrumenten, a.* BOT) aguja *f; (Stecknadel)* alfiler *m; (Haarnadel)* horquilla *f;* **eine ~ im Heuhaufen suchen** *(fig)* buscar una aguja en el pajar; **an der ~ hängen** *(sl)* estar enganchado (a la heroína)
Nadelbaum *m* conífera *f*
Nadeldrucker *m* impresora *f* de matriz de agujas
Nadelholz *nt* ① *(Holz)* madera *f* de conífera ② *pl (Bäume)* coníferas *fpl*
Nadelkissen *nt* <-s, -> acerico *m,* alfiletero *m*
nadeln *vi* caérsele las agujas *(a las coníferas)*
Nadelöhr *nt* ojo *m* de la aguja; (AUTO: *Engpass*) calle *f* muy estrecha
Nadelstreifen *mpl* mil rayas *fpl*
Nadelstreifenanzug *m* traje *m* de mil rayas
Nadelwald *m* bosque *m* de coníferas, pinar *m*
Nagel *m* <-s, Nägel> ① *(Metallstift)* clavo *m;* **einen ~ einschlagen** clavar un clavo; **den ~ auf den Kopf treffen** *(fam a. fig)* dar en el clavo; **etw an den ~ hängen** *(fam fig)* dejar algo; **den Beruf an den ~ hängen** *(fam fig)* colgar los hábitos; **Nägel mit Köpfen machen** *(fam fig)* tomar una decisión ② *(Fingernagel)* uña *f;* **sich** *dat* **die Nägel schneiden** cortarse las uñas; **an den Nägeln kauen** comerse las uñas; **sich** *dat* **etw unter den ~ reißen** *(fam)* mangar algo; **das brennt uns unter den Nägeln** *(fam)* esto corre mucha prisa
Nagelbürste *f* cepillo *m* de uñas
Nagelfeile *f* lima *f* para las uñas
Nagelhaut *f* (ANAT) cutícula *f*
Nagellack *m* esmalte *m* de uñas
Nagellackentferner *m* quitaesmalte *m*
nageln *vt* clavar (**an/auf** en)
nagelneu *adj (fam)* flamante
Nagelschere *f* tijeras *fpl* de manicura
nagen **I.** *vi* ① *(Tier, Mensch)* roer (**an**) ② *(Rost, Wasser)* corroer (**an**) ③ *(quälen)* corroer; **das schlechte Gewissen nagte an ihr** le remordía la mala conciencia **II.** *vt* roer
nagend *adj (Sorgen)* roedor; **ein ~er Schmerz** un dolor punzante
Nager *m* <-s, ->, **Nagetier** *nt* roedor *m*
nah(e) <näher, am nächsten> **I.** *adj* ① *(räumlich)* cercano; **~ sein** estar cerca; **der N~e Osten** el Oriente Próximo; **von ~em** de cerca ② *(zeitlich)* próximo, inmediato; **die ~e Zukunft** el futuro próximo; **der ~e Aufbruch** la salida inmediata; **~ daran sein, etw zu tun** estar a punto de hacer algo ③ *(direkt, eng)* cercano; **~e Verwandte** familiares cercanos **II.** *adv* ① *(räumlich, zeitlich)* cerca; **~ an** [*o* **bei**] cerca de; **~ beieinander** muy juntos; **von ~ und fern** de lejos y de cerca ② *(direkt, eng)* **mit jdm ~e verwandt sein** ser pariente cercano de alguien **III.** *präp +dat (geh)* cerca de
Nahaufnahme *f* ① (FOTO) vista *f* de cerca ② (FILM) primer plano *m*
Nähe *f ohne pl* ① *(räumlich)* cercanía *f,* proximidad *f;* **etw aus der ~ betrachten** mirar algo de cerca; **in der ~ der Stadt** cerca de la ciudad; **hier in der ~** aquí cerca; **in meiner ~** a mi lado; **aus nächster ~** muy de cerca; **gern in jds ~ sein** estar a gusto al lado de alguien ② *(zeitlich)* proximidad *f*
nahebei *adv* muy cerca
nahebringen *irr vt (Interesse wecken)* **jdm etw ~** despertar el interés de alguien por algo, hacer comprender algo a alguien
nahegehen *irr vi sein* **jdm ~** afectar a alguien
nahe|kommen *irr sein* **I.** *vi* **das kommt**

meinen Vorstellungen sehr nahe esto casi coincide con mis planes **II.** *vr:* **sich** *dat* ~ intimar

nahe|legen *vt* **jdm etw ~** *(vorschlagen)* sugerir algo a alguien; *(empfehlen)* recomendar algo a alguien

nahe|liegen *irr vi* ser de suponer; **es liegt nahe, dass sie uns besuchen kommt** es de suponer que vendrá a visitarnos; **~d sein** estar claro

naheliegend *adj* **~ sein** estar claro, ser lógico; **das ist doch ~!** ¡está clarísimo!; **aus ~en Gründen** por razones obvias

nahen *vi sein (geh)* acercarse; *(Ereignis)* aproximarse

nähen *vi, vt* ① *(Kleidung)* coser ② *(Wunde)* suturar; *(fam: Patient)* coser

näher *adj kompar von* **nah**(**e**) ① *(räumlich, zeitlich)* más próximo, más cercano; **~ wohnen** vivir más cerca; **in der ~en Umgebung** en las proximidades inmediatas; **~ rücken** acercarse; **tritt doch ~!** ¡acércate! ② *(fig: genauer)* más detallado; **~e Angaben** detalles; **etw ~ betrachten** mirar algo con detalle; **können sie mir N~es darüber erzählen?** ¿puede darme más detalles sobre ello? ③ *(enger)* más cercano; *(Freundschaft)* más íntimo; **die ~e Verwandtschaft** los parientes cercanos; **jdn ~ kennenlernen** conocer a alguien (más) de cerca

Naherholungsgebiet *nt* <-(e)s, -e> zona *f* recreativa

Näherin *f* <-nen> costurera *f*

näherkommen *irr vi sein* **sie kamen sich näher** se conocieron mejor [*o* más de cerca]; **das kommt der Wahrheit schon näher** eso ya se acerca más a la verdad

nähern *vr:* **sich ~** acercarse (a); *(Ereignis)* aproximarse

Näherungswert *m* (MATH) valor *m* aproximado

nahe|stehen *irr vi* **jdm ~** tener una relación estrecha con alguien; **einer Sache ~** estar vinculado a algo

nahe|treten *irr vi sein* **jdm zu nahe treten** ofender a alguien

nahezu *adv* casi

Nähgarn *nt* hilo *m* para coser

Nahkampf *m* (MIL, SPORT) lucha *f* cuerpo a cuerpo

Nähkästchen *nt* **aus dem ~ plaudern** *(fam)* contar un secreto

Nähkasten *m* costurero *m*

Nähkorb *m* <-(e)s, -körbe> cesto *m* de costura

nahm *3. imp von* **nehmen**

Nähmaschine *f* máquina *f* de coser

Nähnadel *f* aguja *f* de coser

Nahost *m* <-> Cercano Oriente *m*

nahöstlich *adj* de Oriente Próximo

Nährboden *m* sustrato *m*

nähren *vt (geh)* ① *(ernähren)* alimentar ② *(Hoffnung, Eifersucht)* nutrir

nahrhaft *adj* nutritivo

Nährlösung *f* <-, -en> (*a.* MED) solución *f* nutritiva

Nährstoff *m* su(b)stancia *f* nutritiva

nährstoffarm *adj* ① *(Gewässer)* oligotrófico ② *(Nahrung)* poco nutritivo

nährstoffreich *adj* ① *(Gewässer)* eutrófico ② *(Nahrung)* muy nutritivo

Nahrung *f ohne pl* alimento *m;* **flüssige/feste ~** alimento líquido/sólido

Nahrungsangebot *nt* <-(e)s, -e> oferta *f* de alimentos

Nahrungsaufnahme *f ohne pl* ingestión *f* de alimentos

Nahrungsbedarf *m* <-(e)s, *ohne pl*> necesidad *f* de alimentos

Nahrungsergänzungsmittel *nt* complemento *m* alimenticio

Nahrungskette *f* (BIOL) cadena *f* alimenticia

Nahrungsmangel *m* <-s, *ohne pl*> falta *f* de víveres

Nahrungsmittel *nt* alimento *m*

Nahrungsmittelallergie *f* alergia *f* a productos alimenticios

Nahrungsmittelchemie *f* <-, *ohne pl*> química *f* alimentaria

Nahrungsmittelindustrie *f* industria *f* alimentaria

Nahrungsmittelvergiftung *f* (MED) intoxicación *f* alimentaria

Nährwert *m* valor *m* nutritivo

Nähseide *f* seda *f* para coser

Naht *f* <Nähte> ① *(an Kleidung)* costura *f* ② (MED) sutura *f* ③ (TECH) soldadura *f*

Nahtauftrenner *m* abrecosturas *m*

nahtlos *adj* ① *(Kleidung, Strümpfe)* sin costura ② (TECH) sin soldadura ③ *(Wend)* **~ ineinander übergehen** seguirse inmediatamente; **~ braun sein** estar moreno por todo el cuerpo

Nahtstelle *f* <-, -n> ① (TECH) soldadura *f* ② *(von Bereichen)* punto *m* de encuentro

Nahverkehr *m* tráfico *m* de cercanías

Nahverkehrsmittel *nt* medio *m* de tra(n)sporte de cercanías

Nahverkehrszug *m* tren *m* de cercanías

Nähzeug *nt* utensilios *mpl* de costura

naiv *adj* inocente, ingenuo; (KUNST) naif

Naivität *f ohne pl* inocencia *f,* ingenuidad *f*

Name *m* <-ns, -n> nombre *m; (Bezeichnung)* denominación *f; (Ruf)* fama *f;* **mein ~ ist …** me llamo…; **auf den ~n von …** a nombre de…; **in jds ~n sprechen** hablar

N

en nombre de alguien; **ich kenne ihn nur dem ~n nach** no lo conozco más que de nombre; **im ~n des Volkes** en nombre del pueblo; **sich** *dat* **mit etw einen ~n machen** hacerse famoso con algo; **man muss die Dinge beim ~n nennen** ¡al pan pan y al vino vino!

namenlos *adj* ❶ *(Person)* sin nombre ❷ *(geh: sehr groß)* infinito

namens I. *adv* llamado **II.** *präp +gen (formal)* en nombre de

Namensänderung *f* <-, -en> cambio *m* del nombre (de pila)

Namensgebung *f* nombre *m*

Namensliste *f* <-, -n> nómina *f*

Namensschild *nt* placa *f* (con nombre)

Namenstag *m* (día *m* del) santo *m*

Namensvetter *m* tocayo *m*

Namenszeichen *nt* <-s, -> rúbrica *f*

namentlich I. *adj* nominal **II.** *adv* ❶ *(mit Namen)* por el nombre; **~ genannt werden** ser mencionado ❷ *(vor allem)* sobre todo; *(hauptsächlich)* principalmente

namhaft *adj* ❶ *(bekannt)* conocido; *(berühmt)* famoso ❷ *(beträchtlich)* importante

Namibia [na'mi:bia] *nt* <-s> Namibia *f*

nämlich *adv* ❶ *(denn)* porque, es que; **sie fährt ~ immer nach Italien** es que siempre se va a Italia ❷ *(und zwar)* a saber, o sea

nannte *3. imp von* **nennen**

Nanometer *nt o m* <-s, -> nanómetro *m*

nanu *interj* hombre

Napalm® *nt* <-s, *ohne pl*> napalm® *m*

Napf *m* <-(e)s, Näpfe> escudilla *f*

Narbe *f* <-n> ❶ (MED) cicatriz *f* ❷ (BOT) estigma *m*

narbig *adj* ❶ *(allgemein)* con cicatrices ❷ *(Leder)* granulado

Narkose *f* <-n> (MED) anestesia *f*

Narkosemittel *nt* (MED) anestésico *m*

Narkotikum [nar'ko:tikʊm, *pl:* nar'ko:tika] *nt* <-s, Narkotika> ❶ *(Narkosemittel)* anestésico *m* ❷ *(Schmerzmittel)* narcótico *m*

Narr, Närrin *m, f* <-en, -en; -nen> ❶ *(Dummkopf)* necio, -a *m, f* ❷ (THEAT) gracioso, -a *m, f* ❸ *(Hofnarr)* bufón *m;* **jdn zum ~en halten** tomar(le) el pelo a alguien; **er hat einen ~en an ihr gefressen** *(fam)* se ha quedado con ella

narren ['narən] *vt (geh)* ❶ *(zum Narren halten)* tomar el pelo ❷ *(täuschen)* engañar

Narrenfreiheit *f ohne pl* **~ haben** poder hacer todas las locuras

Narrenhaus *nt (alt)* manicomio *m;* **hier geht es (ja) zu wie im ~** *(fig)* esto parece un manicomio

narrensicher *adj (fam)* nada complicado

Närrin *f* <-nen> *s.* **Narr**

närrisch *adj* loco; **auf jdn/etw ganz ~ sein** *(fam)* estar loco por alguien/algo

Narziss [nar'tsɪs] *m* <-es, -e> narciso *m*

Narzisse *f* <-n> narciso *m*

Narzissmus *m* <-, *ohne pl*> narcisismo *m*

narzisstisch *adj* narcisista

NASA ['na:za] *f* <-, *ohne pl*> *Abk. von* **National Aeronautics and Space Administration** NASA *f*

nasal *adj* (MED, LING) nasal

Nasal *m* <-s, -e> (LING) sonido *m* nasal

Nasallaut *m* (LING) sonido *m* nasal

naschen I. *vi (Süßigkeiten essen)* tomar chucherías; *(kleine Mengen essen)* picar **II.** *vt* comer; **hast du etwas zum N~?** ¿tienes algo para picar?

naschhaft *adj* goloso

Naschkatze *f (fam)* goloso, -a *m, f*

Nase[1] *f* <-n> *(Körperteil)* nariz *f,* narices *fpl fam,* ñata *f Am;* **pro ~** *(fam)* por cabeza; **immer der ~ nach** *(fam)* todo recto; **mir läuft die ~** me gotea la nariz; **sich** *dat* **die ~ putzen** sonarse; **die ~ rümpfen** arrugar la nariz; **auf die ~ fallen** *(fam)* darse de narices; *(fig)* fracasar; **jdm etw vor der ~ wegschnappen** *(fam)* quitarle algo a alguien delante de sus narices; **die ~ in ein Buch stecken** *(fam)* meter las narices en un libro; **etw vor der ~ haben** *(fam)* tener algo delante de las narices; **jdm etw auf die ~ binden** *(fam)* revelar(le) a alguien un secreto; **jdm etw aus der ~ ziehen** *(fam)* sonsacar algo a alguien; **jdm auf der ~ herumtanzen** *(fam)* traer a alguien al retortero; **jdm etw unter die ~ reiben** *(fam fig)* refregar por las narices algo a alguien; **sie sollten sich an die eigene ~ fassen** *(fam fig)* ¿quién le ha dado vela en este entierro?; **sich** *dat* **eine goldene ~ verdienen** hacerse de oro; **die ~ (von jdm/etw) voll haben** *(fam)* estar hasta las narices (de alguien/algo); **die ~ vorn haben** estar a la cabeza; **jdn an der ~ herumführen** *(fam)* tomar(le) el pelo a alguien; **er steckt seine ~ in alles** *(fam)* mete las narices en todo

Nase[2] *f ohne pl (Geruchs-, Spürsinn)* olfato *m;* **eine gute ~ für etw haben** tener un buen olfato para algo

naselang *adv (fam)* **alle ~** una y otra vez, sin cesar

näseln *vi* ganguear, hablar por la nariz

näselnd *adj* que habla con voz gangosa

Nasenbein *nt* hueso *m* nasal

Nasenbluten *nt* <-s, *ohne pl*> hemorragia *f* nasal; ~ **haben** sangrar por la nariz
Nasenflügel *m* aleta *f* nasal
Nasenhöhle *f* fosa *f* nasal
Nasenloch *nt* ventana *f* de la nariz
Nasenrücken *m* <-s, -> dorso *m* de la nariz
Nasenscheidewand *f* tabique *m* nasal
Nasenspitze *f* punta *f* de la nariz; **man sieht es ihm an der ~ an** *(fam)* se le nota en la cara
Nasenspray *m o nt* espray *m* nasal
Nasentropfen *mpl* gotas *fpl* nasales
Naseweis *m* <-es, -e> *(fam)* preguntón, -ona *m, f,* metomentodo *mf*
Nashorn *nt* <-(e)s, -hörner> rinoceronte *m*
nass *adj* mojado; *(durchnässt)* empapado; *(Wetter, Farbe)* húmedo; **durch und durch ~ sein** estar calado hasta los huesos; **~ machen** mojar; **~ werden** mojarse
Nässe *f ohne pl* humedad *f*
nasskalt *adj* húmedo y frío; **es ist ~** hace un frío húmedo
Nasszelle *f* (ARCHIT) cuarto *m* húmedo
Nation *f* <-en> nación *f;* **die Vereinten ~en** las Naciones Unidas
national *adj* nacional
Nationalelf *f* <-, -en> (SPORT) equipo *m* nacional (de fútbol)
Nationalfeiertag *m* fiesta *f* nacional
Nationalheld(in) *m(f)* <-en, -en; -, -nen> héroe *m* nacional, heroína *f* nacional
Nationalhymne *f* himno *m* nacional
Nationalismus *m* <-, *ohne pl*> nacionalismo *m*
Nationalist(in) *m(f)* <-en, -en; -nen> nacionalista *mf*
nationalistisch *adj* nacionalista
Nationalität *f* <-en> nacionalidad *f*
Nationalmannschaft *f* (SPORT) selección *f* nacional
Nationalpark *m* parque *m* nacional
Nationalrat *m ohne pl (Schweiz, Österr: Abgeordnetenhaus)* ≈ Parlamento *m*
Nationalsozialismus *m* nacionalsocialismo *m*
Nationalsozialist(in) *m(f)* <-en, -en; -, -nen> (HIST) nacionalsocialista *mf*
nationalsozialistisch *adj* nacionalsocialista
Nationalspieler(in) *m(f)* (SPORT) jugador(a) *m(f)* de la selección nacional
Nationalstaat *m* nación *f*
Nationalstolz *m* <-es, *ohne pl*> orgullo *m* nacional
Nationalversammlung *f* asamblea *f* nacional
Nato, NATO *f ohne pl Abk. von* **North Atlantic Treaty Organization** OTAN *f*
NATO-Beitrittsland *nt* país *m* candidato al ingreso en la OTAN
Natrium *nt* <-s, *ohne pl*> (CHEM) sodio *m*
Natron *nt* <-s, *ohne pl*> sosa *f*
Natronlauge *f* <-, -n> (CHEM) sosa *f* cáustica
Natter *f* <-n> culebra *f;* **eine ~ am Busen nähren** criar cuervos
Natur *f ohne pl* naturaleza *f; (Beschaffenheit)* índole *f,* carácter *m;* **in freier ~** en plena naturaleza; **von ~ aus** por naturaleza; **eine Frage allgemeiner ~** una pregunta de índole general; **das liegt in der ~ der Sache** es propio de la situación
Naturalien *fpl* productos *mpl* naturales; **in ~ bezahlen** pagar en especie
Naturalismus *m* <-, *ohne pl*> naturalismo *m*
Naturalist(in) [natura'lɪst] *m(f)* <-en, -en; -, -nen> (KUNST, LIT) naturalista *mf*
naturalistisch *adj* naturalista
Naturbursche *m* <-n, -n> joven *m* sencillo [*o* llano]
Naturdenkmal *nt* monumento *m* natural
Naturell [natu'rɛl] *nt* <-s, -e> *(geh)* natural *m*
Naturereignis *nt* fenómeno *m* de la naturaleza
Naturfarbe *f* <-, -n> color *m* natural
naturfarben *adj* de color natural
Naturfaser *f* fibra *f* natural
Naturforscher(in) *m(f)* naturalista *mf*
Naturfreund(in) *m(f)* amante *mf* de la naturaleza
naturgemäß *adj* de acuerdo con la naturaleza
Naturgesetz *nt* ley *f* natural
naturgetreu I. *adj* natural **II.** *adv* fiel al original; **etw ~ wiedergeben** reproducir algo con fidelidad al original
Naturheilkunde *f* medicina *f* naturista
Naturheilmittel *nt* remedio *m* naturista
Naturheilverfahren *nt* <-s, -> (MED) método *m* de curación naturista, remedio *m* naturista
Naturkatastrophe *f* catástrofe *f* natural
Naturkost *f* alimentación *f* natural, dieta *f* natural
Naturkostladen *m* <-s, -läden> tienda *f* de productos naturales
Naturkundemuseum *nt* museo *m* de ciencias naturales
Naturlandschaft *f* paisaje *m* virgen
natürlich I. *adj* ❶ *(allgemein)* natural; **in ~er Größe** de tamaño natural ❷ *(selbstverständlich)* natural **II.** *adv* naturalmente;

~ **nicht!** ¡claro que no!; **das stimmt ~, aber …** claro que es cierto, pero…
Natürlichkeit *f ohne pl* naturalidad *f*
naturnah *adj* natural
Naturpark *m* parque *m* nacional
Naturprodukt *nt* producto *m* natural
naturrein *adj* puro, natural
Naturreis *m* (GASTR) arroz *m* integral
Naturschutz *m* protección *f* de la naturaleza
Naturschützer(in) *m(f)* protector(a) *m(f)* de la naturaleza
Naturschutzgebiet *nt* parque *m* nacional
Naturschutzpark *m* parque *m* nacional
Naturtalent *nt* talento *m* (natural)
naturverbunden *adj* amante de la naturaleza
naturverträglich *adj* compatible con la naturaleza
Naturvolk *nt* pueblo *m* primitivo
Naturwissenschaft *f* ciencias *f pl* naturales
Naturwissenschaftler(in) *m(f)* científico, -a *m, f*
naturwissenschaftlich *adj* científico
Nauru [naˈuːru] *nt* <-s> Nauru *m*
Nautik [ˈnaʊtɪk] *f* <-, *ohne pl*> náutica *f*
nautisch [ˈnaʊtɪʃ] *adj* náutico
Navigation *f ohne pl* (NAUT, AERO) navegación *f*

Navigationsgerät *nt* GPS *m*
Navigationssystem *nt* (NAUT, AERO) sistema *m* de navegación
Nazi *m* <-s, -s> *(abw)* nazi *mf*
Nazismus [naˈtsɪsmʊs] *m* <-, *ohne pl*> (HIST: *abw)* nazismo *m*
NC *m* <-(s), -(s)> *Abk. von* **Numerus clausus** número *m* clauso
n. Chr. *Abk. von* **nach Christus** d.C.
ne *(fam)* no
'ne *art unbest (fam) Abk. von* **eine** *s.* **ein, eine, ein**
Neandertaler *m* <-s, -> (hombre *m* de) Neandertal *m*
Neapel [neˈaːpəl] *nt* <-s> Nápoles *m*
Nebel *m* <-s, -> niebla *f*
Nebelbank *f* <-, -bänke> (METEO) banco *m* de niebla
Nebelhorn *nt* <-(e)s, -hörner> sirena *f* de niebla
nebelig *adj* nebuloso; **es ist ~** hace niebla
Nebelscheinwerfer *m* (AUTO) luz *f* antiniebla delantera
Nebelschlussleuchte *f* <-, -n> (AUTO) luz *f* antiniebla trasera
Nebelschwaden [-ʃvaːdən] *f pl* velos *m pl* de niebla
Nebelwand *f* <-, -wände> (METEO) banco *m* de niebla

neben I. *präp +dat* ① *(räumlich)* al lado de ② *(verglichen mit)* en comparación con ③ *(außer)* además de; **~ anderen Dingen** entre otras cosas; **~ der Arbeit** además del trabajo II. *präp +akk (Richtung)* al lado de
nebenamtlich *adj o adv* de segundo empleo [*o* trabajo]
nebenan *adv* al lado
nebenbei *adv* ① *(gleichzeitig)* al mismo tiempo; *(außerdem)* aparte; **sie studiert und arbeitet ~** aparte de estudiar, trabaja ② *(beiläufig)* de pasada; **~ bemerkt** dicho (sea) de paso
Nebenberuf *m* <-(e)s, -e> profesión *f* secundaria
nebenberuflich I. *adj* secundario II. *adv* como profesión secundaria
Nebenbeschäftigung *f* actividad *f* secundaria
Nebenbuhler(in) *m(f)* <-s, -; -nen> rival *mf*
Nebeneffekt *m* efecto *m* secundario
nebeneinander *adv* uno al lado del otro; **~ bestehen** coexistir
Nebeneingang *m* entrada *f* lateral
Nebeneinkünfte *pl* ingresos *m pl* complementarios
Nebeneinnahme *f* <-, -n> ingreso *m* extraordinario
Nebenerscheinung *f* efecto *m* secundario
Nebenerwerb *m* profesión *f* secundaria
Nebenfach *nt* (UNIV) segunda especialidad *f* *(que en el sistema universitario alemán complementa la especialidad principal)*
Nebenfluss *m* afluente *m*
Nebengebäude *nt* ① *(Nachbarhaus)* edificio *m* adyacente ② *(Anbau)* dependencia *f,* anexo *m*
Nebengeräusch *nt* <-(e)s, -e> ruido *m* ambiental; (TEL, RADIO) ruido *m* parásito
nebenher *adv s.* **nebenbei**
Nebenhöhle *f* (ANAT) seno *m* nasal lateral
Nebenjob *m (fam)* trabajillo *m;* **einen ~ haben** tener un trabajillo aparte
Nebenkläger(in) *m(f)* <-s, -; -, -nen> (JUR) querellante *mf*
Nebenkosten *pl* gastos *m pl* adicionales
Nebenprodukt *nt* subproducto *m*
Nebenraum *m (Raum nebenan)* habitación *f* de al lado
Nebenrolle *f* papel *m* secundario
Nebensache *f* cosa *f* de poca monta; **das ist ~** eso no tiene importancia
nebensächlich *adj* secundario
Nebensächlichkeit *f* <-en> minucia *f*
Nebensaison *f* temporada *f* baja
Nebensatz *m* ① (LING) oración *f* subordina-

da ② *(Bemerkung)* comentario *m* (dicho de paso)
nebenstehend *adj* al margen
Nebenstraße *f* ① *(im Ort)* calle *f* lateral ② *(außerhalb)* carretera *f* secundaria
Nebenverdienst *m* ingresos *mpl* extra(ordinarios), pololeo *m Chil: fam*
Nebenwirkung *f* efecto *m* secundario
Nebenzimmer *nt* habitación *f* contigua
neblig *adj s.* **nebelig**
nebulös [nebu'lø:s] *adj* nebuloso, poco claro
Necessaire *nt* <-s, -s> bolsa *f* de aseo, neceser *m*
necken I. *vt* burlarse (de); **jdn mit etw ~** tomar el pelo a alguien a causa de algo **II.** *vr:* **sich ~** bromear
neckisch *adj* ① *(lustig)* chistoso ② *(kokett)* coqueto
nee *(fam)* no
Neffe *m* <-n, -n> sobrino *m*
Negation [nega'tsjo:n] *f* <-, -en> negación *f*
negativ *adj* (*a.* PHYS, MATH, FOTO) negativo; **sich ~ zu etw äußern** expresar una opinión negativa sobre algo
Negativ *nt* <-s, -e> (FOTO) negativo *m*
negieren* *vt* desmentir, negar
nehmen <nimmt, nahm, genommen> *vt* ① *(ergreifen)* coger, agarrar *Am;* **ich weiß nicht, was ich ~ soll** no sé qué elegir; **jdn zur Frau/zum Mann ~** tomar a alguien por esposa/por esposo ② *(annehmen)* aceptar, tomar; **man muss ihn ~, wie er ist** hay que aceptarle como es; **ich nehme alles, wie es kommt** tomo las cosas como se presentan ③ *(verlangen)* cobrar; **er nimmt 30 Euro die Stunde** cobra 30 euros la hora ④ *(wegnehmen)* quitar; *(herausnehmen)* sacar; **du nimmst mir das Wort aus dem Mund** me quitas las palabras de la boca; **jdm etw ~** *(Glauben, Hoffnung, Angst)* quitar algo a alguien; **sich** *dat* **etw nicht ~ lassen** *(bestehen)* insistir en algo; **woher ~ und nicht stehlen?** *(fam)* ¿de dónde quieres que lo saque? ⑤ *(in Anspruch nehmen)* tomar; *(Bus, Zug)* coger, tomar *Am;* **du solltest dir einen Anwalt ~** deberías contratar a un abogado ⑥ *(einnehmen)* tomar; **etw zu sich ~** *(essen)* comer algo; *(trinken)* beber algo; **sie nimmt die Pille** toma la píldora; **ich nehme nie Zucker in den Kaffee** nunca tomo el café con azúcar; **~ Sie noch ein Stück Torte?** ¿quiere otro trozo de tarta? ⑦ *(Wend)* **etw an sich ~** tomar algo; **etw auf sich ~** hacerse cargo de algo; **jdn zu sich ~** albergar a alguien en casa; **jdn beim Wort ~** tomar(le) la palabra a alguien; **jdn (nicht) für voll ~** (no) tomar a alguien en serio; **sie nahmen ihn in die Mitte** lo colocaron en el centro; **er ist hart im N~** aguanta lo que le echen; **wie man's nimmt** según como se tome; **jdm etw übel ~** tomarle a mal algo a alguien
Neid *m* <-(e)s, *ohne pl*> envidia *f; (bei Kindern)* pelusa *f;* **~ erregen** dar envidia; **vor ~ platzen** *(fam fig)* reventar de envidia; **gelb vor ~ werden** *(fam)* ponerse verde de envidia; **vor ~ erblassen** *(fam)* palidecer de envidia; **er ist blind vor ~** *(fam)* la envidia le ciega
neiden *vt* **jdm etw ~** envidiar algo a alguien
Neider(in) *m(f)* <-s, -; -nen> envidioso, -a *m, f*
neiderfüllt I. *adj (geh)* envidioso, lleno de envidia **II.** *adv* lleno de envidia
neidisch *adj* envidioso; **auf jdn/etw ~ sein** tener envidia de alguien/algo; **er wurde ~, als er sah, dass ...** le dio envidia al ver que...
neidlos *adj* sin envidia; **etw ~ anerkennen** aceptar algo sin envidia alguna
Neige *f ohne pl (geh)* ① *(Rest)* resto *m;* **das Glas bis zur ~ leeren** apurar el vaso hasta la última gota ② *(Ende)* fin *m;* **das Jahr/das Geld geht zur ~** el año/el dinero llega a su fin
neigen I. *vt* inclinar; *(zur Seite)* ladear **II.** *vr:* **sich ~** ① *(allgemein)* inclinarse (**nach** hacia); *(Schiff)* escorar ② *(geh: enden)* declinar **III.** *vi* **zu etw ~** tender a algo; **sie neigt zu der Ansicht, dass ...** tiende a pensar que...
Neigung[1] *f* <-en> ① *(Schräglage)* inclinación *f* ② *(Vorliebe)* afición *f* (**für** por); **etw aus ~ tun** hacer algo por afición ③ *(Zuneigung)* cariño *m* (**zu** por)
Neigung[2] *f ohne pl (Veranlagung)* disposición (**zu** para); **sie verspürte nicht die geringste ~, ihm zu glauben** no se le pasó por la cabeza la idea de creerle
nein no; **~ danke** no, gracias; **ich sage nicht ~** no digo que no; **~, ~ und nochmals ~!** ¡no y no!; **~, so was!** ¡no me digas!
Nein *nt* <-(s), -(s)> no *m;* **mit ~ antworten** contestar que no; **mit Ja oder ~ stimmen** votar a favor o en contra; **sie blieb bei ihrem ~** se mantuvo en su negativa
Neinstimme *f* voto *m* en contra
Nektar *m* <-s, -e> néctar *m*
Nektarine *f* <-n> nectarina *f*
Nelke *f* <-n> ① *(Blume)* clavel *m* ② *(Gewürz)* clavo *m*

N

'nen *art unbest (fam) Abk. von* **einen** *s.* **ein, eine, ein**

nennen <nennt, nannte, genannt> **I.** *vt* ❶ *(benennen)* llamar; **das nenne ich Mut** a esto llamo yo valor ❷ *(angeben)* decir; *(empfehlen)* recomendar; **kannst du mir Beispiele dafür ~?** ¿me puedes decir algunos ejemplos para eso? ❸ *(erwähnen)* mencionar; **unten genannt** abajo mencionado ❹ *(bezeichnen)* llamar; **so genannt** así llamado; *(angeblich)* supuesto; **deine so genannten Freunde** tus supuestos amigos; **sie nannten ihn einen Lügner** le tacharon de mentiroso **II.** *vr:* **sich ~** llamarse; **und so was nennt sich Freund?** *(fam)* ¿eso es un amigo?

nennenswert *adj* digno de mención; *(beträchtlich)* considerable; **nichts N~es** nada de importancia

Nenner *m* <-s, -> (MATH) denominador *m;* **etw auf einen (gemeinsamen) ~ bringen** *(fig)* encontrar un denominador común para algo

Nennung *f* <-en> ❶ *(Nennen)* nombramiento *m* ❷ *(Erwähnung)* mención *f*

Nennwert *m* (FIN) valor *m* nominal

Neofaschismus *m* neofascismo *m*

Neologismus *m* <-, Neologismen> (LING) neologismo *m*

Neon *nt* <-s, *ohne pl*> (CHEM) neón *m*

Neonazi *m* <-s, -s> neonazi *mf*

Neonazismus [neona'tsɪsmʊs] *m* <-, *ohne pl*> neonazismo *m*

Neonlicht *nt* luz *f* de neón

Neonröhre *f* tubo *m* de neón

Neoprenanzug *m* <-(e)s, -züge> traje *m* de neopreno

Nepal ['ne:pal] *nt* <-s> Nepal *m*

nepalesisch *adj* nepalés

Nepp *m* <-s, *ohne pl*> *(fam abw)* timo *m*

neppen *vt (fam abw)* timar, clavar

Neptun [nɛp'tu:n] *m* <-s> (ASTR) Neptuno *m*

Nerv *m* <-s, -en> nervio *m;* **schwache/starke ~en haben** tener los nervios irritables/bien templados; **die ~en behalten** conservar la calma; **die ~en verlieren** perder los nervios; **du gehst mir auf die ~en** *(fam)* me estás dando la lata; **du hast (vielleicht) ~en!** *(fam)* ¡qué valor tienes!; **den ~ treffen** *(fig)* tocar la fibra sensible

nerven *vt* sacar de quicio; **du nervst!** *(fam)* ¡me sacas de quicio!; **ich bin total genervt!** *(fam)* ¡estoy hasta la coronilla!

Nervenanspannung *f* tensión *f* nerviosa

Nervenarzt, -ärztin *m, f* neurólogo, -a *m, f*

nervenaufreibend *adj* enervante

Nervenbündel *nt* ❶ (ANAT) fascículo *m* nervioso ❷ *(fam: nervöser Mensch)* manojo *m* de nervios; **ein ~ sein** estar hecho un manojo de nervios

Nervengas *nt* gas *m* neurotóxico

Nervengift *nt* neurotoxina *f*

Nervenheilanstalt *f* sanatorio *m* neurológico

Nervenheilkunde *f ohne pl* (MED) neurología

Nervenkitzel *m (fam)* cosquilleo *m*

nervenkrank *adj* (MED) neurópata; **~ sein** ser un neurótico

Nervenkrieg *m* guerra *f* de nervios

Nervenleiden *nt* <-s, -> (MED) enfermedad *f* nerviosa [*o* del sistema nervioso], neuropatía *f*

Nervenprobe *f* prueba *f* de resistencia nerviosa

Nervensäge *f (fam)* pelmazo, -a *m, f,* mangangá *m CSur*

Nervensystem *nt* (ANAT) sistema *m* nervioso

Nervenzelle *f* (ANAT) célula *f* nerviosa

Nervenzentrum *nt* (ANAT) centro *m* nervioso

Nervenzusammenbruch *m* crisis *f inv* nerviosa; **einen ~ haben** sufrir un ataque de nervios

nervig ['nɛrfɪç] *adj (fam: lästig)* enervante

nervlich *adj* nervioso; **~ am Ende sein** *(fam)* estar hecho polvo

nervös *adj* nervioso; **~ werden** ponerse nervioso

Nervosität *f ohne pl* nerviosismo *m*

nervtötend *adj* enervante

Nerz *m* <-es, -e> (ZOOL) visón *m*

Nessel *f* <-n> *(Pflanze)* ortiga *f;* **sich in die ~n setzen** *(fam fig)* meterse en un berenjenal

Nest *nt* <-(e)s, -er> ❶ *(von Tieren)* nido *m;* **sich ins gemachte ~ setzen** *(fam fig)* hacer buena boda; **das eigene ~ beschmutzen** *(Familie)* criticar a su familia ❷ *(fam abw: Dorf)* poblacho *m* ❸ *(fam: Schlupfwinkel)* nidal *m*

Nesthäkchen *nt (fam)* benjamín, -ina *m, f*

Nesthocker *m* <-s, -> (ZOOL) polluelo *m* en el nido; *(fig) persona que permanece en casa de sus padres sin independizarse*

Nestwärme *f* <-, *ohne pl*> calor *m* de hogar [*o* hogareño]

Netflix® <-> ['nɛtflɪks] *nt kein pl* (INFOR) Netflix® *m*

nett *adj* ❶ *(freundlich)* amable; **sei so ~ und räum auf** sé tan amable y recoge las cosas; **das war nicht ~ von ihm** no fue muy amable por su parte ❷ *(angenehm)* agradable; *(hübsch)* bonito; **sich ~ unterhalten** mantener una conversación agrada-

ble ❸ *(fam: groß, unangenehm)* bonito; **ein ~es Sümmchen** una bonita suma
netterweise ['--'--] *adv* amablemente
Nettigkeit[1] *f ohne pl (nette Art)* amabilidad *f*
Nettigkeit[2] *f* <-en> *(Kompliment)* cumplido *m*
netto *adv* neto
Nettobetrag *m* importe *m* neto
Nettoeinkommen *nt* ingresos *mpl* netos
Nettoerlös *m* beneficio *m* neto
Nettogehalt *nt* <-(e)s, -hälter> sueldo *m* neto
Nettogewicht *nt* peso *m* neto
Nettolohn *m* salario *m* neto
Nettopreis *m* precio *m* neto
Nettosozialprodukt *nt* (WIRTSCH) producto *m* social neto
Netz *nt* <-es, -e> ❶ *(Fischer-, Straßen-, Stromnetz, a.* SPORT) red *f; (Haarnetz)* redecilla *f; (Gepäcknetz)* rejilla *f;* **das soziale ~** la red social; **jdm ins ~ gehen** caer en las redes de alguien ❷ *(Spinnennetz)* telaraña *f*
Netzanschluss *m* (ELEK) conexión *f* a la red
Netzbetreiber *m* <-s, -> (TEL) operador *m* de red
Netzhaut *f* (ANAT) retina *f*
Netzkante *f* (SPORT) banda *f* blanca
Netzkarte *f* billete *m* para toda la red
Netzstecker *m* <-s, -> (ELEK) enchufe *m*
Netzteil *nt* (ELEK) bloque *m* de alimentación
Netzwerk *nt* red *f;* **lokales ~** red local; **soziales ~** red *f* social
Netzzugang *m* (INFOR) acceso *m* a red
neu **I.** *adj* nuevo; **die N~e Welt** el Nuevo Mundo; **seit ~estem** [*o* **Neuestem**] desde hace poco; **die ~este Mode** la última moda; **was gibt's N~es?** ¿qué hay de nuevo?; **von ~em** [*o* **Neuem**] de nuevo; **auf ein N~es** de nuevo, otra vez; **was ist das N~e daran?** ¿qué tiene de nuevo?; **ich bin hier ~** soy nuevo aquí; **das ist mir ~** esto me resulta nuevo **II.** *adv (kürzlich)* recién; *(noch einmal)* de nuevo; **etw ~ auflegen** reeditar algo; **~ anfangen** comenzar de nuevo
Neuankömmling *m* recién llegado, -a *m, f*
Neuanschaffung *f* nueva adquisición *f*
neuartig *adj* nuevo, novedoso *Am; (modern)* moderno
Neuauflage *f* reedición *f*
Neuausgabe *f* <-, -n> (PUBL) nueva edición *f*
Neubau[1] *m* <-(e)s, *ohne pl*> *(das Bauen)* (re)construcción *f*
Neubau[2] *m* <-(e)s, -ten> *(Gebäude)* edificio *m* nuevo
Neubaugebiet *nt* barrio *m* nuevo
Neubauwohnung *f* piso *m* (en un edificio) nuevo
Neubearbeitung *f (eines Buches)* edición *f* revisada; *(eines Theaterstücks)* refundición *f*
Neubeginn *m ohne pl* nuevo comienzo *m*
Neu-Delhi *nt* <-s> Nueva Delhi *f*
Neue(r) *mf* <-n, -n; -n, -n> recién llegado, -a *m, f*
Neuentdeckung *f* <-, -en> ❶ *(erneute Entdeckung)* redescubrimiento *m* ❷ *(entdecktes Talent)* nuevo descubrimiento *m*
Neuentwicklung *f* ❶ *(Vorgang)* desarrollo *m;* **technische ~en** avances tecnológicos ❷ *(Resultat)* último modelo *m*
neuerdings *adv* últimamente
Neuerer, -in *m, f* <-s, -; -, -nen> innovador(a) *m(f)*
Neueröffnung *f* apertura *f* (de algo nuevo); *(Wiedereröffnung)* reapertura *f*
Neuerscheinung *f* novedad *f*
Neuerung *f* <-en> innovación *f*
Neufassung *f* versión *f* revisada
Neufundland *nt* <-s> (isla *f* de) Terranova *f*
neugeboren *adj* recién nacido; **sich wie ~ fühlen** sentirse como un recién nacido
Neugeborene(s) *nt* <-n, -n> recién nacido, -a *m, f*
Neugestaltung *f (eines Gebäudes)* remodelación *f; (einer Organisation)* reorganización *f*
Neugier(de) *f ohne pl* curiosidad *f* (**auf** por); **aus ~** por curiosidad
neugierig *adj* curioso (**auf** por), alcamonero *Ven;* **auf etw/jdn ~ sein** tener curiosidad por saber algo/por conocer a alguien; **sei nicht so ~** no seas tan curioso; **jdn ~ machen** despertar la curiosidad de alguien
Neugierige(r) *mf* <-n, -n; -n, -n> curioso, -a *m, f*
Neugriechisch *nt* <-(s), *ohne pl*>, **Neugriechische** *nt* <-n, *ohne pl*> griego *m* moderno
Neugründung *f* <-, -en> ❶ *(Gründung)* nueva fundación *f; (Schaffung)* nueva constitución *f* ❷ *(Institution)* institución *f* constituída de nuevo
Neuguinea [nɔɪgi'neːa] *nt* <-s> Nueva Guinea *f*
Neuheit *f* <-en> novedad *f*
Neuigkeit *f* <-en> novedad *f*
Neujahr *nt* Año *m* Nuevo; **Prost ~!** ¡Feliz Año Nuevo!
Neujahrstag *m* (día *m* de) Año *m* Nuevo
Neukaledonien *nt* <-s> Nueva Caledonia *f*
Neuland *nt* <-(e)s, *ohne pl*> tierra *f* vir-

gen; ~ **betreten** *(fig)* abrir nuevos horizontes

neulich *adv* el otro día, hace poco

Neuling *m* <-s, -e> principiante *mf*

neumodisch I. *adj* modernísimo **II.** *adv* a la última moda

Neumond *m ohne pl* luna *f* nueva; **bei ~** con luna nueva

neun *adj inv* nueve; *s. a.* **acht**[1]

Neun *f* <-, -en> nueve *m*

neunerlei *adj inv* de nueve clases diferentes, nueve clases (diferentes) de; *s. a.* **achterlei**

neunfach I. *adj* nueve veces; **das N~e (davon)** nueve veces tanto **II.** *adv* nueve veces; *s. a.* **achtfach**

neunhundert *adj inv* novecientos; *s. a.* **achthundert**

neunmal *adv* nueve veces; *s. a.* **achtmal**

neunmalklug *adj* sabelotodo

Neunmalkluge(r) *mf* <-n, -n; -n, -n> sabelotodo *mf inv*

neunt [nɔɪnt] **zu ~** *(in Neunergruppen)* de nueve en nueve; *(zusammen, als Gruppe von neun)* entre (los) nueve; *s. a.* **acht**[1]

neuntausend *adj inv* nueve mil; *s. a.* **achttausend**

neunte(r, s) *adj* noveno; *s. a.* **achte(r, s)**

neuntel *adj inv* noveno; *s. a.* **achtel**

Neuntel *nt* <-s, -> noveno, -a *m, f*; *s. a.* **Achtel**

neuntens *adv* en noveno lugar; *(bei einer Aufzählung)* noveno; *s. a.* **achtens**

neunzehn *adj inv* diecinueve; *s. a.* **acht**[1]

neunzehnte(r, s) *adj* decimonoveno; *s. a.* **achte(r, s)**

neunzig *adj inv* noventa; *s. a.* **achtzig**

neunzigste(r, s) *adj* nonagésimo; *s. a.* **achtzigste(r, s)**

Neuphilologie *f* <-, -n> filología *f* moderna

Neuregelung *f* reorganización *f*

neureich *adj (abw)* nuevo rico

Neureiche(r) *mf* <-n, -n; -n> *(abw)* nuevo, -a rico , -a *m*

Neurochirurg(in) ['nɔɪroçirʊrk] *m(f)* <-en, -en; -, -nen> neurocirujano, -a *m, f*

Neurochirurgie [nɔɪroçirʊr'giː, 'nɔɪroçirʊrgiː] *f* <-, *ohne pl*> neurocirugía *f*

Neurodermitis *f* <Neurodermitiden> (MED) neurodermitis *f inv*

Neurologe, -in *m, f* <-n, -n; -nen> neurólogo, -a *m, f*

Neurologie [nɔɪrolo'giː] *f* <-, *ohne pl*> neurología *f*

neurologisch [nɔɪro'loːgɪʃ] *adj* neurológico

Neuron *nt* <-s, -e *o* -en> (ANAT) neurona *f*

Neurose *f* <-n> (MED, PSYCH) neurosis *f inv*

Neurotiker(in) *m(f)* <-s, -; -nen> (MED, PSYCH) neurótico, -a *m, f*

neurotisch *adj* (MED, PSYCH) neurótico

Neuschnee *m* nieve *f* virgen

Neuseeland *nt* <-s> Nueva Zelanda *f*

Neuseeländer(in) *m(f)* <-s, -; -nen> neozelandés, -esa *m, f*

neuseeländisch *adj* neozelandés

neusprachlich *adj* de lenguas modernas; **ein ~es Gymnasium** ≈ un instituto orientado a las lenguas modernas

Neustart *m* (*a.* INFOR) reanudación *f*

neustens ['nɔɪstəns] *adv s.* **neuerdings**

neutral *adj* ❶ *(unparteiisch)* neutral; ~ **bleiben** mantenerse neutral ❷ *(Farbe, a.* CHEM, PHYS, LING) neutro

Neutralisation [nɔɪtraliza'tsioːn] *f* <-, -en> (*a.* CHEM) neutralización *f*

neutralisieren* *vt* (*a.* CHEM) neutralizar

Neutralisierung *f* <-, -en> (*a.* CHEM) neutralización *f*

Neutralität *f ohne pl* neutralidad *f*

Neutron *nt* <-s, -en> (PHYS) neutrón *m*

Neutronenbombe *f* bomba *f* de neutrones

Neutrum *nt* <-s, Neutra *o* Neutren> (LING) género *m* neutro

Neuverschuldung *f* (FIN) nuevo endeudamiento *m*

Neuwagen *m* <-s, -> coche *m* nuevo

Neuwahl *f* reelección *f*

Neuwert *m* <-(e)s, -e> valor *m* original

neuwertig *adj* como nuevo

Neuzeit *f ohne pl* Edad *f* Moderna

neuzeitlich *adj* ❶ *(der Neuzeit zugehörig)* de la Edad Moderna ❷ *(modern)* moderno

Neuzugang *m* <-(e)s, -gänge> ingreso *m*

Neuzulassung *f* <-, -en> *(formal)* primera matriculación *f* (de un vehículo)

Newcomer(in) ['njuːkamɐ] *m(f)* <-s, -; -, -nen> novato, -a *m, f*

Newsgroup *f* <-s> (INFOR, TEL) foro *m* de discusión *(entre usuarios de Internet)*

Nicaragua *nt* <-s> Nicaragua *f*

Nicaraguaner(in) *m(f)* <-s, -; -nen> nicaragüense *mf*

nicaraguanisch *adj* nicaragüense

nicht I. *adv* no; ~ **viel später** poco después; ~ **mehr als** nada más que; ~ **mehr** ya no; **auch ~** tampoco; ~ **einmal** ni siquiera; **bestimmt ~** seguro que no; ~ **mehr und ~ weniger als …** ni más ni menos que…; ~ **nur …, sondern auch …** no solo… sino también…; **gar ~** de ninguna manera; ~ **doch!** ¡que no!; **ich glaube ~, dass …** no creo que… +*subj;* **ob du willst oder ~** quieras o no; **bitte ~!** ¡por favor no!; **tu's ~** no lo hagas; **hab ich's ~ gesagt?** ¿no lo he dicho?; **was Sie ~ sagen!** ¡no me diga!;

was es ~ alles gibt! ¡habráse visto!; **~ einer hat's geschafft** no lo logró ni uno; **~ öffentlich** (a puerta) cerrada **II.** *(Partikel)* verdad; **~ wahr?** ¿no es verdad?

Nichtangriffspakt *m* pacto *m* de no agresión

Nichtauslastung *f ohne pl* infrautilización *f*

Nichtbeachtung *f ohne pl* no observancia *f; (einer Vorschrift)* violación *f*

Nichte *f* <-n> sobrina *f*

nichtehelich *adj* (JUR) ilegítimo

Nichterfüllung *f ohne pl* incumplimiento *m*

Nichtgefallen *nt* <-s, *ohne pl*> insatisfacción *f;* **bei ~** si no está satisfecho

nichtig *adj* ① (JUR) nulo; **etw für ~ erklären** declarar algo nulo ② *(geh: unbedeutend)* insignificante

Nichtigkeit[1] *f ohne pl* ① (JUR) nulidad *f* ② *(Bedeutungslosigkeit)* insignificancia *f*

Nichtigkeit[2] *f* <-en> *(Kleinigkeit)* pequeñez *f*

Nichtmitglied *nt* no miembro *m*

nichtöffentlich *adj s.* **nicht I.**

Nichtraucher(in) *m(f)* no fumador(a) *m(f)*

Nichtraucherabteil *nt* (EISENB) vagón *m* de no fumadores

Nichtraucherflug *m* vuelo *m* en el que está prohibido fumar

Nichtraucherzone *f* zona *f* para no fumadores

nichts *pron indef* nada; **er hat ~ gesagt** no ha dicho nada; **~ dergleichen** nada semejante; **alles oder ~** todo o nada; **sonst ~?** ¿nada más?; **überhaupt ~** nada de nada; **~ Neues** nada nuevo; **~ als Ärger** solamente disgustos; **~ zu danken!** ¡no hay de qué!; **Entschuldigung! – macht ~!** ¡perdón! – ¡no pasa nada!; **er hat von ~ eine Ahnung** no tiene idea de nada; **~ da!** *(fam)* ¡anda ya!; **für ~ und wieder ~** *(fam)* en balde; **nach ~ aussehen** no lucir nada; **das tut ~ zur Sache!** ¡esto no viene al caso!; **~ zu machen!** ¡no se puede hacer nada!; **~ wie weg!** *(fam)* ¡nada como poner pies en polvorosa!; **mir ~, dir ~** sin más ni más; **daraus wird ~** de esto no va a resultar nada; **von ~ kommt ~!** ¡de donde no hay no se puede sacar!

Nichts *nt* <-, *ohne pl*> (*a.* PHILOS) nada *f;* **vor dem ~ stehen** estar completamente arruinado

Nichtschwimmer(in) *m(f)* no nadador(a) *m(f)*

Nichtschwimmerbecken *nt* piscina *f* de no nadadores

nichtsdestotrotz *adv (fam)* no obstante, sin embargo

nichtsdestoweniger *adv* no obstante, sin embargo

Nichtsnutz *m* <-es, -e> *(abw)* nulidad *f,* inútil *mf*

nichtsnutzig *adj (abw)* inútil; **er hat nur Unfug im Sinn, dieser ~e Junge!** ¡no piensa más que en bobadas, el inútil ese!

nichtssagend *adj s.* **sagen**

Nichtstuer(in) *m(f)* holgazán, -ana *m, f*

Nichtstun *nt* ① *(Faulenzen)* holgazanería *f,* bausa *f Perú* ② *(Muße)* ocio *m*

Nichtwähler(in) *m(f)* (POL) abstencionista *mf*

Nichtwissen *nt ohne pl* ignorancia *f*

Nichtzutreffende(s) *nt* <-n, *ohne pl*> **~s bitte streichen** táchese lo que no corresponda

Nickel *nt* <-s, *ohne pl*> (CHEM) níquel *m*

Nickelbrille *f* <-, -n> gafas *f pl* (con montura) de metal

nicken *vi* ① *(zustimmend)* asentir con la cabeza; *(zum Gruß)* saludar con la cabeza ② *(fam: schlummern)* dar cabezadas

Nickerchen *nt* <-s, -> *(fam)* siestecita *f;* **ein ~ machen** echarse una siestecita

nie *adv* nunca, jamás; **noch ~** nunca; **~ mehr** nunca más; **~ und nimmer** ni hablar; **besser spät als ~** mejor tarde que nunca

nieder I. *adj* ① *(reg: gering)* bajo ② *(Rang)* inferior; *(Adel, Klasse)* baja ③ *(niedrig)* vulgar **II.** *adv* abajo; **~ mit dem König!** ¡abajo el rey!

nieder|beugen I. *vt (geh)* doblar (hacia abajo) **II.** *vr:* **sich ~** inclinarse (**zu** sobre)

nieder|brennen *irr* **I.** *vi sein (Haus)* quemarse; *(Kerze)* consumirse **II.** *vt* prender fuego (a)

niederdeutsch *adj* (LING) bajo alemán

niedere(r, s) *adj* ① *(unbedeutend)* bajo; (BIOL) inferior; **von ~r Herkunft sein** ser de baja cuna ② *(südd: niedrig)* bajo; **über eine ~ Hecke springen** saltar por encima de un seto de poca altura

Niederflurbus *m* autobús *m* de piso bajo

Niedergang *m* <-(e)s, *ohne pl*> *(geh: Untergang)* decadencia *f*

niedergedrückt *adj* deprimido

niedergelassen I. *pp von* **niederlassen II.** *adj (Schweiz)* residente

niedergeschlagen I. *pp von* **niederschlagen II.** *adj (bedrückt)* deprimido

Niedergeschlagenheit *f ohne pl* abatimiento *m,* depresión *f*

nieder|knien *vi sein* arrodillarse, ponerse de rodillas

Niederlage *f* derrota *f;* **eine ~ erleiden** sufrir una derrota

Niederlande *pl* Países *mpl* Bajos

Niederländer(in) *m(f)* <-s, -; -nen> neerlandés, -esa *m, f*
niederländisch *adj* neerlandés
nieder|lassen *irr vr:* **sich ~** ❶ *(Wohnsitz nehmen)* establecerse; *(als Arzt)* abrir consulta; *(als Rechtsanwalt)* abrir bufete ❷ *(geh: sich setzen)* sentarse
Niederlassung[1] *f ohne pl (das Sichniederlassen)* establecimiento *m; (als Arzt)* consulta *f; (als Rechtsanwalt)* bufete *m;* (MIL) base *f*
Niederlassung[2] *f* <-en> (WIRTSCH) sede *f; (Zweigstelle)* sucursal *f*
nieder|legen *irr* **I.** *vt* ❶ *(geh: hinlegen)* posar, depositar (en el suelo); **einen Kranz ~** depositar una corona; **die Waffen ~** deponer las armas ❷ *(Amt, Vorsitz)* dimitir (de); **die Arbeit ~** declararse en huelga ❸ *(schriftlich fixieren)* registrar **II.** *vr:* **sich ~** *(geh)* tenderse (**auf** en)
Niederlegung *f* <-en> ❶ *(eines Amtes)* resignación *f; (eines Mandats)* dimisión *f; (der Arbeit)* abandono *m; (der Krone)* abdicación *f* ❷ *(eines Kranzes)* colocación *f* ❸ *(schriftliche Fixierung)* (puesta *f* por) escrito *m*
nieder|machen *vt (fam)* hacer papilla
niedermetzeln *vt* masacrar
Niederösterreich *nt* Baja Austria *f*
nieder|reißen *irr vt* derribar
Niederrhein *m* <-(e)s> (GEO) Bajo Rin *m*
Niedersachsen *nt* Baja Sajonia *f*
nieder|schießen *irr* **I.** *vt* matar a tiros **II.** *vi sein* lanzarse (**auf** sobre)
Niederschlag *m* ❶ (METEO) precipitaciones *f pl* ❷ (CHEM) precipitado *m* ❸ *(Wend)* **seinen ~ in etw finden** reflejarse en algo
nieder|schlagen *irr* **I.** *vt* ❶ *(zu Boden schlagen)* tumbar ❷ *(Aufstand)* sofocar ❸ (JUR: *Prozess*) cancelar ❹ *(Augen)* bajar **II.** *vr:* **sich ~** ❶ *(Dampf)* condensarse (**auf/an** sobre); (CHEM) precipitarse ❷ *(zum Ausdruck kommen)* plasmarse (**in** en)
Niederschlagsmenge *f* (METEO) cantidad *f* de precipitaciones; *(an Regen)* pluviosidad *f*
nieder|schmettern *vt* ❶ *(durch einen Schlag)* derribar ❷ *(Ereignis)* deprimir
niederschmetternd *adj* deprimente
nieder|schreiben *irr vt* poner por escrito, apuntar
Niederschrift *f* <-, -en> escrito *m*
Niedertracht *f ohne pl (geh)* infamia *f*
niederträchtig *adj* infame
Niederträchtigkeit[1] *f* <-en> *(Tat)* infamia *f*
Niederträchtigkeit[2] *f ohne pl (Charakter)* infamia *f*
Niederung *f* <-en> tierra *f* baja
nieder|werfen *irr* **I.** *vt (geh)* ❶ *(Gegner)* vencer ❷ *(Aufstand)* someter ❸ *(erschüttern)* consternar **II.** *vr:* **sich ~** postrarse (**vor** ante)
niedlich *adj* mono, lindo *Am*
niedrig *adj* ❶ *(gering, tief)* bajo; **etw/jdn ~ einschätzen** subestimar algo/a alguien ❷ *(Herkunft)* humilde ❸ *(Gesinnung)* vil
Niedriglohnland *nt* (POL, WIRTSCH) país *m* de sueldos bajos
Niedrigpreis *m* <-es, -e> precio *m* bajo
niemals *adv* nunca, jamás
niemand *pron indef* nadie; **es war ~ zu Hause** [*o* **zuhause**] no había nadie en casa; **sonst ~** nadie más; **es war ~ anders als sein früherer Lehrer** no era otro que su antiguo profesor
Niemandsland *nt ohne pl* tierra *f* de nadie
Niere *f* <-n> (*a.* GASTR) riñón *m;* **das geht mir an die ~n** *(fam fig)* eso me aflige mucho
Nierenbeckenentzündung *f* (MED) pielitis *f inv*
nierenförmig *adj* reniforme
Nierengurt *m* cinturón *m* renal
Nierenstein *m* (MED) cálculo *m* renal
Nierenversagen *nt* (MED) malfunción *f* de los riñones
nieseln *vunpers* lloviznar, pringar *Am*
Nieselregen *m* llovizna *f*
niesen *vi* estornudar
Niesen *nt* <-s, *ohne pl*> estornudo *m*
Nießbrauch ['ni:sbraʊx] *m* <-(e)s, *ohne pl*> (JUR) usufructo *m*
Niete *f* <-n> ❶ *(in einer Lotterie)* billete *m* de lotería no premiado ❷ *(fam: Mensch)* inútil *mf* ❸ (TECH) remache *m*
nieten *vt* remachar
Nietenzange *f* remachadora *f*
niet- und nagelfest *adj (fam)* **alles, was nicht ~ ist** todo lo que no está clavado y bien clavado
Niger ['ni:gɐ] *m* <-s> *(Land, Fluss)* Níger *m*
Nigeria *nt* <-s> Nigeria *f*
Nigerianer(in) *m(f)* <-s, -; -nen> nigeriano, -a *m, f*
nigerianisch *adj* nigeriano
Nihilist(in) [nihi'lɪst] *m(f)* <-en, -en; -, -nen> *(geh, a.* PHILOS) nihilista *mf*
Nikolaus *m* <-, -e *o fam:* -läuse> ❶ *(Gestalt)* San Nicolás *m* ❷ *(Nikolaustag)* día *m* de San Nicolás *(seis de diciembre)*
Nikotin *nt* <-s, *ohne pl*> nicotina *f*
nikotinfrei *adj* sin nicotina
Nil [ni:l] *m* <-s> Nilo *m*
Nilpferd *nt* hipopótamo *m*
nimmer *adv (südd, Österr)* ya no, no más

N

Nimmersatt *m* <-(e)s, -e> *(fam)* comilón, -ona *m, f*
nimmt *3. präs von* **nehmen**
nippen *vi* beber a sorbos (**an**)
Nippes *pl* chucherías *fpl*
nirgends *adv,* **nirgendwo** *adv* en ninguna parte
nirgendwohin ['nɪrgəntvo'hɪn] *adv* a ninguna parte
Nirwana [nɪr'vaːna] *nt* <-(s), *ohne pl*> (REL) nirvana *m*
Nische *f* <-n> nicho *m;* **eine ökologische ~** (ÖKOL) un enclave ecológico
nisten *vi* anidar
Nistkasten *m* <-s, -kästen> nidal *m*
Nistplatz *m* <-es, -plätze> nidal *m*
Nitrat *nt* <-(e)s, -e> nitrato *m*
Nitrit [ni'triːt] *nt* <-s, -e> nitrito *m*
Nitroglyzerin [nitroglytse'riːn] *nt* <-s, *ohne pl*> nitroglicerina *f*
Niveau *nt* <-s, -s> nivel *m;* **auf gleichem ~ liegen** estar al mismo nivel; **kein ~ haben** ser de poca categoría
niveaulos *adj* sin nivel; *(mittelmäßig)* mediocre
niveauvoll *adj* de (alto) nivel
Nivellierung *f* <-, -en> nivelación *f*
nix *pron indef (fam) s.* **nichts**
Nixe *f* <-n> ondina *f*
Nizza *nt* <-s> Niza *f*
NN [ɛn'ʔɛn] *Abk. von* **Normalnull** nivel *m* normal cero, nivel *m* de altitud cero
NO *Abk. von* **Nordosten** NE
nobel *adj* ❶ *(geh: edelmütig)* noble ❷ *(elegant)* elegante; *(luxuriös)* lujoso ❸ *(fam: großzügig)* generoso
Nobelkarosse *f* (AUTO: *abw fam)* coche *m* de lujo, cochazo *m*
Nobelpreis *m* premio *m* Nobel
Nobelpreisträger(in) *m(f)* premio *mf* Nobel
noch I. *adv* ❶ *(zeitlich)* aún, todavía; **sie schläft ~** aún duerme; **immer ~** todavía; **~ nicht** todavía no; **kaum ~** apenas; **nur ~** solo, solamente; **~ nie** nunca; **er hat Geld ~ und ~** tiene dinero para dar y regalar; **~ heute** hoy mismo; **weißt du ~?** ¿te acuerdas todavía?; **ich sage dir ~ Bescheid** ya te avisaré; **er will ~ mehr (haben)** quiere (tener) aún más; **seien sie auch ~ so klein** por muy pequeños que sean; **das wäre ja ~ schöner!** *(iron)* ¡no faltaría más! ❷ *(zusätzlich)* otro, más; **wer war ~ da?** ¿quién más estuvo?; **~ ein paar Tage** un par de días más; **~ einmal** otra vez; **auch das ~!** ¡lo que faltaba! **II.** *konj* **weder … ~ …** ni… ni…
nochmalig *adj* otro; *(wiederholt)* repetido
nochmals *adv* otra vez, de nuevo

Nomade, -in *m, f* <-n, -n; -nen> nómada *mf;* **digitaler ~** nómada digital
Nomadenleben *nt ohne pl* vida *f* nómada
Nomadin *f* <-nen> *s.* **Nomade**
Nomen *nt* <-s, Nomina *o* -> (LING) nombre *m*
Nomenklatur *f* <-en> nomenclatura *f*
nominal [nomi'naːl] *adj* (LING, WIRTSCH) nominal
Nominativ *m* <-s, -e> (LING) nominativo *m*
nominieren* *vt* nombrar
Nominierung *f* <-en> nombramiento *m*
No-Name-Produkt *nt* producto *m* de línea blanca
Nonkonformismus ['-----, ---'--] *m ohne pl* inconformismo *m*
Nonne *f* <-n> monja *f*
Nonnenkloster *nt* convento *m* de monjas
Nonplusultra [nɔnplʊs'ʔʊltra] *nt ohne pl (geh)* **das ~** el no va más, el non plus ultra
Nonsens *m* <-(es), *ohne pl*> disparate *m,* sinsentido *m,* chorrada *f argot*
nonstop *adv* sin parar; *(fliegen)* directo
Nord [nɔrt] *m* <-(e)s, *ohne pl*> (*a.* NAUT, METEO) norte *m*
Nordafrika ['nɔrt'ʔa(ː)frika] *nt* <-s> África *f* del Norte
Nordamerika *nt* América *f* del Norte, Norteamérica *f*
Nordatlantikpakt ['--'---] *m ohne pl* (POL, MIL) Tratado *m* del Atlántico Norte
norddeutsch *adj* de Alemania del norte
Norddeutschland *nt* Alemania *f* del norte
Norden *m* <-s, *ohne pl*> norte *m;* **im ~** en el norte; **im ~ von …** *(nördlich von)* al norte de…; *(im nördlichen Teil von)* en el norte de…; **nach ~** hacia el norte; **in den ~** hacia el norte; **von ~** del norte; **im hohen ~** muy al norte
Nordeuropa *nt* Europa *f* del norte, norte *m* de Europa
Nordhalbkugel ['----] *f* hemisferio *m* norte [*o* boreal]
Nordic Walking ['nɔrdɪk 'vɔːkɪŋ] *nt* <-, *ohne pl*> marcha *f* nórdica, nordic walking *m*
nordisch *adj* nórdico
Nordkap ['nɔrtkap] *nt ohne pl* cabo *m* Norte
Nordkorea ['nɔrtko're:a] *nt* <-s> Corea *f* del Norte
Nordkoreaner(in) *m(f)* <-s, -; -, -nen> coreano, -a *m, f* del Norte
nordkoreanisch *adj* de Corea del Norte
Nordküste *f* costa *f* (del) norte
nördlich I. *adj* del norte, septentrional; **in ~er Richtung** en dirección norte; **~ von Köln** al norte de Colonia; **52 Grad ~er**

N

Breite 52 grados latitud norte **II.** *präp +gen* al norte de
Nordlicht *nt* ① *(Polarlicht)* aurora *f* boreal ② *(Mensch) persona (famosa) procedente del norte de Alemania*
Nordosten *m* nor(d)este *m*
Nordmazedonien ['nɔrtmatsedo:niən] *nt* <-s> Macedonia *f* del Norte
nordöstlich **I.** *adj* del nor(d)este **II.** *präp +gen* al nor(d)este de
Nord-Ostsee-Kanal [(')nɔrt'ʔɔstze:ka-na:l] *m ohne pl* canal *m* de Kiel
Nordpol *m ohne pl* polo *m* norte
Nordpolarmeer *nt ohne pl* océano *m* Glacial Ártico
Nordrhein-Westfalen *nt* Renania *f* del Norte-Westfalia
Nordsee *f* mar *m* del Norte
Nordseite *f* lado *m* norte
Nord-Süd-Gefälle *nt ohne pl* (POL) tensiones *f pl* Norte-Sur
nordwärts ['-vɛrts] *adv* ① *(nach Norden)* hacia el norte ② *(im Norden)* al norte
Nordwesten *m* noroeste *m*
nordwestlich **I.** *adj* del noroeste **II.** *präp +gen* al noroeste de
Nordwind *m* viento *m* (del) norte
Nörgelei[1] [nœrgə'laɪ] *f ohne pl (abw: das Nörgeln)* critiqueo *m; (nörgelnde Art)* afán *m* de criticar; **hat er immer noch nicht mit der ~ aufgehört?** *(fam)* ¿todavía sigue con el dale que te pega?
Nörgelei[2] *f* <-en> *(abw: Bemerkung)* queja; **~en** quejas *f pl* reiterativas
nörgeln *vi (abw)* criticar
Nörgler(in) *m(f)* <-s, -; -nen> *(abw)* criticón, -ona *m, f*
Norm *f* <-en> norma *f*
normal **I.** *adj* normal; *(gewöhnlich)* corriente **II.** *adv (fam: normalerweise)* normalmente
Normalbenzin *nt* gasolina *f* normal
normalerweise *adv* normalmente
Normalgewicht *nt* <-(e)s, *ohne pl*> peso *m* normal
Normalgröße *f* <-, -n> tamaño *m* normal
normalisieren* **I.** *vt* normalizar **II.** *vr:* **sich ~** normalizarse
Normalisierung *f* <-, -en> normalización *f*
Normalität *f ohne pl* normalidad *f*
Normalzustand *m* estado *m* normal
Normandie *f* Normandía *f*
normen *vt,* **normieren*** *vt* normalizar
Normierung *f* <-, -en>, **Normung** *f* <-, -en> normalización *f,* estandarización *f*
Norwegen *nt* <-s> Noruega *f*
Norweger(in) *m(f)* <-s, -; -nen> noruego, -a *m, f*
norwegisch *adj* noruego
Nostalgie *f ohne pl* nostalgia *f*
nostalgisch *adj* nostálgico
Not[1] *f ohne pl (Mangel)* falta *f* (**an** de); *(Elend)* miseria *f; (Armut)* pobreza *f;* **~ leiden** *(geh)* estar en la miseria; **~ leidend** necesitado; **das geht zur ~** puede pasar; **jdm seine ~ klagen** contar(le) sus penas a alguien; **wenn ~ am Mann ist** cuando (la cosa) aprieta; **aus der ~ eine Tugend machen** hacer de tripas corazón; **~ macht erfinderisch** *(prov)* no hay mejor maestra que necesidad y pobreza
Not[2] *f* <Nöte> ① *(Notlage)* apuro *m;* **in ~ sein/geraten** estar/verse en apuros ② *(Sorge, Mühe)* pena *f;* **er hat seine liebe ~ damit** le cuesta (trabajo); **mit knapper ~** por los pelos
Notar(in) *m(f)* <-s, -e; -nen> (JUR) notario, -a *m, f,* fedatario, -a *m, f Hond*
Notariat *nt* <-(e)s, -e> (JUR) notaría *f,* escribanía *f Am*
notariell *adj* (JUR) notarial, del notario
Notarin *f* <-nen> *s.* **Notar**
Notarzt, -ärztin *m, f* médico, -a *m, f* de urgencia
Notarztwagen *m* coche *m* del médico de guardia [*o* de urgencia]
Notation [nota'tsjo:n] *f* <-, -en> (MATH, MUS) notación *f*
Notaufnahme *f* admisión *f* de urgencia
Notausgang *m* salida *f* de emergencia
Notbehelf *m* <-(e)s, -e> recurso *m* de urgencia
Notbeleuchtung *f* <-, -en> alumbrado *m* de urgencia
Notbremse *f* freno *m* de emergencia
Notdienst *m* servicio *m* de emergencia
Notdurft *f ohne pl (geh)* necesidades *f pl;* **seine ~ verrichten** hacer sus necesidades
notdürftig *adj* ① *(kaum ausreichend)* escaso ② *(behelfsmäßig)* provisional
Note[1] *f* <-n> ① (MUS) nota *f;* **eine ganze ~** una redonda; **eine halbe ~** una blanca ② *(Schulnote)* nota *f* ③ *(Banknote)* billete *m*
Note[2] *f ohne pl (Eigenart)* toque *m;* **etw** *dat* **seine persönliche ~ geben** aportar a algo su toque personal
Notebook ['noʊtbʊk] *nt* <-s, -s> (INFOR) notebook *m,* ordenador *m* portátil
Notenblatt *nt* <-(e)s, -blätter> (MUS) hoja *f* de música
Notenheft *nt* <-(e)s, -e> (MUS, SCH) cuaderno *m* de música
Notenlinie *f* (MUS) línea *f* del pentagrama
Notenpapier *nt ohne pl* (MUS) papel *m* de música
Notenschlüssel *m* (MUS) clave *f*

Notenschrift *f* (MUS) notación *f* musical
Notenständer *m* (MUS) atril *m*
Notensystem *nt* ❶ (SCH) sistema *m* de calificaciones ❷ (MUS) notación *f* musical
Notfall *m* (caso *m* de) emergencia *f;* **im ~** en caso de emergencia
notfalls *adv* en caso necesario
Notfallstation *f* <-, -en> *(Schweiz)* puesto *m* de socorro, enfermería *f*
notgedrungen *adv* por la fuerza
notieren* **I.** *vi* (FIN) cotizar **II.** *vt* ❶ (FIN) cotizar ❷ *(aufschreiben)* anotar, apuntar
Notierung *f* <-, -en> (FIN) cotización *f*
nötig *adj* necesario, preciso; **unbedingt ~** imprescindible; **es ist (nicht) ~, dass ...** (no) es necesario que... *+subj;* **wenn ~** si es preciso; **ich habe es nicht ~, mir das sagen zu lassen** no tengo por qué permitir que me digan esas cosas; **du hast es gerade ~!** ¡mira quién fue a hablar!
nötigen *vt (drängen)* apremiar; *(zwingen)* obligar; (JUR) coaccionar
nötigenfalls *adv* en caso necesario
Nötigung *f ohne pl* (JUR) coacción *f*
Notiz *f* <-en> ❶ *(Vermerk)* nota *f;* **sich** *dat* **~en machen** tomar apuntes; **von etw ~ nehmen** fijarse en algo ❷ *(Zeitungsnotiz)* noticia *f*
Notizblock *m* bloc *m* de notas
Notizbuch *nt* libreta *f,* agenda *f*
Notizzettel *m* <-s, -> hoja *f* de papel
Notlage *f* apuro *m; (Krise)* crisis *f inv;* **sich in einer ~ befinden** verse en un apuro
notlanden *vi sein* realizar un aterrizaje forzoso
Notlandung *f* aterrizaje *m* forzoso
notleidend *adj s.* **Not[1] 1.**
Notlösung *f* solución *f* de emergencia
Notlüge *f* mentira *f* inocente
notorisch *adj (abw)* notorio
Notruf *m* ❶ *(Hilferuf)* llamada *f* de socorro ❷ *(Notrufnummer)* (número *m* de) teléfono *m* de emergencia
Notrufknopf *m* botón *m* de alarma
Notrufnummer *f* teléfono *m* de urgencias
Notrufsäule *f* poste *m* de socorro
notschlachten *vt* sacrificar *(un animal enfermo o herido)*
Notsignal *nt* señal *f* de socorro
Notstand *m* (JUR) estado *m* de emergencia
Notstandsgebiet *nt* zona *f* catastrófica
Notstromversorgung *f* <-, *ohne pl*> suministro *m* eléctrico de emergencia
not|tun *irr vi (geh)* **es tut not, etw zu tun** es preciso hacer algo
Notunterkunft *f* alojamiento *m* provisional
Notwehr *f ohne pl* (JUR) legítima defensa *f;* **in** [*o* **aus**] **~** en legítima defensa
notwendig *adj* ❶ *(nötig)* necesario; **unbedingt ~** indispensable ❷ *(zwangsläufig)* inevitable
notwendigerweise *adv* por fuerza
Notwendigkeit *f* <-en> necesidad *f*
Nougat *m o nt* <-s, -s> praliné *m*
Novelle *f* <-n> ❶ (LIT) novela *f* corta; *(Erzählung)* cuento *m* ❷ (POL, JUR) enmienda *f* de ley
November *m* <-(s), -> noviembre *m; s. a.* **März**
Novität [noviˈtɛːt] *f* <-, -en> novedad *f*
Novize, -in *m, f* <-n, -n; -nen> (REL) novicio, -a *m, f*
Noviziat [noviˈtsi̯aːt] *nt* <-(e)s, -e> (REL) noviciado *m*
Nr. *Abk. von* **Nummer** nº
NS ❶ *Abk. von* **Nachschrift** P.D. ❷ *Abk. von* **Nationalsozialismus** nacionalsocialismo *m*
Nu *m (fam)* **im ~** en un abrir y cerrar de ojos
Nuance *f* <-n> matiz *m;* **eine ~ lauter** un punto más alto
nüchtern *adj* ❶ *(ohne Essen)* en ayunas; **auf ~en Magen** en ayunas ❷ *(nicht betrunken)* sobrio ❸ *(sachlich)* objetivo ❹ *(schmucklos)* sin adornos
Nüchternheit *f ohne pl* ❶ *(mit leerem Magen, nicht betrunken)* sobriedad *f* ❷ *(Sachlichkeit)* objetividad *f* ❸ *(Schlichtheit)* sencillez *f*
nuckeln [ˈnʊkəln] *vi (fam)* chupar (**an**)
Nudel *f* <-n> pasta *f*
Nudelholz *nt* rodillo *m*
Nudelsuppe *f* sopa *f* de pasta
Nudismus *m* <-s, *ohne pl*> nudismo *m*
Nudist(in) *m(f)* <-en, -en; -nen> nudista *mf*
Nugat *m o nt* <-s, -s> *s.* **Nougat**
Nugget [ˈnagɪt] *nt* <-(s), -s> (GASTR) nugget *m,* bocadito *m* de pollo
nuklear *adj* nuclear
Nuklearmacht *f* potencia *f* nuclear
Nuklearmedizin *f* <-, *ohne pl*> medicina *f* nuclear
Nukleartest *m* <-(e)s, -s *o* -e> test *m* nuclear
Nuklearwaffe *f* arma *f* nuclear
null *adj inv* ❶ *(Zahl)* cero; **~ zu ~** cero a cero; **~ und nichtig** nulo y no avenido; **die Stunde ~** la hora cero; **in ~ Komma nichts** *(fam)* en un dos por tres ❷ *(sl: kein)* **~ Problemo** sin problemas; **~ Bock auf etw haben** pasar de algo
Null *f* <-en> ❶ *(Zahl)* cero *m* ❷ *(fam abw: Versager)* cero *m* a la izquierda
nullachtfünfzehn *adj inv (fam)* común y corriente
Nulldiät *f* dieta *f* absoluta

Nullpunkt *m ohne pl* punto *m* cero; **den ~ erreicht haben** llegar a su punto más bajo
Nulltarif *m ohne pl* **zum ~** gratis
Nullwachstum *nt ohne pl* (WIRTSCH) crecimiento *m* cero
numerisch *adj* (*a.* INFOR) numérico
Numerus *m* <-, Numeri> (LING) número *m;* **~ clausus** número clauso
Nummer *f* <-n> ① *(Zahl)* número *m;* **Gesprächsthema ~ eins** tema principal; **auf ~ Sicher gehen** *(fam)* ir sobre seguro; **mit jdm eine ~ schieben** *(vulg)* echar un polvo con alguien ② *(Autonummer)* matrícula *f; (Telefonnummer)* (número *m* de) teléfono *m* ③ *(Größe)* talla *f*
nummerieren* *vt* numerar
Nummerierung *f* <-, -en> numeración *f*
Nummernkonto *nt* <-s, -konten *o* -s *o* -konti> (FIN) cuenta *f* cifrada
Nummernschild *nt* (AUTO) matrícula *f*
nun **I.** *adv* ① *(jetzt)* ahora; **von ~ an** desde ahora; **was ~?** ¿y ahora qué?; **das hast du ~ davon** este es el resultado ② *(inzwischen)* entretanto **II.** *part (einleitend)* pues, bueno; *(weiterführend)* pues bien; **~ denn** bueno, entonces; **~ sag schon ...** bueno, habla de una vez...; **~ gut** pues bien; **das ist ~ mal so** esto es así
nunmehr *adv (geh)* ① *(jetzt)* ahora ② *(von jetzt an)* a partir de ahora
nur **I.** *adv* solo, solamente; **~ noch** tan solo; **~ schade, dass ...** es sencillamente una pena que... *+subj;* **alles, ~ das nicht!** ¡todo, menos eso!; **warum fragst du? – ~ so** ¿por qué preguntas? – por preguntar, nada más **II.** *(Partikel)* **so schnell er ~ konnte** tan rápido como pudo; **wo ist sie ~?** ¿dónde demonios está?; **~ zu!** ¡ánimo!; **sieh ~!** ¡mira!; **lass ihn ~ machen!** ¡déjale a él!; **was hat sie ~?** ¿pero qué le pasa?; **wenn sie ~ (endlich) anriefe!** ¡si llamara (de una vez)!; **~ her damit!** *(fam)* ¡trae para acá!
Nürnberg *nt* <-s> Nuremberg *m*
nuscheln *vi (fam)* mascullar
Nuss *f* <Nüsse> ① *(Frucht)* nuez *f;* **jdm eine harte ~ zu knacken geben** *(fam fig)* dar(le) a alguien un hueso duro de roer ② *(fam: Kopf)* coco *m;* **eine taube ~** un tontorrón; **dumme ~!** *(fam)* ¡idiota! ③ *(Österr) tacita para la moca*
Nussbaum *m* nogal *m*
nussig *adj* (GASTR) de nuez
Nussknacker *m* cascanueces *m inv*
Nussschale *f* ① *(Schale einer Nuss)* cáscara *f* (de nuez) ② *(iron: Boot)* barquillo *m*
Nüster *f* <-n> ollar *m*
Nut(e) *f* <-en> (TECH) ranura *f*
Nutella® *f ohne pl* nocilla® *f*
Nutte *f* <-n> *(fam abw)* puta *f*
Nutz *m* **~ bringend** *(nützlich)* útil; *(Gewinn bringend)* provechoso, beneficioso; **sich** *dat* **etw zu ~e machen** aprovechar algo
nutzbar *adj* utilizable; **den Boden ~ machen** cultivar la tierra
nutzbringend *adj (nützlich)* útil; *(Gewinn bringend)* provechoso, beneficioso
nütze **zu etw ~ sein** servir para algo
Nutzeffekt *m* efecto *m* útil
nutzen, nützen **I.** *vi* servir; **wozu soll das ~?** ¿para qué va a servir esto?; **jdm zu etw ~** ser provechoso para alguien; *(Gewinn bringen)* beneficiar a alguien **II.** *vt* ① *(Rohstoffe)* aprovechar ② *(Gelegenheit)* aprovechar
Nutzen *m* <-s, *ohne pl*> *(Nützlichkeit)* utilidad *f,* provecho *m; (Gewinn)* beneficio *m;* **zum ~ der Öffentlichkeit** en beneficio del público; **jdm von ~ sein** ser(le) útil a alguien; **~ aus etw ziehen** sacar provecho de algo
Nutzerführung ['nʊtsɐ-] *f* (INFOR) guía *f* del usuario
Nutzerrecht *nt* <-(e)s, -e> derecho *m* de usuario
Nutzfahrzeug *nt* vehículo *m* de servicio
Nutzfläche *f* <-, -n> superficie *f* útil
Nutzlast *f* <-, -en> carga *f* útil
nützlich *adj* útil; **sich ~ machen** ser útil
Nützlichkeit *f ohne pl* utilidad *f*
Nützlichkeitsdenken *nt ohne pl* pensamiento *m* utilitario
nutzlos *adj* inútil; *(vergeblich)* infructuoso, vano
Nutzlosigkeit *f ohne pl* inutilidad *f; (Vergeblichkeit)* infructuosidad *f*
Nutznießer(in) *m(f)* <-s, -; -nen> usufructuario, -a *m, f*
Nutzpflanze *f* <-, -n> planta *f* útil
Nutzung *f ohne pl* utilización *f*
Nutzungsbedingungen *fpl* (*a.* INFOR) condiciones *fpl* del servicio
NW *Abk. von* **Nordwesten** NO
Nylon® *nt* <-s, *ohne pl*> nailon *m*
Nymphe ['nʏmfə] *f* <-, -n> (*a.* ZOOL) ninfa *f*

Oo

O, o *nt* <-, -> O, o *f;* ~ **wie Otto** O de Oviedo

o *interj* oh

O *Abk. von* **Osten** E

Oase *f* <-n> oasis *m inv*

ob *konj* ① *(im indirekten Fragesatz)* si; **sie fragt, ~ Monika zu Hause** [*o* **zuhause**] **ist** pregunta si Monika está en casa; **~ er wohl kommen wird?** ¿vendrá o no (vendrá)? ② *(vergleichend)* **als ~** como si *+subj;* **als ~ nichts geschehen wäre** como si no hubiera pasado nada ③ *(egal ob)* lo mismo da que *+subj;* **~ arm, ~ reich** lo mismo pobres que ricos ④ *(verstärkend)* **und ~!** ¡claro que sí!

OB *mf* <-(s), -(s)> *Abk. von* **Oberbürgermeister(in)** primer(a) alcalde(sa) *m(f)*

Obacht ['o:baxt] *f* <-, *ohne pl*> *(südd)* cuidado *m;* **auf jdn/auf etw ~ geben** tener cuidado de alguien/de algo

Obdach *nt ohne pl* refugio *m;* **jdm ~ gewähren** prestar refugio a alguien

obdachlos *adj* sin hogar

Obdachlose(r) *mf* <-n, -n; -n> desamparado, -a *m, f*

Obdachlosenasyl *nt,* **Obdachlosenheim** *nt* asilo *m* nocturno

Obdachlosigkeit *f* <-, *ohne pl*> desamparo *m* (por falta de albergue)

Obduktion *f* <-en> (MED) autopsia *f*

obduzieren* *vt* hacer la autopsia (a)

O-Beine *ntpl (fam)* piernas *fpl* arqueadas

Obelisk [obe'lɪsk] *m* <-en, -en> obelisco *m*

oben *adv* ① *(in der Höhe, im Text, a. fig)* arriba; **dort ~** allí arriba; **nach ~** hacia arriba; **von ~ bis unten** de arriba a abajo; **er behandelt die Leute von ~ herab** mira a la gente por encima del hombro; **ganz ~** arriba del todo; **~ links/rechts** arriba a la izquierda/derecha; **siehe ~** véase arriba; **~ erwähnt** arriba mencionado; *(bei Personen)* susodicho; **wie ~ erwähnt** como se ha mencionado anteriormente; **das steht mir bis hier ~** *(fam)* estoy harto de eso; **~ ohne** *(fam)* en toples(s) ② *(an der Oberfläche)* en la superficie

obenan *adv* de primero

obenauf *adv (gesund)* sano; *(gut gelaunt)* de buen humor

obendrauf *adv* encima

obendrein *adv* además

obenherum *adv (fam)* por arriba; **das Kleid ist ~ etwas zu weit** el vestido queda demasiado ancho de arriba

obenhin *adv (oberflächlich)* superficialmente; *(beiläufig)* de paso

oben-ohne *adv* en toples(s)

obenrum ['o:bən'rʊm] *adv (fam) s.* **obenherum**

Ober *m* <-s, -> camarero *m;* **Herr ~!** ¡camarero!

Oberarm *m* brazo *m*

Oberarzt, -ärztin *m, f* médico, -a *m, f* jefe

Oberaufsicht *f* <-, -en> (JUR) supervigilancia *f*

Oberbefehl *m* <-(e)s, *ohne pl*> mando *m* supremo

Oberbefehlshaber(in) *m(f)* (MIL) comandante *mf* en jefe

Oberbegriff *m* término *m* genérico

Oberbekleidung *f* ropa *f* exterior

Oberbett *nt* <-(e)s, -en> edredón *m*

Oberbürgermeister(in) *m(f)* primer(a) alcalde(sa) *m(f)*

Oberdeck *nt* <-(e)s, -s> (NAUT) cubierta *f* superior

obere(r, s) *adj* ① *(allgemein)* alto, de arriba ② *(in einer Hierarchie)* alto, superior

Oberfeldwebel *m* sargento *m* primero

Oberfläche *f* superficie *f*

Oberflächenspannung *f* <-, -en> tensión *f* superficial

oberflächlich *adj* superficial

Oberflächlichkeit *f ohne pl* superficialidad *f*

Obergeschoss *nt* planta *f* superior; **im zweiten ~** en el segundo piso

Obergrenze *f* <-, -n> límite *m* superior

oberhalb *präp +gen* por encima de

Oberhand *f ohne pl* **die ~ gewinnen** imponerse

Oberhaupt *nt (geh)* jefe, -a *m, f*

Oberhaus *nt* (POL) Cámara *f* Alta

Oberhemd *nt* <-(e)s, -en> camisa *f*

Oberin *f* <-nen> ① *(im Krankenhaus)* enfermera *f* jefe ② *(im Kloster)* priora *f*

oberirdisch *adj* de superficie

Oberkellner(in) *m(f)* <-s, -; -, -nen> jefe, -a *m, f* de comedor, maître *m*

Oberkiefer *m* (ANAT) maxilar *m* superior

Oberkommando *nt* (MIL) mando *m* supremo

Oberkörper *m* busto *m*

Oberleitung[1] *f* <-, *ohne pl*> *(Führung)* dirección *f* (general)

Oberleitung[2] *f* <-, -en> *(für Bus, Straßenbahn)* línea *f* eléctrica aérea

Oberleutnant *m* (MIL) teniente *m*

Oberlicht *nt* <-(e)s, -er> claraboya *f*, tragaluz *m*, banderola *f CSur*
Oberliga *f* <-, -ligen> (SPORT) (liga *f* de) segunda división *f*
Oberlippe *f* labio *m* superior
Oberösterreich *nt* Alta Austria *f*
Oberrhein ['o:bɐraɪn] *m* <-s> (GEO) Alto Rin *m*
Obers ['o:bɐs] *nt* <-, *ohne pl*> *(Österr)* nata *f*
Oberschenkel *m* muslo *m*
Oberschenkelhalsbruch *m* <-(e)s, -brüche> (MED) fractura *f* del cuello del fémur
Oberschenkelknochen *m* (ANAT) fémur *m*
Oberschenkelmuskel *m* (ANAT) cuádriceps *m inv*
Oberschicht *f* ❶ *(der Gesellschaft)* clase *f* alta ❷ *(oberste Schicht)* capa *f* superior
Oberschwester *f* enfermera *f* jefe
Oberseite *f* lado *m* superior
Oberst *m* <-en *o* -s, -en> coronel *m*
oberste(r, s) *adj superl von* **obere(r, s)** ❶ *(höher gelegen)* superior, más alto; *(Stockwerk)* último; *(zuoberst)* de arriba del todo ❷ *(in einer Hierarchie)* supremo; **der O~ Gerichtshof** el Tribunal Supremo ❸ *(wichtigste)* más importante; **das ~ Gebot** lo fundamental
Oberstleutnant *m* teniente *m* coronel
Oberstudiendirektor(in) *m(f)* <-s, -en; -, -nen> (SCH) director(a) *m(f)* de instituto de enseñanza media [*o* de un centro de (enseñanaza) secundaria]
Oberstufe *f* (SCH) nivel *m* superior; *(an deutschen Schulen)* grados *mpl* superiores *(de 11° a 12°/13° curso en la escuela alemana)*
Oberteil *nt* ❶ *(Möbel)* parte *f* superior; *(Haus)* piso *m* superior ❷ *(Kleidungsstück)* prenda *f* para arriba
Oberwasser *nt* <-s, *ohne pl*> *(fam)* **~ haben** llevar ventaja
Oberweite *f* contorno *m* de pecho; **zu viel/zu wenig ~ haben** tener demasiado/demasiado poco pecho
obgleich *konj s.* **obwohl**
Obhut *f ohne pl (geh)* custodia *f*; *(Schutz)* protección *f*; **jdn in seine ~ nehmen** tomar a alguien bajo su protección
obige(r, s) *adj* arriba mencionado; *(bei Personen)* susodicho
Objekt *nt* <-(e)s, -e> ❶ *(Gegenstand)* objeto *m* ❷ (LING) complemento *m* ❸ *(Österr:* ADMIN: *Gebäude)* edificio *m*
objektiv *adj* objetivo; *(unparteiisch)* imparcial
Objektiv *nt* <-s, -e> objetivo *m*
Objektivdeckel *m* (FOTO) tapa *f* del objetivo
Objektivität *f ohne pl* objetividad *f*
Objektträger *m* <-s, -> portaobjeto(s) *m (inv)*
Oblate *f* <-n> ❶ *(für Gebäck)* oblea *f* ❷ *(Hostie)* hostia *f*
obligatorisch *adj* obligatorio
Oboe *f* <-n> oboe *m*
Oboist(in) [obo'ɪst] *m(f)* <-en, -en; -, -nen> (MUS) oboísta *mf*
Obrigkeit *f* <-en> autoridad *f*
obrigkeitshörig *adj (abw)* sumiso a la autoridad
obschon *konj (geh) s.* **obwohl**
Observatorium *nt* <-s, -ien> observatorio *m*
observieren* *vt* observar
obskur *adj* o(b)scuro; *(anrüchig)* de mala fama; *(zweifelhaft)* ambiguo
obsolet [ɔpzo'le:t] *adj (geh)* obsoleto
Obst *nt* <-(e)s, *ohne pl*> fruta *f*
Obstanbau *m* fruticultura *f*
Obstbaum *m* (árbol *m*) frutal *m*
Obsternte *f* <-, -n> recolección *f* de fruta
Obstgarten *m* huerto *m* frutal
Obsthändler(in) *m(f)* frutero, -a *m, f*
Obsthandlung *f* frutería *f*
Obstkuchen *m* pastel *m* de fruta
Obstler ['o:pstlɐ] *m* <-s, -> aguardiente *m* de frutas
Obstmesser *nt* cuchillo *m* para fruta
Obstsaft *m* zumo *m* de fruta(s)
Obstsalat *m* macedonia *f*
Obsttorte *f* tarta *f* de frutas
obszön *adj* obsceno
Obszönität *f* <-en> obscenidad *f*
obwohl *konj* aunque, a pesar de que; **~ es regnet, gehe ich aus** aunque está lloviendo, voy a salir
Ochse *m* <-n, -n> ❶ *(Tier)* buey *m* ❷ *(fam: Dummkopf)* estúpido, -a *m, f*
Ochsenschwanzsuppe *f* sopa *f* de rabo de buey
Ocker *m o nt* <-s, -> ocre *m*
Ode *f* <-n> oda *f*
öde *adj* ❶ *(verlassen)* desierto; *(unbewohnt)* despoblado ❷ *(unbebaut)* yermo ❸ *(langweilig)* aburrido
Öde[1] *f* <-n> ❶ *(Einsamkeit)* soledad *f* ❷ *(Land)* desierto *m*
Öde[2] *f ohne pl (Leere, Langeweile)* monotonía *f*
oder *konj* o; *(vor o, ho)* u; *(andernfalls)* si no; **er ~ sie** él o ella; **sieben ~ acht** siete u ocho; **10 ~ 12** 10 o 12; **~ aber …** o por el contrario…; **~ auch …** o (bien)…; **~ etwa nicht?** ¿o no?; **entweder … ~ …** o… o…
Oder *f* <-> Oder *m*
Oder-Neiße-Linie *f* <-> línea *f* del Oder y Neisse

Ödipuskomplex ['ø:dipʊs-] *m* <-es, *ohne pl*> (PSYCH) complejo *m* de Edipo
Odyssee *f* <-n> *(geh)* odisea *f*
OECD *f Abk. von* **Organization for Economic Cooperation Development** OCDE *f inv*
Ofen *m* <-s, Öfen> ① *(Backofen)* horno *m* ② *(Heizofen)* estufa *f*; **der ~ ist aus** *(fig fam)* se acabó; **ein heißer ~** *(fam: Auto)* un bólido; *(Motorrad)* una moto
ofenfrisch *adj* recién hecho; **auch sonntags servieren wir ~e Brötchen!** ¡los domingos también tenemos pan del día!
Ofensetzer(in) *m(f)* estufista *mf*, estufero, -a *m, f*
Ofentür *f* puerta *f* de la estufa
Off [ɔf] *nt* <-s, *ohne pl*> (TV, FILM, THEAT) voz *f* en off; **aus dem ~** en off
offen *adj* ① *(allgemein)* abierto; *(Haare)* suelto; *(ohne Deckel)* destapado; *(unverpackt)* a granel; **halb ~** medio abierto; **~er Wein** vino a granel; **auf ~er Straße** en plena calle; **mit ~em Mund dastehen** estar plantado con la boca abierta; **ein ~es Haus haben** *(fig)* ser hospitalario; **mit ~en Augen durch die Welt gehen** andar por el mundo con los ojos bien abiertos; **~ gegenüber allem Neuen sein** estar abierto a todo lo nuevo; **das ist noch völlig ~** eso todavía no se sabe; **die Post hat jetzt ~** Correos está ahora abierto ② *(Stelle)* vacante ③ *(unerledigt)* pendiente; **~e Rechnung** cuenta pendiente ④ *(aufrichtig)* franco, abierto; **~ seine Meinung sagen** decir su opinión abiertamente; **etw ~ zugeben** admitir algo abiertamente; **~ gestanden ...** (dicho) francamente...; **~ mit jdm reden** hablar francamente con alguien
offenbar **I.** *adj* manifiesto, evidente **II.** *adv* aparentemente
offenbaren* **I.** *vt (geh)* revelar, desvelar **II.** *vr:* **sich ~** *(geh)* ① *(sich erweisen)* mostrarse ② *(sich anvertrauen)* confiarse
Offenbarung *f* <-en> *(geh, a.* REL) revelación *f*
Offenbarungseid *m* (JUR) juramento *m* declarativo; **einen ~ leisten** prestar juramento declarativo
offen|bleiben *irr vi sein (Frage)* quedar pendiente
Offenheit *f ohne pl* ① *(Aufgeschlossenheit)* espíritu *m* abierto; **seine ~ gegenüber allem Neuen** su espíritu abierto para todo lo nuevo ② *(Ehrlichkeit)* franqueza *f*, sinceridad *f*; **in [***o* **mit] aller ~** sinceramente
offenherzig *adj* abierto, franco
Offenherzigkeit *f* <-, *ohne pl*> franqueza *f*
offenkundig *adj* manifiesto; *(offensichtlich)* evidente
offen|lassen *irr vt (Entscheidung)* dejar pendiente
offenlegen *vt* **etw ~** exponer algo con toda claridad, dar a conocer algo públicamente
Offenlegung *f* <-, -en> **~ von Urkunden** publicación *f* de actas
offensichtlich **I.** *adj* evidente **II.** *adv* evidentemente
offensiv *adj* ofensivo
Offensive *f* <-n> ofensiva *f*; **in die ~ gehen** tomar la ofensiva
offen|stehen *irr vi* ① *(Rechnung)* estar pendiente ② *(Möglichkeit)* **es steht dir offen, zu ...** tienes la posibilidad de...
öffentlich **I.** *adj* público; **nicht ~** a puerta cerrada **II.** *adv* en público; **~ bekannt geben** publicar
Öffentlichkeit *f ohne pl* ① *(Gesamtheit der Menschen)* público *m*; **die ~ scheuen** temer al público; **in aller ~** en público; **etw an die ~ bringen** hacer algo público ② *(das Öffentlichsein)* carácter *m* público
Öffentlichkeitsarbeit *f ohne pl* relaciones *f pl* públicas
öffentlichkeitswirksam *adj* de gran efectividad publicitaria
öffentlich-rechtlich *adj* (de derecho) público
offerieren* [ɔfe'ri:rən] *vt* (COM) ofrecer
Offerte *f* <-n> (COM) oferta *f*
offiziell *adj* oficial; **etw ~ bekannt geben** dar a conocer algo oficialmente
Offizier(in) *m(f)* <-s, -e; -nen> oficial(a) *m(f)*
Offiziersanwärter(in) *m(f)* aspirante *mf* a oficial
offline *adj* (INFOR) fuera de línea
Offlinebetrieb *m ohne pl* (INFOR) servicio *m* fuera de línea [*o* off-line], operación *f* fuera de línea
öffnen **I.** *vi, vt* abrir; **hier ~** ábrase aquí; **eine Datei ~** (INFOR) abrir un archivo **II.** *vr:* **sich ~** abrirse
Öffner *m* <-s, -> abridor *m*
Öffnung *f* <-en> apertura *f*; *(Loch)* agujero *m*
Öffnungszeit *f* horas *f pl* de apertura
Offroadfahrzeug ['ɔfroʊd-] *nt (Geländewagen)* (vehículo *m*) todoterreno *m*
oft <öfter, am öftesten> *adv* a menudo; **wie ~?** ¿cuántas veces?; **sehr ~** muy a menudo; **nicht ~** pocas veces; **ziemlich ~** bastante a menudo; **~ genug** bastante (a menudo)

O

öfters *adv* frecuentemente, con (mucha) frecuencia

öftesten *superl von* **oft: am ~** lo (que) más a menudo

oftmals *adv* a menudo

oh *interj* oh, ah; **~, wie schön!** ¡oh, qué bonito!; **~ ja!** ¡ah, sí!; **~ nein!** ¡oh, no!

Ohm *nt* <-(s), -> (PHYS) ohmio *m*

ohne I. *präp +akk* sin; *(ausgenommen)* excepto; **das geschah ~ mein Wissen** esto pasó sin que yo lo supiera; **~ Zweifel** sin duda; **~ mich!** ¡no cuentes conmigo!; **~ Weiteres** [*o* **weiteres**] sin más; **es geht auch ~** no hace falta; **das ist nicht ~** *(fam)* no es cosa fácil **II.** *konj* **~ dass ...** sin que... *+subj;* **~ zu** sin

ohnegleichen *adv* sin par, único

ohnehin *adv* de todos modos

Ohnmacht *f* <-en> ❶ *(Bewusstlosigkeit)* desvanecimiento *m;* **in ~ fallen** desmayarse ❷ *(Machtlosigkeit)* impotencia *f*

ohnmächtig *adj* ❶ *(bewusstlos)* desmayado; **~ werden** desmayarse ❷ *(machtlos)* impotente

Ohr *nt* <-(e)s, -en> *(äußeres)* oreja *f; (inneres)* oído *m;* **es ist mir zu ~en gekommen, dass ...** he oído que...; **mir dröhnen/sausen die ~en** me suenan/zumban los oídos; **ich bin ganz ~** soy todo oídos; **mit halbem ~ zuhören** escuchar a medias; **sich** *dat* **die ~en zuhalten** taparse los oídos; **etw noch im ~ haben** tener algo todavía en la cabeza; **jdm die ~en lang ziehen** *(fam fig)* dar un tirón de orejas a alguien; **auf dem ~ bin ich taub** *(fig)* no me doy por aludido; **die Melodie geht ins ~** la melodía se pega; **jdn übers ~ hauen** engañar a alguien; **schreib dir das hinter die ~en!** *(fam)* ¡tenlo bien presente!; **etw geht zum einen ~ rein, zum anderen wieder heraus** *(fam fig)* algo entra por un oído y sale por el otro; **viel um die ~en haben** *(fam)* estar muy ocupado; **bis über beide ~en verliebt sein** *(fam fig)* estar enamorado hasta la médula; **die Situation/die Arbeit wächst mir über die ~en** *(fig)* la situación/el trabajo me desborda; **sich aufs ~ legen** *(fam fig)* planchar la oreja; **es faustdick hinter den ~en haben** *(fam fig)* tener muchas conchas

Öhr *nt* <-(e)s, -e> ojo *m* de la aguja

Ohrenarzt, -ärztin *m, f* otólogo, -a *m, f*

ohrenbetäubend *adj (fam)* ensordecedor

Ohrenentzündung *f* (MED) otitis *f inv*

Ohrenschmalz *nt* cerumen *m*

Ohrenschmerzen *mpl* (MED) dolor *m* de oídos

Ohrensessel *m* <-s, -> sillón *m* de orejas

Ohrfeige *f* bofetada *f,* bife *m Am,* biaba *f Arg, Urug*

ohrfeigen *vt* pegar una bofetada (a), virar *AmC, Ant;* **ich könnte mich ~, dass ...** *(fam)* me daría de tortas por...

Ohrläppchen *nt* lóbulo *m* de la oreja

Ohrmuschel *f* pabellón *m* de la oreja

Ohrring *m* pendiente *m,* aro *m Am*

Ohrstecker *m* pendiente *m* (de botón)

Ohrstöpsel *m* tapón *m* para el oído

Ohrwurm *m* ❶ *(Insekt)* tijereta *f* ❷ *(fam: Lied)* melodía *f* pegadiza

oje *interj* vaya(, qué pena)

o.k., okay I. *(fam: Partikel)* vale, de acuerdo, okey *Am* **II.** *adj (fam)* **~ sein** *(gut)* estar bien; *(in Ordnung)* estar en orden

okkult [ɔ'kʊlt] *adj (geh)* oculto

Okkultismus [ɔkʊl'tɪsmʊs] *m* <-, *ohne pl*> ocultismo *m*

Okkupation [ɔkupa'tsjo:n] *f* <-, -en> ocupación *f* (militar)

Ökobauer, -bäuerin *m, f* agricultor(a) *m(f)* ecológico , -a

Ökoladen *m* tienda *f* ecológica

Ökologe, -in *m, f* <-n, -n; -nen> ecologista *mf*

Ökologie *f ohne pl* ecología *f*

Ökologin *f* <-nen> *s.* **Ökologe**

ökologisch *adj* ecologista, ecológico; **~es Gleichgewicht** equilibrio ecológico

Ökonom(in) [øko'no:m] *m(f)* <-en, -en; -, -nen> economista *mf*

Ökonomie *f* <-n> economía *f*

Ökonomin *f* <-nen> *s.* **Ökonom**

ökonomisch *adj* económico

Ökosteuer *f* impuesto *m* ecológico

Ökosystem *nt* ecosistema *m*

Ökotest *m* ecotest *m*

Ökotourismus *m ohne pl* ecoturismo *m*

Okraschote ['o:kra-] *f* (GASTR) quingombó *m*

Oktave *f* <-n> (MUS) octava *f*

Oktober *m* <-(s), -> octubre *m; s. a.* **März**

Oktoberfest *nt fiesta muniquesa de la cerveza*

Okular [oku'la:ɐ] *nt* <-s, -e> ocular *m*

Ökumene *f ohne pl* (REL) ❶ *(Christentum)* cristiandad *f* ❷ *(gemeinsames Handeln)* ecumenismo *m*

ökumenisch [øku'me:nɪʃ] *adj* (REL) ecuménico

Okzident *m* <-s> Occidente *m*

Öl *nt* <-(e)s, -e> ❶ *(Speise-, Sonnen-, Schmieröl)* aceite *m;* **pflanzliche ~e** aceites vegetales; **ätherisches ~** esencia *f* ❷ *(Erdöl)* petróleo *m,* canfín *m AmC;* **~ ins Feuer gießen** *(fig)* echar leña al fuego ❸ (KUNST) **in ~ (malen)** (pintar) al óleo

Ölbild *nt* (cuadro *m* al) óleo *m*

Oldie *m* <-s, -s> *(fam)* ❶ *(Song, Film)* viejo éxito *m* ❷ *(Person)* persona *f* no tan joven
Oldtimer *m* <-s, -> (AUTO) coche *m* antiguo
Oleander *m* <-s, -> (BOT) adelfa *f*
ölen *vt* engrasar; *(mit Schmieröl)* lubrificar
Ölfarbe *f* color *m* preparado con aceite; (KUNST) pintura *f* al óleo
Ölfleck *m* mancha *f* de aceite
Ölgemälde *nt* pintura *f* al óleo
Ölheizung *f* calefacción *f* al fueloil
ölig *adj* ❶ *(voll Öl, wie Öl)* aceitoso, oleoso ❷ *(abw: Stimme, Lächeln)* empalagoso
Oligarchie [oligar'çi:] *f* <-, -n> oligarquía *f*
oliv [o'li:f] *adj inv* (verde) oliva
Olive *f* <-n> aceituna *f*, oliva *f*
Olivenbaum *m* olivo *m*
Olivenöl *nt* aceite *m* de oliva
olivgrün *adj* verde oliva; *(Haut)* aceitunado
Olivgrün *nt (Farbe)* verde oliva *m*
Ölkanister *m* <-s, -> bidón *m* de aceite
Ölkonzern *m* compañía *f* petrolífera
Ölkreide *f* cera *f* (para dibujar)
Ölkrise *f* crisis *f inv* petrolera
Ölleitung *f* oleoducto *m*
Ölmalerei *f* <-, *ohne pl*> (KUNST: *Technik*) pintura *f* al óleo
Ölmessstab *m* (AUTO) varilla *f* del nivel de aceite
Ölpest *f* marea *f* negra
Ölplattform *f* plataforma *f* petrolífera
Ölpresse *f* lagar *m*
Ölpumpe *f* bomba *f* de aceite
Ölquelle *f* pozo *m* de petróleo
Ölraffinerie *f* refinería *f* de petróleo
Ölsardine *f* <-, -n> sardina *f* en aceite
Ölscheich *m (fam)* jeque *m* del petróleo
Ölschinken *m (abw* KUNST) óleo *m* de dimensiones descomunales
Ölstand *m* <-(e)s, -stände> nivel *m* del aceite
Öltanker *m* <-s, -> petrolero *m*
Ölteppich *m* marea *f* negra
Ölung *f* <-en> ❶ (TECH) engrase *m; (mit Schmieröl)* lubricación *f* ❷ (REL) unción *f*; **die Letzte ~** la extremaunción
Ölwanne *f* (AUTO) cárter *m*
Ölwechsel *m* (AUTO) cambio *m* de aceite
Olympiade *f* <-n> olimpiada *f*
Olympiamannschaft [o'lʏmpja-] *f* <-, -en> equipo *m* olímpico
Olympiasieger(in) *m(f)* campeón, -ona *m, f* olímpico , -a
Olympiastadion *nt* estadio *m* olímpico
Olympionike, -kin <-n, -n; -nen> *m, f* (SPORT) atleta *mf* olímpico , -a
olympisch *adj* olímpico; **die O~en Spiele** los Juegos Olímpicos

Oma *f* <-s> *(fam)* abuela *f*, abuelita *f*, nanoya *f Guat*
Oman [o'ma:n] *nt* <-s> Omán *m*
Ombudsmann, -frau ['ɔmbʊts-] *m, f* <-es, -leute *o* -männer; -, -en> ≈ Defensor *m* del Pueblo
Omelett *nt* <-(e)s, -e *o* -s> tortilla *f*
Omen *nt* <-s, - *o* Omina> agüero *m*, presagio *m*; **das ist ein gutes/schlechtes ~** es un buen/mal presagio
ominös *adj (geh)* ❶ *(unheilvoll)* de mal agüero ❷ *(zweifelhaft)* dudoso
Omnibus *m* <-ses, -se> *(in der Stadt)* autobús *m*, góndola *f Col, Chil; (Überlandomnibus)* autocar *m*
Omnibushaltestelle *f* parada *f* de autobús
Onanie [ona'ni:] *f* <-, *ohne pl*> masturbación *f*, onanismo *m*
onanieren* *vi* masturbarse
Onkel *m* <-s, -> tío *m*
Onkologe, -in [ɔŋko'lo:gə] *m, f* <-n, -n; -, -nen> (MED) oncólogo, -a *m, f*
Onkologie [ɔŋkolo'gi:] *f* <-, *ohne pl*> (MED) oncología *f*
online ['ɔnlaɪn] *adj* (INFOR) en línea
Onlinebank *f* banco *m* en línea
Onlinebanking *nt* <-s, *ohne pl*> banca *f* en línea [*o* por internet]
Onlinebetrieb *m ohne pl* (INFOR) servicio *m* en línea, operación *f* en línea
Onlinechat *m* (INFOR, TEL: *sl)* charla *f* en línea
Online-Check-in *m o nt* (AERO) facturación *f* en línea
Onlinedienst *m* <-(e)s, -e> (INFOR) servicio *m* en línea
Online-Einkauf *m* compra *f* en internet [*o* línea]
Online-Lernen *nt ohne pl* aprendizaje *m* en línea
Onlineshop *m* tienda *f* en línea
Onlineshopping *nt* compras *f pl* en línea
Onlineticket *nt* <-s, -s> (INFOR) boleto *m* en línea
Onyx ['o:nʏks] *m* <-(es), -e> ónice *m*, ónix *m inv*
OP *m* <-(s), -(s)> (MED) *Abk. von* **Operationssaal** quirófano *m*
Opa *m* <-s, -s> *(fam)* abuelo *m*
Opal [o'pa:l] *m* <-s, -e> ópalo *m*
OPEC ['o:pɛk] *f* <-> *Abk. von* **Organization of the Petroleum Exporting Countries** OPEP *f*
Oper *f* <-n> ópera *f*; **in die ~ gehen** ir a la ópera
Opera *pl von* **Opus**
Operation *f* <-en> (MED, INFOR, MATH, MIL) operación *f*
Operationsbesteck *nt* (MED) instrumentos *m* para operar *pl*

O

Operationsleuchte *f* (MED) lámpara *f* quirúrgica
Operationssaal *m* (MED) quirófano *m*
Operationstisch *m* (MED) mesa *f* de operaciones
operativ *adj* ❶ (MED) quirúrgico; **~er Eingriff** intervención quirúrgica ❷ (MIL) estratégico
Operator[1] [opəˈraːtoːɐ] *m* <-s, -en> (MATH) operador *m*
Operator(in)[2] *m(f)* <-s, -en; -, -nen> *(Beruf)* operador(a) *m(f)*
Operette *f* <-n> opereta *f*
operieren* **I.** *vi* ❶ (MED, MIL) operar ❷ *(handeln)* proceder, operar **II.** *vt* (MED) operar (**an** de); **sich ~ lassen** operarse (**an** de)
Opernball [ˈoːpɐn-] *m* <-(e)s, -bälle> baile *m* de la ópera
Opernführer *m* <-s, -> guía *f* de la ópera
Opernglas *nt* gemelos *mpl* (de teatro)
Opernhaus *nt* ópera *f*
Opernsänger(in) *m(f)* cantante *mf* de ópera
Opfer *nt* <-s, -> ❶ *(Opfergabe)* ofrenda *f* ❷ *(Verzicht)* sacrificio *m* (**für** por); **~ bringen** hacer un sacrificio ❸ *(Person)* víctima *f*; **die Überschwemmung forderte viele ~** la inundación causó muchas víctimas; **jdm/etw zum ~ fallen** ser víctima de alguien/de algo
opferbereit *adj* sacrificado
Opfergabe *f* ofrenda *f*
Opferlamm[1] *nt* <-(e)s, -lämmer> *(wehrloses Opfer)* víctima *f*
Opferlamm[2] *nt* <-(e)s, *ohne pl*> (REL: *Christus*) Cordero *m* de Dios
opfern **I.** *vt* sacrificar; **jdm viel Zeit ~** dedicar mucho tiempo a alguien **II.** *vr:* **sich ~** sacrificarse (**für** por)
Opferung *f* <-en> sacrificio *m*
Opium *nt* <-s, *ohne pl*> opio *m*
Opiumhöhle *f (abw)* fumadero *m* de opio
OP-Mantel *m* (MED) bata *f* quirúrgica
Opponent(in) *m(f)* <-en, -en; -nen> oponente *mf*, adversario, -a *m, f*
opponieren* [ɔpoˈniːrən] *vi* oponerse (**gegen** a)
opportun *adj* oportuno
Opportunismus *m* <-, *ohne pl*> oportunismo *m*
Opportunist(in) *m(f)* <-en, -en; -nen> oportunista *mf*
opportunistisch *adj* oportunista
Opposition *f* <-en> (*a.* POL) oposición *f*; **in der ~ sein** estar en la oposición; **in ~ zu jdm stehen** ser oponente de alguien
oppositionell *adj* (*a.* POL) de (la) oposición
Oppositionsführer(in) *m(f)* (POL) líder *mf* de la oposición

O

Oppositionspartei *f* partido *m* de la oposición
OP-Schwester *f* enfermera *f* de quirófano
Optik *f ohne pl* (*a.* PHYS) óptica *f*
Optiker(in) *m(f)* <-s, -; -nen> óptico, -a *m, f*
Optima *pl von* **Optimum**
optimal *adj* óptimo
optimieren* *vt* optimar
Optimierung *f* <-en> optimización *f*
Optimismus *m* <-, *ohne pl*> optimismo *m*
Optimist(in) *m(f)* <-en, -en; -nen> optimista *mf*
optimistisch *adj* optimista
Optimum *nt* <-s, Optima> *(geh)* grado *m* óptimo (**an** de); **ein ~ an Qualität erzielen** alcanzar el mayor grado de calidad
Option *f* <-en> (*a.* JUR) opción *f* (**für** por, **auf** a)
Optionsfeld *nt* (INFOR, TEL) campo *m* de opción
optisch *adj* óptico
opulent [opuˈlɛnt] **I.** *adj (geh)* opulento; **ein ~es Mahl** una opulenta comida **II.** *adv (geh)* con opulencia; **in diesem Restaurant isst man sehr ~** en este restaurante se come con mucha opulencia
Opus *nt* <-, Opera> ❶ (LIT) obra *f* ❷ (MUS) opus *m*
Orakel *nt* <-s, -> oráculo *m;* **das ~ befragen** consultar el oráculo
oral *adj* oral
Oralverkehr *m* <-s, *ohne pl*> sexo *m* oral
orange *adj* (de color) naranja
Orange *f* <-n> naranja *f*
Orangeat [oˈrãˈʒaːt] *nt* <-(e)s, -e> espejuelo *m* de naranja
orangefarben *adj* (de color) naranja
orangefarbig *adj* (de color) naranja
Orangenbaum *m* naranjo *m*
Orangenblüte *f* azahar *m*
Orangenhaut *f ohne pl* celulitis *f inv*
Orangensaft *m* zumo *m* de naranja, jugo *m* de naranja *Am*
Orangenschale *f* cáscara *f* de naranja
Orang-Utan *m* <-s, -s> orangután *m*
Oratorium *nt* <-s, Oratorien> (*a.* MUS) oratorio *m*
Orbiter [ˈɔrbɪtɐ] *m* <-s, -> (AERO) vehículo *m* en órbita
Orchester *nt* <-s, -> orquesta *f*
Orchestergraben *m* foso *m* (de la orquesta)
Orchidee *f* <-n> orquídea *f*
Orden *m* <-s, -> ❶ (REL) orden *f* (religiosa) ❷ *(Auszeichnung)* condecoración *f*
Ordensbruder *m* (REL) hermano *m*
Ordensschwester *f* (REL) hermana *f*
ordentlich **I.** *adj* ❶ *(Mensch, Zimmer)* or-

denado ② *(Gericht)* ordinario; *(Mitglied)* numerario ③ *(anständig)* respetable; **etwas O~es lernen** estudiar algo de provecho ④ *(fam: tüchtig)* bueno; **eine ~e Tracht Prügel** una buena paliza ⑤ *(fam: ganz gut)* bastante bueno **II.** *adv* ① *(allgemein)* ordenadamente; *(Benehmen)* como es debido ② *(fam: ziemlich)* bastante; *(viel)* mucho; **sie verdient ganz ~** gana bastante

Order *f* <-s> ① *(Befehl)* orden *f* ② *(Auftrag)* orden *f*, pedido *m*

ordern *vt* pedir, encargar

Ordinalzahl *f* número *m* ordinal

ordinär *adj* ① *(unfein)* vulgar ② *(gewöhnlich)* ordinario

ordnen *vt* ordenar, poner en orden; **alphabetisch ~** ordenar alfabéticamente

Ordner[1] *m* <-s, -> *(Aktenordner)* archivador *m*

Ordner(in)[2] *m(f)* <-s, -; -nen> persona *f* del servicio de orden

Ordnung *f ohne pl* ① *(Zustand, Anordnung, a.* BIOL, MATH) orden *m;* **öffentliche ~** orden público; **~ halten** mantener el orden; **jdn zur ~ rufen** llamar a alguien al orden; **für ~ sorgen** poner orden; **etw in ~ bringen** *(fam)* arreglar algo; **der ~ halber** para el buen orden; **ich finde es (ganz) in ~, dass ...** *(fam)* me parece (muy) bien que... +*subj;* **(das geht) in ~** *(fam)* está bien; **der ist in ~** *(fam: menschlich O.K.)* es un buen tipo; **mit dem Wagen ist etwas nicht in ~** *(fam)* el coche no funciona bien ② *(Vorschrift)* reglamento *m;* **sich an eine ~ halten** cumplir un reglamento

Ordnungsamt *nt* oficina *f* del orden público

ordnungsgemäß **I.** *adj* reglamentario **II.** *adv* como es debido

ordnungshalber *adv* para el buen orden, para mayor formalidad

Ordnungshüter(in) *m(f)* *(fam)* guardián, -ana *m, f* del orden

ordnungsliebend *adj* ordenado

Ordnungsruf *m* llamada *f* al orden

Ordnungsstrafe *f* (JUR) pena *f* reglamentaria; *(Geldstrafe)* multa *f*

ordnungswidrig *adj* (JUR) ilegal; **sich ~ verhalten** infringir los reglamentos

Ordnungswidrigkeit *f* (JUR) infracción *f* de reglamentos

Ordnungszahl *f* número *m* ordinal

Oregano *m* <-s, *ohne pl*> orégano *m*

Organ *nt* <-s, -e> ① (*a.* ANAT) órgano *m* ② *(fam: Stimme)* voz *f;* **ein lautes ~ haben** tener una voz fuerte

Organhandel *m* comercio *m* con órganos humanos

Organigramm [ɔrgani'gram] *nt* organigrama *m*

Organisation *f* <-en> organización *f;* **~ der Vereinten Nationen** Organización de las Naciones Unidas; **~ des Nordatlantikvertrags** Organización del Tratado del Atlántico Norte

Organisationstalent *nt* talento *m* organizador

Organisator(in) *m(f)* <-s, -en; -nen> organizador(a) *m(f)*

organisatorisch *adj* organizador

organisch *adj* (*a.* CHEM, MED, BIOL) orgánico

organisieren* **I.** *vt* ① *(planen)* organizar ② *(fam: beschaffen)* proporcionar; *(stehlen)* robar **II.** *vr:* **sich ~** organizarse; **sich gewerkschaftlich ~** sindicarse

Organismus *m* <-, Organismen> organismo *m*

Organist(in) *m(f)* <-en, -en; -nen> organista *mf*

Organspende *f* (MED) donación *f* de órganos

Organspender(in) *m(f)* (MED) donante *mf* de órganos

Organtransplantation *f* (MED) trasplante *m* de órganos

Organverpflanzung *f* (MED) trasplante *m* de órganos

Orgasmus *m* <-, Orgasmen> orgasmo *m*

orgastisch *adj* orgásmico

Orgel *f* <-n> órgano *m*

Orgelkonzert *nt* <-(e)s, -e> ① *(Musikstück)* concierto *m* para órgano ② *(Darbietung)* concierto *m* de órgano

Orgelmusik *f* <-, -en> ① *(Komposition)* música *f* para órgano ② *(Orgelspiel)* pieza *f* de órgano

Orgelpfeife *f* tubo *m* de órgano

orgiastisch *adj* orgiástico

Orgie *f* <-n> orgía *f*

Orient *m* <-s> Oriente *m;* **der Vordere ~** el Cercano Oriente

orientalisch *adj* natural de Oriente Próximo

orientieren* *vr:* **sich ~** orientarse (**an/ nach** por, **über** sobre); **ich orientierte mich an ihr** la tomé como ejemplo; **über etw orientiert sein** estar al corriente sobre algo; **er ist links orientiert** es de izquierdas

Orientierung *f ohne pl* orientación *f* (**an/ nach** por, **über** sobre); **die ~ verlieren** perder la orientación

Orientierungshilfe *f* ① *(geografisch)* orientación *f* ② *(Leitfaden)* guía *f*

Orientierungspunkt *m* indicador *m*

Orientierungssinn *m ohne pl* sentido *m* de la orientación
Origami [ori'ga:mi] *nt* <-(s), *ohne pl*> papiroflexia *f*
original *adj* original; *(echt)* auténtico
Original *nt* <-s, -e> ❶ *(erstes Exemplar)* original *m* ❷ *(fam: Mensch)* persona *f* original
Originalaufnahme *f* (RADIO) grabación *f* original; (TV) película *f* original
Originalausgabe *f* <-, -n> (PUBL) primera edición *f*; *(eines alten Werkes)* edición *f* princeps
Originalfassung *f* versión *f* original
originalgetreu *adj* idéntico al original
Originalität *f ohne pl* ❶ *(Echtheit)* originalidad *f* ❷ *(Einmaligkeit)* singularidad *f*
originell *adj* original; *(eigenartig)* singular; *(außergewöhnlich)* insólito
Orkan *m* <-s, -e> huracán *m*
orkanartig *adj* huracanado
Ornament *nt* <-(e)s, -e> ornamento *m*
Ornat *m* <-(e)s, -e> traje *m* de ceremonia; *(kirchlich)* ornamentos *mpl* (sacerdotales)
Ornithologe, -in *m, f* <-n, -n; -nen> ornitólogo, -a *m, f*
Oropax® *nt* <-, -> tapón *m* (de cera) para el oído
Ort *m* <-(e)s, -e> ❶ *(Platz)* lugar *m*; ~ **der Handlung** lugar de la acción; **am rechten** ~ en el sitio adecuado; **an** ~ **und Stelle** a su debido tiempo; **vor** ~ in situ; **vor** ~ **sein** estar en el lugar de los hechos ❷ *(Ortschaft)* población *f*; *(Dorf)* pueblo *m*; *(Stadt)* ciudad *f*; **von** ~ **zu** ~ de pueblo en pueblo
Örtchen *nt* <-s, -> *(fam)* **stilles** ~ excusado *m*, retrete *m*
orten *vt* (NAUT, AERO) localizar
orthodox *adj (a. fig)* ortodoxo
Orthografie *f* <-n> ortografía *f*
orthografisch *adj* ortográfico
Orthopäde, -in *m, f* <-n, -n; -nen> ortopeda *mf*; *(Arzt)* ≈ traumatólogo, -a *m, f*
Orthopädie [---'-] *f* <-, *ohne pl*> ortopedia *f*
orthopädisch *adj* ortopédico
örtlich *adj* local; ~ **betäubt** con anestesia local
Örtlichkeit *f* <-en> localidad *f*
Ortsangabe *f* indicación *f* de lugar
ortsansässig *adj (Firma)* local; *(Person)* residente (en el lugar)
Ortschaft *f* <-en> población *f*
ortsfremd *adj* forastero
Ortsgespräch *nt* (TEL) llamada *f* urbana
Ortskenntnis *f ohne pl* conocimiento *m* del lugar
ortskundig *adj* que conoce la localidad
Ortskundige(r) *mf* <-n, -n; -n, -n> conocedor(a) *m(f)* del lugar
Ortsname *m* nombre *m* de lugar
Ortsnetz *nt* (*a.* TEL) red *f* local
Ortsnetzkennzahl *f* (TEL) prefijo *m*
Ortsschild *nt* señal *f* indicadora de población
Ortstarif *m* (TEL) tarifa *f* urbana
Ortsteil *m* barrio *m*
Ortszeit *f* hora *f* local
Ortszuschlag *m* <-(e)s, -schläge> subsidio *m* de residencia
Ortung *f* <-en> (AERO, NAUT) localización *f*
Oscarnominierung *f* <-, -en> nominación *f* al Oscar
Oscarpreisträger(in) *m(f)* <-s, -; -, -nen> ganador(a) *m(f)* del Oscar
Öse *f* <-n> *(am Schuh)* ojete *m*; *(für Haken)* corchete *m*
Oslo *nt* <-s> Oslo *m*
osmanisch [ɔs'ma:nɪʃ] *adj* (HIST) otomano; **das O~e Reich** el Imperio otomano
Osmose [ɔs'mo:zə] *f* <-, -n> (BOT, CHEM) ósmosis *f inv*, osmosis *f inv*
Ossi *mf* <-s, -s; -s> *(fam) habitante de los estados federales del este de Alemania*
Ost *m* <-(e)s, *ohne pl*> (*a.* NAUT, METEO) este *m*
Ostasien *nt* Asia *f* Oriental
ostdeutsch *adj* del este de Alemania
Ostdeutschland *nt* este *m* de Alemania
Osten *m* <-s, *ohne pl*> este *m*, oriente *m*; **im** ~ en el este; **im** ~ **von ...** *(östlich von)* al este de...; *(im östlichen Teil von)* en el este de...; **nach** ~ hacia el este; **in den** ~ hacia el este; **von** ~ del este; **der Nahe** ~ el Cercano Oriente; **der Ferne** ~ el Extremo Oriente; **der Mittlere** ~ el Oriente Medio
ostentativ [ɔstɛnta'ti:f] *adj* ostentoso
Osteopathie [ɔsteopa'ti:] <-, -n> *f* (MED) osteopatía *f*
Osteoporose [ɔsteopo'ro:zə] *f* <-, -n> (MED) osteoporosis *f inv*
Osterei *nt* huevo *m* de Pascua
Osterglocke *f* (BOT) narciso *m*
Osterhase *m conejo que el domingo de Resurrección trae huevos (de chocolate) a los niños*
Osterlamm *nt* cordero *m* pascual
österlich *adj* pascual, de Pascua
Ostermontag *m* Lunes *m* de Pascua
Ostern *nt* <-, -> Pascua *f*; **Frohe ~!** ¡Felices Pascuas!
Österreich *nt* <-s> Austria *f*
Österreicher(in) *m(f)* <-s, -; -nen> austríaco, -a *m, f*
österreichisch *adj* austríaco
Ostersonntag *m* Domingo *m* de Pascua

Osterweiterung *f* (POL) extensión *f* hacia el Este

Osterwoche *f* Semana *f* Santa

Osteuropa *nt* Europa *f* Oriental

Ostfriese, -in *m, f* habitante *mf* de Frisia Oriental

ostfriesisch *adj* de Frisia Oriental

Ostfriesland *nt* Frisia *f* Oriental

Ostküste *f* costa *f* oriental; **Barcelona liegt an der spanischen ~** Barcelona está situada en la costa oriental española

östlich I. *adj* del este, oriental; **~ von Basel** al este de Basilea; **in ~er Richtung** en dirección este; **52 Grad ~er Länge** 52 grados longitud este **II.** *präp +gen* al este de

Ostpreußen *nt* (HIST) Prusia *f* Oriental

ostpreußisch *adj* de la Prusia oriental

Östrogen *nt* <-s, -e> (MED) estrógeno *m*

Ostsee *f* mar *m* Báltico

Ostseite *f* cara *f* oriental

Osttimor [ɔst'tiːmoɐ] *nt* <-s> Timor Oriental *m*

ostwärts ['-vɛrts] *adv* hacia el este, en dirección este

Ost-West-Beziehungen *fpl* relaciones *fpl* Este-Oeste

Ostwind *m* viento *m* (del) este

OSZE *f Abk. von* **Organisation für Sicherheit und Zusammenarbeit in Europa** Organización *f* para la Seguridad y la Cooperación en Europa

oszillieren* [ɔstsɪ'liːrən] *vi* (PHYS) oscilar

O-Ton ['oːtoːn] *m* <-(e)s, -töne> **es war ~ Adenauer** era la voz original de Adenauer

Otter[1] *m* <-s, -> *(Fischotter)* nutria *f*

Otter[2] *f* <-n> *(Schlange)* víbora *f*

Otto ['ɔto] *m* <-s, -s> *(fam: Wend)* **~ Normalverbraucher** el consumidor corriente y moliente

out [aʊt] *adj (fam)* **~ sein** estar out

Outfit *nt* <-(s), -s> imagen *f*; **sein ~ verändern** cambiar de imagen

Outing *nt* <-s, *ohne pl*> manifestación *f* pública

Output *m o nt* <-s, -s> (INFOR) educto *m*, output *m*

Outsourcing *nt* <-(s), *ohne pl*> (WIRTSCH) *independización de un departamento de una empresa, dándole el carácter de empresa separada o independiente*

Ouvertüre *f* <-n> (MUS) obertura *f*

oval *adj* ovalado

Oval *nt* <-s, -e> óvalo *m*

Ovation *f* <-en> ovación *f*; **jdm ~en darbringen** ovacionar a alguien

Overall *m* <-s, -s> mono *m*, overol *m Am*

Overheadprojektor *m* retroproyector *m*

ÖVP *f Abk. von* **Österreichische Volkspartei** *Partido Popular Austríaco*

Oxid [ɔ'ksiːt] *nt* <-(e)s, -e> (CHEM) óxido *m*

Oxidation [ɔksida'tsjoːn] *f* <-, -en> (CHEM) oxidación *f*

Oxidationsmittel *nt* (CHEM) agente *m* oxidante

oxidieren* [ɔksi'diːrən] **I.** *vi haben o sein* (CHEM) oxidar **II.** *vt* (CHEM) oxidar

Oxidierung *f* <-, -en> (CHEM) oxidación *f*

Oxyd *nt* <-(e)s, -e> (CHEM) óxido *m*

Oxydation *f* <-en> (CHEM) oxidación *f*

oxydieren* I. *vi haben o sein* (CHEM) oxidar **II.** *vt* (CHEM) oxidar

Ozean *m* <-s, -e> océano *m*; **der Indische/Atlantische ~** el océano Índico/Atlántico; **der Pazifische ~** el océano Pacífico

Ozeandampfer *m* buque *m* tra(n)satlántico

Ozeanien [otse'aːniən] *nt* <-s> Oceanía *f*

Ozelot ['oːtselɔt] *m* <-s, -e> ocelote *m*

Ozon *m o nt* <-s, *ohne pl*> ozono *m*

Ozonalarm *m* alarma *f* por ozono

Ozongehalt *m* nivel *m* de ozono

Ozonloch *nt ohne pl* agujero *m* (de la capa) de ozono

Ozonschicht *f ohne pl* (METEO) capa *f* de ozono

Ozonsmog *m* (ÖKOL) (e)smog *m* de ozono

Pp

P, p *nt* <-, -> P, p *f;* **~ wie Paula** P de París
paar *pron indef inv* **ein ~** *(einige)* algunos; *(wenige)* unos pocos; **ein ~ …** un par de…; **ein ~ Mal** un par de veces; **alle ~ Minuten** a cada rato; **vor ein ~ Tagen** hace unos días
Paar *nt* <-(e)s, -e> ① *(Lebewesen)* pareja *f* ② *(Dinge)* par *m;* **ein ~ Socken** un par de calcetines
paaren I. *vt* ① *(Zuchttiere)* aparear ② *(paarweise zusammenstellen)* parear **II.** *vr:* **sich ~** *(Tiere)* aparearse
paarig *adj* (BIOL, ANAT) par; **~e Organe** órganos pares
Paarlauf *m* patinaje *m* por parejas
Paarreim *m* <-(e)s, -e> (LIT) rima *f* pareada
Paarung *f* <-en> *(Tiere)* apareamiento *m*
Paarungszeit *f* (ZOOL) época *f* de apareamiento
paarweise *adv* por parejas, de dos en dos
Pacht *f* <-en> ① *(Pachtzins)* arrendamiento *m* ② *(das Pachten)* arriendo *m;* **etw in ~ geben/nehmen** arrendar algo ③ *(Pachtvertrag)* contrato *m* de arrendamiento
pachten *vt* arrendar
Pächter(in) *m(f)* <-s, -; -nen> arrendatario, -a *m, f*
Pachtvertrag *m* contrato *m* de arrendamiento

P

Pachtzins *m* renta *f*
Pack[1] *nt* <-(e)s, *ohne pl*> *(fam abw)* gentuza *f*
Pack[2] *m* <-(e)s, -e *o* Päcke> montón *m*
Päckchen *nt* <-s, -> paquete *m;* *(für Zigaretten)* cajetilla *f;* *(Postsendung)* pequeño paquete *m*
Packeis *nt* banquisa *f*
packen I. *vt* ① *(ergreifen)* agarrar (**an/bei** por) ② *(einpacken)* meter (**in** en); *(in Tonnen)* entonelar (**in** en); *(in Gefäße)* envasar (**in** en); *(in Papier)* envolver (**in** en); **den Koffer ~** hacer la maleta; **seine Sachen ~** preparar sus cosas ③ *(mitreißen)* entusiasmar; *(fesseln)* cautivar; *(überkommen)* sobrecoger; **mich packt die Leidenschaft/die Reiselust/das Entsetzen** la pasión/el deseo de viajar/el espanto se apodera de mí; **dich hat es ja ganz schön gepackt!** *(fam)* ¡te ha dado fuerte! ④ *(fam: schaffen)* conseguir; **hast du die Prüfung gepackt?** ¿has aprobado el examen? ⑤ *(fam: begreifen)* entender, captar **II.** *vi* *(Koffer)* hacer las maletas
Packen *m* <-s, -> montón *m*
packend *adj* cautivador
Packesel *m* *(fam)* burro *m* de carga
Packpapier *nt* papel *m* de embalar
Packsattel *m* albarda *f*
Packung *f* <-en> ① *(Paket)* paquete *m;* *(Pralinenpackung)* caja *f;* *(für Zigaretten)* cajetilla *f* ② *(Kosmetik)* mascarilla *f*
Pad [pɛd] *nt* <-s, -s> ① *(Wattepad)* disco *m* de algodón ② *(Dosierkapsel)* cápsula *f*
Pädagoge, -in *m, f* <-n, -n; -nen> pedagogo, -a *m, f*
Pädagogik *f ohne pl* pedagogía *f*
Pädagogin *f* <-nen> *s.* **Pädagoge**
pädagogisch *adj* pedagógico; **P~e Hochschule** Escuela Superior de Magisterio
Paddel *nt* <-s, -> canalete *m*
Paddelboot *nt* canoa *f*
paddeln *vi haben o sein* ir en canoa
Paddler(in) *m(f)* <-s, -; -, -nen> piragüista *mf*
Pädiatrie [pɛdia'tri:] *f* <-, *ohne pl*> (MED) pediatría *f*
Paella *f* <-s> paella *f*
paffen *vi, vt* *(fam)* fumar (sin tragar el humo)
Page *m* <-n, -n> paje *m;* *(Hotelpage)* botones *m inv*
Pagode [pa'go:də] *f* <-, -n> pagoda *f*
pah [pɑ:] *interj* ¡bah!
Paillette *f* <-n> lentejuela *f*
Paket *nt* <-(e)s, -e> paquete *m*
Paketannahme *f ohne pl* recepción *f* de paquetes
Paketausgabe *f ohne pl* entrega *f* de paquetes
Paketbombe *f* paquete *m* bomba
Paketgebühr *f* porte *m* de paquetes postales
Paketpost *f* <-, *ohne pl*> servicio *m* postal de paquetes
Paketschalter *m* despacho *m* de paquetes
Paketzusteller(in) *m(f)* mensajero, -a *m, f* (de paquetería)
Paketzustellung *f* <-, -en> entrega *f* de paquetes (a domicilio)
Pakistan *nt* <-s> Paquistán *m*
Pakistaner(in) *m(f)* <-s, -; -, -nen>, **Pakistani** [pakɪs'ta:ni] *m(f)* <-(s), -(s); -, -(s)> paquistaní *mf*
pakistanisch *adj* paquistaní
Pakt *m* <-(e)s, -e> pacto *m*
paktieren* [pak'ti:rən] *vi* pactar
Palast *m* <-(e)s, -läste> palacio *m*
Palästina *nt* <-s> Palestina *f*

Palästinenser(in) *m(f)* <-s, -; -nen> palestino, -a *m, f*
Palästinenserorganisation *f* Organización *f* para la Liberación de Palestina
palästinensisch *adj* palestino
Palatschinke [pala'tʃɪŋkə] *f (Österr) crepe rellena de nata montada y cubierta de chocolate y frutas*
Palau ['pa:lau] *nt* <-s> (islas *fpl* de) Palau *m*
palavern* [pa'la:vɐn] *vi (fam abw)* parlotear, cotorrear
Palette *f* <-n> ① *(Malerpalette)* paleta *f* ② *(Transportpalette)* tarima *f* ③ *(Vielfalt)* gama *f*
paletti *(fam)* **alles ~** ya está
Palliativmedizin [palja'ti:f-] *f* medicina *f* paliativa
Palme *f* <-n> palmera *f;* **jdn auf die ~ bringen** *(fam fig)* poner a alguien a cien por hora
Palmsonntag *m* Domingo *m* de Ramos
Pampa *f* <-s> pampa *f*
Pampe *f ohne pl* papilla *f*
Pampelmuse *f* <-n> pomelo *m*
Pampers® *pl inv* ≈ Dodotis® *mpl*
Pamphlet *nt* <-(e)s, -e> panfleto *m*
pampig *adj* ① *(nordd: breiig)* pastoso ② *(fam abw: frech)* descarado
Panade [pa'na:də] *f* <-n> (GASTR: *aus Mehl und Ei*) rebozado *m; (aus Semmelbröseln und Ei)* empanado *m*
Panama *nt* <-s> Panamá *m*
Panamaer(in) *m(f)* <-s, -; -nen> panameño, -a *m, f*
Panamahut *m* panamá *m*
panamaisch *adj* panameño
Panda *m* <-s, -s> (ZOOL) panda *m*
Pandabär *m* (ZOOL) oso *m* panda
Pandemie *f* <-, -n> (MED) pandemia *f*
pandemisch [pan'de:mɪʃ] *adj* (MED: *Seuche*) pandémico
Panflöte ['pa:n-] *f* (MUS) flauta *f* de Pan, zampoña *f Am*
panieren* *vt* (GASTR: *mit Semmelbröseln*) empanar; *(mit Mehl)* rebozar; **paniertes Schnitzel** escalope empanado, milanesa *f*
Paniermehl *nt* pan *m* rallado
Panik *f* <-en> pánico *m;* **in ~ geraten** sentir pánico
panikartig I. *adj* pánico **II.** *adv* preso del pánico
Panikkauf *m* (WIRTSCH) compra *f* precipitada
Panikmache *f (abw)* alarmismo *m*
panisch *adj* de pánico; **eine ~e Reaktion** una reacción de pánico; **~e Angst vor etw haben** tener(le) pánico a algo

Panna cotta [pana'kɔta] *f* <- -, -e -e> (GASTR) panna cotta *f*
Panne *f* <-n> ① *(Schaden)* avería *f,* pana *f Am* ② *(Missgeschick)* contratiempo *m; (Ausrutscher)* plancha *f;* **mir ist eine ~ passiert** me tiré una plancha
Pannendienst *m* servicio *m* de auxilio en carretera
Panorama *nt* <-s, Panoramen> panorama *m*
panschen I. *vi (fam: mit Wasser)* chapotear **II.** *vt (Wein)* aguar, adulterar, terciar *Am*
Pansen ['panzən] *m* <-s, -> (ZOOL) panza *f*
Panter *m* <-s, ->, **Panther** *m* <-s, -> pantera *f*
Pantoffel *m* <-s, -n> zapatilla *f*
Pantomime[1] *f* <-n> pantomima *f*
Pantomime, -in[2] *m, f* <-n, -n; -nen> (panto)mimo, -a *m, f*
pantomimisch *adj* pantomímico
Panzer *m* <-s, -> ① *(Fahrzeug)* tanque *m* ② *(Schutzplatte)* (plancha *f* de) blindaje *m* ③ *(von Tieren)* caparazón *m*
Panzerglas *nt ohne pl* cristal *m* antibalas
panzern *vt* acorazar, blindar
Panzerschrank *m* caja *f* fuerte
Panzerung *f* <-, -en> (TECH) blindaje *m*
Panzerwagen *m* (MIL) tanque *m*
Papa *m* <-s, -s> *(fam)* papá *m*
Papagei *m* <-en *o* -s, -e(n) *o* -e> papagayo *m,* loro *m*
Papaya *f* <-s> ① *(Frucht)* papaya *f,* lechosa *f Am* ② *(Baum)* papayo *m,* lechoso *m Am*
Paperback ['pɛɪpɐbɛk] *nt* <-s, -s> edición *f* en rústica
Papeterie *f* <-n> *(Schweiz)* ① *(Geschäft)* papelería *f* ② *(Waren)* artículo *m* de papelería
Papi *m* <-s, -s> *(fam)* papi *m*
Papier *nt* <-s, -e> ① *(Material)* papel *m;* **ein Blatt ~** una hoja de papel; **etw zu ~ bringen** poner algo por escrito ② *(Schriftstück)* documento *m* ③ *pl (Ausweis)* papeles *mpl* ④ (FIN) efecto *m*
Papiereinzug *m* <-(e)s, -züge> dispositivo *m* de alimentación de papel
Papierformat *nt* <-(e)s, -e> formato *m* de papel
Papiergeld *nt* papel *m* moneda
Papierhandtuch *nt* toalla *f* de papel
Papierkorb *m* papelera *f*
Papierkram *m (fam abw)* papeleo *m*
Papierkrieg *m (fam abw)* papeleo *m;* **mit jdm einen ~ führen** estar de pleitos con alguien
Papierschnitzel *m o nt* pedazo *m* de papel
Papierstau *m* atrancamiento *m* de papel
Papiertaschentuch *nt* pañuelo *m* de papel

Papiertüte *f* bolsa *f* de papel
Papierwaren *fpl* (artículos *mpl* de) papelería *f*
Papierzuführung *f* (INFOR) alimentación *f* de papel
papp [pap] *interj (fam)* **ich kann nicht mehr ~ sagen** estoy a punto de reventar
Pappbecher *m* vaso *m* de cartón
Pappdeckel *m* <-s, -> tapa *f* de cartón
Pappe *f* <-n> cartón *m; (feiner)* cartulina *f*
Pappeinband *m* encuadernación *f* en rústica
Pappel *f* <-n> chopo *m*
pappen *vt (fam)* pegarse (**an/auf** a)
Pappenheimer *mpl (fam)* **seine ~ kennen** conocer a su gente
Pappenstiel *m (fam)* **kein ~ sein** no ser moco de pavo
pappig *adj (fam)* ❶ *(klebrig)* pegajoso ❷ *(breiig)* pastoso
Pappkarton *m* ❶ *(Material)* cartón *m* ❷ *(Schachtel)* caja *f* de cartón
Pappmaché *nt* <-s, -s>, **Pappmaschee** *nt* <-s, -s> cartón *m* piedra
Pappteller *m* plato *m* de cartón
Paprika[1] *m* <-s, -(s)> *(Pflanze, Schote)* pimiento *m*
Paprika[2] *f* <-(s)> *(Schote)* pimiento *m;* **gefüllte ~** pimientos rellenos
Paprika[3] *m* <-s, *ohne pl*> *(Gewürz)* pimentón *m*
Paprikaschote *f* pimiento *m*
Papst *m* <-(e)s, Päpste> papa *m*
päpstlich *adj* papal
Papsttum *nt* <-(e)s, *ohne pl*> papado *m*
Papua-Neuguinea ['pa:puanɔɪgi'ne:a] *nt* <-s> Papúa *f* y Nueva Guinea
Papyrus *m* <-, Papyri> papiro *m*
Par [pa:] *nt* <-(s), -s> (SPORT: *beim Golf*) par *m*
Parabel *f* <-n> (MATH, LIT) parábola *f*
Parabolantenne *f* (TECH) antena *f* parabólica
parabolisch **I.** *adj* ❶ (MATH) parabólico ❷ *(gleichnishaft)* en forma de parábola **II.** *adv (als Gleichnis)* en forma de parábola
Parade *f* <-n> ❶ (MIL) desfile *m* ❷ *(Fußball)* parada *f*
Paradebeispiel *nt* ejemplo *m* clásico
Paradeiser *m* <-s, -> *(Österr)* tomate *m*
Paradies *nt* <-es, -e> paraíso *m;* **das ~ auf Erden** el paraíso terrenal
paradiesisch *adj* paradisíaco
Paradiesvogel *m* ave *f* del paraíso
paradox *adj* paradójico
Paradox *nt* <-es, -e> *(geh)* paradoja *f*
paradoxerweise *adv* paradójicamente
Paragliding *nt* <-s, *ohne pl*> parapente *m*
Paragraf *m* <-en, -en> ❶ (JUR) artículo *m* ❷ *(Paragrafenzeichen)* párrafo *m*
Paragrafenzeichen *nt* (signo *m* de) párrafo *m*
Paraguay *nt* <-s> Paraguay *m*
Paraguayer(in) *m(f)* <-s, -; -nen> paraguayo, -a *m, f*
paraguayisch *adj* paraguayo
parallel *adj* paralelo (**zu** a)
Parallele *f* <-n> ❶ (MATH) paralela *f;* **eine ~ zu etw ziehen** trazar una paralela a algo ❷ *(Vergleich)* paralelo *m;* **~n zwischen etw aufzeigen** establecer un paralelo entre algo
Parallelismus *m* <-, Parallelismen> (*a.* LING) paralelismo *m*
Parallelität *f* <-en> (*a.* MATH) paralelismo *m*
Parallelklasse *f* (SCH) clase *f* paralela
Parallelogramm *nt* (MATH) paralelogramo *m*
Parameter *m* <-s, -> (MATH, MUS, INFOR) parámetro *m*
paramilitärisch ['pa:ramilitɛ:rɪʃ] *adj* paramilitar; **~e Einheit** unidad paramilitar
Paranoia [para'nɔɪa] *f ohne pl* (MED) paranoia *f*
paranoid *adj* (MED, PSYCH) paranoico
paranoisch *adj* (MED) paranoico
Paranuss ['pa:ranʊs] *f* nuez *f* del Brasil, castaña *f* del Marañón
Paraphrase *f* <-n> (LING) paráfrasis *f inv*
paraphrasieren* *vt* parafrasear
Parapsychologie *f* para(p)sicología *f*
Parasit *m* <-en, -en> parásito *m*
parasitär *adj* parasitario
Parasitenbefall *m* <-(e)s, -fälle> afección *f* parasitaria, invasión *f* parasitaria
parat *adj* a punto
Pärchen *nt* <-s, -> parejita *f*
Parcours [par'ku:r] *m* <-, -> (SPORT) recorrido *m,* pista *f*
Pardon *m o nt* <-s, *ohne pl*> perdón *m;* **da gibt's kein ~** no hay perdón; **sie kennt kein ~** es inflexible
Parenthese [parɛn'te:zə] *f* <-, -n> (LING) paréntesis *m inv*
par excellence [parɛksɛ'lã:s] *adv (geh)* por excelencia
Parfüm *nt* <-s, -e *o* -s> perfume *m*
Parfümerie *f* <-n> perfumería *f*
parfümieren* **I.** *vt* perfumar **II.** *vr:* **sich ~** perfumarse
Parfümzerstäuber *m* atomizador *m* para perfume
parieren* **I.** *vi* obedecer **II.** *vt* (SPORT) parar
Paris [pa'ri:s] *nt* <-> París *m*
Pariser[1] *m* <-s, -> *(fam)* condón *m*
Pariser(in)[2] *m(f)* <-s, -; -nen> parisino, -a *m, f,* parisiense *mf*

Pariserin *f* <-, -nen> *s.* **Pariser**[3]

Parität [pari'tɛːt] *f* <-, -en> (*a.* WIRTSCH) paridad *f*

paritätisch *adj* paritario

Park *m* <-s, -s *o Schweiz:* Pärke> parque *m*

Park-and-ride-System *nt sistema para evitar las aglomeraciones de circulación que consiste en aparcar el coche fuera de la ciudad e ir al centro en medios de transporte público*

Parkausweis ['park-] *m* <-es, -e> tarjeta *f*

Parkbank *f* banco *m* del parque

Parkdeck *nt* <-(e)s, -s> planta *f* de un aparcamiento

parken ['parkən] *vt, vi* aparcar, parquear *Am;* **ein ~des Auto** un coche estacionado; **„P~ verboten!"** "¡prohibido aparcar!"

Parkett [par'kɛt] *nt* <-(e)s, -e *o* -s> ① *(Fußboden)* parqué *m;* **eine heiße Sohle aufs ~ legen** *(fam)* bailar muy bien ② *(im Theater, Kino)* platea *f*

Parkettfußboden *m* entarimado *m*

Parkettsitz *m* butaca *f* de platea, tertulia *f Arg, Cuba*

Parkgebühr *f* tarifa *f* de aparcamiento

Parkhaus *nt* aparcamiento *m,* parquin *m,* parking *m*

Parkinsonkrankheit ['paːkɪnsən-] *f ohne pl* enfermedad *f* de Parkinson

Parkkralle *f* cepo *m*

Parkleitsystem *nt* (AUTO) sistema *m* viario para indicar las plazas libres de aparcamiento

Parklücke *f* hueco *m* para aparcar

Parkmöglichkeit *f* (posibilidad *f* de) aparcamiento *m*

Parkour [par'kuːɐ] *m o nt* <-(s), *ohne pl*> (SPORT: *Hindernislauf*) parkour *m*

Parkplatz *m* aparcamiento *m,* estacionamiento *m,* parqueadero *m Am*

Parkscheibe *f* disco *m* de estacionamiento

Parkschein *m* ticket *m* de estacionamiento

Parkscheinautomat *m* expendedor *m* de tickets de estacionamiento

Parksünder(in) *m(f)* *(fam) persona que aparca en zona prohibida*

Parkuhr *f* parquímetro *m*

Parkverbot *nt* prohibición *f* de estacionamiento; **hier ist ~** aquí no se puede aparcar

Parkwächter(in) *m(f)* ① *(im Park)* guarda *mf* en un parque ② *(im Parkhaus)* guardacoches *mf inv*

Parlament [parla'mɛnt] *nt* <-(e)s, -e> parlamento *m,* legislatura *f Arg, Méx, Perú;* **Europäisches ~** Parlamento Europeo; **ins ~ einziehen** entrar en el parlamento

Parlamentarier(in) [parlamɛn'taːriɐ] *m(f)* <-s, -; -nen> parlamentario, -a *m, f,* legislador(a) *m(f) Am*

parlamentarisch *adj* parlamentario

Parlamentsausschuss *m* comisión *f* parlamentaria

Parlamentsbeschluss *m* decisión *f* parlamentaria

Parlamentsdebatte *f* debate *m* parlamentario

Parlamentsgebäude *nt* (edificio *m* del) parlamento *m*

Parlamentsmitglied *nt* miembro *m* del parlamento

Parlamentssitzung *f* sesión *f* parlamentaria

Parlamentswahlen *fpl* elecciones *fpl* generales (al parlamento)

Parmesan [parme'zaːn] *m* <-(s), *ohne pl*> (queso *m*) parmesano *m*

Parodie [paro'diː] *f* <-n> parodia *f* (**auf** de)

parodieren* [paro'diːrən] *vt* parodiar (de)

Parodontose [parodɔn'toːzə] *f* <-n> (MED) paradontosis *f inv*

Parole [pa'roːlə] *f* <-n> lema *m,* eslogan *m*

Paroli [pa'roːli] **jdm/etw ~ bieten** presentar cara a alguien/algo

Partei [par'taɪ] *f* <-en> ① (POL) partido *m;* **in einer ~ sein** militar en un partido ② (JUR) parte *f;* **die streitenden ~en** las partes en litigio; **für jdn ~ ergreifen** tomar partido por alguien; **über den ~en stehen** ser imparcial ③ *(Mietpartei)* inquilino *m*

Parteibuch *nt* <-(e)s, -bücher> carné *m* de partido

Parteichef(in) *m(f)* jefe, -a *m, f* del partido

Parteienfinanzierung *f* financiación *f* de los partidos

Parteienlandschaft *f* (POL) espectro *m* de partidos políticos

Parteifreund(in) *m(f)* <-(e)s, -e; -, -nen> compañero, -a *m, f* de partido

Parteifunktionär(in) *m(f)* <-s, -e; -, -nen> (POL) funcionario, -a *m, f* del partido

Parteigenosse, -in *m, f* compañero, -a *m, f* del partido; *(Parteiangehöriger)* afiliado, -a *m, f* a un partido

parteiintern [par'taɪɪntɛrn] *adj* interno del partido

parteiisch *adj* parcial

parteilich *adj* del partido; *(parteiisch)* parcial

Parteilichkeit *f* <-, *ohne pl*> parcialidad *f*

Parteilinie *f* (POL) línea *f* del partido; **der ~ treu bleiben** ser fiel a la línea del partido

parteilos *adj* independiente

Parteimitglied *nt* miembro *m* del partido

Parteipolitik *f* política *f* de partido

parteipolitisch *adj* del partidismo político;

aus ~en Gründen wurde der Vorschlag abgelehnt la propuesta fue rechazada por motivos de partidismo político
Parteiprogramm *nt* programa *m* de partido
Parteispende *f* donación *f* a un partido
Parteispendenaffäre *f* escándalo *m* de corrupción
Parteitag *m* congreso *m* del partido, convención *f Am*
parteiübergreifend *adj* (POL) apartidista
Parteivorsitzende(r) *mf* presidente, -a *m, f* del partido
Parteizugehörigkeit *f* afiliación *f* a un partido
parterre [par'tɛr] *adv* en la planta baja; **~ wohnen** vivir en la planta baja
Parterre [par'tɛr] *nt* <-s, -s> planta *f* baja
Parterrewohnung *f* piso *m* de planta baja
Partie [par'tiː] *f* <-n> ① *(Abschnitt, Teil)* parte *f* ② *(Spieldurchgang)* partida *f; (im Sport)* partido *m* ③ *(Rolle)* papel *m* ④ (WIRTSCH) lote *m* ⑤ *(Wend)* **bei etw mit von der ~ sein** *(fam)* tomar parte en algo; **eine gute ~ machen** casarse ventajosamente
partiell [par'tsjɛl] *adj* parcial
Partikel[1] [par'tiːkəl] *f* <-n> (LING) partícula *f*
Partikel[2] *nt* <-s, -> *f* <-n> (PHYS) partícula *f*
Partisan(in) [parti'zaːn] *m(f)* <-s *o* -en, -en; -nen> guerrillero, -a *m, f*
partitionieren* *vt* (INFOR) subdividir
Partitionierung *f* <-, -en> (INFOR) partición *f*
Partitur [parti'tuːɐ] *f* <-en> (MUS) partitura *f*
Partizip [parti'tsiːp] *nt* <-s, Partizipien> (LING) participio *m;* **~ Perfekt** participio pasado
Partizipation *f* <-, -en> participación *f*
Partner(in) ['partnɐ] *m(f)* <-s, -; -nen> ① *(Lebens-, Tanzpartner)* pareja *f; (Ehepartner)* cónyuge *mf; (Gesprächspartner)* interlocutor(a) *m(f); (im Sport, Spiel)* compañero, -a *m, f* de juego; *(im Film)* compañero, -a *m, f* de reparto ② *(Teilhaber)* socio, -a *m, f*
Partnerlook [-lʊk] *m* look *m* semejante de parejas; **im ~ gehen** salir dos personas vestidas de la misma manera
Partnerschaft *f* <-en> ① *(Zusammenarbeit)* cooperación *f,* colaboración *f; (Städtepartnerschaft)* hermanamiento *m* ② *(Zusammenleben)* convivencia *f; (Ehe)* matrimonio *m*
partnerschaftlich *adj* de camaradería; **~ zusammenarbeiten** colaborar con compañerismo
Partnerstadt *f* ciudad *f* hermanada
Partnertausch *m* cambio *m* de pareja
Partnervermittlung *f* agencia *f* matrimonial [*o* de contactos]
Partnerwahl *f* <-, -en> elección *f* de pareja
partout [par'tuː] *adv (fam: überhaupt)* absolutamente; *(unbedingt)* a toda costa; *(verneint)* de ninguna manera
Party ['paːɐti] *f* <-s> fiesta *f;* **eine ~ geben** hacer una fiesta
Partykeller *m* <-s, -> *sótano donde se hacen fiestas*
Partyservice *m* <-, *ohne pl*> servicio *m* a domicilio
Parzelle [par'tsɛlə] *f* <-n> parcela *f*
Pascha ['paʃa] *m* <-s, -s> *(abw)* pachá *m*
Pass [pas, *pl:* 'pɛsə] *m* <-es, Pässe> ① *(Ausweis)* pasaporte *m,* pase *m Am* ② *(Gebirgspass)* puerto *m* (de montaña) ③ (SPORT) pase *m*
passabel [pa'saːbəl] *adj* pasable; *(annehmbar)* aceptable
Passage [pa'saːʒə] *f* <-n> ① *(Durchfahrt)* pasaje *m* ② *(Ladenstraße)* pasaje *m,* galerías *f pl* ③ *(Überfahrt)* travesía *f* ④ *(Textabschnitt)* pasaje *m,* fragmento *m*
Passagier(in) [pasa'ʒiːɐ] *m(f)* <-s, -e; -nen> pasajero, -a *m, f;* **ein blinder ~** un polizón
Passagierdampfer *m* buque *m* de pasajeros
Passagierflugzeug *nt* avión *m* de pasajeros
Passagierin *f* <-nen> *s.* **Passagier**
Passagierschiff *nt* buque *m* de pasajeros
Passant(in) [pa'sant] *m(f)* <-en, -en; -nen> transeúnte *mf*
Passat [pa'saːt] *m* <-(e)s, -e>, **Passatwind** *m* alisio *m*
Passbild *nt* foto *f* de carné
passé [pa'seː] *adj (fam)* pasado de moda
passen ['pasən] **I.** *vi* ① *(in Größe, Form)* sentar bien; *(in der Menge)* caber (**in** en); *(hineinpassen)* entrar (**in** en); *(geeignet sein)* ajustarse (**auf** a); **das passt (mir) wie angegossen** (me) queda perfecto; **das passt nicht hierher** eso no viene al caso ② *(harmonieren)* pegar (**zu** con), encajar (**zu** con, **in** en); **sie ~ zueinander** hacen buena pareja; **die Schuhe ~ nicht zum Kleid** los zapatos no pegan con el vestido; **das passt zu ihm!** *(fam)* ¡es propio de él!; **die Beschreibung passt auf jdn/etw** la descripción encaja con alguien/algo ③ *(genehm sein)* venir bien, convenir; **das passt mir gar nicht** no me viene nada

bien; **das könnte dir so ~!** ¡qué más quisieras!; **passt dir etwas an mir nicht?** ¿te disgusta algo de mí? ④ *(Kartenspiel)* pasar; (**ich**) **passe!** ¡paso! ⑤ *(fam: bei Fragen)* no poder contestar; **bei dieser Frage muss ich ~** no puedo contestar a esa pregunta **II.** *vt* (TECH) encajar

passend *adj* ① *(in Größe, Form)* que queda bien; **welches ist der ~e Schlüssel?** ¿cuál es la llave correcta?; **die Hose mache ich Ihnen ~** le arreglo el pantalón a su medida; **dazu ~** *(in der Farbe)* a juego ② *(treffend)* apropiado; *(genau)* justo; **die ~en Worte finden** encontrar las palabras apropiadas; **haben Sie es nicht ~?** *(fam)* ¿no lo tiene justo? ③ *(angemessen)* adecuado

Passepartout [paspar'tu:] *nt o Schweiz: m* <-s, -s> marco *m* de cartón, passepartout *m*

Passform *f* <-, *ohne pl*> adaptación *f*; **eine gute ~ haben** adaptarse al cuerpo, sentar bien

Passfoto *nt* foto *f* de carné

passierbar *adj* transitable

passieren* [pa'si:rən] **I.** *vi sein* ocurrir, pasar; **was ist denn passiert?** ¿qué ha pasado?; **das kann auch nur ihm ~!** ¡eso solo le puede pasar a él!; **dass mir das nicht noch mal passiert!** ¡que no vuelva a pasar!; **... sonst passiert was!** *(fam)* ¡... o no respondo! **II.** *vt* ① *(Grenze, Zensur)* pasar; *(Fluss, Pass)* cruzar ② (GASTR) pasar

Passierschein *m* pase *m*

Passion [pa'sjo:n] *f* <-en> ① *(Leidenschaft)* pasión *f*; **er ist Angler aus ~** la pesca es su pasión; **eine ~ für etw haben** apasionarse por algo ② (REL) Pasión *f*

passioniert [pasjo'ni:ɐt] *adj* apasionado

Passionsfrucht *f* granadilla *f*

passiv ['pasi:f, -'-] *adj* pasivo

Passiv ['pasi:f, -'-] *nt* <-s, -e> (LING) voz *f* pasiva

Passiva [pa'si:va] *nt pl* (WIRTSCH) pasivo *m*

Passivität [pasivi'tɛ:t] *f ohne pl* (*a.* CHEM) pasividad *f*

Passivrauchen *nt* inhalación *f* de humo

Passkontrolle *f* control *m* de pasaportes

Passstraße *f* puerto *m* de montaña

Passus ['pasʊs] *m* <-, -> pasaje *m*; *(Abschnitt)* párrafo *m*

Passwort ['pasvɔrt] *nt* palabra *f* clave, contraseña *f*, santo *m* y seña

Pasta *f* <-, -> *kein Pl* pasta *f*

Paste ['pastə] *f* <-n> ① *(Lebensmittel)* pasta *f* ② (MED) ungüento *m*

Pastell [pas'tɛl] *nt* <-(e)s, -e> pastel *m*; **in ~ malen** pintar con colores pastel

Pastellfarbe *f* ① *(zum Malen)* pintura *f* al pastel ② *(Farbton)* color *m* pastel

Pastellkreide *f* crayón *m* pastel

Pastellton *m* color *m* pastel

Pastete [pas'te:tə] *f* <-n> volován *m*

pasteurisieren* [pastøri'zi:rən] *vt* paste(u)rizar

pasteurisiert [pastøri'zi:ɐt] *adj* pasteurizado

Pastille [pa'stɪlə] *f* <-n> pastilla *f*

Pastinake [pastina:kə] *f* <-, -n> (AGR, BOT) chirivía *f*, pastinaca *f*

Pastor(in) ['pasto:ɐ, pas'to:ɐ] *m(f)* <-s, -en; -nen> *(reg)* pastor(a) *m(f)*

Patagonien [pata'go:niən] *nt* <-s> Patagonia *m*

Patchwork ['pɛtʃwə:k] *nt* <-s, -s> (*a.* TECH) patchwork *m*

Patchworkfamilie *f* familia *f* patchwork *(en la que se juntan hijos de distintas relaciones sentimentales)*

Pate, -in ['pa:tə] *m, f* <-n, -n; -nen> padrino, madrina *m, f*; **bei einem Kind ~ stehen** apadrinar a un niño

Patenkind *nt* ahijado, -a *m, f*

Patenonkel *m* padrino *m*

Patenschaft *f* <-en> padrinazgo *m*; **die ~ für ein Kind übernehmen** apadrinar a un niño

patent [pa'tɛnt] *adj (fam)* ① *(Person)* ingenioso ② *(Lösung)* formidable

Patent [pa'tɛnt] *nt* <-(e)s, -e> ① *(amtlicher Schutz, Urkunde)* patente *f*; **etw zum ~ anmelden** solicitar la patente de algo ② *(Schweiz: staatliche Erlaubnis)* licencia *f*

Patentamt *nt* registro *m* de patentes

Patentante *f* madrina *f*

Patentanwalt, -anwältin *m, f* agente *mf* de patentes

patentieren* [patɛn'ti:rən] *vt* patentar

Patentlösung *f* solución *f* definitiva

Patentrecht *nt* derecho *m* de patente

Patentrezept *nt* solución *f* ideal

Patentstelle *f* <-, -n> oficina *f* de patentes, registro *m* de la propiedad industrial

Patenturkunde *f* <-, -n> certificado *m* de patente

Pater ['pa:tɐ] *m* <-s, -> (REL) padre *m*

pathetisch [pa'te:tɪʃ] *adj* patético

Pathologe, -in [pato'lo:gə] *m, f* <-n, -n; -nen> (MED) patólogo, -a *m, f*

Pathologie [patolo'gi:] *f ohne pl* (MED) patología *f*

Pathologin *f* <-nen> *s.* **Pathologe**

pathologisch [pato'lo:gɪʃ] *adj* (MED) patológico

Pathos ['pa:tɔs] *nt* <-, *ohne pl*> *(geh)* patetismo *m*

P

Patient(in) [pa'tsjɛnt] *m(f)* <-en, -en; -nen> paciente *mf;* **ambulanter/stationärer ~** paciente ambulante/hospitalizado

Patientenumhang *m (beim Zahnarzt)* babero *m* dental

Patin ['pa:tɪn] *f* <-nen> *s.* **Pate**

Patina ['pa:tina] *f ohne pl* pátina *f*

Patriarch [patri'arç] *m* <-en, -en> patriarca *m*

patriarchalisch [patriar'ça:lɪʃ] *adj* patriarcal

Patriarchat [patriar'ça:t] *nt* <-(e)s, -e> patriarcado *m*

Patriot(in) [patri'o:t] *m(f)* <-en, -en; -nen> patriota *mf*

patriotisch *adj* patriótico

Patriotismus [patrio'tɪsmʊs] *m* <-, *ohne pl*> patriotismo *m*

Patron(in) [pa'tro:n] *m(f)* <-s, -e; -nen> patrón, -ona *m, f*

Patrone [pa'tro:nə] *f* <-n> ① *(Geschosshülse)* cartucho *m* ② *(Filmbehälter)* cartucho *m* de la película ③ *(Tintenpatrone)* cartucho *m* de tinta

Patronengurt *m* canana *f*

Patronenhülse *f* casquillo *m* de bala, cachimba *f Am*

Patronin *f* <-nen> *s.* **Patron**

Patrouille [pa'trʊljə] *f* <-n> patrulla *f;* **auf ~ sein** andar de patrulla

Patrouillenboot *nt* barco *m* patrullero

patrouillieren* [patrʊl'ji:rən] *vi haben o sein* patrullar

patsch [patʃ] *interj (klatsch)* ¡plas!; *(Schlag)* ¡zas!, ¡catap(l)um!

Patsche ['patʃə] *f ohne pl (fam)* ① *(Matsch)* lodo *m* ② *(fig: Bedrängnis)* apuro *m;* **in der ~ sitzen** encontrarse en apuros; **jdm aus der ~ helfen** sacar a alguien de un apuro

patschen ['patʃən] *vi sein (fam)* ① *(im Wasser)* chapotear (**in** en) ② *(schlagen)* dar palmadas (**auf** en)

patschnass ['-'-] *adj (fam)* empapado; *(Person)* calado hasta los huesos

patzen ['patsən] *vi (fam)* meter la pata, cometer un pequeño fallo

Patzer ['patsɐ] *m* <-s, -> ① *(fam: Fehler)* metedura *f* de pata ② *(Österr: Klecks)* pegote *m*

patzig ['patsɪç] *adj (fam abw: Person)* descarado; *(Antwort)* insolente

Pauke ['paʊkə] *f* <-n> timbal *m;* **mit ~n und Trompeten durchfallen** *(fam)* suspender con honores; **auf die ~ hauen** *(fam)* celebrar por todo lo alto

pauken I. *vi* ① (MUS) tocar el timbal ② *(fam: lernen)* empollar **II.** *vt (fam)* empollar

Pauker(in) *m(f)* <-s, -; -nen> ① *(fam: Lehrer)* profe *mf* ② (MUS) timbalero, -a *m, f*

pausbäckig ['paʊsbɛkɪç] *adj* mofletudo

pauschal [paʊ'ʃa:l] **I.** *adj* ① *(insgesamt)* global ② *(allgemein)* general **II.** *adv* ① *(zusammen)* en bloque; **~ 100 Euro berechnen** cobrar 100 euros, todo incluido ② *(allgemein)* en general; **das kann man so ~ nicht sagen** esto no se puede generalizar así

Pauschalbetrag *m* importe *m* global

Pauschale [paʊ'ʃa:lə] *f* <-n> importe *m* global

pauschalieren* [paʊʃa'li:rən] *vt* fijar un importe global (de), globalizar

pauschalisieren* [paʊʃali'zi:rən] *vt* generalizar

Pauschalpreis *m* (WIRTSCH) precio *m* global

Pauschalreise *f* viaje *m* organizado

Pauschaltourismus *m ohne pl* turismo *m* organizado

Pauschaltourist(in) *m(f)* turista *mf* de viaje organizado

Pauschalurlaub *m* forfait *m*

Pauschalurteil *nt (abw)* juicio *m* general

Pauschenpferd [paʊ'ʃən-] *nt* (SPORT: *beim Turnen*) caballo *m* con arcos

Pause ['paʊzə] *f* <-n> ① *(Unterbrechung)* pausa *f; (in der Schule)* recreo *m; (im Theater, Kino)* intermedio *m;* **eine ~ machen** hacer una pausa ② (MUS) intervalo *m* ③ *(durchgepauste Kopie)* calco *m*

pausen ['paʊzən] *vt* calcar

Pausenbrot *nt* bocadillo *m* (para el recreo)

Pausenhof *m* (SCH) patio *m* de recreo

pausenlos I. *adj* ininterrumpido **II.** *adv* sin pausa, ininterrumpidamente

Pausetaste *f* tecla *f* de pausa

pausieren* [paʊ'zi:rən] *vi* ① *(unterbrechen)* hacer una pausa ② *(ausruhen)* descansar

Pauspapier *nt ohne pl* papel *m* de calcar

Pavian ['pa:via:n] *m* <-s, -e> babuino *m*

Pavillon ['pavɪljõ] *m* <-s, -s> pabellón *m*

Pay-TV *nt* <-, *ohne pl*> televisión *f* privada de pago

Pazifik [pa'tsi:fɪk] *m* <-s> (océano *m*) Pacífico *m*

pazifisch [pa'tsi:fɪʃ] *adj* **der P~e Ozean** el océano Pacífico

Pazifismus [patsi'fɪsmʊs] *m* <-, *ohne pl*> pacifismo *m*

Pazifist(in) [patsi'fɪst] *m(f)* <-en, -en; -nen> pacifista *mf*

pazifistisch *adj* pacifista

PC [pe:'tse:] *m* <-(s), -(s)> (INFOR) *Abk. von* **Personal Computer** ordenador *m* personal, computadora *f* personal *Am*

PCR-Test [pe:tse:'ʔɛr-] *m* prueba *f* PCR

PC-Station *f* (INFOR) estación *f* de trabajo con ordenador personal

PDS [pe:de:'ʔɛs] *f ohne pl Abk. von* **Partei des Demokratischen Sozialismus** Partido *m* Demócrata Socialista

Peanuts ['pi:nats] *pl* naderías *fpl*

Pech[1] [pɛç] *nt* <-(e)s, -e> *(Teer)* pez *f;* **die beiden halten zusammen wie ~ und Schwefel** *(fam)* son como uña y carne

Pech[2] *nt* <-(e)s, *ohne pl*> *(Unglück)* desgracia *f; (Missgeschick)* mala suerte *f;* **~ gehabt!** *(fam)* ¡mala suerte!

pechschwarz ['-'-] *adj* negro como la pez

Pechsträhne *f* racha *f* de mala suerte

Pechvogel *m (fam)* desgraciado, -a *m, f;* **ein ~ sein** tener mala suerte

Pedal [pe'da:l] *nt* <-s, -e> pedal *m;* **(fest) in die ~e treten** pedalear (fuerte)

Pedant(in) [pe'dant] *m(f)* <-en, -en; -nen> *(abw)* pedante *mf; (zimperlich)* tiquismiquis *mf inv*

Pedanterie [pedantə'ri:] *f ohne pl* pedantería *f*

Pedantin *f* <-nen> *s.* **Pedant**

pedantisch *adj (abw)* pedante

Pediküre [pedi'ky:rə] *f ohne pl* pedicura *f*

Peeling ['pi:lɪŋ] *nt* <-s, -s> peeling *m,* exfoliación *f*

Peepshow ['pi:pʃɔʊ] *f* espectáculo *m* porno, peep show *m*

Pegel ['pe:gəl] *m* <-s, -> ① *(Messgerät: Fluss)* fluviómetro *m; (Meer)* mareógrafo *m* ② *(Höhe)* nivel *m* del agua

Pegelstand *m* nivel *m* del agua

peilen ['paɪlən] *vt* ① *(Richtung bestimmen)* determinar; (NAUT) marcar ② (NAUT: *Wassertiefe bestimmen)* sondear ③ *(fam: schauen)* mirar; **über den Daumen gepeilt** a ojo de buen cubero

Peilung *f* <-, -en> *(Messung)* sondeo *m,* medición *f*

peinigen ['paɪnɪgən] *vt (geh)* atormentar

Peiniger(in) *m(f)* <-s, -; -nen> *(geh)* torturador(a) *m(f)*

peinlich *adj* ① *(unangenehm)* desagradable; *(Situation)* embarazoso; *(Frage)* delicado; **es ist mir furchtbar ~, Ihnen das mitteilen zu müssen** me resulta terriblemente desagradable tener que comunicarle esto; **von etw ~ berührt sein** avergonzarse por algo ② *(genau)* meticuloso, minucioso; **~e Ordnung** orden meticuloso

Peinlichkeit[1] *f ohne pl (peinliche Art)* lo penoso; *(das Heikle)* lo delicado

Peinlichkeit[2] *f* <-en> *(etw Peinliches)* situación *f* lamentable

Peitsche ['paɪtʃə] *f* <-n> látigo *m,* chicote *m Am*

peitschen I. *vi (Regen)* golpear (**an/gegen** en) **II.** *vt* azotar

Peitschenhieb *m* latigazo *m*

Peitschenknall *m* chasquido *m* de látigo

pejorativ [pejora'ti:f] *adj* peyorativo

Pekannuss ['pe:kan-] *f* (GASTR) pacana *f*

Peking ['pe:kɪŋ] *nt* <-s> Pekín *m*

Pelikan ['pe:lika:n] *m* <-s, -e> pelícano *m,* pelicano *m*

Pelle ['pɛlə] *f* <-n> *(nordd)* piel *f;* **jdm auf die ~ rücken** *(fam)* pegarse a alguien

pellen I. *vt (nordd)* pelar; *(schälen)* mondar **II.** *vr:* **sich ~** *(nordd)* pelarse

Pellet ['pɛlət] *nt* <-s, -s> pellet *m*

Pelletheizung *f* estufa *f* de pellet

Pellkartoffel *f* patata *f* cocida con piel

Pelz [pɛlts] *m* <-es, -e> piel *f*

pelzgefüttert *adj* forrado de piel

pelzig *adj* peludo; *(reg: im Geschmack)* áspero

Pelzkragen *m* <-s, -> cuello *m* de piel

Pelzmantel *m* abrigo *m* de piel

Pelztier *nt* <-(e)s, -e> animal *m* de piel fina

Pendant [pã'dã:] *nt* <-s, -s> *(Gegenstück)* pareja *f* (**zu** de); *(Entsprechung)* correspondencia *f* (**zu** de); **das ~ zu etw** *dat* **bilden** hacer juego con algo

Pendel ['pɛndəl] *nt* <-s, -> péndulo *m*

pendeln ['pɛndəln] *vi* ① *(schwingen)* oscilar ② *sein (hin- und herfahren)* viajar (diariamente), ir y volver; **sie pendelt täglich nach Köln/zwischen Köln und Bonn** viaja diariamente a Colonia/de Colonia a Bonn

Pendeluhr *f* reloj *m* de péndulo

Pendelverkehr *m* tráfico *m* continuo de un punto a otro

Pendler(in) ['pɛndlɐ] *m(f)* <-s, -; -nen> viajero, -a *m, f* diario , -a, conmuter *mf*

Penes ['pe:ne:s] *pl von* **Penis**

penetrant [pene'trant] *adj* ① *(Geschmack, Geruch)* penetrante ② *(abw: aufdringlich)* molesto; *(Person)* pesado

peng [pɛŋ] *interj* pum

penibel [pe'ni:bəl] *adj* meticuloso (**in** con)

Penicillin [penitsɪ'li:n] *nt* <-s, -e> *s.* **Penizillin**

Penis ['pe:nɪs] *m* <-, -se *o* Penes> *(geh, a.* MED) pene *m*

Penizillin [penitsɪ'li:n] *nt* <-s, -e> (MED) penicilina *f*

Penne ['pɛnə] *f* <-n> *(fam)* cole *m*

pennen ['pɛnən] *vi (fam)* ① *(schlafen)* dormir ② *(nicht aufpassen)* estar distraído

Penner(in) ['pɛnɐ] *m(f)* <-s, -; -nen> *(abw fam)* ① *(Stadtstreicher)* vagabundo, -a *m, f,* atorrante *mf CSur* ② *(Schlafmütze)* dormilón, -ona *m, f*

Pensen ['pɛnzən] *pl von* **Pensum**

Pension[1] [pã'zjo:n, pɛn'zjo:n] *f* <-en> ❶ *(Rente)* jubilación *f,* pensión *f* ❷ *(Herberge)* pensión *f*

Pension[2] *f ohne pl* ❶ *(Ruhestand)* jubilación *f;* **in ~ gehen** jubilarse ❷ *(Unterkunft und Verpflegung)* pensión *f;* **halbe ~** media pensión; **volle ~** pensión completa

Pensionär(in) [pãzjo'nɛ:ɐ, pɛnzjo'nɛ:ɐ] *m(f)* <-s, -e; -nen> ❶ *(Ruheständler)* jubilado, -a *m, f* ❷ *(Schweiz: Pensionsgast)* huésped(a) *m(f)* de una pensión

pensionieren* [pãzjo'ni:rən, pɛnzjo'ni:rən] *vt* jubilar; **sich ~ lassen** jubilarse

Pensionierung *f* <-en> jubilación *f*

Pensionist(in) [pɛnzi̯o:'nɪst] *m(f)* <-en, -en> *(Österr: Rentner)* pensionista *mf,* jubilado, -a *m, f*

Pensionsalter [pã'zjo:ns-, pɛn'zjo:ns-] *nt* edad *f* de jubilación

pensionsberechtigt *adj* con derecho a jubilación

Pensionsgast *m* huésped *mf* de una pensión

Pensum ['pɛnzʊm] *nt* <-s, Pensen *o* Pensa> (cantidad *f* de) trabajo *m; (Aufgabe)* tarea *f;* **sein ~ erfüllen** cumplir con su tarea

Pentagon[1] [pɛnta'go:n] *nt* <-s, -e> (MATH) pentágono *m*

Pentagon[2] ['pɛntagɔn] *nt* <-s, *ohne pl*> *(US-Verteidigungsministerium)* Pentágono *m*

Penthaus *nt,* **Penthouse** ['pɛnthaʊs] *nt* <-, -s> ático *m*

Pep [pɛp] *m* <-(s), *ohne pl*> chispa *f;* **~ haben** *(fam)* tener gancho

Peperoni [pepe'ro:ni] *f* <-> ❶ *(scharfe Paprika)* pimiento *m* picante ❷ *(Schweiz: Gemüsepaprika)* pimiento *m*

peppig ['pɛpɪç] *adj* gracioso; *(Musik)* marchoso; *(Person)* salado, vivo

Pepsin [pɛ'psi:n] *nt* <-s, -e> (MED, BIOL, CHEM) pepsina *f*

per [pɛr] *präp +akk* por; **~ Kilo** por kilo; **er fährt ~ Anhalter** viaja a dedo; **sie ist ~ du mit ihm** se tutean

perfekt [pɛr'fɛkt] *adj* ❶ *(vollkommen)* perfecto; **sie spricht ~ Spanisch** habla perfectamente español ❷ *(fam: abgeschlossen)* arreglado; *(Vertrag)* firmado; **die Sache ist ~** el asunto está arreglado

Perfekt ['pɛrfɛkt] *nt* <-s, -e> (LING) (pretérito *m*) perfecto *m*

Perfektion [pɛrfɛk'tsjo:n] *f ohne pl* perfección *f;* **etw bis zur ~ bringen** llevar algo a la perfección

perfektionieren* [pɛrfɛktsjo'ni:rən] *vt* perfeccionar

Perfektionismus [pɛrfɛktsjo'nɪsmʊs] *m* <-, *ohne pl*> perfeccionismo *m*

Perfektionist(in) [pɛrfɛktsjo'nɪst] *m(f)* <-en, -en; -nen> perfeccionista *mf*

perfid(e) *adj* pérfido

Perforation [pɛrfora'tsjo:n] *f* <-, -en> (*a.* MED) perforación *f*

perforieren* [pɛrfo'ri:rən] *vt* perforar

Pergament [pɛrga'mɛnt] *nt* <-(e)s, -e> pergamino *m*

Pergamentpapier *nt* papel *m* de pergamino

Pergola ['pɛrgola] *f* <-, Pergolen> pérgola *f*

Periode [peri'o:də] *f* <-n> ❶ *(Zeitabschnitt)* período *m,* época *f* ❷ (PHYS, MATH, GEO) período *m* ❸ *(Menstruation)* período *m,* regla *f*

Periodensystem *nt ohne pl* (CHEM) sistema *m* periódico de elementos

Periodikum [peri'o:dikʊm, *pl:* peri'o:dika] *nt* <-s, Periodika> publicación *f* periódica

periodisch [peri'o:dɪʃ] *adj* periódico

peripher [peri'fe:ɐ] *adj* periférico

Peripherie [perife'ri:] *f* <-n> ❶ *(Randbezirke)* periferia *f* ❷ (MATH) periferia *f* ❸ (INFOR) periférico *m*

Perle ['pɛrlə] *f* <-n> ❶ *(der Perlmuschel)* perla *f; (aus Glas, Holz)* cuenta *f;* **künstliche ~** perla artificial ❷ *(Luftblase)* burbuja *f; (Schweißperle)* gota *f* (de sudor) ❸ *(fam: Hausgehilfin)* alhaja *f*

perlen ['pɛrlən] *vi* ❶ *haben o sein (Perlen bilden)* formar gotas; *(Schweiß)* gotear ❷ *(Sekt)* burbujear

Perlenkette *f* collar *m* de perlas

Perlhuhn *nt* pintada *f*

Perlmuschel *f* madreperla *f*

Perlmutt ['pɛrlmʊt] *nt* <-s, *ohne pl*>, **Perlmutter** *f* <-, *ohne pl*> *nt* <-s, *ohne pl*> nácar *m*

Perlon® ['pɛrlɔn] *nt* <-s, *ohne pl*> perlón® *m*

permanent [pɛrma'nɛnt] *adj* permanente

Permanenz [pɛrma'nɛnts] *f* <-, *ohne pl*> permanencia *f;* **in ~** permanentemente

perplex [pɛr'plɛks] *adj (fam)* perplejo, asombrado

Perser[1] *m* <-s, -> *(fam)* alfombra *f* persa

Perser(in)[2] ['pɛrzɐ] *m(f)* <-s, -; -nen> persa *mf*

Perserteppich *m* alfombra *f* persa

Persianer [pɛrzi'a:nɐ] *m* <-s, -> astracán *m*

Persien ['pɛrziən] *nt* <-s> Persia *f*

Persiflage [pɛrzi'fla:ʒə] *f* <-n> parodia *f* (**auf** de)

persiflieren* [pɛrzi'fli:rən] *vt* parodiar

persisch ['pɛrzɪʃ] *adj* persa; **der P~e Golf** el golfo Pérsico

Person [pɛr'zo:n] *f* <-en> ① *(Individuum)* persona *f;* **pro ~** por persona; **juristische ~** (JUR) entidad legal; **natürliche ~** (JUR) persona física; **ich für meine ~ ...** en cuanto a mi persona...; **Angaben zur ~ machen** dar los datos personales; **er ist die Geduld in ~** es la paciencia en persona; **jdn zur ~ vernehmen** pedir los datos personales a alguien ② *(Gestalt)* personaje *m*

Personal [pɛrzo'na:l] *nt* <-s, *ohne pl*> personal *m*

Personalabbau *m* reducción *f* de personal

Personalabteilung *f* sección *f* de personal

Personalakte *f* hoja *f* de servicios

Personalaufwand *m ohne pl* gastos *mpl* de personal

Personalausweis *m* ≈ carné *m* de identidad

Personalbüro *nt* <-s, -s> oficina *f* de personal

Personalchef(in) *m(f)* jefe, -a *m, f* de personal

Personal Computer *m* ordenador *m* personal, computadora *f* personal *Am*

Personalien [pɛrzo'na:liən] *pl* datos *mpl* personales

Personalkosten *pl* (WIRTSCH) gastos *mpl* de personal

Personalmangel *m* <-s, *ohne pl*> escasez *f* de personal

Personalplanung *f* <-, -en> (WIRTSCH) planificación *f* de personal

Personalpolitik *f* <-, *ohne pl*> política *f* de personal

Personalpronomen *nt* (LING) pronombre *m* personal

Personalrat *m* (ADMIN) consejo *m* de personal

Personalreferent(in) *m(f)* responsable *mf* de recursos humanos

personell [pɛrzo'nɛl] *adj* ① *(das Personal betreffend)* respecto al personal; **~e Veränderungen** cambios en el personal ② *(die Person betreffend)* personal

Personenaufzug *m* ascensor *m*

Personenbeförderung *f* <-, *ohne pl*> transporte *m* de viajeros; **gewerbliche ~** servicio discrecional

Personenbeschreibung *f* descripción *f* de la persona

Personengedächtnis *nt* memoria *f* de personas

Personenkraftwagen *m (formal)* automóvil *m*

Personenkreis *m* <-es, -e> círculo *m* de personas

Personenkult *m (abw)* culto *m* a la persona

Personennahverkehr *m* (AUTO) tráfico *m* de cercanías

Personenschaden *m* (JUR) daños *mpl* personales; **Unfall mit ~** accidente con daños personales

Personenschutz *m* <-es, *ohne pl*> custodia *f* personal, protección *f* personal

Personenverkehr *m* tra(n)sporte *m* de viajeros; **öffentlicher/privater ~** tra(n)sporte público/privado de viajeros

Personenwagen *m* automóvil *m*

Personenzug *m* tren *m* de pasajeros

Personifikation [pɛrzonifika'tsjo:n] *f* <-en> personificación *f*

personifizieren* [pɛrzonifi'tsi:rən] *vt* personificar

Personifizierung *f* <-, -en> *(geh) s.* **Personifikation**

persönlich [pɛr'zø:nlɪç] *adj* ① *(allgemein)* personal; **ein ~es Gespräch** una conversación personal; **etw ~ nehmen** tomarse algo a pecho ② *(selbst)* en persona; **die Ministerin ~** la ministra en persona; **ich ~** yo por mi parte; **jdn ~ kennen** conocer a alguien personalmente; **~ erscheinen** acudir personalmente

Persönlichkeit *f* <-en> personalidad *f*

Perspektive [pɛrspɛk'ti:və] *f* <-n> perspectiva *f; (Blickwinkel)* punto *m* de vista; **aus meiner ~** desde mi punto de vista

perspektivisch *adj* en perspectiva; **~e Verkürzung** escorzo *m*

perspektivlos [pɛrspɛk'ti:f-] *adj* sin perspectivas

Peru [pe'ru:] *nt* <-s> Perú *m*

Peruaner(in) [peru'a:nɐ] *m(f)* <-s, -; -nen> peruano, -a *m, f*

peruanisch *adj* peruano

Perücke [pe'rʏkə] *f* <-n> peluca *f*

pervers [pɛr'vɛrs] *adj* perverso

Perversion [pɛrvɛr'zjo:n] *f* <-en> perversión *f*

Perversität [pɛrvɛrzi'tɛ:t] *f* <-en> perversidad *f*

pervertieren* [pɛrvɛr'ti:rən] *vi, vt* pervertir (**zu** a)

pesen ['pe:zən] *vi (fam)* ir a toda mecha

Pesete [pe'ze:tə] *f* <-n> *(hist: Währung)* peseta *f*

Peso ['peso] *m* <-(s), -(s)> *(Währung)* peso *m*

Pessar [pɛ'sa:ɐ] *nt* <-s, -e> (MED) pesario *m,* óvalo *m Am; (zur Verhütung)* diafragma *m*

Pessimismus [pɛsi'mɪsmʊs] *m* <-, *ohne pl*> pesimismo *m*

Pessimist(in) [pɛsi'mɪst] *m(f)* <-en, -en; -nen> pesimista *mf*

pessimistisch *adj* pesimista

Pest [pɛst] *f ohne pl* peste *f*; **jdn wie die ~ hassen** *(fam)* odiar a alguien a muerte; **jdm die ~ an den Hals wünschen** *(fam)* desearle a alguien lo peor; **es stinkt wie die ~** *(fam)* huele que apesta

Pestizid [pɛsti'tsi:t] *nt* <-s, -e> pesticida *m*

Pesto ['pɛsto] *nt o m* <-s, -s> pesto *m*

Petersilie [petɐ'zi:ljə] *f ohne pl* perejil *m*

PET-Flasche ['pe:e:te:-] *f* <-, -n> botella *f* de plástico [*o* de polietileno]

Petition [peti'tsjo:n] *f* <-en> petición *f*, solicitud *f*

Petrischale ['pe:tri-] *f* (CHEM) cápsula *f* de Petri

Petrochemie [petroçe'mi:] *f* <-, *ohne pl*> petroquímica *f*

Petroleum [pe'tro:leʊm] *nt* <-s, *ohne pl*> petróleo *m*

Petroleumlampe *f* lámpara *f* de petróleo

Petting ['pɛtɪŋ] *nt* <-(s), -s> magreo *m*, toqueteo *m Am*

petto ['pɛto] *(fam)* **etw in ~ haben** traer algo en la manga

Petunie [pe'tu:niə] *f* <-, -n> petunia *f*

Petze ['pɛtsə] *f* <-n> *(fam abw)* chivato, -a *m, f*

petzen ['pɛtsən] *vt (fam abw)* chivar(se) (**bei** a)

Petzer(in) *m(f)* <-s, -; -, -nen> *(fam abw)* *s.* **Petze**

Pfad [pfa:t] *m* <-(e)s, -e> ① *(Weg)* senda *f*, trilla *f Méx* ② (INFOR) camino *m*

Pfadfinder(in) *m(f)* explorador(a) *m(f)*, scout *mf*

Pfaffe ['pfafə] *m* <-n, -n> *(abw)* pastor *m*

Pfahl [pfa:l, *pl:* 'pfɛ:lə] *m* <-(e)s, Pfähle> palo *m*; *(Pfosten)* poste *m*

Pfahlwurzel *f* (BOT) raíz *f* pivotante

Pfalz [pfalts] *f* Palatinado *m*

pfälzisch ['pfɛltsɪʃ] *adj* palatino

Pfand [pfant, *pl:* 'pfɛndɐ] *m* <-(e)s, Pfänder> prenda *f*; *(Pfandgeld)* garantía *f*; *(für Flaschen)* dinero *m* por el envase; **ein ~ hinterlassen** dejar algo como prenda

Pfandbrief *m* (FIN) cédula *f* hipotecaria

pfänden ['pfɛndən] *vt* embargar

Pfandflasche *f* botella *f* retornable

Pfandleihe *f* <-n> monte *m* de piedad

Pfandleiher(in) *m(f)* deudor(a) *m(f)* pignoraticio , -a

Pfändung *f* <-en> embargo *m*

Pfanne ['pfanə] *f* <-n> ① *(Bratpfanne)* sartén *f*, paila *f Am*; **jdn in die ~ hauen** *(fam: ausschimpfen)* echar una bronca a alguien; *(fertigmachen)* dejar a alguien como un trapo ② *(Dachpfanne)* teja *f* flamenca

Pfannenwender *m* rasera *f*

Pfannkuchen *m* crepe *f*, panqueque *m Am*, panqué *m Cuba, Méx*

Pfarramt ['pfarʔamt] *nt* ① *(Amt)* curato *m* ② *(Dienststelle)* parroquia *f*

Pfarrei [pfa'raɪ] *f* <-en> parroquia *f*

Pfarrer[1] ['pfarɐ] *m* <-s, -> *(katholisch)* párroco *m*

Pfarrer(in)[2] *m(f)* <-s, -; -nen> pastor(a) *m(f)*

Pfarrgemeinde *f* parroquia *f*

Pfarrhaus *nt* casa *f* parroquial

Pfau [pfaʊ] *m* <-(e)s, -en> (ZOOL) pavo *m* real

Pfauenauge *nt* (ZOOL) pavón *m*

Pfeffer ['pfɛfɐ] *m* <-s, -> pimienta *f*; **er kann hingehen, wo der ~ wächst** *(fam)* que se vaya al diablo

Pfefferkuchen *m* pan *m* de especias

Pfefferminzbonbon *nt* caramelo *m* de menta

Pfefferminze [pfɛfɐ'mɪntsə] *f ohne pl* menta *f*, pipermín *m Am*

Pfefferminztee *m* té *m* de menta

Pfeffermühle *f* molinillo *m* de pimienta

pfeffern ['pfɛfɐn] *vt* ① (GASTR) sazonar con pimienta; **gepfefferte Preise** precios exorbitantes ② *(fam: werfen)* tirar con violencia; **ich habe ihm eine gepfeffert** le he pegado una bofetada

Pfefferstrauch *m* (BOT) pimentero *m*

Pfefferstreuer *m* <-s, -> pimentero *m*

Pfeife ['pfaɪfə] *f* <-n> ① (MUS) pífano *m*; *(Signalpfeife)* pito *m*; *(Orgelpfeife)* tubo *m* (de órgano); **nach jds ~ tanzen** *(fam fig)* bailar al son de alguien ② *(Tabakpfeife)* pipa *f*, cachimba *f Am* ③ *(fam abw: Person)* inútil *mf*

pfeifen ['pfaɪfən] <pfeift, pfiff, gepfiffen> *vi, vt* silbar; **draußen pfiff der Wind** fuera silbaba el viento; **ich pfeife auf …** … me importa un bledo

Pfeifenkopf *m* cabeza *f* de la pipa

Pfeifenreiniger *m* <-s, -> limpiador *m* de pipa

Pfeifentabak *m* <-s, -e> tabaco *m* de pipa

Pfeifkonzert *nt* abucheo *m*

Pfeifton *m* silbido *m*

Pfeil [pfaɪl] *m* <-(e)s, -e> flecha *f*, jara *f Guat, Méx*; **~ und Bogen** arco y flechas

Pfeiler ['pfaɪlɐ] *m* <-s, -> *(a. fig)* pilar *m*; *(Brückenpfeiler)* pila *f*

pfeilschnell ['-'-] *adj* (rápido) como una flecha

Pfennig ['pfɛnɪç] *m* <-s, -e> (HIST) pfennig *m*, ≈ céntimo *m*

Pfennigabsatz *m (fam)* tacón *m* de aguja

Pfennigfuchser(in) [-fʊksɐ] *m(f)* <-s, -; -nen> *(fam)* tacaño, -a *m, f*

Pferch [pfɛrç] *m* <-(e)s, -e> aprisco *m*
pferchen *vt* apretujar
Pferd ['pfeːɐt] *nt* <-(e)s, -e> ① *(Tier)* caballo *m,* pingo *m CSur;* **auf ein ~ steigen** montar sobre un caballo; **vom ~ steigen** desmontar; **ein ~ reiten** montar un caballo; **zu ~e** a caballo; **ich denk', mich tritt ein ~** *(fam)* esto es una sorpresa; **wie ein ~ arbeiten** *(fam)* trabajar como una bestia; **keine zehn ~e brächten ihn dahin/dazu** *(fam)* de ningún modo iría/lo haría; **das ~ am Schwanz aufzäumen** *(fam fig)* empezar la casa por el tejado; **mit ihr kann man ~e stehlen** *(fam)* se puede contar con ella para todo; **jetzt mach nicht die ~e scheu!** *(fam)* ¡no me alborotes el gallinero! ② *(Schachfigur)* caballo *m* ③ *(Turngerät)* potro *m*
Pferdeapfel *m* bosta *f* (de caballo)
Pferdedieb(in) *m(f)* <-(e)s, -e; -, -nen> cuatrero, -a *m, f,* ladrón, -ona *m, f* de caballos
Pferdefuß *m* ① (ZOOL) pie *m* de caballo ② *(Nachteil)* pero *m*
Pferderennbahn *f* hipódromo *m,* cancha *f Am*
Pferderennen *nt* carrera *f* de caballos, polla *f Arg,* burros *mpl Arg*
Pferderennsport *m ohne pl* carreras *fpl* de caballos
Pferdeschwanz *m* cola *f* de caballo
Pferdestall *m* cuadra *f,* caballeriza *f*
Pferdestärke *f* (TECH) caballo *m* de vapor
Pferdezucht *f* <-, -en> cría *f* de caballos
pfiff [pfɪf] *3. imp von* **pfeifen**
Pfiff [pfɪf] *m* <-(e)s, -e> silbido *m; (einer Pfeife)* pitido *m;* **etw hat ~** *(fam)* algo tiene un toque especial
Pfifferling ['pfɪfɐlɪŋ] *m* <-s, -e> rebozuelo *m;* **ihre Beteuerungen sind keinen ~ wert** *(fam)* sus afirmaciones no valen un pimiento
pfiffig ['pfɪfɪç] *adj* pillo; *(witzig)* con gracia
Pfingsten ['pfɪŋstən] *nt* <-, -> Pentecostés *m*
Pfingstferien ['pfɪŋst-] *pl* vacaciones *fpl* de Pentecostés
Pfingstmontag [-'--] *m* Lunes *m* de Pentecostés
Pfingstrose *f* peonia *f,* peonía *f*
Pfingstsonntag [-'--] *m* Domingo *m* de Pentecostés
Pfirsich ['pfɪrzɪç] *m* <-(e)s, -e> melocotón *m,* durazno *m Am*
Pfirsichbaum *m* melocotonero *m,* duraznero *m Am*
Pflanze ['pflantsə] *f* <-n> planta *f*
pflanzen *vt* plantar
Pflanzenfett *nt* (GASTR) grasa *f* vegetal
Pflanzenfresser *m* <-s, -> (ZOOL) herbívoro *m*
Pflanzengift *nt* <-(e)s, -e> veneno *m* vegetal
Pflanzenöl *nt* (GASTR) aceite *m* vegetal
Pflanzenreich *nt ohne pl* reino *m* vegetal
Pflanzenschutzmittel *nt* pesticida *m*
Pflanzenwelt *f ohne pl* flora *f*
pflanzlich *adj* vegetal
Pflanzung *f* <-en> plantío *m; (Plantage)* plantación *f*
Pflaster ['pflastɐ] *nt* <-s, -> ① *(aus Asphalt)* pavimento *m; (Kopfsteinpflaster)* adoquinado *m;* **ein heißes ~** *(fam)* un lugar peligroso ② *(Verband)* esparadrapo *m; (Heftpflaster)* tirita® *f*
pflastern ['pflasten] *vt* pavimentar; *(mit Kopfsteinpflaster)* adoquinar; *(mit Steinplatten)* enlosar
Pflasterstein *m* adoquín *m*
Pflaume ['pflaʊmə] *f* <-n> ① *(Frucht)* ciruela *f* ② *(Baum)* ciruelo *m* ③ *(fam abw: Mensch)* pedazo *m* de alcornoque
Pflaumenbaum *m* ciruelo *m*
Pflaumenkuchen *m* pastel *m* de ciruelas
Pflaumenmus *nt* <-es, -e> mermelada *f* de ciruela
Pflege ['pfleːgə] *f ohne pl* ① *(Krankenpflege)* asistencia *f; (Körperpflege)* aseo *m; (von Kindern, Tieren)* cuidado *m;* **jdn/ein Tier bei jdm in ~ geben** entregar alguien/un animal al cuidado de alguien; **jdn/ein Tier in ~ nehmen** hacerse cargo (del cuidado) de alguien/de un animal ② *(Instandhaltung)* mantenimiento *m* ③ *(von Beziehungen)* cultivo *m; (der Kunst, Wissenschaft)* fomento *m*
pflegebedürftig *adj* que necesita cuidados
Pflegedienst *m* servicio *m* asistencial
Pflegeeltern *pl* padres *mpl* tutelares
Pflegefall *m* enfermo, -a *m, f* bajo continua vigilancia médica
Pflegefamilie *f* familia *f* tutelar
Pflegeheim *nt* residencia *f* asistida
Pflegekind *nt* niño, -a *m, f* en tutela
pflegeleicht *adj* ① *(Gegenstand)* de fácil cuidado; *(Mensch)* fácil de tratar ② *(Wäsche)* de fácil lavado
Pflegemutter *f* madre *f* tutelar
pflegen ['pfleːgən] **I.** *vt* ① *(Kranke)* cuidar, atender ② *(Garten, Körper)* cuidar; *(Gebäude)* conservar ③ *(Beziehungen)* mantener; *(Freundschaft, Kunst)* cultivar **II.** *vi* soler *+inf;* **er pflegte zu sagen …** solía decir…
Pflegenotstand *m ohne pl* escasez *f* de personal sanitario
Pflegepersonal *nt* personal *m* sanitario
Pfleger(in) *m(f)* <-s, -; -nen> ① *(Kranken-*

pfleger) enfermero, -a *m, f* ② *(Tierpfleger)* cuidador(a) *m(f)* de animales ③ (JUR) tutor(a) *m(f)*
Pflegesohn *m* niño *m* en tutela
Pflegespülung *f* acondicionador *m*
Pflegetochter *f* niña *f* en tutela
Pflegevater *m* padre *m* tutelar
Pflegeversicherung *f seguro de enfermedad para casos de invalidez*
pfleglich ['pfle:klɪç] **I.** *adj* cuidadoso **II.** *adv* con cuidado; **etw ~ behandeln** tratar algo con cuidado
Pflegschaft *f* <-en> (JUR) curatela *f; (Vormundschaft)* tutela *f*
Pflicht [pflɪçt] *f* <-en> ① *(Notwendigkeit)* deber *m; (Verpflichtung)* obligación *f;* **ich halte es für meine ~, ihm zu helfen** considero que es mi obligación ayudarle; **Rechte und ~en** derechos y deberes; **seine ~en kennen/erfüllen** conocer sus/cumplir con sus deberes; **die ~ ruft** el deber llama; **ich tue nur meine ~** solamente cumplo con mi deber ② (SPORT) ejercicio *m* obligatorio
pflichtbewusst *adj* cumplidor
Pflichtbewusstsein *nt* sentido *m* del deber
Pflichterfüllung *f ohne pl* cumplimiento *m* del deber
Pflichtexemplar *nt* <-(e)s, -e> (ADMIN) ejemplar *m* gratuito obligatorio *(de cada libro publicado que ha de enviar la editorial a algunas bibliotecas)*
Pflichtfach *nt* (UNIV, SCH) asignatura *f* obligatoria; *(im Grundstudium)* asignatura *f* común
Pflichtgefühl *nt ohne pl* sentido *m* del deber
pflichtgemäß **I.** *adj* debido **II.** *adv* conforme a su deber
Pflichtteil *m o nt* (JUR) legítima *f*
Pflichtübung *f* (SPORT) ejercicio *m* obligatorio
Pflichtverletzung *f* incumplimiento *m* del deber
pflichtversichert *adj* afiliado al seguro obligatorio de enfermedad
Pflichtversicherung *f* seguro *m* obligatorio
Pflichtverteidiger(in) *m(f)* (JUR) defensor(a) *m(f)* de oficio
Pflock [pflɔk, *pl:* 'pflœkə] *m* <-(e)s, Pflöcke> estaca *f*
pflücken ['pflʏkən] *vt* coger
Pflug [pflu:k, *pl:* 'pfly:gə] *m* <-(e)s, Pflüge> arado *m*
pflügen ['pfly:gən] *vi, vt* arar
Pforte ['pfɔrtə] *f* <-n> puerta *f*
Pförtner(in) ['pfœrtnɐ] *m(f)* <-s, -; -nen> portero, -a *m, f*
Pförtnerloge *f* portería *f*
Pfosten ['pfɔstən] *m* <-s, -> poste *m; (Türpfosten)* jamba *f*
Pfötchen ['pfø:tçən] *nt* **sei brav, Hund, gib ~!** ¡sé bueno, perrito, dame la patita!
Pfote ['pfo:tə] *f* <-n> ① *(von Tieren)* pata *f* ② *(fam: Hand)* pezuña *f,* pata *f;* **sich** *dat* **bei etw die ~n verbrennen** meter la pata
pfropfen ['pfrɔpfən] *vt* ① *(veredeln)* injertar ② *(fam: hineinstopfen)* meter a la fuerza
Pfropfen ['pfrɔpfən] *m* <-s, -> tapón *m*
Pfründe ['pfrʏndə] *f* <-n> (REL) prebenda *f*
pfui [pfʊɪ] *interj* puaj; **~ Teufel!** ¡qué asco!
Pfund [pfʊnt] *nt* <-(e)s, -e> ① *(Gewichtseinheit)* libra *f,* medio kilo *m;* **einige ~e abnehmen** adelgazar unos kilos ② *(Währungseinheit)* libra *f;* **~ Sterling** libra esterlina
pfundig ['pfʊndɪç] *adj (fam)* fenomenal
Pfundskerl *m (fam)* tío, -a *m, f* estupendo, -a
pfuschen ['pfʊʃən] *vi* ① *(fam abw: schludern)* chapucear ② *(reg: schummeln)* timar, hacer trampas
Pfuscher(in) *m(f)* <-s, -; -nen> *(fam abw)* chapucero, -a *m, f*
Pfuscherei *f* <-en> *(fam abw)* chapucería *f*
Pfuscherin *f* <-nen> *s.* **Pfuscher**
Pfütze ['pfʏtsə] *f* <-n> charco *m*
PH *f* <-, -s> *Abk. von* **Pädagogische Hochschule** ≈ Escuela *f* de Magisterio
phallisch *adj (geh)* fálico
Phallus ['falʊs] *m* <-, -se *o* Phalli *o* Phallen> falo *m*
Phänomen [fɛno'me:n] *nt* <-s, -e> fenómeno *m*
phänomenal [fɛnome'na:l] **I.** *adj* fenomenal **II.** *adv (fam)* fenómeno, fenomenal
Phantom [fan'to:m] *nt* <-s, -e> fantasma *m*
Phantombild *nt* retrato *m* robot
Phantomschmerz *m* <-es, -en> (MED) dolor *m* imaginario
Pharao ['fa:rao, *pl:* fara'o:nən] *m* <-s, -nen> faraón *m*
Pharisäer [fari'zɛ:ɐ] *m* <-s, -> ① (REL) fariseo *m* ② *(Getränk)* café *m* con ron y crema
Pharmaindustrie *f ohne pl* industria *f* farmacéutica
Pharmakologe, -in [farmako'lo:gə] *m, f* <-n, -n; -nen> farmacólogo, -a *m, f*
Pharmakologie [farmakolo'gi:] *f ohne pl* farmacología *f*

P

Pharmakologin *f* <-nen> *s.* **Pharmakologe**

Pharmazeut(in) [farma'tsɔɪt] *m(f)* <-en, -en; -nen> farmacéutico, -a *m, f*

Pharmazeutik [farma'tsɔɪtɪk] *f ohne pl* ciencia *f* farmacéutica

Pharmazeutin *f* <-nen> *s.* **Pharmazeut**

pharmazeutisch *adj* farmacéutico

Pharmazie [farma'tsi:] *f ohne pl* farmacia *f*

Phase ['fa:zə] *f* <-n> ❶ *(Zeitstufe)* fase *f,* ráfaga *f And, CSur* ❷ (CHEM, PHYS, ELEK, ASTR) fase *f*

Philanthrop(in) [filan'tro:p] *m(f)* <-en, -en; -, -nen> filántropo, -a *m, f*

Philharmonie [fɪlharmo'ni:] *f* <-n> ❶ *(Orchester)* orquesta *f* filarmónica ❷ *(Gebäude)* auditorio *m; (Konzertsaal)* sala *f* de conciertos

Philharmoniker(in) [fɪlhar'mo:nikɐ] *m(f)* <-s, -; -nen> filarmónico, -a *m, f*

philharmonisch [fɪlhar'mo:nɪʃ] *adj* filarmónico; **~es Orchester** orquesta filarmónica

Philippinen [filɪ'pi:nən] *pl* Filipinas *f pl*

Philippiner(in) [filɪ'pi:nɐ] *m(f)* <-s, -; -nen> filipino, -a *m, f*

philippinisch [filɪ'pi:nɪʃ] *adj* filipino

Philister [fi'lɪstɐ] *m* <-s, -> *(abw)* burgués *m*

Philologe, -in [filo'lo:gə] *m, f* <-n, -n; -nen> filólogo, -a *m, f*

Philologie [filolo'gi:] *f* <-n> filología *f*

Philologin *f* <-nen> *s.* **Philologe**

philologisch *adj* filológico

Philosoph(in) [filo'zo:f] *m(f)* <-en, -en; -nen> filósofo, -a *m, f*

Philosophie [filozo'fi:] *f* <-n> filosofía *f*

philosophieren* [filozo'fi:rən] *vi* filosofar (**über** sobre)

Philosophin *f* <-nen> *s.* **Philosoph**

philosophisch [filo'zo:fɪʃ] *adj* filosófico

Phiole ['fjo:lə] *f* <-, -n> redoma *f*

Phlegma ['flɛgma] *nt* <-s, *ohne pl*> flema *f*

Phlegmatiker(in) [flɛ'gma:tikɐ] *m(f)* <-s, -; -, -nen> persona *f* flemática

phlegmatisch *adj* flemático

Phobie [fo'bi:] *f* <-n> (MED) fobia *f* (**vor** a)

Phon [fo:n] *nt* <-s, -s> fon *m*

Phonem [fo'ne:m] *nt* <-s, -e> (LING) fonema *m*

Phonetik [fo'ne:tɪk] *f ohne pl* (LING) fonética *f*

phonetisch *adj* (LING) fonético

Phönix ['fø:nɪks] *m* <-(es), -e> fénix *m*

Phönizier(in) [fø'ni:tsiɐ] *m(f)* <-s, -; -nen> fenicio, -a *m, f*

Phosphat [fɔs'fa:t] *nt* <-(e)s, -e> fosfato *m*

Phosphor ['fɔsfo:ɐ] *m* <-s, -e> (CHEM) fósforo *m*

phosphoreszieren* [fɔsforɛs'tsi:rən] *vi* fosforecer

Phrase ['fra:zə] *f* <-n> ❶ (LING) giro *m* ❷ *(abw: inhaltsleere Formel)* frase *f;* **~n dreschen** *(fam)* hablar en clichés ❸ (MUS) frase *f*

Phraseologie [frazeolo'gi:] *f* <-, -n> (LING) fraseología *f*

pH-Wert *m* (CHEM) (valor *m*) PH *m*

Physalis [fy'za:lɪs] *f* <-, - *o* Physalen> (BOT, GASTR) alquequenje *m*

Physik [fy'zi:k] *f ohne pl* física *f*

physikalisch [fyzi'ka:lɪʃ] *adj* físico

Physiker(in) ['fy:zikɐ] *m(f)* <-s, -; -nen> físico *mf*

Physikum ['fy:zikʊm] *nt* <-s, Physika> examen *m* preclínico de medicina

Physiologie [fyziolo'gi:] *f ohne pl* fisiología *f*

physiologisch [fyzio'lo:gɪʃ] *adj* fisiológico

Physiotherapeut(in) [fyzio-] *m(f)* fisioterapeuta *mf*

Physiotherapie [fyzio-] *f ohne pl* fisioterapia *f*

physisch ['fy:zɪʃ] *adj* físico

Pi [pi:] *nt* <-(s), *ohne pl*> (MATH) pi *f;* **~ mal Daumen** *(fam)* a ojo

Pianist(in) [pja'nɪst] *m(f)* <-en, -en; -nen> pianista *mf*

Piano ['pja:no] *nt* <-s, -s> piano *m* vertical

picheln ['pɪçəln] *vi (fam)* copear

Pickel ['pɪkəl] *m* <-s, -> ❶ *(Spitzhacke)* pico *m; (Eispickel)* piolet *m* ❷ *(auf der Haut)* espinilla *f*

pickelig ['pɪk(e)lɪç] *adj* lleno de espinillas

picken ['pɪkən] *vt, vi* ❶ *(Vogel)* picotear (**nach**) ❷ *(heraussuchen)* escoger (**aus** entre)

Pickerl ['pɪkɐl] *nt* <-s, -(n)> *(Österr: fam* AUTO) ❶ *(Aufkleber)* etiqueta *f* ❷ *(Autobahnvignette)* viñeta *f* para circular por autopista *(a modo de peaje)*

Picknick ['pɪknɪk] *nt* <-s, -s *o* -e> pícnic *m*

picknicken *vi* hacer un pícnic, ir de pícnic

Pick-up ['pɪkʔap] *m* <-s, -s> *(kleiner Lieferwagen)* camioneta *f*

picobello ['pi:ko'bɛlo] *adj inv (fam)* impecable

piekfein ['pi:k'faɪn] *adj (fam)* elegante

piep [pi:p] *interj* pío; **er konnte nicht mehr ~ sagen** *(fam)* ya no pudo decir ni pío

Piep [pi:p] *m* <-s, -e> *(fam)* pío *m;* **sie**

sagte keinen ~ *(fam)* no dijo ni pío; **der sagt keinen ~ mehr** *(fam)* este está tieso

piepegal ['--'-] *adj (fam)* **das ist mir ~** me importa un comino

piepen ['pi:pən] *vi (Vogel)* piar; *(Maus)* chillar; *(Funkgerät)* hacer ruidos; **bei der piept's wohl!** *(fam)* ¡está tocada (del ala)!; **das ist ja zum P~!** *(fam)* ¡es para morirse de risa!

Piepen *pl (fam)* pelas *f pl*

piepsen ['pi:psən] *vi* ❶ *s.* **piepen** ❷ *(sprechen)* hablar a voz aguda

Piepser *m* <-s, -> ❶ *(Piep)* pío *m* ❷ *(fam: Empfänger)* busca *m*

piepsig *adj (Stimme)* agudo

Pier [pi:ɐ] *m* <-s, -e *o* -s> muelle *m*

Piercing ['pi:ɐsɪŋ] *nt* <-s, -s> pirsin *m*

piesacken ['pi:zakən] *vt (fam)* molestar, jorobar

pieseln ['pi:zəln] *vi (fam)* ❶ *(nieseln)* lloviznar ❷ *(urinieren)* orinar

Pietät [pie'tɛ:t] *f ohne pl (geh)* piedad *f*; *(Respekt)* respeto *m*

pietätlos *adj (geh)* irreverente

Pigment [pɪ'gmɛnt] *nt* <-(e)s, -e> pigmento *m*

Pigmentfleck *m* (MED) mancha *f* pigmentaria

Pik [pi:k] *nt* <-s, *ohne pl*> *(französische Karten)* pica *f*; *(spanische Karten)* espadas *f pl*

pikant [pi'kant] *adj* picante

Pike ['pi:kə] *f (fam)* **etw von der ~ auf lernen** aprender algo desde abajo

piken ['pi:kən] **I.** *vi (fam)* picar **II.** *vt (fam)* pinchar

pikiert [pi'ki:ɐt] *adj* mosqueado

Pikkolo ['pɪkolo] *m* <-s, -s> ❶ *(Kellnerlehrling)* aprendiz *m* de camarero ❷ *(fam: Sektflasche)* benjamín *m*

Pikkoloflöte *f* flautín *m*

piksen ['pi:ksən] *vi, vt s.* **piken**

Piktogramm [pɪkto'gram] *nt* <-s, -e> pictograma *m*

Pilates [pi'la:təs] *nt* <-, *ohne pl*> (SPORT) pilates *m*

Pilger(in) ['pɪlgɐ] *m(f)* <-s, -; -nen> peregrino, -a *m, f*

Pilgerfahrt *f* peregrinación *f*

Pilgerin *f* <-nen> *s.* **Pilger**

pilgern ['pɪlgɐn] *vi sein* peregrinar (**nach** a)

Pille ['pɪlə] *f* <-n> ❶ *(Tablette)* pastilla *f*; **eine ~ nehmen** tomar una pastilla; **eine bittere ~** *(fam)* un trago amargo ❷ *(fam: Antibabypille)* píldora *f* (anticonceptiva); **die ~ danach** la píldora del día después

Pillenknick *m* descenso *m* de la natalidad *(a causa de la píldora anticonceptiva)*

Pilot(in) [pi'lo:t] *m(f)* <-en, -en; -nen> piloto *mf*

Pilotfilm *m* (TV) episodio *m* piloto

Pilotin *f* <-nen> *s.* **Pilot**

Pilotprojekt *nt* proyecto *m* piloto

Pils [pɪls] *nt* <-, ->, **Pils(e)ner** *nt* <-s, -> cerveza *f* tipo Pilsen

Pilz [pɪlts] *m* <-es, -e> (BOT, MED) hongo *m*; *(mit Hut)* seta *f*, nanacate *m Méx;* **wie ~e aus dem Boden schießen** brotar como los hongos

Pilzerkrankung *f* micosis *f inv*

Pilzkrankheit *f* micosis *f inv*

pilztötend *adj* letal para los hongos

Pilzvergiftung *f* intoxicación *f* por setas venenosas

Piment [pi'mɛnt] *m o nt* <-(e)s, -e> pimienta *f*

Pimmel ['pɪməl] *m* <-s, -> *(fam)* pito *m*, pichula *f Chil*

Pimpf [pɪmpf] *m* <-(e)s, -e> *(fam: Knirps)* crío *m*; *(abw)* renacuajo *m*, mico *m*

PIN *f* <-s, -s> *Abk. von* **personal identification number** pin *m*

pingelig ['pɪŋəlɪç] *adj (fam)* tiquismiquis

Pingpong ['pɪŋpɔŋ] *nt* <-s, *ohne pl*> ping-pong *m*

Pinguin ['pɪŋgui:n] *m* <-s, -e> pingüino *m*

Pinie ['pi:niə] *f* <-n> pino *m* piñonero

Pinienkern *m* <-(e)s, -e> piñón *m*

pink [pɪŋk] *adj* (rosa) fucsia

Pink [pɪŋk] *nt* <-s, -s> fucsia *m*

Pinkel ['pɪŋkəl] *m* <-s, -(s)> *(fam abw)* don *m* nadie; **ein feiner ~** un petimetre

pinkeln ['pɪŋkəln] *vi (fam)* mear

pinkfarben *adj* (rosa) fucsia

Pinne ['pɪnə] *f* <-, -n> (NAUT) caña *f* (del timón)

PIN-Nummer *f* número *m* PIN

Pinnwand ['pɪn-] *f* tablón *m* de notas

Pinscher ['pɪnʃɐ] *m* <-s, -> (perro *m*) grifón *m*

Pinsel ['pɪnzəl] *m* <-s, -> ❶ *(des Malers: fein)* pincel *m*; *(dick)* brocha *f* ❷ *(fam: Dummkopf)* bobo, -a *m, f*

pinseln *vi, vt* ❶ *(fam: malen)* pintar ❷ *(fam: schreiben)* escribir ❸ (MED: *Rachen, Zahnfleisch*) tocar

Pint [paint] *nt* <-s, -s> *(Hohlmaß)* pinta *f*

Pinte ['pɪntə] *f* <-n> *(fam)* tasca *f*

Pin-up-Girl [pɪn'ʔapgœ:l] *nt* <-s, -s> chica *f* de calendario

Pinzette [pɪn'tsɛtə] *f* <-n> pinza(s) *f (pl)*

Pionier(in) [pio'ni:ɐ] *m(f)* <-s, -e; -nen> ❶ (MIL) gastador(a) *m(f)* ❷ *(Wegbereiter)* pionero, -a *m, f*

Pionierarbeit *f ohne pl* labor *m* de pionero; ~ **leisten** abrir nuevos caminos

Pionierin *f* <-nen> *s.* **Pionier**

Pipapo [ˈpiːˈpaːˈpoː] *nt ohne pl (fam)* **mit allem** ~ con todos sus requisitos

Pipeline [ˈpaɪplaɪn] *f* <-s> *(für Gas)* gasoducto *m; (für Öl)* oleoducto *m*

Pipette [piˈpɛtə] *f* <-n> pipeta *f*

Pipi [ˈpɪpi, piˈpiː] *nt* <-s, *ohne pl*> *(fam)* pis *m inv,* pichi *m CSur;* ~ **machen** hacer pis

Pipifax [ˈpɪpifaks] *m* <-, *ohne pl*> *(fam abw: Unsinn)* disparates *mpl; (Nichtigkeiten)* bagatela *f*

Piranha [piˈranja] *m* <-(s), -s> (ZOOL) piraña *f,* caribe *m Ven*

Pirat(in) [piˈraːt] *m(f)* <-en, -en; -nen> pirata *mf*

Piratensender *m* emisora *f* pirata

Piraterie [piratəˈriː] *f* <-, *ohne pl*> piratería *f*

Piratin *f* <-nen> *s.* **Pirat**

Pirouette [piruˈɛtə] *f* <-n> pirueta *f*

Pirsch [pɪrʃ] *f ohne pl* caza *f* (al acecho); **auf (die)** ~ **gehen** ir a cazar

PISA-Studie *f* estudio *m* Pisa

Pisse [ˈpɪsə] *f ohne pl (vulg)* meada *f*

pissen [ˈpɪsən] *vi* ① *(vulg: urinieren)* mear ② *(fam: regnen)* llover

Pissoir [pɪˈsoaːɐ, *pl:* -ɐs, -rə] *nt* <-s, -s *o* -e> urinario *m*

Pistazie [pɪsˈtaːtsiə] *f* <-n> pistacho *m*

Piste [ˈpɪstə] *f* <-n> (SPORT, AERO) pista *f*

Pistole [pɪsˈtoːlə] *f* <-n> pistola *f,* cachimba *f Chil;* **jdm die ~ auf die Brust setzen** *(fam fig)* poner a alguien la pistola al pecho; **wie aus der ~ geschossen** *(fam fig)* como una bala

Pixel [ˈpɪksəl] *nt* <-s, -> (INFOR) píxel *m*

Pixelgrafik *f* (INFOR) gráfico *m* pixelado [*o* de píxel], gráfica *f* de píxeles

pixelig [ˈpɪksəlɪç] *adj (fam)* pixelado

Pizza [ˈpɪtsa] *f* <-s *o* Pizzen> pizza *f*

Pizzaservice [ˈpɪtsasœrvɪs] *m* <-, -> servicio *m* de reparto de pizzas a domicilio

Pkw *m* <-(s), -(s)> *Abk. von* **Personenkraftwagen** automóvil *m*

Placebo [plaˈtseːbo] *nt* <-s, -s> (MED) placebo *m*

Plackerei *f* <-en> *(fam)* trabajo *m* pesado

plädieren* [plɛˈdiːrən] *vi* ① (JUR) abogar (**auf/für** por) ② *(sich einsetzen)* abogar (**für** por), interceder (**für** por); **ich plädiere dafür, dass …** estoy a favor de que… +*subj*

Plädoyer [plɛdoaˈjeː] *nt* <-s, -s> (*a.* JUR) alegato *m* (**für** en favor de)

Plage [ˈplaːgə] *f* <-n> plaga *f;* **zu einer ~ werden** convertirse en una plaga

Plagegeist *m* <-(e)s, -er> *(fam)* pesado, -a *m, f,* pelmazo, -a *m, f*

plagen [ˈplaːgən] **I.** *vt* ① *(belästigen)* fastidiar ② *(Schmerzen, Zweifel)* atormentar, julepear *Am* **II.** *vr:* **sich** ~ matarse trabajando

Plagiat [plaˈgjaːt] *nt* <-(e)s, -e> plagio *m*

Plakat [plaˈkaːt] *nt* <-(e)s, -e> cartel *m,* afiche *m CSur; (Werbeplakat)* anuncio *m*

Plakatfarbe *f* pintura *f* para carteles

plakativ [plakaˈtiːf] *adj* llamativo

Plakatsäule *f* columna *f* anunciadora

Plakatwand *f* valla *f* publicitaria

Plakatwerbung *f* <-, *ohne pl*> publicidad *f* en vallas

Plakette [plaˈkɛtə] *f* <-n> placa *f*

plan [plaːn] *adj* llano, plano

Plan [plaːn, *pl:* ˈplɛːnə] *m* <-(e)s, Pläne> ① *(Vorhaben)* plan *m; (Projekt)* proyecto *m; (Absicht)* intención *f;* **es verläuft alles nach ~** todo se desarrolla según lo previsto; **Pläne machen/schmieden** hacer/forjar planes; **einen ~ fassen** concebir un plan; **auf dem ~ stehen** estar planeado ② *(Entwurf, Karte)* plano *m;* **jdn/etw auf den ~ rufen** hacer aparecer a alguien/algo

Plane [ˈplaːnə] *f* <-n> lona *f*

planen [ˈplaːnən] *vt* ① *(entwerfen)* proyectar ② *(vorhaben)* tener la intención (**zu** de); *(Ausflug, Essen)* planear; *(Wirtschaft, Entwicklung)* planificar; **es lief alles wie geplant** todo tra(n)scurrió como estaba previsto

Planet [plaˈneːt] *m* <-en, -en> (ASTR) planeta *m*

planetarisch *adj* (ASTR) planetario

Planetarium [planeˈtaːriʊm] *nt* <-s, Planetarien> planetario *m*

Planetenbahn *f* órbita *f* planetaria

planieren* [plaˈniːrən] *vt* allanar, aplanar

Planierraupe *f* aplanadora *f*

Planke [ˈplaŋkə] *f* <-n> tablón *m*

plänkeln [ˈplɛŋkəln] *vi* escaramuzar, pelearse

Plankton [ˈplaŋktɔn] *nt* <-s, *ohne pl*> (BIOL) plancton *m*

planlos *adj* sin método

Planlosigkeit *f* <-, *ohne pl*> falta *f* de método [*o* de sistema]

planmäßig I. *adj* ① *(wie vorgesehen)* previsto ② *(nach Plan)* sistemático **II.** *adv* ① *(wie vorgesehen)* como estaba previsto ② *(nach Plan)* sistemáticamente

Planschbecken *nt* (pequeña) piscina *f* para niños

planschen [ˈplanʃən] *vi* chapotear (**in** en)

Planstelle *f* <-, -n> puesto *m* de plantilla, plaza *f* de número

Plantage [plan'taːʒə] *f* <-n> plantación *f*
plantschen ['plantʃən] *vi* chapotear
Planung *f* <-en> planificación *f;* **in der ~ befindlich** en la fase de proyección
Planwirtschaft *f ohne pl* economía *f* planificada
Plappermaul *nt (fam abw)* cotorra *f*
plappern ['plapɐn] **I.** *vi (fam)* cotorrear **II.** *vt (fam)* decir
plärren ['plɛrən] *vi (abw)* ① *(weinen)* lloriquear ② *(schreien)* berrear ③ *(Radio, Lautsprecher)* estar a tope (de volumen)
Plasma ['plasma] *nt* <-s, Plasmen> (BIOL, MED, PHYS) plasma *m*
Plastik[1] ['plastɪk] *nt* <-s, *ohne pl*> *(Kunststoff)* plástico *m*
Plastik[2] ['plastɪk] *f* <-en> ① (KUNST) escultura *f* ② (MED) plastia *f*
Plastikbeutel *m* bolsa *f* de plástico
Plastikfolie *f* membrana *f* de plástico
Plastiksprengstoff *m* explosivo *m* plástico
Plastiktüte *f* bolsa *f* de plástico
plastisch ['plastɪʃ] *adj* ① *(formbar)* plástico; **~e Chirurgie** cirugía plástica ② *(anschaulich)* plástico
Plastizität [plastitsi'tɛːt] *f* <-, *ohne pl*> plasticidad *f*
Platane [pla'taːnə] *f* <-n> (BOT) plátano *m*
Plateau [pla'toː] *nt* <-s, -s> meseta *f,* altiplanicie *f,* altiplano *m Am*
Plateausohle *f* <-, -n> **Schuhe mit ~** zapatos de plataforma
Platin ['plaːtiːn] *nt* <-s, *ohne pl*> (CHEM) platino *m*
platonisch [pla'toːnɪʃ] *adj* platónico
platsch [platʃ] *interj* zas
plätschern ['plɛtʃɐn] *vi (fam)* murmurar
platt [plat] *adj* ① *(flach)* llano, plano; *(plattgedrückt)* aplastado; **etw ~ drücken** aplastar algo; **~ sein** *(fam)* estar sorprendido; **da bin ich aber ~** *(fam)* me dejas de piedra ② *(abw: geistlos)* trivial
Platt [plat] *nt* <-(s), *ohne pl*> ① *(Plattdeutsch)* bajo alemán *m* ② *(reg: Dialekt)* dialecto *m*
plattdeutsch *adj* bajo alemán
Plattdeutsch *nt* bajo alemán *m*
Platte ['platə] *f* <-n> ① *(Steinplatte)* losa *f; (Holzplatte)* tabla *f; (Metallplatte)* plancha *f* ② *(Schallplatte)* disco *m;* **die ~ kenn' ich schon!** *(fam)* ¡me conozco el rollo de memoria! ③ *(Herdplatte)* fogón *m* ④ *(Teller)* bandeja *f;* **kalte ~** (GASTR) fiambres *mpl* ⑤ *(fam: Glatze)* calva *f*
Platten einen ~ haben tener un pinchazo
plätten ['plɛtən] *vt (reg)* planchar
Plattenfirma *f* casa *f* productora de discos
Plattenlabel *nt* <-s, -s> ① *(Etikett)* etiqueta *f* del disco, rótulo *m* del disco ② *(Plattenfirma)* casa *f* (productora) de discos
Plattensee *m* Lago *m* Balatón
Plattenspieler *m* <-s, -> tocadiscos *m inv*
Plattform *f* <-en> plataforma *f*
Plattfuß *m* ① (MED) pie *m* plano ② *(fam: am Reifen)* pinchazo *m*
Plattheit[1] *f* <-, *ohne pl*> *(das Plattsein)* forma *f* plana
Plattheit[2] *f* <-, -en> *(Plattitüde)* trivialidad *f*
Platz[1] [plats, *pl:* 'plɛtsə] *m* <-es, Plätze> ① *(Ort, Stelle)* sitio *m,* lugar *m;* **das ist fehl am ~** eso está fuera de lugar; **auf die Plätze, fertig, los!** ¡preparados, listos, ya! ② *(öffentlicher Platz)* plaza *f* ③ *(Sportplatz)* campo *m; (Tennisplatz)* pista *f;* **auf eigenem ~** en propio campo; **auf gegnerischem ~** en campo contrario ④ *(Sitzplatz)* sitio *m,* asiento *m;* **bitte, nehmen Sie ~!** ¡tome asiento, por favor!; **ist noch ein ~ frei?** ¿queda algún sitio libre?; **dieser ~ ist besetzt** este asiento está ocupado; **~!** *(zum Hund)* ¡siéntate! ⑤ *(Teilnahmeplatz)* plaza *f;* **es sind noch Plätze frei** todavía quedan plazas libres; **ein Saal mit 500 Plätzen** una sala de 500 plazas ⑥ *(Rang)* lugar *m,* puesto *m;* **sie belegte den dritten ~** ocupó el tercer lugar; **seinen ~ behaupten** reafirmar su posición
Platz[2] *m* <-es, *ohne pl*> *(Raum)* sitio *m;* **~ sparend** que no ocupa mucho espacio; **~ da!** ¡hagan sitio!; **~ für jdn/etw schaffen** hacer sitio para alguien/algo; **jdm ~ machen** hacer(le) sitio a alguien
Platzangst *f* ① *(fam: Beklemmungszustand)* claustrofobia *f* ② (PSYCH) agorafobia *f*
Platzanweiser(in) *m(f)* <-s, -; -nen> acomodador(a) *m(f)*
Platzausnutzung *f ohne pl* aprovechamiento *m* del espacio
Plätzchen ['plɛtsçən] *nt* <-s, -> *(Gebäck)* galleta *f*
platzen ['platsən] *vi sein* ① *(Bombe, Mine)* estallar; *(Rohr, Luftballon)* reventar; *(Naht)* romperse; **vor Wut/Ärger ~** *(fig)* reventar de rabia/de furia ② *(fam: scheitern)* fracasar; *(Termin)* anularse, cancelarse; **etw ~ lassen** hacer fracasar algo ③ *(fam: hineinstürmen)* irrumpir (**in** en)
Platzhalterzeichen *nt* (INFOR) comodín *m*
platzieren* [pla'tsiːrən] **I.** *vt* colocar, ubicar *Am* **II.** *vr:* **sich ~** (SPORT) clasificarse
Platzierung *f* <-en> ① *(örtlich)* colocación *f,* ubicación *f Am* ② (SPORT) clasificación *f*
Platzkarte *f* reserva *f* (de asiento)

Platzkonzert *nt* concierto *m* en la plaza
Platzmangel *m* falta *f* de sitio
Platzpatrone *f* cartucho *m* de salvas
Platzregen *m* chaparrón *m,* invierno *m AmC, Ant*
Platzreservierung *f* reserva *f* (de asiento)
platzsparend *adj s.* **Platz**[2]
Platzverweis *m* (SPORT) expulsión *f* del campo
Platzwunde *f* herida *f* abierta
Plauderei [plaʊdəˈraɪ] *f* <-en> charla *f*
Plauderer, -in *m, f* <-s, -; -, -nen> conversador(a) *m(f); (fam: Geheimnisverräter)* chismoso, -a *m, f*
plaudern [ˈplaʊdɐn] *vi* charlar (**über** sobre/de), tertuliar (**über** sobre) *Am*
Plausch [plaʊʃ] *m* <-(e)s, -e> ① *(südd, Österr: Plauderei)* charla *f;* **einen ~ halten** estar de cháchara ② *(Schweiz: fam)* diversión *f,* placer *m*
plauschen *vi s.* **plaudern**
plausibel [plaʊˈziːbəl] *adj* plausible; *(verständlich)* inteligible; **jdm etw ~ machen** hacer(le) algo inteligible a alguien
Playback [plɛɪˈbɛk] *nt* <-, -s>, **Play-back** *nt* <-, -s> playback *m*
Playboy [ˈplɛɪbɔɪ] *m* <-s, -s> playboy *m*
Playlist <-, -s> [ˈplɛɪ̯lɪst] *f* lista *f* de reproducción, playlist *f*
Plazenta [plaˈtsɛnta] *f* <-s *o* Plazenten> (MED) placenta *f*
Plebiszit [plebɪsˈtsiːt] *nt* <-(e)s, -e> (POL) plebiscito *m*
Plebs [plɛps, pleːps] *m* <-es, *ohne pl*> *(abw geh: Pöbel)* plebe *f*
pleite [ˈplaɪtə] *adj (fam)* **~ sein** estar en quiebra
Pleite [ˈplaɪtə] *f* <-n> *(fam)* ① *(Bankrott)* quiebra *f* ② *(Misserfolg)* fracaso *m;* **mit jdm/etw** *dat* **eine ~ erleben** llevarse un chasco con alguien/algo
pleite|gehen *irr vi sein* quebrar
Plektron [ˈplɛktrɔn] *nt* <-s, Plektren *o* Plektra> (MUS) plectro *m*
plemplem [plɛmˈplɛm] *adj inv (fam)* chalado
Plenarsaal [pleˈnaːɐ-] *m* (POL) sala *f* plenaria
Plenum [ˈpleːnʊm] *nt* <-s, Plenen> pleno *m*
Pleuelstange [ˈplɔɪəl-] *f* (TECH) biela *f*
Plexiglas® [ˈplɛksi-] *nt ohne pl* plexiglás® *m*
Plissee [plɪˈseː] *nt* <-s, -s> plisado *m*
PLO [peːʔɛlˈʔoː] *f ohne pl Abk. von* **Palestine Liberation Organization** OLP *f*
Plombe [ˈplɔmbə] *f* <-n> ① *(Verschluss)* precinto *m* ② *(Zahnfüllung)* empaste *m*
plombieren* [plɔmˈbiːrən] *vt* ① *(versiegeln)* precintar ② *(Zahn)* empastar
Plot *m o nt* <-s, -s> ① (FILM, LIT, THEAT) trama *f* ② (INFOR) gráfica *f*
Plotter [ˈplɔtɐ] *m* <-s, -> (INFOR) graficador *m*
plötzlich [ˈplœtslɪç] **I.** *adj* repentino, sorpresivo *Am* **II.** *adv* de repente; **das kommt alles so ~** es todo tan repentino; **jetzt aber ein bisschen ~!** ¡ahora deprisa!
Plug-In *m* <-s, -s> (INFOR) plug-in *m*
plump [plʊmp] *adj* ① *(unförmig)* tosco ② *(ungelenk)* torpe; *(schwerfällig)* pesado, mazacotudo *Am* ③ *(abw: dreist)* grosero; *(Annäherung)* torpe; *(Lüge, Schmeichelei)* barato
Plumpheit[1] *f* <-, *ohne pl*> *(das Plumpsein)* tosquedad *f*
Plumpheit[2] *f* <-, -en> *(plumpe Handlung)* torpeza *f*
plumps [plʊmps] *interj* paf, pataplaf
Plumps [plʊmps] *m* <-es, -e> *(fam)* batacazo *m*
plumpsen [ˈplʊmpsən] *vi sein (fam)* caer (pesadamente)
Plumpsklo(sett) *nt (fam) retrete desprovisto de inodoro y agua corriente*
Plunder [ˈplʊndɐ] *m* <-s, *ohne pl*> *(fam abw)* trastos *mpl*
Plundergebäck *nt ohne pl* (GASTR) *bollo relleno, elaborado con una masa similar a la de levadura*
plündern [ˈplʏndɐn] *vt* saquear
Plünderung *f* <-en> saqueo *m*
Plural [ˈpluːraːl] *m* <-s, -e> (LING) plural *m*
Pluralismus [pluraˈlɪsmʊs] *m* <-, *ohne pl*> pluralismo *m*
pluralistisch *adj* pluralista
plus [plʊs] **I.** *konj* (MATH) más; **drei ~ drei** tres más tres **II.** *präp +gen* más; **~ der Zinsen** más los intereses **III.** *adv* ① (MATH) más ② (METEO) sobre cero ③ (ELEK) **der Strom fließt von ~ nach minus** la corriente pasa del polo positivo al negativo
Plus [plʊs] *nt* <-, *ohne pl*> ① *(Überschuss)* excedente *m;* (COM) superávit *m;* **ein ~ in der Kasse haben** tener un superávit en la caja; **ein ~ erwirtschaften** registrar ganancias; **im ~ sein** tener saldo ② *(Vorzug)* ventaja *f*
Plüsch [plʏʃ] *m* <-(e)s, -e> peluche *m*
plüschig *adj* afelpado
Plüschtier *nt* muñeco *m* de peluche
Pluspol *m* (ELEK, PHYS) polo *m* positivo
Pluspunkt *m* lado *m* positivo; *(Vorteil)* ventaja *f*
Plusquamperfekt [ˈplʊskvampɛrfɛkt] *nt* (LING) pluscuamperfecto *m*
Pluszeichen *nt* signo *m* de adición
Pluto [ˈpluːto] *m* <-, *ohne pl*> (ASTR) plutón *m*

P

Plutonium [plu'to:niʊm] *nt* <-s, *ohne pl*> (CHEM) plutonio *m*

PLZ *Abk. von* **Postleitzahl** C.P.

Pneu [pnø:] *m* <-s, -s> *(Schweiz, reg)* neumático *m*

pneumatisch [pnɔɪ'ma:tɪʃ] *adj* (TECH) neumático

Po [po:] *m* <-s, -s> *(fam)* culete *m*

Pöbel ['pø:bəl] *m* <-s, *ohne pl*> *(abw)* plebe *f,* pacotilla *f Am*

pöbelhaft *adj* vulgar

pöbeln ['pø:bəln] *vi (fam)* chinchar

pochen ['pɔxən] *vi* ❶ *(klopfen)* golpear (**an/gegen** en) ❷ *(geh: Herz)* latir ❸ *(geh: bestehen)* **auf etw ~** insistir en algo; **auf sein Recht ~** reclamar sus derechos

pochieren* [pɔ'ʃi:rən] *vt* (GASTR) escalfar

Pocke ['pɔkə] *f* <-, -n> (MED) (pústula *f* de la) viruela *f*

Pocken ['pɔkən] *f pl* viruela *f*

Pocken(schutz)impfung *f* vacunación *f* antivariólica

pockennarbig *adj* picoso, picado de viruelas

Pocketkamera *f* (FOTO) (cámara *f*) pocket *f*

Podest [po'dɛst] *m o nt* <-(e)s, -e> ❶ *(Podium)* podio *m* ❷ *(reg: Treppenabsatz)* descansillo *m*

Podium ['po:diʊm] *nt* <-s, Podien> estrado *m*

Podiumsdiskussion *f* mesa *f* redonda

Poesie [poe'zi:] *f ohne pl* poesía *f*

P

Poet(in) [po'e:t] *m(f)* <-en, -en; -nen> poeta, -isa *m, f*

poetisch [po'e:tɪʃ] *adj* poético

pofen *vi (fam)* ❶ *(schlafen)* sobar *argot;* **wo ist denn Christoph? – der poft schon** ¿dónde está Christoph? – se ha quedado frito ❷ *(unaufmerksam sein)* estar en Babia

Pogrom [po'gro:m] *m o nt* <-s, -e> pogromo *m*

Pointe ['poɛ̃:tə] *f* <-n> punto *m* culminante; *(beim Witz)* gracia *f*

pointiert [poɛ̃'ti:ɐt] **I.** *adj* agudo **II.** *adv* con agudeza

Pokal [po'ka:l] *m* <-s, -e> (*a.* SPORT) copa *f*

Pokalsieger(in) *m(f)* (SPORT) ganador(a) *m(f)* de la copa

Pokalspiel *nt* (SPORT) partido *m* de copa

Pökelfleisch ['pø:kəl-] *nt* carne *f* salada

pökeln ['pø:kəln] *vt* salar

Poker ['po:kɐ] *m o nt* <-s, *ohne pl*> póquer *m*

Pokerface [-fɛɪs] *nt* <-, -s>, **Pokergesicht** *nt* cara *f* de póquer

pokern ['po:kɐn] *vi* ❶ *(Poker spielen)* jugar al póquer ❷ *(ein Risiko eingehen)* jugar(se) (**um**); **hoch ~** arriesgarse

Pol [po:l] *m* <-s, -e> (*a.* PHYS, ELEK, ASTR, GEO) polo *m;* **der ruhende ~** el remanso de tranquilidad

polar [po'la:ɐ] *adj* polar

Polarforscher(in) *m(f)* <-s, -; -, -nen> explorador(a) *m(f)* de las regiones polares

Polarisation [polariza'tsjo:n] *f* <-, -en> (*a.* CHEM, PHYS, POL) polarización *f*

polarisieren* [polari'zi:rən] **I.** *vt* (*a.* CHEM, PHYS, POL) polarizar **II.** *vr:* **sich ~** polarizarse

Polarisierung *f* <-, -en> (*a.* CHEM, PHYS, POL) polarización *f*

Polarität [polari'tɛ:t] *f* <-, -en> (*a.* CHEM, PHYS) polaridad *f*

Polarkreis *m* círculo *m* polar; **nördlicher/südlicher ~** círculo polar ártico/antártico

Polarlicht *nt* luz *f* polar

Polarstern *m ohne pl* estrella *f* polar

Polarzone *f* zona *f* glacial

Pole, -in ['po:lə] *m, f* <-n, -n; -nen> polaco, -a *m, f*

Polemik [po'le:mɪk] *f* <-en> polémica *f*

polemisch *adj* polémico

polemisieren* [polemi'zi:rən] *vi* polemizar (**gegen** contra)

Polen ['po:lən] *nt* <-s> Polonia *f*

Police [po'li:s(ə)] *f* <-n> póliza *f* (del seguro)

Polier [po'li:ɐ] *m* <-s, -e> capataz *m* (en la construcción)

polieren* [po'li:rən] *vt* pulir; *(Schuhe, Möbel)* sacar brillo (a), abrillantar; *(Metall)* bruñir; *(Stil, Ausdruck)* pulir; **jdm die Fresse ~** *(fam)* romperle los morros a alguien

Poliermittel *nt* <-s, -> (limpiador *m*) abrillantador *m*

Poliklinik ['po:likli:nɪk] *f* policlínica *f*

Polin ['po:lɪn] *f* <-nen> *s.* **Pole**

Polio ['po:lio] *f* <-, *ohne pl*> (MED) polio *f*

Politesse [poli'tɛsə] *f* <-n> mujer *f* policía

Political Correctness [pɔʊ'lɪtɪkəl kə'rɛktnɪs] *f ohne pl* rectitud *f* política

Politik [poli'ti:k, poli'tɪk] *f ohne pl* política *f;* **in die ~ gehen** entrar en la política

Politiker(in) [po'li:tikɐ] *m(f)* <-s, -; -nen> político, -a *m, f*

Politikum [po'li:tikʊm, *pl:* po'li:tika] *nt* <-s, Politika> cuestión *f* política, asunto *m* político

Politikverdrossenheit *f* desgana *f* política

Politikwissenschaft *f ohne pl* ciencias *f pl* políticas

politisch [po'li:tɪʃ, po'lɪtɪʃ] *adj* político; **~e Macht** fuerza *f* política; **~e Partei** partido *m* político; **sich ~ engagieren** comprome-

terse políticamente; **jdn ~ unterstützen** apoyar la política de alguien
politisieren* [politi'ziːrən] **I.** *vi* politiquear **II.** *vt* politizar
Politisierung *f* <-, *ohne pl*> politización *f*
Politologe, -in [polito'loːgə] *m, f* <-n, -n; -nen> politólogo, -a *m, f,* cientista *mf* político , -a *Am*
Politologie [politolo'giː] *f ohne pl* ciencias *f pl* políticas
Politologin *f* <-nen> *s.* **Politologe**
Politur [poli'tuːɐ] *f* <-en> ① *(Politurschicht)* capa *f* de pulimento ② *(Mittel)* abrillantador *m*
Polizei [poli'tsaɪ] *f* <-en> policía *f;* **er ist bei der ~** es policía; **der ist dümmer als die ~ erlaubt!** *(fam)* ¡es más tonto que donde los hacen!
Polizeiabsperrung *f* acordonamiento *m* policial
Polizeiabzeichen *nt* placa *f* de policía
Polizeiaufgebot *nt* <-(e)s, -e> despliegue *m* policial [*o* de fuerzas policiales]
Polizeiauto *nt* coche *m* de policía
Polizeibeamte(r) *m,* **-beamtin** *f* funcionario, -a *m, f* de policía
Polizeichef(in) *m(f)* <-s, -s; -, -nen> jefe, -a *m, f* de policía
Polizeidienststelle *f* comisaría *f* de policía
Polizeidirektion *f* jefatura *f* de policía
Polizeieinheit *f* unidad *f* de policía
Polizeigewalt *f* <-, *ohne pl*> fuerza *f* policial
Polizeihund *m* perro *m* policía
polizeilich I. *adj* policial **II.** *adv* por la policía; **das ist ~ verboten** está prohibido por la policía
Polizeipräsident(in) *m(f)* <-en, -en; -, -nen> jefe, -a *m, f* superior de la Policía
Polizeipräsidium *nt* Jefatura *f* Superior de Policía
Polizeirevier *nt* comisaría *f* (de policía), delegación *f Méx*
Polizeischutz *m* protección *f* policial; **unter ~ stehen** encontrarse bajo protección policial
Polizeistaat *m* estado *m* de régimen policial
Polizeistreife *f* patrulla *f* de policía
Polizeistunde *f* hora *f* de cierre
Polizeiwache *f* comisaría *f* (de policía)
Polizeiwagen *m* coche *m* de policía
Polizist(in) [poli'tsɪst] *m(f)* <-en, -en; -, -nen> policía *mf,* vigilante *mf CSur*
Polka ['pɔlka] *f* <-s> (MUS) polca *f*
Pollen ['pɔlən] *m* <-s, -> (BOT) polen *m*
Pollenallergie *f* (MED) alergia *f* al polen
Pollenflug *m ohne pl* concentración *f* de polen en el aire
Pollenflugkalender *m* <-s, -> calendario *m* de polen en el aire
Pollenflugvorhersage *f* pronóstico *m* de la concentración de polen en el aire
Poller ['pɔlɐ] *m* <-s, -> (NAUT) bolardo *m,* noray *m*
polnisch ['pɔlnɪʃ] *adj* polaco
Polnisch *nt* <-(s), *ohne pl*>, **Polnische** *nt* <-n, *ohne pl*> polaco *m;* **sprechen Sie ~?** ¿habla (usted) polaco?
Polo ['poːlo] *nt* <-s, *ohne pl*> (SPORT) polo *m*
Polohemd *nt* polo *m*
Polonaise *f* <-n>, **Polonäse** [polo'nɛːzə] *f* <-n> polonesa *f (baile o juego en el que, con las manos en la cintura o encima de los hombros de la persona de delante, se forma una fila que recorre la casa)*
Polster ['pɔlstɐ] *nt* <-s, -> ① *(Kissen)* colchón *m* ② *(in Kleidung)* hombrera *f* ③ *(Rücklage)* reserva *f;* **ein finanzielles ~** ahorros *m pl*
Polsterer, -in *m, f* <-s, -; -, -nen> tapicero, -a *m, f*
Polstergarnitur *f* tresillo *m*
Polstermöbel *nt* mueble *m* tapizado
polstern ['pɔlstɐn] *vt* ① *(beziehen)* tapizar ② *(ausstopfen)* acolchar
Polstersessel *m* sillón *m* (tapizado)
Polsterung *f* <-en> ① *(das Polstern)* acolchado *m* ② *(Polster)* colchón *m*
Polterabend *m* ≈ despedida *f* de solteros
Poltergeist *m* ≈ trasgo *m (ser fantástico que se manifiesta a través de golpes y rotura de objetos)*
poltern ['pɔltɐn] *vi* ① *(lärmen)* hacer ruido ② *sein (sich bewegen)* moverse con ruido; *(fallen)* caerse con estrépito ③ *(schimpfen)* gritar ④ *(fam: Polterabend feiern)* celebrar la despedida de solteros
Polyamid [polya'miːt] *nt* <-(e)s, -e> (CHEM, TECH) poliamida *f*
Polyester [poly'ɛstɐ] *m* <-s, -> (CHEM, TECH) poliéster *m*
polygam [poly'gaːm] *adj* (*a.* BOT) polígamo
Polygamie [polyga'miː] *f ohne pl* (*a.* BOT) poligamia *f*
polyglott [poly'glɔt] *adj* políglota
Polymer [poly'meːɐ] *nt* <-s, -e> (CHEM) polímero *m*
Polyp [po'lyːp] *m* <-en, -en> ① (BIOL, MED) pólipo *m* ② *(fam: Polizist)* polizonte *mf*
Polysemie [polyze'miː] *f* <-, *ohne pl*> (LING) polisemia *f*
Polytechnikum [poly'tɛçnikʊm, *pl:* po-

lyˈtɛçnika] *nt* Escuela *f* Superior de Ingeniería

Polyurethan [polyureˈtaːn] *nt* <-s, -e> (CHEM) poliuretano *m*

Pomade [poˈmaːdə] *f* <-n> pomada *f* para el pelo

Pommern [ˈpɔmɐn] *nt* <-s> Pomerania *f*

Pommes [ˈpɔməs] *pl (fam),* **Pommes frites** [pɔmˈfrɪt] *pl* patatas *fpl* fritas

Pomp [pɔmp] *m* <-(e)s, *ohne pl*> pompa *f*

pompös [pɔmˈpøːs] *adj* pomposo

Poncho [ˈpɔntʃo] *m* <-s, -s> poncho *m,* sarape *m Méx*

Pony[1] [ˈpɔni] *nt* <-s, -s> *(Pferd)* poni *m*

Pony[2] [ˈpɔni] *m* <-s, -s> *(Frisur)* flequillo *m*

Pool [puːl] *m* <-s, -s> ❶ *(Schwimmbad)* piscina *f* ❷ (WIRTSCH) pool *m,* grupo *m*

Poolbillard *nt* <-s, *ohne pl*> billar *m*

Pop [pɔp] *m* <-(s), *ohne pl*> (música *f*) pop *m*

Pop-Art [ˈpɔpʔaːɐt] *f* <-, *ohne pl*> pop art *m*

Popcorn [ˈpɔpkɔrn] *nt* <-s, *ohne pl*> palomitas *fpl* (de maíz), pororó *m CSur*

Pope [ˈpoːpə] *m* <-n, -n> pope *m*

Popel [ˈpoːpəl] *m* <-s, -> *(fam)* moco *m* (seco)

popelig *adj (fam)* ❶ *(armselig)* mísero, pobre ❷ *(gewöhnlich)* normal y corriente

Popelin [popəˈliːn] *m* <-s, -e> popelín *m*

popeln [ˈpoːpəln] *vi (fam)* hurgarse; **in der Nase ~** hurgarse en la nariz

Popgruppe *f* grupo *m* (de) pop

poplig *adj s.* **popelig**

Popmusik [ˈpɔpmuziːk] *f ohne pl* música *f* pop

Popo [poˈpoː, ˈ--] *m* <-s, -s> *(fam)* trasero *m*

poppig [ˈpɔpɪç] *adj (fam)* pop

Popstar *m* <-s, -s> (MUS) estrella *f* del pop

populär [popuˈlɛːɐ] *adj* popular

Popularität [populariˈtɛːt] *f ohne pl* popularidad *f*

populärwissenschaftlich *adj* (p)seudocientífico

Population [populaˈtsjoːn] *f* <-, -en> (BIOL) población *f*

Populismus [pɔpuˈlɪsmʊs] *m* <-, *ohne pl*> ❶ (POL) populismo *m* ❷ (LIT) popularismo *m*

Populist(in) [popuˈlɪst] *m(f)* <-en, -en; -, -nen> (POL) populista *mf*

populistisch *adj* (POL) populista; **mit ~en Parolen** con consignas populistas

Pore [ˈpoːrə] *f* <-n> poro *m*

Porno [ˈpɔrno] *m* <-s, -s> *(fam: Pornofilm)* película *f* porno; *(Pornoroman)* novela *f* porno

Pornofilm *m* película *f* porno(gráfica)

Pornografie [pɔrnograˈfiː] *f ohne pl* pornografía *f*

pornografisch [pɔrnoˈgraːfɪʃ] *adj* pornográfico

Pornoseite *f* <-, -n> página *f* porno

porös [poˈrøːs] *adj* poroso

Porosität [poroziˈtɛːt] *f* <-, *ohne pl*> porosidad *f*

Porree [ˈpɔre] *m* <-s, -s> puerro *m*

Portable [ˈpɔrtəbəl] *m o nt* <-s, -s> *(Fernseher)* televisor *m* portátil; *(Radio)* radio *f* portátil

Portal [pɔrˈtaːl] *nt* <-s, -e> portal *m*

Portemonnaie [pɔrtmɔˈneː] *nt* <-s, -s> *s.* **Portmonee**

Porti [ˈpɔrti] *pl von* **Porto**

Portier [pɔrˈtjeː] *m* <-s, -s> portero *m*

Portion [pɔrˈtsjoːn] *f* <-en> ración *f,* porción *f; (Neugier)* dosis *f inv;* **eine halbe ~** *(fam)* poquita cosa

Portmonee [pɔrtmɔˈneː] *nt* <-s, -s> monedero *m,* portamonedas *m inv Chil, Ven*

Porto [ˈpɔrto] *nt* <-s, -s *o* Porti> franqueo *m; (Versandkosten)* gastos *mpl* de envío

portofrei *adj* exento de franqueo

Portokasse *f* <-, -n> caja *f* menor

portopflichtig *adj* sujeto a franqueo

Porträt [pɔrˈtrɛː] *nt* <-s, -s> retrato *m*

Porträtaufnahme *f* (FOTO) retrato *m* (de medio cuerpo)

porträtieren* [pɔrtrɛˈtiːrən] *vt* retratar

Porträtmaler(in) *m(f)* (KUNST) retratista *mf*

Porträtmalerei *f ohne pl* pintura *f* de retratos

Portugal [ˈpɔrtugal] *nt* <-s> Portugal *m*

Portugiese, -in [pɔrtuˈgiːzə] *m, f* <-n, -n; -nen> portugués, -esa *m, f*

portugiesisch *adj* portugués

Portugiesisch *nt* <-(s), *ohne pl*>, **Portugiesische** *nt* <-n, *ohne pl*> portugués *m;* **einen Text ins ~e übersetzen** traducir un texto al portugués

Portwein [ˈpɔrtvaɪn] *m* (vino *m* de) Oporto *m*

Porzellan [pɔrtsɛˈlaːn] *nt* <-s, -e> porcelana *f*

Porzellanladen *m* tienda *f* de porcelana; **er benimmt sich wie ein Elefant im ~** *(fam)* se comporta como un elefante en una cacharrería

Posaune [poˈzaʊnə] *f* <-n> trombón *m*

Posaunist(in) [pozaʊˈnɪst] *m(f)* <-en, -en; -nen> trombón *mf*

Pose [ˈpoːzə] *f* <-n> pose *f;* **sich in ~ werfen** ponerse en pose

posieren* [po'zi:rən] *vi* posar

Position [pozi'tsjo:n] *f* <-en> ❶ *(Standpunkt, Lage)* posición *f;* **eine bestimmte ~ vertreten/beziehen** defender/tomar una determinada posición ❷ *(im Beruf)* puesto *m* ❸ (WIRTSCH) partida *f*

positionieren* *vt (geh, a.* INFOR, WIRTSCH) posicionar

Positionslicht *nt* (AERO, NAUT) luz *f* de posición

positiv ['po:ziti:f] *adj* (*a.* PHYS, MATH, FOTO) positivo; **~ zu etw stehen** tener una actitud positiva con respecto a algo; **sich auf etw ~ auswirken** tener efectos positivos sobre algo

Positiv ['po:ziti:f] *nt* <-s, -e> (FOTO) positivo *m*

Posse ['pɔsə] *f* <-n> farsa *f*

Possessivpronomen ['pɔsɛsi:f-, pɔsɛ'si:f-] *nt* (LING) pronombre *m* posesivo

possierlich [pɔ'si:ɐlɪç] *adj* gracioso

Post [pɔst] *f ohne pl* ❶ *(Institution)* Correos *mpl; (Postamt)* (oficina *f* de) Correos *mpl;* **einen Brief auf die ~ bringen** echar una carta en Correos; **Geld auf der ~ einzahlen** hacer un pago en Correos; **Pakete bei der ~ abholen** recoger paquetes en Correos; **ich muss noch zur ~** aún tengo que ir a Correos; **etw mit der ~ verschicken** mandar algo por correo ❷ *(Sendung)* correo *m;* **elektronische ~** correo electrónico; **die ~ erledigen/beantworten** despachar/contestar el correo; **war die ~ schon da?** *(fam)* ¿ya ha llegado el correo?; **mit gleicher ~** con el mismo envío; **hier geht die ~ ab** *(fam)* esto es de locura

Postamt *nt* (oficina *f* de) Correos *mpl*

Postanweisung *f* ❶ *(Geldsendung)* giro *m* postal ❷ *(Formular)* formulario *m* para un giro postal

Postausgang *m* correspondencia *f* de salida; (INFOR, TEL) salida *f* de correo

Postbank *f* ≈ Caja *f* Postal

Postbeamte(r) *m,* **-beamtin** *f* funcionario, -a *m, f* postal

Postbote, -in *m, f* cartero, -a *m, f*

Postdienst *m* servicio *m* postal

Posteingang *m* correspondencia *f* de entrada; (INFOR, TEL) entrada *f* de correo

posten ['poʊstn̩] *vt (Nachricht, Kommentar)* publicar una entrada [*o* un artículo], postear *fam*

Posten ['pɔstən] *m* <-s, -> ❶ *(Stellung)* puesto *m,* empleo *m; (Amt)* cargo *m* ❷ (MIL) puesto *m;* **nicht auf dem ~ sein** *(fam)* no estar bien de salud; **auf verlorenem ~ stehen** luchar por una causa perdida ❸ *(Person)* guardia *mf;* (MIL) centinela *f* ❹ *(Warenmenge)* lote *m* ❺ *(Einzelposten)* partida *f*

Poster ['po:stɐ] *nt* <-s, -(s)> póster *m*

Postfach *nt* apartado *m* de Correos, casilla *f* (de correo) *Am,* box *m AmC*

postfaktisch ['pɔstfaktɪʃ] *adj (fam)* de la posverdad

Postgeheimnis *nt* (JUR) secreto *m* postal

Postgirokonto *nt* cuenta *f* corriente postal

posthum [pɔst'hu:m] *adj* póstumo; **etw ~ veröffentlichen** publicar algo póstumamente

postieren* [pɔs'ti:rən] *vt* colocar; (MIL) apostar

Postkarte *f* (tarjeta *f*) postal *f*

Postkutsche *f* diligencia *f*

postlagernd *adj* en lista de Correos

Postleitzahl *f* código *m* postal

postmodern [pɔstmo'dɛrn] *adj* posmoderno

Postmoderne [pɔstmo'dɛrnə] *f* posmodernidad *f*

Postpaket *nt* paquete *m* postal

Postscheck *m* cheque *m* postal

Postsendung *f* envío *m* postal

Postskriptum [pɔst'skrɪptʊm] *nt* <-s, -skripta> pos(t)data *f*

Postsparbuch *nt* cartilla *f* de una caja postal de ahorros

Postsparkasse *f* Caja *f* Postal de Ahorros

Poststempel *m* matasellos *m inv*

Postulat [pɔstu'la:t] *nt* <-(e)s, -e> postulado *m*

postulieren* [pɔstu'li:rən] *vt* postular

postum [pɔs'tu:m] *adj s.* **posthum**

Postweg *m ohne pl* tra(n)sporte *m* por correo; **etw auf dem ~ verschicken** enviar algo por correo

postwendend *adv* a vuelta de correo

Postwertzeichen *nt* sello *m* (de Correos), estampilla *f Am*

Postwurfsendung *f* envío *m* colectivo

Postzustellung *f* reparto *m* de correo

potent [po'tɛnt] *adj* potente

Potential [potɛn'tsja:l] *nt* <-s, -e> *s.* **Potenzial**

potentiell [potɛn'tsjɛl] *adj s.* **potenziell**

Potenz[1] [po'tɛnts] *f ohne pl (Zeugungsfähigkeit)* facultad *f* procreadora

Potenz[2] *f* <-en> ❶ *(Stärke)* potencia *f* ❷ (MATH) potencia *f;* **eine Zahl in die zweite ~ erheben** elevar un número a la segunda potencia

Potenzial [potɛn'tsja:l] *nt* <-s, -e> (*a.* PHYS) potencial *m*

potenziell [potɛn'tsjɛl] *adj* potencial; **der ist ~ gefährlich** puede ser peligroso

potenzieren* [potɛn'tsi:rən] *vt* ❶ *(stei-*

P

gern) multiplicar ② (MATH) elevar a una potencia
Potpourri ['pɔtpʊri] *nt* <-s, -s> popurrí *m*
Pott [pɔt, *pl:* 'pœtə] *m* <-(e)s, Pötte> ① *(Topf)* olla *f* ② *(Schiff)* vapor *m*
potthässlich ['pɔt'hɛslɪç] *adj (fam)* más feo que el diablo
Pottwal ['pɔtva:l] *m* cachalote *m*
Power ['paʊɐ] *f ohne pl (fam)* potencia *f*, fuerza *f*
powern ['paʊɐn] **I.** *vi (fam: Stärke entfalten)* dar gas **II.** *vt (fam: fördern)* apoyar
pp. ① *Abk. von* **perge, perge** etc. ② *Abk. von* **per procura** p.p.
PR *f <-, ohne pl> Abk. von* **Public Relations** RR.PP.
Präambel [prɛ'ambəl] *f* <-n> preámbulo *m* (**zu** a)
PR-Abteilung *f* departamento *m* de relaciones públicas
Pracht [praxt] *f ohne pl (Glanz)* esplendor *m; (Prunk)* pompa *f; (Luxus)* lujo *m;* **das ist eine wahre ~** *(fam)* es excelente
Prachtexemplar *nt (fam: Tier, Gegenstand)* magnífico ejemplar *m; (Mensch)* buen mozo *m*, buena moza *f*
prächtig ['prɛçtɪç] *adj* ① *(prunkvoll)* ostentoso; *(luxuriös)* lujoso ② *(großartig)* maravilloso
Prachtkerl *m (fam)* tío *m* estupendo
Prachtstück *nt (fam)* ejemplar *m* magnífico
prachtvoll *adj* ostentoso; *(luxuriös)* lujoso
Prachtweib *nt* <-(e)s, -er> *(fam: wunderbare Frau)* joya *f* (de mujer); *(Schönheit)* belleza *f* (de mujer)
prädestinieren* [prɛdɛsti'ni:rən] *vt (geh)* predestinar (**zu** a, **für** para)
Prädikat [prɛdi'ka:t] *nt* <-(e)s, -e> ① *(Bewertung)* calificación *f;* **die Arbeit wurde mit dem ~ „sehr gut" beurteilt** el trabajo fue calificado con la nota de "sobresaliente" ② (LING, PHILOS) predicado *m*
prädikativ [prɛdika'ti:f] *adj* (LING) predicativo
Prädikatsnomen *nt* (LING) complemento *m*
Präferenz [prɛfe'rɛnts] *f* <-en> preferencia *f* (**für** por)
Präfix ['prɛ:fɪks, prɛ'fɪks] *nt* <-es, -e> (LING) prefijo *m*
Prag [pra:k] *nt* <-s> Praga *f*
prägen ['prɛ:gən] *vt* ① *(Münzen, Begriff)* acuñar ② *(Metall, Leder)* repujar; *(Papier)* gofrar; **etw prägt sich jdm ins Gedächtnis** algo se le graba a alguien en la memoria ③ *(beeinflussen)* caracterizar
Pragmatiker(in) [pra'gma:tikɐ] *m(f)* <-s, -; -, -nen> pragmático, -a *m, f*
pragmatisch *adj* (*a.* LING) pragmático
Pragmatismus [pragma'tɪsmʊs] *m* <-, *ohne pl*> (PHILOS) pragmatismo *m*
prägnant [prɛ'gnant] *adj (knapp)* conciso; *(genau)* preciso
Prägnanz [prɛ'gnants] *f ohne pl (Knappheit)* concisión *f; (Genauigkeit)* precisión *f*
Prägung *f* <-en> ① *(von Münzen)* acuñación *f; (von Leder, Metall)* repujado *m* ② *(eingeprägtes Bild)* relieve *m; (Stempel)* sello *m* en seco ③ *(Art)* carácter *m*
prähistorisch ['prɛ:hɪsto:rɪʃ, prɛhɪs'to:rɪʃ] *adj* prehistórico
prahlen ['pra:lən] *vi* jactarse (**mit** de), palanganear *Am: fam*
Prahlerei *f* <-en> *(abw)* ① *(das Prahlen)* jactancia *f* ② *(Äußerung)* fanfarronada *f*, bluff *m Am*, echada *f Méx*
prahlerisch *adj* fanfarrón
Praktik ['praktɪk] *f* <-en> práctica *f; (Verfahren)* método *m*
Praktika *pl von* **Praktikum**
praktikabel [prakti'ka:bəl] *adj* factible, practicable
Praktikant(in) [prakti'kant] *m(f)* <-en, -en; -nen> persona *f* en período de prácticas
Praktiker(in) ['praktikɐ] *m(f)* <-s, -; -nen> persona *f* práctica
Praktikum ['praktikʊm, *pl:* 'praktika] *nt* <-s, Praktika> (período *m* de) prácticas *f pl;* **ein ~ absolvieren** hacer unas prácticas
praktisch ['praktɪʃ] *adj* práctico; **er ist ~ veranlagt** tiene un carácter muy práctico
praktizieren* [prakti'tsi:rən] **I.** *vi* trabajar (**als** como); **~der Arzt** médico en ejercicio **II.** *vt* ① *(durchführen)* poner en práctica ② *(fam: irgendwohin bringen)* llevar
Prälat [prɛ'la:t] *m* <-en, -en> (REL) prelado *m*
Praline [pra'li:nə] *f* <-n>, **Praliné, Pralinee** [prali'ne:] *nt* <-s, -s> *(Österr, Schweiz)* bombón *m*
prall [pral] *adj (voll)* repleto; *(Ballon)* henchido; *(Körperteil)* fuerte, gordito; **in der ~en Sonne** a pleno sol
prallen ['pralən] *vi* ① *sein (anstoßen)* chocar (**gegen/an/auf** contra) ② *(Sonne)* pegar
prallvoll ['-'-] *adj (fam)* rebosante
präm(i)ieren* *vt* premiar
Prämie ['prɛ:mjə] *f* <-n> ① *(Vergütung)* premio *m; (Belohnung)* recompensa *f* ② *(bei Banken)* prima *f* ③ *(Versicherungsbeitrag)* cuota *f*
Prämisse [prɛ'mɪsə] *f* <-n> premisa *f;* **nur unter der ~, dass ...** solo con la condición de que... +*subj*

P

pränatal [prɛna'ta:l] *adj* (MED) prenatal
prangen ['praŋən] *vi* llamar la atención
Pranger ['praŋɐ] *m* <-s, -> picota *f;* **jdn an den ~ stellen** poner a alguien en la picota
Pranke ['praŋkə] *f* <-n> *(a. Hand)* garra *f*
Präparat [prɛpa'ra:t] *nt* <-(e)s, -e> ① *(Substanz, Arznei)* preparado *m* ② (BIOL, MED) preparación *f*
präparieren* [prɛpa'ri:rən] *vt* ① (MED, BIOL) disecar ② *(vorbereiten)* preparar
Präposition [prɛpozi'tsjo:n] *f* <-en> (LING) preposición *f*
Prärie [prɛ'ri:] *f* <-n> pradera *f*
Präsens ['prɛ:zɛns] *nt* <-, Präsentia *o* Präsenzien> (LING) presente *m*
präsent [prɛ'zɛnt] *adj (geh)* presente
Präsent [prɛ'zɛnt] *nt* <-(e)s, -e> *(geh)* regalo *m;* **jdm ein ~ mitbringen** traer(le) a alguien un regalo
Präsentation [prɛzɛnta'tsjo:n] *f* <-en> presentación *f*
präsentieren* [prɛzɛn'ti:rən] *vt* presentar
Präsentierteller *m* **(wie) auf dem ~** *(fam)* a la vista de todos
Präsenz [prɛ'zɛnts] *f ohne pl* presencia *f*
Präsenzbibliothek *f* biblioteca *f* de (libre) consulta
Präservativ [prɛzɛrva'ti:f] *nt* <-s, -e> preservativo *m*
Präsident(in) [prɛzi'dɛnt] *m(f)* <-en, -en; -nen> presidente, -a *m, f*
Präsidentenwahl *f* elecciones *f pl* presidenciales
Präsidentschaft *f* <-en> presidencia *f*
Präsidentschaftskandidat(in) *m(f)* candidato, -a *m, f* a la presidencia
Präsidium [prɛ'zi:diʊm] *nt* <-s, Präsidien> presidencia *f*
prasseln ['prasəln] *vi* ① *sein (Regen)* golpear (**auf/gegen/an**), pegar (**auf/gegen/an** contra); *(Vorwürfe)* llover ② *(Feuer)* crepitar
prassen ['prasən] *vi* pegarse la vida padre
Präteritum [prɛ'te:ritʊm, prɛ'tɛritʊm, *pl:* -rita] *nt* <-s, Präterita> (LING) pretérito *m*
Prävention [prɛvɛn'tsjo:n] *f* <-en> prevención *f*
präventiv [prɛvɛn'ti:f] *adj* preventivo
Präventivkrieg *m* guerra *f* preventiva
Präventivschlag *m* ataque *m* preventivo
Praxis[1] ['praksɪs] *f* <Praxen> *(Arzt)* consultorio *m; (Rechtsanwalt)* bufete *m*
Praxis[2] *f ohne pl (Anwendung, Erfahrung)* práctica *f;* **langjährige ~** años de práctica; **eine Idee in die ~ umsetzen** poner una idea en práctica
Praxisbezug *m* orientación *f* práctica
praxisfern *adj* alejado de la práctica
praxisnah *adj* práctico
Praxissemester *nt* semestre *m* de/en prácticas
Präzedenzfall *m* precedente *m;* **einen ~ schaffen** sentar precedente
präzis(e) *adj* preciso
präzisieren* [prɛtsi'zi:rən] *vt* precisar
Präzision [prɛtsi'zjo:n] *f ohne pl* precisión *f*
predigen ['pre:dɪgən] **I.** *vi (Predigt halten)* predicar **II.** *vt* ① *(verkünden)* predicar ② *(fam: mahnen)* **jdm etw ~** echar un sermón a alguien
Prediger(in) *m(f)* <-s, -; -nen> predicador(a) *m(f)*
Predigt ['pre:dɪçt] *f* <-en> sermón *m;* **eine ~ halten** pronunciar un sermón; *(fam)* echar un sermón
Preis [praɪs] *m* <-es, -e> ① *(Kaufpreis)* precio *m;* **zum halben ~** a mitad de precio; **um keinen ~** de ninguna manera; **um jeden ~** cueste lo que cueste; **einen hohen ~ zahlen müssen** tener que pagar un precio muy alto ② *(Auszeichnung)* premio *m; (Belohnung)* recompensa *f*
Preisabsprache *f* <-, -n> (WIRTSCH) convenio *m* de precios
Preisanstieg *m* (WIRTSCH) subida *f* de precios
Preisanzeige *f* indicador *m* del precio
Preisaufschlag *m* (WIRTSCH) sobreprecio *m*
Preisauftrieb *m ohne pl* (WIRTSCH) tendencia *f* alcista
Preisausschreiben *nt* concurso *m*
preisbewusst *adj que mira la diferencia de los precios antes de comprar*
Preisbindung *f* (WIRTSCH) limitación *f* de precios
Preiseinbruch *m* (WIRTSCH) derrumbamiento *m* de los precios
Preiselbeere ['praɪzəlbe:rə] *f* arándano *m* rojo
Preisempfehlung *f* precio *m* recomendado; **unverbindliche ~** precio recomendado (no obligatorio)
preisen ['praɪzən] <preist, pries, gepriesen> *vt (geh)* alabar; **sich glücklich ~ (können)** (poder) considerarse dichoso
Preiserhöhung *f* (WIRTSCH) subida *f* de precios
Preisermäßigung *f* (WIRTSCH) reducción *f* de precios, descuento *m*
Preisfrage *f* ① *(bei Preisausschreiben)* pregunta *f* de concurso ② *(eine Frage des Preises)* cuestión *f* de precio ③ *(fam: schwierige Frage)* cuestión *f* difícil
Preisgabe *f ohne pl* ① *(Aufgabe)* abandono *m; (Verzicht)* renuncia *f* ② *(eines Geheimnisses)* revelación *f*

preis|geben *irr vt (geh)* ❶ *(ausliefern)* exponer; **jdn der Lächerlichkeit ~** poner a alguien en ridículo ❷ *(aufgeben)* abandonar ❸ *(verraten)* revelar
preisgebunden *adj* (WIRTSCH) de precio controlado
Preisgefälle *nt* (WIRTSCH) disparidad *f* de precios
preisgekrönt *adj* premiado
Preisgeld *nt* premio *m* en metálico
preisgünstig **I.** *adj* de buen precio; *(billig)* barato **II.** *adv* a buen precio
Preiskampf *m* (WIRTSCH) guerra *f* de precios
Preislage *f* precio *m;* **in allen ~n** de todos los precios
Preis-Leistungs-Verhältnis *nt* relación *f* precio-prestaciones; *(Qualität)* relación *f* calidad-precio
preislich *adj* respecto al precio; **~e Unterschiede** diferencias de precio
Preisliste *f* lista *f* de precios
Preisnachlass *m* (WIRTSCH) rebaja *f,* descuento *m*
Preisniveau *nt* <-s, -s> (WIRTSCH) nivel *m* de precios
Preispolitik *f* <-, *ohne pl*> política *f* de precios
Preisrichter(in) *m(f)* (miembro *m* del) jurado *m*
Preisrückgang *m* <-(e)s, -gänge> disminución *f* de precios
Preisschild *nt* etiqueta *f* del precio
Preisschwankungen *fpl* (WIRTSCH) oscilación *f* de precios, fluctuación *f* de precios
Preissenkung *f* reducción *f* de precios
Preisspanne *f* <-, -n> (WIRTSCH) margen *m o f* de precios
Preissteigerung *f* (WIRTSCH) subida *f* de precios
Preissturz *m* caída *f* de los precios
Preisträger(in) *m(f)* premiado, -a *m, f*
Preisverleihung *f* entrega *f* de premios, premiación *f And*
preiswert **I.** *adj* de buen precio; *(billig)* barato **II.** *adv* a buen precio
prekär [pre'kɛːɐ] *adj* precario
Prellbock ['prɛlbɔk] *m* (EISENB) tope *m* fijo
prellen ['prɛlən] **I.** *vt* ❶ *(betrügen)* estafar; **er prellte ihn um seinen Lohn** le estafó su salario ❷ *(stoßen)* **sich** *dat* **etw ~** contusionarse algo ❸ (SPORT) hacer botar **II.** *vr:* **sich ~** contusionarse (**an** en)
Prellung *f* <-en> contusión *f*
Premier [prə'mjeː] *m* <-s, -s> *s.* **Premierminister**
Premiere [prə'mjeːrə] *f* <-n> estreno *m*
Premierminister(in) *m(f)* primer ministro *m,* primera ministra *f*
Prepaidkarte ['priːpɛɪt-] *f* tarjeta *f* prepago
Presse[1] ['prɛsə] *f* <-n> ❶ (TECH) prensa *f* ❷ *(Saftpresse)* exprimidor *m*
Presse[2] *f ohne pl (Medien)* prensa *f;* **eine gute ~ haben** tener buenas críticas
Presseagentur *f* agencia *f* de prensa
Presseausweis *m* carné *m* de prensa
Pressefotograf(in) *m(f)* fotógrafo, -a *m, f* de prensa
Pressefreiheit *f ohne pl* libertad *f* de prensa
Pressekonferenz *f* conferencia *f* de prensa; **eine ~ abhalten** celebrar una conferencia de prensa
Pressemeldung *f,* **Pressemitteilung** *f* noticia *f* de prensa
pressen ['prɛsən] **I.** *vt* ❶ *(in einer Presse)* prensar; *(Blumen)* secar; **Wein ~** prensar la uva ❷ *(auspressen)* exprimir ❸ *(drücken)* apretar (**gegen/an** contra); **die Nase gegen die Scheibe ~** apretar la nariz contra el cristal; **etw durch ein Sieb ~** pasar algo por un colador **II.** *vi (Gebärende)* empujar
Presseschau *f* revista *f* de prensa
Pressesprecher(in) *m(f)* portavoz *mf* de prensa
Pressestelle *f* <-, -n> oficina *f* de prensa
pressieren* [prɛ'siːrən] *vi (südd, Österr, Schweiz)* correr prisa; **mir pressiert es** tengo prisa
Pressluftbohrer *m* taladro *m* neumático
Presslufthammer *m* martillo *m* neumático
Presswehen *fpl* (MED) contracciones *fpl* del parto
Prestige [prɛs'tiːʒ] *nt* <-s, *ohne pl*> prestigio *m*
Preuße, -in ['prɔɪsə] *m, f* <-n, -n; -nen> prusiano, -a *m, f*
Preußen ['prɔɪsən] *nt* <-s> Prusia *f*
Preußin *f* <-nen> *s.* **Preuße**
preußisch *adj* prusiano
prickeln ['prɪkəln] *vi* ❶ *(kribbeln)* sentir (un) hormigueo (en) ❷ *(kitzeln)* hacer cosquillas (**auf** en); **ein angenehmes P~ auf der Haut** un agradable cosquilleo en la piel ❸ *(Getränk)* burbujear
prickelnd *adj (erregend)* excitante
Priel [priːl] *m* <-(e)s, -e> canal *m*
pries [priːs] *3. imp von* **preisen**
Priester(in) ['priːstɐ] *m(f)* <-s, -; -nen> (REL) sacerdote, -isa *m, f*
Priesteramt *nt* (REL) sacerdocio *m*
Priesterin *f* <-nen> *s.* **Priester**
prima ['priːma] **I.** *adj inv (fam)* estupendo, fain *Am* **II.** *adv (fam)* muy bien; **du hast uns ~ geholfen** nos has sido de gran ayuda
Primaballerina [primabale'riːna] *f (Ballet)* primera bailarina *f*

Primadonna [prima'dɔna] *f* <-donnen> *(Oper)* prima donna *f*
primär [pri'mɛːɐ] **I.** *adj* ❶ *(ursprünglich)* primario ❷ *(grundlegend)* elemental **II.** *adv* en primer lugar
Primarschule [pri'maːɐ-] *f* *(Schweiz)* *escuela primaria en Suiza*
Primel ['priːməl] *f* <-n> prímula *f*
primitiv [primi'tiːf] *adj* primitivo
Primitivität [primitivi'tɛːt] *f ohne pl* primitivismo *m*
Primzahl ['priːm-] *f* (MATH) número *m* primo
Prinz, Prinzessin [prɪnts] *m, f* <-en, -en; -nen> príncipe, princesa *m, f*
Prinzip [prɪn'tsiːp, *pl:* prɪn'tsiːpiən, prɪn'tsiːpə] *nt* <-s, -ien *o* -e> principio *m;* **im ~** en principio; **gegen seine ~ien verstoßen** infringir sus principios; **aus ~** por principio; **es geht ums ~** es una cuestión de principios
prinzipiell [prɪntsi'pjɛl] **I.** *adj* de principio; *(grundlegend)* fundamental **II.** *adv* por principio
Priorität [priori'tɛːt] *f* <-en> prioridad *f;* **~en setzen** establecer prioridades
Prioritätenliste *f* <-, -n> lista *f* de prioridades
Prise ['priːzə] *f* <-n> ❶ *(Gewürz, Tabak)* pizca *f;* **eine ~ Salz** una pizca de sal ❷ (NAUT) presa *f*
Prisma ['prɪsma] *nt* <-s, Prismen> (MATH, PHYS) prisma *m*
Pritsche ['prɪtʃə] *f* <-n> ❶ *(Liege)* catre *m* ❷ *(beim Lastwagen)* plataforma *f*
pritschen ['prɪtʃən] *vt* (SPORT) recibir en toque
privat [pri'vaːt] **I.** *adj (nicht öffentlich)* privado; *(nicht offiziell)* particular **II.** *adv* en privado; **ich möchte ihn ~ sprechen** le quisiera hablar en privado; **sie ist ~ hier** ha venido por motivos personales; **ich bin ~ krankenversichert** estoy afiliado a un seguro de enfermedad privado
Privatadresse *f* dirección *f* privada
Privatangelegenheit *f* asunto *m* personal
Privatbesitz *m ohne pl* propiedad *f* privada
Privatdetektiv(in) *m(f)* detective *mf* privado , -a
Privatdozent(in) *m(f)* (UNIV) ≈ profesor(a) *m(f)* no numerario , -a
Privateigentum *nt* propiedad *f* privada
Privatgespräch *nt* <-(e)s, -e> conversación *f* privada; (TEL) llamada *f* privada
Privatgrundstück *nt* terreno *m* particular
Privatinitiative *f* iniciativa *f* privada
privatisieren* [privati'ziːrən] *vt* (WIRTSCH) privatizar
Privatisierung *f* <-en> (WIRTSCH) privatización *f*
Privatklinik *f* clínica *f* privada
Privatkunde, -in *m, f* <-en, -en; -, -nen> cliente *mf* particular
Privatleben *nt ohne pl* vida *f* privada
Privatlehrer(in) *m(f)* <-s, -; -, -nen> profesor(a) *m(f)* particular
Privatnummer *f* (número *m* de) teléfono *m* particular
Privatpatient(in) *m(f)* paciente *mf* particular
Privatperson *f* particular *mf*
Privatsache *f* asunto *m* personal
Privatschule *f* colegio *m* privado
Privatsekretär(in) *m(f)* secretario, -a *m, f* particular
Privatsphäre *f* esfera *f* privada
Privatunterricht *m* clase *f* particular
Privatvergnügen *nt (fam)* asunto *m* personal; **ich mache das nicht zu meinem ~** no lo hago por diversión
Privatvermögen *nt* bienes *mpl* particulares
Privatversicherung *f* seguro *m* privado
Privatwirtschaft *f ohne pl* economía *f* privada
Privileg [privi'leːk, *pl:* privi'leːgiən] *nt* <-(e)s, -ien> privilegio *m*
privilegieren* [privile'giːrən] *vt* privilegiar
pro [proː] **I.** *präp +akk* por; **~ Kopf** por cabeza, per cápita; **~ Person** por persona; **einmal ~ Monat/Tag** una vez al mes/al día; **~ Stück** por pieza; **80 km ~ Stunde** 80 km por hora **II.** *adv* **bist du ~ oder kontra (eingestellt)?** ¿estás a favor o en contra?
Pro [proː] *nt* <-, *ohne pl*> pro *m;* **~ und Kontra** pro y contra
Proband(in) [pro'bant] *m(f)* <-en, -en; -, -nen> (MED, PSYCH: *Testperson*) objeto *m* de experimentación [*o* de ensayo]
probat [pro'baːt] *adj (geh)* ❶ *(bewährt)* probado ❷ *(tauglich)* eficaz, útil; **ein ~es Mittel** un método eficaz
Probe ['proːbə] *f* <-n> ❶ *(Versuch)* prueba *f;* **auf ~** a prueba; **die ~ bestehen** pasar la prueba; **jds Geduld auf die ~ stellen** poner a prueba la paciencia de alguien ❷ (THEAT) ensayo *m* ❸ *(Prüfungsstück)* muestra *f;* **eine ~ entnehmen** tomar una muestra
Probealarm *m* verificación *f* del sistema de alarma
Probebohrung *f* (TECH) perforación *f* de prueba
Probeexemplar *nt* (ejemplar *m* de) muestra *f*
Probefahrt *f* recorrido *m* de prueba

P

Probelauf *m* (TECH) prueba *f* de funcionamiento
proben ['pro:bən] *vi, vt* ensayar
probeweise *adv* a modo de prueba
Probezeit *f* ❶ *(Testzeit)* período *m* de prueba ❷ *(Schweiz:* JUR: *Bewährungsfrist)* plazo *m* de prueba
probieren* [pro'bi:rən] *vt* ❶ *(versuchen)* probar; **lass (es) mich mal ~!** ¡déjame probar a mí!; **P~ geht über Studieren** *(prov)* ≈ nadie nace sabiendo ❷ *(Speise, Getränk)* probar; *(kosten)* degustar
Problem [pro'ble:m] *nt* <-s, -e> problema *m;* **vor einem ~ stehen** encontrarse ante un problema; **etw wird für jdn zum ~** algo se convierte en (un) problema para alguien; **kein ~!** *(fam)* ¡no hay problema!
Problematik [proble'ma:tɪk] *f ohne pl* problemática *f*
problematisch *adj* problemático
Problemfall *m* caso *m* problemático
problemlos *adj* sin problemas
Procedere [pro'tse:dərə] *nt* <-, -> *(geh)* (modo *m* de) proceder *m*
Productplacement ['prɔdaktpleɪsmənt] *nt* <-s, -s> (WIRTSCH) emplazamiento *m* de producto
Produkt [pro'dʊkt] *nt* <-(e)s, -e> (*a.* MATH) producto *m*
Produktgestaltung *f* <-, -en> diseño *m* del producto
Produktion [produk'tsjo:n] *f* <-en> producción *f*
produktionsbedingt *adj* condicionado por la producción
Produktionsfirma *f* (WIRTSCH) empresa *f* de producción
Produktionskosten *pl* costes *mpl* de producción
Produktionsleitung *f* dirección *f* de producción
Produktionsmanager(in) *m(f)* gerente *mf* de producción
produktiv [produk'ti:f] *adj* ❶ *(ergiebig)* productivo ❷ *(schöpferisch)* creativo
Produktivität [produktivi'tɛ:t] *f ohne pl* ❶ *(Ergiebigkeit)* productividad *f* ❷ *(Schaffenskraft)* creatividad *f*
Produktlinie *f* <-, -n> (WIRTSCH) línea *f* de productos
Produktpalette *f* gama *f* de productos
Produktpiraterie *f <-, ohne pl>* (WIRTSCH) piratería *f* de productos
Produzent(in) [produ'tsɛnt] *m(f)* <-en, -en; -nen> productor(a) *m(f)*
produzieren* [produ'tsi:rən] **I.** *vt* producir **II.** *vr:* **sich ~** *(fam)* darse tono
Prof. *Abk. von* **Professor** Prof.
profan [pro'fa:n] *adj* profano
professionell [profɛsjo'nɛl] *adj* profesional; **sie arbeiten sehr ~** trabajan con gran profesionalidad
Professor(in) [pro'fɛso:ɐ, *pl:* profɛ'so:rən] *m(f)* <-s, -en; -nen> ❶ *(akademischer Titel)* ≈ profesor(a) *m(f)* numerario , -a; *(Ordinarius)* catedrático, -a *m, f;* **~ X** el profesor X ❷ *(Österr: Gymnasiallehrer)* profesor(a) *m(f)* de enseñanza media
Professur [profɛ'su:ɐ] *f* <-en> cátedra *f* (**für** de)
Profi ['pro:fi] *m* <-s, -s> profesional *mf*
Profil [pro'fi:l] *nt* <-s, -e> ❶ *(des Kopfes)* perfil *m;* **im ~** de perfil ❷ (TECH, ARCHIT) perfil *m;* *(Reifenprofil)* ranuras *fpl* ❸ *(Persönlichkeit)* personalidad *f;* *(Image)* imagen *f* (pública); **an ~ gewinnen/verlieren** mejorar/dañar su imagen pública
profilieren* [profi'li:rən] **I.** *vt* ranurar **II.** *vr:* **sich ~** distinguirse
profiliert [profi'li:ɐt] *adj* famoso, acreditado
Profilsohle *f* suela *f* dentada
Profisportler(in) *m(f)* deportista *mf* profesional
Profit [pro'fi:t] *m* <-(e)s, -e> ❶ *(Nutzen)* provecho *m;* **~ aus etw schlagen/ziehen** obtener/sacar provecho de algo ❷ (WIRTSCH) beneficio *m*
profitabel [profi'ta:bəl] *adj* lucrativo
Profitgier *f <-, ohne pl> (abw)* afán *m* de lucro
profitieren* [profi'ti:rən] *vi* sacar provecho (**von/bei** de)
pro forma [pro: 'fɔrma] *adv (der Form halber)* pro forma; **eine Rechnung ~ ausstellen** expedir una factura pro forma
Prognose [pro'gno:zə] *f* <-n> pronóstico *m*
prognostizieren* [prognɔsti'tsi:rən] *vt* pronosticar
Programm [pro'gram] *nt* <-s, -e> ❶ *(Planung, Ablauf)* programa *m;* **auf dem ~ stehen** figurar en el programa; **ein volles ~ haben** estar ocupado ❷ (INFOR) programa *m;* **ein ~ schreiben/entwickeln** escribir/crear un programa ❸ (RADIO, TV) cadena *f*
programmatisch [progra'ma:tɪʃ] *adj* programático
Programmaufruf *m ohne pl* (INFOR) llamada *f* del programa
Programmfehler *m* (INFOR) error *m* del programa
programmgemäß *adj* de acuerdo con el programa; **alles verlief ~** todo tra(n)scurrió conforme al plan
Programmgestaltung *f* programación *f*

Programmheft *nt* programa *m*

Programmhinweis *m* <-es, -e> información *f* sobre el programa

programmierbar *adj* (*a.* INFOR) programable

programmieren* [progra'mi:rən] **I.** *vi* (*a.* INFOR) programar **II.** *vt* planear; (*a.* INFOR) programar

Programmierer(in) *m(f)* <-s, -; -nen> (INFOR) programador(a) *m(f)*

Programmiersprache *f* (INFOR) lenguaje *m* de programación

Programmierung *f* <-en> (INFOR) programación *f*

Programmkino *nt* <-s, -s> cineclub *m*

Programmvorschau *f* avance *m* del programa

Programmzeitschrift *f* revista *f* con la programación de radio y televisión

Progression [progrɛ'sjo:n] *f* <-, -en> progresión *f*

progressiv [progrɛ'si:f] *adj* ❶ *(fortschrittlich)* progresista ❷ *(allmählich steigend)* progresivo

Prohibition [prohibi'tsjo:n] *f* <-, -en> prohibición *f*

Projekt [pro'jɛkt] *nt* <-(e)s, -e> proyecto *m*

Projektgruppe *f* <-, -n> grupo *m* de trabajo (de un proyecto)

Projektil [projɛk'ti:l] *nt* <-s, -e> proyectil *m*

Projektion [projɛk'tsjo:n] *f* <-en> (*a.* MATH, FILM) proyección *f*

Projektleiter(in) *m(f)* director(a) *m(f)* de(l) proyecto

Projektmanager(in) *m(f)* gestor(a) *m(f)* de proyecto

Projektor [pro'jɛkto:ɐ] *m* <-s, -en> proyector *m*

projizieren* [proji'tsi:rən] *vt* (*geh, a.* FILM, MATH) proyectar

Proklamation [proklama'tsjo:n] *f* <-, -en> proclamación *f*; **die ~ der Menschenrechte** la proclamación de los derechos humanos

proklamieren* [prokla'mi:rən] *vt* proclamar

Pro-Kopf-Einkommen *nt* renta *f* per cápita

Pro-Kopf-Verbrauch *m ohne pl* (WIRTSCH) consumo *m* per cápita

prokrastinieren [prokrasti'ni:rən] *vt* procrastinar

Prokura [pro'ku:ra] *f* poder *m* general; **per ~** por poder

Prokurist(in) [proku'rɪst] *m(f)* <-en, -en; -nen> procurador(a) *m(f)*

Prolet(in) [pro'le:t] *m(f)* <-en, -en; -nen> *(abw)* persona *f* vulgar, roto, -a *m, f Chil*

Proletariat [proletari'a:t] *nt* <-(e)s, -e> proletariado *m*

Proletarier(in) [prole'ta:riɐ] *m(f)* <-s, -; -nen> proletario, -a *m, f,* roto, -a *m, f Chil*

proletarisch [prole'ta:rɪʃ] *adj* proletario

Proletin *f* <-nen> *s.* **Prolet**

Proll *m* <-s, -s> *(abw sl)* proleta *mf*

Prolo *m* <-s, -s> *(abw sl: Prolet)* proleta *mf*

Prolog [pro'lo:k] *m* <-(e)s, -e> prólogo *m*

Promenade [promə'na:də] *f* <-n> paseo *m*

Promenadenmischung *f (fam) ejemplar canino resultante de una mezcla de razas*

Promi ['prɔmi] *m* <-s, -s> *(fam)* famoso, -a *m, f*

Promille [pro'mɪlə] *nt* <-(s), -> ❶ *(Tausendstel)* tanto *m* por mil, por mil *m* ❷ *pl (fam: Alkoholgehalt im Blut)* grado *m* de alcoholemia; **er hatte 1,2 ~** tenía un grado de alcoholemia de 1,2

Promillegrenze *f* grado *m* máximo de alcoholemia

prominent [promi'nɛnt] *adj* prominente; *(berühmt)* famoso

Prominente(r) *mf* <-n, -n; -n, -n> personalidad *f*; **die meisten der geladenen Gäste waren ~** la mayoría de los invitados eran famosos

Prominenz [promi'nɛnts] *f ohne pl* personalidades *f pl,* galaxia *f AmC*

Promiskuität [promɪskui'tɛ:t] *f* <-, *ohne pl*> promiscuidad *f*

promiskuitiv *adj* promiscuo

promoten* [prə'mɔʊtən] *vt* promover, fomentar

Promotion [promo'tsjo:n] *f* <-en> ❶ *(Verleihung des Doktorgrades)* doctorado *m* ❷ *(Schweiz:* SCH: *Versetzung)* traslado *m* ❸ *(Schweiz:* SPORT: *Aufstieg)* ascenso *m*

promovieren* [promo'vi:rən] **I.** *vi* ❶ *(Dissertation schreiben)* escribir una tesis doctoral (**in** en, **über** sobre) ❷ *(Doktorwürde erlangen)* doctorarse (**in** en) **II.** *vt (Schweiz:* SCH: *versetzen)* trasladar

prompt [prɔmpt] **I.** *adj* inmediato **II.** *adv* en el acto, al tiro *Am;* **er ist ~ darauf/auf sie hereingefallen** *(fam)* picó enseguida con eso/con ella

Promptheit *f* <-, *ohne pl*> prontitud *f*

Pronomen [pro'no:mən] *nt* <-s, - *o* Pronomina> (LING) pronombre *m*

pronominal [pronomi'na:l] *adj* (LING) pronominal

Propaganda [propa'ganda] *f ohne pl* (POL, WIRTSCH) propaganda *f*; **~ für etw machen** hacer propaganda para algo

Propagandafeldzug *m* campaña *f* propagandística

Propagandist(in) [propagan'dɪst] *m(f)* <-en, -en; -, -nen> ① (POL) propagandista *mf* ② (WIRTSCH) publicista *mf*

propagandistisch *adj* propagandístico

propagieren* [propa'gi:rən] *vt* propagar

Propangas *nt* gas *m* propano

Propeller [pro'pɛlɐ] *m* <-s, -> (AERO, NAUT) hélice *f*

Propellerflugzeug *nt* avión *m* de hélice

Prophet(in) [pro'fe:t] *m(f)* <-en, -en; -nen> profeta, -isa *m, f*

prophetisch *adj* profético

prophezeien* [profe'tsaɪən] *vt* pronosticar; (REL) profetizar

Prophezeiung *f* <-en> pronóstico *m;* (REL) profecía *f*

prophylaktisch [profy'laktɪʃ] *adj* preventivo; (MED) profiláctico

Prophylaxe [profy'laksə] *f* <-n> (MED) profilaxis *f inv*

Proportion [propɔr'tsjo:n] *f* <-en> (*a.* MATH) proporción *f*

proportional [propɔrtsjo'na:l] *adj* proporcional (**zu** a)

proppenvoll ['prɔpənfɔl] *adj (fam)* lleno a reventar; **der Zug war ~** el tren iba a tope

Prosa ['pro:za] *f ohne pl* prosa *f*

prosaisch [pro'za:ɪʃ] *adj (geh)* prosaico

Proseminar ['pro:zemina:ɐ] *nt* <-s, -e> (UNIV) *seminario para estudiantes universitarios del primer ciclo*

prosit ['pro:zɪt] *interj (fam)* salud, chinchín

Prosit ['pro:zɪt] *nt* **ein ~ auf unsere Gastgeber!** ¡un brindis a la salud de nuestros anfitriones!

Prospekt [pro'spɛkt] *m* <-(e)s, -e> folleto *m,* prospecto *m*

prost [pro:st] *interj (fam)* salud, chinchín

Prostata ['prɔstata] *f* <Prostatae> (ANAT) próstata *f*

prosten *vi* ① *(Prost rufen)* brindar ② *(ein Prosit ausbringen)* pronunciar un brindis

prostituieren* [prostitu'i:rən] *vr:* **sich ~** prostituirse

Prostituierte(r) *mf* <-n, -n; -n> prostituto, -a *m, f,* pípila *f Méx*

Prostitution [prostitu'tsjo:n] *f ohne pl* prostitución *f*

Protagonist(in) [protago'nɪst] *m(f)* <-en, -en; -nen> protagonista *mf*

protegieren* [prote'ʒi:rən] *vt* proteger, apadrinar

Protein [prote'i:n] *nt* <-s, -e> proteína *f*

Protektion [protɛk'tsjo:n] *f* <-, -en> protección *f*

Protektionismus [protɛktsjo'nɪsmʊs] *m* <-, *ohne pl*> (WIRTSCH) proteccionismo *m*

Protektorat [protɛkto'ra:t] *nt* <-(e)s, -e> ① *(Schirmherrschaft)* patrocinio *m;* **unter jds ~** bajo el amparo de alguien ② (POL) protectorado *m*

Protest [pro'tɛst] *m* <-(e)s, -e> protesta *f,* planteo *m Arg;* **etw aus ~ tun** hacer algo en señal de protesta; **unter ~** bajo protesta

Protestaktion *f* acción *f* de protesta

Protestant(in) [protɛs'tant] *m(f)* <-en, -en; -nen> protestante *mf*

protestantisch *adj* protestante

Protestantismus *m* <-, *ohne pl*> protestantismo *m*

Protestbewegung *f* movimiento *m* de protesta

protestieren* [protɛs'ti:rən] *vi* protestar

Protestkundgebung *f* manifestación *f* de protesta

Protestmarsch *m* marcha *f* de protesta

Protestsong *m* <-s, -s> canción-protesta *f*

Protestwahl *f* elección *f* de protesta

Protestwähler(in) *m(f)* (POL) *elector(a) descontento, -a que vota por un partido distinto a su partido habitual*

Protestwelle *f* <-, -n> oleada *f* de protestas

Prothese [pro'te:zə] *f* <-n> (MED, LING) prótesis *f inv*

Protokoll[1] [proto'kɔl] *nt* <-s, -e> ① *(Niederschrift)* protocolo *m,* acta *f;* **~ führen** redactar el acta; **etw zu ~ geben** hacer constar algo en acta; **etw zu ~ nehmen** protocolar algo ② *(reg: Strafmandat)* multa *f*

Protokoll[2] *nt* <-s, *ohne pl*> *(Zeremoniell)* protocolo *m;* **gegen das ~ verstoßen** infringir el protocolo

protokollarisch [protokɔ'la:rɪʃ] *adj* protocolario; **etw ~ festhalten** levantar acta de algo

Protokollführer(in) *m(f)* secretario, -a *m, f* de actas; *(bei Gericht)* actuario, -a *m, f*

protokollieren* [protokɔ'li:rən] **I.** *vt* ① *(bei einer Sitzung, der Polizei)* hacer constar en acta ② *(in der Schule, Universität)* tomar nota (de) **II.** *vi* redactar el acta

Proton [pro'to:n] *nt* <-s, -en> (PHYS) protón *m*

Prototyp ['pro:toty:p] *m* (*a.* TECH) prototipo *m*

Protz [prɔts] *m* <-es *o* -en, -e(n)> *(fam)* fanfarrón, -ona *m, f,* presumido, -a *m, f*

protzen *vi (fam)* presumir (**mit** de); *(mit Mut)* chulear (**mit** de)

Protzerei *f* <-, *ohne pl*> *(fam: lästiges Protzen)* chulería *f*

protzig I. *adj (fam)* ① *(angeberisch)* fanfarrón ② *(luxuriös)* ostentoso **II.** *adv (fam)* con aires de fanfarrón

Proviant [provi'ant] *m* <-s, -e> víveres *mpl*

Provider [pro'vaɪdɐ] *m* <-s, -> provider *m*, proveedor *m*

Provinz [pro'vɪnts] *f* <-en> provincia *f*

Provinzhauptstadt *f* capital *f* de provincia

provinziell [provɪn'tsjɛl] *adj* provinciano

Provision [provi'zjo:n] *f* <-en> (WIRTSCH) comisión *f*; **auf** [*o* **gegen**] **~ arbeiten** trabajar a comisión

Provisionsbasis *f* <-, *ohne pl*> (WIRTSCH) **auf ~ arbeiten** trabajar a comisión

provisorisch [provi'zo:rɪʃ] *adj* provisional

Provisorium [provi'zo:riʊm] *nt* <-s, Provisorien> solución *f* provisional

provokant [provo'kant] *adj* provocador

Provokateur(in) [provoka'tø:ɐ] *m(f)* <-s, -e; -, -nen> provocador(a) *m(f)*

Provokation [provoka'tsjo:n] *f* <-en> provocación *f*

provokativ [provoka'ti:f] *adj* provocador, provocativo; **sich ~ verhalten** comportarse de manera provocativa

provozieren* [provo'tsi:rən] *vt* provocar, torear *Arg, Chil*

provozierend *adj s.* **provokant**

Prozedere *nt* <-, -> *(geh)* (modo *m* de) proceder *m*

Prozedur [protse'du:ɐ] *f* <-en> procedimiento *m*

Prozent [pro'tsɛnt] *nt* <-(e)s, -e> ① *(Hundertstel)* tanto *m* por ciento; *(bei Alkoholgehalt)* grado *m*; **etw in ~ ausdrücken** expresar algo en tantos por ciento; **50 ~ der Bevölkerung** el 50 por ciento de la población ② *pl (fam: Rabatt)* rebaja *f*; **~e bekommen** recibir una rebaja

Prozentpunkt *m* punto *m* porcentual

Prozentrechnung *f* <-, *ohne pl*> cálculo *m* porcentual

Prozentsatz *m* porcentaje *m*

prozentual [protsɛntu'a:l] *adj* porcentual

Prozess [pro'tsɛs] *m* <-es, -e> ① (JUR: *Zivilprozess*) pleito *m*; *(Strafprozess)* proceso *m*; **gegen jdn einen ~ führen** litigar contra alguien; **mit jdm/etw kurzen ~ machen** *(fam)* cortar por lo sano con alguien/algo ② *(Vorgang)* proceso *m*

Prozessgegner(in) *m(f)* (JUR) parte *f* contraria

prozessieren* [protsɛ'si:rən] *vi* pleitear (**gegen** contra)

Prozession [protsɛ'sjo:n] *f* <-en> procesión *f*

Prozesskosten *pl* (JUR) costas *fpl* procesales

Prozessor [pro'tsɛso:ɐ] *m* <-s, -en> (INFOR) procesador *m*

Prozessordnung *f* <-, -en> (JUR) código *m* procesal

prüde ['pry:də] *adj* pudibundo

Prüfbyte *nt* <-(s), -(s)> (INFOR) byte *m* de control

prüfen ['pry:fən] *vt* ① *(untersuchen, abfragen)* examinar; *(überprüfen, nachprüfen)* comprobar, verificar, chequear *Am*; **jdn in Biologie ~** examinar a alguien de biología; **staatlich geprüft** con diploma oficial; **mit ~den Blicken** con una mirada escrutadora ② *(geh: heimsuchen)* castigar; **ein schwer geprüfter Vater** un padre duramente castigado por el destino

Prüfer(in) *m(f)* <-s, -; -nen> *(Beruf)* inspector(a) *m(f)*; *(Schule, Universität)* examinador(a) *m(f)*

Prüfling *m* <-s, -e> examinando, -a *m, f*

Prüfstand *m* (TECH) instalación *f* de pruebas; **auf dem ~ stehen** *(fig)* tener que demostrar su eficacia

Prüfstein *m* piedra *f* de toque; **ein ~ für etw sein** ser una garantía de algo

Prüfung *f* <-en> ① *(Untersuchung, Schulprüfung)* examen *m*; *(Überprüfung)* inspección *f*; **sich einer ~ unterziehen** examinarse; **etw einer ~ unterziehen** someter algo a prueba; **nach ~ Ihrer Beschwerde** después de haber comprobado su queja; **die mündliche/schriftliche ~ in Biologie** el examen oral/escrito de biología ② *(geh: Heimsuchung)* revés *m* (de la fortuna)

Prüfungsangst *f* miedo *m* a los exámenes

Prüfungsaufgabe *f* <-, -n> tema *m* de examen, pregunta *f* de examen

Prüfungsausschuss *m* <-es, -schüsse> tribunal *m* (examinador)

Prüfungsergebnis *nt* <-ses, -se> resultado *m* del examen

Prüfungskommission *f* comisión *f* examinadora

Prüfungsordnung *f* <-, -en> (SCH, UNIV) reglamento *m* de exámenes

Prüfungszeugnis *nt* <-ses, -se> diploma *m*

Prügel ['pry:gəl] *m* <-s, -> ① *(Knüppel)* palo *m* ② *pl (Schläge)* tunda *f*, batida *f Perú, PRico*; **~ beziehen** recibir una paliza

Prügelei *f* <-en> pelea *f*

Prügelknabe *m (fam)* cabeza *f* de turco

prügeln ['pry:gəln] **I.** *vt* golpear; *(mit einem Stock)* apalear **II.** *vr:* **sich ~** pegarse, faitear; **sich um etw ~** pelearse por algo

Prügelstrafe *f ohne pl* castigo *m* corporal

Prunk [prʊŋk] *m* <-(e)s, *ohne pl*> suntuosidad *f*, pompa *f*

prunken *vi* resplandecer; **mit etw ~** hacer alarde de algo

Prunkstück *nt* <-(e)s, -e> obra *f* maestra
Prunksucht *f* <-, *ohne pl*> fastuosidad *f*, boato *m*
prunksüchtig *adj* pomposo, opulento
prunkvoll *adj* ostentoso, suntuoso
prusten ['pruːstən] *vi* resoplar; **vor Lachen ~** partirse de risa
PS [peː'ʔɛs] ❶ *Abk. von* **Pferdestärke** CV ❷ *Abk. von* **Postskript(um)** P.D.
Psalm [psalm] *m* <-s, -en> salmo *m*
pseudonym *adj (geh)* (bajo) (p)seudónimo
Pseudonym [psɔɪdo'nyːm] *nt* <-s, -e> (p)seudónimo *m*
pst [pst] *interj* pss
Psyche ['psyːçə] *f* <-n> (p)sique *f*
psychedelisch [psyçe'deːlɪʃ] *adj* (p)sicodélico
Psychiater(in) [psy'ç(j)aːtɐ] *m(f)* <-s, -; -nen> (p)siquiatra *mf*
Psychiatrie[1] [psyç(j)a'triː] *f ohne pl (Gebiet der Medizin)* (p)siquiatría *f*
Psychiatrie[2] *f* <-n> *(sl: psychiatrische Abteilung)* departamento *m* de (p)siquiatría
psychiatrisch [psy'ç(j)aːtrɪʃ] *adj* (MED) (p)siquiátrico; **in ~er Behandlung sein** estar en tratamiento (p)siquiátrico
psychisch ['psyːçɪʃ] *adj* (p)síquico; **~ krank** enfermo mental
Psychoanalyse [----'--] *f ohne pl* (PSYCH) (p)sicoanálisis *m inv*
Psychoanalytiker(in) [----'---] *m(f)* (PSYCH) (p)sicoanalista *mf*
Psychologe, -in [psyço'loːgə] *m, f* <-n, -n; -nen> (p)sicólogo, -a *m, f*
Psychologie [psyçolo'giː] *f ohne pl* (p)sicología *f*
Psychologin *f* <-nen> *s.* **Psychologe**
psychologisch *adj* (p)sicológico
Psychopath(in) [psyço'paːt] *m(f)* <-en, -en; -nen> (PSYCH) (p)sicópata *mf*
psychopathisch *adj* (p)sicopático; **~e Verhaltensstörungen** alteraciones (p)sicopáticas del comportamiento; **ein ~er Patient** un paciente (p)sicopático
Psychopharmakon [psyço'farmakɔn, *pl:* -'farmaka] *nt* <-s, -pharmaka> (MED, PSYCH) (p)sicofármaco *m*
Psychose [psy'çoːzə] *f* <-n> (MED, PSYCH) (p)sicosis *f inv*
psychosomatisch [psyçozo'maːtɪʃ] *adj* (MED) (p)sicosomático
Psychoterror ['psyːçotɛroːɐ] *m* terror *m* (p)sicológico
Psychotherapeut(in) [psyçotera'pɔɪt, 'psyːço-] *m(f)* (MED, PSYCH) (p)sicoterapeuta *mf*
psychotherapeutisch *adj* (MED, PSYCH) (p)sicoterapéutico
Psychotherapie [----'-, '-----] *f* (MED, PSYCH) (p)sicoterapia *f*
pubertär [pubɛr'tɛːɐ] *adj* ❶ *(in der Pubertät)* adolescente ❷ *(die Pubertät betreffend)* de la pubertad
Pubertät [pubɛr'tɛːt] *f ohne pl* pubertad *f*, edad *f* de la punzada *AmC, Cuba*
pubertieren* [pubɛr'tiːrən] *vi (geh)* estar en la pubertad
Publicity [pa'blɪsiti] *f ohne pl* publicidad *f*; **negative ~** mala publicidad
Public Relations ['pablɪkri'lɛɪʃəns] *pl* relaciones *fpl* públicas
publik [pu'bliːk] *adj* **~ werden** salir a la luz; **etw ~ machen** dar a conocer algo
Publikation [publika'tsjoːn] *f* <-en> publicación *f*
Publikum ['puːblikʊm] *nt* <-s, *ohne pl*> público *m*
Publikumserfolg *m* éxito *m* de público
Publikumsmagnet *m* gran atracción *f*
Publikumsverkehr *m* <-s, *ohne pl*> despacho *m* al público; **für den ~ geöffnet** abierto al público
publikumswirksam *adj* que causa gran efecto en el público
publizieren* [publi'tsiːrən] *vt* publicar
Publizist(in) [publi'tsɪst] *m(f)* <-en, -en; -nen> periodista *mf*
Publizistik [publi'tsɪstɪk] *f ohne pl* periodismo *m*
Publizistin *f* <-nen> *s.* **Publizist**
publizistisch *adj* periodístico
Puck [pʊk] *m* <-s, -s> (SPORT) disco *m*
Pudding ['pʊdɪŋ] *m* <-s, -e *o* -s> budín *m*
Puddingpulver *nt* polvos *mpl* para hacer budín
Pudel ['puːdəl] *m* <-s, -> caninche *m*; **wie ein begossener ~ dastehen** *(fam)* estar como tonto en vísperas
Pudelmütze *f* gorra *f* de lana
pudelnass ['--'-] *adj (fam)* calado hasta los huesos
pudelwohl ['--'-] *adv (fam)* **sich ~ fühlen** estar como el pez en el agua
Puder ['puːdɐ] *m o nt* <-s, -> polvos *mpl* (de tocador); *(Talkum)* (polvos *mpl* de) talco *m*
Puderdose *f* polvera *f*
pudern ['puːdɐn] *vt* empolvar
Puderzucker *m* azúcar *m* en polvo
Puerto-Ricaner(in) [puɛrtori'kaːnɐ] *m(f)* <-s, -; -nen> puertorriqueño, -a *m, f*
Puerto Rico ['puɛrto 'riːko] *nt* <- -s> Puerto Rico *m*
Puff[1] [pʊf, *pl:* 'pʏfə, 'pʊfə] *m* <-(e)s, Püffe *o* -e> *(fam: Stoß)* empujón *m*
Puff[2] *m* <-(e)s, -e *o* -s> ❶ *(Wäschekorb)*

P

cesto *m* para la ropa sucia ❷ *(Sitzkissen)* puf *m*

Puff[3] *m o nt* <-s, -s> *(fam: Bordell)* casa *f* de putas, quilombo *m Chil*

Puffärmel *m* manga *f* de globo

Puffer ['pʊfɐ] *m* <-s, -> ❶ *(am Zug)* tope *m* ❷ (INFOR) *s.* **Pufferspeicher** ❸ *(Reibekuchen) fritura de patatas crudas ralladas*

Pufferspeicher *m* (INFOR) memoria *f* intermedia

Pufferzone *f* zona *f* tapón

puh [pu:] *interj* ❶ *(bah!)* ¡puaj!; **~, wie das stinkt!** ¡puaj, qué peste! ❷ *(ahhh!)* ¡puf!; **~, bin ich k.o.!** ¡puf, estoy hecho polvo!

pulen ['pu:lən] **I.** *vi (nordd: fam)* escarbar (**an/in** +*dat* en) **II.** *vt (nordd: fam: Krabben)* pelar; *(Erbsen)* desvainar

Pulle ['pʊlə] *f* <-n> *(fam)* botella *f;* **volle ~ (fahren)** *(fam)* (ir) a toda pastilla

Pulli ['pʊli] *m* <-s, -s> *(fam) s.* **Pullover**

Pullover [pʊ'lo:vɐ] *m* <-s, -> jersey *m,* pul(l)óver *m Am*

Pullunder [pʊ'lʊndɐ] *m* <-s, -> chaleco *m* de punto, pul(l)óver *m* (sin mangas) *Am*

Puls [pʊls] *m* <-es, -e> pulso *m;* **den ~ fühlen** tomar el pulso

Pulsader *f* arteria *f*

pulsieren* [pʊl'zi:rən] *vi* latir

Pulsmessung *f* tomar el pulso

Pulsschlag *m* pulsación *f*

Pulsuhr *f* (SPORT) reloj *m* con pulsímetro

Pult [pʊlt] *nt* <-(e)s, -e> ❶ *(Schreibpult)* pupitre *m* ❷ *(Notenpult)* atril *m*

Pulver ['pʊlvɐ] *nt* <-s, -> polvo *m;* *(Schießpulver)* pólvora *f;* **sein ~ verschossen haben** *(fam)* llegar al final de sus fuerzas

Pulverfass *nt* barril *m* de pólvora; **das Land gleicht einem ~** el país parece un barril de pólvora

pulverisieren* [pʊlveri'zi:rən] *vt* pulverizar

Pulverkaffee *m* café *m* en polvo

Pulverschnee *m* nieve *f* polvo

Puma ['pu:ma] *m* <-s, -s> puma *m,* león *m Am*

Pummel ['pʊməl] *m* <-s, ->, **Pummelchen** ['pʊməlçən] *nt* <-s, -> *(fam)* niño, -a *m, f* gordinflón, -ona

pummelig ['pʊməlɪç] *adj (fam)* gordito, petacón *Am*

Pump [pʊmp] *m* <-s, *ohne pl*> *(fam)* préstamo *m;* **etw auf ~ kaufen** comprar algo al fiado

Pumpe ['pʊmpə] *f* <-n> ❶ *(Vorrichtung zum Pumpen)* bomba *f* ❷ *(fam: Herz)* corazón *m*

pumpen *vt* ❶ *(herauspumpen)* sacar con una bomba, bombear; **Luft in die Reifen ~** inflar los neumáticos ❷ *(fam: leihen)* **jdm etw ~** dejar algo a alguien; **sich** *dat* **etw ~** tomar algo prestado

Pumpernickel ['pʊmpɐnɪkəl] *m* <-s, -> *pan negro de centeno sin corteza de sabor algo dulce y condimentado*

Pumps [pœmps] *m* <-, -> chancla *f* de tacón

Punk[1] [paŋk] *m* <-(s), *ohne pl*> *(Musik, Stil)* punk *m*

Punk[2] *m* <-(s), -s>, **Punker(in)** ['paŋkɐ] *m* <-s, -; -nen> punk *mf,* punky *mf*

Punkt [pʊŋkt] *m* <-(e)s, -e> ❶ *(allgemein)* punto *m;* **um ~ sechs Uhr** a las seis en punto; **~ eins** *(bei einer Aufzählung)* primero; **bis zu einem gewissen ~** hasta cierto punto; **der springende ~** el punto decisivo; **der strittige ~** el punto en litigio; **wunder ~** punto flaco; **toter ~** punto muerto; **~ für ~** punto por punto; **ein dunkler ~ in seiner Vergangenheit** una mancha en su pasado; **er hat es auf den ~ gebracht** ha dado en el clavo; **nun mach mal einen ~!** *(fam)* ¡basta ya!; **ohne ~ und Komma reden** *(fam)* hablar sin parar ❷ (MATH) punto *m* ❸ *(Ort)* punto *m,* lugar *m* ❹ (SPORT) punto *m;* **nach ~en führen/siegen** estar en cabeza/ganar por puntos ❺ (MUS) puntillo *m*

pünktlich ['pʏŋktlɪç] *adj* puntual

Pünktlichkeit *f ohne pl* puntualidad *f*

Punktrichter(in) *m(f)* (SPORT) juez(a) *m(f)*

Punktsieg *m* (SPORT) victoria *f* por puntos

punktuell [pʊŋktu'ɛl] **I.** *adj* parcial **II.** *adv* en (algunas) partes; **~ vorgehen** proceder por partes

Punktzahl *f* puntuación *f*

Punsch [pʊnʃ] *m* <-(e)s, -e *o* Pünsche> ponche *m*

Pupille [pu'pɪlə] *f* <-n> pupila *f*

Puppe ['pʊpə] *f* <-n> ❶ *(Spielzeug)* muñeca *f* ❷ *(Marionette)* títere *m;* **die ~n tanzen lassen** *(fam: feiern)* correrse una juerga; *(durchgreifen)* poner los enchufes en funcionamiento; **bis in die ~n feiern/schlafen** *(fam)* festejar/dormir hasta las tantas ❸ *(Schaufensterpuppe)* maniquí *m* ❹ (ZOOL) crisálida *f*

Puppenhaus *nt* casa *f* de muñecas

Puppenspieler(in) *m(f)* titiritero, -a *m, f*

Puppentheater *nt* teatro *m* de guiñol; *(mit Marionetten)* teatro *m* de títeres

Puppenwagen *m* cochecito *m* de muñecas

Pups [pu:ps] *m* <-es, -e> *(fam)* pedo *m*

pupsen *vi (fam)* soltar pedos

pur [pu:ɐ] *adj* ❶ *(rein)* puro; **den Whisky ~ trinken** beber el whisky solo ❷ *(fam:*

bloß) puro, mero; **~er Wahnsinn** pura locura; **~er Zufall** mera coincidencia
Püree [py'reː] *nt* <-s, -s> (GASTR) puré *m*
pürieren* [py'riːrən] *vt* (GASTR) hacer puré (de), pasar por el pasapurés
Pürierstab [py'riːɐʃtaːp] *m* minipimer® *m*
püriert [py'riːɐt] *adj* triturado
Purismus [pu'rɪsmʊs] *m* <-, *ohne pl*> (LING, KUNST) purismo *m*
Purist(in) [pu'rɪst] *m(f)* <-en, -en; -, -nen> *(geh)* purista *mf*
Puritaner(in) [puri'taːnɐ] *m(f)* <-s, -; -, -nen> puritano, -a *m, f*
puritanisch *adj* puritano
Purpur ['purːpuːɐ] *m* <-s, *ohne pl*> púrpura *f*
purpurfarben ['pʊrpʊr-] *adj* púrpura
purpurrot ['pʊrpʊr-] *adj* ① *(Farbe)* (de color) púrpura, púrpureo *elev* ② *(Gesicht: feuerrot)* rojo como la grana; *(bläulich)* violáceo
Purzelbaum ['pʊrtsəl-] *m (fam)* voltereta *f;* **einen ~ schlagen** dar una voltereta
purzeln ['pʊrtsəln] *vi sein (fam)* caer(se) (rodando) (**über** sobre, **von** de)
pushen ['pʊʃən] *vt (sl)* ① *(zum Erfolg bringen)* empujar ② *(mit Drogen handeln)* vender
Puste ['puːstə] *f ohne pl (fam)* aliento *m;* **außer ~ sein** estar sin aliento; **aus der ~ kommen** quedarse sin aliento
Pusteblume *f* diente *m* de león
Pustekuchen *interj (fam)* (**ja**) **~!** ¡y un cuerno!
Pustel ['pʊstəl] *f* <-n> pústula *f*
pusten ['puːstən] *vi (fam)* soplar
Pute ['puːtə] *f* <-n> *(a. fig)* pava *f*
Putenfleisch *nt* (carne *f* de) pavo *m*
Puter ['puːtɐ] *m* <-s, -> pavo *m*
puterrot ['--'-] *adj* rojo como un tomate
Putsch [pʊtʃ] *m* <-(e)s, -e> golpe *m* de estado
putschen *vi* dar un golpe de estado
Putschist(in) [pʊ'tʃɪst] *m(f)* <-en, -en; -nen> golpista *mf*
Putschversuch *m* <-(e)s, -e> (POL) intentona *f* golpista, intento *m* de golpe de Estado
Putte ['pʊtə] *f* <-n> angelote *m*
Putz [pʊts] *m* <-es, *ohne pl*> revoque *m;* **unter ~** enyesado; **auf den ~ hauen** *(fam: feiern)* montar una juerga a lo grande; *(prahlen)* tirarse pegotes
putzen ['pʊtsən] *vt* limpiar; *(scheuern)* fregar; **sich** *dat* **die Nase ~** limpiarse la nariz; **sich** *dat* **die Zähne ~** lavarse los dientes
Putzfrau *f* mujer *f* de la limpieza; *(in einem Privathaushalt)* asistenta *f*
putzig ['pʊtsɪç] *adj (fam)* ① *(niedlich)* mono ② *(seltsam)* raro
Putzlappen *m* trapo *m; (Scheuerlappen)* bayeta *f*
Putzmittel *nt* producto *m* de limpieza, detergente *m*
putzmunter ['-'--] *adj (fam)* muy despabilado
Putzteufel *m (fam)* obsesionado, -a *m, f* con la limpieza
putzwütig *adj* maniático de la limpieza
puzzeln ['pazəln] *vi* hacer un puzzle
Puzzle ['pazəl] *nt* <-s, -s> puzzle *m,* rompecabezas *m inv*
PVC [peːfaʊ'tseː] *nt* <-(s), -s> *Abk. von* **Polyvinylchlorid** PVC *m*
Pygmäe, -in [py'gmɛːə] *m, f* <-n, -n; -nen> pigmeo, -a *m, f*
Pyjama [py'(d)ʒaːma] *m* <-s, -s> pijama *m,* piyama *m Am*
Pyramide [pyra'miːdə] *f* <-n> pirámide *f*
Pyrenäen [pyre'nɛːən] *pl* Pirineos *mpl*
Pyromane, -in [pyro'maːnə] *m, f* <-n, -n; -nen> (MED, PSYCH) pirómano, -a *m, f*
Pyromanie *f* <-, *ohne pl*> (MED, PSYCH) piromanía *f*
Pyrotechnik [--'--, '----] *f ohne pl* pirotecnia *f*
Python ['pyːtɔn] *m* <-s, -s *o* -en> pitón *m*
Pythonschlange *f* pitón *m*

P

Qq

Q, q [kuː] *nt* <-, -> Q, q *f;* ~ **wie Quelle** Q de Quebec

q *(Österr) Abk. von* **Meterzentner** dos quintales *mpl*

QR-Code [kuː'ɛr-] *m* código *m* QR

Quacksalber(in) ['kvakzalbɐ] *m(f)* <-s, -; -nen> *(abw)* curandero, -a *m, f*

Quad [kvɔt] *nt* <-(s), -s> *(Fahrzeug)* cuatrimoto *m*

Quaddel *f* <-, -n> habón *m,* roncha *f*

Quader ['kvaːdɐ] *m* <-s, -> ① *(Stein)* sillar *m* ② (MATH) paralelepípedo *m* rectangular

Quadrant [kva'drant] *m* <-en, -en> (ASTR, MATH) cuadrante *m*

Quadrat [kva'draːt] *nt* <-(e)s, -e> (*a.* MATH) cuadrado *m;* **fünf zum ~** cinco elevado al cuadrado

quadratisch *adj* ① *(Form)* cuadrado ② (MATH) de segundo grado; **~e Gleichung** ecuación de segundo grado

Quadratkilometer *m* kilómetro *m* cuadrado

Quadratlatschen *mpl (fam)* ① *(Schuhe)* zapatones *mpl* ② *(Füße)* pies *mpl* enormes

Quadratmeter *m o nt* metro *m* cuadrado

Quadratur [kvadra'tuːɐ] *f ohne pl* (MATH, ASTR) cuadratura *f;* **die ~ des Kreises** la cuadratura del círculo

Quadratwurzel *f* (MATH) raíz *f* cuadrada

quadrieren* [kva'driːrən] *vt* (MATH) elevar al cuadrado

Quadriga *f* <-, Quadrigen> cuadriga *f*

Quadrofonie [kvadrofo'niː] *f ohne pl* cuadrafonía *f*

quaken ['kvaːkən] *vi* ① *(Frosch)* croar; *(Ente)* graznar ② *(fam abw: reden)* soltar el rollo

quäken ['kvɛːkən] *vi* dar graznidos; *(aus Unzufriedenheit)* lloriquear

Quäker(in) *m(f)* <-s, -; -nen> cuáquero, -a *m, f*

Qual [kvaːl] *f* <-en> *(a. fig: Quälerei)* tortura *f; (Leiden)* suplicio *m; (Mühe)* pena *f;* **unter großen ~en** con grandes penas; **die ~ der Wahl haben** no saber cómo decidirse

quälen ['kvɛːlən] **I.** *vt* ① *(foltern)* torturar; *(misshandeln)* maltratar; *(seelisch)* atormentar; **~der Durst** sed espantosa ② *(lästig fallen)* molestar **II.** *vr:* **sich ~** *(mit Arbeit)* ajetrearse

Quälerei *f* <-en> tortura *f*

Quälgeist *m (fam)* pelmazo, -a *m, f*

Qualifikation [kvalifika'tsjoːn] *f* <-en> ① *(Zeugnis)* calificación *f* (**für** para) ② *(Befähigung)* capacidad *f* ③ (SPORT) clasificación *f*

Qualifikationsspiel *nt* <-(e)s, -e> (SPORT) encuentro *m* de clasificación, partido *m* de clasificación

qualifizieren* [kvalifi'tsiːrən] **I.** *vt* ① *(befähigen)* capacitar (**für** para); **hoch qualifiziert** altamente cualificado ② *(klassifizieren)* clasificar (**als** como) **II.** *vr:* **sich ~** (*a.* SPORT) calificarse (**für** para)

Qualifizierung *f* <-, -en> cualificación *f;* **berufliche ~** cualificación profesional [*o* laboral]

Qualität [kvali'tɛːt] *f* <-en> *(Eigenschaft)* cualidad *f; (Beschaffenheit, Warenqualität)* calidad *f*

qualitativ [kvalita'tiːf, '----] **I.** *adj* cualitativo **II.** *adv* en cuanto a la calidad; **~ besser** de mejor calidad

Qualitätsanforderung *f* <-, -en> calidad *f* requerida

Qualitätsarbeit *f ohne pl* trabajo *m* de (alta) calidad

Qualitätskontrolle *f* <-, -n> control *m* de calidad

Qualitätsmerkmal *nt* <-(e)s, -e> señal *f* de calidad, distintivo *m* de calidad

Qualitätssicherung *f* garantía *f* de calidad

Qualitätssiegel *nt* sello *m* de calidad

Qualitätszeitung *f* periódico *m* serio [*o* de calidad]

Qualle ['kvalə] *f* <-n> medusa *f*

Qualm [kvalm] *m* <-(e)s, *ohne pl*> humareda *f*

qualmen *vi* ① *(Schornstein)* humear, echar humo ② *(fam: Mensch)* fumar como una chimenea

qualmig *adj* lleno de humo

qualvoll ['kvaːlfɔl] *adj* ① *(mit Qualen)* lastimoso; *(schmerzlich)* doloroso; **~ sterben** tener una muerte muy dolorosa ② *(bedrückend)* atormentador

Quäntchen ['kvɛntçən] *nt* <-s, -> poquito *m;* **das letzte ~ Hoffnung** la última pizca de esperanza

Quanten ['kvantən] *pl* ① *pl von* **Quantum** ② *(sl: Füße)* pezuña *f*

Quantenphysik *f* <-, *ohne pl*> física *f* cuántica

Quantensprung *m* <-(e)s, -sprünge> (PHYS) salto *m* cuántico

Quantität [kvanti'tɛːt] *f ohne pl* cantidad *f*

quantitativ [kvantita'tiːf, '----] **I.** *adj* cuantitativo **II.** *adv* en cuanto a la cantidad

Q

Quantum ['kvantʊm] *nt* <-s, Quanten> *(Menge)* cantidad *f; (Anteil)* parte *f*

Quarantäne [karan'tɛːnə] *f* <-n> cuarentena *f;* **unter ~ stehen/stellen** estar bajo/poner en cuarentena

Quarantänestation *f* lazareto *m* de cuarentena

Quark [kvark] *m* <-s, *ohne pl*> ❶ *(Lebensmittel)* cuark *m,* ≈ requesón *m,* quesillo *m Am* ❷ *(fam abw: Unsinn)* tontería(s) *f(pl)*

Quarkspeise *f* <-, -n> (GASTR) *postre de requesón (y frutas)*

Quartal [kvar'taːl] *nt* <-s, -e> trimestre *m*

quartalsweise *adv* por trimestres, trimestralmente

Quarte ['kvartə] *f* <-n> (MUS) cuarta *f*

Quartett [kvar'tɛt] *nt* <-(e)s, -e> ❶ *(Kartenspiel)* ≈ juego *m* de las familias ❷ (MUS) cuarteto *m*

Quartier [kvar'tiːɐ] *nt* <-s, -e> ❶ *(Unterkunft)* alojamiento *m* ❷ *(Schweiz: Stadtviertel)* barrio *m*

Quarz [kvaːɐts] *m* <-es, -e> cuarzo *m*

Quarzuhr *f* reloj *m* de cuarzo

quasi ['kvaːzi] *adv (sozusagen)* por así decirlo; *(gewissermaßen)* en cierto sentido

quasseln ['kvasəln] **I.** *vi (fam)* darle al pico; **mit jdm ~** charlar con alguien **II.** *vt (fam)* decir

Quasselstrippe *f (fam abw)* cotorra *f*

Quaste ['kvastə] *f* <-n> borla *f*

Quatsch [kvatʃ] *m* <-(e)s, *ohne pl*> *(fam abw)* tonterías *f pl,* bolazo *m RíoPl;* **red keinen ~!** ¡no digas tonterías!; **so ein ~!** ¡menuda tontería!; **was soll der ~?** ¿pero qué significa esto?

quatschen **I.** *vi (fam)* ❶ *(abw: quasseln)* darle al pico; **mit jdm ~** charlar con alguien ❷ *(abw: tratschen)* cotillear ❸ *(sich unterhalten)* charlar ❹ *(verraten)* decir, contar; **wer hat gequatscht?** ¿quién se ha ido de la lengua? **II.** *vt (fam)* decir

Quatschkopf *m (fam abw)* imbécil *mf*

Quebec [kvi'bɛk] *nt* <-s> Quebec *m*

Quecksilber ['kvɛk-] *nt* mercurio *m*

queer [kviːɐ̯, kwɪɐ̯] *adj (fam)* queer

Quelle ['kvɛlə] *f* <-n> ❶ *(eines Gewässers)* fuente *f,* naciente *f Arg, Par; (Ölquelle)* pozo *m;* **heiße ~n** fuentes termales ❷ *(Ursache)* origen *m* ❸ *(Text, Person)* fuente *f;* **aus zuverlässiger ~** de fuente segura; **an der ~ sitzen** *(fam)* tener buenos contactos *(para conseguir algo)*

quellen ['kvɛlən] <quillt, quoll, gequollen> *vi sein* ❶ *(Holz)* hincharse; **~ lassen** *(Hülsenfrüchte)* poner a remojo ❷ *(herausquellen)* brotar **(aus** de)

Quellenangabe *f* indicación *f* de las fuentes

Quellensteuer *f* (FIN) impuesto *m* en origen

Quellgebiet *nt* <-(e)s, -e> (GEO) fuentes *f pl*

Quellwasser *nt ohne pl* agua *f* de manantial

queng(e)lig ['kvɛŋ(ə)lɪç] *adj (fam)* refunfuñón, llorón

Quengelei [kvɛŋə'laɪ] *f* <-en> *(fam)* quejas *f pl; (weinerlich)* lloriqueo *m*

quengelig *adj (fam)* refunfuñón, llorón

quengeln ['kvɛŋəln] *vi (fam)* dar la lata; *(stärker)* dar el coñazo; *(weinerlich)* lloriquear

Quengler(in) *m(f)* <-s, -; -, -nen> *(fam)* quejica *mf,* criticón, -ona *m, f*

quenglig *adj s.* **quengelig**

quer [kveːɐ] *adv* ❶ *(rechtwinklig)* en sentido tra(n)sversal, atravesado; **~ gestreift** de rayas horizontales; **die Straße verläuft ~ zur Hauptstraße** es una calle tra(n)sversal a la calle principal; **das Auto stand ~ auf der Straße** el coche estaba atravesado en la calle ❷ *(schräg)* **~ über** [*o* **durch**] **...** a través de...; **~ über die Straße gehen** cruzar la calle

Querachse *f* eje *m* tra(n)sversal

Querbalken *m* (*a.* SPORT) travesaño *m*

querbeet [kveːɐ'beːt] *adj (fam)* sin rumbo fijo

Querdenker(in) *m(f)* inconformista *mf*

querdurch *adv* atravesando; **sollen wir außen herum gehen oder ~?** ¿vamos rodeando o atravesando?

Quere ['kveːrə] *f ohne pl (fam)* **jdm in die ~ kommen** *(stören)* contrariar los proyectos de alguien; *(treffen)* cruzarse con alguien

querfeldein [kveːɐfɛlt'ʔaɪn] *adv* campo a través, a campo traviesa

Querfeldeinrennen *nt* ciclocrós *m*

Querflöte *f* flauta *f* traversa

Querformat *nt* formato *m* oblongo; **im ~** oblongo

quergestreift *adj s.* **quer 1.**

Querkopf *m (fam abw)* cabezudo, -a *m, f*

Querlatte *f* ❶ *(Latte)* travesaño *m* ❷ (SPORT: *eines Tores*) larguero *m*

quer|legen *vr:* **sich ~** *(fam: dagegen sein)* oponerse

Querruder *nt* (AERO) alerón *m*

Querschiff *nt* (ARCHIT) nave *f* tra(n)sversal

Querschnitt *m* ❶ *(Schnitt)* sección *f* tra(n)sversal, corte *m* tra(n)sversal ❷ *(Überblick)* muestra *f* representativa

querschnitt(s)gelähmt *adj* (MED) parapléjico (por corte medular)

Querschnitt(s)gelähmte(r) *mf* <-n, -n; -n, -n> (MED) parapléjico, -a *m, f*

Querschnitt(s)lähmung *f ohne pl* (MED) paraplejia *f*

quer|stellen *vr:* **sich ~** *(fam: dagegen sein)* oponerse

Querstraße *f* calle *f* tra(n)sversal

Querstreifen *m* raya *f* tra(n)sversal

Querstrich *m* raya *f* tra(n)sversal

Quersumme *f* (MATH) suma *f* de las cifras de un número

Querulant(in) [kveru'lant] *m(f)* <-en, -en; -nen> *(abw)* pleitista *mf*

Querverbindung *f* conexión *f* tra(n)sversal

Querverweis *m* referencia *f* cruzada

quetschen ['kvɛtʃən] **I.** *vt* ① *(drücken)* apretar (**gegen/an** contra), trincar (**gegen/an** contra) *Am* ② *(in einen Koffer)* apretujar ③ *(verletzen)* **sich** *dat* **etw ~** pillarse algo **II.** *vr:* **sich ~** *(sich zwängen)* apretujarse

Quetschung *f* <-en> contusión *f*

Queue [kø:] *m o nt* <-s, -s> *(Billard)* taco *m*

Quiche [kiʃ] *f* <-, -s> (GASTR) quiche *m o f*

Quickie ['kwɪki] *m* <-, -s> *(sl)* polvete *m*

quicklebendig ['kvɪkle'bɛndɪç] *adj* vivo, avispado

quieken ['kvi:kən] *vi* chillar

quietschen ['kvi:tʃən] *vi* ① *(Tür, Reifen)* chirriar; **mit ~den Reifen** con las ruedas rechinando ② *(fam: Mensch)* chillar; **sie quietschte vor Vergnügen** chillaba de gusto

quietschfidel ['kvi:tʃfi'de:l] *adj (fam)* alegre como castañuelas

quietschvergnügt ['--'-] *adj (fam)* (contento) como un niño con zapatos nuevos

quillt [kvɪlt] *3. präs von* **quellen**

Quinoa [kvi'no:a] *f* <-, -s> (BOT) quinoa *f*

Quinte ['kvɪntə] *f* <-n> (MUS) ① *(Ton)* dominante *m* ② *(Intervall)* quinta *f*

Quintessenz ['kvɪntɛsɛnts] *f* quintaesencia *f*

Quintett [kvɪn'tɛt] *nt* <-(e)s, -e> (MUS) quinteto *m*

Quirl [kvɪrl] *m* <-(e)s, -e> ① *(Küchengerät)* molinillo *m* ② *(fam: Mensch)* torbellino *m*

quirlen *vt* (GASTR) batir

quirlig *adj* vivaracho, despabilado

quitt [kvɪt] *adj inv (fam)* **mit jdm ~ sein** *(abgerechnet haben)* estar en paz con alguien; *(nichts mehr zu tun haben wollen)* no querer saber nada más de alguien

Quitte ['kvɪtə] *f* <-n> membrillo *m*

quittieren* [kvɪ'ti:rən] *vt* ① *(Empfang)* acusar recibo (de); *(Betrag)* extender un recibo (por) ② *(reagieren)* contestar ③ *(aufgeben)* **den Dienst ~** presentar su dimisión

Quittung *f* <-en> ① *(Empfangsbescheinigung)* recibo *m;* **jdm eine ~ (über 200 Euro) ausstellen** extender a alguien un recibo (por 200 euros); **gegen ~** contra recibo ② *(Folgen)* consecuencias *f pl*

Quiz [kvɪs] *nt* <-, -> concurso *m* de preguntas y respuestas

Quizmaster(in) ['kvɪsma:stɐ] *m(f)* <-s, -; -nen> presentador(a) *m(f)* de concursos

Quizshow *f (im Fernsehen, Rundfunk)* concurso *m* (de preguntas y respuestas)

quoll [kvɔl] *3. imp von* **quellen**

Quote ['kvo:tə] *f* <-n> cuota *f*

Quotenfrau *f* mujer *f* de cuota

Quotenkönig *m* líder *mf* de audiencia

Quotenregelung *f* normativa *f* de cuotas

Quotient [kvo'tsjɛnt] *m* <-en, -en> (MATH) cociente *m*

Rr

R, r [ɛr] *nt* <-, -> R, r *f;* **~ wie Richard** R de Ramón

Rabatt [ra'bat] *m* <-(e)s, -e> rebaja *f;* **auf etw ~ geben** hacer una rebaja en algo

Rabattmarke *f* sello *m* de descuento *(que se obtiene al comprar una mercancía y que da derecho a un descuento tras haber acumulado varios)*

Rabattschlacht *f* <-, -en> guerra *f* de las rebajas

Rabatz [ra'bats] *m* <-es, *ohne pl*> *(fam)* jaleo *m;* **~ machen** armar jaleo

Rabauke [ra'baʊkə] *m* <-n, -n> *(fam)* gamberro, -a *m, f*

Rabbi ['rabi, *pl:* 'rabiːs] *m* <-(s), -s *o* Rabbinen> rabí *m*

Rabbiner [ra'biːnɐ] *m* <-s, -> rabino *m*

Rabe ['raːbə] *m* <-n, -n> cuervo *m*

Rabeneltern *pl (fam abw)* padres *mpl* desnaturalizados, malos padres *mpl*

Rabenmutter *f (fam abw)* mala madre *f*

rabenschwarz ['--'-] *adj* negro como el azabache

rabiat [rabi'aːt] *adj* ① *(gewalttätig)* violento ② *(Methode)* riguroso

Rache ['raxə] *f ohne pl* venganza *f* (**für** por); (**an jdm**) **~ üben** vengarse (de alguien); **aus ~ für etw** en venganza por algo; **~ ist süß** dulce es la venganza

Racheakt *m (geh)* acto *m* de venganza

Rachegefühl *nt* <-(e)s, -e> sentimiento *m* de venganza

Rachen ['raxən] *m* <-s, -> *(des Menschen)* faringe *f; (bei Tieren)* fauces *fpl;* **er kann den ~ nicht vollkriegen** *(fam)* nunca se cansa; **sie hat das in den falschen ~ gekriegt** *(fam)* se lo ha tomado a mal

rächen ['rɛçən] **I.** *vt* vengar (**an** en) **II.** *vr:* **sich ~** vengarse (**an** de, **für** por); **sich an jdm für etw ~** vengarse de alguien por algo

Rächer(in) *m(f)* <-s, -; -nen> *(geh)* vengador(a) *m(f)*

Rachgier *f ohne pl (geh)* deseo *m* de venganza; *(stärker)* sed *f* de venganza

Rachitis [ra'xiːtɪs, *pl:* raxi'tiːdən] *f* <Rachitiden> (MED) raquitis *f inv*

Rachsucht *f ohne pl (geh)* sed *f* de venganza

rachsüchtig *adj (geh)* vengativo

rackern ['rakɐn] *vi (fam)* currar, dar el callo

Raclette ['raklɛt, ra'klɛt] *f* <-, -s>, **Raclettegrill** *m* (plancha *f* para) raclette *f*

Raclettekäse *m* (GASTR) (queso *m*) raclette *m*

Rad [raːt, *pl:* 'rɛːdɐ] *nt* <-(e)s, Räder> ① (*a.* TECH: *an Fahrzeug*) rueda *f;* **ein ~ wechseln** cambiar una rueda; **der hat ein ~ ab** *(sl)* le falta un tornillo; **ein ~ schlagen** *(Mensch)* dar una voltereta; *(Pfau)* hacer la rueda ② *(fam: Fahrrad)* bici *f;* **~ fahren** ir en bici

Radar [ra'daːɐ] *m o nt* <-s, -e> (TECH) radar *m*

Radarantenne *f* antena *f* (de) radar

Radarfalle *f (fam)* control *m* de velocidad por radar

Radargerät *nt* equipo *m* de radar

Radarkontrolle *f* control *m* (de velocidad) por radar

Radarschirm *m* pantalla *f* de radar

Radarstation *f* (MIL, AERO) estación *f* (de) radar

Radau [ra'daʊ] *m* <-s, *ohne pl*> *(fam)* jaleo *m*, mitote *m Méx;* **~ machen** armar jaleo

Radaufhängung *f ohne pl* (AUTO) suspensión *f* de la(s) rueda(s)

Rädchen ['rɛːtçən] *nt* **nur ein ~ im Getriebe sein** ser solamente una pieza del engranaje

radeln ['raːdəln] *vi sein (fam)* ir en bici (**nach/zu** a)

Rädelsführer(in) ['rɛːdəls-] *m(f) (abw)* cabecilla *mf*

Räderwerk *nt* engranaje *m;* **das ~ der Justiz** el engranaje de la justicia

Radfahrer(in) *m(f)* ciclista *mf*

Radfahrweg *m* carril *m* para bicicletas, carril bici *m fam*

Radfelge *f* <-, -n> (AUTO) llanta *f*

Radgabel *f* horquilla *f*

Radi ['raːdi] *m* <-s, -> *(südd, Österr)* rábano *m*

Radiator [radi'aːtoːɐ] *m* <-s, -en> radiador *m*

Radicchio [ra'dɪkio] *m* <-(s), Radicchi> chicoria *f*

radieren* [ra'diːrən] *vi, vt* ① *(ausradieren)* borrar ② (KUNST) grabar (al agua fuerte)

Radierer[1] *m* <-s, -> *(fam)* goma *f* (de borrar)

Radierer(in)[2] *m(f)* <-s, -; -, -nen> aguafuertista *mf*

Radiergummi *m* goma *f* de borrar

Radierung *f* <-en> *(Kunstwerk)* aguafuerte *m*

Radieschen [ra'di:sçən] *nt* <-s, -> rabanito *m*
radikal [radi'ka:l] *adj* ❶ *(vollständig, rücksichtslos)* radical; **etw ~ ändern** dar un cambio radical a algo ❷ (POL) extremista, radical
Radikale(r) *mf* <-n, -n; -n> radical *mf*, extremista *mf*
radikalisieren* [radikali'zi:rən] *vt* radicalizar
Radikalisierung *f* <-, -en> radicalización *f*
Radikalismus [radika'lɪsmʊs] *m* <-, *ohne pl*> radicalismo *m*
Radikalkur [--'--] *f* cura *f* radical
Radio ['ra:dio] *nt* <-s, -s> radio *f*; **das ~ einschalten** poner la radio; **~ hören** escuchar la radio
radioaktiv [----'-] *adj* radi(o)activo
Radioaktivität [radioʔaktivi'tɛ:t] *f ohne pl* radi(o)actividad *f*
Radioapparat ['ra:dio-] *m* (aparato *m* de) radio *f*
Radiologe, -in [radio'lo:gə] *m, f* <-n, -n; -nen> (MED) radiólogo, -a *m, f*
Radiologie *f ohne pl* (MED) radiología *f*
Radiologin *f* <-nen> *s.* **Radiologe**
Radiorekorder ['ra:diorekɔrdɐ] *m* radiocasete *m*
Radiosender *m* emisora *f* de radio
Radiotechnik *f ohne pl* radiotecnia *f*
Radioteleskop *nt* (ASTR) radiotelescopio *m*
Radiowecker *m (fam)* radiodespertador *m*
Radiowelle *f* (PHYS) onda *f* radioeléctrica
Radius ['ra:diʊs] *m* <-, Radien> ❶ (MATH) radio *m* ❷ *(Reichweite)* radio *m* de acción; *(geistig)* horizonte *m*
Radkappe *f* (AUTO) tapacubos *m inv*
Radlager *nt* cojinete *m* de la rueda
Radler[1] *m* <-s, -> *(reg) bebida a base de cerveza y limonada*
Radler(in)[2] ['ra:dlɐ] *m(f)* <-s, -; -nen> ciclista *mf*
Radlerhose *f* pantalón *m* de ciclista
Radlerin *f* <-nen> *s.* **Radler**[2]
Radrennbahn *f* velódromo *m*
Radrennen *nt* carrera *f* ciclista
Radrennfahrer(in) *m(f)* ciclista *mf* de carreras
Radsport *m* ciclismo *m*
Radsportler(in) *m(f)* ciclista *mf*
Radtour *f* excursión *f* en bicicleta
Radwanderung *f* <-, -en> excursión *f* en bicicleta *(de varios días)*
Radwechsel *m* cambio *m* de neumático(s)
Radweg *m s.* **Radfahrweg**
RAF [ɛrʔa:'ʔɛf] *f Abk. von* **Rote-Armee-Fraktion** Fracción *f* del Ejército Rojo *(grupo terrorista alemán de ultraizquierda)*
raffen ['rafən] *vt* ❶ *(abw: gierig ergreifen)* acaparar; **etw an sich ~** apoderarse de algo ❷ *(in Falten legen)* plisar ❸ *(Abhandlung)* abreviar; **etw gerafft wiedergeben** resumir algo ❹ *(fam: verstehen)* coger; **hast du's nun endlich gerafft?** ¿te has enterado de una vez?
Raffgier *f* avaricia *f*
raffgierig *adj* avaricioso
Raffinerie [rafinə'ri:] *f* <-n> refinería *f*
Raffinesse[1] [rafi'nɛsə] *f* <-n> *(Feinheit)* refinamiento *m*; **mit technischen ~n ausgestattet** provisto de refinamientos técnicos
Raffinesse[2] *f ohne pl (Schlauheit)* astucia *f*
raffinieren* [rafi'ni:rən] *vt* refinar
raffiniert [rafi'ni:ɐt] *adj* ❶ *(schlau)* astuto ❷ *(ausgeklügelt)* sofisticado ❸ *(verfeinert)* refinado
Raffiniertheit *f* <-, *ohne pl*> *(Schlauheit)* astucia *f*
Rafting ['ra:ftɪŋ] *nt* <-s, *ohne pl*> descenso *m* en balsa, rafting *m*
Rage ['ra:ʒə] *f ohne pl (fam)* rabia *f*, furia *f*; **in ~ sein/kommen** estar/ponerse furioso
ragen ['ra:gən] *vi* sobresalir (**aus** de); *(sich erheben)* elevarse (**aus** por encima de); **die Berge ragten in der Ferne/in den Himmel empor** los montes se elevaban a lo lejos/hasta el cielo; **Steine ~ aus dem Sand** sobresalen piedras de la arena
Ragout [ra'gu:] *nt* <-s, -s> (GASTR) ragú *m*
Rahm [ra:m] *m* <-(e)s, *ohne pl*> *(Schweiz, Österr, südd)* nata *f*; **süßer/saurer ~** nata dulce/agria
rahmen ['ra:mən] *vt* enmarcar
Rahmen[1] ['ra:mən] *m* <-s, -> ❶ *(Bilder-, Türrahmen)* marco *m* ❷ *(Fahrrad-, Motorradrahmen)* cuadro *m*; (AUTO) armazón *m o f*
Rahmen[2] *m* <-s, *ohne pl*> marco *m*; *(Bereich)* ámbito *m*; *(Gegebenheit)* ambiente *m*; **der äußere ~ der Veranstaltung** el ambiente del acto; **im kleineren ~** a escala reducida; **im ~ des Möglichen** dentro de lo posible; **im ~ der geltenden Gesetze** en el marco de la legalidad vigente; **aus dem ~ fallen** salirse de lo común; **den ~ sprengen** rebasar los límites; **sich im ~ halten** *(fam)* no pasarse de rosca
Rahmenabkommen *nt* acuerdo *m* básico
Rahmenbedingung *f* condición *f* (previa); **die ~en für etw schaffen** sentar las bases necesarias para algo
Rahmenhandlung *f* (LIT) trama *f* que sirve de marco

R

Rahmkäse *m* queso *m* blando muy graso
Rahmsoße *f* salsa *f* con crema
Rail [re:l] *nt* <-(s), -s> (SPORT) rail *m* esquí
räkeln ['rɛ:kəln] *vr s.* **rekeln**
Rakete [ra'ke:tə] *f* <-n> ① (MIL) misil *m* ② *(Raumfahrt, Feuerwerksrakete)* cohete *m*
Raketenabwehrsystem *nt* (MIL) sistema *m* antimisil
Raketenwerfer *m* (MIL) lanzacohetes *m inv*
Rallye ['rɛli] *f* <-s> rally *m*
Rallyefahren *nt* rally *m*
Rallyefahrer(in) *m(f)* conductor(a) *m(f)* de rallys
RAM [ram] *nt* <-(s), -(s)> (INFOR) *Abk. von* **random access memory** RAM *m*
Ramadan [rama'da:n] *m* <-(s), *ohne pl*> (REL) ramadán *m*
Rambazamba ['ramba'tsamba] *nt* <-s, *ohne pl*> *(fam)* ① *(gute Stimmung)* juerga *f;* ~ **machen** ir de juerga ② *(Randale)* follón *m;* ~ **machen** armar un follón
Rambutan [ram'bu:tan] *f* <-, -s> (BOT) rambután *m*
rammdösig ['ramdø:zɪç] *adj (sl)* entontecido, atónito
rammeln ['raməln] **I.** *vi* ① *(Tiere)* aparearse; *(vulg: Menschen)* follar ② *(fam: stoßend drängen)* empujar; **gerammelt voll** lleno hasta los topes **II.** *vr:* **sich** ~ *(fam)* ① *(sich balgen)* pelearse ② *(sich stoßen)* golpearse
rammen ['ramən] *vt* ① *(in den Boden)* clavar (**in** en) ② *(stoßen)* chocar (**gegen** contra); *(Schiff)* abordar ③ *(beschädigen)* dañar
Rampe ['rampə] *f* <-n> ① *(Auffahrt)* rampa *f* ② *(zum Be- und Entladen)* muelle *m* de carga
Rampenlicht *nt* (THEAT) candilejas *fpl;* **im** ~ **stehen** estar en primera plana
ramponieren* [rampo'ni:rən] *vt (fam)* estropear, romper
Ramsch [ramʃ] *m* <-(e)s, -e> *(fam abw: Ausschussware)* baratillo *m; (Kram)* cachivaches *mpl*
Ramschladen *m (fam abw)* baratillo *m*
Ramschniveau *nt (fam) escasísimo nivel de solvencia de un Estado, instituto de crédito, etc.*
Ramschware *f* <-, -n> *(fam abw)* (artículos *mpl* de) baratillo *m,* (artículos *mpl* de) pacotilla *f,* baratijas *fpl*
RAM-Speicher *m* (INFOR) RAM *m,* memoria *f* RAM
ran [ran] *adv (fam)* por aquí
Ranch *f* <-, -(e)s> rancho *m*
Rand [rant, *pl:* 'rɛndɐ] *m* <-(e)s, Ränder> ① *(an Gefäß, Straße, Abgrund, a. fig)* borde *m; (Tischrand)* canto *m; (Stadtrand)* periferia *f;* **bis zum ~ voll** lleno hasta el borde; **am ~(e) des Ruins** al borde de la ruina; **dunkle Ränder um die Augen haben** tener ojeras; **etw am ~e bemerken** decir algo de paso ② *(Schmuckrand)* orla *f* ③ (TYPO) margen *m* ④ *(Wend)* **außer ~ und Band sein** *(fam)* estar fuera de quicio; **mit jdm/mit etw** *dat* **nicht zu ~e kommen** *(fam)* no poder con alguien/con algo; *s. a.* **zurande**
Randale [ran'da:lə] *f ohne pl* jaleo *m;* ~ **machen** armar jaleo
randalieren* [randa'li:rən] *vi* alborotar, hacer escándalo
Randalierer(in) *m(f)* <-s, -; -nen> vándalo, -a *m, f*
Randbemerkung *f* ① *(schriftlich)* nota *f* marginal ② *(mündlich)* comentario *m* dicho de paso
Rande ['randə] *f* <-, -n> *(Schweiz)* remolacha *f*
Randerscheinung *f* fenómeno *m* secundario
Randfigur *f* personaje *m* secundario
Randgruppe *f* grupo *m* marginal
randlos *adj (Brille)* sin montura
Randnotiz *f* <-, -en> ① *(handschriftliche Notiz)* nota *f* marginal ② *(beiläufige Erwähnung)* observación *f* marginal, comentario *m* marginal
Randphänomen *nt* fenómeno *m* marginal
rang [raŋ] *3. imp von* **ringen**
Rang[1] [raŋ, *pl:* 'rɛŋə] *m* <-(e)s, Ränge> ① *(Grad)* rango *m;* (MIL) grado *m; (Stellung)* posición *f;* **einen hohen ~ bekleiden** ocupar un alto rango ② (THEAT) palco *m;* **im ersten** ~ en el palco principal; **erster** ~ primer balcón; **zweiter** ~ anfiteatro ③ (SPORT) lugar *m*
Rang[2] *m* <-(e)s, *ohne pl*> *(Stellenwert)* importancia *f; (Güte)* calidad *f;* **alles, was ~ und Namen hat** la alta sociedad
Rangabzeichen *nt* <-s, -> (MIL) insignia *f* de rango
ran|gehen ['ran-] *irr vi sein (fam)* poner manos a la obra; **der geht aber ran!** ¡así se hace!
Rangelei [raŋə'laɪ] *f* <-en> *(fam)* pelea *f*
rangeln ['raŋəln] *vi (fam)* pelearse (**um** por)
Rangfolge *f* jerarquía *f*
ranghöchste(r, s) *adj* de grado más elevado
Ranghöchste(r) *mf* <-n, -n; -n, -n> el de grado más elevado
Rangierbahnhof [rã'ʒi:ɐ-, raŋ'ʒi:ɐ-] *m* (EISENB) estación *f* de maniobras

rangieren* [rã'ʒiːrən, raŋ'ʒiːrən] **I.** *vi (Rang einnehmen)* figurar (**an** en); **sie rangiert an letzter Stelle** ocupa el último puesto **II.** *vt (Waggons)* cambiar de vía

Rangiergleis [rã'ʒiːɐ-, raŋ'ʒiːɐ-] *nt* <-es, -e> vía *f* de maniobras

Rangliste *f* (SPORT) clasificación *f*

rangmäßig *adv* según el rango

Rangordnung *f* jerarquía *f*

ran|halten *irr vr:* **sich** ~ *(fam)* ❶ *(sich beeilen)* darse prisa ❷ *(rasch zugreifen)* reaccionar rápidamente

rank [raŋk] *adj (geh)* ~ **und schlank sein** ser delgado y esbelto

Ranke ['raŋkə] *f* <-n> (BOT) zarcillo *m*

ranken ['raŋkən] *vr:* **sich** ~ ❶ *(Pflanze)* trepar ❷ *(Erzählung)* **um die Ruine ~ sich viele Legenden** la ruina es centro de muchas leyendas

Ränkespiel *nt* <-(e)s, -e> intrigas *fpl*

Ranking ['rɛŋkɪŋ] *nt* <-s, -s> clasificación *f* (por puntos), "ranking" *m;* **unsere Universität hat beim letzten ~ gut abgeschnitten** nuestra universidad ha obtenido una buena posición en la última clasificación

ran|klotzen *vi (fam)* deslomarse

ran|kommen *irr vi sein (fam)* ❶ *(sich nähern)* acercarse (**an** a) ❷ *(heranreichen)* alcanzar (**an**) ❸ *(Zugang haben)* tener acceso (**an** a); *(kaufen)* poder adquirir (**an**)

ran|lassen *irr vt (fam)* ❶ *(näher kommen lassen)* dejar acercarse; **das Reh ließ mich ganz nahe** (**an sich**) **ran** el corzo dejó que me le acercara mucho ❷ *(versuchen lassen)* dejar intentar; **lass mich doch mal ran!** ¡déjame a mí!

ran|machen *vr:* **sich** ~ *(fam)* ❶ *(beginnen)* ponerse (**an** a +*inf*) ❷ *(an Person)* rondar (**an** a)

rann [ran] *3. imp von* **rinnen**

rannte ['rantə] *3. imp von* **rennen**

ran|schmeißen *irr vr (fam)* **sich an jdn ~** *(sich anbiedern)* arremeter contra alguien; *(anmachen)* tirar los tejos a alguien

Ranzen ['rantsən] *m* <-s, -> ❶ *(Schultasche)* cartera *f* del colegio *(para llevar a la espalda)* ❷ *(fam: Bauch)* barriga *f*

ranzig ['rantsɪç] *adj* rancio

Rap [rɛp] *m* <-(s), -s> (MUS) rap *m*

rapid(e) [ra'piːt, ra'piːdə] *adj* pronto

Rappe ['rapə] *m* <-n, -n> caballo *m* negro

rappelig *adj (fam)* ❶ *(verrückt)* loco; ~ **werden** volverse loco ❷ *(nervös)* inquieto, nervioso

rappeln ['rapəln] *vi (fam)* golpetear; **gerappelt voll sein** estar a tope

rappen ['rɛpən] *vi* (MUS) rapear

Rappen ['rapən] *m* <-s, -> céntimo *m* suizo

Rapper(in) ['rɛpɐ] *m(f)* <-s, -; -, -nen> rapero, -a *m, f*

Rapport [ra'pɔrt] *m* <-(e)s, -e> informe *m*

Raps [raps] *m* <-es, -e> colza *f*

rar [raːɐ] *adj (selten)* raro; *(knapp vorhanden)* escaso; ~ **sein** escasear

Rarität [rari'tɛːt] *f* <-en> rareza *f*

rarmachen *vr* **sich** ~ *(fam)* no dejarse ver el pelo

rasant [ra'zant] **I.** *adj* ❶ *(fam: Fahrt, Entwicklung)* rapidísimo; *(Tempo)* tremendo ❷ *(fam: schnittig)* aerodinámico ❸ *(Ballistik)* rasante **II.** *adv (fam: schnell)* como un rayo

rasch [raʃ] **I.** *adj* rápido **II.** *adv* de prisa

rascheln ['raʃəln] *vi (Seide, Laub, Stroh)* crujir; *(Maus, Papier)* hacer ruido

rasen ['raːzən] *vi* ❶ *sein (fam: Person, Fahrzeug)* ir a toda mecha; **mein Puls rast** tengo el pulso a cien; **die Zeit rast** el tiempo pasa volando ❷ *(toben)* enfurecerse (**vor** de); **du machst mich ~d** me vuelves loco

Rasen ['raːzən] *m* <-s, -> césped *m*

rasend I. *adj* ❶ *(Geschwindigkeit)* vertiginoso ❷ *(Beifall)* frenético; *(Schmerzen)* atroz **II.** *adv (fam: sehr)* muy; **ich würde es ~ gern probieren** me gustaría muchísimo intentarlo

Rasenmäher *m* <-s, -> cortacésped *m o f*

Rasensprenger *m* <-s, -> aspersor *m* para césped

Rasentrimmer [-'trɪmɐ] *m* <-s, -> *(für Gartenarbeit)* desbrozadora *f*

Raser(in) *m(f)* <-s, -; -nen> *(fam abw)* loco, -a *m, f* de la carretera [*o* del volante]

Raserei *f* <-en> ❶ *(das Wüten)* rabia *f*, furia *f;* **jdn zur ~ bringen** poner furioso a alguien ❷ *(fam: schnelles Fahren)* velocidad *f* vertiginosa

Raserin *f* <-nen> *s.* **Raser**

Rasierapparat *m* maquinilla *f* de afeitar; *(elektrisch)* máquina *f* de afeitar

Rasiercreme *f* crema *f* de afeitar

rasieren* [ra'ziːrən] **I.** *vt* afeitar; **glatt rasiert** bien afeitado; **ich möchte mich ~ lassen** quiero que me afeiten **II.** *vr:* **sich** ~ afeitarse; **er rasiert sich nass/trocken** se afeita a navaja/con la maquinilla

Rasierer *m* <-s, -> *(fam)* maquinilla *f* de afeitar; *(elektrisch)* afeitadora *f*

Rasierklinge *f* hoja *f* de afeitar

Rasiermesser *nt* <-s, -> navaja *f* de afeitar

Rasierpinsel *m* brocha *f* de afeitar

Rasierschaum *m* espuma *f* de afeitar

Rasierwasser *nt* loción *f* para después del afeitado
Rasierzeug *nt ohne pl* utensilios *mpl* para afeitar(se)
Räson [rɛ'zõː] *f* <-, *ohne pl*> **jdn zur ~ bringen** hacer entrar a alguien en razón; **zur ~ kommen** avenirse a razones
raspeln ['raspəln] *vt* ① *(Holz)* raspar ② *(Nüsse, Schokolade)* rallar
Rasse ['rasə] *f* <-n> (BIOL) raza *f*
Rassehund *m* perro *m* de raza
Rassel ['rasəl] *f* <-n> ① (MUS) matraca *f* ② *(Kinderspielzeug)* sonajero *m*
Rasselbande *f (fam)* pandilla *f* de niños traviesos
rasseln ['rasəln] *vi* ① *(Wecker)* sonar con ruido metálico; *(Kette)* hacer un ruido metálico ② *sein (fam)* **durch ein Examen ~** catear un examen
Rassendiskriminierung *f* discriminación *f* racial
Rassenkonflikt *m* <-(e)s, -e> conflicto *m* racial
Rassenmischung *f* ① *(von Menschenrassen)* mezcla *f* de razas ② *(von Tierrassen)* cruce *m* de razas
Rassentrennung *f ohne pl* segregación *f* racial
Rassenunruhen *fpl* disturbios *mpl* raciales
Rassenvorurteil *nt* <-s, -e> prejuicio *m* racial
rassig *adj* racial; *(feurig)* fogoso
rassisch *adj* racial
Rassismus [ra'sɪsmʊs] *m* <-, *ohne pl*> racismo *m*
Rassist(in) [ra'sɪst] *m(f)* <-en, -en; -nen> racista *mf*
rassistisch *adj* racista
Rast [rast] *f* <-en> descanso *m;* (MIL) alto *m;* **~ machen** descansar
rasten ['rastən] *vi* descansar
Raster[1] ['rastɐ] *m* <-s, -> (TYPO) ① *(zur Zerlegung einer Bildfläche)* reticulador *m* ② *(Liniennetz)* retícula *f*
Raster[2] *nt* <-s, -> ① (TV) trama *f* ② *(System)* sistema *m;* **etw in ein ~ einordnen** clasificar algo
Rasterfahndung *f* <-, -en> *control computerizado de ciertos datos de un amplio grupo de personas con fines criminológicos*
Rasthof *m* área *f* de servicio
rastlos *adj* ① *(ununterbrochen)* incesante, continuo; *(unermüdlich)* incansable ② *(unstet)* inconstante; *(unruhig)* inquieto
Rastlosigkeit *f* <-, *ohne pl*> ① *(Unermüdlichkeit)* esfuerzo *m* infatigable ② *(Unrast)* desasosiego *m*

Rastplatz *m* área *f* de descanso
Raststätte *f* restaurante *m* de autopista
Rasur [ra'zuːɐ] *f* <-en> afeitado *m*
Rat[1] [raːt, *pl:* 'rɛːtə] *m* <-(e)s, Räte> *(Gremium)* consejo *m; (kommunal)* concejo *m;* **Großer ~** *(Schweiz)* parlamento cantonal suizo
Rat[2] *m* <-(e)s, *ohne pl*> *(Empfehlung)* consejo *m;* **jdm den ~ geben, etw zu tun** aconsejar a alguien hacer algo; **ein Buch/seinen Arzt zu ~e ziehen** consultar un libro/a su médico; **sich** *dat* **keinen ~ mehr wissen** no saber ya qué hacer
Rat, Rätin[3] *m, f* <-(e)s, Räte; -nen> consejero, -a *m, f*
rät [rɛːt] *3. präs von* **raten**
Rate ['raːtə] *f* <-n> ① *(bei Kauf)* plazo *m;* **etw auf ~n kaufen** comprar algo a plazos; **in ~n zahlen** pagar a plazos ② *(Verhältniszahl, Preis)* tasa *f*
raten ['raːtən] <rät, riet, geraten> *vi, vt* ① *(empfehlen)* aconsejar; **jdm zu etw** *dat* **~** aconsejar algo a alguien ② *(erraten)* adivinar; **falsch ~** no adivinar; **richtig ~** acertar; **dreimal darfst du ~!** *(fam)* ¡adivina, adivinanza!
Ratenkauf *m* compra *f* a plazos
ratenweise *adv* en cuotas; **~ Zahlung** pago a plazos; **ein Auto ~ abbezahlen** pagar un coche a plazos
Ratenzahlung *f* pago *m* a plazos
Ratespiel *nt* (TV) concurso *m* de preguntas y respuestas
Ratgeber[1] *m* <-s, -> *(Buch)* guía *f*
Ratgeber(in)[2] *m(f)* <-s, -; -nen> consejero, -a *m, f*
Rathaus *nt* ayuntamiento *m,* municipalidad *f Am,* diputación *f Méx*
ratifizieren* [ratifi'tsiːrən] *vt* (JUR) ratificar
Ratifizierung *f* <-en> (JUR) ratificación *f*
Rätin *f* <-nen> *s.* **Rat**[3]
Ration [ra'tsjoːn] *f* <-en> ración *f*
rational [ratsjo'naːl] *adj* (*a.* MATH) racional
rationalisieren* [ratsjonali'ziːrən] *vi, vt* racionalizar
Rationalisierung *f* <-en> racionalización *f*
Rationalismus [ratsjona'lɪsmʊs] *m* <-, *ohne pl*> (*a.* PHILOS) racionalismo *m;* **kritischer ~** racionalismo crítico
Rationalist(in) *m(f)* <-en, -en; -, -nen> (*a.* PHILOS) racionalista *mf*
rationell [ratsjo'nɛl] *adj* racional; *(sparsam)* económico
rationieren* [ratsjo'niːrən] *vt* racionar
Rationierung *f* <-en> racionamiento *m*
ratlos *adj* desorientado; *(verwirrt)* desconcertado, confuso; **~ sein** no saber qué hacer

Ratlosigkeit *f ohne pl* desorientación *f; (Verwirrung)* desconcierto *m,* confusión *f*
Rätoromane, -in [rɛtoro'maːnə] *m, f* retorromano, -a *m, f*
rätoromanisch [rɛtoro'maːnɪʃ] *adj* retorrománico
ratsam ['raːtzaːm] *adj* aconsejable; *(passend)* conveniente
ratschen ['raːtʃən] *vi (fam)* emitir un sonido seco
Ratschlag *m* consejo *m;* (**jdm**) **Ratschläge erteilen** dar consejos (a alguien)
Rätsel ['rɛːtsəl] *nt* <-s, -> ① *(Denkaufgabe)* adivinanza *f; (Bilderrätsel)* jeroglífico *m; (Kreuzworträtsel)* crucigrama *m; (Silbenrätsel)* charada *f;* **~ raten** jugar a las adivinanzas; **ein ~ aufgeben** proponer una adivinanza ② *(Geheimnis)* enigma *m;* **das ist des ~s Lösung** ahí está el quid de la cuestión; **es ist mir ein ~, warum sie nicht früher kam** no acierto a entender por qué no vino antes
rätselhaft *adj* enigmático, misterioso; **das ist mir ~** no me lo explico
rätseln *vi* especular (**über** sobre)
Ratsherr(in) *m(f)* concejal(a) *m(f)*
Ratsmitglied *nt* concejal(a) *m(f)*
Ratsversammlung *f* reunión *f* del ayuntamiento
Ratte ['ratə] *f* <-n> rata *f*
Rattenfänger *m* (HIST: *jd, der Ratten fängt*) cazador *m* de ratas; **der ~ von Hameln** el Flautista de Hamelín
Rattengift *nt* raticida *m*
Rattenschwanz *m* ① *(Schwanz einer Ratte)* rabo *m* de rata ② *(Serie)* sinfín *m*
rattern ['ratɐn] *vi* ① *(Zug)* traquetear; *(Maschinengewehr)* tabletear ② *sein (fortbewegen)* traquetear (**über/durch** por)
ratzekahl ['ratsə'kaːl] *adv (fam)* completamente vacío; **alles ~ aufessen** no dejar ni una miga
ratzen ['ratsən] *vi (fam)* dormir a pierna suelta
ratzeputz ['ratsə'pʊts] *adv (südd: fam) s.* **ratzekahl**
rau [raʊ] *adj* ① *(Papier, Haut)* áspero ② *(Stimme)* ronco; *(Hals)* inflamado ③ *(Klima)* duro; *(Luft)* frío; *(Gegend)* salvaje ④ *(Mensch)* rudo ⑤ *(Wend)* **in ~en Mengen** *(fam)* en masas
Raub [raʊp] *m* <-(e)s, -e> ① *(das Rauben)* robo *m; (Überfall)* asalto *m; (Entführung)* secuestro *m* ② *(Beute)* presa *f*
Raubbau *m ohne pl* (AGR) cultivo *m* exhaustivo; (BERGB) explotación *f* abusiva; **ökologischen ~ treiben** agotar los recursos naturales
Raubdruck *m* edición *f* pirata
raubeinig *adj (fam)* tosco pero majo
rauben ['raʊbən] *vi, vt* robar; *(entführen)* secuestrar; **das raubt mir den Schlaf** *(geh)* esto me quita el sueño
Räuber(in) ['rɔɪbɐ] *m(f)* <-s, -; -nen> ladrón, -ona *m, f*
Räuberbande *f* <-, -n> pandilla *f* de ladrones, cuadrilla *f* de ladrones
Räuberhöhle *f* <-, -n> cueva *f* de ladrones
Räuberin *f* <-nen> *s.* **Räuber**
räuberisch *adj* de ladrones; **~e Erpressung** extorsión *f*
Raubfisch *m* (ZOOL) pez *m* depredador
Raubkatze *f* felino *m*
Raubkopie *f* copia *f* pirata
Raubkopierer(in) *m(f)* <-s, -; -, -nen> persona *f* que hace copias pirata
Raubmord *m* robo *m* con homicidio
Raubmörder(in) *m(f)* <-s, -; -, -nen> ladrón, -ona *m, f* asesino, -a
Raubtier *nt* (animal *m*) carnívoro *m*
Raubüberfall *m* asalto *m;* **einen ~ auf jdn begehen** asaltar a alguien
Raubvogel *m* ave *f* de rapiña
Rauch [raʊx] *m* <-(e)s, *ohne pl*> humo *m;* **sich in ~ auflösen** *(fig)* desvanecerse
Rauchbombe *f* <-, -n> bomba *f* de humo
rauchen **I.** *vi* ① *(Person)* fumar, pitar *AmS;* **„R~ verboten"** "prohibido fumar" ② *(Feuer)* humear, echar humo; **mir raucht der Kopf vom vielen Lernen** *(fam fig)* me echa humo la cabeza de tanto estudiar **II.** *vt* fumar
Rauchentwicklung *f* formación *f* de humo
Raucher(in) *m(f)* fumador(a) *m(f)*
Raucherabteil *nt* (EISENB) compartim(i)ento *m* de fumadores
Räucherfisch *m* pescado *m* ahumado
Raucherin *f* <-nen> *s.* **Raucher**
Räucherlachs *m* salmón *m* ahumado
räuchern ['rɔɪçɐn] *vt* ahumar
Räucherspeck *m* tocino *m* ahumado
Räucherstäbchen *nt* pebete *m*
Raucherzone *f* zona *f* para fumadores
Rauchfahne *f* estela *f* de humo
Rauchfang *m* campana *f* de la chimenea
Rauchfleisch *nt* carne *f* ahumada
rauchig *adj* ① *(raucherfüllt)* lleno de humo ② *(Stimme)* ronco ③ *(Geschmack)* ahumado
Rauchmelder *m* detector *m* de humos
Rauchsignal *nt* señal *f* de humo
Rauchverbot *nt* prohibición *f* de fumar; **hier herrscht ~** aquí no se puede fumar
Rauchvergiftung *f* intoxicación *f* por (el) humo

räudig *adj* sarnoso
rauf [raʊf] *adv (fam)* hacia arriba; *s. a.* **hinauf, herauf**
Raufasertapete *f* papel *m* de fibra gruesa
Raufbold *m* <-(e)s, -e> *(abw)* camorrista *mf*
raufen ['raʊfən] *vi, vr:* **sich ~** pelearse (**mit** con, **um** por)
Rauferei *f* <-en> *(fam)* pelea *f*
rauflustig *adj* pendenciero; **~ sein** ser un pendenciero
Rauheit *f ohne pl* ❶ *(von Material)* aspereza *f* ❷ *(von Stimme)* ronquedad *f* ❸ *(des Klimas)* destemplanza *f* ❹ *(im Benehmen)* rudeza *f*
Raum[1] [raʊm, *pl:* 'rɔɪmə] *m* <-(e)s, Räume> ❶ (*a.* PHILOS, MATH) espacio *m* ❷ *(Zimmer)* habitación *f*, pieza *f Am; (Räumlichkeit)* local *m;* **eine Frage steht im ~** una cuestión está pendiente; **eine These in den ~ stellen** exponer una tesis ❸ *(Gebiet)* zona *f;* **im ~ Frankfurt** en la zona de Francfort
Raum[2] *m* <-(e)s, *ohne pl*> ❶ (*a.* ASTR, PHYS) espacio *m;* **luftleerer ~** (PHYS) vacío *m* ❷ *(Platz)* sitio *m;* **zu viel ~ einnehmen** ocupar demasiado sitio
Raumanzug *m* traje *m* espacial
Raumaufteilung *f* distribución *f* de las habitaciones
Raumausstatter(in) *m(f)* decorador(a) *m(f)* de interiores, interiorista *mf*
Raumduft *m* ambientador *m*
räumen ['rɔɪmən] *vt* ❶ *(wegräumen)* retirar (**von** de); *(Schnee)* quitar; *(einräumen)* poner (**in** en); *(ausräumen)* sacar (**aus** de) ❷ *(Gebäude)* desalojar; *(Straße)* desocupar; *(durch die Polizei)* efectuar el desalojo (de); **das Lager ~** liquidar las existencias
Raumfähre *f* nave *f* espacial
Raumfahrer(in) *m(f)* <-s, -; -, -nen> astronauta *mf*
Raumfahrt *f ohne pl* astronáutica *f;* **bemannte ~** astronáutica tripulada
Raumflug *m* vuelo *m* espacial
Rauminhalt *m* (MATH) volumen *m*
Raumkapsel *f* cápsula *f* espacial
Raumklang *m* sonido *m* espacial
räumlich ['rɔɪmlɪç] *adj* ❶ *(den Raum betreffend)* espacial ❷ *(dreidimensional)* tridimensional
Raummaß *nt* medida *f* de capacidad
Raumordnung *f (formal)* planificación *f* territorial
Raumpfleger(in) *m(f)* encargado, -a *m, f* de la limpieza
Raumplanung *f (formal) s.* **Raumordnung**
Raumschiff *nt* nave *f* espacial
Raumsonde *f* sonda *f* espacial
raumsparend *adj* que requiere poco espacio
Raumstation *f* estación *f* espacial
Räumung ['rɔɪmʊŋ] *f* <-en> ❶ *(einer Wohnung)* desalojo *m; (durch Polizei)* despejo *m* ❷ *(eines Lagers)* liquidación *f* de existencias
Räumungsbefehl *m* orden *f* de desalojo
Räumungsklage *f* (JUR) demanda *f* de desahucio
Räumungspreis *m* (WIRTSCH) precio *m* de liquidación
Räumungsverkauf *m* (WIRTSCH) liquidación *f*
raunen ['raʊnən] *vi, vt (geh)* murmurar; **ein R~ ging durch das Publikum** un murmullo se extendió por entre el público
Raupe ['raʊpə] *f* <-n> ❶ *(Schmetterlingslarve)* oruga *f* ❷ *(Planierraupe)* aplanadora *f* ❸ *(Raupenkette)* oruga *f*
Raupenfahrzeug *nt* vehículo *m* oruga
Raupenkette *f* cadena *f* de oruga
Raureif *m* <-(e)s, *ohne pl*> escarcha *f*
raus [raʊs] *adv (fam)* (hacia) fuera, afuera; **~ da!** ¡fuera de ahí!; *s. a.* **heraus, hinaus**
raus|bekommen* *irr vt (fam)* ❶ *(Wechselgeld)* recibir de vuelta ❷ *(Aufgabe)* resolver; *(Geheimnis)* descubrir ❸ (MATH) sacar ❹ *(Fleck)* poder quitar; *(Nagel)* poder sacar ❺ *(erfahren)* llegar a saber
raus|bringen *irr vt (fam: nach draußen bringen)* sacar, llevar afuera; *s. a.* **herausbringen**
Rausch [raʊʃ, *pl:* 'rɔɪʃə] *m* <-(e)s, Räusche> ❶ *(Trunkenheit)* embriaguez *f;* **sich** *dat* **einen ~ antrinken** coger(se) una trompa; **seinen ~ ausschlafen** *(fam)* dormir la mona ❷ *(Ekstase)* éxtasis *m inv*
rauscharm *adj* (TEL, RADIO) de pocas interferencias
rauschen ['raʊʃən] *vi* ❶ *(Baum, Wind, Bach)* murmurar; *(Meer)* bramar; *(Telefon)* haber interferencias; *(Seide)* crujir; **~der Beifall** aplauso tempestuoso; **ein ~des Fest** una fiesta a lo grande ❷ *sein (sich irgendwohin begeben)* dirigirse (**in/zu** a); **aus dem/durch das Zimmer ~** abandonar/cruzar la habitación
Rauschgift *nt* droga *f*, estupefaciente *m*
Rauschgiftdezernat *nt* <-(e)s, -e> departamento *m* de estupefacientes
Rauschgifthandel *m* narcotráfico *m*
Rauschgifthändler(in) *m(f)* <-s, -; -, -nen> narcotraficante *mf*
Rauschgiftsucht *f ohne pl* toxicomanía *f*
rauschgiftsüchtig *adj* toxicómano
Rauschgiftsüchtige(r) *mf* toxicómano, -a *m, f*

Rauschmittel *nt* <-s, -> estupefaciente *m*

raus|ekeln *vt (fam)* **jdn ~** hacer la vida imposible a alguien (hasta que se va)

raus|fliegen *irr vi sein (fam)* ① *(Vogel)* salir volando (**aus** de) ② *(Person)* ser echado (**aus** de)

raus|gehen *irr vi sein (fam)* salir; *s. a.* **herausgehen, hinausgehen**

raus|kommen *irr vi sein (fam)* salir; *s. a.* **herauskommen**

raus|kriegen *vt (fam) s.* **rausbekommen**

raus|nehmen *irr vt (fam)* sacar; *s. a.* **herausnehmen**

räuspern ['rɔɪspɐn] *vr:* **sich ~** carraspear

raus|rücken **I.** *vi sein (fam: zugeben)* soltar; **rück mit der Wahrheit raus!** ¡desembucha ya! **II.** *vt (fam: hergeben)* soltar; **rück mal etwas Geld raus!** ¡suelta un par de duros!

raus|schmeißen *irr vt (fam)* ① *(nach draußen werfen, wegschmeißen)* tirar (**aus** de/por, **zu** por); **das ist rausgeschmissenes Geld** esto es dinero perdido ② *(entlassen)* echar (**aus** de); **sie hat ihn rausgeschmissen** le puso de patitas en la calle

Rausschmeißer(in) *m(f)* <-s, -; -nen> *(fam)* gorila *mf,* matón, -ona *m, f*

Rausschmiss *m* <-es, -e> *(fam)* despido *m*

Raute ['raʊtə] *f* <-n> ① (BOT) ruda *f* ② (MATH) rombo *m*

rautenförmig *adj* rómbico, rombal

Rave [reɪv] *m o nt* <-(s), -s> (MUS) rave *m;* **~ Musik** música rave; **~ Bewegung** movimiento rave

Raver(in) ['rɛɪ̯vɐ] *m(f)* <-s, -; -nen> ravero, -a *m, f*

Ravioli [ra'vio:li] *pl* raviolis *mpl*

Razzia ['ratsja, *pl:* 'ratsjən] *f* <Razzien> redada *f,* razia *f*

Reagenzglas [rea'gɛnts-] *nt* (CHEM) tubo *m* de ensayo

reagieren* [rea'gi:rən] *vi* ① *(Person)* reaccionar (**auf** a/ante) ② (CHEM) producir una reacción

Reaktion[1] [reak'tsjo:n] *f* <-en> *(das Reagieren, a.* CHEM) reacción *f* (**auf** a/ante/frente a)

Reaktion[2] *f ohne pl* (POL) reacción *f*

reaktionär [reaktsjo'nɛ:ɐ] *adj (abw)* reaccionario

Reaktionär(in) *m(f)* <-s, -e; -, -nen> *(abw)* reaccionario, -a *m, f*

Reaktionsfähigkeit *f ohne pl* capacidad *f* de reacción

Reaktionsgeschwindigkeit *f* <-, -en> velocidad *f* de reacción

Reaktionsvermögen *nt* <-s, *ohne pl*> capacidad *f* de reacción

Reaktionszeit *f* <-, -en> tiempo *m* de reacción

reaktivieren* [reakti'vi:rən] *vt* ① *(Verfahren)* reactivar ② *(Person)* reincorporar al servicio activo

Reaktivierung *f* <-, -en> ① (*a.* CHEM, MED) reactivación *f* ② *(Wiederanstellung)* reincorporación *f* (al servicio activo)

Reaktor [re'akto:ɐ] *m* <-s, -en> (PHYS) reactor *m*

Reaktorsicherheit *f* <-, *ohne pl*> seguridad *f* de reactores nucleares

Reaktorunglück *nt* accidente *m* en un reactor nuclear

real [re'a:l] *adj* (*a.* WIRTSCH) real

Real [re'a:l] *m* <-(s), Reais *o* Real> *(Währung)* real *m*

Realisation [realiza'tsio:n] *f* <-, -en> realización *f*

realisierbar *adj* realizable

realisieren* [reali'zi:rən] *vt* realizar; *(durchführen)* llevar a cabo

Realisierung *f* <-en> realización *f*

Realismus [rea'lɪsmʊs] *m* <-, *ohne pl*> (PHILOS, LIT, KUNST) realismo *m*

Realist(in) [rea'lɪst] *m(f)* <-en, -en; -nen> realista *mf*

realistisch *adj* realista; **~ betrachtet** visto con realismo

Realität [reali'tɛ:t] *f* <-en> ① *(Wirklichkeit)* realidad *f;* **virtuelle ~** realidad virtual; **in (der) ~** en (la) realidad ② *pl (Österr: Immobilien)* inmuebles *mpl*

realitätsfern *adj* alejado de la realidad

realitätsnah *adj* realista

Reality-TV *nt* <-(s), *ohne pl*> (TV) reality televisión *f*

Realpolitik *f ohne pl* política *f* realista

Realschule *f* ≈ instituto *m* de enseñanza media *(escuela secundaria – de los 10 a los 16 años – de grado inferior al Gymnasium)*

Realschüler(in) *m(f)* alumno, -a *m, f* de la "Realschule" alemana

Realwert *m* valor *m* real

Reanimation [reʔanima'tsjo:n] *f* <-en> (MED) reanimación *f*

reanimieren* *vt* (MED) reanimar

Rebe ['re:bə] *f* <-n> vid *f*

Rebell(in) [re'bɛl] *m(f)* <-en, -en; -nen> rebelde *mf*

rebellieren* [rebɛ'li:rən] *vi* rebelarse (**gegen** contra)

Rebellin *f* <-nen> *s.* **Rebell**

Rebellion [rebɛ'ljo:n] *f* <-en> rebelión *f*

rebellisch [re'bɛlɪʃ] *adj* rebelde

Rebhuhn ['re:p-] *nt* perdiz *f*

Rebound [ri'baunt] *m* <-s, -s> (SPORT: *im Basketball*) rebote *m*

Rebsorte ['re:p-] *f* tipo *m* de uva

R

Rebstock *m* cepa *f*
rechen ['rɛçən] *vt (Schweiz, Österr, reg)* rastrillar; **das Laub ~** rastrillar las hojas
Rechen ['rɛçən] *m* <-s, -> *(Schweiz, Österr, reg)* rastrillo *m*
Rechenaufgabe *f* problema *m* de aritmética
Rechenkapazität *f* (INFOR) capacidad *f* de cómputo
Rechenkünstler(in) *m(f)* <-s, -; -, -nen> genio *m* de las matemáticas [*o* de los números]
Rechenmaschine *f* calculadora *f*
Rechenschaft *f ohne pl* cuentas *f pl;* **jdm über etw ~ schuldig sein** deber a alguien una explicación acerca de algo; **jdn für etw zur ~ ziehen** hacer a alguien responsable de algo
Rechenschaftsbericht *m* informe *m;* (WIRTSCH) estado *m* de cuentas
Rechenzentrum *nt* (INFOR) centro *m* de cálculo
Recherche [re'ʃɛrʃə, rə'ʃɛrʃə] *f* <-n> pesquisa *f;* **über jdn/etw ~n anstellen** hacer investigaciones sobre alguien/algo
recherchieren* [reʃɛr'ʃiːrən, rəʃɛr'ʃiːrən] *vi, vt* investigar
rechnen ['rɛçnən] **I.** *vi* ❶ (MATH) calcular; **im Kopf ~** calcular mentalmente ❷ *(sich verlassen)* contar (**mit/auf** con); **damit ~, dass ...** contar con que... *+subj;* **damit hatte ich nicht gerechnet** no había contado con eso ❸ *(haushalten)* economizar; **wir müssen mit jedem Cent ~** hay que ahorrar hasta el último céntimo **II.** *vt* ❶ *(Aufgabe)* hacer, calcular ❷ *(zählen)* contar (**zu/unter** entre); *(einbeziehen)* incluir (**zu/unter** entre); **man rechnet ihn zu den Experten auf diesem Gebiet** se le incluye entre los expertos en este campo ❸ *(veranschlagen)* calcular (**für** para) **III.** *vr:* **sich ~** ser rentable
Rechner[1] *m* <-s, -> calculadora *f;* (INFOR: *Computer*) ordenador *m,* computadora *f Am*
Rechner(in)[2] *m(f)* <-s, -; -nen> contador(a) *m(f);* **ein kühler ~ sein** ser muy calculador
rechnergesteuert *adj* (INFOR) dirigido por ordenador
rechnergestützt *adj* (INFOR) asistido por ordenador
Rechnerin *f* <-nen> *s.* **Rechner**[2]
rechnerisch *adj* aritmético; **rein ~** ateniéndose a las cifras
Rechnung *f* <-en> ❶ *(das Rechnen)* cálculo *m* ❷ *(Abrechnung)* cuenta *f;* *(Warenrechnung)* factura *f;* **eine ~ über 1000 Euro** una cuenta de 1000 euros; **eine ~ ausstellen** extender una factura; **die ~, bitte!** ¡la cuenta, por favor!; **jdm etw in ~ stellen** cargar algo en la cuenta de alguien; **auf eigene ~** por cuenta propia; **das geht auf meine ~** esto va de mi cuenta; **etw** *dat* **~ tragen** considerar algo; **er hatte die ~ ohne den Wirt gemacht** *(fig)* había puesto el carro delante del buey; **mit jdm eine alte ~ begleichen** *(fig)* saldar una vieja cuenta con alguien
Rechnungsbetrag *m* importe *m* de la factura
Rechnungsdatum *nt* <-s, -daten> fecha *f* de la factura
Rechnungshof *m* (ADMIN) tribunal *m* de cuentas
Rechnungsjahr *nt* ejercicio *m* contable
Rechnungsprüfung *f* (WIRTSCH) revisión *f* de cuentas; **betriebliche ~** contabilidad de gestión
Rechnungswesen *nt ohne pl* (WIRTSCH) contabilidad *f*
recht [rɛçt] **I.** *adj* ❶ *(zutreffend)* justo; *(geeignet)* adecuado; *(passend)* oportuno; **der ~e Augenblick** el momento oportuno ❷ *(wirklich)* verdadero; **ich habe keine ~e Lust** no me apetece mucho ❸ *(richtig)* correcto; **nach dem R~en sehen** controlar si todo está en orden; **hier geht es nicht mit ~en Dingen zu** aquí hay gato encerrado; **es ist nur ~ und billig** no es sino lo justo; **alles, was ~ ist, aber ...** todo lo que quiera(s), pero... **II.** *adv* ❶ *(sehr)* muy; **~ tief** muy profundo; **~ herzlichen Dank** muchísimas gracias ❷ *(ziemlich)* bastante; **~ viel/oft** bastante/bastante a menudo ❸ *(richtig, genehm)* bien; **ganz ~!** ¡eso es!; **jetzt erst ~!** ¡sobre todo ahora!; **jetzt erst ~ nicht!** ¡ahora menos que nunca!; **wenn ich es ~ überlege ...** si lo pienso bien...; **~ daran tun, sich zu entschuldigen** hacer bien en pedir excusas; **ist es dir ~ wenn ...?** ¿te parece bien si...?; **das soll mir ~ sein** me parece bien; **das geschieht ihm ~** *(fam)* le está bien (empleado); **ich seh' wohl nicht ~!** *(fam)* ¡no me lo puedo creer!; **wenn ich Sie ~ verstehe** si le entiendo bien; **ich weiß nicht ~** no sé bien; **du kommst mir gerade ~** *(iron)* eres lo que me faltaba; **man kann ihm nichts ~ machen** no se conforma con nada
Recht[1] [rɛçt] *nt* <-(e)s, -e> *(Anspruch)* derecho *m* (**auf** a); *(Gerechtigkeit)* justicia *f;* **staatsbürgerliche ~e** derechos cívicos; **mit welchem ~ behaupten Sie das?** ¿con qué derecho afirma eso?; **sein ~ fordern** reclamar sus derechos; **jdm ~ geben** dar(le) a alguien la razón; **zu seinem ~ kommen** hacer valer sus derechos; **das ~**

R

des Stärkeren la ley del más fuerte; **zu ~** con razón; **~ haben, im ~ sein** tener razón; **es ist unser gutes ~, uns zu beschweren** tenemos perfecto derecho a quejarnos; **gleiches ~ für alle!** ¡igualdad de derechos!; **du hast das ~ auf einen Anwalt** tienes derecho a un abogado; **dazu haben Sie kein ~!** ¡no tiene ningún derecho!

Recht[2] *nt* <-s, *ohne pl*> *(Rechtsordnung)* derecho *m; (Gesetze)* legislación *f,* leyes *f pl;* **bürgerliches ~** derecho civil; **gegen das ~ verstoßen** infringir las leyes; **~ sprechen** hacer justicia

Rechte [ˈrɛçtə] *f* <-n, -n> (*a.* POL) derecha *f;* **zu ihrer ~n** a su derecha; **die ~ zog ins Parlament ein** la derecha entró en el parlamento

rechte(r, s) *adj* ① *(Seite)* derecho; **~r Hand** a mano derecha; **auf der ~n Seite** a la derecha; **jds ~ Hand sein** ser la mano derecha de alguien ② (POL) de derecha(s) ③ (MATH) recto; **ein ~r Winkel** un ángulo recto

Rechte(r) *mf* <-n, -n; -n, -n> derechista *mf,* persona *f* de derechas

Rechteck *nt* rectángulo *m*

rechteckig *adj* rectangular

rechtens [ˈrɛçtəns] *adv* **~ sein** ser legítimo; **für ~ halten** considerar legítimo

rechtfertigen [ˈ----] **I.** *vt* justificar **II.** *vr:* **sich ~** justificarse (**für** por, **vor** ante)

Rechtfertigung *f* <-en> justificación *f* (**für** para); **was sagt er zu seiner ~?** ¿y él qué alega?

Rechtgläubigkeit *f ohne pl* ortodoxia *f*

Rechthaberei *f ohne pl (abw)* cerrilidad *f*

rechthaberisch *adj (abw)* ergotista; **~ sein** querer tener siempre la razón

rechtlich *adj* legal; *(gesetzlich)* jurídico; **das ist ~ nicht zulässig** es legalmente inadmisible

rechtlos *adj* sin derechos, privado de derechos

rechtmäßig *adj* legítimo, legal; **der ~e Besitzer** el propietario legítimo; **etw für ~ erklären** declarar algo legal

Rechtmäßigkeit *f ohne pl* legalidad *f,* legitimidad *f*

rechts [rɛçts] **I.** *adv* (a) la derecha; **~ davon** a la derecha (de esto); **~ von mir** a mi derecha; **nach ~** hacia la derecha; **von ~ kommen** venir por la derecha; **oben/unten ~** arriba/abajo a la derecha; **von ~ nach links** de derecha a izquierda; **~ vor links** la derecha tiene preferencia; **sich ~ halten** mantenerse a su derecha; **sich ~ einordnen** situarse en el carril derecho; **~ um!** (MIL) ¡derecha!; **~ stricken** hacer punto del derecho; **~ stehen** (POL) ser de derechas; **~ wählen** (POL) votar a la derecha; **mit ~ schreiben** escribir con la (mano) derecha; **ich weiß nicht mehr, wo ~ und links ist** *(fam fig)* no sé ya dónde tengo la cabeza **II.** *präp +gen* a la derecha

Rechtsabbieger(in) *m(f)* automovilista *mf* que dobla a la derecha

Rechtsabteilung *f* (JUR) sección *f* jurídica

Rechtsanspruch *m* pretensión *f* legal

Rechtsanwalt, -wältin *m, f* (JUR) abogado, -a *m, f;* **sich** *dat* **einen ~ nehmen** contratar a un abogado

Rechtsaußen [rɛçtsˈʔaʊsən] *m* <-, -> (SPORT) extremo *m* derecha

Rechtsbeistand *m* asesor(a) *m(f)* jurídico, -a

Rechtsberater(in) *m(f)* (JUR) asesor(a) *m(f)* jurídico , -a

Rechtsberatung *f* <-, -en> (JUR) asesoramiento *m* jurídico

Rechtsbeugung *f* (JUR) prevaricación *f*

Rechtsbrecher(in) *m(f)* infractor(a) *m(f)* de la ley

rechtsbündig *adj* (TYPO, INFOR) fijo a la derecha

rechtschaffen [ˈrɛçtʃafən] *adj* ① *(anständig)* honrado, recto ② *(groß)* mucho; **~ Hunger haben** *(fam)* tener mucha hambre

Rechtschaffenheit *f ohne pl* honradez *f*

Rechtschreibfehler *m* falta *f* de ortografía

Rechtschreibhilfe *f* <-, -n> (INFOR) corrector *m* ortográfico

Rechtschreibreform *f* reforma *f* de (la) ortografía

Rechtschreibung *f* ortografía *f*

Rechtsempfinden *nt* sentido *m* de la justicia

rechtsextrem *adj s.* **rechtsextremistisch**

Rechtsextremismus [ˈrɛçtsʔɛkstremɪsmʊs] *m* (POL) extrema derecha *f,* ultraderecha *f*

Rechtsextremist(in) *m(f)* (POL) ultraderechista *mf*

rechtsextremistisch *adj* (POL) de extrema derecha, de ultraderecha

rechtsfähig *adj* (JUR) con capacidad jurídica

Rechtsfall *m* (JUR) caso *m* (jurídico)

Rechtsfrage *f* (JUR) cuestión *f* jurídica

rechtsgerichtet *adj* (POL) derechista, de derecha(s)

Rechtsgeschäft *nt* (JUR) negocio *m* jurídico

Rechtsgrundlage *f* <-, -n> base *f* jurídica

rechtsgültig *adj* (JUR) jurídicamente válido; **etw für ~ erklären** legalizar algo

Rechtshänder(in) ['-hɛndɐ] *m(f)* <-s, -; -nen> diestro, -a *m, f*

rechtshändig I. *adj* diestro II. *adv* con la mano derecha

Rechtshandlung *f* (JUR) acto *m* jurídico

rechtsherum ['rɛçtshɛrʊm] *adv* (dando vueltas) a la derecha

rechtskräftig *adj* (JUR) (jurídicamente) válido; **~ werden** entrar en vigor

Rechtskurve *f* curva *f* a la derecha

Rechtslage *f ohne pl* (JUR) situación *f* legal

Rechtsmittel *nt* (JUR) recurso *m* legal

Rechtsordnung *f* (JUR) orden(amiento) *m* jurídico

Rechtsprechung *f* <-en> (JUR) jurisprudencia *f*

rechtsradikal *adj* (POL) de extrema derecha, ultraderechista

Rechtsradikale(r) *mf* (POL) persona *f* de (la) extrema derecha

Rechtsruck *m* <-(e)s, -e> *(fam: bei Wahlen)* giro *m* hacia la derecha

rechtsrum ['rɛçtsrʊm] *adv (fam) s.* **rechtsherum**

Rechtsschutz *m* (JUR) protección *f* jurídica

Rechtsstaat *m* Estado *m* de derecho

rechtsstaatlich *adj* jurídico-estatal

Rechtsstaatlichkeit *f ohne pl* legalidad *f*

Rechtsstreit *m* (JUR) pleito *m;* **einen ~ beilegen** dirimir un pleito

rechtsverbindlich *adj* (JUR) obligatorio

Rechtsverkehr *m* ① (AUTO) circulación *f* por la derecha ② (JUR) relaciones *f pl* jurídicas

Rechtsverletzung *f* (JUR) violación *f* del derecho

Rechtsverordnung *f* (JUR) decreto ley *m;* **eine ~ erlassen** dictar un decreto

Rechtsweg *m* (JUR) vía *f* judicial; **auf dem ~** por la vía judicial; **der ~ ist ausgeschlossen** la vía judicial queda excluida

rechtswidrig *adj* ilegal, ilegítimo

Rechtswissenschaft *f ohne pl* (JUR) jurisprudencia *f*

rechtwink(e)lig *adj* rectangular

rechtzeitig I. *adj* puntual II. *adv* ① *(pünktlich)* a tiempo ② *(früh genug)* con (la debida) antelación

Reck [rɛk] *nt* <-(e)s, -e *o* -s> barra *f* fija

recken ['rɛkən] I. *vt* alargar; **den Kopf ~** alargar el cuello II. *vr:* **sich ~** estirarse

Recorder *m* <-s, -> *s.* **Rekorder**

recyceln* [ri'saɪkəln] *vt* reciclar

recyclebar *adj* reciclable

Recycling [ri'saɪklɪŋ] *nt* <-s, *ohne pl*> reciclaje *m,* reciclado *m*

Recyclingpapier *nt ohne pl* papel *m* reciclado

Redakteur(in) [redak'tøːɐ] *m(f)* <-s, -e; -nen> redactor(a) *m(f)*

Redaktion [redak'tsjoːn] *f* <-en> redacción *f*

redaktionell [redaktsjo'nɛl] *adj* ① *(bezogen auf Redigieren)* de redacción ② *(bezogen auf Redaktion)* de la redacción

Redaktor(in) [re'daktoːɐ] *m(f)* <-s, -en; -nen> *(Schweiz)* redactor(a) *m(f)*

Rede ['reːdə] *f* <-n> ① *(Ansprache)* discurso *m; (Gespräch)* conversación *f;* **eine ~ halten** pronunciar un discurso; **das ist nicht der ~ wert** no merece la pena comentarlo; **es ist die ~ von ...** se habla de...; **davon kann nicht die ~ sein** no se trata de eso; **wovon ist die ~?** ¿de qué va (el asunto)?; **jdn zur ~ stellen** pedir cuentas a alguien; **jdm ~ und Antwort stehen** dar cuentas a alguien; **der langen ~ kurzer Sinn** resumiendo ② (LING) estilo *m;* **direkte/indirekte ~** estilo directo/indirecto

Redefreiheit *f ohne pl* libertad *f* de expresión

redegewandt *adj* elocuente

Redekunst *f ohne pl* retórica *f*

reden ['reːdən] I. *vi* ① *(sprechen)* hablar (**mit** con, **über** sobre, **von** de); **mit Händen und Füßen ~** hablar con pies y manos; (**viel**) **von sich** *dat* **~ machen** dar mucho que hablar; **du hast gut ~!** ¡es muy fácil decirlo!; **darüber lasse ich nicht mit mir ~** no pienso cambiar de opinión en esto; **darüber lässt sich ~** se puede hablar de ello; **~ wir nicht mehr darüber** no hablemos más de ello; **so lasse ich nicht mit mir ~** no consiento que me hablen así; **nicht zu ~ von ...** por no hablar de...; **schlecht von jdm ~** hablar mal de alguien ② *(Rede halten)* pronunciar un discurso (**über** sobre) II. *vt* hablar; **Unsinn ~** decir tonterías; **ich muss ein ernstes Wort mit ihm ~** tengo que hablar en serio con él III. *vr* **sich heiser ~** quedarse ronco de (tanto) hablar; **sich in Rage/Begeisterung ~** hablar lleno de furia/entusiasmo

Redensart *f* locución *f*

Redewendung *f* (LING) giro *m*

Redezeit *f* <-, -en> tiempo *m* asignado a cada orador

redigieren* [redi'giːrən] *vt* corregir; *(Zeitschrift)* redactar

redlich ['reːtlɪç] *adj* ① *(aufrichtig)* honrado; **~ handeln** obrar honradamente ② *(groß)* grande; **er hat sich** *dat* **~e Mühe gegeben** ha hecho un gran esfuerzo

Redner(in) ['reːdnɐ] *m(f)* <-s, -; -nen> orador(a) *m(f)*

Rednerpult *nt* púlpito *m*

redselig *adj* locuaz
Reduktion [redʊk'tsjoːn] *f* <-, -en> reducción *f*
redundant [redʊn'dant] *adj* (LING) redundante
Redundanz [redʊn'dants] *f* <-, -en> (LING) redundancia *f*
reduzierbar *adj* reducible
reduzieren* [redu'tsiːrən] **I.** *vt* (*a.* CHEM, PHYS, MATH) reducir (**auf** a) **II.** *vr:* **sich ~** reducirse (**auf** a)
Reduzierung *f* <-, -en> reducción *f*, recorte *m*, rebaja *f*
Reederei *f* <-en> compañía *f* naviera
reell [re'ɛl] *adj* ① *(ehrlich)* honesto ② *(fam: Portion, Ware)* bueno; *(Preis)* razonable ③ *(wirklich, a.* MATH) real
Reetdach *nt (nordd) tejado de cañas típico del norte de Alemania*
Referat [refe'raːt] *nt* <-(e)s, -e> ① *(Vortrag)* ponencia *f*; **ein ~ halten** exponer una ponencia, hacer una exposición ② *(Abteilung)* sección *f*
Referendar(in) [referɛn'daːɐ] *m(f)* <-s, -e; -nen> ① (JUR) licenciado, -a *m, f* en derecho ② (SCH) profesor(a) *m(f)* en prácticas
Referendariat [referɛndari'aːt] *nt* <-(e)s, -e> ① (JUR) período *m* de prácticas para licenciados de derecho ② (SCH) período *m* de prácticas de profesorado
Referendarin *f* <-nen> *s.* **Referendar**
Referendum [refe'rɛndʊm] *nt* <-s, Referenden *o* Referenda> referéndum *m*
Referent(in) [refe'rɛnt] *m(f)* <-en, -en; -nen> ① *(eines Vortrages)* conferenciante *mf*; *(eines Referats)* ponente *mf* ② *(Referatsleiter)* jefe, -a *m, f* de negociado
Referenz [refe'rɛnts] *f* <-, -en> ① *(Empfehlung)* referencias *fpl* ② *(Person, Stelle)* referencia *f*
referieren* [refe'riːrən] **I.** *vi* ① *(Referat halten)* exponer (una ponencia) (**über** sobre) ② *(berichten)* hablar (**über** sobre/de) **II.** *vt (berichten)* presentar
reflektieren* [reflɛk'tiːrən] **I.** *vi* ① *(nachdenken)* reflexionar (**über** sobre) ② *(zurückstrahlen)* reflejar ③ *(interessiert sein)* tener interés (**auf** en) **II.** *vt (Licht)* reflejar
Reflektor [re'flɛktoːɐ] *m* <-s, -en> reflector *m*
Reflektorstreifen *m* tira *f* reflectante
Reflex [re'flɛks] *m* <-es, -e> reflejo *m*
Reflexion [reflɛ'ksjoːn] *f* <-en> (*a.* PHYS) reflexión *f* (**über** sobre)
reflexiv [reflɛ'ksiːf] *adj* (*a.* LING) reflexivo
Reflexivpronomen *nt* (LING) pronombre *m* reflexivo
Reflexivverb *nt* (LING) verbo *m* reflexivo
Reflexstreifen *m* tira *f* reflectante

Reform [re'fɔrm] *f* <-en> reforma *f*
Reformation [refɔrma'tsjoːn] *f ohne pl* Reforma *f*
reformbedürftig *adj* que necesita reformas
Reformer(in) [re'fɔrmɐ] *m(f)* <-s, -; -nen> reformista *mf*
reformerisch *adj* reformativo
reformfreudig *adj* prorreformista, abierto a las reformas
Reformhaus *nt* tienda *f* de productos dietéticos y biológicos
reformieren* [refɔr'miːrən] *vt* reformar
Reformismus [refɔr'mɪsmʊs] *m* <-, *ohne pl*> (POL) reformismo *m*
Reformkost *f* productos *mpl* dietéticos y biológicos
Reformpaket *nt* <-(e)s, -e> paquete *m* de reformas
Reformvorhaben *nt* plan *m* de reformas
Refrain [rə'frɛ̃ː] *m* <-s, -s> estribillo *m*
Refugium [re'fuːgiʊm] *nt* <-s, Refugien> *(geh)* refugio *m*
Regal [re'gaːl] *nt* <-s, -e> ① *(Ablage, Gestell)* estantería *f*; *(Bücherregal)* librería *f* ② (MUS) órgano *m* portátil
Regatta [re'gata] *f* <Regatten> (SPORT) regata *f*
rege ['reːgə] *adj* ① *(Verkehr, Briefwechsel, Betrieb)* intenso; *(Nachfrage, Interesse)* grande; *(Handel)* floreciente; **~ Beteiligung** participación activa ② *(Unterhaltung)* animado; *(Fantasie)* vivo; **körperlich und geistig ~ sein** mantenerse física y mentalmente activo
Regel ['reːgəl] *f* <-n> ① *(Vorschrift, a.* LING) regla *f*; *(Norm)* norma *f*; **in der ~** por regla general; **nach allen ~n der Kunst** como es debido; **sich** *dat* **etw zur ~ machen** tomar algo por costumbre ② *(Menstruation)* regla *f*
Regelarbeitszeit *f* <-, -en> horario *m* de trabajo regular
regelbar *adj* regulable
Regelblutung *f* regla *f*
Regelfall *m ohne pl* caso *m* normal
regellos *adj* sin regla; *(ungeordnet)* desordenado
regelmäßig I. *adj* regular; **sie ist eine ~e Besucherin** viene regularmente **II.** *adv* con regularidad, regularmente; **er kommt ~ zu spät** llega siempre tarde
Regelmäßigkeit *f* <-en> regularidad *f*
regeln ['reːgəln] **I.** *vt* regular; *(durch Verordnung)* reglamentar; *(in Ordnung bringen)* arreglar; **etw vertraglich ~** fijar algo mediante un contrato; **das lässt sich ~** esto se puede arreglar **II.** *vr:* **sich ~** ① *(vor*

sich gehen) efectuarse ② *(in Ordnung kommen)* arreglarse, solucionarse

regelrecht I. *adj* ① *(vorschriftsmäßig)* correcto ② *(fam: richtiggehend)* verdadero II. *adv (fam)* de verdad; **er war ~ unverschämt** fue descarado de verdad

Regelstudienzeit *f* (UNIV) *tiempo previsto que fija la universidad para una carrera*

Regelung *f* <-en> ① *(das Festlegen)* reglamentación *f; (Erledigung)* tramitación *f* ② *(der Temperatur)* regulación *f* ③ *(Abmachung)* acuerdo *m; (Vorschrift)* reglamentación *f*

regelwidrig *adj* contrario a las reglas

Regelwidrigkeit *f* irregularidad *f*

regen ['re:gən] I. *vt (geh)* mover II. *vr:* **sich ~** ① *(sich bewegen)* moverse; **kein Lüftchen regte sich** no corría ni una brisa ② *(geh: entstehen)* surgir; **es regten sich Zweifel** surgieron dudas

Regen ['re:gən] *m* <-s, -> lluvia *f; (feiner)* llovizna *f;* **saurer ~** (ÖKOL) lluvia ácida; **im strömenden ~ musste ich nach Hause laufen** lloviendo a cántaros como estaba tuve que ir a pie a casa; **ich bin gestern in den ~ gekommen** ayer me pilló la lluvia; **vom ~ in die Traufe kommen** *(fam fig)* salir de Guatemala y entrar en Guatepeor; **jdn im ~ stehen lassen** *(fam)* dejar a alguien plantado

Regenbö(e) *f* <-böen> turbión *m*

Regenbogen *m* arco *m* iris

Regenbogenfamilie *f* ① *(Familie mit zwei Müttern)* familia *f* homomaternal ② *(Familie mit zwei Vätern)* familia *f* homoparental

Regenbogenpresse *f ohne pl* prensa *f* amarilla

Regeneration [regenera'tsjo:n] *f* <-, -en> (BIOL, MED, TECH) regeneración *f*

regenerativ [regenera'ti:f] *adj* ① (BIOL, MED) regenerativo ② (TECH) renovable, recuperable

regenerieren* [regene'ri:rən] I. *vt* (TECH) regenerar II. *vr:* **sich ~** (BIOL, MED) regenerarse

Regenfälle *mpl* lluvias *fpl;* **starke/anhaltende ~** lluvias fuertes/persistentes

Regenguss *m* <-es, -güsse> chaparrón *m,* aguacero *m,* invierno *m MAm, Ant*

Regenhaut® *f (Regenmantel)* chubasquero *m*

Regenjacke *f* <-, -n> chaqueta *f* impermeable

Regenmantel *m* gabardina *f; (Cape)* impermeable *m,* perramus *m inv CSur*

regenreich *adj* lluvioso

Regensburg ['re:gənsburk] *nt* <-s> Ratisbona *f*

Regenschauer *m* chubasco *m*

Regenschirm *m* paraguas *m inv*

Regentonne *f* bidón *m* para el agua de lluvia

Regentropfen *m* gota *f* de lluvia

Regenwald *m* selva *f* tropical

Regenwasser *nt ohne pl* agua *f* de lluvia

Regenwetter *nt* tiempo *m* lluvioso; **bei ~** cuando llueve

Regenwolke *f* <-, -n> nube *f* (cargada) de lluvia

Regenwurm *m* (ZOOL) lombriz *f* de tierra

Regenzeit *f* época *f* de las lluvias

Reggae ['rɛgeɪ] *m* <-s, *ohne pl*> (MUS) reggae *m*

Regie [re'ʒi:] *f ohne pl* ① (FILM, THEAT) dirección *f;* **~ führen** dirigir; **unter der ~ von ...** bajo la dirección de... ② *(Leitung)* administración *f; (Führung)* dirección *f;* **etw in eigener ~ tun** *(fam)* hacer algo por cuenta propia

Regieanweisung *f* indicación *f* del director

Regieassistent(in) *m(f)* ayudante *mf* de dirección

Regierbarkeit *f* <-, *ohne pl*> gobernabilidad *f*

regieren* [re'gi:rən] I. *vi* gobernar (über); *(herrschen)* reinar (**über** sobre) II. *vt* ① *(Land, Staat)* gobernar ② (LING) regir

Regierung *f* <-en> gobierno *m;* **eine (neue) ~ bilden** formar un (nuevo) gobierno; **die ~ stürzen** hacer caer el gobierno; **der ~ angehören** ser miembro del gobierno; **an der ~ sein** estar en el poder; **an die ~ kommen** acceder al poder

Regierungsapparat *m* (POL) aparato *m* del gobierno

Regierungsbezirk *m* distrito *m* administrativo

Regierungsbildung *f* formación *f* del gobierno

Regierungsbündnis *nt* (POL: *Koalition*) coalición *f* de gobierno

Regierungschef(in) *m(f)* jefe, -a *m, f* de gobierno

Regierungserklärung *f* declaración *f* gubernamental

regierungsfeindlich *adj* antigubernamental

Regierungsform *f* forma *f* de gobierno, régimen *m*

Regierungskoalition *f* coalición *f* de gobierno

Regierungskrise *f* crisis *f inv* gubernamental

Regierungspartei *f* partido *m* gubernamental

Regierungspräsident(in) *m(f)* (ADMIN) *director de un distrito administrativo*

Regierungsrat[1] *m ohne pl (Schweiz) Gobierno Cantonal de Suiza*

Regierungsrat, -rätin² *m, f* ① *(Titel) funcionario, -a de alto cargo en la administración de autoridades superiores federales y del land* ② *(Schweiz: Mitglied der Kantonsregierung)* miembro *m* del gobierno cantonal

Regierungssitz *m* <-es, -e> (ADMIN, POL) sede *f* del Gobierno

Regierungssprecher(in) *m(f)* portavoz *mf* del gobierno

Regierungssystem *nt* régimen *m* (político)

Regierungsumbildung *f* reajuste *m* de gobierno

Regierungswechsel *m* cambio *m* de gobierno

Regierungszeit *f (einer Regierung, eines Präsidenten)* mandato *m; (eines Königs)* reinado *m*

Regime [re'ʒiːm] *nt* <-s, -(s)> régimen *m*

Regimekritiker(in) *m(f)* disidente *mf*

Regiment¹ [regi'mɛnt] *nt* <-(e)s, -e> *(Leitung)* mando *m;* **das ~ führen** tener el mando

Regiment² *nt* <-(e)s, -er> (MIL) regimiento *m*

Region [re'gjoːn] *f* <-en> región *f;* **in höheren ~en schweben** *(geh fig)* estar en las nubes

regional [regjo'naːl] *adj* regional

Regisseur(in) [reʒɪ'søːɐ] *m(f)* <-s, -e; -nen> (THEAT, FILM) director(a) *m(f)*

Register [re'gɪstɐ] *nt* <-s, -> (*a.* MUS, INFOR) registro *m;* **alle ~ ziehen** *(fig)* tocar todos los registros

registrieren* [regɪs'triːrən] *vt* registrar; *(bemerken)* apercibirse (de)

Registrierkasse *f* caja *f* registradora

Registrierung *f* <-, -en> registro *m*

reglementieren* [reglemɛn'tiːrən] *vt* reglamentar

Reglementierung *f* <-, -en> reglamentación *f*

Regler ['reːglɐ] *m* <-s, -> (TECH) regulador *m; (Temperaturregler)* termostato *m*

reglos ['reːkloːs] *adj* inmóvil

regnen ['reːgnən] *vunpers* llover; **es regnet in Strömen** llueve a cántaros

regnerisch *adj* lluvioso

Regress [re'grɛs] *m* <-es, -e> (JUR) recurso *m;* **jdn für etw in ~ nehmen** hacer a alguien responsable de algo

regresspflichtig *adj* (JUR) responsable (civilmente); **jdn ~ machen** recurrir contra alguien

regulär [regu'lɛːɐ] *adj* regular

regulierbar *adj* regulable

regulieren* [regu'liːrən] *vt* ① *(Lautstärke, Temperatur)* regular; *(einstellen)* ajustar ② *(Fluss)* encauzar ③ *(regeln)* regular; *(durch Verordnung)* reglamentar; **einen Schaden ~** regular la indemnización

Regulierung *f* <-en> ① *(der Temperatur, Lautstärke)* regulación *f;* (TECH) ajuste *m* ② *(eines Flusses)* encauzamiento *m* ③ *(Regelung)* regulación *f; (eines Schadens)* liquidación *f; (durch Verordnung)* reglamentación *f*

Regung ['reːgʊŋ] *f* <-en> *(geh)* ① *(Bewegung)* movimiento *m* ② *(Gefühlsregung)* emoción *f*

regungslos *adj* inmóvil

Reh [reː] *nt* <-(e)s, -e> corzo *m*

Rehabilitation [rehabilita'tsjoːn] *f* <-en> rehabilitación *f*

Rehabilitationszentrum *nt* centro *m* de rehabilitación

rehabilitieren* [rehabili'tiːrən] *vt* ① *(jds Ansehen, a.* MED) rehabilitar ② *(wieder eingliedern)* reintegrar

Rehabilitierung *f* <-, -en> ① *(in Bezug auf Ansehen, a.* MED) rehabilitación *f* ② *(Wiedereingliederung)* reintegración *f*

Rehbock *m* corzo *m* macho

Reibach ['raɪbax] *m* <-s, *ohne pl*> *(fam)* alta ganancia *f;* **einen guten ~ machen** hacer su agosto

Reibe ['raɪbə] *f* <-n> rallador *m*

Reibeisen *nt* <-s, -> rallador *m*

Reibekuchen *m (reg) fritura de patatas crudas ralladas y huevos batidos*

reiben ['raɪbən] <reibt, rieb, gerieben> **I.** *vt* ① *(aneinanderreiben)* frotar; **etw blank ~** sacar brillo a algo; **sich** *dat* **die Hände ~** *(a. fig)* frotarse las manos ② *(zerkleinern)* rallar **II.** *vr:* **sich ~** reñir (**an** por, **mit** con)

Reibereien *f pl* peleas *f pl*

Reibung *f* <-en> ① *(das Reiben)* frotamiento *m* ② (PHYS) fricción *f*

Reibungsfläche *f* (PHYS) superficie *f* de fricción

reibungslos *adj* sin dificultades; **etw verläuft ~** algo va de maravilla

Reibungsverlust *m* (PHYS) pérdida *f* por fricción

Reibungswiderstand *m* (PHYS) resistencia *f* de fricción

reich [raɪç] *adj* ① *(wohlhabend)* rico (**an** en); **~ heiraten** hacer una boda ventajosa; **~ machen** enriquecer; **~ werden** enriquecerse ② *(prächtig)* suntuoso, lujoso; **~ geschmückt** lujosamente adornado ③ *(groß)* grande; *(ergiebig)* abundante; **in ~em Maße** en abundancia ④ *(vielfältig)* amplio

Reich [raɪç] *nt* <-(e)s, -e> imperio *m; (Königreich, a. fig)* reino *m;* **das Deutsche/Römische ~** el Imperio Alemán/Romano; **das Dritte ~** el Tercer Reich; **das ~ Gottes**

el reino de Dios; **das ~ der Tiere** el reino animal

Reiche(r) *mf* <-n, -n; -n, -n> (hombre *m*) rico *m*, (mujer *f*) rica *f*

reichen ['raɪçən] **I.** *vi* ① *(ausreichen)* bastar, ser suficiente; **es reicht hinten und vorne nicht** *(fam)* falta por todas partes; **mir reicht's!** *(fam)* ¡estoy harto!; **jetzt reicht's aber!** *(fam)* ¡ya vale! ② *(sich erstrecken)* llegar (**bis** a); *(nach oben)* elevarse (**bis** hasta); **weit ~d** *(für große Entfernung)* de gran alcance; *(umfassend)* extenso, amplio; **so weit das Auge reicht** lo que alcanza la vista **II.** *vt* ① *(anbieten)* servir ② *(geben)* **jdm etw ~** pasar algo a alguien; **sich** *dat* **die Hand ~** tenderse la mano

reichhaltig *adj* abundante; *(umfangreich)* amplio

Reichhaltigkeit *f ohne pl* ① *(Vielfältigkeit)* variedad *f* ② *(Üppigkeit)* abundancia *f*

reichlich **I.** *adj* abundante; *(umfangreich)* amplio **II.** *adv* ① *(ausreichend)* en abundancia; **alles ist ~ vorhanden** hay de todo en abundancia ② *(fam: ziemlich)* bastante

Reichskanzler *m* (HIST) Canciller *m* imperial

Reichstag *m ohne pl* ① *(Parlament)* parlamento *m* ② *(Gebäude) palacio que alberga el Parlamento de la RFA*

Reichtum[1] *m* <-s, -tümer> *(Besitz)* riqueza *f* (**an** en); **zu ~ gelangen** conseguir riquezas

Reichtum[2] *m* <-s, *ohne pl*> *(Reichhaltigkeit)* abundancia *f* (**an** de); *(große Vielfalt)* gran variedad *f* (**an** de); **der ~ an Arten** la gran variedad de especies

Reichweite *f* alcance *m*; **außer ~ sein** estar fuera de alcance; **etw liegt in ~** algo está al alcance de la mano

reif [raɪf] *adj* maduro; **~ werden** madurar; **die Zeit ist ~ (für etwas)** ha llegado el momento (de algo); **eine ~e Leistung** *(fam)* un trabajo bien hecho

Reif[1] [raɪf] *m* <-(e)s, -e> *(geh: Armreif)* brazalete *m*

Reif[2] [raɪf] *m* <-(e)s, *ohne pl*> *(Raureif)* escarcha *f*

Reife [raɪfə] *f ohne pl* ① *(das Reifen)* maduración *f* ② *(das Reifsein)* madurez *f*; **mittlere** [*o* **Mittlere**] **~** (SCH) ≈ título *m* de bachiller *(grado de enseñanza media obtenido en la Realschule)*

reifen ['raɪfən] *vi sein* madurar

Reifen ['raɪfən] *m* <-s, -> ① *(Auto-, Fahrradreifen)* neumático *m* ② *(Spielzeug, Fassreifen)* aro *m*

Reifendruck *m* presión *f* del neumático

Reifenpanne *f* pinchazo *m*

Reifenprofil *nt* <-s, -e> perfil *m* del neumático, dibujo *m* del neumático

Reifenwechsel *m* <-s, -> cambio *m* de neumático(s)

Reifeprüfung *f* (SCH) ≈ examen *m* de bachillerato

Reifezeugnis *nt* (SCH) ≈ título *m* de bachillerato

reiflich **I.** *adj* detenido **II.** *adv* detenidamente; **das habe ich mir ~ überlegt** he considerado esto detenidamente

Reifung *f* <-, *ohne pl*> maduración *f*

Reigen ['raɪgən] *m* <-s, -> danza *f* en corro; **den ~ eröffnen/beschließen** *(geh a. fig)* abrir/cerrar el baile

Reihe[1] ['raɪə] *f* <-n> ① *(allgemein)* fila *f*; *(Baumreihe)* hilera *f*; **sie sitzen in der dritten ~** están en la tercera fila; **sich in einer ~ aufstellen** ponerse en fila; **aus der ~ tanzen** *(fam fig)* hacer rancho aparte; **in Reih und Glied stehen** estar en formación ② *(Anzahl)* serie *f*; *(Buchreihe)* colección *f*; **er kaufte eine ganze ~ Bücher** compró una serie de libros ③ (MATH) progresión *f* ④ *pl (Gemeinschaft)* filas *fpl*; **aus den ~n der Konservativen** de las filas de los conservadores

Reihe[2] *f ohne pl (Reihenfolge)* turno *m*; **du bist an der ~** *(fam)* te toca (a ti); **der ~ nach eintreten** entrar por turno; **immer der ~ nach!** ¡por orden!; **außer der ~ kommen** llegar fuera de turno; **etw auf die ~ kriegen** *(fam)* apañárselas para hacer algo

reihen ['raɪən] **I.** *vt (geh)* **etw an etw ~** poner algo en fila con algo; **Perlen auf eine Schnur ~** ensartar perlas en un hilo **II.** *vr:* **sich ~** *(geh: zeitlich)* sucederse

Reihenfolge *f* orden *m*; **der ~ nach** por orden; **in alphabetischer ~** por orden alfabético

Reihenhaus *nt* chalé *m* adosado

Reihenschaltung *f* (ELEK) conexión *f* en serie

reihenweise *adv* ① *(fam: viele)* en serie ② *(in Reihen)* en filas

Reiher ['raɪɐ] *m* <-s, -> garza *f*

reihern ['raɪɐn] *vi (fam)* ① *(erbrechen)* vomitar ② *(reg: Durchfall haben)* estar con diarrea

reihum [raɪ'ʔʊm] *adv* por turno; **~ gehen** pasar de mano en mano

Reiki ['reːki] *nt* <-s, *ohne pl*> *(japanische Heilkunst)* reiki *m*

Reim [raɪm] *m* <-(e)s, -e> rima *f*; **ich kann mir keinen ~ darauf machen** no me lo explico

reimen I. *vt* rimar (**auf** con) **II.** *vr:* **sich ~** rimar (**auf** con)

Reimport *m* <-(e)s, *ohne pl*> reimportación *f*

reimportieren* *vt* (WIRTSCH) reimportar

rein [raɪn] **I.** *adj* ① *(unvermischt, pur)* puro; *(Freude)* verdadero; **~e Theorie** pura teoría ② *(sauber)* limpio; **etw ~ halten** mantener algo limpio; **etw ins R~e schreiben** pasar algo a limpio; **mit sich** *dat* **selbst ins R~e kommen** sincerarse consigo mismo; **etw ins R~e bringen** aclarar algo; **ein ~es Gewissen haben** tener la conciencia tranquila ③ *(ohne Ausnahme)* neto; **eine ~e Industriestadt** una ciudad netamente industrial ④ *(fam: völlig)* verdadero; **sie ist das ~ste Genie** es un verdadero genio **II.** *adv* ① *(ausschließlich)* netamente; **aus ~ privaten Gründen** por razones estrictamente privadas ② *(fam: völlig)* absolutamente; **das ist ~ unmöglich** es absolutamente imposible; **~ gar nichts** nada de nada ③ *(fam: herein, hinein)* adentro, hacia dentro

Reinemachefrau *f* mujer *f* de la limpieza

Reinerlös *m* beneficio *m* neto

Reinertrag *m* beneficio *m* neto

Reinfall *m (fam)* chasco *m*; **einen ~ erleben** sufrir un chasco; **der neue Torwart ist ein ziemlicher ~** vaya chasco el nuevo portero

rein|fallen *irr vi sein (fam)* ① *(in Loch)* caer (**in** en); *(Licht)* entrar (**in** en/a) ② *(sich täuschen lassen)* dejarse engañar (**auf** por) ③ *(erfolglos sein)* llevarse un chasco (**mit** con)

Reingewinn *m* beneficio *m* neto

Reinhaltung *f ohne pl* limpieza *f*

rein|hauen <haut rein, haute rein, reingehauen> **I.** *vi (fam)* ① *(viel essen)* hincharse de comer; **er hat beim Mittagessen ordentlich** [*o* **mächtig**] **reingehauen** a mediodía se hinchó bien de comer ② *(hart arbeiten)* matarse a trabajar **II.** *vt (fam: schlagen)* **jdm eine ~** pegarle a alguien un puñetazo en la cara

Reinheit *f ohne pl* ① *(Unverfälschtheit)* pureza *f* ② *(Sauberkeit)* limpieza *f*

Reinheitsgebot *nt* <-(e)s, *ohne pl*> *ley alemana que regula desde 1516 la elaboración de la cerveza*

reinigen ['raɪnɪgən] *vt* limpiar; *(Abwässer)* depurar; *(Kleidung)* lavar en seco

Reinigung *f* <-en> ① *(Unternehmen)* tintorería *f* ② *(das Reinigen)* limpieza *f*; *(von Abwässern)* depuración *f*; *(von Kleidung)* lavado *m* en seco

Reinigungsmittel *nt* detergente *m*

Reinkultur *f* **Kitsch/Diktatur in ~** cursilería/dictadura pura

rein|legen *vt (fam)* meter; *s. a.* **hereinlegen, hineinlegen**

reinlich *adj* limpio

Reinmachefrau *f* mujer *f* de la limpieza

reinrassig *adj* de pura raza

rein|reiten *irr vt (fam)* meter (**in** en); **jdn in die Scheiße ~** *(vulg)* meter a alguien en un buen lío

rein|schneien I. *vi sein (fam: Besuch)* venir de rondón; *(Brief)* llegar de sorpresa **II.** *vunpers haben (fam)* **es schneit rein** la nieve entra por la ventana

reinwaschen *irr* **I.** *vt* **jdn ~** exculpar a alguien **II.** *vr:* **sich ~** justificarse

rein|würgen *vt (sl)* **jdm eine ~** jugarle una mala pasada a alguien

rein|ziehen *irr vt (fam)* ① *(Dinge)* tirar [*o* arrastrar] hacia dentro ② *(verschlingen)* tragar; **sich** *dat* **ein Bier/einen Film ~** tragarse una cerveza/una película ③ *(in Verbrechen)* implicar (**in** en)

Reis [raɪs] *m* <-es, -e> arroz *m*

Reise ['raɪzə] *f* <-n> viaje *m* (**nach/in** a); **eine ~ machen** hacer un viaje; **auf ~n sein** estar de viaje; **Gute ~!** ¡buen viaje!

Reiseandenken *nt* recuerdo *m* (de viaje)

Reiseapotheke *f* botiquín *m* de viaje

Reisebegleiter(in) *m(f)* <-s, -; -, -nen> acompañante *mf* (durante un viaje)

Reisebekanntschaft *f* persona *f* que se conoce durante un viaje

Reisebüro *nt* agencia *f* de viajes

Reisebus *m* autocar *m*

reisefertig *adj* listo para partir

Reiseführer[1] *m (Buch)* guía *f* turística

Reiseführer(in)[2] *m(f) (Person)* guía *mf* turístico , -a

Reisegepäck *nt* equipaje *m*

Reisegesellschaft[1] *f (Reisegruppe)* grupo *m* turístico

Reisegesellschaft[2] *f ohne pl (Begleitung)* compañía *f*

Reisegruppe *f* <-, -n> grupo *m* turístico

Reisekosten *pl* gastos *mpl* de viaje

Reisekrankheit *f ohne pl* mareo *m*

Reiseleiter(in) *m(f)* guía *mf* turístico , -a

reiselustig *adj* aficionado a viajar; **sie sind sehr ~** les encanta viajar

reisen ['raɪzən] *vi sein* viajar (**nach/in** a)

Reisende(r) *mf* <-n, -n; -n> viajero, -a *m, f*

Reisepass *m* pasaporte *m*, pase *m Am*

Reiseproviant *m* provisiones *fpl* para el viaje

Reiseroute *f* ruta *f* de viaje

Reiserücktrittsversicherung *f* <-, -en> (FIN) seguro *m* de rescisión del viaje

Reiseruf *m* mensaje *m* personal urgente *(emitido por radio para que el interesado se ponga inmediatamente en contacto con su familia)*

Reisescheck *m* cheque *m* de viaje

Reisespesen *pl* gastos *mpl* de viaje

Reisetasche *f* bolsa *f* de viaje

Reiseveranstalter *m* agente *m* de viajes

Reiseverkehrskauffrau *f* agente *f* de viajes

Reiseversicherung *f* seguro *m* de viaje

Reisezeit *f* temporada *f* de vacaciones

Reiseziel *nt* punto *m* de destino

Reisig ['raɪzɪç] *nt* <-s, *ohne pl*> ramas *fpl* secas

Reiskocher *m* arrocera *f* eléctrica

Reisnudeln *fpl* fideos *mpl* de arroz

Reißaus [raɪs'ʔaʊs] *m (fam)* ~ **nehmen** poner pies en polvorosa

Reißbrett *nt* tablero *m* de dibujo

reißen ['raɪsən] <reißt, riss, gerissen> **I.** *vi* ① *sein (zerreißen)* romperse; *(in Fetzen)* desgarrarse ② *(zerren)* tirar (**an** de) **II.** *vt* ① *(zerreißen)* romper; *(in Fetzen)* desgarrar; **er riss den Brief in Stücke** rompió la carta en pedazos ② *(wegreißen, ausreißen)* arrancar (**aus** de); *(herausholen)* sacar (**aus** de); **er wurde aus dem Schlaf gerissen** le sacaron del sueño ③ *(ziehen)* tirar; *(mit sich reißen)* arrastrar; **sie riss ihn zu Boden** le tiró al suelo; **jdm etw aus der Hand ~** arrancar algo a alguien de la mano; **ich bin hin und her gerissen** no sé qué hacer; **etw an sich ~** hacerse con algo; **das Gespräch an sich ~** monologar ④ (SPORT) derribar ⑤ *(töten)* matar **III.** *vr:* **sich ~** ① *(fam)* **sich um etw/um jdn ~** pegarse por algo/por estar con alguien ② *(sich befreien)* desprenderse, deshacerse; **sie riss sich aus seiner Umarmung** se deshizo de su abrazo

reißend *adj* fuerte; **~en Absatz finden** tener muy buena acogida

Reißer *m* <-s, -> *(fam: Buch, Film)* exitazo *m*

reißerisch *adj (abw)* sensacionalista

Reißfeder *f* tiralíneas *m inv*

reißfest *adj* resistente

Reißschiene *f* regla *f* de dibujo

Reißverschluss *m* cremallera *f*

Reißwolf *m* desfibradora *f*

Reißzwecke *f* chincheta *f*

reiten ['raɪtən] <reitet, ritt, geritten> **I.** *vi sein* cabalgar; *(auf einem Pferd)* montar a caballo; *(als Sport)* practicar equitación; **auf einem Esel/Besen ~** cabalgar en un burro/sobre una escoba; **auf einer Stute ~** montar una yegua; **im Schritt/Trab/Galopp ~** ir al paso/al trote/al galope **II.** *vt* montar

Reiter(in) *m(f)* <-s, -; -nen> jinete *m*, amazona *f*

Reiterin *f* <-, -nen> *s.* **Reiter**

Reitgerte *f* fusta *f*

Reithelm *m* casco *m* (para montar)

Reithose *f* pantalón *m* de montar, zamarros *mpl Am*

Reitpferd *nt* caballo *m* de silla

Reitschule *f* escuela *f* de equitación

Reitsport *m ohne pl* equitación *f*

Reitstall *m (Pferdestall)* cuadra *f*, caballeriza *f*

Reitstiefel *m* bota *f* de montar

Reitstunde *f* clase *f* de equitación

Reitturnier *nt* <-(e)s, -e> (SPORT) torneo *m* de equitación

Reitunterricht *m* <-(e)s, -e> clases *fpl* de equitación

Reitweg *m* camino *m* de herradura

Reiz [raɪts] *m* <-es, -e> ① *(physiologisch)* estímulo *m* ② *(Verlockung)* atractivo *m*; **der ~ des Neuen** el atractivo de lo nuevo; **einen ~ auf jdn ausüben** fascinar a alguien ③ *(Schönheit)* encanto *m*

reizbar *adj* irritable; **er ist leicht ~** se irrita fácilmente

Reizbarkeit *f ohne pl* irritabilidad *f*

reizen ['raɪtsən] **I.** *vt* ① *(provozieren)* provocar; **jdn bis zur Weißglut ~** *(fam)* sacar a alguien de quicio ② (MED) irritar ③ *(anziehen)* atraer; *(verlocken)* seducir **II.** *vi (beim Kartenspiel)* pujar

reizend *adj* precioso; *(Mensch)* encantador

Reizgas *nt* gas *m* irritante

Reizhusten *m* tos *f* irritativa

reizlos *adj* ① *(Essen)* soso ② *(langweilig)* sin gracia

Reizüberflutung *f* <-, -en> (PSYCH) estimulación *f* exagerada

Reizung *f* <-en> (MED) irritación *f*

reizvoll *adj* ① *(schön)* encantador ② *(verlockend)* tentador

Reizwäsche *f* <-, *ohne pl*> ropa *f* (interior) sexy

rekapitulieren* [rekapitu'liːrən] *vt* recapitular

rekeln ['reːkəln] *vr:* **sich ~** *(fam)* estirarse

Reklamation [reklama'tsjoːn] *f* <-en> reclamación *f*

Reklame [re'klaːmə] *f* <-n> publicidad *f*; **für jdn/etw ~ machen** hacer publicidad por alguien/para algo

Reklameschild *nt*, **Reklametafel** *f* cartelera *f* publicitaria

reklamieren* [rekla'miːrən] *vi, vt* reclamar (**gegen** contra)

rekonstruieren* [rekɔnstru'iːrən] *vt* reconstruir (**aus** con)
Rekonstruktion [rekɔnstrʊk'tsjoːn] *f* <-en> reconstrucción *f*
Rekonvaleszent(in) [rekɔnvalɛs'tsɛnt] *m(f)* <-en, -en; -, -nen> (MED) convaleciente *mf*
Rekonvaleszenz [rekɔnvalɛs'tsɛnts] *f* <-, *ohne pl*> (MED) convalecencia *f*
Rekord [re'kɔrt] *m* <-(e)s, -e> récord *m;* **einen ~ einstellen/aufstellen/brechen** igualar/establecer/batir un récord
Rekorder [re'kɔrdɐ] *m* <-s, -> magnetofón *m,* grabadora *f Am*
Rekordhalter(in) *m(f)* plusmarquista *mf*
Rekordversuch *m* <-(e)s, -e> (SPORT) intento *m* de (batir un) récord
Rekordzeit *f* tiempo *m* récord; **in ~** en tiempo récord
Rekrut(in) [re'kruːt] *m(f)* <-en, -en; -nen> (MIL) recluta *mf*
rekrutieren* [rekru'tiːrən] **I.** *vt* reclutar **II.** *vr:* **sich ~** componerse (**aus** de)
Rekrutierung *f* <-, -en> reclutamiento *m*
Rekrutin *f* <-nen> *s.* **Rekrut**
rektal [rɛk'taːl] **I.** *adj* (MED) rectal **II.** *adv* (MED) por el recto
Rektor(in) ['rɛktoːɐ] *m(f)* <-s, -en; -nen> ❶ (SCH) director(a) *m(f)* ❷ (UNIV) rector(a) *m(f)*
Rektorat [rɛkto'raːt] *nt* <-(e)s, -e> ❶ (SCH) dirección *f* ❷ (UNIV) rectorado *m*
Rektorin *f* <-nen> *s.* **Rektor**
Rekultivierung [re-] *f* <-, -en> (ÖKOL) nueva puesta *f* en cultivo
Relais [rə'lɛː] *nt* <-, -> (ELEK) relé *m*
Relation [rela'tsjoːn] *f* <-en> relación *f;* **Preis und Leistung stehen in keiner ~ zueinander** no hay ninguna relación entre precio y prestaciones
relativ [rela'tiːf, 'reːlatiːf, 'rɛlatiːf] *adj* relativo; **~ oft** bastante a menudo; **ein ~ kalter Sommer** un verano relativamente frío
relativieren* [relati'viːrən] *vt* relativizar
Relativität [relativi'tɛːt] *f* <-en> (*a.* PHYS) relatividad *f*
Relativitätstheorie *f ohne pl* (PHYS) teoría *f* de la relatividad
Relativpronomen *nt* (LING) pronombre *m* relativo
Relativsatz *m* (LING) oración *f* relativa
relaxen* [ri'lɛksən] *vi (entspannen)* relajar; *(ausruhen)* descansar
relevant [rele'vant] *adj* relevante
Relevanz [rele'vants] *f ohne pl* relevancia *f*
Relief [re'ljɛf] *nt* <-s, -s *o* -e> (KUNST, GEO) relieve *m*
Religion [reli'gjoːn] *f* <-en> religión *f*
Religionsfreiheit *f ohne pl* libertad *f* de culto
Religionsgemeinschaft *f* comunidad *f* religiosa
Religionsunterricht *m* enseñanza *f* religiosa
Religionszugehörigkeit *f* <-, -en> *(formal)* confesión *f,* religión *f*
religiös [reli'gjøːs] *adj* ❶ *(zur Religion gehörend)* religioso ❷ *(fromm)* devoto, religioso; **~ erzogen** educado en la religiosidad
Religiosität [religjozi'tɛːt] *f ohne pl* religiosidad *f*
Relikt [re'lɪkt] *nt* <-(e)s, -e> reliquia *f; (Spur)* vestigio *m*
Reling ['reːlɪŋ] *f* <-s *o* -e> (NAUT) borda *f*
Reliquie [re'liːkviə] *f* <-n> (REL) reliquia *f*
Remake [ri'meɪk] *nt* <-s, -s> (FILM) remake *m;* **das ~ eines Schwarzweißklassikers** la nueva versión de un clásico en blanco y negro
remis [rə'miː] **I.** *adj inv* tablas; **diese Partie ist ~** esta partida es tablas **II.** *adv* (en) tablas; **~ spielen/ausgehen** hacer tablas/quedar en tablas
Remis [rə'miː] *nt* <-, - *o* -en> (SPORT) tablas *f pl,* empate *m; (Schach)* tablas *f pl;* **auf ~ spielen** quedar en tablas
Remmidemmi ['rɛmi'dɛmi] *nt* <-s, *ohne pl*> *(fam)* alboroto *m,* jolgorio *m;* **~ machen** armar la gorda
Remoulade [remu'laːdə] *f* <-n> salsa *f* tártara
Remouladensoße *f* salsa *f* tártara
rempeln ['rɛmpəln] *vt (fam)* empujar
Renaissance [rənɛ'sãːs] *f ohne pl* (HIST, KUNST) Renacimiento *m*
Rendezvous [rãde'vuː] *nt* <-, -> cita *f*
Rendite [rɛn'diːtə] *f* <-n> (WIRTSCH) rédito *m*
renitent [reni'tɛnt] *adj* renitente
Rennbahn *f* pista *f* de carreras; *(Pferderennbahn)* hipódromo *m*
rennen ['rɛnən] <rennt, rannte, gerannt> **I.** *vi sein* correr; **um die Wette ~** echar una carrera; **gegen etw ~** estrellarse contra algo **II.** *vt* **jdn zu Boden ~** atropellar a alguien; **jdm ein Messer in den Bauch ~** *(fam)* dar una puñalada en el vientre a alguien
Rennen *nt* <-s, -> carrera *f;* **das ~ machen** *(fam)* salir vencedor; **gut im ~ liegen** ir a buen ritmo; **das ~ ist gelaufen** *(fam)* ya no hay nada que hacer; **einen Kandidaten ins ~ schicken** presentar un candidato
Renner *m* <-s, -> *(fam)* superventas *m inv*
Rennfahrer(in) *m(f)* corredor(a) *m(f); (mit*

R

Auto) piloto *mf* de carreras; *(mit Motorrad)* motociclista *mf* de carreras

Rennmaschine *f (Motorrad)* moto(cicleta) *f* de carreras; *(Rennrad)* bicicleta *f* de carreras

Rennpferd *nt* caballo *m* de carreras

Rennrad *nt* bicicleta *f* de carreras

Rennreiter(in) *m(f)* yóquey *m,* jockey *m*

Rennrodeln *nt* (SPORT) luge *m*

Rennsport *m* carreras *fpl*

Rennstall *m* ❶ *(Rennpferde)* cuadra *f* de carreras ❷ *(Rennfahrer)* escudería *f*

Rennstrecke *f* (pista *f*) recorrido *m*

Rennwagen *m* coche *m* de carreras

Renommee [renɔ'meː] *nt* <-s, -s> *(geh)* fama *f*

renommiert [renɔ'miːɐt] *adj* prestigioso, afamado

renovieren* [reno'viːrən] *vt* renovar, refaccionar *Am*

Renovierung *f* <-en> renovación *f*

rentabel [rɛn'taːbəl] *adj* rentable

Rentabilität [rɛntabili'tɛːt] *f ohne pl* (WIRTSCH) rentabilidad *f*

Rente ['rɛntə] *f* <-n> pensión *f;* **in ~ gehen** *(fam)* jubilarse; **in ~ sein** *(fam)* estar jubilado

Rentenalter *nt* edad *f* de jubilación

Rentenanspruch *m* derecho *m* a pensión

Rentenbeitrag *m* aportación *f* para la jubilación

Rentenempfänger(in) *m(f)* pensionista *mf*

Rentenkasse *f* <-, -n> (FIN) caja *f* de pensiones

Rentenreform *f* <-, -en> reforma *f* de las pensiones

Rentenversicherung *f* seguro *m* de pensiones

Rentenvorsorge *f ohne pl* **private ~** pensión de vejez privada

Rentier ['rɛntiːɐ] *nt* <-(e)s, -e> (ZOOL) reno *m*

rentieren* [rɛn'tiːrən] *vr:* **sich ~** valer la pena; *(finanziell)* ser rentable

Rentner(in) ['rɛntnɐ] *m(f)* <-s, -; -nen> pensionista *mf*

reorganisieren* *vt (geh)* reorganizar

Rep [rɛp] *m* <-s, -s> *Abk. von* **Republikaner** miembro *m* del partido ultraderechista alemán

reparabel [repa'raːbəl] *adj* reparable

Reparatur [repara'tuːɐ] *f* <-en> *(Gerät)* arreglo *m; (Auto)* reparación *f;* **etw in ~ geben** mandar algo a arreglar

reparaturanfällig *adj* que es propenso a estropearse, delicado

reparaturbedürftig *adj* que necesita ser reparado

Reparaturkosten *pl* gastos *mpl* de reparación

Reparaturwerkstatt *f* taller *m* de reparaciones

reparieren* [repa'riːrən] *vt* arreglar, reparar

Repertoire [repɛr'toaːɐ] *nt* <-s, -s> repertorio *m*

Report [re'pɔrt] *m* <-(e)s, -e> informe *m*

Reportage [repɔr'taːʒə] *f* <-n> reportaje *m* (**über** sobre)

Reporter(in) [re'pɔrtɐ] *m(f)* <-s, -; -nen> reportero, -a *m, f*

Repräsentant(in) [reprɛzɛn'tant] *m(f)* <-en, -en; -nen> representante *mf*

Repräsentantenhaus *nt ohne pl* Cámara *f* de Representantes

Repräsentation [reprɛzɛnta'tsjoːn] *f* <-en> representación *f*

repräsentativ [reprɛzɛnta'tiːf] *adj* representativo (**für** de)

Repräsentativumfrage *f* encuesta *f* representativa

repräsentieren* [reprɛzɛn'tiːrən] *vi, vt* representar

Repressalie [reprɛ'saːliə] *f* <-n> represalia *f*

repressiv [reprɛ'siːf] *adj* represivo

Reproduktion *f* <-en> reproducción *f*

reproduzieren* *vt* reproducir

Reptil [rɛp'tiːl, *pl:* rɛp'tiːliən] *nt* <-s, -ien> reptil *m*

Republik [repu'bliːk] *f* <-en> república *f*

Republik Nordmazedonien *f* República *f* de Macedonia del Norte

Republikaner(in) [republi'kaːnɐ] *m(f)* <-s, -; -nen> (POL) republicano, -a *m, f; (in Deutschland)* miembro *m* del partido ultraderechista alemán

republikanisch [republi'kaːnɪʃ] *adj* republicano

Republik Kongo [- 'kɔŋgo] *f* República *f* del Congo

Requiem ['reːkviɛm] *nt* <-s, -s> ❶ (REL) misa *f* de difuntos ❷ (MUS) réquiem *m*

Requisit [rekvi'ziːt] *nt* <-(e)s, -en> ❶ *pl* (THEAT) atrez(z)o *m* ❷ *(Zubehör)* requisito *m*

resch [rɛʃ] *adj (Österr)* ❶ *(knusprig)* crujiente ❷ *(resolut)* resuelto

Reservat [rezɛr'vaːt] *nt* <-(e)s, -e> reserva *f*

Reserve [re'zɛrvə] *f* <-n> (*a.* MIL, SPORT) reserva *f;* **jdn/etw in ~ haben** tener a alguien/algo en reserva; **jdn aus der ~ locken** intentar sacar a alguien de su cascarón

Reservebank *f* (SPORT) banquillo *m*

Reservekanister *m* bidón *m* de reserva

Reserveoffizier *m* oficial *m* de reserva

Reserverad *nt* rueda *f* de repuesto

Reservereifen *m* rueda *f* de recambio

Reservespieler(in) *m(f)* <-s, -; -, -nen> (SPORT) reserva *mf*

reservieren* [rezɛr'viːrən] *vt* reservar

Reservierung *f* <-en> reservación *f*

Reservist(in) [rezɛr'vɪst] *m(f)* <-en, -en; -nen> ❶ (MIL) reservista *mf* ❷ (SPORT) reserva *mf*

Reservoir [rezɛr'voaːɐ] *nt* <-s, -e> depósito *m*

Reset-Taste *f* (INFOR) tecla *f* de reposición al estado inicial

Residenz [rezi'dɛnts] *f* <-en> residencia *f*

residieren* [rezi'diːrən] *vi* residir

Resignation [rezɪgna'tsjoːn] *f* <-en> resignación *f*

resignieren* [rezɪ'gniːrən] *vi* resignarse

resistent [rezɪs'tɛnt] *adj* (BIOL, MED) resistente (**gegen** a)

Resistenz *f* <-, -en> (BIOL, MED) resistencia *f*

resolut [rezo'luːt] *adj* resuelto

Resolution [rezolu'tsjoːn] *f* <-en> resolución *f*

Resonanz [rezo'nants] *f* <-en> (*a.* PHYS, MUS) resonancia *f;* **große/wenig/keine ~ finden** tener gran/tener poca/no tener ninguna resonancia

Resonanzboden *m* (MUS) tabla *f* armónica

Resonanzkörper *m* (MUS) caja *f* de resonancia

resozialisieren* [rezotsiali'ziːrən] *vt* reinsertar (en la sociedad)

Resozialisierung *f* <-en> reinserción *f* social

Respekt [re'spɛkt, rɛs'pɛkt] *m* <-(e)s, *ohne pl*> respeto *m* (**vor** a); **sich** *dat* **~ verschaffen** hacerse respetar; **vor jdm/etw** *dat* **~ haben** tener respeto a alguien/a algo; **bei allem ~** con todo respeto

respektabel [respɛk'taːbəl, rɛspɛk'taːbəl] *adj* respetable

respektieren* [respɛk'tiːrən, rɛspɛk'tiːrən] *vt* respetar

respektive [respɛk'tiːvə, rɛspɛk'tiːvə] *konj* *(geh)* respectivamente, respective

respektlos *adj* irrespetuoso (**gegenüber** (para) con)

Respektlosigkeit[1] *f ohne pl (respektlose Art)* falta *f* de respeto

Respektlosigkeit[2] *f* <-en> *(respektlose Handlung)* desacato *m*

Respektsperson *f* <-, -en> persona *f* a la que se debe respeto

respektvoll *adj* respetuoso (**gegenüber** (para) con)

Ressentiment [rɛsãti'mãː] *nt* <-s, -s> resentimiento *m;* **~s hegen** (**gegen jdn**) albergar resentimiento (contra alguien)

Ressort [rɛ'soːɐ] *nt* <-s, -s> ❶ *(Zuständigkeitsbereich)* competencia *f;* **das fällt nicht in mein ~** eso no pertenece al ámbito de mis competencias ❷ *(Abteilung)* sección *f*

Ressourcen [rɛ'sʊrsən] *f pl* recursos *mpl;* **natürliche/nicht erneuerbare ~** recursos naturales/no renovables

Rest [rɛst] *m* <-(e)s, -e> resto *m,* concho *m CSur; (Stoffrest)* retal *m;* **ein kleiner ~** un poquito; **der letzte ~** lo último que queda; **das hat ihm den ~ gegeben** *(fam)* esto le arruinó definitivamente

Restaurant [rɛsto'rãː] *nt* <-s, -s> restaurante *m,* restorán *m*

Restauration [restaʊra'tsjoːn, rɛstaʊra'tsjoːn] *f* <-en> ❶ (POL) restauración *f* ❷ *(Österr: Restaurant)* restaurante *m*

restaurieren* [restaʊ'riːrən, rɛstaʊ'riːrən] *vt* restaurar, refaccionar *Am*

Restaurierung *f* <-, -en> restauración *f*

Restbestand *m* remanente *m*

Restbetrag *m* suma *f* restante; **geschuldeter/unbezahlter ~** importe restante/por pagar

Restguthaben *nt* <-s, -> resto *m* a favor, saldo *m* (activo) a favor

Restlaufzeit *f* <-, -en> (FIN) (plazo *m* de) vencimiento *m*

restlich *adj* ❶ *(noch ausstehend)* restante; **die ~en Jahre** los años restantes ❷ *(nach Verbrauch)* sobrante

restlos I. *adj* total, completo **II.** *adv* en su totalidad, por completo

Restposten *m* remanente *m*

restriktiv [restrɪk'tiːf, rɛstrɪk'tiːf] *adj (geh)* restrictivo

Restrisiko *nt* <-s, -risiken> riesgo *m* (que permanece)

Resultat [rezʊl'taːt] *nt* <-(e)s, -e> resultado *m*

resultieren* [rezʊl'tiːrən] *vi* resultar (**aus** de)

Resümee [rezy'meː] *nt* <-s, -s> resumen *m;* **aus etw** *dat* **das ~ ziehen** sacar la conclusión de algo

resümieren* [rezy'miːrən] *vi, vt (geh)* resumir

Retorte [re'tɔrtə] *f* <-n> retorta *f;* **aus der ~** *(fam)* artificial

Retortenbaby *nt (fam)* bebé probeta *m*

retour [re'tuːɐ] *adv (reg, Schweiz, Österr)* de vuelta; **jdm etw ~ geben** devolver algo a alguien; **etw ~ gehen lassen** mandar algo de vuelta

retournieren* [retʊr'niːrən] *vt (Schweiz)* devolver

Retourspiel *nt (Österr, Schweiz)* partido *m* de vuelta

retrospektiv *adj* retrospectivo

R

Retrospektive [retrospɛk'tiːvə] *f* <-n> retrospección *f*
Retrovirus ['reːtro-] *nt o m* <-, -viren> (MED) retrovirus *m inv*
retten ['rɛtən] **I.** *vt* ① *(aus Notlage)* salvar (**vor** de); *(befreien)* liberar (**aus** de); *(bergen)* rescatar (**aus** de); **bist du noch zu ~?** *(fam)* ¿te falta un tornillo? ② *(Denkmal)* salvar (**vor** de), proteger (**vor** de/contra) **II.** *vr:* **sich ~** salvarse (**vor** de); **sie konnte sich vor Arbeit nicht mehr ~** estaba con el agua al cuello de tanto trabajo; **rette sich, wer kann!** ¡sálvese quien pueda!
Retter(in) *m(f)* <-s, -; -nen> salvador(a) *m(f)*
Rettich ['rɛtɪç] *m* <-s, -e> rábano *m* largo
Rettung *f* <-en> ① *(aus Gefahr)* salvación *f; (Bergung)* rescate *m; (Befreiung)* liberación *f;* **du bist meine letzte ~!** *(fam)* ¡eres mi última esperanza!; **für ihn kam jede ~ zu spät** fue demasiado tarde para él ② *(von Denkmälern)* protección *f*
Rettungsaktion *f* operación *f* de rescate
Rettungsboje *f* boya *f* salvavidas
Rettungsboot *nt* ① *(des Rettungsdienstes)* barco *m* de salvamento ② *(Beiboot)* bote *m* salvavidas
Rettungsdienst *m* servicio *m* de socorro
Rettungseinsatz *m* operación *f* de rescate
Rettungshubschrauber *m* helicóptero *m* de salvamento
Rettungshund *m* perro *m* de búsqueda y rescate
Rettungsinsel *f* <-, -n> (NAUT) balsa *f* salvavidas
rettungslos *adj* sin remedio, irremediable; **~ verloren** irremediablemente perdido
Rettungsring *m* salvavidas *m inv; (fam: Fettwulst)* michelín *m*
Rettungsschirm *m* (ECON: *Euro-Rettungspaket*) fondo de rescate *m,* paraguas de rescate *m*
Rettungsschlitten *m* trineo *m* de rescate
Rettungsschwimmen *nt* <-s, *ohne pl*> natación *f* de socorrismo
Rettungsschwimmer(in) *m(f)* socorrista *mf*
Rettungswache *f* puesto *m* de socorro
Rettungswagen *m* ambulancia *f*
Rettungsweste *f* chaleco *m* salvavidas
Return-Taste [ri'tøːɐn-] *f* (INFOR) tecla *f* de retorno
Retusche [re'tʊʃə] *f* <-, -n> retocado *m*
retuschieren* [retʊ'ʃiːrən] *vt* retocar
Reue ['rɔɪə] *f ohne pl* arrepentimiento *m* (**über** de)
reuen ['rɔɪən] *vt (geh)* lamentar; **es reut ihn, das getan zu haben** siente haberlo hecho

R

reuevoll *adj* arrepentido
reuig *adj* pesaroso, arrepentido
reumütig ['rɔɪmyːtɪç] **I.** *adj* arrepentido **II.** *adv* lleno de arrepentimiento; **~ sein** arrepentirse
Revanche [re'vɑ̃ːʃ(ə)] *f* <-n> ① *(Rache)* revancha *f; (bei einem Spiel)* desquite *m;* **jdm ~ geben** dar(le) revancha a alguien ② *(Gegendienst)* correspondencia *f*
revanchieren* [revɑ̃'ʃiːrən] *vr:* **sich ~** ① *(sich rächen)* vengarse (**für/bei** de) ② *(sich erkenntlich zeigen)* corresponder (**für** a)
Revers [re'veːɐ, re'vɛːɐ] *nt o Österr: m* <-, -> *(Kragen)* solapa *f*
reversibel [revɛr'ziːbəl] *adj (geh)* reversible
revidieren* [revi'diːrən] *vt* ① *(rückgängig machen)* revisar ② *(Schweiz: überholen)* inspeccionar
Revier [re'viːɐ] *nt* <-s, -e> ① *(Aufgabenbereich)* incumbencia *f* ② *(Polizeirevier)* comisaría *f* ③ (ZOOL) territorio *m* ④ *(Jagdrevier)* coto *m* de caza ⑤ (BERGB) región *f* minera
Revision [revi'zjoːn] *f* <-en> ① *(Kontrolle)* revisión *f; (von Gepäck)* registro *m* ② (TYPO) contraprueba *f* ③ *(Änderung)* modificación *f* ④ (JUR) recurso *m* de casación; **in die ~ gehen** interponer recurso de casación
Revisionsgericht *nt* (JUR) tribunal *m* de casación
Revolte [re'vɔltə] *f* <-n> revuelta *f; (Auflehnung)* sublevación *f*
revoltieren* [revɔl'tiːrən] *vi* alzarse (**gegen** contra); *(sich auflehnen)* sublevarse (**gegen** contra)
Revolution [revolu'tsjoːn] *f* <-en> revolución *f*
revolutionär [revolutsjo'nɛːɐ] *adj* revolucionario
Revolutionär(in) *m(f)* <-s, -e; -nen> revolucionario, -a *m, f*
revolutionieren* [revolutsjo'niːrən] *vt* revolucionar
Revoluzzer(in) [revo'lʊtsɐ] *m(f)* <-s, -; -, -nen> *(abw)* agitador(a) *m(f),* rebelde *mf*
Revolver [re'vɔlvɐ] *m* <-s, -> revólver *m*
Revolverheld *m* <-en, -en> *(abw)* matón *m*
Revue [rə'vyː] *f* <-n> (THEAT, PUBL) revista *f;* **etw ~ passieren lassen** *(fig)* pasar revista a algo
Rezensent(in) [retsɛn'zɛnt] *m(f)* <-en, -en; -nen> crítico, -a *m, f*
rezensieren* [retsɛn'ziːrən] *vt* hacer una reseña (de), reseñar
Rezension [retsɛn'zjoːn] *f* <-en> reseña *f*

Rezept [re'tsɛpt] *nt* <-(e)s, -e> (MED, GASTR) receta *f;* **etw auf ~ bekommen** recibir algo con receta

Rezeptblock *m* recetario *m*

Rezeptbuch *nt* libro *m* de recetas

rezeptfrei *adj* de venta libre

Rezeption [retsɛp'tsjo:n] *f* <-en> ① (LIT, KUNST) acogida *f* ② *(Hotelrezeption)* recepción *f*

rezeptpflichtig *adj* de prescripción (médica) obligatoria; *(auf Packung)* con receta médica

Rezession [retsɛ'sjo:n] *f* <-en> (WIRTSCH) recesión *f*

rezessiv [retsɛ'si:f] *adj* (BIOL, MED) recesivo

reziprok [retsi'pro:k] *adj* recíproco

rezitieren* [retsi'ti:rən] *vt* recitar

R-Gespräch *nt* (TEL) llamada *f* a cobro revertido

Rhabarber [ra'barbɐ] *m* <-s, *ohne pl*> ruibarbo *m*

Rhapsodie [rapso'di:] *f* <-, -n> (MUS) rapsodia *f*

Rhein [raɪn] *m* <-s> Rin *m*

Rheinland *nt* <-(e)s> Renania *f*

Rheinländer(in) *m(f)* <-s, -; -nen> renano, -a *m, f*

rheinländisch *adj* renano, de Renania; **der ~e Dialekt** el dialecto renano

Rheinland-Pfalz *nt* Renania *f* Palatinado

Rhesusfaktor *m ohne pl* (MED) factor *m* Rhesus; ~ **positiv/negativ** Rh positivo/negativo

Rhetorik [re'to:rɪk] *f ohne pl* retórica *f*

rhetorisch *adj* retórico; **eine ~e Frage** una interrogación retórica

Rheuma ['rɔɪma] *nt* <-s, *ohne pl*> *(fam)* reuma *m o f;* **an ~ leiden** padecer reuma

Rheumatiker(in) [rɔɪ'ma:tikɐ] *m(f)* <-s, -; -, -nen> (MED) reumático, -a *m, f*

rheumatisch *adj* (MED) reumático

Rheumatismus [rɔɪma'tɪsmʊs] *m* <-, Rheumatismen> (MED) reumatismo *m*

Rhinozeros [ri'no:tserɔs] *nt* <-(ses), -se> ① (ZOOL) rinoceronte *m* ② *(fam: Trottel)* tonto, -a *m, f*

Rhododendron [rodo'dɛndrɔn] *m o nt* <-s, Rhododendren> rododendro *m*

Rhombus ['rɔmbʊs] *m* <-, Rhomben> (MATH) rombo *m*

Rhythmen *pl von* **Rhythmus**

rhythmisch ['rʏtmɪʃ] *adj* rítmico

Rhythmus ['rʏtmʊs] *m* <-, Rhythmen> (*a.* MUS, LING) ritmo *m*

richten ['rɪçtən] **I.** *vt* ① *(lenken, wenden)* dirigir (**an/auf** a, **gegen** contra); *(Waffe)* apuntar (**auf** a); *(Aufmerksamkeit, Hass)* concentrar (**auf** en); *(Blick)* fijar (**auf** en); **das Wort an jdn ~** dirigir la palabra a alguien ② *(reg: reparieren)* arreglar ③ *(reg: vorbereiten)* preparar **II.** *vr:* **sich ~** ① *(sich anpassen)* **sich nach etw** *dat* **~** seguir algo; **richte dich danach!** ¡atente a ello! ② *(abhängen)* depender (**nach** de); **sich nach jdm ~** orientarse por alguien ③ *(sich wenden)* dirigirse (**gegen** contra) **III.** *vi* (JUR) dictar sentencia (**über** acerca de)

Richter(in) *m(f)* <-s, -; -nen> juez(a) *m(f);* **jdn vor den ~ bringen** llevar a alguien ante el juez

Richteramt *nt* magistratura *f*

richterlich *adj* judicial

Richterskala *f ohne pl* **die ~** la escala de Richter

Richterspruch *m* (JUR) fallo *m,* sentencia *f* de un juez

Richtfest *nt* fiesta *f* de cubrir aguas

Richtgeschwindigkeit *f* velocidad *f* (máxima) aconsejada

richtig ['rɪçtɪç] **I.** *adj* ① *(zutreffend)* justo, exacto; *(korrekt)* correcto; **ich halte es für ~, dass ...** lo veo bien que... *+subj* ② *(echt, regelrecht)* verdadero; *(wirklich)* auténtico; **es war ein ~es Durcheinander** fue un verdadero caos ③ *(geeignet)* justo, oportuno; **zur ~en Zeit** en el momento oportuno ④ *(fam: in Ordnung)* correcto; **der ist nicht ganz ~ (im Kopf)** no está muy bien (de la cabeza) **II.** *adv* ① *(korrekt)* bien; **das hat er ~ gemacht** lo ha hecho bien; **geht die Uhr ~?** ¿va bien el reloj?; **du kommst gerade ~** llegas en buen momento ② *(in der Tat)* efectivamente ③ *(richtiggehend)* verdaderamente; *(gehörig)* como es debido; **er war ~ nett** fue verdaderamente amable

Richtige(r) *mf* <-n, -n; -n, -n> ① *(der passende Partner)* persona *f* adecuada; **dieser Mann wäre für mich der ~ gewesen** ese hombre hubiera sido el adecuado para mí ② *(Treffer)* acierto *m;* **sechs ~ im Lotto** seis aciertos en la primitiva

richtiggehend *adj (wirklich)* verdadero; **jdn ~ betrügen** *(fam)* estafar a alguien en toda regla

Richtigkeit *f ohne pl* exactitud *f;* **das wird schon seine ~ haben** tendrá su razón de ser

richtig|stellen *vt (Sachverhalt)* rectificar

Richtigstellung *f* rectificación *f*

Richtlinie *f* norma *f,* pauta *f; (Anweisungen)* instrucciones *f pl*

Richtmikrofon *nt* <-s, -e> micrófono *m* direccional

Richtpreis *m* (WIRTSCH) precio *m* orientativo

Richtschnur *f* ① (ARCHIT) tendel *m* ② *(Grundsatz)* pauta *f,* regla *f* de conducta

Richtung *f* <-en> ① *(Verlauf)* dirección *f*, rumbo *m;* **in ~ auf** en dirección a; **in südlicher ~** en dirección sur; **in die entgegengesetzte ~ fahren** ir en sentido contrario; **der Zug ~ Vigo** el tren con destino a Vigo; **die Leute kommen aus allen ~en** la gente viene de todas partes; **sie gab dem Gespräch eine andere ~** cambió el rumbo de la conversación; **in dieser ~ habe ich nichts unternommen** no tomé medidas al respecto ② *(Strömung)* tendencia *f; (literarisch)* corriente *f*

Richtungsänderung *f* cambio *m* de dirección

richtungweisend *adj* orientador, que sirve de modelo

Richtwert *m* valor *m* indicativo

rieb [ri:p] *3. imp von* **reiben**

riechen ['ri:çən] <riecht, roch, gerochen> *vi, vt* oler (**nach** a); **übel ~d** hediondo, maloliente; **an einem Gewürz ~** oler una especia; **es riecht angebrannt** huele a quemado; **aus dem Mund ~** tener mal aliento; **jdn nicht ~ können** *(fam fig)* no tragar a alguien; **das konnte ich doch nicht ~!** *(fam)* ¡cómo iba a saber yo!; **ich glaube, sie hat was gerochen** *(fig fam)* creo que se lo ha olido

Riecher *m* <-s, -> *(fam: Nase)* nariz *f; (Geruchssinn)* olfato *m;* **den richtigen ~ für etw haben** tener muy buen olfato para algo

Riechkolben *m* <-s, -> *(fam iron)* napia(s) *f inv*

Riechsalz *nt* sales *f pl*

rief [ri:f] *3. imp von* **rufen**

Riege ['ri:gə] *f* <-n> (SPORT) equipo *m*

Riegel ['ri:gəl] *m* <-s, -> ① *(Türriegel)* cerrojo *m*, pestillo *m; (im Türschloss)* pestillo *m;* **etw** *dat* **einen ~ vorschieben** poner freno a algo ② *(Schokoladenriegel)* barrita *f*

Riemen ['ri:mən] *m* <-s, -> ① *(Band)* correa *f*, tiento *m Am;* **sich am ~ reißen** *(fam)* hacer un esfuerzo; **den ~ enger schnallen** *(fam)* apretarse el cinturón ② *(Ruder)* remo *m*

Riese, -in ['ri:zə] *m, f* <-n, -n; -nen> *(Gestalt)* gigante, -a *m, f*

rieseln ['ri:zəln] *vi sein (Schnee, Sand)* caer; *(Wasser)* correr

riesengroß ['--'-] *adj (fam)* gigante, gigantesco

riesenhaft *adj* gigantesco, enorme

Riesenrad *nt* noria *f*

Riesenslalom *m* (SPORT) eslalon *m* gigante

Riesenwuchs *m ohne pl* (MED) gigantismo *m*

riesig **I.** *adj* gigante, gigantesco; *(gewaltig)* enorme **II.** *adv (fam: sehr)* enormemente

Riesin *f* <-nen> *s.* **Riese**

Riesling ['ri:slɪŋ] *m* <-s, -e> (vino *m* de) Riesling *m*

riet [ri:t] *3. imp von* **raten**

Riff [rɪf] *nt* <-(e)s, -e> arrecife *m*

rigid(e) *adj* ① *(geh: streng)* rígido, riguroso ② *(geh: starr)* rígido, anquilosado ③ (MED) rígido

rigoros [rigo'ro:s] *adj* riguroso

Rigorosum [rigo'ro:zʊm, *pl:* rigo'ro:za] *nt* <-s, Rigorosa *o Österr:* Rigorosen> (UNIV) examen *m* oral del doctorado

Rikscha ['rɪkʃa] *f* <-, -s> jinrikisha *f*

Rille ['rɪlə] *f* <-n> ranura *f; (Schallplattenrille)* surco *m*

Rind[1] [rɪnt] *nt* <-(e)s, -er> ① *(Tier)* vacuno *m*, res *f Am; (bei Tierhaltung)* ganado *m* vacuno ② (ZOOL) bóvidos *mpl*

Rind[2] *nt* <-(e)s, *ohne pl*> *(fam: Rindfleisch)* carne *f* de vaca

Rinde ['rɪndə] *f* <-n> corteza *f*

Rinderbraten *m* asado *m* de vacuno

Rinderfilet *nt* filete *m* de vaca

Rinderwahnsinn *m* encefalopatía *f* espongiforme bovina

Rinderzucht *f* cría *f* de ganado vacuno

Rindfleisch *nt* carne *f* de vaca

Rindsleder *nt* cuero *m* de vaca

Rindvieh[1] *nt* <-(e)s, *ohne pl*> (AGR) ganado *m* vacuno

Rindvieh[2] *nt* <-(e)s, -viecher> *(fam abw: Mensch)* pedazo *m* de bruto, animal *m*

Ring [rɪŋ] *m* <-(e)s, -e> ① *(allgemein)* aro *m; (Fingerring)* anillo *m*, argolla *f Am: argot;* **~e unter den Augen haben** tener ojeras ② *pl (Turngerät)* anillas *f pl* ③ *(Boxring)* ring *m* ④ *(Menschengruppe)* agrupación *f; (Verbrecherring)* red *f*

Ringbuch *nt* cuaderno *m* de anillas

Ringelblume *f* caléndula *f*

ringeln ['rɪŋəln] **I.** *vt* ensortijar (**um** alrededor de) **II.** *vr:* **sich ~** ensortijarse

Ringelnatter *f* serpiente *f* de collar

Ringeltaube *f* (ZOOL) paloma *f* torcaz

ringen ['rɪŋən] <ringt, rang, gerungen> **I.** *vi* (*a.* SPORT) luchar (**mit** con, **um/nach** por); **nach Luft ~** jadear; **mit dem Tod ~** agonizar **II.** *vt (geh)* **die Hände ~** retorcerse las manos

Ringen ['rɪŋən] *nt* <-s, *ohne pl*> ① (SPORT) lucha *f* ② *(Hin und Her)* lucha *f*, pelea *f;* **nach jahrelangem ~ konnte er den Prozess für sich entscheiden** tras una lucha de muchos años consiguió ganar el proceso

Ringer(in) *m(f)* <-s, -; -nen> luchador(a) *m(f)*

Ringfinger *m* (dedo *m*) anular *m*
ringförmig [-fœrmɪç] *adj* anular, circular
Ringkampf *m* (*a.* SPORT) lucha *f*
Ringordner *m* archivador *m* de anillas
Ringrichter(in) *m(f)* (SPORT) árbitro, -a *m, f* del ring de boxeo
rings [rɪŋs] *adv* alrededor (**an/um** de)
ringsherum ['rɪŋshɛ'rʊm] *adv* alrededor (**um** de); *(überall)* por todas partes
Ringstraße *f* avenida *f* de circunvalación; *(kleiner)* (camino *m* de) ronda *f*
ringsum ['rɪŋs'ʔʊm] *adv*, **ringsumher** ['rɪŋsʔʊm'heːɐ] *adv s.* **ringsherum**
Rinne ['rɪnə] *f* <-n> ❶ *(im Boden)* cauce *m*; *(Bewässerungsrinne)* acequia *f* ❷ *(Dachrinne)* canalón *m*
rinnen ['rɪnən] <rinnt, rann, geronnen> *vi sein* manar, correr
Rinnsal ['rɪnzaːl] *nt* <-(e)s, -e> *(geh)* ❶ *(Gewässer)* riachuelo *m* ❷ *(Blutrinnsal)* reguero *m*
Rinnstein *m* ❶ *(Gosse)* cuneta *f* ❷ *(Bordstein)* bordillo *m*
Rippchen ['rɪpçən] *nt* <-s, -> (GASTR) costilla *f*
Rippe ['rɪpə] *f* <-n> ❶ (MED) costilla *f*; **freie** ~ costilla flotante ❷ *(von Heizkörper)* aleta *f* ❸ (BOT) nervio *m*
Rippenfell *nt* pleura *f*
Risiko ['riːziko] *nt* <-s, -s *o* Risiken> riesgo *m*; **auf eigenes** ~ por propio riesgo; **kein/ein** ~ **eingehen** no correr riesgo/correr un riesgo
risikobereit *adj* dispuesto a correr un riesgo
Risikobereitschaft *f* (pre)disposición *f* a correr riesgos
Risikofaktor *m* (factor *m* de) riesgo *m*
risikofreudig *adj* que ama el riesgo
Risikogruppe *f* (MED) grupo *m* con elevado riesgo de infección
Risikokapital *nt* (FIN) capital-riesgo *m*
risikolos *adj* sin riesgo
risikoreich *adj* muy arriesgado
riskant [rɪs'kant] *adj* arriesgado; **das ist mir zu** ~ me resulta demasiado arriesgado
riskieren* [rɪs'kiːrən] *vt* arriesgar
riss [rɪs] *3. imp von* **reißen**
Riss [rɪs] *m* <-es, -e> ❶ *(Einriss)* desgarro *m*; *(in Stoff, Papier)* rasgadura *f*; *(in Wand, Erde, Haut)* grieta *f*; *(in Porzellan)* resquebrajadura *f*; *(Spalt)* hendidura *f* ❷ (TECH) plano *m*
rissig ['rɪsɪç] *adj (Wand, Haut)* agrietado; *(Stoff)* rasgado; *(Porzellan)* resquebrajado
ritt [rɪt] *3. imp von* **reiten**
Ritt [rɪt] *m* <-(e)s, -e> cabalgada *f*
Ritter ['rɪtɐ] *m* <-s, -> caballero *m*
Ritterburg *f* castillo *m* feudal
ritterlich *adj* caballeresco
Ritterlichkeit *f ohne pl* caballerosidad *f*
Ritterorden *m* (HIST) orden *f* de caballería
Ritterschlag *m* (HIST) espaldarazo *m*; **den ~ empfangen** ser armado caballero
Rittersporn *m* (BOT) espuela *f* de caballero
rittlings ['rɪtlɪŋs] *adv* a horcajadas
Ritual [ritu'aːl] *nt* <-s, -e *o* -ien> ritual *m*
Ritualmord *m* <-(e)s, -e> asesinato *m* ritual
rituell [ritu'ɛl] *adj* ritual
Ritus ['riːtʊs] *m* <-, Riten> rito *m*
Ritz [rɪts] *m* <-es, -e> ❶ *(in Haut)* rasguño *m*; *(auf Möbeln)* raspadura *f* ❷ *(Spalte)* grieta *f*
Ritze ['rɪtsə] *f* <-n> ranura *f*; *(im Boden)* hendidura *f*
ritzen ['rɪtsən] **I.** *vt* ❶ *(Glas, Kupfer)* tallar ❷ *(eingravieren)* grabar (**in** en); **das ist geritzt** *(fam)* todo está arreglado **II.** *vr*: **sich** ~ arañarse
Rivale, -in [ri'vaːlə] *m, f* <-n, -n; -nen> rival *mf*
rivalisieren* [rivali'ziːrən] *vi* rivalizar (**mit** con, **um** por)
Rivalität [rivali'tɛːt] *f* <-en> rivalidad *f*
Riviera [ri'vjeːra] *f* Riviera *f*
Rizinusöl *nt* aceite *m* de ricino
RNS [ɛrʔɛn'ʔɛs] *f ohne pl* (BIOL, CHEM) *Abk. von* **Ribonukleinsäure** ARN *m*
Roastbeef ['roːstbiːf] *nt* <-s, -s> (GASTR) rosbif *m*
Robbe ['rɔbə] *f* <-n> foca *f*
robben ['rɔbən] *vi sein* arrastrarse; (MIL) avanzar cuerpo a tierra
Robe ['roːbə] *f* <-n> ❶ *(geh: Kleid)* vestido *m* de gala ❷ *(Talar)* toga *f*
Roboter ['rɔbɔtɐ] *m* <-s, -> robot *m*
robust [ro'bʊst] *adj* robusto
Robustheit *f ohne pl* robustez(a) *f*
roch [rɔx] *3. imp von* **riechen**
röcheln ['rœçəln] *vi* resollar; *(Sterbender)* estar en los estertores de la agonía
Rochen ['rɔxən] *m* <-s, -> *(Fisch)* raya *f*
Rock[1] [rɔk, *pl:* 'rœkə] *m* <-(e)s, Röcke> ❶ *(Kleidungsstück)* falda *f*, pollera *f Am* ❷ *(Schweiz: Kleid)* vestido *m* ❸ *(reg: Jackett)* chaqueta *f*
Rock[2] [rɔk] *m* <-(s), *ohne pl*> (MUS) rock *m*
Rockband *f* grupo *m* de rock
rocken ['rɔkən] *vi* ❶ *(Musik machen)* hacer (música) rock ❷ *(tanzen)* bailar (música) rock, rockanrolear
Rocker(in) ['rɔkɐ] *m(f)* <-s, -; -nen> rockero, -a *m, f*
Rockgruppe *f* grupo *m* de rock
rockig *adj (fam)* rockero
Rockkonzert *nt* (MUS) concierto *m* de rock

Rocky Mountains ['rɔki'maʊntɪnz] *pl* Montañas Rocosas *f pl*
Rodel ['ro:dəl] *m* <-s, -> *(reg)* trineo *m* para niños
Rodelbahn *f* pista *f* para trineos
rodeln ['ro:dəln] *vi haben o sein (reg)* ir en trineo
roden ['ro:dən] *vt* ❶ *(Gebiet)* desmontar, tumbar *Am* ❷ *(Baum)* talar
Rodeo [ro'de:o] *nt* <-s, -s> (SPORT) rodeo *m*
Rodler(in) ['ro:dlɐ] *m(f)* <-s, -; -, -nen> persona *f* que monta en trineo
Rodung *f* <-en> desmonte *m*
Rogen ['ro:gən] *m* <-s, -> (ZOOL) huevas *f pl* de pescado
Roggen ['rɔgən] *m* <-s, -> centeno *m*
Roggenbrot *nt* pan *m* de centeno
Roggenmehl *nt* harina *f* de centeno
roh [ro:] *adj* ❶ *(ungekocht)* crudo ❷ *(unbearbeitet)* sin labrar ❸ *(grob)* bruto
Rohbau *m* armadura *f* (de un edificio)
Roheisen *nt* <-s, *ohne pl*> (TECH) hierro *m* bruto
Rohheit ['ro:haɪt] *f* <-, -en> ❶ *(Handlung)* brutalidad *f; (Äußerung)* grosería *f* ❷ *ohne pl (Wesensart)* rudeza *f*
Rohkost *f* verdura *f* cruda
Rohling *m* <-s, -e> ❶ *(Mensch)* bruto, -a *m, f* ❷ (TECH) pieza *f* bruta
Rohmaterial *nt* materia *f* prima
Rohöl *nt* (petróleo *m*) crudo *m*
Rohr[1] [ro:ɐ] *nt* <-(e)s, -e> ❶ *(Wasserrohr)* tubo *m;* **volles ~** *(fam)* a todo gas ❷ *(reg: Backröhre)* horno *m*
Rohr[2] *nt* <-(e)s, *ohne pl*> (BOT) caña *f*
Rohrbruch *m* rotura *f* de la cañería
Röhrchen ['rø:ɐçən] *nt* <-s, -> tubito *m;* **ins ~ blasen** *(fam)* hacer la prueba de alcoholemia
Röhre ['rø:rə] *f* <-n> ❶ (TV, ELEK) tubo *m* ❷ *(Backröhre)* horno *m* ❸ *(fam: Fernseher)* tele *f;* **in die ~ gucken** *(fernsehen)* ver la tele; *(das Nachsehen haben)* quedarse con las ganas
röhren ['rø:rən] *vi (Hirsch, Motor)* bramar
röhrenförmig [-fœrmɪç] *adj* tubular
Röhrenhose *f* pantalón *m* pitillo
Rohrkrepierer *m* <-s, -> ❶ *(Geschoss)* proyectil *m* que detona en el cañón del arma ❷ *(fam: Reinfall)* chasco *m*
Rohrleitung *f* tubería *f*
Rohrspatz *m* (ZOOL) escribano *m* palustre; **schimpfen wie ein ~** *(fam)* rezongar a voz en cuello
Rohrzange *f* alicates *m pl* para montar tubos
Rohrzucker *m* azúcar *m* de caña
Rohstoff *m* materia *f* prima
Rohstoffmangel *m ohne pl* escasez *f* de materias primas
Rohstoffreserven *f pl* reservas *f pl* de materias primas
Rohzustand *m ohne pl* **im ~** en bruto
Rokoko ['rɔkoko] *nt* <-(s), *ohne pl*> (KUNST) Rococó *m*
Rollator [ro'la:toɐ] *m* <-s, -en> andador *m*
Rollbahn *f* (AERO) pista *f* de rodaje
Rollcontainer *m* <-s, -> contenedor *m* con ruedas, container *m* con ruedas
Rolle ['rɔlə] *f* <-n> ❶ *(Gerolltes)* rollo *m; (um etw daraufzuwickeln)* bobina *f; (Geldrolle)* cartucho *m; (Garnrolle)* carrete *m* ❷ *(an Möbeln)* rueda *f; (am Flaschenzug)* polea *f* ❸ (SPORT) voltereta *f* ❹ (THEAT, FILM: *a. fig)* papel *m;* **sie spielte die ~ der Königin** representó el papel de la reina; **es spielt keine ~, ob ...** no importa si...; **bei ihm spielt Geld keine ~** el dinero no le importa; **er spielt bei der Sache eine wichtige ~** tiene un papel muy importante en este asunto; **versetz dich mal in meine ~!** ¡ponte en mi lugar!; **aus der ~ fallen** *(fig)* salirse de tono
rollen ['rɔlən] **I.** *vi* ❶ *sein (Ball, Auto)* rodar; *(Tränen)* correr; **etw kommt ins R~** *(fam)* algo empieza a funcionar ❷ *(Donner, Echo)* retumbar **II.** *vt* ❶ *(bewegen)* hacer rodar ❷ *(aufrollen)* enrollar ❸ *(Teig)* extender **III.** *vr:* **sich ~** enrollarse
Rollenbesetzung *f* (FILM, THEAT) reparto *m*
Rollenklischee *nt* <-s, -s> (SOZIOL) cliché *m* en relación al papel [*o* al rol] desempeñado
Rollenspiel *nt* (SOZIOL) juego *m* de roles
Rollenverhalten *nt* (SOZIOL) conducta *f* de rol
Rollenverteilung *f* ❶ (SOZIOL) reparto *m* de roles ❷ (FILM, THEAT) reparto *m* de papeles (**an** a)
Roller *m* <-s, -> ❶ *(für Kinder)* patinete *m* ❷ *(Motorroller)* vespa® *f* ❸ *(Österr)* persiana *f* enrollable
Rollfeld *nt* (AERO) pista *f* de rodaje
Rollkoffer *m* maleta *f* con ruedas
Rollkragen *m* cuello *m* alto
Rollkragenpullover *m* jersey *m* de cuello alto
Rollladen *m* <-s, -läden> persiana *f* enrollable
Rollmops *m arenque enrollado con pepinillo y cebolla*
Rollo ['rɔlo] *nt* <-s, -s> persiana *f*
Rollschuh *m* patín *m* sobre ruedas; **~ laufen** patinar (sobre ruedas)
Rollsplitt ['rɔlʃplɪt] *m* <-(e)s, *ohne pl*> gravilla *f*

Rollstuhl *m* silla *f* de ruedas
Rollstuhlfahrer(in) *m(f)* persona *f* que anda en silla de ruedas
rollstuhlgerecht *adj* apropiado para sillas de ruedas
Rolltreppe *f* escalera *f* mecánica
Rom[1] [roːm] *nt* <-s> Roma *f*
Rom[2], **Romni** [ʀɔm, *pl:* roːma] *m, f* <-, Roma> romaní *mf*
ROM [rɔm] *nt* <-(s), -(s)> (INFOR) *Abk. von* **Read Only Memory** ROM *m*
Roma ['roːma] *mpl* romaníes *mpl*
Roman [ro'maːn] *m* <-s, -e> novela *f*
Romanautor(in) *m(f)* novelista *mf*
Romane, -in [ro'maːnə] *m, f* <-n, -n; -, -nen> latino, -a *m, f*
romanhaft *adj* novelesco
Romanik [ro'maːnɪk] *f ohne pl* (KUNST) estilo *m* románico
Romanin *f* <-nen> *s.* **Romane**
romanisch *adj* ① (LING, KUNST) románico ② *(Schweiz: rätoromanisch)* retorromano
Romanist(in) [roma'nɪst] *m(f)* <-n, -n; -nen> romanista *mf*
Romanistik [roma'nɪstɪk] *f ohne pl* filología *f* románica
Romanistin *f* <-nen> *s.* **Romanist**
Romanschriftsteller(in) *m(f)* novelista *mf*
Romantik [ro'mantɪk] *f ohne pl* romanticismo *m;* (LIT, KUNST) Romanticismo *m*
Romantiker(in) [ro'mantikɐ] *m(f)* <-s, -; -nen> (*a.* KUNST) romántico, -a *m, f*
romantisch *adj* romántico
Romanze [ro'mantsə] *f* <-n> romance *m*
Römer(in) ['røːmɐ] *m(f)* <-s, -; -nen> romano, -a *m, f*
Römersalat *m* lechuga *f* romana
römisch *adj* romano
römisch-katholisch *adj* católico romano
Romni [ʀɔmni, *pl:* ʀɔmnija] *f* <-, Romnija> *s.* **Rom**
ROM-Speicher *m* (INFOR) ROM *m*, memoria *f* ROM
röntgen ['rœntgən] *vt* hacer una radiografía (de)
Röntgenaufnahme *f*, **Röntgenbild** *nt* radiografía *f*
Röntgengerät *nt* aparato *m* de rayos X
Röntgenologie [rœntgenolo'giː] *f* <-, *ohne pl*> (MED) radiología *f*
Röntgenstrahlen *mpl* (PHYS) rayos *mpl* X
rosa ['roːza] *adj inv* rosa, rosado
Rosa *nt* <-s, -> (color *m*) rosa *m*
rosafarben *adj*, **rosafarbig** *adj* rosado; **ein ~es Seidenkleid** un vestido de seda (de color) rosa
rosarot ['-'-] *adj* (de color de) rosa; **die Welt durch eine ~e Brille sehen** *(fig)* ver el mundo de color de rosa
Röschen ['røːsçən] *nt* <-s, -> *(des Rosenkohls)* cogollo *m*
Rose ['roːzə] *f* <-n> (BOT) rosa *f*
rosé [ro'zeː] *adj inv* (de color) rosa
Rosé [ro'zeː] *m* <-s, -s> (vino *m*) rosado *m*
Rosengarten *m* jardín *m* de rosas
Rosenkohl *m* col *f* de Bruselas
Rosenkranz *m* (REL) rosario *m*
Rosenmontag [(')--'--] *m* lunes *m* de Carnaval
Rosenmontagszug *m* <-(e)s, -züge> cabalgata *f* del lunes de Carnaval
Rosenöl *nt* aceite *m* de rosas
Rosenquarz *m* <-es, -e> cuarzo *m* rosado
Rosenstock *m* rosal *m*
Rosenstrauch *m* rosal *m*
Rosette [ro'zɛtə] *f* <-n> (ARCHIT) rosetón *m*
Roséwein *m* (vino *m*) rosado *m*
rosig I. *adj* ① *(rosa)* rosado; *(Haut)* sonrosado ② *(erfreulich)* de color de rosa; **etw in den ~sten Farben darstellen** *(fig)* pintar algo de color de rosa **II.** *adv* bien
Rosine [ro'ziːnə] *f* <-n> (uva *f*) pasa *f;* **~n im Kopf haben** *(fig fam)* picar muy alto
Rosmarin ['roːsmariːn] *m* <-s, *ohne pl*> romero *m*
Ross[1] [rɔs] *nt* <-es, -e> *(geh: edles Pferd)* corcel *m;* **hoch zu ~** a caballo; **auf dem hohen ~ sitzen** tener muchos humos
Ross[2] [rɔs] *nt* <-es, Rösser> *(südd, Österr, Schweiz: Pferd)* caballo *m*
Rosshaar *nt ohne pl* crin *m*
Rosskastanie *f* ① *(Baum)* castaño *m* de Indias ② *(Frucht)* castaña *f* de Indias
Rosskur *f* <-, -en> *(fam)* cura *f* de caballo
Rost[1] [rɔst] *m* <-(e)s, *ohne pl*> (CHEM) herrumbre *m*, orín *m;* **~ ansetzen** oxidarse
Rost[2] [rɔst] *m* <-(e)s, -e> ① *(für Grill)* parrilla *f; (Gitterrost)* rejilla *f; (Lattenrost)* somier *m;* **vom ~** (GASTR) a la parrilla ② (BOT) roya *f*
Rostbraten *m (Österr, südd)* asado *m* a la parrilla
Rostbratwurst *f* <-, -würste> (GASTR) salchicha *f* asada a la parrilla
rostbraun ['-'-] *adj* marrón rojizo
rosten ['rɔstən] *vi sein* oxidarse; **nicht ~d** inoxidable
rösten ['rœstən] *vt (Kaffee, Brot)* tostar; *(auf Rost)* asar (a la parrilla)
Rösterei *f* <-, -en> tostadero *m*
rostfrei *adj* inoxidable
Rösti ['rœsti] *f ohne pl* (GASTR) *patatas cocidas, ralladas y salteadas (con tocino) típicas suizas*
rostig *adj* oxidado, herrumbroso
Röstkartoffeln *fpl (reg)* patatas *fpl* salteadas
Rostlaube *f* <-, -n> *(fam iron)* tartana *f*

Rostschutz *m ohne pl* protección *f* contra la oxidación
Rostschutzfarbe *f* pintura *f* anticorrosiva
Rostschutzmittel *nt* antioxidante *m,* anticorrosivo *m*
rot [ro:t] *adj* <röter, am rötesten> rojo; (POL) socialista; **bei ~** (con el semáforo) en rojo; **eine ~e Ampel** un semáforo en rojo; **~ werden** enrojecer; **in den ~en Zahlen stecken** estar en números rojos; **sich** *dat* **etw ~ im Kalender anstreichen** marcar algo en rojo en el calendario
Rot *nt* <-s, -> rojo *m;* **bei ~** (con el semáforo) en rojo
Rotation [rota'tsjo:n] *f* <-en> rotación *f*
rotbackig *adj,* **rotbäckig** *adj* **~ sein** ser rubicundo
rotblond ['-'-] *adj* rubio rojizo
rotbraun ['-'-] *adj* castaño, caoba
Röte ['rø:tə] *f ohne pl* color *m* rojo; *(von Himmel, Haut)* arrebol *m; (Schamesröte)* rubor *m;* **die ~ stieg ihr ins Gesicht** se puso colorada
Rote-Armee-Fraktion *f ohne pl* Fracción *f* del Ejército Rojo *(grupo terrorista alemán de ultraizquierda)*
Rote-Augen-Effekt *m* (FOTO) efecto *m* (de) ojos rojos
Rote Beete *f,* **Rote Bete** *f* (BOT, GASTR) remolacha *f*
Röteln ['rø:təln] *pl* rubeola *f*
röten ['rø:tən] **I.** *vt (geh)* enrojecer **II.** *vr:* **sich ~** ponerse rojo; *(Himmel)* teñirse de rojo; *(vor Scham)* sonrojarse
röter *adj kompar von* **rot**
röteste(r, s) *adj superl von* **rot**
Rotfuchs *m* ❶ *(Fuchs)* zorro *m* rojo ❷ *(Pferd)* alazán *m*
rotglühend *adj s.* **glühend**
rothaarig *adj* pelirrojo
Rothaut *f (fam)* piel roja *mf*
rotieren* [ro'ti:rən] *vi* ❶ *(sich drehen)* girar (**um** alrededor de) ❷ *(fam: hektisch sein)* estar a cien
Rotkäppchen ['ro:tkɛpçən] *nt* <-s> Caperucita *f* Roja
Rotkehlchen ['ro:tke:lçən] *nt* <-s, -> petirrojo *m*
Rotkohl *m* (col *f*) lombarda *f*
Rotkraut *nt ohne pl (südd, Österr)* (col *f*) lombarda *f*
rötlich ['rø:tlɪç] *adj* rojizo, paco *Am*
Rotlicht *nt ohne pl* luz *f* roja; *(Rotlichtlampe)* lámpara *f* de rayos infrarrojos
Rotlichtmilieu *nt (fam)* mundo *m* de la prostitución
Rotlichtviertel *nt (fam)* barrio *m* chino
rot|sehen *irr vi (fam)* perder el control

R

Rotstift *m* lápiz *m* rojo; **den ~ ansetzen** economizar
Rotunde [ro'tʊndə] *f* <-, -n> (ARCHIT) rotunda *f*
Rötung *f* <-en> enrojecimiento *m*
rotwangig *adj (geh) s.* **rotbackig**
Rotwein *m* vino *m* tinto
Rotwild *nt* venado *m*
Rotz [rɔts] *m* <-es, *ohne pl*> *(vulg)* moco *m;* **~ und Wasser heulen** *(fam)* llorar a moco tendido
rotzen ['rɔtsən] *vi (vulg)* ❶ *(sich schnäuzen)* sonarse los mocos ❷ *(ausspucken)* escupir
Rotzfahne *f* <-, -n> *(vulg)* moquero *m*
rotzfrech ['-'-] *adj (fam)* descarado
rotzig *adj* ❶ *(vulg: voller Rotz)* mocoso ❷ *(fam: frech, unverschämt)* fresco, descarado
Rotznase *f* ❶ *(vulg abw)* mocoso *m* ❷ *(fam: schleimige Nase)* nariz *f* llena de mocos
Rouge [ru:ʒ] *nt* <-s, -s> colorete *m*
Roulade [ru'la:də] *f* <-n> (GASTR) *filete de carne relleno con pepinillo, cebolla, mostaza etc.*
Roulette [ru'lɛt] *nt* <-s, -s> ruleta *f;* **russisches ~ spielen** jugar a la ruleta rusa
Route ['ru:tə] *f* <-n> ruta *f*
Router ['rautɐ] *m* <-s, -> (INFOR, TEL) router *m,* encaminador *m*
Routine [ru'ti:nə] *f ohne pl* ❶ *(Erfahrung)* experiencia *f; (Praxis)* práctica *f* ❷ *(Gewohnheit)* rutina *f*
Routinearbeit *f* <-, -en> trabajo *m* rutinario
routinemäßig *adj* rutinario; **etw ~ überprüfen** hacer un control rutinario de algo
Routineuntersuchung *f* <-, -en> revisión *f* periódica [*o* de rutina]
routiniert [ruti'ni:ɐt] *adj* experimentado, experto
Rowdy ['raudi] *m* <-s, -s> *(abw)* gamberro *m*
Ruanda [ru'anda] *nt* <-s> Ruanda *f*
Rubbellos *nt* <-es, -e> número *m* de lotería (de rascar)
rubbeln ['rʊbəln] *vi, vt* frotar
Rübe ['ry:bə] *f* <-n> ❶ (BOT) nabo *m,* betabel *f Méx (diversos tipos de raíces comestibles);* **Gelbe ~n** *(reg)* zanahorias *f pl;* **Rote ~** remolacha *f* ❷ *(fam: Kopf)* coco *m;* **eins auf die ~ kriegen** recibir una bronca
Rubel ['ru:bəl] *m* <-s, -> rublo *m*
rüber ['ry:bɐ] *adv (fam)* ❶ *(herüber)* hacia aquí, hacia acá ❷ *(hinüber)* hacia allá; **da ~!** ¡(por) allí enfrente!
rüber|bringen *irr vt (fam: vermitteln)* hacer llegar; **wir haben den Wählern un-**

sere Meinung rübergebracht hemos hecho llegar nuestra opinión a los electores

rüber|kommen *irr vi sein (fam: deutlich werden)* llegar a entenderse

Rubin [ru'biːn] *m* <-s, -e> rubí *m*

rubinrot *adj* rojo rubí

Rubrik [ru'briːk] *f* <-en> ❶ *(Kategorie)* categoría *f* ❷ *(in Tabelle, Zeitung)* columna *f*

ruchlos ['ruːxloːs] *adj (geh)* bajo, vil

Ruchlosigkeit *f* <-, *ohne pl*> *(geh: Verhalten, Art)* vileza *f*, ruindad *f*, infamia *f*; **die ~ eines Verbrechens** la atrocidad de un crimen

Ruck [rʊk] *m* <-(e)s, -e> tirón *m*; **mit einem ~** de un tirón; **sich** *dat* **einen ~ geben** *(fam)* hacer un esfuerzo

ruck, zuck *adv (fam)* en un abrir y cerrar de ojos

Rückansicht *f* vista *f* trasera

Rückantwort ['rʏk-] *f* respuesta *f*

ruckartig I. *adj* brusco **II.** *adv* de golpe

Rückbesinnung *f* regreso *m* (**auf** a)

Rückbildung *f* involución *f*, retroceso *m*

Rückblende *f* (FILM) retrospectiva *f*

Rückblick *m* mirada *f* retrospectiva (**auf** a), retrospección *f*

rückblickend *adj* retrospectivo; **~ lässt sich sagen, dass ...** retrospectivamente se puede decir que...

Rückbuchung *f* <-, -en> (FIN) extorno *m*

rückdatieren* *vt* antedatar, antefechar

ruckeln ['rʊkəln] *vi* **an etw** *dat* **~** dar pequeños tirones a algo

rucken ['rʊkən] *vi (Fahrzeug)* dar un tirón

rücken ['rʏkən] **I.** *vi sein (Platz machen)* correrse; *(näher rücken)* acercarse (**an** a); **rück mal (ein Stückchen)!** ¡córrete un poquito!; **in den Mittelpunkt des Interesses ~** convertirse en el centro de interés **II.** *vt* mover (**nach** hacia), correr (**nach** hacia); *(wegrücken)* apartar (**von** de); *(näher rücken)* acercar (**an** a)

Rücken ['rʏkən] *m* <-s, -> ❶ (ANAT) espalda *f*; **~ an ~** espalda con espalda; **jdm den ~ zukehren/zuwenden** volver/dar a alguien la espalda; **auf dem ~ liegen** estar tumbado de espaldas; **mir lief es eiskalt über den ~** sentí un escalofrío recorriéndome la espalda; **jdm den ~ stärken** respaldar a alguien; **jdm/sich** *dat* **den ~ freihalten** cubrir a alguien/cubrirse las espaldas; **jdm in den ~ fallen** dejar a alguien en la estacada; **hinter jds ~** a espaldas de alguien; **mit dem ~ zur Wand stehen** estar entre la espada y la pared ❷ *(Buchrücken)* lomo *m*; *(Handrücken)* dorso *m* de la mano; *(Fußrücken)* empeine *m* ❸ *(Tierrücken)* lomo *m*

Rückendeckung *f* ❶ (MIL) protección *f* de la retaguardia ❷ *(gegen Kritik)* respaldo *m*

Rückenlehne *f* respaldo *m*

Rückenmark *nt* médula *f* espinal

Rückenmuskel *m* (ANAT) músculo *m* dorsal

Rückenschmerzen *mpl* dolores *mpl* de espalda

Rückenschwimmen *nt* natación *f* de espalda

Rückenwind *m ohne pl* viento *m* a favor; (NAUT) viento *m* de popa

rückerstatten* *vt* (FIN) devolver

Rückerstattung *f* reintegro *m*; (FIN) devolución *f*

Rückfahrkarte *f* billete *m* de ida y vuelta

Rückfahrscheinwerfer *m* (AUTO) luz *f* de marcha atrás

Rückfahrt *f* (viaje *m* de) vuelta *f*; **auf der ~** a la vuelta

Rückfall *m* ❶ (MED) recaída *f*; **einen ~ erleiden** tener una recaída ❷ (JUR) reincidencia *f* ❸ *(geh: Wiederkehr)* regreso *m*

rückfällig *adj* ❶ (*a.* MED) **~ werden** recaer ❷ (JUR) reincidente

Rückfalltäter(in) *m(f)* (JUR) reincidente *mf*

Rückfenster *nt* ventanilla *f* posterior

rückfettend *adj* pringoso, grasiento

Rückflug *m* vuelo *m* de regreso; **auf dem ~** durante el vuelo de vuelta

Rückfrage *f* pregunta *f*, duda *f*; **für ~n wenden Sie sich bitte an ...** en caso de duda diríjase a...

rückfragen *vi* preguntar (para aclarar posibles dudas), pedir información aclaratoria [*o* adicional]

Rückführung *f* (FIN) reducción *f*

Rückgabe *f* devolución *f* (**an** a)

Rückgabedatum *nt* fecha *f* de entrega

Rückgaberecht *nt* <-(e)s, -e> derecho *m* a devolución

Rückgang *m* descenso *m*; *(Verminderung)* disminución *f*; **im ~ begriffen sein** estar en descenso

rückgängig [-gɛŋɪç] *adj* **~ machen** *(Vertrag)* anular; *(Verabredung)* cancelar

Rückgewinnung *f* recuperación *f*

Rückgrat ['rʏkgraːt] *nt* <-(e)s, -e> ❶ (MED) espina *f* dorsal; **ohne ~** *(fig)* cobarde; **jdm das ~ brechen** *(fam)* doblegar a alguien ❷ *(Stütze)* puntal *m*

Rückgriff *m* (*a.* JUR) recurso (**auf** a)

Rückhalt *m* respaldo *m*; **jdm ~ geben** respaldar a alguien

rückhaltlos I. *adj* incondicional **II.** *adv* sin reservas

Rückhand *f ohne pl* (SPORT) revés *m*

Rückkauf *m* (COM) reembolso *m*

Rückkehr *f ohne pl* regreso *m*

Rückkopp(e)lung *f* acoplamiento *m* retroactivo
Rücklage *f* ❶ *(Erspartes)* ahorros *mpl* ❷ (WIRTSCH) reserva *f*
Rücklauf *m* ❶ *(Wasser)* reflujo *m* ❷ (TECH) retroceso *m*
rückläufig *adj* decreciente, descendente; **~e Tendenz** tendencia regresiva
Rückleuchte *f* luz *f* trasera
Rücklicht *nt* luz *f* trasera
rücklings ['rʏklɪŋs] *adv* ❶ *(mit dem Rücken)* con la espalda ❷ *(nach hinten)* hacia atrás ❸ *(von hinten, auf dem Rücken)* de espaldas
Rücklöschtaste *f* tecla *f* suprimir/borrar en retroceso
Rückmarsch *m* (MIL) retirada *f*
Rückmeldefrist *f* <-, -en> (UNIV) plazo *m* para renovar la matrícula
rückmelden *vr:* **sich ~** (UNIV) matricularse para el próximo semestre
Rückmeldung *f* ❶ (UNIV) matriculación *f* para el próximo curso; **die ~ ist ab dem 24. März möglich** es posible matricularse a partir del 24 de marzo ❷ *(Reaktion)* reacción *f*
Rücknahme [-naːmə] *f* <-, -n> *(von Versprechen, Klage)* retirada *f*; **keine ~!** *(von Waren)* ¡no se admiten devoluciones!
Rückporto *nt* franqueo *m* para la respuesta
Rückreise *f* (viaje *m* de) regreso *m*, vuelta *f*; **auf der ~** a la vuelta
Rückruf *m* ❶ (TEL) llamada *f* de contestación ❷ (JUR, WIRTSCH) revocación *f* del derecho de usufructo
Rückrufaktion *f* <-, -en> (COM) campaña *f* de retirada
Rucksack ['rʊk-] *m* mochila *f*
Rucksacktourist(in) *m(f)* mochilero, -a *m, f*
Rückschlag *m* contratiempo *m*, revés *m*
Rückschluss *m* conclusión *f*; **Rückschlüsse aus etw** *dat* **ziehen** sacar conclusiones de algo
Rückschritt *m* paso *m* atrás
rückschrittlich *adj* retrógrado
Rückseite *f (eines Gebäudes)* parte *f* posterior; *(eines Blattes)* dorso *m*; *(einer Münze)* reverso *m*; *(eines Stoffes)* revés *m*; **auf der ~ von ...** en la parte posterior de...; **siehe ~** véase al dorso
rückseitig I. *adj* al [*o* del] dorso, del reverso **II.** *adv* en el dorso [*o* reverso], en la parte posterior
Rücksendung *f* devolución *f*
Rücksicht[1] *f* <-en> *(Nachsicht)* consideración *f*; **mit ~ auf ...** teniendo en cuenta...; **auf jdn ~ nehmen** tener consideración con alguien; **auf etw ~ nehmen** respetar algo
Rücksicht[2] *f ohne pl (Sicht nach hinten)* visión *f* por la ventanilla trasera
Rücksichtnahme *f ohne pl* respeto *m*
rücksichtslos I. *adj* desconsiderado; *(unbarmherzig)* despiadado **II.** *adv* sin consideración, a lo bestia *fam*
Rücksichtslosigkeit *f* <-en> desconsideración *f*; *(Respektlosigkeit)* falta *f* de respeto
rücksichtsvoll *adj* atento, considerado
Rücksitz *m* asiento *m* trasero
Rückspiegel *m* (espejo *m*) retrovisor *m*
Rückspiel *nt* (SPORT) partido *m* de vuelta
Rücksprache *f ohne pl* consulta *f*; **mit jdm ~ halten** consultar algo con alguien
Rückstand *m* ❶ *(Rest)* residuo *m* ❷ *pl (bei Zahlung)* atrasos *mpl* ❸ *(Verzug)* retraso *m*; **mit der Lieferung im ~ sein** retrasarse en la entrega; **mit 0 zu 2 im ~ liegen** (SPORT) ir perdiendo 0 a 2
rückständig *adj* ❶ *(rückschrittlich)* anticuado ❷ *(unterentwickelt)* subdesarrollado ❸ (WIRTSCH: *überfällig*) vencido
Rückständigkeit *f ohne pl* ❶ *(von Person)* mentalidad *f* atrasada ❷ *(Unterentwicklung)* subdesarrollo *m*
Rückstau *m (im Verkehr)* atasco *m*
Rückstellung *f* ❶ (WIRTSCH: *Bilanzposten*) reserva *f* ❷ *(Zurückstellen)* atraso *m*
Rückstoß *m* (PHYS) repulsión *f*
Rückstrahler *m* reflector *m*
Rückstufung *f* <-, -en> degradación *f*
Rücktritt *m* ❶ *(von Amt)* dimisión *f*; **seinen ~ erklären** presentar su dimisión ❷ *(am Fahrrad)* freno *m* de pedal
Rücktrittbremse *f* freno *m* de pedal
Rücktrittsgesuch *nt* (*a.* POL) dimisión *f*
Rücktrittsrecht *nt ohne pl* (JUR) (derecho *m* de) retracto *m*
rückvergüten* *vt* (WIRTSCH) reembolsar
rückversichern* *vr:* **sich ~** reasegurarse
Rückwand *f* parte *f* posterior
rückwärtig [-vɛrtɪç] *adj* trasero, de atrás
rückwärts [-vɛrts] *adv* ❶ *(mit dem Rücken voran)* hacia atrás, de espaldas; **~ einparken** aparcar marcha atrás ❷ *(südd, Österr: hinten)* por atrás
Rückwärtsgang *m* (TECH) marcha *f* atrás
Rückweg *m* (camino *m* de) vuelta *f*; **auf dem ~** a la vuelta
ruckweise *adv* a trompicones, a golpes
rückwirkend I. *adj* retroactivo **II.** *adv* con efecto retroactivo; **das Gesetz tritt ~ vom 1. Januar in Kraft** la ley entra en vigor con efectos retroactivos a partir del 1 de enero
rückzahlbar *adj* reembolsable, reintegrable
Rückzahlung *f* reembolso *m*

R

Rückzieher *m* <-s, -> *(fam)* paso *m* atrás, rajada *f Méx;* **einen ~ machen** dar marcha atrás

Rückzug *m* (MIL) retirada *f;* **den ~ antreten** emprender la retirada

Rückzugsgebiet *nt* <-(e)s, -e> (ÖKOL) zona *f* de refugio

Rucola ['ru:kola] *m* <-, *ohne pl*> (GASTR) rúcula *f*

rüde ['ry:də] *adj* rudo, grosero

Rüde ['ry:də] *m* <-n, -n> macho *m* (de perro)

Rudel ['ru:dəl] *nt* <-s, -> manada *f*

Ruder ['ru:dɐ] *nt* <-s, -> ① *(von Ruderboot)* remo *m;* **sich in die ~ legen** remar con fuerza; *(fig)* poner manos al trabajo ② *(Steuerruder)* timón *m*

Ruderboot *nt* bote *m* de remos

Ruderer, -in *m, f* <-s, -; -nen> remero, -a *m, f*

Rudergerät *nt* (SPORT) máquina *f* de remo

rudern ['ru:dɐn] *vi* ① *(Ruder bewegen)* remar, bogar; **mit den Armen ~** *(fam)* bracear ② *sein (im Ruderboot fahren)* ir a remo

Rudern *nt* remo *m*

Rudersport *m ohne pl* remo *m*

Rudiment [rudi'mɛnt] *nt* <-(e)s, -e> ① *(Rest)* resto *m* ② (BIOL) rudimento *m*

rudimentär [rudimɛn'tɛ:ɐ] *adj* rudimentario

Rüebli ['ry:ɛbli] *nt* <-s, -> *(Schweiz)* zanahoria *f*

Ruf[1] [ru:f] *m* <-(e)s, -e> *(Ausruf, Schrei)* grito *m*

Ruf[2] *m* <-(e)s, *ohne pl*> ① *(Aufruf)* llamada *f;* **sie erhielt einen ~** (UNIV) le ofrecieron una cátedra ② *(Ansehen)* reputación *f; (Ruhm)* fama *f;* **einen guten ~ haben** tener una buena reputación; **in dem ~ stehen, zu ...** tener fama de...; **jdn in schlechten ~ bringen** desacreditar a alguien; **etw/jd ist besser als sein ~** algo/alguien vale más de lo que parece

rufen ['ru:fən] <ruft, rief, gerufen> **I.** *vi* llamar; **laut ~** gritar; **nach jdm ~** llamar a alguien; **nach härteren Strafen ~** exigir castigos más severos; **um Hilfe ~** dar voces de socorro **II.** *vt* llamar; **jdn ~** llamar a alguien; **etw ~** gritar algo; **jdn ~ lassen** hacer venir a alguien; **das kommt mir wie ge~** *(fam)* esto me viene de maravilla

Rüffel ['rʏfəl] *m* <-s, -> *(fam)* bronca *f;* **einen ~ bekommen** llevarse una bronca

rüffeln ['rʏfəln] *vt (fam)* leer la cartilla

Rufknopf *m* botón *m* de llamada

Rufmord *m* difamación *f*

Rufname *m* nombre *m* de pila

Rufnummer *f* número *m* de teléfono

Rufschädigung *f* <-, -en> descrédito *m*

Rufweite *f ohne pl* alcance *m* de la voz; **in ~** en las cercanías

Rufzeichen *nt* <-s, -> ① (TEL) señal *f* (de llamada) ② *(reg: Ausrufezeichen)* signo *m* de exclamación

Rugby ['rakbi] *nt* <-(s), *ohne pl*> (SPORT) rugby *m*

Rüge ['ry:gə] *f* <-n> reprimenda *f;* **jdm eine ~ erteilen** reprender a alguien

rügen ['ry:gən] *vt* **jdn ~** reprender a alguien; **etw ~** criticar algo

Ruhe ['ru:ə] *f ohne pl* ① *(Unbewegtheit)* calma *f; (Stille, Gelassenheit)* tranquilidad *f;* **die ~ vor dem Sturm** la calma que precede a la tormenta ② *(Schweigen)* silencio *m;* **~ bitte!** ¡silencio, por favor! ③ *(Entspannung)* descanso *m; (Bettruhe)* reposo *m;* **sich** *dat* **keine ~ gönnen, bis ...** no descansar hasta que... *+subj;* **sich zur ~ begeben** *(geh)* retirarse (a descansar), recogerse; **angenehme ~!** ¡que descanse(s)!; **sich zur ~ setzen** jubilarse; **jdn zur letzten ~ betten** *(geh)* dar sepultura a alguien ④ *(Frieden)* paz *f; (innere Ruhe)* serenidad *f;* **vor jdm ~ haben** no ser molestado por alguien; **jdn nicht zur ~ kommen lassen** *(fam)* no dejar a alguien en paz; **keine ~ geben** *(fam)* no dar tregua; **lass mich in ~!** *(fam)* ¡déjame en paz!; **das lässt ihm keine ~** eso le inquieta; **in aller ~** con toda calma; **sich durch nichts aus der ~ bringen lassen** no alterarse por nada; **~ bewahren** conservar la calma; **immer mit der ~!** ¡calma, calma!; **die hat die ~ weg!** *(fam)* ¡qué calma gasta!

ruhelos *adj* inquieto; *(rastlos)* desasosegado

ruhen ['ru:ən] *vi* ① *(ausruhen)* descansar (**auf** en); **ich werde nicht eher ~, bis ...** no descansaré antes de que... *+subj;* **der Teig muss ~** la masa tiene que reposar; **„ruhe in Frieden!"** "¡descanse en paz!" ② *(Arbeit)* estar suspendido; *(Verkehr)* estar paralizado; *(Angelegenheit)* quedar postergado; **etw ~ lassen** posponer algo ③ *(Blick)* estar fijado (**auf** en); *(Verantwortung)* recaer (**auf** sobre) ④ *(sich stützen)* apoyarse (**auf** en)

Ruhepause *f* descanso *m*

Ruheraum *m* sala *f* de relax

Ruhestand *m ohne pl* jubilación *f;* (MIL) retiro *m;* **im ~ sein** estar jubilado

Ruhestörung *f* disturbio *m*

Ruhetag *m* día *m* de descanso; *(von Gaststätten)* descanso *m* semanal

ruhig ['ru:ɪç] *adj* ① *(bewegungslos, leise)* quieto; **sitz doch ~!** ¡estate quieto!; **ihr sollt ~ sein!** ¡que os estéis quietos!; **eine**

~e Hand haben tener un pulso seguro ② *(geräuschlos)* tranquilo; *(schweigsam)* callado; **gegen 19 Uhr wird es ~er** hacia las siete esto se queda más tranquilo ③ *(gelassen)* tranquilo; **nur ~ Blut!** ¡tranquilo!; **ein ~es Gewissen haben** tener la conciencia tranquila; **~ bleiben** permanecer tranquilo; **~ verlaufen** tra(n)scurrir sin incidentes; **etw ~ mit ansehen** observar algo tranquilamente

ruhigstellen *vt* (MED) ① *(Arm, Bein) s.* **stellen I. 2.** ② *(Person)* **jdn ~** administrar tranquilizantes a alguien

Ruhm [ru:m] *m* <-(e)s, *ohne pl*> gloria *f*

rühmen ['ry:mən] **I.** *vt* alabar, elogiar **II.** *vr* **sich etw** *gen* **~** gloriarse de algo; *(prahlend)* vanagloriarse de algo

Ruhmesblatt *nt* **etw ist für jdn kein ~** algo no es un mérito para alguien

rühmlich *adj* glorioso

ruhmlos *adj* sin gloria; *(beschämend)* vergonzoso

ruhmreich *adj* glorioso

ruhmvoll *adj s.* **ruhmreich**

Ruhr [ru:ɐ] *f* <-en> (MED) disentería *f*

Rührei ['ry:ɐʔaɪ] *nt* huevos *mpl* revueltos

rühren ['ry:rən] **I.** *vt* ① *(umrühren)* remover; *(mischen)* mezclar; **die Eier in den Teig ~** mezclar los huevos con la masa ② *(bewegen)* mover; **keinen Finger ~** no mover ni un dedo ③ *(emotional)* conmover **II.** *vi* ① *(umrühren)* remover; **im Tee ~** remover el té ② *(geh: herrühren)* deberse (**von** a); **das rührt daher, dass ...** esto se debe a que... **III.** *vr:* **sich ~** moverse; **sich nicht vom Fleck ~** no moverse del sitio; **ich klingelte, aber es rührte sich nichts** toqué el timbre, pero no pasó nada; **endlich rührte sich sein Gewissen** por fin le dio cargo de conciencia; **rührt euch!** (MIL) ¡descansen!

rührend *adj* conmovedor, emocionante; **das ist wirklich ~ von Ihnen** es todo un detalle por su parte

Ruhrgebiet *nt* Cuenca *f* del Ruhr

rührig ['ry:rɪç] *adj* activo; *(flink)* ágil

Rührschüssel *f* bol *m* para mezclar

rührselig *adj* sentimental

Rührteig *m* masa *f* de bizcocho

Rührung *f ohne pl* emoción *f*

Ruin [ru'i:n] *m* <-s, *ohne pl*> ruina *f;* **vor dem ~ stehen** estar al borde de la ruina

Ruine [ru'i:nə] *f* <-n> ruina *f*

ruinieren* [rui'ni:rən] *vt* ① *(vernichten)* arruinar ② *(beschädigen)* estropear

ruinös [rui'nø:s] *adj* ruinoso

rülpsen ['rʏlpsən] *vi (fam)* eructar

Rülpser *m* <-s, -> *(fam)* eructo *m*

rum [rʊm] *adv (fam) s.* **herum**

Rum [rʊm] *m* <-s, -s *o Österr, Schweiz:* -e> ron *m*

Rumäne, -in [ru'mɛ:nə] *m, f* <-n, -n; -nen> rumano, -a *m, f*

Rumänien [ru'mɛ:niən] *nt* <-s> Rumania *f,* Rumanía *f*

Rumänin *f* <-nen> *s.* **Rumäne**

rumänisch *adj* rumano

Rumänisch *nt* <-(s), *ohne pl*>, **Rumänische** *nt* <-n, *ohne pl*> rumano *m*

rumeiern ['rʊmʔaiɐn] *vi (abw fam)* dispersarse

rum|kriegen ['rʊm-] *vt (fam)* ① *(Zeit)* pasar ② *(überreden)* convencer ③ *(verführen)* seducir

Rummel ['rʊməl] *m* <-s, *ohne pl*> *(fam)* ① *(Betriebsamkeit)* ajetreo *m;* **großen ~ um etw/jdn machen** armar un escándalo por algo/alguien ② *(Jahrmarkt)* feria *f*

Rummelplatz *m (fam)* feria *f*

rumoren* [ru'mo:ren] *vi (fam)* hacer ruido; **es rumort in ihrem Bauch** le suenan las tripas

Rumpelkammer ['rʊmpəl-] *f (fam)* (cuarto *m*) trastero *m*

rumpeln ['rʊmpəln] *vi (fam)* ① *sein (Fahrzeug)* traquetear ② *(poltern)* hacer ruido

Rumpf [rʊmpf, *pl:* 'rʏmpfə] *m* <-(e)s, Rümpfe> ① *(des Menschen)* tronco *m; (einer Statue)* torso *m* ② (NAUT) casco *m* ③ (AERO) fuselaje *m*

Rumpfbeuge *f* (SPORT) flexión *f* de tronco

rümpfen ['rʏmpfən] *vi* **die Nase über etw ~** mirar algo con desprecio

Rumpsteak ['rʊmpste:k] *nt* filete *m* de culata

Rumtopf *m* conserva *f* de fruta en ron

rum|treiben *irr vr:* **sich ~** *(fam abw)* vagabundear (**auf/in** por); *(auf der Straße)* callejear (**auf/in** por); **wo hast du dich wieder rumgetrieben?** ¿por dónde te has metido?

Rumtreiber(in) *m(f)* <-s, -; -, -nen> *(fam)* merodeador(a) *m(f); (Landstreicher)* vagabundo, -a *m, f*

Run [ran] *m* <-s, -s> gran demanda *f* (**auf** de)

rund [rʊnt] **I.** *adj* ① *(Form)* redondo; **das ist eine ~e Sache** esto nos salió redondo; **ein ~es Dutzend Leute** *(fam)* aproximadamente una docena de personas ② *(Mensch)* regordete **II.** *adv (fam: ungefähr)* aproximadamente; **~ um** alrededor de; **~ um die Uhr** las 24 horas del día

Rundblick *m* vista *f* panorámica

Rundbogen *m* (ARCHIT) arco *m* de medio punto

Rundbrief *m* circular *f*

Runde ['rʊndə] *f* <-n> ① *(Gesellschaft)*

tertulia *f*, reunión *f*; **in die ~ blicken** mirar alrededor ② *(Rundgang)* vuelta *f*; *(von Polizei)* ronda *f*; **seine ~ machen** hacer la ronda ③ (SPORT) vuelta *f*; *(Boxen)* asalto *m*; **über die ~n kommen** *(fam)* ir tirando ④ *(Getränkerunde)* ronda *f*; **eine ~ schmeißen** pagar una ronda

runden ['rʊndən] *vt* (MATH) redondear

runderneuern* *vt* (AUTO) recauchar, recauchutar

Rundfahrt *f* vuelta *f*

Rundflug *m* <-(e)s, -flüge> vuelta *f* en avión

Rundfunk *m* radiodifusión *f*, radio *f*; **im ~** en la radio

Rundfunkanstalt *f* centro *m* de radiodifusión, radiodifusora *f Arg*

Rundfunkgebühr *f* derechos *mpl* de radiodifusión

Rundfunkgerät *nt* aparato *m* de radio

Rundfunkprogramm *nt* programa *m* de radio

Rundfunksender *m* emisora *f* de radio, radiodifusora *f Arg*

Rundfunksprecher(in) *m(f)* (RADIO) locutor(a) *m(f)*

Rundfunkstation *f* estación *f* de radio

Rundfunkübertragung *f* (RADIO) retra(n)smisión *f* por radio

Rundgang *m* vuelta *f*; *(Strecke)* circuito *m*; **einen ~ machen** dar una vuelta

rund|gehen *irr vi sein* ① *(herumgereicht werden)* pasar de mano en mano; *(erzählt werden)* ir de boca en boca ② *(fam: turbulent werden)* haber jaleo; **jetzt geht's rund** ahora empieza lo bueno

rundheraus ['--'-] *adv* francamente, sin rodeos; **~ gesagt** dicho francamente

rundherum ['--'-] *adv* ① *(räumlich)* alrededor (**um** de) ② *(völlig)* completamente

rundlich *adj* ① *(annähernd rund)* redondeado ② *(dicklich)* rechoncho

Rundreise *f* gira *f*

Rundruf *m* <-(e)s, -e> (TEL) (serie *f* de) llamadas *fpl* (en cadena)

Rundschreiben *nt* circular *f*

rundum ['-'-] *adv s.* **rundherum**

Rundung *f* <-en> curvatura *f*

rundweg ['rʊnt'vɛk] *adv* rotundamente

Rune ['ruːnə] *f* <-, -n> runa *f*

runter ['rʊntɐ] *adv (fam)* (hacia) abajo

runter|hauen <haut runter, haute *o* hieb runter, runtergehauen> *vt (fam)* **jdm eine/ein paar ~** darle una bofetada/unas bofetadas a alguien

runter|holen *vt* ① *(fam: herunternehmen)* bajar (**von** de) ② *(Wend)* **jdm/sich** *dat* **einen ~** *(vulg)* hacerle a alguien/hacerse una paja

runter|kommen *irr vi sein (fam)* ① *(nach unten kommen)* bajar ② *(verwahrlosen)* venir a menos; *(Person)* envilecerse; *(Gesundheit)* deteriorarse

runter|lassen *irr vt (fam)* ① *(abseilen)* bajar con una cuerda ② *(Jalousie)* bajar

Runzel ['rʊntsəl] *f* <-n> arruga *f*

runzelig *adj* arrugado

runzeln ['rʊntsəln] **I.** *vt* arrugar **II.** *vr:* **sich ~** arrugarse

runzlig *adj* arrugado

Rüpel ['ryːpəl] *m* <-s, -> *(abw)* maleducado, -a *m, f*

rüpelhaft *adj (abw)* grosero, descarado

rupfen ['rʊpfən] *vt* ① *(Geflügel, a. fig)* desplumar ② *(Gras, Unkraut)* arrancar

Rupie ['ruːpjə] *f* <-, -n> *(Währung)* rupia *f*

ruppig ['rʊpɪç] *adj* ① *(abw: unfreundlich, grob)* grosero, mal educado ② *(ungepflegt)* desaseado

Rüsche ['ryːʃə] *f* <-n> volante *m*

Ruß [ruːs] *m* <-es, -e> hollín *m*

Russe, -in ['rʊsə] *m, f* <-n, -n; -nen> ruso, -a *m, f*

Rüssel ['rʏsəl] *m* <-s, -> *(von Insekt, Elefant)* trompa *f*; *(von Schwein)* hocico *m*

rußen ['ruːsən] **I.** *vi (Kerze, Feuer)* producir hollín **II.** *vt (südd, Schweiz: entrußen)* deshollinar

rußig *adj* lleno de hollín

Russin *f* <-nen> *s.* **Russe**

russisch *adj* ruso

Russisch *nt* <-(s), *ohne pl*>, **Russische** *nt* <-n, *ohne pl*> ruso *m*; **sprechen Sie ~?** ¿habla ruso?

Russland ['rʊslant] *nt* <-s> Rusia *f*

Russlanddeutsche(r) *mf* ruso, -a *m, f* de ascendencia alemana

rüsten ['rʏstən] **I.** *vi* ① (MIL) armar, hacer preparativos de guerra ② *(Schweiz: sich vorbereiten)* prepararse (**zu/für** a/para), hacer preparativos (**zu** para) **II.** *vr:* **sich ~** *(geh)* prepararse (**zu/für** a/para) **III.** *vt (Schweiz)* preparar

rüstig ['rʏstɪç] *adj* vigoroso, ágil

Rüstigkeit *f* <-, *ohne pl*> vitalidad *f*

rustikal [rʊsti'kaːl] *adj* rústico

Rüstung *f* <-en> ① *(Ritterrüstung)* armadura *f* ② (MIL) armamento *m*

Rüstungsexport *m* <-(e)s, -e> (MIL) exportación *f* de armamentos

Rüstungsindustrie *f* <-, -n> (MIL) industria *f* de armamento

Rüstungskontrolle *f* control *m* de armamento

Rute ['ruːtə] *f* <-n> ① *(Stock)* vara *f* ② *(Rutenbündel)* férula *f* ③ *(Angelrute)* caña *f* de pescar ④ *(Schwanz)* cola *f* ⑤ *(vulg: Penis)* rabo *m*

Rutsch [rʊtʃ] *m* <-(e)s, -e> *(fam: bei Wahlen)* giro *m* (**nach** a); **in einem ~** *(fam)* de un golpe; **guten ~ ins neue** [*o* **Neue**] **~!** *(fam)* ¡Feliz Año Nuevo!
Rutschbahn *f* ① *(Spielgerät)* tobogán *m* ② *(fam: auf Schnee, Eis)* pista *f* deslizante
Rutsche [ˈrʊtʃə] *f* <-n> tobogán *m*
rutschen [ˈrʊtʃən] *vi sein* ① *(gleiten)* resbalar; *(Auto)* patinar ② *(fam: rücken)* correrse; **rutsch doch mal ein Stückchen!** ¡córrete un poquito!; **sie rutschte auf ihrem Stuhl hin und her** no paraba de moverse en su silla ③ *(herunterrutschen)* caerse; *(Erdmassen)* desprenderse; **ins R~ kommen** pegar un resbalón; *(Auto)* patinar
rutschfest *adj* antideslizante
Rutschgefahr *f ohne pl* peligro *m* de patinar
rutschig *adj* resbaladizo, resbaloso
Rutschpartie *f* <-, -n> *(fam)* **bei diesem Schnee ist jeder Gang die reinste ~!** ¡con la nieve que hay es imposible andar sin resbalar [*o* sin patinar] !
rütteln [ˈrʏtəln] **I.** *vi (an Türklinke, Gitter)* dar sacudidas (**an** a); **daran gibt es nichts zu ~** *(fam)* es así, y punto **II.** *vt* sacudir

Ss

S, s [ɛs] *nt* <-, -> S, s *f;* **~ wie Siegfried** S de Soria
s. *Abk. von* **siehe** v.
S *Abk. von* **Süden** S
S. *Abk. von* **Seite** pág.
s. a. *Abk. von* **sine anno** sin fecha (de edición determinada)
Saal [zaːl, *pl:* ˈzɛːlə] *m* <-(e)s, Säle> sala *f,* salón *m*
Saar [zaːɐ] *f* Sarre *m*
Saarbrücken [zaːɐˈbrʏkən] *nt* <-s> Saarbrücken *m*
Saarland *nt* <-(e)s> (territorio *m* del) Sarre *m*
Saat [zaːt] *f ohne pl* ① *(das Aussäen)* siembra *f* ② *(Saatgut)* simientes *fpl*
Saatgut *nt* <-(e)s, *ohne pl*> simientes *fpl*
Saatkorn *nt* <-(e)s, -körner> (BOT) semilla *f,* grano *m*
Sabbat [ˈzabat] *m* <-s, -e> sab(b)ath *m*
sabbern [ˈzabɐn] *vi (fam)* ① *(Speichel)* babear ② *(schwatzen)* charlotear
Säbel [ˈzɛːbəl] *m* <-s, -> sable *m*
Sabotage [zaboˈtaːʒə] *f* <-n> sabotaje *m*
Sabotageakt *m* <-(e)s, -e> acto *m* de sabotaje
Saboteur(in) [zaboˈtøːɐ] *m(f)* <-s, -e; -nen> saboteador(a) *m(f)*
sabotieren* [zaboˈtiːrən] *vt* sabotear
Sa(c)charin [zaxaˈriːn] *nt* <-s, *ohne pl*> sacarina *f*
Sa(c)charose *f ohne pl* (CHEM) sacarosa *f*
Sachbearbeiter(in) *m(f)* oficial(a) *m(f)* encargado , -a
Sachbereich *m* ámbito *m*
Sachbeschädigung *f* (JUR) daños *mpl* materiales
sachbezogen *adj* pertinente, referente a un asunto (en particular)
Sachbezüge *mpl* retribuciones *fpl* en especie
Sachbuch *nt* libro *m* de divulgación
sachdienlich *adj* conducente; *(nützlich)* útil; **~e Hinweise** informaciones al respecto
Sache [ˈzaxə] *f* <-n> ① *(Ding)* cosa *f; (Gegenstand)* objeto *m;* **seine sieben ~n packen** *(fig)* empaquetar sus cuatro cosas ② *(Angelegenheit, Handlung, Situation, Ereignis)* asunto *m;* **das ist eine ~ des Glaubens/des Geschmacks** es una cuestión de fe/de gustos; **die ~ ist die, dass ...** la cosa es que...; **er macht seine ~ gut/schlecht** hace su trabajo bien/mal; **das ist eine ~ für sich** es cosa aparte; **das ist deine ~!** ¡es tu problema!; **dieses Buch ist nicht jedermanns ~** este libro no es para todos los gustos; **in eigener ~** por propio interés; **er ist sich seiner ~ sicher** está muy seguro (respecto a ella); **mit jdm gemeinsame ~ machen** hacer causa común con alguien; **keine halben ~n machen** no hacer las cosas a medias; **bei der ~ sein** concentrarse; (**kommen Sie**) **zur ~!** ¡vaya Ud. al grano!; **das tut nichts zur ~** eso no viene al caso; **sagen, was ~ ist** *(fam)* llamar a las cosas por su nombre ③ (JUR: *Fall*) caso *m* ④ *(fam: Stundenkilometer)* **das Auto fährt 180 ~n** el coche corre a 180
Sacheinlage *f* (WIRTSCH) aportación *f* no dineraria (**in** a)
Sachgebiet *nt* materia *f,* campo *m*
sachgemäß *adj* adecuado

Sachkenntnis *f* conocimientos *mpl* en la materia

Sachkunde *f ohne pl* ① *(geh) s.* **Sachkenntnis** ② (SCH) *s.* **Sachkundeunterricht**

Sachkundeunterricht *m* <-(e)s, -e> (SCH) clases *fpl* de (ciencias) naturales y sociales *(en la escuela primaria)*

sachkundig *adj* experto; **sich ~ machen** hacerse experto en la materia

Sachkundige(r) *mf* experto, -a *m, f*

Sachlage *f ohne pl* estado *m* de cosas

sachlich *adj* ① *(sachbezogen)* pertinente ② *(objektiv)* objetivo; *(nüchtern)* realista

sächlich ['zɛçlɪç] *adj* (LING) neutro

Sachlichkeit *f ohne pl* objetividad *f,* realismo *m*

Sachliteratur *f* (literatura *f* de) no ficción *f*

Sachregister *nt* índice *m* de materias

Sachschaden *m* daño *m* material

Sachse, Sächsin ['zaksə] *m, f* <-n, -n; -nen> sajón, -ona *m, f*

Sachsen ['zaksən] *nt* <-s> Sajonia *f*

Sachsen-Anhalt *nt* <-s> Sajonia-Anhalt *f*

Sächsin ['zɛksɪn] *f* <-nen> *s.* **Sachse**

sächsisch ['zɛksɪʃ] *adj* sajón

sacht(e) ['zaxt(ə)] *adj* suave; *(unmerklich)* imperceptible

Sachverhalt ['zaxvɛɐhalt] *m* <-(e)s, -e> circunstancias *fpl*

sachverständig *adj* experto

Sachverständige(r) *mf* <-n, -n; -n> perito, -a *m, f,* experto, -a *m, f*

Sachverständigengutachten *nt* dictamen *m* pericial

Sachwert *m* ① *(Wert)* valor *m* real ② *pl (Wertobjekt)* bienes *mpl* reales

Sack [zak, *pl:* 'zɛkə] *m* <-(e)s, Säcke> ① *(Behälter)* saco *m;* **Gelber** [*o* **gelber**] **~** *saco de basura amarillo en el sistema dual de separación de basuras;* **mit ~ und Pack** con todo lo que tiene; **etw (schon) im ~ haben** *(fam)* tener algo (ya) en el saco ② *(vulg: Hodensack)* cojones *mpl;* **der/das geht mir auf den ~** estoy hasta los cojones ③ *(vulg abw: Mensch)* granuja *m*

Sackbahnhof *m* estación *f* sin salida

sacken ['zakən] *vi sein* desplomarse; **zur Seite ~** caerse hacia el lado

Sackgasse *f* callejón *m* sin salida

Sackhüpfen *nt* carrera *f* de sacos

Sackkarre *f* carretilla *f*

Sackkleid *nt* vestido *m* suelto (largo)

Sadismus [za'dɪsmʊs] *m* <-, *ohne pl*> sadismo *m*

Sadist(in) [za'dɪst] *m(f)* <-en, -en; -nen> sádico, -a *m, f*

sadistisch *adj* sádico

Sadomasochismus *m* <-, *ohne pl*> sadomasoquismo *m*

säen ['zɛːən] *vt* sembrar; **Hass/Zwietracht ~** sembrar el odio/la discordia; **dünn gesät sein** ser escaso

Safari [za'faːri] *f* <-s> safari *m;* **auf ~ gehen** ir de safari

Safe [sɛɪf] *m o nt* <-s, -s> caja *f* fuerte

Safran ['zafra(ː)n] *m* <-s, -e> azafrán *m*

Saft [zaft, *pl:* 'zɛftə] *m* <-(e)s, Säfte> ① *(Fruchtsaft)* zumo *m,* jugo *m Am; (Braten-, Pflanzensaft)* jugo *m* ② *(fam: Strom)* corriente *f*

saftig *adj* ① *(Obst)* jugoso ② *(fam: Preis, Ohrfeige)* de aúpa

Saftladen *m (fam abw)* tugurio *m*

Saftpresse *f* exprimidor *m*

Saga ['za(ː)ga] *f* <-, -s> (LIT) saga *f*

Sage ['zaːgə] *f* <-n> leyenda *f; (Götter-, Heldensage)* mito *m*

Säge ['zɛːgə] *f* <-n> ① *(Werkzeug)* sierra *f* ② *(Österr: Sägewerk)* aserradero *m*

Sägeblatt *nt* hoja *f* de (la) sierra

Sägebock *m* tijera *f,* burro *m*

Sägemehl *nt* serrín *m*

sagen ['zaːgən] *vt* decir (**zu** acerca de/sobre, **von** de); *(ausdrücken)* expresar; *(mitteilen)* comunicar; *(meinen)* opinar (**zu** de/sobre); *(ergänzen)* añadir (**zu** a); **wie sagt man auf Spanisch?** ¿cómo se dice en español?; **Gute Nacht ~** dar las buenas noches; **Auf Wiedersehen** [*o* **auf Wiedersehen**] **~** decir adiós; **Ja/Nein ~** decir que sí/no; **dagegen ist nichts zu ~** no se puede decir nada en contra; **kein Wort ~** no decir ni (una) palabra; **was ich noch ~ wollte, ...** lo que iba a decir...; **~ wir mal ...** digamos...; **sagt dir der Name etwas?** ¿te suena el nombre?; **nichts ~d** *(Rede, Argument)* insustancial; *(Worte, Sätze)* vacío; *(Gespräch)* vacuo; *(Thema)* trivial; *(Ausdruck)* inexpresivo; **das hätte ich dir gleich ~ können** podría habértelo dicho desde el principio; **was wollen Sie damit ~?** ¿qué quiere decir con esto?; **wie man so schön sagt** como suele decirse; **genauer gesagt** mejor dicho; **auf gut Deutsch gesagt** dicho claramente; **offen gesagt** a decir verdad; **das oben Gesagte** lo susodicho; **sie haben sich nichts mehr zu ~** ya no tienen nada que decirse; **das hat nichts zu ~** eso no quiere decir nada; **ich habe mir ~ lassen, (dass) ...** me dijeron (que)...; **sag mal, ...** di(me)...; **um nicht zu ~ ...** por no decir...; **von dir lasse ich mir überhaupt nichts ~** no te creas que te voy a hacer caso; **das S~ haben** *(fam)* mandar; **das kannst du aber laut ~** *(fam)* eso sí que es verdad; **gesagt,**

S

getan dicho y hecho; **das ist leichter gesagt als getan** del dicho al hecho hay mucho trecho *prov;* **das ist schnell gesagt** se dice muy pronto; **das ist nicht gesagt** eso está por ver todavía; **unter uns gesagt** entre nosotros; **du sagst es!** ¡tú lo has dicho!; **ich muss schon ~, ...** tengo que decir que...; **was ich noch ~ wollte, ...** otra cosa,...; **wem sagst du das!** *(fam)* ¡ya lo sé!; **sage und schreibe** *(fam)* tal como lo digo; **was Sie nicht ~!** *(fam)* ¡no me diga!; **das eine sage ich dir, ...** *(fam)* te advierto una cosa...; **lass dir das gesagt sein!** *(fam)* ¡hazme caso!; **du kannst von Glück ~, dass ...** has tenido suerte en lo de... *+inf;* **das kann jeder ~!** ¡eso puede decirlo cualquiera!; **sag das nicht!** ¡no te creas!; **sag bloß!** *(fam)* ¡no me digas!; **das kann man nicht so ohne Weiteres** [*o* **weiteres**] **~** tan fácil no es; **viel ~d** significativo; **na, wer sagt's denn!** *(fam)* ¡lo ves!; **hab' ich's nicht gesagt?** *(fam)* ¿no lo había dicho yo?; **was soll man dazu ~?** *(fam)* ¿qué quieres que te diga?

sägen ['zɛːgən] **I.** *vt* serrar **II.** *vi* *(fam: schnarchen)* roncar

sagenhaft *adj* ❶ *(legendär)* legendario ❷ *(erstaunlich)* asombroso; **das war ~ billig** *(fam)* era baratísimo

Sägespäne ['zɛːgəʃpɛːnə] *mpl* virutas *fpl*

Sägewerk *nt* aserradero *m*

sah [zaː] *3. imp von* **sehen**

Sahara [za'haːra] *f* Sáhara *m*

Sahne ['zaːnə] *f ohne pl* nata *f;* **süße ~** nata líquida; **~ steif schlagen** montar la nata

Sahnetorte *f* tarta *f* de nata

sahnig *adj* cremoso

Saison [zɛ'zõː, zɛ'zɔŋ] *f* <-s *o Österr:* -en> temporada *f;* **außerhalb der ~** fuera de temporada

saisonal [zɛzo'naːl] *adj* de temporada

Saisonarbeit *f* trabajo *m* estacional

Saisonarbeiter(in) *m(f)* temporero, -a *m, f*

saisonbedingt *adj* estacional

Saite ['zaɪtə] *f* <-n> cuerda *f;* **andere ~n aufziehen** *(fig)* apretar las tuercas

Saiteninstrument *nt* instrumento *m* de cuerda

Sakko ['zako] *m o nt* <-s, -s> americana *f,* saco *m Am*

sakral [za'kraːl] *adj* ❶ *(heilig)* sacro, sagrado ❷ (ANAT) sacro

Sakrament [zakra'mɛnt] *nt* <-(e)s, -e> sacramento *m*

Sakrileg [zakri'leːk] *nt* <-s, -e> sacrilegio *m*

Sakristei [zakrɪs'taɪ] *f* <-en> sacristía *f*

Säkularisation [zɛkulariza'tsioːn] *f* <-, -en> secularización *f*

säkularisieren* [zɛkulari'ziːrən] *vt* secularizar

Salamander [zala'mandɐ] *m* <-s, -> salamandra *f*

Salami [za'laːmi] *f* <-(s)> salami *m;* *(luftgetrocknet)* ≈ salchichón *m*

Salamitaktik *f* <-, -en> *(fam)* táctica *f* de los pequeños pasos (para conseguir un objetivo mayor)

Salat [za'laːt] *m* <-(e)s, -e> ❶ *(Blatt-, Kopfsalat)* lechuga *f* ❷ *(Speise)* ensalada *f* ❸ *(fam: Durcheinander)* lío *m;* **da haben wir den ~!** ¡ahora estamos frescos!

Salatbesteck *nt* cubierto *m* para servir ensalada

Salatgurke *f* pepino *m* (para ensalada)

Salatschleuder *f* centrifugadora *f* de ensalada

Salatschüssel *f* ensaladera *f*

Salatsoße *f* aliño *m,* salsa *f* para la ensalada

Salbe ['zalbə] *f* <-n> pomada *f*

Salbei ['zalbaɪ, -'-] *m* <-s, *ohne pl*> salvia *f*

salben ['zalbən] *vt* (REL) ungir

Salbung *f* <-en> (*a.* REL) unción *f*

salbungsvoll *adj* *(abw)* con unción, patético

Saldo ['zaldo] *m* <-s, Salden *o* -s *o* Saldi> ❶ (FIN) saldo *m* ❷ (COM) deuda *f* líquida

Säle ['zɛːlə] *pl von* **Saal**

Saline [za'liːnə] *f* <-n> salinas *fpl*

Salm [zalm] *m* <-(e)s, -e> (ZOOL) salmón *m*

Salmiak [zal'mjak, '--] *m o nt* <-s, *ohne pl*> sal *f* amoníaca

Salmonelle [zalmo'nɛlə] *f* <-n> salmonela *f*

Salomonen [zalo'moːnən] *pl* islas *fpl* Salomón

Salon [za'lõː, za'lɔŋ] *m* <-s, -s> salón *m*

salonfähig *adj* presentable (en sociedad); **etw ~ machen** dar el visto bueno a algo

salopp [za'lɔp] *adj* *(Sprache)* coloquial; *(Verhalten, Kleidung)* informal; *(nachlässig)* descuidado

Salpetersäure *f ohne pl* ácido *m* nítrico

Salsa ['salsa] *f* <-, -s> (GASTR, MUS) salsa *f*

Salto ['zalto] *m* <-s, -s *o* Salti> (SPORT) salto *m;* **einen ~ rückwärts machen** dar una voltereta hacia atrás

salü *interj* *(Schweiz: fam)* ❶ *(hallo)* hola ❷ *(tschüs)* adiós, hasta luego

Salut [za'luːt] *m* <-(e)s, -e> (MIL) salva *f* de ordenanza

salutieren* [zalu'tiːrən] *vi* (MIL) realizar un saludo militar

Salvadorianer(in) [zalvadori'aːnɐ] *m(f)* <-s, -; -nen> salvadoreño, -a *m, f*
salvadorianisch [zalvadori'aːnɪʃ] *adj* salvadoreño
Salz [zalts] *nt* <-es, -e> (*a.* CHEM) sal *f*
salzarm *adj* pobre en sal
Salzburg ['zaltsbʊrk] *nt* <-s> Salzburgo *m*
salzen ['zaltsən] *vt* salar
Salzgehalt *m* contenido *m* en sal
salzhaltig *adj* salino, salobre
salzig *adj* salado; *(Geschmack)* salobre
Salzkartoffeln *f pl* patatas *f pl* cocidas sin piel
Salzlake *f* <-, -n> (GASTR) salmuera *f*
Salzsäure *f ohne pl* ácido *m* clorhídrico
Salzsee *m* <-s, -n> lago *m* salado [*o* de agua salada]
Salzstange *f* palito *m* salado
Salzstreuer *m* <-s, -> salero *m*
Salzwasser *nt ohne pl* agua *f* salada; *(Meerwasser)* agua *f* de mar
Samariter(in) [zama'riːtɐ] *m(f)* <-s, -; -nen> samaritano, -a *m, f*
Samba ['zamba] *f* <-s> *m* <-s, -s> samba *f*
Sambia ['zambia] *nt* <-s> Zambia *f*
Samen[1] ['zaːmən] *m* <-s, -> *(Samenkorn)* semilla *f*
Samen[2] *m* <-s, *ohne pl*> ❶ *(Saat)* simiente *f* ❷ *(Sperma)* semen *m*
Samenbank *f* (MED) banco *m* de esperma
Samenerguss *m* eyaculación *f*
Samenflüssigkeit *f* <-, -en> (BIOL) esperma *m o f*
Samenkapsel *f* (BOT) pericarpio *m*
Samenleiter *m* (ANAT) espermaducto *m*, conducto *m* espermático
Samenspender *m* donante *m* de semen
Samenzelle *f* (BIOL) (piel *f* de) célula *f* espermática, esperma *m o f*
sämig ['zɛːmɪç] *adj* espeso
Sämling *m* <-s, -e> arbolito *m* nacido de semilla
Sammelalbum *nt* albúm *m* (de coleccionista)
Sammelband *m* antología *f*
Sammelbegriff *m* concepto *m* genérico
Sammelbestellung *f* pedido *m* colectivo
Sammelbüchse *f* hucha *f*
Sammellager *nt* <-s, -> centro *m* de acogida, campo *m* de acogida [*o* provisional de refugiados]
sammeln ['zaməln] **I.** *vt* ❶ *(zusammentragen)* recoger; *(Beeren)* recolectar; *(Geld)* recaudar; *(Unterschriften)* reunir; **Erfahrungen ~** reunir experiencias ❷ *(aus Liebhaberei)* coleccionar; **Briefmarken ~** coleccionar sellos ❸ *(versammeln)* reunir **II.** *vr:* **sich ~** ❶ *(Menschen)* reunirse; *(Dinge)* acumularse ❷ *(sich konzentrieren)* concentrarse **III.** *vi (Geld)* **für etw ~** recaudar dinero para algo
Sammelpunkt *m* punto *m* de encuentro, lugar *m* de encuentro; **um 7 Uhr treffen wir uns an unserem ~** a las 7 nos encontramos en el lugar de siempre
Sammelsurium [-'zuːriʊm] *nt* <-s, -surien> *(abw)* revoltijo *m*
Sammeltaxi *nt* taxi *m* colectivo
Sammler(in) ['zamlɐ] *m(f)* <-s, -; -nen> coleccionista *mf*
Sammlerstück *nt* <-(e)s, -e> objeto *m* de colección
Sammlung *f* <-en> ❶ *(von Geld)* recaudación *f* ❷ *(Kunstsammlung)* colección *f*; *(Gedichtsammlung)* antología *f* ❸ *(innere Sammlung)* recogimiento *m*
Samoa [za'moːa] *nt* <-s> Samoa *f*
Samstag ['zamstaːk] *m* <-(e)s, -e> sábado *m*; *s. a.* **Montag**
Samstagabend *m* noche *f* del sábado; *s. a.* **Montagabend**
samstagabends *adv* los sábados por la noche; *s. a.* **montagabends**
samstags ['zamstaːks] *adv* los sábados
samt [zamt] **I.** *präp +dat* (junto) con **II.** *adv* **~ und sonders** todos sin excepción
Samt [zamt] *m* <-(e)s, -e> terciopelo *m*
samtartig *adj* aterciopelado; **~er Stoff** tejido aterciopelado
Samthandschuh *m* **jdn mit ~en anfassen** *(fig)* tratar a alguien con guante de seda
samtig *adj* aterciopelado
sämtlich ['zɛmtlɪç] *pron indef* todo; **~e Unterlagen waren verschwunden** todos los documentos habían desaparecido
samtweich ['-'-] *adj* aterciopelado
Sanatorium [zana'toːriʊm] *nt* <-s, Sanatorien> sanatorio *m*
Sand [zant] *m* <-(e)s, *ohne pl*> arena *f*; **wie ~ am Meer** *(fam)* a mares; **die Sache ist im ~ verlaufen** la cosa se fue a pique; **etw in den ~ setzen** *(fam fig)* malograr algo
Sandale [zan'daːlə] *f* <-n> sandalia *f*, ojota *f Am*, quimba *f Am*
Sandalette [zanda'lɛtə] *f* <-n> sandalia *f* (de tacón)
Sandbank *f* banco *m* de arena
Sandburg *f* castillo *m* de arena
Sanddorn *m* <-(e)s, -e> espino *m* falso
Sandelholz ['zandəl-] *nt* <-es, *ohne pl*> madera *f* de sándalo
sandig *adj* arenoso
Sandkasten *m* cajón *m* de arena
Sandkorn *nt* grano *m* de arena
Sandmännchen [-mɛnçən] *nt ohne pl fi-*

S

gura de cuento que arroja arena a los ojos de los niños para que estos se duerman

Sandpapier *nt* papel *m* de lija

Sandsack *m* saco *m* de arena

Sandstein *m ohne pl* arenisca *f*

sandstrahlen ['---] *vt* tratar con chorro de arena

Sandstrand *m* playa *f* de arena

Sandsturm *m* tormenta *f* de arena

sandte ['zantə] *3. imp von* **senden**

Sanduhr *f* reloj *m* de arena

Sandwich ['sɛntvɪtʃ] *m o nt* <-(e)s, -(e)s *o* -e> sándwich *m*, chacarero *m CSur*

Sandwichgrill *m* sandwichera *f*

Sandwüste *f* desierto *m* arenoso

sanft [zanft] *adj* ❶ *(friedfertig)* suave, dulce; *(Tier)* manso ❷ *(zart, sacht)* suave; *(freundlich)* amable; *(leicht)* ligero

Sänfte ['zɛnftə] *f* <-n> litera *f*

Sanftheit *f* <-, *ohne pl*> dulzura *f*

Sanftmut *f* <-, *ohne pl*> calma *f* y bondad *f*

sanftmütig [-myːtɪç] *adj* apacible, pacífico

sang [zaŋ] *3. imp von* **singen**

Sänger(in) ['zɛŋɐ] *m(f)* <-s, -; -nen> cantante *mf*

Sangria [saŋ'griːa] *f* <-s> sangría *f*

sang- und klanglos *adv (fam)* sin ceremonias

sanieren* [za'niːrən] *vt* ❶ (ARCHIT) rehabilitar ❷ (ÖKOL, WIRTSCH) sanear

Sanierung *f* <-en> ❶ (ARCHIT) rehabilitación *f* ❷ (ÖKOL, WIRTSCH) saneamiento *m*

Sanierungsgebiet *nt* (ARCHIT) zona *f* en rehabilitación

Sanierungsmaßnahme *f* ❶ (ARCHIT) (trabajos *mpl* de) rehabilitación *f* ❷ (ÖKOL, WIRTSCH, POL) medida *f* de saneamiento ❸ (MED) medida *f* sanitaria

sanitär [zani'tɛːɐ] *adj* sanitario

Sanität [zani'tɛːt] *f ohne pl* ❶ *(Österr: Gesundheitsdienst)* sanidad *f* ❷ *(Schweiz: Ambulanz)* ambulancia *f* ❸ *(Österr, Schweiz: Sanitätstruppe)* tropa *f* sanitaria

Sanitäter(in) [zani'tɛːtɐ] *m(f)* <-s, -; -nen> sanitario, -a *m, f*, barchilón, -ona *m, f Perú*

Sanitätsdienst *m* (MIL) servicio *m* sanitario, enfermería *f*

Sanitätswesen *nt* <-s, *ohne pl*> sanidad *f* (militar)

sank [zaŋk] *3. imp von* **sinken**

Sankt [zaŋkt] *adj inv* San

Sanktion [zaŋk'tsjoːn] *f* <-en> ❶ *(Zustimmung)* sanción *f* ❷ *pl (Strafmaßnahmen)* sanciones *f pl*; **~en gegen jdn verhängen** imponer sanciones a alguien

sanktionieren* [zaŋktsjo'niːrən] *vt* ❶ *(gutheißen)* sancionar ❷ *(mit Sanktionen belegen)* imponer sanciones (a), sancionar

San Marino [zanma'riːno] *nt* <- -s> ❶ *(Staat)* (República *f* de) San Marino *m* ❷ *(Hauptstadt)* San Marino *m*

sann [zan] *3. imp von* **sinnen**

São Tomé und Príncipe ['zaːo to'meː ʊnt 'prɪnsipə] *nt* <- -s - -s> Santo Tomé y Príncipe *m*

Saphir [za'fiːɐ] *m* <-s, -e> zafiro *m*

Sarde, -in ['zardə] *m, f* <-n, -n; -nen> sardo, -a *m, f*

Sardelle [zar'dɛlə] *f* <-n> boquerón *m*, anchoa *f reg*

Sardellenpaste *f* pasta *f* de anchoas

Sardine [zar'diːnə] *f* <-n> sardina *f*

Sardinien [zar'diːniən] *nt* <-s> Cerdeña *f*

Sarg [zark, *pl:* 'zɛrgə] *m* <-(e)s, Särge> ataúd *m*, cajón *m CSur*

Sarkasmus [zar'kasmʊs] *m* <-, Sarkasmen> sarcasmo *m*

sarkastisch [zar'kastɪʃ] *adj* sarcástico

Sarkophag [zarko'faːk] *m* <-s, -e> sarcófago *m*

saß [zaːs] *3. imp von* **sitzen**

Satan ['zaːtan] *m* <-s, *ohne pl*> *(Teufel)* Satanás *m*

satanisch [za'taːnɪʃ] *adj* satánico

Satansbraten *m* <-s, -> *(fam)* diablillo *m*

Satellit [zatɛ'liːt] *m* <-en, -en> (*a.* ASTR) satélite *m*

Satellitenfernsehen *nt* televisión *f* vía satélite

Satellitenfoto *nt* foto *f* vía satélite

Satellitennetz *nt* red *f* de satélites

Satellitenschüssel *f (fam)* antena *f* parabólica

Satellitenstaat *m (abw)* estado *m* satélite

Satellitenstadt *f* ciudad *f* satélite

Satin [za'tɛ̃ː] *m* <-s, -s> raso *m*, (tela *f* de) satén *m*

Satire [za'tiːrə] *f* <-n> sátira *f*

Satiriker(in) [za'tiːrikɐ] *m(f)* <-s, -; -, -nen> escritor(a) *m(f)* satírico , -a

satirisch *adj* satírico

satt [zat] *adj* ❶ *(nicht hungrig)* satisfecho; *(a. fig)* harto; **sich** (**an etw** *dat*) **~ essen** hartarse (de algo) ❷ *(Farbe)* fuerte, intenso ❸ *(fam: eindrucksvoll)* impresionante

Sattel ['zatəl, *pl:* 'zɛtəl] *m* <-s, Sättel> *(Reitsattel)* silla *f* de montar; *(Fahrradsattel)* sillín *m*

sattelfest *adj* **in etw ~ sein** ser versado en algo

Sattelgurt *m (Reitsport)* cincha *f*

satteln *vt* ensillar

Sattelschlepper *m* camión *m* tráiler

Satteltasche *f* ❶ *(am Reitsattel)* alforjas *f pl* ❷ *(am Fahrrad: für Werkzeug)*

S

cartera *f* de herramientas; *(für Gepäck)* bolsa *f* (para bicicletas)

Sattelzug *m* camión *m* articulado

satt|haben *irr vt (fam: nicht mehr mögen)* **jdn/etw ~** estar harto de alguien/algo

Sattheit *f* <-, *ohne pl*> ① *(Sättigung)* saciedad *f* ② *(Saturiertheit)* saturación *f* ③ *(Intensität)* intensidad *f*

sättigen ['zɛtɪgən] **I.** *vi* saciar **II.** *vt* ① *(geh: satt machen)* satisfacer ② *(Markt, a.* CHEM) saturar

sättigend *adj* que sacia; *(gehaltvoll)* sustancioso

Sättigung *f* <-, *ohne pl*> ① *(des Hungers)* saciedad *f* ② (CHEM) saturación *f*

Sattler(in) ['zatlɐ] *m(f)* <-s, -; -nen> guarnicionero, -a *m, f*

Saturn [za'tʊrn] *m* <-s> Saturno *m*

Satz[1] [zats, *pl:* 'zɛtsə] *m* <-es, Sätze> ① (LING) frase *f,* oración *f* ② *(Lehrsatz)* teorema *m* ③ (MUS) parte *f* ④ *(Quote)* tasa *f; (Tarif)* tarifa *f* ⑤ *(zusammengehörige Dinge)* juego *m* ⑥ *(Kaffeesatz)* poso *m* ⑦ *(Tennis)* set *m* ⑧ *(Sprung)* salto *m;* **einen großen ~ machen** dar un gran salto

Satz[2] *m* <-es, *ohne pl*> (TYPO) composición *f;* **im ~ sein** estar en composición

Satzbau *m ohne pl* (LING) construcción *f* de una oración

Satzteil *m* parte *f* de la oración

Satzung *f* <-en> (JUR) estatutos *mpl*

Satzungsänderung *f* modificación *f* del estatuto

satzungsgemäß *adj* de acuerdo con el estatuto

Satzzeichen *nt* (LING) signo *m* de puntuación

Sau [zaʊ, *pl:* 'zɔɪə] *f* <Säue> ① *(Tier)* cerda *f;* **die ~ rauslassen** *(fam)* pasárselo bomba; **jdn zur ~ machen** *(fam)* poner a alguien como un trapo; **unter aller ~** *(fam abw)* fatal ② *(fam abw: Mensch)* cochino, -a *m, f*

sauber ['zaʊbɐ] **I.** *adj* ① *(rein)* limpio; *(stubenrein)* aseado; **etw ~ machen** limpiar algo ② *(sorgfältig)* esmerado; *(genau)* exacto ③ *(anständig)* decente, íntegro; **bleib ~!** *(fam)* ¡que te vaya bien! ④ *(fam: nicht anständig)* buen ⑤ *(fam: vernünftig)* bien de la cabeza; **du bist wohl nicht ganz ~!** ¡tú no estás bien de la cabeza! **II.** *adv (sorgfältig)* con esmero; **etw ~ voneinander trennen** separar algo limpiamente

Sauberkeit *f ohne pl* ① *(Reinlichkeit)* limpieza *f* ② *(Anständigkeit)* integridad *f*

Sauberkeitsfimmel *m* <-s, *ohne pl*> *(fam abw)* manía *f* de limpiar

säuberlich ['zɔɪbɐlɪç] **I.** *adj* limpio; *(sorgfältig)* esmerado **II.** *adv* con esmero

Saubermann *m* <-(e)s, -männer> *(fam)* persona *f* sin tacha [*o* modelo]; *(moralisch)* moralista *m*

säubern ['zɔɪbɐn] *vt* ① *(reinigen)* limpiar; *(Wunde)* absterger ② *(Partei)* purgar

Säuberung *f* <-en> ① *(das Reinigen)* limpieza *f* ② *(einer Partei)* purga *f*

saublöd(e) ['-'-(-)] *adj (fam) s.* **saudumm**

Sauce ['zo:sə] *f* <-n> salsa *f*

Saudi-Arabien *nt* Arabia *f* Saudita

saudumm ['-'-] *adj (fam)* tonto de capirote

sauer ['zaʊɐ] *adj* ① *(Obst, Bonbons, a.* CHEM) ácido; **etw ~ einlegen** poner algo en conserva ② *(dickflüssige Milch)* cuajado; *(verdorbene Milch)* agrio; **~ werden** *(Milch)* agriarse ③ *(fam: verärgert)* de mala uva, tibio *Am;* **ich bin ~ auf ihn** me cabreó

Sauerampfer *m* <-s, -> (BOT) acedera *f*

Sauerbraten *m asado de buey adobado en vinagre y especias*

Sauerei [zaʊə'raɪ] *f* <-en> *(fam abw)* porquería *f*

Sauerkirsche *f* ① *(Frucht)* guinda *f* ② *(Baum)* guindo *m*

Sauerkraut *nt ohne pl* col *f* agria, chucrut *f*

säuerlich ['zɔɪɐlɪç] *adj* ① *(Speisen, Getränke)* un poco ácido ② *(Milch)* un poco agrio ③ *(Miene)* avinagrado

Sauermilch *f ohne pl* (leche *f*) cuajada *f*

säuern ['zɔɪɐn] **I.** *vt* ① *(konservieren)* poner en conserva ② *(sauer machen)* acedar **II.** *vi (sauer werden)* agriarse

Sauerrahm *m* (GASTR) nata *f* agria

Sauerstoff *m ohne pl* oxígeno *m*

sauerstoffarm *adj* pobre en oxígeno, poco oxigenado

Sauerstoffflasche *f* botella *f* de oxígeno

Sauerstoffgerät *nt* aparato *m* de oxígeno

Sauerstoffmangel *m* falta *f* de oxígeno

Sauerstoffmaske *f* máscara *f* de oxígeno

sauerstoffreich *adj* rico en oxígeno, muy oxigenado

Sauerteig *m* levadura *f*

Sauerteigbrot *nt* (GASTR) pan *m* de levadura natural

saufen ['zaʊfən] <säuft, soff, gesoffen> **I.** *vi* ① *(Tier)* beber ② *(fam: Alkohol trinken)* empinar el codo ③ *(alkoholsüchtig sein)* beber, ser alcohólico **II.** *vt* ① *(Tier)* beber ② *(fam: Mensch)* tomar (con exceso); **einen ~ gehen** irse de copas

Säufer(in) ['zɔɪfɐ] *m(f)* <-s, -; -nen> *(fam abw)* bebedor(a) *m(f); (stärker)* borracho, -a *m, f,* mamón, -ona *m, f Am*

S

Sauferei *f* <-en> *(fam)* ❶ *(Trunksucht)* alcoholismo *m* ❷ *(Gelage)* francachela *f*
säuft [zɔɪft] *3. präs von* **saufen**
saugen[1] ['zaʊgən] <saugt, sog *o* saugte, gesogen *o* gesaugt> **I.** *vi (an einer Pfeife)* chupar (**an**); *(an der Brust)* mamar (**an**) **II.** *vt* ❶ *(einsaugen)* chupar (**aus** de) ❷ *(aufsaugen)* absorber **III.** *vr:* **sich ~** ❶ *(eingesaugt werden)* empapar; **der Wein saugt sich in den Stoff** el vino empapa la tela ❷ *(in sich aufnehmen)* absorber
saugen[2] *vi, vt (staubsaugen)* pasar la aspiradora (a)
säugen ['zɔɪgən] *vt* amamantar, dar de mamar (a)
Sauger *m* <-s, -> ❶ *(auf einer Flasche)* tetilla *f*, tetera *f Am* ❷ *(fam: Staubsauger)* aspiradora *f*
Säugetier *nt* mamífero *m*
saugfähig *adj* absorbente
Saugfähigkeit *f* <-, *ohne pl*> poder *m* de absorción
Saugheber *m* sifón *m* (de aspiración)
Säugling ['zɔɪklɪŋ] *m* <-s, -e> lactante *mf*, baby *mf Am*, tierno, -a *m, f Guat, Nic*
Säuglingsnahrung *f* alimento *m* para lactantes
Säuglingsschwester *f* puericultora *f*
Säuglingssterblichkeit *f ohne pl* mortalidad *f* infantil
Saugnapf *m* (ZOOL) ventosa *f*
Saugrüssel *m* (ZOOL) trompa *f* chupadora
Sauhaufen *m (fam abw)* cuadrilla *f* de caóticos
saukalt ['-'-] *adj (fam)* muy frío; **es ist ~** hace un frío que pela
Säule ['zɔɪlə] *f* <-n> columna *f*
Säulengang *m* arcada *f*
Säulenhalle *f* salón *m* columnario
Saum [zaʊm, *pl:* 'zɔɪmə] *m* <-(e)s, Säume> ❶ *(umgenähter Rand)* dobladillo *m*, basta *f Am* ❷ *(geh: Rand, Rain)* linde *m o f*
saumäßig **I.** *adj (fam)* ❶ *(viel)* enorme ❷ *(sehr schlecht)* muy malo **II.** *adv (fam: sehr)* terriblemente
säumen ['zɔɪmən] *vt* coser un dobladillo (en)
säumig *adj* retrasado; *(Schuldner)* moroso
Säumnis ['zɔɪmnɪs] *f* <-, -se> *nt* <-ses, -se> *(geh)* demora *f*; (JUR) morosidad *f*
Säumnisgebühr *f* <-, -en> tasa *f* por demora
Sauna ['zaʊna] *f* <Saunen> sauna *f*
Säure[1] ['zɔɪrə] *f ohne pl (saurer Geschmack)* acidez *f*
Säure[2] *f* <-n> (CHEM) ácido *m*
säurehaltig *adj* ácido
Saurier ['zaʊriɐ] *m* <-s, -> saurio *m*
Saus [zaʊs] *m* **in ~ und Braus leben** vivir a pata ancha
säuseln ['zɔɪzəln] *vi, vt* susurrar
sausen ['zaʊzən] *vi sein (Geschoss)* silbar; *(Mensch)* ir pitando; *(Fahrzeug)* ir a toda mecha; **etw ~ lassen** *(fam)* abandonar algo
Saustall *m (a. fig, abw)* pocilga *f*
saustark ['-(')-] *adj (fam: sehr stark)* muy fuerte; *(großartig)* genial
Sauwetter *nt (fam)* tiempo *m* de perros
sauwohl ['-'-] *adv (fam)* **sich ~ fühlen** sentirse de puta madre
Savanne [za'vanə] *f* <-n> sabana *f*
Saxofon [zakso'fo:n, '---] *nt* <-s, -e> saxofón *m*
Saxofonist(in) [zaksofo'nɪst] *m(f)* <-en, -en; -nen> saxofonista *mf*
SB [ɛs'be:] *Abk. von* **Selbstbedienung** autoservicio *m*
S-Bahn® ['ɛsba:n] *f* ≈ suburbano *m*
S-Bahnhof ['ɛsba:nho:f] *m* estación *f* de trenes rápidos (urbanos)
SBB [ɛsbe:'be:] *f Abk. von* **Schweizerische Bundesbahn** compañía *f* de ferrocarriles suiza
SB-Tankstelle *f* gasolinera *f* autoservicio
scannen ['skɛnən] *vt* (INFOR) escanear, explorar
Scanner ['skɛnɐ] *m* <-s, -> (INFOR, MED) escáner *m*
Schabe ['ʃa:bə] *f* <-n> cucaracha *f*
schaben ['ʃa:bən] *vt* raspar
Schaber *m* <-s, -> rascador *m*
Schabernack ['ʃa:bɐnak] *m* <-(e)s, -e> travesura *f*; **~ treiben** hacer travesuras
schäbig ['ʃɛ:bɪç] *adj (abw)* ❶ *(unansehnlich)* deslucido; *(abgenutzt)* gastado ❷ *(armselig, gemein)* miserable
Schablone [ʃa'blo:nə] *f* <-n> patrón *m*, plantilla *f*
Schach[1] [ʃax] *nt* <-s, *ohne pl*> *(Spiel)* ajedrez *m*; **~ spielen** jugar al ajedrez
Schach[2] *nt* <-s, -s> *(Spielstellung)* jaque *m*
Schachbrett *nt* tablero *m* de ajedrez
schachern ['ʃaxɐn] *vi (abw)* usurar
Schachfigur *f* pieza *f* de ajedrez
schachmatt ['-'-] *adj* ❶ *(beim Schachspiel)* jaque mate; **jdn ~ setzen** dar jaque mate a alguien ❷ *(fam: erschöpft)* hecho polvo
Schachpartie *f* <-, -n> partida *f* de ajedrez
Schachspiel[1] *nt (Brett und Figuren)* (juego *m* de) ajedrez *m*
Schachspiel[2] *nt ohne pl (das Schachspielen)* ajedrez *m*
Schacht [ʃaxt, *pl:* 'ʃɛçtə] *m* <-(e)s, Schächte> pozo *m*

S

Schachtel ['ʃaxtəl] *f* <-n> caja *f; (größer)* cajón *m; (Zigarettenschachtel)* paquete *m;* **eine ~ Pralinen** una caja de bombones

Schachzug *m* <-(e)s, -züge> jugada *f*

schade ['ʃa:də] *adj inv* **es ist ~, dass ...** es una lástima que... *+subj;* **das ist aber ~!** ¡qué lástima!; **es ist ~ um jdn/etw** alguien/algo (me) da pena; **sich** *dat* **für etw (nicht) zu ~ sein** (no) creerse demasiado para algo

Schädel ['ʃɛ:dəl] *m* <-s, -> cráneo *m*

Schädelbruch *m* fractura *f* de cráneo

Schädeldecke *f* (MED) bóveda *f* craneal

schaden ['ʃa:dən] *vi* **jdm/etw** *dat* **~** dañar a alguien/algo, perjudicar a alguien/algo; **du schadest dir nur selbst damit** solamente te perjudicas a ti mismo; **das schadet nichts** *(fam)* no es grave

Schaden ['ʃa:dən] *m* <-s, Schäden> ① *(Beschädigung)* daño *m* (**an** de), perjuicio *m* (**an** de); **es entstand ein ~ von 300 Euro** se produjo un daño de 300 euros; **jdm ~ zufügen** hacer daño a alguien; **zu ~ kommen** sufrir perjuicios; **durch ~ wird man klug** *(prov)* se aprende a base de errores ② *(Nachteil)* desventaja *f; (Verlust)* pérdida *f* ③ *(gesundheitlich)* defecto *m*

Schadenersatz *m* (JUR) indemnización *f* por daños y perjuicios; **~ leisten** pagar una indemnización

Schadenersatzklage *f* (JUR) demanda *f* por indemnización de daños y perjuicios

Schadenfreiheitsrabatt *m* <-(e)s, -e> (AUTO) bonificación *f* por no siniestralidad

Schadenfreude *f* alegría *f* del mal ajeno

schadenfroh *adj* malicioso

Schadensbegrenzung *f ohne pl* restricción *f* de los daños

Schadensersatz *m* (JUR) *s.* **Schadenersatz**

Schadensfall *m* <-(e)s, -fälle> siniestro *m*

Schadensmeldung *f* aviso *m* de siniestro

schadhaft *adj* defectuoso

schädigen ['ʃɛ:dɪgən] *vt* dañar, perjudicar

Schädigung *f* <-en> daño *m,* perjuicio *m*

schädlich ['ʃɛ:tlɪç] *adj* perjudicial (**für** para); *(gesundheitlich)* nocivo (**für** para)

Schädlichkeit *f ohne pl* nocividad *f*

Schädling ['ʃɛ:tlɪŋ] *m* <-s, -e> parásito *m*

Schädlingsbekämpfung *f ohne pl* lucha *f* antiparasitaria

Schädlingsbekämpfungsmittel *nt* pesticida *m*

schadlos *adj* **sich für etw an jdm ~ halten** resarciarse de algo con alguien

Schadstoff *m* <-(e)s, -e> sustancia *f* nociva

schadstoffarm *adj* poco contaminante

Schadstoffausstoß *m* emisión *f* contaminante

Schadstoffbelastung *f* contaminación *f*

Schadstoffemission *f* emisión *f* contaminante

schadstoffhaltig *adj* con sustancias nocivas

Schaf [ʃa:f] *nt* <-(e)s, -e> ① *(Tier)* oveja *f;* **schwarzes ~** *(fig)* oveja negra ② *(fam: Dummkopf)* borrico, -a *m, f*

Schafbock *m* carnero *m*

Schäfchen ['ʃɛ:fçən] *nt* <-s, -> ① *(junges Schaf)* corderito *m;* **~ zählen** *(fam fig)* contar ovejitas; **sein ~ ins Trockene bringen** *(fam fig)* hacer su agosto ② *(Gemeindemitglied)* miembro *m* de una congregación religiosa

Schäfchenwolken *fpl* cirrocúmulos *mpl*

Schäfer(in) ['ʃɛ:fɐ] *m(f)* <-s, -; -nen> pastor(a) *m(f)*

Schäferhund *m* perro *m* pastor, ovejero *m Am; (Deutscher Schäferhund)* pastor *m* alemán

Schaffell ['ʃa:ffɛl] *nt* piel *f* de oveja [*o* de carnero]

schaffen[1] ['ʃafən] <schafft, schuf, geschaffen> *vt* ① *(erschaffen)* crear; *(gründen)* fundar; **dafür ist sie wie ge~** está hecha para esto ② *(Voraussetzungen)* crear; *(Platz, Ordnung)* hacer; *(Unruhe)* causar

schaffen[2] **I.** *vt* ① *(bewältigen)* hacer; *(fertig bringen)* acabar; *(erreichen)* lograr; **eine Prüfung ~** aprobar un examen; **so, das hätten wir geschafft** bueno, ya está ② *(fam: erschöpfen)* agotar, hacer polvo; **die Kinder haben mich geschafft** los niños me han hecho polvo; **jdm zu ~ machen** *(erschöpfen)* agotar a alguien; *(bekümmern)* dar quebraderos de cabeza a alguien ③ *(wegschaffen)* llevar; *(herbeischaffen)* traer **II.** *vi (südd, reg: arbeiten)* trabajar, currar *fam;* **damit habe ich nichts zu ~** no tengo nada que ver con eso

Schaffensdrang *m* <-s, *ohne pl*> afán *m* de trabajar

Schaffenskraft *f ohne pl* fuerza *f* creadora

Schaffner(in) ['ʃafnɐ] *m(f)* <-s, -; -nen> *(Fahrscheinverkäufer)* cobrador(a) *m(f); (Kontrolleur)* revisor(a) *m(f)*

Schafgarbe *f* milenrama *f*

Schafott [ʃa'fɔt] *nt* <-(e)s, -e> patíbulo *m*

Schafskäse *m* queso *m* de oveja

Schafstall *m* corral *m* de ovejas

Schaft [ʃaft, *pl:* 'ʃɛftə] *m* <-(e)s, Schäfte> ① *(Stiefelschaft)* caña *f* de la bota ② *(eines Gewehrs)* caja *f* del fusil ③ (BOT) tallo *m* ④ *(für Messer, Schwert)* mango *m* ⑤ *(Schweiz: Schrank)* armario *m; (Regal)* estantería *f*

Schafwolle *f* <-, *ohne pl*> lana *f* de oveja

Schafzucht *f ohne pl* cría *f* de ganado lanar
Schah [ʃaː] *m* <-s, -s> sha *m* (de Persia)
Schakal [ʃaˈkaːl] *m* <-s, -e> chacal *m*
schäkern [ˈʃɛːkɐn] *vi* *(fam)* ① *(scherzen)* bromear ② *(flirten)* ligar
schal [ʃaːl] *adj* insípido
Schal [ʃaːl] *m* <-s, -s *o* -e> bufanda *f*
Schale [ˈʃaːlə] *f* <-n> ① *(Obst-, Kartoffelschale)* piel *f; (Nuss-, Eierschale)* cáscara *f; (Muschelschale)* concha *f; (von Hülsenfrüchten)* vaina *f* ② *(Gefäß)* fuente *f* ③ *(Waagschale)* platillo *m* ④ *(fam: Kleidung)* **sich in ~ werfen** ponerse de punta en blanco
schälen [ˈʃɛːlən] **I.** *vt (Obst, Kartoffel)* pelar; *(Ei, Nuss)* quitar la cáscara (a); *(Baum)* descortezar **II.** *vr:* **sich ~** *(Haut)* pelarse
Schalentier *nt* crustáceo *m*
Schäler [ˈʃɛːlɐ] *m* <-s, -> pelador *m*
Schalk [ʃalk] *m* <-(e)s, -e *o* Schälke> granuja *mf;* **jdm sitzt der ~ im Nacken** alguien es un diablillo
Schall [ʃal] *m* <-(e)s, *ohne pl*> *(geh: Geräusch, Laut)* sonido *m;* (PHYS) resonancia *f; (Widerhall)* eco *m;* **~ und Rauch sein** ser una nimiedad
schalldämmend *adj* insonorizado; **~e Isolierung** insonorización *f*
Schalldämmung *f ohne pl* insonorización *f*
Schalldämpfer *m* ① (TECH) silenciador *m* ② (MUS) sordina *f*
schalldicht *adj* insonoro
schallen [ˈʃalən] *vi* resonar; **~des Gelächter** risas atronadoras
schallend *adj (Beifall, Ohrfeige)* sonoro; **~es Gelächter** risas atronadoras
Schallgeschwindigkeit *f ohne pl* velocidad *f* del sonido
Schallisolierung *f ohne pl* aislamiento *m* acústico
Schallmauer *f ohne pl* barrera *f* del sonido; **die ~ durchbrechen** traspasar la barrera del sonido
Schallplatte *f* disco *m*
Schallplattensammlung *f* discoteca *f,* colección *f* de discos
Schallschutz *m* <-es, *ohne pl*> protección *f* contra el ruido
Schallwelle *f* (PHYS) onda *f* sonora
Schalotte [ʃaˈlɔtə] *f* <-n> (ajo *m*) chalote *m*
schalt [ʃalt] *3. imp von* **schelten**
schalten [ˈʃaltən] **I.** *vi* ① (AUTO) cambiar de marcha; **in den dritten Gang ~** cambiar a tercera ② *(umschalten)* ponerse; (RADIO, TV) conectar (**zu** con) ③ *(handeln)* **er schaltet und waltet, wie es ihm gefällt** hace y deshace (como le viene en gana) ④ *(fam: begreifen)* caer (en la cuenta); *(reagieren)* reaccionar **II.** *vt* ① (TECH: *verbinden*) conectar; *(einschalten)* encender; *(ausschalten)* apagar ② *(einschieben)* intercalar ③ *(inserieren)* **eine Anzeige ~** poner un anuncio publicitario
Schalter *m* <-s, -> ① (TECH) interruptor *m* ② *(Postschalter)* ventanilla *f; (Fahrkartenschalter)* taquilla *f,* boletería *f Am*
Schalterbeamte(r) *m,* **-beamtin** *f* funcionario, -a *m,f* de ventanilla
Schalterhalle *f,* **Schalterstunden** *f pl* horario *m* de ventanilla
Schalthebel *m* palanca *f* de mando
Schaltjahr *nt* año *m* bisiesto
Schaltknüppel *m* <-s, -> palanca *f* de cambio
Schaltplan *m* (ELEK) diagrama *m* de circuito
Schalttafel *f* (ELEK) panel *m* de control
Schalttag *m* día *m* del año bisiesto
Schaltung *f* <-en> ① (ELEK) circuito *m* ② (TEL) conexión *f* ③ (AUTO) caja *f* de cambios
Scham [ʃaːm] *f ohne pl* ① *(das Sichschämen)* vergüenza *f,* pena *f Am;* **vor ~ vergehen** morirse de vergüenza ② *(Schamgefühl)* pudor *m* ③ (ANAT) pubis *m inv*
Schambein *nt* (ANAT) (hueso *m* del) pubis *m inv*
schämen [ˈʃɛːmən] *vr:* **sich ~** avergonzarse (**wegen/für** de, **vor** ante), tener vergüenza (**wegen/für** de), apenarse (**wegen/für** por) *Am;* **er schämt sich für sein Verhalten** su comportamiento le da vergüenza; **du solltest dich ~!** ¡deberías avergonzarte!
Schamgefühl *nt ohne pl* pudor *m,* vergüenza *f*
Schamgegend *f ohne pl* zona *f* púbica [*o* pubiana], pubis *m inv*
Schamhaar *nt* vello *m* púbico
schamhaft *adj* pudoroso; *(scheu)* avergonzado
Schamhaftigkeit *f* <-, *ohne pl*> ① *(Verschämtheit)* pudor *m* ② *(Scheu)* vergüenza *f*
Schamlippe *f* (ANAT) labio *m* de la vulva
schamlos *adj* ① *(unanständig)* impúdico ② *(dreist)* descarado, desvergonzado
Schamlosigkeit[1] *f* <-, -en> ① *(Bemerkung)* insolencia *f* ② *(Handlung)* desvergüenza *f*
Schamlosigkeit[2] *f* <-, *ohne pl*> ① *(Unanständigkeit)* falta *f* de pudor ② *(fehlendes Schamgefühl)* poca vergüenza *f*
Schampus [ˈʃampʊs] *m* <-, *ohne pl*> *(fam)* champán *m*
schamrot [ˈ-ˈ-] *adj* colorado [*o* rojo] (de vergüenza)

S

Schamröte *f* rubor *m;* **mir stieg die ~ ins Gesicht** me puse colorado de vergüenza

Schande ['ʃandə] *f ohne pl (Beschämung)* vergüenza *f; (Schmach)* infamia *f; (für die Ehre)* deshonra *f;* **sie hat ~ über uns gebracht** ha manchado nuestro nombre; **zu meiner ~ muss ich gestehen, dass ...** para mi vergüenza tengo que reconocer que...; **das ist eine ~!** ¡es una vergüenza!; **mach mir keine ~!** ¡no me dejes mal!; **das ist doch keine ~** no es ninguna deshonra

schänden ['ʃɛndən] *vt* ① *(entehren)* deshonrar, embarrar *Am; (sexuell)* abusar (de) ② *(entweihen)* profanar

Schandfleck *m* mancha *f; (für die Ehre)* deshonra *f*

schändlich ['ʃɛntlɪç] *adj* vergonzoso, infame

Schändlichkeit[1] *f* <-, -en> *(Tat)* infamia *f*

Schändlichkeit[2] *f* <-, *ohne pl*> *(schändliche Art)* perversidad *f*

Schandmaul *nt* <-(e)s, -mäuler> *(abw fam)* ① *(Mundwerk)* pico *m* ② *(Person)* deslenguado, -a *m, f,* víbora *f*

Schandtat *f* vileza *f,* infamia *f;* **zu jeder ~ bereit sein** *(fam iron)* estar dispuesto a cualquier broma

Schändung *f* <-en> *(Grab, Kirche)* profanación *f; (Ehre)* difamación *f*

Schänke ['ʃɛŋkə] *f* <-n> *s.* **Schenke**

Schanze ['ʃantsə] *f* <-n> (SPORT) trampolín *m*

Schar [ʃaːɐ] *f* <-en> ① *(Menge)* multitud *f; (Gruppe)* grupo *m,* tropilla *f CSur; (Vogelschar)* bandada *f;* **in (hellen) ~en** en masas ② (AGR: *Pflugschar*) reja *f* del arado

Scharade [ʃa'raːdə] *f* <-, -n> charada *f*

scharen ['ʃaːrən] **I.** *vr (geh)* **sich um jdn/etw ~** arremolinarse en torno a alguien/a algo **II.** *vt (geh)* **... um sich ~** formar un grupo de...

scharenweise *adv* a manadas, en masa

scharf [ʃarf] *adj* <schärfer, am schärfsten> ① *(Messer, Kralle, Zähne)* afilado, filoso *Am; (schneidend)* cortante; *(Kante)* vivo ② *(Speise)* picante; *(Getränk)* fuerte; *(Geruch)* acre; (CHEM) corrosivo ③ *(Wind)* cortante ④ *(Ton)* estridente ⑤ (FOTO) nítido; *(Umrisse)* (bien) marcado; **~ eingestellt** enfocado con precisión ⑥ *(Gehör)* fino; *(Verstand)* agudo; **~e Augen haben** tener una vista aguda; **~ nachdenken** hacer memoria ⑦ *(Kurve)* cerrado; **~ bremsen** dar un frenazo; **~ abbiegen** hacer un giro brusco ⑧ *(Kritik)* mordaz; *(Antwort)* tajante; *(Protest)* enérgico; **jdn ~ kritisieren** criticar duramente a alguien ⑨ *(Disziplin)* riguroso; *(Bewachung)* estrecho ⑩ *(Auseinandersetzung)* reñido ⑪ *(Hund)* mordedor ⑫ *(fam: toll)* chulo ⑬ *(fam: geil)* cachondo (**auf** por) ⑭ (MIL: *Munition*) explosivo, con carga explosiva ⑮ *(fam: versessen)* **~ darauf sein, etw zu tun** morirse por hacer algo

Scharfblick *m ohne pl* perspicacia *f*

Schärfe ['ʃɛrfə] *f ohne pl* ① *(Messer, Kante)* agudeza *f* ② *(Speise)* (sabor *m*) picante *m; (Geruch)* acritud *f;* (CHEM) causticidad *f* ③ *(Foto, Umriss)* nitidez *f* ④ *(Sinnesorgan)* agudeza *f; (Verstandesschärfe)* perspicacia *f* ⑤ *(Worte)* rudeza *f; (von Kritik)* mordacidad *f* ⑥ *(Härte, Strenge)* rigor *m,* dureza *f*

schärfen *vt* ① *(Messer)* afilar ② *(Verstand, Gehör)* aguzar

scharfkantig *adj* afilado, cortante

scharf|machen *vt (fam)* instigar

Scharfrichter(in) *m(f)* <-s, -; -, -nen> verdugo *mf*

Scharfschütze, -in *m, f* (MIL) tirador(a) *m(f)* de alta precisión

scharfsichtig *adj* de vista aguda

Scharfsinn *m ohne pl* perspicacia *f,* sagacidad *f*

scharfsinnig *adj* perspicaz, sagaz

Scharlach ['ʃarlax] *m* <-s, *ohne pl*> (MED) escarlatina *f*

scharlachrot *adj* (rojo) escarlata, púrpura

Scharlatan ['ʃarlatan] *m* <-s, -e> *(abw)* charlatán, -ana *m, f*

Scharmützel [ʃar'mʏtsəl] *nt* <-s, -> escaramuza *f,* refriega *f*

Scharnier [ʃar'niːɐ] *nt* <-s, -e> bisagra *f*

Schärpe ['ʃɛrpə] *f* <-n> banda *f; (um die Hüfte)* faja *f*

scharren ['ʃarən] **I.** *vi (in der Erde)* escarbar; *(an einen Gegenstand)* arañar **II.** *vt* ① *(Loch)* cavar ② *(zusammenscharren)* amontonar

Scharte ['ʃartə] *f* <-n> ① *(Kerbe)* mella *f* ② *(Schießscharte)* tronera *f*

Schaschlik ['ʃaʃlɪk] *m o nt* <-s, -s> pincho *m* de carne

schassen ['ʃasən] *vt (fam)* ① *(davonjagen)* despedir ② *(reg: ergreifen)* agarrar, echar mano (de/a)

Schatten ['ʃatən] *m* <-s, -> sombra *f;* **35 Grad im ~** 35 grados a la sombra; **~ werfen/spenden** hacer/dar sombra; **nur noch ein ~ seiner selbst sein** no ser ni la sombra de lo que se era; **in jds ~ stehen** estar a la sombra de alguien; **jdn/etw in den ~ stellen** dar cien (mil) vueltas a alguien/a algo; **über seinen ~ springen** superarse (a sí mismo)

S

Schattendasein *nt ohne pl* **ein ~ fristen** llevar una existencia miserable

Schattenkabinett *nt* (POL) gabinete *m* en la sombra

Schattenmorelle [-mɔrɛlə] *f* guinda *f*

Schattenseite *f* ❶ *(Seite im Schatten)* lado *m* de la sombra ❷ *(Nachteil)* inconveniente *m*

Schattenwirtschaft *f ohne pl* economía *f* sumergida

schattieren* [ʃa'tiːrən] *vt* sombrear

Schattierung *f* <-en> ❶ (KUNST) sombreado *m,* sombras *fpl* ❷ *(Variante)* matiz *m*

schattig *adj* sombrío

Schatulle [ʃa'tʊlə] *f* <-n> cofre *m*

Schatz [ʃats, *pl:* 'ʃɛtsə] *m* <-es, Schätze> *(a. fig)* tesoro *m*

Schatzamt *nt* (ADMIN) Tesoro *m*

schätzbar *adj* que se puede valorar; **~ sein** ser valorable

schätzen ['ʃɛtsən] *vt* ❶ *(Wert)* valorar (**auf** en); *(Größe, Alter)* calcular; **wie alt ~ Sie ihn?** ¿cuántos años calcula que tiene? ❷ *(fam: annehmen)* suponer; **ich schätze, dass ...** supongo que... ❸ *(würdigen)* apreciar; **ich weiß das zu ~** sé apreciarlo; **wir können uns glücklich ~** podemos dar gracias (a Dios)

schätzenswert *adj* estimable; **ein ~er Mensch** una persona digna de aprecio

Schatzgräber(in) *m(f)* buscador(a) *m(f)* de tesoros

Schatzkammer *f* cámara *f* del tesoro, tesorería *f*

Schatzmeister(in) *m(f)* tesorero, -a *m, f*

Schätzung *f* <-en> cálculo *m; (des Wertes)* valoración *f;* **nach meiner ~** según mis cálculos

schätzungsweise *adv* aproximadamente, más o menos

Schätzwert *m* valor *m* estimado

Schau [ʃaʊ] *f* <-en> exposición *f;* **etw zur ~ stellen** exponer algo; **eine große ~ abziehen** *(fam: angeben)* dárselas de importante; **jdm die ~ stehlen** robar el protagonismo a alguien

Schaubild *nt* diagrama *m*

Schauder ['ʃaʊdɐ] *m* <-s, -> *(geh)* escalofrío *m;* **ihm lief ein ~ über den Rücken** le dio un escalofrío

schauderhaft *adj* horrible, horroroso

schaudern ['ʃaʊdɐn] **I.** *vi* estremecerse (**bei/vor** ante) **II.** *vunpers* sobrecoger; **es schauderte mich beim Anblick** me sobrecogió la escena

schauen ['ʃaʊən] *vi* ❶ *(blicken)* mirar; **auf die Uhr ~** mirar el reloj; **schau mal!** ¡mira!; **traurig ~** poner cara triste ❷ *(Österr, Schweiz, südd: sich kümmern)* atender (**nach** a), mirar (**nach** por) ❸ *(achten)* (**sehr**) **darauf ~, dass ...** tener (muy) en cuenta, que... *+subj; (Wert legen)* dar (gran) importancia a que... *+subj*

Schauer ['ʃaʊɐ] *m* <-s, -> ❶ (METEO) chubasco *m* ❷ *(geh: Schauder)* escalofrío *m*

schauerlich *adj* ❶ *(gruselig)* horripilante, escalofriante ❷ *(fam: grässlich)* horrible

Schauermärchen *nt* cuento *m* horripilante

Schaufel ['ʃaʊfəl] *f* <-n> ❶ *(Schippe)* pala *f* ❷ *(Schweiz: Pik)* pica *f*

schaufeln **I.** *vi* palear **II.** *vt* ❶ *(Sand, Schnee)* quitar con la pala ❷ *(Loch)* cavar (con la pala)

Schaufenster *nt* escaparate *m,* vitrina *f Am*

Schaufensterbummel *m* **einen ~ machen** ir a mirar escaparates

Schaufensterdekorateur(in) *m(f)* escaparatista *mf*

Schaufensterpuppe *f* maniquí *m*

Schaukampf *m* (SPORT) combate *m* de boxeo de exhibición

Schaukasten *m* <-s, -kästen> vitrina *f*

Schaukel ['ʃaʊkəl] *f* <-n> columpio *m,* bamba *f reg*

schaukeln **I.** *vi* ❶ *(schwingen)* balancearse; *(im Wind)* bambolearse; **auf/mit dem Stuhl ~** balancearse en/con la silla ❷ *(auf einer Schaukel)* columpiarse **II.** *vt* *(wiegen)* mecer

Schaukelpferd *nt* caballo *m* de balancín

Schaukelstuhl *m* mecedora *f,* columpio *m Am*

schaulustig *adj* curioso

Schaulustige(r) *mf* curioso, -a *m, f*

Schaum [ʃaʊm, *pl:* 'ʃɔɪmə] *m* <-(e)s, Schäume> espuma *f*

Schaumbad *nt* baño *m* de espuma

schäumen ['ʃɔɪmən] *vi* ❶ *(Flüssigkeit)* producir espuma ❷ *(geh: toben)* echar espuma de rabia

Schaumfestiger *m* espuma *f* fijadora

Schaumgummi *m* gomaespuma *f*

schaumig *adj* espumoso

Schaumkrone *f* ❶ *(Welle)* cresta *f* (de la ola) ❷ *(Flüssigkeiten)* espuma *f*

Schaumschläger(in) *m(f)* <-s, -; -, -nen> *(abw)* fanfarrón, -ona *m, f,* cuentista *mf*

Schaumschlägerei [---'-] *f* <-, -en> ❶ *ohne pl (das Angeben)* fanfarronería *f* ❷ *(Handlung, Äußerung)* fanfarronada *f*

Schaumstoff *m* gomaespuma *f*

Schaumwein *m* vino *m* espumoso

Schauplatz *m* escenario *m*

Schauprozess *m* <-es, -e> *(abw)* proceso *m* espectacular

schaurig ['ʃaʊrɪç] *adj* ❶ *(gruselig)* horripilante, escalofriante ❷ *(fam: schlecht)* horrible

schaurig-schön *adj* escalofriante pero bonito

Schauspiel *nt* ❶ (THEAT) función *f* ❷ *(geh: Vorgang)* espectáculo *m*

Schauspieler(in) *m(f)* actor, actriz *m, f*

Schauspielerei *f* <-, *ohne pl*> ❶ *(fam: Beruf)* trabajo *m* de actor/de actriz ❷ *(Verstellung)* teatro *m*

Schauspielerin *f* <-, -nen> *s.* **Schauspieler**

schauspielerisch *adj* de actor, de actriz

schauspielern ['---] *vi* ❶ *(fam: als Schauspieler arbeiten)* trabajar como actor ❷ *(abw: vortäuschen)* simular, fingir

Schauspielhaus *nt* teatro *m*

Schauspielkunst *f* <-, *ohne pl*> arte *m* dramático

Schauspielschule *f* escuela *f* de arte dramático

Schauspielunterricht *m* <-(e)s, *ohne pl*> clases *fpl* de interpretación; *(~sstunde)* clase *f* de interpretación

Schausteller(in) *m(f)* <-s, -; -nen> feriante *mf*

Schautafel *f* cuadro *m* explicativo

Scheck [ʃɛk] *m* <-s, -s> cheque *m;* **einen ~ einlösen** cobrar un cheque; **einen ~ über 100 Euro ausstellen** extender un cheque por valor de 100 euros

Scheckbetrug *m* <-(e)s, *ohne pl*> (FIN) fraude *m* con cheques

Scheckheft *nt* talonario *m* de cheques, chequera *f Am*

scheckig ['ʃɛkɪç] *adj* ❶ *(Pferd, Rind)* pío; *(Hund)* con manchas ❷ *(fleckig)* manchado

Scheckkarte *f* tarjeta *f* bancaria

scheffeln ['ʃɛfəln] *vt (fam abw)* acaparar; **Geld ~** forrarse

scheibchenweise ['ʃaɪpçənvaɪzə] *adv* ❶ *(Scheibe für Scheibe)* en lonchas [*o* lonjas] ❷ *(nach und nach)* poco a poco, por partes

Scheibe ['ʃaɪbə] *f* <-n> ❶ *(allgemein)* disco *m; (Töpferscheibe)* torno *m* ❷ *(Brotscheibe)* rebanada *f; (Wurstscheibe)* rodaja *f; (Schinken-, Käsescheibe)* loncha *f; (Melonenscheibe)* raja *f;* **etw in ~n schneiden** cortar algo en rodajas ❸ *(Glasscheibe)* cristal *m; (Schaufensterscheibe)* luna *f* ❹ (SPORT, MIL: *Schießscheibe*) blanco *m* ❺ *(fam: Schallplatte)* disco *m*

Scheibenbremse *f* (AUTO) freno *m* de disco(s)

Scheibenkleister *m (fam)* **~!** ¡caracoles [*o* córcholis]!

Scheibenwaschanlage *f* (AUTO) lavaparabrisas *m inv,* lava-limpia luneta *m Am*

Scheibenwischer *m* <-s, -> limpiaparabrisas *m inv*

Scheich [ʃaɪç] *m* <-(e)s, -e *o* -s> jeque *m*

Scheide ['ʃaɪdə] *f* <-n> ❶ *(Vagina)* vagina *f,* cachimba *f Méx* ❷ *(für Degen, Schwert)* vaina *f*

scheiden ['ʃaɪdən] <scheidet, schied, geschieden> **I.** *vt* ❶ *(Ehe)* divorciar; **sich (von jdm) ~ lassen** divorciarse (de alguien), federarse (de alguien) *Col* ❷ *(trennen)* separar **II.** *vr:* **sich ~** *(Auffassungen)* diferir; **hier ~ sich die Geister** aquí difieren las opiniones **III.** *vi sein* ❶ *(aufgeben)* **aus dem Amt ~** jubilarse ❷ *(sich trennen)* separarse

Scheideweg *m* **am ~ stehen** estar en una encrucijada

Scheidung *f* <-en> divorcio *m;* **die ~ einreichen** presentar la demanda de divorcio

Scheidungsgrund *m* causa *f* de(l) divorcio

Schein[1] [ʃaɪn] *m* <-(e)s, *ohne pl*> ❶ *(von Licht)* luz *f; (Glanz)* brillo *m* ❷ *(Anschein)* apariencia *f;* **der ~ trügt** las apariencias engañan; **den ~ wahren** guardar las apariencias; **etw nur zum ~ tun** hacer algo por las apariencias

Schein[2] [ʃaɪn] *m* <-(e)s, -e> ❶ *(Bescheinigung)* certificado *m; (Beleg)* resguardo *m;* (UNIV) papeleta *f* ❷ *(Geldschein)* billete *m*

scheinbar **I.** *adj* aparente **II.** *adv (fam)* por lo visto, al parecer

Scheinchen ['ʃaɪnçən] *nt* <-s, -> *(fam)* billete *m*

scheinen ['ʃaɪnən] <scheint, schien, geschienen> *vi* ❶ *(glänzen)* brillar; *(Licht)* alumbrar; **die Sonne/der Mond scheint** hace sol/hay luna; **uns schien die Sonne ins Gesicht** el sol nos dio en la cara ❷ *(den Anschein haben)* parecer; **es scheint, dass/als ob …** parece que/como si…

Scheinfirma *f* empresa *f* fantasma

scheinheilig *adj (fam abw)* hipócrita, falluto *Arg, Urug;* **tu nicht so ~!** ¡no te hagas el inocente!

Scheintod *m ohne pl* (MED) muerte *f* aparente

scheintot *adj* ❶ (MED) aparentemente muerto ❷ *(fam: uralt)* más muerto que vivo

Scheinwerfer *m* <-s, -> (AUTO) faro *m,* foco *m Chil, Pan;* (THEAT) foco *m*

Scheinwerferlicht *nt ohne pl* alumbrado *m* por proyección

Scheiß [ʃaɪs] *m* <-, *ohne pl*> *(fam abw)* chorrada *f;* **ohne ~!** ¡sin coña!

Scheißdreck *m (vulg abw)* mierda *f;* **einen ~ werde ich tun!** ¡(y) una mierda!

Scheiße ['ʃaɪsə] *f ohne pl (vulg)* mierda *f,* cerote *m AmC, Méx;* **~!** ¡mierda!; **~ bauen** meter la pata; **~ reden** decir chorradas; **in der ~ sitzen** estar jodido; **das Buch ist S~** este libro es una mierda

scheißegal ['-'-] *adj (vulg)* **das ist mir ~** me importa un huevo

scheißen <scheißt, schiss, geschissen> *vi (vulg)* cagar; **auf etw ~** cagarse en algo

scheißfreundlich ['-'--] *adj (fam abw)* hipócrita, lameculos *vulg*

Scheißhaus *nt* <-es, -häuser> *(vulg)* cagadero *m*

Scheißkerl *m (vulg)* hijo *m* de puta

Scheit [ʃaɪt] *nt* <-(e)s, -e(r)> *(südd, Schweiz, Österr)* leño *m*

Scheitel ['ʃaɪtəl] *m* <-s, -> ① *(im Haar)* raya *f,* partido *m Am;* **vom ~ bis zur Sohle** de pies a cabeza ② (MATH) vértice *m*

scheiteln *vt* **das Haar ~** hacer la raya

Scheiterhaufen ['ʃaɪtɐ-] *m* hoguera *f*

scheitern ['ʃaɪtɐn] *vi sein* fracasar (**an** a causa de); **zum S~ verurteilt sein** estar condenado al fracaso; **etw zum S~ bringen** llevar algo al fracaso

Schelle ['ʃɛlə] *f* <-n> ① (TECH) abrazadera *f* ② *(Glöckchen)* cascabel *m* ③ *(reg: Klingel)* timbre *m*

schellen ['ʃɛlən] **I.** *vi (reg)* ① *(Telefon, Klingel)* sonar ② *(Person)* tocar el timbre **II.** *vunpers* **es hat geschellt** ha sonado el timbre de la puerta

Schellenrassel *f* (MUS) sistro *m*

Schellfisch ['ʃɛl-] *m* eglefino *m*

Schelm [ʃɛlm] *m* <-(e)s, -e> ① *(Schalk)* pícaro, -a *m, f,* pillo, -a *m, f* ② *(Schweiz: Dieb)* ladrón, -ona *m, f*

schelmisch *adj* pícaro

schelten ['ʃɛltən] <schilt, schalt, gescholten> *vt (geh: schimpfen)* reprender; *(nennen)* tachar (de)

Schema ['ʃeːma] *nt* <-s, Schemata *o* Schemen> ① *(Konzept)* esquema *m* ② *(Schaubild)* diagrama *m*

schematisch [ʃe'maːtɪʃ] *adj* esquemático

Schemel ['ʃeːməl] *m* <-s, -> taburete *m*

Schemen[1] *pl von* **Schema**

Schemen[2] ['ʃeːmən] *m o nt* <-s, -> *(geh: Umriss)* contorno *m*

schemenhaft ['ʃeːmənhaft] *adj (geh)* vago, borroso

Schenke ['ʃɛŋkə] *f* <-n> tasca *f,* cantina *f CSur, Méx*

Schenkel ['ʃɛŋkəl] *m* <-s, -> ① (ANAT) muslo *m* ② (MATH) lado *m*

schenken ['ʃɛŋkən] *vt* ① *(Geschenk)* regalar, obsequiar *Am;* **etw geschenkt bekommen** recibir algo como regalo; **jdm etw ~** regalar algo a alguien; **einem Kind das Leben ~** *(geh)* dar la vida a un niño ② *(erlassen)* **jdm etw ~** dispensar a alguien de algo; **sich** *dat* **etw ~** *(nicht tun)* ahorrarse algo; **geschenkt!** ¡olvídalo! ③ *(widmen)* dedicar; **jdm Aufmerksamkeit/Liebe/Zeit ~** dedicar atención/cariño/tiempo a alguien

Schenkung *f* <-en> (JUR) donación *f*

scheppern ['ʃɛpɐn] *vi (fam)* meter ruido

Scherbe ['ʃɛrbə] *f* <-n> pedazo *m; (Glasscherbe)* pedazo *m* de vidrio; **in ~n gehen** hacerse añicos; **~n bringen Glück** *(prov)* los vidrios rotos traen suerte

Scherbenhaufen *m* **vor einem ~ stehen** estar ante un montón de ruinas

Schere ['ʃeːrə] *f* <-n> ① *(Werkzeug)* tijera(s) *f(pl)* ② *(von Krebsen)* pinza *f* ③ (SPORT) tijera *f*

scheren[1] ['ʃeːrən] <schert, schor, geschoren> *vt* ① *(Mensch)* rapar, pelar; *(Schaf)* esquilar ② *(Rasen)* cortar

scheren[2] ['ʃeːrən] *vr* **sich nicht um etw ~** importar(le) algo a alguien un comino; **scher dich zum Teufel!** ¡vete al diablo!; **was schert mich das?** ¿a mí qué (me importa)?

Scherenschnitt *m* silueta *f* (en papel)

Schererei [ʃeːrə'raɪ] *f* <-en> *(fam)* molestia *f,* fastidio *m;* **mit jdm ~en bekommen** (**wegen etw**) tener un disgusto con alguien (por algo)

Scherge ['ʃɛrgə] *m* <-n, -n> *(abw)* esbirro *m*

Scherz [ʃɛrts] *m* <-es, -e> broma *f,* chanza *f Am,* changa *f AmS, Cuba;* **im ~** en broma; **einen ~ machen** gastar una broma; **sich** *dat* **mit jdm einen ~ erlauben** gastarle una broma a alguien

Scherzartikel *m* artículo *m* de broma

scherzen ['ʃɛrtsən] *vi* bromear, chancear *Am;* **damit ist nicht zu ~** no es cosa de broma

Scherzfrage *f* adivinanza *f*

scherzhaft *adj* chistoso, gracioso

Scherzkeks *m (fam)* gracioso, -a *m, f*

scheu [ʃɔɪ] *adj* ① *(schüchtern)* tímido, penoso *Am; (zurückhaltend)* reservado ② *(Tier)* espantadizo; **~ werden** *(Pferd)* desbocarse

Scheu [ʃɔɪ] *f ohne pl* timidez *f*

scheuchen ['ʃɔɪçən] *vt* espantar

scheuen ['ʃɔɪən] **I.** *vi (Pferd)* desbocarse (**vor** ante) **II.** *vt (Verantwortung)* huir (de); **keine Ausgaben ~** no reparar en gastos **III.** *vr:* **sich ~** tener miedo (**vor** de)

Scheuerlappen *m* bayeta *f*

Scheuermittel *nt* <-s, -> producto *m* de limpieza

scheuern ['ʃɔɪɐn] **I.** *vt* fregar; **etw sauber/**

S

blank ~ frotar algo hasta dejarlo limpio/reluciente; **jdm eine** ~ *(fam)* darle una bofetada a alguien **II.** *vi (Schuhe, Kleidung)* rozar

Scheuklappe [ˈʃɔɪ-] *f* anteojera *f;* **~n haben** *(fig)* ser estrecho de miras

Scheune [ˈʃɔɪnə] *f* <-n> granero *m*

Scheusal [ˈʃɔɪzaːl] *nt* <-s, -e> *(abw)* monstruo *m*

scheußlich [ˈʃɔɪslɪç] *adj* horrible; *(abstoßend)* asqueroso; *(Verbrechen)* atroz

Scheußlichkeit *f* <-, -en> ❶ *(Tat)* atrocidad *f* ❷ *(Hässlichkeit)* monstruosidad *f*

Schi [ʃiː] *m* <-s, -(er)> *s.* **Ski**

Schicht [ʃɪçt] *f* <-en> ❶ *(Luft-, Farbschicht)* capa *f;* (GEO) estrato *m* ❷ *(Gesellschaftsschicht)* clase *f* ❸ *(Arbeitsschicht)* turno *m;* **er arbeitet** ~ trabaja por turnos

Schichtarbeit *f ohne pl* trabajo *m* por turnos

Schichtarbeiter(in) *m(f)* trabajador(a) *m(f)* de turno

schichten [ˈʃɪçtən] *vt* apilar (**auf** en)

Schichtung *f* <-, -en> (GEO) estratificación *f*

Schichtwechsel *m* cambio *m* de turno

schichtweise *adv* ❶ *(in Schichten)* por capas ❷ *(in Gruppen)* por grupos

Schichtzulage *f* suplemento *m* por turnos

schick [ʃɪk] *adj* elegante, chic, paquete *Arg;* **sich ~ machen** vestirse elegantemente

Schick [ʃɪk] *m* <-(e)s, *ohne pl*> elegancia *f*

schicken [ˈʃɪkən] **I.** *vt* mandar; *(mit der Post)* enviar; **nach jdm** ~ *(geh)* mandar llamar a alguien **II.** *vr:* **sich** ~ ❶ *(sich gehören)* **das schickt sich nicht** esto no se hace ❷ *(sich abfinden)* conformarse (**in** con)

Schickeria [ʃɪkəˈriːa] *f ohne pl* gente *f* guapa

Schickimicki [ʃɪkiˈmɪki] *m* <-s, -s> *(fam)* pijo, -a *m, f*

schicklich [ˈʃɪklɪç] *adj (geh: angemessen)* conveniente, adecuado; *(anständig)* de buena educación

Schicksal [ˈʃɪkzaːl] *nt* <-s, -e> destino *m;* *(persönliches Geschick)* suerte *f;* **das ~ wollte es, dass ...** quiso el destino que... +*subj;* **jdn seinem ~ überlassen** abandonar a alguien a su suerte; **das ist ~!** ¡así es la vida!

schicksalhaft *adj* ❶ *(unabwendbar)* fatal ❷ *(ausschlaggebend)* decisivo

Schicksalsschlag *m* golpe *m* del destino

Schiebedach *nt* techo *m* corredizo

Schiebegriff *m* agarrador *m*

schieben [ˈʃiːbən] <schiebt, schob, geschoben> **I.** *vt* ❶ *(bewegen)* empujar; **etw zur Seite** ~ apartar algo; **die Schuld auf jdn** ~ echarle la culpa a alguien; **etw von sich** *dat* ~ *(fig)* rechazar algo; **etw vor sich** *dat* **her** ~ *(fig)* aplazar algo continuamente ❷ *(stecken)* meter (**in** en) ❸ *(fam: handeln)* traficar (con) ❹ *(sl: ableisten)* **Dienst/Wache** ~ estar de servicio/de guardia **II.** *vi (fam)* traficar (con) **III.** *vr:* **sich** ~ pasar (**durch** por, **auf/an** a); *(überqueren)* atravesar (**durch/über**)

Schieber[1] *m* <-s, -> (TECH) corredera *f;* *(Riegel)* cerrojo *m*

Schieber(in)[2] *m(f)* <-s, -; -nen> *(fam abw: Händler)* traficante *mf*

Schiebetür *f* (puerta *f*) corredera *f*

Schieblehre *f* <-, -n> (TECH) pie *m* de rey, vernier *m*

Schiebung *f* <-en> *(abw fam)* ❶ *(Schiebergeschäft)* chanchullo *m* ❷ *(Bevorzugung)* enchufe *m;* (SPORT) tongo *m;* **das ist ja ~!** ¡esto es un tongo!

schied [ʃiːt] *3. imp von* **scheiden**

Schiedsgericht [ˈʃiːts-] *nt* ❶ (JUR) tribunal *m* arbitral ❷ (SPORT) jurado *m*

Schiedsrichter(in) *m(f)* árbitro *mf,* colegiado, -a *m, f Am*

Schiedsspruch *m* (JUR) sentencia *f* arbitral

schief [ʃiːf] *adj* ❶ *(krumm)* torcido; *(nicht senkrecht)* inclinado; **das Bild hängt** ~ el cuadro está torcido; **auf die ~e Bahn geraten** ir por mal camino; **jdn ~ ansehen** *(fam)* mirar a alguien de reojo ❷ *(falsch)* falso, equívoco; **in ein ~es Licht geraten** dar una impresión equívoca

Schiefer [ˈʃiːfɐ] *m* <-s, -> esquisto *m,* pizarra *f*

schief|gehen *irr vi sein (fam: misslingen)* fracasar; **wird schon ~!** *(iron)* ¡todo se arreglará!

schiefgewickelt *adj (fam)* **da bist du** ~ estás equivocado

schief|lachen *vr:* **sich** ~ *(fam)* desternillarse de risa

schielen [ˈʃiːlən] *vi* tener estrabismo, ser bizco *fam;* **sie schielt auf dem linken Auge** tuerce el ojo izquierdo; **er schielt nach etw/jdm** *(fam: begehrlich)* se le van los ojos detrás de algo/alguien; *(heimlich)* mira algo/a alguien de reojo

schien [ʃiːn] *3. imp von* **scheinen**

Schienbein *nt* tibia *f,* espinilla *f fam*

Schienbeinschoner *m* (SPORT) espinillera *f*

Schiene [ˈʃiːnə] *f* <-n> ❶ *(Eisenbahnschiene)* carril *m,* rail *m* ❷ (MED) tablilla *f*

schienen [ˈʃiːnən] *vt* entablillar

Schienenbus *m* ferrobús *m*

Schienenfahrzeug *nt* vehículo *m* sobre carriles

Schienennetz *nt* red *f* ferroviaria

schier [ʃiːɐ] **I.** *adj (reg)* puro **II.** *adv* casi

S

Schießbefehl *m* orden *f* de disparar
Schießbude *f* barraca *f* de tiro (al blanco)
Schießeisen *nt* <-s, -> *(fam)* pipa *f*
schießen ['ʃi:sən] <schießt, schoss, geschossen> **I.** *vi* ① *(Schütze)* disparar (**auf** a/contra); (SPORT) tirar ② *sein (sich schnell bewegen)* moverse como un rayo; **sie schoss herein** entró como un rayo; **etw ist zum S~** *(fam)* algo es para morirse de la risa ③ *sein (schnell wachsen)* **in die Höhe ~** crecer rápidamente; **der Junge ist in die Höhe geschossen** el chico pegó un gran estirón ④ *sein (herausquellen)* brotar (**aus** de); **die Röte schoss ihm ins Gesicht** se puso colorado **II.** *vt* ① *(Geschoss)* disparar, balacear *Am* ② *(Satellit, Rakete, Ball)* lanzar; **ein Tor ~** meter un gol ③ *(Wild)* matar (de un tiro) ④ *(Foto)* hacer, sacar
Schießerei *f* <-en> tiroteo *m*
Schießplatz *m* campo *m* de tiro
Schießpulver *nt* pólvora *f*
Schiff [ʃɪf] *nt* <-(e)s, -e> ① *(Wasserfahrzeug)* barco *m*, buque *m*; **mit dem ~ fahren** viajar en barco ② (ARCHIT) nave *f*
schiffbar *adj* navegable
Schiffbau *m ohne pl* construcción *f* naval
Schiffbruch *m* naufragio *m*; **~ erleiden** naufragar; *(fig)* fracasar
schiffbrüchig *adj* náufrago
Schiffbrüchige(r) *mf* <-n, -n; -n> náufrago, -a *m, f*
Schiffchen ['ʃɪfçən] *nt* <-s, -> ① *(kleines Schiff)* barquito *m* ② *(fam: Kopfbedeckung)* gorro *m* ③ *(Weberschiffchen)* lanzadera *f*
schiffen **I.** *vi* *(fam: urinieren)* mear **II.** *vunpers (fam: Platzregen)* caer un chaparrón; **es schifft den ganzen Tag** *(heftig regnen)* lleva todo el día lloviendo a cántaros
Schiffer(in) *m(f)* <-s, -; -nen> navegante *mf*
Schifffahrt *f ohne pl* navegación *f*
Schiffsarzt, -ärztin *m, f* médico, -a *m, f* de a bordo
Schiffschaukel *f* góndola *f*
Schiffsjunge *m* grumete *m*
Schiffskoch *m* <-(e)s, -köche> cocinero *m* de(l) barco [*o* de a bordo]
Schiffsrumpf *m* cuerpo *m* del buque
Schiffsschraube *f* hélice *f* de un barco
Schiffsverkehr *m* tráfico *m* marítimo
Schiit(in) [ʃi'i:t] *m(f)* <-en, -en; -nen> chiíta *mf*
schiitisch *adj* chiíta
Schikane [ʃi'ka:nə] *f* <-n> traba *f*; **mit allen ~n** *(fam)* por todo lo alto
schikanieren* [ʃika'ni:rən] *vt* fastidiar; *(quälen)* hacer la vida imposible (a), putear *argot*; *(behindern)* poner trabas (a)
schikanös [ʃika'nø:s] *adj* fastidioso
Schikoree *m* <-s, *ohne pl*> *f ohne pl* achicoria *f* (amarga)
Schild[1] [ʃɪlt] *m* <-(e)s, -e> ① *(Schutzschild)* escudo *m*; **etw im ~e führen** tramar algo ② *(Mützenschirm)* visera *f*
Schild[2] [ʃɪlt] *nt* <-(e)s, -er> *(Verkehrsschild)* señal *f* (de tráfico); *(Tür-, Hinweisschild)* letrero *m*; *(Preisschild)* etiqueta *f*
Schilddrüse *f* (glándula *f*) tiroides *m inv*
Schilddrüsenkrankheit *f* enfermedad *f* de las (glándulas) tiroides
Schilddrüsenüberfunktion *f* <-, *ohne pl*> (MED) hipertiroidismo *m*
Schilddrüsenunterfunktion *f* <-, *ohne pl*> (MED) hipotiroidismo *m*
schildern ['ʃɪldɐn] *vt* *(erzählen)* narrar; *(darlegen)* exponer; *(beschreiben)* describir
Schilderung *f* <-en> *(Beschreibung)* descripción *f*; *(Erzählung)* relato *m*
Schilderwald *m* *(fam)* lío *m* de señales
Schildkröte *f* <-n> tortuga *f*
Schilf [ʃɪlf] *nt* <-(e)s, -e> ① *(Pflanze)* caña *f* ② *(Röhricht)* cañaveral *m*
Schilfgras *nt* junco *m*
Schilfrohr *nt* junco *m*
schillern ['ʃɪlɐn] *vi* irisar
schillernd *adj* ① *(Farbe)* irisado ② *(Charakter)* ambiguo
Schilling ['ʃɪlɪŋ] *m* <-s, -e> chelín *m*
schilt [ʃɪlt] *3. präs von* **schelten**
schimm(e)lig *adj* enmohecido, mohoso; **~ werden** criar moho
Schimmel[1] ['ʃɪməl] *m* <-s, -> *(Tier)* caballo *m* blanco
Schimmel[2] ['ʃɪməl] *m* <-s, *ohne pl*> *(Schimmelpilz)* moho *m*
schimmeln *vi haben o sein* enmohecer(se), criar moho
Schimmelpilz *m* moho *m*
Schimmer ['ʃɪmɐ] *m* <-s, -> *(Glanz)* brillo *m*, resplandor *m*; *(Anflug)* atisbo *m*; **keinen (blassen) ~ von etw haben** *(fam)* no tener ni (la más remota) idea de algo
schimmern ['ʃɪmɐn] *vi* *(Licht)* lucir (tenuemente); *(glänzen)* brillar, relucir
schimmlig *adj s.* **schimmelig**
Schimpanse [ʃɪm'panzə] *m* <-n, -n> chimpancé *m*
Schimpf [ʃɪmpf] *m* **mit ~ und Schande** con cajas destempladas
schimpfen ['ʃɪmpfən] *vi* ① *(tadeln)* reñir (**mit** a), reprender (**mit** a), echar una bronca (**mit** a) *fam* ② *(verfluchen)* echar pestes

(**auf/über** contra); *(kritisieren)* criticar (**auf/über** a)

schimpflich *adj* vergonzoso

Schimpfwort *nt* palabrota *f*, taco *m fam*

Schindel ['ʃɪndəl] *f* <-n> ripia *f*

schinden ['ʃɪndən] <schindet, schindete *o* schund, geschunden> **I.** *vt* *(quälen)* maltratar; **Zeit ~** ganar tiempo; **Eindruck bei jdm ~** causar una buena impresión a alguien **II.** *vr:* **sich ~** *(fam)* afanarse (**um zu** por)

Schinderei *f* <-en> *(abw)* ① *(Strapaze)* paliza *f* ② *(Plackerei)* ajetreo *m*

Schindluder ['ʃɪntlu:dɐ] *nt (fam)* **mit jdm ~ treiben** abusar de alguien

Schinken ['ʃɪŋkən] *m* <-s, -> ① *(Fleisch)* jamón *m* ② *(fam abw: Buch)* mamotreto *m; (Gemälde)* mamarracho *m; (Film)* peliculón *m*

Schinkenspeck *m* jamón *m* con tocino

Schinkenwurst *f* fiambre *m* de jamón

Schippe ['ʃɪpə] *f* <-n> *(nordd, reg)* pala *f;* **jdn auf die ~ nehmen** *(fam fig)* tomar el pelo a alguien

schippern ['ʃɪpɐn] *vi sein (fam)* navegar

Schirm [ʃɪrm] *m* <-(e)s, -e> ① *(Regenschirm)* paraguas *m inv; (Sonnenschirm)* sombrilla *f* ② *(Fallschirm)* paracaídas *m inv* ③ *(Mützenschirm)* visera *f* ④ *(Lampenschirm)* pantalla *f* ⑤ (BOT: *von Pilzen*) sombrerete *m*

Schirmherr(in) *m(f)* <-(e)n, -en; -nen> patrocinador(a) *m(f)*

Schirmherrschaft *f ohne pl* patrocinio *m*

Schirmmütze *f* gorra *f* de visera

Schirmständer *m* paragüero *m*

schiss [ʃɪs] *3. imp von* **scheißen**

Schiss [ʃɪs] *m* <-es, *ohne pl*> ① *(vulg: Kot)* cagada *f* ② *(fam: Angst)* cagalera *f;* **~ haben** cagarse de miedo

Schisser(in) ['ʃɪsɐ] *m(f)* <-s, -; -, -nen> *(fam abw)* cagado, -a *m, f*

schizophren [ʃitso'fre:n] *adj* (MED, PSYCH) esquizofrénico

Schizophrenie [ʃitsofre'ni:] *f ohne pl* (MED, PSYCH) esquizofrenia *f*

schlabberig ['ʃlabərɪç] *adj (fam)* ① *(wässrig)* aguado ② *(schmiegsam)* suave

schlabbern ['ʃlabɐn] **I.** *vi (fam)* ① *(abw: kleckern)* pringarse (al comer) ② *(Kleidung)* colgar (por todos los sitios) **II.** *vt (fam: auflecken)* sorber (con ruido)

Schlacht [ʃlaxt] *f* <-en> *(a. fig)* batalla *f*

Schlachtbank *f* matadero *m*

schlachten ['ʃlaxtən] *vt* matar, carnear *CSur*

Schlachtenbummler(in) *m(f)* <-s, -; -nen> hincha *mf (que viaja a todos los lugares donde juega su equipo)*

Schlachter(in) ['ʃlaxtɐ] *m(f)* <-s, -; -nen> carnicero, -a *m, f*

Schlächter(in) *m(f)* <-s, -; -, -nen> *(nordd)* carnicero, -a *m, f*

Schlachtfeld *nt* campo *m* de batalla

Schlachthof *m* matadero *m*

Schlachtplan *m (fam, a.* MIL) plan *m* de acción

Schlachtruf *m* <-(e)s, -e> grito *m* de guerra

Schlachtschiff *nt* (MIL) acorazado *m*

Schlachtung *f* <-, -en> matanza *f*

Schlachtvieh *nt* reses *f pl* de matadero

Schlacke ['ʃlakə] *f* <-n> ① (TECH) escoria *f* ② *pl (Ballaststoffe)* fibras *f pl*

schlackern ['ʃlakɐn] *vi (nordd)* bambolear, tambalearse (**gegen/um** contra/alrededor de); **mit den Ohren ~** *(fam fig)* quedarse mudo de la sorpresa

Schlaf [ʃla:f] *m* <-(e)s, *ohne pl*> sueño *m*, apolillo *m Arg: argot;* **keinen ~ finden** *(geh)* no conciliar el sueño; **im ~ sprechen** hablar en sueños; **in tiefen ~ fallen** caer en un sueño profundo; **jdn aus dem ~ reißen** despertar a alguien (bruscamente); **den ~ des Gerechten schlafen** *(fam)* dormir el sueño de los justos; **etw im ~ können** *(fig)* saberse algo al dedillo

Schlafanzug *m* pijama *m*, piyama *m Am*

Schlafbrille *f* antifaz *m* (para dormir)

Schläfchen ['ʃlɛ:fçən] *nt* <-s, -> siestecita *f;* **ein ~ machen** echarse una siestecita

Schlafcouch *f* sofá cama *m*

Schläfe ['ʃlɛ:fə] *f* <-n> sien *f;* **graue ~n** sienes plateadas

schlafen ['ʃlafən] <schläft, schlief, geschlafen> *vi* ① *(im Schlaf liegen)* dormir, apolillar *Arg: argot;* **noch halb ~** estar medio dormido; **er schläft tief und fest** duerme a pierna suelta; **schlaf gut!** ¡que duermas bien!; **sich ~ legen** irse a dormir; **darüber muss ich erst noch mal ~** lo tengo que consultar con la almohada; **bei jdm ~** dormir en casa de alguien; **mit jdm ~** acostarse con alguien ② *(fam: nicht aufpassen)* dormirse

Schläfer(in) ['ʃlɛ:fɐ] *m(f)* <-s, -; -nen> ① *(Schlafender)* durmiente *mf* ② *(Nagetier)* lirón *m*

schlaff [ʃlaf] *adj* ① *(Seil, Disziplin)* flojo; *(Haut)* flá(c)cido ② *(nicht prall)* blando, fofo ③ *(kraftlos)* débil; *(träge)* aplatanado

Schlafgelegenheit *f* lugar *m* para dormir

Schlaflied *nt* nana *f*, arrorró *m AmS*

schlaflos *adj (Person)* insomne; *(Nacht)* en vela

Schlaflosigkeit *f ohne pl* insomnio *m*

Schlafmittel *nt* somnífero *m*

Schlafmütze *f (fam)* ① *(Langschläfer)* dormilón, -ona *m, f* ② *(abw: träger Mensch)* plasta *mf*

schläfrig ['ʃlɛːfrɪç] *adj (müde)* soñoliento; *(fast schlafend)* adormitado; *(träge)* lento

Schläfrigkeit *f* <-, *ohne pl*> ① *(Schlaftrunkenheit)* somnolencia *f* ② *(Trägheit)* indolencia *f*

Schlafsaal *m* dormitorio *m*

Schlafsack *m* saco *m* de dormir

Schlafstadt *f (fam)* ciudad *f* dormitorio

Schlafstörung *f* (MED) insomnio *m*

schläft [ʃlɛːft] *3. präs von* **schlafen**

Schlaftablette *f* somnífero *m*

schlaftrunken ['ʃlaːftrʊŋkən] *adj (geh)* soñoliento

Schlafwagen *m* coche cama *m*

schlafwandeln *vi haben o sein* padecer sonambulismo

Schlafwandler(in) *m(f)* <-s, -; -nen> sonámbulo, -a *m, f*

schlafwandlerisch *adj* (como un) sonámbulo; **mit ~er Sicherheit bewegte er sich durch die Großstadt** se movía con una seguridad intuitiva por la gran ciudad

Schlafzimmer *nt* dormitorio *m*, recámara *f AmC*

Schlag [ʃlaːk, *pl:* 'ʃlɛːgə] *m* <-(e)s, Schläge> ① *(allgemein, Schicksalsschlag)* golpe *m; (mit der Faust)* puñetazo *m*, impacto *m Am; (mit der Hand)* manotazo *m; (mit einem Stock)* porrazo *m; (mit einer Peitsche)* latigazo *m;* **ein ~ ins Gesicht** un golpe en la cara; **das war ein schwerer ~ für ihn** fue un golpe duro para él; **~ auf ~** ininterrumpidamente; **keinen ~ tun** *(fam fig)* no dar ni golpe; **mit einem ~** *(fam)* de golpe ② *pl (Prügel)* paliza *f* ③ *(einer Uhr, Glocke)* campanada *f; (Herzschlag)* latido *m; (Pulsschlag)* pulsación *f;* **~ sechs Uhr** a las seis en punto ④ *(Stromstoß)* calambre *m;* **einen ~ bekommen** darse un calambre; **elektrischer ~** descarga eléctrica ⑤ *(fam: Schlaganfall)* ataque *m* de apoplejía; *(fig)* se quedó de piedra; **ich glaube, mich trifft der ~** creo que me va a dar algo ⑥ *(Taubenschlag)* palomar *m* ⑦ *(fam: Portion)* ración *f* ⑧ *(Menschenschlag)* tipo *m*

Schlagabtausch *m* <-(e)s, *ohne pl*> ① *(beim Boxen)* intercambio *m* de golpes ② *(Auseinandersetzung)* disputa *f*

Schlagader *f* arteria *f*

Schlaganfall *m* ataque *m* de apoplejía

schlagartig **I.** *adj* brusco, repentino **II.** *adv* de un golpe

schlagbar *adj* (SPORT) vencible

Schlagbaum *m* barrera *f*

Schlagbohrmaschine *f* taladradora *f* (eléctrica) con percutor

schlagen ['ʃlaːgən] <schlägt, schlug, geschlagen> **I.** *vt* ① *(hauen)* pegar, fajar *Am*, virar *AmC, Ant; (klopfen)* golpear; **er schlug sie zu Boden** la tiró al suelo de un golpe; **jdm etw aus der Hand ~** arrancarle algo a alguien de la mano; **die Hände vors Gesicht ~** taparse la cara con las manos; **alles kurz und klein ~** hacer todo trizas; **etw zu Scherben ~** hacer algo añicos ② *(Gegner)* ganar (a); *(Schachfigur, Spielstein)* comer; *(Rekord)* batir; **er gab sich ge~** se dio por vencido; **sie schlugen die deutsche Mannschaft mit 3:1** ganaron al equipo alemán por 3 a 1 ③ *(befestigen)* clavar; **einen Nagel in die Wand ~** clavar un clavo en la pared ④ *(Loch, Kerbe)* hacer; **einen Bogen um jdn/etw ~** evitar a alguien/algo; **einen Kreis ~** trazar un círculo ⑤ *(Eiweiß, Sahne)* batir ⑥ *(fällen)* cortar, tumbar *Am* ⑦ *(Trommel)* tocar; *(Uhrzeit)* dar; **die Uhr hat 12 ge~** el reloj dio las 12; **eine ge~e Stunde** una hora entera ⑧ *(Greifvogel)* capturar **II.** *vi* ① *(hauen)* pegar; *(klopfen)* golpear; **sie schlug an die Tür** golpeó la puerta; **nach jdm ~** dar un golpe a alguien; **um sich ~** golpear a diestro y siniestro ② *sein (aufprallen)* darse (**auf/gegen** con/contra/en); **mit dem Kopf gegen die Tischkante ~** darse con la cabeza contra el canto de la mesa ③ *(Herz)* latir; *(Uhr, Glocke)* tocar ④ *haben o sein (Regen)* golpear (**an/gegen** en/contra); *(Flammen)* salir (**aus** por) ⑤ *(Nachtigall, Fink)* cantar ⑥ *sein (fam: ähneln)* parecerse (**nach** a) ⑦ *sein (in Mitleidenschaft ziehen)* **die Nachricht ist ihm auf den Magen ge~** la noticia le ha sentado como una patada en el estómago **III.** *vr:* **sich ~** *(sich prügeln)* pegarse, fajarse *Am;* **sich um etw ~** pegarse por algo; **sich auf jds Seite ~** tomar partido por alguien; **ihr habt euch tapfer ge~!** ¡os habéis portado muy bien!

schlagend *adj* ① *(Bemerkung)* acertado ② *(Beweis)* irrefutable

Schlager ['ʃlaːgɐ] *m* <-s, -> ① *(Lied)* canción *f* de moda ② *(Verkaufsschlager)* artículo *m* de gran éxito

Schläger ['ʃlɛːgɐ] *m* <-s, -> ① *(Tennisschläger)* raqueta *f; (Golf-, Hockeyschläger)* palo *m* ② *(abw: Mensch)* matón *m*

Schlägerei *f* <-en> pelea *f*, bulla *f AmS*

Schlagersänger(in) *m(f)* intérprete *mf* de canciones de moda

schlagfertig *adj* agudo, sagaz

Schlagfertigkeit *f ohne pl* capacidad *f* de réplica

Schlagholz *nt* (SPORT) bate *m;* **den Ball mit dem ~ treffen** dar a la pelota con el bate

Schlaghose *f* pantalón *m* acampanado [*o* de campana]

Schlaginstrument *nt* instrumento *m* de percusión

Schlagkraft *f ohne pl* ① *(Wucht)* fuerza *f* ② *(Kampfkraft)* fuerza *f* de combate ③ *(Wirkungskraft)* eficacia *f*

schlagkräftig *adj* ① *(Person)* fuerte; *(Armee)* combativo ② *(Argument)* contundente

Schlagloch *nt* bache *m*, pozo *m AmS*

Schlagring *m* <-(e)s, -e> llave *f* estrella de golpe

Schlagsahne *f ohne pl (flüssig)* nata *f* líquida; *(geschlagen)* nata *f* montada, crema *f Am*

Schlagseite *f* <-, *ohne pl*> (NAUT) escora *f*; ~ **haben** escorar

Schlagstock *m* porra *f*, bolillo *m Col*

schlägt [ʃlɛːkt] *3. präs von* **schlagen**

Schlagwort[1] *nt* <-(e)s, -e *o* -wörter> ① *(Parole)* (e)slogan *m* ② *(Gemeinplatz)* tópico *m*

Schlagwort[2] *nt* <-(e)s, -wörter> *(Stichwort)* palabra *f* clave

Schlagzeile *f* titular *m*, encabezado *m Guat, Méx*; **~n machen** saltar a las primeras páginas

Schlagzeug *nt* <-(e)s, -e> (MUS) percusión *f*; *(einer Rockband)* batería *f*

Schlagzeuger(in) *m(f)* <-s, -; -nen> batería *mf*

Schlagzeugstock *m* (MUS) baqueta *f*

schlaksig [ˈʃlaksɪç] *adj (fam)* larguirucho

Schlamassel [ʃlaˈmasəl] *m o nt* <-s, *ohne pl*> *(fam)* lío *m*; **da haben wir den ~!** ¡ya se armó la marimorena!

Schlamm [ʃlam, *pl:* (ˈʃlɛmə)] *m* <-(e)s, Schlämme *o* -e> lodo *m*, barro *m*

Schlammbad *nt* <-(e)s, -bäder> baño *m* de barro [*o* de lodo]

schlammig *adj* lodoso

Schlammschlacht *f (fam)* ① *(Fußballspiel)* partido *m* en campo lodoso ② *(Streit)* pelea *f* (con golpes bajos)

Schlampe [ˈʃlampə] *f* <-n> *(fam abw)* dejada *f*, cachimba *f Cuba*

schlampen [ˈʃlampən] *vi (fam abw)* ① *(nachlässig arbeiten)* chapucear ② *(nachlässig umgehen)* ser desordenado

Schlamper [ˈʃlampɐ] *m* <-s, -> *(reg: abw: nachlässig)* persona *f* dejada; *(unordentlich)* persona *f* desordenada

Schlamperei[1] *f* <-en> *(fam abw: schlechte Arbeit)* chapuza *f*

Schlamperei[2] *f ohne pl (fam: Unordnung)* desorden *m*

schlampig *adj (abw fam)* ① *(unordentlich)* desordenado; *(Aussehen)* descuidado ② *(Arbeit)* chapucero

schlang [ʃlaŋ] *3. imp von* **schlingen**

Schlange [ˈʃlaŋə] *f* <-n> ① *(Tier)* serpiente *f* ② *(abw: Person)* víbora *f* ③ *(Menschenschlange)* cola *f*; *(Fahrzeugschlange)* caravana *f* (de coches); ~ **stehen** hacer cola

schlängeln [ˈʃlɛŋəln] *vr:* **sich ~** ① *(Schlange, Weg)* serpentear ② *(Mensch)* abrirse camino (**durch** por entre)

Schlangenbeschwörer(in) *m(f)* encantador(a) *m(f)* de serpientes

Schlangenbiss *m* picadura *f* de serpiente

Schlangengift *nt* veneno *m* de serpiente

Schlangenleder *nt* piel *f* de serpiente

Schlangenlinie *f* línea *f* sinuosa; (**in**) **~n fahren** ir haciendo eses

schlank [ʃlaŋk] *adj* delgado

Schlankheit *f ohne pl* delgadez *f*

Schlankheitskur *f* cura *f* para adelgazar

schlapp [ʃlap] *adj* ① *(nicht straff)* flojo ② *(ohne Kraft)* flojo, débil; *(erschöpft)* agotado ③ *(fam abw: träge)* soso ④ *(fam)* **für ~e 10 Euro** por la miseria de 10 euros

Schlappe [ˈʃlapə] *f* <-n> derrota *f*; **eine ~ erleiden** sufrir una derrota

Schlappen [ˈʃlapən] *m* <-s, -> *(fam)* pantufla *f*

Schlapphut *m* chambergo *m*

schlapp|machen *vi (fam)* tirar la toalla

Schlappschwanz *m (fam abw)* calzonazos *m inv*

Schlaraffenland [ʃlaˈrafən-] *nt ohne pl* (país *m* de) Jauja *f*

schlau [ʃlaʊ] *adj* ① *(listig)* astuto, gaucho *AmS* ② *(fam: klug)* listo; **aus jdm/etw** *dat* **nicht ~ werden** no entender a alguien/algo

Schlauberger [-bɛrgɐ] *m* <-s, -> *(fam)* cuco, -a *m, f*

Schlauch [ʃlaʊx, *pl:* ˈʃlɔɪçə] *m* <-(e)s, Schläuche> ① *(Wasserschlauch)* manguera *f*; *(Gasschlauch)* tubo *m* flexible; **auf dem ~ stehen** *(fam fig)* estar desorientado ② *(Reifenschlauch)* cámara *f* de aire

Schlauchboot *nt* bote *m* neumático

schlauchen **I.** *vi (fam)* cansar **II.** *vt (fam)* ① *(Arbeit)* agotar ② *(Vorgesetzter)* hacer sudar (a)

Schläue [ˈʃlɔɪə] *f* <-, *ohne pl*> astucia *f*

Schlaufe [ˈʃlaʊfə] *f* <-n> ① *(zum Tragen)* lazo *m* ② *(am Gürtel)* pasador *m*

Schlauheit *f ohne pl* astucia *f*, ingenio *m*

Schlaumeier *m* <-s, -> *(fam)* vivo, -a *m, f*

Schlawiner [ʃlaˈviːnɐ] *m* <-s, -> *(fam abw)* pillo, -a *m, f*

schlecht [ʃlɛçt] **I.** *adj* ① *(nicht gut)* mal(o); **etw S~es über jdn sagen** hablar mal de alguien; **mir ist ~** me siento mal ❷ *(verdorben)* malo; *(verfault)* podrido; *(Luft)* viciado; **~ werden** echarse a perder ❸ *(gemein)* malo; *(boshaft)* malicioso **II.** *adv* mal; **auf jdn ~ zu sprechen sein** no sentir simpatía por alguien; **er ist ~ zu verstehen** es difícil entenderlo; **das kann ich ~ sagen** no sabría decirlo exactamente; **mehr ~ als recht** con más pena que gloria; **nicht ~!** ¡no está mal!

schlechter|stehen *irr vr* **jd steht sich schlechter, wenn …** *(fam)* a alguien le va peor, cuando…

schlechthin ['-'-] *adv* ❶ *(an sich)* por antonomasia ❷ *(geradezu)* simplemente, sin más ❸ *(absolut)* totalmente

schlecht|machen *vt* **jdn ~** dejar mal a alguien

schlecken ['ʃlɛkən] **I.** *vi, vt (lecken)* lamer (**an**) **II.** *vi (naschen)* comer golosinas

Schlegel ['ʃleːgəl] *m* <-s, -> *(südd, Österr, Schweiz: Geflügelkeule)* muslo *m*

Schlehe ['ʃleːə] *f* <-n> ❶ *(Strauch)* endrino *m* ❷ *(Frucht)* endrina *f*

schleichen ['ʃlaɪçən] <schleicht, schlich, geschlichen> **I.** *vi sein* ❶ *(leise)* avanzar a hurtadillas ❷ *(langsam)* ir a paso lento; **die Zeit schleicht** el tiempo pasa lentamente **II.** *vr:* **sich ~** *(hineinschleichen)* entrar a hurtadillas (**in** en/a); *(hinausschleichen)* salir a hurtadillas (**aus** de)

schleichend *adj (Krankheit)* lento; *(Inflation)* latente

Schleichweg [-veːk] *m* camino *m* secreto

Schleichwerbung *f ohne pl* publicidad *f* encubierta

Schleie ['ʃlaɪə] *f* <-n> (ZOOL) tenca *f*

Schleier ['ʃlaɪɐ] *m* <-s, -> ❶ *(für Gesicht, Kopf, a.* FOTO) velo *m;* **den ~ von etw lüften** *(geh)* descorrer el velo de algo ❷ *(Dunst)* cortina *f*

Schleiereule *f* lechuza *f*

schleierhaft *adj* **es ist mir ~, wie …** no me explico cómo…

Schleierwolke *f* nube *f* de velo

Schleife ['ʃlaɪfə] *f* <-n> ❶ *(Schlinge)* lazo *m; (beim Schuhebinden)* nudo *m; (Haarschleife)* lazo *m,* cinta *f* ❷ *(Kurve)* curva *f*

schleifen[1] ['ʃlaɪfən] *vt* ❶ *(ziehen)* arrastrar; **etw ~ lassen** *(fam)* no ocuparse de algo ❷ *(niederreißen)* arrasar

schleifen[2] <schleift, schliff, geschliffen> *vt* ❶ *(Messer, Schere)* afilar ❷ *(Glas)* esmerilar; *(Edelstein)* tallar; **geschliffene Reden** discursos muy esmerados ❸ *(fam: hart drillen)* hacer sudar (la gota gorda) (a)

Schleifmaschine *f* lijadora *f*

Schleifpapier *nt* papel *m* de lija

Schleifstein *m* <-(e)s, -e> piedra *f* de afilar [*o* de amolar]

Schleim [ʃlaɪm] *m* <-(e)s, -e> ❶ *(Sekret)* moco *m,* flema *f; (einer Pflanze)* mucílago *m* ❷ *(Brei)* papilla *f*

schleimen *vi (fam abw: schmeicheln)* hacer la pelota

Schleimer(in) ['ʃlaɪmɐ] *m(f)* <-s, -; -nen> *(abw)* pelota *mf*

Schleimhaut *f* (MED) (membrana *f*) mucosa *f*

schleimig *adj* ❶ *(Absonderung)* mucoso; *(klebrig)* viscoso ❷ *(abw: kriecherisch)* zalamero

Schleimscheißer(in) *m(f)* <-s, -; -nen> *(vulg abw)* lameculos *mf inv*

schlemmen ['ʃlɛmən] *vi, vt* comer opíparamente

Schlemmer(in) *m(f)* <-s, -; -nen> sibarita *mf*

schlendern ['ʃlɛndɐn] *vi sein* deambular (**durch** por)

Schlenker ['ʃlɛŋkɐ] *m* <-s, -> *(fam)* ❶ *(Bogen)* curva *f;* **einen ~ machen** *(Straße)* hacer una curva; *(Fahrzeug)* torcer ❷ *(Umweg)* rodeo *m;* **einen ~ machen** dar un rodeo

schlenkern ['ʃlɛŋkɐn] *vi, vt* balancear, bambolear

Schleppdampfer *m* (NAUT) remolcador *m*

Schleppe ['ʃlɛpə] *f* <-n> cola *f* (del vestido)

schleppen ['ʃlɛpən] **I.** *vt* ❶ *(ziehen)* arrastrar; *(abschleppen)* remolcar ❷ *(tragen)* cargar (con) ❸ *(transportieren)* llevar **II.** *vr:* **sich ~** ❶ *(sich fortbewegen)* andar a trancas y barrancas (**über** por, **in**/(**bis**) **zu** hasta) ❷ *(sich hinziehen)* durar (mucho tiempo)

schleppend *adj* lento; *(Unterhaltung)* pesado, difícil; *(Nachfrage)* poco

Schlepper *m* <-s, -> ❶ *(Schleppschiff)* remolcador *m* ❷ *(Traktor)* tractor *m* ❸ *(fam abw: Person)* gancho *m*

Schlepperbande *f* <-, -n> *(fam)* banda *f* de traficantes de personas, banda *f* de coyotes *Ecua, ElSal, Hond, Méx*

Schlepplift *m* telesquí *m*

Schleppnetz *nt* traína *f,* red *f* barredera [*o* de arrastre]

Schlepptau *nt* cable *m* de remolque; **jdn ins ~ nehmen** *(fam fig)* llevar a alguien (consigo) a todas partes

Schlesien ['ʃleːziən] *nt* <-s> Silesia *f*

Schlesier(in) *m(f)* <-s, -; -nen> silesio, -a *m, f*

schlesisch *adj* silesio

Schleswig-Holstein *nt* <-s> Schleswig-Holstein *m*

Schleuder ['ʃlɔɪdɐ] *f* <-n> ① *(für Geschosse)* honda *f* ② *(Wäscheschleuder)* centrifugadora *f* ③ *(Zentrifuge)* centrífuga *f*
Schleudergefahr *f* peligro *m* de deslizamiento
schleudern ['ʃlɔɪdɐn] **I.** *vi sein (Auto)* patinar, colear *AmC, Ant;* **ins S~ kommen** patinar, colear *AmC, Ant; (fam: etwas nicht gewachsen sein)* verse en apuros **II.** *vt* ① *(werfen)* lanzar, arrojar ② *(Wäsche)* centrifugar
Schleuderpreis *m (fam)* precio *m* tirado
Schleudersitz *m* (AERO) asiento *m* proyectable
Schleudertrauma *nt* (MED) traumatismo *m* cervical
schleunigst ['ʃlɔɪnɪçst] *adv* ahora mismo, al tiro *Am*
Schleuse ['ʃlɔɪzə] *f* <-n> esclusa *f*
schleusen *vt* ① *(Schiff)* hacer pasar por la esclusa ② *(geleiten)* conducir ③ *(illegal)* hacer pasar (**durch** por, **in** a); **jdn über die grüne Grenze ~** ayudar a alguien a pasar la frontera (ilegalmente)
Schleuserbande *f* banda *f* clandestina de tráfico de mano de obra
schlich [ʃlɪç] *3. imp von* **schleichen**
Schlich *m* <-(e)s, -e> truco *m;* **jdm auf die ~e kommen** ver(le) a alguien el juego
schlicht [ʃlɪçt] *adj* ① *(einfach)* simple, sencillo; **~ und einfach** *(fam)* sencillamente ② *(bescheiden)* modesto
schlichten ['ʃlɪçtən] *vt* ① *(Streit)* mediar (en), intervenir como mediador (en) ② (TECH: *Oberfläche*) alisar
Schlichter(in) *m(f)* <-s, -; -, -nen> mediador(a) *m(f)*
Schlichtheit *f* <-, *ohne pl*> ① *(Einfachheit)* sencillez *f* ② *(Bescheidenheit)* sencillez *f; (Nüchternheit)* sobriedad *f*
Schlichtung *f* <-en> conciliación *f*
Schlick [ʃlɪk] *m* <-(e)s, -e> cieno *m*
schliddern ['ʃlɪdɐn] *vi sein (nordd) s.* **schlittern**
schlief [ʃliːf] *3. imp von* **schlafen**
Schliere ['ʃliːrə] *f* <-n> estría *f*
schließen ['ʃliːsən] <schließt, schloss, geschlossen> **I.** *vt* ① *(zumachen)* cerrar; **eine Lücke ~** tapar un hueco ② *(beenden)* terminar, concluir; *(Kongress)* clausurar; **eine Sitzung ~** levantar la sesión ③ *(Bündnis, Vertrag)* firmar; *(Ehe)* contraer; **jdn in die Arme ~** abrazar a alguien ④ (ELEK: *anschließen*) conectar (**an** a/con) **II.** *vi* ① *(zugehen, Geschäft)* cerrar ② *(aufhören)* terminar ③ *(abschließen)* cerrar ④ *(folgern)* deducir (**aus** de) **III.** *vr:* **sich ~** *(zugehen)* cerrarse
Schließfach *nt* ① *(bei der Post)* apartado *m* de correos, casilla *f Am; (bei einer Bank)* caja *f* fuerte ② *(für Gepäck)* consigna *f* automática
schließlich *adv* ① *(am Ende)* finalmente, después de todo ② *(im Grunde)* al fin y al cabo
Schließmuskel *m* esfínter *m*
Schließung *f* <-en> cierre *m; (Beendigung)* conclusión *f; (Sitzung, Kongress)* clausura *f*
schliff [ʃlɪf] *3. imp von* **schleifen²**
Schliff [ʃlɪf] *m* <-(e)s, *ohne pl*> *(Glasschliff)* esmerilado *m; (Edelsteinschliff)* tallado *m;* **etw** *dat* **den letzten ~ verleihen** dar los últimos toques a algo
schlimm [ʃlɪm] **I.** *adj* ① *(unangenehm, schlecht)* mal(o); *(schrecklich)* terrible; **es gibt S~eres** hay cosas peores; **umso ~er** todavía peor ② *(schwerwiegend)* grave; **es ist nicht weiter ~** *(fam)* no pasa nada ③ *(fam: entzündet)* irritado **II.** *adv* mal; **~ enden** acabar mal; **es steht ~ um ihn** está en muy mala situación
schlimmstenfalls ['ʃlɪmstənfals] *adv* en el peor de los casos
Schlinge ['ʃlɪŋə] *f* <-n> *(allgemein, Falle)* lazo *m; (Schlaufe)* nudo *m* corredizo; *(Armschlinge)* cabestrillo *m;* **den Kopf aus der ~ ziehen** *(fig)* (saber) salir del apuro
Schlingel ['ʃlɪŋəl] *m* <-s, -> *(fam)* pillo, -a *m, f*
schlingen ['ʃlɪŋən] <schlingt, schlang, geschlungen> **I.** *vi (beim Essen)* tragar, zampar **II.** *vt (binden)* atar (**um** alrededor de) **III.** *vr:* **sich ~** *(Pflanze)* trepar (**um** por)
schlingern ['ʃlɪŋɐn] *vi* dar bandazos
Schlingpflanze *f* (planta *f*) trepadora *f*
Schlips [ʃlɪps] *m* <-es, -e> *(fam)* corbata *f;* **in** [*o* **mit**] **~ und Kragen** de etiqueta
Schlitten ['ʃlɪtən] *m* <-s, -> ① *(Rodelschlitten)* trineo *m;* **~ fahren** ir en trineo ② *(an der Schreibmaschine)* carro *m* ③ *(fam: Auto)* coche *m,* auto *m Am*
Schlittenfahrt *f* <-, -en> paseo *m* en trineo
schlittern ['ʃlɪtɐn] *vi sein* ① *(Wagen, Person, Eisstock)* patinar (**auf** sobre, **über** por) ② *(hineingeraten)* verse implicado (**in** en)
Schlittschuh *m* patín *m* para hielo; **~ laufen** patinar (sobre hielo)
Schlittschuhläufer(in) *m(f)* patinador(a) *m(f)* sobre hielo
Schlitz [ʃlɪts] *m* <-es, -e> ① *(an Automaten, Briefkasten)* ranura *f; (Spalt)* hendidura *f* ② *(an Kleidung)* raja *f*
schlitzen ['ʃlɪtsən] *vt* rajar

Schlitzohr *nt (fam)* zorro, -a *m, f*

schloss [ʃlɔs] *3. imp von* **schließen**

Schloss [ʃlɔs, *pl:* 'ʃlœsɐ] *nt* <-es, Schlösser> ❶ *(Burg)* castillo *m; (Palast)* palacio *m* ❷ *(Türschloss)* cerradura *f*, chapa *f Am; (an Schmuck, Koffer)* cierre *m; (Vorhängeschloss)* cerrojo *m;* **ins ~ fallen** cerrarse; **hinter ~ und Riegel** *(fam)* a buen recaudo

Schlosser(in) ['ʃlɔsɐ] *m(f)* <-s, -; -nen> cerrajero, -a *m, f*

Schlosserei *f* <-en> cerrajería *f*

Schlossherr(in) *m(f)* señor(a) *m(f)* del castillo; *(im Mittelalter)* castellano, -a *m, f*

Schlosspark *m* jardines *mpl* del palacio

Schlot [ʃlo:t] *m* <-(e)s, -e> *(reg)* chimenea *f;* **rauchen wie ein ~** *(fam fig)* fumar como un carretero

schlotterig *adj* ❶ *(zitternd)* tembloroso ❷ *(Kleidung)* holgado

schlottern ['ʃlɔtɐn] *vi* ❶ *(Person)* temblar ❷ *(Kleidung)* colgar (por todos los sitios)

schlottrig *adj s.* **schlotterig**

Schlucht [ʃlʊxt] *f* <-en> quebrada *f*

schluchzen ['ʃlʊxtsən] *vi* sollozar, chillar *Am*

Schluchzer *m* <-s, -> sollozo *m*

Schluck [ʃlʊk] *m* <-(e)s, -e> trago *m*, sorbo *m*, golpe *m Méx;* **einen ~ nehmen** dar un sorbo; **etw in einem ~ austrinken** beberse algo de un trago

Schluckauf [ʃlʊk'ʔaʊf] *m* <-s, *ohne pl*> hipo *m*

Schluckbeschwerden *fpl* (MED) molestias *fpl* de deglución

schlucken ['ʃlʊkən] **I.** *vi* tragar **II.** *vt* ❶ *(Speise)* tragar ❷ *(fam: hinnehmen)* aguantar, tragarse ❸ *(fam: verbrauchen)* gastar, tragar ❹ *(fam abw: übernehmen)* absorber, tragar(se) *fam*

Schlucker *m* <-s, -> *(fam)* **armer ~** pobre diablo

Schluckimpfung *f* vacuna(ción) *f* por vía oral

Schluckspecht *m* <-(e)s, -e> *(fam)* **er ist ein ~** le gusta empinar el codo [*o* ir de copeo]

schluckweise *adj* a tragos

schlud(e)rig ['ʃlu:d(ə)rɪç] *adj (abw fam)* ❶ *(Kleidung)* descuidado ❷ *(Arbeit)* chapucero

schludern ['ʃlu:dɐn] *vi (fam abw)* hacer una chapuza

schludrig *adj (fam abw) s.* **schlud(e)rig**

schlug [ʃlu:k] *3. imp von* **schlagen**

Schlummer ['ʃlʊmɐ] *m* <-s, *ohne pl*> *(geh)* sueño *m* ligero

schlummern ['ʃlʊmɐn] *vi* ❶ *(geh: schlafen)* dormitar ❷ *(Talent)* estar oculto

Schlund [ʃlʊnt, *pl:* 'ʃlʏndə] *m* <-(e)s, Schlünde> garganta *f; (eines Tieres)* fauces *fpl*

schlüpfen ['ʃlʏpfən] *vi sein* ❶ *(hinein-, hindurchschlüpfen)* pasar (**in** a, **durch** por); *(hinausschlüpfen)* salir (**aus** de); *(in Kleidung)* ponerse (**in**) ❷ *(Küken)* (**aus dem Ei**) ~ salir (del huevo)

Schlüpfer *m* <-s, -> braga *f*

Schlupfloch *nt (Versteck)* escondrijo *m; (Zuflucht)* refugio *m*

schlüpfrig ['ʃlʏpfrɪç] *adj* ❶ *(rutschig)* resbaladizo ❷ *(abw: anstößig)* obsceno, verde *fam*

Schlupfwinkel *m* escondrijo *m*, cucho *m Ecua, Perú*

schlurfen ['ʃlʊrfən] *vi sein* arrastrar los pies

schlürfen ['ʃlʏrfən] *vi, vt* sorber con ruido

Schluss [ʃlʊs, *pl:* 'ʃlʏsə] *m* <-es, Schlüsse> ❶ *(Ende)* fin *m*, final *m;* **~ für heute!** ¡basta por hoy!; **zum ~** al final; **bis zum ~ bleiben** quedarse hasta el final; **mit jdm ~ machen** romper con alguien ❷ *(Folgerung)* conclusión *f;* **zu dem ~ kommen, dass ...** llegar a la conclusión de que...

Schlussabrechnung *f* <-, -en> (WIRTSCH) cuenta *f* final, liquidación *f* final

Schlussbemerkung *f* observación *f* final

Schlüssel ['ʃlʏsəl] *m* <-s, -> ❶ *(Tür-, Schraubenschlüssel)* llave *f* ❷ *(Noten-, Lösungsschlüssel)* clave *f* ❸ *(Schema)* esquema *m*

Schlüsselanhänger *m* llavero *m*

Schlüsselbein *nt* clavícula *f*

Schlüsselblume *f* primavera *f*

Schlüsselbrett *nt* tabla *f* para colgar las llaves

Schlüsselbund *m o nt* manojo *m* de llaves

Schlüsseldienst *m (für Duplikate)* servicio *m* de copia de llaves; *(zum Aufschließen)* servicio *m* de cerrajería

Schlüsselerlebnis *nt* (PSYCH) experiencia *f* clave

Schlüsseletui *nt* <-s, -s> llavero *m*

schlüsselfertig *adj* de llave en mano

Schlüsselfigur *f* figura *f* clave

Schlüsselkarte *f (im Hotel)* tarjeta *f* (de la habitación)

Schlüsselloch *nt* ojo *m* de la cerradura

Schlüsselposition *f* posición *f* clave

Schlüsselqualifikation *f* (WIRTSCH) cualificación *f* básica

Schlüsselstellung *f* <-, -en> posición *f* clave

schlussfolgern *vt* concluir (**aus** de)

Schlussfolgerung *f* conclusión *f;* **aus etw ~en ziehen** sacar conclusiones de algo

schlüssig ['ʃlʏsɪç] *adj* concluyente; **sich**

dat (**über etw**) ~ **werden** tomar una resolución (respecto a algo)

Schlusslicht *nt* ① (AUTO) luz *f* trasera ② *(fam: Person)* colista *mf*

Schlusspfiff *m* (SPORT) pitido *m* final

Schlusspunkt *m* <(e)s, -e> ① *(Satzpunkt)* punto *m* ② *(Schlussstrich)* punto *m* final; **einen ~ unter/hinter etw setzen** poner punto final a algo

Schlussstrich *m* punto *m* final; **einen ~ ziehen** hacer borrón y cuenta nueva

Schlussverkauf *m* rebajas *fpl* de fin de temporada

Schlusswort *nt* comentario *m* final

Schmach [ʃmaːx] *f ohne pl (geh: Schande)* vergüenza *f; (Kränkung)* ofensa *f; (Demütigung)* humillación *f*

schmachten [ˈʃmaxtən] *vi (geh)* **nach etw ~** ansiar algo; **nach jdm ~** añorar a alguien; **vor Durst ~** morirse de sed

schmachtend *adj* ① *(sehnsüchtig)* lleno de añoranza ② *(sentimental)* sentimental

schmächtig [ˈʃmɛçtɪç] *adj* flaco

schmackhaft [ˈʃmakhaft] *adj* sabroso; **jdm etw ~ machen** *(fam)* hacer a alguien la boca agua con algo

schmähen [ˈʃmɛːən] *vt (geh)* injuriar, ofender

Schmähgedicht *nt* poema *m* ultrajante

schmal [ʃmaːl] *adj (schlank)* delgado; *(eng)* estrecho; *(gering)* escaso

schmälern [ˈʃmɛːlɐn] *vt* reducir, disminuir

Schmalseite *f* lado *m* estrecho

Schmalspur *f ohne pl* (EISENB) vía *f* estrecha

Schmalz[1] [ʃmalts] *nt* <-es, -e> *(Fett)* manteca *f*

Schmalz[2] *m* <-es, *ohne pl*> *(fam abw: Sentimentalität)* sentimentalismo *m*

schmalzig *adj (abw)* sentimental, empalagoso

schmarotzen* [ʃmaˈrɔtsən] *vi* ① (BIOL) vivir como parásito (**auf/in** en) ② *(abw: Mensch)* vivir de gorra (**bei** a costa de)

Schmarotzer[1] *m* <-s, -> (BIOL) parásito *m*

Schmarotzer(in)[2] *m(f)* <-s, -; -nen> *(abw: Person)* gorrón, -ona *m, f,* pepenche *m Méx*

schmatzen [ˈʃmatsən] *vi* hacer ruido al comer

schmecken [ˈʃmɛkən] **I.** *vi* ① *(Geschmack haben)* saber (**nach** a) ② *(gut schmecken)* gustar; **schmeckt dir die Suppe?** ¿te gusta la sopa?; **es hat gut geschmeckt** estaba rico; **es sich** *dat* **~ lassen** comer con ganas; **lass es dir ~!** ¡que aproveches! **II.** *vt (kosten)* probar; *(herausschmecken)* sacar el gusto (de)

Schmeichelei [ʃmaɪçəˈlaɪ] *f* <-en> lisonja *f,* caravana *f Méx*

schmeichelhaft *adj* lisonjero; **das ist wenig ~ für ihn** no le va a gustar nada

schmeicheln [ˈʃmaɪçəln] *vi* ① *(loben, gefallen)* halagar, lisonjear; *(abw)* adular, barbear *Guat, Méx* ② *(vorteilhaft aussehen lassen)* favorecer

Schmeichler(in) *m(f)* <-s, -; -nen> lisonjeador(a) *m(f); (abw)* zalamero, -a *m, f*

schmeichlerisch *adj* lisonjero; *(abw)* zalamero

schmeißen [ˈʃmaɪsən] <schmeißt, schmiss, geschmissen> *vt (fam)* ① *(werfen)* tirar, lanzar; **jdn aus dem Haus ~** echar a alguien de la casa ② *(abbrechen)* abandonar ③ *(bewältigen)* poner a flote, encargarse (de)

Schmeißfliege *f* moscarda *f*

schmelzen [ˈʃmɛltsən] <schmilzt, schmolz, geschmolzen> **I.** *vi sein (Butter, Eis, Schnee)* derretirse; *(Käse, Glas, Metall)* fundirse **II.** *vt (Butter, Schnee)* derretir; *(Metall, Glas)* fundir

Schmelzkäse *m* (GASTR) queso *m* fundido

Schmelzofen *m* (TECH) horno *m* de fusión

Schmelzpunkt *m* (PHYS) punto *m* de fusión

Schmelztiegel *m* (TECH) crisol *m; (fig)* crisol *m* de las razas

Schmelzwasser *nt* agua *f* de deshielo

Schmerz [ʃmɛrts] *m* <-es, -en> dolor *m; (Kummer)* pena *f*

schmerzempfindlich *adj* sensible al dolor

schmerzen [ˈʃmɛrtsən] **I.** *vi* doler (a) **II.** *vt* doler; *(betrüben)* afligir

Schmerzensgeld *nt* (JUR) indemnización *f* por daño personal

Schmerzensschrei *m* grito *m* de dolor

Schmerzgrenze *f (fig)* límite *m* (máximo); **die ~ überschreiten** pasarse de la raya

schmerzhaft *adj* doloroso

schmerzlich *adj* doloroso, penoso

schmerzlindernd *adj* analgésico, calmante

schmerzlos *adj* sin dolores; **kurz und ~** rápidamente

Schmerzmittel *nt* analgésico *m*

schmerzstillend *adj* analgésico, calmante

Schmerztablette *f* analgésico *m*

schmerzverzerrt *adj* **ein ~es Gesicht** un rostro desfigurado por el dolor

schmerzvoll *adj s.* **schmerzlich**

Schmetterball *m (beim Tennis)* mate *m; (beim Volleyball)* remate *m*

Schmetterling [ˈʃmɛtɐlɪŋ] *m* <-s, -e> (ZOOL, SPORT) mariposa *f*

Schmetterlingsstil *m ohne pl* (SPORT) estilo *m* mariposa

schmettern [ˈʃmɛtɐn] **I.** *vt* ① *(werfen)* arrojar, lanzar; *(Tennis)* dar un smash (a)

S

② *(Lied)* cantar con brío **II.** *vi* ① *(erklingen)* (re)sonar ② *(aufprallen)* chocar ③ *(Tennis)* dar un smash

Schmied [ʃmiːt] *m* <-(e)s, -e> herrero *m; (Hufschmied)* herrador *m*

Schmiede [ˈʃmiːdə] *f* <-n> fragua *f*

Schmiedearbeit *f* (obra *f* de) forja *f*

Schmiedeeisen *nt* hierro *m* forjado

schmiedeeisern *adj* de hierro forjado

schmieden [ˈʃmiːdən] *vt* ① *(Eisen)* forjar ② *(Pläne)* urdir

schmiegen [ˈʃmiːgən] *vr:* **sich ~** *(Kleidung)* ajustarse (**an** a); *(Mensch)* arrimarse cariñosamente (**an** a)

Schmiere [ˈʃmiːrə] *f* <-n> ① *(Fett)* untura *f*, grasa *f* ② *(Schmutz)* mugre *f* ③ *(fam abw: Theater)* farándula *f* ④ *(fam)* **~ stehen** hacer de espía

schmieren [ˈʃmiːrən] **I.** *vt* ① *(mit Fett)* engrasar, lubri(fi)car; *(mit Öl)* enaceitar; **es läuft wie geschmiert** *(fam)* marcha como la seda; **jdm eine ~** *(fam)* darle un bofetón a alguien ② *(Brötchen)* untar; *(auftragen)* poner; *(Aufstrich, Butter)* untar, poner ③ *(fam abw: bestechen)* untar, sobornar ④ *(fam abw: beschmutzen)* garabatear **II.** *vi* *(fam)* ① *(Stift)* manchar ② *(abw: beim Schreiben)* hacer garabatos

Schmiererei *f* <-en> *(fam abw: Gemaltes)* mamarrachada *f; (Geschriebenes)* garabatos *mpl*

Schmierfett [ˈʃmiːɐ-] *nt* grasa *f* lubri(fi)cante

Schmierfink *m (fam abw)* cochino, -a *m, f*

Schmiergeld *nt (fam abw)* unto *m*, soborno *m*

Schmiergeldzahlung *f* (pago *m* de un) soborno *m*

Schmierheft *nt* <-(e)s, -e> borrador *m*, cuaderno *m* en [*o* de] [*o* para] sucio

schmierig *adj* ① *(feuchtklebrig)* resbaladizo ② *(schmutzig)* mugriento; *(fettig)* pringoso ③ *(abw: schmeichlerisch)* zalamero ④ *(abw: obszön)* obsceno

Schmiermittel *nt* lubri(fi)cante *m*

Schmieröl *nt* aceite *m* lubri(fi)cante

Schmierpapier *nt (fam)* (papel *m* de) borrador *m*

Schmierseife *f* jabón *m* verde

Schmierstoff *m* lubricante *m*

Schmierung *f* <-, -en> engrasado *m*

Schmierzettel *m* borrador *m*

schmilzt [ʃmɪltst] *3. präs von* **schmelzen**

Schminke [ˈʃmɪŋkə] *f* <-n> maquillaje *m*

schminken [ˈʃmɪŋkən] **I.** *vt* maquillar **II.** *vr:* **sich ~** maquillarse

Schminkkoffer *m* <-s, -> neceser *m* de belleza

schmirgeln [ˈʃmɪrgəln] *vt* lijar

Schmirgelpapier *nt* papel *m* de lija

schmiss [ʃmɪs] *3. imp von* **schmeißen**

Schmöker [ˈʃmøːkɐ] *m* <-s, -> *(fam)* novelón *m*

schmökern [ˈʃmøːkɐn] *vi (fam)* enfrascarse en la lectura; **in einem Buch ~** leer un libro

schmollen [ˈʃmɔlən] *vi* estar de morros

Schmollmund *m* morro *m*

schmolz [ʃmɔlts] *3. imp von* **schmelzen**

Schmorbraten [ˈʃmoːɐ-] *m* estofado *m*

schmoren [ˈʃmɔːrən] **I.** *vi (Fleisch)* cocerse (a fuego lento) **II.** *vt* estofar, cocer a fuego lento; **sie schmorte stundenlang in der Sonne** *(fam)* estuvo horas tostándose al sol; **jdn ~ lassen** *(fam)* tener a alguien en ascuas

Schmortopf *m* cazuela *f* para guisar (a fuego lento)

Schmuck [ʃmʊk] *m* <-(e)s, *ohne pl*> ① *(Juwelen)* joyas *fpl; (Modeschmuck)* bisutería *f* ② *(Verzierung)* adorno *m*

schmücken [ˈʃmʏkən] *vt* adornar

Schmuckkästchen [-kɛstçən] *nt* joyero *m*, alhajera *f Arg, Chil*

schmucklos *adj* sin adorno; *(Raum)* austero

Schmuckstück *nt* alhaja *f*, joya *f*

schmudd(e)lig *adj (fam abw: Person)* desaliñado; *(Ding)* sucio, mugriento

Schmuggel [ˈʃmʊgəl] *m* <-s, *ohne pl*> contrabando *m*, facuya *f Méx*

schmuggeln **I.** *vi* hacer contrabando **II.** *vt* pasar de contrabando; **jdn außer Landes ~** ayudar a alguien a salir del país ilegalmente

Schmuggelware *f* mercancía *f* de contrabando

Schmuggler(in) *m(f)* <-s, -; -nen> contrabandista *mf*

schmunzeln [ˈʃmʊntsəln] *vi* sonreírse (satisfecho) (**über** de)

Schmusekurs *m* <-es, *ohne pl*> *(fam)* fase *f* de cariñitos

schmusen [ˈʃmuːzən] *vi (fam)* besuquearse, acariciarse

Schmutz [ʃmʊts] *m* <-es, *ohne pl*> ① *(Zustand)* suciedad *f* ② *(herumliegender)* basura *f; (Staub)* polvo *m; (Lehm)* barro *m;* **etw/jdn in [*o* durch] den ~ ziehen** *(fig)* arrastrar algo/a alguien por el fango

Schmutzfink *m* <-en *o* -s, -en> *(fam)* cochino, -a *m, f*

Schmutzfleck *m* mancha *f*

schmutzig *adj* ① *(dreckig, unlauter)* sucio; *(beschmiert)* embadurnado, pringado *fam;* **sich** *dat* **nicht die Finger ~ machen** *(fig)* no ensuciarse las manos ② *(unanständig)* obsceno; *(Fantasie)* sucio; *(Witz)* verde

Schmutzschicht *f* capa *f* de mugre
Schmutzwäsche *f* <-, *ohne pl*> ropa *f* sucia
Schnabel ['ʃna:bəl, *pl:* 'ʃnɛ:bəl] *m* <-s, Schnäbel> ① *(eines Vogels)* pico *m* ② *(an einer Kanne)* pitorro *m* ③ *(fam: Mund)* pico *m;* **halt den ~!** ¡cierra el pico!; **sie redet, wie ihr der ~ gewachsen ist** habla porque tiene boca
Schnabeltasse *f* pistero *m*
Schnabeltier *nt* ornitorrinco *m*
Schnake ['ʃna:kə] *f* <-n> ① *(Wiesenschnake)* moscardón *m* ② *(reg: Stechmücke)* mosquito *m,* zancudo *m Am*
Schnalle ['ʃnalə] *f* <-n> hebilla *f*
schnallen *vt* ① *(festschnallen)* atar (**auf** a); *(losschnallen)* soltar; **etw enger/weiter ~** ceñir/aflojar algo; **den Gürtel enger ~** *(fam fig)* apretarse el cinturón ② *(fam: begreifen)* captar, coger
schnalzen ['ʃnaltsən] *vi (mit der Zunge)* chasquear; *(mit den Fingern)* castañetear
Schnäppchen ['ʃnɛpçən] *nt* <-s, -> *(reg: fam)* ganga *f,* pichincha *f Arg;* **ein ~ machen** hacer un buen negocio
Schnäppchenjagd *f (fam)* búsqueda *f* de gangas
Schnäppchenjäger(in) *m(f) (reg: fam)* cazador(a) *m(f)* de oportunidades
schnappen ['ʃnapən] **I.** *vi* ① *(Hund)* (intentar) pillar (**nach**); **nach Luft ~** *(fam)* jadear ② *sein (Bewegung)* **die Tür schnappt ins Schloss** la puerta se cierra **II.** *vt (packen)* coger, pescar *fam; (Dieb)* pillar
Schnappschuss *m* instantánea *f*
Schnaps [ʃnaps, *pl:* 'ʃnɛpsə] *m* <-es, Schnäpse> aguardiente *m;* (**kräftiger**) **Schluck ~** farolazo *m Méx*
Schnapsbrennerei *f* destilería *f*
Schnapsidee *f (fam)* idea *f* descabellada
schnarchen ['ʃnarçən] *vi* roncar
schnattern ['ʃnatɐn] *vi* ① *(Gans, Ente)* graznar ② *(fam: schwatzen)* hablar por los codos
schnauben ['ʃnaʊbən] **I.** *vi (Mensch)* resoplar; *(Tier)* bufar; **vor Wut ~** bufar de ira **II.** *vr:* **sich ~** *(reg: sich schnäuzen)* sonarse
schnaufen ['ʃnaʊfən] *vi* ① *(keuchen)* resollar, jadear ② *(reg: atmen)* respirar
Schnauzbart *m* <-(e)s, -bärte> bigote *m*
Schnauze ['ʃnaʊtsə] *f* <-n> ① *(vom Tier)* hocico *m* ② *(fam abw: Mund)* bocaza *f,* morro *m;* **eine große ~ haben** ser un bocazas; **die ~ voll haben** estar hasta el gorro; (**halt die**) **~!** ¡cierra el pico!; **mit etw auf die ~ fallen** *(fig)* llevarse un chasco con algo
schnauzen ['ʃnaʊtsən] *vi (fam)* berrear
schnäuzen ['ʃnɔɪtsən] *vr:* **sich ~** sonarse
Schnauzer *m* <-s, -> ① *(Hunderasse)* grifón *m* ② *(fam: Schnauzbart)* bigote *m*
Schnäuzer ['ʃnɔɪtsɐ] *m* <-s, -> *(reg)* bigote *m*
Schnecke ['ʃnɛkə] *f* <-n> ① *(Tier)* caracol *m; (Meeresschnecke)* caracola *f;* **jdn zur ~ machen** *(fam)* cantar(le) las cuarenta a alguien ② *(Gebäck)* caracola *f* ③ (TECH: *Schneckengewinde*) tornillo *m* sin fin
Schneckengehäuse *nt* concha *f* del caracol, casita *f* del caracol
Schneckenhaus *nt* concha *f* del caracol
Schneckenpost *f (abw)* correo *m* ordinario
Schneckentempo *nt (fam)* **im ~** a paso de tortuga
Schnee [ʃne:] *m* <-s, *ohne pl*> ① *(Niederschlag)* nieve *f;* **das ist ~ von gestern** *(fam fig)* eso ya pasó a la historia ② *(Eischnee)* clara *f* (de huevo) batida; **Eiweiß zu ~ schlagen** batir las claras a punto de nieve ③ *(sl: Kokain)* nieve *f*
Schneeanzug *m* traje *m* de nieve
Schneeball *m* ① *(aus Schnee)* bola *f* de nieve ② *(Pflanze)* viburno *m*
Schneeballeffekt *m ohne pl* efecto *m* multiplicador
Schneeballschlacht *f* batalla *f* con bolas de nieve
Schneeballsystem *nt (Warenabsatz)* sistema *m* de venta en pirámide
schneebedeckt *adj* cubierto de nieve
Schneebesen *m* varillas *f pl*
Schneebrille *f* gafas *f pl* de nieve
Schneedecke *f* capa *f* de nieve
Schneefall *m* <-(e)s, -fälle> nevada *f*
Schneeflocke *f* copo *m* de nieve
Schneefräse *f* fresadora *f* quitanieves [*o* de nieve]
Schneegestöber *nt* <-s, -> ventisca *f*
Schneeglätte *f ohne pl* nieve *f* resbaladiza
Schneeglöckchen [-glœkçən] *nt* (BOT) campanilla *f* blanca
Schneegrenze *f* límite *m* de las nieves
Schneehose *f* pantalón *m* de esquí
Schneekanone *f* cañón *m* de nieve
Schneekette *f* (AUTO) cadena *f* para la nieve
Schneeketten *f pl* (AUTO) cadenas *f pl* antideslizantes
Schneemann *m* muñeco *m* de nieve
Schneematsch *m* nieve *f* medio derretida
Schneemobil [-mobi:l] *nt* vehículo *m* de oruga (para la nieve)
Schneepflug *m* (máquina *f*) quitanieve(s) *m(pl)*
Schneeregen *m* aguanieve *f*
Schneeschaufel *f* pala *f* para recoger la nieve

S

Schneeschippe *f (reg)* pala *f* para recoger la nieve
Schneeschmelze *f* deshielo *m*
Schneeschuh *m* ① *(Geflecht)* raqueta *f* ② *(alt: Ski)* esquí *m*
Schneeschuhwanderung *f excursión con raquetas de nieve*
Schneesturm *m* temporal *m* de nieve
Schneetreiben *nt* <-s, *ohne pl*> ventisca *f*
schneeweiß ['-'-] *adj* blanco como la nieve
Schneewittchen [ʃneːˈvɪtçən] *nt* <-s> Blancanieves *f*
Schneid [ʃnaɪt] *m* <-(e)s, *ohne pl*> *(fam)* agallas *fpl,* coraje *m;* **jdm den ~ abkaufen** desanimar a alguien
Schneidbrenner *m* <-s, -> (TECH) soplete *m* cortante
Schneide [ʃnaɪdə] *f* <-n> filo *m; (Klinge)* cuchilla *f*
Schneidebrett *nt* tabla *f* de cortar
schneiden ['ʃnaɪdən] <schneidet, schnitt, geschnitten> **I.** *vt* ① *(allgemein)* cortar; **etw klein ~** cortar algo (en trozos pequeños); **das Hemd ist eng geschnitten** la camisa tiene un corte estrecho; **die Luft ist hier zum S~** aquí el aire está muy cargado ② *(eingravieren)* grabar, tallar ③ (FILM, TV, RADIO) montar ④ *(kreuzen)* cruzar ⑤ *(meiden)* ignorar **II.** *vr:* **sich ~** ① *(verletzen)* cortarse (**an** con) ② *(sich kreuzen)* cruzarse ③ *(reg: irren)* equivocarse **III.** *vi (Kälte, Strick)* cortar
schneidend *adj* cortante; *(Schmerz)* agudo; *(Kälte)* penetrante
Schneider(in) *m(f)* <-s, -; -nen> *(Beruf)* sastre, -a *m, f; (Damenschneider)* modisto, -a *m, f*
Schneiderei *f* <-en> sastrería *f*
Schneiderin *f* <-nen> *s.* **Schneider**
schneidern [ʃnaɪdɐn] *vt* coser, confeccionar
Schneiderpuppe *f* maniquí *m*
Schneidersitz *m ohne pl* **im ~ sitzen** estar sentado con las piernas cruzadas
Schneidezahn *m* (diente *m*) incisivo *m*
schneidig *adj* gallardo
schneien ['ʃnaɪən] *vunpers* nevar; **es schneit** está nevando
Schneise ['ʃnaɪzə] *f* <-n> *(Feuerschneise)* cortafuego *m; (Flugschneise)* pasillo *m* aéreo
schnell [ʃnɛl] **I.** *adj* rápido; **auf die S~e** *(fam)* deprisa y corriendo **II.** *adv* de prisa, rápidamente; **mach ~!** *(fam)* ¡date prisa!
Schnellbahn *f* tren *m* rápido
Schnellboot *nt* lancha *f* torpedera
Schnelle ['ʃnɛlə] *f* <-, *ohne pl*> velocidad *f;* **auf die ~** *(fam)* a toda prisa; **können Sie mir die Ware auf die ~ liefern?** *(fam)* ¿puede suministrarme la mercancía en breve?
schnellen ['ʃnɛlən] *vi sein* saltar; **die Preise schnellten in die Höhe** los precios se dispararon
Schnellfeuerwaffe *f* arma *f* de tiro rápido
Schnellhefter *m* carpeta *f*
Schnelligkeit *f ohne pl* rapidez *f; (Geschwindigkeit)* velocidad *f*
Schnellimbiss *m* (snack) bar *m,* chiringuito *m*
Schnellkochtopf *m* olla *f* a presión
Schnellkurs *m* curso *m* acelerado
schnelllebig *adj (hektisch)* agitado; *(kurzlebig)* efímero
Schnellrestaurant *nt* <-s, -s> local *m* de comida rápida
schnellstens ['ʃnɛlstəns] *adv* lo más rápido posible
Schnellstraße *f* autovía *f*
Schnelltest *m* (MED) prueba *f* rápida
Schnellverfahren *nt* ① (TECH) método *m* rápido ② (JUR) juicio *m* sumario; **etw im ~ erledigen** *(fam fig)* hacer algo corre que te corre
Schnellzug *m* (tren *m*) expreso *m*
Schnepfe ['ʃnɛpfə] *f* <-n> (ZOOL) becada *f*
Schnickschnack ['ʃnɪkʃnak] *m* <-(e)s, *ohne pl*> *(fam)* ① *(wertloses Zeug)* cachivaches *mpl; (Beiwerk)* accesorios *mpl* (innecesarios) ② *(Gerede)* necedades *fpl*
schniefen ['ʃniːfən] *vi (reg)* sorberse los mocos
schnippeln ['ʃnɪpəln] *vi, vt (fam)* cortar (**an**); *(in kleine Stücke)* picar
schnippen ['ʃnɪpən] **I.** *vt* lanzar (con un golpe del dedo) **II.** *vi* **mit den Fingern ~** castañetear los dedos
schnippisch ['ʃnɪpɪʃ] *adj (abw)* respondón
Schnipsel ['ʃnɪpsəl] *m o nt* <-s, -> recorte *m*
schnipseln *vt, vi (fam) s.* **schnippeln**
schnitt [ʃnɪt] *3. imp von* **schneiden**
Schnitt [ʃnɪt] *m* <-(e)s, -e> ① *(das Schneiden, Einschnitt, Haarschnitt, von Kleidung)* corte *m; (Schnittmuster)* patrón *m;* **der goldene ~, der goldene** [*o* **Goldene**] **~** (MATH) la sección áurea ② (FILM) montaje *m* ③ *(fam: Durchschnitt)* término *m* medio; **im ~** por término medio
Schnittblumen *fpl* flores *fpl* cortadas
Schnitte ['ʃnɪtə] *f* <-n> *(reg)* ① *(Scheibe)* rebanada *f; (Wurst, Käse)* loncha *f; (Blechkuchen)* trozo *f* ② *(belegtes Brot)* rebanada *f* de pan (con embutido o queso)
Schnittfläche *f* superficie *f* de corte
schnittig *adj* de línea elegante
Schnittkäse *m* queso *m* en lonchas

Schnittlauch *m* <-(e)s, *ohne pl*> cebollino *m*

Schnittmenge *f* (MATH) intersección *f* de los conjuntos

Schnittmuster *nt* patrón *m*

Schnittpunkt *m* (*a.* MATH) (punto *m* de) intersección *f*

Schnittstelle *f* (INFOR) interfaz *m*

Schnittverletzung *f* herida *f* de incisión, cortadura *f*

Schnittwunde *f* cortadura *f*, corte *m*

Schnitz [ʃnɪts] *m* *(südd, Schweiz)* pedazo *m; (Orangen~)* gajo *m*

Schnitzel[1] [ˈʃnɪtsəl] *nt* <-s, -> *(Fleischstück)* escalope *m;* **paniertes ~** escalope rebozado, milanesa *f Am*

Schnitzel[2] *m o nt* <-s, -> *(kleines Stück)* pedacito *m*

Schnitzeljagd *f juego en el bosque, para el cual se dejan instrucciones en papelillos*

schnitzen [ˈʃnɪtsən] *vi, vt* tallar (en madera) (**aus** de, **in** en)

Schnitzer[1] *m* <-s, -> *(fam: Fehler)* error *m*

Schnitzer(in)[2] *m(f)* <-s, -; -nen> escultor(a) *m(f)* en madera

Schnitzerei [ʃnɪtsəˈraɪ] *f* <-en> talla *f* (en especial de madera)

schnöde [ˈʃnøːdə] *adj* *(abw)* ❶ *(verachtenswert)* desdeñable; *(erbärmlich)* mezquino, vil ❷ *(geringschätzig)* desdeñoso

Schnorchel [ˈʃnɔrçəl] *m* <-s, -> tubo *m* de respiración

schnorcheln *vi* bucear con ayuda de un respirador

Schnörkel [ˈʃnœrkəl] *m* <-s, -> *(an Möbeln)* voluta *f; (bei der Unterschrift)* rúbrica *f*

schnörkelig [ˈʃnœrkəlɪç] *adj* sinuoso; **eine ~e Handschrift haben** escribir con una letra (muy) florida

schnorren [ˈʃnɔrən] **I.** *vt (fam)* gorronear, pechar *Arg* **II.** *vi* ❶ *(fam: erbetteln)* pedir ❷ *(Schweiz: abw: daherreden)* hablar sin ton ni son

Schnorrer(in) *m(f)* <-s, -; -nen> *(fam)* gorrón, -ona *m, f*, pechador(a) *m(f) Arg*

Schnösel [ˈʃnøːzəl] *m* <-s, -> *(fam abw)* impertinente *mf*

schnuck(e)lig [ˈʃnʊk(ə)lɪç] *adj* *(fam)* mono, lindo *Am*

schnüffeln [ˈʃnʏfəln] **I.** *vi* ❶ *(schnuppern)* olisquear (**an**), olfatear (**an**) ❷ *(fam abw: spionieren)* husmear (**in** en), fisgar (**in** en) ❸ *(fam: Klebstoff)* esnifar **II.** *vt (fam)* esnifar, inhalar

Schnüffler(in) *m(f)* <-s, -; -nen> *(abw)* ❶ *(Spion)* espía *mf*, rana *mf Am* ❷ *(Neugieriger)* fisgón, -ona *m, f*, averigüetas *mf inv Méx*

Schnuller [ˈʃnʊlɐ] *m* <-s, -> chupete *m*

Schnulze [ˈʃnʊltsə] *f* <-n> *(Lied)* canción *f* sentimental; *(Film)* película *f* sentimental

schnulzig *adj (fam abw)* sentimental(oide), empachoso

schnupfen [ˈʃnʊpfən] *vi, vt (Tabak)* tomar rapé; *(Kokain)* esnifar

Schnupfen [ˈʃnʊpfən] *m* <-s, -> constipado *m;* **~ haben** estar resfriado; **~ bekommen** coger un constipado

Schnupftabak *m* rapé *m*

schnuppe [ˈʃnʊpə] *adj (fam)* **das ist mir ~** me importa un rábano

Schnupperkurs *m* curso *m* de prueba *(para saber si a uno le gusta una cosa)*

schnuppern [ˈʃnʊpɐn] *vi* olfatear (**an**)

Schnur [ʃnuːɐ, *pl:* ˈʃnyːrə] *f* <Schnüre> cuerda *f; (dünn)* cordel *m*, piola *f AmS; (Kabel)* cable *m*

Schnürchen [ˈʃnyːɐçən] *nt* *(fam)* **wie am ~** a las mil maravillas; **etw wie am ~ können** saber algo de carrerilla

schnüren [ˈʃnyːrən] *vt* atar

schnurgerade [ˈ--ˈ--] *adj (fam)* (todo) derecho, en línea recta

schnurlos *adj (Telefon)* inalámbrico

Schnurrbart [ˈʃnʊrbaːɐt] *m* bigote *m*

schnurrbärtig [ˈʃnʊrbɛːɐtɪç] *adj* con bigote; *(mit starkem Schnurrbart)* bigotudo

schnurren [ˈʃnʊrən] *vi (Katze)* ronronear; *(Nähmaschine, Ventilator, Kameras)* zumbar

Schnurrhaare *ntpl* vibrisas *fpl*, bigotes *mpl*

Schnürschuh *m* zapato *m* de cordones

Schnürsenkel [ˈʃnyːɐzɛŋkəl] *m* <-s, -> *(nordd, reg)* cordón *m* para zapatos

schnurstracks [ˈʃnuːɐˈʃtraks] *adv (fam)* directamente, sin rodeos; *(sofort)* en el acto

Schnute [ˈʃnuːtə] *f* <-n> *(nordd: fam)* boquita *f*, morritos *mpl;* **eine ~ ziehen** *(vor Ärger)* poner morros; *(vor Enttäuschung)* hacer pucheros

schob [ʃoːp] *3. imp von* **schieben**

Schober [ˈʃoːbɐ] *m* <-s, -> pajar *m*

Schock [ʃɔk] *m* <-(e)s, -s> shock *m*, choque *m;* **unter ~ stehen** estar en estado de choque, estar bajo (los efectos de un) shock; **einen ~ bekommen** sufrir un shock

schocken [ˈʃɔkən] *vt (fam)* chocar, causar un shock (a)

schockieren* [ʃɔˈkiːrən] *vt* causar un shock (a), chocar; *(moralisch)* escandalizar

Schocktherapie *f* terapia *f* de choque

Schockwelle *f* <-, -n> onda *f* de choque

Schöffe, -in [ˈʃœfə] *m, f* <-n, -n; -nen> jurado, -a *m, f*

S

Schokokuss *m* (GASTR) merengue *m* cubierto de chocolate
Schokolade [ʃoko'la:də] *f* <-n> chocolate *m;* **heiße ~** chocolate caliente; **weiße ~** chocolate blanco
Schokoladenaufstrich *m* crema *f* de cacao
Schokoladenriegel *m* chocolatina *f*
Schokoladentorte *f* pastel *m* [*o* tarta *f*] de chocolate
Schokoriegel *m* chocolatina *f*
Scholle ['ʃɔlə] *f* <-n> ① *(Fisch)* platija *f* ② *(Eisscholle)* témpano *m* ③ *(Erdscholle)* terrón *m*
schon [ʃo:n] *adv* ① *(zeitlich)* ya; **~ oft** varias veces ya; **~ wieder** otra vez; **~ bald darauf** poco después; **das war ~ immer so** siempre ha sido así; **nun mach ~!** *(fam: beeil dich)* ¡apúrate ya! ② *(allein)* (tan) solo; **wenn ich das ~ sehe!** ¡tan solo (con) verlo! ③ *(tatsächlich)* de hecho; **das ist ~ möglich** de hecho es posible; **was heißt das ~?** eso no quiere decir nada; **na, wenn ~!** ¿y qué más da?; **wer fragt ~ danach, ob ...?** ¿quién demonios pregunta si...?; **du wirst ~ sehen** ya verás; **ich bin ~ froh, dass ...** ya me contento con que... +*subj* ④ *(doch, ja)* sí; **ich denke ~** supongo que sí; **sie ist nicht zufrieden, aber ich ~** ella no está contenta pero yo sí
schön [ʃø:n] **I.** *adj* bonito, lindo *Am;* **das Wetter ist ~** hace buen tiempo; **nichts als ~e Worte** tan solo palabras bonitas; **~e Ferien!** ¡que lo pases bien en las vacaciones!; **~es Wochenende!** ¡buen fin de semana!; **das war nicht ~ von dir** eso no fue un detalle bonito por tu parte; **das wäre ja noch ~er!** *(fam)* ¡no faltaba más!; **das S~ste kommt erst noch: ...** *(iron)* y ahora viene lo mejor:...; **das sind ja ~e Aussichten!** *(fam)* ¡menudas perspectivas!; **na ~!** ¡bueno!; **das ist gut und ~, aber ...** *(fam)* todo esto suena muy bien, pero...; **zu ~, um wahr zu sein** *(fam)* demasiado bonito para ser cierto **II.** *adv* bien; *(ziemlich)* bastante; *(fam)* de lo lindo; **sie singt ~** canta bien; **das hat ja ganz ~ weh getan** esto me ha dolido de lo lindo; **ihr habt es ~ bei euch** se está muy bien en vuestra casa; **sei ~ brav!** *(fam)* ¡pórtate bien!; **danke ~** muchas gracias; **bitte ~** de nada; **wie man so ~ sagt** como se suele decir
schonen ['ʃo:nən] **I.** *vt (Person)* ser benévolo (con); *(Gegenstand)* tratar con cuidado; *(schützen)* proteger; *(Kräfte)* ahorrar; **seine Gesundheit ~** cuidarse **II.** *vr:* **sich ~** cuidarse
schonend *adj (behutsam)* cauteloso; *(vorsichtig)* prudente; *(rücksichtsvoll)* considerado; *(nachsichtig)* indulgente; **du musst es ihr ~ beibringen** debes decírselo con mucha precaución
Schoner *m* <-s, -> ① *(Schiff)* cubierta *f* pequeña ② *(Schonbezug)* funda *f*
schönfärben *vt* **etw ~** ver algo de color de rosa
Schönfärberei [-'-'-] *f* <-, -en> idealización *f;* **~ betreiben** idealizar
Schonfrist *f* plazo *m* de gracia
Schöngeist *m* esteta *mf*
schöngeistig *adj* erudito, intelectual
Schönheit *f* <-en> belleza *f,* bonitura *f Am*
Schönheitschirurg(in) *m(f)* <-en, -en; -, -nen> (MED) cirujano, -a *m, f* plástico , -a
Schönheitschirurgie *f* cirugía *f* plástica
Schönheitsfehler *m* imperfección *f*
Schönheitsideal *nt* ideal *m* de belleza; (**nicht**) **dem gängigen ~ entsprechen** (no) corresponder al ideal estético habitual
Schönheitskönigin *f* mis(s) *f*
Schönheitsoperation *f* operación *f* de cirugía estética
Schönheitspflege *f ohne pl* cosmética *f*
Schönheitssalon *m* salón *m* de belleza
Schönheitswettbewerb *m* <-(e)s, -e> concurso *m* de belleza
Schonkost *f* dieta *f,* comida *f* de régimen
Schönling *m* <-s, -e> *(abw)* guaperas *m inv*
Schönschrift *f ohne pl* caligrafía *f*
Schonung[1] *f ohne pl (Sorgfalt)* cuidado *m; (Nachsicht)* indulgencia *f; (Schutz)* protección *f*
Schonung[2] *f* <-en> *(im Wald)* coto *m* de bosque recién plantado
schonungslos I. *adj* despiadado **II.** *adv* sin piedad
Schonzeit *f* (tiempo *m* de) veda *f*
Schopf [ʃɔpf, *pl:* 'ʃœpfə] *m* <-(e)s, Schöpfe> ① *(Haarschopf)* cabellera *f,* moño *m Chil;* **die Gelegenheit beim ~e packen** no dejar escapar la ocasión ② *(eines Vogels)* copete *m* ③ *(Schweiz: Schuppen)* cobertizo *m*
schöpfen ['ʃœpfən] *vt* ① *(Flüssigkeit)* sacar (**aus** de) ② *(Mut, Vertrauen)* cobrar; *(Hoffnung)* concebir ③ *(geh: Atem)* respirar
Schöpfer[1] *m* <-s> *(Gott)* Creador *m*
Schöpfer(in)[2] *m(f)* <-s, -; -nen> creador(a) *m(f)*
schöpferisch *adj* creador; *(kreativ)* creativo
Schöpfkelle *f* cazo *m*
Schöpflöffel *m* cucharón *m,* bombilla *f Méx*
Schöpfung[1] *f* <-en> *(geh: Kunstwerk)* creación *f*

S

Schöpfung[2] *f ohne pl* (REL) creación *f,* génesis *f inv*
Schöpfungsgeschichte *f ohne pl* (REL) (libro *m* del) Génesis *m*
Schoppen ['ʃɔpən] *m* <-s, -> ❶ *(Viertelliter)* cuarto *m* de litro; *(halber Liter)* medio litro *m* ❷ *(südd, Schweiz: Babyfläschchen)* biberón *m*
schor [ʃoːɐ] *3. imp von* **scheren**
Schorf [ʃɔrf] *m* <-(e)s, -e> costra *f,* postilla *f*
Schorle *f* <-n> (GASTR: *Weinschorle*) *vino blanco con agua mineral; (Apfelsaftschorle) zumo de manzana con agua mineral*
Schornstein ['ʃɔrnʃtaɪn] *m* chimenea *f,* tronera *f Méx*
Schornsteinfeger(in) *m(f)* <-s, -; -nen> deshollinador(a) *m(f)*
schoss [ʃɔs] *3. imp von* **schießen**
Schoß [ʃoːs, *pl:* 'ʃøːsə] *m* <-es, Schöße> ❶ *(Körpermitte)* regazo *m;* **jdn auf den ~ nehmen** tomar a alguien en el regazo; **das ist ihr nicht in den ~ gefallen** *(fam fig)* no le ha llovido del cielo ❷ *(geh: Mutterleib, a. fig)* seno *m*
Schoßhund ['ʃoːs-] *m* perro *m* faldero
Schössling ['ʃœslɪŋ] *m* <-s, -e> retoño *m,* vástago *m*
Schote ['ʃoːtə] *f* <-n> vaina *f*
Schotte, -in ['ʃɔtə] *m, f* <-n, -n; -nen> escocés, -esa *m, f*
Schottenmuster *nt* estampado *m* de [*o* a] cuadros escoceses
Schottenrock *m* falda *f* escocesa
Schotter ['ʃɔtɐ] *m* <-s, -> ❶ *(Straßenschotter)* grava *f,* ripio *m Am; (für Gleisbau)* balasto *m* ❷ *(Flussgeröll)* guijas *f pl* ❸ *(fam: Geld)* pasta *f*
schottisch *adj* escocés
Schottland *nt* <-s> Escocia *f*
schraffieren* [ʃra'fiːrən] *vt* sombrear, rayar
Schraffur [ʃra'fuːɐ] *f* <-en> rayado *m*
schräg [ʃrɛːk] **I.** *adj* ❶ *(nicht gerade)* oblicuo; *(geneigt)* inclinado; *(diagonal)* diagonal ❷ *(fam: unüblich)* estrafalario, estrambótico **II.** *adv* al sesgo; **jdn ~ ansehen** *(fam)* mirar a alguien de reojo; **~ gegenüber** casi enfrente
Schräge ['ʃrɛːgə] *f* <-n> superficie *f* inclinada
Schrägstrich *m* barra *f*
Schramme ['ʃramə] *f* <-n> rasguño *m*
schrammen ['ʃramən] *vt* rasguñar
Schrank [ʃraŋk, *pl:* 'ʃrɛŋkə] *m* <-(e)s, Schränke> armario *m,* escaparate *m Am; (Kleiderschrank)* ropero *m*
Schranke ['ʃraŋkə] *f* <-n>, **Schranken** ['ʃraŋkən] *m* <-s, -> *(Österr)* barrera *f; (gesetzte Grenze)* límite *m;* **jdn in seine ~n weisen** parar los pies a alguien
schrankenlos *adj* ❶ *(grenzenlos)* ilimitado, sin límites ❷ *(maßlos)* desmesurado
Schrankkoffer *m* <-s, -> baúl *m* ropero
Schrankwand *f* pared *f* estantería
Schraubdeckel *m* tapón *m* de rosca
Schraube ['ʃraʊbə] *f* <-n> ❶ *(Bolzen)* tornillo *m;* **bei ihm ist eine ~ locker** *(fam fig)* le falta un tornillo ❷ *(Schiffsschraube)* hélice *f*
schrauben ['ʃraʊbən] *vt* ❶ *(anschrauben)* atornillar (**an** a/en); *(abschrauben)* desatornillar; **fester ~** apretar el tornillo ❷ *(festdrehen)* enroscar; *(abdrehen)* desenroscar
Schraubendreher *m* <-s, -> *s.* **Schraubenzieher**
Schraubenschlüssel *m* llave *f* de tuercas
Schraubenzieher *m* <-s, -> destornillador *m,* desatornillador *m Am*
Schraubstock *m* tornillo *m* de banco, taquilla *f Am*
Schraubverschluss *m* cierre *m* de rosca
Schrebergarten ['ʃreːbɐ-] *m* huerto *m* familiar
Schreck [ʃrɛk] *m* <-(e)s, -e> susto *m,* jabón *m Arg, PRico,* naco *m Arg;* **einen ~ bekommen** llevarse un susto; **jdm einen ~ einjagen** asustar a alguien; **~, lass nach!** *(fam)* ¡cielos!
schrecken[1] ['ʃrɛkən] *vt* ❶ *(geh: ängstigen)* asustar ❷ *(abschrecken: Eier, Nudeln)* meter en agua fría después de cocer
schrecken[2] <schreckt *o* schrickt, schreckte *o* schrak, geschreckt> *vi sein (aufschrecken)* sobresaltarse; **aus dem Schlaf ~** despertarse sobresaltado
Schrecken ['ʃrɛkən] *m* <-s, -> ❶ *(Schreck)* susto *m,* batata *f CSur; (Entsetzen)* espanto *m;* **~ erregend** espantoso; **mit dem ~ davonkommen** no sufrir más que el susto consiguiente ❷ *pl (des Krieges)* horrores *m pl*
Schreckensbotschaft *f* noticia *f* alarmante
Schreckensherrschaft *f* régimen *m* de terror
Schreckensnachricht *f* noticia *f* aterradora
Schreckgespenst *nt* espectro *m*
schreckhaft *adj* asustadizo
schrecklich *adj* ❶ *(furchtbar)* horrible ❷ *(fam: groß, sehr)* tremendo, enorme
Schreckschraube *f (fam abw)* cardo *m,* bruja *f*
Schreckschusspistole *f* pistola *f* de fogueo
Schrecksekunde *f* segundo *m* de reacción

S

Schrei [ʃraɪ] *m* <-(e)s, -e> grito *m;* *(schrill)* chillido *m;* *(abw)* berrido *m;* **einen ~ ausstoßen** lanzar un grito; **der letzte ~** *(fam)* el último grito

Schreibblock *m* bloc *m* (de notas)

schreiben [ˈʃraɪbən] <schreibt, schrieb, geschrieben> **I.** *vi, vt* escribir (**auf** en), plumear (**auf** en) *AmC, Méx;* *(notieren)* apuntar; **mit links ~** ser zurdo (para escribir); **jdm/an jdn (einen Brief) ~** escribir (una carta) a alguien; **hast du was zum S~?** ¿tienes algo que escriba? **II.** *vr:* **sich ~** ① *(Briefe)* escribirse, cartearse ② *(fam: geschrieben werden)* escribirse

Schreiben [ˈʃraɪbən] *nt* <-s, -> escrito *m;* *(Brief)* carta *f;* **Ihr ~ vom ...** su carta del...

Schreiber(in) *m(f)* <-s, -; -nen> *(Roman)* escritor(a) *m(f);* *(Brief)* autor(a) *m(f)*

schreibfaul *adj* vago para escribir

Schreibfeder *f* pluma *f*

Schreibfehler *m* falta *f* de ortografía

Schreibgerät *nt* <-(e)s, -e> utensilio *m* para escribir

Schreibheft *nt* cuaderno *m*

Schreibkopf *m* (INFOR) cabeza *f* de escritura

Schreibkraft *f* mecanógrafo, -a *m, f*

Schreibmappe *f* carpeta *f,* portafolios *m inv*

Schreibmaschine *f* máquina *f* de escribir; **~ schreiben** escribir a máquina

Schreibpapier *nt* papel *m* de escribir

Schreibschrift *f ohne pl* letra *f*

Schreibschutz *m ohne pl* protección *f* contra escritura

schreibschützen *vt* (INFOR) proteger contra sobreescritura

Schreibtisch *m* escritorio *m,* carpeta *f Perú*

Schreibtischlampe *f* lámpara *f* de escritorio; *(beweglich)* flexo *m*

Schreibübung *f* (SCH) ejercicio *m* de escritura

S

Schreibung *f* <-en> (modo *m* de) escritura *f*

Schreibunterlage *f* vade *m*

Schreibwaren *fpl* artículos *mpl* de papelería

Schreibwarenabteilung *f* sección *f* de papelería

Schreibwarengeschäft *nt s.* **Schreibwarenhandlung**

Schreibwarenhändler(in) *m(f)* papelero, -a *m, f*

Schreibwarenhandlung *f* papelería *f*

Schreibweise *f* ① *(Orthografie)* grafía *f* ② *(Schreibstil)* estilo *m*

schreien [ˈʃraɪən] <schreit, schrie, geschrie(e)n> *vi, vt* ① *(Mensch)* gritar; *(schrill)* chillar; *(wütend)* vociferar; *(abw)* berrear; **nach etw** *dat* **/jdm ~** pedir algo/llamar a alguien a gritos; **er schrie vor Angst** gritó de miedo; **sie schrie sich heiser** gritó hasta quedarse afónica; **es war zum S~** *(fam)* era para morirse ② *(Esel)* rebuznar; *(Vogel)* chillar; *(Stier)* bramar; *(Kalb)* berrear

schreiend *adj* ① *(Farbe)* chillón ② *(Unrecht)* manifiesto

Schreihals *m* <-es, -hälse> *(fam)* gritón, -ona *m, f*

Schreikrampf *m* <-(e)s, -krämpfe> gritos *mpl* histéricos

Schrein [ʃraɪn] *m* <-(e)s, -e> *(geh)* cofre *m;* *(für Reliquien)* relicario *m*

Schreiner(in) [ˈʃraɪnɐ] *m(f)* <-s, -; -nen> carpintero, -a *m, f*

Schreinerei *f* <-en> carpintería *f*

schreiten [ˈʃraɪtən] <schreitet, schritt, geschritten> *vi sein* *(geh)* ① *(gehen)* caminar (solemnemente) ② *(beginnen)* **zu etw** *dat* **~** pasar a algo

schrie [ʃriː] *3. imp von* **schreien**

schrieb [ʃriːp] *3. imp von* **schreiben**

Schrieb [ʃriːp] *m* <-(e)s, -e> *(fam)* carta *f*

Schrift [ʃrɪft] *f* <-en> ① *(Schriftsystem)* escritura *f;* *(Schriftzeichen)* caracteres *mpl* ② *(Handschrift)* letra *f* ③ *(Text)* escrito *m;* *(Abhandlung)* tratado *m;* **die Heilige ~** las Sagradas Escrituras ④ *pl* *(Schweiz: Papiere)* documentos *mpl*

Schriftart *f* (TYPO) tipo *m* de imprenta

Schriftbild *nt* escritura *f*

Schriftdeutsch *nt* <-en, *ohne pl*> alemán *m* estándar; *(Papierdeutsch)* lenguaje *m* administrativo

Schriftführer(in) *m(f)* <-s, -; -, -nen> secretario, -a *m, f*

Schriftgröße *f* (INFOR) tamaño *m* de la fuente

schriftlich *adj* por escrito; **das kann ich dir ~ geben** *(fam)* eso te lo garantizo

Schriftsatz *m* ① (TYPO) composición *f* ② (JUR) alegaciones *fpl*

Schriftsprache *f* lenguaje *m* literario; *(Hochdeutsch)* alemán *m* estándar

Schriftsteller(in) *m(f)* <-s, -; -nen> escritor(a) *m(f)*

Schriftstellerei *f* <-, *ohne pl*> creación *f* literaria, profesión *f* de escritor(a)

Schriftstück *nt* documento *m*

Schrifttyp *m* (INFOR) estilo *m* de la fuente

Schriftverkehr *m ohne pl* correspondencia *f*

Schriftwechsel *m* correspondencia *f*

Schriftzeichen *nt* carácter *m* (gráfico)

Schriftzug *m* ① *(Wort)* palabra *f* escrita ② *(Charakteristik)* trazo *m*

schrill [ʃrɪl] *adj (Ton)* estridente; *(fam: Aufmachung)* estrafalario
schritt [ʃrɪt] *3. imp von* **schreiten**
Schritt [ʃrɪt] *m* <-(e)s, -e> ❶ *(beim Gehen)* paso *m;* **mit schnellen ~en** a paso ligero; **auf ~ und Tritt** a cada paso; **nur ein paar ~e von hier** a un par de pasos de aquí; **mit jdm ~ halten** seguir la marcha de alguien; **mit etw ~ halten** *(fig)* estar al tanto de algo; **~ für ~** paso a paso ❷ *(einer Hose)* entrepierna *f* ❸ *(Handlung)* paso *m; (Maßnahme)* medida *f; (amtlich)* trámite *m;* **den ersten ~ tun** dar el primer paso; **~e in die Wege leiten** iniciar trámites; **gegen jdn ~e unternehmen** tomar medidas contra alguien
Schrittgeschwindigkeit *f ohne pl* velocidad *f* de paso
Schrittmacher *m* <-s, -> ❶ (SPORT) liebre *f* ❷ *(Herzschrittmacher)* marcapasos *m inv*
Schritttempo *nt* **(im) ~ fahren** avanzar al paso
schrittweise *adv* paso a paso
schroff [ʃrɔf] *adj* ❶ *(Abhang)* escarpado; *(jäh abfallend)* abrupto ❷ *(Mensch)* rudo; **etw ~ ablehnen** rechazar algo categóricamente
Schroffheit[1] *f* <-, -en> *(Äußerung)* grosería *f*
Schroffheit[2] *f* <-, *ohne pl*> *(Art)* brusquedad *f*
schröpfen [ˈʃrœpfən] *vt* ❶ (MED) sangrar ❷ *(fam: Person)* desplumar
Schrot [ʃroːt] *m o nt* <-(e)s, -e> ❶ *(Getreideschrot)* grano *m* partido; **von altem ~ und Korn** de buena cepa ❷ *(Munition)* perdigones *mpl; (größer)* postas *fpl*
Schrotflinte *f* escopeta *f* de perdigones
Schrotkugel *f* perdigón *m*
Schrotladung *f* <-, -en> perdigonada *f*
Schrott [ʃrɔt] *m* <-(e)s, *ohne pl*> ❶ *(Altmetall)* chatarra *f;* **ein Auto zu ~ fahren** destrozar un coche ❷ *(fam: Unbrauchbares)* cachivaches *mpl*
Schrotthändler(in) *m(f)* chatarrero, -a *m, f*
Schrotthaufen *m* ❶ *(Ansammlung)* montón *m* de chatarra ❷ *(fam: altes Auto)* cacharro *m*
Schrottplatz *m* depósito *m* de chatarra
schrottreif *adj* para el desguace
schrubben [ˈʃrʊbən] *vt (Ding)* fregar; *(Person, Körperteil)* frotar
Schrubber *m* <-s, -> *(fam)* escobillón *m,* cepillo *m* con palo
schrumpelig *adj (fam)* arrugado, lleno de arrugas
schrumpfen [ˈʃrʊmpfən] *vi sein* ❶ *(Gewebe)* encoger ❷ *(Vorräte, Interesse)* disminuir
Schrumpfung *f* <-, -en> ❶ *(das Sichzusammenziehen)* encogimiento *m* ❷ *(Abnahme)* disminución *f*
schrumplig *adj s.* **schrumpelig**
Schrunde [ˈʃrʊndə] *f* <-, -n> (MED, GEO) grieta *f*
Schub [ʃuːp, *pl:* ˈʃyːbə] *m* <-(e)s, Schübe> ❶ *(Stoß)* empujón *m* ❷ (PHYS, TECH) empuje *m* ❸ *(Gruppe)* grupo *m*
Schubfach *nt* cajón *m*
Schubkarre *f,* **Schubkarren** *m* carretilla *f*
Schubkraft *f* (PHYS, TECH) (fuerza *f* de) empuje *m*
Schublade *f* <-n> cajón *m*
Schubs [ʃʊps] *m* <-es, -e> *(fam)* empujón *m*
schubsen [ˈʃʊpsən] *vt (fam)* empujar, quiñar *Am*
schubweise [ˈʃuːpvaɪzə] *adv* por partes
schüchtern [ˈʃʏçtɐn] *adj* tímido, penoso *Am*
Schüchternheit *f ohne pl* timidez *f*
schuf [ʃuːf] *3. imp von* **schaffen**
Schuft [ʃʊft] *m* <-(e)s, -e> *(abw)* canalla *mf*
schuften [ˈʃʊftən] *vi (fam)* currar
Schufterei *f* <-en> *(fam abw: Tätigkeit)* trabajo *m* pesado
Schuh [ʃuː] *m* <-(e)s, -e> zapato *m;* **ein Paar ~e** un par de zapatos; **ich weiß, wo ihn der ~ drückt** *(fam fig)* yo sé donde le aprieta el zapato; **jdm etw in die ~e schieben** *(fam)* echar a alguien la culpa de algo
Schuhabteilung *f* sección *f* de zapatería
Schuhbändel [ˈʃuːbɛndəl] *nt* <-s, -> *(südd, Schweiz)* cordón *m* (del zapato)
Schuhcreme *f* betún *m,* unto *m Chil*
Schuhgeschäft *nt* zapatería *f,* peletería *f AmC, Ant*
Schuhgröße *f* número *m* del calzado
Schuhlöffel *m* calzador *m*
Schuhmacher(in) *m(f)* <-s, -; -nen> zapatero, -a *m, f*
Schuhputzer(in) *m(f)* <-s, -; -nen> limpiabotas *mf inv,* lustrabotas *mf inv Am*
Schuhputzmittel *nt* crema *f* para el calzado
Schuhputzzeug *nt* <-(e)s, *ohne pl*> utensilios *mpl* para la limpieza de los zapatos
Schuhsohle *f* suela *f*
Schuhspanner *m* horma *f*
Schuhwerk *nt* <-(e)s, *ohne pl*> calzado *m*
Schukostecker [ˈʃuːko-] *m* enchufe *m* con toma de tierra
Schulabbrecher(in) *m(f)* escolar *mf* que abandona los estudios
Schulabgänger(in) *m(f)* escolar *mf* que termina la escuela

S

Schulabschlussball *m* baile *m* de graduación

Schulanfang *m* vuelta *f* al colegio

Schulanfänger(in) *m(f)* niño, -a *m, f* que empieza su etapa escolar

Schulaufgaben *fpl* deberes *mpl*

Schulausbildung *f* escolaridad *f*

Schulbank *f* banco *m* de escuela; **die ~ drücken** *(fam)* ir a la escuela

Schulbeginn *m ohne pl* vuelta *f* al colegio

Schulbesuch *m* asistencia *f* a la escuela

Schulbildung *f* formación *f* escolar

Schulbuch *nt* libro *m* de texto

Schulbuchverlag *m* <-(e)s, -e> editorial *f* de libros de texto [*o* de manuales]

Schulbus *m* autobús *m* escolar

schuld [ʃʊlt] *adj* **an etw ~ sein** tener la culpa de algo

Schuld[1] [ʃʊlt] *f ohne pl (Verantwortung)* culpa *f* (**an** de); (JUR) culpabilidad *f;* **es ist meine ~** es culpa mía; **die ~ an etw haben** tener la culpa de algo; **sich** *dat* **etw zu ~en kommen lassen** cometer un error; **jdm ~ geben** echar la culpa a alguien; **sich** *dat* **keiner ~ bewusst sein** no sentirse culpable; **die ~ auf sich nehmen** declararse culpable; **sich etwas zu ~en kommen lassen** cometer un error; *s. a.* **zuschulden**

Schuld[2] *f* <-en> ❶ *(Geldbetrag)* deuda *f,* golilla *f Cuba;* **ich habe 500 Euro ~en** tengo 500 euros de deudas ❷ *(geh)* **ich stehe in deiner ~** estoy en deuda contigo

Schuldbekenntnis *nt* (*a.* JUR) confesión *f;* **ein ~ ablegen** confesarse culpable

schuldbewusst *adj* consciente de su culpabilidad

Schuldbewusstsein *nt* conciencia *f* de culpa(bilidad)

schulden [ˈʃʊldən] *vt* deber, debitar *Am;* **jdm etw ~** deber algo a alguien

Schuldenerlass *m* condonación *f* de la deuda

schuldenfrei *adj* libre de deudas

Schuldfrage *f* cuestión *f* de culpabilidad

Schuldgefühl *nt* sentimiento *m* de culpa

schuldhaft *adj* culpable

Schuldienst *m ohne pl* docencia *f (en la enseñanza primaria y secundaria);* **im ~ (tätig) sein** ejercer como profesor

schuldig [ˈʃʊldɪç] *adj* ❶ (*a.* JUR: *verantwortlich*) culpable (**an** de); **wer ist ~?** ¿quién tiene la culpa?; **jdn ~ sprechen** declarar culpable a alguien; **sich ~ bekennen** declararse culpable; **sich einer Tat ~ machen** ser culpable de un crimen ❷ *(Geld)* **jdm etw ~ sein** deber algo a alguien; **die Antwort ~ bleiben** no contestar

Schuldige(r) *mf* <-n, -n; -n> culpable *mf*

Schuldigkeit *f* **seine ~ tun** cumplir con su deber

schuldlos *adj* **~ sein** no tener la culpa (**an** de)

Schuldner(in) [ˈʃʊldnɐ] *m(f)* <-s, -; -nen> deudor(a) *m(f)*

Schuldschein *m* pagaré *m*

Schuldspruch *m* sentencia *f*

Schuldunfähigkeit *f* <-, *ohne pl*> (JUR) incapacidad *f* de culpabilidad

Schuldzuweisung *f* (*a.* JUR) acusación *f*

Schule[1] [ˈʃuːlə] *f* <-n> ❶ *(Institution, Gebäude)* colegio *m,* escuela *f;* **in die ~ kommen** ser escolarizado; **in die** [*o* **zur**] **~ gehen** ir a la escuela; **weiterführende ~** escuela secundaria ❷ *(Richtung)* escuela *f;* **ein Richter der alten ~** un juez de la vieja escuela; **~ machen** hacer escuela

Schule[2] *f ohne pl* ❶ *(Unterricht)* clase *f;* **~ haben** tener clase ❷ *(Wend)* **die hohe ~ der Kunst** el gran conocimiento del arte

schulen *vt* ❶ *(Mitarbeiter)* formar, capacitar ❷ *(Auge, Gedächtnis)* entrenar; **mit geschultem Blick** con ojo experto

Schüler(in) [ˈʃyːlɐ] *m(f)* <-s, -; -nen> ❶ *(in der Schule)* alumno, -a *m, f* ❷ *(Anhänger)* discípulo, -a *m, f*

Schüleraustausch *m* intercambio *m* de alumnos

Schülerausweis *m* carné *m* de estudiante

Schülerin *f* <-nen> *s.* **Schüler**

Schülerlotse, -in *m, f escolar que detiene el tráfico para que otros colegiales puedan cruzar la calle*

Schülermitverwaltung *f* representación *f* de alumnos

Schülerzeitung *f* periódico *m* escolar

Schulfach *nt* asignatura *f* escolar

Schulferien *pl* vacaciones *fpl* escolares

schulfrei *adj* libre

Schulfreund(in) *m(f)* compañero, -a *m, f* de clase

Schulgebäude *nt* edificio *m* escolar

Schulgeld *nt* cuota *f* escolar

Schulglocke *f* campana *f* del colegio

Schulheft *nt* cuaderno *m* escolar

Schulhof *m* patio *m* de la escuela

schulisch *adj* escolar

Schuljahr *nt* ❶ *(Zeitraum)* año *m* escolar ❷ *(Klasse)* curso *m;* **im achten ~ sein** estar en octavo

Schulkamerad(in) *m(f)* compañero, -a *m, f* de clase

Schulkind *nt* escolar *mf*

Schulklasse *f (Schülergruppe)* clase *f; (Klassenstufe)* curso *m*

Schullandheim *nt* residencia *f* escolar en el campo

Schulleiter(in) *m(f)* director(a) *m(f)* de escuela
Schulmappe *f* cartera *f*, busaca *f Ven*
Schulmedizin *f ohne pl* medicina *f* convencional
Schulpflicht *f ohne pl* enseñanza *f* obligatoria
schulpflichtig *adj* en edad escolar
Schulranzen *m* cartera *f* (para llevar a la espalda)
Schulrat, -rätin *m, f* inspector(a) *m(f)* de enseñanza
Schulreform *f* reforma *f* escolar
Schulschluss *m ohne pl* salida *f* de clase
Schulsprecher(in) *m(f)* portavoz *mf* del alumnado
Schulstress *m* <-es, *ohne pl*> estrés *m* escolar
Schulstunde *f* clase *f*
Schultag *m* día *m* de colegio; **Montag ist wieder ~** el lunes hay colegio otra vez
Schultasche *f* cartera *f*
Schulter ['ʃʊltɐ] *f* <-n> hombro *m;* (GASTR) paletilla *f;* **~ an ~** hombro con hombro; **jdm auf die ~ klopfen** dar(le) a alguien una palmada en el hombro; **jdm über die ~ gucken** mirar a alguien por encima del hombro; **mit den ~n zucken** encogerse de hombros; **etw auf die leichte ~ nehmen** tomar algo a la ligera; **jdm die kalte ~ zeigen** dar la espalda a alguien
Schulterblatt *nt* omoplato *m*
schulterfrei *adj* que deja los hombros descubiertos
Schulterhöhe *f* <-, *ohne pl*> altura *f* del hombro; **in ~** a la altura del hombro
schulterlang *adj* hasta los hombros
schultern *vt* echar al hombro
Schulterpolster *nt* hombrera *f*
Schulterriemen *m* bandolera *f*
Schultüte *f cucurucho de papel con golosinas y objetos de escritorio que reciben los niños el primer día de escuela*
Schulung ['ʃuːlʊŋ] *f* <-en> ① *(von Personal)* formación *f;* *(der Stimme)* entrenamiento *m* ② *(Lehrgang)* cursillo *m*
Schuluniform *f* uniforme *m* del colegio
Schulunterricht *m* clases *f pl* escolares
Schulversagen *nt ohne pl* fracaso *m* escolar
Schulweg *m* camino *m* a la escuela
Schulwesen *nt ohne pl* enseñanza *f*
Schulzeit *f* años *m pl* escolares
Schulzeugnis *nt* notas *f pl*
schumm(e)rig *adj (fam)* poco iluminado; *(dämmerig)* crepuscular
schummeln ['ʃʊməln] **I.** *vi (fam: beim Spiel)* hacer trampas; *(in der Schule)* copiar **II.** *vt (fam)* pasar sin ser visto
Schund [ʃʊnt] *m* <-(e)s, *ohne pl*> *(fam abw)* baratija *f*
Schundroman *m (fam)* novelón *m*
schunkeln ['ʃʊŋkəln] *vi* balancearse rítmicamente cogidos del brazo
Schuppe ['ʃʊpə] *f* <-n> ① *(bei Tieren)* escama *f* ② *pl (beim Menschen)* caspa *f;* **mir fiel es wie ~n von den Augen** *(fig)* se me cayó la venda de los ojos
schuppen I. *vt* escamar **II.** *vr:* **sich ~** (d)escamarse
Schuppen ['ʃʊpən] *m* <-s, -> *(Bau)* cobertizo *m,* galpón *m Am*
Schuppenflechte *f* (MED) (p)soriasis *f inv*
schuppig *adj* ① *(Fisch, Haut)* escamoso ② *(Kopfhaut)* con caspa; **~es Haar haben** tener caspa
Schur [ʃuːɐ] *f* <-, -en> esquileo *m*
schüren ['ʃyːrən] *vt* ① *(Feuer)* atizar ② *(Hass, Eifersucht)* alimentar
schürfen ['ʃʏrfən] **I.** *vt* ① *(Haut)* excoriar, levantar *fam* ② (BERGB) extraer **II.** *vr:* **sich ~** excoriarse (**an** en); *(sich kratzen)* arañarse (**an**) **III.** *vi* **tief ~d** profundo; **nach etw ~** buscar algo
Schürfwunde *f* excoriación *f*
Schürhaken *m* atizador *m*
Schurke, -in ['ʃʊrkə] *m, f* <-n, -n; -nen> *(abw)* bellaco, -a *m, f*
Schurkenstreich *m (abw)* jugarreta *f*
Schurwolle *f ohne pl* lana *f* virgen
Schürze ['ʃʏrtsə] *f* <-n> delantal *m*
Schürzenjäger *m (fam abw)* mujeriego *m*
Schuss [ʃʊs, *pl:* 'ʃʏsə] *m* <-es, Schüsse> ① *(aus einer Waffe)* tiro *m,* disparo *m,* chumbo *m Arg;* **einen ~ abgeben** disparar (un tiro); **der ~ ging nach hinten los** *(fam)* salió el tiro por la culata; **weit vom ~ sein** *(fam)* estar en el quinto pino; **in ~ sein** *(fam)* estar a punto; **etw in ~ bringen** *(fam)* poner algo a punto; **etw in ~ halten** *(fam)* mantener algo en buen estado ② *(Spritzer)* chorrito *m* ③ (SPORT: *Fußball*) tiro *m* ④ *(beim Weben)* trama *f* ⑤ *(sl: Drogeninjektion)* chute *m;* **sich** *dat* **einen ~ setzen** chutarse
schuss(e)lig ['ʃʊsəlɪç] *adj (fam abw)* ① *(zerstreut)* distraído ② *(ungeschickt)* torpe
Schussel ['ʃʊsəl] *m* <-s, -> *(fam)* ① *(zerstreuter Mensch)* despistado, -a *m, f* ② *(ungeschickter Mensch)* manazas *mf inv,* torpe *mf,* torpón, -ona *m, f*
Schüssel ['ʃʏsəl] *f* <-n> ① *(Servierschüssel)* fuente *f,* platón *m Am;* *(Salatschüssel)* ensaladera *f;* *(Suppenschüssel)* sopera *f;* *(Waschschüssel)* palangana *f* ② *(fam: WC-Becken)* inodoro *m,* taza *f fam*

③ *(fam: Satellitenschüssel)* antena *f* parabólica

schusselig [ˈʃʊsəlɪç] *adj (abw fam)* ① *(zerstreut)* distraído, despistado ② *(ungeschickt)* torpe, atolondrado

Schusseligkeit *f* <-, -en> *(abw fam)* ① *(aus Zerstreutheit)* despiste *m,* distracción *f* ② *(aus Ungeschicktheit)* torpeza *f,* metedura *f* de pata

Schusslinie *f* línea *f* de fuego; *(einer Kugel)* trayectoria *f* de la bala; **in die ~ geraten** *(fig)* estar en la línea de fuego

Schussverletzung *f* herida *f* de bala

Schusswaffe *f* arma *f* de fuego

Schusswechsel *m* tiroteo *m*

Schuster(in) [ˈʃuːstɐ] *m(f)* <-s, -; -nen> zapatero, -a *m, f*

Schutt [ʃʊt] *m* <-(e)s, *ohne pl*> escombros *mpl;* **eine Stadt in ~ und Asche legen** reducir una ciudad a cenizas

Schuttabladeplatz *m* escombrera *f*

Schüttelfrost *m* escalofríos *mpl,* chucho *m Am*

schütteln [ˈʃʏtəln] **I.** *vt (Baum, Kissen)* sacudir; *(Gefäß)* agitar; *(Kopf)* mover; **verneinend den Kopf ~** negar con la cabeza; **von einem Fieberanfall geschüttelt werden** sufrir un ataque de fiebre; **„vor Gebrauch ~"** "agítese antes de usar" **II.** *vr:* **sich ~** sacudirse; **sich vor Ekel ~** estremecerse de asco; **er schüttelte sich vor Lachen** se desternilló de risa

Schüttelreim *m* (LIT) rima *f* con metátesis entre vocablos

schütten [ˈʃʏtən] **I.** *vt (gießen)* verter (**in** en); *(verschütten)* derramar **II.** *vunpers (fam)* llover a cántaros

schütter [ˈʃʏtɐ] *adj* ralo, poco espeso

Schutthalde *f* escombrera *f*

Schutz [ʃʊts] *m* <-es, *ohne pl*> protección *f* (**vor/gegen** contra), amparo *m; (Verteidigung)* defensa *f* (**vor/gegen** contra); **im ~e der Dunkelheit** al amparo de la oscuridad; **sich in jds ~ begeben** acogerse al amparo de alguien; **unter jds ~ stehen** estar bajo la protección de alguien; **in einem Haus ~ suchen** refugiarse en una casa; **jdn in ~ nehmen** defender a alguien

Schutzanstrich *m (Farbe)* pintura *f* protectora

Schutzanzug *m* traje *m* protector

schutzbedürftig *adj* que necesita protección

Schutzbehauptung *f* declaración *f* encubridora

Schutzblech *nt* ① *(am Fahrrad)* guardabarros *m inv* ② *(an Maschinen)* chapa *f* de protección

Schutzbrief *m* ① (POL) salvoconducto *m* ② *(einer Versicherung)* seguro *m* de protección durante viajes

Schutzbrille *f* gafas *fpl* protectoras

Schutzdamm *m* dique *m* protector

Schütze[1] *m* <-n, -n> ① (ASTR: *Zeichen*) Sagitario *m* ② (ASTR: *Person*) sagitario *mf inv*

Schütze, -in[2] [ˈʃʏtsə] *m, f* <-n, -n; -nen> ① *(mit einer Waffe)* tirador(a) *m(f)* ② *(Torschütze)* goleador(a) *m(f)* ③ *(Soldat)* soldado *m* raso

schützen [ˈʃʏtsən] **I.** *vt* proteger (**vor/gegen** de/contra); *(bewahren)* guardar (**vor** de); *(verteidigen)* defender (**vor/gegen** contra); **gesetzlich geschützt** protegido por la ley **II.** *vr:* **sich ~** protegerse (**vor/gegen** de/contra); *(gegen Schaden)* asegurarse (**gegen** contra)

schützend *adj* protector

Schützenfest *nt* fiesta *f* acompañada de una competición de tiro

Schutzengel *m* ángel *m* de la guarda [*o* custodio]

Schützengraben *m* trinchera *f*

Schützenhilfe *f* <-, *ohne pl*> *(fam)* respaldo *m;* **jdm ~ geben** respaldar a alguien

Schützenverein *m* sociedad *f* de tiro

Schutzfrist *f* <-, -en> (JUR) plazo *m* de protección

Schutzgebiet *nt* reserva *f* natural

Schutzgebühr *f* tasa *f* de apoyo

Schutzgeld *nt* cuota *f* de protección; **~er erpressen** extorsionar cuotas de protección

Schutzgitter *nt* rejilla *f* de protección

Schutzhaft *f* <-, *ohne pl*> (JUR) prisión *f* preventiva; **jdn in ~ nehmen** tomar a alguien en arrestro preventivo

Schutzhandschuh *m* <-(e)s, -e> guante *m* protector

Schutzheilige(r) *mf* (REL) patrón, -ona *m, f;* **jds ~r sein** ser el patrono de alguien

Schutzhelm *m* casco *m* protector

Schutzhütte *f* refugio *m*

Schutzimpfung *f* vacuna(ción) *f* preventiva

Schützling [ˈʃʏtslɪŋ] *m* <-s, -e> protegido, -a *m, f*

schutzlos *adj* indefenso, sin amparo; **jdm/etw** *dat* **~ ausgeliefert sein** estar indefenso ante alguien/algo

Schutzmarke *f* marca *f* registrada

Schutzmaske *f* máscara *f* protectora

Schutzmaßnahme *f* medida *f* de protección; **gegen etw ~n treffen** tomar medidas preventivas contra algo

Schutznetz *nt* red *f* protectora

Schutzschicht *f* capa *f* protectora

Schutzumschlag *m* sobrecubierta *f*

Schutzvorrichtung *f* dispositivo *m* de protección
schwabb(e)lig *adj (fam)* fofo
schwabbeln ['ʃvabəln] *vi (fam)* ① *(zittern)* temblequear, temblar ② *(schwätzen)* darle al pico, chismorrear
Schwabe, **Schwäbin** ['ʃva:bə] *m, f* <-n, -n; -nen> suabo, -a *m, f*
Schwaben ['ʃva:bən] *nt* <-s> *(Region)* Suabia *f*
Schwäbin ['ʃvɛ:bɪn] *f* <-nen> *s.* **Schwabe**
schwäbisch ['ʃvɛ:bɪʃ] *adj* suabo
schwach [ʃvax] *adj* <schwächer, am schwächsten> débil; *(Getränk, Argument, Börse)* flojo; *(Nachfrage, Leistung, Beteiligung)* escaso; *(Gesundheit)* frágil; *(Hoffnung)* vago; *(Licht)* tenue; **~er Punkt** punto débil; **ein ~er Redner** un orador mediocre; **sich ~ fühlen** sentirse débil; **er ist ~ in Physik** está flojo en física; **bei Torten wird sie immer ~** las tartas son su debilidad
Schwäche ['ʃvɛçə] *f* <-n> debilidad *f; (Gebrechlichkeit)* fragilidad *f;* **eine ~ für etw haben** tener debilidad por algo
Schwächeanfall *m* desvanecimiento *m*
schwächen ['ʃvɛçən] *vt* debilitar, aguadar *Guat*
Schwachheit *f* <-, *ohne pl*> *(Kraftlosigkeit)* debilidad *f*
Schwachkopf *m (abw)* imbécil *mf*
schwächlich ['ʃvɛçlɪç] *adj* débil; *(kränklich)* enfermizo
Schwächling ['ʃvɛçlɪŋ] *m* <-s, -e> *(abw)* persona *f* débil, carnero *m CSur,* chota *mf PRico*
Schwachpunkt *m* <-(e)s, -e> punto *m* débil
Schwachsinn *m* <-(e)s, *ohne pl*> ① (MED) demencia *f* ② *(fam abw: Blödsinn)* imbecilidad *f*
schwachsinnig *adj* ① (MED) deficiente mental ② *(fam abw: blödsinnig)* imbécil
Schwachsinnige(r) *mf* (MED) deficiente *mf* mental
Schwachstelle *f* punto *m* débil
Schwachstrom *m* (ELEK) corriente *f* de baja intensidad
Schwächung *f* <-en> debilitación *f*
Schwaden ['ʃva:dən] *m* <-s, -> ① *(in der Luft)* mofeta *f* ② (BERGB) vapores *mpl*
Schwadron [ʃva'dro:n] *f* <-, -en> (MIL) escuadrón *m*
schwafeln ['ʃva:fəln] *vi (fam abw)* hablar a tontas y a locas (**über** sobre)
Schwager, **Schwägerin** ['ʃva:gɐ] *m, f* <-s, Schwäger; -nen> cuñado, -a *m, f*
Schwalbe ['ʃvalbə] *f* <-n> golondrina *f*
Schwall [ʃval] *m* <-(e)s, -e> *(Wasser-, Menschenschwall)* aluvión *m; (Geruchsschwall)* nube *f*
schwamm [ʃvam] *3. imp von* **schwimmen**
Schwamm [ʃvam, *pl:* 'ʃvɛmə] *m* <-(e)s, Schwämme> ① *(Putzschwamm, Tier)* esponja *f;* **Schwamm drüber!** *(fam)* ¡borrón y cuenta nueva! ② *(Österr, südd: Pilz)* hongo *m,* callampa *f Am* ③ *(Hausschwamm)* moho *m*
schwammig *adj (abw)* ① *(Gesicht, Körper)* fofo ② *(Begriff)* vago, poco claro
Schwammtuch *nt* paño *m* esponja
Schwan [ʃva:n, *pl:* 'ʃvɛ:nə] *m* <-(e)s, Schwäne> cisne *m*
schwand [ʃvant] *3. imp von* **schwinden**
schwang [ʃvaŋ] *3. imp von* **schwingen**
schwanger ['ʃvaŋɐ] *adj* embarazada; **~ sein/werden** estar/quedar embarazada
Schwangere ['ʃvaŋərə] *f* <-n> (mujer *f*) embarazada *f,* gruesa *f CRi*
schwängern ['ʃvɛŋɐn] *vt* dejar embarazada; **mit Rauch geschwängerte Luft** aire cargado de humo
Schwangerschaft *f* <-en> embarazo *m*
Schwangerschaftsabbruch *m* interrupción *f* del embarazo
Schwangerschaftsgymnastik *f* <-, *ohne pl*> gimnasia *f* preparto
Schwangerschaftsstreifen *mpl* (MED) estrías *fpl* de embarazo
Schwangerschaftstest *m* prueba *f* de embarazo
Schwangerschaftsurlaub *m* <-s, *ohne pl*> vacaciones *fpl* por embarazo
Schwank [ʃvaŋk, *pl:* 'ʃvɛŋkə] *m* <-(e)s, Schwänke> ① (LIT) farsa *f* ② *(Anekdote)* anécdota *f* divertida
schwanken ['ʃvaŋkən] *vi* ① *(wanken)* temblar; *(hin und her)* balancear ② *sein (torkeln)* ir haciendo eses; *(herausschwanken)* salir tambaleando (**aus** de) ③ *(Preise, Temperatur)* oscilar ④ *(zögern)* vacilar, dudar
schwankend *adj (Bewegung, Charakter)* vacilante; *(Preise)* fluctuante, oscilante; *(zögernd)* vacilante, titubeante
Schwankung *f* <-en> oscilación *f,* vacilación *f*
Schwanz [ʃvants, *pl:* 'ʃvɛntsə] *m* <-es, Schwänze> ① *(eines Tieres)* cola *f,* rabo *m;* **den ~ einziehen** *(fam fig)* irse con el rabo entre las piernas; **es war kein ~ da!** *(fam)* no había ni un gato ② *(fam: Penis)* picha *f,* polla *f,* pico *m Am*
schwänzen ['ʃvɛntsən] **I.** *vi (fam)* hacer novillos, jubilarse *AmC* **II.** *vt (fam)* fumarse, pavear *And;* **Biologie ~** fumarse la clase de biología
schwappen ['ʃvapən] *vi* ① *sein (irgendwo-*

hin schwappen) derramarse (**auf** sobre); *(herausschwappen)* salirse (**aus** de) ② *(sich hin und her bewegen)* **das Badewasser schwappt in der Wanne** el agua hace olas en la bañera

Schwarm [ʃvarm, *pl:* 'ʃvɛrmə] *m* <-(e)s, Schwärme> ① *(Bienen-, Menschenschwarm)* enjambre *m; (Vogel-, Sardinenschwarm)* bandada *f,* parvada *f Am* ② *(Mensch)* persona *f* adorada

schwärmen ['ʃvɛrmən] *vi* ① *sein (Insekten)* zumbar; *(Menschen)* ir en masa (**zu/in** a) ② *(begeistert sein)* entusiasmarse (**für** por), morirse (**für** por) *fam;* **ins S~ kommen** apasionarse; **über etw ins S~ geraten** deshacerse en elogios sobre algo

Schwärmer[1] *m* <-s, -> *(Schmetterling)* esfinge *f*

Schwärmer(in)[2] *m(f)* <-s, -; -nen> idealista *mf; (Träumer)* soñador(a) *m(f)*

Schwärmerei *f* <-en> entusiasmo *m* (**für** por)

schwärmerisch *adj (begeistert)* entusiasta; *(träumerisch)* soñador

Schwarte ['ʃvartə] *f* <-n> ① *(Speckschwarte)* corteza *f* de cerdo ② *(fam: Buch)* mamotreto *m*

schwarz [ʃvarts] *adj* <schwärzer, am schwärzesten> ① *(Farbe)* negro; **das kann ich dir ~ auf weiß geben** *(fam)* te lo puedo dar por escrito; **da kannst du warten, bis du ~ wirst** *(fam)* puedes esperar hasta que las ranas críen pelo; **ins S~e treffen** dar en el blanco; **mit etw ins S~e treffen** *(fam)* dar (justo) en el clavo con algo; **auf der ~en Liste stehen** estar fichado ② *(fam: konservativ)* conservador ③ *(fam: illegal)* clandestino ④ *(unglücklich)* desdichado; **ein ~er Tag** un día desastroso ⑤ *(makaber)* lúgubre, macabro

Schwarz *nt* <-(es), -> negro *m;* **~ tragen** ir de negro; *(Trauer)* ir de [*o* llevar] luto

Schwarzafrika *nt* África *f* Negra

schwarzafrikanisch *adj* negroafricano

Schwarzarbeit *f ohne pl* trabajo *m* clandestino

schwarz|arbeiten *vi* trabajar clandestinamente

Schwarzarbeiter(in) *m(f)* trabajador(a) *m(f)* clandestino , -a

schwarz|ärgern *vr (fam)* **sich ~** ponerse negro; **er hat sich schwarzgeärgert** se ha puesto negro

Schwarzaugenbohne *f* (GASTR) judía *f* de careta

Schwarzbrot *nt* pan *m* negro

Schwarze(r) *mf* <-n, -n; -n> negro, -a *m, f*

schwärzen ['ʃvɛrtsən] *vt* ennegrecer; *(färben)* teñir de negro

schwarz|fahren *irr vi sein (ohne Fahrkarte)* viajar sin billete; *(ohne Führerschein)* conducir sin tener carné de conducir

Schwarzfahrer(in) *m(f) (ohne Fahrkarte)* viajero, -a *m, f* sin billete

Schwarzgeld *nt* <-es, *ohne pl*> dinero *m* negro, ganancias *f pl* ilegales

schwarzhaarig *adj* moreno

Schwarzhandel *m* mercado *m* negro, estraperlo *m;* **mit etw ~ treiben** negociar de estraperlo con algo

Schwarzhändler(in) *m(f)* estraperlista *mf*

schwarz|hören *vi en Alemania, escuchar la radio sin haber declarado el aparato y pagado las cuotas correspondientes*

Schwarzhörer(in) *m(f) persona que elude el pago de las cuotas correspondientes de radio y televisión (en Alemania)*

schwärzlich ['ʃvɛrtslɪç] *adj* negruzco

schwarzmalen I. *vi (fig fam)* ser pesimista **II.** *vt (fig fam)* **etw ~** ver algo negro [*o* de forma pesimista]

Schwarzmalerei *f (fam)* pesimismo *m*

Schwarzmarkt *m* mercado *m* negro, bolsa *f* negra *Am*

Schwarzpulver *nt* <-s, *ohne pl*> pólvora *f* negra

schwarz|sehen *irr* **I.** *vi en Alemania, usar un televisor sin haber declarado el aparato y pagado las cuotas correspondientes* **II.** *vt (fam)* **alles ~** verlo todo negro

Schwarzseher(in) *m(f)* ① *(fam: Pessimist)* pesimista *mf* ② (TV) telespectador(a) *m(f)* pirata

Schwarztee *m* té *m* negro

Schwarzwald *m* <-(e)s> Selva *f* Negra

schwarzweiß [-'-] *adj,* **schwarz-weiß** *adj* (en) blanco y negro

Schwarzweißaufnahme *f* <-, -n> *s.* **Schwarzweißfoto**

Schwarzweißfilm *m* (FILM, FOTO) película *f* en blanco y negro; **mit ~ fotografieren** fotografiar en blanco y negro

Schwarzweißfoto *nt* (FOTO) foto(grafía) *f* en blanco y negro

Schwarzweißmalerei *f ohne pl* **~ betreiben** explicar algo en términos absolutos (positivos o negativos)

Schwarzwurzel *f* escorzonera *f*

Schwatz [ʃvats] *m* <-es, -e> *(fam)* cháchara *f;* **einen kleinen ~ mit jdm halten** estar de cháchara con alguien

schwatzen *vi, vt,* **schwätzen** ['ʃvɛtsən] *vi, vt (reg)* charlar (**über** de)

Schwätzer(in) *m(f)* <-s, -; -nen> *(abw: gesprächig, klatschhaft)* charlatán, -ana *m, f; (Angeber)* bocazas *mf inv*

schwatzhaft *adj (abw)* parlanchín, cotorra

Schwebe ['ʃveːbə] *f* **in der ~** pendiente

S

Schwebebahn *f (an einer Schiene)* aerotrén *m; (an Seilen)* teleférico *m*

Schwebebalken *m* (SPORT) barra *f* de equilibrios

schweben ['ʃveːbən] *vi* ① *sein (Vogel, Ballon)* flotar; *(Flugzeug)* planear ② *(an einem Seil)* colgar (**an** de), pender (**an** de) ③ *(in Gang sein)* estar en trámite, estar pendiente

Schwebezustand *m* suspense *m;* **etw bleibt im ~** algo sigue en el aire

Schwebstoff *m* <-(e)s, -e> (CHEM) partículas *f pl* en suspensión, materia *f* en suspensión

Schwede, -in *m, f* <-n, -n; -nen> sueco, -a *m, f*

Schweden ['ʃveːdən] *nt* <-s> Suecia *f*

Schwedin *f* <-, -nen> *s.* **Schwede**

schwedisch *adj* sueco

schwef(e)lig *adj* (*a.* CHEM) sulfuroso; **~e Säure** ácido sulfuroso

Schwefel ['ʃveːfəl] *m* <-s, *ohne pl*> (CHEM) azufre *m*

Schwefeldioxid [--'---] *nt* <-s, -e> (CHEM) dióxido *m* de azufre

schwefelhaltig *adj* sulfuroso

schwefeln *vt* sulfurar

Schwefelsäure *f ohne pl* ácido *m* sulfúrico

Schweif [ʃvaɪf] *m* <-(e)s, -e> *(geh)* cola *f,* golilla *f Cuba*

schweifen *vi sein (geh)* vagar (**durch** por); **seine Gedanken ~ lassen** dar rienda suelta a sus pensamientos; **den Blick ~ lassen** dejar vagar la mirada

Schweigegeld *nt ohne pl* soborno *m;* **~ fordern** exigir dinero por su silencio

Schweigemarsch *m* marcha *f* silenciosa

Schweigeminute *f* minuto *m* de silencio

schweigen ['ʃvaɪgən] <schweigt, schwieg, geschwiegen> *vi* callar(se) (**zu/über** ante, **vor/aus** de/por), guardar silencio (**zu/über** sobre/ante); **ganz zu ~ von …** sin mencionar…

Schweigen *nt* <-s, *ohne pl*> silencio *m;* **jdn zum ~ bringen** hacer callar a alguien; **das ~ brechen** romper el silencio; **sich in ~ hüllen** permanecer en silencio

schweigend **I.** *adj* silencioso; **die ~e Mehrheit** la mayoría silenciosa **II.** *adv* silenciosamente; **jdm ~ zuhören** escuchar a alguien en silencio

Schweigepflicht *f ohne pl* secreto *m* profesional; **der ~ unterliegen** estar obligado al secreto profesional

schweigsam *adj* callado, remachado *Col*

Schweigsamkeit *f ohne pl* taciturnidad *f*

Schwein [ʃvaɪn] *nt* <-(e)s, -e> ① *(Tier)* cerdo *m,* chancho *m Am,* tocino *m Arg* ② *(fam: Mensch)* cochino, -a *m, f,* marrano, -a *m, f And;* **ein armes ~** un pobre diablo; **kein ~** nadie ③ *(fam: Glück)* **~ haben** tener suerte

Schweinebraten *m* asado *m* de cerdo

Schweinefleisch *nt* carne *f* de cerdo

Schweinefraß *m* <-es, *ohne pl*> *(fam abw)* porquería *f*

Schweinegrippe *f* (MED) gripe *f* porcina

Schweinehund *m (vulg)* hijo *m* de puta, vergajo *m And;* **seinen inneren ~ überwinden** dominar los bajos instintos

Schweinepest *f ohne pl* peste *f* porcina

Schweinerei *f* <-en> *(fam)* ① *(Schmutz)* porquería *f* ② *(Ärgernis)* guarrada *f,* canana *f Am* ③ *(Unanständiges)* guarrería *f*

Schweineschmalz *nt* manteca *f* de cerdo

Schweinestall *m (a. fig)* pocilga *f*

schweinisch *adj (fam)* guarro

Schweinshaxe *f (südd, Österr)* pierna *f* de cerdo

Schweiß [ʃvaɪs] *m* <-es, *ohne pl*> sudor *m;* **in ~ gebadet** empapado de sudor; **mir brach der ~ aus** empecé a sudar; **im ~e meines Angesichts** con el sudor de mi frente

Schweißausbruch *m* sudoración *f*

schweißbedeckt *adj* sudado, cubierto de sudor

Schweißbrenner *m* soplete *m* para soldar

Schweißdrüse *f* glándula *f* sudorípara

schweißen ['ʃvaɪsən] *vt* soldar

Schweißen *nt* <-s, *ohne pl*> soldadura *f*

Schweißer(in) *m(f)* <-s, -; -, -nen> soldador(a) *m(f)*

Schweißfüße *mpl* pies *mpl* sudorosos

schweißgebadet ['--'--] *adj* bañado en sudor

Schweißgeruch *m* olor *m* a sudor

Schweißnaht *f* (costura *f* de) soldadura *f*

schweißnass ['-'-] *adj* empapado en sudor

Schweißperle *f* gota *f* de sudor

schweißtreibend *adj* sudorífico; **~es Mittel** sudorífico

Schweißtropfen *m* gota *f* de sudor

Schweiz [ʃvaɪts] *f* Suiza *f;* **in die ~ fahren** ir a Suiza; **die französische/italienische ~** la Suiza francesa/italiana

Schweizer(in) *m(f)* <-s, -; -nen> suizo, -a *m, f*

schweizerdeutsch *adj* del [*o* en] alemán de Suiza

Schweizerdeutsch *nt* suizo-alemán *m*

Schweizer Franken *m* franco suizo *m*

Schweizerin *f* <-nen> *s.* **Schweizer**

schweizerisch ['ʃvaɪtsərɪʃ] *adj* suizo

schwelgen ['ʃvɛlgən] *vi* ① *(gut essen)* banquetear ② *(in Gedanken, Gefühlen)* deleitarse (**in** en/con); **im Überfluss ~** nadar en la abundancia

Schwelle ['ʃvɛlə] *f* <-n> ① *(Türschwelle)* umbral *m;* **keinen Fuß mehr über jds ~ setzen** *(geh)* no poner un pie en la casa de alguien; **an der ~ zum 21. Jahrhundert** en el umbral del siglo XXI ② *(Bahnschwelle)* traviesa *f* ③ (GEO) elevación *f*

schwellen[1] ['ʃvɛlən] <schwillt, schwoll, geschwollen> *vi sein* hincharse

schwellen[2] *vt* ① *(geh: blähen)* hinchar, inflar ② *(Schweiz: weich kochen)* cocer

Schwellenangst *f ohne pl* (PSYCH) miedo *m* ante situaciones nuevas

Schwellenland *nt* país *m* emergente

Schwellenwert *m* <-(e)s, -e> (CHEM, PHYS) valor *m* límite; **kritischer ~** valor umbral crítico

Schwellkörper *m* (ANAT) cuerpo *m* cavernoso, tejido *m* eréctil

Schwellung *f* <-en> hinchazón *f*

Schwemme ['ʃvɛmə] *f* <-n> (WIRTSCH) oferta *f* excesiva

schwemmen ['ʃvɛmən] *vt* ① *(schwimmen lassen)* arrastrar ② *(Österr: spülen)* aclarar ③ *(einweichen, wässern)* remojar ④ *(Österr: flößen)* acarrear, aguar

Schwengel ['ʃvɛŋəl] *m* <-s, -> ① *(Glockenschwengel)* badajo *m* ② *(Pumpenschwengel)* palanca *f*

Schwenk [ʃvɛŋk] *m* <-(e)s, -s *o* -e> ① (FILM, TV) toma *f* panorámica ② *(Drehung)* giro *m*

schwenkbar *adj* giratorio, orientable

schwenken ['ʃvɛŋkən] **I.** *vi sein* girar **II.** *vt* ① *(drehen)* virar, girar ② *(ausspülen)* aclarar ③ *(hin und her bewegen)* agitar; *(Arme)* mover; *(Fahne)* (hacer) ondear ④ (GASTR) saltear

schwer [ʃveːɐ] **I.** *adj* ① *(Gewicht)* pesado; **ein drei Kilo ~es Paket** un paquete de tres kilos de peso; **wie ~ ist das?** ¿cuánto pesa? ② *(ernst, schlimm)* grave; *(Enttäuschung)* grande; *(Strafe)* severo; *(Gewitter)* fuerte; **ein ~er Irrtum** un error grave ③ *(Tag, Arbeit)* pesado, duro; **ein ~es Leben haben** tener una vida dura ④ *(schwierig)* difícil; **das ist ~ zu sagen** es difícil decirlo; **sie hat es ~ mit ihm** pasa lo suyo con él ⑤ *(Duft)* pesado; *(Essen)* fuerte, pesado **II.** *adv (sehr: + Adjektiv)* muy; *(+ Verb)* mucho; **ich bin ~ enttäuscht** estoy muy decepcionado; **~ beladen** [*o* **bepackt**] **sein** ir muy cargado; **~ erkrankt/verletzt sein** estar gravemente enfermo/herido; **~ atmen** respirar con dificultad; **~ bewaffnet** fuertemente armado; **~ bestrafen** castigar severamente; **sich ~ täuschen** equivocarse totalmente; **sie ist ~ gestürzt** ha sufrido una grave caída

Schwerarbeit *f ohne pl* trabajo *m* pesado

schwerbehindert *adj* discapacitado grave, con discapacidad grave

Schwerbehinderte(r) *mf* discapacitado, -a *m, f* grave, persona *f* con discapacidad grave

schwerbeladen *adj s.* **schwer II.**

Schwerbeschädigte(r) *mf* <-n, -n; -n> mutilado, -a *m, f*

Schwere ['ʃveːrə] *f ohne pl (geh)* ① *(Gewicht)* peso *m* ② *(Schwierigkeit)* dificultad *f* ③ *(Ernsthaftigkeit)* gravedad *f* ④ *(Ausmaß)* dimensión *f; (einer Strafe)* severidad *f*

schwerelos *adj* ingrávido

Schwerelosigkeit *f ohne pl* ingravidez *f*

schwer|fallen *irr vi sein* **das fällt ihm schwer** esto le resulta difícil

schwerfällig [-fɛlɪç] *adj* lento; *(Bewegung)* torpe, petacón *Col; (Stil)* pesado

Schwerfälligkeit *f ohne pl* lentitud *f; (Bewegung)* torpeza *f*

Schwergewicht[1] *nt* <-(e)s, -e> (SPORT: *Sportler*) peso *m* pesado

Schwergewicht[2] *nt* <-(e)s, *ohne pl*> ① *(Nachdruck)* **das ~ auf etw legen** centrar su atención en algo; **das ~ liegt auf …** … es lo que tiene mayor importancia ② (SPORT: *Gewichtsklasse*) peso *m* pesado

schwergewichtig *adj* obeso, de mucho peso

schwerhörig *adj* (algo) sordo, duro de oído

Schwerhörigkeit *f ohne pl* sordera *f*

Schwerindustrie *f ohne pl* industria *f* pesada

Schwerkraft *f ohne pl* (PHYS, ASTR) fuerza *f* de gravedad, gravitación *f*

schwerkrank ['-'-] *adj s.* **krank**

Schwerkranke(r) *mf* enfermo, -a *m, f* de gravedad

schwerlich *adv* difícilmente, adifés *Guat*

Schwermetall *nt* metal *m* pesado

Schwermut *f ohne pl* melancolía *f*, flato *m Am*

schwermütig *adj* melancólico

schwer|nehmen *irr vt* **etw ~** tomar algo en serio; **nimm's nicht so schwer!** ¡no te lo tomes tan a pecho!

Schweröl *nt* crudo *m* pesado

Schwerpunkt *m* ① (PHYS) centro *m* de gravedad ② *(fig)* centro *m;* **den ~ auf etw setzen** conceder prioridad a algo

schwerpunktmäßig *adv* con especial intensidad, especialmente; **etw ~ abhandeln** tratar algo de manera especial

schwerreich ['-'-] *adj (fam)* muy rico

Schwert [ʃveːɐt] *nt* <-(e)s, -er> ① *(Waffe)* espada *f* ② (NAUT) orza *f*

Schwertfisch *m* pez *m* espada; (GASTR) emperador *m*

Schwertlilie *f* lirio *m*

Schwertwal *m* (ZOOL) orca *f*
Schwerverbrecher(in) *m(f)* criminal *mf* peligroso , -a
Schwerverkehr *m ohne pl* (AUTO) tra(n)sporte *m* pesado
schwerverletzt *adj s.* **verletzen I. 1.**
Schwerverletzte(r) *mf* herido, -a *m, f* grave
schwerwiegend *adj* grave
Schwester ['ʃvɛstɐ] *f* <-n> ❶ *(Verwandte)* hermana *f* ❷ *(Krankenschwester)* enfermera *f* ❸ *(Nonne)* hermana *f; (in der Anrede)* sor *f*
schwesterlich *adj* fraternal, como hermanas
Schwesternhelferin *f* <-nen> enfermera *f* auxiliar
schwieg [ʃviːk] *3. imp von* **schweigen**
Schwiegereltern ['ʃviːgɐ-] *pl* suegros *mpl*
Schwiegermutter *f* suegra *f*
Schwiegersohn *m* yerno *m*
Schwiegertochter *f* nuera *f*
Schwiegervater *m* suegro *m*
Schwiele ['ʃviːlə] *f* <-n> callo *m*
schwierig ['ʃviːrɪç] *adj* difícil; *(kompliziert)* complicado; *(heikel)* delicado
Schwierigkeit *f* <-en> dificultad *f;* **in ~en geraten** verse en dificultades; **jdn in ~en bringen** meter a alguien en líos
Schwierigkeitsgrad *m* grado *m* de dificultad
schwillt [ʃvɪlt] *3. präs von* **schwellen**
Schwimmanzug *m* bañador *m*
Schwimmbad *nt* piscina *f,* pileta *f RíoPl*
Schwimmbecken *nt* piscina *f,* pileta *f Am*
Schwimmbrett *nt* tabla *f* de natación
Schwimmbrille *f* (SPORT) gafas *fpl* de natación
schwimmen ['ʃvɪmən] <schwimmt, schwamm, geschwommen> **I.** *vi haben o sein* ❶ *(Person, Fisch)* nadar; **wir gehen ~** vamos a bañarnos; **er kann nicht ~** no sabe nadar; **auf dem Rücken ~** nadar de espaldas; **über den See ~** cruzar el lago a nado; **ins S~ geraten** encasquillarse ❷ *(Ding)* flotar (**auf** en) **II.** *vt sein* **einen Rekord ~** establecer un récord en natación
Schwimmer[1] *m* <-s, -> ❶ (TECH) flotador *m* ❷ *(an einer Angel)* veleta *f*
Schwimmer(in)[2] *m(f)* <-s, -; -nen> nadador(a) *m(f)*
Schwimmerbecken *nt* piscina *f* para nadadores
Schwimmflosse *f* aleta *f*
Schwimmflügel *m* flotador *m* para el brazo
Schwimmhalle *f* piscina *f* cubierta
Schwimmnudel *f* tubo *m* de natación *(flotador con forma de barra)*
Schwimmring *m* flotador *m*
Schwimmsport *m* natación *f*
Schwimmstil *m* (SPORT) estilo *m* de natación
Schwimmweste *f* chaleco *m* salvavidas
schwind(e)lig *adj* mareado; **mir ist ~** estoy mareado, tengo vértigo; **mir wird ~** me mareo
Schwindel ['ʃvɪndəl] *m* <-s, *ohne pl*> ❶ *(Schwindelgefühl)* mareo *m; (vor einem Abgrund)* vértigo *m;* **~ erregend** vertiginoso ❷ *(fam abw: Betrug)* timo *m; (Lüge)* embuste *m,* milonga *f And, CSur*
Schwindelanfall *m* vértigo *m,* mareo *m;* **einen ~ bekommen** marearse
Schwindelei *f* <-en> *(abw)* ❶ *(Betrug)* estafa *f* ❷ *(Lüge)* mentirijilla *f*
schwindelerregend *adj s.* **Schwindel 1.**
schwindelfrei *adj* **~ sein** no tener vértigo
Schwindelgefühl *nt* (sensación *f* de) vértigo *m*
schwindeln ['ʃvɪndəln] **I.** *vi (fam: lügen)* mentir, macanear *CSur* **II.** *vunpers (sich schwindlig fühlen)* **mir schwindelt** me mareo
schwinden ['ʃvɪndən] <schwindet, schwand, geschwunden> *vi sein (geh)* ❶ *(abnehmen)* disminuir; **im S~ begriffen sein** estar en vías de acabarse ❷ *(verschwinden)* desaparecer
Schwindler(in) ['ʃvɪndlɐ] *m(f)* <-s, -; -nen> *(abw: Lügner)* embustero, -a *m, f,* mulero, -a *m, f RíoPl; (Betrüger)* estafador(a) *m(f)*
schwindlig ['ʃvɪndlɪç] *adj s.* **schwind(e)lig**
schwindsüchtig *adj* tísico
Schwinge ['ʃvɪŋə] *f* <-n> ❶ *(geh: Flügel)* ala *f* ❷ (TECH) biela *f* oscilante
schwingen ['ʃvɪŋən] <schwingt, schwang, geschwungen> **I.** *vi* ❶ *haben o sein (Schaukel, Person)* bambolearse; *(Pendel)* oscilar ❷ *(vibrieren)* vibrar; **in seinen Worten schwang Ärger** el tono de su voz indicaba su enfado; **schön geschwungene Augenbrauen** cejas hermosamente arqueadas **II.** *vt* mover; *(Fahne)* (hacer) ondear; *(Axt, Peitsche, Stock)* agitar; **große Reden ~** pronunciar discursos **III.** *vr* **sich auf etw ~** montar(se) en algo; **sich über etw ~** saltar algo; **sich in die Lüfte ~** remontar el vuelo
Schwingtür *f* puerta *f* de vaivén
Schwingung *f* <-en> (*a.* PHYS) oscilación *f; (Vibration)* vibración *f;* **etw in ~ versetzen** hacer que algo vibre
Schwips [ʃvɪps] *m* <-es, -e> *(fam)* chispa *f;* **sich** *dat* **einen ~ antrinken** coger una mona

S

schwirren [ˈʃvɪrən] *vi sein (Mücken, Gedanken)* zumbar; *(Pfeil, Kugel)* silbar; *(Gerüchte)* correr
Schwitzbad *nt* baño *m* turco
schwitzen [ˈʃvɪtsən] *vi, vt* sudar; **ins S~ kommen** empezar a sudar
Schwitzkasten *m* (SPORT) llave *f* (de estrangulamiento); **jdn in den ~ nehmen** inmovilizar a alguien con una llave
schwofen [ˈʃvoːfən] *vi (fam)* (salir a) bailar
schwoll [ʃvɔl] *3. imp von* **schwellen**[1]
schwören [ˈʃvøːrən] <schwört, schwor, geschworen> *vi, vt* jurar (**auf/bei** por); **ich hätte ~ können, dass…** *(fam)* juraría que…; **auf etw/jdn ~** *(vertrauen)* confiar ciegamente en algo/alguien
schwul [ʃvuːl] *adj (fam)* marica, maricón *pey*
schwül [ʃvyːl] *adj* sofocante, bochornoso; **es ist ~** hace un calor sofocante
Schwüle [ˈʃvyːlə] *f ohne pl* bochorno *m*, calor *m* sofocante
Schwule(r) *m* <-n, -n> *(fam)* marica *m*, gay *m*, naco *m AmC*
schwulstig [ˈʃvʊlstɪç] *adj*, **schwülstig** [ˈʃvʏlstɪç] *adj (abw)* pomposo
Schwund [ʃvʊnt] *m* <-(e)s, *ohne pl*> ❶ *(Abnahme)* merma *f*; (MED) atrofia *f* ❷ *(Verlust)* pérdida *f*
Schwung[1] [ʃvʊŋ, *pl:* ˈʃvʏŋə] *m* <-(e)s, Schwünge> *(Drehung)* curva *f*, giro *m*
Schwung[2] *m* <-(e)s, *ohne pl*> ❶ *(Antrieb)* impulso *m*, empuje *m*; **~ holen** coger impulso; **in ~ kommen** *(fam: Person)* animarse; **richtig in ~ sein** *(fam: Person)* estar bien ❷ *(Elan)* ímpetu *m*, entusiasmo *m* ❸ *(fam: Menge)* montón *m*
schwunghaft *adj* próspero
Schwungrad *nt* (TECH) volante *m*
schwungvoll *adj* dinámico
Schwur [ʃvuːɐ, *pl:* ˈʃvyːrə] *m* <-(e)s, Schwüre> juramento *m*; **einen ~ leisten** hacer juramento
Schwurgericht *nt* jurado *m*
Science-Fiction [saɪnsˈfɪktʃən] *f ohne pl*, **Sciencefiction** [saɪnsˈfɪktʃən] *f ohne pl* ciencia ficción *f*
Science-Fiction-Film *m*, **Sciencefiction-Film** *m* película *f* de ciencia ficción
Scrapbooking [ˈskrɛpbʊkɪŋ] <-(s), *ohne pl*> *nt (Bastelarbeit)* scrapbooking *m*
Scrollbalken *m* (INFOR) barra *f* de desplazamiento
scrollen [ˈskroːlən] *vi* (INFOR) desplazar
Scrollrad [ˈskroːl-] *nt* (INFOR: *Mausrad*) rueda *f* (de desplazamiento del ratón)
sec *Abk. von* **Sekunde** s.
sechs [zɛks] *adj inv* seis; *s. a.* **acht**[1]
Sechs *f* <-en> seis *m*; *(Schulnote)* insuficiente *m*
Sechseck *nt* hexágono *m*
sechseckig *adj* hexagonal
Sechser *m* <-s, -> *(fam)* seis *m*; *(Schulnote)* suspenso *m*; **sie haben einen ~ im Lotto** les ha tocado el gordo de la primitiva
sechserlei [ˈzɛksɐˈlaɪ] *adj inv* de seis clases diferentes, seis clases (diferentes) de; *s. a.* **achterlei**
Sechserpack *m* paquete *m* de seis (unidades)
sechsfach I. *adj* séxtuplo, seis veces **II.** *adv* seis veces; *s. a.* **achtfach**
sechshundert [ˈ-ˈ--] *adj inv* seiscientos; *s. a.* **achthundert**
sechsmal *adv* seis veces; *s. a.* **achtmal**
sechst zu ~ *(in Sechsergruppen)* en grupos de (a) seis; *(zusammen, als Gruppe von sechs)* entre (los) seis; *s. a.* **acht**[1]
Sechstagerennen [-ˈ----] *nt* (SPORT) carrera *f* (ciclista) de los seis días
sechstausend [ˈ-ˈ--] *adj inv* seis mil; *s. a.* **achttausend**
sechste(r, s) *adj* sexto; *s. a.* **achte(r, s)**
sechstel [ˈzɛkstəl] *adj inv* sexto; *s. a.* **achtel**
Sechstel [ˈzɛkstəl] *nt* <-s, -> sexto, -a *m, f*, sexta parte *f*; *s. a.* **Achtel**
sechstens [ˈzɛkstəns] *adv* en sexto lugar; *(bei einer Aufzählung)* sexto; *s. a.* **achtens**
sechzehn [ˈzɛçtseːn] *adj inv* dieciséis; *s. a.* **acht**[1]
sechzehnte(r, s) *adj* decimosexto; *s. a.* **achte(r, s)**
Sechzehntel *nt* <-s, -> *(Teil)* dieciseisavo, -a *m, f*; *s. a.* **Achtel**
Sechzehntelnote *f* (MUS) semicorchea *f*
sechzig [ˈzɛçtsɪç] *adj inv* sesenta; *s. a.* **achtzig**
Sechzigjährige(r) *mf* <-n, -n; -n, -n> persona *f* de sesenta años
sechzigste(r, s) *adj* sexagésimo; *s. a.* **achtzigste(r, s)**
sechzigstel *adj* sesentavo, sexagésimo; *s. a.* **achtel**
Secondhandladen [sɛkəntˈhɛ(ː)ntlaːdən] *m* tienda *f* de segunda mano
SED [ɛsʔeːˈdeː] *f* (HIST, POL) *Abk. von* **Sozialistische Einheitspartei Deutschlands** Partido *m* Socialista Unificado Alemán *(partido del gobierno en la ex-RDA)*
Sedativum [zedaˈtiːvʊm, *pl:* zedaˈtiːva] *nt* <-s, Sedativa> (MED) sedativo *m*
Sediment [zediˈmɛnt] *nt* <-(e)s, -e> ❶ (GEO: *Gestein*) rocas *f pl* sedimentarias ❷ (CHEM) sedimento *m*
See[1] [zeː, *pl:* ˈzeːən] *m* <-s, -n> *(Binnenge-*

wässer) lago *m;* **der Genfer ~** el Lago Leman

See[2] *f ohne pl (Meer)* mar *m o f;* **die offene ~** el mar abierto; **auf ~** en el mar; **auf hoher ~** en alta mar; **an die ~ fahren** ir a la costa; **zur ~ fahren** ser marino; **in ~ stechen** hacerse a la mar

Seebad *nt* balneario *m* a orillas del mar

Seebarsch *m* <-(e)s, -e> (ZOOL) róbalo *m,* lubina *f*

Seebeben *nt* <-s, -> maremoto *m*

See-Elefant *m* (ZOOL) elefante *m* marino

Seefahrer *m* <-s, -> navegante *m*

Seefisch *m* pez *m* marino; *(als Gericht)* pescado *m* de mar

Seefracht *f* (WIRTSCH) flete *m* marítimo

Seegang *m* <-(e)s, *ohne pl*> marejada *f;* **starker ~** fuerte marejada

Seegefecht *nt* <-(e)s, -e> (MIL) batalla *f* naval

Seegras *nt* zostera *f*

Seehafen *m* puerto *m* marítimo

Seehecht *m* merluza *f*

Seeherrschaft *f* <-, *ohne pl*> soberanía *f* marítima

Seehund *m* foca *f*

Seeigel *m* erizo *m* de mar

Seeklima *nt* clima *m* marítimo

seekrank *adj* mareado

Seekrankheit *f ohne pl* mareo *m* de mar

Seekuh *f* (ZOOL) vaca *f* marina

Seelachs *m* abadejo *m*

Seele ['ze:lə] *f* <-n> alma *f;* **ein Herz und eine ~ sein** *(fig)* ser uña y carne; **es liegt mir auf der ~** es muy importante para mí; **sich** *dat* **etw von der ~ reden** desahogarse de algo contándolo; **jdm aus der ~ sprechen** *(fam)* decir exactamente lo que otro piensa; **mit ganzer ~** con toda el alma; **eine ~ von Mensch** un alma de Dios

Seelenfriede(n) *m* paz *f* interior

Seelenheil *nt* (REL) salvación *f* (eterna)

Seelenklempner(in) *m(f)* <-s, -; -, -nen> *(iron fam: Psychiater)* psiquiatra *mf*

Seelenleben *nt ohne pl (geh)* vida *f* interior

Seelenqual *f* <-, -en> *(geh)* angustia *f,* agobio *m*

Seelenruhe ['----, '--'--] *f* tranquilidad *f* interior; **in aller ~** con toda tranquilidad

seelenruhig ['--'--] *adv* con mucha calma

seelenverwandt *adj* espiritualmente afín; **(mit jdm) ~ sein** ser el alma gemela (de alguien)

Seeleute *pl* marineros *mpl*

seelisch *adj* mental; **~ bedingt** (p)sicogénico

Seelöwe *m* león *m* marino

Seelsorge *f ohne pl* (REL) cuidado *m* de almas

Seelsorger *m* <-s, -> (REL) padre *m* espiritual

Seeluft *f ohne pl* aire *m* de mar

Seemacht *f* potencia *f* naval

Seemann *m* <-(e)s, -leute> marinero *m*

seemännisch I. *adj* marino, marinero; **eine ~e Ausbildung machen** formarse en una escuela náutica **II.** *adv* de [*o* como] marin(er)o; **~ sehr erfahren sein** ser un lobo de mar

Seemannsgarn *nt* <-s, *ohne pl*> *(fam)* anécdota *f* de marinero; **~ spinnen** contar aventuras (mayormente imaginarias)

Seemeile *f* milla *f* marítima

Seemine *f* (MIL) mina *f* submarina

Seenot *f ohne pl* peligro *m* marítimo; **in ~ geraten** estar en peligro de zozobrar, encontrarse en emergencia marítima

Seenotrettungsdienst *m* <-(e)s, -e> (NAUT) servicio *m* de salvamento en el mar

Seepferdchen *nt* (ZOOL) caballito *m* de mar

Seeräuber(in) *m(f)* pirata *mf*

Seereise *f* viaje *m* marítimo; *(Kreuzfahrt)* crucero *m*

Seerose *f* (BOT) nenúfar *m*

Seestern *m* (ZOOL) estrella *f* marina

Seetang *m* algas *fpl* marinas

Seeteufel *m* rape *m*

seetüchtig *adj* en buen estado para la navegación

seewärts ['ze:vɛrts] *adv* mar adentro

Seeweg *m* vía *f* marítima; **auf dem ~ reisen** viajar por mar

Seewetterbericht *m pronóstico meteorológico y del estado de la mar*

Seezunge *f* (ZOOL) lenguado *m*

Segel ['ze:gəl] *nt* <-s, -> vela *f;* **die ~ setzen** poner velas; **die ~ einholen** recoger las velas

Segelboot *nt* velero *m; (Einmaster)* balandro *m*

Segelflieger(in) *m(f)* piloto *mf* de planeador

Segelflug *m* <-(e)s, -flüge> *(Flug)* vuelo *m* en planeador

Segelflugplatz *m* <-es, -plätze> aeródromo *m* para planeadores

Segelflugzeug *nt* planeador *m*

Segeljacht *f* yate *m* de vela

segeln ['ze:gəln] *vi sein* navegar a vela; *(als Sport)* practicar el deporte de la vela; *(Vogel, Segelflugzeug)* planear; **~ gehen** salir a navegar

Segeln *nt* <-s, *ohne pl*> navegación *f* a vela

Segelohren *ntpl (fam)* orejas *fpl* de soplillo

Segelregatta *f* regata *f* de veleros
Segelschiff *nt s.* **Segelboot**
Segelschulschiff *nt* <-(e)s, -e> (NAUT) barco *m* (de vela) escuela
Segelsport *m* <-(e)s, *ohne pl*> deporte *m* de la vela
Segeltörn *m*, **Segeltour** *f* excursión *f* en un barco a vela
Segeltuch *nt* <-(e)s, -e> lona *f*
Segen ['ze:gən] *m* <-s, *ohne pl*> ① *(Einwilligung, a.* REL) bendición *f;* **seinen ~ zu etw geben** *(fam)* dar su bendición a algo ② *(göttlicher Segen)* gracia *f* de Dios ③ *(Glück)* suerte *f; (Wohltat)* bendición *f;* **es ist ein ~, dass ...** es una bendición que... *+subj*
segensreich *adj* beneficioso
Segler(in) *m(f)* <-s, -; -nen> balandrista *mf*
Segment [zɛ'gmɛnt] *nt* <-(e)s, -e> (*a.* LING, MATH) segmento *m*
segnen ['ze:gnən] *vt* bendecir
Segnung *f* <-en> ① (REL: *das Segnen*) bendición *f* ② *pl (Vorzüge)* ventajas *fpl* (*+gen* de), efectos *mpl* beneficiosos (*+gen* de)
sehbehindert *adj* que ve mal; **leicht/stark ~ sein** tener una deficiencia óptica leve/grave
Sehbehinderte(r) *mf* persona *f* con deficiencia visual
sehen ['ze:ən] <sieht, sah, gesehen> **I.** *vt* ver; *(betrachten)* mirar; *(hervorsehen)* asomar; *(bemerken)* notar; **wir ~ uns morgen** nos vemos mañana; **ich sehe das anders** yo lo veo de otro modo; **sich bei jdm ~ lassen** *(fam)* visitar a alguien; **nicht gern ge~ sein** no estar bien visto; **lass dich ja nicht mehr hier ~** *(fam)* no vengas nunca más por aquí; **kann ich mich so ~ lassen?** ¿puedo salir así a la calle?; **so ge~ hast du natürlich Recht** visto de ese modo por supuesto que tienes razón; **die Gefahr kommen ~** ver venir el peligro; **sich gezwungen ~, zu ...** verse obligado a...; **ich sehe es nicht gern, wenn ...** no me gusta que... *+subj;* **ich kann so etwas nicht ~** *(ertragen)* no lo soporto; **etw nicht mehr ~ können** *(fam: satthaben)* estar harto de algo; **hat man so was schon ge~!** *(fam)* ¡habráse visto (semejante cosa)! **II.** *vi* ver; *(blicken)* mirar (**auf**); **gut/schlecht ~** ver bien/mal; **du musst ~, dass du fertig wirst** *(fam)* tienes que ver de acabarlo; **sie sieht sehr auf Äußerlichkeiten** da mucha importancia al aspecto; **nach jdm ~** cuidar a alguien; **nach dem Rechten ~** ver si todo está en orden; **wir kennen uns vom S~** nos conocemos de vista; **sieh mal!** ¡mira!; **mal ~, ob das stimmt** *(fam)* ya veremos si es verdad; **du wirst schon ~** *(fam)* ya verás; **siehe oben** véase arriba; **lass mal ~, was du da hast** a ver qué tienes ahí; **siehste!** *(fam)* ¡ves!
sehenswert *adj* digno de verse
Sehenswürdigkeit *f* <-en> monumento *m*
Seher(in) *m(f)* <-s, -; -nen> vidente *mf*
Sehfehler *m* defecto *m* visual
Sehkraft *f ohne pl* vista *f*
Sehleistung *f* <-, *ohne pl*> (MED) capacidad *f* visual
Sehne ['ze:nə] *f* <-n> ① (MED) tendón *m* ② (MATH) cuerda *f*
sehnen ['ze:nən] *vr* **sich nach etw** *dat* **/ jdm ~** añorar algo/a alguien; **er sehnte sich danach, wieder zu Hause** [*o* **zuhause**] **zu sein** ansiaba volver a casa
Sehnenscheidenentzündung *f* (MED) tendovaginitis *f inv*
Sehnerv *m* nervio *m* óptico
sehnig *adj* ① *(Körper)* musculoso, nervudo ② *(Fleisch)* tendinoso
sehnlich *adj* ardiente, vehemente
Sehnsucht *f* <-süchte> ansiedad *f* (**nach** de); *(nach Vergangenem)* nostalgia *f* (**nach** de); **~ nach jdm/etw** *dat* **haben** tener añoranza de alguien/algo; **sich vor ~ verzehren** consumirse de nostalgia
sehnsüchtig *adj*, **sehnsuchtsvoll** *adj* *(geh)* ansioso; *(Wunsch)* ardiente; *(ungeduldig)* impaciente
sehr [ze:ɐ] <mehr, am meisten> *adv* *(mit Adjektiv)* muy; *(mit Verb)* mucho; **~ freundlich!** ¡muy amable!; **~ viel** muchísimo; **~ sogar!** ¡mucho incluso!; **nicht ~** no mucho; **~ erfreut!** ¡encantado!; **so ~ sie sich auch bemühte ...** por mucho que se esforzó...; **zu ~** demasiado; **~ oft** muy a menudo; **so ~** tanto
Sehsinn *m* sentido *m* de la vista
Sehstörung *f* trastorno *m* visual
Sehtest *m* test *m* visual
Sehvermögen *nt* vista *f*
seicht [zaɪçt] *adj* ① *(Gewässer)* poco profundo, vadeable ② *(abw: banal)* trivial
seid [zaɪt] *2. pl präs von* **sein**
Seide ['zaɪdə] *f* <-n> seda *f*
seiden ['zaɪdən] *adj* ① *(aus Seide)* de seda ② *(wie Seide)* sedoso
Seidenmalerei *f* <-, -en> (KUNST) pintura *f* sobre seda
Seidenpapier *nt* papel *m* de seda
Seidenraupe *f* gusano *m* de seda
seidenweich ['--'-] *adj* suave como la seda
seidig *adj* sedoso

Seife ['zaɪfə] *f* <-n> jabón *m;* **ein Stück ~** una pastilla de jabón

Seifenblase *f* pompa *f* de jabón; **zerplatzen wie eine ~** desvanecerse

Seifenlauge *f* <-, -n> lejía *f* de jabón

Seifenoper *f* serial *m*

Seifenpulver *nt* jabón *m* en polvo

Seifenschale *f* jabonera *f*

Seifenspender *m* distribuidor *m* de jabón

Seifenwasser *nt ohne pl* agua *f* jabonosa

seifig *adj* jabonoso

Seil [zaɪl] *nt* <-(e)s, -e> cuerda *f; (für Seiltanz)* cuerda *f* floja; **auf dem ~ tanzen** hacer equilibrios en la cuerda floja

Seilbahn *f* funicular *m,* teleférico *m*

seil|hüpfen *vi sein* saltar a la comba

Seilschaft *f* <-en> ① *(Bergsteiger)* cordada *f* ② *(in der Politik)* enchufistas *mfpl*

seil|springen *irr vi sein* saltar a la comba

Seilspringen *nt ohne pl* (juego *m* de la) comba *f*

Seiltänzer(in) *m(f)* funámbulo, -a *m, f*

Seilwinde *f* <-, -n> torno *m* de cable

sein [zaɪn] <ist, war, gewesen> *vi sein* ① *(Identität, Eigenschaften, Herkunft, Beruf)* ser; *(Alter)* tener; **mir ist kalt** tengo frío; **bist du's?** ¿eres tú?; **wir sind Freunde** somos amigos; **sie ist Türkin** es turca; **ich bin aus Dortmund** soy de Dortmund; **ich bin 25** tengo 25 años; **zwei und zwei ist vier** dos y dos son cuatro; **sie ist Polizistin** es policía; **seien Sie (mir) nicht böse, aber ...** no se enfade (conmigo) pero...; **seien Sie so freundlich, und ...** sea tan amable y...; **das wäre ja noch schöner!** ¡no faltaría más (que eso)!; **es wäre besser gewesen, ...** habría sido mejor...; **wie wäre es mit einem Bier?** ¿qué tal una cerveza?; **nun sei doch nicht so!** ¡no te pongas así!; **ist es nicht so?** ¿no es así?; **es ist nichts** no es nada; **das war's** se acabó; **mir ist heute nicht nach Kuchen** *(fam)* hoy no me apetece comer tarta; **mir ist schlecht** no me encuentro bien; **mir ist schwindlig** me mareo; **mir ist, als hätte ich Stimmen gehört** tengo la impresión de haber oído voces; **lass es ~!** ¡déjalo!; **es wäre schön, wenn ...** sería bonito si... *+subj;* **es sei denn, dass ...** a no ser que... *+subj;* **wie dem auch sei** sea como sea ② *(Zustand)* estar; **sie ist verheiratet** está casada, es casada *Am* ③ *(vorhanden sein)* haber; **was nicht ist, kann noch werden** mientras hay vida, hay esperanza; **ist da jemand?** ¿hay alguien allí?; **es waren viele Leute da** había mucha gente; **es war einmal...** érase una vez ④ *(sich befinden)* estar; **sie sind in Chile** están en Chile; **wo warst du so lange?** ¿dónde estuviste durante tanto tiempo? ⑤ *(mit Zeitangabe)* ser; *(stattfinden)* tener lugar, ser; *(Wetter)* hacer; **es ist 14.30 Uhr** son las dos y media; **heute ist Montag** hoy es lunes; **es ist Juni** es junio; **es ist sonnig/heiß/schlechtes Wetter** hace sol/calor/mal tiempo; **das ist über 10 Jahre her** esto fue hace más de 10 años; **morgen sind es 10 Jahre, dass wir uns kennen** mañana hace 10 años que nos conocemos ⑥ *(geschehen)* ocurrir, suceder; **muss das ~?** ¿tiene que ser?; **kann ~!** ¡puede ser!; **was ist?** ¿qué pasa?; **ist was?** ¿sucede algo?; **sei's drum!** ¡que así sea! ⑦ *(Hilfsverb)* haber; **sie sind schwimmen (gegangen)** han ido a nadar; **ich bin krank gewesen** he estado enfermo; **er ist bewusstlos geworden** ha perdido el conocimiento; **sie ist verurteilt worden** ha sido juzgada; **wenn er nicht gewesen wäre** si no hubiera sido por él

sein, seine, sein [zaɪn, 'zaɪnə, zaɪn] *pron poss (adjektivisch)* su, sus *pl;* **~ Sohn/Auto** su hijo/coche; **~e Freundin/Kinder** su novia/sus hijos

Sein [zaɪn] *nt* <-s, *ohne pl*> (PHILOS) ser *m; (Dasein)* existencia *f*

seine(r, s) *pron poss* (el) suyo *m,* (la) suya *f,* (los) suyos *mpl,* (las) suyas *fpl;* **der schwarze Mantel ist ~r** el abrigo negro es (el) suyo; *s. a.* **sein, seine, sein**

seiner *pron pers gen von* **er, es** de él

seinerseits *adv* por su parte

seinerzeit *adv* entonces, en aquel tiempo

seinesgleichen ['-'--] *pron indef inv* sus semejantes, de su condición; **er behandelte ihn wie ~** lo trataba como si fuera de su condición

seinetwegen ['zaɪnət've:gən] *adv* por él; *(negativ)* por su culpa

seinetwillen ['zaɪnət'vɪlən] *adv* **um ~** por él

seinige ['zaɪnɪgə] *pron poss geh für* **seine(r, s): der/die/das ~/S~** el suyo/la suya; **die ~n/S~n** los suyos/las suyas

seins [zaɪns] *pron poss s.* **seine(r, s)**

Seismograf [zaɪsmo'gra:f] *m* <-en, -en> sismógrafo *m*

seit [zaɪt] **I.** *präp +dat (Zeitpunkt)* desde; *(Zeitraum)* desde hace; **~ wann ...?** ¿desde cuándo...?; **~ Kurzem** [*o* **kurzem**] desde hace poco; **~ Langem** [*o* **langem**] desde hace mucho **II.** *konj* desde que

seitdem [-'-] **I.** *adv* desde entonces **II.** *konj* desde que

Seite ['zaɪtə] *f* <-n> ① *(allgemein)* lado *m; (Stoff-, Schallplattenseite)* cara *f;* **~ an ~** codo con codo; **auf ~n** [*o* **aufsei-**

ten] de parte de; **auf beiden ~n** a ambos lados; **nach allen ~n offen sein** (**für Vorschläge**) estar abierto a todo tipo de propuestas; **von ~n** [*o* **vonseiten**] de parte de; **von allen ~n** de todas partes; **zur ~ gehen** apartarse; **jdn von der ~ ansehen** mirar a alguien de reojo; **er weicht nicht von ihrer ~** *(fam)* no se aparta de su lado; **etw zur ~ legen** *(weglegen)* apartar algo; **etw auf die ~ legen** *(fam: sparen)* ahorrar algo; **jdn auf seiner ~ haben** tener a alguien de su parte; **jdm zur ~ stehen** apoyar a alguien; **jdn zur ~ nehmen, um ihm etw zu sagen** apartar a alguien para decirle algo; *s. a.* **aufseiten, vonseiten** ② *(Hinsicht, Aspekt)* parte *f*, lado *m;* *(Charakterzug)* lado *m;* **alles hat zwei ~n** todas las cosas tienen su contra; **das Recht ist auf ihrer ~** la razón está de su parte; **auf der einen ~ ..., auf der anderen ...** por una parte..., por otra...; **von dieser ~ kenne ich ihn gar nicht** no lo conozco así; **sich von seiner besten ~ zeigen** mostrar su mejor cara; **das ist ihre schwache ~** *(fam)* esto es su punto débil; **das ist ihre starke ~** *(fam)* esto es su fuerte ③ *(Buchseite)* página *f;* **siehe ~ 15** véase página 15; **die gelben ~n®** las páginas amarillas ④ *(Verhandlungspartner)* parte *f* ⑤ *(Interessensgruppe)* **von kirchlicher ~** de parte de la Iglesia; **wie von offizieller ~ verlautete, ...** como indicaron fuentes oficiales...

Seitenansicht *f* vista *f* lateral

Seitenaufbau *m* (INFOR, TYPO) diseño *m* de página

Seitenaufprallschutz *m* (AUTO) barra *f* de protección lateral

Seitenblick *m* mirada *f* de reojo; **jdm einen ~ zuwerfen** mirar a alguien de reojo

Seiteneingang *m* <-(e)s, -gänge> entrada *f* lateral

Seitenhieb *m (fam: Kritik)* indirecta *f*

Seitenlage *f* posición *f* de lado; **stabile ~** posición lateral de seguridad

seitenlang I. *adj* de varias páginas **II.** *adv* en páginas enteras

Seitenleitwerk *nt* (AERO) timón *m* de dirección (lateral); **doppeltes/geteiltes ~** timón de dirección doble/dividido

Seitenlinie *f* ① (SPORT) línea *f* de banda ② *(Genealogie)* línea *f* lateral

seitens ['zaɪtəns] *präp +gen* de parte de, por parte de

Seitenschiff *nt* (ARCHIT) nave *f* lateral

Seitenschneider *m* alicates *mpl* de corte lateral

Seitenspiegel *m* (AUTO) (espejo *m*) retrovisor lateral *m*

Seitensprung *m (fig)* **einen ~ machen** ser infiel; *(Verheiratete)* cometer adulterio

Seitenständer *m (am Motorrad)* caballete *m* lateral

Seitenstechen *nt* <-s, *ohne pl*> punzadas *fpl* en el costado

Seitenstraße *f* calle *f* lateral

Seitenstreifen *m* arcén *m*, berma *f Am*

Seitenumbruch *m ohne pl* (INFOR, TYPO) salto *m* de página

seitenverkehrt *adj* invertido lateralmente

Seitenwechsel *m* (SPORT) cambio *m* de campo

Seitenwind *m* viento *m* lateral

Seitenzahl *f* ① *(Gesamtzahl)* número *m* de páginas ② *(auf einer Seite)* número *m* de página

seither [-'-] *adv* desde entonces

seitlich I. *adj* lateral, al lado; **~ von ...** al lado de... **II.** *adv* de lado; **~ abfallen** descender lateralmente **III.** *präp +gen* al lado de, a un lado de

seitwärts ['zaɪtvɛrts] *adv* hacia un lado

sek., Sek. *Abk. von* **Sekunde** s

Sekret [ze'kre:t] *nt* <-(e)s, -e> (MED, BIOL) secreción *f*

Sekretär[1] *m* <-s, -e> *(Möbelstück)* escritorio *m*, secreter *m*

Sekretär(in)[2] [zekre'tɛ:ɐ] *m(f)* <-s, -e; -nen> *(Angestellter)* secretario, -a *m, f*

Sekretariat [zekretari'a:t] *nt* <-(e)s, -e> secretaría *f*, secretariado *m*

Sekretärin *f* <-nen> *s.* **Sekretär**[2]

Sekretion [zekre'tsjo:n] *f* <-, -en> secreción *f*

Sekt [zɛkt] *m* <-(e)s, -e> cava *m*

Sekte ['zɛktə] *f* <-n> secta *f*

Sektglas *nt* copa *f* de champaña [*o* de champán]

Sektion [zɛk'tsjo:n] *f* <-, -en> ① *(Abteilung)* sección *f* ② (MED) disección *f*

Sektor ['zɛkto:ɐ] *m* <-s, -en> (*a.* MATH) sector *m*

sekundär [zekʊn'dɛ:ɐ] *adj* secundario

Sekundärliteratur *f ohne pl* literatura *f* secundaria

Sekundarschule *f (Schweiz) escuela del segundo ciclo en el sistema de enseñanza suizo*

Sekundarstufe *f* (SCH) nivel *m* de educación secundaria (en Alemania); **~ I** *(Mittelstufe)* nivel I de educación secundaria *(equivalente al tercer ciclo de primaria y al segundo de secundaria españoles);* **~ II** *(Oberstufe)* nivel II de educación secundaria *(equivalente al bachillerato o a la F.P. de grado medio españoles)*

Sekunde [ze'kʊndə] *f* <-n> segundo *m;*

auf die ~ genau al segundo; **eine ~ bitte!** *(fam)* ¡un segundo, por favor!
Sekundenbruchteil *m* <-(e)s, -e> fracción *f* de segundo
Sekundenkleber *m* pegamento *m* rápido
Sekundenzeiger *m* segundero *m*
selbe(r, s) *adj* mismo; **im ~n Haus** en la misma casa
selber ['zɛlbɐ] *pron dem inv (fam) s.* **selbst**
Selbermachen *nt* **zum ~** para hacer uno mismo
selbst [zɛlpst] **I.** *pron dem inv* mismo; **ich/sie/wir ~** yo mismo/ella misma/nosotros mismos; **Fritz hat es ~ gesagt** Fritz mismo lo ha dicho; **das versteht sich von ~** esto se entiende por sí solo; **sie denkt nur an sich ~** solamente piensa en sí misma; **er kam ganz von ~** vino por sí mismo; **eine Sache um ihrer ~ willen tun** hacer algo por la cosa misma; **er ist die Ruhe ~** es la calma en persona **II.** *adv (sogar)* incluso, hasta; **~ wenn** incluso si *+subj*
Selbstachtung *f* autoestima *f*
selbständig ['zɛlpʃtɛndɪç] *adj o adv s.* **selbstständig**
Selbständige(r) *mf* <-n, -n; -n, -n> *s.* **Selbstständige(r)**
Selbständigkeit *f ohne pl s.* **Selbstständigkeit**
Selbstanzeige *f* <-, -n> (JUR) autodenuncia *f*
Selbstauslöser *m* (FOTO) disparador *m* automático
Selbstbedienung *f ohne pl* autoservicio *m*
Selbstbedienungskasse *f* caja *f* de autocobro
Selbstbedienungsladen *m* (tienda *f* de) autoservicio *m*
Selbstbedienungsrestaurant *nt* restaurante *m* autoservicio, self service *m*
Selbstbefriedigung *f* masturbación *f*
Selbstbeherrschung *f* autodominio *m*, autocontrol *m*
Selbstbestätigung *f ohne pl* (PSYCH) autoconfirmación *f*
Selbstbestimmung *f ohne pl* (POL) autodeterminación *f*
Selbstbeteiligung *f (Summe)* (cuota *f* de) retención *f* propia
Selbstbetrug *m* <-(e)s, *ohne pl*> autoengaño *m*
selbstbewusst *adj* ❶ *(selbstsicher)* seguro de sí mismo ❷ (PHILOS) consciente de sí mismo
Selbstbewusstsein *nt* ❶ *(Selbstsicherheit)* seguridad *f* en sí mismo ❷ (PHILOS) conciencia *f* de sí mismo
Selbstbildnis *nt* (KUNST) autorretrato *m*
Selbstdarsteller(in) *m(f)* persona *f* propensa a figurar
Selbstdisziplin *f ohne pl* autodisciplina *f*
Selbsterhaltung *f* <-, *ohne pl*> supervivencia *f*
Selbsterkenntnis *f ohne pl* autoconocimiento *m*
selbsternannt *adj s.* **ernennen**
selbstgefällig **I.** *adj (abw)* autocomplaciente, autosuficiente **II.** *adv (abw)* con autosuficiencia
Selbstgefälligkeit *f ohne pl (abw)* autocomplacencia *f*
selbstgerecht *adj* ególatra; *(eingebildet)* engreído, vanidoso
Selbstgespräch *nt* monólogo *m*; **~e führen** monologar
selbstherrlich *adj* autoritario, despótico
Selbstherrlichkeit *f ohne pl* autoritarismo *m*
Selbsthilfe *f ohne pl* autoayuda *f*; **zur ~ greifen** tomarse la justicia por su mano
Selbsthilfegruppe *f* grupo *m* de ayuda mutua
Selbstisolation *f ohne pl* autoaislamiento *m*
Selbstjustiz *f* (JUR) **~ üben** tomarse la justicia por su mano
selbstklebend *adj* autoadhesivo
Selbstkosten *pl* (WIRTSCH) costes *mpl* propios, gastos *mpl* directos
Selbstkostenbeteiligung *f* <-, -en> *(Summe)* cuota *f* de autoseguro
Selbstkostenpreis *m* (WIRTSCH) precio *m* de coste
Selbstkritik *f ohne pl* autocrítica *f*
selbstkritisch *adj* autocrítico
Selbstlaut *m* vocal *f*
selbstlos *adj* desinteresado, altruista
Selbstlosigkeit *f ohne pl* desinterés *m*
Selbstmitleid *nt (abw)* autocompasión *f*
Selbstmord *m* suicidio *m*; **~ begehen** suicidarse
Selbstmordattentat *nt* atentado *m* suicida
Selbstmörder(in) *m(f)* suicida *mf*
selbstmörderisch *adj* suicida
Selbstmordkandidat(in) *m(f)* <-en, -en; -, -nen> suicida *mf* potencial, persona *f* con tendencias suicidas
Selbstmordversuch *m* intento *m* de suicidio; **einen ~ machen** intentar suicidarse
Selbstportrait *nt*, **Selbstporträt** *nt* (KUNST) autorretrato *m*
selbstredend *adv* naturalmente, por supuesto
Selbstreinigung *f* (BIOL) purificación *f* natural
Selbstschutz *m* autoprotección *f*
selbstsicher *adj* seguro de sí mismo

S

Selbstsicherheit *f ohne pl* seguridad *f* en uno mismo

selbstständig I. *adj* ① *(unabhängig)* independiente ② *(beruflich)* por su propia cuenta; **sich ~ machen** establecerse por su cuenta **II.** *adv* por sí solo; (WIRTSCH) por su propia cuenta

Selbstständige(r) *mf* <-n, -n; -n, -n> trabajador(a) *m(f)* autónomo , -a

Selbstständigkeit *f ohne pl* independencia *f*

Selbststudium *nt* <-s, *ohne pl*> estudios *mpl* autodidácticos; **im ~** mediante estudios autodidácticos

selbsttätig *adj* ① *(automatisch)* automático ② *(aktiv)* activo

Selbsttäuschung *f* <-, *ohne pl*> autoengaño *m*

Selbstüberwindung *f* fuerza *f* de voluntad

selbstverschuldet *adj* por culpa propia

Selbstversorger(in) *m(f)* autoabastecedor(a) *m(f)*

selbstverständlich ['--(')--] **I.** *adj* natural, evidente; **das ist doch ~!** ¡esto se sobreentiende!; **etw für ~ halten** dar algo por hecho **II.** *adv* por supuesto, desde luego; **~ (nicht)!** ¡por supuesto (que no)!; **das tue ich ~ gern** por supuesto, lo hago con gusto

Selbstverständlichkeit ['--(')---] *f* <-en> *(Unbefangenheit)* naturalidad *f; (Offensichtlichkeit)* evidencia *f;* **das war doch eine ~** no faltaba más; **etw für eine ~ halten** considerar algo como lo más natural del mundo

Selbstverständnis *nt* <-ses, *ohne pl*> autognosis *f*

Selbstverstümmelung *f* <-, -en> automutilación *f*, mutilación *f* voluntaria

Selbstverteidigung *f ohne pl* autodefensa *f*

Selbstvertrauen *nt* confianza *f* en sí mismo, autoconfianza *f*

Selbstverwaltung *f* autogestión *f*

Selbstverwirklichung *f ohne pl* (PHILOS, PSYCH) autorrealización *f*

Selbstwertgefühl *nt ohne pl* (PSYCH) autoestima *f*

selbstzerstörerisch *adj* autodestructivo

Selbstzerstörung *f* <-, -en> autodestrucción *f*

Selbstzweck *m ohne pl* fin *m* absoluto

selektieren* [zelɛk'ti:rən] *vt* seleccionar

Selektion [zelɛk'tsjo:n] *f* <-, -en> (BIOL) selección *f*

selektiv *adj* selectivo

Selen [ze'le:n] *nt* <-s, *ohne pl*> (CHEM) selenio *m*

Selfie <-s, -s> ['sɛlfi] *nt (fam)* selfi(e) *m fam*

Selfiestick <-s, -s> ['sɛlfistɪk] *m* palo *m* (de) selfi(s)

Selfmademan ['sɛlfmeɪd'mɛn, *pl:* 'sɛlfmeɪd'mɛn] *m* <-s, Selfmademen> hombre *m* que se ha hecho a sí mismo

selig ['ze:lɪç] *adj* ① *(glücklich)* feliz, en las nubes *fam* ② (REL) bienaventurado; *(seliggesprochen)* beato; *(verstorben)* difunto; **Gott hab ihn ~!** ¡Dios lo tenga en su gloria!; **ihr ~er Vater** su padre que en paz descanse; **wer's glaubt, wird ~** *(fam iron)* más tonto aquel que se lo crea

Selige(r) *mf* <-n, -n; -n, -n> ① *(Verstorbener)* difunto, -a *m, f* ② (REL: *Seliggesprochener*) beato, -a *m, f*

Seligkeit *f ohne pl* ① (REL) bienaventuranza *f* (eterna) ② *(Glück)* felicidad *f*

Seligsprechung *f* (REL) beatificación *f*

Sellerie ['zɛləri] *m* <-s, -(s)> *f* <-> apio *m*

selten ['zɛltən] **I.** *adj* ① *(nicht häufig)* raro ② *(außergewöhnlich)* extraordinario; *(merkwürdig)* curioso **II.** *adv* ① *(nicht häufig)* raras veces ② *(außergewöhnlich)* extraordinariamente

Seltenheit[1] *f ohne pl (Vorkommen)* rareza *f;* **es ist eine ~, dass ...** ocurre raras veces que... *+subj*

Seltenheit[2] *f* <-en> *(Stück)* curiosidad *f*

Seltenheitswert *m ohne pl* valor *m* de pieza rara

Selters ['zɛltɐs] *nt* <-, -> *(fam)* agua *f* mineral

seltsam ['zɛltza:m] *adj* extraño, singular; **er kam ihr ~ bekannt vor** le pareció particularmente conocido

seltsamerweise ['zɛltza:mɐ'vaɪzə] *adv* curiosamente, extrañamente

Semantik [ze'mantɪk] *f* <-, *ohne pl*> (LING) semántica *f*

semantisch [ze'mantɪʃ] *adj* (LING) semántico

Semester [ze'mɛstɐ] *nt* <-s, -> semestre *m*

Semesterferien *pl* (UNIV) vacaciones *fpl* semestrales *(en primavera y verano)*

Semifinale *nt* (SPORT) semifinal *f*

Semikolon [zemi'ko:lɔn] *nt* <-s, -s *o* Semikola> punto *m* y coma

Seminar [zemi'na:ɐ] *nt* <-s, -e> ① *(Lehrveranstaltung, Priesterseminar)* seminario *m* ② *(Institut)* departamento *m*

Seminararbeit *f* <-, -en> (UNIV) trabajo *m* escrito

Seminarschein *m* <-(e)s, -e> (UNIV) ≈ papeleta *f;* **einen ~ machen** hacer un curso (para obtener una papeleta)

semipermeabel *adj* **semipermeable Membran** membrana *f* semipermeable
Semit(in) [ze'mi:t] *m(f)* <-en, -en; -nen> semita *mf*
semitisch *adj* semítico, semita
Semmel ['zɛməl] *f* <-n> *(Österr, südd, reg)* panecillo *m;* **weggehen wie warme ~n** *(fam)* venderse como rosquillas
Semmelbrösel *mpl (Österr, südd)* pan *m* rallado
Semmelknödel *m (südd, Österr) albóndiga hecha a base de pan, harina, huevos, condimentos, etc.;* **Schweinebraten mit ~n** asado de cerdo con "semmelknödel"
sen. *Abk. von* **senior** padre
Senat [ze'na:t] *m* <-(e)s, -e> ① (HIST, POL) senado *m* ② (UNIV) claustro *m* ③ (JUR) consejo *m* judicial
Senator(in) [ze'na:to:ɐ] *m(f)* <-s, -en; -nen> senador(a) *m(f)*
Sendeanstalt *f* <-, -en> (RADIO, TV) cadena *f* de radiotelevisión
Sendebereich *m* (RADIO, TV) zona *f* de emisión
sendebereit *adj* (TEL) listo para enviar
Sendegebiet *nt* <-(e)s, -e> (RADIO, TV) zona *f* de emisión
senden ['zɛndən] <sendet, sandte *o* sendete, gesandt *o* gesendet> *vt* ① *(geh: schicken)* enviar (**nach/zu** a) ② *(ausstrahlen)* emitir
Sendepause *f* (RADIO, TV) pausa *f*
Sendeplatz *m* (TV, RADIO) espacio *m* de emisión
Sender *m* <-s, -> (RADIO, TV) (estación *f*) emisora *f*
Sendereihe *f* (RADIO, TV) serial *m*
Sendeschluss *m ohne pl* (RADIO, TV) cierre *m* de la emisión
Sendezeit *f* (RADIO, TV) tiempo *m* de emisión
Sendung *f* <-en> ① *(Warensendung)* envío *m* ② (RADIO, TV: *das Senden*) emisión *f;* **auf ~ gehen** comenzar a emitir; **auf ~ sein** estar en el aire ③ (RADIO, TV) programa *m*
Senegal ['ze:negal] *m* <-s> Senegal *m*
Senegalese, -in [zenega'le:zə] *m, f* <-n, -n; -nen> senegalés, -esa *m, f*
senegalesisch *adj* senegalés
Senf [zɛnf] *m* <-(e)s, -e> mostaza *f*
Senfgas *nt* gas *m* mostaza
Senfgurke *f* pepinillo *m* en vinagre y mostaza
sengen ['zɛŋən] *vt* chamuscar; **in der ~den Sonne** bajo el sol abrasador
senil [ze'ni:l] *adj* senil
Senilität [zenili'tɛ:t] *f* <-, *ohne pl*> senilidad *f*

senior ['ze:njo:ɐ] *adj* **Karl Meyer ~** Karl Meyer (padre)
Senior(in) ['ze:njo:ɐ, *pl:* ze'njo:rən] *m(f)* <-s, -en; -nen> ① *(Rentner)* persona *f* de la tercera edad ② (SPORT) sénior *mf*
Seniorchef(in) *m(f)* jefe, -a *m, f*
Seniorenheim *nt* residencia *f* para la tercera edad
Seniorin *f* <-, -nen> *s.* **Senior**
Seniorpartner(in) *m(f)* <-s, -; -, -nen> socio, -a *m, f* principal
Senke ['zɛŋkə] *f* <-n> depresión *f* en un terreno
senken ['zɛŋkən] **I.** *vt* ① *(allgemein)* bajar; *(Kopf)* inclinar; **die Stimme ~** bajar la voz ② *(Kosten)* reducir; *(Preise)* rebajar **II.** *vr:* **sich ~** ① *(herunterkommen)* bajar; *(absinken)* hundirse ② *(geh: Abend, Nacht)* caer
senkrecht *adj* vertical; (MATH) perpendicular (**zu** a)
Senkrechte *f* <-n> (recta *f*) vertical *f;* (MATH) (línea *f*) perpendicular *f*
Senkrechtstarter[1] *m* <-s, -> ① (AERO) avión *m* de despegue y aterrizaje vertical ② *(fam: Buch, Film)* éxito *m* rotundo
Senkrechtstarter(in)[2] *m(f)* <-s, -; -nen> *(fam: Person)* joven *mf* prometedor(a)
Senkung[1] *f ohne pl* ① *(des Kopfes)* inclinación *f* ② *(Verringerung)* reducción *f* (**um** en, **auf** a)
Senkung[2] *f* <-en> (GEO) depresión *f* (de un terreno)
Sensation [zɛnza'tsjo:n] *f* <-en> sensación *f*
sensationell [zɛnzatsjo'nɛl] *adj* sensacional
Sensationsblatt *nt (abw)* periódico *m* sensacionalista
Sensationsgier [zɛnzats'jo:ns-] *f* sensacionalismo *m,* sed *m* de sensacionalismo
sensationsgierig [zɛnzats'jo:ns-] *adj* (muy) sensacionalista, sediento de sensacionalismo
Sensationspresse *f ohne pl (abw)* prensa *f* sensacionalista
Sense ['zɛnzə] *f* <-n> guadaña *f;* **jetzt ist ~!** *(fam)* ¡y sanseacabó!
Sensenmann *m* <-(e)s, -männer> ① *(geh: jd, der Gras mäht)* guadañero *m* ② *(Tod)* (muerte *f* de la) guadaña *f*
sensibel [zɛn'zi:bəl] *adj* sensible
Sensibelchen *nt* <-s, -> *(iron, abw)* sensiblero *m*
sensibilisieren* [zɛnzibili'zi:rən] *vt* (*a.* FOTO) sensibilizar
Sensibilisierung *f* <-, -en> (*a.* FOTO, MED) sensibilización *f*
Sensibilität [zɛnzibili'tɛ:t] *f ohne pl* (*a.* FOTO) sensibilidad *f*

S

Sensor ['zɛnzo:ɐ] *m* <-s, -en> (TECH) sensor *m*
sensorisch *adj* (MED) sensorial
sentimental [zɛntimɛn'ta:l] *adj* sentimental
Sentimentalität [zɛntimɛntali'tɛ:t] *f ohne pl* sentimentalismo *m*
separat [zepa'ra:t] **I.** *adj* separado; *(Eingang)* independiente **II.** *adv* aparte
Separatismus [zepara'tɪsmʊs] *m* <-, *ohne pl*> separatismo *m*
Separatist(in) [zepara'tɪst] *m(f)* <-en, -en; -nen> separatista *mf*
separatistisch *adj* separatista
Separee *nt* <-s, -s>, **Séparée** [zepa're:] *nt* <-s, -s> reservado *m*
Sepia[1] ['ze:pia, *pl:* 'ze:piən] *f* <-, Sepien> (ZOOL) sepia *f*
Sepia[2] *f* <-, *ohne pl*> *(Farbstoff)* (color *m*) sepia *f*
September [zɛp'tɛmbɐ] *m* <-(s), -> se(p)tiembre *m; s.a.* **März**
sequentiell [zekvɛn'tsjɛl] *adj s.* **sequenziell**
Sequenz [ze'kvɛnts] *f* <-en> (*a.* FILM, MUS) secuencia *f*
sequenziell [zekvɛn'tsjɛl] *adj* (INFOR) secuencial
Sera *pl von* **Serum**
Serbe, -in ['zɛrbə] *m, f* <-n, -n; -nen> serbio, -a *m, f*
Serbien ['zɛrbiən] *nt* <-s> Serbia *f*
Serbin *f* <-nen> *s.* **Serbe**
serbisch *adj* serbio
serbokroatisch [zɛrbokro'a:tɪʃ] *adj* serbocroata
Seren *pl von* **Serum**
Serenade [zere'na:də] *f* <-n> (MUS) serenata *f*, albazo *m Perú,* alborada *f PRico*
Serie ['ze:riə] *f* <-n> (*a.* TV) serie *f;* **in ~ herstellen** producir en serie
seriell [zeri'ɛl] *adj* en serie; **~e Schnittstelle** (INFOR) interfaz serie, puerto serie
Serienausstattung *f* <-, -en> (*a.* AUTO) equipamiento *m* de serie
serienmäßig **I.** *adj* ① *(Herstellung)* en serie ② (AUTO: *Ausstattung*) de serie **II.** *adv* en serie
Seriennummer *f* número *m* de serie
serienweise *adv* en serie
seriös [zeri'ø:s] *adj* serio; *(gediegen)* formal
Serpentine [zɛrpɛn'ti:nə] *f* <-n> serpentina *f*
Serum ['ze:rʊm] *nt* <-s, Seren *o* Sera> suero *m*
Server ['sœ:vɐ] *m* <-s, -> (INFOR) server *m*, servidor *m*
Service[1] [zɛr'vi:s] *nt* <-(s), -> *(Geschirr)* juego *m* de café
Service[2] ['sœ:vɪs] *m* <-, *ohne pl*> ① *(Bedienung)* servicio *m; (Kundendienst)* asistencia *f* técnica ② (SPORT) saque *m*, servicio *m*
Servicecenter ['sœ:vɪssɛntɐ] *nt* centro *m* de servicios
Service-Provider *m* (TEL) proveedor *m* de servicios
servieren* [zɛr'vi:rən] *vt, vi* servir
Serviererin [zɛr'vi:rərɪn] *f* <-nen> camarera *f*
Servierlöffel *m* cucharón *m*
Servierwagen *m* carrito *m* de servir
Serviette [zɛr'vjɛtə, zɛrvi'ɛtə] *f* <-n> servilleta *f*
Servobremse ['zɛrvo-] *f* (TECH) servofreno *m*
Servolenkung *f* (TECH) dirección *f* asistida, servodirección *f*
Servomotor *m* (TECH) servomotor *m*
Servus ['sɛrvʊs] *interj (Österr, südd)* adiós
Sesam ['ze:zam] *m* <-s, -s> sésamo *m;* **~, öffne dich!** ¡ábrete, sésamo!
Sessel ['zɛsəl] *m* <-s, -> sillón *m; (im Kino)* butaca *f*
Sessellift *m* telesilla *f*
sesshaft ['zɛshaft] *adj* sedentario; **in einem Ort ~ werden** asentarse en un lugar
Set [sɛt] *m o nt* <-(s), -s> *(zusammengehörige Dinge)* conjunto *m*, set *m*
Setup *nt* <-(s), -s> (INFOR) setup *m*, programa *m* de ajuste
setzen ['zɛtsən] **I.** *vt* ① *(allgemein)* poner (**auf** en/sobre); *(stellen)* colocar (**auf** en/sobre); *(Kind)* sentar; **etw auf die Tagesordnung/in die Zeitung ~** poner algo en el orden del día/en el periódico; **etw an den Mund ~** llevar(se) algo a la boca; **ein Kind in die Welt ~** *(fam)* traer un hijo al mundo ② *(Pflanze)* plantar ③ *(Ofen)* instalar; *(Denkmal)* erigir; *(Segel)* izar ④ *(Norm)* fijar, establecer; *(Frist, Termin)* fijar, señalar; *(Hoffnung, Vertrauen)* poner; **etw** *dat* **ein Ende/Grenzen ~** poner fin/límites a algo; **sich** *dat* **ein Ziel ~** ponerse una meta ⑤ (TYPO) componer ⑥ *(Geld)* apostar (**auf** por) ⑦ *(fam: injizieren)* **sich** *dat* **eine Spritze ~** ponerse una inyección ⑧ *(Wend)* **gesetzt den Fall, er kommt** supongamos que venga; **gleich setzt es was!** *(fam)* ¡que te doy! **II.** *vr:* **sich ~** ① *(Person)* sentarse; **bitte, ~ Sie sich!** ¡siéntese, por favor! ② *(Flüssigkeit)* depositarse, posarse; *(Staub, Geruch)* pegarse (**in/auf** a) ③ *(beginnen)* **sich an etw ~** ponerse a hacer algo **III.** *vi* ① *(im Spiel)*

jugar ② *(überqueren)* **über etw ~** cruzar algo

Setzer(in) *m(f)* <-s, -; -nen> (TYPO) cajista *mf*

Setzerei *f* <-en> (TYPO) taller *m* de composición

Setzling *m* <-s, -e> ① *(Pflanze)* plantón *m* ② *(Fisch)* alevín *m*

Seuche ['zɔɪçə] *f* <-n> epidemia *f; (fig)* peste *f*

Seuchenherd *m* <-(e)s, -e> foco *m* de la epidemia

seufzen ['zɔɪftsən] *vi* suspirar

Seufzer *m* <-s, -> suspiro *m*

Sex [sɛks] *m* <-(es), *ohne pl*> *(fam)* sexo *m*

Sex-Appeal *m ohne pl,* **Sexappeal** ['zɛksəpi:l] *m* <-s, *ohne pl*> sex-appeal *m*

Sexbombe *f* <-, -n> *(fam)* mujer *f* con sex-appeal

Sexfilm *m* película *f* pornográfica

Sexismus [sɛ'ksɪsmʊs, zɛ'ksɪsmʊs] *m* <-, *ohne pl*> sexismo *m*

Sexist(in) [sɛ'ksɪst, zɛ'ksɪst] *m(f)* <-en, -en; -, -nen> sexista *mf*

sexistisch *adj* sexista

Sexshop *m* <-s, -s> sex shop *m*

Sexsymbol *nt* <-s, -e> símbolo *m* sexual

Sextett [zɛks'tɛt] *nt* <-(e)s, -e> (MUS) sexteto *m*

Sextourismus *m* turismo *m* sexual

Sexualerziehung [sɛksu'a:l-, zɛksu'a:l-] *f ohne pl* educación *f* sexual

Sexualforscher(in) *m(f)* <-s, -; -, -nen> investigador(a) *m(f)* de la conducta sexual

Sexualforschung *f* <-, *ohne pl*> sexología *f*

Sexualität [sɛksuali'tɛ:t, zɛksuali'tɛ:t] *f ohne pl* sexualidad *f*

Sexualkunde *f ohne pl* educación *f* sexual

Sexualleben *nt ohne pl* vida *f* sexual

Sexualobjekt *nt* objeto *m* sexual

Sexualtrieb *m ohne pl* instinto *m* sexual

Sexualverbrechen *nt* delito *m* sexual

sexuell [sɛksu'ɛl, zɛksu'ɛl] *adj* sexual; **jdn ~ missbrauchen** abusar sexualmente de alguien

sexy ['sɛksi, 'zɛksi] *adj inv (fam)* sexi

Seychellen [ze'ʃɛlən] *pl* (islas *fpl*) Seychelles *fpl*

Sezession *f* <-, -en> (POL) secesión *f*

Sezessionskrieg *m* <-(e)s, *ohne pl*> guerra *f* de Secesión

sezieren* [ze'tsi:rən] *vt* diseccionar

Shampoo ['ʃampu] *nt* <-s, -s> champú *m*

Shareware ['ʃeɐwɐ] *f* <-, -s> (INFOR) software *m* compartido

Sheriff ['ʃɛrɪf] *m* <-s, -s> sheriff *m*

Sherry ['ʃɛri] *m* <-s, -s> jerez *m*

Shifttaste *f* (INFOR) tecla *f* de mayúsculas (en el ordenador)

Shorts [ʃɔ:ts, ʃɔrts] *pl* pantalones *mpl* cortos

Show [ʃɔʊ] *f* <-s> espectáculo *m,* show *m*

Showbusiness *nt* mundo *m* del espectáculo

Showdown [ʃoʊ'daʊn] *m* <-(s), -s> enfrentamiento *m,* confrontación *f*

Showgeschäft *nt ohne pl* mundo *m* del espectáculo

Showmaster(in) [-ma:stɐ] *m(f)* <-s, -; -nen> presentador(a) *m(f)*

siamesisch [zia'me:zɪʃ] *adj* siamés; **~e Zwillinge** hermanos siameses

Siamkatze *f* gato *m* siamés

Sibirien [zi'bi:riən] *nt* <-s> Siberia *f*

sibirisch *adj* siberiano

sich [zɪç] *pron refl akk/dat von* **er, sie, es, Sie,** *akk/dat von pl* **sie, Sie** se; *(betont)* a sí… (se); *(mit Präposition)* sí; **sie wäscht ~** se lava; **sie wäscht ~** *dat* **die Haare** se lava el pelo; **er denkt nur an ~** solamente piensa en sí (mismo); **hier sitzt es ~ gut** aquí se está cómodo; **sie hat kein Geld bei ~** no lleva dinero consigo; **er lud ihn zu ~ nach Hause ein** lo invitó a su casa; **jeder für ~** cada cual por su cuenta; **das ist eine Sache für ~** es una cosa aparte

Sichel ['zɪçəl] *f* <-n> hoz *f*

sichelförmig *adj* con forma de hoz; **ein ~er Mond** una luna en cuarto creciente

sicher ['zɪçɐ] **I.** *adj (ungefährdet, ungefährlich)* seguro; *(gewiss)* seguro, cierto; *(erfahren)* experto; *(zuverlässig)* fidedigno; **~ ist ~** por si acaso; **sich ~ fühlen** sentirse seguro; **bist du dir ~?** ¿estás seguro?; **er ist sich seiner Sache sehr ~** está muy seguro de sí mismo; **langsam aber ~** *(fam)* despacio pero seguro **II.** *adv* ① *(wahrscheinlich)* seguramente; **er kommt ~ bald** seguramente vendrá pronto ② *(gewiss)* con seguridad; **ja, ~ (doch)!** *(fam)* ¡pues claro!; **etw ~ aufbewahren** mantener algo en sitio seguro ③ *(ungefährdet, ungefährlich)* **sie fährt sehr ~** conduce de una forma muy segura

sicher|gehen *irr vi sein* ir sobre seguro, estar seguro; **er will ganz ~, dass …** quiere estar seguro de que… *+subj*

Sicherheit[1] *f ohne pl* ① *(allgemein)* seguridad *f;* **jdn/etw in ~ bringen** salvar a alguien/algo; **sich in ~ befinden** estar a salvo; **sich in ~ wiegen** creer uno (equivocadamente) que ha pasado el peligro ② *(im Auftreten)* aplomo *m* ③ *(Gewissheit)* certeza *f,* seguridad *f*

S

Sicherheit[2] *f* <-en> (WIRTSCH) garantía *f;* **~ leisten** prestar caución, otorgar garantía
Sicherheitsabstand *m* distancia *f* de seguridad
Sicherheitsanweisung *f* indicaciones *f* de seguridad *pl*
Sicherheitsbeamte(r) *m*, **-beamtin** *f* guardia *mf* de seguridad
Sicherheitsdienst *m* servicio *m* de seguridad
Sicherheitsexperte, -expertin *m, f* <-n, -n; -, -nen> experto, -a *m, f* de seguridad
Sicherheitsgurt *m* cinturón *m* de seguridad; **den ~ anlegen** abrocharse el cinturón de seguridad
sicherheitshalber [-halbɐ] *adv* para estar seguro, para mayor seguridad
Sicherheitskontrolle *f* control *m* de seguridad
Sicherheitskopie *f* (INFOR) copia *f* de seguridad
Sicherheitslücke *f* fallo *m* de seguridad
Sicherheitsnadel *f* imperdible *m,* alfiler *m* de gancho *Arg*
Sicherheitsrat *m ohne pl* Consejo *m* de Seguridad
Sicherheitsschloss *nt* cerradura *f* de seguridad
Sicherheitsventil *nt* válvula *f* de seguridad
sicherlich *adv* seguramente
sichern [ˈzɪçɐn] **I.** *vt* ① *(schützen)* proteger (**gegen/vor** contra); *(sicherstellen)* asegurar; **sich** *dat* **etw ~** reservarse algo; **Spuren ~** levantar la evidencia física ② *(Tür)* cerrar firmemente; *(Gewehr)* asegurar ③ *(befestigen)* consolidar ④ (INFOR: *speichern*) almacenar; **vor Zugriff ~** proteger del acceso **II.** *vr:* **sich ~** *(beim Bergsteigen)* asegurarse
sicher|stellen *vt* ① *(beschlagnahmen)* intervenir ② *(gewährleisten)* asegurar
Sicherung[1] *f ohne pl* ① *(Schutz)* protección *f* (**gegen** contra); *(Sicherstellen)* aseguramiento *m* ② (INFOR: *Speicherung*) almacenamiento *m*
Sicherung[2] *f* <-en> ① (ELEK) fusible *m,* plomo *m; (bei Waffen)* seguro *m* ② *(Befestigung)* consolidación *f*
Sicherungskasten *m* (ELEK) caja *f* de fusibles
Sicherungskopie *f* (INFOR) copia *f* de seguridad; **eine ~ erstellen** hacer una copia de seguridad
Sicht [zɪçt] *f ohne pl* ① *(Sichtverhältnisse)* visibilidad *f; (Ausblick)* vista *f;* **klare ~** buena visibilidad; **jdm die ~ versperren** tapar a alguien la vista; **auf lange ~** a largo plazo ② *(Sichtweise)* (punto *m* de) vista *f;* **aus heutiger ~** desde el punto de vista actual
sichtbar *adj* ① *(zu sehen)* visible; *(wahrnehmbar)* perceptible ② *(offensichtlich)* manifiesto; **~ werden** manifestarse
sichten [ˈzɪçtən] *vt* ① *(erblicken)* avistar ② *(durchsehen)* revisar; *(ordnen)* ordenar, clasificar
sichtlich *adj* visible; *(offenkundig)* evidente; **er hat sich ~ gefreut** se alegró visiblemente
Sichtverhältnisse *ntpl* (condiciones *fpl* de) visibilidad *f*
Sichtwechsel *m* (FIN) letra *f* a la vista
Sichtweite *f* visibilidad *f;* **außer/in ~ sein** estar fuera del/al alcance de la vista
Sickergrube *f* <-, -n> sumidero *m*
sickern [ˈzɪkɐn] *vi sein (durchsickern)* colarse (**durch** por), filtrarse (**durch** por); *(hineinsickern)* infiltrarse (**in** en), ser absorbido (**in** por); **von diesem Plan darf auf keinen Fall etwas nach draußen ~** nadie debe enterarse de algo relacionado con este plan
sie [ziː] *pron pers* ① *nom 3. sg f* ella; **wenn ich ~ wäre** si yo fuera ella; **du bist größer als ~** eres más alta que ella ② *nom 3. pl m o f* ellos *mpl,* ellas *fpl;* **~ sind Lehrerinnen** (ellas) son maestras ③ *akk von sg* **sie** la; *(betont)* a ella (la); *(mit Präposition)* ella; **ich treffe ~ heute Abend** la veo esta noche; **~ kenne ich noch nicht** a ella todavía no la conozco; **die Bücher sind für ~** los libros son para ella ④ *akk von pl* **sie** *(auf Menschen bezogen)* los *mpl; (nur auf Frauen bezogen)* las *fpl; (auf Sachen bezogen)* los *mpl,* las *fpl; (betont: Menschen)* a ellos (los) *mpl,* a ellas (las) *fpl; (mit Präposition: Menschen)* ellos *mpl,* ellas *fpl;* **ich habe ~ lange nicht gesehen** hace mucho que no los veo; **wir machen alles nur für ~** lo hacemos todo por ellos
Sie [ziː] *pron pers (Höflichkeitsform)* ① *nom (eine Person)* usted, Ud.; *(mehrere Personen)* ustedes, Uds.; **wenn ich ~ wäre** si yo fuera usted; **hallo, ~!** ¡eh, usted!; **jdn mit ~ anreden** tratar a alguien de usted ② *akk von* **Sie** *(einen Mann)* lo; *(eine Frau)* la; *(mehrere Personen)* los *mpl; (mehrere Frauen)* las *fpl; (betont)* a usted (lo) *m,* a usted (la) *f,* a ustedes (los) *mpl,* a ustedes (las) *fpl; (mit Präposition: einer Person)* usted, Ud.; *(mehrere Personen)* ustedes, Uds..; **darf ich ~ mal stören?** ¿puedo molestarle(s)/molestarla(s) un momento?; **ich meine ~!** ¡me refiero a usted/ustedes!
Sieb [ziːp] *nt* <-(e)s, -e> *(Sand-, Getrei-*

desieb) criba *f; (Mehlsieb)* cedazo *m; (feines Sieb)* tamiz *m; (für Flüssigkeiten)* colador *m; (für Nudeln)* escurridor *m;* **etw durch ein ~ gießen** colar algo; **er hat ein Gedächtnis wie ein ~** *(fam)* tiene muy mala memoria
Siebdruck *m (Verfahren)* serigrafía *f*
sieben[1] ['zi:bən] **I.** *vt* ① *(Sand)* cribar; *(Mehl)* tamizar ② *(auswählen)* seleccionar **II.** *vi* seleccionar
sieben[2] ['zi:bən] *adj inv* siete; *s. a.* **acht**[1]
Siebeneck *nt* heptágono *m*
siebenerlei ['zi:bənɐ'laɪ] *adj inv* de siete clases diferentes, siete clases (diferentes) de; *s. a.* **achterlei**
siebenfach **I.** *adj* séptuplo, siete veces **II.** *adv* siete veces; *s. a.* **achtfach**
siebenhundert ['--'--] *adj inv* setecientos; *s. a.* **achthundert**
siebenjährig *adj (sieben Jahre alt)* de siete años (de edad), sieteñal; *(sieben Jahre dauernd)* de siete años (de duración); *s. a.* **achtjährig**
siebenmal *adv* siete veces; *s. a.* **achtmal**
Siebensachen ['--'--] *f pl (fam)* trastos *m pl*
Siebenschläfer [-ʃlɛ:fɐ] *m* <-s, -> lirón *m*
siebentägig [-tɛ:gɪç] *adj* de ocho días
siebentausend ['--'--] *adj inv* siete mil; *s. a.* **achttausend**
siebente(r, s) ['zi:bəntə, -tɐ, -təs] *adj s.* **siebte(r, s)**
siebt zu ~ *(in Siebenergruppen)* en grupos de (a) siete, de siete en siete; *(zusammen, als Gruppe von sieben)* entre (los) siete; *s. a.* **acht**[1]
siebte(r, s) *adj* séptimo; *s. a.* **achte(r, s)**
siebtel ['zi:ptəl] *adj inv* séptimo; *s. a.* **achtel**
Siebtel ['zi:ptəl] *nt* <-s, -> séptimo, -a *m, f; s. a.* **Achtel**
siebtens ['zi:ptəns] *adv* en séptimo lugar; *(bei einer Aufzählung)* séptimo; *s. a.* **achtens**
siebzehn ['zi:ptse:n] *adj inv* diecisiete; *s. a.* **acht**[1]
siebzehnte(r, s) *adj* decimoséptimo; *s. a.* **achte(r, s)**
Siebzehntel *nt* <-s, -> decimoséptimo *m; s. a.* **Achtel**
siebzig ['zi:ptsɪç] *adj inv* setenta; *s. a.* **achtzig**
siebziger *adj inv* ① *(1970 bis 1979)* de (la década de) los setenta ② *(von 1970)* del setenta; *s. a.* **achtziger**
siebzigjährig *adj* de setenta años
Siebzigjährige(r) *mf* <-n, -n; -n, -n> septuagenario, -a *m, f*
siebzigste(r, s) *adj* septuagésimo; *s. a.* **achtzigste(r, s)**
siedeln ['zi:dəln] *vi* asentarse
sieden ['zi:dən] <siedet, sott *o* siedete, gesotten *o* gesiedet> *vi* hervir
Siedepunkt *m* (PHYS) punto *m* de ebullición
Siedler(in) ['zi:dlɐ] *m(f)* <-s, -; -nen> colono, -a *m, f*
Siedlung ['zi:dlʊŋ] *f* <-en> ① *(Wohnsiedlung)* urbanización *f* ② (HIST) población *f; (Kolonie)* colonia *f*
Sieg [zi:k] *m* <-(e)s, -e> victoria *f* (**über** sobre), triunfo *m* (**über** sobre); **den ~ davontragen** conseguir la victoria
Siegel ['zi:gəl] *nt* <-s, -> sello *m;* **unter dem ~ der Verschwiegenheit** bajo la condición de guardar el secreto
siegeln ['zi:gəln] *vt* sellar
Siegelring *m* <-(e)s, -e> anillo *m* de sello
siegen ['zi:gən] *vi* ganar (**über** a); **mit 1:3 ~** ganar por 1:3
Sieger(in) *m(f)* <-s, -; -nen> vencedor(a) *m(f); (im Sport)* campeón, -ona *m, f;* **die dreimalige ~in** la tres veces campeona; **als ~ aus etw hervorgehen** salir vencedor de algo
Siegerehrung *f* ceremonia *f* de entrega de (los) premios
Siegerin *f* <-nen> *s.* **Sieger**
Siegerpodest *nt* podio *m* (de vencedores), podium *m* de vencedores
Siegertreppchen *nt* <-s, -> podio *m,* podium *m*
Siegerurkunde *f* certificado *m* de vencedor
siegesbewusst *adj* seguro del triunfo
siegessicher *adj* seguro de triunfar
Siegeszug *m* cortejo *m* triunfal
siegreich *adj* victorioso; (SPORT) ganador; **aus etw ~ hervorgehen** salir vencedor de algo
sieht [zi:t] *3. präs von* **sehen**
Sierra Leone ['zjɛra le'o:nə] *nt* <- -s> Sierra Leona *f*
siezen ['zi:tsən] *vt* tratar de usted
Sightseeing ['saɪtsi:ɪŋ] *nt* <-(s), *ohne pl*> visita *f* turística, recorrido *m* turístico
Signal [zɪ'gna:l] *nt* <-s, -e> señal *f;* **~e geben** hacer señales; **ein ~ setzen** poner una señal
signalisieren* [zɪgnali'zi:rən] *vt* ① *(andeuten)* señalar ② *(Schweiz: ausschildern)* señalizar
Signalmast *m* ① (EISENB) poste *m* para señales ② *(Ampelmast)* poste *m* de semáforo
Signalwirkung *f* <-, -en> **~ haben** marcar la pauta
Signatur [zɪgna'tu:ɐ] *f* <-en> ① *(eines Buchs, a.* TYPO) signatura *f* ② *(auf Landkarten)* signos *m pl* convencionales
signieren* [zɪ'gni:rən] *vt* firmar

S

signifikant [zɪgnifi'kant] *adj (geh)* significativo
Sikh [zi:k] *m* <-s, -s> sij *m,* sikh *m*
Silbe ['zɪlbə] *f* <-n> sílaba *f*
Silben(kreuzwort)rätsel *nt* crucigrama *m* silábico
Silbentrennung *f* separación *f* silábica
Silber ['zɪlbɐ] *nt* <-s, *ohne pl*> ① *(Metall, a.* CHEM) plata *f* ② *(Tafelsilber)* (cubiertos *mpl* de) plata *f*
Silberbesteck *nt* cubertería *f* de plata
Silberblick *m ohne pl (fam)* estrabismo *m*
silberfarben *adj* plateado
silberfarbig *adj* plateado
Silberfischchen *nt* <-s, -> lepisma *f,* pececito *m* de plata
Silbergeld *nt ohne pl* moneda *f* de plata
Silbergeschirr *nt ohne pl* vajilla *f* de plata
silbergrau *adj* gris plateado; **Platin ist ein ~es Edelmetall** el platino es un metal precioso de color plateado
Silberhochzeit *f* bodas *f pl* de plata
Silbermedaille *f* medalla *f* de plata
silbern ['zɪlbɐn] *adj* ① *(aus Silber)* de plata ② *(Farbton)* plateado
Silberschmied(in) *m(f)* platero, -a *m, f*
silbrig ['zɪlbrɪç] *adj* ① *(silbern)* plateado ② *(wohltönend)* armonioso; *(Stimme)* argentino
Silhouette [zilu'ɛtə] *f* <-n> silueta *f*
Silikon [zili'ko:n] *nt* <-s, -e> (CHEM) silicona *f*
Silizium [zi'li:tsiʊm] *nt* <-s, *ohne pl*> (CHEM) silicio *m*
Silo ['zi:lo] *m o nt* <-s, -s> silo *m,* cía *f Arg*
Silvester [zɪl'vɛstɐ] *m o nt* <-s, -> Nochevieja *f*
Silvesterfeier *f,* **Silvesterparty** *f* fiesta *f* de Nochevieja
Simbabwe [zɪm'bapvə] *nt* <-s> Zimbabwe *m,* Zimbabue *m*
SIM-Karte ['sɪm-] *f Abk. von* **Subscriber Identification Module** tarjeta *f* SIM
simpel ['zɪmpəl] *adj* simple
Sims [zɪms] *m o nt* <-es, -e> *(Kaminsims)* repisa *f; (Fenstersims)* moldura *f*
simsen ['zɪmzən] *vi, vt* (TEL: *fam)* mensajear
Simulant(in) [zimu'lant] *m(f)* <-en, -en; -nen> simulador(a) *m(f)*
Simulation *f* <-en> simulación *f*
Simulator [zimu'la:to:ɐ] *m* <-s, -en> simulador *m*
simulieren* [zimu'li:rən] *vi, vt* simular
simultan [zimʊl'ta:n] *adj* simultáneo
Simultandolmetschen *nt ohne pl* interpretación *f* simultánea
Simultandolmetscher(in) *m(f)* traductor(a) *m(f)* simultáneo , -a
sind [zɪnt] *1. o 3. pl präs von* **sein**
Sinfonie [zɪnfo'ni:] *f* <-n> sinfonía *f*
Sinfonieorchester *nt* orquesta *f* sinfónica
Singapur ['zɪŋgapu:ɐ] *nt* <-s> Singapur *m*
singen ['zɪŋən] <singt, sang, gesungen> *vi, vt* cantar; **falsch ~** desafinar
Single¹ ['sɪŋ(g)əl] *f* <-(s)> *(Schallplatte)* (disco *m*) sencillo *m*
Single² ['sɪŋ(g)əl] *m* <-(s), -s> *(Person)* soltero, -a *m, f* (y sin pareja)
Singledasein *nt* <-s, *ohne pl*> celibato *m*
Singular ['zɪŋgula:ɐ] *m* <-s, -e> (LING) singular *m*
Singvogel *m* pájaro *m* cantor
sinken ['zɪŋkən] <sinkt, sank, gesunken> *vi sein* ① *(niedersinken)* descender; *(Schiff)* hundirse; **auf die Knie ~** arrodillarse; **auf einen Stuhl ~** dejarse caer en una silla ② *(sich senken, abnehmen)* bajar; *(Vertrauen, Einfluss, Hoffnung)* disminuir; **er sank in meiner Achtung** disminuyó en mi estima; **alle Hoffnungen ~** perder toda esperanza
Sinn¹ [zɪn] *m* <-(e)s, -e> *(Wahrnehmungssinn)* sentido *m;* **die fünf ~e** los cinco sentidos; **von ~en sein** no estar en su sano juicio
Sinn² *m* <-(e)s, *ohne pl*> ① *(Verständnis)* sentido *m* (**für** de); **~ für Humor haben** tener sentido del humor ② *(Zweck)* objetivo *m,* sentido *m;* **das ist nicht der ~ der Sache** no se trata de eso; **das hat keinen ~** eso no tiene sentido; **ohne ~ und Verstand** sin pies ni cabeza ③ *(Bedeutung)* significado *m,* sentido *m;* **im wörtlichen/übertragenen ~** en el sentido literal/figurado; **im wahrsten ~e des Wortes** en el más amplio sentido de la palabra; **in gewissem ~** en cierto sentido; **in diesem ~e** en este sentido ④ *(geh: das Denken)* **etw kommt ihm in den ~** algo se le viene a la cabeza; **etw im ~ haben** tener la intención de hacer algo; **in jds ~ handeln** obrar como alguien lo hubiera hecho; **das ist nicht in seinem ~** no es de su gusto; **mir steht der ~ nicht nach Fernsehen** no tengo ganas de ver la televisión; **schlag dir das aus dem ~!** ¡quítatelo de la cabeza!
Sinnbild *nt* símbolo *m* (**für** de)
sinnbildlich *adj* simbólico
sinnen ['zɪnən] <sinnt, sann, gesonnen> *vi (geh)* ① *(nachdenken)* recapacitar (**über** sobre) ② *(trachten)* aspirar (**auf** a)
sinnentstellend *adj* que desfigura el sentido
Sinneseindruck *m* <-(e)s, -drücke> impresión *f,* sensación *f*
Sinnesorgan *nt* órgano *m* sensorial

Sinnesstörung *f* trastorno *m* sensorial
Sinnestäuschung *f* alucinación *f*
Sinneswahrnehmung *f* <-, -en> percepción *f* sensorial
Sinneswandel *m* cambio *m* de opinión
sinnfrei *adj (iron)* sin sentido
sinngemäß *adj* conforme al sentido
sinnieren* [zɪ'ni:rən] *vi (geh)* meditar (**über** sobre); *(grübeln)* cavilar (**über** sobre)
sinnig *adj* sensato, bien pensado
sinnlich *adj* ① *(auf Sinnesorgane bezogen)* sensorial ② *(Mensch, Genuss)* sensual
Sinnlichkeit *f ohne pl* sensualidad *f*
sinnlos *adj (unsinnig)* sin sentido, insensato; *(zwecklos)* inútil; *(widersinnig)* absurdo; **das ist völlig ~** esto no tiene ningún sentido; **sich ~ betrinken** ahogar sus penas en alcohol
Sinnlosigkeit *f ohne pl* falta *f* de sentido, absurdidad *f*
sinnverwandt *adj* (LING) sinónimo
sinnvoll *adj* ① *(vernünftig)* sensato ② *(nützlich)* útil, práctico ③ *(Satz)* con sentido
Sintflut ['zɪntflu:t] *f ohne pl (Überschwemmung)* diluvio *m; (große Menge)* avalancha *f;* **nach mir die ~** y luego que caiga quien caiga
sintflutartig *adj* torrencial; *(fig)* en avalancha; **~e Regenfälle** lluvias torrenciales
Sinti ['zɪnti] *pl* Sinti, Sinta *m, f pl*
Siphon [zi'fõ:, 'zi:fõ] *m* <-s, -s> sifón *m*
Sippe ['zɪpə] *f* <-n> clan *m; (Verwandtschaft)* parentela *f*
Sippschaft *f* <-en> *(abw)* chusma *f*
Sirene [zi're:nə] *f* <-n> sirena *f*
Sirenengeheul *nt ohne pl* ulular *m* de las sirenas
Sirup ['zi:rʊp] *m* <-s, -e> jarabe *m*
Sisyphusarbeit ['zi:zyfʊs-] *f* <-, -en> trabajo *m* de nunca acabar [*o* de Sísifo]
Sitte ['zɪtə] *f* <-n> ① *(Brauch)* costumbre *f;* **es ist ~, dass ...** es costumbre que... *+subj* ② *pl (Sittlichkeit)* moral *f;* **ein Verstoß gegen die guten ~n** un agravio a las buenas costumbres ③ *pl (Manieren)* modales *m pl*
sittenlos *adj* inmoral
Sittenlosigkeit *f ohne pl* inmoralidad *f*
Sittenpolizei *f* <-, *ohne pl*> *(fam)* brigada *f* contra el vicio y las malas costumbres
Sittenstrolch *m* delincuente *m* sexual
Sittenverfall *m* <-s, *ohne pl*> corrupción *f* moral, depravación *f* de las costumbres
sittenwidrig *adj* (JUR) inmoral, contrario a la moral
Sittich ['zɪtɪç] *m* <-s, -e> (ZOOL) papagayo *m*
sittlich *adj* moral, ético
Sittlichkeit *f ohne pl* moral *f*
Sittlichkeitsverbrechen *nt* delito *m* sexual
Situation [zitua'tsjo:n] *f* <-en> situación *f;* **eine ausweglose ~** un callejón sin salida; **der ~ gewachsen sein** dominar la situación
situiert *adj* **gut ~ sein** tener una situación (económica) acomodada; **schlecht ~ sein** tener una situación económica poco boyante
Sit-up ['sɪtʔap] *m* <-s, -s> (SPORT) abdominal *m*
Sitz [zɪts] *m* <-es, -e> ① *(Sitzgelegenheit)* asiento *m; (im Kino)* butaca *f* ② (POL) escaño *m* ③ *(einer Firma)* sede *f*
Sitzbank *f* banco *m* (para sentarse)
Sitzbein *nt* (ANAT) isquion *m*
Sitzblockade *f* sentada *f*
Sitzecke *f* tresillo *m*
sitzen ['zɪtsən] <sitzt, saß, gesessen> *vi haben o südd, Österr, Schweiz: sein* ① *(Person)* estar sentado (**auf** en, **an** en/al lado de); *(Vogel)* estar posado (**auf** en); **~ Sie bequem?** ¿está cómodo?; **am Tisch ~** estar sentado a la mesa; **vor dem Fernseher ~** mirar la tele; (**jdm**) **Modell ~** posar (para alguien); **sie saßen beim Essen** estaban comiendo; **im S~ arbeiten** trabajar sentado; **er hat lange an dieser Arbeit gesessen** ha estado ocupado mucho tiempo con este trabajo; **~ bleiben** *(fam: in der Schule)* repetir curso; **auf einer Ware ~ bleiben** *(fam)* no poder vender una mercancía; **jdn ~ lassen** *(fam: Familie)* dejar plantado a alguien; *(bei einer Verabredung)* dar un plantón a alguien; **auf seinem Geld ~** *(fam)* ser tacaño ② *(sich befinden)* estar, hallarse; *(Firma)* tener su sede (**in** en) ③ *(Kleidung)* quedar (bien); **der Hut sitzt schief** el sombrero está ladeado ④ *(fam: Schuss)* dar en el punto adecuado; *(Bemerkung)* hacer efecto; **das saß** *(Wirkung erzielen)* fue muy oportuno; **die Grammatik sitzt jetzt endlich** por fin tengo la gramática bien asentada ⑤ *(fam: im Gefängnis)* estar en chirona ⑥ *(Wend)* **einen ~ haben** *(fam)* tener una trompa
sitzend *adj* sentado; *(Lebensweise, Tätigkeit)* sedentario
Sitzgelegenheit *f* asiento *m*
Sitzheizung *f* calefacción *f* del asiento
Sitznummer *f* número *m* de asiento
Sitzordnung *f* distribución *f* de los asientos; **die ~ festlegen** distribuir los asientos
Sitzplatz *m* asiento *m*
Sitzplatzreservierung *f* reserva *f* de asiento

S

Sitzreihe *f* fila *f* de asientos
Sitzstreik *m* huelga *f* (sentada)
Sitzung *f* <-en> sesión *f;* *(Versammlung)* reunión *f;* **die ~ ist geschlossen** se levanta la sesión
Sitzungssaal *m* sala *f* de sesiones
Sixpack ['sɪkspak] *m* lote *m* de seis, pack *m* de seis
Sizilianer(in) *m(f)* <-s, -; -nen> siciliano, -a *m, f*
sizilianisch *adj* siciliano
Sizilien [zi'tsi:liən] *nt* <-s> Sicilia *f*
Skala ['ska:la] *f* <-s *o* Skalen> escala *f*
Skalp [skalp] *m* <-s, -e> cabellera *f* (arrancada con la piel)
Skalpell [skal'pɛl] *nt* <-s, -e> escalpelo *m*
skalpieren* [skal'pi:rən] *vt* arrancar el cuero cabelludo (a)
Skandal [skan'da:l] *m* <-s, -e> escándalo *m*
skandalös [skanda'lø:s] *adj* escandaloso
skandalträchtig *adj* escandaloso
Skandinavien [skandi'na:viən] *nt* <-s> Escandinavia *f*
Skandinavier(in) [skandi'na:viɐ] *m(f)* <-s, -; -nen> escandinavo, -a *m, f*
skandinavisch *adj* escandinavo
Skat [ska:t] *m* <-(e)s, -e *o* -s> skat *m*
Skateboard ['skɛɪtbɔ:t] *nt* <-s, -s> monopatín *m;* **~ fahren** patinar
Skateboardfahren *nt* skateboarding *m*
skaten[1] ['ska:tən] *vi (fam)* jugar a skat
skaten[2] ['skɛɪtən] *vi (Rollschuh laufen)* patinar
Skatspiel *nt* baraja *f* de cartas para jugar al "skat"
Skelett [ske'lɛt] *nt* <-(e)s, -e> esqueleto *m,* cacastle *m AmC, Méx*
Skepsis ['skɛpsɪs] *f ohne pl* escepticismo *m*
Skeptiker(in) ['skɛptikɐ] *m(f)* <-s, -; -, -nen> escéptico, -a *m, f*
skeptisch ['skɛptɪʃ] *adj* escéptico
Ski [ʃi:] *m* <-s, -(er)> esquí *m;* **~ laufen** [*o* **fahren**] esquiar
Skianzug *m* traje *m* de esquiador
Skibrille *f* gafa(s) *f(pl)* de esquí
Skier ['ʃi:ɐ] *pl von* **Ski**
Skifahren *nt* esquí *m*
Skifahrer(in) *m(f)* esquiador(a) *m(f)*
Skigymnastik *f* <-, *ohne pl*> (SPORT) gimnasia *f* para esquiadores
Skihang *m* pista *f* de esquí
Skihose *f* pantalón *m* de esquiar
Skihütte *f* cabaña *f* en la nieve
Skiläufer(in) *m(f)* esquiador(a) *m(f)*
Skilehrer(in) *m(f)* profesor(a) *m(f)* de esquí
Skilift *m* telesquí *m*
Skinhead ['skɪnhɛt] *m* <-s, -s> cabeza *m* rapada

S

Skipass *m* <-es, -pässe> "forfait" *m*
Skipiste *f* pista *f* de esquí
Skisport *m ohne pl* esquí *m*
Skispringen *nt ohne pl* saltos *mpl* de esquí
Skispringer(in) *m(f)* saltador(a) *m(f)* de esquí
Skistiefel *m* bota *f* de esquiar
Skistock *m* bastón *m* de esquí
Skiurlaub *m* <-(e)s, -e> vacaciones *fpl* en la nieve [*o* de esquí]
Skizze ['skɪtsə] *f* <-n> ❶ *(Zeichnung)* boceto *m* ❷ *(Entwurf)* esbozo *m*
skizzenhaft *adj* a manera de esbozo
skizzieren* [skɪ'tsi:rən] *vt* esbozar
Sklave, -in ['skla:və] *m, f* <-n, -n; -nen> esclavo, -a *m, f*
Sklavenhandel *m* tráfico *m* de esclavos
Sklavenhändler(in) *m(f)* (HIST) traficante *mf* de esclavos
Sklaventreiber(in) *m(f)* <-s, -; -, -nen> negrero, -a *m, f*
Sklaverei *f ohne pl* ❶ (HIST) esclavitud *f* ❷ *(abw: Arbeit)* trabajo *m* de negros
Sklavin *f* <-nen> *s.* **Sklave**
Sklerose [skle'ro:zə] *f* <-n> (MED) esclerosis *f inv;* **Multiple** [*o* **multiple**] **~** esclerosis múltiple
Skonto ['skɔnto] *m o nt* <-s, -s *o* Skonti> (WIRTSCH) descuento *m*
Skorbut [skɔr'bu:t] *m* <-(e)s, *ohne pl*> (MED) escorbuto *m,* berbén *m Méx*
Skorpion [skɔr'pjo:n] *m* <-s, -e> ❶ (ZOOL) escorpión *m* ❷ (ASTR: *Zeichen*) Escorpio *m* ❸ (ASTR: *Person*) escorpión *mf inv*
Skript [skrɪpt] *nt* <-(e)s, -en *o* -s> ❶ *(Manuskript)* manuscrito *m* ❷ *(einer Vorlesung)* apuntes *mpl* ❸ (FILM) guion *m*
Skrupel ['skru:pəl] *m* <-s, -> escrúpulo *m*
skrupellos *adj* sin escrúpulos
Skrupellosigkeit *f ohne pl* falta *f* de escrúpulos
Skulptur [skʊlp'tu:ɐ] *f* <-en> escultura *f*
Skunk [skʊŋk] *m* <-s, -s *o* -e> (ZOOL) mofeta *f*
skurril [skʊ'ri:l] *adj (geh)* grotesco, extravagante
Skyline ['skaɪlaɪn] *f* <-, -s> horizonte *m*
Slacklining ['slɛklaɪnɪŋ] *nt* <-s, *ohne pl*> (SPORT) slackline *m*
Slalom ['sla:lɔm] *m* <-s, -s> eslalon *m,* slalom *m*
Slang [slɛŋ] *m* <-s, *ohne pl*> ❶ *(saloppe Sprache)* lenguaje *m* coloquial ❷ *(Jargon)* jerga *f*
Slapstick ['slɛpstɪk] *m* <-s, -s> gag *m;* *(abw)* payasada *f*
Slawe, -in ['sla:və] *m, f* <-n, -n; -nen> eslavo, -a *m, f*
slawisch *adj* eslavo

Slip [slɪp] *m* <-s, -s> slip *m,* braga *f*

Slipeinlage *f* protegeslip *m*

Slogan ['slɔʊgən] *m* <-s, -s> eslogan *m*

Slowake, -in [slo'vaːkə] *m, f* <-n, -n; -nen> eslovaco, -a *m, f*

Slowakei [slova'kaɪ] *f* Eslovaquia *f*

slowakisch *adj* eslovaco; **S~e Republik** República Eslovaca

Slowene, -in [slo'veːnə] *m, f* <-n, -n; -nen> esloveno, -a *m, f*

Slowenien [slo'veːniən] *nt* <-s> Eslovenia *f*

Slowenin *f* <-nen> *s.* **Slowene**

slowenisch *adj* esloveno

Slum [slam] *m* <-s, -s> barrio *m* de chabolas, barriada *f* de chabolas

Smalltalk *m* <-s, -s>, **Small Talk** *m* <-s, -s> charloteo *m*

Smaragd [sma'rakt] *m* <-(e)s, -e> esmeralda *f*

smaragdgrün [-'-'-] *adj* verde esmeralda

Smaragdgrün *nt* verde *m* esmeralda

smart [smaːɐt, smart] *adj* elegante

Smartphone ['smaːɐtfoʊn] *nt* teléfono *m* inteligente, smartphone *m*

Smartwatch ['smaːɐtwɔtʃ] *f* <-, -es> reloj *m* inteligente

Smog [smɔk] *m* <-(s), -s> (e)smog *m*

Smogalarm *m* alarma *f* de (e)smog

Smoking ['smoːkɪŋ] *m* <-s, -s> esmoquin *m*

Smoothie ['smuːðiː] *m* <-s, -s> *(Kaltgetränk)* batido *m* de fruta, smoothie *m*

SMS [ɛsʔɛm'ʔɛs] *m* <-, *ohne pl*> (TEL) *Abk. von* **Short Message Service** SMS *m;* **eine ~ senden** enviar un SMS, mensajear; **jdm eine SMS-Nachricht senden** enviar un mensaje SMS a alguien

SMS-Nachricht *f* (TEL) mensaje *m* SMS

Snackbar ['snɛk-] *f* bar *m,* cafetería *f*

Snapchat® <-[s]> ['snɛptʃɛt] *nt kein pl* (INFOR) Snapchat® *m*

Snob [snɔp] *m* <-s, -s> *(abw)* (e)snob *mf*

Snobismus [sno'bɪsmʊs] *m* <-, *ohne pl*> *(abw)* esnobismo *m*

snobistisch [sno'bɪstɪʃ] *adj (abw)* (e)snob

Snooker ['snuːkɐ] *nt* <-s, -s> (SPORT: *Billardspiel*) snooker *m*

Snowboard ['snɔʊbɔːt] *nt* <-s, -s> snowboard *m*

Snowboardfahrer(in) *m(f)* snowboarder *mf*

Snowboarding ['snɔʊbɔːdɪŋ] *nt* <-(s), *ohne pl*> snowboard *m*

so I. *adv* ① *(auf diese Weise)* así, de esta manera; **~ macht man das** así se hace; **stell dich nicht ~ an!** ¡no te pongas así!; **~ ist es nun mal** así son las cosas; **~ gesehen, hast du Recht** visto de esta manera tienes razón; **gut ~!** ¡bien hecho!; **ach, ~ ist das!** ¡ah, es así!; **~ oder ~** *(unterschiedlich)* de una manera o de otra; *(auf jeden Fall)* de todas maneras; **mir ist ~, als ob …** tengo la impresión de que…; **nur ~ tun, als ob …** hacer como que…; **und ~ weiter** etcétera ② *(Zustand, Maß, Eigenschaft: bei Adjektiv + Adverb)* tan; *(bei Verb)* tanto; **sie tut mir ~ leid** me da tanta pena; **~ sehr/viel** tanto; **~ früh wie möglich** tan pronto como sea posible; **lass es ~, wie es ist** déjalo (tal) como está; **ich mache das ~ wie du** lo hago igual que tú; **der Fisch war ~ groß** el pez era así de grande; **wie ~ oft** como tantas veces ③ *(fam: solch)* semejante, tal; **bei ~ einem Wetter** con semejante tiempo; **~ ein Zufall!** ¡qué coincidencia!; **~ (et)was Blödes!** ¡vaya tontería!; **~ (et)was** una cosa así; **na ~ was!** ¡mira qué cosa!; **… und ~ …** y tal ④ *(fam: ungefähr)* más o menos, aproximadamente; **er heißt Traugott oder ~** se llama Traugott o algo parecido; **ich komme ~ gegen acht** vengo a las ocho más o menos; **es war nur ~ eine Idee** solamente era una idea; **er sagt das nur ~** lo dice así, sin más **II.** *konj* ① **~ dass …** de modo que…, de manera que… ② **~ …, dass …** tan(to)… que… **III.** *(Partikel)* bueno; **~, das war's für heute** bueno, eso es todo por hoy; **~, ~** vaya, vaya; **ach ~!** ¡(ah) ya!; **wie geht's denn ~?** ¿cómo te va?

SO *Abk. von* **Südosten** SE

s. o. *Abk. von* **siehe oben** véase arriba

sobald [zo'balt] *konj* tan pronto como +*subj,* en cuanto +*subj*

Social Distancing ['soʊʃəl 'dɪstən(t)sɪŋ] *nt ohne pl* (MED, SOZIOL) distanciamiento *m* social

Social Media ['soʊʃəl'miːdi̯ɐ] *pl* (INFOR) medios *m* (de comunicación) sociales *pl*

Socke ['zɔkə] *f* <-n> calcetín *m,* media *f Am;* **sich auf die ~n machen** *(fam)* marcharse, empuntárselas *Col*

Sockel ['zɔkəl] *m* <-s, -> zócalo *m*

Socken ['zɔkən] *m* <-s, -> *(Schweiz, Österr, südd)* calcetín *m*

Soda ['zoːda] *nt* <-, *ohne pl*> *(Sodawasser)* soda *f*

sodass [zo'das] *konj* de modo que, de manera que

Sodbrennen ['zoːt-] *nt* <-s, *ohne pl*> acidez *f* de estómago, vinagrera *f Am*

Sodomie [zodo'miː] *f* <-, *ohne pl*> sodomía *f*

soeben [zo'ʔeːbən] *adv* en este momento, ahora mismo; **~ etw getan haben** acabar de hacer algo

Sofa ['zoːfa] *nt* <-s, -s> sofá *m*

Sofakissen *nt* cojín *m* (de sofá)

sofern [zo'fɛrn] *konj* si, siempre y cuando +*subj;* ~ **nicht** a no ser que +*subj*
soff [zɔf] *3. imp von* **saufen**
sofort [zo'fɔrt] *adv* ❶ *(unverzüglich)* enseguida, ahora mismo, al tiro *Am* ❷ *(unmittelbar)* en el acto
Sofortbildkamera *f* cámara *f* de fotos al instante
Soforthilfe *f* ayuda *f* inmediata
sofortige(r, s) *adj* inmediato; **mit ~r Wirkung** con efecto inmediato
Softball ['sɔftbɔːl] *m* <-s, *ohne pl*> (SPORT: *Spiel*) sóftbol *m*
Softdrink *m*, **Soft Drink** *m* (GASTR) bebida *f* no alcohólica, refresco *m* sin alcohol
Softeis *nt* <-es, *ohne pl*> (GASTR) helado *m* cremoso
Softie ['sɔfti] *m* <-s, -s> *(fam)* hombre *m* de carácter dulce
Software ['sɔftwɛːɐ] *f* <-s> software *m*
Softwarepaket *nt* paquete *m* de software
sog [zoːk] *3. imp von* **saugen**
sog. *Abk. von* **so genannt** así llamado
Sog [zoːk] *m* <-(e)s, -e> remolino *m*
sogar [zo'gaːɐ] *adv* incluso
sogenannt ['zoːgənant] *adj s.* **nennen I. 4.**
Sohle ['zoːlə] *f* <-n> ❶ *(Fußsohle)* planta *f* ❷ *(Schuhsohle)* suela *f; (Einlegesohle)* plantilla *f;* **auf leisen ~n** a la chita callando ❸ *(Talsohle)* fondo *m*
Sohn [zoːn, *pl:* 'zøːnə] *m* <-(e)s, Söhne> hijo *m;* **der verlorene ~** (REL) el hijo pródigo
Soja ['zoːja] *f* <Sojen> soja *f*
Sojabohne *f* soja *f*
Sojamilch *f* leche *f* de soja
Sojasoße *f* salsa *f* de soja
Sojaspross *m* (BOT, GASTR) brote *m* de soja
solang(e) **I.** *adv* entretanto **II.** *konj* mientras (que) +*subj;* ~ **bis …** hasta que… +*subj;* ~ **du willst** todo el tiempo que quieras
solar [zo'laːɐ] *adj* (ASTR, METEO, PHYS) solar
Solarenergie *f ohne pl* (PHYS) energía *f* solar
Solarheizung *f* calefacción *f* solar
Solarium [zo'laːriʊm] *nt* <-s, Solarien> solárium *m*
Solarkraftwerk *nt* central *f* solar
Solarplexus *m* <-, -> (ANAT) plexo *m* solar
Solartechnik *f ohne pl* tecnología *f* solar
Solarzelle *f* (PHYS, ELEK) célula *f* solar
solch [zɔlç] *adj inv (geh)* tal; *s. a.* **solche(r, s)**
solche(r, s) *adj* ❶ *(so beschaffen)* tal, semejante; **ein ~r Mensch** semejante persona ❷ *(Intensität: adjektivisch)* tanto; *(adverbiell)* tan; **ich habe ~n Durst** tengo tanta sed; **das macht ~n Spaß!** ¡es tan divertido! ❸ *(allein stehend)* tal; **die Natur als ~** la naturaleza como tal; **es gibt ~ und ~** *(fam)* hay de todo
Sold [zɔlt] *m* <-(e)s, -e> paga *f*
Soldat(in) [zɔl'daːt] *m(f)* <-en, -en; -nen> soldado *mf*
Söldner(in) ['zœldnɐ] *m(f)* <-s, -; -nen> mercenario, -a *m, f*
Soli *pl von* **Solo**
solid [zo'liːt] *adj s.* **solide**
solid(e) [zo'liːdə] *adj* ❶ *(Bauweise, Kenntnisse)* sólido ❷ *(Leben)* ordenado; *(Person)* serio
Solidarbeitrag *m* cuota *f* de solidaridad
solidarisch *adj* solidario
solidarisieren* *vr:* **sich ~** solidarizarse
Solidarität *f ohne pl* solidaridad *f;* **aus ~** en solidaridad
Solidaritätsbeitrag *m* <-(e)s, -träge> cuota *f* de solidaridad
Solidaritätszuschlag *m* (FIN, POL) tasa *f* complementaria de solidaridad *(impuesto en la RFA para apoyar económicamente a la (antigua) RDA)*
solide *adj s.* **solid(e)**
Solist(in) [zo'lɪst] *m(f)* <-en, -en; -nen> solista *mf*
Solitär[1] [zoli'tɛːɐ] *m* <-s, -e> *(Edelstein)* solitario *m*
Solitär[2] [zoli'tɛːɐ] *m* <-s, *ohne pl*> *(Spiel)* solitario *m*
Soll [zɔl] *nt* <-(s), -(s)> ❶ (FIN) debe *m;* **~ und Haben** debe y haber ❷ *(Plansoll)* norma *f* de producción; **sein ~ erfüllen** alcanzar la norma de producción
sollen[1] ['zɔlən] <soll, sollte, sollen> *Modalverb* ❶ *(müssen)* deber; **was soll ich tun?** ¿qué debo hacer?; **ich soll Ihnen sagen, dass …** debo decirle que…; **das hättest du nicht tun ~** no deberías haber hecho eso ❷ *(Befehl)* **du sollst leise sein!** ¡que te calles!; **du sollst nicht töten** (REL) no matarás ❸ *(Notwendigkeit)* deber, haber que; **man sollte mehr sparen** habría que ahorrar más ❹ *(Wunsch)* querer que +*subj;* **soll ich auf dich warten?** ¿quieres que te espere?; **sie ~ wissen …** (quiero que) sepan…; **was soll ich (dir) dazu sagen?** ¿qué quieres que te diga?; **das soll sie haben** esto es para ella; **hoch soll er leben!** ¡que viva muchos años!; **du solltest dich was schämen!** ¡debería darte vergüenza!; **das sollst du mir büßen** me lo pagarás ❺ *(Vermutung)* dicen que, parece que; **es soll morgen schneien** parece que mañana va a nevar; **das soll ich sein?** ¿este se supone que soy yo?; **so etwas soll es geben** hay de todo en este mundo ❻ *(Ungewissheit)* **man sollte glauben, dass …**

S

uno pensaría que…; **er sollte sie nie wiedersehen** no volvería a verla nunca más; **sollte es möglich sein, dass …?** ¿será posible que…?; **was soll das heißen?** ¿qué quiere decir eso?; **soll das alles sein?** ¿eso es todo?; **wer soll das sein?** ¿(y) ese quién es?; **es hat nicht sein** ~ no ha podido ser; **solltest du ihn sehen, sag ihm …** si le ves, dile que…; **es sollte nicht lange dauern, bis …** no pasó mucho tiempo hasta que…; **mir soll es gleich sein** me da lo mismo

sollen² *vi* **was soll's?** ¿qué más da?; **was soll der Mist?** ¿qué significa esta tontería?

solo ['zo:lo] *adj inv* ❶ (MUS) en solitario ❷ *(fam: ohne Begleitung)* ~ **sein/kommen** estar/venir solo

Solo ['zo:lo] *nt* <-s, -s *o* Soli> solo *m*

Solothurn ['zo:loturn] *nt* <-s> Solothurn *m*

solvent [zɔl'vɛnt] *adj* (FIN, WIRTSCH) solvente

Somalia [zo'ma:lia] *nt* <-s> Somalia *f*

Somalier(in) [zo'ma:liɐ] *m(f)* <-s, -; -nen> somalí *mf*

somalisch *adj* somalí

somatisieren* [zomati'zi:rən] *vi, vt* (PSYCH) somatizar

somit ['zo:mɪt, zo'mɪt] *adv* por consiguiente, por lo tanto

Sommer ['zɔmɐ] *m* <-s, -> verano *m;* **den ~ über** durante el verano; **im ~** en verano

Sommeranfang *m* comienzo *m* del verano

Sommerferien *pl* vacaciones *fpl* de verano

sommerlich *adj* veraniego, de verano

Sommerloch *nt ohne pl (fam)* época *f* veraniega (de pocas actividades)

Sommerolympiade *f* <-, -n> (SPORT) Juegos *mpl* Olímpicos de verano

Sommerpause *f* <-, -n> descanso *m* veraniego; *(des Parlaments)* período *m* de clausura

Sommerreifen *m* neumático *m* de verano

Sommerschlussverkauf *m* rebajas *fpl* de verano

Sommersemester *nt* semestre *m* de verano

Sommerspiele *ntpl* (SPORT) **die (Olympischen)** ~ los Juegos (Olímpicos) de verano

Sommersprosse *f* peca *f*

Sommerurlaub *m* vacaciones *fpl* de verano

Sommerzeit¹ *f ohne pl (Jahreszeit)* (temporada *f* de) verano *m*

Sommerzeit² *f (Uhrzeit)* horario *m* de verano

Sonate [zo'na:tə] *f* <-n> (MUS) sonata *f*

Sonde ['zɔndə] *f* <-n> (MED, AERO, TECH) sonda *f*

Sonderanfertigung ['zɔndɐ-] *f* modelo *m* (de fabricación) especial

Sonderangebot *nt* oferta *f* especial; **im ~ sein** estar de oferta

Sonderausgabe *f (eines Werkes)* edición *f* especial

sonderbar *adj* raro, extraño

sonderbarerweise *adv* curiosamente

Sonderbeauftragte(r) *mf* (*a.* POL) delegado, -a *m, f* especial

Sonderdeponie *f* <-, -n> (ÖKOL) vertedero *m* de residuos tóxicos

Sondereinsatz *m* <-es, -sätze> operación *f* especial

Sonderfahrt *f* <-, -en> viaje *m* extraordinario

Sonderfall *m* caso *m* particular; *(Ausnahme)* excepción *f*

Sondergenehmigung *f* autorización *f* especial

sondergleichen ['--'--] *adv* sin igual

sonderlich *adj* ❶ *(sonderbar)* raro, extraño ❷ *(groß)* especial

Sonderling ['zɔndɐlɪŋ] *m* <-s, -e> tipo *m* raro

Sondermarke *f* sello *m* de colección

Sondermüll *m* residuos *mpl* tóxicos

sondern¹ ['zɔndɐn] *konj* sino; **nicht nur …, ~ auch …** no solo… sino también…

sondern² ['zɔndɐn] *vt (geh)* separar **(von** de), apartar **(von** de)

Sonderpreis *m* precio *m* de oferta

Sonderrecht *nt* privilegio *m*

Sonderschule *f* escuela *f* de educación especial

Sonderschullehrer(in) *m(f)* profesor(a) *m(f)* de educación especial

Sondertarif *m* (FIN, WIRTSCH) tarifa *f* especial

Sondervergütung *f* gratificación *f*

Sonderwunsch *m* <-(e)s, -wünsche> deseo *m* extraordinario

Sonderzeichen *nt* (INFOR) carácter *m* especial

sondieren* [zɔn'di:rən] *vt* ❶ *(Lage, Markt)* sondear, tantear ❷ (MED, TECH) sondar

Sondierung *f* <-, -en> sondeo *m*

Sonett [zo'nɛt] *nt* <-(e)s, -e> (LIT) soneto *m*

Song [sɔŋ] *m* <-s, -s> ❶ *(fam: Popsong)* canción *f* ❷ *(Lied mit zeitkritischem Inhalt)* canción *f* protesta

Sonnabend ['zɔnʔa:bənt] *m (nordd, reg)* sábado *m; s. a.* **Montag**

sonnabends ['zɔnʔa:bənts] *adv (nordd, reg)* los sábados; *s. a.* **montags**

Sonne ['zɔnə] *f* <-n> sol *m;* **die ~ geht auf/unter** el sol sale/se pone; **die ~ scheint** hace sol

S

sonnen *vr:* **sich ~** tomar el sol; **sich in seinem Ruhm ~** recrearse en su fama
Sonnenaufgang *m* salida *f* del sol
Sonnenbad *nt* baño *m* de sol
Sonnenblume *f* girasol *m,* maravilla *f Am,* gigantón *m Méx*
Sonnenblumenkern *m* (BOT, GASTR) pipa *f* de girasol
Sonnenblumenöl *nt* <-(e)s, -e> (GASTR) aceite *m* de girasol
Sonnenbrand *m* quemadura *f* del sol
Sonnenbrille *f* gafas *fpl* de sol
Sonnencreme *f* crema *f* solar; **eine ~ mit hohem/niedrigem Schutzfaktor** una crema solar con un factor de protección alto/bajo
Sonneneinstrahlung *f ohne pl* radiación *f* solar
Sonnenenergie *f ohne pl* (PHYS) energía *f* solar
Sonnenfinsternis *f* (ASTR) eclipse *m* solar
sonnengebräunt *adj* moreno; **~ sein** estar moreno
Sonnenhut *m* gorra *f,* sombrero *m* de paja
sonnenklar *adj (fam)* ❶ *(hell und sonnig)* claro y soleado ❷ *(eindeutig)* claro como el agua
Sonnenkollektor *m* colector *m* solar
Sonnenkraftwerk *nt* <-(e)s, -e> central *f* solar
Sonnenlicht *nt ohne pl* luz *f* del sol
Sonnenmilch *f* leche *f* solar
Sonnenöl *nt* aceite *m* solar
Sonnenschein *m* luz *f* del sol; **bei strahlendem ~** con sol
Sonnenschirm *m* sombrilla *f*
Sonnenschutz *m ohne pl* ❶ *(Maßnahme)* protección *f* solar ❷ *(Konstruktion)* parasol *m*
Sonnenschutzmittel *nt* crema *f* protectora para el sol
Sonnenseite *f* lado *m* expuesto al sol; **die ~ des Lebens** el lado alegre de la vida
Sonnenstich *m* (MED) insolación *f*
Sonnenstrahl *m* rayo *m* de sol
Sonnensystem *nt* (ASTR) sistema *m* solar
Sonnenuhr *f* reloj *m* de sol
Sonnenuntergang *m* puesta *f* del sol
Sonnenwende *f* solsticio *m*
sonnig *adj* ❶ *(Wetter, Tag)* soleado; **hier ist es zu ~** aquí hace demasiado sol ❷ *(Gemüt)* alegre
Sonntag ['zɔntaːk] *m* <-(e)s, -e> domingo *m;* **Sonn- und Feiertage** domingos y festivos; *s. a.* **Montag**
Sonntagabend *m* noche *f* del domingo; *s. a.* **Montagabend**
sonntäglich *adj* dominical
sonntags ['zɔntaːks] *adv* los domingos; **sonn- und feiertags** domingos y festivos
Sonntagsfahrer(in) *m(f) (abw)* (conductor(a) *m(f)*) dominguero , -a *m, f*
Sonntagsruhe *f ohne pl* descanso *m* dominical
sonst [zɔnst] *adv* ❶ *(außerdem)* más; *(im Übrigen)* por lo demás; **war ~ noch jemand da?** ¿había alguien más?; **~ nichts** nada más; **~ noch Fragen?** ¿alguna pregunta más?; **~ geht's dir gut?** *(fam iron)* ¿y por lo demás todo en orden? ❷ *(für gewöhnlich)* normalmente; *(immer)* siempre; **du bist doch ~ nicht so** normalmente no eres así; **es war genau wie ~** fue igual que siempre; **mehr als ~** más que normalmente ❸ *(ehemals)* antes; *(in anderen Fällen)* en ocasiones anteriores ❹ *(andernfalls)* si no; **was/wer/wie denn ~?** *(fam)* ¿qué/quién/cómo si no? ❺ *(unbestimmt)* **~ wer** *(fam)* cualquiera; **er bildet sich ein, ~ wer zu sein** *(etwas Besonderes)* se cree que es alguien; **~ was** *(fam)* cualquier cosa
sonstige(r, s) *adj* otro; **ihr ~s Verhalten war recht gut** por lo demás se comportó bastante bien; **S~** varios
sooft [zo'ʔɔft] *konj* cada vez que, siempre que; **~ ich auch darüber nachdenke, ich sehe keine Lösung** por más que lo pienso, no encuentro una solución
Sopran [zo'praːn] *m* <-s, -e> (MUS) soprano *m*
Sopranist(in) [zopra'nɪst] *m(f)* <-en, -en; -,-nen> (MUS) soprano *mf*
Sopranistin *f* <-nen> (MUS) soprano *f*
Sorbet ['zɔrbɛt, zɔr'beː] *m o nt* <-s, -s>, **Sorbett** *m o nt* <-(e)s, -e> (GASTR) sorbete *m*
Sorge¹ ['zɔrgə] *f* <-n> *(Angst, Problem)* preocupación *f* (**um** por); *(innere Unruhe)* inquietud *f* (**um** por); *(Kummer)* pena *f;* **es macht mir ~, dass …** me preocupa que… *+subj;* **sich** *dat* **um jdn ~n machen** estar preocupado por alguien; **keine ~!** ¡no te preocupes!
Sorge² *f ohne pl (Fürsorge)* cuidado *m;* **lass das nur meine ~ sein** yo me encargaré de eso; **dafür ~ tragen, dass …** *(geh)* ocuparse de que… *+subj*
sorgen ['zɔrgən] **I.** *vi* ❶ *(sich kümmern)* preocuparse (**für** de), ocuparse (**für** de); **für jdn ~** cuidar a alguien; **dafür ~, dass …** ocuparse de que *+subj* ❷ *(beschaffen)* proporcionar (**für**) **II.** *vr:* **sich ~** preocuparse (**um** por)
sorgenfrei *adj* sin preocupaciones
Sorgenkind *nt* niño, -a *m, f* problemático, -a

S

sorgenvoll *adj* lleno de preocupaciones
Sorgerecht *nt ohne pl* (JUR) custodia *f* (**für** de)
Sorgfalt ['zɔrkfalt] *f ohne pl* cuidado *m,* esmero *m*
sorgfältig [-fɛltɪç] *adj* cuidadoso, esmerado
sorglos *adj* ① *(unachtsam)* despreocupado; *(nachlässig)* negligente ② *(sorgenfrei)* sin preocupaciones
Sorglosigkeit *f ohne pl* despreocupación *f*
sorgsam *adj* cuidadoso, diligente
Sorte ['zɔrtə] *f* <-n> ① *(Art)* tipo *m,* clase *f; (Marke)* marca *f;* **eine bestimmte ~ von …** un determinado tipo de… ② *pl (Devisen)* moneda *f* extranjera
sortieren* [zɔr'ti:rən] *vt* clasificar (**nach** por), ordenar (**nach** por)
Sortiment [zɔrti'mɛnt] *nt* <-(e)s, -e> ① *(Warenangebot)* surtido *m* ② *(Sortimentsbuchhandel)* librería *f* general
Sortimentsbreite *f* (WIRTSCH) amplitud *f* del surtido
SOS [ɛsʔo:'ʔɛs] *nt* <-, *ohne pl*> *Abk. von* **save our souls** S.O.S. *m;* **~ funken** mandar un S.O.S.
sosehr [zo'ze:ɐ] *konj* por mucho que (+*subj*)
Soße ['zo:sə] *f* <-n> salsa *f*
Soßenlöffel *m* <-s, -> cuchara *f* para la salsa
sott [zɔt] *3. imp von* **sieden**
Soufflé [zu'fle:] *nt* <-s, -s>, **Soufflee** *nt* <-s, -s> (GASTR) suflé *m*
Souffleur, -euse [zu'flø:ɐ] *m, f* <-s, -e; -n> (THEAT) apuntador(a) *m(f)*
soufflieren* [zu'fli:rən] *vi, vt* (THEAT) apuntar
Soul [soʊl] *m* <-(s), *ohne pl*> (MUS) soul *m*
Sound [saʊnd] *m* <-s, -s> (MUS) sonido *m*
Soundkarte *f* (INFOR) ficha *f* de sonido, tarjeta *f* de sonido [*o* de audio]
soundso ['zo:ʔʊntso:] **I.** *adj (fam)* tal y tal; **auf Seite ~** en la página tal y tal **II.** *adv (fam)* tal y tal, tan y tan; **~ groß** de tal y tal tamaño; **~ oft** tantas y tantas veces
soundsovielte(r, s) *adj (fam)* el no sé cuántos; **das ~ Mal** la no sé qué vez
Souterrain [zutɛ'rɛ̃:] *nt* <-s, -s> sótano *m*
Souvenir [zuvə'ni:ɐ] *nt* <-s, -s> recuerdo *m,* suvenir *m*
Souvenirladen *m* tienda *f* de recuerdos
souverän [zuvə'rɛ:n] **I.** *adj* ① (POL) soberano ② *(geh: überlegen)* superior **II.** *adv* con superioridad
Souveränität [zuvərɛni'tɛ:t] *f ohne pl* ① *(von Staaten)* soberanía *f* ② *(geh: Überlegenheit)* superioridad *f*
soviel [zo'fi:l] **I.** *adv s.* **viel I. 2. II.** *konj* ① *(soweit)* por lo que; **~ ich weiß …** por lo que yo sé… ② *(sosehr)* por mucho que
soweit [zo'vaɪt] **I.** *adv s.* **weit I. 5. II.** *konj* por lo que; **~ ich sehen kann, …** por lo que puedo observar…
sowenig [zo've:nɪç] **I.** *adv s.* **wenig 3. II.** *konj* por poco que +*subj*
sowie [zo'vi:] *konj* ① *(sobald)* en cuanto +*subj* ② *(außerdem)* así como, además de
sowieso [zovi'zo:, 'zo:vizo] *adv* ① *(ohnehin)* de todas maneras; **das ~!** *(fam)* ¡de todas todas! ② *(Schweiz: selbstverständlich)* por supuesto
sowjetisch [zɔ'vjɛtɪʃ] *adj* soviético
Sowjetunion [zɔ'vjɛt-, 'zɔvjɛt-] *f* (HIST) Unión *f* Soviética
sowohl [zo'vo:l] *konj* **~ … als auch …** tanto… como…
Sozi ['zo:tsi] *m* <-s, -s> *(fam a. abw)* socialdemócrata *mf,* sociata *mf argot*
sozial [zo'tsja:l] *adj* social; **~ eingestellt sein** interesarse por los temas sociales
Sozialabbau *m* reducción *f* de los servicios sociales
Sozialabgaben *fpl* cuotas *fpl* sociales
Sozialamt *nt* departamento *m* de asistencia social
Sozialarbeit *f ohne pl* trabajo *m* social
Sozialarbeiter(in) *m(f)* asistente *mf* social
Sozialausgaben *fpl* gastos *mpl* sociales
Sozialdemokrat(in) *m(f)* socialdemócrata *mf*
Sozialdemokratie *f ohne pl* socialdemocracia *f*
sozialdemokratisch *adj* socialdemócrata
Sozialfall *m* receptor(a) *m(f)* de asistencia social
Sozialhilfe *f ohne pl* ayuda *f* social
Sozialhilfeempfänger(in) *m(f)* receptor(a) *m(f)* de asistencia social
Sozialisation [zotsializa'tsio:n] *f* <-, *ohne pl*> (SOZIOL, PSYCH) integración *f* social
Sozialisierung *f* <-, -en> ① (WIRTSCH) socialización *f* ② (SOZIOL, PSYCH) integración *f* social
Sozialismus [zotsja'lɪsmʊs] *m* <-, *ohne pl*> socialismo *m*
Sozialist(in) [zotsja'lɪst] *m(f)* <-en, -en; -nen> socialista *mf*
sozialistisch *adj* socialista
Sozialpädagoge, -in *m, f* pedagogo, -a *m, f* social
Sozialpädagogik *f* pedagogía *f* social
Sozialpakt *m* (POL) pacto *m* social
Sozialplan *m* (POL) plan *m* social
Sozialpolitik *f* política *f* social
sozialpolitisch *adj* político social
sozialschwach *adj* menesteroso, necesitado

S

Sozialstaat *m* Estado *m* social

Sozialverhalten *nt* <-s, *ohne pl*> civismo *m,* comportamiento *m* (social), conducta *f* (social)

Sozialversicherung *f* seguro *m* social, mutual *f CSur*

Sozialversicherungsausweis *m* tarjeta *f* de la seguridad social

Sozialwissenschaften *fpl* ciencias *fpl* sociales

Sozialwohnung *f* vivienda *f* de protección social

Soziologe, -in [zotsjo'lo:gə] *m, f* <-n, -n; -nen> sociólogo, -a *m, f*

Soziologie [zotsjolo'gi:] *f ohne pl* sociología *f*

soziologisch *adj* sociológico

Sozius ['zo:tsiʊs] *m* <-, -se *o* Sozii> ❶ (WIRTSCH) socio, -a *m, f* ❷ *(Beifahrer)* acompañante *mf* ❸ *(fam: Genosse)* socio, -a *m, f,* compañero, -a *m, f*

Soziussitz *m* asiento *m* trasero (de una moto)

sozusagen [zo:tsu'za:gən, '----] *adv* por así decir

Spachtel ['ʃpaxtəl] *m* <-s, -> espátula *f*

Spachtelmasse *f* masilla *f; (aus Gips)* emplaste *m*

spachteln I. *vt (glätten)* alisar; *(Loch, Ritze)* tapar **II.** *vi (fam: essen)* devorar, tragar

Spagat[1] *m o nt* <-(e)s, -e> *(Ballet)* figura *f* con piernas abiertas; **einen ~ machen, in den ~ gehen** hacer una caída de piernas abiertas

Spagat[2] *m* <-(e)s, -e> *(Österr: Schnur)* bramante *m*

Spaghetti *pl,* **Spagetti** [ʃpa'gɛti] *pl* espaguetis *mpl*

spähen ['ʃpɛ:ən] *vi (beobachten)* otear (**auf**), acechar (**auf**); **auf die Straße ~** otear la calle; **durch einen Spalt ~** mirar por un hueco; **nach jdm/etw ~** buscar a alguien/algo con la vista

Spalier [ʃpa'li:ɐ] *nt* <-s, -e> ❶ *(für Pflanzen)* espaldera *f* ❷ *(Menschengasse)* calle *f;* **~ stehen** formar calle

Spalt [ʃpalt] *m* <-(e)s, -e> rendija *f; (Riss)* grieta *f,* hendidura *f;* **die Tür/Augen einen ~ öffnen** entreabrir la puerta/los ojos

spaltbar *adj* (PHYS) fisible

Spalte ['ʃpaltə] *f* <-n> ❶ *(Öffnung)* hendidura *f,* raja *f; (Riss)* grieta *f* ❷ (TYPO) columna *f*

spalten ['ʃpaltən] <spaltet, spaltete, gespalten *o* gespaltet> *vt* ❶ *(teilen)* dividir, partir; *(Partei)* escindir ❷ *(der Länge nach)* hender, rajar; *(Holz)* partir ❸ (CHEM) descomponer, disociar; (PHYS) desintegrar

Spaltung *f* <-en> ❶ *(eines Landes, einer Gruppe)* división *f; (einer Partei)* escisión *f* ❷ (CHEM) descomposición *f;* (PHYS) fisión *f* ❸ (PSYCH) disociación *f*

Spammail ['spæmme:l] *f* <-, -s> (INFOR) spam *m,* correo *m* basura, buzonfia *f*

Span [ʃpa:n, *pl:* 'ʃpɛ:nə] *m* <-(e)s, Späne> astilla *f*

Spanferkel *nt* cochinillo *m*

Spange ['ʃpaŋə] *f* <-n> ❶ *(Haarspange)* horquilla *f* ❷ *(Zahnspange)* aparato *m* de ortodoncia

Spanglish ['spɛŋlɪʃ] *nt* <-(s), *ohne pl*> espanglis *m*

Spanien ['ʃpa:niən] *nt* <-s> España *f*

Spanier(in) ['ʃpa:niɐ] *m(f)* <-s, -; -nen> español(a) *m(f)*

spanisch *adj* español; *(Sprache)* español, castellano; **das kommt mir ~ vor** *(fam fig)* esto me suena a chino

Spanisch *nt* <-(s), *ohne pl*>, **Spanische** *nt* <-n, *ohne pl*> español *m,* castellano *m;* **~ sprechen/lernen** hablar (en)/aprender español

spanischsprachig *adj* hispanohablante; **~e Länder** países de habla hispana

spann [ʃpan] *3. imp von* **spinnen**

Spann [ʃpan] *m* <-(e)s, -e> empeine *m*

Spannbetttuch *nt* sábana *f* con cuatro puntos de ajuste

Spannbreite *f* espectro *m*

Spanne ['ʃpanə] *f* <-n> ❶ *(Zeitspanne)* intervalo *m,* espacio *m* de tiempo ❷ *(Handelsspanne)* margen *m*

spannen ['ʃpanən] **I.** *vt* ❶ *(dehnen)* estirar; *(Seil, Muskeln)* tensar; *(Bogen)* flechar ❷ *(Leine, Netz)* tender ❸ *(in die Schreibmaschine)* meter ❹ *(Gewehr)* amartillar ❺ *(fam: merken)* percibir; **ich hoffe, er hat's gespannt** espero que haya caído en la cuenta **II.** *vi (Kleidung)* quedar estrecho; *(Haut)* tirar **III.** *vr:* **sich ~** ❶ *(straff/fest werden)* ponerse tenso ❷ *(sich wölben)* arquearse (**über** sobre)

spannend *adj (fesselnd)* cautivador; *(interessant)* muy interesante; *(Buch, Film)* de suspense; **mach's nicht so ~!** *(fam)* ¡no te hagas tanto de rogar!

Spanner *m* <-s, -> ❶ *(Spannvorrichtung)* tensor *m* ❷ *(Schmetterling)* geométrido *m* ❸ *(fam: Voyeur)* mirón *m*

Spannkraft *f ohne pl* elasticidad *f*

Spannung[1] *f ohne pl* ❶ *(Erwartung, innere Spannung, a.* PHYS) tensión *f;* **etw mit ~ erwarten** esperar algo con impaciencia ❷ *(eines Films)* suspense *m,* suspenso *m Am*

Spannung[2] *f* <-en> ❶ *(Feindseligkeit)* tirantez *f* ❷ *(Stromstärke)* voltaje *m*

Spannungsgebiet *nt* región *f* de tensiones

Spannweite *f* ❶ *(Vogel, Flugzeug)* envergadura *f* ❷ (ARCHIT) luz *f*

Spanplatte *f* tabla *f* de madera aglomerada

Sparbrief *m* cédula *f* de ahorro

Sparbuch *nt* libreta *f* de ahorro

Sparbüchse *f* hucha *f*

Spardose *f* hucha *f*

sparen ['ʃpa:rən] **I.** *vt* ahorrar **II.** *vi* ❶ *(Geld)* ahorrar ❷ *(zurückhalten)* escatimar (**an/mit** en)

Sparer(in) *m(f)* <-s, -; -nen> ahorrador(a) *m(f)*

Sparflamme *f ohne pl* llama *f* pequeña; **auf ~** *(a. fig)* a medio gas

Spargel ['ʃpargəl] *m* <-s, -> espárrago *m*

Sparguthaben *nt* <-s, -> ahorros *mpl*

Sparheft *nt (Schweiz) s.* **Sparbuch**

Sparkasse *f* caja *f* de ahorros

Sparkonto *nt* cuenta *f* de ahorro

Sparkurs *m* <-es, *ohne pl*> (fase *f* de) ahorro *m;* **auf ~ sein** ahorrar, economizar, apretarse el cinturón

spärlich ['ʃpɛ:ɐlɪç] *adj* escaso; *(ärmlich)* pobre; **~ bekleidet sein** llevar poca ropa encima

Sparmaßnahme *f* medida *f* de ahorro

Sparpaket *nt* (POL) paquete *m* (de) ahorro

Sparprämie *f* (FIN) prima *f* de ahorro

Sparpreis *m* precio *m* económico

Sparring *nt* <-s, *ohne pl*> (SPORT) sparring *m*

sparsam *adj* económico; *(Person)* poco gastador; **~ mit etw umgehen** ser ahorrativo con algo

Sparsamkeit *f ohne pl* economía *f;* **aus ~** por razones de economía

Sparschwein *nt* hucha *f* (en forma de cerdo)

spartanisch [ʃpar'ta:nɪʃ] *adj o adv* espartano; **~ leben** vivir austeramente

Sparte ['ʃpartə] *f* <-n> ❶ *(Gebiet)* rama *f; (Abteilung)* sector *m* ❷ *(Rubrik)* sección *f*

Spaß[1] [ʃpa:s, *pl:* 'ʃpɛ:sə] *m* <-es, Späße> *(Scherz)* broma *f;* **~ machen** bromear; (**keinen**) **~ verstehen** tener (poca) correa; **~ beiseite!** ¡bromas aparte!; **aus** [*o* **im**] **~** de broma; **da hört bei mir der ~ auf** *(fam)* eso ya pasa de castaño oscuro

Spaß[2] *m* <-es, *ohne pl*> *(Vergnügen)* diversión *f,* gusto *m;* **~ muss sein** hay que divertirse; **~ machen** gustar; **sich** *dat* **aus etw einen ~ machen** hacer algo de cachondeo; **jdm den ~ verderben** aguar(le) la fiesta a alguien; **viel ~!** ¡que te diviertas!; **das war ein teurer ~** *(fam)* costó un riñón

spaßen ['ʃpa:sən] *vi* bromear; **damit ist nicht zu ~** no es cosa de broma; **sie lässt nicht mit sich ~** no está para bromas

spaßeshalber ['ʃpa:səshalbɐ] *adv (fam)* en broma

Spaßgesellschaft *f* sociedad *f* de la diversión

spaßig *adj* divertido

Spaßmacher(in) *m(f)* bromista *mf*

Spaßverderber(in) *m(f)* <-s, -; -nen> aguafiestas *mf inv*

Spaßvogel *m* bromista *mf*

Spastiker(in) ['ʃpastikɐ, 'spastikɐ] *m(f)* <-s, -; -nen> (MED) espástico, -a *m, f*

spastisch ['ʃpastɪʃ, 'spastɪʃ] *adj* (MED) espástico

spät [ʃpɛ:t] **I.** *adj* tardío; **am ~en Vormittag** a última hora de la mañana; **von früh bis ~** desde la mañana hasta la noche **II.** *adv* tarde; **wie ~ ist es?** ¿qué hora es?; **es wird heute ~(er)** se va a hacer tarde hoy; **besser ~ als nie** *(prov)* más vale tarde que nunca

spätabends [ʃpɛ:tʔa:bənts] *adv* a última hora de la tarde, entrada la noche

Spätaussiedler(in) *m(f) emigrante de origen alemán de los estados de Europa del Este*

Spätbucher(in) *m(f)* <-s, -; -nen> *persona que efectúa una reserva tarde/a última hora*

Spaten ['ʃpa:tən] *m* <-s, -> laya *f*

Spatenstich *m* <-(e)s, -e> pal(et)ada *f;* **der erste ~** el comienzo de las obras

Spätentwickler(in) *m(f)* (MED, PSYCH) niño, -a *m, f* con desarrollo lento

später ['ʃpɛ:tɐ] **I.** *adj* posterior; *(künftig)* futuro **II.** *adv* más tarde, más adelante; **bis ~!** ¡hasta luego!; **einige Stunden ~** unas horas después; **früher oder ~** tarde o temprano

spätestens ['ʃpɛ:təstəns] *adv* lo más tarde; **~ in einer Stunde** a más tardar dentro de una hora

Spätfolge *f* efecto *m* tardío

Spätherbst *m* <-(e)s, -e> otoño *m* tardío, final *m* de otoño; **im ~** a finales de otoño

Späti <-s, -s> ['ʃpɛ:ti] *nt (Spätverkaufsstelle) tienda que abre hasta muy tarde o incluso en domingo*

Spätlese *f* cosecha *f* tardía

Spätschicht *f* turno *m* de tarde

Spätsommer *m* estío *m* tardío

Spätstadium *nt* <-s, -stadien> estado *m* avanzado

Spätvorstellung *f* sesión *f* de noche

Spatz [ʃpats] *m* <-en *o* -es, -en> ❶ *(Vogel)* gorrión *m;* **das pfeifen die ~en von den Dächern** *(fam)* es (ya) un secreto a voces; **besser ein ~ in der Hand als eine**

S

Taube auf dem Dach *(prov)* más vale pájaro en mano que ciento volando ② *(fam: Schatz)* tesoro *m*

Spätzle ['ʃpɛtslə] *pl (südd) pasta de huevo típica de Suabia*

Spätzünder *m (fam)* **ein ~ sein** ser corto de entendederas

spazieren* [ʃpa'tsiːrən] *vi sein* pasear (**durch** por); (**im Auto**) **~ fahren** dar una vuelta (en coche); **jdn** (**im Auto**) **~ fahren** pasear a alguien (en coche); **im Wald ~ gehen** pasear(se) por el bosque

Spazierfahrt *f* paseo *m* en coche

Spaziergang *m* <-(e)s, -gänge> paseo *m;* **einen ~ machen** dar un paseo

Spaziergänger(in) [-gɛŋɐ] *m(f)* <-s, -; -nen> paseante *mf*

Spazierstock *m* bastón *m*

SPD [ɛspeː'deː] *f Abk. von* **Sozialdemokratische Partei Deutschlands** Partido *m* Socialdemócrata Alemán

Specht [ʃpɛçt] *m* <-(e)s, -e> (ZOOL) pájaro *m* carpintero

Speck [ʃpɛk] *m* <-(e)s, -e> ① *(Nahrungsmittel)* tocino *m; (geräuchert)* beicon *m* ② *(fam: bei Menschen)* grasa *f; (Speckbauch)* panza *f;* **~ ansetzen** echar carnes

speckig *adj* ① *(schmierig)* pringoso; *(schmutzig)* mugriento ② *(fam abw: dick)* gordo

Speckschwarte *f* corteza *f* de tocino, piel *f* de tocino

Spediteur(in) [ʃpedi'tøːɐ] *m(f)* <-(e)s, -e; -nen> tra(n)sportista *mf*

Spedition [ʃpedi'tsjoːn] *f* <-en> empresa *f* de tra(n)sportes

Speer [ʃpeːɐ] *m* <-(e)s, -e> lanza *f;* (SPORT) jabalina *f*

Speerfischen *nt* pesca *f* con arpón

Speerwerfen *nt* <-s, *ohne pl*> (SPORT) lanzamiento *m* de jabalina

S

Speerwurf *m* (SPORT) lanzamiento *m* de jabalina

Speiche ['ʃpaɪçə] *f* <-n> (*a.* MED) radio *m*

Speichel ['ʃpaɪçəl] *m* <-s, *ohne pl*> saliva *f*

Speicher ['ʃpaɪçɐ] *m* <-s, -> ① *(Lager)* almacén *m; (Getreidespeicher)* granero *m* ② *(Dachboden)* desván *m* ③ (TECH: *Wasserspeicher*) depósito *m* ④ (INFOR) memoria *f*

Speicherdichte *f* (INFOR) densidad *f* de almacenamiento

Speicherfunktion *f* (INFOR) función *f* de memoria

Speicherkapazität *f* (INFOR) capacidad *f* de almacenamiento

Speicherkarte *f* (INFOR) tarjeta *f* de memoria

speichern ['ʃpaɪçɐn] *vi, vt* (*a.* INFOR) almacenar; **~ unter ...** guardar como...

Speicherplatz *m ohne pl* (INFOR) espacio *m* de memoria

Speicherung *f* <-en> almacenamiento *m*

speien ['ʃpaɪən] <speit, spie, gespie(e)n> **I.** *vi (geh)* ① *(spucken)* escupir ② *(sich übergeben)* vomitar **II.** *vt (geh)* escupir

Speise ['ʃpaɪzə] *f* <-n> comida *f; (Gericht)* plato *m;* **kalte ~n** *(Gerichte)* fiambres *mpl*

Speiseeis *nt* <-es, *ohne pl*> helado *m*

Speisekammer *f* despensa *f*

Speisekarte *f* carta *f* (del menú)

speisen ['ʃpaɪzən] **I.** *vi (geh)* comer **II.** *vt* ① *(geh: ernähren)* dar de comer (a) ② (TECH) alimentar

Speiseöl *nt* aceite *m* de mesa

Speisepilz *m* <-es, -e> hongo *m* comestible

Speisereste *mpl* ① *(einer Mahlzeit)* sobras *fpl* ② *(zwischen den Zähnen)* restos *mpl* de comida

Speiseröhre *f* esófago *m*

Speisesaal *m* comedor *m*

Speisesalz *nt* sal *f* de cocina

Speisewagen *m* coche *m* restaurante

Spektakel[1] [ʃpɛk'taːkəl] *m* <-s, -> *(fam: Lärm)* jaleo *m*

Spektakel[2] *nt* <-s, -> *(Vorgang)* espectáculo *m*

spektakulär [ʃpɛktaku'lɛːɐ] *adj* espectacular

Spektra ['ʃpɛktra] *pl von* **Spektrum**

Spektrum ['ʃpɛktrʊm] *nt* <-s, Spektren *o* Spektra> (*fig a.* PHYS) espectro *m*

Spekulant(in) [ʃpeku'lant] *m(f)* <-en, -en; -nen> especulador(a) *m(f)*

Spekulation [ʃpekula'tsjoːn] *f* <-en> (*a.* WIRTSCH, PHILOS) especulación *f;* **über etw ~en anstellen** especular acerca de algo

spekulativ [ʃpekula'tiːf] *adj* ① *(hypothetisch)* especulativo ② (WIRTSCH) especulador

spekulieren* [ʃpeku'liːrən] *vi* (*a.* WIRTSCH) especular (**mit** con, **in** en, **über** sobre); **auf etw ~** *(fam)* contar con algo

Spelunke [ʃpe'lʊŋkə] *f* <-n> *(abw)* ① *(Kneipe)* tabernucho *m* ② *(Unterkunft)* cuchitril *m*

spendabel [ʃpɛn'daːbəl] *adj (fam)* rumboso

Spende ['ʃpɛndə] *f* <-n> *(Geldspende)* donativo *m; (Schenkung)* donación *f; (Almosen)* limosna *f*

spenden *vt* ① *(Geld, Blut)* donar ② *(geh: Wärme, Schatten)* dar

Spendenaffäre *f* (POL) *escándalo relacionado con las donaciones ilegales recibidas por la CDU alemana*

Spendenkonto *nt* cuenta *f* para donativos
Spender[1] *m* <-s, -> *(Gerät)* distribuidor *m*
Spender(in)[2] *m(f)* <-s, -; -nen> *(Person)* donador(a) *m(f)*
Spenderorgan *nt* órgano *m* donante
spendieren* [ʃpɛnˈdiːrən] *vt (fam)* pagar; **jdm ein Eis ~** invitar a alguien a tomar un helado
Sperber [ˈʃpɛrbɐ] *m* <-s, -> gavilán *m*
Sperling [ˈʃpɛrlɪŋ] *m* <-s, -e> gorrión *m*
Sperma [ˈʃpɛrma] *nt* <-s, Spermen *o* -ta> (BIOL) esperma *m o f*
Spermium [ˈʃpɛrmiʊm, ˈspɛrmiʊm] *nt* <-s, Spermien> (BIOL) espermio *m*
sperrangelweit [ˈ-ˈ--ˈ-] *adv* **~ offen** abierto de par en par
Sperrbezirk *m* <-s, -e> zona *f* prohibida
Sperre [ˈʃpɛrə] *f* <-n> ① *(Schranke)* barrera *f*; *(Straßensperre)* barricada *f* ② *(Embargo)* bloqueo *m*; *(Nachrichtensperre)* censura *f*; **eine ~ verhängen** *(Embargo)* declarar un bloqueo; *(Nachrichtensperre)* ejercer la censura ③ (SPORT) suspensión *f*
sperren [ˈʃpɛrən] **I.** *vt* ① *(für den Verkehr)* cerrar ② *(verbieten)* bloquear; *(Urlaub)* aplazar ③ *(Telefon, Strom)* cortar; *(Konto, Kredit)* bloquear; *(Daten)* inhibir ④ (SPORT) suspender ⑤ (TYPO) espaciar ⑥ *(einsperren)* **jdn in etw ~** encerrar a alguien en algo **II.** *vr:* **sich ~** oponerse (**gegen** a)
Sperrfeuer *nt* <-s, *ohne pl*> (MIL) fuego *m* de barrera
Sperrgebiet *nt* zona *f* prohibida
Sperrholz *nt* <-es, *ohne pl*> contrachapado *m*
sperrig *adj* voluminoso
Sperrmüll *m* basura *f* voluminosa
Sperrmüllabfuhr *f* <-, -en> recogida *f* de basura voluminosa
Sperrstunde *f* hora *f* de cierre
Sperrung *f* <-en> ① *(einer Straße)* cierre *m* ② *(Verbot)* bloqueo *m*, prohibición *f* ③ *(des Stroms, Telefons)* corte *m*; *(von Geldern, Konten)* bloqueo *m* ④ (SPORT) suspensión *f*
Spesen [ˈʃpeːzən] *pl* dietas *fpl*, gastos *mpl* (reembolsados por la empresa)
Speyer [ˈʃpaɪɐ] *nt* <-s> Espira *f*, Spira *f*
Spezi[1] [ˈʃpeːtsi] *m* <-s, -(s)> *(südd: fam: Kumpel)* coleguilla *mf*
Spezi®[2] *m o nt* <-s, -(s)> *(fam: Getränk) refresco a base de limonada y cola*
Spezialfall *m* <-(e)s, -fälle> caso *m* especial
Spezialgebiet *nt* especialidad *f*
spezialisieren* [ʃpetsjaliˈziːrən] *vr:* **sich ~** especializarse (**auf** en)
Spezialisierung *f* <-en> especialización *f*
Spezialist(in) [ʃpetsjaˈlɪst] *m(f)* <-en, -en; -nen> especialista *mf* (**für** en)
Spezialität [ʃpetsjaliˈtɛːt] *f* <-en> especialidad *f*
speziell [ʃpeˈtsjɛl] *adj* especial, particular
Spezies [ˈʃpeːtsjɛs, *pl:* ˈʃpeːtsjeːs] *f* <-> (BIOL) especie *f*
Spezifikation *f* <-, -en> (INFOR) especificación *f*
spezifisch [ʃpeˈtsiːfɪʃ] *adj* específico
spezifizieren* [ʃpetsifiˈtsiːrən] *vt* especificar
Sphäre [ˈsfɛːrə] *f* <-n> esfera *f*; **in höheren ~n schweben** *(fam)* vivir en las nubes
sphärisch *adj* esférico
Sphinx [sfɪŋks] *f* <-e> esfinge *f*
spicken [ˈʃpɪkən] **I.** *vt* ① (GASTR) mechar ② *(fam: reichlich versehen)* llenar (**mit** de) **II.** *vi (reg: fam: abschreiben)* chuletear; **bei** [*o* **von**] **jdm ~** copiar de alguien
Spickzettel *m (reg: fam)* chuleta *f*, machete *m Arg*
spie [ʃpiː] *3. imp von* **speien**
Spiegel [ˈʃpiːgəl] *m* <-s, -> ① *(allgemein)* espejo *m*; **in den ~ sehen** mirarse en el espejo; **jdm den ~ vorhalten** *(fig)* adoptar una postura crítica frente a alguien ② (MED) espéculo *m* ③ *(Wasser-, Alkoholspiegel)* nivel *m*
Spiegelbild *nt* imagen *f* reflejada; *(fig)* reflejo *m*
Spiegelei *nt* (GASTR) huevo *m* frito
spiegelglatt [ˈ--ˈ-] *adj* ① *(rutschig)* muy resbaladizo ② *(eben)* liso como un espejo
spiegeln **I.** *vi* ① *(glänzen)* brillar ② *(blenden)* reflejar **II.** *vt* reflejar **III.** *vr:* **sich ~** reflejarse (**in** en)
Spiegelreflexkamera [---ˈ----] *f* (FOTO) cámara *f* de espejo
Spiegelschrank *m* armario *m* (de tocador) con espejo
Spiegelung *f* <-en> reflejo *m*
spiegelverkehrt *adj* invertido lateralmente
Spiel [ʃpiːl] *nt* <-(e)s, -e> ① *(Glücksspiel, Vergnügen)* juego *m*; **einen neuen Gesichtspunkt** (**mit**) **ins ~ bringen** aportar otro punto de vista; **jdm das ~ verderben** *(fig)* aguar la fiesta a alguien; **ein doppeltes ~ treiben** *(fig)* hacer juego doble; **ein abgekartetes ~** *(fam)* una confabulación; **leichtes ~ mit jdm haben** *(fam)* vencer a alguien fácilmente; **auf dem ~ stehen** *(fig)* estar en juego; **etw aufs ~ setzen** *(fig)* jugarse algo; **im ~ sein** *(fig)* estar en juego; **jdn/etw aus dem ~ lassen** *(fig)* dejar a alguien/algo fuera de

S

juego ② (SPORT) partido *m* ③ (TECH) juego *m*, holgura *f*

Spielautomat *m* (máquina *f*) tragaperras *f inv*

Spielball *m* ① *(Ball)* pelota *f* ② *(Person)* juguete *m*

Spielbank *f* <-en> casino *m*

Spielbeginn *m* <-(e)s, *ohne pl*> (SPORT) comienzo *m* del partido

Spieldose *f* caja *f* de música

spielen ['ʃpi:lən] **I.** *vt* ① *(Spiel)* jugar ② *(Instrument)* tocar; **eine Platte ~** *(fam)* poner un disco ③ *(aufführen)* dar ④ *(Rolle)* interpretar ⑤ *(vortäuschen)* hacerse; **er spielt den Unschuldigen** se hace el inocente **II.** *vi* ① *(Spiel, a.* SPORT*)* jugar; **um hohe Summen ~** jugar grandes sumas; **1:1 ~** empatar 1 a 1; **mit dem Feuer ~** *(a. fig)* jugar con fuego ② *(herumspielen)* juguetear (**mit/an** con) ③ *(sich zutragen)* tener lugar (**in** en) ④ *(Radio)* estar sonando

spielend *adv (problemlos)* fácilmente, con facilidad

Spielende *nt* <-s, *ohne pl*> (SPORT) final *m* del partido; *(Gesellschaftsspiel)* final *m* de la partida

Spieler(in) *m(f)* <-s, -; -nen> jugador(a) *m(f)*

Spielerei *f ohne pl (abw: dauerndes Spielen)* jugueteo *m*

Spielerin *f* <-nen> *s.* **Spieler**

spielerisch *adj* ① *(verspielt)* juguetón ② *(mit Leichtigkeit)* como jugando ③ (SPORT) **die ~e Leistung** la actuación de los jugadores

Spielfeld *nt* terreno *m* de juego; *(Tennis)* pista *f*

Spielfilm *m* largometraje *m*

Spielgeld *nt* <-(e)s, *ohne pl*> dinero *m* de juguete

Spielhalle *f* salón *m* recreativo

Spielkamerad(in) *m(f)* compañero, -a *m, f* de juego

Spielkarte *f* naipe *m*

Spielkasino *nt* casino *m* de juego

Spielleidenschaft *f* pasión *f* por el juego

Spielmarke *f* ficha *f* de juego

Spielminute *f* <-, -n> (SPORT) minuto *m* de juego

Spielothek [ʃpi:lo'te:k] *f* <-en> *s.* **Spielhalle**

Spielplan *m* (THEAT) programa *m*, cartelera *f*; **auf dem ~ stehen** estar en cartel

Spielplatz *m* parque *m* infantil

Spielraum *m ohne pl* espacio *m*; *(Bewegungsraum)* libertad *f* de movimiento; *(fig)* margen *m*

Spielregel *f* regla *f* de juego

Spielsachen *fpl* juguetes *mpl*

Spielstand *m* (SPORT) tanteo *m*; **wie ist denn der ~?** ¿cómo va el juego?

Spielsucht *f ohne pl* ludopatía *f*

Spielsüchtige(r) *mf* ludópata *mf*

Spieltisch *m* mesa *f* de juego

Spieltrieb *m* <-(e)s, *ohne pl*> instinto *m* lúdico

Spieluhr *f* reloj *m* de música

Spielverderber(in) *m(f)* <-s, -; -nen> aguafiestas *mf inv*

Spielwaren *fpl* juguetes *mpl*

Spielwarengeschäft *nt* <-(e)s, -e> juguetería *f*, tienda *f* de juguetes

Spielzeit *f* ① (THEAT) temporada *f* (de teatro); (FILM) *período en el cual una película está en cartelera* ② (SPORT) duración *f* del partido

Spielzeug *nt* <-(e)s, -e> juguete *m*

Spielzeugladen *m* juguetería *f*

Spieß [ʃpi:s] *m* <-es, -e> ① *(Waffe)* pica *f*; **den ~ umdrehen** *(fam fig)* volver la tortilla; **wie am ~ schreien** *(fam)* gritar como un poseso ② *(Bratspieß)* asador *m* ③ *(Speise)* pincho *m*

Spießbürger(in) *m(f)* *(abw)* burgués, -esa *m, f*

spießbürgerlich *adj (abw)* burgués

spießen ['ʃpi:sən] *vt* clavar (**auf** en); *(auf eine Gabel)* pinchar (**auf** con)

Spießer(in) *m(f)* <-s, -; -nen> *(fam abw)* burgués, -esa *m, f*

spießig *adj (fam abw)* burgués

Spießrute *f* <-n> **~n laufen** (MIL) pasar por la baqueta; *(fig)* verse expuesto a la vergüenza pública

Spikes ['ʃpaɪks] *mpl* ① *(Metalldornen, -stifte)* clavos *mpl*, púas *fpl* ② *(Sportschuhe)* zapatillas *fpl* con clavos ③ *(Reifen)* neumáticos *m* claveteados *pl*

Spinat [ʃpi'na:t] *m* <-(e)s, -e> espinaca *f*

Spind [ʃpɪnt] *m o nt* <-(e)s, -e> armario *m*

Spindel ['ʃpɪndəl] *f* <-n> ① *(am Spinnrad)* huso *m* ② (ARCHIT) eje *m*

spindeldürr ['-'-] *adj* flaco

Spinett [ʃpi'nɛt] *nt* <-(e)s, -e> espineta *f*

Spinne ['ʃpɪnə] *f* <-n> araña *f*

spinnefeind ['--'-] *(fam)* **~ sein** andar como el perro y el gato

spinnen ['ʃpɪnən] <spinnt, spann, gesponnen> **I.** *vi* ① *(Garn)* hilar ② *(fam abw: verrückt sein)* estar loco **II.** *vt* ① *(Garn)* hilar ② *(Spinne)* tejer

Spinnennetz *nt* telaraña *f*

Spinner(in) *m(f)* <-s, -; -nen> ① *(Beruf)* hilandero, -a *m, f* ② *(fam abw: Verrückter)* loco, -a *m, f*, chiflado, -a *m, f*

Spinnerei[1] *f ohne pl (das Spinnen)* hilado *m*

Spinnerei[2] *f* <-en> ① *(Betrieb)* hilandería *f* ② *(fam abw: Unsinn)* locura *f,* chifladura *f*

Spinning® ['spɪnɪŋ] *nt* <-s, *ohne pl*> (SPORT) spinning® *m*

Spinnmaschine *f* hiladora *f*

Spinnrad *nt* rueca *f*

Spinnwebe *f* <-n> telaraña *f*

Spin-off *m* <-s, -s> producto *m* secundario

Spion[1] *m* <-s, -e> *(Guckloch)* mirilla *f*

Spion(in)[2] [ʃpi'o:n] *m(f)* <-s, -e; -nen> *(Agent)* espía *mf*

Spionage [ʃpio'na:ʒə] *f ohne pl* espionaje *m*

Spionageabwehr *f* <-, *ohne pl*> contraespionaje *m*

spionieren* [ʃpio'ni:rən] *vi* espiar

Spionin *f* <-nen> *s.* **Spion**[2]

Spirale [ʃpi'ra:lə] *f* <-n> ① *(Linie)* espiral *f* ② *(fam: zur Empfängnisverhütung)* DIU *m*

spiralförmig [-fœrmɪç] *adj* en espiral, helicoidal

spiritistisch *adj* espiritista

spirituell [ʃpiritu'ɛl, spiri-] *adj* espiritual

Spiritus ['ʃpi:ritʊs] *m* <-, -se> alcohol *m* (de quemar)

Spital [ʃpi'ta:l, *pl:* ʃpi'tɛ:lɐ] *nt* <-s, Spitäler> *(Schweiz)* hospital *m*

spitz [ʃpɪts] *adj* ① *(Gegenstand, a.* MATH) (punti)agudo; *(Nase, Kinn)* afilado ② *(Geräusch)* agudo ③ *(spöttisch)* mordaz ④ *(fam: scharf)* deseoso (**auf** de)

Spitz [ʃpɪts] *m* <-es, -e> (ZOOL) lulú *m*

Spitzbart *m* perilla *f*

Spitzbogen *m* (ARCHIT) ojiva *f*

Spitzbube, -bübin *m, f* <-n, -n; -nen> ① *(abw: Betrüger)* ladrón, -ona *m, f* ② *(fam: Schelm)* pillo, -a *m, f*

spitzbübisch [-by:bɪʃ] *adj* pillo

Spitze ['ʃpɪtsə] *f* <-n> ① *(eines Gegenstandes)* punta *f;* **etw auf die ~ treiben** llevar algo al extremo ② *(Bergspitze)* cima *f,* cumbre *f* ③ *(Führung)* cabeza *f; (von Unternehmen)* dirección *f;* **an der ~ stehen/liegen** estar a la cabeza ④ *(Gewebe)* encaje *m* ⑤ *(Stichelei)* indirecta *f* ⑥ *(Höchstwert, das Höchste)* máximo *m;* **der Wagen fährt 200 ~** *(fam)* este coche alcanza una velocidad punta de 200 kms/h; **~!** *(fam)* ¡estupendo! ⑦ *(Zigarettenspitze)* boquilla *f*

Spitzel ['ʃpɪtsəl] *m* <-s, -> *(abw)* espía *mf*

spitzeln *vi (abw)* espiar

spitzen ['ʃpɪtsən] *vt* afilar, sacar punta (a); **die Ohren ~** aguzar el oído

Spitzengehalt *nt* <-(e)s, -hälter> sueldo *m* elevado [*o* máximo]

Spitzenkandidat(in) *m(f)* candidato, -a *m, f* principal

Spitzenklasse *f* primera categoría *f*

Spitzenleistung *f* ① *(Leistung)* rendimiento *m* máximo ② (SPORT: *Rekord*) récord *m*

spitzenmäßig *adj (fam)* guay

Spitzenqualität *f* calidad *f* suprema

Spitzenreiter *m (Ware, Schlager)* éxito *m;* (SPORT) líder *m*

Spitzensportler(in) *m(f)* deportista *mf* de gran clase

Spitzentechnologie *f ohne pl* última tecnología *f*

Spitzer *m* <-s, -> *(fam)* sacapuntas *m inv*

spitzfindig *adj (abw)* sutil

Spitzfindigkeit *f* <-en> sutileza *f*

spitz|kriegen *vt (fam)* enterarse (de)

Spitzname *m* apodo *m*

spitzwink(e)lig *adj* de ángulo agudo

Spleen [ʃpli:n] *m* <-s, -e *o* -s> manía *f*

Splint[1] [ʃplɪnt] *m* <-(e)s, -e> (TECH) clavija *f* hendida, chaveta *f* partida

Splint[2] *m* <-(e)s, *ohne pl*> *(weiches Holz)* albura *f*

Splitter ['ʃplɪtɐ] *m* <-s, -> *(Holzsplitter)* astilla *f; (Glas-/Knochensplitter)* esquirla *f; (Granatensplitter)* metralla *f*

splitterfasernackt *adj (fam)* en cueros, en porretas

Splittergruppe *f* grupúsculo *m*

splittern ['ʃplɪtɐn] *vi sein* ① *(zerbrechen)* hacerse pedazos ② *(Holz)* astillarse

splitternackt *adj (fam)* en pelota(s)

Splitting ['ʃplɪtɪŋ, 'splɪtɪŋ] *nt* <-s, -s> ① (FIN) partición *f* ② (POL) segregación *f*

SPÖ [ɛspe:'ʔø:] *f Abk. von* **Sozialistische Partei Österreichs** Partido *m* Socialista Austriaco

Spoiler ['ʃpɔɪlɐ] *m* <-s, -> (AUTO) alerón *m*

sponsern ['ʃpɔnzɐn] *vt* patrocinar, esponsorizar

Sponsor(in) ['ʃpɔnzɐ, 'ʃpɔnzo:ɐ] *m(f)* <-s, -en; -nen> patrocinador(a) *m(f),* propiciador(a) *m(f) Am*

Sponsoring ['ʃpɔnzorɪŋ, 'spɔnzorɪŋ] *nt* <-s, *ohne pl*> patrocinamiento *m,* sponsoring *m*

spontan [ʃpɔn'ta:n] *adj* espontáneo

Spontaneität [ʃpɔntanei'tɛ:t] *f ohne pl* espontaneidad *f*

sporadisch [ʃpo'ra:dɪʃ] **I.** *adj* esporádico **II.** *adv* de vez en cuando

Spore ['ʃpo:rə] *f* <-n> (BOT) espora *f*

Sport [ʃpɔrt] *m* <-(e)s, *ohne pl*> deporte *m; (als Schulfach)* educación *f* física; **~ treiben** practicar deporte

Sportabteilung *f* sección *f* de deportes

Sportabzeichen *nt* insignia *f* deportiva

Sportart *f* disciplina *f* (deportiva)
Sport-BH *m* sujetador *m* de deporte
Sportfest *nt* festival *m* deportivo
Sportflugzeug *nt* (AERO) avión *m* deportivo
Sportgerät *nt* <-(e)s, -e> aparato *m* para el deporte
Sportgeschäft *nt* tienda *f* de artículos de deporte
Sportgymnastik *f* **rhythmische ~** gimnasia rítmica *f*
Sporthalle *f* gimnasio *m*
Sporthochschule *f* <-, -n> (UNIV) escuela *f* superior de educación física
Sportlehrer(in) *m(f)* profesor(a) *m(f)* de educación física
Sportler(in) [ˈʃpɔrtlɐ] *m(f)* <-s, -; -nen> deportista *mf*
sportlich [ˈʃpɔrtlɪç] *adj* deportivo; *(fair)* justo
Sportlichkeit *f ohne pl* ① *(Trainiertheit)* condición *f* física ② *(Fairness)* deportividad *f*
Sportmedizin *f ohne pl* medicina *f* deportiva
Sportnachrichten *fpl* (RADIO, TV) noticias *fpl* deportivas
Sportplatz *m* campo *m* de deportes
Sportschuh *m* ① *(Turnschuh)* zapatilla *f* de deportes ② *(sportlicher Schuh)* (zapatillas *fpl*) deportivas *fpl*
Sportsfreund *m* <-(e)s, -e> *(fam)* **so haben wir nicht gewettet, ~!** ¡eso no es lo que acordamos, amigo mío!
Sportunfall *m* <-(e)s, -fälle> accidente *m* deportivo
Sportveranstaltung *f* acto *m* deportivo
Sportverein *m* club *m* deportivo
Sportwagen *m* ① *(Auto)* coche *m* deportivo ② *(Kinderwagen)* cochecito *m*, carrito *m*
Spot [spɔt] *m* <-s, -s> anuncio *m*, aviso *m Am*
Spott [ʃpɔt] *m* <-(e)s, *ohne pl*> burla *f*; **mit jdm seinen ~ treiben** burlarse de alguien
spottbillig [ˈ-ˈ--] **I.** *adj (fam)* tirado, regalado **II.** *adv (fam)* a precio tirado
spötteln [ˈʃpœtəln] *vi* burlarse (**über** de)
spotten [ˈʃpɔtən] *vi* mofarse (**über** de), burlarse (**über** de)
Spötter(in) [ˈʃpœtɐ] *m(f)* <-s, -; -nen> burlón, -ona *m, f*
spöttisch *adj* burlón
Spottpreis *m (fam)* precio *m* tirado; **zu einem ~** a precio tirado
sprach [ʃpraːx] *3. imp von* **sprechen**
Sprachbarriere *f* barrera *f* lingüística
sprachbegabt *adj* que tiene facilidad para los idiomas
Sprachbegabung *f ohne pl* don *m* de lenguas
Sprache[1] [ˈʃpraːxə] *f* <-n> *(Sprachsystem)* lengua *f*, idioma *m*; **lebende/tote ~** lengua viva/muerta
Sprache[2] *f ohne pl (Ausdrucksweise)* lenguaje *m*; *(Sprechfähigkeit)* habla *f*; **etw zur ~ bringen** poner algo sobre la mesa; **jdm bleibt die ~ weg** alguien se queda sin habla; **heraus mit der ~!** *(fam)* ¡desembucha ya!
Sprachebene *f* nivel *m* lingüístico
Spracherkennung *f ohne pl* (INFOR) reconocimiento *m* de la palabra
Spracherwerb *m ohne pl* adquisición *f* de lenguas
Sprachfehler *m* defecto *m* de articulación
Sprachführer *m* manual *m* de conversación
Sprachgebrauch *m* uso *m* del idioma
Sprachgefühl *nt ohne pl* intuición *f* lingüística
Sprachkenntnisse *fpl* conocimientos *mpl* de idioma; **mit spanischen ~n** con conocimientos de español
sprachkundig *adj* versado en idiomas
Sprachkurs *m* curso *m* de idioma
Sprachlabor *nt* laboratorio *m* de idiomas
sprachlich *adj* lingüístico
sprachlos *adj* **~ sein** quedarse sin habla
Sprachregelung *f instrucción oficial acerca del tratamiento deseado que se ha de conceder a un tema ante la opinión pública*
Sprachrohr *nt* megáfono *m*; *(fig)* portavoz *mf*
Sprachschule *f* escuela *f* de idiomas, academia *f* de idiomas
Sprachwissenschaft *f ohne pl* lingüística *f*
Sprachwissenschaftler(in) *m(f)* lingüista *mf*
sprachwissenschaftlich *adj* lingüístico
Sprachwitz *m* gracia *f*
sprang [ʃpraŋ] *3. imp von* **springen**
Spray [ʃpreː, ʃprɛɪ, sprɛɪ] *m o nt* <-s, -s> (e)spray *m*
Spraydose *f* pulverizador *m*
sprayen [ˈʃprɛɪən, ˈsprɛɪən] **I.** *vi* echar (e)spray (**gegen** contra) **II.** *vt* echar (e)spray (en)
Sprechanlage *f* intercomunicador *m*; *(an der Haustür)* portero *m* automático
Sprechblase *f (in Comics)* bocadillo *m*
sprechen [ˈʃprɛçən] <spricht, sprach, gesprochen> **I.** *vi* hablar (**von/über** de/sobre); *(sich unterhalten)* conversar (**von/über** de/sobre); **mit jdm ~** hablar con alguien; **davon ~, etw zu tun** hablar de

S

hacer algo; **frei ~** improvisar; **Spanisch** [*o* **spanisch**] **~** hablar español; **jdn zum S~ bringen** hacer hablar a alguien; **ich bin** (**für ihn**) **nicht zu ~** no estoy (para él); **das spricht für ihre Intelligenz** es una prueba de su inteligencia; **es sprach alles gegen ihn** todo estaba en su contra; **nicht gut auf jdn zu ~ zu sein** no querer oír hablar de alguien; **wir ~ uns noch!** *(fam)* ¡ya nos hablaremos! **II.** *vt* hablar; *(sagen)* decir; **jdn ~** hablar con alguien

Sprechen *nt ohne pl* ① *(die menschliche Sprache)* habla *f;* **jdm das ~ beibringen** enseñar a alguien a hablar ② *(das Reden)* hablar *m;* **jdn zum ~ bringen** hacer hablar a alguien

sprechend *adj (Teddybär, Puppe)* que habla; *(Augen, Miene)* expresivo; **ein ~er Vogel** un pájaro que habla

Sprecher(in) *m(f)* <-s, -; -nen> *(Redner)* orador(a) *m(f);* (TV, RADIO) locutor(a) *m(f); (Wortführer, Pressesprecher)* portavoz *mf,* vocero *mf Am*

Sprecherziehung *f ohne pl* logopedia *f*

Sprechfunkgerät *nt* <-(e)s, -e> radioteléfono *m,* walkie-talkie *m*

Sprechstunde *f* ① *(Öffnungszeit)* horario *m* de atención ② *(Arzt)* (hora *f* de) consulta *f;* (SCH, UNIV) hora *f* de tutoría; **~ haben** pasar consulta

Sprechstundenhilfe *f* auxiliar *mf* de médico

Sprechzimmer *nt* despacho *m; (Arzt)* consultorio *m*

spreizen ['ʃpraɪtsən] **I.** *vt (Beine, Finger)* abrir; *(Flügel)* desplegar **II.** *vr:* **sich ~** *(sich sträuben)* oponerse (**gegen** a)

Sprengbombe *f* bomba *f* explosiva

sprengen ['ʃprɛŋən] **I.** *vt* ① *(mit Sprengstoff)* volar ② *(Schloss, Tür)* forzar; *(Versammlung)* disolver; *(Spielbank)* desbancar ③ *(Rasen)* regar; *(Straße, Wäsche)* rociar **II.** *vi sein (geh)* galopar (**über** por)

Sprengkopf *m* (MIL) cabeza *f* (explosiva); **nuklearer ~** cabeza nuclear

Sprengkörper *m* artefacto *m* explosivo

Sprengkraft *f ohne pl* fuerza *f* explosiva

Sprengladung *f* carga *f* explosiva

Sprengsatz *m* carga *f* explosiva, artefacto *m* explosivo

Sprengstoff *m* explosivo *m*

Sprengstoffanschlag *m* atentado *m* con explosivos

Spreu [ʃprɔɪ] *f ohne pl* granzas *f pl;* **die ~ vom Weizen trennen** *(geh)* separar el grano de la paja

spricht [ʃprɪçt] *3. präs von* **sprechen**

Sprichwort ['ʃprɪç-] *nt* refrán *m*

sprichwörtlich *adj* proverbial

sprießen ['ʃpriːsən] <sprießt, spross, gesprossen> *vi sein (geh)* brotar

Springbrunnen *m* fuente *f*

springen ['ʃprɪŋən] <springt, sprang, gesprungen> *vi sein* ① *(Mensch, Tier)* saltar; *(hüpfen)* brincar; **in die Höhe/zur Seite ~** dar un salto/saltar a un lado; **über ein Hindernis ~** saltar un obstáculo ② *(Funken, Ball, a.* SPORT) saltar; **die Ampel springt auf Grün** el semáforo cambia a verde; **der ~de Punkt dabei ist, dass ...** el quid de la cuestión es que...; **ins Auge ~** *(fig)* saltar a la vista; **eine Runde Bier ~ lassen** *(fam)* invitar a una ronda de cerveza ③ *(Glas)* rajarse ④ *(Schweiz, südd: laufen)* correr

Springer[1] *m* <-s, -> *(beim Schach)* caballo *m*

Springer(in)[2] *m(f)* <-s, -; -nen> ① (SPORT) saltador(a) *m(f)* ② *(im Betrieb)* su(b)stituto, -a *m, f*

Springflut *f* marea *f* viva

Springform *f* molde *m* desmontable

Springreiten *nt* concurso *m* de saltos

Springseil *nt* comba *f,* cuerda *f* de saltar

Sprinkler ['ʃprɪŋklɐ] *m* <-s, -> aspersor *m*

Sprint [ʃprɪnt] *m* <-s, -s> (SPORT) sprint *m;* **einen ~ einlegen** hacer un sprint

sprinten ['ʃprɪntən] *vi haben o sein* esprintar; **ich sprinte mal eben zum Bäcker** *(fam)* voy a la panadería de una carrera

Sprinter(in) *m(f)* <-s, -; -, -nen> (SPORT) velocista *mf*

Sprit [ʃprɪt] *m* <-s, *ohne pl*> ① *(fam: Benzin)* gasolina *f* ② *(fam: Schnaps)* aguardiente *m* ③ *(Äthylalkohol)* etanol *m*

Spritzbeutel *m* (GASTR) manga *f*

Spritze ['ʃprɪtsə] *f* <-n> ① (MED: *Gerät*) jeringa *f; (Injektion)* inyección *f;* **eine ~ geben/bekommen** poner/recibir una inyección ② *(Feuerspritze)* bomba *f* de incendios ③ *(fam: Geldspritze)* subvención *f* (financiera)

spritzen ['ʃprɪtsə] **I.** *vt* ① *(Flüssigkeit)* salpicar; **jdn nass ~** salpicar a alguien ② *(Straße, Rasen)* regar ③ *(mit Pflanzenschutzmitteln)* tratar con pesticida ④ *(lackieren)* barnizar con pistola ⑤ *(Schmerzmittel)* inyectar **II.** *vi* ① *(Fett, Mensch)* salpicar; *(aus der Pfanne)* saltar ② *sein (herausspritzen)* salir a chorro (**aus** de) ③ *(fam: Drogen)* pincharse

Spritzer *m* <-s, -> ① *(Tropfen)* chispa *f* ② *(Fleck)* salpicadura *f*

spritzig *adj* ① *(Auto)* rápido ② *(lebhaft)* con chispa ③ *(Wein)* burbujeante

Spritzpistole *f* pistola *f* (de pintor)

Spritztour *f (fam)* escapada *f*

spröde ['ʃprøːdə] *adj* ① *(Material)* quebradizo ② *(Haar, Haut)* seco ③ *(Stimme)* ronco ④ *(Thema)* seco ⑤ *(Person)* reservado

spross [ʃprɔs] *3. imp von* **sprießen**

Spross [ʃprɔs] *m* <-es, -e> ① *(junger Trieb)* renuevo *m* ② *(geh: Nachkomme)* retoño *m*

Sprosse [ˈʃprɔsə] *f* <-n> *(Leiter-, Fenstersprosse)* travesaño *m*

Sprossenwand *f* (SPORT) espaldera *f*

Sprössling [ˈʃprœslɪŋ] *m* <-s, -e> *(fam)* retoño *m*

Spruch [ʃprʊx, *pl:* ˈʃprʏçə] *m* <-(e)s, Sprüche> ① *(Ausspruch)* dicho *m; (Sinnspruch)* sentencia *f; (Motto)* lema *m;* **Sprüche klopfen** *(fam abw: angeben)* fanfarronear ② *(Bibelspruch)* versículo *m* ③ *(Schiedsspruch)* fallo *m* arbitral; *(Urteilsspruch)* sentencia *f*

Spruchband *nt* pancarta *f*

spruchreif *adj* ① (JUR) listo para sentencia ② *(zu entscheiden)* a punto de decidirse; *(endgültig)* definitivo; *(anhängig)* pendiente

Sprudel [ˈʃpru:dəl] *m* <-s, -> agua *f* mineral con gas

sprudeln *vi* ① *sein (hervorquellen)* salir a borbotones (**aus** de); *(Quelle)* brotar (**aus** de) ② *(Limonade)* burbujear; *(durch Kochen)* hervir ③ *(vor Freude)* rebosar (**vor** de)

Sprudeltablette *f* <-, -n> pastilla *f* efervescente

Sprühdose *f* (e)spray *m,* atomizador *m*

sprühen [ˈʃpry:ən] **I.** *vi* ① *(Funken)* saltar; *(Wasser)* salpicar ② *(überquellen)* rebosar (**vor** de) **II.** *vt* echar; *(zerstäuben)* pulverizar; *(Wasser)* rociar

sprühend *adj (Temperament)* vivo

Sprühflasche *f* pulverizador *m*

Sprühregen *m* llovizna *f,* brizna *f Am*

S

Sprung [ʃprʊŋ, *pl:* ˈʃprʏŋə] *m* <-(e)s, Sprünge> ① *(Bewegung, a.* SPORT) salto *m; (Hüpfer)* brinco *m; (ins Wasser)* zambullida *f;* **auf dem ~ sein** *(fam)* estar con prisa; **keine großen Sprünge machen können** *(fam fig)* andar apretado de dinero; **jdm auf die Sprünge helfen** *(fam)* dar(le) a alguien una indicación; **auf einen ~ bei jdm vorbeischauen** *(fam)* pasar un rato por (la) casa de alguien ② *(Riss)* raja *f*

Sprungbrett *nt* trampolín *m*

Sprunggrube *f* (SPORT) foso *m*

sprunghaft *adj* ① *(unstet)* versátil ② *(abrupt)* repentino; *(unerwartet)* inesperado

Sprungschanze *f* trampolín *m* de saltos de esquí

Sprungtisch *m* (SPORT) potro *m*

Sprungtuch *nt* ① *(der Feuerwehr)* lona *f* de bomberos ② (SPORT) lona *f* de saltos

Sprungturm *m* (SPORT) torre *f* de saltos

Sprungwurf *m* (SPORT) lanzamiento *m* en suspensión

Spucke [ˈʃpʊkə] *f ohne pl (fam)* saliva *f;* **da bleibt mir die ~ weg** ahí me quedo pasmado

spucken [ˈʃpʊkən] **I.** *vi* ① *(ausspucken)* escupir ② *(fam: zurückweisen)* **auf etw/jdn ~** despreciar algo/a alguien ③ *(reg: sich übergeben)* vomitar **II.** *vt* escupir

Spucknapf *m* escupidera *f*

Spuk [ʃpu:k] *m* <-(e)s, *ohne pl*> aparición *f* (de fantasmas)

spuken [ˈʃpu:kən] *vi* trasguear; **hier spukt es** aquí hay fantasmas

Spukgeschichte *f* <-, -n> (LIT) cuento *m* de fantasmas [*o* de terror]

Spukschloss *nt* <-es, -schlösser> castillo *m* de fantasmas [*o* encantado]

Spülbecken *nt* fregadero *m,* pileta *f RíoPl*

Spule [ˈʃpu:lə] *f* <-n> ① *(Filmspule)* bobina *f; (Garnspule)* carrete *m* ② (ELEK) bobina *f*

Spüle [ˈʃpy:lə] *f* <-n> fregadero *m*

spulen [ˈʃpu:lən] *vt* bobinar

spülen [ˈʃpy:lən] **I.** *vi* ① *(Geschirr)* fregar; *(Waschmaschine)* enjuagar ② *(Toilette)* tirar de la cadena **II.** *vt* ① *(Geschirr)* fregar ② *(Wäsche)* aclarar; *(Mund)* enjuagar; *(Wunde)* lavar ③ *(anschwemmen)* arrastrar a la orilla

Spülkasten *m* depósito *m* (del váter)

Spüllappen *m* trapo *m* para fregar

Spülmaschine *f* lavavajillas *m inv*

spülmaschinenfest *adj* apto para lavavajillas

Spülmittel *nt* (líquido *m*) lavavajillas *m inv*

Spülstein *m,* **Spültrog** *m (Schweiz)* fregadero *m*

Spülung *f* <-en> ① (MED) lavado *m; (Darmspülung)* irrigación *f* ② *(Toilettenspülung)* descarga *f* de agua; **die ~ betätigen** tirar de la cadena

Spülwasser *nt ohne pl* agua *f* de fregar

Spur [ʃpu:ɐ] *f* <-en> ① *(Abdruck)* huella *f; (Anzeichen)* rastro *m; (Fährte)* pista *f;* **eine heiße ~** una pista caliente; **von den Tätern fehlt jede ~** no hay ni rastro de los delincuentes; **jdm auf der ~ sein** seguir la pista de alguien; **jdm auf die ~ kommen** descubrir a alguien; **~en hinterlassen** dejar huellas ② *(Fahrspur)* carril *m,* pista *f Am;* **die ~ wechseln** cambiar de carril ③ (TECH) distancia *f* entre ejes ④ *(eines Tonbandes)* pista *f* ⑤ *(Menge)* pizca *f;* **eine ~ zu laut** demasiado alto; **nicht die ~** ni rastro

spürbar *adj* palpable; *(offensichtlich)* patente; ~ **werden** hacerse sentir
spüren ['ʃpyːrən] *vt (wahrnehmen)* sentir; *(erfahren)* experimentar; *(merken)* notar
Spurenelement *nt* oligoelemento *m*
Spurensicherung *f* <-, *ohne pl*> levantamiento *m* de la evidencia, aseguramiento *m* de las huellas
Spürhund *m* perro *m* rastreador
spurlos *adv* sin dejar huella; ~ **verschwinden** desaparecer sin dejar rastro
Spürsinn *m ohne pl (a. fig)* olfato *m;* **einen feinen ~ für etw haben** tener buen olfato para algo
Spurt [ʃpʊrt] *m* <-s, -s> (SPORT) esprín *m;* **zum ~ ansetzen** hacer un esprín
spurten ['ʃpʊrtən] *vi haben o sein* (SPORT) esprintar
Spurweite *f* ① (AUTO) distancia *f* entre ejes ② (EISENB) ancho *m* de la vía, trocha *f Am*
Squash ['skvɔʃ, 'skwɔʃ] *nt* <-, *ohne pl*> (SPORT) squash *m*
Sri Lanka ['sriː 'laŋka] *nt* <-s> Sri Lanka *m*
Sri-Lanker(in) *m(f)* <-s, -; -nen> (e)srilanqués, -esa *m, f*
sri-lankisch *adj* (e)srilanqués
SS *f* <-, *ohne pl*> (HIST: *Nationalsozialismus*) *Abk. von* **Schutzstaffel** SS *f*
SSV *Abk. von* **Sommerschlussverkauf** rebajas *fpl* de verano
St. ① *Abk. von* **Stunde** h ② *Abk. von* **Sankt** S.
Staat [ʃtaːt] *m* <-(e)s, -en> ① (POL) Estado *m* ② (ZOOL) colonia *f*
Staatenbund *m* confederación *f* (de Estados)
staatenlos *adj* apátrida
Staatenlose(r) *mf* <-n, -n; -n> apátrida *mf*
staatlich I. *adj* estatal, del Estado; *(von der Regierung)* gubernamental; *(national)* nacional; *(öffentlich)* público **II.** *adv* por el Estado; ~ **anerkannt** reconocido oficialmente
Staatsaffäre *f* **eine ~ aus etw** *dat* **machen** *(übertreiben)* darle a algo más importancia de lo que tiene; *(großen Aufwand betreiben)* darle a algo más pompa de la necesaria
Staatsakt *m* ceremonia *f* oficial
Staatsangehörige(r) *mf* ciudadano, -a *m, f*
Staatsangehörigkeit *f* nacionalidad *f;* **doppelte ~** doble nacionalidad
Staatsanleihe *f* empréstito *m* estatal [*o* del Estado]
Staatsanwalt, -anwältin *m, f* fiscal *mf*
Staatsanwaltschaft *f* fiscalía *f*
Staatsausgaben *fpl* gasto *m* público
Staatsbeamte(r) *m,* **-beamtin** *f* funcionario, -a *m, f* público , -a
Staatsbegräbnis *nt* entierro *m* oficial
Staatsbesuch *m* visita *f* oficial
Staatsbürger(in) *m(f)* ciudadano, -a *m, f*
staatsbürgerlich *adj* cívico
Staatsbürgerschaft *f* ciudadanía *f,* nacionalidad *f*
Staatschef(in) *m(f)* jefe, -a *m, f* de Estado
Staatsdienst *m ohne pl* servicio *m* público; **im ~ stehen** trabajar en el servicio público
Staatseigentum *nt* <-s, *ohne pl*> bienes *mpl* nacionales, propiedad *f* del Estado
Staatseinnahmen *fpl* ingresos *mpl* presupuestarios [*o* del Estado]
Staatsexamen *nt* examen *m* de estado *(requisito para el reconocimiento oficial de diversos estudios y profesiones)*
Staatsfeind(in) *m(f)* <-(e)s, -e; -, -nen> enemigo, -a *m, f* público, -a
Staatsgebiet *nt* territorio *m* nacional
Staatsgeheimnis *nt* secreto *m* de Estado
Staatsgewalt *f* poder *m* estatal; **richterliche/gesetzgebende/vollziehende ~** poder judicial/legislativo/ejecutivo
Staatsgrenze *f* frontera *f* nacional
Staatskasse *f* (FIN) tesoro *m* público
Staatsmann *m (geh)* hombre *m* de Estado
Staatsminister(in) *m(f)* ministro, -a *m, f* de gobierno; *(ohne Ministeramt)* ministro, -a *m, f* sin cartera
Staatsoberhaupt *nt* jefe, -a *m, f* de Estado
Staatspolizei *f* policía *f* del Estado
Staatssekretär(in) *m(f)* secretario, -a *m, f* de Estado
Staatssicherheitsdienst ['-'----] *m ohne pl* (HIST) Servicio *m* (Secreto) de Seguridad del Estado *(policía política de la ex-RDA)*
Staatsstreich *m* golpe *m* de Estado
staatstragend *adj* del estado
Staatsverschuldung *f* endeudamiento *m* del Estado
Stab [ʃtaːp, *pl:* 'ʃtɛːbə] *m* <-(e)s, Stäbe> ① *(Stock)* palo *m; (Spazierstab)* bastón *m; (Messstab)* varilla *f; (Bischofsstab)* báculo *m; (Zauberstab)* varita *f;* **den ~ über jdn brechen** *(geh)* condenar a alguien ② (SPORT: *für Stabhochsprung*) pértiga *f; (für Staffellauf)* testigo *m* ③ *(Mitarbeiterstab)* plantilla *f* ④ (MIL) Estado *m* Mayor
Stäbchen ['ʃtɛːpçən] *nt* <-s, -> ① *pl (Essstäbchen)* palillos *mpl* ② *(fam: Zigarette)* pitillo *m*
Stabhochspringer(in) *m(f)* saltador(a) *m(f)* de pértiga
Stabhochsprung *m* (SPORT) salto *m* con pértiga
stabil [ʃta'biːl] *adj* ① *(Material)* sólido

S

② *(Währung, Preise)* estable ③ *(Gesundheit)* robusto
Stabilisator [ʃtabili'za:to:ɐ] *m* <-s, -en> (TECH, CHEM) estabilizador *m*
stabilisieren* [ʃtabili'zi:rən] **I.** *vt* estabilizar **II.** *vr:* **sich ~** estabilizarse
Stabilisierung *f* <-en> estabilización *f*
Stabilität [ʃtabili'tɛ:t] *f ohne pl* estabilidad *f*
Stabilitätspakt *m* <-(e)s, -e> (WIRTSCH) pacto *m* de estabilidad
Stablampe *f* linterna *f*
Stabmixer *m* batidor *m,* minipimer *m fam*
Stabreim *m* (LIT) aliteración *f*
stach [ʃta:x] *3. imp von* **stechen**
stach(e)lig *adj* espinoso
Stachel ['ʃtaxəl] *m* <-s, -> ① *(einer Pflanze)* espina *f* ② *(eines Igels)* púa *f; (von Insekten)* aguijón *m*
Stachelbeere *f* uva *f* espinosa
Stacheldraht *m* alambre *m* de espino
Stacheldrahtzaun *m* cerca *f* de alambre de espino, alambrada *f* de espino
Stachelschwein *nt* puercoespín *m*
stachlig *adj* espinoso
Stadion ['ʃta:diɔn] *nt* <-s, Stadien> (SPORT) estadio *m*
Stadium ['ʃta:diʊm] *nt* <-s, Stadien> etapa *f,* estadio *m*
Stadt [ʃtat, *pl:* 'ʃtɛ(:)tə] *f* <Städte> ① *(Ort)* ciudad *f;* **die ~ Sevilla** la ciudad de Sevilla; **in die ~ gehen** ir al centro; **in ~ und Land** en la ciudad y en el campo ② *(Stadtverwaltung)* municipio *m*
städt. *Abk. von* **städtisch** municipal
Stadtautobahn *f* autopista *f* urbana
stadtbekannt ['--'-] *adj* conocido en toda la ciudad
Stadtbesichtigung *f* visita *f* por la ciudad
Stadtbezirk *m* distrito *m* municipal
Stadtbild *nt* <-es, *ohne pl*> aspecto *m* urbano
Stadtbücherei *f* biblioteca *f* municipal
Stadtbummel *m* paseo *m* por la ciudad
Städtebau *m ohne pl* urbanismo *m*
städtebaulich *adj* urbanístico
Städtepartnerschaft *f* hermanamiento *m* de ciudades
Städter(in) ['ʃtɛ(:)tɐ] *m(f)* <-s, -; -nen> habitante *mf* de una ciudad
Stadtflucht *f ohne pl* éxodo *m* urbano
Stadtführung *f* visita *f* guiada a una ciudad
Stadtgebiet *nt* <-(e)s, -e> término *m* municipal
Stadtgespräch *nt* **~ sein** ser la comidilla de toda la ciudad
Stadthalle *f* auditorio *m* municipal, sala *f* de congresos
städtisch ['ʃtɛ(:)tɪʃ] *adj (kommunal)* municipal; *(urban)* urbano
Stadtkern *m* centro *m* urbano
Stadtmauer *f* muralla *f* de la ciudad
Stadtmitte *f ohne pl* centro *m* (de la) ciudad
Stadtplan *m* plano *m* de la ciudad
Stadtplaner(in) *m(f)* urbanista *mf*
Stadtplanung *f ohne pl* urbanismo *m*
Stadtrand *m* periferia *f,* afueras *fpl,* orillas *fpl Am*
Stadtrat[1] *m* <-(e)s, -räte> *(Gremium)* consejo *m* municipal
Stadtrat, -rätin[2] *m, f* <-(e)s, -räte; -nen> *(Mitglied)* miembro *mf* del consejo municipal
Stadtrundfahrt *f* vuelta *f* por la ciudad
Stadtstaat *m* ciudad-estado *f*
Stadtstreicher(in) *m(f)* <-s, -; -nen> vagabundo, -a *m, f* urbano , -a
Stadtteil *m* barrio *m*
Stadttor *nt* <-(e)s, -e> (HIST) puerta *f* de la ciudad
Stadtverwaltung *f (Institution)* administración *f* municipal
Stadtviertel *nt* barrio *m*
Stadtwerke *ntpl* compañía *f* (municipal) de electricidad, gas, agua y tra(n)sportes públicos
Stadtzentrum *nt* centro *m* (de la ciudad)
Staffel ['ʃtafəl] *f* <-n> ① (MIL, AERO) escuadrilla *f* ② (SPORT) relevo *m*
Staffelei *f* <-en> (KUNST) caballete *m*
Staffellauf *m* (SPORT) carrera *f* de relevos
Staffelläufer(in) *m(f)* (SPORT) corredor(a) *m(f)* de relevos
staffeln ['ʃtafəln] *vt* ① *(anordnen)* escalonar ② *(abstufen)* graduar
Staffelung *f* <-en> ① *(Aufstellen, Anordnen)* escalonamiento *m* ② *(Einteilung, Abstufung)* graduación *f*
Stagnation [ʃtagna'tsjo:n] *f* <-en> estancamiento *m*
stagnieren* [ʃta'gni:rən] *vi* estancarse
stahl [ʃta:l] *3. imp von* **stehlen**
Stahl [ʃta:l, *pl:* 'ʃtɛ:lə] *m* <-(e)s, Stähle> acero *m*
Stahlbeton *m* (ARCHIT) hormigón *m* armado
stählern ['ʃtɛ:lɐn] *adj* de acero
Stahlgerüst *nt* <-(e)s, -e> armazón *m o f* de acero
Stahlhelm *m* casco *m* de acero
Stahlindustrie *f* industria *f* del acero
Stahlträger *m* <-s, -> viga *f* de acero
Stahlwerk *nt* fábrica *f* de acero, acería *f*
stak [ʃta:k] *3. imp von* **stecken**[2]
Stakkato [ʃta'ka:to, sta'ka:to] *nt* <-s, -s *o* Stakkati> (MUS) staccato *m*

Stalaktit [ʃtalak'tiːt] *m* <-s *o* -en, -e(n)> (GEO) estalactita *f*

Stalinismus [ʃtali'nɪsmʊs] *m* <-, *ohne pl*> estalinismo *m*

stalinistisch [ʃtali'nɪstɪʃ] *adj* estalinista

Stall [ʃtal, *pl:* 'ʃtɛlə] *m* <-(e)s, Ställe> establo *m; (Hühnerstall)* gallinero *m; (Kuhstall)* vaqueriza *f; (Pferdestall)* cuadra *f,* ensenada *f Arg; (Schweinestall)* pocilga *f; (Rennstall)* cuadra *f* de caballos de carreras

Stamm[1] [ʃtam, *pl:* 'ʃtɛmə] *m* <-(e)s, Stämme> ① *(Baumstamm)* tronco *m* ② *(Volksstamm)* tribu *f* ③ (BIOL) filo *m* ④ (LING) radical *m*

Stamm[2] *m* <-(e)s, *ohne pl*> *(Kundenstamm)* clientela *f* fija; *(der Belegschaft)* plantilla *f*

Stammaktie *f* (FIN, WIRTSCH) acción *f* ordinaria [*o* común]

Stammbaum *m* árbol *m* genealógico; *(eines Tieres)* pedigrí *m*

Stammbuch *nt* libro *m* de familia

stammeln ['ʃtaməln] *vi, vt* balbucear

stammen ['ʃtamən] *vi* provenir (**aus/von** de); *(örtlich)* ser (natural) (**aus/von** de)

Stammgast *m* cliente, -a *m, f* habitual

Stammhalter *m* <-s, -> (hijo *m*) primogénito *m*

stämmig ['ʃtɛmɪç] *adj* fornido

Stammkapital *nt ohne pl* (WIRTSCH) capital *m* original

Stammkneipe *f (fam)* bar *m* habitual

Stammkunde, -in *m, f* cliente, -a *m, f* fijo, -a

Stammkundschaft *f* <-, *ohne pl*> clientela *f* habitual [*o* fija]

Stammlokal *nt* bar *m* habitual

Stammplatz *m* sitio *m* habitual

Stammsitz *m* sede *f,* domicilio *m* principal

Stammtisch *m* ① *(Tisch)* mesa *f* reservada para la clientela habitual ② *(Personen)* tertulia *f*

Stammverzeichnis *nt* (INFOR) directorio *m* raíz

Stammwähler(in) *m(f)* votante *mf* fijo , -a

Stammzelle *f* (BIOL) célula *f* madre

Stammzellenforschung *f ohne pl* investigación *f* con células madre

stampfen ['ʃtampfən] **I.** *vi* ① *(vor Wut, zum Protest)* patalear; *(Pferd)* piafar ② *(Schiff)* cabecear ③ *sein (stapfen)* caminar pesadamente **II.** *vt* ① *(zerkleinern)* machacar; *(Trauben)* pisar ② *(festtreten)* pisotear

stand [ʃtant] *3. imp von* **stehen**

Stand[1] [ʃtant] *m* <-(e)s, *ohne pl*> ① *(Stehen)* posición *f* vertical; **aus dem ~** sin tomar impulso; *(fam: aus dem Stegreif)* sin pensarlo; **einen schweren ~ haben** *(fam)* estar en una posición difícil; **etw zu ~e bringen** lograr algo; **zu ~e kommen** llevarse a cabo; **nicht zu ~e kommen** malograrse; *s. a.* **zustande** ② *(Entwicklungsstand)* nivel *m; (Zustand)* situación *f; (Stadium)* fase *f;* **außer ~e sein, etw zu tun** no estar en condiciones de hacer algo; **im ~e sein, etw zu tun** ser capaz de hacer algo; **etw auf den neuesten ~ bringen** actualizar algo; **etw in ~ setzen/halten** arreglar/conservar algo; **gut in ~ sein** estar en buen estado; **der ~ der Ermittlungen** el estado de la instrucción; *s. a.* **außerstand, imstand, instand**

Stand[2] [ʃtant, *pl:* 'ʃtɛndə] *m* <-(e)s, Stände> ① *(Verkaufsstand)* puesto *m; (Informations-, Messestand)* (e)stand *m; (Taxistand)* parada *f* ② *(Kontostand)* estado *m; (Öl-, Wasserstand)* nivel *m; (Sonnenstand)* posición *f; (Spielstand)* tanteo *m* ③ (FIN) cotización *f* ④ *(soziale Stellung)* clase *f*

Standard ['ʃtandart] *m* <-s, -s> ① *(Maßstab)* estándar *m* ② *(Niveau)* nivel *m*

Standardausführung *f* <-, -en> modelo *m* estándar, versión *f* estándar

Standardeinstellung *f* <-, -en> (INFOR: *Anordnung*) posición *f* estándar

standardisieren* [ʃtandardi'ziːrən] *vt* estandarizar

Standardisierung *f* <-, -en> estandarización *f,* normalización *f*

Standardwerk *nt* <-(e)s, -e> bibliografía *f* básica, literatura *f* básica

Standbild *nt* estatua *f*

Stand-by-Betrieb *m,* **Standby-Betrieb** [stɛnt'baɪ-] *m* (INFOR, TECH) funcionamiento *m* en stand by; **im ~** en stand by

Ständchen ['ʃtɛntçən] *nt* <-s, -> serenata *f;* **jdm ein ~ bringen** dar(le) una serenata a alguien

Ständer ['ʃtɛndɐ] *m* <-s, -> ① *(Gestell)* caballete *m; (Schirmständer)* paragüero *m; (Kleiderständer)* perchero *m; (Notenständer)* latril *m* ② *(vulg: erigierter Penis)* estaca *f*

Standesamt *nt* registro *m* civil

standesamtlich I. *adj* **~e Trauung** matrimonio civil **II.** *adv* **~ heiraten** casarse por lo civil

Standesbeamte(r) *m,* **-beamtin** *f* empleado, -a *m, f* del registro civil

standesgemäß *adj* conforme al nivel social

standfest *adj* ① *(sicher stehend)* estable ② *(standhaft)* firme

Standfestigkeit *f* <-, *ohne pl*> ① *(sicherer Stand)* estabilidad *f* ② *(Standhaftigkeit)* firmeza *f*

S

standhaft I. *adj* firme II. *adv* con firmeza; ~ **bleiben** permanecer firme

Standhaftigkeit *f ohne pl* firmeza *f*

stand|halten *irr vi* resistir

Standheizung *f* (AUTO) calefacción *f* de estacionamiento

ständig [ˈʃtɛndɪç] *adj (Ärger, Lärm)* continuo; *(Mitarbeiter)* permanente; *(Wohnsitz)* fijo

Standleitung *f* <-, -en> (TEL, INFOR) línea *f* arrendada, circuito *m* alquilado

Standlicht *nt ohne pl* (AUTO) luz *f* de cruce

Standort *m* ① *(Ort)* sitio *m*, lugar *m*, ubicación *f Am* ② *(Industrie)* emplazamiento *m* ③ (MIL) guarnición *f*

Standpauke *f (fam)* sermón *m*; **jdm eine ~ halten** echar(le) un sermón a alguien

Standpunkt *m* punto *m* de vista; *(Meinung)* opinión *f*; **einen eigenen ~ vertreten** defender un punto de vista propio; **ich stehe auf dem ~, dass ...** yo opino que...

standrechtlich *adj* por aplicación de la ley marcial; **jdn ~ erschießen** fusilar a alguien según la ley marcial

Standspur *f*, **Standstreifen** *m* arcén *m*

Stange [ˈʃtaŋə] *f* <-n> ① *(Stab)* vara *f*; *(Fahnenstange)* asta *f*; *(Hühnerstange)* percha *f* (del gallinero); *(Gardinen-, Kleiderstange)* barra *f*; *(Zimtstange)* rama *f*; **etw von der ~ kaufen** *(fam)* comprar algo de confección; **bei der ~ bleiben** *(fam fig)* seguir haciendo algo; **jdn bei der ~ halten** *(fam fig)* apoyar a alguien (hasta que acabe) ② *(Zigarettenstange)* cartón *m* ③ *(Wend)* **eine ~ Geld** *(fam)* un dineral

Stängel [ˈʃtɛŋəl] *m* <-s, -> tallo *m*

Stangensellerie *m* <-s, -(s)> *f* <-, -> apio *m*

stank [ʃtaŋk] *3. imp von* **stinken**

stänkern [ˈʃtɛŋkɐn] *vi (fam abw)* conspirar, intrigar

stanzen [ˈʃtantsən] *vt (prägen)* estampar; *(Loch)* punzonar

Stapel [ˈʃtaːpəl] *m* <-s, -> ① *(Haufen)* montón *m*, pila *f* ② (NAUT) grada *f*; **vom ~ lassen** lanzar al agua; **eine Rede vom ~ lassen** *(fam abw)* pronunciar un discurso

Stapellauf *m* (NAUT) botadura *f*

stapeln [ˈʃtaːpəln] I. *vt* amontonar II. *vr*: **sich ~** amontonarse

stapfen [ˈʃtapfən] *vi sein* caminar a paso cargado

Star[1] [ʃtaːɐ] *m* <-(e)s, -e> ① *(Tier)* estornino *m* ② *(Augenerkrankung)* **grüner ~** glaucoma *m*; **grauer ~** catarata *f*

Star[2] [staːɐ] *m* <-s, -s> *(Person)* estrella *f*

Starallüren [ˈstaːɐ-] *pl (abw)* manías *f pl* de estrella de cine

starb [ʃtarp] *3. imp von* **sterben**

stark [ʃtark] <stärker, am stärksten> I. *adj* ① *(allgemein)* fuerte; *(kräftig)* robusto; **~e Medikamente/Zigaretten** medicamentos/cigarrillos fuertes; **das ist ein ~es Stück!** *(fam)* ¡qué fuerte! ② *(dick, stabil)* grueso; **ein hundert Seiten ~es Buch** un libro de cien páginas ③ *(beträchtlich)* considerable; **~e Schmerzen haben** tener dolores fuertes ④ *(leistungsstark)* potente; *(mächtig)* poderoso; *(Brille)* de cristales gruesos ⑤ *(Verkehr, Hitze, Schneefall)* intenso; *(Raucher, Trinker)* empedernido; *(Nachfrage)* grande ⑥ *(fam: hervorragend)* guay; **das find ich echt ~** me parece genial II. *adv (+ Adjektiv)* muy; *(+ Verb)* mucho; **~ erkältet sein** tener un fuerte resfriado; **~ schneien** nevar mucho

Stärke [ˈʃtɛrkə] *f* <-n> ① *(allgemein)* fuerza *f*; *(Leistung)* potencia *f* ② *(Dicke)* grueso *m*; *(Festigkeit)* solidez *f* ③ *(Anzahl)* tamaño *m* ④ *(Intensität)* intensidad *f*; *(von Erdbeben)* magnitud *f* ⑤ *(Fähigkeit)* (punto *m*) fuerte *m* ⑥ *(Substanz)* fécula *f*; *(Wäschestärke)* almidón *m*

Stärkemehl *nt* fécula *f*

stärken [ˈʃtɛrkən] I. *vt* ① *(Körper, Position)* fortalecer ② *(Wäsche)* almidonar II. *vr*: **sich ~** fortalecerse

stark|machen *vr* **sich für jdn/etw ~** *(fam)* apoyar a alguien/algo

stärkste(r, s) *adj superl von* **stark**

Starkstrom *m* (ELEK) corriente *f* de alta intensidad

Starkstromleitung *f* <-, -en> línea *f* de alta tensión

Stärkung *f* <-en> ① *(Erfrischung)* refresco *m*; *(Imbiss)* tentempié *m* ② *ohne pl (das Kräftigen)* fortalecimiento *m*

Stärkungsmittel *nt* (MED) tónico *m*

starr [ʃtar] *adj* ① *(allgemein, a.* TECH) rígido; *(steif)* tieso; *(Glieder)* entumecido ② *(Blick)* fijo; *(vor Schreck)* aterrado (**vor** de); *(vor Staunen)* atónito (**vor** de/ante); **~ vor Entsetzen** paralizado de terror ③ *(unbeugsam)* inflexible

Starre [ˈʃtarə] *f ohne pl* ① *(Steifheit)* rigidez *f* ② *(Feststehen)* inmovilidad *f*; (MED) entumecimiento *m* ③ *(Strenge)* rigidez *f*

starren [ˈʃtarən] *vi* ① *(blicken)* clavar los ojos (**auf** en) ② *(strotzen)* estar lleno (**vor** de)

Starrheit *f ohne pl* ① *(von Material, Achse)* rigidez *f*; *(der Glieder)* entumecimiento *m* ② *(Starrköpfigkeit)* testarudez *f*

Starrkopf *m (abw)* testarudo, -a *m, f*

starrköpfig *adj s.* **starrsinnig**

Starrsinn *m* <-(e)s, *ohne pl*> *(abw)* terquedad *f*, cabezonería *f fam*

starrsinnig *adj (abw)* terco

Start [ʃtart] *m* <-(e)s, -s> ❶ (SPORT: *Beginn*) salida *f; (Startort)* punto *m* de salida ❷ *(Flugzeugstart)* despegue *m; (Auto)* arranque *m; (Raketenstart)* lanzamiento *m* ❸ *(Beginn)* comienzo *m*
Startautomatik *f* <-, -en> (AUTO) estárter *m* automático
Startbahn *f* pista *f* de despegue
Startbefehl *m* (INFOR) orden *f* de arranque
startbereit *adj (um aufzubrechen)* preparado para ponerse en marcha; *(um anzufangen)* listo para empezar; *(Flugzeug)* listo para despegar
Startblock *m* ❶ *(Leichtathletik)* bloque *m* de salida ❷ *(Schwimmen)* podio *m* de salida
starten [ˈʃtartən] **I.** *vi sein* ❶ *(allgemein)* partir (**nach** hacia/para); *(beginnen)* comenzar ❷ (SPORT: *loslaufen/-fahren*) tomar salida; *(teilnehmen)* participar ❸ *(Auto)* arrancar ❹ *(Flugzeug)* despegar **II.** *vt* ❶ *(Auto, Motor)* arrancar ❷ *(Rakete)* lanzar ❸ *(Kampagne)* comenzar ❹ *(Computer)* poner en marcha; *(Programm)* iniciar
Starterlaubnis *f* ❶ (SPORT) permiso *m* de salida ❷ (AERO) permiso *m* de despegue
Startfreigabe *f* <-, -n> (AERO) permiso *m* de despegue
Starthilfe *f* ❶ (FIN) ayuda *f* inicial ❷ (AUTO: *Vorrichtung*) estárter *m*
Starthilfekabel *nt* cables *mpl* de empalme
Startkapital *nt* (FIN) capital *m* inicial
startklar *adj s.* **startbereit**
Startlinie *f* línea *f* de salida; *(bei Rennen)* arrancadero *m*
Startphase *f* fase *f* inicial
Startpistole *f* (SPORT) pistola *f* de salida
Startschuss *m* señal *f* de salida
Startseite *f* (INFOR) página *f* inicial
Startsprung *m* (SPORT) salto *m* de salida
Stasi [ˈʃtaːzi] *f ohne pl* (HIST: *fam) Abk. von* **Staatssicherheitsdienst** Servicio *m* (Secreto) de Seguridad del Estado *(policía política de la ex-RDA)*
Statik [ˈʃtaːtɪk] *f ohne pl* (PHYS) estática *f*
Statiker(in) [ˈʃtaːtikɐ] *m(f)* <-s, -; -, -nen> ingeniero, -a *m, f* de estática
Station [ʃtaˈtsjoːn] *f* <-en> ❶ *(Bahnhof, Radiostation, Wetterstation)* estación *f; (Haltestelle)* parada *f;* **~ machen** detenerse ❷ *(Krankenhausstation)* unidad *f*
stationär [ʃtatsjoˈnɛːɐ] *adj* ❶ *(an einen Standort gebunden)* fijo ❷ (MED) **~e Behandlung** tratamiento clínico; **~er Patient** paciente hospitalizado
stationieren* [ʃtatsjoˈniːrən] *vt* estacionar
Stationsarzt, -ärztin *m, f* médico, -a *m, f* jefe de sección
Stationsschwester *f* enfermera *f* jefe de sección
statisch [ˈʃtaːtɪʃ] *adj* (*a.* PHYS) estático
Statist(in) [ʃtaˈtɪst] *m(f)* <-en, -en; -nen> comparsa *mf*
Statistik [ʃtaˈtɪstɪk] *f* <-en> estadística *f*
Statistiker(in) [ʃtaˈtɪstikɐ] *m(f)* <-s, -; -nen> estadista *mf,* estadístico, -a *m, f*
statistisch [ʃtaˈtɪstɪʃ] *adj* estadístico
Stativ [ʃtaˈtiːf] *nt* <-(e)s, -e> (FOTO, FILM) trípode *m*
statt [ʃtat] **I.** *präp +gen* en lugar de, en vez de **II.** *konj* **~ zu ...** en lugar de...
Statt [ʃtat] *f ohne pl (geh)* lugar *m;* **an meiner/deiner ~** en mi/tu lugar
stattdessen *adv* en lugar de eso
Stätte [ˈʃtɛtə] *f* <-n> *(geh)* lugar *m,* sitio *m*
statt|finden *irr vi* tener lugar
statt|geben *irr vi (Bitte, Wunsch)* acceder (a); *(Gesuch)* atender
Statthalter(in) *m(f)* ❶ (HIST) gobernador(a) *m(f)* ❷ *(Schweiz: Bürgermeister)* alcalde(sa) *m(f)*
stattlich [ˈʃtatlɪç] *adj* ❶ *(beeindruckend)* imponente; *(hoch gewachsen)* alto ❷ *(Betrag)* considerable
Statue [ˈʃtaːtuə] *f* <-n> estatua *f*
Statur [ʃtaˈtuːɐ] *f* <-en> estatura *f*
Status [ˈʃtaːtʊs] *m* <-, -> ❶ *(Lage)* situación *f;* **~ quo** statu quo *m* ❷ *(Soziologie)* categoría *f* social, estatus *m inv* ❸ (MED) estado *m*
Statussymbol *nt* símbolo *m* de categoría social
Statut [ʃtaˈtuːt] *nt* <-(e)s, -en> estatuto *m*
Stau [ʃtaʊ] *m* <-(e)s, -s *o* -e> ❶ *(Verkehrsstau)* atasco *m,* taco *m Am* ❷ *(im Wasser)* estancamiento *m*
Staub [ʃtaʊp] *m* <-(e)s, -e *o* Stäube> polvo *m;* **~ saugen** pasar la aspiradora; **~ wischen** limpiar el polvo; **sich aus dem ~ machen** *(fam fig)* poner pies en polvorosa; **~ aufwirbeln** *(fam fig)* causar alboroto
stauben [ˈʃtaʊbən] *vi* soltar polvo
Staubfaden *m* (BOT) filamento *m*
Staubfänger [ˈʃtaʊpfɛŋɐ] *m* <-s, -> *(abw)* nido *m* de polvo
staubig *adj* polvoriento
Staubkorn *nt* mota *f* de polvo
Staubpartikel *nt o f* partícula *f* de polvo
staub|saugen [ˈ---] *vi, vt* pasar la aspiradora (a); *s. a.* **Staub**
Staubsauger *m* aspiradora *f*
Staubtuch *nt* trapo *m* del polvo
Staubwedel [-veːdəl] *m* <-s, -> plumero *m*

S

Staubwolke *f* nube *f* de polvo, terral *m* *PRico, Perú*
Staudamm *m* presa *f*
Staude ['ʃtaʊdə] *f* <-n> (BOT) planta *f* vivaz
stauen ['ʃtaʊən] **I.** *vt* embalsar **II.** *vr:* **sich ~** *(Wasser)* embalsarse; *(Verkehr)* atascarse; *(Ärger)* acumularse; *(Menschen)* agolparse
Staumauer *f* <-, -n> (muro *m* de contención de una) presa *f*
Staumeldung *f* información *f* sobre el estado de las carreteras
staunen ['ʃtaʊnən] *vi* ① *(sich wundern)* asombrarse (**über** de/por); *(verwundert sein)* estar asombrado (**über** de/por), abismarse *Am;* **da staunst du, was?** ¿qué, te quedas con la boca abierta? ② *(Schweiz: in Gedanken sein)* estar absorto
Stauraum *m ohne pl (Schiff)* bodega *f; (LKW)* superficie *f* de carga
Stausee *m* embalse *m*
Stauung *f* <-en> ① *(von Gewässern)* estancamiento *m; (von Blut)* hemostasia *f* ② *(Verkehrsstau)* atasco *m,* taco *m Am*
Steak [ste:k] *nt* <-s, -s> bistec *m,* bife *m Am*
Steakmesser *nt* cuchillo *m* para bistec
stechen ['ʃtɛçən] <sticht, stach, gestochen> **I.** *vt* ① *(allgemein)* pinchar; *(Insekt)* picar; *(mit einem Messer)* acuchillar ② *(Torf, Spargel)* extraer ③ *(beim Kartenspiel)* cortar ④ *(in Kupfer)* grabar (**in** en) **II.** *vi* ① *(allgemein, Insekt, Sonne)* picar; **ins Auge ~** saltar a la vista; **der scharfe Gestank sticht in der Nase** la peste se mete en la nariz; **die Farbe sticht ins Rötliche** el color tiene un matiz rojizo ② *(beim Kartenspiel)* hacer baza **III.** *vr:* **sich ~** pincharse (**an** con, **in** en)
stechend *adj (Blick, Geruch)* penetrante; *(Schmerz)* punzante
Stechkarte *f* ficha *f* (de control)
Stechmücke *f* mosquito *m,* zancudo *m Am*
Stechpaddel *nt* (SPORT) remo *m* de una pala
Stechpalme *f* acebo *m*
Stechuhr *f* reloj *m* para fichar
Steckbrief *m* (JUR) (carta *f*) requisitoria *f*
Steckdose *f* enchufe *m,* tomacorriente *m Arg, Perú*
stecken[1] ['ʃtɛkən] *vt* ① *(hineinstecken)* meter (**in** en); *(investieren)* invertir (**in** en) ② *(aufstecken)* poner (**auf/an** en); *(fest-, anstecken)* fijar (**an** a/en); *(mit Nadeln)* prender (**an** en); **jdm etw ~** *(fam)* indicar algo a alguien
stecken[2] <steckt, steckte, *geh:* stak, gesteckt> *vi* ① *(sich befinden)* estar metido (**in** en), estar (**in** en); **ich stecke mitten in der Arbeit** estoy metido de lleno en el trabajo; **du musst zeigen, was in dir steckt** tienes que mostrar lo que hay en ti; **wo steckt er?** *(fam: Person)* ¿dónde se ha metido? ② *(festsitzen)* quedar fijo
Steckenpferd *nt* ① *(für Kinder)* caballito *m* (de juguete) ② *(Hobby)* afición *f*
Stecker *m* <-s, -> enchufe *m*
Steckling ['ʃtɛklɪŋ] *m* <-s, -e> estaca *f*
Stecknadel *f* alfiler *m;* **eine ~ im Heuhaufen suchen** *(fig)* buscar una aguja en un pajar
Steckplatz *m* <-es, -plätze> (INFOR) panel *m* de operaciones [*o* de conmutaciones]
Steckrübe *f (reg)* nabo *m*
Steg [ʃte:k] *m* <-(e)s, -e> ① *(Brücke)* pasarela *f* ② *(Bootssteg)* (des)embarcadero *m* ③ *(bei Saiteninstrumenten)* puente *m* ④ *(an einer Hose)* trabilla *f*
Stegreif ['ʃte:kraɪf] *m* **aus dem ~** improvisando
Stehaufmännchen ['ʃte:ʔaʊfmɛnçən] *nt* tentempié *m;* **ein ~ sein** *(fam)* no darse nunca por vencido
Stehcafé ['ʃte:kafe:] *nt* ≈ bar *m fam*
stehen ['ʃte:ən] <steht, stand, gestanden> *haben o südd, Österr, Schweiz: sein* **I.** *vi* ① *(aufrecht: Mensch)* estar de pie; *(Gegenstand)* estar derecho; **ich kann nicht mehr ~** ya no puedo estar más tiempo de pie; **im S~** de pie; **unser Projekt steht und fällt mit dir** *(fig)* tú eres el alma de nuestro proyecto; **der Plan steht jetzt!** *(fam)* ¡el plano está listo! ② *(sein)* estar; *(sich befinden)* encontrarse; **an der Tür ~** estar junto a la puerta; **sie steht an der Spitze des Unternehmens** está al frente de la empresa; **so wahr ich hier stehe** tan cierto como que estoy aquí; **der Schweiß stand ihr auf der Stirn** tenía la frente perlada de sudor; **wir ~ kurz vor einem Krieg** estamos a punto de entrar en guerra; **wir ~ vor der Schwierigkeit, dass ...** nos encontramos ante la dificultad de que...; **auf welcher Seite stehst du?** ¿de qué lado estás?; **die Sache steht schlecht** el asunto está mal; **das Frühstück ~ lassen** no tocar el desayuno; **einen Stuhl ~ lassen** dejar una silla (en su sitio); **offen ~** *(Tür, Fenster)* estar abierto; *(zugänglich sein)* estar abierto; **die ganze Welt steht dir offen** tienes todo por delante; **unter Alkohol/Drogen ~** estar bajo los efectos del alcohol/de las drogas; **die Sache steht mir bis hier** *(fam)* estoy harto del asunto ③ *(geschrieben sein)* estar (escrito) (**auf/in** en); *(in einer Liste)* figurar (**auf/in** en); **hier steht geschrieben, dass ...** aquí

dice que…; **das Wort steht im Imperfekt** la palabra está en imperfecto ❹ *(stillstehen)* estar parado; *(Verkehr)* estar paralizado; **die Uhr steht** el reloj se ha (quedado) parado; **zum S~ bringen/kommen** parar/pararse; **etw zum S~ bringen** parar algo ❺ *(anzeigen)* marcar; **das Thermometer steht auf 30 Grad** el termómetro marca 30 grados; **die Ampel steht auf Rot** el semáforo está en rojo; **es steht 3:1** están a 3 a 1 ❻ *(kleiden)* sentar; **der Bart steht dir gut/schlecht** la barba te queda bien/mal ❼ (JUR) **auf etw steht Gefängnis** algo tiene una pena de prisión; **auf seine Ergreifung steht eine Belohnung** por su captura está establecida una recompensa ❽ *(Standpunkt, Unterstützung, Bekenntnis)* **wie stehst du zu dem Plan?** ¿qué te parece el plan?; **ich stehe fest zu dir** estoy totalmente de tu parte; **zu seinem Versprechen ~** cumplir con lo prometido; **zu seinen Fehlern ~** reconocer sus errores; **hinter jdm ~** apoyar a alguien ❾ *(Wend)* **auf jdn/etw ~** *(fam)* irle alguien/algo a alguien **II.** *vt* **Wache ~** estar de guardia; **Modell ~** posar **III.** *vr* **sich gut/schlecht mit jdm ~** *(fam)* llevarse bien/mal con alguien **IV.** *vunpers* **es steht schlimm um sie** está muy mal; **es steht zu befürchten, dass …** es de temer que… +*subj*

stehend *adj* ❶ *(aufrecht)* en pie, de pie ❷ *(nicht in Bewegung)* parado; *(Gewässer)* estancado ❸ *(Wend)* **ein leer ~es Haus** una casa deshabitada

Stehkneipe *f* bar *m* sin sillas

Stehkragen *m* cuello *m* alzado

Stehlampe *f* lámpara *f* de pie

Stehleiter *f* escalera *f* de tijera

stehlen [ˈʃteːlən] <stiehlt, stahl, gestohlen> **I.** *vt, vi* robar; **er kann mir gestohlen bleiben** *(fam)* por mí, que se pierda; **du sollst nicht ~** *(Bibel)* no robarás **II.** *vr:* **sich ~** ❶ *(schleichen)* **sich nach Hause ~** irse a casa a hurtadillas ❷ *(sich drücken vor)* escaparse (**aus** de)

Stehplatz *m* ❶ *(Platz)* localidad *f* de pie ❷ *(Ticket)* entrada *f* de pie

Stehvermögen *nt* ❶ *(Ausdauer)* aguante *m* ❷ *(Durchhaltevermögen)* firmeza *f*

Steiermark [ˈʃtaɪɐmark] *f* Estiria *f*

steif [ʃtaɪf] *adj* ❶ *(starr)* tieso; **~ und fest behaupten** *(fam)* sostener firmemente ❷ *(Gliedmaßen)* anquilosado; *(Glied)* erecto; **~er Hals** tortícolis *m inv* ❸ *(unelastisch)* inflexible; *(ungelenk)* torpe ❹ *(förmlich)* formal ❺ *(Pudding)* consistente; *(Eiweiß)* a punto de nieve

Steifheit *f ohne pl* ❶ *(Festigkeit, Starre)* tiesura *f*, rigidez *f* ❷ *(eines Körperteils, Gelenks)* anquilosamiento *m* ❸ *(im Benehmen)* envaramiento *m*

Steigbügel *m* (*a.* ANAT) estribo *m*

Steige [ˈʃtaɪgə] *f* <-n> *(Österr, südd)* ❶ *(steile Straße)* cuesta *f* ❷ *(Treppe)* escalera *f*

steigen [ˈʃtaɪgən] <steigt, stieg, gestiegen> *vi sein* ❶ *(hinaufsteigen)* subir (**auf/in** a); *(hinuntersteigen)* bajar (**von/aus** de); *(klettern)* trepar (**auf** a); **in den/aus dem Bus ~** subir al/bajar del autobús; **aufs Fahrrad/vom Fahrrad ~** montarse en/bajarse de la bicicleta; **aus dem Bett ~** levantarse de la cama; **einen Drachen ~ lassen** hacer subir una cometa; **die Tränen stiegen ihr in die Augen** le brotaron las lágrimas; **zu Kopf ~** subir a la cabeza ❷ *(zunehmen)* aumentar (**um** en, **in** de); *(Aktie, Fieber, Flut)* subir; **im Preis/im Wert ~** subir de precio/de valor ❸ *(fam: stattfinden)* ser

steigend *adj (zunehmend)* creciente; *(Preise)* en aumento; **~e Tendenz** tendencia alcista

steigern [ˈʃtaɪgɐn] **I.** *vt* ❶ *(erhöhen)* aumentar (**um** en); *(verstärken)* intensificar ❷ (LING) establecer los grados (del adjetivo) **II.** *vr:* **sich ~** ❶ *(zunehmen)* aumentar (**um** en), crecer (**um** en) ❷ *(sich verbessern)* mejorar ❸ *(sich hineinsteigern)* enzarzarse (**in** en), engolfarse (**in** en)

Steigerung *f* <-en> ❶ *(Zunahme)* aumento *m* (**um** de); *(der Leistung)* mejora *f* ❷ (LING) comparación *f* ❸ *(Schweiz: Versteigerung)* subasta *f*

Steigung *f* <-en> ❶ *(im Gelände)* elevación *f*; *(einer Straße)* cuesta *f* ❷ (TECH) paso *m*

steil [ʃtaɪl] *adj* ❶ *(Treppe)* empinado; *(Gelände)* escarpado; *(Küste)* acantilado ❷ *(Karriere)* rápido

Steilhang *m* pendiente *f* escarpada

Steilküste *f* acantilado *m*

Steilwand *f* (SPORT: *am Berg*) pared *f*

Stein [ʃtaɪn] *m* <-(e)s, -e> ❶ *(allgemein)* piedra *f*; *(Edelstein)* piedra *f* preciosa; **aus ~** de piedra; **jdm ~e in den Weg legen** poner(le) a alguien piedras en el camino; **jdm alle ~e aus dem Weg räumen** prepararle el camino a alguien; **den ~ ins Rollen bringen** *(fam fig)* desencadenar algo; **schlafen wie ein ~** *(fam fig)* dormir como un tronco; **der ~ der Weisen** *(geh)* la piedra filosofal ❷ (MED) cálculo *m* ❸ *(einer Frucht)* hueso *m*, carozo *m CSur, Bol, Méx* ❹ *(Spielstein)* ficha *f*; *(bei Brettspielen)* pieza *f*; **bei jdm einen ~ im**

Brett haben *(fam fig)* hacer buenas migas con alguien

steinalt ['-'-] *adj* más viejo que Matusalén

Steinbock *m* ① (ZOOL) cabra *f* montés ② (ASTR: *Zeichen*) Capricornio *m* (ASTR: *Person*) capricornio *mf inv*

Steinbruch *m* cantera *f*

steinern ['ʃtaɪnɐn] *adj (a. fig)* de piedra

Steingarten *m* jardín *m* de rocalla

Steingut *nt* <-(e)s, *ohne pl*> (objetos *mpl* de) gres *m*

steinhart ['-'-] *adj* duro como una piedra

steinig *adj* pedregoso

steinigen ['ʃtaɪnɪgən] *vt* apredrear

Steinkohle *f* hulla *f*

Steinmarder *m* (ZOOL) garduña *f*

Steinmetz(in) ['ʃtaɪnmɛts] *m(f)* <-en, -en; -nen> cantero *mf*

Steinobst *nt* fruta *f* con hueso

Steinpilz *m* boleto *m*

steinreich ['-'-] *adj* ① *(sehr reich)* riquísimo ② *(steinig)* pedregoso

Steinsalz *nt* <-es, *ohne pl*> sal *f* gema

Steinsarg *m* ataúd *m* de piedra

Steinschlag *m (Herabstürzen)* desprendimiento *m* de piedras

Steinstrand *m* playa *f* de piedras

Steinwurf *m* pedrada *f;* (**nur**) **einen ~ weit** (**entfernt**) (solo) a tiro de piedra (de aquí)

Steinzeit *f ohne pl* Edad *f* de Piedra

steinzeitlich *adj* ① *(aus der Steinzeit)* de la Edad de Piedra ② *(fam: veraltet)* anticuado

Steiß [ʃtaɪs] *m* <-es, -e> ① *(Steißbein)* coxis *m inv* ② *(Gesäß)* trasero *m*

Steißbein *nt* coxis *m inv*

Stelle ['ʃtɛlə] *f* <-n> ① *(Platz, Ort)* lugar *m,* sitio *m;* **an erster ~** en primer lugar; **an ~ von etw** en vez de algo; (**ich**) **an deiner ~ ...** (yo) en tu lugar...; **an jds ~ treten** presentarse en lugar de alguien; **an dieser ~** *(örtlich)* en este lugar; *(zeitlich)* aquí; **an späterer ~** más tarde; **auf der ~ treten** *(fam)* no avanzar; **auf der ~** *(sofort)* inmediatamente, al tiro *Am;* **etw nicht von der ~ bekommen** no poder mover algo de su sitio; **sich nicht von der ~ rühren** no moverse de su sitio; **zur ~ sein** estar presente; *s. a.* **anstelle** ② *(Bereich)* parte *f; (Punkt)* punto *m* ③ *(Textstelle)* parte *f; (Abschnitt)* pasaje *m* ④ *(Arbeitsstelle)* puesto *m* (de trabajo), plaza *f;* **freie ~** vacante *f;* **eine ~ antreten** empezar a trabajar ⑤ *(Dienststelle)* autoridad *f;* **sich an höherer ~ beschweren** quejarse a instancias superiores ⑥ (MATH) decimal *m,* cifra *f*

stellen ['ʃtɛlən] **I.** *vt* ① *(hinstellen)* poner (**auf** en); *(aufstellen)* colocar (**auf** en); *(hineinstellen)* meter (**in** en); **etw an die Wand ~** adosar algo a la pared; **die Szene wirkt gestellt** la escena ha salido muy poco natural ② *(regulieren)* regular; *(lauter, höher)* subir; *(leiser, kleiner)* bajar; **stell das Radio leiser/lauter** baja/sube la radio; **die Uhr ~** poner el reloj en hora; **etw ruhig ~** (MED: *Arm, Bein*) inmovilizar algo ③ *(bereitstellen)* poner a disposición ④ *(Verbrecher)* capturar ⑤ *(Frage)* hacer; *(Aufgabe)* poner; *(Antrag)* presentar; **eine Sache über eine andere ~** dar más importancia a una cosa que a otra; **jdn vor Gericht ~** llevar a alguien a los tribunales; **etw in Frage** [*o* **infrage**] **~** poner algo en duda; **auf sich selbst gestellt sein** tener que arreglárselas uno solo **II.** *vr:* **sich ~** ① *(sich hinstellen)* ponerse (de pie) (**auf** en); **sich auf Zehenspitzen ~** ponerse de puntillas ② *(vortäuschen)* fingir; **sich taub/dumm ~** hacerse el sordo/el tonto ③ *(der Polizei)* entregarse ④ *(nicht ausweichen)* **sich etw** *dat* **~** enfrentarse a algo ⑤ *(Frage)* surgir; *(Aufgabe)* plantearse ⑥ *(Standpunkt, Unterstützung)* **sich gegen etw ~** oponerse a algo; **sich hinter jdn ~** apoyar a alguien

Stellenangebot *nt* oferta *f* de empleo

Stellenanzeige *f* anuncio *m* de oferta de empleo; **„~n"** ofertas de empleo

Stellenausschreibung *f* anuncio *m* de empleo

Stellengesuch *nt* demanda *f* de empleo

Stellenmarkt *m* bolsa *f* de trabajo, mercado *m* laboral

Stellenrückgang *m ohne pl* retroceso *m* del número de puestos de trabajo

Stellenvermittlung *f (Einrichtung)* agencia *f* de empleo, bolsa *f* de empleo

Stellenvermittlungsbüro *nt* agencia *f* de colocaciones

stellenweise *adv (an manchen Punkten)* en algunos puntos; *(an manchen Orten)* en algunas partes

Stellenwert *m* valor *m; (Bedeutung)* importancia *f*

Stellplatz *m (für Autos)* aparcamiento *m*

Stellung *f* <-en> ① *(Körperhaltung)* postura *f;* **in liegender/kniender ~** tumbado/de rodillas ② *(Anordnung)* posición *f* ③ *(beruflich)* puesto *m; (Amt)* cargo *m;* **in meiner ~ als Minister** como ministro ④ *(sozial)* posición *f* (social), condición *f* ⑤ *(Einstellung)* opinión *f;* **zu etw ~ nehmen** tomar cartas en un asunto ⑥ (MIL) posición *f;* **die ~ halten** mantener la posición

Stellungnahme *f* <-n> toma *f* de posición; **eine ~ zu etw abgeben** opinar respecto a algo

stellvertretend *adj* suplente; **~e Vorsitzende** vicepresidenta en funciones; **~ für jdn sprechen** hablar representando a alguien
Stellvertreter(in) *m(f)* suplente *mf;* (ADMIN) interino, -a *m, f*
Stellvertretung *f* su(b)stitución *f;* (ADMIN) interinidad *f;* **in ~ von jdm** su(b)stituyendo a alguien
Stelze ['ʃtɛltsə] *f* <-n> ❶ *(Holzgestell)* zanco *m* ❷ *(Vogel)* lavandera *f* ❸ *(fam: Bein)* zanca *f* ❹ *(Österr: Schweinsfuß)* mano *f* de cerdo
stelzen *vi sein* ❶ *(auf Stelzen)* andar con zancos ❷ *(mit steifen Schritten)* dar zancadas; **eine gestelzte Sprache** un lenguaje rebuscado
Stemmeisen *nt* formón *m*
stemmen ['ʃtɛmən] **I.** *vt (Gewichte)* levantar; **die Arme in die Hüften ~** estar puesto en jarras **II.** *vr:* **sich ~** ❶ *(drücken)* apoyarse (pesadamente) (**gegen** contra) ❷ *(widersetzen)* oponerse (**gegen** a) **III.** *vi (Ski)* pararse en cuña
Stempel ['ʃtɛmpəl] *m* <-s, -> ❶ *(Gerät, Abdruck)* sello *m; (Poststempel)* matasellos *m inv;* **etw** *dat* **seinen ~ aufdrücken** *(fig)* dar(le) a algo un toque personal; **der Plan trägt seinen ~** el plan lleva su firma ❷ (BOT) pistilo *m* ❸ (TECH) punzón *m*
Stempelkissen *nt* almohadilla *f,* tampón *m* de tinta
stempeln *vt* sellar; *(postalisch)* matasellar; **jdn zu etw ~** tachar a alguien de algo
Steno ['ʃte:no] *f ohne pl* taquigrafía *f*
Stenografie [ʃtenogra'fi:] *f* <-n> taquigrafía *f*
Stenogramm [ʃteno'gram] *nt* <-s, -e> estenograma *m*
Stenotypist(in) [ʃtenoty'pɪst] *m(f)* <-en, -en; -nen> taquimecanógrafo, -a *m, f*
Steppbrett *nt* (e)step *m*
Steppdecke *f* edredón *m*
Steppe ['ʃtɛpə] *f* <-n> estepa *f*
steppen ['ʃtɛpən] **I.** *vi* bailar claqué **II.** *vt* pespuntear
Stepptanz ['ʃtɛp-] *m* claqué *m*
Sterbebett *nt* lecho *m* de muerte
Sterbefall *m* fallecimiento *m,* obituario *m Am*
Sterbegeld *nt* <-(e)s, *ohne pl*> indemnización *f* por defunción
Sterbehilfe *f ohne pl* ❶ *(Euthanasie)* eutanasia *f* ❷ *(Sterbegeld)* indemnización *f* por defunción
sterben ['ʃtɛrbən] <stirbt, starb, gestorben> *vi* morir (**an** de), morirse (**an/vor** de, **für** por) *fam,* fallecer *elev,* petatearse *Méx;* **im S~ liegen** estar agonizando; **er ist für mich gestorben** *(fam fig)* para mí ya no cuenta; **das Projekt ist gestorben** *(fam)* el proyecto ha sido suspendido
Sterbende(r) *mf* <-n, -n; -n, -n> moribundo, -a *m, f*
sterbenselend *adj (fam)* muy mal; **sich ~ fühlen** sentirse de pena
sterbenskrank ['ʃtɛrbəns'kraŋk] *adj (todkrank)* enfermo de muerte; *(im Sterben liegend)* moribundo
Sterbenswörtchen ['--'vœrtçən] *nt* **kein ~ sagen** no decir ni pío
Sterberate *f* tasa *f* de mortalidad
Sterbesakramente *ntpl* (REL) últimos sacramentos *mpl*
Sterbeurkunde *f* certificado *m* de defunción
sterblich *adj* mortal
Sterbliche(r) *mf* <-n, -n; -n, -n> *(geh)* mortal *mf*
Sterblichkeit *f ohne pl* mortalidad *f*
Sterblichkeitsrate *f,* **Sterblichkeitsziffer** *f* (tasa *f* de) mortalidad *f*
Stereo ['ʃte:reo] *nt* <-s, *ohne pl*> estéreo *m*
Stereoanlage *f* equipo *m* estereofónico
Stereoaufnahme *f* grabación *f* en estéreo
stereotyp [ʃtereo'ty:p] *adj* estereotipado
Stereotyp [ʃtereo'ty:p] *nt* <-s, -e> estereotipo *m*
steril [ʃte'ri:l] *adj* (*a.* BIOL, MED) estéril
Sterilisation [ʃteriliza'tsjo:n] *f* <-en> (*a.* MED) esterilización *f*
sterilisieren* [ʃterili'zi:rən] *vt* (*a.* MED) esterilizar
Sterilisierung *f* <-, -en> (*a.* MED) esterilización *f*
Sterilität [ʃterili'tɛ:t] *f ohne pl* (*a.* BIOL, MED) esterilidad *f*
Stern [ʃtɛrn] *m* <-(e)s, -e> estrella *f; (Gestirn)* astro *m;* **das steht noch in den ~en** eso todavía está por verse; **unter einem glücklichen ~ stehen** *(geh)* tener buena estrella; **ein Hotel mit fünf ~en** un hotel de cinco estrellas
Sternanis *m* <-(es), -e> anís *m* estrellado, badiana *f*
Sternbild *nt* constelación *f*
Sternchen *nt* (TYPO) asterisco *m*
Sternenbanner *nt* bandera *f* estrellada
sternenklar *adj* estrellado
sternförmig *adj* estrellado
Sternfrucht *f* carambola *f*
sternhagelvoll ['---'-] *adj (fam)* borracho como una cuba
Sternkarte *f* <-, -n> planisferio *m* celeste
sternklar *adj* estrellado
Sternkunde *f ohne pl* astronomía *f*
Sternschnuppe *f* <-n> estrella *f* fugaz

Sternstunde *f (geh)* momento *m* estelar
Sternsystem *nt* (ASTR) sistema *m* estelar
Sternwarte *f* observatorio *m* astronómico
Sternzeichen *nt* (ASTR) signo *m* astrológico; **was bist du für ein ~?** ¿de qué signo eres?
Steroid [ʃteroˈiːt, *pl:* ʃteroˈiːdə] *nt* <-(e)s, -e> (BIOL, CHEM) esteroide *m*
stet [ʃteːt] *adj (geh) s.* **stetig**
Stethoskop [ʃtetoˈskoːp, stetoˈskoːp] *nt* <-s, -e> (MED) estetoscopio *m*
stetig *adj* continuo
stets [ʃteːts] *adv* siempre
Steuer[1] [ˈʃtɔɪɐ] *nt* <-s, -> *(Auto, Flugzeug)* volante *m; (Schiff)* timón *m;* **am ~ sitzen** ir al volante; **das ~ fest in der Hand haben** dirigir con mano segura
Steuer[2] *f* <-n> *(Abgaben)* impuesto *m;* **~n hinterziehen/zahlen** defraudar/pagar impuestos; **etw von der ~ absetzen** deducir algo de los impuestos
Steuerabzug *m* retención *f* fiscal
Steuerbefreiung *f ohne pl* exención *f* tributaria
steuerbegünstigt *adj (niedriger besteuert)* con privilegio fiscal; *(absetzbar)* deducible
Steuerbehörde *f* Hacienda *f*
Steuerbelastung *f* cargas *fpl* fiscales
Steuerberater(in) *m(f)* asesor(a) *m(f)* fiscal
Steuerbescheid *m* liquidación *f* de impuestos
Steuerbetrug *m* fraude *m* fiscal
steuerbord [ˈʃtɔɪɐbɔrt] *adv* (AERO, NAUT) a estribor
Steuerbord [ˈʃtɔɪɐbɔrt] *nt* (AERO, NAUT) estribor *m*
steuerbord(s) [ˈʃtɔɪɐbɔrt(s)] *adv* (AERO, NAUT) a estribor
Steuererhebung *f ohne pl* recaudación *f* tributaria
Steuererhöhung *f* aumento *m* de (los) impuestos
Steuererklärung *f* declaración *f* de la renta
Steuererleichterung *f* privilegio *m* fiscal
Steuerermäßigung *f* reducción *f* de impuestos
Steuerfahndung *f (das Fahnden)* inspección *f* fiscal
Steuerflüchtling *m* evasor *m*
steuerfrei *adj* libre de impuestos
Steuerfreiheit *f ohne pl* liberación *f* de impuestos
Steuergelder *ntpl* fondos *mpl* recaudados
Steuergerät *nt* ❶ (ELEK) aparato *m* de mando ❷ (RADIO) sintonizador *m*
Steuerhinterziehung *f* fraude *m* fiscal
Steuerklasse *f* categoría *f* fiscal
Steuerknüppel *m* palanca *f* de mando
steuerlich *adj* fiscal; **~ begünstigt sein** gozar de privilegios fiscales
Steuermann *m* <-(e)s, -leute *o* -männer> (NAUT, SPORT) timonel *m*
Steuermarke *f* timbre *m* fiscal
steuern [ˈʃtɔɪɐn] **I.** *vi* ❶ *(am Steuer sitzen: Auto)* conducir, manejar *Am; (Schiff)* timonear ❷ *sein (Richtung einschlagen)* dirigirse (**nach** a) **II.** *vt* ❶ *(Auto)* conducir, manejar *Am; (Schiff, Flugzeug)* pilotar ❷ (TECH) controlar ❸ *(beeinflussen)* influir
Steuernummer *f (einer natürlichen Person)* número *m* de identificación fiscal; *(einer juristischen Person)* código *m* de identificación fiscal
Steueroase *f (fam)* paraíso *m* fiscal
Steuerparadies *nt* <-es, -e> *(fam)* paraíso *m* fiscal
steuerpflichtig *adj* sujeto a impuesto
Steuerpflichtige(r) *mf* sujeto *m* pasivo
Steuerprüfer(in) *m(f)* <-s, -; -, -nen> inspector(a) *m(f)* fiscal [*o* de Hacienda]
Steuerprüfung *f* <-, -en> inspección *f* fiscal
Steuerrad *nt* (AUTO) volante *m;* (NAUT) rueda *f* del timón; (TECH) palanca *f* de mando
Steuerrecht *nt ohne pl* (JUR) derecho *m* fiscal
Steuerreform *f* reforma *f* fiscal
Steuerruder *nt* (NAUT) timón *m*
Steuerschuld *f* deuda *f* fiscal
Steuersünder(in) *m(f)* <-s, -; -, -nen> defraudador(a) *m(f)* fiscal
Steuerumgehung *f ohne pl* evasión *f* fiscal
Steuerung[1] *f ohne pl (das Steuern)* pilotaje *m;* (TECH) control *m*
Steuerung[2] *f* <-en> (TECH, AUTO) dirección *f;* (NAUT, AERO) timón *m;* (ELEK) mando *m*
Steuerungstaste *f* (INFOR) tecla *f* Control
Steuerzahler(in) *m(f)* contribuyente *mf,* rentero, -a *m, f Arg*
Steward [ˈstjuːɐt] *m* <-s, -s> (AERO) auxiliar *m* de vuelo; (NAUT) camarero *m*
Stewardess [ˈstjuːɐdɛs] *f* <-en> (AERO) azafata *f;* (NAUT) camarera *f*
StGB [ɛsteːgeːˈbeː] *nt* <-(s)> *Abk. von* **Strafgesetzbuch** ≈ CP *m*
stibitzen* [ʃtiˈbɪtsən] *vt (fam)* birlar
Stich[1] [ʃtɪç] *m* <-(e)s, -e> ❶ *(Dorn, Stachel, Nadel)* pinchazo *m; (Insektenstich)* picadura *f; (Messerstich)* cuchillada *f* ❷ *(Nähstich)* puntada *f;* (MED) punto *m* de sutura ❸ (KUNST) grabado *m* ❹ *(beim Kartenspiel)* baza *f;* **einen ~ machen/be-**

kommen hacer baza/recibir una baza ❺ *(Schmerz)* punzada *f*

Stich² *m* <-(e)s, *ohne pl*> ❶ *(Farbschimmer)* **einen ~ ins Gelbe haben** tirar a amarillo ❷ *(Wend)* **jdn im ~ lassen** dejar a alguien en la estacada; **einen ~ haben** *(fam: Person)* estar chiflado; *(Lebensmittel)* estar picado; *(Milch)* estar pasado

Stichelei *f* <-en> *(fam abw: Bemerkung)* pulla *f,* pullazo *m,* puntada *f*

sticheln ['ʃtɪçəln] *vi* ❶ *(gehässig reden)* dar pullazos (**gegen** a) ❷ *(nähen)* dar puntadas

Stichflamme *f* llama *f*

stichhaltig *adj* sólido; *(überzeugend)* convincente

Stichhaltigkeit *f* solidez *f*

Stichprobe *f* prueba *f* al azar

Stichsäge *f* serrucho *m* de calar

sticht [ʃtɪçt] *3. präs von* **stechen**

Stichtag *m* día *m* fijado; *(letzter Stichtag)* plazo *m* límite

Stichwahl *f* segunda vuelta *f* (electoral)

Stichwort¹ *nt* <-(e)s, -wörter> *(im Wörterbuch)* entrada *f*; *(im Stichwortregister)* voz *f* guía; **unter einem ~ nachschlagen** buscar una palabra

Stichwort² *nt* <-(e)s, -e> ❶ (THEAT) entrada *f* ❷ *(Schlüsselwort)* palabra *f* clave ❸ *(Gedächtnisstütze)* apunte *m*

stichwortartig *adj* por puntos; *(bündig)* breve; **~ zusammenfassen** resumir brevemente

Stichwortverzeichnis *nt* índice *m* (alfabético)

Stichwunde *f* *(Messer)* cuchillada *f*; *(Dolch)* puñalada *f*

sticken ['ʃtɪkən] *vi, vt* bordar

Stickerei *f* <-en> bordado *m*

stickig ['ʃtɪkɪç] *adj* sofocante

Sticknadel *f* aguja *f* de bordar

Stickoxid *nt* (CHEM) óxido *m* nítrico

Stickstoff *m ohne pl* (CHEM) nitrógeno *m*

Stiefbruder ['ʃtiːf-] *m* hermanastro *m*

Stiefel ['ʃtiːfəl] *m* <-s, -> bota *f*

Stiefelette *f* <-n> botín *m*

Stiefeltern *pl* padrastros *mpl*

Stiefkind *nt* hijastro, -a *m, f*

Stiefmutter *f* madrastra *f*

Stiefmütterchen *nt* <-s, -> (BOT) pensamiento *m*

stiefmütterlich *adj* **jdn ~ behandeln** tratar a alguien con desprecio

Stiefschwester *f* hermanastra *f*

Stiefsohn *m* hijastro *m*

Stieftochter *f* hijastra *f*

Stiefvater *m* padrastro *m*

stieg [ʃtiːk] *3. imp von* **steigen**

Stiege ['ʃtiːgə] *f* <-n> escalera *f* (estrecha y empinada)

Stieglitz ['ʃtiːglɪts] *m* <-es, -e> (ZOOL) jilguero *m*

stiehlt [ʃtiːlt] *3. präs von* **stehlen**

Stiel [ʃtiːl] *m* <-(e)s, -e> ❶ *(Griff)* mango *m*; *(Besenstiel)* palo *m*; *(am Weinglas)* pie *m* ❷ *(Blumenstiel)* tallo *m*; *(Blattstiel)* pecíolo *m*; *(an einer Frucht)* rabillo *m*

Stielaugen *ntpl (fam)* **er bekam/machte ~** se le pusieron/puso los ojos como platos

stier [ʃtiːɐ] *adj* fijo; **mit ~em Blick vor sich hinstarren** tener la mirada perdida

Stier *m* <-(e)s, -e> ❶ *(Tier)* toro *m* ❷ (ASTR: *Zeichen*) Tauro *m* ❸ (ASTR: *Person*) tauro *mf inv*

stieren ['ʃtiːrən] *vi* mirar fijamente (**auf**)

Stierkampf *m* ❶ *(Stierkampfkunst)* tauromaquia *f* ❷ *(Veranstaltung)* corrida *f* (de toros)

Stierkampfarena *f* ruedo *m,* arena *f*

Stierkämpfer(in) *m(f)* torero, -a *m, f*

stieß [ʃtiːs] *3. imp von* **stoßen**

Stift¹ [ʃtɪft] *m* <-(e)s, -e> ❶ *(Bleistift)* lápiz *m*; *(Buntstift)* lápiz *m* de color ❷ *(Metall-, Holzstift)* espiga *f* ❸ *(fam: Lehrling)* aprendiz(a) *m(f)*

Stift² *nt* <-(e)s, -e> convento *m*

Stiftehalter *m* portalápices *m*

stiften ['ʃtɪftən] *vt* ❶ *(spenden)* donar; *(einrichten)* fundar ❷ *(spendieren)* regalar ❸ *(bewirken)* causar

Stifter(in) *m(f)* <-s, -; -nen> ❶ *(Spender)* donador(a) *m(f)* ❷ *(Gründer)* fundador(a) *m(f)*

Stiftskirche *f* colegiata *f*

Stiftung *f* <-en> ❶ *(Institution)* fundación *f* ❷ (JUR: *Spende*) donación *f*

Stiftzahn *m* diente *m* de espiga

Stil [ʃtiːl] *m* <-(e)s, -e> estilo *m*; **im großen ~** en gran escala

Stilblüte *f* <-, -n> error *m* estilístico, gazapo *m fam*

stilecht *adj* (de estilo) auténtico

Stilisierung *f* <-, -en> estilización *f*

stilistisch [ʃti'lɪstɪʃ] *adj* estilístico

still [ʃtɪl] *adj* ❶ *(lautlos)* silencioso; *(ruhig)* tranquilo; (**sei**) **~!** ¡calla!; **es ist ~ um sie geworden** no se oye nada de ella; **~ und heimlich** a la chita callando; **im S~en** para sus adentros ❷ *(reglos)* quieto; **der S~e Ozean** el océano Pacífico; **~er Teilhaber** (WIRTSCH) socio comanditario ❸ *(Person)* silencioso

Stille ['ʃtɪlə] *f ohne pl* ❶ *(Schweigen)* silencio *m*; *(Ruhe)* tranquilidad *f* ❷ *(Unbewegtheit)* quietud *f* ❸ *(Wend)* **in aller ~** *(im engsten Kreis)* en la intimidad

stillen ['ʃtɪlən] **I.** *vi* dar de mamar **II.** *vt* ① *(Säugling)* dar el pecho (a) ② *(Blutung)* cortar; *(Schmerz)* mitigar ③ *(Hunger, Durst)* saciar; *(Neugier)* satisfacer

still|halten *irr vi* ① *(sich nicht bewegen)* quedarse quieto ② *(sich nicht wehren)* aguantar

Stillleben *nt* bodegón *m*

still|legen *vt (Betrieb, Strecke)* cerrar; *(Fahrzeug)* retirar del servicio

Stilllegung *f* <-en> cierre *m*

still|liegen *irr vi (Betrieb)* estar cerrado

stillos ['ʃtiːlloːs] *adj* sin estilo

Stillschweigen *nt* silencio *m;* **über etw ~ bewahren** guardar silencio respecto a algo

stillschweigend *adj* tácito; **etw ~ akzeptieren** aceptar algo tácitamente

still|sitzen *irr vi* estar(se) quieto

Stillstand *m* <-(e)s, *ohne pl*> *(Verhandlung, Entwicklung)* estancamiento *m; (Gerät, Produktion)* paralización *f; (Verkehr)* detención *f;* **zum ~ bringen/kommen** detener/detenerse

still|stehen *irr vi (Mensch, Maschine)* estar parado; *(Entwicklung, Produktion, Verkehr)* estar paralizado; **stillgestanden!** (MIL) ¡firmes!

Stilmöbel *nt* mueble *m* de época

stilvoll *adj* con gusto

Stimmabgabe *f* <-, *ohne pl*> votación *f*

Stimmband *nt (Organ)* cuerda *f* vocal

stimmberechtigt *adj* con derecho a voto

Stimmberechtigte(r) *mf* <-n, -n; -n> persona *f* con derecho a voto

Stimmbruch *m* <-(e)s, *ohne pl*> muda *f;* **im ~ sein** estar de muda

Stimme ['ʃtɪmə] *f* <-n> ① *(menschliche Stimme)* voz *f;* **mit lauter/leiser ~ sprechen** hablar en voz alta/baja; **kritische ~n** opiniones críticas; **der inneren ~ folgen** seguir la voz interior ② *(bei einer Wahl)* voto *m;* **sich der ~ enthalten** abstenerse del voto; **jdm seine ~ geben** votar por alguien ③ (MUS: *Stimmlage, Orgelregister*) registro *m; (Part)* voz *f*

stimmen ['ʃtɪmən] **I.** *vi* ① *(richtig sein)* ser correcto; *(wahr sein)* ser verdad; **stimmt!** ¡exacto!; **stimmt es, dass ...?** ¿es verdad que...?; **irgendetwas stimmt nicht mit ihr** algo le pasa ② *(wählen)* **für/gegen jdn/etw ~** votar por/contra alguien/algo **II.** *vt* ① **ein Instrument ~** afinar un instrumento ② **jdn versöhnlich/traurig ~** conciliar/entristecer a alguien

Stimmenauszählung *f* escrutinio *m,* balotaje *m Méx*

Stimmengewirr *nt* <-(e)s, *ohne pl*> vocerío *m,* griterío *m*

Stimmenmehrheit *f ohne pl* mayoría *f* de votos

Stimmenthaltung *f* abstención *f* de(l) voto

Stimmgabel *f* (MUS) diapasón *m*

stimmhaft *adj* (LING) sonoro

stimmig *adj* armónico

Stimmlage *f* (MUS) registro *m*

stimmlos *adj* ① *(tonlos)* afónico ② (LING) sordo

Stimmrecht *nt ohne pl* (*a.* POL) derecho *m* de voto; **(kein) ~ haben** (no) tener derecho a voto

Stimmung *f* <-en> ① *(Gemütsverfassung)* estado *m* de ánimo; *(Laune)* humor *m;* **in guter/schlechter ~** de buen/mal humor; **nicht in der ~ sein, etw zu tun** no estar de vena para hacer algo; **in ~ kommen** *(fam)* animarse ② *(einer Gesellschaft)* ambiente *m;* **~ in etw bringen** animar algo ③ *(öffentliche Meinung)* opinión *f* pública; **für/gegen jdn/etw ~ machen** hacer campaña a favor/en contra de alguien/algo ④ (MUS) afinación *f*

Stimmungsbarometer *nt* opinión *f* general; **das ~ steigt** *(fam)* la atmósfera mejora

Stimmungskanone *f (fam)* animador(a) *m(f)*

Stimmungsumschwung *m* ① *(Person)* cambio *m* de humor ② (FIN, WIRTSCH) cambio *m* de tendencia

stimmungsvoll *adj* muy expresivo

Stimmungswandel *m* <-s, *ohne pl*> cambio *m* de humor [*o* de ánimo]

Stimmzettel *m* (*a.* POL) (papeleta *f* de) voto *m,* boleta *f Méx, Perú, PRico*

Stimulans ['ʃtiːmulans, *pl:* ʃtimu'lantsiən] *nt* <-, Stimulanzien *o* Stimulantia> estimulante *m*

Stimulation [ʃtimula'tsjoːn] *f* <-en> estímulo *m,* estimulación *f*

stimulieren* [ʃtimu'liːrən] *vt* estimular

Stimulus ['ʃtiːmulʊs, *pl:* 'ʃtiːmuli] *m* <-, Stimuli> estímulo *m*

Stinkbombe *f* bomba *f* fétida

Stinkefinger *m ohne pl (fam)* dedo *m* (asqueroso)

stinken ['ʃtɪŋkən] <stinkt, stank, gestunken> *vi* oler mal, apestar (**nach** a), bufar *Am;* **das stinkt nach Verrat** *(fam)* huele a traición; **das stinkt ja zum Himmel** *(fam)* esto clama al cielo; **mir stinkt's!** *(fam)* ¡estoy harto!

stinkfaul ['-'-] *adj (fam)* muy vago

stinklangweilig ['-'---] *adj (fam)* aburridísimo

stinksauer ['-'--] *adj (fam)* de un humor de perros; **sie ist ~ auf dich** está enfadadísima contigo

Stinktier *nt* mofeta *f*, yaguré *m Am*
Stinkwanze *f* (ZOOL) chinche *f* apestosa
Stinkwut ['-'-] *f ohne pl (fam)* rabia *f* tremenda
Stipendiat(in) [ʃtipɛn'dja:t] *m(f)* <-en, -en; -nen> becario, -a *m, f*
Stipendium [ʃti'pɛndiʊm] *nt* <-s, Stipendien> beca *f;* **ein ~ gewähren** conceder una beca
Stippvisite ['ʃtɪp-] *f (fam)* visita *f* corta
stirbt [ʃtɪrpt] *3. präs von* **sterben**
Stirn [ʃtɪrn] *f* <-en> frente *f;* **eine hohe/niedrige ~** una frente alta/estrecha; **die ~ runzeln** fruncir las cejas; **jdm die ~ bieten** hacer frente a alguien; **die ~ besitzen, etw zu tun** tener la poca vergüenza de hacer algo
Stirnband *nt* cinta *f* (para poner en la frente)
Stirnfalte *f* arruga *f* en la frente
Stirnhöhle *f* (ANAT) seno *m* frontal
Stirnhöhlenentzündung *f* (MED) sinusitis *f inv*
Stirnlampe *f* linterna *f* frontal
Stirnmuskel *m* (ANAT) músculo *m* frontal
Stirnrunzeln *nt* ceño *m* (fruncido)
St. Kitts und Nevis [seɪnt kɪts ʊnd 'ni:vɪs] *nt* San Cristóbal y Nieves
St. Lucia [seɪnt 'lu:ʃə] *nt* Santa Lucía
stöbern ['ʃtø:bɐn] *vi (fam)* revolver (**in** en); *(neugierig)* hurgar (**in** en)
stochern ['ʃtɔxɐn] *vi* hurgar (**in** en); **im Essen ~** comer sin apetito; **in den Zähnen ~** hurgarse los dientes con un palillo
Stock¹ [ʃtɔk, *pl:* 'ʃtœkə] *m* <-(e)s, Stöcke> ❶ *(Stab)* palo *m; (Spazier-, Skistock)* bastón *m; (Taktstock)* batuta *f; (Billardstock)* taco *m;* **am ~ gehen** *(fig fam)* estar hecho polvo ❷ *(Pflanze)* planta *f; (Baumstumpf)* tocón *m*
Stock² *m* <-(e)s, -> *(Stockwerk)* piso *m*
Stock³ *m* <-s, *ohne pl*> *(Schweiz)* ❶ (GASTR) puré *m* de patatas ❷ *(Unterkunft) en Suiza, casa situada al lado de la granja donde viven los padres de los granjeros*
stockbesoffen ['-'--] *adj (fam)* borracho como una cuba
stockdunkel ['-'--] *adj (fam)* oscuro como la boca del lobo
Stöckelabsatz *m* tacón *m* alto [*o* (de) aguja]
Stöckelschuh *m* zapato *m* de tacón alto
stocken ['ʃtɔkən] *vi* ❶ *(stillstehen)* pararse; *(Atmung)* cortarse ❷ *(nicht vorangehen)* interrumpirse; *(Verkehr, beim Sprechen)* atascarse; *(Verhandlungen)* estar paralizado; **ins S~ geraten** no adelantar ❸ *(reg: gerinnen)* cuajar
stockend *adj (Sprechweise)* entrecortado; **~er Verkehr** atasco *m*
stockfinster ['-'--] *adj (fam)* oscuro como la boca de lobo; **~e Nacht** noche cerrada
Stockfisch *m* ❶ *(Fisch)* bacalao *m* (salado) ❷ *(fam: Person)* persona *f* sosa
Stockholm ['ʃtɔkhɔlm, -'-] *nt* <-s> Estocolmo *m*
stocksauer ['-'--] *adj (fam)* de un humor de perros
stocksteif ['-'-] *adj (fam)* tieso como una tabla
stocktaub *adj (fam)* sordo como una tapia
Stockteller *m (im Skistock)* arandela *f*
Stockung *f* <-en> ❶ *(Verlangsamung)* paralización *f; (Unterbrechung)* interrupción *f* ❷ *(Verkehrsstockung)* atasco *m*
Stockwerk *nt* piso *m*
Stoff¹ [ʃtɔf] *m* <-(e)s, *ohne pl*> ❶ (PHILOS) materia *f* ❷ *(fam: Drogen)* polvo *m*
Stoff² *m* <-(e)s, -e> ❶ *(Gewebe)* tejido *m*, tela *f* ❷ *(Substanz)* su(b)stancia *f*, material *m;* **wiederverwertbare ~e** materiales recuperables ❸ *(Unterrichtsstoff)* materia *f*
Stoffrest *m* retal *m*
Stofftier *nt* animal *m* de trapo; *(Plüschtier)* animal *m* de peluche
Stoffwechsel *m* metabolismo *m*
Stoffwechselkrankheit *f* <-, -en> (MED) enfermedad *f* metabólica
Stoffwechselprodukt *nt* <-(e)s, -e> metabolito *m*
stöhnen ['ʃtø:nən] *vi* gemir (**vor** a causa de); *(klagen)* quejarse (**über** de)
stoisch ['ʃto:ɪʃ, 'sto:ɪʃ] *adj* estoico
Stola ['ʃto:la, 'sto:la] *f* <Stolen> estola *f*
Stollen ['ʃtɔlən] *m* <-s, -> ❶ (BERGB) galería *f* ❷ (GASTR) *pastel navideño de pasas, almendras y especias*
stolpern ['ʃtɔlpɐn] *vi sein* tropezar (**über** con); **zufällig über etw ~** *(fam)* toparse por casualidad con algo
stolz [ʃtɔlts] *adj* ❶ *(auf einen Erfolg)* orgulloso (**auf** de) ❷ *(hochmütig)* orgulloso ❸ *(imposant)* imponente ❹ *(fam: Summe)* considerable
Stolz *m* <-es, *ohne pl*> orgullo *m; (Hochmut)* altanería *f;* **seinen ~ haben** tener su orgullo
stolzieren* [ʃtɔl'tsi:rən] *vi sein* pavonearse (**durch/über** por)
stop [ʃtɔp] *interj* alto
Stop-and-go-Verkehr *m* tráfico que comienza a circular y se detiene repetidamente
stopfen ['ʃtɔpfən] **I.** *vt* ❶ *(Kleidung)* zurcir ❷ *(Loch)* tapar ❸ *(hineinstopfen)* meter (a la fuerza) (**in** en) ❹ *(füllen)* llenar (**mit** de/

S

con) **II.** *vi* ① *(fam: schlingen)* zampar ② *(fam: sättigen)* llenar ③ *(die Verdauung hemmen)* estreñir

stopp [ʃtɔp] *interj* alto

Stopp [ʃtɔp] *m* <-s, -s> ① *(Auto)* parada *f;* *(Flugzeug)* escala *f* ② *(Import, Export, Löhne)* congelación *f*

stopp(e)lig *adj (unrasiert)* mal afeitado

Stoppel[1] [ˈʃtɔpəl] *f* <-n> ① *(Getreidestoppel)* rastrojo *m* ② *(fam: Bartstoppel)* cañón *m*

Stoppel[2] *m* <-s, -(n)> *(Österr: Pfropfen)* tapón *m*

Stoppelbart *m (fam)* barba *f* de tres días

Stoppelfeld *nt* (campo *m* de) rastrojo *m*

stoppen [ˈʃtɔpən] **I.** *vi* parar(se) **II.** *vt* ① *(anhalten)* parar ② *(Zeit, Geschwindigkeit)* cronometrar

stopplig *adj (unrasiert)* mal afeitado

Stoppschild *nt* señal *f* de stop

Stopptaste *f* (ELEK) tecla *f* de stop

Stoppuhr *f* cronómetro *m*

Stöpsel [ˈʃtœpsəl] *m* <-s, -> ① *(Pfropfen)* tapón *m* ② *(fam: Junge)* muchachito *m*

Stör [ʃtøːɐ] *m* <-s, -e> (ZOOL) esturión *m*

störanfällig *adj* delicado, que se estropea con facilidad

Storch [ʃtɔrç, *pl:* ˈʃtœrçə] *m* <-(e)s, Störche> (ZOOL) cigüeña *f*

Störchin [ˈʃtœrçɪn] *f* <-nen> (ZOOL) cigüeña *f* (hembra)

stören [ˈʃtøːrən] **I.** *vt* ① *(belästigen)* estorbar, molestar; **lassen Sie sich durch mich nicht ~** no se moleste por mí ② *(Frieden, Verkehr)* perturbar; *(Ordnung)* alterar; *(Gespräch)* interrumpir **II.** *vi* molestar; **störe ich?** ¿molesto?; **bitte nicht ~!** ¡no molestar, por favor!; **etw als ~d empfinden** sentir algo como molesto **III.** *vr:* **sich ~** *(fam)* escandalizarse (**an** por), amolarse (**an** por) *Am*

Störenfried [-friːt] *m* <-(e)s, -e> buscapleitos *mf inv*

Störfaktor *m* factor *m* perturbador

Störfall *m* incidente *m*

stornieren* [ʃtɔrˈniːrən, stɔrˈniːrən] *vt* ① *(Auftrag)* anular ② (FIN) rescontrar

Stornierung *f* <-, -en> ① (COM) anulación *f;* **~ eines Auftrags/einer Bestellung** cancelación de un encargo/pedido ② (FIN) rescuentro *m*

Storno [ˈʃtɔrno, ˈstɔrno, *pl:* ˈʃtɔrni, ˈstɔrni] *m o nt* <-s, Storni> asiento *m* cancelatorio

störrisch [ˈʃtœrɪʃ] *adj* terco

Störsender *m* <-s, -> emisora *f* interferente

Störung *f* <-en> ① *(Belästigung)* estorbo *m,* molestia *f* ② *(der Ordnung)* alteración *f;* *(eines Gesprächs)* interrupción *f;* *(Verkehrsstörung, a.* RADIO) perturbación *f* ③ *(technische Störung)* avería *f* ④ *(gesundheitliche Störung)* irregularidad *f*

störungsfrei *adj* (TEL, RADIO) sin interferencias; **~ funktionieren** (TECH) funcionar sin dificultades técnicas

Störungsstelle *f* servicio *m* de reparaciones

Story [ˈstɔri] *f* <-s> ① *(fam: Geschichte)* historia *f,* cuento *m;* **die ~ kaufe ich dir nicht ab!** ¡no me lo creo! ② *(Bericht, Report)* informe *m* ③ *(Inhalt eines Films, Romans)* trama *f*

Stoß [ʃtoːs, *pl:* ˈʃtøːsə] *m* <-es, Stöße> ① *(Schubs)* empujón *m;* *(Schlag)* golpe *m;* *(mit dem Ellbogen)* codazo *m;* *(mit der Faust)* puñetazo *m,* impacto *m Am;* **sich** *dat* **einen ~ geben** hacer de tripas corazón ② *(Erdstoß)* temblor *m* ③ *(Stapel)* montón *m* (de)

Stoßdämpfer *m* (AUTO) amortiguador *m*

Stößel [ˈʃtøːsəl] *m* <-s, -> ① *(für Mörser)* majadero *m,* mano *f* de mortero ② (TECH) varilla *f* de levantamiento, portapunzón *m*

stoßen [ˈʃtoːsən] <stößt, stieß, gestoßen> **I.** *vt* ① *(schubsen)* empujar, quiñar *Am;* *(mit dem Fuß)* dar un puntapié (a); **jdn vor den Kopf ~** *(fam fig)* ofender a alguien ② *(hineinstoßen)* clavar ③ *(hinausstoßen)* arrojar ④ *(zerkleinern)* machacar ⑤ *(Schweiz: schieben)* empujar **II.** *vi* ① *sein (prallen)* chocar (**an/gegen** contra/con/en), darse (**gegen** con) ② *(schlagen)* dar un golpe (**gegen** contra) ③ *sein (treffen)* encontrar (**auf**), dar (**auf** con); **auf Erdöl ~** dar con petróleo; **zu jdm ~** unirse a alguien ④ *(angrenzen)* limitar (**an** con) ⑤ *(Schweiz: schieben, drücken)* empujar **III.** *vr:* **sich ~** ① *(anprallen)* darse; **sich am Schrank ~** darse contra el armario ② *(Anstoß nehmen)* **sich an etw** *dat* **~** ofenderse por algo

Stoßfänger *m* (AUTO) parachoques *m*

stoßfest *adj* resistente a golpes [*o* choques]

Stoßgebet *nt* jaculatoria *f*

Stoßstange *f* (AUTO) parachoques *m inv,* bómper *m Am*

stößt [ʃtøːst] *3. präs von* **stoßen**

Stoßverkehr *m* tráfico *m* de las horas (de) punta

stoßweise *adv (ruckartig)* esporádicamente; **es kamen ~ Bewerbungen** las solicitudes llegaron a empujones

Stoßzahn *m* colmillo *m*

Stoßzeit *f* hora *f* punta

Stotterer, -in [ˈʃtɔtərɐ] *m, f* <-s, -; -nen> tartamudo, -a *m, f*

stottern [ˈʃtɔtɐn] **I.** *vi* ① *(Mensch)* tartamudear ② *(Wagen, Motor)* traquetear **II.** *vt* balbucear

Stövchen ['ʃtøːfçən] *nt* <-s, -> calientaplatos *m inv (generalmente para teteras)*

Str. *Abk. von* **Straße** C/

Strafandrohung *f* <-, -en> amenaza *f* penal

Strafanstalt *f* penitenciaría *f*

Strafantrag *m* querella *f* (penal)

Strafanzeige *f* denuncia *f;* ~ **gegen jdn erstatten** presentar una denuncia contra alguien

Strafarbeit *f* castigo *m*

Strafbank *f* (SPORT) banquillo *m,* banco *m* de penalti

strafbar *adj* punible; **sich ~ machen** incurrir en un delito

Strafbarkeit *f* <-, *ohne pl*> (JUR) culpabilidad *f,* penalidad *f*

Strafbefehl *m* (JUR) orden *f* penal

Strafe ['ʃtraːfə] *f* <-n> ① *(allgemein)* castigo *m;* **seine gerechte ~ bekommen** recibir merecido castigo; **etw unter ~ stellen** poner algo bajo pena; **zur ~** como castigo ② *(Geldstrafe)* multa *f* ③ *(Freiheitsstrafe)* pena *f;* **eine ~ absitzen** cumplir una pena; **eine ~ zur Bewährung aussetzen** conceder remisión condicional

strafen ['ʃtraːfən] *vt* castigar (**für** por); *(mit einer Geldstrafe)* multar

Straferlass *m* condonación *f; (Amnestie)* amnistía *f*

straff [ʃtraf] *adj (gespannt)* tenso; *(Haut)* sin arrugas; *(Stil)* conciso; *(Disziplin)* riguroso; **etw ~ ziehen** tensar algo

straffällig ['ʃtraːffɛlɪç] *adj* criminal; **~ werden** incurrir en un delito

straffen ['ʃtrafən] **I.** *vt* ① *(Seil)* tensar; *(Haut)* estirar ② *(Text)* condensar **II.** *vr:* **sich ~** estirarse

straffrei *adj* impune; **der Angeklagte ging ~ aus** el acusado fue declarado libre

Straffreiheit *f ohne pl* impunidad *f*

Strafgefangene(r) *mf* preso, -a *m, f*

Strafgericht *nt* ① (JUR) tribunal *m* (de lo) penal ② *(Bestrafung)* castigo *m*

Strafgesetz *nt* ley *f* penal

Strafgesetzbuch *nt* código *m* penal

Straflager *nt* <-s, -> (*a.* MIL) campo *m* de castigo

sträflich ['ʃtrɛːflɪç] *adj* censurable

Sträfling ['ʃtrɛːflɪŋ] *m* <-s, -e> preso, -a *m, f*

straflos *adj* impune; **~ ausgehen** quedar impune

Strafmaß *nt* <-es, -e> pena *f*

strafmildernd ['-'--] *adj* atenuante sobre la pena

Strafmilderung *f ohne pl* atenuación *f* de una pena

strafmündig *adj* (JUR) en edad penal

Strafpredigt *f (fam)* sermón *m;* **jdm eine ~ halten** echar(le) un sermón a alguien

Strafprozess *m* proceso *m* penal

Strafprozessordnung *f* <-, -en> (JUR) código *m* de procedimiento penal [*o* de enjuiciamiento criminal]

Strafpunkt *m* (SPORT) punto *m* de penalización

Strafraum *m ohne pl* (SPORT) área *f* de penalti

Strafrecht *nt ohne pl* derecho *m* penal

strafrechtlich *adj* jurídico-penal

Strafregister *nt* registro *m* de antecedentes penales

Strafstoß *m* (SPORT) penalti *m*

Straftat *f* delito *m;* **eine ~ begehen** cometer un delito

Straftäter(in) *m(f)* delincuente *mf*

Strafverfahren *nt* procedimiento *m* penal [*o* criminal]

Strafverfolger(in) *m(f)* (JUR) fiscal *mf*

Strafverfolgung *f* (JUR) prosecución *f* (por vía) penal

Strafverteidiger(in) *m(f)* (JUR) abogado, -a *m, f* defensor(a)

Strafvollzugsanstalt *f* (JUR) penitenciaría *f*

Strafzettel *m (fam)* multa *f*

Strahl [ʃtraːl] *m* <-(e)s, -en> ① *(Licht-, Sonnenstrahl, a.* PHYS) rayo *m* ② *(Wasserstrahl)* chorro *m*

strahlen ['ʃtraːlən] *vi* ① *(Licht, Sonne)* brillar; *(glänzen)* brillar; *(funkeln)* destellar; *(radioaktiv)* despedir rayos radiactivos; **auf etw ~** iluminar algo; **~des Wetter** un sol radiante; **ein ~des Weiß** un blanco radiante ② *(Mensch)* estar radiante (**vor** de)

Strahlenbehandlung *f* (MED) radioterapia *f*

Strahlenbelastung *f* (MED) carga *f* de radiación

strahlengeschädigt *adj* (MED) contaminado por radiación

Strahlenkrankheit *f* (MED) síndrome *m* de radiación

Strahlenschutz *m* <-es, *ohne pl*> protección *f* contra radiaciones

Strahlentherapie *f* (MED) radioterapia *f*

strahlenverseucht *adj* contaminado por radiación

Strahler *m* <-s, -> ① *(Heizstrahler)* radiador *m* ② *(Lichtstrahler)* reflector *m*

Strahlung *f* <-en> (PHYS) (ir)radiación *f*

strahlungsarm *adj* de baja radiación

Strahlungsenergie *f ohne pl* (PHYS) energía *f* de radiación

Strähnchen [ˈʃtrɛːnçən] *nt pl* mechas *f pl*
Strähne [ˈʃtrɛːnə] *f* <-n> ① *(Haarsträhne)* greña *f pey; (graue Strähne)* mechón *m* ② *(Phase)* fase *f*
strähnig *adj* greñudo *pey*
stramm [ʃtram] *adj* ① *(straff)* tenso; **~ sitzen** venir justo; **~ ziehen** estirar ② *(kräftig)* robusto ③ *(gerade aufgerichtet)* derecho ④ *(streng)* rígido
stramm|stehen *irr vi* cuadrarse
Strampelanzug *m* <-(e)s, -züge> pelele *m,* mameluco *m Am*
Strampelhöschen [-ˈhøːsçən] *nt* pelele *m*
strampeln [ˈʃtrampəln] *vi* ① *(Baby)* patalear ② *sein (fam: Rad fahren)* ir en bici
Strampler *m* <-s, -> *s.* **Strampelanzug**
Strand [ʃtrant, *pl:* ˈʃtrɛndə] *m* <-(e)s, Strände> playa *f;* **an den** [*o* **zum**] **~ gehen** ir a la playa; **am ~ liegen** estar en la playa
Strandbad *nt* playa *f*
Strandbar *f* chiringuito *m* de playa
Stranddüne *f* duna *f* (en la playa)
stranden [ˈʃtrandən] *vi sein* ① *(Schiff)* encallar ② *(geh: scheitern)* fracasar
Strandgut *nt* <-(e)s, *ohne pl*> objetos *m pl* arrojados por el mar
Strandhäuschen *nt* caseta *f* de playa
Strandkorb *m* sillón *m* de playa
Strandmuschel *f* paravientos *m*
Strandpromenade *f* paseo *m* marítimo
Strandresort [-reˈzɔːrt] *nt* <-s, -s> complejo *m* turístico a pie de playa
Strandtuch *nt* toalla *f* de playa
Strang [ʃtraŋ, *pl:* ˈʃtrɛŋə] *m* <-(e)s, Stränge> ① *(Seil)* cuerda *f,* soga *f;* **am gleichen ~ ziehen** *(fig)* tirar de la misma cuerda; **über die Stränge schlagen** *(fam fig)* pasarse de rosca ② *(Wollstrang)* madeja *f* ③ *(Nervenstrang)* cordón *m*
Strangulation [ʃtraŋgulaˈtsioːn] *f* <-, -en> estrangulación *f*
strangulieren* [ʃtraŋguˈliːrən] *vt* estrangular
Strapaze [ʃtraˈpaːtsə] *f* <-n> esfuerzo *m* (enorme), agobio *m*
strapazieren* [ʃtrapaˈtsiːrən] *vt* ① *(Material)* gastar ② *(Person)* agotar; *(Augen)* cansar (mucho); *(Geduld)* poner a prueba
strapazierfähig *adj* resistente
strapaziös [ʃtrapaˈtsjøːs] *adj* agotador
Straps [ʃtraps] *m* <-es, -e> liguero *m*
Straßburg [ˈʃtraːsbʊrk] *nt* <-s> Estrasburgo *m*
Straße [ˈʃtraːsə] *f* <-n> ① *(in einer Ortschaft)* calle *f; (große)* avenida *f; (Landstraße)* carretera *f;* **auf der ~** en la calle; **auf offener ~** en plena calle; **auf die ~ gehen** salir a la calle; **jdn auf die ~ setzen** *(fam)* poner a alguien de patitas en la calle ② *(Meeresenge)* estrecho *m*
Straßenanzug *m* traje *m* de calle
Straßenarbeiten *f pl* obras *f pl* (en la calle)
Straßenarbeiter *m* peón *m* caminero
Straßenbahn *f* tranvía *m*
Straßenbahnhaltestelle *f* parada *f* de tranvía
Straßenbahnlinie *f* línea *f* de tranvía
Straßenbau *m ohne pl* construcción *f* de carreteras
Straßenbauamt *nt* Obras *f pl* Públicas
Straßenbelag *m* firme *m*
Straßenbeleuchtung *f ohne pl* alumbrado *m* público
Straßencafé *nt* café *m* con terraza
Straßenfeger(in) *m(f)* <-s, -; -nen> barrendero, -a *m, f*
Straßenfest *nt* <-(e)s, -e> fiesta *f* en la calle
Straßenglätte *f ohne pl* hielo *m* en las carreteras
Straßengraben *m* cuneta *f*
Straßenhändler(in) *m(f)* vendedor(a) *m(f)* ambulante
Straßenkarte *f* mapa *m* de carreteras
Straßenkehrmaschine *f* barredera *f*
Straßenkreuzung *f* cruce *m*
Straßenkünstler(in) *m(f)* artista *mf* callejero
Straßenlaterne *f* farol *m*
Straßenmarkierung *f* señalización *f* en la carretera [*o* calle]
Straßenmusiker(in) *m(f)* cantante *mf* callejero
Straßennetz *nt* red *f* de carreteras
Straßenrand *m* margen *m* de la calle
Straßenreinigung *f* <-, *ohne pl*> limpieza *f* callejera
Straßenschild *nt* letrero *m; (Verkehrsschild)* señal *f* indicadora
Straßenschlucht *f (fam) calle situada entre rascacielos*
Straßenseite *f* <-, -n> lado *m* de la calle [*o* de la carretera]; **auf der anderen ~** al otro lado de la calle
Straßensperre *f* barrera *f*
Straßensperrung *f* <-, -en> cierre *m* de una calle [*o* de una carretera] a la circulación
Straßenstrich *m* <-(e)s, *ohne pl*> prostitución *f* callejera
Straßenverkauf *m ohne pl* ① *(Handel)* comercio *m* ambulante ② *(über die Straße)* venta *f* callejera
Straßenverkehr *m* tráfico *m* (rodado)
Straßenverkehrsordnung [ˈ---ˈ---] *f* código *m* de circulación

Stratege, -in [ʃtra'te:gə] *m, f* <-n, -n; -nen> estratega *mf*

Strategie [ʃtrate'gi:] *f* <-n> estrategia *f*

strategisch *adj* estratégico

Stratosphäre [ʃtrato'sfɛ:rə, strato-] *f* <-, *ohne pl*> (METEO) estratosfera *f*

sträuben ['ʃtrɔɪbən] **I.** *vr:* **sich ~** ① *(Haare, Fell)* ponerse de punta ② *(sich wehren)* oponerse (**gegen** a) **II.** *vt* erizar; *(Gefieder)* hinchar; *(Fell)* poner de punta

Strauch [ʃtraʊx, *pl:* 'ʃtrɔɪçɐ] *m* <-(e)s, Sträucher> arbusto *m*, mata *f*

straucheln ['ʃtraʊxəln] *vi sein* ① *(geh: stolpern)* tropezar (**über** con) ② *(scheitern)* fracasar

Strauß[1] [ʃtraʊs] *m* <-es, -e> *(Vogel)* avestruz *m*

Strauß[2] [ʃtraʊs, *pl:* 'ʃtrɔɪsə] *m* <-es, Sträuße> *(Blumenstrauß)* ramo *m* (de flores)

Streaming ['stri:mɪŋ] *nt* <-(s), -s> (INFOR) streaming *m;* **sich** *dat* **ein Video per ~ ansehen** ver un vídeo en streaming

Strebe ['ʃtre:bə] *f* <-n> (ARCHIT) puntal *m*

streben ['ʃtre:bən] *vi* ① *sein (sich bewegen)* dirigirse (**zu/nach** hacia) ② *(sich bemühen)* **nach etw ~** aspirar a algo

Streben ['ʃtre:bən] *nt* <-s, *ohne pl*> ambición *f* (**nach** de)

Streber(in) *m(f)* <-s, -; -nen> *(abw)* arribista *mf*, olfa *mf RíoPl: fam; (in der Schule)* empollón, -ona *m, f*

strebsam *adj* aplicado; *(ehrgeizig)* ambicioso

Strebsamkeit *f* <-, *ohne pl*> aplicación *f*, diligencia *f; (Ehrgeiz)* ambición *f*

Strecke ['ʃtrɛkə] *f* <-n> ① *(Wegabschnitt)* trayecto *m; (Eisenbahnstrecke)* línea *f;* (SPORT) recorrido *m;* **auf freier/halber ~** durante el recorrido; **über weite ~n** *(größtenteils)* en grandes partes; **auf der ~ bleiben** *(fam fig)* quedarse en la estacada ② *(Entfernung)* distancia *f* ③ *(Weg, Route)* ruta *f* ④ (BERGB) galería *f* ⑤ (MATH) segmento *m* rectilíneo ⑥ *(Wend)* **jdn zur ~ bringen** *(verhaften)* echarle el guante a alguien; *(töten)* cargarse a alguien

strecken ['ʃtrɛkən] **I.** *vt* ① *(Körperteil)* estirar; **lang gestreckt** alargado; (**den Finger**) **~** *(fam)* levantar la mano; **jdn zu Boden ~** derribar a alguien de un golpe; **den Kopf aus dem Fenster ~** asomar la cabeza por la ventana ② *(Metall)* laminar ③ *(Vorräte, Geld)* hacer rendir; *(verdünnen)* aguar **II.** *vr:* **sich ~** ① *(sich ausstrecken)* estirarse ② *(sich recken)* desperezarse ③ *(sich hinziehen)* **der Weg streckt sich** *(fam)* el camino se hace largo

Streckenabschnitt *m* tramo *m*

Streckennetz *nt* red *f* de líneas

streckenweise *adv (a. fig)* en (algunas) partes

Streetworker(in) ['stri:twœ:kɐ] *m(f)* <-s, -; -nen> educador(a) *m(f)* de calle

Streich [ʃtraɪç] *m* <-(e)s, -e> ① *(geh: Schlag)* golpe *m* ② *(Schabernack)* jugarreta *f*, ganga *f Méx*, cargada *f Arg;* **jdm einen ~ spielen** hacer(le) una jugarreta a alguien; **da hat mir mein Gedächtnis einen ~ gespielt** mi memoria me ha gastado una mala pasada

Streicheleinheiten *f pl (fam, a.* PSYCH) caricias *f pl*, papachos *m pl Méx*

streicheln ['ʃtraɪçəln] *vt* acariciar

streichen ['ʃtraɪçən] <streicht, strich, gestrichen> **I.** *vt* ① *(anstreichen)* pintar; **frisch gestrichen!** ¡recién pintado! ② *(durchstreichen)* tachar, radiar *Am; (Zuschuss)* suprimir; *(Plan, Auftrag)* anular; **„Nichtzutreffendes ~"** "táchese lo que no corresponda" ③ *(Butter)* untar; *(Brötchen)* preparar ④ *(entfernen)* quitar ⑤ *(Stoff, Haare)* **glatt ~** alisar; **etw** (**mit der Hand**) **glatt ~** pasar la mano por algo **II.** *vi* ① *sein (umherstreifen)* vagar (**durch** por) ② *(darüberstreichen)* pasar (la mano) (**durch/über** por); *(zärtlich)* acariciar (**durch/über**); **ein gestrichener Esslöffel Mehl** una cuchara rasa de harina

Streicher *pl* (MUS: *Orchesterteil*) instrumentos *m pl* de arco

Streichholz *nt* cerilla *f*, cerillo *m Méx*

Streichholzschachtel *f* caja *f* de cerillas, cerillero *m Am*

Streichinstrument *nt* instrumento *m* de cuerda

Streichkäse *m* queso *m* para untar

Streichorchester *nt* orquesta *f* de cuerda

Streichung *f* <-en> ① *(Abschaffung)* anulación *f; (von Stellen, im Etat)* recorte *m* ② *(im Text)* tachadura *f*

Streichwurst *f* embutido *m* para untar

Streife ['ʃtraɪfə] *f* <-n> patrulla *f;* **auf ~ gehen/sein** andar/estar de patrulla

streifen ['ʃtraɪfən] **I.** *vt* ① *(berühren)* rozar; *(Frage, Problem)* tocar de pasada ② *(abziehen)* sacar (**von** de); *(überziehen)* poner (**auf** a) **II.** *vi sein* **durch ein Gebiet ~** recorrer una región

Streifen ['ʃtraɪfən] *m* <-s, -> ① *(Linie)* línea *f* ② *(aus Stoff, Papier)* tira *f* ③ *(fam: Film)* peli *f*

Streifendienst *m* <-(e)s, -e> ① *(Dienst)* (servicio *m* de) patrulla *f* ② *(Personen)* patrulla *f*

Streifenpolizist(in) *m(f)* policía *mf* de patrulla

Streifenwagen *m* coche *m* patrulla

Streifschuss *m* disparo *m* que pasa rozando

Streifzug *m* ① *(Erkundungszug)* excursión *f* (**durch** por/en) ② *(kurzer Überblick)* panorama *m* (**durch** de)

Streik [ʃtraɪk] *m* <-(e)s, -s> huelga *f;* **in (den) ~ treten** declararse en huelga; **zum ~ aufrufen** convocar una huelga

Streikbrecher(in) *m(f)* <-s, -; -nen> esquirol *mf*

streiken [ˈʃtraɪkən] *vi* ① *(Arbeiter)* estar en huelga (**für** para) ② *(fam: sich weigern)* pasar; *(Motor)* no funcionar

Streikende(r) *mf* <-n, -n; -n> huelgista *mf*

Streikgeld *nt ohne pl* subsidio *m* de huelga

Streikposten *m* piquete *m* (de huelga)

Streit [ʃtraɪt] *m* <-(e)s, -e> disputa *f* (**um** por, **über** sobre), pelea *f* (**um** por); *(Rechtsstreit)* litigio *m;* **wir haben ~** estamos peleados; **wegen etw mit jdm ~ bekommen** pelearse con alguien por algo; **sich im ~ trennen** acabar peleados

streiten [ˈʃtraɪtən] <streitet, stritt, gestritten> **I.** *vi* ① *(zanken)* pelear (**um** por) ② *(mit Worten)* discutir (**über** sobre); **darüber lässt sich ~** esto es discutible **II.** *vr:* **sich ~** pelearse (**um/wegen** por)

Streiterei *f* <-en> *(abw)* querellas *fpl;* *(mit Worten)* disputas *fpl*

Streitfall *m* conflicto *m;* (JUR) litigio *m;* (POL) contencioso *m;* **im ~** en caso de litigio

Streitfrage *f* objeto *m* de disputa; (JUR) punto *m* litigioso

Streitgespräch *nt* disputa *f*

Streithammel *m* <-s, -> *(fam)* buscapleitos *mf inv,* buscarruidos *mf inv*

streitig *adj* ① (JUR) litigioso ② *(strittig)* controvertido; **jdm etw ~ machen** disputar algo a alguien

Streitkräfte *fpl* fuerzas *fpl* armadas

streitlustig *adj* disputador; *(aggressiv)* agresivo

Streitmacht *f* <-, *ohne pl*> *(geh)* fuerzas *fpl* armadas, ejército *m*

Streitpunkt *m* punto *m* de discordia

streitsüchtig *adj* pendenciero

streng [ʃtrɛŋ] *adj* ① *(allgemein)* severo; *(hart)* duro; *(genau)* estricto; **~ genommen** en rigor; **jdn ~ ansehen** mirar a alguien severamente; **das ist ~ verboten!** ¡eso está terminantemente prohibido! ② *(Stillschweigen, Diskretion)* absoluto; **~ geheim** bajo absoluta discreción; **~ vertraulich** absolutamente confidencial ③ *(Geruch)* acre ④ *(schmucklos)* austero ⑤ *(Kälte)* intenso; *(Winter)* duro ⑥ *(konsequent)* consecuente ⑦ *(Schweiz: anstrengend)* duro

Strenge [ˈʃtrɛŋə] *f ohne pl* ① *(Striktheit)* severidad *f;* *(Exaktheit)* exactitud *f* ② *(Schmucklosigkeit)* austeridad *f* ③ *(eines Geruchs, Geschmacks)* acritud *f* ④ *(des Winters)* rigor *m*

strenggläubig *adj* (muy) creyente

Stress [ʃtrɛs] *m* <-es, *ohne pl*> estrés *m;* **unter ~ stehen** estar bajo estrés

stressen [ˈʃtrɛsən] *vi, vt (fam)* estresar

stressfrei *adj* sin estrés

stressig *adj (fam)* estresante

Stresssituation *f* <-, -en> situación *f* de estrés

Stretchlimousine [ˈstrɛtʃlimuziːnə] *f* <-, -n> limusina *f* larga

Streu [ʃtrɔɪ] *f ohne pl* paja *f (como lecho)*

Streubüchse *f* <-, -n> *(für Salz)* salero *m;* *(für Zucker)* azucarero *m;* *(für Pfeffer)* pimentero *m*

Streudiagramm *nt* (INFOR) diagrama *m* de puntos

streuen [ˈʃtrɔɪən] **I.** *vt* ① *(verteilen)* esparcir (**durch/auf** por); *(Pulver)* espolvorear; **Gerüchte ~** levantar rumores ② *(Straße)* echar arenilla (a) *(contra el hielo)* **II.** *vi* ① *(Straße)* echar arenilla ② (PHYS) dispersar

Streuer *m* <-s, -> *s.* **Streubüchse**

Streufahrzeug *nt* camión *m* esparcidor de arenilla

Streugut *nt* <-s, *ohne pl*> *sal o arenilla que se esparce para evitar hielos*

streunen [ˈʃtrɔɪnən] *vi sein* vagabundear (**durch** por); **durch die Stadt ~** callejear

Streusalz *nt ohne pl* sal *f* de deshielo

Streusand *m* <-(e)s, *ohne pl*> arenilla *f*

Streusel [ˈʃtrɔɪzəl] *m o nt* <-s, -> *bolita de mantequilla, azúcar y harina para cubrir pasteles*

Streuselkuchen *m pastel cubierto con bolitas de mantequilla, azúcar y harina*

Streuung *f* <-en> (*a.* PHYS) dispersión *f*

strich [ʃtrɪç] *3. imp von* **streichen**

Strich[1] [ʃtrɪç] *m* <-(e)s, -e> *(Linie)* raya *f;* *(auf Skalen)* marca *f;* *(Pinselstrich)* pincelada *f;* **jdm einen ~ durch die Rechnung machen** *(fam fig)* desbaratar los proyectos de alguien; **einen ~ unter etw ziehen** *(fig)* poner punto final a algo; **unter dem ~** *(als Ergebnis)* a fin de cuentas

Strich[2] *m* <-(e)s, *ohne pl*> ① *(der Haare, des Fells)* sentido *m;* **das geht mir gegen den ~** *(fam)* eso me viene a contrapelo; **jdn nach ~ und Faden verprügeln** *(fam)* dar(le) una buena paliza a alguien ② *(fam: Prostitution)* prostitución *f* callejera; **auf den ~ gehen** hacer la carrera

Strichcode *m* código *m* de barras

stricheln [ˈʃtrɪçəln] *vt* ❶ *(zeichnen)* trazar a rayas; **eine gestrichelte Linie** una línea discontinua ❷ *(schraffieren)* rayar
Stricher(in) *m(f)* <-s, -; -nen> *(fam)* puto, -a *m, f* callejero , -a
Strichkode *m s.* **Strichcode**
Strichliste *f* <-, -n> lista *f* a rayas
Strichmännchen *nt* monigote *m*
Strichpunkt *m* punto *m* y coma
strichweise *adv* en algunas partes; ~ **Schneefall** nevadas locales
Strichzeichnung *f* <-, -en> (KUNST) dibujo *m* a rayas
Strick [ʃtrɪk] *m* <-(e)s, -e> ❶ *(Seil)* cuerda *f*, soga *f*; **wenn alle ~e reißen** *(fam)* en el peor de los casos; **jdm aus etw einen ~ drehen** *(fig)* utilizar algo en contra de alguien ❷ *(fam: Schlingel)* bribón, -ona *m, f*
stricken [ˈʃtrɪkən] *vi, vt* hacer punto; **einen Pullover ~** hacer un jersey de punto
Strickgarn *nt* hilo *m* para labores de punto
Strickjacke *f* chaqueta *f* de punto
Strickleiter *f* escala *f* de cuerda
Strickmaschine *f* tricotosa *f*
Strickmuster *nt* patrón *m* de punto
Stricknadel *f* aguja *f* para hacer punto
Strickwaren *fpl* géneros *mpl* de punto
Strickweste *f* chaqueta *f* de punto
Strickzeug *nt* *(Handarbeit)* labor *m* de punto
striegeln *vt* *(Pferd)* almohazar; *(bürsten)* cepillar
Striemen [ˈʃtriːmən] *m* <-s, -> verdugón *m*
strikt [ʃtrɪkt] *adj* estricto
String [ʃtrɪŋ] *m* <-s, -s> (INFOR: *Zeichenkette*) cadena *f* de caracteres
stringent [ʃtrɪŋˈgɛnt, strɪŋˈgɛnt] *adj* convincente, contundente; *(logisch)* lógico
Strip [strɪp] *m* <-s, -s> estriptis *m inv*, estriptís *m inv*
Strippe [ˈʃtrɪpə] *f* <-n> *(fam)* cordón *m*; **jdn an der ~ haben** tener a alguien al teléfono
strippen [ˈstrɪpən] *vi (fam: sich ausziehen)* hacer un estriptis [*o* estriptís]
Strippenzieher(in) *m(f)* <-s, -; -nen> *(abw fam)* maquinador(a) *m(f)*
Stripper(in) *m(f)* <-s, -; -, -nen> artista *mf* de estriptís
Striptease [ˈʃtrɪptiːs, ˈstrɪptiːs] *m o nt* <-, *ohne pl*> estriptis *m inv*, estriptís *m inv*
stritt [ʃtrɪt] *3. imp von* **streiten**
strittig [ˈʃtrɪtɪç] *adj* disputable; *(umstritten)* discutido
Stroh [ʃtroː] *nt* <-(e)s, *ohne pl*> paja *f*
Strohballen *m* <-s, -> paca *f* de paja
strohblond [ˈ-ˈ-] *adj* rubio pajizo
strohdumm [ˈ-ˈ-] *adj (fam)* tonto
Strohfeuer *nt* fuego *m* de paja; **es war nur ein ~** *(fam)* ha sido solo la emoción del primer momento
Strohhalm *m* ❶ *(Halm)* tallo *m* de paja ❷ *(Trinkhalm)* pajita *f*, popote *m Méx*
Strohhut *m* sombrero *m* de paja
Strohmann *m* testaferro *m*, palo *m* blanco *Am*
Strohwitwe *f (fam)* ~ **sein** estar sin marido
Strohwitwer *m (fam)* ~ **sein** estar de rodríguez
Strolch [ʃtrɔlç] *m* <-(e)s, -e> ❶ *(abw: Gauner)* golfo, -a *m, f* ❷ *(fam: Kind)* golfillo, -a *m, f*
Strom [ʃtroːm] *m* <-(e)s, Ströme> ❶ *(Fluss, Strömung)* corriente *f*; *(a. fig)* río *m*; **der Wein floss in Strömen** el vino corría a raudales; **gegen den ~ schwimmen** *(fig)* nadar contra la corriente; **mit dem ~ schwimmen** *(fig)* dejarse llevar por la corriente ❷ (ELEK) corriente *f*; **unter ~ stehen** *(Kabel, Zaun)* estar conectado a la corriente (eléctrica); *(fam: Mensch)* echar humo por las orejas de tanto trabajo ❸ *(Menschenstrom)* oleada *f*
Stromabnehmer *m* ❶ *(Person)* consumidor(a) *m(f)* ❷ (ELEK) toma *f* de corriente, tomacorriente *m Am*
stromabwärts [-ˈ--] *adv* río abajo
Stromanschluss *m* toma *f* de corriente, conexión *f* de corriente
stromaufwärts [-ˈ--] *adv* río arriba
Stromausfall *m* apagón *m*
strömen [ˈʃtrøːmən] *vi sein* ❶ *(Fluss)* fluir ❷ *(Blut, Wasser)* correr ❸ *(Menschen)* acudir en masa (**zu/nach** a)
Stromerzeuger *m* generador *m*
Stromerzeugung *f* generación *f* de corriente
Stromkabel *nt* línea *f* eléctrica
Stromkreis *m* circuito *m* (eléctrico)
Stromleitung *f* conducción *f* de corriente (eléctrica)
Stromlieferant *m* <-en, -en> suministrador(a) *m(f)* de corriente (eléctrica), abastecedor(a) *m(f)* de corriente (eléctrica)
stromlinienförmig *adj* aerodinámico
Strommast *m* poste *m* de la electricidad
Stromnetz *nt* red *f* eléctrica
Stromquelle *f* <-, -n> fuente *f* de corriente
Stromrechnung *f* <-, -en> cuenta *f* de electricidad
Stromschnelle *f* <-n> rápido *m*, corredera *f CSur*
Stromsparfunktion *f* <-, -en> (INFOR, TECH) función *f* para ahorrar energía
Stromsperre *f* corte *m* de corriente
Stromstärke *f* intensidad *f* de la corriente

Strömung *f* <-en> corriente *f*
Stromverbrauch *m* consumo *m* de electricidad
Stromversorgung *f* suministro *m* de corriente
Stromzähler *m* <-s, -> contador *m* eléctrico
Strophe ['ʃtro:fə] *f* <-n> estrofa *f*
strotzen ['ʃtrɔtsən] *vi (vor Freude, Gesundheit)* rebosar (**von/vor** de); *(voll sein)* estar lleno (**von/vor** de)
strubb(e)lig ['ʃtrʊbəlɪç] *adj* desgreñado
strubbelig ['ʃtrʊbəlɪç] *adj* desgreñado, enmarañado
Strubbelkopf *m (fam)* ❶ *(Kopfhaar)* greña *f* ❷ *(Mensch)* greñudo, -a *m, f*
Strudel ['ʃtru:dəl] *m* <-s, -> ❶ *(im Wasser)* remolino *m* ❷ *(Speise) rollo de hojaldre relleno,* strudel *m Am*
Struktur [ʃtrʊk'tu:ɐ] *f* <-en> estructura *f*
strukturell [ʃtrʊktu'rɛl] *adj* estructural
strukturieren* [ʃtrʊktu'ri:rən] *vt* estructurar
Strukturierung *f* <-en> estructuración *f*
Strukturreform *f* <-, -en> reforma *f* estructural
strukturschwach *adj* (WIRTSCH) poco desarrollado
Strukturwandel *m* cambio *m* de estructura
Strumpf [ʃtrʊmpf, *pl:* 'ʃtrʏmpfə] *m* <-(e)s, Strümpfe> media *f; (kurzer)* calcetín *m*
Strumpfband *nt* liga *f*
Strumpfhalter *m* <-s, -> liguero *m,* portaligas *m inv Am*
Strumpfhaltergürtel *m* liguero *m*
Strumpfhose *f* panti *m,* pantimedia(s) *f (pl) Méx*
Strunk [ʃtrʊŋk, *pl:* 'ʃtrʏŋkə] *m* <-(e)s, Strünke> ❶ *(von Gemüse)* troncho *m* ❷ *(Baum~)* tronco *m*
struppig ['ʃtrʊpɪç] *adj* hirsuto
Stube ['ʃtu:bə] *f* <-n> cuarto *m,* habitación *f;* **die gute** ~ el salón
Stubenarrest *m (fam)* ~ **haben/bekommen** no poder salir *(un niño, como castigo, de casa o de su habitación)*
Stubenhocker(in) *m(f) (fam abw)* persona *f* casera
stubenrein *adj (Tier)* aseado; *(Witz)* decoroso
Stuck [ʃtʊk] *m* <-(e)s, *ohne pl*> ❶ *(Material)* estuco *m* ❷ *(Stuckarbeit)* estucado *m*
Stück [ʃtʏk] *nt* <-(e)s, -e> ❶ *(allgemein)* pieza *f; (Vieh)* cabeza *f;* **sechs ~ Eier** seis huevos; **drei Euro das ~** tres euros cada uno; **~ Land** parcela *f;* **ein ~ spazieren gehen** pasear un rato; **das ist ein starkes ~!** *(fam)* ¡qué barbaridad! ❷ *(Teil)* trozo *m,* pedazo *m,* troncho *m CSur;* **~ für ~** pieza por pieza; *(fig)* poco a poco; **etw in ~e schlagen** romper algo en trozos; **große ~e auf jdn halten** *(fam)* estimar mucho a alguien; **ein schweres ~ Arbeit** mucho trabajo; **aus freien ~en** voluntariamente ❸ *(Theater-, Musikstück)* pieza *f* ❹ *(fam abw: Person)* **du gemeines ~!** ¡hijo de perra!
Stuckateur(in) [ʃtʊka'tø:ɐ] *m(f)* <-s, -e; -nen> estucador(a) *m(f)*
stückeln ['ʃtʏkəln] *vt* fraccionar
Stückgut *nt* bulto *m* suelto
Stückpreis *m* precio *m* por unidad
stückweise *adv* por piezas
Stückzahl *f* (WIRTSCH) número *m* de piezas
Student(in) [ʃtu'dɛnt] *m(f)* <-en, -en; -nen> estudiante *mf*
Studentenausweis *m* carné *m* de estudiante
Studentenfutter *nt ohne pl mezcla de frutos secos y pasas con alto valor alimenticio*
Studentenheim *nt* <-(e)s, -e> (UNIV) *s.* **Studentenwohnheim**
Studentenschaft *f ohne pl* estudiantado *m*
Studentenverbindung *f* (UNIV) *asociación estudiantil jerarquizada, con uniforme y reglas propias más o menos estrictas que ofrece a sus miembros alojamiento, apoyo profesional, etc.*
Studentenwerk *nt en Alemania, institución universitaria para la asistencia social de los estudiantes*
Studentenwohnheim *nt* residencia *f* estudiantil
Studentin *f* <-nen> *s.* **Student**
studentisch *adj* estudiantil
Studie ['ʃtu:diə] *f* <-n> ❶ *(Entwurf)* esbozo *m* ❷ *(Untersuchung)* estudio *m*
Studien *pl von* **Studie, Studium²**
Studienabbrecher(in) *m(f)* <-s, -; -nen> estudiante *mf* que abandona la carrera universitaria
Studienabschluss *m (Grad)* título *m* (universitario)
Studienanfänger(in) *m(f)* <-s, -; -, -nen> estudiante *mf* de primer año
Studienberater(in) *m(f)* <-s, -; -, -nen> asesor(a) *m(f)* de estudios
Studienberatung *f* <-, -en> (UNIV) servicio *m* de asesoramiento para estudiantes
Studienfach *nt* asignatura *f*
Studienfahrt *f s.* **Studienreise**
Studiengang *m* <-(e)s, -gänge> carrera *f*
Studiengebühr *f* (derechos *m pl* de) matrícula *f*
Studienplatz *m* plaza *f* (universitaria)

Studienrat, **-rätin** *m, f* catedrático, -a *m, f* de instituto
Studienreferendar(in) *m(f)* (SCH) aspirante *mf* a profesor(a) de instituto
Studienreise *f* viaje *m* de estudios
studieren* [ʃtuˈdiːrən] *vi, vt* estudiar (**an/in** en)
Studierende(r) *mf* <-n, -n; -n, -n> estudiante *mf*
studiert [ʃtuˈdiːɐt] *adj (fam)* que ha estudiado; *(gebildet)* culto
Studio [ˈʃtuːdio] *nt* <-s, -s> estudio *m*
Studium[1] [ˈʃtuːdiʊm] *nt* <-s, *ohne pl*> *(akademische Ausbildung)* carrera *f*
Studium[2] *nt* <-s, Studien> *(Erforschung)* estudio *m*
Stufe [ˈʃtuːfə] *f* <-n> ① *(Treppenstufe)* peldaño *m*, escalón *m*; **Vorsicht, ~!** ¡Cuidado con el escalón! ② *(Ebene)* nivel *m*; *(Rang)* grado *m*; **sich mit jdm auf eine ~ stellen** equipararse con alguien ③ *(Abschnitt)* fase *f*
stufen [ˈʃtuːfən] *vt (Boden, Hang)* escalonar; **eine gestufte Frisur** un corte (de pelo) escalonado
Stufenbarren *m* (SPORT) paralelas *fpl* asimétricas
stufenförmig [-fœrmɪç] *adj* escalonado
Stufenheck *nt* <-(e)s, -s *o* -e> (AUTO) parte *f* trasera escalonada
stufenlos *adj* (TECH) sin fases, sin etapas
Stufenschnitt *m* corte *m* escalonado
stufenweise *adj* gradual
stufig *adj* ① *(Land)* escalonado ② *(Haar)* en capas
Stuhl [ʃtuːl, *pl:* ˈʃtyːlə] *m* <-(e)s, Stühle> ① *(Möbel)* silla *f*; **elektrischer ~** silla eléctrica; **jdm einen ~ anbieten** ofrecer(le) una silla a alguien; **zwischen zwei Stühlen sitzen** *(fig)* nadar entre dos aguas; **das reißt mich nicht vom ~** *(fam)* esto no me maravilla ② (REL) sede *f*; **der Heilige ~** la Santa Sede ③ (MED: *Stuhlgang*) defecación *f*; *(Kot)* restos *mpl* fecales
Stuhlbein *nt* pata *f* de la silla
Stuhlgang *m* <-(e)s, *ohne pl*> defecación *f*; **~ haben** defecar
Stuhllehne *f* respaldo *m* (de una silla)
Stulle [ˈʃtʊlə] *f* <-n> *(nordd)* bocadillo *m*, bocata *m fam*
stülpen [ˈʃtʏlpən] *vt* **etw auf/über etw ~** tapar algo con algo; **etw nach außen ~** volver algo (al revés)
stumm [ʃtʊm] *adj* ① *(sprechunfähig, a.* LING) mudo; **~ werden** enmudecer ② *(schweigsam)* callado; **jdn ~ ansehen** mirar a alguien sin decir palabra
Stumme(r) *mf* <-n, -n; -n, -n> mudo, -a *m, f*
Stummel [ˈʃtʊməl] *m* <-s, -> *(Bleistiftstummel)* pedazo *m*; *(Kerzenstummel)* cabo *m*; *(Zigarettenstummel)* colilla *f*
Stummfilm *m* película *f* muda
Stümper(in) [ˈʃtʏmpɐ] *m(f)* <-s, -; -nen> *(abw)* chapucero, -a *m, f*
stümperhaft *adj (abw)* chapucero
stumpf [ʃtʊmpf] *adj* ① *(nicht scharf)* desafilado; *(nicht spitz)* romo ② *(rau)* tosco ③ *(glanzlos)* opaco ④ (MATH: *Winkel*) obtuso ⑤ *(teilnahmslos)* apático; *(gleichgültig)* indiferente
Stumpf [ʃtʊmpf, *pl:* ˈʃtʏmpfə] *m* <-(e)s, Stümpfe> *(Baumstumpf)* tocón *m*; *(Kerzenstumpf)* cabo *m*; *(von Gliedmaßen)* muñón *m*
Stumpfsinn *m* <-(e)s, *ohne pl*> ① *(Teilnahmslosigkeit)* apatía *f* ② *(Monotonie)* monotonía *f*
stumpfsinnig *adj* ① *(teilnahmslos)* apático ② *(monoton)* monótono
stumpfwinklig *adj* (MATH) de ángulo obtuso, obtusángulo
Stunde [ˈʃtʊndə] *f* <-n> hora *f*; *(Unterrichtsstunde)* clase *f*; **drei viertel ~n** tres cuartos de hora; **in einer ~** dentro de una hora; **vor einer halben ~** hace media hora; **alle halbe ~** cada media hora; **bis zur ~** hasta ahora; **zu später ~** muy tarde; **25 Euro pro ~** 25 euros la hora; **~n nehmen/geben** tomar/dar clases; **in einer schwachen ~** en un momento de debilidad; **seine letzte ~ ist gekommen** le ha llegado la hora; **sie weiß, was die ~ geschlagen hat** *(fig)* sabe cómo están las cosas
stunden [ˈʃtʊndən] *vt* **jdm etw ~** conceder a alguien una prórroga para algo
Stundengeschwindigkeit *f* velocidad *f* por hora
Stundenhotel *nt* casa *f* de citas
Stundenkilometer *m (fam)* kilómetro *m* por hora
stundenlang **I.** *adj* de varias horas **II.** *adv* horas y horas
Stundenlohn *m* salario *m* por hora
Stundenplan *m* horario *m*
Stundentakt *m ohne pl* **im ~** cada hora
stundenweise *adv* por horas
Stundenzeiger *m* horario *m*
stündlich [ˈʃtʏntlɪç] **I.** *adj* horario **II.** *adv* cada hora; **dreimal ~** tres veces por hora
Stunk [ʃtʊŋk] *m* <-s, *ohne pl*> *(fam abw)* bronca *f*, camorra *f*; **~ machen** armar camorra
Stuntman [ˈstantmən] *m* <-s, Stuntmen> (FILM) especialista *m*
stupend [ʃtuˈpɛnt] *adj (geh)* sorprendente

stupid(e) *adj (abw)* ① *(Person)* estúpido ② *(Tätigkeit)* monótono

Stups [ʃtʊps] *m* <-es, -e> *(fam)* empujón *m*

stupsen [ˈʃtʊpsən] *vt (fam)* empujar

Stupsnase *f* nariz *f* respingona

stur [ʃtuːɐ] *adj* testarudo; **bei etw auf ~ schalten** *(fam)* encabezonarse en algo

Sturheit *f ohne pl (fam abw)* terquedad *f*

Sturm [ʃtʊrm, *pl:* ˈʃtʏrmə] *m* <-(e)s, Stürme> ① *(Unwetter)* tormenta *f; (Wind)* tempestad *f;* **ein ~ der Begeisterung** una tempestad de entusiasmo; **~ klingeln** *(fam)* tocar a rebato ② *(Angriff)* asalto *m* (**auf** a); **gegen etw ~ laufen** protestar contra algo; **die Herzen im ~ erobern** conquistar (todos) los corazones en seguida ③ (SPORT) delantera *f;* **er spielt im ~** juega en la delantera

Sturmangriff *m* asalto *m* (**auf** a)

Sturmbö *f* ráfaga *f,* bocanada *f* (de viento)

stürmen [ˈʃtʏrmən] **I.** *vi* ① *sein (rennen)* precipitarse (**zu/nach** hacia) ② (SPORT) atacar **II.** *vt* tomar por asalto; *(Bank, Geschäfte)* asaltar **III.** *vunpers* **es stürmt** hay temporal

Stürmer(in) *m(f)* <-s, -; -nen> (SPORT) delantero *mf*

Sturmflut *f* marea *f* muy alta

stürmisch *adj* ① *(Wetter)* tempestuoso; *(Meer)* agitado ② *(ungestüm)* impetuoso; *(heftig)* violento; *(Liebhaber)* apasionado; *(Entwicklung)* rápido; *(Beifall)* frenético; **nicht so ~!** ¡no tan rápido!

Sturmschaden *m* daño *m* causado por la tempestad

Sturmtief *nt* (METEO) borrasca *f*

Sturmwarnung *f* aviso *m* de tempestad

Sturz [ʃtʊrts, *pl:* ˈʃtʏrtsə] *m* <-es, Stürze> ① *(Fall)* caída *f* (**von** de, **aus** por) ② *(Rückgang)* bajón *m* ③ *(einer Regierung)* derrocamiento *m* ④ *(oberer Abschlussbalken)* dintel *m* ⑤ *(Achssturz)* inclinación *f*

sturzbesoffen *adj (vulg),* **sturzbetrunken** *adj (fam)* (borracho) como una cuba

stürzen [ˈʃtʏrtsən] **I.** *vi sein* ① *(fallen)* caer(se); *(Temperatur, Währung)* bajar; **sie ist schwer gestürzt** se hizo mucho daño al caerse; **zu Boden ~** caer al suelo ② *(in die Tiefe)* despeñarse ③ *(rennen)* precipitarse (**zu/an** hacia, **in** a); **ins Zimmer gestürzt kommen** entrar de golpe en la habitación **II.** *vt* ① *(umstürzen)* derribar; *(umkippen)* volcar; *(Regierung)* derrocar ② *(hinunterstürzen)* arrojar; *(von einem Felsen)* despeñar ③ *(Kuchen-, Puddingform)* desprender **III.** *vr:* **sich ~** *(hinunterspringen)* precipitarse (**in** a, **von** desde), arrojarse (**aus** por); **sich auf jdn ~** abalanzarse sobre alguien; **sich auf/in etw ~** lanzarse sobre/a algo; **sich in die Arbeit ~** lanzarse al trabajo

Sturzflug *m* vuelo *m* en picado; **im ~** en picado

Sturzhelm *m* casco *m* (protector)

Stuss [ʃtʊs] *m* <-es, *ohne pl*> *(fam abw)* disparates *mpl*

Stute *f* <-n> yegua *f*

Stütze [ˈʃtʏtsə] *f* <-n> *(a. fig)* sostén *m,* apoyo *m;* (ARCHIT) soporte *m;* **eine ~ für jdn sein** ser el sostén de alguien

stutzen [ˈʃtʊtsən] **I.** *vi (innehalten)* interrumpirse; *(erstaunt)* sorprenderse **II.** *vt* cortar; *(Baum)* podar; *(Flügel, Schwanz)* recortar

Stutzen [ˈʃtʊtsən] *m* <-s, -> ① (TECH: *Rohrstück*) tubo *m* de empalme ② *(Jagdgewehr)* carabina *f* ③ *(Strumpf)* medias *fpl* de deporte

stützen [ˈʃtʏtsən] **I.** *vt* apoyar; **den Kopf auf die Hände ~** apoyar la cabeza en las manos **II.** *vr:* **sich ~** ① *(sich aufstützen)* apoyarse (**auf** en) ② *(beruhen)* basarse (**auf** en)

stutzig *adj* **~ werden** sorprenderse; **~ machen** *(argwöhnisch machen)* hacer sospechar; *(verwirren)* desconcertar

Stützmauer *f* muro *m* de apoyo

Stützpfeiler *m* (ARCHIT) pilar *m* (de apoyo)

Stützpunkt *m* ① *(einer Last)* punto *m* de apoyo ② (MIL) base *f*

St. Vincent und die Grenadinen [seɪntˈvɪnsənt-] San Vicente y las Granadinas

StVO [ɛsteːfaʊˈʔoː] *f Abk. von* **Straßenverkehrsordnung** código *m* de circulación

stylen [ˈstaɪlən] **I.** *vt (gestalten)* diseñar; **sich** *dat* **die Haare ~** arreglarse el pelo **II.** *vr:* **sich ~** *(fam)* ponerse (guapo)

Styling [ˈstaɪlɪŋ] *nt* <-s, *ohne pl*> diseño *m,* estilo *m*

stylisch, stylish [ˈstaɪlɪʃ] *adj (fam: Schuhe, Handy)* estiloso, de moda

Styropor® [ʃtyroˈpoːɐ, styro-] *nt* <-s, *ohne pl*> poliestireno *m,* plumavit® *m Am*

s. u. *Abk. von* **siehe unten** véase abajo

Subjekt [zʊpˈjɛkt] *nt* <-(e)s, -e> (*a.* LING) sujeto *m*

subjektiv [zʊpjɛkˈtiːf] *adj* subjetivo

Subjektivität [zʊpjɛktiviˈtɛːt] *f ohne pl* subjetividad *f*

Subkontinent *m* <-(e)s, -e> (GEO) subcontinente *m*

Subkultur [ˈzʊpkʊltuːɐ] *f* subcultura *f*

subsidiär *adj* subsidiario

Subsidiarität *f* <-, *ohne pl*> (POL, JUR) subsidiariedad *f*

Subskription [zʊpskrɪpˈtsjoːn] *f* <-, -en>

(*a.* FIN) suscripción *f;* **etw durch ~ kaufen** suscribirse a algo

Substantiv ['zʊpstanti:f] *nt* <-s, -e> (LING) sustantivo *m*

Substanz [zʊp'stants] *f* <-en> sustancia *f;* **das geht an die ~** *(fam)* esto llega al alma

substanziell [zʊpstan'tsjɛl] *adj* sustancial

substituieren* [zʊpstitu'i:rən] *vt* sustituir (**durch** por)

Substrat [zʊp'stra:t] *nt* <-(e)s, -e> (BIOL) sustrato *m*

subtil [zʊp'ti:l] *adj* sutil

Subtilität *f* <-, *ohne pl*> sutilidad *f*

subtrahieren* [zʊptra'hi:rən] *vt* (MATH) restar (**von** a)

Subtraktion [zʊptrak'tsjo:n] *f* <-en> (MATH) sustracción *f,* resta *f*

Subtropen ['zʊptro:pən] *pl* (GEO) regiones *f pl* subtropicales

subtropisch *adj* (GEO) subtropical

Subunternehmen *nt* <-s, -> subempresa *f*

Subunternehmer(in) ['zʊp-] *m(f)* <-s, -; -, -nen> (WIRTSCH) subcontratista *mf*

Subvention [zʊpvɛn'tsjo:n] *f* <-n> (WIRTSCH) subvención *f*

subventionieren* [zʊpvɛntsjo'ni:rən] *vt* (WIRTSCH) subvencionar

subversiv [zʊpvɛr'zi:f] *adj* subversivo

Suchaktion *f* operación *f* de búsqueda

Suchanfrage *f* <-, -n> (INFOR) búsqueda *f*

Suchbegriff *m* (INFOR) concepto *m* de búsqueda

Suche ['zu:xə] *f* <-n> busca *f,* búsqueda *f;* **sich auf die ~ nach jdm/etw** *dat* **machen** salir en busca de alguien/algo

suchen ['zu:xən] *vi, vt* buscar; **nach etw** *dat* **/jdm ~** buscar algo/a alguien; **da kannst du lange ~** *(fam)* buscas en vano; **du hast hier nichts zu ~!** *(fam)* ¡a ti no te ha dado nadie vela en este entierro!

Sucher *m* <-s, -> (FOTO) visor *m*

Suchfunktion *f* (INFOR) función *f* de búsqueda

Suchkriterium *nt* (INFOR) criterio *m* de búsqueda

Suchmannschaft *f* equipo *m* de rastreo [*o* de búsqueda]

Suchmaschine *f* motor *m* de búsqueda, buscador *m*

Sucht [zʊxt] *f* <-en *o* Süchte> ❶ *(Abhängigkeit)* adicción *f* (**nach** a) ❷ *(Verlangen)* manía *f* (**nach** de)

Suchtgefahr *f* <-, *ohne pl*> peligro *m* de adicción

süchtig ['zʏçtɪç] *adj* ❶ *(alkohol-, tablettensüchtig)* adicto (**nach** a); *(drogensüchtig)* toxicómano; **~ machen** producir adicción ❷ *(begierig)* ávido (**nach** de)

Süchtige(r) *mf* <-n, -n; -n> adicto, -a *m, f; (Drogensüchtige(r))* toxicómano, -a *m, f*

Suchtkranke(r) *mf* adicto, -a *m, f; (durch Drogen)* toxicómano, -a *m, f*

Sud [zu:t] *m* <-(e)s, -e> decocción *f*

Süd [zy:t] *m* <-(e)s, *ohne pl*> (*a.* NAUT, METEO) sur *m*

Südafrika ['-'---] *nt* ❶ *(Republik)* Sudáfrica *f* ❷ *(Teil des Kontinents)* África *f* del Sur

Südafrikaner(in) ['---'--] *m(f)* sudafricano, -a *m, f*

südafrikanisch ['---'--] *adj* sudafricano

Südamerika ['--'---] *nt* América *f* del Sur, Sudamérica *f*

Südamerikaner(in) ['----'--] *m(f)* sudamericano, -a *m, f,* latino, -a *m, f fam*

südamerikanisch ['----'--] *adj* sudamericano, latino *fam*

Sudan [zu'da:n] *m* <-s> Sudán *m*

Sudanese, -in [zuda'ne:zə] *m, f* <-n, -n; -nen> sudanés, -esa *m, f*

sudanesisch *adj* sudanés

süddeutsch *adj* de Alemania del Sur

Süddeutsche(r) *mf* alemán, -ana *m, f* del Sur

Süddeutschland *nt* Alemania *f* del Sur

sudeln ['zu:dəln] *vi, vt (fam abw: beim Schreiben)* garabatear; *(beim Zeichnen)* pintarrajear; *(mit Matsch schmieren)* embadurnar

Süden ['zy:dən] *m* <-s, *ohne pl*> sur *m;* **im ~** en el sur; **im ~ von ...** *(südlich von)* al sur de...; *(im südlichen Teil von)* en el sur de; **von ~** del sur; **nach/in den ~** hacia el sur

Südeuropa ['--'--] *nt (Region)* Europa *f* del Sur; *(südlicher Teil)* sur *m* de Europa

Südfrankreich *nt* sur *m* de Francia, Francia *f* meridional

Südfrucht *f* fruta *f* tropical

Südhalbkugel *f ohne pl* hemisferio *m* sur

Südhang *m* pendiente *f* sur

Südkorea *nt* Corea *f* del Sur

Südkoreaner(in) *m(f)* <-s, -; -, -nen> coreano, -a *m, f* del Sur

südkoreanisch *adj* de Corea del Sur

Südküste *f* costa *f* (del) Sur

Südländer(in) [-lɛndɐ] *m(f)* <-s, -; -nen> *habitante de un país mediterráneo*

südländisch *adj* del sur de Europa; **~es Temperament** temperamento latino

südlich ['zy:tlɪç] **I.** *adj* del sur, meridional; **in ~er Richtung** en dirección sur; **52 Grad ~e Breite** 52 grados latitud sur **II.** *präp +gen* al sur de; **~ von Granada** al sur de Granada

Sudoku [zu'do:ku] *nt* <-(s), -s> *(Zahlenrätsel)* sudoku *m*

S

Südostasien *nt* sureste *m* asiático
Südosten [-ˈ--] *m* sudeste *m*
südöstlich [-ˈ--] **I.** *adj* del sudeste **II.** *präp +gen* al sudeste de
Südpol *m ohne pl* polo *m* sur
Südpolarmeer *nt ohne pl* océano *m* Glacial Antártico
Südsee *f* Pacífico *m* meridional
Südseite *f* lado *m* sur
Südspanien [ˈ-ˈ---] *nt* sur *m* de España
Südstaaten *mpl* Estados *mpl* del sur
Südstaatler(in) [-ʃtaːtlɐ] *m(f)* <-s, -; -nen> habitante *mf* de los Estados del sur
Südsudan *m* Sudán del Sur *m*
Südtirol *nt* sur *m* del Tirol
südwärts [ˈzyːtvɛrts] *adv (nach Süden)* hacia el sur; *(im Süden)* al sur
Südwesten [-ˈ--] *m* sudoeste *m*
südwestlich [-ˈ--] **I.** *adj* del sudoeste **II.** *präp +gen* al sudoeste de
Südwind *m* viento *m* del sur
Sueskanal [ˈzuːɛs-] *m* Canal *m* de Suez
Suff [zʊf] *m* <-(e)s, *ohne pl*> *(fam)* borrachera *f*, trinca *f Am;* **im ~** borracho
süffeln [ˈzʏfəln] *vt (fam)* saborear *(una bebida alcohólica)*
süffig [ˈzʏfɪç] *adj (fam)* suave y ligero
süffisant [zʏfiˈzant] *adj (geh)* suficiente, de suficiencia
Suffix [ˈzʊfɪks, -ˈ-] *nt* <-es, -e> (LING) sufijo *m*
suggerieren* [zʊgeˈriːrən] *vt* ① *(einreden)* sugerir ② *(Eindruck erwecken)* aparentar
Suggestion [zʊgɛsˈtjoːn] *f* <-en> sugestión *f*
suggestiv [zʊgɛsˈtiːf] *adj* sugestivo
suhlen [ˈzuːlən] *vr:* **sich ~** revolcarse (**in** en)
Sühne [ˈzyːnə] *f ohne pl (geh)* expiación *f*
sühnen [ˈzyːnən] *vt (geh)* expiar
Suite [ˈsviːtə, zuˈiːtə] *f* <-n> (*a.* MUS) suite *f*
Suizid [zuiˈtsiːt, *pl:* zuiˈtsiːdə] *m* <-(e)s, -e> *(geh)* suicidio *m*
Sukzession *f* <-, -en> ① *(Erbfolge)* sucesión *f* ② (ÖKOL) secuencia *f*
sukzessiv [zʊktsɛˈsiːf] *adj* sucesivo
Sulfat [zʊlˈfaːt] *nt* <-(e)s, -e> (CHEM) sulfato *m*
Sultan(in) [ˈzʊltaːn] *m(f)* <-s, -e; -nen> sultán, -ana *m, f*
Sultanine [zʊltaˈniːnə] *f* <-, -n> pasa *f* sultana
Sülze [ˈzʏltsə] *f* <-n> *(Fleischsülze)* carne *f* en gelatina; *(Fischsülze)* pescado *m* en gelatina
sülzen [ˈzʏltsən] *vi, vt (fam)* parlotear
summa cum laude [ˈzʊma kʊm ˈlaʊdə] *adv* (UNIV) con un sobresaliente cum laude
summarisch [zʊˈmaːrɪʃ] *adj* sumario
summa summarum [ˈzʊma zʊmaːrʊm] *adv* en total, sumándolo todo
Summe [ˈzʊmə] *f* <-n> ① (MATH) suma *f* ② *(Geldbetrag)* importe *m*, suma *f;* **eine runde ~** una suma redonda
summen [ˈzʊmən] **I.** *vi* ① *(Insekten, Motor)* zumbar ② *(Mensch)* tararear una melodía **II.** *vt (Melodie)* tararear
Summer *m* <-s, -> zumbador *m*
summieren* [zʊˈmiːrən] **I.** *vt* sumar **II.** *vr:* **sich ~** acumularse
Sumpf [zʊmpf, *pl:* ˈzʏmpfə] *m* <-(e)s, Sümpfe> pantano *m*, moca *m Ecua*
sumpfig *adj* pantanoso
Sumpfland *nt* <-(e)s, *ohne pl*> terreno *m* pantanoso
Sumpfpflanze *f* planta *f* de pantano [*o* palustre]
Sünde [ˈzʏndə] *f* <-n> pecado *m;* **eine ~ begehen** cometer un pecado
Sündenbock *m (fam)* cabeza *f* de turco; **jdn zum ~ machen** convertir a alguien en cabeza de turco
Sündenfall *m ohne pl* (REL) pecado *m* original
Sünder(in) *m(f)* <-s, -; -nen> pecador(a) *m(f)*
sündhaft *adj* pecaminoso; **~ teuer** carísimo
sündig *adj* pecador; *(lasterhaft)* vicioso
sündigen [ˈzʏndɪgən] *vi* pecar
super [ˈzuːpɐ] **I.** *adj inv (fam)* fantástico, de putamadre *fam* **II.** *adv* de maravilla, de putamadre *fam*
Super *nt* <-s, *ohne pl*> (AUTO) súper *f*
Super-8-Film *m* película *f* de super-8
Superbenzin *nt* gasolina *f* súper
Superfood [ˈzuːpɐfuːt] *nt* <-s, *ohne pl*> superalimento *m*
Super-GAU *m (fam)* máxima catástrofe *f* posible
Superlativ [ˈzuːpɐlatiːf] *m* <-s, -e> (LING) superlativo *m*
Supermacht *f (fam)* superpotencia *f*
Supermann *m (fam)* supermán *m*
Supermarkt *m* supermercado *m*
Superstar *m* superestrella *f*
Supertanker *m* superpetrolero *m*
Suppe [ˈzʊpə] *f* <-n> sopa *f; (klare Suppe)* consomé *m;* **die ~ hast du dir selbst eingebrockt** *(fam)* en esto te has metido tú solito; **die ~ auslöffeln müssen** *(fam fig)* pagar el pato
Suppenfleisch *nt ohne pl* carne *f* para sopa
Suppengemüse *nt* surtido *m* de verduras (para hacer sopa)
Suppengrün *nt* <-s, *ohne pl*> verdura *f* de sopa
Suppenhuhn *nt* pollo *m* para hacer sopa

Suppenlöffel *m* cuchara *f* para sopa

Suppennudel *f* fideo *m*

Suppenschüssel *f* sopera *f*

Suppenteller *m* plato *m* sopero

Suppenwürfel *m* pastilla *f* de caldo

Supraleiter *m* (ELEK) superconductor *m*

Surfbrett ['sœːf-] *nt* tabla *f* de surf

surfen ['sœːfən] *vi* ① (SPORT) practicar el surf, hacer surf ② (INFOR) navegar, surfear; **im Web/Internet ~** navegar en [*o* por] la web/en internet

Surfer(in) ['sœːfɐ] *m(f)* <-s, -; -nen> ① (SPORT) surfista *mf* ② (INFOR) internauta *mf*, navegante *mf*

Surfing ['zøːɐfɪŋ, 'zœrfɪŋ] *nt* <-s, *ohne pl*> (SPORT) ① *(Windsurfen)* windsurf(ing) *m* ② *(Wellenreiten)* surf(ing) *m*

Surfstick *m* (INFOR) módem *m* USB

Suriname [syri'naːmə] *nt* <-s> Surinam *m*

Surrealismus [zʊrea'lɪsmʊs] *m* <-, *ohne pl*> (KUNST, LIT) surrealismo *m*

surrealistisch *adj* (KUNST, LIT) surrealista

surren ['zʊrən] *vi* zumbar

Surrogat [zʊro'gaːt] *nt* <-(e)s, -e> sucedáneo *m*

Sushi ['zuːʃi] *nt* <-(s), -s> (GASTR) sushi *m*

suspekt [zʊs'pɛkt] *adj* sospechoso; **das ist mir ~** esto me parece sospechoso

suspendieren* [zʊspɛn'diːrən] *vt* suspender (**von** de); **er wurde vom Dienst suspendiert** lo suspendieron de sus funciones

Suspendierung *f* <-, -en> suspensión *f*

süß [zyːs] *adj* ① *(Geschmack)* dulce; *(gesüßt)* azucarado; *(Duft)* fragante ② *(lieblich)* dulce ③ *(niedlich)* mono

Süße ['zyːsə] *f* <-, *ohne pl*> dulzor *m*

süßen ['zyːsən] *vt* endulzar; *(mit Zucker)* azucarar

Süßholz *nt ohne pl* regaliz *m*; **~ raspeln** *(fam)* echar piropos

Süßigkeit *f* <-en> dulce *m*

Süßkartoffel *f* batata *f*

süßlich *adj* dulzón

süßsauer ['-'--] *adj* agridulce

Süßspeise *f* plato *m* dulce

Süßstoff *m* edulcorante *m*

Süßstofftablette *f* pastilla *f* edulcorante

Süßwaren *fpl* dulces *mpl*

Süßwarengeschäft *nt (Laden)* bombonería *f*

Süßwasser *nt* agua *f* dulce

Süßwasserangeln *nt* pesca *f* de agua dulce

Süßwasserfisch *m* (ZOOL) pez *m* de agua dulce

SW *Abk. von* **Südwesten** SO

Swasiland ['svaːzilant] *nt* <-s> Swazilandia *f*

Sweatshirt ['swɛtʃœːt] *nt* <-s, -s> suéter *m*, sudadera *f*

SWIFT *m* <-(s), *ohne pl*> *Abk. von* **Society for Worldwide Interbank Financial Telecommunication** *(internationale Bankleitzahl)* SWIFT *m*

Swimmingpool ['swɪmɪŋpuːl, 'svɪmɪŋ-] *m* piscina *f*, pileta *f Am*

Symbiose [zʏmbi'oːzə] *f* <-n> (BIOL) simbiosis *f inv*

Symbol [zʏm'boːl] *nt* <-s, -e> símbolo *m* (**für** de)

symbolisch *adj* simbólico (**für** de)

symbolisieren* [zʏmboli'ziːrən] *vt* simbolizar

Symbolismus *m* <-, *ohne pl*> (HIST, KUNST) Simbolismo *m*

Symbolleiste *f* (INFOR) barra *f* de trabajo

Symmetrie [zʏme'triː] *f* <-n> simetría *f*

symmetrisch [zʏ'meːtrɪʃ] *adj* simétrico

Sympathie [zʏmpa'tiː] *f* <-n> simpatía *f* (**für** por); **~ für jdn empfinden** sentir simpatía por alguien

Sympathieträger(in) *m(f)* persona *f* que cae en gracia

Sympathisant(in) [zʏmpati'zant] *m(f)* <-en, -en; -nen> simpatizante *mf*

sympathisch [zʏm'paːtɪʃ] *adj* simpático; **er ist mir ~** me es simpático, me cae bien *fam*

sympathisieren* [zʏmpati'ziːrən] *vi* simpatizar

Symphonie [zʏmfo'niː] *f* <-n> sinfonía *f*

Symposium [zʏm'poːziʊm] *nt* <-s, Symposien> simposio *m*

Symptom [zʏmp'toːm] *nt* <-s, -e> (*a.* MED) síntoma *m* (**für** de)

symptomatisch [zʏmpto'maːtɪʃ] *adj* (*a.* MED) sintomático (**für** de)

Synagoge [zyna'goːgə] *f* <-n> sinagoga *f*

synchron [zʏn'kroːn] *adj* (*a.* LING) sincrónico

Synchronisation [zʏnkroniza'tsjoːn] *f* <-en> ① (TECH) sincronización *f* ② (FILM) doblaje *m*

synchronisieren* [zʏnkroni'ziːrən] *vt* ① (TECH) sincronizar ② (FILM) doblar

Synchronisierung *f* <-, -en> *s.* **Synchronisation**

Synchronschwimmen *nt* (SPORT) natación *f* sincronizada

Syndikat [zʏndi'kaːt] *nt* <-(e)s, -e> (WIRTSCH) consorcio *m*

Syndrom [zʏn'droːm] *nt* <-s, -e> (MED) síndrome *m* (**für** de)

Synergie [zynɛr'giː, zʏnɛr'giː] *f* <-, *ohne pl*> sinergia *f*

Synode [zy'noːdə] *f* <-n> (REL) sínodo *m*

synonym [zyno'nyːm] *adj* (LING) sinónimo (**zu** de)

Synonym [zyno'ny:m] *nt* <-s, -e *o* -a> (LING) sinónimo *m* (**zu** de)
syntaktisch [zʏn'taktɪʃ] *adj* (LING) sintáctico
Syntax ['zʏntaks] *f* <-en> (LING) sintaxis *f inv*
Synthese [zʏn'te:zə] *f* <-n> (*a.* PHILOS, CHEM) síntesis *f inv*
Synthesizer ['sʏntəsaɪzɐ] *m* <-s, -> sintetizador *m*
Synthetik [zʏn'te:tɪk] *nt* <-s, *ohne pl*> *(Gewebe)* tejido *m* sintético
synthetisch [zʏn'te:tɪʃ] *adj* (*a.* CHEM) sintético
Syphilis ['zy:filɪs] *f ohne pl* sífilis *f*
Syrer(in) ['zy:rɐ] *m(f)* <-s, -; -nen> sirio, -a *m, f*
Syrien ['zy:riən] *nt* <-s> Siria *f*
Syrier(in) ['zy:riɐ] *m(f)* <-s, -; -nen> *s.* **Syrer**
syrisch ['zy:rɪʃ] *adj* sirio
System [zʏs'te:m] *nt* <-s, -e> sistema *m;* **duales ~** (ÖKOL) sistema dual
Systemabsturz *m* (INFOR) caída *f* del sistema
Systemanalyse *f* (INFOR) análisis *m inv* de sistemas
Systemanalytiker(in) *m(f)* (INFOR) analista *mf* de sistemas
Systematik [zʏste'ma:tɪk] *f* <-en> ① *(Ordnung)* orden *m* ② (BIOL) sistemática *f*
systematisch [zʏste'ma:tɪʃ] *adj* sistemático
systematisieren* [zʏstemati'zi:rən] *vt* sistematizar
Systemkritiker(in) *m(f)* (*a.* POL, WIRTSCH) disidente *mf*
systemkritisch I. *adj* (POL) crítico con el sistema **II.** *adv* de manera crítica con el sistema
Szenario [stse'na:rio] *nt* <-s, -s> *(Zukunftsvision)* visión *f* de futuro
Szene ['stse:nə] *f* <-n> ① (THEAT) escena *f;* **ein Stück in ~ setzen** poner una obra en escena; **sich in ~ setzen** lucirse; **jdm eine ~ machen** montar(le) a alguien una escena ② *(fam: Milieu)* ambiente *m;* **sich in der ~ auskennen** *(fam: im Nachtleben/kulturellen Leben)* conocer la movida
Szenerie [stsenə'ri:] *f* <-n> (*a.* THEAT) escenario *m*
szenisch ['stse:nɪʃ] *adj* escénico; **die ~e Leitung** la dirección escénica

Tt

T, t [te:] *nt* <-, -> T, t *f;* **~ wie Theodor** T de Tarragona
t *Abk. von* **Tonne** t
Tabak ['tabak] *m* <-s, -e> tabaco *m*
Tabakindustrie *f* <-, -n> industria *f* de tabaco [*o* tabacalera]
Tabakladen *m* estanco *m,* tabaquería *f*
Tabaksdose *f* tabaquera *f*
Tabaksteuer *f* impuesto *m* sobre el tabaco
Tabakwaren *fpl* tabacos *mpl*
tabellarisch [tabɛ'la:rɪʃ] *adj* en forma de cuadro
Tabelle [ta'bɛlə] *f* <-n> cuadro *m*
Tabellenführer *m* (SPORT) líder *m*
Tabellenplatz *m* <-es, -plätze> (SPORT) puesto *m* en la clasificación
Tabellenstand *m* <-(e)s, *ohne pl*> (SPORT) clasificación *f*
Tablet ['tæblət] *nt* <-s, -s>, **Tablet-Computer** *m* <-s, -s>, **Tablet-PC** ['tɛblətpe:tse:] *m* <-s, -s> (INFOR) tableta *f*
Tablett [ta'blɛt] *nt* <-(e)s, -s *o* -e> bandeja *f,* azafata *f Chil*
Tablette [ta'blɛtə] *f* <-n> pastilla *f*
Tablettensucht *f* fármacodependencia *f*
tablettensüchtig *adj* fármacodependiente; **~ sein** ser adicto a las pastillas
Tabloidformat ['tæblɔɪt-] *nt* formato *m* tabloide
tabu [ta'bu:] *adj inv* **~ sein** ser un tabú
Tabu [ta'bu:] *nt* <-s, -s> tabú *m*
tabuisieren* [tabui'zi:rən] *vt* convertir en tabú
Tabula rasa ['ta:bula 'ra:za] *f* **~ machen** *(geh)* hacer tabla rasa
Tabulator [tabu'la:to:ɐ] *m* <-s, -en> tabulador *m*
Tabulatortaste *f* (INFOR) tecla *f* tabuladora
Tacheles ['taxələs] (**mit jdm**) **~ reden** *(fam)* hablar sin rodeos (con alguien)
Tacho ['taxo] *m* <-s, -s> *(fam) s.* **Tachometer**
Tachometer [taxo'me:tɐ] *m o nt* <-s, -> ① *(Geschwindigkeitsmesser)* velocímetro *m* ② *(Drehzahlmesser)* tacómetro *m*
Tacker ['takɐ] *m* <-s, -> grapadora *f*
Taco ['tako] *f* (GASTR) taco *m*
Tadel ['ta:dəl] *m* <-s, -> ① *(Kritik)* crítica *f;*

(Rüge) reprimenda *f* ② *(geh: Mangel)* defecto *m*

tadellos *adj* impecable; *(vollkommen)* perfecto

tadeln ['ta:dəln] *vt* *(rügen)* reprender (**wegen** por); *(kritisieren)* criticar (**wegen** por)

tadelnd *adj* reprobador; **ein ~er Blick** una mirada de reproche

Tadschikistan [ta'dʒi:kista(:)n] *nt* <-s> Tayikistán *m*

Taekwondo [tɛk'vɔndo] *nt* <-, *ohne pl*> (SPORT) taekwondo *m*

Tafel ['ta:fəl] *f* <-n> ① *(Brett, Anzeigetafel)* tabla *f*; *(Gedenktafel)* placa *f* (conmemorativa) ② *(in der Schule)* pizarra *f* ③ *(für Vertäfelung)* panel *m* ④ *(Schokoladentafel)* tableta *f* ⑤ *(Tabelle)* cuadro *m* ⑥ *(Illustration)* lámina *f* ⑦ *(geh: Esstisch)* mesa *f*

Tafelmesser *nt* cuchillo *m* (de mesa)

täfeln ['tɛ:fəln] *vt* revestir (de madera)

Tafelsilber *nt ohne pl* cubertería *f* de plata

Täfelung *f* <-en> revestimiento *m* (de madera)

Tafelwasser *nt* agua *f* mineral

Tafelwein *m* vino *m* de mesa

Taft [taft] *m* <-(e)s, -e> tafetán *m*

Tag [ta:k] *m* <-(e)s, -e> ① *(allgemein)* día *m*; *(im Verlauf)* jornada *f*; **es wird ~** amanece; **jeden ~** todos los días; **jeden dritten ~** cada tres días; **zweimal am ~** dos veces al día; **am folgenden ~** al día siguiente; **den ganzen ~ lang** durante todo el día; **vor 5 ~en** hace 5 días; **in 8 ~en** dentro de 8 días; **~ für ~** día tras día; **von einem ~ auf den anderen** de un día para otro; **guten ~!** ¡buenos días!; **eines (schönen) ~es** un (buen) día; **~ der offenen Tür** día de puertas abiertas; **der ~ X** el día X; **etw kommt an den ~** algo sale a la luz; **ein Unterschied wie ~ und Nacht** una diferencia como del día a la noche; **einen guten/schlechten ~ haben** estar de buen/de mal humor; **in den ~ hinein leben** vivir al día; **etw zu ~e fördern** sacar algo a la luz; **es ist noch nicht aller ~e Abend** todavía no está todo perdido; **man soll den ~ nicht vor dem Abend loben** *(prov)* no hay que echar las campanas al vuelo antes de tiempo; *s. a.* **Tag** ② (BERGB) **unter/über ~e arbeiten** trabajar en la mina/a cielo abierto ③ *pl (fam: Menstruation)* regla *f*

tagaus [-'-] *adv* **~, tagein** todos los días

Tagebau *m* <-(e)s, *ohne pl*> (BERGB) explotación *f* (minera) a cielo abierto

Tagebuch *nt* diario *m*

tagein [-'-] *adv s.* **tagaus**

tagelang I. *adj* de varios días II. *adv* durante días enteros

Tagelohn *m* jornal *m*

Tagelöhner(in) *m(f)* <-s, -; -nen> jornalero, -a *m, f*

tagen ['ta:gən] I. *vi* *(konferieren)* reunirse (en sesión) II. *vunpers* *(geh: Tag werden)* amanecer; **es tagt** amanece

Tagesablauf *m* tra(n)scurso *m* del día

Tagesanbruch *m* amanecer *m*, amanezquera *f Méx, PRico*; **bei ~** al alba

Tagesausflug *m* <-(e)s, -flüge> salida *f* de un día, excursión *f* de un día

Tagescreme *f* crema *f* de día

Tagesdecke *f* cubrecama *m*

Tageseinnahmen *fpl* (COM) ingresos *mpl* del día

Tagesfahrt *f* <-, -en> viaje *m* de un día, viaje *m* de una jornada

Tagesgericht *nt* (GASTR) plato *m* del día

Tagesgeschäft *nt* tareas *fpl* habituales

Tageskarte *f* ① *(Speisekarte)* menú *m* del día ② *(Fahrkarte)* bono *m* de un día

Tageskurs *m* (FIN) valor *m* del día

Tageslicht *nt ohne pl* luz *f* del día; **bei ~** de día; **ans ~ bringen/kommen** sacar/salir a la luz

Tageslichtprojektor *m* retroproyector *m*

Tagesmutter *f* niñera *f* *(que cuida a niños en su propia casa)*

Tagesordnung *f* orden *m* del día; **auf der ~ stehen** figurar en el orden del día; **an der ~ sein** ser el pan de cada día; **zur ~ übergehen** volver a la actividad diaria

Tagesordnungspunkt *m* punto *m* del orden del día

Tagesreise *f s.* **Tagesfahrt**

Tagesschau *f* (TV) telediario *m*

Tageszeit *f* hora *f* del día; **zu jeder Tages- und Nachtzeit** día y noche

Tageszeitung *f* diario *m*

tageweise ['ta:gəvaɪzə] *adv* por días

taggen ['tægn̩] *vt* (INFOR: *einen Text mit Tags strukturieren*) etiquetar

taghell ['-'-] *adj* claro como el día; **es ist schon ~** ya es (de) día

täglich ['tɛ:klɪç] I. *adj* cotidiano, diario II. *adv* todos los días, cada día; **dreimal ~** tres veces al día

tagsüber ['---] *adv* durante el día, de día

tagtäglich ['-'--] I. *adj* diario, de todos los días II. *adv* todos los días, a diario

Tagtraum *m* soñar *m* despierto

Tagung ['ta:gʊŋ] *f* <-en> congreso *m*

Tagungsort *m* <-(e)s, -e> lugar *m* donde se celebra un congreso

Tagungsteilnehmer(in) *m(f)* congresista *mf*

Tai-Chi [tai'-tʃiː] *nt* <-(s), *ohne pl*> taichí *m*

Taifun [taɪ'fuːn] *m* <-s, -e> tifón *m*

Taiga ['taɪga] *f ohne pl* taiga *f*

Taille ['taljə] *f* <-n> cintura *f*

tailliert [ta'jiːɐt] *adj* entallado

Taiwan ['taɪvan, taɪ'va(ː)n] *nt* <-s> Taiwan *m*

Taiwaner(in) [taɪ'vaːnɐ] *m(f)* <-s, -; -nen> taiwanés, -esa *m, f*

taiwanisch *adj* taiwanés

Takelage [takə'laːʒə] *f* <-, -n> (NAUT) jarcias *fpl*

Takt[1] [takt] *m* <-(e)s, -e> (MUS) compás *m;* **im ~ der Musik** al compás de la música; **den ~ schlagen** marcar el compás; **im ~ bleiben** llevar el compás; **aus dem ~ kommen** perder el compás

Takt[2] *m* <-(e)s, *ohne pl*> *(Taktgefühl)* tacto *m,* discreción *f*

Taktangabe *f* (MUS) compás *m*

Taktgefühl *nt ohne pl* tacto *m,* discreción *f;* **(kein) ~ haben** (no) tener tacto

taktieren* [tak'tiːrən] *vi (in Verhandlungen)* emplear una táctica

Taktik ['taktɪk] *f* <-en> táctica *f*

Taktiker(in) ['taktikɐ] *m(f)* <-s, -; -nen> táctico, -a *m, f*

taktisch *adj* táctico; **~ klug/falsch** tácticamente inteligente/equivocado

taktlos *adj* indiscreto

Taktlosigkeit *f* <-en> falta *f* de tacto

Taktstock *m* (MUS) batuta *f*

Taktstrich *m* (MUS) barra *f* de compás

taktvoll *adj* con (mucho) tacto

Tal [taːl, *pl:* 'tɛːlɐ] *nt* <-(e)s, Täler> valle *m*

talabwärts *adv* valle abajo

Talar [ta'laːɐ] *m* <-s, -e> ❶ *(von Geistlichen)* sotana *f* ❷ *(von Richtern)* toga *f*

talaufwärts [-'--] *adv* valle arriba

Talent [ta'lɛnt] *nt* <-(e)s, -e> talento *m* (**für/zu** para)

talentiert [talɛn'tiːɐt] *adj* dotado

Talfahrt *f* bajada *f; (einer Währung)* caída *f*

Talg [talk] *m* <-(e)s, -e> sebo *m*

Talgdrüse *f* glándula *f* sebácea

Taliban ['taːlibaːn] *m* <-s, -> talibán *m*

Talibanregime *nt* régimen *m* talibán

Talisman ['taːlɪsman] *m* <-s, -e> talismán *m*

Talk[1] [talk] *m* <-(e)s, *ohne pl*> *(Mineral)* talco *m*

Talk[2] [tɔːk] *m* <-s, -s> *(sl: Gespräch)* charla *f*

Talkmaster(in) [tɔːk'maːstɐ] *m(f)* <-s, -; -nen> (TV) presentador(a) *m(f)*

Talkshow ['tɔːkʃɔʊ] *f* (TV) talk show *m*

Talsohle *f* (GEO) fondo *m* del valle

Talsperre *f* presa *f*

Tamburin ['tamburiːn] *nt* <-s, -e> pandereta *f*

Tampon ['tampɔn] *m* <-s, -s> tampón *m; (für Wunden)* tapón *m*

Tamtam[1] [tam'tam] *nt* <-s, -s> *(Instrument)* tam-tam *m*

Tamtam[2] *nt* <-s, *ohne pl*> *(fam abw: Getöse)* jaleo *m;* **viel ~ um etw machen** dar mucho bombo a algo

Tandem ['tandɛm] *nt* <-s, -s> tándem *m*

Tang [taŋ] *m* <-(e)s, -e> algas *fpl* marinas

Tanga ['taŋga] *m* <-s, -s> tanga *m*

Tangens ['taŋgɛns] *m* <-, -> (MATH) tangente *f*

Tangente [taŋ'gɛntə] *f* <-n> (MATH) tangente *f*

tangential [taŋgɛn'tsjaːl] *adj* (MATH) tangencial

tangieren* [taŋ'giːrən] *vt* ❶ *(geh: berühren)* afectar ❷ (MATH) tocar tangencialmente

Tango ['taŋgo] *m* <-s, -s> tango *m*

Tank [taŋk] *m* <-s, -s *o* -e> depósito *m,* tanque *m*

Tankanzeige *f* (AUTO) indicador *m* (del nivel) de la gasolina

Tankdeckel *m* (AUTO) tapa *f* del depósito de carburante

tanken *vi, vt* echar gasolina; **10 Liter ~** echar 10 litros (de gasolina); **frische Luft ~** *(fam)* respirar aire fresco; **er hat ordentlich getankt** *(fam)* ha bebido de lo lindo

Tanker *m* <-s, -> buque *m* cisterna

Tankfüllung *f* (AUTO) depósito *m* (lleno)

Tanklaster *m* <-s, ->, **Tanklastzug** *m* <-(e)s, -züge> camión *m* cisterna

Tankleuchte *f* (AUTO) luz *f* de reserva (del indicador de la gasolina)

Tanksäule *f* surtidor *m* de gasolina

Tankstelle *f* gasolinera *f*

Tankwagen *m* camión *m* cisterna

Tankwart(in) ['-vart] *m(f)* <-(e)s, -e; -nen> empleado, -a *m, f* de una gasolinera

Tanne ['tanə] *f* <-n> (BOT) abeto *m*

Tannenbaum *m* ❶ *(Tanne)* abeto *m* ❷ *(fam: Weihnachtsbaum)* árbol *m* de Navidad

Tannennadel *f* aguja *f* de abeto

Tannenzapfen *m* piña *f* de abeto

Tannin [ta'niːn] *nt* <-s, -e> tanino *m*

Tansania [tan'zaːnia, tanza'niːa] *nt* <-s> Tanzania *f*

Tante ['tantə] *f* <-n> tía *f*

Tante-Emma-Laden *m (fam)* tienda *f* de la esquina

Tantieme [tã'tjeːmə] *f* <-n> ❶ *(Gewinnbeteiligung)* participación *f* en los beneficios ❷ *pl (von Autoren)* derechos *mpl* de autor

Tanz [tants, *pl:* 'tɛntsə] *m* <-es, Tänze> (MUS) baile *m,* dancing *m Am;* **jdn zum ~**

auffordern sacar a alguien a bailar; **darf ich Sie um den nächsten ~ bitten?** ¿me concede el próximo baile?

Tanzabend *m* (velada *f* de) baile *m*

Tanzbein *nt* **das ~ schwingen** *(fam)* mover el esqueleto

tänzeln ['tɛntsəln] *vi* ① *haben o sein (Mensch)* andar con paso ligero; *(hüpfen)* brincar ② *(Pferd)* dar escarceos

tanzen I. *vi* ① *(Mensch)* bailar; **~ gehen** ir a bailar ② *(Boot)* balancearse (**auf** en) ③ *(Mücken)* volar ④ *sein (tänzeln)* andar con paso ligero **II.** *vt* bailar; **Tango ~** bailar tango

Tänzer(in) ['tɛntsɐ] *m(f)* <-s, -; -nen> bailador(a) *m(f)*; *(professionell)* bailarín, -ina *m, f*; *(Flamencotänzer)* bailaor(a) *m(f)*

Tanzfläche *f* pista *f* de baile

Tanzkapelle *f* <-, -n> orquesta *f* de baile

Tanzkurs *m* curso *m* de baile

Tanzlokal *nt* sala *f* de baile, dancing *m Am*

Tanzmusik *f* música *f* bailable [*o* para bailar]

Tanzorchester *nt* orquesta *f* de baile

Tanzpartner(in) *m(f)* pareja *f* (de baile)

Tanzschule *f* escuela *f* de baile

Tanzstunde *f* clase *f* de baile

Tapet [ta'pe:t] *nt (fam)* **etw aufs ~ bringen** poner algo sobre el tapete

Tapete [ta'pe:tə] *f* <-n> papel *m* pintado

Tapetenrolle *f* rollo *m* de papel pintado

Tapetenwechsel *m (fam fig)* cambio *m* de aires

tapezieren* [tape'tsi:rən] *vi, vt* empapelar

Tapeziertisch *m* mesa *f* de caballete

tapfer ['tapfɐ] *adj* valiente; **sich ~ schlagen** defenderse con bravura

Tapferkeit *f ohne pl* valentía *f*

tappen ['tapən] *vi sein* andar (a tientas)

tapsen ['tapsən] *vi sein (fam)* caminar silenciosamente

tapsig *adj (fam)* torpe, desmañado

Tarantel [ta'rantəl] *f* <-n> (ZOOL) tarántula *f*; **wie von der ~ gestochen** *(fam)* como si le hubiera picado un bicho

Tarif [ta'ri:f] *m* <-s, -e> tarifa *f*; **nach/über/unter ~ bezahlt werden** ser pagado según la/sobre la/por debajo de la tarifa

Tarifautonomie *f* autonomía *f* de tarifa

Tarifgruppe *f* categoría *f* de tarifas

Tarifkonflikt *m* conflicto *m* de tarifas

tariflich *adj* de la tarifa; *(Bezahlung)* según la tarifa

Tariflohn *m* salario *m* según el convenio colectivo

Tarifpartner *m* interlocutor *m* social

Tarifverhandlungen *fpl* negociaciones *fpl* de los convenios colectivos

Tarifvertrag *m* convenio *m* colectivo

tarnen ['tarnən] **I.** *vt* camuflar (**mit** con, **gegen** contra) **II.** *vr:* **sich ~** camuflarse (**als** de)

Tarnfarbe ['tarn-] *f* color *m* de camuflaje

Tarnname *m* nombre *m* falso

Tarnung *f* <-en> camuflaje *m*

Tasche ['taʃə] *f* <-n> ① *(an Kleidung)* bolsillo *m* ② *(Handtasche)* bolso *m*, busaca *f Col, Ven; (Reisetasche)* bolsa *f* (de viaje); *(Akten-, Schultasche)* cartera *f*; **in die eigene ~ wirtschaften** *(fam)* llenarse los bolsillos (de modo fraudulento); **etw aus der eigenen ~ bezahlen** *(fam)* pagar algo del propio bolsillo; **jdm auf der ~ liegen** *(fam)* vivir a costa de alguien; **tief in die ~ greifen** *(fam fig)* aflojar la mosca; **jdn in der ~ haben** *(fam fig)* tener a alguien en el bolsillo

Taschenabteilung *f* sección *f* de bolsos

Taschenausgabe *f* edición *f* de bolsillo

Taschenbuch *nt* libro *m* de bolsillo

Taschendieb(in) *m(f)* carterista *mf*, bolsista *mf AmC, Méx*

Taschendiebstahl *m* hurto *m* de la cartera [*o* del bolso], robo *m* de la cartera [*o* del bolso] *fam*

Taschengeld *nt* dinero *m* para (pequeños) gastos personales

Taschenkalender *m* agenda *f* de bolsillo

Taschenlampe *f* linterna *f*

Taschenmesser *nt* navaja *f*

Taschenrechner *m* calculadora *f* (de bolsillo)

Taschenschirm *m* <-(e)s, -e> paraguas *m inv* plegable [*o* de bolsillo]

Taschenspiegel *m* <-s, -> espejo *m* de bolsillo

Taschentuch *nt* pañuelo *m*

Taschenuhr *f* reloj *m* de bolsillo

Taskleiste ['ta:sk-] *f* (INFOR) barra *f* de tareas

Tasse ['tasə] *f* <-n> taza *f*; **eine ~ Kaffee** una taza de café; **er hat nicht alle ~n im Schrank** *(fam)* le falta un tornillo; **das ist eine trübe ~** *(fam)* ese es un muermo

Tastatur [tasta'tu:ɐ] *f* <-en> teclado *m*

Tastaturbelegung *f* (INFOR) asignación *f* al teclado

Tastatursperre *f* (INFOR) bloqueo *m* del teclado

Taste ['tastə] *f* <-n> tecla *f*; **eine ~ drücken** apretar una tecla

tasten ['tastən] **I.** *vi* **nach etw** *dat* **~** buscar algo a tientas **II.** *vt (ertasten)* palpar **III.** *vr:* **sich ~** andar a tientas (**über/durch** por)

Tastenbelegung *f* (INFOR) asignación *f* a una tecla

Tastenfeld *nt* (INFOR, TEL) teclado *m*

Tasteninstrument *nt* instrumento *m* de teclados
Tastentelefon *nt* <-s, -e> teléfono *m* de teclas
Tastsinn *m ohne pl* (sentido *m* del) tacto
tat [ta:t] *3. imp von* **tun**
Tat [ta:t] *f* <-en> *(das Handeln)* acción *f; (Handlung)* acto *m; (Straftat)* delito *m;* **etw in die ~ umsetzen** poner algo en práctica; **zur ~ schreiten** pasar a los hechos; **jdn auf frischer ~ ertappen** coger a alguien con las manos en la masa; **in der ~!** ¡en efecto!
Tatbestand *m* (*a.* JUR) estado *m* de cosas
Tatendrang *m* dinamismo *m*
tatenlos I. *adj* inactivo II. *adv* de brazos cruzados
Täter(in) ['tɛ:tɐ] *m(f)* <-s, -; -nen> autor(a) *m(f)* de un delito
tätig ['tɛ:tɪç] *adj* activo (**für** para, **bei** en); **~ sein** *(Person)* trabajar (**für** para, **bei** en, **als** de), dedicarse (**als** a); *(Vulkan)* estar activo; **in einer Sache ~ werden** intervenir en un asunto
tätigen ['tɛ:tɪgən] *vt* realizar
Tätigkeit[1] *f* <-en> ① *(Beschäftigung)* actividad *f* (**als** como) ② *(Arbeit)* trabajo *m*
Tätigkeit[2] *f ohne pl (Funktionieren)* funcionamiento *m;* **außer ~ sein** estar parado; **in ~ treten** entrar en funcionamiento
Tätigkeitsbereich *m* campo *m* de acción
Tatkraft *f ohne pl* energía *f,* dinamismo *m*
tatkräftig *adj* enérgico; **jdn ~ unterstützen** apoyar a alguien enérgicamente
tätlich ['tɛ:tlɪç] *adj* de hecho; **gegen jdn ~ werden** hacer uso de la violencia física contra alguien
Tatmotiv *nt* móvil *m* del crimen
Tatort *m* lugar *m* de los hechos
tätowieren* [tɛto'vi:rən] *vt* tatuar; **sich ~ lassen** hacerse un tatuaje
Tätowierung *f* <-en> tatuaje *m*
Tatsache *f* <-n> hecho *m;* **~ ist, dass ...** es un hecho que...; **~!** *(fam)* ¡de verdad!; **vor vollendeten ~n stehen** enfrentarse a hechos consumados
tatsächlich ['---, -'--] I. *adj* real, verdadero II. *adv* de hecho, realmente; **er ist es ~** efectivamente es él
tätscheln ['tɛtʃəln] *vt* dar palmaditas (a); *(streicheln)* acariciar
Tatumstände *mpl* circunstancias *fpl* del hecho
Tatverdacht *m* (JUR) sospecha *f;* **unter ~ stehen** estar bajo sospecha
tatverdächtig *adj* (JUR) sospechoso
Tatverdächtige(r) *mf* (JUR) sospechoso, -a *m, f*
Tatwaffe *f* (JUR) arma *f* del crimen
Tatze ['tatsə] *f* <-n> ① *(von Tieren)* zarpa *f* ② *(fam: Hand)* zampa *f*
Tatzeit *f* (JUR) hora *f* del crimen
Tau[1] [taʊ] *m* <-(e)s, *ohne pl*> *(Niederschlag)* rocío *m*
Tau[2] *nt* <-(e)s, -e> (NAUT) cabo *m*
taub [taʊp] *adj* ① *(gehörlos)* sordo; **sich ~ stellen** hacerse el sordo; **auf einem Ohr ~ sein** ser sordo de un oído; **bist du ~?** *(fam)* ¿estás sordo o qué? ② *(Körperteil)* entumecido ③ *(Nuss)* vacío ④ *(Gestein)* estéril
Taube ['taʊbə] *f* <-n> (ZOOL) paloma *f*
Taube(r) ['taʊbɐ] *mf* <-n, -n; -n, -n> sordo, -a *m, f*
Taubenschlag *m* palomar *m*
Taubheit *f ohne pl* ① *(Gehörlosigkeit)* sordera *f* ② *(der Glieder)* entumecimiento *m*
taubstumm ['--] *adj* sordomudo
Taubstumme(r) *mf* <-n, -n; -n> sordomudo, -a *m, f*
Taubstummensprache *f ohne pl* lenguaje *m* de los sordomudos
Tauchanzug *m* traje *m* de submarinista
tauchen ['taʊxən] I. *vi haben o sein (Mensch)* bucear; *(Ente, U-Boot)* sumergirse (**in** en); **nach jdm/etw** *dat* **~** buscar (buceando) a alguien/algo II. *vt* sumergir (**in** en); *(hineinhalten)* mojar (**in** en)
Tauchen *nt* <-s, *ohne pl*> submarinismo *m,* deporte *m* de inmersión
Taucher(in) *m(f)* <-s, -; -nen> buceador(a) *m(f); (Berufstaucher)* buzo *mf*
Taucheranzug *m* traje *m* de buzo
Taucherbrille *f* gafas *fpl* de bucear
Tauchmaske *f* gafas *fpl* para bucear
Tauchsieder ['-zi:dɐ] *m* <-s, -> calentador *m* de líquidos (por inmersión)
Tauchstation *f* **auf ~ gehen** *(fam)* esfumarse
Tauchstiefel *m* bota *f* de submarinista
tauen ['taʊən] I. *vi sein (Schnee, Eis)* derretirse; *(Fluss)* deshelarse II. *vunpers* **es taut** *(es ist Tauwetter)* se está derritiendo la nieve; *(Tau schlägt sich nieder)* está cayendo rocío
Taufbecken *nt* pila *f* bautismal
Taufe ['taʊfə] *f* <-n> bautizo *m;* **etw aus der ~ heben** *(fam)* fundar algo
taufen ['taʊfən] *vt* bautizar; **sich ~ lassen** bautizarse; **sie tauften ihn auf den Namen Paul** le bautizaron con el nombre de Paul
Täufling ['tɔɪflɪŋ] *m* <-s, -e> niño, -a *m, f* bautizado , -a
Taufpate, -in *m, f* padrino *m* de bautismo, madrina *f* de bautismo
taufrisch ['taʊ'frɪʃ] *adj* ① *(feucht)* húmedo de rocío ② *(frisch)* muy fresco

T

Taufstein *m* (REL) pila *f* bautismal
taugen [taʊgən] *vi* servir (**für/zu** para); **wenig/etwas ~** *(Gegenstand)* servir poco/bastante; *(Film)* no ser muy bueno/ser bastante bueno; **der Kerl taugt nichts** el chico no sirve para nada
Taugenichts ['taʊgənɪçts] *m* <-(es), -e> *(abw)* inútil *mf*
tauglich *adj* *(geeignet)* apropiado (**für** para); *(brauchbar)* útil; (MIL) apto (para el servicio militar)
Tauglichkeit *f ohne pl* aptitud *f* (**für** para); (MIL) aptitud *f* para el servicio militar
Taumel ['taʊməl] *m* <-s, -> ① *(Schwindel)* vértigo *m* ② *(Rausch)* delirio *m;* **im ~ der Begeisterung** en el éxtasis de la emoción
taumeln ['taʊməln] *vi haben o sein* tambalearse
Tausch [taʊʃ] *m* <-(e)s, -e> cambio *m,* trueque *m;* **etw zum ~ anbieten** ofrecer algo para cambiar; **im ~ gegen etw** a cambio de algo
Tauschbörse *f* (INFOR) servicio *m* de intercambio por internet
tauschen ['taʊʃən] *vi, vt* cambiar (**für/gegen** por); **ich möchte nicht mit ihm ~** no quisiera estar en su lugar; **Blicke ~** cruzar las miradas
täuschen ['tɔɪʃən] **I.** *vi* engañar; **das täuscht** esto engaña **II.** *vt* engañar; **wenn mich nicht alles täuscht ...** si no me equivoco...; **sich von jdm ~ lassen** dejarse engañar por alguien **III.** *vr:* **sich ~** equivocarse; **ich habe mich in dir getäuscht** me equivoqué contigo
täuschend *adj* engañoso, que engaña; **sie sehen sich** *dat* **~ ähnlich** se parecen tanto que engaña
Tauschgeschäft *nt* (operación *f* de) trueque *m*
Tauschhandel *m ohne pl* (WIRTSCH) (comercio *m* de) trueque *m*
Täuschung *f* <-en> ① *(das Täuschen)* engaño *m;* *(Betrug)* fraude *m* ② *(Irrtum)* error *m;* **optische ~** ilusión óptica
Täuschungsmanöver *nt* truco *m*
Täuschungsversuch *m* intento *m* de engaño
Tauschwert *m ohne pl* valor *m* de cambio
tausend ['taʊzənt] *adj inv* mil; **~ Dank** un millón de gracias; *s. a.* **achttausend**
Tausend *nt* <-s, -e> millar *m;* **~e** [*o* **tausende**] **von ...** miles de...; **die Ausgaben gehen in die ~** [*o* **tausende**] *(fam)* los gastos se elevan a unos cuantos miles
Tausender ['taʊzəndɐ] *m* <-s, -> ① (MATH) millar *m* ② *(fam: Geldschein)* billete *m* de mil
tausenderlei ['taʊzəndɐ'laɪ] *adj inv (fam)* de mil clases diferentes; *s. a.* **achterlei**
tausendfach **I.** *adj* multiplicado por mil **II.** *adv* mil veces; *s. a.* **achtfach**
Tausendfüßler ['--fy:slɐ] *m* <-s, -> (ZOOL) ciempiés *m inv*
tausendjährig *adj* milenario
tausendmal *adv* mil veces
tausendste(r, s) ['taʊzəntstə, -tɐ, -təs] *adj* milésimo; **du bist der T~, der bei unserem Gewinnspiel anruft** eres el número mil de los que han llamado para nuestro concurso
tausendstel ['taʊzənstəl] *adj inv* milésimo
Tausendstel *nt* <-s, -> milésimo *m,* milésima parte *f*
Tautologie [taʊtolo'gi:] *f* <-, -n> (LING) tautología *f*
Tautropfen ['taʊ-] *m* gota *f* de rocío
Tauwasser *nt* agua *f* de deshielo
Tauwetter *nt* deshielo *m*
Tauziehen *nt* ① *(Spiel)* juego *m* de la cuerda ② *(Hin und Her)* lucha *f*
Taxameter [taksa'me:tɐ] *m o nt* <-s, -> taxímetro *m*
Taxe ['taksə] *f* <-n> ① *(Gebühr)* tasa *f* ② *(Taxi)* taxi *m* ③ *(Schätzung)* tasación
Taxi ['taksi] *nt* <-s, -s> taxi *m*
taxieren* [ta'ksi:rən] *vt* tasar, evaluar
Taxifahrer(in) *m(f)* taxista *mf*
Taxistand *m* parada *f* de taxis
Tb(c) [te:be:'tse:] *f* <-s> (MED) *Abk. von* **Tuberkulose** tuberculosis *f inv*
Team [ti:m] *nt* <-s, -s> equipo *m;* **im ~ arbeiten** trabajar en equipo
Teamarbeit *f ohne pl* trabajo *m* en equipo
teamfähig *adj* (PSYCH) apto para el trabajo en equipo
Teamgeist *m ohne pl* espíritu *m* de equipo
Teamleiter(in) *m(f)* jefe, -a *m, f* de equipo
Teamleitung *f* dirección *f* del equipo
Teamwork ['ti:mwœ:k] *nt* <-s, *ohne pl*> *s.* **Teamarbeit**
Technik[1] ['tɛçnɪk] *f ohne pl* ① *(Technologie)* tecnología *f;* *(Ausstattung)* instalaciones *f pl* técnicas; **der neueste Stand der ~** lo último en tecnología ② *(Abteilung)* (sección *f*) técnica *f*
Technik[2] *f* <-en> *(Arbeitsweise)* técnica *f;* *(Methode)* método *m*
Technika *pl von* **Technikum**
Techniken *pl von* **Technik**[2]
Techniker(in) ['tɛçnikɐ] *m(f)* <-s, -; -nen> técnico, -a *m, f*
Technikum ['tɛçnikʊm] *nt* <-s, Technika *o* Techniken> escuela *f* (poli)técnica
technisch *adj* técnico; **T~e Hochschule** Escuela Superior Técnica; **~er Leiter** inge-

niero jefe; **das ist ~ unmöglich** esto es técnicamente imposible

Techno ['tɛkno] *m o nt* <-(s), *ohne pl*> (MUS) bakalao *m,* bacalao *m*

Technologe, -in *m, f* <-n, -n; -, -nen> tecnólogo, -a *m, f*

Technologie *f* <-n> tecnología *f*

Technologiepark *m* parque *m* tecnológico

Technologietransfer *m* <-s, -s> tra(n)sferencia *f* de tecnología

Technologiezentrum *nt* <-s, -zentren> centro *m* de tecnología

technologisch *adj* tecnológico

Techtelmechtel [tɛçtəl'mɛçtəl] *nt* <-s, -> flirt *m;* **mit jdm ein ~ haben** tener una aventura con alguien

Teddy ['tɛdi] *m* <-s, -s>, **Teddybär** ['tɛdibɛːɐ] *m* osito *m* de peluche

Tee [teː] *m* <-s, -s> té *m; (Kräutertee)* infusión *f;* **schwarzer ~** té negro; **~ trinken/kochen** tomar/hacer té; **abwarten und ~ trinken!** *(fam)* ¡paciencia!

Teebeutel *m* bolsita *f* de té

Teeblatt *nt* hoja *f* de té

Tee-Ei *nt* bola *f* de té

Teekanne *f* tetera *f*

Teekessel *m* <-s, -> tetera *f*

Teeküche *f* cocina *f,* office *m*

Teelicht *nt* lamparilla *f* (mariposa)

Teelöffel *m* cucharilla *f* de té

Teenager ['tiːnɛɪdʒɐ] *m* <-s, -> adolescente *mf,* joven *mf*

Teenie, Teeny ['tiːni] *m* <-s, -s> *(fam)* quinceañero, -a *m, f*

Teer [teːɐ] *m* <-(e)s, -e> alquitrán *m*

teeren ['teːrən] *vt* alquitranar; *(Straße)* asfaltar

Teesieb *nt* colador *m* de té

Teestube *f* salón *m* de té

Teetasse *f* taza *f* para té

Teewurst *f embutido ahumado parecido a la butifarra*

Teflon® [tɛf'loːn] *nt* <-s, *ohne pl*> teflón® *m*

T

Teich [taɪç] *m* <-(e)s, -e> estanque *m,* tanque *m Am*

Teig [taɪk] *m* <-(e)s, -e> masa *f*

teigig ['taɪgɪç] *adj* ❶ *(wie Teig)* pastoso ❷ *(schwammig)* fláccido

Teigrad *nt (zum Schneiden von Teig)* cortapastas *m* de rueda *inv*

Teigschaber [-ʃaːbɐ] *m* espátula *f* de cocina

Teigwaren *fpl* pastas *fpl*

Teil[1] [taɪl] *m* <-(e)s, -e> (*a.* JUR) parte *f; (Bestandteil)* componente *m;* **weite ~e des Landes** amplias partes del país; **zum ~** en parte; **ich habe es zum größten ~ gemacht** he hecho la mayor parte

Teil[2] *nt* <-(e)s, -e> *(einzelnes Stück)* pieza *f; (Ersatzteil)* recambio *m*

Teil[3] *m o nt* <-(e)s, -e> *(Anteil, Beitrag)* parte *f;* **ich für mein(en) ~** yo, por mi parte; **sich** *dat* **sein(en) ~ denken** pensarse lo suyo; **zu gleichen ~en** a partes iguales

Teilabschnitt *m* sección *f*

teilbar ['-baːɐ] *adj* divisible (**durch** por)

Teilbetrag *m* <-(e)s, -träge> suma *f* parcial, parte *f*

Teilchen ['taɪlçən] *nt* <-s, -> ❶ (PHYS) partícula *f* ❷ *(reg: Gebäck)* dulce *m*

Teilchenbeschleuniger *m* (PHYS) acelerador *m* de partículas

teilen I. *vt* ❶ *(zerteilen)* partir (**in** en); *(in mehrere Teile)* dividir (**in** en) ❷ *(aufteilen)* repartir (**unter** entre); **sich** *dat* **etw** (**mit jdm**) **~** compartir algo (con alguien); **die Meinungen waren geteilt** las opiniones estaban divididas ❸ (MATH) dividir (**durch** por) **II.** *vr:* **sich ~** ❶ *(auseinandergehen)* dividirse (**in** en); *(Partei)* escindirse ❷ *(Straße, Fluss)* bifurcarse

Teiler *m* <-s, -> (MATH) divisor *m*

Teilerfolg ['taɪl-] *m* <-(e)s, -e> éxito *m* parcial

Teilgebiet *nt* ramo *m,* sector *m*

teil|haben *irr vi* participar (**an** en)

Teilhaber(in) *m(f)* <-s, -; -nen> (WIRTSCH) socio, -a *m, f*

Teilkaskoversicherung *f seguro contra robo, incendio y daños causados por fuerza mayor*

Teilnahme ['-naːmə] *f ohne pl* ❶ *(allgemein)* participación *f* (**an** en); *(Mitarbeit)* colaboración *f* (**an** en); *(an einem Kurs)* asistencia *f* (**an** a) ❷ *(Interesse)* interés *m* ❸ *(geh: Mitgefühl)* simpatía *f; (Beileid)* pésame *m;* **seine ~ aussprechen** dar el pésame

Teilnahmebedingung *f* <-, -en> condición *f* de participación

teilnahmslos ['taɪlnaːmsloːs] *adj* indiferente

Teilnahmslosigkeit ['--loːzɪçkaɪt] *f ohne pl* falta *f* de interés, apatía *f*

teilnahmsvoll *adj* compasivo, interesado

teil|nehmen *irr vi* participar (**an** en); *(an einem Kurs)* asistir (**an** a)

Teilnehmer(in) *m(f)* <-s, -; -nen> participante *mf; (Kursteilnehmer)* cursillista *mf;* (TEL) abonado, -a *m, f*

Teilnehmergebühr *f* (TEL) cuota *f* (telefónica) de abono

teils [taɪls] *adv* en parte; **~ …, ~ …** por un lado… por otro…

Teilstrecke *f* etapa *f*

Teilstück *nt* parte *f*

Teilung *f* <-en> ❶ *(allgemein)* división *f; (einer Partei)* escisión *f; (Verteilung)* reparto *m* ❷ *(eines Wegs)* bifurcación *f*

teilweise [ˈ-vaɪzə] **I.** *adj* parcial **II.** *adv* en parte

Teilzahlung *f* pago *m* a plazos; **etw auf ~ kaufen** comprar algo a plazos; **bei ~** pagando a plazos

Teilzeit *f* jornada *f* reducida; **in Teilzeit arbeiten** trabajar a tiempo parcial

Teilzeitarbeit *f* trabajo *m* de jornada reducida

teilzeitbeschäftigt *adj* empleado a tiempo parcial

Teilzeitbeschäftigte(r) *mf* trabajador(a) *m(f)* a tiempo parcial

Teilzeitbeschäftigung *f* trabajo *m* a tiempo parcial [*o* por horas]

Teint [tɛ̃ː] *m* <-s, -s> tez *f,* complexión *f Am*

Telebanking *nt* <-, *ohne pl*> (INFOR) telebanca *f*

Telefax [ˈteːlefaks] *nt* telefax *m inv*

telefaxen [ˈ----] *vt* mandar por fax

Telefaxgerät *nt* telefax *m inv*

Telefon [ˈteːlefoːn, teleˈfoːn] *nt* <-s, -e> teléfono *m;* **schnurloses ~** teléfono inalámbrico; **ans ~ gehen** coger el teléfono, atender al teléfono *Am*

Telefonanlage *f* instalación *f* telefónica

Telefonanruf *m* llamada *f* telefónica

Telefonanschluss *m* conexión *f* a la red telefónica

Telefonat [telefoˈnaːt] *nt* <-(e)s, -e> llamada *f* telefónica

Telefonauskunft *f ohne pl* información *f* (telefónica)

Telefonbuch *nt* guía *f* telefónica

Telefongebühren *fpl* tasas *fpl* por la conexión y el equipo

Telefongesellschaft *f* compañía *f* telefónica

Telefongespräch [--ˈ---] *nt* llamada *f* telefónica; *(Ferngespräch)* conferencia *f* telefónica; **ein ~ führen** hablar por teléfono

Telefonhörer *m* auricular *m,* audífono *m Am*

telefonieren* [telefoˈniːrən] *vi* ❶ *(sprechen)* hablar por teléfono ❷ *(anrufen)* llamar por teléfono; **kann ich bei Ihnen mal ~?** ¿puedo utilizar su teléfono?; **nach München/Amerika ~** llamar a Múnich/América

telefonisch [teleˈfoːnɪʃ] **I.** *adj* telefónico **II.** *adv* por teléfono

Telefonist(in) [telefoˈnɪst] *m(f)* <-en, -en; -, -nen> telefonista *mf*

Telefonkarte *f* tarjeta *f* telefónica

Telefonkette *f* cadena *f* telefónica

Telefonkonferenz *f* conversación *f* telefónica múltiple

Telefonleitung *f* línea *f* telefónica

Telefonmarketing *nt* venta *f* por teléfono

Telefonnetz *nt* red *f* telefónica

Telefonnummer *f* (número *m* de) teléfono *m*

Telefonrechnung *f* factura *f* del teléfono

Telefonseelsorge *f* teléfono *m* de la esperanza

Telefonsex *m (fam)* sexo *m* telefónico

Telefonverbindung *f* conexión *f* telefónica

Telefonzelle *f* cabina *f* telefónica

Telefonzentrale *f* <-, -n> central *f* telefónica, conmutador *m MAm, Arg, Col*

Telegramm [teleˈgram] *nt* <-s, -e> telegrama *m;* **ein ~ aufgeben** enviar un telegrama

Telegrammstil *m* estilo *m* telegráfico

Telekolleg [ˈteːlekɔleːk] *nt* <-s, -s> curso *m* a distancia (emitido por televisión)

Telekommunikation *f* telecomunicación *f*

Telemarketing *nt* márquetin *m* telefónico

Teleobjektiv *nt* (FOTO) teleobjetivo *m*

Telepathie [telepaˈtiː] *f ohne pl* telepatía *f*

telepathisch **I.** *adj* telepático **II.** *adv* telepáticamente

Teleprompter® *m* <-s, -> (TV) teleprompter® *m*

Teleshopping *nt* <-s, *ohne pl*> teletienda *f,* telecompra *f*

Teleskop [teleˈskoːp] *nt* <-s, -e> telescopio *m*

Teller [ˈtɛlɐ] *m* <-s, -> plato *m;* **ein flacher/tiefer ~** un plato llano/hondo; **ein ~ Suppe** un plato de sopa

Tellerlinse *f* (GASTR) lenteja *f* pardina

Tellerrand *m (fig fam)* **über den ~ hinausschauen** tener amplitud de horizontes; **über den ~ nicht hinausschauen** ser de horizontes limitados

Tellerwäscher(in) *m(f)* <-s, -; -nen> friegaplatos *mf inv*

Tempel [ˈtɛmpəl] *m* <-s, -> templo *m*

Temperament [tɛmp(ə)raˈmɛnt] *nt* <-(e)s, -e> temperamento *m; (Lebhaftigkeit)* vivacidad *f*

temperamentvoll *adj (lebhaft)* vivo; *(ungestüm)* temperamental

Temperatur [tɛmpəraˈtuːɐ] *f* <-en> temperatura *f; (Fieber)* fiebre *f;* **die ~ steigt/fällt** la temperatura sube/baja; **(erhöhte) ~ haben** tener fiebre

Temperaturanstieg *m* subida *f* de la(s) temperatura(s)

Temperaturregler *m* termostato *m*
Temperaturschwankung *f* oscilación *f* de la(s) temperatura(s)
Tempo[1] ['tɛmpo] *nt* <-s, -s> *(Geschwindigkeit)* velocidad *f;* **~!** *(fam)* ¡deprisa!; **mit hohem ~** a gran velocidad
Tempo[2] *nt* <-s, Tempi> (MUS) ritmo *m;* **das ~ angeben** marcar el ritmo
Tempo®[3] *nt* <-s, -s> *(fam)* pañuelo *m* de papel, clínex *m (de Kleenex®)*
Tempo-30-Zone *f* <-, -n> zona *f* de velocidad limitada a 30 km/h
Tempolimit *nt* límite *m* de velocidad
temporal [tɛmpo'ra:l] *adj* (LING) temporal
temporär [tempo'rɛ:ɐ] *adj* temporal
Temposünder(in) *m(f)* <-s, -; -, -nen> *conductor que circula a más velocidad de la permitida*
Tempus ['tɛmpʊs, *pl:* 'tɛmpora] *nt* <-, Tempora> (LING) tiempo *m*
Tendenz [tɛn'dɛnts] *f* <-en> tendencia *f* (**zu** a); **die ~ geht zu …** se observa una tendencia a…; **steigende ~** tendencia al alza
tendenziell [tɛndɛn'tsjɛl] *adj* según la tendencia
tendenziös [tɛndɛn'tsjø:s] *adj (abw)* tendencioso
tendieren* [tɛn'di:rən] *vi* tender (**zu/nach** a)
Teneriffa [tene'rɪfa] *nt* <-s> Tenerife *m;* **aus ~** tinerfeño
Tenne ['tɛnə] *f* <-, -n> era *f*
Tennis ['tɛnɪs] *nt* <-, *ohne pl*> tenis *m*
Tennisarm *m* brazo *m* de tenis
Tennisball *m* pelota *f* de tenis
Tennisplatz *m* pista *f* de tenis
Tennisschläger *m* raqueta *f* (de tenis)
Tennisspieler(in) *m(f)* tenista *mf*
Tennisturnier *nt* torneo *m* de tenis
Tenor[1] ['te:no:ɐ] *m* <-s, *ohne pl*> *(Sinn)* tenor *m;* **in diesem ~** a este tenor
Tenor[2] [te'no:ɐ, *pl:* te'nø:rə] *m* <-s, Tenöre> (MUS) tenor *m*
T
Tentakel [tɛn'ta:kəl] *m o nt* <-s, -> (ZOOL) tentáculo *m*
Teppich ['tɛpɪç] *m* <-s, -e> alfombra *f;* **einen ~ knüpfen** hacer una alfombra de nudos; **etw unter den ~ kehren** *(fig)* disimular algo; **auf dem ~ bleiben** *(fig)* mantener los pies en tierra
Teppichboden *m* moqueta *f,* alfombrado *m Am*
Teppichklopfer *m* <-s, -> sacudidor *m* de alfombra
Teppichmesser *nt* cúter *m*
Teppichreiniger *m* limpiaalfombras *m inv*
Termin [tɛr'mi:n] *m* <-(e)s, -e> ❶ *(Frist)* plazo *m;* **einen ~ einhalten** cumplir un plazo ❷ *(Zeitpunkt)* fecha *f* ❸ *(beim Arzt)* cita *f;* **einen ~ vereinbaren** fijar una fecha; **einen ~ beim Zahnarzt haben** tener hora en el dentista; **er gab uns einen ~ um neun Uhr** nos dio cita para las nueve
Terminal[1] ['tœ:minəl] *m o nt* <-s, -s> *(Flughafen, Bahnhof)* terminal *f*
Terminal[2] ['tœ:minəl] *nt* <-s, -s> (INFOR) terminal *m*
Termindruck *m* <-(e)s, *ohne pl*> agobio *m* de tiempo
Termingeld *nt* (FIN) capital *m* a plazo fijo
termingerecht *adj* en el plazo fijado
Terminkalender *m* agenda *f*
terminlich I. *adj* **~e Verpflichtungen haben** tener citas concertadas II. *adv* **etw ~ festlegen** acordar una fecha para algo
Terminologie [tɛrminolo'gi:] *f* <-n> terminología *f*
Terminplan *m* agenda *f* (de trabajo)
Terminplaner *m* <-s, -> agenda *f*
Terminplanung *f* <-, -en> fijación *f* de fechas [*o* de plazos], calendario *m*
Terminus ['tɛrminʊs, *pl:* 'tɛrmini] *m* <-, Termini> término *m;* **~ technicus** término técnico
Termite [tɛr'mi:tə] *f* <-n> (ZOOL) termita *f,* comején *m Am*
Termitenhügel *m* termitero *m*
Terpentin [tɛrpɛn'ti:n, tɛrpən'ti:n] *nt* <-s, -e> trementina *f*
Terrain [tɛ'rɛ̃:] *nt* <-s, -s> terreno *m*
Terrakotta *f* <-, *ohne pl*> *(gebrannter Ton)* terracota *f*
Terrarium [tɛ'ra:riʊm] *nt* <-s, Terrarien> terrario *m*
Terrasse [tɛ'rasə] *f* <-n> terraza *f*
Terrassenheizer *m* calentador *m* de patio
Terrine [tɛ'ri:nə] *f* <-n> sopera *f*
territorial [tɛritori'a:l] *adj* territorial
Territorium [tɛri'to:riʊm] *nt* <-s, Territorien> territorio *m*
Terror ['tɛro:ɐ] *m* <-s, *ohne pl*> terror *m*
Terrorakt *m* acto *m* terrorista
Terrorangriff *m,* **Terroranschlag** *m* atentado *m* terrorista
terrorisieren* [tɛrori'zi:rən] *vt* aterrorizar
Terrorismus [tɛro'rɪsmʊs] *m* <-, *ohne pl*> terrorismo *m*
Terrorismusbekämpfung *f* lucha *f* contra el terrorismo
Terrorist(in) [tɛro'rɪst] *m(f)* <-en, -en; -nen> terrorista *mf*
terroristisch *adj* terrorista; **~e Vereinigung** asociación terrorista
Terrornetzwerk *nt* red *f* terrorista
Terrororganisation *f* organización *f* terrorista

Terrorwarnung *f* aviso *m* de ataque terrorista

Tertiär [tɛr'tsjɛːɐ] *nt* <-s, *ohne pl*> (GEO) terciario *m*

Terz [tɛrts] *f* <-en> (MUS) tercera *f*

Terzett [tɛr'tsɛt] *nt* <-(e)s, -e> (MUS) terceto *m*

Tesafilm® ['teːza-] *m* cinta *f* adhesiva, tesafilm® *m*

Test [tɛst] *m* <-(e)s, -s *o* -e> prueba *f*, test *m*

Testament [tɛsta'mɛnt] *nt* <-(e)s, -e> testamento *m;* **das ~ eröffnen** abrir el testamento; **Altes/Neues ~** (REL) Viejo/Nuevo Testamento

testamentarisch [tɛstamɛn'taːrɪʃ] **I.** *adj* testamentario **II.** *adv* por testamento

Testamentseröffnung *f* (JUR) apertura *f* del testamento

Testamentsvollstrecker(in) *m(f)* (JUR) albacea *mf*

Testbild *nt* (TV) carta *f* de ajuste

testen ['tɛstən] *vt* examinar; *(überprüfen)* comprobar

Testfrage *f* pregunta *f* de prueba

Testosteron [tɛstoste'roːn] *nt* <-s, *ohne pl*> (MED) testosterona *f*

Testperson *f* persona *f* objeto de pruebas

Testpilot(in) *m(f)* piloto *mf* de pruebas

Testreihe *f* serie *f* de tests

Teststrecke *f* <-, -n> tramo *m* de pruebas

Testzentrum *nt* centro *m* de pruebas

Tetanus ['tɛtanʊs, 'teːtanʊs] *m* <-, *ohne pl*> (MED) tétano(s) *m inv*

Tetanusschutzimpfung *f* vacuna *f* antitetánica

teuer ['tɔɪɐ] *adj* ❶ *(kostspielig)* caro; *(wertvoll)* valioso; **etw ~ kaufen/verkaufen** comprar/vender algo caro; **wie ~ ist das?** ¿cuánto vale?; **teurer werden** subir de precio; **etw kommt jdn ~ zu stehen** algo le resulta caro a alguien; **den Verrat wird er ~ bezahlen müssen** pagará cara la traición; **ein ~ erkaufter Sieg** una victoria pagada a un precio muy alto ❷ *(geh: geschätzt)* querido; **bei allem, was mir lieb und ~ ist** por lo que más quiero

Teuerung ['tɔɪərʊŋ] *f* <-, -en> inflación *f*

Teuerungsrate *f* inflación *f*

Teufel ['tɔɪfəl] *m* <-s, -> diablo *m*, demonio *m*, mandinga *m Am*, pillán *m Chil;* **wie/was zum ~ ...?** *(fam)* ¿cómo/qué diablos...?; **weiß der ~!** *(fam)* ¡yo qué sé!; **scher dich zum ~!** *(fam)* ¡vete al demonio!; **den soll der ~ holen!** *(fam)* ¡al diablo con él!; **den ~ an die Wand malen** *(fam)* imaginarse lo peor; **du kommst in ~s Küche** *(fam)* las vas a pasar moradas; **auf ~ komm raus** *(fam)* cueste lo que cueste; **da ist der ~ los!** *(fam)* ¡menudo jaleo que hay ahí!; **den ~ werde ich tun!** *(fam)* ¡y un cuerno!; **wenn man vom ~ spricht(, kommt er)** *(fam)* hablando del ruin de Roma (por la puerta asoma)

Teufelskreis *m* círculo *m* vicioso

Teufelszeug *nt (abw fam)* cosa *f* diabólica

teuflisch *adj* ❶ *(bösartig)* diabólico ❷ *(fam: groß)* tremendo; **das schmeckt ~ gut** esto sabe a gloria

Teutone, -in [tɔɪ'toːnə] *m, f* <-n, -n; -, -nen> *(abw o iron)* teutón, -ona *m, f*

teutonisch [tɔɪ'toːnɪʃ] *adj (abw o iron)* teutón

Text [tɛkst] *m* <-(e)s, -e> ❶ *(allgemein)* texto *m;* **weiter im ~!** *(fam)* ¡sigue! ❷ *(Liedtext)* letra *f* ❸ *(unter einer Abbildung)* leyenda *f*

Textaufgabe *f* (SCH) problema *m*

Textbuch *nt* libreto *m*

Textdatei *f* (INFOR) archivo *m* de texto

Textdichter(in) *m(f)* autor(a) *m(f)* de la letra (de una canción); *(von Opern)* libretista *mf*

Textdokument *nt* <-(e)s, -e> (INFOR) documento *m* de texto

Texteditor *m* <-s, -en> (INFOR) editor *m* de texto

texten ['tɛkstən] *vt* redactar

Texter(in) *m(f)* <-s, -; -nen> *(von Liedern)* autor(a) *m(f)* de la letra; *(von Werbetexten)* redactor(a) *m(f)* de textos (publicitarios)

textil [tɛks'tiːl] *adj* de tela, de tejido

Textilfabrik *f* <-, -en> fábrica *f* textil

Textilien [tɛks'tiːliən] *pl* (productos *mpl*) textiles *mpl; (Stoffe)* tejidos *mpl; (Kleidung)* ropa *f*

Textilindustrie *f* industria *f* textil

Textmarker ['-markɐ] *m* rotulador *m* fluorescente

Textstelle *f* pasaje *m* (en un texto)

Textur *f* <-, -en> textura *f*

Textverarbeitung *f* (INFOR) tratamiento *m* de textos

Textverarbeitungsprogramm *nt* (INFOR) (programa *m* de) tratamiento *m* de textos

Textverständnis *nt ohne pl* comprensión *f* del texto

TH [teː'haː] *f* <-s> *Abk. von* **Technische Hochschule** Escuela *f* Superior Técnica

Thai[1] [taɪ] *mf* <-(s), -(s); -(s)> tailandés, -esa *m, f*

Thai[2] *nt* <-, *ohne pl*> *(Sprache)* tailandés *m*

Thailand ['taɪlant] *nt* <-s> Tailandia *f*

Thailänder(in) ['taɪlɛndɐ] *m(f)* <-s, -; -nen> tailandés, -esa *m, f*

thailändisch *adj* tailandés

Thanksgiving [ðæŋks'gɪvɪŋ] *nt* <-, *ohne*

T

pl> (Erntedanktag in den USA) Día *m* de Acción de Gracias

Theater [te'a:tɐ] *nt* <-s, -> teatro *m; (Aufführung)* representación *f;* **ins ~ gehen** ir al teatro; **zum ~ gehen** hacerse actriz de teatro; **ein furchtbares ~ wegen etw** *gen/dat* **machen** *(fam)* armar un escándalo tremendo por algo; **das ist doch nur ~** *(fam)* eso es solo teatro

Theateraufführung *f* representación *f* teatral

Theaterkarte *f* entrada *f* para el teatro

Theaterkasse *f* despacho *m* de localidades (para el teatro), taquilla *f*

Theaterstück *nt* obra *f* de teatro

Theatervorstellung *f* representación *f* teatral, función *f* de teatro

theatralisch [tea'tra:lɪʃ] *adj* teatral

Theke ['te:kə] *f* <-n> ❶ *(in einer Gaststätte)* barra *f* ❷ *(Ladentisch)* mostrador *m*

Thema ['te:ma, *pl:* 'te:mən] *nt* <-s, Themen> (*a.* MUS) tema *m; (Angelegenheit)* asunto *m;* **vom ~ abschweifen** desviarse del tema; **das ~ ist für mich erledigt** para mí el asunto está concluido; **das ist (doch) kein ~!** *(fam: spielt keine Rolle)* eso no es importante; *(steht nicht zur Debatte)* ese asunto no está sobre la mesa

Thematik [te'ma:tɪk] *f* <-en> temática *f*

thematisch *adj* temático

thematisieren* [temati'zi:rən] *vt* tematizar

Themen ['te:mən] *pl von* **Thema**

Themse ['tɛmzə] *f* <-> Támesis *m*

Theologe, -in [teo'lo:gə] *m, f* <-n, -n; -nen> teólogo, -a *m, f*

Theologie [teolo'gi:] *f ohne pl* teología *f*

theologisch *adj* teológico

theoretisch *adj* teórico

theoretisieren* [teoreti'zi:rən] *vi* teorizar

Theorie [teo'ri:] *f* <-n> teoría *f*

Therapeut(in) [tera'pɔɪt] *m(f)* <-en, -en; -nen> (MED, PSYCH) terapeuta *mf*

Therapeutik [tera'pɔɪtɪk] *f* <-, *ohne pl*> (MED) terapéutica *f*

therapeutisch *adj* terapéutico

Therapie [tera'pi:] *f* <-n> (MED, PSYCH) terapia *f*

therapieren* *vt* dar un tratamiento médico

Thermalbad [tɛr'ma:l-] *nt* ❶ *(Kurort)* centro *m* termal ❷ *(Bad)* baño *m* termal

Thermalquelle *f* aguas *fpl* termales

Thermen ['tɛrmən] *fpl* termas *fpl*

Thermik *f* <-, *ohne pl*> (METEO) corriente *f* térmica ascendente

thermisch *adj* térmico

Thermometer [tɛrmo'me:tɐ] *nt* termómetro *m*

thermonuklear [----'-] *adj* termonuclear

Thermosflasche® ['tɛrmɔs-] *f* termo *m*

Thermoskanne® *f* termo *m*

Thermostat [tɛrmo'sta:t] *m* <-(e)s *o* -en, -e(n)> termostato *m*

Thermowäsche *f* ropa *f* térmica

Thesaurus [te'zaʊrʊs] *m* <-, Thesauren *o* Thesauri> tesauro *m*

These ['te:zə] *f* <-n> tesis *f inv;* **eine ~ aufstellen** formular una tesis

Thriller ['θrɪlɐ] *m* <-s, -> *(Film)* película *f* de suspense; *(Buch)* novela *f* de suspense

Thrombose [trɔm'bo:zə] *f* <-n> (MED) trombosis *f inv*

Thron [tro:n] *m* <-(e)s, -e> trono *m;* **den ~ besteigen** subir al trono

Thronbesteigung *f* subida *f* al trono

thronen ['tro:nən] *vi* dominar (**über**)

Thronfolge *f ohne pl* sucesión *f* al trono; **die ~ antreten** suceder en el trono

Thronfolger(in) *m(f)* <-s, -; -nen> sucesor(a) *m(f)* al trono

Thunfisch ['tu:n-] *m* (ZOOL) atún *m,* bonito *m*

Thurgau ['tu:ɐgaʊ] *m* <-s> Thurgau *m*

Thüringen ['ty:rɪŋən] *nt* <-s> Turingia *f*

thüringisch *adj* turingio

THW [te:ha:'ve:] *nt* <-, -s> *Abk. von* **Technisches Hilfswerk** organización *f* de asistencia técnica en situaciones de crisis

Thymian ['ty:mia:n] *m* <-s, -e> (BOT) tomillo *m*

Tibet ['ti:bɛt] *nt* <-s> Tíbet *m*

Tick [tɪk] *m* <-(e)s, -s> ❶ (MED) tic *m* ❷ *(fam: Eigenart)* manía *f;* **einen ~ haben** estar tocado

ticken ['tɪkən] *vi (Uhr)* hacer tictac; **bei dir tickt's ja nicht richtig!** *(fam)* ¡no estás bien de la cabeza!

Ticket *nt* <-s, -s> ❶ *(Fahr-, Flugschein)* billete *m* ❷ *(Eintrittskarte)* entrada *f*

Ticketkontrolle *f* control *m* de billetes

Ticktack ['tɪk'tak] *f* <-, -s> *(Kindersprache: Uhr)* reloj *m*

Tiebreak *m o nt* <-s, -s>, **Tie-Break** *m o nt* <-s, -s> (SPORT) tie break *m*

tief [ti:f] **I.** *adj* ❶ *(nicht flach)* profundo, hondo; *(fig)* profundo; **fünf Meter ~ fallen** caer desde una altura de cinco metros; **ein zwei Meter ~es Loch** un agujero de dos metros de profundidad; **wie ~ ist das?** ¿qué profundidad tiene?; **~er Schnee** nieve alta; **im ~sten Afrika** en lo más profundo de África; **aus ~stem Herzen** de todo corazón; **~ in Gedanken versunken sein** estar ensimismado; **~es Schweigen** silencio profundo; **im ~sten Winter** en pleno invierno ❷ *(niedrig)* bajo; **~e Temperaturen** temperaturas bajas ❸ *(Ton)* bajo; *(Stimme)* grave ❹ *(Farbe)* intenso **II.** *adv* ❶ *(nach un-*

ten) profundamente; *(niedrig)* bajo; **sich ~ bücken** inclinarse profundamente; **die Sonne steht schon ~** el sol ya está bajo; **zehn Meter ~ tauchen** bajar (buceando) diez metros; **sie wohnt ~ in den Bergen** vive montañas adentro ② *(stark)* mucho, profundamente; **jdm ~ in die Augen sehen** mirar a alguien profundamente a los ojos; **er ist ~ gesunken** ha degenerado mucho; **~ ausgeschnitten** *(Kleidung)* muy escotado; **bis ~ in die Nacht hinein** hasta bien entrada la noche; **das lässt ja ~ blicken!** *(fam)* ¡eso da que pensar!

Tief ['ti:f] *nt* <-s, -s> ① (METEO) depresión *f* atmosférica ② (PSYCH) depresión *f*

Tiefbau *m ohne pl* ingeniería *f* de caminos

Tiefdruck *m* <-(e)s, *ohne pl*> ① (METEO) baja presión *f* ② (TYPO) huecograbado *m*

Tiefdruckgebiet *nt* (METEO) zona *f* de baja presión, ciclón *m*

Tiefe[1] ['ti:fə] *f* <-n> profundidad *f*

Tiefe[2] *f ohne pl* ① *(einer Farbe)* intensidad *f* ② *(der Stimme)* gravedad *f*

Tiefebene *f* (GEO) llanura *f*

Tiefenmesser *m* batímetro *m*

Tiefenpsychologie *f* (p)sicología *f* profunda

Tiefenschärfe *f* (FOTO) profundidad *f* de campo

Tiefflug *m* vuelo *m* rasante

Tiefgang *m* <-(e)s, *ohne pl*> ① (NAUT) calado *m* ② *(geistiger Gehalt)* fondo *m*

Tiefgarage *f* aparcamiento *m* subterráneo

tiefgefroren *adj* congelado

tiefgekühlt *adj* congelado

tiefgreifend *adj s.* **greifen I. 2.**

tiefgründig ['ti:fgrʏndɪç] *adj* profundo

Tiefkühlfach *nt* congelador *m*

Tiefkühlkost *f* alimentos *mpl* congelados

Tiefkühlschrank *m* congelador *m*

Tiefkühltruhe *f* congelador *m*

Tieflader *m* <-s, -> (AUTO) *camión de plataforma baja para el transporte de carga pesada*

Tiefland *nt* <-(e)s, -länder *o* -e> (GEO) tierra *f* baja, bajío *m Am*

Tiefpunkt *m* punto *m* más bajo

Tiefschlaf *m* sueño *m* profundo

Tiefschlag *m* (SPORT) golpe *m* bajo

tiefschürfend *adj* hondo, exhaustivo

tiefschwarz ['-'-] *adj* negro profundo

Tiefsee *f ohne pl* (GEO) aguas *fpl* abisales

Tiefseetaucher(in) *m(f)* <-s, -; -, -nen> buceador(a) *m(f)* de aguas abisales

Tiefseetier *nt* pez *m* de aguas abisales

tiefsinnig *adj* profundo

Tiefstand *m ohne pl* nivel *m* más bajo

tief|stapeln *vi* infravalorar (los propios méritos)

Tiefsttemperatur *f* temperatura *f* mínima

Tiefstwert *m* ① (METEO) temperatura *f* mínima ② (FIN) cotización *f* mínima

Tiegel ['ti:gəl] *m* <-s, -> ① *(zum Kochen)* cacerola *f* ② *(Schmelztiegel)* crisol *m*

Tier [ti:ɐ] *nt* <-(e)s, -e> animal *m; (Raubtier)* fiera *f;* **ein hohes ~** *(fam fig)* un pez gordo

Tierart *f* especie *f* animal

Tierarzt, -ärztin *m, f* veterinario, -a *m, f*

Tierfutter *nt* comida *f* para animales

Tiergarten *m* parque *m* zoológico

Tierhalter(in) *m(f)* dueño, -a *m, f* de un animal doméstico

Tierhaltung *f* <-, *ohne pl*> cría *f* de ganado

Tierhandlung *f* tienda *f* de animales domésticos, pajarería *f*

tierisch ['ti:rɪʃ] *adj* ① *(Tiere betreffend)* animal ② *(abw: roh)* animal; *(grausam)* brutal ③ *(fam: sehr)* bestial; **ich habe ~en Durst** tengo una sed bestial; **das schmeckt ~ gut** esto sabe divino

Tierklinik *f* <-, -en> clínica *f* veterinaria

Tierkreis *m ohne pl* (ASTR) zodíaco *m,* zodiaco *m*

Tierkreiszeichen *nt* (ASTR) signo *m* del zodíaco

tierlieb *adj* amante de los animales; **sehr ~ sein** amar a los animales

Tiermedizin *f ohne pl* veterinaria *f*

Tiermehl *nt* (AGR) harina *f* animal

Tiernahrung *f* <-, *ohne pl*> comida *f* para animales

Tierpark *m* (parque *m*) zoológico *m*

Tierpfleger(in) *m(f)* cuidador(a) *m(f)* de animales

Tierquäler(in) *m(f)* persona *f* cruel con los animales [*o* que maltrata a los animales]

Tierquälerei ['----'-] *f* maltrato *m* de animales

Tierreich *nt ohne pl* reino *m* animal

Tierschutz *m* protección *f* de animales

Tierschützer(in) *m(f)* protector(a) *m(f)* de animales

Tierschutzverein *m* asociación *f* protectora de animales

Tierseuche *f* peste *f* animal

Tierversuch *m* experimento *m* en animales

Tierwelt *f ohne pl* fauna *f*

Tierzucht *f ohne pl* cría *f* de animales

Tiger ['ti:gɐ] *m* <-s, -> tigre *m*

Tigerauge *nt* ojo *m* de tigre

Tigerhai *m* (ZOOL) tiburón *m* tigre

tigern ['ti:gɐn] *vi sein (fam)* andar; **durch die Stadt ~** recorrer la ciudad

Tilde ['tɪldə] *f* <-n> ① *(über Buchstaben)* tilde *f* ② *(in Wörterbüchern)* signo *m* de repetición

T

tilgen ['tɪlgən] *vt* ① (FIN, WIRTSCH) amortizar; *(Schulden)* liquidar ② *(geh: beseitigen)* eliminar (**aus** de)
Tilgung *f* <-en> (FIN, WIRTSCH) amortización *f; (der Schuld)* liquidación *f*
Tilgungsrate *f* <-, -n> (FIN, WIRTSCH) tasa *f* de amortización
Timbre ['tɛ̃:brə] *nt* <-s, -s> (MUS) timbre *m*
timen ['taɪmən] *vt* calcular el tiempo (para); *(festsetzen)* fijar la hora (de)
Timesharing ['taɪmʃɛ:rɪŋ] *nt* <-s, -s> (*a.* INFOR) time-sharing *m*
Timing ['taɪmɪŋ] *nt* <-s, -s> cálculo *m* del tiempo; *(Koordination)* coordinación *f*; **das war perfektes ~!** ¡la coordinación ha sido perfecta!
tindern ['tɪndɐn] *vi (fam* INFOR) usar Tinder®
tingeln ['tɪŋəln] *vi (fam)* ① *(auftreten)* trabajar como artista ambulante ② *sein (umherziehen)* ir actuando de bar en bar
Tinktur [tɪŋk'tu:ɐ] *f* <-en> tintura *f*
Tinte ['tɪntə] *f* <-n> tinta *f*; **in der ~ sitzen** *(fam)* verse en apuros
Tintenfass *nt* tintero *m*
Tintenfisch *m* (ZOOL) sepia *f; (kleiner)* chipirón *m*
Tintenkiller *m* <-s, -> *(fam)* borratintas *m*
Tintenklecks *m* borrón *m*
Tintenpatrone *f* cartucho *m* de tinta
Tintenstift *m* <-(e)s, -e> lápiz *m* tinta
Tintenstrahldrucker *m* impresora *f* de inyección de tinta
Tipp [tɪp] *m* <-s, -s> ① *(fam: Rat)* consejo *m* ② (SPORT) pronóstico *m*
tippen ['tɪpən] **I.** *vi* ① *(berühren)* tocar (ligeramente) (**auf/an**) ② *(fam: Maschine schreiben)* escribir a máquina ③ *(fam: wetten)* apostar (**auf** por); **ich tippe (darauf), dass ...** apuesto que... ④ *(Lotto spielen)* jugar a la lotería primitiva **II.** *vt* ① *(fam: Text)* pasar a máquina ② *(im Lotto)* apostar (por)
Tipp-Ex® *nt* <-, *ohne pl*> líquido *m* corrector, Tipp-Ex® *m*
Tippfehler *m* errata *f*
Tippschein *m* boleto *m* de quiniela
Tippse ['tɪpsə] *f* <-, -n> *(fam abw)* mecanógrafa *f*
tipptopp ['tɪp'tɔp] *adj (fam)* impecable, perfecto
Tippzettel *m (fam)* boleto *m* de las apuestas
Tirade [ti'ra:də] *f* <-, -n> *(geh)* perorata *f*
Tiramisu [tirami'su:] *nt* <-(s), -s> (GASTR) tiramisú *m*
Tirol [ti'ro:l] *nt* <-s> Tirol *m*
Tiroler(in) *m(f)* <-s, -; -nen> tirolés, -esa *m, f*
Tisch [tɪʃ] *m* <-(e)s, -e> mesa *f*; **den ~ decken** poner la mesa; **am ~ sitzen** estar sentados a la mesa; **am runden** [*o* **Runden**] **~** en una mesa redonda; **sich an den gedeckten ~ setzen** *(fig)* vivir a cuerpo de rey; **etw unter den ~ fallen lassen** *(fam)* pasar algo por alto; **jdn unter den ~ trinken** *(fam)* aguantar más que otro bebiendo; **etw ist vom ~** *(fam)* algo está solucionado; **reinen ~ machen** *(fam)* hacer tabla rasa; **Einwände vom ~ wischen** no dar importancia a las objeciones; **jdn über den ~ ziehen** *(fam fig)* dar a alguien gato por liebre
Tischbein *nt* pata *f* de la mesa
Tischdecke *f* mantel *m*
Tischdekoration *f* decoración *f* de la mesa
Tischfußball *m ohne pl* futbolín *m*
Tischgespräch *nt* <-(e)s, -e> conversación *f* de mesa; *(nach dem Essen)* sobremesa *f*
Tischläufer *m* camino *m* de mesa
Tischler(in) *m(f)* <-s, -; -nen> carpintero, -a *m, f*
Tischlerei *f* <-en> carpintería *f*
tischlern ['tɪʃlɐn] **I.** *vi (fam)* carpintear, hacer trabajos de carpintería [*o* de bricolaje con madera] **II.** *vt (fam)* hacer; **einen Schrank/ein Regal ~** hacer un armario/ una estantería
Tischmanieren *pl* modales *mpl* en la mesa
Tischplatte *f* tablero *m* de la mesa
Tischrede *f* discurso *m* de sobremesa
Tischsitten *fpl* modales *mpl* en la mesa
Tischtennis *nt* tenis *m* de mesa, ping-pong *m*, microtenis *m Am*
Tischtennisball *m* pelota *f* de ping-pong, bola *f* de ping-pong
Tischtennisplatte *f* mesa *f* de ping-pong
Tischtennisschläger *m* pala *f* de ping-pong
Tischtennistisch *m* mesa *f* de ping-pong
Tischtuch *nt* mantel *m*
Tischwäsche *f ohne pl* mantelería *f*
Titan [ti'ta:n] *nt* <-s, *ohne pl*> (CHEM) titanio *m*
Titel ['ti:təl] *m* <-s, -> (*a.* SPORT, JUR, PUBL) título *m*; **akademischer ~** título académico; **um den ~ spielen** (SPORT) competir por el título
Titelbild *nt* portada *f*
Titelblatt *nt* portada *f*
Titelheld(in) *m(f)* <-en, -en; -, -nen> (FILM, THEAT) papel *m* principal, protagonista *mf*; (LIT) héroe *m*, heroína *f*
Titelkampf *m* <-(e)s, -kämpfe> (SPORT) lucha *f* por un título
titeln *vt* titular

Titelrolle *f* (FILM, THEAT) papel *m* principal
Titelseite *f* portada *f*
Titelträger(in) *m(f)* (SPORT) poseedor(a) *m(f)* del título
Titelverteidiger(in) *m(f)* (SPORT) defensor(a) *m(f)* del título
Titte ['tɪtə] *f* <-n> *(vulg)* teta *f*
titulieren* [titu'li:rən] *vt* llamar, calificar (**als** de)
tja [tja] *interj (fam)* bueno
TNT [te:ʔɛn'te:] *nt* <-, *ohne pl*> *Abk. von* **Trinitrotoluol** TNT *m*
Toast [to:st] *m* <-(e)s, -e *o* -s> ① *(Toastscheibe)* tostada *f; (Toastbrot)* pan *m* para tostar ② *(Trinkspruch)* brindis *m inv;* **einen ~ auf jdn ausbringen** brindar por alguien
Toastbrot *nt* pan *m* para tostar, pan *m* bimbo®; *(Scheibe)* tostada *f*
toasten ['to:stən] *vt (Brot)* tostar
Toaster *m* <-s, -> tostadora *f*
toben ['to:bən] *vi* ① *(vor Wut)* rabiar; *(vor Begeisterung)* estar entusiasmado ② *(Kinder)* alborotar ③ *(Sturm)* bramar; *(Meer)* embravecerse
Tobsucht *f ohne pl* furia *f*
tobsüchtig *adj* furioso
Tochter ['tɔxtɐ, *pl:* 'tœçtɐ] *f* <Töchter> ① *(Kind)* hija *f* ② *(Schweiz: Bedienung)* camarera *f; (Haushaltshilfe)* mujer *f* de la limpieza
Tochterfirma *f* (WIRTSCH) filial *f*
Tochtergesellschaft *f* (WIRTSCH) (sociedad *f*) filial *f*
Tod [to:t] *m* <-(e)s, -e> muerte *f*, petateada *f Méx;* **eines gewaltsamen/natürlichen ~es sterben** morir de muerte violenta/natural; **jdn zum ~e verurteilen** condenar a alguien a muerte; **etw mit dem ~ bezahlen** pagar algo con la muerte; **sich zu ~e langweilen** *(fam)* aburrirse como una ostra; **sich zu ~e schämen** *(fam)* morirse de vergüenza; **zu ~e betrübt sein** *(fam)* estar muerto de tristeza; **jdn zu ~e erschrecken** *(fam)* asustar de muerte a alguien; **du holst dir noch den ~** *(fam)* vas a pillar un resfriado; **jdn auf den ~ nicht leiden können** *(fam)* odiar a alguien a muerte
todernst ['-'-] *adj (fam)* más serio que un poste
Todesangst *f* miedo *m* de muerte
Todesanzeige *f* esquela *f* (mortuaria), obituario *m Am*
Todesfall *m* defunción *f*
Todesfolge *f ohne pl* (JUR) resultado *m* letal
Todeskampf *m ohne pl* agonía *f*
Todeskandidat(in) *m(f)* <-en, -en; -, -nen> *(durch Krankheit)* moribundo, -a *m, f; (durch Todesurteil)* condenado, -a *m, f* a muerte
todesmutig *adj* temerario
Todesopfer *nt* víctima *f* (mortal)
Todesschuss *m* tiro *m* mortal
Todesschütze, -in *m, f* <-n, -n; -, -nen> asesino, -a *m, f*, persona *f* que mata a alguien de un tiro
Todesstoß *m* golpe *m* mortal; **jdm/etw** *dat* **den ~ versetzen** darle la puntilla a alguien/a algo
Todesstrafe *f* pena *f* de muerte; **bei ~** bajo pena de muerte
Todesstreifen *m* franja *f* de la muerte
Todesstunde *f* hora *f* suprema; **jds ~ ist gekommen** a alguien le ha llegado su hora
Todestag *m* <-(e)s, -e> día *m* de la muerte; *(Jahrestag)* aniversario *m* de la muerte
Todesursache *f* causa *f* de la muerte
Todesurteil *nt* sentencia *f* de muerte
Todeszelle *f* celda *f* de un condenado a muerte
Todfeind(in) *m(f)* enemigo, -a *m, f* mortal
todgeweiht *adj (geh)* marcado por la muerte
todkrank ['-'-] *adj* enfermo de muerte
todlangweilig ['-'---] *adj* aburridísimo
tödlich ['tø:tlɪç] **I.** *adj* mortal; **Unfall mit ~em Ausgang** accidente con desenlace fatal; **das war absolut ~** *(fam)* eso fue absolutamente fatal **II.** *adv* a muerte, mortalmente; **~ verletzt** herido mortalmente; **~ verunglücken** morir en un accidente; **sich ~ langweilen** morirse de aburrimiento
todmüde ['-'--] *adj (fam)* muerto de sueño
todschick ['-'-] *adj (fam)* elegantísimo
todsicher ['-'--] **I.** *adj (fam)* segurísimo **II.** *adv (fam: auf jeden Fall)* sin falta; *(zweifellos)* indudablemente
Todsünde *f* (REL) pecado *m* mortal
Togo ['to:go] *nt* <-s> Togo *m*
Tohuwabohu [to:huva'bo:hu] *nt* <-(s), -s> caos *m inv*, bayoya *f PRico, RDom*
Toilette[1] [toa'lɛtə] *f ohne pl (geh: Körperpflege)* aseo *m*
Toilette[2] *f* <-n> *(WC)* servicio *m*, baño *m;* **öffentliche ~n** servicios públicos; **auf die ~ gehen** ir al baño
Toilettenartikel *m* artículo *m* de tocador
Toilettenbrille *f* asiento *f* del váter
Toilettendeckel *m* tapa *f* del váter
Toilettenpapier *nt* papel *m* higiénico, papel *m* confort® *Am*
Toilettenspülung *f* cisterna *f* (del váter)
Tokio ['to:kio] *nt* <-s> Tokio *m*
tolerant [tole'rant] *adj* tolerante
Toleranz [tole'rants] *f* <-en> (*a.* TECH, MED) tolerancia *f*

tolerieren* [tole'ri:rən] *vt* (*a.* TECH) tolerar; *(dulden)* consentir

toll [tɔl] *adj (fam)* ① *(unglaublich)* increíble ② *(großartig)* genial, achalay *Arg, Perú,* achachay *Col, Ecua,* piocha *Méx* ③ *(schlimm)* terrible; **es zu ~ treiben** pasarse

tollen ['tɔlən] *vi* ① *(toben)* alborotar ② *sein (laufen)* correr (**durch** por)

tollkühn *adj* audaz

Tollkühnheit *f* <-en> audacia *f,* osadía *f*

Tollpatsch ['tɔlpatʃ] *m* <-(e)s, -e> torpe *mf*

tollpatschig *adj* torpe

Tollwut *f* (MED) rabia *f*

tollwütig *adj* rabioso

Tölpel ['tœlpəl] *m* <-s, -> *(abw)* cateto, -a *m, f,* naco *m Méx*

Tomate [to'ma:tə] *f* <-n> tomate *m;* **treulose ~** *(fam)* amigo infiel; **hast du ~n auf den Augen?** *(fam)* ¿pero tú estás ciego o qué?

Tomatenketchup *m o nt* kétchup *m*

Tomatenmark *nt ohne pl* concentrado *m* de tomate

Tomatensaft *m* zumo *m* de tomate

Tomatensoße *f* salsa *f* de tomate

Tombola ['tɔmbola] *f* <-s> tómbola *f*

Tomografie [tomogra'fi:] *f* <-n> (MED) tomografía *f*

Ton[1] [to:n] *m* <-(e)s, -e> *(Erde)* arcilla *f; (zum Töpfern)* barro *m,* greda *f Am*

Ton[2] [to:n, *pl:* 'tø:nə] *m* <-(e)s, Töne> ① *(Klang, a.* RADIO, TV) sonido *m* ② *(Farbton, Sprechweise, a.* MUS) tono *m;* **der gute ~** las buenas formas; **den ~ angeben** llevar la voz cantante; **sich im ~ vergreifen** salirse de tono; **ich verbitte mir diesen ~** no tolero que me hablen en ese tono; **einen anderen ~ anschlagen** cambiar de tono; **jdn in den höchsten Tönen loben** poner a alguien por las nubes; **der ~ macht die Musik** *(fam)* lo que cuenta no es lo que dices sino cómo lo dices ③ *(Betonung)* acento *m* ④ *(fam: Äußerung)* palabra *f;* **große Töne spucken** *(fam abw)* darse importancia; **hast du Töne!** *(fam)* ¡habráse visto!

Tonabnehmer *m* <-s, -> (RADIO) fonocaptor *m*

tonangebend *adj (fig)* que lleva la batuta

Tonarm *m* brazo *m* de la aguja

Tonart *f* ① (MUS) tonalidad *f* ② *(Tonfall)* tono *m*

Tonaufnahme *f* grabación *f* de sonido, registro *m* de sonido

Tonband *nt* ① *(Tonträger)* cinta *f* magnetofónica ② *(fam: Gerät)* magnetófono *m*

Tonbandaufnahme *f* grabación *f* magnetofónica

Tonbandgerät *nt* magnetófono *m,* casete *m o f*

tönen ['tø:nən] **I.** *vi* ① *(ertönen)* sonar; *(dumpf)* retumbar ② *(fam abw: angeben)* fanfarronear **II.** *vt (Farbton verleihen)* matizar; *(färben)* color(e)ar

Toner ['to:nɐ, 'tɔnɐ] *m* <-s, -> toner *m*

Tonerkartusche *f* (cartucho *m*) de tóner *m*

tönern ['tø:nɐn] *adj* de barro, de greda *Am*

Tonfall *m* ① *(Sprachmelodie)* acento *m,* tonada *f Am* ② *(Art des Sprechens)* tono *m*

Tonga ['tɔŋa] *nt* <-s> Tonga *f*

tonhaltig *adj* arcilloso

Tonhöhe *f* altura *f* del tono

Tonicwater ['tɔnɪkwɔ:tɐ] *nt* <-(s), -(s)> (agua *f*) tónica *f*

Toningenieur(in) *m(f)* ingeniero, -a *m, f* de sonido

Tonkopf *m* cabeza *f* sonora

Tonlage *f* (MUS) registro *m*

Tonleiter *f* (MUS) escala *f* musical

tonlos *adj (unbetont)* átono; *(Stimme)* apagado

Tonne ['tɔnə] *f* <-n> ① *(Behälter)* tonel *m; (Regentonne)* bidón *m; (Mülltonne)* cubo *m* (de la basura); **grüne ~** *contenedor verde en el sistema dual de separación de basuras* ② *(Maßeinheit)* tonelada *f* ③ (NAUT) boya *f* ④ *(fam: Mensch)* tonel *m*

tonnenweise *adv* por toneladas

Tonspur *f* (FILM) pista *f* sonora

Tonstörung *f* (RADIO, FILM, TV) interferencias *f pl*

Tonstudio *nt* estudio *m* de grabación

Tontaubenschießen *nt* <-s, *ohne pl*> (SPORT) tiro *m* al plato

Tontechniker(in) *m(f)* técnico, -a *m, f* de sonido

Tonträger *m* <-s, -> soporte *m* del sonido

Tönung ['tø:nʊŋ] *f* <-en> ① *(das Tönen)* tinte *m* ② *(Farbton)* tono *m*

Tool [tu:l] *nt* <-s, -s> (INFOR) herramienta *f*

Top [tɔp] *nt* <-s, -s> top *m*

Topas [to'pa:s] *m* <-es, -e> topacio *m*

Topf [tɔpf, *pl:* 'tœpfə] *m* <-(e)s, Töpfe> ① *(Kochtopf)* olla *f,* cazuela *f;* **alles in einen ~ werfen** *(fam fig)* meter todo en el mismo saco ② *(Nachttopf)* orinal *m; (fam: Toilette)* lavabo *m* ③ *(Blumentopf)* maceta *f* ④ (FIN) fondo *m*

Topfblume *f* <-, -n> (planta *f* de) maceta *f*

Töpfchen ['tœpfçən] *nt* <-s, -> orinal *m,* bacinilla *f*

Topfen ['tɔpfən] *m* <-s, *ohne pl*> *(Österr, südd)* queso *m* fresco

Töpfer(in) ['tœpfɐ] *m(f)* <-s, -; -nen> alfarero, -a *m, f*

Töpferei [tœpfə'raɪ] *f* <-en> alfarería *f*, locería *f Am*

töpfern ['tœpfɐn] *vt, vi* hacer vasijas de barro; *(Kunst)* hacer cerámica

Töpferscheibe *f* torno *m* (de alfarero)

Topfhandschuh *m* manopla *f* de cocina

topfit ['tɔp'fɪt] *adj (fam)* a tope

Topflappen *m* agarrador *m*

Topfpflanze *f* planta *f* de maceta

Topmodel *nt* "top model" *f*

Topografie [topogra'fiː] *f* <-, -n> (GEO) topografía *f*

topografisch [topo'graːfɪʃ] *adj* (GEO) topográfico

Tor[1] [toːɐ] *m* <-en, -en> *(geh: Person)* necio *m*

Tor[2] [toːɐ] *nt* <-(e)s, -e> ❶ *(große Tür)* portal *m* ❷ *(Monument)* puerta *f* ❸ (SPORT: *Gehäuse*) portería *f*; *(Treffer)* gol *m*; **im ~ stehen** estar en la portería; **ein ~ schießen** marcar un gol

Torbogen *m* arco *m* (de un portal)

Toreinfahrt *f* puerta *f* cochera

Torero [to'reːro] *m* <-s, -s> torero *m*

Torf [tɔrf] *m* <-(e)s, -e> turba *f*

Torfrau *f s.* **Torwart**

Torheit *f* <-en> *(geh)* necedad *f*, majadería *f*

Torhüter(in) *m(f)* (SPORT) portero, -a *m, f*

töricht ['tøːrɪçt] *adj (abw)* ❶ *(unvernünftig)* insensato ❷ *(einfältig)* corto ❸ *(unsinnig)* estúpido

torkeln ['tɔrkəln] *vi sein* tambalearse

Torlinie *f* (SPORT) línea *f* de portería

Tornado [tɔr'naːdo] *m* <-s, -s> (METEO) tornado *m*

Tornetz *nt* (SPORT) red *f* de la portería

torpedieren* [tɔrpe'diːrən] *vt* (MIL) torpedear

Torpedo [tɔr'peːdo] *m* <-s, -s> (MIL) torpedo *m*

Torpedoboot *nt* torpedero *m*

Torpfosten *m* (SPORT) poste *m* (de la portería)

Torraum *m* (SPORT) área *f* de meta

Torraumlinie *f* (SPORT) línea *f* del área de gol

Torschlusspanik *f miedo a perderse algo importante en la vida*

Torschütze, -in *m, f* (SPORT) goleador(a) *m(f)*

Torschützenkönig *m* (SPORT) pichichi *m*

Torso ['tɔrzo] *m* <-s, -s *o* Torsi> (KUNST) torso *m*

Torte ['tɔrtə] *f* <-n> tarta *f*

Tortellini [tɔrtə'liːni] *f* <-(s), -> (GASTR) tortelini *m*

Tortenboden *m* base *f* de masa (para las tartas)

Tortendiagramm *nt* (INFOR) diagrama *m* de pastel

Tortenguss *m* <-es, -güsse> gelatina *f* para tartas

Tortenheber *m* <-s, -> paleta *f* para tartas

Tortilla [tɔrt'ɪlja] *f* <-, -s> (GASTR) tortilla *f* (mexicana), tortita *f* (mexicana)

Tortilla-Chips *f pl* (GASTR) chips *mpl* de tortilla, totoposte *m AmC, Méx*

Tortur [tɔr'tuːɐ] *f* <-en> tortura *f*

Torwart, -frau ['toːɐvart] *m, f* <-(e)s, -e; -en> (SPORT) portero, -a *m, f*, arquero, -a *m, f Am*

Torwarthandschuh *m* (SPORT) guante *m* de portero

tosen ['toːzən] *vi (Meer, Sturm)* rugir; **~der Beifall** aplauso frenético

tot [toːt] *adj* muerto; *(verstorben)* fallecido; *(leblos)* inánime; **das T~e Meer** el mar Muerto; **halb ~** medio muerto; **klinisch ~** clínicamente muerto; **er war auf der Stelle ~** falleció en el acto; **jdn für ~ erklären** declarar muerto a alguien; **sich ~ stellen** hacerse el muerto; **den ~en Mann machen** hacer el muerto; **mehr ~ als lebendig** más muerto que vivo

total [to'taːl] **I.** *adj* ❶ *(vollständig)* total ❷ *(fam: völlig)* completo; **das ist ja ~er Wahnsinn** esto es una verdadera locura **II.** *adv* por completo

Totalausfall *m* <-(e)s, -fälle> *(einer technischen Anlage)* fallo *m* total; *(des Flugverkehrs)* cancelación *f* completa

Totalausverkauf *m* liquidación *f* total

totalitär [totali'tɛːɐ] *adj* totalitario

Totalitarismus [totalita'rɪsmʊs] *m* <-, *ohne pl*> (POL) totalitarismo *m*

Totalschaden *m* siniestro *m* total

tot|arbeiten *vr:* **sich ~** *(fam)* matarse a trabajar

tot|ärgern *vr:* **sich ~** *(fam)* reventar de rabia

Tote(r) *mf* <-n, -n; -n> muerto, -a *m, f*, difunto, -a *m, f elev*

Totem ['toːtɛm] *nt* <-s, -s> tótem *m*

Totempfahl *m* poste *m* totémico

töten ['tøːtən] *vt* matar; *(ermorden)* asesinar, victimar *Am*

totenbleich *adj* lívido

Totenkopf *m* calavera *f*

Totenmesse *f* misa *f* de réquiem

Totensonntag *m* (REL) día *m* de (los) difuntos

totenstill ['--'-] *adj* **es war ~** *(fam)* reinaba un silencio sepulcral

Totenstille ['--'--] *f* silencio *m* sepulcral

tot|fahren *irr vt* matar por atropello

T

Totgeburt *f* ① *(Geburt)* nacimiento *m* de un niño muerto ② *(Kind)* mortinato, -a *m, f*

tot|kriegen *vt (fam)* acabar (con); **diese Mode ist nicht totzukriegen** no hay quien acabe con esta moda

tot|lachen *vr:* **sich ~** *(fam)* morirse de (la) risa

Toto ['to:to] *m o nt* <-s, -s> quiniela *f*

tot|sagen *vt* declarar muerto

tot|schießen *irr vt (fam)* matar de un tiro

Totschlag *m* <-(e)s, *ohne pl*> (JUR) homicidio *m*

Totschlagargument *nt (abw fam)* argumento *m* impepinable

tot|schlagen *irr vt* matar (a palos); **die Zeit ~** *(fam)* matar el tiempo

Totschläger[1] *m* <-s, -> *(Waffe)* rompecabezas *m inv*

Totschläger(in)[2] *m(f)* <-s, -; -nen> *(abw: Person)* homicida *mf*

tot|schweigen *irr vt* silenciar

Tötung *f* <-en> matanza *f; (Totschlag)* homicidio *m;* **fahrlässige ~** homicidio involuntario

Touch [tatʃ] *m* <-s, -s> aire *m*

Touchpad ['tatʃpɛt] *nt* <-s, -s> (INFOR) panel *m* táctil

Touchscreen ['tatʃskri:n] *m* <-s, -s> (INFOR) pantalla *f* táctil

Toupet [tu'pe:] *nt* <-s, -s> ① *(Haarteil)* bisoñé *m* ② *(Schweiz: Frechheit)* insolencia *f*

toupieren* [tu'pi:rən] *vt* cardar

Tour [tu:ɐ] *f* <-en> ① *(Ausflug)* excursión *f* (**in** a); *(Rundfahrt)* vuelta *f* (**durch** por) ② *(Strecke)* recorrido *m* ③ *(fam: Trick)* truco *m;* **immer die gleiche ~!** ¡siempre el mismo cuento! ④ *(fam: Vorhaben)* plan *m;* **jdm die ~ vermasseln** echarle a alguien su plan por los suelos ⑤ (TECH: *Umdrehung*) revolución *f;* **auf vollen ~en arbeiten** trabajar a toda máquina; **in einer ~** *(fam)* continuamente ⑥ *(Wend)* **mach keine krummen ~en!** *(fam)* ¡no hagas tonterías!

touren ['tu:rən] *vi* estar de gira

Tourenfahrrad *nt* bicicleta *f* de carretera

Tourenzahl *f* (TECH) número *m* de revoluciones

Tourenzähler ['tu:rən-] *m* <-s, -> (TECH) cuentarrevoluciones *m inv*

Touri *m* <-s, -s> *(fam)* turista *m* (típico)

Tourismus [tu'rɪsmʊs] *m* <-, *ohne pl*> turismo *m;* **sanfter ~** turismo moderado [*o* verde]

Tourist(in) [tu'rɪst] *m(f)* <-en, -en; -nen> turista *mf*

Touristeninformation *f* información *f* turística

Touristenklasse *f ohne pl* clase *f* turista

Touristik [tu'rɪstɪk] *f ohne pl* turismo *m*

Touristin *f* <-nen> *s.* **Tourist**

touristisch *adj* turístico

Tournee [tʊr'ne:] *f* <-s *o* -n> gira *f;* **auf ~ sein/gehen** estar/salir de gira

Tower ['taʊɐ] *m* <-s, -> (AERO) torre *f* de control

toxikologisch [tɔksiko'lo:gɪʃ] *adj* toxicológico

Toxin *nt* <-s, -e> (BIOL, MED) toxina *f*

toxisch ['tɔksɪʃ] *adj* tóxico

Toxizität *f* <-, *ohne pl*> (MED) toxicidad *f*

Trab [tra:p] *m* <-(e)s, *ohne pl*> trote *m;* **im ~** al trote; **jdn auf ~ bringen** *(fam)* meter prisa a alguien; **jdn in ~ halten** *(fam)* mantener a alguien ocupado

Trabant [tra'bant] *m* <-en, -en> (ASTR, AERO) satélite *m*

Trabantenstadt *f* ciudad *f* satélite

Trabbi ['trabi] *m* <-s, -s> *(fam) coche del tipo Trabant típicos de la ex RDA*

traben ['tra:bən] *vi haben o sein* ir al trote, trotar

Trabi *m* <-s, -s> *s.* **Trabbi**

Trabrennen *nt* carrera *f* al trote

Tracht [traxt] *f* <-en> ① *(von Berufsgruppen)* uniforme *m; (bei Volksgruppen)* traje *m* regional ② *(Wend)* **eine ~ Prügel** *(fam)* una tunda, una zumba *Am*

trachten ['traxtən] *vi (geh)* **nach etw** *dat* **~** anhelar algo; **jdm nach dem Leben ~** atentar contra la vida de alguien

trächtig ['trɛçtɪç] *adj* preñado

Tradition [tradi'tsjo:n] *f* <-en> tradición *f;* **aus ~** por tradición

traditionell [traditsjo'nɛl] *adj* tradicional

traditionsbewusst *adj* tradicionalista

traditionsgemäß *adv* según es tradición

traditionsreich *adj* con mucha tradición

traf [tra:f] *3. imp von* **treffen**

Trafik [tra'fɪk] *f* <-, -en> *(Österr)* estanco *m*

Trafikant(in) [trafi'kant] *m(f)* <-en, -en; -, -nen> *(Österr)* estanquero, -a *m, f*

Trafo ['trafo] *m* <-(s), -s> tra(n)sformador *m*

Tragbahre *f* camilla *f*

tragbar *adj* ① *(Geräte)* portátil ② *(Kleidung)* que se puede llevar ③ *(erträglich)* soportable; *(Entwicklung)* sostenible

Trage ['tra:gə] *f* <-, -n> *(Traggestell)* andas *f pl; (Tragbahre)* angarillas *f pl*

träge ['trɛ:gə] *adj* ① *(langsam)* lento; *(lustlos)* apático; *(faul)* perezoso, poncho *Am* ② (PHYS) inerte

Tragekorb *m* banasta *f*

tragen ['tra:gən] <trägt, trug, getragen> **I.** *vt* ① *(Last, Kleidung, Aufschrift, Brille)* llevar; **etw bei sich** *dat* ~ llevar algo consigo; **auf dem Arm/auf dem Rücken** ~ llevar en brazos/a cuestas; **das trägt man nicht mehr** eso ya no se lleva; **das Haar lang/kurz** ~ llevar el pelo largo/corto ② *(stützen)* sostener ③ *(ertragen)* llevar; *(Verantwortung)* asumir; *(Verlust)* responder (de); *(Kosten)* hacerse cargo (de) **II.** *vi* ① *(Eis)* resistir ② *(Baum, Acker)* dar frutos ③ *(Tier)* estar preñado ④ *(Kleidung, Mode)* llevarse ⑤ *(an Verantwortung)* tener **III.** *vr:* **sich** ~ ① *(sich finanzieren)* **sich selbst** ~ autofinanciarse ② *(in Erwägung ziehen)* **sich mit dem Gedanken ~, etw zu tun** tener la intención de hacer algo ③ *(Kleidung)* vestirse; **der Stoff trägt sich angenehm** este tejido es cómodo de llevar

Tragen *nt* **zum ~ kommen** surtir efecto

tragend *adj* ① (ARCHIT, TECH) portante; **~e Konstruktion** construcción portante ② *(zu Grunde liegend)* que está en la base; *(Gedanke, Idee)* fundamental

Träger[1] *m* <-s, -> ① (ARCHIT) viga *f* ② *(an Kleidung)* tirante *m* ③ *(Institution)* entidad *f* responsable

Träger(in)[2] ['trɛgɐ] *m(f)* <-s, -; -nen> ① *(Gepäckträger)* mozo, -a *m, f* ② *(Preisträger)* titular *mf* ③ *(einer Entwicklung)* representante *mf* ④ *(einer Krankheit)* portador(a) *m(f)*

Trägerin *f* <-, -nen> *s.* **Träger**[2]

Trägerkleid *nt* vestido *m* de [*o* con] tirantes

trägerlos *adj* sin tirantes; **ein ~es Top tragen** llevar un top sin tirantes

Trägerrakete *f* cohete *m* portador

Trägertop *nt* <-s, -s> top *m*

Tragetasche *f* ① *(Einkaufstasche)* bolsa *f* de la compra ② *(Plastiktüte)* bolsa *f* de plástico

tragfähig *adj* sólido, firme

Tragfähigkeit *f* <-, *ohne pl*> capacidad *f* de carga

Tragfläche *f* (AERO) plano *m* de sustentación

Trägheit ['trɛ:khaɪt] *f ohne pl* ① *(Faulheit)* pereza *f; (Langsamkeit)* lentitud *f; (Lustlosigkeit)* apatía *f* ② (PHYS) inercia *f*

Tragik ['tra:gɪk] *f ohne pl* tragedia *f;* (*a.* LIT, THEAT) lo trágico

Tragikomik *f* <-, *ohne pl*> *(geh)* tragicomedia *f*

tragikomisch [tra:gi'ko:mɪʃ, '----] *adj* (*a.* LIT, THEAT) tragicómico

Tragikomödie [tragiko'mø:djə, '-----] *f* (*a.* LIT, THEAT) tragicomedia *f*

tragisch ['tra:gɪʃ] *adj* (*a.* LIT, THEAT) trágico; **nimm's nicht so** ~ *(fam)* no te lo tomes tan a la tremenda

Traglast *f* carga *f*

Tragödie [tra'gø:djə] *f* <-n> (*a.* LIT, THEAT) tragedia *f*

trägt *3. präs von* **tragen**

Tragweite *f* alcance *m*

Trailer ['treɪlə] *m* <-s, -> (*a.* FILM) tráiler *m*

Trainer[1] ['trɛ:nɐ] *m* <-s, -> *(Schweiz: Trainingsanzug)* chándal *m*

Trainer(in)[2] ['trɛ:nɐ] *m(f)* <-s, -; -nen> entrenador(a) *m(f)*

trainieren* [trɛ'ni:rən, tre'ni:rən] **I.** *vi* entrenarse **II.** *vt* entrenar

Training ['trɛ:nɪŋ] *nt* <-s, -s> entrenamiento *m;* **autogenes/Autogenes** ~ entrenamiento autógeno

Trainingsanzug *m* chándal *m*

Trainingslager *nt* (SPORT) campo *m* de entrenamiento

Trakt [trakt] *m* <-(e)s, -e> (ARCHIT) ala *f*

Traktat *m o nt* <-(e)s, -e> *(geh)* tratado *m*

traktieren* [trak'ti:rən] *vt* ① *(angreifen)* molestar, torturar; **jdn mit den Fäusten** ~ dar a alguien unos puñetazos; **jdn mit Vorwürfen** ~ poner a alguien por los suelos ② *(bewirten)* agasajar

Traktor ['trakto:ɐ] *m* <-s, -en> tractor *m*

trällern ['trɛlɐn] **I.** *vi* tararear una melodía **II.** *vt* tararear

Tram [tram] *f* <-s> *(reg)* tranvía *m*

Trampel ['trampəl] *m o nt* <-s, -> *(fam abw)* patán, -ana *m, f*

trampeln ['trampəln] **I.** *vi* patear **II.** *vt* **etw platt** ~ pisotear algo

Trampelpfad *m* sendero *m* trillado

Trampeltier *nt* ① *(Kamel)* camello *m* ② *(fam: Trampel)* patán, -ana *m, f*

trampen ['trɛmpən] *vi sein* hacer autostop

Tramper(in) *m(f)* <-s, -; -nen> autoestopista *mf*

Trampolin ['trampoli:n, --'-] *nt* <-s, -e> trampolín *m*

Tramway ['tramvaɪ] *f* <-s> *(Österr)* tranvía *m*

Tran [tra:n] *m* <-(e)s, -e> *(vom Wal)* aceite *m* de ballena; *(vom Fisch)* aceite *m* de hígado de bacalao; **wie im** ~ *(fam: benommen)* confuso; *(zerstreut)* despistado

Trance ['trɑ̃:s(ə)] *f* <-n> trance *m*

tranchieren* [trɑ̃'ʃi:rən] *vt s.* **transchieren**

Träne ['trɛ:nə] *f* <-n> lágrima *f;* **den ~n nahe sein** estar a punto de romper a llorar; **~n**

T

lachen llorar de risa; **zu ~n gerührt sein** estar muy conmovido; **in ~n aufgelöst** hecho un mar de lágrimas; **mir kommen die ~n!** *(iron)* ¡huy, qué pena me das!

tränen *vi* lagrimear, llorar *fam;* **mir ~ die Augen** me lloran los ojos

Tränendrüse *f* glándula *f* lagrimal

Tränengas *nt ohne pl* gas *m* lacrimógeno

tranig ['tra:nɪç] *adj* ① *(nach Tran schmeckend)* aceitoso ② *(fam: träge)* pesado

trank [traŋk] *3. imp von* **trinken**

Tränke ['trɛŋkə] *f* <-n> abrevadero *m,* pileta *f RíoPl*

tränken ['trɛŋkən] *vt* ① *(Tiere)* abrevar ② *(durchnässen)* empapar (**in** en, **mit** de)

trans [trans] *adj* (SOZIOL) *Abk. von* **transgender** trans

Trans [trans] *mf* (SOZIOL) *Abk. von* **Transgender** trans *mf*

Transaktion [transʔak'tsjo:n] *f* <-en> transacción *f*

transatlantisch *adj* tra(n)satlántico

tranchieren* [tran'ʃi:rən] *vt* (GASTR) trinchar

Transfer [trans'fe:ɐ] *m* <-s, -s> ① (WIRTSCH, PSYCH) tra(n)sferencia *f* ② *(auf Reisen)* traslado *m* ③ (SPORT) traspaso *m*

Transformation [transfɔrma'tsjo:n] *f* <-, -en> tra(n)sformación *f*

Transformator [transfɔr'ma:to:ɐ] *m* <-s, -en> tra(n)sformador *m*

transformieren* [transfɔr'mi:rən] *vt* tra(n)sformar (**in** en)

Transfusion [transfu'zjo:n] *f* <-en> (MED) tra(n)sfusión *f* (de sangre)

transgender [trans'dʒɛndɐ] *adj* (SOZIOL) transgénero

Transgender [trans'dʒɛndɐ] *mf* <-s, -> (SOZIOL) persona *f* transgénero

Transistor [tran'zɪsto:ɐ] *m* <-s, -en> transistor *m*

Transistorradio *nt* transistor *m*

Transit [tran'zi:t, tran'zɪt] *m* <-s, -e> tránsito *m*

transitiv ['tranziti:f, --'-] *adj* (LING) transitivo

Transitreisende(r) *mf* viajero, -a *m, f* en tránsito

Transitverkehr *m* tráfico *m* de tránsito

Transkription [transkrɪp'tsjo:n] *f* <-en> (LING, MUS) tra(n)scripción *f*

Transmission [transmɪ'sjo:n] *f* <-, -en> (TECH) tra(n)smisión *f*

transparent [transpa'rɛnt] *adj* tra(n)sparente

Transparent [transpa'rɛnt] *nt* <-(e)s, -e> *(Spruchband)* pancarta *f*

Transparenz [transpa'rɛnts] *f ohne pl* tra(n)sparencia *f*

Transpiration [transpira'tsjo:n] *f* <-, -en> (*a.* BOT) tra(n)spiración *f*

transpirieren* [transpi'ri:rən] *vi* tra(n)spirar

Transplantat [transplan'ta:t] *nt* <-(e)s, -e> (MED) órgano *m* tra(n)splantado

Transplantation [transplanta'tsjo:n] *f* <-en> (MED, BOT) tra(n)splante *m*

transplantieren* [transplan'ti:rən] *vt* (MED) tra(n)splantar

Transport [trans'pɔrt] *m* <-(e)s, -e> tra(n)sporte *m*

transportabel [transpɔr'ta:bəl] *adj* tra(n)sportable; *(tragbar)* portátil

Transporter *m* <-s, -> vehículo *m* de tra(n)sporte

transportfähig *adj (Person)* en condiciones de ser trasladado

Transportflugzeug *nt* avión *m* de tra(n)sporte

transportieren* [transpɔr'ti:rən] *vt* ① *(Waren)* tra(n)sportar ② *(Personen)* trasladar ③ *(Ideen, Werte)* trasladar

Transportkosten *pl* gastos *mpl* de tra(n)sporte

Transportmittel *nt* medio *m* de tra(n)sporte

Transportunternehmen *nt* empresa *f* de tra(n)sportes

Transportunternehmer(in) *m(f)* <-s, -; -, -nen> tra(n)sportista *mf*

transsexuell [transzɛksu'ɛl] *adj* transexual

Transsexuelle(r) *mf* <-n, -n; -n> transexual *mf*

Transvestit [transvɛs'ti:t] *m* <-en, -en> travestí *m*

transzendent [transtsɛn'dɛnt] *adj* (PHILOS) tra(n)scendente

transzendental [transtsɛndɛn'ta:l] *adj* (PHILOS) tra(n)scendental

Transzendenz [transtsɛn'dɛnts] *f* <-, *ohne pl> (geh, a.* PHILOS) tra(n)scendencia *f*

Trapez [tra'pe:ts] *nt* <-es, -e> *(Turngerät, a.* MATH) trapecio *m*

Trasse ['trasə] *f* <-n> trazado *m*

trat [tra:t] *3. imp von* **treten**

Tratsch [tra:tʃ] *m* <-(e)s, *ohne pl> (fam abw)* cotilleo *m*

tratschen ['tra:tʃən] *vi (fam abw)* cotillear (**über** sobre)

Traualtar ['traʊʔalta:ɐ] *m* altar *m* nupcial; **jdn zum ~ führen** llevar a alguien al altar

Traube ['traʊbə] *f* <-n> ① *(Weintraube)* uva *f;* **blaue/grüne ~n** uvas negras/blancas ② (BOT) racimo *m* ③ *(Menschentraube)* grupo *m*

Traubenlese *f* vendimia *f*

T

Traubensaft *m* zumo *m* de uva, jugo *m* de uva *Am,* baya *f Chil*
Traubenzucker *m* glucosa *f*
trauen ['traʊən] **I.** *vi* confiar; **jdm/etw** *dat* ~ confiar en alguien/algo; **ich traute meinen Augen/Ohren nicht** no podía dar crédito a mis ojos/oídos **II.** *vt* casar; **sich ~ lassen** casarse **III.** *vr:* **sich ~** atreverse; **sich ~, etw zu tun** atreverse a hacer algo
Trauer ['traʊɐ] *f ohne pl* tristeza *f; (um Tote)* luto *m;* ~ **tragen** llevar luto
Traueranzeige *f* <-, -n> esquela *f* de defunción
Trauerfall *m* defunción *f*
Trauerfeier *f* funeral *m*
Trauergottesdienst *m* funeral *m*
Trauerkleidung *f* luto *m;* ~ **tragen** llevar luto
Trauerkloß *m (fam)* soso, -a *m, f*
Trauermarsch *m* (MUS) marcha *f* fúnebre
Trauermiene *f (fam)* cara *f* de circunstancias
trauern ['traʊɐn] *vi* llevar luto; **um jdn ~** llorar la muerte de alguien
Trauerspiel *nt (a. fig)* tragedia *f*
Trauerweide *f* (BOT) sauce *m* llorón
Trauerzug *m* cortejo *m* fúnebre
Traufe ['traʊfə] *f* <-n> canalón *m*
träufeln ['trɔɪfəln] *vt* verter gota a gota (**in** en)
Traum [traʊm, *pl:* 'trɔɪmə] *m* <-(e)s, Träume> sueño *m;* **im ~ reden** hablar en sueños; **das fällt mir nicht im ~ ein** *(fam)* eso no se me ocurre ni en sueños; **das war schon immer mein ~** siempre soñé con eso; **aus der ~!** *(fam)* ¡vuelta a la realidad!
Trauma ['traʊma] *nt* <-s, Traumen *o* Traumata> (MED, PSYCH) trauma *m*
traumatisch [traʊ'ma:tɪʃ] *adj* (MED, PSYCH) traumático
traumatisieren* *vt* traumatizar
Traumberuf *m* trabajo *m* ideal, oficio *m* soñado
Traumdeutung *f* interpretación *f* de los sueños
Traumen ['traʊmən] *pl von* **Trauma**
träumen ['trɔɪmən] *vi* soñar (**von** con); **von jdm/etw ~** soñar con alguien/algo; **er träumt mit offenen Augen** sueña despierto; **das hätte ich mir nicht ~ lassen** nunca hubiese soñado con ello
Träumer(in) *m(f)* <-s, -; -nen> soñador(a) *m(f)*
Träumerei *f* <-en> sueños *mpl,* fantasías *f pl*
träumerisch *adj* soñador
traumhaft *adj* ① *(wie im Traum)* de ensueño ② *(fam: wunderbar)* maravilloso
Traumpaar *nt* <-(e)s, -e> pareja *f* ideal
Traumtänzer(in) *m(f) (abw)* iluso, -a *m, f*
traurig ['traʊrɪç] *adj* ① *(bekümmert)* triste; **über etw ~ sein** estar triste por algo; **jdn ~ machen** entristecer a alguien; ~ **werden** ponerse triste ② *(beklagenswert)* triste ③ *(erbärmlich)* deplorable
Traurigkeit *f ohne pl* tristeza *f*
Trauring *m* alianza *f*
Trauschein *m* acta *f* de matrimonio
Trauung ['traʊʊŋ] *f* <-en> boda *f,* casamiento *m;* **kirchliche/standesamtliche ~** casamiento por la iglesia/por lo civil
Trauzeuge, -in *m, f* testigo *mf* de matrimonio
Travestie [travɛs'ti:, *pl:* travɛs'ti:ən] *f* <-, -n> (LIT) parodia *f*
Trecker ['trɛkɐ] *m* <-s, -> tractor *m*
Treff [trɛf] *m* <-s, -s> *(fam)* ① *(das Treffen)* encuentro *m* ② *(Treffpunkt)* lugar *m* de encuentro
treffen ['trɛfən] <trifft, traf, getroffen> **I.** *vi (Ziel)* acertar **II.** *vt* ① *(begegnen)* encontrar; *(zufällig)* encontrarse (con), dar (con) ② *(erreichen)* alcanzar, dar; **das Ziel ~** dar en el blanco; **mit deinem Job hast du es ja gut getroffen** acertaste con tu trabajo ③ *(kränken)* ofender ④ *(betreffen)* afectar; **das trifft dich** eso se refiere a ti; **mich trifft keine Schuld** yo no tengo la culpa ⑤ *(ergreifen)* **Maßnahmen gegen etw ~** adoptar medidas contra algo; **eine Vereinbarung ~** llegar a un acuerdo **III.** *vr:* **sich ~** ① *(zusammenkommen)* encontrarse; *(sich versammeln)* reunirse ② *(geschehen)* ocurrir; **das trifft sich gut!** ¡eso me viene como anillo al dedo!
Treffen ['trɛfən] *nt* <-s, -> (*a.* SPORT) encuentro *m*
treffend I. *adj (richtig)* justo; *(angemessen)* adecuado **II.** *adv* con exactitud
Treffer *m* <-s, -> ① *(Schießen)* tiro *m* certero; *(Ballspiele)* gol *m; (Boxen)* golpe *m* certero; *(Einschuss)* impacto *m* ② *(in einer Lotterie)* premio *m* ③ *(Erfolg)* exitazo *m*
Trefferquote *f* número *m* de aciertos [*o* dianas] [*o* goles]
Treffpunkt *m* lugar *m* de encuentro
treffsicher *adj* certero
Treffsicherheit *f ohne pl* ① *(beim Schießen)* precisión *f* de tiro ② *(Prägnanz, Präzision)* certeza *f*
Treibeis ['traɪp-] *nt* témpano *m*
treiben ['traɪbən] <treibt, trieb, getrieben> **I.** *vt* ① *(hinbringen)* llevar; *(schieben)* empujar; *(mit Zwang)* hacer avanzar; **sich (von der Strömung) ~ lassen** dejarse llevar (por la corriente); **die Preise in**

T

die Höhe ~ hacer subir los precios ❷ *(antreiben)* apremiar (**zu** a); (TECH) hacer funcionar; **jdn zur Eile** ~ meterle prisa a alguien; **jdn zum Wahnsinn** ~ volver loco a alguien ❸ *(hineinschlagen)* clavar (**in** en); *(Tunnel)* cavar ❹ *(betreiben, tun)* dedicarse (a); (SPORT) practicar; **Missbrauch mit etw** *dat* ~ abusar de algo; **dummes Zeug** ~ *(fam)* hacer tonterías; **es zu toll** ~ ir demasiado lejos; **es mit jdm** ~ *(fam)* tener relaciones sexuales con alguien ❺ *(Knospen)* echar **II.** *vi* ❶ *sein (fortbewegt werden)* ser llevado; *(von der Strömung)* ser arrastrado (por la corriente); *(auf Wasser)* flotar (**auf/in** en) ❷ *(Pflanze)* brotar ❸ *(fam: Bier, Kaffee)* ser diurético

Treiben *nt* <-s, *ohne pl*> ❶ *(auf der Straße)* movimiento *m*; *(Belebtheit)* animación *f* ❷ *(Handeln)* actividad *f*

treibend *adj* **die ~e Kraft** la fuerza motriz

Treiber *m* <-s, -> (INFOR) controlador *m*

Treibgas *nt* gas *m* propulsor

Treibgut *nt* <-(e)s, *ohne pl*> mercancía *f* que flota en el agua

Treibhaus *nt* invernadero *m*

Treibhauseffekt *m ohne pl* efecto *m* invernadero

Treibhausgas *nt* gas *m* (de efecto) invernadero

Treibholz *nt ohne pl* madera *f* flotante

Treibjagd *f* batida *f*

Treibnetz *nt* <-es, -e> red *f* de arrastre

Treibsand *m ohne pl* arena *f* movediza

Treibstoff *m* combustible *m*

Trekking ['trɛkɪŋ] *nt* <-s, -s> (SPORT) trekking *m*

Trekkingsandale ['trɛkɪŋ-] *f* sandalia *f* de montaña

Trekkingstock ['trɛkɪŋ-] *m* palo *m* de trekking

Tremolo ['tre:molo] *nt* <-s, -s *o* Tremoli> (MUS) trémolo *m*

Trenchcoat ['trɛntʃkoʊt] *m* <-(s), -s> gabardina *f*

Trend [trɛnt] *m* <-s, -s> tendencia *f* (**zu** a); **modischer** ~ moda *f*; **mit etw** *dat* **voll im ~ liegen** *(fam)* ir con algo completamente a la moda

Trendsetter(in) ['trɛntsɛtɐ] *m(f)* <-s, -; -nen> iniciador(a) *m(f)* de una moda

Trendwende *f* cambio *m* de tendencia

trendy ['trɛndi] *adj (fam)* de moda, moderno

trennbar *adj* separable

trennen ['trɛnən] **I.** *vt* separar (**von** de); *(absondern)* apartar; *(Begriffe)* distinguir; *(Silben)* dividir **II.** *vr*: **sich** ~ ❶ *(auseinandergehen)* separarse (**von** de); **hier ~ sich unsere Wege** aquí se separan nuestros caminos; **sie haben sich getrennt** se separaron ❷ *(weggeben)* desprenderse (**von** de)

Trennlinie *f* línea *f* divisoria

Trennung *f* <-en> separación *f*; *(Teilung)* división *f*; *(Absonderung)* aislamiento *m*; **sie stehen kurz vor der** ~ están a punto de separarse

Trennungsstrich *m* (LING) guion *m*

Trennvorhang *m* cortina *f* (separadora)

Trennwand *f* pared *f* divisoria

Trennzeichen *nt* (INFOR, TYPO) carácter *m* de separación

treppab [trɛp'ʔap] *adv* escaleras abajo

treppauf [trɛp'ʔaʊf] *adv* escaleras arriba

Treppe ['trɛpə] *f* <-n> escalera *f*; **die ~ hinauf-/hinuntergehen** subir/bajar la(s) escalera(s)

Treppenabsatz *m* descansillo *m*

Treppengeländer *nt* barandilla *f*

Treppenhaus *nt* (caja *f* de la) escalera *f*

Treppenstufe *f* peldaño *m*

Tresen ['tre:zən] *m* <-s, -> *(nordd)* ❶ *(in einer Gaststätte)* barra *f* ❷ *(Ladentisch)* mostrador *m*

Tresor [tre'zo:ɐ] *m* <-s, -e> ❶ *(Schrank)* caja *f* fuerte ❷ *(Tresorraum)* cámara *f* acorazada

Tresorraum *m* cámara *f* acorazada

Tretboot *nt* patín *m* a pedales

Treteimer *m* <-s, -> cubo *m* con pedal

treten ['tre:tən] <tritt, trat, getreten> **I.** *vi* ❶ *sein (hinaustreten)* salir (**auf** a); *(eintreten)* entrar (**in** a/en); *(sich stellen)* ponerse (**vor** delante de, **hinter** detrás de, **neben** al lado de); **in Aktion** ~ entrar en acción; **auf die Bremse** ~ pisar el freno; **ans Fenster** ~ asomarse a la ventana; **in jds Leben** ~ entrar en la vida de alguien; **in den Ruhestand** ~ jubilarse; **zur Seite** ~ apartarse; **an jds Stelle** ~ su(b)stituir a alguien; **über die Ufer** ~ *(Fluss)* desbordarse; ~ **Sie näher!** ¡acérquese! ❷ *sein (mit dem Fuß)* pisar; *(absichtlich)* pisotear ❸ *(Tritt versetzen)* dar una patada (**gegen** contra, **nach** a) ❹ *(beim Radfahren)* pedalear **II.** *vt (Person, Tier, Pedal)* pisar; *(Tritt geben)* dar una patada

Tretmine *f* (MIL) mina *f*; **~n legen** sembrar de minas, minar

Tretmühle *f (fam abw)* rutina *f* diaria

treu [trɔɪ] *adj* fiel; *(loyal)* leal; *(zuverlässig)* de confianza; **sich** *dat* **selbst ~ bleiben** ser fiel a uno mismo; **jdm ~ sein** ser fiel a alguien

treudoof ['-'-] *adj (fam)* cándido, inocente

Treue ['trɔɪə] *f ohne pl* ❶ *(Treusein)* fidelidad *f*; *(Loyalität)* lealtad *f*; **jdm die ~ halten** ser fiel a alguien ❷ *(Genauigkeit)* precisión *f*

Treueid *m* juramento *m* de fidelidad
Treueprämie *f* prima *f* por fidelidad
Treueschwur *m* ① *(von Geliebten)* promesa *f* (solemne) de fidelidad ② (HIST: *Eid*) juramento *m* de fidelidad [*o* de lealtad]; **einen ~ leisten/ablegen** jurar lealtad [*o* fidelidad]
Treuhand *f* <-, *ohne pl*> (JUR) fideicomiso *m*
Treuhänder(in) [-hɛndɐ] *m(f)* <-s, -; -nen> (JUR) fiduciario, -a *m, f*
treuhänderisch *adj* fiduciario
Treuhandgesellschaft *f* (JUR) sociedad *f* fiduciaria
treuherzig *adj* ingenuo
treulos *adj* infiel; *(verräterisch)* traidor
Treulosigkeit *f ohne pl* infidelidad *f*, deslealtad *f*; *(Verrat)* traición *f*
Triangel ['tri:aŋəl, -'--] *m o Österr: nt* <-s, -> triángulo *m*
Triathlon ['tri:atlɔn] *nt* <-s, -s> (SPORT) triatlón *m*
Tribunal [tribu'na:l] *nt* <-s, -e> tribunal *m*
Tribüne [tri'by:nə] *f* <-n> tribuna *f*, palco *m Am*
Tribut [tri'bu:t] *m* <-(e)s, -e> tributo *m*; **jdm/etw** *dat* **~ zollen** elogiar a alguien/algo
Trichter ['trɪçtɐ] *m* <-s, -> ① *(zum Einfüllen)* embudo *m* ② *(Schalltrichter)* bocina *f*; *(an Musikinstrumenten)* pabellón *m* ③ *(Bombentrichter,* a. GEO) cráter *m*
trichterförmig *adj* en forma de embudo
Trick [trɪk] *m* <-s, -s> truco *m*, manganeta *f Hond*; **sie hat den ~ raus** *(fam)* ha pillado el truco; **~ siebzehn!** *(fam)* ¡magia potagia!
Trickaufnahme *f* trucaje *m*
Trickbetrug *m* <-(e)s, *ohne pl*> timo *m*
Trickbetrüger(in) *m(f)* timador(a) *m(f)*
Trickfilm *m* dibujos *mpl* animados
Trickkiste *f* <-, -n> *(fam)* trucos *mpl*; **in die ~ greifen** recurrir a trucos
trickreich *adj* que sabe muchos trucos
tricksen ['trɪksən] **I.** *vi (fam)* hacer trucos; *(betrügen)* engañar **II.** *vt (fam)* arreglar; **wir werden das schon ~** ya lo arreglaremos
trieb [tri:p] *3. imp von* **treiben**
Trieb [tri:p] *m* <-(e)s, -e> ① (PSYCH, BIOL) impulsión *f*; *(Instinkt)* instinto *m*; *(Neigung)* inclinación *f* (**zu** a) ② (BOT) brote *m*
Triebfeder *f* <-, -n> ① (TECH) resorte *m* ② *(Beweggrund)* móvil *m*
triebhaft *adj* instintivo
Triebhaftigkeit *f* <-, *ohne pl*> impulsividad *f*
Triebkraft *f* (*a.* TECH, PSYCH) fuerza *f* motriz
Triebtäter *m* delincuente *m* sexual
Triebwagen *m* automotor *m*
Triebwerk *nt* (*a.* AERO) motores *mpl*
triefen ['tri:fən] <trieft, triefte *o* troff, getrieft *o* getroffen> *vi* ① *sein (rinnen)* chorrear (**aus/von** por/de) ② *(nass sein)* estar empapado (**von/vor** de/por); **sie war ~d nass** estaba calada hasta los huesos
Trier [tri:ɐ] *nt* <-s> Tréveris *m*
trifft [trɪft] *3. präs von* **treffen**
triftig ['trɪftɪç] *adj (überzeugend)* convincente; *(begründet)* bien fundado
Trigonometrie [trigonome'tri:] *f ohne pl* (MATH) trigonometría *f*
Trikot [tri'ko:] *nt* <-s, -s> camiseta *f*
trillern ['trɪlɐn] *vi (Vogel)* trinar; *(Mensch)* tararear
Trillerpfeife *f* pito *m*, silbato *m*
Trillion [trɪ'ljo:n] *f* <-, -en> trillón *m*
Trilogie [trilo'gi:] *f* <-n> trilogía *f*
Trimester [tri'mɛstɐ] *nt* <-s, -> trimestre *m*
Trimm-dich-Pfad ['trɪmdɪçpfa:t] *m s.* **Trimmpfad**
trimmen ['trɪmən] **I.** *vt* ① *(durch Sport)* entrenar ② (NAUT, AERO) equilibrar; *(verstauen)* arrumar ③ *(Hund, Rasen: scheren)* esquilar **II.** *vr:* **sich ~** mantenerse en forma
Trimmpfad *m* <-(e)s, -e> circuito *m* gimnástico (en el bosque)
Trinidad und Tobago ['trɪnidat ʊnt to'ba:go] *nt* <-s - -s> Trinidad y Tobago
trinkbar *adj* bebedero; *(Wasser)* potable
trinken ['trɪŋkən] <trinkt, trank, getrunken> *vi, vt* beber (**aus** de/por, **auf** a); *(Kaffee, Tee)* tomar; **aus der Flasche/aus dem Glas ~** beber de la botella/del vaso; **gibst du mir bitte etwas zu ~?** ¿me das algo de beber, por favor?; **sie hat die Flasche leer getrunken** se ha bebido toda la botella; **einen ~ gehen** *(fam)* ir a tomar una copa; **auf jds Wohl ~** beber a la salud de alguien; **darauf müssen wir einen ~** *(fam)* hay que brindar por ello
Trinker(in) *m(f)* <-s, -; -nen> bebedor(a) *m(f)*
Trinkerin *f* <-nen> *s.* **Trinker**
trinkfest *adj* que tiene aguante para la bebida
Trinkgelage *nt* <-s, -> bacanal *f*
Trinkgeld *nt* propina *f*, gato *m Méx*, feria *f CRi*
Trinkglas *nt* vaso *m* para beber
Trinkhalm *m* pajita *f*
Trinkspruch *m* brindis *m inv*; **einen ~ auf jdn ausbringen** brindar por alguien
Trinkwasser *nt* agua *f* potable; **kein ~!** ¡no potable!

T

Trinkwasseraufbereitung *f* depuración *f* de aguas

Trinkwasseraufbereitungsanlage *f* planta *f* potabilizadora

Trinkwasserversorgung *f ohne pl* abastecimiento *m* de agua potable

Trio ['tri:o] *nt* <-s, -s> (MUS) trío *m*

Trip [trɪp] *m* <-s, -s> *(fam)* ① *(Reise)* excursión *f* ② *(durch Drogen)* pedal *m;* **auf einem ~ sein** flipar

trippeln ['trɪpəln] *vi sein* andar a pasos cortos

Tripper ['trɪpɐ] *m* <-s, -> gonorrea *f*

trist [trɪst] *adj (geh)* triste

tritt [trɪt] *3. präs von* **treten**

Tritt [trɪt] *m* <-(e)s, -e> ① *(Schritt, Gang)* paso *m* ② *(Fußtritt)* puntapié *m;* **jdm einen ~ versetzen** dar un puntapié a alguien

Trittbrett *nt* estribo *m*

Trittbrettfahrer(in) *m(f) (abw)* aprovechado, -a *m, f*

Trittleiter *f* escalerilla *f*

Trittstufe *f* (ARCHIT) escalón *m*

Triumph [tri'ʊmf] *m* <-(e)s, -e> triunfo *m;* **einen ~ erringen** triunfar

triumphal [triʊm'fa:l] *adj* triunfal

Triumphbogen *m* arco *m* de triunfo

Triumphgeschrei *nt ohne pl* gritos *mpl* de triunfo

triumphieren* [triʊm'fi:rən] *vi* triunfar (**über** sobre)

triumphierend *adj* triunfante

Triumphzug *m* marcha *f* triunfal

trivial [tri'vja:l] *adj* trivial

Trivialität [trivjali'tɛ:t] *f* <-, -en> trivialidad *f*

Trizeps ['tri:tsɛps] *m* <-(es), -e> (ANAT) tríceps *m inv*

trocken ['trɔkən] *adj* seco; *(langweilig)* aburrido; **auf dem T~en sitzen** *(fam: keine Lösung finden)* no salir adelante; *(aus finanziellen Gründen)* estar en un aprieto económico; *(nichts zu trinken haben)* no tener para beber

Trockeneis *nt* hielo *m* seco

Trockenhaube *f* secador *m* (del pelo)

Trockenheit *f* <-en> sequedad *f,* aridez *f;* *(Dürrezeit)* sequía *f*

trocken|legen *vt* ① *(Kind)* cambiar los pañales ② *(Sumpf)* drenar

Trockenmilch *f* leche *f* en polvo

Trockenobst *nt* frutos *mpl* secos

Trockenplatz *m* tendedero *m* para ropa

trocken|reiben *irr vt* secar frotando; **sich** *dat* **die Haare ~** secarse el cabello frotando (con la toalla)

Trockenzeit *f* (temporada *f* de) sequía *f*

trocknen ['trɔknən] **I.** *vi sein* secarse **II.** *vt* secar

Trockner *m* <-s, -> secadora *f*

Trödel ['trø:dəl] *m* <-s, *ohne pl*> ① *(fam: Dinge)* cachivaches *mpl* ② *(Markt)* mercadillo *m*

Trödelei *f* <-en> *(fam abw)* pérdida *f* de tiempo

Trödelmarkt *m* mercadillo *m*

trödeln ['trø:dəln] *vi (fam a. abw)* perder el tiempo, demorarse (mucho) *Am*

Trödler(in) ['trø:dlɐ] *m(f)* <-s, -; -nen> ① *(abw: Bummler)* tortuga *f* ② *(Altwarenhändler)* prendero, -a *m, f,* cambalachero, -a *m, f Arg, Urug*

troff [trɔf] *3. imp von* **triefen**

trog [tro:k] *3. imp von* **trügen**

Trog [tro:k, *pl:* 'trø:gə] *m* <-(e)s, Tröge> artesa *f,* canoa *f Am*

Troll [trɔl] *m* <-(e)s, -e> trol(l) *m,* espíritu *m* maligno

Trolley ['trɔli] *m* <-s, -s> carro *m* portaequipajes

Trolleybus ['trɔlibʊs] *m (Schweiz)* trolebús *m*

Trommel ['trɔməl] *f* <-n> (MUS, TECH) tambor *m;* *(Revolvertrommel)* barrilete *m;* *(Kabeltrommel)* tambor *m*

Trommelfell *nt* (ANAT) tímpano *m*

trommeln **I.** *vi* (MUS) tocar el tambor; *(mit den Fingern)* tamborilear (**auf** sobre) **II.** *vt* tocar en el tambor

Trommelstock *m* (MUS) baqueta *f*

Trommler(in) ['trɔmlɐ] *m(f)* <-s, -; -nen> tamborilero, -a *m, f*

Trompete [trɔm'pe:tə] *f* <-n> trompeta *f*

trompeten* [trɔm'pe:tən] *vi* ① (MUS) tocar la trompeta ② *(Elefant)* barritar ③ *(lautstark äußern)* anunciar en voz alta; *(sich laut schnäuzen)* sonarse con fuerza

Trompeter(in) *m(f)* <-s, -; -nen> trompetista *mf*

Tropen ['tro:pən] *pl* trópicos *mpl,* zona *f* tropical

Tropenhelm *m* salacot *m*

Tropenholz *nt* madera *f* tropical

Tropenwald *m* selva *f* tropical

Tropf [trɔpf] *m* <-(e)s, -e> (MED) gotero *m* intravenoso; **am ~ hängen** *(fam)* tener el gotero puesto

tröpfchenweise *adv* gotita a gotita

tröpfeln ['trœpfəln] **I.** *vi sein (heruntertröpfeln)* gotear **II.** *vt* verter gota a gota (**auf/in** sobre/en) **III.** *vunpers (fam: regnen)* gotear

tropfen ['trɔpfən] *vi* gotear

Tropfen *m* <-s, -> gota *f;* **bis auf den letzten ~** hasta la última gota; **ein guter ~** un vino excelente; **das ist (nur) ein ~ auf**

den heißen Stein *(fam)* (solo) es una gota en medio del océano
tropfenweise *adv* gota a gota
Tropfinfusion *f* (MED) infusión *f* gota a gota
tropfnass ['-'-] *adj* sin exprimir, chorreando *fam*
Tropfsteinhöhle *f* cueva *f* de estalactitas y estalagmitas
Trophäe [tro'fɛːə] *f* <-n> trofeo *m*
tropisch ['troːpɪʃ] *adj* tropical
Troposphäre [tropo'sfɛrə] *f* <-, *ohne pl*> (METEO) troposfera *f*
Tross [trɔs] *m* <-es, -e> ① *(Gefolge)* seguidores *mpl*, partidarios *mpl* ② *(Zug)* caravana *f*; **der ~ der Flüchtlinge** la caravana de refugiados
Trost [troːst] *m* <-(e)s, *ohne pl*> consuelo *m*; **als ~** de consuelo; **das ist ein schwacher ~** eso no me consuela mucho; **zum ~ kann ich sagen, dass ...** como consuelo puedo decir que...; **du bist wohl nicht ganz bei ~!** *(fam)* ¡debes estar loco!
trösten ['trøːstən] **I.** *vt* consolar **II.** *vr:* **sich ~** consolarse
tröstlich ['trøːstlɪç] *adj* consolador; **das ist ja sehr ~!** *(iron)* ¡vaya consuelo!
trostlos *adj* ① *(Person)* desconsolado ② *(Ding, Zustand)* desesperante
Trostlosigkeit *f ohne pl* desolación *f*, desesperación *f*
Trostpflaster *nt* (pequeño) consuelo *m*
Trostpreis *m* accésit *m*
trostreich *adj* consolador
Trott [trɔt] *m* <-(e)s, -e> ① *(Gangart)* trote *m* ② *(Routine)* rutina *f*; **(wieder) in den alten ~ verfallen** caer (de nuevo) en la vieja rutina
Trottel ['trɔtəl] *m* <-s, -> *(fam abw)* imbécil *mf*, zorzal *m Am*
trottelig *adj (fam abw)* estúpido
trotten ['trɔtən] *vi sein* trotar
Trottoir [trɔ'to̯aːɐ] *nt* <-s, -e *o* -s> *(reg)* acera *f*, vereda *f Am*
trotz *präp +gen/dat* a pesar de; **~ alle(de)m** a pesar de todo
Trotz *m* <-es, *ohne pl*> obstinación *f*; **aus ~** por despecho; **allen Warnungen zum ~ etw tun** hacer algo a pesar de todas las advertencias
Trotzalter *nt* edad *f* del pavo
trotzdem ['--, -'-] *konj* no obstante, sin embargo
trotzen ['trɔtsən] *vi* ① *(Kind)* emperrarse, estar de morros *fam* ② *(geh: widerstehen)* hacer frente (a)
trotzig *adj* obstinado, terco
Trotzkopf *m* cabezota *mf*; **seinen ~ durchsetzen** *(fam)* imponerse con testarudez
Trotzreaktion *f* <-, -en> terquedad *f* por despecho, obstinación *f* por despecho
trüb(e) *adj* ① *(Flüssigkeit)* turbio; *(Glas, Licht)* opaco; *(Farbe)* apagado ② *(Tag)* nublado; *(Himmel)* cubierto; *(Wetter)* nuboso ③ *(Stimmung)* melancólico; **im T~en fischen** *(fam)* pescar en río revuelto
Trubel ['truːbəl] *m* <-s, *ohne pl*> barullo *m*, bulla *f*
trüben ['tryːbən] **I.** *vt* ① *(Flüssigkeit)* enturbiar; *(Glas)* empañar; **kein Wässerchen ~ können** *(fam)* no haber roto nunca un plato ② *(Freude, Erinnerung)* nublar **II.** *vr:* **sich ~** ① *(Flüssigkeit)* enturbiarse; *(Glas)* empañarse ② *(Himmel)* oscurecerse ③ *(Stimmung, Beziehung)* enturbiarse; *(Bewusstsein)* nublarse
Trübsal[1] ['tryːpzaːl] *f* <-e> *(geh: Leid)* aflicción *f*
Trübsal[2] *f ohne pl (geh: Schwermut)* melancolía *f*; **~ blasen** *(fam)* estar triste
trübselig *adj* melancólico; *(düster)* lóbrego
Trübsinn *m* <-(e)s, *ohne pl*> tristeza *f*, melancolía *f*
trübsinnig *adj* melancólico; *(bekümmert)* afligido
Trübung *f* <-en> ① *(das Trübwerden, Beeinträchtigung)* enturbiamiento *m* ② *(des Bewusstseins)* ofuscación *f*
trudeln ['truːdəln] *vi sein (Ball)* rodar despacio (dando tumbos); **das Flugzeug geriet ins T~** el avión entró en barrena
Trüffel ['trʏfəl] *f* <-n> trufa *f*
trug [truːk] *3. imp von* **tragen**
Trug [truːk] *m* <-(e)s, *ohne pl*> *(geh)* ① *(Täuschung)* engaño *m*; **Lug und ~** patrañas *fpl* ② *(Schein)* ilusión *f*
trügen ['tryːgən] <trügt, trog, getrogen> *vi, vt* engañar; **wenn mich nicht alles trügt** si no me equivoco
trügerisch ['tryːgərɪʃ] *adj* engañoso
Trugschluss *m* conclusión *f* errónea
Truhe ['truːə] *f* <-n> arca *f*
Trümmer ['trʏmɐ] *pl* ruinas *fpl*; *(Schutt)* escombros *mpl*; **etw liegt in ~n** algo está en ruinas
Trümmerfeld *nt* campo *m* de ruinas
Trümmerhaufen *m* escombrera *f*
Trumpf [trʊmpf, *pl:* 'trʏmpfə] *m* <-(e)s, Trümpfe> triunfo *m*; **seinen letzten ~ ausspielen** *(fig)* quemar el último cartucho; **einen ~ in der Hand haben** *(fig)* tener un as en la manga
trumpfen ['trʊmpfən] *vi* matar con un triunfo
Trumpfkarte *f* triunfo *m*
Trunk [trʊŋk] *m* <-(e)s, Trünke> *(geh)* ① *(Getränk)* bebida *f* ② *(Trunksucht)* alcoholismo *m*

T

trunken ['trʊŋkən] *adj (geh)* ebrio (**vor** de); ~ **machen** embriagar
Trunkenbold [-bɔlt] *m* <-(e)s, -e> *(abw)* borracho, -a *m, f*
Trunkenheit *f ohne pl* embriaguez *f*, bimba *f Am;* **bei ~ am Steuer** al conducir en estado de embriaguez
Trunksucht *f ohne pl* alcoholismo *m*
trunksüchtig *adj* alcohólico
Trupp [trʊp] *m* <-s, -s> grupo *m;* (MIL) pelotón *m*
Truppe ['trʊpə] *f* <-n> ❶ (MIL) tropa *f* ❷ *(Schauspieltruppe)* compañía *f*
Truppenabbau *m* reducción *f* de las tropas
Truppenabzug *m* <-(e)s, *ohne pl*> retirada *f* de las tropas
Truppenbewegung *f* <-, -en> movimiento *m* de tropas
Truppengattung *f* arma *f*
Truppenkontingent *nt* <-(e)s, -e> contingente *m* de tropas
Truppenstärke *f* <-, -n> efectivo *m* militar
Truppenübung *f* maniobras *f pl*
Truppenübungsplatz *m* campo *m* de maniobras
Truthahn, -henne ['tru:t-] *m, f* (ZOOL) pavo, -a *m, f*, guajalote *m Méx*, pisco *m Col, Ven*
Tschad [tʃat] *m* <-s> Chad *m*
tschau [tʃaʊ] *interj (fam)* ¡adiós!
Tscheche, -in ['tʃɛçə] *m, f* <-n, -n; -nen> checo, -a *m, f*
Tschechien ['tʃɛçiən] *nt* <-s> Chequia *f*
Tschechin *f* <-nen> *s.* **Tscheche**
tschechisch *adj* checo; **T~e Republik** República Checa
Tschechoslowake, -in [tʃɛçoslo'va:kə] *m, f* <-n, -n; -nen> checoslovaco, -a *m, f*
Tschechoslowakei [-slova'kaɪ] *f* Checoslovaquia *f*
tschechoslowakisch *adj* checoslovaco
tschüs *interj*, **tschüss** [tʃʏs] *interj* hasta luego, chau *Am*
T-Shirt *nt* <-s, -s> camiseta *f*, polera *f Am*, playera *f Guat, Méx*
Tsunami ['tsu:nami, tsu'na:mi] *m* <-, -s> (METEO, GEO) tsunami *m*
TU [te:'ʔu:] *f* <-s> *Abk. von* **Technische Universität** Universidad *f* Técnica
Tuba ['tu:ba] *f* <Tuben> ❶ (MUS) tuba *f* ❷ (MED) trompa *f* de Eustaquio
Tube ['tu:bə] *f* <-n> ❶ *(Behälter)* tubo *m;* **auf die ~ drücken** *(fam)* darle al acelerador ❷ (MED) trompa *f* de Eustaquio
Tuben *pl von* **Tuba, Tube**
tuberkulös [tubɛrku'lø:s] *adj* (MED) tuberculoso
Tuberkulose [tubɛrku'lo:zə] *f* <-n> (MED) tuberculosis *f inv*
tuberkulosekrank *adj* ~ **sein** ser tuberculoso
Tuberkulosekranke(r) *mf* tuberculoso, -a *m, f*
Tubus ['tu:bʊs] *m* <-, Tuben *o* -se> (MED) tubo *m*
Tuch[1] [tu:x] *nt* <-(e)s, -e> *(Stoff)* género *m*, paño *m*
Tuch[2] [tu:x, *pl:* 'ty:çɐ] *nt* <-(e)s, Tücher> ❶ *(Hals-, Kopftuch)* pañuelo *m* ❷ *(Wischtuch)* trapo *m* ❸ *(für Stierkampf)* capote *m*
Tuchfühlung *f ohne pl (fam)* contacto *m;* **mit jdm auf ~ gehen** aproximarse (físicamente) a alguien
tüchtig ['tʏçtɪç] **I.** *adj* ❶ *(fähig)* hábil, capaz; *(erfahren)* versado; *(fleißig)* aplicado; *(gut)* bueno ❷ *(fam: groß)* grande; *(beachtlich)* considerable **II.** *adv (sehr)* mucho; *(ziemlich viel)* bastante
Tüchtigkeit *f ohne pl (Fähigkeit)* habilidad *f*, capacidad *f; (Fleiß)* aplicación *f*
Tücke[1] ['tʏkə] *f* <-n> *(Mangel)* defecto *m*
Tücke[2] *f ohne pl (Bosheit)* maldad *f*, malicia *f;* **das ist die ~ des Objekts** esto es lo malo de la cosa
tuckern ['tʊkɐn] *vi* hacer ruidos explosivos
tückisch ['tʏkɪʃ] *adj* ❶ *(boshaft)* malicioso ❷ *(unberechenbar)* imprevisible ❸ *(gefährlich)* peligroso
tüfteln ['tʏftəln] *vi* romperse la cabeza (**an** con), sutilizar
Tugend ['tu:gənt] *f* <-en> virtud *f*
tugendhaft *adj* virtuoso
Tukan ['tu:kan, tu'ka:n] *m* <-s, -e> (ZOOL) tucán *m*
Tüll [tʏl] *m* <-s, -e> tul *m*
Tulpe ['tʊlpə] *f* <-n> tulipán *m*
tummeln ['tʊməln] *vr:* **sich ~** ❶ *(herumtollen)* corretear ❷ *(reg: sich beeilen)* darse prisa, apurarse *Am*
Tummelplatz *m* ❶ *(Spielplatz)* área *f* de juegos ❷ *(Schauplatz)* campo *m* de acción
Tümmler ['tʏmlɐ] *m* <-s, -> (ZOOL) delfín *m* mular, bufeo *m Am*
Tumor [tu'mo:ɐ] *m* <-s, -en> (MED) tumor *m*
Tümpel ['tʏmpəl] *m* <-s, -> charca *f*
Tumult [tu'mʊlt] *m* <-(e)s, -e> tumulto *m*, batifondo *m CSur*, bola *f Méx*
tun [tu:n] <tut, tat, getan> **I.** *vi, vt* hacer; **etw aus Liebe/aus Neid ~** hacer algo por amor/por envidia; **Wichtigeres zu ~ haben, als ...** tener cosas más importantes que hacer que...; **ich habe mein Bestes getan** hice todo lo que pude; **ich habe noch zu ~** todavía tengo que hacer; **damit ist es nicht getan** con esto no basta; **das**

ist leichter gesagt als getan es más fácil decirlo que hacerlo; **sie hat nichts zu ~** no tiene nada que hacer; **du kannst ~ und lassen, was du willst** puedes hacer lo que quieras; **was kann ich für Sie ~?** ¿en qué puedo ayudarle?; **wir haben getan, was wir konnten** hicimos lo que pudimos; **so etwas tut man nicht!** ¡eso no se hace!; **tu, was du nicht lassen kannst!** *(fam)* ¡haz lo que creas que tengas que hacer!; **das tut nichts zur Sache** *(fam)* esto no tiene nada que ver; **meine Uhr tut (es) nicht mehr** *(fam)* mi reloj ya no funciona; **hat er dir was getan?** ¿te hizo algo?; **der Hund tut nichts** *(fam)* el perro no hace nada; **tu mir doch den Gefallen und ...** hazme el favor y...; **wir haben es hier mit einem Mörder zu ~** nos las tenemos que ver con un asesino; **er bekam es mit der Angst zu ~** le entró miedo; **nach getaner Arbeit** después del trabajo; **damit habe ich nichts zu ~** no tengo nada que ver con ello; **ich will mit ihm nichts mehr zu ~ haben** no quiero tener más trato(s) con él; **so ~, als ob ...** hacer como si... *+subj;* **tu doch nicht so!** *(fam)* ¡deja de fingir!; **tu nicht so schlau!** *(fam)* ¡no te hagas el listo!; **du tätest gut daran, zu schweigen** harías bien en callarte; **wenn das noch mal passiert, kriegt er es mit mir zu ~** *(fam)* si vuelve a ocurrir se las verá conmigo **II.** *vt (fam: setzen, stellen, legen)* poner; **tu es in den Schrank** ponlo en el armario **III.** *vr:* **sich ~: es tut sich etwas** *(fam)* la cosa avanza; **sich schwer mit/bei etw** *dat* **~** *(fam)* tener dificultades con algo

Tun *nt* <-s, *ohne pl*> ❶ *(Beschäftigung)* actividades *fpl* ❷ *(Verhalten)* conducta *f*

Tünche ['tʏnçə] *f* <-n> jalbegue *m*

tünchen *vt* encalar

Tundra ['tʊndra] *f* <Tundren> tundra *f*

tunen ['tju:nən] *vt* (AUTO) trucar

Tuner ['tju:nɐ] *m* <-s, -> (ELEK) sintonizador *m*

Tunesien [tu'ne:ziən] *nt* <-s> Túnez *m*

Tunesier(in) *m(f)* <-s, -; -nen> tunecino, -a *m, f*

tunesisch *adj* tunecino

Tunfisch *m s.* **Thunfisch**

Tunke ['tʊŋkə] *f* <-n> (GASTR) salsa *f* (fría)

tunken *vt (reg)* mojar

tunlichst ['tu:nlɪçst] *adv* ❶ *(möglichst)* a ser posible ❷ *(auf jeden Fall)* en cualquier caso

Tunnel ['tʊnəl] *m* <-s, -(s)> túnel *m*

Tunte ['tʊntə] *f* <-n> *(abw fam)* ❶ *(Frau)* bruja *f* ❷ *(Homosexueller)* marica *m*

tuntig *adj (abw fam)* amariconado

Tüpfelchen ['tʏpfəlçən] *nt* <-s, -> puntito *m;* **das ~ auf dem i** el punto sobre la i

tüpfeln ['tʏpfəln] *vt* puntear

tupfen ['tʊpfən] *vt* ❶ *(auftragen)* aplicar unas gotas (de) ❷ *(abtupfen)* quitar

Tupfen ['tʊpfən] *m* <-s, -> *(Fleck)* mancha *f; (Punkt)* punto *m; (auf Stoff)* lunar *m*

Tupfer *m* <-s, -> ❶ *(fam: Punkt)* punto *m; (auf Stoff)* lunar *m* ❷ *(Wattebausch)* torunda *f*

Tür [ty:ɐ] *f* <-en> puerta *f;* **in der ~ stehen** estar en la puerta; **~ an ~ mit jdm wohnen** vivir puerta a puerta con alguien; **hinter verschlossenen ~en** a puerta cerrada; **Weihnachten steht kurz vor der ~** *(fig)* las Navidades están a la vuelta de la esquina; **jdn vor die ~ setzen** *(fam)* poner a alguien de patitas en la calle; **jdm die ~ vor der Nase zuschlagen** *(fam)* dar(le) a alguien con la puerta en las narices; **ihr stehen alle ~en offen** tiene todas las puertas abiertas; **bei jdm mit etw** *dat* **offene ~en einrennen** *(fam)* hacer una propuesta a alguien de algo que no (le) es nuevo; **mit der ~ ins Haus fallen** *(fam)* ir directamente al grano; **zwischen ~ und Angel** *(fam)* a toda prisa; **jdm die ~ einrennen** *(fig)* tirar(le) la puerta abajo a alguien

Türangel *f* gozne *m*

Turban ['tʊrba:n] *m* <-s, -e> turbante *m*

Turbine [tʊr'bi:nə] *f* <-n> (TECH) turbina *f*

Turbo ['tʊrbo] *m* <-s, -s> (AUTO) ❶ *(Turbolader)* "turbo" *m,* turboalimentador *m* ❷ *(Auto)* (coche *m*) "turbo" *m*

Turbomotor *m* turbomotor *m*

turbulent [tʊrbu'lɛnt] *adj* turbulento

Turbulenz [tʊrbu'lɛnts] *f* <-en> (*a.* PHYS, ASTR, METEO) turbulencia *f*

Türflügel *m* hoja *f* de la puerta

Türgriff *m* manilla *f* de la puerta

Türke, -in ['tʏrkə] *m, f* <-n, -n; -nen> turco, -a *m, f*

Türkei [-'-] *f* Turquía *f*

türken *vt (fam: Interview)* manipular; *(Angaben, Papiere)* falsificar; *(Filmszene)* trucar

Türkin *f* <-nen> *s.* **Türke**

türkis *adj inv* (de color) turquesa

Türkis [tʏr'ki:s] *m* <-es, -e> turquesa *f*

türkisch *adj* turco

türkisfarben *adj* (de color) turquesa

Türklingel *f* timbre *m* (de la puerta)

Türklinke *f* pestillo *m* de la puerta

Türklopfer *m* aldaba *f*

Turkmenistan [tʊrk'me:nɪsta:n] *nt* <-s> Turkmenistán *m*

Turm [tʊrm, *pl:* 'tʏrmə] *m* <-(e)s, Türme> ❶ *(Bauwerk, Schachfigur)* torre *f; (Glo-*

T

ckenturm) campanario *m* ② (SPORT: *Sprungturm*) palanca *f* ③ *(eines U-Boots)* torreta *f*

Turmalin [tʊrma'liːn] *m* <-s, -e> (GEO) turmalina *f*

türmen ['tʏrmən] **I.** *vt* amontonar; *(stapeln)* apilar **II.** *vi sein (fam)* poner pies en polvorosa **III.** *vr* **sich** ~ acumularse

Turmspringen *nt* <-s, *ohne pl*> (SPORT) salto *m* de palanca

Turmuhr *f* reloj *m* de torre

Turnanzug *m* traje *m* de gimnasia, chándal *m*

turnen *vi, vt* hacer (ejercicios de) gimnasia

Turnen ['tʊrnən] *nt* <-s, *ohne pl*> gimnasia *f; (Turnunterricht)* clase *f* de educación física

Turner(in) *m(f)* <-s, -; -nen> gimnasta *mf*

Turngerät *nt* aparato *m* de gimnasia

Turnhalle *f* gimnasio *m*

Turnhose *f* pantalón *m* de gimnasia

Turnier [tʊr'niːɐ] *nt* <-s, -e> torneo *m; (Wettkampf)* competición *f*

Turnierpferd *nt* <-(e)s, -e> caballo *m* de torneo

Turnlehrer(in) *m(f)* profesor(a) *m(f)* de gimnasia

Turnschuh *m* tenis *m inv; (für Gymnastik)* zapatilla *f* de deporte

Turnübung *f* ejercicio *m* de gimnasia

Turnunterricht *m* clase *f* de gimnasia

Turnus ['tʊrnʊs] *m* <-, -se> turno *m;* **im ~ von drei Jahren** cada tres años

Turnverein *m* club *m* de gimnasia

Turnzeug *nt ohne pl* ropa *f* de gimnasia

Türöffner *m* portero *m* automático

Türrahmen *m* marco *m* de la puerta

Türriegel *m* pestillo *m* de la puerta

Türschild *nt* placa *f* (en la puerta)

Türschloss *nt* cerradura *f* de la puerta, chapa *f Am*

Türschwelle *f* umbral *m*

Türspalt *m* resquicio *m*

Türsteher(in) *m(f)* <-s, -; -nen> portero, -a *m, f*

turteln ['tʊrtəln] *vi* amartelarse

Turteltaube *f* ① (ZOOL) tórtola *f* ② *pl (fam: Verliebte)* tortolito *m*

Türvorleger *m* <-s, -> felpudo *m*

Tusch [tʊʃ] *m* <-(e)s, -e> toque *m*

Tusche ['tʊʃə] *f* <-n> tinta *f* china

tuscheln ['tʊʃəln] *vi, vt (fam a. abw)* cuchichear

Tuschzeichnung *f* dibujo *m* a pluma

Tussi ['tʊsi] *f* <-s> *(fam abw)* tía *f* exagerada

tut [tuːt] *3. präs von* **tun**

Tüte ['tyːtə] *f* <-n> bolsa *f;* **Suppe aus der ~** sopa de sobre; **das kommt nicht in die ~!** *(fam)* ¡ni hablar del peluquín!

tuten ['tuːtən] *vi* tocar la bocina, pitar *Am;* **von T~ und Blasen keine Ahnung haben** *(fam)* no saber ni jota

Tütensuppe *f* <-, -n> sopa *f* de sobre

Tutor(in) ['tuːtoːɐ] *m(f)* <-s, -en; -nen> tutor(a) *m(f)*

TÜV [tʏf] *m* <-, *ohne pl*> *Abk. von* **Technischer Überwachungsverein** ≈ ITV *f*

Tuvalu [tu'vaːlu] <-s> *nt* Tuvalu *m*

TÜV-Plakette *f* <-, -n> *pegatina que da fe de la inspección técnica del vehículo*

TV [teː'faʊ] ① *Abk. von* **Television** televisión *f* ② *Abk. von* **Turnverein** club *m* de gimnasia

TV-Moderator(in) *m(f)* presentador(a) *m(f)* de televisión

Tweet ['tviːt] *m o nt* <-s, -s> (INFOR) tweet *m*

Twen [tvɛn] *m* <-(s), -s> joven *mf*

Twitter® <-[s]> ['tvɪtɐ] *nt kein pl* (INFOR) Twitter® *m*

twittern ['tvɪtɐn] *vi* (INFOR) tuitear, twit(t)ear *Am*

Typ [tyːp] *m* <-s, -en> ① *(Art)* tipo *m;* **er ist nicht mein ~** *(fam)* no es mi tipo ② *(fam: Mann)* tío *m,* gallo *m Am*

Type ['tyːpə] *f* <-n> ① (TYPO) letra *f* de molde ② *(fam: Mensch)* tipejo, -a *m, f*

Typen ['tyːpən] *pl von* **Typ, Type, Typus**

Typhus ['tyːfʊs] *m* <-, *ohne pl*> tifus *m inv* (vulgar), fiebre *f* tifoidea

typisch ['tyːpɪʃ] *adj* típico (**für** de); **~ Mann** típico de los hombres

Typografie [typogra'fiː] *f* <-n> tipografía *f*

typografisch [typo'graːfɪʃ] *adj* tipográfico

Typus ['tyːpʊs] *m* <-, Typen> tipo *m*

Tyrann(in) [ty'ran] *m(f)* <-en, -en; -nen> tirano, -a *m, f*

Tyrannei [tyra'naɪ] *f ohne pl* tiranía *f*

tyrannisch *adj* tiránico

tyrannisieren* [tyrani'ziːrən] *vt* tiranizar

Uu

U, u [uː] *nt* <-, -> U, u *f;* ~ **wie Ulrich** U de Uruguay

u. *Abk. von* **und** y

u. a. ① *Abk. von* **und andere(s)** y más ② *Abk. von* **unter anderem/anderen** entre otros

U-Bahn *f* metro *m*

U-Bahnhof ['uːbaːnhoːf] *m* estación *f* de metro

U-Bahn-Station *f* estación *f* del metro

übel ['yːbəl] **I.** *adj* <übler, am übelsten> *(schlimm, schlecht)* mal(o); *(unangenehm)* desagradable; **mir ist/mir wird ~** me siento mal/me dan náuseas; **da kann es einem ja ~ werden** esto le pone malo a cualquiera; **er ist ein übler Bursche** es un tipo de cuidado; **nicht ~** *(fam)* bastante bien; **das ist gar nicht (so) ~** *(fam)* esto no está nada mal **II.** *adv* mal; **~ dran sein** estar en una situación difícil; **jdm ~ mitspielen** jugarle una mala pasada a alguien

Übel *nt* <-s, -> mal *m; (Unglück)* desgracia *f;* **ein notwendiges ~** un mal necesario; **das kleinere ~** el mal menor; **zu allem ~ ...** para colmo de males...

Übelkeit *f ohne pl (Gefühl)* náuseas *fpl;* **~ erregend** nauseabundo

übellaunig *adj* malhumorado

Übeltat *f (geh)* fechoría *f; (gesetzeswidrig)* delito *m*

Übeltäter(in) *m(f)* malhechor(a) *m(f)*

üben ['yːbən] **I.** *vi (allgemein)* practicar; (SPORT) entrenarse; **auf dem Klavier ~** practicar piano **II.** *vt* practicar; (THEAT) ensayar; *(Finger)* ejercitar; **mit geübtem Auge** con ojo experto; **sich in etw** *dat* **~** iniciarse en algo

über ['yːbɐ] **I.** *präp +dat* ① *(oberhalb)* sobre, (por) encima de; *(darauf)* en, sobre; *(auf der anderen Seite)* al otro lado de; *(weiter als)* más allá de; **~ der Straße wohnen** vivir al otro lado de la calle ② *(während, bei)* durante; **~ der Arbeit einschlafen** quedarse adormecido durante el trabajo ③ *(Grenze)* por encima de, sobre; **zwei Grad ~ null** dos grados sobre cero ④ *(Überlegenheit, Überordnung)* por encima de; **~ jdm stehen** estar por encima de alguien ⑤ *(kausal)* a causa de, debido a; **~ all der Aufregung habe ich ganz vergessen, dass ...** debido a todo el jaleo olvidé por completo que... **II.** *präp +akk* ① *(Richtung: durch)* por; *(auf dem Weg über)* vía, pasando por; *(über hinweg)* por, sobre; **nach Münster ~ Dortmund** a Münster vía Dortmund; **er fuhr sich** *dat* **~ die Stirn** se pasó la mano por la frente; **~ die Straße gehen** cruzar la calle; **~ die Grenze fahren** pasar la frontera; **~ eine Mauer springen** saltar un muro; **bis ~ beide Ohren verliebt sein/in Arbeit stecken** estar enamorado hasta la médula/lleno de trabajo ② *(zeitlich)* **~ Ostern/Nacht** durante la Semana Santa/la noche; **das ist schon ~ 3 Jahre her** esto pasó hace ya más de 3 años; **~ ... hinaus** más allá de ③ *(von, betreffend)* sobre, acerca de; **was wissen Sie ~ ihn?** ¿qué sabe Ud. sobre él? ④ *(in Höhe von)* por, de; **ein Scheck ~ 2000 Euro** un cheque por valor de 2000 euros; **ein Rennen ~ 2000 Meter** una carrera de 2000 metros ⑤ *(von mehr als)* de más de; **Kinder ~ 12 Jahre** niños de más de 12 años ⑥ *(mehr und mehr)* **Autos ~ Autos** coche tras coche ⑦ *(mittels)* por medio de; **~ ein Inserat** por medio de un anuncio ⑧ *(Überordnung)* **~ jdn herrschen/Macht haben** reinar/tener poder sobre alguien ⑨ *(vor, wichtiger als)* **es geht nichts ~ Fußball** no hay nada mejor que el fútbol; **jdn/etw ~ alles lieben** querer a alguien/algo más que a nadie/nada **III.** *adv* ① *(mehr als)* (de) más de; **~ zwei Meter lang/breit** de más de dos metros de largo/ancho; **sind Sie ~ 30?** ¿pasa Ud. de 30 años? ② *(völlig)* **~ und ~** completamente ③ *(Zeitraum)* **die ganze Zeit ~** durante todo el tiempo **IV.** *adj (fam)* ① *(übrig)* sobrante; **da ist noch Kuchen ~** ahí queda todavía pastel ② *(überlegen)* superior (**in** en); **geistig ist sie mir ~** intelectualmente me supera

überall ['yːbɐ'ʔal] *adv* por todas partes; **~ in Deutschland** en toda Alemania

überallher ['---'-] *adv* de todas partes

überallhin ['---'-] *adv* a todas partes

überaltert [--'--] *adj* anciano, viejo; *(überholt)* anticuado

Überalterung [--'---] *f ohne pl* envejecimiento *m*

Überangebot *nt* oferta *f* excesiva

überängstlich *adj* demasiado preocupado; *(Kind)* sobreprotector; **~ sein** preocuparse demasiado

überanstrengen* **I.** *vt* cansar excesivamente **II.** *vr:* **sich ~** hacer un esfuerzo excesivo; **überanstreng dich nicht!** ¡no hagas excesos!

Überanstrengung [--'---] *f* esfuerzo *m* excesivo

überarbeiten* **I.** *vt* corregir, revisar **II.** *vr:* **sich ~** trabajar en exceso
Überarbeitung[1] [--'---] *f* <-, -en> *(Vorgang)* revisión *f; (Ergebnis)* versión *f* revisada
Überarbeitung[2] *f* <-, *ohne pl*> *(Überanstrengung)* agotamiento *m*
überaus ['---, --'-] *adv* sumamente; *(äußerst)* extremadamente
überbacken* *irr vt* gratinar
überbeanspruchen* *vt (Person)* exigir demasiado (de); *(Material)* someter a un esfuerzo [*o* uso] excesivo; (**arbeitsmäßig**) **überbeansprucht sein** estar sobrecargado de trabajo
überbelasten* ['-----] *vt* sobrecargar
überbelichten* ['-----] *vt* (FOTO) sobreexponer
überbelichtet ['-----] *adj* (FOTO) sobreexpuesto
Überbelichtung *f* <-, -en> (FOTO) sobr(e)exposición *f*
überbetonen* ['-----] *vt* dar demasiada importancia (a)
überbevölkert ['-----] *adj* superpoblado
Überbevölkerung *f ohne pl* superpoblación *f*
überbewerten* ['-----] *vt* sobrevalorar
überbezahlen* *vt* pagar demasiado [*o* en exceso]; **er wird überbezahlt** se le está pagando más de lo que le corresponde
überbieten* *irr* **I.** *vt* ❶ *(übertreffen)* sobrepujar (**an/um** en); *(Rekord)* batir; **der Film ist an Brutalität nicht mehr zu ~** el grado de brutalidad de la película es insuperable ❷ *(bei einer Auktion)* sobrepujar (**um** en) **II.** *vr:* **sich ~** superarse (**an** en)
Überbleibsel ['y:bɐblaɪpsəl] *nt* <-s, -> *(fam)* resto *m*
Überblick ['---] *m* <-(e)s, -e> ❶ *(Aussicht)* vista *f* panorámica (**über** de) ❷ *(über Zusammenhänge)* visión *f* de conjunto; **den ~ verlieren** perder la orientación; **sich** *dat* **einen ~ über etw verschaffen** hacerse una idea general de algo ❸ *(Zusammenfassung)* resumen *m*
überblicken* *vt* ❶ *(sehen)* abarcar con la vista ❷ *(Zusammenhänge)* comprender; *(Situation)* controlar
überboten *pp von* **überbieten**
überbracht *pp von* **überbringen**
überbringen* *irr vt (geh)* entregar; *(Nachricht)* tra(n)smitir
überbrücken* *vt* ❶ *(Frist, Zeitraum)* franquear ❷ *(Gegensätze)* superar ❸ (ELEK) puentear
Überbrückung *f* <-en> ❶ *(eines Zeitraums)* superación *f* ❷ *(von Gegensätzen)* conciliación *f,* acercamiento *m* ❸ (ELEK) puenteo *m*
Überbrückungskredit [--'----] *m* (FIN) crédito *m* transitorio
überdachen* *vt* construir un tejadillo (para), techar
überdacht *pp von* **überdachen, überdenken**
überdauern* *vt* perdurar
überdecken* *vt* ❶ *(bedecken)* cubrir (**mit** de) ❷ *(verdecken)* ocultar
überdenken* *irr vt* reflexionar (sobre)
überdeutlich *adj* extremadamente claro
überdies [--'-] *adv* aparte de eso, además
überdimensional *adj* enorme, gigantesco
überdosieren* *vt* sobredosificar
Überdosis *f* sobredosis *f inv* (**an** de)
überdreht *adj (fam)* sobreexcitado
Überdruck *m* <-(e)s, -drücke> (PHYS) exceso *m* de presión
Überdruckventil *nt* <-(e)s, -e> (TECH) válvula *f* de seguridad
Überdruss ['y:bɐdrʊs] *m* <-es, *ohne pl*> tedio *m* (**an** por); **bis zum ~** hasta la saciedad
überdrüssig ['y:bɐdrʏsɪç] *adj* **jds/etw** *gen* **~ werden** hartarse de alguien/algo
Überdüngung [--'--] *f* <-, -en> fertilización *f* excesiva
überdurchschnittlich *adj* superior al promedio
übereifrig *adj* demasiado solícito
übereilt *adj (Aufbruch)* precipitado; *(Entschluss)* irreflexivo
übereinander [---'--] *adv* ❶ *(räumlich)* uno encima del otro ❷ *(von sich)* uno del otro
übereinander|legen *vt* poner encima de otro
übereinander|schlagen *irr vt (Arme, Beine)* cruzar
überein|kommen [y:bɐ'ʔaɪn-] *irr vi sein (geh)* convenir (**zu** en)
Übereinkommen *nt* <-s, -> acuerdo *m;* **ein ~ erzielen** llegar a un acuerdo
Übereinkunft *f s.* **Übereinkommen**
überein|stimmen [y:bɐ'ʔaɪn-] *vi* ❶ *(einer Meinung sein)* estar de acuerdo (**in** sobre), abundar (**in** en) *Chil, PRico* ❷ *(gleich sein)* coincidir (**in** en); *(passen)* armonizar (**mit** con)
übereinstimmend *adj (einhellig)* unánime; *(gleich)* idéntico; **sie erklärten ~, dass ...** declararon unánimemente que...
Übereinstimmung *f* <-en> coincidencia *f; (Einklang)* armonía *f; (von Meinungen)* consenso *m;* **in ~ mit ...** acorde con...; **~ erzielen** lograr un consenso
überempfindlich *adj* hipersensible

Überempfindlichkeit *f* <-, *ohne pl*> hipersensibilidad *f*

überfahren* *irr vt* ① *(Person, Tier)* atropellar ② *(Ampel)* pasar, saltar(se) ③ *(fam: überrumpeln)* coger de sorpresa

Überfahrt ['---] *f* pasaje *m*

Überfall ['---] *m* <-(e)s, -fälle> asalto *m* (**auf** a); *(Raubüberfall)* atraco *m* (**auf** a); (MIL) ataque *m* (por sorpresa)

überfallen* *irr vt* ① *(angreifen)* atacar; *(Bank, Person)* asaltar; *(bewaffnet)* atracar; **jdn mit Fragen ~** acosar a alguien con preguntas ② *(Müdigkeit, Gefühle)* acometer; *(überraschend)* coger desprevenido

überfällig *adj* ① *(Verkehrsmittel)* retrasado, con retraso ② *(Rate)* vencido; *(Entschuldigung)* tardío

Überfallkommando *nt (fam)* brigada *f* antidisturbios

überfischen* *vt* pescar en demasía

überfliegen* *irr vt* ① *(mit dem Flugzeug)* sobrevolar ② *(Text)* echar una ojeada (a)

über|fließen *irr vi sein* ① *(Gefäß)* rebosar ② *(Flüssigkeit)* derramarse ③ *(Farben)* **ineinander ~** mezclarse

überflogen *pp von* **überfliegen**

überflügeln* *vt* sobrepasar, superar

Überfluss *m* <-es, *ohne pl*> (super)abundancia *f* (**an** de); **im ~ leben** vivir en la abundancia; **zu allem ~** para colmo

Überflussgesellschaft *f* sociedad *f* opulenta

überflüssig *adj* superfluo; *(unnötig)* innecesario; **sich** *dat* **~ vorkommen** sentirse de más

überfluten* *vt* inundar

Überflutung *f* <-en> ① *(über die Ufer)* desbordamiento *m* ② *(Überschwemmen, a. fig)* inundación *f*

überfordern* *vt* exigir demasiado (de); **ich bin mit dieser Arbeit überfordert** este trabajo me exige demasiado

Überforderung *f* <-, -en> sobreexigencia *f*; **eine ~ der Schüler kann den Lernerfolg beeinträchtigen** exigir demasiado de los alumnos puede influir negativamente en el éxito del aprendizaje

Überfremdung [--'--] *f* <-en> extranjerización *f*

überfressen* [y:bɐ'frɛsən] *irr vr:* **sich ~** hincharse de comer, darse un atracón

überführen* *vt* ① *(Schuld nachweisen)* declarar culpable; **jdn eines Verbrechens ~** declarar a alguien culpable de un delito ② *(transportieren)* trasladar (**in/zu/nach** a) ③ *(Zustand verändern)* convertir

Überführung [--'--] *f* <-, -en> ① *(Transport)* traslado *m* (**in/nach/zu** a) ② (JUR) convicción *f* ③ *(Übergang)* puente *m*

überfüllt [--'-] *adj* abarrotado, repleto

Überfüllung [--'--] *f* <-, -en> *(mit Menschen)* abarrotamiento *m*

Überfunktion *f* <-, -en> (MED) hiperfunción *f*

Übergabe ['----] *f* <-n> entrega *f*; *(eines Bauwerks)* inauguración *f*; *(Kapitulation)* rendición *f*

Übergang ['---] *m* <-(e)s, -gänge> ① *(das Überqueren)* paso *m*, cruce *m* ② *(über einen Fluss)* puente *m*; *(über ein Bahngleis)* paso *m* a nivel; *(über einen Berg)* paso *m* ③ *(von Besitz)* traspaso *m* (**zu** a)

übergangen *pp von* **übergehen[1]**

Übergangsfrist *f* (ADMIN, POL) periodo *m* de transición

Übergangsgeld *nt* (ADMIN) subsidio *m* temporal

übergangslos *adv* sin transición

Übergangslösung *f* solución *f* transitoria

Übergangsphase *f* transición *f*

Übergangsregelung *f* <-, -en> regulación *f* transitoria [*o* provisional]

Übergangszeit *f* período *m* transitorio

übergeben* *irr* **I.** *vt* entregar; *(Angelegenheit)* poner en manos (de); *(Bauwerk)* inaugurar; *(Amt)* tra(n)sferir; *(Geschäft)* traspasar **II.** *vr:* **sich ~** vomitar

übergehen*[1] *irr vt* ① *(nicht wahrnehmen)* pasar por alto; **sich übergangen fühlen** sentirse ignorado ② *(überspringen)* saltar(se)

über|gehen[2] *irr vi sein* ① *(Besitzer wechseln)* pasar (**auf** a); **in die Hände des Staates ~** pasar a ser propiedad del estado ② *(bei einer Tätigkeit)* pasar (**zu** a) ③ *(sich verwandeln)* convertirse (**in** en); **die Farben gehen ineinander über** los colores se esfuman uno en el otro

übergeordnet *adj* de mayor importancia

Übergepäck *nt* exceso *m* de equipaje

übergeschnappt ['y:bɐgəʃnapt] *adj (fam)* chiflado

Übergewicht *nt* <-(e)s, *ohne pl*> ① *(von Menschen, Sachen)* exceso *m* de peso ② *(Bedeutung)* preponderancia *f*, mayor importancia *f*

übergewichtig *adj* de peso excesivo; **~ sein** pesar demasiado

überglücklich *adj* loco de alegría

über|greifen *irr vi* extenderse (**auf** a); *(Feuer)* propagarse (**auf** a)

Übergriff *m* <-(e)s, -e> intrusión *f* (**auf** en)

übergroß *adj (Kleidungsstück)* de talla grande; *(Möbelstück)* de medidas especiales

Übergröße *f* <-n> talla *f* especial

überhand|nehmen [y:bɐ'hant-] *irr vi* au-

U

mentar excesivamente, llegar a ser excesivo

Überhang *m* <-(e)s, -hänge> ❶ (ARCHIT) saledizo *m* ❷ *(Felsen)* peña *f* saliente ❸ *(Überschuss)* exceso *m*

über|hängen[1] *irr vi* (*a.* ARCHIT) sobresalir; *(Zweige)* colgar

über|hängen[2] *vt* **sich** *dat* **etw ~** ponerse algo por encima

überhäufen* *vt* colmar (**mit** de), llenar (**mit** de); **jdn mit Vorwürfen ~** abrumar a alguien con reproches

überhaupt [y:bɐ'haʊpt, '---] *adv* ❶ *(im Allgemeinen)* en general ❷ *(eigentlich)* en realidad; **wer hat dir das ~ gesagt?** ¿en realidad quién te lo ha dicho? ❸ *(bei Verneinung)* **~ nicht** en absoluto; **ich denke ~ nicht daran!** ¡ni hablar!; **~ nichts** nada de nada; **~ keine Möglichkeit** ninguna posibilidad ❹ *(schließlich)* después de todo; **und ~, ...** *(abgesehen davon)* aparte; *(überdies)* además; **wenn ~, dann ...** dado el caso, entonces...

überheblich [y:bɐ'he:plɪç] *adj* presuntuoso

Überheblichkeit *f ohne pl* presunción *f*, arrogancia *f*

überhöht [--'-] *adj* excesivo

überholen*[1] *vt* ❶ *(Fahrzeug)* adelantar ❷ *(durch Leistung)* superar ❸ *(überprüfen)* revisar, chequear *Am*

über|holen[2] **I.** *vt (befördern)* llevar a la otra orilla **II.** *vi* (NAUT: *sich neigen*) escorarse

Überholen *nt* <-s, *ohne pl*> adelantamiento *m*

Überholmanöver *nt* maniobra *f* de adelantamiento

Überholspur *f* carril *m* de adelantamiento

überholt [--'-] *adj* anticuado

Überholverbot [--'---] *nt* prohibición *f* de adelantar

überhören* *vt* no oír; *(absichtlich)* pasar por alto; **das möchte ich überhört haben** prefiero pasarlo por alto

überinterpretieren* *vt* interpretar (más de lo necesario)

überirdisch *adj* sobrenatural

überkleben* *vt* **etw ~** pegar algo por encima

über|kochen *vi sein* salirse (al hervir); **die Milch ist übergekocht** se me rebasó la leche

überkommen[1] *adj* tradicional

überkommen*[2] *irr vt (Gefühl)* invadir; *(Schlaf)* vencer; **es überkam ihn plötzlich, und er zog sie an sich** una extraña sensación lo invadió y la atrajo hacia sí

überkreuzen* *vr:* **sich ~** cruzarse

überladen[1] *adj (Stil, Fassade)* recargado

überladen*[2] *irr vt* sobrecargar (**mit** de)

überlagern* **I.** *vt* (*a.* PHYS, RADIO) superponer, traslapar *Am* **II.** *vr:* **sich ~** *(sich überschneiden)* superponerse, traslaparse *Am*

Überlagerung *f* <-, -en> ❶ *(Überdecken)* superposición *f* ❷ *(Überschneiden)* coincidencia *f* ❸ (PHYS) superposición *f*

Überlänge *f* <-n> exceso *m* de longitud; *(Kleider)* largo *m* especial; *(Zeit)* larga duración *f*; **Film mit ~** película de duración extraordinaria

überlappen* [y:bɐ'lapən] *vr:* **sich ~** *(Gegenstände)* solaparse; *(Aussagen)* coincidir parcialmente

überlassen* *irr vt* ❶ *(abgeben)* **jdm etw ~** dejar algo a alguien ❷ *(anheimstellen)* **es ist dir ~, das zu entscheiden** es cosa tuya decidirlo; **überlass das bitte mir!** ¡déjamelo a mí! ❸ *(anvertrauen)* **jdm etw ~** confiarle algo a alguien; **jdn sich** *dat* **selbst ~** abandonar a alguien

überlasten* *vt* sobrecargar; **sie ist überlastet** está agobiada de trabajo

Überlastung *f* <-en> *(durch Gewicht, Überanspruchung)* sobrecarga *f*; *(durch Arbeit)* exceso *m* de trabajo

Überlauf ['---] *m* <-(e)s, -läufe> rebosadero *m*

überlaufen[1] [--'--] *adj* muy frecuentado

überlaufen*[2] *irr vt* ❶ *(Gefühl)* sentir; *(Angst)* invadir; **es überlief ihn (heiß und) kalt** le dieron escalofríos ❷ (SPORT) pasar

über|laufen*[3] *irr vi sein* ❶ *(Flüssigkeit)* desbordarse; **ineinander ~** *(Farben)* mezclarse ❷ *(die Seiten wechseln)* pasarse (**zu** a); **zum Feind ~** pasarse a las filas enemigas

Überläufer(in) *m(f)* <-s, -; -nen> ❶ (MIL) desertor(a) *m(f)* ❷ (POL) trá(n)sfuga *mf*

überleben* **I.** *vi* sobrevivir; *(Dinge)* perdurar **II.** *vt* sobrevivir (a); **das wirst du schon ~!** *(fam)* ¡ya lo sobrevivirás! **III.** *vr:* **sich ~** pasar de moda

Überlebende(r) *mf* <-n, -n; -n> superviviente *mf*

Überlebenschance [--'----] *f* posibilidad *f* de supervivencia

überlebensgroß ['--'---] *adj* de tamaño más que natural

Überlebenskampf [--'---] *m* <-(e)s, -kämpfe> lucha *f* de supervivencia

Überlebenskünstler(in) *m(f) (fam) persona que sabe salir adelante en situaciones difíciles*

Überlebenstraining *nt* <-s, -s> entrenamiento *m* de supervivencia

überlegen[1] **I.** *adj* ❶ *(besser)* superior; **jdm (in/an etw** *dat***) ~ sein** ser superior a alguien (en algo) ② *(hochmütig)* arrogante **II.** *adv* con aire de superioridad

überlegen[*2] **I.** *vi* pensar, reflexionar; **ich habe hin und her überlegt** lo he pensado una y otra vez; **wohl überlegt** *(geh)* bien pensado; **wohl überlegt handeln** obrar con mesura **II.** *vt (nachdenken)* reflexionar (sobre), pensar; *(erwägen)* considerar; **ich habe es mir anders überlegt** he cambiado de opinión; **ich werde es mir ~** me lo pensaré; **wenn man's sich** *dat* **recht überlegt, …** pensándolo bien…

über|legen[3] **I.** *vt* echar por encima **II.** *vr:* **sich ~** inclinarse

Überlegenheit *f ohne pl* superioridad *f* (**in** en)

überlegt I. *adj* ponderado **II.** *adv* con ponderación

Überlegung [--'--] *f* <-en> reflexión *f; (Erwägung)* consideración *f;* **~en zu etw** *dat* **anstellen** reflexionar sobre algo; **nach reiflicher ~** tras madura reflexión

über|leiten *vi* pasar (**von** de, **zu** a)

überlesen* *irr vt* ① *(überfliegen)* leer por encima ② *(übersehen)* no ver, no darse cuenta (de)

überliefern* *vt* tra(n)smitir; **etw ist nur als Fragment überliefert** algo ha llegado a nuestros días solo en forma fragmentaria

Überlieferung [--'---] *f* <-en> *(Tradition)* tradición *f*

überlisten* *vt* engañar

überm ['y:bɐm] *(fam)* = **über dem** *s.* **über**

Übermacht *f ohne pl (Überlegenheit)* superioridad *f; (Vorherrschaft)* predominio *m;* **in der ~ sein** tener más poder

übermächtig *adj* ① *(Institution)* prepotente; *(Gegner)* superior ② *(Gefühl)* fuerte; *(Verlangen)* irresistible

übermalen* *vt* ① *(um zu verdecken)* pintar por encima (de) ② *(für zweiten Anstrich)* repintar, dar otra mano de pintura

Übermaß *nt* <-es, *ohne pl*> exceso *m* (**an/von** de); **etw im ~ haben** tener algo en abundancia; **im ~** excesivamente

übermäßig I. *adj* excesivo; *(maßlos)* desmesurado; *(übertrieben)* exagerado **II.** *adv* ① *(zu viel)* demasiado ② *(überaus)* excesivamente

Übermensch *m* <-en, -en> superhombre *m*

übermenschlich *adj* sobrehumano

Übermitt(e)lung *f* <-, -en> envío *m,* tra(n)smisión *f*

übermitteln* *vt* tra(n)smitir, comunicar

übermorgen ['----] *adv* pasado mañana

übermüdet [--'--] *adj* agotado, hecho polvo *fam*

Übermüdung [--'--] *f* <-en> cansancio *m* excesivo

Übermut *m* <-(e)s, *ohne pl*> ① *(Fröhlichkeit)* alegría *f* desbordante; *(Mutwille)* travesura *f* ② *(Selbstüberschätzung)* desatino *m* ③ *(Überheblichkeit)* arrogancia *f*

übermütig *adj (fröhlich)* loco de alegría; *(mutwillig)* travieso

übern ['y:bɐn] *(fam)* = **über den** *s.* **über**

übernächste(r, s) *adj* subsiguiente; **in der ~n Woche** dentro de dos semanas; **~n Sonntag** el domingo de la semana que viene; **du bist als Ü~r dran** te toca después del siguiente

übernachten* *vi* pernoctar (**bei** en casa de, **in** en), pasar la noche (**in** en, **bei** en casa de) *fam*

übernächtigt [y:bɐ'nɛçtɪçt, y:bɐ'nɛçtɪkt] *adj* trasnochado

Übernachtung [y:bɐ'naxtʊŋ] *f* <-en> pernoctación *f;* **~ mit Frühstück** habitación con desayuno

Übernachtungsmöglichkeit *f* alojamiento *m*

Übernahme ['----] *f ohne pl* toma *f; (eines Amts)* toma *f* de posesión; *(einer Methode, Meinung, Sitte)* adopción *f; (von Verantwortung)* asunción *f;* **die ~ der Kosten zusichern** garantizar el pago de los costes

Übernahmeangebot *nt* <-(e)s, -e> (COM) oferta *f* de adquisición

übernatürlich ['-----] *adj* sobrenatural

übernehmen* *irr* **I.** *vt* ① *(allgemein)* tomar; *(Geschäft, Aufgabe)* encargarse (de); *(Amt)* tomar posesión (de); *(Kosten)* correr (con); *(Methode)* adoptar; *(Verantwortung)* asumir ② *(entgegennehmen)* recibir; *(annehmen)* aceptar **II.** *vr:* **sich ~** excederse; **er hat sich bei der Tour übernommen** se ha esforzado demasiado en la excursión

übernervös *adj* muy nervioso; **~ sein** estar muy nervioso

übernommen *pp von* **übernehmen**

über|ordnen *vt* **die Karriere der Familie ~** anteponer la carrera a la familia

überparteilich *adj* imparcial, suprapartidista

Überproduktion *f* (WIRTSCH) sobreproducción *f*

überprüfbar [--'--] *adj* revisable; **kaum/leicht/schwer ~** apenas/fácilmente/difícilmente revisable

überprüfen* *vt* ① *(kontrollieren)* revisar, chequear *Am; (amtlich)* controlar ② (INFOR) chequear

Überprüfung [--'--] *f* <-en> examen *m,* revisión *f; (amtlich)* control *m,* inspección *f;* **gerichtliche ~** inspección (judicial)

überqueren[*] *vt* cruzar, atravesar

Überquerung *f* <-, -en> travesía *f,* cruce *m;* **die ~ des Flusses war schwierig** fue difícil atravesar el río

überragen[*1] *vt* ① *(an Größe)* descollar (por encima de); *(Person)* superar en altura (**um**); **er überragt uns alle mindestens um einen Kopf** nos lleva a todos por lo menos una cabeza ② *(übertreffen)* superar (**an** en)

über|ragen[2] *vi (überstehen)* descollar, sobresalir

überragend [--'--] *adj* extraordinario

überraschen[*] [y:bɐ'raʃən] *vt* sorprender; **jdn dabei ~, wie …** sorprender a alguien mientras…; **lassen wir uns ~** dejémonos sorprender

überraschend [--'--] **I.** *adj* sorprendente, sorpresivo *Am; (unerwartet)* inesperado **II.** *adv* inesperadamente; **das kam für mich völlig ~** me cogió totalmente de sorpresa

überraschenderweise *adv* de forma sorprendente [*o* inesperada]

überrascht [--'-] *adj* sorprendido

Überraschung [y:bɐ'raʃʊŋ] *f* <-en> sorpresa *f;* **zu meiner großen ~ kam er nicht** para mi gran sorpresa no vino; **das ist aber eine ~!** ¡qué sorpresa!

Überraschungsangriff *m* (MIL) ataque *m* por sorpresa

Überraschungseffekt *m* factor *m* sorpresa

Überreaktion *f* <-en> reacción *f* exagerada

überreden[*] *vt* persuadir; *(überzeugen)* convencer; **jdn zu etw** *dat* **~** persuadir a alguien para que haga algo; **sich ~ lassen** dejarse convencer

Überredungskunst [--'---] *f* arte *m* de persuasión

überregional *adj* supraregional

überreichen[*] *vt* entregar; **überreicht von …** cortesía de…

Überreichung *f* <-, -en> entrega *f*

Überreste *mpl* ① *(Zurückgebliebenes)* restos *mpl;* **die sterblichen ~** los restos mortales ② *(Ruinen)* ruinas *fpl* ③ (CHEM) residuos *mpl*

überrumpeln[*] *vt* coger de sorpresa, sorprender

überrunden[*] *vt* ① (SPORT) sacar una vuelta de ventaja, adelantar; **jdn überrundet haben** llevar una vuelta de ventaja a alguien ② *(übertreffen)* superar, aventajar

übers ['y:bɐs] *(fam)* = **über das** *s.* **über**

übersät [--'-] *adj* lleno (**von/mit** de)

Übersättigung *f* saturación *f*

Übersäuerung *f* hiperacidificación *f*

Überschallflugzeug *nt* avión *m* supersónico

Überschallgeschwindigkeit *f* velocidad *f* supersónica

überschatten[*] *vt* ① *(Schatten spenden)* ensombrecer ② *(trüben)* empañar

überschätzen[*] *vt* sobrevalorar

Überschätzung *f* <-, -en> supervaloración *f*

überschaubar *adj (Kosten, Risiko)* apreciable; *(Firma)* abarcable

Überschaubarkeit *f ohne pl (Kosten, Risiko)* apreciación *f; (Firma)* visión *f* de conjunto

überschauen[*] *vt s.* **überblicken**

über|schäumen *vi sein* ① *(Flüssigkeit)* rebosar, salirse; *(Gefäß)* estar a rebosar ② *(vor Wut, Freude)* rebosar (**vor** de)

überschlafen[*] *irr vt* consultar con la almohada *fam*

Überschlag *m* <-(e)s, -schläge> ① *(Schätzung)* cálculo *m* aproximativo ② (SPORT) voltereta *f,* volantín *m Am; (Looping)* rizo *m*

überschlagen[*1] *irr* **I.** *vt* ① *(auslassen)* saltar ② *(schätzen)* calcular aproximadamente **II.** *vr:* **sich ~** ① *(Fahrzeug)* volcar, voltearse *Am;* **ihre Stimme überschlug sich** soltó un gallo ② *(fam: vor Höflichkeit)* volcarse (**vor** con/en) ③ *(Ereignisse)* precipitarse

über|schlagen[2] *irr* **I.** *vi sein* ① *(Funken)* saltar ② *(übergehen)* convertirse (**in** en) **II.** *vt (Beine)* cruzar

über|schnappen *vi sein (fam)* ① *(verrückt werden)* volverse loco ② *(sich überschlagen)* **seine Stimme schnappt über** da gallos al hablar

überschneiden[*] *irr vr:* **sich ~** ① *(Linien)* (entre)cruzarse ② *(Termine)* coincidir; *(Themen)* coincidir en parte

Überschneidung [--'--] *f* <-, -en> ① (MATH: *von Linien, Flächen*) intersección *f* ② *(zeitlich)* coincidencia *f; (von Themen, Interessen)* coincidencia *f* parcial

überschnitten *pp von* **überschneiden**

überschreiben[*] *irr vt* ① *(übertragen)* tra(n)sferir (**auf** a); *(Geschäft)* traspasar (**auf** a) ② *(betiteln)* titular ③ (INFOR: *Datei*) sobreescribir

überschreiten[*] *irr vt* ① *(übertreten)* pasar; *(Anzahl)* pasar (de); *(Mittel, Kräfte, Fähigkeiten)* superar; *(überqueren)* atravesar ② *(Befugnisse)* abusar (de); *(Geschwindigkeit)* rebasar; **das überschreitet die Grenze des Erlaubten** esto rebasa el límite de lo permitido

Überschreitung *f* <-en> ~ **des Liefertermins** rebasamiento *m* del plazo de entrega
überschrieben *pp von* **überschreiben**
Überschrift *f* <-en> título *m,* encabezado *m Guat, Méx*
überschritten *pp von* **überschreiten**
überschuldet *adj* excesivamente endeudado
Überschuldung [yːbɐˈʃʊldʊŋ] *f* <-, -en> exceso *m* de deudas
Überschuss *m* <-es, -schüsse> excedente *m; (finanziell)* superávit *m inv*
überschüssig [ˈyːbɐʃʏsɪç] *adj* excedente
überschütten[*1] *vt* ❶ *(bedecken)* cubrir (**mit** con/de) ❷ *(überhäufen)* colmar (**mit** de); **jdn mit Fragen ~** acosar a alguien a preguntas
über|schütten[2] *vt* derramar
überschwänglich [ˈyːbɐʃvɛŋlɪç] *adj* exuberante, exaltado
überschwemmen* *vt (a. fig)* inundar (**mit** de)
Überschwemmung [--ˈ--] *f* <-en> inundación *f,* aniegue *m Méx*
Überschwemmungsgebiet *nt* zona *f* de inundación
Übersee [ˈ---] *f* **in/nach/aus ~** en/a/de ultramar
überseeisch *adj* tra(n)satlántico; *(Produkte)* ultramarino
übersehbar [--ˈ-] *adj* ❶ *(Gelände)* que se puede abarcar con la vista ❷ *(absehbar)* calculable
übersehen* *irr vt* ❶ *(Gegend)* abarcar con la vista ❷ *(Zusammenhänge sehen)* entender; *(Folgen)* calcular; **soweit ich die Angelegenheit übersehe, ...** según tengo entendido... ❸ *(nicht sehen)* no ver; *(absichtlich)* pasar por alto; **etw stillschweigend ~** hacer caso omiso de algo
übersetzbar *adj* traducible; **gut/schwer ~ sein** ser fácil/difícil de traducir
übersetzen[*1] *vt* traducir (**von/aus** de, **in** a)
über|setzen[2] **I.** *vi haben o sein* pasar (a la otra orilla); **über den Fluss ~** cruzar el río **II.** *vt* llevar a la otra orilla
Übersetzer(in) [--ˈ--] *m(f)* <-s, -; -nen> traductor(a) *m(f)*
Übersetzung [--ˈ--] *f* <-en> ❶ *(Text)* traducción *f* ❷ (TECH) tra(n)smisión *f*
Übersetzungsbüro *nt* agencia *f* de traducciones
Übersicht [ˈ---] *f* <-en> ❶ *(Überblick)* visión *f* general (**über** de); *(über Zusammenhänge)* visión *f* de conjunto (**über** de) ❷ *(Resümee)* resumen *m* (**über** de); *(Darstellung)* cuadro *m* de conjunto (**über** de)
übersichtlich *adj* ❶ *(räumlich)* fácil de abarcar (con la vista); *(Gelände)* abierto ❷ *(deutlich)* claro
Übersichtlichkeit *f ohne pl* disposición *f* clara
Übersichtskarte *f* <-, -n> (GEO) mapa *m* sinóptico
über|siedeln *vi sein* ❶ *(umziehen)* mudarse (**nach/in** a), trasladarse (**nach/in** a) ❷ *(emigrieren)* emigrar; *(ins Land kommen)* inmigrar
Übersiedler(in) *m(f)* <-s, -; -nen> *(Ausreisender)* emigrante *mf; (Einreisender)* inmigrante *mf*
übersinnlich *adj* tra(n)scendental
überspannt [--ˈ-] *adj* ❶ *(übertrieben)* exagerado ❷ *(verschroben)* extravagante
überspielen* *vt* ❶ (RADIO, TV) grabar (**auf** en) ❷ *(verstecken)* disimular
überspitzen* *vt* exagerar, llevar al límite; **überspitzt gesagt ...** cargando las tintas...
überspitzt [--ˈ-] *adj* exagerado
überspringen[*1] *irr vt* ❶ *(Hindernis)* saltar; **eine Pfütze ~** saltar un charco ❷ *(auslassen)* saltarse
über|springen[2] *irr vi sein (übergehen)* saltar (**auf** a); *(Feuer)* pasar (**auf** a); *(Begeisterung)* tra(n)smitirse (**auf** a); *(Infektion)* extenderse (**auf** a)
übersprungen *pp von* **überspringen**[1]
überstanden *pp von* **überstehen**[1]
überstehen[*1] *irr vt (hinter sich bringen)* pasar, superar; *(überleben)* sobrevivir; *(ertragen)* soportar; **das Schlimmste ist jetzt überstanden** lo peor ya pasó
über|stehen[2] *irr vi* sobresalir (**über** de), descollar
übersteigen* *irr vt* ❶ *(Zaun, Mauer)* pasar por encima (de) ❷ *(übertreffen)* exceder; **das überstieg alle unsere Erwartungen** superó todas nuestras expectativas
übersteigern* *vt* exagerar; *(Preise)* incrementar con exceso; **übersteigertes Selbstbewusstsein** excesiva confianza en sí mismo
überstiegen *pp von* **übersteigen**
überstimmen* *vt* ❶ *(besiegen)* vencer por mayoría de votos ❷ *(ablehnen)* rechazar por mayoría de votos
überstrapazieren* *vt* desgastar en exceso; **ich möchte ihre Geduld nicht ~** no quiero acabar con su paciencia
Überstunde *f* <-n> hora *f* extra; **~n machen** hacer horas extraordinarias
Überstundenabbau *m ohne pl* reducción *f* de las horas extraordinarias
Überstundenzuschlag *m* (WIRTSCH) sobresueldo *m* por horas extra
überstürzen* **I.** *vt* precipitar; **nur nichts ~**

U

no hay que precipitarse **II.** *vr:* **sich** ~ precipitarse

Überstürzung *f* <-, *ohne pl*> precipitación *f*

übertariflich *adj* (WIRTSCH) extratarifario

überteuert [--'--] *adj* ① *(übermäßig teuer)* demasiado caro, prohibitivo ② *(teurer gemacht)* encarecido

übertönen* *vt* acallar

Übertopf *m* maceta *f* exterior, cubretiesto *m*

Übertrag ['y:bɐtra:k, *pl:* 'y:bɐtrɛ:gə] *m* <-(e)s, -träge> traslado *m* a cuenta nueva

übertragbar [--'--] *adj* tra(n)sferible (**auf** a); *(Krankheit)* contagioso; **nicht** ~ intra(n)sferible

übertragen[1] *adj (Österr: gebraucht)* usado

übertragen*[2] *irr* **I.** *vt* ① (RADIO, TV, TECH) tra(n)smitir ② *(anwenden)* aplicar (**auf** a); **in ~er Bedeutung** en sentido figurado ③ *(Begeisterung, Krankheit)* tra(n)smitir (**auf** a) ④ *(Besitz, Rechte)* tra(n)sferir; *(Verantwortung)* conferir; *(Aufgabe)* encargar, asignar ⑤ *(abschreiben)* copiar ⑥ *(geh: übersetzen)* trasladar (**aus** de, **in** a) ⑦ (TECH: *weiterleiten*) tra(n)smitir **II.** *vr:* **sich** ~ tra(n)smitirse (**auf** a)

Übertragung [--'--] *f* <-en> ① (RADIO, TV, TECH) tra(n)smisión *f* ② *(Anwendung)* aplicación *f* ③ *(einer Krankheit)* tra(n)smisión *f* ④ *(von Rechten, Besitz)* tra(n)sferencia *f* (**auf** a); *(Amt)* asignación *f* ⑤ *(Übersetzung)* traducción *f*

Übertragungsfehler *m* error *m* de tra(n)smisión

Übertragungsgeschwindigkeit *f* <-, -en> velocidad *f* de transmisión

übertreffen* *irr* **I.** *vt* superar (**an** en); **das übertrifft alle meine Erwartungen** esto supera todas mis expectativas **II.** *vr:* **sich** ~ superarse; **sich selbst mit etw** *dat* ~ superarse a sí mismo con algo

übertreiben* *irr vi, vt* exagerar

Übertreibung [--'--] *f* <-en> exageración *f*

übertreten*[1] *irr vt* ① *(Grenze)* pasar ② *(Gesetz, Verbot)* tra(n)sgredir

über|treten[2] *irr vi sein* ① *sein (Gewässer)* desbordarse ② *sein (zu einer Religion)* convertirse (**zu** a); *(zu einer Partei)* pasarse (**zu** a); **zum Islam** ~ convertirse al islam ③ *sein (übergehen)* pasar (**in** a) ④ *haben o sein* (SPORT) pisar la línea

übertrieben [y:bɐ'tri:bən] **I.** *pp von* **übertreiben** **II.** *adj* exagerado; *(Preise)* exorbitante **III.** *adv* en exceso

Übertritt *m* <-(e)s, -e> *(zu einer Partei)* adhesión *f* (**zu** a); *(zu einer Religion)* conversión *f* (**zu** a)

übertroffen *pp von* **übertreffen**

übertrumpfen* *vt* ① *(beim Kartenspiel)* contrafallar ② *(übertreffen)* superar con holgura

Übervölkerung [--'---] *f* <-, *ohne pl*> superpoblación *f*

übervoll *adj* repleto (**mit/von** de)

übervorsichtig *adj* exageradamente cuidadoso

überwachen* *vt (beobachten)* vigilar; *(kontrollieren)* controlar; *(mit Monitor)* monitorizar

Überwachung [--'--] *f* <-en> vigilancia *f; (Kontrolle)* control *m; (mit Monitor)* monitorización *f*

Überwachungskamera *f* cámara *f* de seguridad

Überwachungsstaat *m* estado *m* policial

überwältigen* [y:bɐ'vɛltɪgən] *vt* ① *(bezwingen)* vencer ② *(beeindrucken)* impresionar; *(Angst)* apoderarse (de)

überwältigend [--'---] *adj* impresionante; *(großartig)* grandioso; *(Mehrheit)* abrumador

über|wechseln *vi sein* cambiar (**von** de), pasarse (**zu** a); **ins feindliche Lager/auf die andere Seite** ~ pasarse al lado enemigo/al otro bando

überweisen* *irr vt (Geld)* tra(n)sferir; *(Patient)* mandar (**zu** a)

Überweisung [--'--] *f* <-en> *(von Geld)* tra(n)sferencia *f; (vom Arzt)* volante *m* médico

Überweisungsauftrag *m* (FIN) orden *f* de tra(n)sferencia

Überweisungsformular *nt* formulario *m* para tra(n)sferencias

Überweisungsschein *m* (MED) volante *m* de tra(n)sferencia

Überweite *f* <-, -n> talla *f* grande; **Kleider in** ~ vestidos en tallas grandes

überwerfen*[1] *irr vr* **sich mit jdm** ~ romper con alguien

überwerfen[2] *irr vt (ein Kleidungsstück)* echar por encima

überwiegen* *irr vi* predominar

überwiegend *adv* en su mayoría, principalmente

überwiesen *pp von* **überweisen**

überwinden* *irr* **I.** *vt (Misstrauen, Bedenken, Hindernis)* superar; *(Gegner)* vencer **II.** *vr* **sich ~, etw zu tun** hacer un esfuerzo para hacer algo

Überwindung [--'--] *f ohne pl* ① *(einer Schwierigkeit)* superación *f* ② *(Selbstüberwindung)* esfuerzo *m;* **es kostete ihn große ~, dorthin zu gehen** tuvo que hacer un gran esfuerzo para ir allí

überwintern* *vi* pasar el invierno (**in** en); *(Vögel)* invernar (**in** en)

überwogen *pp von* **überwiegen**
überwunden *pp von* **überwinden**
Überzahl *f ohne pl* mayoría *f;* **in der ~ sein** tener (una) mayoría
überzählig ['y:bɐtsɛ:lɪç] *adj* excedente, sobrante; **~ sein** sobrar
überzeugen* **I.** *vt* convencer (**von** de); *(überreden)* persuadir (**von** de); **ich bin (davon) überzeugt, dass ...** estoy convencido de que...; **er war sehr von sich** *dat* **überzeugt** estaba muy seguro de sí mismo; **ich lasse mich (von Ihnen) gern vom Gegenteil ~** demuéstreme lo contrario **II.** *vr:* **sich ~** convencerse (**von** de)
überzeugend *adj* convincente; *(Beweis)* contundente
überzeugt *adj* convencido
Überzeugung [--'--] *f* <-en> convencimiento *m; (fester Glaube)* convicción *f;* **politische ~** convicciones políticas; **ich bin der festen ~, dass ...** estoy plenamente convencido de que...; **zu der ~ gelangen, dass ...** llegar al convencimiento de que...; **meiner ~ nach** a mi juicio
Überzeugungskraft *f* fuerza *f* persuasiva
überziehen*[1] *irr vt* ❶ *(bedecken)* cubrir (**mit** de); *(mit Stoff)* revestir (**mit** de); *(mit Schokolade)* bañar (**mit** con); **das Bett frisch ~** cambiar la ropa de la cama ❷ *(Konto)* dejar al descubierto; **er hat sein Konto um 2.000 Euro überzogen** tiene una deuda de 2.000 euros en el banco ❸ *(Zeit)* rebasar (la hora) (**um** por) ❹ *(mit Forderungen, Prozessen)* exagerar; *(mit Krieg)* invadir
über|ziehen[2] *irr vt (Kleidungsstück)* ponerse; **jdm eins ~** pegar una torta a alguien
Überziehung [--'--] *f* <-en> (FIN) giro *m* en descubierto
Überziehungskredit *m* (FIN) crédito *m* en descubierto
überzogen *pp von* **überziehen**[1]
überzüchtet *adj (Pflanze)* hipertrófico; *(Tier)* debilitado por cría excesiva; *(Motor)* desarrollado en exceso
Überzug *m* <-(e)s, -züge> ❶ *(Schicht)* capa *f; (Glasur)* baño *m* ❷ *(Bezug)* funda *f; (Verkleidung)* revestimiento *m*
übler *adj kompar von* **übel**
üblich ['y:plɪç] *adj* usual, habitual; *(herkömmlich)* tradicional; **wie ~** como siempre; **das ist hier so ~** esta es la costumbre aquí; **es ist bei uns ~, dass ...** acostumbramos a... *+inf*
üblicherweise ['y:plɪçɐ'vaɪzə] *adv* **~ essen wir hier nicht** no acostumbramos [*o* no solemos] comer aquí
U-Boot *nt* <-(e)s, -e> submarino *m*
übrig ['y:brɪç] *adj* restante; **der/die/das Ü~e** el resto (**von** de); **die ~en Bücher** el resto de los libros; **~ sein** [*o* **bleiben**] sobrar; **ihm bleibt nichts anderes ~, als ...** no tiene más remedio que...; **was bleibt mir anderes ~?** ¿qué remedio me queda?; **~ lassen** dejar; **etw lässt nichts/einiges zu wünschen ~** algo no deja nada/deja que desear; **ein Ü~es tun** hacer lo que queda por hacer; **im Ü~en** por lo demás; **die Ü~en** los demás; **ich habe noch 20 Euro ~** todavía me quedan 20 euros; **alles Ü~e** todo lo demás
übrigens ['y:brɪgəns] *adv* por cierto; *(beiläufig)* dicho sea de paso; **er kommt ~ erst morgen** por cierto, no viene hasta mañana; **~, weißt du schon, ...?** por cierto, ¿sabes ya...?
übrig|haben *irr vt* **für jdn/etw nichts ~** no querer tener nada que ver con alguien/algo
Übung[1] ['y:bʊŋ] *f ohne pl (Erfahrung)* práctica *f;* **aus der ~ kommen** perder la práctica; **in ~ bleiben** no perder la práctica; **~ macht den Meister** *(prov)* la práctica hace al maestro
Übung[2] *f* <-en> ❶ *(allgemein, a.* SPORT, MUS) ejercicio *m* ❷ (MIL) ejercicios *mpl*
Übungsbuch *nt* libro *m* de ejercicios
Übungsgelände *nt* <-s, -> (MIL) campo *m* de maniobras [*o* de ejercicios]
UdSSR [u:de:ʔɛsʔɛs'ʔɛr] *f* (HIST) *Abk. von* **Union der Sozialistischen Sowjetrepubliken** URSS *f*
UEFA-Cup *m* Copa *f* de la UEFA
UEFA-Pokal *m* Copa *f* de la UEFA
Ufer ['u:fɐ] *nt* <-s, -> orilla *f;* **am ~** en la orilla; **über die ~ treten** desbordarse
uferlos *adj* desmesurado; *(grenzenlos)* ilimitado; **ins U~e gehen** no llevar a ninguna parte
Uferpromenade *f* paseo *m* marítimo
Ufo ['u:fo] *nt* <-s, -s> *Abk. von* **Unbekanntes Flugobjekt** ovni *m*
Uganda [u'ganda] *nt* <-s> Uganda *f*
Ugander(in) [u'gandɐ] *m(f)* <-s, -; -nen> ugandés, -esa *m, f*
ugandisch *adj* ugandés
U-Haft *f* detención *f* preventiva
Uhr [u:ɐ] *f* <-en> ❶ *(Gerät)* reloj *m;* **die ~ aufziehen** dar cuerda al reloj; **die ~ stellen** poner el reloj en hora; **auf die ~ sehen** mirar el reloj; **die ~ geht vor/nach** el reloj va adelantado/atrasado; **rund um die ~** *(fam)* las 24 horas al día ❷ *(bei Zeitangabe)* hora *f;* **wie viel ~ ist es?** ¿qué hora es?; **um wie viel ~?** ¿a qué hora?; **es ist genau acht ~** son las ocho en punto; **um elf ~** a las once (horas); **neun ~ drei** las nueve y tres minutos

U

Uhrmacher(in) *m(f)* <-s, -; -nen> relojero, -a *m, f*
Uhrwerk *nt* mecanismo *m* del reloj
Uhrzeiger *m* aguja *f* de(l) reloj
Uhrzeigersinn *m ohne pl* **im ~** en el sentido de las agujas del reloj; **gegen den ~** en sentido contrario a las agujas del reloj
Uhrzeit *f* hora *f*
Uhu ['u:hu] *m* <-s, -s> (ZOOL) búho *m*
Ukraine [ukra'i:nə, u'kraɪnə] *f* Ucrania *f*
Ukrainer(in) [ukra'i:nɐ, u'kraɪnɐ] *m(f)* <-s, -; -nen> ucranio, -a *m, f*
ukrainisch [ukra'i:nɪʃ, u'kraɪnɪʃ] *adj* ucranio
UKW [u:ka:'ve:] (RADIO, PHYS) *Abk. von* **Ultrakurzwelle** onda *f* ultracorta; **auf ~** en la onda ultracorta
ulkig *adj (fam)* ① *(lustig)* gracioso ② *(seltsam)* extraño
Ulme ['ʊlmə] *f* <-n> (BOT) olmo *m*
Ultimaten *pl von* **Ultimatum**
ultimativ [ʊltima'ti:f] *adj* amenazador; **jdn ~ auffordern, etw zu tun** exigir de alguien a modo de ultimátum que haga algo
Ultimatum [ʊltɪ'ma:tʊm] *nt* <-s, -s *o* Ultimaten> ultimátum *m;* **jdm ein ~ stellen** dar a alguien un ultimátum
Ultrabook ['ʊltrabʊk] *nt* <-s, -s> (INFOR) ultraportátil *m*
Ultrakurzwelle [ʊltra'kʊrtsvɛlə] *f* (RADIO, PHYS) onda *f* ultracorta
Ultraschall *m ohne pl* (PHYS) ultrasonido *m*
Ultraschallaufnahme *f,* **Ultraschallbild** *nt* (MED) ecografía *f*
Ultraschallgerät *nt* aparato *m* de ecografía
Ultraschalluntersuchung *f* ecografía *f*
ultraviolett ['----'-] *adj* (PHYS) ultravioleta
um [ʊm] **I.** *präp +akk* ① *(räumlich)* **~ ... (herum)** alrededor de; *(in der Nähe)* cerca de; **sie ging ~ den Tisch (herum)** dio una vuelta a la mesa; **er hat gern Freunde ~ sich** le gusta tener amigos a su alrededor; **~ die Ecke** a la vuelta de la esquina; **sie legte den Arm ~ ihn** le pasó el brazo por encima del hombro; **die Gegend ~ Freiburg** los alrededores de Friburgo; **sie schlug ~ sich** se puso a dar puñetazos a diestro y siniestro ② *(bei Uhrzeit)* a; **~ drei Uhr** a las tres ③ *(ungefähr)* sobre, hacia; **sie kommt so ~ den Fünfzehnten** viene sobre el quince ④ *(Wiederholung)* tras; **es verging Woche ~ Woche** pasó semana tras semana ⑤ *(Differenz)* en; **sie ist ~ ein Jahr älter/~ einiges überlegen** es un año mayor/bastante superior; **die Ausgaben ~ 10 % senken** reducir los gastos en un 10% ⑥ *(über, bezüglich)* de; **es geht ~s Geld** se trata del dinero ⑦ *(wegen)* por; **~ keinen Preis** por nada del mundo; **sich ~ etw streiten** discutir por algo; **sich ~ jdn kümmern** cuidar de alguien **II.** *präp +gen* **~ ... willen** por...; **~ Himmels willen!** ¡cielos!; **~ Gottes willen!** ¡por amor de Dios! **III.** *konj* ① *(final)* **~ ... zu** para *+inf,* con el fin de *+inf* ② *(konsekutiv)* **~ ... zu** como para *+inf;* **er ist klug genug, ~ seinen Fehler zuzugeben** es lo suficientemente inteligente como para admitir su error **IV.** *adv (ungefähr)* alrededor (de), aproximadamente
um|ändern *vt* cambiar, modificar; *(Kleidung)* arreglar
umarmen* **I.** *vt* abrazar **II.** *vr:* **sich ~** abrazarse
Umarmung [-'--] *f* <-en> abrazo *m*
Umbau *m* <-(e)s, -ten> reformas *f pl,* reconstrucción *f;* **wegen ~ geschlossen** cerrado por reformas
umbauen*1 *vt* rodear (de edificios)
um|bauen2 *vt (Gebäude)* reformar, reconstruir; *(Bühnenbild)* cambiar; **eine Wohnung zu einem Büro ~** tra(n)sformar una vivienda en una oficina
um|benennen* *irr vt* cambiar de nombre
Umbenennung *f* <-, -en> cambio *m* de nombre
um|besetzen* *vt* ① (POL) reorganizar ② (THEAT) cambiar el reparto (de) ③ (SPORT) cambiar la alineación (de)
um|bestellen* *vt* ① *(Patient)* cambiar la hora (**auf** a) ② *(Bestellung)* hacer cambios; **wir müssen die Lieferung ~** tenemos que hacer cambios en el pedido
um|biegen *irr vt* doblar
um|bilden *vt* tra(n)sformar; *(Kabinett)* reorganizar
Umbildung *f* <-en> remodelación *f,* reestructuración *f*
um|binden *irr vt* **sich** *dat* **etw ~** ponerse algo
um|blättern *vi* volver la hoja
um|blicken *vr:* **sich ~** ① *(rundherum)* mirar (a su) alrededor ② *(nach hinten)* mirar hacia atrás
um|bringen *irr* **I.** *vt* matar (**durch/mit** a/con), ultimar *Am* **II.** *vr:* **sich ~** ① *(Selbstmord begehen)* suicidarse ② *(übereifrig sein)* volcarse (**vor** en), matarse (**vor** por)
Umbruch1 *m* <-(e)s, -brüche> *(Wandel)* cambio *m* (radical); **etw ist im ~** algo está cambiando
Umbruch2 *m* <-(e)s, *ohne pl*> (TYPO) compaginación *f,* ajuste *m*
um|buchen *vt* ① (WIRTSCH) tra(n)sferir ② *(Reise)* cambiar la reserva (de)
Umbuchung *f* <-, -en> ① (WIRTSCH) cambio *m* de asiento, traslado *m* a otra cuenta ② *(einer Reise)* cambio *m* (de la reserva);

U

eine ~ vornehmen realizar un cambio de la reserva

um|denken *irr vi* cambiar su modo de pensar, reorientarse

um|disponieren* *vi* reorganizar

um|drehen **I.** *vt* volver, voltear *Am; (Schlüssel)* dar vuelta (a); **jdm den Hals ~** retorcerle el cuello a alguien **II.** *vi haben o sein* volver, dar la vuelta **III.** *vr:* **sich ~** volverse (**nach** hacia), volver la cabeza (**nach** hacia), voltearse *Am;* **mir dreht sich der Magen um** se me revuelve el estómago

Umdrehung [-'--] *f* <-en> vuelta *f; (um eine Achse)* rotación *f; (eines Motors)* revolución *f*

Umdrehungszahl *f* número *m* de revoluciones

umeinander [--'--] *adv* ① *(räumlich)* uno alrededor del otro ② *(gegenseitig)* uno del otro

um|erziehen* *irr vt* reeducar

umfahren*[1] *irr vt* ① *(umkreisen)* dar la vuelta (a) ② *(ausweichen)* esquivar

um|fahren[2] *irr vt* derribar; *(Person)* atropellar, evitar

um|fallen *irr vi sein* ① *(allgemein)* caerse ② *(ohnmächtig werden)* desplomarse; **ich bin zum U~ müde** me caigo de cansancio; **tot ~** caerse muerto ③ *(fam abw: Gesinnung wechseln)* rajarse; *(nachgeben)* darse por vencido

Umfang *m* <-(e)s, -fänge> ① *(Ausdehnung)* extensión *f; (Dicke)* volumen *m; (Größe)* tamaño *m* ② *(Kreisumfang)* circunferencia *f* ③ *(Ausmaß)* dimensiones *fpl;* **in großem ~** a gran escala

umfangreich *adj* amplio, extenso

umfassen* *vt* ① *(mit den Armen)* rodear (con los brazos); *(umarmen)* abrazar ② *(bestehen aus)* comprender, abarcar

umfassend *adj* amplio; *(vollständig)* completo

Umfeld *nt* <-(e)s, -er> entorno *m*

um|formen *vt* ① *(umändern)* modificar, tra(n)sformar ② (ELEK) convertir

umformulieren* *vt* reformular, formular de otro modo

Umfrage *f* <-n> encuesta *f;* **eine ~ machen** hacer una encuesta

um|funktionieren* *vt* tra(n)sformar (**zu/in** en)

Umgang *m* <-(e)s, *ohne pl*> ① *(Beziehungen)* relaciones *fpl; (Gesellschaft)* compañía *f;* **sie ist kein ~ für dich** *(fam)* es mala compañía para ti; **mit jdm ~ haben/pflegen** tener/mantener relaciones con alguien ② *(das Umgehen mit Personen)* trato *m; (mit Dingen)* manejo *m;* **im ~ mit Kindern** en el trato con niños

umgangen *pp von* **umgehen[1]**

umgänglich ['ʊmgɛŋlɪç] *adj* afable, sociable

Umgangsformen *fpl* modales *mpl*

Umgangssprache *f* (LING) lenguaje *m* familiar

umgangssprachlich *adj* coloquial

umgarnen* *vt* embaucar

umgeben* *irr vt* rodear; *(mit Zaun)* cercar

Umgebung [-'--] *f* <-en> ① *(Gebiet)* alrededores *mpl; (Nachbarschaft)* vecindad *f;* **in der näheren ~ Münchens** en los alrededores de Múnich; **ist hier in der ~ ein Campingplatz?** ¿hay un campin por aquí cerca? ② *(Milieu)* ambiente *m,* entorno *m*

umgehen*[1] *irr vt* ① *(herumgehen)* pasar alrededor (de) ② *(vermeiden)* evitar ③ *(nicht beachten)* eludir

um|gehen[2] *irr vi sein* ① *(Gerücht)* correr; *(Gespenst)* andar ② *(mit Personen)* tratar (**mit** a); *(mit Dingen)* manejar (**mit**); **sparsam mit etw** *dat* **~** economizar algo; **gleichgültig/vorsichtig mit etw** *dat* **~** tratar algo con indiferencia/con cuidado

umgehend ['---] **I.** *adj* inmediato **II.** *adv* de inmediato

Umgehung [-'--] *f* <-en> ① *(das Vermeiden)* evitación *f* ② *(Umgehungsstraße)* circunvalación *f*

Umgehungsstraße *f* carretera *f* de circunvalación

umgekehrt **I.** *adj* ① *(umgedreht)* invertido ② *(entgegengesetzt)* contrario; **in ~er Richtung** en sentido contrario; **die Sache ist genau ~** es justo lo contrario **II.** *adv* ① *(umgedreht)* a la inversa ② *(entgegengesetzt)* al revés, al contrario

Umgestaltung *f* <-, -en> ① remodelación *f,* modificación *f* ② *(eines Systems)* reforma *f*

um|gewöhnen* *vr:* **sich ~** acostumbrarse a algo nuevo

um|graben *irr vt* cavar

umgucken *vr:* **sich ~** *(fam) s.* **umsehen**

Umhang *m* <-(e)s, -hänge> capa *f*

um|hängen *vt* ① *(an andere Stelle)* colgar en otro sitio ② *(Tasche)* **sich** *dat* **die Tasche ~** colgarse el bolso al hombro ③ *(Decke, Mantel)* **sich** *dat* **einen Mantel ~** ponerse un abrigo por encima

Umhängetasche *f* bolso *m* de bandolera

um|hauen[1] <haut um, haute *o* hieb um, umgehauen> *vt (fällen)* cortar, talar

um|hauen[2] <haut um, haute um, umgehauen> *vt (fam)* ① *(niederschlagen)* derribar (de un golpe) ② *(verblüffen)* dejar boquiabierto

umher [ʊm'heːɐ] *adv (hier und da)* por aquí, por allá; *(überall)* por todas partes

U

umher|blicken *vi* mirar (a su) alrededor; **fragend** ~ mirar alrededor sin comprender

umher|gehen *irr vi sein* ir de un lado para otro; *(ziellos herumgehen)* deambular; *(spazieren gehen)* pasear (**in** por)

umher|irren *vi sein* vagar (**in** por), errar (**in** por)

umher|laufen *irr vi sein (ziellos herumlaufen)* andar de un lado para otro; *(spazieren gehen)* pasear (**in** por)

umhin|können *irr vi* **nicht ~, etw zu tun** no poder evitar hacer algo

um|hören *vr:* **sich** ~ informarse; **ich werde mich danach** ~ voy a ver si me entero de algo al respecto

umkämpft [ʊmˈkɛmpft] *adj* reñido

Umkehr *f ohne pl* vuelta *f,* regreso *m*

umkehrbar *adj* reversible; **nicht** ~ irreversible

um|kehren I. *vi sein* volver, regresar **II.** *vt* ① *(umdrehen)* dar vuelta (a) ② *(ins Gegenteil verkehren)* invertir **III.** *vr:* **sich ~: dabei kehrt sich mir der Magen um** esto me revuelve el estómago

um|kippen I. *vi sein* ① *(umfallen)* caerse; *(Wagen)* volcar, voltear *Am; (Boot)* zozobrar ② *(fam: ohnmächtig werden)* desmayarse ③ *(fam abw: Gesinnung wechseln)* cambiar de chaqueta ④ *(fam: Gewässer)* contaminarse; *(Wein)* volverse **II.** *vt* derribar

umklammern* *vt* agarrar; *(umarmen)* abrazar (fuertemente)

Umklammerung [-ˈ---] *f* <-en> agarrón *m; (Umarmung)* abrazo *m* (fuerte)

um|klappen *vt* plegar

Umkleidekabine [ˈʊmklaɪdə-] *f* caseta *f,* desvestidora *f AmS*

Umkleideraum [ˈ----] *m* vestuario *m,* desvestidora *f Am*

um|knicken I. *vi sein* ① *(Mast, Baum)* doblarse ② *(Fuß)* torcerse el pie; **ich bin (mit dem Fuß) umgeknickt** me he torcido el pie **II.** *vt* doblar; *(brechen)* partir

um|kommen *irr vi sein* ① *(sterben)* morir (**vor** de) ② *(Lebensmittel)* echarse a perder

Umkreis *m* <-es, *ohne pl*> alrededores *mpl;* **im ~ von fünf Kilometern** en un radio de cinco kilómetros

umkreisen* *vt* girar alrededor de

um|krempeln [ˈʊmkrɛmpəln] *vt* ① *(Kleidung)* subirse; *(Ärmel)* (ar)remangarse ② *(durchwühlen)* poner patas arriba, revolver ③ *(fam: vollständig ändern)* cambiar por completo

umladen *irr vt* tra(n)sbordar

Umlage *f* <-, -n> (FIN) contribución *f*

umlagern* *vt* rodear

Umland *nt* <-(e)s, *ohne pl*> alrededores *mpl*

Umlauf[1] *m* <-(e)s, *ohne pl*> ① *(von Geld, Blut)* circulación *f;* **im ~ sein** estar en circulación; **in ~ bringen** poner en circulación ② *(Umkreisen)* revolución *f*

Umlauf[2] *m* <-(e)s, -läufe> ① *(Rundschreiben)* circular *f* ② *(einzelne Kreisbewegung)* vuelta *f*

Umlaufbahn *f* (ASTR) órbita *f*

Umlaufvermögen *nt* (WIRTSCH) activo *m* circulante

Umlaut *m* <-(e)s, -e> (LING) vocal *f* modificada

um|legen *vt* ① *(in die waagerechte Lage bringen: Mast, Bäume)* derribar; *(Hebel, Schalter)* cambiar de posición; *(Lehne)* plegar; *(Bäume fällen)* talar ② *(um den Körper: Kleidungsstücke)* poner por encima; *(Halskette, Verband)* poner ③ *(fam: erschießen)* cargarse, tronar *Méx* ④ *(Termin)* cambiar; *(auf später)* aplazar (**auf** a); *(vorverlegen)* adelantar (**auf** a) ⑤ *(örtlich)* cambiar de sitio ⑥ *(Ausgaben)* repartir (**auf** entre)

um|leiten *vt* desviar

Umleitung *f* <-en> desvío *m*

umliegend *adj* vecino, de los alrededores

Umluft *f* <-, *ohne pl*> aire *m* que circula

Umluftherd *m* <-(e)s, -e> horno *m* por aire (de circulación)

Ummantelung *f* <-, -en> (TECH) revestimiento *m*

um|melden *vt* cambiar de registro

umnachtet [-ˈ--] *adj (alt pej)* **geistig** ~ demente *pey*

um|organisieren* *vt* reorganizar

um|pflügen *vt* arar

umrahmen* *vt* **etw musikalisch** ~ acompañar algo con música

umranden* *vt* bordear, rodear; **etw rot** ~ encuadrar algo de rojo

Umrandung [-ˈ--] *f* <-, -en> reborde *m*

um|räumen *vt (anders anordnen)* disponer de otra manera

um|rechnen *vt (Maßeinheiten)* convertir (**in** en); *(Währungen)* calcular en otra moneda

Umrechnungskurs *m* cotización *f,* tipo *m* de cambio

umreißen[*1] *irr vt* esbozar; **ein Problem kurz** ~ exponer un problema a grandes rasgos

um|reißen[2] *irr vt* ① *(umwerfen)* echar al suelo ② *(Mauer)* derribar, demoler

um|rennen *irr vt* atropellar corriendo

Umriss [ˈ--] *m* <-es, -e> contorno *m,* silueta *f;* **etw in groben Umrissen darstellen** exponer algo a grandes rasgos

umrissen [ʊmˈrɪsən] **I.** *pp von* **umreißen**[1] **II.** *adj* **scharf** ~ claramente definido
um|rühren *vt* remover
umrunden* *vt* rodear, dar una vuelta (a)
ums [ʊms] = **um das** *s.* **um**
um|satteln *vi (fam: beruflich)* cambiar de profesión; *(im Studium)* cambiar de carrera; **von Kellner auf Koch** ~ cambiar de camarero para cocinero
Umsatz *m* <-es, -sätze> volumen *m* de ventas
Umsatzbeteiligung *f* <-, -en> (FIN, WIRTSCH) participación *f* en los beneficios
Umsatzsteigerung *f* <-, -en> (FIN, WIRTSCH) aumento *m* de los beneficios
Umsatzsteuer *f* impuesto *m* sobre el volumen de ventas
um|schalten I. *vi* ❶ *(Einstellung ändern)* cambiar ❷ (RADIO, TV: *Programm*) cambiar de canal; *(verbinden)* conectar (**in/nach** con); **auf das zweite Programm** ~ cambiar a la segunda cadena ❸ *(fam: sich umstellen)* reorientarse **II.** *vt* (ELEK) conmutar
Umschalttaste *f* ❶ (TECH: *Umschalter*) conmutador *m* ❷ (INFOR: *Computer, Schreibmaschine*) tecla *f* de mayúsculas
Umschau *f ohne pl* ❶ *(Rundblick)* vista *f* ❷ *(das Sichumsehen)* visita *f*; **nach etw** *dat* **/jdm ~ halten** buscar algo/a alguien (con la vista)
um|schauen *vr:* **sich** ~ *(reg) s.* **umsehen**
umschichten *vt* ❶ *(Stapel)* apilar de nuevo ❷ *(neu einteilen)* reestructurar, reagrupar
Umschichtung *f* <-, -en> reestructuración *f*, reagrupación *f*; **soziale** ~ cambio en la estratificación de la sociedad
Umschlag[1] *m* <-(e)s, -schläge> ❶ *(Buchumschlag)* cubierta *f* ❷ *(Briefumschlag)* sobre *m* ❸ (MED) compresa *f*; *(heiß)* cataplasma *m*
Umschlag[2] *m* <-(e)s, *ohne pl*> ❶ *(Veränderung)* cambio *m* (brusco) ❷ (WIRTSCH: *Umladung*) tra(n)sbordo *m*
um|schlagen *irr* **I.** *vt* ❶ *(Ärmel)* arremangar; *(Buchseite)* volver ❷ *(Güter)* tra(n)sbordar; *(Ladung)* operar **II.** *vi sein* ❶ *(Wetter, Stimmung)* cambiar repentinamente; *(Stimme)* tra(n)sformarse repentinamente; **ins Gegenteil** ~ caer en el otro extremo ❷ *(Boot)* zozobrar; *(Fahrzeug)* volcar
Umschlaghafen *m* puerto *m* de tra(n)sbordo
Umschlagplatz *m* <-es, -plätze> lugar *m* de tra(n)sbordo
umschließen* *irr vt* ❶ *(umgeben)* cercar, rodear ❷ *(umzingeln)* poner cerco (a) ❸ *(einschließen)* encerrar, encercar
umschlingen* *irr vt (mit den Armen)* abrazar; **jdn eng umschlungen halten** mantener a alguien estrechamente abrazado
umschlossen *pp von* **umschließen**
umschlungen *pp von* **umschlingen**
umschmeicheln* *vt (schöntun)* adular, agasajar
umschmeißen *irr vt (fam)* ❶ *(Gegenstand)* tirar, derribar; *(Pläne)* echar por tierra ❷ *(erschüttern)* dejar atontado
um|schnallen *vt (Gürtel)* ponerse
umschreiben*[1] *irr vt* ❶ *(festlegen)* delimitar ❷ *(mit anderen Worten)* parafrasear ❸ (MATH) circunscribir
um|schreiben[2] *irr vt* ❶ *(Text)* refundir; *(ändern)* cambiar ❷ *(Hypothek)* tra(n)sferir (**auf** a) ❸ *(transkribieren)* tra(n)scribir
umschrieben *pp von* **umschreiben**[1]
Umschuldung *f* <-, -en> (FIN) (re)conversión *f* (de la deuda)
um|schulen *vt* ❶ *(Kind)* cambiar de colegio ❷ *(beruflich)* readaptar (profesionalmente); **er lässt sich zum Programmierer** ~ hace un curso (del INEM) para programador
Umschulung *f* <-en> ❶ *(Kind)* cambio *m* de escuela ❷ *(beruflich)* readaptación *f* profesional; **eine ~ machen** hacer un curso de readaptación profesional
umschwärmen* *vt* ❶ *(umfliegen)* revolotear alrededor (de) ❷ *(verehren)* idolatrar
Umschweife *mpl* rodeos *mpl*; **ohne** ~ sin rodeos
Umschwung *m* <-(e)s, -schwünge> ❶ *(Veränderung)* cambio *m* (brusco) ❷ *(Schweiz: umgebendes Gelände)* tierra *f* circundante
umsegeln* *vt* circunnavegar
um|sehen *irr vr:* **sich** ~ ❶ *(zurückblicken)* mirar hacia atrás; **sich nach jdm** ~ seguir a alguien con la mirada ❷ *(herumsehen)* mirar alrededor; **ich sehe mich nur mal um** voy a echar solamente un vistazo; **ich sehe mich etwas im Dorf um** voy a dar una vuelta por el pueblo; **du wirst dich noch ~!** *(fam)* ¡ya verás lo que es bueno! ❸ *(suchen)* buscar (**nach**)
umseitig [ˈʊmzaɪtɪç] *adj* al dorso
um|setzen I. *vt* ❶ *(anders setzen)* poner en otro sitio; *(Pflanzen)* trasplantar ❷ *(verkaufen)* vender ❸ *(umwandeln)* tra(n)sformar (**in** en); **ein Theaterstück filmisch** ~ plasmar una obra de teatro cinematográficamente; **sein Geld in Schallplatten** ~ invertir su dinero en discos ❹ *(anwenden)* realizar; **etw in die Tat** ~ llevar algo a la práctica **II.** *vr:* **sich** ~ sentarse en otro sitio
Umsicht *f ohne pl* cautela *f*; **mit viel ~ handeln** actuar con mucha cautela
umsichtig *adj* cauteloso

U

um|siedeln I. *vi sein* trasladarse (**nach/in** a) II. *vt* trasladar
Umsiedlung *f* <-, -en> traslado *m*
umso ['ʊmzo] *konj* tanto más
umsonst [ʊm'zɔnst] *adv* ❶ *(unentgeltlich)* gratis, de coca *Méx* ❷ *(vergeblich)* en vano ❸ *(grundlos)* sin motivo; **das hat er nicht ~ getan** por algo lo hizo
umsorgen* *vt* **jdn ~** cuidar de alguien
um|springen *irr vi sein* ❶ *(Ampel)* cambiar (**von** de, **auf** a); *(Wind)* cambiar (bruscamente) de dirección ❷ *(abw: behandeln)* tratar (mal) (**mit** a); **so kannst du nicht mit ihr ~** no puedes tratarla así
umspülen* *vt* bañar, regar
Umstand *m* <-(e)s, -stände> ❶ *(Tatsache)* hecho *m*; *(Einzelheit)* detalle *m* ❷ (JUR) circunstancia *f*; **mildernde Umstände** circunstancias atenuantes ❸ *pl (Verhältnisse)* circunstancias *fpl*; *(Lage)* situación *f*; **unter Umständen** tal vez; **unter keinen Umständen** de ningún modo; **unter diesen Umständen** dadas las circunstancias; **unter allen Umständen** cueste lo que cueste; **den Umständen entsprechend** de acuerdo a las circunstancias; **in anderen Umständen sein** estar encinta ❹ *pl (Mühe, Aufwand)* molestia *f*; **das macht gar keine Umstände** no es ninguna molestia; **machen Sie sich keine Umstände!** ¡no se moleste!
umständehalber *adv* por circunstancias particulares
umständlich *adj* ❶ *(ausführlich)* detallado; *(weitschweifig)* prolijo ❷ *(verwickelt)* complicado ❸ *(beschwerlich)* molesto; *(lästig)* pesado; **das ist mir zu ~** me resulta demasiado molesto ❹ *(förmlich)* ceremonioso ❺ *(übergenau)* minucioso
Umständlichkeit *f* <-, *ohne pl*> ❶ *(Weitschweifigkeit)* prolijidad *f* ❷ *(Aufwendigkeit)* laboriosidad *f*
Umstandskleid *nt* vestido *m* (de) premamá
Umstandsmode *f* moda *f* premamá
Umstandswort *nt* (LING) adverbio *m*
umstehend *adj* ❶ *(ringsum stehend)* presente ❷ *(umseitig)* al dorso
um|steigen *irr vi sein* ❶ *(Fahrzeug wechseln)* hacer tra(n)sbordo; **in den Intercity ~** coger el intercity ❷ *(fam: überwechseln)* pasar (**auf** a)
umstellen[*1] *vt* rodear, cercar
um|stellen[2] I. *vt* ❶ *(Dinge)* poner en otro sitio; *(Reihenfolge)* invertir ❷ *(Uhr)* cambiar; **die Uhr ~** cambiar la hora ❸ *(Betrieb)* reorganizar; *(Ernährung)* cambiar (**auf** a); **etw auf Maschinenbetrieb/auf Computer ~** mecanizar/computerizar algo ❹ *(ändern)* modificar II. *vr:* **sich ~** adaptarse (**auf** a)
Umstellung ['---] *f* <-en> ❶ *(von Dingen)* cambio *m* de lugar; *(der Reihenfolge)* inversión *f* del orden ❷ *(Anpassung)* adaptación *f* (**auf** a); *(eines Betriebs)* reorganización *f*; **~ auf Computer** computerización *f* ❸ *(Veränderung)* cambio *m*, modificación *f*
um|stimmen *vt* ❶ *(Instrument)* cambiar la afinación (de) ❷ *(Person)* persuadir
um|stoßen *irr vt* ❶ *(Gegenstand)* tirar ❷ *(Plan)* echar por tierra
umstritten [-'--] *adj* controvertido, discutido
um|strukturieren* *vt* reestructurar
Umstrukturierung *f* reestructuración *f*
um|stülpen ['ʊmʃtʏlpən] *vt* ❶ *(Behälter)* volcar; *(Tasche)* volver (al revés) ❷ *(ändern)* cambiar a fondo
Umsturz *m* <-es, -stürze> revolución *f*
um|stürzen I. *vi sein (umfallen)* caerse; *(einstürzen)* derribarse; *(Wagen)* volcar II. *vt* ❶ *(umstoßen)* volcar; *(Regierung)* derrocar ❷ *(ändern)* cambiar; *(grundlegend)* revolucionar
Umtausch *m* <-(e)s, -e> cambio *m*; **die Waren sind vom ~ ausgeschlossen** las mercancías no se pueden cambiar
um|tauschen *vt* cambiar (**gegen** por)
um|topfen *vt* cambiar de maceta
Umtrunk *m* <-(e)s, -trünke> juerguecita *f*
Umverteilung *f* <-, -en> (WIRTSCH) redistribución *f*
umwälzen *vt* (TECH) hacer circular
Umwälzung *f* <-, -en> ❶ (TECH) circulación *f* ❷ *(gesellschaftlich)* cambio *m* profundo [*o* radical]
um|wandeln *vt* tra(n)sformar (**in** en); *(Strafe)* conmutar (**in** por); **Sie sind wie umgewandelt** Ud. parece otro
Umwandlung *f* <-en> tra(n)sformación *f* (**in** en); *(einer Strafe)* conmutación *f* (**in** por)
Umweg *m* <-(e)s, -e> rodeo *m*; **einen ~ machen** dar un rodeo; **auf ~en** por vía indirecta
Umwelt *f ohne pl* entorno *m*; (ÖKOL) medio *m* ambiente
Umweltaktivist(in) *m(f)* activista *mf* medioambiental
Umweltbedingungen *fpl* condiciones *fpl* medioambientales
umweltbelastend *adj* contaminante
Umweltbelastung *f* contaminación *f* del medio ambiente
umweltbewusst *adj* concienciado ecológicamente

U

Umweltbewusstsein *nt* conciencia *f* ecológica
Umwelteinfluss *m* influencia *f* ambiental
umweltfeindlich *adj* contaminante, nocivo para el medio ambiente
Umweltforscher(in) *m(f)* ecólogo, -a *m, f*
umweltfreundlich *adj* no contaminante
umweltgefährdend *adj* (ÖKOL) agresivo para el medio ambiente, que perjudica el medio ambiente
Umweltgift *nt* (sustancia *f*) contaminante *m*
Umweltkatastrophe *f* desastre *m* ecológico
Umweltkriminalität *f* delincuencia *f* ambiental
Umweltminister(in) *m(f)* ministro, -a *m, f* del Medio Ambiente
Umweltorganisation *f* organización *f* para la protección del medio ambiente
Umweltpolitik *f* política *f* del medio ambiente
Umweltproblem *nt* problema *m* ecológico
Umweltschäden *mpl* daños *mpl* ecológicos
umweltschädlich *adj* nocivo para el medio ambiente
Umweltschutz *m* protección *f* del medio ambiente
Umweltschützer(in) *m(f)* <-s, -; -nen> defensor(a) *m(f)* del medio ambiente, ecologista *mf*
Umweltschutzorganisation *f* <-, -en> (ÖKOL) organización *f* para la defensa del medio ambiente
Umweltschutzpapier *nt* papel *m* reciclado
Umweltskandal *m* <-s, -e> escándalo *m* ecológico
Umweltsünder(in) *m(f)* <-s, -; -, -nen> *(fam)* contaminador(a) *m(f)* del medio ambiente
Umweltverband *m* asociación *f* ecologista
Umweltvergiftung *f* contaminación *f* ambiental
Umweltverschmutzer(in) *m(f)* <-s, -; -nen> contaminador(a) *m(f)* del medio ambiente
Umweltverschmutzung *f* contaminación *f* del medio ambiente
umweltverträglich *adj* compatible con el medio ambiente
Umweltverträglichkeit *f* impacto *m* ambiental
Umweltzerstörung *f* destrucción *f* del medio ambiente
Umweltzone *f* zona *f* medioambiental, zona *f* de baja emisión
umwerben* *irr vt* cortejar, pastorear *Arg, Urug*
um|werfen *irr vt* ❶ *(Gegenstand)* volcar, tirar ❷ *(fam: Plan)* echar por tierra ❸ *(fam: aus der Fassung bringen)* dejar con la boca abierta
umwerfend *adj* impresionante
umwickeln* *vt* envolver
umzäunen* [ʊm'tsɔɪnən] *vt* cercar
Umzäunung [-'--] *f* <-, -en> cerco *m*
um|ziehen *irr* **I.** *vi sein* mudarse (**nach** a) **II.** *vr:* **sich ~** cambiarse (de ropa)
umzingeln* *vt* rodear
Umzug *m* <-(e)s, -züge> ❶ *(Wohnungswechsel)* mudanza *f* ❷ *(Festzug)* desfile *m*
Umzugskarton *m* caja *f* de embalaje
UN [u:'ʔɛn] *f Abk. von* **United Nations** NU *fpl*
unabänderlich ['--'---] *adj* inalterable; *(unwiderruflich)* irrevocable
unabdingbar ['--'--] *adj* indispensable
unabhängig *adj* independiente (**von** de); *(Staat)* autónomo; **sich von jdm/etw** *dat* **~ machen** independizarse de alguien/algo; **das ist ~ davon, ob ...** esto es independiente de que si...
Unabhängigkeit *f ohne pl* independencia *f* (**von** de); *(wirtschaftlich)* autarquía *f*
Unabhängigkeitserklärung *f* <-, -en> proclamación *f* de la independencia
unabkömmlich ['--'--] *adj* ❶ *(sehr beschäftigt)* ocupado ❷ *(unersetzlich)* insu(b)stituible
unablässig ['--'--] **I.** *adj* incesante, constante **II.** *adv* sin cesar
unabsehbar ['-'--] *adj* ❶ *(Folgen)* incalculable; **auf ~e Zeit** por tiempo indefinido ❷ *(räumlich)* vasto
unabsichtlich **I.** *adj* involuntario **II.** *adv* sin querer
unabwendbar ['-'--] *adj* inevitable
unachtsam *adj (unaufmerksam)* desatento; *(nachlässig)* descuidado
Unachtsamkeit *f ohne pl (Unaufmerksamkeit)* falta *f* de atención; *(Nachlässigkeit)* descuido *m*
unähnlich *adj* diferente; **er ist seinem Bruder nicht ~** se parece mucho a su hermano
unanfechtbar ['--'--] *adj* indiscutible; *(Urteil)* inapelable; *(Argument)* inatacable
unangebracht *adj* inoportuno; **ich halte es für ~ ...** me parece inoportuno...
unangefochten *adj* indiscutido
unangemeldet **I.** *adj* no anunciado **II.** *adv* sin previo aviso
unangemessen *adj* inadecuado
unangenehm *adj* desagradable; *(lästig)* molesto, odioso *Am; (unsympathisch)* antipático; **~ auffallen** causar una mala impresión; **es ist mir sehr ~, dass ...** me da

U

mucha vergüenza que... +*subj;* ~ **werden** volverse desagradable

unangepasst *adj* no asimilado; *(oppositionell)* no conformista

unangetastet *adj* intacto

unangreifbar ['--'--] *adj* intocable; *(Argument)* irrebatible

unannehmbar ['--'--] *adj* inaceptable

Unannehmlichkeit *f* <-en> *(Mühe)* molestia *f*, odiosidad *f Am; (Ärger)* disgusto *m;* **jdm ~en bereiten** causar molestias a alguien

unansehnlich *adj* de aspecto desagradable

unanständig *adj* indecente, verde *fam; (obszön)* obsceno

Unanständigkeit[1] *f* <-, *ohne pl*> *(Art)* indecencia *f*

Unanständigkeit[2] *f* <-, -en> *(Äußerung)* obscenidad *f*

unantastbar ['--'--] *adj* intangible; (JUR) inviolable; (REL) sagrado

unappetitlich *adj* ❶ *(Essen)* poco apetitoso ❷ *(abstoßend)* asqueroso

Unart ['ʊnʔaːɐt] *f* <-en> ❶ *(Angewohnheit)* mala costumbre *f* ❷ *(eines Kindes)* travesura *f*

unartig *adj* travieso, malo

unaufdringlich *adj* ❶ *(Parfüm)* discreto ❷ *(Mensch)* agradable

unauffällig *adj* ❶ *(Kleidung, Verhalten)* discreto ❷ *(unbemerkt)* disimulado; **folgen Sie mir ~!** ¡sígame con discreción!

unauffindbar ['--'--] *adj* ilocalizable

unaufgefordert *adj (freiwillig)* voluntario; *(spontan)* espontáneo

unaufhaltsam ['--'--] *adj* incontenible, imparable

unaufhörlich ['--'--] **I.** *adj* incesante, continuo **II.** *adv* sin cesar

unaufmerksam *adj* ❶ *(nicht aufmerksam)* desatento; *(zerstreut)* despistado ❷ *(nicht zuvorkommend)* descortés

Unaufmerksamkeit *f ohne pl* ❶ *(Verhalten)* falta *f* de atención; *(Zerstreutheit)* distracción *f* ❷ *(Unhöflichkeit)* descortesía *f*

unaufrichtig *adj* insincero

Unaufrichtigkeit[1] *f* <-, *ohne pl*> *(Art)* insinceridad *f*

Unaufrichtigkeit[2] *f* <-, -en> *(Tat)* falsedad *f*

unausführbar *adj* irrealizable

unausgefüllt *adj* ❶ *(Formular)* en blanco; ~ **lassen** dejar en blanco ❷ *(Person)* insatisfecho; *(Leben)* vacío

unausgeglichen *adj* ❶ *(ungleichmäßig)* desequilibrado ❷ *(wechselhaft)* inestable

Unausgeglichenheit *f* <-, *ohne pl*> ❶ *(Ungleichmäßigkeit)* falta *f* de equilibrio ❷ *(Wechselhaftigkeit)* inestabilidad *f*

unausgegoren *adj (abw)* inmaduro

unausgeschlafen *adj* medio dormido

unausgesprochen *adj* no pronunciada, no formulada; **in ihrem Blick las er einen ~en Vorwurf** en su mirada leyó un reproche silencioso

unausgewogen *adj* desequilibrado

Unausgewogenheit *f* <-, *ohne pl*> desequilibrio *m*

unaussprechbar ['--'--] *adj* indecible

unaussprechlich ['--'--] *adj (Gefühl)* inefable; *(Elend, Freude)* increíble

unausstehlich ['--'--] *adj* insoportable

unausweichlich ['--'--] *adj* inevitable

unbändig ['ʊnbɛndɪç] *adj* ❶ *(wild)* desenfrenado ❷ *(heftig)* incontenible; **sich ~ auf etw freuen** sentir una alegría incontenible por algo

unbarmherzig *adj* despiadado

unbeabsichtigt **I.** *adj* impremeditado **II.** *adv* sin querer

unbeachtet *adj* inadvertido; **das darf man nicht ~ lassen** esto no puede pasar inadvertido

unbeantwortet *adj* sin respuesta

unbearbeitet *adj* no labrado, no laboreado

unbeaufsichtigt *adj* no vigilado

unbebaut *adj (Acker)* no cultivado, yermo; *(Grundstück)* sin edificar

unbedacht *adj (Person)* irreflexivo; *(Handlung)* impensado; ~ **handeln** actuar irreflexivamente

unbedarft *adj* ingenuo

unbedeckt *adj* descubierto

unbedenklich **I.** *adj* inofensivo **II.** *adv* sin reparo

Unbedenklichkeit *f* <-, *ohne pl*> ausencia *f* de objeciones [*o* de reparos]

unbedeutend *adj* ❶ *(unwichtig)* insignificante ❷ *(geringfügig)* mínimo

unbedingt ['---, '--'-] **I.** *adj* absoluto; *(bedingungslos)* incondicional **II.** *adv* sin falta, absolutamente; **ist das ~ nötig?** ¿es realmente indispensable?; **das will ich ~ wissen** tengo que saberlo sin falta; **nicht ~** no necesariamente; **nicht länger als ~ nötig** nada más de lo absolutamente necesario

unbeeindruckt *adj* nada impresionado; ~ **bleiben** no dejarse impresionar; ~ **fortfahren** continuar sin inmutarse

unbefahrbar ['--'--] *adj* intransitable

unbefangen *adj* ❶ *(ungehemmt)* despreocupado; *(natürlich)* natural ❷ *(unvoreingenommen)* imparcial

unbefleckt *adj (geh: Mensch)* inmaculado; **~e Empfängnis** (REL) Inmaculada Concepción

unbefriedigend *adj* poco satisfactorio; *(stärker)* no satisfactorio

unbefriedigt *adj* insatisfecho
unbefristet *adj* ilimitado
unbefugt *adj* no autorizado
Unbefugte(r) *mf* <-n, -n; -n> persona *f* no autorizada; **~n ist das Betreten verboten** entrada prohibida a personas ajenas al servicio
unbegabt *adj* poco talentoso (**für** para); **musikalisch ~ sein** no tener talento para la música
unbegreiflich ['--'--] *adj* *(unverständlich)* inconcebible, incomprensible; *(unerklärlich)* inexplicable; **es ist mir ~, wie das passieren konnte** no me explico cómo pudo ocurrir esto
unbegrenzt *adj* ilimitado
unbegründet *adj* injustificado, sin motivo; (JUR) improcedente
unbehaart *adj* *(ohne Haare)* sin pelo; *(ohne Körperhaar)* sin vello, lampiño; *(ohne Bart)* barbilampiño; *(ohne Kopfhaar)* calvo
Unbehagen ['ʊnbəha:gən] *nt* <-s, *ohne pl*> malestar *m*
unbehaglich *adj* desagradable; **sich ~ fühlen** no estar a gusto
unbehandelt *adj* no tratado
unbehelligt ['ʊnbehɛlɪçt] *adj* sin ser molestado; **~ bleiben** no ser molestado; **~ lassen** no molestar
unbeherrscht **I.** *adj* desenfrenado; *(Person)* que no sabe dominarse **II.** *adv* desmesuradamente
unbeholfen ['ʊnbəhɔlfən] *adj* torpe, bota *Méx*
Unbeholfenheit *f ohne pl* torpeza *f*
unbeirrbar ['--'--] *adj*, **unbeirrt** *adj* imperturbable, inalterable
unbekannt *adj* desconocido; **~ verzogen** (domicilio) desconocido; **es ist mir nicht ~, dass ...** no ignoro que... *+subj*
Unbekannte(r) *mf* <-n, -n; -n> *(Person)* desconocido, -a *m, f*
unbekannterweise ['ʊnbəkantɐ'vaɪzə] *adv* sin conocerse
unbekümmert *adj* despreocupado; **seien Sie ganz ~!** ¡no se preocupe usted en absoluto!
unbelastet *adj* ❶ *(frei)* libre (**von** de); *(ohne Sorgen)* despreocupado ❷ *(ohne Hypotheken)* sin cargos hipotecarios
unbelehrbar ['--'--] *adj* incorregible; *(halsstarrig)* obstinado
unbeliebt *adj* que goza de pocas simpatías (**bei** entre); **sich ~ machen** hacerse impopular; **er ist bei allen ~** le cae mal a todos
Unbeliebtheit *f ohne pl* impopularidad *f*
unbemannt *adj* sin tripulación
unbemerkt *adj* inadvertido, desapercibido; **~ bleiben** pasar desapercibido
unbenutzt *adj* no usado; **etw ~ zurückgeben** devolver algo sin haberlo usado
unbeobachtet *adj* no observado; **in einem ~en Augenblick** en un momento de descuido
unbequem *adj* ❶ *(Sessel)* incómodo ❷ *(Frage, Person)* molesto, amargo *Ven*
Unbequemlichkeit[1] *f* <-, -en> *(Mühe, Schwierigkeit)* molestia *f*
Unbequemlichkeit[2] *f* <-, *ohne pl*> *(von Möbeln)* incomodidad *f*
unberechenbar ['--'---] *adj* incalculable; **er ist ~** es imprevisible
Unberechenbarkeit *f* <-, *ohne pl*> imprevisión *f*, veleidad *f*, volubilidad *f*
unberechtigt *adj* injusto, no autorizado
unberechtigterweise *adv* sin autorización
unberücksichtigt *adj* desatendido; **~ bleiben/lassen** quedar/dejar desatendido
unberührt *adj* intacto; *(Frau)* virgen
unbeschadet **I.** *präp +gen* ❶ *(trotz)* a pesar de ❷ *(ohne Schaden für)* sin perjuicio de **II.** *adv* **etw ~ überstehen** *(Person)* salir ileso de algo; *(Sache)* quedar sin daños en algo
unbeschädigt *adj* no dañado, indemne
unbeschäftigt *adj* sin ocupación; *(ohne Arbeit)* sin trabajo
unbescheiden *adj* inmodesto; *(arrogant)* petulante
Unbescheidenheit *f* <-, *ohne pl*> inmodestia *f*
unbeschrankt ['ʊnbəʃraŋkt] *adj* sin barrera
unbeschränkt *adj* ilimitado; *(Macht)* absoluto
unbeschreiblich ['--'--] **I.** *adj* indescriptible **II.** *adv* extremamente
unbeschrieben *adj* *(Blatt)* en blanco
unbeschwert *adj* libre de toda preocupación; *(Kindheit)* despreocupado; *(Gewissen)* limpio
unbesiegbar ['--'--] *adj* invencible, imbatible
unbesiegt *adj* invicto
unbesonnen *adj* *(unüberlegt)* irreflexivo; *(unvorsichtig)* imprudente
Unbesonnenheit[1] *f* <-, *ohne pl*> *(im Wesen)* irreflexión *f*
Unbesonnenheit[2] *f* <-, -en> *(Handlung)* imprudencia *f*
unbesorgt *adj* despreocupado, tranquilo; **sei ~** ¡no te preocupes!
unbeständig *adj* ❶ *(Person)* inconstante ❷ *(wechselhaft)* inestable; *(Wetter)* variable
Unbeständigkeit *f* <-, *ohne pl*> ❶ *(eines Menschen)* inconstancia *f* ❷ *(Wech-*

U

selhaftigkeit) inestabilidad *f;* *(des Wetters)* variabilidad *f*

unbestätigt *adj* no confirmado

unbestechlich *adj* incorruptible

unbestimmt *adj* ① *(unklar)* vago; *(ungenau)* impreciso ② *(nicht festgelegt)* indefinido, indeterminado; *(unsicher)* incierto; **auf ~e Zeit** por tiempo indefinido ③ (LING) indefinido

Unbestimmtheit *f* <-, *ohne pl*> ① *(Undeutlichkeit)* vaguedad *f;* *(Ungenauigkeit)* imprecisión *f* ② *(Ungewissheit)* indeterminación *f;* *(Unsicherheit)* inseguridad *f*

unbestreitbar ['--'--] *adj* innegable

unbestritten ['--(')--] **I.** *adj* indiscutido, indiscutible; **es ist ~, dass …** es indiscutible que… *+subj* **II.** *adv* sin duda (alguna)

unbeteiligt *adj* ① *(desinteressiert)* indiferente ② *(nicht teilnehmend)* ajeno; **an etw** *dat* **~ sein** no haber participado en algo

Unbeteiligte(r) *mf* <-n, -n; -n, -n> *(desinteressiert)* desinteresado, -a *m, f;* *(nicht teilnehmend)* el que no participa, la que no participa

unbetont *adj* átono

unbeugsam ['---] *adj* *(Person)* inexorable; *(Wille)* inquebrantable

unbewacht *adj* no vigilado; *(schutzlos)* indefenso

unbewaffnet *adj* desarmado, no armado

unbewältigt *adj* no superado

unbeweglich *adj* ① *(bewegungslos)* inmóvil ② *(nicht zu bewegen)* inmovible, fijo ③ *(geistig)* inflexible; *(Blick)* fijo; *(Gesichtsausdruck)* impasible

Unbeweglichkeit *f* <-, *ohne pl*> ① *(Bewegungslosigkeit)* inmovilidad *f* ② *(von Dingen)* rigidez *f* ③ *(geistig)* inflexibilidad *f*

unbewiesen *adj* no probado; **es ist noch ~, ob …/dass …** aún no está probado si…/que… *+subj*

unbewohnbar ['--'--] *adj* inhabitable

unbewohnt *adj* *(Gegend)* despoblado, desierto; *(Haus)* deshabitado

unbewusst *adj* inconsciente; *(instinktiv)* instintivo

Unbewusste(s) *nt* <-n, *ohne pl*> (PSYCH) subconsciente *m*

unbezahlbar ['--'--] *adj* ① *(teuer)* impagable ② *(wertvoll)* valioso; *(unersetzlich)* inapreciable

unbezahlt *adj* no pagado, impagado; **~er Urlaub** vacaciones no remuneradas

unbezwingbar ['--'--] *adj* ① *(Gegner)* invencible; *(Festung)* inexpugnable ② *(Drang)* incontrolable

unblutig **I.** *adj* incruento **II.** *adv* sin derramamiento de sangre

unbrauchbar ['---] *adj* inutilizable, inoperante *Am;* *(ungeeignet)* no apropiado; *(Person)* inútil

unbürokratisch *adj* poco burocrático; **~e Hilfe** ayuda espontánea

und [ʊnt] *konj* y; *(vor (h)i)* e; (MATH) más; *(Steigerung)* más y más; **~ so weiter** etcétera; **na ~?** ¿y qué?; **~ wenn schon!** ¡y aunque así sea!; **der Wagen wurde schneller ~ schneller** el coche iba cada vez más rápido; **wir redeten ~ redeten** hablamos y hablamos

Undank *m* <-(e)s, *ohne pl*> *(geh)* ingratitud *f;* **~ ernten** recibir solamente ingratitud

undankbar *adj* ① *(Mensch)* desagradecido ② *(Aufgabe)* ingrato

Undankbarkeit *f* <-, *ohne pl*> ingratitud *f*

undefinierbar ['---'--] *adj* indefinible

undenkbar ['--'--] *adj* impensable, inimaginable

Understatement [andəˈsteɪtmənt] *nt* <-s, -s> falsa modestia *f*

undeutlich *adj* ① *(ungenau)* vago, impreciso ② *(Umrisse)* indistinto; (FOTO) borroso; *(Schrift)* ilegible; **~ sprechen** no vocalizar al hablar

undicht *adj* permeable; *(Fenster)* que no cierra herméticamente; **~ sein** tener escape; **~e Stelle** fuga *f*

undifferenziert *adj* no diferenciado

Unding *nt* **das ist ein ~!** ¡eso es absurdo!

undiszipliniert *adj* indisciplinado

undurchdringlich ['--'--] *adj* *(a. fig)* impenetrable

undurchführbar ['--'--] *adj* irrealizable

undurchlässig *adj* impermeable, hermético

undurchschaubar ['--'--] *adj* impenetrable

undurchsichtig *adj* ① *(Glas, Stoff)* opaco, no tra(n)sparente ② *(Mensch)* impenetrable; *(Methoden, Geschäfte)* turbio; *(Verhalten)* ambiguo

uneben *adj* *(Oberfläche, Straße)* desigual; *(Gelände)* accidentado

Unebenheit[1] *f ohne pl* *(Unebensein)* irregularidad *f,* desigualdad *f*

Unebenheit[2] *f* <-en> *(Erhebung)* irregularidad *f*

unecht *adj* falso; *(nachgemacht)* de imitación

unehelich *adj* ilegítimo, natural

unehrenhaft *adj* deshonroso

unehrlich *adj* falso, deshonesto

Unehrlichkeit *f ohne pl* falta *f* de sinceridad, deshonestidad *f*

uneigennützig *adj* desinteresado
uneingeschränkt *adj* ilimitado, absoluto; **wir stimmen ~ zu** estamos absolutamente de acuerdo
uneinheitlich *adj* irregular
uneinig *adj* desavenido; **mit jdm über etw ~ sein** no estar de acuerdo con alguien en algo
Uneinigkeit *f* <-en> desacuerdo *m;* **es besteht ~ über …** no hay acuerdo sobre…
uneinnehmbar ['--'--] *adj* inconquistable
uneinsichtig *adj* obstinado, terco, tenaz
unempfindlich *adj* ❶ *(unsensibel)* insensible (**gegen** a) ❷ *(widerstandsfähig)* robusto; *(gegen Krankheit)* inmune
Unempfindlichkeit *f <-, ohne pl>* ❶ *(Unsensibilität)* insensibilidad *f* (**gegen** a) ❷ *(Widerstandsfähigkeit)* robustez *f; (gegen Krankheit)* inmunidad *f*
unendlich [-'--] **I.** *adj* ❶ *(zeitlich, räumlich, a.* MATH) infinito ❷ *(groß)* inmenso, infinito **II.** *adv* tremendamente; **~ viel** un sinfín de
Unendlichkeit [-'---] *f ohne pl* infinidad *f*
unentbehrlich ['--'--] *adj* imprescindible; **sich ~ machen** hacerse imprescindible
unentgeltlich ['--'--] **I.** *adj* gratuito **II.** *adv* gratis
unentschieden *adj* ❶ *(Angelegenheit)* pendiente; **~ sein** quedar pendiente ❷ *(Person)* indeciso ❸ (SPORT) empatado; **sie spielten 0:0 ~** empataron a cero
Unentschieden *nt* <-s, -> (SPORT) empate *m*
unentschlossen *adj* indeciso
unentschuldbar ['--'--] *adj* inexcusable, imperdonable
unentschuldigt I. *adj* injustificado **II.** *adv* sin excusa; **~ fehlen** faltar sin (haber aportado una) excusa
unentwegt ['--'-] **I.** *adj* constante **II.** *adv* sin parar, constantemente
unerbittlich ['--'--] *adj* inexorable; *(gnadenlos)* sin piedad
Unerbittlichkeit *f <-, ohne pl>* inexorabilidad *f,* implacabilidad *f; (Gnadenlosigkeit)* falta *f* de piedad, crudeza *f*
unerfahren *adj* inexperto (**in** en), novato (**in** en) *fam*
Unerfahrenheit *f <-, ohne pl>* inexperiencia *f* (**in** en), falta *f* de experiencia (**in** en)
unerfindlich ['--'--] *adj (geh)* inconcebible; **aus ~en Gründen** por razones inconcebibles
unerfreulich *adj* desagradable
unerfüllbar ['--'--] *adj* irrealizable
unerfüllt *adj* no realizado
unergiebig *adj (Boden)* improductivo; *(Thema)* que no da para mucho
unergründbar ['--'--], **unergründlich** ['--'--] *adj* insondable, impenetrable; *(geheimnisvoll)* misterioso
unerheblich *adj (geringfügig)* insignificante; *(unwichtig)* irrelevante
unerhört ['--'-] **I.** *adj* ❶ *(gewaltig)* tremendo, enorme ❷ *(abw: empörend)* escandaloso; **das ist ja ~!** ¡habráse visto! ❸ *(geh: Bitte)* desatendido **II.** *adv* extremamente; **~ viel** muchísimo
unerkannt *adv* sin ser reconocido
unerklärbar ['--'--], **unerklärlich** ['--'--] *adj* inexplicable; **es ist mir ~, warum …** no me explico por qué…
unerlässlich ['--'--] *adj* imprescindible
unerlaubt *adj* ❶ *(nicht zulässig)* prohibido ❷ *(gesetzwidrig)* ilícito ❸ *(ohne Erlaubnis)* sin permiso
unerledigt *adj* sin hacer, por hacer; *(Post)* sin contestar; *(schwebend)* pendiente
unermesslich ['--'--] *adj* ❶ *(unüberschaubar)* inconmensurable; *(unendlich)* infinito; **~ wertvoll** de un valor infinito ❷ *(groß)* enorme, inmenso
unermüdlich ['--'--] *adj* incansable
unerreichbar ['--'--] *adj* inalcanzable
unersättlich ['--'--] *adj* insaciable
unerschöpflich ['--'--] *adj* inagotable
unerschrocken *adj* intrépido
unerschütterlich ['--'---] *adj* inquebrantable, firme; **~ für etw eintreten** intervenir firmemente en favor de algo
unerschwinglich ['--'--] *adj (Preis)* desorbitado, excesivo; *(Ware)* inasequible
unersetzlich ['--'--] *adj (Person)* irreemplazable; *(Schaden)* irreparable
unerträglich ['--'--] *adj* insoportable
unerwähnt *adj* no mencionado; **etw ~ lassen** no mencionar algo
unerwartet I. *adj* inesperado; *(unvorhergesehen)* imprevisto **II.** *adv* de improviso
unerwidert *adj* no correspondido
unerwünscht *adj* indeseado, no deseado
unerzogen *adj* mal educado
UNESCO [u'nɛsko] *f Akr. von* **United Nations Educational, Scientific and Cultural Organization** UNESCO *f*
unfähig *adj (nicht imstande)* incapaz (**zu** de); *(beruflich)* incompetente
Unfähigkeit *f ohne pl* incapacidad *f* (**zu** de); *(beruflich)* incompetencia *f*
unfair *adj* injusto; (SPORT) sucio
Unfall *m* <-(e)s, -fälle> accidente *m;* **einen ~ haben** tener un accidente; **einen tödlichen ~ haben** morir en un accidente
Unfallarzt, -ärztin *m, f* médico, -a *m, f* del servicio de emergencias

Unfallbeteiligte(r) *mf* implicado, -a *m, f* en el accidente
Unfallflucht *f ohne pl* fuga *f* en caso de accidente; ~ **begehen** darse a la fuga (después de provocar un accidente)
unfallfrei *adj* libre de accidentes
Unfallgefahr *f* peligro *m* de accidente
Unfallopfer *nt* víctima *f* de (un) accidente
Unfallort *m* lugar *m* del accidente
Unfallstation *f* puesto *m* de socorro
Unfallstatistik *f* <-, -en> estadística *f* de accidentes
Unfallursache *f* causa *f* del accidente
Unfallverhütung *f* prevención *f* de accidentes
Unfallversicherung *f* ① *(Versicherungspolice)* seguro *m* de accidentes ② *(Unternehmen)* empresa *f* de seguros de accidentes
unfassbar ['-'--] *adj* inconcebible; *(unglaublich)* increíble
unfehlbar ['-'--] **I.** *adj* infalible **II.** *adv (sicher)* seguramente
unfertig *adj* ① *(unvollendet)* inacabado ② *(unreif)* inmaduro
unförmig ['ʊnfœrmɪç] *adj* deforme
unfrankiert *adj* sin franqueo
unfreiwillig *adj* involuntario
unfreundlich *adj* ① *(Person)* poco amable ② *(Wetter)* desapacible
Unfreundlichkeit *f <-, ohne pl>* falta *f* de amabilidad
Unfriede *m* <-ns, *ohne pl*> discordia *f*
UN-Friedensplan *m* plan *m* de paz de la UNO
unfruchtbar *adj* ① *(Boden)* estéril ② *(Tier, Person)* estéril, infecundo
Unfruchtbarkeit *f ohne pl* ① *(Boden)* esterilidad *f* ② *(Mensch, Tier)* infecundidad *f*
Unfug ['ʊnfu:k] *m* <-(e)s, *ohne pl*> ① *(Handlung)* bobada *f*, tontería *f*; ~ **treiben** hacer bobadas ② *(Äußerung)* disparate *m*
Ungar(in) ['ʊŋga:ɐ] *m(f)* <-n, -n; -nen> húngaro, -a *m, f*

U

ungarisch ['ʊŋgarɪʃ] *adj* húngaro
Ungarn ['ʊŋgarn] *nt* <-s> Hungría *f*
ungastlich *adj* inhospitalario
ungeachtet ['--'--] *präp +gen (geh)* a pesar de; ~ **dessen** no obstante
ungeahnt ['--'-] *adj* inesperado
ungebeten I. *adj* no invitado **II.** *adv* sin ser invitado
ungebildet *adj* inculto
ungeboren *adj* por nacer, aún no nacido
ungebräuchlich *adj* poco corriente
ungebraucht *adj* no usado; **etw ~ zurückgeben** devolver algo sin haberlo usado
ungebührlich *adj (geh)* ① *(ungehörig)* improcedente ② *(übermäßig)* desmesurado
ungebunden *adj* ① *(Buch)* sin encuadernar ② *(frei)* libre
ungedeckt *adj* ① *(schutzlos)* indefenso; *(Spieler)* descubierto ② (FIN) al descubierto ③ *(Tisch)* sin poner
Ungeduld *f ohne pl* impaciencia *f*
ungeduldig *adj* impaciente; ~ **warten** esperar con impaciencia; ~ **werden** perder la paciencia
ungeeignet *adj* inadecuado (**für** para); *(Person)* incompetente (**für** para); *(Moment)* inoportuno
ungefähr ['ʊngəfɛ:ɐ, '--'-] **I.** *adj* aproximado, aproximativo **II.** *adv* aproximadamente, más o menos; ~ **100 Euro** unos 100 euros; **nicht von ~** por una buena razón; **so ~ habe ich mir das vorgestellt** más o menos así me lo he imaginado
ungefährlich *adj* no peligroso; *(harmlos)* inofensivo
ungefragt *adv* sin ser preguntado
ungehalten *adj (geh)* incomodado (**über/wegen** por), disgustado (**über/wegen** por); ~ **auf etw reagieren** expresar su disgusto por algo
ungeheizt ['ʊngəhaɪtst] *adj* sin calefacción
ungehemmt *adj* desenvuelto
ungeheuer ['----, '--'--] **I.** *adj* enorme **II.** *adv* enormemente
Ungeheuer *nt* <-s, -> monstruo *m*
ungeheuerlich ['--'---] *adj (abw)* escandaloso; *(schrecklich)* atroz; *(unerhört)* inaudito
Ungeheuerlichkeit[1] *f <-, ohne pl> (des Verhaltens)* monstruosidad *f*
Ungeheuerlichkeit[2] *f* <-, -en> *(Handlung)* monstruosidad *f*
ungehindert *adj* libre
ungehobelt *adj* ① *(Brett)* sin cepillar ② *(Mensch)* tosco
ungehörig *adj* insolente; *(frech)* impertinente
ungehorsam *adj* desobediente; **jdm gegenüber ~ sein** ser desobediente con alguien
Ungehorsam *m <-s, ohne pl>* desobediencia *f*
ungekämmt *adj* despeinado
ungeklärt *adj* ① *(Frage, Verbrechen)* no aclarado ② *(Abwasser)* no filtrado
ungekündigt *adj (Person)* no despedido; **~er Arbeitsvertrag** contrato de trabajo vigente
ungekünstelt *adj* natural, genuino; *(Sprache)* sin afectación
ungekürzt *adj (Buch, Film)* íntegro
ungelegen I. *adj* inoportuno **II.** *adv* a des-

hora; **komme ich ~?** ¿llego en mal momento?; **das kommt mir sehr ~** me coge en muy mal momento
ungelenkig *adj* poco ágil
ungelernt *adj* que no ha cursado estudios; **~e Arbeitskräfte** mano de obra no cualificada
ungelogen ['--'--] *adv (fam)* de verdad, en serio
ungelöst *adj* sin resolver
ungemein ['--'-] **I.** *adj* extraordinario **II.** *adv* muy, sobremanera
ungemütlich *adj* ❶ *(Stuhl)* incómodo ❷ *(Mensch, Atmosphäre)* desagradable; *(Wetter)* desapacible; **er kann manchmal ~ werden** *(fam)* puede ser muy desagradable a veces
ungenannt *adj* anónimo
ungenau *adj* impreciso; **sich ~ ausdrücken** expresarse sin precisión
Ungenauigkeit *f* <-en> inexactitud *f*, imprecisión *f*
ungeniert ['ʊnʒe(')niːɐt] *adj* desenvuelto; **ganz ~ reden** hablar sin inhibiciones
Ungeniertheit *f* <-, *ohne pl*> desenvoltura *f*
ungenießbar ['--'--] *adj* ❶ *(Speise)* incomible; *(Getränk)* no bebible ❷ *(fam: Person)* insoportable
ungenügend *adj (a. Note)* insuficiente
ungenutzt *adj* desaprovechado; **eine Chance ~ verstreichen lassen** desaprovechar una ocasión
ungeordnet *adj* desordenado
ungepflegt *adj* descuidado; *(Person)* desaseado
ungeprüft *adj* no revisado
ungerade *adj* (MATH) impar
ungerecht *adj* injusto
ungerechterweise *adv* injustamente, de manera injusta
ungerechtfertigt *adj* injustificado
Ungerechtigkeit *f* <-en> injusticia *f*
ungereimt *adj* ❶ *(Vers)* sin rima ❷ *(verworren)* incongruente
Ungereimtheit *f* <-, *ohne pl*> *(Art)* inconsistencia *f*, incongruencia *f*
ungern *adv* de mala gana
ungerührt ['ʊngəryːɐt] *adj* imperturbable; **~ zusehen** mirar impasible
ungesalzen *adj* no salado, sin sal
ungesättigt *adj* (CHEM) no saturado
ungeschehen *adj* **etw ~ machen** deshacer lo hecho
Ungeschick *nt* <-(e)s, *ohne pl*> torpeza *f*
Ungeschicklichkeit *f* <-, -en> torpeza *f*
ungeschickt *adj* torpe; **stell dich nicht so ~ an!** ¡no seas tan torpe!
ungeschlechtlich *adj* (BIOL) asexual
ungeschliffen *adj* ❶ *(Diamant, Glas)* no tallado; *(Klinge)* no afilado ❷ *(Manieren)* grosero
ungeschminkt *adj* ❶ *(Person)* sin maquillar ❷ *(Wahrheit)* crudo
ungeschoren *adj (Tier)* sin esquilar; **~ davonkommen** salir sin que le hubieran tocado un pelo
ungeschützt *adj* (*a.* INFOR) no protegido
ungesehen *adj* inadvertido
ungesetzlich *adj* ilegal
ungesichert *adj* no garantizado
ungestört **I.** *adj* tranquilo; *(Unterhaltung)* ininterrumpido **II.** *adv* en paz
ungestraft **I.** *adj* impune **II.** *adv* sin castigo
ungestüm ['ʊngəʃtyːm] **I.** *adj (geh)* impetuoso **II.** *adv (geh)* con ímpetu
ungesund *adj* ❶ *(kränklich)* enfermizo ❷ *(Speise, Lebensweise)* poco sano; *(schädlich)* perjudicial (para la salud)
ungeteilt *adj* no dividido; *(ganz)* entero; **mit ~er Aufmerksamkeit** con todo cuidado
ungetrübt *adj* no turbado; **eine ~e Harmonie** una armonía perfecta
Ungetüm ['ʊngətyːm] *nt* <-(e)s, -e> monstruo *m*
ungeübt *adj* no ejercitado (**in** en); *(unerfahren)* sin experiencia (**in** en); **in etw** *dat* **~ sein** no tener práctica en algo
ungewiss *adj* ❶ *(fraglich)* incierto ❷ *(unentschieden)* indeciso; **jdn über etw im U~en lassen** dejar a alguien en la incertidumbre respecto a algo
Ungewissheit *f* <-en> incertidumbre *f*; *(Unsicherheit)* inseguridad *f*
ungewöhnlich *adj* ❶ *(außergewöhnlich)* insólito ❷ *(außerordentlich)* extraordinario
ungewohnt *adj* ❶ *(fremd)* extraño ❷ *(neu)* nuevo ❸ *(unüblich)* poco habitual
ungewollt *adj* sin querer; **~e Schwangerschaft** embarazo no deseado
Ungeziefer ['ʊngətsiːfɐ] *nt* <-s, *ohne pl*> bichos *mpl*
ungezogen *adj* maleducado, boga *Col*; *(frech)* impertinente
ungezwungen **I.** *adj* natural; *(ohne Hemmungen)* desenvuelto **II.** *adv* con naturalidad
Ungezwungenheit *f* <-, *ohne pl*> *(ohne Hemmungen)* desenvoltura *f*; *(Natürlichkeit)* naturalidad *f*
ungiftig *adj* no venenoso, atóxico
Unglaube *m* <-ns, *ohne pl*> ❶ *(Zweifel)* incredulidad *f* ❷ (REL) falta *f* de fe
unglaubhaft *adj* inverosímil
ungläubig *adj* ❶ *(zweifelnd)* incrédulo ❷ (REL) infiel, no creyente

Ungläubige(r) *mf* <-n, -n; -n, -n> incrédulo, -a *m, f*

unglaublich [-ˈ--, ˈ-ˈ--] *adj* ① *(unwahrscheinlich, empörend)* increíble ② *(fam: groß)* tremendo

unglaubwürdig *adj* ① *(Person)* de poco crédito ② *(Dokument, Aussage)* inverosímil

Unglaubwürdigkeit *f* <-, *ohne pl*> *(von Angaben)* inverosimilitud *f; (von Zeugen)* poca credibilidad *f*

ungleich I. *adj* desigual; *(verschieden)* diferente **II.** *adv (weitaus)* mucho más

Ungleichheit *f* <-en> desigualdad *f*

ungleichmäßig *adj* ① *(nicht gleich)* desigual ② *(nicht regelmäßig)* irregular

Ungleichmäßigkeit *f* <-, *ohne pl*> ① *(Unregelmäßigkeit)* irregularidad *f* ② *(Ungleichheit)* desequilibrio *m*

Unglück *nt* <-(e)s, -e> ① *(Unheil)* desgracia *f;* **Glück im ~ haben** tener suerte en la desgracia; **jd/etw bringt jdm ~** alguien/algo trae mala suerte a alguien; **ein ~ kommt selten allein** *(prov)* a perro flaco todo son pulgas ② *(Pech)* mala suerte *f; (Missgeschick)* desdicha *f;* **zu allem ~ ...** para colmo (de las desdichas)... ③ *(Unfall)* accidente *m; (Katastrophe)* catástrofe *f* ④ *(Elend)* miseria *f; (Verderben)* ruina *f;* **jdn ins ~ stürzen** hundir a alguien en la miseria

unglücklich *adj* ① *(traurig)* infeliz; **~ verliebt sein** estar enamorado y no ser correspondido; **Sie machen sich ~!** ¡se está arruinando la vida! ② *(unheilvoll)* desdichado, salado *Am; (widrig)* adverso; **~ ausgehen** acabar mal ③ *(ungeschickt)* torpe; **~ stürzen** caerse con torpeza

unglücklicherweise [ˈ----ˈ--] *adv* desgraciadamente

unglückselig [ˈʊnglʏkzeːlɪç] *adj* ① *(vom Unglück verfolgt)* desgraciado ② *(verhängnisvoll)* fatal; **er wollte die ~en Ereignisse vergessen** quería olvidar el terrible suceso

Unglücksfall *m* siniestro *m,* catástrofe *f*

Unglücksrabe *m* <-n, -n> *(fam)* ave *f* de mal agüero

Unglückszahl *f* <-, -en> número *m* de la mala suerte

Ungnade *f* **bei jdm in ~ fallen** provocar la ira de alguien

ungnädig *adj* poco complaciente, de mal humor

ungültig *adj* no válido; *(Pass)* caducado; *(Stimmzettel)* nulo; **etw für ~ erklären** anular algo

Ungültigkeit *f ohne pl* invalidez *f*

Ungültigkeitserklärung *f* anulación *f*

Ungunst *f* <-en> *(geh)* disfavor *m;* **zu jds ~en** en perjuicio de alguien

ungünstig *adj* desfavorable; *(nachteilig)* desventajoso; *(Aussichten)* poco propicio; *(Moment)* inoportuno

ungut *adj (unbehaglich)* desagradable; *(schlecht)* mal(o); **ein ~es Gefühl haben** tener un mal presentimiento; **nichts für ~!** ¡no te enfades!

unhaltbar [-ˈ--, ˈ-ˈ--] *adj* ① *(Zustand, Behauptung, a.* MIL) insostenible; *(unerträglich)* inaguantable ② (SPORT) imparable

unhandlich *adj* poco práctico

Unheil *nt* <-s, *ohne pl*> *(geh)* desgracia *f; (Katastrophe)* desastre *m;* **~ anrichten** causar una desgracia

unheilbar [ˈ---, ˈ-ˈ--] *adj* incurable; **~ krank sein** tener una enfermedad incurable

unheilvoll *adj* funesto

unheimlich I. *adj* ① *(beängstigend)* inquietante; *(düster)* lúgubre; **mir wurde ~** (**zumute**) **bei dem Gedanken** esa idea me inquietó ② *(fam: groß)* enorme **II.** *adv (sehr)* muy; **~ viel** un montón (de)

unhöflich *adj* mal educado, guaso *AmS,* faíno *Cuba*

Unhöflichkeit *f* falta *f* de educación

unhörbar [ˈ-ˈ--] *adj* inaudible

unhygienisch *adj* antihigiénico

uni [ˈʊni] *adj inv* de un solo color

Uni [ˈʊni] *f* <-s> *(fam)* uni *f,* universidad *f*

UNICEF [ˈuːnitsɛf] *f Akr. von* **United Nations International Children's Emergency Fund** UNICEF *f*

unifarben [uniˈfarbən] *adj* de un solo color, monocolor

Uniform [uniˈfɔrm, ˈʊnifɔrm] *f* <-en> uniforme *m*

uniformiert [unifɔrˈmiːɐt] *adj (gekleidet)* uniformado; *(eintönig)* uniforme

Uniformierte(r) *mf* <-n, -n; -n, -n> persona *f* uniformada

Unikat [uniˈkaːt] *nt* <-(e)s, -e> ejemplar *m* único

unilateral *adj* (*a.* POL) unilateral

uninteressant *adj* poco interesante

uninteressiert *adj (gleichgültig)* indiferente (**an** a); *(abgeneigt)* desinteresado (**an** en)

Union [uˈnjoːn] *f* <-en> unión *f;* **die ~** (POL) la unión

universal [univɛrˈzaːl] *adj* universal

universell [univɛrˈzɛl] *adj* universal

Universität [univɛrziˈtɛːt] *f* <-en> universidad *f*

Universitätsbibliothek *f* <-, -en> (UNIV) biblioteca *f* universitaria

Universitätsklinik *f* clínica *f* universitaria

Universitätsstadt *f* ciudad *f* universitaria

Universitätsstudium *nt* carrera *f* universitaria

Universum [uni'vɛrzʊm] *nt* <-s, *ohne pl*> universo *m*

Unke ['ʊŋkə] *f* <-n> ❶ *(Tier)* sapo *m* ❷ *(Schwarzseher)* ave *f* de mal agüero

unkenntlich ['ʊnkɛntlɪç] *adj* desfigurado; *(Inschrift)* no descifrable

Unkenntlichkeit *f ohne pl* **bis zur ~ entstellt sein** estar totalmente desfigurado

Unkenntnis *f ohne pl (in einem Wissensgebiet)* ignorancia *f; (von Tatsachen)* desconocimiento *m;* **aus ~** por ignorancia; **jdn in ~ über etw lassen** dejar a alguien a oscuras sobre algo

Unkenruf *m* <-(e)s, -e> *(pessimistische Voraussage)* mal agüero *m*

unklar *adj* ❶ *(undeutlich)* poco claro; *(verschwommen)* borroso; *(Umrisse)* indistinto ❷ *(unbestimmt)* vago ❸ *(unverständlich)* incomprensible ❹ *(ungewiss)* incierto; *(fraglich)* dudoso; **sich** *dat* **über etw im U~en sein** tener dudas sobre algo; **jdn im U~en über etw lassen/halten** dejar/tener a alguien a oscuras respecto a algo

Unklarheit *f* <-en> falta *f* de claridad; *(Unbestimmtheit)* vaguedad *f; (Verwirrung)* confusión *f;* **darüber herrscht noch ~** el asunto todavía no está claro

unklug *adj* poco inteligente; **sich ~ verhalten** tener un comportamiento poco táctico

unkompliziert *adj* sencillo

unkontrollierbar ['---'--] *adj* incontrolable

unkontrolliert *adj* incontrolado

unkonventionell *adj* extraordinario; *(ungewöhnlich)* inusual

unkonzentriert *adj* distraído (**bei** en)

unkoordiniert *adj* no coordinado

Unkosten *pl* gastos *mpl;* **sich in ~ stürzen** gastar un dineral; **die ~ belaufen sich auf ...** los gastos ascienden a...

Unkostenbeitrag *m* <-(e)s, -träge> contribución *f* a los gastos

Unkraut *nt* <-(e)s, -kräuter> mala hierba *f,* yuyo *m CSur;* **~ vergeht nicht** *(prov)* hierba mala nunca muere

Unkrautvertilgungsmittel *nt* herbicida *m*

unkritisch *adj* falto de crítica, poco crítico

unkultiviert *adj* ❶ *(Feld)* yermo ❷ *(Person)* inculto

unkündbar ['---, '-'--] *adj (Stellung)* perpetuo; *(Vertrag)* irrevocable; **sie ist ~** no se la puede echar

unlängst *adv* hace poco, recientemente, recién *Am*

unlauter ['ʊnlaʊtɐ] *adj (geh)* ❶ *(unehrlich)* deshonesto ❷ *(unfair)* desleal; **~er Wettbewerb** competencia desleal

unleidlich ['ʊnlaɪtlɪç] *adj* insoportable

unleserlich *adj* ilegible

unliebsam *adj* desagradable

unlogisch *adj* ilógico

unlösbar ['---, '-'--] *adj* ❶ *(nicht trennbar)* inseparable; *(Knoten)* imposible de desatar ❷ *(Aufgabe)* insoluble ❸ *(Substanz)* indisoluble

Unlust *f ohne pl* desgana *f; (Abneigung)* aversión *f;* **mit ~** a disgusto

unmännlich ['ʊnmɛnlɪç] *adj (a. abw)* poco varonil

unmaßgeblich *adj* insignificante; **nach meiner ~en Meinung** en mi humilde opinión

unmäßig *adj* desmesurado, excesivo

Unmäßigkeit *f* <-, *ohne pl*> inmoderación *f*

Unmenge *f* <-n> gran cantidad *f* (**an/von** de)

Unmensch *m* <-en, -en> *(abw)* bestia *f,* monstruo *m*

unmenschlich *adj* ❶ *(Person, Verhalten)* inhumano; *(grausam)* cruel ❷ *(menschenunwürdig)* indigno de un ser humano ❸ *(unerträglich)* atroz, monstruoso

unmerklich ['---, '-'--] *adj* imperceptible; **es ist ~ dunkler geworden** se ha hecho imperceptiblemente de noche

unmissverständlich **I.** *adj* inequívoco, claro **II.** *adv* rotundamente

unmittelbar *adj* ❶ *(direkt)* directo ❷ *(zeitlich)* inmediato; **~ danach** inmediatamente después; **~ bevorstehen** ser inminente

unmöbliert *adj* desamueblado

unmodern *adj* pasado de moda

unmöglich ['-'--] **I.** *adj* imposible; *(nicht tragbar)* inadmisible; *(ausgefallen)* raro; **er benimmt sich ~** su comportamiento es inadmisible **II.** *adv (fam: auf keinen Fall)* de ninguna manera

Unmöglichkeit ['----, '-'---] *f ohne pl* imposibilidad *f;* **ein Ding der ~** algo imposible

unmoralisch *adj* inmoral

unmotiviert *adj* ❶ *(grundlos)* sin motivo, injustificado ❷ *(nicht motiviert)* falto de motivación

unmündig *adj* ❶ *(minderjährig)* menor de edad ❷ *(unselbstständig)* inmaduro

Unmündigkeit *f* <-, *ohne pl*> ❶ *(Minderjährigkeit)* minoría *f* de edad ❷ *(Unselbstständigkeit)* falta *f* de madurez

unmusikalisch *adj* que no tiene talento musical

Unmut *m* <-(e)s, *ohne pl*> *(geh)* ❶ *(Missfallen)* descontento *m* ❷ *(Ärger)* disgusto *m*

unnachahmlich ['-'--] *adj* inimitable; *(einzigartig)* único

U

unnachgiebig *adj (Person)* intransigente; *(Material)* inflexible

Unnachgiebigkeit *f ohne pl* ❶ *(Kompromisslosigkeit)* intransigencia *f* ❷ *(Stabilität)* inflexibilidad *f*

unnachsichtig *adj* riguroso; **jdn ~ bestrafen** castigar a alguien rigurosamente

unnahbar ['-'--] *adj (Person)* inaccesible

unnatürlich *adj* ❶ *(nicht natürlich)* poco natural; *(künstlich)* artificial ❷ *(gekünstelt)* afectado

unnormal *adj* anormal

unnötig I. *adj* innecesario II. *adv* sin necesidad

unnötigerweise ['----'--] *adv* innecesariamente

unnütz *adj* inútil

UNO ['u:no] *f Akr. von* **United Nations Organization** ONU *f*

UNO-Friedenstruppen *fpl* tropas *fpl* de la ONU para misiones de paz [*o* para el mantenimiento de la paz]

unordentlich *adj* desordenado; *(Kleidung)* descuidado, chasco *Am*

Unordnung *f ohne pl* desorden *m; (Durcheinander)* confusión *f;* **etw in ~ bringen** poner algo en desorden, desacomodar algo *Arg*

unorthodox *adj* poco ortodoxo, informal

unparteiisch *adj* imparcial

unpassend *adj (Zeitpunkt)* inoportuno; *(Bemerkung)* inconveniente

unpersönlich *adj* (*a.* LING) impersonal

unpolitisch *adj* apolítico

unpopulär *adj* impopular

unpraktisch *adj* poco práctico

unproblematisch *adj* poco problemático

unproduktiv *adj* improductivo

unpünktlich *adj* impuntual

Unpünktlichkeit *f* <-, *ohne pl*> ❶ *(unpünktliche Art)* falta *f* de puntualidad, impuntualidad *f* ❷ *(verspätetes Eintreffen)* retraso *m*

unqualifiziert *adj* ❶ *(Person)* sin título, sin estudios ❷ *(Bemerkung)* incompetente

unrasiert *adj* sin afeitar

Unrat *m* <-(e)s, *ohne pl*> *(geh)* inmundicias *fpl*

unrealistisch *adj* no realista

unrecht *adj* ❶ *(geh: falsch)* equivocado; *(verwerflich)* reprochable ❷ *(unpassend)* inoportuno ❸ *(Wend)* **jdm ~ tun** ser injusto con alguien

Unrecht *nt* <-(e)s, *ohne pl*> injusticia *f;* **zu ~** injustamente; **jdm ~ geben** descalificar la opinión de alguien; **im ~ sein** *(sich irren)* estar equivocado; *(im Rechtsstreit)* no tener razón

unrechtmäßig *adj* ilegal; *(illegitim)* ilegítimo

Unrechtsbewusstsein *nt* <-s, *ohne pl*> consciencia *f* de injusticia

unredlich *adj (geh)* deshonesto; *(Geschäft)* fraudulento

unregelmäßig *adj* irregular

Unregelmäßigkeit *f* <-, -en> irregularidad *f*

unreif *adj (Person)* inmaduro; *(Obst)* verde

unrein *adj* (*a.* REL) impuro; *(schmutzig)* sucio

unrentabel *adj* poco rentable

unrichtig *adj* incorrecto; *(falsch)* falso

Unruhe *f ohne pl* ❶ *(mangelnde Ruhe)* inquietud *f; (Lärm)* alboroto *m;* **~ stiften** causar alboroto ❷ *(ständige Bewegung)* agitación *f* ❸ *(Besorgnis)* preocupación *f; (innere Unruhe)* desasosiego *m* ❹ *pl (Krawalle)* disturbios *mpl*

Unruhen *fpl (Krawalle)* enfrentamientos *mpl,* disturbios *mpl*

Unruhestifter(in) *m(f) (abw)* pendenciero, -a *m, f,* buscapleitos *mf inv Am*

unruhig *adj* ❶ *(nicht ruhig)* inquieto; *(Meer)* agitado ❷ *(laut)* ruidoso ❸ *(nicht gleichmäßig)* irregular; *(Zeiten)* turbulento ❹ *(besorgt)* preocupado; *(innerlich)* desasosegado; **~ auf und ab gehen** caminar ansiosamente de aquí para allá

unrühmlich *adj* nada glorioso

uns [ʊns] I. *pron pers dat/akk von s.* **wir** nos; *(betont)* a nosotros/nosotras... (nos); *(mit Präposition)* nosotros/nosotras; **wie lange haben wir ~ nicht gesehen?** ¿cuánto hace que no nos hemos visto?; **~ ist es egal** a nosotros/nosotras nos da igual; **ist das für ~?** ¿es para nosotros?; **ein Freund von ~** un amigo nuestro; **~ gehört das nicht** esto no es nuestro; **an ~ soll es nicht liegen** por nosotros que no quede; **unter ~ gesagt ...** que quede entre nosotros... II. *pron refl dat/akk von s.* **wir** nos; **wir kümmern ~ schon darum** nos ocuparemos de ello

unsachgemäß *adj* inadecuado; **etw ~ behandeln** usar algo inadecuadamente

unsachlich *adj* subjetivo; **werden Sie nicht ~!** ¡aténgase a los hechos!

unsagbar ['---, '-'--] *adj* indecible; *(unbeschreiblich)* indescriptible; *(Schmerzen)* atroz

unsanft *adj* rudo

unsauber *adj* ❶ *(schmutzig)* sucio ❷ *(nachlässig)* inexacto; **~ arbeiten** hacer chapuzas ❸ *(Geschäfte)* turbio

unschädlich *adj* inofensivo; *(für den Menschen)* no dañino; **etw ~ machen** hacer algo inofensivo; **jdn ~ machen** *(fam)* eliminar a alguien del mapa

unscharf *adj* ① (FOTO) borroso ② *(ungenau)* impreciso; *(Erinnerung)* borroso

unschätzbar ['---, '-'--] *adj* incalculable

unscheinbar *adj* ① *(unwichtig)* insignificante ② *(unauffällig)* poco llamativo ③ *(bescheiden)* modesto

unschlagbar ['-'--] *adj* invencible, imbatible

unschlüssig *adj* indeciso; **sich** *dat* **über etw ~ sein** no poder tomar una decisión respecto a algo

Unschlüssigkeit *f ohne pl* indecisión *f*

unschön *adj* feo; *(unangenehm)* desagradable; **das war ~ von dir** fue feo de tu parte

Unschuld *f ohne pl* ① (*a.* JUR) inocencia *f*; **jds ~ beweisen** probar la inocencia de alguien; **die ~ vom Lande sein** ser la inocencia en persona; **in aller ~ etw sagen** decir algo con la mayor inocencia ② *(Jungfräulichkeit)* virginidad *f*

unschuldig *adj* ① (*a.* JUR) inocente (**an** de); **für ~ erklären** declarar inocente ② *(jungfräulich)* virgen

Unschuldige(r) *mf* <-n, -n; -n, -n> inocente *mf*

Unschuldsengel *m* <-s, -> *(iron)* inocente *mf,* angelito, -a *m, f*

Unschuldslamm *nt* <-(e)s, -lämmer> *(iron)* (pobre) inocente *mf,* alma *f* de Dios, alma *f* cándida; **kein ~ sein** no ser precisamente un santo

Unschuldsmiene *f* cara *f* de inocente

unschwer *adv* fácilmente, sin dificultad

unselbstständig *adj,* **unselbständig** *adj* dependiente; **~e Arbeit** trabajo asalariado; **er ist so ~** no puede hacer nada solo

unselig *adj (geh)* desdichado

unser ['ʊnzɐ] *pron pers gen von* **wir** de nosotros/nosotras

unser, unsere, unser *pron poss (adjektivisch)* nuestro *m,* nuestra *f,* nuestros *mpl,* nuestras *fpl;* **~ Leben** nuestra vida; **uns(e)re Zeit/Verwandten/Briefe** nuestro tiempo/nuestros parientes/nuestras cartas

unser(e)twegen ['ʊnzərət'veːgən, 'ʊnzɐt'veːgən] *adv* por nosotros; *(negativ)* por nuestra culpa

unsere(r, s) ['ʊnzərə, -rɐ, -rəs], **unsre(r, s)** ['ʊnzrə, -rɐ, -rəs] *pron poss (substantivisch)* (el) nuestro *m,* (la) nuestra *f,* (los) nuestros *mpl,* (las) nuestras *fpl;* **der rote Koffer ist ~r** la maleta roja es (la) nuestra; **seine Tochter heißt genauso wie ~** su hija se llama igual que la nuestra; **wir tun das Unsere** hacemos lo nuestro

unsereiner ['ʊnzɐʔaɪnɐ] *pron indef* uno, (personas como) nosotros; **~ hat es nicht leicht** uno no lo tiene fácil

unsereins ['ʊnzɐʔaɪns] *pron indef (fam) s.* **unsereiner**

unsererseits *adv* de nuestra parte

unseresgleichen *pron indef* de nuestra condición

unseretwegen *adv* por nosotros; *(negativ)* por nuestra culpa

unseretwillen *adv* **um ~** por nosotros

unseriös *adj* ① *(Geschäfte)* dudoso ② *(Person)* poco cabal ③ *(Studie)* poco serio

unsertwegen *adv s.* **unseretwegen**

unsertwillen *adv s.* **unseretwillen**

unsicher *adj* ① *(gefährlich)* inseguro, peligroso ② *(ungewiss)* incierto; *(zweifelhaft)* dudoso ③ *(nicht selbstbewusst, ungeübt)* inseguro; **du machst mich ganz ~** me pones nervioso ④ *(gefährdet)* inestable

Unsicherheit *f* <-en> inseguridad *f; (Ungewissheit)* incertidumbre *f*

Unsicherheitsfaktor *m* factor *m* de inseguridad

unsichtbar *adj* invisible (**für** a)

Unsichtbarkeit *f ohne pl* invisibilidad *f*

Unsinn *m* <-(e)s, *ohne pl*> ① *(fehlender Sinn)* absurdo *m* ② *(Unfug)* tonterías *fpl,* macana *f Am;* **red/mach keinen ~** no digas/hagas tonterías

unsinnig *adj* absurdo

Unsitte *f* <-n> mala costumbre *f*

unsittlich *adj* deshonesto; *(unmoralisch)* inmoral; **jdn ~ berühren** manosear a alguien

unsolide *adj* ① *(Angebot, Person)* poco serio; *(Lebensweise)* inconstante ② *(Möbel)* poco estable

unsozial *adj* antisocial

unsportlich *adj* ① *(Person)* poco deportivo ② *(unfair)* antideportivo

unsre(r, s) *pron poss s.* **unser, unsere(r, s)**

unsrerseits *adv s.* **unsererseits**

unsresgleichen *pron indef s.* **unseresgleichen**

unsrige *pron poss geh für* **unsere(r, s): der/die/das ~** el nuestro/la nuestra; **die ~n** los nuestros/las nuestras

unsterblich [(')-'--] *adj* inmortal; **~ verliebt** locamente enamorado

Unsterblichkeit [-'---] *f ohne pl* inmortalidad *f*

Unstimmigkeit *f* <-en> ① *(Ungenauigkeit)* imprecisión *f* ② *(Meinungsverschiedenheit)* divergencias *fpl*

Unsumme *f* <-n> dineral *m fam*

unsymmetrisch *adj* asimétrico

unsympathisch *adj* antipático; **er ist mir ~** me resulta antipático

unsystematisch *adj* no sistemático

untad(e)lig *adj* impecable
untadelig *adj* impecable, intachable
Untat *f* <-en> hecho *m* atroz; *(Verbrechen)* crimen *m*
untätig *adj* inactivo; ~ **zusehen** mirar pasivamente
Untätigkeit *f ohne pl* inactividad *f*
untauglich *adj (Gerät)* no apto (**für** para); *(Person)* inepto (**für** para); *(für den Militärdienst)* inútil
unteilbar ['-'--, '---] *adj* indivisible
unten ['ʊntən] *adv* ① *(tief)* abajo; **dort/da** ~ allí/allá abajo; **nach** ~ hacia abajo; **von** ~ de abajo; **von oben bis** ~ de arriba a abajo; **rechts** ~ abajo a la derecha ② *(Ende, Unterseite)* en la parte de abajo; **mit dem Gesicht nach** ~ boca abajo ③ *(im Text)* **siehe** ~ véase abajo; **weiter** ~ más adelante ④ *(Hierarchie)* **sie hat ganz** ~ **angefangen** empezó abajo de todo ⑤ *(fam: im Süden)* en el sur ⑥ *(Wend)* **wir sind bei ihm** ~ **durch** *(fam)* ya no quiere saber nada más de nosotros
untenerwähnt *adj s.* **erwähnen**
unter ['ʊntɐ] **I.** *präp +dat* ① *(unterhalb)* debajo de, bajo ② *(inmitten)* entre; **er ist einer** ~ **vielen** es uno entre muchos; ~ **anderem** entre otras cosas; ~ **Freunden** entre amigos; **wir sind hier ganz** ~ **uns** aquí estamos completamente solos; **das bleibt** ~ **uns** esto queda entre nosotros; ~ **uns gesagt** dicho en confianza ③ *(weniger als)* menos de; **Kinder** ~ **12 Jahren** niños menores de 12 años; ~ **dem Durchschnitt** por debajo del promedio ④ *(Art und Weise)* ~ **Tränen** llorando; ~ **der Bedingung, dass ...** a condición de que... *+subj;* ~ **allen Umständen** en todo caso; ~ **Vorbehalt** con reservas; ~ **falschem Namen** con nombre falso ⑤ *(Zustand)* bajo; ~ **Strom** bajo corriente; **das Haus steht** ~ **Denkmalschutz** la casa es patrimonio nacional ⑥ *(Unterordnung)* bajo; **sie hat mehrere Mitarbeiter** ~ **sich** *dat* tiene a varios colaboradores a su cargo; ~ **seiner Leitung** bajo su dirección ⑦ *(Zuordnung)* bajo; ~ **dem Motto ...** bajo el lema...; **was verstehen Sie** ~ **...?** ¿qué entiende Ud. por...? **II.** *präp +akk (Richtung)* **er nahm das Paket** ~ **den Arm** tomó el paquete bajo el brazo; **die Temperaturen sinken** ~ **null** las temperaturas bajan por debajo de cero grados
Unterabteilung *f* subsección *f*
Unterarm *m* antebrazo *m*
Unterbau *m* <-(e)s, -ten> (ARCHIT) fundamento *m*
unterbelichten* ['-----] *vt* (FOTO) subexponer
Unterbeschäftigung *f* (WIRTSCH) subempleo *m*
unterbesetzt *adj* **personell** ~ **sein** no tener el debido personal, trabajar con menos personal del necesario
unterbewerten* ['-----] *vt* infravalorar
unterbewusst *adj* subconsciente; **etw** ~ **ahnen** intuir algo
Unterbewusstsein *nt* (PSYCH) subconsciente *m*
unterbezahlt *adj* insuficientemente retribuido
unterbieten* *irr vt* ① *(Konkurrenten)* ofrecer a precio más bajo; *(Preis)* rebajar más que los demás (**um** por) ② *(Rekord)* batir (**um** por); **die Aufführung ist nicht zu** ~ la función no podía ser peor
unterbinden* *irr vt* impedir; *(verhindern)* prevenir
unterbleiben* *irr vi sein (nicht geschehen)* no suceder; *(aufhören)* acabar; *(sich nicht wiederholen)* no repetirse; **das wäre besser unterblieben** mejor que no hubiese sucedido
unterblieben *pp von* **unterbleiben**
unterboten *pp von* **unterbieten**
unterbrechen* *irr vt* interrumpir; *(Stromzufuhr)* cortar
Unterbrechung [--'--] *f* <-en> interrupción *f; (der Stromversorgung)* corte *m;* **ohne** ~ sin interrupción
unter|bringen *irr vt* ① *(verstauen)* meter ② *(einquartieren)* alojar ③ *(fam: Stellung beschaffen)* acomodar
Unterbringung *f* <-en> alojamiento *m*
unterbrochen *pp von* **unterbrechen**
unterbunden *pp von* **unterbinden**
unterbuttern *vt (fam)* oprimir; **sich von jdm** ~ **lassen** dejarse dominar por alguien
Unterdeck *nt* (NAUT) cubierta *f* inferior
unterdessen [--'--] *adv* mientras tanto
Unterdruck[1] *m* <-(e)s, -drücke> (PHYS, TECH) presión *f* hipoatmosférica
Unterdruck[2] *m* <-(e)s, *ohne pl*> (MED) baja presión *f*
unterdrücken* *vt* ① *(Gefühle, Aufstand)* reprimir; *(Seufzer, Tränen)* contener ② *(Information)* ocultar ③ *(Menschen)* oprimir
Unterdrücker(in) *m(f)* tirano, -a *m, f*
Unterdrückung [--'--] *f* <-en> ① *(von Gefühlen, Aufstand)* represión *f* ② *(von Informationen)* supresión *f* ③ *(von Menschen)* opresión *f*
unterdurchschnittlich *adj* inferior al promedio; ~ **verdienen** ganar menos del promedio
untere(r, s) *adj* inferior, bajo
untereinander [---'--] *adv* ① *(räumlich)* uno debajo del otro ② *(miteinander)* entre

sí; *(gegenseitig)* mutuamente; **das können wir ~ ausmachen** esto lo podemos fijar entre nosotros

unterentwickelt *adj* ❶ *(geistig und körperlich)* atrasado ❷ (POL) subdesarrollado

unterernährt *adj* desnutrido

Unterernährung *f ohne pl* desnutrición *f*

Unterfangen [-ˈ--] *nt* <-s, -> *(geh)* empresa *f*

Unterführung [--ˈ--] *f* <-en> paso *m* subterráneo

Unterfunktion *f* <-, -en> (MED) hipofunción *f*

Untergang *m* <-(e)s, -gänge> ❶ *(von Schiffen)* naufragio *m* ❷ *(von Gestirnen)* puesta *f* ❸ *(Verderb)* ruina *f*; *(von Kulturen)* extinción *f*; *(von Reichen)* caída *f*

untergeben *adj* subordinado; **jdm ~ sein** estar bajo las órdenes de alguien

Untergebene(r) *mf* <-n, -n; -n> subalterno, -a *m, f*

unter|gehen *irr vi sein* ❶ *(Schiff)* naufragar ❷ *(Gestirn)* ponerse ❸ *(zugrunde gehen)* desmoronarse; *(Kultur)* extinguirse; *(Reich)* caer ❹ *(Ruf)* perderse (**in** en)

untergeordnet *adj* subordinado; *(zweitrangig)* secundario

Untergeschoss *nt* piso *m* bajo

Untergewicht *nt* falta *f* de peso

untergewichtig *adj* falto de peso

untergliedern* *vt* (sub)dividir (**in** en)

Untergrund *m* ❶ (AGR) subsuelo *m* ❷ *(Hintergrund)* fondo *m* ❸ (POL) clandestinidad *f*; **in den ~ gehen** pasar a la clandestinidad

Untergrundbahn *f* metro *m*

Untergrundbewegung *f* movimiento *m* clandestino

unterhalb *präp +gen* por debajo de

Unterhalt *m* <-(e)s, *ohne pl*> ❶ *(Lebensunterhalt)* sustento *m*; **für jds ~ aufkommen** mantener a alguien ❷ *(Unterhaltszahlungen)* alimentos *mpl* ❸ *(Instandhaltung)* manutención *f*

unterhalten* *irr* **I.** *vt* ❶ *(versorgen)* mantener ❷ *(Bauwerk)* conservar ❸ *(Pension)* llevar ❹ *(Kontakte)* mantener ❺ *(vergnügen)* entretener **II.** *vr:* **sich ~** *(sprechen)* hablar (**über** sobre/de), versar (**über** sobre/acerca de) *AmC, Ant*

unterhaltend [--ˈ--] *adj* entretenido

unterhaltsam [--ˈ--] *adj* entretenido

Unterhaltsanspruch *m* (JUR) derecho *m* a alimentos

unterhaltsberechtigt *adj* con derecho a alimentos; **jdm gegenüber ~ sein** tener derecho a manutención por parte de alguien

Unterhaltsberechtigte(r) *mf* alimentista *mf*

Unterhaltskosten *pl* ❶ *(für Unterhaltsberechtigte)* costes *mpl* de manutención ❷ *(für Gebäude, Anlagen)* costes *mpl* de conservación ❸ *(für Fahrzeuge)* costes *mpl* de mantenimiento

Unterhaltspflicht *f ohne pl* deber *m* de manutención

unterhaltspflichtig *adj* (JUR) deudor de manutención; **jdm gegenüber ~ sein** deber pagar la manutención de alguien

Unterhaltszahlung *f* pago *m* de alimentos

Unterhaltung[1] [--ˈ--] *f ohne pl (das Instandhalten)* mantenimiento *m*

Unterhaltung[2] *f* <-en> ❶ *(Gespräch)* conversación *f* (**über** sobre/de); **eine ~ mit jdm führen** conversar con alguien ❷ *(Vergnügen)* entretenimiento *m*; **wir wünschen angenehme ~** esperamos que lo pasen bien

Unterhaltungselektronik *f ohne pl* electrónica *f* recreativa, equipo *m* de audio y vídeo hogareño

Unterhaltungsindustrie *f* industria *f* de productos recreativos

Unterhaltungsliteratur *f ohne pl* literatura *f* amena

Unterhaltungswert *m* <-(e)s, *ohne pl*> **etw hat hohen ~** algo es muy entretenido

Unterhändler(in) [ˈ----] *m(f)* (POL) negociador(a) *m(f)*

Unterhaus *nt* (POL) cámara *f* baja

Unterhemd *nt* camiseta *f*

Unterholz *nt ohne pl* mata *f*

Unterhose *f (für Herren)* calzoncillos *mpl*, bombacha *f CSur*; *(für Damen)* bragas *fpl*

unterirdisch *adj* subterráneo

unter|jubeln *vt (fam)* **jdm etw ~** encajarle algo a alguien

Unterkiefer *m* mandíbula *f* inferior

unter|kommen *irr vi sein* ❶ *(Unterkunft finden)* alojarse (**bei/in** en) ❷ *(fam: Arbeit finden)* colocarse (**bei/in** en) ❸ *(reg: begegnen)* pasar

Unterkörper *m* ❶ *(Taille bis Füße)* parte *f* inferior del cuerpo ❷ *(unterer Rumpf)* bajo vientre *m*

unter|kriegen *vt (fam)* doblegar; **lass dich nicht ~** no te dejes doblegar

unterkühlen* **I.** *vt* ❶ *(Temperatur senken)* congelar ❷ (TECH) sobreenfriar **II.** *vr:* **sich ~** *(fam)* congelarse

unterkühlt *adj* ❶ *(durchgefroren)* congelado ❷ *(betont kühl)* refrigerado en exceso

Unterkühlung [--ˈ--] *f* ❶ (MED) enfriamiento *m* ❷ (TECH) sobrefusión *f*

Unterkunft [ˈʊntɐkʊnft, *pl:* -kʏnftə] *f*

U

<-künfte> alojamiento *m;* ~ **und Verpflegung** casa y comida
Unterlage *f* ① *(Schreibunterlage)* carpeta *f; (Kissen)* cojín *m* ② *pl (Dokumente)* documentos *mpl* ③ *(Grundlage)* base *f*
Unterlass ['ʊntɐlas] *m* **ohne** ~ sin parar
unterlassen* *irr vt* ① *(absichtlich nicht tun)* dejar, abstenerse (de); **~e Hilfeleistung** denegación de auxilio ② *(versäumen)* omitir
Unterlassung *f* <-, -en> ① *(Seinlassen)* abstención *f* ② *(Aufhören, Unterbrechung)* interrupción *f* ③ *(Versäumnis)* omisión *f*
unterlaufen[1] *adj* **mit Blut** ~ inyectado de sangre
unterlaufen*[2] *irr* **I.** *vi sein* **jdm unterläuft ein Fehler/ein Irrtum** alguien comete una falta/un error **II.** *vt (Hindernis)* esquivar; *(Zensur)* burlar; *(Gesetz)* infringir
unterlegen[1] [--'--] *adj* inferior; **jdm (zahlenmäßig) ~ sein** ser inferior a alguien (en número)
unterlegen*[2] **I.** *pp von* **unterliegen II.** *vt (mit Musik)* acompañar (**mit** de)
unter|legen[3] *vt* ① *(unterschieben)* poner [*o* colocar] algo por debajo ② *(verdrehen)* atribuir; **jdm etw** ~ atribuir algo a alguien
Unterlegenheit *f ohne pl* inferioridad *f* (**gegenüber** respecto a)
Unterleib *m* bajo vientre *m*
unterliegen* *irr vi* ① *sein (verlieren)* perder (contra); *(Versuchung, Krankheit)* sucumbir (a) ② *(unterworfen sein)* estar sujeto (+*dat* a)
Unterlippe *f* labio *m* inferior
unterm ['ʊntɐm] *(fam)* = **unter dem** *s.* **unter**
untermauern* *vt (Gebäude, Behauptung)* fundamentar
Untermenü *nt* (INFOR) submenú *m*
Untermiete *f ohne pl* subarriendo *m;* **bei jdm zur ~ wohnen** ser subinquilino de alguien
Untermieter(in) *m(f)* subinquilino, -a *m, f*
unter|mischen *vt* añadir, mezclar (con)
untern ['ʊntɐn] *(fam)* = **unter den** *s.* **unter**
unternehmen* *irr vt* hacer; *(Reise)* emprender; **etw zusammen** ~ salir y hacer algo juntos; **gegen jdn/etw Schritte** ~ hacer las gestiones convenientes contra alguien/algo
Unternehmen [--'--] *nt* <-s, -> ① *(Vorhaben)* proyecto *m* ② *(Firma)* empresa *f*
Unternehmensberater(in) *m(f)* asesor(a) *m(f)* de empresas
Unternehmensführung *f ohne pl,* **Unternehmensleitung** *f* <-, *ohne pl*> *(Tätigkeit)* dirección *f* de empresas; *(Führungsspitze)* gerencia *f*
Unternehmer(in) [--'--] *m(f)* <-s, -; -nen> empresario, -a *m, f*
unternehmerisch [--'---] **I.** *adj* empresarial; **~er Geist** espíritu emprendedor **II.** *adv* como un empresario; ~ **tätig werden** emprender un negocio
Unternehmertum *nt ohne pl* empresariado *m*
Unternehmung *f* <-en> empresa *f,* proyecto *m*
Unternehmungsgeist *m ohne pl* iniciativa *f*
unternehmungslustig *adj* emprendedor, vivo
unternommen *pp von* **unternehmen**
Unteroffizier *m* (MIL) suboficial *m*
unter|ordnen I. *vt* someter **II.** *vr:* **sich** ~ someterse
Unterredung [--'--] *f* <-en> entrevista *f;* **eine ~ mit jdm haben** entrevistarse con alguien
Unterricht ['ʊntɐrɪçt] *m* <-(e)s, -e> *(das Unterrichten)* enseñanza *f; (Unterrichtsstunde)* clase *f;* **jdm ~ geben** dar clases a alguien; ~ **haben** tener clases
unterrichten* *vt* ① *(Fach)* dar clase(s) (de); *(Schüler)* dar clase(s) (a); **Deutsch** ~ dar clases de alemán ② *(informieren)* informar (**über** sobre, **von** de)
Unterrichtsfach *nt* asignatura *f*
Unterrichtsstunde *f* clase *f; (Universität)* hora *f* lectiva
Unterrock *m* enaguas *fpl*
unters ['ʊntɐs] *(fam)* = **unter das** *s.* **unter**
untersagen* *vt* prohibir
Untersatz *m* platillo *m; (für Gläser)* posavasos *m inv;* **ein fahrbarer ~** *(fam) coche, bicicleta u otro vehículo*
unterschätzen* *vt* subestimar
Unterschätzung *f* infravaloración *f*
unterscheidbar *adj* distinguible; **etw ist (leicht/kaum/schwer)** ~ algo se puede distinguir (fácilmente/apenas/difícilmente)
unterscheiden* *irr* **I.** *vt* distinguir (**von** de); **woran kann man sie ~?** ¿cómo se les puede diferenciar? **II.** *vi* hacer una distinción (**zwischen** entre) **III.** *vr:* **sich** ~ distinguirse (**von** de)
Unterscheidung [--'--] *f* <-en> distinción *f*
Unterschenkel *m* pantorrilla *f*
Unterschicht *f* capa *f* inferior
unterschieben*[1] *irr vt* **jdm etw** ~ *(unangenehme Arbeit)* endosar algo a alguien; *(unterstellen)* atribuir algo (falsamente) a alguien

U

unterschieben[2] *irr vt (Kissen)* poner (por) debajo
Unterschied ['ʊntɐʃi:t] *m* <-(e)s, -e> diferencia *f* (**zwischen** entre); *(Unterscheidung)* distinción *f* (**zwischen** entre); **einen ~ machen** hacer una distinción; **das macht keinen ~** esto no cambia nada; **im ~ zu etw** *dat* /**jdm** a diferencia de algo/alguien; **mit dem ~, dass ...** con la diferencia de que...; **das ist ein gewaltiger ~** hay una gran diferencia
unterschieden *pp von* **unterscheiden**
unterschiedlich *adj* distinto, diferente; **~ groß sein** ser de distinto tamaño; **~ reagieren** reaccionar de diferente manera
unterschiedslos *adj* sin diferencia
unterschlagen*[1] *irr vt* ① *(Geld)* malversar; *(Brief)* interceptar ② *(verschweigen)* ocultar
unter|schlagen[2] *irr vt (Arme, Beine)* cruzar
Unterschlagung [--'--] *f* <-en> ① *(von Geld)* malversación *f* (de fondos) ② *(von Informationen)* supresión *f*
Unterschlupf ['ʊntɐʃlʊpf] *m* <-(e)s, -e> refugio *m; (Versteck)* guarida *f*
unterschreiben* *irr vt* firmar
unterschrieben *pp von* **unterschreiben**
Unterschrift ['---] *f* firma *f;* **~en sammeln** recoger firmas
Unterschriftenliste *f* lista *f* de firmantes
Unterschriftensammlung *f* recogida *f* de firmas
unterschwellig ['ʊntɐʃvɛlɪç] *adj* subliminal
Unterseeboot *nt* (*a.* MIL) submarino *m*
unterseeisch *adj* submarino
Unterseite *f* parte *f* inferior
Untersetzer *m* <-s, -> platillo *m; (für Gläser)* posavasos *m inv*
untersetzt [--'-] *adj* robusto
Unterstand *m* <-(e)s, -stände> ① (MIL) refugio *m* subterráneo ② *(Zuflucht)* refugio *m,* abrigo *m*
unterstanden *pp von* **unterstehen**
unterste(r, s) *adj superl von* **untere(r, s)**
unterstehen* *irr* **I.** *vi (unterliegen)* estar sujeto (a); **jdm ~** estar subordinado a alguien; (MIL) estar bajo las órdenes de alguien **II.** *vr* **sich ~, etw zu tun** atreverse a hacer algo
unterstellen*[1] *vt* ① *(annehmen)* suponer; **wir wollen einmal ~, dass ...** supongamos que... ② *(unterordnen)* subordinar (a), poner bajo el mando (de) ③ *(unterschieben)* atribuir (falsamente)
unter|stellen[2] **I.** *vt (abstellen)* dejar (**in** en), poner (**in** en) **II.** *vr:* **sich ~** refugiarse (**in** en)
Unterstellung *f* <-en> ① *(Unterordnung)* subordinación *f* ② *(falsche Behauptung)* imputación *f*
unterstreichen* *irr vt* ① *(Strich ziehen)* subrayar ② *(betonen)* poner de relieve
Unterstreichung *f* <-, -en> ① *(Markierung)* subrayado *m* ② *(Hervorhebung)* acentuación *f*
Unterstrich *m* (TYPO, INFOR) guion bajo *m*
unterstrichen *pp von* **unterstreichen**
Unterstufe *f* (SCH) *cursos de 5º a 8º de EGB*
unterstützen* *vt* ① *(Beistand leisten)* apoyar (**bei/in** en); *(helfen)* ayudar (**bei** en) ② *(fördern)* fomentar (**bei** en); *(mit Geld)* subvencionar
Unterstützung [--'--] *f* <-en> apoyo *m; (Hilfe)* ayuda *f; (finanziell)* subvención *f*
untersuchen* *vt* ① *(analysieren)* analizar; *(wissenschaftlich)* investigar ② *(prüfen)* controlar; *(Gelände, Gepäck)* inspeccionar ③ *(Kranke)* examinar (**auf** de), chequear *Am;* **sich ärztlich ~ lassen** someterse a un examen médico
Untersuchung [--'--] *f* <-en> ① *(Analyse)* análisis *m inv;* (*a.* JUR) investigación *f* ② *(Überprüfung)* inspección *f* ③ (MED) examen *m* (médico); **sich einer ~ unterziehen** someterse a un examen médico
Untersuchungsausschuss *m* comisión *f* investigadora
Untersuchungshaft *f* prisión *f* preventiva; **in ~ sitzen** estar en prisión preventiva
Untersuchungshäftling *m* preso, -a *m, f* preventivo , -a
Untersuchungsliege *f* camilla *f* de examen
Untersuchungsrichter(in) *m(f)* juez(a) *m(f)* instructor(a)
Untertagebau *m* <-(e)s, *ohne pl*> (BERGB) explotación *f* (minera) subterránea
Untertan(in) ['ʊntɐta:n] *m(f)* <-s *o* -en, -en; -nen> súbdito, -a *m, f*
Untertasse *f* platillo *m;* **fliegende ~** *(tellerförmiges Ufo)* platillo volante
unter|tauchen I. *vi sein* ① *(Schwimmer, Vogel)* sumergirse ② *(verschwinden)* desaparecer; (POL) pasar a la clandestinidad; **bei Freunden ~** esconderse en casa de amigos **II.** *vt* sumergir
Unterteil *nt* parte *f* inferior
unterteilen* *vt* subdividir (**in** en)
Unterteilung [--'--] *f* subdivisión *f* (**in** en)
Unterteller *m (Schweiz, südd)* platillo *m*
Untertitel *m* subtítulo *m*
Unterton *m* ① (MUS) semitono *m* ② *(Beiklang)* matiz *m*
untertreiben* *irr vt* quitar importancia (a)

Untertreibung [--'--] *f* <-, -en> subestimación *f*
untertrieben *pp von* **untertreiben**
untervermieten* ['-----] *vt* subarrendar
Unterwalden ['ʊntɐvaldən] *nt* <-s> Unterwalden *m*
Unterwäsche *f ohne pl* ropa *f* interior
unterwegs [ʊntɐ'veːks] *adv* ① *(auf dem Weg)* en camino; *(auf Reisen)* de viaje; **~ nach …** camino de…; **ich bin ~ zu dir** voy hacia tu casa; **bei ihr ist ein Kind ~** *(fam)* está embarazada ② *(während der Reise)* en el camino; **für ~** para el camino
unterweisen* *irr vt (geh)* instruir (**in** en)
Unterweisung [--'--] *f* <-, -en> instrucción *f* (**in** en)
Unterwelt *f ohne pl* mundo *m* del hampa
unterwerfen* *irr* **I.** *vt* ① *(Volk, Gebiet)* someter ② *(einer Kontrolle)* someter; **etw** *dat* **unterworfen sein** estar sujeto a algo **II.** *vr:* **sich ~** someterse
unterwiesen *pp von* **unterweisen**
unterworfen *pp von* **unterwerfen**
unterwürfig ['ʊntɐvʏrfɪç, --'--] *adj (abw)* sumiso
Unterwürfigkeit *f* <-, *ohne pl*> *(abw)* servilismo *m*
unterzeichnen* *vt* firmar
Unterzeichnung *f* firma *f*
unterziehen*1 *irr* **I.** *vt* someter a; **etw einer Qualitätskontrolle ~** someter algo a un control de calidad; **etw einer Prüfung ~** examinar algo **II.** *vr:* **sich ~** someterse (+*dat* a)
unter|ziehen2 *irr vt* ① *(Kleidung)* poner(se) por debajo (**unter** de) ② (GASTR) incorporar
Untiefe *f* ① *(seichte Stelle)* bajío *m* ② *(Tiefe)* abismo *m*
Untier *nt* bestia *f*
untragbar ['-'--] *adj* ① *(nicht finanzierbar)* incosteable ② *(unerträglich)* insostenible
untrennbar ['-'--] *adj* inseparable
untreu *adj* infiel; **jdm ~ werden** ser infiel a alguien; **sich** *dat* **selbst ~ werden** apartarse de sus principios

U

Untreue *f ohne pl* ① *(gegenüber Menschen)* infidelidad *f* ② (JUR) desfalco *m*
untröstlich ['---, -'--] *adj* desconsolado (**über** por); **ich bin ~** estoy profundamente desconsolado
untrüglich ['---, -'--] *adj* infalible, seguro
Untugend *f* mala costumbre *f*
untypisch *adj* atípico
unüberbrückbar ['---'--] *adj* infranqueable
unüberhörbar ['---'--] *adj* ① *(laut)* fuerte, intenso ② *(offensichtlich)* evidente, manifiesto
unüberlegt *adj* imprudente; **~ handeln** actuar sin pensar
unübersehbar ['---'--] *adj* ① *(groß)* inmenso; *(nicht zu übersehen)* que salta a la vista ② *(nicht abschätzbar)* incalculable
unübersetzbar ['-----, '---'--] *adj* intraducible
unübersichtlich *adj* poco claro; *(komplex)* complejo
unübertrefflich ['---'--] *adj* insuperable
unübertroffen ['---'--] *adj* sin par
unüberwindlich ['---'--] *adj (Gegner)* invencible; *(Gegensätze, Probleme)* insuperable
unüblich *adj* poco común; *(stärker)* fuera de lo común
unumgänglich ['--'--] *adj* indispensable
Unumkehrbarkeit *f* <-, *ohne pl*> *(Irreversibilität)* irreversibilidad *f*
unumschränkt ['--'-] *adj* ilimitado; *(Macht)* absoluto
unumstößlich ['--'--] *adj* irrevocable; **~ feststehen** ser irrevocable
unumstritten ['--'--] *adj* indiscutido
ununterbrochen ['---'--] **I.** *adj* ininterrumpido; *(durchgehend)* continuo **II.** *adv* sin parar
unveränderlich ['-----, '--'---] *adj* invariable
unverändert ['--'--] **I.** *adj* inalterado; *(beständig)* estable **II.** *adv* como siempre
unverantwortlich ['-----, '--'---] *adj* irresponsable
unverbesserlich ['--'---] *adj* incorregible
unverbindlich *adj* ① *(nicht bindend)* sin compromiso; **etw ~ anfordern** pedir algo sin ningún compromiso ② *(reserviert)* reservado
Unverbindlichkeit *f* <-, *ohne pl*> *(Distanziertheit)* carácter *m* distante
unverbleit *adj* sin plomo
unverblümt **I.** *adj* franco **II.** *adv* sin rodeos
unverbraucht *adj* ① *(frisch)* fresco ② *(voller Elan)* lleno de energía
unverdächtig *adj* nada sospechoso; **sich ~ verhalten** no levantar sospechas con su comportamiento
unverdaulich *adj* indigesto
unverdaut ['ʊnfɛɐdaʊt, ʊnfɛɐ'daʊt] **I.** *adj* no digerido **II.** *adv* sin digerir
unverdient *adj* inmerecido
unverdrossen *adj* incansable
unverdünnt *adj* no diluido, sin diluir
unvereinbar ['--'--] *adj* incompatible
unverfälscht *adj* auténtico
unverfänglich *adj* inofensivo
unverfroren *adj* descarado
Unverfrorenheit *f* <-, *ohne pl*> *(Art)* descaro *m*, frescura *f*
unvergänglich *adj* eterno

unvergessen *adj* inolvidado; **sie wird (uns) ~ bleiben** siempre la recordaremos
unvergesslich ['--'--] *adj* inolvidable
unvergleichbar ['--'--] *adj* incomparable
unvergleichlich ['--'--] *adj* incomparable; *(einzigartig)* único
unverhältnismäßig *adj* desproporcionado; *(maßlos)* desmesurado
unverheiratet *adj* soltero
unverhofft ['--'-] *adj* inesperado; *(zufällig)* casual
unverhüllt *adj* ① *(offensichtlich)* evidente; *(Wahrheit)* escueto ② *(offen)* abierto
unverkäuflich *adj* ① *(nicht zum Verkauf bestimmt)* fuera de venta ② *(nicht zum Verkauf geeignet)* invendible
unverkennbar ['--'--] *adj (eindeutig)* evidente; *(nicht zu verwechseln)* inconfundible; **es ist ~, dass ...** es obvio que... *+subj*
unverletzt *adj* ileso, sano y salvo; **bei etw** *dat* **~ bleiben** salir ileso de algo
unvermeidbar ['--'--] *adj*, **unvermeidlich** ['--'--] *adj* inevitable
unvermindert *adj* constante; **~ anhalten** seguir; **mit ~er Härte** con la misma dureza
unvermittelt **I.** *adj* súbito **II.** *adv* de repente
Unvermögen *nt ohne pl* incapacidad *f*; *(fachlich)* incompetencia *f*
unvermutet *adj* imprevisto
Unvernunft *f ohne pl* falta *f* de juicio
unvernünftig *adj* insensato
unveröffentlicht *adj* inédito
unverpackt *adj* no embalado, sin embalaje
unverschämt ['ʊnfɐʃɛːmt, '--'-] *adj* ① *(Benehmen, Mensch)* desvergonzado, pechugón *Am* ② *(fam: außerordentlich)* extraordinario; *(Preis)* exorbitante
Unverschämtheit ['----, '--'--] *f* <-en> desfachatez *f*, pechuga *f Am;* **die ~ besitzen, etw zu tun** tener la desfachatez de hacer algo
unverschuldet *adj* ① *(Unfall)* no causado por uno mismo ② (FIN) libre de deudas
unversehens *adv* de repente
unversehrt *adj* ① *(Person)* sano y salvo ② *(Ding)* intacto
unversöhnlich ['--'--] *adj* irreconciliable
unverstanden *adj* incomprendido
unverständig ['ʊnfɐʃtɛndɪç] *adj* que no comprende; **~ sein** no comprender
unverständlich ['----, '--'--] *adj* ① *(nicht hörbar)* inaudible ② *(nicht begreifbar)* incomprensible
Unverständnis *nt ohne pl* falta *f* de comprensión
unversteuert **I.** *adj* libre de impuestos; **~es Einkommen** renta no gravada **II.** *adv* sin pagar impuestos
unversucht *adj* **nichts ~ lassen** no omitir esfuerzos (**um** para)
unverträglich *adj* ① *(streitsüchtig)* pleitista ② *(unverdaulich)* indigesto ③ *(unvereinbar)* incompatible
Unverträglichkeit *f* intolerancia *f*
unverwechselbar ['--'---] *adj* inconfundible
unverwundbar ['--'--] *adj* invulnerable
unverwüstlich ['--'--] *adj* ① *(Dinge)* indestructible ② *(Mensch)* inquebrantable
unverzagt *adj (sicher)* firme, seguro; *(unerschrocken)* intrépido
unverzeihlich ['--'--] *adj* imperdonable
unverzichtbar ['--'--] *adj* irrenunciable; **ein ~es Recht** un derecho inalienable; **eine ~e Voraussetzung** una condición esencial
unverzinslich *adj* (FIN) sin interés
unverzollt **I.** *adj* libre de derechos (arancelarios) **II.** *adv* sin pagar derechos (arancelarios)
unverzüglich ['--'--] **I.** *adj* inmediato **II.** *adv* de inmediato
unvollendet *adj* inacabado
unvollkommen *adj* ① *(mit Schwächen)* imperfecto ② *(unvollständig)* incompleto
Unvollkommenheit *f* imperfección *f*
unvollständig *adj* incompleto; *(bruchstückhaft)* fragmentario
unvorbereitet *adj* no preparado (**auf** para); *(Rede)* improvisado; *(unversehens)* desprevenido
unvoreingenommen *adj* objetivo
unvorhergesehen ['--'----] *adj* imprevisto
unvorsichtig *adj* imprudente
unvorsichtigerweise ['-----'--] *adv* por falta de cuidado
Unvorsichtigkeit *f* imprudencia *f*
unvorstellbar ['--'--] *adj* inimaginable; *(unbegreiflich)* inconcebible
unvorteilhaft *adj* ① *(Kleidung)* poco favorecedor; **~ aussehen** lucir poco atractivo ② *(Geschäft)* poco ventajoso
Unwägbarkeit *f* <-en> imponderabilidad *f*
unwahr *adj* falso
unwahrscheinlich ['----, '--'--] *adj* ① *(kaum möglich)* improbable; **es ist ~, dass ...** es improbable que... *+subj* ② *(unglaubhaft)* inverosímil ③ *(fam: groß, viel)* increíble
Unwahrscheinlichkeit *f* improbabilidad *f*
unwegsam *adj* intransitable
unweigerlich *adv* sin falta
unweit *präp +gen* no lejos de
Unwesen *nt ohne pl (geh)* excesos *mpl;* **sein ~ treiben** cometer excesos
unwesentlich *adj* irrelevante; *(unbedeutend)* insignificante; **er ist nur ~ dicker**

als du es solamente un poco más gordo que tú

Unwetter *nt* temporal *m*

unwichtig *adj* sin importancia; **das ist ~** eso no tiene importancia

unwiderlegbar ['---'--] *adj* irrefutable

unwiderruflich ['---'--] *adj* irrevocable; **es steht ~ fest, dass ...** es irrevocable que... *+subj*

unwiderstehlich ['---'--] *adj* irresistible

unwiederbringlich ['---'--] *adj (geh)* irrecuperable; *(Verlust)* irreparable

Unwille(n) *m* <-(n)s, *ohne pl*> *(geh)* indignación *f; (Ärger)* enojo *m;* **jds ~n erregen** provocar la indignación de alguien

unwillig I. *adj* indignado; *(ärgerlich)* enojado **II.** *adv (widerwillig)* de mala gana

unwillkommen *adj* inoportuno; **wir sind dort ~** ahí nos reciben de mala gana

unwillkürlich *adj* involuntario; *(instinktiv)* instintivo; *(automatisch)* automático

unwirklich *adj (geh)* irreal

unwirksam *adj* inefectivo, ineficaz

unwirsch ['ʊnvɪrʃ] *adj* malhumorado; *(unfreundlich)* descortés

unwirtschaftlich *adj* no rentable

Unwissen *nt* ignorancia *f*

unwissend *adj* ignorante; *(unerfahren)* inexperto; *(Kind)* naiv

Unwissenheit *f ohne pl* ignorancia *f*

unwissentlich I. *adj* inconsciente **II.** *adv* sin querer

unwohl *adj* ① *(gesundheitlich)* indispuesto ② *(unbehaglich)* mal; **sich ~ fühlen** no estar a gusto

Unwohlsein *nt* <-s, *ohne pl*> malestar *m*

unwürdig *adj* indigno

Unzahl *f ohne pl* sinnúmero *m* (de), montón *m* (de) *fam*

unzählbar [ʊn'tsɛːlbaːɐ, 'ʊntsɛːlbaːɐ] *adj* incontable, innumerable

unzählig *adj* innumerable; **~e Mal** infinitas veces

Unze ['ʊntsə] *f* <-, -n> onza *f*

unzeitgemäß *adj* anacrónico

unzerbrechlich ['--'--] *adj* irrompible

unzerkaut I. *adj* no masticado **II.** *adv* sin masticar

unzerstörbar ['--'--] *adj* indestructible

unzertrennlich ['--'--] *adj* inseparable

unzivilisiert *adj* incivilizado, grosero

Unzucht *f ohne pl* (JUR) abusos *mpl* deshonestos; **~ mit Kindern** abuso de menores

unzüchtig *adj* impúdico; *(obszön)* obsceno; *(pornografisch)* pornográfico

unzufrieden *adj* descontento (**mit** de/con/por)

Unzufriedenheit *f ohne pl* descontento *m* (**mit** de/con/por)

unzugänglich *adj* inaccesible; **~ für etw sein** ser insensible a algo

unzulänglich *adj (geh)* insuficiente

Unzulänglichkeit *f* <-, -en> insuficiencia *f*

unzulässig *adj* inadmisible

unzumutbar *adj* inaceptable; *(übertrieben)* desmedido

unzurechnungsfähig *adj* incapacitado mental; **jdn für ~ erklären** (JUR) declarar a alguien incapacitado mental

Unzurechnungsfähigkeit *f* <-, *ohne pl*> incapacidad *f* mental; (JUR) inimputabilidad *f*

unzureichend *adj* insuficiente

unzusammenhängend *adj* incoherente

unzustellbar *adj* de destinatario ignoto

unzutreffend *adj* falso; **U~es bitte streichen!** ¡táchese lo que no corresponda!

unzuverlässig *adj (Person)* de poca confianza; *(Wetter)* inestable; **~ sein** no ser de fiar

Unzuverlässigkeit *f ohne pl* falta *f* de seriedad; *(Nachlässigkeit)* negligencia *f*

unzweckmäßig *adj* poco conveniente

unzweideutig *adj* inequívoco

unzweifelhaft I. *adj* indudable, innegable **II.** *adv* sin duda

Update ['apdɛɪt] *nt* <-s, -s> (INFOR) ① *(Updaten)* actualización *f* ② *(aktualisierte Version)* versión *f* actualizada

Updaten ['apdɛɪtən] *nt* <-s, *ohne pl*> (INFOR) actualización *f*

üppig ['ʏpɪç] *adj (Vegetation)* exuberante; *(Essen)* abundante; **eine ~e Figur haben** ser gordito

Üppigkeit *f* <-, *ohne pl*> ① *(Rundlichkeit)* lozanía *f; (Fülle)* exuberancia *f* ② *(Reichhaltigkeit)* opulencia *f; (Luxus)* suntuosidad *f*

Urabstimmung ['uːɐ-] *f* referéndum *m* (de huelga)

Urahn(e) *m(f) (Vorfahr)* antepasado *m*

Ural [u'raːl] *m* <-(s)> ① *(Gebirge)* (montes *mpl*) Urales *mpl* ② *(Fluss)* río *m* Ural

uralt ['uːɐ'alt] *adj* vetusto; *(Person)* viejísimo

Uran [u'raːn] *nt* <-s, *ohne pl*> (CHEM) uranio *m*

Uranus ['uːranʊs] *m* <-> (ASTR) Urano *m*

urauf|führen ['uːɐʔaʊffyːrən] *vt* estrenar

Uraufführung *f* estreno *m*

urban [ʊr'baːn] *adj* urbano

Urbanisierung *f* <-, -en> urbanización *f*

ureigen ['uːɐ'ʔaɪgən] *adj* propio

Ureinwohner(in) *m(f)* indígena *mf*

Urenkel(in) *m(f)* bisnieto, -a *m, f*

Urgeschichte *f ohne pl* prehistoria *f*

urgeschichtlich *adj* prehistórico

Urgestein *nt* <-(e)s, -e> roca *f* primitiva
Urgewalt *f* <-, -en> *(geh)* fuerza *f* bruta
Urgroßeltern *pl* bisabuelos *mpl*
Urgroßmutter *f* bisabuela *f*
Urgroßvater *m* bisabuelo *m*
Urheber(in) *m(f)* <-s, -; -nen> autor(a) *m(f)*
Urheberrecht *nt* (JUR) derechos *mpl* de autor (**an** sobre)
urheberrechtlich *adj* (JUR) concerniente a los derechos de autor; ~ **geschützt** reservados los derechos de autor
Urheberschaft *f* <-, *ohne pl*> (JUR) autoría *f*
Uri ['u:ri] *nt* <-s> (GEO) Uri *m*
urig ['u:rɪç] *adj (Mensch)* singular; *(urwüchsig)* castizo
Urin [u'ri:n] *m* <-s, -e> orina *f*
urinieren* [uri'ni:rən] *vi* orinar
Urinprobe *f* prueba *f* de orina
Urinstinkt ['u:ɐ-] *m* instinto *m* primitivo
Urknall *m* big bang *m*
urkomisch ['-'--] *adj* graciosísimo
Urkunde ['u:ɐkʊndə] *f* <-n> documento *m,* boleta *f AmS; (Bescheinigung)* certificado *m; (Akte)* acta *f*
Urkundenbeweis *m* (JUR) prueba *f* documental
Urkundenfälschung *f* falsificación *f* de documentos
urkundlich *adj* auténtico
URL *m* (INFOR) *Abk. von* **Uniform Resource Locator** URL *m*
Urlaub ['u:ɐlaʊp] *m* <-(e)s, -e> vacaciones *fpl;* (MIL) licencia *f;* **bezahlter/unbezahlter** ~ vacaciones remuneradas/no remuneradas; ~ **haben** tener vacaciones; **im** ~ **sein** estar de vacaciones; **er macht in Portugal** ~ está de vacaciones en Portugal
Urlauber(in) *m(f)* <-s, -; -nen> turista *mf; (Sommerurlauber)* veraneante *mf*
Urlaubsgeld *nt* paga *f* (extra) de vacaciones
Urlaubsort *m* lugar *m* de vacaciones
urlaubsreif *adj (fam)* ~ **sein** necesitar unas vacaciones
Urlaubstag *m* <-(e)s, -e> día *m* libre [*o* de vacaciones]
Urlaubsvertretung *f* <-, -en> sustitución *f* por vacaciones
Urlaubszeit *f* época *f* de vacaciones
Urmensch *m* <-en, -en> hombre *m* primitivo
Urne ['ʊrnə] *f* <-n> urna *f*
Urnengang *m* elección *f*
Urnengrab *nt* <-(e)s, -gräber> tumba *f* con urnas (cinerarias)
Urologe, -in [uro'lo:gə] *m, f* <-n, -n; -, -nen> (MED) urólogo, -a *m, f*
Urologie [urolo'gi:] *f ohne pl* (MED) urología *f*
Urologin *f* <-, -nen> *s.* **Urologe**
Uroma ['u:ɐ-] *f* <-s> *(fam)* bisabuela *f*
Uropa ['u:ɐ-] *m* <-s, -s> *(fam)* bisabuelo *m*
urplötzlich ['-'--] **I.** *adj* repentino **II.** *adv* de repente
Ursache *f* <-n> causa *f; (Beweggrund)* motivo *m; (Grund)* razón *f;* **keine ~!** ¡no hay de qué!
ursächlich *adj* causal
Ursprung *m* <-(e)s, -sprünge> origen *m; (Herkunft)* procedencia *f; (Anfang)* principio *m;* **seinen ~ in etw** *dat* **haben** tener su origen en algo
ursprünglich ['u:ɐʃprʏŋlɪç] **I.** *adj* ❶ *(anfänglich)* inicial ❷ *(unverfälscht)* original; *(natürlich)* natural **II.** *adv* al principio
Ursprungsland *nt* país *m* de origen
Urteil ['ʊrtaɪl] *nt* <-s, -e> ❶ *(Meinung)* opinión *f; (Beurteilung)* juicio *m;* **nach meinem** ~ en mi opinión; **sich** *dat* **ein ~ über etw erlauben** permitirse opinar sobre algo; **ein ~ über jdn fällen** emitir un juicio sobre alguien; **sich** *dat* **ein ~ über jdn/etw bilden** formarse una idea de alguien/algo ❷ (JUR) sentencia *f,* fallo *m;* **das ~ über jdn sprechen** dictar sentencia sobre alguien
urteilen ['ʊrtaɪlən] *vi* juzgar; *(meinen)* opinar; **nach seinem Aussehen zu ~ ...** a juzgar por su aspecto exterior…
Urteilsbegründung *f* considerandos *mpl*
Urteilskraft *f* <-, *ohne pl*> juicio *m,* discernimiento *m*
Urteilsspruch *m* sentencia *f*
Urteilsverkündung *f* (JUR) pronunciación *f* de la sentencia
Urteilsvermögen *nt ohne pl* capacidad *f* para juzgar
Urteilsvollstreckung *f* ejecución *f* de la sentencia
urtümlich ['u:ɐty:mlɪç] *adj* primitivo
Uruguay [uru'guaɪ] *nt* <-s> Uruguay *m*
Uruguayer(in) [uru'gua:jɐ] *m(f)* <-s, -; -nen> uruguayo, -a *m, f*
uruguayisch [uru'gua:jɪʃ] *adj* uruguayo
Urenkel(in) ['u:ɐʔu:ɐ-] *m(f)* tataranieto, -a *m, f*
Urgroßmutter *f* tatarabuela *f*
Urgroßvater *m* tatarabuelo *m*
Urvogel *m* <-s, -vögel> (BIOL) archaeopteryx *m*
Urwald ['u:ɐvalt, *pl:* 'u:ɐvɛldɐ] *m* selva *f*
Urwelt *f* <-, -en> (GEO) mundo *m* primitivo
urwüchsig ['u:ɐvy:ksɪç] *adj* de pura cepa, castizo; *(natürlich)* natural
Urzeit *f* tiempos *mpl* primitivos; (HIST) prehistoria *f;* **vor ~en** hace un montón de

U

tiempo *fam;* **seit ~en** desde que el mundo existe
urzeitlich *adj* prehistórico
Urzustand *m* estado *m* primitivo
USA [uːʔɛsˈʔaː] *pl Abk. von* **United States of America** EE.UU. *mpl*
US-amerikanisch *adj* estadounidense
USB [uːʔɛsˈbeː-] (INFOR) *Abk. von* **Universal Serial Bus** USB
Usbeke, **-in** [ʊsˈbeːkə] *m, f* <-n, -n; -nen> uzbeko, -a *m, f*
usbekisch *adj* uzbeko
Usbekistan [ʊsˈbeːkistaːn] *nt* <-s> Uzbekistán *m*
USB-Schnittstelle *f* (INFOR) puerto *m* USB, entrada *f* de USB
USB-Stick [uːʔɛsˈbeːstɪk] <-s, -s> *m* <-s, -s> (INFOR) pendrive *m,* memoria USB *f*
User [ˈjuːzɐ] *m* <-s, -> (INFOR) usuario *m*
Usus [ˈuːzʊs] *m* <-, *ohne pl*> *(fam)* costumbre *f*
usw. *Abk. von* **und so weiter** etc.
Utensil *nt* <-s, -ien> utensilio *m*
Uterus [ˈuːterʊs, *pl:* ˈuːteri] *m* <-s, Uteri> (MED) útero *m*
Utilitarismus [utilitaˈrɪsmʊs] *m* <-, *ohne pl*> (PHILOS) utilitarismo *m*
utilitaristisch *adj* utilitarista
Utopie [utoˈpiː] *f* <-n> utopía *f*
utopisch [uˈtoːpɪʃ] *adj* utópico
u. U. *Abk. von* **unter Umständen** dado el caso
UV *Abk. von* **Ultraviolett** rayos *mpl* ultravioletas
u. v. a. (m.) *Abk. von* **und viele(s) andere (mehr)** y mucho(s) más
UV-Strahlen *mpl* radiaciones *fpl* ultravioletas
Ü-Wagen *m* (RADIO, TV) coche *m* tra(n)smisor

V v

V, v [faʊ] *nt* <-, -> V, v *f;* **~ wie Viktor** V de Valencia
V ① *Abk. von* **Volt** V ② *Abk. von* **Volumen** vol.
Vaduz [faˈdʊts, vaˈduːts] *nt* <-> Vaduz *m*
Vagabund(in) [vagaˈbʊnt] *m(f)* <-en, -en; -nen> vagabundo, -a *m, f,* bagamán *m Col, RDom*
vage [vaːgə] *adj* vago, impreciso
Vagina [vaˈgiːna] *f* <Vaginen> (ANAT) vagina *f*
vaginal [vagiˈnaːl] *adj* vaginal
Vaginen *pl von* **Vagina**
Vakanz [vaˈkants] *f* <-, -en> (puesto *m*) vacante *f*
Vakuum [ˈvaːkuʊm, *pl:* ˈvaːkuʊms, ˈvaːkua] *nt* <-s, Vakua *o* Vakuen> vacío *m*
vakuumverpackt *adj* envasado al vacío
Vakuumverpackung *f* envase *m* al vacío
Valentinstag [ˈvalɛntiːns-] *m* día *m* de San Valentín
Valenz [vaˈlɛnts] *f* <-, -en> (CHEM, LING) valencia *f*
Valuta [vaˈluːta] *f* <Valuten> (WIRTSCH, FIN) ① *(Währung)* moneda *f* extranjera ② *(Wertstellung)* (fijación *f* del) valor *m*
Vamp [vɛ(ː)mp] *m* <-s, -s> vampiresa *f*
Vampir [vamˈpiːɐ] *m* <-s, -e> vampiro *m*
Vandale, **-in** [vanˈdaːlə] *m, f* <-n, -n; -nen> (*a.* HIST) vándalo, -a *m, f*
Vandalismus [vandaˈlɪsmʊs] *m* <-, *ohne pl*> vandalismo *m*
Vanille [vaˈnɪl(j)ə] *f ohne pl* vainilla *f*
Vanilleeis *nt* helado *m* de vainilla
Vanillepudding *m* (GASTR) budín *m* de vainilla, pudding *m* de vainilla *(similar a las natillas)*
Vanillesauce *f* <-, -n> salsa *f* de vainilla
Vanillezucker *m* vainilla *f* azucarada
Vanuatu [vɛnuˈaːtuː] *nt* <-s> Vanuatu *m*
vapen [ˈveːpn̩] *vi (fam: E-Zigarette rauchen)* vapear
variabel [variˈaːbəl] *adj* variable
Variable [variˈaːblə] *f* <-n> (MATH, PHYS) variable *f*
Variante [variˈantə] *f* <-n> (*a.* LIT) variante *f*
Varianz [variˈants] *f* <-, -en> (MATH) variancia *f*
Variation [variaˈtsjoːn] *f* <-en> (*a.* MUS, MATH, BIOL) variación *f*
Varieté [varieˈteː] *nt* <-s, -s> (espectáculo *m* de) variedades *fpl*
variieren* [variˈiːrən] *vt, vi* variar
Vasall [vaˈzal] *m* <-en, -en> (*a. fig* HIST) vasallo, -a *m, f*
Vase [ˈvaːzə] *f* <-n> jarrón *m; (Blumenvase)* florero *m*
Vater [ˈfaːtɐ, *pl:* ˈfɛːtɐ] *m* <-s, Väter> padre *m;* **der Heilige ~** el Santo Padre

Vaterland *nt (geh)* patria *f*
väterlich ['fɛːtɐlɪç] *adj* ❶ *(vom Vater)* paterno ❷ *(wie ein Vater)* paternal
väterlicherseits [-zaɪts] *adv* por parte del padre; **meine Großeltern ~** mis abuelos paternos
vaterlos *adj* ❶ *(ohne Vater)* sin padre ❷ *(verwaist)* huérfano de padre
Vatermord *m* parricidio *m*
Vaterschaft *f* <-en> paternidad *f*
Vaterschaftsnachweis *m* prueba *f* de paternidad
Vatertag *m* día *m* del padre
Vaterunser ['--'--, --'--] *nt* <-s, -> padrenuestro *m*
Vati ['faːti] *m* <-s, -s> *(fam)* papi *m,* tata *m Am*
Vatikan [vati'kaːn] *m* <-s> Vaticano *m*
V-Ausschnitt *m* <-(e)s, -e> escote *m* de pico
v. Chr. *Abk. von* **vor Christus** a.C., a. de C.
vegan *adj* vegano
Veganer(in) [ve'gaːnɐ] *m(f)* <-s, -; -, -nen> vegano, -a *m, f*
Vegetarier(in) [vege'taːriɐ] *m(f)* <-s, -; -nen> vegetariano, -a *m, f*
vegetarisch *adj* vegetariano
Vegetation [vegeta'tsjoːn] *f* <-en> vegetación *f*
vegetativ [vegeta'tiːf] *adj* (MED, BIOL) vegetativo
vegetieren* [vege'tiːrən] *vi* ❶ (BOT) vegetar ❷ *(abw: Mensch)* vivir miserablemente
Veggie <-s, -s> ['vɛdʒi, 'vɛgi] *m (fam)* vegetariano, -a *m, f*
vehement [vehe'mɛnt] *adj* vehemente
Vehemenz [vehe'mɛnts] *f* <-, *ohne pl*> vehemencia *f*
Vehikel [ve'hiːkəl] *nt* <-s, -> ❶ *(fam: Auto)* cacharro *m* ❷ *(Hilfsmittel, a.* MED) vehículo *m*
Veilchen ['faɪlçən] *nt* <-s, -> ❶ (BOT) violeta *f* ❷ *(fam: blaues Auge)* ojo *m* morado
veilchenblau ['--'-] *adj* violáceo
Vektor ['vɛktoːɐ] *m* <-s, -en> (MATH, PHYS) vector *m*
Vektorrechnung *f ohne pl* análisis *m inv* vectorial
Velo ['veːlo] *nt* <-s, -s> *(Schweiz)* bicicleta *f*
Vene ['veːnə] *f* <-n> (ANAT) vena *f*
Venedig [ve'neːdɪç] *nt* <-s> Venecia *f*
Venezolaner(in) [venetso'laːnɐ] *m(f)* <-s, -; -nen> venezolano, -a *m, f*
venezolanisch *adj* venezolano
Venezuela [venetsu'eːla] *nt* <-s> Venezuela *f*
venös [ve'nøːs] *adj* (MED) venoso
Ventil [vɛn'tiːl] *nt* <-s, -e> ❶ (TECH) válvula *f* ❷ *(an Musikinstrument)* pistón *m*
Ventilation [vɛntila'tsjoːn] *f* <-, -en> ventilación *f*
Ventilator [vɛnti'laːtoːɐ] *m* <-s, -en> ventilador *m*
Venus ['veːnʊs] *f* ❶ (ASTR) Venus *m* ❷ *(Göttin)* Venus *f*
Venusmuschel *f* almeja *f*
verabreden* [fɛɐ'ʔapreːdən] **I.** *vt* convenir; *(Zeit, Ort)* fijar; **wir haben verabredet, dass ...** quedamos en que...; **mit jdm verabredet sein** tener una cita con alguien **II.** *vr:* **sich ~** citarse, quedar *fam;* **sich um acht/am Bahnhof ~** quedar a las ocho/en la estación
Verabredung *f* <-en> ❶ *(Treffen)* cita *f* ❷ *(Vereinbarung)* acuerdo *m;* **mit jdm eine ~ treffen** llegar a un acuerdo con alguien
verabreichen* *vt (Medizin)* administrar
verabscheuen* *vt* detestar, aborrecer
verabschieden* [fɛɐ'ʔapʃiːdən] **I.** *vt* ❶ *(Person)* despedir ❷ *(Gesetz, Haushalt)* aprobar **II.** *vr:* **sich ~** despedirse (**von** de)
Verabschiedung *f* <-, -en> ❶ *(Person)* despedida *f* ❷ *(Gesetz, Haushalt)* aprobación *f*
verachten* *vt* despreciar
verächtlich [fɛɐ'ʔɛçtlɪç] **I.** *adj* ❶ *(mit Verachtung)* despectivo ❷ *(abw: verachtenswert)* despreciable, pinche *Méx* **II.** *adv* con desprecio
Verachtung *f ohne pl* desprecio *m*
veralbern* *vt* tomar el pelo, poner en ridículo
verallgemeinern* [---'--] *vt* generalizar
Verallgemeinerung *f* <-en> generalización *f*
veralten* [fɛɐ'ʔaltən] *vi sein (Geräte)* anticuarse; *(Ansichten)* pasar de moda; *(Wort, Methode)* caer en desuso
veraltet [fɛɐ'ʔaltət] *adj (Gerät)* anticuado; *(Ansichten)* pasado de moda
Veranda [ve'randa] *f* <Veranden> terraza *f* acristalada
Verandatür *f* cristalera *f* corredera
veränderlich [fɛɐ'ʔɛndɐlɪç] *adj* variable; *(Wesen)* versátil
Veränderlichkeit *f* <-, -en> variabilidad *f*
verändern* **I.** *vt* cambiar; *(verwandeln)* tra(n)sformar **II.** *vr:* **sich ~** cambiar; *(beruflich)* cambiar de trabajo; **sich zu seinem Nachteil ~** cambiar para peor
Veränderung *f* <-en> cambio *m; (Abänderung)* modificación *f; (Verwandlung)* tra(n)sformación *f*
verängstigen* *vt* intimidar
verängstigt *adj* atemorizado
verankern* *vt* ❶ *(Schiff)* fondear ❷ *(Säule)*

V

sujetar; **etw in der Verfassung ~** establecer algo en la constitución

Verankerung *f* <-, -en> ① (NAUT) anclaje *m* ② *(Befestigung)* fijación *f* ③ *(von Rechten)* consolidación *f*

veranlagt [fɛɐ'ʔanla:kt] *adj* **für etw ~ sein** tener predisposición para algo; **künstlerisch ~ sein** tener talento artístico; **praktisch ~ sein** ser un manitas

Veranlagung *f* <-en> ① *(Neigung)* predisposición (**zu** para/a) ② (FIN) tasación *f* de los impuestos

veranlassen* *vt* ① *(anordnen)* disponer; **bitte ~ Sie, dass ...** por favor disponga que... *+subj* ② *(bewirken)* motivar; *(bewegen)* llevar; **sich zu etw** *dat* **veranlasst sehen** verse obligado a hacer algo

Veranlassung *f* <-en> ① *(Grund)* motivo *m;* **keine(rlei) ~ haben, etw zu tun** no tener (ningún) motivo para hacer algo ② *(Anordnung)* orden *f; (Anregung)* iniciativa *f*

veranschaulichen* *vt* ilustrar; (INFOR) visualizar

Veranschaulichung *f* <-, -en> ilustración *f;* (INFOR) visualización *f;* **zur ~** a modo de explicación

veranschlagen* *vt* *(Zeit)* calcular (**für** para); *(Kosten)* evaluar (**mit/auf** en)

veranstalten* *vt* *(planen)* organizar; *(durchführen)* realizar, hacer

Veranstalter(in) *m(f)* <-s, -; -nen> organizador(a) *m(f)*

Veranstaltung *f* <-en> acto *m*

Veranstaltungskalender *m* cartelera *f* de espectáculos

Veranstaltungsort *m* <-(e)s, -e> lugar *m* del acto

Veranstaltungsprogramm *nt* (FILM, THEAT) cartelera *nt*

verantworten* **I.** *vt* responder (de); **das kann ich nicht ~** no asumo la responsabilidad; **es ist nicht zu ~, dass ...** es irresponsable que... *+subj* **II.** *vr:* **sich ~** justificarse (**für/wegen** por)

verantwortlich *adj* ① *(Person)* responsable (**für** de); **jdn für etw ~ machen** responsabilizar a alguien de algo ② *(Tätigkeit)* de responsabilidad

Verantwortliche(r) *mf* <-n, -n; -n, -n> responsable *mf*

Verantwortlichkeit *f* <-, -en> responsabilidad *f*

Verantwortung *f* <-en> responsabilidad *f* (**für** de); **jdn für etw zur ~ ziehen** hacer a alguien responsable de algo; **die ~ für etw übernehmen** asumir la responsabilidad de algo; **auf eigene ~** bajo propia responsabilidad; **die ~ für jdn/etw tragen** ser responsable de alguien/algo; **sich aus der ~ stehlen** lavarse las manos

verantwortungsbewusst *adj* consciente de su responsabilidad

Verantwortungsbewusstsein *nt* <-s, *ohne pl*> sentido *m* de responsabilidad

verantwortungslos *adj* irresponsable; **sich ~ verhalten** comportarse de manera irresponsable

Verantwortungslosigkeit *f* <-, *ohne pl*> irresponsabilidad *f*

verantwortungsvoll *adj* ① *(Aufgabe, Tat)* de gran responsabilidad ② *(Person)* muy responsable

verarbeiten* *vt* ① *(Material)* utilizar ② *(bearbeiten)* trabajar, manufacturar; *(umwandeln)* tra(n)sformar (**zu** en) ③ *(verbrauchen)* gastar ④ *(Eindrücke)* digerir; *(psychisch bewältigen)* asimilar

verarbeitet *adj* (WIRTSCH) **gut/schlecht ~** bien/mal fabricado [*o* hecho]; **sorgfältig/nachlässig ~ sein** estar fabricado [*o* hecho] a conciencia/con dejadez

Verarbeitung *f* <-en> ① *(Bearbeitung)* trabajo *m; (von Daten)* tratamiento *m,* procesamiento *m; (Umwandlung)* tra(n)sformación *f* ② *(Verdauung)* digestión *f* ③ *(Aussehen, Ausführung)* acabado *m*

verärgern* *vt* enfadar

verärgert *adj* enfadado *CSur,* grifo *Méx*

Verärgerung *f* <-en> enfado *m,* contrariedad *f,* disgusto *m;* **seine ~ war ihm anzumerken** se le notaba el enfado [*o* que estaba contrariado]

verarmen* *vi sein* empobrecer; **eine Bevölkerung ~ lassen** pauperizar una población

Verarmung *f ohne pl* empobrecimiento *m*

verarschen* *vt (vulg)* tomar el pelo (a), cachondearse (de) *vulg*

verarzten* *vt (fam)* tratar

verausgaben* [-'---] *vr:* **sich ~** agotar sus fuerzas

veräußern* *vt* ① *(übereignen)* tra(n)sferir (**an** a); *(verkaufen)* vender (**an** a) ② (JUR: *abtreten*) ceder (**an** a)

Verb [vɛrp] *nt* <-s, -en> (LING) verbo *m*

verbal [vɛr'ba:l] *adj* (*a.* LING) verbal

Verbalphrase *f* (LING) locución *f* verbal

Verband *m* <-(e)s, -bände> ① (MED) vendaje *m* ② *(Vereinigung)* asociación *f* ③ (MIL) unidad *f*

Verbandschere *f* tijera(s) *f(pl)* para (cortar) vendas

Verband(s)kasten *m* botiquín *m* de emergencia

Verband(s)zeug *nt* vendajes *mpl*

verbannen* [fɛɐ'banən] *vt* desterrar (**aus** de)

Verbannte(r) *mf* <-n, -n; -n, -n> desterrado, -a *m, f*

Verbannung *f* <-en> destierro *m*

verbarrikadieren* [fɛɐbarika'di:rən] **I.** *vt* levantar barricadas (en); *(Eingang)* bloquear (**mit** con) **II.** *vr:* **sich ~** montar una barricada

verbauen* *vt* ① *(versperren)* obstruir (con edificios); *(Aussicht)* quitar; **sich alle Chancen ~** cerrarse el camino ② *(Material)* emplear en la construcción; *(Geld)* gastar en la construcción ③ *(abw: schlecht bauen)* construir mal

verbeißen* *irr* **I.** *vt* *(Schmerz)* aguantar; **ich konnte mir das Lachen kaum ~** apenas pude contener la risa **II.** *vr:* **sich ~** *(Tier)* hincar los dientes (**in** en); *(Person)* obstinarse (**in** en); **sie hat sich in das Problem verbissen** se ha obcecado en el problema

Verben *pl von* **Verb**

verbergen* *irr* **I.** *vt* ① *(verstecken)* esconder (**vor** ante) ② *(verheimlichen)* ocultar; **ich habe nichts zu ~** no tengo nada que ocultar **II.** *vr:* **sich ~** esconderse

verbessern* **I.** *vt* ① *(besser machen)* mejorar; *(Rekord)* batir ② *(berichtigen)* corregir **II.** *vr:* **sich ~** ① *(Lage)* mejorar; **sich finanziell ~** mejorar su situación financiera ② *(beim Sprechen)* corregirse

Verbesserung *f* <-en> ① *(Änderung)* mejora *f* ② *(Korrektur)* corrección *f*

verbesserungsfähig *adj* mejorable, corregible

Verbesserungsvorschlag *m* propuesta *f* de mejora

verbeugen* *vr:* **sich ~** hacer una reverencia (**vor** ante)

Verbeugung *f* <-en> reverencia *f*

verbeulen* *vt* abollar

verbiegen* *irr* **I.** *vt* torcer **II.** *vr:* **sich ~** torcerse

verbieten* *irr vt* prohibir; **jdm etw ~** prohibir algo a alguien

verbinden* *irr* **I.** *vt* ① *(zusammenfügen)* unir (**mit** con); **mit ihm verbindet mich nichts mehr** ya no me une nada a él; **das Angenehme mit dem Nützlichen ~** unir lo agradable con lo práctico ② *(mit sich bringen)* conllevar; **die damit verbundenen Kosten** los gastos ocasionados ③ *(geh: zur Dankbarkeit verpflichten)* obligar; **ich wäre Ihnen sehr verbunden, wenn ...** le quedaría muy agradecido si... +*subj* ④ *(Holz)* ensamblar; *(Kabel)* empalmar, empatar *Am; (koppeln)* enganchar ⑤ (TEL) comunicar (**mit** con); **~ Sie mich bitte mit Zimmer 44** póngame con la habitación 44, por favor; **Sie sind falsch verbunden** *(am Telefon)* se ha equivocado de número ⑥ *(assoziieren)* asociar (**mit** con) ⑦ (MED) vendar **II.** *vr:* **sich ~** unirse (**mit** con); (CHEM) combinarse

verbindlich *adj* ① *(liebenswürdig)* amable; **~sten Dank!** ¡muchísimas gracias! ② *(bindend)* vinculante; *(verpflichtend)* obligatorio

Verbindlichkeit *f* <-, -en> ① *(Höflichkeit)* amabilidad *f* ② *(Pflicht)* obligación *f*; **ohne ~** sin compromiso

Verbindung *f* <-en> ① *(Zusammenhang, Beziehung)* relación *f* (**zwischen** entre, **mit** con); **in ~ mit** junto con; **etw/jdn mit etw** *dat* **in ~ bringen** relacionar algo/a alguien con algo ② *(Kontakt)* contacto *m*; **mit jdm in ~ stehen** estar en contacto con alguien; **sich mit jdm in ~ setzen** ponerse en contacto con alguien; **seine ~en spielen lassen** *(fam)* hacer valer sus influencias ③ (TECH) conexión *f*; *(Kopplung)* enganche *m* ④ *(Verkehrsweg, a.* TEL) comunicación *f* ⑤ *(Vereinigung)* asociación *f*; (UNIV) corporación *f* estudiantil ⑥ (CHEM) compuesto *m*; **eine ~ eingehen** formar un compuesto

Verbindungsstück *nt* <-(e)s, -e> pieza *f* de unión, ensambladura *f*

verbissen [fɛɐ'bɪsən] **I.** *pp von* **verbeißen** **II.** *adj* ① *(hartnäckig)* obstinado ② *(Gesichtsausdruck)* avinagrado **III.** *adv* con obstinación; **man darf das nicht so ~ sehen** *(fam)* no hay que tomarlo tan al pie de la letra

Verbissenheit *f ohne pl* obstinación *f*, encarnizamiento *m*

verbitten *irr vt* **sich** *dat* **etw ~** no tolerar algo

verbittern* *vt* amargar

Verbitterung *f* <-en> amargura *f*

verblassen* *vi sein* ① *(Stoff, Foto)* perder (el) color; *(Farbe)* apagarse ② *(geh: Eindrücke)* desvanecerse

Verbleib [fɛɐ'blaɪp] *m* <-(e)s, *ohne pl*> *(geh)* ① *(Ort)* paradero *m* ② *(Verbleiben)* permanencia *f*

verbleiben* *irr vi sein* ① *(übereinkommen)* quedar en; **wir sind so verblieben, dass ...** hemos quedado en que... ② *(geh: übrig sein)* quedar; **in Erwartung Ihrer Antwort verbleibe ich ...** quedo en espera de su respuesta...

verbleichen <verbleicht, verblich *o* verbleichte, verblichen *o* verbleicht> *vi sein* *(Farbe)* apagarse; *(Stoff)* perder (el) color

verbleit [fɛɐ'blaɪt] *adj* con plomo

verblenden* *vt* ① *(Person)* deslumbrar ② *(Wand, Fassade)* revestir (**mit** de)

Verblendung *f* <-, -en> ① *(einer Person)*

V

deslumbramiento *m* ② *(von Wand, Fassade)* revestimiento *m* (**mit** de)

verblichen [fɛɐ'blɪçən] **I.** *pp von* **verbleichen** **II.** *adj* ① *(Farbe)* apagado; *(Stoff)* descolorido ② *(Ruhm)* desvanecido

verblöden* [fɛɐ'blø:dən] **I.** *vi sein (fam)* atontarse **II.** *vt (fam)* atontar

Verblödung *f* <-, *ohne pl*> *(fam)* atontamiento *m,* entontecimiento *m*

verblüffen* [fɛɐ'blʏfən] *vt* dejar perplejo

Verblüffung *f* <-, -en> estupefacción *f;* **zu meiner ~ …** para mi gran sorpresa…

verblühen* *vi sein* marchitarse

verbluten* *vi sein* desangrarse

verbocken* *vt (fam)* estropear, echar a perder

verbohrt [fɛɐ'bo:ɐt] *adj (fam abw)* terco (como una mula)

Verbohrtheit *f ohne pl* terquedad *f*

verborgen [fɛɐ'bɔrgən] **I.** *pp von* **verbergen** **II.** *adj* oculto; *(versteckt)* escondido; **etw ~ halten** tener algo oculto; **das ist mir nicht ~ geblieben** ya me he enterado; **im V~en bleiben** permanecer oculto

Verborgenheit *f ohne pl* clandestinidad *f*

Verbot [fɛɐ'bo:t] *nt* <-(e)s, -e> prohibición *f*

verboten [fɛɐ'bo:tən] **I.** *pp von* **verbieten** **II.** *adj* ① *(untersagt)* prohibido ② *(fam: unmöglich)* fatal

Verbotsschild *nt* señal *f* de prohibición

verbracht *pp von* **verbringen**

verbrannt *pp von* **verbrennen**

verbraten* *irr vt (fam: Geld)* gastar(se)

Verbrauch *m* <-(e)s, *ohne pl*> consumo *m* (**an** de); **der Wagen ist sparsam im ~** el coche tiene un consumo muy bajo

verbrauchen* *vt (verwenden, ausgeben)* gastar; *(konsumieren)* consumir; *(aufbrauchen)* agotar; **verbrauchte Luft** aire viciado

Verbraucher(in) *m(f)* <-s, -; -nen> consumidor(a) *m(f)*

Verbraucherberatung *f* Oficina *f* del Consumidor

verbraucherfreundlich *adj* pro consumidor

Verbraucherpreis *m* precio *m* de venta al público

Verbraucherrecht *nt* derechos *mpl* del consumidor

Verbraucherschutz *m* protección *f* al consumidor

Verbraucherverband *m,* **Verbraucherzentrale®** *f* asociación *f* de consumidores

verbraucht *adj* gastado; *(Luft)* viciado; *(Mensch)* agotado

verbrechen* *irr vt (fam)* **was habe ich denn jetzt schon wieder verbrochen?** ¿qué mal he hecho esta vez?

Verbrechen *nt* <-s, -> delito *m;* **ein ~ begehen** cometer un delito

Verbrechensbekämpfung *f* lucha *f* contra el crimen

Verbrecher(in) *m(f)* <-s, -; -nen> delincuente *mf*

Verbrecherbande *f* cuadrilla *f* de delincuentes

verbrecherisch [fɛɐ'brɛçərɪʃ] *adj* criminal

Verbrecherkartei *f* <-, -en> fichero *m* de criminales [*o* de delincuentes]

verbreiten* **I.** *vt* ① *(Neuigkeit)* difundir ② *(Licht, Wärme, Ruhe)* irradiar; *(Geruch)* despedir; *(Stimmung, Gefühl)* sembrar ③ *(Krankheit)* tra(n)smitir **II.** *vr:* **sich ~** ① *(Nachricht)* difundirse ② *(Krankheit)* tra(n)smitirse ③ *(Duft)* extenderse ④ *(sich auslassen)* explayarse (**über** acerca de)

verbreitern* **I.** *vt* ensanchar, ampliar (**um** en, **auf** a) **II.** *vr:* **sich ~** ensancharse, ampliarse

verbreitet *adj* extendido; *(Krankheit, Meinung)* común

Verbreitung *f ohne pl* ① *(von Nachrichten)* difusión *f;* **weite ~ finden** tener gran aceptación ② *(von Krankheiten)* propagación *f*

Verbreitungsgebiet *nt* <-(e)s, -e> *(einer Ware)* área *f* de distribución; *(einer Krankheit)* área *f* afectada

verbrennen* *irr* **I.** *vt (Holz, Mensch, Papier)* quemar; *(Leiche, Müll)* incinerar; **Kalorien ~** quemar calorías; **sich** *dat* **die Zunge ~** *(fam fig)* meter la pata **II.** *vi sein (Haus, Braten)* quemarse; *(Person)* morir abrasado **III.** *vr:* **sich ~** quemarse (**an** con)

Verbrennung *f* <-en> ① *(das Verbrennen)* combustión *f;* *(Leichen-, Müllverbrennung)* incineración *f* ② (MED) quemadura *f;* **~en zweiten Grades** quemaduras de segundo grado

Verbrennungsanlage *f* planta *f* de combustión

Verbrennungsmotor *m* motor *m* de combustión interna

Verbrennungsofen *m* horno *m* de combustión; *(für Müll)* incineradora *f*

verbringen* *irr vt* ① *(zubringen)* pasar (**mit** con); **den Tag mit Lesen ~** pasar(se) el día leyendo ② *(transportieren)* tra(n)sportar

verbrochen [fɛɐ'brɔxən] *pp von* **verbrechen**

verbrüdern* [fɛɐ'bry:dɐn] *vr:* **sich ~** hermanarse

verbrühen* **I.** *vt* escaldar **II.** *vr:* **sich ~** escaldarse

verbuchen* *vt* (FIN) contabilizar; **einen Erfolg für sich ~** *(fam)* apuntarse un éxito

verbuddeln* *vt (fam)* enterrar

verbummeln* *vt (fam)* ❶ *(Zeit)* perder ❷ *(vergessen)* olvidar

Verbund [fɛɐ'bʊnt] *m* <-(e)s, -e> ❶ (WIRTSCH) unión *f;* **im ~ arbeiten** cooperar ❷ (TECH) ensambladura *f*

verbunden [fɛɐ'bʊndən] **I.** *pp von* **verbinden II.** *adj* ❶ *(verknüpft)* unido (**mit** a); *(gekoppelt)* acoplado (**mit** a); **damit sind Probleme ~** esto supone problemas ❷ *(dankbar)* **ich bin Ihnen sehr ~** le estoy muy agradecido

verbünden* [fɛɐ'bʏndən] *vr:* **sich ~** aliarse (**mit** con)

Verbundenheit *f ohne pl (zwischen Personen)* apego *m* (**mit** a); *(zu Heimat, Sitten)* lazo *m* (**mit** con)

Verbündete(r) *mf* <-n, -n; -n> aliado, -a *m, f*

Verbundnetz *nt* (ELEK) red *f* de distribución

Verbundsystem *nt* sistema *m* de billetes combinados

verbürgen* **I.** *vt* garantizar **II.** *vr:* **sich ~** responder (**für** de)

verbüßen* *vt* purgar; (JUR) cumplir

verchromt *adj* cromado

verdacht *pp von* **verdenken**

Verdacht [fɛɐ'daxt] *m* <-(e)s, -e> sospecha *f* (**auf** de); **~ erregen** despertar sospechas; **jdn in ~ bringen** hacer recaer las sospechas sobre alguien; **in ~ geraten** estar bajo sospecha; **jdn in ~ haben** sospechar de alguien; **im ~ stehen, etw getan zu haben** ser sospechoso de haber hecho algo; **gegen jdn ~ schöpfen** concebir sospechas contra alguien; **über jeden ~ erhaben sein** estar fuera de toda sospecha

verdächtig [fɛɐ'dɛçtɪç] *adj* sospechoso; **er ist der Tat ~** es sospechoso del delito; **sich ~ machen** hacerse sospechoso; **die Sache ist mir ~** el asunto me da mala espina; **es war ~ still** había un silencio sospechoso

Verdächtige(r) *mf* <-n, -n; -n> sospechoso, -a *m, f*

verdächtigen* *vt* sospechar (de); **er wird des Diebstahls verdächtigt** es sospechoso del robo

Verdachtsfall *m* caso *m* sospechoso

verdammen* [fɛɐ'damən] *vt* condenar (**zu** a); (REL) anatematizar

Verdammnis *f* <-, *ohne pl*> condenación *f;* (REL) anatema *m o f*

verdammt I. *adj (fam abw)* maldito; **~ noch mal!** ¡maldita sea!, ¡concho! *Am;* **~e Scheiße!** *(vulg)* ¡me cago en la mierda! **II.** *adv (fam abw)* terriblemente; **~ gut** de putamadre *vulg*

verdampfen* *vi sein* evaporarse

Verdampfung *f* <-, -en> evaporación *f*

verdanken* *vt* ❶ *(dankbar sein)* **jdm etw ~** deber algo a alguien; **das ist ihm zu ~** eso hay que agradecérselo a él ❷ *(Schweiz: Dank aussprechen)* agradecer

verdarb [fɛɐ'darp] *3. imp von* **verderben**

verdauen* [fɛɐ'daʊən] *vt* ❶ *(Nahrung)* digerir ❷ *(fam: Nachricht)* asimilar, digerir

verdaulich *adj* **leicht/schwer ~** fácil/difícil de digerir

Verdauung *f ohne pl* digestión *f*

Verdauungsapparat *m,* **Verdauungssystem** *nt* (ANAT) aparato *m* digestivo

Verdauungsbeschwerden *fpl* indigestión *f*

Verdauungsorgan *nt* <-s, -e> (ANAT) órgano *m* digestivo

Verdauungstrakt *m* (ANAT) conducto *m* digestivo

Verdeck [fɛɐ'dɛk] *nt* <-(e)s, -e> ❶ (AUTO) capota *f;* **mit aufklappbarem ~** descapotable ❷ (NAUT) cubierta *f*

verdecken* *vt* ❶ *(bedecken)* tapar; **die Aussicht ~** tapar la vista ❷ *(verheimlichen)* ocultar

verdeckt *adj* ❶ *(nicht sichtbar)* tapado ❷ *(verborgen)* oculto; **~e Ermittlungen** pesquisas encubiertas

verdenken* *irr vt (geh)* **jdm etw ~** tomar a mal algo a alguien

verderben [fɛɐ'dɛrbən] <verdirbt, verdarb, verdorben> **I.** *vi sein (Lebensmittel)* estropearse, abombarse *Am; (Person)* echarse a perder **II.** *vt* estropear; *(moralisch)* corromper; **sich** *dat* **die Augen ~** estropearse la vista; **du hast es dir mit mir verdorben** conmigo ya te has cerrado todas las puertas; **es sich mit niemandem ~ wollen** querer estar a bien con todos

Verderben *nt* <-s, *ohne pl*> ruina *f;* **in sein ~ rennen** arruinarse; **jdn ins ~ stürzen** arruinar a alguien

verderblich [fɛɐ'dɛrplɪç] *adj* ❶ *(Lebensmittel)* perecedero ❷ *(schädlich)* nocivo, dañino

verdeutlichen* *vt* aclarar

verdichten* **I.** *vt* ❶ (PHYS, TECH) condensar ❷ *(Straßennetz)* ampliar **II.** *vr:* **sich ~** *(Nebel)* volverse más denso; *(Gerücht, Verdacht)* aumentar

verdicken* **I.** *vt* espesar **II.** *vr:* **sich ~** ❶ *(Flüssigkeiten)* espesar(se) ❷ *(feste Stoffe)* hincharse, inflarse

Verdickung *f* <-, -en> ❶ *(von Flüssigkeiten)* espesamiento *m* ❷ *(von festen Stoffen)* aumento *m* de tamaño

verdienen* *vt* ① *(Lohn)* ganar; **seine Brötchen ~** *(fam)* ganarse el pan; **leicht verdientes Geld** dinero fácil ② *(Lob, Vertrauen, Strafe)* merecer; **sie hat nichts Besseres verdient** no se merece nada mejor

Verdienst[1] *nt* <-(e)s, -e> mérito *m;* **es war einzig und allein sein ~** el mérito fue todo suyo

Verdienst[2] *m* <-(e)s, -e> *(Einkommen)* sueldo *m; (Gewinn)* ganancias *fpl*

Verdienstausfall *m* pérdida *f* de ganancias

Verdienstmöglichkeit *f* <-, -en> posibilidad *f* de ganancia

verdient *adj* ① *(Person)* de gran mérito ② *(Sieg, Lohn, Strafe)* merecido; **sich um etw ~ machen** comprometerse con algo

verdientermaßen [-ˈ--ˈ--] *adv,* **verdienterweise** *adv* merecidamente

verdirbt [fɛɐˈdɪrpt] *3. präs von* **verderben**

verdonnern* *vt (fam)* condenar (**zu** a)

Verdopp(e)lung *f* <-en> duplicación *f*

verdoppeln* **I.** *vt* duplicar (**auf** a) **II.** *vr:* **sich ~** duplicarse

verdorben [fɛɐˈdɔrbən] **I.** *pp von* **verderben II.** *adj* ① *(Fest, Lebensmittel)* estropeado ② *(moralisch)* depravado

Verdorbenheit *f* <-, *ohne pl*> depravación *f*

verdorren* [fɛɐˈdɔrən] *vi sein* secarse

verdrängen* *vt* ① *(wegdrängen)* echar (**aus** de); *(aus Amt)* suplantar (**aus** de) ② *(ersetzen)* su(b)stituir ③ (NAUT) desplazar ④ (PSYCH) reprimir

Verdrängung *f* <-en> ① *(von Person)* expulsión *f* (**aus** de); *(aus Amt)* suplantación *f* ② *(Ersetzung)* su(b)stitución *f* ③ (NAUT) desplazamiento *m* ④ (PSYCH) represión *f*

verdrecken* **I.** *vi sein (fam abw)* ensuciarse **II.** *vt (fam abw)* ensuciar

verdrehen* *vt* ① *(Glieder)* (re)torcer; **die Augen ~** torcer los ojos ② *(fam abw: falsch darstellen)* tergiversar

verdreifachen* *vt* triplicar

verdreschen* *irr vt (fam)* propinar una paliza, trillar *Am*

verdrießlich *adj (Miene)* avinagrado; **~ sein** estar de mal humor

V

verdrossen [fɛɐˈdrɔsən] **I.** *adj* malhumorado; *(unzufrieden)* descontento **II.** *adv* con disgusto

Verdrossenheit *f* <-, *ohne pl*> ① *(Verdrießlichkeit)* disgusto *m,* fastidio *m* ② *(Lustlosigkeit)* desgana *f,* indiferencia *f*

verdrücken* **I.** *vt (fam: essen)* tragar **II.** *vr:* **sich ~** *(fam: verschwinden)* largarse

Verdruss [fɛɐˈdrʊs] *m* <-es, -e> disgusto *m; (Ärger)* fastidio *m;* **zu meinem ~** para mi disgusto

verduften* *vi sein (fam)* pirarse, alcanforarse *Col, Ven*

verdummen* **I.** *vi sein* volverse tonto, entontecerse **II.** *vt* entontecer, atontar

Verdummung *f ohne pl* atontamiento *m,* entontecimiento *m*

Verdunk(e)lung *f ohne pl* oscurecimiento *m;* (JUR) entorpecimiento *m* de la acción judicial

Verdunk(e)lungsgefahr *f ohne pl* (JUR) peligro *m* de entorpecimiento de la acción judicial

verdunkeln* **I.** *vt* ① *(Raum)* oscurecer ② (JUR) ocultar **II.** *vr:* **sich ~** *(Himmel)* oscurecerse; **seine Miene verdunkelte sich** frunció el ceño

verdünnen* *vt* diluir, desparramar *Arg; (Sauce)* rebajar; *(Wein)* aguar

Verdünner *m* <-s, -> diluyente *m,* diluente *m*

Verdünnung *f* <-, -en> ① *(Verdünntsein)* adelgazamiento *m* ② *(Mittel zum Verdünnen)* diluyente *m*

Verdünnungsmittel *nt* diluyente *m*

verdunsten* *vi sein* evaporarse

Verdunstung *f ohne pl* evaporación *f,* volatilización *f*

verdursten* *vi sein* morir(se) de sed

verdutzt [fɛɐˈdʊtst] *adj* perplejo

Vered(e)lung *f* <-en> (AGR) injerto *m*

veredeln* *vt* perfeccionar; *(Metalle, Erdöl)* refinar; (AGR: *Pflanzen*) injertar

verehren* *vt* ① (*a.* REL) venerar; *(anbeten)* adorar; **verehrte Anwesende!** ¡señoras y señores! ② *(schenken)* regalar

Verehrer(in) *m(f)* <-s, -; -nen> admirador(a) *m(f)*

Verehrung *f ohne pl* (*a.* REL) veneración *f; (Anbetung)* adoración *f*

vereidigen* [fɛɐˈʔaɪdɪɡən] *vt* juramentar; **er wurde auf die Verfassung vereidigt** juró la constitución

vereidigt *adj* jurado

Vereidigung *f* <-en> prestación *f* de juramento; *(auf ein Amt)* jura *f* de un cargo

Verein [fɛɐˈʔaɪn] *m* <-(e)s, -e> asociación *f; (Sport-, Fußballverein)* club *m* deportivo; **eingetragener/gemeinnütziger ~** asociación registrada/no lucrativa

vereinbar *adj* compatible (**mit** con)

vereinbaren* *vt* ① *(verabreden)* acordar; *(festlegen)* fijar; **wir haben vereinbart, dass …** hemos acordado que… ② *(in Einklang bringen)* conciliar (**mit** con); **das kann ich nicht mit meinem Gewissen ~** no puedo conciliarlo con mi conciencia

Vereinbarung *f* <-en> acuerdo *m; (schriftlich)* convenio *m;* **laut ~** según (lo establecido en el) acuerdo; **Sprechstunde nach ~** consulta previa cita

vereinen* **I.** *vt (geh)* unir; *(zusammenführen)* reunir; *(in Einklang bringen)* conciliar; **sie vereint alle notwendigen Eigenschaften** reúne todas las características necesarias; **mit vereinten Kräften** todos juntos **II.** *vr:* **sich ~** *(geh)* reunirse

vereinfachen* *vt* simplificar

Vereinfachung *f* <-en> simplificación *f*

vereinheitlichen* *vt* uniformar; *(normierend)* estandarizar

Vereinheitlichung *f* <-, -en> ① *(Uniformierung)* unificación *f* ② (TECH: *Normierung*) normalización *f*

vereinigen* **I.** *vt* unir; *(zusammenführen)* reunir; *(Firmen)* fusionar; **alle Stimmen auf sich ~** obtener todos los votos **II.** *vr:* **sich ~** unirse, juntarse; *(zusammenkommen)* reunirse

vereinigt *adj* unido; **V~e Arabische Emirate** Emiratos Árabes Unidos; **V~e Staaten (von Nordamerika)** Estados Unidos (de Norteamérica); **V~es Königreich** Reino Unido

Vereinigung *f* <-en> ① *(das Vereinigen)* (re)unión *f; (von Firmen)* fusión *f;* (POL) unificación *f* ② (JUR: *Organisation*) asociación *f*

vereinnahmen* [fɛɐˈʔaɪnnaːmən] *vt* ① *(Geld, Zinsen)* cobrar ② *(Beruf, Person)* acaparar

vereinsamen* *vi sein* ir quedándose solo

vereinsamt *adj* aislado, solitario

Vereinsamung *f ohne pl* aislamiento *m*

Vereinslokal *nt* club *m,* local *m* social

vereinzelt [fɛɐˈʔaɪntsəlt] *adj* aislado; *(Schauer)* ocasional; **es regnet ~** hay lluvias aisladas

vereisen* [fɛɐˈaɪzən] **I.** *vi sein (Straße)* cubrirse de hielo **II.** *vt* (MED) anestesiar (con frío)

vereist [fɛɐˈaɪzt] *adj* helado

vereiteln* [fɛɐˈaɪtəln] *vt* frustrar

Vereitelung *f* <-, *ohne pl*> frustración *f,* malogro *m*

vereitern* *vi sein* supurar

verenden* *vi sein* morir

verengen* **I.** *vt* estrechar **II.** *vr:* **sich ~** *(Straße)* estrecharse; *(Pupille)* contraerse

Verengung *f* <-, -en> estrechamiento *m*

vererbbar *adj* heredable

vererben* **I.** *vt* ① *(hinterlassen)* dejar (en herencia) ② (BIOL, MED) tra(n)smitir por herencia (**auf** a) **II.** *vr:* **sich ~** (BIOL, MED) tra(n)smitirse por herencia

vererblich *adj* hereditario

Vererbung *f* <-en> (BIOL, MED) tra(n)smisión *f* por herencia

Vererbungslehre *f* <-, *ohne pl*> genética *f*

verewigen* [fɛɐˈʔeːvɪgən] *vt* perpetuar (**auf** a)

verfahren[1] *adj* sin salida

verfahren*[2] *irr* **I.** *vi sein* ① *(vorgehen)* proceder (**nach** según); **wie sollen wir weiter ~?** ¿cómo hemos de proceder? ② *(behandeln)* tratar (**mit** a); **streng mit jdm ~** tratar a alguien severamente **II.** *vt (Geld)* gastar (en dinero); *(Benzin)* gastar (en gasolina) **III.** *vr:* **sich ~** perderse

Verfahren *nt* <-s, -> ① *(Vorgehen)* procedimiento *m; (Methode)* método *m* ② (JUR: *Prozess*) causa *f;* **ein ~ gegen jdn einleiten** instruir una causa contra alguien

Verfall *m* <-(e)s, *ohne pl*> ① *(von Gebäude)* desmoronamiento *m* ② *(geistig, gesundheitlich)* decaimiento *m* ③ *(Niedergang)* decadencia *f* ④ *(Eintrittskarte)* caducidad *f*

Verfalldatum *nt s.* **Verfallsdatum**

verfallen* *irr vi sein* ① *(Gebäude)* desmoronarse ② *(körperlich, geistig, kulturell)* decaer ③ *(ungültig werden)* caducar; *(ablaufen)* vencer ④ *(abhängig werden)* depender (+*dat* de); **in alte Fehler ~** recaer en viejos errores ⑤ *(kommen auf)* caer en la cuenta (**auf** de); **sie verfiel auf die Idee, …** se le ocurrió…

Verfallsdatum *nt* fecha *f* de caducidad

verfälschen* *vt* ① *(Lebensmittel, Wein)* adulterar ② *(Wahrheit, Daten)* falsificar

Verfälschung *f* <-en> ① *(von Lebensmitteln)* adulteración *f* ② *(von Bericht, Daten)* falsificación *f,* falseamiento *m*

verfangen* *irr* **I.** *vi* surtir efecto **II.** *vr:* **sich ~** enredarse; **sich in Widersprüchen ~** contradecirse

verfänglich [fɛɐˈfɛŋlɪç] *adj (Frage)* capcioso; *(Situation)* embarazoso

verfärben* *vr:* **sich ~** cambiar de color; *(Kleidung)* desteñirse

Verfärbung *f* <-, -en> ① *(Annahme anderer Farbe)* tinte *m* ② *(abweichende Färbung)* (de)coloración *f*

verfassen* *vt* redactar

Verfasser(in) *m(f)* <-s, -; -nen> autor(a) *m(f)*

Verfassung *f* <-en> ① (POL) constitución *f* ② *(Zustand)* condición *f; (seelisch)* estado *m* de ánimo; **in guter/schlechter ~ sein** estar en buenas/malas condiciones

Verfassungsänderung *f* modificación *f* de la constitución

Verfassungsbeschwerde *f* (JUR) recurso de amparo (constitucional) *m*

verfassungsfeindlich *adj* (JUR) anticonstitucional

Verfassungsgericht *nt* tribunal *m* constitucional

Verfassungsklage *f* (JUR) recurso *m* de inconstitucionalidad

verfassungsmäßig *adj* constitucional

Verfassungsrecht *nt ohne pl* derecho *m* constitucional

Verfassungsschutz *m* Oficina *f* Federal de Protección de la Constitución

Verfassungstreue *f ohne pl* fidelidad *f* constitucional

verfassungswidrig *adj* anticonstitucional

verfaulen* *vi sein* pudrirse

verfechten* *irr vt* defender

Verfechter(in) *m(f)* <-s, -; -, -nen> defensor(a) *m(f)*

verfehlen* *vt* ❶ *(Zug)* perder; *(Person)* no encontrar ❷ *(Ziel, Zweck)* no conseguir; *(Schütze)* fallar (el blanco); **ich halte es für verfehlt, das zu tun** me parece equivocado hacer eso; **seine Wirkung ~** no surtir efecto; **das Thema ~** no acertar el tema

verfehlt *adj (nicht angebracht)* inadecuado; *(falsch)* falso

verfeinden* [fɛɐ'faɪndən] *vr:* **sich ~** enemistarse, contrapuntearse *Am*

verfeinern* [fɛɐ'faɪnɐn] *vt (Geschmack)* refinar; *(Methode)* perfeccionar

Verfeinerung *f* <-en> ❶ *(eines Gerichts)* mejoramiento *m* ❷ *(einer Methode)* refinamiento *m*

verfilmen* *vt* llevar a la pantalla

Verfilmung *f* <-en> adaptación *f* cinematográfica

verfilzen* *vi sein (Haare)* enredarse; *(Wolle, Pullover)* apelmazarse

verfinstern* *vr:* **sich ~** oscurecerse

Verflechtung *f* <-en> ❶ *(Verbindung)* entrelazamiento *m* ❷ *(Zusammenhang)* interdependencia *f*

verfliegen* *irr* **I.** *vi sein* ❶ *(Duft, Alkohol)* evaporarse ❷ *(Ärger, Begeisterung)* desvanecerse; *(Zeit)* pasar volando **II.** *vr:* **sich ~** perderse

verfließen* *irr vi sein* ❶ *(geh: Zeit)* pasar, transcurrir ❷ *(Farben)* correrse

verflixt [fɛɐ'flɪkst] *adj (fam)* endemoniado; **~ und zugenäht!** ¡maldito sea!

verflogen *pp von* **verfliegen**

verflossen [fɛɐ'flɔsən] **I.** *pp von* **verfließen** **II.** *adj (fam)* antiguo, ex; **ihr V~er** su ex

verfluchen* *vt* maldecir

verflucht *adj (fam)* maldito; **~ noch mal!** ¡joder!

verflüchtigen* *vr:* **sich ~** ❶ *(Duft, Alkohol)* evaporarse ❷ *(Ärger, Hoffnung)* desvanecerse; *(Bedenken)* disiparse ❸ *(fam: Person)* perderse (del mapa)

verflüssigen* **I.** *vt (Luft)* licuar **II.** *vr:* **sich ~** licuarse

verfochten *pp von* **verfechten**

verfolgen* *vt* ❶ *(allgemein)* perseguir; **etw gerichtlich ~** perseguir algo judicialmente; **vom Unglück verfolgt** perseguido por la desgracia; **welche Absicht verfolgt er?** ¿qué intención persigue? ❷ *(Spur)* seguir, bandear *AmC* ❸ *(Handlung)* observar; *(Unterricht)* seguir

Verfolger(in) *m(f)* <-s, -; -nen> perseguidor(a) *m(f)*

Verfolgte(r) *mf* <-n, -n; -n> perseguido, -a *m, f;* **politisch ~** perseguidos políticos

Verfolgung *f* <-en> persecución *f*, siga *f Chil*

Verfolgungsjagd *f* persecución *f*

Verfolgungswahn *m* (PSYCH) manía *f* persecutoria

verformen* **I.** *vt* deformar **II.** *vr:* **sich ~** deformarse

Verformung *f* <-, -en> deformación *f;* **~en aufweisen** presentar deformaciones

verfrachten* *vt* expedir; *(mit Schiff)* fletar; **jdn in das Auto ~** *(fam)* meter a alguien en el coche

verfremden* *vt* distanciar

verfressen[1] *adj (fam abw)* tragón, glotón

verfressen*[2] *irr vt (fam)* gastar en comida

verfrüht *adj* prematuro

verfügbar *adj* disponible

verfügen* **I.** *vi (Zeit, Besitz)* disponer (**über** de); *(ausgestattet sein)* estar provisto (**über** de); **über Erfahrung ~** tener experiencia **II.** *vt* ordenar

Verfügung *f* <-en> ❶ *(Anordnung)* orden *f;* **einstweilige ~** medida provisional cautelar; **eine ~ erlassen** decretar una orden ❷ *(Disposition)* disposición *f;* **etw zu seiner/zur ~ haben** tener algo a su disposición; **jdm etw zur ~ stellen** poner algo a disposición de alguien; **sich zur ~ halten** mantenerse a disposición

verführen* *vt* ❶ *(anstiften)* inducir (**zu** a) ❷ *(sexuell)* seducir

Verführer(in) *m(f)* <-s, -; -nen> seductor(a) *m(f)*

verführerisch *adj* seductor; *(reizvoll)* tentador

Verführung *f* <-en> seducción *f;* **~ Minderjähriger** corrupción de menores

verfüttern* *vt* dar de comer

Vergabe *f* <-n> adjudicación *f*

vergammeln* **I.** *vi sein (fam: verfaulen)* pudrirse **II.** *vt (fam: Zeit)* perder

vergammelt *adj (fam)* ❶ *(Nahrung)* podrido ❷ *(abw: Aussehen)* miserable, cutre

vergangen [fɛɐ'gaŋən] *pp von* **vergehen**

Vergangenheit *f ohne pl* ❶ *(Zurückliegen-*

des) pasado *m;* **das gehört der ~ an** esto pertenece al pasado; **in der jüngsten ~** recientemente ② (LING) pretérito *m*

Vergangenheitsbewältigung *f ohne pl* enfrentamiento *m* crítico con el pasado

vergänglich [fɛɐ'gɛŋlɪç] *adj* pasajero; *(flüchtig)* efímero

Vergänglichkeit *f ohne pl* carácter *m* transitorio [*o* efímero]

vergasen* [fɛɐ'ga:zən] *vt* ① *(Kohle, Koks)* gasificar ② *(Menschen)* asfixiar con gas

Vergaser *m* <-s, -> (AUTO) carburador *m*

vergaß [fɛɐ'ga:s] *3. imp von* **vergessen**

Vergasung *f* <-, -en> gasificación *f;* **bis zur ~** *(fam)* hasta no poder más

vergeben* *irr vt* ① *(allgemein)* dar; *(zuweisen)* adjudicar; *(verteilen)* distribuir; *(Stipendium, Preis)* conceder; **einen Auftrag an jdn ~** adjudicar un encargo a alguien; **er/sie ist schon ~** él/ella tiene compromiso ② *(Chance, Möglichkeit)* desperdiciar, no aprovechar; **du wirst dir nichts ~, wenn ...** no vas a perder tu nombre por... *+inf* ③ *(zuteilen)* distribuir ④ *(geh: verzeihen)* perdonar; **die Sache ist ~ und vergessen** el asunto está perdonado y olvidado

vergebens [fɛɐ'ge:bəns] *adv* en vano, ñudo *Am: fam*

vergeblich **I.** *adj* inútil **II.** *adv* en vano

Vergebung *f* <-en> *(geh)* perdón *m; (von Sünden)* remisión *f;* **jdn für etw um ~ bitten** pedir perdón a alguien por algo

vergegenwärtigen* [---'---] *vt* **sich** *dat* **etw ~** *(vor Augen rufen)* tener algo presente; *(sich vorstellen)* imaginarse algo; *(sich erinnern)* acordarse de algo

vergehen* *irr* **I.** *vi sein* ① *(Zeit)* pasar; **wie die Zeit vergeht!** ¡cómo pasa el tiempo!; **vergangene Woche** la semana pasada ② *(aufhören)* pasar(se), quitarse; *(verschwinden)* desaparecer; *(nachlassen)* disminuir; **mir ist der Appetit vergangen** se me ha quitado el apetito ③ *(schmachten)* morirse (**vor** de) **II.** *vr:* **sich ~** infringir (**gegen**); **sich an jdm ~** abusar de alguien

Vergehen *nt* <-s, -> infracción *f* (**gegen** de)

vergeigen* *vt (fam)* malograr

vergelten* *irr vt* **jdm etw ~** devolver algo a alguien; *(rächen)* desquitarse de algo con alguien; **Gleiches mit Gleichem ~** pagar algo con la misma moneda

Vergeltung *f* <-en> ① *(Belohnung)* recompensa *f* ② *(Rache)* desquite *m;* **~ für etw üben** desquitarse de algo

Vergeltungsmaßnahme *f* represalia *f;* **~n durchführen** tomar represalias

Vergeltungsschlag *m* acto *m* de represalia

vergessen [fɛɐ'gɛsən] <vergisst, vergaß, vergessen> **I.** *vt* olvidar; **ehe ich es vergesse** antes de que se me olvide...; **nicht zu ~ ...** no olvide...; **das kannst du ~!** *(fam)* ¡olvídate de eso! **II.** *vr:* **sich ~** propasarse

Vergessenheit *f ohne pl* olvido *m;* **in ~ geraten** caer en el olvido

vergesslich *adj* olvidadizo, despistado *fam*

Vergesslichkeit *f ohne pl* falta *f* de memoria

vergeuden* [fɛɐ'gɔɪdən] *vt* desperdiciar; *(Geld)* despilfarrar

Vergeudung *f* <-, -en> desperdicio *m; (von Geld)* despilfarro *m*

vergewaltigen* [fɛɐgə'valtɪgən] *vt* violar

Vergewaltigung *f* <-en> violación *f*

vergewissern* [fɛɐgə'vɪsɐn] *vr:* **sich ~** cerciorarse (**über** de)

vergießen* *irr vt* derramar

vergiften* **I.** *vt* intoxicar; *(tödlich)* envenenar **II.** *vr:* **sich ~** intoxicarse; *(tödlich)* envenenarse

Vergiftung *f* <-en> envenenamiento *m;* (MED) intoxicación *f*

vergilbt *adj* amarillento

Vergissmeinnicht [fɛɐ'gɪsmaɪnɪçt] *nt* <-(e)s, -(e)> (BOT) nomeolvides *m inv*

vergisst [fɛɐ'gɪst] *3. präs von* **vergessen**

vergittern* *vt* enrejar

verglasen* [fɛɐ'gla:zən] *vt* acristalar, poner cristales (a)

Vergleich *m* <-(e)s, -e> ① *(das Vergleichen)* comparación *f;* **~e ziehen** establecer una comparación; **in keinem ~ zu etw** *dat* **stehen** no tener comparación con algo; **im ~ zu jdm/etw** *dat* en comparación con alguien/algo ② (JUR) acuerdo *m;* **einen ~ schließen** llegar a un acuerdo

vergleichbar *adj* comparable (**mit** a)

vergleichen* *irr* **I.** *vt* comparar; **das kann man nicht ~** *(fam)* esto no se puede comparar; **verglichen mit ...** comparado con... **II.** *vr:* **sich ~** (JUR) llegar a un acuerdo

vergleichsweise *adv* en comparación

verglichen *pp von* **vergleichen**

verglühen* *vi sein* irse extinguiendo, apagarse lentamente

vergnügen* [fɛɐ'gny:gən] **I.** *vr:* **sich ~** divertirse **II.** *vt* divertir

Vergnügen[1] [fɛɐ'gny:gən] *nt* <-s, *ohne pl*> *(Gefallen)* gusto *m; (Freude)* placer *m;* **es ist ein ~, ihm zuzusehen** da gusto verle; **es ist mir ein ~** encantado; **an etw** *dat* **~ finden** tener placer con algo; **das bereitet mir ~** eso me encanta; **mit**

wem habe ich das ~? ¿con quién tengo el gusto de hablar?; **viel ~!** ¡que lo pase(s) bien!; **mit ~** con mucho gusto
Vergnügen[2] *nt* <-s, -> *(Zeitvertreib)* diversión *f;* **ein teures ~** una diversión muy cara; **sich ins ~ stürzen** *(fam)* entregarse de lleno al placer; *(iron)* poner manos a la obra
vergnüglich *adj* entretenido
vergnügt *adj* alegre (**über** por)
Vergnügung *f* <-en> entretenimiento *m; (Spaß)* diversión *f*
Vergnügungspark *m* parque *m* de atracciones
Vergnügungsviertel *nt* barrio *m* de entretenimiento
vergolden* *vt* dorar
vergolten *pp von* **vergelten**
vergossen *pp von* **vergießen**
vergöttern* [fɛɐ'gœtɐn] *vt* adorar
Vergöttlichung *f* <-, -en> divinización *f*
vergraben* *irr* **I.** *vt* enterrar **II.** *vr:* **sich ~** *(sich zurückziehen)* encerrarse (**in** en), retirarse (**in** a)
vergrämen* *vt* espantar, ahuyentar
vergrämt [fɛɐ'grɛːmt] *adj* acongojado
vergrätzen* [fɛɐ'grɛtsən] *vt (fam)* enfadar, irritar
vergraulen* [fɛɐ'graʊlən] *vt (fam)* ahuyentar
vergreifen* *irr vr:* **sich ~** ① *(danebengreifen)* equivocarse ② *(angreifen)* **sich an jdm ~** atacar a alguien; *(sexuell)* abusar de alguien; **sich an etw** *dat* **~** usurpar algo ③ *(sich unpassend ausdrücken)* equivocarse (**in** con)
vergreisen* [fɛɐ'graɪzən] *vi sein* ① *(senil werden)* volverse senil ② *(Bevölkerung)* envejecer
Vergreisung *f* <-, *ohne pl*> ① *(einer Person)* senescencia *f elev* ② *(der Bevölkerung)* envejecimiento *m*
vergriffen [fɛɐ'grɪfən] **I.** *pp von* **vergreifen II.** *adj (Ware)* agotado
vergrößern* [fɛɐ'grøːsɐn] **I.** *vt* ① *(räumlich)* agrandar; *(erweitern)* ampliar ② *(Lupe, Linse)* aumentar; (FOTO) ampliar ③ *(vermehren)* aumentar, acrecentar; *(Wissen)* ampliar ④ *(verschlimmern)* agravar **II.** *vr:* **sich ~** ① *(sich erweitern)* ampliarse; *(Pupille, Organ)* dilatarse ② *(zunehmen)* aumentar
Vergrößerung *f* <-en> ① *(räumlich)* agrandamiento *m; (Erweiterung)* ampliación *f* ② (FOTO) ampliación *f; (Optik)* aumento *m;* **in 500facher ~** ampliado en una escala de 500:1 ③ *(Zunahme)* incremento *m* ④ *(Verschlimmerung)* agravación *f*

V

Vergrößerungsglas *nt* cristal *m* de aumento
vergucken* *vr:* **sich ~** *(fam)* ① *(irren)* equivocarse ② *(verlieben)* enamorarse (**in** de)
vergünstigt *adj (Preis)* rebajado
Vergünstigung *f* <-en> ventaja *f; (bei Preis)* rebaja *f*
vergüten* [fɛɐ'gyːtən] *vt* ① *(Arbeit)* remunerar; **jdm etw ~** *(entschädigen)* indemnizar a alguien por algo; *(erstatten)* reembolsar algo a alguien ② *(Metall)* templar ③ *(Linse, Objektiv)* proveer de una capa antireflectora
Vergütung *f* <-en> ① *(für Arbeit)* remuneración *f* ② *(Rückerstattung)* reembolso *m* ③ (TECH) temple *m*
verhaften* [fɛɐ'haftən] *vt* detener; **Sie sind verhaftet!** ¡está Ud. detenido!
Verhaftete(r) *mf* <-n, -n; -n, -n> preso, -a *m, f,* recluso, -a *m, f*
Verhaftung *f* <-en> detención *f,* arresto *m*
verhallen* *vi sein* ① *(Ton)* extinguirse ② *(Bitten)* no ser escuchado
verhalten[1] *adj* reservado; **die ~e Wut** la rabia contenida
verhalten*[2] *irr vr:* **sich ~** ① *(sich benehmen)* comportarse; **sich jdm gegenüber unverschämt ~** comportarse desvergonzadamente con alguien ② *(Sache, a.* MATH) ser (**zu** a); **wie verhält es sich mit …?** ¿qué pasa con…?; **in Wirklichkeit verhält es sich ganz anders** la realidad es muy distinta
Verhalten *nt* <-s, *ohne pl*> ① *(Benehmen)* comportamiento *m; (Haltung)* actitud *f* ② (CHEM) reacción *f*
Verhaltensforschung *f* <-, *ohne pl*> etología *f*
verhaltensgestört *adj* trastornado
Verhaltensstörung *f* (MED, PSYCH) trastorno *m* en el comportamiento
Verhaltensweise *f* comportamiento *m*
Verhältnis [fɛɐ'hɛltnɪs] *nt* <-ses, -se> ① *(Relation)* relación *f;* **im ~ zu** en relación a; **ein ~ von fünf zu eins** una relación de cinco por uno; **die Kosten stehen in keinem ~ zum Erfolg** los gastos no están en relación ninguna con el éxito ② *(persönliches Verhältnis)* relación *f;* **ein freundschaftliches ~** una relación amistosa; **ein gestörtes ~ zu jdm/etw** *dat* **haben** tener una relación difícil con alguien/algo ③ *(fam: Liebesverhältnis)* relaciones *f pl,* lío *m fam;* **ein ~ mit jdm haben** tener un lío con alguien ④ *pl (Umstände)* condiciones *f pl;* **sie lebt über ihre ~se** vive por encima de sus posibilidades; **in bescheidenen ~sen leben** vivir modesta-

mente; **klare ~se schaffen** poner las cosas en claro

verhältnismäßig *adv* ① *(relativ)* relativamente ② *(proportional)* proporcionalmente

Verhältnismäßigkeit *f* <-, -en> proporcionalidad *f*

Verhältniswahl *f* (POL) representación *f* proporcional

Verhältniswahlrecht *nt ohne pl* sistema *m* electoral proporcional

Verhältniswort *nt* (LING) preposición *f*

verhandeln* I. *vi* negociar (**über**) II. *vt* (JUR) debatir

Verhandlung *f* <-en> ① *(das Verhandeln)* negociación *f;* **~en führen** negociar; **mit jdm in ~en treten** entrar en negociaciones con alguien ② (JUR) juicio *m*

Verhandlungsbasis *f* base *f* de negociación

verhandlungsfähig *adj* (JUR) capaz de litigar

Verhandlungsführer(in) *m(f)* <-s, -; -, -nen> negociador(a) *m(f)*

Verhandlungsgeschick *nt* <-(e)s, *ohne pl*> capacidad *f* negociadora

Verhandlungstisch *m* mesa *f* de negociaciones

verhangen [fɛɐ'haŋən] *adj* cubierto (**mit** de)

verhängen* *vt* ① *(zuhängen)* cubrir ② (JUR: *Strafe*) imponer (**über** a); *(Embargo)* ordenar (**über** para); *(Ausnahmezustand)* proclamar (**über** en)

Verhängnis *nt* <-ses, -se> perdición *f;* *(Katastrophe)* desastre *m;* **das wurde ihr zum ~** eso fue su perdición

verhängnisvoll *adj* fatal

verharmlosen* *vt* minimizar

verharren* *vi (geh)* ① *(beharrlich sein)* **auf etw** *dat* **~** perseverar en algo ② *(bleiben, innehalten)* **in einer Stellung ~** perseverar en una posición

verhärten* I. *vt* endurecer II. *vr:* **sich ~** endurecerse

Verhärtung *f* <-en> ① *(Verhärten)* endurecimiento *m* ② *(Schwiele)* callo *m*

verhaspeln* [fɛɐ'haspəln] *vr:* **sich ~** *(fam)* ① *(beim Sprechen)* atascarse ② *(in Fäden)* enredarse

verhasst [fɛɐ'hast] *adj* odiado; **sich bei jdm ~ machen** atraerse los odios de alguien; **diese Arbeit ist mir ~** odio este trabajo

verhätscheln* [fɛɐ'hɛtʃəln] *vt* malcriar, engreír *Am*

verhauen <verhaut, verhaute, verhauen> I. *vt* *(fam)* ① *(prügeln)* dar una paliza ② *(schlecht machen)* **die Klausur hab' ich ~!** *(fam)* ¡el examen me salió de pena! II. *vr:* **sich ~** *(fam)* meter la pata

verheddern* [fɛɐ'hɛdɐn] *vr:* **sich ~** *(fam)* ① *(Fäden)* enredarse (**in** en) ② *(sich versprechen)* atascarse

verheerend *adj* ① *(furchtbar)* desastroso ② *(fam: scheußlich)* espantoso

verhehlen* [fɛɐ'he:lən] *vt (geh)* ocultar; **jdm etw ~** ocultar algo a alguien

verheilen* *vi sein (Wunde)* cerrarse; *(vernarben)* cicatrizar

verheimlichen* *vt* ocultar; **ich habe nichts zu ~** no tengo nada que ocultar

Verheimlichung *f* <-, -en> ocultación *f;* (JUR) encubrimiento *m*

verheiraten* I. *vr:* **sich ~** casarse; **glücklich verheiratet** felizmente casado II. *vt* casar

verheiratet *adj* casado

verheißen* *irr vt (geh)* prometer

verheißungsvoll *adj* prometedor

verheizen* *vt* ① *(als Brennstoff verwenden)* quemar ② *(sl abw: sinnlos opfern)* agotar, reventar

verhelfen* *irr vi* **jdm zu etw** *dat* **~** ayudar a alguien a conseguir algo; **jdm zur Flucht ~** ayudar a alguien a fugarse

verherrlichen* *vt* glorificar

Verherrlichung *f* <-, -en> glorificación *f,* enaltecimiento *m*

verheult [fɛɐ'hɔɪlt] *adj (fam)* lloroso; **~e Augen haben** tener los ojos hinchados de haber llorado

verhexen* *vt* embrujar, embichar *Arg;* **das ist wie verhext!** *(fam)* ¡esto está embrujado!

verhindern* *vt* impedir, barajar *Chil, Méx;* *(vermeiden)* evitar; **das lässt sich leider nicht ~** desgraciadamente esto no se puede evitar; **ich war gestern dienstlich verhindert** ayer no pude venir por cuestión de negocios

verhindert *adj (mit verborgener Begabung)* frustrado

Verhinderung *f* <-, -en> impedimento *m*

verhöhnen* *vt* burlarse (de), mofarse (de), pifiar *Arg, And*

verhökern* [fɛɐ'hø:kɐn] *vt (fam)* vender barato

verholfen *pp von* **verhelfen**

Verhör [fɛɐ'hø:ɐ] *nt* <-(e)s, -e> interrogatorio *m;* **jdn ins ~ nehmen** *(fam)* pedir(le) cuentas a alguien

verhören* I. *vt* interrogar II. *vr:* **sich ~** entender mal

verhüllen* *vt* ① *(bedecken)* cubrir ② *(verbergen)* ocultar; *(beschönigen)* disimular; **eine verhüllte Morddrohung** una amenaza de muerte disimulada

verhungern* *vi sein* morir de hambre
verhunzen* [fɛɐ'hʊntsən] *vt (abw fam)* ① *(verunstalten)* desfigurar, fastidiar ② *(verderben)* estropear
verhüten* *vt (Schaden, Krankheit)* prevenir; *(verhindern)* impedir; **die Empfängnis ~** usar métodos anticonceptivos
Verhütung *f* <-en> prevención *f*; *(Empfängnisverhütung)* contracepción *f*
Verhütungsmethode *f* método *m* anticonceptivo
Verhütungsmittel *nt* anticonceptivo *m*
Verifikation *f* <-, -en> verificación *f*, comprobación *f*
verifizieren* [verifi'tsi:rən] *vt* verificar
verinnerlichen* *vt* interiorizar
verirren* *vr*: **sich ~** perderse
verjagen* *vt* ahuyentar, echar *fam*
verjähren* [fɛɐ'jɛ:rən] *vi sein* prescribir
Verjährung *f* <-en> prescripción *f*
verjubeln* *vt (fam)* despilfarrar, derrochar
verjüngen* [fɛɐ'jʏŋən] **I.** *vt* ① *(Aussehen)* rejuvenecer ② *(Belegschaft)* renovar **II.** *vr*: **sich ~** ① *(schmaler, enger werden)* estrecharse ② *(jüngeres Aussehen bekommen)* rejuvenecerse
Verjüngung *f* <-en> ① *(des Aussehens)* rejuvenecimiento *m* ② *(des Personals)* renovación *f*
verkabeln* *vt* tender cables
Verkabelung *f* <-en> cableado *m*
verkalken* *vi sein* ① *(Maschine)* cubrirse de cal ② (MED) calcificarse ③ *(fam: Person)* volverse chocho
verkalkulieren* *vr*: **sich ~** equivocarse en el cálculo (**bei/in** de)
Verkalkung *f* <-en> ① *(Kalkablagerung)* calcificación *f* ② *(der Arterien)* esclerosis *f inv* ③ *(fam: Vergreisung)* senilidad *f*
verkannt [fɛɐ'kant] **I.** *pp von* **verkennen** **II.** *adj* no apreciado
verkappt [fɛɐ'kapt] *adj* disfrazado
verkatert [fɛɐ'ka:tɐt] *adj (fam)* trasnochado; **ich bin ~** tengo resaca
Verkauf[1] *m* <-(e)s, -käufe> *(das Verkaufen)* venta *f*; **zum ~ stehen** estar en venta
Verkauf[2] *m* <-(e)s, *ohne pl*> *(Verkaufsabteilung)* departamento *m* de ventas
verkaufen* **I.** *vt* ① *(veräußern)* vender (**an** a, **für** por), trocar *CSur;* **zu ~** se vende; **jdn für dumm ~** tomar a alguien por tonto ② *(fam: glauben machen)* hacer creer; **jdm etw als große Leistung ~** hacer creer a alguien que algo es una cosa del otro mundo **II.** *vr*: **sich ~** venderse; **sich teuer ~** venderse caro; **sich gut/schlecht ~** venderse bien/mal
Verkäufer(in) *m(f)* <-s, -; -nen> vendedor(a) *m(f)*; *(in Geschäft)* dependiente, -a *m, f*
verkäuflich *adj* en venta; **nicht ~ sein** no estar en venta; **schwer ~ sein** venderse mal
Verkaufsangebot *nt* <-(e)s, -e> oferta *f* de venta
Verkaufserlös *m* <-es, -e> producto *m* de la venta
Verkaufsleiter(in) *m(f)* <-s, -; -, -nen> jefe, -a *m, f* (del servicio) de ventas
verkaufsoffen *adj* **~er Sonntag** *domingo en el que las tiendas están abiertas durante todo el día*
Verkaufspreis *m* precio *m* de venta
Verkaufsprognose *f* estimación *f* de ventas
Verkaufsschlager *m* <-s, -> éxito *m* de ventas, superventas *m inv*
Verkaufsstand *m* puesto *m* de venta
Verkaufszahlen *fpl* cifras *fpl* de venta
Verkehr [fɛɐ'ke:ɐ] *m* <-(e)s, *ohne pl*> ① *(Fahrzeug-, Güterverkehr)* tráfico *m*; *(Umlauf, Straßenverkehr)* circulación *f*; **etw aus dem ~ ziehen** retirar algo de la circulación; *(Fahrzeug)* retirar del servicio; **jdn aus dem ~ ziehen** *(fam)* quitar de en medio a alguien ② *(Umgang)* contacto *m*; **in regem ~ mit jdm stehen** tener mucho contacto con alguien ③ *(Geschlechtsverkehr)* relaciones *fpl* sexuales
verkehren* **I.** *vi* ① *haben o sein (auf Strecke)* cubrir el recorrido (**zwischen ... und** de... a); *(Verkehrsmittel)* circular ② *(sich aufhalten)* frecuentar; **in dem Lokal verkehre ich nicht** no frecuento este local; **mit jdm ~** tener trato con alguien; *(brieflich)* estar en correspondencia con alguien; *(Geschlechtsverkehr haben)* mantener relaciones sexuales con alguien **II.** *vt* **etw ins Gegenteil ~** tergiversar algo hasta obtener lo contrario
Verkehrsader *f* arteria *f* (de tráfico)
Verkehrsampel *f* semáforo *m*
Verkehrsamt *nt* oficina *f* de turismo
Verkehrsanbindung *f* enlace *m* a la vía pública [*o* férrea]
Verkehrsaufkommen *nt ohne pl* volumen *m* de tráfico
Verkehrsbehinderung *f* <-, -en> (JUR) obstáculo *m* para el tráfico; **eine ~ darstellen** obstaculizar el tráfico
verkehrsberuhigt *adj* **~e Zone** zona *f* de tráfico reducido
Verkehrsberuhigung *f* <-, -en> reducción *f* de tráfico
Verkehrschaos *nt* caos *m inv* en la circulación; *(außerhalb von Ortschaften)* caos *m inv* en la carretera

Verkehrsdelikt *nt* delito *m* de la circulación
Verkehrsdichte *f* densidad *f* del tráfico
Verkehrsdurchsage *f* información *f* de tráfico
Verkehrserziehung *f* educación *f* vial
Verkehrsflugzeug *nt* avión *m* de línea
Verkehrsfunk *m* servicio *m* radiofónico de información sobre el estado de las carreteras
verkehrsgünstig *adj* bien situado (en relación a la infraestructura y medios de transporte), bien ubicado *Am*
Verkehrsinsel *f* isleta *f*
Verkehrsknotenpunkt *m* nudo *m* de comunicaciones
Verkehrskontrolle *f* control *m* de la circulación
Verkehrsleitsystem *nt* <-s, -e> (AUTO) sistema *m* de dirección del tráfico
Verkehrsminister(in) *m(f)* ministro, -a *m, f* de Transportes
Verkehrsmittel *nt* medio *m* de tra(n)sporte; **die öffentlichen ~** los medios de tra(n)sporte públicos
Verkehrsnachrichten *fpl* informe *m* de tráfico
Verkehrsopfer *nt* <-s, -> víctima *f* de un accidente de circulación
Verkehrsordnung *f* (ADMIN) código *m* de la circulación
Verkehrspolizei *f ohne pl* policía *f* de tráfico
Verkehrspolizist(in) *m(f)* policía *mf* urbano , -a
Verkehrsregel *f* regla *f* de tráfico
Verkehrsschild *nt* señal *f* de tráfico
verkehrssicher *adj* apto para la circulación
Verkehrsteilnehmer(in) *m(f)* usuario, -a *m, f* de la vía pública
Verkehrstote(r) *mf* muerto, -a *m, f* en accidente de tráfico
Verkehrsunfall *m* accidente *m* de tráfico
Verkehrsverbund *m* asociación *f* de empresas de transporte público
verkehrswidrig *adj* contrario a las reglas de tráfico; **sich ~ verhalten** infringir las reglas de tráfico
Verkehrszeichen *nt* señal *f* de tráfico
verkehrt [fɛɐ̯'ke:ɐt] **I.** *adj* equivocado; *(falsch)* erróneo; **das ist total ~** esto es completamente erróneo; **das ist gar nicht so ~** esto no está del todo mal; (**mit etw** *dat*) **an den V~en geraten** *(fam)* dirigirse (con algo) a la persona errónea; **ich will nichts V~es sagen** no quiero decir algo equivocado **II.** *adv (umgekehrt)* al revés, a la inversa; *(falsch)* mal; **~ herum** al revés, a la inversa; **etw ~ herum anhaben** llevar algo (puesto) del revés; **etw ~ machen** hacer algo mal
verkeilen* **I.** *vt (Fahrzeug usw.)* acuñar, asegurar con cuñas **II.** *vr:* **sich ~** agarrotarse
verkeilt *adj* (**ineinander**) ~ incrustados
verkennen* *irr vt (falsch beurteilen)* juzgar mal; *(unterschätzen)* subestimar; **es ist nicht zu ~, dass ...** no se puede negar que...; **du verkennst den Ernst der Lage** no te das cuenta de lo grave de la situación
verketten* **I.** *vt* encadenar **II.** *vr:* **sich ~** juntarse
Verkettung *f* <-, -en> encadenamiento *m;* **eine ~ verheerender Umstände** una serie de acontecimientos funestos
verklagen* *vt* **jdn ~** entablar un pleito contra alguien (**auf/wegen** por)
verklappen* *vt* verter al mar
verklären* *vr:* **sich ~** ❶ *(heiter werden)* ponerse radiante, rebosar felicidad; **ein verklärter Blick** una mirada radiante [*o* llena de felicidad] ❷ *(Vergangenheit)* embellecerse
Verklärung *f* <-, *ohne pl*> transfiguración *f*
verkleben* **I.** *vt* ❶ *(festkleben)* pegar ❷ *(zukleben)* tapar **II.** *vi sein* pegarse
verkleiden* **I.** *vt* ❶ *(Wand)* revestir (**mit** de) ❷ *(kostümieren)* disfrazar (**als** de) **II.** *vr:* **sich ~** disfrazarse (**als** de)
Verkleidung *f* <-en> ❶ *(von Person)* disfraz *m* ❷ *(von Wand)* revestimiento *m* (**mit** de)
verkleinern* [fɛɐ̯'klaɪnɐn] **I.** *vt (allgemein)* reducir (en tamaño); *(vermindern)* disminuir; *(Firma)* reducir la plantilla; **etw um die Hälfte ~** reducir algo a la mitad **II.** *vr:* **sich ~** *(allgemein)* reducirse; *(abnehmen)* disminuir (**um** en)
Verkleinerung *f* <-en> reducción *f* (**auf** a); *(Verminderung)* disminución *f*
Verkleinerungsform *f* (LING) diminutivo *m*
verklemmen* *vr:* **sich ~** atascarse
verklemmt *adj* ❶ *(Tür)* atascado ❷ *(Person)* cohibido, cortado *fam*
verklingen* *irr vi sein* ir terminando; *(sich verlieren)* perderse
verkloppen* [fɛɐ̯'klɔpən] *vt (fam)* ❶ *(verhauen)* zurrar; **jdn ~** dar una paliza [*o* zurra] a alguien ❷ *(verkaufen)* vender
verknacksen* *vt* **sich** *dat* **etw ~** *(fam)* torcerse algo
verknallen* **I.** *vt (fam: Knallkörper)* lanzar; *(Geld)* gastar en cohetes **II.** *vr:* **sich ~** *(fam)* enamorarse locamente (**in** de)
verkneifen* *irr vr (fam)* **sich** *dat* **etw ~**

V

(verzichten) renunciar a algo; *(unterdrücken)* contener algo

verkniffen [fɛɐ'knɪfən] **I.** *pp von* **verkneifen II.** *adj (abw)* amargado; **du siehst das zu ~** *(fam)* te lo tomas demasiado a pecho

verknoten* **I.** *vt* anudar **II.** *vr:* **sich ~** anudarse

verknüpfen* *vt* ① *(verknoten)* enlazar ② *(in Beziehung setzen)* relacionar ③ *(verbinden)* combinar; **er verknüpfte den Ausflug mit einem Museumsbesuch** combinó la excursión con la visita a un museo ④ (INFOR: *Programme*) ligar

Verknüpfung *f* <-, -en> (INFOR: *von Programmen*) ligado *m,* encadenamiento *m*

verkochen* *vi sein* ① *(verdampfen)* evaporarse ② *(breiig werden)* cocer (demasiado); *(Reis)* pasarse

verkohlen* **I.** *vi sein (Holz)* carbonizarse **II.** *vt (fam: Person)* tomar el pelo

verkommen[1] *adj* ① *(Gebäude)* desmoronado; *(Sachen)* en mal estado; *(Sitten)* decaído ② *(Person)* venido a menos

verkommen*[2] *irr vi sein* ① *(verderben)* corromperse ② *(Gebäude)* desmoronarse; *(Sachen)* echarse a perder; *(Sitten)* decaer ③ *(Person: moralisch)* pervertirse, abarrajarse *Perú; (äußerlich)* descuidar (su aspecto); *(soziale Stellung)* venir a menos; **zum Säufer ~** convertirse en un borracho

Verkommenheit *f <-, ohne pl>* ① *(von Gebäude, Sachen)* mal estado *m* ② *(von Person)* depravación *f*

verkorksen* [fɛɐ'kɔrksən] *vt (fam)* estropear

verkorkst *adj (fam)* estropeado; **ein total ~er Abend** una tarde desastrosa

verkörpern* *vt* ① *(symbolisieren)* encarnar ② (THEAT, FILM) representar

verköstigen* [fɛɐ'kœstɪgən] *vt* dar de comer

verkrachen* *vr:* **sich ~** *(fam)* romper, enemistarse

verkracht *adj (fam: gescheitert)* fracasado; *(ruiniert)* arruinado; **eine ~e Existenz** un fracasado

verkraften* *vt (Arbeit)* poder (con); *(Schock)* resistir; *(Belastung)* soportar

verkrampfen* *vr:* **sich ~** ① *(Muskel)* contraerse ② *(Mensch)* ponerse tenso

verkrampft *adj* contraído; *(Lächeln)* forzado; *(Haltung)* tenso

Verkrampfung *f* <-, -en> agarrotamiento *m*

verkriechen* *irr vr:* **sich ~** *(verstecken)* esconderse; *(isolieren)* encerrarse

verkrümmen* *vr:* **sich ~** encorvarse; *(Holz)* alabearse

Verkrümmung *f* <-, -en> encorvadura *f*

verkrüppeln* **I.** *vt* lisiar, tullir **II.** *vi sein* echarse a perder, achaparrarse

verkrüppelt *adj (Arm, Fuß)* tullido, tronchado *And; (Baum, Strauch)* achaparrado

verkrustet *adj* ① *(Wunde)* costroso ② *(Strukturen)* sin espíritu innovador

verkühlen* *vr:* **sich ~** *(reg)* resfriarse, coger un resfriado; **sich** *dat* **die Blase ~** coger un enfriamiento de vejiga

verkümmern* *vi sein* ① *(Glied, Organ)* atrofiarse; *(Pflanze)* marchitarse ② *(Talent)* venir a menos

verkünden*, **verkündigen*** *vt (geh)* ① *(ankündigen)* anunciar; *(vorhersagen)* predecir ② *(bekannt machen)* dar a conocer; *(Urteil)* pronunciar; *(Gesetz)* promulgar ③ *(erklären)* declarar

Verkündigung *f* <-, -en> ① *(feierliches Verkünden)* proclamación *f;* **Mariä ~** la Anunciación de María ② *(Botschaft)* mensaje *m*

Verkündung *f* <-, -en> ① *(Ankündigung)* anunciación *f* ② (JUR) proclamación *f; (Gesetz)* promulgación *f*

verkuppeln* *vt* emparejar (**mit/an** con)

verkürzen* **I.** *vt* acortar; *(Zeit, Weg, Text)* abreviar; *(verringern)* reducir (**um** en, **auf** a) **II.** *vr:* **sich ~** acortarse

Verkürzung *f* <-en> acortamiento *m; (Verringerung)* reducción *f* (**um** en, **auf** a)

verladen* *irr vt* ① *(aufladen)* cargar (**auf** en); *(auf Schiffe)* embarcar; *(umladen)* tra(n)sbordar ② *(fam: hintergehen)* embaucar, dar gato por liebre; **sich von jdm ~ lassen** dejarse engañar por alguien

Verlag [fɛɐ'la:k] *m* <-(e)s, -e> editorial *f*

verlagern* **I.** *vt* cambiar; *(Waren)* almacenar en otro lugar; *(örtlich)* trasladar (**auf** a); **seine Interessen ~** cambiar de intereses **II.** *vr:* **sich ~** desplazarse; (METEO) moverse; **das Problem verlagert sich auf …** el problema recae sobre…

Verlagerung *f* <-en> ① *(von Interessen, Arbeitsgebiet)* cambio *m; (örtlich)* traslado *m* (**nach** a) ② (METEO) movimiento *m*

Verlagsbuchhandel *m ohne pl* comercio *m* editorial

Verlagshaus *nt* <-es, -häuser> casa *f* editora, editorial *f*

Verlagswesen *nt* industria *f* editorial

verlanden* *vi sein* desecarse, convertirse en tierra

verlangen* [fɛɐ'laŋən] **I.** *vt* ① *(fordern)* exigir; *(bitten, bei Bezahlung)* pedir; **ich verlange von dir, dass du …** te exijo que… *+subj;* **ist das nicht ein bisschen viel verlangt?** ¿no es pedir demasiado?; **Sie werden am Telefon verlangt** le llaman por teléfono ② *(erfordern)* requerir

II. *vi* **nach etw** *dat* ~ pedir algo; *(sich sehnen)* anhelar algo

Verlangen *nt* <-s, -> *(geh)* ① *(Wunsch)* deseo *m; (Bedürfnis)* ansia *f;* **ich habe kein ~ danach** eso no me apetece ② *(Forderung)* petición *f;* **auf ~** cuando se requiere

verlängern* [fɛɐ'lɛŋɐn] **I.** *vi* (SPORT) establecer una prórroga **II.** *vt* ① *(räumlich)* alargar; *(zeitlich)* prolongar (**um**); *(Vertrag, Pass)* renovar; *(Frist)* prorrogar (**um**); **ein verlängertes Wochenende** un (fin de semana con) puente ② *(Suppe)* rebajar **III.** *vr:* **sich ~** ① *(räumlich)* alargarse (**um**) ② *(zeitlich)* prolongar (**um**)

Verlängerung *f* <-en> alargamiento *m; (zeitlich)* prolongación *f;* (SPORT) prórroga *f*

Verlängerungskabel *nt,* **Verlängerungsschnur** *f* (ELEK) cable *m* alargador [*o* de empalme]

verlangsamen* **I.** *vt (Geschwindigkeit)* reducir; *(Entwicklung, Fortschritt)* retardar **II.** *vr:* **sich ~** *(Geschwindigkeit)* reducirse; *(Entwicklung)* retardarse

Verlangsamung *f* <-, -en> ① *(Geschwindigkeit)* reducción *f* (de la velocidad) ② *(Entwicklung)* retard(amient)o *m*

Verlass [fɛɐ'las] *m* **auf jdn/etw ist** (**kein**) ~ (no) se puede contar con alguien/algo

verlassen[1] *adj* ① *(einsam)* solitario; *(öde)* desierto ② *(zurückgelassen)* abandonado

verlassen*[2] *irr* **I.** *vt* abandonar; *(hinausgehen, -fahren)* salir de; **die Hoffnung hatte ihn ~** ya no tenía esperanzas; **sie hat ihren Mann ~** ha dejado a su marido **II.** *vr:* **sich ~** confiar (**auf** en); **darauf können Sie sich ~** puede estar seguro de ello

verlässlich [fɛɐ'lɛslɪç] *adj (Auskunft)* seguro; *(Person)* fiable

Verlässlichkeit *f ohne pl* fiabilidad *f*

Verlauf *m* <-(e)s, -läufe> ① *(zeitlich)* (tras)curso *m; (Entwicklung)* desarrollo *m; (von Krankheit)* curso *m;* **im ~ der letzten Monate** en el trascurso de los últimos meses; **im weiteren ~** a continuación; **einen guten/unerwarteten ~ nehmen** tomar un rumbo favorable/imprevisto ② *(von Straße, Grenze)* trazado *m; (von Fluss)* curso *m*

verlaufen* *irr* **I.** *vi sein* ① *(ablaufen)* desarrollarse; *(Zeitraum, Untersuchung)* tra(n)scurrir ② *(Grenze, Weg)* pasar (**durch** por) ③ *(sich verlieren)* perderse; **im Sand ~** *(fam)* quedar sin efecto ④ *(Butter)* derretirse; *(Farbe)* correrse **II.** *vr:* **sich ~** ① *(sich verirren)* perderse ② *(Menschenmenge)* dispersarse; *(Wasser)* decrecer

verlautbaren* [fɛɐ'laʊtba:rən] *vt* comunicar

verlauten* *vi sein* **etwas/nichts ~ lassen** decir algo/no decir nada

verleben* *vt* ① *(verbringen)* pasar, vivir ② *(fam: verbrauchen)* gastar

verlebt *adj* ajado

verlegen[1] *adj* avergonzado; *(verklemmt)* cortado; *(schüchtern)* apocado; **nie um eine Ausrede ~ sein** tener siempre una excusa

verlegen*[2] **I.** *vt* ① *(örtlich)* cambiar de lugar; *(Geschäft, Patient)* trasladar ② *(Termin)* aplazar (**von** de, **auf** para) ③ *(an falsche Stelle)* no encontrar ④ *(Kabel)* tender; *(Teppichboden)* colocar ⑤ *(herausgeben)* editar **II.** *vr:* **sich ~** dedicarse (**auf** a)

Verlegenheit[1] *f ohne pl* bochorno *m; (Befangenheit)* timidez *f;* **jdn in ~ bringen** abochornar a alguien

Verlegenheit[2] *f* <-en> *(unangenehme Lage)* apuro *m;* **jdm aus einer ~ helfen** sacar a alguien de un apuro

Verleger(in) *m(f)* <-s, -; -nen> editor(a) *m(f)*

Verlegung *f* <-en> ① *(zeitlich)* aplazamiento *m* (**von** de, **auf** para) ② *(örtlich)* traslado *m* (**von** de, **nach** a); *(von Truppen)* desplazamiento *m* (**von** de, **nach** a) ③ *(von Leitungen)* tendido *m; (von Rohren)* montaje *m; (von Teppichboden)* colocación *f*

verleiden* *vt* ① *(vergällen)* **jdm etw ~** quitar a alguien las ganas de algo ② *(Schweiz, südd: zuwider werden)* aguarse; **ihr ist die Freude am Tanzen verleidet** se le han pasado [*o* quitado] las ganas de bailar

Verleih [fɛɐ'laɪ] *m* <-(e)s, -e> ① *(das Verleihen)* (servicio *m* de) préstamo *m* ② *(Firma)* empresa *f* de alquiler; *(Filmverleih)* distribuidora *f* de cine

verleihen* *irr vt* ① *(ausleihen)* prestar (**an** a); *(gegen Gebühr)* alquilar (**an** a) ② *(Preis)* conceder (**an** a); *(Titel)* conferir (**an** a); **etw** *dat* **Nachdruck ~** poner énfasis en algo; **seiner Empörung Ausdruck ~** dar rienda suelta a su enfado

Verleihung *f* <-en> ① *(von Geld, Buch)* préstamo *m; (gegen Gebühr)* alquiler *m* ② *(von Auszeichnung)* concesión *f* (**an** a); *(Übergabe)* entrega *f* (**an** a)

verleiten* *vt* inducir (**zu** a)

verlernen* *vt* perder la práctica (de); *(völlig)* olvidar

verlesen* *irr* **I.** *vt* ① *(Text)* leer ② *(Gemüse)* limpiar; *(Körner)* seleccionar **II.** *vr:* **sich ~** equivocarse al leer

verletzbar *adj* vulnerable

verletzen* [fɛɐ'lɛtsən] **I.** *vt* ① *(verwunden)*

V

herir (**an** en); **leicht/schwer verletzt** levemente/gravemente herido ❷ *(beleidigen)* ofender ❸ *(Gesetz)* infringir, violar; *(Sitten, Recht)* atentar (contra) **II.** *vr:* **sich ~** herirse (**an** en)

verletzend *adj* ofensivo

verletzlich *adj* vulnerable

Verletzte(r) *mf* <-n, -n; -n> herido, -a *m, f*

Verletzung *f* <-en> ❶ *(Wunde)* herida *f;* **innere ~en** contusiones internas; **er ist seinen schweren ~en erlegen** murió a causa de las graves heridas ❷ *(Beleidigung)* ofensa *f* ❸ *(von Gesetz)* infracción *f*

Verletzungsgefahr *f* riesgo *m* de lesión

verleugnen* *vt* negar; **er ließ sich ~** mandó decir que no estaba en casa; **es lässt sich nicht ~, dass ...** no se puede negar que...

verleumden* [fɛɐ'lɔɪmdən] *vt* difamar

Verleumder(in) *m(f)* <-s, -; -, -nen> calumniador(a) *m(f)*

verleumderisch *adj* difamatorio

Verleumdung *f* <-en> difamación *f;* (JUR) libelo *m*

Verleumdungsklage *f* <-, -n> (JUR) denuncia *f* por difamación

verlieben* *vr:* **sich ~** enamorarse (**in** de), templarse *Am*

verliebt *adj* enamorado

Verliebte(r) *mf* <-n, -n; -n, -n> enamorado, -a *m, f*

verliehen *pp von* **verleihen**

verlieren [fɛɐ'liːrən] <verliert, verlor, verloren> **I.** *vt* perder; **die Beherrschung ~** perder la serenidad; **was hast du hier verloren?** *(fam)* ¿qué se te ha perdido (por) aquí?; **so etwas hat hier nichts verloren** *(fam)* aquí no hay sitio para algo semejante; **kein Wort darüber ~** no decir nada al respecto **II.** *vr:* **sich ~** perderse (**in** en) **III.** *vi* perder (**an**)

Verlierer(in) *m(f)* <-s, -; -nen> perdedor(a) *m(f)*

Verlies [fɛɐ'liːs] *nt* <-es, -e> calabozo *m,* mazmorra *f*

verloben* *vr:* **sich ~** prometerse (**mit** con)

verlobt *adj* prometido

V

Verlobte(r) *mf* <-n, -n; -n> prometido, -a *m, f*

Verlobung *f* <-en> compromiso *m* matrimonial

verlocken* *vt (geh)* tentar (**zu** a); *(verführen)* seducir (**zu** a)

verlockend *adj* tentador; *(verführend)* seductor; **ein ~es Angebot** una oferta tentadora; **das klingt ~** suena tentador

Verlockung *f* <-en> tentación *f; (Verführung)* seducción *f*

verlogen [fɛɐ'loːgən] *adj (abw: Person)* mentiroso; *(Aussage)* falaz

Verlogenheit *f* <-, *ohne pl*> *(einer Person)* carácter *m* mentiroso

verlor [fɛɐ'loːɐ] *3. imp von* **verlieren**

verloren [fɛɐ'loːrən] **I.** *pp von* **verlieren** **II.** *adj* perdido; **~ gehen** perderse; **jdn/etw ~ geben** dar a alguien/algo por perdido

verlorengehen *irr vi sein s.* **verloren II.**

verloschen *pp von* **verlöschen**

verlöschen <verlischt, verlosch *o* verlöschte, verloschen *o* verlöscht> *vi sein* extinguir, apagar

verlosen* [fɛɐ'loːzən] *vt* sortear

Verlosung *f* <-en> sorteo *m*

verlottern* [fɛɐ'lɔtɐn] *vi sein (abw)* ❶ *(Person: verkommen)* malearse, encanallarse; *(im Aussehen)* abandonarse, desastrarse ❷ *(Firma, Lokal)* venir a menos; **etw ~ lassen** dejar algo venirse abajo

verlottert *adj (abw)* ❶ *(moralisch)* maleado, encanallado; *(im Aussehen)* desastrado, astroso ❷ *(heruntergewirtschaftet)* venido a menos

Verlust [fɛɐ'lʊst] *m* <-(e)s, -e> pérdida *f; (Schaden)* daño *m;* **~ bringend** deficitario; **ohne Rücksicht auf ~e** sin miramientos

Verlustgeschäft *nt* negocio *m* con pérdidas

verlustieren* [fɛɐlʊs'tiːrən] *vr:* **sich ~** *(fam)* pasarlo bien, divertirse

vermachen* *vt* **jdm etw ~** *(vererben)* legar algo a alguien; *(schenken)* regalar algo a alguien

Vermächtnis [fɛɐ'mɛçtnɪs] *nt* <-ses, -se> legado *m*

vermählen* [fer'mɛːlən] *vr:* **sich ~** *(geh)* desposarse

Vermählung *f* <-en> *(geh)* enlace *m* matrimonial

vermarkten* *vt* comercializar; **sich gut/schwer ~ lassen** comercializarse bien/mal

Vermarktung *f* <-en> comercialización *f*

vermasseln* [fɛɐ'masəln] *vt (fam)* estropear; **eine Prüfung ~** hacer un examen de pena; **er hat mir alles vermasselt** me ha estropeado todos los planes

vermehren* **I.** *vt* acrecentar; *(zahlenmäßig)* multiplicar (**um** por) **II.** *vr:* **sich ~** ❶ *(zunehmen)* incrementar (**um, auf** a) ❷ *(sich fortpflanzen)* reproducirse

Vermehrung *f* <-en> ❶ *(Zunahme)* incremento *m; (Vervielfachung)* multiplicación *f* ❷ *(Fortpflanzung)* reproducción *f; (von Pflanzen)* propagación *f*

vermeidbar *adj* evitable, eludible

vermeiden* *irr vt* evitar; *(umgehen)* eludir; **es lässt sich nicht ~, dass …** es inevitable que… +*subj*
Vermeidung *f* <-, -en> prevención *f*
vermeintlich [fɛɐˈmaɪntlɪç] *adj* presunto
vermelden* *vt* comunicar
Vermerk *m* <-(e)s, -e> nota *f*
vermerken* *vt* ① *(notieren)* anotar ② *(zur Kenntnis nehmen)* tomar en consideración
vermessen[1] *adj (geh: anmaßend)* presuntuoso; *(tollkühn)* osado
vermessen*[2] *irr* **I.** *vt* medir; *(Gelände)* hacer el catastro (de) **II.** *vr:* **sich ~** ① *(falsch messen)* equivocarse (al medir) ② *(geh: sich anmaßen)* tener la osadía (de)
Vermessung *f* <-en> medición *f; (Landvermessung)* agrimensura *f; (Tiefenvermessung)* sondeo *m*
vermieden *pp von* **vermeiden**
vermiesen* [fɛɐˈmiːzən] *vt (fam)* **jdm etw ~** estropear(le) algo a alguien
vermieten* *vt* alquilar (**an** a), arrendar (**an** a) *Am;* **Zimmer zu ~** se alquilan habitaciones
Vermieter(in) *m(f)* <-s, -; -nen> casero, -a *m, f; (von Haus)* dueño, -a *m, f* de la casa; *(von Wohnung)* dueño, -a *m, f* del piso
Vermietung *f* <-, -en> alquiler *m,* arriendo *m Am*
vermindern* **I.** *vt* reducir; *(Schmerzen)* aliviar **II.** *vr:* **sich ~** ① *(geringer werden)* reducirse (**um, auf** a) ② *(sich abschwächen)* decrecer; *(Schmerzen)* aliviarse
Verminderung *f* <-en> *(Rückgang)* disminución *f; (eines Wachstums)* decrecimiento *m; (von Schmerzen)* alivio *m*
vermischen* **I.** *vt* mezclar **II.** *vr:* **sich ~** mezclarse
vermissen* [fɛɐˈmɪsən] *vt* echar de menos, extrañar *Am;* **jdn als vermisst melden** dar a alguien por desaparecido; **er vermisst seine Schlüssel** no encuentra sus llaves
Vermisste(r) *mf* <-n, -n; -n> desaparecido, -a *m, f*
Vermisstenanzeige *f* parte *m* de desaparición
vermittelbar *adj* ① *(Arbeitslose)* **gut/schwer ~ sein** encontrar trabajo con facilidad/con dificultad ② *(Idee, Gefühl)* comunicable
vermitteln* **I.** *vt* ① *(beschaffen)* proporcionar ② *(Treffen, Ehe)* arreglar; *(amtlich)* gestionar; **ein Gespräch ~** (TEL) poner línea ③ *(aushandeln)* negociar ④ *(Eindruck)* ofrecer ⑤ *(Wissen)* tra(n)smitir **II.** *vi* mediar (**zwischen** entre); **~de Worte** palabras conciliadoras; **~d eingreifen** intervenir como intermediario
Vermittler(in) *m(f)* <-s, -; -nen> ① (POL) mediador(a) *m(f)* ② (WIRTSCH) intermediario, -a *m, f*
Vermittlung *f* <-en> ① *(bei Streit)* mediación *f* (**zwischen** entre) ② *(von Treffen)* arreglo *m; (amtlich)* gestión *f* ③ *(Beschaffung)* facilitación *f* ④ (TEL) centralita *f*
Vermittlungsprovision *f* derechos *mpl* de mediación
vermöbeln* [fɛɐˈmøːbəln] *vt (fam)* zurrar
vermocht *pp von* **vermögen**
vermodern* [fɛɐˈmoːdɐn] *vi sein* pudrirse
vermögen* *irr vt (geh)* ① *(imstande sein)* **~, etw zu tun** ser capaz de hacer algo ② *(ausrichten)* conseguir; **sie vermag bei ihm viel/wenig** tiene mucha/poca influencia sobre él ③ *(Schweiz: sich leisten können)* poder costearse
Vermögen[1] [fɛɐˈmøːgən] *nt* <-s, -> *(Besitz)* bienes *mpl; (Reichtum)* fortuna *f,* platal *m Am;* **das kostet ein ~** esto cuesta una fortuna
Vermögen[2] *nt* <-s, *ohne pl*> *(geh: Fähigkeit)* capacidad *f*
vermögend *adj* adinerado, fondeado *Am*
Vermögen(s)steuer *f* impuesto *m* sobre el patrimonio
vermögenswirksam *adj* que fomenta la formación de capital
vermummen* [fɛɐˈmʊmən] **I.** *vt (einhüllen)* encapuchar; *(warm)* abrigar **II.** *vr:* **sich ~** *(sich verkleiden)* encapucharse
vermummt *adj* ① *(Demonstrant)* encapuchado ② *(warm angezogen)* bien abrigado
Vermummungsverbot *nt* <-(e)s, -e> prohibición *f* de ir encapuchado (en manifestaciones)
vermuten* [fɛɐˈmuːtən] *vt* suponer; *(erwarten)* esperar; **es ist zu ~, dass …** es de suponer que… +*subj;* **das hatte ich nicht vermutet** no me lo había esperado
vermutlich **I.** *adj* presunto **II.** *adv* presumiblemente; *(wahrscheinlich)* probablemente
Vermutung *f* <-en> suposición *f; (Mutmaßung)* conjetura *f;* **~en (über etw) anstellen** hacer suposiciones (sobre algo)
vernachlässigen* [fɛɐˈnaːxlɛsɪgən] *vt* descuidar; *(außer Acht lassen)* dejar de lado; **sie fühlt sich von ihm etwas vernachlässigt** se siente un poco abandonada por él
Vernachlässigung *f* <-en> descuido *m,* negligencia *f*
vernageln* *vt* cerrar con clavos
vernagelt *adj (fam abw)* corto de entende-

deras; **er ist wie/völlig ~** está como/completamente atontado
vernähen* *vt* ① *(nähen)* coser ② *(verbrauchen)* gastar; **viel Garn ~** gastar mucho hilo
vernarben* *vi sein* cicatrizar
vernarren* [fɛɐ'narən] *vr:* **sich in jdn ~** estar loco por alguien
vernaschen* *vt* ① *(Geld)* gastar en golosinas ② *(fam: Person)* tirarse
vernebeln* *vt* ① *(versprühen)* pulverizar ② *(verschleiern)* (en)cubrir
vernehmbar *adj (geh)* perceptible; *(hörbar)* audible
vernehmen* *irr vt* ① *(geh: hören)* oír; *(wahrnehmen)* percibir ② *(geh: erfahren)* (llegar a) saber ③ (JUR: *verhören*) interrogar (**zu** sobre)
Vernehmen *nt* **dem ~ nach** según dicen
vernehmlich *adj* perceptible; *(deutlich)* claro
Vernehmung *f* <-en> (JUR) interrogatorio *m*
verneigen* *vr:* **sich ~** inclinarse (**vor** ante)
verneinen* [fɛɐ'naɪnən] *vt* ① *(Frage)* contestar negativamente; **eine ~de Antwort** una respuesta negativa ② *(leugnen)* negar
Verneinung *f* <-en> negación *f; (einer Frage)* respuesta *f* negativa
vernetzen* *vt* ① *(verbinden)* conectar (**mit** con) ② (INFOR) integrar en la red
Vernetzung *f* <-en> conexión *f;* (INFOR) integración *f* en la red
vernichten* [fɛɐ'nɪçtən] *vt* aniquilar; *(zerstören)* destruir; *(ausrotten)* exterminar
vernichtend *adj* ① *(zerstörerisch)* destructor ② *(Kritik, Niederlage)* abrumador; *(Blick)* fulminante
Vernichtung *f* <-en> aniquilamiento *m; (Zerstörung)* destrucción *f; (Ausrottung)* exterminio *m; (Dezimierung)* estragos *mpl*
Vernichtungslager *nt* <-s, -> campo *m* de exterminio
Vernichtungswaffe *f* <-, -n> arma *f* de exterminio [*o* de destrucción]
verniedlichen* *vt* minimizar, quitar importancia (a)
Vernissage [vɛrnɪ'saːʒə] *f* <-n> inauguración *f*
vernommen *pp von* **vernehmen**
Vernunft [fɛɐ'nʊnft] *f ohne pl* razón *f; (gesunder Menschenverstand)* sentido *m* común; **zur ~ kommen** recobrar la razón; **jdn zur ~ bringen** hacer entrar a alguien en razón
Vernunftehe *f* matrimonio *m* de conveniencia
vernünftig [fɛɐ'nʏnftɪç] **I.** *adj* ① *(Vernunft besitzend)* razonable; *(überlegt)* sensato; **sei doch ~!** ¡sé razonable!; **mit ihm kann man kein ~es Wort reden** con él no se puede hablar sensatamente ② *(fam: ordentlich)* decente **II.** *adv (fam)* como es debido
Vernunftmensch *m* <-en, -en> persona *f* muy racional; **ein (reiner) ~ sein** ser muy racional
veröden* **I.** *vi sein* ① *(Stadt)* despoblarse, quedar despoblado ② *(Land, Boden)* devastar, asolar, arrasar **II.** *vt* (MED) obliterar
Verödung *f* <-, -en> ① *(einer Stadt)* despoblación *f* ② (MED) obliteración *f*
veröffentlichen* *vt* publicar
Veröffentlichung *f* <-en> publicación *f*
verordnen* *vt* ① *(Arzt)* prescribir; *(auf Rezept)* recetar ② *(anordnen)* decretar
Verordnung *f* <-en> ① *(von Arzt)* prescripción *f;* **nach ärztlicher ~** según prescripción médica ② *(Anordnung)* decreto *m*
verpachten* *vt* arrendar (**an** a)
Verpächter(in) *m(f)* <-s, -; -, -nen> arrendador(a) *m(f)*
verpacken* *vt* embalar; *(in Pakete)* empaquetar; *(in Dosen)* envasar
Verpackung *f* <-en> embalaje *m*
Verpackungsmüll *m* embalajes *mpl* desechados
verpassen* *vt* ① *(Zug)* perder; *(Person)* no encontrar ② *(Gelegenheit)* desaprovechar, dejar escapar ③ *(fam)* **jdm etw ~** dar(le) algo a alguien; *(aufzwingen)* plantar(le) algo a alguien
verpatzen* [fɛɐ'patsən] *vt (fam)* estropear, echar a perder
verpeilen *vt (fam: vergessen)* olvidar; *(durcheinanderbringen)* confundir; *(falsch machen)* hacer algo mal; **verpeilt sein** estar despistado
verpennen* **I.** *vi (fam)* quedarse dormido **II.** *vt (fam: verpassen)* perder; *(vergessen)* olvidar
verpesten* *vt (abw)* apestar; *(Abgase)* contaminar
verpetzen* *vt (abw)* chivarse; **jdn (beim Lehrer) ~** chivarse a alguien (al profesor)
verpfänden* *vt* empeñar
Verpfändung *f* <-, -en> empeño *m,* donación *f* en prenda
verpfeifen* *irr vt (fam abw: anzeigen)* denunciar (**bei** a); *(Person)* soplar (**bei** a); *(Plan)* revelar
verpflanzen* *vt* (BOT, MED) trasplantar
Verpflanzung *f* <-, -en> (*a.* MED) trasplante *m*
verpflegen* *vt* alimentar
Verpflegung[1] *f ohne pl (das Verpflegen)* alimentación *f*

Verpflegung[2] *f* <-en> *(Essen)* manutención *f;* **mit voller ~** en pensión completa

verpflichten* **I.** *vt* ① *(binden)* obligar, comprometer; **das verpflichtet zu nichts** eso no compromete a nada; **ich bin ihm sehr verpflichtet** le estoy muy obligado ② *(Schauspieler)* firmar un contrato; *(Sportler)* fichar (**für** por) **II.** *vr:* **sich ~** ① *(sich bereit erklären)* comprometerse (**zu** a); *(Sportler)* fichar ② (MIL) **sich für zwei Jahre ~** alistarse por dos años

Verpflichtung *f* <-en> ① *(Bindung)* compromiso *m; (Pflicht)* deber *m,* obligación *f;* **finanzielle ~en** deudas *f pl* ② *(von Künstler)* contratación *f; (von Sportler)* fichaje *m*

verpfuschen* *vt (fam)* estropear; *(Arbeit)* chapucear; *(Leben)* destrozar

verpissen* *vr:* **sich ~** *(vulg)* ① *(verunreinigen)* mearse ② *(fig: verschwinden)* irse al cuerno

verpixeln* *vt* (INFOR) desenfocar, pixelar

verplanen* *vt* ① *(falsch planen)* planificar mal ② *(Geld)* incluir en la planificación; *(Zeit)* hacer planes; **für morgen bin ich schon verplant** mañana tengo todo el día ocupado

verplappern* *vr:* **sich ~** *(fam)* irse de la lengua

verplempern* [fɛɐˈplɛmpɐn] *vt (fam)* ① *(Geld)* malgastar; *(Zeit)* perder ② *(reg: verschütten)* derramar

verpönt [fɛɐˈpøːnt] *adj* **~ sein** ser mal visto (**bei** por)

verprassen* [fɛɐˈprasən] *vt* despilfarrar, derrochar

verprügeln* *vt* zurrar, pelar *Am,* dar la biaba *Arg, Urug*

verpuffen* *vi sein* ① *(explodieren)* explotar, detonar ② *(Freude)* perderse; *(Maßnahme)* fracasar; *(Elan)* ser en vano

verpulvern* *vt (fam)* malgastar, gastar a lo loco

Verputz *m* <-es, *ohne pl*> revoque *m*

verputzen* *vt* ① *(Wand)* revocar ② *(fam: essen)* soplar(se) ③ *(fam: vergeuden)* despilfarrar

verqualmt *adj* lleno de humo

verquatschen* **I.** *vt (fam)* pasar charlando; **wir haben die ganze Zeit verquatscht** pasamos todo el tiempo charlando **II.** *vr:* **sich ~** *(fam)* irse de la lengua

verquollen [fɛɐˈkvɔlən] *adj* hinchado

verrammeln* [fɛɐˈraməln] *vt (fam)* atrancar

verramschen* *vt (fam)* malvender

Verrat [fɛɐˈraːt] *m* <-(e)s, *ohne pl*> traición *f;* **~ an jdm begehen** traicionar a alguien; **~ üben** cometer traición

verraten* *irr* **I.** *vt* ① *(preisgeben)* revelar; **soll ich Ihnen was ~?** *(fam)* ¿quiere que le diga una cosa? ② *(Treue brechen)* traicionar; **~ und verkauft sein** estar perdido; **seine Ideale ~** ser infiel a sus ideales ③ *(zu erkennen geben)* delatar **II.** *vr:* **sich ~** ① *(durch Geste, Sprache)* delatarse ② *(sich zeigen)* revelarse

Verräter(in) [fɛɐˈrɛːtɐ] *m(f)* <-s, -; -nen> traidor(a) *m(f),* batidor(a) *m(f) Arg*

verräterisch *adj* ① *(Person)* traidor ② *(Geste)* delator

verrechnen* **I.** *vt* compensar; *(gutschreiben)* abonar en cuenta; **die Gewinne mit den Verlusten ~** compensar las ganancias con las pérdidas **II.** *vr:* **sich ~** ① *(falsch rechnen)* equivocarse en el cálculo; **sich um drei Euro ~** equivocarse en tres euros ② *(sich täuschen)* equivocarse

Verrechnung *f* <-en> compensación *f;* **nur zur ~** (FIN) solamente para abono en cuenta

Verrechnungsscheck *m* (FIN) cheque *m* cruzado

verrecken* [fɛɐˈrɛkən] *vi sein (fam)* ① *(Tier, Mensch)* estirar la pata; **verreck doch!** *(abw)* ¡muérete!; **ums V~ nicht** ni a tiros ② *(kaputtgehen)* echarse a perder

verregnet *adj* lluvioso

verreisen* *vi sein* irse de viaje (**nach** a)

verrenken* [fɛɐˈrɛŋkən] **I.** *vt* torcer; **sich** *dat* **den Knöchel ~** torcerse el tobillo **II.** *vr:* **sich ~** retorcerse

Verrenkung *f* <-en> ① *(Verletzung)* torcedura *f* ② *(unnatürliche Stellung)* contorsión *f*

verrennen* *irr vr:* **sich ~** meterse en un callejón sin salida; **er hat sich völlig in seine Vorstellungen verrannt** se aferra totalmente a sus ideas

verrichten* *vt* efectuar; **seine Notdurft ~** hacer sus necesidades

verriegeln* *vt* cerrar con cerrojo

verringern* [fɛɐˈrɪŋɐn] **I.** *vt* reducir (**um** en); *(Preis)* rebajar; *(Abstand)* acortar **II.** *vr:* **sich ~** disminuir

Verringerung *f* <-en> reducción *f; (Abnahme)* disminución *f*

Verriss *m* <-es, -e> *(fam)* dura crítica *f*

verrohen* [fɛɐˈroːən] **I.** *vi sein* embrutecerse **II.** *vt* embrutecer

verrosten* *vi sein* oxidarse

verrotten* [fɛɐˈrɔtən] *vi sein* ① *(faulen)* pudrirse ② *(zerfallen)* desmoronarse

verrucht [fɛɐˈruːxt] *adj (Ort)* de mala fama; *(Blick)* malvado; *(Schurke)* vil

verrücken* *vt* desplazar, cambiar de sitio

verrückt *adj* (MED *alt o fam)* loco, chalado *fam;* **du machst mich noch ~** me vas a volver loco; **ich werd' ~!** *(fam)* ¡qué locura!; **wie** ~ *(fam)* de locura, como loco; ~ **spielen** *(fam)* estar fuera de quicio; **auf etw/jdn** ~ **sein** *(fam)* estar loco por algo/alguien

Verrückte(r) *mf* <-n, -n; -n> loco, -a *m, f,* chalado, -a *m, f fam*

Verrücktheit *f* <-, -en> locura *f,* pendejada *f Am*

Verruf *m* **in** ~ **geraten** caer en descrédito; **etw/jdn in** ~ **bringen** desacreditar algo/a alguien

verrufen *adj* de mala fama; ~ **sein** tener mala fama

verrühren* *vt* mezclar

verrutschen* *vi sein* correrse

Vers [fɛrs] *m* <-es, -e> ❶ *(Gedichtzeile)* verso *m; (Strophe)* estrofa *f* ❷ *(Bibelvers)* versículo *m*

versagen* I. *vi* ❶ *(Maschine, Gedächtnis, Stimme)* fallar ❷ *(Mensch)* fracasar; **er hat bei der Prüfung versagt** fracasó en el examen II. *vt* **jdm etw** ~ negar algo a alguien; **sich** *dat* **etw** ~ renunciar a algo; **das ist uns leider versagt geblieben** desgraciadamente no pudimos conseguirlo

Versagen *nt* <-s, *ohne pl*> *(von Maschine)* avería *f; (von Mensch)* fracaso *m; (von Organ)* deficiencia *f;* **menschliches** ~ error humano

Versager(in) *m(f)* <-s, -; -nen> fracasado, -a *m, f*

versalzen* *irr vt (Essen)* salar demasiado; **jdm etw** ~ *(fig fam)* fastidiar algo a alguien

Versalzung *f* <-, -en> salinización *f*

versammeln* I. *vt* reunir; **vor versammelter Mannschaft** delante de todo el equipo II. *vr:* **sich** ~ reunirse

Versammlung *f* <-en> reunión *f;* **eine** ~ **einberufen** convocar una reunión

Versammlungsfreiheit *f ohne pl* libertad *f* de reunión

Versand [fɛɐ'zant] *m* <-(e)s, *ohne pl*> ❶ *(das Versenden)* envío *m* ❷ *(Versandabteilung)* departamento *m* de expedición

Versandabteilung *f* departamento *m* de expedición

Versandhandel *m* venta *f* por correspondencia

Versandhaus *nt* empresa *f* de venta por correspondencia [*o* catálogo]

Versandkosten *pl* (COM, WIRTSCH) gastos *mpl* de envío; **zuzüglich Porto und** ~ más franqueo y gastos de envío

Versandpapiere *ntpl* documentos *mpl* de envío

versandt *pp von* **versenden**

Versandtasche *f* sobre *m; (wattiert)* sobre *m* acolchado

versauen* [fɛɐ'zaʊən] *vt (sl)* ❶ *(beschmutzen)* ensuciar ❷ *(verderben)* fastidiar

versaufen* *irr vt (fam: Geld)* gastar en bebidas

versäumen* [fɛɐ'zɔɪmən] *vt* ❶ *(Gelegenheit, Zug)* perder; **da haben Sie wirklich nichts versäumt** la verdad es que no se perdió Ud. nada ❷ *(Pflicht, Unterricht)* faltar (a); **das Versäumte nachholen** recuperar lo perdido; **es nicht** ~**, sich zu bedanken** no omitir dar las gracias

Versäumnis *nt* <-ses, -se> omisión *f; (Vernachlässigung)* descuido *m*

verschachern* [fɛɐ'ʃaxɐn] *vt (abw)* trapichear (con), pichulear *CSur*

verschaffen* *vt* procurar, proporcionar; **sich** *dat* **etw** ~ conseguir algo; **sich** *dat* **Respekt** ~ hacerse respetar

verschämt [fɛɐ'ʃɛːmt] *adj* avergonzado; *(schüchtern)* tímido

Verschand(e)lung *f* <-en> deformación *f,* desfiguración *f*

verschandeln* [fɛɐ'ʃandəln] *vt (fam)* estropear, afear

verschanzen* [fɛɐ'ʃantsən] *vr:* **sich** ~ ❶ (MIL) atrincherarse (**hinter** detrás de) ❷ *(Vorwand suchen)* escudarse (**hinter** en)

verschärfen* I. *vt* intensificar; *(verschlimmern)* agravar; *(Spannung)* aumentar; **verschärfte Vorschriften** órdenes más severas II. *vr:* **sich** ~ intensificarse; *(sich verschlimmern)* agravarse; *(Lage)* agudizarse; *(Spannung)* aumentar

verschätzen* *vr:* **sich** ~ equivocarse (**um** en, **in** con)

verschaukeln* *vt (fam)* estafar

verscheißern* [fɛɐ'ʃaɪsɐn] *vt (vulg)* tomar el pelo

verschenken* *vt* ❶ *(schenken)* regalar (**an** a) ❷ *(ungenutzt lassen)* desaprovechar

verscherbeln* [fɛɐ'ʃɛrbəln] *vt (fam)* vender por un real

verscherzen* *vr* **sich** *dat* **etw** ~ perder algo por una tontería; **es sich** *dat* **mit jdm** ~ perder las simpatías de alguien

verscheuchen* [fɛɐ'ʃɔɪçən] *vt* espantar

verschicken* *vt* mandar; *(mit der Post)* enviar; *(Sträflinge)* deportar

verschiebbar *adj* ❶ *(Möbel)* desplazable; *(Tür)* corredizo; *(beweglich)* móvil ❷ *(Treffen, Termin)* aplazable

verschieben* *irr* I. *vt* ❶ *(verrücken)* desplazar; *(verrutschen)* correr; **etw um ein paar Meter** ~ correr algo un par de metros; **eine Datei** ~ mover un archivo ❷ *(verlegen)* aplazar (**auf** para) ❸ *(fam: Waren)* traficar (con) II. *vr:* **sich** ~ ❶ *(ver-*

rutschen) correrse ❷ *(zeitlich)* aplazarse (**um**); *(sich verspäten)* retrasarse (**um**)

Verschiebung *f* <-en> ❶ *(örtlich)* desplazamiento *m* ❷ *(zeitlich)* aplazamiento *m* (**auf** para) ❸ *(fam: von Waren)* venta *f* clandestina

verschieden [fɛɐ'ʃi:dən] *adj* ❶ *(unterschiedlich)* distinto, diferente; *(verschiedenartig)* diverso; **auf ~e Weise** de distinta manera; **das ist von Fall zu Fall ~** esto es en cada caso distinto; **sie sind ~ groß** son de distinto tamaño ❷ *pl (mehrere, manche)* diversos; **~e Leute meldeten sich** llamaron varias personas

verschiedenartig *adj* ❶ *(verschieden)* distinto ❷ *(mannigfaltig)* diverso

Verschiedenartigkeit *f* <-, *ohne pl*> ❶ *(Unterschiedlichkeit)* diferencia *f* ❷ *(Vielfalt)* diversidad *f*

verschiedentlich *adv* varias veces; *(immer wieder)* repetidamente

verschießen* **I.** *vt* ❶ (*a.* MIL: *verwenden*) disparar ❷ *(aufbrauchen)* agotar ❸ (SPORT) fallar; **einen Elfmeter ~** fallar un penalti **II.** *vr:* **sich ~** *(fam: sich verknallen)* perder la cabeza (**in** +*akk* por)

verschiffen* *vt* embarcar

verschimmeln* *vi sein* enmohecer(se)

verschlafen[1] *adj* (medio) dormido; *(Städtchen)* aburrido

verschlafen*[2] *irr* **I.** *vi* quedarse dormido **II.** *vt* ❶ *(Tag)* pasar durmiendo ❷ *(fam: versäumen)* perder; *(Termin)* olvidar

Verschlag *m* <-(e)s, -schläge> cobertizo *m*

verschlagen[1] *adj (abw)* astuto, pícaro

verschlagen*[2] *irr vt* ❶ *(nehmen)* quitar; **das hat mir fast die Sprache ~** eso me dejó de piedra ❷ *(an einen Ort)* ir a parar (**nach** en) ❸ (SPORT) no tra(n)sformar ❹ *(verblättern)* perder la página ❺ *(reg: verprügeln)* dar una paliza

verschlampen* *vt (fam)* ❶ *(verlieren)* perder ❷ *(vergessen)* olvidar

verschlechtern* [fɛɐ'ʃlɛçtɐn] **I.** *vt* empeorar; *(verschlimmern)* agravar **II.** *vr:* **sich ~** *(schlechter werden)* empeorar; *(Zustand)* agravarse; *(Leistung)* bajar; **sie hat sich finanziell verschlechtert** económicamente le va peor

Verschlechterung *f* <-en> empeoramiento *m; (Verschlimmerung)* agravación *f; (beruflich)* degradación *f*

verschleiern* **I.** *vt* ❶ *(Gesicht)* cubrir con un velo ❷ *(Skandal)* encubrir **II.** *vr:* **sich ~** *(Frau)* cubrirse (con un velo); *(a. fig)* cubrirse

verschleiert *adj* ❶ *(Gesicht)* cubierto con un velo ❷ *(Himmel)* cubierto

Verschleierung *f* <-, -en> *(Verhüllung)* encubrimiento *m*

Verschleiß [fɛɐ'ʃlaɪs] *m* <-es, *ohne pl*> ❶ *(Abnutzung)* desgaste *m;* **einem ständigen ~ unterliegen** estar sometido a un desgaste continuo ❷ *(Österr: Verkauf)* venta *f* (al por menor)

verschleißen [fɛɐ'ʃlaɪsən] <verschleißt, verschliss, verschlissen> **I.** *vt* (des)gastar **II.** *vi sein* (des)gastarse

Verschleißteil *nt* <-(e)s, -e> pieza *f* de desgaste

verschleppen* *vt* ❶ *(Personen)* deportar; *(entführen)* secuestrar ❷ *(Krankheit)* curar mal, arrastrar ❸ *(weiterverbreiten)* tra(n)smitir ❹ *(hinauszögern)* retrasar

verschleudern* *vt* ❶ *(abw: Geld)* despilfarrar ❷ *(Waren)* vender a precio tirado

verschließbar *adj* con cierre; *(mit Schloss)* con cerradura

verschließen* *irr* **I.** *vt* ❶ *(Tür, Behälter)* cerrar; **hinter verschlossenen Türen** a puerta cerrada ❷ *(einschließen)* encerrar **II.** *vr* **sich** (**gegen**) **etw ~** cerrarse a algo; **sich** (**vor**) **jdm ~** no abrirse a alguien

verschlimmbessern* [fɛɐ'ʃlɪmbɛsɐn] *vt (fam)* empeorar *(a pesar de haber tenido la intención de mejorar algo)*

verschlimmern* [fɛɐ'ʃlɪmɐn] **I.** *vt* agravar **II.** *vr:* **sich ~** agravarse, acentuarse *Am*

Verschlimmerung *f* <-en> empeoramiento *m,* agravamiento *m*

verschlingen* *irr* **I.** *vt (a. fig)* devorar **II.** *vr:* **sich ~** liarse

verschliss [fɛɐ'ʃlɪs] *3. imp von* **verschleißen**

verschlissen [fɛɐ'ʃlɪsən] **I.** *pp von* **verschleißen** **II.** *adj* desgastado

verschlossen [fɛɐ'ʃlɔsən] **I.** *pp von* **verschließen** **II.** *adj (Person)* reservado

Verschlossenheit *f* <-, *ohne pl*> reserva *f*

verschlucken* **I.** *vt* ❶ *(Speisen)* tragar(se); *(Silben)* comerse ❷ *(Bemerkung)* callarse **II.** *vr:* **sich ~** atragantarse (**an** con)

verschlungen [fɛɐ'ʃlʊŋən] **I.** *pp von* **verschlingen** **II.** *adj (Weg)* sinuoso

Verschluss [fɛɐ'ʃlʊs] *m* <-es, -schlüsse> ❶ *(Vorrichtung)* cierre *m; (Stöpsel)* tapón *m;* **etw unter ~ halten** tener algo bajo llave; **etw unter ~ nehmen** guardar algo ❷ (MED) oclusión *f*

verschlüsseln* *vt* codificar; **verschlüsselte Daten** (INFOR) datos codificados

Verschlüsselung *f* <-, -en> (*a.* INFOR) codificación *f*

Verschlüsselungstechnik *f* (INFOR) tecnología *f* de la encriptación

verschmähen* [fɛɐ'ʃmɛ:ən] *vt (geh: ableh-*

nen) rechazar; *(verachten)* despreciar, ajotar *Cuba*

verschmelzen* *irr* **I.** *vi sein (Metall)* fundirse; *(fig)* fusionarse **II.** *vt (Metall)* fundir; *(fig)* fusionar

Verschmelzung *f* <-en> ① *(das Verschmelzen)* fundición *f* ② (WIRTSCH) fusión *f*

verschmerzen* *vt* reponerse (de); *(vergessen)* olvidar

verschmieren* *vt* ① *(Loch, Riss)* tapar; *(verputzen)* revocar ② *(beschmutzen)* embadurnar ③ *(Farbe, Lippenstift)* correr; *(Blatt Papier)* emborronar

verschmoren* *vi sein* (ELEK) fundirse

verschmutzen* **I.** *vi sein* ensuciar(se) **II.** *vt* ensuciar; *(Umwelt)* contaminar

Verschmutzung *f* <-en> ensuciamiento *m; (der Umwelt)* contaminación *f*

verschnaufen* *vi* tomar aliento

Verschnaufpause *f* respiro *m*

verschneit [fɛɐ'ʃnaɪt] *adj* cubierto de nieve

Verschnitt *m* <-(e)s, -e> ① *(von Alkoholika, Tabak)* mezcla *f* ② *(Reste)* desperdicios *mpl*

verschnörkelt *adj* con arabescos

verschnupft [fɛɐ'ʃnʊpft] *adj* resfriado

verschnüren* [fɛɐ'ʃnyːrən] *vt* atar (con una cuerda)

verschoben *pp von* **verschieben**

verschollen [fɛɐ'ʃɔlən] *adj* desaparecido

verschonen* *vt (Sturm)* no afectar; **verschont werden (von etw** *dat***)** librarse (de algo); **jdn mit etw** *dat* **~** dejar a alguien en paz con algo

verschönern* [fɛɐ'ʃøːnɐn] *vt* embellecer

Verschönerung *f* <-en> embellecimiento *m*

verschossen **I.** *pp von* **verschießen** **II.** *adj* **in jdn ~ sein** estar locamente enamorado de alguien

verschränken* [fɛɐ'ʃrɛŋkən] *vt (Beine, Arme)* cruzar

verschreiben* *irr* **I.** *vt* ① *(verordnen)* prescribir; *(Medikament)* recetar ② *(Papier, Stift)* gastar **II.** *vr:* **sich ~** equivocarse al escribir; **sich einer Tätigkeit ~** dedicarse plenamente a una actividad

verschreibungspflichtig *adj* de prescripción obligatoria

verschrie(e)n *adj* mal visto; **~ sein als ...** tener (la mala) fama de...

verschrieben *pp von* **verschreiben**

verschrotten* *vt* aprovechar como chatarra, desguazar

Verschrottung *f* <-, -en> desguace *m*

verschrumpelt *adj (fam)* arrugado

verschüchtert [fɛɐ'ʃʏçtɐt] *adj* intimidado; *(schüchtern)* tímido

verschulden* **I.** *vt* causar, tener la culpa (de) **II.** *vr:* **sich ~** endeudarse **III.** *vi sein* endeudarse; **hoch verschuldet sein** estar cargado de deudas

Verschulden *nt* <-s, *ohne pl*> culpa *f;* **durch eigenes ~** por propia culpa; **es ist ohne mein ~ passiert** yo no tengo culpa de eso

Verschuldung *f* <-en> endeudamiento *m*

verschütten* *vt* ① *(Flüssigkeit)* derramar ② *(unter sich begraben)* enterrar ③ *(zuschütten)* llenar

verschwägert [fɛɐ'ʃvɛːgɐt] *adj* emparentado (por matrimonio)

verschweigen* *irr vt* callar; **jdm etw ~** callar algo a alguien

verschwenden* [fɛɐ'ʃvɛndən] *vt (Geld)* derrochar; *(Zeit)* perder; *(Energie, Wasser)* despilfarrar

verschwenderisch *adj* ① *(großzügig)* derrochador, botador *Am;* **mit etw** *dat* **~ umgehen** derrochar algo ② *(üppig)* lujoso, opulento

Verschwendung *f* <-en> derroche *m,* despilfarro *m*

verschwiegen [fɛɐ'ʃviːgən] **I.** *pp von* **verschweigen** **II.** *adj* ① *(Person)* discreto ② *(still, einsam)* retirado

Verschwiegenheit *f* <-, *ohne pl*> discreción *f*

verschwimmen* *irr vi sein (Umrisse)* desdibujarse; **mir verschwimmt alles vor den Augen** se me nublan los ojos

verschwinden* *irr vi sein* desaparecer, fletarse *Cuba, Méx;* **etw ~ lassen** *(wegzaubern)* hacer desaparecer algo; **verschwinde!** *(fam)* ¡lárgate!

Verschwinden *nt* <-s, *ohne pl*> desaparición *f*

verschwindend *adj* **~ klein** diminuto

verschwitzen* *vt* ① *(Kleidung)* empapar de sudor ② *(fam: vergessen)* olvidarse (de)

verschwitzt *adj* empapado en sudor

verschwommen [fɛɐ'ʃvɔmən] *adj (Aussage)* impreciso; *(Licht)* difuso; *(Foto, Erinnerung)* borroso; **ohne Brille sehe ich alles ~** sin gafas lo veo todo borroso

verschwören* *irr vr:* **sich ~** conspirar (**gegen** contra); **alles hat sich gegen mich verschworen** todo se ha vuelto en mi contra

Verschwörer(in) *m(f)* <-s, -; -nen> conjurado, -a *m, f,* conspirador(a) *m(f)*

Verschwörung *f* <-en> conspiración *f*

Verschwörungsangst *f* conspiranoia *f*

Verschwörungstheoretiker(in) [-teo'reːtikɐ] *m(f)* <-s, -; -nen> conspiranoico, -a *m, f*

verschwunden *pp von* **verschwinden**

versehen* *irr* **I.** *vt* ① *(ausstatten)* proveer

(**mit** de), munir (**mit** de) *CSur;* **etw mit seiner Unterschrift/einem Stempel ~** firmar/sellar algo ② *(Dienst, Amt)* desempeñar **II.** *vr:* **sich ~** ① *(irren)* equivocarse ② *(sich gefasst machen)* **ehe man sich's versieht(, ist es passiert)** *(fam)* cuando uno menos lo espera (salta la liebre) ③ *(sich versorgen)* **sich mit etw** *dat* **~** proveerse de algo

Versehen *nt* <-s, -> *(Fehler)* error *m;* *(Nachlässigkeit)* descuido *m;* **etw aus ~ tun** hacer algo sin querer

versehentlich *adv* por descuido

verselbstständigen*, **verselbständigen*** *vr:* **sich ~** establecerse (por su cuenta)

versenden* *irr vt* enviar, remitir

Versendung *f* <-, -en> envío *m;* **während der ~** en el envío

versengen* [fɛɐ'zɛŋən] *vt* chamuscar

versenken* **I.** *vt* ① *(Schiff)* hundir ② *(in Flüssigkeit)* sumergir (**in** en) **II.** *vr:* **sich ~** sumergirse (**in** en)

Versenkung *f* <-en> ① *(von Schiffen)* hundimiento *m* ② *(Meditation)* ensimismamiento *m;* **in der ~ verschwinden** *(fam)* caer en el olvido; **aus der ~ auftauchen** *(fam)* aparecer como por arte de magia

versessen [fɛɐ'zɛsən] *adj* **auf etw ~ sein** estar obsesionado por algo

Versessenheit *f* <-, -en> obsesión *f* (**auf** por)

versetzen* **I.** *vt* ① *(umsetzen)* desplazar; *(Pflanzen)* trasplantar ② *(beruflich)* trasladar ③ (SCH) hacer pasar al curso siguiente; **sie ist in die fünfte Klasse versetzt worden** pasó al quinto curso; **er wird nicht versetzt** tiene que repetir el curso ④ *(verpfänden)* empeñar ⑤ *(vermischen)* mezclar; **etw mit Alkohol/Wasser ~** añadir alcohol a algo/aguar algo ⑥ *(Schlag)* asestar, fletar *Chil, Perú;* **jdm einen Schrecken ~** asustar a alguien ⑦ *(antworten)* replicar ⑧ *(fam: warten lassen)* dar un plantón ⑨ *(in Zustand bringen)* **jdn in Zorn/in Angst ~** enfurecer/causarle miedo a alguien; **jdn in die Lage ~, etw zu tun** permitir algo a alguien ⑩ *(zurückversetzen)* llevar de vuelta **II.** *vr* **sich in jds Lage ~** ponerse en la situación de alguien

Versetzung *f* <-en> ① *(örtlich)* desplazamiento *m* ② *(beruflich)* traslado *m* ③ (SCH) paso *m* al curso siguiente; **deine ~ ist gefährdet** está en juego el que apruebes el curso ④ *(Verpfändung)* empeño *m*

verseuchen* [fɛɐ'zɔɪçən] *vt* contaminar

Verseuchung *f* <-en> contaminación *f*

Versicherer [fɛɐ'zɪçərɐ] *m* <-s, -> asegurador *m,* compañía *f* aseguradora

versichern* **I.** *vt* ① *(bestätigen)* asegurar; **jdm etw ~** asegurar algo a alguien ② *(Versicherung abschließen)* asegurar (**gegen** contra) **II.** *vr:* **sich ~** ① *(sich vergewissern)* asegurarse (+*gen* de) ② *(Versicherung abschließen)* asegurarse (**gegen** contra)

Versicherte(r) *mf* <-n, -n; -n, -n> asegurado, -a *m, f*

Versichertenkarte *f* tarjeta *f* (de la caja) del seguro

Versicherung *f* <-en> ① *(Vertrag)* seguro *m* (**gegen** contra); **eine ~ abschließen/kündigen** hacerse/cancelar un seguro ② *(Versicherungsgesellschaft)* compañía *f* de seguros ③ *(Versprechen)* promesa *f;* *(Behauptung)* afirmación *f*

Versicherungsagent(in) *m(f)* <-en, -en; -, -nen> agente *mf* de seguros

Versicherungsanspruch *m* derecho *m* a indemnización por parte del seguro

Versicherungsbeitrag *m* cuota *f* de seguro

Versicherungsbetrug *m* estafa *f* de seguros

Versicherungsfall *m* contingencia *f* asegurada

Versicherungsgesellschaft *f* compañía *f* de seguros

Versicherungskauffrau *f* corredora *f* de seguros

Versicherungskaufmann *m* corredor *m* de seguros

Versicherungsnehmer(in) *m(f)* asegurado, -a *m, f*

versicherungspflichtig *adj* sujeto (obligadamente) al seguro

Versicherungspolice *f* póliza *f* del seguro

Versicherungsschutz *m* protección *f* de seguro

Versicherungssumme *f* suma *f* asegurada

Versicherungsvertreter(in) *m(f)* agente *mf* de seguros

versickern* *vi sein* ser absorbido por el suelo

versiegeln* *vt (Brief, Boden)* sellar; *(Fußboden)* vitrificar

versiert [vɛr'ziːɐt] *adj* versado; **in etw** *dat* **~ sein** ser versado en algo

versifft [fɛɐ̯'zɪft] *adj (sl)* sucio

versilbern* *vt* ① *(mit Silber überziehen)* platear (a) ② *(fam: verkaufen)* vender

versinken* *irr vi sein* ① *(in Flüssigkeit)* sumergirse (**in** en); *(in Schnee, Schlamm; Schiff)* hundirse (**in** en); **ich hätte vor Scham im Boden ~ mögen!** ¡ojalá me hubiera tragado la tierra! ② *(sich hingeben)* perderse (**in** en); **in Gedanken versunken** absorto en sus pensamientos

versinnbildlichen* [fɛɐ'zɪnbɪltlɪçən] *vt* simbolizar

V

Version [vɛrˈzjoːn] *f* <-en> versión *f*
versklaven* *vt* esclavizar
Versmaß *nt* <-es, -e> (LIT) metro *m*
versnobt [fɛɐˈsnɔpt] *adj (abw)* esnob
versoffen [fɛɐˈzɔfən] *adj (a. abw)* borrachín
versöhnen* [fɛɐˈzøːnən] **I.** *vt* ❶ *(Streitende)* reconciliar ❷ *(versöhnlich stimmen)* apaciguar **II.** *vr:* **sich ~** reconciliarse
versöhnlich *adj* conciliador; **jdn ~ stimmen** apaciguar a alguien
Versöhnung *f* <-en> reconciliación *f*
versorgen* **I.** *vt* ❶ *(verschaffen, beliefern)* proveer (**mit** de), premunir (**mit** de) *Am* ❷ *(unterhalten)* mantener ❸ *(betreuen)* cuidar (de) **II.** *vr:* **sich ~** abastecerse (**mit** de); **sich selbst ~** autoabastecerse
Versorgung *f ohne pl* ❶ *(Belieferung)* aprovisionamiento *m* (**mit** de) ❷ *(Unterhalt)* manutención *f; (Rente)* pensión *f* ❸ *(Betreuung)* cuidados *mpl;* **ärztliche ~** asistencia médica
Versorgungslücke *f* déficit *m inv* de abastecimiento
Versorgungsnetz *nt* <-es, -e> red *f* de abastecimiento
Verspannung *f* <-, -en> arriostramiento *m*
verspäten* *vr:* **sich ~** retrasarse; **sich um eine Stunde ~** llegar con una hora de retraso
verspätet **I.** *adj* atrasado **II.** *adv* con retraso
Verspätung *f* <-en> retraso *m;* **zehn Minuten ~ haben** tener diez minutos de retraso
verspeisen* *vt (geh)* comer
verspekulieren* **I.** *vt (Geld)* perder en especulaciones **II.** *vr:* **sich ~** ❶ *(bei Geschäften)* equivocarse al especular ❷ *(fam: sich irren)* equivocarse
versperren* *vt* ❶ *(blockieren)* obstruir; **die Durchfahrt/die Sicht ~** cerrar el paso/quitar la vista ❷ *(Österr, reg: zuschließen)* cerrar
verspielen* **I.** *vi* perder; **er hat bei ihr verspielt** *(fam)* ella no quiere saber nada más de él; **du hast verspielt** has agotado tus posibilidades **II.** *vt* ❶ *(Geld)* perder en el juego ❷ *(Chance)* perder **III.** *vr:* **sich ~** (MUS) equivocarse al tocar
verspielt *adj* ❶ *(Kind, Tier)* juguetón ❷ *(Muster)* alegre
verspotten* *vt* burlarse (de)
versprechen* *irr* **I.** *vt* prometer; **viel ~d** (muy) prometedor; **ich kann dir nichts ~** no te puedo prometer nada; **sich** *dat* **etwas ~** esperar algo (**von** de); **das Wetter verspricht heute gut zu werden** hoy el tiempo promete ser bueno **II.** *vr:* **sich ~** *(falsch aussprechen)* equivocarse al hablar
Versprechen *nt* <-s, -> promesa *f;* **jdm ein ~ geben** prometer(le) algo a alguien; **ein ~ einhalten** cumplir una promesa
Versprecher *m* <-s, -> lapsus *m inv* linguae
Versprechung *f* <-en> promesa *f;* **leere ~en machen** hacer falsas promesas
verspritzen* *vt* ❶ *(verteilen)* esparcir ❷ *(bespritzen)* salpicar ❸ *(vollspritzen)* rociar
versprochen *pp von* **versprechen**
versprühen* *vt* pulverizar
verspüren* *vt* sentir
verstaatlichen* *vt* nacionalizar
Verstaatlichung *f* <-en> nacionalización *f*
Verstädterung [fɛɐˈʃtɛ(ː)tərʊŋ] *f* <-, -en> urbanización *f*
verstand [fɛɐˈʃtant] *3. imp von* **verstehen**
Verstand [fɛɐˈʃtant] *m* <-(e)s, *ohne pl*> *(Denkfähigkeit)* inteligencia *f; (Urteilskraft)* juicio *m; (Vernunft)* razón *f;* **den ~ verlieren** perder la razón; **bei klarem ~ sein** estar en pleno juicio; **du bist wohl nicht ganz bei ~!** *(fam)* ¡estás chiflado!; **das geht über meinen ~** *(fam)* eso no me entra
verstanden [fɛɐˈʃtandən] *pp von* **verstehen**
verständig [fɛɐˈʃtɛndɪç] *adj (vernünftig)* razonable; *(klug)* inteligente
verständigen* [fɛɐˈʃtɛndɪgən] **I.** *vt (benachrichtigen)* informar (**von** de/sobre) **II.** *vr:* **sich ~** ❶ *(kommunizieren)* entenderse ❷ *(sich einigen)* llegar a un acuerdo (**über** sobre)
Verständigung *f* <-en> ❶ *(Benachrichtigung)* información *f* ❷ *(Kommunikation)* comunicación *f* ❸ *(Einigung)* acuerdo *m*
Verständigungsschwierigkeiten *fpl* dificultades *fpl* de entendimiento
verständlich [fɛɐˈʃtɛntlɪç] *adj* inteligible; *(begreiflich)* comprensible; *(deutlich)* claro; **leicht/schwer ~** fácil/difícil de comprender; **sich ~ machen** explicarse; **sich ~ ausdrücken** expresarse claramente
verständlicherweise [-ˈ---ˈ--] *adv* con razón
Verständlichkeit *f ohne pl* comprensibilidad *f; (Deutlichkeit)* claridad *f*
Verständnis [fɛɐˈʃtɛntnɪs] *nt* <-ses, *ohne pl*> ❶ *(Begreifen, Mitgefühl)* comprensión *f;* **für jdn/etw kein ~ haben** no tener comprensión con alguien/para algo; **dafür hast du mein vollstes ~** tienes todas mis simpatías con respecto a eso; **wir**

bitten um Ihr ~ rogamos su comprensión ② *(Sinn, Gefühl)* sensibilidad *f* (**für** para)

verständnislos *adj* incomprensivo

Verständnislosigkeit *f* <-, *ohne pl*> incomprensión *f*

verständnisvoll *adj* comprensivo

verstärken* **I.** *vt* ① *(stabiler machen)* reforzar ② *(vergrößern)* aumentar ③ *(Lautstärke, Instrumente)* amplificar **II.** *vr:* **sich ~** intensificarse, aumentar

Verstärker *m* <-s, -> (TECH, ELEK) amplificador *m*

Verstärkung *f* <-en> ① *(der Stabilität)* refuerzo *m* ② *(Vergrößerung)* aumento *m* ③ *(der Lautstärke)* amplificación *f* ④ (*a.* MIL: *Personengruppe*) refuerzos *mpl*

verstauben* [fɛɐ'ʃtaʊbən] *vi sein* llenarse de polvo

verstaubt [fɛɐ'ʃtaʊpt] *adj* ① *(schmutzig)* lleno de polvo ② *(veraltet)* anticuado, pasado de moda

verstauchen* [fɛɐ'ʃtaʊxən] *vt* **sich** *dat* **etw ~** torcerse algo

Verstauchung *f* <-en> esguince *m,* torcedura *f,* gambeta *f AmS*

verstauen* *vt* guardar (**in** en)

Versteck [fɛɐ'ʃtɛk] *nt* <-(e)s, -e> escondite *m;* **~ spielen** jugar al escondite

verstecken* **I.** *vt* esconder (**vor** de); *(verbergen)* ocultar (**vor** de) **II.** *vr:* **sich ~** esconderse (**vor** de), escorarse *Cuba, Hond*

Versteckspiel *nt* juego *m* del escondite, escondido(s) *m(pl) Am;* **lass das ~!** *(fig)* ¡déjate de jueguecitos!

versteckt *adj* ① *(verborgen)* escondido, oculto ② *(Anspielung)* indirecto; *(heimlich)* secreto

verstehen <versteht, verstand, verstanden> **I.** *vt* ① *(hören)* entender; *(begreifen)* comprender; **er gab mir zu ~, dass ...** me dio a entender que...; **verstanden?** ¿entendido?; **das hast du falsch verstanden** eso lo has entendido mal; **versteh mich recht** no me malinterpretes; **wie soll ich das ~?** ¿qué quieres decir con eso? ② *(meinen)* entender (**unter** por); **was verstehst du unter diesem Begriff?** ¿qué entiendes por este término? ③ *(können)* saber; **er versteht es, mit Kindern umzugehen** sabe cómo tratar a los niños ④ *(Verständnis haben)* comprender; **ich verstehe deinen Ärger** puedo comprender tu rabia **II.** *vr:* **sich ~** ① *(auskommen)* llevarse bien; **ich verstehe mich gut mit ihr** me llevo bien con ella ② *(sich einschätzen)* **sich ~ als** tenerse por ③ *(beherrschen)* **sich auf etw ~** ser experto en algo ④ *(zu verstehen sein)* **die Preise ~ sich zuzüglich Mehrwertsteuer** se sobreentiende que el IVA será sumado a los precios; **das versteht sich doch von selbst** eso es evidente; **versteht sich!** ¡por supuesto!, ¿cómo no? *Am*

versteifen* *vr:* **sich ~** obstinarse (**auf** en)

versteigern* *vt* subastar, rematar *Am*

Versteigerung *f* <-en> subasta *f,* remate *m Am*

Versteinerung *f* <-en> ① *(das Versteinern)* petrificación *f* ② *(Objekt)* fósil *m*

verstellbar *adj* graduable; **in der Höhe ~** de altura graduable

verstellen* **I.** *vt* ① *(örtlich)* cambiar (de sitio); *(falsch stellen)* poner mal ② *(einstellen)* ajustar; *(regulieren)* regular ③ *(versperren)* bloquear; **jdm den Weg ~** atajar el paso a alguien ④ *(Stimme, Handschrift)* disimular **II.** *vr:* **sich ~** ① *(Person)* fingir, disimular ② (TECH) desajustarse

Verstellung[1] *f* <-en> ① *(örtlich)* cambio *m* de sitio ② *(Einstellung)* ajuste *m; (Regulierung)* regulación *f; (nach Skala)* graduación *f*

Verstellung[2] *f ohne pl (Täuschung)* fingimiento *m*

versteuern* *vt* pagar impuestos (por)

verstimmen* *vt* ① *(Instrument)* desafinar ② *(verärgern)* poner de mal humor

verstimmt *adj* ① *(Instrument)* desafinado ② *(Person)* enfadado; **einen ~en Magen haben** tener una indigestión

Verstimmung *f* <-, -en> ① (MUS) desafinamiento *m* ② *(Meinungsverschiedenheit)* contrariedad *f*

verstockt [fɛɐ'ʃtɔkt] *adj (abw)* obstinado, porfiado

verstohlen [fɛɐ'ʃtoːlən] *adj* disimulado

verstopfen* **I.** *vi sein* obstruirse, tupirse *Am* **II.** *vt* ① *(Loch)* obturar ② *(Abfluss)* atascar

verstopft *adj (Abfluss)* obstruido, tupido *Am; (Nase)* tapado; *(Ohren)* taponado; *(Mensch)* estreñido; **~e Straßen** atascos de tráfico

Verstopfung *f* <-en> ① *(eines Lochs)* obstrucción *f; (von Abfluss)* atasco *m* ② (MED) estreñimiento *m* ③ *(Stau)* atasco *m,* taco *m Am*

verstorben [fɛɐ'ʃtɔrbən] *adj* fallecido, extinto *AmS, Méx*

Verstorbene(r) *mf* <-n, -n; -n> difunto, -a *m, f,* extinto, -a *m, f AmS, Méx*

verstört [fɛɐ'ʃtøːɐt] *adj* aturdido; (MED) trastornado

Verstoß *m* <-es, -stöße> infracción *f* (**gegen** contra); **einen ~ begehen** cometer una infracción

verstoßen* *irr* **I.** *vi* faltar (**gegen** a); *(gegen*

V

Gesetz) infringir **II.** *vt* expulsar; *(Frau)* repudiar

verstrahlen* *vt* contaminar con radiactividad; **verstrahlt sein** estar contaminado con radiactividad

verstrahlt *adj* contaminado por radioactividad

Verstrebung [fɛɐ'ʃtreːbʊŋ] *f* <-, -en> (ARCHIT) jabalcón *m*

verstreichen* *irr* **I.** *vi sein (geh: Zeit)* pasar; *(Frist)* vencer **II.** *vt* ① *(Farbe, Butter)* extender (**auf** en) ② *(Ritz, Spalt)* tapar

verstreut [fɛɐ'ʃtrɔɪt] *adj (Gehöfte, Ortschaften)* diseminado, disperso, desperdigado

verstrichen *pp von* **verstreichen**

verstricken* **I.** *vt* ① *(Wolle)* gastar haciendo punto ② *(verwickeln)* implicar (**in** en) **II.** *vr:* **sich ~** ① *(Personen)* liarse (**in** en) ② *(Strickarbeit)* equivocarse al hacer punto

verstümmeln* [fɛɐ'ʃtʏməln] *vt* mutilar

Verstümmelung *f* <-en> mutilación *f*

verstummen* *vi sein (geh: Person)* callar(se); *(Geräusch)* cesar

Versuch [fɛɐ'zuːx] *m* <-(e)s, -e> ① *(Handlung, a.* SPORT) intento *m;* **das käme auf einen ~ an** debería intentarse ② *(Experiment)* experimento *m; (Test)* prueba *f*

versuchen* **I.** *vt* ① *(ausprobieren)* intentar; **~ Sie keine Tricks!** ¡no intente ningún truco! ② *(kosten)* probar ③ *(geh: erproben)* tentar; **ich bin versucht, es mal auszuprobieren** estoy tentado de probarlo **II.** *vr* **sich in etw** *dat* **~** intentar algo

Versuchsanstalt *f* centro *m* de experimentación

Versuchskaninchen *nt (fam abw)* conejillo *m* de Indias

Versuchsperson *f* <-, -en> (MED, PSYCH) sujeto *m* de experimentación

Versuchsreihe *f* serie *f* de ensayos

Versuchstier *nt* animal *m* de laboratorio

versuchsweise [-vaɪzə] *adv* a modo de prueba

Versuchszweck *m* objeto *m* de la experimentación; **zu ~en** para fines de experimentación

Versuchung *f* <-en> tentación *f;* **jdn in ~ führen** tentar a alguien; **in ~ kommen** caer en la tentación

versündigen* *vr:* **sich ~** *(geh)* pecar (**an** contra); **sich an jdm ~** ofender a alguien

versunken [fɛɐ'zʊŋkən] **I.** *pp von* **versinken** **II.** *adj* ① *(Kultur)* desaparecido ② *(vertieft)* absorto (**in** en); **in Gedanken ~** absorto en sus pensamientos

versüßen* *vt* endulzar

vertagen* [fɛɐ'taːgən] **I.** *vt* aplazar (**auf** para) **II.** *vr:* **sich ~** aplazar la reunión (**auf** para)

vertauschen* *vt* ① *(verwechseln)* confundir (**mit** con) ② *(austauschen)* cambiar (**gegen/mit** por)

Vertäuung [fɛɐ'tɔɪʊŋ] *f* <-, -en> (NAUT) amarre *m*

verteidigen* [fɛɐ'taɪdɪgən] **I.** *vt* (*a.* SPORT, JUR) defender (**gegen** de/contra) **II.** *vr:* **sich ~** defenderse (**mit** con, **gegen** de/contra); *(sich rechtfertigen)* justificarse

Verteidiger(in) *m(f)* <-s, -; -nen> ① (SPORT) defensa *mf* ② (JUR) abogado, -a *m, f* defensor(a)

Verteidigung *f* <-en> (*a.* JUR, SPORT, MIL) defensa *f* (**gegen** contra/de); **was können Sie zu Ihrer ~ vorbringen?** ¿qué puede alegar en su defensa?

Verteidigungsminister(in) *m(f)* ministro, -a *m, f* de Defensa

Verteidigungsministerium *nt* Ministerio *m* de Defensa

verteilen* **I.** *vt* ① *(austeilen)* repartir (**unter/an** entre); *(zuteilen)* asignar ② *(aufteilen)* repartir (**auf** entre); **übers ganze Land verteilt** repartido por todo el país ③ *(ausbreiten)* extender ④ *(verstreichen)* untar **II.** *vr:* **sich ~** extenderse (**auf** en/sobre)

Verteiler *m* <-s, -> (*a.* WIRTSCH) distribuidor *m*

Verteilung *f* <-en> ① *(Austeilung)* reparto *m* (**an/unter** entre); *(Zuteilung)* asignación *f* ② *(Aufteilung)* repartición *f* ③ (WIRTSCH) distribución *f*

Verteilungskampf *m* **~ auf dem Arbeitsmarkt** lucha por un empleo en el mercado laboral; **einen ~ um etw** *akk* **führen** luchar por obtener una (buena) parte de algo (que se reparte)

verteuern* **I.** *vt* encarecer (**um, auf** a) **II.** *vr:* **sich ~** subir de precio (**um, auf** a)

verteufeln* *vt (abw)* condenar

verteufelt *adj (fam)* endiablado; **es war ~ heiß** hacía un calor de mil demonios

vertiefen* **I.** *vt* profundizar **II.** *vr:* **sich ~** *(tiefer werden)* hacerse más profundo; **sich in etw ~** sumergirse en algo; **in etw vertieft sein** estar absorto en algo

Vertiefung *f* <-en> ① *(von Graben, Thema)* profundización *f; (im Gelände)* depresión *f* ② *(von Person)* ensimismamiento *m*

vertikal [vɛrti'kaːl, '---] *adj* vertical

Vertikale [vɛrti'kaːlə] *f* <-n> vertical *f;* **in der ~n** en la vertical

vertilgen* *vt* ① *(Ungeziefer, Unkraut)* exterminar ② *(fam: essen)* zampar

vertippen* *vr:* **sich ~** *(fam)* equivocarse al escribir a máquina

vertonen* [fɛɐ'to:nən] *vt* poner música (a)
vertrackt [fɛɐ'trakt] *adj (fam)* complicado, liado
Vertrag [fɛɐ'tra:k, *pl:* fɛɐ'trɛ:gə] *m* <-(e)s, -träge> contrato *m;* (POL) tratado *m;* **einen ~ schließen** firmar un contrato; **jdn unter ~ nehmen** contratar a alguien; **unter ~ stehen** estar bajo contrato
vertragen* *irr* **I.** *vt* ① *(Klima, Aufregung)* soportar ② *(Speisen, Medikamente)* tolerar; **ich vertrage keine Milch** la leche me sienta mal; **ich könnte noch ein Bier ~** *(fam)* no me importaría tomar otra cerveza ③ *(Schweiz: austragen)* repartir **II.** *vr:* **sich ~** ① *(Personen)* llevarse bien; **wir haben uns wieder ~** hemos hecho las paces ② *(vereinbar sein)* ser compatible, pegar *fam*
vertraglich **I.** *adj* contractual **II.** *adv* por contrato; **~ gebunden sein** estar sujeto a un contrato
verträglich [fɛɐ'trɛ:klɪç] *adj* ① *(Speisen)* digerible; **gut/schlecht ~** de fácil digestión/no digestible ② *(Personen)* tratable, sociable
Verträglichkeit *f ohne pl* ① *(von Speisen)* digestibilidad *f,* digeribilidad *f* ② *(von Personen)* tolerancia *f*
Vertragsablauf *m ohne pl* extinción *f* del contrato
Vertragsabschluss *m* cierre *m* del contrato; (POL) cierre *m* del tratado
Vertragsaufhebung *f* rescisión *f* de un contrato
Vertragsbestimmungen *fpl* modalidades *fpl* de un contrato; **nach den ~** de acuerdo a lo pactado en el contrato
Vertragsbruch *m* ruptura *f* de(l) contrato
vertragsbrüchig *adj* refractario; **~ werden** romper un contrato
vertragschließend *adj* contratante; **~e Partei** parte contratante
vertragsgemäß *adj* **nicht ~** no conforme a lo estipulado en el contrato
Vertragshändler *m* <-s, -> concesionario *m* (oficial)
Vertragspartner(in) *m(f)* (parte *f*) contratante *mf*
Vertragswerkstatt *f* taller *m* de reparación autorizado por el fabricante
vertragswidrig *adj* contrario al contrato
vertrauen* *vi* **jdm/etw** *dat* **~** confiar en alguien/de algo
Vertrauen *nt* <-s, *ohne pl*> confianza *f* (**auf/in/zu** en); **im ~** (**gesagt**) (dicho sea) entre nosotros; **jdn ins ~ ziehen** confiarse a alguien; **~ zu jdm haben** tener confianza en alguien; **sie besitzt mein volles ~** goza de mi plena confianza; **zu jdm ~ fassen** adquirir confianza con alguien
vertrauenerweckend *adj s.* **erwecken 2.**
Vertrauensarzt, -ärztin *m, f* inspector(a) *m(f)* médico , -a
Vertrauensbruch *m* abuso *m* de confianza
Vertrauensfrage *f* (*a.* POL) cuestión *f* de confianza; **die ~ stellen** plantear la cuestión de confianza
Vertrauensperson *f* persona *f* de confianza
Vertrauenssache[1] *f ohne pl (Frage des Vertrauens)* cuestión *f* de confianza
Vertrauenssache[2] *f (zur vertraulichen Behandlung)* asunto *m* confidencial
vertrauensselig *adj* (demasiado) confiado
vertrauensvoll **I.** *adj* confiado **II.** *adv* con toda confianza
vertrauenswürdig *adj* fiable
Vertrauenswürdigkeit *f* <-, *ohne pl*> fiabilidad *f*
vertraulich *adj* ① *(geheim)* confidencial; **~e Mitteilung** confidencia *f;* **streng ~** de alto secreto ② *(persönlich)* íntimo; **~ werden** confraternizar
Vertraulichkeit[1] *f ohne pl (Eigenschaft)* carácter *m* confidencial; **es wird absolute ~ zugesagt** se garantiza absoluta discreción
Vertraulichkeit[2] *f* <-en> *(Aufdringlichkeit)* indiscreción *f;* **plumpe ~en** excesiva confianza
verträumt [fɛɐ'trɔɪmt] *adj* ① *(Person)* soñador ② *(Ort)* romántico
vertraut [fɛɐ'traʊt] *adj* ① *(eng verbunden)* familiarizado; *(Freund)* íntimo; **~ miteinander sein** tenerse confianza ② *(bekannt)* familiar; **sich mit etw** *dat* **~ machen** familiarizarse con algo
Vertraute(r) *mf* <-n, -n; -n> confidente *mf*
Vertrautheit *f ohne pl* ① *(enge Verbundenheit)* intimidad *f* ② *(Bekanntheit)* familiaridad *f*
vertreiben* *irr vt* ① *(Personen)* echar (**aus** de) ② *(Mücken)* ahuyentar; *(Müdigkeit)* hacer desaparecer; **sich** *dat* **die Zeit ~** entretenerse; **jdm die Langeweile ~** entretener a alguien ③ *(verkaufen)* vender
Vertreibung *f* <-en> expulsión *f* (**aus** de)
vertretbar *adj* ① *(Maßnahme)* justificable ② (JUR) fungible
vertreten* *irr vt* ① *(ersetzen)* su(b)stituir ② *(als Beauftragter)* representar; *(als Anwalt)* defender (la causa de) ③ *(Interessen)* velar (por); *(Ansicht, These)* sostener; *(verantworten)* responsabilizarse (de); (**nicht**) **~ sein** (no) figurar (**unter** entre); **stark/schwach ~ sein** tener mucha/poca repre-

sentación ④ *(verstauchen)* torcerse; **sich** *dat* **die Füße ~** estirar las piernas

Vertreter(in) *m(f)* <-s, -; -nen> ① *(Stellvertreter)* su(b)stituto, -a *m, f* ② *(Beauftragter)* representante *mf,* personero, -a *m, f Am* ③ *(Handlungsreisender)* agente *mf,* agenciero, -a *m, f Arg* ④ *(Verfechter)* defensor(a) *m(f)*

Vertretung *f* <-en> ① *(Stellvertretung)* su(b)stitución *f; (Person)* su(b)stituto, -a *m, f;* **in ~ von jdm handeln** actuar en representación de alguien ② *(Delegation)* representación *f;* **die diplomatische ~** (POL) la misión diplomática ③ *(Niederlassung)* agencia *f; (Filiale)* sucursal *f*

vertretungsweise *adv* en representación

Vertrieb [fɛɐ'tri:p] *m* <-(e)s, *ohne pl*> ① *(von Waren)* venta *f;* **den ~ für etw haben** ser distribuidor de algo ② *(Abteilung)* departamento *m* de venta(s)

Vertriebene(r) *mf* <-n, -n; -n> expulsado, -a *m, f*

Vertriebsabteilung *f* sección *f* de ventas

Vertriebsgesellschaft *f* sociedad *f* distribuidora

Vertriebskosten *pl* (WIRTSCH) costes *mpl* de distribución

Vertriebsleitung *f* dirección *f* de ventas

Vertriebsnetz *nt* red *f* de distribución

vertrimmen* *vt (fam)* apalear, poner morado [*o* romper los huesos] (de una paliza)

vertrocknen* *vi sein* secarse

vertrocknet [fɛɐ'trɔknət] *adj* seco

vertrödeln* *vt (fam abw: Zeit)* perder; *(Termin)* olvidarse (de)

vertrösten* *vt* **jdn ~** hacer esperar a alguien

vertrottelt [fɛɐ'trɔtəlt] *adj* atontado

vertun* *irr* **I.** *vt* desperdiciar, malgastar; **eine vertane Gelegenheit** una oportunidad desaprovechada **II.** *vr:* **sich ~** *(fam)* equivocarse

vertuschen* [fɛɐ'tʊʃən] *vt* ocultar

Vertuschungsversuch *m* intento *m* de ocultación

verübeln* [fɛɐ'ʔy:bəln] *vt* **jdm etw ~** tomar a mal algo a alguien

verüben* *vt* cometer; **Selbstmord ~** suicidarse

verunglimpfen* [fɛɐ'ʔʊnglɪmpfən] *vt (geh)* difamar, denigrar

verunglücken* *vi sein* ① *(Unfall haben)* tener un accidente; **tödlich ~** morir en un accidente ② *(misslingen)* salir mal

Verunglückte(r) *mf* <-n, -n; -n, -n> víctima *f* (de accidente)

verunreinigen* [fɛɐ'ʔʊnraɪnɪgən] *vt* ensuciar; *(Umwelt)* contaminar

Verunreinigung *f* <-, -en> ① *(Vorgang)* ensuciamiento *m; (der Umwelt)* contaminación *f* ② *(Stoff)* impureza *f*

verunsichern* *vt* confundir

verunsichert [fɛɐ'ʔʊnzɪçɐt] *adj (verwirrt)* confundido; *(unsicher)* inseguro

Verunsicherung *f* <-en> *(Verwirrung)* confusión *f; (Zweifel)* duda *f*

verunstalten* [fɛɐ'ʔʊnʃtaltən] *vt* desfigurar

veruntreuen* [fɛɐ'ʔʊntrɔɪən] *vt* (JUR) desfalcar

Veruntreuung *f* <-en> (JUR) desfalco *m; (öffentlicher Mittel)* malversación *f*

verursachen* [fɛɐ'ʔu:ɐzaxən] *vt* causar, comportar *CSur*

Verursacher(in) *m(f)* <-s, -; -nen> causante *mf*

verurteilen* [fɛɐ'ʔʊrtaɪlən] *vt* (*a.* JUR) condenar (**zu** a); **er wurde zum Tode verurteilt** fue condenado a muerte; **zum Scheitern verurteilt sein** estar condenado al fracaso

Verurteilte(r) *mf* <-n, -n; -n> (JUR) condenado, -a *m, f*

Verurteilung *f* <-en> (*a.* JUR) condena *f*

vervielfachen* [fɛɐ'fi:lfaxən] *vt* multiplicar

vervielfältigen* [fɛɐ'fi:lfɛltɪgən] *vt* (TYPO) reproducir; *(fotokopieren)* fotocopiar, mimeografiar *Am*

Vervielfältigung *f* <-en> ① (TYPO) reproducción *f* ② *(Kopie)* copia *f*

vervierfachen* [fɛɐ'fi:ɐfaxən] *vt* cuadruplicar

vervollkommnen* [fɛɐ'fɔlkɔmnən] **I.** *vt* perfeccionar **II.** *vr:* **sich ~** perfeccionar (**auf/in**)

vervollständigen* *vt* completar

Vervollständigung *f* <-, -en> completamiento *m*

verwählen* *vr:* **sich ~** *(fam)* marcar mal

verwahren* [fɛɐ'va:rən] **I.** *vt (aufbewahren)* guardar, custodiar **II.** *vr:* **sich ~** protestar (**gegen** contra)

verwahrlosen* [fɛɐ'va:ɐlo:zən] *vi sein* venir a menos; **jdn/etw ~ lassen** dejar que alguien/algo se arruine

verwahrlost [fɛɐ'va:ɐlo:st] *adj* ① *(vernachlässigt)* abandonado; *(ungepflegt)* descuidado ② *(moralisch)* depravado

Verwahrlosung *f* <-, *ohne pl*> ① *(Vernachlässigung)* abandono *m; (Ungepflegtheit)* descuido *m* ② *(moralisch)* depravación *f*

Verwahrung *f ohne pl* custodia *f; (zwangsweise Unterbringung)* internamiento *m;* **jdn/etw in ~ nehmen** tomar a alguien/algo bajo custodia

verwaisen* *vi sein* ① *(zur Waise werden)* quedarse huérfano; **ein verwaistes Mädchen** una niña huérfana; **sie sind ver-**

V

waist son huérfanos ② *(verlassen werden)* quedar desierto [*o* abandonado]; **verwaist sein** estar desierto

verwalten* *vt* administrar; *(Amt)* desempeñar; (INFOR) actualizar

Verwalter(in) *m(f)* <-s, -; -nen> administrador(a) *m(f),* hacedor(a) *m(f) Am*

Verwaltung *f* <-en> administración *f;* (INFOR) actualización *f*

Verwaltungsapparat *m* aparato *m* administrativo

Verwaltungsbeamte(r) *m,* **-beamtin** *f* funcionario, -a *m, f* administrativo , -a

Verwaltungsbezirk *m* distrito *m* administrativo

Verwaltungsgericht *nt* Tribunal *m* (Contencioso-)Administrativo

Verwaltungskosten *pl* (FIN) gastos *mpl* de gestión

verwandelbar *adj* transformable (**in** en), convertible (**in** en)

verwandeln* **I.** *vt* ① *(allgemein)* cambiar; *(verhexen)* convertir (**in** en); **er ist wie verwandelt** parece otro ② (CHEM, PHYS) tra(n)sformar (**in** en) **II.** *vr:* **sich ~** tra(n)sformarse (**in** en)

Verwandlung *f* <-en> tra(n)sformación *f* (**in** en), cambio *m*

verwandt [fɛɐ'vant] **I.** *pp von* **verwenden** **II.** *adj (ähnlich)* similar (**mit** a); **mit jdm ~ sein** ser pariente de alguien; **sie sind (miteinander) ~** son parientes

verwandte [fɛɐ'vantə] *3. imp von* **verwenden**

Verwandte(r) *mf* <-n, -n; -n> pariente *mf;* **ein naher/entfernter ~r** un pariente cercano/lejano

Verwandtschaft[1] *f* <-en> ① *(das Verwandtsein)* parentesco *m* ② *(Ähnlichkeit)* semejanza *f*

Verwandtschaft[2] *f ohne pl (Angehörige)* parientes *mpl*

verwandtschaftlich *adj* de parentesco; **~ verbunden** emparentados

Verwandtschaftsgrad *m* grado *m* de parentesco

verwanzen* [fɛɐ'vantsən] *vt* vigilar con micrófonos (secretos)

verwarnen* *vt* advertir; **jdn gebührenpflichtig ~** multar a alguien

Verwarnung *f* <-en> advertencia *f;* **gebührenpflichtige ~** multa *f*

verwaschen *adj (Stoff)* descolorido; *(Farbe)* pálido; *(Inschrift)* borroso

verweben* *irr vt* ① *(ineinanderweben)* entretejer ② *(verbrauchen)* gastar el hilo tejiendo

Verwechs(e)lung *f* <-en> confusión *f;* *(Irrtum)* error *m*

verwechseln* *vt* confundir; **sie hat ihn mit dir verwechselt** lo ha confundido contigo; **sie sehen sich** *dat* **zum V~ ähnlich** se parecen como dos gotas de agua

verwegen [fɛɐ've:gən] *adj* osado

Verwegenheit *f* <-, *ohne pl*> audacia *f*

verwehen* **I.** *vt* ① *(auseinandertreiben)* diseminar, dispersar ② *(verwischen)* borrar **II.** *vi sein (sich verlieren)* disiparse

verwehren* *vt* **jdm etw ~** prohibir algo a alguien

Verwehung *f* <-en> *(Schneeverwehung)* nieve *f* arremolinada; *(Sandverwehung)* arena *f* arremolinada

Verweigerer, -in *m, f* <-s, -; -nen> pasota *mf;* *(des Militärdienstes)* objetor(a) *m(f)* (de conciencia)

verweigern* *vt* rehusar; **jdm etw ~** negar algo a alguien; **den Kriegsdienst ~** ser objetor de conciencia, objetar *fam*

Verweigerung *f* <-en> *(Ablehnung)* rechazo *m;* *(Absage)* negativa *f;* *(Verbot)* prohibición *f*

verweilen* *vi (geh)* permanecer; *(stehen bleiben)* detenerse

verweint [fɛɐ'vaɪnt] *adj* lloroso; *(Augen)* lacrimoso

Verweis [fɛɐ'vaɪs] *m* <-es, -e> ① *(Rüge)* reprimenda *f;* **jdm einen ~ erteilen** reprender a alguien ② *(Hinweis)* referencia *f* (**auf** a)

verweisen* *irr* **I.** *vt* ① *(hinweisen)* remitir (**auf/an** a) ② *(ausweisen)* expulsar (**aus** de) ③ *(geh: rügen)* reprender ④ (JUR: *überweisen*) remitir (**an** a) **II.** *vi* indicar (**auf**)

verwelken* *vi sein* marchitarse

verwendbar *adj* utilizable (**zu/für** para); **mehrfach ~** de uso múltiple

verwenden <verwendet, verwendete *o* verwandte, verwendet *o* verwandt> **I.** *vt* usar (**zu/für** para, **bei** en); *(Methode, Mittel)* emplear (**zu/für** para, **bei** en) **II.** *vr:* **sich ~** *(geh)* interceder (**für** por, **bei** ante)

Verwendung *f* <-en> empleo *m,* uso *m;* **~ finden** ser utilizado; **ich habe dafür keine ~** no sé qué hacer con eso

Verwendungsmöglichkeit *f* <-, -en> *(eines Menschen)* (posible) función *f;* *(eines Gerätes)* (posible) función *f,* (posible) uso *m*

Verwendungszweck *m* uso *m* previsto

verwerfen* *irr* **I.** *vt* ① *(ablehnen)* rechazar; *(aufgeben)* desechar ② (JUR: *zurückweisen*) reprobar **II.** *vr:* **sich ~** ① *(Holz, Tür)* alabearse ② (GEO) formarse una falla

verwerflich *adj* reprobable, reprochable

Verwerfung *f* <-, -en> ① *(Ablehnung)* rechazo *m;* *(Aufgabe)* no aceptación *f* ② (JUR: *Zurückweisung*) desestimación *f*

V

verwertbar *adj* utilizable, aprovechable
Verwertbarkeit *f* <-, *ohne pl*> (re)utilización *f*
verwerten* *vt* utilizar, aprovechar
Verwertung *f* <-en> utilización *f*, aprovechamiento *m*
verwesen* [fɛɐ̯ˈveːzən] *vi sein* descomponerse
Verwesung *f* <-en> descomposición *f*
verwetten* *vt* apostar; **ein Vermögen verwettet haben** haber perdido una fortuna en apuestas
verwickeln* **I.** *vt* **jdn in etw ~** envolver a alguien en algo **II.** *vr:* **sich ~** *(a. fig)* enredarse; **sich in Widersprüche ~** incurrir en contradicciones
verwickelt *adj* complicado
Verwicklung *f* <-, -en> ① *(in Skandal)* implicación *f* (**in** en) ② *(Schwierigkeit)* complicación *f*; **diplomatische ~en** complicaciones diplomáticas
verwiesen *pp von* **verweisen**
verwildern* [fɛɐ̯ˈvɪldɐn] *vi sein* ① *(Park, Garten)* estar abandonado ② *(Haustier)* volverse salvaje ③ *(Sitten)* degenerar
verwildert *adj* ① *(Garten)* abandonado ② *(Tier)* salvaje ③ *(Aussehen)* descuidado; *(Kind)* indisciplinado, malcriado
verwinkelt [fɛɐ̯ˈvɪŋkəlt] *adj* de muchos rincones
verwirklichen* **I.** *vt* realizar, hacer realidad **II.** *vr:* **sich ~** ① *(Wirklichkeit werden)* hacerse realidad ② *(Mensch)* realizarse
Verwirklichung *f* <-en> realización *f*
verwirren* [fɛɐ̯ˈvɪrən] **I.** *vt* ① *(Fäden)* enredar; *(Haare)* enmarañar ② *(verunsichern)* confundir, historiar *Am* **II.** *vr:* **sich ~** ① *(Fäden)* enredarse; *(Haare)* enmarañarse ② *(Sinne)* turbarse
verwirrend *adj* confuso
verwirrt *adj* ① *(Fäden, Angelegenheit)* enredado ② *(Person)* confuso, giro *Cuba*
Verwirrung *f* <-en> ① *(Durcheinander)* confusión *f* ② *(Verstörtheit)* turbación *f*
verwischen* **I.** *vt* ① *(Schrift)* emborronar; *(beim Malen)* difuminar ② *(beseitigen)* borrar **II.** *vr:* **sich ~** *(Erinnerung, Umrisse)* desdibujarse; *(Grenzen)* borrarse
verwittern* [fɛɐ̯ˈvɪtɐn] *vi sein* desmoronarse
verwittert *adj (Gebäude, Gestein)* desmoronado; *(Gesicht)* curtido
Verwitterung *f* <-, -en> desmoronamiento *m*
verwitwet [fɛɐ̯ˈvɪtvət] *adj* viudo
verwoben *pp von* **verweben**
verwöhnen* [fɛɐ̯ˈvøːnən] *vt* mimar, pastorear *AmC*
verwöhnt [fɛɐ̯ˈvøːnt] *adj* ① *(Kind)* mimado, engreído *Am* ② *(anspruchsvoll)* exigente; *(Geschmack)* refinado
verworfen [fɛɐ̯ˈvɔrfən] **I.** *pp von* **verwerfen** **II.** *adj (geh)* vil, infame
verworren [fɛɐ̯ˈvɔrən] *adj* confuso
verwundbar *adj* vulnerable
verwunden* *vt* herir, victimar *Am*
verwunderlich [fɛɐ̯ˈvʊndɐlɪç] *adj (erstaunlich)* sorprendente; *(sonderbar)* raro; **was ist daran ~?** ¿qué hay de raro en ello?
verwundern* *vt* sorprender; **es hat mich sehr verwundert, dass …** me ha sorprendido mucho que… *+subj*
verwundert *adj* asombrado, sorprendido; **~ gucken** mirar extrañado
Verwunderung *f ohne pl* asombro *m*; **zu meiner ~** para mi sorpresa
verwundet *adj* herido
Verwundete(r) *mf* <-n, -n; -n> herido, -a *m, f*
Verwundung *f* <-en> herida *f*
verwünschen* *vt* maldecir
verwurzelt *adj* enraizado (**in**/**mit** en)
verwüsten* [fɛɐ̯ˈvyːstən] *vt* devastar
Verwüstung *f* <-en> devastación *f*; **~en anrichten** devastar
verzagen* [fɛɐ̯ˈtsaːgən] *vi sein o haben (geh)* desalentarse, desanimarse, achipolarse *Méx*, acholarse *Arg, Chil, Perú*
verzagt [fɛɐ̯ˈtsaːkt] *adj* desanimado
verzählen* *vr:* **sich ~** equivocarse al contar
verzaubern* *vt* encantar; **jdn in etw ~** tra(n)sformar a alguien en algo
Verzauberung *f* <-, -en> encantamiento *m*, transformación *f* (por arte de magia)
verzehnfachen* [fɛɐ̯ˈtseːnfaxən] *vt* decupl(ic)ar
Verzehr [fɛɐ̯ˈtseːɐ̯] *m* <-(e)s, *ohne pl*> ① *(das Verzehren)* consumo *m* ② *(das Verzehrte)* consumición *f*
verzehren* **I.** *vt* consumir **II.** *vr (geh)* **sich nach etw** *dat* **~** suspirar por algo; **sich vor Sehnsucht nach etw** *dat* **~** consumirse en deseos de algo
verzeichnen* *vt* ① *(vermerken)* anotar; *(aufzeichnen)* registrar; **große Erfolge ~** registrar grandes éxitos ② *(falsch zeichnen)* dibujar mal
Verzeichnis *nt* <-ses, -se> lista *f*; *(im Buch)* índice *m*
verzeihen [fɛɐ̯ˈtsaɪən] <verzeiht, verzieh, verziehen> *vt* perdonar; **jdm etw ~** perdonar algo a alguien; **~ Sie!** ¡perdone!
verzeihlich *adj* perdonable
Verzeihung *f ohne pl* perdón *m*; **jdn um ~ bitten** pedir(le) perdón a alguien
verzerren* **I.** *vt* ① *(Gesicht)* desfigurar ② *(Sehne, Lautsprecher)* distorsionar ③ *(Spiegel)* desfigurar ④ *(Ereignisse, Be-*

richt) tergiversar; *(Wettbewerb)* trucar; **etw verzerrt wiedergeben** contar algo trastocándolo **II.** *vr:* **sich ~** desfigurarse

verzerrt *adj* ❶ *(Gesicht, Tatsache)* desfigurado ❷ *(Sehne)* distorsionado, torcido ❸ *(Bild)* deformado; *(Ton)* distorsionado

verzetteln* [fɛɐ'tsɛtəln] **I.** *vt* escribir en fichas **II.** *vr:* **sich ~** perderse en detalles

Verzicht [fɛɐ'tsɪçt] *m* <-(e)s, -e> renuncia *f* (**auf** a)

verzichten* *vi* renunciar (**auf** a); *(auf ein Recht)* desistir (**auf** de)

verzieh [fɛɐ'tsi:] *3. imp von* **verzeihen**

verziehen[1] *pp von* **verzeihen**

verziehen*[2] *irr* **I.** *vi sein (umziehen)* mudarse (**nach** a) **II.** *vt* ❶ *(Kind)* malcriar ❷ *(Mund, Züge)* torcer **III.** *vr:* **sich ~** ❶ *(Holz, Tür)* alabearse; *(Stoff)* dar de sí ❷ *(Gesicht)* desfigurarse ❸ *(Nebel, Wolken)* disiparse; *(Gewitter)* pasar ❹ *(fam: weggehen)* largarse; *(heimlich)* esfumarse; **los, verzieh dich!** ¡lárgate!

verzieren* *vt* adornar

Verzierung *f* <-en> adorno *m*

verzinsen* [fɛɐ'tsɪnzən] **I.** *vt* pagar intereses (**mit** de); **etw mit fünf Prozent ~** pagar intereses del cinco por ciento por algo **II.** *vr:* **sich ~** producir intereses (**mit** de)

Verzinsung *f* <-, -en> *(das Verzinsen)* pago *m* de intereses; *(Zinssatz)* interés *m*

verzocken* *vt (sl: beim Karten spielen)* perder

verzogen [fɛɐ'tso:gən] **I.** *pp von* **verziehen**[2] **II.** *adj* ❶ *(Holz, Tür)* alabeado ❷ *(Kind)* malcriado ❸ *(umgezogen)* **~ sein** haber cambiado de domicilio; **unbekannt ~** destinatario desconocido

verzögern* **I.** *vt (hinausziehen)* aplazar; *(verspäten)* retrasar (**um**) **II.** *vr:* **sich ~** retrasarse (**um**)

Verzögerung *f* <-en> retraso *m* (**von** de)

verzollen* [fɛɐ'tsɔlən] *vt* pagar aduana (por); **haben Sie etwas zu ~?** ¿tiene algo que declarar?

verzollt *adj* con los derechos de aduana pagados

Verzug [fɛɐ'tsu:k] *m* <-(e)s, *ohne pl*> *(bei Lieferung)* demora *f; (bei Zahlung)* retraso *m;* **in ~ geraten** retrasarse; **es ist Gefahr im ~** se avecina un peligro

verzweifeln* *vi sein* desesperar; **an etw** *dat* **~** desesperarse a causa de algo; **es ist zum V~** es para desesperarse

verzweifelt *adj* desesperado

Verzweiflung *f* <-en> desesperación *f;* **etw aus ~ tun** hacer algo por desesperación; **in seiner ~** en su desesperación; **jdn zur ~ treiben** llevar a alguien a la desesperación

verzweigen* [fɛɐ'tsvaɪgən] *vr:* **sich ~** ramificarse; *(in zwei Richtungen)* bifurcarse

Verzweigung *f* <-en> ❶ *(in mehrere Richtungen)* ramificación *f; (in zwei Richtungen)* bifurcación *f* ❷ *(Schweiz: Kreuzung)* cruce *m*

verzwickt [fɛɐ'tsvɪkt] *adj (fam)* lioso

Vesper[1] ['fɛspɐ] *f* <-n> (REL) vísperas *f pl*

Vesper[2] *f* <-n> *südd: nt* <-s, -> tentempié *m; (nachmittags)* merienda *f*

Vesperbrot[1] *nt ohne pl s.* **Vesper**[2]

Vesperbrot[2] *nt (Brot)* (rebanada *f* de) pan *m (que se toma como tentempié o merienda)*

vespern ['fɛspɐn] *vi (reg)* tomar un tentempié; *(nachmittags)* merendar

Veteran [vete'ra:n] *m* <-en, -en> veterano *m*

Veterinär(in) [veteri'nɛ:ɐ] *m(f)* <-s, -e; -nen> veterinario, -a *m, f*

Veto ['ve:to] *nt* <-s, -s> (POL) veto *m;* **sein ~ gegen etw einlegen** poner el veto a algo

Vetomacht *f* (POL) potencia *f* con derecho a veto

Vetorecht *nt* <-(e)s, *ohne pl*> derecho *m* de veto

Vetter ['fɛtɐ] *m* <-s, -n> primo *m*

Vetternwirtschaft *f ohne pl (abw)* nepotismo *m*

V-Frau *f (Verbindungsfrau)* enlace *m; (Agentin)* informante *f; (Vermittlerin)* intermediaria *f*

vgl. *Abk. von* **vergleiche** cf.

VHS [faʊha:'ʔɛs] *f ohne pl Abk. von* **Volkshochschule** universidad *f* popular

via [vi:a] *präp +akk* vía

Viadukt [via'dʊkt] *m o nt* <-(e)s, -e> viaducto *m*

Vibration [vibra'tsjo:n] *f* <-en> vibración *f*

Vibrator [vi'bra:to:ɐ] *m* <-s, -en> vibrador *m*

vibrieren* [vi'bri:rən] *vi* vibrar

Video ['vi:deo] *nt* <-s, -s> vídeo *m,* video *m Am;* **ein ~ aufnehmen** grabar un video

Videoaufzeichnung ['vi:deo-] *f* grabación *f* en vídeo

Videoband *nt* cinta *f* de vídeo

Videoclip *m* videoclip *m*

Videofilm *m* película *f* de vídeo

Videokamera *f* cámara *f* de vídeo

Videokassette *f* videocasete *f*

Videokonferenz *f* conferencia *f* por vídeo

Videorecorder *m,* **Videorekorder** *m* (aparato *m* de) vídeo *m*

V

Videospiel *nt* videojuego *m*
Videotext *m* videotexto *m*
Videothek [video'te:k] *f* <-en> videoteca *f*
Videoüberwachung *f* vigilancia *f* por (cámara de) vídeo
Videoüberwachungssystem *nt* dispositivo *m* de televisión
Viech [fi:ç] *nt* <-(e)s, -er> *(fam)* ① *(Tier)* bicho *m; (größer)* bestia *f* ② *(Mensch)* bestia *mf,* bruto, -a *m, f*
Vieh [fi:] *nt* <-(e)s, *ohne pl*> ① *(Rinder)* ganado *m; (einzelnes)* res *f;* **zehn Stück ~** diez reses ② *(fam abw: Tier, Mensch)* bestia *f*
Viehhandel *m ohne pl* comercio *m* de ganado
Viehhändler(in) *m(f)* tratante *mf* de ganado
Viehzucht *f ohne pl* ganadería *f*
Viehzüchter(in) *m(f)* <-s, -; -, -nen> ganadero, -a *m, f,* hacendado, -a *m, f Arg, Chil*
viel [fi:l] **I.** *adj o pron indef* <mehr, am meisten> ① *(eine Menge)* mucho; **es gibt ~ Arbeit** hay mucho trabajo; **~ Spaß!** ¡que lo pases bien!; **mit ~ Mühe** con mucho esfuerzo; **~/nicht ~ von etw** *dat* **halten** tener algo en gran/poca consideración; **er weiß ~** sabe mucho; **~e Menschen/Dinge** mucha gente/muchas cosas; **~e kamen** vino bastante gente; **sie gleichen sich in ~em** se parecen en muchas cosas; **sie ist um ~es jünger** ella es mucho más joven ② **so ~** tanto; **so ~ wollte ich gar nicht** no quería tanto; **nimm, so ~ du willst** coge lo que quieras; **das ist so ~ wie ein Geständnis** esto es prácticamente una confesión; **das ist so ~ wie gar nichts** eso y nada es lo mismo; **noch mal so ~** otro tanto; **halb/doppelt so ~ Arbeit** la mitad/el doble de trabajo ③ **wie ~?** ¿cuánto?; **wie ~ kostet das?** ¿cuánto vale eso?; **wie ~ Uhr ist es?** ¿qué hora es?; **um wie ~ größer …?** ¿cuánto más grande…?; **wie ~ das wieder gekostet hat!** ¡qué caro!; **wie ~e Leute waren da?** ¿cuántas personas había? ④ **zu ~** demasiado; **eine zu ~** una de más; **das wäre zu ~ verlangt** esto sería pedir demasiado; **mir ist das alles zu ~** todo esto es demasiado para mí; **ich krieg' zu ~** *(fam)* me va a dar un ataque; **was zu ~ ist, ist zu ~** para todo hay un límite; **sie hat einen zu ~ getrunken** *(fam)* ha bebido una copa de más **II.** *adv* ① *(häufig)* mucho, (muy) a menudo ② *(wesentlich)* considerablemente; **~ teurer** mucho más caro; **~ zu kurz** demasiado corto; **~ zu ~** demasiado
vielbeschäftigt *adj s.* **beschäftigt 1.**
vieldeutig ['fi:ldɔɪtɪç] *adj* ambiguo; (LING) polisémico
Vieleck ['fi:lʔɛk] *nt* <-(e)s, -e> polígono *m*
vieleckig *adj* poligonal
vielerlei ['fi:lɐ'laɪ] *adj inv* ① *(attributiv)* mucho, diverso ② *(allein stehend)* mucho, muchas cosas; **~ gesehen haben** haber visto mucho
vielerorts ['fi:lɐ'ʔɔrts] *adv* en muchos sitios, en muchas regiones
vielfach ['fi:lfax] **I.** *adj* ① *(viele Male)* múltiple; *(wiederholt)* reiterado; **auf ~en Wunsch** a petición general ② *(vielfältig)* diverso, vario **II.** *adv* con frecuencia, a menudo; **größer als ~ angenommen** mayor de lo que a menudo se piensa
Vielfache(s) *nt* <-n, *ohne pl*> múltiplo *m* (**von** de); **um ein ~s** mucho más
Vielfalt ['fi:lfalt] *f ohne pl* variedad *f* (**von/an** de)
vielfältig ['fi:lfɛltɪç] *adj* variado; *(Mensch)* polifacético
Vielfältigkeit *f* <-, *ohne pl*> *s.* **Vielfalt**
vielfarbig *adj* multicolor
Vielflieger(in) *m(f)* pasajero, -a *m, f* habitual
Vielfraß ['fi:lfra:s] *m* <-es, -e> (ZOOL) glotón *m; (fam: Person)* tragón, -ona *m, f*
vielleicht [fi'laɪçt] *adv* ① *(möglicherweise)* quizá(s), tal vez, capaz *Am;* **~ sagst du mir mal, warum …** quizá te dignes a decirme por qué… ② *(etwa)* por casualidad, acaso; **hast du ~ meinen Schlüssel gesehen?** ¿has visto por casualidad mi llave?; **soll ich ~ alles alleine machen?** ¿acaso tengo que hacerlo todo yo solo? ③ *(ungefähr)* más o menos; **es waren ~ 500 Leute dort** habría más o menos 500 personas allí; **ich war ~ aufgeregt** no te puedes imaginar qué excitado estaba
vielmals ['-ma:ls] *adv* **ich bitte ~ um Entschuldigung** mil perdones; **danke ~!** ¡mil gracias!
vielmehr ['--] *adv* ① *(richtig, besser)* mejor dicho ② *(im Gegenteil)* más bien; **ich glaube ~, dass …** creo más bien que…
vielsagend *adj s.* **sagen**
vielschichtig *adj* ① *(aus vielen Schichten)* de muchas capas ② *(komplex)* complejo
vielseitig *adj* ① *(umfassend)* amplio; *(abwechslungsreich)* variado; **~ anwendbar** de uso múltiple; **~ interessiert** con intereses variados ② *(Mensch)* polifacético
vielsprachig *adj* políglota
vielversprechend *adj s.* **versprechen I.**
Vielvölkerstaat *m* estado *m* multiétnico
Vielzahl *f ohne pl* multitud *f* (**an/von** de), sinnúmero *m* (**an/von** de)
vier [fi:ɐ] *adj inv* cuatro; **jdn unter ~**

Augen sprechen hablar con alguien a solas; **sich auf seine ~ Buchstaben setzen** *(fam)* sentarse sobre donde la espalda pierde su digno nombre; **auf allen ~en** *(fam)* a gatas; **alle ~e von sich** *dat* **strecken** *(fam)* desperezarse; *s. a.* **acht**[1]

Vier *f* <-en> cuatro *m; (Schulnote)* suficiente *m*

Vieraugengespräch [-'----] *nt (fam)* conversación *f* a solas

Vierbeiner *m* <-s, -> cuadrúpedo *m*

vierbeinig *adj* cuadrúpedo

vierblätt(e)rig *adj* cuadrifolio

Viereck ['fiːɐʔɛk] *nt* <-(e)s, -e> cuadrilátero *m; (Quadrat)* cuadrado *m*

viereckig *adj* cuadrangular; *(quadratisch)* cuadrado

viereinhalb ['--'-] *adj inv* cuatro y medio

Vierer ['fiːrɐ] *m* <-s, -> ① *(Boot)* bote *m* de a cuatro ② *(reg: Note)* suficiente *m*

viererlei ['fiːrɐ'laɪ] *adj* de cuatro clases diferentes, cuatro clases (diferentes) de; *s. a.* **achterlei**

vierfach ['fiːɐfax] **I.** *adj* cuádruple; **~ vorhanden sein** estar disponible cuatro veces **II.** *adv* cuatro veces; *s. a.* **achtfach**

vierhändig ['fiːɐhɛndɪç] *adj* (MUS) a cuatro manos

vierhundert ['-'--] *adj inv* cuatrocientos; *s. a.* **achthundert**

vierjährig ['-jɛːrɪç] *adj (vier Jahre alt)* de cuatro años; *(vier Jahre dauernd)* de cuatro años de duración

Vierkant ['-kant] *m o nt* <-(e)s, -e> (TECH) cuadrado *m*

Vierkantschlüssel *m* (TECH) llave *f* para tornillos de cabeza cuadrada

vierköpfig *adj* de cuatro cabezas; *(Familie)* de cuatro personas

viermal *adv* cuatro veces; *s. a.* **achtmal**

viermotorig *adj* cuatrimotor

Vierradantrieb *m* (AUTO) tracción *f* a las cuatro ruedas

vierspurig ['-ʃpuːrɪç] *adj* de cuatro carriles

vierstellig *adj* de cuatro cifras

viert zu ~ de a cuatro

Viertaktmotor *m* (AUTO) motor *m* de cuatro tiempos

viertausend ['-'--] *adj inv* cuatro mil; *s. a.* **achttausend**

vierte(r, s) *adj* cuarto; *s. a.* **achte(r, s)**

vierteilen *vt* ① *(Menschen)* descuartizar ② *(Gegenstände)* dividir en cuatro partes, partir en cuartos

viertel ['fɪrtəl] *adj inv* cuarto; **eine ~ Stunde** [*o* **Viertelstunde**] un cuarto de hora; *s. a.* **achtel**

Viertel ['fɪrtəl] *nt* <-s, -> ① *(Maß)* cuarto *m;* **ein ~ Wein** un cuartillo ② *(Teil)* cuarto *m,* cuarta parte *f;* **drei ~ der Bevölkerung** tres cuartas partes de la población; **~ nach/vor drei** las tres y/menos cuarto ③ *(Stadtviertel)* barrio *m*

Viertelfinale *nt* (SPORT) cuarto *m* de final

Vierteljahr ['--'-] *nt* trimestre *m*

vierteljährlich **I.** *adj* trimestral **II.** *adv* cada tres meses

Viertelliter ['--'--] *m o nt* cuarto *m* de litro

vierteln *vt* dividir en cuatro partes

Viertelnote *f* (MUS) negra *f*

Viertelstunde ['--'--] *f* cuarto *m* de hora; *s. a.* **viertel**

viertelstündlich **I.** *adj* de un cuarto de hora **II.** *adv* cada cuarto de hora

viertens ['fiːɐtəns] *adv* en cuarto lugar; *(bei Aufzählung)* cuarto; *s. a.* **achtens**

Viertürer [-tyːrɐ] *m* <-s, -> (AUTO) coche *m* de cuatro puertas

Viervierteltakt [-'---] *m* (MUS) compás *m* de compasillo

vierzehn ['fɪrtseːn] *adj inv* catorce; **in ~ Tagen** en quince días; *s. a.* **acht**[1]

vierzehntägig [-tɛːgɪç] *adj* de quince días

vierzehntäglich *adj* cada quince días

vierzehnte(r, s) *adj* decimocuarto; *s. a.* **achte(r, s)**

Vierzeiler *m* <-s, -> cuarteto *m*

vierzig ['fɪrtsɪç] *adj inv* cuarenta; *s. a.* **achtzig**

vierziger ['fɪrtsɪgɐ] *adj* **die ~ Jahre** los años cuarenta

Vierzigerjahre *nt pl* **die ~** la década de los cuarenta

vierzigste(r, s) *adj* cuadragésimo; *s. a.* **achtzigste(r, s)**

Vierzigstel *nt* <-s, -> cuarentava parte *f; s. a.* **Achtel**

Vierzigstundenwoche *f* semana *f* laboral de 40 horas

Vierzimmerwohnung ['-'----] *f* piso *m* de cuatro habitaciones

Vietnam [viɛt'nam] *nt* <-s> Vietnam *m*

Vietnamese, -in [viɛtna'meːzə] *m, f* <-n, -n; -nen> vietnamita *mf*

vietnamesisch *adj* vietnamita

Vikar(in) [vi'kaːɐ] *m(f)* <-s, -e; -nen> (REL) vicario, -a *m, f*

Villa ['vɪla] *f* <Villen> villa *f*

Villenviertel *nt* barrio *m* residencial de lujo

violett [vio'lɛt] *adj* violeta, morado

Violett *nt (Farbe)* violeta *m*

Violine [vio'liːnə] *f* <-n> (MUS) violín *m*

Violinist(in) [violi'nɪst] *m(f)* <-en, -en; -nen> (MUS) violinista *mf*

Violinschlüssel *m* (MUS) clave *f* de sol

VIP, V.I.P. [vɪp] *mf* <-s, -s; -s> *Abk. von* **Very Important Person** vip *mf*

Viper ['viːpɐ] *f* <-n> (ZOOL) víbora *f*

VIP-Lounge ['vɪplaʊndʒ] *f* <-, -s> salón *m* de vips
viral *adj inv* (MED: *Infektion*) vírico
Viren ['vi:rən] *pl von* **Virus**
Virensuchprogramm *nt* (INFOR) programa *m* cazavirus
Virologie [virolo'gi:] *f* <-, *ohne pl*> (BIOL, MED) virología *f*
Virtual-Reality-Brille ['vɪrtʃuɛl-ri'ɛliti-] *f* gafas *f pl* de realidad virtual
virtuell [vɪrtu'ɛl] *adj* (INFOR) virtual; **~er Raum** espacio virtual
virtuos [vɪrtu'o:s] *adj* virtuoso
Virtuose, -in [vɪrtu'o:zə] *m, f* <-n, -n; -, -nen> virtuoso, -a *m, f*
virulent [viru'lɛnt] *adj* (MED) virulento
Virus ['vi:rʊs] *m o nt* <-, Viren> (*a.* INFOR) virus *m inv*
Virusinfektion *f* (MED) infección *f* vírica
Visa ['vi:za] *pl von* **Visum**
Visagist(in) [viza'ʒɪst] *m(f)* <-en, -en; -, -nen> técnico, -a *m, f* facial
vis-a-vis *präp*, **vis-à-vis** *präp +dat* enfrente de, frente a
Visen ['vi:zən] *pl von* **Visum**
Visier [vi'zi:ɐ] *nt* <-s, -e> ① *(am Helm)* visera *f* ② *(am Gewehr)* (punto *m* de) mira *f*; **jdn/etw ins ~ nehmen** fijar su atención en alguien/algo
Vision [vi'zjo:n] *f* <-en> visión *f*
visionär [vizjo'nɛ:ɐ] *adj* visionario
Visionär(in) *m(f)* <-s, -e; -, -nen> visionario, -a *m, f*
Visite [vi'zi:tə] *f* <-n> (MED) visita *f*; **~ machen** pasar visita
Visitenkarte *f* tarjeta *f* de visita
Viskose [vɪs'ko:zə] *f ohne pl* (CHEM) viscosa *f*
visuell [vizu'ɛl] *adj* visual
Visum ['vi:zʊm] *nt* <-s, Visa *o* Visen> ① *(Sichtvermerk)* visado *m*, visa *f Am* ② *(Schweiz: Namenskürzel)* firma *f*
Vita ['vi:ta] *f* <-, Viten *o* Vitae> *(geh)* currículum *m* vitae
vital [vi'ta:l] *adj* vital
vitalisieren* [vitali'zi:rən] *vt* vitalizar
Vitalität *f ohne pl* vitalidad *f*
Vitamin [vita'mi:n] *nt* <-s, -e> vitamina *f*; **~ B haben** *(fam fig)* tener enchufe
vitaminarm *adj* pobre en vitaminas; **~ sein** ser pobre en vitaminas
Vitaminmangel *m ohne pl* carencia *f* de vitaminas
vitaminreich *adj* rico en vitaminas
Vitamintablette *f* pastilla *f* de vitaminas
Vitrine [vi'tri:nə] *f* <-n> vitrina *f*
Vizekanzler(in) *m(f)* vicecanciller *mf*
Vizekönig(in) *m(f)* virrey, virreina *m, f*
Vizepräsident(in) *m(f)* vicepresidente, -a *m, f*

Vlies [fli:s] *nt* <-es, -e> ① *(Schafwolle)* vellocino *m* ② *(Fasermaterial)* fieltro *m*
V-Mann *m* <-(e)s, -Männer *o* -Leute> *(Verbindungsmann)* enlace *m*; *(Agent)* informante *m*; *(Vermittler)* intermediario *m*
Vogel ['fo:gəl, *pl:* 'fø:gəl] *m* <-s, Vögel> ① *(Tier)* pájaro *m*; **einen ~ haben** *(fam)* estar chiflado; **jdm einen ~ zeigen** *(fam)* ≈ dar(le) a alguien un corte de mangas; **den ~ abschießen** *(fam)* llevarse la palma ② *(fam: Mensch)* tipo *m* raro; **ein komischer ~** un tipo extraño
Vogeldreck *m* <-(e)s, *ohne pl*> excrementos *m pl* de pájaro
vogelfrei *adj* fuera de la ley; **jdn für ~ erklären** declarar a alguien fuera de la ley
Vogelfutter *nt* comida *f* para pájaros
Vogelkäfig *m* jaula *f*
vögeln ['fø:gəln] *vi, vt (vulg)* follar, coger *Am*
Vogelnest *nt* nido *m* de pájaro
Vogelperspektive *f* vista *f* de pájaro; **aus der ~** a vista de pájaro
Vogelscheiße *f* <-, *ohne pl*> *(vulg) s.* **Vogeldreck**
Vogelscheuche *f* <-n> espantapájaros *m inv*
Vogelschwarm *m* <-(e)s, -schwärme> bandada *f*, parvada *f Am*
Vogel-Strauß-Politik *f* *(fam)* comportamiento *m* del avestruz
Vogesen [vo'ge:zən] *pl* (GEO) **die ~** los Vosgos *m pl*
Voicemail ['vɔysme:l] *f* <-, -s> buzón *m* de voz
Vokabel [vo'ka:bəl] *f* <-n> vocablo *m*
Vokabular [vokabu'la:ɐ] *nt* <-s, -e> vocabulario *m*
Vokal [vo'ka:l] *m* <-s, -e> (LING) vocal *f*
Vokativ ['vo:kati:f, --'-] *m* <-s, -e> (LING) vocativo *m*
Voliere [vo'lje:rə, vo'ljɛ:rə] *f* <-, -n> pajarera *f*
Volk[1] [fɔlk, *pl:* 'fœlkɐ] *nt* <-(e)s, Völker> ① *(allgemein)* pueblo *m*; *(Nation)* nación *f* ② (ZOOL) colonia *f*
Volk[2] *nt* <-(e)s, *ohne pl*> ① *(Bevölkerung)* población *f*; **der Mann aus dem ~** el hombre de la calle ② *(Leute)* gente *f*; *(Menschenmenge)* multitud *f*; **etw unters ~ bringen** divulgar algo; **sich unters ~ mischen** mezclarse con la gente
Völkerball *m* <-(e)s, *ohne pl*> (SPORT) coma *m*
Völkerbund *m ohne pl* Sociedad *f* de Naciones
Völkerkunde *f ohne pl* etnología *f*
Völkermord *m* genocidio *m*

V

Völkerrecht *nt ohne pl* derecho *m* internacional

völkerrechtlich *adj* de derecho internacional

Völkerverständigung *f* entendimiento *m* entre los pueblos

Völkerwanderung *f* ① (SOZIOL) migración *f* de los pueblos ② *(fam: Menschenstrom)* afluencia *f* masiva

Volksabstimmung *f* (POL) referéndum *m*

Volksbank *f* (FIN) banco *m* popular

Volksbefragung *f* (POL) consulta *f* popular

Volksbegehren *nt* <-s, -> (POL) petición *f* de referéndum

volkseigen *adj* nacionalizado

Volksentscheid *m* (POL) plebiscito *m*

Volksfest *nt* fiesta *f* popular

Volksglaube(n) *m* <-(n)s, *ohne pl*> creencia *f* pupular

Volkshochschule *f* ≈ centro *m* de formación de adultos; **Kurse an der ~ besuchen** asistir a cursos en la universidad popular

Volkskrankheit *f* enfermedad *f* muy extendida

Volkskunde *f* <-, *ohne pl*> folclore *m*

Volkslied *nt* canción *f* popular

Volksmärchen *nt* <-s, -> cuento *m* popular

Volksmund *m ohne pl* lenguaje *m* popular

Volksmusik *f* música *f* folclórica

Volkspartei *f* partido *m* popular

Volksrepublik *f* república *f* popular

Volksschule *f* escuela *f* de enseñanza primaria

Volksstamm *m* tribu *f*

Volkstanz *m* baile *m* folclórico

volkstümlich ['fɔlksty:mlɪç] *adj* popular

Volksverdummung *f (fam abw)* engaño *m* del pueblo

Volksverhetzung *f* instigación *f* del pueblo

Volksvertretung *f* parlamento *m*

Volkswirt(in) *m(f)* economista *mf*

Volkswirtschaft *f* economía *f* política

volkswirtschaftlich *adj* económico nacional

Volkswirtschaftslehre *f ohne pl* economía *f* política

Volkszählung *f* censo *m* nacional

voll [fɔl] **I.** *adj* ① *(gefüllt)* lleno (**von/mit** de); *(besetzt)* ocupado; **brechend ~** a tope *argot;* **halb ~** medio lleno; **mit ~em Mund** con la boca llena; **ich bin ~** (**bis oben hin**) *(fam)* estoy (absolutamente) lleno; **einen Teller ~ essen** comer un plato (de algo); **aus dem V~en schöpfen** gastar a manos llenas ② *(erfüllt)* rebosante (de); **~(er) Freude** rebosante de alegría ③ *(fam: betrunken)* borracho ④ *(rundlich)* regordete ⑤ *(Geschmack)* intenso; *(Stimme)* sonoro; *(Farbton)* intenso; **~es Haar haben** tener mucho pelo ⑥ *(vollständig)* entero, completo; **eine ~e Stunde warten** esperar una hora entera; **in ~er Größe** de cuerpo entero; **das ~e Ausmaß der Katastrophe** el alcance total de la catástrofe; **in ~er Fahrt** en plena marcha; **die ~e Verantwortung tragen** cargar con toda la responsabilidad; **in ~em Ernst** completamente en serio; **~e Kanne** *(sl)* a toda pastilla; **in ~er Schönheit** *(a. iron)* en toda su belleza; **der ~e Kaufpreis** el importe íntegro; **jdn nicht für ~ nehmen** no tomar a alguien en serio **II.** *adv* ① *(vollkommen, vollständig)* completamente, plenamente; **~ bezahlen** pagar a precio regular; **~ und ganz** completamente; **~ dahinterstehen** dar la cara enteramente ② *(mit aller Wucht)* con toda (su) fuerza ③ *(sl: total)* total; **~ gut** guay

vollauf ['-'-] *adv* absolutamente

vollautomatisch ['---'--] *adj* completamente automático

vollautomatisiert *adj* plenamente automatizado

Vollbad *nt* <-(e)s, -bäder> baño *m* (de cuerpo) entero

Vollbart *m* barba *f* cerrada

vollbeschäftigt *adj* con contrato de jornada completa

Vollbeschäftigung *f ohne pl* (WIRTSCH) pleno empleo *m*

Vollbesitz *m* **im ~** (**seiner geistigen Kräfte**) en plena posesión (de sus facultades mentales)

Vollblut *nt*, **Vollblüter** *m* <-s, -> (ZOOL) caballo *m* de pura sangre

Vollbremsung *f* frenazo *m* en seco; **eine ~ machen** frenar en seco

vollbringen* [-'--] *irr vt (geh)* realizar, llevar a cabo

vollbusig *adj* de pechos turgentes, tetuda *fam*, tetona *fam*

Volldampf *m ohne pl* (**mit**) **~ voraus** a toda máquina; **mit ~** *(fam)* a toda pastilla

Völlegefühl ['fœlə-] *nt* <-(e)s, *ohne pl*> sensación *f* de pesadez [*o* de estar lleno]

vollelektronisch ['---'--] *adj* completamente electrónico

vollenden* *vt* ① *(abschließen)* concluir; *(Lebensalter)* cumplir; **jdn vor vollendete Tatsachen stellen** presentar(le) a alguien un hecho consumado ② *(vervollständigen)* completar

vollendet [fɔl'ʔɛndət] *adj* perfecto

vollends ['fɔlɛnts] *adv* completamente

Vollendung[1] *f* <-en> *(Beendung)* termina-

V

ción *f;* **mit** [*o* **nach**] **~ des 18. Lebensjahres** con 18 años cumplidos
Vollendung[2] *f ohne pl (Vollkommenheit)* perfección *f*
voller ['fɔlɐ] *adj inv* ① *(gefüllt, bedeckt)* lleno (de) ② *(erfüllt)* rebosante (de)
Völlerei [fœlə'raɪ] *f* <-, -en> *(abw)* gula *f,* glotonería *f*
Volley ['vɔli] *m* <-s, -s> (SPORT) volea *f*
Volleyball[1] ['vɔlibal] *m* <-(e)s, *ohne pl*> (SPORT) voleibol *m*
Volleyball[2] *m* <-(e)s, -bälle> *(Ball)* pelota *f* de voleibol
vollfressen *irr vr:* **sich ~** *(Tier)* hartarse; *(fam: Person)* atiborrarse, llenarse la panza
Vollgas *nt ohne pl* **mit ~ fahren** ir a toda velocidad; **~ geben** pisar el acelerador a fondo
voll|gießen *irr vt* llenar (hasta el borde)
Vollidiot(in) *m(f) (fam abw)* idiota *mf* completo , -a
völlig ['fœlɪç] **I.** *adj* completo; **das ist mein ~er Ernst** hablo completamente en serio **II.** *adv* completamente; **er hat ~ Recht** tiene toda la razón
volljährig ['-jɛːrɪç] *adj* (JUR) mayor de edad; **~ werden** alcanzar la mayoría de edad
Volljährigkeit *f ohne pl* mayoría *f* de edad; **die ~ erreichen** alcanzar la mayoría de edad
volljammern *vt* **jdm die Ohren ~** soltarle la llorera a alguien
vollkaskoversichert *adj* asegurado contra todo riesgo
Vollkaskoversicherung *f* seguro *m* a todo riesgo
vollklimatisiert ['----'-] *adj* plenamente climatizado
vollkommen [-'--] *adj* ① *(unübertrefflich)* perfecto; *(vollständig)* completo ② *(völlig)* absoluto, total; **ich bin ~ deiner Meinung** estoy absolutamente de acuerdo contigo
Vollkommenheit [-'---] *f* <-, *ohne pl*> perfección *f*
Vollkornbrot *nt* pan *m* integral
Vollkornmehl *nt* (GASTR) harina *f* integral
voll|machen *vt* ① *(füllen)* llenar (hasta arriba) ② *(vervollständigen)* completar ③ *(fam: beschmutzen)* ensuciar; **sich** *dat* **vor Angst die Hosen ~** cagarse de miedo
Vollmacht *f* <-en> autorización *f;* **jdm eine ~ erteilen** otorgar a alguien plenos poderes
Vollmilch *f* leche *f* entera
Vollmilchschokolade *f* chocolate *m* con leche
Vollmitglied *nt* (JUR) miembro *m* de pleno derecho
Vollmond *m* luna *f* llena; **bei ~** con luna llena
vollmundig *adj* ① *(Geschmack)* sabroso; *(Wein)* con un gran buqué ② *(Äußerung)* farolero
Vollnarkose *f* (MED) anestesia *f* total
vollpacken *vt* **etw ~** atiborrar algo, abarrotar algo
Vollpension *f ohne pl* pensión *f* completa
vollpumpen I. *vt* **etw mit Wasser/Luft ~** llenar algo de agua/aire (bombeando) **II.** *vr* **sich mit Wissen ~** *(fam)* estudiar como un loco; **sich ~** *(fam: mit Rauschgift, Alkohol)* colocarse, pillar(se) un colocón *fam*
Vollrausch *m* <-(e)s, -räusche> embriaguez *f* absoluta, ciego *m fam*
vollschlank *adj* metido en carnes
vollständig *adj* ① *(komplett)* completo ② *(gänzlich)* total, absoluto
Vollständigkeit *f ohne pl* integridad *f;* **der ~ halber** para completar
voll|stopfen *vt* atiborrar
vollstreckbar [fɔl'ʃtrɛkbaːɐ] *adj* (JUR) ejecutable
vollstrecken* *vt* ① (JUR) ejecutar; *(Urteil)* llevar a efecto; **die Todesstrafe an jdm ~** ejecutar a alguien ② (SPORT) ejecutar
Vollstreckung [-'--] *f* <-en> (JUR) ejecución *f*
voll|tanken *vi* llenar el depósito (del todo)
volltönend *adj* sonoro
Volltreffer *m* impacto *m* total; *(beim Schießen)* impacto *m* en la diana
volltrunken [fɔl'trʊŋkən] *adj* totalmente ebrio; **in ~em Zustand** totalmente embriagado [*o* borracho]
Vollversammlung *f* pleno *m*
Vollwaise *f* huérfano, -a *m, f* de padre y madre
Vollwaschmittel *nt* detergente *m*
vollwertig *adj* **~er Ersatz** su(b)stituto de igual valía
Vollwertkost *f* alimentos *mpl* integrales
vollzählig ['fɔltsɛːlɪç] *adj* completo
Vollzeit *f* jornada *f* completa; **in Vollzeit arbeiten** trabajar a tiempo completo
vollziehen* *irr* **I.** *vt* ① *(ausführen)* llevar a cabo, efectuar ② (JUR) ejecutar **II.** *vr:* **sich ~** efectuarse
Vollzug [-'-] *m* <-(e)s, *ohne pl*> ① *(das Vollziehen)* realización *f;* (JUR) ejecución *f* ② *(Strafvollzug)* ejecución *f* de la pena
Vollzugsanstalt *f* centro *m* penitenciario
Vollzugsbeamte(r) *m,* **-beamtin** *f* funcionario, -a *m, f* ejecutivo , -a
Volontär(in) [volɔn'tɛːɐ] *m(f)* <-s, -e; -nen> practicante *mf*
Volontariat [volɔntari'aːt] *nt* <-(e)s, -e> voluntariado *m*

V

Volontärin *f* <-nen> *s.* **Volontär**
Volt [vɔlt] *nt* <- *o* -(e)s, -> (PHYS, ELEK) voltio *m*
Volumen [vo'lu:mən] *nt* <-s, -> *(Ausdehnung, Umfang)* volumen *m*
voluminös [volumi'nø:s] *adj* voluminoso
vom [fɔm] = **von dem** *s.* **von**
von [fɔn] *präp* +*dat* ❶ *(allgemein, räumlich)* de; ~ **Münster nach Leipzig** de Münster a Leipzig; ~ **oben nach unten** de arriba abajo; ~ **weit her** de muy lejos; ~ **hier aus** desde aquí; **die Königin ~ England** la Reina de Inglaterra; **ein Gedicht ~ Neruda** un poema de Neruda; **das Kind ist ~ ihm** el niño es suyo; **das war ein Fehler ~ dir** fue un error por tu parte; ~ **allein** por sí solo; **ein Freund ~ mir** un amigo mío; **einer ~ euch** uno de vosotros; **Tausende** [*o* **tausende**] ~ **Menschen** miles de personas; **im Alter ~ 40 Jahren** a la edad de 40 años; **ein Betrag ~ 100 Euro** un importe de 100 euros; **er ist Linguist ~ Beruf** de profesión es lingüista; ~ **Seiten** [*o* **vonseiten**] de parte de; ~ **Berufs wegen** por causa del trabajo ❷ *(zeitlich)* desde, de, a partir de; ~ **nun an** de ahora en adelante; ~ **diesem Tag an** desde ese día; ~ **vorn anfangen** empezar desde el principio; ~ **morgens bis abends** de la mañana a la noche; ~ **Zeit zu Zeit** de tiempo en tiempo ❸ *(beim Passiv)* por; **der Kurs wird ~ Johannes geleitet** el curso es dirigido por Johannes
voneinander [--'--] *adv* el uno del otro
vonseiten [fɔn'zaɪtən] por parte de; ~ [*o* **von Seiten**] **der Regierung** por parte del gobierno; *s. a.* **Seite 1.**
vor [fo:ɐ] **I.** *präp* +*dat* ❶ *(räumlich)* delante de; **sie ging ~ ihm her** iba delante de él; **zehn Kilometer ~ Münster** diez kilómetros antes de llegar a Münster ❷ *(zeitlich)* antes de; *(Zeitraum)* hace; *(bei Uhrzeit)* menos; *(zukünftig)* por delante; **sie wird ~ fünf Uhr nicht zurück sein** no estará de vuelta antes de las cinco; **es ist fünf** (**Minuten**) ~ **drei** son las tres menos cinco; ~ **Kurzem/Jahren** hace poco/años; ~ **ein paar Tagen** hace unos días; ~ **Christi Geburt** antes de Jesucristo; ~ **unserer Zeit** antes de nuestra era; **ich bin ~ Ihnen dran** me toca antes que a Ud.; **wir haben die ganze Arbeit noch ~ uns** tenemos todo el trabajo por delante ❸ *(über)* sobre; **Vorrang ~ anderen Dingen haben** tener preferencia sobre otras cosas; ~ **allem** sobre todo ❹ *(gegen, gegenüber)* a, ante; **Angst ~ jdm haben** tener(le) miedo a alguien; **Schutz ~ etw** *dat* **suchen** buscar protección contra algo ❺ *(bedingt durch)* ~ **Kälte/Freude** de frío/alegría; ~ **lauter Arbeit** de tanto trabajo **II.** *präp* +*akk (Richtung)* **etw ~ das Haus stellen** poner algo delante de la casa; ~ **eine Mauer prallen** estrellarse contra un muro; ~ **sich hin pfeifen** silbar para sí **III.** *adv* adelante; ~ **und zurück** adelante y atrás; **zwei Schritte ~!** ¡dos pasos al frente!; **Freiwillige ~!** ¿quién se ofrece voluntario?
vorab [fo:ɐ'ʔap] *adv (zuerst)* ante todo; *(im Voraus)* de antemano
Vorabend *m* víspera *f;* **am ~ der Uraufführung** en vísperas del estreno
Vorahnung *f* presentimiento *m*
voran [fo'ran] *adv* ❶ *(vorn)* adelante, delante; **mit dem Kopf ~** con la cabeza por delante ❷ *(vorwärts)* hacia delante
voran|bringen *irr vt* llevar adelante; *(fördern)* fomentar
voran|gehen *irr vi sein* ❶ *(vorne gehen)* ir delante, ir en cabeza ❷ *(zeitlich)* preceder ❸ *(Fortschritte machen)* avanzar
voran|kommen *irr vi sein* ❶ *(räumlich)* avanzar ❷ *(Fortschritte machen)* avanzar (**mit** en)
Vorankündigung *f* <-en> ❶ *(Ankündigen)* notificación *f* previa, aviso *m* previo; **nach ~** previo aviso ❷ *(Notiz, Mitteilung)* anuncio *m* previo
Voranmeldung ['fo:ɐʔan-] *f (Termin)* cita *f* previa; *(Mitteilung)* previo aviso *m*
voran|treiben *irr vt* propulsar, impulsar
Vorarbeit *f* trabajo *m* preparatorio; **gute ~ leisten** preparar algo muy bien
Vorarbeiter(in) *m(f)* capataz *mf*
Vorarlberg ['fo:ɐʔarlbɛrk] *nt* <-s> (GEO) Vorarlberg *m*
Voraufführung *f* preestreno *m*
voraus [fo'raʊs] *adv (vorne)* delante; *(an der Spitze)* a la cabeza; **er war uns schon weit ~** nos llevaba una gran ventaja; **im V~** de antemano
vorausberechnen* *vt* calcular previamente
vorausbestimmen* *vt* predeterminar, establecer de antemano; (**jdm**) **vorausbestimmt sein** estar predestinado (a alguien)
vorausblickend *adj* previsor
vorausdatieren* *vt* pos(t)datar, poner fecha posterior (a)
voraus|fahren *irr vi sein* salir antes (con el coche)
voraus|gehen *irr vi sein* ❶ *(vorne gehen)* ir delante; *(früher gehen)* salir primero; **sie ist schon vorausgegangen** ya salió; **ihm geht der Ruf voraus, dass …** tiene fama de… +*inf* ❷ *(früher geschehen)* preceder

vorausgesetzt [foˈraʊsgəzɛtst] *adj* **~, dass …** siempre que… *+subj*

voraus|haben *irr vt* **jdm etw ~** aventajar a alguien en algo; **sie hat mir viel an Erfahrung voraus** me aventaja mucho en experiencia

Voraussage *f* pronóstico *m;* **eine ~ machen** realizar un pronóstico

voraus|sagen *vt* pronosticar

vorausschauend [-ˈ---] *adj* previsor

voraus|schicken *vt* ① *(Paket)* mandar con anticipación ② *(Bemerkung)* anticipar; **etwas ~** hacer una observación previa

voraussehbar *adj* previsible

voraus|sehen *irr vt* prever; **das war ja vorauszusehen** esto se veía venir

voraus|setzen *vt (annehmen)* presuponer, suponer; *(verlangen)* requerir; **ich setze voraus, dass …** presupongo que… *+subj;* **das setze ich als bekannt voraus** esto lo doy por sabido; **vorausgesetzt, dass …** siempre que… *+subj*

Voraussetzung *f* <-en> ① *(Annahme)* suposición *f; (Hypothese)* hipótesis *f inv* ② *(Vorbedingung)* condición *f* previa; **unter der ~, dass …** bajo la condición de que… *+subj* ③ *(Anforderung)* requisito *m;* **die ~en erfüllen** cumplir los requisitos

Voraussicht [-ˈ--] *f ohne pl* previsión *f;* **aller ~ nach** según todos los indicios

voraussichtlich I. *adj* previsto **II.** *adv* probablemente

voraus|zahlen *vt* pagar por adelantado

Vorauszahlung [-ˈ---] *f* pago *m* anticipado [*o* por adelantado]

Vorbau *m* <-(e)s, -ten> ① (ARCHIT) voladizo *m* ② *(sl: Busen)* delantera *f*

Vorbedacht [ˈ-bədaxt] *m* **mit/ohne ~** con/sin premeditación

Vorbedeutung *f* agüero *m*

Vorbedingung *f* condición *f* previa

Vorbehalt [ˈ-bəhalt] *m* <-(e)s, -e> reserva *f;* **einen ~ gegen etw haben** abrigar reservas respecto a algo; **unter dem ~, dass …** con la salvedad de que… *+subj;* **ohne/unter ~** sin/con reservas

vor|behalten* *irr vt* **sich** *dat* **etw ~** reservarse (el derecho de hacer) algo; **Änderungen ~** excepto [*o* salvo] (posibles) modificaciones; **jdm ~ sein** quedar reservado para alguien

vorbehaltlich I. *präp +gen* salvo, a reserva de **II.** *adj* con reserva

vorbehaltlos I. *adj* incondicional **II.** *adv* incondicionalmente

vorbei [foːɐˈbaɪ, fɔrˈbaɪ] *adv* ① *(räumlich)* pasado; *(entlang)* por delante (**an** de); **sie möchte hier ~** quiere pasar por aquí ② *(zeitlich)* pasado; *(zu Ende)* acabado; **es ist drei Uhr ~** son las tres pasadas; **aus und ~** acabado y más que acabado

vorbei|bringen *irr vt (fam)* traer, acercar

vorbei|fahren *irr vi sein* ① *(entlangfahren)* pasar (en coche) (**an** por (delante de)) ② *(nicht anhalten)* pasar de largo; **im V~** al pasar (en coche) ③ *(fam: aufsuchen)* pasar (**bei** por casa de)

vorbei|führen *vi* pasar (**an** por (delante de))

vorbei|gehen *irr vi sein* ① *(entlanggehen)* pasar (**an** por (delante de)); **im V~** de pasada; **bei jdm ~** *(fam)* pasar por casa de alguien ② *(Schuss)* errar ③ *(vergehen)* pasar

vorbei|kommen *irr vi sein* ① *(entlangkommen)* pasar (**an** por) ② *(an Hindernis)* poder pasar (**an** por) ③ *(fam: besuchen)* pasar (**bei** por casa de)

vorbei|lassen *irr vt (fam)* dejar pasar

vorbei|reden *vi* **an etw** *dat* **~** irse por las ramas; **wir haben aneinander vorbeigeredet** hablamos sin entendernos

vorbeischauen *vi (fam)* **bei jdm ~** pasar por casa de alguien; **schau mal vorbei!** ¡pásate!

vorbeischießen *irr vi* ① *(nicht treffen)* errar el tiro; **am Ziel ~** no dar en el blanco ② *sein (schnell laufen)* pasar como un rayo (**an** delante de)

vorbelastet *adj* con antecedentes; **erheblich ~ sein** tener muchos antecedentes; **erblich ~ sein** llevar una tara hereditaria

Vorbemerkung *f* advertencia *f* preliminar

vor|bereiten* **I.** *vt* preparar; **darauf war ich nicht vorbereitet** no estaba preparado para eso **II.** *vr:* **sich ~** prepararse (**auf** para)

vorbereitend *adj* preparatorio

Vorbereitung *f* <-en> *(Tätigkeit)* preparación *f,* apronte *m Am; (Maßnahme)* preparativo *m;* **~en für etw treffen** hacer preparativos para algo

Vorbesitzer(in) *m(f)* <-s, -; -, -nen> propietario, -a *m, f* anterior

Vorbesprechung *f* <-, -en> consulta *f* previa, reunión *f* preliminar

vor|bestellen* *vt* reservar

Vorbestellung *f* reserva *f*

vorbestraft *adj* con antecedentes penales

Vorbestrafte(r) *mf* persona *f* con antecedentes penales

Vorbeugehaft *f* <-, *ohne pl*> prisión *f* preventiva; **in ~ nehmen** detener preventivamente

vor|beugen I. *vi* (*a.* MED) prevenir **II.** *vt* inclinar hacia delante **III.** *vr:* **sich ~** inclinarse hacia delante

vorbeugend *adj* preventivo

Vorbeugung *f ohne pl* prevención *f*

(**gegen** de); (MED) profilaxis *f inv;* **zur ~ gegen etw** como profilaxis contra algo

Vorbeugungsmaßnahme *f* medida *f* preventiva

Vorbild *nt (Beispiel)* ejemplo *m; (Muster)* modelo *m;* **sich** *dat* **jdn zum ~ nehmen** tomar a alguien como ejemplo; **als ~ dienen** servir de modelo

vorbildlich *adj (beispielhaft)* ejemplar; *(musterhaft)* modelo; **sich ~ benehmen** tener un comportamiento ejemplar

Vorbildung *f ohne pl* formación *f* previa

Vorbote *m* indicio *m*

vor|bringen *irr vt* ① *(Wunsch, Einwand)* manifestar; *(Gründe)* aducir; **was hast du zu deiner Entschuldigung vorzubringen?** ¿qué aduces en tu defensa? ② *(fam: nach vorn bringen)* llevar hacia delante

vorchristlich *adj* precristiano

Vordach *nt* (ARCHIT) colgadizo *m*

vor|datieren* *vt* antedatar

Vordenker(in) *m(f)* <-s, -; -, -nen> precursor(a) *m(f)*

Vorderachse ['fɔrdɐ-] *f* eje *m* delantero

Vorderbein *nt* pata *f* delantera

vordere(r, s) *adj* delantero, de delante

Vordergrund *m* primer plano *m;* **im ~ stehen** tener prioridad; **sich in den ~ drängen** estar siempre en primera fila; **in den ~ treten** ganar importancia

vordergründig ['fɔrdɐgrʏndɪç] *adj* superficial

Vordermann *m* persona *f* que precede a otra; **mein ~** el que me precede; **jdn/etw auf ~ bringen** *(fam)* dar(le) caña a alguien/poner algo a flote

Vorderpfote *f* pata *f* delantera

Vorderrad *nt* rueda *f* delantera

Vorderradantrieb *m* tracción *f* delantera

Vorderreihe *f* fila *f* delantera

Vorderschinken *m* jamón *m* de paletilla

Vorderseite *f* parte *f* delantera

Vordersitz *m* asiento *m* delantero

vorderste(r, s) *adj superl von* **vordere(r, s)** primero

Vorderteil *nt* parte *f* delantera

Vordiplom *nt* <-s, -e> (UNIV) examen *m* intermedio *(de diplomatura, que permite el acceso al segundo ciclo)*

vor|drängeln *vr:* **sich ~** *(fam)* colarse

vor|drängen *vr:* **sich ~** abrirse paso a codazos

vor|dringen *irr vi sein* ① *(sich ausbreiten)* avanzar ② *(eindringen)* penetrar (**in** en); (**bis**) **zu jdm ~** llegar hasta alguien

vordringlich *adj* urgente; **etw ~ behandeln** dar prioridad a algo

Vordruck *m* formulario *m*

vorehelich *adj* prematrimonial

voreilig *adj* precipitado; *(unüberlegt)* irreflexivo; **nicht so ~!** ¡no tan deprisa!

voreinander [foːɐʔaɪ'nandɐ] *adv* el uno delante del otro

voreingenommen *adj* lleno de prejuicios

Voreingenommenheit *f* <-, *ohne pl*> prejuicio *m*

Voreinstellung *f* (INFOR) preajuste *m*

vor|enthalten* *irr vt* retener; **jdm etw ~** *(Information)* ocultar algo a alguien; *(Rechte)* privar a alguien de algo

Vorentscheidung *f* decisión *f* previa

Vorentwurf *m* anteproyecto *m*

vorerst ['foːɐʔeːɐst, -'-] *adv* por el momento, de momento

Vorfahr(in) ['foːɐfaːɐ] *m(f)* <-en, -en; -nen> antepasado, -a *m, f*

vor|fahren *irr sein* **I.** *vi* ① *(ankommen)* llegar (**mit/in** en); **vor etw** *dat* **~** parar delante de algo; **mit dem Taxi ~** llegar en taxi ② *(vorne fahren)* ir delante; *(vorausfahren)* adelantarse ③ *(nach vorne fahren)* avanzar **II.** *vt (vorrücken)* avanzar

Vorfahrt *f ohne pl* prioridad *f* (de paso); **die ~ beachten** ceder el paso; **~ haben** tener preferencia; **~ gewähren!** ¡ceda el paso!

Vorfahrt(s)schild *nt* señal *f* de prioridad de paso

Vorfahrt(s)straße *f (im Ort)* calle *f* prioritaria; *(auf Landstraße)* carretera *f* prioritaria

Vorfall *m* ① *(Ereignis)* suceso *m* ② (MED) prolapso *m*

vor|fallen *irr vi sein* ① *(geschehen)* suceder ② *(nach vorne fallen)* caer hacia delante

Vorfeld *nt* preludio *m;* **im ~ von etw** como preludio de algo; **im ~ der Veranstaltung** antes de dar comienzo al acto

Vorfilm *m* trailer *m*

vor|finden *irr vt* encontrarse (con)

Vorfreude *f* alegría *f* previa

vor|fühlen *vi* tantear el terreno

vor|führen *vt* ① *(Person)* llevar; **dem Richter ~** llevar ante el juez ② *(zeigen)* enseñar; *(Mode)* presentar; *(Versuch, Gerät)* demostrar ③ (FILM) proyectar, poner *fam; (Kunststück)* presentar ④ *(fam: bloßstellen)* desenmascarar

Vorführraum *m* cabina *f* de proyección

Vorführung *f* <-en> ① *(Vorstellung)* representación *f* ② *(von Mode)* presentación *f; (von Gerät)* demostración *f* ③ *(von Film)* proyección *f; (von Kunststück)* presentación *f*

Vorführwagen *m* <-s, -> modelo *m* de demostración

Vorgabe *f* <-n> ① (SPORT) ventaja *f* ② *(Richtlinie)* norma *f*

Vorgang *m* <-(e)s, -gänge> ① *(Ereignis)* suceso *m; (Ablauf, a.* CHEM, TECH) proceso *m* ② (ADMIN: *Akten*) expediente *m*

Vorgänger(in) ['-gɛŋɐ] *m(f)* <-s, -; -nen> predecesor(a) *m(f)*

vor|gaukeln ['-gaʊkəln] *vt* **jdm etw ~** hacer creer algo a alguien

vor|geben *irr vt* ① *(behaupten)* poner como pretexto; *(vortäuschen)* fingir; **sie gab vor, müde zu sein** puso como pretexto que estaba cansada ② *(fam: nach vorn geben)* pasar hacia delante (**zu** a) ③ *(festsetzen)* fijar

Vorgebirge *nt* (GEO) cordillera *f* secundaria; *(Ausläufer)* estribaciones *fpl*

vorgefasst ['-gəfast] *adj* preconcebido; **~e Meinungen** opiniones preconcebidas

vorgefertigt ['-gəfɛrtɪçt] *adj* prefabricado

vor|gehen *irr vi sein* ① *(nach vorne gehen)* pasar adelante; *(vorrücken)* avanzar; *(vorne gehen)* ir delante ② *(vorausgehen)* adelantarse ③ *(Uhr)* adelantar ④ *(handeln)* obrar; *(verfahren)* proceder; **gegen etw ~** adoptar medidas contra algo ⑤ *(geschehen)* suceder; **was geht** (**nur**) **in dir vor?** ¿en qué piensas? ⑥ *(Vorrang haben)* tener prioridad

Vorgehen *nt* <-s, *ohne pl*> manera *f* de proceder; **gerichtliches ~** litigio *m*

Vorgehensweise *f* manera *f* de proceder

vorgelagert *adj* situado delante (+*dat* de)

Vorgeschichte[1] *f (eines Geschehens)* antecedentes *mpl*

Vorgeschichte[2] *f ohne pl (Urgeschichte)* Prehistoria *f*

vorgeschichtlich *adj* prehistórico

Vorgeschmack *m* <-(e)s, *ohne pl*> prueba *f;* **das gibt uns einen ~ von dem, was uns bevorsteht** esto nos da una idea de lo que nos espera

Vorgesetzte(r) *mf* <-n, -n; -n> superior *mf*

vorgestern *adv* anteayer; **~ Abend/Morgen/Mittag** anteayer por la tarde/por la mañana/al mediodía

vorgestrig *adj* ① *(von vorgestern)* de anteayer ② *(fam: überholt)* anticuado

vor|greifen *irr vi* actuar prematuramente; **jdm ~** anticiparse a alguien; **einer Entscheidung ~** adelantarse a una decisión

vor|haben *irr vt* ① *(beabsichtigen)* tener la intención (**zu** de) ② *(geplant haben)* pensar hacer; **hast du heute Abend schon etwas vor?** ¿tienes algún plan para esta noche?

Vorhaben *nt* <-s, -> ① *(Absicht)* intención *f* ② *(Plan)* plan *m,* proyecto *m*

Vorhalle *f* ① *(außen)* pórtico *m,* pretil *m Am* ② *(innen)* vestíbulo *m*

vor|halten *irr* **I.** *vt* ① *(davorhalten)* poner delante ② *(vorwerfen)* **jdm etw ~** reprochar algo a alguien **II.** *vi (fam)* durar

Vorhaltung *f* <-en> reproche *m;* **jdm** (**wegen etw** *gen/dat*) **~en machen** hacer(le) reproches a alguien (por algo)

Vorhand *f ohne pl* ① (SPORT) (golpe *m*) derecho *m* ② *(vom Pferd)* mano *f* delantera

vorhanden [foːɐ'handən] *adj (existierend)* existente; *(verfügbar)* disponible

Vorhandensein [-'---] *nt* <-s, *ohne pl*> existencia *f; (Verfügbarkeit)* disponibilidad *f*

Vorhang *m* <-(e)s, -hänge> ① *(an Fenster)* cortina *f* ② (THEAT) telón *m*

Vorhängeschloss *nt* candado *m*

Vorhaut *f* (ANAT) prepucio *m*

vorher [foːɐ'heːɐ, '--] *adv* antes; *(im Voraus)* de antemano; **kurz ~** poco antes; **am Tag ~** el día anterior

vorher|bestimmen* [foːɐ'heːɐ-] *vt* predestinar

vorhergehend *adj* anterior

vorherige(r, s) *adj* anterior, previo; **nach ~r Vereinbarung** después de haber llegado a un acuerdo previo

Vorherrschaft *f ohne pl* predominio *m; (Hegemonie)* hegemonía *f*

vor|herrschen *vi* predominar; **die ~de Meinung** la opinión predominante

Vorhersage *f* <-n> pronóstico *m; (Wettervorhersage)* previsión *f*

vorher|sagen [-'---] *vt* pronosticar; *(Wetter)* predecir

vorhersehbar *adj* previsible

vorher|sehen [-'---] *irr vt* prever

vorhin [foːɐ'hɪn, '--] *adv* antes, hace un momento

Vorhof *m* ① (ANAT) aurícula *f* ② *(Vestibulum)* vestíbulo *m*

Vorhölle *f ohne pl* (REL) limbo *m*

vorige(r, s) *adj* anterior; *(vergangen)* pasado; **~ Woche** la semana pasada; **das ~ Mal** la otra vez

Vorjahr *nt* año *m* pasado; **im ~** el año pasado

vor|jammern *vt (fam)* **jdm etwas ~** molestar a alguien con sus lamentos [*o* penas y desgracias]

Vorkasse *f* <-, *ohne pl*> (COM) pago *m* anticipado

Vorkaufsrecht *nt* (JUR) derecho *m* de preferencia

Vorkehrung ['foːɐkeːrʊŋ] *f* <-en> precaución *f;* **~en treffen** tomar precauciones

Vorkenntnis *f* <-se> conocimiento(s) *m(pl)* previo(s)

vor|knöpfen *vr (fam)* **sich** *dat* **jdn ~** cantarle las cuarenta a alguien

vor|kommen *irr vi sein* ① *(nach vorne kommen)* venir hacia delante ② *(sich ereignen)* pasar, ocurrir; **das kommt schon mal vor** son cosas que pasan; **das wird nicht wieder ~** esto no volverá a repetirse ③ *(vorhanden sein)* existir; **oft ~** ser frecuente ④ *(erscheinen)* aparecer; *(in Liste)* figurar (**in** en); **hinter etw** *dat* **~** salir detrás de algo ⑤ *(scheinen)* parecer; **das kommt mir seltsam vor** esto me parece raro; **sie kommt mir bekannt vor** me parece que la conozco; **ich komme mir vor wie ein Idiot** me siento como un idiota; **du kommst dir wohl sehr schlau vor?** ¿te crees muy listo, verdad?

Vorkommen[1] *nt* <-s, *ohne pl*> *(Vorhandensein)* existencia *f*

Vorkommen[2] *nt* <-s, -> *(von Rohstoffen)* yacimiento *m*

Vorkommnis *nt* <-ses, -se> suceso *m*, acontecimiento *m*

Vorkriegszeit *f* (época *f* de la) anteguerra *f*

vor|laden *irr vt* citar

Vorladung *f* <-en> citación *f*

Vorlage[1] *f ohne pl (das Vorlegen)* presentación *f*; **gegen ~ einer Bescheinigung** previa presentación de un certificado

Vorlage[2] *f* <-n> ① *(Gesetzesvorlage)* proyecto *m* (de ley) ② *(Muster)* modelo *m*; *(für Handarbeit)* patrón *m* ③ (TYPO) original *m* ④ (SPORT) pase *m* ⑤ *(Schweiz: Vorleger)* felpudo *m*

vor|lassen *irr vt* ① *(fam: nach vorne lassen)* dejar pasar ② *(empfangen)* ser recibido (**zu** por)

Vorlauf *m* ① (SPORT) carrera *f* preliminar ② (TECH) avance *m* ③ *(Tonband, Videokassette)* marcha *f* hacia adelante

vorlaufen *irr vi sein (fam)* ① *(vorauslaufen)* adelantarse ② *(nach vorne laufen)* pasar hacia adelante

Vorläufer(in) *m(f)* <-s, -; -nen> precursor(a) *m(f)*

vorläufig **I.** *adj* provisional; *(kurzfristig)* temporal **II.** *adv* provisionalmente; *(kurzfristig)* temporalmente; *(fürs Erste)* por el momento

vorlaut *adj* impertinente

Vorleben *nt* <-s, *ohne pl*> pasado *m*

vor|legen *vt* ① *(zeigen)* enseñar; *(Ausweis, Gesetzentwurf)* presentar; *(Speise)* servir ② *(Kette)* poner; *(Riegel)* correr ③ (SPORT) hacer un pase adelantado

vor|lehnen *vr:* **sich ~** inclinarse hacia delante

vor|lesen *irr vt* leer en voz alta; **jdm etw ~** leer algo a alguien

Vorleser(in) *m(f)* recitador(a) *m(f)*

Vorlesung *f* <-en> *(Universität)* clase *f*; *(Vortrag)* conferencia *f*; *(Vorlesungsreihe)* curso *m*

vorlesungsfrei *adj* (UNIV) no lectivo; **in der ~en Zeit** en el período no lectivo

Vorlesungsverzeichnis *nt* programa *m* de cursos y asignaturas de la universidad

vorletzte(r, s) *adj* penúltimo; *(zeitlich)* anterior; **~ Woche** la semana anterior

Vorliebe *f* <-n> preferencia *f* (**für** por); **eine ~ für etw/jdn haben** tener una preferencia por algo/alguien; **etw mit ~ tun** hacer algo con muchísimo gusto

vor|liegen *irr vi* ① *(vorhanden sein)* haber; **es liegt nichts gegen ihn vor** no se le acusa de nada; **hier muss ein Irrtum ~** debe de haber un error ② *(zur Begutachtung)* haber sido presentado; **im ~den Fall** en el presente caso ③ *(fam: Kette)* estar echado

vor|lügen *irr vt (fam)* **jdm etwas ~** mentir a alguien

vor|machen *vt (fam)* ① *(zeigen)* mostrar ② *(täuschen)* engañar; **er macht sich** *dat* **selbst was vor** se engaña a sí mismo

Vormachtstellung *f* supremacía *f*; **gegenüber jdm eine ~ innehaben** gozar de la supremacía frente a alguien

vormalige(r, s) *adj* anterior, antiguo

vormals ['fo:ɐma:ls] *adv* antiguamente

Vormarsch *m* avance *m*; **auf dem ~ sein** avanzar; *(fig)* extenderse

vor|merken *vt* apuntar; *(reservieren)* reservar (**für** para); **sich** *dat* **etw ~** apuntarse algo; **sich für etw ~ lassen** apuntarse para algo

Vormieter(in) *m(f)* inquilino, -a *m, f* anterior

Vormittag *m* <-(e)s, -e> mañana *f*; **am ~** por la mañana; **gestern/heute/morgen ~** ayer/hoy/mañana por la mañana

vormittags *adv* por la mañana

Vormonat *m* <-(e)s, -e> mes *m* anterior

Vormund *m* <-(e)s, -e *o* -münder> tutor(a) *m(f)*

Vormundschaft *f* <-en> tutela *f*; **jdn unter ~ stellen** poner a alguien bajo tutela

vorn [fɔrn] *adv* ① *(an vorderer Stelle)* delante; *(am vorderen Ende)* en la parte delantera; *(im Vordergrund)* en el primer plano; *(auf der Vorderseite)* por delante; **wir saßen ganz ~** estábamos sentados delante del todo; **von/nach ~** de/hacia delante; **weiter ~** más adelante; **von ~ bis hinten** de delante atrás; *(fam)* completamente; **das Zimmer liegt nach ~** *(fam)* el cuarto da a la calle ② *(an der Spitze)* a la cabeza (de); **~ liegen** estar a la cabeza ③ *(am Anfang)* al principio; **von ~** de nuevo; **weiter ~** *(im Text)* más arriba

Vorname *m* nombre *m* de pila

vorne *adv s.* **vorn**

vornehm ['fo:ɐne:m] *adj* ① *(fein)* distinguido, aseñorado *Am* ② *(edel, adlig)* noble; **sich** *dat* **zu ~ für etw sein** ser demasiado (fino) para algo ③ *(elegant)* elegante

vor|nehmen *irr vt* ① *(ausführen)* hacer ② **sich** *dat* **etw ~** *(vorhaben)* proponerse algo; *(planen)* planear algo; *(in Angriff nehmen)* ponerse a hacer algo ③ *(fam: ermahnen)* **sich** *dat* **jdn ~** echar una bronca a alguien ④ *(fam: bevorzugt abfertigen)* atender primero

vornehmlich *adv (geh)* principalmente

vornherein ['--'-] *adv* **von ~** desde el principio

vornüber ['-'--] *adv* hacia delante

Vorort *m* suburbio *m*

Vorplatz *m* explanada *f*

Vorposten *m* <-s, -> (MIL) puesto *m* avanzado, avanzadilla *f*

vorprogrammiert *adj* programado

Vorrang ['fo:ɐraŋ] *m* <-(e)s, *ohne pl*> ① *(Priorität)* primacía *f* (**vor** sobre), prioridad *f* (**vor** sobre); **den ~ vor etw** *dat* **haben** tener primacía sobre algo; **jdm/etw** *dat* **den ~ geben** dar trato preferente a alguien/algo ② *(Österr: Vorfahrt)* prioridad *f*

vorrangig *adj* prioritario; **~ sein** tener prioridad

Vorrat ['fo:ɐra:t, *pl:* 'fo:ɐrɛ:tə] *m* <-(e)s, -räte> provisión *f* (**an** de); (WIRTSCH) existencias *f pl* (**an** de); **etw auf ~ kaufen** comprar grandes cantidades de algo (para almacenarlo); **solange der ~ reicht** hasta que se agoten las existencias

vorrätig ['fo:ɐrɛ:tɪç] *adj (auf Lager)* en almacén; *(verfügbar)* disponible; **etw ~ haben** tener algo en almacén

Vorratskammer *f* despensa *f*

Vorratsraum *m* almacén *m*

Vorraum *m* antecámara *f*

vor|rechnen *vt* **jdm etw ~** hacer el cálculo de algo a alguien

V

Vorrecht *nt* privilegio *m*

Vorrede *f* introducción *f*

Vorredner(in) *m(f)* orador(a) *m(f)* anterior(a)

Vorreiter(in) *m(f) (fam)* precursor(a) *m(f)*

Vorrichtung *f* <-en> dispositivo *m*

vor|rücken I. *vi sein* ① *(aufsteigen)* subir; **zu vorgerückter Stunde** *(geh)* a altas horas de la madrugada ② *(a.* MIL) avanzar (**nach/gegen** a/hacia, **bis zu/nach** hasta) **II.** *vt* mover (hacia delante); *(nähern)* acercar

Vorruhestand *m* jubilación *f* anticipada

Vorrunde *f* <-n> (SPORT) (prueba *f*) eliminatoria *f*

vor|sagen *vt* ① *(vorsprechen)* decir; *(zum Mitschreiben)* dictar; *(Gedicht)* recitar ② *(in Prüfung)* soplar

Vorsaison *f* temporada *f* baja

Vorsatz *m* ① *(Absicht)* intención *f*; *(Entschluss)* decisión *f*; (JUR) dolo *m*; **den ~ haben, etw zu tun** tener la intención de hacer algo; **einen ~ fassen** tomar una decisión ② *(in Buchbinderei)* guardas *f pl*

vorsätzlich ['fo:ɐzɛtslɪç] **I.** *adj* premeditado; (JUR) doloso **II.** *adv* a propósito; (JUR) con premeditación

Vorschau *f* <-en> avance *m* informativo (**auf** acerca de)

Vorschein *m* **zum ~ kommen/bringen** salir/sacar a la luz

vor|schieben *irr vt* ① *(nach vorn schieben)* empujar hacia delante ② *(Riegel)* correr ③ *(zur Entschuldigung)* poner como pretexto

vor|schießen *irr* **I.** *vi sein (fam)* correr rápidamente hacia delante **II.** *vt (fam)* anticipar

Vorschlag *m* <-(e)s, -schläge> propuesta *f*; *(Empfehlung)* recomendación *f*; **einen ~ machen/annehmen** hacer/aceptar una propuesta; **auf ~ von ...** a propuesta de...

vor|schlagen *irr vt* proponer (**für** para, **als** como); *(empfehlen)* recomendar; **ich schlage vor, wir gehen jetzt** propongo que nos vayamos ahora

Vorschlaghammer *m* martillo *m* a dos manos

vorschnell *adj* irreflexivo, precipitado

vor|schreiben *irr vt* ① *(Text)* escribir en borrador ② *(anordnen)* prescribir; **jdm ~, was er/sie zu tun hat** ordenar a alguien lo que tiene que hacer

Vorschrift *f* <-en> prescripción *f*; *(Anweisung)* instrucciones *f pl*; *(Bestimmung)* reglamento *m*; **sich an die ~en halten** atenerse a las instrucciones; **das verstößt gegen die ~** esto va en contra del reglamento

vorschriftsmäßig I. *adj* reglamentario **II.** *adv* conforme a las ordenanzas

vorschriftswidrig *adj* antirreglamentario, contrario a las ordenanzas [*o* instrucciones]

Vorschub *m* **etw** *dat* **~ leisten** apoyar algo

Vorschulalter *nt* edad *f* preescolar

Vorschule *f* centro *m* de educación preescolar

Vorschulerziehung *f ohne pl* educación *f* preescolar

Vorschuss *m* <-es, -schüsse> anticipo *m;* **auf etw einen ~ leisten** pagar un anticipo de algo

Vorschusslorbeeren *mpl* laureles *mpl* anticipados; **für etw ~ ernten** recoger laureles anticipadamente

vor|schützen *vt* poner como pretexto; **nur keine Müdigkeit ~!** ¡no hay cansancio que valga!

vorschwärmen *vi* deshacerse en elogios; **jdm von etw** *dat* **~** hablar a alguien con gran entusiasmo de algo

vor|schweben *vi* **jdm schwebt etw vor** alguien se imagina algo

vorschwindeln *vt* mentir; **jdm etw ~** mentir a alguien con algo

vor|sehen *irr* **I.** *vt* ❶ *(planen)* prever (**für** para); **wie vorgesehen** según lo previsto; **es ist vorgesehen, dass ...** está previsto que... +*subj* ❷ *(bestimmen)* destinar (**für** a); **die Gelder sind für die Forschung vorgesehen** el dinero está destinado a la investigación **II.** *vr:* **sich ~** precaverse (**vor** de); *(aufpassen)* tener cuidado (**vor** con) **III.** *vi* mirar (**hinter** detrás de)

Vorsehung *f ohne pl* providencia *f*

vor|setzen *vt* ❶ *(nach vorne setzen)* poner (**vor** delante de) ❷ *(Speisen)* servir; *(Programm, Lügen)* presentar, echar *fam*

Vorsicht *f ohne pl* precaución *f,* cuidado *m;* **~ Glas!** ¡frágil!; **hier ist ~ geboten** aquí hay que andar con cuidado; **er ist mit ~ zu genießen** hay que tener cuidado con él; **~ ist besser als Nachsicht** *(prov)* más vale prevenir que curar

vorsichtig **I.** *adj* prudente; **sehr ~ sein** tener mucho cuidado **II.** *adv* con cuidado

vorsichtshalber [-halbe] *adv* por si acaso

Vorsichtsmaßnahme *f* medida *f* de precaución; **~n treffen** tomar medidas preventivas

Vorsilbe *f* (LING) prefijo *m*

vor|singen *irr* **I.** *vi (als Prüfung)* dar una audición **II.** *vt* cantar; **jdm etw ~** cantar algo a alguien

vorsintflutlich *adj (fam)* antediluviano

Vorsitz *m* presidencia *f;* **unter dem ~ von jdm** bajo la presidencia de alguien; **den ~ haben** presidir; **den ~ übernehmen/abgeben** hacerse cargo de/renunciar a la presidencia

Vorsitzende(r) *mf* <-n, -n; -n> presidente, -a *m, f*

Vorsorge *f ohne pl* previsión *f; (Maßnahme)* precaución *f;* **~ treffen** tomar precauciones

vor|sorgen *vi* tomar precauciones (**für** para)

Vorsorgeuntersuchung *f* chequeo *m* preventivo

vorsorglich **I.** *adj* preventivo **II.** *adv* por precaución

Vorspann ['fo:ɐʃpan] *m* <-(e)s, -e> ❶ *(von Text)* introducción *f* ❷ (FILM) avance *m*

Vorspeise *f* (GASTR) entrada *f*

vorspiegeln *vt* fingir, simular; **jdm etw ~** aparentar algo (falso) ante alguien

Vorspiegelung *f* <-en> simulación *f;* **unter ~ falscher Tatsachen** bajo falsas apariencias

Vorspiel *nt* ❶ (MUS) preludio *m;* (THEAT) prólogo *m* ❷ *(sexuell)* juegos *mpl* eróticos previos

vor|spielen *vt* ❶ *(Lied)* tocar; **jdm etw ~** tocar algo para alguien ❷ *(Sketch)* representar ❸ *(vortäuschen)* fingir; **jdm etw ~** hacer creer algo a alguien

vor|sprechen *irr* **I.** *vi* **bei jdm** (**wegen etw** *gen/dat*) **~** ir a hablar con alguien (sobre algo) **II.** *vt* ❶ *(zum Nachsprechen)* decir para que otro lo repita ❷ (THEAT) recitar

vor|springen *irr vi sein* ❶ *(nach vorn springen)* lanzarse hacia adelante ❷ *(hervorragen)* resaltar

vorspringend *adj (Ecke, Kante)* saledizo; *(Nase, Kinn)* prominente

Vorsprung *m* <-(e)s, -sprünge> ❶ *(Mauer-, Felsvorsprung)* saliente *m* ❷ *(Abstand)* ventaja *f* (**vor** sobre, **von** de); **~ haben** llevar ventaja

vor|spulen *vt* bobinar

Vorstadt *f* suburbio *m,* arrabal *m*

Vorstädter(in) *m(f)* habitante *mf* de un suburbio

vorstädtisch *adj* suburbano

Vorstand *m* ❶ *(Gremium)* (junta *f*) directiva *f* ❷ *(Vorstandsmitglied)* miembro *mf* de la junta directiva

Vorstandsmitglied *nt* miembro *mf* de la junta directiva

Vorstandssitzung *f* <-, -en> reunión *f* de la junta directiva

Vorstandsvorsitzende(r) *mf* presidente, -a *m, f* de la junta directiva

vor|stehen *irr vi* ❶ *(hervorragen)* resaltar ❷ *(geh: leiten)* **etw** *dat* **~** dirigir algo; *(Vorsitz haben)* presidir algo

vorstehend *adj* citado anteriormente, susodicho; **das ~ bereits Gesagte** lo susodicho

Vorsteher(in) *m(f)* <-s, -; -nen> responsable *mf; (Chef)* jefe, -a *m, f,* director(a) *m(f)*

vorstellbar *adj* imaginable, concebible; **das ist schwer ~** esto es inimaginable

vor|stellen **I.** *vt* ❶ *(nach vorn, davorstel-*

V

len) poner delante (**vor** de) ② *(Uhr)* adelantar ③ *(vorführen, bekannt machen)* presentar; **darf ich Ihnen Frau Müller ~?** permítame presentarle a la Sra. Müller ④ *(bedeuten)* significar; **was soll das ~?** ¿qué significa esto? ⑤ *(darstellen)* representar ⑥ *(ausmalen)* **sich** *dat* **etw ~** imaginarse algo; **das kann ich mir gut ~** me lo puedo imaginar muy bien; **darunter kann ich mir nichts ~** eso no me dice nada; **stell dir mal vor!** *(fam)* ¡imagínate! ⑦ *(Konditionen, Preis)* **sich** *dat* **etw ~** tener pensado algo ⑧ *(mit etw verbinden)* **sich** *dat* **etwas/nichts unter etw** *dat* **~** tener una idea/no tener ni idea de qué puede ser algo **II.** *vr:* **sich ~** *(sich bekannt machen)* presentarse; **sich bei einem Unternehmen ~** presentarse en una empresa

Vorstellung[1] *f* <-en> ① *(Bekanntmachung, das Sichvorstellen)* presentación *f* ② *(Bild)* idea *f;* **sich** *dat* **eine falsche ~ von etw** *dat* **machen** formarse una idea equivocada de algo; **du machst dir keine ~en davon** no te lo puedes imaginar ③ (THEAT) función *f,* sección *f Arg;* (FILM) sesión *f*

Vorstellung[2] *f ohne pl (Fantasie)* imaginación *f*

Vorstellungsgespräch *nt* entrevista *f* de trabajo

Vorstellungskraft *f* <-, *ohne pl*>, **Vorstellungsvermögen** *nt ohne pl* imaginación *f,* fuerza *f* imaginativa

Vorstoß *m* <-es, -stöße> ① (MIL) avance *m* ② *(Versuch)* intento *m;* **einen ~ machen** intentar algo

vor|stoßen *irr* **I.** *vi sein* penetrar (**in** en) **II.** *vt* empujar hacia delante

Vorstrafe *f* (JUR) antecedente *m* penal

Vorstrafenregister *nt* (JUR) registro *m* de antecedentes penales

vor|strecken *vt* ① *(Arme)* (ex)tender hacia delante ② *(Geld)* anticipar; **jdm etw ~** conceder un anticipo a alguien

Vorstufe *f* fase *f* previa

Vortag *m* día *m* anterior; **am ~ des Festes** la víspera de la fiesta

vor|täuschen *vt* simular; **jdm etw ~** aparentar algo ante alguien

Vorteil ['fɔrtaɪl] *m* ventaja *f;* *(Nutzen)* provecho *m;* **die Vor- und Nachteile von …** los pros y los contras de…; **die Sache hat den ~, dass …** esto tiene la ventaja de que…; **auf seinen ~ bedacht sein** pensar en el propio provecho; **einen ~ aus etw** *dat* **ziehen** sacar provecho de algo; **das ist für dich von ~** a ti te conviene; **gegenüber jdm im ~ sein** llevar ventaja sobre alguien; **sich zu seinem ~ verändern** cambiar para mejor

vorteilhaft *adj* ventajoso; *(Geschäft)* provechoso; *(Kleidung)* favorecedor; **in etw** *dat* **sehr/wenig ~ aussehen** sentarle a uno muy bien/mal algo

Vortrag ['foːɐtraːk, *pl:* 'foːɐtrɛːgə] *m* <-(e)s, -träge> ① *(Rede)* conferencia *f;* **einen ~ halten** dar una conferencia (**über** acerca de/sobre) ② *(von Lied)* interpretación *f;* *(von Musikstück)* ejecución *f;* *(von Gedicht)* recitación *f*

vor|tragen *irr vt* ① *(Gedicht)* recitar; *(Lied)* cantar; *(Kunststück)* presentar ② *(darlegen)* exponer ③ *(fam: nach vorne tragen)* llevar hacia delante

Vortragsreihe *f* ciclo *m* de conferencias

vortrefflich [foːɐ'trɛflɪç] *adj* excelente

Vortrefflichkeit *f* <-, *ohne pl*> excelencia *f*

vor|treten *irr vi sein* ① *(nach vorne treten)* adelantarse; *(aus Reihe)* salir de la fila ② *(fam: hervorragen)* sobresalir

Vortritt *m* <-(e)s, *ohne pl*> ① *(Vorrang, Vorzug)* precedencia *f;* **jdm den ~ lassen** ceder(le) a alguien el paso ② *(Schweiz: Vorfahrt)* preferencia *f*

vorüber [vo'ryːbɐ] *adv* ① *(räumlich)* pasado; *(entlang)* a lo largo ② *(zeitlich)* pasado

vorüber|gehen *irr vi sein* ① *(aufhören)* cesar ② *(örtlich)* pasar (**an** por (delante de)); **im V~** de pasada

vorübergehend *adj* pasajero

Vor- und Zuname *m* nombre *m* y apellido

Voruntersuchung *f* inspección *f* previa

Vorurteil *nt* prejuicio *m* (**gegen** contra)

vorurteilsfrei *adj,* **vorurteilslos** *adj* sin prejuicios

Vorväter ['foːɐfɛːtɐ] *mpl (geh)* antepasados *mpl*

Vorverkauf *m* <-(e)s, *ohne pl*> venta *f* anticipada

Vorverkaufsstelle *f* <-, -n> despacho *m* de venta anticipada

vor|verlegen* *vt (Termin)* adelantar (**auf** a)

Vorverstärker *m* <-s, -> (ELEK) preamplificador *m*

vorvorletzte(r, s) *adj* antepenúltimo

Vorwahl *f* ① (TEL) prefijo *m* ② (POL) elecciones *f pl* preliminares

vor|wählen *vt* (TEL) marcar primero [*o* de prefijo]

Vorwahlnummer *f* (TEL) prefijo *m* (telefónico)

Vorwand *m* <-(e)s, -wände> pretexto *m;* **unter dem ~, dass …** con el pretexto de que… *+subj*

vorwärmen *vt* precalentar

vor|warnen *vt* advertir, prevenir, alertar

Vorwarnung *f* advertencia *f,* prevención *f;* **ohne ~** sin aviso previo
vorwärts ['foːɐvɛrts, 'fɔrvɛrts] *adv* hacia adelante; **~!** ¡adelante!
Vorwärtsgang *m* (TECH) marcha *f* adelante
vorwärts|kommen *irr vi sein* avanzar
Vorwäsche *f* <-n> prelavado *m*
vor|waschen *irr vt* prelavar
Vorwaschgang *m* <-(e)s, -gänge> prelavado *m*
vorweg [foːɐ'vɛk] *adv* ① *(vorher)* primero ② *(im Voraus)* por adelantado ③ *(an der Spitze)* a la cabeza ④ *(fam: von vorneherein)* de antemano ⑤ *(vor allem)* sobre todo
Vorwegnahme *f* <-, -n> anticipación *f,* anticipo *m,* antelación *f*
vorweg|nehmen *irr vt* anticipar
vor|weisen *irr vt (Pass)* enseñar; *(Kenntnisse)* mostrar; **etw ~ können** tener algo
vor|werfen *irr vt* ① *(tadeln)* **jdm etw ~** reprochar algo a alguien ② *(hinwerfen)* **jdm/einem Tier etw ~** echar algo (de comer) a alguien/a un animal
vorwiegend *adv* principalmente
vorwitzig *adj* ① *(neugierig)* curioso ② *(vorlaut)* cargante
Vorwort *nt* <-(e)s, -e> prólogo *m*
Vorwurf *m* <-(e)s, -würfe> reproche *m;* **jdm etw zum ~ machen** echar en cara algo a alguien; **jdm wegen etw** *gen/dat* **Vorwürfe machen** hacer reproches a alguien por algo
vorwurfsvoll *adj* lleno de reproche
Vorzeichen *nt* ① *(Omen)* presagio *m* ② (MUS) accidente *m* ③ (MATH) signo *m*
vorzeigbar *adj (fam)* presentable
Vorzeigefrau *f (fam)* orgullo *m; (abw)* mujer objeto *f*
vor|zeigen *vt* enseñar; *(Pass etc.)* presentar
Vorzeigeprodukt *nt* producto *m* emblemático
Vorzeit *f* <-en> tiempo(s) *m(pl)* prehistórico(s); **in/aus grauer ~** en/de tiempos remotos
vorzeitig I. *adj* anticipado **II.** *adv* con anticipación
vorzeitlich *adj* de tiempos remotos
vor|ziehen *irr vt* ① *(nach vorne ziehen)* tirar hacia adelante; *(Gardine)* correr ② *(fam: hervorziehen)* sacar (**vor** de) ③ *(vorverlegen)* adelantar, anticipar; **vorgezogene Wahlen** elecciones anticipadas ④ *(bevorzugen)* preferir; *(Person)* dar trato preferente; **ich ziehe Bier dem Wein vor** prefiero la cerveza al vino
Vorzimmer *nt* ① *(Sekretariat)* antecámara *f* ② *(Österr: Diele)* vestíbulo *m*
Vorzug[1] *m* <-(e)s, *ohne pl*> *(Vorrang)* prioridad *f; (Vorliebe)* preferencia *f;* **etw** *dat* **/jdm den ~ geben** preferir algo/a alguien
Vorzug[2] *m* <-(e)s, -züge> ① *(Vorrecht)* privilegio *m* ② *(Vorteil)* ventaja *f;* **den ~ haben, dass ...** tener la ventaja de que...
vorzüglich [foːɐ'tsyːklɪç] *adj* excelente; *(Speisen)* exquisito
Vorzugsaktie *f* acción *f* preferente
vorzugsweise *adv* preferentemente
votieren* [vo'tiːrən] *vi (geh)* votar (**für** a favor de, **gegen** en contra de)
Votum ['voːtʊm] *nt* <-s, Voten *o* Vota> voto *m*
Voyeur(in) [voa'jøːɐ] *m(f)* mirón, -ona *m, f*
voyeuristisch *adj* voyeurista
vulgär [vʊl'gɛːɐ] *adj* vulgar
Vulgarität [vʊlgari'tɛːt] *f* <-, *ohne pl*> vulgaridad *f*
Vulkan [vʊl'kaːn] *m* <-s, -e> volcán *m*
Vulkanausbruch *m* erupción *f* volcánica
vulkanisch *adj* volcánico
vulkanisieren* [vʊlkani'ziːrən] *vt* (TECH) vulcanizar

Ww

W, w [veː] *nt* <-, -> W, w *f;* ~ **wie Wilhelm** W de Washington

W *Abk. von* **Westen** O

Waadt [va(ː)t] *f* (GEO) Waadt *m*

Waage [ˈvaːgə] *f* <-n> ① *(Gerät)* balanza *f;* **die Vor- und Nachteile hielten sich** *dat* **die** ~ los pros y los contras eran proporcionales ② (ASTR: *Zeichen*) Libra *f* ③ (ASTR: *Person*) libra *mf inv*

Waagebalken *m* astil *m* de la balanza

waagerecht *adj* horizontal

Waagschale *f* platillo *m* de la balanza; **jedes Wort auf die ~ legen** *(fam)* tomar algo al pie de la letra

wabb(e)lig *adj (fam)* fofo, flácido

wabbeln [ˈvabəln] *vi (fam)* temblar

Wabe [ˈvaːbə] *f* <-n> panal *m*

wabenförmig *adj* en forma de panal

wabern [ˈvaːbɐn] *vi (Flamme)* flamear; *(Nebel)* extenderse

wach [vax] *adj* ① *(nicht schlafend)* despierto; **halb** ~ medio despierto; ~ **werden** despertarse ② *(lebhaft)* espabilado

Wach(t)turm *m* atalaya *f*

Wache [ˈvaxə] *f* <-n> ① *(Wachdienst)* guardia *f; (Krankenwache)* vela *f;* **(auf)** ~ **stehen** estar de guardia ② *(Person)* guardia *mf; (Gruppe)* (cuerpo *m* de) guardia *f* ③ *(Gebäude)* (puesto *m* de) guardia *f; (Polizeiwache)* comisaría *f*

wachen [ˈvaxən] *vi* ① *(Wache halten)* velar; **bei jdm** ~ velar a alguien ② *(aufpassen)* velar (**über** por) ③ *(geh: wach sein)* estar despierto

wach|halten *irr vt (fortdauern lassen)* conservar vivo

Wachhund *m* perro *m* guardián

wach|küssen *vt (iron)* reavivar

Wachmacher *m* <-s, -> *(fam)* estimulante *m*

Wachmann *m* <-(e)s, -männer *o* -leute> ① *(Wächter)* guarda *m* ② *(Österr: Polizist)* policía *m*

Wacholder [vaˈxɔldɐ] *m* <-s, -> ① (BOT) enebro *m* ② *(Wacholderschnaps)* ginebra *f*

Wachposten *m* centinela *m*

wach|rufen *irr vt* despertar; *(Erinnerungen)* evocar

Wachs [vaks] *nt* <-es, -e> cera *f;* ~ **in jds Händen sein** *(fig)* ser la marioneta de alguien

wachsam [ˈ-zaːm] *adj* vigilante; *(aufmerksam)* atento

Wachsamkeit *f ohne pl* vigilancia *f; (Aufmerksamkeit)* atención *f*

wachsen[1] [ˈvaksən] <wächst, wuchs, gewachsen> *vi sein (allgemein)* crecer; *(zunehmen)* aumentar; **in die Breite/Länge/Höhe** ~ crecer a lo ancho/a lo largo/en altura; **sich** *dat* **einen Bart ~ lassen** dejarse crecer la barba; **mit ~der Begeisterung** con creciente entusiasmo; **jdm ge~ sein** poder con alguien; **etw** *dat* **ge~ sein** ser capaz de cumplir con algo

wachsen[2] *vt (Fußboden, Ski)* encerar

Wachsenthaarung *f* depilación *f* a la cera

wächsern [ˈvɛksɐn] *adj* céreo, de cera

Wachsfigurenkabinett *nt* museo *m* de cera, gabinete *m* de figuras de cera

Wachskerze *f* <-, -n> vela *f* de cera

Wachsmalkreide *f* lápiz *m* de cera

Wachsmalstift *m* lápiz *m* de cera

wächst [vɛkst] *3. präs von* **wachsen**[1]

Wachstum [ˈvakstuːm] *nt* <-s, *ohne pl*> crecimiento *m; (Zunahme)* aumento *m; (Entwicklung)* desarrollo *m*

Wachstumsbranche *f* ramo *m* en crecimiento

Wachstumshormon *nt* hormona *f* del crecimiento

Wachstumsmarkt *m* mercado *m* en crecimiento

Wachstumsrate *f* (WIRTSCH) índice *m* de crecimiento

Wachtel [ˈvaxtəl] *f* <-n> (ZOOL) codorniz *f*

Wachtelei *nt* huevo *m* de codorniz

Wächter(in) [ˈvɛçtɐ] *m(f)* <-s, -; -nen> guarda *mf; (Nachtwächter)* guardia *mf*

Wachtmeister(in) *m(f)* guardia *mf*

Wachtposten *m* centinela *m*

Wach- und Schließgesellschaft *f* compañía *f* de seguridad

wackelig [ˈvak(ə)lɪç] *adj (Person)* tambaleante; *(Tisch)* cojo; *(Zahn)* flojo; **er ist noch ~ auf den Beinen** anda todavía con paso vacilante

Wackelkontakt *m* contacto *m* flojo

wackeln [ˈvakəln] *vi* ① *(durch Erschütterung)* tambalearse; *(Möbel)* cojear; *(Zahn)* moverse ② *(fam: Position, Disziplin)* vacilar; **an/mit etw** *dat* ~ *(fam)* menear algo

Wackelpudding *m (fam)* flan *m*

wacklig *adj s.* **wackelig**

Wade [ˈvaːdə] *f* <-n> pantorrilla *f,* canilla *f Col, Perú*

Wadenbein *nt* peroné *m*

Wadenkrampf *m* calambre *m* en la pantorrilla

Wadenmuskel *m* (ANAT) gemelos *mpl*

Waffe [ˈvafə] *f* <-n> arma *f;* **eine ~ tragen**

W

portar un arma; **die ~n ruhen** hay tregua; **jdn mit seinen eigenen ~n schlagen** derrotar a alguien con sus propias armas; **zu den ~n greifen** tomar las armas

Waffel ['vafəl] *f* <-n> *(Eistüte)* barquillo *m; (Gebäck)* gofre *m*

Waffeleisen *nt (für Eistüten)* barquillero *m* eléctrico; *(für Gebäck)* molde *m* para hacer gofres

Waffenbesitz *m* tenencia *f* de armas; **unerlaubter ~** tenencia ilícita de armas

Waffenembargo *nt* embargo *m* de armas

Waffengewalt *f ohne pl* fuerza *f* de las armas

Waffenhandel *m* comercio *m* de armas, tráfico *m* de armas; **~ betreiben** traficar con armas

Waffenhändler(in) *m(f)* traficante *mf* de armas

Waffenlager *nt* arsenal *m*

Waffenlieferung *f* <-, -en> suministro *m* de armas

Waffenruhe *f* tregua *f;* **die ~ einhalten/brechen** mantener/romper la tregua

Waffenschein *m* licencia *f* de armas

Waffenschmuggel *m ohne pl* contrabando *m* de armas

Waffenstillstand *m* armisticio *m*

Wagemut ['va:gəmu:t] *m* <-(e)s, *ohne pl*> osadía *f,* atrevimiento *m*

wagemutig *adj* osado, atrevido

wagen ['va:gən] **I.** *vt* ❶ *(riskieren)* arriesgar; **einen Versuch ~** intentarlo; **wer nicht wagt, der nicht gewinnt** *(prov)* quien no se arriesga, no pasa el río ❷ *(sich getrauen)* atreverse (**zu** a +*inf*) **II.** *vr:* **sich ~** atreverse (a); **sich an etw ~** (atreverse a) emprender algo

Wagen ['va:gən] *m* <-s, -> ❶ *(PKW)* coche *m,* carro *m Am; (LKW)* camión *m; (Lieferwagen)* furgoneta *f* ❷ *(Eisenbahn-, Straßenbahnwagen)* vagón *m; (Pferdewagen)* carruaje *m; (Planwagen)* carromato *m* ❸ *(Kinder-, Einkaufswagen)* carrito *m* ❹ *(an der Schreibmaschine)* carro *m* ❺ (ASTR) **der Kleine/Große ~** la Osa Menor/Mayor

Wagenheber *m* <-s, -> gato *m,* gata *f Chil*

Wagentür *f* puerta *f* del coche

Waggon [va'gɔŋ, va'gõ:] *m* <-s, -s> vagón *m*

waghalsig ['va:khalzɪç] *adj* ❶ *(Mensch)* temerario, atrevido ❷ *(Unternehmen)* arriesgado

Wagnis ['va:knɪs] *nt* <-ses, -se> ❶ *(Vorhaben)* empresa *f* arriesgada ❷ *(Risiko)* riesgo *m;* **sich auf kein ~ einlassen** no exponerse a ningún riesgo

Wagon *m* <-s, -s> *s.* **Waggon**

Wahl [va:l] *f* <-en> ❶ *(Auswahl)* elección *f; (zwischen zwei Möglichkeiten)* opción *f;* **seine ~ treffen** elegir; **die ~ fiel auf ihn** fue elegido él; **ich habe keine andere ~** no tengo otra alternativa; **in die engere ~ kommen** pasar a la fase siguiente; **erste ~** (WIRTSCH) primera calidad; **wer die ~ hat, hat die Qual** *(prov)* elegir es sufrir ❷ (POL) elección *f;* **geheime/freie ~en** elecciones secretas/libres; **direkte/indirekte ~en** elecciones directas/indirectas; **zur ~ gehen** ir a votar; **sich zur ~ stellen** presentarse como candidato

Wahlausgang *m* <-(e)s, -gänge> resultado *m* de las elecciones

wählbar ['vɛ:lba:ɐ] *adj* elegible

Wahlbenachrichtigung *f (formal)* aviso *m* sobre fecha y lugar de elecciones

wahlberechtigt *adj* con derecho a voto; **er/sie ist ~** tiene derecho a voto

Wahlberechtigte(r) *mf* <-n, -n; -n> persona *f* con derecho a voto

Wahlberechtigung *f* derecho *m* de voto

Wahlbeteiligung *f* participación *f* electoral

Wahlbetrug *m ohne pl* fraude *m* electoral

Wahlbezirk *m* distrito *m* electoral

wählen ['vɛ:lən] **I.** *vi* ❶ *(Wahlen abhalten)* celebrar elecciones; *(Stimme abgeben)* votar ❷ *(aussuchen)* elegir ❸ *(am Telefon)* marcar **II.** *vt* ❶ (POL) votar; **jdn ~** votar a alguien; *(bei einer Abstimmung)* votar por alguien; **sie wurde zur Präsidentin gewählt** fue elegida presidenta ❷ *(auswählen)* elegir ❸ *(Telefonnummer)* marcar

Wähler(in) *m(f)* <-s, -; -nen> elector(a) *m(f)*

Wahlergebnis *nt* resultado *m* electoral

Wählerin *f* <-nen> *s.* **Wähler**

wählerisch *adj* exigente

Wählerliste *f* (POL) lista *f* electoral

Wählerschaft *f* <-en> electorado *m*

Wählerstimme *f* voto *m*

Wählerverzeichnis *nt* registro *m* electoral

Wahlfach *nt* asignatura *f* optativa

Wahlfälschung *f* fraude *m* electoral

Wahlgang *m* <-(e)s, -gänge> votación *f;* **im ersten ~** en la primera vuelta electoral

Wahlheimat *f ohne pl* patria *f* adoptiva

Wahlhelfer(in) *m(f)* escrutador(a) *m(f)*

Wahlkabine *f* cabina *f* electoral

Wahlkampf *m* campaña *f* electoral; **einen ~ führen** llevar a cabo una campaña electoral

Wahlkreis *m (formal)* distrito *m* electoral

Wahllokal *nt* colegio *m* electoral

wahllos *adv* sin orden ni concierto

Wahlniederlage *f* derrota *f* electoral

Wahlpflicht *f ohne pl* voto *m* obligatorio

Wahlpflichtfach *nt* asignatura *f* optativa obligatoria

Wahlplakat *nt* cartel *m* de propaganda electoral

Wahlprogramm *nt* programa *m* electoral

Wahlpropaganda *f ohne pl* propaganda *f* electoral

Wahlrecht *nt ohne pl* ① *(des Einzelnen)* derecho *m* de voto; **aktives/passives ~** derecho de voto activo/pasivo; **allgemeines ~** sufragio universal ② *(Gesetz)* derecho *m* electoral

Wählscheibe *f* dial *m*

Wahlschlappe *f* <-, -n> *(fam)* derrota *f* electoral; **eine ~ einstecken müssen** tener que encajar una derrota electoral

Wahlsieg *m* victoria *f* electoral

Wahlsieger(in) *m(f)* <-s, -; -, -nen> ganador(a) *m(f)* de las votaciones

Wahlspruch *m* lema *m; (Divise)* divisa *f*

Wahlsystem *nt* sistema *m* electoral

Wahltag *m* día *m* de las elecciones

Wählton *m* señal *f* (para marcar)

Wahlurne *f* urna *f* electoral, ánfora *f Méx*

Wahlverhalten *nt ohne pl* (POL) comportamiento *m* electoral

Wahlversprechen *nt* <-s, -> promesa *f* electoral

wahlweise *adv* alternativamente

Wahlwiederholung *f* <-, -en> (TEL) rellamada *f*

Wahlzettel *m* papeleta *f* de votación

Wahn [vaːn] *m* <-(e)s, *ohne pl*> ① *(geh: Einbildung)* ilusión *f* ② (MED) manía *f*

Wahnsinn ['vaːnzɪn] *m* <-(e)s, *ohne pl*> ① *(*MED *alt)* demencia *f* ② *(fam: Unvernunft)* locura *f*, loquera *f Am;* **das ist doch ~** es una locura

wahnsinnig **I.** *adj* ① *(sl)* maníaco, loco *fam;* (MED *alt*) con enfermedad psíquica; **du bist ja ~** *(fam)* estás como una cabra; **das macht mich ~** *(fam)* esto me vuelve loco ② *(fam: groß)* tremendo **II.** *adv (fam: sehr)* tremendamente; **ich habe mich ~ gefreut** me he alegrado tremendamente

Wahnsinnige(r) *mf* <-n, -n; -n> *alt* maníaco, -a *m, f,* loco, -a *m, f fam;* (MED *alt*) persona *f* con enfermedad psíquica

Wahnsinnigwerden *nt* **es ist zum ~** *(fam)* es para volverse loco

Wahnvorstellung *f* alucinación *f*

wahnwitzig *adj (Idee)* descabellada; **ein ~es Unterfangen** una empresa de locos

wahr [vaːɐ] *adj* ① *(der Wahrheit entsprechend)* verdadero; *(wahrheitsgetreu)* verídico; **nicht ~?** ¿verdad?, ¿no es cierto? *Am;* **da ist was W~es dran** *(fam)* algo de verdad hay en ello ② *(wirklich)* real; **etw ~ machen** realizar algo; **so ~ ich hier stehe** tan cierto como que estoy aquí; **er ist ein ~er Freund** es un amigo de verdad; **das darf doch nicht ~ sein** *(fam)* no puede ser; **im ~sten Sinne des Wortes** en toda la extensión de la palabra ③ *(geh: echt)* auténtico ④ *(fam: ausgesprochen)* verdadero

wahren ['vaːrən] *vt (geh)* ① *(bewahren)* guardar; **den Schein ~** guardar las apariencias ② *(Rechte)* defender

währen ['vɛːrən] *vi (geh)* durar; **was lange währt, wird endlich gut** *(prov)* un buen final se hace esperar

während ['vɛːrənt] **I.** *präp +gen o fam: +dat* durante **II.** *konj* ① *(zeitlich)* mientras ② *(wohingegen)* mientras que

währenddessen [vɛːrənt'dɛsən] *adv* entretanto, mientras tanto

wahrhaben ['---] *vt* **etw nicht ~ wollen** no querer admitir algo

wahrhaft ['vaːɐhaft] **I.** *adj (geh)* verdadero, auténtico **II.** *adv (geh)* realmente

wahrhaftig [-'--] **I.** *adj (geh)* verdadero; *(aufrichtig)* sincero **II.** *adv (geh: tatsächlich)* realmente; *(allerdings)* efectivamente

Wahrheit *f* <-en> *(Tatbestand)* verdad *f;* **die halbe/volle ~** la verdad a medias/toda la verdad; **die volle ~** toda la verdad; **die ~ sagen** decir la verdad; **in ~** en realidad; **bei der ~ bleiben** no alterar la verdad; **um die ~ zu sagen ...** a decir verdad...

Wahrheitsgehalt *m (einer Behauptung)* parte *f* de veracidad

wahrheitsgemäß, **wahrheitsgetreu** **I.** *adj* verídico **II.** *adv* conforme a la verdad

wahrheitsliebend *adj (die Wahrheit liebend)* amante de la verdad; *(ehrlich)* franco

wahrlich *adv (geh)* realmente

wahrnehmbar *adj* perceptible

wahr|nehmen *irr vt* ① *(bemerken)* notar, darse cuenta (de); *(Sinneseindrücke)* percibir ② *(Gelegenheit)* aprovechar ③ *(Interessen)* defender; **einen Termin ~** acudir a una cita

Wahrnehmung *f* <-en> ① *(Sinneswahrnehmung)* percepción *f* ② *(von Interessen)* salvaguardia *f; (eines Termins)* asistencia *f* (a); *(einer Frist)* observación *f*

wahrsagen, **wahr|sagen** **I.** *vi* decir la buenaventura; **sich** *dat* **~ lassen** hacerse decir la buenaventura **II.** *vt* **jdm etw ~** profetizar algo a alguien

Wahrsager(in) *m(f)* <-s, -; -nen> adivino, -a *m, f*

Wahrsagerei *f* <-, -en> ① *ohne pl (abw: das Wahrsagen)* adivinación *f* ② *(abw: Äußerung)* predicción *f*

Wahrsagerin *f s.* **Wahrsager**

wahrscheinlich [vaːɐ'ʃaɪnlɪç] **I.** *adj* probable; **es ist ~, dass ...** es probable que... +*subj* **II.** *adv* probablemente

Wahrscheinlichkeit *f* <-en> probabilidad *f;* **aller ~ nach** según toda probabilidad

Wahrung ['va:rʊŋ] *f ohne pl* ❶ *(Bewahrung)* salvaguardia *f* ❷ *(von Rechten)* defensa *f*

Währung ['vɛ:rʊŋ] *f* <-en> moneda *f*

Währungsabkommen *nt* acuerdo *m* monetario

Währungseinheit *f* unidad *f* monetaria

Währungsfonds *m* fondo *m* monetario; **Internationaler ~** Fondo Monetario Internacional

Währungsreform *f* reforma *f* monetaria

Währungssystem *nt* sistema *m* monetario

Währungsumstellung *f* <-, -en> conversión *f* de la moneda, reforma *f* monetaria

Währungsumtausch *m* cambio *m* de divisas

Währungsunion *f* unión *f* monetaria; **Europäische ~** Unión Monetaria Europea

Wahrzeichen *nt (einer Stadt)* monumento *m* característico

Waise ['vaɪzə] *f* <-n> huérfano, -a *m, f*

Waisenhaus *nt* orfanato *m*

Waisenkind *nt* huérfano, -a *m, f*

Wakeboarden ['weɪk-] *nt* wakeboarding *m*

Wal [va:l] *m* <-(e)s, -e> (ZOOL) ballena *f*

Wald [valt, *pl:* 'vɛldɐ] *m* <-(e)s, Wälder> bosque *m;* **der Bayerische ~** la selva bávara; **ein ganzer ~ von ...** *(fam)* una gran cantidad de...; **wie man in den ~ hineinruft, so schallt es heraus** *(prov)* el que siembra recoge

Waldbrand *m* incendio *m* forestal

Wäldchen ['vɛltçən] *nt* <-s, -> bosquecillo *m*

Waldhonig *m* miel *f* silvestre

Waldlauf *m* carrera *f* por el bosque

Waldmeister *m ohne pl* (BOT) galio *m* oloroso

Waldorfschule ['valdɔrf-] *f* escuela *f* Waldorf [*o* Rudolf-Steiner]

Waldrand *m* borde *m* del bosque

Waldsterben *nt ohne pl* muerte *f* de los bosques (a causa de la polución del medio ambiente), muerte *f* forestal

Waldweg *m* camino *m* forestal

Wales [wɛɪls] *nt* <-> (país *m* de) Gales *m*

Walfang *m* pesca *f* de la ballena

Walfänger *m* <-s, -> *(Schiff)* ballenero *m*

Waliser(in) [va'li:zɐ] *m(f)* <-s, -; -nen> galés, -esa *m, f*

walisisch *adj* galés

Walkie-Talkie *nt* <-(s), -s> walkie talkie *m*

Walkman® ['wɔ:kmɛ(:)n] *m* <-s, -men> walkman® *m*

Wall [val, *pl:* 'vɛlə] *m* <-(e)s, Wälle> *(Erdwall)* terraplén *m,* albardón *m CSur; (Schutzwall)* muralla *f*

Wallach ['valax] *m* <-(e)s, -e> (ZOOL) caballo *m* castrado

Wallfahrer(in) *m(f)* peregrino, -a *m, f*

Wallfahrt *f* peregrinación *f*

Wallfahrtskirche *f* (REL) iglesia *f* de peregrinación

Wallfahrtsort *m* lugar *m* de peregrinación

Wallis ['valɪs] *nt* <-> (GEO) Valais *m*

Wallone, -in [va'lo:nə] *m, f* <-n, -n; -, -nen> valón, -ona *m, f*

Wallung ['valʊŋ] *f* <-en> ebullición *f;* **in ~ geraten** acalorarse

Walnuss ['va:l-] *f* <-nüsse> ❶ *(Frucht)* nuez *f* ❷ *(Baum)* nogal *m*

Walnussbaum *m* nogal *m*

Walnussholz *nt* madera *f* de nogal

Walpurgisnacht [val'pʊrgɪs-] *f* noche *f* de los Walpurgis

Walross ['va:l-] *nt* <-es, -e> ❶ *(Tier)* morsa *f* ❷ *(fam: Mensch)* cachazudo, -a *m, f*

walten ['valtən] *vi (geh)* reinar; **seines Amtes ~** ejercer su cargo

Walze ['valtsə] *f* <-n> ❶ (MATH) cilindro *m* ❷ *(an Maschinen)* rodillo *m* ❸ *(Straßenwalze)* apisonadora *f*

walzen ['valtsən] *vt* ❶ *(Metall)* laminar ❷ *(Straße)* apisonar

wälzen ['vɛltsən] **I.** *vt* ❶ *(rollen)* hacer rodar; **die Schuld auf jdn ~** echar la culpa a alguien ❷ (GASTR) **etw in etw** *dat* **~** cubrir algo de algo; *(in Paniermehl)* empanar algo ❸ *(fam: Bücher)* consultar; *(Probleme)* dar vueltas (a) **II.** *vr:* **sich ~** ❶ *(Lawine)* rodar ❷ *(Tier, Person)* revolcarse (**in** en); **sie wälzte sich von einer Seite auf die andere** dio vueltas de un lado a otro

walzenförmig *adj* cilíndrico

Walzer ['valtsɐ] *m* <-s, -> vals *m;* **langsamer ~** vals lento; **Wiener ~** vals vienés

Wälzer ['vɛltsɐ] *m* <-s, -> *(fam)* mamotreto *m*

Wampe ['vampə] *f* <-n> *(fam abw)* panza *f*

wand [vant] *3. imp von* **winden**

Wand [vant, *pl:* 'vɛndə] *f* <Wände> pared *f;* **~ an ~** con una pared en medio; **spanische ~** biombo *m;* **in seinen (eigenen) vier Wänden** *(fam)* en casa; **die Wände hochgehen** *(fam)* subirse por las paredes; **jdn an die ~ spielen** superar a alguien en algo; (THEAT) eclipsar a alguien; **mit dem Kopf durch die ~ wollen** querer lo imposible

Wandel ['vandəl] *m* <-s, *ohne pl*> cambio *m;* **im ~ der Zeit** en el tra(n)scurso del tiempo; **einem ~ unterliegen** estar sujeto a un cambio

wandelbar *adj (geh: nicht beständig)* versátil; *(veränderlich)* variable

wandeln ['vandəln] **I.** *vi sein (geh)* caminar, andar **II.** *vt* cambiar **III.** *vr:* **sich ~** *(geh)* cambiar

Wanderausstellung *f* exposición *f* itinerante

Wanderer, -in *m, f* <-s, -; -nen> excursionista *mf*

Wanderkarte *f* mapa *m* para excursiones

wandern ['vandɐn] *vi sein* ① *(gehen)* caminar; *(Wanderung machen)* hacer una excursión (a pie); *(Völker)* migrar; *(Gletscher, Düne)* ser movedizo ② *(herumgehen)* caminar (**in/durch** por); *(Blick)* vagar (**in** por); **ruhelos im Zimmer auf und ab ~** caminar inquieto por la habitación ③ *(fam: hinkommen)* acabar (**in** en), ir a parar (**in** a); **ins Gefängnis/ins Feuer ~** acabar en la cárcel/en el fuego

Wandern *nt* <-s, *ohne pl*> senderismo *m*

Wanderpokal *m* copa *f* ambulante

Wanderschaft *f* <-en> **auf ~ gehen** ir a correr mundo; **auf ~ sein** correr mundo

Wanderschuh *m* bota *f* (deportiva)

Wanderstiefel *m* bota *f* de montaña

Wandertag *m* (día *m* de) excursión *f* (escolar)

Wanderung *f* <-en> ① *(Ausflug)* excursión *f* (a pie), caminata *f;* **eine ~ machen** salir de excursión ② *(von Tieren, Völkern)* migración *f*

Wandervogel *m (fam)* ① *(Wanderer)* excursionista *mf* ② *(unsteter Mensch)* ave *f* de paso

Wanderweg *m* camino *m* , sendero

Wanderzirkus *m* <-, -se> circo *m* ambulante

Wandgemälde *nt* (pintura *f*) mural *m*

Wandkalender *m* <-s, -> calendario *m* de pared

Wandkarte *f* mapa *m* mural

Wandlampe *f* aplique *m*

Wandlung ['vandlʊŋ] *f* <-en> ① *(Veränderung)* cambio *m;* *(Verwandlung)* tra(n)sformación *f* ② (REL) transubstanciación *f*

Wandmalerei *f* muralismo *m*

Wandschrank *m* armario *m* empotrado

wandte ['vantə] *3. imp von* **wenden^2**

Wandteppich *m* tapiz *m*

Wanduhr *f* reloj *m* de pared

Wange ['vaŋə] *f* <-n> *(geh)* mejilla *f;* **~ an ~** muy apretados

Wankelmotor ['vaŋkəl-] *m* (TECH) motor *m* Wankel

Wankelmut ['vaŋkəlmu:t] *m ohne pl (geh abw)* versatilidad *f*

wankelmütig *adj (geh abw)* versátil

wanken ['vaŋkən] *vi* ① *(schwanken)* vacilar; *(Macht)* tambalearse; **ins W~ geraten** empezar a tambalearse ② *sein (schwankend gehen)* tambalearse

wann [van] *adv* ① *(interrogativ)* ¿cuándo?; **seit ~?** ¿desde cuándo?; **bis ~?** ¿hasta cuándo?; **von ~ bis ~?** ¿desde cuándo y hasta cuándo?; **ab ~?** ¿a partir de cuándo? ② *(Wend)* **~ (auch) immer** cuando sea; **dann und ~** de vez en cuando

Wanne ['vanə] *f* <-n> tina *f;* *(Badewanne)* bañera *f;* **in der ~ liegen** *(fam)* estar en la bañera

Wanst [vanst, *pl:* 'vɛnstə] *m* <-(e)s, Wänste> *(fam abw)* barriga *f;* **sich** *dat* **den ~ vollschlagen** llenarse la barriga

Wanze ['vantsə] *f* <-n> ① (ZOOL) chinche *f* ② *(sl: Abhörwanze)* micrófono *m* oculto

WAP-Handy *nt* móvil *m* WAP

Wappen ['vapən] *nt* <-s, -> escudo *m* (de armas)

Wappenschild *m o nt* escudo *m*

Wappentier *nt* animal *m* heráldico

wappnen ['vapnən] *vr:* **sich ~** *(geh)* **sich gegen etw ~** prepararse para algo; **sich mit etw** *dat* **~** armarse de algo

war [va:ɐ] *3. imp von* **sein**

warb [varp] *3. imp von* **werben**

Ware ['va:rə] *f* <-n> mercancía *f;* *(Artikel)* artículo *m;* **heiße ~** *(sl)* artículo ilegal

Warenangebot *nt* oferta *f* de mercancías

Warenbestand *m* <-(e)s, -stände> existencias *f pl,* stock *m*

Warenhaus *nt* grandes almacenes *m pl,* emporio *m AmC*

Warenkorb *m* cesta *f* de la compra

Warenlager *nt* almacén *m*

Warenregal *nt* estante *m*

Warensendung *f* <-, -en> envío *m* de mercancías

Warentausch *m* trueque *m*

Warentest *m* (WIRTSCH) test *m* de calidad; **Stiftung ~** *fundación alemana que realiza y publica periódicamente tests de calidad*

Warentransportband *nt (im Supermarkt)* cinta *f* (trasportadora) de la caja

Warenverkehr *m* transacción *f* de mercancías

Warenzeichen *nt* marca *f* de fábrica; **eingetragenes ~** marca registrada

warf [varf] *3. imp von* **werfen**

warm [varm] *adj* <wärmer, am wärmsten> ① *(allgemein)* caliente; *(Farbe, Ton, Klima)* cálido; *(Wetter)* caluroso; *(Klei-*

dung) que abriga, abrigador *Am;* **etw ~ machen** calentar algo; **es ist** (**sehr**) **~** hace (mucho) calor; **mir ist ~** tengo calor; **sich ~ anziehen** abrigarse; **~ duschen** tomar una ducha caliente; **sich ~ laufen** hacer el calentamiento; **das Zimmer kostet 300 Euro ~** *(fam)* la habitación cuesta, gastos (de calefacción) incluidos, 300 euros ❷ *(warmherzig)* cálido, caluroso; **jdm etw wärmstens empfehlen** recomendar algo a alguien de corazón; **mit jdm/etw** *dat* **~ werden** *(fam)* hacerse amigo de alguien/familiarizarse con algo

Warmblüter ['-bly:tɐ] *m* <-s, -> (ZOOL) animal *m* de sangre caliente

Warmduscher *m* <-s, -> *(sl)* mojigato *m*

Wärme ['vɛrmə] *f ohne pl* (*a.* PHYS) calor *m*

wärmebeständig *adj* (TECH) resistente al calor

wärmedämmend *adj* termoaislante

Wärmedämmung *f* aislamiento *m* térmico

Wärmeenergie *f* <-, -n> energía *f* térmica

Wärmehaushalt *m* <-(e)s, *ohne pl*> equilibrio *m* térmico

Wärmeisolierung *f* aislamiento *m* térmico

Wärmekraftwerk *nt* central *f* térmica

wärmen ['vɛrmən] **I.** *vi (Ofen)* calentar; *(Kleidung)* abrigar **II.** *vr:* **sich ~** calentarse

Wärmepumpe *f* (TECH) bomba *f* térmica

Wärmeschutz *m ohne pl (im Bauwesen)* protección *f* (anti)térmica

Wärmestrahlung *f ohne pl* (PHYS) radiación *f* térmica

Wärmeverlust *m* pérdida *f* de calor

Wärmflasche *f* calentador *m*

Warmfront *f* (METEO) frente *m* cálido

warmhalten *irr vt* **sich** *dat* **jdn ~** conservar las simpatías de alguien

Warmhalteplatte *f* calientaplatos *m inv*

warmherzig *adj* cariñoso

Warmluft *f ohne pl* (TECH, METEO) aire *m* caliente

Warmmiete *f (fam)* alquiler *m* con los gastos de calefacción incluidos

Warmstart *m* (INFOR) reinicio *m*

Warmwasserspeicher [-'----] *m* depósito *m* de agua caliente

Warmwasserversorgung [-'-----] *f* abastecimiento *m* de agua caliente

Warnblinkanlage *f* (AUTO) dispositivo *m* de luces de aviso intermitentes

Warnblinkleuchte *f* <-, -n> (AUTO) lámpara *f* de luz intermitente de emergencia

Warnblinkschalter *m* (AUTO) botón *m* para los intermitentes de emergencia

Warndreieck *nt* (AUTO) triángulo *m* de emergencia

warnen ['varnən] *vt* avisar (**vor** de que), advertir (**vor** de); **die Polizei warnt vor Schneeglätte** la policía avisa que hay peligro de deslizamiento; **ich warne dich!** ¡te lo advierto!; **vor ... wird gewarnt!** ¡cuidado con...!

Warnkreuz *nt* cruz *f* de advertencia

Warnleuchte *f* luz *f* de aviso

Warnschild *nt* señal *f* de aviso; *(Verkehrsschild)* señal *m* de peligro

Warnschuss *m* tiro *m* al aire

Warnsignal *nt* señal *f* de aviso

Warnstreik *m* huelga *f* de advertencia

Warnton *m* <-(e)s, -töne> (INFOR) tono *m* de advertencia

Warnung *f* <-en> aviso *m* (**vor** de), advertencia *f* (**vor** de); **ohne vorherige ~** sin previo aviso; **lass dir das eine ~ sein!** ¡que te sirva de lección!

Warnweste *f* chaleco *m* reflectante

Warnzeichen *nt* ❶ *(Warnsignal)* señal *f* de aviso ❷ *(Verkehrszeichen)* señal *f* de peligro

Warschau ['varʃaʊ] *nt* <-s> Varsovia *f*

Wartefrist *f* <-, -en> plazo *m* de espera

Wartehalle *f* sala *f* de espera

Wartehäuschen *nt* parada *f* con garita

Warteliste *f* lista *f* de espera; **sich auf die ~ setzen lassen** inscribirse en la lista de espera

warten ['vartən] **I.** *vi* esperar; **auf etw/jdn ~** esperar algo/a alguien; **warte mal!** ¡espera un momento!; **etw lässt nicht lange auf sich ~** algo no tarda mucho en llegar; **worauf wartest du?** ¿a qué esperas?; **er lässt** (**heute**) **lange auf sich ~** (hoy) se hace esperar; **auf dich habe ich gerade noch gewartet** *(iron)* tú eres lo que me faltaba; **da kannst du lange ~** *(fam)* puedes esperar sentado; **na, warte!** *(fam)* ¡espera! **II.** *vt* (TECH) inspeccionar

Wärter(in) ['vɛrtɐ] *m(f)* <-s, -; -nen> guardián, -ana *m, f*

Warteraum *m* sala *f* de espera

Wartesaal *m* sala *f* de espera

Warteschlange *f* (*a.* INFOR) cola *f* (de espera); (INFOR: *beim Drucken*) cola *f* de impresión

Warteschleife *f* <-, -n> (AERO) **~n ziehen** dar vueltas (en espera del aterrizaje); **ich bin schon seit Minuten in der ~** *(Telefon)* llevo ya un buen rato esperando

Wartezeit *f* tiempo *m* de espera

Wartezimmer *nt* sala *f* de espera

Wartung *f* <-en> inspección *f*

wartungsfrei *adj* que no necesita inspecciones

warum [va'rʊm] *adv* por qué; **~ nicht?** ¿por qué no?; **~ nicht gleich so?** *(fam)*

¿por qué no lo has hecho así desde el principio?

Warze ['vartsə] *f* <-n> ❶ *(Hautwarze)* verruga *f* ❷ *(Brustwarze)* pezón *m*

was [vas] **I.** *pron inter* qué; ~ **kostet das?** ¿qué cuesta?; ~ **heißt „Haus" auf Spanisch?** ¿cómo se dice "Haus" en castellano?; ~ **denkst du?** ¿tú qué piensas?; ~ **hast du denn bloß?** ¿pero qué demonios te pasa?; ~ **weiß ich!** *(fam)* ¡qué sé yo!; ~ **soll das?** ¿a qué viene esto?; ~ **ist schon dabei?** ¿qué tiene de extraño?; ~ **für ein Wagen ist das?** ¿qué coche es?; ~ **für eine Hitze/ein Glück!** ¡qué calor/suerte!; ~ **ist der Kerl für ein Schwein!** ¡será puerco el tío ese!; **nicht schlecht, ~?** *(fam)* no está mal, ¿eh?; **um ~ geht es?** ¿de qué se trata?; ~ **ist, hast du Lust?** *(fam)* ¿qué, tienes ganas?; **ach ~!** *(fam)* ¡qué va! **II.** *pron rel* (lo) que; **das Beste, ~ du tun kannst** lo mejor que puedes hacer; **das, ~ sie sagt ...** lo que dice...; **alles, ~ du willst** todo lo que quieras **III.** *pron indef (fam: etwas)* algo; **hast du ~?** ¿te pasa algo?; **das ist immerhin ~** ya es algo; **das ist ~ anderes** eso es otra cosa; **nein, so ~!** *(fam)* ¡no me digas!; **so ~ Blödes!** *(fam)* ¡pero qué cosa más tonta!

Waschanlage *f* ❶ *(Autowaschanlage)* lavado *m* de coches ❷ (TECH) lavadero *m*

Waschanleitung *f* instrucciones *fpl* para el lavado

waschbar *adj* lavable

Waschbär *m* (ZOOL) mapache *m*

Waschbecken *nt* lavabo *m*

Waschbeckenunterschrank *m* mueble *m* del lavabo

Wäsche[1] ['vɛʃə] *f* <-n> *(das Waschen)* lavado *m;* **etw in die ~ geben** dar algo a lavar

Wäsche[2] *f ohne pl* ❶ *(zu waschende Textilien)* ropa *f* sucia; ~ **waschen** lavar la ropa; **seine schmutzige ~ (vor anderen Leuten) waschen** *(fig)* sacar los trapos sucios a relucir (delante de otros) ❷ *(Unter-, Bettwäsche)* ropa *f;* **die ~ wechseln** cambiar la ropa; **dumm aus der ~ gucken** *(fam)* mirar atontado

waschecht *adj* ❶ *(Kleidung)* resistente al lavado; *(Farbe)* sólido ❷ *(fam: typisch)* de pura cepa

W

Wäschegeschäft *nt* tienda *f* de lencería

Wäscheklammer *f* pinza *f* para la ropa

Wäschekorb *m* cesta *f* para la ropa

Wäscheleine *f* cuerda *f* de la ropa

waschen ['vaʃən] <wäscht, wusch, gewaschen> **I.** *vt* ❶ *(reinigen)* lavar; **sich** *dat* **die Hände/Haare ~** lavarse las manos/el pelo ❷ *(fam: Geld)* blanquear **II.** *vr:* **sich ~** lavarse; **sich warm/kalt ~** lavarse con agua caliente/fría; **eine Prüfung, die sich gewaschen hat** *(fam)* un examen de padre y muy señor mío

Wäscherei [vɛʃə'raɪ] *f* <-en> lavandería *f*

Wäscheschleuder *f* centrifugadora *f* (para ropa)

Wäscheständer *m* tendedero *m*

Wäschestärke *f* almidón *m* para ropa

Wäschetrockner *m* ❶ *(elektrisch)* secadora *f* para ropa ❷ *(Wäscheständer)* tendedero *m*

Waschgang *m* <-(e)s, -gänge> fase *f* de lavado

Waschküche *f* ❶ *(Raum)* lavadero *m* ❷ *(fam: Nebel)* niebla *f* densa

Waschlappen *m* ❶ *(zum Waschen)* manopla *f* para baño ❷ *(fam abw: Mensch)* cobarde *mf,* mangajo, -a *m, f Ecua, Perú*

Waschmaschine *f* lavadora *f*

waschmaschinenfest *adj* que puede lavarse en lavadora; **ist dieser Stoff ~?** ¿se puede lavar este tejido en la automática?

Waschmittel *nt* detergente *m*

Waschmittelkammer *f (in der Waschmaschine)* cajón *m* dosificador

Waschpulver *nt* detergente *m* en polvo

Waschraum *m* lavabo *m*

Waschsalon *m* lavandería *f*

Waschstraße *f* (AUTO) tren *m* de lavado

wäscht [vɛʃt] *3. präs von* **waschen**

Waschtag *m* <-(e)s, -e> día *m* de la colada; ~ **haben** hacer la colada

Waschweib *nt (fam abw)* cotilla *mf*

Wasser ['vasɐ] *nt* <-s, -> agua *f;* **kölnisch ~** (agua de) Colonia; **stilles ~** agua sin gas; **~ lassen** orinar; **sich über ~ halten** *(fam)* mantenerse a flote; **etw unter ~ setzen** inundar algo; **ins ~ fallen** *(fam)* no tener lugar; **er ist ein stilles ~** *(fam)* es una persona tranquila; **nahe am ~ gebaut haben** *(fam)* ser un(a) llorica; **er kann ihr nicht das ~ reichen** *(fig)* no le llega ni a la suela del zapato; **ihr steht das ~ bis zum Hals** *(fig fam)* está con el agua al cuello; **mit allen ~n gewaschen sein** *(fam)* tener mucha mili; **da fließt noch viel ~ den Rhein hinunter** *(fam)* aún ha de llover mucho hasta entonces; **da wird auch nur mit ~ gekocht** *(fam fig)* en todas partes cuecen habas; **bei ~ und Brot** *(a. fig)* a pan y agua; **das ist ~ auf ihrer Mühle** *(fam)* le viene de perlas; **das ~ läuft mir im Mund zusammen** *(fam)* se me hace la boca agua

Wasseranschluss *m* toma *f* de agua

wasserarm *adj* árido

Wasseraufbereitung *f* tratamiento *m* del agua

Wasseraufbereitungsanlage *f* instalación *f* de tratamiento del agua
Wasserbad *nt* (GASTR) baño *m* María; **etw im ~ erhitzen** calentar algo al baño María
Wasserball[1] *m ohne pl* (SPORT) waterpolo *m*
Wasserball[2] *m (Ball)* pelota *f* de waterpolo; *(aufblasbar)* balón *m* inflable
Wasserbecken *nt* pila *f*
Wasserbett *nt* cama *f* de agua
Wasserdampf *m* vapor *m* de agua
wasserdicht *adj* ❶ *(Uhr)* resistente al agua; *(Kleidung)* impermeable ❷ *(fam: Alibi)* perfecto
wasserdurchlässig *adj* permeable al agua
Wasserfall *m* cascada *f*; *(größer)* catarata *f*; **wie ein ~ reden** *(fam)* ser una cotorra
Wasserfarbe *f* color *m* de acuarela
wasserfest *adj* resistente al agua
Wasserflugzeug *nt* hidroavión *m*
Wasserglas *nt* ❶ *(Gefäß)* vaso *m* para agua ❷ (CHEM: *Natronwasserglas*) silicato *m* de sodio; *(Kaliwasserglas)* silicato *m* de potasio
Wassergraben *m* ❶ *(um eine Burg)* foso *m* de agua ❷ (SPORT) ría *f*
Wasserhahn *m* grifo *m*, llave *f* del agua, canilla *f CSur*
Wasserhärte *f* dureza *f* del agua
Wasserhaushalt *m* (MED, BIOL) equilibrio *m* hídrico
wässerig ['vɛsərɪç] *adj (verdünnt)* aguado; *(Wasser enthaltend)* acuoso; *(fade)* insípido
Wasserkanister *m* bidón *m* de agua
Wasserkessel *m* hervidor *m*
Wasserklosett *nt* <-s, -s *o* -e> inodoro *m*
Wasserkocher *m* hervidor *m* de agua
Wasserkopf *m* ❶ (MED) hidrocefalia *f* ❷ *(fig: überproportionales Gebilde)* monstruo *m*
Wasserkraft *f* fuerza *f* hidráulica
Wasserkraftwerk *nt* central *f* hidroeléctrica
Wasserkreislauf *m* <-(e)s, *ohne pl*> (METEO) ciclo *m* del agua
Wasserkühlung *f* (TECH) refrigeración *f* por agua
Wasserlauf *m* corriente *f* de agua
Wasserläufer *m* (ZOOL) tejedor *m*
Wasserleiche *f (fam)* cadáver *m* de un ahogado
Wasserleitung *f* cañería *f* de agua
Wasserlinie *f* (NAUT) línea *f* de flotación
wasserlöslich *adj* soluble
Wassermangel *m* escasez *f* de agua, falta *f* de agua
Wassermann *m* ❶ (ASTR: *Zeichen*) Acuario *m* ❷ (ASTR: *Person*) acuario *mf inv*
Wassermelone *f* sandía *f*
Wassermühle *f* molino *m* de agua
wassern ['vasɐn] *vi haben o sein* (AERO) amarar
wässern ['vɛsɐn] *vt* ❶ (GASTR) poner en remojo ❷ *(gießen)* regar
Wasseroberfläche *f* superficie *f* del agua
Wasserpark *m* parque *m* acuático
Wasserpfeife *f* narguile *m*
Wasserpflanze *f* planta *f* acuática
Wasserpistole *f* pistola *f* de agua
Wasserrad *nt* rodezno *m*
Wasserratte *f* ❶ (ZOOL) rata *f* de agua ❷ *(fam: Mensch) persona a la que le gusta estar en el agua*
wasserreich *adj* ❶ *(Gebiet)* abundante en agua ❷ *(Fluss)* caudaloso
Wasserrohr *nt* tubería *f* de(l) agua
Wasserschaden *m* daño *m* causado por el agua
Wasserscheide *f* (GEO) línea *f* divisoria de las aguas
wasserscheu *adj* que tiene miedo al agua
Wasserschildkröte *f* (ZOOL) tortuga *f* de agua
Wasserschutzgebiet *nt* reserva *f* ecológica
Wasserschutzpolizei *f* policía *f* fluvial
Wasserski *nt ohne pl* esquí *m* acuático
Wasserspender *m* dispensador *m* de agua
Wasserspiegel *m* ❶ *(Wasseroberfläche)* superficie *f* del agua ❷ *(Wasserstand)* nivel *m* del agua
Wassersport *m* deporte *m* acuático
Wasserspülung *f* cisterna *f*
Wasserstand *m* nivel *m* del agua
Wasserstoff *m ohne pl* (CHEM) hidrógeno *m*
Wasserstoffbombe *f* bomba *f* de hidrógeno
Wasserstrahl *m* chorro *m* de agua
Wasserstraße *f* vía *f* fluvial
Wassertank *m* tanque *m* de agua
Wassertemperatur *f* <-, -en> temperatura *f* del agua
Wassertropfen *m* gota *f* de agua
Wasserturm *m* torre *f* de agua
Wasseruhr *f* contador *m* de(l) agua
wasserundurchlässig *adj* impermeable al agua
Wasserung *f* amaraje *m*
Wasserverbrauch *m* consumo *m* de agua
Wasserverschmutzung *f* contaminación *f* del agua
Wasserversorgung *f* abastecimiento *m* de agua
Wasserverunreinigung *f* <-, -en> ❶ *(das Verunreinigen)* contaminación *f* del agua ❷ *(Fremdkörper)* impurezas *fpl* del agua
Wasservogel *m* (ZOOL) ave *f* acuática

Wasservorrat *m* reserva *f* de agua
Wasserwaage *f* (TECH) nivel *m* de agua
Wasserweg *m* vía *f* fluvial; **auf dem ~** por vía fluvial
Wasserwerfer *m* <-s, -> vehículo *m* lanzagua
Wasserwerk *nt* central *f* de abastecimiento de aguas
Wasserzeichen *nt* marca *f* de agua
wässrig ['vɛsrɪç] *adj s.* **wässerig**
waten ['vaːtən] *vi sein* caminar (**durch** por)
watscheln ['vatʃəln] *vi sein* andar como un pato
Watstiefel ['vaːt-] *m* botas *f pl* altas de goma
Watt[1] [vat] *nt* <-(e)s, -en> *(am Meer)* marisma *f*
Watt[2] *nt* <-s, -> (PHYS, TECH) vatio *m*
Watte ['vatə] *f* <-n> algodón *m*
Wattebausch *m* tapón *m* de algodón
Wattenmeer *nt* marismas *f pl (en las aguas bajas del mar del Norte)*
Wattepad [-pɛt] *nt* <-s, -s> disco *m* de algodón
Wattestäbchen [-ʃtɛːpçən] *nt* bastoncillo *m* de algodón
wattieren* *vt* enguatar
wau (**wau**) [vaʊ] *interj (Kindersprache)* ¡guau!
WC *nt* <-(s), -(s)> WC *m*
WC-Reiniger *m* detergente *m* para WC
Web [wɛb] *nt* <-(s), *ohne pl*> (INFOR) web *f*; **im ~ surfen** navegar por la web
Webadresse *f* (INFOR) dirección *f* web
Webcam ['wɛbkɛm] *f* <-, -s> cámara *f* web
weben ['veːbən] <webt, wob, gewoben> *vt, vi (a. fig)* tejer
Weber(in) *m(f)* <-s, -; -nen> tejedor(a) *m(f)*
Weberei *f* <-en> *(Betrieb)* tejeduría *f*
Webfehler *m* fallo *m* en el tejido
Webinar [wɛbi'naːɐ] *nt* <-s, -e> (INFOR) webinario *m*
Webmaster ['wɛbmaːstɐ] *m* (INFOR) webmáster *m (experto en la programación de páginas de internet)*
Webseite ['wɛbzaɪtə] *f* (INFOR) página *f* web
Website ['wɛbsaɪt] *f* <-s> (INFOR) espacio *m* web
Webstuhl *m* telar *m*
Wechsel ['vɛksəl] *m* <-s, -> ① *(das Wechseln, Veränderung)* cambio *m*; **im ~ mit ...** alternando con... ② (FIN) letra *f* de cambio
Wechselbad *nt* <-(e)s, -bäder> baño *m* alterno caliente y frío; **jdn einem ~ der Gefühle aussetzen** tratar a alguien según la vena que le dé
Wechselbeziehung *f* correlación *f* (**zwischen** entre); **die Probleme stehen in ~ zueinander** los problemas están correlacionados
wechselduschen *vi* ducharse con agua caliente y fría
Wechselfieber *nt ohne pl* (MED) malaria *f*
Wechselgeld *nt* vuelta *f*, vuelto *m Am; (Kleingeld)* cambio *m*
wechselhaft *adj* inestable; *(Wetter)* variable; *(Person)* inconstante
Wechseljahre *nt pl* climaterio *m; (der Frau)* menopausia *f*
Wechselkurs *m* (FIN) tipo *m* de cambio
wechseln ['vɛksəln] **I.** *vi* cambiar; **zu einer anderen Firma ~** cambiar de empresa **II.** *vt* cambiar (**in** en); *(austauschen)* intercambiar; **200 Euro in Dollar ~** cambiar 200 euros en dólares
wechselnd *adj* ① *(im Wechsel)* cambiante; *(abwechselnd)* alterno; *(Stimmung, Charakter)* variable ② *(unterschiedlich)* diferente
wechselseitig *adj* recíproco, mutuo
Wechselstrom *m* (ELEK) corriente *f* alterna
Wechselstube *f* oficina *f* de cambio
Wechselwähler(in) *m(f)* votante *mf* que no vota siempre al mismo partido
wechselweise *adv* alternativamente, por turnos
Wechselwirkung *f* interacción *f*; **in ~ zueinander stehen** estar interaccionado
Weckanruf *m* servicio *m* de despertador
wecken ['vɛkən] *vt (a. fig)* despertar; **jds Interesse ~** despertar el interés de alguien
Wecken ['vɛkən] *m* <-s, -> *(Österr, südd)* panecillo *m*
Wecker *m* <-s, -> despertador *m*; **jdm auf den ~ gehen** *(fam)* dar(le) la lata a alguien
wedeln ['veːdəln] *vi* **mit etw** *dat* **~** mover algo; **mit dem Schwanz ~** menear la cola
weder ['veːdɐ] *konj* **~ ... noch ...** ni... ni...; **er ist ~ schön, noch hat er Verstand** ni es guapo ni inteligente
weg [vɛk] *adv* ① *(abwesend)* ausente; *(verloren)* perdido; *(verschwunden)* desaparecido; **ich müsste schon längst ~ sein** me tendría que haber ido hace tiempo; **weit ~ von hier** muy lejos de aquí; **meine Brille ist ~** he perdido mis gafas; **drüber ~ sein** *(fam)* haberlo superado; **hin und ~ sein** *(fam)* estar completamente entusiasmado ② *(bei Aufforderung)* fuera; **~ mit dir!** ¡fuera contigo!; **~ da!** ¡fuera de allí!; **nichts wie ~ hier** *(fam)* nada como irse de aquí; **Finger ~!** ¡fuera los dedos!
Weg [veːk] *m* <-(e)s, -e> ① *(allgemein)* camino *m; (Pfad)* sendero *m; (Durchgang)* paso *m*; **am ~e** en el camino; **jdm den ~ ebnen** allanar(le) el camino a alguien; **jdm**

über den ~ laufen tropezar con alguien; **jdn/etw aus dem ~ räumen** *(fam)* quitar a alguien/algo de en medio; **etw/jdm aus dem ~ gehen** evitar algo/a alguien; **jdm im ~ stehen** estorbar a alguien; **sich jdm in den ~ stellen** cruzarse [*o* atravesarse] en el camino de alguien; **steh hier nicht im ~ rum!** ¡quítate de en medio!; **dem steht nichts im ~e** no hay inconvenientes; **jdm nicht über den ~ trauen** no fiarse en absoluto de alguien; **die Post liegt auf meinem ~** la oficina de Correos está de camino ② *(Strecke)* trayecto *m;* *(Reiseweg)* ruta *f;* **auf halbem ~ stehen bleiben/umkehren** quedarse/volverse en mitad del camino; **etw zu ~e bringen** conseguir algo; **etw in die ~e leiten** poner algo en marcha; **sich auf den ~ machen** ponerse en camino; **vom rechten ~ abkommen** desviarse del buen camino; **daran führt kein ~ vorbei** no hay más remedio que afrontarlo; **auf dem besten ~ sein, etw zu tun** estar a punto de hacer algo; *s. a.* **zuwege** ③ *(Mittel)* vía *f;* *(Art und Weise)* modo *m,* manera *f;* *(Methode)* método *m;* **auf legalem ~** por vía legal; **auf schriftlichem ~e** por escrito

weg|bekommen* ['vɛk-] *irr vt (fam)* ① *(entfernen können)* conseguir quitar ② *(tragen können)* conseguir llevar; *(bewegen können)* conseguir mover

Wegbereiter(in) ['ve:k-] *m(f)* <-s, -; -nen> precursor(a) *m(f)*

weg|bleiben *irr vi sein (fam)* ① *(nicht kommen)* no venir (más); *(Strom)* cortarse; **lange ~** tardar en venir; **mir blieb die Spucke weg** se me cortó el aliento ② *(ausgelassen werden)* omitirse

weg|bringen *irr vt* ① *(an einen anderen Ort)* llevar ② *(fam) s.* **wegbekommen**

weg|denken *irr vt* **sich** *dat* **etw ~** imaginarse algo sin algo; **der Computer ist aus unserem Leben nicht mehr wegzudenken** ya no nos es posible imaginarnos una vida sin ordenadores

wegdiskutieren* *vt* hacer desaparecer discutiendo; **das lässt sich nicht ~** esto no se soluciona discutiéndolo

weg|drehen I. *vt* apartar; **das Gesicht ~** apartar la vista **II.** *vr:* **sich ~** apartarse

weg|dürfen *irr vi (fam: ausgehen dürfen)* poder salir

wegen ['ve:gən] *präp +gen/dat* ① *(aufgrund von)* a causa de, debido a; **~ des schlechten Wetters** debido al mal tiempo ② *(bezüglich)* respecto a; **von ~!** *(fam)* ¡ni hablar! ③ *(um ... willen)* por, a causa de; **~ dir** por ti

weg|fahren *irr* **I.** *vi sein* partir (**nach** para); **der Bus fuhr ihr vor der Nase weg** perdió el autobús por un pelo **II.** *vt* llevar

weg|fallen *irr vi sein (ausgelassen werden)* omitirse; *(abgeschafft werden)* suprimirse; **etw ~ lassen** omitir algo

weg|fliegen *irr vi sein (Vogel)* salir volando; *(Passagier)* irse en avión; *(Flugzeug)* salir; *(Dinge)* volar

weg|führen I. *vi* **von etw** *dat* **~** no conducir a algo **II.** *vt* llevar

Weggang ['vɛkgaŋ] *m ohne pl* partida *f;* *(aus einem Amt)* cese *m*

weg|geben *irr vt* dar; **etw zur Reparatur ~** llevar algo a reparar

Weggefährte, -in *m, f* compañero, -a *m, f* de camino

weg|gehen *irr vi sein* ① *(Person)* irse, marcharse; **geh weg!** ¡lárgate! ② *(fam: verschwinden)* desaparecer; *(Fleck)* salir ③ *(fam: sich verkaufen)* venderse ④ *(fam: ignorieren)* **über etw ~** ignorar algo

weg|gießen *irr vt* tirar, botar *Am*

weg|gucken *vi (fam) s.* **wegsehen**

weghängen *vt* colgar en otro sitio

weg|holen *vt* ir a buscar; **sich** *dat* **etw ~** *(fam)* pillar algo

weg|hören *vi* hacerse el sordo

weg|jagen *vt* ahuyentar, espantar

weg|klicken *vt* (INFOR) **ein Fenster ~** cerrar mediante [*o* con un clic] una ventana

weg|kommen *irr vi sein (fam)* ① *(abhandenkommen)* perderse ② *(sich entfernen)* irse (**von** de); **mach, dass du wegkommst!** *(fam)* ¡lárgate!; **über etw ~** superar algo ③ *(loskommen)* abandonar; **gut/schlecht bei etw** *dat* **~** salir bien/mal librado de algo

weg|kriegen *vt (fam) s.* **wegbekommen**

weg|lassen *irr vt* ① *(gehen lassen)* dejar ir(se) ② *(fam: auslassen)* omitir; *(Zutaten)* no poner

weg|laufen *irr vi sein* ① *(fortlaufen)* echar a correr; **das läuft mir nicht weg** eso no corre prisa; **vor einem Hund ~** huir de un perro ② *(fam: ausreißen)* escaparse

weg|legen *vt* poner aparte

weg|machen I. *vt (fam)* quitar **II.** *vr:* **sich ~** *(fam)* largarse

weg|müssen *irr vi (fam)* tener que irse; **die Kiste muss hier weg** hay que quitar la caja de en medio

weg|nehmen *irr vt* ① *(fortnehmen, entwenden)* quitar; **jdm etw ~** quitar algo a alguien ② *(Platz)* ocupar; *(Zeit, Licht)* quitar

wegpacken *vt* poner en otro sitio, guardar en otro sitio

Wegrand *m* margen *m o f* de un camino

weg|rationalisieren* *vt* quitar racionali-

W

zando; **Arbeitsplätze ~** eliminar puestos de trabajo

weg|räumen *vt* ① *(aufräumen)* recoger ② *(Hindernisse)* quitar

weg|rennen *irr vi sein s.* **weglaufen**

wegretuschieren* *vt* hacer desaparecer retocándolo

weg|rutschen *vi sein* ① *(ausrutschen)* resbalar, patinar ② *(wegrücken)* correr, apartar; *(Person)* correrse, apartarse

weg|schaffen *vt* quitar (de en medio), apartar

weg|schauen *vi s.* **wegsehen**

weg|schicken *vt* ① *(Person)* mandar fuera ② *(Brief)* enviar

weg|schieben *irr vt* correr

weg|schleppen I. *vt (fam)* llevar arrastrando **II.** *vr:* **sich ~** *(fam)* ir a rastras, ir a trancas y barrancas

weg|schließen *irr vt* guardar bajo llave

weg|schmeißen *irr vt (fam)* tirar, botar *Am*

weg|schnappen *vt (fam)* quitar

weg|schütten *vt* tirar, botar *Am*

weg|sehen *irr vi* ① *(wegblicken)* apartar la vista ② *(fam)* **über etw ~** hacer la vista gorda a algo

weg|setzen I. *vt* cambiar de sitio **II.** *vr:* **sich ~** ① *(umsetzen)* sentarse en otro lugar ② *(fam: ignorieren)* **sich über etw ~** no hacer caso de algo

weg|sperren *vt* encerrar

weg|stecken *vt (fam)* ① *(aufbewahren)* guardar; *(heimlich)* esconder ② *(hinnehmen)* tragar, asimilar

weg|stehlen *irr vr:* **sich ~** escabullirse

weg|stellen *vt* quitar, poner en otro lugar; *(aufräumen)* guardar

weg|stoßen *irr vt* apartar empujando; *(mit dem Fuß)* apartar con una patada

Wegstrecke ['ve:k-] *f* <-, -n> trayecto *m*

weg|tragen *irr vt* llevarse

weg|treten *irr* **I.** *vi sein* ① *(beiseitetreten)* apartarse ② (MIL) romper filas; **weggetreten sein** *(fam)* estar en las nubes **II.** *vt* dar una patada (a)

weg|tun *irr vt* ① *(wegräumen)* recoger; *(wegnehmen)* quitar ② *(wegschmeißen)* tirar, botar *Am*

wegweisend ['ve:kvaɪzənt] *adj* que abre nuevos horizontes

Wegweiser ['ve:k-] *m* <-s, -> indicador *m* de camino

weg|werfen *irr vt* tirar, botar *Am*

wegwerfend *adj* **eine ~e Handbewegung machen** hacer un gesto despreciativo con la mano

Wegwerfgesellschaft *f (abw)* sociedad *f* de consumo

Wegwerfwindel *f* pañal *m* de un solo uso

weg|wischen *vt (Staub)* quitar (con un trapo); *(an der Tafel)* borrar

weg|ziehen *irr* **I.** *vi sein* ① *(Wohnort wechseln)* cambiar de domicilio ② *(Zugvögel)* migrar **II.** *vt* apartar tirando, quitar

weh [ve:] **I.** *interj* **o ~!** ¡ay, Dios mío! **II.** *adj (fam)* **~ sein** doler

wehe ['ve:ə] *interj* cuidad(it)o; **~, wenn du das tust!** ¡cuidadito con hacerlo!

Wehe ['ve:ə] *f* <-n> ① *pl (bei einer Geburt)* dolores *mpl* de parto; **in den ~n liegen** tener contracciones ② *(Schneewehe)* nevisca *f*

wehen ['ve:ən] **I.** *vi* ① *(Wind)* soplar ② *(Fahne)* ondear; **mit ~den Fahnen** con banderas ondeantes **II.** *vt* soplar, hacer volar

wehklagen ['---] *vi (geh)* lamentarse (**über** de)

wehleidig *adj (abw: Person)* quejica; *(Stimme)* quejicoso

Wehmut *f ohne pl (geh)* melancolía *f*

wehmütig *adj* melancólico

Wehr[1] [ve:ɐ] *f ohne pl* **sich zur ~ setzen** defenderse

Wehr[2] *nt* <-(e)s, -e> *(Stauwehr)* presa *f*

Wehrbeauftragte(r) *mf comisario, -a (parlamentario, -a) de las Fuerzas Armadas (de la ex-RFA)*

Wehrdienst *m ohne pl* servicio *m* militar (en la ex-RFA)

wehrdiensttauglich *adj* apto para el servicio militar

Wehrdienstverweigerer *m* objetor *m* de conciencia

Wehrdienstverweigerung *f* objeción *f* de conciencia

wehren ['ve:rən] **I.** *vr:* **sich ~** ① *(sich verteidigen)* defenderse (**gegen** contra) ② *(sich sträuben)* oponer resistencia (**gegen** a) **II.** *vi* **etw** *dat* **~** oponerse a algo

Wehrersatzdienst *m* prestación *f* (social) su(b)stitutoria

wehrhaft *adj* ① *(Person, Tier)* capaz de defenderse; *(tapfer)* valiente ② *(befestigt)* fortificado

wehrlos *adj* indefenso; **jdm ~ ausgeliefert sein** no poder defenderse contra alguien

Wehrlosigkeit *f ohne pl* indefensión *f*

Wehrmacht *f ohne pl* (HIST) *Ejército alemán de la época de 1921 a 1945*

Wehrpflicht *f ohne pl* servicio *m* militar obligatorio

wehrpflichtig *adj* sujeto al servicio militar obligatorio

Wehrpflichtige(r) *m* <-n, -n> recluta *m*, quinto *m*

wehrtauglich *adj* apto para el servicio militar

weh|tun *vi* doler; **sich** *dat* ~ hacerse daño

Wehwehchen [ve(ː)'veːçən] *nt* <-s, -> *(fam)* alifafe *m,* nana *f CSur*

Weib [vaɪp] *nt* <-(e)s, -er> mujer *f*

Weibchen ['vaɪpçən] *nt* <-s, -> (ZOOL) hembra *f*

Weiberheld *m (abw)* tenorio *m*

weibisch *adj* afeminado

weiblich *adj* (*a.* LING) femenino

Weiblichkeit *f ohne pl* feminidad *f*

Weibsbild *nt* <-(e)s, -er> *(abw)* mujerota *f*

weich [vaɪç] *adj* ① *(nicht hart, Drogen, Charakter)* blando; *(formbar)* flexible; *(nicht zäh)* tierno; *(Ei)* pasado por agua; **da wird er** ~ empieza a ceder ② *(zart, wollig, Klang, Landung)* suave ③ *(Währung)* débil

Weiche ['vaɪçə] *f* <-n> ① *(an Schienen)* aguja *f;* **die ~n für etw stellen** encauzar algo ② *(Flanke)* agujas *f pl,* verija *f Am*

Weichei *nt* <-s, -er> *(abw: Weichling)* blandengue *mf*

weichen ['vaɪçən] <weicht, wich, gewichen> *vi sein* ① *(sich bewegen)* moverse; *(sich entfernen)* alejarse ② *(zurückweichen)* retroceder (**vor** frente a); *(Platz machen)* hacer sitio ③ *(nachlassen)* cesar

Weichensteller(in) *m(f)* guardagujas *mf inv*

weichgekocht *adj s.* **kochen II. 1.**

weichgespült *adj (iron)* dulcificado, en versión light

weichherzig *adj* blando de corazón; *(mitfühlend)* compasivo

Weichkäse *m* queso *m* blando

weichklopfen *vt,* **weichkochen** *vt* **jdn** ~ ablandar a alguien

weichkriegen *vt* **jdn** ~ debilitar la resistencia de alguien

weichlich *adj (abw)* ① *(Material)* blando ② *(schwächlich)* flojo ③ *(nachgiebig)* blandengue

Weichlichkeit *f <-, ohne pl>* ① *(Schwäche)* debilidad *f* ② *(Nachgiebigkeit)* blandura *f*

Weichling *m* <-s, -e> *(abw)* blandengue *m*

Weichmacher *m* <-s, -> (CHEM, TECH) plastificante *m*

Weichspüler *m* <-s, -> suavizante *m*

Weichteile *nt pl* partes *f pl* blandas

Weichzeichner *m* <-s, -> (FOTO) objetivo *m* flou, filtro *m* de ablandamiento

Weide ['vaɪdə] *f* <-n> ① *(Viehweide)* pasto *m* ② *(Baum)* sauce *m*

Weideland *nt ohne pl* pastos *m pl*

weiden ['vaɪdən] **I.** *vi* pastar **II.** *vt (Vieh)* apacentar, pastar **III.** *vr* **sich an etw** *dat* ~ recrearse con algo; *(schadenfroh)* regodearse con algo

Weidenkätzchen [-kɛtsçən] *nt* (BOT) flor *f* del sauce

weidmännisch ['vaɪtmɛnɪʃ] **I.** *adj* de cazador **II.** *adv* como un cazador

Weidmannsdank [vaɪtmans'daŋk] *interj* ¡gracias! *(en respuesta a "Weidmannsheil")*

Weidmannsheil *interj* ¡buena caza!

weigern ['vaɪgɐn] *vr:* **sich** ~ negarse (**zu** a)

Weigerung *f* <-en> negativa *f*

Weihbischof *m* (REL) obispo *m* sufragáneo

Weihe ['vaɪə] *f* <-n> consagración *f; (Priesterweihe)* ordenación *f*

weihen ['vaɪən] *vt* (REL) consagrar

Weiher ['vaɪɐ] *m* <-s, -> *(reg, südd)* estanque *m*

Weihnachten ['vaɪnaxtən] *nt* <-, -> Navidad(es) *f(pl);* **fröhliche** ~ feliz Navidad; **zu** [*o* **an**] ~ en Navidades

weihnachtlich *adj* navideño

Weihnachtsabend *m* Nochebuena *f*

Weihnachtsbaum *m* árbol *m* de Navidad

Weihnachtseinkäufe *m pl* compras *f pl* de Navidad

Weihnachtsfeier *f* fiesta *f* de Navidad

Weihnachtsfest *nt* (fiesta *f* de) Navidad *f*

Weihnachtsgans *f* <-, -gänse> ganso *m* de Navidad; **jdn ausnehmen wie eine** ~ *(fam)* sacarle a alguien hasta el último céntimo

Weihnachtsgeld *nt* paga *f* extra de Navidad, aguinaldo *m Arg*

Weihnachtsgeschenk *nt* regalo *m* de Navidad

Weihnachtslied *nt* villancico *m*

Weihnachtsmann *m* Papá *m* Noel, Viejo Pascuero *m Am*

Weihnachtsmarkt *m* mercado *m* navideño

Weihnachtstag *m (erster)* día *m* de Navidad; *(zweiter)* día *m* de san Esteban; **über die ~e** (durante) las fiestas de Navidad

Weihnachtszeit *f ohne pl* época *f* de Navidad; **in der** ~ por Navidades

Weihrauch *m* incienso *m*

Weihwasser *nt ohne pl* agua *f* bendita

weil [vaɪl] *konj* porque; *(aufgrund von)* debido a que

Weilchen ['vaɪlçən] *nt* <-s, *ohne pl*> momentito *m*

Weile ['vaɪlə] *f ohne pl* rato *m;* **es dauerte eine** ~ duró un rato; **vor einer** ~ hace un rato

Weiler ['vaɪlɐ] *m* <-s, -> cortijo *m*

Wein[1] [vaɪn] *m* <-(e)s, -e> *(Getränk)* vino *m;* **roter/weißer** ~ vino tinto/blanco; **lieblicher/trockener** ~ vino dulce/seco; **jdm reinen ~ einschenken** *(fig)* hablar en cristiano con alguien

W

Wein[2] *m* <-(e)s, *ohne pl*> ❶ *(Weintrauben)* uvas *fpl;* ~ **lesen** vendimiar ❷ *(Pflanze)* vid *f;* ~ **anbauen** cultivar vino; **wilder** ~ cepa virgen

Weinanbau *m* <-(e)s, *ohne pl*>, **Weinbau** *m* <-(e)s, *ohne pl*> viticultura *f*

Weinbauer *m* viticultor *m,* viñador *m*

Weinbaugebiet *nt* región *f* vinícola

Weinbeere *f* ❶ *(Traube)* uva *f* ❷ *(Österr, Schweiz, südd: Rosine)* pasa *f*

Weinberg *m* viña *f*

Weinbergschnecke *f* caracol *m* de viñedo

Weinbrand *m* brandi *m*

weinen ['vaɪnən] **I.** *vi* llorar (**vor/aus** de); **es ist zum W~** es para llorar **II.** *vt* llorar; **bittere Tränen** ~ llorar amargamente

weinerlich *adj (Person)* llorón; *(Stimme)* lloroso

Weinernte *f* vendimia *f*

Weinessig *m* vinagre *m* de vino

Weinfass *nt* tonel *m* de vino

Weinflasche *f* botella *f* de vino

Weingegend *f* región *f* vinícola

Weingeist *m ohne pl* alcohol *m* etílico

Weinglas *nt* copa *f* para vino

Weingummi *nt o m* <-s, -s> (GASTR) gominola *f*

Weingut *nt* explotación *f* vinícola

Weinhandlung *f* bodega *f*

Weinkarte *f* carta *f* de vinos

Weinkeller *m* bodega *f*

Weinkenner(in) *m(f)* conocedor(a) *m(f)* de vinos

Weinkrampf *m* llanto *m* convulsivo

Weinkühler *m* cubo *m* para refrescar el vino

Weinlese *f* vendimia *f*

Weinlokal *nt* <-(e)s, -e> (GASTR) bodega *f*

Weinprobe *f* cata *f* de vinos

Weinrebe *f* vid *f*

weinrot ['-'-] *adj* burdeos

Weinschorle *f* vino *m* con agua con gas

Weinsorte *f* clase *f* de vino

Weinstein *m ohne pl* (crémor *m*) tártaro *m*

Weinstock *m* vid *f*

Weinstube *f* taberna *f*

Weintraube *f* uva *f;* **blaue/grüne ~n** uvas negras/blancas

weise ['vaɪzə] *adj* sabio

Weise *f* <-n> ❶ *(Art)* manera *f,* modo *m; (Methode)* método *m;* **in gewisser** ~ en cierto modo; **auf diese/auf meine** ~ de esta/de mi manera; **in der ~, dass ...** de modo que... *+subj* ❷ *(Melodie)* melodía *f*

W

Weise(r) *mf* <-n, -n; -n> sabio, -a *m, f;* **die (drei) ~n aus dem Morgenland** los Reyes Magos de Oriente

weisen ['vaɪzən] <weist, wies, gewiesen> **I.** *vi* **auf etw** ~ señalar algo **II.** *vt* **jdm etw** ~ indicar(le) algo a alguien; **etw von sich** *dat* ~ rechazar algo; **jdn aus dem Saal** ~ expulsar a alguien de la sala

Weisheit[1] *f ohne pl* sabiduría *f; (Wissen)* saber *m;* **mit seiner ~ am Ende sein** ya no saber qué hacer; **er glaubt, er habe die ~ mit Löffeln gefressen** *(fam)* se cree más sabio que el Lepe; **der ~ letzter Schluss** la solución ideal

Weisheit[2] *f* <-en> *(Spruch)* sentencia *f; (Rat)* consejo *m*

Weisheitszahn *m* muela *f* del juicio

weis|machen *vt (fam)* **jdm etw** ~ hacer creer algo a alguien

weiß[1] [vaɪs] *3. präs von* **wissen**

weiß[2] [vaɪs] *adj* blanco; **ihr Gesicht wurde** ~ se volvió pálida

Weiß *nt* <-(es), -> (color *m*) blanco *m*

weissagen ['---] *vt (voraussagen)* predecir; *(prophezeien)* profetizar

Weissagung *f* <-en> profecía *f*

Weißbier *nt* cerveza *f* blanca

Weißblech *nt* hojalata *f*

Weißbrot *nt* pan *m* blanco, birote *m AmC*

Weißdorn *m* <-(e)s, -e> (BOT) espino *m* albar

Weiße(r) *mf* <-n, -n; -n> *(Rasse)* blanco, -a *m, f*

Weiße(r) Hai *m* (ZOOL) tiburón *m* blanco

Weißfisch *m* mújol *m*

weißglühend *adj s.* **glühend**

Weißglut *f ohne pl* (TECH) incandescencia *f;* **jdn zur ~ bringen** *(fam)* poner a alguien al rojo vivo

Weißgold *nt* oro *m* blanco

weißhaarig *adj* cano, de pelo blanco

Weißkohl *m* repollo *m*

Weißkraut *nt* repollo *m* blanco

weißlich *adj* blanquecino

Weißrussland *nt* Bielorusia *f*

Weißwein *m* vino *m* blanco

Weißwurst *f* Weißwurst *m (salchicha blanca)*

Weisung ['vaɪzʊŋ] *f* <-en> ❶ *(Befehl)* orden *f* ❷ *(geh: Anweisung)* instrucción *f*

weit [vaɪt] **I.** *adj* ❶ *(räumlich ausgedehnt)* extenso; *(breit)* amplio; *(groß)* grande; **~e Kreise der Bevölkerung** amplios sectores de la población; **das ist ein ~es Feld** este es un campo amplio; **3,50 m ~ springen** saltar 3 metros 50; **etw ~ öffnen** abrir algo de par en par; ~ **herumkommen** correr mundo; **das W~e suchen** *(geh)* esfumarse ❷ *(geräumig)* espacioso; *(Kleidung)* ancho ❸ *(entfernt)* lejano; *(Reise, Weg)* largo; **in ~er Ferne** a lo lejos; **wie ~ ist es nach ...?** ¿a qué distancia está...?; **ist es noch ~?** ¿falta mucho todavía?; **von ~em** [*o* **Neuem**] de lejos; ~ **entfernt** remoto;

das ist ~ weg *(fam)* eso queda muy lejos; **ich habe es nicht ~** no me queda mucho ❹ *(zeitlich)* largo; **bis Ostern ist es noch ~** aún falta mucho para Pascua; **das liegt ~ zurück** de esto hace mucho tiempo; **bis ~ in den Morgen** hasta bien entrada la mañana ❺ *(Wend)* **bei ~** [*o* **Weitem**] **besser** mejor con distancia; **bei ~** [*o* **Weitem**] **nicht alles** no todo (ni) con mucho; **es ist ~ und breit niemand zu sehen** no se ve a nadie en varias millas a la redonda; **so ~** *(im Allgemeinen)* en general; *(bis jetzt)* por ahora; **so ~, so gut** hasta el momento sin problemas; **es ist so ~** ya está; **es ist noch nicht so ~** todavía no está; **bist du so ~?** *(fam)* ¿estás listo?; **sie wird es noch ~ bringen** hará carrera; **das geht (entschieden) zu ~!** ¡esto ya pasa de la raya!; **wie ~ bist du mit der Arbeit?** ¿qué tal el trabajo?; **das ist ~ hergeholt** esto está cogido de los pelos; **so ~ kommt's noch!** *(fam)* ¡hasta ahí podíamos llegar! **II.** *adv (sehr, erheblich)* mucho; **~ besser** mucho mejor; **etw ~ übertreffen** superar algo en mucho; **er ist ~ über sechzig** tiene bastante más de sesenta años; **~ gefehlt!** ¡está Ud. completamente equivocado!; **das ist ~ verbreitet** eso está muy extendido

weitab ['vaɪt'ʔap] *adv* muy lejos (**von** de)

weitaus ['-'-] *adv* mucho

Weitblick *m* <-(e)s, *ohne pl*> visión *f* de futuro; *(Scharfsinn)* perspicacia *f*

weitblickend *adj* previsor; *(scharfsinnig)* clarividente

Weite ['vaɪtə] *f* <-n> ❶ *(Ausdehnung)* extensión *f* ❷ *(Entfernung)* distancia *f* ❸ *(Durchmesser)* diámetro *m*; *(Größe)* tamaño *m* ❹ *(bei Kleidung)* ancho *m*

weiten ['vaɪtən] **I.** *vt* ensanchar **II.** *vr:* **sich ~** ensancharse; *(Gefäß, Pupille)* dilatarse

weiter ['vaɪtɐ] *adv* ❶ *(im Anschluss)* a continuación; *(danach)* después ❷ *(außerdem)* además; *(sonst)* más; *(verneint)* nada más; **das ist nicht ~ schlimm** *(fam)* eso no tiene la menor importancia; **wenn's ~ nichts ist** *(fam)* si no hay nada más; **und so ~** etcétera; **~!** ¡adelante!

weiter|arbeiten *vi* seguir trabajando (**an** en)

weiter|bilden **I.** *vt* perfeccionar **II.** *vr:* **sich ~** ampliar sus conocimientos; *(in einem Kurs)* hacer un curso de perfeccionamiento

Weiterbildung *f ohne pl* ampliación *f* de estudios; *(als Kurs)* cursos *mpl* de perfeccionamiento

weiter|bringen *irr vt* llevar adelante; **das bringt uns auch nicht weiter** con eso no ganamos nada

weiterdenken *irr vi* pensar en las consecuencias (a la larga [*o* previsoramente])

weitere(r, s) *adj (zusätzlich)* más, otro; *(zeitlich)* posterior, ulterior; **~ Kapitel folgen** seguirán más capítulos; **~ fünf Jahre** otros cinco años; **die ~ Entwicklung** el desarrollo posterior; **alles W~** todo lo demás; **bis auf Weiteres** [*o* **~s**] hasta nuevo aviso; **ohne Weiteres** [*o* **~s**] sin más

weiter|empfehlen* *irr vt* recomendar (a otros)

weiter|entwickeln* **I.** *vt* perfeccionar **II.** *vr:* **sich ~** hacer progresos, desarrollarse

Weiterentwicklung *f* (TECH) perfeccionamiento *m*

weiter|erzählen* *vt* contar (a otros)

weiter|fahren *irr vi sein* seguir; **Sie können hier nicht ~** no puede seguir adelante

Weiterfahrt *f ohne pl* continuación *f* del viaje

weiter|führen **I.** *vi* seguir, continuar **II.** *vt* ❶ *(fortsetzen)* continuar ❷ *(weiterbringen)* llevar adelante; **die Diskussion führt uns nicht weiter** la discusión no nos lleva a ninguna parte

weiterführend *adj* (SCH) secundario; **~e Schule** escuela secundaria

Weitergabe *f ohne pl (von Informationen)* tra(n)smisión *f*; *(von Dingen)* entrega *f*

weiter|geben *irr vt* dar (**an** a); *(Erfahrungen)* tra(n)smitir (**an** a)

weiter|gehen *irr vi sein* ❶ *(seinen Weg)* seguir (andando) ❷ *(andauern)* seguir, continuar; **so kann es nicht ~!** ¡esto no puede continuar así!

weitergehend *adj (Österr) kompar von* **weitgehend**

weiter|helfen *irr vi* **jdm ~** ayudar a alguien (**in/bei** en/a)

weiterhin *adv* ❶ *(künftig)* en adelante ❷ *(außerdem)* además ❸ *(immer noch)* todavía

weiter|kommen *irr vi sein* ❶ *(räumlich)* avanzar ❷ *(Fortschritte machen)* salir adelante, avanzar; **so kommen wir nicht weiter** así no llegamos a ninguna parte

weiter|leben *vi* seguir viviendo

weiter|leiten *vt* tra(n)smitir (**an** a); **eine E-Mail ~** reenviar un e-mail

weiter|machen *vi (fam)* continuar, seguir; **mach nur so weiter!** ¡sigue así!; **so können wir nicht ~** no podemos seguir así

weiterreichen *vt* pasar (**an** a)

Weiterreise *f* <-, -n> continuación *f* del viaje; **auf der ~ kamen wir durch Tole-**

do continuando el viaje pasamos por Toledo; **gute ~!** ¡buen viaje!

weiter|sagen *vt* decir a otros; *(verbreiten)* divulgar

weiter|verarbeiten* *vt* tratar, elaborar

weiterverfolgen* *vt* continuar persiguiendo

Weiterverkauf *m* reventa *f*

weiterverkaufen* *vt* vender a un tercero, revender

weiterverwenden* *vt* seguir utilizando

weitestgehend *adj o adv superl von* **weitgehend**

weitgehend <weiter gehend *o* weitgehender, *Schweiz:* weitergehend, am weitestgehenden *o* am weitgehendsten> **I.** *adj* amplio, extenso **II.** *adv* en gran parte

weitgereist *adj* que ha viajado mucho

weither ['-'-] *adv (geh)* de muy lejos

weithin ['--, '-'-] *adv* ① *(weitumher)* hasta muy lejos ② *(in hohem Maße)* en gran medida

weitläufig **I.** *adj* ① *(ausgedehnt)* vasto, extenso ② *(weitschweifend)* prolijo; *(ausführlich)* detallado ③ *(Verwandter)* lejano **II.** *adv* con todo detalle; **mit jdm ~ verwandt sein** ser pariente lejano de alguien

Weitläufigkeit *f* <-, *ohne pl*> amplitud *f*

weiträumig *adj* espacioso, extenso

weitreichend *adj* ① *(für große Entfernung)* de gran alcance ② *(umfassend)* amplio

weitschweifig *adj* prolijo, difuso

Weitschweifigkeit *f* <-, *ohne pl*> prolijidad *f*

Weitsicht *f ohne pl s.* **Weitblick**

weitsichtig *adj* ① (MED) hipermétrope ② *(umsichtig)* previsor

Weitsichtigkeit *f ohne pl* ① (MED) hipermetropía *f* ② *(im Handeln)* visión *f* de futuro; *(Umsicht)* previsión *f*

Weitsprung *m* <-(e)s, *ohne pl*> (SPORT) salto *m* de longitud

weitverbreitet ['--'--] *adj* muy frecuente; *(Meinung)* muy divulgado

Weitwinkelobjektiv *nt* (FOTO) objetivo *m* gran angular

Weizen ['vaɪtsən] *m* <-s, -> trigo *m*

Weizenbier *nt* cerveza *f* de trigo

Weizenbrot *nt* pan *m* de trigo

Weizenkeim *m* germen *m* de trigo

Weizenmehl *nt* harina *f* de trigo

welch *pron inter* **~ eine(r, s)** qué; **~ eine Freude!** ¡qué alegría!; *s. a.* **welche(r, s)**

welche(r, s) **I.** *pron inter (adjektivisch)* qué; *(substantivisch)* cuál; *(in Ausrufen)* qué, vaya; **~ Tasche?** ¿qué bolso?; **~r von den beiden?** ¿cuál de los dos?; **~ Freude!** ¡qué alegría!; **aus ~m Grund?** ¿por qué motivo?; **ich weiß nicht, ~n du meinst** no sé a cuál te refieres **II.** *pron rel* que; *(in weiterführenden Relativsätzen)* el/la/lo cual, los/las cuales *pl* **III.** *pron indef* algunos; **es gibt ~, die glauben, dass ...** hay algunos que piensan que...; **ich habe kein Papier dabei, hast du ~s?** no tengo papel, ¿tienes tú alguno?

welk [vɛlk] *adj (a. fig)* lacio; *(verwelkt)* marchito

welken ['vɛlkən] *vi sein (a. fig)* marchitarse

Wellblech ['vɛl-] *nt* chapa *f* ondulada

Welle ['vɛlə] *f* <-n> ① *(im Wasser, Protestwelle)* ola *f*; **hohe ~n schlagen** causar sensación ② *(Aktualität)* **die neue ~** la nueva ola ③ *(im Haar)* ondulación *f* ④ (PHYS, RADIO) onda *f* ⑤ (TECH) eje *m*

wellen ['vɛlən] **I.** *vt* ondular **II.** *vr:* **sich ~** ondularse

Wellenbad *nt* piscina *f* de olas

Wellenbewegung *f* movimiento *m* ondulatorio

Wellenbrecher *m* rompeolas *m inv*

wellenförmig [-fœrmɪç] *adj* ondulado

Wellengang *m* <-(e)s, *ohne pl*> oleaje *m*

Wellenkamm *m* <-(e)s, -kämme> (GEO) cresta *f* (de la ola)

Wellenlänge *f* (PHYS) longitud *f* de onda; **sie haben die gleiche ~** *(fam)* están en la misma onda

Wellenlinie *f* línea *f* ondulada

Wellenreiten *nt* (SPORT) surf *m*

Wellensittich *m* <-s, -e> (ZOOL) perico *m*, periquito *m*

wellig *adj* ondulado

Wellness ['vɛlnɛs] *f* <-, *ohne pl*> wellness *m (combinación de hidroterapia con ocio acuático)*

Wellnesshotel *nt* hotel *m* (con) wellness

Wellpappe *f* cartón *m* ondulado

Welpe ['vɛlpə] *m* <-n, -n> (ZOOL) cachorro *m*

Wels [vɛls] *m* <-es, -e> (ZOOL) siluro *m*

welsch [vɛlʃ] *adj (Schweiz)* de la Suiza francófona

Welschschweizer(in) *m(f)* *(Schweiz)* suizo, -a *m, f* del cantón francés

Welt [vɛlt] *f* <-en> mundo *m*; *(Erde)* tierra *f*; **auf der ~** en el mundo; **auf die ~ kommen** venir al mundo; **aus aller ~** de todo el mundo; **die Alte/Neue/Dritte ~** el Viejo/Nuevo/Tercer Mundo; **die heile ~** el mundo ideal; **alle ~ spricht davon** *(fam)* todo el mundo habla de esto; **vor aller ~** *(fam)* delante de todo el mundo; **uns trennen ~en** *(fam)* entre nosotros hay un mundo; **eine ~ brach für ihn zusammen** *(fam)* se le hundió el mundo; **mit sich** *dat* **und der ~ zufrie-**

den sein *(fam)* estar contento con uno mismo y con el mundo; **um nichts in der ~** *(fam)* por nada del mundo; **die ~ nicht mehr verstehen** *(fam)* ya no entender nada de nada; **das ist nicht aus der ~** *(fam)* no está lejos; **das kostet nicht die ~** *(fam)* eso no cuesta demasiado; **was in aller ~ hast du dir denn dabei gedacht?** *(fam)* ¿en qué diablos estabas pensando al hacer esto?; **davon geht die ~ nicht unter** *(fam)* no se acaba el mundo por eso; **ein Gerücht in die ~ setzen** *(fam)* hacer correr un rumor; **das hat die ~ noch nicht gesehen!** *(fam)* ¡es una cosa nunca vista!

Weltall *nt* universo *m*

weltanschaulich *adj* ideológico

Weltanschauung *f* ideología *f*

Weltatlas *m* <-(ses), -atlanten *o* -se> atlas *m inv* universal

Weltausstellung *f* exposición *f* universal

Weltbank *f ohne pl* Banco *m* Mundial

weltbekannt ['--'-] *adj* mundialmente conocido

weltberühmt ['--'-] *adj* famoso en el mundo entero

weltbeste(r, s) *adj* (SPORT) mejor del mundo

Weltbevölkerung *f ohne pl* población *f* mundial

weltbewegend *adj* revolucionario

Weltbild *nt* concepto *m* del mundo

Weltenbummler(in) [-bʊmlɐ] *m(f)* <-s, -; -nen> trotamundos *mf inv*

weltfremd *adj* ajeno al mundo; *(naiv)* ingenuo

Weltfrieden *m* <-s, *ohne pl*> paz *f* mundial

Weltgeschichte *f ohne pl* historia *f* universal; **in der ~ herumfahren** *(fam)* recorrer mundo

weltgeschichtlich *adj* histórico

Weltgesundheitsorganisation ['--'-------] *f ohne pl* Organización *f* Mundial de la Salud

Welthandel *m* comercio *m* internacional [*o* mundial]

Weltherrschaft *f ohne pl* hegemonía *f* mundial

Weltkarte *f* mapamundi *m*

Weltkrieg *m* guerra *f* mundial; **Erster/Zweiter ~** primera/segunda guerra mundial

weltlich *adj* ① *(irdisch)* mundano ② *(nicht kirchlich)* laico, secular

Weltliteratur *f* <-, *ohne pl*> literatura *f* mundial

Weltmacht *f* potencia *f* mundial

weltmännisch ['vɛltmɛnɪʃ] *adj* de hombre de mundo; *(überlegen)* sofisticado

Weltmarkt *m ohne pl* (WIRTSCH) mercado *m* mundial

Weltmarktpreis *m* (WIRTSCH) precio *m* en el mercado internacional

Weltmeer *nt* océano *m*

Weltmeister(in) *m(f)* campeón, -ona *m, f* del mundo

Weltmeisterschaft *f* ① *(Wettkampf)* campeonato *m* mundial, mundial(es) *m(pl) fam* ② *(Titel)* copa *f* del mundo

weltoffen *adj* abierto

Weltrang *m* <-(e)s, *ohne pl*> nivel *m* internacional

Weltraum *m ohne pl* espacio *m* sideral

Weltraumstation *f* estación *f* espacial [*o* orbital]

Weltreich *nt* imperio *m*

Weltreise *f* viaje *m* alrededor del mundo

Weltrekord *m* récord *m* mundial

Weltreligion *f* <-, -en> religión *f* mundial

Weltsicherheitsrat [-'----] *m* Consejo *m* de Seguridad de las Naciones Unidas

Weltsprache *f* idioma *m* universal

Weltstadt *f* metrópoli *f*

weltstädtisch *adj* cosmopolita

Weltstar *m* estrella *f* mundial

Weltuntergang *m* fin *m* del mundo

Weltuntergangsstimmung *f* catastrofismo *m*

Weltverbesserer, -in *m, f* <-s, -; -nen> idealista *mf*

weltweit ['-'-, '--] **I.** *adj* mundial **II.** *adv* a escala mundial

Weltwirtschaft *f ohne pl* economía *f* mundial

Weltwirtschaftskrise *f* crisis *f inv* económica mundial

Weltwunder *nt* maravilla *f* del mundo; **die sieben ~** las siete maravillas del mundo

wem [veːm] **I.** *pron inter dat von* **wer** a quién, a quiénes *pl;* **mit/von ~?** ¿con/de quién?; **bei/zu ~?** ¿en casa/a casa de quién? **II.** *pron rel dat von* **wer** a quien, al que, a quienes, a los que *pl*

Wemfall *m* (LING) dativo *m*

wen [veːn] **I.** *pron inter akk von* **wer** a quién, a quiénes *pl;* **an/für ~?** ¿a/para quién?; **~ meinst du?** ¿a quién te refieres? **II.** *pron rel akk von* **wer** a quien, al que, a quienes, a los que *pl*

Wende ['vɛndə] *f* <-n> ① *(Veränderung)* cambio *m;* **eine ~ zum Guten/Schlechten** un cambio para mejor/peor ② *(Schwimmen, Segeln)* viraje *m; (Turnen, Eiskunstlauf)* vuelta *f*

Wendekreis *m* ① (GEO) trópico *m;* **der nördliche ~** [*o* **der ~ des Krebses**] el trópico de Cáncer; **der südliche ~** [*o* **der ~**

des Steinbocks] el trópico de Capricornio ❷ (TECH) radio *m* de giro

Wendeltreppe ['vɛndəl-] *f* escalera *f* de caracol

wenden[1] ['vɛndən] **I.** *vi (Auto)* girar; (NAUT) virar **II.** *vt (Braten, Blatt, Kleidung, Fahrzeug)* dar la vuelta (a); **bitte ~!** ¡véase al dorso!; **man kann die Sache drehen und ~, wie man will** *(fam)* mírese como se mire

wenden[2] <wendet, wendete *o* wandte, gewendet *o* gewandt> **I.** *vt* ❶ *(Kopf)* volver ❷ *(Blick, Schritte)* dirigir; **den Blick nicht von etw** *dat* **~** no apartar la vista de algo ❸ *(aufwenden)* invertir (**an/auf** en) **II.** *vr:* **sich ~** *(Richtung einschlagen)* dirigirse (**zu** a); *(von jdm weg)* apartarse (**von** de); **sich zum Gehen ~** disponerse a irse; **sich zum Ausgang ~** dirigirse a la salida; **es wird sich alles zum Guten ~** todo saldrá bien; **seine gute Laune wandte sich ins Gegenteil** se le agrió el humor; **sich an jdn ~** dirigirse a alguien; **sich gegen etw ~** oponerse a algo; **sich gegen jdn ~** volverse en contra de alguien

Wendeplatz *m* lugar *m* para girar (el coche)

Wendepunkt *m* ❶ *(Zeitpunkt)* momento *m* decisivo ❷ (ASTR) punto *m* solsticial; (MATH) punto *m* de inflexión

wendig *adj* ❶ *(Auto)* manejable ❷ *(Person)* ágil

Wendung *f* <-en> ❶ *(Drehung)* vuelta *f* ❷ *(Kurve)* curva *f* ❸ *(Veränderung)* cambio *m,* giro *m;* **eine ~ zum Guten nehmen** tomar un giro favorable; **eine ~ zum Schlechten nehmen** tomar mal cariz; **eine unerwartete ~ nehmen** tomar un giro inesperado ❹ *(Redewendung)* modismo *m*

wenig ['veːnɪç] *adj o adv o pron indef* ❶ *(kleine Menge)* poco; (**nur**) **~e** (solo) pocos; **ein ~** un poco; **ein klein ~** un poquito; **sehr ~** poquísimo; **ein ~ Geduld** un poco de paciencia; **mit ~en Ausnahmen** salvo pocas excepciones; **in ~en Wochen** dentro de pocas semanas; **einige ~e** unos pocos; **eine ~ bekannte Künstlerin** una artista poco conocida; **sie war nicht ~ überrascht, als ...** su sorpresa no fue poca cuando...; **es fehlte** (**nur**) **~, und sie hätte gewonnen** faltó poco para ganar ❷ **zu ~** muy poco; **11 Euro zu ~** faltan 11 euros; **zu ~ essen/trinken** no comer/beber suficiente ❸ **so ~** tan poco; **so ~ wie möglich** lo menos posible; **du sprichst so ~** estás tan callado

weniger ['veːnɪɡɐ] **I.** *adj o adv o pron indef kompar von* **wenig** menos; **~ als** menos que; *(bei Zahlen)* menos de; *(vor Verben)* menos de lo que; **es kamen ~ als gestern** vinieron menos que ayer; **immer ~** cada vez menos; **viel ~** mucho menos; **~ werden** disminuir; **nicht mehr und nicht ~ als ...** ni más ni menos que...; **mehr oder ~** más o menos; **das finde ich ~ schön!** ¡esto no me gusta tanto!; **umso ~** tanto menos; **je ~, desto besser** cuanto menos mejor; **je mehr ..., desto ~ ...** cuanto más..., menos... **II.** *konj* menos; **zehn ~ drei ist sieben** diez menos tres son siete

Wenigkeit *f* <-, *ohne pl*> **eine ~** un poquito; **meine ~** *(iron)* mi modesta [*o* humilde] persona

wenigste ['veːnɪçstə, 'veːnɪkstə] *pron indef superl von* **wenig** ❶ *(kleinste Anzahl)* **die ~n** los menos, la menor parte; *(die Minderheit)* la minoría ❷ *(kleinste Menge)* **das ~** lo menos; **das ~ wäre, ihn einmal anzurufen** lo menos sería llamarle una vez; **er hat das ~ Geld** es el que menos dinero tiene; **das ist ja noch das ~!** *(fam)* ¡es lo mínimo!

wenigsten ['veːnɪçstən, 'veːnɪkstən] *superl von* **wenig: am ~** lo (que) menos

wenigstens ['veːnɪçstəns, 'veːnɪkstəns] *adv* ❶ *(zumindest)* por lo menos ❷ *(mindestens)* por lo menos, como mínimo; **ich habe ~ viermal angerufen** he llamado cuatro veces por lo menos

wenn [vɛn] *konj* ❶ *(zeitlich)* cuando; **jedes Mal, ~ ...** cada vez que... ❷ *(konditional)* si; *(falls)* en caso de que *+subj;* **~ nicht** si no; **~ nur** con tal que *+subj;* **außer ~** excepto si; **~ er nicht gewesen wäre, hätte es nie geklappt** si no hubiese estado él, no lo hubiéramos podido hacer nunca ❸ *(konzessiv)* **~ auch** si bien, aunque *+subj;* **es ging, ~ auch mit einiger Mühe** funcionó, si bien nos costó bastante trabajo; **~ er auch nett ist, mag ich ihn nicht** no termina de caerme bien aunque sea majo ❹ *(Wunsch)* **~ ... nur** si *+subj,* ojalá *+subj;* **~ ich nur schon in Berlin wäre** si estuviera de una vez en Berlín

wenngleich [-'-] *konj* aunque, si bien

wennschon ['--] *konj* aunque; **und ~!** *(fam)* ¡qué más da!; **~, dennschon!** *(fam)* ¡de hacerlo, hacerlo bien!

wer [veːɐ] **I.** *pron inter* quién, quiénes *pl;* **~ von euch beiden?** ¿quién de vosotros? **II.** *pron rel* quien, el que, quienes, los que *pl;* **~ auch immer** quienquiera que sea **III.** *pron indef (fam)* alguien; **ist da ~?** ¿hay alguien ahí?

Werbeagentur *f* agencia *f* de publicidad

Werbeanzeige *f* anuncio *m* publicitario
Werbebanner *nt* (INFOR) anuncio *m* en internet
Werbebeilage *f* suplemento *m* publicitario
Werbeblock *m* bloque *m* de anuncios
Werbebranche *f* sector *m* publicitario
Werbebroschüre *f* folleto *m* publicitario
Werbefachmann, **-frau** *m, f* experto, -a *m, f* publicitario , -a
Werbefernsehen *nt* publicidad *f* televisada
werbefrei *adj inv (Sendung, Homepage)* sin publicidad
Werbegeschenk *nt* regalo *m* de promoción
Werbekampagne *f* campaña *f* publicitaria
Werbekosten *pl* gastos *mpl* de publicidad
Werbematerial *nt* <-s, -ien> material *m* publicitario
werben ['vɛrbən] <wirbt, warb, geworben> **I.** *vi (für eine Ware)* hacer publicidad (**für** para); *(für eine Partei)* hacer propaganda (**für** para); **um etw ~** *(geh)* tratar de ganarse algo **II.** *vt (Arbeitskräfte)* contratar; *(Mitglieder)* afiliar; *(Kunden)* atraer
Werbeprospekt *m* (COM, WIRTSCH) folleto *m* publicitario
Werbeslogan *m* eslogan *m* publicitario
Werbespot ['vɛrbespɔt] *m* anuncio *m* publicitario, comercial *m Am*
Werbetext *m* texto *m* publicitario
Werbeträger *m* <-s, -> soporte *m* publicitario
Werbetrommel *f (fam)* **die ~ für etw rühren** hacer propaganda para algo
Werbeunterbrechung *f* (RADIO, TV) interrupción *f* para publicidad
werbewirksam *adj* de gran efecto publicitario
Werbung[1] *f ohne pl (Reklame)* publicidad *f*, aviso *m Am;* **~ für etw machen** hacer publicidad para algo
Werbung[2] *f* <-en> *(das Anwerben)* reclutamiento *m*
Werdegang *m* <-(e)s, -gänge> desarrollo *m;* **der berufliche ~** la carrera profesional
werden[1] ['veːɐdən] <wird, wurde, geworden> *vi sein* ① *(Zustandsveränderung)* ponerse, volverse; *(allmählich)* hacerse; **alt ~** hacerse viejo; **krank ~** ponerse enfermo; **kalt ~** enfriar(se); **mir wird schlecht** me estoy mareando; **ich werde noch verrückt** me voy a volver loco; **es wird schon dunkel** ya se hace de noche; **es wird Frühling** llega la primavera ② *(Entwicklung)* llegar a ser, devenir; **~de Mutter** futura madre; **es wird ein Junge** será un niño; **besser/schlechter ~** mejorar/empeorar; **was willst du einmal ~?** ¿qué quieres ser de mayor?; **was nicht ist, kann ja noch ~** todo es posible; **was soll nun (aus uns) ~?** ¿qué será de nosotros? ③ *(Verwandlung)* convertirse (**zu** en), volverse; **zum Verräter ~** convertirse en traidor ④ *(Resultat)* salir; **das ist nichts geworden** *(fam)* no salió; **die Fotos sind gut geworden** las fotos salieron bien; **er ist 40 geworden** cumplió 40 años; **daraus wird nichts** de ahí no va a resultar nada ⑤ *(mit Zeitangabe)* **in einer halben Stunde wird es 12 Uhr** dentro de media hora serán las doce; **sie wird bald 12** va a cumplir 12 años; **es wird Zeit, dass wir gehen** es hora de que nos vayamos ⑥ *(Wend)* **wird's bald?** *(fam)* ¡date prisa!; **ich werd' nicht mehr!** *(fam)* ¡no puede ser!
werden[2] <wird, wurde, *ohne pp*> *aux* ① *(zur Bildung des Futurs)* **ich werde es tun** lo haré; **es wird schon ~** saldrá bien; **es wird gleich regnen** va a empezar a llover ② *(zur Bildung des Konjunktivs II)* **würden Sie bitte mal kommen?** ¿podría venir un momento, por favor? ③ *(Vermutung)* **es wird schon stimmen** será correcto; **er wird wohl ausgegangen sein** habrá salido
werden[3] <wird, wurde, worden> *aux (zur Bildung des Passivs)* ser; **sie ist entführt worden** ha sido secuestrada; **das Zimmer wird gerade gestrichen** están pintando la habitación; **hier wird nicht geraucht!** ¡aquí no se fuma!; **mir wurde gesagt, dass …** me han dicho que…
Werden *nt* <-s, *ohne pl*> ① *(Entwicklung)* desarrollo *m;* **noch im ~ sein** estar en pleno desarrollo; **der Kuchen ist schon im ~** el bizcocho está a medio hacer ② *(Bildung)* formación *f* ③ (PHILOS) devenir *m*
werfen ['vɛrfən] <wirft, warf, geworfen> **I.** *vt* ① *(allgemein)* echar, tirar; *(schleudern)* lanzar, arrojar; **nicht ~!** ¡frágil!; **jdn zu Boden ~** tirar a alguien al suelo; **die Tür ins Schloss ~** dar un portazo; **etw auf den Markt ~** lanzar algo al mercado; **eine Münze ~** echar a suertes; **jdn ins Gefängnis ~** meter a alguien en la cárcel; **er hatte ein Auge auf sie geworfen** *(fig)* le tenía echado el ojo; **jdn aus etw** *dat* **~** echar a alguien de algo ② *(bilden)* formar; **die Flüssigkeit wirft Blasen** el líquido burbujea ③ *(Tierjunge)* parir **II.** *vr:* **sich ~** ① *(sich stürzen)* lanzarse (**auf** sobre); *(fig)* volcarse (**auf** en) ② *(sich fallen lassen)* echarse (**auf** sobre); **sie warf sich aufs Bett** se echó sobre la cama ③ *(sich verzie-*

hen) alabearse **III.** *vi* ❶ *(a.* SPORT) lanzar; **wie weit wirfst du?** ¿cuánto lanzas?; **mit Geld um sich ~** tirar el dinero por la ventana ❷ *(Tier)* parir
Werfer(in) *m(f)* <-s, -; -, -nen> (SPORT: *Speerwerfer)* lanzador(a) *m(f)* de jabalina; *(Hammerwerfer)* lanzador(a) *m(f)* de martillo; *(Diskuswerfer)* lanzador(a) *m(f)* de disco
Werft [vɛrft] *f* <-en> (NAUT) astillero *m;* (AERO) hangar *m*
Werftarbeiter(in) *m(f)* (NAUT) obrero, -a *m, f* del astillero; (AERO) obrero, -a *m, f* del hangar
Werk [vɛrk] *nt* <-(e)s, -e> ❶ *(Geschaffenes, Handlung)* obra *f; (Arbeit)* trabajo *m;* **sämtliche/ausgewählte ~e** obras completas/escogidas; **das ist sein ~** es obra suya; **ein gutes ~ (an jdm) tun** hacer una buena obra (para alguien); **sich ans ~ machen** ponerse a trabajar; **da sind üble Kräfte am ~** hay algo sucio detrás de todo esto ❷ *(Fabrik)* fábrica *f; (Unternehmen)* empresa *f;* **Lieferung ab ~** entrega en fábrica ❸ *(Mechanismus)* mecanismo *m*
Werkbank *f* <-bänke> banco *m* de trabajo
werkeln ['vɛrkəln] *vi* dar retoques (**an** a)
werkgetreu *adj* fiel al original
Werkmeister(in) *m(f)* contramaestre, -a *m, f*
Werksangehörige(r) *mf* empleado, -a *m, f* de la empresa
Werkschutz *m* servicio *m* de seguridad de la empresa
Werksgelände *nt* terreno *m* de la empresa
Werksleiter(in) *m(f)* director(a) *m(f)* de la empresa
Werksschließung *f* cierre *m* de fábrica
Werk(s)spionage *f* espionaje *m* industrial
Werkstatt ['-ʃtat] *f* <-stätten> taller *m*
Werkstoff *m* material *m* de trabajo
Werkstück *nt* <-(e)s, -e> pieza *f* de trabajo
Werktag *m* día *m* laborable
werktags *adv* los días laborales
werktätig *adj* trabajador; **die ~e Bevölkerung** la población activa
Werktätige(r) *mf* <-n, -n; -n> obrero, -a *m, f;* **die ~n** la población activa
Werkunterricht *m* (clase *f* de) trabajos *mpl* manuales
Werkzeug *nt* <-(e)s, -e> herramienta *f; (Instrument)* instrumento *m*
Werkzeugkasten *m* caja *f* de herramientas
Werkzeugmacher(in) *m(f)* <-s, -; -, -nen> obrero, -a *m, f* que fabrica herramientas
Wermut ['veːɐmuːt] *m* <-(e)s, *ohne pl>* ❶ *(Pflanze)* ajenjo *m* ❷ *(Getränk)* vermú *m*
Wermut(s)tropfen *m (geh)* amargura *f*
wert [veːɐt] *adj* **etwas ~ sein** valer algo; **nichts ~ sein** no valer nada; **das ist mir viel ~** esto significa mucho para mí; **wie viel ist das ~?** ¿cuánto vale?; **einer Sache ~ sein** merecer algo
Wert [veːɐt] *m* <-(e)s, -e> ❶ *(a. fig)* valor *m; (Preis)* precio *m;* **einen ~ von 50 Euro haben** tener un valor de 50 euros; **an ~ verlieren/zunehmen** disminuir/aumentar de valor; **das sind bleibende ~e** son valores permanentes; **großen/keinen ~ auf etw legen** dar mucha/no dar importancia a algo; **das hat keinen ~** no merece la pena; **etw** *dat* **einen besonderen ~ beimessen** atribuir un valor especial a algo ❷ *(Ergebnis)* resultado *m;* (TECH) datos *mpl*
Wertangabe *f* declaración *f* de valor
Wertarbeit *f* trabajo *m* de calidad
wertbeständig *adj* de valor fijo
Wertbrief *m* carta *f* con valor declarado
werten ['veːɐtən] *vt* valorar; *(einschätzen)* calificar (**als** de/como); (SPORT) dar como válido
wertfrei *adj* imparcial
Wertgegenstand *m* objeto *m* de valor
Wertigkeit *f* <-en> (CHEM, LING) valencia *f*
wertlos *adj* sin valor, de agache *Ecua,* pinche *Méx*
Wertmaßstab *m* criterio *m;* **einen ~ anlegen** establecer un criterio
Wertminderung *f* disminución *f* de valor; *(von Aktien, Kursen)* desvalorización *f*
Wertpapier *nt* (FIN) valor *m,* efecto *m*
Wertpapierbörse *f* (FIN) bolsa *f* de (títulos-)valores
Wertsache *f* objeto *m* de valor
Wertschätzung *f ohne pl (geh)* aprecio *m*
Wertsendung *f* envío *m* con valor declarado
Wertsteigerung *f* aumento *m* de valor
Wertstoff *m* desecho *m* reciclable
Wertstoffcontainer *m* contenedor *m* para desechos reciclables
Wertung *f* <-en> valoración *f;* (SPORT) puntuación *f*
Wertverlust *m* <-(e)s, -e> pérdida *f* de valor, depreciación *f*
wertvoll *adj* valioso
Werwolf ['veːɐ-] *m* ogro *m*
Wesen[1] ['veːzən] *nt* <-s, *ohne pl>* ❶ *(Grundeigenschaft)* esencia *f;* (PHILOS) ente *m;* **das liegt im ~ der Sache** es propio del asunto mismo ❷ *(Charakter)* naturaleza *f;* **sein wahres ~ zeigen** quitarse la máscara

W

Wesen[2] *nt* <-s, -> *(Lebewesen)* ser *m; (Mensch)* persona *f;* **ein menschliches ~** un ser humano

Wesensart *f ohne pl* manera *f* de ser

Wesenszug *m* <-(e)s, -züge> rasgo *m* característico

wesentlich ['veːzəntlɪç] **I.** *adj* esencial; *(grundlegend)* fundamental; *(bedeutend)* importante; **das ist im W~en nichts Neues** en esencia no es nada nuevo; **nichts W~es** nada de importancia **II.** *adv (sehr, viel)* mucho; **es wäre mir ~ lieber, wenn ...** preferiría mucho más que… *+subj*

weshalb [vɛs'halp, '--] *adv* ① *(fragend)* por qué ② *(relativisch)* por lo que, por lo cual; **der Grund ~ ...** la razón por la cual…

Wespe ['vɛspə] *f* <-n> (ZOOL) avispa *f*

Wespennest *nt* (ZOOL) nido *m* de avispas

Wespentaille *f* cintura *f* de avispa

wessen ['vɛsən] **I.** *pron inter* ① *gen von* **wer** de quién; **~ Auto ist das?** ¿de quién es el coche? ② *gen von* **was** de qué; **~ wird sie beschuldigt?** ¿de qué se la acusa? **II.** *pron rel* de quien, del que, de quienes, de los que *pl;* **~ Schuld es ist, (der) soll es gestehen** aquel de quien sea la culpa, debe confesarlo

Wessi ['vɛsi] *mf* <-s, -s; -s> *(fam) habitante de los estados federados del oeste de Alemania*

West [vɛst] *m* <-, *ohne pl*> (NAUT, METEO) oeste *m*

westdeutsch *adj* del oeste de Alemania

Westdeutschland *nt* Oeste *m* de Alemania

Weste ['vɛstə] *f* <-n> chaleco *m;* **eine reine ~ haben** *(fam fig)* tener las manos limpias

Westen ['vɛstən] *m* <-s, *ohne pl*> oeste *m,* occidente *m;* **im ~** en el oeste; **von ~** del oeste; **in den ~** al oeste; **der Wilde ~** el Salvaje Oeste

Westentasche *f* bolsillo *m* del chaleco; **etw wie seine ~ kennen** *(fam)* conocer algo como la palma de la mano

Western ['vɛstɐn] *m* <-s, -> película *f* del Oeste

Westeuropa ['--'--] *nt* Europa *f* Occidental

westeuropäisch *adj* de la Europa Occidental

Westfale, -fälin *m, f* <-n, -n; -nen> westfaliano, -a *m, f*

Westfalen [vɛst'faːlən] *nt* <-s> Westfalia *f*

Westfälin [-'fɛːlɪn] *f* <-nen> *s.* **Westfale**

westfälisch *adj* westfaliano

Westjordanland *nt* <-(e)s, *ohne pl*> Cisjordania *f*

Westküste *f* costa *f* occidental

westlich **I.** *adj* del oeste; **~ von Berlin** al oeste de Berlín; **in ~er Richtung** en dirección oeste; **52 Grad ~er Länge** 52 grados longitud oeste **II.** *präp +gen* al oeste de

Westmächte ['vɛstmɛçtə] *fpl* (POL) potencias *fpl* occidentales

westwärts ['-vɛrts] *adv* hacia el oeste

Westwind *m* viento *m* del Oeste

weswegen [vɛs'veːgən] *adv s.* **weshalb**

Wettbewerb[1] ['vɛtbəvɛrp] *m* <-(e)s, -e> *(Veranstaltung)* concurso *m;* (SPORT) competición *f*

Wettbewerb[2] *m* <-(e)s, *ohne pl*> (WIRTSCH) competencia *f;* **mit jdm in ~ stehen** competir con alguien

Wettbewerber(in) *m(f)* <-s, -; -nen> (*a.* WIRTSCH) concursante *mf,* competidor(a) *m(f)*

wettbewerbsfähig *adj* competitivo

Wettbewerbsfähigkeit *f ohne pl* competitividad *f*

Wettbewerbsvorteil *m* (WIRTSCH) ventaja *f* de competencia

wettbewerbswidrig *adj (Verhalten, Preisabsprachen)* que atenta contra la libre competencia

Wettbüro *nt* despacho *m* de apuestas mutuas

Wette ['vɛtə] *f* <-n> apuesta *f;* **eine ~ mit jdm abschließen** hacer una apuesta con alguien; **ich gehe jede ~ ein, dass ...** apuesto el cuello a que…; **die ~ gilt!** ¡hecho!; **um die ~** *(fam)* a porfía

Wetteifer *m* espíritu *m* de competencia

wetteifern ['---] *vi* **mit jdm um etw ~** competir con alguien por algo

wetten ['vɛtən] *vi, vt* apostar (**auf** por, **um**); (**mit jdm**) **um etw ~** apostar algo (con alguien); **ich wette mit dir um zwei Euro, dass ...** te apuesto dos euros a que…; (**wollen wir**) **~?** ¿apostamos?; **~, dass ich schneller bin?** *(fam)* ¿qué te apuestas a que soy más rápido?; **worum ~ wir?** ¿qué apuestas?

Wetter ['vɛtɐ] *nt* <-s, *ohne pl*> (METEO) tiempo *m;* **es ist schönes/schlechtes ~** hace buen/mal tiempo

Wetteramt *nt* instituto *m* meteorológico

Wetteraussichten *fpl* pronóstico *m* del tiempo

Wetterbedingungen *fpl* condiciones *fpl* climáticas

Wetterbericht *m* parte *m* meteorológico

Wetterdienst *m* servicio *m* meteorológico

wetterfest *adj* resistente a la intemperie; *(wasserundurchlässig)* impermeable

wetterfühlig *adj* sensible a los cambios de tiempo

Wetterkarte *f* mapa *m* meteorológico

Wetterkunde *f ohne pl* metereología *f*
Wetterlage *f* (METEO) situación *f* meteorológica
Wetterleuchten *nt* <-s, *ohne pl*> relampagueo *m*
wettern ['vɛtɐn] *vi (fam)* echar pestes; **gegen etw ~** maldecir algo
Wetterprognose *f* previsión *f* meteorológica
Wetterseite *f* <-, -n> lado *m* del viento; (NAUT) barlovento *m*
Wetterstation *f* estación *f* meteorológica
Wetterumschwung *m* cambio *m* brusco del tiempo
Wettervoraussage *f*, **Wettervorhersage** *f* pronóstico *m* del tiempo, previsión *f* del tiempo
Wettkampf *m* (SPORT) competición *f*
Wettkämpfer(in) *m(f)* (SPORT) competidor(a) *m(f)*
Wettlauf *m* carrera *f* de velocidad; **~ mit der Zeit** maratón contrarreloj; **es war ein ~ mit der** [*o* **gegen die**] **Zeit** lo hicimos a contrarreloj
Wettläufer(in) *m(f)* corredor(a) *m(f)*
wett|machen ['vɛt-] *vt (fam)* compensar; *(Fehler)* corregir; *(Rückstand)* recuperar
Wettrennen *nt* carrera *f* de velocidad
Wettrüsten *nt* <-s, *ohne pl*> carrera *f* de armamentos
Wettstreit *m* competición *f*; **mit jdm in ~ treten** competir con alguien
wetzen ['vɛtsən] **I.** *vi sein (fam)* correr **II.** *vt* afilar
Wetzstein *m* piedra *f* de afilar
WEZ [veːʔeːˈtsɛt] *Abk. von* **westeuropäische Zeit** horario *m* de la Europa Occidental
WG [veːˈgeː] *f* <-s> *Abk. von* **Wohngemeinschaft** comuna *f*
Whatsapp® ['vɔtsʔɛp] (INFOR) **I.** *nt* <-[s]> *kein pl (Sofortnachrichtendienst für Smartphones)* WhatsApp® *m* **II.** *f* <-, -s> *(mit Whatsapp verschickte Nachricht)* wasap *m*
whatsappen [vɔtsˈʔɛpn̩] *vi* (INFOR) wasapear
Whg. *Abk. von* **Wohnung** piso *m*
Whirlpool® ['wœː(ɐ)lpuːl] *m* (baño *m*) yacusi *m*
Whisky ['wɪski] *m* <-s, -s> güisqui *m*, whisky *m*

wich [vɪç] *3. imp von* **weichen**
Wichse ['vɪksə] *f* <-n> *(fam: Schuhcreme)* betún *m*
wichsen ['vɪksən] **I.** *vt* ① *(fam: polieren)* pulir; *(Boden)* encerar; *(Schuhe)* lustrar ② *(reg: verprügeln)* dar una paliza **II.** *vi (vulg)* cascársela
Wichser *m* <-s, -> *(vulg)* pajero *m*
Wicht [vɪçt] *m* <-(e)s, -e> *s.* **Wichtelmännchen**
Wichtelmännchen ['vɪçtəlmɛnçən] *nt* <-s, -> duende *m*, gnomo *m*
wichtig ['vɪçtɪç] *adj* importante; **sich ~ nehmen** hacerse el importante; **etw ~ nehmen** dar importancia a algo
Wichtigkeit *f ohne pl* importancia *f*; **eine Sache von großer/höchster ~** un asunto de mucha/suma importancia
wichtig|machen *vr:* **sich ~** hacerse el importante, darse humos
Wichtigtuer(in) [-tuːɐ] *m(f)* <-s, -; -nen> *(fam a. abw)* farolero, -a *m, f*
Wichtigtuerei [-tuːəˈraɪ] *f* <-, *ohne pl*> *(fam)* faroleo *m*
wichtigtuerisch ['vɪçtɪçtuːərɪʃ] *adj (fam abw)* fanfarrón; **~ sein** ser un fanfarrón
wichtig|tun *irr vi (fam)* ser engreído
Wicke ['vɪkə] *f* <-, -n> (BOT) arveja *f*
Wickel ['vɪkəl] *m* <-s, -> ① (MED) compresa *f* ② *(Lockenwickel)* rulo *m* ③ *(Spule)* bobina *f* ④ *(Wend)* **jdn am ~ haben** *(fam)* llamar a alguien a capítulo
Wickelauflage *f* cambiador *m* (de sobremesa)
Wickelkommode *f* envolvedor *m*
wickeln ['vɪkəln] *vt* ① *(aufwickeln)* arrollar; *(auf eine Spule, Rolle)* bobinar; *(zu einem Knäuel)* ovillar ② *(einwickeln)* envolver (**in** en); *(auswickeln)* desenvolver; *(abwickeln)* desenrollar; **sich** *dat* **einen Schal um den Hals ~** ponerse un pañuelo alrededor del cuello ③ *(Säugling)* cambiar los pañales (a); **da bist du schiefgewickelt** *(fam)* estás equivocado
Wickelraum *m* <-(e)s, -räume> *cuarto para cambiar los pañales a un niño*
Wickeltasche *f* bolsa *f* (para las cosas del bebé)
Wickeltisch *m* envolvedor *m*
Widder ['vɪdɐ] *m* <-s, -> ① (ZOOL) carnero *m* ② (ASTR: *Zeichen*) Aries *m* ③ (ASTR: *Person*) aries *mf inv*
wider ['viːdɐ] *präp + akk (geh)* contra; **~ Erwarten** contra lo que era de esperar
widerborstig ['----] *adj* ① *(Person)* terco ② *(Haar)* rebelde
widerfahren* [--'--] *irr vi sein (geh)* ocurrir
Widerhaken ['----] *m* garfio *m*; *(an einer Angel)* púa *f*
Widerhall *m* resonancia *f*; **~ finden** tener eco; **bei jdm keinen ~ finden** no encontrar la aprobación de alguien
widerlegbar [--'--] *adj* refutable, rebatible
widerlegen* *vt* rebatir
Widerlegung *f* <-, -en> ① *(das Widerlegen)* rebatimiento *m* ② *(Text)* réplica *f* por escrito

widerlich ['viːdɐlɪç] *adj (abw)* ❶ *(Ekel erregend)* asqueroso; *(abstoßend)* repugnante ❷ *(unangenehm)* desagradable
widernatürlich *adj (abw)* contranatural
widerrechtlich *adj* ilegal, ilícito; **sich** *dat* **etw ~ aneignen** apropiarse de algo ilícitamente
Widerrede *f* protesta *f;* **sie duldet keine ~** no admite protesta
Widerruf *m (einer Anordnung)* revocación *f; (einer Aussage)* retractación *f;* **bis auf ~** hasta nuevo aviso
widerrufen* *irr vt (Gesetz, Urteil)* revocar; *(Aussage)* retractarse (de); *(Nachricht)* desmentir; *(Auftrag)* anular
widerruflich *adj* revocable
Widersacher(in) *m(f)* <-s, -; -nen> adversario, -a *m, f*
widersetzen* *vr:* **sich ~** oponerse (a)
Widersinn *m ohne pl* absurdidad *f*
widersinnig *adj* absurdo
widerspenstig ['viːdɐʃpɛnstɪç] *adj* rebelde; *(trotzig)* terco
Widerspenstigkeit *f* <-, -en> rebeldía *f; (Trotz)* obstinación *f*
wider|spiegeln **I.** *vt* reflejar **II.** *vr:* **sich ~** reflejarse
widersprechen* *irr vi* **jdm ~** contradecir a alguien; **etw** *dat* **~** ir en contra de algo; **sich** *dat* **~** contradecirse; **sich ~de Angaben** indicaciones contradictorias
widersprochen *pp von* **widersprechen**
Widerspruch¹ *m* <-(e)s, *ohne pl*> *(Widerrede)* réplica *f; (Protest)* protesta *f;* **ohne ~** sin protestar; **seine Äußerungen stießen auf ~** hubo protestas a causa de sus declaraciones; **~ einlegen** (JUR) interponer recurso
Widerspruch² *m* <-(e)s, -sprüche> *(Gegensätzlichkeit)* contradicción *f* (**zu** con); **in ~ zu jdm/etw** *dat* **geraten** estar en contradicción con alguien/algo; **sich in Widersprüche verwickeln** incurrir en contradicciones
widersprüchlich [-ʃprʏçlɪç] *adj* contradictorio
Widerspruchsgeist *m ohne pl* espíritu *m* de contradicción
widerspruchslos *adj* sin objeción alguna, sin protestar
Widerstand *m* <-(e)s, -stände> (*a.* PHYS, ELEK) resistencia *f* (**gegen** a); **~ leisten** oponer resistencia; **auf ~ stoßen** encontrar resistencia
widerstanden *pp von* **widerstehen**
Widerstandsbewegung *f* (movimiento *m* de) resistencia *f*
widerstandsfähig *adj* resistente (**gegen** a); *(stabil)* sólido
Widerstandsfähigkeit *f ohne pl* (capacidad *f* de) resistencia *f* (**gegen** a); *(Stabilität)* solidez *f*
Widerstandskämpfer(in) *m(f)* guerrillero, -a *m, f*
Widerstandskraft *f* (fuerza *f* de) resistencia *f*
widerstandslos *adv* ❶ *(ohne Widerstand zu leisten)* sin oponer resistencia ❷ *(ohne auf Widerstand zu stoßen)* sin encontrar resistencia
widerstehen* *irr vi* resistir (+*dat* a)
widerstreben* *vi* ❶ *(zuwider sein)* repugnar; **es widerstrebt mir, das zu tun** me repugna hacerlo ❷ *(geh: sich widersetzen)* **jdm/etw** *dat* **~** oponerse a alguien/algo
Widerstreben [--'--] *nt* <-s, *ohne pl*> ❶ *(Widerstand)* oposición *f* ❷ *(Abneigung)* repugnancia *f*
widerwärtig ['viːdɐvɛrtɪç] *adj* ❶ *(widrig)* fastidioso ❷ *(ekelhaft)* asqueroso; *(unangenehm)* desagradable
Widerwille *m* <-ns, *ohne pl*> *(Abneigung)* aversión *f* (**gegen** a); *(Ekel)* asco *m;* **etw mit größtem ~n tun** hacer algo de muy mala gana
widerwillig **I.** *adj* indignado **II.** *adv* de mala gana
widmen ['vɪtmən] **I.** *vt* ❶ *(zueignen)* dedicar; **jdm etw ~** dedicar algo a alguien ❷ *(bestimmen)* consagrar; **er widmete sein Leben der Wissenschaft** consagró su vida a la ciencia **II.** *vr* **sich jdm ~** atender a alguien; **sich etw** *dat* **~** dedicarse a algo
Widmung *f* <-en> dedicatoria *f*
widrig ['viːdrɪç] *adj* desfavorable
Widrigkeit *f* <-, -en> dificultad *f*
wie [viː] **I.** *adv* ❶ *(interrogativ: auf welche Art)* ¿cómo?; *(mit welchen Merkmalen, in welchem Grad)* ¿qué?; *(in welcher Weise)* ¿de qué manera?; **~ geht das?** ¿cómo se hace?; **~ heißt das?** ¿cómo se llama esto?; **~ bitte?** ¿cómo (dice)?; **~ das?** ¡cómo!; **~ kommt es, dass …?** ¿cómo es que…?; **~ geht's?** ¿qué tal?; **~ oft?** ¿cuántas veces?; **~ viel?** ¿cuánto?; **~ alt bist du?** ¿cuántos años tienes?; **~ groß ist es?** ¿qué tamaño tiene?; **~ teuer ist das?** ¿cuánto vale?; **~ spät ist es?** ¿qué hora es?; **~ gefällt es dir?** ¿qué te parece?; **~ war's im Urlaub?** ¿qué tal fueron las vacaciones?; **~ wäre es, wenn …?** ¿qué tal si…(+*subj*)?; **gewusst ~!** *(fam)* ¡hay que saber (cómo)!; **~ klug du auch immer sein magst** por más inteligente que seas; **~ auch immer** sea como sea; **~ dem auch sei** sea como fuere ❷ *(relativisch: auf welche Art)* como; *(in welchem Grad)* que; **die Art, ~ sie**

W

spricht la manera como habla; **in dem Maße, ~ …** en la medida que… ③ *(Ausruf)* ¡cómo!, ¡qué!; **~ schade!** ¡qué lástima!; **und ~!** *(fam)* ¡y cómo! ④ *(fam: nicht wahr)* ¿verdad?, ¿o no?; **das macht dir Spaß, ~?** esto te divierte, ¿o no? **II.** *konj* ① *(Vergleich)* como; **weiß ~ Schnee** blanco como la nieve; **ich bin genauso groß ~ du** soy tan alto como tú; **das weißt du genauso gut ~ ich** lo sabes tan bien como yo; **er ist so gut ~ blind** está poco menos que ciego; **~ immer** como siempre; **~ zum Beispiel** como por ejemplo ② *(südd: als)* **das ist besser ~ das andere** esto es mejor que lo otro ③ *(sowie)* **einer ~ der andere** uno igual que el otro; **Frauen ~ Männer** (tanto) las mujeres como los hombres ④ *(gleichzeitig)* cuando, según; **~ er sich umdreht, sieht er den Dieb losrennen** al darse la vuelta ve al ladrón echar a correr ⑤ *(mit Objektsatz)* cómo; **ich sah, ~ er das Fenster öffnete** vi cómo abría la ventana

Wiedehopf ['vi:dəhɔpf] *m* <-(e)s, -e> (ZOOL) abubilla *f* común

wieder ['vi:dɐ] *adv* ① *(nochmals)* otra vez, de nuevo; **immer ~** una y otra vez; **nie ~** nunca más; **schon ~** otra vez; **~ mal** de nuevo; **~ anfangen** recomenzar; **etw immer ~ machen** volver a hacer algo; **gib ihm das ~ zurück** devuélveselo; **da bin ich ~** aquí estoy de nuevo ② *(andererseits)* por otra parte; **das ist auch ~ wahr** por otra parte esto también es cierto

wieder|auf|bereiten* *vt* reciclar

Wiederaufarbeitung *f* <-, -en> *s.* **Wiederaufbereitung**

Wiederaufbau [--'--] *m* reconstrucción *f*

Wiederaufbereitung [--'----] *f* reprocesamiento *m*

Wiederaufbereitungsanlage [--'-------] *f* planta *f* de reprocesamiento

Wiederaufforstung *f* <-, -en> repoblación *f* forestal

wiederaufladbar *adj* **~ sein** ser recargable

Wiederaufnahme [--'---] *f (einer Tätigkeit)* reanudación *f; (eines Gerichtsverfahrens)* revisión *f; (eines Theaterstücks)* reestreno *m; (in eine Gruppe)* readmisión *f*

Wiederaufrüstung [--'---] *f* <-, -en> rearmamento *m*

wieder|bekommen* *irr vt* recuperar, recobrar

wieder|beleben* *vt (Person)* reanimar

Wiederbelebung *f (Person)* reanimación *f; (Wirtschaft)* reactivación *f*

Wiederbelebungsversuch *m* intento *m* de reanimación

wiederbeschreibbar *adj (CD)* regrabable

wieder|bringen *irr vt* devolver

wieder|ein|führen *vt* ① *(Brauch)* restablecer ② *(Ware)* reimportar

Wiedereinführung [--'---] *f* ① *(von Bräuchen)* restablecimiento *m* ② *(von Waren)* reimportación *f*

Wiedereingliederung [--'----] *f* reintegración *f* (**in** en); *(von Gefangenen)* reinserción *f* (**in** en)

Wiedereinstellung [--'---] *f* readmisión *f*

wieder|entdecken* *vt* redescubrir

Wiederentdeckung *f* <-, -en> redescubrimiento *m*

wieder|erkennen* *irr vt* **jdn an etw** *dat* **~** reconocer a alguien por algo; **er war nicht wiederzuerkennen** había cambiado totalmente

Wiedereröffnung *f* reapertura *f*

wieder|erstatten* *vt* reembolsar

wieder|finden *irr* **I.** *vt (Dinge)* encontrar; *(Person)* reencontrar; *(Mut, Sprache)* recobrar **II.** *vr:* **sich ~** encontrarse; **er fand sich plötzlich im Gefängnis wieder** de repente se encontró en la cárcel

Wiedergabe *f* <-n> ① *(einer Rede, eines Ereignisses)* relato *m; (einer Äußerung)* repetición *f; (Schilderung)* descripción *f* ② *(Aufführung)* representación *f; (eines Musikstücks)* ejecución *f* ③ *(in Bild, Ton, a.* TYPO) reproducción *f*

wieder|geben *irr vt* ① *(zurückgeben)* devolver ② *(schildern)* describir; *(erzählen)* relatar ③ *(ausdrücken)* expresar ④ *(wiederholen)* repetir; *(zitieren)* citar ⑤ *(darstellen, a.* TYPO) reproducir

Wiedergeburt *f* (REL) renacimiento *m*

wieder|gewinnen* *irr vt* recuperar

Wiedergewinnung *f* (*a.* ÖKOL) recuperación *f*

wieder|gut|machen *vt* enmendar, subsanar; *(Verlust)* resarcir; **das ist gar nicht wiedergutzumachen** esto apenas se puede enmendar

Wiedergutmachung [--'---] *f* <-en> ① *(eines Schadens)* reparación *f* ② *(Entschädigung)* resarcimiento *m*

wieder|her|stellen [--'---] *vt* ① *(Ordnung)* restablecer ② *(reparieren)* restaurar

Wiederherstellung [--'---] *f* ① *(der Ordnung, Ruhe)* restablecimiento *m* ② *(Reparatur)* reparación *f,* reconstrucción *f*

wiederholbar [--'--] *adj* repetible; **leicht/kaum ~** fácil/difícil de repetir

wiederholen*[1] **I.** *vt* repetir; *(Lernstoff)* repasar; **ich muss die Klasse ~** tengo que repetir el curso **II.** *vr:* **sich ~** repetirse

wieder|holen[2] *vt (zurückholen)* ir a buscar otra vez

wiederholt [--'-] **I.** *adj* repetido; **zum ~en**

Male por milésima vez II. *adv* en reiteradas ocasiones

Wiederholung [-ˈ--] *f* <-en> repetición *f;* *(von Lernstoff)* repaso *m*

Wiederholungstäter(in) *m(f)* (JUR) reincidente *mf*

Wiederhören *nt* **auf ~!** ¡hasta luego!

wieder|käuen [ˈviːdɐkɔɪən] *vt* ① *(Tier)* rumiar ② *(abw: ständig wiederholen)* repetir por milésima vez

Wiederkäuer *m* <-s, -> (ZOOL) rumiante *m*

Wiederkehr [ˈviːdɐkeːɐ] *f* <-, *ohne pl*> *(geh)* ① *(Rückkehr)* retorno *m* ② *(Wiederholung)* repetición *f*

wieder|kehren *vi sein (geh)* ① *(zurückkommen)* regresar (**von/aus** de) ② *(sich wiederholen)* repetirse

wieder|kommen *irr vi sein* ① *(zurückkommen)* volver (**von** de) ② *(sich wiederholen)* repetirse

Wiederschauen *nt* **auf ~!** *(reg)* ¡adiós!, ¡hasta luego!

wieder|sehen *irr vt* **jdn ~** volver a ver a alguien

Wiedersehen *nt* <-s, -> reencuentro *m;* **auf ~!** ¡hasta luego!

wiederum [ˈviːdərʊm] *adv* ① *(nochmals)* de nuevo ② *(andererseits)* por el contrario

wieder|vereinigen* *vt, vr:* **sich ~** reunificar(se)

Wiedervereinigung *f* reunificación *f*

Wiederverkauf *m* (WIRTSCH) reventa *f*

wiederverwendbar *adj* reutilizable

wieder|verwenden* *vt* recuperar

Wiederverwendung *f* reutilización *f*

wiederverwertbar *adj* recuperable

wieder|verwerten* *vt* recuperar

Wiederverwertung *f* reciclaje *m*

Wiederwahl *f* reelección *f*

Wiederzulassung *f* readmisión *f*

Wiege [ˈviːgə] *f* <-n> cuna *f*

Wiegemesser *nt* tajadera *f*

wiegen[1] [ˈviːgən] I. *vt* ① *(bewegen)* mover; *(Kind)* mecer ② *(zerkleinern)* picar II. *vr:* **sich ~** balancearse

wiegen[2] <wiegt, wog, gewogen> I. *vi (Gewicht haben)* pesar; **das Argument wiegt schwer** *(fig)* es un argumento de peso II. *vt* pesar

Wiegenlied *nt* nana *f*

wiehern [ˈviːɐn] *vi* ① *(Pferd)* relinchar ② *(fam: lachen)* carcajearse

Wien [viːn] *nt* <-s> Viena *f*

Wiener(in) *m(f)* <-s, -; -nen> vienés, -esa *m, f*

wienern *vt (fam)* sacar brillo (a)

wies [viːs] *3. imp von* **weisen**

Wiese [ˈviːzə] *f* <-n> prado *m*

Wiesel [ˈviːzəl] *nt* <-s, -> (ZOOL) comadreja *f;* **er ist flink wie ein ~** corre como una gacela

wieso [viˈzoː] *adv* por qué

wievielmal [viˈfiːlmaːl, ˈviːfiːlmaːl] *adv* cuántas veces

wievielte(r, s) *adj* **zum ~n Mal bist du schon in Spanien?** ¿cuántas veces has estado ya en España?; **den W~n haben wir heute?** ¿a qué día estamos hoy?; **die W~ bist du?** ¿en qué lugar estás?

Wikinger(in) [ˈvɪkɪŋɐ, ˈviːkɪŋɐ] *m(f)* <-s, -; -nen> vikingo, -a *m, f*

wild [vɪlt] *adj* ① *(Tier, Volk, Landschaft)* salvaje; *(Pflanze)* silvestre; **~er Wein** viña virgen; **~ wachsend** silvestre ② *(heftig)* impetuoso; *(wütend)* furioso; **ein ~es Durcheinander** un caos terrible; **in ~er Leidenschaft** con una pasión loca; **~ entschlossen** *(fam)* totalmente decidido; **~ werden** ponerse furioso; **~ auf etw sein** *(fam)* estar loco por algo; **wie ~** *(fam)* como loco; **das ist halb so ~** *(fam)* no es para tanto ③ *(unkontrolliert)* incontrolado; *(illegal)* ilícito; **~ zelten** acampar ilegalmente ④ *(lebhaft)* turbulento; *(Kinder)* travieso; **ein ~er Haufen** una pandilla de incontrolados ⑤ *(übertrieben)* fantástico; **~e Vermutungen** suposiciones fantásticas

Wild *nt* <-(e)s, *ohne pl*> caza *f*

Wildbahn *f* **in freier ~** en libertad

Wilde(r) *mf* <-n, -n; -n> *(abw)* salvaje *mf*

Wildente *f* pato *m* salvaje

Wilderei *f* <-, -en> caza *f* furtiva

Wilderer, -in *m, f* <-s, -; -nen> cazador(a) *m(f)* furtivo , -a

wildern [ˈvɪldɐn] *vi* cazar furtivamente

wildfremd [ˈ-ˈ-] *adj* totalmente desconocido

Wildheit *f ohne pl* carácter *m* salvaje; *(Ungestüm)* impetuosidad *f;* *(von Tieren)* ferocidad *f*

Wildkatze *f* (ZOOL) gato *m* montés

Wildleder *nt* ante *m*

Wildnis *f ohne pl* lugar *m* salvaje; *(Urwald)* selva *f*

Wildpark *m* reserva *f* de caza

Wildreis *m* (GASTR) arroz *m* silvestre

Wildsau *f* ① (ZOOL) jabalina *f* ② *(fam abw: Schimpfwort)* imbécil *mf*

Wildschaden *m* <-s, -schäden> daños *mpl* causados por el venado

Wildschwein *nt* (ZOOL) jabalí *m,* verraco *m AmC, Ant*

will [vɪl] *3. präs von* **wollen**

Wille [ˈvɪlə] *m* <-ns, -n> voluntad *f;* *(Wollen)* querer *m;* *(Absicht)* intención *f;* *(Entschlossenheit)* decisión *f;* **seinen eigenen ~n haben** saber lo que se quiere; **seinen ~n durchsetzen** (**wollen**) (querer) imponer su voluntad; **wenn es nach meinem**

W

~n ginge si por mí fuera; **es geschah gegen meinen ~n** ocurrió contra mi voluntad; **jdm seinen ~n lassen** dejar que alguien actúe según su voluntad; **das hätte ich beim besten ~n nicht machen können** no hubiera podido hacerlo por más que hubiese querido; **es war dein freier ~, das zu tun** fue tu propia decisión de hacerlo; **es war kein böser ~** no fue con mala voluntad; **der gute ~** la buena voluntad; **der letzte** [*o* **Letzte**] **~** *(Testament)* la última voluntad; **wider ~n** de mala gana; **wo ein ~ ist, ist auch ein Weg** *(prov)* querer es poder

willen ['vɪlən] *präp +gen* **um jds/etw** *gen* **~** por alguien/algo

willenlos *adj* sin voluntad (propia); **etw ~ über sich ergehen lassen** soportar algo sin rechistar

willens ['vɪləns] *adj inv (geh)* **~ sein, etw zu tun** estar dispuesto a hacer algo

Willenskraft *f ohne pl* fuerza *f* de voluntad

willensschwach *adj* sin fuerza de voluntad, abúlico

Willensschwäche *f* <-, *ohne pl*> falta *f* de voluntad, abulia *f*

willensstark *adj* enérgico, voluntarioso

Willensstärke *f* <-, *ohne pl*> fuerza *f* de voluntad, energía *f*

willentlich ['vɪləntlɪç] **I.** *adj (geh)* intencionado **II.** *adv (geh)* a propósito, intencionadamente

willig I. *adj* servicial; *(gehorsam)* obediente **II.** *adv* de buena voluntad

willkommen [-'--] *adj (Person)* bienvenido; *(Sache)* oportuno; **herzlich ~ zu Hause** [*o* **zuhause**]**!** ¡bienvenido a casa!; **jdn ~ heißen** dar la bienvenida a alguien; **du bist** (**mir**) **immer ~** eres siempre bienvenido

Willkommen *nt* <-s, -> bienvenida *f*

Willkommenskultur *f* cultura *f* de la bienvenida

Willkür ['vɪlkyːɐ] *f ohne pl* arbitrariedad *f;* **sie sind seiner ~ ausgeliefert** están a su merced

willkürlich *adj* ① *(Maßnahme)* arbitrario ② *(zufällig)* casual ③ *(gewollt)* voluntario

wimmeln ['vɪməln] *vi* pulular (**von**), bullir; **das Buch wimmelt von Fehlern** *(fam)* el libro está lleno de errores

wimmern ['vɪmɐn] *vi* gemir

Wimpel ['vɪmpəl] *m* <-s, -> gallardete *m*

Wimper ['vɪmpɐ] *f* <-n> ① *(des Menschen)* pestaña *f;* **sich die ~n tuschen** dar rímel; **ohne mit der ~ zu zucken** *(fig)* a sangre fría ② (BIOL) cilio *m*

Wimperntusche *f* rímel® *m*

Wimpernzange *f* pinza *f* para pestañas

Wind [vɪnt] *m* <-(e)s, -e> viento *m;* **bei ~ und Wetter** por mal tiempo que haga; **~ und Wetter ausgesetzt sein** estar a la intemperie; **jdm den ~ aus den Segeln nehmen** *(fam)* tomar la delantera a alguien; **wissen, woher der ~ weht** *(fam)* saber por dónde vienen los tiros; **~ von etw** *dat* **bekommen** *(fam)* enterarse de algo; **in den ~ reden** hablar con la pared; **viel ~** (**um etw**) **machen** *(fam)* armar mucho escándalo (a propósito de algo); **hier weht ein frischer ~** *(fam)* aquí soplan nuevos vientos; **in alle** (**vier**) **~e** a los cuatro vientos

Windbeutel *m* buñuelo *m*

Windbö(e) *f* ráfaga *f* de viento

Winde ['vɪndə] *f* <-n> ① (TECH) cabrestante *m* ② (BOT) enredadera *f*

Windel ['vɪndəl] *f* <-n> pañal *m;* **noch in den ~n stecken** *(fig)* estar todavía en pañales

Windelhose *f* <-, -n> bragapañal *m*

windelweich ['--'-] *adj (fam)* **jdn ~ schlagen** moler a alguien a palos

winden[1] ['vɪndən] <windet, wand, gewunden> **I.** *vt* ① *(geh: Kranz)* hacer; **etw um etw ~** poner algo alrededor de algo ② *(wegnehmen)* quitar; **jdm etw aus der Hand ~** arrancarle a alguien algo de las manos **II.** *vr:* **sich ~** ① *(Pflanze)* enredarse (**um** por) ② *(Schlange)* deslizarse (**in** por) ③ *(sich krümmen)* retorcerse ④ *(sich schlängeln)* serpentear (**durch** entre) ⑤ *(Ausflüchte suchen)* buscar pretextos

winden[2] *vunpers* **es windet** hace viento

Windenergie *f ohne pl* energía *f* eólica

windgeschützt *adj* protegido del viento

Windgeschwindigkeit *f* velocidad *f* del viento

Windhauch *m* <-(e)s, -e> soplo *m* de viento

Windhose *f* (METEO) torbellino *m*

Windhund *m* ① (ZOOL) lebrel *m* ② *(fam abw: Mensch)* calavera *m*

windig *adj* ① *(Wetter, Tag)* ventoso; *(Ort)* expuesto al viento; **es ist ~** hace viento ② *(fam abw: Sache)* dudoso; *(Person)* pícaro

Windjacke *f* cazadora *f*

Windkanal *m* <-s, -näle> ① (TECH) túnel *m* aerodinámico ② *(an einer Orgel)* canal *m* de viento, conducto *m* de aire

Windkraft *f ohne pl* energía *f* eólica

Windkraftanlage *f* central *f* eólica

Windmühle *f* molino *m* de viento

Windpark *m* parque *m* eólico

Windpocken *f pl* (MED) varicela *f*

Windrad *nt* ① (TECH) rueda *f* de paletas ② *(Spielzeug)* molinillo *m*

Windrichtung *f* dirección *f* del viento

Windrose *f* rosa *f* de los vientos

Windsack *m (zum Anzeigen der Windstärke und -richtung)* manga *f* de aire

Windschatten *m* <-s, *ohne pl*> lado *m* protegido del viento; (NAUT) sotavento *m;* **im ~ eines Fahrzeugs fahren** ir protegido del viento por un vehículo

windschief *adj* ladeado

windschnittig *adj* aerodinámico

Windschutz *m* <-es, -e> tira *f* de lona que resguarda del viento

Windschutzscheibe *f* (AUTO) parabrisas *m inv*

Windseite *f* lado *m* expuesto al viento; (NAUT) barlovento *m*

Windstärke *f* fuerza *f* del viento

windstill *adj* **es ist ~** no hace viento

Windstille *f* calma *f*

Windstoß *m* golpe *m* de viento

windsurfen ['vɪntzøːɐfən] *vi* practicar el windsurf

Windsurfen *nt* windsurf *m*

Windsurfer(in) *m(f)* surfista *mf*

Windsurfing ['vɪntzøːɐfɪŋ] *nt* <-s, *ohne pl*> windsurf *m*

Windung *f* <-en> ① *(allgemein)* sinuosidad *f; (Kurve)* curva *f; (Flusswindung)* meandro *m* ② *(einer Spule)* espira *f; (einer Schraube)* paso *m*

Wing Chun [vɪŋ'tʃʊn] *nt* <-s, *ohne pl*> (SPORT) wing-chun *m*

Wink [vɪŋk] *m* <-(e)s, -e> ① *(Zeichen)* seña *f* ② *(Äußerung)* indicación *f; (Rat)* consejo *m; (Warnung)* advertencia *f;* **jdm einen ~ geben** hacer(le) una indicación a alguien; **ein ~ mit dem Zaunpfahl** una indirecta

Winkel ['vɪŋkəl] *m* <-s, -> ① (MATH) ángulo *m;* **spitzer/stumpfer/rechter ~** ángulo agudo/obtuso/recto; **toter ~** ángulo muerto ② *(Winkelmaß)* regla *f* de ángulos ③ *(Ecke)* rincón *m*

Winkeladvokat(in) *m(f) (abw)* picapleitos *mf inv*

winkelig *adj (Gasse)* torcido; *(Haus, Stadt)* de muchos rincones

Winkelmaß *nt* ① (MATH: *Einheit*) medida *f* angular ② *(Gerät)* tra(n)sportador *m*

Winkelmesser *m* goniómetro *m*

winken ['vɪŋkən] <winkt, winkte, gewinkt, *reg:* gewunken> **I.** *vi* ① *(Zeichen geben)* hacer señas ② *(erwarten)* **jdm winkt etw** algo le espera a alguien **II.** *vt* **jdn zu sich** *dat* **~** llamar a alguien

winklig *adj s.* **winkelig**

winseln ['vɪnzəln] *vi* gemir

Winter ['vɪntɐ] *m* <-s, -> invierno *m*

Winteranfang *m* comienzo *m* del invierno

Wintereinbruch *m* comienzo *m* brusco del invierno

winterfest *adj* resistente al frío (invernal)

Winter-Fünfkampf *m* (SPORT) pentatlón *m* de invierno

Wintergarten *m* invernadero *m*

winterhart *adj* (BOT) de invierno

winterlich *adj* invernal, de invierno

Wintermantel *m* abrigo *m* de invierno

Winterolympiade *f* <-, -n> Juegos *mpl* Olímpicos de invierno

Winterreifen *m* neumático *m* de invierno

Winterruhe *f* <-, *ohne pl*> (ZOOL) descanso *m* invernal

Wintersaison *f* temporada *f* de invierno

Winterschlaf *m* (ZOOL) hibernación *f;* **~ halten** hibernar

Winterschlussverkauf *m* rebajas *fpl* de enero

Wintersemester *nt* semestre *m* de invierno

Winterspiele *ntpl* **die (Olympischen) ~** (SPORT) los Juegos (Olímpicos) de Invierno

Wintersport *m* deporte *m* de invierno

Winterurlaub *m* vacaciones *fpl* de invierno

Winterzeit *f ohne pl* temporada *f* de invierno

Winzer(in) ['vɪntsɐ] *m(f)* <-s, -; -nen> viticultor(a) *m(f)*, vitivinicultor(a) *m(f)*

winzig ['vɪntsɪç] *adj* minúsculo, chiquitito *fam*

Winzling ['vɪntslɪŋ] *m* <-s, -e> *(fam)* chiquillo, -a *m, f*

Wipfel ['vɪpfəl] *m* <-s, -> cima *f*, copo *m And*

Wippe ['vɪpə] *f* <-n> balancín *m*

wippen ['vɪpən] *vi* ① *(auf und ab)* balancearse; *(hin und her)* oscilar ② *(auf einer Wippe)* balancearse

wir [viːɐ] *pron pers 1. pl* nosotros *mpl*, nosotras *fpl;* **~ beiden/drei** nosotros/nosotras dos/tres

Wirbel ['vɪrbəl] *m* <-s, -> ① *(Wasser-, Luft-, Haarwirbel)* remolino *m* ② *(Trubel)* torbellino *m*, jaleo *m fam; (Aufsehen)* escándalo *m;* **~ um etw machen** armar un escándalo a propósito de algo ③ *(Knochen)* vértebra *f* ④ *(an Saiteninstrumenten)* clavija *f* ⑤ *(Trommelwirbel)* redoble *m*

wirbellos *adj* invertebrado

wirbeln ['vɪrbəln] **I.** *vi sein* ① *(Staub)* arremolinarse; **durch die Luft ~** revolotear por el aire ② *(fam: geschäftig sein)* estar atareado **II.** *vt (in die Luft)* revolotear

Wirbelsäule *f* columna *f* vertebral

Wirbelsturm *m* ciclón *m*

Wirbeltier *nt* (ZOOL) vertebrado *m*
Wirbelwind *m (Wind, fig: Mensch)* torbellino *m*
wirbt [vɪrpt] *3. präs von* **werben**
wird [vɪrt] *3. präs von* **werden**
wirft [vɪrft] *3. präs von* **werfen**
wirken ['vɪrkən] **I.** *vi* ① *(Wirkung haben)* surtir efecto (**bei** con, **auf** en); **beruhigend ~** tener un efecto calmante; **gut ~** surtir buen efecto; **gegen etw ~** surtir efecto contra algo ② *(Eindruck machen)* parecer; **lächerlich ~** ser ridículo; **jugendlich ~** verse joven ③ *(zur Geltung kommen)* destacar, resaltar; **ihre Brille wirkt sehr vorteilhaft** las gafas le favorecen mucho; **etw auf sich ~ lassen** degustar algo ④ *(tätig sein)* trabajar (**als** de, **für** para) **II.** *vt* ① *(hervorbringen)* **Wunder ~** *(fam)* surtir efectos maravillosos ② *(Textilien)* tejer
wirklich ['vɪrklɪç] **I.** *adj* real; *(echt)* verdadero; **im ~en Leben** en la vida real **II.** *adv* de verdad; **das ist ~ nett von Ihnen** es realmente muy amable de su parte; **~?** ¿de verdad?; **ich war es ~ nicht** yo no lo hice, de verdad; **er hat es nicht ~ gesagt, aber ...** en realidad no lo ha dicho, pero…
Wirklichkeit *f* <-en> realidad *f;* **die raue ~ (des Alltags)** la dura realidad (de la vida cotidiana); **in ~** en realidad
wirklichkeitsfremd *adj* ajeno a la realidad, poco realista
wirksam *adj* eficaz; **~ sein** *(formal: gültig)* ser vigente; **~ werden** *(formal: gültig)* entrar en vigor
Wirksamkeit *f ohne pl* eficacia *f; (Gültigkeit)* vigencia *f*
Wirkstoff *m* su(b)stancia *f* activa
Wirkung *f* <-en> efecto *m; (Ergebnis)* resultado *m; (Folge)* consecuencia *f; (Reaktion)* reacción *f; (Wirksamkeit)* eficacia *f; (Einfluss)* influencia *f;* **eine durchschlagende/lindernde ~ haben** tener un efecto radical/calmante; **seine ~ entfalten/verfehlen** surtir efecto/no surtir el efecto deseado; **mit ~ vom ersten April** con efecto a partir del uno de abril
Wirkungsbereich *m* ① *(Tätigkeitsbereich)* esfera *f* de acción; **der ~ der Kaltfront** el área afectada por el frente frío ② (MIL) alcance *m*
Wirkungsdauer *f* <-, *ohne pl*> duración *f* del efecto
Wirkungsgrad *m* eficiencia *f*
wirkungslos *adj* ineficaz; **~ bleiben** no surtir efecto
Wirkungslosigkeit *f* <-, *ohne pl*> ineficacia *f*

wirkungsvoll *adj* eficaz; **~ sein** surtir efecto
Wirkungsweise *f* modo *m* de acción
wirr [vɪr] *adj* ① *(ungeordnet)* desordenado; *(durcheinander)* revuelto ② *(verworren)* confuso; **~es Zeug reden** decir disparates
Wirren ['vɪrən] *pl* tiempos *mpl* revueltos; *(Unruhen)* tumultos *mpl*
Wirrkopf *m (abw)* despistado, -a *m, f*
Wirrwarr ['vɪrvar] *m* <-s, *ohne pl*> caos *m inv,* follón *m fam*
Wirsing ['vɪrzɪŋ] *m* <-s, *ohne pl*> col *f* de Milán
Wirt(in) [vɪrt] *m(f)* <-(e)s, -e; -nen> ① *(Gastwirt)* dueño, -a *m, f* de un restaurante; **Herr ~, noch zwei Bier!** ¡camarero, dos cervezas más! ② *(Hauswirt)* dueño, -a *m, f* de una casa ③ (BIOL) huésped *m*
Wirtschaft ['vɪrtʃaft] *f* <-en> ① *(Volkswirtschaft)* economía *f;* **freie ~** economía liberal; **er ist in der ~ tätig** trabaja en la industria ② *(Gastwirtschaft)* restaurante *m*
wirtschaften **I.** *vi* administrar; *(sparsam wirtschaften)* ahorrar; **mit Gewinn ~** sacar beneficios **II.** *vt* **etw zugrunde** [*o* **zu Grunde**] **~** llevar algo a la ruina
wirtschaftlich *adj* económico; **aus ~en Gründen** por razones económicas
Wirtschaftlichkeit *f ohne pl* rentabilidad *f*
Wirtschaftsaufschwung *m* auge *m* de la economía
Wirtschaftsbeziehungen *fpl* relaciones *fpl* económicas
Wirtschaftsflüchtling *m* refugiado, -a *m, f* económico , -a
Wirtschaftsgymnasium *nt instituto de enseñanza media especializado en ciencias económicas*
Wirtschaftsjahr *nt* (WIRTSCH) año *m* económico
Wirtschaftskriminalität *f* delincuencia *f* económica
Wirtschaftskrise *f* (WIRTSCH) crisis *f inv* económica
Wirtschaftslage *f ohne pl* situación *f* económica
Wirtschaftsminister(in) *m(f)* ministro, -a *m, f* de Economía
Wirtschaftsministerium *nt* Ministerio *m* de Economía
Wirtschaftspolitik *f* política *f* económica
Wirtschaftsprüfer(in) *m(f)* revisor(a) *m(f)* de cuentas, interventor(a) *m(f)*
Wirtschaftsprüfung *f* (WIRTSCH) revisión *f* de cuentas
Wirtschafts- und Währungsunion *f* (EU) Unión *f* Económica y Monetaria
Wirtschaftswachstum *nt* crecimiento *m* económico

Wirtschaftswissenschaft *f* ciencias *fpl* económicas
Wirtschaftswissenschaftler(in) *m(f)* economista *mf*
Wirtschaftswunder *nt (fam)* milagro *m* económico
Wirtschaftszweig *m* sector *m* económico
Wirtshaus ['vɪrts-] *nt* restaurante *m* (en el campo), cantina *f Arg*
Wirtsleute *pl* dueños *mpl*
Wisch [vɪʃ] *m* <-(e)s, -e> *(fam abw)* papelucho *m*
wischen ['vɪʃən] **I.** *vi* ① **über etw ~** *(putzen)* limpiar algo; *(darüberstreichen)* pasar la mano por algo ② *(Schweiz: fegen)* barrer **II.** *vt* ① *(reinigen)* limpiar; *(Boden)* fregar (el suelo), trapear *Am* ② *(wegwischen)* quitar (**von** de); *(trocknen)* secar ③ *(Ohrfeige)* **jdm eine ~** *(fam)* dar una bofetada a alguien ④ *(Schweiz: fegen)* barrer
Wischiwaschi ['vɪʃi'vaʃi] *nt* <-s, *ohne pl*> *(fam abw)* cháchara *f*
Wischlappen *m (reg)* trapo *m*
Wischmopp *m* fregona *f*
Wisent ['viːzɛnt] *m* <-s, -e> (ZOOL) bisonte *m*
wispern ['vɪspɐn] *vi, vt* susurrar
Wissbegier(de) *f ohne pl* deseo *m* de saber; *(Neugierde)* curiosidad *f* intelectual
wissbegierig *adj* ávido de saber; *(neugierig)* curioso
wissen ['vɪsən] <weiß, wusste, gewusst> **I.** *vt* ① *(können)* saber; **nicht mehr ein noch aus ~** no saber cómo seguir; **mit jdm umzugehen ~** saber como tratar a alguien ② *(die Kenntnis besitzen)* **ich weiß nicht, wo er ist** no sé dónde está; **wusstest du, dass ...?** ¿sabías que…?; **woher soll ich das ~?** ¿cómo quiere(s) que lo sepa?; **woher weißt du das?** ¿cómo lo sabes?; **soviel ich weiß, ist er noch da** por lo que yo sé, sigue estando allí; **er weiß immer alles besser** siempre lo sabe todo mejor; **das musst du selbst ~** tú sabrás; **wenn ich das gewusst hätte ...** si lo hubiera sabido…; **sie weiß, was sie will** sabe lo que quiere; **ich wüsste nicht, was ich lieber täte** no hay nada que me gustaría más; **das ist wer weiß wie teuer** *(fam)* esto quién sabe lo que costará; **... und was weiß ich noch alles** *(fam)* … y no sé cuántas cosas más; **weißt du was?** ¿sabes qué?; **gewusst, wie!** *(fam)* ¡a saber! ③ *(sich erinnern)* acordarse; **weißt du noch, wie schön es war?** ¿te acuerdas de lo bonito que era? ④ *(erfahren)* **lassen Sie mich ~, wenn/ob ...** hágame saber si…; **sie will nichts mehr von mir ~** no quiere saber nada más de mí ⑤ *(die Sicherheit haben)* **ich weiß sie in guten Händen** *(geh)* sé que está en buenas manos ⑥ *(kennen)* conocer, saber (de); **weißt du einen guten Arzt?** ¿sabes de un buen médico? **II.** *vi (informiert sein)* estar al corriente; **um** [*o* **von**] **etw** *dat* **~** estar al corriente de algo; **ich weiß von nichts** no sé de nada; **man kann nie ~** *(fam)* nunca se sabe; **nicht, dass ich wüsste** no que yo sepa; **wer weiß?** ¿quién sabe?; **was weiß ich** *(fam)* yo qué sé
Wissen *nt* <-s, *ohne pl*> saber *m; (Kenntnisse)* conocimientos *mpl;* **meines ~s** que yo sepa; **etw nach bestem ~ und Gewissen tun** hacer algo de buena fe; **wider besseres ~** contra su propia convicción
wissend *adj* de complicidad
Wissenschaft *f* <-en> ciencia *f*
Wissenschaftler(in) *m(f)* <-s, -; -nen> científico, -a *m, f*
wissenschaftlich *adj* científico
Wissensdrang *m,* **Wissensdurst** *m* afán *m* de saber
Wissensgebiet *nt* campo *m* del saber; *(Disziplin)* disciplina *f*
Wissenslücke *f* laguna *f* del saber
wissenswert *adj* interesante
wissentlich ['vɪsəntlɪç] **I.** *adj* premeditado; *(absichtlich)* intencionado **II.** *adv (bewusst)* a sabiendas; *(absichtlich)* intencionadamente
wittern ['vɪtɐn] **I.** *vi* ventear **II.** *vt* ① *(Wild)* ventear ② *(ahnen)* sospechar; **Verrat ~** sospechar la traición
Witterung *f* <-en> ① *(Wetter)* tiempo *m* ② *(Geruchssinn)* olfato *m; (Geruch)* viento *m;* **die ~ aufnehmen** tomar el viento
Witwe ['vɪtvə] *f* <-n> viuda *f*
Witwenrente *f* pensión *f* de viudedad
Witwer ['vɪtvɐ] *m* <-s, -> viudo *m*
Witz[1] [vɪts] *m* <-es, -e> *(mit Pointe)* chiste *m; (Scherz)* broma *f,* trisca *f AmC, Ant;* **einen ~ erzählen** contar un chiste; **~e machen** bromear; **das soll doch wohl ein ~ sein!** esto es una broma, ¿no?; **der ~ bei der Sache ist, dass ...** *(fam)* lo gracioso del asunto es que…; **das ist der ganze ~** *(fam)* eso es todo
Witz[2] *m* <-es, *ohne pl*> *(Geist)* gracia *f;* **sie hat (viel) ~** tiene (mucha) gracia
Witzbold ['vɪtsbɔlt] *m* <-(e)s, -e> *(fam)* gracioso, -a *m, f*
witzeln ['vɪtsəln] *vi* bromear, versar *Méx;* **über jdn/etw ~** burlarse de alguien/algo
Witzfigur *f* hazmerreír *m*
witzig *adj* gracioso; **sehr ~!** *(fam iron)* ¡muy gracioso!

W

witzlos *adj* ❶ *(ohne Witz)* soso, sin gracia ❷ *(fam: sinnlos)* sin sentido, inútil
WLAN ['ve:lan] *nt* <-(s), -s> (INFOR) wifi *m o f*
WM [ve:'ʔɛm] *f* <-s> *Abk. von* **Weltmeisterschaft** campeonato *m* mundial
wo [vo:] **I.** *adv* ❶ *(interrogativ)* dónde; **~ gibt's denn so was!** *(fam)* ¿dónde se ha visto algo parecido? ❷ *(relativisch)* donde; *(zeitlich)* cuando, que; **überall, ~ ...** en todas partes donde...; **~ auch immer** donde sea *+subj;* **sie ist wer weiß ~** *(fam)* sabe Dios donde estará; **jetzt, ~ ich Zeit habe** ahora que tengo tiempo; **ach ~!** *(fam)* ¡qué va! **II.** *konj* ❶ *(da)* ya que ❷ *(obwohl)* aún cuando, aunque
woanders [-'--] *adv* en otra parte
woandershin *adv (Ort)* a otro lugar, a otro sitio
wob [vo:p] *3. imp von* **weben**
wobei [vo'baɪ] *adv* ❶ *(interrogativ)* ¿cómo?; **~ ist das passiert?** ¿cómo ha pasado eso?; **~ bist du gerade?** ¿qué estás haciendo? ❷ *(relativisch)* a lo cual; **~ mir gerade einfällt ...** lo que me hace venir a la mente...
Woche ['vɔxə] *f* <-n> semana *f;* **zweimal in der ~** dos veces a la semana; **unter der ~** durante la semana; **in drei ~n** dentro de tres semanas
Wochenarbeitszeit *f* jornada *f* semanal
Wochenbett *nt* (MED) sobreparto *m*
Wochenblatt *nt* semanario *m*
Wochenendausgabe *f* edición *f* del fin de semana
Wochenendbeziehung *f* relación *f* de fin de semana
Wochenende *nt* fin *m* de semana; **ein langes ~ haben** tener un puente de fin de semana; **schönes ~!** ¡buen fin de semana!
Wochenendhaus *nt* casa *f* para (pasar) el fin de semana
Wochenkarte *f* billete *m* semanal, abono *m* semanal
wochenlang **I.** *adj* que dura semanas **II.** *adv* semanas enteras, durante semanas
Wochenlohn *m* salario *m* semanal
Wochenmarkt *m* mercado *m* semanal
Wochentag *m* día *m* de la semana; *(Werktag)* día *m* laborable
wochentags *adv* los días laborables
wöchentlich ['vœçəntlɪç] **I.** *adj* semanal **II.** *adv* cada semana; **zweimal ~** dos veces la semana
Wochenzeitschrift *f* revista *f* semanal
Wochenzeitung *f* semanario *m*
Wöchnerin ['vœçnərɪn] *f* <-nen> parturienta *f*
Wodka ['vɔtka] *m* <-s, -s> vodka *m*
wodurch [vo'dʊrç] *adv* ❶ *(interrogativ)* ¿cómo? ❷ *(relativisch)* por lo cual, por el cual
wofür [vo'fy:ɐ] *adv* ❶ *(interrogativ)* ¿para qué?; **~ ist das gut?** ¿para qué sirve esto?; **~ hältst du mich?** ¿por quién me tomas? ❷ *(relativisch)* por lo cual, para lo cual
wog [vo:k] *3. imp von* **wiegen**[2]
Woge ['vo:gə] *f* <-n> *(geh)* ola *f;* **die ~n der Begeisterung schlugen hoch** hubo olas de entusiasmo; **wenn sich die ~n geglättet haben** en cuanto los ánimos se hayan calmado
wogegen [vo'ge:gən] **I.** *adv* ❶ *(interrogativ)* ¿contra qué?; **~ hilft das?** ¿contra qué sirve? ❷ *(relativisch)* contra lo cual **II.** *konj* mientras que
wogen ['vo:gən] *vi (geh: Wasser, Ähren)* ondular; *(Kampf, Schlacht)* desencadenarse
wogend *adj (Meer, Fluten)* ondulante; *(Hüften, Leiber)* bamboleante
woher [vo'he:ɐ] *adv* ❶ *(interrogativ)* ¿de dónde?; *(auf welche Weise)* ¿cómo?; **~ sind Sie?** ¿de dónde es Ud.?; **~ kommt es eigentlich, dass ...?** ¿cómo es que...? ❷ *(relativisch)* del cual; **ach, ~ (denn)!** *(fam)* ¡seguro que no!
wohin [vo'hɪn] *adv* ❶ *(interrogativ)* ¿adónde?; **~ so eilig?** ¿adónde (vas) con tanta prisa?; **~ damit?** *(fam)* ¿dónde lo pongo? ❷ *(relativisch)* adonde; **~ man auch sieht** se mire por donde se mire
wohingegen [vohɪn'ge:gən] *konj* mientras que
wohl [vo:l] *adv* ❶ *(gesund, gut)* bien; *(angenehm)* a gusto; **sich ~ fühlen** encontrarse a gusto; *(gesundheitlich)* sentirse bien; **bei dem Gedanken ist mir nicht ganz ~** la idea me desagrada; **~ oder übel** por las buenas o por las malas; **~ bekomm's!** ¡a vuestra salud!; **leb ~!/leben Sie ~!** ¡que te vaya/le vaya bien! ❷ *(durchaus)* perfectamente; **doch, das glaube ich ~** *(fam)* sí, yo sí lo creo; **das weiß ich sehr ~** lo sé perfectamente; **~ kaum** difícilmente; **siehst du ~!** *(fam)* ¡ves!; **willst du ~ aufhören!** ¡quieres parar de una vez! ❸ *(etwa)* cerca de ❹ *(zwar)* a decir verdad; **er hat es ~ versprochen, aber ...** a decir verdad lo ha prometido, pero... ❺ *(wahrscheinlich)* probablemente; **das wird ~ das Beste sein** eso será probablemente lo mejor; **du bist ~ verrückt geworden!** ¡parece que te has vuelto loco!; **das ist doch ~ nicht dein Ernst!** ¡no lo dirás en serio!; **das mag ~ sein** puede ser; **man wird doch ~ noch fragen dürfen?** *(fam)* ¿se podrá preguntar por lo menos?

Wohl *nt* <-(e)s, *ohne pl*> bien *m; (Wohlergehen)* bienestar *m;* **auf jds ~ trinken** brindar por la salud de alguien; **auf dein ~!** ¡a tu salud!; **zum ~!** ¡salud!
wohlauf [vo:lˈʔaʊf, voˈlaʊf] *adv (geh)* **~ sein** estar bien
Wohlbefinden *nt* bienestar *m; (Gesundheit)* salud *f*
Wohlbehagen *nt* <-s, *ohne pl*> bienestar *m,* comodidad *f*
wohlbehalten [ˈ--ˈ--] *adj* ❶ *(unverletzt)* sano y salvo ❷ *(unbeschädigt)* intacto
wohlbekannt [ˈ--ˈ-] *adj s.* **bekannt II. 1.**
wohldurchdacht [ˈ--ˈ-] *adj s.* **durchdenken**
Wohlergehen *nt* <-s, *ohne pl*> bienestar *m; (Gesundheit)* salud *f*
wohlerzogen *adj (geh)* bien educado
Wohlfahrt *f ohne pl* servicio *m* de beneficencia pública
Wohlfahrtsstaat *m* estado *m* del bienestar
Wohlfahrtsverband *m* asociación *f* benéfica
Wohlgefallen *nt* <-s, *ohne pl*> *(Gefallen)* agrado *m; (Vergnügen)* placer *m; (Zufriedenheit)* complacencia *f;* **mit ~** con agrado; **~ an etw** *dat* **finden** complacerse en algo; **sich in ~ auflösen** *(fam: zufrieden stellend ausgehen)* quedar en agua de borrajas
wohlgeformt *adj* bien formado; *(Körper)* bien proporcionado
Wohlgefühl *nt ohne pl* sentimiento *m* de bienestar
wohlgemeint *adj s.* **meinen 5.**
wohlgemerkt *adv* a saber
wohlgenährt *adj* bien alimentado, gordito *fam*
wohlgeraten *adj (geh)* ❶ *(gut gelungen)* bien hecho ❷ *(gut erzogen)* bien educado
wohlgesinnt *adj* bienintencionado; **er ist mir ~** tiene buenas intenciones para conmigo
wohlhabend *adj* acomodado, fondeado *Am*
wohlig *adj* agradable
Wohlklang *m (geh)* armonía *f*
wohlklingend *adj (geh)* melodioso
wohlmeinend *adj (geh)* bienintencionado
wohlriechend *adj (geh)* aromático
wohlschmeckend *adj (geh)* sabroso
Wohlstand *m* <-(e)s, *ohne pl*> bienestar *m*
Wohlstandsgesellschaft *f (abw)* sociedad *f* del bienestar
Wohltat[1] *f (gute Tat)* buena obra *f; (Gefallen)* favor *m;* **jdm eine ~ erweisen** hacer(le) un favor a alguien
Wohltat[2] *f ohne pl (Genuss)* placer *m; (Erleichterung)* alivio *m*
Wohltäter(in) *m(f)* bienhechor(a) *m(f)*
wohltätig *adj* benéfico, caritativo; **für ~e Zwecke** para fines caritativos
Wohltätigkeit *f ohne pl* beneficencia *f,* caridad *f*
Wohltätigkeitsbasar *m* mercadillo *m* benéfico
Wohltätigkeitsveranstaltung *f* fiesta *f* benéfica
Wohltätigkeitsverein *m* sociedad *f* benéfica
wohltuend *adj* agradable
wohl|tun *irr vi (geh)* hacer bien
wohlüberlegt [ˈ---ˈ-] *adj s.* **überlegen**[2] **I.**
wohlverdient [ˈ--ˈ-] *adj* bien merecido
wohlweislich *adv* con buen motivo, prudentemente
wohl|wollen *irr vi* **jdm ~** querer el bien de alguien
Wohlwollen *nt* <-s, *ohne pl*> benevolencia *f; (Geneigtheit)* simpatía *f;* **bei allem ~** con la mejor voluntad
wohlwollend *adj* benévolo; **jdm/etw** *dat* **~ gegenüberstehen** ver a alguien/algo con buenos ojos
Wohnanlage *f* urbanización *f*
Wohnbezirk *m* área *f* residencial
Wohnblock *m* bloque *m* de pisos
Wohncontainer *m* contenedor *m* habitable
wohnen [ˈvo:nən] *vi* vivir (**in** en, **bei** en casa de); *(vorübergehend)* estar alojado (**in** en, **bei** en casa de)
Wohnfläche *f* superficie *f* habitable
Wohngebäude *nt* <-s, -> vivienda *f*
Wohngebiet *nt* zona *f* residencial
Wohngegend *f* zona *f* residencial
Wohngeld *nt* subsidio *m* de vivienda
Wohngemeinschaft *f* comuna *f;* **in einer ~ leben** compartir un piso
wohnhaft *adj (formal)* residente (**in** en)
Wohnhaus *nt* edificio *m* de viviendas
Wohnheim *nt* residencia *f*
Wohnküche *f* cocina comedor *f*
Wohnlage *f* **eine gute/teure ~** una zona (residencial) buena/cara
wohnlich *adj* cómodo; **es sich** *dat* **~ machen** acomodarse a su gusto
Wohnmobil *nt* <-s, -e> coche *m* caravana [*o* vivienda]
Wohnort *m* domicilio *m*
Wohnraum[1] *m* <-(e)s, -räume> *(Raum)* habitación *f*
Wohnraum[2] *m* <-(e)s, *ohne pl*> *(Wohnungen)* viviendas *f pl*
Wohnsiedlung *f* urbanización *f*
Wohnsilo *m o nt (fam abw)* conejera *f*

Wohnsitz *m* domicilio *m;* **ohne festen ~** sin domicilio fijo

Wohnung *f* <-en> piso *m,* departamento *m Am*

Wohnungsamt *nt (fam)* departamento *m* de la vivienda

Wohnungsbau *m ohne pl* construcción *f* de viviendas; **sozialer ~** construcción de viviendas sociales

Wohnungseinrichtung *f* mobiliario *m,* moblaje *m*

Wohnungsinhaber(in) *m(f)* dueño, -a *m, f* de la vivienda

Wohnungsmangel *m* <-s, *ohne pl*> escasez *f* de viviendas

Wohnungsmarkt *m* mercado *m* de viviendas [*o* inmobilario]; **der freie ~** el mercado libre de viviendas

Wohnungsnot *f ohne pl* escasez *f* de viviendas

Wohnungsschlüssel *m* llave *f* del apartamento

Wohnungssuche *f* búsqueda *f* de piso; **auf ~ sein** buscar piso

Wohnungstür *f* puerta *f* del piso

Wohnungswechsel *m* cambio *m* de domicilio

Wohnviertel *nt* barrio *m* residencial

Wohnwagen *m* caravana *f*

Wohnzimmer *nt* cuarto *m* de estar, living *m Am*

Wok [vɔk] *m* <-, -s> wok *m (cazuela china de base redonda)*

wölben ['vœlbən] **I.** *vt* arquear **II.** *vr:* **sich ~** arquearse

Wölbung *f* <-en> curvatura *f; (Bogen)* arco *m*

Wolf [vɔlf, *pl:* 'vœlfə] *m* <-(e)s, Wölfe> ① (ZOOL) lobo *m;* **mit den Wölfen heulen** *(fam)* bailar al son que le tocan; **ein ~ im Schafspelz** *(fig)* cara de beato y uñas de gato ② *(Fleischwolf)* picadora *f* de carne; **Fleisch durch den ~ drehen** picar carne

Wölfin ['vœlfɪn] *f* <-nen> (ZOOL) loba *f*

Wolke ['vɔlkə] *f* <-n> nube *f;* **in den ~n schweben** *(fig)* andar en las nubes; **aus allen ~n fallen** *(fam)* quedarse de una pieza

Wolkenbruch *m* chaparrón *m*

Wolkendecke *f ohne pl* capa *f* de nubes

Wolkenkratzer *m* rascacielos *m inv*

wolkenlos *adj* sin nubes, despejado

wolkig *adj* nuboso

Wolldecke *f* manta *f* de lana, frazada *f* de lana *Am*

Wolle ['vɔlə] *f* <-n> lana *f;* **sich mit jdm in die ~ kriegen** *(fam)* pelearse con alguien

wollen[1] ['vɔlən] <will, wollte, wollen> *(Modalverb)* ① *(mögen)* querer; **etw machen ~** querer hacer algo; **komme, was wolle** pase lo que pase ② *(beabsichtigen)* tener la intención de, querer; **ich wollte gerade gehen** estaba a punto de irme; **was ich dir noch sagen wollte ...** lo que aún te quería decir... ③ *(behaupten)* decir; **er will dich gestern gesehen haben** dice haberte visto ayer; **das will ich meinen** eso digo; **und so jemand will Lehrer sein** y alguien como él pretende ser profesor ④ *(auffordern)* **wenn Sie bitte Platz nehmen ~** siéntese, por favor; **willst du wohl still sein?** ¿te quieres callar? ⑤ *(erfordern)* requerir; **das will gelernt sein** esto requiere experiencia ⑥ *(Passiv: müssen)* **der Müll will runtergetragen werden** *(geh)* hay que bajar la basura ⑦ *(Wend)* **na gut, ich will mal nicht so sein** bueno, no voy a oponerme; **das will etwas heißen** lo cual ya quiere decir algo; **das will ich nicht gehört haben** lo doy por no oído; **ich will ja nichts gesagt haben, aber ...** no quiero intervenir pero...; **was will man da machen?** ¿qué se le va a hacer?; **es wollte und wollte nicht gelingen** por más que lo intentamos, no lo logramos

wollen[2] ['vɔlən] <will, wollte, gewollt> **I.** *vi* ① *(den Willen haben)* querer; **lieber ~** preferir; **ich will jetzt nach Hause** quiero irme a casa; **zu wem ~ Sie?** ¿a quién busca?; **du musst nur ~** solamente tienes que querer; **meine Beine ~ nicht mehr** *(fam)* me fallan las piernas; **wer nicht will, der hat schon** quien no quiere por algo será ② *(wünschen)* desear, querer; **ich wollte, er würde endlich kommen** quisiera que viniera de una vez; **ganz wie du willst** como quieras; **ob du willst oder nicht** quieras o no (quieras) ③ *(Wend)* **dann ~ wir mal!** *(fam)* ¡empezamos entonces! **II.** *vt* ① *(haben wollen)* **wir ~ keine Kinder** no queremos tener hijos ② *(durchsetzen wollen)* **er will** (**von mir**)**, dass ich mich entschuldige** quiere que me disculpe ③ *(beabsichtigen)* **ich weiß gar nicht, was du willst, das sieht doch gut aus** *(fam)* no sé qué quieres, tiene buena pinta; **das habe ich nicht gewollt** no era mi intención; **ohne es zu ~** sin querer ④ *(Wend)* **da ist nichts** (**mehr**) **zu ~** *(fam)* ahí no hay nada que hacer; **du hast hier nichts zu ~** (tú) no pintas nada aquí

wollen[3] *adj* de lana

Wollknäuel *nt* ovillo *m* de lana

Wollust ['vɔlʊst] *f ohne pl (geh)* voluptuosidad *f*

wollüstig ['vɔlʏstɪç] *adj* voluptuoso
womit [vo'mɪt] *adv* ❶ *(interrogativ)* ¿con qué?, ¿en qué?; **~ kann ich dienen?** ¿en qué puedo servirle?; **~ habe ich das verdient?** ¿qué he hecho yo para merecer esto? ❷ *(relativisch)* con lo cual, con lo que
womöglich [vo'mø:klɪç] *adv* quizás +*subj,* posiblemente
wonach [vo'na:x] *adv* ❶ *(interrogativ)* ¿qué?, ¿a qué?; **~ riecht das?** ¿a qué huele esto? ❷ *(relativisch)* por lo que; *(gemäß)* según lo cual; **~ es hier riecht, weiß ich auch nicht** yo tampoco sé a qué huele aquí
Wonne ['vɔnə] *f* <-n> delicia *f; (Freude)* placer *m*
woran [vo'ran] *adv* ❶ *(interrogativ)* ¿en qué?, ¿a qué?; **~ denkst du?** ¿en qué piensas?; **~ liegt es?** ¿a qué se debe?; **~ sind sie gestorben?** ¿de qué murieron? ❷ *(relativisch)* a que, en el cual; **wenn ich nur wüsste, ~ das liegt** si supiera a que se debe; **ich weiß nicht, ~ ich bin** no sé a que atenerme
worauf [vo'raʊf] *adv* ❶ *(interrogativ)* ¿a qué?; *(räumlich)* ¿sobre qué? ❷ *(relativisch)* sobre el cual; *(zeitlich)* después de lo cual; **~ du dich verlassen kannst** de eso puedes estar seguro
woraufhin [voraʊf'hɪn] *adv* ❶ *(interrogativ)* ¿por qué razón? ❷ *(relativisch)* con lo cual
woraus [vo'raʊs] *adv* ❶ *(interrogativ)* ¿de qué?; **~ schließt du das?** ¿de qué lo deduces? ❷ *(relativisch)* del cual, de lo cual
worden ['vɔrdən] *pp von* **werden³**
worin [vo'rɪn] *adv* ❶ *(interrogativ)* ¿en qué?, ¿dónde?; **~ besteht der Nachteil?** ¿dónde está la desventaja? ❷ *(relativisch)* en el cual, en lo que
Workaholic [wœ:kə'hɔlɪk] *m* <-s, -s> *(sl)* esclavo *m* del trabajo
Workshop ['wɔ:kʃɔp] *m* <-s, -s> taller *m*
Workstation ['wɔ:kstɛɪʃən] *f* (INFOR) estación *f* de trabajo
World Wide Web *nt* <-, *ohne pl*> (INFOR) WorldWideWeb *f*
Wort [vɔrt, *pl:* 'vɔrtə, 'vœrtɐ] *nt* <-(e)s, -e *o* Wörter> palabra *f; (Ausdruck)* expresión *f; (Begriff)* término *m;* **~ für ~** palabra por palabra; **im wahrsten Sinne des ~es** literalmente; **in ~en** en letra; **mir fehlen die ~e** no tengo palabras; **davon ist kein ~ wahr** ni una palabra de esto es verdad; **ein paar ~e wechseln** intercambiar cuatro palabras; **ein offenes/ernstes ~ mit jdm reden** hablar claramente/en serio con alguien; **ohne ein ~ des Bedauerns** sin decir ni un "lo siento"; **das ~ an jdn richten** dirigir la palabra a alguien; **nicht viele ~e machen** ir al grano; **in ~ und Schrift** en forma hablada y escrita; **in ~ und Bild** con texto e ilustraciones; **jdn mit leeren ~en abspeisen** despachar a alguien con buenas palabras; **etw mit keinem ~ erwähnen** no mencionar algo para nada; **mit anderen ~en** en otras palabras; **jdn (nicht) zu ~ kommen lassen** (no) dejar hablar a alguien; **ein ~ gab das andere** se desencadenó una fuerte discusión; **hast du ~e?** *(fam)* ¿habráse visto?; **das letzte ~ haben** tener la última palabra; **dein ~ in Gottes Ohr** *(fam)* que Dios te oiga; **das ~ hat Herr García** el señor García tiene la palabra; **das ~ ergreifen** tomar la palabra; **für jdn ein gutes ~ einlegen** interceder por alguien; **du nimmst mir das ~ aus dem Munde** me quitas la palabra de la boca; **jdm das ~ im Munde herumdrehen** malinterpretar las palabras de alguien; **jdm ins ~ fallen** interrumpir a alguien; **etw in ~e fassen** formular algo con palabras; **das glaube ich dir aufs ~** te lo creo a pies juntillas; **dabei habe ich auch noch ein ~ mitzureden** en esto también tengo que opinar yo; **das geschriebene/gesprochene ~** la palabra escrita/hablada; **jdm sein ~ geben** prometer algo a alguien; **sein ~ halten** cumplir su palabra; **sein ~ brechen** faltar a su palabra; **jdn beim ~ nehmen** tomar la palabra a alguien; **über jdn/etw kein ~ verlieren** no gastar ni una palabra sobre alguien/algo
Wortart *f* (LING) parte *f* de la oración
Wortbildung *f* (LING) formación *f* de palabras
wortbrüchig *adj* **~ werden** faltar a su palabra
Wörtchen ['vœrtçən] *nt* <-s, -> *(fam)* **ein ~ mitzureden haben** poder intervenir en un asunto
Wörterbuch *nt* diccionario *m*
Worterkennung *f* (INFOR) reconocimiento *m* de palabras
Wortfetzen *mpl* retazos *mpl* de conversación
Wortführer(in) *m(f)* <-s, -; -nen> portavoz *mf,* vocero *mf Am*
Wortgefecht *nt* <-(e)s, -e> disputa *f,* enfrentamiento *m* verbal
wortgetreu *adj* literal, textual
wortgewandt *adj* elocuente
wortkarg *adj* ❶ *(Person)* de pocas palabras, remachado *Col* ❷ *(Äußerung)* lacónico
Wortlaut *m* <-(e)s, *ohne pl*> texto *m;* **der genaue ~ einer Rede** el texto literal de un discurso; **etw im ~ veröffentlichen**

publicar algo textualmente; **… hat folgenden ~: …** … dice así:…

wörtlich ['vœrtlɪç] **I.** *adj* literal **II.** *adv* ❶ *(dem Text entsprechend)* literalmente; **~ zitieren** citar textualmente ❷ *(in der eigentlichen Bedeutung)* al pie de la letra; **etw ~ nehmen** tomar algo al pie de la letra

wortlos I. *adj* silencioso **II.** *adv* sin decir nada

Wortmeldung *f* intervención *f;* **ich bitte um ~en** tienen Uds. la palabra; **keine ~en mehr?** ¿nadie más quiere decir alguna cosa?

wortreich *adj (weitschweifig)* prolijo; *(Stil)* ampuloso; **sich ~ entschuldigen** disculparse con profusión de palabras

Wortschatz *m* vocabulario *m; (Lexik)* léxico *m*

Wortspiel *nt* juego *m* de palabras, albur *m Méx*

Wortstellung *f ohne pl* (LING) orden *m* de (las) palabras

Wortwahl *f ohne pl* selección *f* de palabras

Wortwechsel *m* disputa *f,* argumento *m Am*

wortwörtlich ['-'--] *adj o adv s.* **wörtlich**

worüber [vo'ry:bɐ] *adv* ❶ *(interrogativ)* ¿de qué?, ¿sobre qué? ❷ *(relativisch)* sobre el cual, sobre el que; **das Thema, ~ ich sprechen werde** el tema sobre el que hablaré

worum [vo'rʊm] *adv* ❶ *(interrogativ)* ¿de qué?, ¿sobre qué?; **~ handelt es sich?** ¿de qué se trata? ❷ *(relativisch)* de que, sobre el cual

worunter [vo'rʊntɐ] *adv* ❶ *(interrogativ)* ¿debajo de qué? ❷ *(relativisch)* debajo del cual; *(dazwischen)* entre los que

wovon [vo'fɔn] *adv* ❶ *(interrogativ)* ¿de qué? ❷ *(relativisch)* de lo cual

wovor [vo'fo:ɐ] *adv* ❶ *(interrogativ)* ¿de qué?; *(räumlich)* ¿delante de qué? ❷ *(relativisch)* ante el cual, delante del cual; **das einzige, ~ ich mich fürchte, …** lo único de lo que tengo miedo…

wozu [vo'tsu:] *adv* ❶ *(interrogativ)* ¿para qué?; **~ soll das gut sein?** ¿para qué sirve esto? ❷ *(relativisch)* a lo cual, al que; *(Zweck)* para lo cual; **das, ~ ich am meisten Lust hätte, …** aquello de lo que más ganas tengo…

Wrack [vrak] *nt* <-(e)s, -s *o* -e> *(Schiff)* barco *m* naufragado; *(Auto)* coche *m* de desguace; *(Flugzeug)* avión *m* de desguace; **ein menschliches ~** una piltrafa (humana)

wrang [vraŋ] *3. imp von* **wringen**

Wrap [ræp] *m o nt* <-s, -s> (GASTR) wrap *m*

wringen ['vrɪŋən] <wringt, wrang, gewrungen> *vt* escurrir

Wucher ['vu:xɐ] *m* <-s, *ohne pl*> *(abw)* usura *f;* **~ treiben** usurar

wucherisch *adj (abw)* usurero; *(Preise)* abusivo

wuchern ['vu:xɐn] *vi* ❶ *haben o sein (Pflanzen)* crecer excesivamente; (MED) proliferar ❷ *(Wucher treiben)* usurar

Wucherpreis *m (abw)* precio *m* abusivo

Wucherung *f* <-en> *(Gebilde)* excrecencia *f*

wuchs [vu:ks] *3. imp von* **wachsen**[1]

Wuchs [vu:ks] *m* <-es, *ohne pl*> ❶ *(Wachstum)* crecimiento *m* ❷ *(Gestalt)* estatura *f*

Wucht [vʊxt] *f ohne pl* ❶ *(Heftigkeit)* fuerza *f; (Schwung)* ímpetu *m;* **mit voller ~** con toda fuerza; **das ist eine ~** *(fam)* es fenomenal ❷ *(reg: fam: Prügel)* paliza *f*

wuchtig *adj* ❶ *(kräftig)* fuerte ❷ *(groß)* grande; *(Statur)* macizo

wühlen ['vy:lən] **I.** *vi* ❶ *(allgemein)* hurgar (**in** en); *(graben)* cavar; *(mit der Schnauze)* hozar (**nach**) ❷ *(fam: suchen)* rebuscar (**nach**) **II.** *vr* **sich durch etw ~** abrirse camino a través de algo

Wühlmaus *f* (ZOOL) campañol *m*

Wühltisch *m (fam)* mesa *f* con géneros rebajados

Wulst [vʊlst, *pl:* 'vʏlstə] *m* <-(e)s, Wülste> *f* <Wülste> ❶ *(Verdickung)* bulto *m;* (MED) protuberancia *f* ❷ (ARCHIT) bocel *m*

wulstig *adj* abultado

wummern *vi* retumbar

wund [vʊnt] *adj* escocido; **ich habe mir die Füße ~ gelaufen** se me llagaron los pies de tanto andar; **sich ~ liegen** llagarse

Wundbrand *m* <-(e)s, *ohne pl*> (MED) gangrena *f*

Wunde ['vʊndə] *f* <-n> *(a. fig)* herida *f;* **alte ~n wieder aufreißen** abrir viejas heridas

Wunder ['vʊndɐ] *nt* <-s, -> ❶ *(außergewöhnliches Ereignis)* maravilla *f; (übernatürlich)* milagro *m;* **an ~ glauben** creer en milagros; **das grenzt an ein ~** esto parece un milagro; **etw wirkt ~** *(fam)* algo obra milagros; **es ist kein ~, dass …** *(fam)* no es ningún milagro que… *+subj;* **wie durch ein ~** como por arte de magia; **der wird noch sein blaues ~ erleben!** *(fam)* ¡aún no sabe qué sorpresa le espera! ❷ *(Wend)* **~ was denken** imaginarse algo extraordinario

wunderbar I. *adj* ❶ *(wie ein Wunder)* milagroso ❷ *(schön)* maravilloso **II.** *adv (sehr)* a las mil maravillas; **etw ist ~ bequem** algo es supercómodo

wunderbarerweise ['----'--] *adv* milagrosamente, como por milagro
Wunderheiler(in) *m(f)* curador(a) *m(f)* milagroso , -a
Wunderkerze *f* bengala *f*
Wunderkind *nt* niño, -a *m, f* prodigio
wunderlich *adj* raro
Wundermittel *nt* remedio *m* milagroso
wundern ['vʊndɐn] **I.** *vt* sorprender; **es wundert mich, dass ...** me sorprende que... *+subj;* **das würde mich überhaupt nicht ~** no me sorprendería nada; **wundert dich das (etwa)?** ¿(acaso) te sorprende? **II.** *vr:* **sich ~** sorprenderse (**über** de); **ich muss mich doch sehr ~!** ¡no lo hubiera esperado!
wundersam *adj* enigmático
wunderschön ['--(')-] *adj* hermosísimo
wundervoll *adj* maravilloso
Wundinfektion *f* <-, -en> (MED) infección *f* de una herida
wundliegen *irr vr:* **sich ~** *s.* **wund**
Wundsalbe *f* ungüento *m* vulnerario
Wundstarrkrampf *m ohne pl* (MED) tétano(s) *m inv*
Wunsch [vʊnʃ, *pl:* 'vʏnʃə] *m* <-(e)s, Wünsche> deseo *m* (**nach** de); *(Verlangen)* anhelo *m* (**nach** por); *(Bitte)* petición *f; (Glückwunsch)* felicidades *f pl;* **auf ~** a petición; (**ganz**) **nach ~** (totalmente) a su gusto; **jdm jeden ~ von den Augen ablesen** satisfacer todos los deseos de alguien; **dein ~ ist mir Befehl** tus deseos son órdenes; **jdm einen ~ erfüllen** satisfacer a alguien un deseo; **haben Sie sonst noch einen ~?** ¿desea algo más?; **auf eigenen ~** por propio deseo; **es ging alles nach ~** todo salió a pedir de boca; **mit den besten Wünschen** con los mejores deseos
Wunschbild *nt* ideal *m*
Wunschdenken *nt* sueño *m*
Wünschelrute ['vʏnʃəlruːtə] *f* varilla *f* de zahorí
wünschen [vʏnʃən] *vt* desear; *(wollen)* querer; *(bitten)* pedir; **jdm etw ~** desear algo a alguien; (**ganz**) **wie Sie ~** como Ud. quiera; **ich wünsche, dass das sofort gemacht wird** deseo que esto se haga en seguida; **Sie ~?** ¿en qué puedo servirle?; **wen ~ Sie zu sprechen?** ¿con quién desea hablar?; **ich wünsche Ihnen gute Besserung/eine gute Reise** le deseo que se mejore/un buen viaje; **sie wünschte, sie hätte das nie gesagt** querría no haberlo dicho nunca; **sich** *dat* **etw von jdm ~** pedir algo a alguien; **ich wünsche mir, dass ...** deseo que... *+subj;* **ich wünsche mich auf eine einsame Insel** quisiera estar en una isla desierta; **sein Benehmen lässt viel zu ~ übrig** su comportamiento deja mucho que desear
wünschenswert *adj* deseable; **es ist ~** es de desear
wunschgemäß *adj* según los deseos; *(problemlos)* a pedir de boca
Wunschkind *nt* hijo, -a *m, f* deseado , -a
Wunschkonzert *nt* (RADIO) programa *m* de discos solicitados por los radioyentes
Wunschliste *f* <-, -n> lista *f* de deseos
wunschlos *adj* **~ glücklich sein** ser totalmente feliz
Wunschtraum *m* ilusión *f*
Wunschvorstellung *f* ilusión *f*
Wunschzettel *m* carta *f* a los Reyes Magos; **auf unserem ~ steht jetzt noch ein Sofa** *(fig)* ahora nos gustaría tener un sofá
wurde ['vʊrdə] *3. imp von* **werden**
Würde[1] ['vʏrdə] *f ohne pl (Wert, Haltung)* dignidad *f;* **etw mit ~ tragen** soportar algo con dignidad; **unter aller ~** malísimo; **das ist unter meiner ~** lo considero indigno para mí
Würde[2] *f* <-n> *(Rang)* categoría *f*
würdelos *adj* sin dignidad, indigno
Würdenträger(in) *m(f)* <-s, -; -nen> dignatario, -a *m, f*
würdevoll **I.** *adj* digno **II.** *adv* con dignidad
würdig *adj* ① *(ehrbar)* respetable ② *(wert)* digno; **sich jds/etw** *gen* **~ erweisen** ser digno de alguien/algo
würdigen ['vʏrdɪgən] *vt* ① *(anerkennen)* apreciar, valorar; *(Verdienste)* reconocer ② *(für wert halten)* considerar digno (de)
Würdigung *f* <-en> ① *(einer Arbeit)* apreciación *f; (Anerkennung)* reconocimiento *m;* **in ~ ihres Einsatzes** en reconocimiento a sus esfuerzos ② *(einer Persönlichkeit)* homenaje *m;* **in ~ Federico García Lorcas** en homenaje a Federico García Lorca
Wurf [vʊrf, *pl:* 'vʏrfə] *m* <-(e)s, Würfe> ① *(das Werfen)* tiro *m;* (SPORT) lanzamiento *m; (beim Würfeln)* jugada *f* ② *(Erfolg)* éxito *m* ③ (ZOOL) camada *f*
Würfel ['vʏrfəl] *m* <-s, -> ① (MATH) cubo *m* ② *(Spielwürfel)* dado *m;* **~ spielen** jugar a los dados; **die ~ sind gefallen** la suerte está echada ③ *(Käsewürfel)* taco *m; (Eiswürfel)* cubo *m*
Würfelbecher *m* <-s, -> cubilete *m* de los dados
würfelförmig [-fœrmɪç] *adj* cúbico, en forma de cubo
würfeln **I.** *vi* jugar a los dados **II.** *vt* ① *(in Würfel schneiden)* cortar en cuadraditos ② *(eine Zahl)* tirar
Würfelspiel *nt* juego *m* de dados

Würfelzucker *m* azúcar *m* en terrones

Wurfgeschoss *nt* proyectil *m*

Wurfsendung *f* impresos *mpl* distribuidos por correo

Würgegriff *m* <-(e)s, -e> ① *(würgender Griff)* garrote *m* ② *(erdrückender Einfluss)* influencia *f* aplastante; **im ~ der Großkonzerne** bajo el total dominio de las multinacionales

würgen ['vʏrgən] **I.** *vt* estrangular **II.** *vi (Brechreiz haben)* tener náuseas; **an etw** *dat* **~** intentar tragar algo

Wurm [vʊrm, *pl:* 'vʏrmɐ] *m* <-(e)s, Würmer> gusano *m;* **Würmer haben** tener lombrices; **da steckt der ~ drin** *(fam)* ahí hay gato encerrado

Würmchen ['vʏrmçən] *nt* <-s, -> *(fam)* chiquillo, -a *m, f;* **das arme ~!** ¡el pobrecito!/¡la pobrecita!

wurmen ['vʊrmən] *vt (fam)* dar rabia, reconcomerse; **es wurmt mich, dass ...** me da rabia que... *+subj*

Wurmfortsatz *m* (MED) apéndice *m*

wurmstichig *adj* ① *(Obst)* agusanado ② *(Holz)* carcomido

Wurst [vʊrst, *pl:* 'vʏrstə] *f* <Würste> embutido *m; (Würstchen)* salchicha *f;* **das ist mir ~** *(fam)* me importa un pepino; **es geht um die ~** *(fam)* ha llegado el momento de la verdad

Wurstbrot *nt* bocadillo *m* de embutido

Würstchen ['vʏrstçən] *nt* <-s, -> ① (GASTR) salchicha *f;* **Frankfurter ~** salchicha tipo Francfort; **heiße ~** perritos calientes ② *(fam: Mensch)* pobre diablo *m*

Würstchenbude *f,* **Würstchenstand** *m* puesto *m* de salchichas asadas

Wurstsalat *m* ensalada *f* de fiambre

Wurstwaren *fpl* embutidos *mpl*

Württemberg ['vʏrtəmbɛrk] *nt* <-s> Wurtemberg *m*

Würzburg ['vʏrtsbʊrk] *nt* <-s> Wurtzburgo *m*

Würze ['vʏrtsə] *f* <-n> ① *(Substanz)* condimento *m* ② *(Aroma)* aroma *m*

Wurzel ['vʊrtsəl] *f* <-n> ① *(von Pflanze, Haar, Zahn, a.* MATH*)* raíz *f;* **~n schlagen** echar raíces; **die ~ ziehen** (*a.* MATH) extraer la raíz (**aus** de) ② *(Ursprung)* origen *m; (Ursache)* causa *f;* **das Übel an der ~ packen** cortar el mal de raíz ③ *(reg: Karotte)* zanahoria *f*

Wurzelbehandlung *f* tratamiento *m* de la raíz

Wurzelbürste *f* cepillo *m* (de cerdas)

Wurzelgemüse *nt* tubérculo *m*

wurzeln *vi (a. fig)* arraigar (**in** en)

Wurzelzeichen *nt* (MATH) signo *m* de extracción de raíces

würzen ['vʏrtsən] *vt* condimentar

würzig *adj* bien condimentado, sabroso

Würzstoff *m* condimento *m*

wusch [vu:ʃ] *3. imp von* **waschen**

wuschelig *adj (fam: Haar)* abundante y muy rizado; **~es Haar haben** tener una pelambrera

Wuschelkopf *m (fam)* pelambrera *f*

wuseln *vi (reg)* trajinar

wusste ['vʊstə] *3. imp von* **wissen**

Wust [vu:st] *m* <-(e)s, *ohne pl*> *(abw: Durcheinander)* lío *m; (Menge)* montón *m*

wüst [vy:st] *adj* ① *(öde)* desierto; *(unbebaut)* yermo ② *(unordentlich)* desordenado; *(wirr)* confuso; **hier sieht es ja ~ aus!** ¡qué desorden! ③ *(abw: ausschweifend)* disipado ④ *(abw: rüde)* grosero, vulgar; *(gemein)* vil ⑤ *(schlimm)* terrible, horrible ⑥ *(abstoßend)* repugnante

Wüste ['vy:stə] *f* <-n> desierto *m;* **jdn in die ~ schicken** *(fam)* poner a alguien de patitas en la calle

Wüstenbildung *f* desertización *f*

Wut [vu:t] *f ohne pl* rabia *f;* **ich habe eine ~ auf ihn!** ¡le tengo una rabia!; **seine ~ an jdm/etw** *dat* **auslassen** desahogar su rabia en alguien/algo; **jdn in ~ bringen** poner furioso a alguien; **in ~ geraten** enfurecerse; **vor ~ kochen** rabiar

Wutanfall *m* ataque *m* de rabia

Wutausbruch *m* acceso *m* de rabia

wüten ['vy:tən] *vi (Krieg, Sturm, Seuche)* hacer estragos; **gegen etw ~** rabiar contra algo

wütend *adj* furioso (**über** por, **auf** con/contra), alebrestado *Col, Ven;* **auf jdn ~ sein** tener rabia a alguien; **~ werden** enfurecerse (**auf** contra)

wutentbrannt ['vu:tʔɛnt'brant] *adj* furibundo

WWF *m* <-> *Abk. von* **World Wide Fund for Nature** WWF *m*

WWU [ve:ve:'ʔu:] *f Abk. von* **Wirtschafts- und Währungsunion** UEM *f*

WWW [ve:ve:'ve:] *nt* <-(s), *ohne pl*> (INFOR) *Abk. von* **World Wide Web** WWW *f*

WWW-Client *m* <-, -s> (INFOR) cliente *m* de WWW

WWW-Server *m* <-s, -> (INFOR) servidor *m* de WWW

Wz *Abk. von* **Warenzeichen** marca *f* registrada

X x

X, x [ɪks] *nt* <-, -> X, x *f;* **~ wie Xanthippe** X de xilófono
x-Achse *f* (MATH) eje *m* de abscisas
X-Beine *ntpl* piernas *fpl* zambas
x-beinig *adj*, **X-beinig** *adj* zambo
x-beliebig *adj (fam)* cualquiera
x-Beliebige(r) *mf* <-n, -n; -n, -n> **jeder ~** cualquiera
X-Chromosom *nt* <-s, -en> (BIOL) cromosoma *m* X
Xenon ['kseːnɔn] *nt* <-s, *ohne pl*> (CHEM) xenón *m*
xenophil *adj (geh: Fremdem aufgeschlossen)* xenófilo
xenophob [kseno'foːp] *adj* xenófobo
Xenophobie [ksenofo'biː] *f ohne pl* xenofobia *f*
x-fach *adj (fam)* múltiple
x-förmig *adj*, **X-förmig** *adj* en forma de equis
x-mal *adv (fam)* mil veces
x-te(r, s) *adj (fam, a.* MATH) enésimo; **das ~ Mal** la enésima vez; **zum ~n Mal** por enésima vez
Xylofon [ksylo'foːn] *nt* <-s, -e> xilófono *m*

Y y

Y, y ['ʏpsilɔn] *nt* <-, -> Y, y *f;* **~ wie Ypsilon** Y de Yucatán
y-Achse *f* <-n> (MATH) eje *m* de las ordenadas
Yacht [jaxt] *f* <-en> yate *m*
Yak [jak] *m* <-s, -s> (ZOOL) yac *m*
Yang [jaŋ] *nt* <-(s), *ohne pl*> (PHILOS) Yang *m*
Yard [jaːɐt] *nt* <-s, -s> yarda *f*
Yen [jɛn] *m* <-(s), -(s)> yen *m*
Yeti ['jeːti] *m* <-s, -s> yeti *m*
Yin [jɪn] *nt* <-, *ohne pl*> (PHILOS) Yin *m;* **~ und Yang** (el) Yin y (el) Yang
Yoga ['joːga] *m o nt* <-(s), *ohne pl*> yoga *m*
Yo-Yo *nt* <-s, -s> yoyó *m*
Ypsilon ['ʏpsilɔn] *nt* <-(s), -s> ① *(lateinisches Alphabet)* ye *f*, i *f* griega ② *(griechisches Alphabet)* ípsilon *f*
Yuan ['juan] *m* <-(s), -(s)> *(Währung)* yuan *m*
Yuppie ['jʊpi] *m* <-s, -s> yuppie *mf*

X

Zz

Z, z [tsɛt] *nt* <-, -> Z, z *f*; ~ **wie Zeppelin** Z de Zaragoza

zack *interj (fam)* zas; ~, **~!** ¡rápido, rápido!

Zacke ['tsakə] *f* <-n> diente *m; (Bergkamm)* punta *f; (Gabel, Rechen)* púa *f*

Zacken ['tsakən] *m* <-s, -> *(reg) s.* **Zacke: sich** *dat* **keinen ~ aus der Krone brechen** *(fam)* no caérsele a alguien los anillos

zackig ['tsakɪç] *adj* ❶ *(gezackt)* dentado ❷ *(fam: Bewegung, Auftreten)* brioso; *(Person)* resoluto

zaghaft *adj* vacilante; *(furchtsam)* temeroso; *(schüchtern)* tímido

Zaghaftigkeit *f ohne pl* pusilanimidad *f; (Schüchternheit)* timidez *f*

zäh [tsɛː] *adj* ❶ *(Leder)* duro; *(Fleisch)* correoso ❷ *(zähflüssig)* viscoso ❸ *(schleppend)* lento ❹ *(beharrlich)* tenaz; *(widerstandsfähig)* resistente

zähflüssig *adj* viscoso; *(Verkehr)* denso

Zähflüssigkeit *f ohne pl* viscosidad *f; (des Verkehrs)* densidad *f*

Zähigkeit *f ohne pl* ❶ *(Widerstandsfähigkeit)* resistencia *f* ❷ *(Ausdauer)* tenacidad *f*

Zahl [tsaːl] *f* <-en> (*a.* MATH, LING) número *m; (Ziffer)* cifra *f;* **eine dreistellige ~** un número de tres cifras; **gerade/ungerade/ganze ~en** números pares/impares/enteros; **rote ~en schreiben** *(fig)* estar en números rojos; **in großer ~** en gran número; **fünf an der ~** (en número de) cinco

zahlbar *adj* pagadero; **~ bei Lieferung** pagadero a la entrega

zählbar *adj* contable

zählebig *adj* resistente; **~ sein** tener siete vidas (como el gato)

zahlen ['tsaːlən] *vi, vt* pagar; *(Schuld)* liquidar; **Herr Ober, bitte ~!** camarero, ¡la cuenta, por favor!; **bar/mit einem Scheck ~** pagar al contado/con cheque

zählen ['tsɛːlən] **I.** *vi* contar; **bis zehn ~** contar hasta diez; **das zählt nicht** eso no cuenta; **auf jdn/etw ~** contar con alguien/algo; **zu etw** *dat* **~** figurar entre algo; **ich zähle mich zu seinen Freunden** me considero uno de sus amigos **II.** *vt* contar; *(Bevölkerung)* hacer el censo; *(Stimmen bei Wahlen)* escrutar; **seine Tage sind gezählt** sus días están contados

Zahlenfolge *f* serie *f* de números

Zahlengedächtnis *nt* <-ses, -se> memoria *f* para los números

Zahlenkombination *f* combinación *f*

zahlenmäßig *adj* numérico; **~ überlegen** superior en número

Zahlenreihe *f* <-, -n> *s.* **Zahlenfolge**

Zahlenschloss *nt* cerradura *f* de combinación

Zähler[1] *m* <-s, -> ❶ *(Zählwerk)* contador *m;* **den ~ ablesen** leer el contador ❷ (MATH) numerador *m*

Zähler(in)[2] *m(f)* <-s, -; -nen> contador(a) *m(f)*

Zählerstand *m* nivel *m* del contador

Zahlkarte *f* impreso *m* para giro postal

zahllos *adj* innumerable

zahlreich I. *adj* numeroso; *(häufig)* frecuente **II.** *adv* en gran número

Zahlstelle *f* (FIN) ❶ *(Kasse)* pagaduría *f; (Schalter)* contaduría *f* ❷ (FIN) domicilio *m*

Zahltag *m* día *m* de pago

Zahlung *f* <-en> pago *m; (Betrag)* importe *m;* **etw in ~ nehmen/geben** tomar/ofrecer algo como pago parcial; **eine ~ leisten** efectuar un pago

Zählung *f* <-en> recuento *m; (Volkszählung)* censo *m*

Zahlungsanweisung *f* (FIN) orden *f* de pago

Zahlungsart *f* <-, -en> modalidad *f* de pago

Zahlungsaufforderung *f* requerimiento *m* de pago

Zahlungsaufschub *m* moratoria *f*

Zahlungsbedingungen *fpl* (WIRTSCH) condiciones *fpl* de pago

Zahlungsbefehl *m* (JUR) mandamiento *m* de pago

Zahlungsbeleg *m* comprobante *m* de pago

Zahlungsempfänger(in) *m(f)* <-s, -; -, -nen> beneficiario, -a *m, f* de un pago

Zahlungserinnerung *f* <-, -en> recordatorio *m* de pago

zahlungsfähig *adj* solvente

Zahlungsfähigkeit *f ohne pl* solvencia *f*

Zahlungsfrist *f* plazo *m* de pago

zahlungskräftig *adj (fam)* adinerado

Zahlungsmittel *nt* medio *m* de pago

Zahlungsmoral *f* (WIRTSCH) fiabilidad *f* en el cumplimiento de los pagos

zahlungspflichtig *adj* obligado a pagar

Zahlungsrückstand *m* <-(e)s, -stände> retraso *m* en el pago

Zahlungsschwierigkeiten *fpl* dificultades *fpl* de pago

Zahlungstermin *m* <-(e)s, -e> fecha *f* de pago; **letzter ~** último plazo de pago

zahlungsunfähig *adj* insolvente

Zahlungsunfähigkeit *f ohne pl* insolvencia *f*
Zahlungsverkehr *m* servicio *m* de pagos; **bargeldloser ~** servicio de pagos sin efectivo
Zahlungsweise *f* forma *f* de pago
Zahlwort *nt* <-(e)s, -wörter> (LING) numeral *m*
zahm [tsa:m] *adj* ❶ *(Tier)* manso; *(gezähmt)* domesticado ❷ *(fam: brav)* bueno; *(mild)* suave
zähmbar *adj* domable; **leicht/schwer ~** fácil/difícil de domesticar
zähmen ['tsɛ:mən] *vt* ❶ *(Tier)* amansar; *(zum Haustier)* domesticar ❷ *(geh: Ungeduld)* refrenar
Zahmheit *f* <-, *ohne pl*> mansedumbre *f*
Zähmung *f* <-en> ❶ *(eines Tieres)* doma *f; (zum Haustier)* domesticación *f* ❷ *(geh: der Ungeduld)* refrenamiento *m*
Zahn [tsa:n, *pl:* 'tsɛ:nə] *m* <-(e)s, Zähne> diente *m; (Backenzahn)* muela *f;* **die dritten Zähne** la dentadura postiza; **sich** *dat* **die Zähne putzen** cepillarse los dientes; **mit den Zähnen klappern/knirschen** castañetear/rechinar los dientes; **sie bekommt Zähne** le están saliendo los dientes; **der ~ der Zeit** *(fam)* los estragos del tiempo; **ein steiler ~** *(fam)* una buena moza; **jdm die Zähne zeigen** *(fam)* enseñar los dientes a alguien; **jdm auf den ~ fühlen** *(fam)* tomar el pulso a alguien; **sich** *dat* **die Zähne an etw** *fam* **ausbeißen** dejarse la piel en algo; **einen ~ zulegen** *(fam: schneller fahren)* conducir más rápido; *(sich beeilen)* darse prisa
Zahnarzt, -ärztin *m, f* dentista *mf*
Zahnarztbesteck *nt* instrumentos *mpl* de dentista
Zahnarztbesuch *m* visita *f* al dentista
Zahnarzthelfer(in) *m(f)* ayudante *mf* del dentista
Zahnärztin *f s.* **Zahnarzt**
zahnärztlich *adj* odontológico; **sich ~ behandeln lassen** ponerse en tratamiento odontológico
Zahnarztstuhl *m* sillón *m* odontológico
Zahnbehandlung *f* <-, -en> tratamiento *m* odontológico
Zahnbelag *m* (MED) sarro *m,* tártaro *m*
Zahnbürste *f* cepillo *m* de dientes
Zahncreme *f s.* **Zahnpasta**
zähnefletschend I. *adj* que regaña los dientes **II.** *adv* regañando los dientes
zähneklappernd *adv* castañeteando (con los dientes)
Zähneknirschen *nt* crujir *m* de dientes, rechinar *m* de dientes; **unter ~** *(fig)* de mala gana
zähneknirschend *adv* rechinando los dientes; *(unwillig)* a regañadientes; **sich ~ fügen** obedecer a regañadientes
zahnen ['tsa:nən] *vi* echar los dientes
Zahnersatz *m* diente *m* postizo; *(Gebiss)* dentadura *f* postiza
Zahnfäule *f* caries *f inv*
Zahnfleisch *nt* encía(s) *f(pl)*
Zahnfleischentzündung *f* (MED) inflamación *f* de las encías
Zahnfüllung *f* (MED) empaste *m*
Zahngold *nt* (MED) oro *m* dentario
Zahnheilkunde *f* <-, *ohne pl*> odontología *f*
zahnlos *adj* sin dientes, desdentado
Zahnlücke *f* mella *f* en la dentadura
Zahnmedizin *f ohne pl* odontología *f*
Zahnpasta ['tsa:npasta] *f* pasta *f* dentífrica
Zahnpflege *f* higiene *f* dental
Zahnprothese *f* dentadura *f* postiza
Zahnrad *nt* (TECH) rueda *f* dentada
Zahnradbahn *f* (TECH) ferrocarril *m* de cremallera
Zahnschmelz *m* (MED) esmalte *m* dental
Zahnschmerz *m* dolor *m* de muelas
Zahnseide *f* seda *f* dental
Zahnspange *f* aparato *m* ortodóncico
Zahnstein *m* <-(e)s, *ohne pl*> placa *f* (bacteriana)
Zahnstocher [-ʃtɔxɐ] *m* <-s, -> palillo *m,* pajuela *f Bol, Col*
Zahntechniker(in) *m(f)* mecánico, -a *m, f* dentista
Zahnweh *nt* <-s, *ohne pl*> *(fam)* dolor *m* de muelas
Zahnwurzel *f* (ANAT) raíz *f* del diente
Zaire [za'i:ɐ] *nt* <-s> Zaire *m*
Zander ['tsandɐ] *m* <-s, -> (ZOOL) lucio *m*
Zange ['tsaŋə] *f* <-n> ❶ *(Werkzeug)* tenaza(s) *f(pl); (Geburtszange)* fórceps *m inv;* **jdn in die ~ nehmen** *(fam fig)* apretar las clavijas a alguien ❷ *(fam: von Tieren)* pinzas *fpl*
Zank [tsaŋk] *m* <-(e)s, *ohne pl*> disputa *f; (Streit)* riña *f*
zanken ['tsaŋkən] *vi, vr* pelearse; **sich mit jdm um etw ~** pelearse con alguien por algo
zänkisch ['tsɛŋkɪʃ] *adj* pendenciero, camorrista
Zäpfchen ['tsɛpfçən] *nt* <-s, -> ❶ (ANAT) úvula *f* ❷ *(Medikament)* supositorio *m*
zapfen ['tsapfən] *vt* sacar (del tonel o barril); **gezapftes Bier** cerveza de barril
Zapfen ['tsapfən] *m* <-s, -> ❶ (BOT) piña *f* ❷ *(Stöpsel)* tapón *m* ❸ (TECH: *in der Holzverarbeitung*) mecha *f; (an einer Welle, Achse)* perno *m*

Zapfenstreich *m* (MIL) toque *m* de retreta

Zapfhahn *m* espita *f*

Zapfpistole *f* pistola *f* del surtidor

Zapfsäule *f* surtidor *m* de gasolina

Zapfschlauch *m* manguera *f* (de la gasolinera)

zapp(e)lig ['tsap(ə)lɪç] *adj (fam)* inquieto, nervioso; **vor Neugier ganz ~ sein** estar muerto de curiosidad

zappeln ['tsapəln] *vi* moverse; *(mit den Beinen)* patalear (**mit**); *(unruhig sein)* no parar quieto; **jdn ~ lassen** *(fam)* tener a alguien en vilo

Zappelphilipp ['tsapəlfɪlɪp] *m* <-s, -s *o* -e> *(fam abw)* zarandillo *m*

zappen ['tsapən, 'zɛpən] *vi (sl* TV) hacer zap(p)ing, zap(e)ar

zappenduster ['tsapən'du:stɐ] *adj (fam)* oscuro como la boca del lobo, muy oscuro; **mit etw** *dat* **ist es ~** *(hoffnungslos)* algo no tiene remedio; *(schlecht bestellt)* algo tiene mal color [*o* está muy negro]

zapplig *adj (fam) s.* **zapp(e)lig**

Zar(in) [tsa:ɐ] *m(f)* <-en, -en; -nen> zar, zarina *m, f*

zart [tsa:ɐt] *adj* ① *(Fleisch, Gemüse)* tierno; **im ~en Alter von ...** *(geh)* en la tierna edad de... ② *(fein)* fino; *(zerbrechlich)* frágil; *(empfindlich)* sensible; *(Haut, Gesundheit)* delicado ③ *(Farbe, Klang, Berührung)* suave

zartbesaitet ['--'--] *adj* sensible

zartbitter ['-'--] *adj* **~e Schokolade** chocolate sin leche extrafino

Zartbitterschokolade *f* chocolate *m* amargo extrafino

zartfühlend *adj* delicado

zartglied(e)rig *adj (fein)* grácil; *(zerbrechlich)* delicado

Zartheit *f* <-, *ohne pl*> ① *(Mürbheit)* ternura *f* ② *(Feinheit)* finura *f; (Zerbrechlichkeit)* fragilidad *f* ③ *(Empfindlichkeit)* delicadeza *f* ④ *(Sanftheit)* suavidad *f*

zärtlich ['tsɛ:ɐtlɪç] I. *adj* cariñoso; *(liebevoll)* afectuoso II. *adv* con cariño

Zärtlichkeit[1] *f ohne pl (Zuneigung)* ternura *f,* cariño *m*

Zärtlichkeit[2] *f* <-en> *(Liebkosung)* caricia *f;* **~en austauschen** acariciarse

Zaster ['tsastɐ] *m* <-s, *ohne pl*> *(fam)* pasta *f* (gansa)

Zäsur [tsɛ'zu:ɐ] *f* <-en> *(geh, a.* LIT, MUS) cesura *f*

Zauber ['tsaʊbɐ] *m* <-s, *ohne pl*> ① *(Zauberhandlung, -bann)* hechizo *m;* **fauler ~** *(fam abw)* embuste *m;* **schließlich flog der ganze ~ auf** *(fam)* al final se descubrió el pastel ② *(Zauberkraft)* magia *f* ③ *(Faszination, Reiz)* encanto *m*

Zauberei[1] [tsaʊbə'raɪ] *f ohne pl (Magie)* magia *f;* **an ~ grenzen** parecer cosa de brujería

Zauberei[2] *f* <-en> *(Kunststück)* hechicería *f*

Zauberer, -in ['tsaʊbərɐ] *m, f* <-s, -; -nen> hechicero, -a *m, f; (Zauberkünstler)* mago, -a *m, f*

Zauberformel *f* conjuro *m,* fórmula *f* mágica

zauberhaft *adj* encantador

Zauberkünstler(in) *m(f)* mago, -a *m, f; (Illusionist)* ilusionista *mf*

Zauberkunststück *nt* juego *m* de manos

zaubern ['tsaʊbɐn] I. *vi* ① *(Magie betreiben)* practicar la magia; **ich kann doch nicht ~** *(fam)* no puedo hacer milagros ② *(als Zauberkünstler)* hacer juegos de prestidigitación II. *vt* ① *(herbeizaubern)* hacer aparecer por arte de magia ② *(kunstvoll herstellen)* hacer algo con mucho primor; **ein wundervolles Gericht ~** cocinar un plato extraordinario

Zauberspruch *m* dicho *m* mágico, payé *m* *CSur*

Zauberstab *m* varita *f* mágica

Zaubertrank *m* <-(e)s, -tränke> filtro *m* mágico, bebedizo *m*

Zaubertrick *m* obra *f* de magia

Zauberwort *nt* <-(e)s, -e> palabra *f* mágica

zaudern ['tsaʊdɐn] *vi* vacilar, trepidar *Am*

Zaum [tsaʊm, *pl:* 'tsɔɪmə] *m* <-(e)s, Zäume> brida *f;* **jdn im ~ halten** *(fig)* atar corto a alguien; **sich im ~ halten** *(fig)* contenerse

zäumen ['tsɔɪmən] *vt* embridar

Zaumzeug *nt* brida *f*

Zaun [tsaʊn, *pl:* 'tsɔɪnə] *m* <-(e)s, Zäune> cerca *f,* valla *f;* **einen Streit vom ~ brechen** buscar camorra

Zaungast *m* mirón, -ona *m, f,* mosquetero, -a *m, f Arg, Bol;* **ich war nur ~** estuve solamente de mirón

Zaunpfahl *m* estaca *f*

zausen ['tsaʊzən] I. *vi* tirar levemente (**an/in** de) II. *vt (Haare, Fell)* desgreñar

z. B. *Abk. von* **zum Beispiel** p.ej.

ZDF [tsɛtde:'ʔɛf] *nt* <-(s)> *Abk. von* **Zweites Deutsches Fernsehen** segundo canal *m* de la televisión pública alemana

Zebra ['tse:bra] *nt* <-s, -s> (ZOOL) cebra *f*

Zebrastreifen *m* paso *m* (de) cebra

Zeche ['tsɛçə] *f* <-n> ① *(Bergwerk)* mina *f* ② *(Rechnung)* cuenta *f;* **die ~ prellen** *(fam)* irse sin pagar

zechen ['tsɛçən] *vi (fam)* empinar el codo

Zechpreller(in) *m(f)* cliente *mf* que se marcha de un local sin pagar

Zechtour *f* ronda *f* de bares
Zecke ['tsɛkə] *f* <-n> (ZOOL) garrapata *f*
Zeckenbiss *m* picadura *f* de garrapata
Zeh [tseː] *m* <-s, -en> dedo *m* del pie; **der große/kleine ~** el dedo gordo/pequeño
Zehe ['tseːə] *f* <-n> ❶ *(Körperteil)* dedo *m* del pie; **die große ~** el dedo gordo del pie ❷ *(Knoblauchzehe)* diente *m;* **eine ~ Knoblauch** un diente de ajo
Zehennagel *m* uña *f* (del dedo) del pie
Zehenspitze *f* punta *f* del pie; **auf ~n gehen** ir de puntillas; **sich auf die ~n stellen** ponerse de puntillas
zehn [tseːn] *adj inv* diez; *s. a.* **acht**[1]
Zehn *f* <-en> diez *m*
Zehncentstück [-'--] *nt* moneda *f* de diez céntimos (de euro)
Zehner *m* <-s, -> ❶ *(fam: Münze)* moneda *f* de diez; *(Geldschein)* billete *m* de diez ❷ *(einer mehrstelligen Zahl)* decena *f*
Zehnerkarte *f (Bus, Bahn)* bono *m* de diez viajes; *(Schwimmbad)* abono *m* para diez visitas
zehnerlei ['--'-] *adj inv* de diez clases diferentes, diez clases (diferentes) de; *s. a.* **achterlei**
Zehneuroschein *m* billete *m* de diez euros
zehnfach **I.** *adj* diez veces más, por diez **II.** *adv* diez veces; *s. a.* **achtfach**
Zehnfingersystem [-'----] *nt ohne pl* (sistema *m* de) escritura *f* con todos los dedos
zehnjährig *adj (zehn Jahre alt)* de diez años; *(zehn Jahre dauernd)* de diez años de duración; *s. a.* **achtjährig**
Zehnjährige(r) *mf* <-n, -n; -n, -n> niño, -a *m, f* de diez años
Zehnkampf *m* (SPORT) decatlón *m*
zehnmal *adv* diez veces; *s. a.* **achtmal**
zehnt zu ~ (a) diez
zehntausend *adj inv* diez mil; **die oberen ~** la flor y nata de la sociedad
zehnte(r, s) *adj* décimo; *s. a.* **achte(r, s)**
zehntel ['tseːntəl] *adj inv* décimo; *s. a.* **achtel**
Zehntel ['tseːntəl] *nt* <-s, -> décimo, -a *m, f,* décima parte *f; s. a.* **Achtel**
zehntens ['tseːntəns] *adv* en décimo lugar; *(bei einer Aufzählung)* décimo; *s. a.* **achtens**
zehren ['tseːrən] *vi* consumir (**an**); *(schwächen)* debilitar; **von etw** *dat* **~** alimentarse de algo
Zeichen ['tsaɪçən] *nt* <-s, -> ❶ *(a.* ASTR, LING, MUS) signo *m; (Symbol)* símbolo *m; (Abzeichen)* distintivo *m; (Aktenzeichen)* referencia *f; (Warenzeichen)* marca *f;* **die ~ der Zeit erkennen** reconocer los signos de la época; **unser/Ihr ~** nuestra/su referencia; **sie ist im ~ des Löwen geboren** nació bajo el signo de Leo ❷ *(Signal)* señal *f; (mit der Hand)* seña *f; (Beweis)* prueba *f;* **jdm ein ~ geben** hacer una seña a alguien; **ein ~ setzen** sentar un precedente; **zum ~, dass ...** en señal de...; **das ist kein gutes ~** esa no es buena señal; **zum ~ der Versöhnung** como prueba de reconciliación ❸ *(Anzeichen)* indicio *m;* (MED) síntoma *m;* **es geschehen noch ~ und Wunder!** ¡todavía se producen milagros!
Zeichenblock *m* bloc *m* de dibujo
Zeichendreieck *nt* escuadra *f* (de dibujar)
Zeichenerklärung *f* leyenda *f*
Zeichenfolge *f* (INFOR) secuencia *f* de caracteres
Zeichenkohle *f* carboncillo *m*
Zeichenpapier *nt ohne pl* papel *m* de dibujo
Zeichensetzung *f ohne pl* puntuación *f*
Zeichensprache *f* lenguaje *m* por señas
Zeichentrickfilm *m* (película *f* de) dibujos *mpl* animados, caricaturas *fpl Méx*
zeichnen ['tsaɪçnən] **I.** *vt* ❶ *(malen)* dibujar; *(skizzieren)* esbozar; **technisches Z~** dibujo técnico ❷ *(kennzeichnen)* marcar ❸ *(unterschreiben)* firmar; **Aktien ~** su(b)scribir acciones **II.** *vi* dibujar (**an**); **für etw ~** asumir la responsabilidad de algo; **gezeichnet Müller** firmado Müller
Zeichner(in) *m(f)* <-s, -; -nen> ❶ *(Maler)* dibujante *mf;* **technischer ~/technische ~in** delineante *mf* ❷ (WIRTSCH) su(b)scriptor(a) *m(f)*
zeichnerisch *adj* gráfico; **etw ~ darstellen** representar algo gráficamente
Zeichnung *f* <-en> ❶ *(Darstellung)* dibujo *m* ❷ (COM) su(b)scripción *f*
zeichnungsberechtigt *adj* (COM) autorizado para firmar
Zeigefinger *m* (dedo *m*) índice *m;* **mit dem ~ auf jdn deuten** señalar a alguien con el dedo
zeigen ['tsaɪgən] **I.** *vt* ❶ *(allgemein)* mostrar, enseñar; *(vorführen)* exhibir; *(Film)* poner, echar *fam;* **jdm etw ~** mostrar algo a alguien; *(beibringen)* enseñar algo a alguien; **dir werd' ich's ~!** *(fam)* ¡ya te enseñaré (yo)!; **dem hab ich's gezeigt!** *(fam)* ¡le he dado una buena lección! ❷ *(anzeigen)* indicar, marcar; **das Thermometer zeigt zwei Grad** el termómetro marca dos grados ❸ *(an den Tag legen)* mostrar; **sie zeigte ihm, was sie von ihm hielt** no le ocultó lo que pensaba de él ❹ *(beweisen)* demostrar; **nun zeig mal, was du kannst!** *(fam)* ¡demuestra de lo que eres capaz! **II.** *vi* señalar (**nach** hacia); **auf etw/jdn ~** señalar algo/a al-

Z

guien; **sie zeigt nach rechts** señala hacia la derecha; **die Leute ~ schon mit dem Finger auf dich** la gente ya te señala con el dedo; **zeig mal!** ¡déjame ver! **III.** *vr:* **sich ~** ❶ *(allgemein)* mostrarse; *(sich sehen lassen)* dejarse ver; **sich besorgt ~** mostrarse preocupado; **wie kann ich mich Ihnen erkenntlich ~?** ¿cómo puedo mostrarle mi agradecimiento?; **er zeigt sich heute von seiner besten Seite** hoy muestra su lado bueno; **mit ihm kann man sich überall ~** se puede ir con él a todos los sitios ❷ *(sich herausstellen)* verse, demostrarse; *(zum Vorschein kommen)* aparecer; **das wird sich ~** eso ya se verá

Zeiger *m* <-s, -> indicador *m; (Uhrzeiger)* aguja *f;* **der große/kleine ~** la aguja de las horas/los minutos

Zeile ['tsaɪlə] *f* <-n> ❶ *(Textzeile)* línea *f,* renglón *m;* **jdm ein paar ~n schreiben** poner(le) a alguien unas letras; **neue ~** *(beim Diktat)* punto y aparte; **er hat das mit keiner ~ angedeutet** no ha dado a entender eso para nada; **zwischen den ~n lesen** leer entre líneas ❷ *(Reihe)* fila *f*

Zeilenabstand *m* interlínea *f*

Zeilenschaltung *f* (INFOR) intercalación *f* de líneas

Zeisig ['tsaɪzɪç] *m* <-s, -e> (ZOOL) chamariz *m*

zeit [tsaɪt] *präp +gen* **~ meines/seines Lebens** durante toda mi/su vida

Zeit [tsaɪt] *f* <-en> (*a.* LING, SPORT) tiempo *m; (Zeitpunkt)* momento *m; (Zeitraum)* período *m; (Zeitalter)* época *f; (Uhrzeit)* hora *f; (Jahreszeit)* estación *f;* **seit einiger/geraumer ~** desde hace algún/bastante tiempo; **zu jeder ~** a cualquier hora; **zu keiner ~** en ningún momento; **zur ~ Napoleons** en la época/los tiempos de Napoleón; **eine ~ lang** durante algún tiempo; *(eine Weile)* un rato; **seit dieser ~** desde entonces; **nach kurzer ~** después de unos minutos; (**keine**) **~ haben** (no) tener tiempo (**für** para); **wir wollen keine ~ verlieren** no queremos perder tiempo; **wir haben noch fünf Minuten ~** aún tenemos cinco minutos; **wo warst du denn die ganze ~?** ¿dónde has estado todo el tiempo?; **die ~ wurde mir zu lang** el tiempo se me hizo muy largo; **die ~ arbeitet für uns** el tiempo está de nuestra parte; **die ~ drängt** no hay tiempo que perder; **~ gewinnen** ganar tiempo; **sich** *dat* (**mit etw** *dat*) **~ lassen** tomarse el tiempo necesario (para algo); **jdm die ~ stehlen** *(fam)* robarle el tiempo a alguien; **jdm/sich** *dat* **mit etw** *dat* **die ~ vertreiben** entretener a alguien/entretenerse con algo; **das hat ~** eso no corre prisa; **auf ~** a plazo; **es wird** (**allmählich**) **~** (ya) va siendo hora; **es ist an der ~**(**, zu gehen**) ha llegado la hora (de ir); **es ist höchste ~**(**, etw zu tun**) ya va siendo hora (de hacer algo); **morgen um diese ~** mañana a esta hora; **hast du die genaue ~?** ¿tienes la hora exacta?; **um 12 Uhr mitteleuropäischer ~** a las doce horas, hora europea; **seiner ~ voraus sein** estar por delante de su época; **der größte Schwindler aller ~en** el mayor estafador de todos los tiempos; **es ist nur eine Frage der ~** es solamente cuestión de tiempo; **zur rechten ~** en el momento oportuno; **alles zu seiner ~!** ¡cada cosa a su tiempo!; **von ~ zu ~** de vez en cuando; **eine gute ~ laufen** (SPORT) conseguir un buen tiempo; **auf bestimmte ~** por cierto tiempo; **auf unbestimmte ~** por tiempo indefinido; **im Laufe der ~** en el tra(n)scurso del tiempo; **die heutige ~** los tiempos actuales; **die gute alte ~** los (buenos) viejos tiempos; **das waren noch ~en!** ¡qué tiempos aquellos!; **zur ~, als ...** en tiempos de...; **in letzter ~** últimamente; **in nächster ~** en un futuro próximo; **für alle ~en** para siempre; **auf unabsehbare ~** por un período de tiempo indefinido; **die ~en ändern sich** los tiempos cambian; **das ist vor meiner ~ geschehen** eso sucedió antes de mi época; **zu meiner ~** en mis tiempos; **hier bin ich die längste ~ gewesen** *(fam)* ya me cansé de estar aquí; **kommt ~, kommt Rat** *(prov)* con el tiempo maduran las uvas; **die ~ heilt alle Wunden** el tiempo todo lo cura; **du liebe ~!** ¡Dios mío!; **~ ist Geld** *(prov)* el tiempo es oro

Zeitabschnitt *m* espacio *m* de tiempo; *(länger)* época *f*

Zeitalter *nt* <-s, -> era *f; (Jahrhundert)* siglo *m*

Zeitangabe *f* <-, -n> ❶ *(Uhrzeit)* hora *f; (Datum)* fecha *f* ❷ (LING) complemento *m* temporal

Zeitansage *f* información *f* horaria

Zeitarbeit *f ohne pl* (WIRTSCH) trabajo *m* temporal

Zeitarbeitsfirma *f* (WIRTSCH) empresa *f* de trabajo temporal

Zeitaufwand *m* inversión *f* de tiempo; **mit möglichst geringem ~** en el menor tiempo posible

zeitaufwendig *adj,* **zeitaufwändig** *adj* que requiere mucho tiempo

Zeitbombe *f* bomba *f* con detonador de tiempo

Zeitdruck *m* <-(e)s, *ohne pl*> premura *f* de tiempo; **unter ~ stehen** estar corto de tiempo; **jdn unter ~ setzen** apremiar a alguien

Zeiteinteilung *f* distribución *f* del tiempo

Zeitersparnis *f ohne pl* ahorro *m* de tiempo

Zeitgefühl *nt* <-(e)s, *ohne pl*> sentido *m* del tiempo

Zeitgeist *m* <-(e)s, *ohne pl*> espíritu *m* de la época

zeitgemäß *adj* conforme a la época, actual

Zeitgenosse, **-in** *m, f* contemporáneo, -a *m, f*

zeitgenössisch *adj* contemporáneo

Zeitgeschehen *nt* actualidad *f*

Zeitgeschichte *f ohne pl* historia *f* contemporánea

zeitgleich *adj* simultáneo; **~ durchs Ziel gehen** cruzar la meta al mismo tiempo

zeitig I. *adj* temprano **II.** *adv* a tiempo; **wir müssen ~ los** tenemos que salir a tiempo

Zeitkarte *f* abono *m*

zeitkritisch *adj* crítico, con una crítica de la sociedad (del momento)

zeitlebens [tsaɪt'le:bəns] *adv* durante toda la vida

zeitlich *adj* temporal; *(vergänglich)* pasajero; **~ zusammenfallen** coincidir; **das passt ihr ~ nicht** no le viene bien esa hora; **etw ist ~ begrenzt** hay un plazo limitado para algo; **das Z~e segnen** *(Personen)* fallecer; *(fam: Sachen)* tocar a su fin

Zeitlimit *nt* <-s, -s *o* -e> límite *m* de tiempo, tiempo *m* límite

zeitlos *adj* intemporal

Zeitlupe *f ohne pl* (FILM) cámara *f* lenta; **in ~** a cámara lenta

Zeitlupentempo *nt* **im ~** a paso de tortuga

Zeitmangel *m* <-s, *ohne pl*> falta *f* de tiempo; **aus ~** por falta de tiempo

Zeitmaschine *f* <-, -n> máquina *f* del tiempo

Zeitnehmer(in) *m(f)* (SPORT) cronometrador(a) *m(f)*

Zeitnot *f ohne pl* premura *f* de tiempo; **in ~ sein** estar corto de tiempo

Zeitplan *m* horario *m;* **einen ~ einhalten/aufstellen** atenerse a/fijar un horario

Zeitpunkt *m* momento *m; (Datum)* fecha *f;* **zu diesem ~** en este momento

Zeitraffer [-rafɐ] *m* <-s, *ohne pl*> (FILM) cámara *f* rápida; **im ~** a cámara rápida

zeitraubend *adj* que exige mucho tiempo

Zeitraum *m* espacio *m* de tiempo, período *m;* **in einem ~ von mehreren Monaten** en un espacio de tiempo de varios meses

Zeitrechnung *f* cronología *f,* era *f;* **nach christlicher/jüdischer ~** según la cronología cristiana/el calendario judío; **vor unserer ~** antes de nuestra era

Zeitreise *f* viaje por el *m* tiempo

Zeitschaltuhr *f* <-, -en> interruptor *m* eléctrico automático, minutero *m*

Zeitschrift *f* revista *f*

Zeitschriftenregal *nt* expositor *m* de revistas

Zeitspanne *f* lapso *m* de tiempo, período *m*

zeitsparend *adj* que ahorra tiempo; **~ arbeiten** trabajar ahorrando tiempo

Zeitumstellung *f* cambio *m* de horario

Zeitung ['tsaɪtʊŋ] *f* <-en> periódico *m; (Tageszeitung)* diario *m*

Zeitungsabonnement *nt* su(b)scripción *f* a un periódico

Zeitungsannonce *f* anuncio *m* (en un periódico)

Zeitungsanzeige *f* anuncio *m* (en un periódico)

Zeitungsartikel *m* artículo *m* de periódico

Zeitungsausschnitt *m* recorte *m* de(l) periódico

Zeitungsausträger(in) *m(f)* <-s, -; -nen> repartidor(a) *m(f)* de periódicos

Zeitungsbeilage *f* suplemento *m* del periódico

Zeitungsbericht *m* reportaje *m* periodístico

Zeitungskiosk *m* quiosco *m* de periódicos

Zeitungsmeldung *f* <-, -en>, **Zeitungsnotiz** *f* <-, -en> noticia *f* de prensa

Zeitungspapier *nt* <-s, *ohne pl*> papel *m* de periódico

Zeitungsständer *m* <-s, -> ① *(im Kiosk)* expositor *m* de periódicos ② *(zu Hause)* revistero *m*

Zeitungsverkäufer(in) *m(f)* vendedor(a) *m(f)* de periódicos, voceador(a) *m(f) Am*

Zeitverlust *m* <-(e)s, *ohne pl*> pérdida *f* de tiempo

Zeitverschiebung *f* diferencia *f* horaria

Zeitverschwendung *f* pérdida *f* de tiempo; **reine ~** solamente tiempo perdido

Zeitvertrag *m (besonders im Bauwesen)* contrato *m* temporal

Zeitvertreib *m* <-(e)s, -e> pasatiempo *m;* **etw zum ~ tun** hacer algo como pasatiempo

Zeitverzögerung *f* retraso *m*

zeitweilig ['tsaɪtvaɪlɪç] **I.** *adj* momentáneo, temporal **II.** *adv* ① *(vorübergehend)* durante algún tiempo ② *(manchmal)* a veces

zeitweise ['tsaɪtvaɪzə] *adv* ① *(manchmal)* a veces ② *(vorübergehend)* por momentos

Zeitwort *nt* <-(e)s, -wörter> (LING) verbo *m*

Zeitzeuge, -in *m, f* testigo *mf* de su época; *(Zeitgenosse)* contemporáneo, -a *m, f*
Zeitzone *f* huso *m* horario
Zeitzünder *m* <-s, -> espoleta *f* retardada
zelebrieren* [tsele'bri:rən] *vt* celebrar
Zelle ['tsɛlə] *f* <-n> ❶ *(einer Organisation, a.* BIOL, ELEK) célula *f;* **die (kleinen) grauen ~n** *(fam)* la sustancia gris ❷ *(Telefonzelle)* cabina *f* telefónica ❸ *(Gefängnis-, Klosterzelle)* celda *f*
Zellengenosse, -in *m, f* <-n, -n; -, -nen> compañero, -a *m, f* de celda
Zellgewebe *nt* (BIOL) tejido *m* celular
Zellkern *m* (BIOL) núcleo *m* celular
Zellkultur *f* (BIOL, MED) cultivo *m* celular
Zellstoff *m* celulosa *f*
Zellteilung *f* (BIOL) división *f* celular
zellulär *adj* (BIOL) celular
Zellulitis [tsɛlu'li:tɪs, *pl:* tsɛluli'ti:dən] *f* <Zellulitiden> (MED) celulitis *f inv*
Zelluloid [tsɛlu'lɔɪt] *nt* <-s, *ohne pl*> (*a.* CHEM) celuloide *m*
Zellwand *f* (BIOL) pared *f* celular
Zelt [tsɛlt] *nt* <-(e)s, -e> tienda *f* de campaña; *(Zirkuszelt)* carpa *f;* **seine ~e aufschlagen/abbrechen** *(fam)* establecerse/marcharse
Zeltboden *m* suelo *m* aislante (en una tienda de campaña)
Zelteingang *m* entrada *f* de la tienda de campaña
zelten ['tsɛltən] *vi* acampar, campear *Am*
Zeltlager *nt* campamento *m*
Zeltplane *f* toldo *m*
Zeltplatz *m* lugar *m* de acampada; *(Campingplatz)* campin(g) *m*
Zeltstange *f* palo *m* de la tienda
Zement [tse'mɛnt] *m* <-(e)s, -e> cemento *m*
zementieren* [tsemɛn'ti:rən] *vt* ❶ *(Wege)* cubrir de cemento ❷ *(festsetzen)* consolidar ❸ *(Stahl)* cementar
Zenit [tse'ni:t] *m* <-(e)s, *ohne pl*> *(a. fig)* cenit *m;* **im ~ stehen** estar en el cenit; *(Mensch)* estar en el apogeo
zensieren* [tsɛn'zi:rən] *vt* ❶ *(der Zensur unterwerfen)* censurar ❷ *(benoten)* calificar
Zensor(in) ['tsɛnzo:ɐ] *m(f)* <-s, -en; -nen> censor(a) *m(f)*
Zensur[1] [tsɛn'zu:ɐ] *f ohne pl (Kontrolle)* censura *f;* **der ~ unterliegen** estar sometido a censura
Zensur[2] *f* <-en> *(Note)* nota *f*
zensurieren* [tsɛnzu'ri:rən] *vt (Schweiz, Österr)* censurar, someter a censura
Zentigramm [tsɛnti'gram, 'tsɛntigram] *nt nach Zahlen:* centigramo *m*
Zentiliter [tsɛnti'li:tɐ, 'tsɛntili:tɐ] *m o nt* centilitro *m*
Zentimeter [tsɛnti-, 'tsɛnti-] *m o nt* centímetro *m*
Zentimetermaß *nt* cinta *f* métrica
Zentner ['tsɛntnɐ] *m* <-s, -> ❶ *(50 kg)* quintal *m* ❷ *(Österr, Schweiz: 100 kg)* quintal *m* métrico
zentnerschwer *adj* pesado
zentral [tsɛn'tra:l] *adj* central; **~ gelegen** céntrico; **in ~er Lage** en zona céntrica; **ich wohne hier ziemlich ~** aquí vivo a un paso del centro
Zentralabitur *nt* <-s, -e> exámenes *mpl* centrales de enseñanza media *(similares a la Selectividad)*
Zentralafrika [-'-'---] *nt* África *f* Central
Zentralafrikanische Republik *f* República *f* Centroafricana
Zentralamerika [-'--'---] *nt* América *f* Central
Zentralbank *f* banco *m* central
Zentralbankpräsident(in) *m(f)* (FIN) presidente *mf* del Banco Central
Zentrale [tsɛn'tra:lə] *f* <-n> central *f; (Telefonzentrale)* centralita *f*
Zentraleinheit *f* (INFOR) unidad *f* central
Zentralgewalt *f* (POL) poder *m* central
Zentralheizung *f* calefacción *f* central
zentralisieren* [tsɛntrali'zi:rən] *vt* centralizar
Zentralisierung *f* <-, -en> centralización *f*
Zentralismus [tsɛntra'lɪsmʊs] *m* <-, *ohne pl*> centralismo *m*
zentralistisch *adj* centralista
Zentralkomitee *nt* comité *m* central
Zentralmassiv *nt* <-s> Macizo *m* Central
Zentralnervensystem *nt* (ZOOL, MED) sistema *m* nervioso central
Zentralrat *m* consejo *m* central
Zentralverriegelung *f* (AUTO) cierre *m* centralizado
Zentralverwaltung *f* administración *f* central
Zentren ['tsɛntrən] *pl von* **Zentrum**
zentrieren* [tsɛn'tri:rən] *vt* (*a.* TECH) centrar
zentrifugal [tsɛntrifu'ga:l] *adj* (PHYS, MED, BIOL) centrífugo
Zentrifugalkraft *f* (PHYS) fuerza *f* centrífuga
Zentrifuge [tsɛntri'fu:gə] *f* <-n> centrifugadora *f*
Zentrum ['tsɛntrʊm] *nt* <-s, Zentren> centro *m;* **im ~ des öffentlichen Interesses stehen** estar en el centro del interés público; **sie wohnt im ~** vive en el centro
Zeppelin ['tsɛpəli:n] *m* <-s, -e> zepelín *m*

Zepter ['tsɛptɐ] *m o nt* <-s, -> cetro *m;* **das ~ schwingen** *(fam)* llevar la voz cantante

zerbeißen* [tsɛɐ-] *irr vt* romper con los dientes [*o* a mordiscos]

zerbissen *pp von* **zerbeißen**

zerbomben* *vt* bombardear

zerbrechen* *irr* **I.** *vt (zerstören)* romper **II.** *vi sein* ❶ *(entzweibrechen)* romper(se) ❷ *(scheitern)* fracasar

zerbrechlich *adj* frágil

zerbrochen *pp von* **zerbrechen**

zerbröckeln* **I.** *vi sein (Mauer, Gestein)* desmoronarse; *(Brot)* desmigajarse **II.** *vt* desmenuzar; *(Brot)* desmigajar

zerdeppern* [tsɛɐ'dɛpɐn] *vt (fam)* hacer pedazos [*o* añicos]

zerdrücken* *vt* ❶ *(zerquetschen)* aplastar; *(Knoblauch)* machacar ❷ *(fam: zerknittern)* arrugar

Zeremonie [tseremo'ni:, tsere'mo:niə] *f* <-n> ceremonia *f*

zeremoniell [tseremo'njɛl] *adj* ceremonioso

Zeremoniell [tseremo'njɛl] *nt* <-s, -e> ceremonial *m*

Zerfall *m* <-(e)s, *ohne pl*> ruina *f; (von Gebäuden)* desmoronamiento *m;* (CHEM) descomposición *f;* (PHYS) desintegración *f*

zerfallen* *irr vi sein* ❶ *(Gebäude)* desmoronarse; **zu Staub ~** convertirse en polvo ❷ *(Reich, Kultur)* hundirse ❸ (CHEM) descomponerse; (PHYS) desintegrarse ❹ *(sich gliedern)* **in etw ~** dividirse en algo

zerfetzen* *vt* (des)garrar; *(Körper)* despedazar

zerfleddern* [tsɛɐ'flɛdɐn] *vt,* **zerfledern*** [tsɛɐ'fle:dɐn] *vt* estropear; *(zerreißen)* destrozar, hacer trizas

zerfleischen* *vt* despedazar

zerfließen* *irr vi sein* ❶ *(schmelzen)* fundirse; **vor Freundlichkeit ~** *(iron)* deshacerse en amabilidades ❷ *(Farbe)* correrse

zerflossen *pp von* **zerfließen**

zerfranst [tsɛɐ'franst] *adj* deshilachado

zerfressen* *irr vt* ❶ *(Würmer)* carcomer; *(Motten)* comerse; *(Krebs, Lepra)* consumir ❷ *(Rost)* corroer

zergangen *pp von* **zergehen**

zergehen* *irr vi sein* deshacerse; **auf der Zunge ~** deshacerse en la lengua

zerkauen* *vt* masticar

zerkleinern* *vt* desmenuzar; *(in Stücke)* trocear; *(zermahlen)* triturar; *(Holz)* partir

zerknirscht *adj* compungido; *(reuig)* arrepentido

zerknittern* *vt (Papier)* estrujar; *(Kleid)* arrugar

zerknüllen* *vt* estrujar

zerkochen* **I.** *vi sein* cocer demasiado **II.** *vt* cocer demasiado

zerkratzen* *vt (Dinge)* rascar; *(Haut)* arañar

zerkrümeln* **I.** *vi sein* desmigajarse **II.** *vt* desmigajar

zerlassen* *irr vt* (GASTR) derretir

zerlaufen* *irr vi sein* derretirse

zerlegen* *vt* ❶ *(Maschine, Möbel)* desmontar; **etw in seine Einzelteile ~** desmontar algo ❷ *(Wild)* descuartizar; *(Fleisch)* cortar ❸ (CHEM) descomponer ❹ (LING) analizar

zerlesen *adj* manoseado, releído

zerlumpt *adj* andrajoso, distraído *Chil, Méx*

zermalmen* [tsɛɐ'malmən] *vt* aplastar, triturar

zermürben* *vt (körperlich)* cansar; *(seelisch)* desmoralizar

zerquetschen* *vt* aplastar

Zerrbild ['tsɛrbɪlt] *nt* caricatura *f*

zerreden* *vt* tratar demasiado

zerreiben* *irr vt* triturar, moler; *(fein)* pulverizar

zerreißen* *irr* **I.** *vi sein* romperse **II.** *vt* romper; *(in Stücke)* hacer pedazos; **ich könnte ihn in der Luft ~** *(fam)* podría hacerle pedazos; **es hat uns fast zerrissen** *(fam)* casi nos morimos de la risa

Zerreißprobe *f* (TECH) prueba *f* de rotura; *(fig)* prueba *f* de nervios

zerren ['tsɛrən] **I.** *vi* tirar violentamente (**an** de); **das zerrt an meinen Nerven** esto me destroza los nervios **II.** *vt* ❶ *(schleppen)* arrastrar ❷ *(überdehnen)* **sich** *dat* **etw ~** distenderse algo

zerrieben *pp von* **zerreiben**

zerrinnen* *irr vi sein (geh)* ❶ *(Schnee)* derretirse ❷ *(Traum, Hoffnung)* desvanecerse; *(Zeit)* pasar volando

zerrissen [tsɛɐ'rɪsən] **I.** *pp von* **zerreißen** **II.** *adj* roto; *(Menschen)* dividido

zerronnen *pp von* **zerrinnen**

Zerrspiegel *m* <-s, -> espejo *m* deformante

Zerrung ['tsɛrʊŋ] *f* <-en> distensión *f,* tirón *m fam*

zerrütten* [tsɛɐ'rʏtən] *vt (Gesundheit)* quebrantar; *(Finanzen, Ordnung)* arruinar; *(Nerven)* destrozar

zersägen* *vt* serrar, cortar con la sierra

zerschellen* [tsɛɐ'ʃɛlən] *vi sein* estrellarse (**an** contra)

zerschlagen[1] **I.** *pp von* **zerschlagen**[2] **II.** *adj* agotado, hecho polvo *fam*

zerschlagen*[2] *irr* **I.** *vt* ❶ *(zerbrechen)* romper; *(zerstören)* destrozar ❷ *(Organi-*

sation) desintegrar **II.** *vr:* **sich ~** quedar en nada

Zerschlagung *f* <-, -en> desmantelamiento *m; (einer Bande)* desarticulación *f*

zerschlissen [tsɛɐ'ʃlɪsən] *adj* desgastado

zerschmettern* *vt* romper (con violencia); *(Körperteil)* desmembrar

zerschneiden* *irr vt* cortar

zerschnitten *pp von* **zerschneiden**

zersetzen* **I.** *vt* ① *(auflösen)* descomponer ② *(untergraben)* minar; *(sittlich)* desmoralizar **II.** *vr:* **sich ~** descomponerse

Zersetzung *f* <-, -en> ① *(Auflösung)* descomposición *f* ② *(moralisch)* desmoralización *f*

Zersetzungsprodukt *nt* <-(e)s, -e> producto *m* de descomposición

zerspalten* *irr vt* partir; *(Partei)* escindir

zersplittern* **I.** *vi sein (Fensterscheibe)* hacerse añicos; *(Knochen, Holz)* hacerse astillas; *(Partei)* dividirse **II.** *vt* hacer pedazos; *(Holz)* hacer astillas

zerspringen* *irr vi sein* romperse; *(in einzelne Stücke)* hacerse añicos

zersprungen *pp von* **zerspringen**

zerstampfen* *vt* ① *(zerkleinern)* machacar ② *(zertreten)* pisotear

zerstäuben* [tsɛɐ'ʃtɔɪbən] *vt* pulverizar; *(Flüssigkeit)* atomizar

Zerstäuber *m* <-s, -> pulverizador *m; (von Flüssigkeit)* atomizador *m*

zerstechen* *irr vt* ① *(Insekten)* picar ② *(Reifen)* pinchar

zerstochen *pp von* **zerstechen**

zerstörbar *adj* destruible; **leicht/schwer ~** fácil/difícil de destruir

zerstören* *vt* destruir

Zerstörer *m* <-s, -> destructor *m*

zerstörerisch *adj* destructivo

Zerstörung *f* <-en> destrucción *f*

Zerstörungstrieb *m ohne pl* instinto *m* destructivo

zerstoßen* *irr vt* machacar, triturar; *(zu Pulver)* pulverizar

zerstreiten* *irr vr:* **sich ~** pelearse; **mit jdm zerstritten sein** estar peleado con alguien

zerstreuen* **I.** *vt* ① *(auseinandertreiben)* dispersar; *(Bedenken)* disipar ② *(verstreuen)* esparcir **II.** *vr:* **sich ~** ① *(Menschenmenge)* dispersarse; *(Bedenken)* disiparse ② *(sich unterhalten)* distraerse

zerstreut [tsɛɐ'ʃtrɔɪt] *adj (Person)* distraído

Zerstreutheit *f ohne pl* distracción *f*

Zerstreuung[1] *f ohne pl* ① *(einer Menschenmenge)* dispersión *f; (eines Verdachts)* disipación *f* ② *(Zerstreutheit)* distracción *f*

Zerstreuung[2] *f* <-en> *(Unterhaltung)* entretenimiento *m*

zerstritten [tsɛɐ'ʃtrɪtən] *pp von* **zerstreiten**

zerstückeln* [tsɛɐ'ʃtʏkəln] *vt* despedazar

Zerstückelung *f* <-en> despedazamiento *m*, troceo *m*

zerteilen* *vt* dividir (**in** en); *(in Stücke)* trocear

Zertifikat [tsɛrtifi'ka:t] *nt* <-(e)s, -e> certificado *m*

Zertifizierung *f* <-, -en> certificación *f*

zertreten* *irr vt* pisar

zertrümmern* *vt* destrozar, destruir

zerwühlen* *vt (Bett)* revolver; *(Boden)* remover

Zerwürfnis [tsɛɐ'vʏrfnɪs] *nt* <-ses, -se> *(geh)* desavenencia *f*, desacuerdo *m*

zerzausen* [tsɛɐ'tsaʊzən] *vt* desgreñar

zetern ['tse:tɐn] *vi (abw)* armar la marimorena

Zettel ['tsɛtəl] *m* <-s, -> papel *m; (Notiz)* nota *f; (Kassenzettel)* tique *m*

Zeug [tsɔɪk] *nt* <-(e)s, *ohne pl*> *(fam: Sachen)* cosas *fpl; (wertlose Dinge)* trastos *mpl;* **red kein dummes ~!** *(fam)* ¡no digas tonterías!; **das ~ zu etw** *dat* **haben** *(fam)* tener madera de algo; **was das ~ hält** *(fam)* a más no poder; **sich für jdn ins ~ legen** *(fam)* defender a alguien contra viento y marea

Zeuge, -in ['tsɔɪgə] *m, f* <-n, -n; -nen> testigo *mf;* **vor ~n** ante testigos

zeugen ['tsɔɪgən] **I.** *vi* ① *(erkennen lassen)* **von etw** *dat* **~** demostrar algo ② *(als Zeuge aussagen)* testificar (**für** a favor de, **gegen** contra/en contra de) **II.** *vt (Kind)* engendrar; *(verursachen)* producir

Zeugenaussage *f* declaración *f* del testigo; **seine ~ machen** prestar declaración testimonial

Zeugenstand *m* <-(e)s, *ohne pl*> estrado *m* de testigos; **in den ~ treten** subir al estrado

Zeugenvernehmung *f* audición *f* de los testigos

Zeugin *f* <-nen> *s.* **Zeuge**

Zeugnis ['tsɔɪknɪs] *nt* <-ses, -se> ① *(Schulzeugnis)* notas *fpl; (Arbeitszeugnis)* certificado *m;* **jdm ein ~ ausstellen/schreiben** extender(le)/escribir(le) a alguien un certificado ② *(Gutachten)* dictamen *m*, certificado *m;* **ein amtliches/ärztliches ~** un dictamen oficial/un certificado médico ③ *(geh: Zeichen)* testimonio *m; (Beweis)* prueba *f*

Zeugung *f* <-en> engendramiento *m*

Zeugungsakt *m* acto *m* generador

zeugungsfähig *adj* capaz de engendrar

Z

Zeugungsfähigkeit *f* <-, *ohne pl*> facultad *f* generativa, capacidad *f* de procrear

zeugungsunfähig *adj* incapaz de engendrar

Zeugungsunfähigkeit *f ohne pl* incapacidad *f* de procrear

z. H(d). *Abk. von* **zu Händen von** a la atención de

Zichorie [tsɪ'ço:riə] *f* <-, -n> achicoria *f*

Zicke ['tsɪkə] *f* <-n> ❶ *(weibliche Ziege)* cabra *f* ❷ *(Frau)* pava *f* ❸ *pl (fam: Dummheiten)* tonterías *fpl;* **~n machen** crear problemas

zickig *adj (fam abw)* caprichoso

Zicklein *nt* <-s, -> cabrito *m*

zickzack ['tsɪktsak] *adv* en zigzag; **~ fahren** ir en zigzag

Zickzack ['tsɪktsak] *m* <-(e)s, -e> zigzag *m,* eses *fpl;* (**im**) **~ laufen** hacer eses

Zickzackkurs *m* <-es, -e> zigzag *m;* **einen** [*o* **im**] **~ fahren** zigzaguear; *(fig)* ir haciendo eses

Ziege ['tsi:gə] *f* <-n> ❶ *(Tier)* cabra *f* ❷ *(fam abw: Frau)* bruja *f;* **du dumme ~!** ¡tía idiota!

Ziegel ['tsi:gəl] *m* <-s, -> ❶ *(Backstein)* ladrillo *m* ❷ *(Dachziegel)* teja *f*

Ziegeldach *nt* tejado *m* de tejas

Ziegelei [tsi:gə'laɪ] *f* <-en> fábrica *f* de tejas y ladrillos, galpón *m Col*

Ziegelstein *m* ladrillo *m*

Ziegenbart *m* ❶ *(Bart des Ziegenbockes)* barba *f* del macho cabrío; *(fam: Spitzbart)* barba *f* de chivo ❷ *(Pilz)* ramaria *f*

Ziegenbock *m* macho *m* cabrío

Ziegenkäse *m* queso *m* de (leche de) cabra

Ziegenmilch *f* leche *f* de cabra

Ziegenpeter [-pe:tɐ] *m* <-s, -> *(fam)* paperas *fpl*

ziehen ['tsi:ən] <zieht, zog, gezogen> **I.** *vt* ❶ *(allgemein)* tirar (**an** de); *(zerren)* arrastrar; *(Anhänger)* remolcar; *(dehnen)* estirar; **jdn am Ärmel ~** tirar a alguien de la manga; **jdn auf seine Seite ~** conquistar a alguien para sus fines; **etw nach sich** *dat* **~** *(fig)* acarrear algo; **alle Blicke/die Aufmerksamkeit auf sich ~** atraer sobre sí todas las miradas/la atención; **etw ins Komische ~** ridiculizar algo; **Saiten auf ein Instrument ~** poner cuerdas a un instrumento; **der Honig zieht Fäden** la miel hace hebras ❷ *(herausziehen)* sacar (**aus** de); *(Wurzeln)* arrancar (**aus** de); **Zigaretten ~** sacar cigarrillos; **Fäden ~** quitar los puntos; **aus dem Verkehr ~** *(Auto)* retirar del servicio; *(Geld)* retirar de la circulación; **einen Vorteil aus etw** *dat* **~** sacar una ventaja de algo ❸ *(heranziehen)* acercar (tirando) (**an/auf** a); **das Boot ans Ufer ~** acercar el barco a la orilla; **mich zieht überhaupt nichts nach Schweden** en Suecia no hay nada que me atraiga; **es zieht mich nach Hause/in die Ferne** tengo ganas de irme a casa/lejos ❹ *(Linie)* trazar; **sich** *dat* **einen Scheitel ~** hacerse una raya ❺ *(Graben)* abrir; *(Grenze)* establecer; *(Mauer, Zaun)* levantar ❻ *(Pflanzen)* cultivar; *(Tiere)* criar; *(Kerzen)* hacer ❼ (MATH) extraer; **die Wurzel aus einer Zahl ~** extraer la raíz de un número ❽ *(im Kartenspiel)* tomar una carta **II.** *vi* ❶ (*a.* AUTO) tirar; **an etw** *dat* **~** tirar de algo; **das Auto/der Kamin zieht gut** *(fam)* el coche/la chimenea tira bien; **er zog an seiner Pfeife** dio una chupada a la pipa; **lass mich mal ~** *(an der Zigarette)* déjame dar una calada ❷ *sein (umziehen)* mudarse (**nach/in/auf** a); *(zu jdm)* irse a vivir (**zu** con); **ich ziehe nach Aachen** me mudo a Aquisgrán; **sie ~ aufs Land** se van a vivir al campo ❸ *sein (gehen, wandern)* caminar (**zu/nach** a); *(hineinziehen)* entrar (**in** a/en); *(durchqueren)* atravesar, pasar (**durch** por); *(Vögel)* migrar; **in den Krieg ~** ir a la guerra; **die Jahre zogen ins Land** pasaron los años; **einen ~ lassen** *(fam: furzen)* tirarse un pedo ❹ *(im Spiel)* mover; **mit dem Turm ~** mover la torre ❺ *(Tee, Kaffee)* reposar ❻ *(Wirkung haben)* tener éxito; **das zieht bei mir nicht** eso no vale conmigo; **dieser Trick zieht immer** este truco siempre tiene éxito ❼ *(schmerzen)* doler **III.** *vr:* **sich ~** ❶ *(sich erstrecken)* extenderse; *(vorhanden sein)* estar presente; **dieses Thema zieht sich durch das ganze Buch** este tema está presente en todo el libro ❷ *(sich verziehen)* alabearse ❸ *(fam: dauern)* durar **IV.** *vunpers (Luftzug)* haber corriente; **es zieht!** ¡que hay corriente!

Ziehen *nt* <-s, *ohne pl*> ❶ *(eines Wagens, Anhängers)* tracción *f* ❷ *(eines Zahnes)* extracción *f* ❸ *(von Pflanzen)* cultivo *m* ❹ *(Schmerz)* dolor *m* tirante

Ziehharmonika *f* acordeón *m*

Ziehung *f* <-en> sorteo *m*

Ziel [tsi:l] *nt* <-(e)s, -e> ❶ *(Reiseziel)* destino *m;* **mit unbekanntem ~** con destino desconocido; **am ~ seiner Träume sein** haber conseguido todo lo que se quería ❷ (SPORT) meta *f;* **ins ~ kommen** cruzar la meta ❸ *(beim Schießen)* blanco *m;* **ins ~ treffen** dar en el blanco; **über das ~ hinausschießen** *(fam)* pasarse ❹ *(Zweck)* fin *m; (Absicht)* propósito *m;* **erklärtes ~ ist es, …** el objetivo que se ha fijado es…; **ein klares ~ vor Augen haben** perseguir una meta fija; **sich** *dat* **ein ~ setzen** proponerse una meta; **mit dem ~, zu …** con el fin de…

zielbewusst *adj* decidido

zielen *vi* ① *(Mensch)* apuntar (**auf** a) ② *(Bemerkung)* referirse (**auf** a); **ihre Kritik zielt auf …** su crítica se refiere a… ③ *(zum Ziel haben)* tener como objetivo (**auf**)

Zielfernrohr *nt* mira *f* telescópica

Zielgerade *f* (SPORT) recta *f* final

zielgerichtet *adj* ① *(entschlossen)* decidido; **~ handeln** actuar teniendo siempre en mente el objetivo final ② *(methodisch)* metódico; **etw ~ planen** planear algo metódicamente

Zielgruppe *f* grupo *m* destinatario

Ziellinie *f* (SPORT) línea *f* de llegada

ziellos *adj* sin propósito fijo; *(orientierungslos)* sin rumbo fijo

Zielort *m* (punto *m* de) destino *m*, lugar *m* de destino *m*

Zielperson *f* persona *f* destinataria

Zielscheibe *f* blanco *m*

Zielsetzung *f* <-en> objetivo *m*

zielsicher *adj* firme, seguro

Zielsprache *f* (LING) lengua *f* de destino

zielstrebig **I.** *adj* perseverante; *(ausdauernd)* constante **II.** *adv* con determinación

Zielstrebigkeit *f ohne pl* perseverancia *f*

ziemlich ['tsi:mlɪç] **I.** *adj* bastante; *(beträchtlich)* considerable; **mit ~er Sicherheit** con bastante seguridad **II.** *adv* ① *(recht viel)* bastante; **~ gut/lange** bastante bien/tiempo; **~ viel** bastante (cantidad) ② *(fam: beinahe)* casi; **so ~ alles** casi todo

Zierde ['tsi:ɐdə] *f* <-n> adorno *m*; **als ~ dienen** servir de adorno

zieren ['tsi:rən] **I.** *vt (geh)* adornar **II.** *vr:* **sich ~** *(abw)* hacerse de rogar; **er zierte sich nicht lange** no se hizo de rogar demasiado

Zierfisch ['tsi:ɐ-] *m* pez *m* decorativo

Ziergarten *m* jardín *m* de plantas ornamentales

Zierleiste *f* ① *(an Möbeln)* moldura *f* decorativa ② (TYPO) viñeta *f*

zierlich *adj* grácil; *(fein)* fino

Zierlichkeit *f* <-, *ohne pl*> gracilidad *f*; *(Feinheit)* finura *f*

Zierpflanze *f* planta *f* ornamental

Ziffer ['tsɪfɐ] *f* <-n> cifra *f*; *(Zahl)* número *m*; **römische/arabische ~n** números romanos/arábigos

Zifferblatt *nt* esfera *f*

zig [tsɪç] *adj inv (fam)* un montón (de)

Zigarette [tsiga'rɛtə] *f* <-n> cigarrillo *m*, pitillo *m fam*; **sich** *dat* **eine ~ drehen** liar un cigarrillo

Zigarettenanzünder *m* <-s, -> encendedor *m* de cigarrillos

Zigarettenautomat *m* máquina *f* expendedora de cigarrillos

Zigarettenetui *nt* <-s, -s> pitillera *f*, petaca *f*

Zigarettenpapier *nt* <-s, -e> papel *m* de liar, mortaja *f Am*

Zigarettenpause *f* <-, -n> *(fam)* pausa *f* para fumar un cigarrillo

Zigarettenschachtel *f* cajetilla *f*, atado *m CSur*

Zigarettenspitze *f* boquilla *f*

Zigarettenstummel *m* <-s, -> colilla *f*

Zigarillo [tsiga'rɪlo] *m o nt* <-s, -s> purito *m*

Zigarre [tsi'garə] *f* <-n> puro *m*

Zigarrenstummel *m* colilla *f* (de puro)

Zigeuner(in) [tsi'gɔɪnɐ] *m(f)* <-s, -; -nen> *(abw)* gitano, -a *m, f pey; s. a.* **Rom²**, **Romni**

Zigeunermusik *f* <-, -en> *(alt abw)* música *f* gitana *pey*

Zigeunerschnitzel *nt* (GASTR *alt abw*) *filete de cerdo o ternera en una salsa con tomate, cebolla y tiras de pimiento rojo*

zigmal ['tsɪçma:l] *adv (fam)* mil veces

zigste(r, s) *adj (fam)* enésimo; **zum ~n Mal** por enésima vez

Zikade [tsi'ka:də] *f* <-n> (ZOOL) cigarra *f*

Zimbabwe [zɪm'bapve] *nt* <-s> Zimbabwe *m*, Zimbabue *m*

Zimmer ['tsɪmɐ] *nt* <-s, -> habitación *f*, pieza *f Am*; **~ frei** habitación libre; **~ zu vermieten** se alquila habitación; **~ mit Frühstück** habitación con desayuno

Zimmerantenne *f* <-, -n> antena *f* interior

Zimmerdecke *f* techo *m*

Zimmereinrichtung *f* <-, -en> mobiliario *m*

Zimmerhandwerk *nt* carpintería *f*

Zimmerlautstärke *f ohne pl* **das Radio auf ~ stellen** poner la radio a un volumen medio

Zimmermädchen *nt* camarera *f*

Zimmermann *m* <-(e)s, -leute> carpintero *m* de obra

zimmern ['tsɪmɐn] **I.** *vi* **an etw** *dat* **~** construir algo **II.** *vt* hacer, construir

Zimmernummer *f* número *m* de habitación

Zimmerpflanze *f* planta *f* de interior

Zimmerservice *m* servicio *m* de habitaciones

Zimmertemperatur *f* temperatura *f* ambiente

Zimmervermittlung *f* servicio *m* de alquiler de habitaciones

zimperlich ['tsɪmpɐlɪç] *adj (abw: über-*

empfindlich) hipersensible; *(geziert)* remilgado; *(Kind)* ñoño
Zimperlichkeit *f* <-, *ohne pl*> *(abw)* ① *(Überempfindlichkeit)* hipersensibilidad *f* ② *(Geziertheit)* remilgo *m*
Zimt [tsɪmt] *m* <-(e)s, -e> canela *f*
Zimtrinde *f* canela *f* (en rama)
Zimtstange *f* palo *m* de canela, canela *f* en rama
Zink [tsɪŋk] *nt* <-(e)s, *ohne pl*> (CHEM) cinc *m*
Zinke ['tsɪŋkə] *f* <-n> púa *f*
zinken *vt (sl)* marcar
Zinksalbe *f* <-, -n> pomada *f* de óxido de cinc
Zinn [tsɪn] *nt* <-(e)s, *ohne pl*> ① (CHEM) estaño *m* ② *(Zinngeschirr)* vajilla *f* de estaño
zinne(r)n *adj* de estaño
Zinnober[1] [tsɪ'noːbɐ] *m* <-s, *ohne pl*> *(fam abw: Unsinn)* tontería *f; (Zeug)* chismes *mpl*
Zinnober[2] *m* <-s, -> ① *(Mineral)* cinabrio *m* ② *(Farbe)* bermellón *m*
zinnoberrot *adj* bermejo
Zinnsoldat *m* soldado *m* de plomo
Zins [tsɪns] *m* <-es, -en> ① *(Verzinsung)* interés *m;* **~en bringen** producir intereses; **jdm etw mit ~ und Zinseszins zurückzahlen** devolver algo a alguien hasta el último céntimo; *(fig)* pagar algo a alguien con la misma moneda ② *(südd, Schweiz, Österr: Miete)* alquiler *m*
Zinserhöhung *f* aumento *m* de los tipos de interés, subida *f* de los intereses
Zinsertrag *m* rédito *m*
Zinseszins ['tsɪnzəs-] *m* interés *m* compuesto
Zinsgefälle *nt* diferencial *m* en los tipos de interés
zinsgünstig *adj* (FIN) de un tipo de interés favorable
zinslos *adj* libre de interés
Zinssatz *m* tipo *m* de interés
Zinssenkung *f* reducción *f* de los tipos de interés
Zionismus [tsio'nɪsmʊs] *m* <-s, *ohne pl*> sionismo *m*
Zionist(in) [tsio'nɪst] *m(f)* <-en, -en; -, -nen> sionista *mf*
Zipfel ['tsɪpfəl] *m* <-s, -> punta *f*
Zipfelmütze *f* gorro *m* con borla
zirka ['tsɪrka] *adv* cerca de, aproximadamente; **~ ein km** cerca de un km; **in ~ zwei Wochen** en dos semanas aproximadamente
Zirkel ['tsɪrkəl] *m* <-s, -> ① *(Gerät)* compás *m* ② *(Kreis, Gruppe)* círculo *m*
Zirkeltraining *nt* (SPORT) entrenamiento *m* en circuito
Zirkulation [tsɪrkula'tsjoːn] *f* <-en> circulación *f*
zirkulieren* [tsɪrku'liːrən] *vi haben o sein* circular
Zirkumflex ['tsɪrkʊmflɛks] *m* <-es, -e> (LING) acento *m* circunflejo
Zirkus[1] ['tsɪrkʊs] *m* <-, -se> circo *m*
Zirkus[2] *m* <-, *ohne pl*> *(fam abw: Getue)* teatro *m; (Durcheinander)* follón *m;* **mach doch nicht solchen ~!** ¡no hagas tanto teatro!
Zirkuszelt *nt* carpa *f* de un circo
zirpen ['tsɪrpən] *vi (Grillen)* cantar
Zirrhose [tsɪ'roːzə] *f* <-, -n> (MED) cirrosis *f inv*
Zirruswolke ['tsɪrʊs-] *f* (METEO) cirro *m*
zisch [tsɪʃ] *interj* chis, pss
zischen ['tsɪʃən] *vi (Schlange, Mensch)* silbar; **heute Abend ~ wir (uns) einen** *(fam)* esta noche nos vamos de copas
Zisterne [tsɪs'tɛrnə] *f* <-n> cisterna *f*
Zitadelle [tsita'dɛlə] *f* <-n> ciudadela *f*
Zitat [tsi'taːt] *nt* <-(e)s, -e> cita *f*
Zither ['tsɪtɐ] *f* <-n> (MUS) cítara *f*
zitieren* [tsi'tiːrən] *vt* citar (**aus** de); **jdn zu sich** *dat* **~** llamar a alguien
Zitronat [tsitro'naːt] *nt* <-(e)s, -e> cáscara *f* de cidra confitada
Zitrone [tsi'troːnə] *f* <-n> limón *m;* **heiße ~** zumo de limón caliente; **jdn wie eine ~ ausquetschen** *(fam)* exprimir a alguien como un limón
Zitronenfalter *m* (ZOOL) cleopatra *f*
zitronengelb *adj* (de color) amarillo limón
Zitronenlimonade *f* limonada *f*
Zitronenmelisse *f* <-, -n> hierba *f* luisa
Zitronenpresse *f* exprimidor *m*
Zitronensaft *m* zumo *m* de limón, jugo *m* de limón *Am*
Zitronensäure *f ohne pl* ácido *m* cítrico
Zitronenschale *f* cáscara *f* de limón
Zitrusfrucht ['tsiːtrʊs-] *f* fruto *m* cítrico
zitt(e)rig ['tsɪt(ə)rɪç] *adj* tembloroso
zittern ['tsɪtɐn] *vi* temblar (**vor** de); *(vibrieren)* vibrar; **vor Kälte/Angst ~** temblar de frío/miedo
Zitterpappel *f* (BOT) álamo *m* temblón
Zitterpartie *f* <-, -n> *(fam)* **der Ausflug mit dem alten Auto war die reinste ~** en la excursión con el coche viejo nos entró varias veces un tembleque
zittrig *adj* tembloroso
Zitze ['tsɪtsə] *f* <-n> teta *f,* tetilla *f*
Zivi ['tsiːvi] *m* <-(s), -s> *(fam)* ① *Abk. von* **Zivildienstleistende(r)** objetor *m* de conciencia *(prestando su servicio social)*

② *Abk. von* **Zivilpolizist(in)** policía *mf* de paisano
zivil [tsi'vi:l] *adj* ① *(nicht militärisch)* civil ② *(gemäßigt)* moderado; *(Preis)* módico
Zivil [tsi'vi:l] *nt* <-s, *ohne pl*> **in ~** (vestido) de paisano
Zivilberuf *m* <-(e)s, -e> oficio *m* de civil; **im ~** en el oficio de paisano
Zivilbevölkerung *f* población *f* civil
Zivilcourage *f* valor *m* cívico
Zivildienst *m* <-(e)s, *ohne pl*> prestación *f* social su(b)stitutoria; **~ leisten** hacer la prestación social su(b)stitutoria
Zivildienstleistende(r) *m* <-n, -n> objetor *m* de conciencia *(prestando su servicio social)*
Zivilfahnder(in) *m(f)* <-s, -; -, -nen> investigador(a) *m(f)* (en) civil
Zivilgericht *nt* tribunal *m* civil
Zivilgesellschaft *f* sociedad *f* civil
Zivilgesetzbuch *nt (Schweiz)* Código *m* Civil Suizo
Zivilisation [tsiviliza'tsjo:n] *f* <-en> civilización *f*
Zivilisationskrankheit *f* enfermedad *f* de (la) civilización
zivilisieren* [tsivili'zi:rən] *vt* civilizar
zivilisiert [tsivili'zi:ɐt] *adj* civilizado; **sich ~ benehmen** portarse civilizadamente
Zivilist(in) [tsivi'lɪst] *m(f)* <-en, -en; -nen> civil *mf*, paisano, -a *m, f*
Zivilklage *f* (JUR) acción *f* civil
Zivilprozess *m* (JUR) causa *f* civil
Zivilrecht *nt* <-(e)s, *ohne pl*> (JUR) derecho *m* civil
zivilrechtlich *adj* (JUR) de derecho civil
Zivilschutz *m* protección *f* civil
Zobel ['tso:bəl] *m* <-s, -> (ZOOL) marta *f* cebellina
zocken ['tsɔkən] *vi (fam)* jugar (juegos de azar)
Zocker(in) ['tsɔkɐ] *m(f)* <-s, -; -, -nen> *(sl)* tahúr(a) *m(f)*
Zofe ['tso:fə] *f* <-n> doncella *f*
Zoff ['tsɔf] *m* <-s, *ohne pl*> *(fam)* pelea *f*; **~ haben** haberse peleado
zog [tso:k] *3. imp von* **ziehen**
zögerlich ['tsø:gɐlɪç] *adj* dudoso, vacilante, titubeante
zögern ['tsø:gɐn] *vi* dudar (**zu** en), vacilar (**zu** en); **ohne zu ~** sin vacilar
Zögern *nt* <-s, *ohne pl*> vacilación *f*
Zögling ['tsø:klɪŋ] *m* <-s, -e> pupilo, -a *m, f*
Zölibat [tsøli'ba:t] *m o nt* <-(e)s, *ohne pl*> celibato *m*
Zoll[1] [tsɔl, *pl:* 'tsœlə] *m* <-(e)s, Zölle> *(Abgabe)* derechos *mpl* de aduana; **für etw ~ bezahlen** pagar derechos de aduana por algo
Zoll[2] *m* <-(e)s, *ohne pl*> *(Behörde)* aduana *f*; **durch den ~ kommen** pasar la aduana
Zoll[3] *m* <-(e)s, -> *(Längenmaß)* pulgada *f*
Zollabfertigung *f* trámites *mpl* aduaneros
Zollamt *nt* (oficina *f* de) aduana *f*
Zollbeamte(r) *m*, **-beamtin** *f* funcionario, -a *m, f* de aduanas
Zollbehörde *f* <-, -n> aduana *f*
Zollbestimmung *f* disposición *f* aduanera
zollen ['tsɔlən] *vt (geh)* tributar; **jdm Respekt ~** tributar respeto a alguien
Zollerklärung *f* declaración *f* de aduana; **Zoll- und Devisenerklärung** declaración de aduana y de divisas
Zollfahnder(in) *m(f)* policía *mf* de aduanas
Zollfahndung *f* <-, -en> policía *f* de aduanas
zollfrei *adj* libre de derechos de aduana
Zollfreiheit *f ohne pl* franquicia *f* arancelaria
Zollgebiet *nt* zona *f* aduanera
Zollgebühren *fpl* aranceles *mpl*, derechos *mpl* arancelarios
Zollkontrolle *f* control *m* aduanero
Zöllner(in) ['tsœlnɐ] *m(f)* <-s, -; -nen> *(fam)* aduanero, -a *m, f*
zollpflichtig *adj* sujeto a derechos de aduana
Zollschranke *f* barrera *f* aduanera
Zollstock *m* metro *m* plegable
Zolltarif *m* arancel *m*
Zollunion *f* unión *f* aduanera
Zombie ['tsɔmbi] *m* <-(s), -s> zombi(e) *m*
Zone ['tso:nə] *f* <-n> zona *f*
Zoo [tso:] *m* <-s, -s> zoo *m*, parque *m* zoológico
Zoologe, -in [tsoo'lo:gə] *m, f* <-n, -n; -, -nen> zoólogo, -a *m, f*
Zoologie [tsoolo'gi:] *f ohne pl* zoología *f*
Zoologin *f* <-, -nen> *s.* **Zoologe**
zoologisch *adj* zoológico
Zoom [zu:m] *nt* <-s, -s> (FILM, FOTO) zum *m*, zoom *m*
zoomen ['zu:mən] *vt* (FILM, FOTO) enfocar con el zum
Zoomobjektiv *nt* <-s, -e> (FOTO) (objetivo *m*) zoom *m*
Zopf [tsɔpf, *pl:* 'tsœpfə] *m* <-(e)s, Zöpfe> trenza *f*; **ein alter ~** *(fam)* una costumbre anticuada
Zorn [tsɔrn] *m* <-(e)s, *ohne pl*> ira *f*, cólera *f*; **im ~** enfurecido; **in ~ geraten** ponerse furioso; **jdn in ~ bringen** enfurecer a alguien; **auf jdn einen ~ haben** estar furioso con alguien
zornig I. *adj* colérico, caribe *Ant*; **~ wer-**

den encolerizarse (**auf** con); **auf jdn ~ sein** estar furioso con alguien **II.** *adv* con ira

Zote ['tso:tə] *f* <-n> *(abw)* chiste *m* verde

zott(e)lig ['tsɔt(ə)lɪç] *adj*, **zottig** ['tsɔtɪç] *adj* ① *(Fell)* hirsuto, chasco *Am* ② *(abw: Haare)* desgreñado

z. T. *Abk. von* **zum Teil** en parte

zu [tsu:] **I.** *präp +dat* ① *(Richtung, Lage, Verhältnis)* a; *(in)* en; **~ Hause** en casa; **das Museum ~ Speyer** el Museo de Espira; **Herzog ~ X** el Duque de X; **~ beiden Seiten** a ambos lados; **~ seiner Rechten** a su derecha; **sie kommt ~ mir** viene a mi casa; **er geht ~m Bahnhof/~r Post** va a la estación/a Correos; **es fiel ~ Boden** cayó al suelo; **~ jdm hinsehen** mirar a alguien; **das Zimmer liegt ~r Straße hin** la habitación da a la calle ② *(hinzu, dazu)* con; **er setzte sich ~ den anderen** se sentó con los demás; **nehmen Sie Wein ~m Essen?** ¿toma Ud. vino con la comida? ③ *(zeitlich)* **~ jener Zeit** en aquel tiempo; **ich kündige ~m 1. Mai** rescindo mi contrato el primero de mayo; **~ Anfang** al principio; **~ Ostern/Weihnachten** en Semana Santa/por Navidades; **~m ersten Mal** por primera vez; **~ Mittag/Abend essen** almorzar/cenar ④ *(Preis, Menge, Häufigkeit)* **~m Teil** en parte; **in Kisten ~ (je) hundert Stück** en cajas de a cien; **~m halben Preis** a mitad de precio; **Briefmarken ~ 62 Cent** sellos de 62 céntimos; **das Kilo ~ zwei Euro** a dos euros el kilo ⑤ *(Art und Weise)* **~ Recht** con razón; **~ Fuß** a pie ⑥ *(Zweck, Ziel)* para, por; **~m Glück** por suerte; **~ allem Unglück** para colmo de desgracias; **~ deiner Beruhigung kann ich sagen, dass ...** para tu tranquilidad puedo decir que...; **ein Stift ~m Schreiben** un lápiz para escribir; **~r Unterhaltung** por diversión; **es ist ~m Weinen** es para llorar; **etwas ~m Essen/Lesen mitnehmen** llevarse algo para comer/leer; **kommst du ~m Frühstück/Abendessen?** ¿vienes a desayunar/cenar?; **jdm ~m Geburtstag gratulieren** felicitar a alguien por el cumpleaños ⑦ *(Verhältnis)* a, contra; **die Chancen stehen eins ~ zehn** hay una posibilidad contra diez; **eins ~ null für Real Madrid** uno a cero para el Real Madrid ⑧ *(in Bezug auf)* (con) respecto a; **~ dieser Frage möchte ich Folgendes sagen: ...** con respecto a esta pregunta quisiera decir lo siguiente:... ⑨ *(Verwandlung)* en; **das Wasser wurde ~ Eis** el agua se convirtió en hielo **II.** *adv* ① *(allzu)* demasiado; **~ sehr/viel** demasiado; **~ schnell** demasiado rápido ② *(Richtung)* hacia; **nach Süden ~** hacia el sur; **nur ~!** *(fam)* ¡adelante! ③ *(fam: geschlossen)* cerrado; **~ sein** *(geschlossen, verschlossen)* estar cerrado; *(betrunken)* estar colocado ④ *(zeitlich)* **ab und ~** de vez en cuando; **von Zeit ~ Zeit** de tiempo en tiempo **III.** *konj* ① *(mit Infinitiv)* **es ist schön, neue Leute kennen ~ lernen** es bonito conocer gente nueva; **es ist leicht ~ finden** es fácil de encontrar ② *(mit Partizip Präsens)* **die ~ erledigende Post** el correo por despachar

zuallererst [-'--'-] *adv* ante todo, en primer lugar

zuallerletzt [-'--'-] *adv* por último, en último lugar

zu|bauen *vt (Lücke)* ocupar (con un edificio); *(Platz, Gelände)* llenar de edificios, construir por todos los lados

Zubehör ['tsu:bəhø:ɐ] *nt* <-(e)s, -e> accesorios *m pl*, implemento *m Am*

Zubehörteil *nt* accesorio *m*

zu|beißen *irr vi* morder

zu|bekommen* *irr vt (fam: Tür, Koffer)* lograr [*o* conseguir] cerrar; *(Kleidung)* conseguir [*o* lograr] abrochar

zu|bereiten* *vt* preparar

Zubereitung *f* <-en> preparación *f*

zu|billigen *vt* **jdm etw ~** conceder algo a alguien

zu|binden *irr vt (Schuhe)* atar; *(Augen)* vendar

zu|blinzeln *vi* **jdm ~** guiñar el ojo a alguien

zu|bringen *irr vt* ① *(verbringen)* pasar ② *(fam: schließen können)* lograr cerrar

Zubringer *m* <-s, -> (AUTO) ① *(Straße)* vía *f* de acceso ② *(Verkehrsmittel)* enlace *m*

Zucchini [tsʊ'ki:ni] *f* <-, -> (BOT, GASTR) calabacín *m*

Zucchino [tsʊ'ki:no, *pl:* tsʊ'ki:ni] *m* <-s, Zucchini> calabacín *m*, zapallo *m* italiano *Am*

Zucht [tsʊxt] *f* <-en> *(von Tieren)* cría *f*; *(von Pflanzen, Bakterien)* cultivo *m*; **hier herrscht ~ und Ordnung** aquí reina una disciplina severa

Zuchtbulle *m* toro *m* semental, padrote *m AmC, Méx*

züchten ['tsʏçtən] *vt (Tiere)* criar; *(Pflanzen, Bakterien)* cultivar

Züchter(in) *m(f)* <-s, -; -nen> *(von Tieren)* criador(a) *m(f)*; *(von Pflanzen)* cultivador(a) *m(f)*

Zuchthaus[1] *nt (Gebäude)* penitenciaría *f*

Zuchthaus[2] *nt ohne pl (Zuchthausstrafe)* (pena *f* de) reclusión *f*; **er hat 3 Jahre ~ bekommen** le condenaron a 3 años de reclusión

Z

Zuchthengst *m* caballo *m* semental, garañón *m Am*
züchtig ['tsʏçtɪç] *adj* casto
züchtigen ['tsʏçtɪgən] *vt (geh)* castigar (con golpes), potrear *Guat, Perú*
Zuchtlosigkeit *f* <-, *ohne pl*> indisciplina *f*
Zuchtperle *f* perla *f* cultivada
Zuchttier *nt (männlich)* semental *m; (weiblich)* res *f* de vientre
Züchtung *f* <-en> *(von Tieren)* cría *f; (von Pflanzen)* cultivo *m*
zuck(e)rig ['tsʊk(ə)rɪç] *adj* ① *(mit Zucker bestreut)* azucarado ② *(aus Zucker)* de azúcar
zucken ['tsʊkən] *vi* ① *(zusammenfahren)* trepidar; *(vor Schreck)* estremecerse; *(Muskel)* contraerse ② *(Blitz)* centellear
zücken ['tsʏkən] *vt* sacar
Zucker[1] ['tsʊkɐ] *m* <-s, -> *(Nahrungsmittel)* azúcar *m;* **ein Stück ~** un terrón de azúcar
Zucker[2] *m* <-s, *ohne pl*> *(fam: Zuckerkrankheit)* azúcar *m;* **~ haben** tener diabetes
Zuckerdose *f* azucarero *m*
Zuckererbse *f* tirabeque *m,* guisante *m* flamenco [*o* mollar]
zuckerfrei *adj* sin azúcar
Zuckerguss *m* glaseado *m*
zuckerkrank *adj* diabético
Zuckerkranke(r) *mf* diabético, -a *m, f*
Zuckerkrankheit *f ohne pl* diabetes *f inv*
Zuckerlecken *nt* **etw ist kein ~** *(fam)* algo no es (precisamente) agradable
Zuckermelone *f* melón *m*
zuckern ['tsʊkɐn] *vt* azucarar
Zuckerrohr *nt* <-(e)s, *ohne pl*> caña *f* de azúcar
Zuckerrübe *f* remolacha *f* azucarera
Zuckerstreuer *m* <-s, -> azucarero *m*
zuckersüß ['--'-] *adj* muy dulce; *(abw)* dulzón; *(a. fig)* empalagoso
Zuckerwatte *f ohne pl* nube(s) *f(pl)* de azúcar
zuckrig *adj s.* **zuckerig**
Zuckung *f* <-en> contracción *f* (involuntaria); **nervöse ~en** tic nervioso
zu|decken *vt* tapar; *(im Bett)* arropar
zudem [tsu'de:m] *adv (geh)* además
zu|drehen *vt* ① *(Wasserhahn)* cerrar; *(Schraube)* apretar ② *(zuwenden)* volver; **sie drehte ihm den Rücken zu** le volvió la espalda
zudringlich ['tsu:drɪŋlɪç] *adj* impertinente, fregado *Am*
Zudringlichkeit *f* <-en> impertinencia *f*
zu|dröhnen *vr:* **sich ~** *(fam)* coger un ciego
zu|drücken *vt* cerrar (empujando); **ein Auge ~** *(fig)* hacer la vista gorda; **jdm die Kehle ~** estrangular a alguien
zueinander [tsuʔaɪ'nandɐ] *adv* el uno con el otro; **sie passen gut ~** hacen buena pareja; **seid nett ~** sed amables el uno con el otro
zu|erkennen* *irr vt (Preis)* conceder; *(Recht)* otorgar; (JUR) adjudicar
zuerst [-'-] *adv* ① *(als Erstes)* primero; *(vorrangig)* en primer lugar ② *(erst, als Erster)* primero; **ich war ~ da** yo llegué primero; **wer ~ kommt, mahlt ~** *(prov)* primer venido, primer servido ③ *(anfangs)* al principio ④ *(erstmals)* por primera vez
zu|fächeln *vt* **jdm Luft ~** abanicar a alguien
Zufahrt *f* <-en> *(Weg, Straße)* vía *f* de acceso (**zu** a)
Zufahrtsstraße *f* carretera *f* de acceso
Zufall *m* <-(e)s, -fälle> casualidad *f,* azar *m;* **das ist aber ein ~!** ¡esto sí que es una casualidad!; **etw dem ~ verdanken** agradecer algo al azar; **etw dem ~ überlassen** dejar algo al azar; **es war reiner ~, dass …** fue pura casualidad que… *+subj;* **durch ~** por casualidad; **der ~ wollte es, dass …** dio la casualidad que…
zu|fallen *irr vi sein* ① *(Fenster, Tür)* cerrarse (de golpe); **ihm fallen vor Müdigkeit die Augen zu** se cae de sueño ② *(Vergünstigung, Aufgabe)* corresponder; **jdm etw ~** ser adjudicado algo a alguien
zufällig I. *adj* ocasional, casual; **das war rein ~** fue pura casualidad II. *adv* por casualidad; **jdn ~ treffen** encontrar a alguien por casualidad
zufälligerweise ['----'--] *adv* por casualidad
Zufälligkeit[1] *f ohne pl (das Zufälligsein)* carácter *m* fortuito
Zufälligkeit[2] *f* <-en> *(Zufall)* casualidad *f*
Zufallsbekanntschaft *f persona que se conoce por azar;* **das war eine ~** nos conocimos por azar
Zufallstreffer *m* golpe *m* de suerte; *(Ballspiele)* gol *m* de suerte
zufassen *vi* ① *(zugreifen)* agarrar, aferrar ② *(fam: helfen)* echar una mano
Zuflucht *f ohne pl* refugio *m* (**vor** de); **~ suchen/finden** buscar/encontrar refugio; **jdm ~ gewähren** ofrecer refugio a alguien; **du bist meine letzte ~!** ¡tú eres mi última esperanza!; **zu etw** *dat* **~ nehmen** recurrir a algo
Zufluchtsort *m* refugio *m*
Zufluss *m* <-es, -flüsse> afluente *m*
zu|flüstern *vt* decir al oído
zufolge [tsu'fɔlgə] *präp +gen (nachgestellt: +dat)* según, de acuerdo con; **dem Bericht ~** de acuerdo con el informe

zufrieden [tsu'fri:dən] *adj* contento, satisfecho; **jdn ~ stellen** contentar a alguien; **~ stellend sein** ser satisfactorio

zufrieden|geben *irr vr* **sich** (**mit wenig**) ~ contentarse (con poco)

Zufriedenheit *f ohne pl* satisfacción *f;* **zu jds voller ~** a plena satisfacción de alguien

zufrieden|lassen *irr vt* **jdn ~** dejar a alguien en paz

zu|frieren *irr vi sein* helarse (por completo)

zu|fügen *vt* ① *(hinzutun)* añadir ② *(Schaden, Schmerz)* causar; *(Niederlage)* infligir; **jdm Leid ~** hacer sufrir a alguien

Zufuhr ['tsu:fu:ɐ] *f ohne pl (Versorgung)* suministro *m; (Zustrom)* afluencia *f; (Zuleitung)* tra(n)sporte *m*

Zug[1] [tsu:k, *pl:* 'tsy:gə] *m* <-(e)s, Züge> ① *(Eisenbahn)* tren *m;* **der ~ nach Madrid** el tren con destino a Madrid; **mit dem ~ fahren** ir en tren; **der ~ ist abgefahren** *(fam)* hemos perdido la ocasión; **im falschen ~ sitzen** *(fam)* haberse equivocado ② *(Tendenz)* tendencia *f; (Neigung)* inclinación *f;* **das ist der ~ der Zeit** esta es la tendencia de la época; **im ~e der neuen Entwicklung** como consecuencia de los últimos desarrollos ③ *(Geleitzug)* séquito *m; (Umzug)* desfile *m; (von Fahrzeugen)* convoy *m; (Festzug)* cortejo *m* ④ *(Atemzug)* respiración *f; (beim Rauchen)* calada *f; (Pfeife)* chupada *f; (Schluck)* trago *m;* **in einem ~** *(ohne Unterbrechung)* de un tirón; **das Glas in einem ~ austrinken** vaciar la copa de un trago; **etw in vollen Zügen genießen** disfrutar plenamente de algo; **in den letzten Zügen liegen** *(fam)* estar en las últimas ⑤ *(bei Brettspielen)* jugada *f;* **einen ~ machen** hacer una jugada; **du bist am ~** te toca (a ti) ⑥ *(beim Schwimmen)* brazada *f* ⑦ *(Charakter-, Schrift-, Gesichtszug)* rasgo *m;* **etw in groben Zügen umreißen** trazar algo a grandes rasgos; **das war kein schöner ~ von dir** eso no fue muy bonito de tu parte ⑧ *(Krafteinwirkung)* tracción *f*

Zug[2] *m* <-(e)s, *ohne pl*> ① *(Luftzug)* corriente *f* (de aire); **im ~ sitzen** estar en la corriente ② *(im Ofen)* tiro *m*

Zug[3] *m* <-s> (GEO) Zug *m*

Zugabe *f* <-n> ① *(Zusätzliches)* extra *m* ② *(bei einer Veranstaltung)* bis *m;* **~, ~!** ¡otra, otra!

Zugabteil *nt* compartim(i)ento *m* (de tren)

Zugang *m* <-(e)s, -gänge> ① *(Zutritt, Zugriff)* acceso *m* (**zu** a); *(Eingang)* entrada *f* (**zu** a); **~ verboten** paso prohibido ② *(von Waren)* llegada *f; (von Büchern)* adquisición *f; (von Schülern)* entrada *f; (von Patienten)* ingreso *m*

zugange [tsu'gaŋə] **mit jdm/etw** *dat* **~ sein** *(fam)* estar ocupado con alguien/algo

zugänglich ['tsu:gɛŋlɪç] *adj* ① *(erreichbar, aufgeschlossen)* accesible ② *(verfügbar)* disponible; **jdm etw ~ machen** poner algo al alcance de alguien

Zugbegleiter(in) *m(f)* revisor(a) *m(f)*

Zugbrücke *f* puente *m* levadizo

zu|geben *irr vt* ① *(hinzufügen)* añadir ② *(einräumen)* admitir; *(gestehen)* reconocer; **ich muss ~, dass ...** tengo que admitir que...

zugegebenermaßen ['-----'--] *adv* con el reconocimiento; **das war ~ ein Fehler** hay que reconocer que fue un error

zugegen [-'--] *adj (geh)* **~ sein** estar presente (**bei** en)

zu|gehen *irr* **I.** *vi sein* ① *(hingehen)* dirigirse (**auf** a); **auf jdn ~** acercarse a alguien; **es geht auf den Winter zu** llega el invierno; **er geht schon auf die siebzig zu** ronda los setenta ② *(formal: zugestellt werden)* llegar ③ *(fam: sich schließen lassen)* cerrar(se) **II.** *vunpers sein* **bei der Diskussion ging es lebhaft zu** fue una discusión muy viva

zu|gehören* *vi (geh)* pertenecer (a)

zugehörig *adj* correspondiente

Zugehörigkeit *f ohne pl* pertenencia *f* (**zu** a); *(zu einem Verein, einer Partei)* afiliación *f* (**zu** a)

zugekifft *adj (sl)* emporrado

zugeknöpft *adj (fam)* poco comunicativo

Zügel ['tsy:gəl] *m* <-s, -> rienda *f;* **die ~ anziehen** tirar de las riendas; *(fig)* apretar las tuercas; **die ~ fest in der Hand haben** *(fig)* tener la sartén por el mango; **die ~ locker lassen** *(a. fig)* aflojar las riendas

zügellos **I.** *adj* desenfrenado; *(Lebenswandel)* disoluto **II.** *adv* a rienda suelta

Zügellosigkeit *f* <-, -en> desenfreno *m; (im Lebenswandel)* disipación *f*

zügeln **I.** *vt* ① *(Pferd)* refrenar ② *(Neugierde, Zorn)* contener **II.** *vr:* **sich ~** contenerse **III.** *vi (Schweiz: umziehen)* mudarse

Zugeständnis *nt* <-ses, -se> concesión *f* (**an** a); **jdm ein ~ machen** conceder algo a alguien

zu|gestehen* *irr vt* ① *(zugeben)* admitir ② *(bewilligen)* conceder, acordar *Arg, Chil;* **jdm etw ~** conceder algo a alguien

zugetan ['tsu:gəta:n] *adj* **jdm ~ sein** sentir simpatía por alguien; **etw** *dat* **~ sein** tener apego a algo

Zugfahrt *f* (EISENB) viaje *m* en tren

Zugführer(in) *m(f)* <-s, -; -nen> jefe, -a *m, f* de tren

zugig *adj* expuesto a las corrientes de aire; **hier ist es ~** aquí hay mucha corriente

zügig ['tsy:gɪç] **I.** *adj (rasch)* rápido; *(ununterbrochen)* ininterrumpido **II.** *adv* a buen paso; *(ununterbrochen)* ininterrumpidamente

Zugkraft[1] *f* <-kräfte> (PHYS) fuerza *f* de tracción

Zugkraft[2] *f ohne pl (Anziehungskraft)* atractivo *m*

zugkräftig *adj* atractivo; *(Plakat, Titel)* llamativo; *(Ware)* de gran venta; *(Film, Schauspieler)* taquillero

zugleich [-'-] *adv* al mismo tiempo

Zugluft *f ohne pl* corriente *f* de aire

Zugmaschine *f* tractor *m*

Zugnummer *f* <-, -n> ① *(eines Zuges)* número *m* de(l) tren ② *(Hauptattraktion)* atracción *f* principal

Zugpersonal *nt* personal *m* de tren

zu|greifen *irr vi* coger; *(bei Tisch)* servirse; **greifen Sie zu!** ¡sírvase!; **bei solch einer Gelegenheit muss man ~** hay que aprovechar semejante ocasión

Zugrestaurant *nt* vagón *m* restaurante

Zugriff *m* <-(e)s, -e> ① *(das Zugreifen)* toma *f;* **sich dem ~ der Polizei entziehen** escapar a la detención de la policía ② (INFOR) acceso *m*

Zugriffsberechtigung *f* (INFOR) autorización *f* de acceso

Zugriffsgeschwindigkeit *f* (INFOR) velocidad *f* de acceso

Zugriffsrecht *nt* <-(e)s, -e> (INFOR) derecho *m* de acceso

Zugriffszahl *f meist pl* (INFOR) número *m* de visitas

Zugriffszeit *f* <-, -en> (INFOR) tiempo *m* de acceso; **durchschnittliche ~** tiempo de acceso por término medio

zugrunde [tsu'grʊndə] *adv* **etw ~ legen** tomar algo por base; **~ liegen** basarse en; **~ gehen** irse a pique, fundirse *Am;* **jdn/etw ~ richten** arruinar a alguien/estropear algo; *s. a.* **Grund**[1]

Zugschaffner(in) *m(f)* revisor(a) *m(f)*

zu|gucken *vi (fam)* mirar; **mir wird schon vom Z~ schlecht** tan solo con mirarlo me dan náuseas

Zugunglück *nt* accidente *m* ferroviario

zugunsten [-'--] *präp +gen* a favor de, en beneficio de; *s. a.* **Gunst**

zugute|halten *irr vt (geh)* tener en consideración

zugute|kommen *irr vi sein (geh)* **jdm/etw** *dat* **~** favorecer a alguien/algo

Zugverbindung *f* ① *(zwischen zwei Orten)* enlace *m* ferroviario ② *(Anschluss)* comunicación *f* ferroviaria

Zugverkehr *m* tráfico *m* ferroviario

Zugvogel *m* ave *f* migratoria

Zugzwang *m* **jdn in ~ bringen** obligar a alguien a reaccionar; **in ~ geraten** verse obligado a actuar

zu|haben *irr* **I.** *vi (fam)* estar cerrado **II.** *vt (fam)* tener cerrado; **die Augen ~** tener los ojos cerrados

zu|halten *irr* **I.** *vi* **auf etw ~** dirigirse a algo **II.** *vt* ① *(geschlossen halten)* mantener cerrado ② *(Augen, Ohren)* tapar

Zuhälter ['tsu:hɛltɐ] *m* <-s, -> chulo *m fam,* padrote *m AmC, Méx*

Zuhälterei *f ohne pl* rufianería *f*

zuhauf [-'-] *adv (geh)* en masa

zuhause *adv* en casa; *s. a.* **Haus 1.**

Zuhause [tsu'haʊzə] *nt* <-s, *ohne pl*> casa *f*

Zuhilfenahme [-'----] *f ohne pl* **ohne/unter ~ von …** sin/con ayuda de…

zu|hören *vi* escuchar; **jdm ~** escuchar a alguien

Zuhörer(in) *m(f)* <-s, -; -nen> oyente *mf; (am Radio)* radioyente *mf; (Zuhörerschaft)* público *m*

Zuhörerschaft *f ohne pl* auditorio *m*

zu|jubeln *vi* **jdm ~** aclamar a alguien

zu|kehren *vt* volver; **sie kehrte ihm das Gesicht zu** le miró de frente

zu|klappen **I.** *vi sein* cerrarse (de golpe) **II.** *vt* cerrar (de golpe)

zu|kleben *vt (Loch)* tapar; *(Umschlag)* cerrar

zu|knallen **I.** *vt (fam)* cerrar de golpe; **die Tür ~** dar un portazo **II.** *vi sein (fam)* cerrarse de golpe

zu|kneifen *irr vt* atenazar; **die Augen ~** cerrar los ojos muy fuerte

zu|knöpfen *vt* abrochar

zu|kommen *irr vi sein* ① *(sich nähern)* acercarse (**auf** a); *(Aufgabe, Problem)* avecinarse ② *(gebühren)* corresponder; **dem kommt eine große Bedeutung zu** esto tiene mucha importancia ③ *(geh: übermitteln, geben)* hacer llegar; **jdm etw ~ lassen** hacer llegar algo a alguien

zukriegen *vt (fam) s.* **zubekommen**

Zukunft ['tsu:kʊnft] *f ohne pl* porvenir *m;* (*a.* LING) futuro *m;* **in ~** en el futuro; **in ferner/naher ~** en un futuro lejano/próximo; **das hat (keine) ~** eso (no) tiene futuro

zukünftig **I.** *adj* futuro **II.** *adv* en el futuro

Zukunftsaussichten *fpl* perspectivas *fpl* para el futuro

Zukunftsbranche *f* <-, -n> sector *m* (industrial) del futuro

Zukunftsforschung *f ohne pl* futurología *f*

Zukunftsmusik *f ohne pl* utopía *f;* **das ist noch ~** eso son castillos en el aire
zukunftsorientiert *adj* **~es Denken/Handeln** reflexiones/acciones orientadas al futuro
Zukunftsperspektive *f* perspectiva *f* para el futuro
Zukunftsroman *m* <-s, -e> novela *f* futurista
zukunftsträchtig *adj* prometedor
zukunftsweisend *adj* progresista
zu|lächeln *vi* **jdm ~** sonreír a alguien
Zulage *f* <-n> plus *m,* gratificación *f*
zu|langen *vi* ① *(fam: beim Essen)* servirse ② *(fam: bei der Arbeit)* meterse a fondo ③ *(reg: ausreichen)* bastar
zu|lassen *irr vt* ① *(gestatten)* permitir; *(dulden)* consentir; **wie kannst du ~, dass ...?** ¿cómo puedes permitir que (+*subj*)...? ② *(Zugang gewähren, ermöglichen)* admitir; *(amtlich)* autorizar; *(Auto)* matricular; **ein Auto auf jdn ~** matricular un coche a nombre de alguien; **keinen Zweifel ~** no dejar lugar a dudas ③ *(fam: geschlossen lassen)* dejar cerrado
zulässig ['tsu:lɛsɪç] *adj* admisible; *(erlaubt)* autorizado; **~e Höchstgeschwindigkeit** velocidad máxima autorizada
Zulassung[1] *f ohne pl (Gewährung von Zugang)* admisión *f; (amtlich)* autorización *f; (als Anwalt)* habilitación *f; (Auto)* matrícula *f*
Zulassung[2] *f* <-en> *(fam: KFZ-Schein)* documentación *f* del coche
zulassungspflichtig *adj* (ADMIN) que necesita licencia
Zulassungsstelle *f* (ADMIN, UNIV) admisión *f;* (AUTO) matriculación *f*
Zulauf *m* <-(e)s, *ohne pl*> ① *(Zuspruch)* concurrencia *f;* **großen ~ haben** ser muy concurrido ② *(von Wasser)* afluencia *f*
zu|laufen *irr vi sein* ① *(hinlaufen)* correr (**auf** hacia); *(auf den Sprecher)* venir corriendo; *(Weg)* conducir (**auf** a) ② *(fam: sich beeilen)* darse prisa; **lauf zu!** ¡date prisa! ③ *(kommen)* **jdm ~** *(Tiere)* venir a casa de alguien; *(Kunden)* acudir en masa a alguien ④ *(eine bestimmte Form haben)* **spitz ~** acabar en punta
zu|legen **I.** *vi, vt (fam)* darse prisa, apurarse *Am;* **einen Zahn ~** meter caña **II.** *vt (fam)* ① *(anschaffen)* **sich** *dat* **etw ~** comprar(se) algo; **sie hat sich einen Geliebten zugelegt** se ha buscado un amante ② *(dicker werden)* engordar ③ *(reg: dazutun)* añadir
zuleide [-'--] *adv* **jdm etwas ~ tun** causar daño a alguien; *s. a.* **Leid**
Zuleitung[1] *f* <-, *ohne pl*> ① *(von Wasser)* conducción *f* ② *(von Nachrichten)* envío *m*
Zuleitung[2] *f* <-, -en> *(Leitung)* cable *m* de alimentación; *(Rohr)* tubería *f* de alimentación
zuletzt [-'-] *adv* ① *(als Letztes)* por último; **ganz ~** a última hora; **wir blieben bis ~** nos quedamos hasta el final ② *(besonders auch)* **nicht ~ wegen ...** sobre todo (también) por... ③ *(als Letzter)* el último ④ *(fam: zum letzten Mal)* por última vez ⑤ *(schließlich)* finalmente, después de todo
zuliebe [-'--] *präp +dat* **jdm/etw** *dat* **~** por (amor a) alguien/algo
Zulieferbetrieb *m* casa *f* suministradora
Zulieferer *m* <-s, -> proveedor *m*
zu|liefern *vt* suministrar
Zulieferprodukt *nt* (WIRTSCH) producto *m* suministrado
zum [tsʊm] = **zu dem** *s.* **zu**
zu|machen **I.** *vi* ① *(fam: schließen)* cerrar ② *(reg: sich beeilen)* darse prisa, apurarse *Am* **II.** *vt (fam)* cerrar; *(Loch)* tapar; *(Kleidung)* abrochar
zumal [-'-] **I.** *adv* especialmente, sobre todo **II.** *konj* especialmente porque, sobre todo porque
zu|mauern *vt* tapiar
zumeist [-'-] *adv* la mayoría de las veces
zumindest [-'--] *adv* ① *(auf jeden Fall)* por lo menos ② *(wenigstens)* como mínimo
zumüllen *vt (abw fam)* **etw ~** llenar algo de basura; **jdn ~** llenarle a alguien la cabeza
zumutbar *adj* exigible, justo (**für** para)
Zumutbarkeit *f* <-, *ohne pl*> lo exigible, razón *f*
zumute [-'--] *adv* **mir ist dabei gar nicht wohl ~** no me gusta ni un pelo; **mir ist nicht zum Lachen ~** no estoy para bromas; *s. a.* **Mut**
zu|muten ['tsu:mu:tən] *vt* **jdm etw ~** exigir algo a alguien; **jdm zu viel ~** pedir demasiado a alguien
Zumutung *f* <-en> exigencia *f* exagerada; *(Unverschämtheit)* frescura *f;* **das ist eine ~!** ¡no hay derecho a que le pidan a uno algo así!
zunächst [-'-] *adv* ① *(anfangs)* al principio ② *(vorläufig)* de momento; **~ einmal** en primer lugar
zu|nageln *vt* clavar
zu|nähen *vt* coser
Zunahme ['tsu:na:mə] *f* <-n> aumento *m* (**an** de); *(Zuwachs)* incremento *m* (**an** de); *(Anstieg)* subida *f* (**an** de); **eine ~ um 10 %** un incremento del 10%
Zuname ['tsu:na:mə] *m* <-ns, -n> apellido *m*

zündeln ['tsʏndəln] *vi* jugar con fuego
zünden ['tsʏndən] **I.** *vi (Bombe)* hacer explosión; **bei ihm hat es gezündet** *(fam)* ha caído en la cuenta **II.** *vt (Sprengkörper)* activar; *(Rakete)* lanzar; *(Feuerwerk)* hacer estallar
zündend *adj* brillante
Zunder ['tsʊndɐ] *m* <-s, *ohne pl*> (TECH) escamas *f pl* de óxido; **wie ~ brennen** arder como (la) paja
Zünder ['tsʏndɐ] *m* <-s, -> detonador *m*
Zündfunke *m* (AUTO) chispa *f* de encendido
Zündholz *nt* <-es, -hölzer> *(südd, Österr)* cerilla *f*, pajuela *f Bol*
Zündholzschachtel *f* caja *f* de cerillas
Zündkabel *nt* (AUTO) cable *m* de encendido
Zündkerze *f* (AUTO) bujía *f*
Zündschloss *nt* (AUTO) contacto *m*
Zündschlüssel *m* (AUTO) llave *f* de contacto
Zündschnur *f* mecha *f*
Zündspule *f* (AUTO) bobina *f* de encendido
Zündstoff *m* ① *(Sprengstoff)* materia *f* inflamable ② *(Konfliktstoff)* motivo *m* de conflicto
Zündung *f* <-en> (AUTO) encendido *m*
Zündvorrichtung *f* (TECH) dispositivo *m* de explosión [*o* explosivo]
zu|nehmen *irr* **I.** *vi* ① *(sich vergrößern, vermehren)* aumentar (**an** de); *(Mond)* crecer; *(Tag)* alargarse; **an Größe ~** aumentar de tamaño ② *(sich verstärken)* intensificarse; *(steigen)* incrementarse; *(sich verschlimmern)* agravarse ③ *(schwerer, dicker werden)* engordar **II.** *vt* ① *(schwerer werden)* engordar ② *(bei Handarbeit)* aumentar
zunehmend **I.** *adj* creciente; **in ~em Maße** cada vez más; **mit ~em Alter** con los años **II.** *adv (sichtbar)* visiblemente; *(fortschreitend)* progresivamente
zu|neigen **I.** *vi* simpatizar (con); **jdm sehr zugeneigt sein** tener mucho cariño a alguien **II.** *vr* **sich etw** *dat* **~** inclinarse hacia algo; **sich dem Ende ~** ir terminando
Zuneigung *f* <-en> afecto *m* (**für** por), cariño *m* (**für** por)
Zunft [tsʊnft, *pl:* 'tsʏnftə] *f* <Zünfte> gremio *m*
zünftig ['tsʏnftɪç] *adj* como es debido
Zunge ['tsʊŋə] *f* <-n> ① *(Organ, Landzunge)* lengua *f*; **jdm die ~ herausstrecken** sacar(le) a alguien la lengua; **es liegt mir auf der ~** *(fig)* lo tengo en la punta de la lengua; **sich** *dat* **auf die ~ beißen** morderse la lengua; **böse ~n behaupten, dass ...** *(fig)* las malas lenguas afirman que...; **sich** *dat* **die ~ verbrennen** irse de la lengua; **sie hat eine lose ~** es una deslenguada; **seine ~ hüten** cuidar su lengua; **seine ~ im Zaum halten** tener cuidado con lo que se dice ② *(Lasche, a.* MUS) lengüeta *f* ③ (ZOOL: *Seezunge*) lenguado *m*
züngeln ['tsʏŋəln] *vi* mover la lengua; *(Schlange)* silbar; *(Flammen)* echar llamaradas
Zungenbrecher *m (fam)* trabalenguas *m inv*
Zungenkuss *m* beso *m* de tornillo, lengüetazo *m fam*
Zungenspitze *f* punta *f* de la lengua
Zünglein ['tsʏŋlaɪn] *nt* <-s, -> **das ~ an der Waage sein** *(fig)* ser el fiel de la balanza
zunichte|machen *vt* estropear; *(Hoffnungen)* frustrar
zu|nicken *vi* **jdm ~** hacer a alguien una seña con la cabeza; *(zum Gruß)* saludar a alguien con la cabeza
zunutze [-'--] *adv* **sich** *dat* **etw ~ machen** aprovechar algo
zuoberst [tsu'ʔo:bɐst] *adv* ① *(auf einem Stapel)* encima de todo ② *(am oberen Rand)* en la parte superior
zu|ordnen *vt* clasificar, encasillar
Zuordnung *f* <-en> clasificación *f*; *(zu einer Gruppe)* filiación *f*
zu|packen *vi* ① *(zugreifen)* coger ② *(kräftig arbeiten)* meterse a fondo
zupfen ['tsʊpfən] **I.** *vi* ① *(ziehen)* tirar (**an** de) ② *(Instrument)* puntear **II.** *vt* ① *(ziehen)* tirar (**an** de) ② *(Haar, Unkraut)* arrancar; **sich** *dat* **die Augenbrauen ~** depilarse las cejas ③ *(Instrument)* puntear
Zupfinstrument *nt* instrumento *m* punteado
zu|prosten ['tsu:pro:stən] *vi* brindar
zur [tsu:ɐ] = **zu der** *s.* **zu**
zurande *adv* **mit jdm/mit etw** *dat* (**nicht**) **~ kommen** *(fam)* (no) poder con alguien/algo; *s. a.* **Rand**
Zürcher(in) ['tsʏrçɐ] *m(f)* <-s, -; -nen> zuriqués, -esa *m, f*
zurechnungsfähig *adj* en plena posesión de sus facultades mentales
Zurechnungsfähigkeit *f ohne pl* plena posesión *f* de las facultades mentales; **verminderte ~** imputabilidad atenuada
zurecht|biegen [tsu'rɛçt-] *irr vt* ① *(Draht)* enderezar ② *(fam: Angelegenheit)* arreglar
zurecht|finden *irr vr:* **sich ~** *(in einer Stadt)* orientarse (**in** en); *(vertraut werden)* familiarizarse
zurecht|kommen *irr vi sein (mit einem Gerät)* apañarse *fam; (mit einer Person)* entenderse; *(finanziell)* arreglárselas; **sieh selbst zu, wie du zurechtkommst!** ¡apáñatelas como puedas!

Z

zurecht|legen *vt* preparar; **sich** *dat* **eine Ausrede** ~ tener preparada una excusa

zurecht|machen I. *vt (fam)* ❶ *(Essen)* preparar; *(Zimmer)* arreglar ❷ *(verschönen)* arreglar II. *vr:* **sich** ~ *(fam)* arreglarse

zurecht|weisen *irr vt* reprender, retar *Am*

Zurechtweisung *f* <-, -en> reprimenda *f*

zu|reden *vi* instar; *(ermutigen)* animar; *(überreden)* persuadir; **jdm gut** ~ animar a alguien

zu|reiten *irr* I. *vi sein* cabalgar (**auf** hacia) II. *vt* amaestrar, potrear *Am*

Zürich ['tsyːrɪç] *nt* <-s> Zúrich *m*

Züricher(in) ['tsyːrɪçɐ] *m(f)* <-s, -; -, -nen> zuriqués, -esa *m, f*

Zürichsee *m* Lago *m* de Zúrich

zu|richten *vt (vorbereiten)* preparar; (TECH) trabajar; **jdn übel** ~ maltratar a alguien; **etw übel** ~ echar a perder algo

zurück [tsu'rʏk] *adv* ❶ *(wieder an den Ausgangspunkt)* de vuelta; **hin und** ~ ida y vuelta; **es gibt kein Z~ mehr** ya no se puede dar marcha atrás; **ich bin gleich wieder** ~ enseguida estoy de vuelta ❷ *(nach hinten)* (hacia) atrás; **zwei Schritte ~!** ¡dos pasos atrás! ❸ *(weiter hinten)* atrás ❹ *(fam abw: zurückgeblieben)* atrasado

zurück|bekommen* *irr vt* recobrar; *(Wechselgeld)* recibir de vuelta; **ich habe alles** ~ me lo han devuelto todo

zurückberufen* *irr vt* llamar de vuelta; *(offiziell)* dar orden de regresar; (POL: *Botschafter*) retirar

zurück|beugen I. *vt* doblar [*o* echar] hacia atrás II. *vr:* **sich** ~ doblarse [*o* echarse] hacia atrás

zurück|bezahlen* *vt* devolver; *(erstatten)* reembolsar

zurück|bilden *vr:* **sich** ~ retroceder; *(Organ)* atrofiarse

zurück|bleiben *vi sein* ❶ *(hinten bleiben)* quedarse atrás; *(Abstand halten)* mantenerse alejado (**von** de); **hinter den Erwartungen** ~ no corresponder a las expectativas ❷ *(übrig bleiben)* quedar

zurück|blicken *vi* ❶ *(sich umsehen)* mirar (hacia) atrás ❷ *(auf Vergangenes)* pasar revista (**auf** a)

zurück|bringen *irr vt* ❶ *(zurückgeben)* devolver ❷ *(zurückbegleiten)* llevar (a casa)

zurück|datieren *vt* antedatar

zurück|denken *irr vi* recordar el pasado; **an etw** ~ recordar algo

zurück|drängen *vt* ❶ *(Personen)* hacer retroceder ❷ *(eindämmen)* contener

zurückdrehen *vt* volver [*o* girar] hacia atrás; **einen Regler** ~ bajar un regulador

zurück|erhalten* *irr vt s.* **zurückbekommen**

zurück|erobern* *vt* reconquistar

zurück|erstatten* *vt* reintegrar, reembolsar

zurück|fahren *irr* I. *vi sein* ❶ *(zurückkehren)* volver, regresar ❷ *(rückwärtsfahren)* dar marcha atrás ❸ *(zurückschrecken)* retroceder (asustado) II. *vt* ❶ *(zurückbringen: Person)* llevar a casa; *(Dinge)* devolver ❷ *(reduzieren)* reducir

zurück|fallen *irr vi sein* ❶ *(fallen)* volver a caer; *(Person)* caer hacia atrás; **sich** ~ **lassen** dejarse caer (**in** en) ❷ *(in eine Gewohnheit)* recaer (**in** en) ❸ (SPORT) quedar(se) atrás ❹ *(Eigentum)* volver a pertenecer (**an** a) ❺ *(sich auswirken)* recaer (**auf** sobre)

zurück|finden *irr vi* encontrar el camino de vuelta (**zu** a)

zurück|fordern *vt* reclamar; *(Recht)* reivindicar

zurück|führen I. *vi* volver (**zu** a); **es führt kein Weg zurück** no hay camino de vuelta II. *vt* ❶ *(geleiten)* acompañar a la vuelta ❷ *(herleiten)* reducir (**auf** a) ❸ *(die Folge sein)* deberse (**auf** a); *(zuschreiben)* atribuir (**auf** a); **sein Verhalten ist darauf zurückzuführen, dass ...** su comportamiento se debe a que...

zurück|geben *irr vt* devolver, regresar *Méx; (Wechselgeld)* dar (la vuelta)

zurückgeblieben I. *pp von* **zurückbleiben** II. *adj abw* retrasado; **geistig** ~ retrasado mental

zurück|gehen *irr vi sein* ❶ *(zurückkehren)* volver; **etw** ~ **lassen** devolver algo ❷ *(nach hinten)* ir hacia atrás; **zwei Schritte** ~ dar dos pasos atrás; **auf etw** ~ tener su origen en algo ❸ *(nachlassen)* disminuir; *(Preise)* bajar

zurück|gewinnen* *irr vt* recuperar

zurückgezogen I. *pp von* **zurückziehen** II. *adj* retirado; ~ **leben** llevar una vida retirada

Zurückgezogenheit *f* <-, *ohne pl*> retiro *m;* **sie leben in** (**völliger**) ~ viven (totalmente) aislados

zurück|greifen *irr vi* **auf etw** ~ recurrir a algo

zurück|halten *irr* I. *vt* ❶ *(Person, Geld)* retener; *(Information)* ocultar; **etw für jdn** ~ reservar algo para alguien; **jdn von etw** *dat* ~ hacer desistir a alguien de algo ❷ *(Gefühle)* reprimir; *(Tränen)* contener II. *vr:* **sich** ~ ❶ *(sich beherrschen)* contenerse; **er hält sich mit Lob/Kritik zurück** no hace grandes elogios/críticas ❷ *(im Hintergrund bleiben)* mantenerse en un segundo plano **III.** *vi* **mit etw** *dat* ~ abstenerse de hacer algo

zurückhaltend *adj* ① *(reserviert)* reservado ② *(unaufdringlich)* discreto; *(gemäßigt)* moderado

Zurückhaltung *f ohne pl* ① *(Reserviertheit)* reserva *f* ② *(Unaufdringlichkeit)* discreción *f; (Bescheidenheit)* moderación *f;* ~ **üben** moderarse

zurück|holen *vt* ir a buscar

zurück|kehren *vi sein (geh)* regresar (**aus/von** de, **nach/zu** a), regresarse (**aus/von** de, **nach/zu** a) *Am*

zurück|kommen *irr vi sein* volver (**aus/von** de, **nach/zu** a); **auf etw** ~ volver sobre algo; **um noch einmal darauf zurückzukommen** volviendo de nuevo sobre ello

zurück|kriegen *vt (fam) s.* **zurückbekommen**

zurück|lassen *irr vt* ① *(liegen lassen, hinterlassen)* dejar ② *(zurückkehren lassen)* dejar regresar

zurück|legen *vt* ① *(an seinen Platz)* volver a poner en su sitio ② *(Waren)* reservar; *(Geld)* ahorrar; **sich** *dat* **etwas Geld** ~ hacer unos ahorros ③ *(Strecke)* recorrer

zurück|lehnen *vr:* **sich** ~ recostarse

zurück|liegen *irr vi* haber sucedido tiempo atrás; **der Vorfall liegt schon Jahre zurück** el incidente sucedió hace ya años; **in den ~den Jahren** en los últimos años

zurück|melden *vr:* **sich** ~ dar aviso de su regreso

Zurücknahme [-na:mə] *f* <-n> ① *(von Waren)* devolución *f* ② *(einer Bestellung)* anulación *f* del pedido; *(einer Aussage, Zustimmung)* retractación *f; (einer Klage)* desistimiento *m; (eines Gesetzes)* revocación *f*

zurück|nehmen *irr vt* ① *(Ware)* aceptar la devolución (de) ② *(Behauptung, Beleidigung)* retirar; *(Bestellung)* anular; *(Gesetz)* revocar; **nimm das sofort zurück!** ¡retira eso inmediatamente!

zurückpfeifen *irr vt (fam)* llamar al orden

zurück|prallen *vi sein* ① *(Ball)* rebotar ② *(Person)* retroceder

zurück|reichen **I.** *vi (Erinnerung)* remontarse (**bis** a) **II.** *vt* devolver

zurück|reisen *vi sein* emprender el viaje de vuelta (**in/nach** a), regresar (**in/nach** a)

zurück|rufen *irr* **I.** *vi, vt* volver a llamar **II.** *vt* ① *(zurückbeordern)* hacer volver ② *(antworten)* contestar; **sich** *dat* **etw ins Gedächtnis** ~ recordar algo

zurück|schalten *vi* (AUTO) cambiar a una marcha inferior

zurück|schauen *vi s.* **zurückblicken**

zurück|schicken *vt* mandar de vuelta

zurück|schlagen *irr* **I.** *vi* ① *(Armee)* contraatacar; *(Person)* devolver el golpe ② *(sich auswirken)* repercutir (**auf** en) **II.** *vt* ① *(Angriff)* rechazar ② *(Decke)* apartar; *(Schleier)* levantar ③ *(Ball)* devolver

zurückschneiden *irr vt* entresacar, recortar

zurück|schrauben *vt* reducir

zurück|schrecken *irr vi sein* ① *(zurückweichen)* retroceder (espantado) ② *(zurückscheuen)* **vor etw** *dat* ~ arredrarse ante algo

zurück|schreiben *vt* (INFOR) restaurar

zurück|sehnen *vr* **sich nach etw** *dat* **/zu jdm** ~ echar algo/a alguien de menos

zurück|setzen **I.** *vi* ir (marcha) atrás **II.** *vt* ① *(an einen Platz)* volver a poner en su sitio ② *(nach hinten)* poner (hacia) atrás; *(verschieben)* correr hacia atrás ③ *(benachteiligen)* postergar (a) ④ *(Auto)* mover para atrás **III.** *vr:* **sich** ~ ① *(sich wieder setzen)* volver a sentarse ② *(nach hinten)* sentarse más atrás

zurück|spulen *vt* rebobinar

zurück|stecken **I.** *vi* ① *(mit Ansprüchen)* moderarse ② *(nachgeben)* transigir **II.** *vt* ① *(wieder einstecken)* volver a guardar ② *(versetzen)* colocar hacia atrás

zurück|stehen *irr vi* ① *(weiter hinten stehen)* quedar atrás ② *(schlechter sein)* quedarse atrás; **er wollte nicht hinter ihnen** ~ no quería quedarse atrás ③ *(verzichten)* renunciar; **sie musste immer hinter den anderen** ~ siempre tuvo que desistir a favor de los demás

zurück|stellen *vt* ① *(an einen Platz)* volver a poner en su sitio ② *(nach hinten)* poner atrás; *(Uhr)* retrasar; *(Heizung)* bajar ③ *(Waren)* reservar ④ *(aufschieben)* aplazar ⑤ *(Wünsche)* postergar; **seine Bedenken** ~ dejar atrás sus reparos

zurück|stoßen *irr vt* ① *(wegstoßen)* empujar hacia atrás ② *(ablehnen)* rechazar

zurück|stufen *vt* degradar

zurück|treten *irr* **I.** *vi sein* ① *(nach hinten)* retroceder; **bitte ~!** ¡retrocedan, por favor! ② *(weniger wichtig werden)* perder importancia; *(in den Hintergrund treten)* pasar al segundo plano ③ *(von einem Amt)* dimitir (**von** de) ④ *(von einem Vertrag, Vorhaben)* desistir (**von** de); *(von einem Recht)* renunciar (**von** a) **II.** *vt* **jdn** ~ devolver el pisotón a alguien

zurück|verfolgen* *vt* buscar los orígenes (de)

zurück|versetzen* *vr:* **sich** ~ recordar; **wir fühlten uns in eine andere Zeit zu-**

Z

rückversetzt nos sentimos trasladados a otra época

zurück|weichen *irr vi sein* ① *(Person)* retroceder; *(Hochwasser)* decrecer ② *(vor einer Aufgabe)* retroceder (**vor** ante)

zurück|weisen *irr vt (Person, Anschuldigung)* rechazar; *(Einladung, Geschenk)* rehusar; *(mit Argumenten)* refutar; *(Klage)* recusar

Zurückweisung *f* <-en> rechazo *m; (einer Klage)* recusación *f*

zurück|werfen *irr vt* ① *(nach hinten)* echar (hacia) atrás ② *(Ball)* devolver ③ *(Schall, Strahlen)* reflejar ④ *(wirtschaftlich)* hacer retroceder (de); **das wirft uns um Jahre zurück** esto nos hace retroceder a la posición de hace años ⑤ *(Feind)* rechazar

zurück|wirken *vi* repercutir (**auf** en)

zurück|wollen *irr* **I.** *vi* querer volver (**nach** a) **II.** *vt (fam)* querer de vuelta; **ich will mein Geld zurück** quiero que me devuelvan mi dinero

zurück|zahlen *vt* devolver; *(Ausgaben)* reembolsar; **das werd' ich ihm ~!** *(fam)* ¡me lo pagará!

zurück|ziehen *irr* **I.** *vt* ① *(zum Ausgangspunkt)* volver (a poner en un lugar) ② *(nach hinten)* correr hacia atrás; *(Körperteil)* retirar; *(Vorhang, Riegel)* correr ③ *(widerrufen)* retirar; *(Gesetz)* revocar; *(Ansprüche)* desistir (de); *(Bestellung)* anular ④ *(aus dem Verkehr ziehen)* retirar ⑤ *(bewirken)* ser el motivo de la vuelta (**nach** a); *(anziehen)* atraer **II.** *vr:* **sich ~** (*a.* MIL) retirarse (**von** de) **III.** *vi sein* volver a vivir (**nach** a)

Zuruf ['--] *m* <-(e)s, -e> grito *m*

zu|rufen *irr vt* **jdm etw ~** gritar algo a alguien

zurzeit [tsuːɐˈtsaɪt] *adv (Österr, Schweiz)* de momento

Zusage ['---] *f* <-n> *(positive Antwort)* contestación *f* afirmativa; *(Bestätigung)* confirmación *f; (Versprechen)* promesa *f;* **eine ~ geben** contestar afirmativamente

zu|sagen I. *vi* ① *(Einverständnis erklären)* contestar afirmativamente; *(Einladung annehmen)* aceptar una invitación; *(sich verpflichten)* comprometerse ② *(gefallen)* **jdm ~** gustar a alguien; *(passen)* convenir a alguien **II.** *vt* prometer

zusammen [tsuˈzamən] *adv* ① *(miteinander)* juntos; *(gleichzeitig)* al mismo tiempo; **~ mit** (junto) con; **~ sein** *(beieinander sein)* estar juntos; *(fest befreundet sein)* salir juntos; **alle ~** todos juntos ② *(insgesamt)* en total; **das macht ~ 14 Euro** son 14 euros en total

Zusammenarbeit *f ohne pl* colaboración *f,* cooperación *f;* **in ~ mit** en colaboración con

zusammen|arbeiten *vi* colaborar, cooperar

zusammen|bauen *vt* montar

zusammen|beißen *irr vt* **die Zähne ~** apretar los dientes

zusammen|binden *irr vt* atar

zusammen|bleiben *irr vi sein* quedar juntos; *(weiterhin)* seguir juntos

zusammen|brechen *irr vi sein* ① *(einstürzen)* derrumbarse; **für ihn ist eine Welt zusammengebrochen** se le desmoronaron todas sus esperanzas ② *(Mensch)* sufrir un colapso; *(ohnmächtig)* desmayarse ③ *(Wirtschaft)* quebrarse; *(Verkehr)* colapsarse

zusammen|bringen *irr vt* ① *(Geld, Personen)* juntar ② *(fam: sich erinnern)* recordar, acordarse (de)

Zusammenbruch *m* derrumbamiento *m; (Bankrott)* quiebra *f; (gesundheitlich, des Verkehrs)* colapso *m*

zusammen|drängen I. *vt* ① *(Menschen)* apiñar ② *(zusammenfassen)* reducir (**auf** a) **II.** *vr:* **sich ~** ① *(Menschen)* apiñarse ② *(Ereignisse)* concentrarse

zusammen|drücken *vt* apretar, comprimir; *(flach)* aplastar

zusammen|fahren *irr* **I.** *vi sein* ① *(Fahrzeuge)* chocar ② *(erschrecken)* estremecerse **II.** *vt (Person, Tier)* atropellar; *(Fahrzeug)* destrozar

zusammen|fallen *irr vi sein* ① *(einstürzen)* hundirse ② *(an Volumen verlieren)* desinflarse ③ *(Termine)* coincidir

zusammen|falten *vt* ① *(Papier, Stoff)* plegar, doblar ② *(Hände)* juntar

zusammen|fassen *vt* ① *(vereinigen)* reunir (**zu** en); *(in Gruppen)* agrupar ② *(Bericht)* resumir; **~d lässt sich sagen, dass …** en resumen se puede decir que…

Zusammenfassung *f* <-en> ① *(Resümee)* resumen *m* ② *(Vereinigung)* unión *f; (in Gruppen)* agrupación *f*

zusammenfinden *irr vr:* **sich ~** ① *(sich vereinigen)* juntarse, reunirse ② *(treffen)* encontrarse

zusammenflicken *vt (fam)* remendar, zurzir, (re)componer; **jdn wieder ~** poner unos cuantos remiendos [*o* parches] a alguien

zusammen|fließen *irr vi sein* confluir

zusammen|fügen *vt (geh)* unir, juntar

zusammen|führen *vt* reunir; *(nach Streit)* reconciliar

zusammen|gehören* *vi (fam)* ① *(Personen)* ser del mismo grupo ② *(Gegen-*

stände) hacer juego; *(paarweise)* hacer pareja

zusammengehörig *adj* correspondiente

Zusammengehörigkeit *f ohne pl* afinidad *f,* unión *f*

Zusammengehörigkeitsgefühl *nt* <-(e)s, *ohne pl*> solidaridad *f*

zusammengesetzt *adj* compuesto; **~ sein aus …** componerse de…

zusammengewürfelt *adj (gemischt)* mezclado; *(verschiedenartig)* heterogéneo

Zusammenhalt *m* <-(e)s, *ohne pl*> ① *(von Teilen)* cohesión *f* ② *(Bindung)* solidaridad *f,* unión *f*

zusammen|halten *irr* **I.** *vi* ① *(Mannschaft)* ser solidario; *(in der Not)* ayudarse mutuamente ② *(Teile)* formar un cuerpo **II.** *vt* ① *(Gruppe)* mantener juntos; *(Geld)* ahorrar ② *(verbinden)* unir

Zusammenhang *m* <-(e)s, -hänge> *(Beziehung)* relación *f* (**zwischen/von** entre); *(innerer)* conexión *f; (im Text)* contexto *m;* **in ~ mit etw** *dat* **stehen** estar en relación con algo; **etw aus dem ~ reißen** sacar algo de contexto; **etw mit etw** *dat* **in ~ bringen** relacionar algo con algo

zusammenhang(s)los *adj* incoherente

zusammen|hängen *irr vi* ① *(Gegenstände)* estar unido ② *(in Beziehung stehen)* estar relacionado; **das hängt damit zusammen, dass …** esto está relacionado con…

zusammenhängend *adj* coherente; *(ununterbrochen)* continuo

zusammen|heften *vt* encuadernar

zusammenklappbar *adj* plegable

zusammen|klappen I. *vi sein (Person)* sufrir un colapso **II.** *vt (Stuhl, Tisch)* plegar; *(Messer)* cerrar

zusammenkleben I. *vi* estar pegado **II.** *vt* pegar, unir pegando

zusammen|knoten *vt* anudar

zusammen|kommen *irr vi sein* ① *(sich treffen)* encontrarse; *(sich versammeln)* reunirse ② *(sich ansammeln)* acumularse

zusammen|krachen *vi sein (fam)* ① *(Stuhl, Tisch)* romperse ② *(Fahrzeuge)* chocar

zusammen|kratzen *vt (fam)* reunir penosamente

Zusammenkunft [tsu'zamənkʊnft, *pl:* -kʏnftə] *f* <-künfte> encuentro *m; (Versammlung)* reunión *f*

zusammen|läppern [-lɛpɐn] *vr:* **sich ~** *(fam)* amontonarse, apiñarse

zusammen|laufen *irr vi sein* ① *(Menschen)* acudir (en masa) ② *(Flüsse)* confluir ③ *(Linien)* juntarse; (MATH) converger

zusammen|leben *vi* convivir; **wir leben zusammen** vivimos juntos

Zusammenleben *nt* <-s, *ohne pl*> convivencia *f*

zusammen|legen I. *vt* ① *(falten)* doblar, plegar ② *(zueinanderlegen)* poner juntos ③ *(vereinigen)* juntar; *(Firmen)* fusionar; *(Termine)* fijar a una misma hora; *(Personen)* agrupar **II.** *vi* juntar el dinero

Zusammenlegung *f* <-, -en> ① *(Vereinigung)* unión *f; (von Firmen)* fusión *f; (von Grundstücken)* concentración *f; (von Terminen)* fijación *f* de varias citas juntas ② *(von Personen)* agrupación *f*

zusammen|nehmen *irr* **I.** *vt* reunir, juntar; **alles zusammengenommen** en total; **er nahm seinen ganzen Mut zusammen** hizo acopio de todo su coraje **II.** *vr:* **sich ~** controlarse

zusammen|passen *vi (Personen)* congeniar, hacer buenas migas *fam; (Paar)* hacer (una) buena pareja; *(Gegenstände)* encajar, hacer juego; *(Farben)* ir bien

zusammen|pferchen *vt* ① *(Vieh)* acorralar ② *(Menschen)* apiñar

Zusammenprall *m* <-(e)s, -e> colisión *f,* choque *m*

zusammen|prallen *vi sein* colisionar, chocar

zusammen|pressen *vt* apretar, prensar

zusammen|raufen *vr:* **sich ~** *(fam)* ponerse de acuerdo

zusammen|rechnen *vt* sumar

zusammen|reimen I. *vt (fam)* **sich** *dat* **etw ~** imaginarse algo **II.** *vr:* **sich ~** *(fam)* explicarse

zusammen|reißen *irr vr:* **sich ~** *(fam)* controlarse

zusammen|rücken I. *vi sein* juntarse **II.** *vt* acercar

zusammen|rufen *irr vt* convocar, reunir

zusammen|sacken *vi sein (fam)* ① *(Haus)* derrumbarse ② *(Person)* sufrir un colapso

zusammen|scheißen *irr vt (vulg)* poner a parir

zusammen|schlagen *irr vt* ① *(fam: zerstören)* destrozar ② *(fam: verprügeln)* moler a palos ③ *(gegeneinanderschlagen)* **sie schlug die Hände über dem Kopf zusammen** se llevó las manos a la cabeza

zusammen|schließen *irr vr:* **sich ~** agruparse; *(Firmen)* fusionarse

Zusammenschluss *m* agrupación *f; (von Firmen)* fusión *f*

zusammen|schrauben *vt* atornillar

zusammen|schreiben *irr vt* ① *(Wörter)* escribir junto ② *(fam abw: verfassen)* borronear; **wer hat denn diesen Unsinn**

zusammengeschrieben? ¿quién ha escrito este montón de tonterías?

Zusammensein *nt* <-s, *ohne pl*> ① *(Treffen)* reunión *f* ② *(Zusammenleben)* convivencia *f*

zusammen|setzen I. *vt* componer; *(montieren)* montar II. *vr:* **sich ~** ① *(zusammenkommen)* reunirse; *(sich treffen)* encontrarse ② *(bestehen)* componerse (**aus** de)

Zusammensetzung *f* <-en> ① *(Struktur)* composición *f*; *(Mischung)* combinación *f*; **eine ~ aus ...** una combinación de... ② (LING) palabra *f* compuesta

Zusammenspiel *nt* <-(e)s, *ohne pl*> ① *(einer Mannschaft)* juego *m* del equipo ② *(von Kräften)* interacción *f*

zusammen|stauchen *vt* *(fam)* aplastar, (d)espachurrar

zusammen|stecken I. *vi* *(fam)* estar juntos II. *vt* juntar; *(Stoff)* fijar con alfileres; **die Köpfe ~** andar con secretitos

zusammen|stellen *vt* ① *(nebeneinanderstellen)* colocar juntos ② *(anordnen)* componer; *(in Gruppen)* agrupar; *(sortieren)* clasificar; *(kompilieren)* compilar; *(Farben, Menü)* combinar; *(Unterlagen)* reunir; *(Programm, Liste)* hacer

Zusammenstellung *f* <-en> ① *(Anordnung)* disposición *f* ② *(Zusammensetzung)* composición *f*; *(systematisch)* clasificación *f*; *(in Gruppen)* agrupación *f*; *(eines Buchs)* compilación *f* ③ *(Übersicht)* cuadro *m* sinóptico; *(Liste)* lista *f*

Zusammenstoß *m* <-es, -stöße> ① *(von Fahrzeugen)* choque *m*, quiñazo *m Am* ② *(fam: Streit)* disputa *f*; *(Auseinandersetzung)* enfrentamiento *m*

zusammen|stoßen *irr vi sein* ① *(kollidieren)* chocar ② *(sich streiten)* pelearse

zusammen|strömen *vi sein* ① *(Flüsse)* confluir ② *(Menschen)* acudir en masa

zusammen|stürzen *vi sein* *(Gebäude)* derrumbarse; *(Plan)* venirse abajo

zusammensuchen *vt* (buscar y) reunir; **sich** *dat* **etw ~** escoger algo

zusammen|tragen *irr vt* reunir; *(ansammeln)* acumular; *(Fakten)* compilar

zusammen|treffen *irr vi sein* ① *(Menschen)* encontrarse ② *(Ereignisse, Umstände)* coincidir

Zusammentreffen *nt* ① *(Begegnung)* encuentro *m*; **bei unserem letzten ~** en nuestro último encuentro ② *(von Ereignissen)* coincidencia *f*

zusammen|treiben *irr vt* reunir, juntar

zusammen|trommeln *vt* *(fam)* convocar, llamar

zusammen|tun *irr* I. *vt* *(fam)* meter junto II. *vr:* **sich ~** *(fam)* unirse; *(sich verbünden)* aliarse

zusammen|wachsen *irr vi sein* ① *(verheilen)* cerrarse ② *(sich verbinden)* unirse

zusammen|wirken *vi* ① *(Faktoren)* actuar (simultáneamente) ② *(geh: zusammenarbeiten)* colaborar (**bei** en)

Zusammenwirken *nt* <-s, *ohne pl*> interacción *f*

zusammen|zählen *vt* sumar

zusammen|ziehen *irr* I. *vt* ① *(enger machen)* estrechar; *(durch Säure)* astringir; *(Muskeln)* contraer ② *(Polizei, Truppen)* reunir, concentrar ③ *(addieren)* sumar II. *vr:* **sich ~** ① *(kleiner werden)* contraerse ② *(Gewitter, Unheil)* cernirse III. *vi sein* **mit jdm ~** ir a vivir con alguien

zusammen|zucken *vi sein* estremecerse (**vor** de)

Zusatz *m* <-es, -sätze> ① *(Substanz)* aditamento *m*; *(Lebensmittelzusatz)* aditivo *m*; **ohne ~ von Konservierungsstoffen** sin conservantes ni colorantes ② *(zu einem Text)* apéndice *m*

Zusatzgerät *nt* aparato *m* suplementario

zusätzlich ['tsu:zɛtslɪç] I. *adj* adicional, suplementario II. *adv* más

Zusatzstoff *m* aditivo *m*

Zusatzversicherung *f* <-, -en> seguro *m* complementario

Zusatzzahl *f* (número *m*) complementario *m*

zu|schauen *vi s.* **zusehen**

Zuschauer(in) *m(f)* <-s, -; -nen> espectador(a) *m(f)*; *(Fernsehzuschauer)* telespectador(a) *m(f)*; **die ~ waren begeistert** el público estaba entusiasmado

Zuschauerquote *f* cuota *f* de audiencia

Zuschauerraum *m* sala *f* de espectadores

Zuschauertribüne *f* tribuna *f* para el público

Zuschauerzahl *f* número *m* de espectadores

zu|schicken *vt* enviar, mandar

Zuschlag *m* <-(e)s, -schläge> ① *(auf einen Preis)* suplemento *m*, yapa *f Am*; **dieser Zug kostet (sechs Euro) ~** para este tren hay que pagar un suplemento (de seis euros) ② *(bei einer Versteigerung)* remate *m*; **den ~ erhalten** recibir el remate ③ *(für einen Auftrag)* adjudicación *f*; **jdm den ~ für etw erteilen** adjudicar algo a alguien

zu|schlagen *irr* I. *vi* ① *(Person)* golpear ② *sein* *(Tür)* cerrarse de golpe ③ *(fam: zugreifen)* aprovechar la oportunidad; **schlag zu!** ¡aprovéchalo! ④ *(fam: beim Essen)* atiborrarse II. *vt* ① *(Tür, Buch)* cerrar (de golpe) ② *(Ball)* lanzar ③ *(Auftrag, bei einer*

Versteigerung) **jdm etw ~** adjudicar algo a alguien

zuschlagfrei *adj* sin recargo; (*a.* EISENB) sin suplemento; **Nahverkehrszüge sind ~** los trenes de cercanías no tienen suplemento

zuschlagpflichtig *adj* con recargo; (*a.* EISENB) con suplemento; **der Intercity® ist ~** el Intercity tiene suplemento

zu|schließen *irr vt* cerrar (con llave)

zu|schnappen *vi* ❶ *sein (Schloss)* cerrarse de golpe; *(Falle)* caer ❷ *(Hund)* dar un mordisco

zu|schneiden *irr vt* cortar; **die Stelle war ganz auf ihn zugeschnitten** el puesto de trabajo estaba hecho a su medida

zu|schnüren *vt* atar; **die Angst schnürte ihm die Kehle zu** el miedo le oprimía la garganta

zu|schrauben *vt* ❶ *(mit Schrauben)* atornillar ❷ *(durch Drehen)* cerrar

zu|schreiben *irr vt* atribuir; *(Eigentum)* tra(n)sferir; **das hast du dir selbst zuzuschreiben** es culpa tuya

Zuschrift *f* <-en> carta *f; (amtlich)* comunicación *f*

zuschulden [-'--] *adv* **sich** *dat* **etwas ~ kommen lassen** cometer un error; *s. a.* **Schuld**[1]

Zuschuss *m* <-es, -schüsse> subsidio *m; (staatlich)* subvención *f*

zu|schütten **I.** *vt* ❶ *(mit Erde)* rellenar ❷ *(fam: dazugeben)* añadir **II.** *vr:* **sich ~** *(fam)* emborracharse

zu|sehen *irr vi* ❶ *(betrachten)* mirar ❷ *(dafür sorgen)* **~, dass …** procurar que… *+subj;* **sieh mal zu, was du machen kannst!** ¡mira a ver qué puedes hacer!

zusehends ['tsu:ze:ənts] *adv* a ojos vista, visiblemente; **es geht ihm ~ besser** mejora ostensiblemente

zu|senden *irr vt s.* **zuschicken**

Zusendung *f* <-, -en> envío *m*

zu|setzen **I.** *vi* ❶ *(bedrängen)* atosigar; *(belästigen)* molestar, dar la lata *fam* ❷ *(verletzen)* herir ❸ *(Krankheit)* afectar **II.** *vt* ❶ *(hinzufügen)* añadir (**zu** a) ❷ *(Geld)* perder

zu|sichern *vt* asegurar; *(Versprechen)* prometer

Zusicherung *f* <-, -en> ❶ *(Gewährleistung)* garantía *f* ❷ *(Versprechen)* promesa *f*

zu|sperren *vt (Österr, südd)* cerrar con llave

Zuspiel *nt* (SPORT) pase *m*

zu|spielen *vt* (*a.* SPORT) pasar

zu|spitzen *vr:* **sich ~** *(Situation)* agudizarse; *(stärker)* agravarse

Zuspitzung *f* <-, -en> *(Situation)* agudización *f*

zu|sprechen *irr* **I.** *vi* **jdm (gut) ~** tranquilizar a alguien; **dem Alkohol ~** tomar bebidas alcohólicas **II.** *vt* ❶ *(Preis)* otorgar; *(Erbe)* adjudicar; **das Kind wurde der Mutter zugesprochen** la custodia del niño fue otorgada a la madre ❷ *(zuschreiben)* atribuir; **jdm Trost/Mut ~** consolar/animar a alguien

Zuspruch *m* <-(e)s, *ohne pl*> *(geh)* ❶ *(Trost)* consuelo *m* ❷ *(Besuch)* concurrencia *f;* **die Veranstaltung erfreute sich großen ~s** el acto estuvo muy concurrido

Zustand ['--] *m* <-(e)s, -stände> estado *m; (Lage)* situación *f; (Beschaffenheit)* condición *f;* **Zustände kriegen** *(fam)* volverse loco; **das ist doch kein ~!** *(fam)* ¡eso no puede quedar así!

zustande [-'--] *adv* **etw ~ bringen** lograr algo; **~ kommen** llevarse a cabo; *s. a.* **Stand**[1]

Zustandekommen *nt* <-s, *ohne pl*> *(eines Kongresses)* realización *f; (eines Vertrages)* conclusión *f*

zuständig *adj* competente (**für** para); *(verantwortlich)* responsable (**für** de)

Zuständigkeit *f* <-en> atribuciones *f pl; (Kompetenz)* competencia *f;* **das fällt nicht in meine ~** eso no corresponde a mis atribuciones

Zuständigkeitsbereich *m* ámbito *m* de responsabilidad

zu|stecken *vt* ❶ *(schließen)* cerrar con alfileres ❷ *(geben)* **jdm etw ~** pasar algo a alguien

zu|stehen *irr vi* corresponder

zu|steigen *irr vi sein* subir

Zustellbett *nt* cama *f* supletoria

Zustelldienst *m* servicio *m* de reparto (del correo)

zu|stellen *vt* ❶ *(versperren)* bloquear ❷ *(formal: schicken)* enviar; *(aushändigen)* entregar; *(Post)* repartir

Zusteller(in) *m(f)* <-s, -; -nen> *(formal)* repartidor(a) *m(f)*

Zustellgebühr *f* <-, -en> gastos *mpl* de entrega

Zustellung *f* <-en> *(formal)* entrega *f*

zu|stimmen *vi* estar de acuerdo (con); **etw** *dat* **~** aprobar algo

zustimmend *adj* aprobatorio, conforme; **~ nicken** inclinar la cabeza en señal de asentimiento

Zustimmung *f* <-en> *(Billigung)* aprobación *f; (Einverständnis)* asentimiento *m;* **seine ~ (zu etw** *dat***) geben/verweigern**

Z

dar/denegar su aprobación (a algo); ~ **finden** tener una buena acogida

zu|stoßen *irr* **I.** *vi* ① *(zustechen)* dar una puñalada; *(Stier, Schlange)* arremeter ② *sein (passieren)* ocurrir; **für den Fall, dass mir etwas zustößt** por si me ocurre algo **II.** *vt (Tür)* cerrar dando un golpe

Zustrom *m* <-(e)s, *ohne pl*> *(von Menschen)* afluencia *f*

zutage [-'--] *adv* **etw ~ fördern** sacar algo a la luz; **~ kommen** aparecer; *s. a.* **Tag**

Zutat *f* <-en> ① *(Bestandteil)* ingrediente *m* ② *(Beiwerk)* accesorio *m*

zu|teilen *vt* ① *(austeilen)* repartir ② *(Rolle, Aufgabe)* destinar, asignar

Zuteilung *f* <-en> ① *(das Austeilen)* distribución *f,* reparto *m* ② *(einer Aufgabe)* asignación *f*

zuteil|werden *irr vi sein (geh)* **jdm wird etw zuteil** algo se le dispensa a alguien; **jdm etw ~ lassen** conceder algo a alguien

zutiefst [-'-] *adv* profundamente; **etw ~ bereuen** sentir algo de todo corazón

zu|tragen *irr* **I.** *vt* ① *(bringen)* llevar ② *(Nachricht)* informar (sobre) **II.** *vr:* **sich ~** acontecer; **es trug sich zu, dass …** aconteció que…

zuträglich ['tsu:trɛ:klɪç] *adj (geh)* **jdm/etw** *dat* **~ sein** ser ventajoso para alguien/algo

zu|trauen *vt* **jdm etw ~** creer a alguien capaz de algo; **jdm nicht viel ~** desconfiar de la capacidad de alguien; **ihm ist alles zuzutrauen** de él se puede esperar cualquier cosa; **traust du dir das zu?** ¿crees que eres capaz?

Zutrauen *nt* <-s, *ohne pl*> confianza *f* (**zu** en)

zutraulich **I.** *adj* confiado; *(Tier)* manso **II.** *adv* con confianza

zu|treffen *irr vi* ① *(richtig sein)* ser correcto; *(wahr sein)* ser verdad ② *(passen)* ser aplicable (**auf** a); *(gelten)* valer (**für/auf** para)

zutreffend *adj* acertado; *(richtig)* justo; **Z~es bitte ankreuzen** *(formal)* márquese lo que corresponda

Zutritt *m* <-(e)s, *ohne pl*> *(Zugang)* acceso *m* (**zu** a); *(Eingang)* entrada *f* (**zu** a); **kein ~!** ¡prohibida la entrada!; (**freien**) **~ haben** tener (libre) acceso; **sich** *dat* **~ verschaffen** conseguir entrar

zu|tun *irr vt (fam)* ① *(hinzutun)* añadir ② *(zumachen)* cerrar; **ich habe die ganze Nacht kein Auge zugetan** no pegué ojo en toda la noche

Zutun *nt* <-s, *ohne pl*> **ohne mein ~** sin mi intervención

zuunterst [tsu'ʔʊntɐst] *adv* ① *(auf einem Stapel)* abajo ② *(am unteren Rand)* en la parte inferior

zuverlässig ['tsu:fɛɐlɛsɪç] *adj* ① *(Person)* de confianza; *(Mittel)* eficaz ② *(glaubwürdig)* fidedigno

Zuverlässigkeit *f ohne pl* ① *(einer Person)* fiabilidad *f; (eines Mittels)* eficacia *f* ② *(Glaubwürdigkeit)* seguridad *f*

Zuversicht ['tsu:fɛɐzɪçt] *f ohne pl* (absoluta) confianza *f;* **in der festen ~, dass …** en la absoluta confianza de que…; **voller ~** lleno de optimismo

zuversichtlich **I.** *adj* confiado; *(optimistisch)* optimista; **ich bin ~, dass …** confío en que… *+subj* **II.** *adv* con toda confianza

zuvor [-'-] *adv* antes; **kurz ~** poco antes; **am Tag ~** el día anterior

zuvor|kommen *irr vi sein* adelantarse; **da bin ich ihm zuvorgekommen** me adelanté a él; **etw** *dat* **~** anticiparse a algo

zuvorkommend *adj* cortés

Zuvorkommenheit *f ohne pl (Höflichkeit)* cortesía *f; (Hilfsbereitschaft)* solicitud *f; (Aufmerksamkeit)* atención *f*

Zuwachs ['tsu:vaks] *m* <-es, -wächse> ① *(Wachstum)* crecimiento *m* ② *(Zunahme)* incremento *m* (**um/an** de); **~ bekommen** *(fam)* estar esperando familia

zu|wachsen *irr vi sein* ① *(Wunde)* cerrarse ② *(mit Pflanzen)* cubrirse de vegetación ③ *(geh: zuteilwerden)* **jdm ~** corresponder a alguien

Zuwachsrate *f* tasa *f* de incremento

Zuwanderer, -in *m, f* <-s, -; -nen> inmigrante *mf*

zu|wandern *vi sein* inmigrar

Zuwanderung *f* <-en> inmigración *f*

zuwege [-'--] *adv* **etw ~ bringen** conseguir algo; *s. a.* **Weg**

zuweilen [-'--] *adv (geh)* de vez en cuando, en ocasiones

zu|weisen *irr vt* asignar

Zuweisung *f* <-, -en> asignación *f*

zu|wenden *irr* **I.** *vt* ① *(Gesicht, Rücken)* volver; **sie wandte ihm ihr Gesicht zu** volvió el rostro hacia él; **jdm seine Aufmerksamkeit ~** prestar atención a alguien ② *(zukommen lassen)* donar **II.** *vr* **sich jdm/etw** *dat* **~** dedicarse a alguien/algo

Zuwendung[1] *f ohne pl (Liebe)* cariño *m; (Aufmerksamkeit)* atención *f*

Zuwendung[2] *f* <-en> *(Geld)* subsidio *m; (Schenkung)* donación *f*

zuwider [-'--] *adv* **~ sein** repugnar

zuwider|handeln *vi (dem Gesetz)* infringir; *(einem Prinzip)* contravenir

Zuwiderhandelnde(r) *mf* <-n, -n; -n, -n> *(gegen ein Gesetz)* infractor(a) *m(f); (gegen ein Prinzip)* contraventor(a) *m(f)*

Zuwiderhandlung *f* <-, -en> contravención *f*
zu|winken *irr vi* **jdm ~** saludar con la mano a alguien
zu|ziehen *irr* **I.** *vt* ① *(Tür)* cerrar; *(Vorhang)* correr; *(Knoten)* apretar ② *(um Rat fragen)* consultar ③ *(bekommen)* **sich** *dat* **etw ~** *(Krankheit)* contraer algo; *(Verletzung)* producirse; **sich** *dat* **jds Zorn ~** atraerse las iras de alguien **II.** *vi sein* venirse a vivir aquí **III.** *vr:* **sich ~** *(Himmel)* cubrirse
zuzüglich ['tsuːtsyːklɪç] *präp +gen* más, a lo que se suma
zu|zwinkern *vi* guiñar
ZVS [tsɛtfaʊ'ʔɛs] *f* <-> *Abk. von* **Zentralstelle für die Vergabe von Studienplätzen** *en Alemania, central para la adjudicación de plazas de estudio*
zwang [tsvaŋ] *3. imp von* **zwingen**
Zwang [tsvaŋ, *pl:* 'tsvɛŋə] *m* <-(e)s, Zwänge> ① *(Gewalt)* violencia *f; (Druck)* presión *f;* **~ auf jdn ausüben** presionar a alguien; **unter ~ stehen** estar bajo presión; **tu dir keinen ~ an** déjate de cumplidos; **gesellschaftliche Zwänge** presiones sociales; **einem inneren ~ folgen** seguir el propio impulso ② *(Nötigung)* coacción *f* ③ *(Notwendigkeit)* necesidad *f*
zwängen ['tsvɛŋən] **I.** *vt (hineinzwängen)* meter a presión (**in** en); *(hindurchzwängen)* hacer pasar por la fuerza (**durch** por) **II.** *vr:* **sich ~** *(hineinzwängen)* meterse a presión (**in** en); *(hindurchzwängen)* abrirse paso por la fuerza (**durch** por)
zwanghaft *adj* ① *(gezwungen)* forzoso ② *(erzwungen)* artificial
zwanglos **I.** *adj* desenvuelto **II.** *adv* sin ceremonias, con soltura
Zwanglosigkeit *f* <-, *ohne pl*> desembarazo *m,* desenvoltura *f*
Zwangsanleihe *f* empréstito *m* forzoso
Zwangsarbeit *f ohne pl* trabajos *mpl* forzados
Zwangseinweisung *f* <-, -en> hospitalización *f* forzosa
Zwangsenteignung *f* (JUR) expropiación *f* forzosa
Zwangshandlung *f* <-, -en> (PSYCH) acto *m* compulsivo
Zwangsjacke *f* camisa *f* de fuerza
Zwangslage *f* apuro *m;* **sich in einer ~ befinden** encontrarse en un apuro
zwangsläufig **I.** *adj* obligatorio; *(unvermeidbar)* inevitable; *(notwendig)* necesario **II.** *adv* de por sí, automáticamente
Zwangsläufigkeit *f* <-, -en> curso *m* inevitable de las cosas
Zwangsmaßnahme *f* medida *f* coercitiva; *(Sanktion)* sanción *f*
Zwangsräumung *f* (JUR) desahucio *m*
Zwangsverkauf *m* venta *f* forzosa
Zwangsversteigerung *f* (JUR) subasta *f* forzosa
Zwangsvollstreckung *f* <-, -en> (JUR) ejecución *f* judicial
zwangsweise *adv* ① *(erzwungen)* a la fuerza; (JUR) por vía de apremio ② *(zwangsläufig)* inevitablemente
zwanzig ['tsvantsɪç] *adj inv* veinte; *s. a.* **achtzig**
zwanziger ['tsvantsɪgɐ] *adj* **die ~ Jahre** los años veinte
Zwanziger ['tsvantsɪgɐ] *m* <-s, -> *(fam)* ① *(Münze)* moneda *f* de veinte ② *(Geldschein)* billete *m* de veinte
Zwanzigerjahre *nt* **die ~** los años veinte
Zwanzigeuroschein *m* billete *m* de veinte euros
zwanzigjährig *adj (20 Jahre alt)* de veinte años; *(20 Jahre dauernd)* de veinte años de duración; *s. a.* **achtzigjährig**
zwanzigste(r, s) *adj* vigésimo; *s. a.* **achtzigste(r, s)**
Zwanzigstel *nt* <-s, -> vigésimo, -a *m, f; s. a.* **Achtzigstel**
zwar [tsvaːɐ] *adv* ① *(einräumend)* **~ …, aber/doch …** es cierto que… pero…; **das ist ~ wahr, aber …** esto es cierto pero… ② *(erklärend)* **und ~** a saber, o sea; **ich habe noch etwas mitzuteilen, und ~ …** tengo algo más que decir, y es que…
Zweck ['tsvɛk] *m* <-(e)s, -e> fin *m; (Ziel)* objetivo *m; (Sinn)* sentido *m; (Absicht)* propósito *m;* **einem guten ~ dienen** servir a un buen fin; **das erfüllt seinen ~** cumple su finalidad; **der ~ heiligt die Mittel** el fin justifica los medios; **es hat ja doch keinen ~ mehr** eso ya no tiene sentido; **zu welchem ~ geschieht das?** ¿qué propósito se persigue con esto?; **das war der ~ der Übung** *(fam)* esta era la intención del ejercicio
Zweckbau *m* edificio *m* funcional
zweckdienlich *adj* ① *(passend)* oportuno ② *(nützlich)* útil
Zwecke ['tsvɛkə] *f* <-n> *(reg)* tachuela *f*
zweckentfremden* ['----] *vt* utilizar para fines extraños
Zweckentfremdung *f* <-, -en> desnaturalización *f,* apartamiento *m* funcional
zwecklos *adj* inútil; **es ist ~** no tiene sentido
Zwecklosigkeit *f ohne pl* inutilidad *f,* carencia *f* de objetivo [*o* de finalidad]
zweckmäßig *adj* adecuado, apropiado; *(nützlich)* útil

Zweckmäßigkeit *f ohne pl* conveniencia *f;* *(Nützlichkeit)* utilidad *f*
Zweckoptimismus *m ohne pl* optimismo *m* calculado
zwecks [tsvɛks] *präp +gen (formal)* con el fin de, con el objeto de
zwei [tsvaɪ] *adj inv* dos; *(Schulnote)* notable; **wenn ~ sich streiten, freut sich der dritte** *(prov)* a río revuelto, ganancia de pescadores; *s. a.* **acht**[1]
zweibändig ['-bɛndɪç] *adj* de dos tomos
Zweibeiner *m (fam iron)* bípedo *m*
Zweibettzimmer *nt* habitación *f* doble
zweideutig ['tsvaɪdɔɪtɪç] *adj* ❶ *(unklar)* ambiguo ❷ *(anstößig)* picante
Zweideutigkeit[1] *f ohne pl (Unklarheit)* ambigüedad *f*
Zweideutigkeit[2] *f* <-en> *(Äußerung)* observación *f* ambigua; *(anstößig)* observación *f* picante
zweidimensional ['tsvaɪdimɛnzjona:l] *adj* bidimensional
Zweidrittelmehrheit [-'----] *f* (POL) mayoría *f* de dos tercios
zweieiig ['tsvaɪʔaɪɪç] *adj* heterocigótico; **~e Zwillinge** gemelos heterocigóticos, gemelos falsos, mellizos (bivitelinos)
zweieinhalb [--'-] *adj inv* dos y medio
zweierlei ['tsvaɪɐ'laɪ] *adj inv* de dos clases diferentes, dos clases (diferentes) de; *s. a.* **achterlei**
Zweieurostück *nt* moneda *f* de dos euros
zweifach I. *adj* doble; **in ~er Ausfertigung** por duplicado II. *adv* dos veces; *s. a.* **achtfach**
Zweifamilienhaus *nt* casa *f* de dos viviendas
zweifarbig *adj* bicolor
Zweifel ['tsvaɪfəl] *m* <-s, -> duda *f;* **außer ~** fuera de toda duda; **ohne ~** sin duda; **etw in ~ ziehen** poner algo en duda; **über alle ~ erhaben sein** estar por encima de cualquier duda; **~ an etw** *dat* **haben** tener dudas sobre algo; **es steht für mich außer ~, dass ...** para mí está claro que...; **daran besteht kein ~** no cabe la menor duda
zweifelhaft *adj* dudoso; *(verdächtig)* sospechoso; **es ist ~, ob ...** es dudoso si...
zweifellos *adv* sin duda; **du hast ~ Recht** sin duda tienes razón
zweifeln ['tsvaɪfəln] *vi* dudar (**an** de)
Zweifelsfall *m* caso *m* de duda; **im ~** en caso de duda
zweifelsfrei I. *adj* incuestionable, indiscutible II. *adv* indudablemente
zweifelsohne ['--'--] *adv* sin duda alguna
Zweifler(in) *m(f)* <-s, -; -, -nen> escéptico, -a *m, f*
Zweifrontenkrieg ['-'---] *m* <-(e)s, -e> guerra *f* en dos frentes; **einen ~ führen** estar en guerra en dos frentes
Zweig [tsvaɪk] *m* <-(e)s, -e> ❶ *(Ast)* rama *f;* **auf keinen grünen ~ kommen** *(fam)* no tener éxito (en la vida) ❷ *(Sparte)* sector *m* ❸ (SCH, UNIV: *Fachrichtung*) ramo *m*
zweigeteilt *adj* dividido en dos (partes); *(gespalten)* hendido (en dos); *(aus zwei Teilen bestehend)* bipartito; **Deutschland war früher ein ~es Land** antes Alemania era un país dividido
zweigleisig *adj* de doble vía; **~ fahren** *(fam)* estar a dos bandas
Zweigniederlassung *f,* **Zweigstelle** *f* sucursal *f,* filial *f*
zweihändig ['tsvaɪhɛndɪç] *adj* de dos manos; **~ spielen** tocar a dos manos
zweihundert ['-'--] *adj inv* doscientos; *s. a.* **achthundert**
zweijährig ['tsvaɪjɛ:rɪç] *adj (zwei Jahre alt)* de dos años; *(zwei Jahre dauernd)* de dos años de duración, bienal
Zweijährige(r) *mf* <-n, -n; -n, -n> niño, -a *m, f* de dos años
Zweikammersystem *nt* (POL) bicameralismo *m,* sistema *m* bicameral
Zweikampf *m* duelo *m;* **jdn zum ~ herausfordern** retar a alguien a un duelo
zweimal *adv* dos veces; **sich** *dat* **etwas nicht ~ sagen lassen** no hacerse de rogar; *s. a.* **achtmal**
zweimonatig *adj* de dos meses
zweimonatlich *adj* bimestral
Zweiparteiensystem [--'----] *nt* (POL) (sistema *m* de) bipartidismo *m*
Zweirad *nt* vehículo *m* de dos ruedas; *(Fahrrad)* bicicleta *f*
Zweireiher *m* <-s, -> traje *m* (de chaqueta) cruzado
zweireihig I. *adj* ❶ *(in zwei Reihen)* de dos filas ❷ *(Anzug)* cruzado II. *adv* en dos filas
Zweisamkeit *f* <-en> vida *f* en pareja
zweischneidig *adj* de dos filos; **ein ~es Schwert** *(fig)* un arma de dos filos
zweiseitig *adj* ❶ *(vom Umfang)* de dos páginas ❷ *(zwischen zwei Parteien)* bilateral ❸ *(Kleidung, Stoff)* reversible
zweisilbig *adj* de dos sílabas; (LING) bisílabo
Zweisitzer *m* (AUTO) (vehículo *m* de) dos plazas *m inv*
zweispaltig *adj* a doble columna
zweisprachig *adj* bilingüe; **~ aufwachsen** educarse bilingüe
Zweisprachigkeit *f ohne pl* bilingüismo *m*
zweispurig *adj (Bahn)* de dos vías; *(Straße)* de dos carriles
zweistellig *adj* de dos cifras

zweistimmig *adj* a dos voces

zweistöckig ['-ʃtœkɪç] *adj* de dos pisos

zweistündig ['-ʃtʏndɪç] *adj* de dos horas

zweit [tsvaɪt] **zu ~** (a) dos

zweitägig ['-tɛːgɪç] *adj* de dos días; *s. a.* **achttägig**

Zweitaktmotor *m* (AUTO, TECH) motor *m* de dos tiempos

zweitälteste(r, s) *adj* segundo en edad

zweitausend ['-'--] *adj inv* dos mil; *s. a.* **achttausend**

Zweitausender *m* cumbre *f* de dos mil metros

zweitbeste(r, s) *adj* segundo mejor; **sie wurde Z~** quedó segunda

zweite(r, s) *adj* segundo; **wie kein Z~r** como ningún otro; *s. a.* **achte(r, s)**

Zweiteiler *m* <-s, -> *(fam)* ① *(Bikini)* bikini *m*, biquini *m* ② *(Kleid)* (vestido *m* de) dos piezas *m inv*

zweiteilig *adj* de dos partes; *(Kleid)* de dos piezas

zweitens ['tsvaɪtəns] *adv* en segundo lugar; *(bei einer Aufzählung)* segundo; *s. a.* **achtens**

zweitgrößte(r, s) *adj* ① *(menschliche Größe)* segundo más alto ② *(Umfang)* segundo mayor, segundo más grande *fam*

zweitklassig *adj (abw)* de segunda categoría

zweitletzte(r, s) *adj* penúltimo

zweitrangig *adj* ① *(weniger wichtig)* secundario ② *(abw: zweitklassig)* de segunda categoría

Zweitschlüssel *m* segunda llave *f*

Zweitstimme *f* (POL) segundo voto *m*

Zweitürer *m* <-s, -> coche *m* de dos puertas

zweitürig *adj* de dos puertas

Zweitwagen *m* segundo coche *m*

Zweitwohnung *f* segundo domicilio *m*

Zweizimmerwohnung [-'----] *f* apartamento *m* de dos habitaciones

Zwerchfell ['tsvɛrçfɛl] *nt* (ANAT) diafragma *m*

Zwerg(in) [tsvɛrk] *m(f)* <-(e)s, -e; -nen> enano, -a *m, f*, omoto *m Ecua*

zwergenhaft *adj* enano

zwergwüchsig *adj* de baja estatura

Zwetsch(g)e *f* <-n> ciruela *f*

Zwetsch(g)enkuchen *m* tarta *f* de ciruelas

Zwetsch(g)enmus *nt* compota *f* de ciruela

Zwetsch(g)enwasser *nt* <-s, -wässer> aguardiente *m* de ciruelas

Zwickel ['tsvɪkəl] *m* <-s, -> ① *(an Hosen)* entrepierna *f* ② (ARCHIT) pechina *f*

zwicken ['tsvɪkən] **I.** *vi (Kleidung)* apretar **II.** *vt* pellizcar

Zwicker *m* <-s, -> *(reg, südd, Österr)* binóculo *m*

Zwickmühle *f (fam)* dilema *m*; **in der ~ sitzen** estar entre la espada y la pared

Zwieback ['tsviːbak] *m* <-(e)s, -bäcke *o* -e> pan *m* a la brasa

Zwiebel ['tsviːbəl] *f* <-n> ① *(als Gemüse, Gewürz)* cebolla *f*; **rote ~** cebolla morada ② *(Knolle)* bulbo *m*

Zwiebelkuchen *m* pastel *m* de cebolla

Zwiebelring *m* aro *m* de cebolla

Zwiebelschale *f* <-, -n> cáscara *f* de cebolla

Zwiebelsuppe *f* sopa *f* de cebolla

Zwiebelturm *m* torre *f* con tejado imperial

Zwiegespräch ['tsviː-] *nt (geh)* diálogo *m*; **ein ~ halten** mantener un diálogo

Zwielicht *nt* <-(e)s, *ohne pl*> luz *f* crepuscular; **im ~** entre dos luces; **ins ~ geraten** estar en una situación embarazosa

zwielichtig *adj* sospechoso

Zwiespalt *m* <-(e)s, -e *o* -spälte> dilema *m*; **in einem ~ sein** estar ante un dilema

zwiespältig ['tsviːʃpɛltɪç] *adj* contradictorio

Zwietracht *f ohne pl (geh)* discordia *f*; **~ säen** sembrar la discordia

Zwilling ['tsvɪlɪŋ] *m* <-s, -e> ① *(Mensch)* gemelo, -a *m, f*, cuate, -a *m, f Méx*; **eineiige ~e** gemelos homocigóticos; **zweieiige ~e** gemelos heterocigóticos ② *pl* (ASTR: *Zeichen*) Géminis *m inv* ③ (ASTR: *Person*) géminis *mf inv*

Zwillingsbruder *m* hermano *m* gemelo

Zwillingspaar *nt* mellizos *mpl*

Zwillingsschwester *f* hermana *f* gemela

Zwinge ['tsvɪŋə] *f* <-n> (TECH) ① *(zum Einspannen)* gato *m* ② *(zum Zusammenhalten)* abrazadera *f*; *(am Messer)* virola *f*

zwingen ['tsvɪŋən] <zwingt, zwang, gezwungen> **I.** *vt* obligar (**zu** a); **ich sehe mich gezwungen, zu …** me veo obligado a…; **jdn zu Boden ~** tumbar a alguien por la fuerza **II.** *vr:* **sich ~** obligarse (**zu** a)

zwingend *adj (unerlässlich)* ineludible; *(dringend)* apremiante, urgente; *(überzeugend)* concluyente; **ein ~er Schluss** una conclusión lógica

Zwinger *m* <-s, -> *(Hundezwinger)* perrera *f*

zwinkern ['tsvɪŋkɐn] *vi* guiñar; **mit den Augen ~** guiñar el ojo

zwirbeln ['tsvɪrbəln] *vt* retorcer

Zwirn [tsvɪrn] *m* <-(e)s, -e> hilo *m*

zwischen ['tsvɪʃən] **I.** *präp +dat* entre; *(in der Mitte)* en medio de; **~ dir und mir** entre tú y yo; **~ 200 und 300 Euro** entre

200 y 300 euros **II.** *präp +akk (Richtung)* entre; *(in die Mitte)* en medio de

Zwischenablage *f* (*a.* INFOR) portapapeles *m inv*

Zwischenaufenthalt *m* parada *f; (mit dem Schiff, Flugzeug)* escala *f;* **einen ~ einlegen** hacer escala

Zwischenbemerkung *f* observación *f* entre paréntesis; **eine ~ machen** hacer una interrupción

Zwischenbericht *m* <-(e)s, -e> informe *m* parcial

Zwischenbilanz *f* balance *m* provisional

Zwischending *nt (fam)* cosa *f* intermedia (**zwischen** entre)

zwischendrin ['--'-] *adv* en medio

zwischendurch ['--'-] *adv* ❶ *(immer wieder)* entremedias; *(gleichzeitig)* a la vez ❷ *(in der Zwischenzeit)* entretanto ❸ *(räumlich)* en medio

Zwischenergebnis *nt* resultado *m* provisional

Zwischenfall *m* ❶ *(Ereignis)* incidente *m* ❷ *pl (Unruhen)* tumulto *m*

Zwischenfrage *f* pregunta *f;* **jdm eine ~ stellen** interrumpir a alguien para hacer una pregunta

Zwischengröße *f* talla *f* intermedia

Zwischenhändler(in) *m(f)* (comerciante *mf*) intermediario, -a *m, f*

Zwischenlager *nt* almacén *m* provisional

zwischen|lagern *vt* almacenar provisionalmente

zwischen|landen *vi sein* hacer escala

Zwischenlandung *f* escala *f*

Zwischenmahlzeit *f* comida *f* entre horas

zwischenmenschlich *adj* interpersonal

Zwischenprüfung *f* examen *m* intermedio

Zwischenraum *m* ❶ *(zeitlich)* intervalo *m* ❷ *(räumlich)* espacio *m* intermedio; **einen ~ lassen** dejar un espacio (libre)

Zwischenruf *m* <-(e)s, -e> interrupción *f*

Zwischenrunde *f* (SPORT) vuelta *f* intermedia

zwischen|speichern *vt* (INFOR) guardar en la memoria intermedia

Zwischenstation *f* ❶ *(Zwischenaufenthalt)* parada *f; (Schiff, Flugzeug)* escala *f* ❷ *(Ort)* paradero *m*

Zwischenstopp *m* alto *m;* (AUTO) parada *f* (intermedia); (AERO) escala *f*

Zwischensumme *f* suma *f* parcial

Zwischenwand *f* tabique *m,* pared *f* divisoria

Zwischenzeit *f* ❶ *(Zeitraum)* intervalo *m;* **in der ~** entretanto ❷ (SPORT) tiempo *m* parcial

zwischenzeitlich *adj* entretanto

Zwischenzeugnis *nt* calificaciones *fpl* parciales

Zwist [tsvɪst] *m* <-(e)s, -e> *(geh)* discordia *f*

zwitschern ['tsvɪtʃɐn] **I.** *vi* gorjear **II.** *vt (fam)* **einen ~** echar un trago

Zwitter ['tsvɪtɐ] *m* <-s, -> hermafrodita *mf*

zwo [tsvo:] *adj inv (fam)* dos

zwölf [tsvœlf] *adj inv* doce; *s. a.* **acht**[1]

zwölffach **I.** *adj* doce veces tanto; **~ vorhanden sein** tener doce ejemplares **II.** *adv* doce veces; *s. a.* **achtfach**

Zwölffingerdarm [-'---] *m* (ANAT) duodeno *m*

Zwölffingerdarmgeschwür *nt* (MED) úlcera *f* gastroduodenal

Zwölfkampf *m* (SPORT) dodecatlón *m*

zwölfmal *adv* doce veces; *s. a.* **achtmal**

zwölfte(r, s) *adj* duodécimo; *s. a.* **achte(r, s)**

zwölftel ['tsvœlftəl] *adj inv* doceavo; *s. a.* **achtel**

Zwölftonmusik [-'---] *f* (MUS) música *f* dodecafónica

Zyanid [tsya'ni:t] *nt* <-s, -e> (CHEM) cianuro *m*

Zyankali [tsyan'ka:li] *nt* <-s, *ohne pl*> (CHEM) cianuro *m* potásico

Zyklen *pl von* **Zyklus**

zyklisch ['tsy:klɪʃ] *adj* cíclico

Zyklon [tsy'klo:n] *m* <-s, -e> (METEO) ciclón *m*

Zyklop [tsy'klo:p] *m* <-en, -en> cíclope *m*

Zyklus ['tsy:klʊs] *m* <-, Zyklen> (*a.* MED) ciclo *m*

Zylinder [tsi'lɪndɐ, tsy'-] *m* <-s, -> ❶ (MATH, TECH) cilindro *m* ❷ *(Hut)* sombrero *m* de copa, tarro *m Am*

zylinderförmig [-fœrmɪç] *adj* cilíndrico

Zylinderkopf *m* (TECH) culata *f*

zylindrisch *adj* cilíndrico

Zyniker(in) ['tsy:nikɐ] *m(f)* <-s, -; -nen> cínico, -a *m, f*

zynisch ['tsy:nɪʃ] *adj* cínico

Zynismus [tsy'nɪsmʊs] *m* <-, *ohne pl*> cinismo *m*

Zypern ['tsy:pɐn] *nt* <-s> Chipre *m*

Zyprer(in) *m(f)* <-s, -; -nen> chipriota *mf*

Zypresse [tsy'prɛsə] *f* <-n> (BOT) ciprés *m*

Zyprier(in) *m(f)* <-s, -; -nen> chipriota *mf*

Zypriot(in) *m(f)* <-en, -en; -, -nen> chipriota *mf*

zypriotisch *adj,* **zyprisch** ['tsy:prɪʃ] *adj* chipriota

Zyste ['tsʏstə] *f* <-n> (MED) quiste *m*

Zytoplasma [tsyto'plasma] *nt* <-s, -plasmen> (BIOL) citoplasma *m*

z. Z(t). *Abk. von* **zur Zeit** en la época

Anhang
Apéndice

Die regelmäßigen und unregelmäßigen spanischen Verben
Los verbos regulares e irregulares del español

Folgende Abkürzungen werden in der Verbtabelle verwendet:

pret. ind.	pretérito indefinido
subj. fut.	subjuntivo futuro
subj. imp.	subjuntivo imperfecto
subj. pres.	subjuntivo presente

Die regelmäßigen Verben auf *-ar*, *-er* und *-ir*

hablar

presente	imperfecto	pret. ind.	futuro	
hablo	hablaba	hablé	hablaré	**gerundio**
hablas	hablabas	hablaste	hablarás	hablando
habla	hablaba	habló	hablará	
hablamos	hablábamos	hablamos	hablaremos	**participio**
habláis	hablabais	hablasteis	hablaréis	hablado
hablan	hablaban	hablaron	hablarán	

condicional	subj. pres.	subj. imp.	subj. fut.	imperativo
hablaría	hable	hablara/-ase	hablare	
hablarías	hables	hablaras/-ases	hablares	habla
hablaría	hable	hablara/-ase	hablare	hable
hablaríamos	hablemos	habláramos/-ásemos	habláremos	hablemos
hablaríais	habléis	hablarais/-aseis	hablareis	hablad
hablarían	hablen	hablaran/-asen	hablaren	hablen

comprender

presente	imperfecto	pret. ind.	futuro	
comprendo	comprendía	comprendí	comprenderé	**gerundio**
comprendes	comprendías	comprendiste	comprenderás	compren-diendo
comprende	comprendía	comprendió	comprenderá	
comprende-mos	comprendía-mos	comprendimos	comprendere-mos	**participio**
comprendéis	comprendíais	comprendisteis	comprende-réis	comprendido
comprenden	comprendían	comprendieron	comprenderán	

condicional	subj. pres.	subj. imp.	subj. fut.	imperativo
comprendería	comprenda	comprendiera/-iese	comprendiere	
comprende-rías	comprendas	comprendieras/-ieses	comprendie-res	comprende
comprendería	comprenda	comprendiera/-iese	comprendiere	comprenda
comprendería-mos	comprenda-mos	comprendiéra-mos/-iésemos	comprendiére-mos	comprenda-mos
comprende-ríais	comprendáis	comprendie-rais/-ieseis	comprendie-reis	comprended
comprende-rían	comprendan	comprendiera/-iesen	comprendie-ren	comprendan

recibir

presente	imperfecto	pret. ind.	futuro	
recibo	recibía	recibí	recibiré	**gerundio**
recibes	recibías	recibiste	recibirás	recibiendo
recibe	recibía	recibió	recibirá	
recibimos	recibíamos	recibimos	recibiremos	**participio**
recibís	recibíais	recibisteis	recibiréis	recibido
reciben	recibían	recibieron	recibirán	

condicional	subj. pres.	subj. imp.	subj. fut.	imperativo
recibiría	reciba	recibiera/-iese	recibiere	
recibirías	recibas	recibieras/-ieses	recibieres	recibe
recibiría	reciba	recibiera/-iese	recibiere	reciba
recibiríamos	recibamos	recibiéramos/-iésemos	recibiéremos	recibamos

condicional	subj. pres.	subj. imp.	subj. fut.	imperativo
recibiríais	recibáis	reciebierais/ -ieseis	recibiereis	recibid
recibirían	reciban	recibieran/ -iesen	recibieren	reciban

Verben mit Vokalveränderung

<e → ie> pensar

presente	imperfecto	pret. ind.	futuro	
pienso	pensaba	pensé	pensaré	**gerundio**
piensas	pensabas	pensaste	pensarás	pensando
piensa	pensaba	pensó	pensará	
pensamos	pensábamos	pensamos	pensaremos	**participio**
pensáis	pensabais	pensasteis	pensaréis	pensado
piensan	pensaban	pensaron	pensarán	

condicional	subj. pres.	subj. imp.	subj. fut.	imperativo
pensaría	piense	pensara/-ase	pensare	
pensarías	pienses	pensaras/ -ases	pensares	piensa
pensaría	piense	pensara/-ase	pensare	piense
pensaríamos	pensemos	pensáramos/ -ásemos	pensáremos	pensemos
pensaríais	penséis	pensarais/ -aseis	pensareis	pensad
pensarían	piensen	pensaran/ -asen	pensaren	piensen

<o → ue> contar

presente	imperfecto	pret. ind.	futuro	
cuento	contaba	conté	contaré	**gerundio**
cuentas	contabas	contaste	contarás	contando
cuenta	contaba	contó	contará	
contamos	contábamos	contamos	contaremos	**participio**
contáis	contabais	contasteis	contaréis	contado
cuentan	contaban	contaron	contarán	

condicional	subj. pres.	subj. imp.	subj. fut.	imperativo
contaría	cuente	contara/-ase	contare	
contarías	cuentes	contaras/ -ases	contares	cuenta
contaría	cuente	contara/-ase	contare	cuente
contaríamos	contemos	contáramos/ -ásemos	contáremos	contemos
contaríais	contéis	contarais/ -aseis	contareis	contad
contarían	cuenten	contaran	contaren	cuenten

<e → i> **pedir**

presente	imperfecto	pret. ind.	futuro	
pido	pedía	pedí	pediré	**gerundio**
pides	pedías	pediste	pedirás	pidiendo
pide	pedía	pidió	pedirá	
pedimos	pedíamos	pedimos	pediremos	**participio**
pedís	pedíais	pedisteis	pediréis	pedido
piden	pedían	pidieron	pedirán	

condicional	subj. pres.	subj. imp.	subj. fut.	imperativo
pediría	pida	pidiera/-iese	pidiere	
pedirías	pidas	pidieras/ -ieses	pidieres	pide
pediría	pida	pidiera/-iese	pidiere	pida
pediríamos	pidamos	pidiéramos/ -iésemos	pidiéremos	pidamos
pediríais	pidáis	pidierais/ -ieseis	pidiereis	pedid
pedirían	pidan	pidieran/ -iesen	pidieren	pidan

Verben mit orthografischen Abweichungen

<c → qu> **atacar**

presente	imperfecto	pret. ind.	futuro	
ataco	atacaba	ataqué	atacaré	**gerundio**
atacas	atacabas	atacaste	atacarás	atacando
ataca	atacaba	atacó	atacará	
atacamos	atacábamos	atacamos	atacaremos	**participio**
atacáis	atacabais	atacasteis	atacaréis	atacado
atacan	atacaban	atacaron	atacarán	

condicional	subj. pres.	subj. imp.	subj. fut.	imperativo
atacaría	ataque	atacara/-ase	atacare	
atacarías	ataques	atacaras/ -ases	atacares	ataca
atacaría	ataque	atacara/-ase	atacare	ataque
atacaríamos	ataquemos	atacáramos/ -ásemos	atacáremos	ataquemos
atacaríais	ataquéis	atacarais/ -aseis	atacareis	atacad
atacarían	ataquen	atacaran/ -asen	atacaren	ataquen

<g → gu> **pagar**

presente	imperfecto	pret. ind.	futuro	
pago	pagaba	pagué	pagaré	**gerundio**
pagas	pagabas	pagaste	pagarás	pagando
paga	pagaba	pagó	pagará	
pagamos	pagábamos	pagamos	pagaremos	**participio**
pagáis	pagabais	pagasteis	pagaréis	pagado
pagan	pagaban	pagaron	pagarán	

condicional	subj. pres.	subj. imp.	subj. fut.	imperativo
pagaría	pague	pagara/-ase	pagare	
pagarías	pagues	pagaras/-ases	pagares	paga
pagaría	pague	pagara/-ase	pagare	pague
pagaríamos	paguemos	pagáramos/ -ásemos	pagáremos	paguemos
pagaríais	paguéis	pagarais/ -aseis	pagareis	pagad
pagarían	paguen	pagaran/ -asen	pagaren	paguen

<z → c> **cazar**

presente	imperfecto	pret. ind.	futuro	
cazo	cazaba	cacé	cazaré	**gerundio**
cazas	cazabas	cazaste	cazarás	cazando
caza	cazaba	cazó	cazará	
cazamos	cazábamos	cazamos	cazaremos	**participio**
cazáis	cazabais	cazasteis	cazaréis	cazado
cazan	cazaban	cazaron	cazarán	

condicional	subj. pres.	subj. imp.	subj. fut.	imperativo
cazaría	cace	cazara/-ase	cazare	
cazarías	caces	cazaras/-ases	cazares	caza
cazaría	cace	cazara/-ase	cazare	cace
cazaríamos	cacemos	cazáramos/-ásemos	cazáremos	cacemos
cazaríais	cacéis	cazarais/-aseis	cazareis	cazad
cazarían	cacen	cazaran/-asen	cazaren	cacen

<gu → gü> **averiguar**

presente	imperfecto	pret. ind.	futuro	
averiguo	averiguaba	averigüé	averiguaré	**gerundio**
averiguas	averiguabas	averiguaste	averiguarás	averi-guando
averigua	averiguaba	averiguó	averiguará	
averiguamos	averiguába-mos	averiguamos	averiguare-mos	**participio**
averiguáis	averiguabais	averiguasteis	averiguaréis	averiguado
averiguan	averiguaban	averiguaron	averiguarán	

condicional	subj. pres.	subj. imp.	subj. fut.	imperativo
averiguaría	averigüe	averiguara/-ase	averiguare	
averiguarías	averigües	averiguaras/-ases	averiguares	averigua
averiguaría	averigüe	averiguara/-ase	averiguare	averigüe
averiguaría-mos	averigüemos	averiguáramos/-ásemos	averiguáre-mos	averigüe-mos
averiguaríais	averigüéis	averiguarais/-aseis	averiguareis	averiguad
averiguarían	averigüen	averiguaran/-asen	averiguaren	averigüen

<c → z> vencer

presente	imperfecto	pret. ind.	futuro	
venzo	vencía	vencí	venceré	**gerundio**
vences	vencías	venciste	vencerás	venciendo
vence	vencía	venció	vencerá	
vencemos	vencíamos	vencimos	venceremos	**participio**
vencéis	vencíais	vencisteis	venceréis	vencido
vencen	vencían	vencieron	vencerán	

condicional	subj. pres.	subj. imp.	subj. fut.	imperativo
vencería	venza	venciera/-iese	venciere	
vencerías	venzas	vencieras/-ieses	vencieres	vence
vencería	venza	venciera/-iese	venciere	venza
venceríamos	venzamos	venciéramos/ -iésemos	venciéremos	venzamos
venceríais	venzáis	vencierais/ -ieseis	venciereis	venced
vencerían	venzan	vencieran/-iesen	vencieren	venzan

<g → j> coger

presente	imperfecto	pret. ind.	futuro	
cojo	cogía	cogí	cogeré	**gerundio**
coges	cogías	cogiste	cogerás	cogiendo
coge	cogía	cogió	cogerá	
cogemos	cogíamos	cogimos	cogeremos	**participio**
cogéis	cogíais	cogisteis	cogeréis	cogido
cogen	cogían	cogieron	cogerán	

condicional	subj. pres.	subj. imp.	subj. fut.	imperativo
cogería	coja	cogiera/-iese	cogiere	
cogerías	cojas	cogieras/-ieses	cogieres	coge
cogería	coja	cogiera/-iese	cogiere	coja
cogeríamos	cojamos	cogiéramos/ -iésemos	cogiéremos	cojamos
cogeríais	cojáis	cogierais/-ieseis	cogiereis	coged
cogerían	cojan	cogieran/-iesen	cogieren	cojan

<gu → g> distinguir

presente	imperfecto	pret. ind.	futuro	
distingo	distinguía	distinguí	distinguiré	**gerundio**
distingues	distinguías	distinguiste	distinguirás	distinguiendo
distingue	distinguía	distinguió	distinguirá	
distinguimos	distinguíamos	distinguimos	distinguiremos	**participio**
distinguís	distinguíais	distinguisteis	distinguiréis	distinguido
distinguen	distinguían	distinguieron	distinguirán	

condicional	subj. pres.	subj. imp.	subj. fut.	imperativo
distinguiría	distinga	distinguiera/-iese	distinguiere	
distinguirías	distingas	distinguieras/-ieses	distinguieres	distingue
distinguiría	distinga	distinguiera/-iese	distinguiere	distinga
distinguiríamos	distingamos	distinguiéramos/iésemos	distinguiéremos	distingamos
distinguiríais	distingáis	distinguierais/-ieseis	distinguiereis	distinguid
distinguirían	distingan	distinguieran/-iesen	distinguieren	distingan

<qu → c> delinquir

presente	imperfecto	pret. ind.	futuro	
delinco	delinquía	delinquí	delinquiré	**gerundio**
delinques	delinquías	delinquiste	delinquirás	delinquiendo
delinque	delinquía	delinquió	delinquirá	
delinquimos	delinquíamos	delinquimos	delinquiremos	**participio**
delinquís	delinquíais	delinquisteis	delinquiréis	delinquido
delinquen	delinquían	delinquieron	delinquirán	

condicional	subj. pres.	subj. imp.	subj. fut.	imperativo
delinquiría	delinca	delinquiera/-iese	delinquiere	
delinquirías	delincas	delinquieras/-ieses	delinquieres	delinque
delinquiría	delinca	delinquiera/-iese	delinquiere	delinca
delinquiríamos	delincamos	delinquiéramos/-iésemos	delinquiéremos	delincamos

condicional	subj. pres.	subj. imp.	subj. fut.	imperativo
delinquiríais	delincáis	delinquierais/ -ieseis	delinquiereis	delinquid
delinquirían	delincan	delinquieran/ -iesen	delinquieren	delincan

Verben mit Betonungsverschiebung

<1. pres: envío> enviar

presente	imperfecto	pret. ind.	futuro	
envío	enviaba	envié	enviaré	**gerundio**
envías	enviabas	enviaste	enviarás	enviando
envía	enviaba	envió	enviará	
enviamos	enviábamos	enviamos	enviaremos	**participio**
enviáis	enviabais	enviasteis	enviaréis	enviado
envían	enviaban	enviaron	enviarán	

condicional	subj. pres.	subj. imp.	subj. fut.	imperativo
enviaría	envíe	enviara/-iase	enviare	
enviarías	envíes	enviaras/-iases	enviares	envía
enviaría	envíe	enviara/-iase	enviare	envíe
enviaríamos	enviemos	enviáramos/ -iásemos	enviáremos	enviemos
enviaríais	enviéis	enviarais/ -iaseis	enviareis	enviad
enviarían	envíen	enviaran/-iasen	enviaren	envíen

<1. pres: continúo> continuar

presente	imperfecto	pret. ind.	futuro	
continúo	continuaba	continué	continuaré	**gerundio**
continúas	continuabas	continuaste	continuarás	continuando
continúa	continuaba	continuó	continuará	
continuamos	continuábamos	continuamos	continuaremos	**participio**
continuáis	continuabais	continuasteis	continuaréis	continuado
continúan	continuaban	continuaron	continuarán	

condicional	subj. pres.	subj. imp.	subj. fut.	imperativo
continuaría	continúe	continuara/-ase	continuare	
continuarías	continúes	continuaras/ -ases	continuares	continúa
continuaría	continúe	continuara/-ase	continuare	continúe
continuaría- mos	continuemos	continuáramos/ -ásemos	continuáre- mos	continue- mos
continuaríais	continuéis	continuarais/ -aseis	continuareis	continuad
continuarían	continúen	continuaran/ -asen	continuaren	continúen

Verben, bei denen das unbetonte *i* wegfällt

<3. pret: tañó> tañer

presente	imperfecto	pret. ind.	futuro	
taño	tañía	tañí	tañeré	**gerundio**
tañes	tañías	tañiste	tañerás	tañendo
tañe	tañía	tañó	tañerá	
tañemos	tañíamos	tañimos	tañeremos	**participio**
tañéis	tañíais	tañisteis	tañeréis	tañido
tañen	tañían	tañeron	tañerán	

condicional	subj. pres.	subj. imp.	subj. fut.	imperativo
tañería	taña	tañera/-ese	tañere	
tañerías	tañas	tañeras/-eses	tañeres	tañe
tañería	taña	tañera/-ese	tañere	taña
tañeríamos	tañamos	tañéramos/ -ésemos	tañéremos	tañamos
tañeríais	tañáis	tañerais/-eseis	tañereis	tañed
tañerían	tañan	tañeran/-esen	tañeren	tañan

<3. pret: gruñó> gruñir

presente	imperfecto	pret. ind.	futuro	
gruño	gruñía	gruñí	gruñiré	**gerundio**
gruñes	gruñías	gruñiste	gruñirás	gruñendo
gruñe	gruñía	gruñó	gruñirá	
gruñimos	gruñíamos	gruñimos	gruñiremos	**participio**
gruñís	gruñíais	gruñisteis	gruñiréis	gruñido
gruñen	gruñían	gruñeron	gruñirán	

condicional	subj. pres.	subj. imp.	subj. fut.	imperativo
gruñiría	gruña	gruñera/-ese	gruñere	
gruñirías	gruñas	gruñeras/-eses	gruñeres	gruñe
gruñiría	gruña	gruñera/-ese	gruñere	gruña
gruñiríamos	gruñamos	gruñéramos/ -ésemos	gruñéremos	gruñamos
gruñiríais	gruñáis	gruñerais/ -eseis	gruñereis	gruñid
gruñirían	gruñan	gruñeran/ -esen	gruñeren	gruñan

Die unregelmäßigen Verben

abolir

presente	subj. pres.	imperativo	
–	–		**gerundio**
–	–	–	aboliendo
–	–	–	
abolimos	–	–	**participio**
abolís	–	abolid	abolido
–	–	–	

abrir

participio :	abierto

adquirir

presente	imperativo	
adquiero		**gerundio**
adquieres	adquiere	adquiriendo
adquiere	adquiera	
adquirimos	adquiramos	**participio**
adquirís	adquirid	adquirido
adquieren	adquieran	

airar

presente	
aíro	**gerundio**
aíras	airando
aíra	
airamos	**participio**
airáis	airado
aíran	

andar

presente	pret. ind.	
ando	anduve	**gerundio**
andas	anduviste	andando
anda	anduvo	
andamos	anduvimos	**participio**
andáis	anduvisteis	andado
andan	anduvieron	

asir

presente	imperativo	
asgo		**gerundio**
ases	ase	asiendo
ase	asga	
asimos	asgamos	**participio**
asís	asid	asido
asen	asgan	

aullar

presente	imperativo	
aúllo		**gerundio**
aúllas	aúlla	aullando
aúlla	aúlle	
aullamos	aullemos	**participio**
aulláis	aullad	aullado
aúllan	aúllen	

avergonzar

presente	pret. ind.	imperativo	
avergüenzo	avergoncé		**gerundio**
avergüenzas	avergonzaste	avergüenza	avergonzando
avergüenza	avergonzó	avergüence	
avergonzamos	avergonzamos	avergoncemos	**participio**
avergonzáis	avergonzasteis	avergonzad	avergonzado
avergüenzan	avergonzaron	avergüencen	

caber

presente	pret. ind.	futuro	condicional	
quepo	cupe	cabré	cabría	**gerundio**
cabes	cupiste	cabrás	cabrías	cabiendo
cabe	cupo	cabrá	cabría	
cabemos	cupimos	cabremos	cabríamos	**participio**
cabéis	cupisteis	cabréis	cabríais	cabido
caben	cupieron	cabrán	cabrían	

caer

presente	pret. ind.	
caigo	caí	**gerundio**
caes	caíste	cayendo
cae	cayó	
caemos	caímos	**participio**
caéis	caísteis	caído
caen	cayeron	

ceñir

presente	pret. ind.	imperativo	
ciño	ceñí		**gerundio**
ciñes	ceñiste	ciñe	ciñendo
ciñe	ciñó	ciña	
ceñimos	ceñimos	ciñamos	**participio**
ceñís	ceñisteis	ceñid	ceñido
ciñen	ciñeron	ciñan	

cernir

presente	imperativo	
cierno		**gerundio**
ciernes	cierne	cerniendo
cierne	cierna	
cernimos	cernamos	**participio**
cernís	cernid	cernido
ciernen	ciernan	

cocer

presente	imperativo	
cuezo		**gerundio**
cueces	cuece	cociendo
cuece	cueza	
cocemos	cozamos	**participio**
cocéis	coced	cocido
cuecen	cuezan	

colgar

presente	pret. ind.	imperativo	
cuelgo	colgué		**gerundio**
cuelgas	colgaste	cuelga	colgando
cuelga	colgó	cuelgue	
colgamos	colgamos	colgamos	**participio**
colgáis	colgasteis	colgad	colgado
cuelgan	colgaron	cuelguen	

crecer

presente	imperativo	
crezco		**gerundio**
creces	crece	creciendo
crece	crezca	
crecemos	crezcamos	**participio**
crecéis	creced	crecido
crecen	crezcan	

dar

presente	pret. ind.	subj. pres.	subj. imp.	subj. fut.
doy	di	dé	diera/-ese	diere
das	diste	des	dieras/-eses	dieres
da	dio	dé	diera/-ese	diere
damos	dimos	demos	diéramos/ -ésemos	diéremos
dais	disteis	deis	dierais/-eseis	diereis
dan	dieron	den	dieran/-esen	dieren

imperativo	
	gerundio
da	dando
dé	
demos	participio
dad	dado
den	

decir

presente	imperfecto	pret. ind.	futuro	
digo	decía	dije	diré	gerundio
dices	decías	dijiste	dirás	diciendo
dice	decía	dijo	dirá	
decimos	decíamos	dijimos	diremos	participio
decís	decíais	dijisteis	diréis	dicho
dicen	decían	dijeron	dirán	

condicional	subj. pres.	subj. imp.	subj. fut.	imperativo
diría	diga	dijera/-ese	dijere	
dirías	digas	dijeras/-eses	dijeres	di
diría	diga	dijera/-ese	dijere	diga
diríamos	digamos	dijéramos/ -ésemos	dijéremos	digamos
diríais	digáis	dijerais/-eseis	dijereis	decid
dirían	digan	dijeran/-esen	dijeren	digan

dormir

presente	pret. ind.	imperativo	
duermo	dormí		**gerundio**
duermes	dormiste	duerme	durmiendo
duerme	durmió	duerma	
dormimos	dormimos	durmamos	**participio**
dormís	dormisteis	dormid	dormido
duermen	durmieron	duerman	

elegir

presente	pret. ind.	imperativo	
elijo	elegí		**gerundio**
eliges	elegiste	elige	eligiendo
elige	eligió	elija	
elegimos	elegimos	elijamos	**participio**
elegís	elegisteis	elegid	elegido
eligen	eligieron	elijan	

empezar

presente	pret. ind.	imperativo	
empiezo	empecé		**gerundio**
empiezas	empezaste	empieza	empezando
empieza	empezó	empiece	
empezamos	empezamos	empecemos	**participio**
empezáis	empezasteis	empezad	empezado
empiezan	empezaron	empiecen	

enraizar

presente	pret. ind.	imperativo	
enraízo	enraicé		**gerundio**
enraízas	enraizaste	enraíza	enraizando
enraíza	enraizó	enraíce	
enraizamos	enraizamos	enraicemos	**participio**
enraizáis	enraizasteis	enraizad	enraizado
enraízan	enraizaron	enraícen	

erguir

presente	pret. ind.	subj. pres	subj. imp.	subj. fut.
yergo	erguí	yerga	irguiera/-ese	irguiere
yergues	erguiste	yergas	irguieras/ -eses	irguieres
yergue	irguió	yerga	irguiera/-ese	irguiere
erguimos	erguimos	yergamos	irguiéramos/ -ésemos	irguiéremos
erguís	erguisteis	yergáis	irguierais/ -eseis	irguiereis
yerguen	irguieron	yergan	irguieran/ -esen	irguieren

imperativo	
	gerundio
yergue	irguiendo
yerga	
yergamos	**participio**
erguid	erguido
yergan	

errar

presente	pret. ind.	imperativo	
yerro	erré		**gerundio**
yerras	erraste	yerra	errando
yerra	erró	yerre	
erramos	erramos	erremos	**participio**
erráis	errasteis	errad	errado
yerran	erraron	yerren	

escribir

participio :	escrito

estar

presente	imperfecto	pret. ind.	futuro	
estoy	estaba	estuve	estaré	**gerundio**
estás	estabas	estuviste	estarás	estando
está	estaba	estuvo	estará	
estamos	estábamos	estuvimos	estaremos	**participio**
estáis	estabais	estuvisteis	estaréis	estado
están	estaban	estuvieron	estarán	

condicional	subj. pres.	subj. imp.	subj. fut.	imperativo
estaría	esté	estuviera/-ese	estuviere	
estarías	estés	estuvieras/ -eses	estuvieres	está
estaría	esté	estuviera/-ese	estuviere	esté
estaríamos	estemos	estuviéramos/ -ésemos	estuviéremos	estemos
estaríais	estéis	estuvierais/ -eseis	estuviereis	estad
estarían	estén	estuvieran/ -esen	estuvieren	estén

forzar

presente	pret. ind.	imperativo	
fuerzo	forcé		**gerundio**
fuerzas	forzaste	fuerza	forzando
fuerza	forzó	fuerce	
forzamos	forzamos	forcemos	**participio**
forzáis	forzasteis	forzad	forzado
fuerzan	forzaron	fuercen	

fregar

presente	pret. ind.	imperativo	
friego	fregué		**gerundio**
friegas	fregaste	friega	fregando
friega	fregó	friegue	
fregamos	fregamos	freguemos	**participio**
fregáis	fregasteis	fregad	fregado
friegan	fregaron	frieguen	

freír

presente	pret. ind.	imperativo	
frío	freí		**gerundio**
fríes	freíste	fríe	friendo
fríe	frio	fría	
freímos	freímos	friamos	**participio**
freís	freísteis	freíd	frito/freído
fríen	frieron	frían	

haber

presente	imperfecto	pret. ind.	futuro	
he	había	hube	habré	**gerundio**
has	habías	hubiste	habrás	habiendo
ha	había	hubo	habrá	
hemos	habíamos	hubimos	habremos	**participio**
habéis	habíais	hubisteis	habréis	habido
han	habían	hubieron	habrán	

condicional	subj. pres.	subj. imp.	subj. fut.	imperativo
habría	haya	hubiera/-iese	hubiere	
habrías	hayas	hubieras/ -ieses	hubieres	he
habría	haya	hubiera/-iese	hubiere	haya
habríamos	hayamos	hubiéramos/ -iésemos	hubiéremos	hayamos
habríais	hayáis	hubierais/ -ieseis	hubiereis	habed
habrían	hayan	hubieran/ -iesen	hubieren	hayan

hacer

presente	imperfecto	pret. ind.	futuro	
hago	hacía	hice	haré	**gerundio**
haces	hacías	hiciste	harás	haciendo
hace	hacía	hizo	hará	
hacemos	hacíamos	hicimos	haremos	**participio**
hacéis	hacíais	hicisteis	haréis	hecho
hacen	hacían	hicieron	harán	

condicional	subj. pres.	subj. imp.	subj. fut.	imperativo
haría	haga	hiciera/-iese	hiciere	
harías	hagas	hicieras/ -ieses	hicieres	haz
haría	haga	hiciera/-iese	hiciere	haga
haríamos	hagamos	hiciéramos/ -iésemos	hiciéremos	hagamos
haríais	hagáis	hicierais/ -ieseis	hiciereis	haced
harían	hagan	hicieran/ -iesen	hicieren	hagan

hartar

participio :	hartado – *gesättigt* harto (*nur attributiv*): estoy harto – *ich bin satt*

huir

presente	pret. ind.	imperativo	
huyo	huí		**gerundio**
huyes	huiste	huye	huyendo
huye	huyó	huya	
huimos	huimos	huyamos	**participio**
huís	huisteis	huid	huido
huyen	huyeron	huyan	

imprimir

participio :	impreso

ir

presente	imperfecto	pret. ind.	subj. pres.	subj. imp.
voy	iba	fui	vaya	fuera/-ese
vas	ibas	fuiste	vayas	fueras/-eses
va	iba	fue	vaya	fuera/-ese
vamos	íbamos	fuimos	vayamos	fuéramos/ -ésemos
vais	ibais	fuisteis	vayáis	fuerais/-eseis
van	iban	fueron	vayan	fueran/-esen

subj. fut.	imperativo	
fuere		**gerundio**
fueres	ve	yendo
fuere	vaya	
fuéremos	vayamos	**participio**
fuereis	id	ido
fueren	vayan	

jugar

presente	pret. ind.	subj. pres.	imperativo	
juego	jugué	juegue		**gerundio**
juegas	jugaste	juegues	juega	jugando
juega	jugó	juegue	juegue	
jugamos	jugamos	juguemos	juguemos	**participio**
jugáis	jugasteis	juguéis	jugad	jugado
juegan	jugaron	jueguen	jueguen	

leer

presente	pret. ind.	
leo	leí	**gerundio**
lees	leíste	leyendo
lee	leyó	
leemos	leímos	**participio**
leéis	leísteis	leído
leen	leyeron	

lucir

presente	imperativo	
luzco		**gerundio**
luces	luce	luciendo
luce	luzca	
lucimos	luzcamos	**participio**
lucís	lucid	lucido
lucen	luzcan	

maldecir

presente	pret. ind.	imperativo		
maldigo	maldije		**gerundio**	
maldices	maldijiste	maldice	maldiciendo	
maldice	maldijo	maldiga		
maldecimos	maldijimos	maldigamos	**participio**	
maldecís	maldijisteis	maldecid	maldecido	
maldicen	maldijeron	maldigan	maldito	Substantiv, Adjektiv

morir

presente	pret. ind.	imperativo	
muero	morí		**gerundio**
mueres	moriste	muere	muriendo
muere	murió	muera	
morimos	morimos	muramos	**participio**
morís	moristeis	morid	muerto
mueren	murieron	mueran	

oír

presente	pret. ind.	imperativo	subj. imp.	subj. fut.
oigo	oí		oyera/-ese	oyere
oyes	oíste	oye	oyeras/-eses	oyeres
oye	oyó	oiga	oyera/-ese	oyere
oímos	oímos	oigamos	oyéramos/ -ésemos	oyéremos
oís	oísteis	oid	oyerais/-eseis	oyereis
oyen	oyeron	oigan	oyeran/-esen	oyeren

gerundio	participio
oyendo	oído

oler

presente	imperativo	
huelo		**gerundio**
hueles	huele	oliendo
huele	huela	
olemos	olamos	**participio**
oléis	oled	olido
huelen	huelan	

pedir

presente	pret. ind.	imperativo	
pido	pedí		**gerundio**
pides	pediste	pide	pidiendo
pide	pidió	pida	
pedimos	pedimos	pidamos	**participio**
pedís	pedisteis	pedid	pedido
piden	pidieron	pidan	

poder

presente	pret. ind.	futuro	condicional	
puedo	pude	podré	podría	**gerundio**
puedes	pudiste	podrás	podrías	pudiendo
puede	pudo	podrá	podría	
podemos	pudimos	podremos	podríamos	**participio**
podéis	pudisteis	podréis	podríais	podido
pueden	pudieron	podrán	podrían	

podrir, pudrir

presente	imperfecto	pret. ind.	futuro	condicional
pudro	pudría	pudrí	pudriré	pudriría
pudres	pudrías	pudriste	pudrirás	pudrirías
pudre	pudría	pudrió	pudrirá	pudriría
pudrimos	pudríamos	pudrimos	pudriremos	pudriríamos
pudrís	pudríais	pudristeis	pudriréis	pudriríais
pudren	pudrían	pudrieron	pudrirán	pudrirían

imperativo	
	gerundio
pudre	pudriendo
pudra	
pudramos	**participio**
pudrid	podrido
pudran	

poner

presente	pret. ind.	futuro	condicional	imperativo
pongo	puse	pondré	pondría	
pones	pusiste	pondrás	pondrías	pon
pone	puso	pondrá	pondría	ponga
ponemos	pusimos	pondremos	pondríamos	pongamos
ponéis	pusisteis	pondréis	pondríais	poned
ponen	pusieron	pondrán	pondrían	pongan

gerundio	participio
poniendo	puesto

prohibir

presente	imperativo	
prohíbo		**gerundio**
prohíbes	prohíbe	prohibiendo
prohíbe	prohíba	
prohibimos	prohibamos	**participio**
prohibís	prohibid	prohibido
prohíben	prohíban	

proveer

presente	pret. ind.	
proveo	proveí	**gerundio**
provees	proveíste	proveyendo
provee	proveyó	
proveemos	proveímos	**participio**
proveéis	proveísteis	provisto
proveen	proveyeron	

pudrir *siehe* **podrir**

querer

presente	pret. ind.	futuro	condicional	imperativo
quiero	quise	querré	querría	
quieres	quisiste	querrás	querrías	quiere
quiere	quiso	querrá	querría	quiera
queremos	quisimos	querremos	querríamos	queramos
queréis	quisisteis	querréis	querríais	quered
quieren	quisieron	querrán	querrían	quieran

gerundio	participio
queriendo	querido

raer

presente	pret. ind.	
raigo/rayo	raí	**gerundio**
raes	raíste	rayendo
rae	rayó	
raemos	raímos	**participio**
raéis	raísteis	raído
raen	rayeron	

reír

presente	pret. ind.	imperativo	
río	reí		**gerundio**
ríes	reíste	ríe	riendo
ríe	rio	ría	
reímos	reímos	riamos	**participio**
reís	reísteis	reíd	reído
ríen	rieron	rían	

reunir

presente	imperativo	
reúno		**gerundio**
reúnes	reúne	reuniendo
reúne	reúna	
reunimos	reunamos	**participio**
reunís	reunid	reunido
reúnen	reúnan	

roer

presente	pret. ind.	subj. pres.	subj. imp.	subj. fut.
roo/roigo/royo	roí	roa/roiga/roya	royera/-ese	royere
roes	roíste	roas/roigas/royas	royeras/-eses	royeres
roe	royó	roa/roiga	royera/-ese	royere
roemos	roímos	roamos/roigamos	royéramos/ -ésemos	royéremos

presente	pret. ind.	subj. pres.	subj. imp.	subj. fut.
roéis	roísteis	roáis/roigáis/royáis	royerais/-eseis	royereis
roen	royeron	roan/roigan/royan	royeran/-esen	royeren

imperativo	
	gerundio
roe	royendo
roa/roiga	
roamos/roigamos	**participio**
roed	roído
roan/roigan	

romper

participio :	roto

saber

presente	pret. ind.	futuro	condicional	subj. pres.
sé	supe	sabré	sabría	sepa
sabes	supiste	sabrás	sabrías	sepas
sabe	supo	sabrá	sabría	sepa
sabemos	supimos	sabremos	sabríamos	sepamos
sabéis	supisteis	sabréis	sabríais	sepáis
saben	supieron	sabrán	sabrían	sepan

imperativo	
	gerundio
sabe	sabiendo
sepa	
sepamos	**participio**
sabed	sabido
sepan	

salir

presente	futuro	condicional	imperativo	
salgo	saldré	saldría		**gerundio**
sales	saldrás	saldrías	sal	saliendo
sale	saldrá	saldría	salga	

presente	futuro	condicional	imperativo	
salimos	saldremos	saldríamos	salgamos	**participio**
salís	saldréis	saldríais	salid	salido
salen	saldrán	saldrían	salgan	

seguir

presente	pret. ind.	subj. pres.	subj. imp.	subj. fut.
sigo	seguí	siga	siguiera/-ese	siguiere
sigues	seguiste	sigas	siguieras/ -eses	siguieres
sigue	siguió	siga	siguiera/-ese	siguiere
seguimos	seguimos	sigamos	siguéramos/ -ésemos	siguiéremos
seguís	seguisteis	sigáis	siguierais/ -eseis	siguiereis
siguen	siguieron	sigan	siguieran/ -esen	siguieren

imperativo	
	gerundio
sigue	siguiendo
siga	
sigamos	**participio**
seguid	seguido
sigan	

sentir

presente	pret. ind.	subj. pres.	subj. imp.	subj. fut.
siento	sentí	sienta	sintiera/-ese	sintiere
sientes	sentiste	sientas	sintieras/ -eses	sintieres
siente	sintió	sienta	sintiera/-ese	sintiere
sentimos	sentimos	sintamos	sintiéramos/ -ésemos	sintiéremos
sentís	sentisteis	sintáis	sintierais/ -eseis	sintiereis
sienten	sintieron	sientan	sintieran/ -esen	sintieren

imperativo	
	gerundio
siente	sintiendo
sienta	
sintamos	participio
sentid	sentido
sientan	

ser

presente	imperfecto	pret. ind.	futuro	
soy	era	fui	seré	gerundio
eres	eras	fuiste	serás	siendo
es	era	fue	será	
somos	éramos	fuimos	seremos	participio
sois	erais	fuisteis	seréis	sido
son	eran	fueron	serán	

condicional	subj. pres.	subj. imp.	subj. fut.	imperativo
sería	sea	fuera/-ese	fuere	
serías	seas	fueras/-eses	fueres	sé
sería	sea	fuera/-ese	fuere	sea
seríamos	seamos	fuéramos/ -ésemos	fuéremos	seamos
seríais	seáis	fuerais/-eseis	fuereis	sed
serían	sean	fueran/-esen	fueren	sean

soltar

presente	imperativo	
suelto		gerundio
sueltas	suelta	soltando
suelta	suelte	
soltamos	soltemos	participio
soltáis	soltad	soltado
sueltan	suelten	

tener

presente	pret. ind.	futuro	condicional	imperativo
tengo	tuve	tendré	tendría	
tienes	tuviste	tendrás	tendrías	ten
tiene	tuvo	tendrá	tendría	tenga
tenemos	tuvimos	tendremos	tendríamos	tengamos
tenéis	tuvisteis	tendréis	tendríais	tened
tienen	tuvieron	tendrán	tendrían	tengan

gerundio	participio
teniendo	tenido

traducir

presente	pret. ind.	imperativo	
traduzco	traduje		**gerundio**
traduces	tradujiste	traduce	traduciendo
traduce	tradujo	traduzca	
traducimos	tradujimos	traduzcamos	**participio**
traducís	tradujisteis	traducid	traducido
traducen	tradujeron	traduzcan	

traer

presente	pret. ind.	imperativo	
traigo	traje		**gerundio**
traes	trajiste	trae	trayendo
trae	trajo	traiga	
traemos	trajimos	traigamos	**participio**
traéis	trajisteis	traed	traído
traen	trajeron	traigan	

valer

presente	futuro	imperativo	
valgo	valdré		**gerundio**
vales	valdrás	vale	valiendo
vale	valdrá	valga	
valemos	valdremos	valgamos	**participio**
valéis	valdréis	valed	valido
valen	valdrán	valgan	

venir

presente	pret. ind.	futuro	condicional	imperativo
vengo	vine	vendré	vendría	
vienes	viniste	vendrás	vendrías	ven
viene	vino	vendrá	vendría	venga
venimos	vinimos	vendremos	vendríamos	vengamos
venís	vinisteis	vendréis	vendríais	venid
vienen	vinieron	vendrán	vendrían	vengan

gerundio	participio
viniendo	venido

ver

presente	imperfecto	pret. ind.	subj. imp.	subj. fut.
veo	veía	vi	viera/-ese	viere
ves	veías	viste	vieras/-eses	vieres
ve	veía	vio	viera/-ese	viere
vemos	veíamos	vimos	viéramos/ -ésemos	viéremos
veis	veíais	visteis	vierais/-eseis	viereis
ven	veían	vieron	vieran/-esen	vieren

gerundio	participio
viendo	visto

volcar

presente	pret. ind.	imperativo	
vuelco	volqué		**gerundio**
vuelcas	volcaste	vuelca	volcando
vuelca	volcó	vuelque	
volcamos	volcamos	volquemos	**participio**
volcáis	volcasteis	volcad	volcado
vuelcan	volcaron	vuelquen	

volver

presente	imperativo	
vuelvo		**gerundio**
vuelves	vuelve	volviendo
vuelve	vuelva	
volvemos	volvamos	**participio**
volvéis	volved	vuelto
vuelven	vuelvan	

yacer

presente	subj. pres.	imperativo	
yazco/yazgo/ yago	yazca/yazga/yaga		**gerundio** yaciendo
yaces	yazcas/yazgas/yagas	yace/yaz	
yace	yazca/yazga	yazca/yazga	
yacemos	yazcamos/yazgamos	yazcamos/ yazgamos	**participio** yacido
yacéis	yazcáis/yazgáis/yagáis	yaced	
yacen	yazcan/yazgan/yagan	yazcan/yazgan	

Notizen

Notizen

Die deutsche Phonetik
La fonética alemana

Vokale
Vocales

Laut	Beispiel
[a]	Mechanik
[ɐ]	Partitur
[e]	Gremium
[ɛ]	Abiturient
[ə]	Tempel
[i]	vital
[ɪ]	Birke
[o]	Abo
[ɔ]	Box
[ø]	eintönig
[œ]	erörtern
[u]	Bluse
[ʊ]	Mammut
[y]	Büro
[ʏ]	Hütte

Nasallaute
Sonidos nasales

Laut	Beispiel
[ã]	engagieren
[ɛ̃]	Bassin
[ɔ̃]	Bon

Zeichen
Signos

[ː]	Längezeichen
[ˈ]	Betonungszeichen
[ʔ]	Knacklaut

Konsonanten
Consonantes

Laut	Beispiel
[b]	Getriebe
[ç]	Mädchen
[x]	Sprache
[d]	Dach
[dʒ]	Jetset
[f]	Hafen
[g]	Hagel
[h]	haben
[ʒ]	Manege
[j]	Jahr
[k]	Kind
[l]	Luft
[m]	malen
[n]	Nacht
[ŋ]	lang
[p]	Paket
[r]	Reise
[s]	Gast
[ʃ]	Pasch
[t]	Tier
[θ]	Thriller
[ts]	Ziel
[tʃ]	Kitsch
[v]	Vase
[w]	World Wide Web
[z]	Rose

Zeichen und Abkürzungen

Símbolos y abreviaturas

=	steht bei der Zusammenziehung zweier Wörter
*	kennzeichnet Verben, deren Partizipform ohne *ge-* gebildet wird
≈	steht bei einer ungefähren Entsprechung aufgrund kultureller Unterschiede
–	unterscheidet in Anwendungsbeispielen zwischen zwei Sprechern
®	kennzeichnet eingetragene Warenzeichen
~	ersetzt in Anwendungsbeispielen und Redewendungen das vorhergehende Stichwort, bei Stichwörtern mit geklammerter Endung das Wort bis zur Klammer

a.	auch	también
Abk.	Abkürzung	abreviatura
abw	abwertend	peyorativo
adj	Adjektiv	adjetivo
ADMIN	Verwaltung	administración
adv	Adverb	adverbio
AERO	Luftfahrt	aeronáutica
AGR	Landwirtschaft	agricultura
akk	Akkusativ	acusativo
akr	Akronym	acrónimo
alt	veraltet	anticuado
Am	Lateinamerikanismus	americanismo
AmC	Zentralamerika	América Central
AmS	Südamerika	América del Sur
ANAT	Anatomie	anatomía
And	Anden	zona andina
Ant	Antillen	Antillas
ARCHIT	Architektur	arquitectura
Arg	Argentinien	República Argentina
argot	Slang	argot
ARQUIT	Architektur	arquitectura
art	Artikel	artículo
ARTE	Kunst(geschichte)	(historia del) arte
ASTR	Astrologie, Astronomie	astrología, astronomía
aum	Vergrößerungsform	aumentativo
AUTO	Auto und Verkehr	automóvil y tráfico
aux	Hilfsverb	verbo auxiliar
BERGB	Bergbau	minería
BIOL	Biologie	biología
Bol	Bolivien	Bolivia
BOT	Botanik	botánica
CHEM	Chemie	química
Chil	Chile	Chile
CINE	Film	cinematografía
Col	Kolumbien	Colombia
COM	Handel	comercio
compar	Komparativ	comparativo
CRi	Costa Rica	Costa Rica
CSur	Cono Sur (Argentinien, Chile, Paraguay, Uruguay)	Cono Sur (República Argentina, Chile, Paraguay, Uruguay)
Cuba	Cuba	Cuba
dat	Dativ	dativo
dem	demonstrativ	demostrativo
DEP	Sport	deporte
dim	Verkleinerungsform	diminutivo
DomR	Dominikanische Republik	República Dominicana
ECOL	Ökologie	ecología
ECON	Wirtschaft	economía
Ecua	Ecuador	Ecuador
EE.UU.	Vereinigte Staaten von Amerika	Estados Unidos

EISENB	Eisenbahn	ferrocarril
ELEK, ELEC	Elektrotechnik	electrotecnia
elev	gehoben, literarisch	elevado, literario
ElSal	El Salvador	El Salvador
ENS	Schulwesen	enseñanza
EU	Europäische Union	Unión Europea
f	Femininum	femenino
fam	umgangssprachlich	familiar
FERRO	Eisenbahn	ferrocarril
fig	übertragen, figurativ	sentido figurado
Fili	Philippinen	Filipinas
FILM	Film	cinematografía
FILOS	Philosophie	filosofía
FIN	Finanzen, Börse	finanzas, bolsa
FÍS	Physik	física
formal	geschriebene Sprache, Verwaltungssprache	lenguaje escrito/administrativo
FOTO	Fotografie	fotografía
GASTR	Gastronomie	gastronomía
geh	gehoben, literarisch	elevado, literario
gen	Genitiv	genitivo
GEO	Geographie, Geologie	geografía, geología
ger	Gerundium	gerundio
Guat	Guatemala	Guatemala
HIST	Geschichte	historia
Hond	Honduras	Honduras
imp	Imperfekt	imperfecto
ind	Indikativ	indicativo
indef	unbestimmt	indefinido
inf	Infinitiv	infinitivo
INFOR	Informatik	informática, ordenadores
inter	interrogativ	interrogativo

interj	Interjektion	interjección
inv	invariabel, unveränderlich	invariable
iron, irón	ironisch	irónico
irr	unregelmäßig	irregular
jd	jemand	alguien (nominativo)
jdm	jemandem	alguien (dativo)
jdn	jemanden	alguien (acusativo)
jds	jemandes	alguien (genitivo)
JUR	Jura/Recht	jurisdicción/derecho
konj	Konjunktion	conjunción
KUNST	Kunst(geschichte)	(historia del) arte
LING	Linguistik, Grammatik	lingüística, gramática
LIT	Literatur(wissenschaft)	(ciencia de la) literatura
loc	Wendung	locución
m	Maskulinum	masculino
MATH, MAT	Mathematik	matemáticas
MED	Medizin	medicina
METEO	Meteorologie	meteorología
Mex, Méx	Mexico	México, Méjico
mf	Maskulinum und Femininum	masculino y femenino
MIL	Militär	fuerzas armadas
MIN	Bergbau	minería
MUS, MÚS	Musik	música
NAUT, NÁUT	Nautik, Seefahrt	náutica, navegación
Nic	Nicaragua	Nicaragua
nom	Nominativ	nominativo